ENCYCLOPÉDIE CATHOLIQUE.

PARIS. — IMPRIMERIE DE COSSON, RUE DU FOUR-SAINT-GERMAIN, 47.

ENCYCLOPÉDIE
CATHOLIQUE,

RÉPERTOIRE UNIVERSEL ET RAISONNÉ

DES SCIENCES, DES LETTRES, DES ARTS ET DES MÉTIERS,

Avec la biographie des hommes célèbres depuis l'origine du monde jusqu'à nos jours, et des gravures dans le texte;

FORMANT

LA BIBLIOTHÈQUE LA PLUS UNIVERSELLE QUI AIT ÉTÉ PUBLIÉE JUSQU'A CE JOUR,

Contenant la matière de plus de 500 volumes in-8°, résumé de plus de 10,000 ouvrages,

ET COMPRENANT, AVEC DES TRAITÉS PARTICULIERS SUR CHAQUE MATIÈRE,

TOUS LES DICTIONNAIRES SPÉCIAUX;

PUBLIÉE SOUS LA DIRECTION

DE M. L'ABBÉ GLAIRE,

DOYEN DE LA FACULTÉ,

DE M. LE V^TE WALSH,

ET D'UN COMITÉ D'ORTHODOXIE.

Tome Dixième.

D — ÉGLISE.

PARIS,

PARENT DESBARRES, ÉDITEUR

DES HISTOIRES ABRÉGÉES DE CHAQUE ÉTAT D'EUROPE, DE L'HISTOIRE DES CONCILES, ETC.,

RUE CASSETTE, 28, PRÈS SAINT-SULPICE.

M DCCC XLVI.

ENCYCLOPÉDIE

CATHOLIQUE.

D

D, consonne, quatrième lettre de l'alphabet français et de la plupart des alphabets anciens et modernes. On peut prononcer cette lettre sans que la langue appuie sur les dents; mais on la prononce mieux lorsque la langue touche en même temps les dents et le palais. Le nom de la lettre D signifiait, en phénicien, une porte. Le D grec a la forme triangulaire; c'est son nom, *delta*, qu'on a donné au terrain compris entre les deux branches d'un fleuve, non loin de son embouchure, et qui a ainsi la forme d'un triangle dont le bord de la mer fait le troisième côté.

Le D manque à quelques langues. Il se confond quelquefois avec le *t*. Les Allemands du Sud et du centre font le *d* très dur et le *t* très doux. En français, dans les liaisons, le *d* se prononce *t*: Quand aurez-vous fini! En polonais, le *d* se confond avec le *j*; en allemand, avec le *z* ou *ts*, etc. En grec, le son *d* entre dans la prononciation d'autres lettres. On l'emploie aussi par euphonie: d'ἀνέρες, les Grecs ont fait ἄνδρες; au lieu de *pro-esse*, les latins ont dit *prodesse*.

Le *d* a été aussi ajouté, dans les langues modernes, à quelques racines primitives. — Δ, signe numérique, signifiait quatre; il eut ensuite la valeur de dix, comme première lettre du mot Δέκα. Les Romains désignèrent 500 par un carré ou par un triangle. En arrondissant deux côtés pour rendre cette lettre plus cursive, ils en firent D, qui s'écrivait aussi quelquefois IƆ et doublé CIƆ pour signifier 1,000. — (*Numism.*) D est l'initiale des mots *Decia*, *Délos* et d'autres villes ou contrées; des mots *decurio*, *dictator*, *decretum*, etc., etc. Le sens des légendes doit faire comprendre les abréviations trop nombreuses pour être expliquées ici. — On trouve quelquefois *d* pour *b* et pour *l*. D. M. sur les pierres tumulaires, *diis manibus*, aux dieux mânes; sur les frontons des églises, D. O. M., *Deo optimo maximo*, au Dieu très bon et très grand. Aujourd'hui encore, on abrège *Dominus* en écrivant seulement D. D signifie aussi *doctor* ou *docte*, ou *dame*, etc., etc. — D sert à désigner, sur les tableaux, les bijoux, les reliures de livres, les objets d'art qui ont appartenu à Diane de Valentinois, comtesse de Poitiers, ou à Henri II. Sur ceux qui ont appartenu à ce prince, le D est enlacé avec une H. Ce chiffre est ordinairement accompagné de croissants, d'arcs, de cornets, de symboles de chasses. C'est d'après cette même idée que le château de Saint-Germain-en-Laye a été construit en forme d'un D. — La note *ré* s'appelait autrefois D ou *D-la-ré*. Minuscule, *d* représentait l'octave supérieure de D, et la double ou la triple octave, quand elle était surmontée d'une ou deux barres horizontales, comme $\bar{d}$ et $\bar{\bar{d}}$. Plus tard, quand le système changea, ces lettres ne furent employées que comme signes d'écriture et plus comme appellations. D signifia tantôt *ré*, tantôt *la*, suivant qu'on usait de l'une des trois propriétés de *naturel*, *bémol* et *bécarre*, qui constituent le vieux système des nuances.

D (*philol. et linguist.*), la troisième des consonnes et la quatrième lettre de l'alphabet, dans quelques langues sémitiques et dans toutes les langues greco-latines et germaniques, mais non dans les langues slaves, où elle n'occupe que le cinquième rang. Le D est la plus douce des articulations que les grammairiens appellent *dentale*. Chez les latins, le D tenait le milieu entre la forte T et l'aspirée TH et prenait quelquefois la place de l'une ou de l'autre de ces deux lettres. Il avait aussi quelque affinité avec la lettre L, qu'il remplaçait et par laquelle il était remplacé dans plusieurs mots. *Dacryma* est devenu *Lacryma*. Dans l'ancienne langue latine, D est la finale constante de l'ablatif. On lit dans l'inscription de Duilius: *In altod marid*. Quelquefois il se met à la fin d'un mot pour éviter l'hiatus. Plaute a dit: *Tu negas med esse*. D entre par euphonie dans la composition de quelques mots français pour accompagner l'N, comme dans *tendre*, *gendre*, où il facilite et soutient la prononciation.

D, comme signe d'ordre, désigne le quatrième objet d'une série, la quatrième place ou la quatrième partie d'un tout. D ou *D-la-ré* (musique), pour *ré-fa-la-ré*, indique le ton de *ré* (*V.* aux sept premières lettres de l'alphabet l'emploi analogue).

D, écrit au dessous des lignes de la portée, signifie *doux*. Quelquefois, en tête d'une partie, il marque que c'est celle du *dessus*. D était la quatrième des lettres nundinales; c'est encore la quatrième des dominicales. Dans le calendrier des livres d'office de l'ancien rituel, il désigne le mercredi. Dans les calendriers modernes, il marque le *dimanche*. D., sur les anciennes monnaies de France, indique qu'elles ont été frappées à Lyon.

D. A. (*ant. rom.*), abréviation de *Divus Augustus*.

DA, particule qui se joint quelquefois, dans le langage familier, à l'affirmative *oui* et à la négative *nenni*, pour exprimer plus formellement une adhésion ou un refus.

DA (*philol.*), nom de la douce de l'ordre des cérébrales et de celui des dentales dans l'alphabet Dévanâgari (*V.* DHA). — **DA** (*musique milit.*), coup frappé faiblement sur la peau du tambour avec la baguette de gauche.

DAAKAR (*zool.*), poisson de la mer Rouge.

DAALDER, monnaie de la Hollande; le *daalder* vaut 3 *stuvers* ou fr. 3, 13.

DAARAIN, AINE (*v. lang.*), dernier.

DABBAT (*myth. or.*), il se dit, selon le Dict. de Trévoux, de la bête de l'Apocalypse chez les musulmans.

DABARITH, DABARITA ou **DABERETH**, ville lévitique de la tribu d'Issachar.

DABENTONE (JEANNE), femme enthousiaste, embrassa la secte des Turlupins, hérétiques qui traversèrent la France dans le XIVe siècle, en imitant l'impudence des anciens Cyniques, allant presque nus et se livrant à toutes sortes d'excès. Gaguin, dans sa *Vie de Charles V*, dit que Dabentone fut publiquement brûlée à Paris.

DABILLON (ANDRÉ) fut pendant quelque temps le compagnon du fanatique Jean Labadie, avant que cet enthousiaste eût quitté la religion catholique; mais il ne partagea ni ses erreurs ni ses désordres. Il avait été auparavant jésuite. Il mourut vers l'an 1664, curé dans l'île de Magné, en Saintonge. On a de lui quelques ouvrages de théologie. Paris, 1645, in-4°.

DABEOCI (*bot.*), nom que donnent les Irlandais à une espèce de plante du genre *menziezie* de l'ordre des rhodoracées, qui a beaucoup de ressemblance avec la bruyère ciliée. Linné l'avait d'abord rapportée, sous le nom de *dabeocia*, au genre *erica*, puis ensuite à l'andromeda; mais son fruit la range bien véritablement au genre *menziezie* (*V.* ce mot).

DABIA, ville de la Mauritanie tingitane, près du mont Cirna.

DABILOW (CHRISTOPHE-CHRÉTIEN, baron de), jurisconsulte allemand, né à Neubückow, dans le duché de Mecklembourg-Schwerin, le 19 juillet 1768; il étudia le droit à l'université d'Iéna et fut reçu docteur en 1789. Il se fit alors autoriser à ouvrir à *Halle* des cours particuliers dont le succès lui valut le titre de professeur dans l'université de cette ville. C'est à cette époque qu'il publia un grand nombre de mémoires sur le droit et qu'il s'occupa d'un immense ouvrage qu'il avait l'intention de faire paraître, un commentaire sur le *Corpus juris romani*. Après la victoire de Napoléon à Iéna, il voyagea en Allemagne, en Italie et en France, et ajouta partout de nouvelles connaissances aux connaissances qu'il avait acquises; de retour dans sa patrie, il ouvrit des cours à Leipzig, puis passa au service du duc d'Anhalt-Kathen, qui lui donna le titre de baron, et retourna ensuite à Halle, où il semblait résolu à se fixer, quand les brillantes propositions qui lui furent faites par l'université de Derpt, en 1819, le déterminèrent à accepter une chaire dans cette ville, où bientôt l'éclat de son enseignement vint mettre le comble à sa réputation. Il y mourut le 27 avril 1830. Il a laissé un grand nombre d'ouvrages sur le droit allemand, sur le droit français et sur le droit romain. Il traitait toutes les branches de la science qu'il enseignait avec une profondeur capable de faire croire que chacune d'elles avait été pour lui l'objet d'une étude exclusive.

DABIR, ville lévitique de la tribu de Juda, assez près d'Hébron, habitée d'abord par les géants de la race d'*Hénoch*. Elle était, avant l'arrivée des juifs, une ville royale des Chananéens. — Ville de la tribu de God. Jos.

DABIS (*myth. jap.*), idole monstrueuse d'airain adorée par les Japonais.

DABLAGE ou **DABLÉE** (*v. lang.*) (*V.* DEBLÉURE).

DABLES-BLOE, ville de la Bithynie, au S., à l'E. du fleuve Sangarius, au S.-O. de Moderna.

DABOECIE (*bot.*), arbuste des Pyrénées.

DABOIE ou **DABOUE** (*rept.*), nom d'un serpent du royaume de Juida, en Afrique. Les nègres adorent ce reptile qui appartient aux vipères (*V.* ce mot). J. P.

D'ABORD (*V.* ABORD).

DABSCHELYM ou **DISALEM** Ier, un des plus anciens rois de l'Inde, régnait au temps de Houschink II, roi de Perse, de la première dynastie, et eut pour premier ministre le célèbre Bydbaï ou Pylpai, auteur du testament de Houschink, livre de politique et de morale, composé en forme d'apologue pour l'instruction des rois.

DABSCHELYM II, autre monarque de la même famille, que le sultan Mahmoud tira de la retraite et de la condition de derviche pour le placer sur le trône de Souménat aux Indes, l'an 416 de l'égire, 1025 de l'ère chrétienne, à la charge de lui payer un tribut annuel et de lui faire hommage de sa couronne. Quelque temps après, un de ses parents ayant fait valoir à main armée ses droits au trône, Dabschelym, inhabile à la guerre, implora l'appui de son protecteur, qui défit entièrement, prit et lui envoya le rebelle pour être enfermé, selon l'usage, dans une grotte obscure pratiquée à cet effet sous le trône même du monarque. Il allait au devant du prisonnier, comme c'était la coutume, lorsque, ennuyé de ce qu'il n'arrivait pas, il se mit à chasser; mais la chaleur l'obligea bientôt de chercher l'ombre pour se reposer, et le sommeil le gagnant, il mit un mouchoir sur son visage pour se garantir des insectes. Un oiseau de proie prit ce mouchoir pour de la chair et fondant sur le visage du roi, lui creva les yeux à coups de bec. Cet évènement fut regardé par la cour du prince comme un arrêt du ciel, qui le déclarait incapable de régner. On mit le prisonnier sur le trône, et Dabschelym dans la prison qu'il lui avait préparée. J. P.

DABUH (*mam.*), nom d'un animal fabuleux dont parle Léon l'Africain, dans sa Description générale de l'Afrique. Selon lui, sa forme et sa taille étaient celles d'un loup, ses jambes terminées par des mains, son caractère très timide. Il déterrait les cadavres pour les dévorer, et il était si sensible à la musique, qu'il se laissait prendre sans se défendre au son des timbales et des trompettes. Selon toute probabilité, on a réuni dans cet animal les caractères de l'hyène et du cynocéphale.

DABRONA, rivière d'Hibernie, qui prend sa source vers l'O., coule au S.-E. et se jette dans l'Océan à l'E. du Bergus.

DABURI (*bot.*), un des noms que l'on donne au rocou, en Amérique.

DACALO (*bot.*), plante des Indes.

DA CAPO ou **D. C.**, expression italienne, qui signifie *depuis la tête*, et avertit l'exécutant de reprendre le morceau à son commencement jusqu'au signe de terminaison. Les *da capo* trop usités rendent la musique monotone. On se sert aussi des mots *da capo alfine* et *da capo al segno* lorsqu'il y a un renvoi autre que le *da capo*.

DACCA (*géog.*), grande ville de l'Hindoustan anglais, province du Bengal sur le Gange; soiries, mousselines, toiles peintes, parures en coquillages; 180,000 âmes.

DACE (*v. lang.*), impôt, tribut.

DACE (MAITRE PIERRE DE), recteur de l'Université de Paris en 1326, puis chanoine de la cathédrale de Ribe dans le Jutland; montra beaucoup de fermeté en défendant les priviléges de l'Université contre les chanoines et d'autres hommes puissants. Il obtint sur ses ennemis une victoire complète; on lui doit un Traité du calendrier et divers autres ouvrages.

DACES. Cette nation belliqueuse de la Germanie combattit avec des succès variés à différentes époques Alexandre, Lysimaque, Crassus, Tibère, Mucien, Domitien et enfin Trajan, qui la soumit après quinze ans de guerre (*V.* DÉCÉBALE). On les confond souvent avec les Gètes de qui Justin les fait descendre. Il paraît même que ces deux peuples ne formaient qu'un même corps politique : Zamolxis fut leur législateur commun (*V.* DACIE).

DACH (SIMON), poète allemand, né à Memel en 1605, adressa des vers au grand électeur Frédéric-Guillaume. Ce prince lui donna pour sa récompense la place de professeur de poésie à l'Université de Kœnigsberg et, plus tard, la terre de Cuxheim. Dach abrégea ses jours par des travaux excessifs, et après avoir été élu cinq fois doyen et une fois recteur de l'Université de Kœnigsberg, il mourut d'une attaque d'hydropisie, le 15 avril 1659. Outre ses poésies, il a composé des chants d'église que l'on exécute encore aujourd'hui.

DACH (JEAN), peintre allemand, né à Cologne en 1555, se forma en Allemagne sous Spranger, et en Italie sous les plus habiles maîtres. L'empereur Rodolphe, ami des arts et protecteur des artistes, employa son pinceau. Les tableaux qu'il fit pour ce prince sont d'un goût parfait. Ses dessins sont fermes et d'un bon crayon; il y en a beaucoup en Angleterre. Dach mourut à la cour impériale, comblé d'honneurs et de biens.

DACHA (*myth. ind.*), fils de Brahma et de Sarassouadi.

DACHER (*v. lang.*), lancer, tendre.

DACHIN-ABADES ou **DÉCHIN-ABADES** (côte de Malabar), peuple de l'Inde, en deçà du gange, qui habitait le long de la côte occidentale à partir du pays de Larice et du golfe de Barygaza jusqu'au royaume de Pandiere. La Limyrique était enveloppée dans leur territoire; le pays de Dachin-Abades répond à ce qu'on nomme aujourd'hui Concan, Canara et côte de Malabar.

DACHNE (JEAN-THÉOPHILE), médecin, né à Leipzig le 5 octobre 1755, entra comme apprenti chez le pharmacien Gallisch, et suivit les cours de l'Université. Il acquit des connaissances variées, mais se livra surtout à l'étude de la médecine; il fut reçu bachelier en médecine en 1777, et docteur en philosophie en 1779. Reichel le choisit pour son second, et à la mort de ce protecteur il hérita de sa clientelle, se fit une très grande réputation et acquit une fortune fort considérable. Il a peu écrit. Il mourut le 27 mars 1830.

DACHNERT (JEAN-CHARLES), professeur de philosophie et de droit à l'Université de Greifswald, né à Stralsund en 1719, mourut le 5 juillet 1785. On trouve dans le *Dictionnaire de Mansel* la liste de ses ouvrages en latin et en allemand qui sont en grand nombre.

DACIANO (JOSEPH), médecin distingué, né à Tolmezzo dans le Frioul en l'an 1520. Issu d'une famille fort pauvre fixée à Udine, il fut heureux de profiter d'un secours que lui accordèrent les magistrats de cette ville, pour continuer ses études médicales; il revint ensuite se fixer dans cette patrie adoptive, fut nommé médecin de la ville et obtint beaucoup de succès dans sa pratique. Il mourut en 1576 après avoir terminé l'ouvrage qui forme son plus grand titre à la gloire, et qui est intitulé : *Trattato della pesta e della petecchia, nello quale s'insegna il vero modo che si dee tenere per preservarsi e curare ciascuno oppresso vitali infermita*, etc. Cet ouvrage remarquable par les observations pratiques qu'il contient, a vu renouveler sa célébrité par le docteur Marcolini, qui en 1817 en publia un extrait dans un de ses ouvrages.

DACIE, ancienne division de l'Europe orientale qui répond à la Moldavie, à la Valachie, à la Transylvanie et à une partie de la Hongrie. La Dacie était bornée au S. par le Danube, à l'E. par le Pont-Euxin, au N.-E. par les *alpes Bastarnes* ou monts Krapaths, et au N.-O. par le *Tyras* ou *Danaster* (Dniester), qui la séparait de la Sarmatie. Ses habitants, les Daces, étaient âpres au pillage et redoutables dans les combats. La Mæsie (Bulgarie) a souvent été ravagée par eux. Trajan, au moyen d'un pont magnifique qu'il fit bâtir sur le Danube, et dont on voit encore les vestiges près d'Orsova, pénétra dans la Dacie et, malgré une vigoureuse résistance, la réduisit en province romaine. La Dacie fut alors divisée en *Dacia riparia* ou *ripensis*; en *Dacia mediterranea* ou moyenne, et en *Dacia transalpina*.

DACIER (ANDRÉ), né à Castres en en 1651, d'un avocat de cette ville, alla étudier à Saumur sous Tanneguy-Lefèvre, dont il épousa la fille. Il se livra avec ardeur à la littérature ancienne et publia *Pompeius Festus* avec des notes très savantes; une *traduction d'Horace* avec des remarques, en 10 vol *in*-12; une *traduction de quelques dialogues de Platon*; une traduction fidèle, mais peu élégante, des vies de Plutarque, en 9 vol. in-4°, et autres ouvrages tous estimés. Il entra à l'Académie des inscriptions et belles-lettres en 1695, et remplaça M. de Harlay à l'Académie française, dont il devint secrétaire perpétuel. Il mourut en 1722 à l'âge de 71 ans.

DACIER (ANNE LEFÈVRE), fille de Tanneguy-Lefèvre, professeur de grec à Saumur, et épouse du précédent, est peut-être la femme la plus savante que la France ait produite. Elle mourut en 1720 à 69 ans. Elle se fit estimer non-seulement par sa science, mais par son esprit et ses qualités aimables. Outre le *Florus*, l'*Aurélius*, *Victor*, l'*Eutrope*, le *Dictys de Crète*, qu'elle donna *ad usum Delphini*, elle a publié : 1° une excellente traduction de Térence avec des remarques; 2° une traduction de l'Iliade et de l'Odyssée d'Homère avec des notes remplies d'érudition; 3° une traduction d'Anacréon avec le texte grec et la traduction en vers de Lafosse; Amsterdam, 1716; 4° la traduction d'une partie de Plaute, 3 vol. in-12, et d'Aristophane, in-12.

DACIER (BON-JOSEPH), né à Valogne le 1er avril 1742, fit ses humanités dans sa ville natale, et vint ensuite à Paris où il étudia au collège d'Harcourt. Il fit la connaissace des frères La Curne qui le mirent en relation avec Foncemagne, sous-gouverneur du duc de Chartres, père de Louis-Philippe; celui-ci devint son plus zélé protecteur, et plus tard, en 1772, le fit nommer membre de l'Académie française pour prix d'une traduction *des histoires diverses* d'Elien. Il s'occupa alors de diverses traductions et surtout d'une nouvelle édition des *Chroniques* de Froissard, que les circonstances ne lui permirent pas d'achever. En 1782, il fut élu secrétaire perpétuel de l'Académie, et ce corps lui dut beaucoup d'améliorations. Lorsque la révolution éclata, Dacier en adopta les principes sans se mêler aux déplorables excès qu'elle enfanta. Il fut élu, en 1790, membre du corps municipal de Paris, et refusa peu après le portefeuille des finances que lui offrait Louis XVI. Dans la journée du 10 août 1792, il courut de grands dangers, desquels le sauva son confrère Dussaulx. Pendant la terreur, il se tint caché dans les environs de Paris, et échappa ainsi aux persécutions que ses principes monarchiques rendaient imminents pour lui. Lorsque la tourmente eut cessé, il revint à Paris, et en 1795 il fut nommé membre de l'Institut, dès sa création. En 1800, il fut chargé de la division des manuscrits à la Bibliothèque du roi, et remplit ce poste pendant vingt ans. Plus tard, on lui rendit le titre de secrétaire perpétuel de l'Académie, et il le conserva jusqu'à sa mort. Il contribua pendant sa longue carrière à un grand nombre d'importants ouvrages, parmi lesquels on peut citer l'*Iconographie grecque* de Visconti; il était aimé et estimé de tous ceux qui le connaissaient et qui savaient apprécier ses solides qualités. Il mourut à Paris, le 4 février 1833, dans sa 91e année. Il avait été créé, en 1804, membre de la Légion-d'Honneur, il fut fait officier après la Restauration; en 1816, il fut nommé chevalier de St.-Michel, et reçut le titre de baron à l'occasion du sacre de Charles X.

Il est l'auteur d'un grand nombre de savantes recherches historiques, disséminées dans le Recueil de l'Académie des inscriptions de 1776 à 1808.

DACIQUE-CICUS, surnom donné à Trajan après la soumission des Daces.

DACNADE (*ant.*), nom d'un oiseau que les Egyptiens attachaient pendant leurs festins aux couronnes des convives, afin que par leurs cris et leurs coups de bec, ils empêchassent ceux-ci de dormir. Les *dacnades* n'ont pas été déterminés par les naturalistes.

DACNE (*ins.*), nom d'un genre d'insectes coléoptères pentamérés, de la famille des clavicornes, voisins des nitidules et des darmestes. Ce genre est désigné dans le système des eleuthérates de Fabricius, sous le nom d'*engis* (*V.* ce mot). J. P.

DACNIS (*ois.*), nom donné par Cuvier aux pit-pits de Buffon, et qu'il range à la suite des cassiques, des troupialee et des carouges, dont ils se rapprochent par leur bec conique et aigu. J. P.

DACORA, ville de la Cappadoce, vers le centre, non loin du mont Argée.

DACRIDIUM (*bot.*), genre de champignons de l'ordre des mucédines, série des scutellatées, de la méthode de Link. Ses caractères sont: thallus floconneux, formé de filaments très courts, mêlés; séminules formant sur le thallus de petits tas, d'abord fluides, puis compactes.

Le *dacridium roride*, D. *reridum*, thallus blanc, sphoridules en petits tas roses. C'est le genre *mirothecium* de Tode (*V.* ce mot). J. P.

DACRYCRYSTALGIE (*méd.*), douleur que l'on sent au sac lacrymal.

DACRYCRYSTALGIQUE (*méd.*), qui concerne la dacrycrystalgie.

DACRYDIUM à feuilles de cyprès (*bot.*), *D. cupressinum*, grand et bel arbre découvert dans les îles de la mer du Sud, qui constitue un genre particulier de la famille des conifères, de la diœcie polyandrie de Linné. Les fleurs sont dioïques, disposées en chatons. Le chaton mâle est oblong, composé d'écailles en cœur, acuminées, portant les étamines. Point de corolles, anthères sessiles, orbiculaires, à deux loges, adhérentes à la base des écailles. Les fleurs femelles produisent une noix ovale, monosperme, enfoncée à sa partie inférieure dans un réceptacle ferme et agrandi.

Le tronc de cet arbre s'élève à une grande hauteur, ses rameaux sont très étalés, garnis de feuilles nombreuses, tubulées. J. P.

DACRYDION (*bot. anc.*), nom de la scammonée chez les Grecs.

DACRYMYCE (*bot.*), genre de champignons.

DACRYNOME (*méd.*), larmoiement causé par le resserrement des points lacrymaux.

DACRYOADENALGIE (*méd.*), douleur que l'on éprouve à la glande lacrymale.

DACRYOADENALGIQUE, adj. qui a rapport à la dacryoadenalgie.

DACRYOADENITE (*méd.*), inflammation de la glande lacrymale.

DACRYOBLENNORRHÉE (*méd.*), écoulement de larmes mêlées de mucosités.

DACRYOCYSTALGIE (*méd.*). (*V.* DACRYCYSTALGIE.)

DACRYOCYSTE (*anat.*), sac lacrymal.

DACRYOCISTITE (*méd.*), inflammation du sac lacrymal.

DACRYODE (*méd.*), qui pleure, qui rend beaucoup de sérosité.

DACRYOHÉMORRHYSE (*méd.*), écoulement de larmes mêlées de sang.

DACRYOIDE (*didact.*), qui ressemble à une larme, pyriforme, ou en forme de poire.

DACRYOLITHE (*méd.*), calcul lacrymal.

DACRYON (*hist. nat.*), littéral *larme.* Il se dit quelquefois des sucs des plantes qui se concrètent d'eux-mêmes en larmes ou gouttes. Il se dit aussi de la larme de Job, espèce de graine qui ressemble un peu à une larme.

DACRYOPÉ, ÉE (*méd.*), qui excite à pleurer, qui active la sécrétion du fluide lacrymal.

DACRYOPYORRHÉE (*méd*), écoulement de larmes purulentes.

DACRYOPYORRHÉQUE (*méd.*), qui a rapport à la dacryopyorrhée.

DACRYORRHÉE (*méd.*), flux de larmes, larmoiement.

DACRYORRHÉIQUE (*méd.*), qui a rapport à la dacryorrhée.

DACRYORRHYSE (*méd.*), écoulement de larmes, larmoiement.

DACRYOSTASE (*méd.*), abolition de la fonction des points lacrymaux.

DACTE (*v. lang.*), datte.

DACTIER (*v. lang.*), qui appartient au fruit appelé datte. Ce mot est indiqué dans les *Epithètes du sieur de Laporte*.

DACTYLE (*mythol.*) (Hercule), *Hercules Dactylus*, ancien héros honoré à Olympie sous le nom de Parastatès, c'est-à-dire l'assistant, avec les Dactyles, ses frères. Leur culte fut établi par Clymnène, un des descendants de Dactyle. Il est bien différent d'Hercule fils d'Alcmène, qui ne vint au monde que près de deux siècles après lui. (Cic. *Nat. des Dieux.*)

DACTYLE (δάκτυλος, doigt), (*archéol.*), petite mesure des Grecs, avait à peu près un travers de doigt de largeur ; c'était le quart de la paleste et le seizième du pied. Il valait, de nos mesures, un peu plus de 8 lignes et près de deux décimètres.

DACTYLES (*pros.*), mètre de trois syllabes, une longue, suivie de deux brèves: *sūrgĕrĕ, pĕcōtrūs, ōmĭhĭ*. Il entre dans la composition des hexamètres, des pentamètres, des vers phalence, alcaïque, etc. Le *dactylique* est un hexamètre dont les cinq premiers pieds sont dactyles, ou dont le sixième pied est un dactyle dont la dernière syllabe s'élide avec le vers suivant.

DACTYLE (*Dactylis*) (*bot.*), genre de la famille des graminées, de la triandrie digynie, renfermant de nombreuses espèces de plantes vivaces, à balles multiflores, glomérées, inégales. L'espèce la plus commune est le *Dactyle gloméré*, *D. glomerato*. Cette graminée pousse dans les plus mauvais terrains, mais n'est malheureusement pas très utile : elle fait un mauvais foin et les bestiaux ne la mangent que lorsqu'elle est jeune; ils la refusent lorsqu'elle est plus âgée, à cause de sa dureté. On ne l'emploie guère qu'à former des gazons dans les jardins. Une autre espèce, le *Dactyle rampant*, *D. repens*, croît dans les sables du désert de Zahara et sur les côtes de la Barbarie. J. P.

DACTYLE (*zool.*), espèce de pholade.

DACTYLES, nom que portaient, suivant quelques mythographes grecs, les premiers prêtres de Cybèle. On les surnomma *Idéens*, parce qu'ils habitaient sur le mont Ida, en Phrygie. On leur a donné le nom de *Dactyles* parce qu'ils empêchaient Saturne d'entendre les cris de Jupiter, que Cybèle leur avait confié, en chantant des vers de leur invention, dont les mesures inégales imitaient les temps du pied appelé *dactyle*. D'autres prétendent que ce nom leur vient du mot grec δάκτυλος, doigt, parce qu'ils étaient égaux en nombre aux doigts des deux mains, c'est-à-dire dix, cinq garçons et cinq filles. Quelques auteurs en comptent plus ou moins de dix, et varient sur les noms comme sur le nombre de ces premiers adorateurs de Cybèle : les uns prétendent qu'ils étaient fils de Jupiter et de la nymphe Ida ; d'autres veulent qu'ils soient nés de l'imposition des mains d'Ops sur le mont Ida, lors du passage de cette déesse en Crète. On les confond quelquefois avec les Curètes et les Corybantes, et même avec les Cabires; mais les adversaires de cette opinion disent que les Curètes ne sont que les fils des Dactyles, et que les Cabires avaient un culte bien plus répandu et bien plus ancien. Au nombre des Dactyles on a quelquefois compris Hercule. Les Dactyles Idéens passaient pour avoir découvert l'usage du feu, du cuivre et du fer, et l'art de travailler ces métaux ; ils furent les premiers prêtres et les premiers instituteurs des peuples dans les pays où ils étaient nés. Ils passèrent de Phrygie en Crète à la suite de Minos, et ils établirent les premiers mystères religieux dans la Grèce (*V.* **ORPHÉE**); ils y apportèrent aussi cette espèce de médecine et d'enchantement qui était accompagnée de formules magiques. Après avoir été longtemps prêtres de Cybèle, ils furent eux-mêmes mis au rang des dieux et regardés comme lares ou divinités domestiques. Leur nom seul passait pour un préservatif, et on l'invoquait avec confiance dans les plus grands dangers. Suivant Plutarque, ils avaient encore appris aux Grecs l'usage des instruments de musique. — On appelait aussi *dactyles idéens* des pierres auxquelles on attribuait une vertu miraculeuse, et dont on faisait des talismans ou amulettes, qu'on portait au pouce. A. S-R.

DACTYLÈNE (*bot.*), plante du Brésil.

DACTYLÉS (*poiss.*), famille de poissons établie par M. Duméril, dans l'ordre des holobranches, et à laquelle il assigne les caractères suivants : branchies complètes, corps épais, comprimé, nageoires pectorales, à rayons distincts, isolés. Ce mot vient du grec *dactulos*, doigt, parce que ces poissons paraissent avoir des doigts séparés au-devant de leurs nageoires pectorales. Ils ont la tête grosse, presque carrée, les yeux très hauts. Ils vivent dans la mer; leur chair est assez estimée. Tous les Dactylés ont la tête cuirassée par d'énormes os sous-orbitaires, qui, allant s'unir au préopercule, leur garantissent la joue. Ces os se portent quelquefois par-dessus les machoires et forment en avant un museau saillant. Les sons qu'ils font entendre quand on les prend leur ont valu les noms de *grondins* ou *corbeaux*. Ils comprennent les genres *péristédion*, *prionote*, *trigle* et *dactyloptère*. (*V.* ces mots.)

DACTYLÈTHRE (*ant. grec.*), instrument de torture avec lequel on écrasait les doigts du patient.

DACTYLÈTHRE, DACTYLETHRA (*rept.*), genre de batraciens anoures, qui ont pour caractère principal les trois premiers doigts des pieds postérieurs ornés d'ongles ou de cônes recourbés en ergots. Cette particularité leur a fait donner par Cuvier le nom de Dactylèthre, qui en grec signifie *dé à coudre*. Ces animaux se rapprochent beaucoup des grenouilles par la forme générale, et probablement aussi par la manière de vivre. Leur tête est petite, leur bouche médiocre, leurs yeux petits; leur tympan est caché sous la peau; leurs pieds sont grands, fortement palmés, ceux de devant n'ont que quatre doigts, les postérieures en ont cinq. Toutes les espèces de ce genre sont propres au cap de Bonne-Espérance. L'espèce la plus répandue est le *Dactylèthre* de Delalande, connu aussi sous le nom de *crapaud lisse*. Sa peau est lisse, c'est-à-dire sans les verrues saillantes qu'ont la plupart des Batraciens, d'un gris brunâtre en dessus, finement vermiculé de brun foncé et blanchâtre ou jaunâtre en dessous. Cette espèce a huit à dix centimètres de longueur. J. P.

DACTYLIFÈRE (*bot.*), qui porte ou produit des dattes.

DACTYLIN (*zool.*), qui a un ou plusieurs doigts remarquables par leur forme, leur longueur ou leur position. — Qui a la forme d'un doigt. — **DACTYLINS**, sorte de coquillages.

DACTYLIOGLYPHES, nom par lequel les anciens désignaient les graveurs de pierres dont les anneaux des personnes riches étaient ornés. Plusieurs dactylioglyphes ont inscrit leur nom sur leurs ouvrages (*V.* **GLYPTIQUE**, **DACTYLIOTHÈQUE**).

DACTYLIOGRAPHIE, ce nom signifie la description des anneaux. Quelques auteurs ont donné ce nom à la gravure en pierre fine; mais, comme tous les anneaux n'avaient pas des pierres gravées, il est plus naturel de désigner cet art par le mot **GLYPTIQUE**.

DACTYLIOLOGIE, la science qui traite de la connaissance des pierres gravées ou proprement des anneaux.

Comme les pierres et les anneaux qui composent les dactyliothèques ont un grand prix, des faussaires ont spéculé sur la crédulité des amateurs et ont quelquefois ajouté des noms de graveurs célèbres à des pierres médiocres, mais antiques; quelquefois même à des pierres modernes. La collection du prince Poniatowski en offre beaucoup d'exemples. Il est donc nécessaire, lorsqu'on veut acquérir de ces curiosités, d'avoir quelque connaissance en dactyliologie.

DACTYLIOLOGUE (*ant.*), celui qui s'occupe de dactyliologie, qui écrit sur cette branche des sciences archéologiques.

DACTYLIOMANTIE, divination qui se faisait par le moyen de quelques anneaux qu'on avait fabriqués sous l'aspect de certaines constellations et auxquels étaient attachés des charmes et des caractères magiques. C'est par ce genre d'anneau que Gygès, dit-on, se rendait invisible (*V.* **GYGÈS**).

DACTYLIOMANCIEN (*divinat.*), celui, celle qui pratique la dactyliomancie.

DACTYLION (*musique*), petit instrument qui s'adapte à un piano et sur lequel on exerce ses doigts afin de leur donner plus de souplesse et de force. — **DACTYLION** (*méd.*), adhérence congéniale ou accidentelle des doigts entre eux. — **DACTYLION** (*bot.*), genre de champignons. Dioscoride a désigné par ce nom la scammonée.

DACTYLIOPHORUM (*poiss.*), nom donné par Ruysch, dans sa collection des poissons d'Amboine. Ce poisson, très commun dans les Indes orientales, a cinq taches rondes sur le côté; sa chair a la saveur de celle de l'alose. Ruysch lui a donné ce nom de deux mots grecs, *dactulos*, doigt, et *fero*, je porte, parce qu'il porte des impressions digitales.

DACTYLIOTHÈQUE, du grec δακτύλιος, anneau, et θήκη, coffret, cassette, signifie collection d'anneaux ou de pierres gravées. Par extension, on a appelé dactyliothèque une collection d'empreintes de pierres gravées. Les premières collections de ce genre remontent, à Rome, jusqu'à Scaurus, gendre de Sylla. Pompée consacra, dans le Capitole, les pierres précieuses enlevées à Mithridate. César et Marcellus ont aussi consacré, dans les temples, des dactyliothèques ou baguiers : selon les diverses fêtes, on parait les statues des dieux de différents anneaux. — Laurent de Médicis, ses successeurs et Pétrarque furent des premiers qui, parmi les modernes, firent de ces collections. Paris, Vienne, Berlin, Saint-Pétersbourg et Rome en possèdent de très belles. De riches particuliers en ont aussi formées ou recueillies. Les dactyliothèques de Ludovisi Buon-Compagni, ancien prince de Piombino, de Stosch, du comte de Caylus, de M. le baron Roger, sont à citer. A la mort de leurs possesseurs, la plupart de ces collections passent dans les cabinets des souverains et rendent ceux-ci les plus curieux et les plus complets. — Les dactyliothèques, composées de pierres *intailles*, c'est-à-dire gravées en creux, et de camées, pierres gravées en relief, doivent être classées méthodiquement afin de faciliter les études artistiques et les observations pour lesquelles les anneaux et les pierres gravées sont souvent d'un grand secours. Outre la valeur que ces objets précieux tirent de la matière elle-même et de la beauté de leur travail, ils servent encore à l'histoire de l'art. On doit donc séparer autant que possible les pierres antiques des pierres modernes et les diviser ensuite par sujets : 1° la *mythologie*; 2° l'*histoire héroïque*, qui comprend une partie de l'histoire grecque ; 3° l'*histoire romaine*. Il est presque inutile de dire que dans chacune de ces divisions, il y a aussi un ordre à observer. Les artistes pourraient encore ranger les pierres et les anneaux en réunissant ceux du même auteur. — Parmi les intailles les plus célèbres, on cite le Persée, le Mercure et le Mécène de Dioscoride, le taureau d'Hyllus, l'Achille Cytharœde de Pamphyle, la Méduse de Solon, l'Hercule de Cneus, la Julie d'Evodus. Parmi les camées, on cite la superbe Sardonyx, longtemps nommée *agate de la Sainte-Chapelle*, parce qu'elle y avait été placée par Charles V, et qui représente l'apothéose d'Auguste. Elle est aujourd'hui au muséum de Vienne. Après elle, il faut nommer les noces de Bacchus et d'Ariane, Ulysse, les chevaux de Pelops, la Vénus marine, l'apothéose de Germanicus, qui apprrtiennent au cabinet de France ; les noces de Cupidon et Psyché, du cabinet du duc de Marlborough, etc. On a trouvé la plupart des pierres gravées qui composent les collections dans des maisons de campagne d'Italie, où des affranchis étaient uniquement occupés au travail de la glyptique, dans les trésors des églises, sur les châsses, sur les habits sacerdotaux, sur les vêtements des empereurs d'Orient, autour des vases montés dans le XVIe siècle et sur les couvertures des manuscrits. Beaucoup ont été apportées de l'Orient (*V.* GLYPTIQUE, EMPREINTES, GRAVEURS, INTAILLES).

DACTYLIQUE (*littér. anc.*), qui contient des dactyles, *mètres dactyliques*, *vers dactylique*, vers hexamètre qui se compose uniquement de dactyles, sauf le dernier pied, qui est un spondée, celui qui au contraire a pour dernier pied un dactyle au lieu d'un spondée.

DACTYLITE (*minér.*), corps organisé fossile qui a la forme d'un doigt. — DACTYLITE (*méd.*), inflammation d'un doigt.

DACTYLOBE (*zool.*), qui a les doigts garnis d'une membrane lobée ou festonnée. — DACTYLOBES, famille d'oiseaux échassiers.

DACTYLOCTENIUM (*bot.*), genre de graminées établi par Willdenow, aux dépens des chloris; ses caractères sont : épilets uni-latéraux chargés de fleurs nombreuses, composées d'un calice à deux valves inégales, aiguës, en carène, renfermant environ cinq fleurs; une seule hermaphrodite sans valves calicinales; les fleurs stériles du centre privées de calice (*V.* CHLORIS).

DACTYLODOCHME (*ant. grec.*), mesure de longueur en usage chez les Grecs, la même que la *paleste* ou le *doron*, environ deux pouces dix lignes.

DACTYLOÉ (*zool.*), genre de reptiles sauriens.

DACTYLOGNATHE (*zool.*), qui a les mâchoires allongées en forme de doigt.

DACTYLOGRAPHE (*didact.*), instrument à clavier destiné à transmettre par le toucher des signes qui représentent la parole. — Le DACTYLOGRAPHE est un moyen de communication entre les aveugles et les sourds-muets. — Celui qui pratique la dactylographie.

DACTYLOGRAPHIQUE, adj. qui a rapport à la dactylographie.

DACTILOIDE (*hist. nat.*), qui a l'apparence du doigt. — DACTYLOÏDES, famille de plantes.

DACTYLOLALIE ou **DACTYLOLOGIE** (*didact.*) (*V.* DACTYLOGRAPHIE).

DACTYLON (*bot. anc.*), nom donné par Pline à une plante graminée qui n'a point encore été déterminée. Il a été appliqué par les modernes à une espèce de panier.

DACTYLONOME (*arithm.*), celui qui compte, qui calcule par les doigts.

DACTYLONOMIE (*arithm.*), art de compter par les doigts.

DACTYLONOMIQUE (*arithm.*), qui a rapport à la dactylonomie.

DACTYLOPÈRE (*zool.*), qui a les doigts tronqués. — DACTYLOPÈRES, famille de reptiles sauriens.

DACTYLOPHORE (*zool.*), genre de polypiers fossiles.

DACTYLOPORE (*foss.*), c'est un polypier pierreux, libre, cylindracé, qui se trouve dans le calcaire coquillier de Grignon, près de Versailles, et dans une couche de sable quarzeux, près de Pontoise. La surface extérieure est couverte de petits trous assez ressemblants à ceux d'un dé à coudre, et qui ont à leur base une petite issue correspondant jusque dans l'intérieur du polypier.

DACTYLOPTÈRE, *dactylopterus* (*poiss.*), genre de la famille des acanthoptérygiens à joues cuirassées. Ces poissons, nommés vulgairement *poissons volants*, sont revêtus d'écailles dures et carénées, leur museau est court et sans proéminences; une longue et forte épine termine leur préopercule et devient pour eux une puissante armure; leurs pectorales manquent de rayons libres et se divisent en deux parties, l'antérieure de longueur médiocre, mais la postérieure presque aussi longue que le corps. C'est à l'aide de cette partie, qui en s'étendant devient aussi large que longue, que ce poisson peut s'élever dans l'air et s'y soutenir quelques instants pour échapper à ses ennemis.

L'espèce la plus connue est le *dactyloptère volant*, *D. volitans*, très répandu dans la Méditerranée. Sa longueur ordinaire est d'un pied; sa tête est plate et allongée; son corps rond, diminuant vers la queue, est couvert d'écailles dures, carénées à leur bord et disposées très régulièrement, à l'exception de celles du dos qui sont relevées d'une arête longitudinale. Sa couleur est brune en dessus et rougeâtre en dessous. On le nomme encore arondelle ou rate-penade, c'est-à-dire chauve-souris; on le pêche en pleine mer et sa chair est assez délicate.

DACTYLORHIZE (*bot.*), genre de plantes orchidées.

DACTYLOTE (*ant. grec.*), gobelet à anse.

DACTYLOTÈLE (*zool.*), qui a les doigts élargis dans toute leur longueur. — DACTYLOTÈLES, famille de reptiles sauriens.

DACTYLOTHÈCE (*chirurg.*), instrument propre à tenir les doigts écartés.

DACTYLOTHÈQUE (*zool.*), portion de peau qui enveloppe chaque doigt chez les mammifères.

DACUS (*ins.*), nom appliqué, dans Fabricius, à plusieurs espèces d'insectes diptères de la famille des chétoloxes, où a bouche en trompe charnue, rétractile; ce genre comprenait plusieurs espèces d'éosmies à ailes tachetées ou à bandes. M. Latreille n'a pas adopté ce genre dans le règne animal de Cuvier, et le désigne sous le nom de téphrites (*V.* ce mot). J. P.

DADA, termes dont se servent les enfants, et quelquefois ceux qui leur parlent, pour désigner un cheval. Il se dit également d'un bâton sur lequel un enfant se met à cheval. Fig. et fam., *c'est son dada*, c'est son idée favorite, celle à laquelle il revient toujours.

DADAIS, expression familière dont on se sert pour désigner un niais, un nigaud, et aussi un homme gauche dans son maintien.

DADAN, fils de Jecsan et petit-fils d'Abraham et de Céthura.

DADAS, promontoire de l'île de Cypre, au S., près du promontoire Curias.

DADOSTANE, ville de la Phrygie, au N.-O., sur les frontières de la Bithynie.

DADÉE (*v. lang.*), niaiseries, enfantillage.

DADES, fête que l'on célébrait à Athènes et qui prenait son nom du grand nombre de torches que l'on y allumait; cette solennité durait trois jours, le premier était consacré à Latone en mémoire des douleurs qu'elle avait souffertes en mettant au monde Apollon; le second à Glycon et aux dieux en général, pour fêter leur naissance; le troisième au souvenir des noces de Podalire et d'Olympias, mère d'Alexandre. *Lucien* (*V.* DEDALYRE).

DADIAN (*V.* MINGRÉLIE).

DADIQUE ou **DADIX** (*ant.*), mesure de capacité de l'Asie et de l'Egypte; la *dadique* valait six chenices.

DADICES, peuples de la Scythie asiatique.

DADOUQUE-DUCHUS (δᾴς, flambeau, ἔχειν, avoir), grand-prêtre d'Hercule à Athènes ; — Ministre des mystères de Bacchus; — Prêtres de Cérès, qui portaient un flambeau dans les cérémonies mystérieuses des fêtes consacrées à cette déesse en mémoire qu'elle avait cherché sa fille une torche à la main. Il y avait aux fêtes de Cérès un grand nombre de dadouques; le premier passait la torche à un second, celui-ci à un troisième et ainsi de suite. Celui qui portait le flambeau le premier recevait le nom de grand dadouque, ou seulement de *dadouque*, tandis que ses collègues étaient désignés sous le nom de *lampadaphores*. Il marchait revêtu de magnifiques habits et de tous les attributs du Soleil. La dignité de grand dadouque était inamovible.

DADUCHE-CHUS, même mot que DADOUQUE.

DADYLE (*chim.*), l'une des deux huiles qui constituent l'essence de thérébenthine.

DOERAA (*V.* DÉARA).

DAOEDALE (*bot.*), genre de la famille des champignons, renfermant des espèces coriaces et subéreuses, dont le chapeau sessile et latéral est marqué en dessous de cavités oblongues, formées par des espèces de tubes larges, qui représentent un réseau à mailles très irrégulières. Ce genre répond aux *striglia* d'Adanson, et aux *agarics labyrinthes* du docteur Paulet.

Le *dæedale labyrinthe* est coriace, presque ligneux, sessile, attaché par le côté; sa surface supérieure est raboteuse, colorée par zones d'un rouge de brique foncé; cavités de la partie inférieure très larges et variées dans leur forme. On le trouve sur le tronc des aliziers. J. P.

DÆDALION (*ois.*), nom de l'épervier, d'après la fable suivant laquelle Apollon changea en cet oiseau le fils de Lucifer, qui de désespoir d'avoir perdu sa fille Chione s'était précipité du Mont-Parnasse.

M. Savigny a appliqué ce nom au neuvième genre de ses oiseaux d'Egypte, dans lequel se trouvent l'autour et l'épervier commun. J. P.

DAÉMIE (*bot.*), genre de plantes asclépiades.

DÆMORGON (*myth.*) V. DÉMORGON.

DAEN, ENNE (*hist. anc.*), nom d'une des dix tribus des Perses; membres de cette tribu, les daens menaient une vie nomade, ils habitaient les plaines sablonneuses qui sont à l'E. de la mer Caspienne.

DAELMANS (GILLES), médecin du XVIIIe siècle, voyagea aux Indes et fit des observations utiles sur les maladies de ces climats; mais il s'adonna à l'empirisme et gâta la réputation qu'il eut mérité sans cela. Il mourut après avoir publié un ouvrage plein de maximes erronées, intitulé : *Nouvelle médecine réformée.*

DAENDELS (HERMAN-GUILLAUME), général hollandais, né en 1762 à Hattem. Il fut d'abord avocat, puis se jeta dans la révolution de 1784 et vint s'établir à Dunkerque après le triomphe du stathouder. Après quelques spéculations commerciales, il s'enrôla sous les drapeaux français en 1793, et contribua beaucoup à l'établissement de la *République batave*; il fut fait alors lieutenant général dans sa patrie, et acquit la plus grande influence. Il la perdit en partie lors du débarquement de l'armée anglo-russe qu'il ne put empêcher; mais il la reconquit ensuite. Cependant, en 1802, s'apercevant qu'il n'avait pas la confiance des chefs du gouvernement, il donna sa démission et ne reprit qu'en 1806 du service sous Louis Bonaparte. Deux ans après, il fut nommé gouverneur des possessions hollandaises dans les Indes orientales et exerça ses fonctions avec énergie et talent jusqu'à l'invasion des Anglais en 1811. Il revint alors dans sa patrie et prit quelques temps après un commandement dans l'armée française, qui se préparait à la désastreuse campagne de Russie. Il se conduisit dans cette malheureuse guerre avec la plus grande valeur. Il revint dans sa patrie, en 1814, et offrit à la maison de Nassau, qui venait d'être rétablie, des services qui furent refusés. Pourtant, au mois d'octobre de l'année suivante, il fut nommé par le roi des Pays-Bas, gouverneur des possessions hollandaises sur la côte d'Or en Guinée, et au moment où il se préparait à ajouter de nouvelles améliorations à celles qu'il avait déjà introduites dans ce pays, il fut frappé par la mort au mois d'août 1818.

DAEZAGIE (*métrol.*), monnaie d'argent de Perse. La *daëzagie* vaut 5 mamoudi ou fr. 2,43.

DAF (*relation*) instrument de musique des Indes.

DAFILE (*zool.*), genre d'oiseaux.

DAFIN (*v. lang.*), dauphin, pièce de l'ancien jeu d'échecs, celle que nous appelons aujourd'hui le fou, *roc, fiereté, chevalier. Dafin.*

DAGANA (Thanar war), ville méridionale de l'île de Taprobane (Ceylan).

DAGARD (*v. lang.*), jeune cerf qui pousse le premier bois.

DAGEBOG ou **DAIGEBOG** (*myth. slave*), divinité adorée à Kiew; c'est à peu près la Fortune, on l'appelle aussi *Dageba* ou *Dachouba.*

DAGEL (*v. lang.*), damoiseau.

DAGGIAL (*myth. maho.*), nom par lequel les mahométans désignent l'Anté-Christ.

DAGHESTAN (*géog.*), gouvernement du sud de la Russie d'Europe; capitale, *Derbent*; la souveraineté de la Russie sur le Daghestan, n'est guère que nominale. *Daghestan*, ville de Perse, province de *Mazenderam*, sur l'Abiatrack. On l'appelle aussi *Akhor.*

DAGNER (*v. lang.*), daigner.

DAGNES DE CLAIRFONTAINE (SIMON-ANTOINE-CHARLES), membre de l'Académie d'Angers et de la Société d'agriculture de Tours, naquit au Mans en 1726. Il a laissé plusieurs ouvrages dont les principaux sont : *Eloge historique d'Abraham Duquesne.—Anecdotes historiques, morales et littéraires du règne de Louis XV.* Il mourut vers la fin du XVIIIe siècle.

DAGO (*géog.*), île de la Russie d'Europe, gouvernement d'Esthonie dans la mer Baltique. Sa longueur est de 12 lieues et demie, sa plus grande largeur de 10 lieues et demie. Gibier et veaux marins; 10,000 âmes.

DAGOBERT Ier, roi de France, fils de Clotaire et de Bertrude; roi d'Austrasie en 622, de Neustrie, de Bourgogne et d'Aquitaine en 628, se signala contre les Esclavons, les Saxons, les Gascons et les Bretons; mais il ternit l'éclat de ses victoires par sa cruauté et par sa passion démesurée pour les femmes. Après avoir répudiée celle qu'il avait d'abord épousée, il en eut jusqu'à trois dans le même temps qui portaient le nom de reine, sans compter les concubines. Ce prince aimait beaucoup Paris, et comme il était avide de plaisir, il trouvait plus facilement à satisfaire ses goûts dans la capitale. Ce fut sous la fin du règne de Dagobert, que l'autorité des maires du palais absorba la puissance royale. Il mourut à Epinay en 638, âgé d'environ 36 ans, et fut enterré à Saint-Denis, qu'il avait fondé six ans auparavant. Il laissa de Nantilde, Clovis II, et de Raguetrude, Sigebert qui fut roi d'Austrasie. Quelques chroniqueurs ont donné à Dagobert le titre de saint, que l'Église ne lui a pas confirmé. C'eût été un étrange saint qu'un prince qui ayant subjugué les Saxons, eut la cruauté de faire couper la tête à tous ceux qui dépassaient la hauteur de son épée.

DAGOBERT II, le jeune, roi d'Austrasie, fils de Sigebert II, devait monter sur le trône de son père, mort en 656; mais Grimoald, maire du palais, le fit enfermer dans un monastère et donna le sceptre à son propre fils Childebert. Clovis II, roi de France, ayant fait mourir Grimoald, détrôna Childebert, et sur un faux bruit de la mort de Dagobert, donna l'Austrasie à Clotaire III, puis à Childéric II. Dagobert épousa Mathilde en Ecosse, où il avait été conduit. Après la mort de Childéric, il reprit la couronne d'Austrasie en 674, et en 679 Ebroïn, maire du Palais, le fit assassiner comme il marchait contre Thierry, roi de Neustrie, auquel il avait déclaré la guerre. Dagobert fonda divers monastères et gouverna son peuple en paix. Il ne laissa que des filles. Sa sépulture est à Stenay.

DAGOBERT III, fils et successeur de Childebert II ou III, roi de Neustrie, l'an 711, mort le 17 janvier 715, laissa un fils nommé Thierry, auquel les Francs préférèrent Chilpéric II, fils de Childéric II, roi d'Austrasie. Henschenius a publié en 1653, une savante dissertation sur les trois Dagobert, rois de France, in-4°.

DAGOBERT (LOUIS-AUGUSTE), général français, naquit à Saint-Lô, d'une noble famille. Nommé sous-lieutenant dans le régiment de Tournaisis, il parvint successivement au grade de maréchal de camp. En 1792, il se distingua sous Biron auprès de Nice et au col de Négro. Général en chef de l'armée des Pyrénées orientales, il quitta son armée, réduite au plus complet dénuement, pour venir à Paris réclamer des secours indispensables. Jeté en prison, il fut assez heureux pour n'être pas décrété d'accusation et pour être bientôt réintégré dans son commandement. Il se distingua à Puicerda, Mont-Louis, Olette et Campredon; prit Urgel le 10 avril 1794, et mourut dix jours après des blessures qu'il avait reçues dans cette glorieuse affaire. La Convention ordonna que son nom serait inscrit au Panthéon.

DAGOBERTS-HAUSEN, village d'Allemagne (Hesse-Electorale), dans la province et à 7 lieues S. de Cassel, célèbre par la victoire remportée en 641 sur les Slaves par Dagobert.

DAGOMARI (PAUL), connu aussi sous le nom de *Paul le Géomètre*, naquit à Prato près Florence, à la fin du XIIIe siècle ou au commencement du XIVe. C'était un des plus grands géomètres et un des plus fameux astronomes de son temps. Il fut le premier qui publia des almanachs avec des prédictions; Boccace en parle avec éloge dans sa *Genealogia deorum*, et Villani (Philippe) a donné sa vie détaillée et son panégyrique dans la *Vie des illustres Florentins.* Il mourut à Florence vers l'an 1366.

DAGON, une des divinités les plus révérées des Phéniciens, qui le représentaient sous la forme d'un triton et qui lui avaient élevé, à Gaza, un temple magnifique. Les uns le prennent pour Saturne, d'autres pour Jupiter, d'autres pour Neptune ou Vénus, d'autres encore le prennent pour un fils de Célus et comme l'inventeur du labourage, parce que Dagon, dans la langue phénicienne, veut dire blé; d'autres enfin le croient le même qu'Atergotis et que le poisson Oannes, et cette opinion ne manque point de probabilité quand on songe qu'on lui donnait la forme d'un triton, c'est-à-dire d'un monstre demi-homme et demi-poisson.

DAGONEAU (JEAN), juge au fermier de l'abbaye de Cluny, est regardé comme l'auteur d'une satire intitulée : *Légende de don Claude de Guise.* Il était protestant. Arrêté avec ses deux frères et jeté dans les prisons de Mâcon, après le massacre de la Saint-Barthélemy, il n'en sortit qu'en payant une somme considérable à l'abbé de Cluny. Il trouva sa maison pillée et ne reçut que des injures de sa femme, qui s'était rangée du côté de ses persécuteurs. Il mourut en 1580, empoisonné par elle suivant les uns, ou de chagrin suivant les autres.

DAGORIE (*agricult.*), variété de pommes.

DAGORNE, il se dit populairement, selon le Dict. de Trévoux, d'une vache à qui on a rompu une corne; et au figuré d'une vieille femme laide et chagrine.

DAGOUMER (GUILLAUME), professeur de philosophie, principal du collége d'Harcourt, et enfin recteur de l'Université, naquit à Pont-Audemer au milieu du XVIIe siècle. Il est l'auteur de quelques ouvrages de philosophie et d'un écrit contre les jésuites connu sous le nom de *Défense de toutes les universités de France*. Il mourut à Courbevoie, en 1745.

DAGUE, arme plus forte que le poignard, plus courte que l'épée, que les chevaliers et les gens d'armes portaient à leur ceinture. La dague a été nommée *miséricorde*, parce que, lorsque le vainqueur tenait son ennemi terrassé et avait trouvé le défaut de l'armure, le vaincu n'avait d'autre moyen d'échapper à la dague que de demander miséricorde. La *dague à rouelle*, introduite par Louis XI, avait une garde.

DAGUE ou **DAGUET** (*mam.*), on nomme ainsi le premier bois qui pousse à la tête du cerf vers sa seconde année. Les cerfs de cet âge sont appelés daguets.

DAGUENET (*v. lang.*), petite dague.

DAGUERRE (JEAN), né à Larressore, dans les Pyrénées, en 1703. Sa famille était pauvre et fut forcée de s'imposer les plus grands sacrifices pour fournir aux frais de son éducation; il étudia la théologie à Bordeaux, et, après avoir reçu les ordres, il fut nommé vicaire du bourg de d'Anglet, près Bayonne. Là il s'occupait de former les jeunes gens de sa paroisse à la vertu en leur donnant une éducation chrétienne; ses succès furent complets et augmentèrent son zèle. Il entreprit des missions et il obtint de nombreuses conversions dans le diocèse de Bayonne. Mais son but principal, son plus cher projet était la fondation d'un petit séminaire dans ce diocèse; il y parvint grâces à son zèle et aux dons qu'il sollicita et reçut. Le séminaire de Larressore fut achevé en 1733, et l'abbé Daguerre le dirigea avec la plus grande habileté et la plus remarquable vertu pendant cinquante-deux ans. Il mourut le 23 février 1785. On a de Daguerre un excellent ouvrage intitulé: *Abrégé des principes de morale et des règles de conduite qu'un prêtre doit suivre pour bien administrer les sacrements.*

DAGUERRÉOTYPE (*photographie*). Parmi les inventions qui, depuis le commencement de ce siècle, ont excité un intérêt universel, celle du *Daguerréotype* est certainement l'une des plus extraordinaires. Pendant longtemps elle a été entourée d'un mystère favorable à l'incrédulité; mais l'admiration seule maintenant est permise. L'État, qui vient d'en acquérir la propriété dans l'intérêt des sciences et des arts, a donné le signal de la publicité; c'est donc un devoir, en quelque sorte, pour les organes de la presse de porter la découverte de M. Daguerre à la connaissance du plus grand nombre possible de personnes et de populariser ses procédés, pour que les esprits curieux et ingénieux soient en tous lieux appelés à en jouir, et à se mettre sur la voie des perfectionnements. — Pour bien comprendre la *photographie*, il est nécessaire d'avoir préalablement quelque notion de la *chambre noire*, qu'on appelle aussi *chambre obscure*. Voici comment M. Arago raconte l'histoire de cette dernière invention : — « Un physicien napolitain, Jean-Baptiste Porta, reconnut, il y a environ deux siècles, que si l'on perce un très petit trou dans le volet de la fenêtre d'une *chambre bien close*, ou, mieux encore, dans une plaque métallique mince, appliquée à ce volet, tous les objets extérieurs dont les rayons peuvent atteindre le trou, vont se peindre sur le mur de la chambre qui lui fait face, avec des dimensions réduites ou agrandies suivant les distances, et avec les couleurs naturelles. Porta découvrit peu de temps après que le trou n'a nullement besoin d'être petit; qu'il peut avoir une largeur quelconque quand on le couvre d'un de ces verres bien polis qui, à raison de leur forme, ont été appelés des lentilles. — Dès lors Porta fit construire des *chambres noires* portatives. Chacune d'elle était composée d'un tuyau plus ou moins long, armé d'une lentille; l'écran blanchâtre, en papier ou en carton, sur lequel les images allaient se peindre, occupait le foyer. Cet appareil a été depuis perfectionné: une glace dépolie remplace l'écran blanchâtre, et sur cette glace la lumière trace des vues parfaitement exactes des objets les plus compliqués, avec une netteté parfaite de contours, avec la dégradation naturelle des teintes. Mais on sait que ces images sont fuyantes comme les reflets, comme l'ombre; dès qu'on déplace l'appareil, dès qu'on enlève la glace, elles disparaissent. — Or, ce sont ces images de la chambre obscure qui, par la découverte de M. Daguerre, s'impriment maintenant elles-mêmes sur une surface métallique qui remplace le verre dépoli; et une fois produites et fixées, elles se conservent pour toujours. En d'autres termes, dans le daguerréotype, la puissance de la lumière crée, en quatre ou cinq minutes, des dessins où les objets conservent mathématiquement leurs formes jusque dans les plus petits détails, où les effets de la perspective linéaire et la dégradation des tons provenant de la perspective aérienne, sont accusés avec une délicatesse que l'art n'a jamais connu. — Ainsi nul doute, nulle ambiguité. Une personne qui ignore complètement le dessin peut, à l'aide du daguerréotype, obtenir en quelques minutes des images parfaites et durables de tous les objets ou de toutes les vues qui lui plaisent; il lui suffit de placer l'appareil devant un paysage, devant un monument, devant une statue, ou dans sa chambre, devant les curiosités ou les tableaux qui l'ornent, et en quelques instants il en a la reproduction parfaite; il a un dessin qu'il encadre, qu'il met sous verre, qu'il suspend à la muraille, comme une estampe qui aurait été exécutée lentement, patiemment et à grands frais. Chacun peut, avec cette admirable invention, s'entourer de tous les souvenirs qui lui sont chers, avoir une représentation fidèle de sa maison paternelle, des lieux où il vécut ou qu'il a admirés dans ses voyages. — On s'exposerait toutefois à une sorte de déception, si l'on imaginait que toute image de la nature obtenue par le moyen du daguerréotype est nécessairement une œuvre d'art remarquable, une estampe belle et séduisante. D'abord, tous les objets et toutes les vues de la nature ne sont pas agréables; il faut savoir choisir. Puis, dans les épreuves du daguerréotype, les images se reproduisent sans leurs couleurs; on croirait voir des dessins à la manière noire, ou plutôt à la mine de plomb estampée; ce ne sont point des tableaux. Enfin, il faut tout dire, dans l'état actuel de l'invention, la lumière de l'image n'a pas encore toute la vivacité, toute la chaleur de la lumière du jour. L'effet est le plus ordinairement froid et sombre, comme s'il était donné par un crépuscule d'hiver; le soleil semble absent; on croirait au plus que la lune était au ciel tandis que se formait dans la chambre obscure le dessin mystérieux. Aussi nous confesserons que les plus belles épreuves du daguerréotype que nous ayons encore vues sont celles qui représentaient soit des monuments d'une architecture riche et fleurie, saisis dans des conditions favorables, soit des intérieurs de cabinets d'art, où se trouvaient des bas-reliefs, des statuettes, des médailles, des objets précieux, groupés avec intention et avec goût. Ces derniers sujets sont reproduits avec une perfection et un charme à désespérer les plus habiles disciples de Gérard Dow, de Miéris ou de Metzu. — Malgré ces restrictions, la découverte est admirable, et on l'eût regardée autrefois comme un miracle ou comme un sortilége. Ce n'est point par le hasard qu'elle a été produite, mais par la force de la volonté, et après quinze ans de veilles et de tâtonnements. Essayons en partie de l'expliquer, nous aidant du rapport lu par M. Arago à la Chambre des députés, et de la communication qu'il a faite depuis à l'Académie des sciences. — Les alchimistes réussirent jadis à unir l'argent à l'acide marin; le produit de la combinaison était un sel blanc qu'ils appelèrent *lune* ou *argent corné*. Ce sel jouit de la propriété remarquable de noircir à la lumière, de noircir d'autant plus vite que les rayons qui le frappent sont plus vifs. — Couvrez une feuille de papier d'une couche d'argent corné, ou, comme on dit aujourd'hui, d'une couche de chlorure d'argent; formez sur cette couche, à l'aide d'une lentille, l'image d'un objet; les parties obscures de l'image, les parties sur lesquelles ne frappe aucune lumière resteront blanches; les parties fortement éclairées deviendront complétement noires; les demi-teintes seront représentées par des gris plus ou moins foncés. — Ces applications de la curieuse propriété du chlorure d'argent, découverte par les anciens alchimistes, ont préoccupé, au commencement de notre siècle, plusieurs savants illustres, entre autres notre célèbre physicien Charles Wedgwood et Humphrey Davy. Mais il était réservé à nos compatriotes, MM. Niepce et Daguerre, de féconder ces essais et d'en faire sortir la découverte. — M. Niepce était un propriétaire retiré dans les environs de Châlons-sur-Saône. Il consacrait ses loisirs à des recherches scientifiques. Il paraît s'être occupé dès 1814 de fixer les images de la chambre obscure. Plus tard, il unit ses efforts à ceux de M. Daguerre, qui fit des progrès plus rapides vers la découverte, et qui, après la mort de son associé, survenue il y a quelques années, acheva de lui donner le caractère précis qu'elle a maintenant. Une correspondance authentique entre ces deux physiciens ne permet pas en effet de douter que par la supériorité de sa méthode, par le meilleur choix des enduits, M. Daguerre n'ait plus particulièrement droit au titre d'inventeur. — Voici la description du procédé employé par M. Daguerre : — Les épreuves se font sur des feuilles d'argent plaquées sur cuivre. L'épaisseur des deux métaux ne doit pas excéder celle d'une forte carte. Le procédé se divise en cinq opérations : — La *première* consiste à polir et à nettoyer la plaque pour la rendre propre à recevoir la couche sensible sur laquelle l'image doit se fixer. — La *seconde* à appliquer cette couche. — La *troisième* à soumettre dans la chambre noire la plaque préparée à l'action de la lumière, pour y recevoir l'image de la nature. — La *quatrième*, à faire paraître cette image, qui n'est jamais visible en sortant de la chambre noire. — La *cinquième* a pour but d'enlever la couche sensible, qui continuerait à être modifiée par la lumière et tendrait à détruire l'épreuve.

Première opération. — Il faut pour cette opération un petit flacon d'huile d'olives, du coton cardé très fin, de la ponce broyée excessivement fine, enfermée dans un nouet de mousseline assez claire pour que la ponce puisse passer facilement en secouant le nouet; un flacon d'acide nitrique, étendu d'eau dans la proportion d'une partie (en volume) d'acide, contre seize parties (également en volume) d'eau distillée ; un châssis en fil de fer, sur lequel on place les plaques pour les chauffer à l'aide d'une lampe à esprit-de-vin ; enfin une petite lampe à esprit-de-vin. — On commence par bien polir la plaque ; à cet effet on la saupoudre de ponce (en secouant sans toucher la plaque) et avec un peu de coton imbibé d'un peu d'huile d'olive, on la frotte légèrement en arrondissant. Quand la plaque est bien polie, il s'agit de la dégraisser, ce qui se fait encore en la saupoudrant de ponce et en la frottant à sec avec du coton, toujours en arrondissant. On fait ensuite un petit tampon de coton, qu'il faut imbiber d'un peu d'acide étendu d'eau. Alors on frotte la plaque avec le tampon, en ayant soin d'étendre parfaitement l'acide sur toute la surface de la plaque. On s'aperçoit que l'acide est bien également étendu lorsque la surface de la plaque est couverte d'un voile régulier sur toute son étendue. Ensuite on saupoudre la plaque de ponce, et, avec du coton qui n'a pas servi, on la frotte très légèrement. — Alors la plaque doit être soumise à une forte chaleur ; on la place sur le châssis de fil de fer, et on promène dessous la lampe à esprit-de-vin, jusqu'à ce qu'il se forme à la surface de l'argent une couche blanchâtre. On fait ensuite refroidir promptement la plaque en la plaçant sur un corps froid, tel qu'une table de marbre; lorsqu'elle est refroidie il faut la polir de nouveau, c'est-à-dire enlever la couche blanchâtre. Lorsque l'argent frotté à sec avec le tampon est bien bruni, on le frotte avec l'acide étendu d'eau, et on le saupoudre de nouveau d'un peu de ponce en frottant très légèrement avec un tampon de coton. Il faut éviter la vapeur humide de l'haleine, ainsi que les taches de salive et le frottement des doigts.

Deuxième opération. — Pour cette opération, il faut la planchette fig. 1, la boîte fig. 2 et un flacon d'iode. Après avoir fixé la plaque sur une planchette au moyen de bandes métalliques et de petits clous, comme elle est indiquée fig. 1, il faut mettre de l'iode divisé dans la capsule qui se trouve au fond de la boîte. On place la planchette, le métal en dessous, sur les petits goussets placés aux quatre angles de la boîte dont on ferme le couvercle. Dans cette position, il faut la laisser jusqu'à ce que la surface de l'argent soit couverte d'une belle couche jaune d'or. Il est indispensable de regarder de temps en temps pour s'assurer si elle a atteint le degré de jaune nécessaire; mais la lumière ne doit pas frapper directement dessus. Aussi faut-il mettre la boîte dans une pièce obscure où le jour n'arrive que très faiblement, et lorsqu'on veut regarder la plaque, après avoir ôté le couvercle de la boîte, on prend la planchette par les extrémités avec les deux mains, et on la détourne promptement; il suffit alors que la plaque réfléchisse un endroit peu éclairé et autant que possible éloigné pour qu'on s'aperçoive si la couleur jaune est assez foncée. On remet très promptement la plaque sur la boîte si la couche n'a pas atteint le ton jaune d'or; si, au contraire, cette teinte était dépassée, la couche ne pourrait pas servir, et il faudrait recommencer entièrement la première opération. Lorsque la plaque est arrivée au degré de jaune nécessaire, il faut emboîter la planchette dans un châssis, comme il est indiqué dans la fig. 3. Le jour ne doit pas frapper sur la planche ; tout au plus peut-on se servir d'une bougie. On passe ensuite à la troisième opération. Si l'intervalle entre la deuxième et la troisième opération était de plus d'une heure, la combinaison de l'iode et de l'argent n'aurait plus la même propriété.

Troisième opération. — L'appareil nécessaire à cette opération se borne à la chambre noire, fig. 4. On place la boîte de la chambre noire devant la vue que l'on veut reproduire, en choisissant de préférence les objets éclairés vivement par le soleil. Les moments les plus favorables sont entre sept heures du matin et trois heures après midi. Après avoir placé convenablement la chambre obscure, il est essentiel de bien mettre au foyer, c'est-à-dire de reculer ou avancer la double boîte BB de l'appareil jusqu'à ce que l'image de la nature apparaisse en traits parfaitement distincts sur la glace dépolie A. Lorsqu'on a atteint une grande précision, on remplace cette glace dépolie par les châssis fig. 3, et on en ouvre les portes AA, de manière à ce que la couche d'iode reçoive l'impression de la vue ou des objets que l'on a choisis. Il ne reste plus alors qu'à ouvrir le diaphragme E et laisser agir la nature. — Cette opération est très délicate, et l'on n'y réussit qu'après avoir acquis une certaine expérience. En effet, il est de toute impossibilité de déterminer le temps nécessaire à la reproduction, puisqu'il dépend entièrement de l'intensité de lumière des objets que l'on veut reproduire, et que l'action de cette lumière est complètement invisible. Cependant il est très important de ne point dépasser le temps nécessaire pour la reproduction, parce que les clairs ne seraient plus blancs ; ils seraient noircis. Si, au contraire, le temps n'était pas suffisant, l'épreuve serait vague et sans détails. Ce temps peut varier pour Paris de trois ou quatre minutes aux mois de juin et de juillet, et de cinq ou six minutes dans les mois de mai et d'août, de sept à huit en avril et en septembre, et ainsi de suite dans la même proportion à mesure qu'on avance dans la saison. Ceci n'est, du reste, qu'une donnée générale pour les objets très éclairés; car il arrive souvent qu'il faut vingt minutes dans les mois les plus favorables, lorsque les objets sont entièrement dans la demi-teinte.

Quatrième opération. — Il faut pour cette opération l'appareil fig. 5, un flacon de mercure contenant au moins un kilo, une lampe à l'esprit de vin, un entonnoir. La plaque, lorsqu'on la retire de la chambre noire, a conservé sa teinte uniforme de jaune d'or, et semble n'avoir subi aucune modification. L'empreinte de l'image de la nature existe sur la plaque; mais elle n'est pas visible. Il s'agit, dans la quatrième opération, de la rendre visible. C'est pourquoi l'on transporte subitement la plaque dans la boîte (fig. 5), où, placée sur des tasseaux qui la tiennent inclinée à 45 degrés, elle est exposée (A) à un courant ascendant de vapeur mercurielle qui s'élève d'une capsule (B), dans laquelle le liquide est monté par l'action d'une lampe à esprit de vin (C). Cette vapeur s'attache en abondance aux parties de la surface de la plaque qu'une vive lumière a frappées ; elle laisse intactes les régions restées dans l'ombre; enfin elle se précipite sur les espaces qu'occupaient les demi-teintes. Un verre adapté à la boîte (P) permet de suivre du regard, à la faible lumière d'une bougie, la formation graduelle de l'image. On voit la vapeur mercurielle, comme un pinceau de la plus extrême délicatesse, marquer du ton convenable chaque partie de la plaque. Un thermomètre adapté à la boîte indique le moment où l'on doit retirer la lampe à esprit de vin ; c'est lorsqu'il marque 60 degrés centigrades. En général, il faut laisser la plaque dans l'appareil jusqu'à ce que le thermomètre soit descendu à 45 degrés, quelquefois auparavant si la lumière a été très vive.

Cinquième opération. — L'image est alors reproduite ; mais il faut empêcher que la lumière du jour ne l'altère. On arrive à ce résultat en agitant la plaque dans de l'eau saturée de sel marin ou dans une solution d'hyposulfate de soude, et en la lavant ensuite avec de l'eau distillée chaude. Après ce lavage, qui exige beaucoup de précautions, l'épreuve est terminée. Il ne reste plus qu'à préserver la plaque de la poussière et des vapeurs qui pourraient ternir l'argent. Le mercure qui dessine les images est en partie décomposé ; il adhère à l'argent, il résiste à l'eau qu'on verse dessus; mais il ne peut soutenir aucun frottement. Pour conserver les épreuves, il faut les mettre sous verre et les coller; elles sont alors inaltérables, même au soleil.

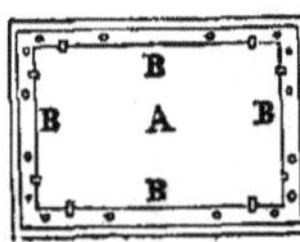

A, feuille d'argent plaqué fixée sur une planchette au moyen de quatre petites bandes B B B B en argent plaqué de même épaisseur que la plaque. On fixe ces bandes avec de petits clous; elles retiennent la plaque par de petites saillies soudées dessus. Leur utilité est de faciliter l'égalisation de la couche d'iode, qui sans elles serait beaucoup plus intense sur les bords de la plaque que dans le centre.

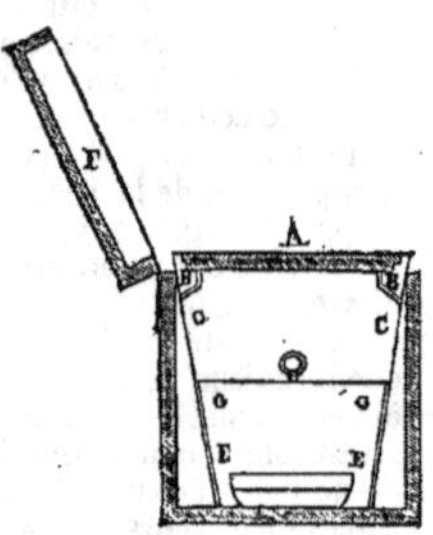

(Fig. 2. — Coupe de la boîte qui sert à fixer la couche d'iode sur la feuille d'argent plaqué.)

A, planchette garnie de la plaque (comme elle est désignée fig. 1). Elle se pose pour obtenir la couche sur les goussets B qui sont aux quatre angles de la boîte. — C, couvercle qui, avant que l'on n'opère, ferme parfaitement la partie inférieure de la boîte et sert à concentrer l'évaporation de l'iode. On l'enlève au moment où l'on place la planchette sur les goussets. — D, capsule dans laquelle on dépose l'iode. — E E, cercle garni de gaze que l'on pose sur la capsule pour égaliser la vapeur de l'iode et pour empêcher qu'il ne s'en détache des parcelles. — F, couvercle de la boîte, qui doit toujours rester fermée. — G G G G, garniture en bois formant dans l'intérieur une seconde boîte en forme d'entonnoir.

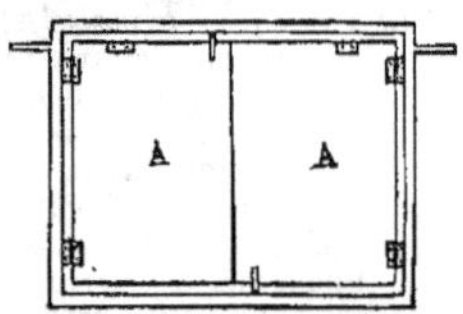

Fig. 3. — Châssis dans lequel est renfermée la planchette garnie de la plaque, pour la garantir de la lumière aussitôt qu'elle a reçu la couche d'iode dans la boîte fig. 2. On n'ouvre plus les portes de ce châssis AA de manière à découvrir la planchette qu'après l'avoir mis, à la place de la glace dépolie, dans la chambre noire.

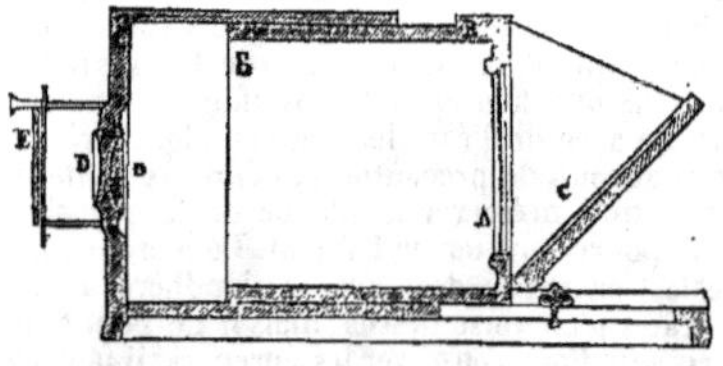

Fig. 4. — Chambre noire.

A, glace dépolie qui reçoit l'image de la nature. On l'avance ou on la recule, avec la double boîte B à laquelle elle est attachée, pour bien mettre au foyer, c'est-à-dire pour obtenir que les objets dont on désire fixer l'image se reproduisent sur la glace avec une grande netteté. Ensuite on remplace la glace par le châssis contenant la plaque fig. 3. — C, miroir qui sert à redresser les objets, et qu'on incline à 45 degrés, tandis que l'on cherche le point de vue. — D, objectif achromatique et périscopique (la partie concave doit être en dehors de la chambre noire). Son diamètre est de 81 millimètres et son foyer de 38 centimètres. — E, diaphragme placé en avant de l'objectif, à une distance de 68 millimètres.

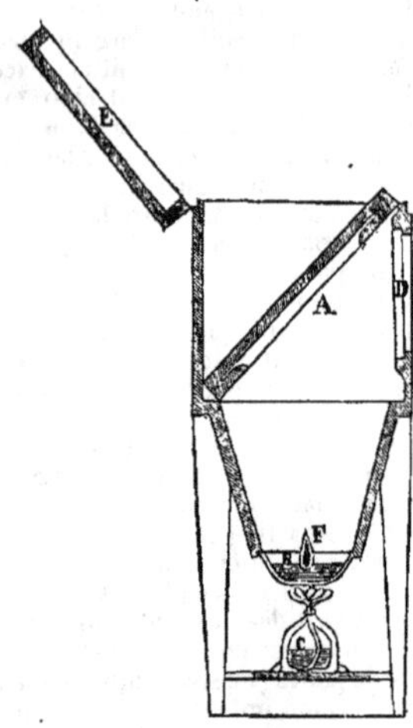

(Fig. 5. — Appareil dans lequel on enferme la plaque après l'avoir retirée avec son châssis de la chambre noire pour la soumettre à l'action de la vapeur mercurielle.)

A, la plaque avec la planchette enfermée dans une planche noire à rainures, et posée sur des tasseaux qui la tiennent inclinée à 45 degrés; le métal est placé en dessous. — B, capsule contenant le mercure. — C, lampe à l'esprit de vin. — D, glace à travers laquelle on peut voir l'image de la nature apparaître peu à peu sur la plaque à mesure que monte et agit la vapeur mercurielle. — E, couvercle de l'appareil. — Cet appareil est garni intérieurement d'un thermomètre F, dont la boule plonge dans le mercure, et d'un robinet par lequel on retire le mercure. Tout l'intérieur de l'appareil doit être en noir verni. — Ajoutons que le moyen de convertir les épreuves du daguerréotype en planches gravées vient d'être découvert. Ainsi chaque dessin obtenu par les procédés que nous venons d'indiquer pourra être reproduit, comme toute espèce de gravure, à un nombre considérable d'exemplaires.

DAGUESCH (*philol.*), un des points diacritiques de la langue hébraïque. Le DAGUESCH est représenté par un point placé au milieu de la lettre, *daguesch doux*, *fort*, *doublant*.

DAGUET (*t. de vénerie*), jeune cerf qui est à sa première tête, qui pousse son premier bois.

DAGUET (Pierre-Antoine-Alexandre), jésuite, né à Baumes-les-Dames le 1er décembre 1707, mourut à Besançon en 1775. On lui doit plusieurs ouvrages de piété, dont l'un est intitulé : *La Consolation du chrétien dans les fers, ou Manuel des chiourmes.*

DAGUET (*Poiss.*), nom vulgaire de l'églefin, *gadus æglefinus*. (*V.* MORUE.) J. P.

DAGUN (*relation*), dieu du Pérou.

DAGYDE (*ant. grec*), poupée de cire en usage dans les enchantements; ornement de tête des dames grecques.

DAHALAC ou **DHALAC** (*géog.*), la plus grande des îles du golfe Arabique, en Abyssinie; 9 lieues de long sur 4 lieues et demie de large. *Dahalac* était autrefois peuplée et commerçante, maintenant elle est bien déchue. On y fait la pêche des perles, qui y est abondante; ses habitants sont noirs, courageux, et exercent quelquefois la piraterie.

DAHES, peuple scythe dont le territoire était au N. de l'Hyrcanie et à l'est de la mer Caspienne, dans les déserts qui s'étendent entre les fleuves Ochus et Oxus jusqu'à l'Asie. Ils étaient divisés en trois branches distinctes : les Aparnes à l'O., les Xanthiens et les Pissures. Ils firent longtemps partie de l'empire des Perses et marchèrent d'abord avec Darius Codoman, ensuite avec le satrape Spitamène contre les Macédoniens, auxquels ils ne se soumirent qu'après une longue résistance. Leurs mœurs étaient celles du reste des peuplades de la Scythie éparses au nord de l'Europe et de l'Asie.

DAHI (*bot.*), espèce de caprier d'Arabie.

DAHL (Jean-Conrad), né à Mayence le 19 novembre 1762, entra dans les ordres en 1784, fut ordonné prêtre en 1786, et fut successivement chapelain d'Oberursel, curé de Saint-Jean à Mayence, curé de Budenheim, il eut ensuite la cure de Gernsheim, trésorier du chapitre de Bersgtrasse, conseiller des affaires ecclésiastiques et de l'instruction publique, puis curé de Darmstadt, et enfin chanoine de Mayence; il mourut dans cette ville le 10 mars 1833. Ses titres à la célébrité sont les ouvrages sur l'histoire et les antiquités historiques de l'Allemagne, dans lesquels il déploie une très profonde érudition. Il était membre de plusieurs académies allemandes.

DAHLBERG (Eric, comte de), feld-maréchal et sénateur de Suède, né en 1675, s'appliqua surtout à l'architecture militaire, et fut nommé directeur général de toutes les forteresses du royaume. Il se distingua par son courage et ses talents pendant les campagnes de Charles-Gustave en Pologne et en Danemark. Sous le règne de Charles XI, il fut nommé gouverneur-général de Livonie et chancelier de l'Université de Dorpat. De retour en Suède, il devint sénateur et obtint les titres de comte et de feld-maréchal. Il mourut le 16 janvier 1703.

DAHLER (Jean-Georges), né à Strasbourg le 7 décembre 1760, étudia la théologie dans diverses villes d'Allemagne, et devint professeur de théologie à la Faculté de Strasbourg, doyen de cette Faculté et professeur au séminaire protestant de cette ville, après avoir langui longtemps dans les places inférieures. Il mourut le 28 juin 1831. Il possédait une instruction extrêmement variée et connaissait parfaitement les langues latine, grecque, l'hébreu, le chaldéen, le syriaque et l'arabe; il était en outre très versé dans la littérature ancienne. Il n'avait pas vingt ans quand il composa son excellent ouvrage: *Exercitationes in Appianum*, qui le fit choisir par Schweighœuser pour collaborateur dans son édition d'Appien.

DAHLIA (*bot.*), genre de plantes de la famille des corymbifères et de la syngénésie; elles sont herbacées, vivaces par leurs racines, et annuelles par leurs tiges. La tige est creuse, cylindrique, ramifiée, garnie de feuilles d'un vert foncé en dessus et plus pâles en dessous, dentées, opposées, à nervures pennées, et terminées par une foliole impaire; les fleurs qui parent le sommet des tiges et des rameaux s'épanouissent vers les derniers mois de l'année; le calice est double extérieurement, composé de cinq folioles spatulées, recourbées, à découpures droites, ovales. Ces plantes sont très recherchées des amateurs, à cause de leur port élégant, et surtout de leurs magnifiques fleurs de couleurs variées et éclatantes. Les dahlias sont originaires du Mexique, d'où on introduisit leur culture en Europe en 1790. Ce genre fut dédié au botaniste Dahl. — On divise les dahlias en deux espèces distinctes: 1° le *dahlia superflua*, dont les tiges sont hautes et robustes, garnies de grandes feuilles d'un vert foncé; les fleurs, de couleur purpurine, passent par gradation au rose et au jaunâtre; le style est plus ou moins développé, mais toujours imparfait; 2° le *dahlia frustranea*, dont la tige est moins élevée et moins forte, couverte d'une poussière glauque; les feuilles petites, d'un vert clair, le style tout-à-fait avorté. Le dahlia nain, qui est le produit de la culture, ne peut être regardé comme une espèce particulière, d'autant plus que les individus qui proviennent de ses semences rentrent toujours dans l'une ou l'autre espèce. Malgré tous les moyens mis en usage, on n'est jamais parvenu à obtenir de dahlias bleus; leurs couleurs sont le blanc, le jaune, le rouge, le violet, le pourpre, nuancés à l'infini. Au Mexique, on mange les tubercules du dahlia, qui passent pour un mets agréable, sain et nourrissant. On en fait aussi des gelées. J. P.

DAHLIE chevelue (*bot.*), genre de plantes dicotylédones de la famille des urticées, offrant pour caractères essentiels: des fleurs dioïques; dans les mâles, une écaille pour calice, un seul pétale lancéolé et roulé; dans les fleurs femelles, une étamine, point de corolle, une capsule monosperme à une seule loge, s'ouvrant en quatre valves. Cet arbrisseau est originaire du cap de Bonne-Espérance. J. P.

DAHLINE (*chimie*), substance qu'on extrait des tubercules du dahlia ou de la *dahlie*.

DAHLMAN (Pierre), écrivain allemand, qui vivait à Halle vers 1709. Il a laissé un ouvrage intitulé: les Écrivains pseudonymes démasqués. Leipzig, 1710, in-8°.

DAHLMAN (Charles), agronome suédois, s'est rendu célèbre par des ouvrages estimés sur les arbres indigènes de la Suède, publiés en 1746. — Laurent **DAHLMAN**, autre Suédois, est l'auteur d'un ouvrage intitulé: *De conservatione silvarum in patriâ. Stockholm*, 1741.

DAHLSTIERNA (Gunno Eurelius de), poète suédois, naquit en 1618, composa un poème sur la mort de Charles XI, en 1697, et un traité ayant pour titre: *Latium in Livonia.* Il fit aussi une dissertation savante sur l'*ambre jaune* ou le *succin*. Il mourut en 1709.

DAHMAN (*myth. pers.*), l'ange qui conduit au ciel les âmes des saints.

DAHNA (AL) (*géog.*), nom d'une vaste plaine du nord de l'Arabie, entre l'Hedjaz et les limites de la Turquie d'Asie; c'est la partie la mieux connue du Nedjed, parce qu'elle se trouve sur le passage des caravanes de Bassora à la Mecque. Elle est habitée par plusieurs tribus nomades.

DAHOMEY, roy. d'Afrique, dans la Guinée supérieure. Il est borné à l'O. par celui d'Ashanti, au S. par le golfe de Guinée, à l'E. par le royaume de Benin, dont le Lagos le sépare du côté du N. On ne connaît pas ses limites. Toute la côte, unie et sablonneuse, nommée côte des Esclaves, se trouve comprise entre le Volta et le Lagos, ce qui donne une étendue d'environ 71 lieues; c'est un des plus vastes États de la Guinée supérieure. Les Dahomiens sont sérieux et très actifs; leur caractère offre un mélange de barbarie et de civilisation, de cruauté et de sentiments très élevés; leur fermeté ressemble à celle des Spartiates; leur aveuglement pour leur roi est tel qu'ils regardent comme un crime de lèse-majesté de croire que ce prince est mortel; aussi les plus grands seigneurs ne peuvent-ils approcher du monarque qu'en se prosternant et en se couvrant la tête de poussière. Les institutions de ces peuples conduisent à un tel excès de servitude, que le roi dispose de toutes les femmes de ses États, et que ses sujets n'en peuvent obtenir que de sa main, en lui donnant tout l'argent dont ils peuvent disposer. A la mort du roi, ses femmes, après avoir donné les preuves du désespoir le plus extravagant, s'entretuent, jusqu'à ce qu'elles soient arrêtées par un ordre du nouveau souverain. On ne s'étonnera plus de ces sanglants sacrifices quand on apprendra que le tigre est le seul dieu adoré à Dahomey. Le trône est héréditaire. La religion du Dahomey est le paganisme. Ce pays est fertile et produit du maïs, des gavas, des bananes, des patates, des pois, des haricots.

DAHURON (René), simple jardinier, profita des leçons qu'il reçut de la Quintinie, et devint très habile dans son art. Il publia un *Nouveau traité de la taille des arbres fruitiers, contenant plusieurs figures* (en bois) *qui marquent les manières de les bien tailler*. Paris, de Sercy, 1696, in-12. Il avait été placé chez le duc de Brunswick, et plus tard admis au nombre des jardiniers du roi de Prusse.

DAI (*hist.*), titre honorifique en usage au Japon. On dit aussi *Dai-Seogun*.

DAIBOTH (*relation*), idole monstrueuse des Japonais.

DAIC (*relation*), oiseau, probablement fabuleux, qu'on dit exister au Mexique.

DAICLÈS, athlète couronné aux jeux olympiques l'an 752 av. J.-C.

DAIÈRE (*v. lang.*), derrière, en arrière.

DAIGNAN (Guillaume), né à Lille en 1732, fit ses études à l'Université de Montpellier, entra à l'âge de vingt-cinq ans au service de santé militaire, et remplit successivement la place de médecin en chef dans l'armée de Bretagne et dans celle de Genève. Il mourut à Paris le 16 mars 1812. Nous avons de lui de nombreux ouvrages de médecine, dont plusieurs ne peuvent être regardés que comme les rêves d'un ami de l'humanité.

DAIGNÉE (*technol.*), veine de charbon de terre de 4 pieds d'épaisseur.

DAIGNER., avoir pour agréable, condescendre jusqu'à vouloir bien.

D'AILLEURS. *V.* **AILLEURS.**

DAIGON (*v. lang.*), donjon.

DAIKOKU (*relation*), dieu des artisans au Japon.

DAIL (*v. lang.*); il se disait pour signifier une faux.

DAIL (*moll.*), nom sous lequel on désigne, sur le littoral de la Méditerranée et de l'Océan, les pholades, les lithodomes, et en général les animaux mollusques bivalves qui vivent dans les pierres. J. P.

DAILLAIRE (*v. lang.*), faucheur.

DAILLER (*v. lang.*), faucher.

DAILLÉE, part.

DAILLÉ (JEAN), en latin *Dallæus*, célèbre ministre protestant, né à Châtellerault en 1594, voyagea comme précepteur des petits-fils du fameux Duplessis-Mornay. Après avoir parcouru la Suisse, l'Allemagne, l'Italie et l'Angleterre, il exerça les fonctions pastorales à Saumur, puis à Charenton, où il passa le reste de sa vie. Il mourut le 15 avril 1670, à soixante-dix-sept ans. On a de lui un grand nombre d'ouvrages, la plupart en latin, sur divers points de théologie.

DAILLON (**Benjamin de**), de la famille des comtes de Ludes, vivait vers la fin du XVIIe siècle et fut ministre de l'église de la Rochefoucauld. En 1684, Daillon fut accusé d'avoir souffert des relaps. Il fut décrété de prise de corps; on lui fit son procès; mais il fut élargi après la démolition de l'église de la Rochefoucauld. Il se retira en Angleterre et y mourut ministre de l'église française de Catterlough. Il fit un sermon extraordirement bizarre. Ce sermon, intitulé : *Examen de l'oppression des réformés en France, où l'on justifie l'innocence de leur religion*, est imprimé à Amsterdam, 1687, 1691, in-12.

DAILLON (**Jacques**), frère du précédent, s'était fixé longtemps avant lui en Angleterre et obtint un bénéfice dans le comté de Buckingham; mais il le perdit pour avoir osé prêcher en faveur du roi Jacques. Il vint à Londres et mourut en cette ville en 1726, âgé de plus de quatre-vingts ans.

DAILLON (**Jean du Lude de**), gouverneur d'Arras et de la province d'Artois sous Louis XI, était fils de Gilles de Daillon, seigneur du Lude, et de Marguerite de Montbéron. Ce gentilhomme eut, comme son père, beaucoup de part aux faveurs de la cour. Il avait été nourri, selon Brantôme, auprès de Louis XI, dont il fut chambellan. « Monseigneur du Lude, dit Commines, avoit grande autorité auprès du roy et luy estoit fort agréable en aucunes choses. Il aimoit fort son profit particulier et ne craignoit jamais à abuser ny à tromper personne. Aussy légèrement croyoit-il, et il estoit trompé bien souvent. Il avoit esté nourri avesque le roy dans sa jeunesse et luy savoit très bien complaire. Il estoit homme très plaisant. Louis XI l'appeloit *maistre Jehan en habiletés*, parce qu'il trouvoit des expédiens à tout. » Daillon était gouverneur du dauphin quand il s'empara de Perpignan, en 1473. Louis XI l'avait nommé alors lieutenant-général du Roussillon. Après la mort de Charles-le-Hardi, dernier duc de Bourgogne, il devint gouverneur d'Arras et du comté d'Artois, où il se fit *tout d'or*. C'est l'expression dont il se servait, au rapport de Commines. Le roi le fit aussi, en ce temps-là, gouverneur de Picardie. Daillon était, d'après Amelot de la Houssaye, *un grand trompeur, un grand menteur, un grand parleur, et voulait à tout prix de l'argent*. On cite des lettres de Louis XI où ce prince lui disait : *Faites bien du maistre Jehan, je ferai bien du maistre Louys*. Ils s'en acquittaient bien tous deux. Daillon mourut en Dauphiné en 1480. Il avait épousé Marie de Laval, dont il eut deux fils et trois filles. (*Manusc. de la bibliot. d'Arras*.)

DAILLOT (*mar.*). (*V.* **Andaillot**.)

DAILOQUE, jeune Sicilien d'une rare beauté, favori du roi Hiéron.

DAIM (*mamm.*), espèce du genre cerf. Les Anglais se servent du mot daim collectivement, comme nous du mot cerf, pour désigner tous les animaux de cette famille. Ce mot vient de *dama*, que les anciens donnaient à un animal à cornes creuses et à pieds fourchus, que l'on n'a pu encore reconnaître.

DAIM, espèce de bête fauve d'une grandeur moyenne entre le cerf et le chevreuil.

DAIMBERT, évêque, puis archevêque de Pise, premier patriarche latin de Jérusalem, est appelé *d'Agobert* par quelques historiens. Ce fut à la recommandation de la fameuse comtesse Mathilde que le pape Urbain II accorda, en 1092, la dignité d'archevêque à Daimbert, quoique Pise, siége de ce prélat, ne fût point encore élevée au rang de métropole. Godefroi, roi de Jérusalem, céda au nouveau patriarche la souveraineté du quart de la ville de Jaffa. A la mort de Godefroi, Daimbert disputa le royaume de Jérusalem à Baudouin Ier. Il échoua dans son ambition, fut expulsé de son église et mourut en Sicile au mois de juin 1107.

DAIN (**Olivier le**), fils, dit-on, d'un paysan de Thielt, village de Flandre, près de Courtray, vint de bonne heure chercher fortune en France et parvint à être barbier et valet de chambre de Louis XI. Il sut gagner les bonnes grâces de ce roi, qui, en octobre 1474, changea, par lettres patentes, son nom d'*Olivier-le-Mauvais* ou le *Diable*, qu'il portait d'abord, en celui d'*Olivier-le-Dain*, et l'anoblit ainsi que sa postérité. En 1476, il fut envoyé en Flandre, en qualité d'ambassadeur, auprès de la duchesse de Bourgogne, avec mission de mettre sous la domination du roi la ville de Gand. Ce négociateur étala, dans son pays natal, une magnificence qui contrastait avec son obscure origine et s'y présenta avec son titre de comte de Meulan, ville dont il était capitaine. Il ne réussit point dans cette affaire. La ville de Gand refusa de reconnaître Louis XI pour son souverain. Il n'en fut pas de même de celle de Tournay. Olivier-le-Dain parvint à y faire entrer les gens d'armes du roi. Commines dit que, « quoique sa charge fût trop grande pour lui, il y montra cependant vertu et sens. » Olivier-le-Dain partagea, dans la suite, avec Jean Doyat, la faveur et la confiance de Louis XI. Outre le comté de Meulan, il obtint la charge de capitaine du château de Loches, celle de capitaine du pont de Saint-Cloud et de garde du bois de Boulogne, appelé alors *la garenne de Rouvray*. Il eut aussi le gouvernement de la ville de Saint-Quentin, fut créé gentilhomme de la chambre du roi et acquit plusieurs seigneuries. Sa fortune rapide et l'autorité dont il jouissait excitèrent la jalousie des grands seigneurs de France et les reproches des écrivains de son temps, qui tous s'accordent à dire qu'il abusa de l'une et de l'autre en se livrant à des débauches et à des violences criminelles. Quelques-uns ont dit qu'il avait acquis un tel ascendant sur l'esprit du roi qu'il pouvait impunément lui parler sans respect et même assez durement. Cependant Louis XI le mettait au rang de ses serviteurs les plus fidèles, ne lui retira jamais sa confiance, et en mourant il le recommanda très expressément à son fils Charles VIII. Mais cette recommandation lui servit peu. Les grands seigneurs qui s'étaient révoltés contre Louis XI, qui lui avaient fait la guerre et qui en avaient été punis, détestaient ce roi et ses favoris. Après sa mort ils immolèrent bientôt à leur vengeance tous ceux qui avaient eu part à son intimité. Olivier-le-Dain fut de ce nombre. On lui trouva facilement des crimes. Le 20 mai 1484, Olivier-le-Dain fut condamné à être pendu. On proposa au parlement de communiquer l'arrêt au jeune Charles VIII, qui aurait pu lui sauver la vie; mais cette cour s'y refusa. La protection promise n'eut d'effet que sur le cadavre du supplicié. Le roi, par lettres adressées au parlement, ordonna que le corps d'Olivier-le-Dain serait détaché du gibet et enterré dans le cimetière de Saint-Laurent, ce qui eut lieu le même jour de son exécution, le 21 mai 1484.

DAIMAQUE ou **DAMAQUE**, natif de Platée, fut député, après la mort d'Alexandre, par Séleucus Nicanor, à Allitrobade, roi des Indes. Il composa une histoire des Indes remplie d'erreurs et d'invraisemblances, surtout sous le rapport géologique et géographique.

DAIMÈNE, officier que Denis-le-Jeune fit mettre en croix.

DAIMÈNE, un des fils de Tisamène et l'un des chefs des Achéens lorsqu'ils s'établirent dans l'Achaïe, abandonnée par les Ioniens.

DAIMON, orthographe de Montaigne, pour démon.

DAINCIE (*v. lang.*), force, puissance.

DAINE, la femelle du daim. Les chasseurs prononcent *dine*.

DAINEZ-NO-RAI (*relation*), idole des Japonais. Le *dainez-no-raï* représente le soleil; on le représente assis sur une vache.

DAINGNIER (*v. lang.*), daigner.

DANGNIÉ ÉE, part.

DAINTIERS (*vénerie*). Il se dit des testicules du cerf que l'on appelle aussi rognons.

DAINVILLE (**Gérard de**), élu évêque d'Arras en 1362, de Térouanne en 1369 et de Cambrai en 1372, par suite de la promotion de Robert de Genève au cardinalat. Gérard de Dainville assista, en 1369, aux Etats assemblés dans la ville de Saint-Pol par le roi Charles V. Il fonda à Paris, pour des clercs de la province d'Artois, le collége de *Dainville*, près de la paroisse de Saint-Côme et de Saint-Damien, et mourut à Cambrai le 18 juin 1378. (*Gallia christiana*, t. III, et Mss. de la bibliothèque d'Arras.)

DAIPHANE, natif d'Hyampolis, général phocéen.

DAIPHRON, fils d'Egyptus, tué par sa femme.

DAIPPE, statuaire fameux dont Pausanias loue quelques ouvrages.

DAIRE, fille de l'Océan, mariée à Mercure, fut mère d'Eleusis, suivant quelques auteurs.

DAITES, divinité bienfaisante à qui les Troyens attribuaient l'invention des festins (*V.* **Deipnos**).

DAIRE (**Louis-François**), naquit à Amiens le 6 juillet 1713, entra dans l'ordre des Célestins, professa la philosophie et la théologie, et s'adonna à la littérature. Il fut sous-prieur à Rouen, Lyon, Amiens et Paris, puis prieur d'Esclimont en Beauce. Il était prieur de Metz lorsqu'en 1768 il fut nommé député du clergé régulier. Rendu à l'état séculier par la dissolution de son ordre, il se retira à Chartres où il mourut le 18 mars 1792. On a de lui plusieurs ouvrages qui se lisent avec plus de fruit que d'intérêt.

DAIRE (*temps hér.*), surnom par lequel les Athéniens désignaient Proserpine.

DAIRE (*hist.*) V. DAIRO.

DAIRÉ (*hist. ott.*), tambour de basque.

DAIRES (*v. lang.*), Darius.

DAIRI (*hist.*) V. DAIRO.

DAIRIENETEZ (*v. lang.*), extrémité, dernier terme.

DAIRITE (*ant. grec.*) prêtre de Proserpine à Athènes.

DAIRO (*hist.*), titre des empereurs du Japon. Dans l'origine, le *dairo* réunissait les deux pouvoirs, le temporel et le spirituel; mais, depuis la révolution de 1585, le *dairo* ne conserve plus que le pouvoir spirituel ou ecclésiastique; toute l'autorité séculière est entre les mains du *cubo*.

DAIS (*temps hér.*) V. DUITÈS.

DAIS (*hist. relig.*), nom de certains sectaires ismaéliens.

DAIS, ouvrage de bois, de tenture, fait dans l'ancienne forme des ciels de lit, et que l'on met à quelque hauteur au-dessus d'un maître autel, d'une chaire à prêcher, d'un trône, de la place où siégent, dans les occasions solennelles, certains personnages éminents. Poétiq. et fig., *sous le dais*, sur le trône, au sein des grandeurs. Poétiq., *un dais de feuillage*, *de verdure*, se dit par extension d'un couvert de feuillage.

DAIS, se dit aussi d'un poêle soutenu de deux ou de quatre petites colonnes sous lequel on porte le saint-sacrement, surtout dans les processions, et sous lequel on reçoit les rois, les princes, etc., lorsqu'ils font une entrée solennelle.

DAÏS (*bot.*), genre de plantes de la famille des thymélées et de la décandrie monogynie; ces arbrisseaux, originaires des contrées les plus chaudes de l'Asie et de l'Afrique dépassent rarement cinq mètres de hauteur; leurs tiges sont droites, divisées en branches opposées, garnies de rameaux d'un vert tendre; leurs fleurs sont ramassées en faisceau terminal. On n'en reconnait que quatre espèces, dont la plus remarquable est le *daïs à feuilles de fustet*, *D. cotinifolia*, du Cap de Bonne-Espérance. Cette espèce atteint cinq mètres; ses branches sont revêtues d'une écorce brune, et ses rameaux garnis vers leur sommet de feuilles ovoïdes, opposées, vertes, à peine pétiolées. Ses fleurs, au nombre de dix à quinze, sont réunies en faisceau ombelliforme accompagné de quatre folioles ovales et velues; le calice est long, divisé à son limbe en cinq découpures linéaires d'une couleur lilas clair. Dix étamines sont insérées dans la partie supérieure du tube du calice; cinq d'entre elles, plus longues, alternent avec les cinq autres plus courtes; toutes portent des anthères jaunes. Le fruit est une baie monosperme. Ses fleurs, qui s'épanouissent en mai et en juin dans nos serres, exhalent un doux parfum. J. P.

DAIS-SEOGUN (*hist.*). V. DAI.

DAIT (*v. lang.*), arme de jet, javelot, trait.

DAITÉ (*v. lang.*), déité, divinité.

DAITÈS (*temps hér.*), demi-dieu à qui les Troyens rendaient les honneurs héroïques et qu'ils considéraient comme l'inventeur des festins.

DAITOR, Troyen tué par Teucer, fils de Télamon.

DAYTYA ou **DÊTYA** (*myth. ind.*), nom des mauvais génies, fils de Casyapa et de Diti; les Daityas sont sans cesse en guerre avec les *Devas*.

DAIX (JAIK), grand fleuve de la Scythie septentrionale, dont la source était inconnue aux Romains et qui se jetait dans la mer Caspienne au N., entre les embouchures du Rhymnicus à l'E., et du Rha au S.-O.

DAIX (FRANÇOIS), naquit à Marseille vers 1580, fit imprimer à Lyon, en 1603, in-12, le recueil de ses vers français et latins, sous le titre de *Prémices*. Il écrivait mieux en latin que dans sa propre langue, et les dix élégies qu'il a intitulées: *Castæ Cupidinis flammæ*, sont très supérieures à ses vers français. — Un autre François *Daix*, de la même famille, a fait imprimer les *Statuts et anciennes coutumes de Marseille*, 1656, in-4°.

DAKAR (*géog.*), détroit entre l'île de Gorée et la côte d'Afrique.

DAKCHA (*mythol. ind.*), un des pradjâpatis, fils de Brahmâ. *Dakcha* est père de soixante filles, dont vingt-sept sont les femmes du dieu Lunus et président aux astérismes lunaires.

DAKCHINA (*hist. ind.*), présent qu'on fait aux brahmanes dans les sacrifices solennels.

DAKE ou **DACKE** (NICOLAS), paysan suédois, né dans la province de Smolande. Lors de la révolte des habitants de cette province contre Gustave Wasa, Dake se mit à leur tête et les conduisit contre les troupes du roi. Il eut quelques succès qui lui donnèrent beaucoup d'importance. Gustave lui ayant fait proposer une entrevue, il refusa et continua de combattre. Le roi enfin fut victorieux; Dake se vit abandonné par les siens, et erra pendant quelque temps dans les bois, où des soldats le rencontrèrent et le tuèrent à coups de fusils en 1543. Son corps, transporté à Calmar, fut écartelé et sa tête placée sur la roue avec une couronne de cuivre.

DAKHEL, s. m. (*géog.*), grande oasis du Sahara, à l'ouest de la Haute-Egypte; le Dakhel contient douze villages dont les principaux sont *El-Cazar*, chef-lieu, et *El-Qalamoun*, résidence du gouverneur. Le Dakhel est soumis au vice-roi d'Egypte et lui paie un tribut.

DAKHIL, s. m. (*hist. ott.*), nom des muderisses du troisième grade.

DAKHMÉ, s. m. (*hist. ott.*), chapelle sépulcrale où les Tatars déposent les corps de leurs princes. L'usage barbare d'y enfermer quarante jeunes filles avec des vivres seulement pour trois jours, ne fut aboli que sous le règne de Ghazan-Khan (1294).

DAKKA (*bot.*), nom d'une espèce de chanvre sauvage cultivée chez les Hottentots; ces derniers l'emploient en guise de tabac. On mêle quelquefois ce dernier avec le dakka, et ce mélange prend alors le nom de *buspets*. Dans beaucoup de pays, on emploie le chanvre au même usage.

DAKKA (*bot.*). On nomme ainsi au Japon, selon Kœmpfer, une espèce d'igname, la *dioscorea quinqueloba* de Thunberg. J. P.

DAKKA (*géog.*) V. DACCA.

DAKKIN, s. m. (*relat.*), nom que les noirs de Loango donnent à leurs sorciers.

DAKON, s. m. (*relat.*), il se dit, selon le dict. de Trévoux, d'une espèce de petite pierre bleue que les femmes de la Guinée portent dans leurs cheveux comme ornement.

DAL, s. m. (*philolo.*), nom de la huitième lettre de l'alphabet arabe, turc et persan; signe numérique de 4.

DAL, s. m. (*géog.*), fleuve de la Suède propre, qui se jette dans le golfe de Bothnie, à trois lieues et demie de Gêfle, après un cours de 105 lieues.

DA-LAGOA (*géog.*), baie d'Afrique, sur la côte méridionale, entre le cap des Aiguilles et la côte de Natal, par 33°, 55′ de latitude S., et 24°, 3′ de longitude E.

DALAIAS, conseiller du roi Joachim, s'opposa à ce prince lorsqu'il voulut brûler le livre du prophète Jérémie, et ne put se faire écouter.

DALAI-LAMA (*hist. or.*) V. LAMA.

DALAISTE, s. m. (*hist. relig.*), membre d'une petite secte dissidente, fondée en Ecosse au XVIIIe siècle par David *Dale*. Les *dalaïstes* condamnaient comme contraire à l'Ecriture tout établissement civil en faveur d'une religion, et soutenaient qu'il faut interpréter dans leur sens naturel toutes les paroles de Jésus-Christ.

DALAT, s. m. (*zool.*), espèce de coquille univalve.

DALAYRAC (NICOLAS), né à Muret, dans le Comminges, en 1753, fut l'un de nos plus féconds et de nos plus célèbres compositeurs; le nombre d'opéras dont il a fait la musique s'élève à cinquante-six; on admire surtout la musique de d'Azémia, de Camille, de Roméo et Juliette, de Maison à vendre, d'Adolphe et Clara et de Nina. Ses premiers essais furent des *quatuors* de violon, écrits avec autant de facilité que d'élégance, et qu'il publia sous le nom d'un maître italien. Cet artiste, aussi recommandable par ses qualités personnelles que par ses talents, mourut à Paris le 27 novembre 1809; il fut inhumé dans son propre jardin à Fontenay-sur-Bois.

DALATIAS (*poiss.*), genre de poissons cartilagineux, voisins des requins et renfermés dans la famille des squales. Ses caractères sont: point d'évents, point de nageoire anale; deux nageoires dorsales; cinq fentes branchiales; nageoire caudale oblique. Ce genre appartient à la famille des plagiostomes. Il se distingue des carcharias qui ont une nageoire anale, et des aiguillats qui ont des évents. Le *dalatias nocturne*, *D. nocturnus*, d'un brun cendré; chaque nageoire dorsale armée en avant d'un aiguillon; des pores nombreux sur la tête; dents inégales, aiguës, sur plusieurs rangs; peau garnie de tubercules plats et arrondis, ciliés sur leurs bords. Sa taille est de trois pieds au plus. On le nomme vulgairement en Sicile *pesce-notte*, poisson de nuit, parce qu'on le pêche la nuit. J. P.

DALBERG (JEAN CAMERER DE), en latin *Dalburgius*, évêque de Worms, naquit à Oppenheim en 1445. En 1476, il fit un voyage en Italie et se fixa pour quelque temps à Ferrare, où il se lia intimement avec Rodolphe Agricola, Dietr. de Slenningen, Sixte Tucher et autres savants. Il fut conseiller et chancelier de Philippe-l'Ingénu. Nommé à l'évêché de Worms en

1482, Dalberg fut envoyé par le prince auprès du pape Innocent VIII, en 1485. Les troubles politiques l'obligèrent de quitter sa ville épiscopale en 1499. L'évêque de Worms survécut peu à son exil, il mourut le 23 juillet 1503.

DALBERG (WOLFGANG-HÉRIBERT, baron de), poète allemand, était frère cadet de Théodore, prince primat de la confédération du Rhin. Né en 1750, il est mort le 27 septembre 1806 à Manheim. Il est l'auteur de plusieurs pièces dramatiques qui ont paru en allemand. — Son frère, Jean-Frédéric Hugue de Dalberg, chanoine de Worms, mort à Aschaffenbourg en 1812, a écrit plusieurs ouvrages sur la musique, et sur les littératures des Hindous. — François-Henri de Dalberg, père des deux précédents, né en 1716, mort en 1776, avait le titre de burgrave de Friedberg. Ce fut en sa faveur que l'empereur Joseph II fonda en 1768 l'ordre de Saint-Joseph, dont il se déclara grand-maître, et chaque burgrave grand-prieur.

DALBERG (CHARLES-THÉODORE-ANTOINE-MARIE-KAMERER DE WORMS, BARON DE), issu d'une des plus anciennes et des plus illustres familles d'Allemagne, naquit le 8 février 1744, dans le château de Herrnsheim. Il commença ses études à Mayence, près de son père, et les termina avec éclat à Gœttingue, où il fut reçu docteur en droit civil et en droit canon. A vingt-six ans, il était vicaire-général de l'archevêché de Mayence et de l'évêché de Worms, et conseiller privé de son parent l'électeur de Mayence. A cette époque il s'était déjà acquis une très grande réputation et l'estime générale. En 1772 il fut choisi pour l'emploi de stathulter d'Erfurt, et employa pendant plus de quinze ans l'autorité presque souveraine que ce titre lui confiait à améliorer le sort de ceux qui relevaient de son administration. Ce fut à cette époque qu'il publia son grand ouvrage, *Observations sur l'univers*, qui, par les hautes vues, les grands principes et les grands moyens qui y sont développés, justifie la haute estime que professaient pour lui toute l'Allemagne et les principaux souverains de ce pays, tels que le grand Frédéric et l'empereur Joseph II, avec lesquels il était en correspondance. Charles Dalberg fit d'Erfurt le rendez-vous de tous les gens de lettres, parmi lesquels il se distinguait au premier rang. En 1787, sa conduite au congrès ecclésiastique d'Ems le fit nommer coadjuteur de l'électeur de Mayence. La même dignité lui fut conférée cette même année dans l'évêché de Worms, et, en 1788, elle lui fut encore attribuée pour l'évêché de Constance, qui lui fut plus tard dévolu. Sur ces entrefaites éclata la révolution française; dans cette circonstance la conduite de Dalberg ne fut pas moins vigoureuse que celle de Charles-Joseph, électeur de Mayence. Le 22 mars 1797 il émettait à la diète de Ratisbonne un vote des plus énergiques, par lequel il exprimait l'opinion qu'une puissance dictatoriale devait être adoptée en Allemagne, afin que la résistance à la république française pût être efficace. Il craignait, disait-il, que sans cette mesure celle-ci n'anéantît le système politique de toute l'Europe. Ses prévisions ne tardèrent pas à se réaliser, et le traité de Campo-Formio vint bientôt démontrer leur vérité. Lors de la seconde coalition contre la France, il renouvela les mêmes avis, et la bataille de Marengo leur donna encore une fois raison. Après ce dernier évènement, et pendant que la souveraineté des électeurs de Trèves et de Cologne était détruite, celle de l'électeur de Mayence fut conservée. Cependant les atteintes qu'elle subit causèrent la mort de Charles-Joseph, auquel son coadjuteur, Charles Dalberg, succéda le 25 juillet 1802. La considération dont il jouissait dans toutes les cours de l'Europe, et même auprès de Bonaparte, ne contribua pas peu à améliorer la condition de l'électorat dont il devenait titulaire, et toute l'Allemagne s'applaudit de voir un tel homme président du corps germanique. En 1804, il se rendit à Paris, et, admirateur du génie de Napoléon, il n'en fut que plus persuadé que l'Allemagne devait encore faire un effort pour échapper à l'ascendant de la France; aussi, lors de la troisième coalition, en 1805, publia-t-il une proclamation virulente; mais cette fois encore la balance pencha pour nous, et la bataille d'Austerlitz décida encore une fois la question en faveur de Napoléon. Dès lors Dalberg, après avoir fait ses efforts pour conserver intacte l'unité de l'Allemagne, vit bien que les souverains devaient à l'avenir s'occuper seulement d'améliorer le sort des sujets qu'ils gouvernaient, et il se soumit le premier à cette nécessité. Il ne prit aucune part à la coalition qui se termina par la bataille de Wagram, reçut avec reconnaissance les bienfaits dont il plut à l'empereur de gratifier sa famille, et après les désastres de Moscou il lui resta fidèle et abdiqua en faveur du prince Eugène Beauharnais, son successeur désigné, le 30 octobre 1813. Il se retira alors dans son archevêché de Ratisbonne, où il arriva le 5 janvier 1814 et où il passa le reste de sa vie dans des soins religieux et la culture des lettres. Il mourut le 10 février 1817. Il est auteur de divers ouvrages de morale appliquée au bonheur des peuples, et le plus important est celui que nous avons cité : *Observations sur l'univers*, qu'il refondit plus tard en français sous ce titre : *Méditations sur le système de l'univers*.

DALBERG (EMMERICK-JOSEPH-FRANK-HEINRICH-FÉLIX-DISMAS-KAMERER DE WORMS, BARON ET DUC DE), neveu du précédent, naquit à Mayence, le 30 mai 1773. Sa famille le destina d'abord à l'état ecclésiastique, qu'il refusa plus tard d'embrasser. Il fit de solides études universitaires, et se forma aux travaux administratifs sous son oncle le coadjuteur. Vers la fin de 1792, il se rendit à Gœttingue pour y étudier le droit civil et le droit public; mais les troubles qui éclatèrent bientôt à l'occasion de la révolution française le portèrent un moment à embrasser la profession des armes; cependant les conseils de son oncle lui firent abandonner cette résolution, et il continua à suivre les cours de l'Université. Il vint ensuite à Manheim, où résidait sa famille, et il fut forcé de quitter cette ville quand les Français y entrèrent. Il se rendit alors à Ratisbonne; il travailla plus tard dans les bureaux du ministre Thuynt; il ne sortit de Vienne qu'après la retraite de ce dernier. Cependant les biens de sa famille situés sur la rive gauche du Rhin avaient été mis en séquestre par le receveur français établi à Worms. Cette circonstance força le jeune Dalberg à une grande modération quant aux affaires de l'Allemagne à l'égard de la France; cependant il trouva à plusieurs reprises l'occasion d'exprimer ses sympathies en faveur de sa patrie. En 1801, lors de la diète constituée pour la répartition des indemnités dues aux princes héréditaires dépossédés par la France, le baron de Dalberg fut un des députés qui furent envoyés auprès de l'électeur de Bavière pour le prier de conserver le Palatinat, qui devait être cédé au pays de Bade. Cette négociation n'eut pas de suite; mais, plus tard, le margrave de Bade, devenu électeur palatin, sentit la nécessité de s'attacher une famille puissante dont l'importance venait encore d'être augmentée par l'élévation de Charles Dalberg à l'électorat de Mayence, et Emmérick fut nommé par lui ministre de Bade à Paris. Il partit pour cette ville le 29 mai 1803. Il conserva ce poste jusqu'en 1810, non sans quelques interruptions, et entre autres une pendant laquelle il dirigea par intérim, à Bade, les finances et l'administration. A cette époque (1810), Napoléon, qui voulait faire oublier leur qualité d'Allemand aux hommes nés dans les pays devenus Français, appela Dalberg au conseil d'État. Cependant des évènements graves se préparaient, les désastres de Leipzig avaient eu lieu, et un changement de gouvernement paraissait imminent. Dalberg contribua beaucoup à celui qui eut lieu en 1814, et appuya surtout dans cette circonstance sur la nécessité d'introduire en France des institutions constitutionnelles. Le 13 mai, il fut nommé ministre d'État. Il était ministre plénipotentiaire au congrès de Vienne quand Napoléon débarqua à Cannes, et après les Cent-Jours il fut fait pair de France, mais ne prit part aux séances qu'après des lettres de naturalisation qui lui furent octroyées le 28 décembre 1815. Il tomba en disgrâce après la rentrée du duc de Richelieu au ministère, rentrée qui suivit l'assassinat du duc de Berry. Il était alors ambassadeur de France à Turin; il fut rappelé, et cessa de prendre une part active aux affaires. Après la révolution de 1830, sa santé affaiblie ne lui permit pas d'occuper l'ambassade de Russie, qui lui fut offerte, et, retiré dans ses propriétés des bords du Rhin, il mourut le 27 avril 1833, dans son château de Hernnhein.

DALBERG (MILS), médecin de Gustave III de Suède, auquel il était attaché du temps qu'il n'était encore que prince royal. Il l'accompagna dans son voyage en France de 1770 et 1771, et fit la connaissance des principaux savants de ce temps. Il fut disgracié en 1781, et mourut à Stockholm, le 3 janvier 1820, âgé de 85 ans. Il fut deux fois président de l'Académie des sciences de Stockholm.

DALBERGE (*bot.*), genre de plantes dicotylédones, à fleurs papilionacées, famille des légumineuses, diadelphie décandrie de Linné, dont les caractères sont : calice campanulé à cinq dents; corolle papilionacée ; dix étamines à cinq filaments chaque, dont quatre sont munies d'anthères globuleuses, la cinquième stérile; ovaire comprimé pédicillé. Fruit : gousse pédicellée, comprimée, indéhiscente, à une ou plusieurs semences. Ce genre se compose d'arbres ou d'arbrisseaux de l'Amérique et des Indes orientales, à feuilles alternes, ternées, anailées avec une impaire, fleurs axillaires en grappes ou épis, quelquefois en panicule terminale. L'une des plus remarquables est la *Dalberge à gousses lancéolées, D. lanceolaria*, arbre propre à l'île de Ceylan, dont les rameaux sont velus, pendants, à feuilles alternes composées de douze à seize folioles elliptiques, entières ondulées, velues en dessous; les fleurs disposées en grappes axillaires, velues ferrugineuses, à calice hérissé; les gousses sont lancéolées, comprimées, aiguës à leurs deux extrémités, longues d'environ trois pouces, renfermant une, deux ou trois semences. J. P.

DALBERGO (FLAMINIUS), jurisconsulte et historien distingué, né à Pise, le 5 octobre 1706, d'une famille patricienne. Il se livra à l'étude du droit dans sa patrie et à Rome, où il étudia l'ancienne législation romaine. De retour dans son pays, il fut nommé professeur de droit romain à la célèbre Université de Pise, dont il augmenta encore la célébrité par l'éclat de ses cours. Il se livra aussi avec ardeur aux lettres, ainsi qu'à l'histoire, et publia plusieurs ouvrages dont le plus célèbre est celui intitulé : *Dissertazioni sopra l'istoria pisana.*

DALBUD, n. pr. m. (*relation*), divinité japonaise.

DALEAU, s. m. (*technol.*), ouverture faite à une cuve d'indigo pour laisser écouler l'eau.

DALE (SAMUEL), né en 1650, mort en 1739, fut pharmacien à Braintree, dans le comté d'Essex, et ensuite médecin à Bocking. Il a publié plusieurs ouvrages sur la botanique, l'histoire naturelle, la médecine et les antiquités. Il suivit la méthode de Raï, dont il était le voisin et l'ami. Linné a donné à un genre de plantes le nom de *dalea*, pour conserver le souvenir de ce savant naturaliste.

DALÉCARLIE, s. f. (*géogr.*), ancienne province de Suède qui forme aujourd'hui la préfecture de *Stora-Kopparberg*. On l'appelle aussi Dalarne. Elle est divisée en trois vallées et possède des mines de fer et de cuivre. (*V.* SUÈDE.)

DALÉCARLIEN, IENNE, adj. et s. (*géogr.*), habitant de la Dalécarlie. — Qui appartient à la Dalécarlie ou à ses habitants.

DALÉCHAMPIE, *dalechampia* (*bot.*), genre de plantes de la famille des euphorbiacées et de la monoécie monadelphie, dédié à un savant botaniste du XVIe siècle, Jacques Daléchamps, auteur d'une assez bonne histoire générale des plantes. Ce sont des arbrisseaux à tige grimpante, originaires de l'Amérique intertropicale; leurs feuilles sont alternes, simples ou profondément lobées et munies de stipules; les fleurs, portées par des pédoncules axillaires, sont réunies au nombre de dix en faisceau ombelliforme et ont à leur base quatre petites folioles lancéolées. Les fleurs mâles ont un involucre à deux folioles, calice à cinq ou six divisions profondes contenant plusieurs étamines. Les femelles ont un involucre à trois folioles renfermant trois fleurs, dont le calice est partagé jusqu'à la base en cinq ou jusqu'à douze divisions profondes et dentées, persistantes; l'ovaire supère; la capsule à trois coques globuleuses bivalves et monospermes. La plus intéressante des vingt et quelques espèces que renferme ce genre est la *daléchampie velue, D. villosa;* elle vient des Antilles, où elle s'élève dans les bois, en grimpant jusqu'à la hauteur de quatre mètres. Toutes ses parties sont velues; ses rameaux sont garnis de feuilles alternes, lancéolées à trois lobes, avec des stipules striées à leur base; les fleurs s'épanouissent en juin et juillet; elles sont réunies en paquet renfermé entre deux grandes bractées. On cultive cette plante dans les jardins, à cause de son port curieux.

DALECHAMPS (JACQUES), savant médecin du XVIe siècle, natif de Caen, exerça la médecine à Lyon, où il mourut en 1588. Il cultivait les belles-lettres et publia une histoire générale des plantes, en latin, Lyon, 1587, deux volumes in-folio, traduite en français par Jean Desmoulins; une traduction d'Athénée, 1652, deux volumes in-folio, et d'autres ouvrages.

DALÉE, *dalea* (*bot.*), genre de la famille des légumineuses, de la diadelphie pentandrie, ayant de grands rapports avec le genre *psoralea*. Ce genre, dédié par le savant Linné au botaniste anglais Dale, renferme une douzaine d'espèces de plantes herbacées propres à l'Amérique. Les plus remarquables sont: la *dalée pourpre, D. purpurea*, dont les tiges droites, minces, rameuses et striées, sont garnies de feuilles disposées en faisceaux, alternes et d'un vert foncé; les fleurs sont petites, rangées en anneaux serrés et formant de longs épis d'un violet rose éclatant. La *dalée psoralée, D. Linnæi*, a ses épis velus et serrés, composés de petites fleurs bleues; ses feuilles sont ailées et accompagnées de folioles oblongues et ponctuées. Elle croît sur les rives des grands fleuves de l'Amérique septentrionale.

D'ALEMBERT (JEAN LE ROND), un des hommes les plus distingués du siècle dernier par ses talents, ses connaissances en mathématiques et son influence sur les opinions en France. Il naquit à Paris le 16 novembre 1717, fruit illégitime d'une liaison entre madame Tencin et Destouches. Sa mère, par des motifs inconnus, le fit exposer sur les degrés de l'église de Saint-Jean-le-Rond. Il fut recueilli, presque mourant, par le commissaire du quartier et confié par lui aux soins de la femme d'un vitrier, qui le fit inscrire sous le nom de Jean le Rond, qu'il conserva jusqu'à l'époque où, on ne sait pourquoi, il prit celui de d'Alembert. L'abandon où ses parents l'avaient laissé ne fut que momentané. Son père, bien qu'il ne le reconnût pas pour son fils, lui assura une rente de 1,200 livres, somme suffisante pour le mettre à l'abri du besoin. Dès sa première jeunesse, il se distingua par son application et son goût pour les sciences exactes, malgré les efforts de la plupart de ses maîtres, ardents partisans de la doctrine de Jansénius, pour le décider exclusivement à l'étude de la théologie. A sa sortie du collége, il céda aux représentations de ses amis, qui le dissuadèrent de se livrer à un travail infructueux qui ne lui promettait aucun avenir; il étudia le droit, y prit ses degrés et fut reçu avocat en 1738. Cependant ces études ne l'empêchèrent pas de s'occuper avec ardeur des mathématiques; la médecine, qu'il étudia plus tard, afin de pouvoir se procurer un revenu plus sûr, dut également céder à son amour pour cette science. Un traité sur le mouvement des corps solides par le moyen des fluides le fit connaître à l'Académie des sciences de Paris, qui l'admit comme membre en 1741. Cependant, malgré les grands progrès qu'il fit faire aux mathématiques, d'Alembert, sans fortune et sans distinctions, n'était qu'un savant obscur, presque oublié de sa patrie, lorsque Diderot l'entraîna sur un autre terrain, celui de la philosophie et de la littérature. Ces deux savants s'en adjoignirent un grand nombre d'autres pour la rédaction de l'Encyclopédie, ouvrage qui eût une influence immense sur le mouvement intellectuel de la seconde moitié du XVIIIe siècle. (*V.* ENCYCLOPÉDIE et ENCYCLOPÉDISTES.) D'Alembert fut chargé par Diderot du discours préliminaire de l'Encyclopédie, et cette œuvre, monument élevé à la littérature et à la philosophie, suffirait pour lui attirer la réputation d'un des plus grands écrivains de sa nation, si elle n'était en contradiction ouverte avec les vrais principes religieux. Bien que la part prise par d'Alembert à l'Encyclopédie se borne à ce discours et à quelques articles de mathématiques, cependant, comme il ne choisissait, ainsi que Diderot, que des collaborateurs qui partageassent leur opinion, il s'ensuit qu'il a pris une part directe aux conséquences les plus immédiates et les plus éloignées de cette œuvre. Ce n'est point ici le lieu de parler de l'orage politique qui surgit à l'apparition de l'Encyclopédie; nous renvoyons ces détails historiques au mot ENCYCLOPÉDIE. D'Alembert fut élu membre des académies de Berlin, de Saint-Pétersbourg et de plusieurs autres. Il s'était déjà fait particulièrement remarquer par l'application du calcul différentiel à la physique et par la théorie du mouvement des corps fluides. Il eut le bonheur, ainsi que plusieurs autres Français illustres, d'être distingué par Frédéric-le-Grand. Il entretint avec lui une correspondance qui a été imprimée. Il mourut le 29 octobre 1783. Condorcet et Marmontel ont écrit son éloge. Ses œuvres se divisent en deux classes, dont la première a pour objet les mathématiques, et la seconde la philosophie et la littérature. A la première classe appartiennent le *Traité de dynamique*, Paris, 1743, in-4°; le *Traité de l'équilibre et du mouvement des fluides*, Paris, 1744, in-4°; *Réflexions sur la cause générale des vents*, Paris, 1747, in-4°; *Recherches sur la précession des équinoxes et sur la mutation de l'axe de la terre*, Paris, 1749, in-4°; *Essai d'une nouvelle théorie sur la résistance des fluides*, Paris, 1752, in-4°; *Recherches sur différents points importants du système du monde*, Paris, 1754-1756, 3 volumes in-4°; *Eléments de musique théorique et pratique suivant les principes de M. Rameau*, in-8°; *Opuscules mathématiques*, Paris, 1761-80, 8 volumes in-4° qui contiennent ses nombreux mémoires. — La deuxième classe comprend : *Mélanges de littérature et de philosophie*, 5 volumes in-12; *Sur la destruction des jésuites*, Paris, 1765, in-12; *Eloges lus dans les séances de l'Académie française*, Paris, 1779-87, 6 volumes in-12; *Œuvres posthumes*, publiées par Pougens, Paris, 1799, 2 volumes in-12. Bastien a réuni tous les ouvrages de cette classe dans les *Œuvres philosophiques, historiques et littéraires de d'Alembert*, Paris, 1805, 18 volumes in-8°. — Il y a trois hommes dans d'Alembert, le savant, le philosophe et le croyant. Nous avons donné au savant tous les éloges qu'il mérite. Le philosophe en mérite peu; à l'époque de d'Alembert, il n'y avait d'autre philosophie que celle de Locke et de Condillac, c'est-à-dire le sensualisme et l'idéologie, avec lesquels on ne fera jamais de savants qu'en choses naturelles et qu'en fait d'arts. La philosophie de d'Alembert était donc impuissante pour faire des moralistes et des théologiens. Avec cette philosophie, on est révolutionnaire en politique et hérétique en religion, si même on admet un autre culte que celui de la nature et de la raison. D'Alembert n'était pas croyant, mais il n'eut pas le courage de son incrédulité. Il conspira sous le voile contre la religion de la France, et ce n'est que dans sa correspondance avec Voltaire qu'on voit ce que d'Alembert pensait religieusement. On l'a comparé, par rapport à Voltaire, au singe de la fable qui engage Raton à tirer les marrons du feu. L'incrédulité hypocritement hostile de d'Alembert n'honore donc pas le philosophe. Le principal caractère de la véritable philosophie, c'est le courage et la sincérité.

DALÈME, s. f. (*construct.*), appareil destiné à empêcher la fumée de se répandre dans les appartements.

DALÉMILE, poète bohémien et l'un des plus anciens auteurs qui aient écrit sur l'histoire de la Bohême. Il naquit à Mezriz, fut chanoine de l'église collégiale de Saint-Boleslas-le-Vieux, et se trouvait à Prague, en 1308, lorsque les habitants de Messein assiégèrent cette ville. On a de lui un ouvrage précieux en vers bohémiens intitulé *Klasstera Boleslawsheho*, etc. (c'est-à-dire, événements illustres et honorables à la nation bohême depuis son origine jusqu'à l'élection du roi Jean de Luxembourg, rédigés et mis en *délicieux rhythmes* au monastère Boleslavien, mis au jour pour la première fois et imprimés à la nouvelle ville de Prague), 1620, in-folio. Elle n'a pas été réimprimée.

DALEN (CORNEILLE VAN), dit *le Jeune*, graveur et dessinateur, né à Harlem en 1640, était le fils d'un marchand d'estampes. Il a gravé beaucoup de portraits d'après la manière de Corneille Visscher, dont on le croit l'élève. On a de Van Dalen beaucoup de sujets d'histoire d'après différents maîtres. Il a aussi gravé d'après ses propres compositions.

DALER, monnaie. (*V.* THALER).

DALÈS, prépos. (*v. lang.*), auprès de, à côté de.

DALESME (André), physicien français, nommé, en 1699, membre de l'Académie des sciences, avec la qualité de mécanicien pensionnaire, fut déclaré vétéran en 1706, parce que les emplois qu'il remplissait dans les ports de mer ne lui permirent pas de s'acquitter plus longtemps des fonctions académiques. Il mourut en 1727. Nous lui devons la création d'un nouveau cric très ingénieux, et la découverte d'un poêle ou fourneau qui a fait naître l'invention du thermolampe. (*V.* LEBON.)

DALETH, s. m. (*philol.*), nom de la quatrième lettre de l'alphabet hébreu, signe numérique de 4.

DALGARNO (George), savant écossais, né à Aberdeen, est un des premiers qui se soient occupés de la recherche d'une langue universelle. Son livre, imprimé à Londres en 1661, sous le titre d'*Ars signorum vulgo character universalis et lingua philosophica*, est devenu très rare, presque tous les exemplaires en ayant été détruits lors de l'incendie de 1666.

DALIBARD (Thomas-François), botaniste français, naquit à Paris vers le milieu du dix-huitième siècle. Il publia l'esquisse d'une Flore des environs de cette capitale, sous le titre de : *Floræ parisiensis prodromus*. Paris, 1749, in-12, avec quatre planches. Il est le premier en France qui ait adopté le système de Linné. Il eut encore le mérite d'accueillir et de propager la découverte de Franklin sur l'électricité et les paratonnerres.

DALIBARD (Françoise-Thérèse Aumerle de Saint-Phalier), née à Paris, morte le 3 juin 1757, a publié quelques ouvrages de poésies, et un roman intitulé : *les Caprices du sort*. Paris, 1750, 2 vol. in-12.

DALIBARDE, s. f. (*bot.*), genre de plantes rosacées.

DALIBRAY (Charles Vion, sieur), fils d'un auditeur de la chambre des comptes de Paris, né en cette ville à la fin du seizième siècle. Il se lia avec Saint-Amant, Faret et quelques autres beaux esprits de son temps. Ce fut dans leur société qu'il prit le goût de la poésie. Le premier recueil de ses poésies parut à Paris en 1647, in-8°, sous le titre de *Musette du S. D.*; et le second en 1653, six parties in-8°. Celui-ci est le meilleur. On a encore de lui des traductions italiennes et espagnoles. Il mourut en 1654.

DALILA, une des plus belles femmes de la vallée de Sorec, chez les Philistins. Elle fut aimée de Samson, qui eut la faiblesse de lui découvrir que la force prodigieuse dont il jouissait était attachée à sa chevelure. Dalila, corrompue en secret par les dons de ses compatriotes, coupa les cheveux à son amant pendant son sommeil, et le livra sans force à ses ennemis. (*V.* SAMSON.)

DALIN (Olaüs de), littérateur suédois qui a fait époque dans son pays, était né en 1708 à Vinberga, dans la province de Halland, où son père était curé et archidiacre. En 1737, Dalin fut nommé bibliothécaire du roi. Il fit plusieurs ouvrages, dont un imité du *Spectateur anglais*, intitulé *Argus*, et qui obtint le succès le plus brillant. En 1742 il fit paraître le poème de la *Liberté suédoise*, en quatre chants. Il écrivit aussi l'histoire de Suède dans la langue du pays; il poussa ce travail jusqu'au règne de Charles IX, père de Gustave-Adolphe. En 1749 il fut nommé précepteur du prince royal, depuis roi sous le nom de Gustave III. En 1763 il obtint la charge de chancelier de la cour; mais il mourut le 12 août de la même année, et ne put remplir ses nouvelles fonctions que pendant six mois.

DALINÈRE, s. f. (*comm.*), sorte de toile de Bretagne.

DALKEITH, p. v. d'Écosse (Edimburg), possède des fabriques de chapeaux, de savon, et des tanneries; 6043 habitants, à deux lieues S.-E. d'Edimburg.

DAL-KILIDJ, s. m. (*hist. otto.*), littéral, *sabre nu*, soldat des compagnies d'élite employées aux opérations les plus périlleuses.

DALLAGE, s. m. (*constr.*), action de paver avec des dalles; pavé en dalles.

DALLAS (sir Georges), né à Londres le 6 avril 1758, fit ses études à Genève, et s'embarqua à l'âge de dix-huit ans pour les Indes orientales, en qualité de commis aux écritures; il ne languit pas longtemps dans les emplois subalternes, et lord Hastings l'ayant distingué le mit à la tête des recettes de la province de Radjeshay. Il s'acquitta parfaitement de cet emploi et revint en Europe lorsqu'il n'avait encore que vingt-sept ans. Il était alors à la tête d'une fortune assez considérable. A son départ de l'Inde, il avait été chargé par les habitants de Calcutta d'une pétition à la Chambre des communes; il la présenta, et les développements qu'il lui donna, prouvant les connaissances qu'il avait acquises sur les affaires du pays qu'il quittait, attirèrent l'attention sur lui. Divers pamphlets politiques achevèrent de le faire remarquer, et en 1799 il fut nommé membre de la Chambre des communes. Au bout de trois ans il donna sa démission pour cause de santé, et se retira dans le comté de Devon, où il continua à publier de temps en temps des écrits qui eurent du succès. Il mourut à Brigthon le 14 janvier 1833.

DALLAWAY (Jacques), écrivain anglais, né à Bristol le 20 février 1763, fit ses études à l'Université d'Oxford; mais, ayant voulu ensuite y entrer comme professeur, il éprouva des difficultés causées par des épigrammes fort piquantes qu'il s'était permises contre certains personnages influents de ce corps. Un ouvrage qu'il fit plus tard, les *Recherches sur l'art héraldique anglais*, lui valut la protection du duc Charles de Norfolk, auquel il l'avait dédié. Ce seigneur lui fit avoir le titre de médecin et de chapelain de l'ambassade de Constantinople. Le voyage qu'il fit dans ce pays lui donna occasion de composer un ouvrage sur *Constantinople ancienne et moderne*, que le docteur Clarke regarde comme le meilleur qu'on eût encore écrit sur ce sujet. En 1796, son professeur lui fit avoir la place de secrétaire du comte maréchal, et par la suite divers bénéfices qui étaient pour lui de véritables sinécures. Dallaway s'occupa de beaucoup d'ouvrages, dont peu sont originaux. Il mourut le 6 juin 1834, à Letherhead.

DALLE, tablettes de pierre servant à former l'aire de quelques pièces de nos habitations, celle de trottoirs, de cours, de rues même, et encore à couvrir certaines parties de construction. A Paris, les pierres les plus usitées sont : les granits de Normandie, les laves d'Auvergne, pour les trottoirs; le marbre, le Château-Landon, la pierre de Tonnerre, le liais, pour les vestibules et les salles à manger; la roche ou la pierre franche des environs de Paris, pour les allées, les cuisines, les laiteries, etc. Les trottoirs de Paris sont dallés en lave et en granit. Le granit est supérieur à la lave. Il y a des dallages très riches; ceux du Panthéon et de Saint-Pierre à Rome, plus communément appelés pavé, sont de marbres précieux de différentes couleurs. On varie l'épaisseur des dalles suivant le frottement et le poids qu'elles auront à supporter.

DALLE, s. f. (*anc. cout.*), fosse. On dit aussi *dallée*.

DALLE (*marine*), pièce de bois creusée dans le sens de sa longueur, pour servir de conduite. Petite auge employée autrefois dans les brûlots pour conduire la poudre aux matières combustibles. *V.* DALLOT.

DALLE (*technol.*), bassin de cuivre muni d'un tuyau à l'aide duquel le sucre passe de la chaudière à clarifier dans la chaudière à cuire. Gouttière de fer où les barres se rendent dans une tréfilerie, à mesure que l'ouvrier les a travaillées sous le martinet.

DALLEMAGNE (le baron Claude), né à Périeux, près Belley, en 1754, s'engagea à dix-neuf ans dans le régiment de Hainault, fit les guerres d'Amérique, prit successivement ses grades dans l'armée, commanda la 32e demi-brigade dans la campagne d'Italie, à la fin de laquelle il fut nommé général de division, sur la proposition du général en chef, et prit sa retraite en 1801, à cause du mauvais état de sa santé. Sa conduite à Lodi lui avait valu un sabre d'honneur que lui décerna le Directoire, et un autre sabre et une paire de pistolets d'honneur furent pour lui le prix de la réduction d'Ehrenbreistein, qu'il força à capituler. Il mourut à Nemours le 25 juin 1813.

DALLET (*géog.*), village de France, Puy-de-Dôme, sur l'Allier; 1500 âmes.

DALMACE, César sous Constantin. (*V.* **DALMATIUS.**)

DALMACE (*S.*), appelé *Dalmat* dans le ménologue des Grecs. Il servit en qualité d'officier dans la seconde compagnie des gardes du palais, et se maria sous l'empereur Valens. Il quitta bientôt sa femme, ses enfants, ses biens et ses charges, et entra, avec S. Fauste son fils, dans un cloître de Constantinople. Il fonda un monastère de son nom, qu'il dota de ses biens. Il mourut à l'âge de quatre-vingts ans. L'église honore sa mémoire le 3 août. Sa vie se trouve dans le 2e volume de l'*Imperium orientale* de Banduri, texte grec.

DALMANUTHA, lieu de la Palestine, au N., vers les sources du Jourdain. C'est là que les Pharisiens demandèrent un miracle à J.-C.

DALMAS (Joseph-Benoît), né à Aubenas en 1760. Il était avocat dans cette ville quand la révolution éclata; il fut nommé député à l'assemblée législative, et se montra dévoué à la famille royale, tout en adoptant les principes libéraux. Pendant le procès du roi il se retira à Rouen, où il publia un mémoire intitulé : *Réflexions sur le procès de Louis XVI.* Il fut poursuivi à raison de cet ouvrage, et la mort de Robespierre le sauva seule d'une condamnation. Élu plus tard président du tribunal civil de l'Ardèche, il fut destitué en 1798 à cause d'une autre brochure royaliste. En 1803 il fut appelé au Corps législatif, et en 1811 il fut nommé conseiller à la Cour royale de Nîmes. Louis XVIII le fit, en 1814, préfet de la Charente-Inférieure, et mourut le 10 août 1824, préfet du Var.

DALMATE, ad. et s. des 2 g. (*géog. anc. et ethnog.*), nom d'un peuple de race slave qui est venu s'établir dans la Dalmatie.

DALMATE (*géog.*), habitant de la Dalmatie; qui appartient à la Dalmatie ou à ses habitants.

DALMATES, nation féroce, étrangère à la civilisation et aux lois, habitait le pays que nous nommons encore la Dalmatie. (*V.* **DALMATIE.**) Les Dalmates furent souvent en guerre avec les Romains. Vaincus, l'an de Rome 559, par Scipion Nasica, ils se révoltèrent bientôt, et ne furent complètement subjugués que l'an de Rome 631, par Cécilius Métellus. Sous Auguste ils prirent encore les armes, l'an de Rome 741, et, s'étant réunis aux Pannoniens, menacèrent à la fois l'Italie et la Macédoine. Tibère eut besoin, pour les réduire, de la supériorité de son génie et de toutes ses forces militaires. Par la suite ils restèrent plus paisibles sous les lois des Romains, et suivirent la destinée du reste de l'empire, jusqu'à ce qu'après la mort de Justinien, la faiblesse de leurs maîtres les eut engagés à se déclarer indépendants.

DALMATICUS, surnom du consul Cécilius Métellus, vainqueur des Dalmates, l'an de Rome 631.

DALMATIE (*géog. anc.*) (Dalmatie, Albanie et Bosnie), grande province de l'Illyrie, située le long de la côte orientale de la mer adriatique, à partir du fleuve Titius, et bornée à l'O. par la Liburnie et au N. par la Savie. L'on y distinguait deux peuples principaux : les Autariates au N., et les Ardyens au S.

DALMATIE, s. f. (*géog.*), royaume qui forme la partie méridionale de l'empire d'Autriche, capitale Zara. La *Dalmatie* se divise en quatre cercles, deux dans la *Dalmatie vénitienne*, chefs-lieux *Zara* et *Spalatro*; un dans la république de *Raguse*, chef-lieu *Raguse*; un dans l'Albanie vénitienne, chef-lieu *Cattaro*. Les revenus de cette province suffisent à peine aux dépenses de l'administration. Le baron de Lichtenstein les évalue à 2,463,900 fr.; les dépenses sont évaluées à 1,867,600 fr. Par le traité de Campo-Formio en 1797, la Dalmatie fut cédée à l'Autriche, qui par suite de la campagne de 1805 se vit forcée de la remettre à la France. Alors elle fut réunie à l'Italie; elle fit bientôt après partie des provinces illyriennes. En 1806, les Russes s'emparèrent des bouches du Cattaro, et ne les rendirent aux Français qu'à la paix de Tilsitt. Depuis 1814, l'Autriche en a de nouveau été mise en possession.

DALMATIN (GEORGE), ministre luthérien à Layback, dans la haute Carniole, était né en Esclavonie, dit Czvittinger, et était très versé dans les langues orientales. Il fit la traduction luthérienne de la *Bible* en langue esclavonne, sous le nom de Windisch. Cette version parut en 1584, in-4o. En 1585, il fut mis en possession du pastorat de Saint-Khariom. Exilé en 1598, il trouva asile auprès du baron d'Ansperg. On ignore l'époque de sa mort.

DALMATIQUE, ornement d'église propre aux diacres et aux sous-diacres qui assistent le prêtre dans les cérémonie. La *dalmatique* tire son nom des peuples de Dalmatie, parmi lesquels elle était communément en usage, selon les *Origines* de saint Isidore. On reconnaît que ce vêtement était porté primitivement par les laïcs. Les empereurs et les rois étaient revêtus de dalmatiques à leur sacre et en d'autres cérémonies. Alcuin dit que le pape saint Sylvestre mit le premier la dalmatique en usage pour les diacres de l'Église romaine seulement; et il paraît qu'à la fin du VIe siècle les évêques même n'avaient pas encore le droit de la porter, puisque saint Brigius, évêque de Gap, demanda cette permission à Grégoire-le-Grand, qui la lui accorda à lui et à son archidiacre. Depuis ce temps, d'autres évêques prirent la dalmatique et la communiquèrent à leurs diacres, et enfin aux sous-diacres. Vers le milieu du IXe siècle, tous les évêques et quelques prêtres la portaient sous la chasuble. Anciennement, les dalmatiques étaient faites en forme de croix. Elles avaient du côté droit des manches larges, et du côté gauche de grandes franges. Selon de Vert (*Cérémonies de l'Église*, t. II, p. 350), la dalmatique marque pour le diacre la protection divine, la joie du Saint-Esprit et la justice. En Orient, les dalmatiques descendent presque jusqu'aux talons et elles ont les côtés cousus presque jusqu'au bas, aussi bien que les manches closes. C'était la coutume, au temps de saint Grégoire, lorsqu'on portait en terre le corps du pape, que le peuple le couvrît de dalmatiques, qu'il partageait ensuite et qu'il gardait comme des reliques. Saint Grégoire défendit cet usage dans le concile tenu à Rome en 595. A. S. R.

DALMATIUS (L. CL.) ou ANNIBALIEN, frère de Constantin-le-Grand, père de Dalmatius et d'Annibalien qui partagèrent l'empire avec les fils de Constantin, mourut sans doute avant son frère.

DALMATIUS (T. JUL.), fils du précédent, neveu de Constantin-le-Grand, fut nommé César en 335. Constantin, dans le partage qu'il fit de l'empire, lui donna la Thrace, la Macédoine et l'Achaïe; après la mort de l'empereur, il fut mis à mort ainsi que son frère Annibalien par l'ambitieux Constance (337 de J.-C.).

DALMINIUM (*géog. anc.*), ville de Dalmatie, qui fut ruinée par les Romains l'an 156 av. J.-C., aujourd'hui *Almissa*.

DALOIDE, adj. des deux g. (*minér.*), qui ressemble à un tison éteint.

DALOPHIS (*poiss.*), Genre de poissons de la famille des ophichthyetes, auxquels M. Rafinesque attribue pour caractères : branchies de chaque côté et au bas du cou sans opercules ni membranes; corps allongé, cylindrique à l'épidote, point de dents; une nageoire dorsale et une anale; ni catopes ni nageoires pectorales; queue obtuse, sans nageoire. Parmi les espèces les plus remarquables, nous citerons la *serpe de mer*, *dalophis serpa*: nageoire dorsale commençant derrière l'ouverture des branchies; sa couleur est fauve, sans taches; corps couvert de petits points noirs à peine visibles; mâchoire supérieure avancée; sa taille est de 1 pied à 18 pouces. J. P.

DALOT (*t. de marine*), trou, canal pour faire écouler les eaux hors du navire.

DALPHONSE (FRANÇOIS-JEAN-BAPTISTE, baron), né en 1756 dans le Bourbonnais, fut d'abord avocat et ensuite employé dans les finances. En 1790, il fut nommé vice-président et administrateur du district de Moulins, et devint président du département en 1794. Au mois de septembre de l'année suivante, il fut député au Conseil des anciens où il défendit à différentes reprises les biens du clergé qu'on voulait soumettre au séquestre. Dalphonse fut ensuite appelé à faire partie du Corps législatif, puis en 1800 il devint préfet de l'Indre, et la préfecture du Gard lui fut donnée en 1804. L'année suivante, il fut fait baron et commandant de la Légion-d'Honneur. En 1814, il donna son adhésion à la déchéance de Napoléon; mais il ne prit pas d'emploi sous les Bourbons. En 1815, à son retour de l'île d'Elbe, Napoléon le fit conseiller d'État et l'envoya à Nîmes où il publia un arrêté par lequel il enjoignait à divers royalistes de Nîmes de quitter cette ville pour aller se soumettre à la surveillance dans les lieux désignés. En 1815, il quitta ses fonctions et resta sans emploi jusqu'en 1819, époque à laquelle il fut nommé député par le collége électoral de Moulins, et prit place dans les rangs de l'opposition. Il mourut à Moulins en septembre 1821.

DALRYMPLE (DAVID), jurisconsulte écossais, né d'une famille noble, à Edimbourg, en 1726, fut nommé, en 1766, l'un des juges de la cour de cession, et, en 1776, lord commissaire du justicier. Ce fut à cette époque qu'il prit, selon l'usage établi, le titre de lord Hailes. Il mourut en 1792 à l'âge de soixante six ans. Nous avons de lui plusieurs ouvrages : *Remarques sur l'histoire d'Ecosse*, 1773, en 1 volume, où l'on trouve beaucoup de recherches, d'exactitude et de candeur. On a encore de lui quelques essais insérés dans l'ouvrage périodique intitulé *le Monde*.

DALRYMPLE (ALEXANDRE), frère du précédent, géographe anglais, membre de la Société royale de Londres, né en Ecosse en 1737, et mort, en 1808, contribua aux progrès de la géographie et de la navigation par ses travaux et par ses ouvrages, dont le principal est une *Collection des voyages dans l'Océan pacifique du Sud*, 2 vol. in-4°.

DALRYMPLE (HAMILTON-MAGGIL, sir JOAN), né en 1726, fut longtemps baron de l'échiquier du roi, en Ecosse. Nous avons de lui : *Mémoires de la Grande-Bretagne et de l'Irlande* (Londres 1771, 2 vol. in-4°). Le chevalier Dalrymple vint à Paris pour obtenir la permission de consulter au dépôt des affaires étrangères, la correspondance de Barillon, ambassadeur de France en Angleterre sous le règne de Charles II. Il y trouva la preuve que le célèbre Algernon Sydney recevait une pension de Louis XIV pour servir les vues politiques du gouvernement français. La publication de ces pièces fit grand bruit parmi le parti des whigs. Sir John est mort en 1810, âgé de quatre-vingt quatre ans.

DALTON (JEAN), prêtre et poète anglais, né à Whitehaven dans le Cumberland, fut recteur d'une paroisse de Londres. Il mourut le 21 juillet 1750. On a de lui 2 volumes de sermons. — Son frère Richard DALTON, bibliothécaire du roi, a publié la description d'une procession de la Mecke, ornée de gravures qu'il avait dessinées sur les lieux.

DAM, dommage, préjudice. En théologie (*la peine du dam*), la peine des damnés, en tant qu'ils seront privés de la vue de Dieu ; par opposition à la peine du sens ou du feu.

DAM, s. m. (*v. lang.*), titre d'honneur qui s'employait en parlant à un seigneur : *dam chevalier*.

DAMA, nom d'esclave souvent employé par les poètes comiques et satyriques.

DAMA (*mam.*). Si l'on en juge par Pline, cet animal était placé parmi les chèvres et se distinguait des autres espèces en ce que ses cornes étaient recourbées en avant au lieu de l'être en arrière. Les anciens comprenaient sous le nom de chèvres, non seulement les espèces que nous nommons ainsi, mais encore une grande partie de notre grand genre antilope. Selon M. Fr. Cuvier, cette espèce devait se rapporter au nanguer ou au nagar, dont les cornes présentent la disposition de celles du Dama ; mais rien ne conduit à décider à laquelle de ces deux espèces cet animal doit être rapporté. J. P.

DAMAGE, s. m. (*construct.*), action de damer les terres.

DAMAGÈTE, natif de Rhodes et roi d'Ialise, étant allé demander à l'oracle quelle femme il devait épouser, reçut cette réponse : La fille du plus grands des Grecs. Il rechercha alors la main de la dernière des filles d'Aristomène, et l'obtint.

DAMAGÈTE, athlète, fils de Diagoras, frère d'Acésilaüs et de Dorycée, vainquit aux jeux olympiques dans le combat du Pancrace.

DAMAGÈTE, poète grec dont les ouvrages sont perdus.

DAMAIN (JACQUES), prêtre d'Orléans, y naquit vers l'année 1528, devint docteur en droit, chanoine et conseiller au présidial de cette ville. Damain mourut à Orléans, le 20 mars 1596. Nous lui devons : *Relation de ce qui s'est passé à Orléans au massacre de la saint Barthélemi, le 26 août 1572.*

DAMAISINE, s. f. (*v. lang.*), prune de Damas.

DAMALIDE, s. m. (*zool.*), genre d'insectes diptères.

DAMALIS, courtisane qui vivait du temps d'Horace, et qui buvait beaucoup sans tomber dans l'ivresse.

DAMALIS (GILBERT), rimeur du seizième siècle. Nous avons de lui deux ouvrages, intitulés, l'un *Sermon du grand souper*, l'autre le *Procès des trois frères* ; Lyon, 1558, in-8°. (Voyez BEROALDE.)

DAMALIT (CLAUDE-IGNACE), né à Rioz, près Vesoul, le 1er septembre 1747, fit ses études vétérinaires à Lyon et à Paris ; il fut nommé garde visiteur des haras de Franche-Comté, et reçut, en 1792, le titre d'inspecteur vétérinaire de l'armée qui s'organisait dans le Midi ; puis, ayant pris sa retraite en 1795, il fut plus tard nommé médecin vétérinaire du dépôt d'étalons de Besançon. Il mourut le 28 août 1822. Il a laissé deux ouvrages sur les haras de Franche-Comté.

DAMALMÈNE, pêcheur de la ville d'Érétrie, ayant jeté dans la mer son filet, en retira un os qui était l'omoplate de Pélops, perdue dans un naufrage. Cet os était nécessaire aux Éléens pour faire cesser la peste qui désolait leur pays, Damalmène le leur restitua et en reçut une généreuse récompense.

DAMAN, *hyrax* (*mam.*). Ces animaux, qui, par leur fourrure épaisse et leur petite taille, semblent devoir être rangés parmi les Rongeurs, se rapprochent des Pachydermes, et particulièrement des rhinocéros, par leur système dentaire, la conformation de leur tête et celle de leurs ongles, qui ressemblent à des sabots. Leurs caractères sont : trente-quatre dents, deux petites incisives supérieures, triangulaires, quatre inférieures tranchantes ; les machelières, au nombre de sept de chaque côté en haut et en bas, sont comme celles des rhinocéros ; leurs pieds antérieurs à quatre doigts, tous munis d'ongles plats en sabots, les postérieurs à trois doigts, dont deux seulement ont des sabots, l'externe étant armé d'un ongle long et crochu ; la queue est remplacée par un simple tubercule ; les yeux sont grands, les oreilles larges et arrondies, les narines séparées par un petit mufle ; ils ont de vingt à vingt-deux côtes. — Les damans sont des animaux de petite taille, à pelage épais et fin, tous propres à l'Afrique méridionale et aux parties avoisinantes de l'Asie ; ils se nourrissent de fruits et d'herbages et vivent sur les rochers et les montagnes. On emploie leur fourrure et on se nourrit de leur chair. Les Israélites connaissaient ces animaux sous le nom de *saphan* ; ils en parlent dans leurs livres saints. L'espèce la plus connue est le *daman du Cap*, *hyrax capensis*. Il est de la taille du lapin ; son poil, très doux, est d'un brun cendré en dessus, avec une ligne plus noire sur le dos ; il est blanchâtre en dessous. Les autres espèces, peu nombreuses, n'en diffèrent que par les nuances de leur pelage. J. P.

DAMAN (*géogr.*), ville de l'Hindoustan, province de Goudscrate ; elle appartient aux Portugais. On y voit un temple où les Perses conservent le feu sacré depuis 1,200 ans.

DAMANHOUR ou **DAMENHOUR**, *Hermopolis-Parva*, petite ville d'Egypte, à quinze lieues S. E. d'Alexandrie. Elle a été prise par les Français (1798).

DAMAOUN (*géogr.*), ville maritime de l'Inde, au S. du golfe de Cambaie ; elle est à vingt lieues S. de Surate, latitude N. 20° 18', longitude E. 69° 35'. Cette ville appartient aux Portugais.

DAMANTILOPE, s. m. (*zool.*), espèce d'antilope.

DAMAQUE ou **DAMACHUS**, le même que DAÏMAQUE.

DAMAR (*géogr.*), ville d'Arabie, dans l'Yemen, royaume de Sana ; université célèbre pour la secte des zeïtes, fréquentée par 500 étudiants ; 30,000 âmes.

DAMARAS, s. m. (*comm.*), sorte de taffetas des Indes.

DAMARÈTE, père d'Aristotome, tyran d'Elide dans le IIIe siècle avant Jésus-Christ.

DAMARÈTE, femme de Gélon, roi de Syracuse.

DAMARETIUM, médaille d'or formée d'une couronne que les Carthaginois avaient donnée à la reine Damarète, en reconnaissance qu'elle leur avait procuré la paix avec la Sicile.

DAMARIS, Athénienne convertie par les prédications de saint Paul à Athènes.

DAMARQUE, athlète célèbre du pays des Parrhasiens, dans l'Arcadie. Il remporta le prix du ceste. On dit qu'un jour, à la fête de Jupiter-Lycéus, il fut changé en loup et ne reprit sa forme que dix ans après.

DAMAS, paschalik, le premier en importance de l'empire ottoman et de la Turquie asiatique, dont il occupe presque la totalité. Il est borné au N. par le paschalik d'Alep, à l'E. par celui de Bagdad et par le désert, au S. par l'Arabie, à l'O. par les paschaliks d'Acre et de Tripoli et par la Méditerranée.

DAMAS ou **EL-CHAM**, *Damascus*, ville de l'empire ottoman (Syrie), en Asie, chef-lieu du paschalik ci-dessus, résidence d'un pacha et siége du patriarche d'Antioche. Elle est située dans une plaine fertile, au pied du versant oriental du Liban, et entourée, dans une circonférence de trois à quatre lieues, d'une suite de maisons de campagne et de jardins arrosés par le Baradé et par d'autres petites rivières. Cette ville, dans laquelle on entre par neuf portes, est ceinte de murailles à demi-ruinées, flanquées de tours et environnées de fossés, et défendue par un château fort également muni de tours et de fossés, qui renferment des maisons bien bâties. On y compte un nombre considérable de mosquées, parmi lesquelles on distingue celle qui est appelée Zékia. Damas s'est rendue célèbre par ses fabriques de lames de sabres très estimées, se manufactures d'étoffes de soie et de coton, de savon destin principalement pour l'Egypte; on y confectionne en outre une énorme quantité de fruits secs, de confitures, de pâtes sucrées de roses, d'abricots, de pêches. Elle reçoit par Bagdad des toiles de coton, des mouchoirs, des chaudrons de cuivre, des clous, des pipes, des épiceries, des châles, du fer, du plomb, de l'étain, du drap, du sucre; enfin toutes les marchandises de l'Europe lui viennent par Léide, Beirouth et Tripoli. Damas, ville très ancienne, dont il est parlé dans la Genèse, fut longtemps la capitale d'un royaume tantôt indépendant, tantôt assujetti aux juifs. Conquise ensuite par les Romains, puis subjuguée par les Arabes, elle tomba enfin au pouvoir de Sélim 1er, empereur des Turks, et depuis elle a toujours fait partie de l'empire ottoman. Elle est à 75 lieues S. d'Alep, 50 lieues N. N. E. de Jérusalem et 280 lieues S. E. de Constantinople. La population de cette ville peut s'élever à 200,000 âmes, parmi lesquelles on compte environ 20,000 chrétiens catholiques, 5,000 schismatiques et à peu près 1,000 familles juives.

DAMAS (*tech.*), nom donné à une étoffe de soie qu'on tirait autrefois de la ville de Damas et qu'on fabrique aujourd'hui en France avec une grande habileté. C'est par le dessin que diffèrent les objets damassés des objets unis. Les dessins sont formés en même temps que les tissus, par les fils de la chaîne que le métier à la Jacquart fait soulever à propos. On applique le damassé (*V.*) à la soie, aux étoffes de coton, de laine, de fil, de lin. Lyon et Nîmes fournissent les plus beaux produits de cette industrie. — On appelle ACIER DE DAMAS celui qu'on fabrique dans cette ville et qu'on imite bien en France. Travaillé et transformé en lames, il présente des veines noires, argentines, blanches, fibreuses, rubannées, parallèles ou croisées, etc. Il est, surtout par la trempe, d'une qualité supérieure. Pour obtenir ce qu'on appelle les lames *parallèles*, on réunit des lames minces, on creuse avec le burin, puis on remplit ces creux jusqu'au niveau de la surface extérieure. Pour les lames *de torsion*, on réunit en barres différentes baguettes d'acier qu'on soude, qu'on reforge et qu'on corroie. Cette barre est ensuite refendue dans la direction de son axe et les deux morceaux sont ressoudés en les mettant dos à dos, d'où il résulte, sur les deux faces, des figures variées. Le troisième mode, qui donne les lames *mosaïques*, s'exécute à peu près de la même manière. La barre est coupée en plusieurs bouts égaux qui sont ensuite réunis et soudés, de manière que la surface de la lame présente les sections de chaque bout.

DAMAS, général syracusain qui commença la fortune d'Agathocle, dont la beauté l'avait frappé vivement et à qui il donna le commandement d'une compagnie de mille hommes. Agathocle épousa sa veuve.

DAMAS-CRUX (LOUIS-ETIENNE-FRANÇOIS, COMTE DE), né au château de Crux, dans le Nivernais, vers 1750, entra fort jeune au service, fut colonel du régiment de Foix, et commanda plus tard celui de Limousin, et fut ensuite nommé maréchal-de-camp. Il émigra en 1792, et prit part aux expéditions de l'émigration, sous les ordres de d'Autichamp et sous ceux du prince de Condé. Il accompagna ensuite la duchesse d'Angoulême dans ses voyages et revint en France avec Louis XVIII, qui le nomma lieutenant-général et pair de France le 2 juillet 1814. Il mourut le lendemain de sa nomination.

DAMAS (JOSEPH-FRANÇOIS-LOUIS-CHARLES CÉSAR, DUC DE), cousin du précédent, né en 1758, entra au service à treize ans, fit les campagnes d'Amérique, de 1781 et 1782. Il était colonel des dragons de *Monsieur*. Quand le voyage de Varennes fut décidé, il devait occuper le poste de Clermont; mais intimidé par quelques menaces qui lui firent craindre une révolte de ses soldats, il quitta son corps pour suivre presque seul le roi fugitif. Il fut décrété d'accusation par l'assemblée nationale; mais l'amnistie qui eut lieu lors de l'acceptation de la constitution par Louis XVI, le sauva. Il émigra aussitôt et prit part à la guerre de l'émigration. Il rentra en France lorsque les lois contre les émigrés furent moins à redouter. En 1814, Louis XVIII le nomma lieutenant-général, pair de France, capitaine des chevau-légers et commandeur de Saint-Louis. Il fut créé duc en 1825, et mourut à Paris le 5 mars 1829.

DAMAS (LE COMTE ROGER DE), frère du précédent, naquit en 1765, entra d'abord au régiment du roi, puis, poussé par une ardeur chevaleresque, il voulut prendre part à la guerre qui avait lieu entre les Turcs et les Moscovites. Il alla trouver le prince de ligne à Elisabethgorod, et celui-ci lui fit obtenir rang dans l'armée russe. Il se distingua beaucoup dans les campagnes qui suivirent son admission. L'impératrice Catherine lui envoya une épée en or et la croix de Saint-Georges, à l'occasion d'un trait de bravoure extraordinaire par lequel il s'était emparé du drapeau de Mahomet, et il fut nommé colonel. Il revint en France à la fin de 1789, et repartit presqu'aussitôt pour la Russie, où il reprit du service. Il vint ensuite s'enrôler dans l'armée des princes, et prit part à leurs expéditions. En 1798, le comte Roger de Damas, sollicité par le roi de Naples, prit le commandement d'une division napolitaine, et, comme toujours, se distingua par une bravoure à toute épreuve. Il revint en France en 1814, avec le comte d'Artois, et fut alors nommé lieutenant-général et commandant de Lyon. Après la deuxième rentrée de Louis XVIII, il fut envoyé à la Chambre des députés, mais il y siégea peu de temps et retourna dans son gouvernement de Lyon. Il mourut au château de Cirey en septembre 1823.

DAMAS (FRANÇOIS-ETIENNE), général français, né à Paris le 22 juin 1764, fit ses études au collége d'Harcourt. Il se destinait à l'architecture, quand la révolution arriva et lui fit échanger sa profession pour celle des armes. Il fut bientôt aide-de-camp du général Meunier; il fut ensuite nommé adjudant-général, et Kléber le choisit pour son chef d'état-major. Devenu général de brigade, il servit sous ce même général au siége de Mayence, pendant lequel il se distingua beaucoup. En 1798 il reprit ses fonctions de chef d'état-major de Kléber, et passa avec lui en Égypte; il assista à la plupart des batailles qui se donnèrent pendant cette expédition, et y conquit une large part de gloire. De retour en France on le laissa cinq années sans emploi, jusqu'à ce que Murat se l'attachât en qualité de commandant militaire de son duché de Berg et de conseiller d'état. On lui interdit de suivre son nouveau protecteur à Naples, et il organisa les troupes du duché, qu'il commanda pendant la campagne de Russie. En 1814, Louis XVIII accueillit Damas avec distinction et le nomma commandant de la gendarmerie de Paris. En 1816, et quoiqu'il eût de nouveau, pendant les cent jours, prêté serment à Napoléon, on le fit inspecteur-général de la gendarmerie, et il ne cessa pas d'être employé jusqu'au 28 décembre 1828, époque à laquelle il mourut à Paris.

DAMAS (AUGUSTE-ALEXANDRE-MARTIAL), acteur de la Comédie-Française, né à Paris le 12 janvier 1772, avait eu dès son enfance du goût pour le théâtre. Dès l'âge de treize ans il s'exerçait avec d'autres enfants sur le théâtre Beaujolais; il joua ensuite à l'Ambigu-Comique; puis, après avoir reçu des leçons à l'École royale de déclamation, il fut appelé à faire partie de la troupe de madame Montansier, au théâtre de la République, où se réunirent bientôt tous les acteurs de l'ancienne Comédie-Française. Damas sut se faire aimer du public par l'intelligence et la chaleur qu'il mettait dans les rôles qui lui étaient confiés. Parmi ces derniers, le *Begearss* de la Mère Coupable, *Saint-Alme* de l'Abbé de l'Épée, et *Frambourg* de la Fille d'Honneur, sont ceux dans lesquels il obtint le plus de succès. Il se retira du théâtre en 1815, et mourut à sa campagne de Saules-les-Chartreux le 8 octobre 1834.

DAMASAN, bourg de France (Lot-et-Garonne), chef-lieu de canton; 1529 habitants; arrondissement, et à 4 lieues N. de Nérac; bureau de poste.

DAMASCÈNE (SAINT-JEAN). (*V.* JEAN DAMASCÈNE (SAINT.)

DAMASCÈNE (JEAN), médecin arabe, vivait dans le neuvième siècle; il était fils de Mésué le jeune. L'obscurité répandue sur la vie et les ouvrages de ce médecin, tient sans doute au nom qu'il porte, et qui en effet est celui de plusieurs hommes illustres nés à Damas. On lui attribue deux ouvrages empreints d'une grande vénération pour Aristote et Galien. Ce sont: *Aphorismorum liber*. Bologne, 1489, in-4°; *Medicinæ therapeuticæ, lib. VII. Bâle*, 1543, *in-fol.*

DAMASCÈNE (*géog. anc.*), portion S.-E. de la Célé-Syrie, et ensuite de la Phénicie du Liban, ainsi nommée de Damas, qui en était la capitale.

DAMASCIUS, né à Damas en Syrie, fut le dernier philosophe éclectique; il soutint avec zèle la religion païenne, telle qu'on la professait dans la secte à laquelle il était attaché. Nous avons de Damacius un traité très volumineux sur les premiers principes περι αρχων, dont il existe un manuscrit à la bibliothèque impériale.

DAMASCUS, le plus ancien des rois de Syrie, selon Justin, qui le donne comme antérieur à Abraham. Il eut pour successeur Azélus.

DAMASE Ier, pape célèbre, natif de Guimaraens en Espagne, succéda à Libère en 366; Ursin ou Ursicin s'opposa à son élection, et se fit ordonner évêque de Rome, ce qui causa beaucoup de troubles. Damase tint plusieurs conciles, condamna Versace, Valens et Auxence, prit le parti de Paulin contre Mélèce, excommunia Apollinaire, Vital et Timothée, et se déclara contre les lucifériens. Damase eut un illustre secrétaire en la personne de Saint-Jérôme. Il gouverna l'église romaine avec sagesse pendant dix-huit ans, et mourut en 384. Il nous reste de lui quelques lettres.

DAMASE II, fut élu pape en 1048; il succéda à Clément II. Il avait nom Papon, était évêque de Brixen, et fut choisi et envoyé à Rome par l'empereur Henri-le-Noir. Il fut couronné le 17 juillet. Damase II ne survécut que vingt-trois jours à son élection, et mourut à Palestrine en 1048.

DAMASIA, le même qu'Augusta Vindelicorum. (*V.* VINDE LICORUSUS.

DAMASIAS, fils de Penthile et petit-fils d'Oreste, neveu de Tisamène; il partagea l'autorité souveraine avec ses cousins, lorsque les Ochéens vinrent habiter l'Achaïe.

DAMASICHTHON, fils de Codrus et chef d'une colonie d'Ioniens, fut tué par son frère Promethus.

DAMASICHTHON, fils d'Opheltès et petit-fils de Pénéloé, hérita, après Antésion, du trône de Thèbes.

DAMASICHTHON, un des fils de Niobé.

DAMASINBROTE (γδαμάω dompter βροτὸς mortel), épithète et même surnom de la ville de Sparte, à cause du caractère belliqueux et des victoires de ses habitants.

DAMASIPPE (*mith.*), fils d'Iscare et de Péribée.

DAMASIPPE (*hist.*), général de Philippe Ier, exilé par ce prince à cause de ses débauches.

DAMASIPPE, démagogue romain de la plus basse extraction, devint préteur et se fit remarquer parmi les partisans de Marius par sa cruauté envers les partisans de Sylla. Il eut l'audace de faire porter au bout d'une pique la tête du tribun Arvina, qu'il avait tué. Sylla, de retour en Italie, le fit mourir.

DAMASIPPE, sénateur qui accompagna Juba lors de son entrée triomphale à Utique.

DAMASIPPE, antiquaire qui, près avoir dépensé ses richesses en tableaux, en statues, en vases, prit dans sa pauvreté l'habit et le titre de philosophe stoïcien.

DAMASISTRATE, roi de Platée, qui fit inhumer le corps de Laïus.

DAMASISTRATE, père de l'historien Théopompe,

DAMASITHYME, fils de Candaule, roi de Lydie et roi lui-même de Calynde. Il commandait un des vaisseaux de Xercès à la bataille de Salamine.

DAMASONIER (*bot.*), *Damasonium*, genre de plantes monocotylédones, périgynes, de la famille naturelle des alismacées, et de l'hexandrie polyginie de Linné, ayant pour caractères principaux : calice de trois folioles ovales persistantes; trois pétales arrondis, plus grands que le calice; six étamines à filaments plus courts que les pétales; six à huit ovaires supérieurs, rétrécis en pointe à leur sommet, terminés par un stigmate simple; six à huit capsules coniques comprimées, disposées en étoiles, contenant chacune deux à cinq graines. L'espèce la mieux connue est le *Damasonier étoilé*, vulg. *Étoile du berger*, *D. stellatum*, à tiges simples, nues, hautes de trois à six pouces, portant un ou deux verticiles de fleurs blanches, petites; le dernier forme une ombelle terminale. J. P.

DAMASONIUM (*bot.*), on n'est pas d'accord sur la plante à laquelle Dioscoride donnait ce nom. Selon Daléchamps, c'était l'*arnica montana*; selon Columna, l'oreille d'ours, *primula auricula*; selon Césalpin, la digitale jaune; Bauhin la rapporte au plantain d'eau, *alisma plantago*, etc. J. P.

DAMASQUETTE, s. f. (*comm*,), étoffe fabriquée à Venise, qui se débite dans l'Orient.

DAMASQUIN (*métrol.*), *V.* ROTOLO.

DAMASQUINAGE s. m., (*v. lang.*), le travail de ce qui est damasquiné.

DAMASQUINER, incruster sur le fer ou sur l'acier des dessins formés avec de l'or ou de l'argent. On fait *bleuir* la lame; le damasquineur, avec son burin, creuse assez profondément le lit que remplit avec le fil métallique un ouvrier qui, au moyen d'un petit ciseau fait entrer l'or ou l'argent au fond des entailles faites. Le fil de métal y est suffisamment retenu par les aspérités que le damasquineur a soin de laisser dans le tracé du dessin, et par les sertissures produites en refoulant le fil avec le mattoir. On passe ensuite une lime douce sur la lame qui, avant d'être livrée au commerce, doit être encore polie et bleuie. Si l'on veut que le dessin présente un *relief*, on introduit un fil de métal plus gros, on le fixe au moyen du ciseau et on le sertit avec un mattoir en forme de gouttière, qui ainsi laisse le dessin en relief convexe. Les Orientaux, auxquels nous devons l'invention de cet art, estiment beaucoup nos damasquineries, qui sont supérieures aux leurs.

DAMASQUINERIE, l'art de damasquiner.

DAMASQUINEUR, celui qui damasquine.

DAMASQUINURE. Cette opération ne se pratique plus, pour ainsi dire, que sur les lames de sabre et d'épée. On fait *bleuir* ces lames (*V.* ACIER), on grave ensuite au burin les dessins que l'on veut représenter et l'on remplit tous les traits avec un fil d'or ou d'argent très fin qu'on fait entrer à l'aide d'un petit ciseau, et ensuite on amatit l'or. Quand le dessin est terminé, on passe une lime très douce sur la lame, on la polit ensuite et on la bleuit de nouveau avec uniformité.

DAMASSÉ. En 1810, M. Gaspard, sous-inspecteur aux revues, offrit au gouvernement d'envoyer en France un métier à damasser et un ouvrier au fait de sa manœuvre. La Flandre, puis tous les Pays-Bas, la Saxe et la Prusse connaissaient cet art étranger à la France. Deux métiers et deux ouvriers établis au Conservatoire des arts et métiers ne suffirent pas d'abord à fixer l'attention. Mais en 1817. M. Pelletier et, à son exemple, d'autres fabricants s'occupèrent du tissage damassé. Aujourd'hui, cette industrie est considérable. M. Pelletier a obtenu, au moyen de son cylindre qui remplace l'amidon, des produits plus solides et moins chers. (*V.* pour la définition DAMAS.)

DAMASSER, v. a. (*technol.*). En termes de vannier, faire des ornements en losange, en croix, ou autres figures semblables à celles qu'on voit sur le linge damassé.

DAMASSERIE, s. f. (*comm.*), étoffe moins forte que le damas ordinaire.

DAMASSEUR, s. m. (*technol.*), ouvrier qui fabrique du linge damassé.

DAMASSIN, s. m. (*comm.*), étoffe moins forte que le damas ordinaire.

DAMASSURE, dessin figuré sur la toile damassée, en le tissant.

DAMASTES, historien grec, natif de Syrie. Il était fils de Dioxippe et disciple d'Hellanicus, et florissait vers la 97e olympiade, environ 430 ans av. J.-C. Il ne nous reste rien de ses ouvrages.

DAMASTOR, un des géants qui escaladèrent le ciel; n'ayant plus d'armes sous la main, il saisit un de ses compagnons que Minerve venait de pétrifier et le lança contre les dieux.

DAMASTOR, père d'Agélas.

DAMASTOR, chef troyen tué par Patrocle.

DAMASTORIDES, un des amants de Pénélope, tué par Ulysse.

DAMASUS, capitaine troyen, tué par Polypétès.

DAMASUS, fils de Codrus, conduisit une colonie d'Athéniens à Téos dans la mer Egée.

DAMATER, surnom de Cérès. *V.* DÉMÉTER.

DAMATICLE, s. f. (*v. lang.*), dalmatique.

DAMATRION, Lacédémonienne qui tua son fils pour avoir fui dans une bataille contre les Messéniens.

DAMATRIOS ou **DAMATRIUS**, (Δαματὴρ, Cérès), deuxième mois de l'année chez les Grecs du Péloponnèse, répondait à juillet. Son nom venait de ce que l'on y recueillait les blés et les autres grains pendant le cours de ce mois.

DAMATRIS, prêtresse de Cérès Damie.

DAMATRIS (*bot.*), corymbifères de Jussieu, syngénésie polygamie de Linné; genre établi dans la famille des synanthéries, de la tribu des arctolidées par M. Cassini. Le damatris pudique, *D. pudica*, est une plante annuelle de cinq à six pouces de hauteur, qui croît au cap de Bonne-Espérance; sa tige divisée en rameaux pédonculiformes; les feuilles sont alternes, longues de deux pouces, semi-amplexicaules à la base, étroites, linéaires, lancéolées, tamenteuses et blanches en dessous; les calathides composées de fleurs jaunes, sont solitaires et terminales. J. P.

DAMAZE de RAIMOND, né à Agen, en 1770, était, en 1802, chargé d'affaires de France près la république de Raguse; il était en outre membre du collége électoral de son département et de la Société d'agriculture, sciences et arts d'Agen. Il signait de ses titres d'assez mauvais ouvrages, et ne se fit une réputation que par les articles de critique qu'il inséra plus tard dans le *Journal de l'Empire*. Cette critique, outre qu'elle était fort violente, s'étendait sur des matières entièrement inconnues à Damaze, qui répondait par des injures à ceux qui niaient ce qu'il avançait. Il fut tué en duel le 27 février 1818.

DAMBAC, n. pr. m. (*myth. ori.*), roi qui régnait avant Adam sur les habitants de Mouscham, une des îles Maldives.

DAMBORT. s. m. (*zool.*), poisson des mers d'Amboine.

DAMBOURNEY (L.-A.), né à Rouen en 1722, mort le 2 juin 1795. Il était intendant du jardin de botanique et secrétaire de l'Académie des sciences et belles-lettres de Rouen. Il fit plusieurs découvertes importantes, celle surtout d'un vert primitif très solide, qu'il tirait des baies de la bourdaine ou bourgêne. Dambourney s'était aussi occupé des moyens de perfectionner la manière de faire le cidre, et il a publié sur ce sujet plusieurs mémoires en 1773, dans le 3e vol. du recueil de la Société d'agriculture de Rouen.

DAMBRAY (CHARLES-HENRI), chancelier de France, né à Rouen en 1760, était issu d'une ancienne famille de robe; il vint se fixer en 1779 à Paris, où le crédit de son parent Barentin lui fit obtenir la place de procureur général de la cour des aides. Dès ses premiers pas dans la carrière, il fixa sur lui tous les regards par des talents du plus grand éclat et par une facilité telle que, sans aucune note, il résumait avec une lucidité sans égale les affaires les plus longues et les plus embrouillées. Au mois de janvier 1788, il fut nommé procureur général au parlement, et fit briller dans cette assemblée l'éloquence, la clarté et l'intégrité qu'il possédait à un degré si élevé. Cependant la révolution éclata, et Dambray, connu pour son dévouement à la cause royale, échappa pourtant à l'échafaud qui menaçait tous ceux qui professaient les mêmes opinions que lui. Pendant les temps qui suivirent cette époque sanglante, il refusa toutes les fonctions qui lui furent offertes, et retiré à Rouen, sa patrie, il se trouva bientôt investi d'une magistrature particulière que lui confia l'estime publique. Alliant les anciennes coutumes si vénérées en Normandie avec les lois nouvelles, et prenant toujours pour base l'équité la plus scrupuleuse, il décidait en juge souverain dans les différents de ses compatriotes, et toujours ses arrêts étaient respectés. Membre du conseil général de son département, il accepta pourtant la croix de la Légion-d'Honneur qui lui fut donnée par Napoléon; sa mère, qu'il consultait à cet égard, lui disait spirituellement : « Qu'il fallait accepter toutes les *croix* que le Ciel nous envoyait. » En 1814, Louis XVIII, aussitôt sa rentrée, lui remit les sceaux du royaume et le titre de chancelier de France. Bien des reproches ont été adressés à son ministère, mais on peut dire que s'il commit quelques fautes, ses actes furent toujours le résultat de la plus consciencieuse conviction. Pendant les Cent jours, Dambray suivit le roi à Gand, et au retour il conserva le t tre inamovible de chancelier, mais ne rentra pas au ministère. Cependant, en juin 1816, il accepta *par intérim* le portefeuille de la justice que venait de résigner M. Barbé-Marbois, et le conserva jusqu'au 19 janvier 1817. Quoique souvent opposé aux opinions qui prévalaient en définitive dans le conseil, jamais on ne l'entendit se vanter d'avoir soutenu un avis qui plus tard était reconnu meilleur : cette discrétion fit qu'il fut en but aussi bien aux censures des royalistes qu'à celles des personnages d'un parti contraire. C'est surtout dans la présidence de la Chambre des pairs, que le chancelier Dambray déploya toute l'impartialité qu'il regardait comme le premier de ses devoirs; aussi l'affection des pairs de toutes les opinions ne lui manqua-t-elle pas. Pendant les deux dernières années de sa vie, il laissa la présidence à M. de Pastoret, vice-président, et se retira à sa terre de Montigny, où il mourut le 15 décembre, âgé de 70 ans.

DAME, du latin *domina*, ou du vieux mot *dam*, seigneur au moyen âge : le mot dame se donnait aux femmes nobles. Les chevaliers avaient leurs *dames* dont ils portaient parfois les couleurs et auxquelles ils se déclaraient entièrement soumis et dévoués. Ce fut souvent une épithète donnée comme aveu d'un amour respectueux; mais le mot dame passa dans le langage ordinaire de la courtoisie; on se déclara le serviteur de toutes les femmes nobles qu'on respectait, et l'on dit à toutes : *ma dame*. En 1789, les princes et princesses du sang mettaient encore sur la suscription de leurs lettres : *A la reine, ma souveraine dame*. Les rois ne donnaient ce titre de *dames* qu'aux femmes de chevaliers; celles des écuyers n'étaient que *demoiselles*. Une fille noble qui avait été présentée au roi et qu'il avait appelée *madame*, gardait ce titre; elle était *damée*. Les filles de nos rois étaient appelées madame dès leur naissance. Les bourgeoises ont conservé le titre de *mademoiselle* jusqu'au dernier siècle. On sait que les *dames* et les *demoiselles* durent faire place aux citoyennes, et aujourd'hui, il serait impoli, en s'adressant à une femme, à quelque classe honnête qu'elle appartînt, de lui refuser cette épithète de madame qui n'est plus un titre. Il y a seulement des tournures de phrases par lesquelles on peut l'éviter; mais elle ne peut être remplacée par aucune autre. Lorsqu'on parle à la troisième personne, on fait encore une distinction entre *dame* et *femme*, *demoiselle* et *fille*. Lorsqu'on veut désigner en même temps des femmes mariées et des demoiselles, on les comprend ordinairement dans la dénomination commune des dames. (V. DAMOISEAU et DEMOISELLE).

DAME est aussi un simple titre que l'on donne par honneur aux femmes de qualité. — *Dame d'honneur, dame d'atour, dame du lit, dame du palais*, femmes de qualité qui remplissent diverses fonctions auprès des reines ou des princesses.

DAME est pareillement un titre donné aux religieuses des abbayes et de certaines autres communautés, ainsi qu'aux chanoinesses. — *Dames du chœur*, religieuses qui siégent dans les hautes stalles du chœur, à la différence des novices, qui sont dans les stalles basses, et des sœurs converses qui n'ont été reçues que pour le service de la maison. — *Dames de charité*, se dit des dames qui, dans l'étendue d'une paroisse, d'un arrondissement, forment une association chargée de recueillir et de distribuer les aumônes.

DAME, est également le titre qu'on donne à toutes les femmes mariées qui sont au-dessus de la dernière classe du peuple. Il se prend aussi dans un sens plus général et s'étend à toutes les filles. — Il signifie particulièrement, en parlant de chevalerie, la femme à laquelle un chevalier consacrait ses soins et ses exploits. — Aux courses de bague, *la course pour les dames*, la première course qui n'est point comprise dans le nombre de celles qu'on doit courir pour le prix. — On appelle également, au jeu de paume, *les dames*, le premier coup qui se sert sur le toit, et qui n'est compté pour rien. — *Brevet de dame*, brevet par lequel le roi conférait à une demoiselle le titre de *Dame*. — *Les dames de France*, les filles du roi. V. MADAME.

DAME est encore une espèce de titre qu'on joint au nom de fille des femmes du peuple, soit en parlant d'elles, soit en parlant à elles? *dame Françoise, dame Nicole*. Cet emploi est populaire. — *Les dames de la halle*, les marchandes de la halle, qui sont admises sous ce titre chez le roi et chez les princes à certaines époques et à l'occasion de certains évènements. — *En botan., dame d'onze heures*, plante liliacée à fleurs blanches qui ont l'extérieur des pétales vert.

DAME, se dit en outre aux jeux de cartes de chacune des quatre cartes sur lesquelles est peinte la figure d'une dame. — Il désigne, au jeu des échecs, la pièce du jeu la plus considérable après le roi. On l'appelle aussi *reine*. — *Aller à dame*, pousser un pion jusqu'aux dernières cases du côté de son adversaire; ce qui fait prendre à ce pion la valeur d'une dame (Voyez plus bas un autre emploi de cette locution). — *Dames rabattues*, sorte de jeu différent du trictrac, mais qui se joue avec les mêmes pièces.

DAME, en terme de ponts et chaussées, digue qu'on laisse en travers d'un canal tandis qu'on le creuse, pour séparer la partie déjà occupée par les eaux de celle où les travailleurs sont encore. — Dame s'emploie aussi comme une sorte d'interjection, pour donner plus de force à une affirmation, à une négation, pour exprimer quelque surprise. En ce sens il est populaire.

DAME (*ois.*), nom vulgaire de plusieurs oiseaux; tels sont : la mésange à longue queue, *parus caudatus*, L.; la chouette effraie, *strix flammea*, L.; la hulotte, *strix aluco*, L.; la pie, le grèbe huppé, *colymbus cristatus*. L. On nomme damoiseau, le cauroucou à ventre rouge, *Tragan roseigaster*, Vieillot.

J. P.

On nomme encore Belle Dame le papillon du chardon. Dame d'onze heures, l'*ornithogalum umbellatum*, dont les fleurs s'épanouissent à cette heure du jour. J. P.

DAME, s. f. (*anc. prov.*), *Dame qui moult se mire, peu file*, une femme qui donne beaucoup de temps à la toilette, en consacre peu aux choses utiles. — *Vides chambres font dames folles* : la gêne et le besoin font faire aux femmes de grandes fautes. — *Dame du milieu*, se disait autrefois, dans le langage des matrones, de la membrane de l'hymen. — *Dame*, dans l'astrologie judiciaire, se disait autrefois des planètes dominantes dont le nom est féminin. : *Cet homme a la lune dame du milieu du ciel*. — *Dame* se dit par excellence de la Vierge-Marie, qu'on appelle absolument, *Notre-Dame, l'office de Notre-Dame, les fêtes de Notre-Dame*. — *Pauvre dame* (*hist. ecclés.*), se dit des Clarisses ou religieuses de Sainte-Claire. — *Dames de la hache*, (V. HACHE). — *Paix des dames*, se dit du traité conclu à Cambrai le 3 août 2529, parce que la paix y fut conclue par Marguerite d'Autriche, au nom de Charles-Quint, et par la duchesse d'Angoulême, au nom de François Ier. *La paix des dames* assura la couronne de Naples et celle de Sicile à Charles-Quint. — *Dame de mine* (*art. milit.*), masse de terre qui est restée debout quand plusieurs fourneaux peu distants ont sauté en même temps. — *Dame de fortification*, petite tour à cintre plein en maçonnerie, qui surmonte le milieu du batardeau d'un fossé inondé, afin que la crête du batardeau ne puisse servir de pont pour traverser le fossé. — *Dame* (p. et ch.), petits cônes de terre laissés intacts pou, servir de témoins lors du métré des travaux. — *Dames*, s. f. pl. (*navigat.*), nom de deux chevilles de fer plantées sur l'arrière d'une embarcation de chaque côté d'un grelin, pour le fixer. (*V.* DAVIER); doubles tolets plats servant à retenir les avirons qui n'ont pas d'estropes. — *Dames accouplées ou couvertes* (*jeux*), se dit au trictrac de deux dames placées sur la même flèche. — *Dame aventurée*, celle que l'on avance toute seule, et qu'on ne prévoit pas pouvoir couvrir promptement. — *Dame découverte*, celle qui est placée seule sur une flèche. — *Dame passée*, celle qui ne peut plus servir à faire le plein, parce qu'elle se trouve au delà des flèches vides. — *Dame surnuméraire*, se dit de la troisième dame placée sur une case déjà faite. — *Lever les dames*, s'en aller, c'est-à-dire cesser la partie après avoir gagné un trou ou plusieurs trous, et remettre les dames en pile pour recommencer une autre partie. — *Dame* (*technol.*), masse dont le paveur se sert pour affermir les pavés, le terrassier pour battre et serrer la terre, le fabricant de pipes pour battre la terre dans les cuves. — *Dame*, pièce de fonte qui ferme la porte du creuset dans les grosses forges.

DAMÉAS, fameux sculpteur de Crotone, fit la statue en bronze de Milon, son compatriote et son contemporain. On dit que Milon porta cette statue jusque dans l'Altis, où elle devait être placés.

DAME-BLANCHE; espèce de voiture du genre des Omnibus.

DAME-DAME, s. m. (*écono. rur.*), espèce de fromage.

DAME-JEANNE, très grosse bouteille qui sert à garder ou à transporter du vin et d'autres liqueurs.

DAMELOPRE, s. f. (*anc. t. de marine*), bâtiment hollandais à fond plat.

DAMELET, s. m. (*agricult.*), variété de pommes.

DAMENSII, ancienne nation de l'Afrique, sur les bords de la mer, entre la grande et la petite Syrthe.

DAMEON, fils de Phlius, ayant accompagné Hercule dans une expédition contre Aigée, il fut tué avec son cheval par Cléatus. Les Éléens lui érigèrent un cénotaphe.

DAMER (*t. du jeu de dames*), mettre une dame sur celle que l'adversaire a poussée jusqu'au dernier rang des cases opposées aux siennes. — Fig. et fam., *damer le pion à quelqu'un*, l'emporter sur lui avec une supériorité marquée.

DAMER (*const.*), humecter, corroyer et battre la terre par couches successives pour en augmenter la tenacité.

DAMER (Anne-Seymour), naquit en 1748; elle était de la famille des ducs d'Argyle. Son goût pour la sculpture se révéla de bonne heure, et elle s'y adonna entièrement. Elle prit des leçons du sculpteur Bacon, et étudia l'anatomie sous Cruikhank; elle voyagea ensuite en Italie, et y acquit la pureté par laquelle elle se distingua toujours par la suite. En 1767, elle contracta avec John Damer, fils aîné de Joseph premier lord Milton, un mariage qui ne fut pas heureux, et mourut à Londres le 28 mai 1828. Son esprit, son instruction et ses talents, firent rechercher sa société par toutes les illustrations de l'Angleterre. Elle fut surtout très liée avec lord Nelson, dont elle sculpta le buste en marbre. Ce buste, dont elle fit présent à la cité de Londres, est placé dans la salle de l'Hôtel-de-Ville. Elle a produit, outre ce portrait, un très grand nombre d'ouvrages, et entre autres beaucoup de bustes de personnages remarquables.

DAMERET. Il se dit d'un homme soigneux de sa parure et fort empressé de plaire aux dames.

DAMERET (*charriot*), nom qui fut donné aux carosses suspendus lorsqu'ils commencèrent à être en usage.

DAMERETTE, s. f. (*zool.*), espèce de papillon de nuit.

DAMERIE ou **DAMERY** (*géog.*), ville de France (Marne), sur la Marne; excellents vins rouges; 1,800 âmes.

DAMERY, ville de France (Marne), arrond., et à 1 lieue O. N.-O. d'Epernay, sur la rive droite de la Marne, que l'on y passe sur un pont. Elle est connue par la qualité de ses vins rouges, dont la plupart s'exportent en Flandre et dans la Hollande; elle a 1,700 habitants.

DAMES (JEU DE). Ce jeu nous vient-il des Romains, des Germains, qui lui auraient donné le nom de *damm*, rempart? Les Grecs le reconnaissaient-ils? Un passage du Voyage d'Anacharsis, chapitre XX, décrit un jeu à peu près semblable, usité à Athènes. Il est probable que le jeu de dames vient de l'Orient. Le champ de bataille est une surface plane, composée de carreaux alternativement blancs et noirs : c'est le *damier*. De petits morceaux de bois cylindriques, ayant pour diamètre le côté d'un carreau, se rangent en deux camps égaux de noirs et de blancs. Ce sont les *pions*, qui ne peuvent avancer que d'un carreau à l'autre en diagonale et qui, après avoir traversé le camp ennemi jusqu'à la dernière rangée, deviennent *dames* et peuvent alors voler d'un bout à l'autre des rangées obliques. Mais bien des obstacles s'opposent à ce succès, qui d'ailleurs n'est pas décisif. Si un pion se trouve immédiatement devant un pion ennemi en laissant derrière lui une case vide, l'ennemi saute par dessus, se place dans cette case, et le maladroit est éliminé. Au reste, comme on ne pourrait apprendre le jeu en lisant cet article, fût-il même fort long, nous ne donnerons aucune autre explication. Les combinaisons sont très-nombreuses : on peut perdre ou gagner de bien des manières; mais on ne peut chanter victoire que lorsque l'adversaire n'a plus ni dame ni pion ou qu'il ne peut plus bouger. Ce jeu offre quelques variantes.

DAMES (mer des), comprise dans la mer des Antilles, et ainsi nommée à cause de sa tranquillité; cependant le mouvement sous-marin accélère la marche des navires qui voguent des Canaries à l'Amérique méridionale, et rend presque impossible la traversée en ligne directe de Cartagène à Cumana, ou de la Trinité à Caïenne.

DAMÉTHUS, roi des côtes de Carie, donna l'hospitalité à Podalire, jeté dans ses états par une tempête; Podalire, en récompense, guérit une de ses filles en la soignant des deux bras.

DAMETTE, s. f. (*zool.*), Nom vulgaire de la bergeronnette à collier rouge.

DAMHOUDER ou **DAMHAUDER** (JOSSE DE), jurisconsulte flamand, né à Bruges en 1507. Il fut distingué par Charles-Quint et Philippe II à cause de son rare mérite dans la pratique civile et criminelle. On a de lui plusieurs ouvrages, entre autres : *Patrocinium, Pupillorum, Minorum et prodigorum*, Bruges, 1544; Anvers, 1546, in-folio. Il mourut à Amiens le 22 janvier 1581.

DAMIANISTE, s. m. (*hist. ecclés.*), il s'est dit, dans l'origine, des clarisses, parce que sainte Claire vivait dans le monastère de *Saint-Damien*.

DAMIANISTE, s. m. (*hist. relig.*), membre d'une secte chrétienne fondée par l'évêque *Damien*, qui ne reconnaissait en Dieu qu'une seule nature, sans distinction de personnes.

DAMIACO-D'ASTI (*géogr.*), bourg des états Sardes, division d'Alexandrie, sur le Borbo, connu par la défense du maréchal de Brissac en 1553; 6,000 habitants.

DAMIAS, prêtresse de la bonne déesse ainsi appelée de Damia, surnom de cette divinité.

DAMIAS (*hist.*), statuaire célèbre du Ve siècle av. J.-C., de Clitor, en Arcadie.

DAMICORNE, adj. des 2 g. (*zool.*), qui a la forme d'une corne de daim.

DAMIE, déité adorée chez les Romains et à Épidaure, dans des mystères célébrés à huis-clos. Les femmes seules avaient le droit de s'y faire initier. Les fêtes duraient plusieurs jours. On soupçonne que cette déesse est la même que la bonne déesse ou que Diane.

DAMIE, femme à qui les habitants d'Epidaure élevèrent une statue. Il serait possible que ce fût la même que Diane.

DAMIEN, juif qui fut roi des Arabes et qui, vers le commencement du VIe siècle, fit souffrir de grands tourments aux chrétiens dans une contrée de l'Arabie heureuse, chez les Homérites. Il fut tué par Eléesban, roi d'Axum, en 521.

DAMIENS (ROBERT-FRANÇOIS), régicide, naquit à Arras en 1714, fut d'abord domestique, changea plusieurs fois de condition et vola ses maîtres. Il avait une humeur sombre, ardente, qui prenait souvent le caractère de la démence; il était d'ailleurs vain, curieux, hardi et dissimulé. Une mauvaise inspiration le conduisit à Versailles, et il assassina Louis XV au moment où il allait monter dans son carrosse; mais le couteau ne pénétra pas la cavité de la poitrine; il fut arrêté sur le champ, jugé par la grande chambre du parlement de Paris et condamné au même supplice qu'avait subi Ravaillac. Le 28, on lui lut son arrêt. Il l'écouta à genoux, avec attention, sans se troubler, et dit en se relevant : « La journée sera rude. » Il commit ce crime le 5 février 1757. Sa mort fut affreuse ainsi que la longueur des tourments qu'on lui fit éprouver. Il fut appliqué à la question ordinaire et extraordinaire et à celle des brodequins. Les bourreaux lui brûlèrent la main droite. Il fut tenaillé aux bras, aux jambes, aux cuisses, aux mamelles, et on jeta de l'huile bouillante, du plomb fondu, de la résine, de la cire et du souffre brûlant dans ses plaies. Enfin quatre vigoureux chevaux tirèrent pendant une demi-heure pour opérer l'écartèlement. L'extension des membres était incroyable; ce ne fut qu'au démembrement de son dernier bras qu'il expira, le 28 mars de la même année.

DAMIENS (JACQUES), connu, comme auteur, sous le nom de *Damianus*, naquit à Béthume en 1599, entra dans l'ordre des jésuites et s'y distingua d'abord par une grande aptitude à enseigner. Devenu profès, il se livra exclusivement à la culture des lettres; mais une maladie de langueur l'enleva prématurément à Tournai, le 16 décembre 1650, au moment où sa réputation devait s'accroître par divers ouvrages dont l'esquisse fut trouvée dans ses archives. On a de lui : 1° *Synopsis primi sæculi societatis Jesu*, petit in-folio, Tournai, 1661. François Lahier, de la même société, a traduit cette histoire en français et l'a fait imprimer dans la même ville en 1642. 2° *Bellum germanicum pro Ferdinandis II et III Cæsaribus*, Douai, 1642, et Francfort, 1654, in-4°. Ce poème comprend les guerres faites en Allemagne depuis 1617 jusqu'en 1634 (Archives de l'Académie d'Arras et manuscrits de la bibliothèque de cette ville). (*V.* aussi FOPPENS.)

DAMIENS DE GERNICOURT (AUGUSTE-PIERRE), né à Amiens en 1723 et mort vers la fin du XVIe siècle, fut membre de l'Académie de cette ville. Il fut appelé successivement aux fonctions de secrétaire-général du gouvernement de Picardie et d'Artois et de commissaire des chevau-légers de la garde du roi. On lui doit la traduction des *Commentaires de Blackstone sur les lois anglaises*, Bruxelles, 1774-1776, 6 vol. in-8°, et deux autres ouvrages intitulés : *Mélanges historiques et critiques contenant diverses pièces relatives à l'histoire de France*, et l'*Observateur français à Londres*, 1769-1772.

DAMIER, échiquier, tablier sur lequel on joue aux dames, aux échecs, et qui est marqué d'un certain nombre de cases ou carrés de deux différentes couleurs, comme blanc et noir, jaune et rouge.

DAMIER (*en histoire naturelle*), coquillage marqueté de carrés de diverses couleurs, comme un damier.

DAMIER (*ois.*). C'est une espèce du genre pétrel. Ce nom lui a été donné par les voyageurs, à cause de la disposition de ses couleurs, qui présentent sur le dos un mélange de blanc et de noir. Il est connu des ornithologistes, sous le nom de *Petrel du Cap, Procellaria Capensis*. Cet oiseau a plus d'un pied de longueur et vingt pouces d'envergure (*V.* PÉTREL).

DAMIER (*moll.*), nom que l'on donne vulgairement à deux espèces du genre cône : le *Damier de la Chine* et le *faux Damier* (*V.* CONE).

DAMIER (*ins.*), nom vulgaire sous lequel on connaît plusieurs papillons du genre *Argynne* (*V.* ce mot).

DAMIER (*bot.*). On donne encore ce nom à la *Fritillaria meleagris, Fritillaire* (*V.* ce mot). J. P.

DAMIETTE (*géogr.*), ville commerçante de la basse Egypte, chef-lieu de la province qui porte le même nom près de l'embouchure de la branche orientale du Nil. Toiles de coton. *Saint Louis* prit *Damiette* en 1260, mais il fut obligé de l'abandonner pour sa rançon quand il fut fait prisonnier près de cette ville par les Sarrasins (*V.* MANSOURAH), 30,000 âmes.

DAMILAVILLE, premier commis au bureau des vingtièmes, était né en 1719 et mourut en 1768. Son seul titre est d'avoir été le correspondant de Voltaire, qui lui a adressé une foule de lettres. On a cependant de lui un pamphlet intitulé : *l'Honnêteté théologique*, et dirigé contre les théologiens qui avaient censuré le *Bélisaire* de Marmontel. Il est aussi l'auteur de l'article *vingtième* dans l'Encyclopédie. Le nom de Boulanger dont il est signé est un pseudonyme. C'est à tort qu'on lui a attribué le *Christianisme dévoilé*, qui est l'œuvre du baron d'Holbach.

DAMINO (PIERRE), né à Castel-Franco en 1562, et mort de la peste en 1631, mérita, dès l'âge de 20 ans, d'être compté parmi les grands peintres. Il enrichit de ses productions la cathédrale de Padoue, Crema, Venise, Chiossa et plusieurs autres villes d'Italie. Il eut un frère et une sœur qui se distinguèrent dans la peinture en miniature,

DAMIPPE, Spartiate qui combattait pour les Syracusains lors du siége de Syracuse par les Romains. Il fut pris par les assiégeants sur un des vaisseaux qui sortaient du port et contribua à la prise de la ville, en apprenant à Marcellus quels en étaient les endroits faibles ou mal gardés.

DAMIS, un de ceux qui, après la mort du roi Euphaès, disputèrent le trône de la Messénie à Aristomène. Il échoua dans ses prétentions; mais, après la mort d'Aristomène, les Messéniens n'ayant pas jugé à propos de se donner un roi, il fut élu d'un consentement unanime pour magistrat suprême.

DAMIS, Mégapolitain, officier d'Alexandre et ensuite de Cassandre, excellait à défendre une armée contre les éléphants.

DAMIS, citoyen de Ninive, premier disciple d'Apollonius de Tyane; il le suivit dans tous ses voyages pendant 60 ans, et laissa des mémoires sur la vie, les miracles et la doctrine de son maître.

DAMIS (MATHIEU), fils d'un marbrier de Gênes, fit beaucoup de bruit à Paris, où il vint se donner pour l'inventeur du stuc ou marbre artificiel; il se disait possesseur de secrets merveilleux, tels que celui de blanchir les diamants qui avaient une teinte jaunâtre. Il se retira à Vienne, en Autriche, vers l'année 1725. On a de lui un ouvrage *contenant des observations et recherches curieuses sur la chimie, écrites par lui-même*, in-8°, Amsterdam, 1739.

DAMISQUE, athlète fameux de Messinie, qui, à l'âge de douze ans, remporta le prix du stade des enfants, aux jeux olympiques, et qui cinq ans après fut couronné aux jeux esthmiques et aux jeux néméens.

DAMITE, s. f. (*comm.*). Il se disait, selon le dictionnaire de Trévoux, d'une espèce de toile de coton que l'on fabriquait dans l'île de Chypre (*V.* DEMISTE).

DAMITHALIS, grec qui donna l'hospitalité à Cérès lorsqu'elle cherchait Proserpine.

DAMIUM, fêtes en l'honneur de Cérès, ou la bonne déesse, surnommée Damie (*V.* BONNE DÉESSE).

DAMIUS, commandant d'une flotte pour Eumène, roi de Pergame, l'an 168 av. J.-C.

DAMM (CHRISTIAN-TOBIE), né en 1699, à Geilhayn, dans les environs de Leipzig, était savant helléniste et théologien réformé; il avait été nommé en 1742 pro-recteur et peu après recteur du gymnase de Berlin. En 1763, on le destitua de cette dernière place, parce que, dans sa traduction du *Nouveau Testament*, il s'était trop rapproché de la doctrine de Socin. Il mourut le 27 mai 1778. Ses principaux ouvrages sont : une édition de *Cl. Rutilius*, avec un *commentaire*, Brandebourg, 1760, in-8°; *Discours de Cicéron pour S. Roscius*, ibid., 1734, in-8°; le *Panégyrique de Trajan*, traduit de Pline, etc., etc., etc.

DAMMAR (*bot.*). Le botaniste Rumph désigne sous ce nom malais un arbre des Moluques que Gœrtner mentionne sous celui de *dammara*. Il diffère du *cannarium* de Rumph par ses fleurs non dioïques, mais hermaphrodites, et par son calice à cinq divisions; il donne comme lui un suc résineux que l'on emploie à goudronner les bateaux. Cet arbre est le même que celui connu à l'Ile-de-France sous le nom de *bois de colophane*, selon M. Du Petit-Thouars. J. P.

DAMMARINE, s. f. (*chimie*), substance qu'on extrait de la résine de dammar.

DAMNA (*géog. sacrée*), ville de la tribu de Juda, au milieu des montagnes.

DAMNA, ville de la tribu de Zabulon, donnée aux Lévites de la famille de Mérari.

DAMNABLE, qui peut attirer la damnation éternelle, qui peut faire mériter les peines de l'enfer. Il signifie, par extension, pernicieux, détestable, abominable.

DAMNABLEMENT, d'une manière damnable. Il est peu usité.

DAMNACANTHE DES INDES (*bot.*), *D. indicus*, Gœrtn. C'est une plante des Indes dont on ne connaît que le fruit; son calice est persistant, à cinq dents fort petites; un ovaire supérieur, une baie couronnée par le calice, à deux loges; une semence dans chaque loge. Cette baie est de couleur rougeâtre, de la grosseur d'un pois, avec un petit anneau blanc entre elle et les dents du calice qui la couronnent. Les feuilles doivent être opposées. J. P.

DAMNANÉE, nom du cinquième dactyle-idéen, selon Strabon, qui n'en veut reconnaître que cinq.

DAMNAS, nom donné par les jurisconsultes romains à l'héritier chargé de payer un legs, parce que l'article du testament où on le lui enjoignait, était conçu en ces termes : *Hæres meus damnas esto*, etc.

DAMNATION. C'est la sentence par laquelle Dieu arrête qu'un pécheur sera jeté dans un lieu de supplices. Il y a plusieurs questions graves à faire et à résoudre sur ce sujet : 1° y a-t-il un jugement futur? 2° y a-t-il un enfer? 3° cet enfer est-il éternel? — L'homme est libre, et c'est sa principale grandeur; car une fois créé, il est fait son propre souverain; il est comme par lui, et il ressemble à Dieu par un des attributs les plus essentiels, autant qu'une créature peut ressembler à son Créateur. Mais de ce haut privilége, qui place l'homme au-dessus de tous les êtres vivants sur la terre, découlent ses plus grands devoirs. — Il n'est pas juste d'abord que celui qui a été créé libre, le soit sans conditions; et sa première loi sera de mériter, par la liberté même, le don qui lui en est fait. Pourquoi? Parce qu'il est de l'escence de l'être libre d'avoir son être dans ses mains, d'en avoir la propriété par droit de nature ou par mérites. Or, l homme n'existe point par nature, donc il a dû mériter son existence après l'avoir reçue. D'où une loi d'épreuves imposée aux hommes, comme aux anges, dès l'origine, et qui fut sanctionnée par ces mots : Si tu manges de ce fruit, tu mourras de mort.—La loi est encore nécessaire au libre arbitre, pour qu'on use sans abus, ou pour qu'on ne fasse que le bien par lui. Or, toute loi suppose une sanction, et toute sanction, des récompenses et des peines. Donc, il y a un jugement de Dieu pour les actions bonnes ou mauvaises des êtres libres. Or ce jugement ne s'exerce point ici-bas où le vice triomphe et où la vertu est opprimée; donc il y a un jugement à venir.— Du reste, les révélations juives, les traditions païennes et la philosophie des écoles sont d'accord avec la foi catholique sur ce point. Platon (*De republ.*, liv. 10) a écrit que *la sentence divine étant rendue aux âmes, le juge ordonne aux justes de passer à la droite et de monter aux cieux; il commande aux méchants de passer à la gauche et de descendre aux enfers.* L'Evangile ne parle point autrement que Platon, et les mythologues païens entendaient les choses de la même manière pour le fond.— Mais interrogeons les principes, que disent-ils? Ils disent : 1° que si la vertu n'est récompensée et le crime puni, la loi qui commande l'une et qui défend l'autre ne sera plus gardée, parce qu'elle ne sera plus qu'un conseil; 2° que Dieu ne pouvant être indifférent ni pour le crime, ni pour la vertu, n'a pas pu ne pas vouloir tout ce qui est nécessaire pour que la vertu soit aimée et le vice haï. Donc, le bien aura son salaire, et le mal son châtiment dans une autre vie, puisqu'ils ne l'obtiennent point dans celle-ci. Donc, il y aura un discernement des œuvres, une sentence d'absolution ou de condamnation, une séparation solennelle des justes et des méchants. Donc, il y a un jugement futur.— II. Y a-t-il un enfer, ou n'y a-t-il qu'un lieu de délices sans lieu de tourments? Il y a un ciel et un enfer. Les témoignages des Juifs, des païens et des philosophes sont encore d'accord avec la foi catholique sur ce point. Quelles sont les raisons? Les voici. Dieu, en créant les hommes le front noblement élevé vers les cieux, tandis que tous les animaux courbent stupidement le leur vers la terre, nous dit assez manifestement par ce fait, qu'il nous a créés pour une autre patrie où nous tendons en effet de toutes les puissances de notre âme; car nous sommes tous violemment tourmentés par un besoin comme immense d'aimer, de savoir et de pouvoir, que rien ne peut satisfaire sur la terre. Aussi, il n'est pas de peuple dans l'histoire qui n'ait eu son culte et qui n'ait rendu des honneurs à la cendre des morts, de telle manière qu'un ancien sage définissait l'homme, *un animal religieux.* Il doit donc y avoir un séjour bienheureux où la grande famille des enfants bien-aimés, des disciples très fidèles et des serviteurs très dévoués, auront Dieu lui-même pour père, pour maître et pour roi et vivront de la vie de la vérité et de la force de Dieu même. Mais les hommes étant libres, ce n'est que librement qu'ils peuvent entrer en possession du ciel; il a donc fallu une vie d'épreuves, ici-bas, et pour cela une loi morale avec des récompenses et des peines. Donc, il y a une béatification et une damnation futures. Donc, il y a un lieu de délices et un lieu de tourments; donc, il y a un ciel et un enfer.— « Non, » non, s'écrient les incrédules, la souveraine puissance, unie » à une infinie sagesse et à une infinie bonté, perfectionne les » âmes ou les anéantit; il y a donc un ciel sans enfer, ou il » n'y a que le néant. » Nous dirons d'abord que Dieu ne peut *perfectionner* des âmes libres sans la crainte, et qu'il a pu par conséquent les menacer d'un châtiment, et le leur faire subir après les en avoir menacées; car Dieu est sage, juste et saint. *La crainte du Seigneur*, selon les livres saints, *est le commencement de la sagesse.* Notre cœur, en effet, n'aime assez le bien qu'en haïssant assez le mal, c'est-à-dire qu'il manque d'énergie pour le bien, sans les salutaires terreurs de la justice divine contre le mal. Le sort des damnés devait donc servir à confirmer les justes dans l'ordre; et nous découvrons une des raisons principales pour lesquelles Dieu a pu permettre la chute des méchants; car, qu'on ne s'y trompe pas, rien n'existe pour les méchants, mais tout pour les élus, jusqu'à l'enfer lui-même. Qui ignore qu'il est bon et comme nécessaire à beaucoup d'hommes de faire le mal, pour que le vide des plaisirs, les suites amères des voluptés et les mécomptes cruels du vice leur donnent plus de cœur pour le bien? C'est pourquoi l'Evangile dit : Qu'il y a plus de joie dans le ciel pour un seul pécheur qui fait pénitence, que pour quatre-vingt-dix-neuf justes qui n'ont jamais péché. En effet, celui qui aime la vertu non-seulement pour elle-même, mais encore par l'expérience qu'il a du vice, l'aime doublement, ou en héros. Ne peut-on pas dire, par conséquent, qu'il est bon et comme nécessaire pour les saints qu'il y ait un enfer, sans lequel ils ne connaîtraient point assez le mal, ne le haïraient point assez, n'auraient point assez la crainte de Dieu et ne lui offriraient point d'adorations assez profondes. *Perfectionner les âmes*, dit-on, au lieu de les punir! Mais n'est il pas des âmes qui ne voudront jamais que le mal? comment les perfectionner? Pour qu'elles se perfectionnent, il faut d'abord qu'elles s'humilient sous la main de Dieu; or, il est des esprits superbes, des cœurs rebelles, des âmes impies qui diront éternellement à Dieu : *Je ne servirai point, non serviam.*

On nous représentera sans doute les secours efficaces, par lesquels Dieu peut ramener les uns et confirmer les autres dans le bien, pour les y faire persévérer. Dieu étant tout puissant peut ces deux choses, sans doute; mais ces secours surnaturels, qui en rendant la créature impeccable, la transforment, pour ainsi dire en Dieu, sont-ils dûs à quelqu'un et peuvent-ils être communiqués à tous? Il n'est dû à personne que des secours suffisants. Quant aux secours efficaces, ils sont un don extraordinaire, et par conséquent exceptionnel, pour lequel il faut des motifs, comme seraient, par exemple, pour être confirmé dans la grâce, ceux d'être précurseur ou mère du Messie; et pour être converti après le péché, ceux d'avoir, comme saint Augustin, ou comme saint Paul, des âmes saintes qui prient pour nous. Le mal est donc très possible avec des créatures imparfaites et libres; mais comment Dieu le vaincra-t-il, si ce n'est en le défendant d'abord et en le punissant ensuite? Eh, quoi! n'est-il pas juste que des âmes qui refusent librement de jouir en faisant le bien, souffrent forcément par le mal qu'elles préfèrent? Car si Dieu ne dompte la volupté par les douleurs des sens, l'orgueil par les ténèbres de l'esprit, et la révolte par des liens spirituels qui enchaînent une volonté homicide, le mal triomphera, et c'est la créature qui règnera à la place du créateur. Cependant Dieu ne peut cesser d'être Dieu; et il faut qu'il règne par son amour ou par sa justice; donc nous devons mériter le ciel par nos vertus, ou souffrir en enfer pour nos vices.— Un homme meurt voluptueux, orgueilleux et rebelle, c'est-à-dire avec le triple caractère des ennemis de Dieu; que fera Dieu de cet homme? Lui accordera-t-il le pardon pour le sanctifier ensuite par une grâce toute puissante? Il faut pour cette double grâce des motifs; d'où les tirer? Est-ce de celui qui serait pardonné? C'est un ennemi. Est-ce de celui qui pardonne? C'est un juge qui peut pardonner par exception, mais non pas faire du pardon la règle. Est-ce enfin de la loi? Elle dit que celui qui se présentera en ennemi à son souverain doit en être condamné. Il est facile de concevoir un règne de Dieu plein d'indulgence, de longanimité et de pardon, et de faire ensuite les plus belles phrases sur la miséricorde de Dieu envers ses créatures; mais ce qui n'est pas du tout facile, c'est de concilier l'ordre avec l'impunité, la loi avec le pardon absolu, la justice avec la révolte, et la sanctification avec l'impénitence. En deux mots, l'homme qui se souille, qui hait la vérité et qui blasphème, détrône Dieu dans son cœur, dans la société et jusque dans l'éternité, autant qu'il dépend de lui. Or Dieu, principe des principes, qui n'existe que parce qu'il est de la nature des êtres qu'un premier être soit, ne peut violer les principes, sans violer sa nature et son essence; donc il faut que Dieu soit vengé et l'impiété foudroyée; le pardon ne peut faire loi sans détruire la loi.— Si l'on prend ses raisonnements dans la nature humaine, à laquelle Dieu ordonne une miséricorde sans bornes, il n'est pas facile sans doute de comprendre un enfer; mais si l'on s'élève jusqu'à Dieu, qui s'est réservé la vengeance, pour lui et pour nous, le voile mystérieux se déchire, l'horizon du monde moral s'agrandit, et le soleil de justice éclaire nos yeux d'un jour nouveau.— III. Dieu ne peut-il anéantir les âmes après les avoir plus ou moins punies, et avant de les avoir punies? Cette dernière question nous amène à celle de savoir s'il y a un enfer éternel. Le bonheur du ciel doit durer toujours; car, comme a dit Cicéron, le bonheur, s'il doit finir, n'est pas le bonheur. Mais, si la vertu a droit à des jouissances éternelles, n'est-il pas juste que le crime, qui est l'opposé de la vertu, subisse des peines égales en durée à celles de la vertu? Sans cette égalité de souffrances et de plaisirs, le méchant pourrait même se plaindre d'avoir eu moins de motifs pour haïr le mal que le juste n'en a eu pour aimer le bien? Cependant remarquons que Dieu ne nous menace de ses châtiments que pour nous faire haïr le mal. Remarquons surtout que notre nature pécheresse serait impuissante pour le bien sans le poids d'une éternité de peines, qui contrebalance dans notre esprit et dans notre cœur le poids de notre corruption, de notre ignorance et de notre faiblesse. Je doute en effet qu'aucun saint eût pu persévérer dans le bien malgré toutes les épreuves, avec le seul amour du ciel, sans la crainte de l'enfer.— Du reste, Dieu étant infiniment bon, ne peut-on pas croire qu'à part quelques faits d'ordre général, comme seraient, par exemple, la punition exemplaire de Caïn, de Juda, d'Antiochus et des Juifs, Dieu ne condamne jamais à des souffrances sans fin que ceux en qui il découvre une volonté opiniâtre, incorrigible et immuable de faire le mal. Y a-t-il donc injustice à résister éternellement à une méchanceté éternelle? En principe, celui qui fait le bien sacrifie toutes ses jouissances possibles pour Dieu, tandis que celui qui fait le mal sacrifie toutes celles de Dieu. Le juste me semble donc faire moins de bien pour Dieu que le méchant ne fait de mal; la justice veut donc que le châtiment des uns soit pour le moins égal à la récompense des autres. *Mais quoique fassent les hommes, c'est l'intention qui les juge, quidquid agant homines, intentio judicat omnes.* On doit en conclure que le juste, parce qu'il préfère en esprit à ses propres jouissances toutes celles de Dieu, donne, par son intention, un mérite comme infini à ses actes; tandis que le méchant, préférant de cœur ses moindres plaisirs à tous ceux de Dieu, donne véritablement à ses actes un démérite infini. Donc, une récompense infinie est due au juste, et un châtiment infini au méchant. Or, il ne peut y avoir rien qui soit infini dans une créature, si ce n'est en durée; donc en justice et en principe il y a un enfer éternel.—Pour échapper à cet enfer, on invoque le néant! Mais qu'on songe que Dieu n'a créé et n'a pu créer le monde que pour sa gloire, et qu'il n'est point glorifié par le néant; de plus, qu'il est de la nature des âmes d'être immortelles, si la toute-puissance de Dieu n'intervient, et qu'elle ne peut intervenir pour renverser l'ordre de sa justice et pour contredire sa sagesse et sa vérité. La justice en effet veut que le péché qui insulte à une majesté infinie soit infiniment expié; la sagesse a besoin de sanctionner la loi morale par des peines qui, si elles ne sont éternelles, ne suffisent point; et la vérité se doit d'être elle-même, et de ne point menacer vainement. Par conséquent, quelqu'épouvantable que soit à l'imagination et au cœur la pensée d'un enfer éternel, cet enfer est nécessaire, et il faut que la raison le subisse, comme elle subit le droit qu'ont les rois de priver pour toute sa vie et pour celle du monde, un homme de sa liberté ou de sa vie, en punition d'un acte criminel qui n'a duré que quelques secondes. — Enfin Dieu est Dieu toujours; et qu'il condamne ou qu'il récompense, c'est en Dieu qu'il le fait; donc c'est avec une justice ou avec un amour infini; donc il y a un ciel et un enfer infinis. Si ces conséquences accablent notre raison, c'est seulement lorsqu'au lieu de s'appuyer sur les principes, elles s'appuient sur l'imagination ou sur le cœur. Le rationalisme a voulu, de nos jours, soulever le poids de ces conséquences; il ne le soulèvera point, mais il en sera écrasé, parce que le rationalisme n'est un système de raison qu'en faveur des passions, qui lui sont plus chères que la vérité, et des préjugés auxquels il sacrifie la science et le raisonnement. Celui qui scrutera la majesté du Très-Haut, disent les livres saints, sera abîmé par l'éclat de la gloire.—J'ajoute une dernière raison qui, quoique très puissante, serait cependant elle-même sans valeur, si on ne s'élevait à la hauteur des principes, mais qui, à cette hauteur, acquiert une évidence irrésistible. Dieu nous aime d'un amour infini, et il s'est fait homme, et cet homme, après être mort pour nous, s'est fait pain vivant pour pouvoir être aimé de nous. L'amour de Jésus-Christ pour nous, lorsqu'on sait tout ce qu'il a souffert, est donc comme la folie d'un Dieu. Or, si ce Dieu d'amour est méprisé par sa créature, quelles ne seront donc pas les douleurs d'un amour infini et méprisé? Et peut-il y avoir aux yeux de celui qui se nomme le Dieu jaloux, une vengeance assez grande? Un enfer éternel suffira-t-il pour calmer les douleurs de l'Homme-Dieu? Sans l'enfer des méchants, il y aurait le sien! Donc les peines éternelles, si clairement exprimées dans l'Évangile, et très certaines aux yeux de la foi, le sont encore aux yeux de la raison.

Sans enfer, il n'y a donc ni Évangile, ni loi morale, ni ciel, ni Dieu. La croyance à un enfer n'est donc pas seulement théologique, mais encore philosophique; et, violemment attaquée de nos jours par des philosophes, il est juste que la philosophie la défende. Nous allons, avant de finir, rapporter quelques histoires, qui, en adoucissant l'austère gravité du sujet, serviront peut-être à le faire mieux comprendre. M. Fournier, évêque nommé de Montpellier, ayant été reçu par Bonaparte, l'empereur lui exposa, dit-on, des doutes contre les peines éternelles: « Sire, lui répond M. Fournier, si un de vos officiers-généraux, que vous auriez comblé de vos faveurs et fait asseoir sur les marches de votre trône, vous trahissait, que feriez-vous de lui? — Je le ferais fusiller, repartit vivement Bonaparte. — Mais si vous vous contentiez de l'exiler pour toute la durée de votre vie, ou de l'enfermer dans un cachot pour toute la durée de la sienne? — Je serais indulgent. — Eh bien! sire, c'est ce second parti que Dieu prend; car le règne de Dieu dure toujours et la vie des âmes est immortelle. Il a donc pu retenir, en enfer, pour toujours, les âmes rebelles. » — Quant aux circonstances plus ou moins douloureuses de l'exil et de la prison de l'enfer, remarquons qu'elles dépendent de celles du crime, et que par conséquent elles ne font rien à la question. Il est, sur la terre, des exilés et des prisonniers qui n'ont point d'autre peine que celle de la prison ou de l'exil; pourquoi ne peut-il point y en avoir en enfer? Donc, en ne prenant l'enfer que comme prison ou comme lieu d'exil, il vaut mieux pour des âmes d'aller même en enfer que d'être anéanties. Un enfant qui est mort sans baptême, un païen honnête homme et religieux selon son cœur, et un mahométan de bonne-foi, seront privés sans doute de la présence et de la possession bien-aimée de Dieu; mais ils n'auront pas les tourments de ceux qui ont connu Dieu et qui l'ont trahi comme Judas; pour ceux-là il vaudrait mieux qu'ils ne fussent pas nés. Donc la miséricorde de Dieu s'exerce même en enfer, où il y a de grands pécheurs tourmentés selon leurs grands péchés, mais où très certainement des païens qui n'ont pas connu le vrai Dieu, des mahométans qui n'ont pas cru en Jésus-Christ, et des enfants morts sans baptême, qui n'ont point commis de péché actuel, ne peuvent éprouver tous les effets de cette sentence: allez au feu éternel, *ite in ignem æternum.* Jésus-Christ disait de Judas: « Malheur » à celui par qui le fils de l'homme sera trahi! il vaudrait » mieux pour lui qu'il ne fût jamais né. » Or, ces paroles ne serviraient point à distinguer le crime de Judas de tous les autres crimes, comme veut le faire Jésus-Christ, s'il n'y avait dans l'enfer des âmes pour qui il vaut encore mieux d'être que de ne pas être. Saint Paul écrivait sur les philosophes païens ces paroles bien remarquables: « Ils sont inexcusables, parce » qu'ayant connu Dieu tel qu'il est, ils ne l'ont point adoré. » Donc, selon saint Paul, s'ils ne l'eussent point connu tel qu'il est, ils eussent été excusables, et par conséquent la peine du dam eût été pour eux une privation de Dieu sans tourments. Que lisons-nous dans les *Annales de la propagation de la foi*? M. l'abbé Bruguyère, évêque missionnaire, rapporte qu'un païen, homme juste, étant mort, revint, quelques instants après à la vie et raconta que le Dieu des chrétiens l'avait jugé, en lui disant: *Je ne puis point te condamner, parce que tu as suivi la droite raison, mais je ne puis point te récompenser, parce que tu n'es pas chrétien. Je te rends donc la vie pour que tu te fasses baptiser.* Ce païen vécut donc de nouveau, se fit baptiser, prêcha Jésus-Christ pendant soixante-dix jours, convertit plusieurs païens, et mourut. Or, en admettant l'exposé du fait, il est évident que si ce païen fût descendu en enfer, il n'y eut point subi d'autre condamnation que celle d'être privé de la vie du ciel et de celle de la terre: et il n'y aura alors rien de contraire à la foi catholique que de supposer dans l'enfer des hommes qui auraient à peu près le sort des justes païens reçus aux Champs-Élysées. — Le nombre des damnés doit-il être considérable? n'y a encore rien de il positif sur ce point dans l'Evangile, ni rien de canoniquement décidé par l'Eglise. La parabole des ouvriers qui sont envoyés à la vigne jusqu'à la dernière heure du jour et qui tous reçoivent leur paie, c'est-à-dire le ciel, prouverait plutôt en faveur du très grand nombre que du très petit nombre des élus. C'est dans cette parabole, cependant, que sont les paroles: *il y a beaucoup d'appelés, mais peu d'élus.* Ces paroles ne peuvent s'appliquer qu'à ceux qui, après avoir fait le bien pendant toute leur vie, ne reçoivent, à la fin de leurs jours, que la récompense de ceux qui se convertissent à l'heure de la mort, et envers qui Dieu est bien libre d'être bon et généreux sans que les premiers aient le droit de se plaindre. Donc il y en a *beaucoup d'appelés* au ciel à la condition d'un long travail, mais il y en a *peu d'élus* qui recevront le ciel par don et par grâce spéciale.—Nous croyons qu'il n'y a pas de salut hors de l'Église, mais seulement pour les chrétiens qui ont connu la vérité et pour les infidèles qui ayant pu la connaître ne l'ont point voulu. Saint Thomas va jusqu'à dire que la foi implicite en *Jésus-Christ*, c'est-à-dire les dispositions morales d'un cœur naturellement chrétien, suffisent pour faire partie de l'Eglise, ou du moins pour que Jésus-Christ se révèle aux âmes par un des mille moyens de salut qu'il a en son pouvoir. « Dieu, ajoute saint Thomas, enverrait un ange du ciel, plutôt que de laisser périr une âme droite; car nous lisons dans l'Evangile: *Paix aux hommes de bonne volonté.* Nous savons que sainte Marie l'Egyptienne vécut quarante-cinq ans dans le désert sans garder les lois ordinaires de l'Eglise, et que cependant elle était sainte. On voit donc comment Dieu peut sauver des idolâtres sans leur envoyer ni des missionnaires, ni des anges pour les baptiser. La volonté de Dieu peut plus que les lois de l'Église. Personne n'ignore, du reste, que le martyre tient lieu de baptême, et que la contrition parfaite supplée à la confession. Ces faits et ces explications, qui ne nous paraissent avoir rien d'hétérodoxe, sont, selon nous, conformes à l'esprit indulgent de l'Evangile, à la douceur de l'apôtre et à la charité surtout d'un Dieu fait homme. Elargissons donc, élargissons les entrailles de l'Église, qui ne doit pas porter en vain le nom de catholique! Ce n'est point en faisant peur aux hommes qu'on les convertira. Il n'est permis et il ne convient d'être sévère qu'avec les saints. Les hommes du monde sont des enfants qu'il faut caresser et aimer pour les attirer, mais qui fuient ceux qui les menacent pour les faire trembler. Montrons-leur en Dieu un père, un bienfaiteur, un ami, et non pas seulement un maître toujours armé de la foudre. LL.

DAMNÉ-ÉE, part., *terre damnée* (*anc. t. de chimie*), *caput mortuum*.

DAMNER, condamner aux peines de l'enfer. Il signifie aussi, rendre digne des peines de l'enfer; il signifie aussi déclarer ou croire une personne digne des peines de l'enfer; il signifie s'exposer à être damné, à mériter les peines de l'enfer; fig. et par exagération, *cela me fait, me ferait damner*, se dit de ce qui cause beaucoup d'impatience ou dont on est extrêmement tourmenté; fig. et fam., *c'est une âme damnée*, se dit d'une personne entièrement dévouée à une autre, et qui exécute aveuglément toutes ses volontés, quelque injustes et odieuses qu'elles soient.

DAMNII, peuples de la Calédonie, au S.-E., entre le mont Grampius et la mer au N. du mur de Sévère.

DAMNIPPE, interlocuteur d'un dialogue des morts de Lucien.

DAMNO, fille de Bélus, femme d'Agénor et mère de Phénix, d'Isée et de Mélie.

DAMNONII (*duché de Cornouailles*), peuple de la Bretagne 2e, au S.-E. de l'île.

DAMNONIUM, *prom.* (cap Lézard), promontoire de la Bretagne 2e, chez les Damnonii, près d'une des pointes S.-O. de l'île, au S.-E. du promontoire Antivestæum.

DAMNORIX ou **DUMNORIX**, Gaulois célèbre, frère de Divitiac, se retira avec toute la cavalerie gauloise du camp de César alors en Bretagne. Celui-ci envoya à sa poursuite et le fit tuer.

DAMO, fille de Pythagore, célèbre par sa sagesse et ses vastes connaissances. Elle se consacra au célibat, par l'ordre de son père, et prit sous sa conduite un grand nombre de jeunes filles qui suivirent son exemple. Pythagore en mourant lui confia les secrets de sa philosophie, et lui laissa ses manuscrits à la condition qu'elle ne s'en déferait jamais. En effet, elle ne consentit jamais à les vendre, quoiqu'elle fût dans une extrême pauvreté.

DAMO (*poiss.*). On donne ce nom, sur les côtes de la Méditerranée, au caranx glauque de Lacépède.

DAMO (*bot.*) Suivant Thunberg, on donne ce nom au camphrier *laurus camphrosa*, dans le Japon.

DAMOCLÈS, un des courtisans de Denys-le-Tyran. Ébloui de la magnificence de son maître, il le félicitait sans cesse de son bonheur. Denys l'invita à prendre sa place un instant, afin d'apprendre à apprécier les jouissances de sa grandeur. Damoclès monte sur le trône et reçoit les hommages de la cour; ensuite on passe à une table couverte des mets les plus exquis, dans une salle parfumée des essences les plus rares; Damoclès y est placé sur un lit d'or et d'ébène orné de pourpre; mais en levant les yeux il voit une épée suspendue au-dessus de sa tête par un crin de cheval. Epouvanté, il supplie Denys de lui permettre d'abandonner une place si dangereuse.

DAMOCLÈS, jeune homme d'Argos qui forma une conspiration inutile contre Nabis, tyran de Lacédémone, l'an 195 de J.-C. Il n'eut d'autre ressource, ainsi que la plupart de ses complices, que de se réfugier dans le camp des Romains.

DAMOCLIDE, Thébain d'illustre naissance, condamné au bannissement par les Lacédémoniens en même temps que Pélopidas.

DAMOCRATE, un des héros auxquels les Grecs sacrifiaient.

DAMOCRATIDAS, ancien roi d'Argos, au rapport de Pausanias.

DAMOCRITE, préteur des Etoliens, l'an 200 avant J.-C., empêcha ses concitoyens, soit de se soumettre, soit de s'allier aux Romains. Ceux-ci l'en punirent, lorsqu'ils prirent Héraclée, en l'envoyant captif à Rome, où il fut jeté dans les prisons. S'étant échappé et se voyant sur le point de retomber entre les mains de ses persécuteurs, il se perça de son épée.

DAMOCRITE, premier magistrat des Achéens, l'an 147 av. J.C., homme faible et sans courage, qui n'osa poursuivre les avantages des généraux ses prédécesseurs sur les Lacédémoniens.

DAMOCRITE, Grec qui a laissé deux ouvrages, l'un sur les Juifs, l'autre sur la tactique militaire. On ne sait en quel temps il a vécu.

DAMOCRITE, auteur d'un poème sur la médecine.

DAMOCRITE, sculpteur grec, était né à Sicyone vers la 95e olympiade, l'an 400 av. J.-C. Son maître fut Pison de Calaurée. (*V.* CRITIAS) Pline le cite comme ayant surtout excellé à sculpter les statues des philosophes. Il y eut un autre Damocrite très habile à ciseler des coupes d'argent.

DAMOGRAPHIE, s. f. (*didact.*), traité sur le daim, histoire du daim.

DAMOILLER, v. ac. (*v. lang.*), marier une fille à un noble, traiter de demoiselle, faire la dame.

DAMOISEAU, s. m. (*zool.*), espèce d'antilope.

DAMOISEL ou **DAMOISEAU**, jeune noble qui n'avait pas encore reçu l'ordre de la chevalerie. On ne voit ce nom porté comme titre de seigneurie que par le possesseur du fief de Commarchis. Les grands seigneurs réunissaient dans leurs châteaux les enfants de la pauvre noblesse, où ceux-ci recevaient des leçons de chevalerie. Les damoiseaux suivaient leur seigneur à la chasse, dans ses visites et dans ses promenades; ils faisaient des messages et servaient à table. Les damoiseaux étaient servis par les gros varlets. De damoisel on devenait écuyer, puis chevalier. Damoiseau a été quelquefois employé dans une acception générale pour signifier jeune homme, adolescent. Ce mot a aussi exprimé la délicatesse, la galanterie, la tendresse; puis enfin on l'a pris en mauvaise part. Ainsi voici les sens successifs du mot damoiseau : jeune noble, jeune, courtois et beau, jeune, galant et fat, ou simplement jeune et fat.

DAMOISELLE ou **DEMOISELLE**, fille de dame. C'est du moins la première acception de ce mot. Les damoiselles étaient à peu près pour les dames qui les adoptaient ce qu'étaient les damoiseaux pour leurs seigneurs. Il y a encore des demoiselles de compagnie, comme des dames de compagnie; ce sont des personnes pauvres, mais assez bien élevées pour faire la société habituelle de celles qui leur accordent une sorte d'amitié protectrice. La princesse la plus proche parente du roi était nommée *mademoiselle* jusqu'à son mariage. Aujourd'hui, demoiselle signifie fille honnête non mariée. Nous disons honnête, parce que, dans quelques cas, au lieu de *demoiselle*, on dit *fille*, par mépris.

DAMOISELER, v. n. Suivant le dict. de la langue romane, il s'est dit autrefois dans le sens de fréquenter les demoiselles.

DAMOISELET, ETTE, adj. Il s'est dit autrefois de ce qui a rapport à un damoiseau, de celui qui a des manières de demoiselle. Ce mot se trouve dans J. du Bellay, *jeux damoiselets*.

DAMOISELLAGE, s. m. (*v. lang.*), célibat.

DAMOISELLER (*v, lang.*). *V.* DAMOILLER.

DAMON, musicien célèbre, enseigna son art à Périclès et à Socrate. Ses opinions peu favorables à la démocratie le firent exiler par le peuple d'Athènes, sans doute dans un de ses moments d'humeur contre Périclès. Plutarque prétend que le nom de musicien lui servait à cacher ses profondes connaissances en politique, et qu'il ne contribua pas peu à former Périclès au rôle qu'il joua par la suite.

DAMON, s. m. (*zool.*), espèce de papillon de jour.

DAMON, Athénien, fils de Deuctémon, alla, avec son frère Philogène, établir une colonie sur les côtes de l'Asie mineure, vers le N., aux environs de la ville de Cyrne ou Curne. (Paus).

DAMON, musicien et poète athénien, grand ami de Périclès et de Socrate. Il fut l'inventeur du mode hypolydien. Les Athéniens le bannirent à cause de ses intrigues politiques.

DAMON, philosophe pythagoricien, ami de Pithias. Ayant été condamné à mort par Denys, il obtint du tyran la permission d'aller mettre ordre à ses affaires dans sa patrie, donnant pour gage de son retour son ami Pythias, qui consentait à mourir en cas qu'il ne reparût point. Damon revint au temps prescrit. Denys fut si frappé de cette action héroïque, qu'il lui fit grâce et pria les dieux de l'admettre en tiers dans leur intimité.

DAMON, habitant de Chéronée, mis à mort par ses compatriotes pour avoir tué un officier romain.

DAMON, écrivain, natif de Cyrène, composa une histoire de la philosophie.

DAMON, athlète de Thurium, vainqueur, la quatrième année de la 101e olympiade (369 ans avant J.-C.), et la seconde année de la 102e (367 avant J.-C.).

DAMON, fameux athlète de Corinthe, qui remporta le prix du stade la première année de la 14e olympiade, 724 ans avant J.-C.

DAMON, jeune homme de Chalcis, qui, au milieu d'une tempête, se précipita dans les flots pour sauver son ami Euthydique. *Tous deux périrent.*

DAMONE, danaïde, épouse d'Amyntor.

DAMOPHANTE, général de la cavalerie des Éléens, tué par Philopémen dans un combat livré sur les bords du Larisse.

DAMOPHILE, contemporaine et amie de Sapho, naquit à Lesbos. Elle composa un grand nombre de poésies amoureuses et d'hymnes en l'honneur de Diane. Elle ouvrit une école où elle enseigna la poésie et la musique aux personnes de son sexe.

DAMOPHILE, général béotien du temps d'Épaminondas.

DAMOPHILE, capitaine rhodien, qui commandait les galères appelées gardiennes, pendant le siége de Rhodes fait par Démétrius Poliorcète.

DAMOPHILE, citoyen d'Enna qui traitait ses esclaves avec tant d'inhumanité qu'ils conspirèrent contre lui et le firent mourir ainsi que sa femme.

DAMOPHILE, sophiste, élève de Julien, vivait dans le second siècle, sous Antonin et Marc-Aurèle.

DAMOPHILUS ou **DÉMOPHILUS**, peintre et modeleur, décora, de concert avec Gorgalus, l'ancien temple de Cérès qu'on voyait à Rome auprès du grand Cirque. Dans l'édition de Pline imprimée à Parme en 1480, cet artiste est désigné sous le nom de *Dimophilus*. Il y eut un autre *Dimophilus*, qui fut un des maîtres de Zeuxis.

DAMOPHON, sculpteur grec, né dans la Messénie, fut le seul statuaire réputé savant que produisit ce pays. Son chef-d'œuvre est une *Cybèle* en marbre de Paros. Il avait fait encore, en Arcadie, des statues de *Cérès* et de *Junon* d'un seul bloc de marbre, un *Mercure* de bois et une *Vénus* de même matière. Dans quelques auteurs on trouve *Démophon* pour *Damophon*.

DAMOSIUS, fils de Penthile et petit-fils d'Oreste, fut père d'Agor.

DAMOSTRATIE, maîtresse de l'empereur Commode, fut mariée par ce prince à Cléandre, son favori.

DAMOTE (*géog.*), province d'Afrique, Abyssinie (Amhara), au S. des hautes montagnes du Gojam. Le Bahr-el-Azred l'arrose au S. et à l'E; le sol y est riche en or et en cristal et produit du beau coton. Les bœufs y ont des cornes énormes. Les Gafates habitent cette province; ils parlent une langue différente de celle des Abyssins.

DAMOTÈLE, capitaine spartiate, vendu à Antigone, causa par de faux avis une défaite à Cléomène.

DAMOTÈLE, Étolien qui, avec Phinéas, négocia un traité de paix entre sa nation et les Romains.

DAMOTHÈDE, natif de Léprée, épousa l'aînée des filles d'Aristomène.

DAMOURS (**Louis**), né à Angers, fut avocat au conseil, et mourut à Paris le 16 novembre 1788. On a de lui plusieurs ouvrages de droit, tels que: *Conférences sur l'ordonnance concernant les donations, avec le droit romain*, 1753, *in*-12; *Mémoire pour l'entière abolition de la servitude en France*, etc., etc., etc.

DAMOXÈNE, athlète syracusain, privé du prix et exilé de sa patrie pour avoir vaincu son antagoniste en le tuant.

DAMOXÈNE, poète comique d'Athènes, florissait vers l'an 272 av. J.-C.

DAMOXÈNE, Rhodien, excellent cuisinier.

DAMOXENIDE, athlète, natif de Ménase, vainqueur aux jeux olympiques.

DAMP, s. m. (*v. lang.*), dommage. *Damp*, titre employé autrefois pour dom ou dam : *Damp*, *abbé*.

DAMPIER (Guillaume), célèbre navigateur anglais, naquit en 1652, à East-Cohser, dans le comté de Sommerset. Il fit plusieurs *Voyages autour du monde*, qu'il publia en anglais en 1699. Ils ont été imprimés en français en 5 volumes in-12. Ils renferment une foule prodigieuse d'observations pour la navigation et la géographie. Il découvrit en 1687 les îles Ba-Schi, alors inconnues, et dont il a donné une description complète. Il découvrit aussi la *baie des chiens marins*. Depuis 1708 à 1711 on n'a plus de détails sur sa vie. Dampier doit avoir été d'une constitution très robuste pour supporter tant de fatigues. Il est étonnant qu'après avoir reçu les premiers principes d'une bonne éducation, il ait pu se résoudre à rester longtemps avec des flibustiers qui se livraient au pillage et à tous les excès de la férocité la plus brutale. Quoi qu'il en soit, tous ses défauts doivent être effacés aux yeux de la postérité par le fruit qu'elle peut retirer de la relation de ses premiers voyages.

DAMPIÈRE, *dampiera* (*bot.*), genre de la syngénésie monogynie, famille des lobéliacées. Ce sont de petits sous-arbrisseaux, ou simplement des plantes herbacées vivaces, toutes propres à la Nouvelle-Hollande, et recueillies par le savant botaniste et géographe anglais William Dampier, à qui on a dédié ce genre. Leurs feuilles sont alternes, coriaces, entières ou légèrement dentées; leurs fleurs sont bleues ou rougeâtres, disposées en épis; leur corolle monopétale, fendue en cinq lobes, deux supérieurs, les trois autres inférieurs constituant deux lèvres; le calice, à cinq découpures, adhère à l'ovaire qui est infère; cinq étamines à filets tubulés; anthères distinctes à leurs deux extrémités, mais unies entre elles par le milieu, environnant le style et persistant avec lui; leur fruit est une noix crustacée, indéhiscente, monosperme, ombiliquée à son sommet. J. P.

DAMPIERRE (**Gui de**), comte de Flandre et pair de France, ne porta ce titre qu'après la mort de son frère aîné. Il fut fait prisonnier en Zélande en 1253, avec son frère Jean. Ils recouvrèrent leur liberté en novembre 1256. Gui fit en 1270 le voyage d'Afrique avec saint Louis. En 1294 il conclut le mariage de sa fille avec Edouard, prince d'Angleterre, sans la participation de Philippe-le-Bel, qui le fit arrêter au moment où il allait passer en Angleterre. Il fut enfermé dans la tour du Louvre, d'où il ne sortit qu'après avoir juré de se conformer au traité de Melun et de ne former aucune ligue avec l'Angleterre. *Mais il ne tint aucun compte de ses promesses*, et, retourné dans ses États, il traita de nouveau avec l'Angleterre. Le roi mit son pays en interdit et défit ses troupes à Furnes. Il eut recours à la clémence du monarque; mais Philippe-le-Bel le retint prisonnier et se mit en possession de ses États. Gui avait été transféré à Pontoise; il mourut dans cette ville le 7 mars 1305, à l'âge de quatre-vingts ans, ayant eu dix-neuf enfants de ses deux femmes.

DAMPIERRE (**Auguste-Henri-Marie Picot de**), général français, naquit à Paris le 19 août 1756, et se distingua durant les guerres de la révolution. Après la défection de Dumouriez, il fut investi du commandement de l'armée du Nord, et fut tué d'un coup de canon le 8 mai 1793. On a dit que cette mort glorieuse ne fit que le soustraire au supplice que lui préparait la tyrannie conventionnelle. Les honneurs du Panthéon lui furent pourtant décernés. Ce général était un excellent chef de corps et d'une bravoure à toute épreuve. On lui attribue quelques mémoires. Son fils fut employé dans l'expédition de Saint-Domingue, où il est mort en 1802.

DAMPIERRE (**Jean**), naquit à Blois à la fin du quinzième siècle et se livra à l'étude du droit. Il plaida d'abord à Blois, et vint ensuite à Paris, où il se distingua parmi les avocats les plus remarquables. Les travaux du palais ne l'empêchèrent pas, du reste, de cultiver les lettres, et il se fit remarquer pour ses poésies autant que par son éloquence et son érudition. Plus tard, cédant à une vocation qui ne s'était encore décelée que par une profonde piété, il embrassa l'état ecclésiastique et prit l'habit de saint François. Il débuta dans cette carrière par la prédication, et se retira ensuite dans une des maisons de son ordre, de laquelle il fut directeur. Ce fut là surtout qu'il se livra à son goût pour la poésie et qu'il composa des vers latins très élégants et très faciles. Dampierre mourut vers 1550.

DAMPIERRE (**Henri du Val, comte de**), né au château de Hans, en Champagne, en 1580. Il entra fort jeune au service de Rodolphe II, et, s'étant fait remarquer, il obtint un avancement rapide. Il se distingua beaucoup dans les guerres contre les Turcs et les Vénitiens, et surtout pendant la guerre de trente ans. Ce fut par lui que l'archiduc Ferdinand fut sauvé d'un extrême danger, dont il se trouvait menacé dans Vienne, où il était pressé par les troupes du comte de Thurnes et par les protestants d'Autriche; sa perte paraissait certaine, quand Dampierre, qui se trouvait à Krems, partit secrètement et en hâte, arriva à *l'improviste* avec son régiment de cuirassiers, et força les insurgés à se disperser. Il avait été nommé par Ferdinand II général en chef de la cavalerie, le 11 avril 1620, quand, le 9 octobre suivant, il fut tué dans une tentative qu'il fit pour surprendre Presbourg, dont s'étaient emparés les mécontents de Hongrie réunis sous les ordres de Bethlemgabor. Quelque temps auparavant il avait battu ce général au combat de Langenbach, où il avait pris sur l'ennemi quatorze drapeaux.

DAMPIERRE (**Anne-Elzéard du Val, comte de**), arrière-neveu du précédent, et né comme lui au château de Hans, le 18 avril 1745, était lieutenant-colonel et se trouvait dans cette terre lors de l'arrestation de Louis XVI à Varennes. Il se joignit au cortége pour le protéger, et fut massacré par les furieux au moment où le roi lui adressait la parole.

DAMPIERRE (CHARLES-ANTOINE-HENRI DU VAL DE), frère puîné du précédent, né également au château de Hans, le 22 août 1746, fut, au sortir du séminaire de Saint-Sulpice, nommé grand-vicaire de M. de Juigné, évêque de Châlons, qui l'emmena avec lui au même titre à Paris, quand il fut promu à cet archevêché, en 1781. Pendant la révolution il fut incarcéré comme prêtre réfractaire. La chute de Robespierre le sauva. Pendant tout le temps que dura la proscription des prêtres il gouverna secrètement l'église de Paris pour M. de Juigné, et échappa aux poursuites. Lors du concordat, il fut pourvu de l'évêché de Clermont et y rétablit le culte. Pendant plus de 31 ans il conduisit les affaires de cet évêché avec une grande habileté et une non moins grande modération, et mourut le 8 juin 1833, à Clermont.

DAMPIERRE DE LA SALLE, , né à Paris vers 1720, entra dans l'administration des vivres et obtint la place de munitionnaire. Il se livra par délassement à la culture des lettres, et fit représenter en 1763, au Théâtre-Français, une pièce intitulée : *Le Bienfait rendu ou le Négociant.* Cette pièce n'eut qu'un médiocre succès. Quelques autres comédies du même auteur ont été imprimées, mais non représentées.

DAMPIERRE (ANTOINE-ESMONIN DE), né en janvier 1743, à Beaune, fut pourvu jeune d'une charge de conseiller au parlement de Dijon, et fut plus tard président à mortier dans le parlement Maupou. Obligé de se démettre de cet emploi en 1776, il se retira et se livra à l'étude des livres saints, où il prétendit trouver la prédiction des évènements qui allaient bientôt s'accomplir. La révolution passa, et en 1811 il fut nommé président de chambre à la cour impériale de Dijon. Il mourut le 11 septembre 1824, après avoir présidé quelque temps le conseil général du département de la Côte-d'Or. On a de lui : *Historique de la révolution, tiré des saintes écritures.*

DAMPIERRE (*géog.*), village de France, département de Seine-et-Oise sur, l'Yvette; beau château; 800 habitants.

DAMPMARTIN (ANNE-HENRI DE), né à Uzès le 30 juin 1755, fut d'abord destiné à l'état ecclésiastique; ses goûts étant contraires à cette profession, il embrassa celle des armes. Il fut d'abord sous-lieutenant dans le régiment de Limousin, puis capitaine dans celui de Royal-Cavalerie. En 1789, il se chargea de rédiger les *doléances* adressées au roi par les officiers de cavalerie en garnison à Strasbourg. En 1791, il fut fait lieutenant-colonel du régiment de dragons de Lorraine, en garnison à Nîmes, et fut envoyé contre les brigands qui venaient d'ensanglanter Avignon. Il rejoignit ensuite l'armée des princes à Trèves, passa en Belgique après le licenciement, puis en Hollande, puis enfin à Berlin où il fut, par la protection du baron de Keith, pourvu de l'éducation du fils de la comtesse de Lichtenau. De retour en France après le 18 brumaire, il fut nommé en 1807 conseiller de préfecture à Nîmes, puis en 1810 censeur impérial et membre du conseil des prises. Député du Gard au Corps Législatif, il vota la déchéance de Napoléon et fit partie de la première chambre après la Restauration. Aussitôt après les Cent-Jours, il fut nommé maréchal de camp et officier de la Légion-d'Honneur, et reçut le titre de vicomte. Le 20 avril 1816, il fut fait bibliothécaire conservateur du dépôt de la guerre et mourut d'une fluxion de poitrine le 12 juillet 1825. On a de lui l'*Histoire de la rivalité de Carthage et de Rome*, et plusieurs autres ouvrages.

DAMPMARTIN (PIERRE), naquit dans le Languedoc au XVIe siècle; la reine de Navarre l'employa dans plusieurs occasions. Il fut nommé conseiller, et en 1535 gouverneur de Montpellier. On a de lui un ouvrage intitulé : *Vies de cinquante personnes illustres, avec l'entre-deux des temps*, Paris, 1599, in-4°. — Un autre Dampmartin (Pierre de), conseiller à Cambrai, et procureur du duc d'Alençon, frère de Henri III, est auteur d'un ouvrage intitulé : *Du bonheur de la çour et vraie félicité de l'homme*, Anvers, 1592, in-12.

DAMPNIFICATION, s. f., (*v. lang.*), action de causer du dommage.

DAMYRIAS, rivière de Sicile dont la position est incertaine.

DAMYSUS, un des géants qui escaladèrent le ciel, et le plus agile de tous. On prétend que le centaure Chiron exhuma son cadavre, lui ôta l'os du talon et l'adapta avec tant de justesse au pied d'Achille, dont le talon avait été brûlé, que cet os prit corps et répara la perte du premier.

DAN (*hist.*), cinquième fils de Jacob et le premier de Bala, une des servantes de ce patriarche. Sa tribu sortit de l'Egypte au nombre de 62,700 hommes portant les armes. Ses descendants eurent pour partage la région qui porta le nom de tribu de Dan.

DAN (*géog.*), tribu bornée à l'est par les tribus de Benjamin et de Juda, au sud par celle de Juda dont elle était séparée par le torrent de Sorec, au nord par celle d'Ephraïm, et à l'ouest par la mer et le territoire des Philistins.

DAN ou **LAIS**, la ville la plus septentrionale de la tribu de Nephtali, et par conséquent de toute la Palestine.

DAN, s. m., orthographe de Malherbe et de Ségrais pour dam.

DAN ou **DEN**, n. pr. m. (*myth. germ.*), nom d'une divinité des Germains, que Cluvier croit être la même que Teuth.

DAN, *surnommé* MYKILLATI *ou* LE MAGNIFIQUE, régnait vers la fin du troisième siècle. Il était roi de Léthra, en Zélande, et premier roi de tous les états danois. Amateur du faste, il se fit servir par des princes vassaux, et, lors de sa mort, il ordonna qu'au lieu de brûler son corps, on l'enterrât sous un grand tertre ou *tumulus*, où son corps fut placé sur un trône, revêtu de ses habits royaux, au milieu de ses trésors.

DAN (PIERRE), supérieur des Mathurins de Fontainebleau, partit en Barbarie en 1631 pour travailler à la rédemption des captifs. Il s'embarqua à Marseille en juillet 1634. Il revint en mars 1635, ramenant quarante-deux esclaves qu'il conduisit à Paris. Il mourut en 1649. Nous avons de lui plusieurs ouvrages : *Histoire de Barbarie et de ses corsaires*, Paris, 1637, in-4°, traduite en hollandais en 1684, par S. de Vries, qui y ajouta une seconde partie. On a encore de lui le *Trésor des merveilles* de la maison royale de Fontainebleau.

DANA, nom donné à Tyane par Xénophon. (*V.* TYANE.)

DANAA (*bot.*), genre de plantes dicotylédones, polypétales, épigynes, de la famille des ombellifères de Jussieu, et de la pentandrie digynie de Linné. Ses caractères sont : calice à cinq dents très courtes; corolle de cinq pétales égaux, en cœur; cinq étamines; ovaire infère surmonté de deux styles; fruit arrondi à deux lobes renflés, presque ovoïdes. La seule espèce connue est le *danaa à feuilles d'ancolie*, *danaa aquilegifolia;* sa tige est droite, cylindrique, striée, haute de deux à trois pieds, rameuse à sa partie supérieure; ses feuilles radiales sont deux fois trifurquées, profondément découpées en trois à cinq lobes d'un vert brillant; celles de la partie supérieure n'offrent que leur gaîne; le limbe est avorté; les fleurs sont petites, blanches, disposées en ombelles composées de douze à seize rayons, et munies à leur base d'une collerette de six à huit folioles lancéolées. Cette plante croît dans les basses Alpes du Piémont. J. P.

DANABA (*géog. anc.*), ville de la Syrie, dans la Palmyrène, vers l'extrémité S.-O.

DANACÉ (*antiq. gr.*), pièce de monnaie que les Grecs mettaient dans la bouche des morts pour payer à Caron le passage de la barque.

DANAÉ, fille d'Acrisius, roi d'Argos, et d'Eurydice. Acrisius, ayant appris que son petit-fils lui ravirait la couronne et la vie, enferma Danaé dans une tour d'airain pour l'empêcher de devenir mère. Mais Jupiter, épris de ses charmes, s'introduisit dans la tour sous la forme d'une pluie d'or. Danaé donna le jour à Persée (*V.* ce mot). Acrisius, furieux, la fit exposer sur la mer, enfermée dans un coffre avec son fils; mais tous les deux arrivèrent heureusement jusqu'aux côtes de l'île de Sériphe, où ils furent sauvés par des pêcheurs et conduits au roi Polydecte, qui les accueillit avec bonté. Dans la suite, Danaé fut ramenée par son fils à Argos, sa patrie, où elle finit ses jours. Quelques auteurs ont dit que l'amant qui s'introduisit à force d'or dans la tour n'était autre que Prétus, frère d'Acrisius. Selon Virgile, Danaé vint en Italie avec quelques fugitifs d'Argos, et y fonda la ville d'Ardée.

DANAÉ, fille de Danaüs, à laquelle Neptune fit violence, suivant quelques auteurs.

DANAÉ, Athénienne, fille de la courtisane Léontion, courtisane elle-même et maîtresse de Sophon, gouverneur d'Ephèse. Elle fut condamnée à mort par la reine Laodice pour avoir averti son amant que cette princesse voulait le faire mourir.

DANAI (*géog. anc.*), nom des habitants d'Argos, à cause de Danaüs, leur roi. Les poètes donnent ce nom à tous les Grecs.

DANAIDE, *danaïs* (*ins.*), genre de lépidoptères de la famille des diurnes, tribu des papilionides, ayant pour caractères : antennes en massue, oblongues, palpes écartés à dernier article court; pieds antérieurs courts, repliés contre la poitrine; ailes supérieures triangulaires, un peu échancrées au bord extérieur; les inférieures arrondies avec une espèce de poche près d'une des nervures inférieures dans les mâles. Ce sont des papillons exotiques, affectant tous la même disposition dans les couleurs. — La *danaïde chrysippe*. Cette espèce vient d'Afrique et d'Asie ; elle a deux pouces et demi d'envergure ; la tête et le corps sont noirs, marqués de points blancs, l'abdomen est fauve ; les ailes sont fauves, le sommet des antérieures bordé de noir diffus, formant un triangle entier, trois ou quatre taches blanches disposées obliquement sur ce sommet ; le reste du pourtour offre un rang de petits points blancs ; trois ou quatre petites taches noires marquent en outre le disque des ailes inférieures ; le dessous ne diffère du dessus que par l'extrémité du sommet, qui est jaune au lieu d'être noire. J. P.

DANAIDE (*bot.*), *danaïs*, genre de plantes dicotylédones, à fleurs complètes, monopétales, de la famille des rubiacées et de la pentandrie monogynie de Linné, dont le caractère principal est d'avoir un calice à cinq dents, une corolle infundibuliforme, le limbe à cinq découpures ; cinq étamines insérées sur le tube de la corolle ; un ovaire infère, à deux loges polyspermes, s'ouvrant en deux valves au sommet, les semences membraneuses à leurs bords. Ce sont la plupart des arbrisseaux à tiges grimpantes, à feuilles simples, opposées ; les fleurs en cime ou paniculées. Telle est la *danaïde odorante*, *D. fragrans*, de Commers, à tiges grimpantes, sarmenteuses, très longues, les fleurs disposées en petites panicules axillaires opposées ; ces fleurs, de couleur rouge, sont nombreuses et exhalent une odeur approchant de celle du Narcisse. Elle croît à l'Ile-de-France. J. P.

DANAIDE (*hydraul.*), espèce de roue à réaction qui reçoit l'action motrice de l'eau, inventée par E. Mannoury-d'Ectal. Nous empruntons sa description à MM. Lanz et de Béthencourt.

« Cette machine peut être comprise, comme le dit très bien M. Petit, au nombre des roues hydrauliques. Elle se réduit à une cuve cylindrique en bois, *ncdd'c'n* (*V.* la figure ci-jointe),

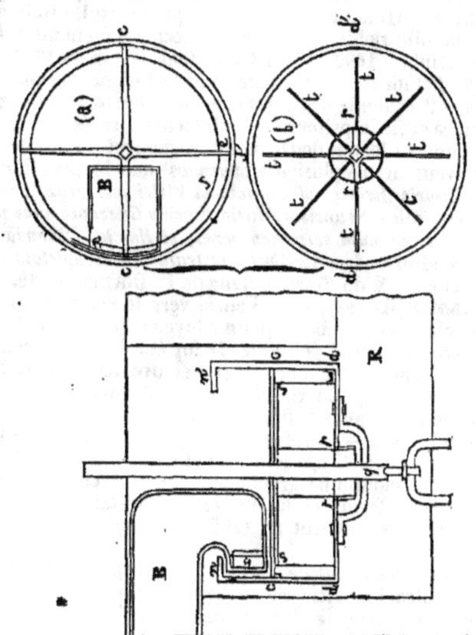

dont le fond est percé à son centre par un orifice circulaire *rr* (*V.* l'élévation de la coupe (*b*). Au travers de cet orifice passe un essieu vertical de fer *pq*, retenu par le haut dans un collier, et posant, dans sa partie inférieure, sur un pivot qui lui permet de tourner sur lui-même, en entraînant la cuve à laquelle il est fixément attaché au moyen de quatre croisillons en fer, dont on voit deux *cc'* et *ee'* dans la coupe (*a*), et les deux autres *dd'* et *ff'* dans la coupe (*b*). Cet essieu, dirigé suivant l'axe de la cuve, ne ferme pas complètement l'orifice central *rr* qu'il traverse ; il laisse, au contraire, tout autour de sa circonférence, une couronne vide par où l'eau affluente peut s'échapper. Un diaphragme circulaire *ss*, fixé à l'axe vertical *pq* et aux croisillons *cc'* et *ee'*, immédiatement en dessous de ceux-ci, partage la cuve en deux parties égales *ncc'n* et *cdd'c'* qui ne peuvent communiquer l'une avec l'autre que par la couronne vide qui reste entre le diaphragme circulaire et la surface intérieure de la cuve. La partie inférieure *cdd'c'* est partagée en huit cases par autant de diaphragmes T, quatre desquels partent de l'axe *pq* vers la circonférence, et quatre autres n'atteignent pas l'axe, pour ne pas trop obstruer l'orifice *rr*. Ces diaphragmes, formés par des surfaces planes, descendent depuis le diaphragme circulaire jusqu'à la base de la cuve. L'eau arrive à la partie supérieure de la cuve par un tuyau de conduite B, qui se replie convenablement pour la laisser sortir par un orifice *x* (élévation et coupe) (*a*), sous la forme d'une nappe qui frappe tangentiellement dans toute la surface concave de cette partie, met la cuve en mouvement, descend à la partie inférieure par la couronne vide ménagée entre le diaphragme *ss* et la surface intérieure de la cuve, s'engage dans les cases déjà indiquées, et sort enfin par l'orifice *rr* pour tomber dans le tuyau de décharge R. Telle est la description et le jeu de cette machine, que l'auteur a exécutée avec le plus grand succès dans différentes manufactures. Il vient d'y ajouter un perfectionnement qui consiste à substituer aux diaphragmes T à surfaces planes d'autres diaphragmes en forme de spirales, qui se prolongent en montant jusqu'au bord supérieur *nn* de la cuve, au travers de la couronne vide du milieu. La forme qu'il donne à ces nouveaux diaphragmes lui permet de supprimer le rebord *nn*, qui servait à empêcher l'eau de se répandre au dehors. Il paraît que par cette dernière modification la perte des forces vives est diminuée considérablement. »

DANAIDES, filles de Danaüs, roi d'Argos, au nombre de cinquante. Égyptus, roi d'Égypte, étant venu les demander en mariage pour ses cinquante fils, Danaüs fut, malgré lui, obligé d'y consentir ; mais comme il avait appris de l'oracle qu'il serait tué par un de ses gendres, il exigea de ses filles qu'elles égorgeassent leurs maris. Toutes obéirent, excepté Hypermnestre, qui fit échapper son époux Lyncée. Danaüs se la fit amener pour la punir d'avoir été rebelle à ses ordres ; mais elle fut déclarée innocente par le peuple, et en mémoire de ce jugement elle éleva un autel à la *Persuasion*. Ses sœurs moururent toutes bientôt après et furent condamnées dans les enfers à remplir éternellement un tonneau percé. Selon quelques auteurs, elles furent purifiées par Mercure et Minerve du crime qu'elles avaient commis. Les têtes des fils d'Égyptus furent inhumées à Argos, et leurs corps à Lerne, où cette sanglante scène avait eu lieu.

DANAIS, nymphe, une des femmes de Danaüs et mère de Chrysippe.

DANALA (*géogr. sac.*), forteresse de la Galilée, au N.-E., chez les Tocmi, sur les confins du Pont et de la Paphlagonie.

DANAPRIS, nom ancien du Borysthène.

DANARÉSIS, ou **ANELIBA** (*géogr. anc.*) (Derendé), ville de l'Asie mineure, dans la Cappadoce, sur l'Euphrate.

DANASTER ou **TYRA** (*géogr. anc.*) (Dniester), grand fleuve de la Sarmatie européenne. Il sort des Alpes bastarniques, et, coulant au S.-E., traverse le pays des Bastarnes et des Tyrigètes. Il formait la limite N.-E. de la Dacie Trajane et de la Sarmatie, et se jette dans le Pont-Euxin, au N. de la côte occidentale.

DANAUS, fils de Belus et d'Anchinoé ou Achiroé, régna d'abord en Égypte avec son frère Égyptus, nommé, suivant d'autres, Ramessès. Mais, ayant tenté de lui ôter la vie, il fut obligé de s'enfuir avec ses cinquante filles. Il arriva d'abord à Rhodes, où il consacra une statue à Minerve, et ensuite il aborda sur les côtes du Péloponèse, où il fut accueilli avec honneur par Gélanor, roi d'Argos. Danaüs le récompensa de sa généreuse hospitalité en le détrônant. Alors commença à Argos la dynastie des Bélides. D'autres prétendent que Gélanor abdiqua volontairement en faveur de son hôte. Il régna cinquante ans, et mourut vers l'an 1425 avant J.-C. On ne dit pas si ce fut de la main de Lyncée. Les habitants d'Argos lui élevèrent un superbe mausolée. Selon Eschyle, Danaüs ne s'enfuit d'Égypte que pour empêcher ses filles de commettre une impiété en épousant leurs cousins. Elles ne purent cependant échapper à leurs poursuites. Les cinquante fils d'Égyptus vinrent à la tête d'une armée demander à Danaüs d'épouser chacun une de ses cinquante filles. Le vaisseau sur lequel Danaüs vint en Grèce s'appelait Armaïs, et fut le premier que l'on vit sur ses côtes. Danaüs fit connaître aux Grecs, selon les uns, l'usage des puits, selon les autres, l'usage des pompes.

DANAVA, n. patron. (*myth. ind.*), descendante de Danon, femme de Casyapa. Les Danâvas sont représentés comme les ennemis constants des Devas.

DANBIK, s. m. (*zool.*), oiseau d'Abyssinie.

DANCHÉIÉE, adj. (*blason*). Il se dit des pièces de l'écu, lorsqu'un de leurs côtés est dentelé en scie : *Brissac porte de sable à trois fasces danchées d'or.*

DANCHET (ANTOINE), né le 7 septembre 1671 à Riom en Auvergne. Il était membre de l'Académie française et de celle des Inscriptions. Il composa une pièce en vers latins, en 1691, sur la prise de Mons ; cette pièce lui valut une chaire de rhétorique à Chartres. Nous avons de lui quatre tragédies qui valent beaucoup moins que ses opéras. Il mourut à Paris, le 21 février 1748, âgé de 77 ans.

DANCKERT (CORNEILLE), graveur, né à Amsterdam en 1561. Il traita avec succès le portrait, le paysage et l'histoire. — Pierre DANCKERT, fils de Corneille, né à Anvers en 1600, fut comme son père marchand d'estampes, grava des portraits, des paysages et d'autres sujets. Il laissa deux fils (Henri et Jean), qui continuèrent la gloire de cette famille. — Un cinquième DANCKERT (Juste) figure encore dans l'histoire des graveurs d'Amsterdam. Son talent le rend digne d'appartenir à la même famille.

DANCOURT (FLORENT-CARTON), auteur comique et comédien français, naquit à Fontainebleau en 1661. Il fit 62 comédies où l'on trouve de la gaîté et d'heureuses saillies. On lui reproche de ne s'être pas toujours montré assez sévère dans le choix de ses sujets. Ses œuvres forment, dans l'édition de 1760, 12 vol. in-12. Il mourut le 6 décembre 1726, à l'âge de 65 ans, laissant deux filles qui furent honorablement mariées après avoir été quelque temps comédiennes. — Dancourt, dégoûté subitement du théâtre, l'avait abandonné à l'âge de cinquante-sept ans, et s'était retiré dans sa terre de Courcelles-le-Roi, en Berry. Là il se livra à une traduction en vers des psaumes, et fit une tragédie religieuse qui ne nous est pas parvenue. Il appartenait à une famille noble, et la véritable orthographe de son nom est *d'Ancourt*. Ses parents avaient eu beaucoup de peine à quitter le calvinisme pour embrasser la foi catholique, à laquelle du moins Dancourt demeura fidèle.

DANCOURT (THÉRÈSE-LENOIR DE LA THORILLIÈRE), femme du précédent, comédienne fameuse par sa beauté et par ses talents. Née en 1660, elle fut reçue au théâtre en 1685 en même temps que son mari ; elle ne se retira qu'en 1720. Elle mourut le 11 mai 1725. Sa fille cadette, connue sous le nom de *Mimi*, eut une grande réputation de beauté et d'esprit.

DANCOURT (L.-R.), auteur et comédien, joua longtemps dans les provinces. Il revint à Paris dans un âge avancé et mourut aux Incurables le 29 juillet 1801. Ses ouvrages sont : *L.-R. Dancourt, arlequin de Berlin, à J.-J. Rousseau, citoyen de Genève*, Amsterdam, 1759, in-8°. C'est une réponse au discours de Rousseau contre les spectacles. Le titre d'*arlequin de Berlin* est pris par DANCOURT pour parodier celui de *citoyen de Genève*. Nous avons de lui : *Esope à Cythère*, *le Mariage par capitulation* et *les Deux amis*, etc., etc.

DANDAMIS, Scythe, compagnon et ami d'Amizoque. Celui-ci ayant été pris par un corps de Sarmates, Dandamis alla demander sa liberté au général ennemi en s'offrant lui-même pour rançon. C'est trop, dit le barbare, nous nous contenterons d'une partie ; et il lui fit crever les yeux et le renvoya avec son ami, plus joyeux de cette conquête qu'affligé de la perte de la vue. Amizoque, indigné, vengea le malheur de son ami en se mettant à la tête des Scythes et en battant l'armée des Sarmates, qui n'eut d'autre ressource que la fuite. Mais alors, ne voulant pas conserver la vue tandis que Dandamis l'avait perdue pour lui, il s'arracha les yeux. Ces deux illustres aveugles furent nourris aux dépens du public qui révérait leurs vertus.

DANDAMIS, philosophe indien, un de ceux qu'Alexandre visita pendant son séjour dans les Indes.

DANDARI (*géog. anc.*), ville de la Colchide au N., sur les frontières des Héniochi et des Arinchi, au N.-O. de Dioscurias, sur une hauteur près de la mer.

DANDARIDES ou **DANDARIENS** (*géog. anc.*), habitants de la Dandarique.

DANDARIQUE (*géog. anc.*), contrée de la Colchide vers le N.-O., sur les frontières de la Scythie, en tirant vers les Palus-Méotides : la capitale était Dandari.

DANDAXÈNE (*géog. anc.*), ville de la Cappadoce, à l'E. dans la Métilène cappadocienne.

DANDÉLION, s. m. (*bot.*), genre de plantes à fleurs composées.

DANDER, s. m. (*myth. ind.*), nom du sceptre avec lequel on représente la mort.

DANDIN. Ce sobriquet donné aux juges ignorants et vains leur vient originairement d'un de ces bons et joyeux contes de maître François Rabelais ; c'est lui qui dans son naïf langage nous montre Perrin Dandin s'entremettant toujours entre les *plaidoyants*, et arrangeant leurs affaires sans oublier de faire bien les siennes. La Fontaine s'empara de ce personnage pour lui faire juger le procès de l'huître dans cette fable ingénieuse qui est l'histoire de tous les débats judiciaires. Mais Racine surtout popularisa le nom de Perrin Dandin en le donnant au burlesque magistrat de ses *Plaideurs*. Parfois aussi ce nom se prend dans une autre acception, empruntée à la comédie si connue de Molière ; mais le changement du prénom indique alors ce nouveau sens du mot : *Georges Dandin* est le mari trompé ; *Perrin Dandin* ou *Dandin* seulement, le juge ridicule. Le verbe *dandiner* ou *se dandiner* provient de la même source que le nom du juge de Rabelais. Pour monter sur son siége il grimpait sur un escabeau un peu élevé, et ses jambes pendantes imitaient le mouvement que produit le son des cloches, *din, dan, dan, din*. C'est pour cela qu'on appelle aussi quelquefois un *dandin*, un *grand dandin* l'homme qui balance niaisement ses jambes ou son corps, ou bien dont les gestes sont gauches et embarrassés. Cette dernière espèce de dandins appartient plus spécialement à nos villages ; c'est à la ville qu'on trouve le plus communément les deux autres.

DANDINI (JÉROME), jésuite, né à Césène en 1554, enseigna la théologie à Padoue et la philosophie à Paris. Il fut choisi par CLÉMENT VIII pour aller chez les Maronites prendre des informations relatives à la croyance religieuse de ce peuple. Il partit de Venise le 14 juillet 1596. Il revint à Rome en août 1597. Il mourut à Forli le 29 novembre 1634. Nous avons la relation de son voyage intitulé : *Voyage du Mont-Liban, où il est traité tant de la créance et des coutumes des Maronites que de plusieurs particularités touchant les Turcs, traduit de l'italien, avec des remarques*, par R. S. P. (Richard Simon, prêtre), Paris, 1675, in-12 ; La Haye, 1685.

DANDINI (PIERRE), peintre, né à Florence en 1647 et mort dans la même ville en 1712. Il était fils de César Dandini, qui peignit plusieurs beaux tableaux pour les églises de Volterre et de Florence. Dandini fit beaucoup de tableaux pour la Pologne ; il eut un frère qui ne fut pas moins bon peintre que lui.

DANDINI (HERCULE-FRANÇOIS), jurisconsulte italien, était d'une famille noble de Césène, né accidentellement à Ancône le 4 novembre 1695 et mort à Padoue le 7 mars 1747. Il s'adonna à l'étude de la théologie et de la jurisprudence. Il fonda à Césène l'académie des *Filomatori* ou *Filomati* (studieux), dont il rédigea et fit imprimer les réglements, tracés sur le modèle de la fameuse loi des douze tables. Il mourut à l'âge de 52 ans. Nous avons de lui plusieurs ouvrages dont le plus important est : *Cæsaris Brixii ad Clementem VIII Pont. Max. urbis Cæsenæ descriptio à Francisco Maria Faccino Cæsenate nunc primum ex italico in latinum sermonem versa, et Herclei Dinundæ* (Hercule Dandini) *adnotationibus illustrata ac locupletata*, inséré dans le tome IX du *Tesoro d'Italia* de P. Burmann, etc.

DANDOLO (HENRI), né à Venise vers le commencement du XIIe siècle, ne fut d'abord qu'un citoyen distingué, habile dans la guerre et dans la politique. Il fut élu doge en 1192, et débuta avec succès par une guerre contre les Pisans. Devenu vieux et aveugle, son grand cœur ne l'abandonna pas et il commanda lui-même la flotte vénitienne à la prise de Constantinople en 1203. — Il refusa le titre d'empereur que les Grecs lui offraient et fit élire le comte Baudouin (*V.* ce mot) ; mais il se fit céder en retour une grande partie de l'Archipel, plusieurs ports en terre ferme et la moitié de Constantinople en toute souveraineté. Il mourut en 1205, fort regretté de ses concitoyens.

DANDOLO (JEAN), doge de Venise de 1280 à 1289, soutint en Istrie, contre le patriarche d'Aquilée, une guerre qui dura autant que son règne. Jean Dandolo succéda à Jacques Contarini.

DANDOLO (FRANÇOIS), doge depuis le 8 janvier 1328 jusqu'au 31 octobre 1339. Avant d'être élevé à cette dignité il fit un voyage à Rome pour implorer l'absolution de Clément V. Ce pontife se laissa toucher et réconcilia Venise avec l'Eglise. François Dandolo avait succédé à Jean Soranzo. Barthélemi Gradenigo lui succéda.

DANDOLO (ANDRÉ), doge et historien de Venise, régna de 1342 à 1354. Sa réputation de vertu était telle qu'il fut nommé doge à 36 ans. Il était ami de Pétrarque, et leurs lettres nous ont été conservées. Il mourut, le 7 septembre 1354, de chagrin et d'inquiétude en voyant les succès qu'obtenait Paganin Doria, qui, en 1354, ravagea l'Istrie, brûla Parenzo et menaça le port de Venise. Il avait succédé à Barthélemi Gradenigo ; Marin Falieri lui succéda. — Son fils (Fautin) cultiva les lettres et la jurisprudence. Il fut nommé gouverneur de Bologne. On a de lui quelques écrits sur la théologie.

DANDOLO (le comte VINCENT), né à Venise en 1758, fut d'abord apothicaire, et se distingua dans l'étude de la chimie. Lorsqu'en 1796 les Français envahirent l'Italie, Dandolo se voua à la carrière politique et contribua beaucoucoup au renversement de la république de Venise; puis, lorsque celle-ci tomba au pouvoir des Autrichiens, après le traité de Campo-Formio, il se retira dans la république Cisalpine, et se réfugia en France en 1799. En 1800 il alla à Milan, se mêla de nouveau aux affaires et fut ensuite envoyé par Bonaparte en Dalmatie avec le titre de provéditeur général; il s'acquitta assez bien de ses fonctions, et, ayant été rappelé à Milan, il fut fait par Napoléon membre du Sénat et comte. Après la chute de ce dernier, il cessa d'être sénateur et se retira dans une magnifique villa qui lui appartenait. Il avait acquis par l'acquisition de biens nationaux une très belle fortune qui lui permit de se livrer de nouveau à la science dans laquelle il s'était déjà rendu remarquable; il y obtint de nouveaux succès, et mourut le 13 décembre 1819. Il a publié divers ouvrages dont les plus importants sont: l'*Art de faire les vins et de les conserver*, et l'*Histoire des vers à soie*. Il est aussi auteur de traductions en italien de la chimie de Lavoisier et de celle de Berthollet.

DANDON, vieillard illyrien qui mourut à l'âge de 500 ans, au rapport de Pline.

DANDRÉ-BARDON (MICHEL-FRANÇOIS), peintre estimé, poète et compositeur de musique, naquit à Aix en Provence en 1700 et mourut en 1783. Il a laissé, entre autres ouvrages, un *Traité de la peinture* en 2 vol. in-12, et des *Mémoires sur le costume des anciens*, 6 vol. in-4°.

DANDRÉ (ANTOINE-BALTHAZAR-JOSEPH), né à Aix le 2 juillet 1759, d'une famille de robe, embrassa la même profession; il fit son droit à Toulouse et fut nommé à 19 ans conseiller au parlement d'Aix. En 1789, il fut envoyé aux Etats-Généraux comme député de la noblesse. Il embrassa le parti populaire; mais ses opinions semblaient se modifier à chaque instant: tantôt il défendait la cause révolutionnaire, tantôt il adoptait celle de la royauté. Il fut, après la fuite de Varennes, l'un des commissaires chargés de recevoir les déclarations de la famille royale, et s'acquitta de cette mission avec assez de convenance. Malgré sa versatilité et peut-être à cause d'elle, il conserva toujours de l'influence dans l'Assemblée nationale; mais, bientôt après la clôture de cette assemblée, il se trouva débordé par le mouvement et fut forcé de s'enfuir. Il trouva dans l'émigration une nouvelle position avantageuse; il fut investi de la confiance du frère de Louis XVI, qui devint depuis Louis XVIII, et fut chargé des affaires de celui-ci et de celles de l'émigration. Il vint même en France pour servir ses intérêts, tenta inutilement de se faire nommer membre du conseil des Cinq-Cents et retourna en Allemagne sans avoir pu rien réaliser de ses projets. Ce ne fut qu'en 1814 qu'il put rentrer en France. Louis XVIII, dont il avait conservé la faveur, le fit alors intendant de ses domaines et directeur de la police. Pendant les Cent-Jours il suivit le roi en Belgique, et au retour, dépouillé de la dernière de ces charges, il conserva pourtant l'autre qu'il occupa jusqu'à sa mort, arrivée le 16 juillet 1827. M. Silvestre, son confrère à la Société d'agriculture, a fait sur lui une notice apologétique, insérée dans les mémoires de la Société, année 1827, tome 1er.

DANDY (*néol.*), nom donné d'abord en Angleterre, puis en France, à celui qui veut donner le ton et qui prétend par sa mise, ses manières et quelquefois l'allure de son esprit, être un type de haute élégance. L'élégance assurément n'est pas à dédaigner, lorsqu'elle est décente et sans impertinence; mais les dandys, qu'ils se nomment fashionables, beaux, petits-maîtres, incroyables ou lions, sont d'ordinaire des modèles de fatuité et par conséquent de sottise. Le dandy anglais, moins léger que le nôtre, n'est pas moins ridicule; froidement excentrique et fort dédaigneux de tout ce qui n'est pas lui, il possède cette morgue anglaise qui est tout le contraire de l'aménité. Le *dandysme* exclut la galanterie digne et bienveillante, parce que l'homme trop préoccupé de lui-même ne prodigue pas ses hommages aux autres, et que le dandy, beau et gracieux par excellence, ne peut être touché de ce qui lui est inférieur.

DANDYSME, s. m. (*néol.*), fatuité, manières et habitudes de dandy.

DANEAU (LAMBERT), ministre luthérien né à Orléans, fut disciple du célèbre Anne du Bourg. Il professa la théologie, et mourut à Castres en 1596, à l'âge de 66 ans. Il a publié une *Géographie poétique*, des *Commentaires sur saint Matthieu*, in-8°, sur *saint Marc*, et d'autres ouvrages de théologie.

DANEBROG (ORDRE DE), créé en mémoire de la victoire remportée par Waldemar II, roi de Danemark, en 1219, sur les Livoniens. Les Danois avaient perdu leur étendard. Ils allaient être vaincus, quand ils revirent flotter devant eux le Danebrog (*la force du Danois*). Cette vue leur rendit la victoire. Christian V (1671) renouvela cet ordre, qui avait pris son nom de celui d'un drapeau national. En 1808, des règlements furent donnés : l'ordre est destiné à récompenser les services civils et militaires, sans distinction d'âge ni de rang; les membres de l'ordre, dont le nombre est illimité, sont divisés en quatre classes auxquelles on ne parvient que successivement, à moins d'un privilége accordé par le roi; la décoration consiste en une croix d'or pattée, émaillée de blanc et suspendue à un ruban blanc liséré de rouge; les grands commandeurs (1re classe) reçoivent le titre d'excellence et sont membres du chapitre; les grand'croix sont de la 2e classe, les commandeurs de la 3e, les chevaliers de la 4e, et les *Danebrogman*, qui reçoivent la croix d'argent, forment une classe à part et inférieure. La croix est portée par les différentes classes de différentes manières et plus ou moins richement.

DANEDI (JEAN-ETIENNE), dit *Montalte*, peintre né à Treviglio en 1608. L'ordonnance de ses compositions est pleine de magnificence; beaucoup de grands édifices de Milan sont ornés de quelque ouvrage de Danedi. Il mourut en 1689. — Joseph DANEDI, son frère, surnommé *Montalte* comme lui, fit plusieurs ouvrages à Milan et à Turin. Il fut élève du Guide et se montra digne d'un tel maître. Les deux frères moururent dans la même année.

DANÉE, s. f. (*bot.*), genre de fougères.

DANEGELD. Lorsque les invasions des Danois en Angleterre furent devenues fréquentes et redoutables, l'usage s'établit, tantôt de déterminer à prix d'argent ces aventuriers à renoncer au pillage et à quitter le pays, tantôt de payer constamment et de conserver un corps considérable de troupes pour défendre les côtes et les préserver des attaques de ces dangereux ennemis. Les revenus ordinaires des rois anglo-saxons étaient insuffisants pour fournir à la dépense que nécessitaient ces mesures : il fallait donc, avec le consentement du wittenagemot, imposer une taxe, d'abord d'un scheling saxon, et ensuite d'un ou plusieurs schelings sur chaque hide de terre. Comme il y avait 243,600 hides de terre en Angleterre, cette taxe montait à 12,180 livres saxonnes, ce qui répondait pour la quantité d'argent à environ 36,540 livres sterlings, et pour la valeur à plus de 360,000 livres actuelles. Cette taxe paraît avoir été imposée pour la première fois en l'an 991, et on la nomma *danegeld* ou *taxe danoise*. Elle fut bientôt portée à deux, et enfin à sept schelings par chaque hide de terre, et elle continua à être levée longtemps après que la cause pour laquelle elle avait été établie eut cessé d'exister. Tant que les invasions des Danois se renouvelèrent, pour ainsi dire, périodiquement chaque année, les rois d'Angleterre tirèrent peu de profit de cette taxe, qui fut entièrement employée à gagner ou à combattre ces envahisseurs; mais, après que des princes danois furent montés sur le trône anglais, elle devint une des principales branches du revenu royal. Cette taxe fut portée si haut, et perçue avec tant de dureté par le roi Canut, en l'an 1018, qu'elle monta à la somme prodigieuse de 71,000 livres saxonnes, indépendamment de 11,000 livres payées par la cité de Londres. Il paraît cependant, d'après une très bonne autorité, que c'était une somme trop considérable pour que l'Angleterre pût alors la payer en une seule année. « Le tribut, dit un auteur contemporain qui nous a été conservé dans les *Collectanea* de Seland, que les Anglais payaient annuellement aux Danois fut porté à la fin à la somme de 72,000 livres et plus, indépendamment de 11,000 livres payées par la cité de Londres. Ceux qui avaient de l'argent pour fournir leur contingent de cette lourde taxe le payèrent; mais ceux qui n'en avaient pas perdirent leurs terres et leurs possessions, sans aucun espoir de les recouvrer. L'église de Peterbhourg, et plusieurs autres églises essuyèrent de grandes pertes dans cette occasion. » Il est évident, d'après ce passage, que cette taxe s'était accrue par degrés depuis un scheling jusqu'à sept par hide de terre. Elle fut ensuite réduite à quatre schelings par hide, taux auquel elle paraît être restée jusqu'au moment où elle fut entièrement abolie, environ 70 ans après la conquête des Normands. Les maisons des villes étaient assujéties à cette taxe, et une maison d'une certaine valeur payait la même somme qu'une hide de terre.

A. SAVAGNER.

DANEMARK. 1° *Géographie et statistique*. Le Danemark, qui est le plus petit des trois États scandinaves, s'étend sans interruption entre les 5° 45' et 10° 15' de longitude orientale de Paris, et les 53° 22' longitude et 57° 45' de latitude nord. Il est composé des îles de Seeland (en danois *Sjeland*), Fionie (en danois *Fyen*), Langeland, Laaland, Falster, Bornholm et Mœn, de la presqu'île de Jutland (en danois *Jydland*) et du duché de Slesvic (*Schleswig*). Aux états danois appartiennent de plus : les duchés de Holstein et de Lauenbourg, qui sont des parties intégrantes de la confédération germanique, les îles Feroër, l'Islande, la côte occidentale du Groenland, quelques comptoirs sur la côte de Guinée, la ville et le territoire de Tranquebar aux Indes orientales, enfin les îles de Sainte-Croix, Saint-Thomas et Saint-Jean aux Indes occidentales. — Le Danemark proprement dit, dont le climat est tempéré, généralement sain, mais humide, ne contient que 847 milles carrés géographiques, l'Islande et les Feroër 1446, les deux duchés allemands 173, la côte du Groenland 200, et les autres colonies 35, ce qui forme un total de 2,701 milles carrés géogr. Les États danois, non compris l'Islande et les Feroër, renferment 98 villes, 45 bourgs, 4,985 villages, et 1,099 terres nobles. Le Danemark proprement dit est divisé en sept grands bailliages qui sont ceux de Seeland, Fionie, Laaland, Aalbourg, Arhuns, Ripen et Wiborg, formant en tout 1,907 communes. Quant à la population, le Danemark et le duché de Slesvic comptent environ 1,530,000 individus ; le Holstein et le Lauenbourg 430,000, l'Islande 49,800, les Feroër et le Groenland 11,000, et les autres 74,000 ; de sorte que le nombre total des habitants des Etats danois se trouve être d'environ 2,094,800. Selon le capitaine Tscherning, le Danemark et les duchés, non compris l'Islande, les Feroër et les colonies, auraisnt une population de 1,858,000 personnes, dont 336,000 en Slesvic, 195,000 dans le Holstein, et 37,000 dans le pays de Lauenbourg. Cette population se compose de Danois et d'Allemands : la langue des premiers, dans le Danemark, est le danois ; dans l'Islande et les Ferroës c'est l'Islandais ; les autres parlent la langue allemande dans les dialectes haut, bas et frison. Le Seeland, la plus grande des îles danoises, est séparé de la Suède par le Sund ; la Fionie est séparée de Seeland par le grand Belt et du Jutland par le petit Belt. Ces trois détroits forment autant de passages de la mer du Nord à la Baltique. Le Danemark présente une surface unie, interrompue seulement par une faible élévation qui traverse les duchés dans le sens de sa longueur. Les côtes sont plates et pour la plupart protégées par des bancs de sable contre le débordement de la mer ; les contrées marécageuses des côtes de l'ouest ont seules besoin de digues artificielles. Le sol, dont une partie notable consiste en landes, est en général médiocrement fertile. Il existe sur différents points des forêts assez considérables ; par l'imprudence qu'on a eue de détruire celles qui couvraient les côtes nord et nord-ouest du Jutland de vastes terrains labourables sont devenus sablonneux et stériles. Ce n'est que depuis peu de temps qu'on cherche à arrêter les progrès du sable mouvant dans ces lieux, en plantant des sapins, des bouleaux, des peupliers, ainsi que de l'avoine noire et des roseaux maritimes, mesure qui a déjà rendu à la culture une partie de ces terrains. Outre l'Elbe qui sépare les Etats danois de l'Allemagne, le royaume n'est arrosé que par de petites rivières qui prennent leur source tout près des côtes et dont les principales sont l'Eider et le Guden-Aa ; parmi les lacs on remarque ceux de Schall et de Ratzebourg dans le Lauenbourg, et ceux de Plœn et de Vesten dans le Holstein ; le Liemfiord, dans le Jutland, est la plus considérable des nombreuses baies qui découpent les côtes danoises. Le Cattegat, que plusieurs géographes appellent improprement un golfe, se trouve entre le Jutland et la Suède, et communique avec la Baltique par le Sund et les deux Belts. Les principales productions du pays sont les grains, dont l'exportation dépasse 2,000,000 de tonneaux par an : le colza, le tabac, le beurre, le fromage, le houblon, la garance, le lin et le chanvre ; les quatre derniers articles sont d'excellente qualité, mais leur quantité ne suffit pas aux besoins de la population même. Le manque de forêts rend le bois cher ; en revanche la tourbe abonde, et presque tous les villages ont leur tourbière. Le Danemark est riche en bétail de toute espèce ; il exporte un grand nombre de bêtes à cornes et de chevaux. Le gibier, qui avait diminué, commence à se multiplier de nouveau ; mais on ne rencontre de sangliers que dans le Lauenbourg. La pêche pourvoit une partie de l'Allemagne septentrionale de harengs, soles, huîtres et homards. Quant aux minéraux, le Danemark possède du fer, du cuivre, de l'alun, de la chaux, de l'argile et du sel qui provient des sources salées d'Oldeslohe dans le Holstein, mais seulement en très petite quantité. Le nombre des fabriques et des manufactures est peu considérable ; la plupart se trouvent à Copenhague, à Altona et à Neumunster. Les gants que l'on confectionne à Randers, en Jutland, sont renommés par toute l'Europe. Depuis une vingtaine d'années les raffineries de sucre ont perdu beaucoup de leur activité, mais en revanche le commerce avec l'Amérique et la navigation commencent à refleurir. L'exportation totale s'élève, d'après les registres de la douane, à la valeur d'environ 12,000,000 de rixdalers effectifs (34,000,000 de francs) par an. Les privilèges de la Compagnie asiatique (établie à Copenhague) ont été renouvelés en 1812 pour trente années, à compter du rétablissement de la paix (1815), ce qui en fixe la durée jusqu'en 1845 ; cependant les prix des actions de cette société, ont éprouvé une baisse considérable. La traite des noirs est supprimée depuis 1792, et en cela, hâtons-nous de le dire, le Danemark a donné l'exemple aux autres nations. La dette publique du royaume se monte à environ 150,000,000 de rixdalers (54,000,000 de francs). Une grande partie du papier-monnaie a été éteinte dans les dernières années ; aussi celui-ci est-il à peu-près au pair avec le numéraire. Depuis 1815 la banque du royaume (*Rigsbank*) est la propriété des possesseurs des biens-fonds qui la font régir par une direction élue parmi eux. Cette banque publie ses comptes tous les ans. Le gouvernement est monarchique et absolu. Par deux ordonnances en date du 15 mai 1834, le roi Frédéric VI a institué une représentation nationale, mais purement consultative. A cet effet, les États danois ont été divisés en quatre parties, savoir : 1° les îles danoises ; 2° le Jutland ; 3° le duché de Slesvic ; 4° les duchés de Holstein et de Lauenbourg. Dans chacune de ces parties se réunit, tous les deux ans, une assemblée d'Etat qui délibère sur les affaires que lui soumet le gouvernement. L'assemblée des îles danoises se compose de 70 membres, dont 23 élus par les villes, 17 par les propriétaires ruraux, 20 par les paysans et 10 à la nomination du roi. Les corps représentatifs du Jutland, de Slesvic et de Holstein-Lauenbourg, sont composés d'éléments à peu près analogues, et ont, le premier 55 membres, le second 49 et le dernier 48, de sorte que le nombre des représentants de la totalité des Etats danois est de 222, dont 28 nommés par le roi et 194 par les électeurs. Le cens électoral diffère selon les localités. Pour être électeur dans la capitale, il faut posséder une maison de la valeur de 3,600 rixdalers (environ 10,000 fr) ; dans les autres villes du Danemark, une maison valant 900 rixdalers (2,500 fr.) ; dans les campagnes, une terre roturière de 20 arpents ; dans les duchés, un bien de ville ayant une valeur de 850 rixdalers (2,400 fr.), ou une terre noble avec juridiction ou ayant une valeur de 1,700 rixdalers (4,800 fr.), ou enfin une terre non noble d'une valeur de 5,400 rixdalers (15,000 fr.). Les qualités personnelles qu'on exige dans les électeurs sont une réputation sans tache, l'âge de 25 ans révolus et le droit de disposer librement de leurs biens. Dans les duchés, les israélites sont exclus du corps électoral. Les présidents des collèges électoraux sont nommés par le roi. Les élections se font en présence du public. L'éligibilité est subordonnée aux conditions suivantes : être chrétien, sujet danois et âgé de plus de 30 ans, avoir résidé au moins cinq années consécutives dans les États danois, avoir une réputation sans tache et posséder un bien-fonds d'une valeur double de celui qui est exigé pour l'électorat, à l'exception seulement où le cas d'éligible ne dépasse pas celui d'électeur. Ne sont pas éligibles les ministres d'Etat et les membres des administrations référant directement au roi. Les assemblées des Etats se tiennent à huis clos. Le roi nomme près chacune d'elles un commissaire royal chargé d'ouvrir et de clore les sessions, de communiquer au président les propositions du gouvernement et de recevoir les avis émis par les Etats. Ce commissaire et ses adjoints, si le roi lui en donne, peuvent assister à toutes ses délibérations et donner les explications qu'ils jugent nécessaires, mais il leur est interdit d'être présents au moment où les votes sont recueillis. Tout député a le droit de faire des propositions de quelque nature qu'elles soient ; il n'est pas tenu d'obéir au mandat de ses commettants, mais il doit présenter à l'assemblée leurs griefs et leurs pétitions. Il n'y a pas de tribune, on parle debout et de sa place ; les discours écrits ne sont pas admis. On vote par assis et levé ; si le résultat est douteux, on a recours au scrutin secret. Une analyse des débats de chacune des quatre assemblées est publiée dans un journal intitulé *Gazette de la diète* et rédigé par deux membres assistés du commissaire royal. Les députés sont salariés pendant la durée de la session sur le pied de 4 rixdalers (12 fr.) par jour ; on leur donne en outre une indemnité de voyage d'environ 3 rixdalers (8 fr.) par mille. Le roi s'est dessaisi du droit de rien changer aux ordonnances institutives des Etats sans le consentement de ceux-ci. Les autres lois fondamentales de la monarchie sont l'acte de souveraineté de 1661, la loi royale de 1665, le code général de 1683 (rédigé sous le règne de Christian V), et la loi sur l'indigénat de 1776. La couronne est héréditaire, mais seulement dans la ligne masculine; le fils aîné du roi porte le nom de prince royal. Le souverain réside à Copenhague; son titre est, depuis 1820, roi de Danemark, des Vandales et des Goths, duc de Slesvic, Holstein, Stormarie, Dithmausen, Lauenbourg et Oldenbourg. Les ordres de chevalerie sont celui de l'Eléphant et celui de Danebrog.

La première autorité de la monarchie est le conseil intime d'État, créé en 1660, que le roi préside lui-même, et duquel ressortissent toutes les grandes administrations. L'Islande est gouvernée par un grand bailli qui a sous ses ordres plusieurs baillis; les îles Feroër par un bailli; les duchés de Slesvic et de Holstein chacun par un lieutenant royal, et celui de Lauenbourg par un gouverneur au titre de *landdroit*. Le servage est aboli, mais les corvées subsistent. L'administration de la justice est excellente sous tous les rapports, et les commissions de conciliation qui existent jusque dans les moindres villages, préviennent bien des procès. La religion de l'État est le culte évangélique tel qu'il a été établi par Luther, mais tous les autres cultes sont tolérés. Le clergé de Danemark est composé de 8 évêques, 7 doyens, et 1,056 pasteurs; celui d'Islande, d'un évêque et de plusieurs pasteurs; les 3 duchés ont 2 surintendants ecclésiastiques et 493 pasteurs, ainsi que les chapitres de dames nobles, qui sont très richement dotés. Il y a en Danemark 2 universités (à Copenhague et à Kiel), 1 académie de hautes études littéraires (à Socoé), 13 séminaires destinés à former des maîtres d'école, 40 lycées, plus de 2,000 écoles d'enseignement mutuel et un nombre encore plus grand d'autres écoles; une académie des beaux-arts, une société royale des sciences et plusieurs autres sociétés savantes. L'armée est bien disciplinée; son pied de paix est de 38,819 hommes, non compris les milices et la landwehr. La marine, placée sous la direction d'un collége dit d'amirauté et de commissariat, se compose de 7 vaisseaux de ligne de 60 à 84 canons, de 9 frégates de 32 à 46, 6 corvettes de 20, 6 bricks de 12 à 18, 6 cutters et schooners de 8 à 10, et environ 80 chaloupes canonnières.

2° *Histoire*. Les plus anciens habitants du Danemark avaient une origine commune avec ceux d'Allemagne. C'étaient des hommes robustes et courageux qui se plaisaient à braver les périls de la mer, qualités que leurs descendants ont conservées jusqu'aux temps modernes. L'une de leurs tribus, celle des Cimbres, qui habitait le Jutland, se rendit d'abord redoutable aux Romains par la grande incursion qu'elle fit, avec les Teutons, dans les Gaules. Plus tard, les Goths, conduits par Odin, pénétrèrent dans les pays scandinaves, et donnèrent des souverains tant au Danemark qu'à la Suède et à la Norwége. Skiold passe pour avoir régné le premier sur les Danois, et c'est pour cette raison que tous les rois de Danemark sont appelés Skioldungen, mot qui signifie *fils de Skiold*; mais l'histoire de ce prince et de ses successeurs est mêlée de tant de fictions qu'on est convenu de désigner par le nom de *temps fabuleux* la période qu'elle contient. Tout ce qu'on en sait avec certitude, c'est qu'alors le Danemark était divisé en petits États, et que la plupart de ses habitants vivaient de pirateries qu'ils exerçaient sur toutes les mers, et notamment sur les côtes de l'Océan, où ils étaient craints et abhorrés. Lorsque la puissance romaine commença à décheoir, les Danois et les Normands se firent aussi connaître dans le Midi; beaucoup de leurs aventuriers infestèrent alors des côtes et des embouchures de fleuves qu'autrefois les vaisseaux romains avaient protégées. Avec le neuvième siècle de notre ère se termine l'histoire traditionnelle des Danois, pour laquelle les ouvrages de Snorro-Sturlepen et de Saxo-Guernmatius sont d'excellentes sources. Des Normands, nom sous lequel on comprenait les Danois, les Suédois et les Norwégiens, envahirent, en 832, l'Angleterre, et y fondèrent deux empires; ils s'établirent en 911, sous leur chef Rollon, sur les côtes de la Normandie, peuplèrent les îles Feroër, celles de Sheeland et les Orcades, ainsi que l'Islande et une partie de l'Irlande, et firent plus tard des incursions en Espagne, en Italie et en Sicile. Partout où ils parurent, leur valeur excita l'admiration, en même temps que leur pillage et leur barbarie les firent détester. La vie aventurière qu'ils menaient n'altéra en rien leur organisation politique. Ils continuèrent d'être divisés en tribus distinctes, dont chacune avait son chef, mais qui pourtant étaient unies par un pacte fédératif et reconnaissaient un souverain commun. Ce ne fut que lorsque les rois allemands de la race des Carlovingiens voulurent s'immiscer dans leurs affaires que les tribus se lièrent plus étroitement entre elles, et de cette union il résulta trois peuples, savoir: le peuple danois, le suédois et le norwégien. — Dan, surnommé *Mykillatt* (le Magnifique), réunit le Seeland et les autres îles danoises à la Scanie, et donna à ces pays le nom de *Danemark*. Germond, dit le Vieux, subjugua en 863 le Jutland, et soumit successivement, depuis cette époque jusqu'à l'an 520, tous les États danois à son sceptre. Son petit-fils Svenon, prince belliqueux, conquit en l'an 1000 la Norwége, et en 1014 la majeure partie de l'Angleterre. Le fils de Svenon, Canut, surnommé le Grand, acheva la conquête de ces deux pays (1030) et s'empara aussi d'une grande partie de l'Écosse. Sous lui la puissance du Danemark atteignit son apogée. Ce prince s'étant éclairé se convertit au christianisme, qui changea entièrement les mœurs du peuple. Canut mourut en 1036, laissant à ses successeurs un vaste empire; mais déjà en 1042 l'Angleterre et l'Écosse, et, en 1047, la Norwège s'en séparèrent. La monarchie danoise, affaiblie par des dissensions intestines, tomba dans un délabrement complet. En 1047, Svenon-Magnus-Estritson monta sur le trône et fonda une nouvelle dynastie qui ne donna au royaume que trois bons souverains, savoir: Waldemar-le-Grand, qui régna de 1157 à 1182, et ses deux fils Canut VI (mort en 1202) et Waldemar II (mort en 1241). Ce dernier fut, jusqu'en 1223, maître de tout le littoral sud de la Baltique, depuis le Holstein jusqu'à l'Esthonie. Mais sous cette dynastie la féodalité établie sous le règne de Svenon et de Canut priva l'État de toute sa force en ce qu'elle rendit les rois dépendants des évêques et de la noblesse, précipita les paysans dans le servage, anéantit l'agriculture et laissa la hanse teutonique s'emparer du commerce danois. Depuis 1320, les rois furent obligés de reconnaître aux États le droit d'élire les souverains, et le sénat du royaume mit à leur autorité de telles entraves qu'ils se virent souvent dans l'impossibilité même de faire le bien. A la mort de Waldemar III (1376), la ligne masculine des Estritsides s'éteignit; sa fille Marguerite prit, après la mort de son fils Olaüs IV (1387), les rênes de l'État, réunit au Danemark la Suède et la Norwége, et fonda en 1397 l'union de Calmar. Après l'extinction de la race de Skiold, les Danois choisirent pour leur souverain le prince d'Oldenbourg. Ce prince, en montant sur le trône (1448), prit le nom de Christian Ier, et devint le chef de la dynastie qui depuis a régné sans interruption et règne encore sur le Danemark; dynastie qui, dans les temps modernes, a donné des souverains à la Suède et à la Russie, et dont une branche conserve aussi le duché d'Oldenbourg. Christian Ier acquit la Norwége et les duchés de Slesvic et de Holstein; mais la capitulation qu'il dut signer restreignit tellement son pouvoir en Danemark, qu'il semblait plutôt être le président d'un sénat souverain que le roi d'un peuple libre. Son fils, le roi Jean, fut obligé de consentir à une capitulation encore plus humiliante pour la royauté (1481), et son autorité en Norwége fut encore plus circonscrite dans des limites étroites; il partagea avec son frère Frédéric la possession des duchés de Slesvic et de Holstein. Christian II (*V*, CHRISTIAN), fils et successeur du précédent, chercha à secouer le joug des États; mais cette tentative lui coûta la Suède, qui, en 1523, se retira de l'union de Calmar, et bientôt après il perdit aussi le Danemark et la Norwége, qui le détronèrent et choisirent pour roi son oncle paternel Frédéric Ier. Sous celui-ci l'aristocratie devint toute-puissante et le servage légal. La réforme religieuse fut introduite en 1547, sans contrainte, et se consolida pas la tolérance déjà établie. Christian III, fils de Frédéric Ier, céda une partie des duchés de Slesvic et de Holstein à ses frères Jean et Adolphe, dont le dernier devint la source de la maison des comtes de Holstein-Gottorp; mais par-là il fit naître de longues dissensions de famille. Il eut pour successeur, en 1590, Frédéric II, qui soumit le pays de Dithmarsen, et fit à la Suède, au sujet de la Livonie, une longue guerre que termina la paix de Stettin (1570). Christian IV, roi depuis 1588, mais qui n'arriva en majorité qu'en 1596, prit part à la guerre de Trente ans, et rompit deux fois avec la Suède. Il le fit, la dernière fois, avec si peu de succès, qu'il fut contraint de lui céder, par le traité de paix de Brœmselro (1645), les provinces de Jœmteler, Heyedalem au-delà des Monts, Gothland et Oesel, qui avaient appartenu au Danemark depuis l'union de Calmar, et de plus la province entière de Halland pour trente années consécutives. Les fautes commises par le gouvernement et le peu de latitude laissée à l'autorité supérieure furent les principales causes du malheur des armées danoises; malheurs qui les poursuivit encore dans la nouvelle guerre que Frédéric III commença avec la Suède en 1657. Par les traités de paix conclus avec ce pays à Roeskilde en 1648, et à Copenhague en 1660, le Danemark perdit la Scanie, le Bleking et le Bahus, ce qui amena la fameuse révolution offrant la contrepartie de la plupart des autres, par laquelle le peuple renonça aux institutions représentatives, et remit aux mains du roi le pouvoir absolu avec l'hérédité de la couronne (1660). Son exemple fut suivi en 1661 par la nation norwégienne. Christian V et Frédéric IV déclarèrent chacun la guerre à la Suède. Ce dernier conclut avec cette puissance, en 1720, à Frédérikbourg, une paix qui lui permit de conserver la possession du duché de Slesvic, et par laquelle il obtint, en rendant les forteresses et les villes prises pendant la guerre, une indemnité de 600,000 écus de spécies (2,000,000 f.), le droit de lever sur les navires suédois passant par le Sund l'impôt connu sous le nom de *droits du Sund*, et dont les bâtiments avaient été exemptés par des traités antérieurs. Après cette époque le Danemark jouit d'un long repos, qui pourtant n'a pu fermer toutes les plaies causées à l'État par des guerres funestes et les vices de l'administration intérieure. Les comtés de Rauzan, de Holstein-Plœn et de Holstein-Gottorp, furent successivement réunis à la couronne (1726, 1761 et 1773); mais en échange du dernier, elle céda à la Russie les comtés d'Oldembourg et de Delmenhorst, qu'elle avait acquis en 1667. Frédéric IV mourut en 1730, et son successeur, Christian VI, qui décéda en 1746, laissa son sceptre à Frédéric V. Christian VII, devenu roi en 1766, abandonna le gouvernement à ses ministres. (*V.* STRUENSÉE et BRANDT). Son fils, Frédéric VI (*V.* FRÉDÉRIC), fut émancipé à l'âge de seize ans, et nommé, le 14 avril 1784, co-régent de son père, qui était affecté d'une maladie mentale; il monta sur le trône à la mort de celui-ci, en 1808. Conformément à l'alliance offensive et défensive qui existait entre le Danemark et la Russie, un corps auxiliaire de troupes danoises envahit la Suède en 1788, et n'y rencontra aucune résistance; mais sur les représentations faites par l'Angleterre et la Prusse, le Danemark conclut avec la Suède, quinze jours après les premières hostilités, une amnistie qui mit fin à cette campagne infructueuse, dont les frais ont porté une rude atteinte aux finances délabrées de l'État. Sous le ministère d'André-Pierre Bernstorff, le Danemark conserva sa neutralité jusqu'en 1792; mais à cette époque, sommé de prendre part à la première coalition contre la France, il dut prendre une attitude hostile. En revanche, son accession à l'alliance des puissances du Nord l'impliqua dans une guerre avec l'Angleterre. Celle-ci fit attaquer Copenhague par une flotte. Le combat qui eut lieu le 2 avril 1801 fut opiniâtre des deux côtés, et se termina par une trêve que l'amiral anglais Nelson se vit obligé de demander. Le 20 juillet de la même année, le Danemark accéda à la convention faite entre l'Angleterre et la Russie, évacua Hambourg et Lubeck, qu'il avait occupés, et obtint la restitution de ses colonies aux Indes Orientales, dont les Anglais s'étaient provisoirement emparés. En 1807, le Danemark se laissa entraîner dans la politique que Napoléon imposait alors aux nations; une armée française se trouvait sur ses frontières, où stationnaient également plusieurs corps de troupes danoises. La Russie ayant adopté, dans la paix de Tilsitt, le système continental, l'Angleterre crut devoir prévenir une pareille détermination de la part du Danemark. A cet effet elle envoya dans le Sund une forte escadre qui avait à son bord 30,000 hommes de troupes, et somma, le 3 août 1807, le gouvernement danois d'accepter son alliance ou de lui remettre sa flotte comme gage qu'il n'agirait pas contre elle de concert avec la France et la Russie. Ces deux demandes ayant été repoussées, une armée anglaise, sous les ordres de lord Cathcart, débarqua dans le Seeland, et après plusieurs victoires remportées sur les Danois, pris au dépourvu, mit le siége (le 17 août) devant Copenhague. Comme le gouvernement danois persistait dans son refus, la capitale fut bombardée pendant trois jours, ce qui réduisit en cendres 400 maisons et fit périr 1300 personnes. Le 7 septembre, Copenhague capitula et livra aux anglais la flotte entière, composée de 18 vaisseaux de ligne, 15 frégates et un grand nombre de bâtiments de guerre de moindre dimension, qui se trouvaient dégréés dans le port. Le gouvernement britannique proposa ensuite au Danemark une alliance, à condition de lui rendre son escadre trois ans après la paix générale, mais en exigeant la cession de la petite île de Helgoland, située près la côte occidentale du duché de Slesvic. Le prince royal co-régent, refusa tout; il déclara, en octobre 1807, la guerre à la Grande-Bretagne, et signa, le 13 du même mois, avec Napoléon, un traité d'alliance offensive et défensive. Par suite de ce traité, Bernadotte conduisit dans le Holstein et les îles danoises une armée de 30,000 hommes, destinée à faire une invasion en Suède, à laquelle le Danemark déclara aussi la guerre en avril 1808. L'exécution de ce projet fut empêchée par la guerre qui éclata en 1809 entre la France et l'Autriche, et dans la même année le Danemark cessa les hostilités qu'il avait commencées contre la Suède, du côté de la Norvége. En 1813, la cour de Stockolm demanda la cession de ce dernier pays; et, sur le refus du Danemark, elle eut encore une fois recours aux armes. Cette agression décida le roi de Danemark à renouveler (10 juillet 1813) son alliance avec la France, et, pour cette raison, les puissances alliées occupèrent, après la bataille de Leipzik, les duchés de Slesvic et de Holstein, prirent Glaerstadt et repoussèrent les troupes danoises jusqu'à Rendsbourg. Le Danemark conclut, le 14 janvier 1814, à Kiel, la paix avec l'Angleterre et la Suède, accéda à l'alliance des puissances européennes contre la France, et fournit un corps de troupes à l'armée coalisée; mais il fut obligé de céder l'île de Helgoland à l'Angleterre, qui lui rendit ses colonies aux Indes occidentales et orientales, et d'abandonner la Norwége à la Suède, qui de son côté renonçait à la Poméranie suédoise et à l'île de Rugen. Le Danemark fit la paix avec la Russie au mois de février 1814, et le 14 janvier de l'année suivante, il céda à la Prusse la Poméranie et Rugen en échange de Lauenbourg, et d'une indemnité en argent. Le roi de Danemark, comme duc de Holstein et de Lauenbourg, entra, le 8 janvier 1815, dans la confédération germanique, où il obtint la dixième place et trois voix en assemblée plénière. Il refusa l'offre que lui fit la diète d'ériger le Holstein en grand duché. On pourra consulter, pour plus de détails: *Histoire du Danemark*, par Holbery. Flensbourg et Leipzik, 1757–1759, 3 vol. in-8°. *Répertoire historique et chronologique des traités conclus par la couronne de Danemark, depuis Canut-le-Grand, jusqu'en* 1800, par Stretz, Copenhague, 1826, 1 vol. in-8° (en français). *Examen critique de l'histoire traditionnelle du Danemark et de la Norwége, ou Traité sur l'authenticité des sources où ont puisé Saxo-Grammaticus et Snorro-Stanlepes*, par Pierre-Érasme Müller, Copenhague, 1831, 1 vol. in-4°. *Le royaume de Danemark et les pays qui en dépendent*, par Petersen, troisième édition. Slesvic, 1829, 1 vol. in-8°. (*V.* DANOISES, *langue* et *littérature*, pour ce qui concerne la vie intellectuelle dans le Danemark.)

Langue danoise. La langue danoise dérive directement de l'idiome qu'on parle encore aujourd'hui dans l'Irlande, et qui était jadis la langue de toute la Scandinavie. Les linguistes modernes assignent à cette langue islandaise une origine commune avec les anciens dialectes germaniques (le francouien, le saxon, le souabe, etc.), origine sur laquelle ils ne s'accordent pas cependant, et qui, selon les uns, se rattacherait à certaines langues mortes de l'Asie; selon les autres, à une langue thracienne qu'on aurait parlé au temps où la langue hellénique dominait en Grèce. Ce qui rend très probable cette communauté d'origine, c'est qu'on trouve dans plusieurs anciens monuments germaniques un grand nombre de mots islandais ou scandinaves qui n'ont point passé dans l'allemand moderne. Nous nous bornons à en citer les exemples suivants, que nous tirons d'un poëme composé dans le XIe siècle, en l'honneur d'Aunon, archevêque de Cologne: *Winiscecob* (amitié), danois, *venskab*; *brünien* (cuirasse), danois, *brynie*; *misiel* (grand), islandais, *mikiel*; *after* (après), danois, *efter*; *blaot* (offrande), islandais, *blot*; *breit*, *brecht*; *bracht* (luisant), anglais, *bright*; *si quadin* (ils disaient), anglais, *they quoth*; danois, *de qnæde* (ils chantent); *quad* (chanson); *sum suman*, (quelques-uns), danois, *somme*; *sam* (qui), danois, *som*; *winister* (gauche), danois, *venstre*. Les idiomes avec lesquels la langue danoise à le plus d'affinité sont évidemment l'allemand et l'anglais, et cela s'explique, même abstraction faite de la communauté d'origine de tous les trois; car on sait que d'un côté la langue danoise, pendant la domination des Danois en Angleterre, a versé dans l'anglo-saxon, ancien idiome de ce pays, un grand nombre de mots qui sont conservés dans l'anglais d'aujourd'hui, tandis que de l'autre côté, l'immense influence que la civilisation allemande et la réforme religieuse ont amenée sur le peuple danois, a naturalisé chez lui une foule de mots et de locutions appartenant à la langue allemande, emprunts qui ont donné à la langue danoise une allure tellement germanique, que des étymologistes superficiels ont pu soutenir que celle-ci était fille de la première. S'il est vrai que les écrivains danois ont pendant très longtemps imité les tournures allemandes, et se sont attachés avec une affectation ridicule à introduire dans leur langue le plus grand nombre possible de mots allemands, il l'est aussi que depuis une vingtaine d'années ils sont tombés dans l'excès opposé. Pour rendre au danois son caractère primitif, ils ont non-seulement fait revivre beaucoup de mots surannés; mais ils ont emprunté à l'islandais un grand nombre d'autres, qui pourtant ne se trouvent pas en harmonie avec l'état actuel de la langue danoise. Sous le rapport grammatical, la langue danoise se distingue de la plupart des langues modernes d'Europe par deux caractères particuliers : d'une part, six verbes ont une forme passive, et de l'autre, l'article défini s'ajoute à la fin des substantifs comme les offises des langues orientales. Du reste, la grammaire est presque aussi simple que celle de la langue anglaise. Quant à la syntaxe et à la manière de composer les mots, le danois offre une grande analogie avec l'allemand. Comme dans cette langue, chaque syllabe y a sa qualité déterminée, et la poésie admet des vers blancs aussi bien que des vers rimés. Les sons de la langue danoise sont en général doux et harmonieux. Dans les mots empruntés aux autres idiomes, les consonnes fortes se trouvent presque toujours remplacées par les consonnes douces correspondantes, comme le *p* pour le *b* ou pour le *v*; le *k* pour le *g*, le *t* pour le *d*, etc. La langue danoise est parlée dans le Danemarck proprement dit, (c'est-à-dire les Iles-Danoises et la presqu'île de Jutland), et dans la Norwége, pays qui sont habités, le premier par 845,000 individus, et le second par 930,000, en tout 1,775,000. Il est douteux qu'il existe en Europe une langue bornée à une population aussi restreinte. Peu de langues européennes expriment avec autant d'exactitude que le danois toutes les nuances de la pensée. Par sa richesse, plus grande encore que celle de l'allemand, au jugement de quelques auteurs, et par sa souplesse merveilleuse, elle se prête avec la même facilité aux allures vives et légères des idiomes du Midi et à la marche lente mais énergique de ceux du Nord. Un écrivain danois possédant à fond sa langue, pourrait y reproduire une chanson de Béranger ou un conte de Bocace avec la même facilité qu'une tragédie de Shakespeare, ou un saya islandais. Les meilleurs grammaires danoises (en danois) sont celle de N.-L. Nissen, K.-F. Petersen et Chaten-Mollech, qui toutes ont paru à Copenhague et ont été souvent réimprimées. Il n'existe à notre connaissance qu'une seule grammaire danoise en langue française dont voici le titre : *Principes généraux de la langue danoise, avec un abrégé des curiosités de la ville de Copenhague et des environs de cette capitale*, par Hajerop, Copenhague, 1797, 1 vol. in-8°. On a deux dictionnaires français-danois et danois-français : l'un publié à Copenhague dans le commencement du XVIIIe siècle aux frais du gouvernement danois, par Von Aphelen, 2 vol. in-4°, est très défectueux, et les mots danois y sont écrits d'après l'ancienne orthographe; l'autre (Copenhague, 1808-1809, 2 vol. in-8°), qui est dû à M. Primon, maître de langue française, n'est au fond qu'un dictionnaire de poche, composé sur une échelle un peu plus grande que les dictionnaires ordinaires de ce genre. Il existe aussi un dictionnaire danois-allemand et allemand-danois; on en a commencé un exclusivement en danois; mais les premières lettres de l'alphabet seules ont paru.

Littérature danoise. Les auteurs qui ont écrit sur la littérature danoise, dont il n'existe aucune histoire proprement dite, prétendent que les plus anciens monuments de cette littérature sont les poésies des Scaldes (*V.* ce mot) poètes qui célébraient les dieux et les héros. C'est une erreur; car ces poésies, dont il nous reste quelques fragments, furent composées en islandais pur, langue qui, comme nous l'avons dit plus haut, était celle de toute la Scandinavie. En Danemark, de même que dans les autres pays de l'Europe qui ne possédaient pas une langue complètement formée, les savants et les gens de lettres se servaient du latin, et l'on n'employait l'idiome national que dans les écrits dont la connaissance intéressait directement le peuple. Aussi les plus anciens écrits danois qui nous soient parvenus ne sont point des œuvres de littérature, mais des dispositions législatives. On ne possède actuellement aucun écrit en danois qui remonte au delà du XIIe siècle, et encore ceux qui nous restent de ce siècle et des cinq siècles suivants, sont-ils peu nombreux. Nous en citerons ici les plus importants sous le rapport historique et linguistique. Monuments du XIIe siècle. *Loi temporelle de la science.* C'est un recueil d'us et coutumes qui ont été rédigés dans le commencement de ce siècle et dont il existe des monuments appartenant aux XIII et XIVe siècles. On en a deux éditions, une in-4°, imprimée à Copenhague en 1505, qui est très correcte et une autre publiée à Stockholm en 1676. *Droits de l'Eglise de Scanie*, rédigés en 1163 par Eskild, archevêque de Lund, publiées par Thorkelin dans son recueil d'anciennes lois ecclésiastiques du Danemark; Copenhague 1781, in-4°. *Droits de l'Eglise de Séeland*, formulés sous la direction du fameux évêque Roeskilde Absalon, imprimés dans le même recueil de Thorkelin. *Loi militaire*, donnée par Canut-le-Grand entre 1020 et 1030, et renouvelée par Canut VI, fils de Waldemar, vers la fin du XIIe siècle; publiée par Resen à Copenhague 1672, in-4°, et reproduite par Jacob Langebek, dans les *Scriptores rerum danicarum*, Copenhague, 1774, in-fol. (vol. III, p. 159-164). Monuments du XIIIe siècle. *Loi de Jutland*, donnée par Waldemar II à Vordingborg dans le mois de mars 1240 (Ripen, 1504, in-4°; Copenhague 1508, in-4; *ibid.*, 1783, in-4°). Deux ordonnances du même roi, dont l'une est relative aux meurtres (imprimée dans l'Histoire des lois, par Kofod-Ancher, Copenhague, 1787, vol Ier, p. 610), et dont l'autre prescrit l'abolition de l'ordalie du fer chaud, insérée dans le Recueil des lois de la Scanie, par Ædorph, p. 67). *Ancienne loi de Séeland.* C'est une collection de vieilles coutumes qui, selon toutes les apparences, ont été écrites dans le XIIIe siècle; mais il est impossible de déterminer l'époque de leur rédaction. Elles ont été imprimées pour la première fois dans le Ier vol., p. 527, de l'Histoire des lois, déjà citée ci-dessus. *Nouvelle loi de Séeland* ou *loi du roi Eric*, autre recueil de coutumes, dont la rédaction paraît également remonter au XIIe siècle, sans qu'on puisse rien affirmer de positif à cet égard. On a une édition du texte seul (Copenhague, 1505, in-4°), et une autre avec des notes critiques du professeur Rosenvinge-Kolderup (*ibid.*, 1321, in-4°). Ordonnance rendue par Eric-Glipping en 1282, sous le titre de *Constitution*, imprimée dans l'édition de la loi de Séeland, faite en 1506 par l'imprimeur Ghemen de Copenhague. Trois ordonnances de 1284 du même roi, sur la procédure à suivre devant les tribunaux, imprimée dans l'édition de Ghemen (1509) de la loi de Séeland, de la Scanie et du Jutland. *Droits municipaux* accordés par le duc Waldemar à la ville de Fleusbourg (1284 et 1295) et à celle de Ludenleben (1292), insérés dans le *Corpus statuum slevicentium*, vol. II et III, et publiés séparément par Luders; Flembourg, 1765, in-4°. Monuments du XIVe siècle. *Livre de médecine*, manuscrit du frère Canut jeune. Langebeck, dans ses *Scriptores rerum danicarum*, vol. IV, p. 496, dit qu'en 1310, un moine de ce nom vivait dans le couvent de Soroë. *Chronique danoise*, qui se termine à la fin de l'an 1314, et qui paraît être la traduction ou l'original de la chronique latine, connue sous le titre impropre de *Chronicæ Erici pomerani*. Il existe de cette chronique un manuscrit à la bibliothèque de l'Université de Copenhague. *Vieille loi royale.* C'est le projet d'une constitution qui devait être adoptée par Christophe II, ou plutôt par tous les rois du Danemark. La bibliothèque de Copenhague en possède un beau manuscrit (de 1310) dont le texte a été publié dans l'Histoire de la loi, par Kofod-Aucher, vol. II, p. 541. La première lettre royale du roi Olax (1386), imprimée dans le Magasin danois, vol I, p. 35. *Ordonnances pour le Jutland septentrional*, rendu en 1393 par la reine Marguerite, publiée dans l'Histoire de la loi de Kofod-Ancher, d'après un manuscrit renfermant aussi la loi de la Scanie, qui se trouve à Stockholm. Quelques diplomes et lettres royales de 1386 à 1400, insérés dans le nouveau Magasin danois, vol. III, p. 64. Parmi ces pièces se trouve l'acte de l'union de Calma de 1397, signé par la reine Marguerite. Monuments du XVe siècle, traduction de fragments de la Bible d'après la Vulgate; manuscrit de la première moitié de ce siècle, qui se trouve à la Bibliothèque royale de Copenhague, et dont des specimen ont été insérés dans le nouveau Magasin danois, vol IV. *Livres de médecine*, par Henri Huspestreng, chanoine de Rœskilde, mort en 1444. Quelques fragments de ces livres ont été imprimés dans le nouveau Magasin danois, vol I, p. 57 à 109. Plusieurs lois, ordonnances et priviléges donnés par le roi Eric, de 1403 à 1422, dont des copies manuscrites se trouvent aux archives du royaume de Danemark à Copenhague. Droits municipaux accordés en 1445 à cette dernière ville par le roi Christophe de Bavière, publiés d'après l'original dans le recueil de droits municipaux des villes danoises, mis au jour par Resen, p. 2-86. *Chronique rimée danoise*, par le frère Niels de Soroë, écrite quelques années avant 1481, et imprimée sept fois à Copenhague par Théophile de Ghemen, savoir : en 1495, 1508, 1533, 1534, 1555, 1573, 1613. *Traductions danoises de quelques ouvrages des Pères de l'Eglise, Eusèbe, Augustin et Cyrille, suivies de la vie de saint Jérôme et de celle de sainte Catherine de Sienne*, livre écrit en 1488 par Niels Mogensen, prêtre et moine du couvent de Mariaga (Jutland), qui a latinisé son nom en *Nicolaus magnus*. *Du Rosaire de la Sainte-Vierge; de la Création du monde; de la Vie humaine*, poèmes par Michaël, curé d'Odensée, imprimés à Copenhague en 1514 et 1515, in-4°. *Bréviaire* que la sœur Anne Pierre du couvent Maribo, a fait écrire en 1497, manuscrit sur parchemin, conservé à la Bibliothèque royale de Copenhague, qui possède encore trois autres bréviaires écrits sur parchemin, du même siècle. *Méditations sur la passion de Jésus-Christ*, manuscrit sur parchemin, in-4°, composé de 103 feuillets et qui après avoir appartenu à la reine Christine de Danemark, fut donné par son fils Christian II à Jeanne, épouse d'Albert de Goch. Ce manuscrit fait maintenant partie de la bibliothèque de l'historien suédois, M. Hallemberg. On en trouve des échantillons de style dans la Grammaire anglo-saxonne de Rask, Stokolm, 1817, p. 12. Monuments du XVIe siècle. *De la nature et des qualités des oiseaux*, poème fait dans le commencement de ce siècle dont M. Hallemberg à Stokolm, possède un manuscrit sur papier. La *Chronique de Holger le Danois*, traduction du latin, imprimée à Paris en 1514 ou 1515, in-4°. Le *Nouveau-Testament*, traduit par Hans Mikkelsen, Leipzig, 1524, in-4°. Quelques comédies de Chrétien Hauxen (1531), ouvrage encore informe et grossier. *Bible danoise*, par Pierre Halladius (1550). Traduction de la *Chronique* de J. Cario, par John Turesen (1554), traduction du poème allemand *Recinike fofs* (1555). *Œuvres de David Lynfay*, traduites en vers danois par Jacob Massen (1591). *Chroniques du roi Frédéric II*, par Arild Hvidtfeld (1594). Monuments dn XVIIe siècle. *Bible danoise*, par Hans Pierre Rerer (1607 et 1633). *Recueil de proverbes* avec notes et commentaires, par Pierre Syv (1663), ouvrage très connu. *Sermonaire domestique*, par Thomas Kingo (1672). *Poésies* de Tæger Remberg, composées entre 1690 et 1730. La plupart des morceaux de ce recueil consistent en imitations plus ou moins heureuses des poètes grecs et latins; les autres sont des pièces fugitives qui, considérées comme des premiers essais de poésies originales, méritent des éloges.

C'est au dix-septième siècle seulement que la littérature danoise se constitua, pour ainsi dire, et prit rang parmi celles des autres pays. En tête des écrivains qui, depuis ce temps, ont illustré le Danemark, brille Louis Holberg (1684-1754). A la fois auteur dramatique, poète satirique, historien et philosophe, il marque la première époque de la littérature nationale. C'est lui surtout qui a créé la comédie danoise. Dans une trentaine de pièces (la plupart en prose) écrites de verve et avec cette force comique qui caractérise Aristophane, Plaute et Molière, il a fustigé les vices et les ridicules de la nation à laquelle il appartenait. Ses pièces sont pour la plupart de véritables comédies de caractères, où le principal personnage domine seul, et qui ont ce grand mérite que le comique résulte simultanément de l'individualité de ce personnage et des situations où il se trouve successivement amené. Le dialogue est toujours bien soutenu, rapide et plein de saillies spirituelles; les caractères, même subalternes, sont des types qui existent en tous temps et en tous lieux; ils sont exagérés suivant les besoins du théâtre, mais leur exagération ne passe jamais les bornes de la vraisemblance. Toutes les pièces de Holberg (*V.* ce nom) ont été traduites plusieurs fois en allemand et en suédois. On a deux traductions françaises du *Potier d'étain*, dont la plus récente fait partie du *Théâtre Européen*. Le second titre de Holberg à l'immortalité est son poème héroï-comique intitulé *Pedes Paars*, épopée dont un épicier de la petite ville de Kallundbogh en Seeland est le héros. Cet ouvrage burlesque a été traduit du vivant de l'auteur en suédois et en allemand. Le *Voyage souterrain de Niels-Kliner*, autre ouvrage de Holberg, a obtenu une célébrité européenne; mais celui-ci est écrit en latin. C'est une espèce de roman où l'auteur exerce sa verve satirique sur les mœurs, la politique et le culte. Il en existe plusieurs traductions danoises dont la dernière est du célèbre poète bayyesen, trois allemandes, deux françaises (par Maurillon et Pierre Rousseau), une suédoise, une hollandaise, une anglaise et une hongroise. On doit, en outre, à Holberg, une *Histoire de Danemark et de Norwège*, une *Histoire de l'Église*, des dissertations philosophiques, des fables, des métamorphoses, des satires, des épigrammes, etc., etc. Holberg exerça une influence immense sur la vie intellectuelle des Danois, comme moraliste et philosophe, mais non comme écrivain, parce que ses ouvrages, quelque grande que soit leur valeur intrinsèque, ne se distinguent point par le style. En effet Holberg se contenta de reproduire dans ses pièces de théâtre, aussi bien que dans ses poèmes et ses œuvres historiques, le langage de la conversation vulgaire. Peut-être partageait-il ce préjugé de ses contemporains, que le danois ne convenait pas à la haute littérature; car ce qui prouve que Holberg n'était pas insensible aux beautés de la forme, c'est que ses écrits latins, et notamment le *Voyage de Niels-Kliner*, brillent par une recherche et une coquetterie de style dont ses ouvrages danois ne laissent pas apercevoir la moindre intention; mais Holberg ne fit pas de grands efforts pour relever la langue nationale, et il fut cause que la prose danoise resta longtemps encore au berceau. Quant à la poésie, elle ne tarda pas à se créer une langue à elle; soit que la rudesse du danois de cette époque commençât à choquer les oreilles, soit que les éléments étrangers qui le défiguraient rendissent la rime difficile, les poètes danois ont peu à peu épuré et ennobli la langue, et on peut hardiment affirmer que c'est d'eux que sont venues les principales réformes qu'elle a subies. Parmi les poètes qui ont contribué le plus au progrès du style et du bon goût littéraire, nous citerons Chrétien-Beaumann Tullin, né à Christiana en 1728, mort à Copenhague en 1765. Il fut un des créateurs de la poésie lyrique danoise, et l'on a de lui un grand nombre de pièces fugitives et surtout de chansons à boire, pleines d'esprit et d'imagination. Il a aussi fait des poèmes descriptifs parmi lesquels on distingue *la Navigation* et *la Beauté de la création*, mais qui ont été accueillis moins favorablement que ses poésies lyriques. Jean Ewald, né à Copenhague en 1748, mort en 1781, fut le premier danois qui s'essaya avec succès dans la tragédie; il en a écrit deux qui marquent dans cette littérature, ce sont *Rolf-krage* et *la Mort de Baldes*. Le sujet du premier est emprunté à l'histoire ancienne du Danemark; celui de l'autre à la mythologie scandinave. Il a aussi publié un recueil d'élégies et d'autres poésies. Jean Herman Wehel, né vers l'an 1742 en Norwége, et mort à Copenhague en 1781, est auteur d'un grand nombre de contes (en vers) naïfs, gracieux et piquants. Il a fait aussi quelques pièces de théâtre, dont une seule, *l'Amour sans bas*, satire spirituelle contre la tragédie classique française se maintient encore sur la scène. Ove Guldberg, né à Horsens en 1731, mort à Copenhague en 1808; Thomas Thaamps, né à Copenhague en 1749, mort dans la même ville en 1821; Thomas-Chrétien Bruun, né en 1750 à Gasnoë, mort en 1825 à Copenhague; Chrétien Praun, né en 1786 dans la vallée de Guldbrunn, en Norwége, mort à Sainte-Croix (Amérique) en 1825; Jean Zettilz, né à Havanger (Norwége), mort à Copenhague en 1821, sont auteurs de poésies remarquables dans plusieurs genres, qui passent encore pour des modèles. A mesure que les poètes travaillaient à ennoblir la langue, il parut de loin en loin quelques prosateurs qui, profitant de leurs leçons, cherchaient à donner aussi plus d'harmonie à la prose. Ce furent surtout J.-S. Sneedorf, né à Soroé en 1724, mort à Copenhague en 1764, et Tyge Rothe, né à Randers en 1731, mort à Copenhague en 1795, qui, les premiers, eurent le courage de lutter contre le mauvais goût de leur époque et de purger la prose de la plupart des termes étrangers qui s'y étaient introduits, plutôt par la paresse des écrivains que par un besoin réel. Sneedorf publia un journal : *le Spectateur patriotique*, et Rothe un livre intitulé *Pensées sur l'amour de la patrie*, qui obtinrent du succès. Mais parmi les prosateurs danois du dix-huitième siècle, la première place appartient incontestablement à Pierre-Frédéric Suhm, 1728-1798; on lui doit des ouvrages historiques de la plus haute importance. Nous nous bornerons à citer les suivants : *Introduction à l'histoire du Danemark*, ou *Essai sur l'origine des peuples*, Copenhague, 1769, in-4°; *Essai sur l'origine des peuples du Nord*, ibid., 1771, in-4°; *Odin, ou la Mythologie et le culte du Nord païen*, ibid., in-4°; *Histoire des peuples sortis du Nord*, 2 vol. in-4°, 1772 et 1773; *Histoire critique du Danemark*, 4 vol. in-4°, 1774-1781; *Histoire du Danemark*, dont il n'a paru que 7 tomes in-4°, 1782. Dans Suhm, la poésie danoise se montre dans toute sa pureté, sans que pour cela le style de cet auteur ait rien d'agréable ni d'élégant. Suhm, qui se prépara par vingt années d'études, à ses ouvrages historiques, crut devoir adopter le style concis mais rude et saccadé de Tacite. A défaut de grammaire bien arrêtée, il en forma une lui-même, et il fixa les terminaisons encore vagues des verbes, ainsi que l'orthographe en général, et créa un grand nombre de mots nouveaux qui ont depuis acquis le droit de bourgeoisie dans la langue. Il eut pour imitateur son ami et ancien condisciple Gerals Schœning, né en 1722 dans le Nordland, en Norwége, mort à Drontheim en 1780. Schœning a publié une *Histoire de Norwège* (Soroé, 1773, et Copenhague, 1781, 3 vol. in-4°), qui est généralement reconnu pour un des meilleurs ouvrages sur ce pays; un *Voyage en Norwège* et un *Traité sur les Normands*, où se trouvent une foule d'excellentes observations archéologiques. Jean-Clément Tode, né en 1736 près de Hambourg, mort à Copenhague en 1806, savant médecin qui se faisait remarquer par la tournure vive et gaie de son esprit a enrichi la littérature danoise d'un grand nombre d'opuscules remarquables par leur utilité pratique ou par les saines doctrines littéraires et morales qu'ils renferment. Ces écrits, généralement peu étendus, ont été réunis et publiés sous les titres suivants : *Fables et contes pour la jeunesse des deux sexes*, Copenhague, 1793, in-8°; *OEuvres en prose*, 1798, 3 vol. in-4°; Tode a fait aussi deux comédies qui méritent d'être citées; ce sont *les Officiers de marine* et le *Démon du ménage*; de plus il a publié une *Feuille médicale hebdomadaire*, destinée aux gens du monde, et dans laquelle prédominait une satire ingénieuse, aimable et pleine de décence. Knud-Lyne Rohbek, né à Copenhague en 1760 et mort dans la même ville en 1826, un des plus féconds écrivains qu'ait eu le Danemark, et dont le style sec et raide se fait pourtant remarquer par une grande correction, a bien mérité de la critique littéraire dans sa patrie, par la publication successive de divers journaux (*la Minerve du Nord*, *la nouvelle Minerve du Nord*, *le Courrier du jour*, *le Spectateur danois*), où, sévère Aristarque, il passait en revue tous les ouvrages qui paraissaient. Les œuvres de Rahbek se composent de contes, nouvelles, romans, poésies, et surtout d'un grand nombre de pièces de théâtre, dont quelques-unes ont été jouées, mais dont aucune n'a même eu un succès ordinaire. Ole-Jean Sumrœ, né en 1796, a fait une tragédie en prose intitulée *Dyweke*, du nom de la maîtresse du roi Christian II de Danemark. C'est encore aujourd'hui une des pièces favorite du public danois. De plus il a fait trois contes scandinaves intitulés: *Fiethof*, *Hilden*, et *les Fils de Halfdan*. On a aussi de lui des poésies, mais qui, à quelques pièces fugitives près, sont tombées dans l'oubli. Chrétien Bastholen, né à Copenhague en 1740, mort dans la même ville en 1819 ministre protestant, a publié, outre un recueil d'excellents sermons, en 2 vol. in-8°, les ouvrages suivants : *Histoire des Juifs depuis la création du monde*, en 3 vol. in-8°; *Philosophie pour les illétrés*; *Sur l'amélioration du culte extérieur*; *Mémoires historiques et géographiques pour servir à la connaissance des hommes*; *Rhétorique de la chaire*; *Discours sur les vérités de la religion de Jésus-Christ*, 2 vol. in-8°; *la Religion naturelle*; *morceaux choisis de l'Ancien-Testament*, version littérale de l'hébreu. Tous les écrits de Bastholm ont paru à Copenhague; la plupart ont été traduits en allemand et en suédois. Ove Melling, né à Wiborgen en 1747, mort en 1823 à Copenhague, est auteur d'un *Recueil de traits mémorables de Danois, de Norwégiens et de Holstenois*, 2 vol. in-8°, Copenhague, 1779 et 1780. Ce livre, remarquable par l'authenticité des faits qui y sont rapportés et par l'exquise beauté du style, a été souvent réimprimé. Il en existe des traductions en allemand, en suédois, en anglais et en français. Pierre-André Heiberg, né en 1758 à Wiborg, a enrichi la scène danoise d'un bon nombre de comédies où domine une satire amère et mordante, mais dont les caractères sont bien dessinés quoique un peu outrés, et où le dialogue est presque toujours bien soutenu. Le principal défaut de ces pièces, est le défaut d'unité et de vraisemblance dans l'action. Outre ces pièces qui seront caractérisées dans un article spécial, M. Heiberg a fait des opéras-comiques, plusieurs chansons à boire et autres qui sont devenues populaires, un roman intitulé *les Aventures d'un billet de banque d'un écu*, une espèce de dictionnaire ayant pour titre *l'Etymologiste*, où l'auteur, sous le prétexte de rechercher le vrai sens des mots de la langue, attaque les vices et les préjugés de son temps. On sait qu'il fut obligé de s'expatrier, et que, comme Malte-Brun son célèbre compatriote, il fixa sa résidence à Paris. A la fin du dix-huitième siècle parut un poète qui marque dans la littérature danoise, et dont nous avons déjà offert à nos lecteurs la notice biographique : c'est Jean-Emmanuel Baggesen, né à Corsoes en 1764, mort à Hambourg en 1826. Doué d'un véritable génie poétique et nourri d'un étude approfondie de l'antiquité grecque et romaine, il prit pour modèle Klopstock dans le genre sublime, et Wieland dans le genre comique. Son premier essai, un *recueil de Contes en vers* publié en 1788, fit déjà pressentir quelle place élevée il occupait sur le Parnasse danois. C'est surtout dans les pièces fugitives, les épitres, les chansons, les idylles, les épigrammes, que Baggesen excellait. Ses poèmes de ce genre ont été publiés en quatre recueils qui ont déjà eu de nombreuses éditions. Enfin, dans le dix-neuvième siècle, le Danemark a vu éclore un puissant génie poétique, Adam OEhlenschlœger, qui naquit en 1779 près de Copenhague, et dont le talent est encore dans toute sa vigueur. Il a fait revivre dans ses ouvrages les mœurs, les faits et gestes des temps héroïques du Nord, et a, par là, répandu le goût des recherches sur l'histoire scandinave qui, avant lui, était entièrement négligée. Il a déjà donné au théâtre danois environ trente tragédies, dont les principales sont : *Hakon-Jarl*, *Paluatoke*, *Staerkodder*, *Axel et Valberg*, *Hugo de Rheinsberg* et *le Corrège*. Il a publié de plus un poème dramatique intitulé *Aladin*, en 2 vol. in-8°; un poème épique ayant pour titre : *Rholfkrake*, et un autre poème épique : *les Dieux du Nord*, dans lequel tout en restant scrupuleusement fidèle aux traditions des Eddas, il a retracé les actions des dieux d'une manière qui fait ressortir le caractère et les mœurs de chacun d'eux, en sorte que l'on peut suivre sans peine le fil des idées qui forment la base de ces antiques allégories. M. OEhlenschlæger est aussi auteur d'un très grand nombre de pièces fugitives qui, aussi bien que ses ouvrages d'une plus grande étendue, ont obtenu un immense succès. Il est le fondateur de l'école romantique en Danemark, et ce fut son génie qui l'a mis en vogue, malgré la forte opposition de plusieurs auteurs et notamment de Baggesen, qui créa pour la combattre deux journaux intitulés, l'un *le Dimanche*, et l'autre *la Petite soirée du dimanche*, où il critique les ouvrages de M. OEhlenschlæger avec une minutie qui ne lui passait pas les moindres détails. Il a lui-même traduit en allemand son théâtre, son *Aladin* et ses *Dieux du Nord*. Plusieurs de ses tragédies ont été traduites en suédois, en anglais et en hollandais; son *Corrége* l'a été aussi en français et en italien; malheureusement la version française n'a pas été faite d'après l'original danois, mais d'après la traduction allemande qui est très inexacte, parce que l'auteur même (auquel on doit cette dernière) ne possède pas suffisamment l'allemand pour y pouvoir écrire en vers avec la même facilité et la même énergie que dans sa langue maternelle. Bernard-Séverin Jugemann, né à Copenhague en 1789, poète distingué, a publié plusienrs tragédies, dont *Mazaniello* et *Bianca* sont les meilleures; *les Chevaliers noirs*, poème épique (Copenhague 1814); *Waldemar-le-Grand*, autre poème épique (Copenhague 1822); *la Délivrance du Tasse*, poème dramatique (Copenhague 1826). Jean-Louis Heiberg, né à Copenhague en 1791, fils de Pierre-André, a fait quelques comédies et un grand nombre de vaudevilles, dont la plupart sont des imitations localisées de pièces françaises. Voici les titres de quelques-unes de ses œuvres originales : *Le roi Salomon et le chapelier Georges*, comédie en 3 actes; *Le jour de déménagement*, comédie en 2 actes; *Le critique et la bête*, vaudeville; *Les inséparables*; *L'aventure dans le jardin public du château de Rosenbourg*, vaudeville; *Le spectre à Kiœge*, vaudeville; *Le maître de langue*, idem. Henri Hertz, né à Copenhague en 1792, a écrit des comédies en vers, dont *Les espiègleries de l'Amour* et *Une journée dans l'île d'Als* ont été accueillies avec une grande faveur. On a aussi de lui un recueil d'*Épîtres d'un revenant du paradis* et une espèce d'almanach intitulé : *Étrennes d'un anonyme*, qui se distinguent par un caractère jovial, des plaisanteries de bon goût et une versification facile et correcte.

Parmi les plus jeunes auteurs danois, on remarque MM. Andersen et Oversken, dont le premier a publié un recueil de poésies et un roman intitulé J. S., et le second quelques pièces dramatiques en un acte, qui n'ont eu qu'une existence éphémère sur la scène. Il nous reste à dire un mot sur l'état en Danemark d'une branche de littérature qui a une allure et des règles à part, et qui prend de jour en jour plus d'extension : nous voulons parler du journalisme. De tout temps le Danemark a eu peu de journaux, et ceux-là même n'ont exercé sous aucun rapport une grande influence. Les feuilles politiques danoises ont toujours été et sont encore nulles à cause d'une censure influencée dans ses décisions, non-seulement par tous les caprices du gouvernement, mais encore par les moindres susceptibilités de la diplomatie étrangère. Quant aux journaux littéraires, il n'y en a eu de vraiment remarquables que ceux jadis publiés par Rahbeck. On en compte maintenant plusieurs, notamment : la *Némésis*, le *Courrier ailé de Copenhague*, *Astrée*, *Les feuilles provinciales du Holstein*, et *Le correspondant de Kiel*. Les deux derniers, qui paraissent à Kiel, en allemand, se distinguent par une critique éclairée et impartiale, tandis que la rédaction des autres est confiée à des jeunes gens plus avides de s'escrimer contre les personnes que disposés à faire de la presse l'instrument d'un enseignement grave et consciencieux. Outre ces publications périodiques, il en existe de spéciales, parmi lesquelles le *Journal de médecine*, le *Journal des sciences militaires* et le *Journal polytechnique*, sont les plus estimées. Il est inutile de dire que nous nous sommes bornés à parler de la littérature danoise proprement dite; dans les articles consacrés aux sciences et aux arts, nous indiquerons la part que le Danemark a prise à leurs progrès et les hommes distingués qu'il a produits dans chaque branche du savoir humain.

DANES (PIERRE), Parisien, disciple de Budé et de Jean Lascaris, fut précepteur et confesseur de François II, après avoir occupé cinq ans une place de professeur de langue grecque au collége royal. Envoyé au concile de Trente, il y prononça un fort beau discours en 1546. Ce fut dans le cours du concile qu'il fut fait évêque de Lavaur en 1557. Cet illustre prélat s'étant démis de son évêché en 1576, mourut à Paris en 1577, à 80 ans. Ses *Opuscules* ont été recueillis et imprimés en 173[illegible] in-4°, par les soins de Pierre-Hilaire Danes, de la même famille que l'évêque de Lavaur. L'éditeur a orné ce recueil de la *vie* de son parent. L'abbé Lenglet du Fresnoi attribue à Pierre Danes deux *Apologies pour Henri II*, imprimées en latin en 1542, in-4° (il fut le premier professeur de grec du collége de France).

DANES (JACQUES), l'un des plus pieux prélats du dix-septième siècle, fut d'abord président à la chambre des comptes de Paris et intendant de Languedoc. Après la mort de Madeleine de Thou, son épouse, et du fils qu'il en avait eu, Danes embrassa l'état ecclésiastique, et fut fait maître de l'oratoire du roi, conseiller d'État ordinaire, et enfin évêque de Toulon l'an 1640. Sa science et sa vertu brillèrent alors avec éclat. Ferme et jaloux des intérêts de l'Église, il donna des preuves de son zèle à la célèbre assemblée de Mantes, en 1641, sans cependant compromettre l'autorité épiscopale avec le respect dû aux volontés du prince. Se sentant infirme, il se démit, l'an 1650, de son évêché et de ses autres places pour ne plus s'occuper que de bonnes œuvres. Il fit plusieurs fondations pieuses, répandit dans le sein des pauvres les grands biens dont il avait hérité de ses pères et acheva le reste de ses jours dans les exercices de l'austérité, de la prière et de la retraite. Il mourut le 5 juin 1662, à Paris, sa patrie, en odeur de sainteté, dans sa 62e année, et fut inhumé dans l'église de Sainte-Geneviève-des-Ardens, d'où il a été transféré en 1747 dans celle de la Madeleine.

DANES (PIERRE-LOUIS), né à Cassel, en Flandres, l'an 1684, enseigna la philosophie avec distinction à Louvain, fut curé de Saint-Jacques, à Anvers, l'an 1714, puis passa à Ypres en 1717, où il fut chanoine gradué, président du séminaire épiscopal et pénitencier, emplois qu'il remplit avec tout le zèle qu'inspire la religion de J.-C. En 1732, il retourna à Louvain pour succéder à Daelman dans la chaire de théologie. Il mourut le 28 mai 1736. Nous avons de lui : 1° *Institutiones doctrinæ christianæ*, Louvain, 1713 et 1768. C'est un abrégé de théologie estimé ; 2° *Orationes et homilias*, Louvain, 1733 ; 3° plusieurs *Traités* de théologie, entre autres *De fide, spe et charitate*, Louvain, 1735, in-12, plein d'érudition, et l'un des meilleurs que l'on ait sur cette matière ; 4° *Generalis temporum natio*, Ypres, 1726, in-12. Cet ouvrage a été augmenté par Martin Page, Louvain, 1761. M. Paquot en a donné une nouvelle édition avec des notes et des suppléments jusqu'à l'an 1772, qui rendent cet ouvrage très intéressant, Louvain 1773.

DANET (PIERRE), abbé de Saint-Nicolas de Verdun, mort à Paris en 1709, a laissé un *Dictionnaire français-latin* et un *Dictionnaire latin-français*, in-4°. Il en avait donné un essai sous le titre de *Radices linguæ latinæ*, in-8°. Il est moins estimé que le précédent. Il a encore publié un *Dictionnaire latin des antiquités grecques et romaines*, in-8°, 1798, *Ad usum Delphini*.

DANOEA (*bot.*), genre de la famille des fougères, dont les caractères sont : capsules linéaires situées en travers sous la frande, parallèles, multiloculaires, à deux rangs de loges, s'ouvrant par un pore ; chaque capsule est entourée d'un tégument toujours ouvert et très court ; les seminules sont très petites et en grand nombre. — La *Danœa noueuse, D. nodosa*. Cette fougère se trouve à la Martinique, à Saint-Domingue et à la Jamaïque ; elle affectionne les lieux humides et ombragés. Frande ailée, frandules, oblongues, lancéolées, portées sur un rachis nu et noueux. Cette belle fougère s'élève à trois ou quatre pieds. J. P.

DANGAN-DANGAN (*bot.*). Ce nom, qui signifie petite courge, est donné, dans l'île de Macassar, au papayer, selon Rumph, à cause de la forme de son fruit. (*V.* PAPAYER.) J. P.

DANGEAU (PHILIPPE DE COURCILLAN, marquis DE), né en 1638, fut un des courtisans le plus avant dans la faveur de Louis XIV. Plus heureux et plus prudent que Lauzun, il sut la conserver pendant tout le règne de ce monarque. Né dans la religion protestante, et même arrière-petit-fils, par sa mère, du célèbre Duplessis-Mornay, il embrassa de bonne heure la religion catholique, et servit avec distinction sous Turenne. Dès qu'il parut à la cour, après la paix des Pyrénées, les agréments de sa figure et la vivacité de son esprit naturel le firent distinguer par les deux reines et par le jeune roi ; il fut admis à leur jeu, qu'il égayait par ses saillies, tout en y gagnant d'assez fortes sommes. Son talent d'improvisation fut aussi pour lui un moyen de fortune. On sait que Louis XIV, auquel il demandait un appartement dans le château de Saint-Germain, y mit pour condition que Dangeau, pendant la durée du jeu auquel il prendrait part, composerait cent vers à ce sujet, et la condition fut remplie sans qu'il eût paru occupé d'autre chose que de la partie. Ces vers, qui ne lui coûtaient rien, pouvaient bien, suivant l'expression d'un de nos satiriques, *valoir ce qu'ils coûtaient*. D'autres, qui n'étaient peut-être pas meilleurs, lui furent sans doute encore plus profitables. Louis et sa belle-sœur, Henriette d'Angleterre, première femme de *Monsieur*, avaient voulu entretenir une correspondance poétique, ou du moins versifiée, et chacun d'eux, sans que l'autre en fût informé, choisit le marquis de Dangeau pour secrétaire. Cette place temporaire fut un degré qui l'éleva à bien d'autres emplois et dignités. Peu d'hommes, en effet, en ont réuni autant, même à ces époques où les prodiguait la libéralité royale : colonel au régiment des gardes du roi, aide-de-camp de ce prince, gouverneur de Touraine, conseiller d'État, menin du dauphin, chevalier d'honneur de la dauphine, revêtu plusieurs fois du caractère d'envoyé extraordinaire, il fut en outre nommé grand-maître des ordres royaux de Notre-Dame-du-Mont-Carmel et de Saint-Lazare. Ces deux ordres, à la vérité, étaient peu considérés, et la pompe qu'il voulut mettre dans la réception des nouveaux chevaliers parut déplacée et ridicule. Dangeau mérita qu'on lui pardonnât ce travers de vanité en fondant, avec les revenus de sa grande-maîtrise, une maison d'éducation pour douze jeunes gentilshommes. On doit même ajouter que la noblesse n'était pas une condition indispensable pour y être admis, puisque c'est dans cet asile que fut élevé Duclos. Il faut tenir compte aussi au marquis de Dangeau de l'appui qu'il accorda à Boileau, qui lui en témoigna sa reconnaissance en lui adressant sa satire *sur la noblesse*. Son goût pour les lettres et la poésie fut également récompensé par l'Académie française, qui l'élut en 1667, et par l'Académie des sciences, qui, plus tard, se l'associa comme membre honoraire. Il mourut en 1720, âgé de 82 ans. Dangeau est surtout connu par son *Journal de la cour de Louis XIV*, qui commence en 1684 et ne se termine qu'en 1720. Ce journal, où il inscrivait jusqu'aux faits les plus minutieux, est conservé en manuscrit à la Bibliothèque du roi, où il remplit plus de 500 cartons ; celle de l'Arsenal en contient un manuscrit abrégé, mais très volumineux encore. Hénault, La Beaumelle, Voltaire même (quoique ce dernier n'en ait parlé qu'avec dédain), y avaient puisé d'utiles renseignements, et recueilli des anecdotes curieuses ; les extraits successifs qu'en ont publié mesdames de Genlis et de Sartory et l'académicien Lemontey, nous ont fait mieux apprécier l'ouvrage original. Dangeau, en effet, est une révélation plus précieuse pour l'histoire et la postérité que Saint-Simon lui-même ; la naïveté de ses récits et de sa narration est souvent, à son insu, plus accusatrice que la frondeuse malignité de ce dernier. — LOUIS DE COURCILLAN, abbé de Dangeau, frère du marquis et lecteur du roi, fut, comme son aîné, membre de l'Académie française. C'était un grammairien très puriste et très pointilleux. Ses ouvrages sont oubliés depuis longtemps ; mais on se rappelle encore sa réponse sérieusement plaisante à son ami, qui lui parlait de graves événements politiques : « Peu m'importe ! quelque chose qui arrive, j'ai dans mon portefeuille deux mille verbes français bien conjugués. » Ce n'est pas à nos savants d'aujourd'hui qu'on pourra reprocher un tel détachement des affaires et des intérêts de l'époque.

DANGER, s. m. (*gramm.*), péril, risques, ce qui est ordinairement suivi d'un malheur, ou qui expose à une perte, à un dommage. Il signifie quelquefois inconvénient. Ce sens est familier.

DANGER (*féod.*), droit de dixième payé au seigneur pour la permission de vendre un bois qui relevait de lui. **TIERS** et **DANGER**, droit que le roi prélevait sur plusieurs bois, et entre autres sur ceux de la Normandie. Le *Tiers et Danger* consistait dans un tiers et un dixième du prix de la vente. **FIEF DE DANGER** (*hist. féod.*), celui dont l'acquéreur ne pouvait prendre possession avant d'avoir rendu foi et hommage. Un fief qui était transmis à titre d'héritage n'était pas un fief de danger. **LA PATRIE EST EN DANGER** (*hist.*), formule qui fut adoptée en 1792 pour déclarer le pays dans un péril imminent. Ce fut le 5 juillet 1792 que l'Assemblée proclama pour la première fois cette formule solennelle : *Citoyens, la patrie est en danger.*

DANGEREUSEMENT, adv., avec danger.

DANGEREUX, EUSE, adj., périlleux, qui met en danger, qui expose à quelque danger, ou simplement nuisible, pernicieux. Il se dit quelquefois des personnes et signifie qui a les moyens de nuire, ou à qui l'on ne peut se fier sans danger, avec lequel il est dangereux de se lier. Il se dit aussi d'une personne que l'on croit propre à inspirer de l'amour sans en éprouver.

DANGEREUX (ARCHIPEL) (*géogr.*), ou mieux Poncotou, ce vaste archipel, le plus grand de la Polynésie après celui des

Carolines, reçut de l'illustre Bougainville le nom d'Archipel dangereux. Les Taïtiens le désignent sous le nom de Poncotou, Situé à l'E. de Taïti, il s'étend dans un espace de 50 lieues de l'E. S.-E. à l'O. N.-O., entre les 13° 30′ et les 23°,60′ de latitude sud, et 125°,30′ et 151°,30′ de longitude occidentale, depuis l'île Ducie jusqu'à l'île Lozareff. Sa superficie est d'environ 370 lieues carrées. Les îles, ou plutôt les groupes d'îles qui composent cet archipel sont au nombre de plus de 60; ce sont: Gambier, qui comprend cinq ou six îles médiocrement hautes, outre plusieurs îlots, l'île de Crescent, Pitcairn, Deno, Elisabeth et Ducie, qui en est éloignée, mais que nous croyons ne pouvoir rattacher qu'à cet archipel, parce qu'elle est la dernière de la chaîne sous-marine qui sert de base aux îles Coralligènes de Poncotou, Bird-Hood, Cargoford Witsunden, Queen-Charlotte, Egmont, Toui-Toui, Héiou ou de la Harpe, Doua-Hidi, chaînes d'îlots bas et boisés, Croker, Chaîne ou Anna, Cockburn, Osnabruk, le Lagore de Bligh, Barow, Clermont-Tonnerre, Lanciers, Tchaï, groupe d'îlots, Gloucester, Miguel, Margaret, Turnbull, Britomart, Cumberland, Bisans, William-Henry, chaîne de petites îles, Bugers, îles basses et rapprochées, Manon-Towere, Saint-Quentin, Humphrey, Houden, Désappointement, Predpriatie, Araktchieff, Wolchousky, Barklay, Goodhope, Migeri, Bolt, Philips, Furneaux, Adventure, Tchist-Chagos, Sacken, Piaraka, Witgenstein; San-Diego, Greigt, Carlshoff, Palliser, renfermant quatre groupes distincts, Romanzoff, Oura, chaînes d'îles basses, Wilson, Waterland, Wliegen, Krusenstern, Lazareff et Matia. Toutes ces îles sont des terres basses d'une nature madréporique, à l'exception de Pitcairn et du groupe de Gambier, ou l'intérieur des îles hautes, telles que Péard et quelques autres, est d'origine volcaniques. Elles sont généralement fertiles en arbres fruitiers et en palmiers. On pêche des perles sur les côtes de quelques-unes. Plusieurs sont inhabitées. On peut évaluer la population de l'Archipel entier à 20,000 habitants, ou sauvages appartenant à la race polynésienne. Leurs mœurs sont aussi incultes que celles des indigènes de Taïti, leurs voisins. Une partie des habitants de l'île Tienkéa, dans les parages de laquelle on fait la pêche des perles, paraît être encore antropophage, quoique l'autre partie ait embrassé le christianisme. L'île, ou plutôt le groupe Gambier, fut découvert en 1797 par Wilson, qui n'y toucha point. Il ne paraît pas que d'autres aient exploré ce pays avant Beechey, qui y passa en 1820. Il fut contraint dès les premiers jours de faire la guerre avec les naturels, et il employa son artillerie pour les réduire. Le groupe entier se compose d'un récif à peu près circulaire, de 40 milles de tour, au milieu duquel surgissent cinq ou six îles médiocrement hautes, outre plusieurs îlots assez bas sur la chaîne intérieure. La plus grande des îles, l'île Péard, a quatre milles de long, sur une largeur d'un mille à peine. Un double piton, nommé le mont Duff, s'y élève à 11,000 pieds. La roche est en général une lave basaltique poreuse, et en quelques endroits on aperçoit des cristaux assez réguliers de basalte compacte. Beechez y trouva des zoolithes, du carbonate de chaux, des calcédoines, des oliviers et des jaspes de diverses couleurs. Nulle part il ne remarqua de cratère, toutes les îles étalaient la plus admirable verdure; la terre végétale y paraît peu profonde, mais très fertile; les produits ne diffèrent pas de ceux de toute la Polynésie. Il en est de même des habitants, quoique dans un degré moindre de civilisation. Ils sont en revanche plus retenus dans leurs mœurs que ceux des autres groupes. Les femmes ne paraissent pas disposées à s'allier avec l'étranger, Beechey estime la population de tout le groupe à 1600 âmes. Il place le mont Duff, qui en est le centre, par 23°,8′ latitude S., et 137°18′ longitude O. Les naturels des îles Gambier sont bien faits, moins grands et moins robustes que ceux des îles de la Société; leur teint est beaucoup plus blanc; les femmes sont très jolies et se couvrent d'une ceinture de nattes; les hommes vont entièrement nus. La manière de se saluer consiste à se mettre nez à nez en aspirant fortement l'haleine. Ils n'ont pas de pirogues ni d'armes, excepté une espèce de pique. Le fruit à pain, le cocotier et le platane abondent dans ces îles. Les habitants n'ont aucune espèce de quadrupède, à l'exception des rats qui paraissent apprivoisés. Ils sont voleurs effrénés, et le fer est ce qu'ils convoitent par dessus tout. L'île Hood a été découverte, en 1791, par Edwards, revue par Wilson en 1797, en 1826 par Beechey, qui l'a placée par 21° 31′ latitude S., et 137°54′ longitude O. (pointe ouest).

DANGEVILLE (**MARIE-ANNE BOTOT**), célèbre actrice, née à Paris le 26 décembre 1714. Son père était danseur à l'Opéra et sa mère actrice à la Comédie-Française. Dangeville était admirée dans tous les rôles. Elle débuta dans les soubrettes le 28 janvier 1730, et fut reçue dès le 6 mars suivant, pour doubler mademoiselle Quinault. Elle créa grand nombre de rôles, et toujours avec succès. Saint-Foix rend une justice éclatante à ses qualités personnelles. Mademoiselle Dangeville ayant appris qu'une petite fille du célèbre Baron était dans l'indigence, la recueillit et lui prodigua les plus tendres soins. Elle quitta le théâtre à la clôture de 1763, emportant les regrets de tous ceux qui avaient eu le bonheur de la connaître, Elle est morte dans le mois de mars 1796. On trouve dans le *Magasin encyclopédique*, 1re année, tome VI, page 519, un éloge prononcé par Molé au Lycée des arts, le 20 fructidor an 11 (6 septembre 1794.)

DANHAVER, originaire de la Souabe, naquit vers la fin du dix-septième siècle, et travailla avec succès dans l'atelier du peintre Bombelle. Il quitta l'Italie pour aller s'établir en Russie. Ce fut à Saint-Pétersbourg qu'il exécuta ses plus beaux ouvrages. Il mourut en cette ville vers 1733.

DANIC, poids des Hébreux.

DANIEL, prophète du Seigneur, de la tribu de Juda et du sang royal de David, fut mené captif à Babylone par Nabuchodonosor, la quatrième année de Joachim, roi de Juda, du monde 3598; avant Jésus-Christ 602, avant l'ère vulgaire 606. On le choisit avec trois de ses compagnons, Ananias, Azarias et Mizael, pour demeurer auprès de la personne de Nabuchodonosor qui mettait une partie de sa gloire à se faire servir par les princes et les enfants des rois qu'il avait subjugués; on les instruisit de la science des Chaldéens, des usages du pays, et on leur changea leurs noms. On donna à Daniel le nom de Baltasar, et aux trois autres ceux de Sidrocle, Misocle et Abdenago. Le roi avait ordonné qu'on les nourrirait pendant trois ans des viandes et des vins de sa table; mais soit que ces viandes fussent offertes aux idoles ou défendues par la loi de Moïse, Daniel obtint de celui qui avait soin d'eux qu'ils ne mangeraient que des légumes et qu'ils ne boiraient que l'eau. Dieu leur donna la science de tous les livres qu'on leur fit voir, avec la connaissance de toute la philosophie humaine, en sorte qu'ils étaient beaucoup plus habiles que tous les devins et les mages de Nabuchodonosor qui les retint auprès de lui comme les officiers de sa chambre. L'intelligence des visions et des songes fut communiquée en particulier à Daniel, qui commença à donner des preuves publiques de sa sagesse par la délivrance de la chaste Suzanne, injustement condamnée à la mort. Daniel n'avait guère que treize ans lorsque Nabuchodonosor ayant eu un songe qui l'effraya extrêmement dans le temps qu'il en fut occupé, mais qu'il oublia ensuite entièrement, condamna à mort tous les mages parce qu'ils n'avaient pu le lui rappeler dans la mémoire. Le jeune Hébreu, averti de ce qui se passait, devina et expliqua le songe au grand étonnement du roi qui le combla de présents, l'éleva aux premières dignités du royaume, l'établit chef de tous les mages, et lui donna le gouvernement général de toutes les provinces du royaume. Une autre fois, Nabuchodonosor ayant vu en songe un grand arbre qui fut coupé, en sorte toutefois que sa racine demeura, Daniel prédit à ce prince qu'il serait chassé de son palais et réduit à l'état des bêtes pendant sept ans, après lesquels il serait rétabli dans ses États. Daniel conserva son crédit sous Evibmerodacle et Balthasar, successeurs de Nabuchodonosor. Ce fut sous le règne de Balthasar que Daniel eût les fameuses visions des quatre animaux qui sortaient de la mer et qui désignaient quatre empires; celui des Chaldéens, celui des Perses, celui des Grecs et celui des Séleucides et des Lagides. L'ange Gabriel lui révéla, sous le règne de Darius-le-Mède, la mort et le sacrifice du Messie qui devait arriver au bout de soixante-dix semaines, composées de sept années chacune. L'histoire de Bel et celle du dragon qui étaient adorés par les Babyloniens arrivèrent sous Cyrus. Daniel ne profita pas de la permission que ce prince accorda aux Juifs de s'en retourner dans la Palestine, et l'on croit qu'il mourut en Perse, dans une ville située sur le Tigre où il eut ses dernières visions. Les Grecs font sa fête le 17 décembre, et les Latins le 21 juillet. Les Juifs refusent de mettre Daniel au rang des prophètes parce qu'il n'a pas vécu dans la Terre-Sainte, ni à la manière des autres prophètes, mais plutôt en grand seigneur et en ministre d'État, dans les cours des rois de Babylone, des Mèdes et des Perses. La vraie raison du chagrin des Juifs contre Daniel c'est la clarté de ses prophéties touchant Jésus-Christ, disent Vossius, dom Calmet et Baillet. Mais Richard Simon prétend que c'est une mauvaise chicane qu'on leur fait, qu'ils n'ont jamais pensé à cela; et quand ils disent que Daniel n'est point prophète, ils ne prétendent pas qu'il n'a pas été inspiré de Dieu, ni que son livre ne contient aucune prophétie, puisqu'ils le mettent dans leurs canons des livres sacrés au même rang qu'Isaïe, Jérémie et les autres prophètes, mais seulement qu'il n'a pas vécu à la manière des autres prophètes non plus que David qu'ils ne mettent pas non plus dans le rang des prophètes pour lui-même, quoiqu'ils reconnaissent plusieurs prophéties dans ses psaumes. Les versets XXIVe, XXVe et les suivants jusqu'au LC^{e} du chapitre III, et les deux derniers chapitres entiers de Daniel sont en grec, quoiqu'ils aient d'abord été écrits en hébreu ou en chaldéen. Théodosien a traduit en grec ces deux derniers chapitres; ce qui prouve qu'ils avaient été écrits en une autre langue, quoique les originaux ne s'en trouvent plus aujourd'hui, comme il est arrivé aussi à l'égard de quelques autres livres de l'Ecriture que nous n'avons plus qu'en grec. Tout ce qui est écrit en hébreu et en chaldéen dans Daniel a toujours été tenu pour canonique; mais ce qui est écrit en grec a été contredit. Du temps de saint Jérôme il y avait des Juifs qui admettaient toute l'histoire de Suzanne, d'autres la rejetaient tout entière, d'autres n'en recevaient qu'une partie. Josèphe, l'historien, n'a rien dit de l'histoire de Suzanne, ni de celle de Bel et du Dragon. Joseph Bengorien, autre Juif, a parlé de ce qui regarde Bel et le Dragon sans rien dire de celle de Suzanne. Ce n'est proprement que depuis le concile de Trente que le livre de Daniel a été généralement reconnu tout entier pour canonique. On attribue à Daniel quelques autres ouvrages que l'Église rejette. On lit dans le décret de Gratien la condamnation d'un livre intitulé : *Somnialia Danielis*. L'auteur de la Synopse, attribuée à saint Athanase, parle d'un livre apocryphe qui portait le nom de Daniel. Quelques orientaux lui attribuent encore l'invention de la géomancie, avec un volume qui a pour titre : *Principes de l'explication des songes*. On trouve dans la bibliothèque du roi, n° 410, un autre livre intitulé: *Odmath-al-Montoulo Danial-ad-nabi*, qui contient les prophéties reçues par tradition du prophète Daniel.

DANIEL (SAINT), né dans la ville de Marathe, près de Samosate, embrassa le genre de vie de saint Siméon Stylite, et le continua jusqu'à l'âge de quatre-vingts ans. Il fut ordonné prêtre par Grenade, évêque de Constantinople, qui lut au bas de la colonne les prières préparatoires et monta au haut pour achever la cérémonie de l'ordination. Daniel y dit la messe et y administra depuis la communion à plusieurs personnes. Ce saint avait prédit l'incendie arrivé à Constantinople en 465, et qui réduisit en cendres huit quartiers de cette ville. Pour le prévenir, il avait conseillé au patriarche et à l'empereur Léon d'ordonner des prières publiques, mais on n'eût égard ni à sa prédiction ni à ses conseils. Gubas, roi de Lazes, dans la Colchide, étant venu renouveler l'alliance qu'il avait faite avec les Romains, l'empereur le mena voir Daniel, comme la merveille de son empire. Le roi barbare fondant en larmes se prosterna au pied de la colonne, et le saint fut l'arbitre du traité conclu entre les deux princes. Basilisque s'étant emparé du trône impérial, prit les Eutychiens sous sa protection et rétablit Timothée, surnommé Élure, Pierre-le-Foulon et les principaux chefs de cette secte. Le pape condamna hautement la conduite de Basilisque, et instruisit saint Daniel Stylite de ce qui se passait. Basilisque aussi, de son côté, porta des plaintes contre le patriarche qu'il venait de déposer. Daniel répondit à son envoyé que Dieu dépouillerait de la puissance souveraine le persécuteur de son Église. Le patriarche, tant en son nom qu'en celui de plusieurs évêques, envoya deux fois conjurer Daniel de venir au secours de l'Eglise. Le saint consentit, après beaucoup de résistance, à descendre de sa colonne, et vint à Constantinople. Le patriarche et les évêques l'y reçurent avec de grandes démonstrations de joie. Basilisque, effrayé de la disposition des esprits, se retira à Hebdemon, près de la ville. Le saint l'y suivit; mais comme les plaies qu'il avait aux jambes et aux pieds l'empêchaient de marcher, on fut obligé de l'y porter. Les gardes lui refusèrent l'entrée du palais. Alors Daniel secouant la poussière de ses pieds, retourna dans la ville. Basilisque, saisi de frayeur, alla l'y trouver, se jeta à ses pieds, et promit d'annuler ses édits. Le saint lui annonça que les coups de la colère divine allaient tomber sur lui. « Cette humilité apparente, dit-il, n'est qu'un artifice pour cacher tes projets de cruauté. Vous verrez bientôt éclater la puissance de Dieu qui renverse les grandeurs humaines. » La prédiction ne tarda pas à s'effectuer : Basilisque fut pris avec son fils et sa femme par Zenon, qui les relégua dans un château de la Cappadoce où il les fit périr. Daniel, avant de mourir, recommanda à ses disciples de pratiquer l'humilité, l'obéissance, l'hospitalité, la mortification; d'aimer la pauvreté; de vivre dans la paix et l'union; de faire chaque jour de nouveaux progrès dans la charité; d'éviter les piéges de l'hérésie, d'obéir à l'Eglise, la mère commune des fidèles. Le patriarche Euphémius qui l'assista dans ses derniers moments, le vit mourir sur sa colonne vers l'an 490. « La singularité est condamnable, dit un auteur, parce qu'elle vient d'un fond d'orgueil. Il y a cependant des voies extraordinaires que quelques âmes privilégiées peuvent choisir, et on reconnait à leur ferveur et à leur hospitalité de quel esprit elles sont animées; la vraie vertu, toutefois, est singulière, en ce sens qu'elle n'imite point la multitude qui marche dans la voie large, et dont la conduite est en opposition avec les maximes de l'Evangile. On peut, d'après cela, former un jugement sur le genre de vie qu'embrassèrent saint Siméon et saint Daniel Stylites. Il est évident qu'ils agirent par une inspiration particulière, et que, sous ce rapport, ils doivent être l'objet de notre admiration. Mais cette humilité, ce zèle, cette piété qui les sanctifièrent, peuvent être proposés à l'imitation de tous les chrétiens. »

DANIEL (ARNAULD), né à Tarascon et mort en 1189, était d'une noble famille. Il fut l'un des plus célèbres poètes de la Provence et mérita les éloges de Dante et de Pétrarque.

DANIEL (PIERRE), né à Orléans en 1530. Le cardinal Odet de Châtillon le choisit pour bailli de son abbaye de Saint-Benoît-sur-Loire. Quand, en 1562, le cardinal fit enlever par Aventin, son intendant l'or et l'argent qui couvraient les châsses de Saint-Benoît, Daniel ne s'y opposa point. Mais ce même Daniel défendit avec acharnement les manuscrits précieux qui décoraient la bibliothèque de cette abbaye. Daniel mourut à Paris en 1603. Nous avons de lui plusieurs ouvrages, entre autres : *Claudii Cantiunculæ epistolæ ad Andream Alciatum*, Orléans, 1561, ouvrage de jurisprudence.

DANIEL (SAMUEL), poète et historien anglais, naquit en 1562, dans le comté de Sommerset. Il fut précepteur d'Anne Clifford, et fut nommé poète-lauréat par la reine Elisabeth. Anne, femme de Jacques Ier, le choisit pour un des gentilshommes de sa chambre privée. Il composa plusieurs ouvrages dramatiques. Il mourut en octobre 1619 à Beckington, dans le comté de Sommerset. Son meilleur ouvrage est une *Histoire d'Angleterre*, dont la première partie, divisée en trois livres, fut imprimée à Londres en 1613, in-4°, et la seconde, qui va jusqu'à la fin du règne d'Edouard III, parut en 1618.

DANIEL (GABRIEL), né en 1649 à Rouen, prit l'habit de jésuite en 1667. Après avoir professé plusieurs années dans sa patrie il fut envoyé à la maison professe de Paris, pour y être bibliothécaire. Il y finit, en 1728, une vie très laborieuse et remplie par la composition de différents ouvrages, presque tous bien écrits; les principaux sont: 1° *le Voyage du monde de Descartes*, in-12, Paris, 1690; c'est une réfutation du système de ce célèbre philosophe, enveloppée sous une fiction ingénieuse, elle a été traduite en latin, en italien et en anglais; 2° *l'Histoire de la milice française*, Paris, 1721, 2 vol. in-4°; c'est le tableau des changements qui s'y sont faits depuis l'établissement de la monarchie dans les Gaules jusqu'à la fin du règne de Louis XIV; il est intéressant et plein de recherches; Alletz a donné un abrégé de cet ouvrage, Paris, 1773 et 1780, 2 vol. in-12; 3° *Histoire de France*, dont il y a plusieurs éditions; la meilleure est celle de 1756, en 17 vol. in-4° ou 24 vol. in-12, Amsterdam, 1758, le père Griffet, chargé de cette édition, l'a enrichie d'un grand nombre de dissertations, de l'histoire du règne de Louis XIII et du journal historique du règne de Louis XIV. On a fait la comparaison des deux histoires de Mézerai et de Daniel, et de ce parallèle il résulte que l'histoire du jésuite, quoique défigurée par bien des fautes, est encore la meilleure qu'on ait, du moins jusqu'au règne de Louis XI. Il a rectifié les fautes de Mézerai sur la première et la seconde race, et s'est éloigné de la plupart des défauts de cet historien. Personne ne dispose mieux que lui les actes, ni ne le fait avec plus d'art pour en former un tout qui n'a ni gêne ni contrainte; s'il n'est pas toujours entraînant, il a de l'instruction, une marche grave et soutenue, un style pur et net. Quand on sera fatigué du verbiage des historiens modernes, des maximes, des sentences, et de ce qu'on appelle *raisonner l'histoire*, c'est-à-dire l'assortir aux systèmes et aux erreurs de mode, on conviendra du tort des petits auteurs qui affectent de mépriser l'ouvrage de ce jésuite. Le président Hénault en parle avec éloge, Voltaire même, dans son *Siècle de Louis XIV*, lui rend justice, le nomme *un historien exact, sage et vrai*, et convient que nous n'avons pas d'histoire de France préférable à la sienne. Le duc de Saint-Simon a sans doute voulu faire le plaisant en avançant que cette histoire n'avait été écrite que pour prouver que les bâtards ne devront pas être exclus du trône. Tout ce qu'il en dit dans ses mémoires sent l'homme passionné. Le comte de Boulainvilliers, le même qui disait « qu'il était presque impossible qu'un jésuite écrivît bien l'histoire de France, » trouvait dans celle de Daniel près de dix mille erreurs; mais il est vrai que la grande erreur de cette histoire, au jugement de Boulainvilliers, est d'être trop chrétienne. Daniel avait fait précéder la publication de son *Histoire* par un écrit de 370 pages in-12, intitulé: *Observations critiques sur l'histoire de France, écrite par Mézerai*, ouvrage où il montre combien l'histoire de Mézerai est défectueuse, et de combien de préventions cet auteur avait infecté ses récits; 4° *Abrégé de l'histoire de France* en 7 vol. in-12, réimprimé en 1751 en 12 vol., avec la *continuation*, par le père d'Orival et traduit en anglais en 5 vol. in-8°; 5° entretiens de Cléanthe et d'Eudoxe sur les *Lettres au Provincial*, par Pascal, 1694, in-12, traduits en latin, en italien, en espagnol, en anglais, et critiqués par dom Mathieu Petit-Didier, mort évêque de Macra. Cette réponse de Daniel, quoique pleine de bonnes raisons, prouva combien il était difficile d'atteindre à l'éloquence et à la plaisanterie de Pascal, ou plutôt combien une satire, par son accord avec la malignité humaine, paraît supérieure aux meilleures apologies; 6° plusieurs écrits sur les disputes du temps dont la plupart se trouvent dans le recueil de *ses ouvrages philosophiques, théologiques, apologétiques et critiques*, 1724, en 3 vol. in-4°.

DANIEL (CHRÉTIEN-FRÉDÉRIC), médecin allemand, né en 1714 à Sondershausen en Thuringe, fut, en 1735, le disciple et le secrétaire de l'illustre Frédéric Hofmann. Il fut aussi médecin du prince de Schwarzbourg-Sondershausen. Il existe de lui plusieurs ouvrages écrits en allemand, et dont le sujet se trouve exposé très en détail au frontispice.

DANIEL (CHRÉTIEN-FRÉDÉRIC), fils du précédent, naquit à Malte en 1753, exerça la médecine avec distinction, et mourut le 28 septembre 1798. Ses ouvrages sont nombreux, et renferment des idées neuves.

DANIELE (FRANÇOIS) historien et antiquaire napolitain, naquit le 11 avril 1740 à Saint-Clément, près de Caserte. Il fut nommé en 1778 historiographe royal, et en 1787 il devint secrétaire perpétuel de la fameuse académie *Ercolanese*, instituée depuis 1755, par le roi Charles III, pour la publication des découvertes faites à Herculanum et Pompéïa. Daniele se livra avec tant de zèle aux soins qu'exigeait l'édition des magnifiques tomes publiés au nom de cette Académie, que non-seulement celles de Cosentine, de la Crusca, des sciences et belles-lettres de Naples, mais encore les sociétés royales de Londres et de Pétersbourg, l'inscrivirent au nombre de leurs associés. En 1782, il fut nommé historiographe de l'ordre de Malte. En 1799, voulant prendre la défense de quelques amis que la vengeance royale allait sacrifier, il se rendit suspect, et fut privé de ses dignités et de ses emplois. Mais en 1806 le roi Joseph, en montant sur le trône de Naples, lui donna une pension et le nomma directeur de l'imprimerie royale et secrétaire perpétuel de la nouvelle académie d'histoire et d'antiquités. Mais sa santé ne lui permit pas de jouir de cette faveur et il alla mourir à Saint-Clément le 13 novembre 1812. Il laissait de nombreux ouvrages.

DANIELLI (ÉTIENNE), né en 1656 à Butrio, dans le Bolonais, étudia la médecine à l'Université de Bologne, occupa une chaire, et parvint à la dignité de recteur de l'institut. Cette académie lui consacra un monument en 1719. Nous avons de lui grand nombre d'ouvrages; aucun n'est au-dessus de la médiocrité. Danielli donna une éducation brillante à sa fille unique Laure; elle mérita d'occuper une place distinguée parmi les femmes illustres. Elle disserta plusieurs fois en public et avec un succès éclatant.

DANIELS (N.), savant jurisconsulte, né à Cologne en 1750. Après avoir suivi avec succès la carrière du barreau, où il entra en 1776, il professa le droit romain avec un tel succès qu'il devint, jeune encore, conseiller intime de l'électeur de Cologne dont il mérita la confiance. Son pays natal étant devenu la conquête des Français, sa modestie le fit rester ignoré, jusqu'à ce que Bonaparte, ayant entendu faire son éloge, le fit venir à Paris, et le nomma avocat général à la Cour de cassation, place qu'il remplit avec autant de talent que d'intégrité. Daniels ne sollicita jamais ni emplois ni faveur, et ce fut à son insu qu'on le plaça, quelques années après, comme procureur général, à la cour de Bruxelles: les évènements de 1814 interrompirent ses fonctions; mais, n'aimant pas à se mêler d'affaires politiques, il se tint dans une étroite retraite jusqu'à ce que le nouveau roi des Pays-Bas parvint à le découvrir et le nomma premier président des établissements judiciaires, avec le titre de conseiller intime. Toujours égal à lui-même, ce magistrat recommandable honora cette place et y apporta la même capacité et la même probité qui l'avaient distingué dans les autres. Il est mort à Bruxelles le 28 mars 1827, âgé de 76 ans. On a de lui plusieurs *mémoires et dissertations* relatifs à différents points de droit. Ces ouvrages sont recommandables par les savantes recherches et les éclaircissements lumineux qu'ils contiennent.

DANISCHMEND, mot persan formé de deux autres, danisch (science), et mend (possesseur). Il signifie donc littéralement docteur, savant. On appelle danischmend, dans le pays musulman, non-seulement les khodjahs (directeur) et les mudériss, directeurs ou professeurs des medressehs ou colléges, les instituteurs et les maîtres d'écoles subalternes, mais encore tous les hommes qui exercent quelques fonctions judiciaires, les *cadhis*, les *naïbs*, et autres magistrats de rang inférieur, et tous les ministres de la religion: le *moufty*, les *cheikhs* les *imans*, les mollahs et les muezzins. (*V.* ces mots). Mais la véritable acception du mot danischmend, en Turquie, est celle d'*étudiant*; aussi l'applique-t-on spécialement aux jeunes gens qui étudient dans les colléges, et parmi lesquels sont pris tous les sujets qui parviennent aux différentes charges du corps des oulémas. On leur donne aussi les noms de mind ou murid (disciple) et de *softa* ou soukhté (être brûlé, patient, souffrant) pour exprimer l'ardeur d'un homme passionné pour l'étude, ainsi que la fatigue et les maux physiques qui en résultent. On apprend à ces danischmends la grammaire, la théologie musulmane, la tradition arabe, le Coran et ses nombreux commentaires, la science des allégories, qui leur tient lieu de rhétorique, la philosophie, la logique, la morale et la jurisprudence. Dans quelques medressehs on ajoute à ces études la langue arabe et la poésie. Il est rare qu'ils parviennent aux principales charges de l'État, réservées aux premières familles. Ils ont chacun leur cellule, et l'on choisit parmi eux un kamasbachi, qui surveille et punit les autres. C'est à tort que nos voyageurs des derniers siècles ont écrit dans leurs relations talisman au lieu de danischmend, en donnant ainsi à des hommes un nom qui, bien évidemment venu de l'Orient, et dérivé de la même source, s'applique dans notre langue uniquement à des choses inanimées, mais symboliques et allégoriques (*V.* TALISMAN). — DANISCHMEND est le nom ou le surnom du fondateur d'une dynastie turque appelée *Danischmendli*, qui a régné dans les onzième et douzième siècles sur une partie de la Cappadoce (*V.*). — L'émir Danischmend, favori de l'empereur Aureng-Zeb, et protecteur des lettres, facilita au savant Bernier les recherches qui nous ont valu l'excellente relation de son voyage sur l'Hindoustan et le Kachemire.

DANKALI (*géogr.*), province d'Afrique (Abyssinie), dans le gouvernement des côtes au S.-E. de celle d'Anshara, et le long de la Mer-Rouge; elle forme la partie méridionale de la côte d'Arbex, et s'étend de 80 lieues sur une largeur de 20. Le rivage n'est découpé que par les bois d'Honakel et d'Amphila; cette dernière a 16 lieues d'ouverture de l'E. à l'O. et 12 de profondeur. Elle renferme 13 îles formées par des dépôts de la mer et fréquentées par des pêcheurs. La plus enfoncée dans la baie est, du côté de l'E., une grande caverne où les navigateurs déposent leurs marchandises. Le centre de la baie gît par 14° 4' de lat. N. et 38° 4' de long. E. Des tribus grossières et indépendantes habitent le pays voisin de la baie.

DANKARA (*géogr.*), royaume d'Afrique, dans la Guinée supérieure (Côte-d'Or), borné au N.-E. et à l'E. par celui d'Ashanti, dont il dépend, au S. par ceux de Tufel, d'Ouarsa et d'Aovin; il est arrosé par la Simne et l'Ofein. Il fournit beaucoup d'or d'une qualité bien supérieure à celui de toute cette partie de l'Afrique. Les habitants sont doux et hospitaliers. Le chef-lieu porte le même nom.

DANKELMANN (ERHARD-CHRISTOPHE-BALTHAZAR), ministre prussien, né en 1643, dans le comté de Lingen, fut nommé par l'électeur Frédéric-Guillaume-le-Grand, en 1663, gouverneur de son fils aîné, le prince Frédéric. Dankelmann sauva la vie à ce dernier dans une maladie dangereuse. La reconnaissance du jeune prince fut telle, qu'ayant succédé à son père en 1688, il l'éleva à la place de premier ministre, sous le titre de président du conseil d'État. En 1692, il lui donna, à lui et à ses descendants, la surintendance des postes dans les États de Prusse. Mais sa fermeté et son crédit inquiétèrent tellement les courtisans, qu'ils résolurent sa perte et qu'ils y réussirent. Dankelmann demanda sa démission; elle lui fut accordée en 1697. On l'accusa d'avoir une correspondance avec les ennemis de l'Etat; on ne prouva jamais rien, et cependant il fut arrêté à Clèves par le général Tettau et renfermé dans la forteresse de Peitz, en Lusace. Après un procès de dix ans on fut obligé de reconnaître son innocence. Le roi Frédéric-Guillaume Ier lui rendit la liberté et le rappela à Berlin, où il mourut le 31 mars 1722.

DANKELMANN (HENRI-GUILLAUME-AUGUSTE-ALEXANDRE, comte de), né à Clèves en 1768, était d'une grande famille; son père avait été ministre de la justice. Il fit son droit à l'Université de Hall, et à 18 ans, il fut attaché comme auditeur à la régence de Breslau. Peu de temps après il fut nommé conseiller supérieur de la régence, du consistoire et du collége des pupilles, membre de la commission d'agriculture et représentant des Etats provinciaux de la Silésie. En 1800, il obtint la présidence de la régence de la Haute-Silésie, du collége des pupilles et du grand consistoire à Briey. En 1805 il devint président de la régence de Varsovie. Il fut un des commissaires auteurs de la convention du 10 novembre 1807 sous la médiation du maréchal Soult. En 1808 il fut fait président de la régence de Glogau et le demeura jusqu'en 1816. Le 23 avril 1825, le roi le nomma ministre de la justice. Il mourut le 29 décembre 1830.

DANKERS (CORNÉLIS DE KY), architecte d'Amsterdam, né en 1561 et mort en 1634. Cet artiste était fils et élève de Cornélis Dankers, qui avait longtemps exercé la profession d'architecte dans sa patrie. Il remplit la place de son père pendant quatre ans. Comme la ville d'Amsterdam s'augmenta considérablement dans cet intervalle; il y bâtit un grand nombre d'édifices recommandables par leur décoration et la commodité de leur distribution. On compte parmi eux les trois nouvelles églises; la porte de Harlem, qui est la plus belle de cette ville. Elle est toute en pierres de taille et flanquée de deux grosses colonnes sur lesquelles sont deux têtes de lion; le milieu de cette porte est occupé par une tour qui s'élève audessus de la corniche et qui sert d'horloge. Le bâtiment qu'on appelle la Bourse est du même architecte; on en a parlé à l'article BOURSE. Dankers fut le premier qui trouva le moyen de bâtir des ponts de pierre sur les grandes rivières sans gêner le cours de l'eau. Il en fit l'épreuve sur l'Amstel, qui a 200 pieds de large.

DANLOUX (PIERRE), peintre d'histoire, né à Paris en 1745, fit un voyage en Italie et étudia les grands maîtres. Lors de la révolution française, il partit en Angleterre et y fit plusieurs tableaux; entre autres le portrait en pied de *J. Delille*, qui se compta longtemps au nombre de ses amis. Un tableau représentant le supplice d'une *Vestale* a été remarqué au salon de 1802. Danloux est mort à Paris le 3 janvier 1809.

DANNECKER, fameux sculpteur, né à Stutgard en 1758. Il était fils d'un valet d'écurie du duc Charles-Eugène; il montra dès sa plus tendre enfance du goût pour l'art dans lequel il devait se distinguer plus tard, et un amour pour l'étude, que son père s'efforçait en vain de réprimer. Lorsque le duc Charles fonda un collége où il voulait que fussent admis les fils de ses domestiques, Dannecker y entra, malgré la volonté de son père, et y fit ses études classiques. Il entra ensuite chez le sculpteur Grubel, et bientôt ses efforts furent couronnés de succès. Il obtint le prix de sculpture, que lui valut sa statue de *Milon de Crotone*. Après avoir travaillé longtemps à des ouvrages d'un ordre inférieur, il obtint la permission de passer en France pour se perfectionner, et y demeura deux ans. Il se rendit ensuite à Rome, et y fit un séjour de sept années, après lesquelles il revint à Stuttgard, où il reçut le titre de chef de l'Académie de sculpture, auquel était attaché un traitement de 4000 francs. Il conserva cette place jusqu'à sa mort, et résista à toutes les offres qui lui furent faites d'ailleurs, quelques brillantes qu'elles fussent. Il mourut en 1835, âgé de soixante-seize ans. Son *Ariane* et son *Christ* sont regardés comme des chefs-d'œuvre. Dannecker a été appelé le sculpteur mystique de l'Allemagne.

DANNENMAYER (MATTHIEU), professeur d'histoire ecclésiastique et de théologie à Vienne, né en 1741, à Oepfingen en Souabe, fut doyen de l'université de Fribourg en Brisgau; il fut plus tard nommé par Joseph II, en 1786, professeur de théologie et d'histoire ecclésiastique à Vienne, où il mourut le 7 juillet 1805. On a de lui plusieurs ouvrages où l'on admire son esprit tolérant envers les sectes séparées de l'église catholique.

DANNEVILLE (JACQUES-EUSTACHE, SIEUR), avocat, né dans le diocèse de Coutances au dix-septième siècle, est auteur de l'*Inventaire de l'histoire de Normandie, depuis Jules-César à Henri IV*, Rouen, 1646, in-4°.

DANNHAVER (JEAN-CONRAD), philologue et théologien protestant, né à Kendring en 1603. Après avoir pris des grades à l'Académie de Strasbourg, il visita les principales universités d'Allemagne, et revint en 1628 à Strasbourg, où il remplit successivement avec distinction les chaires d'éloquence, de philosophie et de théologie. Il mourut dans cette ville le 7 novembre 1666.

DANOIS, espèce de chien à poil ras, ordinairement blanc, tacheté de noir.

DANOIS, OISE, adj. et s. (*géog.*), habitant du Danemark, qui appartient au Danemark.

DANOISE, s. f. (*art milit.*) hache d'armes pareille à celles dont se servaient les Danois.

DANO-SAXON ONNE, adj. (*diplomat.*). Il se dit de l'écriture plus connue sous le nom de *Saxonne* ou *Saxonique*.

DANOU, v. pr. f. (*mytht ind.*), femme de Casyapa et mère de Dânavas.

DANOUE, s. m. (*v. lang.*), nom du fleuve que l'on appelle maintenant Danube.

DANOW (ERNEST-JACQUES), théologien protestant, né en 1741, à Redlau, dans la Prusse occidentale, fut nommé professeur de théologie à Iéna en 1772. Il exposa sa doctrine théologique dans l'ouvrage suivant: *Institutiones theologiæ dogmaticæ, lib.* I, II, Iéna, 1772, in-8°. Ne connaissant aucune borne quand il s'agissait de travail, ses veilles le firent tomber dans une profonde mélancolie; le 18 mars 1782 il se jeta dans la Saale. On trouve dans Meusel la liste de ses ouvrages.

DANS, préposition de lieu qui marque le rapport d'une chose à ce qui la contient ou la reçoit. Il s'emploie particulièrement avec des mots qui marquent l'état, la disposition du corps, de l'esprit, les mœurs, fa condition. Il se prend quelquefois pour Avec. Il se prend aussi pour Selon. Il s'emploie fréquemment avec des mots qui indiquent une époque, une durée. *Dans tel temps*, signifie aussi après tel temps, au bout de tel temps.

DANSAILLERIE, s. f., il s'est dit autrefois, selon le dict. de Trévoux, des réunions où l'on danse.

DANSAL (PIERRE), grammairien, né à la Bessière le 18 novembre 1781. Il établit à Lyon une école, et fit pour les élèves un rudiment et un cours de thèmes qui sont encore en usage dans certains colléges. Il mourut à Lyon le 13 octobre 1820.

DANSANT ANTE, adj., il a été employé par madame de Sévigné en parlant d'une personne qui danse, qui est portée à danser: *jamais je n'ai vu une petite fille si dansante naturellement.* Aujourd'hui il se dit d'une réunion où l'on danse. DANSANT (*musique*), se dit quelquefois des airs qui sont propres à faire danser.

DANSE (*myth.*), déesse que l'on représente sous la forme d'une bacchante aux mouvements brusques, aux bonds irréguliers, tantôt avec un tambour, tantôt avec des crotales à la main; à ses pieds sont peints un masque et un thyrse, quelquefois des grappes éparses, emblèmes caractéristiques de la joie et de la folie.

DANSE, mouvement du corps qui se fait en cadence, à pas mesurés, et ordinairement au son des instruments ou de la voix. — Fam., *avoir l'air à la danse*, avoir beaucoup de disposition à bien danser; et, figurément, avoir l'œil vif, éveillé, et annoncer des dispositions pour réussir dans ce qu'on fait, ou paraître disposé à ce dont il s'agit. Cette phrase est beaucoup plus usitée au figuré qu'au propre.

DANSE, se dit quelquefois particulièrement de l'action de plusieurs personnes qui exécutent une danse, des danses. — Prov. et fig., *commencer la danse, mener la danse*, être le premier à faire ou à souffrir quelque chose que d'autres feront ou souffriront ensuite. *Entrer en danse*, se mettre du nombre de ceux qui dansent. — Prov. et fig., *entrer en danse*, s'engager dans une affaire, dans une intrigue, dans une guerre à laquelle on n'avait pris d'abord aucune part, dont on n'avait été que spectateur. — Prov. et pop., *après la panse vient la danse*, après avoir fait bonne chère, on ne pense qu'à se divertir. — Pop. et fig., *donner une danse à quelqu'un*, le châtier, le battre.

DANSE, signifie aussi la manière de danser d'une personne. Il se dit également d'un air à danser. Il se dit quelquefois populairement d'un lieu où l'on danse.

DANSE, s. f., expr. prov., *cela vient comme tambourin en danse*, cela vient fort à propos. *Danse de Forez*, (*hist.*) (V. FOREZ. *Danse basse*, se disait autrefois des danses régulières et connues. *Danse de Trihory*, ancienne danse de France, dont il est question dans les contes d'Eutrapel. *Danse de l'épée*, jeu théâtral, combat simulé, dont il était donné des représentations à la cour de Louis XIII et de Louis XIV, par les cent-suisses ou par les gardes suisses. La *danse de l'épée*, ou *des épées*, est encore en usage dans les îles Shetland. *Danse suisse*, sorte de danse propre aux habitants de la Suisse, et dont les pas se forment en traînant les pieds. *Danse d'ours* (*musique*), composition dans laquelle on cherche à imiter les airs de musette. Dans une *danse d'ours* les basses ronflent en pédale, tandis qu'un hautbois ou un violon exécute à l'aigu un air villageois. La finale de la seizième symphonie d'Hayden est une *danse d'ours*.

DANSE, la danse, mouvements du corps et surtout des jambes, exécutés en mesure et ordinairement accompagnés de musique, est en elle-même un exercice propre à développer le corps et à le fortifier. Sous ce rapport les danses ont dû être permises par les législateurs religieux; mais l'abus qu'on en a fait autorise les hommes moraux à les proscrire toutes les fois qu'elles peuvent n'être que des occasions d'intrigues et de perversion, ou que, par leur caractère même, elles servent d'expression aux passions sensuelles, et ne peuvent offrir qu'un spectacle scandaleux. Quelques danses de l'Orient, celles de l'Espagne et autres sont de ce nombre. D'autres danses, qui ne seraient point répréhensibles quant à leur caractère, le deviennent par le costume, et ce sont précisément celles que l'on donne en public. Les Hébreux eurent leurs danses, qui parfois accompagnaient des cantiques d'actions de grâces. En Grèce, les danses firent partie du culte de plusieurs divinités, et, comme tous les vices furent adorés par les païens, quelques-unes de leurs danses furent obscènes ou insensées. Le moyen âge aussi eut ses danses; chaque pays a les siennes ou la sienne. Comme toutes les habitudes, elles peignent souvent les mœurs des peuples. C'est le midi surtout qui offre les danses les plus vives et celles où il est le plus difficile de rester dans les bornes de la décence. La danse, sur nos théâtres, s'est adaptée aux sentiments divers que les acteurs ont à exprimer dans les ballets. Sous ce rapport elle peut être considérée comme art. Quelques danseurs s'y sont adonnés avec passion, s'y sont pour ainsi dire dévoués. Le chorégraphe Despréaux, qui épousa une célèbre danseuse, regrettait que les danseurs n'eussent pas une place à l'Institut. Sans tomber dans cette exagération, on peut dire qu'une danse grave, digne et gracieuse en même temps, qui se lierait à une musique d'un grand caractère, pourrait réellement entrer dans le domaine de l'art. On sait qu'aujourd'hui la danse des salons ne consiste plus qu'en une sorte de marche exécutée à peu près en mesure, et en suivant les lignes qui composent les figures. — La DANSE ARMÉE ou *pyrrhique* fut en usage dans l'antiquité. On n'est pas d'accord sur son origine. Les danses armées étaient des combats simulés, en cadence, avec des poses, des gestes, des attitudes prévus d'avance, et rappelant en même temps les guerres et les fêtes. Xénophon a laissé la description d'une de ces danses, qui fut exécutée en sa présence par des Thraces et des Grecs pendant la retraite des Dix mille (*V*, CHORÉGRAPHIE, OPÉRA.)

DANSE DES BRANDONS (*V.* BRANDONS.)
DANSE DES MORTS (*V.* MACABRE, HOLBEIN.)
DANSEURS ET DANSEUSES (*V.* OPÉRA.)
DANSEURS DE CORDE (*V.* FUNAMBULES.)
DANSE DE SAINT-GUY (*V.* CHORÉE.)

DANSE (*théologie*). Si nous voulons en croire la plupart de nos littérateurs modernes, la *danse*, chez presque tous les peuples, a fait partie du culte divin. Les hommes, disent-ils, rassemblés aux pieds des autels, sous les yeux de la Divinité, pénétrés de joie, de reconnaissance, de sentiments de fraternité, ont exprimé naturellement leurs transports par les accents de leurs voix et par les mouvements du corps les plus animés. On ne peut pas douter que les païens n'aient souvent dansé autour de leurs dieux. Chez les sauvages, la *danse* est encore un exercice important, qui fait partie de toutes les cérémonies; ils s'y livrent pour faire honneur à un étranger, pour cimenter une alliance, pour entamer une négociation, pour faire la paix, pour se préparer à la guerre, même pour honorer les adorateurs du vrai Dieu. Suivant l'opinion d'un savant écrivain, les plus anciens monuments poétiques sont des chants. Chanter et parler furent, dans les premiers temps, une seule et même chose. La *danse*, qui exigeait des vibrations plus fortes, appela les instruments sonores au secours de la voix : ainsi le pas, la voix, le son, allèrent toujours d'accord. Lorsque les évènements astronomiques furent devenus religieux par l'influence du sabéisme, on les chanta dans les grandes fêtes, dans les jeux, dans les mystères. La *danse*, à laquelle cette musique servait d'accompagnement, fut par conséquent une cérémonie religieuse, et puisque c'est ici une expression de joie aussi naturelle que le chant, il n'est pas étonnant que les anciens aient cru pouvoir honorer leurs dieux par des jeux symétriques aussi bien que par des chants cadencés. Si tout cela est vrai, c'est une réfutation complète des préjugés des incrédules, qui ont prétendu que la religion, dans son origine, est née des sentiments de tristesse et de la crainte des fléaux qui ont si souvent affligé la terre; que la plupart des fêtes et des cérémonies étaient destinées à rappeler les malheurs du genre humain; que la joie et le contentement du cœur sont incompatibles avec la piété. Certainement la *danse* ne fut jamais l'expression de la tristesse, de la crainte et de la douleur. Mais nous n'avons pas besoin de suppositions arbitraires ni de vaines conjectures pour réfuter les incrédules. Ce que pratiquent les sauvages, ce qui s'est fait chez les païens, ne conclut rien ni pour ni contre les adorateurs du vrai Dieu : nous soutenons que parmi ceux-ci la *danse* n'a jamais fait partie du culte divin. Les religions fausses ont été l'ouvrage des passions humaines; la vraie religion a toujours eu Dieu pour auteur; or, Dieu n'a jamais commandé la *danse* à ses adorateurs, et il n'y a aucune preuve qu'il l'ait formellement approuvée dans son culte. On ne peut en citer aucun exemple parmi les patriarches, sous la loi de nature, pendant une espace de deux mille cinq cents ans; cela serait étonnant si la *danse* avait été un exercice naturellement inspiré par les sentiments de la religion. Avant que Moïse eût publié ses lois, immédiatement après le passage de la Mer-Rouge, les Israélites, sauvés par un miracle, chantèrent un cantique d'actions de grâces. Il est dit que Marie, sœur d'Aaron, prit un tambour, et que, suivie par toutes les femmes elle répétait à grands cris les refrains du cantique; mais l'historien n'ajoute point qu'elles dansèrent : du moins le mot hébreu *mecholah* ne signifie pas toujours la *danse*, quoique les septente et oukelos l'aient ainsi entendu. Quand les femmes auraient dansé, il ne s'en suivrait pas que les hommes firent de même, et que la *danse* était une pratique ordinaire de la religion. A la vérité il paraît que les Israélites dansèrent autour du veau d'or, mais ce fut une profanation et une institution des *danses* qu'ils avaient vu pratiquer par les Egyptiens autour du bœuf Apis. Cet exemple n'est donc pas propre à prouver la thèse que nous soutenons, mais plutôt à la détruire. Le seul que l'on puisse nous opposer est celui de David; il est dit que lorsque ce roi fit transporter l'arche du Seigneur de la maison d'Abédédam dans la ville de David, il dansait de toutes ses forces devant le Seigneur : mais on ajoute mal à propos qu'il *se joignit aux lévites*, pour donner à entendre que les lévites dansèrent avec lui; le texte n'en dit rien; et la réponse que Michol, épouse de David, lui fit d'avoir dansé et de s'être dépouillé de ses ornements devant ses sujets, prouve que ce n'était ni un usage commun ni un usage pieux. Il est probable, dit-on, que plusieurs des psaumes de David ont été composés pour être chantés par des chœurs de musique et accompagnés de *danses*; nous répondrons qu'il est beaucoup plus probable que cela n'est point. Dans tous les psaumes, il n'est question de *danses* que dans un seul endroit, et ce sont des *danses* de jeunes filles; le texte même peut signifier des chœurs de musique. Dans tous les autres endroits de l'*Ancien-Testament*, il n'est fait mention de la *danse* que comme d'un exercice purement profane. Moïse, en parlant aux Israélites de leurs fêtes, leur dit : *Vous vous réjouirez devant le Seigneur votre Dieu*; il n'ajoute point : vous exprimerez votre joie par des *danses*. Ainsi, quoique les filles juives aient dansé les jours de fêtes, il ne s'en suit point que cet exercice ait été un acte de piété. On nous allègue le témoignage de Philon, qui nous apprend que les thérapeutes d'Egypte, après leur repas, pratiquaient une *danse sacrée*, dans laquelle les deux sexes se réunissaient; mais il faudrait prouver que les thérapeutes avaient pris cet usage des anciens juifs, et non des Egyptiens au milieu desquels ils vivaient. Puisqu'on ne peut pas faire voir que la danse ait jamais fait partie du culte religieux chez les juifs, beaucoup moins en trouvera-t-on des vestiges chez les chrétiens. Au second siècle un célèbre imposteur nommé *Lence Carier*, qui professait l'hérésie des docètes et celles des marcionites forgea une histoire intitulée *Voyage des apôtres*, dans laquelle il racontait qu'après la dernière cène du Sauveur, la veille de sa mort, les apôtres chantèrent en chœur avec lui un cantique et *dansèrent en rond autour de lui*. Beauserbre, qui avoue que cette imaginat on paraît extravagante, prétend néanmoins que Lence n'était point un insensé; qu'ainsi il faut que son récit n'ait rien eu de contraire aux bienséances du temps et du lieu où cet auteur écrivait, d'où il donne à conclure que la *danse* pouvait être regardée pour lors comme un exercice sacré. Si un père de l'Eglise ou un écrivain catholique, avait rêvé quelque chose de semblable, Beauserbre l'aurait couvert d'ignominie; mais comme il s'agissait d'un hérétique dont les puscillianistes respectaient les écrits, ce critique a cru devoir les excuser. Mais n'est-il pas absurde d'imaginer qu'au second siècle, lorsque les chrétiens étaient obligés de se cacher pour s'assembler et pour célébrer les saints mystères, ils y mêlaient des chants bruyants et des *danses*, que les repas de charité, nommés *agapes* finissaient ordinairement par une *danse*; tout cela est faux et avancé sans preuves. Au contraire, dès que l'Eglise chrétienne a eue la liberté de donner de l'éclat à son culte extérieur, les conciles ont défendu aux fidèles de danser, même sous prétexte de religion. Le concile de Laodicée, l'an 367, canon 54; le troisième concile de Tolède, l'an 589; le concile *in trullo*, l'an 692, et plusieurs autres dans la suite des siècles, ont absolument défendu la *danse*, par l'exemple de la fille d'Hérodiade dont le funeste talent fut la cause de la mort de saint Jean-Baptiste. Ainsi nous n'ajoutons aucune foi à ce que disent nos dissertateurs, savoir, que les anciens cénobites, dans leurs déserts, se livraient à l'exercice de la *danse* les jours de fête par motif de religion; que l'on voit encore à Rome et ailleurs d'anciennes églises, dont le chœur plus élevé que la nef est disposé de manière que l'on pouvait y danser aux grandes solennités; que, dans l'origine, le mot de *chœur* signifiait plutôt une assemblée de danseurs qu'une troupe de chantres et de musiciens, etc. Rien de tout cela n'est fondé sur des preuves positives, et ce sont des suppositions formellement contraires aux lois ecclésiastiques. Il est absolument faux que la *danse* ait fait partie du rituel mozarabique rétabli dans la cathédrale de Tolède par le cardinal Ximenès. Les abus qui se sont souvent introduits au milieu de l'ignorance et de la grossièreté des mœurs qui ont régné dans les bas siècles ne prouvent rien, puisque cela s'est fait au mépris des lois de l'Eglise. Peu nous importe de savoir si c'est vrai que dans plusieurs villes les fidèles passaient une partie de la nuit, la veille des fêtes, à chanter des cantiques et à danser devant les portes des églises; qu'en Portugal, en Espagne et en Roussillon, cela se fait encore par les jeunes filles la veille des fêtes de la Vierge; que, vers le milieu du dernier siècle, on dansait encore à Limoges, dans l'église de Saint-Martial; que le père Ménétrier a vu, dans quelques cathédrales, les chanoines danser avec les enfants de chœurs le jour de Pâques; toutes ces indécences doivent être mises au même rang que la fête des fous et les processions absurdes que l'on a faites, pendant si longtemps, dans les villes de Flandres et ailleurs.

La cause de ces différents abus tient à ceci : Dans la plupart des églises, surtout d'Espagne, on avait la coutume de louer des musiciens pour les fêtes de la Sainte-Vierge et des saints, en l'honneur desquels il y avait des ermitages; mais on abusa de cette dévotion en faisant servir les musiciens à des danses publiques, sous le prétexte qu'elles rapportaient de l'argent aux églises. Quand il serait vrai que les *danses* prétendues religieuses ont été sans inconvénient lorsque les mœurs étaient simples et pures, et lorsque les peuples ne pouvaient point trouver la consolation ailleurs que dans les pratiques de religion, elle ne peut entrer décemment dans le culte divin dès qu'elle sert sur le théâtre à exciter les passions. Les pasteurs, bien convaincus des désordres qu'elle peut produire, font tous leurs efforts pour en détourner les jeunes gens, et l'on ne peut trop applaudir à leur zèle. On a beau dire que la *danse* est un des exercices qui contribuent à former le corps des jeunes gens, on pourrait le faire sans imiter les gestes efféminés et les attitudes lascives des acteurs de théâtre. Il en est de cet art comme de celui de l'escrime, qui aboutit souvent à produire des spadassins et des aventuriers. Plusieurs laïcs sensés ont pensé sur ce sujet comme les pères de l'église. Le comte de Bussi-Rabutin, que l'on ne peut accuser d'une morale trop sévère, dans son traité de *l'usage de l'adversité*, adressé à ses enfants, leur représente, dans les termes les plus forts, le danger de la *danse*, et va jusqu'à dire qu'un bal serait à craindre même pour un anachorète; que les jeunes gens courent le plus grand risque d'y perdre leur innocence, quoiqu'en puisse dire la coutume; que ce n'est point un lieu que doive fréquenter un chrétien. L'historien Salluste, dont les mœurs étaient d'ailleurs très corrompues, dit d'une dame romaine, nommée Simpronia, qu'elle dansait et chantait trop bien pour une honnête femme. Un historien anglais a fait l'application de ces paroles à la reine Élisabeth. Ce qui est dit *des danses religieuses* dans le *Dictionnaire de jurisprudence* a besoin de correctif.

DANSER, mouvoir le corps en cadence et à pas mesurés, ordinairement au son de la voix ou de quelque instrument. — *Danser sur la corde*, exécuter des pas mesurés et des tours de force sur une corde tendue; et figurément, être engagé dans une affaire hasardeuse, se trouver dans une situation embarrassante, incertaine, où l'on court risque à tout moment de succomber. — Prov. et fig., *faire danser quelqu'un*, donner bien de l'exercice, bien de l'embarras à quelqu'un, pour le réduire à ce qu'on veut. — Prov. et fig., *ne savoir sur quel pied danser*, ne savoir quelle contenance tenir, ne savoir quel parti prendre. — Prov., *toujours va qui danse*, pour s'amuser il n'est pas besoin de bien danser, il suffit qu'on danse. Cette phrase se dit figurément en parlant d'une personne qui fait le mieux qu'elle peut, qui fait tant bien que mal ce qu'elle a à faire. — Prov. et fig., *du vin à faire danser les chèvres*; du vin très aigre.

DANSER, s'emploie souvent comme verbe actif, et signifie exécuter une danse.

DANSER, v. a. (*technol.*), travailler la pâte à biscuit jusqu'à ce qu'elle soit bien ferme.

DANSEUR EUSE; celui ou celle qui danse. Il signifie plus ordinairement celui, celle qui aime à danser, qui danse souvent, ou qui fait profession de danser. *Danseur, danseuse de corde*, celui, celle dont la profession est de danser sur la corde.

DANSEUR, adj. et s. m. (*vénérie*); il se dit d'un chien qui voltige et ne suit pas la voie de l'animal qu'il chasse.

DANSOMANIE, s. f. (*néol.*); manie, fureur de la danse.

DANSOMANE, s. des 2 g. (*néol.*); il se dit d'une personne qui aime la danse avec excès, qui a la passion de la danse.

DANSOMUSICONCAVE, s. m. Il se dit de petites figures très légères que l'on pose sur la table d'un piano, et qui dansent lorsque l'on joue de l'instrument.

DANSOTTER, v. a., danser sans élan, comme un vieillard. Ce terme burlesque est de Scarron.

DANSOYER, v. n.; il se dit quelquefois familièrement pour danser mal et de mauvaise grâce.

DANT ou **DANTE** (*mam.*), animal de Numidie, dont parle Léon l'Africain, et qu'il représente comme une espèce de petit bœuf, bas sur jambes, à poil blanchâtre, à cornes noirâtres, courbées et façonnées, et à ongles des pieds noirs et fendus. Il court avec une grande vitesse. Buffon a cru reconnaître à cette description la variété du Zèbre; M. Fr. Cuvier pense qu'il appartient plutôt à quelque espèce d'antilope. J. P.

DANTE ALIGHIERI (**LE**), poète italien, naquit à Florence en 1265. Un esprit vif et ardent le jeta dans l'amour, dans la poésie et dans les factions. Il embrassa le parti Gibelin, l'ennemi des papes; ce qui le rendit désagréable à Boniface VIII et à Charles de Valois, frère de Philippe-le-Bel, que ce pontife avait envoyé à Florence, agitée par plusieurs factions, pour y remettre le calme. Dante fut chassé des premiers, sa maison rasée et ses terres pillées. Il se rendit à Vérone avec toute sa famille et s'en fit exiler. Can de la Scale, prince de Vérone, l'aimait et l'estimait. Sa vanité et son imprudence lui firent perdre le crédit dont il jouissait. Un jour qu'il se trouvait dans le palais des scales, un seigneur, surpris de ce qu'un bouffon recevait beaucoup de caresses de la part des courtisans, lui dit: « Pourquoi un homme savant et sage tel que vous » n'est-il pas aussi chéri que cet insensé? » Dante répondit: « C'est que chacun chérit son semblable. » Ce bon mot causa sa disgrâce. Après avoir mené une vie inquiète et errante, il mourut pauvre à Ravenne, en 1321, à cinquante-six ans, où son caractère remuant et brouillon l'avait fait exiler. Parmi les différents ouvrages de poésie qu'il nous a laissés, le plus célèbre est sa *Comédie de l'enfer, du purgatoire et du paradis*, partagée en trois actes ou récits. La première édition de ce poème est de 1742. in-f°, mais les meilleures sont celles de Venise, 1757, 5 vol. in-4°. fig.; de Rome, 1791, avec les commentaires du père Lombardi, 5 vol. in-4°, réimprimée en 1815. en 4 vol.; de Parme (Bodoni), 1795, 3 vol. in-f°, et Milan, 1809, 3 vol. in-f°. Granger l'a traduit en français, Paris, 1595 et 1597, 3 vol. in-12. Il a paru depuis, plusieurs autres traductions de l'Enfer. La dernière a été publiée par Artaud, Paris, 1311, 13, en 3 vol. in-8°, fig. Cette version, assez exacte, est accompagnée de notes très utiles pour l'intelligence du texte. Il y a dans cet ouvrage des pensées justes, des images forte, des saillies ingénieuses, des morceaux brillants; mais l'invention est bizarre, et le choix des personnages qui entrent dans son tableau, fait avec trop peu de goût et sans variété d'attitudes. Il place dans son élysée les païens les plus libertins, et dans l'enfer proprement dit, des hommes qui n'ont d'autre tort que de lui déplaire. « C'est un Salmigondis, » dit un savant moderne, consistant dans un mélange de » diables et de damnés anciens et modernes, d'où il résulte une » espèce d'avilissement des dogmes sacrés du christianisme; » aussi jamais écrivain, même *ex professo* anti-chrétien, n'a » contribué plus que Dante, par cet abus, à jeter du ridicule » sur la religion; loin que cet auteur ait mis dans son ouvrage

» la dignité, la gravité et le jugement nécessaires, il n'y a » mis que le bavardage le plus grossier, le plus digne des esprits » de la basse populace. » On a aussi du poète florentin divers autres ouvrages en vers et en prose, que les Italiens regardent encore aujourd'hui comme une des premières source des beautés de leur langue. On ne peut disconvenir qu'il ne s'en trouve dans ses poésies, mais il y règne en général un ton d'indécence et de causticité qui révolte les honnêtes gens. On a encore de lui : *Il convivio*, Florence, 1480, in-8°; en prose, 1723, in-4°. Boccace a donné la *Vie de Dante*, Florence, 1686, in-8°. On a publié, en 1744, à Venise, in-8°, un traité qu'on attribue à Dante : *De monarchiâ mundi*, ouvrage qui n'avait pas encore vu le jour. L'auteur s'élève contre les papes pour flatter les empereurs; mais la manière dont il parle de leurs droits respectifs fait voir assez qu'il n'entend rien ni aux uns ni aux autres.

DANTE DA MAJANO. Ce poète dont aucun dictionnaire historique ne parle, mérite cependant une mention particulière. Il naquit à Majano en Toscane et était contemporain de Dante Allighieri, sans être son parent. Ses vers paraissaient si beaux qu'une jeune Sicilienne, nommée Nina, et qui avait elle-même une grande réputation poétique, se passionna très vivement pour lui, et que pour faire connaître combien elle était fière de son choix elle eut l'idée de se faire appeler *Nina di Dante*. Les poésies lyriques de ce Dante sont connues sous ce titre : *Sonnetti e canzoni di diversi antichi autori toscani in X libri.*

DANTE (PEREGRINO), plus connu sous le nom de P. EGNAZIO, qu'il prit en entrant dans l'ordre des Dominicains, appartenait à une famille qui avait déjà produit plusieurs mathématiciens distingués; mais il les surpassa tous en talent et en réputation. Egnazio naquit à Pérouse en 1537; il cultiva dès l'enfance les mathématiques avec succès, et ne cessa pas de s'y appliquer dans la vie religieuse qu'il embrassa de bonne heure. Il professa, jeune encore, la science à Bologne, et s'acquit une renommée assez brillante, pour que Cosme Ier de Médicis manifestât le désir d'entendre ses leçons et le fit venir à Florence. Grégoire XIII et Sixte V lui firent le même honneur, et l'appelèrent auprès de leur personne. Le premier de ces souverains pontifes employa le P. Egnazio Dante à lever le plan de différentes places de l'état pontifical, et le promut, en 1583, à l'évêché d'Alatri. Le P. Egnazio est surtout célèbre par le service qu'il rendit à l'astronomie moderne, en faisant construire le premier un gnomon assez considérable pour fixer les équinoxes et les solstices. Celui qu'il établit, en 1573, dans l'église Sainte-Pétrone de Bologne, n'avait pas cependant toute la perfection désirable, il déclinait du méridien de quelques degrés. Il ne se proposa au surplus dans la construction de cet instrument, que de montrer par une observation pour ainsi dire populaire, combien l'équinoxe du printemps s'écartait du 21 mars, auquel il était censé arriver, et sous ce rapport il n'avait pas besoin d'une plus grande précision. C'est ce gnomon qui servit de base à celui que construisit, en 1653, dans la même église, Jean-Dominique Cassini. Le père Egnazio a laissé un assez grand nombre d'ouvrages parmi lesquels nous citerons surtout : I. *Traité de la construction et de l'usage de l'astrolabe*, Florence, 1583, in-4°, 2e édit., 1578, avec la descripttion de plusieurs nouveaux instruments astronomiques. II. *Traduction italienne de la sphère de Proclus*; Florence, 1573, in-4°. III. *Commentario alle regole della prospettiva di Jacobo Barozzi*; Rome, 1583, in-4°. Cet ouvrage renferme des démonstrations mathématiques des règles de la perspective, dont Vignole n'avait donné que la pratique. IV. *Le scienze matematiche redotte in tavole*; Bologne, 1577. Cet ouvrage se compose de quarante-cinq tableaux synoptiques, dont la composition suppose une grande érudition; on peut le consulter comme un monument curieux de l'état de la science vers la fin du XVIe siècle. V. *La prospettiva di Euclide tradotta, con alcune annotazioni, insieme la prospenetiva di Eliodora*; Florence, 1573, in-4°. Dante Egnazio mourut le 19 octobre 1586, au moment où il allait quitter Alatri pour se rendre aux désirs de Sixte V. Nous croyons devoir indiquer ici les autres mathématiciens du nom de Dante. — PIERRE-VINCENT-DI-RAINALDI, gentilhomme de Pérouse, qui vivait dans le XVe siècle, et qui mourut en 1512, eut une grande réputation comme mathématicien et comme architecte. Ce savant, qui s'occupait aussi de poésie, s'imagina que ses compositions atteignaient la sublimité de celle du Dante, pour lesquelles il professait au reste une admiration enthousiaste; il prit le nom de ce grand homme, et ses descendants continuèrent à le porter. Il est auteur d'un commentaire italien sur la *Sphère* de SACRO BOSCO, imprimé à Pérouse en 1544-1574. — JULES DANTE, son fils, se rendit également célèbre par ses connaissances en mathématiques et en architecture. C'est lui qui construisit la magnifique église de Saint-François-d'Assise. Il est le père d'Egnazio Dante. — THÉODORA DANTE, sœur de Jules, fut le premier professeur d'Egnazio, son neveu; elle fut aussi célèbre en Italie par les grâces de son esprit que par ses talents en mathématiques. — DANTE (JEAN-BAPTISTE), autre mathématicien de Pérouse, mais qui n'était probablement pas de la même famille, acquit de la célébrité vers la fin du XVe siècle, par une expérience de mécanique qui mérite d'être rapportée. Au moyen de deux grandes ailes de son invention, il osa s'élancer de la tour la plus élevée de la ville de Pérouse; il traversa la place et se balança quelque temps en l'air, aux acclamations de la multitude. Malheureusement l'un des ressorts en fer de son aile gauche se rompit tout-à-coup, et le hardi mécanicien tomba sur le faîte d'une église voisine et se cassa la jambe. Après sa guérison, Jean-Baptiste Dante fut professeur de mathématiques à Venise, où il mourut dans un âge peu avancé.

DANTE (VINCENT), petit-fils de Pierre-Vincent, fut architecte, peintre et sculpteur. Il naquit à Pérouse en 1530. On a de lui la fameuse statue du pape Jules III, chef-d'œuvre qu'on voit encore sur la place de Pérouse. Cosme de Médicis, grand duc de Toscane, le nomma son architecte. Il travailla aux obsèques de Michel-Ange, et en 1560, il recueillit fort ingénieusement les eaux perdues de la fontaine de Pérouse. Il mourut en 1576. — Il avait deux frères, dont l'un (Jérôme Dante), fut excellent dessinateur et bon coloriste. Il mourut à l'âge de trente-trois ans.

DANTELITES (*géogr. anc.*), peuple thrace vers le mont Hœmus. Strabon le place du côté du Pont-Euxin, à l'E., et Ptolémée du côté du couchant. — Leur pays s'appelait Dantélética.

DANTESQUE, adj. des 2 g. (*néol.*). Il se dit de ce qui imite ou rappelle le caractère sombre et grandiose que le doute a imprimé à ses poëmes. *Dantesque* signifie aussi qui a pour objet l'explication des ouvrages du Dante.

DANTHONIE, *danthonia* (*bot.*). Genre de la famille des graminées de la triandrie digynie, dédié par De Candolle au botaniste Etienne Danthoine. Ses caractères principaux sont : deux très grandes glumes concaves renfermant deux à six fleurs à deux balles dont l'externe est échancrée au sommet, et munie au fond de l'échancrure d'une arête tantôt longue et tortillée, tantôt demi avortée; trois étamines, un ovaire supère, surmonté de deux styles terminés chacun par un stigmate plumeux. La graine est ovoïde, libre, sans rainure. On en connaît deux espèces en France qui se trouvent dans presque toute l'Europe. La *Danthonie inclinée, D. decumbens.* Cette espèce très commune, même aux environs de Paris, dans les bois et les paturages, est une plante vivace dont les chaumes ont un pied de hauteur, droits d'abord, mais s'inclinant à l'époque de la maturation des graines; leur panicule resserrée en épi et composée d'épillets blanchâtres ou légèrement violacées contenant chacun trois à quatre fleurs. La seconde espèce la *Danthoine provençale* ou *Calicine D. calycina*. Les chaumes sont grêles, garnis de quelques feuilles filiformes et de panicules droites composées de quatre à cinq épillets solitaires. Ces plantes sont très voisines des méliques et des avoines. J. P.

DANTIE, s. f. (*bot.*), genre de plantes.

DANTINE (D. MAUR-FRANÇOIS), religieux bénédictin de la congrégation de Saint-Maur, naquit à Gonrieux, diocèse de Liége, en 1688, et mourut d'apoplexie le 3 novembre 1746. Il professa la philosophie dans l'abbaye de Saint-Nicaise de Reims. Il travailla à la collection des décrétales et fut chargé de terminer la nouvelle édition du *Glossarium mediæ et infimæ latinitatis* de Ducange. D. Maur, de concert avec l'abbé Carpentier, se livra à ce travail avec tant d'assiduité que dès l'année 1733 les quatre premiers volumes étaient livrés au public. Le cinquième parut en 1734. D. Maur fut exilé à Pontoise, la même année, à cause de son attachement au jansénisme. L'abbé Carpentier fit paraître le sixième volume en 1736. D. Maur fut rappelé à Paris en 1737. Il fit imprimer en 1738, in-18, sa traduction sur l'hébreu, *des psaumes avec des notes tirées de l'Ecriture et des pères, pour en faciliter l'intelligence*, réimprimé à Paris, 1739 et 1740, in-12.

DANTOINE (J.-B.), avocat au parlement de Lyon au commencement du XVIIIe siècle, auteur de plusieurs ouvrages de droit cités par M. Dupin aîné dans le volume des lettres sur la profession d'avocat.

DANTON (GEORGES-JACQUES), né le 28 octobre 1759, à Arcis-sur-Aube, vint à Paris pour exercer la profession d'avocat, au moment où la révolution venait d'éclater. Doué d'un tempérament ardent, d'une audace à toute épreuve, la nature lui avait donné une constitution qui répondait à la vigueur de son âme. Il était d'une haute stature et possédait une voix formidable, propre à faire une profonde impression dans des réunions tumultueuses. Il se précipita avec ardeur dans le parti des révolutionnaires les plus avancés, et dès la première division de la capitale en districts, il obtint la présidence de celui des Cordeliers. Bientôt il fonda le club des Cordeliers qui surpassa celui des Jacobins en impétuosité révolutionnaire et en excès sanguinaires; mais il ne se contenta pas de dominer aux Cordeliers par son éloquence; homme d'action, on le retrouve au premier rang dans les journées du 14 juillet et des 5 et 6 octobre: sa conduite, dans ces derniers événements, le fit même décréter d'accusation; mais le mandat d'arrêt lancé contre lui ne put être exécuté, et il ne l'empêcha pas de se présenter aux élections de Paris et d'être nommé substitut du procureur de la commune. La cour voulut alors gagner ce redoutable champion qu'elle ne pouvait abattre; mais elle échoua dans cette tentative. La haine de Danton contre la royauté s'accrut de plus en plus. Ce fut lui qui organisa le mouvement du 20 juin 1792, et qui fut le grand meneur de la révolution du 10 août. C'est donc de mauvaise foi et pour le perdre que Saint-Just l'accusa plus tard d'avoir *déserté les périls qui entouraient la liberté*! Il est vrai qu'il était allé prendre quelques jours de repos à Arcis-sur-Aube, mais dès le 9 il était de retour, et dès lors on le vit sans cesse à la tête du mouvement, poussant à la révolte et au crime. C'est sa voix puissante qui, du haut de la tribune des Cordeliers, ébranla la légion marseillaise et donna le signal de la révolution; aussi après la chute du trône l'assemblée législative le récompensa-t-elle en le nommant ministre de la justice. C'est alors que l'invasion de Brunswich, en Champagne, répandit dans les masses populaires une terreur et une exaspération qui tenaient du délire. Si Danton ne fut pas l'instigateur des massacres des 2 et 3 septembre, du moins les favorisa-t-il par son inaction et par celle qu'il imposa à la commune. Il accepta même une terrible solidarité avec les auteurs de ces exécutions sanglantes par cette exclamation: *Périsse ma mémoire et que la France soit sauvée!* Ces paroles sont la plus fidèle expression des convictions de Danton. Il ne voulait qu'une chose, faire triompher la révolution; quant aux moyens, ils étaient tous légitimes aux yeux d'un scélérat qui n'avait pour foi religieuse que son amour de la révolution et sa haine de la royauté et des prêtres. Il ne craignit pas de se présenter devant l'assemblée législative qui, ignorant les événements, s'était assemblée en tumulte au bruit du tocsin. Il prononça d'un ton sinistre ces terribles paroles: « Le canon que vous entendez » n'est point le canon d'alarme; c'est le pas de charge sur nos » ennemis. Pour les vaincre, pour les atterrer, que faut-il! De » l'audace, encore de l'audace, toujoujours de l'audace. » C'est par les plus lâches et monstrueux assassinats que Maillard répondit à ces paroles. L'exaspération qui régnait dans Paris était telle que, malgré ces crimes, Danton et ses créatures furent nommés membres de la Convention. Il s'empressa de quitter le ministère de la police pour remplir ce nouveau mandat. Il y fit décréter l'inviolabilité des propriétés et défendit Robespierre et Marat contre les accusations de Rebecqui et de Louvet. Vers la fin d'octobre il fut nommé au comité de constitution, lorsque Dumouriez vint à Paris; ce fut Danton qui présida la séance dans laquelle ce général fut reçu solennellement par les Jacobins. Ces deux hommes énergiques et peu scrupuleux se convenaient et furent bientôt liés. C'est en raison de cette liaison que Danton reçut une mission en Belgique. Il revint pour le procès de Louis XVI. Comme on lui objectait que les membres de la Convention ne pouvaient être juges dans ce procès puisqu'ils étaient accusateurs. « Vous avez raison, répondit-il, » nous ne jugerons pas Louis XVI, nous le tuerons! » Et fidèle à son système, il vota la mort sans sursis. Lorsqu'à la séance du 16 janvier 1793, on proposa que la condamnation du roi ne put être prononcée qu'à la majorité des deux tiers des voix; il s'y opposa en ces termes: « Je m'étonne, quand c'est à la simple » majorité qu'on a établi la république, qu'on a aboli la royauté, » et qu'on a prononcé sur le sort de la nation entière, que l'on » prononce sur le sort d'un *individu*, d'un conspirateur avec » des formes plus sévères et plus solennelles. » Cependant les factions qui divisaient la Convention s'inquiétaient. Il disait: « Le métal bouillonne, mais la liberté n'est pas encore fondue; » si vous ne surveillez la fournaise, vous serez tous brûlés. » Néanmoins après l'échec que les troupes de la république éprouvèrent à Aix-la-Chapelle, il conseilla les levées en masse, la terreur, et fit demander par Chaumette la formation d'un tribunal révolutionnaire. Il s'affligeait de la lutte de Robespierre avec les Girondins. M. de Meilhan esseya de l'entraîner dans le parti de ces derniers; Danton resta indécis et finit par lui dire: « Ils n'ont pas de confiance! » Il réclama, mais en vain, le châtiment d'Henriot, qui avait outragé la Convention. Après le 31 mai, il demanda que le comité de salut public fut érigé en gouvernement provisoire. On l'accusa de vouloir rétablir la royauté; il refusa alors de faire partie du commité. Il continua à être le provocateur de toutes les lois sur le maximum. Mais jusqu'en novembre 1793, le culte de la raison promenait partout ses fêtes extravagantes; Danton s'écria: « Quand finiront ces mascarades? Nous n'avons pas voulu » détruire la superstition pour établir l'athéisme. » Robespierre sembla céder à son influence et sévit contre les Hébertistes qui montèrent sur l'échafaud pour être allés plus loin que le *sage* Robespierre. Mais bientôt celui-ci se retourna contre Danton qu'on commençait à accuser de *modérantisme*. Il s'en prit d'abord à ses amis, et il attaqua Camille Desmoulins pour la publication du *Vieux cordelier*. Danton prit Desmoulins sous sa protection. Il voulut aussi mais en vain sauver Fabre d'Eglantine. Dès lors la rupture fut évidente. « Il est juste, dit Danton, » en s'adressant à Robespierre, de comprimer les royalistes, » mais il ne faut pas comprendre l'innocent avec le coupable, et » nous ne devons frapper que des coups utiles à la république! » — Eh! qui vous a dit, répliqua Robespierre en fronçant le » sourcil, qu'on ait fait périr un innocent? — Il faut se montrer, » dit en sortant Danton; il n'y a pas un moment à perdre. » Et cependant il resta dans l'inaction. Aux sollicitations de ses amis il répondait: « Il n'oserait! » Enfin le Mirabeau de la montagne, le véritable roi des clubs fut arrêté dans son lit la nuit du 31 mars 1794. Quand il arriva à la prison du Luxembourg, il salua les nombreux prisonniers qui accouraient pour le voir et leur dit: « Messieurs, j'avais l'espoir de vous faire » bientôt sortir d'ici, mais m'y voilà moi-même avec vous et » je ne sais plus comment cela finira. » Tout le monde parut s'intéresser au sort de l'audacieux et habile scélérat. Où devaient d'ailleurs s'arrêter les supplices, si l'on faisait tomber la tête de l'homme qui plus que personne avait contribué au triomphe des révolutionnaires les plus exaltés et les plus sanguinaires? Traduit au tribunal révolutionnaire, il conserva son audace ordinaire et toute l'impudence du plus furieux des criminels. Il roulait, dit-on, des boulettes de pain entre ses doigts et les jetait au visage de ses juges. Il refusait de répondre à leurs questions et les terrassait par des apostrophes écrasantes. Le tribunal effrayé et craignant que les masses ne s'animassent encore à la voix de celui qui les avait tant de fois ébranlées, le mit hors des débats. Danton devint furieux: « C'est moi, » dit-il en entrant dans la chambre des condamnés, qui ai fait » instituer ce tribunal infâme! J'en demande pardon à Dieu » et aux hommes! Je laisse tout dans un gâchis épouvantable, » il n'y en a pas un qui s'entende au gouvernement. Au sur- » plus ce sont tous des frères de Caïn; Brissot m'aurait fait » guillotiner comme Robespierre. » Il disait encore: « Mon » individu sera bientôt dans le néant, mais mon nom est déjà » dans la postérité. » Son courage ferme ne se démentit pas dans le fatal trajet. Un instant il s'émut au souvenir de sa femme, mais bientôt il reprit sa fermeté et regarda d'un œil assuré l'instrument du supplice. « Tu montreras ma tête au » peuple, dit-il au bourreau, elle en vaut la peine. » Il voulut embrasser Hérault Séchelles compris avec lui dans la même condamnation, l'exécuteur s'y opposa. « Misérable! lui dit » Danton, tu peux donc être plus cruel que la mort. Va! tu » n'empêcheras pas nos têtes de se baiser dans le panier! » C'est le 5 avril 1794 que mourut cet homme extraordinaire sans doute, mais à la manière des lions sauvages. Il mourut âgé de trente-cinq ans.

DANTONIEN s. m. (*hist.*). Il s'est dit de ceux qu'on appelle plus généralement *Dantonistes*.

DANTONISTES s. m. (*hist.*). Partisan de Danton, ou membre du parti modéré de la montagne.

DANTZ ou **DANZ** (JEAN-ANDRÉ), savant orientaliste allemand, né à Sandhussen, village situé près de Gotha, le 1er février 1654. Il fut reçu maître-ès-arts à Wittemberg en 1676, se rendit à Hambourg où il reçut des leçons du fameux rabbin Esdras Edzardi, et de là à Leipzig et à Jéna, d'où il partit en 1683 pour visiter la Hollande et l'Angleterre. Il se fixa enfin en Allemagne, et vint habiter Jéna après avoir séjourné dans plusieurs villes. Dantz obtint dans cette dernière une chaire de professeur extraordinaire des langues orientales, et celle de professeur ordinaire après la mort de Frischmuth. Il mourut le 20 décembre 1727, d'une attaque d'apoplexie. Nous avons de lui grand nombre d'ouvrages.

DANTZIG, chef-lieu de la régence du même nom, dans les provinces de la Prusse occidentale, ville commerçante et forte sur la rive gauche de la Vistule, à environ deux lieues de son embouchure dans la Baltique; siége d'un conseil d'amirauté et d'un tribunal de commerce, est bien fortifiée et défendue par une bonne citadelle. Elle est fort agréablement située dans une contrée charmante; elle comprend trois quartiers principaux : l'Alstadt, le Rochetadt et le Vorestadt, et plusieurs grands faubourgs. Elle n'est ni régulièremant ni joliment bâtie, et compte avec les faubourgs 5,172 maisons, 54,756 habitants, dont 2,148 juifs. Son beau port et sa situation avantageuse lui procurent une grande influence sur le commerce de terre et de mer; elle formait une partie notable de l'ancienne anse et s'appelait le grenier du Nord. Son nom apparaît dans l'histoire dès le xe siècle : on l'écrivait alors *Gédansk*. Pendant longtemps elle changea de maîtres fréquemment, comme la contrée où elle est située. Les Danois, les Suédois, les Poméraniens et les chevaliers de l'ordre teutonique s'en disputèrent la possession. En 1310, elle tomba sous la domination de l'ordre teutonique. L'activité de ses habitants rétablit sa prospérité, diminuée par de trop fréquentes guerres, et donna à la bourgeoisie un tel sentiment de sa force, qu'en 1454 elle se déclara indépendante de l'ordre teutonique, et que son affranchissement fut bientôt reconnu par la république de Pologne. La ville avait son propre code de lois, dit Coutumes de Dantzig, et elle acquit un territoire assez considérable. La puissance du roi de Pologne était représentée par un membre du conseil qui était soumis à une réélection et qui prenait le titre de Burgrave; la ville frappait sa monnaie particulière au coin de Pologne, entretenait un ministre à Varsovie, et lors de l'élection des rois, votait à la diète par l'entremise de délégués. Dantzig possédait du côté de la terre de grandes et pesantes fortifications; du côté de la Vistule, la ville est presque inabordable, à raison des forêts et des marais qui l'entourent. Son ressort comprend 33 riches villages et la montagne de Dantzig, langue de terre sablonneuse, avec la petite ville d'Hela, qui borde le golfe. Toutes ces circonstances lui donnèrent une importance politique et militaire. Elle perdit son importance politique par le rapprochement successif des frontières de Prusse; car, dès 1772, la ville était à peu près enclavée dans le territoire prussien. La Vistule était au pouvoir de la Prusse, qui y percevait des droits de douane en argent. Le commerce, l'industrie et la population tombèrent bientôt en décadence, et le dernier roi de Pologne déclara que force lui était d'abondonner Dantzig à sa destinée. Quand, en conséquence, le roi de Prusse exigea la soumission de Dantzig, la partie la plus raisonnable de ses habitants, à laquelle cette ombre d'indépendance était plus onéreuse que sa perte, imposa sa volonté au petit nombre de familles qui avaient gouverné jusqu'à ce jour. En vertu d'une convention, les Prussiens s'emparèrent des ouvrages extérieurs, le 28 mai 1793. Le peuple courut aux armes; une lutte de courte durée s'engagea et se termina par la soumission de la ville au bout de quelques jours. Sa prospérité se releva bientôt sous la domination prussienne, et jouit de toutes sortes de priviléges jusqu'à ce que la guerre eut éclaté entre la Prusse et la France. Le 7 mars 1807, Dantzig fut bloquée par le corps du maréchal Lefèvre, et l'investissement du côté de la terre fut terminé le 20 du même mois. Quoique la garnison eût montré un grand courage depuis le 21 jusqu'au 26, toutefois ses efforts n'empêchèrent pas les assiégeants de s'établir, le 1er avril, sur le Zigankerberg et d'enlever d'assaut, le 13, le bastion de Bousmard, ou plutôt ses ruines. Dans la nuit du 23 au 24, le bombardement commença et dura, mais avec des intervalles, jusqu'au 21 mai. Pendant ce temps là, le général Kaminskoi essaya vainement de pénétrer dans la ville avec 5,000 hommes. Une corvette anglaise qui devait apporter l'argent et les provisions de guerre nécessaires, et qui remontait à pleines voiles la Vistule, toucha terre et fut prise par les assiégeants. On commença alors à manquer de poudre; l'ennemi s'était retranché dans le chemin couvert de Hagelberg, qui était presque entièrement détruit, et se disposa à livrer un assaut général, dont le résultat n'était point douteux en raison de la supériorité du nombre (50,000 hommes contre une garnison de 7,000). Le gouverneur, comte de Kalkreuth, prêta l'oreille aux sommations réitérées qui lui avaient été faites, et conclut, le 24 mai, une capitulation basée sur des conditions semblables à celles qu'il avait accordées au général d'Ooyé, le 22 juillet 1792, lors de la reddition de Mayence. La garnison évacua la forteresse, le 27 mai, avec les honneurs de la guerre, et prit l'engagement de ne point servir contre la France avant une année. Le maréchal Lefèvre reçut pour récompense le titre de duc de Dantzig. Le général Laribossière comme chef de l'artillerie, Chapeloups et Kirchenes, comme directeurs du génie, avaient dirigé le siége sous ses ordres. Ce siége coûta à la ville 600 maisons, plus ou moins détruites, une soixantaine de bourgeois tués ou blessés et une contribution de guerre de 20,000,000 de francs. A la paix de Tilsitt, Dantzig fut libre avec un ressort de deux lieues, que Napoléon étendit de sa pleine volonté à deux milles d'Alemagne, et placée sous la protection de la France, de la Prusse et de la Saxe. Mais devenue au fond une véritable place d'armes française, elle ne put jamais jouir de son indépendance, puisqu'un gouverneur général français, le général Rapp, l'occupa avec une garnison, jusqu'en 1808, que le Code Napoléon y fut introduit par la seule volonté de l'empereur des Français, et que sa sujétion forcée au système continental détruisit le principal débouché de son industrie, le commerce avec l'Angleterre. Dans cet état d'oppression, toute prospérité disparut successivement. Arriva enfin l'année 1812. Alors nouveaux surcroits de charges imposées aux habitants par suite de la guerre de la Russie. Le 31 décembre, la forteresse fut déclarée en état de siége. Les troupes françaises et polonaises composant le 10e corps de la grande-armée se jetèrent dans ses murs lors de la fameuse retraite de Moscou; elles furent rejointes par des renforts dirigés par ordre de Napoléon, de Spandau et de Magdebourg, de sorte que la garnison fut portée à un effectif de 30,000 hommes. Vers la fin de janvier 1813, parut le corps russe qui devait investir la place, et qui se composait de 6,000 cosaques, mais qui ne tarda point à être remplacé par un corps de 7,000 hommes d'infanterie, 2,700 hommes de cavalerie et 60 artilleurs sous le commandement du lieutenant général de Lœvis. Les sorties et les attaques les plus sanglantes eurent lieu les 4 février, 5 mars, 27 avril et 9 juillet. Le 1er juin, les assiégeants furent renforcés par 8,000 hommes de la landhwer prussienne sous les ordres du comte Dohna. Le commandement en chef avait été déféré au duc de Wurtemberg, après l'armistice du 24 août. Il livra aux assiégés les combats très vifs des 28 et 29 août, 1er, 7 et 17 septembre. Une escadre anglaise s'approcha du côté de la mer et canonna la ville en même temps que les batteries de terre, depuis le 1er septembre, et fit en outre un usage terrible des fusées à la Congrève. La seconde parallèle fut ouverte, et enfin le 17 novembre, fut conclue une capitulation d'après laquelle la garnison s'obligea de poser les armes, le 1er janvier 1814, pour être renvoyée en France, sous l'obligation de ne point servir d'une année contre les coalisés. Ces stipulations n'obtinrent point l'agrément de l'empereur Alexandre, et le gouverneur général Rapp, qui probablement avait fait détruire secrètement beaucoup de provisions de guerre, et qui par ce moyen n'avait plus les ressources nécessaires pour une plus longue défense, dut se déterminer à rendre la forteresse. Les Polonais et les Allemands furent dirigés vers leur pays le 1er janvier, et les Français se mirent en marche pour se rendre comme prisonniers de guerre dans l'intérieur de la Russie. Pendant ce blocus et ce siége, qui avaient duré onze mois, il y eut dans la ville 309 maisons et magasins entièrement brûlés, 1,115 édifices publics gravement endommagés et 90 habitants moururent de faim. Le 3 février 1814, Dantzig rentra sous la domination de la Prusse. Le 6 décembre 1815, elle éprouva de grands dommages par suite de l'explosion d'un magasin à poudre. La ville possède des manufactures de galons d'or et de soie qui ne sont pas sans importance, de draps, d'étoffes de laine et de cordages; des ateliers considérables de teinture, des raffineries de sucre, des distilleries, des fabriques de liqueurs, de vitriol, de potasse et de salpêtre, dont les produits sont écoulés en Pologne par la Vistule et par la voie de mer en Angleterre, en Hollande et dans les villes anséatiques. Le commerce de blé de la Pologne alimente surtout l'industrie des habitants; les autres objets d'exportation sont: le bois, les cuirs, les laines, les pelleteries, le beurre, le suif, la cire, le miel, la potasse, le chanvre et le lin. Parmi les édifices remarquables de Dantzig, on peut citer la cathédrale, la Maison de ville, l'Arsenal, les bâtiments des ci-devant jésuites, la Cour des nobles, l'église de Sainte-Catherine et la cathédrale. Dantzig possède 13 églises luthériennes, 4 catholiques et 4 calvinistes, 2 couvents, 1 séminaire. 3 colléges, une école de dessin et une de navigation; 1 observatoire, une bibliothéque de 27,000 volumes, une bourse, 7 hôpitaux, une maison de correction et de travril, 1 hospice d'orphelins et d'enfants trouvés, 1 hôpital et 1 lazaret. On y trouve plusieurs établissements de bienfaisance et des sociétés savantes. Dantzig, la première place de commerce de la monarchie prussienne, a un bon port formé par l'embouchure de la Vistule et défendu par des forts : deux phares en éclairent l'entrée. Il communique à la Molau par un canal; les gros vaisseaux restent dans le port de Dantzig, qui offre une rade à l'abri des vents du nord. L'ambre, qu'on trouve aux environs, s'expédie dans le midi de l'Europe. Les bâtiments étrangers qui fréquentent le plus le port sont ceux des Anglais, Hollandais, Danois et Suédois. En 1815, l'une des années les plus défavorables pour son commerce, il y est arrivé 459 bâtiments, et il en est sorti 377. Dans les années ordinaires, ce nombre s'accroît du double et même du triple. Dantzig est la patrie de l'astronome Level et de l'historien Archenholz. Elle est située à 36 lieues O.-S.-O. de Kœnigsberg, et à 115 N.-E. de Berlin; lat. nord 54° 20'; long. est 16° 17'.

DANTZICKOIS OISE, adj. et subs. (*geog.*), habitant de Dantzick, qui appartient à cette ville ou à ses habitants.

DANUBE. Ce fleuve, le plus important de l'Allemagne après le Rhin, et le plus grand de l'Europe après le Volga, portait à la fois chez les Grecs et chez les Romains les noms de *Danubius* et d'Ister : celui de *Danubius*, dans sa partie supérieure jusqu'à Vindobona (Vienne), ou, suivant Strabon, jusqu'aux cataractes (près d'Orszova); celui d'Ister, jusqu'à son embouchure dans le Pont-Euxin. Le Danube, sur lequel se porte dans ce moment l'attention du commerce et de la diplomatie, prend sa source dans la Forêt-Noire, près de la chapelle de Saint-Martin, à un mille N.-E. de Furtwangen, et porte le nom de *Brege* ou Brieg jusqu'à Donaueschingen, où il est renforcé par un autre petit ruisseau. C'était donc par erreur qu'on croyait autrefois que la fontaine du château des princes de Furstemberg, à Donaueschingen, était la source de ce grand fleuve. Le Danube coule longtemps de l'Ouest à l'Est; du pays de Bade il entre dans le royaume de Wurtemberg, et devient navigable à Ulm, en traversant successivement la Bavière, l'Autriche, la Hongrie, où son cours, contrarié par les Karpaths, prend la direction vers le Sud; il reçoit beaucoup de rivières (en tout 120), dont les principales sont l'Isler, le Leeb, l'Altmuhl, l'Iser, l'Inn, le Traun, l'Ens, le Raab, la Drave, la Theiss, la Save et le Prouth. Après un cours d'environ 400 milles d'Allemagne (de 15 au degré), dont la largeur varie de 60 pieds jusqu'à une lieue et un quart, avec une profondeur constante de 10 pieds au moins, il se jette dans la Mer-Noire par cinq bras, dont le plus grand, celui de Kilia, est actuellement sous la domination russe. A l'embouchure du Danube on distingue, jusqu'à dix lieues du rivage, son eau de celle de la mer. Il est très poissonneux, et surtout renommé pour ses carpes et ses esturgeons. Ses rives près de Vienne et en Hongrie ont été témoins de plusieurs combats fameux tant chez les anciens Romains qu'au moyen-âge et dans les temps modernes. Le passage du Danube, le plus célèbre et le plus ordinaire pour aller en Moldavie est à Isakdchi, à 14 journées de Constantinople. Les Moldaves, les Hongrois, les Tatars, y passèrent, et ce fut aussi en cet endroit que le sulthan Osman traversa le Danube pour marcher contre les Polonais (*V.* Planche, *descent of the Danube from Ratisbon to Vienna*, London, 1828, avec une carte; et l'ouvrage de Quin dont on parlera plus bas). Plusieurs cercles du grand duché de Bade, des royaumes de Wurtemberg et de Bavière, enfin de la Hongrie, tirent leur nom du Danube. En Bavière, on appelle *Donaumoos* (mousse du Danube) une vaste contrée marécageuse dans le cercle du Danube supérieur, entre Neubourg, Ingolstadt, Aichach et Schrobershausen. C'est sous le règne de l'électeur Charles-Théodore (1796) qu'on commença à le dessécher au moyen de canaux : on en avait établi 320, dont la longueur réunie est de 118 heures de chemin. En 1829 on trouvait déjà, dans cette contrée autrefois pestilentielle, 31 colonies avec 451 familles et 11,878 journaux mis en rapport comme champs, prés et pacages. La haute importance qui semble réservée au Danube dans le commerce européen, les discussions dont a récemment retenti le parlement d'Angleterre au sujet de la navigation de ce fleuve et des difficultés dont elle était menacée à son embouchure, nous engagent à ajouter encore quelques détails à ceux qui précèdent et qui sont traduits de l'allemand. D'après l'historien grec Ephore, le Danube avait cinq embouchures, tandis que Strabon lui en connaît sept. Aujourd'hui on lui en donne communément cinq et quelquefois six; mais il n'y en a que quatre d'importantes, et celles-ci peuvent encore être réduites aux deux branches principales formant le Delta du Danube, île coupée par différents cours d'eau en un certain nombre d'îles plus petites, appelées Tchétal, Léti, Saint-Georges et Porlitza. Ces deux branches sont celle de *Kilia* au Nord et celle de *Saint-Georges* au Sud. Le sommet du Delta est à environ 40 milles marins (de 60 au degré) de la mer, à vol d'oiseau; mais les branches du fleuve ont 60 milles et plus de long. La première, qui tire son nom de la ville de Kilia située sur sa rive gauche (Russie), à 18 milles de la mer, est assez profonde jusqu'à son embouchure, mais ne sert point encore à la navigation commerciale; la seconde se subdivise deux fois, et ne longe la Bulgarie que dans la première partie de son cours. La sous-branche de *Soulinn*, qui s'en détache la première au Nord, est la plus profonde. C'est le débouché ordinaire, et, avant la paix d'Andrinople, elle formait la frontière de la Russie en cet endroit; elle a 54 milles et demi de long. Sur sa rive gauche les Russes ont établi une ligne sanitaire et commandé des mesures de précaution contre lesquelles le commerce anglais a dernièrement réclamé comme étant d'intolérables entraves. La branche de Saint-Georges continue à se diriger vers le sud; mais, de ce côté, un autre bras, celui de *Dounavetz*, s'en sépare et marque la frontière de la Turquie, depuis la mer où elle débouche. L'île de Porlitza qu'il sépare de la Boulgarie est terrain neutre. La question de propriété intéresse vivement les puissances européennes, mais elle ne change rien au principe généralement admis de la libre navigation des fleuves appartenant à la fois à plusieurs Etats. En réussissant à fermer d'une part le Danube et de l'autre l'embouchure du Bosphore, la Russie serait la maîtresse exclusive de la Mer-Noire, au moyen de laquelle, et par le Danube, l'Autriche peut communiquer directement avec Constantinople, et entretenir d'utiles relations avec l'Arménie turque, l'Anatolie et la Perse, par le port de Trébisonde. L'union commerciale allemande, qui espère s'entendre un jour avec l'Autriche ou la Russie, compte aussi sur cette voie pour ouvrir une communication directe avec l'Asie; et l'Angleterre, jalouse de conserver son monopole, la surveille, à cause de la Russie, dont elle commence à rencontrer partout les prétentions et la rivalité. On va voir quels obstacles la nature elle-même oppose encore à la navigation du Danube, et nous ajouterons ensuite quelques explications sur ce qui a été entrepris dans ces derniers temps pour les surmonter.

Navigation du Danube. On a dit plus haut que le Danube commence à être navigable près d'Ulm : de là il continue de l'être, en formant cinq divisions ou étapes : de Ratisbonne à Vienne, de Vienne à Pesth, de Pesth à Belgarde, et enfin de Belgarde à Galacz et Klia-Nova, où il se jette dans la Mer-Noire. Son cours est si rapide qu'on ne peut guère que le descendre, et les bâtiments sans voiles dont on se sert pour cela sont plus mal construits que ceux des autres fleuves d'Allemagne. Pour remonter le Danube, on ne peut employer ni rames, ni voiles; les bateaux, selon leur grandeur et la profondeur de l'eau, sont alors traînés par un nombre plus ou moins grand de chevaux, le long des chemins de hallage; dans les temps ordinaires il faut un cheval pour une charge de 100 quintaux. La navigation du Danube exige des mariniers très expérimentés, à cause des bancs de sable et des rochers dont le fleuve est parsemé, à cause des écueils et des montagnes dont ses rives sont hérissées en plusieurs endroits. Ce qui augmente les difficultés, c'est la légèreté et l'inconsistance des bateaux employés qui, une fois le trajet fait, sont ordinairement vendus à Vienne aux mariniers ou à l'amirauté impériale. C'est en Hongrie que la navigation en amont est la plus difficile. A défaut de bons chemins de hallage sur les bords très bas du fleuve, les bateaux ne peuvent être tirés que par des hommes. Cependant les bateaux hongrois pour le service intérieur sont construits plus solidement et ont plus de durée. Des réglements positifs et minutieux prescrivent le point jusqu'où peuvent avancer les bâtiments des diverses provenances et les cas dans lesquels une exception peut être faite pour l'une et l'autre des cinq étapes. Le commerce du Danube, sans être aussi considérable que celui du Rhin et de *l'Elbe* (ce qu'il faut attribuer avant tout au système de douanes établi entre la Bavière et l'Autriche), ne laisse pas d'être important. Ulm, sa première station, s'occupe surtout du commerce d'expédition et de toiles. On y reçoit les marchandises françaises par Strasbourg et Schaffhouse; celles d'Italie principalement par Augsbourg. C'est aussi par Ulm que les Pays-Bas expédient à Vienne la plupart de leurs articles. Ratisbonne se sert du Danube pour son commerce de blé et de sel, pour l'importation du fil brut en Autriche, pour son commerce de commission avec le même Etat, et pour le transit de ce que les négociants de cette place destinent à la Turquie. De Vienne, on fait par la Hongrie, avec les produits indigènes ainsi qu'avec des marchandises de transit, un trafic aussi actif que le permettent cette navigation difficile et le peu de connaissances nautiques des Hongrois. Le principal entrepôt de ce commerce est Pesth, où il entre jusqu'à 8,000 bateaux par an. Les cargaisons qui y arrivent en avril se composent de vivres, de vin, de matériaux de construction, tant en bois qu'en pierres, d'ustensiles en bois et de marchandises diverses. Les bateaux qui les ont apportées sont mis en pièces ou bien vont avec de nouvelles charges dans les parties plus reculées de la Hongrie et jusqu'à la frontière de la Turquie. A Pesth on charge du tabac, du vin, du blé, de la laine et d'autres productions Hongroises.

Le commerce du Danube se lie à celui du Rhin par Luingen et Heilbronn. Mais de bien plus grands avantages lui seraient assurés si le plan de la jonction du Danube et du Rhin, au moyen du Mein ou de la Kintzig, déjà conçu par Charlemagne et récemment présenté à la diète pouvait être exécuté. Un autre avantage réclamé par le commerce, ce serait un règlement libéral et judicieux concerté entre l'Autriche, la Bavière et le Wurtemberg sur les droits à établir et les mesures d'ordre à prendre, règlement pour lequel les articles dont on était convenu au congrès de Vienne en 1815, serviraient provisoirement de base. La navigation du Danube et sa jonction avec le Rhin, *soit par un canal*, soit par un *chemin de fer*, préoccupent maintenant tous les esprits en Allemagne, et les gouvernements de Bavière et d'Autriche se sont associés à cet immense intérêt. Dès 1815, un Américain avait proposé d'appliquer la vapeur à cette navigation : on a repris depuis ce projet, et déjà quelques pyroscaphes font le service sur une partie du fleuve. Une compagnie s'est formée en Hongrie surtout par les soins du comte Szechengi et sous les auspices de l'empereur. Jusqu'à présent elle a borné son entreprise à la navigation au-dessous de Presbourg. Cependant, là encore, les plus graves difficultés s'y opposent, et dans les eaux basses, elle ne commence même réellement qu'à Raab. Mais c'est surtout sur les confins de la Hongrie, de la Servie et de la Valachie, près d'Orszova, que la navigation lutte contre de terribles obstacles, et, pour les vaincre, il ne paraît pas y avoir d'autre moyen que celui de faire sauter les rochers qui encombrent le lit du fleuve, comme on l'a déja fait par ordre de Marie-Thérèse dans les *rapides* du pays sous Ens. Voici ce qu'on lit sur l'aspect de cette contrée dans la relation récente de M. J. Quin (*Voyage sur le Danube, de Perth à Routchouk*, etc., traduit en français par M. Eyriès; Paris, 1836, 2 vol. in-8°). « Rentrés dans notre bateau, dit-il, nous continuâmes notre navigation entre des rochers gigantesques, disposés de la manière la plus irrégulière, et montrant une diversité infinie de formes étranges, et quelquefois si terribles dans leur apparence, qu'on aurait pu se croire dans une région d'enchantement. Puis étant parti d'Orszova en voiture, nous fûmes bientôt arrivés, continua-t-il, à la célèbre porte de fer du Danube : c'est une suite de rapides à laquelle on a donné ce nom, à cause de la difficulté extrême de les passer et probablement aussi de la nature impénétrable et de la couleur ferrugineuse des rochers qui forment complètement le lit du fleuve dans une étendue de trois milles. Ces rochers, quoique lavés depuis si longtemps par les eaux, sont aussi raboteux qu'au temps où le fleuve trouva, ou s'ouvrit de force pour la première fois, une voie au travers de leurs masses, qui sont entassées sous toutes sortes de formes et dans les positions les plus singulières. Dans ce moment, où la baisse extrême du Danube les laissait complètement exposés à la vue, leur aspect était effrayant; on aurait cru voir çà et là des monstres informes, la gueule ouverte. Lorsque le fleuve est à sa hauteur ordinaire, bien rempli par le tribut que lui apportent ses affluents, le mugissement de ses vagues, en se précipitant à travers la Porte de fer, est porté par les vents à plusieurs milles dans le voisinage, et ressemble aux roulements répétés du tonnerre. » En conséquence, on est encore obligé de transporter les marchandises sur les bateaux qui tirent moins d'eau, et les voyageurs continuent leur chemin par terre pendant environ 18 heures, au bout desquelles ils trouvent un bateau à vapeur prêt à les recevoir. Le temps nous apprendra s'il est donné au génie de l'homme et aux besoins de la civilisation de porter remède à ces graves inconvénients.

DANUBE, cercle d'Allemagne, dans le royaume de Wurtemberg. Le cercle de l'Iaxt le borne au N., la Bavière à l'E., l'Autriche ainsi que le lac de Constance au S., le grand-duché de Bade, la principauté de Hohenzollern et le cercle de Schwartzwall à l'O. Il a 33,000 habitants; Ulm en est le chef-lieu.

DANUBE (CERCLE DU), dans le duché de Bade, entre le Wurtemberg, la Suisse et le cercle de Treisem. Il renferme 75,000 habitants; Wellingen est le chef-lieu.

DANUBE INFÉRIEUR (CERCLE DU), Bavière. Il est borné au N. par celui de Regen, à l'E. par la Bohême, au S. par l'Autriche, à l'O. par le cercle de l'Isar. Il a 420 lieues carrées et 36,000 habitants; le sol est varié et très fertile en blé, en bois. Il y a des manufactures et des fabriques de porcelaines et de diverses étoffes; on y trouve des perles; le cercle a des eaux minérales. Passau en est le chef-lieu.

DANUBE SUPÉRIEUR (CERCLE DU), Bavière. Il est borné au N. par celui du Kezat, au N.-E. par celui du Regen, au S.-E. par celui de l'Isar, au S.-O. par le Tyrol et le lac de Constance, à l'O par le Wurtemberg. Il a 600 lieues carrées et 5,000 habitants. Le sol est montagneux au S. Il y a des mines et des bois. Ailleurs le terrain est fertile en grains et en vin, on y élève beaucoup de bestiaux. Le cercle entretient plusieurs fabriques. On y fait un grand commerce de transit. *Augsbourg* en est le chef-lieu.

DANUBIEN, IENNE, adj., qui appartient au Danube, qui est voisin de ce fleuve, les *peuples danubiens*.

DANUBIS, n. dr. m. (*myth. sept.*), le *Danube*, dieu-fleuve qui fut adoré par les Gètes, les Daces et les Thraces.

DANVERS (HENRI), comte de Danby, né à Dantesey, dans le Wiltshire, en 1537, servit dans les Pays-Bas sous Maurice, comte de Nassau, et se distingua par sa valeur. Lorqu'Elisabeth envoya des secours à Henri IV contre la Ligue, Danvers marcha comme capitaine et fut fait chevalier pour le courage qu'il déploya dans cette guerre. Il fut ensuite nommé lieutenant général de cavalerie en Irlande, et major général de l'armée sous le fameux comte d'Essex et sous le baron de Montjoy. Charles Danvers, frère aîné de celui-ci, fut décapité en 1601 pour avoir trempé dans les complots du comte d'Essex. L'avénement de Jacques Ier rendit à Danvers non-seulement les biens de son frère, mais lui valut les titres de gouverneur de Guernesey à vie, et de membre du conseil privé et de chevalier de la Jarretière. Il mourut le 20 janvier 1643 dans sa terre de Cornbury-Park, dans l'Oxfordshire. Il fonda dans le Wiltshire une maison de charité et une école. Jean Danvers, chevalier, frère du précédent, fut gentilhomme de la chambre de Charles Ier, siégea avec les juges de ce prince et signa sa condamnation. Il mourut avant la restauration; ses biens furent confisqués en 1666.

DANVILLE (GUILLARD), gendarme de la reine, sous le règne de Louis XIII, fit un poëme héroïque, intitulé : *la Chasteté*, 1624, in-4°. Il commença ce poëme en passant en poste par la Styrie pour venir en Autriche, et il l'avait terminé lorsqu'il se rendit de Bavière en France pour le service du roi. Quelque temps après son retour à Paris, ses papiers furent saisis et il fut conduit à la Bastille où il y resta trois ans, sans connaître le motif de sa détention. Il s'en plaint amèrement dans la préface de son poëme, qu'il dit avoir composé en l'honneur du roi et des reines Marie de Médicis et Anne d'Autriche.

DANZ (FERDINAND-GEORGE), médecin allemand, naquit en 1761 à Dachsenhausen, dans la principauté de Damstadt, et obtint le doctorat de Giessen en 1790. Sa dissertation inaugura le *Brevis forcipum obstetriciarum historia*, est très étendue et assez intéressante. Nommé professeur extraordinaire en 1791, il prononça un discours remarquable, plein d'érudition et dans lequel il ébaucha l'histoire de l'art des accouchements chez les Egyptiens : *De arte obstetricià Ægyptiorum*. Il publia plusieurs ouvrages en allemand, et mourut le 1er mars 1793 à l'âge de 32 ans.

DANZE, s. m. (*technol.*), masse de fer sur laquelle le glacier appuie le manche de l'outil avec lequel il puise le verre mou sur l'âtre.

DANZER (JOSEPH-MELCHIOR), théologien catholique et mécanicien, né en 1739 à Ober-Aybach, près de Landshut, en Bavière, se consacra d'abord à l'état ecclésiastique; bientôt il s'appliqua à la physique et aux mathématiques, et professa ces deux sciences à Straubing et à Munich. Nommé en 1779 membre de la direction des études et conseiller ecclésiastique, il mourut le 10 mai 1800. Il a laissé plusieurs ouvrages, entre autres un *Traité élémentaire sur les mathématiques*, à l'usage des lycées. Munich, 1780.

DANZER (JACQUES), théologien catholique, naquit en 1743 à Lengenfeld, en Souabe, fut nommé professeur de théologie à Salzbourg, quitta cette ville en 1792, se fit séculariser et mourut le 4 septembre 1796 à Burgau, où il possédait un canonicat. On trouve dans Meusel la liste de ses ouvrages.

DANZI (FRANÇOIS), compositeur né à Manheim le 15 mai 1763, étudia la composition sous l'abbé Vogler et fut maître de Chapelle du grand-duc de Bade. Son premier opéra, *Azakia*, fut [illegible] à Munich en 1779; il donna ensuite : *le Triomphe de la verité*, *[illegible]*, *le Baiser*, *le Calife de Bagdad*, etc. Il mourut au mois de juin 1826.

DAO-LO, n. pr. m. (*relation*), idole des Tunquinois; dieu des voyageurs, selon Marini.

DAON (ROGER-FRANÇOIS), né à Briqueville en 1679, professa la théologie à Avranches, et fut successivement supérieur des séminaires de cette ville, de Senlis et de Séez. Il est auteur de plusieurs bons ouvrages de théologie, entre autres : *la Conduite des confesseurs* et *la Conduite des âmes dans la voie du salut*. Il mourut le 16 août 1749.

DAONA (DANA-PLU) (*géogr. anc.*), capitale des Daones, dans l'Inde au delà du Gange, sur le Daona, au lieu où il se divise en deux grandes bouches pour se rendre à la mer.

DAONA (AVA ou TSAMPOU (*géogr. anc.*), grand fleuve de l'Inde au delà du Gange. Il prend sa source au N. des monts Imaüs, au-dessus des limites septentrionales de l'Inde, coule au S.-E., passe chez les Daones et les Leti, puis il se divise au-dessous de Daon en deux grandes branches, qui elles-mêmes se subdivisent en deux autres, et va se jeter par quatre bouches dans le *Gangeticus sinus*.

DAONES (*géogr. anc.*), peuple de l'Inde au delà du Gange, vers l'E., auprès de la mer, un peu au-dessus de la Chersonèse d'or.

DAORISES (*géogr. anc.*), peuple de la Dalmatie.

DAORSÉENS (*géog. anc.*), nation illyrienne, soumise par les Romains 107 ans avant Jésus-Christ.

DAOS, s. m. (*relation*), embarcation des îles d'Anjouan, Mayotte et Comore.

DAOUD, médecin d'Antioche, surnommé *Aludssir* ou *Alduzir*, né à la Mekke en 1005 de l'hégire (ou 1596). On a de lui plusieurs ouvrages, entre autres un *Système de médecine* et un livre des *Causes des maladies*, et un *Avis aux personnes sages*, qui se trouve à la Bibliothèque royale de Paris, etc., etc.

DAOUD-PACHA, grand-visir, beau-frère de Mustapha Ier. On lui attribue le meurtre du sultan Othman II. Il fut détesté du peuple qui l'appelait ouvertement Katili-Padischah, ou le *Régicide*. Il fut forcé de prendre la fuite; mais, bientôt découvert et ramené, il expia son crime dans l'enceinte des Sept-Tours, en l'année 1623.

DAOULAT-ABAD (*géogr.*), grand district de Dekkan (Asie), borné au N. par le Kandoich et le Maleway, à l'O. par le Goutsmhats, au S. par le Bidjapour et la province de Golconde, à l'E. par le Berar. *Daoulat-Abâd*, autrefois nommée *Deoghir* par les naturels, ancienne capitale d'un puissant empire hindou, est dominée par une citadelle réputée imprenable de 420 pieds de hauteur. Cette ville appartient aujourd'hui à la province d'Aureng-Abâd dans le Dekkan. C'est là que le grand empereur Mohammed tenta vainement de transporter la population de Delhi au commencement du XIVe siècle et qu'il voulait établir la capitale de son empire. Population inconnue; à 4 lieues N.-O. d'Aureng-Abâd.

DAOURE, adj. et s. des 2 g. (*géogr.*), habitant de la Daourie, qui concerne la Daourie ou ses habitants.

DAOURIE, s. f. (*géogr.*), ancienne contrée de la Russie d'Asie, gouvernement d'Irkoustk. Ce pays est borné au N. par le Saghalien, à l'E. par le Baïkal; ses habitants sont Toungouses, on les appelle dans le pays Sakamennaïa. Le sol est élevé et froid, et la température est celle des Alpes; il y a de grandes forêts de sapins.

DAOURIEN, IENNE, adj. et sub. (*géogr.*), nom d'une tribu de Mandchous, sur les rives du fleuve Amour.

DAOURIQUES (MONTS) (*géogr.*), monts de la Russie d'Asie, formant une branche du mont Altaï; ils renferment les mines de Nerlchinsk, dans le gouvernement d'Irkoutsk.

DAOURITE, s. f. (*minéral.*), un des noms de la tourmaline violette de Sibérie.

DAOURO (*géog.*), pays de l'Abyssinie, sur la rive droite de l'Haouach, habité par des tribus de Gallas indépendants; Hubetta en est le principal lieu.

DAOYZ (ÉTIENNE), bénédictin et chanoine de Pampelune, mourut en 1619; fut habile dans le droit civil et canonique, dont il facilita l'étude par des *index* très étendus. Celui du droit civil fut imprimé à Venise, 1610, in-fol., et forme le 1er vol. du corps de droit, in-fol., avec les glosses, Lyon, 1612-1627; celui du droit canonique forme aussi un vol. in-fol., Bordeaux, 1613.

DAPALIS (de *dapes*, mets), surnom donné à Jupiter à cause des grands festins qui se faisaient en son honneur.

DAPÊCHE (*min.*), substance combustible, ainsi décrite par M. de Humboldt : matière noirâtre, spongieuse, élastique, à la manière du caoutchouc. Elle brûle comme lui et efface comme lui les traits de graphites, et présente, en un mot, presque toutes les propriétés physiques et chimiques de ce bitume élastique. M. de Humboldt a trouvé cette singulière substance dans l'Amérique méridionale, à deux ou trois pieds au-dessous de la surface du sol. Suivant M. W. Allen, elle est composée de 80 d'huile empyreumatique, de 12 d'eau acidulée, de 2 d'hydrogène carboné et de 16 d'un résidu charbonneux. J. P.

DAPES LIBATÆ (*antiq.*), portion des mets que l'on jetait au feu en l'honneur des dieux au commencement du repas.

DAPHCA (*géogr. sacr.*), neuvième campement des Israélites dans le désert.

DAPHESINUS, de Milet, excellent architecte, bâtit dans sa ville natale un temple à Apollon que l'on regardait comme un des plus beaux édifices de la Grèce. Il avait aussi contribué à finir le fameux temple de Diane à Ephèse.

DAPHIDE ou **DAPHITE**, sophiste qui fut précipité du haut d'un rocher par les ordres d'Attale, roi d'Asie.

DAPHIDE, grammairien et poète, crucifié sur la montagne de Magnésie nommée Thorax, pour s'être moqué de quelques princes.

DAPHIDE, grammairien qui voulut se jouer de l'oracle d'Apollon en lui demandant s'il reverrait bientôt un cheval qu'il n'avait pas perdu. Que trop tôt, répondit la Pythie. Il fut tué à son retour dans un lieu nommé le *Cheval (hippon*, ἵππον). Ces trois personnages n'en forment peut-être qu'un.

DAPHNÆ ou **DAPHNÆ PELUSIÆ** (*géog. anc.*), ville d'Égypte, dans l'Augustamnique, au S. de Sethrium, sur la branche orientale de la bouche bubastique du Nil. On la nommait Daphnæ Pelusiæ à cause de la ville de Péluse, qui en était voisine.

DAPHNÉ (*myth.*), fille du fleuve Pénée et de la Terre, première mortelle aimée par Apollon chassé du ciel. Daphné prit la fuite pour se soustraire aux importunités de son amant; poursuivie par le dieu, elle allait tomber en son pouvoir lorsqu'elle implora le secours des dieux, qui la métamorphosèrent en laurier. Apollon désespéré détacha un rameau du tronc inanimé, s'en fit une couronne et voulut que le laurier lui fût désormais consacré. Selon quelques auteurs, Leucippe, fils d'OEnomaüs, roi de Pise, épris des charmes de Daphné, se déguisa en chasseresse pour la suivre dans les bois et bientôt s'en fit aimer autant qu'il l'aimait lui-même. Apollon, son rival, fit connaître son sexe, et Leucippe fut tué par les compagnes de Diane.

DAPHNÉ ou **MANTO** (μάντις, devin), selon quelques auteurs, fille de Térésias, rendait à Delphes des oracles en vers si beaux qu'Homère, dit-on, en intercala un grand nombre dans ses ouvrages et anéantit ensuite le poème de Daphné pour cacher ses larcins.

DAPHNÉ, nymphe de Delphes choisie par la déesse Tellus pour présider aux oracles qu'elle rendait en ce lieu avant qu'Apollon eût commencé à rendre les siens.

DAPHNÉ (*géog. anc.*) (δάφνη, laurier), lieu de Syrie à 2 lieues S.-O. d'Antioche, regardé comme un faubourg de cette ville. C'était un site délicieux par la fraîcheur des eaux et des ombrages. Il y avait un bois de lauriers et de cyprès, au milieu duquel se trouvait une statue de Diane.

DAPHNÉ, fontaine qui tombe dans le Jourdain (*Josèphe, Guerre des Juifs*).

DAPHNÉ, forteresse de l'Asie mineure dans la Lycie.

DAPHNÉ, forteresse de la Thrace, bâtie sur le Danube par Constantin et réparée par Justinien.

DAPHNÉ (PORT DE), un des ports du canal de Constantinople, à 80 stades de cette ville et à 40 du Pont-Euxin.

DAPHNÉ (*bot.*), genre de plantes de l'octandrie monogynie de Linné, famille des thymélées de Jussieu, dont les caractères sont : calice coloré et pétaloïde, tubuleux, presque infundibuliforme, dont le limbe est à quatre divisions étalées; étamines au nombre de huit, insérées aux parois du calice et disposées sur deux rangs superposés; anthères à deux loges, s'ouvrant par un sillon longitudinal; ovaire libre offrant à la base un petit disque annulaire et hypogyne, n'ayant qu'une loge où se trouve un seul ovule dressé; style très court, terminé par un stigmate épais discoïde; drupe charnu pisiforme, nu, contenant un noyau monosperme. Ce genre renferme des espèces nombreuses répandues en Asie, en Amérique et dans la Nouvelle-Hollande. Ce sont des arbustes ou des arbrisseaux à feuilles éparses, à fleurs roses, blanches ou violacées, groupées en général à l'aisselle des feuilles et rarement terminales. Le genre daphné est très voisin du genre *passerina*, dont il diffère par son calice qui n'est pas persistant et ne recouvre pas le fruit; ce fruit est charnu dans les *daphnés*, tandis qu'il est presque sec dans les *passerines*. Ce genre se divise en deux sections, déterminées par la position des fleurs : la première renferme les plantes dont les fleurs sont axillaires et latérales, parmi lesquelles on remarque : le *daphné mézéréon*, *D. mezereum*, ou *bois joli*. C'est un arbuste d'environ quatre pieds de haut, qui vient dans les bois humides et montueux de la France, de l'Allemagne et de l'Italie. Il produit de petites fleurs latérales, blanches ou violâtres, et odorantes. La seconde section comprend les espèces dont les fleurs sont terminales. Tel est le *daphné odorant*, *D. odorata*. C'est un petit arbuste qui ne dépasse guère un pied de hauteur; il est rameux, à feuilles éparses, lancéolées, cunéiformes, coriaces, d'un vert foncé; ses fleurs sont rougeâtres et se groupent en capitule terminal; elles exhalent une odeur suave; le fruit est un drupe peu charnu, ovoïde et soyeux. J. P.

DAPHNÉLEON, s. m. (*pharm.*), nom de l'huile de baies de laurier chez les Grecs.

DAPHNÉPHAGES (*géog. anc.*) (δάφνη, laurier, φάγω, manger), devins qui, avant de rendre leurs réponses, mâchaient des feuilles de laurier, comme si cet oracle, consacré à Apollon, eût dû les inspirer.

DAPHNÉPHORIES (*antiq.*) (δάφνη, laurier, φέρω, ou φορέω, porter), fête que l'on célébrait tous les neuf ans en Béotie en l'honneur du soleil. On ornait un rameau d'olivier de branches de laurier entrelacées de toute espèce de fleurs. Au sommet était un globe d'airain, duquel pendaient d'autres petits globes; le bas était garni d'une frange couleur de feu; le globe supérieur était l'emblème du soleil, les autres représentaient ceux de la lune et des étoiles. Les trois cent soixante-cinq couronnes, égales en nombre aux jours de l'année, désignaient le temps de la révolution annuelle du soleil. Cette branche de laurier était portée dans une procession solennelle jusqu'au temple d'Apollon Ismenius ou Galaxius par un jeune homme d'une grande beauté et d'une haute naissance dont les parents vivaient encore. Ce jeune homme, nommé daphnéphore ou porte-laurier, marchait revêtu d'habits magnifique, les cheveux épars, la tête ornée d'une couronne d'or et les pieds revêtus de chaussures appelées iphicratides, du nom de leur inventeur. Derrière lui venait un chœur de jeunes vierges qui tenaient des rameaux à la main et chantaient les louanges d'Apollon ou du soleil. Cette solennité avait été instituée par les Béotiens à l'occasion d'une victoire qu'ils avaient remportée sur l'armée des Pélasges et d'un songe de leur général Polémate, à qui Apollon apparut lui-même : dans cette apparition, le dieu lui prescrivit en détail les cérémonies que nous venons d'exposer, et ordonna que cette fête se renouvellerait tous les neuf ans.

DAPHNÉPHORE (δάφνη, laurier, φέρω, je porte) (*antiq.*), jeune homme qui portait, à la fête des daphnéphories, une branche d'olivier ornées de guirlandes de laurier.

DAPHNÉPHORIQUE (HYMNE) (*antiq.*), hymne en l'honneur d'Apollon, chanté en cœur par les jeunes vierges à la solennité des dapnéphories.

DAPHNIDE, adj. des 2 g. (*zool*), qui ressemble à une daphnie. *Daphnides*, s. m. pl., famille de crustacés.

DAPHNIE, *Daphnides* (*crust.*), genre de l'ordre des lophyropes, famille des cladocères, dont les caractères sont : deux antennes en forme de bras, aussi longues que la tête et le test; les deux derniers articles des huit premières pattes forment une espèce de nageoire bordée de soie et de filets; le troisième article des deuxième, troisième et quatrième paires de pattes

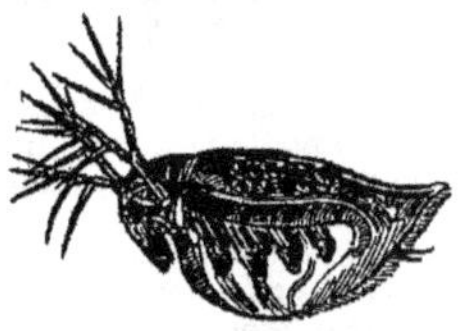

(Daphnie.)

offre en outre une lame branchiale; le quatrième et dernier article des deux premières pattes est terminé par un crochet, plus fort dans le mâle; le test se termine dans les deux sexes par une pointe dentelée; le corps proprement dit est dégagé du test et se divise en huit segments. Le long de ses côtés antérieurs sont situés les ovaires, qui s'ouvrent séparément dans une cavité dorsale entre le corps et le test. L'œuf se compose dès son principe d'une bulle centrale paraissant correspondre au canal alimentaire, entourée de plusieurs autres bulles plus petites, qui disparaissent à mesure que les organes se développent. Le dixième jour, le petit, entièrement formé, sort de la cavité dorsale ou matrice. La première ponte n'est d'abord que d'un seul œuf, mais les suivantes augmentent progressivement et produisent dans quelques espèces jusqu'à cinquante œufs. Une singularité remarquable est que les petits d'une même portée sont tous du même sexe, et que sur cinq ou six pontes il ne s'en trouve qu'une de mâles : aussi ceux-ci sont-ils beaucoup moins nombreux que les femelles. L'espèce la plus commune dans nos eaux est la *daphnie puce, monoculus pulex* ou *puce d'eau*. Les soies des branches de ses antennes sont plumeuses; son bec est grand et convexe; les valves de la coquille dentelées au bord inférieur se terminent par une queue courte. J. P.

DAPHNINE, s. f. (*chimie*), alcali dont on a admis l'existence dans l'écorce des daphnés.

DAPHNIS, fils de Mercure, changé en rocher pour avoir été insensible à la tendresse d'une jeune bergère.

DAPHNIS, fils de Paris et d'OEnone.

DAPHNIS, berger de Sicile, inventeur de la poésie bucolique. Il était fils de Mercure et d'une nymphe sicilienne. Pan lui-même lui apprit à chanter et à jouer de la flûte, et les Muses lui inspirèrent le goût de la poésie. Diane aussi l'aimait et le protégeait. Il était passionné pour la chasse, et cinq de ses chiens moururent de regret de le voir périr. Les poètes racontent qu'étant devenu amoureux de la nymphe Echénaïs, qu'ils nomment aussi Thalie ou Nomie, il l'épousa, à condition que s'il violait la foi conjugale, il deviendrait aveugle. En effet, ayant peu de temps après oublié ses serments dans les bras d'une autre nymphe, son épouse lui arracha les yeux. Daphnis, désespéré d'avoir perdu la vue, erra quelques jours de contrée en contrée, et enfin se précipita dans la mer. Théocrite et Ovide l'ont confondu, peut-être avec raison, avec celui qui fut si longtemps insensible et enfin changé en rocher ; car, avant de devenir infidèle à son épouse, il avait résisté à un grand nombre de séductions, et, s'étant précipité d'un roc dans la mer, on a fort bien pu dire qu'il avait été métamorphosé en rocher.

DAPHNIS. C'est le nom d'un architecte milésien qui bâtit, avec son compatriote Péonius, un temple à Apollon dans la ville de Milet, lequel ne le cédait ni en grandeur ni en magnificence au temple de Diane à Ephèse. Comme celui-ci, il était d'ordre dorique.

DAPHNITE, s. f. (*bot.*), nom que d'anciens botanistes donnent à la plante appelée aujourd'hui *laurus cassia*.

DAPHNOÏDE, adj. des 2 g. (*bot.*), qui ressemble à une daphné.

DAPHNOÏDES, s. f. pl., famille de plantes.

DAPHNOMANTIE (δάφνη, laurier, μαντεία, divination), divination au moyen du laurier. On jetait le laurier dans le feu, et, s'il pétillait en brûlant, c'était un heureux pronostic; mais, s'il brûlait sans faire aucun bruit, on s'attendait aux plus grands malheurs.

DAPHNOT, *bontia* (*bot.*), genre de la didynamie angiospermie, faisant suite aux solanées, et créé pour un arbrisseau des Antilles. Le *bontia daphnoïdes* de Linné, vulgairement nommé *olivier bâtard*, est un bel arbrisseau toujours vert, qui se plaît particulièrement dans les lieux maritimes; son tronc devient très gros, à écorce cendrée, et s'élève jusqu'à cinq mètres de hauteur; de nombreux rejets rampants, touffus et très ramifiés poussent autour de sa racine et produisent un joli effet; ces rejets s'élèvent souvent à une hauteur de deux mètres; les rameaux sont chargés d'un grand nombre de feuilles vertes, éparses, glabres sur les deux faces, et parsemées de points transparents. Les fleurs s'épanouissent au mois de juin; leur couleur est jaune rougeâtre ou orangé pâle; elles donnent pour fruit des baies ovales, de la grosseur et de la forme d'une olive, lisses, jaunâtres, renfermant un noyau monosperme. Ces baies, d'un goût très âcre, se mangent rarement. Cette espèce est jusqu'à présent la seule connue de ce genre. Dans les îles des Barbades, on en forme des haies autour des jardins. J. P.

DAPIFER, s. m. (*hist.*), titre d'un des grands officiers de l'empire. Au couronnement de l'empereur, le *dapifer* portait les premiers plats à cheval. Depuis 1623, l'électeur de Bavière était *dapifer*.

DAPIFER (*féod.*), sénéchal de la cour d'un baron, sénéchal du manoir. Le *dapifer* connaissait des causes qui étaient du ressort et de la juridiction de son maître.

DAPIFÉRAT, s. m. (*hist.*), dignité de dapifer.

DAPIFÈRE, s. m. (*ant. rom.*) esclave qui posait les mets sur la table. (*V.* **DAPIFER**.)

DAPILIDICE, s. f. (*temp. hér.*), Danaïde fiancée de Pugno.

DAPILIDICES, s. f. (*zool.*), espèce de papillons.

DAPPER (OLIVIER), médecin hollandais, joignit à la pratique de son art l'étude de l'histoire et surtout de la géographie. On a de lui grand nombre d'ouvrages, entre autres : une *Description historique de la ville d'Amsterdam*, Amsterdam, 1663, in-fol. ; *Histoire d'Hérodote et vie d'Homère*, traduits en hollandais, Amsterdam, 1665, in-4°, etc. Il mourut en 1690.

DAQUIN (JOSEPH), né à Chambéry en 1733, bibliothécaire et médecin de l'hôpital de cette ville, où il mourut le 12 juillet 1815. Il est auteur de plusieurs ouvrages, et entre autres d'un livre intitulé : *la philosophie de la folie, où l'on prouve que cette maladie doit plutôt être traitée par les secours moraux que par les secours physiques*.

DARA (*géogr. anc.*), autrement ANASTASIOPOLIS, grande ville septentrionale de la Mésopotamie, dans la Mygdonie, au S.-O. de Nisibe, sur le mont Zapaortenon, à l'E. de Zeobéris, au S. de Zadracarta, dans un site délicieux, quoique entre des rochers arides et escarpés. Elle fut bâtie par Arsace, premier roi des Parthes, qui en fit sa capitale.

DARA (*géogr. anc.*), petite rivière de la Perside, qui se jette dans le golfe Persique, vers le S., vis-à vis d'Aracia, entre les embouchures du Bagradas et du Cathrapis.

DARAB ou **DARABGHERD** (*géogr.*), ville de Perse, de la province du Forsistan. Toiles, tapis, poterie, raffinerie de sel gemme. De certains rochers voisins de cette ville découle le *moum*, espèce de pétrole. (*V.* MOUM.)

DARA-HÉKOUH (égal en majesté à Darius), né l'an 1025 de l'hégire (1616-17 de J.-C.), et fils aîné de Châh-Djihân, monarque de l'Hindoustan, fut, de la part de son père, l'objet d'une prédilection méritée, mais qui lui valut la haine de ses trois frères. Châh-Djihân l'associa ouvertement à l'empire, et, étant tombé malade, laissa son fils Dara à la tête du gouvernement. Le renvoi d'un ministre ayant excité quelque mécontentement, ses frères en profitèrent pour se révolter. Leur vieux père voulait marcher en personne contre eux ; Dara s'y opposa. Il rencontra les rebelles à 4 lieues d'Agrah. Voyant la bataille gagnée, il descendit d'un éléphant sur lequel il était monté, et se jeta sur un cheval pour poursuivre les fuyards. Mais ses troupes ne le voyant plus le crurent mort, et la victoire se changea en déroute. Aureng-Zeyb, le plus habile comme le plus cruel de ses frères, se fit reconnaître souverain de l'Hindoustan. Dara fut réduit à se cacher de caverne en caverne pour échapper aux sicaires de son frère. Sa femme s'empoisonna de désespoir. Lui-même fut pris quelque temps après, exposé, couvert de haillons, aux outrages de la populace et égorgé dans sa prison le 11 septembre 1659. Ce prince joignait à un grand courage un goût décidé pour la littérature. Il traduisit du sanskrit en persan l'*Oupanischâda*, extrait des *Védas*. Il est également l'auteur de l'encyclopédie médicale intitulée *Hadjât-Chékouy*, et qui témoigne de ses immenses connaissances.

DARACHT (*bot.*). Cette plante, citée par C. Bauhin sous ce nom d'après Avicenne, paraît être le bananier, *musa*, qui était aussi nommé *ficus indica*. J. P.

DARACNOMIN, nom de la darique chez les Hébreux.

DARADAX (*géogr. anc.*), fleuve de la Comagène en Syrie, sort du mont Amane, coule au S.-E., passe à Pendenissus et à Déba, et se jette dans l'Euphrate.

DARADEL, s. m. (*bot.*), un des noms vulgaires de l'alaterne.

DARADUS (*géogr. anc.*), grand fleuve d'Afrique, qui sort des monts Caphes, au milieu de déserts inconnus aux anciens, coule à l'O., et se jette dans l'Océan atlantique, 120 lieues au-dessous de l'île de Cerne.

DARANUM (*géogr. anc.*), ville de la Galatie, au S.-E., sur une rivière qui va se perdre dans l'Halys.

DARAISE, s. f. (*eaux et for.*), déchargeoir d'un étang.

DARAN (JACQUES), chirurgien, né à Saint-Trajon, petite ville de Gascogne, le 6 mars 1701, et mort à Paris en 1784, fut d'abord chirurgien-major dans l'armée autrichienne. Entraîné par la passion des voyages, il visita Turin, Milan, Rome, Vienne, Naples et Messine. A son arrivée dans cette dernière ville, la peste y faisait d'affreux ravages ; il y fit preuve du plus admirable dévouement. Daran conçut le projet de soustraire tous les Français, ses compatriotes, qui habitaient Messine, au fléau destructeur. Il les fit embarquer et les ramena tous à Marseille, où il fut reçu comme en triomphe. Il se fixa d'abord dans cette ville ; mais sa réputation parvint jusqu'à Paris, et le roi le fit inviter à s'y rendre. Ses talents lui valurent une fortune de deux millions. En 1755, le roi, qui l'avait déjà nommé son chirurgien par quartier, lui donna des lettres de noblesse. Mais bientôt il se ruina dans des spéculations hasardeuses, et mourut à quatre-vingt-trois ans dans un état voisin de la misère. C'est à Daran que l'on doit la connaissance du seul moyen de guérir les rétrécissements de l'urèthre.

DARANTASIE (*géogr. anc.*) (MOUSTIER), ville principale des Centrones, dans les Alpes grecques, sur l'Isara, et à 2 lieues S.-O. de Forum Claudii.

DARARIENS, s. m. (*hist. relig.*), membres d'une secte musulmane fondée par un certain Darari, qui étant venu de Perse en Égypte, sous le kalifat de Hachem, voulut persuader au peuple que ce kalife était dieu. La secte des darariens s'étendit beaucoup sur la côte maritime de Syrie et dans le mont Liban.

DARBOIS (PHILIPPE), né en Franche-Comté, curé de Beuvry en Artois, puis doyen de Saint-Donatien à Bruges, devint conseiller et aumônier de Louis de Mâle, comte de Flandre, et enfin évêque de Tournai en 1351. Ce fut lui qui bénit le mariage de Philippe, duc de Bourgogne, avec Marguerite, héritière du comté de Flandre. Cette cérémonie eut lieu à Gand le 19 juin 1369, dans l'église de Saint-Baron. Ce prélat fonda dans la ville d'Arbois, où il était né, un chapitre de douze chanoines, et donna une somme de 1400 florins pour augmenter la dotation du chapitre de sa cathédrale. Il mourut en 1378, et fut inhumé dans le chœur de son église. (*Man. de la bibliothèque d'Arras.*)

DARBOUSIER, s. m. (*bot.*), nom de l'arbousier en Provence.

DARCCI (JEAN), né à Vénose, dans le royaume de Naples, au commencement du seizième siècle, cultiva la poésie latine pour laquelle il avait un grand talent. Colines donna une édition de ses œuvres à Paris, en 1543, in-8°. On croit que Darcci fut naturalisé français, qu'il fut aumônier du cardinal de Tournon et prit le nom de Darces. Il publia *les Treize livres des choses rustiques de Palladius*, traduits *nouvellement en français*, Paris, Vascosan, 1554, in-8°.

DARCE, s. f. (*architecture hydraulique*), partie du bassin d'un port de mer, séparée par une digue et bordée d'un quai, où l'on tient à flot des vaisseaux désarmés, comme à Toulon. On l'appelle aussi *chambre* ou *darsine*, de l'italien *darsena*, qui a la même signification.

DARCEAU, s. m. (*v. lang.*), petit dard, poisson.

DARCET (JEAN), médecin et chimiste français, né à Douazit, en Guyenne, en 1725, mort à Paris en 1801, membre de l'Institut et du Sénat conservateur, fut d'abord précepteur du fils de Montesquieu, et devint bientôt l'ami de ce grand écrivain, qu'il aida à recueillir les immenses matériaux de *l'Esprit des lois*. Après la mort de son protecteur, Darcet s'occupa exclusivement de chimie, sous le célèbre Rouelle, dont il épousa la fille. Cette science doit à ses savantes recherches de grands perfectionnements. Il professa vingt-sept ans au Collége de France, et fut le premier qui y fit son cours en français. Nommé aussi directeur de la manufacture de Sèvres, inspecteur-général des essais des monnaies et de la manufacture des Gobelins, il améliora sensiblement les procédés suivis dans ces divers établissements. On a de lui d'excellents *mémoires sur la chimie appliquée aux arts*, et *l'action du feu sur un grand nombre de terres, de pierres et de chaux métalliques*, un *Discours* ou *dissertation de l'état actuel des Pyrénées, et des causes de leur dégradation*, Paris, 1776, in-8° ; un *Rapport sur la fabrication des savons*, 1795, in-8°. M. Michel-J.-J. Dizé a publié un *Précis historique sur la vie et les travaux de J. Darcet*, Paris, 1802.

DARCET (JEAN-PIERRE-JOSEPH), fils du précédent, membre de l'Institut, de l'Académie de médecine, du Conseil général des fabriques et manufactures, etc., est né à Paris en 1777. Préparateur des cours de chimie que faisait son père, puis élève de Vauquelin, Darcet se plaça bientôt au premier rang parmi les savants qui s'occupaient de perfectionner une science dans laquelle venait de s'opérer une révolution complète. Appelé, à l'âge de vingt-quatre ans, aux places d'essayeur à la monnaie et de vérificateur général, il ne cessa dès lors de mériter la reconnaissance publique par une foule de travaux scientifiques ou industriels. Nous nous bornerons à citer ses mémoires relatifs aux différents essais d'alliage, ses recherches sur la fabrication des colles, et sur les procédés pour retirer la gélatine des os, pour l'amélioration de la nourriture des pauvres ; son mémoire qui remporta, en 1818, le prix fondé par Ravrio, et décerné par l'Institut, pour l'assainissement des ateliers de doreurs, etc.

DARD, arme de trait garnie par le bout d'une pointe de fer et qu'on lance avec la main. Il se dit quelquefois, par extension, surtout dans le langage poétique, de l'aiguillon d'un insecte, de la langue des serpents, etc.

DARD, en termes d'architecture, ornement en forme de fer de dard, qui sépare les oves.

DARD, en termes de jardinier et de fleuriste, est quelquefois synonyme de *pistil*.

DARD, s. m. (*art milit.*). Il se dit de la garniture de fer qui renforce le bout du fourreau du sabre, pour qu'il ne s'use pas en traînant à terre.

DARD (*marine*), baguette garnie d'artifices et armée d'un crochet, qu'on lançait, avant l'invention des fusées à la congrève, dans les voiles d'un bâtiment qu'on voulait incendier.

DARD (*astron.*)., nom d'une petite constellation boréale, plus communément appelée le *Javelot*.

DARD (*géom.*), petite pointe servant à fixer le trou oculaire de la visière dans la direction de l'objet que l'arpenteur choisit pour point de vue.

DARD (*entom.*) On donne ce nom, qui signifie pointe de la flèche, à la partie barbelée de l'aiguillon des hyménoptères (abeille, guêpe, etc.). On nomme ainsi de même la pointe crochue qui termine la queue du scorpion et qui forme le sixième article de cette queue. Cette pointe est percée de deux petits trous par où sort l'humeur vénéneuse. J. P.

DARD (*poiss.*). C'est aussi un des noms vulgaires de la vaudoise, *leuciscus vulgaris*. J. P.

DARD (JEAN), né à Vendôme en 1585, entra dans la société de Jésus en 1618, et mourut à Paris le 17 avril 1641. On a de lui une *Histoire du royaume du Japon*, 1621 et 1622, Paris, 1627, 1 vol. in-12; une *Histoire d'Éthiopie*, de *Malabar*, etc., ibid., 1628, et un abrégé des Méditations du P. Dupont, in-12.

DARDAIRE, s. m. (*anc. t. milit.*), soldat armé d'un dard.

DARDANELLES (CANAL DES), communication étroite et prolongée entre les mers de Marmara et de l'Archipel. Sa moyenne largeur n'est guère que de six milles nautiques ou deux lieues et demie, et dans quelques rétrécissements cet espace est réduit à quatre milles, au lieu que sa longueur développée est de cinquante milles. Ainsi, ce canal occupe le fond d'une vallée de moyenne grandeur; les coteaux qui la terminent sont assez bien cultivés; l'olivier, la vigne et le figuier en font l'ornement, et le plateau qui les termine paraît avoir formé jadis une plaine continue, légèrement inclinée de l'est à l'ouest, et se redressant assez brusquement à l'extrémité occidentale du détroit, en Asie et en Europe. Ses coteaux sont calcaires; les coquilles marines qu'ils contiennent ne laissent aucune incertitude sur leur origine et le mode de leur formation. On a prétendu que la surabondance des eaux fluviales dans la Mer-Noire entretenait un écoulement constant par le canal de Constantinople dans la Propontide ou mer de Marmara, et de celle-ci dans la mer de l'Archipel, par le canal des Dardanelles. Cette assertion n'est pas fondée sur des mesures qui auraient seules le droit de la faire admettre comme un fait géographique; on s'est borné jusqu'à présent à des observations sur la surface des eaux, sans chercher à connaître les mouvements de la masse liquide à ses différentes profondeurs. La question est donc encore indécise; mais ce que l'on sait bien, c'est que des vents violents déterminent, pour le temps de leur durée, des courants que les vaisseaux ne peuvent remonter, ce qui empêche, pour tout ce temps, l'entrée ou la sortie des vaisseaux qui ont à traverser le canal des Dardanelles ou celui de Constantinople. La force des vents du sud suffit quelquefois pour communiquer aux vaisseaux engagés dans ces passages étroits une vitesse de dix à douze lieues par heure sans le secours des voiles.

DARDANELLES (CHATEAU DES), forts élevés par les Turcs en Europe et en Asie, sur le canal des Dardanelles, pour la défense de ce passage. Mahomet II en fit d'abord construire deux vers l'entrée du canal, dans la mer de l'Archipel, et Mahomet IV en plaça deux autres à un second rétrécissement du même canal, à quatre lieues des deux premiers. On distingue ceux-ci sous le nom de *châteaux neufs*. La grandeur et la forme de ces forteresses conviennent à leur destination, quoiqu'en aient dit Tournefort et Choiseul-Gouffier; et comme l'ancienne artillerie turque y est actuellement remplacée par des pièces mises au niveau des progrès de l'art de la guerre en Europe, ces batteries ne sont plus aussi méprisables qu'on l'a dit. Les vaisseaux qui voudraient forcer le passage ne pourraient le faire impunément qu'à l'aide d'un vent très favorable et en se tenant exactement à égale distance des deux forts, afin d'être le plus loin possible de chacun, Mais, à la portée de plus de trois quarts de lieue de distance, le canon ne peut être très redoutable, et les châteaux des Dardanelles, quoique beaucoup améliorés, n'empêcheraient point qu'une flotte, conduite par un chef aussi habile qu'audacieux, ne passât de la Méditerranée dans la Mer-Noire. Ses forteresses sont donc réellement sans utilité, si ce n'est pour s'opposer à un débarquement, au cabotage de contrebande, à quelques opérations de détails, et sans grande importance pour le succès d'une guerre telle qu'on la fait aujourd'hui. Ce sont des postes dont l'ennemi ne tiendra pas compte, et qu'à plus forte raison il est très inutile d'occuper constamment, en paix comme en guerre.

DARDANIDES (*temps hér.*), nom patronymique des femmes de Troie censées descendre de Dardanus.

DARDANIE (*géogr. anc.*), portion septentrionale de la Troade, ainsi nommée de la ville de Dardanie ou Dardanus.

DARDANIE (*géogr. anc.*), ancien nom de Troie, quelquefois de la Troade tout entière.

DARDANIE (*géogr. anc.*), partie méridionale de l'Illyrie, qui comprenait le S. de la Dacie méditerranée et la première Mésie.

DARDANIE (*géogr. anc.* ((Orduna), ville de la Tarraconaise, chez les Vettones, au N.-O., au milieu des montagnes.

DARDANIENS (*géog. anc.*), peuples de l'Illyrie, qui habitaient la Dardanie.

DARDANIENS (*géogr. anc.*), habitants de la partie N. de la Troade, nommée Dardanie, quelquefois les Troyens mêmes.

DARDANIENS (*géogr. anc.*), habitants de toutes les villes nommées Dardanus ou Dardanie.

DARDANIS (*geogr. anc.*), ville de la Pentapole, sur les frontières de Marmarique, près du promontoire Zéphyrium.

DARDANIS, promontoire nommé aussi Dardanium.

DARDANIUM (*géogr. anc.*) (Samandraka), ancien nom de l'île de Samothrace.

DARDANIUM (*géogr. anc.*), promontoire de la Troade, auprès de la ville de Dardanus, dont il a tiré son nom.

DARDANUS, fils de Jupiter et d'Electre, une des filles d'Atlas, naquit à Corythe, dans la Tyrrhénie, ou, selon d'autres, en Arcadie. Ayant tué son frère Jasius dans la vue de s'emparer du royaume d'Étrurie, après la mort de Coryte, son père putatif, il fut forcé de prendre la fuite, et se réfugia d'abord dans l'île de Samothrace, et ensuite dans l'Asie mineure, où il bâtit, sur les côtes de la Teucrie, la ville qui porte son nom, et épousa Batia, fille de Teucer, roi de la contrée. Il succéda à son beau-père, et, après un règne de soixante-deux ans, laissa le trône à Erychthonius. On le regarde comme le fondateur de Troie, qui de là porta longtemps le nom de Dardanie. Selon quelques auteurs, Corybas, son neveu, le suivit dans la Teucrie et y porta les mystères des Cabires. Lui-même y établit le culte de Minerve et donna à ses sujets deux statues de cette déesse, dont l'une devint célèbre sous le nom de *Palladium*.

DARDANUS, fils de Bias, tué par Achille.

DARDANUS, jeune homme natif d'Abydos, et dont Artémise Ire, reine d'Halicarnasse, devint éperdûment amoureuse.

DARDANUS (*géogr. anc.*), capitale de la Dardanie, dans la Troade, sur l'Hellespont, au nord-est de Troie et du promontoire Sigée.

DARDARIENS (*géogr. anc.*), peuples de la Colchide, les mêmes que les Dandariens.

DARDEL, ELLE, adj. (*anc. t. milit.*). Il se disait des armes qui se lancent à la manière des dards, des flèches, des traits. *Armes dardelles*, armes de jet.

DARDELLE, s. f., petit dard que lançaient les arbalétriers.

DARDENNE, s. f. (*métrol.*), ancienne monnaie de Provence qui valait environ six deniers.

DARDER (*gram.*), lancer une arme, ou quelque autre chose, comme on lancerait un dard.

DARDER, signifie aussi frapper, blesser avec un dard.

DARDEUR (*anc. t. milit.*). V. DARDAIRE.

DARDIÈRE, s. f. (*v. lang.*), sorte de piége.

DARDILLE, s. f. (*v. lang.*), petit dard, javelot.

DARDILLE (*hortic.*), queue d'un œillet.

DARDILLER, v. a. (*v. lang.*), aiguillonner.

DARDILLER, v. n. (*horticulture*), pousser son dard.

DARDILLON, s. m. (*pêche*), languette pointue d'un hameçon.

DARÉE, s. f. (*bot.*), genre de fougères.

DAR-EL-ABID (*géogr.*), contrée d'Afrique, dans la Nigritie, au S.-E. du Dâr-Four et à l'O. du pays des Chilouks; elle est avantageuse et bien arrosée; les habitants sont sauvages et vont entièrement nus.

DAR-EL-NAHOS (*géogr.*), pays d'Afrique, dans la Nigritie, au S. du Dâr-Four; il a des mines de cuivre, ainsi que l'indique son nom.

DAREN-SÉE, s. m. (*géogr.*), lac de France, département du Haut-Rhin, à une lieue de Munster. Si l'on excepte le côté de la ville, il est entouré de montagnes et de rochers couverts de sapins; ses eaux sont très agitées avant et après les orages; il jette sur ses bords des pétrifications et des coquillages fossiles.

DARENTASIA (*géogr. anc.*), ville de la Gaule, capitale des Centrons, dans les Alpes, aujourd'hui *Moutiers-de-Tarentaise*.

DARÈS, sacrificateur de Neptune et père de deux capitaines Troyens, Thégée et Idée. Il prit part à la guerre de Troie, et en écrivit une relation, au rapport d'Elien. Il est clair qu'Elien se trompait, et que l'Iliade grecque mise sur le compte du prêtre de Phrygie est l'ouvrage de quelque sophiste plus moderne. Quoi qu'il en soit, l'*Iliadè de Darès* est perdue, et il ne nous en reste qu'une traduction latine, attribuée faussement à Cornélius Népos et faite à la fin du douzième siècle; cette traduction donna naissance aux romans de chevalerie qui furent si fort en faveur dans les derniers siècles du moyen âge. La meilleure édition est celle que Smids donna avec des notes à Amsterdam en 1702.

DARÈS, athlète orgueilleux, descendait d'Amycus, il se distingua aux funérailles d'Hector et fut battu en Sicile par le vieil Entelle; Turnus le tua en Italie.

DARESON, s. f. (*V. lang.*), action déraisonnable, faute, insulte.

DARET (PIERRE), graveur au burin, né à Pontoise en 1610, fit le voyage d'Italie et séjourna longtemps à Rome. De retour dans sa patrie, il grava un nombre considérable de portraits qu'il publia sous le titre de *Tableaux historiques*, un vol. grand in-4°, 1652-1656. Il fut associé avec Louis Boissevin. Daret a écrit une vie de Raphaël, traduite de l'italien, imprimée en 1651, 1 vol. in-12, avec le portrait de Raphaël gravé par l'auteur. Il mourut à Dax en 1675.

DAREA (*bot.*), nom d'un genre de Jussieu, dans lequel il avait rangé plusieurs espèces de fougères propres à l'Australie. Le botaniste Robert Brown, ayant étudié ces plantes à l'état vivant, a cru devoir supprimer le genre *darea* dont il a réuni les espèces au genre *asplénie*. (*V.* ce mot.) J. P.

DAREAU (FRANÇOIS), avocat au présidial de Guéret, né au bourg de Sainte-Feyre, près de Guéret, le 19 mars 1736, vint à Paris vers 1772, et y est mort en 1783 ou 1784. Dareau a eu part au *Répertoire de jurisprudence* de M. Guyot; il a aussi fourni des pièces de poésie aux *Almanachs des Muses* de 1768-76-78.

DARÉTIDE (*géogr. anc.*), province de la Macédoine.

DAREIUM (*géogr. anc.*), nom du territoire qui environnait la ville de Dara en Hyrcanie; c'était un pays délicieux et fertile, enfermé entre des montagnes stériles et des roches escarpées.

DAR-FOK (*géog.*), pays d'Afrique (Nubie), au S. du royaume de Sennar et sur la rive gauche du Taumat, il est sillonné par des torrents et couvert de montagnes et de forêts peuplées de bêtes fauves. Les habitants sont idolâtres; ils sont farouches, grossiers et cruels.

DAR-FOUR (PAYS DE FOUR) (*géog.*), royaume d'Afrique dans le Takrour, mal à propos nommé Soudan ou Nigritie. Il a au N.-E. la Nubie, à l'E. le Kordofan, au S. et au S.-E. le pays des Chilouks et à l'O. le Dâr-Koulla et le Bagthermé. La Marra est la plus considérable de ses montagnes; Abahbev-Attabah est sa seule rivière, mais les puits y fournissent des eaux en abondance; elles sont moins légères que celles du Nil. Le climat est assez sain; toutefois la saison des pluies est à craindre, elle influe sur la santé; l'*Heboud*, vent du S., est souvent très nuisible. Il occasionne un chaud étouffant. Ce pays est un groupe d'oasis entourées de déserts. Si vous considérez le sol à l'époque des grandes chaleurs, le Dar-Four vous paraîtra un pays maudit et frappé de stérilité; y arrivez-vous à la fin des pluies, les campagnes arrosées et comme engraissées par les eaux; y étalent un luxe de végétation que le voyageur n'eût pas soupçonné dans ces régions brûlantes. Le riz y vient naturellement; le froment y est rare, tandis que le maïs, le dokoun et les cassob abondent; les melons d'eau, les courges, le tabac, le chanvre y prospèrent. Le sol est couvert de forêts nombreuses; il produit des arbres à fortes épines, d'un bois dur, incorruptible: ce sont le tamarinier, le sycomore, le platane, le nebbec, le dattier. On y trouve le granit, l'albâtre, diverses espèces de marbres, etc.; partout on voit du nitre, et dans un district le sel fossile le plus beau. Les animaux domestiques du Dar-Four sont les moutons et les chèvres. Celles-ci fournissent une chair excellente, les premiers sont d'une médiocre qualité et n'ont qu'une toison grossière. Le gros bétail est d'une bonne espèce: les chameaux et les dromadaires sont nombreux, il en est de même des animaux sauvages: le lion, le léopard, la panthère, l'hyène, le chakal, le buffle, le rhinocéros et le loup peuplent les forêts et semblent rivaliser de férocité; la nuit ils entrent par troupes dans les villages et y répandent la terreur et la mort. Le crocodile guette sa proie sur le bord des rivières. Les éléphants, les giraffes, les renards, les gazelles, les chats sauvages et les singes n'y sont pas rares. Il en est de même des oiseaux qui sont l'ornement de la contrée. On en compte plusieurs espèces au plumage varié. La population est peu proportionnée à l'étendue du terrain; elle n'atteint que le chiffre de 200,000, si l'on en croit Brown. Les habitants professent en général la religion de Mahomet. Bien loin d'avoir cette austérité de mœurs qui caractérise les Orientaux, ils sont joyeux et portés au plaisir; quoique le Coran leur prêche l'abstinence des liqueurs, ils s'enivrent en buvant du mérissah. Il paraît que la langue vulgaire est le berbère; ils emploient l'arabe dans leur correspondance. L'agriculture est une branche d'industrie; on l'honore, on l'encourage. Le souverain, comme à la Chine et au Dahomey, trace quelques sillons et y jette la semence. Les arts commencent à pénétrer dans cette contrée: on y voit des orfèvres, des forgerons, des menuisiers, des maçons; il y a des tanneries, des manufactures d'armes. Le commerce a lieu avec l'Egypte où l'on transporte des esclaves, de l'ivoire, des cornes, des dents et des peaux de rhinocéros, des plumes d'autruches, des perroquets, et une sorte de fouets confectionnés avec la peau d'éléphant, de rhinocéros ou d'hippopotame. Les Dar-Fouriens sont noirs, mais ils diffèrent des nègres de Guinée. Ils sont forts, robustes, malpropres, dissimulés, voleurs; ils endurent longtemps le froid et la faim; ils n'ont pour tout vêtement qu'une chemise de toile; un caftan ou un caleçon mis par dessous distingue le riche; les femmes ont une ceinture autour des reins et se couvrent les épaules d'un morceau de toile. La polygamie est illimitée chez ce peuple; la morale y est relâchée, il n'est pas rare de voir le frère épouser sa sœur, et le père sa fille, et l'on ne s'inquiète guère des infidélités de sa femme. Le souverain jouit d'un pouvoir absolu, les foukkaras ou ministres de la religion peuvent seuls lui faire des remontrances, mais s'il s'aliène l'armée il est bientôt étranglé. On ne sait si les habitants sont indigènes, ou s'ils sont venus des contrées voisines.

DARGIDE (*géog. anc.*), petite rivière de la Bactriane, au S.-E., prenait sa source dans les monts Paropamise et allait en coulant au N.-O., et en traversant la Bubacène, se jeter dans l'Oxus.

DARGOMÈNE (*géog. anc.*) (Marghus), fleuve de la Gurie dans la Bactriane, au S.-E., prend sa source dans les monts Paropamise et se jette au N., les uns disent dans le Boctrus et les autres dans l'Oxus; c'est peut-être le même que le Dargide.

DARHARB, s. m. (*hist.*), littéralement, *maison de guerre*, nom que la loi musulmane donne à tous les États non mahométans. (*V.* DARISLAM.)

DARIA (*géog. anc.*), ville de la Mésopotamie, ainsi nommée de Darius.

DARIA ou **SIR-DARIA** (*géog. anc.*), grand fleuve de la région appelée communément Tatarie indépendante; il a sa source dans les monts Belour à soixante-dix lieues N.-E. de Badachan, et son embouchure dans le lac Aral; son cours est d'environ trois cent vingt lieues.

DARIABADIS s. m. (*comm.*), sorte de toile de coton qui vient des Indes.

DARIANGAO (*bot.*). Suivant Camelli, c'est le nom d'un arbre des Philippines, dont le bois est dur et pesant, l'écorce mince, blanchâtre en dedans et brune en dehors. Les feuilles sont assez semblables à celles du laurier; on extrait de la tige au moyen d'entailles, un suc gommo-résineux de couleur noirâtre, ayant l'odeur de l'ambre, employé dans l'Inde comme parfum, et à l'intérieur pour calmer les coliques. J. P.

DARIDAS s. m. (*comm.*), sorte d'étoffe qu'on fabrique aux Indes.

DARIÉES s. f. pl. (*V. lang.*), denrées, légumes, fruits.

DARIÉLA (*géog.*), fort de Russie, gouvernement de Géorgie, sur la limite de l'Europe et de l'Asie, dans le défilé de *Dariéla*, appelé par les anciens *porte caucasienne*.

DARIEN, IENNE, adj. (*V. lang.*), dernier.

DARIEN (*géog.*), nom d'un isthme d'Amérique qu'on appelle plus souvent Isthme de Panama. (*V.* PANAMA.)

DARIEN (*géog.*), golfe de l'Amérique méridionale; il est formé par la mer des Antilles sur la côte nord de la Colombie (Nouvelle-Grenade), entre le cap Braha à l'O. et celui de Mamon à l'E. Il gît entre entre le 77°,55' et 70° de long. acc.; ses côtes sont presque toutes hérissées de rochers inaccesibles, elles ne présentent vers l'O. et le S. que des attérages propres au débarquement. Parmi les fleuves qui débouchent dans le golfe, l'Atrato est le plus considérable.

DARIES (JOACHIM-GEORGES), professeur de philosophie, né en 1714 à Gustrow, dans le duché de Mecklenbourg, enseigna à Iéna la philosophie et la théologie. En 1761, il établit une école où l'on instruisait les enfants à la culture de la terre. Il exerça pendant 25 ans. Frédéric-le-Grand lui accorda, en 1763, une place de professeur en droit à l'Université de Francfort-sur-l'Oder, avec le titre de conseiller intime. Daries mourut le 17 juillet 1791. Il fit plusieurs ouvrages remarquables, entre autres : *Institutiones jurisprudentiæ universalis*, Iéna, 1766, in-8°, 7e édition. *Elementa metaphysices*, ibid., 1753.

DARIN, s. m. (*comm.*), sorte de toile commune qu'on fabrique en Champagne.

DARINYPHYTE, s. m. (*bot.*), plante dont le fruit s'ouvre de lui-même. Ce mot a été forgé par Necker : on dirait mieux *Diarrhégnyphyte*.

DARIOLE (*écon. dom.*), petite pièce de pâtisserie contenant de la crème.

DARIOLETTE, n. f. pr. (*v. lang.*), nom de la suivante d'Elisène dans Amadis. *Dariolette* y favorise les amours de sa maîtresse ; de là, par extension, ce mot se disait substantivement de toute femme qui se prête à de pareilles complaisances.

DARION ou **DURION** (*bot.*), nom d'un fruit de l'Inde, de la grosseur d'un melon, chargé d'aspérités et très bon à manger. Adanson a confondu ce fruit avec celui du jacquier ou jacca *artocarpus*, qui présente les mêmes caractères. Daléchamps parle aussi d'un fruit de Sumatra, de la grosseur d'une pastèque, couvert d'une écorce verte et contenant cinq fruits ou graines de la grosseur d'une orange, très agréables au goût ; mais, comme il ne fait pas mention des aspérités que l'on remarque sur le Darion, on ne peut déterminer s'il appartient à ce dernier ou à l'artocarpus. J. P.

DARIORIGUM (*géogr. anc.*), ville de la Gaule celtique ; capitale des Vénètes, aujourd'hui *Vannes*.

DARIOT (CLAUDE), médecin, partisan de l'astrologie et auteur de plusieurs ouvrages sur ce sujet. Il était né à Pomar, près Beaune, en 1533.

DARIOT (BLAISE), né en 1760, exerçait la médecine quand la révolution éclata ; il en adopta les principes, et fut nommé en 1792 premier suppléant à la Convention. Dariot fut d'abord envoyé à cette assemblée en remplacement de Jullien de Toulouse, puis révoqué, puis enfin rappelé au moment où il venait d'être envoyé en prison par Dartigoyte (*V.* ce nom). Celui-ci lâcha son prisonnier, mais fit un rapport à la Convention ; on fit à Dariot son procès, et il fut exécuté le 29 juin 1794.

DARIQUE (*antiq.*), monnaie d'or, frappée d'abord au nom de Darius-le-Mède, l'an 538 av. J.-C., avec l'immense quantité de métal accumulé dans ses trésors à la suite des guerres heureuses qu'il fit avec Cyrus, et ensuite au nom de presque tous ses successeurs perses et macédoniens. L'or employé aux dariques était pur et sans alliage; aussi étaient-elles, dans l'Asie et même dans la Grèce, préférées à toutes les autres monnaies. D'un côté était l'effigie du roi de Perse, et de l'autre un archer ou tireur d'arc. Les dariques sont appelées dans la Bible daracnomim et ardacnomim. Cette monnaie passa chez les Grecs à la suite de la conquête de la Perse. La darique valait 20 drachmes, c'est-à-dire environ 18 francs 54 centimes.

DARISLAM, s. m. (*hist. ott.*), littéralement, *maison de l'islamisme*, nom que la loi musulmane donne à tous les pays mahométans (*V.* DARHARB).

DARISTE (*géogr. anc.*), ville de la Babylonie, sur le Tigre, au S.-E. de la Séleucie et à l'E. de Babylone.

DARIVOTTE, s. f. (*navig.*), perche qui sert à la construction d'un train de bois flotté.

DARIUS Ier, roi de Perse, était fils d'Hystaspes. Il fut l'un des sept nobles perses qui détrônèrent le faux Smerdis, après que sa fraude eût été découverte. Après la mort de Smerdis-le-Mage, ne sachant à qui donner la couronne, les sept chefs de la révolte s'en remirent au hasard et convinrent de couronner celui dont le cheval hennirait le premier. Le sort favorisa Darius qui fut proclamé 522 ans av. J.-C. Après avoir assiégé inutilement Babylone pendant dix mois, il s'en rendit maître grâce au dévouement de Zopire (*V.* ce mot). Bientôt il déclara la guerre aux Scythes. Ces peuplades nomades le laissèrent s'engager dans leur pays, sans jamais accepter le combat et fuyant toujours devant lui. Ils ravagèrent tout autour de lui, et quand la famine le força de battre en retraite, ils le harcelèrent nuit et jour et lui tuèrent la plus grande partie de son armée. Il se consola de cet échec par la conquête de la Thrace et de l'Ionie, qu'il soumit par ses généraux. La guerre ayant éclaté entre les Grecs et les Perses, Darius envoya contre les Grecs une armée innombrable, qui fut défaite à la fameuse bataille de Marathon, 490 ans avant J.-C. Il faisait de nouveaux préparatifs contre les Grecs, quand il mourut, 485 ans avant J.-C., après un règne de 36 ans.

DARIUS II, surnommé NOTHUS, c'est-à-dire bâtard, était fils naturel d'Artaxercès-Longuemain. Après la mort de Xercès, qui périt assassiné par Sogdien, 423 ans avant J.-C., Darius s'empara de la couronne et punit le meurtrier qu'il fit étouffer dans de la cendre. Il employa plusieurs fois ce supplice étrange vis-à-vis de ceux qu'il sacrifia à la cruauté de sa femme Parysatis. Il fit la guerre aux Grecs par son général Tissapherne et ressaisit une partie de l'Ionie. Il mourut l'an 406 avant J.-C., laissant deux fils, Artaxercès-Mnémon et Cyrus-le-Jeune.

DARIUS III (CODOMAN), fut élevé sur le trône par l'eunuque Bagoas, qui, après avoir empoisonné le plus jeune des fils d'Artaxercès-Ochus, sous le nom duquel il avait voulu régner et qu'il n'avait pas trouvé assez docile, pensa ne faire de Darius qu'un instrument de son ambition. Il s'aperçut bientôt qu'il s'était trompé et il tenta d'empoisonner Darius. Celui-ci le força de prendre lui-même le poison qu'il avait préparé. Ce prince, digne d'un meilleur sort, n'éprouva que des revers. Alexandre-le-Grand envahit ses États. Darius déploya en vain une grande valeur personnelle, les Perses amollis par le luxe ne purent tenir contre les belliqueuses peuplades de la Grèce. En trois batailles il perdit le plus vaste empire qui existât à cette époque : la première fut celle du Granique ; dans la seconde, livrée vers le détroit du mont Taurus, sa mère, sa femme et ses enfants tombèrent au pouvoir d'Alexandre ; la bataille d'Arbelles lui porta le dernier coup ; il s'enfuit en Médie où il fut assassiné par Bessus, gouverneur de la Bactriane. Il avait régné 6 ans : avec lui finit la monarchie des Perses, qui avait duré 230 ans depuis Cyrus son fondateur.

DARIUS-LE-MÈDE, que l'Écriture appelle Cyaxare II, roi de Babylone, contemporain de Cyrus, régna vers 560 avant J.-C. Ce prince est fort connu par le témoignage de l'Écriture. Monté sur le trône, il partagea son royaume en 120 portions dont il confia la direction à 120 satrapes, subordonnés eux-mêmes à trois princes qui avaient l'intendance suprême du royaume. Il avait la plus grande estime pour le prophète Daniel, dont il fit un des premiers personnages de Babylone.

DARIUS, descendant d'Atropate, régna dans un canton de la Médie occidentale et fut vaincu par Pompée qui lui accorda la paix, 65 ans avant J.-C.

DARIUS, fils d'Artabane, roi des Parthes, donné en otage aux Romains, l'an de J.-C. 37.

DARIUS, officier d'Agrippa, arrière petit-fils d'Hérode-le-Grand.

DAR-KOULLA (*géogr.*), royaume du Soudân, arrosé par une grande rivière du même nom, au S. d'Ouangara.

DARLINGTON (*géogr.*), ville d'Angleterre, comté de Durham, sur le Skern. Fabriques et usines, machine à tailler et à polir les verres d'optique ; 6,000 âmes dont les deux tiers sont occupés aux manufactures. Dans les environs sont deux sources d'eaux minérales, dont une souveraine contre le scorbut.

DARLINGTONIE, s. f. (*bot.*), genre de plantes du nord de l'Amérique.

DARLUC (MICHEL), né en 1707 à Grimaud, près Fréjus, montra de bonne heure beaucoup de goût pour l'histoire naturelle, et étudia la médecine et la botanique à Barcelone, à Aix et à Paris. Il alla ensuite exercer comme médecin dans sa patrie, et fut quelque temps après nommé professeur de botanique à Aix. Il mourut en 1783. Il a publié une *Histoire naturelle de la Provence, contenant ce qu'il y a de plus remarquable dans les règnes végétal, minéral et animal, et la partie géoponique.* Cet ouvrage est fort estimé.

DARMAING (JEAN-JÉROME-ACHILLE), journaliste, né à Pamiers le 2 février 1794, fit ses études à Toulouse, entra à l'École normale et devint agrégé à Saint-Cyr ; il quitta l'instruction en 1816 pour se livrer à la politique. Indigné de l'ingratitude prétendue du gouvernement, il se jeta dans l'opposition et débuta par quelques articles dans les journaux ; il fonda ensuite *le Surveillant politique et littéraire*, qui lui attira une amende et dont la publication fut interdite. Il s'attacha alors comme rédacteur au *Constitutionnel*, et contribua à la fortune de ce journal. Plus tard, en 1825, et sans quitter cette feuille, il fonda *la Gazette des tribunaux*. Ce nouveau journal obtint de suite un très grand succès qui n'a fait que s'accroître depuis ; Darmaing seul le dirigeait, et se fit estimer à cette place par sa probité, son intelligence, son activité et sa conduite habile. Lors de la révolution de 1830, il prit les armes, et devint peu après rédacteur en chef du *Constitutionnel*. Il en sortit après 1833 et reprit la direction de la *Gazette des tribunaux*. Il mourut le 30 juillet 1836, estimé et regretté de son parti. On lui fit de pompeuses funérailles ; deux membres de la Cour de cassation, MM. Gilbert de Voisins, pair de France, et Isambert, député ; le bâtonnier de l'ordre des avocats, M. Philippe Dupin, et M. Breton, co-gérant de *la Gazette des tribunaux*, tenaient les coins du poêle funèbre, et MM. Mermilliod et Isambert prononcèrent son éloge.

DARMAS COLLETÉ OU MACARON DES PRÉS (*bot.*), espèce de champignon de la famille des collets solitaires de Paulet. Suivant cet auteur, elle a un parfum et une saveur très agréables, se conserve bien et est fort recherchée pour parfumer les sauces. On la trouve surtout aux environs d'Orange. J. P.

DARMOUTH (*géogr*), petite ville d'Angleterre (Devon), à 9 lieues S. d'Exeter, 55 lieues S.-O. de Londres, lat. N. 50° 17', long. O. 4° 33' ; 4,000 habitants. Elle a un port bon et vaste, défendu par deux citadelles. Le prince d'Orange y descendit en 1688.

DARMOUTH (*géogr.*), ville des États-Unis, dans le Newhampshire, à 27 lieues N.-O. de Portsmouth.

DARIGRAND (JEAN-BAPTISTE), d'abord employé dans les gabelles, quitta cet emploi, où ses talents étaient méconnus, pour se faire recevoir avocat au parlement de Paris en 1761. Il déclara alors la guerre aux abus du système des fermes, et se rendit célèbre par un livre qu'il publia sur ce sujet, sous ce titre : *L'anti-financier, ou relevé de quelques-unes des malversations que commettent journellement les fermiers-généraux*, etc. Cette brochure lui valut la bastille, ce qui ne l'empêcha pas de continuer à poursuivre ses ennemis jusqu'à sa mort, arrivée en octobre 1771.

DARIMAJEN (DOMINIQUE), né le 18 octobre 1761, à Mont-de-Marsan, adopta avec ardeur les principes révolutionnaires ; il participa à plusieurs publications de ce temps, et entre autres à l'ouvrage scandaleux : *La chasteté du clergé dévoilée.* En 1793, il entra dans les bureaux de la comptabilité nationale, et lors de la réorganisation, en 1807, il fut nommé référendaire de deuxième classe à la Cour des comptes. Il mourut en novembre 1829.

DARMSTADT (grand-duché de Hesse-Darmstadt). (*V.* HESSE).

DARMSTADT, capitale du grand-duché de Hesse-Darmstadt, dans la principauté de Starkenbourg, compte 1,279 maisons et plus de 21,000 habitants (dont 582 juifs), non compris la garnison. Elle est le siége de toutes les administrations supérieures du grand-duché et d'une cour d'appel, qui, depuis 1818, comprend aussi dans son ressort la principauté de Hohenzollern. On remarque à Darmstadt le musée, la bibliothèque, l'école de dessin, le *Pœdagogium*, le gymnase, l'opéra, etc. Le grand bâtiment destiné aux exercices a 319 pieds de longueur, 157 pieds de largeur et 83 pieds d'élévation.

DARMSTADT (le prince GEORGES DE), l'un des fils cadets du landgrave Louis de Hesse-Darmstadt, fit plusieurs campagnes sous le prince Eugène, et devint lieutenant-général des armées de l'empereur Léopold. Il fut envoyé, en 1694, en Espagne, avec 15,000 Allemands, et opéra sa jonction avec l'armée espagnole. En 1697, au siége de Barcelonne, il se jeta dans cette ville avec 12,000 hommes et se défendit avec beaucoup de courage ; mais l'armée espagnole qui venait à son secours ayant été défaite, il capitula après cinquante-deux jours de tranchée ouverte. Après la paix de Riswick, la reine d'Espagne, sa parente, lui fit donner la vice-royauté de Catalogne, qui lui fut ôtée lorsque le parti français prévalut à Madrid. Il mit le siége devant Barcelone, où il avait un parti, et fut tué à la première attaque du fort Montjoui, le 14 septembre 1705, deux heures avant la prise de la ville (*V.*, pour les autres princes de cette maison, au mot HESSE.).

DARNAGASSE, s. f. (*zool.*), un des noms vulgaires de la pie-grièche grise.

DARNALT (JEAN), avocat et jurat de Bordeaux, commença l'histoire de cette ville avant l'année 1612. Il est encore l'auteur d'*Instructions pour la conservation de certains droits appartenant à la ville de Bordeaux.* Il fut procureur du roi au siége présidial de la même ville. On attribue une partie de ses ouvrages à un autre Jean Darnalt, prêtre et religieux de l'abbaye de Sainte-Croix.

DARNAMAS, s. m. (*comm.*), sorte de coton qu'on tire de Smyrne.

DARNAVEAU, s. m. (*bot.*), nom provençal du paliure ou argalon.

DARNAUD (JACQUES), général français, né à Bricy, près Orléans, en 1768, entra, lors de la révolution, dans un bataillon des volontaires nationaux et y devint capitaine. Il se distingua ensuite dans l'armée du Nord, dans celle de Sambre-et-Meuse et dans l'armée d'Italie ; il assista à presque toutes les batailles qui se donnèrent dans ce pays, et fut nommé général de brigade en 1799. A Gênes, une très grave blessure nécessita l'amputation de la cuisse gauche, et, après avoir souffert courageusement cette douloureuse opération, il fut nommé par le premier consul commandant de cette place. Sous l'empire, il fut fait général de division, fut créé baron, et il reçut en 1808 le commandement des Invalides, qu'il conserva jusqu'en 1814, époque à laquelle il prit sa retraite. Il mourut le 3 mars 1830.

DARNE, tranche d'un poisson, tel que le saumon, l'alose, etc.

DARNETAL (*géog.*), bourg de France (Seine-Inférieure), sur l'Aubette. Nombreuses manufactures de toiles peintes, de draps, de flanelles, de tissus de coton, de couvertures, de filatures de coton, des teintureries à grand teint, et des papeteries. 5,572 habitants ; bureau de poste aux lettres ; à trois lieues trois-quarts de Rouen.

DARNEY (*géog.*), ville de France, ancienne place forte (Vosges), chef-lieu de canton ; sur la rive droite de la Saône. Elle a un hôpital, des fabriques de fer étamé et de potasse. 1,784 habitants ; bureau de poste ; à six lieues et demie S. de Mirecourt.

DARNIDE, DARNIS (*ins.*), nom donné par Fabricius à un genre d'insectes hémiptères de la famille des collirostres, ou à bec paraissant naître du cou, et voisin du genre membrace. Latreille n'a pas adopté ce genre. Les darnides comprenaient du reste toutes les espèces de membraces des pays chauds et spécialement de l'Amérique méridionale. J. P.

DARNIS (*géog. anc.*) (Derne), une des villes les plus importantes de la Pentapole, sur la Méditerranée, au S. du promontoire Drepanum, au N. d'Axyles et à l'E. de Cyène.

DARNLEY (*géog.*), île du grand Océan, dans le détroit de Torres, entre la Papouasie et l'Australie. Elle a cinq lieues environ de circuit. Ses habitants ont des mœurs farouches ; ils sont peut-être antropophages. Des mains, des bras, des crânes humains tout sanguinolents sont appendus comme des trophées dans chaque cabane, et décorent une image de bois bizarrement parée et embellie. L'arc, la flèche, la lance, composent toutes leurs armes. Ils sont robustes, grands et entièrement nus. Ils ont beaucoup d'adresse. On voit chez eux des canots peints et sculptés d'une manière agréable et curieuse. Ils se tatouent.

DARNLEY (HENRI STUART, lord), époux de Marie Stuart, reine d'Écosse, naquit en 1541. Sa mère, Marguerite Douglas, était fille de Marguerite d'Angleterre, sœur de Henri VIII. Jeune et bien fait, Darnley captiva le cœur de Marie Stuart, et l'épousa le 29 juillet 1565. Ce mariage irrita les protestants, qui bientôt insultèrent Darnley dans une cérémonie publique. Celui-ci crut que Marie était d'intelligence avec eux, cessa de la voir et se livra au plus grossier libertinage. On lui persuada que Marie se vengeait de cette conduite avec le musicien Rizzio. Darnley le fit assassiner et assista lui-même à l'exécution de ce crime. Bientôt cependant il se réconcilia avec Marie Stuart, qui l'entraîna à Dumbar et lui persuada de marcher contre les conjurés restés à Édimbourg ; il consentit même à désavouer toute intelligence avec eux, ce qui le rendit l'objet du mépris universel. Il se retira alors à Glasgow, où il éprouva une maladie extraordinaire qu'on attribua au poison. Marie vint l'y joindre, et, sous prétexte de l'état où il était, on le logea dans une maison isolée. Marie Stuart y couchait habituellement ; mais, la nuit du 9 février 1567, elle resta dans son palais, et la maison où demeurait Darnley sauta en l'air par l'effet d'une mine.

DAROCA (*géog.*), jolie ville d'Espagne (Aragon), située dans la délicieuse vallée du Xalon. Ses fontaines sont belles et abondantes. Elle passe pour fort ancienne et pour avoir été fondée par les Celtibériens ; ainsi son origine aurait précédé l'invasion de la péninsule par les Phéniciens et les Carthaginois. Alphonse Ier la conquit sur les Maures en 1123. Elle a un collége, six églises, trois hôpitaux et des casernes de cavalerie. Elle avait six couvents avant la dissolution des ordres monastiques en Espagne. Elle est à neuf lieues S.-E. de Calatayud. Sa population est de 6,000 habitants.

DAROMADE (*darom*), nom donné, dans le temps du second temple, à la partie S. de la tribu de Juda, limitrophe de la tribu de Siméon.

DARON, s. m. Il se disait autrefois d'un vieillard rusé. Il a encore signifié populairement le maître de la maison. Ce mot n'appartient plus qu'à l'argot des voleurs.

DARONATSI (PAUL), célèbre théologien de l'église d'Arménie, naquit en 1043, dans la province de Daron. Ses talents le firent nommer abbé d'un monastère, où il mourut en 1125. Son principal ouvrage est une lettre contre Théopiste, philosophe et théologien grec. Cet ouvrage a été imprimé à Constantinople, 1752, 1 vol. in-fol.

DARONATSI (KHATCHADOUR), docteur ou vertabied arménien, né en 1161, dans la province de Daron, fut abbé du monastère de Hoghardsin. On prétend que c'est ce docteur qui introduisit dans l'Arménie orientale l'usage de noter la musique. On a de lui un grand nombre de discours et de cantiques.

DARQUIER (AUGUSTIN), né à Toulouse le 23 novembre 1718, étudia l'astronomie, se distingua dans cette science, et mourut le 18 janvier 1802. Darquier était associé de l'Institut national. On a de lui plusieurs ouvrages très ingénieux, entre autres : *Uranographie*, ou *Contemplation du ciel à la portée de tout le monde*, Paris, 1771, in-16. Cet ouvrage contient les figures des constellations. L'auteur l'avait composé pour madame d'Etigny, dont le mari était intendant d'Auch.

DARRACQ (FRANÇOIS-BALTHAZAR), né vers 1750 à Mont-de-Marsan, embrassa la profession d'avocat. Il adopta les principes de la révolution et remplit diverses fonctions administratives dans lesquelles il montra beaucoup de zèle et d'intégrité. En 1795 il fut député au conseil des Cinq-Cents et se distingua dès l'abord en attaquant fortement tous les genres de dilapidation qu'il rencontrait. Il parla dans beaucoup de questions, défendit les prêtres quoiqu'il n'eût pas personnellement à se louer d'eux, soutint la nécessité du divorce, se montra toujours opposé au journalisme qu'il appelait une prostitution, combattit le projet de suppression des maisons de jeu, etc. Il mourut vers 1807. Son mandat expiré, il s'était retiré dans sa ville natale et c'est là que la mort l'atteignit.

DARRAGON (FRANÇOIS-LOUIS), né vers le milieu du XVIIIe siècle, occupait une place dans la maison du roi et conserva un dévouement complet à la famille royale. Il se fit connaître par sa manie de publier des vers plus ou moins ridicules, dont s'égayaient les journalistes de son temps et entre autres Salgues. Il est auteur d'une foule d'opuscules et d'un assez grand nombre de comédies et tragédies, le tout fort pitoyable.

DARRAIN, AINE, adj. (*v. lang.*), dernier.

DARRIGOL (L'ABBÉ JEAN-PIERRE), né à Lahouce près Bayonne le 17 mai 1790, fit son cours de théologie et professa les humanités au collége de Dax. Il fut ordonné prêtre en 1815, et, après avoir professé la théologie à Bétharam et la morale au séminaire de Bayonne, il devint supérieur de cet établissement. Il se livra à des recherches et à des études approfondies sur la langue basque et obtint, en 1829, le prix fondé par Volney sur l'*Analyse raisonnée du système grammatical de la langue basque*. Il mourut le 17 juillet 1829.

DARS, s. m., (*anc. terme milit.*), dard.

DARSA, (*géog. anc.*), ville de la Pisidie vers le N., prise par les Romains vers l'an 189 avant J.-C.

DARSAIDJ, prince de la race des Orpéliens, était le cinquième fils de Libarid. En 1283, par la mort de tous ses frères, il se rendit seul maître de toutes les provinces soumises à la famille Orpéliene. Démétrius, roi de Géorgie, le créa *atabeck* ou gouverneur de l'Arménie, c'est-à-dire de toute la partie de ce pays qui lui était soumise et qui s'étendait depuis Ani et Kars jusqu'à Teffis. Ce prince lui confia ses deux fils, David et Manuel. Darsaidj mourut en 1290, après avoir régné glorieusement pendant huit ans.

DARSERON (*géogr. anc.*), fleuve de l'Inde en deçà du Gange.

DARSE (*t. de marine*), usité dans la Méditerranée. Partie intérieure d'un port, laquelle se ferme avec une chaîne, et où l'on a coutume de retirer les petits bâtiments.

DARSET, s. m. (*v. lang.*), petit dard.

DARSCHICHAHAN (*bot.*), nom arabe, suivant Daléchamps, d'un arbrisseau épineux que les Grecs nommaient *aspalathos* et *erysisceptrum*. Selon quelques auteurs, ce serait une espèce de genêt épineux ; selon d'autres, le bois de Rhodes, *lignum rhodium*, reconnu maintenant pour être un liseron. Daléchamps fait à ce sujet une longue dissertation. J. P.

DAR-SIN-GA, s. m. (*relation*), nom du temple principal d'Ipse, fameux pèlerinage du Japon.

DARSIS, s. f., mot grec qui signifie l'action d'écorcher. Il n'a jamais été francisé que par des lexiques sans autorité.

DART, s. m. (*anc. t. milit.*), dard.

DART (*comm.*), sorte de papier de pâte grise.

DARTE s. m. (*bot.*), arbrisseau de la Cochinchine.

DARTHÉ (AUGUSTIN-ALEXANDRE-JOSEPH), né à Saint-Pol en 1769, achevait son droit à Paris quand éclata la révolution. Il se montra dès l'abord un des plus ardents partisans des nouvelles idées. De retour dans sa province, il fut en 1792 un des administrateurs du département du Pas-de-Calais; plus tard, il devint secrétaire de Joseph Lebon, quand celui-ci vint dans ce département, et se montra aussi féroce que lui. Darthé fut condamné à mort le 7 prairial an V (26 mai 1797), comme complice de la conspiration Babeuf, et périt sur l'échafaud à l'âge de 28 ans.

DARTIGOEYTE (PIERRE-ARMAND), né à Lectoure vers 1758, fut un des scélérats les plus hideux qui déshonorèrent la révolution. Il se jeta dès son commencement dans les idées les plus violentes, et fut en septembre 1792 député à la Convention par le département des Landes. Il vota constamment dans cette assemblée pour les mesures les plus extrêmes et prit part à la condamnation de Louis XVI. Envoyé dans le midi de la France, il répandit partout où il passa la terreur; tous les crimes et toutes les turpitudes lui furent familiers, et la chute de Robespierre seule mit fin à ses cruautés. Alors de nombreuses accusations retentirent de toutes parts contre lui; la Convention fut enfin forcée de les entendre; un décret d'accusation fut rendu contre ce misérable; mais l'amnistie de brumaire an IV (octobre 1795) le sauva, et il alla se retirer dans sa patrie où il mourut vers 1820.

DARTOS, s. m. (*anat.*), membrane cellulo-filamenteuse qui forme une enveloppe à chacun des deux testicules.

DARTRES (en vieux français *dertre* ou *darte*, de δαρτὸς, *excoriatus*), terme générique employé vulgairement pour désigner des inflammations de la peau d'une nature très diverse, n'ayant tantôt qu'une durée éphémère, tantôt durant des mois, des années entières, avec des alternatives de disparition et de réapparition; tantôt se portant sur un point, tantôt se fixant sur un autre; se propageant souvent de proche en proche comme par une sorte de reptation, ce qui les fit désigner par les Grecs sous le nom d'*herpès* (de ἕρπειν, ramper). Les dartres s'offrent à leur début sous la forme de *boutons* (vésicules, pustules, tubercules, etc.), contigus ou éloignés les uns des autres, plus ou moins multipliés, plus ou moins volumineux, quelquefois presque imperceptibles, et donnant naissance, en se desséchant, à des écailles, à des croûtes brunes, jaunes, grises, plus ou moins épaisses, plus ou moins adhérentes, et auxquelles succèdent parfois des gerçures, des ulcères, etc. Il en est qui altèrent à peine l'épiderme, d'autres laissent échapper une sanie fétide, creusent et rongent les téguments; elles peuvent alors, par leur étendue, par la suppuration ou par les douleurs dont elles s'accompagnent, amener l'épuisement et le marasme de l'individu. Il est contraire à la saine physiologie de regarder leur développement comme salutaire à l'économie animale, quelque légères qu'elles soient. Cependant il est des cas où leur guérison demande les plus grandes précautions, parce que c'est un émonctoire auquel le corps s'est habitué, et qui ne doit pas être supprimé sans établir ailleurs une sécrétion équivalente au moyen d'un vésicatoire, d'un cautère, ou simplement par l'emploi de quelques purgatifs, si l'affection est plus récente. Enfin il est des dartres contagieuses (telles sont certaines espèces de teignes), et cela, joint à l'aspect parfois dégoûtant des parties malades, explique suffisamment la répugnance que l'on éprouve pour cette sorte d'affections, et le soin que l'on prend à les cacher, quoique des personnes très saines d'ailleurs (beaucoup de femmes, par exemple, à l'âge critique) puissent en être atteintes. Un des médecins qui ont le plus contribué à populariser l'étude des maladies de la peau en France, le baron Alibert avait naguère établi sept espèces de dartres, sous les noms de dartres *furfuracée*, *squammeuse*, *crustacée*, *rongeante*, *pustuleuse*, *phlycténoïde*, *érythénoïde*. Il y rattachait vingt-une variétés. Cette classification, vicieuse à plusieurs égards, a été remplacée par une autre, empruntée aux dermatologistes anglais, et dans laquelle chaque groupe principal porte un nom spécifique. C'est sous ce nom que l'on trouvera la description des principales espèces de dartres (*V.* ACNÉ, COUPEROSE, ECZÉMA, ECTHYMA, IMPETIGO, LÈPRE, LICHEN, PEMPHYGUS, PITYRIASIS, PSORIASIS et TEIGNES). On cherchera au mot LUPUS la *dartre rongeante*, la seule qui offre un danger immédiat pour la vie. Mais nous ne terminerons pas ces généralités sans prémunir les malades contre l'emploi *prématuré* des diverses pommades et des dépuratifs à l'aide desquels on combat vulgairement ce genre de maladies; moyens excitants, et qui ne peuvent avoir un succès durable que lorsqu'on a traité par des topiques adoucissants, par des boissons rafraîchissantes, la première période des dartres, qui est ordinairement toute d'irritation. C'est en vain qu'on croirait guérir plus promptement, par une méthode contraire, des affections qui ont toujours une durée plus ou moins longue, et qui ne disparaîtraient un moment que pour reparaître plus tard ou pour se porter sur des viscères internes, car elles tiennent évidemment pour tout médecin non imbu des préjugés d'un solidisme exclusif, à une *crase* particulière des humeurs; en d'autres termes, *elles ont passé dans le sang*.

Dans les dartres accompagnées d'une inflammation aiguë de la peau, nous préférons à tout autre topique des cataplasmes de fécule de pommes de terre. Ceux que l'on prépare avec la farine augmentent, si elle n'est pas préparée très récemment, l'irritation de cet organe. Dans l'état chronique, nous avons retiré des succès surprenants de l'emploi de la suie en pommade et dans différentes combinaisons. (Voir sur les maladies de la peau les traités de MM. *Cazenave* et *Rager*.)

Dr Saucerotte.

DARTREUX (*t. de méd.*), qui est de la nature des dartres. Il se dit aussi substantivement des personnes affectées de dartres.

DARTRIER DE LA GUYANE (*bot.*), *vatairea guyanensis*, vulgairement nommé graines à dartres. C'est un arbre de la Guyane, de la famille des légumineuses; il s'élève à 50 pieds de hauteur; son tronc a environ un pied de diamètre; ses branches sont étalées, garnies de feuilles alternes, ailées avec une impaire, composées d'environ neuf à treize folioles ovales, oblongues, entières, vertes en dessus et cendrées en dessous; le pétiole commun est long d'un pied, muni à sa base de deux petites stipules roussâtres, velues et caduques. Le fruit est une gousse orbiculaire d'un brun marron, comprimée à ses deux faces; uniloculaire, indéhiscente d'environ trois pouces de diamètre, contenant une semence qui en remplit toute la cavité. Cette semence, pilée avec du saindoux, forme une pommade qui sert à guérir les dartres. Son nom lui vient de cette propriété. — On donne aussi le nom de *dartrier* au *cassia alata*, dont les fleurs entrent dans la composition d'un onguent propre à guérir la même maladie. J. P.

DARTUS PERLÉ (*bot.*), arbrisseau de la Cochinchine et de l'île d'Amboine, sur le bord des fleuves, aux lieux ombragés. Ce genre appartient à la pentandrie monogynie de Linné et à la famille des solanées. Ses caractères sont : calice à cinq découpures, corolle campanulée, à cinq lobes ovales; le tube globuleux, stigmate à cinq lobes; baie à une loge polysperme. Les racines de cet arbrisseau sont rougeâtres, aromatiques; les tiges atteignent une hauteur de six pieds et sont garnies de rameaux ascendants; les feuilles sont grandes, alternes, pétiolées, ovales-oblongues, acuminées, dentées en scie et légèrement duveteuses en dessous, à nervures obliques; les fleurs sont blanches, disposées en petites grappes oblongues, axillaires; la corolle beaucoup plus longue que le calice, les filaments insérés vers le milieu du tube, les anthères tombantes, l'ovaire cannelé; le fruit est une petite baie arrondie, à une seule loge renfermant plusieurs semences inégales et arrondies. J. P.

DARVAND, s. m. (*relig. parse*), nom des mauvais génies dans la religion parse.

DARU (**LE COMTE PIERRE ANTOINE-NOEL-MATHIEU**), né à Montpellier en janvier 1767, reçut une bonne éducation et servit d'abord comme sous-lieutenant dans l'armée; mais, renonçant bientôt à cette carrière, qui ne lui laissait pas espérer d'avancement, il entra dans l'administration. En 1789 il était commissaire des guerres, et, quoiqu'il eût adopté les principes de la révolution, il n'en devint pas moins suspect et fut arrêté. Le 9 thermidor le sauva, et il obtint quelque temps après une division au ministère de la guerre, et échangea sa place contre celle de commissaire à l'armée du Rhin. Il se fit, dans cet emploi, remarquer de Bonaparte, qui lui accorda sa bienveillance. Il suivit sa fortune, et sa faveur lui fut conservée après que Bonaparte fut devenu Napoléon. Il se dévoua au service de l'empereur, qui le combla de faveurs; après l'avoir fait chevalier, puis commandant de la Légion-d'Honneur, il le nomma, de 1804 à 1806, et successivement, conseiller d'État, comte de l'empire, intendant général de la maison militaire, intendant de la liste civile, puis commissaire général de la grande armée. Il s'acquitta de ces dernières fonctions avec zèle, probité, et surtout avec une très grande habileté dont il fit preuve dans toutes les campagnes qui eurent lieu à cette époque. En 1811, Daru fut nommé ministre secrétaire d'État. Lors de la désastreuse campagne de Russie, les immenses approvisionnements de l'armée furent pour lui une tâche des plus difficiles; il l'accomplit pourtant avec la plus grande habileté, et ce ne fut pas sa faute si les circonstances rendirent inutiles toute sa prévoyance et toute son activité. Il montra dans cette déplorable occurrence un courage que les plus braves de l'armée ne possédaient pas tous, et qui consistait dans une inébranlable fermeté au milieu des plus grands désastres. Au mois de novembre 1813, Daru fut fait par l'empereur ministre de la guerre; il adhéra un des derniers à la déchéance de Napoléon, et se rallia à lui un des premiers lors de son retour. Après la seconde restauration, il resta trois années sans fonctions; mais en 1819 il fut nommé pair de France par une ordonnance du 5 mars, et prit rang au côté gauche. Son opposition, bien marquée dès l'abord, se dessina de plus en plus, et elle devenait très vive lorsque la mort le frappa, le 5 septembre 1829. Le comte Daru ne fut pas seulement un excellent administrateur, ce fut encore un homme remarquable sous d'autres points de vue : excellent historien, son *Histoire de Venise* est un des meilleurs ouvrages qu'on ait écrits sur ce sujet; et, savant latiniste, il a laissé une très bonne traduction d'Horace. On a encore de lui d'autres ouvrages assez remarquables et des vers qui ne sont pas sans mérite, quoiqu'ils ne brillent pas par une poésie bien élevée. Il avait remplacé Colin d'Harleville à l'Institut, et, en 1815, ce corps, devenu l'Académie-Française, le nomma son président.

DARWIN (**ÉRASME**), médecin et poète anglais, né dans le comté de Nottingham en 1731, et mort en 1802. On a de lui plusieurs ouvrages, entre autres un poème divisé en trois parties et intitulé : *le Jardin botanique*, où il a personnifié les plantes; *les Amours des plantes*, qui forment la deuxième partie, ont été traduits en français par M. Deleuse, Paris, 1799, in-12. Ce poème offre un plan original, une grande et brillante imagination. Darwin a publié aussi la *Zoonomie ou les lois de la vie organique*, 2 vol. in-4°, etc.

DARWINIE, s. f. (*bot.*), arbrisseau de la Nouvelle-Hollande.

DASAN, s. m. (*zool.*), coquille du Sénégal.

DASARATHA, n. pr. ind. (*myth. ind.*), un des rois de la race solaire, fils d'Adja et père de Râma.

DASCHKOFF (**LA PRINCESSE**), troisième fille du comte Woronzoff, naquit en 1744; sa naissance l'appela de bonne heure à la cour, où elle déploya bientôt l'excentricité de son caractère et l'indépendance de ses opinions. Elle épousa à seize ans le prince Daschkoff, qui l'emmena passer deux ans à Moscou. A son retour, elle s'indigna de l'abandon de la grande duchesse Catherine, se lia à elle par une étroite amitié et contribua puissamment à la remettre sur le trône. Plus tard, mécontente d'elle, elle se conduisit avec une hauteur qui lui valut une disgrâce, Catherine II la renvoya à son mari; cependant elle revint dans la capitale et y exerça les fonctions de directrice de l'Académie, fonctions auxquelles elle avait été appelée avant son exil, et celles de rédacteur en chef de la *Gazette de Saint-Pétersbourg*. Elle voyagea ensuite à l'étranger où elle ne plut généralement pas; l'éloignement que son caractère brusque et tranchant inspirait à tous fut surtout prononcé en France, où elle passa. Rentrée dans sa patrie, elle fut de nouveau exilée sous Paul Ier et écrivit pendant son exil des Mémoires qui n'ont pas été imprimés. Elle mourut à Moscou vers 1810.

DASCILLE (*ins.*). Aristote désigne sous ce nom, dans son Histoire des animaux, un poisson qui se nourrit de boue et d'excréments. M. Latreille l'a appliqué à un genre de coléoptères pentamères, de la famille des Sternoxes, confondu d'abord avec les cistèles. (*V.* **ATOPE**.) J. P.

DASCON (*géog. anc.*), golfe ou baie de Sicile, sur la côte orientale, dans le voisinage de Syracuse.

DASCYLE, fils de Lycus, roi des Mariandynes, conduisit les Argonautes jusqu'aux rives du Thermodon, lorsqu'ils allaient faire la conquête de la Toison-d'Or.

DASCYLE, père de Gygès, roi de Lydie.

DASCYLE (*géog. anc.*), petite ville de Carie, au milieu d'une plaine nommée la plaine blanche. Dans cette plaine était une fontaine dont les eaux étaient chaudes et plus douces que du lait.

DASCYLITIDE (*géog. anc.*), lac de Bithynie, au N. et très près de Dascylium.

DASCYLIUM (Diaskillo), (*géog. anc.*), ville de la Bithynie, chez les Mygdons, à l'E., sur la Propontide, près du mont Olympe, aux environs d'un lac formé par une petite rivière voisine.

DASÉE (*géog. anc.*), ville de l'Arcadie, au S., à 7 stades de Macarée et autant du mont Acacesius, était en ruines du temps de Pausanias.

DASER, v. a. et n. (*v. lang.*), rêver, folâtrer, niaiser.

DASERIE, s. f. (*v. lang.*), rêverie, chimère.

DASIE, s. f. (*bot.*), genre d'algues marines.

DASIUS, Brundusien qui commandait pour les Romains la garnison de Clostodium en Ligurie.

DASIUS, un des principaux citoyens de Salapie, près de Cannes, favorable à Annibal.

DASIUS, citoyen d'Arpinum. Après la bataille de Cannes il s'était déclaré avec chaleur pour Annibal, lorsque les Romains commencèrent à reprendre le dessus et vinrent mettre le siége devant Arpinum; il offrit au consul Fabius de lui livrer la ville par surprise : celui-ci ne répondit à ses offres qu'en le faisant battre de verges et conduire prisonnier à Calès.

DASMENUM (Tranamus) (*géog. anc.*), forteresse de la Cappadoce, au S.-E., dans une gorge du mont Taurus, sur un roc escarpé, à l'E. de Cucusus, près des confins de la Syrie et de la Mésopotamie.

DASMOPHON, s. m. (*bot.*), un des anciens noms de la bourse à pasteur.

DASSARENSES (*géog. anc.*), nation illyrienne soumise aux Romains l'an 168 avant J.-C.

DASSARÈTES ou **DASSARIENS** (*géog. anc.*), peuple de l'Illyrie, au S.-E., près des frontières de la Macédoine; leur ville principale était Lychnidos; sous l'empire romain ils firent partie de la quatrième sous-division du diocèse de Macédoine.

DASSIÉ (F***), constructeur de vaisseaux, naquit au Havre. Il fit des voyages en Amérique et composa plusieurs ouvrages qui ne servent guère qu'à donner une idée des progrès immenses qu'a faits l'art de la marine.

DASSIER (**JEAN**), graveur en médailles, né à Genève en 1677, grava en acier un grand nombre de médailles représentant des hommes illustres du siècle de Louis XIV. Il mourut à Genève en 1763.

DASSIER (**JACOB-ANTOINE**), fils du précédent, naquit à Genève en 1715, fut gravenr comme son père, étudia en Italie et en France, et se rendit à Londres, où il fut engagé à la Monnaie comme maître en second. Il fit un voyage à Saint-Pétersbourg et mourut à Copenhague en 1756. On a imprimé : *l'Explication des médailles gravées par J. Dassier et par son fils, représentant une suite de sujets tirés de l'histoire romaine,* 1778, in-8°, volume rare et recherché.

D'ASSOUCY (**CHARLES-COYPEAU**), né à Paris en 1604, mort en 1674, eut quelque renommée littéraire et une existence aussi aventureuse que peu fortunée. Déserteur de la maison paternelle dès l'âge de huit ans, exposé à être précipité dans la mer à Calais comme sorcier, fustigé à Montpellier et chassé de la ville comme séducteur de jeunes filles, quelques années après menacé d'y périr par le feu pour un outrage aux mœurs d'un autre *genre*, banni de Turin pour des vers satiriques, jeté à Rome dans les prisons de l'inquisition et ne revenant à Paris que pour être enfermé successivement à la Bastille et au Châtelet, d'Assoucy aurait pu dire : « Ma vie fut tour à tour un voyage et une prison. » Imitateur du facétieux Scarron, d'Assoucy s'était placé près de son modèle, aux yeux des amateurs du burlesque, par ses *Métamorphoses travesties*, qu'il avait nommées *Ovide en belle humeur*. Cette longue et fastidieuse bouffonnerie n'est pas moins oubliée aujourd'hui que les autres productions de l'auteur. Si le nom de ce dernier ne l'est pas entièrement, c'est que Boileau en a fait une de ses victimes dans les deux vers suivants :

Le plus mauvais plaisant eut ses approbateurs,
Et, jusqu'à d'Assoucy, tout trouva des lecteurs.

C'est aussi parce que Chapelle et Bachaumont ont parlé, dans leur fameux Voyage, de la scandaleuse aventure de Montpellier. On voit que la mémoire de d'Assoucy se serait bien passée de cette double recommandation de ses contemporains près de la postérité.

DASTIN ou **DAUSTEIN** (**JEAN**), prêtre anglais qui vivait en 1315 et qui s'appliqua à la science hermétique. Ce prétendu philosophe a laissé deux ouvrages qu'on ne lit plus.

DASUS VERTICILLÉ (*bot.*), genre de la pentandrie monogynie de Linné, se rapprochant des rubiacées. Ce genre a été établi par Loureiro pour un arbre de la Cochinchine, qui offre pour caractères : un calice tubulé, coloré, à cinq dents obtuses, une corolle campanulée, très velue, à cinq lobes; cinq étamines; un ovaire enveloppé par le calice; un style; un stigmate à cinq découpures; une baie ombiliquée, monosperme, recouverte par le calice. Cet arbre a son tronc peu élevé; ses rameaux sont étalés, garnis de feuilles lancéolées, très entières, ondulées à leurs bords, tomenteuses en dessous; ses fleurs sont blanches, sessiles, disposées en verticilles axillaires; le fruit consiste en une baie comprimée, arrondie, enveloppée par le calice et contenant une semence sphéroïde. J. P.

DASYANTHE, adj. des 2 g. (*bot.*), qui a des fleurs garnies de poils.

DASYATIS (*poiss.*), genre de poissons de la famille des plagiostomes, très voisin des raies. M. Rafinesque, qui a établi ce genre, lui assigne pour caractères : queue grêle, très pointue, entièrement dépourvue de nageoires et d'aiguillon. Le *dasyatis ujo* ou *buju*. Ces noms sont ceux que les pêcheurs siciliens donnent à ce poisson. Sa peau est lisse, ses dents obtuses; brun en dessus et blanc en dessous; museau pointu; queue de la longueur du corps, très aiguë et épineuse à l'extrémité. Les pêcheurs assurent que sa queue fait des piqûres venimeuses ainsi que celle de la pastenaque. J. P.

DASYBATE, s. f. (*zool.*), poisson du genre des raies.

DASYCARPE, adj. des 2 g. (*zool.*), qui a les poignets garnis de poils.

DASYCARPE (*bot.*), qui porte des fruits velus.

DASYCAULE, adj. des 2 g. (*bot.*), qui a la tige hérissée de poils.

DASYCÉPHALE, adj. des 2 g. (*zool.*), qui a la tête velue.

DASYCÈRE (*ins.*), genre d'insectes coléoptères de l'ordre des trimères et de la famille des tridactyles. Ce nom, tiré du grec, signifie cornes ou antennes velues. M. Brongniart a créé ce genre sur un petit insecte qu'il avait trouvé sur un bolet et qu'il a décrit Bulletin des sciences, par la Société philomatique, t. 1, n° 39. J. P.

DASYGASTRE, adj. des deux genres (*zool.*), qui a le ventre velu. —*Dasygastres*, m. pl., famille d'insectes hyménoptères.

DASYGLOTTE, adj. des deux genres (*bot.*), qui produit des légumes ou des fruits velus.

DASYLIUS, surnom de Bacchus chez les Mégariens.

DASYMALLE, adj. des deux genres (*zool.*), qui est couvert d'une toison longue et laineuse.

DASYME, s. m. (*méd.*), sorte de dartre qui survient aux paupières.

DASYMÈTRE, s. m. (*phys.*), instrument propre à mesurer les variations de la densité de l'air.

DASYMÉTRIQUE, adj. des deux genres (*phys.*), qui a rapport à la dasymétrie.

DASYPE, adj. des deux genres (*zool.*), qui a les jambes hérissées de poils. — **DASYPE**, s. m., genre de mammifères.

DASYPELLIDE, s. m. (*zool.*), genre de serpents.

DASYPHILLA (*bot.*), genre de la famille des algues inarticulées; fronde gélatinoso-cartilagineuse, presque diaphane, à rameaux comprimées les dernières divisions ou feuilles oblongues, éparses, renflées; fructification enfoncée dans la substance de la fronde, et terminale. C'est le genre *gigartina* de Lamouroux. Le docteur Turner a placé la plupart des espèces de ce genre dans les fucus. J. P.

DASYPIDE, adj. des deux genres (*zool.*), qui ressemble à un dasype. — **DASYPIDES**, s. m. pl., famille de mammifères.

DASYPIEN (*zool.*) (*V.* **DASYPIDE**).

DASYPLEURE, adj. des deux genres (*zool.*), qui a les flancs ou les côtés velus.

DASYPODE, *dasypoda* (*ins.*), genre d'insectes de l'ordre des hyménoptères, section des porte-aiguillons, famille des mellifères, dont les caractères sont : mandibules pointues, mâchoires et lèvres plus longues que la tête; lèvre terminée en pointe, à deux paraglosses très courts, renfermée à sa base dans un tube cylindrique; palpes maxillaires courts de six articles, labiaux de quatre, allongés. Ces insectes ont la tête en triangle allongé, les yeux oblongs, écartés, le corselet carré, les ailes petites; abdomen s'élevant brusquement après sa jonction avec le corselet, carré. Comme tous les insectes de cette tribu, les dasypodes creusent des trous en terre et y déposent le pollen qu'ils ont récolté sur les fleurs. — Le *dasypode hirtipède, D. hirtipes.* Cet insecte est long de sept lignes, noir et couvert de poils roussâtres moins serrés sur le corselet; un duvet fort raide et couché borde les segments de l'abdomen; sa couleur est blanchâtre. Le mâle, qui est plus petit que la femelle, s'en distingue encore par l'absence de poils aux pattes postérieures. J. P.

DASYPODIUS (**CONRAD**), mathématicien célèbre du seizième siècle, né à Strasbourg; il était fils de Pierre Rauchfuss, savant helléniste de Frauenfeld, en Suisse, qui avait changé son nom allemand (*pied velu*) contre le nom grec de Dasypodius, qui a la même signification. Conrad Dasypodius professa les mathématiques à Strasbourg; il s'adonna spécialement à l'étude des géomètres grecs, et il a publié des commentaires sur les six premiers livres d'Euclide, à la suite d'un travail commencé par Herlinus, qui l'avait précédé dans sa chaire. Cet ouvrage intitulé : *Analyses geometr. sex librorum Euclidi*, etc., Argent., 1566, in-folio, n'est qu'un travail pédantesque, dans lequel les propositions du célèbre géomètre ancien sont présentées sous la forme de syllogismes d'une étendue disproportionnée qui en obscurcissent les démonstrations. Le premier et le cinquième livres sont de Herlinus; les quatre autres seulement sont l'ouvrage de Dasypodius. Ce mathématicien a rendu néanmoins de grands services à la science par la publication en grec et en latin de plusieurs livres d'Euclide, et par la traduction de son Optique et de sa Catoptrique. On lui attribue aussi la traduction des Sphériques de Théodose. C'est sur les dessins de Dasypodius que fut faite, en 1580, la fameuse horloge de la cathédrale de Strasbourg, qui a longtemps passé pour la plus belle de l'Europe. Il en a donné la description dans son *Heron mathematicus*, Argent., 1580. Il se proposait de réunir et de publier en un seul corps d'ouvrage tous les mathématiciens grecs; mais il ne put exécuter ce dessein. La mort le surprit le 26 avril 1600, à l'âge de 68 ans.

DASYPOGON A FEUILLES D'ANANAS (*bot.*), *D. bromœlifolius*. Cette plante, découverte à la Nouvelle-Hollande, par R. Brown, constitue un genre particulier de la famille des joncées, de l'hexandrie monogynie de Linné. Ses caractères sont : calice à six folioles, dont trois extérieures tubulées, conniventes à leur base, trois intérieures presque pétaliformes; six étamines; un ovaire à trois ovules; un style; une capsule formée par la partie tubulées du calice, et une seule semence. Ses tiges sont simples, cylindriques, presque ligneuses, les feuilles assez semblables à celles des graminées; les radicales nombreuses, en touffes, celles des tiges plus courtes, sessiles, glabres, éparses, mucronées, rudes et denticulées à leurs bords; les fleurs sont sessiles, disposées en une tête solitaire, terminale, entourée de bractées étalées et subulées; chaque fleur séparée par des paillettes étroites, lancéolées. J. P.

DASYPOGON (*ins.*), genre d'insectes diptères, de la famille des tanistomes, tribu des asiliques, présentant les caractères suivants : trompe renflée au milieu, antennes de trois articles dont les deux premiers plus courts. Ces insectes ont de grands rapports avec les asiles; ils ont la tête plate, le corselet très bossu et l'abdomen déprimé, concave en dessous; les pattes sont de la même grosseur partout. — Le *dasypogon ponctué, D. punctatus*, long de sept à neuf lignes; le mâle est entièrement d'un noir violet, avec les ailes presque noires; la femelle est de la même couleur, mais elle s'en distingue par la couleur fauve de ses pattes, et une large tache rougeâtre à l'extrémité de l'abdomen; les ailes sont aussi jaunâtres, avec les nervures plus foncées. Cette espèce se trouve dans le midi de la France. J. P.

DASYPOÏDE, adj. des deux genres (*zool.*), qui ressemble à un dasype. — DASYPOÏDES, s. m. pl., famille de mammifères.

DASYPROCTE, adj. des deux genres (*zool.*), qui a les fesses velues. — DASYPROCTE, genre de mammifères.

DASYPUS (*mam.*), nom latin du *tatou* (*V.* ce mot).

DASYPUS. Ce nom, tiré du grec, signifie *pieds velus*. Tout ce que disent les anciens, et particulièrement Aristote, sur cet animal, a fait penser qu'ils appliquaient ce nom au lièvre commun, *lepus timidus*, L. Cet animal a, en effet, les pieds garnis de poils, et devait être le seul du genre auquel ce caractère est commun, et qui fût bien connu des anciens. J. P.

DASYSPERME, s. m. (*bot.*), genre de plantes ombellifères.

DASYSTACHIÉ, ÉE, adj. (*bot.*), qui a les fleurs disposées en épis velus.

DASYSTÉMONE, adj. des deux genres (*bot.*), qui a les étamines velues.

DASYSTÉPHANE, s. f. (*bot.*), genre de plantes gentianées.

DASYSTOME, s. f. (*bot.*), plante des États-Unis d'Amérique.

DASYSTILE, adj. des 2 g. (*bot.*), qui a le style velu.

DASYTE, *dasites* (*ins.*), genre d'insectes coléoptères, section des pentamères, famille des serricornes, tribu des mélyrides, ayant pour caractères : palpes filiformes, antennes au moins de la longueur de la tête et du corselet réunis; crochets des tarses bordés par un appendice membraneux. Ces insectes sont de petite taille et se trouvent assez communément sur les fleurs; leur tête se prolonge en forme de petit museau; les antennes forment un peu la scie; le corselet est carré, légèrement relevé sur les côtés; les élytres sont grandes et parallèles. Le dasite géant, *D. grandis*. Cette espèce est longue de six à sept lignes, d'un beau violet brillant, rehaussé d'une large tache jaunâtre qui traverse le milieu des élytres; le corselet est garni des deux côtés de poils raides. J. P.

DASYTE, s. f. (*méd.*), accroissement extraordinaire des poils.

DASYURES, *dasyurus* (*mam.*). Ce sont des animaux didelphes, propres à l'Australie et à la terre de Diémen. Ils ont pour caractères 42 dents ainsi disposées : $\frac{6-6}{6-6}$ molaires, $\frac{1-1}{1-1}$ canines, arrondies et crochues, $\frac{8}{6}$ incisives tranchantes. Leur museau, allongé, est garni supérieurement de fortes moustaches, et terminé par un large mufle dans lequel sont percées les narines. Leurs pieds antérieurs ont cinq doigts, les postérieurs n'en ont que quatre; tous sont munis d'ongles propres à creuser la terre; leur pelage est épais et doux. Ces animaux se rapprochent pour la forme de nos genettes, dont ils ont aussi les habitudes; ils sont nocturnes et fouisseurs et n'ont point la faculté de grimper aux arbres comme les autres didelphes. Ils se nourrissent de viande et, comme nos fouines, font de grands dégâts dans les poulaillers lorsqu'ils parviennent à s'y introduire; mais lorsqu'ils ne peuvent se procurer de viande fraîche, ils se rejettent sur les cadavres, qu'ils déterrent à l'aide de leurs ongles. Ils ne sortent guère que la nuit, restant cachés tout le jour dans leurs terriers. On parvient pourtant à les apprivoiser avec des soins. L'une des espèces qui commettent le plus de dégâts est le dasyure ursin, *D. ursinus*, qui se trouve à la terre de Diémen; sa taille est à peu près celle d'un blaireau; son pelage est noir, et sa queue courte. On remarque encore le dasyure à longue queue, *D. macrourus*, nommé dasyure sachet par Péron. Il a environ 5 décimètres de longueur; sa queue atteint la même dimension; son pelage est en dessus d'un brun-marron avec quelques taches blanches plus grandes sur les côtés que sur le dos, et blanc en dessous. J. P.

DASYURIN, INE, adj. (*zool.*), qui ressemble à un dasyure. — *Dasyurius*, s. m. pl., famille de mammifères.

DASZDORF (CHARLES-GUILLAUME), né le 2 février 1750 à Stanchitz en Saxe, étudia la théologie à Leipzig et devint précepteur des enfants du conseiller intime Faber; sur la recommandation de ce dernier, il fut nommé troisième conservateur de la bibliothèque de Dresde et en devint ensuite le premier. Il mourut le 28 février 1812, laissant un assez grand nombre d'ouvrages et quelques traductions de livres anglais et français.

DAT, s. m. (*v. lang.*), dé à jouer.

DAT (*diplom.*), abréviation de *datum*, donné, qui était en usage dans les anciennes bulles et chartes.

DAT (*gramm.*), abréviation du mot *datif*.

DATA, s. lat. m. pl. (*phil.*). Il se dit quelquefois de tous les faits connus d'une science en général. Une table bien faite des *data* et des *desiderata* de toutes les sciences serait un ouvrage utile (*V.* DESIDERATA).

DATAIRE, s. m. (*droit ecclés.*), est le premier et le plus important des officiers de la daterie de Rome, où il a toute autorité. Quand cette commission est remplie par un cardinal, comme elle est au-dessous de sa dignité, on l'appelle *prodataire*, c'est-à-dire qui est au lieu du *dataire*. Cet officier représente la personne du pape pour la distribution de toutes les grâces bénéficiales et de tout ce qui y a rapport, comme les dispenses et autres actes semblables. Ce n'est pas lui qui accorde les grâces de son chef; tout ce qu'il fait relativement à son office est réputé fait par le pape. C'est lui pareillement qui examine les suppliques et les grâces avant de les porter au pape. Son pouvoir, dans ces matières, est beaucoup plus grand que celui des réviseurs; car il peut ajouter ou diminuer ce que bon lui semble dans les suppliques, même les déchirer s'il ne les trouve pas convenables. C'est lui qui fait la distinction des matières contenues dans les suppliques qui lui sont présentées; c'est lui qui les renvoie où il appartient, c'est-à-dire à la signature de justice ou ailleurs, s'il juge que le pape ne doive pas en connaître directement. Le *dataire* ou le *sous-dataire*, ou tous deux conjointement, portent les suppliques au pape pour les signer. Le *dataire* fait ensuite l'extension de toutes les dates des suppliques qui sont signées par le pape. Il ne se mêle point des bénéfices consistoriaux, tels que les abbayes consistoriales, à moins qu'on ne les expédie par daterie et par chambre, ni des évêchés auxquels le pape pourvoit de vive voix en plein consistoire. Le *sous-dataire* qui n'est aussi que par commisston, n'est point un officier dépendant du *dataire*; c'est un prélat de la cour romaine, choisi et député par le pape. Il est établi pour assister ordinairement le *dataire*, lorsque celui-ci porte les suppliques au pape pour les signer. Sa principale fonction est d'extraire les sommaires du contenu aux suppliques importantes, qui sont quelquefois écrites de la main de cet officier ou de son substitut; mais ce sommaire au bas de la supplique est presque toujours écrit de la main du banquier ou de son commis et signé du *sous-dataire* qui enregistre le sommaire, surtout quand la supplique contient quelque absolution, dispense ou autres grâces qu'il faut obtenir du pape. Le *sous-dataire* marque au bas de la supplique les difficultés que le pape y a trouvées; par exemple, quand il met *cum sanctissimo*, cela signifie qu'il en faut conférer avec sa sainteté. Lorsqu'il s'agit de quelque matière qui est de nature à être renvoyée à quelque congrégation, comme à celle des réguliers, des rites, des évêques et autres, et que le pape n'a point coutume d'accorder sans leur approbation, le *sous-dataire* met ces mots : *ad congregationem regularium*, ou autres selon la matière. Quand l'affaire a été examinée dans la congrégation établie à cet effet, le billet contenant la réponse et la supplique est rapporté au *sous-dataire* pour les faire signer au pape. Si le pape refuse d'accorder la grâce qui était demandée, le *sous-dataire* répond, au bas de la supplique, *Nihil*, ou bien, *Non placet sanctissimo.* La fonction du *sous-dataire* ne s'étend pas sur les vacances par mort des pays d'obédience, lesquelles appartiennent au *dataire per obitum* dont on va parler (V. DATAIRE).

DATAIRE ou **RÉVISEUR PER OBITUM.** C'est un officier de la daterie, et dépendant du *dataire* général ou préfet des dates. Ce *dataire per obitum* a la charge de toutes les vacances *per obitum* dans les pays d'obédience, tel qu'était en France la Bretagne où le pape ne donnait point les bénéfices au premier impétrant, mais à celui que bon lui semblait. C'est à cet officier que l'on porte toutes les suppliques des vacances par mort en pays d'obédience, pour lesquelles on ne prend point de date à cause des réserves du pape. Il est aussi chargé de l'examen des suppliques par démission, privation et autres en pays d'obédience, et des pensions imposées sur les bénéfices vacants en faveur des ministres et autres prélats courtisans du palais apostolique.

DATAIRE ou **RÉVISEUR DES MATRIMONIALES**, est aussi un officier de la daterie de Rome et dépendant du *dataire* général. La fonction de ce *dataire* particulier est de revoir les suppliques des dispenses matrimoniales avant et après qu'elles ont été signées, d'en examiner les clauses et d'y ajouter les augmentations et restrictions qu'il juge à propos. C'est lui qui fait signer au pape ces dispenses et qui y fait mettre la date par le *dataire* général, lorsque les suppliques sont conformes au style de la daterie.

DATAMAS, officier qui commandait dix mille hommes sous le règne de Cyrus.

DATAME, fils d'Anaphas II, roi ou chef héréditaire de Cappadoce, succéda à son père. Il périt dans une des guerres civiles qui suivirent la mort d'Artaxerce Ier.

DATAME, fils de Camissarès, gouverneur de Carie et le plus habile des généraux de l'Asie, porta d'abord les armes en faveur des rois de Perse. Il battit les Cadusiens et les força à demander la paix. Chyus, dynaste de Paphlagonie, et Aspis, maître d'une partie de la Cappadoce, virent leurs troupes prendre la fuite devant lui et tombèrent vivants entre ses mains. Tant de services ne purent le mettre à couvert de la jalousie des courtisans ni de l'ingratitude d'Artaxerce, qui déjà songeait aux moyens de se défaire de lui. Datame, irrité et en même temps craignant pour ses jours, s'empara de la Cappadoce et de la Paphlagonie, et s'y maintint longtemps contre toutes les forces du roi qui l'avait imprudemment offensé. Enfin il fut tué par le traître Mithridate qui l'avait attiré chez lui sous le prétexte de contracter une alliance offensive et défensive.

DATAPHERNE, ami de Bessus, le livra à Alexandre après le meurtre de Darius; s'étant ensuite révolté contre ce conquérant, il lui fut livré par les Dahes.

DATE, *date authentique*, celle qui est constatée par un officier public. En termes de commerce, *une lettre de change à 20 jours de date*, etc., c'est-à-dire dont le paiement est exigible 20 jours après celui de sa date, etc.

DATE, se dit aussi de l'époque où un évènement a eu lieu, et de l'indication de cette époque : *de nouvelle date*, *de fraîche date*, etc., se dit de ce qui est récent, peu ancien. On dit, dans le sens opposé, *d'ancienne date*, *de vieille date*, etc.

DATE, en matières bénéficiales, se dit du jour de l'enregistrement d'une supplique pour obtenir un bénéfice en cour de Rome. *Retenir une date chez un notaire*, retenir le jour auquel on veut qu'un contrat soit passé. *Prendre date* signifie aussi, en général, constater l'époque où l'on a fait quelque chose, où l'on a annoncé un droit, une prétention quelconque, où l'on se propose de faire quelque chose. Par extension : *prendre date*, *retenir date*, indiquer à quelqu'un le jour où l'on fera une certaine chose avec lui où chez lui, l'époque où l'on exigera de lui quelque chose.

DATE. Ce mot a une signification très étendue. Date est ce qui marque le temps et le lieu où une pièce écrite a été faite, où un acte a été passé, etc. La science des dates compose la chronologie et une partie de la diplomatique. Les dates se retrouvent encore dans la jurisprudence en général, et dans le droit et l'histoire de l'Eglise. — Le *dataire*, avons-nous dit, est un fonctionnaire de la chancellerie de Rome. C'est celui par les mains duquel passent tous les bénéfices vacants (V. DATERIE). On poussa en France la minutie jusqu'à décider que celui qui avait reçu un bénéfice avec la date de l'heure devait être préféré à celui qui l'avait reçu le même jour, mais sans l'*instrumentum de hord.* Ces décisions donnèrent lieu à de tels abus, que deux assemblées générales du clergé de France firent leurs remontrances au roi, qui rendit l'ordonnance du 10 novembre 1748 pour y mettre un terme.—Les dates sont d'une grande importance pour la perfection des actes judiciaires et extrajudiciaires; elles préviennent les fraudes et les suppositions. Une date plus précisée l'emporte sur l'autre. Les actes de l'état civil et quelques autres doivent être datés de l'heure. Comme certains officiers publics pourraient instrumenter en dehors des limites dans lesquelles ils doivent se renfermer, on exige d'eux la date du lieu. — Un testament olographe doit être écrit en entier, *daté* et signé de la main du testateur. Pour une foule de difficultés que font naître les dates, on peut consulter le *Répertoire de jurisprudence de Guyot*, et en général tous les auteurs de droit, à propos des hypothèques, des testaments, de l'enregistrement, etc.—La falsification des dates, qui présente une grande facilité et qui a de graves résultats, est punie très sévèrement.—Les ariens voulaient qu'on mît des dates aux confessions de foi : le concile de Rimini les condamna. Les différentes ères, les différentes manières de dater, les indictions, le cycle pascal, le terme pascal, l'épacte, etc., etc., compliquent singulièrement la science des dates (V. DIPLOMATIQUE et CHRONOLOGIE; V. encore ci-dessous l'article DATES (*hist.*). **ART DE VÉRIFIER LES DATES**, ouvrage de chronologie entrepris par les bénédictins de la congrégation de Saint-Maur, notamment par dom M.-F. d'Antine, dans le but de faire concorder entre elles les différentes ères. D. Clémencet, D. Durand et D. Clément (V. ces mots), MM. de Saint-Allais, de Courcelles et de Fortia d'Urban ont successivement achevé et publié cet ouvrage qui, à juste titre, est très estimé.

DATE. Le mot *date* désigne l'annotation du lieu et du temps où les diplômes, les actes, les lettres, etc., ont été donnés ou écrits sous la formule ordinaire : *Donné à*, etc., *en*, etc. Ce mot *date* est venu du latin *data* ou *datum.* On sous-entendait toujours *epistola* ou *charta*, ou *edictum*, ou *diploma.* Les *dates de temps* sont vagues ou indéterminées lorsqu'elles n'annoncent qu'une suite indéfinie d'années, par exemple : *regnante Domino nostro Jesu-Christo*, pour désigner que l'acte a été fait depuis l'établissement du christianisme. Cette formule ne devint ordinaire qu'au troisième siècle dans les Actes des martyrs; elle devint aussi d'un usage commun dans les chartes depuis le septième siècle jusqu'au douzième, mais alors il était rare qu'elle ne fût accompagnée d'aucune autre note chronologique. On datait également d'une manière un peu moins vague dans les chartes du moyen âge : *sous le règne d'un tel*, *sous le pontificat d'un tel.* Les dates spéciales de temps déterminent l'année, le mois, la semaine, le jour, et quelquefois même, quoique assez rarement, l'heure et le moment de la confection des actes. Les dates sont fort souvent extrêmement difficiles à déterminer, et ont donné lieu à bien des discussions (V. EPACTE, ERE, INDICTION, OLYMPIADE). Il y a des chartes qui se trouvent datées du mois sans l'être du jour, mais la date du jour est toujours accompagnée de celle du mois. Depuis le onzième siècle, on eut, jusque vers le quinzième, en Italie et en quelques autres contrées, une manière assez singulière de dater du mois : on partageait chaque mois de 30 jours en deux parties égales, et chaque mois de 31 jours en deux parties inégales, en sorte que dans ceux-ci la première partie était de 16 jours et la seconde de 15. On caractérisait la première partie d'un mois quelconque par ces mots : *intrante* ou *introeunte mense*, et la seconde partie par ceux-ci : *mense exeunte*, *stante*, *instante*, *astante*, *restante.* Les jours de la première portion du mois étaient marqués 1, 2, 3, etc., selon l'ordre direct; ceux de la seconde suivaient l'ordre rétrograde, à la romaine : ainsi, la date XV *die exeunte januario* était le 17 janvier; XIV *die exeunte*, le 18; XIII *exitûs januarii*, le 19, et ainsi de suite. Sans être constante, la date du mois se rencontre dans tous les siècles; on la suit aujourd'hui rigoureusement. Il est rare que les semaines entrent dans la date des chartes; au moins on n'en connaît pas d'exemples, à moins que l'on ne mette de ce nombre les dates des dimanches et des fêtes; mais la date du jour fut très usitée. Les différentes manières de commencer le jour, ou à minuit, ou à midi, ou au lever et au coucher du soleil, peuvent faire que deux chartes datées du même quantième l'aient été en deux jours différents; mais elle ne peut pas opérer dans les dates une différence de plus d'un jour. Les dates romaines des *calendes*, des *nones* et des *ides* (V. ces mots) furent les plus communes jusqu'au treizième siècle. Vers ce temps, on y substitua généralement notre mode simple et naturel. Il est cependant nécessaire de remarquer qu'au lieu de compter à rebours, par exemple le *4 des nones de janvier*, *le 2 des ides*, *le 19 des calendes*, pour le 2 le 6 et le 14 de ce mois, on disait quelquefois le 1er des nones de janvier, et ainsi jusqu'à 4 ; le 1er des ides, et ainsi jusqu'à 8 ; le 1er des calendes, et ainsi jusqu'à 19. La date du jour du mois se trouve dans les plus anciens monuments diplomatiques, et est même la plus ordinaire dans les premiers siècles. En un mot, c'est une des dates qu'on trouve le plus universellement, tant dans les rescrits des empereurs et des rois de France, même de la première race, que dans les bulles, dans les actes ecclésiastiques et dans les chartes privées de tous les siècles, lorsque ces titres portent des notes chronologiques du temps où ils ont été formés. Au treizième et au quatorzième siècle, elle n'était pourtant pas encore regardée comme assez essentielle pour qu'on ne l'omît pas quelquefois. La date de l'heure est une des plus rares dans les actes quelconques. On la voit cependant, dès les premiers temps, dans la lettre encyclique de l'église de Smyrne au sujet du martyre de Saint Polycarpe. Depuis ce temps jusqu'au treizième siècle, où l'on commença à la marquer dans les dates des chartes, on ne la trouve presque plus. Dans un acte de la fin du quatorzième siècle, elle se trouve singulièrement exprimée : *die sextâ augusti*, *horâ quasi post occasum solis*, *die tamen existente*, *adeò quòd una littera posset legi*... Cette manière de rendre l'heure du crépuscule est originale. Les dates des fêtes, dimanches et féries se rencontrent de temps en temps dans les chartes, même avant le neuvième siècle ; de là au treizième, elles parurent plus fréquentes ; mais depuis cette époque, c'est-à-dire depuis le treizième, elles devinrent presque générales. Auparavant, il était rare de dater du lundi, mardi, mercredi, etc. ; on aimait mieux se servir du nom de férie seconde, troisième, quatrième, etc. Ce n'est aussi qu'à partir du treizième siècle qu'il devint ordinaire de dater de tel jour avant ou après tel dimanche, telle fête ou tel jour de son octave. C'est dans des actes du neuvième siècle que l'on a rencontré pour la première fois les dates des dimanches et des fêtes ; mais dans le onzième siècle elles ne sont pas rares, non plus que dans le douzième. Dans ce dernier, où l'on fit usage de la date des féries, la date du dimanche est quelquefois désignée par les premiers mots de l'introït de la messe du jour. Cet usage fut fort commun dans le treizième et ne fut pas inusité dans le quatorzième. Ceci demanderait pourtant quelques explications que ne nous permettent pas les bornes de cet article. Depuis le neuvième siècle et surtout depuis le onzième, où l'on commença à étudier avec ardeur le calcul ecclésiastique, on rencontre des dates du jour de la lune, des fêtes mobiles, et d'autres notes chronologiques qui ne sont point assez spécifiées pour faire connaître tout de suite le quantième qu'elles doivent indiquer : il faut alors recourir à cet admirable ouvrage d'érudition historique que les Bénédictins ont publié sous ce titre d'*Art de vérifier les dates*. La date du lieu apprend dans quelle ville, dans quelle place, dans quel château un diplôme a été dressé. Avant le douzième siècle, il était rare qu'après avoir daté d'une ville on spécifiât le palais où la pièce avait été donnée, mais dans ce siècle on détermina le lieu précis de la confection de l'acte. Au treizième on porta l'exactitude jusqu'à marquer la salle dans laquelle on l'avait passé. Au reste, cette date du lieu n'était pas exigée par les lois romaines et ne fut requise que depuis l'ordonnance de 1462, confirmée par celle de Blois, qui ordonne que les notaires mettront le lieu et la maison où les contrats sont passés. Avant le neuvième siècle, les dates du pontificat des papes et des évêques étaient rares ; mais, depuis l'érection des grands fiefs en souverainetés, les évêques se crurent en droit d'aspirer à la même élévation et d'affecter le même honneur ; ils datèrent de leur épiscopat, et on vit des rois mêmes se servir de cette nouvelle manière de dater, qui avait déjà passé en coutume dès le onzième siècle. Comme dans le treizième on faisait parade d'une foule de dates, on y mit quelquefois jusqu'à celles des abbés, des archidiacres, etc. Quoique de toutes les notes chronologiques la date du règne des souverains soit peut-être la plus ancienne, comme le prouvent les médailles, cependant ce fut Justinien qui le premier, profitant du long espace de temps qui s'écoula sans consuls, établit le mode de dater du règne des empereurs, et ordonna de marquer dans tous les actes publics l'année de son empire, sans préjudice des autres dates. Cette nouvelle formalité a dû commencer dans les actes publics la onzième année de Justinien, indiction première, c'est-à-dire au 1er septembre de l'an de J.-C. 537. Les rois barbares qui s'étaient établis sur les débris de l'empire, et en particulier les princes francs, l'avaient précédé dans cet usage. Cependant l'époque fixe de l'année du règne ne fut pas toujours strictement marquée dans les diplômes. Les dates des règnes ont été sujettes à des variations sans nombre. Souvent elles ne semblent s'accorder ni entre elles ni avec ce que l'histoire nous enseigne ; et de là, les demi-antiquaires se sont crus en droit de rejeter une infinité de titres vrais, sur ce que la date ne leur paraissait pas juste. Pour aplanir cette difficulté, il faut savoir que le règne d'un seul roi formait plusieurs époques ; ainsi l'un portait l'an tel du règne de Charlemagne sur les Francs, tantôt de son règne sur les Lombards, et tantôt de l'empire de Charlemagne. Pour un autre prince, on datait de son sacre, qui s'était souvent fait du vivant de son père, de son avènement à la couronne, de son mariage, de la conquête de plusieurs royaumes en différents tems, etc., etc. Quelques-uns comptaient selon la révolution complète d'une année de règne ; d'autres la supposaient *cave*, c'est-à-dire que le prince, étant parvenu à la couronne au milieu d'une année civile, la comptait pour entière quoique en réalité elle fût incomplète. Enfin, l'époque qu'avait en vue le notaire était très souvent connue ; quelquefois elle a été très longtemps incertaine et ne s'est manifestée que dans la suite, par la découverte de quelques pièces qui n'avaient point encore paru ; ou elle est demeurée inconnue et se découvrira peut-être quelque jour. Il serait facile d'avoir des preuves de ces variations en parcourant les usages des pièces ecclésiastiques et laïques par rapport à cette date. Quelle que soit l'utilité d'un semblable travail dans un traité de diplomatique, nous ne l'entreprendrons pas ici : nous indiquerons seulement les principales manières de dater usitées par les rois de France, et nous suivrons dans ce tableau l'*Art de vérifier les dates* qui a mérité de faire loi en pareille matière.

Dates des diplômes des rois de France. — Il reste peu d'instruments qui remontent jusqu'aux premiers rois de la première race, et ce qu'on peut en dire généralement, c'est qu'ils dataient leurs actes de l'année de leur règne, du jour, du lieu où ils les expédiaient ; ils y ajoutaient très rarement l'indiction ou autres caractères chronologiques. Les diplômes de la première race sont écrits d'ordinaire sur papyrus d'Égypte. La bibliothèque du roi possède plusieurs précieux manuscrits de cette même époque et sur papyrus. Voici les remarques particulières à chaque règne.

Première race. — Clovis Ier se qualifiait de *vir inluster*. Un diplôme de l'an 496 a pour date la première année de sa conversion au christianisme : *Primo nostro susceptæ christianitatis anno* ; le 29 décembre, indiction v. Childebert, roi de Paris, troisième fils de Clovis, date d'après trois commencements de règne, savoir, à Paris en 511, à Orléans 526, et en Bourgogne 534. Ce Childebert et Clotaire son fils firent battre la première monnaie d'or des rois de France. — Thierri III compta aussi de deux manières les années de son règne, de 670, époque de son avènement, par la mort de son frère Clotaire III, et de 673, temps où il fut tiré du monastère de Saint-Denis, où il avait été d'abord enfermé. Le concile de Crecy est daté selon cette seconde manière. — Childéric III. On ne connait aucun diplôme qui porte le nom de ce roi. Pepin et Carloman réglaient presque tout en leur propre nom, privant ainsi Childéric des droits honorifiques de la royauté. On ne comptait pas même parfois d'après les années de son règne. Des chartes sont datées en comptant les années depuis la mort de Dagobert III, en 715 ; une autre charte dit : *Regnante Carlomanno duce et Bobone comite*. — Les dates, selon l'ère de l'incarnation, sont rares dans les actes de la première race. L'année commençait au premier mars ou bien à Pâques. Les rois disent qu'ils donnent le diplôme.

Deuxième race. — L'usage de l'ère de l'incarnation est moins rare que dans les diplômes de ce période ; mais le commencement de l'année fut également variable. Du Xe au XIIIe siècle on adopta assez généralement le 1er janvier ; mais dès le XIIe siècle le jour de Pâques prévalut jusqu'au milieu du XVIe. L'année de l'incarnation est employée dans les bulles des papes dès l'an 800 ; mais elle n'y fut d'un usage ordinaire que vers le XIe siècle. Il est utile de remarquer que, dans l'expression des dates selon l'ère de l'incarnation, on omettait parfois le mil et les centaines. Les exemples en sont assez fréquents aux XIIIe et XIVe siècles. On a aussi des preuves d'une pratique contraire où l'on supprimait les dizaines et les unités. Les chanceliers disent que le roi a *dressé* l'acte, et les grands feudataires de la couronne dataient les leurs de l'année du roi régnant. Les dates prises de l'épiscopat avaient passé en coutume dès le XIe siècle. Une foule d'événements particuliers servent aussi de motifs à des dates ; on n'y épargnait pas même d'ironiques allusions. Pepin date de son avènement en 752, de son sacre par le pape, 28 juillet 754. On a aussi remonté son règne dans des dates jusqu'à 747, époque où il exerçait déjà tous les droits de la royauté; il employa le premier la formule *par la grâce de Dieu*, qui était de pure gratitude. Sous son règne, les évêques furent admis pour la première fois au *Champ-de-Mai*. — Charlemagne. Les diplômes sont datés : 1° de son avènement à la couronne de France, le 24 septembre 758, jour de la mort de Pepin; du 9 octobre suivant, jour de son sacre à Noyon; ou bien du 4 décembre 771, jour où il régna seul; cette dernière date est portée aussi au 1er janvier; du 25 mai au 13 juin même année, après la prise de Pavie, même dès le commencement de l'an 774; 2° de son empire, en l'an 800, l'année commençant au 1er janvier; en 801, si on la commençait à Noël. — Louis-le-Débonnaire. On distingue trois manières de dater dans les actes de ce roi : la première, à partir du 15 avril 781, commencement de son règne d'Aquitaine et jour de son sacre; la deuxième, de son association à l'empire, août 813; et la troisième de l'époque où il régna seul, fin de janvier 814. Louis et ses enfants suivirent indifféremment l'indiction du 1er septembre ou celle du 1er janvier. Ce roi donna aux papes Rome et le duché de Rome (817), s'en réservant la souveraineté. — Charles-le-Chauve. Il y eut six époques du règne de ce prince qui servaient de dates à ses actes : 837, quand son père lui donna le royaume de Neustrie; 838, roi d'Aquitaine; 839, sacré roi de France, et ayant reçu le serment des seigneurs d'Aquitaine; 840, succédant à son père; 9 septembre 870, couronné roi de Lorraine; 25 décembre 875, recevant la couronne impériale à Rome; août 869 ou septembre 870, il ajouta aux années de son règne en France celles de son règne sur les États de Lothaire. Lorsqu'il rappelle le *siége de Toulouse*, c'est l'an 849. Il invoque la Trinité dans le protocole de ses actes. Ses successeurs imitèrent son exemple. — Louis II ou le Bègue. Il fut reconnu en Languedoc plus tard que dans le reste de la France; aussi trouve-t-on des actes des années *après la mort de Charles-le-Chauve*. — Louis III. On trouve aussi pour son règne des dates prises de la *mort* de son prédécesseur. — Carloman. On n'explique quelques dates de ses actes qu'en supposant qu'il fit commencer la première année de son règne du 1er janvier même de l'année de son avènement, qui n'eut lieu que le 10 avril, jour de la mort de Louis-le-Bègue. — Charles-le-Gros. fut à peine compté au nombre des rois. Le Languedoc ne le reconnut point et ne mentionna pas son règne dans les actes du temps. — Eudes. Ses diplômes sont datés en commençant son règne en 886 ou en 887, selon l'époque où il fut reconnu dans les diverses provinces. — Charles III, le Simple. On trouve trois époques différentes dans des dates de son règne, à partir : du 28 janvier 893, lorsqu'il commença de régner; du 3 janvier 898, lorsqu'il eut toute la monarchie par la mort d'Eudes. (Cette manière de dater est exprimée par ces mots : *anno redintegrante*, ou *planiter regnante*, ou enfin *in successione Odonis*); de la fin de 911 ou du 21 janvier 912, lorsqu'il fut le maître de la Lorraine. Ces trois manières de dater sont parfois employées ensemble dans le même acte. On trouve aussi des dates qui se rapportent en l'an 900, époque où il fut reconnu en Bourgogne; en 889, les *capitulaires* finissent avec son règne. — Louis IV, d'Outremer. Il date du 19 juin 936, jour de son couronnement; du 7 octobre 929, jour de la mort de son père. Pour le Mâconnais, on compte de 936 et de 938. Le commencement de l'année fut le 25 mars ou bien à Pâques. — Lothaire. Le commencement de son règne est marqué de quatre ou cinq manières dans les chartes : 10 septembre ou 12 novembre 954, son couronnement; commencement de 954 ou 955, en Languedoc; 951, expédition du père de Lothaire en Auvergne; 950 en Mâconnais, en supposant cette année comme celle de l'association à la couronne; Lothaire prend le titre d'Auguste. Depuis Pepin, les sceaux étaient ovales, Lothaire leur donna la forme ronde. Ce fut vers la fin de la deuxième race que les *fiefs* s'établirent, les ducs, ou gouverneurs de provinces, les comtes et les autres officiers d'un ordre inférieur rendant héréditaires des titres qu'ils n'avaient reçus qu'à vie, usurpant également les terres et la justice, et de *magistrats* se faisant *seigneurs*. La noblesse commença avec cette *suzeraineté*.

Troisième race. — L'affaiblissement de l'autorité royale sous les derniers rois de la deuxième race qui avait favorisé les usurpations des seigneurs, favorisa aussi l'entreprise de Hugues-Capet, duc de France, comte de Paris et d'Orléans. Ses successeurs s'occupèrent comme lui à récupérer les droits que la couronne avait perdus, Louis XIV acheva cette grande entreprise. — Hugues-Capet. Son règne se compte du 3 juillet 987; il s'associa son fils en 988, et dès-lors les diplômes de ce règne portèrent ces deux dates. Hugues fut reconnu successivement dans les provinces; il ne l'était pas encore partout en 993. On doit avoir égard aux différences qui résultent de ces faits pour les dates du règne de ce roi. Les horloges et l'usage des chiffres arabes en France datent de cette époque. — Robert II. Ses diplômes sont datés de quatre manières pour le commencement de son règne : 988, sacré à Orléans du vivant de son père; 989, on ne sait pourquoi; 24 octobre 996 (c'est le plus ordinaire), mort de Hugues Capet; 991, emprisonnement de Charles de Lorraine, son compétiteur. Les années de l'indiction s'accordent rarement avec celles de l'incarnation. Le sceau est de forme ovale. Toutes ses possessions consistaient dans les duchés de France et de Bourgogne et le comté de Paris. L'ingénuité et la noblesse étaient confondues; les nobles militaires étaient plus estimés que les autres; il n'y avait donc que deux conditions en France, les nobles et les serfs; les marchands et les artisans étaient compris dans la seconde. Robert est quelquefois qualifié de *pieux*. — Henri Ier. Son règne commence dans les chartes tantôt au 14 mai 1027, tantôt au 20 juillet 1031; il supprima la charge de comte du palais, et créa, pour en tenir lieu, le chancelier, le bouteillier, le connétable et le grand panetier. — Philippe Ier. Cinq manières de dater les chartes de son règne : du 23 mai 1059; du 29 août 1060, mort du roi Henri Ier; de 1061, 1063; du 1er septembre 1067. Depuis 1098 ou 1099, les années du règne de Louis, fils de Philippe, sont jointes à celles du roi même. On ne data parfois que des années du fils pendant les années où le père fut excommunié. Philippe employait une croix pour signature. — Louis VI ou le Gros. Les années de son règne sont comptées : 1° de la fin de 1098 ou de l'an 1099, époque où il fut associé à la royauté; 2° du 3 août 1108, jour de son sacre à Orléans. Depuis 1115, il joint les années de son règne à celles du règne de sa femme, Adélaïde, et celles de ses deux fils Philippe et Louis, dès qu'il les eut fait sacrer. Ce prince s'occupa à réunir les grands fiefs à la couronne et à étendre son autorité pour l'administration de la justice. Il favorisa, dans ces vues, l'établissement des communes. Il refusa comme roi les hommages qu'il devait comme vassal. Tous ses successeurs n'imitèrent pas son exemple. — Louis VII, le Jeune. On date pour son règne de quatre manières : de 1131, époque où il fut associé au trône de son père; de 1133 après le mois de juillet, ou 1134 avant ce mois, on n'en connaît pas la raison; de 1135, son père malade lui ayant temporairement remis l'anneau royal; du 1er août 1137, mort de son père. Ce prince data aussi de la naissance de son fils. En 1171 il prend le titre de *roi de France* au lieu de *roi des Français*, comme l'avaient dit ses prédécesseurs. — Philippe II ou Auguste. On connaît trois époques pour les dates de son règne : du 1er novembre 1179, jour de son sacre à Reims; 20 mai 1180, son couronnement à Saint-Denis; 18 septembre 1180, mort de son père. Les dates sont souvent incomplètes à l'égard des mois et des jours. Le grand sénéchal ne paraît plus dans les chartes de 1191. La milice, la boussole et les lettres de change datent en France de ce règne. — Louis VIII data ses diplômes de l'année de l'incarnation, seulement dans les actes de 1224. On trouva cependant l'année de son règne durant le siége de la Rochelle; il ajoute : *In obsidione Ruppellæ*. — Saint Louis (IX). L'année des dates de ce règne commence à Pâques. On fait honneur à ce roi de l'institution des notaires royaux et maîtres des requêtes. Les pairs n'étaient qu'au nombre de douze. Sa monnaie n'avait cours que dans les domaines du roi et dans ceux de ses vassaux qui voulaient l'admettre; il ordonna qu'elle fût reçue dans tout le royaume. Il créa le titre d'amiral, le collége de Sorbonne (du nom de Robert de Sorbonne, qui y contribua), et l'hospice des Quinze-Vingts. — Philippe III, dit le Hardi. On ne remarque rien de particulier dans la manière de dater les titres de ce règne. C'est à lui qu'on rapporte les premières lettres d'anoblissement en 1272. Ce roi n'eut point de chancellerie, et trois fleurs de lis seules dans l'écu de France paraissent dès lors dans le contre-scel que ce prince laissa aux régents du royaume. — Philippe IV, ou le Bel. Il est le dernier roi qui ait fait usage des monogrammes dans les diplômes, et le premier qui ait employé la formule : *Par la plénitude de la puissance royale*. Il institua aussi la légende : *Sit nomen Domini benedictum*, pour les monnaies. En 1289, il créa la chambre des comptes, tirée du parlement. Il n'y eut rien de particulier dans les dates de ses actes royaux. — Louis X. Ses diplômes sont datés du lieu, du jour, du mois et de l'année, mais sans signature ni monogramme; son sceau en tenait lieu. La main de justice paraît pour la première fois dans son sceau depuis Hugues Capet. — Philippe V data ses actes de l'année, du jour, du mois et du lieu, en ajoutant, quand il le fallait, la formule *devant Pâques*. — Charles IV omet souvent dans ses diplômes la date du jour. — Philippe VI, de Valois. On remarque la même omission dans les actes royaux de ce prince. On lit dans ses lettres : *Par le roi, à la relation de son grand conseil, où vous étiez*; ailleurs : *Ad relationem Domini, ad relationem vestram. Voces Domini et vestram* s'appliquaient au chancelier. Ce roi employa, le premier, deux anges pour support de ses armes. — Jean II. Ce roi supprima parfois dans ses dates le jour, le millésime et la centaine de l'ère chrétienne, ou l'année de son règne. La Bourgogne et la Normandie furent réunies à la couronne par ce prince, en 1361. Le paiment de la rançon de ce roi fit établir la Cour des aides.

Charles V. Durant la captivité de son père, il se servit d'abord du sceau du Châtelet, et du grand sceau de Normandie lorsqu'il prit le titre de régent. Dans les actes de son règne, le jour du mois est omis, ou exprimé indifféremment : le règlement qu'il fit sur le domaine delphinal est signé de sa propre main; ses autres actes sont ordinairement signés par des secrétaires. Charles V accorda la noblesse à tous les bourgeois de Paris; mais Henri III la restreignit ensuite aux seuls prévôts et échevins. La dot de chacune de ses filles s'élevait à environ cent mille francs de la monnaie actuelle.—Charles VI. Dans les diplômes de ce prince, le jour du mois est quelquefois supprimé dans la date. Les formules finales font souvent mention des princes et des seigneurs présents au conseil. Après sa rupture avec le pape Benoît XIII, 1398, au lieu du nonce du pape, il ordonna qu'on dît : *Ab electione domini ultima in papam electi.* Depuis le traité de Troyes, 1420, le chancelier fit mettre jusqu'à la mort de Charles VI aux lettres expédiées à la chancellerie : *Par le roi, à la relation du roi d'Angleterre, héritier et régent du royaume de France.* Les prétentions anglaises et celles du dauphin (Charles VII) jetèrent beaucoup de confusion dans les actes comme dans les affaires du royaume : trois autorités rivales avaient chacune leurs officiers. En 1427, il existait en France jusqu'à six grands chambellans. Ces notions sont importantes pour la véritable appréciation des titres de cette époque.— Charles VII et ses successeurs Il n'y a que très peu de remarques à faire au sujet des formules des dates généralement employées à ces dernières époques. Nous avons dit plus haut que l'ère chrétienne était alors exclusivement employée; il n'y eut de diversité qu'à l'égard du commencement de l'année, que Charles IX fixa au 1er janvier. Sous le règne de Louis XII, pendant le séjour que le chancelier Séguier fit dans la Normandie, en 1639, les arrêts rendus à Paris au conseil des finances, et auxquels le grand sceau devait être apposé, étaient datés du lieu où était le chancelier.

FORMULES ET ABRÉVIATIONS EMPLOYÉES POUR LES DATES. — Nous devons ajouter à ce qui précède un autre précis des diverses manières de reconnaître l'époque d'un fait au moyen de l'interprétation de certaines formules tenant lieu de dates, employées presque toujours arbitrairement, il est vrai, mais assez généralement aussi pour que le critique et l'historien ne doivent pas les ignorer. De savants bénédictins ont recueilli, par l'examen des documents historiques, un grand nombre de formules de ce genre. Nous donnerons ici la liste de celles qui, pouvant se présenter plus communément, ne sont cependant pas généralement connues. Nous les laisserons dans l'ordre alphabétique, afin d'en rendre l'explication plus facile à trouver. Nous ajouterons que pour les actes de l'Église en particulier, et aussi dans les actes publics du moyen âge, le nom du saint remplace très habituellement dans la date l'énoncé du jour et du mois; il n'y avait là aucune difficulté, puisque la commémoration des saints et leur jour éponyme sont fixes et ne sont pas au nombre des fêtes mobiles de l'Église. Il y a, cela est à remarquer, des différences assez notables entre les calendriers des divers diocèses; mais le même calendrier indique constamment au même jour la fête du même saint. Le lieu où une charte a été faite et la qualité des intéressés indiqueront d'avance le calendrier que l'on doit consulter, dans le cas où il présente quelques variations. On ne peut s'arrêter aux saints dont le culte est local et particulier à certaines églises. Voici un exemple de ce genre de date : *Une charte de commune fut donnée l'an 1293, le vendredi avant la fête de saint Thomas l'apôtre.* La fête de ce saint étant fixée au 21 décembre dans l'Église latine, la lettre dominicale de l'an 1293 étant D, et commençant par un jeudi, le vendredi avant la fête de saint Thomas l'apôtre fut le 18 du mois de décembre. Voilà la véritable date de notre charte. Il en est de même à l'égard des fêtes mobiles : le jour de Pâques de chaque année donne celui de toutes les autres fêtes, qui se règlent sur celui-ci. Quant aux fêtes qui ne sont pas mobiles, on procède comme pour les jours consacrés aux saints admis dans les calendriers. Nous n'indiquerons dans la nomenclature suivante ni les fêtes, ni les saints, ni les dimanches désignés par les premiers mots de l'introït de la messe ou de quelques répons. On trouvera ces nomenclatures et le catalogue des saints dans l'*Art de vérifier les dates*.

Liste de quelques formules employées comme dates. — *Absolutionis dies*, le jeudi saint. A. D, *ante diem*, *ad diem*, et peut-être même *post diem*, le jour même indiqué par le chiffre; aveugle-né, le mercredi de la quatrième semaine de carême. *Bohardium*, louhourdis, behoudi, premier et deuxième dimanche de carême; *bordæ*, *brandones*, *buræ*, les bordes, brandons et bures, premier dimanche de carême et toute la semaine, *brancheria*, dimanche des rameaux; *caleines*, calendes et chalendes, la Noël; *candelatica*, *candelaria*, *calmaria*, la Chandeleur, 2 février; *caramentramum*, *caremprentum*, *quadresmentanum*, *caramentrant*, le mardi gras; *carni et carnis privium*, commencement du carême et dimanche de la Septuagésime; *idem novum*, Quinquagésime; *idem vetus*, premier dimanche de carême; *clausum Pascha*, close de Pâques, la Quasimodo; *idem Pentecostes*, la Trinité; conseil des Juifs, le vendredi avant le dimanche des Rameaux; correction fraternelle, mardi de la troisième semaine de carême; *dœnonmutus*, troisième dimanche de carême, dimanche d'avant que Dieu fût vendu, le soir des Rameaux; *dies ægyptiaci*, jours réputés malheureux; *dies pingues*, les jours gras; *sancti*, le carême; *viridium*, le jeudi saint dans le Nord; dimanche *repus* ou *reprus*, dimanche de la Passion; *divisio apostolorum*, le 15 juillet; *dominica rosa, rosata*, dimanche de l'octave de l'Ascension, jour où le pape bénit une rose d'or et l'envoie en présent; *eutaules*, *eutaltes*, octave d'une fête; *feria calida*, la *foire* chaude ou de saint Jean-Baptiste, en Champagne; *idem frigida*, la foire du 1er octobre; *festum asinorum*, le 25 décembre à Rouen, le 12 janvier à Beauvais; *festum campanarum*, le 2 mars; *herbarum*, l'Assomption de la Vierge; *stellæ*, le 6 janvier; *stultorum*, 1er janvier; *valletorum*, des varlets, le dimanche après saint Denis; *giouli*, décembre ou janvier; le solstice tombant dans l'un ou l'autre de ces deux mois dans l'année lunisolaire; *hebdomada muta*, la semaine sainte où les cloches sont muettes; *leudit*, foire en commération d'un saint; *laudarium*, le mardi gras en Limousin; *malade trente-huit ans*, le vendredi de la première semaine, ou des Quatre-Temps de carême : *martror*, la Toussaint en Languedoc; *marzache*, l'Annonciation, le 25 mars; le *mauvais riche*, jeudi de la deuxième semaine de carême; *mensis intrans*, *introiens*, les seize premiers jours d'un mois de 31 jours, et les quinze premiers d'un mois de 30; *idem exiens*, *astans*, *stans*, *restans*, les quinze derniers jours du mois, compté en rétrogradant; *actum tertio die exeunte mense septembri*, marque le 28 septembre; *mensis fenalis*, juin; *idem magnus*, juillet, qui a les plus longs jours; *idem messionum*, des moissons, août; *idem novarum*, avril; *idem purgatorium*, février; *non sacrata*, la veille de Pâques; *olerias*, les sept derniers jours de l'Avent; *Pâques communiant*, *escomunichant* ou *communiaux*, le jour de Pâques; *Pâques nèves*, commencement de l'année à Pâques; *Pâques* ou *Pâques de Noël*, le jour de Noël; les *grandes Pâques*, le jour de Pâques; *Pascha rosarum*, la Pentecôte; *Pascha primum*, 22 mars; *Petrus in gula Augusti*, saint Pierre aux liens ou *augoul-août* et *auger-août*. *Puerperium*, 26 décembre; *quintina*, premier dimanche de carême; *reddite quæ sunt Cæsaris Cæsari*, vingt-deuxième dimanche après la Pentecôte; *relatio pueri Jesu de Ægypto*, le 7 janvier; *resaille*, mois de juin et juillet; *septimana pœnosa*, la semaine sainte; *seval*, juillet; *somertras*, *sonmartras*, juin; *Thore maneth*, lune de Thor, janvier en Suède, mars en Danois; *verdi-aoré*, le vendredi saint; *veuve de Naïm*, jeudi de la quatrième semaine de carême; *vignerons*, vendredi de la deuxième semaine de carême; *witare*, *witire*, octave. Les dates des temps, des lieux et des personnes ne sont pas les seules notes chronologiques que les anciens aient employées pour fixer l'âge des pièces qu'ils devaient laisser à la postérité; ils y ont joint des notes historiques qui à l'avantage de la date unissaient celui de rappeler des faits intéressants. Ainsi, on montrait dans une église de Milan un monument du Ve siècle, daté de l'an 104 de l'Église catholique. On croit que c'est l'époque du jour où les ariens rendirent cette église aux catholiques. Aux XIe et XIIe siècles, et dans les suivants, les dates historiques ne sont pas rares. On connaît une charte de 1105 qui date de l'apparition d'une comète; une autre date bien plus ancienne est conçue en ces termes : *Anno quo infideles Franci regem suum Carolum inhonestaverunt.* Elle marque l'époque de la déposition de Charles-le-Simple, et fait voir que le Languedoc n'obéissait pas au roi de France, et que les colons de la Septimanie ne se regardaient pas comme Français (c'était vers 920). L'époque des donations, des confirmations, des augmentations, était quelquefois notée sur le même acte en forme de date. Les dates étaient et sont encore presque toujours exprimées en chiffres romains ou arabes. Le pape Urbain VIII ordonna que désormais les lettres apostoliques énonceraient le jour du mois tout au long, et non par chiffres. Depuis le IXe siècle on omit quelquefois dans les dates le millième et les centièmes, et cela jusqu'au XVIe siècle inclusivement. On trouve un nombre de titres sans dates, ou qui n'en ont que d'imparfaites : mais ce n'est pas une raison suffisante de réprobation, s'il n'y en a pas d'autres. L'erreur dans les dates des diplômes ou chartes ne doit pas toujours les faire regarder comme faux ou supposés ; il ne faut pas non plus confondre l'erreur avec les variations. La place des dates dans les actes quelconques fut toujours variable, tantôt avant, tantôt après la signature ; rien de moins fixe, surtout depuis l'invasion des barbares. — On donne le nom de *date* non-seulement aux notes chronologiques et aux formules qui peuvent préciser le temps où un acte a été écrit, mais aussi aux notes chronologiques qui indiquent le temps où un évènement s'est passé. A. SAVAGNER.

DATE (*jurisp.*). C'est la désignation du temps et du lieu où un acte a été passé. Tous les actes doivent énoncer les noms et lieux de résidence du notaire qui les reçoit; il doit également énoncer le lieu, l'année et le jour où les actes sont passés; les sommes et les dates doivent être énoncées en toutes lettres, à peine de cent francs d'amende contre le notaire contrevenant (art. 12 et 13 de la loi du 25 ventôse an XI sur le notariat). L'exploit d'ajournement doit annoncer la date des jours, mois et an (Cod. de procéd., art. 61). Aucune date ne doit être mise en chiffres sur les registres de l'état civil (Cod. civ., art. 42). — Les actes sous seing-privé n'ont de date contre le tiers que du jour où ils ont été enregistrés, du jour de la mort de celui ou de l'un de ceux qui les ont souscrits, ou du jour où leur substance est constatée dans les actes dressés par des officiers publics, tels que procès-verbaux de scellés ou d'inventaire (*Ibid.*, art. 1328). — L'enregistrement a été établi pour constater les dates dans leur intégrité.

DATER, mettre la date.

DATER, suivi de la préposition *de*, signifie neutralement avoir eu lieu, ou avoir commencé d'exister à telle ou telle époque. — Il signifie aussi commencer à compter d'une certaine époque. — Fig., *dater de loin* se dit d'une personne âgée qui parle d'une chose arrivée depuis longtemps, mais dont elle a pu être témoin.

DATERIE. La daterie de Rome et la chancellerie n'étaient d'abord qu'une même chose ; le grand nombre d'affaires les a fait partager en deux tribunaux. On a vu à l'article dataire quelques-unes des attributions de la daterie. Pour l'expédition d'une bulle ou dispense, on s'adresse au cardinal *dataire* par une supplique ou requête; il la souscrit en ces termes : *Annuit sanctissimus.* On dresse une seconde requête avec les clauses et les restrictions qui doivent être insérées dans la bulle; on la présente au *soudataire* (sous-dataire), qui écrit au bas le sommaire de ce qui y est contenu, et la donne au dataire. Ce dernier présente la supplique au pape, qui la signe en accordant la grâce par ces mots : *Fiat ut petitur.* Après l'enregistrement des suppliques et d'autres formalités, on dresse la minute de la bulle au parquet des grands abréviateurs, et l'un des cent écrivains apostoliques la transcrit sur le parchemin. Tous en corps ils taxent ce qui doit leur être payé à raison de l'importance de la bulle. Le nom de *prodataire* parut pour la première fois dans les bulles de Sixte-Quint. A. S–R.

DATEUR, s. m. (*v. lang.*), celui qui donne.

DATHAN, avec Abiron et Coré, se révolta contre Moïse et Aaron; la terre s'ouvrit sous les pas des trois rebelles et les engloutit.

DATHE (JEAN-AUGUSTE), célèbre orientaliste allemand, né en 1731, se livra avec zèle aux études théologiques. Les liens qui l'unissaient à J.-A. Ernesti, son beau-frère, le décidèrent à séjourner à Leipzig, où il obtint, en 1762, la chaire des langues orientales. Il fit une traduction latine des livres du Vieux-Testament. Il mourut en 1791. On a de lui plusieurs ouvrages. — DATHE (A.), né à Hambourg, mort dans la même ville en 1768, publia, en Français, un ouvrage intitulé : *Essai sur l'histoire de Hambourg*, Hambourg, 1768, 2e édition.

DATHÉMA ou **DATHÉMAN**, forteresse du pays de Galaad. Elle fut assiégée par Timothée; mais Judas Machabée le força de lever le siége après avoir perdu huit mille hommes.

DATHENUS (PIERRE), né à Ypres, fut d'abord moine, puis se convertit à la religion protestante, et se réfugia en Angleterre pour éviter la persécution. Il y exerça l'état d'imprimeur. Vers 1553, il repassa sur le continent. Il fut nommé pasteur à Francfort en 1555, et en 1566 il alla prêcher dans les Pay-Bas, où il rassembla quelquefois autour de lui jusqu'à quinze mille auditeurs. A Gand, il déclama fortement contre le prince d'Orange, qui avait admis, dans la pacification conclue en cette ville, des articles que Dathenus trouvait trop favorables aux catholiques. Il intrigua fortement pour empêcher les Gantois de recevoir le prince dans leurs murs. Voyant ses efforts inutiles, il chercha un asile dans le Palatinat, où il devint chapelain de l'électeur palatin Frédéric. Bientôt il crut pouvoir rentrer en Flandre, mais il y fut arrêté et emprisonné pendant deux mois. Après avoir été pasteur à Utrecht, il alla, en 1585, dans le Holstein exercer la médecine, sous le nom de Pierre Montanus. Il s'établit enfin, comme médecin, à Elbing, où il gagna si bien l'estime publique, qu'après sa mort, arrivée en 1590, on lui éleva une statue. Dathenus est auteur d'une traduction, en vers hollandais, des *Psaumes de David.* Cet ouvrage est peu estimé.

DATHÉVASTI (GRÉGOIRE), savant docteur de l'église arménienne, religieux au monastère de Dathev, situé dans la province de Siounik'h, naquit vers l'an 1340. Il donna des leçons de philosophie et de théologie. Daniel, qui était son élève le plus habile dans ces deux sciences, lui succéda. Son principal ouvrage est intitulé : *Grandes questions.* Outre cet ouvrage, Dathévasti a encore composé divers écrits sur la discipline ecclésiastique, des homélies et des sermons qui sont demeurés manuscrits. Il mourut en l'an 1410.

DATHIATUM, s. m. (*comm.*). Il se disait autrefois d'une sorte d'encens de qualité inférieure.

DATHOLITE (*min.*), substance pierreuse tirant sur le jaunâtre ou sur le verdâtre très pâle; sa cassure est vitreuse; on n'y remarque aucun clivage sensible. Il est plus dur que la chaux fluatée. A la chaleur du chalumeau il devient d'abord blanc, friable, se boursoufle, et finit par se fondre. Il offre un exemple assez rare de deux bases unies à un acide. Le datholite se compose, suivant Klaproth, de silice 36, 5, acide boracique 24, 0, chaux 35, 5, eau 4, 0, perte 1, 0.—Les variétés de forme sont peu nombreuses; la principale est celle que Haüy nomme *sexdécimale.* C'est un prisme droit, à dix pans, dont les angles solides des bases sont remplacés par des facettes. J. P.

DATI (GORO), né en 1363, fut l'un des princes de la république en 1425, gonfalonnier en 1428 et mourut le 12 septembre 1436. Nous avons de lui plusieurs ouvrages, entre autres : *l'Histoire de Jean-Galéas Visconti, 1er duc de Milan, et de ses guerres avec les Florentins.* Cet ouvrage, écrit en latin, a été imprimé à Florence, 1735, in-4°.

DATI (LÉONARD), frère du précédent, savant théologien, prit l'habit chez les dominicains, devint maître du sacré palais et fut envoyé en 1400 au concile de Constance; nommé ambassadeur en 1409 auprès du roi de Bohême, et en 1413 auprès du roi Sigismond; il fut élu général de son ordre en 1414, et mourut en avril 1425. Le poème intitulé *Sphæra mundi* est le seul ouvrage qu'on ait de lui.

Un autre Léonard DATI, petit-fils d'un oncle de Goro, naquit à Florence en 1408 et mourut à Rome en 1472. Il fut secrétaire des cardinaux Orsini et Condolmieri, de quatre souverains pontifes, chanoine de Florence et évêque de Massa.

Georges DATI, traducteur de Tacite, était de la même famille. Il a aussi traduit en italien Valère-Maxime, Venise, 1547 et 1551, in-8°.

DATI (CHARLES), savant philologue italien né à Florence le 2 octobre 1619, prit le nom de *lo Smarrito* en entrant à l'académie de la Crusca, et peu de temps après entra à l'académie florentine dont il fut consul en 1649. Il fut choisi par le grand-duc pour succéder à D. B. Doni dans la chaire de belles-lettres grecques et latines. Louis XIV lui fit une pension annuelle de cent louis. Une mort prématurée l'enleva le 11 janvier 1676. Il fit grand nombre d'ouvrages ; ses principaux sont : *Discours sur la nécessité de bien parler sa propre langue ; La lettre à Philalète*, écrite sous le nom de *Timaro Anziate*, sur la véritable histoire de la cycloïde et de la célèbre expérience du vif-argent. Florence, 1663, in-4°, etc., etc.

DATI (AUGUSTIN), naquit à Sienne en 1420. Il fut appelé par le duc d'Urbin en 1442 pour professer les belles-lettres dans cette ville. Plus tard, il ouvrit à Sienne une école de rhétorique et d'humanité. Il fut nommé secrétaire de la république en 1437 et fut chargé, par un décret spécial, d'en écrire l'histoire. Il mourut de la peste en 1478, laissant plusieurs ouvrages d'histoire, de philosophie et de littérature. Son fils, Nicolas DATI, qui lui succéda dans son emploi, termina plusieurs histoires commencées, entre autres celle de Sienne, mais n'ayant pas le courage de publier ce que son père avait écrit, dans la crainte de blesser quelques citoyens puissants, il n'en donna que des fragments.

DATIF (*gramm.*). Il se dit, dans les langues dont les noms et les adjectifs se déclinent, du cas qui sert principalement à marquer attribution.

DATIF, IVE (*jurisp.*). Il est principalement usité dans cette locution : *tutelle dative*, la tutelle donnée par justice, à la différence de celle qui est déférée par la loi ou par testament. On emploie dans un sens analogue la locution *tuteur datif*.

DATION (*jurisp.*). Il ne s'emploie que dans cette phrase : *dation en paiement*, action de donner une chose en paiement d'une autre qui était due.

DATIS, général de Darius, fils d'Hystaspe. Il fut avec Artapherne envoyé en Grèce contre Athènes, à la tête d'une armée de cent mille fantassins et de dix mille cavaliers ; mais Miltiade le battit à Marathon l'an 490 avant J.-C.; peu après il fut mis à mort par les Spartiates.

DATISCÉ, ÉE, adj. (*bot.*), qui ressemble à la cannabine (*datisca*).

DATISCÉES, s. f. pl., famille de plantes.

DATISCINE, s. f. (*chimie*), substance particulière qu'on extrait de la cannabine.

DATISME, répétition ennuyeuse de synonymes pour exprimer la même chose.

DATISQUE, *datisca*, (*bot.*), genre de la famille des urticées, ayant pour caractères : fleurs unisexuées et dioïques ; fleurs mâles : calice à cinq divisions égales, étamines au nombre de quinze environ, dont les anthères sont sessiles, plus longues que le calice ; fleurs femelles : calice supérieur à deux ou trois dents ; ovaire infère, saillant entre les dents calicinales, trigone ; trois styles bifides, et terminés chacun par deux stigmates subulés. L'espèce la plus connue, la *datisque du Levant*, *D. cannabina*, est une plante vivace, dont la racine pousse chaque année une centaine de tiges fasciculées, hautes d'environ deux mètres et demi, garnies de grandes feuilles alternes, ailées, avec impaire à neuf et onze folioles, aiguës, dentées en scie, glabres et d'un vert jaunâtre ; les grappes qui décorent les tiges, assez grandes, terminales, se chargent de petites fleurs jaunes légèrement odorantes, auxquelles succèdent des capsules oblongues, trigones, portant trois cornes à leur sommet et contenant dans une seule loge polysperme des semences menues, ovoïdes. On lui donne aussi le nom de *chanvre de Crète*, à cause de sa ressemblance avec le chanvre. Cette plante forme de larges buissons et croît, sans demander aucun soin, dans les plus mauvais terrains ; elle résiste aux intempéries des saisons, et mérite l'attention par la magnifique couleur jaune que donnent ses feuilles mises en décoction. J. P.

DATNIA (*poiss.*), genre de poissons établi par Cuvier sur un petit poisson qui vit dans les mers de Java et aux embouchures du Gange, et qui diffère des *thérapons* par son museau pointu et ses épines plus fortes que celles de ces derniers. C'est le *datnia argentin*, nom qu'il porte à Java ; tout son corps est argenté, légèrement teint de grisâtre vers le dos ; les épines de ses nageoires sont également argentées. Cette espèce se voit très communément sur les marchés de Calcutta, mais sa chair est peu estimée. J. P.

DATOLITHE, s. m., véritable orthographe du mot que les minéralogistes écrivent *dotholite*.

DATOS, premier nom de la ville de Philippes en Thrace. (*V.* PHILIPPI.)

DATTE (*bot.*), fruit du dattier. C'est un drupe mou, de la forme d'une olive, mais plus gros ; sous la pellicule lisse et d'un brun jaunâtre qui le recouvre est une pulpe grasse, douce et sucrée, au centre de laquelle est un noyau ligneux, excessivement dur, de la forme d'un grain de café allongé, et marqué comme lui d'un sillon longitudinal. Les dattes naissent sur des grappes pendantes d'un très gros volume et pesant jusqu'à quatorze kilogrammes. On cueille les grappes, puis on les dépose sur des nattes pour les faire arriver à la plus parfaite maturité sous l'influence du soleil, après quoi on les enfile et on les laisse sécher ; c'est dans cet état qu'on les livre au commerce. Ce fruit délicieux est l'aliment le plus ordinaire des peuples nomades de l'Afrique et de l'Asie ; ils en font un sirop connu sous le nom de *miel de dattes* ; ils le réduisent aussi en poudre après l'avoir fait sécher au soleil ; ils conservent cette poudre pressée en tablettes et soigneusement renfermée dans des sachets pendant plusieurs années ; ils en font usage en délayant dans l'eau un morceau de ces tablettes. J. P.

DATTES (*moll.*). On donne vulgairement ce nom à plusieurs coquilles univalves et bivalves, qui ont la forme du fruit du dattier. J. P.

DATTIER, *phœnix* (*bot.*), de la dioécie-hexandrie, famille des palmiers, ayant pour caractères : fleurs incomplètes et dioïques ; les mâles à calice petit, monophylle, persistant ; à trois divisions extérieures plus courtes, les trois intérieures oblongues, concaves, profondes, à bords épais, trois fois plus grandes que les premières ; ils composent la corolle où sont logées six étamines à filaments très courts, portant des anthères sagitées, linéaires, biloculaires ; enfin trois rudiments d'ovaires très courts, alternes avec les pétales, occupent le centre de la fleur ; les femelles ont le calice plus ample, la corolle à trois pétales larges, à bords minces, entourant trois gros ovaires convexes en dehors, anguleux en dedans, alternant avec les parties de la corolle et surmontés chacun d'un style ou stigmate court, conique, recourbé en bec d'oiseau. Les individus libres ont les ovaires égaux et offrent toujours trois fruits réunis dans la même enveloppe florale, tandis que ceux qui sont soumis à la culture ont les ovaires inégaux, le plus gros prend seul son développement, au détriment des deux autres qui avortent ; il donne un drupe mou en forme d'olive allongée, que l'on nomme *datte*. Le dattier offre un stipe ou tige, qui s'élève tout droit, souvent à plus de trente-cinq mètres de hauteur, d'une égale grosseur depuis sa racine, dont les fibres sont réunies en faisceau jusqu'à son sommet, garni de douze à quinze feuilles en forme de palmes et longues d'environ deux mètres. La moins développée de ces feuilles, accompagnée de ses nombreuses folioles en éventail, se dresse et prend le nom de flèche ; un très grand nombre de folioles lancéolées, aiguës, raides, d'un vert clair et plissées en deux dans leur largeur, contiennent dans leur milieu de vastes spathes dures, coriaces, presque ligneuses, qui renferment les organes de la génération et qui plus tard, en se fendant, donnent passage à de grandes panicules fleuries très rameuses que l'on nomme *régimes*. La fécondation s'opère sans difficulté lorsque les dattiers sont réunis en forets, mais, lorsqu'ils sont éloignés, les mâles confient aux vents leur pollen qui va féconder, souvent à de très grandes distances, les dattiers femelles ; ceux-ci ne portent souvent que des fruits étiolés, par suite de la petite quantité de matière fécondante qu'ils ont reçue. En Afrique et en Perse, on recueille le pollen avec soin pour le secouer au-dessus des fleurs femelles, moyen sûr de fertiliser la plante. Ce pollen peut conserver sa propriété fécondante pendant plusieurs années. Selon quelques auteurs, on aurait eu des exemples de cette fécondité au bout de dix-huit années. On doit cette méthode aux Persans ; elle est fort ancienne, puisque Théophraste en parle en termes non équivoques. Les individus soumis à la culture donnent des fruits d'une grosseur et d'une saveur beaucoup supérieures à celles des fruits des dattiers libres. L'espèce la plus répandue est : le *dattier commun*, *Phœnix dactylifera*, qui croît sur les terrains humides et sablonneux de l'Inde, de la Perse et de l'Egypte ; on le rencontre aussi en Italie, en Grèce, en Espagne, et même dans le midi de la France, mais ses fruits n'y parviennent pas à leur maturité. Les dattiers sont surtout cultivés en Barbarie, dans la contrée qui porte le nom de *Pays des Dattes* : c'est de là que viennent les meilleurs fruits. Outre ses fruits délicieux, le dattier produit une liqueur douce et rafraîchissante, connue sous le nom de *vin de palmier*, et que l'on obtient en incisant l'arbre près du sommet, après avoir coupé les feuilles. Ces feuilles, dans leur jeunesse, sont excellentes mangées en salade, et la substance médullaire du stipe est d'un goût fort agréable. Avec les filaments de ses feuilles on tresse des nattes, des paniers et des chapeaux. On a observé dans l'Inde un dattier haut d'un mètre au plus avec les feuilles d'une longueur double, dépourvues de piquants et portant des fruits très petits ; cette espèce, qui a été remarquée dans un terrain très sec et sablonneux, doit peut-être à cette circonstance son peu de développement. J. P.

DATTIER (*ois.*). Buffon a décrit sous ce nom, et sous celui de *moineau de datte*, un oiseau qui dans les voyages de Shaw est appelé *moineau de Capsa* ; selon Bruce, c'est le *musculouf* d'Abyssinie, où on le nomme aussi *oiseau de la croix*. Cet oiseau est commun en Barbarie, il est granivore, son chant est agréable ; il est regardé par Mauduyt comme devant appartenir au genre du chardonneret, *carduelis*. C'est le *fringilla capsa* de Gmelin. J. P.

DATTILLE, s. m. (*hortic.*), nom que La Quintinie donne à une espèce de prunes.

DATURA (*bot.*), genre de la pentandrie monogynie de Linné, famille des solanées, ayant pour caractères : calice tubuleux, allongé, anguleux, à cinq lobes peu profonds ; corolle monopétale, longue, tubuleuse, évasée supérieurement, à cinq plis longitudinaux, terminés chacun par un lobe acuminé ; étamines au nombre de cinq, à filets très longs, à anthères oblongues, ayant deux loges qui s'ouvrent par une fente longitudinale; ovaire libre, sessile, à quatre loges multiovulées, terminé par un long style à stigmate un peu lobé; capsule globuleuse à quatre loges communiquant ensemble deux à deux et renfermant de nombreuses graines noires, attachées à quatre gros trophospermes saillants dans chaque loge; ces capsules sont tantôt lisses, tantôt hérissées de pointes, ce qui a donné lieu à deux sections. Dans la première section, à capsules lisses, on remarque le datura en arbre, *D. arborea*, originaire du Pérou et du Chili, et qui s'élève à 10 et 15 pieds de hauteur. Il produit de juillet à octobre de grandes et belles fleurs longues d'un pied, en entonnoir plissé, à cinq angles, pendantes, d'un beau blanc rayé de jaune pâle et très odorantes. —Parmi les espèces à capsules hérissées de pointes, on distingue le datura stramoine, *D. stramonium*, appelé vulgairement *pomme épineuse*, la seule espèce du genre qui croisse en France; elle vient dans les endroits sablonneux et incultes; ses capsules, de la grosseur d'une noix, sont hérissées de pointes aiguës; ses fleurs sont blanches ou d'un violet clair. La pomme épineuse est un des poisons narcotiques les plus dangereux. J. P.

DATURINE, s. f. (*chimie*), alcali qu'on a cru trouver dans le datura.

DATURIQUE, adj. m. (*chimie*). Il se dit d'un acide particulier qu'on a cru trouver dans le datura.

DAUBASSE (AMAND), poète gascon, né à Mairac vers 1660, ne sut jamais ni lire ni écrire. Il se fit remarquer de bonne heure par la manie de conter des histoires, qu'il savait rendre intéressantes par la manière dont il les contait. Il s'établit fabricant de peignes à Villeneuve-d'Agen, et son talent ayant excité la curiosité du duc de Biron, dont le château était voisin de cette ville, ce seigneur le fit venir, et la noblesse de la province imitant son exemple, la réputation de Daubasse s'agrandit beaucoup. Cet homme simple joignait à un véritable talent une très grande modestie et une bonhomie qui le faisait aimer de tous. Ses œuvres ont été recueillies sous le titre: *Œuvres de Daubasse*. Il mourut en 1720.

DAUBANTON (ANTOINE-GRÉGOIRE), né à Paris en 1752, fut greffier de justice de paix, puis juge de paix à Paris, où il mourut le 22 février 1813. Il a laissé une grande quantité d'ouvrages, entre autres plusieurs dictionnaires de droit et de jurisprudence.

DAUBE, mode de cuisson des viandes qui consiste à les enfermer avec leurs assaisonnements dans un vase de terre dont on lute soigneusement le couvercle, et à les soumettre ainsi à l'action prolongée d'une chaleur douce. L'eau contenue dans les substances qu'on traite passe peu à peu à l'état de vapeur, pénètre la chair et en dissout toute la partie gélatineuse et saline; l'évaporation étant à peu près nulle, le liquide qui en résulte se prend quand il se refroidit en une gelée savoureuse et nutritive. La daube convient surtout aux chairs de vieux animaux qu'elle attendrit.

DAUBENTON (MARGUERITE), née à Montbard le 30 septembre 1720, épousa en 1749 le naturaliste Daubenton dont elle était la cousine. Elle vécut jusqu'à l'âge de 97 ans et 8 mois et mourut le 2 août 1818. Elle avait jusqu'à ses derniers jours charmé ses nombreux amis par les grâces de son esprit et la bonté de son cœur. Sa mort fut regrettée par tous.

DAUBENTON (GUILLAUME), jésuite, né à Auxerre le 21 octobre 1648, prêcha quelque temps avec succès et devint le confesseur de Philippe V, petit-fils de Louis XIV. Il acquit un grand ascendant sur son pénitent. Il mourut à Madrid le 7 août 1723. On a de lui des *Oraisons funèbres* et une *Vie de Jean-François Régis*; Paris, 1716, in-12.

DAUBENTON (JEAN-LOUIS-MARIE), démonstrateur du cabinet d'histoire naturelle du Jardin-des-Plantes à Paris, membre du Sénat et de l'Institut, né à Montbard, en Bourgogne, en 1716, fut le collaborateur de Buffon, et se chargea de décrire la structure anatomique des animaux dont le Pline français peignit les mœurs et les habitudes. Il s'occupait aussi de minéralogie et de physique végétale. Il donna pour l'Encyclopédie méthodique l'Histoire des reptiles, des poissons et des vers. Daubenton mourut à Paris en 1799.

DAUBENTONIE, s. f. (*bot.*), genre de plantes du Mexique.

DAUBER, battre à coups de poing. Dans ce sens il est populaire. Il signifie, figurément et familièrement, railler, injurier quelqu'un, parler mal de lui. Il s'emploie quelquefois au propre, avec le pronom personnel, dans le sens réciproque.

DAUBERMENIL (F.-A.), député à la Convention nationale par le département du Tarn, s'abstint de voter dans le procès de Louis XVI. Sous le règne de la terreur, le comité de salut public le contraignit à donner sa démission; mais il fut rappelé en 1795. Daubermenil mourut dans son département en 1802. Il avait un caractère exalté et une imagination ardente. Il se regardait comme un disciple des anciens Mages. Il a publié une brochure sous ce titre: *Extrait d'un manuscrit intitulé: le Culte des adorateurs de Dieu, contenant des fragments de leurs différents livres sur l'instruction du culte, les observances religieuses, l'instruction, les préceptes et l'adoration*; Paris, an IV (1796), in-8° de 175 pages.

DAUBERVAL (JEAN BERCHER, dit), surnommé le *Préville de la danse*, naquit à Montpellier le 19 août 1742, débuta à l'Opéra en 1761, devint maître des ballets en 1776, se retira en 1783, et alla se fixer à Bordeaux, où il composa les ballets de *la Fille mal gardée*, du *Déserteur*, de *l'Epreuve villageoise* et de *Télémaque*. Il mourut à Tours le 14 février 1806.

DAUBEUR, celui qui raille, qui médit. Il est familier et peu usité.

DAUBIÈRE, s. f. (*art culin.*), vase dans lequel on cuit une daube.

DAUBIGNY (J.-L.-MARIE-VILLAIN), ancien procureur au parlement de Paris, du parti des démagogiques dans les premiers jours de la révolution, devint membre de la municipalité de Paris et de tous les clubs. D'abord ami et agent de Danton, qu'il abandonna bientôt pour se réunir à Robespierre, il devint membre du tribunal institué le 10 août. A la fin de 1793 il fut adjoint au ministre Bouchotte dans le département de la guerre. Il fut accusé plusieurs fois de vols considérables et traduit devant le tribunal criminel, mais sans jamais subir aucune peine. Enfin, l'explosion de la machine dirigée contre le Ier consul le fit arrêter et déporter aux îles Séchelles où il mourut.

DAUBUS (CHARLES), né à Auxerre, était ministre de la religion réformée au commencement du XVIIe siècle. Il est auteur de plusieurs ouvrages de théologie.

DAUCUS, père de Laride et de Tymber, capitaines latins, immolés par Turnus.

DAUCUS (*bot.*), nom latin donné anciennement à diverses ombellifères, et consacré maintenant exclusivement au genre de la carotte. Les noms de *daucum* ou *daucon* se trouvent dans les livres anciens pour désigner le meum, *æthusa meum*, et le panais. J. P.

DAUCUS DE CRÈTE OU DAUCUS DE CANDIE, synonyme de l'*athamante de Crète*. J. P.

DAUCINÉ, ÉE, adj. (*bot.*), qui ressemble à la carotte (*Daucus*).

DAUCINÉES, s. f. pl., famille de plantes ombellifères.

DAUCIPÈDE, adj. des 2 g. (*bot.*), qui a un pied en fuseau, comme une carotte.

DAUCOÏDE, adj. des 2 g. (*bot.*), qui ressemble à la carotte.

DAUDE (LE P. ADRIEN), jésuite, né dans la Franconie au commencement du dix-huitième siècle, professeur d'histoire à l'académie de Wursbourg, entreprit une Histoire universelle que sa mort, arrivée en 1755, l'empêcha de terminer. Elle est intitulée: *Historia universalis et pragmatica romani imperii et regnorum provinciarum, una cum insignioribus monumentis hierarchiæ ecclesiasticæ et probatis scriptoribus congesta, observationibus criticis aucta*, etc. Le P. Grebner l'a continuée sous le titre: *Compendium historiæ universalis et pragmaticæ romani imperii et Ecclesiæ christianæ*.

DAUDÉ (PIERRE), ministre calviniste, né à Marvejols en Gévaudan, publia plusieurs ouvrages, fit la traduction des *Discours historiques, critiques et politiques* de Gordon sur Tacite, Amsterdam, 1742, 2 vol. in-32, et 1751, 3 vol. in-12. On trouve un éloge de Pierre Daudé dans *la Bibliothèque britannique*, t. Ier, p. 167-183. Il mourut en Angleterre le 11 mai 1754, âgé de 73 ans.

DAUDENT, s. m. (*agric.*), variété de pomme.

DAUDET (N.), de Nîmes, ingénieur-géographe du roi, fut l'auteur de différents ouvrages, tels que: *Nouvelle introduction à la géométrie pratique*, Paris, 1740, 2 vol. in-12, et *Mémoire instructif concernant le canal de Conti*, Paris, 1733, in-4°.

DAUDET (ROBERT), graveur, né à Lyon en 1717, fils d'un marchand d'estampes, reçut les premiers préceptes du dessin de son père et vint se perfectionner à Paris, dans l'atelier de Balechou; il se distingua beaucoup par la suite et grava un grand nombre d'ouvrages dont Staber donne la liste dans *le Manuel des curieux*, VIII, 359.

DAUDIN (FRANÇOIS-MARIE), naturaliste, né à Paris vers la fin du dix-huitième siècle; se livra dès sa jeunesse à l'étude de l'histoire naturelle. Il publia quelques Mémoires dans *le Magasin encyclopédique* et *les Annales du Museum d'histoire natu-*

relle; il composa, pour faire suite à l'édition de Buffon par Sonnini, *l'Histoire naturelle des reptiles*, qui parut en huit volumes in-8°, à Paris, chez Dufart, en 1802 et 1803, avec beaucoup de figures. Il avait accompagné la publication de ces huit volumes d'un in-4° intitulé : *Histoire naturelle des rainettes, des grenouilles et des crapauds*, Paris, Levrault, 1803 (an XI). Il mourut en 1804, âgé de moins de trente ans. — Madame Daudin, jeune femme d'une figure et d'un caractère agréables, aidait son mari dans la composition de ses ouvrages. Elle mourut de consomption quelques jours avant son mari.

DAUDYANA (*géog. anc.*), ville de la grande Arménie, dans la Caranitide, à l'E., sur l'Euphrate, auprès de sa source.

DAUFFAYE (JEAN), né près de Béthune (Pas-de-Calais) au commencement du seizième siècle. Il fut secrétaire de Maximilien d'Autriche et composa divers ouvrages en langue vulgaire, notamment l'Histoire du duché de Bourgogne, des comtés d'Artois et du Ponthieu, celles de la châtellenie de Lille et de l'avouerie de Béthune. Valère André fait mention de cet auteur, et de Locre le cite en divers endroits de sa Chronique. (*V.* le P. Lelong, *Bibliothèque des historiens français.*)

DAUGIER (LE COMTE FRANÇOIS-HENRI-EUGÈNE), né à Courteson le 12 septembre 1764, s'embarqua en 1782 sur la corvette *la Flèche*, et, après plusieurs campagnes dans la mer des Indes, passa en 1787 sur le vaisseau *le Superbe* et fut, en 1789, nommé lieutenant de vaisseau. Il obtint alors un congé pour rétablir sa santé et fut quelque temps après élu procureur de la commune de Courteson. Il rentra dans la marine en 1792 avec le titre de major-général sur l'escadre du vice-amiral Morard de Galle; il fut nommé capitaine de vaisseau en 1795 et rendit de grands services à la république. En 1802, il siégea au Tribunat; puis, nommé commandant du bataillon des marins de la garde, il se distingua à Dantzig, en Poméranie et surtout en Espagne. A son retour de cette campagne, il sollicita sa retraite; mais Napoléon, qui l'estimait beaucoup, ne voulut lui accorder qu'un congé. A la restauration il fut nommé contre-amiral, chevalier de Saint-Louis et créé comte; puis après les Cent-Jours il fut fait successivement préfet maritime à Lorient, à Rochefort et à Toulon. Plus tard, il fut envoyé à la Chambre des députés et y soutint dignement les intérêts de la marine. Il reçut alors les croix de commandeur de Saint-Louis et de grand officier de la Légion-d'Honneur. Il mourut le 12 avril 1834 à Paris.

DAUGREBOT, s. m. (*marine*), bateau de pêche hollandais. On dit aussi *dogre bot*, et mieux *doger boot*. (*V.* DOGRE.)

DAUL, s. m. (*musique milit.*), grosse caisse. *Daul* est un mot turc francisé.

DAULBER, v. a., frapper, battre à coups de poing, mot de Rabelais.

DAULIADE, adj. et s. des 2 g. (*géog. anc.*), habitants de Daulis en Phocide; qui appartient à cette ville ou à ses habitants. *Dauliade* s'emploie comme nom patronymique, en parlant de Progné et de Philomèle : les *Dauliades*.

DAULIE (*géog. anc.*), ville de la Macédoine, chez les Eordes, dans la Mygdonie.

DAULIER DES LANDES (ANDRÉ), né à Montoire en Vendomois, fut envoyé en Perse par quelques négociants en 1664, pour y faire des découvertes. A son retour en France en 1666, la Compagnie des Indes le nomma directeur de ses affaires à Bordeaux; il quitta cet emploi en 1668 et publia : *les Beautés de la Perse, ou descriptions de ce qu'il y a de plus curieux, avec la carte et les dessins faits sur les lieux; plus, la relation des aventures de Louis Marot, pilote réal des galères de France.* Paris, 1673, in-4°, fig.. Tavernier fit le voyage avec Daulier.

DAULIES (*antiq.*), fêtes qu'on célébrait à Argos pour célébrer la métamorphose de Jupiter en pluie d'or pour séduire Danaé.

DAULIN, s. m. (*zool.*), un des noms vulgaires de la bécassine.

DAULIS, fille de Céphise, nymphe qui donna son nom à une ville de Phocide appelée antérieurement Anacris.

DAULIS (*géog. anc.*), plus anciennement Anacris (*Dalia*), ville de la Phocide au pied d'un des monts de la chaîne du Parnasse, au S.-O. de Delphes. C'est à Daulis que Philomèle et Progné firent servir à Térée le corps de son fils qu'elles avaient égorgé. C'est pour cela que les poëtes donnent souvent le nom de *Daulias avis* (oiseau de Daulis) au rossignol, en qui Philomèle fut métamorphosée.

DAULLÉ (JEAN), graveur, né à Abbeville en 1703, mourut à Paris le 23 avril 1763. Les ouvrages d'Edelink furent ses premiers modèles. L'exemple d'un pareil maître hâta tellement ses progrès, qu'il débuta par le portrait de la comtesse de Feuquières, regardé en général comme son chef-d'œuvre. Cependant sa *Madeleine* d'après le Corrége, son *Quos ego* d'après Rubens, son *Amour* d'après Vandyck, ses portraits de *mademoiselle Pélissier*, de *Maupertuis*, de *Gendron* et du prince *Charles-Edouard*, fils aîné du prétendant, lui assurent une place distinguée parmi ses rivaux.

DAULLONTAS (*bot.*), arbrisseau de la Chine, mentionné par Bontius dans son Histoire naturelle et médicale des Indes orientales; suivant sa description, ses feuilles sont simples, presque arrondies et entières; ses fleurs menues et disposées en bouquets terminaux comme celles du sureau. Les fruits sont des baies amères, qui ont l'odeur de la camomille; ils sont employés comme elle pour les bains et les fomentations, et la poudre de ses feuilles est employée en cataplasmes pour résoudre les tumeurs. Ses rameaux, flexibles, servent à faire des corbeilles. M. de Jussieu pense que c'est une espèce de gattilier, *vitex*, à feuilles simples, ayant beaucoup de rapport avec le *vitex ovata* observé dans le Japon par M. Thunberg.

DAUM (CHRISTIAN), né à Zwickau, en Saxe, le 29 mars 1612, y mourut le 15 décembre 1687. Il parcourut dans sa jeunesse plusieurs universités d'Allemagne. Au retour de ses voyages, il fut fait régent du collége de Zwickau, et en devint recteur en 1662; il fit de nombreux ouvrages, entre autres : *De causis amissarum quarumdam linguæ radicum*; Zwickau, 1642, in-8°. On a aussi de Daum 2 vol de *Lettres*, donnés par Gleich. Le premier, qui a paru en 1697, in-8°, à Dresde, contient les lettres à Frid. Hekel, et le second, publié à Chemnitz, 1709, in-8°, des lettres à plusieurs hommes savants du temps.

DAUMA, s. m. (*zool.*), merle des grandes Indes.

DAUMESNIL (PIERRE), général français, né à Périgueux le 14 juillet 1777, d'une famille des plus obscures, ne reçut aucune éducation, s'enrôla très jeune et débuta par les campagnes d'Italie; il entra ensuite dans les guides, puis dans les chasseurs à cheval de la garde consulaire. Il fut fait capitaine en 1806 et il fit partie de l'expédition d'Espagne comme chef de bataillon; nommé major et créé baron, il se distingua beaucoup dans la campagne d'Autriche et surtout à Wagram, où un boulet lui emporta une jambe. Il fut alors fait général de brigade, commandant de la Légion-d'Honneur et gouverneur de Vincennes, qu'il défendit en 1814 avec tant de bravoure. En 1815, il se rallia un des premiers à Napoléon et défendit encore Vincennes lors de la seconde invasion. Il fut alors mis à la retraite, et ne recouvra le gouvernement du château de Vincennes qu'après 1830. Il est mort du choléra le 17 août 1832.

DAUN (LÉOPOLD-JOSEPH-MARIE, comte de), né à Vienne en 1705, fut chevalier de Malte dès son enfance, et ensuite colonel du régiment d'infanterie qu'avait commandé son père, devenu depuis feld-maréchal. Il se distingua dans la guerre que l'impératrice-reine Marie-Thérèse eut à soutenir pour s'assurer la possession des États que Charles VI lui avait laissés. La gloire du comte de Daun s'accrut encore par la célèbre bataille de Chotzemitz, qu'il gagna en 1735 contre Frédéric-le-Grand, qu'il força de lever le siége de Prague et d'abandonner la Bohême. Daun n'avait alors sous son commandement qu'une armée de quarante mille hommes. Le 15 octobre 1758, il força Frédéric dans son camp d'Olkirchem, et l'année suivante battit complétement les Prussiens à Perna. Dans cette mémorable journée, le maréchal Daun enveloppa toute l'armée ennemie qui fut obligée de se rendre, ainsi que Finck son général. La paix de Hubertsbourg, signée en 1763, termina la carrière militaire de ce grand capitaine. Il fut nommé président du conseil aulique, et il continua à jouir de la plus grande faveur jusqu'à sa mort, arrivée le 5 février 1766. Marie-Thérèse envoya à son fils un souvenir d'un grand prix : sur l'un des côtés était le portrait de l'impératrice, sur l'autre était celui de Daun, et audessous le plan de la bataille de Kollin avec ces mots : *Protector patriæ*. Le maréchal Daun doit être regardé comme un des premiers généraux de son siècle.

DAUN (*bot.*), nom malais qui signifie feuille et sert à désigner plusieurs végétaux de l'Inde et des Moluques.

DAUN-ASSAN, espèce décrite par Rumph, sous le nom de *empetrum acetosum*. Elle est commune dans les Moluques, où on l'emploie comme l'oseille dans les apprêts de cuisine.

DAUN-BAGGEA, nom du *vacoua pandanus*, dont les feuilles servent à envelopper une pâte dite *baggea*, faite avec les amandes du *canarium*; on la cuit pour former une espèce de pain qui sert de nourriture aux habitants des Moluques.

DAUN-BENANG. C'est le *justicia bivalvis*, nommé par Rumph *folium tinctorum*, parce qu'on emploie à Amboine ses feuilles pour teindre le coton en rouge.

DAUN-BOAYA, en langue malaise *feuille de crocodile*, parce que cet arbrisseau croît sur le bord de la mer, dans les lieux marécageux fréquentés par les crocodiles (*hedysarum umbellatum* de Linné).

DAUN-CALIDABAT, nom javanais du jujubier, *ziziphus œnoplia*, suivant Burmann.

DAUN-CAMMUNI, c'est le cammuning des Macassars, *chalcas paniculata.*

DAUN-CAPIALAN, espèce de vigne, *vitis trifolia*, ainsi nommée parce que ses feuilles sont employées dans la fièvre ardente, nommée *capialan* par les Malais, et *causon* par les Grecs, d'où lui vient le nom de *folium causonïs* que lui a donné Rumph.

DAUN-CUCURANG. Suivant Rumph, cette plante, ainsi nommée par les Malais, constitue notre genre *curanga.* Elle doit être rapportée à la famille des personées, dans la section des calcéolaires.

DAUN-GATTA-GAMBIR, ce nom exprime en Malais la saveur amère des feuilles de cette plante. C'est le *funis uncatus* de Rumph, espèce de *nauclea* dans la famille des rubiacées.

DAUN-GORITA, nom malais du *folium polypi* de Rumph, *aralia palmata* de Lamarck.

DAUN-GOSSO, c'est le *ficus ampelos* de Lamarck. On emploie ses feuilles rudes à polir le bois.

DAUN-GUND ou **GINDI**, nom du *cantharifera* de Rumph, *nepenthes* de Linné, parce que ses feuilles portent à leur extrémité une cavité remplie d'eau. C'est le *cantharus* des Latins, et le *gindi* des Malais.

DAUN-KITSJIL, arbre d'Amboine et de Java, *arbor alba minor* de Rumph.

DAUN-LIDA-LIDA, ce nom malais signifie feuille de langue; c'est le *bauhinia scandens*, remarquable par sa longue tige anguleuse qui s'enroule autour des grands arbres et pousse de distance en distance des rameaux chargés de feuilles et de fleurs.

DAUN-MEDJI, espèce d'*heliconia*, nommée par Rumph *folium mensarium*, parce qu'on emploie ses grandes feuilles lisses en guise de nappes.

DAUN-PAPEDA, espèce d'*aralia* dont les feuilles, en forme de bouclier, servent d'assiettes. Rumph la nommait *scutellaria.*

DAUN-PUTUL, *botanica terrestris* de Rumph. On mange ses feuilles à Amboine. J. P.

DAUNIE, ancienne province de la grande Grèce, située sur la mer Adriatique, et comprenant le pays nommé aujourd'hui Capitanate. D'après Strabon, Daunie se disait de toute l'Apulie. Daunus, prince illyrien, qui y fonda une colonie, lui a laissé son nom. Les villes principales de la Daunie étaient : Arpi, fondée par Diomède; Cannes, célèbre par la victoire d'Annibal; Canusium; Venusia, patrie d'Horace. La Daunie fut le théâtre des derniers efforts et de la mort de Spartacus.

DAUNIENS, habitants de la Daunie.

DAUNOU (PIERRE-CLAUDE-FRANÇOIS), naquit le 18 août 1761, à Boulogne-sur-Mer, ville où son père exerçait la médecine avec réputation et succès. Après de brillantes et solides études, le jeune Daunou entra dans la congrégation de l'Oratoire qu'avaient illustrée Malebranche et Massillon. Il professa d'abord la philosophie aux colléges de Troyes et de Soissons, et débuta dans la carrière des lettres par un discours que couronna l'Académie de Nîmes (*De l'influence de Boileau sur la littérature française*, Paris, 1787, in-8°). L'année suivante, M. Daunou ayant envoyé au concours ouvert par l'Académie royale de Berlin un *Mémoire sur l'origine, l'étendue et les limites de l'autorité paternelle*, obtint le premier accessit, et l'Académie fit imprimer son ouvrage à la suite de celui qu'elle avait couronné (Berlin, 1788, in-4°.) — Au mois de septembre 1792, le département du Pas-de-Calais nomma M. Daunou député à la Convention nationale, et lui donna pour collègues Carnot et Thomas Payne. Les temps étaient difficiles pour le courage, le talent et la vertu : M. Daunou les fit briller avec éclat, et ils grandirent à cette terrible et mémorable époque de notre histoire. Jamais peut-être ne s'éleva-t-il à une plus haute éloquence que lorsqu'il osa émettre à la tribune nationale ses *Considérations sur le procès de Louis XVI.* Dans son opinion sur ce grand procès, il déclare, prouve et soutient avec un talent qui s'élève à la hauteur de son courage, que Louis XVI ne peut être jugé par la Convention. Partout le raisonnement est aussi fort que la parole est éloquente; et c'est comme homme d'État, comme moraliste, comme républicain, que M. Daunou vota pour la détention et le bannissement à la paix. Ce vote fut aussi celui du républicain Thomas Payne. M. Daunou fut bientôt déclaré par les factieux indigne de la confiance de son département. — Ses premiers travaux législatifs furent : 1° un savant *Essai sur l'instruction publique*, 1793, in-8°. L'auteur demandait l'établissement progressif dans les départements de bibliothèques publiques, de dépôts publics d'histoire naturelle, d'antiquités, de tableaux, etc.; l'organisation d'établissements publics d'éducation pour tous les âges, et celle d'une école primaire par chaque population de mille habitants. Dans les objets de l'éducation publique de l'enfance, la gymnastique, la déclamation, la danse, la musique, le dessin, étaient compris, ainsi que l'arithmétique, le toisé, l'arpentage. L'auteur voulait qu'il y eût dans les écoles des élèves entretenus par l'État, des récompenses accordées aux inventeurs, aux savants, etc.; il demandait que la république contribuât aux dépenses des sociétés savantes, et qu'elle encourageât les grandes entreprises d'instruction, comme voyages, expériences, éditions, etc. Cet *Essai* renferme des vues sages, dont plusieurs ont été adoptées depuis sa publication, faite à une époque où, dans l'instruction publique, tout était détruit ou bouleversé. 2° *Essais sur la constitution; motion d'ordre sur le travail de la constitution* (séance du 26 avril); et *Remarques sur le projet proposé par le comité de salut public* (1793, trois brochures in-8°). Dans ce nouvel *Essai*, qui n'honore pas moins le publiciste que le citoyen, M. Daunou examine les principes sur lesquels l'état social doit être fondé. Son projet est divisé en cinq titres, partagés en douze sections et en cent soixante-huit articles. Plusieurs dispositions importantes de ce projet sont passées depuis dans les chartes des gouvernements représentatifs.— La Convention s'était partagée en deux grandes fractions : les hommes sages et modérés qui cherchaient à retenir la république naissante sur le penchant de l'anarchie, et les hommes de violence qui l'y précipitaient. M. Daunou signa les protestations des 6 et 19 juin contre la journée du 31 mai, et fut compris dans l'arrestation des 71 signataires. Après le 9 thermidor, il rentra dans la Convention, et en fut élu secrétaire le 21 décembre 1794. Il fit rendre un décret relatif à l'imprimerie royale et à l'envoi des lois. Le 2 avril 1795, la Convention ordonna, sur son rapport, qui fut publié, l'impression à 3,000 exemplaires de la célèbre *Esquisse du tableau historique des progrès de l'esprit humain*, ouvrage posthume de Condorcet, pour être distribués *dans toute l'étendue de la république, de la manière la plus utile à l'instruction.* Nommé membre de la commission des *onze*, chargée des lois organiques de la constitution, M. Daunou fit (mai 1795) un *Rapport sur les moyens de donner plus d'intensité au gouvernement.* Bientôt il présenta le projet de la constitution de l'an III, dont il fut presque le seul rapporteur, et prit souvent la parole dans la discussion concernant la déclaration des droits, la division départementale, le placement des municipalités, l'état civil, les assemblées primaires, la division du corps législatif en deux conseils, l'organisation du pouvoir exécutif, la responsabilité de ses membres, etc. Le 3 août, il fut élu président de la Convention, et peu de jours après membre du comité du salut public. Bientôt il fit décréter, comme article additionnel, l'inviolabilité de l'asile du citoyen pendant la nuit. Toujours membre de la commission des onze, il fit un rapport et présenta un projet de loi sur les élections. Nous ne pouvons indiquer ici tous ses travaux législatifs, dont la plupart furent imprimés par ordre de la Convention. Dans ses dernières séances, la loi sur l'organisation de l'instruction publique fut encore l'ouvrage de M. Daunou (art. 1795). Enfin il termina sa carrière conventionnelle par son rapport sur le renouvellement du corps législatif. —Élu membre du conseil des Cinq-Cents, M. Daunou en fut le premier président. C'est lui qui proposa et qui fit adopter l'établissement d'une bibliothèque près du corps législatif; c'est lui qui, premier président de l'Institut national, prononça le discours d'ouverture et d'installation de ce corps illustre depuis par tant d'hommes éminents. Le nom de M. Daunou se rattache aussi à l'organisation du tribunal, aujourd'hui Cour de cassation. Au nom d'une commission dont faisaient partie MM. Siméon, Treilhard, Siéyès et Vaublanc, M. Daunou fit, le 25 novembre 1795, un rapport, suivi d'un projet de loi qui fut adopté, sur la répression des délits de la presse (in-8°, 30 pag.); il proposa des peines contre la calomnie, et l'établissement d'un journal officiel. Parmi les nombreux et utiles projets que M. Daunou fit adopter, nous citerons ceux qui fixaient les siéges des assemblées électorales, la composition du Corps législatif, et celui de la translation aux archives des papiers du Châtelet.—M. Daunou sortit du conseil le 20 mai 1797. Après avoir rendu compte des travaux de la première année de l'Institut, et après avoir prononcé au Champ-de-Mars l'éloge du général

Hoche, il fut chargé par le directoire d'organiser la république romaine. Il se rendit à Rome en qualité de commissaire, annonça bientôt l'installation de la nouvelle république, revint en France, et fut remplacé par Bertholin. — Réélu au conseil des Cinq-Cents le 20 mars 1798, il en fut, le premier encore, nommé président (20 août); c'est en cette qualité qu'il répondit, le 18 septembre, au président de l'Institut (Bitaubé), lorsqu'en exécution d'une des dernières lois de la Convention (3 brumaire an IV), ce dernier vint lire à la barre le *compte-rendu* des travaux de ce corps pendant la troisième année de son établissement; usage qui ne s'est pas maintenu, et on doit le regretter, car il eût fait connaître périodiquement à la France les progrès des sciences et des arts, le mouvement des lettres, et donné tous les ans la statistique de la marche de l'esprit humain, au nom d'un grand peuple. Après les faits du 18 brumaire, M. Daunou fut nommé membre de la commission chargée de rédiger la constitution de l'an VIII. Il refusa la place de conseiller d'Etat qui lui fut offerte par le premier consul, et entra dans le tribunat. Il y célébra dans un discours la bataille de Marengo et demanda des honneurs nationaux pour la mémoire du général Desaix. Il combattit la création des tribunaux spéciaux, se montra plus d'une fois opposé aux projets du nouveau gouvernement et fut compris dans la première élimination subie par un corps qui inquiétait déjà, dans le premier consul, sa préoccupation de l'empire. Rendu aux lettres, M. Daunou reprit ses fonctions de garde de la bibliothèque du Panthéon. Il publia une savante *Analyse des opinions diverses sur l'origine de l'imprimerie*, 1802, in-8°, et un *Mémoire sur les élections au scrutin*, 1803, in-4°. Au mois de septembre 1804 il remplaça Camus dans la garde des archives du Corps-Législatif, et plus tard (1807), il lui succéda dans les fonctions d'archiviste de l'empire. A cette époque il mit en ordre, continua et publia, avec une savante introduction, *l'Histoire de l'anarchie de Pologne*, ouvrage que Rulhière n'avait pas eu le temps de terminer, 1807, 4 vol. in-8. L'ancien conseiller au parlement de Paris, Ferrand, qui avait mis peu d'esprit national dans son *Esprit de l'histoire*, avait achevé avec de vieilles opinions le travail de Rulhière, mais sa continuation ne fut point adoptée, et M. Daunou fut chargé de donner à l'ouvrage de l'historien une suite plus digne de son travail.

M. Daunou fit paraître en 1809 son excellente édition des *Œuvres complètes de Boileau*; elles furent stéréotypées en 3 vol. in-8° et 3 vol. in-12. Les nombreux tirages qui en ont été faits attestent le mérite et la supériorité de cette édition, où l'on trouve une vie abrégée du poète, le discours couronné sur les caractères et l'influence de ses œuvres, les variantes, les textes latins imités, et tous les documents historiques, critiques, littéraires et bibliographiques qu'on recherche dans la collection des auteurs classiques. — L'année suivante (1810) parut, sans nom d'auteur, l'*Essai historique* de M. Daunou *sur la puissance temporelle des papes*, 1 vol. in-8°, ouvrage remarquable où la critique est sans passion, la vérité cherchée de bonne foi et produite sans déguisement. La troisième édition de ce livre, avec des corrections et des additions, fut donnée, en 1811, de *l'imprimerie du gouvernement*, 2 vol. in-8°, et détruite en grande partie vers 1813. Barbier dit, dans son *Dictionnaire des anonymes*, que cinquante ou soixante exemplaires tout au plus en ont été conservés. Une quatrième édition (Paris, 1818, 2 vol. in-8°) offre des additions importantes, mais plusieurs morceaux de la troisième ne s'y trouvent pas. Il y avait alors la censure. — En 1811, M. Daunou donna sur la vie et les ouvrages de M.-J. Chénier, qui avait été longtemps son collègue et toujours son ami, une fort bonne *notice*, reproduite depuis à la tête des œuvres complètes de cet écrivain. MM. Ginguené et Daunou suppléaient assez souvent M. Dacier, secrétaire perpétuel de la classe d'histoire et de littérature de l'Institut, dans la rédaction de l'*Exposé* annuel des travaux de cette classe. Les *Exposés* de 1814 et de 1815 sont de M. Daunou. Cette même année il perdit sa place de garde des archives du royaume, mais il fut nommé principal rédacteur du *Journal des savants*, et, par ordonnance du 31 mars, membre de l'Académie des belles-lettres. Elu député du département du Finistère 1818, il siégeait à la chambre, lorsqu'en 1819 il fit paraître son *Essai sur les garanties individuelles que réclame l'état actuel de la société*, 1 vol. in-8°. Cet *essai* a été plusieurs fois réimprimé (1822-1825) et traduit en Espagnol (1826). Nommé professeur du cours d'histoire et de morale au Collège royal de France, M. Daunou prononça, le 13 avril 1819, et fit imprimer son *Discours* d'ouverture. Son cours fut très suivi, et il le continua jusqu'en 1830, époque où, ayant été réintégré dans ses fonctions d'archiviste du royaume, il crut, par un rare désintéressement, devoir se démettre de sa chaire. Toujours infatigable dans ses utiles travaux, il composa la notice historique sur Ginguené, qui précède la deuxième édition de l'histoire littéraire de l'Italie (1824). Il rédigea pour l'édition des *Œuvres de la Harpe* (1826) une notice très remarquable sur cet écrivain. En même temps il s'occupait de travaux législatifs et faisait des rapports à la Chambre des députés dans diverses sessions. Nous ne citerons que le rapport du 22 décembre 1831 sur le projet de loi concernant *l'instruction primaire* (in-8° de 67 pages), car il n'est pas inutile de remarquer que, dans une période de près de quarante années (1793-1831), le premier et le dernier travail de M. Daunou dans les législatures nationales ont eu pour objet l'instruction publique. Réélu à Brest en 1828, il le fut encore une fois en 1831, et ce n'est que depuis les élections de 1834 qu'il a renoncé à faire partie de la chambre. — M. Daunou a pris part à la rédaction de plusieurs ouvrages périodiques. En 1788 et 1789 il fit insérer plusieurs articles de littérature dans le *Journal encyclopédique*. Il rédigea la partie des mélanges de philosophie et de politique dans la *Sentinelle* de Louvet. En 1797, il entreprit avec Camus et Baudin, des Ardennes, de ressusciter le *Journal des savants*, qui, publié sans interruption depuis son ancienne origine (1665), avait cessé de paraître à la fin de 1762. Mais les temps étaient encore peu favorables aux sciences et aux lettres : la continuation du journal ne dura que six mois; elle n'a été reprise qu'en 1816, sous la direction de M. Daunou; et ce qu'on ne peut expliquer, c'est que, redevenu, comme il l'avait été si longtemps, le premier de nos journaux de science et de littérature, ce recueil périodique est peut-être celui qui compte le plus petit nombre d'abonnés et de lecteurs. — M. Daunou a donné d'excellents articles à la *Biographie universelle* et à l'*Encyclopédie des gens du monde*. Plusieurs de ses mémoires enrichissent la collection de l'Institut. — Les plus importants de ses travaux actuels sont la continuation de la collection des *Historiens de France*, par D. Bouquet, et celle de l'*Histoire littéraire de la France*. — Peu d'existences littéraires ont été aussi honorablement remplies que celle de M. Daunou. Tous ses travaux présentent un but d'utilité publique. Il a eu le rare bonheur de traverser plus de quarante années de révolution et d'orages politiques avec l'estime, au moins secrète, de tous les gouvernements, de toutes les factions et de tous les partis. C'est comme citoyen qu'il mérite ces éloges, et c'est à ce titre que nous les lui accordons dans l'Encyclopédie. Mais notre jugement serait plus sévère si nous ne jugions M. Daunou qu'au point de vue de la religion catholique qui ne saurait excuser l'entrée du pieux et savant doctrinaire dans la Convention, ni son vote contre Louis XVI, le plus honnête homme de son siècle s'il n'eût été encore le père de la patrie et le roi inviolable des Français.

DAUNUS, fils de Philumnus et de Danaé, vint de l'Illyrie dans l'Apulie, y reçut Diomède, et lui donna sa fille en mariage. Il eut un fils du même nom que lui qui épousa Vénilie, dont il eut Turnus, roi des Rutules et rival d'Enée.

DAUPHIN, *delphinus* (*mam.*), genre de mammifères, de l'ordre des cétacés, rangés parmi les souffleurs. Leurs caractères sont : la tête proportionnée au corps, celui-ci allongé, fusiforme, les mâchoires allongées en forme de bec, armées de dents nombreuses, à peu près semblables entre elles; jamais de fanons; évent simple, ordinairement simple ou en croissant. Comme les autres cétacés, ils ont la queue horizontale, ce qui les distingue des poissons qui l'ont toujours verticale; leur peau, nue, est dépourvue de poils; quelques espèces ont seulement quelques brins de poils en moustaches. Les nageoires antérieures au bras varient pour la forme, et constituent le plus ordinairement deux espèces de rames au moyen desquelles l'animal se dirige; celles du dos sont de simples pincements adipeux sans rayons ni pièce osseuse, quelquefois réduites à une simple saillie, et manquant tout-à-fait dans certaines espèces. Ces animaux ne lancent pas l'eau par leurs évents comme le font les baleines et les cachalots. Les dauphins se rassemblent en troupes nombreuses à la suite des vaisseaux, nageant et bondissant tout autour; les anciens poètes ont inventé mille fables ingénieuses sur l'amitié que le dauphin portait à l'homme, amitié dont il donnait des preuves en recherchant sa société et en le suivant pour le préserver des naufrages. Tout le monde sait aujourd'hui que ce qui attire les dauphins autour des navires, c'est, non pas l'amitié qu'il porte à notre espèce, mais l'espoir d'une proie assurée dans les débris de la cuisine du bord et les nombreuses bandes de poissons qu'attirent ces débris. Cette habitude est, du reste, propre aux esturgeons et aux requins, qui certes n'ont jamais été pris pour des amis de l'homme. Les dauphins n'ont jamais, il est vrai, fait leur proie de l'homme, mais il est avéré que, comme chez les baleines et les cachalots, leur organisation ne leur permet pas d'attaquer des proies aussi volumineuses, et les force à se contenter de mollusques et de petits poissons. Ces animaux ont une forme très éloignée de

(Dauphin.)

celle que leur donnent les sculpteurs anciens et modernes: cette tête, qu'ils représentent large et arrondie, est au contraire terminée en bec allongé; leurs formes élégantes et leurs écailles disparaissent devant un corps fusiforme et recouvert d'une peau nue et huileuse. On a établi plusieurs genres caractérisés par le nombre et la forme des dents. Parmi les espèces les plus remarquables, on cite : — Le *dauphin couronné, D. coronatus*; que l'on rencontre dans la mer Glaciale, atteint jusqu'à trente-cinq pieds de longueur et quinze de circonférence, son museau se prolonge en un bec mince et fort long. Le *souffleur*, *D. tursio*, qui habite les mers d'Europe, a communément dix pieds de long, mais parvient à quinze pieds et même plus; les nageoires pectorales sont oblongues et pointues; l'évent, placé au-dessus des yeux, a la forme d'un croissant à cornes dirigées en avant. Le *dauphin vulgaire*, *D. delphis*, est l'espèce la plus anciennement connue: sa taille est de huit pieds environ ; son museau, prolongé en bec, est large à sa base et arrondi au bout comme un bec d'oie. Cette espèce, que l'on rencontre dans toutes les mers de l'Europe, est, comme les autres, de couleur noirâtre au-dessus, passant au blanc sous le ventre par une teinte grise sur les côtés. J. P.

DAUPHIN (*moll.*), nom d'une espèce de coquille du genre *turbo*; c'est le *turbo delphinus* des auteurs. Nos marins donnent aussi ce nom aux poissons du genre coriphæne. (*V.* ce mot.)

Les cultivateurs nomment *laitue dauphine* une variété de la *laitue cultivée*, *lactuca sativa*. J. P.

DAUPHIN, titre que prenaient les fils aînés des rois de France, et que portèrent avant eux les souverains du Dauphiné, comtes de viennois. On a recherché l'origine des mots dauphin, Dauphiné ; mais, comme la plupart des travaux de ce genre, ceux-ci ont fait naître des opinions très diverses. Les uns ont reconnu dans le mot Dauphiné le nom altéré des *Aufinates*, anciens peuples de la Gaule cisalpine ; les autres ont dit que Boson portant sur son bouclier un dauphin, les comtes viennois avaient adopté ces armes. Qui croirait qu'on a fait venir dauphin de Delphes? d'autres opinions ont été émises. Le Quien de la Neuville suppose que Guigues III, qui le premier a porté ce titre, avait mis un dauphin dans ses armes (1140). Ce n'est pourtant que vers 1244 que le dauphin parut dans celles de Guigues V. Le titre de dauphin ne fut décidément et entièrement accepté que par Humbert II (1333), dont le sceau porta le dauphin, et qui institua un *conseil delphinal* avec un sceau semblable. La première race des comtes de Viennois appartient à la maison d'Albon et commence à Guigues-le-Vieux (989), auquel pourtant quelques auteurs ont reconnu cinq prédécesseurs ; on fait descendre cette maison de Charlemagne. La seconde race, du sang des Capétiens, commence à André de Bourgogne, et la troisième, qui, par les femmes, conserve l'illustre origine, commence à Humbert de la Tour-du-Pin (1282). Les comtes de Viennois, les dauphins furent souvent en guerre avec leurs voisins et avec leurs prélats; mais ils n'en réussirent pas moins à s'agrandir, et Humbert II lui-même qui, par dégoût, par suite du chagrin que lui causa la perte de son jeune fils, et pour terminer les embarras où le mettait le mauvais état de ses finances, céda ses Etats au roi de France, Humbert II *aux blanches mains* n'était pas sans une puissance réelle. Peu s'en fallut que le Dauphiné n'appartînt pas à la France : Humbert avait fait à Robert, roi de Sicile, des ouvertures qui, si elles avaient été comprises ou acceptées, auraient donné cette province à un prince étranger. Mais, depuis longtemps en relations assez intimes avec Philippe-de-Valois et avec son fils le duc de Normandie, Humbert, dans une assemblée solennelle tenue à Lyon (1349), remit à Charles, petit-fils du roi de France, les insignes de la souveraineté delphinale, mais sans donner à jamais le Dauphiné aux fils aînés des rois de France. En 1356, Philippe rendit une ordonnance qui établissait cet usage, et à l'avènement de Charles V, premier dauphin de la quatrième race, son fils Charles, depuis Charles VI, fut le second dauphin. — Les armes du Dauphiné furent écartelées avec celles de France, et, dans les ordonnances relatives à cette province, le roi de France agissait comme *dauphin de Viennois par la grâce de Dieu*. Les dauphins de la quatrième race furent, jusqu'à Louis XI, indépendants de leurs pères. Charles VII, las de lutter contre son fils, et ayant pu le vaincre, régla (1457) que le Dauphiné serait désormais régi au nom du roi.

DAUPHIN (PORT-), sur la côte occidentale de l'île du cap Breton (Amérique septentrionale). Il est à l'entrée du golfe St-Laurent, au S.-O. de la côte de Terre-Neuve; le goulet est très étroit, mais l'intérieur est très vaste; il a plus de deux lieues de circuit. Les îles Ciboux sont à l'entrée du port. Le milieu du goulet est par 46° 20′ de la latitude N. et par 62° 35′ de longitude O.

DAUPHIN, village de France (Basses-Alpes). Il y a quelques mines de houille et de cristaux de roche dans les environs. 656 habitants. Arrondissement et à deux lieues S. de Forcalquier.

DAUPHIN (*astr.*), constellation boréale située près de l'équateur céleste; l'une des 48 de Ptolomée. Elle renferme 18 étoiles dans le catalogue britannique.

DAUPHINÉ (*Delphinatus*), province de France, bornée à l'ouest par le Rhône, au nord par le Rhône et la Savoie, au midi par la Provence, et à l'est par les Alpes. Avant d'être réunis en province, les différents pays que renferme le Dauphiné furent gouvernés par des comtes dont la puissance égalait celle des rois ; plusieurs d'entre eux se qualifiaient de *comtes par la grâce de Dieu*. Cette puissance leur fut souvent disputée par les évêques, qui prétendaient faire dériver le pouvoir temporel de celui de l'Eglise ; prétentions qui donnèrent lieu à des guerres fréquentes dont les résultats ne furent pas toujours favorables aux comtes. L'un d'eux, Guigues V ou Guigues VI, de la race des ducs de Bourgogne, prit le titre de dauphin, et c'est de lui que, peu de temps après (XIe ou XIIe siècle), les terres soumises à sa domination prirent le nom de Dauphiné. Cette province, qui ne se composait dans l'origine que d'un territoire de peu d'étendue (*V.* VIENNOIS), s'accrut peu à peu par les concessions et les alliances. Ainsi, en 1155, Berthold, duc de Zaehringen, gouverneur du royaume de Bourgogne, céda tous ses droits sur le Viennois au fils de Guigues-le-Dauphin ; plus tard, le Diois et le Valentinois furent achetés 100,000 écus et réunis au Dauphiné. L'Embrunois et le Gapençois furent aussi joints à cette province par l'alliance de Guigues-André avec Béatrix Claustral, petite-fille de Guillaume V, comte de Forcalquier. Enfin, en 1349, Humbert II fit donation du Dauphiné à Charles de France, petit-fils de Philippe-de-Valois; et, depuis, les rois de France en sont restés les possesseurs et les maîtres exclusifs.— Le Dauphiné fut longtemps le théâtre des guerres de religion ; Montbrun et le baron des Adrets, à la tête des réformés, remplirent ces malheureuses contrées de toutes les horreurs du carnage et de la dévastation ; de cruelles représailles suivirent ces sanglantes provocations, et pendant quarante ans on s'égorgea pour des doctrines religieuses dont les premiers préceptes étaient la paix et l'amour de l'humanité — Le Dauphiné jouit, soit avant, soit après sa réunion à la couronne de France, de franchises et de libertés bien rares dans ces temps de féodalité; il était exempt de la taille et de la corvée. Louis XI fut le premier qui le soumit à un impôt annuel et perpétuel, au mépris du serment qu'il avait prêté et du *statut delphinal* qui dispensait la province de tout tribut envers le prince. Quelques historiens disent, à la vérité, que jusque sous Henri Ier la taille fut de *pure gracieuseté*, mais ils ne citent aucun argument historique à l'appui de leur assertion. Quoi qu'il en soit, il est certain que les priviléges accordés à la province par les premiers dauphins avaient laissé dans l'âme de sa population des germes d'indépendance et de liberté qui se développèrent et grandirent avec le temps. Dès 1760, on vit les Dauphinois se plaindre hautement de l'édit portant création d'un troisième 20e, et le parlement de Grenoble résister à son enregistrement. Les remontrances énergiques adressées au souverain par les corps constitués, les courageuses députations envoyées à la cour, eurent presque toujours pour résultat, sinon l'entière remise des impôts, du moins des diminutions considérables pour la province. Mais ce fut surtout dans les années 1787 et 1788 que se manifestèrent, dans cet ancien pays d'Etats, la haine des actes arbitraires et un noble enthousiasme pour tout ce qui pouvait amener en France le règne d'une liberté généreuse et sage. Tout le monde sait qu'à ces époques mémorables, le parlement de Grenoble refusa encore l'enregistrement des édits *du timbre* et *de la subvention territoriale*; qu'il déclara traître au roi et à la nation quiconque irait siéger à la cour plénière, et que l'on vit le peuple s'opposer à l'exécution des lettres de cachet lancées contre les membres du parlement, et jeter du faîte des maisons des tuiles sur les troupes chargées de cette mesure violente. Cette journée du 7 juin 1788, qui a conservé le nom de journée *des tuiles*, fut suivie de la réunion, dans la maison commune de Grenoble, de tous les notables de la ville, qui résolurent, dans cette séance, la fameuse convocation des trois ordres de la province, dans le château de Vizille, pour le 21 juillet. La hardiesse de cette résolution étonna moins la France que l'exactitude avec laquelle tous les députés convoqués se rendirent à cette assemblée, qui eut lieu malgré la défense du gouverneur de la province et l'attirail militaire déployé pour l'empêcher. Cette imposante réunion, présidée par le comte de Morgues, élut Mounier pour son secrétaire; chaque membre y fit abnégation de son rang et de son droit de préséance; nul n'y fut marquis, prélat ou plébéien; tous y furent Français et citoyens. Les résolutions de l'assemblée eurent pour objet des protestations contre les édits enregistrés militairement à Grenoble le 10 mai précédent, le rappel du parlement, le rétablissement des tribunaux, la convocation des Etats généraux, le renvoi des ministres, etc., etc. Il fut arrêté en outre que, *quoique prêts à tous les sacrifices que pourraient exiger la sûreté et la gloire du trône, ils n'octroieraient les impôts, par dons gratuits ou autrement, que lorsque leurs représentants en auraient délibéré dans les Etats généraux du royaume*. Ces arrêts furent adressés au roi sous le titre de *très respectueuses représentations des trois ordres de la province du Dauphiné*. La continuation de la séance fut ajournée au 1er septembre à Grenoble, puis à Saint-Robert et successivement à Romans; Mounier y fut maintenu par acclamations dans ses fonctions de secrétaire, et l'archevêque de Vienne, Le Franc de Pompignan, promu à la présidence. Postérieurement, le parlement fut réintégré dans l'exercice de ses fonctions; la population entière manifesta sa joie par des adresses de félicitation à cette courageuse compagnie, et c'est ainsi que le Dauphiné donna à la France le premier exemple tout à la fois de son respect pour l'ordre et de son amour pour cette indépendance rationnelle et légale qui seule peut assurer le bonheur d'un Etat. — Le Dauphiné a donné naissance à un grand nombre d'officiers généraux qui se sont distingués dans les guerres de la révolution et de l'empire. La France lui doit des orateurs distingués (*V.* BARNAVE, MOUNIER, etc.), un mécanicien célèbre (*V.* VAUCANSON), des notabilités dans les lettres, les sciences et les arts (*V.* CONDILLAC, MABLY, CHAMPOLLION, etc.).

Depuis la révolution, le Dauphiné a été divisé en trois départements: l'Isère, la Drôme et les Hautes-Alpes. Les principales villes sont: Grenoble, Valence, Vienne, Romans, Montélimart, Die, Embrun, Gap, Briançon et Saint-Marcellin. La vallée du Graisivaudan, qui a douze lieues d'étendue, est l'une des plus riches et des plus agréables contrées de la France; c'est au nord de cette vallée et dans les montagnes qui la dominent qu'est située la Grande-Chartreuse, édifice moins remarquable par lui-même que par les lieux sauvages où il a été construit. Cette province renferme plusieurs sites et accidents que les historiens ont qualifiés de *merveilles du Dauphiné*; elles sont au nombre de sept. La première est la *fontaine ardente* dont saint Augustin parle dans son livre *De civitate Dei*; elle est située dans la commune de Gua, à six lieues de Grenoble; elle consiste en un terrain de deux mètres carrés environ, duquel s'échappe, après les temps de pluie, un gaz inflammable d'une couleur bleuâtre. A une époque fort ancienne, le ruisseau qui coule au fond du vallon passait très près de ce terrain; ses eaux acquéraient dans ce passage une chaleur assez vive, ce qui avait fait donner à cette *merveille* le nom de *fontaine ardente*. La deuxième, *la tour sans venin*, à deux lieues de Grenoble, dans la commune de Pariset, est une tour en ruine à l'approche de laquelle mouraient, disait-on jadis, tous les animaux venimeux; c'est une erreur qui s'était accréditée parmi le peuple, et que le temps et l'expérience ont entièrement dissipée. *Le mont inaccessible*, situé dans le Trièves, près du village de Chiciliannes, est aussi une des merveilles du Dauphiné; c'est un rocher très escarpé sur le sommet duquel on arrive très difficilement; cependant, en l'année 1594, Antoine Deville, qui accompagnait Charles VIII en Italie, y monta avec plusieurs personnes de sa suite. Les *cuves de Sassenage* sont beaucoup plus curieuses que les trois merveilles dont nous venons de parler: ce sont deux grandes excavations formées dans le rocher, de l'extrémité supérieure desquelles s'échappe un torrent d'eau de la plus parfaite limpidité et dont on ignore la source. Un grand nombre de curieux ont cherché à pénétrer jusqu'au fond de ces grottes sans pouvoir y parvenir; on assure qu'elles conduisent jusque dans le Royannais, situé à plus de six lieues de là. Les traditions superstitieuses de la contrée y avaient placé la demeure de la fée Mélusine, protectrice puissante et révérée de la maison de Sassenage et des princes du Royan. La sixième était la *manne de Briançon*, espèce de résine dont se couvrent les mélèzes aux environs de cette ville dans le temps des grandes chaleurs. Enfin la septième est *la grotte de Notre-Dame de la Balme*, entre les villages d'Amblérieux et des Salettes; c'est aussi une profonde excavation, plus spacieuse et plus élevée que celle de Sassenage, mais qui n'offre rien de bien remarquable. On divisait autrefois le Dauphiné en *haut* et en *bas* Dauphiné. Le premier comprenait le Graisivaudan, le Briançonnais, l'Embrunois, le Gapençois, les Royannais et les baronnies; le second se composait du Valentinois, du Diois et du Tricassinois. C'est un pays montagneux: diverses ramifications des Alpes s'y étendent jusqu'au Rhône, en s'abaissant peu à peu; dans le haut Dauphiné elles présentent des sommets très élevés. Indépendamment du Rhône, le Dauphiné est arrosé par l'Isère, par la Drôme, le Drac, la Durance, et par un grand nombre de torrents rapides qui descendent des Alpes. Ces montagnes sont couvertes de belles forêts et offrent aussi au bétail de gras pâturages; elles abondent en métaux et en minéraux de toute espèce. Dans le voisinage du Rhône, le pays, âpre et pittoresque dans les montagnes, devient très fertile en blé, en vin, en chanvre, et permet la culture de l'olivier et des mûriers. La population des trois départements de l'ancien Dauphiné s'élève à près de 980,000 âmes; les habitants du Dauphiné sont renommés pour leur intelligence et leur finesse.

DAUPHINELLE, *delphinium* (*bot.*), genre de plantes de la famille des renonculacées et de la polyandrie trigynie de Linné. Ses caractères sont: calice coloré à cinq sépales inégaux caducs, le supérieur se prolongeant en éperon creux; corolle pentapétale, irrégulière; nectaire entier ou bifide terminé par un appendice en forme de corne droite qui s'enfonce dans l'éperon du calice; étamines fort nombreuses et hypogynes; le nombre des pistils varie d'un à cinq, ils se changent en autant de capsules s'ouvrant par une fente longitudinale. On distingue *la dauphinelle d'Ajax*, *delphinium Ajacis*, qui serait, selon Linné, *l'hyacinthe* des anciens poëtes, en laquelle fut changé Ajax, fils de Télamon. Dans ce genre se trouve comprise la plante si connue sous le nom de *pied d'alouette*, qui se trouve en abondance parmi les moissons. Son nom scientifique est *delphinium consolida*, L. J. P.

DAUPHINOIS, OISE, adj. et s. (*géog.*), habitants du Dauphiné, qui appartient à cette province ou à ses habitants.

DAUPHINULE, *delphinula* (*moll.*), genre de mollusques, dont les caractères sont: coquille subdiscoïde ou conique, ombiliquée, à tours de spire rudes ou anguleux; ouverture entière, ronde, quelquefois trigone, à bords frangés ou munis d'un bourrelet; ouverture fermée par une opercule; surface hérissée d'épines. Ce genre renferme un grand nombre d'espèces, tant vivantes que fossiles, dont la plus connue est la *dauphinule laciniée*, *D. laciniata*. Elle est subdiscoïde, épaisse, marquée de sillons écailleux ou granuleux; les plus gros de ces sillons portent des appendices laciniés plus ou moins longs; sa couleur est rouge ou fauve. Elle se trouve dans la mer des Indes, où elle atteint jusqu'à vingt-cinq lignes de diamètre. *Dauphinule rape*, *D. lima*, dont la coquille est orbiculaire, convexe, épaisse, ornée de sa nacre quoiqu'à l'état fossile, sillonnée transversalement et en forme d'écailles et à tours de spire subanguleux. J. P.

DAURADE, *chrysophris* (*poiss.*), genre de poissons de la famille des spares, ayant, comme tous les autres genres de ce groupe, le corps couvert d'écailles; leurs mâchoires sont garnies sur les côtés de molaires rondes, formant trois rangées à la mâchoire supérieure, et sur le devant quelques dents coniques ou émoussées. L'espèce la plus connue est la *daurade vulgaire*, *chrys. aurata*. Elle est remarquable par la puissance de ses mâchoires qui sont armées, la supérieure de quatre rangées de molaires et l'inférieure de cinq, dont une ovale beaucoup plus grande que les autres; sa tête est comprimée, très relevée à l'endroit des yeux; le corps élevé; le dos caréné. Cette espèce était connue des anciens sous le nom de *chrysophris* (sourcil d'or), à cause d'une bande de couleur dorée, en forme de croissant, qui va d'un œil à l'autre. Les daurades vivent dans tous les climats et dans toutes les eaux; elles fréquentent de préférence les rivages, à cause des mollusques et des crustacés qu'elles y rencontrent et qui forment leur principale nourriture. Les coquilles les plus dures ne sauraient résister à leurs puissantes mâchoires et elles tordent même souvent les crochets des gros hameçons. Leur chair délicieuse était fort recherchée des Romains, surtout celle des daurades des étangs, qui paraît beaucoup plus délicate. On en pêche dans la Méditerranée, qui pèsent jusqu'à dix kilogrammes. Leur chair a, dit-on, des propriétés médicinales. J. P.

DAURAT, s. m. (*zool.*), un des noms de la carpe dorée de la Chine.

DAURISÈS, brave général de Darius, tué par les Cariens.

DAUSQUE (CLAUDE), d'abord jésuite, puis chanoine de Tournay, naquit à Saint-Omer en 1566. Ce savant était très versé dans l'étude des langues grecque et latine, la théologie, l'histoire naturelle et l'antiquité profane; mais son style est affecté, obscur et suranné. On a de lui : 1° *une traduction latine des harangues de saint Basile*, avec des notes, 1604, in-8°; 2° *un Commentaire sur Quintus Calaber*, Francfort, 1614, in-8°; 3° *Antiqui novique Latii orthographia*, Tournay, 1632; 4° *Terra et aqua seu terræ fluctuantes*, Tournay, 1633: les îles flottantes qui se font remarquer dans le Haut-Pont, banlieue de la ville de Saint-Omer, ont occasionné la composition de cet ouvrage qui est plein d'érudition; l'auteur s'étend sur d'autres merveilles naturelles qu'on trouve au sein des mers et dans quelques fleuves; 5° *Commentaria in Silium Italicum de bello punico*, Paris, 1618, in-4°; 6° *Scutum duplex, alterum B. Virginis Aspri-Collensis, alterum Justi Lipsii*, Douai, 1610; 7° *S. Pauli sanctitudo in utero, extra, in solo; in cœlo*, Paris, 1627, in-8°. Dausque mourut à Tournay le 17 janvier 1644. (*V.* FOPPENS.)

DAUSSARA (*géog. anc.*), ville de la Mésopotamie, à l'O., sur l'Euphrate, au S. de Cirsium.

D'AUTANT (*locut. adv.*). (*V.* AUTANT.)

DAUXION-LAVAISSE (J.-T.), né à Saint-Araille, près d'Auch, vers 1770, se trouvait à Saint-Domingue, où sa famille avait des propriétés, lors du soulèvement des nègres; il leur échappa, voyagea en Amérique, et publia à son retour, en 1813, ses voyages sous le titre : *Voyages aux îles de la Trinidad, de Tabago, de la Marguerite, et dans diverses parties de l'Amérique méridionale*. En 1814, il fut chargé d'une mission à Saint-Domingue, pour le gouvernement français, qui espérait pouvoir recouvrer ses droits sur cette colonie. Il revint avec ses collègues sans avoir réussi, prit du service dans l'armée de Napoléon pendant les Cent-Jours, et fut privé d'emploi après la deuxième restauration. Il fut alors dénoncé comme bigame par une demoiselle Lafitte, qu'il avait épousée à la Jamaïque en 1797, et, en août 1817, condamné à vingt ans de travaux forcés. Sa peine fut commuée en celle du bannissement. Il se réfugia en Bavière, et y mourut en 1826.

DAVAL (PIERRE), avocat anglais, mort en 1763, avait été successivement *master* et *accountant general* de la cour de chancellerie, et membre de la Société royale de Londres. On a de lui une traduction anglaise des *Mémoires du cardinal de Retz*, imprimée in-12 en 1723.

DAVALLIA (*bot.*), genre de fougères caractérisé par sa fructification en forme de points presque ronds, situés presque sur les bords supérieurs de la fronde, munis chacun d'une membrane en forme de cornet tronqué, et s'ouvrant verticalement par le côté extérieur. Ce genre, assez nombreux en espèces, offre, parmi les plus intéressantes, la *davallia pédiaire*, dont la fronde, en cœur à la base, a cinq angles dans son pourtour, à découpures oblongo-linéaires, dentées en scie à l'extrémité et fructifères; racine rampante écailleuse. Cette jolie fougère qui n'a que deux ou trois pouces de haut, croît sur les vieux arbres à l'île Bourbon. La *davallia en fer de faux*, *D. falcata*, à frondes ailées, lancéolées, frondules lancéolées en forme de fer de faux, tronquées à la base; points fructifères ovales, tomenteux. Cette fougère a deux pieds de haut et est portée par un stipe cylindrique. Elle croît dans les Indes orientales. J. P.

DAVANA (*géog. anc.*), forteresse de la Mésopotamie, dans l'intérieur du pays, entre l'Euphrate et le Tigre, au S. d'Ichna et au N. de Nicephorium.

DAVANTAGE (*adv.*). Il s'emploie toujours absolument. Il se dit aussi pour plus longtemps.

DAVANZATI-BOSTICHI (BERNARD), né à Florence le 30 août 1529, choisit pour profession le commerce, mais ne s'en livra pas moins à l'étude des belles-lettres latines et italiennes, et devint membre de l'Académie des *Alterati*. Le plus célèbre de ses ouvrages est sa *traduction* italienne de *Tacite*. On lui doit encore une *Histoire du schisme d'Angleterre* et quelques opuscules. Il mourut à soixante-dix-sept ans, le 29 mars 1606.

DAVARA (*géogr. anc.*), montagne de l'Asie mineure, dans le voisinage du mont Taurus.

DAVAUX (JEAN-BAPTISTE), né dans le Dauphiné, au milieu du XVIIIe siècle, compositeur distingué, auteur de quatuor, de concertos et de duos, et en outre d'un petit opéra de *Théodore*. De 1800 à 1810, il donnait chez lui des concerts fort brillants. Il occupait un emploi au ministère de la guerre, et, plus tard, le grand chancelier de la Légion-d'Honneur, Lacépède, lui donna une division de ses bureaux. Il mourut à Paris le 2 février 1822.

DAVE (*Davus*, quelquefois *Davos*). Dans la comédie latine, c'est le type des rôles d'esclaves rusés et pervers. On croit que le nom est, comme celui de *Syrus* ou celui de *Geta*, dérivé d'un nom de nation, et que les Daces étaient autrefois appelés *Davi*. D'autres, au contraire, présentent une étymologie *osque*. *Davus* ne serait que la syncope de *dalivum*, qui signifierait insensé, extravagant. Quoi qu'il en soit de ces opinions, Horace s'est servi du nom de Dave pour désigner tout un genre :

Intererit multum Davusne loquatur an heros.

De la combinaison de ce qui précède et de ce qui suit résulte évidemment que le poète n'entendait pas, comme on l'a prétendu, personnifier toute la comédie, mais seulement signaler la différence qu'il doit y avoir entre le langage d'un personnage servile, abject, et celui d'un héros ou d'un grand homme. Les oppositions se succèdent assez rapidement pour qu'on ait pu s'y méprendre, et l'on voit assez par le vers 237 du même ouvrage, qu'Horace, en général, désignait par *Davus* toute espèce d'esclave. Lui-même a plusieurs fois fait figurer des Daves dans ses satires. Dans la septième du second livre et à la faveur des saturnales, ce personnage se montre grand moraliste et débite un long morceau contre les vices des maîtres et les perfections qu'ils exigent des esclaves. Térence a très bien tracé ce rôle dans l'*Andrienne*; il faut lire aussi à ce sujet les réflexions de Donat; il y a enfin un Dave dans le *Phormion*; il n'y en a pas dans les pièces de Plaute qui nous sont restées.

DAVENANT (JEAN), savant et pieux théologien anglais, né vers 1570, à Londres, fut nommé, en 1609, professeur en théologie à l'Université de Cambridge, et en 1614 principal du collége de la Reine. Il fut envoyé en 1618, par Jacques Ier, au synode de Dort, et fut élevé, en 1621, au siége épiscopal de Salisbury. Il mourut de consomption à Cambridge, le 20 avril 1641. On a de lui : une *Exposition* (latine) *de l'épître de saint Paul aux Colossiens*, Cambridge, 1639, troisième édition. C'est la substance de ses leçons de théologie.

DAVENANT (SIR WILLIAM), poète anglais, naquit à Oxford en 1605, d'un cabaretier. Il fit des pièces de théâtre qui eurent un tel succès, qu'à la mort de Johnson, en 1637, il fut élu poète lauréat. Il fut enfermé par les parlementaires dans la tour de Londres, et eût payé de sa tête son attachement à la cause royale si le célèbre Milton ne l'eût protégé. Lors du rétablissement de Charles II, Davenant intercéda en faveur de son libérateur, et eut le bonheur de lui rendre le même service. Il mourut en 1668, à l'âge de soixante-trois ans. Ses ouvrages forment un volume in-folio. Le principal est un poème appelé *Gondibert*.

DAVENANT (CHARLES), fils aîné du précédent, né en 1656, fit ses études à Oxford, et vint à Londres, où il donna au théâtre, en 1675, n'ayant encore que dix-neuf ans, une tragédie intitulée *Circé*, qui fut imprimée en 1677, avec un *prologue* de Dryden et un *épilogue* du comte de Rochester. Il fut reçu docteur en droit civil à Cambridge ou à Dublin. Il s'acquit une grande réputation en Angleterre, surtout par ses ouvrages de politique. Il mourut le 6 novembre 1714.

DAVENANT (GUILLAUME), frère de Charles, étudia à Oxford et obtint, en 1680, un bénéfice dans le comté de Surrey. Il accompagna en France, en qualité de gouverneur, Robert de Wymondsole de Putney. Il se noya en 1681, en se baignant dans une rivière des environs de Paris. On a de lui la traduction anglaise des *Observations sur les grands historiens grecs et latins*, par la Mothe le Vayer.

DAVENPORT (CHRISTOPHE), naquit à Coventry, dans le comté de Warvick, vers 1598, de Jean Davenport et d'Elisabeth Wolney. Après ses premières études on l'envoya à Oxford, où il fut reçu au collége de Merton. Il quitta l'Angleterre pour se rendre à Douai en 1615. De là il vint à Ypres, où il entra dans l'ordre des franciscains; à l'âge de dix-neuf ans. Devenu religieux, il retourna à Douai et passa de là en Espagne, pour s'y livrer aux études théologiques. Quand elles furent terminées, il vint enseigner à Douai. On le crut capable d'être envoyé en Angleterre en qualité de missionnaire, et il y parut sous le nom de François de Sainte-Claire qu'il avait pris avec l'habit religieux. Il fut assez heureux pour se faire estimer des catholiques et des protestants. Davenport unissait à un heureux naturel un profond savoir, et travailla pendant plus de cinquante ans à la propagation de la foi catholique avec un zèle qui ne se démentit jamais. Malgré la prudence qu'il fit paraître dans ses écrits et ses prédications, il se vit contraint de passer plusieurs fois la mer pour fuir la persécution, sur la fin du règne de Charles Ier et sous le gouvernement de Cromwel. La reine Henriette-Marie, femme de Charles Ier, l'avait créé chapelain. Il remplit cette fonction aussi longtemps qu'il lui fut possible de le faire; mais quand la guerre civile commença à éclater, il se tint caché, tantôt dans Londres, tantôt à Oxford. On le vit reparaître après le rétablissement de Charles II, et, quand ce prince eut épousé Catherine de Portugal, il attacha Davenport à sa chapelle et le créa son théologien. Il obtint diverses dignités dans son ordre, notamment celle de provincial. Il mourut dans une maison de campagne, près de Londres, le 31 mai 1680, à l'âge de quatre-vingt-deux ans. Davenport était très versé dans la théologie, la doctrine des Pères, celles des conciles, comme aussi dans l'histoire ecclésiastique et profane et la philosophie. L'étendue de ses connaissances et ses manières ouvertes le faisaient rechercher par les hautes capacités de l'Angleterre, qui l'estimaient et l'aimaient. Tel est du moins le témoignage que Wood rend au mérite de ce franciscain. Il publia : 1° un Traité contre l'astrologie judiciaire, Douai, 1626, in-8°; 2° l'Exposition en paraphrase des articles de foi de la confession anglicane; 3° un Traité de la prédestination. des mérites et de la rémission des péchés, imprimée en Hollande, 1634, in-4°; 4° le Système de la foi, ou Traité du concile universel, Liége, 1648, in-8°; 5° Opuscule touchant l'immaculée conception de la Sainte-Vierge; 6° Traité du schisme, surtout de celui des Anglais; 7° Fragments ou Histoire abrégée de la province des Frères Mineurs, en Angleterre; 8° Manuel des missionnaires réguliers, en particulier du religieux anglais de l'ordre de saint François, Douai, 1658 et 1661, in-4°; 9° Apologie des évêques ou défense de la magistrature sacrée, Cologne, 1640, in-8°; 10° le Livre des dialogues, ou la Somme de l'ancienne théologie mise en dialogue, Douai, 1661, in-8°: 11° les Problèmes scolastiques, le corollaire du dialogue du moyen état des âmes; les paralipomènes philosophiques du monde péripatéticien, Douai, 1652, in-8°; 12° la Religion défendue contre la philosophie péripatéticienne, Douai, 1662, in-8°; 13° Supplément à l'histoire des Frères Mineurs anglais, Douai, 1671, in-folio; 14° Dispute concernant l'ancienne préséance de cette province, Douai, 1671, in-folio; 15° Abrégé de la foi, en anglais, 1655, in-8°; 16° Explication de la doctrine catholique romaine, 1656 et 1670, in-8°; 17° l'Église romaine défendue contre ses ennemis, 1659, in-4°. On trouve l'éloge de Davenport dans l'Athénée d'Oxford, t. II, page 650.

L'abbé PARENTY.

DAVENPORT (JEAN), frère aîné du précédent, né à Conventry en 1597, fut nommé vicaire de la paroisse de Saint-Etienne, à Londres. S'étant rendu suspect à l'évêque Laud, il se retira en Hollande, où il fut nommé, conjointement avec Paget, ministre de l'église anglaise à Amsterdam; mais la rigidité de son zèle l'ayant entraîné dans une controverse, il fut obligé de renoncer à l'exercice de son ministère. Il retourna en Angleterre, où triomphait alors le puritanisme; mais bientôt, peu satisfait de la tournure que prenaient les choses, il passa dans la Nouvelle-Angleterre en 1637. Il fut appelé en 1667 à Boston, où il mourut le 13 mars 1668. On a de lui plusieurs sermons et autres écrits, la plupart de controverse.

DAVESNE (FRANÇOIS), né à Fleurance, dans le bas Armagnac, fut un des disciples du fameux Simon Morin. Mais tandis que le maître expiait ses folies dans les flammes, l'adepte fut à peine inquiété, quoiqu'il fût beaucoup plus séditieux. Il fut arrêté en 1651, puis relâché aussitôt. Il avait pris le surnom de *Pacifique*, et se donnait pour prophète et inspiré. On conjecture qu'il mourut vers 1660. Il est l'auteur d'un nombre innombrable de pamphlets.

DAVIANUM (*géogr. anc.*) (*Veynes*), ville de la Narbonnaise 1re, au N., sur une petite rivière qui se jette dans la Druntia.

DAVID, fils d'Isaïe ou de Jessé, de la tribu de Juda, et de la petite ville de Bethléem, paissait les troupeaux, lorsque le Seigneur envoya Samuel à Bethléem pour le sacrer roi d'Israël à la place de Saül, qu'il avait rejeté. Après qu'il eut reçu l'onction royale, comme il est rapporté au seizième chapitre du premier livre des Rois, il s'en retourna à son occupation ordinaire, et l'esprit du Seigneur fut toujours avec lui. Saül, au contraire, agité de l'esprit malin, fut conseillé de faire venir David, qu'on lui peignit comme un homme vaillant, propre à la guerre, d'une taille avantageuse, bien fait de sa personne, favorisé du Seigneur et capable de charmer son mal. Saül le manda; il fut très content de lui, le fit son écuyer, sans l'empêcher cependant de retourner quelque temps après chez son père. Il y était, lorsque la guerre s'étant allumée entre les Israélites et les Philistins, Isaïe l'envoya au camp pour savoir des nouvelles de trois de ses fils qui étaient dans l'armée de Saül. Il apprit en y arrivant le défi que faisait le géant Goliath à toute l'armée d'Israël, se présenta pour le combattre, et lui lança avec sa fronde une pierre au *milieu du front* avec tant de raideur qu'il le renversa par terre. Aussitôt il courut, se jeta sur lui, tira l'épée de Goliath et lui en coupa la tête. Les Philistins s'enfuirent; les Hébreux les poursuivirent et en firent un grand carnage. *David emporta la tête et les armes de* Goliath, et Abner le présenta avec honneur au roi Saül, qui ne lui permit plus de retourner chez son père, et lui donna le commandement de quelques compagnies de gens de guerre. Ce jour mémorable fut aussi celui où l'on vit naître l'amitié de David et de Jonathas, fils de Saül. David fut aussi fort aimé de la cour, de l'armée et du peuple, mais non pas de Saül, qui conçut contre lui une jalousie mortelle, parce que les femmes d'Israël chantaient à l'occasion de sa victoire: *Saül en a tué mille et David dix mille*. Il essaya plusieurs fois de le percer de sa lance, l'exposa à plusieurs dangers de la part des Philistins, et l'obligea enfin de chercher un asile chez les Philistins, même auprès d'Achis, roi de Geth. De là il vint à Odollam, où ses frères, ses parents, et plusieurs autres personnes, environ au nombre de 400, le vinrent trouver. Ensuite il alla au pays de Moab, puis à Hareth, et successivement à Ceïla, où Saül tâcha de le prendre dans le désert de Zipp, dans celui de Maon, dans celui d'Engaddi, où Saül vint le chercher, et où David se contenta de couper à ce prince le bord du manteau, au lieu de le tuer, comme il le pouvait faire, dans la caverne où il le trouva seul. Saül reconnut à ce trait que David était plus juste que lui, et le laissa. David étant entré une autre fois, pendant la nuit, dans la tente de Saül, prit sa lance et la coupe qui était à son chevet, sans que personne l'aperçut, ce qui fit que Saül le laissa encore en repos pour cette fois. David se retira encore une fois auprès d'Achis, roi de Geth, qui lui donna la ville de Siceleg pour sa demeure. Pendant que David demeura à Siceleg, les Philistins livrèrent bataille aux Hébreux sur la montagne de Gelboé. Saül et Jonathas périrent dans le combat; ce qui fut très sensible à David, qui composa un cantique lugubre en l'honneur de Saül et de Jonathas. Il se retira ensuite à Hébron par l'ordre du Seigneur. Ceux de la tribu de Juda le reconnurent pour roi, et enfin tout Israël, après la mort de Isboseth, fils de Saül. Il défit les Philistins et transporta l'arche du Seigneur de Carial-Jarim à Jérusalem, dans son palais. David, se voyant en paix, conçut le projet de bâtir un temple au Seigneur; mais Dieu fit connaître au prophète Nathan que cet honneur était réservé à un fils de David, et que pour lui il avait répandu trop de sang pour travailler à un ouvrage si saint. Il se contenta donc d'en faire les préparatifs. Après cela il abattit les Philistins, les Moabites, les Syriens, les Ammonites. Un jour, se promenant sur la terrasse de sa maison, il vit Bethsabée, femme d'Urie le Héthéen, la fit venir, dormit avec elle, et la renvoya. Celle-ci ayant conçu un fils, et David n'ayant pu engager Urie à passer une nuit avec elle pour couvrir son crime, le renvoya d'où il l'avait fait venir, et écrivit au camp, à Joab, de faire en sorte qu'Urie périt par l'épée des Ammonites; ce qui arriva en effet. Aussitôt que David le sut, il épousa Bethsabée. Le prophète Nathan lui reprocha son crime de la part de Dieu, et lui prédit les malheurs qui lui arriveraient, à lui et à sa maison. Absalon, un des fils de David, s'étant fait déclarer roi à Hébron, David sortit de Jérusalem avec ses meilleures troupes, et souffrit avec une patience héroïque les malédictions de Semeï. Il retourna à Jérusalem après la défaite et la mort d'Absalon, dissipa la révolte de Séba, fils de Bochri, irrita le Seigneur en faisant le dénombrement de son peuple, ce qui attira une peste qui fit mourir 70,000 personnes de ses sujets pendant trois jours qu'elle dura. David, étant devenu vieux, épousa une jeune fille nommée Abisag, de Sunam, pour le servir et l'échauffer. Il fit sacrer roi son fils Salomon, et, se sentant près de sa fin, il lui remit les plans du temple, l'or et l'argent qu'il avait préparés pour cet effet, lui recommanda d'être toujours fidèle à Dieu, lui enjoignit de punir Joab et Semeï, puis il s'endormit avec ses pères, et fut enterré dans la ville de Jérusalem, sur la montagne de Sion, où était la citadelle qui fut depuis appelée, de son nom, la cité de David. Salomon y fit dresser un magnifique tombeau, et, outre les cérémonies ordinaires aux funérailles des rois, il fit mettre dans le sépulcre de son père des richesses incroyables, au rapport de Josèphe l'historien. Le tombeau de David fut toujours très respecté parmi les Juifs. Saint Pierre, en leur parlant, dit que le tombeau de ce prince était parmi eux. Il subsistait même encore du temps de saint Jérôme, qui raconte qu'il y allait souvent prier. Les païens même le connaissaient, et encore, vers le milieu du XVIIIe siècle, des *Santons* ou prêtres turcs s'en disent les gardiens et le montrent avec ceux de Salomon et de Josaphat. L'Église honore David comme un saint pénitent, un patriarche et un prophète. Les martyrologes latins en font mémoire le 29 décembre, et quelques ménologes grecs le 26 du même mois, et le dimanche d'après Noël, avec saint Joseph et saint Jacques, frère du Seigneur. David naquit l'an du monde 2919, fut sacré par Samuel en 2934, tua Goliath en 2942, fut reconnu roi à Hébron après la mort de Saül en 2949, sortit de Jérusalem à l'occasion de la révolte de son fils Absalon en 2981, et mourut en 2990, âgé de soixante-dix ans, dont il en avait régné sept à Hébron sur la tribu de Juda, et trente-trois à Jérusalem sur tous les Israélites. David est certainement l'auteur de plusieurs psaumes, mais c'est une question de savoir s'il est auteur de tous. (*V.* PSAUMES, PSAUTIER. *V.* aussi le premier livre des Rois, depuis le chap. 16 jusqu'au 3e chap. du troisième livre.)

DAVID, philosophe arménien, vivait au milieu du Ve siècle; il fut appelé *Imasdaser*, ou invincible philosophe; il naquit dans la ville de Hereth, dans la province de Hark'h. Il était neveu du fameux historien Moyse de Khoren. David fut un disciple distingué du patriarche Isaac Ier et du savant Mesrab. Il traduisit du grec en arménien la plupart des ouvrages d'Aristote, de Platon et de Porphyre, et composa un *Traité des définitions philosophiques*, imprimé à Constantinople en 1731.

DAVID, évêque de Thérouanne. Ses prédécesseurs s'étaient fixés à Boulogne-sur-Mer par suite des désastres causés au IXe siècle par plusieurs invasions des Normands dans la Morinie. David rétablit à Thérouanne le siége épiscopal et y mourut, selon Gazet, en 964. Il avait été religieux de Corbie. Ce prélat est réputé savant dans les chroniques de Thérouanne; on lui attribue de l'aptitude aux grandes affaires (Catalogue manusc. des évêques de Thérouanne).

DAVID Ier, roi de l'Arménie orientale, de la race des Pagratides, fut surnommé *Anhoghin*, c'est-à-dire sans terre, vers l'an 980, par l'ordre de Gagik Ier, roi pagratide à Ani. Il succéda à son père Gagik dans le gouvernement de la ville de Lorhé. Peu après il attaqua les émirs musulmans qui commandaient dans la Géorgie méridionale et les vainquit. L'émir musulman Tadloun, possesseur de la ville de Gandsak, vint l'attaquer à son tour, mais David gagna la bataille et le contraignit de s'enfuir. David mourut l'an 1046 de J.-C. Son fils Kourike lui succéda.

DAVID ALROI, OU DAVID-EL-DAVID, imposteur du XIIe siècle, était natif d'Amaria. Dévoré du désir de s'élever, il persuada aux Juifs qui habitaient le mont Haphton, qu'il était le Messie, et leur fit prendre les armes contre le roi de Perse vers l'an 1169. Le monarque le fit demander, lui promettant de se soumettre à lui s'il prouvait sa mission. Il eut la hardiesse de s'y rendre. Le roi le fit emprisonner, mais il s'évada. Sa tête ayant été mise à prix, le beau-père même d'El-David, l'invita à souper, l'enivra et lui coupa la tête. Sa mort n'apaisa point le monarque qui fit périr un grand nombre de Juifs.

DAVID III, roi de Géorgie, de la race des Pagratides, était fils et successeur de Georges II. Lorsqu'il monta sur le trône en 1089, la plus grande partie de ses Etats, et Teflis même sa capitale, était au pouvoir des Turcs Seldjoukides. Il conquit sur eux tout son royaume et fit son entrée triomphale à Teflis l'an 571 de l'ère arménienne (1124 de J.-C.). Ses sujets le surnommèrent le *Fort* et le *Réparateur*. Il prit bientôt l'offensive, s'empara de Lorhé, capitale de l'Arménie orientale, et d'Ani, capitale de toute l'Arménie, l'an 1126. Il mourut la même année, après un règne de 37 ans.

DAVID DE DINANT. Nous dirons quelque chose de ce docteur scolastique dont le nom se trouve omis dans un grand nombre de dictionnaires. David de Dinant, qui fut disciple d'Amauri ou Amalric, vivait au commencement du XIIIe siècle. Il occupa une place assez importante dans l'histoire de la scholastique en ce qu'il ressuscita la doctrine du panthéisme qui, pendant longtemps avait sommeillé, arrêtée par le développement du christianisme et l'influence de la théologie au moyen âge. On a peu de renseignements sur sa vie; l'historien du Boullay nous dit seulement qu'il brillait dans les arts et dans la théologie. Sa philosophie consistait dans l'identification de Dieu et de la matière et dans l'unité de substance; il mérita d'être poursuivi comme coupable d'irréligion. — Saint Thomas-d'Aquin et Albert-le-Grand se sont occupés de lui dans leurs écrits et en ont cité des passages en critiquant ce système dangereux. Suivant David de Dinant, tout est essentiellement un, *omnia substantialiter unum*, c'est-à-dire que toutes les choses sans exception ont une même essence, une même nature; elles sont divisées en trois classes : les substances incorporelles, les âmes et les corps; le principe des substances incorporelles est Dieu, celui des âmes est l'intelligence et celui des corps la matière; ces trois principes sont essentiellement un, car sans cela ils cesseraient d'être simples; ainsi Dieu doit être la matière de toutes choses. On croit que David de Dinant avait puisé sa doctrine dans un livre intitulé *De causis*, dont on ignore l'auteur, et que les uns attribuaient à Aristote, d'autres à Proclus, et qui contenait en germe tout ce qui fut depuis développé avec une certaine habileté par Amalric ou Amaury et son disciple David de Dinant. On peut consulter sur ce docteur l'*Histoire complète des systèmes de philosophie*, par M. de Gérando, tome 4; Rousselot, *Etudes sur la philosophie du moyen âge*, tome 2; et du Boullay, *Histoire de l'Université de Paris*.

DAVID COMNÈNE, dernier empereur de Trébisonde, usurpa le trône après la mort de son frère Jean, dont il fit périr le fils. Mais bientôt Mahomet II fit mettre le siége devant cette ville, et David fut tellement effrayé de la puissance du sultan qu'il consentit à livrer ses Etats, à condition que Mahomet épouserait sa fille aînée Anne Comnène. Mahomet souscrivit à cette condition, et le prince détrôné s'embarqua pour Constantinople avec sa famille. Quelque temps après on l'accusa d'entretenir une correspondance secrète avec les princes chrétiens: Mahomet lui laissa le choix entre le turban ou le supplice. Il refusa d'embrasser l'islamisme et ses sept fils imitèrent son exemple. Ils furent mis à mort en 1462.

DAVID Ier, roi d'Ecosse, succéda en 1124 à son frère Alexandre Ier. Il épousa en Angleterre une petite-nièce de Guillaume-le-Conquérant, qui lui apporta en dot le Northumberland et le Huntingdonshire. Ce prince se distingua par sa bienfaisance et par sa piété. Il mourut le 11 mai 1153.

DAVID-GEORGE, ou plutôt *fils de George* (JORIOZ), né à Delft en 1501, était fils d'un bateleur nommé George de Coman. David-George manifesta de bonne heure de l'aversion pour la religion catholique. Il composa quelques hymnes ou cantiques à l'usage de ceux qui suivaient le parti de la réforme. En 1536, il fut mis en prison, condamné au fouet et à avoir la langue percée et au bannissement pour avoir invectivé des prêtres qui portaient en procession le Saint-Sacrement. La secte des anabaptistes le créa évêque de Delft. Jean de Leyde, soi-disant roi de Munster, fit passer à cet évêque de l'argent pour lever des recrues à Frise. Il se fit passer pour le second Christ, et pour le véritable Messie. Le gouvernement hollandais rendit une loi, le 2 janvier 1538, portant que celui qui accorderait un asile à David-George ou à Meinard van Embden, son collaborateur, serait pendu à la porte de sa maison. Il se rendit secrètement à Bâle, où il se fit appeler Jean van Bruggen. Il fit plusieurs ouvrages absurdes et mourut le 26 août 1556. Ses partisans s'attendaient à le voir ressusciter au bout de trois ans; mais, avant ce terme, les Bâlois firent le procès à sa mémoire, et, bien que les témoins ne confirmassent pas les griefs allégués contre lui, il fut condamné à être exhumé et ses restes brûlés avec son effigie et ses ouvrages, au pied de la potence.

DAVID (FRANÇOIS), Hongrois de naissance, fut, au XVIe siècle, surintendant ou évêque des unitaires en Transylvanie. Il se rendit célèbre dans la connaissance des langues, et s'adonna surtout à la scolastique. Il professa longtemps la pure morale évangélique, mais il adopta bientôt et combina entre elles les opinions de Calvin, d'Arius, de Socin, de Budnée et du semi-judaïsme. Il excita souvent des tumultes; le prince de Transylvanie y mit un terme en le faisant enfermer dans la forteresse de Deva ou Leva. David y mourut le 6 juin 1579 avec la réputation d'un savant théologien, mais irascible et peu réglé dans ses conceptions. On a de lui plusieurs écrits dont on trouvera la liste dans la *Bibl. anti-trinit.* de Sandius.

DAVID (LUC), historien et jurisconsulte prussien, né en Allenstein en 1503. Il embrassa la religion protestante, et Albert Ier, duc de Prusse, le nomma conseiller à Kœnigsberg, où il mourut en 1583. Il a fait un ouvrage qui se trouve en manuscrit à la bibliothèque de Kœnigsberg.

DAVID (JEAN), né à Courtray en 1546, fut curé de Saint-Martin de cette ville, et entra dans la société des Jésuites. Il fut recteur de plusieurs colléges, et mourut le 9 août 1613, âgé de 67 ans. On a de lui divers ouvrages de piété et de controverse.

DAVID (CHARLES), graveur au burin, naquit à Paris vers 1600; il grava avec succès, d'après Villamena, les *Cris de Rome*, suite de seize pièces où sont représentées en pied différentes figures grotesques. Il est fort difficile de distinguer la copie d'avec l'original. — Jérôme DAVID, son frère, aussi graveur, travailla longtemps en Italie; il excellait surtout dans la gravure du portrait.

DAVID COHEN, savant rabbin portugais, né à Laza, fit le voyage d'Amsterdam et celui d'Hambourg, où il mourut en 1674. Il avait été chef de la synagogue de cette ville. C'était un homme instruit qui parlait et écrivait plusieurs langues. Plusieurs de ses ouvrages ont été imprimés.

DAVID (LOUIS-ANTOINE), naquit à Lugano en 1648, s'appliqua à l'étude des belles-lettres; mais, ayant montré du goût pour le dessin, il fut envoyé à Milan. Le célèbre Lignani devint son guide et son ami. Il fit plusieurs ouvrages très estimés et mourut à Rome au commencement du XVIIIe siècle.

DAVID (MAURIN), né à Dijon en 1614; d'abord avocat au parlement de cette ville, puis prêtre et promoteur de l'officialité de Langres, auteur d'un ouvrage estimé dans lequel Fleury a beaucoup puisé pour son Histoire ecclésiastique; il est intitulé: *Animadversiones in observationes chronologicas Possini ad Pachymerem.*

DAVID (ANTOINE). D'une famille très connue dans l'imprimerie et dont il est parlé dans une *Notice sur l'origine de l'imprimerie en Provence*; d'Ant. Henriey, naquit à Aix le 3 février 1714; il suivit la profession de ses pères, mais s'adonna surtout à l'agronomie. Il est auteur de plusieurs ouvrages sur l'agriculture dans le midi de la France; il a publié: *Lettres sur les oliviers, Lettres sur la vigne, Lettre sur le poirier, Culture du pêcher en buisson.* Il mourut à Aix le 14 juillet 1787.

DAVID (FRANÇOIS-ANNE), graveur, né à Paris en 1741. Il fut nommé, jeune encore, graveur de la chambre et du cabinet de *Monsieur*, et devint, après 1814, graveur du cabinet du roi. Doué d'une grande activité, il entreprit un grand nombre de publications à gravures, et la liste de ses principales estampes se trouve dans le *Manuel des curieux*, d'Hubert. Il mourut à Paris le 2 avril 1824.

DAVID (JEAN), abbé commandataire de l'abbaye des Bons-Hommes-lès-Angers, fut député à Rome par Louis XIV. Il mourut au commencement du XVIIIe siècle, fit un testament en faveur de la maison de Soubise et de plusieurs grands de la cour. On lui doit plusieurs ouvrages.

DAVID (FRANÇOIS), capitoul, de la famille de Carcassonne comme le précédent, exerça la police à Toulouse. Sa conduite dans l'affaire de Calas fut calomniée par Voltaire. Il fut nommé lieutenant général de police. — Un autre DAVID (Pierre), premier magistrat de Carcassonne, grand-père du capitoul, écrivit en latin un recueil de *Méditations sur les mystères*, et fut assassiné le 3 novembre 1709.

DAVID (ADRIEN), chanoine régulier de l'abbaye de Vicogne, ordre de Prémontré. Il vivait au commencement du XVIIe siècle et composa un livre intitulé: *Trésor sacré de plusieurs belles et précieuses reliques conservées et honorées dans l'abbaye de Vicogne avec une chronique abrégée de la fondation de ce monastère.* Valenciennes, 1634, in-16.

DAVID (JEAN-PIERRE), né à Gex en 1737, vint à Paris en 1757, étudia la médecine, la chirurgie, la physique et l'histoire naturelle. En 1762, il remporta le prix double à la Société hollandaise de Harlem, et se décida, d'après les offres de la Martinière, à donner la préférence à la chirurgie. Il passa en 1764 une thèse *de sectione coxarea* où il fit preuve d'une grande érudition. Il remporta encore trois couronnes académiques sur différentes questions, exerça la chirurgie avec distinction et inventa plusieurs instruments d'un ingénieux mécanisme. Il mourut le 21 août 1784.

DAVID DE SAINT-GEORGES (JEAN-JOSEPH-ALEXIS), né à Saint-Claude le 30 décembre 1759, fut conseiller au grand conseil, membre de l'Académie celtique, de celle de Besançon et de plusieurs autres sociétés savantes. La révolution le força de chercher un asile en Allemagne. Il mourut à Arbois le 30 mars 1809. La lecture du *Monde primitif*, de Court de Gébelin, lui donna l'idée de rechercher dans les langues vivantes les éléments de celle que bégayait le genre humain au berceau. Il apprit ainsi presque tous les idiomes de l'Europe et de l'Asie. Mais il n'eut pas le temps de rédiger le résultat de ses recherches. On lui doit des traductions d'un grand nombre d'ouvrages anglais.

DAVID (JACQUES-LOUIS), célèbre peintre français, né à Paris le 31 août 1748, montra de bonne heure un goût prononcé pour la peinture, et se livra à cet art malgré l'opposition de sa famille. Il fut d'abord élève de Boucher et quitta bientôt après ce maître pour suivre les leçons de Vien. En 1772, il concourut pour la première fois et obtint le second prix, quoique les juges fussent tentés de lui accorder le premier. Après deux échecs successifs, en 1773 et 1774, il obtint enfin le premier prix, et partit de suite pour Rome. C'est là que son goût se forma et qu'il commença vraiment la réformation de la peinture. C'est de Rome qu'il envoya à Paris un *saint Jérôme* et une belle copie de la *Cène*; c'est là aussi qu'il composa son beau tableau de la *Peste de Marseille.* Il revint à Paris en 1780 et peignit son *Bélisaire* qui lui valut le titre d'agrégé à l'Académie de peinture. En 1783 il fut reçu académicien; l'année suivante il partit une seconde fois pour Rome et y acheva le tableau du *Serment des Horaces*, qui fut admiré avec enthousiasme au salon de 1786. *La mort de Socrate, Pâris et Hélène*, et *Brutus*, furent mis au jour par lui, de cette époque à 1789. A ce moment la révolution éclata et David y prit une part active. Il peignit le *Serment du jeu de paume*, puis il devint un des membres les plus assidus du club des Jacobins, fut nommé membre de la Convention, vota la mort du roi, et fit partie du comité de sûreté générale. Son rôle, il faut le dire, ne fut pas dans ces circonstances à la hauteur de sa réputation: tantôt ridicule, tantôt cruel, il ne fut qu'un instrument de Robespierre et de Marat. Après le 9 thermidor il fut incarcéré, et remis en liberté le 6 nivôse suivant; mais incarcéré une seconde fois, il ne fut véritablement tranquille qu'après le 18 brumaire. Pendant le consulat et l'empire sa réputation s'augmenta considérablement, et ce fut à cette époque que, libre de toute préoccupation politique, il arriva véritablement à la plénitude de son talent. Il n'accepta de Napoléon, qui l'aimait et l'estimait beaucoup, que la croix d'officier de la Légion-d'Honneur, et devint commandant de cet ordre pendant les cent-jours. Après 1815, il se retira en Belgique, et mourut à Bruxelles le 29 décembre 1825. Outre les tableaux que nous avons cités David en produisit encore d'autres dont les principaux sont: *Les Sabines, les Thermopyles, la Distribution des aigles, le Couronnement de l'empereur* et le portrait de Pie VII.

DAVIDIQUE, adj. des deux genres. Il se dit quelquefois des compositions dont le style est solennel et inspiré, comme celui des Psaumes de David.

DAVIDIQUE, s. m. (*hist. eccl.*), membre d'une secte fondée en Flandre en 1525, par David-Georges, qui se donnait pour le vrai Messie. Cet imposteur niait la résurrection, rejetait le mariage, et soutenait que l'âme n'est point souillée par le péché. Les *davidiques*, après la mort de leur chef, se répandirent dans le Holstein, où ils se sont mêlés aux Arméniens.

DAVIDOWICH (le baron PAUL), général autrichien, né en Servie en 1750. Il fit ses premières campagnes contre les Turcs, et fut, en 1790, envoyé en qualité de général-major contre les Belges révoltés. Il prit part aux guerres de l'Autriche contre la France, et se distingua en Flandre et en Italie. En 1807, il fut chargé d'une inspection des places de la Servie, et obtint peu après sa retraite, puis le gouvernement de Comorn, où il mourut vers 1820.

DAVIDSON (LUCRÉTIA-MARIA), née à Plattsburg (États de New-York), le 3 septembre 1808. Elle est auteur d'un grand nombre de poésies. Douée d'un talent des plus précoces, elle n'avait que onze ans lorsqu'elle composa sur Washington une pièce de vers des plus remarquables ; à douze ans, elle avait lu la plupart des poëtes classiques de l'Angleterre, un grand nombre de livres d'histoire et toutes les œuvres dramatiques de Shakspeare, de Kotzebue et de Goldsmith. Elle mourut dans sa 71e année, le 29 août 1825, emportée par une maladie que lui avait attirée l'excès de l'étude. Ses œuvres ont été recueillies par M. Samuel Moore sous ce titre : *Amer-Khan et autres poëmes ou œuvres diverses de Lucrétia-Maria Davidson.*

DAVIÉ ou **DAVIER**, s. m. (*marine*), rouleau dont l'axe passe dans deux montants de bois ; on l'ajuste momentanément à l'avant ou à l'arrière d'une embarcation, qui doit se placer sur un câble pour le paumoyer, roue qui est établie dans le bas d'une pompe à chapelet, et qui s'engrène avec les plateaux.

DAVIER (*technol.*), petite patte insérée entre les deux couplets de la presse typographique pour maintenir le petit tympan dans l'enchâssure du grand. Barre de fer attachée à la pièce qu'on veut forger au moyen d'anneaux et de crampons qui permettent de la transporter facilement sur l'enclume. Outil servant à faire entrer les cerceaux d'un tonneau.

DAVIES (sir JOHN), naquit en 1570, à Cisgrove, dans le comté de Wilt. Son premier ouvrage fut un poëme en stances élégiaques sur l'*immortalité de l'âme*, intitulé : *Nosce te ipsum.* Il est estimé et pour le fond des pensées et pour sa poésie, remarquable pour le temps où écrivait l'auteur. Cet ouvrage parut en 1599. Davies fut envoyé par le roi Jacques en Irlande, en 1603, comme solliciteur général. Il fut nommé plus tard procureur général de ce royaume, puis l'un des juges d'assises, il publia, en 1612, un traité estimé, intitulé : *Découvertes des véritables causes pour lesquelles l'Irlande n'a jamais été entièrement soumise*, etc., etc. Il avait été créé chevalier en 1607. Nommé en 1612 orateur du premier parlement qui ait été tenu en Irlande, il y soutint avec opiniâtreté le parti de la cour. Davies venait d'obtenir les fonctions de premier juge du banc du roi, lorsqu'il mourut en 1626, âgé de cinquante-six ans. On a un volume de ses principaux ouvrages en prose, sous le titre de : *Traités historiques*, etc., 1786, in-8°.—Sa femme, Éléonore Touchet, fille de lord Audley, se prétendait animée de l'esprit de prophétie. On a même publié, en 1664, une édition de ses *Étranges et étonnantes prophéties.* Outre les ouvrages que nous avons désignés, Davies est auteur des suivants : *Le primer reports des cases et matters en ley resolves, et adjudges en les courts del royen Irland*, Dublin, 1616 ; Londres, 1618 et 1674, in-folio ; *Abrégé des onze livres des rapports de sir Édouard Coke*, Londres, 1651, in-12. Davies l'écrivit en français ; il fut ensuite traduit en anglais.

DAVIES (JEAN), chanoine d'Ély, chef du collége de la reine dans l'Université de Cambridge, est l'un des meilleurs interprètes de Cicéron, dont il a annoté presque toutes les œuvres. On lui doit encore d'excellentes éditions des *Commentaires de César* et des *Dissertations de Maxime de Tyr* (1706). Il mourut le 22 mars 1732.

DAVIES (JEAN), né dans le comté de Denbig, prit, en 1616, à Oxford, le degré de docteur en théologie. Il fut ensuite recteur de Malloyd et chanoine de Saint-Asaph. Il a laissé plusieurs ouvrages, dont les principaux sont : *Antiquæ linguæ britanniæ rudimenta*; *Dictionarium latino-britannicum.* Il eut aussi beaucoup de part à la version galloise de la *Bible*, publiée en 1620.

DAVIES (THOMAS), acteur et libraire, publia plusieurs ouvrages, entre autres : la *Vie de Garrick* et une *Vie de Massinger.* Il mourut en 1785.

DAVIÉSIE (*bot.*), genre de plantes de la famille des légumineuses, composé d'arbustes, qui tous sont propres à la Nouvelle-Hollande. Leurs rameaux sont raides, garnis de feuilles simples alternées et de petites fleurs jaunâtres, axillaires, quelquefois disposées en grappes ou en ombelles, à calice anguleux, dépourvu d'appendices, quinquéfide, à corolle papilionacée, dix étamines libres, stigmate aigu, la gousse comprimée à une seule semence. Ces plantes sont très peu répandues ; on en cultive pourtant quelques-unes dans les jardins. Tel est la *daviésie à feuilles rares, D. denudata*, remarquable par ses longs pétioles nus qui remplacent les feuilles presque aussitôt leur apparition ; ses fleurs jaunes sont tachées et rayées de pourpre ; elles annoncent sa fin très prochaine. — La *daviésie à larges feuilles, D. latifolia*, dont les tiges non épineuses se chargent de belles grappes dorées et de grandes feuilles alternes, veinées, d'un beau vert. J. P.

DAVILA (HENRI CATHERIN), né le 30 octobre 1576, au Sarco, village des environs de Padoue, était fils d'Antoine Davila, connétable de Chypre en 1570, époque de la prise de cette île par les Turcs. — Celui-ci se retira en Espagne, puis en France, ou la protection de Catherine de Médicis assura un sort brillant à toute sa famille. Dans sa reconnaissance, il donna le nom de Catherin au fils qui lui naquit. Le jeune Catherin fit ses études à Paris, fut page de la reine-mère, puis entra au service. Il se distingua au siége de Honfleur, en 1594, et à celui d'Amiens, en 1597. — Dans un voyage qu'il fit à Parme, il eut un duel qui le força à se réfugier sur le territoire de Venise. Il y prit du service, et fut nommé gouverneur de plusieurs places dans les îles de Candie, en Dalmatie et en terre ferme. Il quittait le commandement de celle de Brescia pour prendre celui de Crême, lorsqu'il fut assassiné près de Verone. La république de Venise assura une pension considérable à sa veuve et à ses enfants. Il doit sa célébrité à son *Histoire des guerres civiles de France*, ouvrage purement écrit, auquel on peut reprocher beaucoup de partialité en faveur de Catherine de Médicis. Son excuse est dans les bienfaits dont cette reine artificieuse avait comblé sa famille.

DAVILA (D. PEDRO-FRANCO), né au Pérou en 1713, puisa dans les riches contrées du nouveau monde un goût irrésistible pour l'histoire naturelle. Voulant se perfectionner dans cette science si digne d'intérêt, il vint à Paris, où il suivit les leçons des plus savants professeurs. Il y séjourna vingt ans, et durant cet espace de temps il forma une magnifique collection de tout ce qui avait trait à ses études favorites. Il la vendit un prix considérable, forcé qu'il était de partir pour Madrid, où le gouvernement l'appelait pour fonder et diriger un cabinet d'histoire naturelle (1769). Il devint membre de l'Académie d'histoire naturelle de Madrid, correspondant de l'Académie de Berlin, de la Société royale de Londres et de plusieurs autres corps savants. Il mourut à Madrid en 1786.

DAVILA Y PADILLA (AUGUSTIN), dominicain espagnol, né au Mexique, fut prieur du couvent de la Puebla. Philippe III le nomma archevêque de Santo-Domingo. Il mourut en 1604. On a de lui plusieurs ouvrages curieux sur les premières découvertes de l'Amérique.

DAVILLA RIDÉE (*bot.*), *davilla rugosa*, Poir., genre de plantes dicotylédones, à fleurs complètes, polypétales, de la famille des dilléniacées. Ce genre appartient à la polyandrie monogynie de Linné. Son calice est divisé en cinq folioles inégales, trois extérieures, fort petites et arrondies, deux intérieures plus grandes et concaves ; deux ou trois pétales ; les étamines nombreuses ; un ovaire supérieur ; un style ; un stigmate en tête. Le fruit est une capsule testacée, presque sphérique, uniloculaire, monosperme, recouverte par les deux divisions intérieures et opposées du calice, offrant la forme d'une capsule à deux valves. Ce genre ne renferme qu'une espèce propre au Brésil, dont les tiges se divisent en rameaux alternes, noueux, cylindriques ; les feuilles sont alternes, ovales-oblongues, coriaces, longues d'environ deux pouces, très ridées en dessus, pileuses en dessous. Les fleurs sont disposées en petite panicule terminale ; le fruit est une capsule en forme de noix de la grosseur d'un noyau de cerise, à une seule loge monosperme. J. P.

DAVI-RINTI (*bot.*), nom brame du *vitex latifolia* de Lamarck. C'est le *katou-mail-elou* des Malabares.

DAVI-ROEY, nom brame du *bel erica* des Malabares. C'est l'*asclepias gigantea.* R. Brown en a fait un genre sous le nom de *calotropis*, parce que les écailles intérieures de la fleur sont en forme de corne recourbée à sa base.

DAVI-SINSORI-TOUDA, nom brame du *polygonum orientale.* J. P.

DAVIS (JEAN), navigateur anglais, né à Sandridge dans le Devonshire, partit en 1585 pour aller découvrir le passage du Nord-Ouest. Le 19 juillet, il aborda une terre hérissée de montagnes couvertes de neige, qu'il appela *Terre de Désolation* : c'était la pointe méridionale du Groenland ; il découvrit ensuite plusieurs îles habitées, et à son retour en Angleterre, en 1601, il fut nommé premier pilote de la flotte commandée par Lancaster. Il accompagna en 1605 Michelbourn, qui avait équipé deux vaisseaux pour les Indes, et fut tué près de Patane, le 29 décembre 1605, par des pirates japonais dont il avait pris la jonque.

DAVIS (JEAN), de Limehouse, publia en anglais un ouvrage écrit d'après l'expérience de cinq voyages. Il fit la campagne des Indes avec Middleton en 1607.

DAVIS (EDOUARD), flibustier anglais, découvrit, dit-on, une nouvelle terre vers le 27° 20' de latitude sud. Cette terre n'a jamais pu être retrouvée et n'est plus actuellement portée sur les cartes. Davis apprenant, dans la mer des Caraïbes, que Jacques II avait accordé le pardon aux flibustiers, avait renoncé à son dangereux métier. Il était revenu, en 1688, en

Angleterre, où il vécut longtemps paisible. Il n'a point laissé de relation de ses voyages et de ses découvertes.

DAVIS (HOMS), fameux pirate anglais, désola la mer des Antilles, les îles du Cap-Vert, emporta le fort de Sierra-Leone et fut tué en 1719 par les Portugais, dans l'île du Prince.

DAVIS (EDOUARD), peintre et graveur au burin, né dans le pays de Galles en 1640. On a de lui beaucoup de portraits historiques. Il grava, d'après Van Dick, un *Ecce Homo* qui est très rare.

DAVIS (HENRI-EDWARD), théologien anglais, naquit en 1756 à Windsor, publia très jeune encore un *Examen de l'histoire de la décadence et de la chute de l'empire romain, par Gibbon.* Davis reçut du roi un présent considérable en argent et fut nommé commissaire du bureau du commerce. Il mourut le 10 février 1784, âgé de 28 ans.

DAVIS (*géog.*), détroit de l'Amérique septentrionale, ainsi appelé de Davis, navigateur anglais, qui le découvrit en 1585. Il est situé entre l'île James et la côte occidentale du Groenland ; il unit la mer de Baffin à l'Océan atlantique. Sa largeur dans la partie la plus resserrée est de huit lieues; il gît par les 63° 70' lat. N. et 52° 68 long. O. Les habitants des environs sont sauvages et robustes; ils se nourrissent de chasse et de pêche.

DAVISSON ou **DAVIDSON** (GUILLAUME), médecin, d'une famille noble d'Ecosse, naquit au dix-septième siècle, vint en France et obtint le titre de médecin du roi et d'intendant du Jardin-des-Plantes. Il étudia l'alchimie, dont il fit des applications inconsidérées à l'art de guérir.

DAVITY (PIERRE), sieur de Mont-Martin, naquit en 1573 à Tournon en Vivarais, et mourut à Paris en 1633. On a de lui le recueil de ses œuvres, intitulé : *les Travaux sans travail*, etc., etc.

DAVO-BAHNA, (*bot.*), nom brame du cannellier, *laurus cinnamomum.*

DAVO-MIRI, nom brame du *cattu molago* des Malabares, qui paraît être une espèce de poivre.

DAVOE-TILOE. Les brames nomment ainsi, suivant de Rheede, la sésame d'Orient, que les Malabares nomment *schitelu.* J. P.

DAVOS ou **TAFAAS**, petite ville de Suisse, dans le canton des Grisons; elle est à six lieues E. de Coire; c'est le chef-lieu d'une contrée montagneuse, coupée de plusieurs vallées. Cette ville renferme 2,000 habitants. On trouve dans les environs des mines d'argent, de cuivre et de plomb.

DAVOUST (LOUIS-NICOLAS), prince d'Eckmühl, né à Aunoux, en Bourgogne, le 10 mai 1770, et issu d'une famille noble, fit ses études à Brienne avec Bonaparte. Il servit en qualité de sous-lieutenant dans le régiment de Royal-Champagne, duquel il fut renvoyé en 1791 comme ayant été, en 1790, l'instigateur de la révolte des soldats de ce régiment. En 1791, à peine âgé de vingt-deux ans, il fut nommé lieutenant-colonel des volontaires de l'Yonne, et fit en cette qualité partie de l'armée du Nord, et, en 1793, il fut fait général de brigade après la défection de Dumouriez, défection à laquelle il avait tenté de s'opposer. Son titre de gentilhomme le fit destituer le 29 août 1793, mais il reprit son grade après le 9 thermidor; il servit alors sous Pichegru et sous Moreau, et se conduisit bravement sur les bords du Rhin. En 1798, il passa en Egypte, et c'est dans cette campagne qu'il commença à se distinguer particulièrement en déployant une audace extraordinaire et une rare ténacité. C'est là aussi qu'il conçut pour Napoléon cette admiration et ce dévouement dont il lui donna des preuves par la suite et dont il fut largement récompensé par la faveur de l'empereur. A son retour d'Egypte, en 1800, Davoust fut nommé général de division, puis général en chef de la cavalerie de l'armée d'Italie; à cette époque aussi, Bonaparte le maria à mademoiselle Leclerc, sœur du général de ce nom. Le 18 novembre 1801, il eut le commandement des grenadiers de la garde consulaire, et en 1803 il y ajouta celui du camp de Bruges. Immédiatement après l'avènement de Napoléon à l'empire, Davoust devint maréchal et grand officier de la Légion-d'Honneur. En 1805, il commanda le 3e corps de la grande armée en Autriche, puis en Prusse; en 1806, le glorieux combat d'Auerstaedt, qui décida de la victoire d'Iéna, lui donna le titre de duc d'Auerstaedt; bientôt Eylau, Heilsberg et Friedland virent accroître sa gloire. Le 8 avril 1809, il commandait encore le 3e corps de l'armée d'Allemagne à Eckmühl, où il gagna le titre de prince, et le 1er janvier 1810 il prenait le commandement de l'armée d'Allemagne. Puis fut décidée la campagne de Russie, et Davoust y prit une part glorieuse; lors de la retraite, après avoir tenté de se réunir à l'armée qui menaçait la Prusse, il se retira à Hambourg, d'où il délogea les Cosaques qui y avaient été reçus à bras ouverts. Cette ville paya cher ses manifestations, et le maréchal fut l'instrument des peines qu'on lui infligea. Il se maintint longtemps dans cette place, dont il avait augmenté les fortifications, et ne la rendit que quand il fut persuadé que la cause de l'empereur était tout-à-fait perdue; il fit cette soumission, le 5 mai 1814, entre les mains de Louis XVIII. Rentré en France et exilé de Paris, il se retira dans sa terre de Savigny, où il demeura jusqu'au retour de Napoléon ; le lendemain de ce retour il était ministre de la guerre. Après Waterloo, il conduisit les débris de l'armée sur la Loire; le 10 juillet 1815, il prit le titre de général de l'armée de la Loire, et, le 14, il fit sa soumission à la tête de cette armée. Le 5 mars 1819, Davoust rentra à la Chambre des pairs, et mourut le 1er juin 1823. — Davoust fut un des hommes dont la destinée fut le plus intimement liée à celle de la France; les hauts emplois dont il fut revêtu donnaient à ses actes une importance et une portée qui firent que tour à tour il fut encensé ou calomnié. Nous pensons que s'il ne fut pas à l'abri de tout reproche, la somme des éloges qu'il mérita fut au moins supérieure à celle des blâmes qn'il encourut.

D'AVRIGNY (CHARLES-JOSEPH-LOEILLARD), né à la Martinique vers 1760, fut envoyé de bonne heure en France. Il concourut, à dix-huit ans, pour le prix proposé par l'Académie française, *Prière de Patrocle à Achille.* Le prix ne fut point décerné ; mais d'Avrigny obtint la seule mention honorable accordée pour ce concours. — Quelque temps après, ayant été attaché au bureau des colonies dans le ministère de la marine, d'Avrigny épousa mademoiselle Renault aînée, cantatrice fameuse de l'Opéra-Comique de ce temps. Il travailla alors pour ce théâtre sans y obtenir de succès bien marquants; il fut plus heureux au Vaudeville, dont les vieux habitués se rappellent encore sa jolie petite pièce de *la Lettre.* — Revenu à la poésie sérieuse, il acquit un renom littéraire plus certain par la publication successive de ses *Poésies nationales*, que distingua le jury des prix décennaux, de *Marina*, épisode d'un poème de *Fernand Cortès*, qu'il n'a pas achevé, et surtout de son *Départ de la Peyrouse*, œuvre remarquable par de beaux vers et des tableaux bien tracés. D'Avrigny se fit aussi connaître avantageusement comme prosateur par son *Tableau historique des commencements et des progrès de la puissance britannique dans les Indes*; c'est un des meilleurs fragments d'histoire qui aient paru de nos jours. — Son dernier ouvrage fut la tragédie de *Jeanne d'Arc à Rouen*, représentée avec succès au Théâtre-Français en 1819. Quoique la situation de l'héroïne fût trop peu variée et que Jeanne ne semblât pas assez inspirée, un plan sage, un beau troisième acte, un mérite éminent de style, valurent à l'auteur, surtout à la lecture, de nombreux suffrages. C'était sans contredit un livre académique, surtout avec l'appui des ouvrages précédents de d'Avrigny ; toutefois il n'obtint point les honneurs du fauteuil, qu'il avait brigués plus d'une fois. Une attaque d'apoplexie termina sa carrière le 17 septembre 1823. — Censeur dramatique, d'abord sous l'empire, puis sous la restauration, d'Avrigny s'était fait pardonner ses fonctions par les auteurs mêmes sur les productions desquels elles s'exerçaient. C'est assez dire combien ses formes étaient bienveillantes, son caractère conciliant et modéré.

DAVY (SIR HUMPHRY), célèbre chimiste anglais, né le 17 décembre 1771 à Penzance, dans le comté de Cornouailles, était fils d'un sculpteur en bois qui était sans fortune. Il montra d'abord un goût très prononcé pour la poésie; mais, étant entré chez le pharmacien Borloze, sa vocation pour la chimie se révéla, et dès lors toutes les forces de son esprit se tournèrent vers cette science. Après des travaux opiniâtres pour lesquels il était forcé de subvenir par l'imagination au manque des instruments nécessaires, il envoya au docteur Beddoes le résultat de quelques expériences ingénieuses sur l'action que le varec et les autres plantes marines exercent sur l'air; celui-ci sut apprécier les talents que promettait ce coup d'essai ; il se l'attacha et mit à la disposition du jeune chimiste son laboratoire et ses instruments. C'est alors que Davy découvrit les singuliers effets du protoxyde d'azote qui, respiré, cause à certaines personnes des effets analogues à ceux de l'opium; cette découverte commença sa réputation. Sur ces entrefaites, la chaire de chimie de l'Institution royale vint à vaquer, et le comte de Rumford choisit Davy pour l'occuper. Dès ce moment son sort fut fixé: ses leçons firent fureur et sa réputation s'accrut rapidement. Il acquit du reste, par ses découvertes, des titres immortels à la gloire; trois surtout sont d'une importance peu ordinaire: celle de la décomposition des composés par la pile en principes négatif et positif, qui lui valut le prix de l'Institut de France en

1807; celle de la métallisation des alcalis fixes, et celle de la nature tant du chlore que de l'acide hydroclorique, à l'occasion de laquelle il soutint contre Berzelius une lutte où la victoire lui resta. En 1813, il sollicita et obtint de Napoléon la permission de parcourir la France pour visiter les volcans éteints de l'Auvergne; il vint à Paris, et déplut généralement à cause de ses manières hautaines et déplacées. Il passa ensuite en Italie et retourna de là en Angleterre. Sa santé commençait alors à s'altérer, et il dut presque exclusivement s'occuper des soins qu'elle réclamait; cependant, à cette époque, il inventa la célèbre lampe qui porte son nom, pour préserver les mineurs des explosions, et cette découverte eût suffi seule pour le placer au rang des bienfaiteurs de l'humanité. Il ne fut pas aussi heureux dans l'essai qu'il fit pour préserver de l'action corrosive de la mer le cuivre dont est doublée la carcasse des navires; son procédé ne réussit pas et fut abandonné. En 1820, il quitta de nouveau l'Angleterre et alla en Italie; il retourna encore une fois dans sa patrie, pour revenir presque aussitôt dans l'Illyrie et la Styrie, dont le climat ne lui rendit pas la santé, et il mourut à Genève le 30 mai 1829. Outre un grand nombre d'ouvrages scientifiques, on a de Davy, sous le titre de *Salmonia*, un traité fort curieux sur la pêche, qui avait toujours été son délassement favori, et un autre livre intitulé *les Consolations en voyage*, où brille la plus vive imagination. Son ami le docteur Paris a écrit sa vie en 2 volumes in-8°.

DAVY DE CHEVIGNÉ (FRANÇOIS-ANTOINE), naquit à Paris le 4 mai 1743, et obtint une charge d'auditeur en la chambre des comptes, dont son père était membre. Il s'appliqua à l'architecture, et mourut le 17 août 1806. On a de lui : *Projet de bibliothèque de jurisprudence*; 1775, in-8°.

DAW ou **DAUW** (*mam.*), espèce du genre cheval, propre au Cap de Bonne-Espérance. Cet animal est à peu près de la taille de l'âne, mais il en diffère beaucoup par la finesse de ses formes ; sa couleur est d'un blanc jaunâtre, avec des bandes alternativement noires et fauves sur la nuque et le dos; tout le long de la colonne vertébrale règne une ligne noire bordée de blanc; la queue et les fesses sont tout-à-fait blanches, sans raie, ainsi que le ventre; la crinière est rayée de blanc et de noir. Cette espèce de cheval se plaît surtout dans les vastes plaines des environs du Cap. J. P.

DAW (*ois.*), nom anglais du choucas, *corvus monedula*, Linné, qu'on appelle aussi *jackdaw*. P. J.

DAWALAGIRI, s. m. (*géogr.*), un des plus hauts sommets de l'Himalaya, sur les limites du Tibet et du Népaul; 8,600 mètres de hauteur.

DAWAN (*bot.*), genre de la famille des thrébintéacées, établi par Rumph pour trois arbres des Moluques; leurs feuilles sont pennées, composées de cinq ou six rangs de folioles alternes ou opposées; les fleurs sont très petites et disposées en grappes terminales, et font place à des fruits de la grosseur d'une noisette, renfermant sous leur brou une noix remplie d'une seule graine. Le brou contient un principe huileux. On emploie leur bois à divers usages, et notamment aux constructions. J. P.

DAWE (GEORGES), célèbre peintre anglais, né vers 1775. Ses portraits et ses tableaux lui firent une réputation européenne, et lui procurèrent une fortune considérable. Il fit les portraits de presque tous les princes de l'Europe, et on assure que ces portraits lui valurent plus de deux millions et demi. Parmi ses tableaux d'histoire, on remarque particulièrement *Andromaque aux pieds d'Ulysse*, un *Démoniaque* et *Geneviève*. Il mourut le 15 octobre 1829.

DAWES (sir WILLIAM), né en 1671 dans le comté d'Essex, fut nommé vice-chancelier à l'Université de Cambridge en 1696. Il fut nommé en 1707 évêque de Chester, et en 1714 archevêque d'York et conseiller d'État. Il mourut le 30 avril 1724. Ses ouvrages ont été réunis en 1733, en 8 vol in-8° avec une *Vie de l'auteur*.

DAWES (RICHARD), né en Angleterre dans l'année 1708, entra à l'Université de Cambridge en 1725, et en 1736 il fit paraître l'essai d'une traduction grecque du *Paradis perdu*. Il publia ses *Micellanea critica* en 1745, et mourut du *spleen* en 1766.

DAWOUD, docteur musulman, renommé pour sa science, était de l'illustre tribu de Thaïs. Il fut d'une piété exemplaire et d'une probité dont la mémoire subsiste encore parmi les Arabes. Dawoud mourut en 160 de l'hégire (1777 de A. C.).

DAWSON (JEAN). chirurgien et mathématicien anglais, naquit à Gars-dale vers 2733. Malgré son manque de fortune, il trouva moyen d'étudier la chirurgie qu'il alla exercer à Sedberh près de sa ville natale. Cette profession le faisait vivre et lui donna le moyen de se livrer à sa vocation pour les mathématiques, et sa réputation étant parvenue à Cambridge, les élèves qui vinrent lui demander des leçons, le firent bientôt renoncer à la carrière médicale. Il eut des discussions scientifiques avec plusieurs professeurs de l'Université de Cambridge, et dans ces luttes la victoire lui resta. Il mourut vers 1822.

DAWSONIA (*bot.*), genre de mousses, présentant pour caractères : capsule ou urne, plano en dessus, convexe en dessous, à péristome garni sur la paroi interne, ainsi que le sommet de la columelle, de cils nombreux, coiffe ample, cachée ainsi que l'urne sous une enveloppe de poils agglutinés. Une seule espèce constitue ce genre singulier, c'est le *dawsonia polytrichoïdes*, qui ressemble aux *polytrichum* par sa raideur, ses feuilles étroites et son urne terminale, portée sur un long pédicule. Cette mousse est dioïque, à fleurs mâles, discoïdes et terminales. Elle croît à la Nouvelle-Hollande, aux bords des ruisseaux ombragés. Ce genre est dédié au zélé botaniste Dawson Turner, auteur de quelques bons ouvrages. J. P.

DAX (*Aquæ tarbellicæ*), ville très ancienne de France (Landes); cour d'assises et tribunal de première instance. Cette ville agréablement située dans une belle plaine, sur la rive droite de l'Adour, possède un collége, une société d'agriculture, un cabinet de minéralogie et de fossiles du département, un établissement de bains thermaux. Elle fait un commerce considérable en vins, eaux-de-vie, légumes, ognons blancs, ognons rouges de conserve, fruits de toute espèce, bois, planches de pin, résines et autres produits du pays; jambons dits de Bayonne, qui se préparent à Dax et aux environs. Elle fut d'abord la capitale des Tarbéliens, le peuple le plus illustre de l'Aquitaine; elle appartint ensuite aux Romains. Vincent de Paule, ce modèle des vertus et de la charité chrétienne, naquit au Pouy, aux environs de cette ville; elle est à 14 lieues S.-O. de Mont-de-Marsan, et à 190 lieues S.-S.-O. de Paris; 4,300 habitants.

DAXIMONITIDE, petite contrée du Pont, à l'O., vers le confluent des fleuves Scylax et Iris, entre la Shazémotide, au N., et la Zélitide au S.

DAY (THOMAS), philanthrope et publiciste anglais, était né à Londres en 1748. Il a publié un poëme intitulé : *le Nègre mourant*. Il avait pour but d'intéresser les amis de l'humanité au triste sort de cette malheureuse race africaine, sacrifiée aux intérêts de quelques hommes avides, la honte de l'espèce humaine, et condamnée à perpétuité au plus rigoureux esclavage. On lui doit encore plusieurs ouvrages destinés à l'éducation des enfants, et deux poëmes sur la guerre d'Amérique intitulés : *les Légions dévouées*; 1766. Et *Désolation de l'Amérique*. Cet homme digne de vénération, qui flétrit l'institution de l'esclavage, chanta les efforts de la liberté et s'occupa des plaisirs de l'enfance, termina sa carrière en 1789.

DAYAS. Les aborigènes de l'intérieur de l'île de Bornéo ont reçu plusieurs noms, celui de Dayas au S. et à l'O., d'Idaans au N., de Tidouns ou Tirouns dans la partie orientale, et de Biadjous au N.-O.; mais tous appartiennent à la race primitive des Dayas, sauf les Dayens ou Igolettes, souche des Papouas ou Igolettes de la Papouasie des Philippines et de toute la Malaisie. Les Dayas sont divisés en un grand nombre de tribus; ils sont cultivateurs, mineurs et commerçants; les Dayas d'une partie du nord, de l'est et du centre de l'île, ont paru à l'auteur de cet article être la souche des Polynésiens, des Bouguis et des Touradjas; leurs formes corporelles sont supérieures à celles des Malais et singulièrement semblables à celles des habitants des îles Carolines, de la Nouvelle-Zélande et autres îles du grand Océan. Leurs femmes sont assez jolies, et leurs danseuses très recherchées des radjahs ou princes malais. Les Dayas ont le nez et le front élevés, les cheveux longs et noirs; ils se tatouent le corps ainsi que les Polynésiens. Ils s'étendent quelquefois sur les côtes et principalement sur la partie orientale; ils excellent dans la manière de préparer l'acier, spécialement dans le pays de Seldje et à l'E. de l'île, près de Koth. Ils exploitent aussi les diamants au N.-O. de la ville de Varonni (Bornéo). Les purs Dayas sont francs dans leurs procédés; paresseux, froids, délibérés, vindicatifs dans leurs ressentiments; mais patients, probes, dociles, hospitaliers, sobres, intelligents et doués d'un talent fort rare pour les arts mécaniques. Ils excellent dans la fabrication des éperons, des kriss, des kampilans, des galloks (espèce de poignards), des lances. Ils sont fort supérieurs non-seulement à tous les Malaisiens dans ce genre d'industrie, mais encore aux Hindous et aux Chinois, bien que cet éloge puisse paraître exagéré. Moins entreprenants que leurs maîtres, ils sont paisibles, simples et constants dans leur amitié; mais ignorants, cruels et superstitieux, et dédaignant l'art d'écrire et de lire. Les principaux

Dayas sont ceux de Kayang, et leur principale bourgade est celle de Sigao qui est éloignée de 25 journées de route par eau de *Sinthang*, dans l'intérieur, et de 14 journées de *Ponthianak*. Leurs tribus établies à l'E. de l'île sont nommées *Darats*. Ces Darats font un commerce considérable avec les îles Maratouba, Balabalogan, et plusieurs autres îles voisines, et avec les Chinois. Ils vendent à ces derniers des moules délicieuses et de l'excellent *blatjancg*, pâte faite avec diverses racines et des crabes pilés. Ils se couvrent d'une ceinture de toile de coton qu'ils nomment *tchaourat*; ils aiment beaucoup les grains de verroterie et les morceaux de laiton dont ils se font des ornements. Le tabac, le betel, l'avia ou opium préparé, et le rak, voilà leur passion. On obtient d'eux tout ce qu'on veut en échange de ces denrées; car ils se soucient peu de ces métaux pour lesquels un si grand nombre d'hommes vendent leurs femmes, leurs filles, leur patrie et souvent leur conscience. Les maisons des Dayas sont fort grandes; elles sont protégées par des *bintings* ou retranchements dans la crainte d'une alerte, comme il en arrive fréquemment; car ils ne rêvent que surprises de villages ennemis et qu'embuscades dans les forêts. La façade est précédée d'une longue verandah, galerie qui sert à faire communiquer les différentes familles qui les habitent. On arrive à ces maisons par trois échelles que l'on retire le soir. Elles sont construites sur des pieux; ces pieux sont entourés d'une clôture: on place les cochons au-dessous. Six ou sept familles habitent une maison; les maisons sont groupées par six ou sept; la plus ancienne occupe le milieu, et c'est là qu'on garde les instruments de musique. Quand deux tribus ennemis font une trêve, chacune d'elles fournit un esclave qui doit être égorgé par l'autre. Les Dayas purs n'habitent presque jamais les côtes; mais on les trouve à quelques milles dans l'intérieur. Ils ont un commencement ou plutôt un reste de civilisation; ils cultivent avec soin leurs *ladangs*, ou terres du pays haut, et tirent parti des *savonas* ou terres marécageuses. Ils trafiquent de leurs excellents légumes (*katchang*), des cannes à sucre, des bézoards (pierres ou calculs qui se forment dans différents viscères d'animaux). Les Orientaux attribuent des vertus extraordinaires à ces concrétions. Les bézoards de Kalémantan proviennent de l'antilope orien, variété de l'antilope ou gazelle à deux cornes, des cornes de cerf, de quelques nids de salanganes et de la cire qu'on recueille sur les branches des vieux arbres de Katapan, mais qu'il ne faut acheter qu'avec défiance, car elle est souvent falsifiée. La plupart des tribus de cette nation recherchent beaucoup les jarres de Siam, parce que les prêtres s'en servent pour prédire l'avenir, après avoir frappé dessus comme s'ils invoquaient un oracle. Ces prêtres prétendent guérir les maladies, mais ils ne peuvent rien contre les dysenteries, les fièvres et le choléra qui y font des ravages affreux. Un petit nombre de Dayas professe l'islamisme; la plupart adorent *Dionta*, *l'ouvrier du monde* (mot qui indique une origine sanskrite) et les mânes de leurs ancêtres. Chose bizarre! ils prétendent être issus des antilopes, pour lesquels ils professent la plus grande vénération. Ils vénèrent aussi certains oiseaux qui leur servent d'augure. De même que les tribus de plusieurs îles de la Polynésie, quelques-unes de leurs peuplades sont indépendantes, d'autres sont vassales.

DAYÉE (*v. lang.*), assemblée de femmes qui filent.

DAYMIEL, ville d'Espagne (*Manche*); fabrique de draps, bouracan et toiles, distilleries d'eau-de-vie et nombreux moulins à huile. 9,400 habitants; à 7 lieues E.-S.-E. de Ciudad-Réal.

DAYONOT, *Tugus* (*bot.*). Suivant Camelli, c'est le nom que porte aux Philippines un petit arbre à rameaux flexibles comme l'osier, dont les feuilles sont lancéolées; de leur aisselle sort un chaton allongé, entièrement couvert de fleurs, d'abord blanches, et devenant jaunâtres, auxquelles succèdent de petites graines. J. P.

DAZAMACH (*ois.*). C'est un des noms arabes du pigeon commun, *columba domestica*, Linné.

DAZILLE (JEAN-BARTHELEMY), né en 1732 et mort à Paris en 1812, fut élève du célèbre Antonin Petit et exerça la médecine avec distinction dans toutes les colonies françaises. Il combattit avec succès les terribles maladies de ces climats brûlants, et laissa presque sur chacune d'elles des traités précieux et peut-être uniques. On a de lui: *Observations sur les maladies des Nègres*; Paris, 1792, 2 vol. in-8°; *Observations générales sur les maladies des climats chauds*; Paris, 1785, in-8°; *Observations sur le tétanos, sur la santé des femmes enceintes et sur les hôpitaux dans les régions tropicales*; Paris, 1788, in-8°.

DAZINCOURT (JOSEPH-JEAN-BAPTISTE ALBOUY), célèbre comédien, né à Marseille en 1747, se distingua dans les rôles de valets. Il fut reçu sociétaire de la Comédie-Française en 1777, et donna des leçons de déclamation à la reine en 1785. En 1809, il fut nommé professeur au Conservatoire et directeur du théâtre de la cour, et mourut la même année. Il fut regretté de ses amis et du public. Il est l'auteur d'une *Notice sur Préville*; Paris, 1800, in-8°. On lui a faussement attribué des mémoires, qui ont paru sous le titre: *Mémoires de Dazincourt*; Paris, 1810, in-8°.

DCHANGALI (*ois.*), nom malabare de la tourterelle, suivant le P. Paulin dans son Voyage aux Indes orientales. J. P.

DCHATTEN (*ois.*), nom malabare du coq. J. P.

DCHEMBOTA (*ois.*). Suivant le P. Paulin, on donne ce nom au Malabar à un oiseau de couleur rouge, de la taille du corbeau, et qui mange les serpents. Il pourrait bien être question de l'ibis rouge, *tantalus ruber*, malgré sa taille plus élevée. J. P.

D. C. (*musique*), abréviation qui signifie *da capo*.

DE (*préposition*). Ce mot, dans le sens propre, sert à marquer un rapport de départ, de séparation, d'extraction, de dérivation, d'origine, etc. (Lorsqu'il précède l'article masculin suivi d'une consonne ou d'une *h* aspirée, on le contracte en *du* pour *de le*, et lorsqu'il précède l'article pluriel des deux genres, on le contracte en *des* pour *de les*. Devant un mot commençant par une voyelle ou une *h* non aspirée, l'*e* se retranche, et on le remplace par l'apostrophe.) *Regarder, considérer*, etc., *du haut d'une montagne, de près, de loin, d'en bas*, etc.: diriger ses regards vers un objet du haut d'une montagne, d'un lieu qui est proche, qui est loin, etc. — *Il vient de sortir, de partir, d'arriver*, etc. Il n'y a qu'un moment qu'il est sorti, parti, etc —. *De par le roi*, formule qui signifie au nom du roi et qui se met au commencement de divers actes publics portant sommation, injonction, etc. On met aussi en tête des jugements qui autorisent la saisie ou la vente des biens meubles ou immeubles: *De par le roi, la loi et justice*. — Devant le mot *côté*, désignant un lieu, un endroit ou une face de quelque objet, *de* reçoit plus fréquemment une valeur analogue à celle de *vers, dans, à, sur*. — *Se ranger, se mettre du parti de quelqu'un*, embrasser son parti.

De sert particulièrement à marquer la relation d'une distance ou d'une durée quelconque avec le lieu, avec l'époque où elle commence. — *Ils étaient de vingt à vingt-cinq*, leur nombre était entre vingt et vingt-cinq.

De s'emploie également dans certaines locutions pour marquer l'espèce de relation qui est entre les personnes ou les choses. — Fam.: *Ceci est de vous à moi, ceci de vous à moi*, ceci doit rester secret entre vous et moi.

De a quelquefois pour complément le mot qui désigne la personne ou la chose d'où part l'action qu'éprouve une autre personne, une autre chose; et alors il équivaut à la préposition *par*. — Il a souvent aussi pour complément le nom qui indique la matière, l'instrument, le moyen, l'objet indirect de l'action, la cause, etc. — *Traiter quelqu'un de lâche*, etc., *se qualifier de prince*, etc.: appeler quelqu'un lâche, etc., prendre le titre de prince, etc. — *Il suffit de cela, il y a assez de cela pour*, etc.: cela suffit pour, etc.

De concourt pareillement, avec l'expression qu'on lui donne pour régime, à indiquer la manière dont une action se fait, s'exécute, et quelquefois à exprimer un état. — Il s'emploie aussi après beaucoup de verbes ou de locutions qui en tiennent lieu, dans le sens des mots *sur, touchant, concernant, relativement à*. Souvent, dans les titres d'ouvrages, de chapitres, etc., tout ce qui précède la préposition est sous-entendu. Fam.: *On dirait d'un fou*, etc. (*V.* DIRE.)

De régit également le mot ou les mots qui servent à déterminer, à préciser la signification d'un adjectif. — Il sert quelquefois à déterminer d'une manière analogue les substantifs qui désignent une personne considérée par rapport à une certaine qualité. — Souvent la préposition *de* a pour complément un verbe à l'infinitif lorsqu'elle sert à déterminer les mots qui expriment une qualité, une action.

De se place de même entre certains verbes actifs et l'infinitif qui indique l'objet direct de l'action. — Plusieurs verbes, tels que *commencer, continuer*, etc., se construisent devant l'infinitif, tantôt avec la préposition *de*, tantôt avec la préposition *a* quelquefois, lorsque le verbe qui précède la préposition *de* peut être aisément suppléé, on le retranche, afin de donner plus de rapidité et de vivacité à l'expression. — L'emploi de la préposition *de* avec l'infinitif a lieu également dans beaucoup d'autres cas difficiles à préciser, et où bien souvent elle semble n'être qu'une particule destinée à lier le verbe avec ce qui le précède.

De, après les noms, s'emploie fréquemment pour marquer appartenance, dépendance : 1° avec un complément déterminé, c'est-à-dire qui indique d'une manière précise telle personne ou telle chose ; 2° avec un complément indéterminé, c'est-à-dire qui n'indique la personne ou la chose que d'une manière vague et générale. — La préposition *de* n'est très souvent qu'un mot partitif, qu'une particule extractive désignant une quantité vague, un nombre indéterminé. — Dans les phrases négatives, *de*, partitif, équivaut à peu près aux mots *nul*, *aucun*, mais alors son complément ne reçoit jamais l'article. — Quelquefois la phrase a un tour négatif et un sens positif. Dans ce cas, le mot qui sert de complément à la préposition doit toujours être précédé de l'article.

De précédant un adjectif, un participe passif, etc., peut ordinairement se résoudre par un pronom relatif suivi du verbe *être*.

De s'emploie d'un façon particulière pour distinguer les noms propres de nobles, ordinairement empruntés au lieu d'origine, à quelque particularité locale, à une terre. Dans plusieurs de ces dénominations il y a ellipse d'un titre de noblesse. — Il se prend quelquefois substantivement par allusion au sens qui précède.

De sert quelquefois à unir le nom commun d'une chose avec le mot ou l'expression qui la distingue de toutes les autres choses semblables. — Il se met encore, dans le discours familier, après un substantif, ou après un adjectif qui peut être employé substantivement, pour joindre ces mots avec le nom de la personne ou de la chose qu'ils qualifient. — Ils s'emploie dans certaines locutions consacrées pour exprimer l'excellence d'une chose sur toutes les autres choses de même nature.

De entre aussi dans plusieurs locutions adverbiales ou autres qui indiquent une certaine époque ou une certaine durée. — Il sert également dans certaines locutions à marquer conformité.

De sert à former un grand nombre de composés, et modifie plus ou moins la signification du mot simple.

DE (*prép.*). Dans les premiers temps de la langue française cette préposition ne s'exprimait pas toujours. On disait la *mère Dieu*. *De moi* se disait autrefois dans le sens de quant à moi, pour ce qui me concerne.

DÉ, petit morceau d'os ou d'ivoire, de figure cubique ou à six faces, dont chacune est marquée d'un différent nombre de points, depuis un jusqu'à six, et qui sert à jouer. — *Avoir le dé*, être le premier à jouer. — *Flatter le dé*, jeter doucement les dés en jouant, dans l'espoir de n'amener qu'un petit nombre de points. — *Rompre le dé*, arrêter les dés lorsqu'ils sortent du cornet, ce qui rend le coup nul. — *Faire quitter le dé*, faire abandonner les dés par le joueur qui les tient, pour qu'ils passent à un autre. Fig. et fam., *flatter le dé*, déguiser, adoucir quelque chose de fâcheux par des termes qui en cachent une partie ou qui font le mal moins grand. — Fig. et fam., *tenir le dé dans une conversation*, se rendre maître de la conversation. — Fig. et fam., *faire quitter le dé à quelqu'un*, *rompre le dé*, obliger quelqu'un à céder, à renoncer à quelque entreprise. — Fig. et fam. : *Je jetterais cela à trois dés*, *je jouerais cela à trois dés*, se dit pour marquer l'indifférence où l'on est du choix qu'on peut faire entre deux ou plusieurs choses. — Prov. et fig. : *Le dé en est jeté*, se dit en parlant d'un parti pris, de la résolution où l'on est de faire quelque chose quoi qu'il puisse arriver. — Fig. et fam. *C'est un coup de dés* ou *de dé*, c'est une affaire où le hasard aura beaucoup d'influence. — Fig. et fam. : *A vous le dé*, c'est à vous à parler, à répondre, à agir.

DÉ (*architect.*), la partie cubique d'un piédestal. Il se dit également de petits cubes de pierre qu'on place sous des poteaux, des colonnes, des vases, etc., pour les isoler de terre.

DÉ, s. m. (*jeux*). Il est synonyme de domino au jeu qui porte ce nom. *Dé faux* se dit d'un dé défectueux avec lequel on ne pourrait pas jouer sans qu'il en résultât un désavantage certain pour l'un ou l'autre joueur. *Avancer un dé* au domino, appliquer à un dé qui vient d'être posé un autre dé qui s'y adapte. *Couvrir un dé*, adapter à un dé posé un autre dé sur lequel l'adversaire boude. *Ouvrir un dé*, poser un dé sur lequel l'adversaire n'a point boudé. *Lancer les dés* au trictrac, jeter les dés avec force hors des cornets. *Dé de drapeau* (*art mil.*), culot ou garniture en métal à l'extrémité de la hampe d'une enseigne. *Dé* (*marine*), garniture des trous de réas. *Dé* (*technol.*), plaque de cuivre percée d'un trou circulaire qu'on adapte aux rouets de bois des poulies pour recevoir l'axe, morceau de bois percé de trous dans lesquels l'orfèvre enfonce au marteau des pièces d'argent qu'il veut restreindre. — Mandrin de fer servant à vérifier le calibre d'un canon de fusil.

DÉ (*arts mécan.*). On fait les *dés à coudre* en os, en ivoire ou en métal. Cette fabrication n'offre quelque intérêt que par les procédés ingénieux de MM. Rouy et Berthier, qui ont réussi à faire les dés d'acier avec une rare perfection et à très bon marché. On taille à l'emporte-pièce des disques de deux pouces de diamètre dans de la tôle de fer ; on les fait rougir et on les frappe au centre avec un poinçon sur des tas creusés de trous différents afin d'emboutir ces cercles et de leur donner la forme de dés. On taille ces dés, on les polit au tour, et l'on imprime de petits trous régulièrement distribués, en se servant d'une double roulette qu'on appuie à la surface. — Il reste à cémenter les dés (*V.* ACIER), à les tremper, les décaper, les revenir au bleu et les doubler en or ; c'est-à-dire qu'on introduit dans chacun un dé en or très mince qu'on y force avec un mandrin d'acier poli. Cette doublure tient au dé comme si elle y était soudée ; le bord a reçu une rainure où l'on engage l'anneau, bande mince en or qu'on fait entrer juste dans la rainure. Les détails de cette fabrication peuvent aisément être suppléés par le lecteur. — Les dés à jouer sont de petits cubes en ivoire dont les faces carrées sont marquées de points de 1 à 6 : ces points sont tellement distribués que la somme des points de deux faces opposées est toujours 7 ; ainsi 4 est opposé à 3, 2 à 5, et 6 à 1. Ces points sont gravés avec le foret, et le creux est rempli de noir ou vernis.

DÉ A COUDRE (*bot.*), nom d'un champignon (agaric) de la famille des *hydrophores* ou *éteignoirs d'eau*. Cet agaric croît au pied des arbres, en touffes quelquefois très nombreuses ; son chapeau a la forme d'un dé à coudre, d'où lui vient son nom. Sa couleur est d'un jaune de buis ; il est supporté par un pédicule grêle de deux pouces et demi de hauteur. Le chapeau devient brun et se résout en une liqueur noire, mais le pédicule reste blanc. J. P.

DÉA (*géogr. anc.*), (DIE), ville de la Viennoise chez les Vicences, au milieu de la province, sur la Druna.

DÉA, interj., (*v. lang.*). Ah ! par Dieu ! *C'est mon déa*, expression de Montaigne pour volontiers (*V.* MON).

DEAB ou **DEEB** (*mam.*), nom arabe du chacal ; *canis aureus*, suivant Shaw. J. P.

DÉABLAGE, s. m. (*v. lang.*), redevance en blé.

DEAL, ville d'Angleterre (*Kent*), sur la côte orientale. Ce n'est pas un port proprement dit, mais les dunes forment en cet endroit une rade sûre, qui peut contenir plus de 400 bâtiments. C'est là que débarqua César lors de sa première descente en Angleterre. A six lieues E.-S.-E. de Cantorbery ; 6,800 habitants.

DÉALBATION, s. f. (*didact.*), action de blanchir.

DÉAMBULATION, s. f. (*didact.*), action de se promener.

DÉAMBULATOIRE, adj. des 2 g. Il a été employé par Charron pour incertain, chancelant.

DÉAMBULER, v. n. (*v. lang.*), marcher, se promener.

DEANI (MARIE-ANTOINE), célèbre prédicateur italien, connu sous le nom de P. Pacifico, naquit à Brescia le 11 septembre 1775. Après avoir embrassé la règle des franciscains, il enseigna la philosophie et la théologie dans plusieurs maisons de son ordre ; mais il était destiné à s'illustrer par l'éloquence. Il se fit entendre pour la première fois à Ferrare en 1802 et y commença sa réputation, et bientôt toutes les villes de l'Italie se disputèrent l'avantage de le posséder. Il mourut à Brescia le 28 novembre 1824. Parmi ses sermons et ses discours on remarque l'oraison funèbre du pape Pie VII, qui est un morceau fort remarquable.

DÉAURATION, s. f. (*didact.*), art ou action de dorer, de donner la couleur de l'or.

DEBA (*géog. anc.*), ville de la Comagène, dans la Syrie Euphratensis, sur le Daracax, à l'O. de Zeugma et au S. de Pendenissus.

DEBA (*géog. anc.*), ville de la Mésopotamie orientale, sur le Tigre, à l'E. de Thisalphata, sur les frontières de l'Assyrie et près de la Zabdicène et de la Moxoène.

DÉBA (*géog.*), ville du Tibet, où réside le lama. On y voit plusieurs temples, entre autres celui de Vichnou ou Narayana, des mausolées, etc. ; grand commerce de grains. On l'appelle aussi Daba.

DÉBACHER, v. a., ôter la bâche.

DÉBACLAGE, action de débâcler un port, des bâtiments, etc.

DÉBACLE, rupture, ordinairement subite, de la glace qui couvrait une rivière et qui se partage alors en glaçons, dont la descente est plus ou moins rapide. Il se dit, figurément et familièrement, de tout changement brusque et inattendu qui amène du désordre, de la confusion.

DÉBACLE, se dit aussi quelquefois pour débâclage.

DÉBACLEMENT, le moment de la débâcle des glaces, ou l'action de débâcler un port, des navires, des bateaux.

DÉBACLER, débarrasser un port des navires, des bateaux vides, afin d'en rendre l'accès libre à ceux qui arrivent chargés. Il signifie populairement ouvrir ce qui était bâclé. Il est aussi neutre et se dit d'une rivière, quand les glaces viennent à se rompre et à suivre le cours de l'eau.

DÉBACLEUR, officier qui préside au débâclage d'un port.

DÉBADER, v. a. (*économ. rur.*(. Il se dit, à Bordeaux, pour couper les racines de la vigne.

DÉBADINER, v. n. (*jeux*). Il se dit, à l'impériale, pour démarquer les points que l'on a déjà gagnés, quand l'adversaire compte une impériale.

DÉBAGOULER, vomir. Il s'emploie aussi figurément comme verbe actif et signifie : dire avec précipitation et diffusion tout ce qui vient à la bouche. Dans les deux sens il est bas.

DÉBAGOULEUR, celui qui dit sans retenue toutes les injures qui lui viennent à la bouche. Il est bas.

DÉBAGNER, v. a. (*v. lang.*), dépouiller.

DÉBAIGNÉE. Il se dit, à Baréges, du deuxième degré des bains.

DÉBAIL, s. m. (*v. lang.*), affranchissement.

DÉBAIL (*anc. cout.*), état d'une femme qui devient libre par la mort de son mari. Quand une femme passe sous la puissance maritale, il y a-*bail*; quand elle devient libre par suite de la dissolution du mariage, il y a *débail*.

DÉBAILLER, v. a. (*v. lang.*), livrer, mettre en main.

DÉBAILLER, v. n. (*anc. t. milit.*), tirer de l'arbalète à travers une baille de meurtrière.

DÉBALLAGE, action de déballer.

DÉBALLER, défaire une balle, un ballot, ôter l'emballage

DÉBANDADE (A LA) (*locut. adv.*), confusément et sans ordre. Il est familier. — Fig. et fam. : *mettre tout à la débandade*, porter dans un lieu, dans une affaire, le désordre et la confusion. *Laisser tout à la débandade*, abandonner au hasard le soin de son bien, de ses affaires, ou de celles dont on est chargé, comme si on en désespérait. On dit de même : *Tout va à la débandade*. On dit aussi *vivre à la débandade*, ne mettre aucune suite, aucune règle dans ses mœurs et dans sa conduite.

DÉBANDEMENT, action de se débander. Il se dit principalement des troupes.

DÉBANDER, ôter une bande. Il signifie aussi détendre. Fig.: *se débander l'esprit*, donner un peu de relâche à son esprit après une longue application.

DÉBANDER, avec le pronom personnel se dit en parlant des armes dont le ressort se détend de lui-même. Fig. : *le temps se débande*, se dit lorsque la température commence à se radoucir, à se relâcher après une forte gelée. Cette locution vieillit.

DÉBANDER, se dit aussi, avec le pronom personnel, des gens de guerre qui se séparent confusément et sans ordre de la troupe dont ils font partie. Il se dit également d'un corps de gens de guerre qui se disperse sans ordre pour s'enfuir ou pour se retirer.

DÉBANQUER, v. n. (*pêche*), quitter le banc de Terre-Neuve lorsque la pêche est achevée. Il signifie quelquefois démonter les bancs d'une embarcation, et dans ce sens il est verbe actif.

DÉBANQUER (*t. de jeu*), gagner tout l'argent qu'un banquier a devant lui.

DÉBAPTISER, priver quelqu'un des avantages du baptême. Il n'est guère usité que dans cette phrase familière : *Il se ferait plutôt débaptiser que de faire telle chose*. Il signifie aussi, figurément et familièrement, changer le nom de quelqu'un. On l'emploie plus ordinairement avec le pronom personnel.

DÉBARBARISER, v. a. (*néol.*), civiliser, tirer de la barbarie.

DÉBARBER, v. a. (*agr.*), couper les petites racines de la vigne qui tracent à la superficie du terrain.

DÉBARBOUILLER, nettoyer, ôter ce qui salit, ce qui rend sale. Il ne se dit guère qu'en parlant du visage. On l'emploie aussi avec le pronom personnel, régime direct.

DÉBARBOUILLOIR, s. m. (*économ. dom.*), serviette à débarbouiller.

DÉBARCADÈRE (*t. de marine*, emprunté de l'espagnol), espèce de cale, de jetée qui du rivage s'avance un peu dans la mer et qu'on nomme également *embarcadère*, parce qu'elle est destinée à servir à l'embarquement comme au débarquement.

DÉBARDAGE, action de débarder.

DÉBARDER, tirer du bois de dessus les bateaux ou de la rivière et le porter sur le bord.

DÉBARDER, en termes de forêts, transporter des bois hors du taillis où ils ont été coupés, afin que les voitures n'y entrent pas, ce qui endommagerait les nouvelles pousses.

DÉBARDEUR, homme de journée qui débarde.

DÉBARETER, v. a. (*v. lang*), déconcerter, vaincre, renverser, dissiper, affliger.

DÉBARONISER, v. a. (*féod.*), enlever la qualité, le titre de baron, dégrader.

DÉBARQUEMENT, Action par laquelle on débarque des marchandises, des passagers, des troupes, etc. *Des troupes de débarquement*, des troupes qu'on destine à faire une descente sur une côte.

DÉBARQUEMENT, se dit aussi de l'action d'une personne qui débarque.

DÉBARQUEMENT (*art. mil.*). Lorsqu'une armée de terre doit débarquer sur un territoire ennemi, les plus grandes précautions doivent être prises pour que cette opération soit faite à l'improviste. Des bâtiments armés doivent être mis à même de protéger les embarcations qui portent l'avant-garde et le matériel d'urgence, et de défendre les troupes une fois débarquées. Il faut établir le plus promptement possible un ouvrage qui favorise la fin du débarquement. On comprend tous les dangers et les difficultés de ce genre d'attaque ou d'invasion. Le désavantage est aux débarquants qui n'ont pas eu le secours des reconnaissances, des avertissements, et qui se trouvent pour ainsi dire entre deux ennemis; car, s'ils sont repoussés précipitamment, la mer s'oppose à une prompte retraite. Aussi pourrait-on citer de nombreux exemples de débarquements désastreux. L'expédition d'Alger, en 1830, est l'une des rares entreprises de ce genre qui ont le mieux réussi.

DÉBARQUER, tirer ou faire sortir d'un navire, d'un bateau, les marchandises, les passagers, les troupes, les équipages, etc., qu'il contient. On le dit surtout en parlant d'un bâtiment parvenu à sa destination. Il s'emploie aussi comme neutre, et signifie alors quitter le navire, le bateau, et descendre à terre, Substantiv., *au débarquer*, dans le temps même du débarquement.

DÉBARQUÉ (*partic.*). Il ne s'emploie guère substantivement que dans cette locution figurée et familière : *un nouveau débarqué*, un homme nouvellement arrivé de la province.

DÉBARRAS, cessation d'embarras, délivrance de ce qui embarrassait. Il est familier.

DÉBARRASSEMENT, s. m., action de débarrasser.

DÉBARRASSER, ôter l'embarras ou ôter d'embarras. Il se dit au propre et au figuré, et souvent avec le pronom personnel.

DÉBARRER, v. a. (*anc. prat.*), décider entre plusieurs personnes dont les avis sont partagés.

DÉBARRER, ôter la barre.

DEBASSAIRE (*ois.*). On donne ce nom dans nos départements méridionaux à la mésange penduline, ou remiz; *parus pendulinus*, à cause de la forme de son nid, assez semblable à celle d'un bas. J. P.

DÉBAT, différend, contestation, altercation. — *Débat de compte*, contestation formée contre quelque article de compte. — Prov., *A eux le débat*, *entre eux le débat*, se dit en parlant de personnes qui ont entre elles quelques contestations dont on ne veut pas se mêler.

DÉBATS. En matière criminelle, on appelle ainsi la partie de l'instruction qui se fait publiquement, et consiste dans la lecture de l'acte d'accusation, dans l'interrogatoire de l'accusé, dans l'audition des témoins tant à charge qu'à décharge, dans les plaidoiries de la partie plaignante, du procureur du roi et du défenseur de l'accusé, et enfin dans le résumé du président. —DÉBATS DE COMPTES, on appelle ainsi les contestations que l'oyant forme contre les articles du compte, tant en recettes que dépenses ou reprises (*V.* Code de proc. civ., art. 538).

DÉBAT, s. m., *débat de tenure* (*féod.*), contestation qui s'élevait entre deux seigneurs pour la mouvance d'un héritage. Mandement d'un juge royal, donné au vassal, à l'effet d'assigner les deux seigneurs qui contestent sur la mouvance, pour qu'ils aient à s'accorder.

DÉBATABLE, adj. (*v. lang.*), litigieux, contestable.

DÉBATAILLER, v. a. (*v. lang.*), livrer bataille, combattre.

DEBATEIS, s. m. (*fauconn.*), attaque de l'oiseau.

DEBATELAGE, s. m. (*comm.*), décharge des bateaux.

DEBATELER, v, a. (*comm.*), faire le débatelage.

DÉBATER, ôter le bât.

DÉBATIR, v. a., détruire un édifice.

DÉBATTABLE, adj. des 2 g. (*néol.*), susceptible d'être débattu. (*V.* DÉBATABLE.)

DÉBATTRE, contester, discuter. Il s'emploie aussi avec le pronom personnel, et signifie alors s'agiter, se tourmenter, faire beaucoup d'efforts pour résister, pour se dégager, etc. — Prov. et fig., *se débattre de la chappe à l'évêque*, disputer à qui appartiendra une chose qui n'est et ne peut être à aucun de ceux qui se la disputent.

DÉBAUCHE, s. f. (*anc. t. de marine*), dérèglement des marées.

DÉBAUCHE (*philos. sociale*). Que peuvent toutes les lois sans les mœurs, disaient les anciens? *Quid leges sine moribus?* Ils supposaient aussi que les Muses étaient chastes, parce qu'avec des sens souillés il n'y a ni goût du beau ni amour du vrai. Enfin, ils enseignaient que toute maladie naît et se nourrit de corruption.

Donc, avec la débauche, il n'y a ni santé, ni science, ni ordre public possibles; comment y aurait-il alors des sentiments religieux dans les âmes!

La débauche étouffe dans la boue le flambeau de la vie.

D'où vient donc que les États, qui s'arment si volontiers du glaive pour la défense de l'ordre matériel, comprennent si peu, dans les sociétés catholiques, moins encore que dans les sociétés protestantes, et dans les sociétés protestantes moins que dans les sociétés païennes, qu'il s'agirait d'abord d'avoir un peuple moral? Plus le sacerdoce est saint, moins l'autorité publique veille donc sur les mœurs publiques, ou plutôt la politique ne devient morale que si le sacerdoce religieux est annulé par elle!

Que pourraient les sociétés pour arrêter la débauche? Les médecins ont pour règle, en voulant guérir un mal, de remonter à sa source. Il ne suffit pas en effet de réprimer des actes contraires à l'ordre, il faut encore aller au devant des causes des actes.

Or, les causes de la débauche sont: 1° l'irréligion; 2° l'oisiveté; 3° le défaut d'instruction et d'éducation; 4° les humeurs viciées: tout autant de causes homicides dont la débauche accroît les influences en les subissant.

Donc une politique éclairée ne doit point se contenter de gouverner l'ordre purement extérieur et matériel. M. de Bonald a défini la politique: l'art d'appliquer la morale à la législation.

Aussi, on peut prédire aux sociétés modernes, si elles ne se dépouillent de leur indifférence, que la santé, les sciences, le patriotisme et la religion, s'affaiblissant de plus en plus, étoufferont dans les ténèbres de la barbarie, ou s'abrutiront sous le joug d'un conquérant impitoyable, qui, au lieu d'un sceptre, aura un bâton à la main pour traiter ses sujets en esclaves.

C'est un fait constant en histoire que les États les plus puissants et les plus glorieux ne se fondant que par la vertu, et qu'ils ne périssent que par les vices: il est même facile de donner les raisons de ce fait.

Il y a dans notre âme plusieurs facultés, et dans chaque homme plusieurs substances qui ne font qu'une seule et même personne, d'où il suit que si une seule de nos facultés se déprave, et si une seule de nos substances se corrompt, il faut que les autres facultés se dépravent et que les autres substances se corrompent.

Or, la première des facultés que la débauche détruit ce sont les sens organiques, et la première des substances c'est la substance physique ou végétale, qui n'est rien qu'avec le corps et sans laquelle le suppôt animal ne peut rien.

Mais si la vie corporelle, si la vie organique, si la vie animale sont atteintes par la débauche, comment l'âme vivra-t-elle de sa vie? Elle vit de sensations, de pensées, de vouloirs et surtout de foi; or, peut-elle sentir naturellement sans des impressions organiques, penser sans des signes sensibles, vouloir sans des mouvements animaux, et croire sans sentir, sans penser, sans vouloir avec une triple énergie?

Donc, la débauche épuisant les sens, paralysant l'imagination, brisant les forces animales, rend notre âme impuissante.

Donc, avec la débauche, il n'y a ni sentiment moral, ni pensée scientifique, ni vouloir héroïque, ni sainteté qui soient possibles. Que dis-je? L'homme corrompu de bonne heure perdra jusqu'au sens, jusqu'à la faculté, jusqu'à la puissance du bon, du beau et du bien; il sera fatalement condamné à la brutalité. Ne lui parlez plus de Dieu, de patrie et d'honneur: il ne comprend ces choses non plus que l'aveugle les couleurs.

Comment donc, je le répète, les gouvernements, si jaloux de leur puissance, et qui, ponr l'affermir, sacrifient le repos, l'argent et le sang de leurs sujets, ne sentent-ils pas la nécessité de s'armer contre les vices, ne fût-ce que pour avoir des hommes capables de porter les armes contre les ennemis de la patrie?

Je me souviendrai toujours d'avoir entendu dire à un jeune homme qui avait usé ses sens par la licence, et qui en souffrait cruellement: « Si je me rétablis, je veux me marier; mais, si » je savais que quelqu'un dût corrompre mes enfants, j'irais » d'abord le poignarder, je me marierais ensuite. »

Ce discours était d'autant plus éloquent dans sa bouche qu'il partait d'un cœur ulcéré par les suites douloureuses de la débauche. Il devrait se traduire ainsi dans la bouche des rois: « Je veux faire des lois pour la plus grande gloire et paix de la » nation: mais la ruine des sociétés peut sortir des lieux de » débauche, où tous les vices les plus hideux se donnent rendez-» vous pour y conspirer contre l'ordre; je combattrai donc » d'abord les vices, en traquant, s'il se peut, la débauche dans » ses repaires; je ferai des lois ensuite pour la nation. »

Mais les gouvernements sont bien éloignés de parler ainsi; au lieu d'agir pour étouffer le serpent, ils lui jettent lâchement tous les jours de nouvelles victimes, qui ne calment point ses fureurs, mais qui les multiplient en les nourrissant.

Que fait-on en effet contre la débauche? A peu près rien; on veille seulement à ce qu'elle ne trouble point l'ordre public; mais n'y a-t-il pas de villes en France où les protecteurs les plus dévoués des filles publiques sont dans les bureaux de la police et des municipalités? En 93, on décréta des lois en faveur des filles-mères; et, de nos jours, on avait autorisé la prostitution en la patentant et en l'organisant administrativement. Mais de nouvelles lois ont, depuis 1830, affaibli le scandale; elles ont repoussé l'argent de la loterie, de la roulette, de la prostitution, et comme souillé de larmes, de pourriture et de sang. Nous ne saurions donc trop louer nos législateurs d'avoir rejeté dans la boue l'argent que les prostituées y ramassaient pour le mettre dans les mains du fisc?

La prostitution, en devenant légale, cesserait d'être infâme, et c'est bien assez que les romanciers actuels fassent des essais de réhabilitation pour elle, sans que les États secondent ces turpitudes littéraires par des lois.

La capitale de la France se fait distinguer aujourd'hui, entre toutes les autres villes, par une amélioration morale. Il y a de la retenue et de la décence jusque dans la femme publique qui court les rues; et, au lieu des hideux scandales d'autrefois, le quartier du Palais-Royal se fait remarquer par un retour singulier aux pratiques religieuses.

Quels sont les remèdes les plus efficaces contre la débauche et qui dépendent du bon vouloir des sociétés?

1° Il faut la liberté d'éducation, sagement réglée et sévèrement surveillée par la loi: de nobles rivalités entre les écoles sont le plus puissant des moyens pour la moralité publique, si l'État ne se dépouille ni de sa tutelle ni de sa justice;

2° Veiller pour que la loi du dimanche soit gardée; car c'est par la sainte protection des lois que les mœurs rendues religieuses forceront la débauche à expirer solitaire, dans ses réduits impurs;

3° Que les administrations donnent l'exemple des vertus sociales et d'un respect profond pour le culte;

4° Toute orgie publique et toute ivresse scandaleuse, tout commerce extérieur de prostitution, toutes pièces de théâtre, tout livre, tout journal, tout dessin licencieux, composés dans le but de corrompre les mœurs, doivent être interdits, surveillés et punis. Un ancien a dit que celui qui ne défend pas le mal, le pouvant, l'ordonne. *Qui non vetat, jubet.*

Est-il juste que, par respect pour la liberté du vice, on opprime la liberté de l'ordre, la liberté de la patrie, la liberté de Dieu? On souffre cependant que des auteurs de romans fassent pacte à prix d'or avec les industriels de la presse pour jeter aux pieds de la populace les choses les plus saintes du culte catholique. Je comprends qu'un auteur ait le droit de défendre ses croyances religieuses, même dans un roman; mais qu'il puisse écrire un roman pour vouer au mépris et au blasphème un culte qui est protégé par la Charte et déclaré par elle le culte de la majorité des Français, je ne le comprends pas; cela n'est permis et ne peut être toléré par le gouvernement, s'il n'est atteint

« . . . . . de cet esprit de vertige et d'erreur
De la chute des rois funeste avant-coureur. »

Que la loi publique pèse donc de tout son poids contre les excès de la presse. La liberté n'est accordée par les lois humaines que comme celles de Dieu l'accordent, c'est-à-dire pour le bien seulement.

Discutez scientifiquement le catholicisme, soit; mais outrager la foi de nos pères en faveur de l'impiété, c'est là une criminelle débauche d'esprit qui, étant l'effet et la cause de bien d'autres genres de débauches, ne doit pas rester impunie.

Jouissons de la liberté, mais sans nuire à celle des autres ni à l'ordre public.

Les hommes d'État, pour se soustraire aux influences souveraines du sacerdoce, en choses morales, tendent de plus en plus à renfermer leur action dans l'ordre matériel, et ils dépouillent la royauté d'un de ses plus beaux attributs, du sacerdoce dont elle est investie au nom de Dieu et de la nature, pour les choses de l'ordre moral : Est-ce convenable ? Est-ce social ?

Le génie politique ne doit pas donner sa démission, mais se raidir contre tous les obstacles pour défendre les droits de la patrie et de l'ordre, en rendant à Dieu ce qui est à Dieu, mais en retenant pour César tout ce qui est à César.

On ne peut concevoir une société sans Dieu, car il ne fut pas au pouvoir des terroristes de 93 de gouverner la France sans un culte. Ce n'est donc pas répondre aux besoins d'un peuple ni entrer dans l'esprit d'une société que de matérialiser l'administration ? Ll.

DÉBAUCHEMENT, s. m. (*v. lang.*), désordre, débauche.

DÉBAUCHER, v. a. Il signifiait autrefois enlever de dessus un mur un enduit appelé *bauche*.

DÉBAUCHER, jeter dans la débauche, dans le vice. Il signifie aussi corrompre la fidélité de quelqu'un. — *Débaucher un domestique, un ouvrier*, l'engager à quitter son maître pour passer au service d'un autre. — DÉBAUCHER, signifie encore simplement faire quitter un travail, une occupation sérieuse, pour un divertissement honnête. — DÉBAUCHER s'emploie aussi avec le pronom personnel, tant en bonne qu'en mauvaise part.

DÉBAUCHÉ (*participe*). Il est quelquefois substantif, et alors il signifie un homme adonné à la débauche.

DÉBAUCHEUR, EUSE, celui, celle qui débauche, qui excite à la débauche.

DEBAUX, s. m. pl. (*v. lang.*), plaisirs, ébats.

DEBELLE (ALEXANDRE-CÉSAR), né à Voreppe en Dauphiné en 1767, était beau-frère du général Hoche. En 1797, il commanda en chef l'artillerie de l'armée de Sambre-et-Meuse. Envoyé à Saint-Domingue avec le général Leclerc, il y mourut des suites de l'épidémie.

DEBELLER, v. a. (*v. lang.*), vaincre.

DEBELLOY (*V.* BELLOY).

DEBELTUS (*géog. anc.*) (*Develto* ou *Zagora*), ville de la Thrace occidentale, sur un lac à peu de distance de la mer.

DEBENTUR, s. m. (*féod.*), quittance que les officiers des cours souveraines donnaient au roi lorsqu'ils recevaient les gages qui leur étaient dus; cette quittance s'appelait *debentur* parce qu'elle commençait par ces mots : *Debentur mihi*.

DÉBÉRA (*géog. sac.*), ville de la Palestine sur les confins des tribus de Benjamin et de Juda, à chacune desquelles elle appartient successivement.

DÈBES (*géog. anc.*), nation arabe dont le territoire s'étendait le long du golfe Arabique. Leur pays était traversé par un fleuve qui roulait du sable d'or en grande abondance.

DEBES (LUCUS-JACOBSON), né dans l'île danoise de Falster en 1623, mort en 1676, était ministre protestant. Il a consacré tous ses loisirs à l'histoire naturelle et civile des îles Féroer, et déposé le fruit de ses études dans un ouvrage intitulé : *La Feroa reserata*, Copenhague, 1673, un vol. in-8° (en danois).

DEBET, ce qui est dû, de *debeo*, je dois, qui fait debet à la troisième personne du singulier. Le débet est le reliquat de compte en faveur du *débit* excédant le *crédit* (*V.* ces mots).

DÉBET, s. m. *Acte enregistré en débet* (*législ.*), acte enregistré sans paiement immédiat des droits.

DEBEZ (FERRAND), né à Paris vers 1528, d'abord professeur dans plusieurs colléges, devint, par la protection du cardinal de Lorraine, recteur de l'Université de Paris. Il réforma les abus qui s'étaient introduits dans l'imprimerie et fit plusieurs règlements très sages. Il mourut en 1581.

DEBÉZIEUX (BALTHAZAR), était en 1693 président aux enquêtes du parlement d'Aix. Il a recueilli une collection d'arrêts qui a été publiée par Sauveur Eyriès, Paris, 1750, in-f°.

DÉBIFFER, affaiblir, déranger, gâter. Il est familier et ne s'emploie guère que dans cette phrase, *être tout débiffé*.

DÉBIFFÉ (*participe*). *Visage débiffé*, le visage d'une personne qui paraît affaiblie par quelque excès. *Estomac débiffé*, estomac qui ne fait pas bien ses fonctions.

DÉBILE, faible, affaibli, qui manque de forces. Il ne se dit guère qu'en parlant des personnes. Il s'applique cependant quelquefois aux choses et surtout aux plantes. Il s'emploie aussi figurément au sens moral.

DÉBILEMENT, d'une manière débile.

DÉBILITANT, ANTE, adj. (*méd.*). Il se dit d'un remède, d'un aliment qui débilite, qui affaiblit. Il se prend aussi substantivement : *employer des débilitants*.

DÉBILITATION, affaiblissement.

DÉBILITÉ, faiblesse.

DÉBILITER, rendre débile, affaiblir.

DEBILLARDEMENT (*charpente*), action de débillarder.

DEBILLARDER, v. a. (*charpente*), couper une pièce de bois diagonalement, en retrancher une partie qui a la forme d'un prisme triangulaire.

DEBILLER, v. a. (*navig.*), détacher les chevaux qui tirent les bateaux sur les rivières.

DÉBINE, s. f. Il se dit populairement pour signifier l'état d'une personne qui fait mal ses affaires et qui éprouve de la gêne.

DÉBINER, v. a. (*agricult.*), donner un léger labour à la vigne pour enlever les mauvaises herbes.

DEBIRENTIER, s. m. (*v. lang.*), débiteur d'une rente.

DÉBIT, du mot anglais *bit*, morceau. Ce mot désigne la vente prompte et facile d'une marchandise. On dit avoir le débit de tel ou tel article. On donne particulièrement le nom de *débit* aux bureaux de tabac. Ceux qui sont chargés de la vente s'appellent *débitants*. — Voyez pour l'autre acception de ce mot l'article LIVRES (*tenue des*). — DÉBIT (*tech.*). Débiter signifiant en général détailler, on dit débiter des planches pour exprimer qu'on les divise, qu'on en fait plusieurs; à la monnaie, on débite en coupant les flans avec le coupoir. Un robinet débite tant d'eau en tant de temps.

DÉBIT ORATOIRE. (*V.* ELOQUENCE et ORATOIRE. ART.)

DÉBIT, s. m. (*v. lang.*), sorte d'impôt. *Débit* d'une fontaine, d'une conduite d'eau (*hydraul.*), quantité qu'elle fournit dans une certaine unité de temps.

DÉBITANT, ANTE, celui, celle qui débite quelque marchandise

DÉBITEMENT, s. m. (*v. lang.*), droit, imposition.

DÉBITEMENT (*anc. cout.*), chose due, redevance.

DÉBITER, vendre. On y joint ordinairement l'idée d'habitude, de répétition. Employé absolument, il se dit presque toujours d'une vente en détail.—Prov. et fig.: *Il débite bien sa marchandise*. Il fait valoir ce qu'il dit par la manière dont il le dit.

DÉBITER, signifie aussi figurément, réciter. Il signifie également, raconter, aller dire une chose de côté et d'autre, ou la répéter souvent.

DÉBITER, se dit aussi de la manière d'exploiter les bois pour les employer dans les contructions. Il se dit de même en parlant du marbre, des pierres, etc.

DÉBITER, signifie particulièrement, en termes de musique, précipiter l'exécution d'un passage de manière à y substituer l'accent de la parole à l'accent musical.

DÉBITER, dans la tenue des livres, signifie inscrire quelqu'un sur le grand livre comme débiteur de tel ou tel article.

DÉBITER, v. a. *Débiter de l'ouvrage* (*const.*), en exécuter beaucoup. — DÉBITER (*hydraul.*), se dit en parlant de la quantité d'eau que fournit une fontaine ou un cours d'eau.

DÉBITEUR. C'est celui qui doit quelque chose en vertu d'un contrat ou quasi-contrat, d'un délit ou quasi-délit : il n'y a que celui qui peut être contraint en justice à payer ce qu'il doit qui soit légalement débiteur. Celui qui a droit d'exiger la dette se nomme *créancier*.

DÉBITEUR, EUSE, celui, celle qui débite. Il ne se dit qu'au figuré et en mauvaise part.

DEBITIS, s. m. (*anc. cout.*), lettre qui contenait un mandement au premier huissier de contraindre le débiteur de l'impétrant au paiement des sommes dues en vertu d'actes authentiques emportant exécution parée.

DÉBITTER, v. a. (*v. lang.*), détacher le câble des bittes.

DÉBLAI, action d'enlever des terres pour mettre un terrain de niveau, pour creuser des fondations, un fossé, etc.; ou le résultat de cette action (*V.* TERRASSEMENT.) — *Cet endroit de la route, du canal est en déblai*, se dit de l'endroit d'une route, d'un canal où il a fallu faire un déblai pour donner le niveau convenable.

DÉBLAI, se dit aussi des terres mêmes, des décombres qu'on enlève. Il s'emploie, figurément et familièrement, pour exprimer que l'on est débarrassé de quelqu'un ou de quelque chose qui incommodait, qui était à charge.

DÉBLANCHI, s. m. (*technol.*), opération qui consiste à épuiser une cuve d'indigo de toute la couleur bleue qu'elle peut fournir.

DÉBLANCHIR, v. a. (*technol.*), enlever la croûte qui se forme à la surface des métaux en pleine fusion.

DÉBLATÉRATION, s. f. (*néol.*), action de déblatérer, déclamation violente contre quelqu'un ou quelque chose.

DÉBLATÉRER, parler longtemps et avec violence contre quelqu'un. Il est familier.

DEBLATHA ou **DEBLATHAIM** (*géogr. sacr.*), désert dans la tribu de Ruben.

DEBLATHAIM (*géogr. sacr.*), ville dans le désert du même nom, au milieu de la tribu de Ruben, au pied du mont Nébo ou Phasga.

DÉBLAYER, ôter, enlever. Il se dit surtout en parlant de terres et de décombres. Il signifie également débarrasser, dégager un lieu des choses qui l'encombrent, qui s'y trouvent entassées confusément.

DÉBLEURE, s. f. (*anc. cout.*), blés pendant par racines (*V.* EMBLEURE), récolte, levée des blés.

DÉBLOCAGE (*t. d'imprim.*), action de débloquer.

DÉBLOCUS, s. m. (*art milit.*), action de lever un blocus, levée forcée d'un blocus.

DÉBLOQUER (*t. de guerre*), obliger l'ennemi à lever un blocus.—DÉBLOQUER, en termes d'imprimerie, ôter d'une composition les lettres bloquées et renversées pour les remplacer par celles qui conviennent.

DÉBLOQUER (SE), v. pers. (*jeux*). Il se dit d'une bille qui ressort d'une des blouses du billard après y être entrée.

DEBOIRADOUR, s. m. (*technol.*), instrument servant à dépouiller de leur enveloppe les châtaignes qu'on fait sécher. Ce terme est usité dans le midi de la France.

DÉBOIRE, mauvais goût qui reste de quelque liqueur après qu'on l'a bue. Il se dit figurément de la tristesse, du dégoût qui suit quelquefois les plaisirs. Il se dit aussi des dégoûts, des sujets de regret, de mécontentement et des mortifications qu'on éprouve.

DÉBOISEMENT et **DÉBOISER** (*V.* FORÊTS).

DÉBOITEMENT, déplacement d'un os sorti de son articulation. On dit en médecine *luxation*.

DÉBOITER, disloquer. Il ne se dit proprement qu'en parlant des os qu'un accident, un effort, fait sortir de leur place. Il se dit, par extension, en parlant des ouvrages de menuiserie et de serrurerie qui viennent à se déjoindre. Il s'emploie aussi avec le pronom personnel.

DÉBONDER, ôter la bonde. Il se dit par extension et familièrement d'un purgatif qui fait cesser une grande constipation. Il s'emploie souvent avec le pronom personnel et signifie se vider par un écoulement rapide, abondant. Il signifie par extension et familièrement évacuer abondamment par le bas, après avoir été longtemps resserré. Il s'emploie aussi comme neutre, dans le premier des deux sens qui précèdent. Il se dit figurément et familièrement dans le même sens.

DÉBONDONNEMENT, s. m. (*technol.*), action de débondonner.

DÉBONDONNER, ôter le bondon d'un muid, d'un tonneau.

DÉBONNAIRE, doux, facile et bon jusqu'à la faiblesse. On ne le dit plus guère que dans un sens ironique et familier. *Un mari débonnaire*, un mari qui souffre patiemment la mauvaise conduite de sa femme.

DÉBONNAIRE (LOUIS), prêtre oratorien, né à Ramerup-sur-Aube, prit vivement parti contre les jansénistes dans les démêlés qui troublèrent l'Église de son temps. Ses connaissances étaient étendues et variées; mais son imagination ardente l'entraîna souvent au delà des bornes de la modération. Il mourut en 1752.

DÉBONNAIREMENT, avec bonté, avec douceur. Il vieillit.

DÉBONNAIRETÉ, bonté, douceur. Il vieillit.

DÉBONNETER, v. a (*technol.*), crever avec l'ongle le papier qui couvre l'amorce d'une fusée.

DEBOQUETER, v. a. (*p. et ch.*), ôter les planches qui environnent les pilotis.

DÉBORA (*géogr. sacr.*), village de Galilée au pied du mont Thabor. C'est là que campèrent Débora et Barac, lorsqu'ils taillèrent en pièces l'armée de Jabin.

DEBORA, nourrice de Rebecca.

DEBORA, femme de Lapidoth, est appelée prophétesse dans l'Écriture. Elle soutint le courage des Hébreux, tandis qu'ils étaient opprimés par les Chananéens. Elle chargea Barac de combattre les ennemis du peuple Hébreu. Le cantique d'actions de grâces, qu'elle chanta après la victoire de ce général est regardé comme un chef-d'œuvre de poésie (Pour plus de détails, *V.* JUGES, *hist. sacr.*).

DÉBORD, débordement. Il est vieux et ne se disait qu'en parlant des humeurs.

DÉBORDEMENT, action par laquelle un fleuve, une rivière, etc., sort de son lit et franchit ses bords. Il se dit, par extension, d'un écoulement d'humeurs très abondant. Il se dit, figurément, de l'irruption d'une grande multitude dans un pays qu'elle veut envahir. Il se dit aussi, figurément, en parlant de certaines choses, telles que les injures, les louanges, les écrits, etc., lorsqu'elles sont dites, données, débitées avec profusion. DÉBORDEMENT, signifie encore, figurément, dissolution, débauche.

DÉBORDEMENT. L'effet d'une crue subite dans les rivières, les ruisseaux, les fossés d'écoulement, est souvent le débordement de l'eau qui s'élève au-dessus des berges et par suite de l'inondation des terrains qui les avoisinent. Tout ce qui tend à retarder ou à entraver le cours de l'eau, l'envasement des ruisseaux et des fossés, les barrages accidentels produits par la présence d'obstacles quelconques dans leur lit, sont autant de causes de débordement. L'éboulement d'une des rives, dans les positions élevées, peut produire le même résultat en donnant passage aux eaux. Mais ce sont là des accidents qu'on peut toujours prévenir par le curage des cours d'eau et des fossés et l'entretien des berges. Les causes les plus ordinaires de la crue subite des cours d'eau sont les pluies d'orage ou la fonte des neiges; elles agissent plus fréquemment dans le voisinage des montagnes, et en pareille situation un propriétaire prudent doit toujours les prévoir, pour en diminuer les effets ou y opposer des obstacles. Un des moyens les plus simples de parvenir à ce double but consiste à ouvrir parallèlement au cours d'eau, et dans toute la longueur du terrain qu'on veut défendre, un fossé plus ou moins large, pourvu au besoin de quelques embranchements propres à donner aux eaux une marche régulière et à en maîtriser le mouvement. Au surplus, c'est l'inspection et l'étude des localités qui peuvent suggérer les meilleurs moyens de prévenir les débordements : il en est tels où il ne faut pas moins que des digues pour mettre obstacle aux désastres que cet événement peut occasionner. Le débordement des rivières est la cause, l'inondation est l'effet. (*V.* INONDATION.)

DÉBORDEMENT DE BILE (*médec.*). Expression grossièrement pittoresque par laquelle on désigne dans le monde une évacuation subite et abondante de bile qui a lieu par les deux extrémités du canal digestif. Cette évacuation est un phénomène commun à plusieurs maladies, telles que le choléra-morbus, l'embarras gastrique, la fièvre bilieuse, etc. Cependant le vulgaire, plus judicieux observateur qu'on ne le croit, réserve le nom de débordement bilieux à ces tempêtes violentes, mais passagères, qui font place à un calme complet.

DÉBORDER, dépasser le bord. Il se dit proprement des fleuves, des rivières, etc. Il s'emploie dans le même sens avec le pronom personnel. Il se dit, par extension, d'un écoulement abondant des humeurs, et particulièrement de la bile. Figur., *se déborder en injures, en imprécations*, exhaler sa colère en injures, vomir des injures, des imprécations.

DÉBORDER, se dit encore d'une chose dont le bord ou l'extrémité dépasse le bord ou l'extrémité d'une autre chose. Il se prend quelquefois activement dans ce dernier cas. Il se dit particulièrement, dans la tactique militaire ou navale, lorsqu'une ligne de troupes ou de vaisseaux a plus de front et plus d'étendue que la ligne qui lui est opposée.

DÉBORDER, neutre, signifie de plus, en termes de marine, se détacher d'un vaisseau qu'on avait abordé. On l'emploie aussi dans ce sens avec le pronom personnel.

DÉBORDER, signifie en outre, activement, ôter la bordure.

DÉBORDÉ, partic., il s'emploie figurément comme adjectif et signifie débauché, dissolu.

DÉBORDER, v. a., *déborder les avirons* (*marine*), les ôter des tolets; *déborder les voiles*, en larguer les écoutes; *déborder un vaisseau*, en enlever le bordage; *déborder* (*technol.*), étendre ou étaler les bords d'une peau destinée à faire des gants; couper les deux côtés des tables de plomb avec une plane.

DÉBORDOIR, s. m. (*technol.*), outil à l'usage du plombier et du tonnelier; bassin dans lequel l'opticien travaille les verres de lunettes.

DEBORUS ou **DEABOLIS**, (*géogr. anc.*), ville des Penesti, dans l'Illyrie, à l'E. près du fleuve Drilo ou Drilus.

DÉBOSSELER, v. a. (*didact.*), détruire ou effacer les bosses.

DÉBOSSER, v. a. (*marine*), ôter les bosses de dessus un câble où elles étaient frappées.

DÉBOSSEUR ou **DÉBOSSOIR**, s. m. (*médec.*), coin qui sert à aider les moyens d'extension du rachis chez les bossus.

DÉBOTTER, tirer les bottes à quelqu'un. On l'emploie avec le pronom personnel.

DÉBATTER, se prend aussi substantivement. Il signifie, par extension, le moment où on arrive.

DÉBOUCHÉ. Ce mot exprime le débit et la consommation des produits du travail. — Il y a deux sortes de débouchés pour chaque pays : le marché national et le marché étranger. — Dans le marché national le débouché est borné; on ne peut débiter que les produits indigènes que le pays a la volonté et les facultés de consommer (*V.* COMMERCE ET CONSOMMATION). Au-delà *tout débit est impossible*; d'où il suit que la production est limitée à la consommation locale, et qu'il n'y a aucun espoir d'accroissement du travail, du capital et de toutes les sources productives de la richesse en général. — Le débouché dans le marché étranger est d'une nature différente : il a l'inappréciable mérite d'être illimité; il semble défier la production, les efforts du travail, les talents de l'industrie, le génie du commerce. Dans les marchés du monde la production stimule la consommation; elles luttent sans s'épuiser, et le producteur et le consommateur éprouvent le regret de n'avoir ni assez produit ni assez consommé. Ce phénomène s'explique facilement. — Les produits indigènes qu'un pays ne peut ou ne veut pas consommer, qui resteraient invendus dans le marché national, et qui, n'y ayant pas de débouché, ne seraient pas reproduits, que leur importation dans les marchés du monde y trouvent des consommateurs qui donnent en échange d'autres produits que leur importation dans le marché national fait rechercher et consommer. Les vins que la France ne veut ou ne peut pas consommer ne trouvent pas de consommateurs dans le marché national; exportés en Suède, ils y sont échangés contre les fers de ce pays, et ces fers importés en France y sont consommés; de sorte que les produits indigènes, repoussés du marché national sous leur forme naturelle, y sont débités après leur métamorphose en produits exotiques. Le marché étranger agrandit donc le marché national, donne aux consommateurs nationaux plus de volonté, plus de moyens de consommer, offre aux consommateurs et aux producteurs de tous les pays des ressources indéfinies et inépuisables, et leur ouvre une carrière de prospérité et de richesses dont ils ne peuvent pas atteindre le terme, prodige impossible au marché national quel que soit son étendue, fût-elle égale ou supérieure à celle du marché de la Chine (*V.* COMMERCE).

DÉBOUCHÉ, l'extrémité d'un défilé, d'une vallée, du col d'une montagne. — Il signifie moyen, expédient.

DÉBOUCHEMENT, action de déboucher. — Il signifie aussi le passage d'un endroit resserré à un lieu plus ouvert. Il signifie, figurément, expédient, moyen de se défaire d'effets de commerce, de marchandises, etc., dont il n'est pas facile de trouver l'emploi, le débit.

DÉBOUCHER, ôter ce qui bouche. Il signifie par extension ôter ce qui empêche d'entrer, de passer.

DÉBOUCHER, s'emploie aussi comme neutre, et alors il signifie sortir d'un endroit resserré pour passer dans un lieu plus ouvert. — Il se dit, dans un sens analogue, d'un fleuve, d'une rivière, d'un canal, en parlant de l'endroit où ils ont leur embouchure.

DÉBOUCHOIR, s. m. (*technol.*), instrument dont le lapidaire se sert pour repousser la queue de la coquille lorsqu'elle est cassée.

DÉBOUCLER, dégager des ardillons qui l'arrêtent une courroie, une bande, un ruban passé dans une boucle. On l'emploie aussi avec le pronom personnel. — *Déboucler une jument*, ôter les boucles qu'on lui avait mises pour empêcher qu'elle ne fût saillie.

DÉBOUCLER, signifie aussi déranger, défaire les boucles d'une chevelure, d'une perruque.

DEBORA (*inst.*), nom hébreu de l'abeille.

DÉBOUILLI (*chim.*), nom de l'opération par laquelle on s'assure de la qualité d'une teinture, et qui consiste à plonger les étoffes pendant un temps déterminé dans un bain d'eau bouillante dans lequel on a mis une proportion convenue d'*alun*, de *tartre rouge*, ou de *savon blanc*, selon la couleur que l'on veut éprouver. Les couleurs de bon teint doivent résister à l'action du bain, tandis que les autres y éprouvent des altérations plus ou moins grandes. Du reste ces épreuves sont peu en usage aujourd'hui.
J. P.

DÉBOUILLIR, faire bouillir dans de l'eau, avec certains ingrédients, des échantillons d'étoffes teintes, pour éprouver si la teinture en est bonne, ou des étoffes, pour leur rendre leur première blancheur.

DÉBOUQUEMENT (*t. de marine*), canal, détroit, passage entre des îles. — Il se dit aussi de l'action de débouquer.

DÉBOUQUER (*t. de marine*), sortir d'un débouquement, d'un détroit, etc., pour entrer dans une mer libre.

DÉBOUQUÉ, ÉE. On dit qu'*un bâtiment, une escadre, etc., sont débouqués* quand ils ont quitté un débouquement, un détroit, etc.

DÉBOURBAGE. s. m. (*métall.*), opération par laquelle on sépare le minerai de la boue qui l'enveloppe.

DÉBOURBER, ôter la bourbe. — *Débourber une voiture*, tirer de la bourbe. — *Faire débourber un poisson*, le mettre dans de l'eau claire pour qu'il perde le goût de bourbe.

DEBOURBER, v. a. (*technol.*), soutirer le vin après que la fermentation a cessé.

DEBOURGES (JEAN), conventionnel, né vers 1760, fut d'abord avocat, et fut envoyé à la Convention par le département de la Creuse, et se montra toujours d'une modération qui pouvait lui attirer des malheurs dans ce temps-là. Le 17 février 1796, il fut réélu par son département au conseil des Anciens et en devint le secrétaire le 21 novembre suivant. A la réorganisation des tribunaux, en 1800, il fut nommé président de celui de Chambon, et fut admis à la retraite en 1815. Il mourut en 1834.

DÉBOURGEOISER, v. a., ôter à quelqu'un les manières bourgeoises, conduire dans le grand monde.

DÉBOURRER, ôter la bourre. Fig. et fam., *débourrer un jeune homme*, lui faire perdre le mauvais ton, les manières gauches, l'air embarrassé qu'il avait, et le former, le façonner. — *Débourrer un cheval*, commencer à l'assouplir, à le rendre propre aux usages auxquels on le destine.

DÉBOURS, argent que l'on a avancé pour le compte de quelqu'un. Il s'emploie surtout au pluriel. Il a vieilli : on dit aujourd'hui *déboursés*.

DÉBOURSEMENT, action de débourser. Il est peu usité.

DÉBOURSER, tirer de l'argent de sa bourse, de sa caisse, pour faire quelque paiement.

DEBOUT. Il se dit en parlant d'une chose qu'on dresse ou qui est dressée, qui est maintenue verticalement sur un de ses bouts. — *Être encore debout, être debout*, se dit des édifices et autres objets semblables qui n'ont point été renversés ou détruits par ce qui aurait pu amener leur chute, leur ruine. Cette locution s'emploie quelquefois au figuré.

DEBOUT, s'applique également aux personnes, et signifie droit sur ses pieds. On dit par analogie, en parlant d'un quadrupède, qu'*il se tient debout*, qu'*il est debout*, etc., lorsqu'il se dresse sur ses pieds ou sur ses pattes de derrière.— *Etre debout*, être hors du lit, être levé. On dit absolument *debout*, quand on veut faire lever quelqu'un qui est couché ou assis. Par exagér. : *dormir debout*, *tout debout*, éprouver le besoin du sommeil au point de s'assoupir même sans être couché ou assis. — Fig. et fam., *conte à dormir debout*, récit ennuyeux ou qui ne mérite aucune attention. — Fig. et fam., *tomber debout*, se tirer heureusement d'une circonstance critique, se trouver dans la même situation qu'auparavant. — *Passer debout* se dit des marchandises qui, pour être transportées à leur destination au delà d'une ville, la traversent sans pouvoir y être vendues ni même déchargées.

DEBOUT, s'emploie souvent en termes de marine; ainsi on dit : *Cette embarcation est debout à la lame, au courant, au vent*; elle présente son avant à la lame, au courant, au vent. — *Vent debout*, vent directement contraire à la route qu'on voudrait tenir : *Nous avions le vent debout, vent debout.* Dans ces phrases, quelques-uns écrivent *vent de bout* en deux mots.

DEBOUT, ad. : *aborder un bâtiment debout au corps*, lui mettre l'éperon dans le flanc. *Mettre un animal debout* (*vénerie*), le lancer.

DEBOUT, s. m. (*v. lang.*), bout, extrémité. *Debouts et costés* (*anc. cout.*), les deux bouts et les deux côtés.

DEBOUT, s. m. (*anc. cout.*), action d'enchérir sur une autre personne. *Debouts à éteinte de chandelle* (*anc. cout. de Bretagne*), enchérir pour l'adjudication des immeubles.

DÉBRUTANCE, s. f., ou **DÉBOUTEMENT**, s. m. (*v. lang.*), action de débouter, expulsion.

DÉBOUTER. C'est déclarer par sentence ou par arrêt que quelqu'un est déchu de la demande qu'il avait formée en justice.

DÉBOUTONNER, ôter, faire sortir les boutons d'une boutonnière ou d'une ganse. Il s'emploie aussi avec le pronom personnel. Il signifie figurément, dans le langage familier, parler librement, ouvrir son cœur, dire tout ce qu'on pense. — **DÉBOUTONNÉ** (*part.*), prov. et fig.; *rire à ventre déboutonné*, rire excessivement; *manger à ventre déboutonné*, manger excessivement. En termes d'escrime, *fleuret déboutonné*, fleuret dont on a ôté le bouton.

DEBRÆ SUPERIORES (*géogr. anc.*), ville de l'Illyrie chez les Dassarètes sur le Drilo ou Drilus.

DEBRÆ INFERIORES (*géogr. anc.*), ville chez les Dassarètes, dans l'Illyrie sur le Drilo, au S. de *Debræ superiores*.

DEBRAIE (NICOLAS), écrivain du XIIIe siècle, auteur d'un poëme intitulé : *Gesta Ludovici VIII*.

DÉBRAILLER (SE), se découvrir la gorge, l'estomac, avec quelque indécence.

DÉBRAISAGE, s. m. (*technol.*), action de débraiser un four.

DÉBROISER, v. act. (*technol.*), enlever la braise qui se forme dans un four qu'on chauffe.

DEBRAUX (PAUL-EMILE), l'un des chansonniers les plus populaires de son temps, naquit à Ancerville (Meuse) en 1798. En 1817 il fut employé à la bibliothèque de l'Ecole de médecine, mais ne conserva pas longtemps ce poste. C'est à cette époque qu'il publia la plupart de ses chansons. En 1823 il fut enfermé à Sainte-Pélagie pour des opinions politiques qu'il avait manifestées dans une réunion de chansonniers. Il mourut à 33 ans, le 12 février 1831. Ses chansons les plus remarquables sont: *la Colonne*, *Soldat t'en souviens-tu*, *Bélisaire*, *Fanfan la Tulipe*, etc.

DEBRAZETH (*géogr. sacr.*), ville de la tribu de Zabulon, sur les frontières de cette tribu.

DEBRECZIN (LANDES DE). La ville de ce nom, appelée en Hongrois *Debreczen*, fait partie du comitat de Bihar en Hongrie. Elle a 4,000 maisons et 38,000 habitants, presque tous Hongrois d'origine, qui portent encore, hommes et femmes, le costume d'autrefois. La ville a un collége pour les étudiants de la religion réformée, avec une bibliothèque, un gymnase catholique, plusieurs églises, couvents et hôpitaux, et un hospice pour les orphelins. Il s'y tient de grandes foires et des marchés aux bestiaux, fréquentés par les marchands hongrois et transylvaniens. L'industrie de Debreczin a aussi quelque activité: la ville fabrique beaucoup de gros lainages, de pelisses en peau de mouton noire, de savon, pour lequel on tire la soude de quelques lacs des environs, de tabac, de bimbloterie et de pipes en terre, dont le commerce met en circulation 11 millions par an. Auprès de Debreczin s'étendent des landes dont la superficie est de 15 milles (d'Allemagne) carrés, où il n'y a ni arbres, ni trace de culture et de séjour d'hommes; une grande partie de ce désert immense est marécageux et impraticable dans la mauvaise saison.

DÉBREDOUILLER (*t. du jeu de trictrac*), faire ôter la bredouille ou empêcher que l'adversaire ne puisse gagner partie double ou quadruple. On dit aussi, avec le pronom personnel, *se débredouiller*.

DÉBRIDEMENT, s. m. (*chirurg.*), opérer le débridement, *débrider une plaie*, DÉBRIDER (*technol.*), détacher le câble de la pierre lorsqu'elle est arrivée au haut de la carrière.

DÉBRIDER, ôter la bride à un cheval, à une bête de somme. Il se dit aussi absolument, et alors il s'y joint une idée de repos, de cessation de mouvement; fig. et fam., *sans débrider*, tout de suite et sans interruption. — DÉBRIDER, se dit aussi, figurément et familièrement, en parlant de certaines choses qu'on fait avec précipitation.

DÉBRIDEUR, s. m. (*technol.*), ouvrier qui détache les câbles dans une carrière.

DÉBRIGANDINER, v. a. (*anc. t. de marine*), ôter la cuirasse nommée brigandine. On l'employait surtout avec le pronom, *se débrigandiner*.

DÉBRILLANTER, v. a. (*technol.*), ôter le brillant, rendre moins brillant.

DÉBRIS. Il se dit des restes d'une chose brisée, fracassée ou détruite en grande partie; et il s'emploie surtout au pluriel. Fig. et fam.: *les débris d'un souper, d'un pâté*, les restes d'un souper, d'un pâté. — DÉBRIS, se dit figurément de ce qui reste d'une chose après sa ruine, sa destruction, son abolition; du bien qui reste à quelqu'un après un grand revers de fortune; des troupes qui restent après la défaite d'une armée, d'un corps, etc. — DÉBRIS, se dit aussi du dégât que de grands trains, de grands équipages font dans les hôtelleries.

DÉBROCHAGE, s. m. (*technol.*), action d'enlever la couverture d'un livre broché.

DÉBROCHER, v. a. (*technol.*), ôter les mèches ou les chandelles de dessus les broches.

DEBROSSES (*V.* BROSSES).

DÉBROUILLEMENT, action de démêler, de débrouiller une chose embrouillée.

DÉBROUILLER, démêler, mettre en ordre les choses qui sont en confusion. Il s'emploie aussi figurément.

DÉBROUILLEUR, s. m. (*néol.*), celui qui débrouille, qui aide à débrouiller.

DÉBRULER (*chim.*). Selon Fourcroy, ce mot exprime qu'un corps qui s'était oxygéné perdait son oxygène. Ainsi il disait que *la lumière débrûlait les corps*, parce qu'en effet plusieurs corps oxygénés perdent leur oxygène lorsqu'ils sont exposés à la lumière. J. P.

DÉBRUTIR, ôter ce qu'il y a de rude et de brut. Il se dit principalement en parlant des glaces, des diamants et du marbre.

DÉBRUTISSEMENT, action de débrutir, ou le résultat de cette action.

DÉBRUTISSEMENT, s. m. (*technol.*), action d'adoucir ou de polir jusqu'à un certain point la surface d'une glace.

DEBRY (JEAN-ANTOINE-JOSEPH), membre de l'Assemblée législative et de la Convention, naquit à Vervins en 1768. Il y exerçait la profession d'avocat quand la révolution commença; il en adopta les principes avec ardeur et fut élu membre du directoire du département de l'Aisne, puis député à l'Assemblée législative, et plus tard à l'Assemblée constituante. Il déploya dans ces deux assemblées une grande activité et une grande énergie; mais il se laissa entraîner par les circonstances. Il vota la mort d'un roi qu'il savait innocent et il se prononça contre le sursis. Il fut membre du comité de salut public et de celui de sûreté générale; il prit part à la plupart des mesures qui furent prises pendant la révolution. Élu par son département au conseil des Cinq-Cents, il en devint le secrétaire, puis le président (21 décembre 1796). Nommé plénipotentiaire à Rastadt le 17 mai 1798, il partit et fut le seul qui échappa au massacre de ses collègues par les hussards de Szeckler. Réélu au conseil des Cinq-Cents, il était de nouveau président de ce corps lors de la fête funèbre qui fut célébrée en l'honneur des deux victimes de l'attentat de Rastadt, le 8 juin 1799. Après le 18 brumaire, Debry fut nommé membre du Tribunat, et le 29 avril 1801 il fut pourvu de la préfecture du Doubs. Il conserva cette place jusqu'en 1814, époque à laquelle il se soumit à Louis XVIII et fut révoqué. Pendant les Cent-Jours il fut appelé à la préfecture du Bas-Rhin, et exilé par la loi du 12 janvier 1816. Il se retira chez une de ses filles, à Mons, où il se livra à des études scientifiques. De retour à Paris après la révolution de 1830, il continua ses études, et mourut le 6 janvier 1834, âgé de soixante-quatorze ans.

DÉBUCHÉ, s. m. (*chasse*), fanfare que l'on sonne quand l'animal chassé entre en plaine.

DÉBUCHER, sortir du bois. Il se dit des bêtes fauves qui sortent de l'endroit du bois où elles s'étaient retirées. Il signifie aussi activement, faire sortir une bête de son fort. Il s'emploie substantivement dans le premier sens.

DÉBUCHIER, v. a. et n. (*v. lang.*), ouvrir, débusquer, sortir.

DEBURE (l'aîné) (GUILLAUME), né à Paris le 10 mai 1734, d'une famille très ancienne dans la librairie, fut reçu dans cette corporation en 1759, et, ayant joint à son magasin ceux de Debure le jeune et de Debure-Saint-Fauxbin, il se trouva à la tête de la librairie la plus considérable de France. Il exerça pendant plus de cinquante ans le commerce avec beaucoup d'intelligence et de délicatesse. Lorsque le conseil d'État autorisa la circulation des éditions contrefaites moyennant un droit par chaque exemplaire, Debure fut chargé d'estampiller les livres de cette catégorie, mais il refusa de participer à cette mesure, et ce refus lui valut une détention de quelques jours à la Bastille. Debure a rendu de très grands services aux bibliophiles par la rédaction d'excellents catalogues, au nombre de quarante-trois. Il mourut le 4 février 1820, âgé de quatre-vingt-six ans.

DEBURE-SAINT-FAUXBIN (JEAN-FRANÇOIS), cousin-germain du précédent, helléniste distingué, naquit à Paris le 16 septembre 1741, et se fit recevoir, en 1765, dans la corporation des libraires. Il quitta bientôt cette profession pour se livrer tout entier à l'étude des lettres, dans lesquelles il se distingua beaucoup. Il mourut à Paris le 24 janvier 1825, âgé de quatre-vingt-quatre ans. On a de lui: *Boetii de consolatione philosophiæ*; une traduction du *nouveau Manuel d'Epictète, extrait des commentaires d'Arien*; *Lettres d'un solitaire à un académicien de province sur la nouvelle version de l'Histoire des animaux d'Aristote*; et une traduction du roman de Daphnis et Chloé.

DEBURE (GUILLAUME-FRANÇOIS), le jeune, libraire, né à Paris en janvier 1731, mort le 15 juillet 1782, fut un bibliographe très distingué. Son ouvrage le plus estimé sur cette science est intitulé: *Bibliographie instructive, ou Traité de la connaissance des livres rares et singuliers*, 1763-68, 7 vol. in-8°.

DÉBUSQUEMENT, action de débusquer.

DÉBUSQUER, chasser quelqu'un d'un poste avantageux. Il signifie, figurément et familièrement, faire perdre à quelqu'un une situation, une condition avantageuse, l'en déposséder, le supplanter.

DÉBUT, le premier coup à certains jeux, comme au billard, à la boule, au mail, etc. Il se dit par extension à tous les autres jeux. *Cette boule est en bon début*, on peut aisément l'ôter du but ou d'auprès du but. — DÉBUT, se dit figurément pour commencement. Il se dit également de la manière dont on commence un genre de vie, une entreprise; des premiers actes qu'on fait dans un emploi, dans une profession. Il se dit particulièrement de ceux qui paraissent pour la première fois sur un théâtre où ils n'avaient point encore paru.

DÉBUTANT, ANTE, celui, celle qui débute. Il se dit principalement des acteurs.

DÉBUTER, jouer le premier coup à de certains jeux, comme au mail, à la boule, etc. On le dit, par extension, de tous les autres jeux. Il signifie figurément commencer; il signifie également, au figuré, faire les premières démarches dans un genre de vie, dans une entreprise; faire les premiers actes dans une profession, les premiers pas dans une carrière; il signifie particulièrement s'essayer au théâtre, sur un théâtre. — **DÉBUTER** est aussi verbe actif, et signifie ôter du but, d'auprès du but.

DEÇA (*prép.*), de ce côté-ci, par opposition à *delà*, qui signifie de ce côté-là. Ce mot est quelquefois précédé de l'une des prépositions *de* et *par*. — Il s'emploie plus ordinairement de la même manière avec la préposition *en*; mais alors il doit être suivi de la préposition *de*. — *De deçà*, *par deçà*, et *en deçà* s'emploient aussi adverbialement, mais la dernière de ces trois locutions est aujourd'hui la plus usitée. Les deux autres ont vieilli. — *Deçà* et *delà*, d'un côté et de l'autre. — *Deçà* et *delà* signifie aussi de côté et d'autre.

DECABOEON (*antiq.*) (δέκα dix, βοῦς, bœuf), monnaie frappée par les ordres de Thésée avec la marque d'un bœuf, soit à cause de ses victoires sur le général Taurus de Crète, soit pour encourager l'agriculture chez ses sujets.

DÉCABRACHIDE, adj. des 2 g. (*zool.*), qui porte quatre appendices en forme de petits bras.

DÉCACANTHE (*poiss.*). Ce nom, qui signifie *dix aiguillons*, a été appliqué à plusieurs poissons, notamment à un *lutjan* et à *hodian*. (*V.* ces mots.) J. P.

DECACTIS (*foss.*). On donne ce nom aux étoiles ou astéries à dix rayons qu'on trouve à l'état fossile dans les schistes de Lolenhofen. On en voit la figure dans l'ouvrage de Knorr sur les fossiles, p. 1, tab. 11, fig. 4. J. P.

DECACÈRE, adj. des 2 g. (*zool.*), qui a des cornes ou tentacules. — **DÉCACÈRES**, s. m. pl., famille de mollusques céphalopodes.

DÉCACHETER, ouvrir ce qui est cacheté.

DECACHORDE (δέκα dix, χορδὴ corde), instrument de musique semblable à la lyre qui avait dix cordes.

DECADARQUE (*antiq. gr.*), officier subalterne commandant une décade ou compagnie de dix hommes (δέκας, décader ἄρχειν commander).

DÉCADE (*arith.*). Ce mot a été employé par d'anciens auteurs pour désigner ce que nous nommons une *dixaine*. Les auteurs du calendrier républicain l'avaient adopté dans leur terminologie, et leurs trois périodes de dix jours dans lesquelles ils divisaient le mois portaient le nom de *décades*.

DÉCADE (δέκα dix), escouade de dix hommes. La décade n'était point une des divisions militaires des Grecs; c'était un simple détachement, comme les escouades de huit ou de douze.

DÉCADE, nom donné à l'ensemble de dix jours. On divisait en trois décades le mois athénien; dans les mois creux, c'est-à-dire de vingt-neuf jours, la dernière décade était de neuf jours. Pour distinguer les trois décades, on nommait la première ἀρχομένου ou ἱσταμένου μηνός (c'est-à-dire la décade du commencement du mois;); la seconde μεσοῦντος μηνός c'est-à-dire du milieu du mois), ou ἐπὶ δέκα (c'est-à-dire après la première décade); la troisième παυομένου μηνός) c'est-à-dire de la fin du mois), ou ἐπ' εἰκάδι (c'est-à-dire après la vingtaine.) Ainsi le 1, le 11, le 21, le 2, le 12, le 22, se distinguaient par le même nombre ordinal, auquel on ajoutait divers mots, selon la décade. A la troisième décade on comptait quelquefois à rebours, c'est-à dire que le 29 était le 2, le 28 le 3, et ainsi de suite; mais il fallait alors employer la formule παυομένου μηνός, car avec l'autre on suivrait l'ordre ordinaire.

DÉCADENASSER, v. a., enlever un cadenas. Décadenasser une armoire.

DÉCADENCE. Commencement de dégradation, de ruine, de destruction; état de ce qui tend à sa ruine. Il n'est presque plus d'usage au propre. Il se dit figurément de tout ce qui déchoit, de tout ce qui va en déclinant.

DÉCADI. Le dixième et dernier jour de la décade dans le calendrier républicain français.

DÉCADIE ALUMINEUSE (*bot.*), *decadia aluminosa*, Loureiro. C'est un arbre de grandeur médiocre qui croît dans les grandes forêts de la Cochinchine, et que l'on rencontre aussi à Amboine, selon Rumph. Il forme un genre voisin de l'*hopea* et appartient à l'*icosandrie monogynie* de Linné; ses caractères principaux sont: calice à trois folioles persistantes, dix pétales inégaux, des étamines nombreuses insérées à la base des pétales; ovaire supère; un style; un drupe renfermant une noix à trois loges. Son tronc est revêtu d'une écorce caduque de couleur cendrée; ses rameaux sont étalés, les feuilles alternes pétiolées, lancéolées, d'un vert gai, dentées en scie, aiguës à leur sommet et longues d'environ six pouces sur deux de large; les fleurs sont petites, blanches, disposées en grappes courtes, les unes axillaires, les autres terminales. A la Cochinchine, on emploie, au lieu d'alun, son écorce et ses feuilles pour la teinture en rouge. J. P.

DÉCADUQUE (*antiq. gr.*) (δέκα dix, ἔχειν avoir, posséder); magistrat que Lysandre établit sur les villes de la dépendance d'Athènes, après la prise de cette ville dans la guerre du Péloponnèse.

DECAÈDRE, adj. des 2 g. et s. m. (*cristallog.*). Il se dit d'un solide qui a dix faces ou côtés.

DECAEN (CHARLES-MATHIEU-ISIDORE, comte), né à Cruelly, près Caen, le 13 avril 1769, s'engagea, en 1787, dans l'artillerie de marine, en sortit en 1790, et entra en 1791 dans le 4e bataillon des volontaires du Calvados; il fut fait sergent-major des canonniers à la formation de ce corps. En 1793, il assista au siége de Mayence, sous Kléber, en qualité d'adjudant à l'état-major; après la capitulation de cette ville, il suivit le bataillon en Vendée, et fut bientôt nommé adjudant-général, chef de bataillon. En janvier 1795, il quitta la Vendée et passa dans l'armée du Rhin, où sa valeur lui fit donner le grade de général de brigade. Il servit ensuite avec la plus grande distinction sous Moreau; et, nommé général de division, il contribua puissamment au gain de la bataille de Hohenlinden. En 1803, Decaen fut envoyé dans l'Inde avec le titre de gouverneur général des établissements français. Il défendit ensuite les îles de France et de Bourbon contre les attaques continuelles des Anglais, et n'abandonna la première qu'en décembre 1810, quand, pressé par 20,000 hommes et n'en ayant sous ses ordres que 1,200, il lui fallut renoncer à l'espoir de la défendre plus longtemps. Après son retour en France, il fut mis à la tête de l'armée de Catalogne, et se fit encore remarquer dans cette occasion par sa conduite. Il revint et fut, en 1814, chargé d'organiser l'*armée de la Gironde*. Il était à Libourne quand il apprit l'abdication de Napoléon, et il se soumit aux Bourbons dès le 3 avril. Le 2 juin suivant, Decaen fut nommé chevalier de Saint-Louis, et le 19 juillet grand cordon de la Légion-d'Honneur. Il était gouverneur de la 11e division quand Napoléon rentra en France; il fit de nouvelles protestations de fidélité aux Bourbons, et les renouvela à la duchesse d'Angoulême, qui se trouvait alors à Bordeaux. Après le départ de la princesse, il reçut dans la ville le général Clausel. Pour ce fait, il fut arrêté après les Cent-Jours, et subit une captivité de quinze mois; il fut enfin rendu à la liberté par ordonnance royale, et mis en disponibilité. A la révolution de juillet, le général Decaen fut nommé président de la commission chargée d'examiner les réclamations des officiers éloignés de l'armée par la Restauration. Il fut enlevé en 1832, à Montmorency, par une attaque d'apoplexie foudroyante. Il était âgé de 63 ans.

DECAFIDE, adj. des deux genres (*bot.*), qui est partagé en dix parties.

DÉCAGONE (*géom.*) (de δέκα, dix, et de γωνία, angle), figure plane qui a dix côtés et dix angles. Lorsque les angles sont égaux entre eux, ainsi que les côtés, le *décagone* est dit *régulier*. Il peut être alors inscrit et circonscrit au cercle (*V.* CERCLE, nos 13 et 15). — La somme des angles d'un décagone étant égale à 8 fois 2 droits (*V.* POLYGONE), ou à 16 droits, l'angle du décagone régulier est équivalent à $\frac{8}{5}$ d'angle droit. Cet angle est donc de 144° sexagésinaux. Si l'on désigne par r le rayon du cercle circonscrit à un décagone régulier, le côté de ce décagone sera donné par l'expression

$$c = r.\frac{\sqrt{5}-1}{2}$$

c désignant ce côté, cette relation peut servir à déterminer le rayon du cercle circonscrit lorsque le côté est connu; pour cet effet on lui donne la forme

$$r = \frac{2c}{\sqrt{5}-1}$$

Elle résulte de la division en *moyenne et extrême raison* du rayon du cercle circonrcrit; le côté du décagone régulier étant égal au plus grand des deux segments (*V.* HEXAGONE). — Ainsi, pour inscrire un décagone régulier dans un cercle donné il faut diviser son rayon en moyenne et extrême raison (*V.* **Application de l'algèbre**), et le plus grand segment est le côté du décagone. La surface d'un polygone régulier quelconque étant égale à la moitié du produit de son périmètre par son *apothème*, comme le périmètre du décagone est égal à 10 fois son côté, sa surface sera

$$S = 5\, c.\, h.$$

S désignant la surface, et h l'apothème. Mais l'apothème étant l'un des côtés de l'angle droit du triangle rectangle qui a le rayon du cercle circonscrit pour hypothénuse et le demi-côté du décagone pour troisième côté, nous avons

$$h = \sqrt{\left[r^2 - \frac{c^2}{4}\right]} = \frac{1}{2}\sqrt{\left(4r^2 - c^2\right)}$$

Ainsi l'expression de la surface est

$$S = \frac{5}{2}\, c \sqrt{\left(4r^2 - c^2\right)}$$

Pour avoir cette surface seulement en fonction du côté, ou seulement en fonction du rayon, il suffit de substituer dans cette dernière égalité la valeur de r en c, ou celle de c en r, et l'on obtient

$$S = \frac{5c^2}{\;}\sqrt{5 + 2\sqrt{5}}$$

$$S = \frac{5r^2}{\;}\sqrt{10 - 2\sqrt{5}}$$

En calculant les coefficients de c^2 et de r^2, ces deux expressions se réduisent à

$$S = 7{,}693209 \times c^2$$
$$S = 2{,}938927 \times r^2$$

ce qui est suffisant pour la pratique. On donne quelquefois le nom de **décagone** à un ouvrage de fortification composé de dix bastions (*V.* **Fortification**).

Décagone (*pois.*), nom donné par M. Schneider à un poisson des Indes orientales, *agonus decagonus*, et qui appartient au genre *aspidiphore* de M. de Lacépède (*V.* ce mot). J. P.

Décagramme, mesure de pesanteur égale à dix grammes.

Décagynie (*bot.*), nom que donné Linné, dans son système sexuel, à tous les végétaux pourvus de dix styles ou organes féminins. Ils appartiennent tous à la *décandrie* (*V.* ce mot). J. P.

Décagynique, adj. des 2 g. (*bot.*), qui appartient à la décagynie.

Décaisser, tirer d'une caisse.

Décaisser, v. ac. (*horticul.*), enlever un arbuste de sa caisse pour le transplanter dans une autre ou en pleine terre.

Décalengé, ée, adj. (*anc. cout.*), qui n'est point accusé, qui n'est point arrêté : *Cet homme est encore décalengé ; biens décalengés*, biens non saisis.

Décalenger (se), v. pers. (*v. lang.*), se désister.

Décalitre ou **Décalitron**, s. m. (*ant. gr.*), monnaie d'Égine, de Corinthe et de Syracuse qui valait 10 *litres* (*V.* ce mot.

Décalitre, mesure de capacité égale à 10 litres.

Décalozé, ée, adj. (*hist. nat.*), qui est partagé en dix lobes.

Décalogue (*théologie*), dix commandements que Dieu donna aux Hébreux par le ministère de Moïse, et qui sont l'abrégé des devoirs de l'homme. Ils étaient gravés sur deux tables de pierre, dont la première contenait les commandements qui ont Dieu pour objet, la seconde ceux qui regardent le prochain; ils sont rapportés dans le 20e chapitre de l'Exode, et sont répétés dans le 5e du Deutéronome. Comme ils subsistent encore dans le christianisme, et qu'ils sont la base de la morale évangélique, il n'est aucun chrétien qui ne les connaisse. —Plusieurs moralistes ont démontré que ces commandements ne nous imposent aucune obligation dont la droite raison ne sente la justice et la nécessité, que ce n'est rien autre chose que la loi naturelle mise par écrit. Jésus-Christ en a fait l'abrégé le plus simple en les réduisant à deux, savoir : d'aimer Dieu sur toutes choses et le prochain comme nous-mêmes.

Dieu s'était fait connaître aux Hébreux comme créateur et souverain seigneur de l'univers, et comme leur bienfaiteur particulier; c'est à ce double titre qu'il exige leurs hommages, non qu'il en ait besoin, mais parce qu'il est utile à l'homme d'être reconnaissant et soumis à Dieu. Conséquemment, il leur défend de rendre un culte à d'autres dieux qu'à lui, de se faire des idoles pour les adorer, comme faisaient alors les peuples dont les Hébreux étaient environnés.

Il leur défend de prendre en vain son saint nom, c'est-à-dire de jurer son *nom* contre la vérité, contre la justice et sans nécessité. Le serment fait au nom de Dieu est un acte de religion, un témoignage de respect envers sa majesté suprême; mais s'en servir pour attester le mensonge, pour s'obliger à commettre un crime, pour confirmer de vains discours qui ne servent à rien, c'est profaner ce nom vénérable.

Dieu leur ordonne de consacrer un jour de la semaine à lui rendre le culte qui lui est dû, et il désigne le septième, qu'il nomme *sabbat*, ou repos, parce que c'est le jour auquel il avait terminé l'ouvrage de la création. Il était important de conserver la mémoire de ce fait essentiel, de graver profondément dans l'esprit des hommes l'idée d'un Dieu créateur; l'oubli de cette idée a été la source de la plupart des erreurs en fait de religion. Dieu fait remarquer que le *sabbat*, commandé dès le commencement du monde (Gen., cap. II, v. 3), est non-seulement un acte de religion, mais un devoir d'humanité; qu'il a pour objet de procurer du repos aux esclaves, aux mercenaires et même aux animaux, afin que l'homme n'abuse point de leurs forces et de leur travail.

Pour imprimer aux Hébreux le respect pour ses lois, Dieu déclare qu'il est le Dieu puissant et jaloux, qu'il punit jusqu'à la quatrième génération ceux qui l'offensent, mais qu'il fait miséricorde jusqu'à la millième à ceux qui l'aiment. Les incrédules qui ont objecté que Moïse n'a pas commandé aux Hébreux l'amour de Dieu dans le *Décalogue* n'ont pas vu qu'il suppose l'amour et la reconnaissance comme la base de l'obéissance à la loi. Ceux qui ont été scandalisés du terme de *Dieu jaloux*, n'ont pas montré beaucoup de sagacité (*V.* **Jalousie**). Tels sont les commandements de la première table.

Dans la seconde, Dieu ordonne d'honorer les pères et mères. On conçoit que sous le terme d'*honorer* sont compris tous les devoirs de respect, d'amour, d'obéissance, d'assistance, que la reconnaissance peut nous inspirer pour les auteurs de nos jours; et que la reconnaissance doit s'étendre à tous ceux dont l'autorité est établie pour notre avantage : sans cette subordination, la société ne pourrait pas subsister.

Dieu défend le meurtre, par conséquent tout ce qui peut nuire au prochain dans sa personne; l'adultère, et l'on doit sous-entendre toute impudicité qui de près ou de loin peut porter à ce crime; le vol, conséquemment toute injustice, qui dans le fond se réduit toujours à un vol; le faux témoignage, et celui-ci comprend la calomnie et même la médisance, qui produisent à peu près le même effet sur la réputation du prochain; enfin les désirs injustes de ce qui appartient à autrui, parce que ces désirs mal réprimés portent infailliblement à violer le droit du prochain.

Dans la suite de ses lois, Moïse détaille plus au long les différentes actions qui peuvent blesser la justice, nuire au prochain, troubler l'ordre et la paix de la société; il les défend, établit des peines pour les punir et des pénitences pour les prévenir; mais toutes ces lois, soit celles qui commandent des vertus, soit celles qui proscrivent des crimes, peuvent se rapporter à quelqu'un des préceptes du *Décalogue*. Là se trouve concentrée, pour ainsi dire, toute la législation; dès qu'elle réprime la cupidité, la jalousie, la volupté, la vengeance, passions si terribles, elle suffit pour arrêter tous les crimes.

Ce code de morale, si court, si simple, si sage, si fécond dans ses conséquences, a été formé environ l'an 2500 du monde, près de 1000 ans avant la naissance de la philosophie chez les Grecs. Quiconque voudra le comparer avec tout ce qu'ont produit dans ce genre les législateurs philosophes, appelés les sages par excellence, verra aisément si le *Décalogue* est parti de la main de Dieu ou de celle des hommes. Moïse ne le donne point comme son ouvrage; il le montre pratiqué déjà par les patriarches longtemps avant lui. Dans le livre de Job, que plusieurs savants croient plus ancien que Moïse, nous voyons ce saint homme suivre exactement cette morale dans sa conduite. A proprement parler, le *Décalogue* est aussi ancien que le monde, c'est la première leçon que Dieu a donnée au genre humain.

Pour le faire observer aux Hébreux, Dieu y ajoute la sanction des récompenses et des peines temporelles; mais cette sanction particulière pour la nation juive ne dérogeait point à la sanction primitive des peines et des récompenses éternelles que Dieu y avait attachées pour tous les hommes. Par la destinée d'Abel, Dieu avait assez fait voir que les récompenses de la vertu ne sont point de ce monde, et la prospérité des méchants avertissait assez qu'il y a pour le crime des peines dans une autre vie. Les incrédules qui ont accusé Moïse de les avoir laissé ignorer aux Hébreux se sont trompés lourdement; nous le prouverons ailleurs.

Mais il y a ici d'autres remarques à faire. 1° Malgré l'évidence de cette loi divine, elle n'a jamais été bien connue que par la révélation. Aucun philosophe ne l'a exactement suivie dans ses leçons de morale, tous l'ont attaquée et contredite dans quelque article. Fait essentiel, qui prouve combien les déistes se trompent lorsqu'ils supposent qu'il ne faut point de révélation pour apprendre à l'homme des vérités spéculatives ou pratiques conformes à la lumière naturelle ou à la droite raison. Autre chose est de les découvrir sans autre secours que la lumière naturelle, et autre chose d'en voir l'évidence lorsque la révélation nous les a découvertes; c'est sur cette équivoque sensible que sont fondées la plupart des objections que font les déistes contre la révélation.

Les anciens philosophes avaient-ils une faculté de raisonner moins parfaite que la nôtre? Non sans doute; cependant quelques-uns ont jugé que la communauté des femmes, la prostitution publique, les impudicités contre nature, le meurtre des enfants mal conformés, la vengeance, le droit de vie et de mort sur les esclaves, les guerres cruelles faites aux peuples qu'ils nommaient barbares, le brigandage exercé chez les étrangers, ne sont pas contraires au droit naturel. Où avons-nous puisé les lumières qui nous en font juger autrement, sinon dans la révélation, dans la morale de l'ancien et du nouveau Testament?

2° Moïse a fait une très grande différence entre les lois morales naturelles renfermées dans le *Décalogue* et les lois cérémoniales, civiles, politiques, qu'il a aussi données aux Juifs de la part de Dieu. Le *Décalogue* fut dicté par la bouche de Dieu même, au milieu des feux de Sinaï, avec un appareil redoutable; les lois cérémonielles furent données à Moïse successivement et à mesure que l'occasion se présenta. La loi morale fut imposée d'abord après la sortie d'Égypte; c'est par-là que Dieu commence. La plupart des cérémonies ne furent prescrites qu'après l'adoration du veau d'or, et comme un préservatif contre l'idolâtrie. Moïse renferma dans l'arche d'alliance les préceptes moraux gravés sur deux tables; il n'y plaça point les ordonnances du cérémonial. A l'entrée de la terre promise, le *Décalogue* fut gravé sur un autel de pierre; il n'en fut pas de même des autres lois. Les prophètes ont souvent répété aux Juifs que Dieu faisait fort peu de cas de leurs cérémonies, mais qu'il exigeait d'eux l'obéissance à sa loi, la justice, la charité, la pureté des mœurs. Par là est réfuté l'entêtement des Juifs pour leur loi cérémonielle, à laquelle ils donnent la préférence sur la loi morale.

3° Lorsque Jésus-Christ donne des lois morales dans l'Évangile, il ne les oppose point aux lois du *Décalogue*, telles que Dieu les a données, mais aux fausses interprétations des docteurs juifs: « Vous avez ouï dire qu'il a été dit aux anciens: » *Tu aimeras ton prochain et tu haïras ton ennemi.* » Ces dernières paroles ne se trouvent pas dans la loi; c'était une glose fausse des scribes et des pharisiens. Le dessein de Jésus-Christ n'est donc point de montrer des erreurs de morale dans la loi, mais de réfuter les commentaires erronés des Juifs.

4° Les conseils de perfection qu'il y ajoute, loin de nuire à l'observation de la loi, tendent au contraire à en rendre la pratique plus sûre et plus facile, à déraciner les passions qui nous portent à l'enfreindre (*V.* CONSEILS). Si les docteurs juifs et les incrédules avaient daigné faire toutes ces observations, ils se seraient épargné la peine de faire plusieurs objections très déplacées.

DÉCAMÈTRE, mesure de longueur égale à dix mètres (*V.* MESURE).

DÉCALOTTER, v. a. (*technol.*), ôter le dessus, la calotte.

DÉCALQUER, reporter le calque d'un dessin ou d'un tableau sur du papier, sur une toile, sur une muraille, sur une planche de cuivre, etc.

DÉCAMÉRIDE, s. f. (*musique*), la 3,010ᵉ partie de l'octave, partagée d'abord en 43 parties, chacune de celles-ci en 7, et chacune de ces 7 en 10 pour arriver au système le plus exact de tempérament. La *décaméride* a été inventée en 1701 par M. Sauveur.

DÉCAMÉRIDES, v. a. (*musique*), mesurer le rapport des sons par la *décaméride*.

DÉCAMÉRON, ouvrage contenant le récit des événements de dix jours, ou une suite de récits faits en dix jours. Il se dit particulièrement du recueil des nouvelles de Bocace.

DÉCAMISADO ou **EXALTADO**, s. m. (*hist.*), nom des partisans exaltés de la démocratie en Espagne; on écrit aussi *descamisado*.

DÉCAMPEMENT, action de décamper.

DÉCAMPER, lever le camp. Il signifie, figurément et familièrement, se retirer précipitamment de quelque lieu, s'enfuir.

DECAMPS (*V.* CAMPS et DESCAMPS).

DÉCAMYRON, s. m. (*pharm.*), emplâtre composé de dix sortes d'ingrédients.

DÉCAN (*V.* DEKKAN).

DÉCAN, s. m. (*ant. rom.*), bas officier qui commandait dix soldats. Il y avait dix *décans* dans la centurie. — DÉCAN (*astr.*), nom que l'on a donné à chaque dizaine de degrés ou au tiers de chaque signe du zodiaque. Il y avait trois *décans* pour chaque signe et trente-six pour tout le cercle. Les Égyptiens, qui adoraient les étoiles, adoraient également les *décans*, c'est-à-dire les groupes d'étoiles qui composaient le tiers de chaque signe. Plus tard, les platoniciens d'Alexandrie supposèrent des peines attachées à chaque *décan*.—DÉCAN (*hist. eccl.*) (*V.* DOYEN).

DÉCANAL, ALE, adj. (*hist. eccl.*), qui appartient à un *décan* ou doyen, à un décanat.

DÉCANAT, s. m. (*jurisp.* et *hist.*), est la qualité et la fonction de doyen d'une compagnie; dans un chapitre, on dit le *doyenné*; dans les compagnies laïques, on dit le *décanat*. Dans les chapitres, le doyenné est ordinairement une dignité; dans les compagnies laïques, le décanat n'est communément attaché qu'à la qualité de plus ancien. On parvient à son tour au décanat; et quoiqu'il n'y ait point d'autre mérite à être plus ancien que les autres, et qu'en ce sens la qualité de doyen ne soit point du tout flatteuse ni honorable, si ce n'est parce qu'elle peut faire présumer plus d'expérience que dans ceux qui sont moins anciens, cependant, comme l'homme tire vanité de tout, celui qui est le plus ancien d'une compagnie ne manque point de prendre la qualité de doyen. Du mot *décanat* on a fait le verbe *décaniser*, qui signifie remplir la place de doyen, en faire les fonctions. Il n'y a que le doyen d'une compagnie qui ait droit de décaniser; mais, en son absence, le sous-doyen, ou, à défaut de celui-ci, le plus ancien suivant l'ordre du tableau, décanise (*V.* DOYEN, DOYENNÉ).

DÉCANDOLLIE (*bot.*) (*V.* CANDOLLÉE).

DÉCANDRIE (*bot.*), dixième classe des végétaux dans le système sexuel de Linné. Cette classe comprend tous ceux dont la fleur offre dix étamines; elle se divise en cinq ordres, d'après le nombre des pistils. Ces ordres sont: les *monogynie*, *digynie*, *trigynie*, *pentagynie* et *décagynie*. Au delà de dix, les étamines ne se rencontrent plus en nombre défini, et la *décandrie* est la dernière des classes fondées sur le nombre des étamines. J. P.

DÉCANDRIQUE, adj. des 2 g. (*bot.*), qui appartient à la décandrie.

DÉCANIE, s. f. (*hist. du moy. âge*), subdivision du comté. Chez les Bourguignons et les Visigoths la *décanie* se composait de dix cantons ou familles.

DÉCANISER, v. a. (*anc. prat.*), occuper la place, remplir les fonctions de doyen.

DÉCANONISER, v. a., rayer de la liste des saints.

DÉCANTATION (*chim.*), opération qui a pour objet de séparer une liqueur d'une matière solide qui s'en est déposée par une cause quelconque; elle consiste à verser le liquide de dessus le dépôt, en penchant le vase où elle est contenue. Les vases employés généralement pour la décantation sont de forme conique ou cylindrique. Lorsqu'on veut séparer un liquide d'avec un solide, sans perte, on emploie le siphon. J. P.

DÉCANTER (*t. de chimie et de pharmacie*), transvaser doucement une liqueur au fond de laquelle il s'est fait un dépôt.

DÉCANTHÈRE, adj. des 2. g. (*bot.*), qui a des anthères.

DÉCAPAGE, s. m. (*technol.*), action de décaper les métaux.

DÉCAPARTITE, adj. des 2 g. (*bot.*), qui est divisé en dix parties.

DÉCAPELAGE, s. m. (*marine*), action de décapeler.

DÉCAPELER, v. a. (*marine*), dégarnir un navire, un mât ou une vergue de ses dormants.

DÉCAPÉTALE, adj. des 2 g. (*bot.*), qui a des pétales.

DÉCAPER (*chim.*), opération qui a pour objet de rendre la surface d'un métal brillante, en enlevant, au moyen d'un dissolvant, la couche d'oxyde qui s'y est formée. Pour décaper le fer, on emploie l'eau contenant un centième d'acide sulfurique ou quelquefois un deux-centième seulement. Pour décaper le cuivre destiné à l'étamage, on fait usage d'hydrochlorate d'ammoniaque; mais dans les autres cas on se sert d'acide sulfurique très étendu d'eau ou de vinaigre. J. P.

DÉCAPER (*marine*), sortir d'une grande baie, d'un golfe, passer un cap en dedans duquel on naviguait.

DÉCAPEUR, s. m. (*technol.*), celui qui décape les métaux.

DÉCAPHYLLE, adj. des 2 g. (*bot.*), qui a dix feuilles ou folioles.

DÉCAPITATION, action de décapiter (*V.* PEINE DE MORT, GUILLOTINE, etc.)

DÉCAPITER, c'est trancher la tête à quelqu'un qui a été condamné par jugement à subir cette peine. — Dans l'ancien régime, la décapitation était, par privilége, la peine de mort à laquelle on condamnait un noble, au lieu que la potence était le supplice réservé au roturier. — Aujourd'hui les délits du même genre sont punis du même genre de peine, quels que soient d'ailleurs le rang et l'état des coupables. Tout condamné à mort a la tête tranchée. Cod. pén., art. 12.

DÉCAPODE, s. m. (*ant. gr.*), mesure linéaire des Grecs, composée de dix pieds, et variant dans les différents états selon la longueur du pied lui-même.

DÉCAPODES (*crust.*), premier ordre de la classe des crustacés. Ils portent des yeux composés placés au bout d'un pédicule mobile; une première paire de mâchoires fortes portant chacune une palpe, précédée par une protubérance charnue, seul vestige de la lèvre antérieure, et suivie de deux feuillets qui représenteraient la postérieure, ainsi que de plusieurs organes que l'on peut appeler pieds-mâchoires. Ces derniers réunis aux vraies mâchoires en forment ensemble six paires dont aucune ne ressemble aux autres. La tête est unie au thorax dont elle ne se distingue que par une rainure, elle forme avec lui un grand bouclier qui recouvre toute la partie antérieure du corps et dont les bords se replient pour envelopper les branchies. Le thorax porte cinq paires de pieds bien développés, ordinairement en forme de serres, pourvus de six articulations et d'une grandeur telle que ces animaux sont souvent obligés de marcher de côté ou à reculons. Le reste du corps est formé de plusieurs articulations qui composent une forte queue où s'implantent, en dessous, des pieds semblables à des nageoires. — C'est parmi les décapodes que se trouvent les espèces les plus grandes et celles qui servent à notre nourriture; quelques espèces, comme les langoustes, atteignent jusqu'à un mètre de longueur. Leurs pinces sont très fortes et redoutables. Cet ordre comprend deux familles: les *décapodes brachyures* et les *décapodes macroures*. La première famille renferme les *crabes* proprement dits, les *étrilles*, les *pinnothères*, etc. La seconde a pour principaux genres les *pagures* ou *ermites*; les *locustes*, les *langoustes*; les homards, les palémons, etc. (*V.* ces différents mots). J. P.

DÉCAPODES (*moll.*). On désigne sous ce nom, d'après le nombre de leurs pieds, la seconde famille des céphalopodes cryptobranches. Cette famille comprend le genre calmar et quelques petits sous-genres établis à ses dépens (*V.* CALMAR). J. P.

DÉCAPODIFORME, adj. des 2 g. (*zool.*), qui ressemble à un mollusque décapode.

DÉCAPOLE (*géogr. anc.*) (ville), contrée de la Judée composée des dix villes les plus considérables de la Béthanie, confédérées pour résister à la domination étrangère. Les commentateurs de la Bible varient sur le nom de ces villes. Il y avait encore d'autres confédérations de villes désignées sous le nom de décapoles.

DÉCAPOLITE, adj. et s. des 2 g. (*ant.*), qui habite une décapole.

DÉCAPROTE, s. m. (*antiq. rom.*). Il se dit des dix citoyens les plus riches d'une localité ou d'une communauté qui étaient chargés de lever l'impôt. Les *Décaprotes* payaient de leurs deniers pour les morts. Cicéron les appelle *decem primi*. (*V.* ICOSAPROTE.)

DÉCAPTERYGIENS (*poiss.*). Dans la classification de M. Schneider, ce nom est celui de la seconde classe de poissons et renferme ceux qui sont pourvus de dix nageoires, comme leur nom l'indique (*dix*, nageoire, et *ptéron*, nageoire). Elle est divisée en trois ordres: les jugulaires, les thoraciques et les abdominaux. J. P.

DÉCAPUCHONNER, v. a., enlever le capuchon.

DÉCARBONATÉ, ÉE, adj. (*chim.*). Il se dit d'un oxyde qui a perdu l'acide carbonique avec lequel il était combiné.

DECARBURATION, s. f. (*chim.*), destruction de l'état de carburation d'une substance.

DÉCARBURER, v. a. (*chim.*), séparer le carbone de la fonte par l'affinage.

DÉCARCHIE, s. f. (*anc. t. milit.*), escouade de dix hommes.

DÉCARDINALISER, v. a. (*hist.*), rayer de la liste des cardinaux.

DÉCARGYRE, s. m. (*antiq.*), pièce de monnaie en usage dans l'empire grec. Le décargyre valait 10 argyres, ou le sixième d'une livre, et s'appelait aussi *majorine*.

DÉCARNELER, v. a. (*v. lang.*), couper la chair au vif.

DÉCARQUE, s. m. (*anc. t. milit.*), commandeur d'une décarchie.

DÉCARRELER, ôter les carreaux qui pavent une chambre ou toute autre pièce d'un logement.

DÉCASER, v. a. (*néol.*), faire sortir de sa case, déloger quelqu'un. Il se dit figurément pour déplacer, priver d'une position acquise.

DECASPERMUM (*bot.*), genre de plantes très voisines des goyaviers auxquels Linné fils les avait réunies sous le nom de *psidium decaspermum*. Elles s'en distinguent cependant par leur fruit à dix loges, avec autant de semences; c'est le genre *nelitris* de Gaertner (*V.* ce mot). J. P.

DECASPORA (*bot.*), genre de plantes dicotylédones, à fleurs complètes, monopétalées, régulières, de la famille des épacridés, de la pentandrie monogynie de Linné. Ce genre comprend des arbrisseaux originaires de la Nouvelle-Hollande, à feuilles simples, alternes, à fleurs disposées en petites grappes axillaires ou terminales. Ses caractères sont: calice à cinq folioles, accompagné de deux bractées; corole campanulée; cinq étamines saillantes; un style, un stigmate simple; ovaire supère environné d'un urcéole à sa base; fruit, baie à dix loges, autant de semences. On distingue le décaspora distigué, *D. disticha*. C'est le genre cyathodes de M. de Labillardière, qui le premier, a décrit cette plante; mais elle en diffère par son fruit à dix loges au lieu de huit. Ses tiges sont droites, cylindriques, rameuses, hautes de cinq à six pieds; les rameaux grêles, alternes, étalés; les feuilles alternes, disposées sur deux rangs opposés, glabres, ovales, oblongues, aiguës à leur sommet, à trois nervures longitudinales; les fleurs en grappes, chaque fleur accompagnée d'une bractée scarieuse et de deux petites écailles opposées. La baie renferme dix petits osselets réniformes, à une seule loge sans valves, contenant chacune une graine.

DECASTADIUM (*géogr. anc.*), ville méridionale du Brutium, au S. de Rhégium et sur la même côte.

DÉCASTER, v. a. (*néol.*), exclure un individu de la caste où il est né.

DÉCASTYLE (*t. d'archit.*), édifice à dix colonnes de front.

DÉCASYLLABE ou **DÉCASLLABIQUE** (*litt.*). Il se dit des vers français de dix syllabes.

DÉCATÉPHORE, adj. (*myth. gr.*), surnom d'Apollon à Egine.

DÉCATIR, v. a. (*technol.*). Il se dit dans la chapellerie pour démêler le poil d'une peau, séparer les brins d'un écheveau que l'humidité a collés ensemble.

DÉCATIR, ôter le cati, l'apprêt que le fabricant a donné à une étoffe de laine.

DÉCATISSAGE, action de décatir ou l'effet de cette action.

DÉCATISSEUR (*technol.*), ouvrier qui décatit les étoffes, c'est-à-dire qui leur enlève le lustre qu'elles ont en sortant des fabriques. Il les mouille d'abord légèrement avec de l'eau ou de la vapeur d'eau, puis les brosse, et les étire ensuite pour qu'elles reprennent le plus possible leur longueur primitive. La soie ne se décatit pas. Quand on dévide des écheveaux, on les décatit en détachant les brins collés ensemble par l'humidité.

DÉCATOME, adj. des 2 g. (*zool.*), qui est partagé en dix parties.

DÉCATORTHOME, adj. des 2 g. (*pharmac.*). Il se disait autrefois d'un médicament composé de dix substances.

DÉCAVER (*t. du jeu de brelan ou de bouillotte*), gagner toute la cave de l'un des joueurs.

DÈCE (GNEIUS-MESSIUS-QUINTUS-TRAJANUS-DECIUS), fut proclamé empereur par l'armée de Mœsie l'an 249 après J.-C. Il persécuta avec fureur les chrétiens, en haine de son prédécesseur Philippe qui les avait protégés. (*V.* PERSÉCUTIONS.) Il réussit dans le commencement à chasser les Goths de l'Empire, mais il fut tué quelque temps après dans une bataille qu'il leur livra vers les bords du Danube.

DECEARTE, un des fils de Lycaon, roi d'Arcadie.

DECEATUM (*géogr. anc.*), ville de la Gaule Narbonnaise, chez les Ligures.

DÉCÉBALE, roi des Daces. L'époque la plus glorieuse de cette nation est celle de Décébale. Il lutta longtemps avec succès contre les Romains et parvint, sous le règne de Domitien, à imposer aux maîtres du monde un tribut dont Trajan seul sut les affranchir. Trajan, dès qu'il fut parvenu au trône impérial, se mit en campagne et le défit entièrement. Le fier Dace reçut la couronne des mains de l'empereur et s'humilia devant lui.

Mais sa soumission ne put durer longtemps. Il se révolta, fut vaincu de nouveau et se donna la mort l'an 105 de notre ère. Ainsi finit la guerre des Daces. En mémoire de ces succès de Trajan, on éleva la fameuse colonne qui porta son nom.

DÉCÉDER, mourir de mort naturelle. On ne le dit que des personnes. Il n'est guère usité qu'en termes de jurisprudence et d'administration.

DÉCÈLEMENT, action de déceler.

DÉCELER, découvrir ce qui est caché. Il se dit en parlant des choses et des personnes. Il s'emploie aussi avec le pronom personnel.

DÉCELER (SE), v. pers. (*vénerie*). Il se dit d'un cerf quand il quitte le buisson où il s'était caché.

DÉCÉLIE (*géogr. anc.*), *Biala-Castro*, petite ville de l'Attique au N.-O., parmi les monts Brilessus, au N.-O. de Marathon. Décélie acquit de l'importance dans la guerre du Péloponnèse, d'où cette guerre prend quelquefois le nom de guerre de Décélie.

DÉCÉLUS, homme de qui Castor et Pollux apprirent que leur sœur Hélène, enlevée par Thésée, était cachée à Aphidne.

DÉCEMBRE (*calendrier*), nom du dixième mois de l'année romaine. C'est le douzième de la nôtre depuis l'édit de Charles IX, en 1564. Le solstice d'hiver a lieu vers le 21 de ce mois ; le soleil entre alors dans le signe du capricorne. (*V.* MOIS.)

DECEMBRIO (PIERRE-CANDIDE), naquit à Pavie en 1399. Il était secrétaire de Philippe-Marie Visconti. A la mort de ce prince, les Milanais s'étant alors constitués en république, nommèrent Decembrio leur président. Il quitta la ville à l'arrivée de Sforce et se réfugia à Rome, où le pape Nicolas V, qui l'estimait, le fit un de ses secrétaires apostoliques. Mais Decembrio, qui aimait beaucoup son pays, faisait tout ce qu'il pouvait pour y rentrer et sollicitait sans cesse cette faveur du duc François Sforce. Cette faveur lui fut enfin accordée ; il revint à Milan, mais il ne jouit pas longtemps du bonheur qu'il s'était promis ; il y mourut le 12 novembre de la même année 1477. Il est dit sur l'inscription placée sur son tombeau qu'il a écrit plus de cent vingt-sept ouvrages, sans compter ses opuscules.

DECEMDENTÉ, ÉE (*bot.*), qui est découpé en dix parties.

DÉCEMFIDE, adj. des 2 g. (*bot.*), qui est découpé en dix parties.

DECEMJUGIS, adj. et subs. m. (*ant. rom.*). Il se dit d'un char attelé de dix chevaux. Néron parut dans le stade d'Olympie monté sur un *decemjugis*.

DÉCEMLOCULAIRE (*bot.*). Ce mot signifie *qui a dix loges*; le fruit du *cucurbita pepo* en offre un exemple. Pour trouver ce caractère, il faut observer l'ovaire quand il commence, les cloisons se détruisant par la suite. J. P.

DÉCEMMACULÉ, adj. (*his. nat.*), qui est marqué de dix taches.

DÉCEMMENT, d'une manière décente. Il signifie quelquefois par extension, convenablement.

DÉCEMNOVAL, adj. m. (*chronol.*). Il ne s'emploie que dans cette locution : *Cycle décemnoval*, cycle lunaire de dix-neuf ans.

DECEM PAGI (*géog. anc.*) (*Dieuze*), ville de la Belgique 2e, chez les Médiomatrices au S.-E. de Divodurum.

DECEMPÈDE (*antiq. rom.*) (*decem*, dix, *pes*, *pedis*, pied), mesure de longueur et de surface des Romains, valait dix pieds, soit simplement en longueur, soit carrés.

DÉCEMPONCTUÉ, ÉE (*hist. nat.*), qui est marqué de dix points.

DÉCEMPRIME, s. m. (*ant. rom.*) (*V.* DÉCAPROTE).

DECEM SEPTIMA (*géog. anc.*), ville de l'Hispanie Tarraconaise, au N.-E. de Tarraco, chez les Cosétani.

DECEMVIRALES *leges* ou LOIS DES DOUZE TABLES, lois qui furent faites l'an de Rome 303, par les Décemvirs et par un certain Hermodore d'Ephèse. Il n'y avait originairement que dix tables de ces lois; deux autres semblèrent nécessaires et furent faites l'année suivante. On regardait à Rome les lois des douze tables comme le fondement du droit. Elles étaient gravées sur l'airain et exposées au public, et, du temps même de Cicéron, les jeunes gens qui apprenaient la jurisprudence étaient obligés de les apprendre par cœur sans changer, sans transposer un seul mot.

DÉCEMVIRAT, dignité de décemvir (*V.* ce mot).

DÉCEMVIRS, nom donné à Rome à des magistrats (*decem*, dix, *viri*, hommes), investis vers l'an 303 de Rome de l'autorité souveraine pour faire des lois. Dans la chaleur des disputes entre les patriciens et les plébéiens, ces derniers demandèrent des lois fixes et invariables; le sénat y ayant consenti, on envoya à Athènes trois ambassadeurs chargés de recueillir les lois de Solon et celles des autres législateurs célèbres de la Grèce. A leur retour, on élut dix magistrats nommés décemvirs, à qui on confia le soin de rédiger le nouveau code. On leur donna une puissance absolue sur tous les citoyens, on suspendit de leurs fonctions tous les autres magistrats et on les nomma administrateurs uniques de la république. Ainsi revêtus en même temps des deux dignités consulaire et tribunitienne, par l'une ils eurent le droit de convoquer le sénat, par l'autre celui d'assembler le peuple. Ces nouveaux magistrats entrèrent en charge l'an de Rome 303. Ils usèrent d'abord de leur pouvoir avec modération. Ils rendaient la justice chacun à leur tour pendant dix jours. On portait douze faisceaux devant celui qui présidait. Ses neuf collègues n'étaient précédés que d'un officier appelé *accensus*. En peu de temps ils rédigèrent un code de lois sage et impartial dont toutes les dispositions furent ratifiées par le consentement du peuple et l'approbation des prêtres et des augures. Ces lois, divisées d'abord en dix titres (auxquels on en ajouta deux autres les années suivantes), furent gravées sur des tables d'airain et prirent le nom de *lois décemvirales*. Les Romains, satisfaits de la sagesse des nouveaux législateurs, et désirant compléter ce code de lois qu'ils avaient rédigé, voulurent nommer encore de nouveaux décemvirs, et choisirent presque les mêmes ; mais peu à peu la justice, l'affabilité disparurent et firent place à l'orgueil, à la partialité la plus révoltante. Appius Claudius surtout se rendit odieux par l'inflexibilité de son caractère et le despotisme qui caractérisait toutes ses actions. Enfin pourtant l'année du décemvirat expira: on s'attendait à voir ces premiers magistrats abdiquer la puissance dont ils n'avaient été revêtus que pour un an ; ils la gardèrent, n'assemblèrent ni le peuple ni le sénat, s'entourèrent d'une garde formidable et d'une nombreuse clientèle de jeunes patriciens, et étouffèrent toutes les plaintes comme séditieuses. Cette tyrannie pesait depuis neuf mois sur un peuple muet et tremblant, lorsqu'enfin l'audace avec laquelle Appius Claudius, le roi des decemvirs, osa attenter à l'innocence et à la liberté de Virginie acheva d'irriter les esprits, et la mort tragique de cette jeune fille, immolée par son père lui-même, qui ne voyait pas d'autre moyen de la soustraire au déshonneur, devint le signal du réveil des Romains et de la ruine des décemvirs. L'armée et le peuple étaient si exaspérés contre leur tyrannie qu'ils voulaient sans les entendre condamner ces magistrats prévaricateurs au supplice du feu. On parvint cependant à modérer cette fureur aveugle. Les décemvirs abdiquèrent (305 de Rome) et furent libres de s'exiler où ils voudraient. Appius seul resta en prison, et craignant le supplice qu'il n'avait que trop mérité, il avala du poison. Ainsi la puissance décemvirale finit après avoir duré deux ans. On nomma des consuls et la tranquillité fut rétablie dans la république.

DECEMVIRS, dix magistrats subalternes des quatre premiers siècles de la république. Ils étaient du conseil des préteurs et avaient une espèce de prééminence sur les centumvirs. Ils présidaient aux ventes nommées *subhastationes*. Quelques-uns étaient préposés à la garde des livres sibyllins. Cinq d'entre eux étaient patriciens et cinq autres plébéiens. Sylla dans la suite porta leur nombre à quinze, et ils changèrent leur nom pour celui de quindécemvirs.

DÉCEMVIRS, magistrats chargés de rendre la justice. Ils étaient, ainsi que l'indique leur nom, au nombre de dix, peut-être les mêmes que les précédents.

DÉCEMVIRS, magistrats temporaires chargés de conduire des colonies dans les contrées soumises aux Romains.

DÉCENCE, honnêteté extérieure, bienséance qu'on doit observer quant aux lieux, aux temps et aux personnes. Il se dit particulièrement de la bienséance en ce qui concerne la pudeur.

DÉCENCE, s. f., *décence oratoire* (*littér.*), se dit de l'accord parfait qui doit exister entre la contenance, les gestes, l'accent d'un orateur et le sujet du discours qu'il prononce.

DÉCENCE (DECENTIUS-MAGNUS), était frère de Magnence qui parvint à l'empire après avoir fait assassiner Constant Ier. Décence fut fait César en 351 et vint s'établir dans les Gaules pour les défendre contre les incursions des germains. Ayant appris le triste sort de son frère Magnence, il se donna la mort.

DÉCENNAIRE, adj. des 2 g. (*néol.*), qui procède par dix (*V.* DÉCIMAL).

DÉCENNAL, ALE, qui dure dix ans, ou qui revient tous les dix ans.

DÉCENNALES, fêtes que les empereurs romains célébraient tous les dix ans avec la plus grande pompe. Ce fut Auguste qui institua cette solennité afin de garder l'autorité tout en semblant la repousser. En effet, pendant la célébration de ces fêtes, il abdiquait pour la forme la puissance souveraine, et le peuple charmé le forçait aussitôt à la reprendre. Cette cérémonie, austère et grave lors de son origine, ne fut plus qu'un jeu pour ses successeurs.

DÉCENT, ENTE, qui est selon les règles de la bienséance et de l'honnêteté extérieure. Il se dit particulièrement de ce qui est conforme à la pudeur.

DÉCENTOIR, s. m. (*technol.*), outil dont le carreleur se sert pour préparer l'aire à recevoir les carreaux.

DÉCENTRALISATION, s. f. (*polit.*), action de détruire la centralisation.

DÉCENTRALISER, v. a. (*polit.*), opérer la décentralisation.

DÉCEPTIF, IVE, adj. (*néol.*), propre à tromper.

DÉCEPTION (du mot latin *decipere*), signifie les surprises, les ruses, les fourberies que l'on emploie pour tromper quelqu'un. (*V.* DOL.)

DÉCEPTION (*mor.*). La déception vient de notre ignorance, de notre confiance ou de notre orgueil : de notre ignorance, si nous nous créons un avenir imaginaire sans tenir compte de la société au milieu de laquelle nous sommes appelés à vivre ; de notre confiance, qui est aussi de l'ignorance, si nous croyons bons ceux qui ne le sont pas ; de notre orgueil, ignorance coupable qui nous fait attribuer à nous-mêmes des forces ou des facultés que nous n'avons pas. Dans ce dernier cas, la déception produit souvent le blasphème : nous accusons la Providence, que nous appelons fatalité, au lieu de reconnaître que nos projets et nos rêves étaient insensés. Il y a quelques années, les littérateurs, les poètes, les romanciers prodiguaient ces mots : déceptions, désillusionnement, etc., etc. Beaucoup de gens croyaient ainsi marcher sur les traces de lord Byron. D'autres ont pensé que les plaintes de l'intelligence ou de l'orgueil feraient fortune ; et tous enfin ont cédé au plaisir de parler d'eux-mêmes.

DÉCERCLER, v. a. (*technol.*), ôter les cercles d'une cuve.

DECERES (*antiq. rom.*), abréviation pour *Decem remes*, immenses vaisseaux à dix rangs de rames. Ils ne furent jamais en grand nombre, et servirent plutôt au faste des fêtes qu'aux travaux de la guerre.

DÉCERNER, v. a., accorder, donner. Il se dit en parlant des récompenses, d'honneurs accordés par l'autorité publique. — Il se dit par extension en parlant des prix que donnent certaines compagnies. Fig. : *Décerner la palme à quelqu'un*, le déclarer supérieur à tous ses concurrents, à tous ses rivaux.

DÉCERNER. Ce mot se dit au palais en parlant des décrets qu'on donne, en matière criminelle, contre quelqu'un pour l'arrêter ou l'ajourner personnellement.

DÉCÈS (*jurisp.*), terme usité au palais pour désigner spécialement la mort naturelle d'une personne. Pour empêcher les suppositions de décès, il est défendu de faire aucune inhumation sans une autorisation sur papier libre et sans frais de l'officier de l'état civil, qui ne peut la délivrer qu'après s'être transporté auprès de la personne décédée, afin de s'assurer du décès ; et, en vue de prévenir les inhumations précipitées, il ne doit délivrer cette autorisation que vingt-quatre heures après le décès, hors les cas prévus par les règlements de police. Code civil, art. 77. — En délivrant la permission d'inhumer, l'officier de l'état civil dresse l'acte de décès sur la déclaration de deux témoins majeurs, âgés de vingt-un ans. Ces témoins sont, s'il est possible, les deux plus proches parents ou voisins du défunt. S'il est mort hors de son domicile, la personne chez qui il est décédé doit être un des témoins, si elle réunit d'ailleurs les qualités requises (art. 78.). Voy. art. 79, ce que contient l'acte de décès. — En cas de décès dans les hôpitaux militaires, civils ou autres maisons publiques, les supérieurs, directeurs, administrateurs et maîtres de ces maisons sont tenus d'en donner avis dans les vingt-quatre heures à l'officier de l'état civil, qui doit s'y transporter pour s'assurer du décès, et qui en dresse l'acte, dans la forme ordinaire, sur les déclarations qui lui sont faites et sur les renseignements qu'il s'est procurés. Il envoie à l'officier civil du dernier domicile de la personne décédée copie de l'acte de décès, pour être inscrit sur les registres. — Il est en outre, dans les hôpitaux et autres maisons, des registres destinés à inscrire les déclarations et renseignements relatifs aux décès. *Ib.*, art. 80. — En cas de décès dans les prisons, maisons de réclusion ou de détention, il en doit être donné avis sur-le-champ par le concierge à l'officier de l'état civil, qui doit se conformer aux dispositions prescrites pour les hôpitaux. *Ib.*, art. 84. — En cas de décès pendant un voyage sur mer, il en doit être dressé acte dans les vingt-quatre heures, en présence de deux témoins pris parmi les officiers du bâtiment, ou, à leur défaut, parmi les hommes de l'équipage. — Cet acte est rédigé, savoir : sur les bâtiments du roi, par l'officier de l'administration de la marine ; et sur les bâtiments appartenant à un négociant ou armateur, par le capitaine, maître ou patron du navire ; l'acte de décès est inscrit à la suite du rôle de l'équipage. *Ib.*, art. 86. — Au premier port où le bâtiment aborde, soit de relâche, soit pour toute autre cause que celle de son débarquement, les officiers de l'administration de la marine, capitaine, maître ou patron, qui ont rédigé les actes de décès, sont tenus d'en déposer deux expéditions, conformément à l'art. 60 du Code civil. — A l'arrivée du bâtiment dans le port du désarmement, le rôle d'équipage est déposé au bureau du préposé à l'inscription maritime ; il doit envoyer une expédition de l'acte de décès, de lui signée, à l'officier de l'état civil du domicile de la personne décédée. Cette expédition est inscrite de suite sur les registres. *Ib.*, art. 87.

DÉCÉTIE (*géog. anc.*), ville de la première Lyonnaise, chez les Eduens, à l'O., sur le Liger.

DÉCEVABLE, adj., facile à tromper, sujet à être trompé. Il est peu usité.

DÉCEVANCE, s. f. (*v. lang.*), tromperie, ruse.

DÉCEVANT, ANTE, adj., qui abuse, qui trompe.

DÉCEVOIR, séduire, abuser, tromper par quelque chose de spécieux et d'engageant.

DÉCHAINEMENT, action de déchaîner ou l'état de ce qui est déchaîné. Il ne se dit qu'au figuré, pour exprimer un emportement qui se manifeste par des discours violents ou des paroles injurieuses.

DÉCHAINER, ôter la chaîne, les chaînes, détacher de la chaîne. Fig. : *Il semblait que tous les vents fussent déchaînés*, se dit en parlant d'un violent ouragan.

DÉCHAINER, signifie figurément : exciter, animer, soulever. — Il s'emploie aussi avec le pronom personnel, et signifie s'emporter avec violence contre quelqu'un. — *C'est un diable déchaîné*, se dit d'un méchant homme qui se permet tout, qui ne garde aucune mesure.

DÉCHALASSER, v. a. (*agric.*), ôter les échalas.

DÉCHALER, v. a. (*marine*), être à découvert. Il se dit de la carène d'un bâtiment échoué quand elle se trouve hors de l'eau. *La mer déchale beaucoup* se dit lorsqu'elle descend très bas.

DÉCHANT, s. m. (*anc. t. de musique*), terme par lequel on désignait autrefois une sorte de contre-point improvisé par les chanteurs. (*V.* DISCANT.)

DÉCHANTER, changer de ton, rabattre de ses prétentions, de ses espérances, de sa vanité. On ne l'emploie guère que dans des façons de parler familières.

DÉCHANTER, v. n. (*anc. t. de musique*), chanter en partie, exécuter le contre-point.

DÉCHANTEUR, s. m. (*anc. t. de musique*), accompagnateur qui improvisait une seconde partie.

DÉCHAPERONNÉ, ÉE (*maçonn.*). Il se dit d'un mur dont le chaperon est ruiné.

DÉCHAPERONNER (*fauconn.*), ôter à un oiseau dressé pour le vol le chaperon dont on lui avait couvert les yeux.

DÉCHAPPER, v. a. (*technol.*). Il signifie, en termes de fondeur, retirer le modèle de la chemise.

DÉCHARGE, action par laquelle on ôte d'une voiture, d'un chariot, etc., les ballots, les marchandises ou autres objets dont ils sont chargés. — Il se dit aussi en parlant des bateaux, des charrettes, des bêtes de somme sur lesquels des marchandises, sont chargées.

DÉCHARGE, se dit, en architecture, d'une construction faite pour soulager quelque partie d'un édifice du poids qui est au-dessus. *Payer tant à la décharge de quelqu'un*, *à la décharge d'un compte*, payer tant en déduction de ce que doit quelqu'un, de ce qui est porté sur un compte. On dit aussi : *Porter une somme en décharge*, indiquer sur le registre, sur le compte, qu'elle a été acquittée.

DÉCHARGE, signifie encore, dans un sens plus général, soulagement. *La décharge de la conscience*, l'acquit de la conscience.

DÉCHARGE, signifie aussi l'action de tirer à la fois plusieurs armes à feu. — Par extension et fam., *une décharge de coups de bâton*, une bastonnade. — Fig., *la décharge des humeurs*, l'écoulement des humeurs du corps.

DÉCHARGE, se dit aussi d'un lieu de la maison où l'on sert ce qui n'est pas d'un usage ordinaire, ou ce qui causerait de l'embarras. — On dit dans le même sens *pièce de décharge*.

DÉCHARGE, s. f. (*archit.*), pièce de bois posée obliquement dans une cloison ou dans un cintre pour diminuer la charge du point d'appui. On se sert d'une décharge pour empêcher que les murs ne s'affaissent sur les vides des portes et des fenêtres.

DÉCHARGE (*const.*), lieu où l'on décharge les décombres.

DÉCHARGE (*pêche*), endroit par lequel s'écoulent les eaux surabondantes d'un étang.

DÉCHARGE (*fauconn.*), action d'un héron qui, pour se rendre plus léger, vomit en fuyant tout ce qu'il a dans l'estomac.

DÉCHARGE (*technol.*), feuille de papier qu'on presse sur une forme pour en sécher les caractères.

DÉCHARGE (*jurispr.*), c'est l'acte par lequel on libère quelqu'un d'une obligation, d'une redevance, d'une chose dont il était grevé. — Le mineur émancipé peut donner décharge de ses revenus ; il a besoin de l'assistance de son curateur pour donner décharge d'un capital mobilier. Cod. civ., art. 481, 482. (*V.* encore les art. 409, 513, 1282 et suivants. *V.* encore l'art. 2052.) — *Décharge*, se dit aussi de la libération qu'on obtient en justice. On nomme *témoins à décharge* ceux qui déposent en faveur de l'accusé.

DÉCHARGE (*physiq.*). (*V.* EXPLOSION, FEU.)

DÉCHARGÉ, ÉE, adj. (*blason*). Il s'emploie quelquefois pour *diffamé* dans la locution *armes déchargées*. (*V.* DIFFAMÉ.)

DÉCHARGEMENT, action de décharger. Il se dit principalement en parlant des navires, des bateaux et des voitures de transport.

DÉCHARGEOIR, s. m. (*pêche*). (*V.* DÉCHARGE.)

DÉCHARGEOIR, (*technol.*), cylindre autour duquel le tisserand roule la toile à mesure qu'il la fait.

DÉCHARGER, ôter ce qui formait la charge, le fardeau. Il se dit principalement en parlant des marchandises, des denrées et des autres objets qu'on retire du navire, du bateau ou de la voiture qui sert à transporter. On l'emploie quelquefois absolument. Il prend aussi pour régime le nom de la personne, de l'animal ou de la chose qui porte la charge, le fardeau. Il signifie également ôter un poids, un fardeau qui surcharge. Fam., *décharger le plancher*, sortir, se retirer de la chambre, de l'appartement. En termes de jardinage, *décharger un arbre*, en couper quelques branches ou en ôter des fruits quand il est trop chargé de bois ou de fruits. — *Décharger son estomac, son ventre*, le soulager par quelque évacuation. *Cette drogue décharge le cerveau*, elle dégage le cerveau, elle le soulage des humeurs qui l'incommodent. — En impr., *décharger des balles, une forme*, ôter l'encre qui se trouve dessus.

DÉCHARGER s'emploie figurément dans le sens de soulager d'une charge excessive. — *Décharger son cœur*, découvrir, déclarer avec franchise les sujets de douleur, d'inquiétude ou de plainte que l'on a. — *Décharger sa conscience*, faire une chose que l'on se croit en conscience obligé de faire, mettre à couvert sa responsabilité morale. — *Décharger un accusé*, porter témoignage en sa faveur, dire des choses qui tendent à le justifier.

DÉCHARGER, signifie particulièrement dispenser, débarrasser quelqu'un d'une chose. Il signifie plus particulièrement, surtout en termes de jurisprudence, tenir quitte, déclarer quitte d'une obligaiion, d'une dette, d'un dépôt, etc. — *Décharger d'accusation*, prononcer par un jugement qu'un accusé est innocent du délit qu'on lui avait imputé. — *Décharger un registre, un contrat, une minute*, y mettre la quittance de ce qu'on a reçu. On dit dans un sens analogue, en termes de commerce, *décharger un compte, décharger son livre*, rayer d'un compte, de son livre les articles qui ont été payés. — *Décharger la feuille d'un messager*, y mettre le récépissé des marchandises ou autres objets que l'on a reçus.

DÉCHARGER, en parlant d'une arme à feu, signifie tirer, faire partir le coup de feu. Il signifie aussi ôter la charge d'un fusil, ou de toute autre arme à feu, avec un tire-bourre. — Par extension, *décharger un coup*, asséner un coup. — Fig., *décharger sa bile, sa colère sur quelqu'un*, lui faire sentir les effets de sa colère.

DÉCHARGER, s'emploie souvent avec le pronom personnel. — *Se décharger sur quelqu'un du soin d'une affaire, du soin de ses affaires*, etc., lui en remettre le soin. — *Se décharger d'une faute sur quelqu'un*, la rejeter sur lui, la lui imputer. *Cette couleur se décharge*, elle se déteint et devient moins chargée.

DÉCHARGER, avec le pronom personnel, se dit particulièrement des eaux, et signifie s'écouler, se dégorger, se jeter.

DÉCHARGER, s'emploie quelquefois neutralement dans le sens de maculer. — *Ce cheval est déchargé d'encolure, est déchargé*, il a la taille fine, l'encolure fine.

DÉCHARGER LA MATURE (*marine*), faire donner dans les voiles le vent qui était dessus.

DÉCHARGEUR, celui qui décharge les marchandises. Il se disait autrefois, en terme d'artillerie, d'un officier préposé au soin de faire décharger les poudres et les autres munitions.

DÉCHARNER, dépouiller les os de la chair qui les couvre. Il signifie aussi amaigrir, ôter l'embonpoint. Il s'emploie figurément en parlant du langage, du style, et signifie dépouiller d'agréments, d'ornements; *des os décharnés* ; figur., *un style décharné*, un style trop sec, trop nu.

DÉCHASSER (*danse*), faire un chassé vers la gauche, après en avoir fait un vers la droite.

DÉCHASSÉ (*techn.*), signifie, en termes de tourneur, faire sortir de force une cheville de bois ou de fer.

DÉCHAUMAGE, s. m. (*agricul.*), action de déchaumer une terre.

DÉCHAUMER (*agricul.*). Il se dit en parlant d'une terre qu'on retourne avec la bêche ou la charrue, pour enterrer ce qui reste de chaume après la moisson. Il se dit, par extension, en parlant d'une terre dont on commence le défrichement.

DÉCHAUSSAGE, s. m. (*agricul.*), action de déchausser les arbres.

DÉCHAUSSÉ, ÉE, adj., *drames de déchaussés* (*hist. anc.*), se disait chez les Romains des comédies, parce que les mimes les jouaient sans cothurne.

DÉCHAUSSÉ, ÉE (*hist. rel.*), membre d'une secte de chrétiens qui prétendaient que pour gagner le salut il fallait marcher nu-pieds.

DÉCHAUSSEMENT (*agricul.*), façon qu'on donne aux arbres et aux vignes lorsqu'on les laboure au pied ou qu'on ôte quelque peu de la terre qui est sur les racines, pour les recouvrir avec du terreau ou du fumier.

DÉCHAUSSEMENT, signifie aussi l'action de déchausser une dent avant de l'arracher, ou l'état des dents lorsque les gencives en sont décollées et retirées par l'effet de l'âge ou de quelque maladie.

DÉCHAUSSEMENT, s. m. (*const.*), état d'une construction qui est déchaussée.

DÉCHAUSSER, ôter, tirer à quelqu'un sa chaussure. Figur. et par exagér., *n'être pas digne de déchausser quelqu'un*, lui être fort inférieur en talent, en mérite. Figur., *déchausser un mur, une construction*, enlever la terre qui est autour de ses fondations ; il se dit aussi de l'action des agents physiques qui minent et dégradent le pied d'un mur, etc. ; figur., *déchausser les arbres*, ôter la terre qui est autour du pied ; figur., *déchausser les dents*, les découvrir et les détacher de la gencive.

DÉCHAUSSER, s'emploie aussi avec le pronom personnel. *Carmes déchaussés* ou *déchaux*, carmes de la réforme de sainte Thérèse, qui ne portent point de bas et qui n'ont que des sandales.

DÉCHAUSSIÈRE ou **DÉCHAUSSURE**, s. f. (*vénerie*), lieu où le loup a gratté et où il gît.

DÉCHAUSSOIR, instrument de chirurgie qui sert à détacher les gencives d'autour des dents qu'on veut arracher.

DÉCHAUX, adj. m., express. prov. *C'est un pied déchaux*, se dit d'un homme sans naissance et sans fortune, qui se donne des airs de grand seigneur.

DECHAZELLE (PIERRE-TOUSSAINT), né en 1751, se livra à son goût pour le dessin et fut élève de Nonnotte et de Douai, peintres de Lyon. Il s'appliqua surtout aux dessins des étoffes et fit faire un grand pas à l'industrie lyonnaise pendant qu'il était attaché à une maisson de cette ville. Après la chute de cette maison, il renonça aux affaires et fut successivement admis au conseil et à la chambre de commerce, puis au conservatoire des arts de Lyon. Il mourut vers la fin de 1833. On a de lui : *Études sur l'histoire des arts* et un *Discours* sur l'influence de la peinture sur les arts d'industrie commerciale. Cet ouvrage obtint une mention honorable à l'Institut.

DÉCHÉANCE, s. f. (*hist.*). Il se dit absolument de l'abolition de la royauté. La *déchéance* fut décrétée par l'Assemblée législative le 10 août 1792. La déchéance de Napoléon fut prononcée en 1814 et en 1815 ; celle de la branche aînée des Bourbons en 1830. (*V.*, pour la question de droit public, l'article ROYAUTÉ.)

DÉCHÉANCE (*jurispr.*). C'est la perte d'un droit. — On est déchu du droit de faire valoir la nullité d'un exploit ou autre acte de procédure, quand cette nullité n'a pas été proposée avant toute défense ou exception autres que les exceptions d'incompétence. (Code de proc., art. 173.) L'action en supplément de prix de la part du vendeur et celle en diminution de prix ou résiliation du contrat de la part de l'acquéreur, doivent être intentées dans l'année, à compter du jour du contrat, à peine de *déchéance*. (Code civ., art. 1622.)

DÉCHET, diminution, perte qu'une chose éprouve dans sa substance, dans sa valeur, ou dans quelqu'une de ses qualités.

DÉCHET, s. m., express. prov. *Il y a bien du déchet sur la filasse*, signifie que la personne dont on parle a fait de grandes pertes de fortune. Il se dit aussi pour exprimer qu'un profit ou une succession n'est pas aussi considérable qu'on se l'était figuré.

DÉCHEVELER, mettre en désordre la chevelure de quelqu'un. On l'emploie surtout avec le pronom personnel.

DÉCHEVÊTRER, v. a. (*agricult.*), ôter le chevêtre d'une bête de somme.

DÉCHEVILLER, v. a. (*technol.*), enlever les chevilles qui lient ensemble les deux pièces de bois.

DECHEZEAUX DE LA FLOTTE (GUSTAVE), négociant à l'île de Ré, adopta les principes de la révolution avec modération et fut nommé, en 1791, député suppléant de la Charente-Inférieure à l'Assemblée législative, puis député à la Convention en 1792. S'étant montré opposé à la révolution du 31 mai 1793, il fit imprimer sa profession de foi à cet égard et l'envoya à ses commettants. Billaud-Varennes l'accusa pour le fait de correspondance contre-révolutionnaire, et Dechezeaux fut condamné à mort le 18 janvier 1794.

DÉCHIFFRABLE, qui peut être déchiffré.

DÉCHIFFREMENT, action de déchiffrer, ou le résultat de cette action.

DÉCHIFFRER (ART DE). C'est, en général, l'art de deviner le sens d'une pièce écrite en caractères différents des caractères ordinaires; on sait que l'ensemble de ces caractères forme ce qu'on appelle *chiffre* (*V.*) Cette dernière dénomination vient probablement de ce que ceux qui ont cherché les premiers, du moins parmi nous, à écrire en chiffres, se sont servis des chiffres de l'arithmétique et de ce que ces chiffres sont ordinairement employés dans ce but, étant, d'un côté, des caractères très connus, et de l'autre très différents des caractères ordinaires de l'alphabet. D'Alembert a fait observer que les Grecs, dont les chiffres arithmétiques n'étaient autre chose que les lettres de leur alphabet, n'auraient pu se servir commodément de cette méthode; aussi, en avaient-ils d'autres, par exemple les *scytales* des Lacédémoniens, et encore, avec un peu de tâtonnement, pouvait-on facilement arriver à déchiffrer celle-ci. Dans les temps modernes on fait usage, en diplomatie, de plusieurs sortes de chiffres; on les désigne sous divers noms; les principales sont : la méthode de Jules-César, la méthode japonnaise, la méthode par parallélogramme, celles de Scott, du comte Gronsfeld, de lord Bacon, des diviseurs, des combinaisons, etc. Ailleurs, chaque ligne, chaque mot même emploie un alphabet différent.

Y a-t-il des règles fixes pour déchiffrer toutes dépêches écrites d'après une méthode quelconque? Existe-t-il une méthode réellement impénétrable à qui n'en aurait pas la clé? Quels sont les moyens et les procédés que doit employer un déchiffreur habile? Plus de soixante auteurs ont, à différentes époques, écrit sur cette matière, et aucun ne peut entièrement nous satisfaire sur ce point. La patience doit être la première qualité du déchiffreur; il est nécessaire qu'il connaisse les formules générales employées dans toute missive, qu'il les détache du corps même de celle-ci, qu'il ne néglige rien pour connaître le nom de la personne qui écrit, celui de la personne qui doit recevoir la missive, celui de la ville d'où elle est expédiée, etc.; les caractères employés pour exprimer ces différentes parties, doivent le mettre sur la voie pour découvrir et leur sens général et leur sens particulier, et faciliter ainsi la lecture du corps même de la dépêche. Il sera indispensable que le déchiffreur ait fait de longues observations sur la répétition des diverses lettres dans les langues sur lesquelles il peut avoir le plus à exercer sa sagacité.

S'Gravesande, dans son *Introductio ad philosophiam*, après avoir donné les règles générales de la méthode analytique et de la manière de faire usage des hypothèses, applique avec beaucoup de clarté ces règles à l'art de déchiffrer, dans lequel elles sont en effet d'un grand usage. La première qu'il prescrit est de faire un catalogue des caractères qui composent le chiffre et de marquer combien de fois chacun est répété. Viète prétend que pour pouvoir déchiffrer il n'est pas nécessaire de connaître la langue; mais cela paraît bien difficile, pour ne pas dire impossible. Les moyens de déchiffrer varient suivant la méthode sur laquelle on doit opérer, et ici encore on ne saurait donner de principes absolus ni certains; la sagacité du déchiffreur lui fera connaître comment il peut arriver à la découverte qu'il cherche, suivant les différentes circonstances qui se présentent.

Nous manquons encore d'un travail complet sur cette matière, et le peu d'espace que nous pouvons lui consacrer ici ne nous permet pas d'expliquer par des exemples la manière de procéder. Dans un ouvrage analogue au nôtre, un homme qui paraît spécial dans cette matière, M. Baillet de Sondalo, est entré à ce sujet dans des détails sans doute utiles, mais fort longs; les amateurs pourront consulter ce curieux travail. Les habiles prétendent que, malgré les efforts multipliés qu'ont faits les inventeurs de chiffres, il n'en est pas un qui soit réellement secret, pas un dont il soit impossible de trouver la clé.

En diplomatique, *déchiffrer* c'est l'art de lire les écritures anciennes, de remplir les abréviations, de fixer l'âge d'un acte écrit, etc. (*V.* DIPLOMATIQUE, ECRITURE, etc.) A la même matière se rattachent aussi les articles HIÉROGLYPHES, SYMBOLES, SIGNES, etc., auxquels nous renvoyons. Les ouvrages à consulter ont été indiqués au mot CHIFFRES (*diplom.*), t. V, p. 689; nous y ajouterons le suivant : *Cryptographia denudata*, par Conradi, Leyde, 1739. A. S—R.

DÉCHIFFRER (*mus.*), lire un morceau de musique pour la première fois. Dans la plupart des partitions, et même des pièces d'orgue et de clavecin, pour figurer les intervalles des accords, on plaçait simplement des chiffres au-dessus de la basse fondamentale. Il fallait donc alors calculer les rapports chiffrés : on déchiffrait. Et pourtant, à l'époque où ces signes étaient employés, on ne se servait pas de cette expression. Du moins, elle n'est pas dans les dictionnaires spéciaux de cette époque. On ne saurait trop habituer les élèves à vaincre les difficultés de cette étude; ils préfèrent, la plupart, apprendre par cœur des morceaux qui les font briller. Aussi, la plupart des exécutants de salons font de la musique et ne sont pas musiciens.

DÉCHIQUETER, tailler menu, découper en faisant diverses taillades. En botanique, *feuille déchiquetée*, feuille dont le bord a des découpures inégales et profondes.

DÉCHIQUETER, v. a. (*technol.*), faire des trous à une pièce de poterie, dans l'endroit où l'on veut appliquer un manche ou une oreille.

DÉCHIRAGE, action de défaire un train de bois flotté, ou de désassembler les planches qui composent un bateau. *Bois de déchirage*, le bois qui provient du déchirage d'un bateau.

DÉCHIQUETURE. Il ne se dit guère que des taillades que l'on fait à une étoffe. Il est vieux.

DÉCHIRANT, ANTE, qui déchire. Il n'est d'usage qu'au figuré.

DÉCHIREMENT, action de déchirer, ou le résultat de cette action. — Par exagér., *déchirement d'entrailles*, violentes douleurs d'entrailles. Fig., *déchirement de cœur*, douleur vive et amère. — DÉCHIREMENT, se dit aussi figurément, surtout au pluriel, des guerres que causent les factions dans les villes, dans un pays.

DÉCHIREMENT (*chirurgie*), solution de continuité des tissus organiques produite par une distension portée à l'excès et caractérisée par des bords frangés et inégaux. Cette lésion violente et propre à causer l'effroi par les circonstances dans lesquelles elle a lieu est pourtant moins grave qu'on ne le pourrait croire. Malgré la rupture de gros troncs nerveux et vasculaires, les accidents nerveux et les hémorrhagies n'y sont pas communs, et la guérison s'opère avec rapidité. C'est même l'observation de ce phénomène qui a engagé à tordre les artères divisées pour arrêter l'effusion du sang. (*V.* TORSION.)

On a vu des parties très volumineuses être séparées du corps par déchirement. Un bras entier avec l'épaule fut arraché par l'aile d'un moulin; une jambe tout entière fut séparée du corps par une roue de voiture dans les rayons de laquelle elle avait été engagée, sans parler de mains et de doigts emportés par des machines de différents genres, et toujours les blessés ont survécu.

Néanmoins le déchirement incomplet est plus fâcheux que la séparation absolue, et, dans ce cas, on observe souvent des accidents nerveux auxquels on ne remédie efficacement que par la section totale des parties endommagées. D'ailleurs, cet accident est d'autant plus à craindre que les parties déchirées renferment une plus grande quantité de nerfs ou de tissus qui, comme les ligaments, se montrent particulièrement sensibles à la distension.

Diverses parties peuvent être déchirées. Tantôt la peau seule a souffert de la violence extérieure, tantôt cette membrane est restée intacte, et ce sont les tissus qu'elle recouvre qui se sont déchirés, tels que muscles, artères, veines, etc. Souvent, il est vrai, des altérations plus ou moins latentes ont préparé ce résultat en diminuant la consistance naturelle des tissus. Un grand nombre d'anévrysmes n'ont pas d'autres causes.

Les organes glanduleux ou parenchymateux, comme le foie, la rate, les reins, peuvent être aussi déchirés à la suite de pressions et de secousses violentes; mais cela arrive plus souvent encore aux organes creux, tels que l'estomac, la vessie et l'utérus, dans l'état de grossesse. Leur rupture donne lieu à l'épanchement des matières qu'ils contiennent dans la cavité du péritoine, membrane dont l'inflammation funeste se développe presque immédiatement.

Le traitement des déchirures ne diffère pas essentiellement de celui des autres plaies; la réunion peut s'en opérer immédiatement; mais quelquefois on est obligé de recourir à la suture. C'est ce moyen, après le rafraîchissement des bords, qu'on doit employer quand, la cicatrisation des bords de la plaie ayant eu lieu séparément, on veut opérer une réunion normale, comme après les déchirures du voile du palais ou du périnée.

DÉCHIRER, diviser en morceaux, mettre en pièces sans se servir d'instrument tranchant. Il se dit au propre, en parlant des étoffes, de la toile, du papier, du parchemin, de la peau, des chairs, etc. — Prov. et fig., *il ne s'est pas fait déchirer le manteau, son manteau pour cela*, etc., se dit d'un homme qui ne s'est pas fait trop prier pour faire ce qu'on désirait de lui. — Prov. et fig., *déchirer quelqu'un à belles dents*, médire outrageusement de quelqu'un. — Par exagér., *des douleurs qui déchirent l'estomac, les entrailles*, se dit de douleurs vives et aigues dans l'estomac, etc. — *Déchirer l'oreille, les oreilles*, se dit des sons discordants, des sons aigus qui affectent désagréablement le sens de l'ouïe. — Par extension, *déchirer un bateau*, désassembler les planches qui le composent, lorsqu'il ne doit plus servir. — Dans le langage militaire, *déchirer la cartouche*, déchirer avec les dents l'extrémité par laquelle on doit l'introduire dans le canon du fusil. —DÉCHIRER, se dit aussi figurément de ce qui émeut ou agite douloureusement le cœur, l'âme. Il se dit encore figurément des factions, des dissensions qui troublent un Etat, une ville, un grand corps, etc. — DÉCHIRER, signifie en outre, figurément, offenser, outrager par des médisances, par des calomnies. Il s'emploie aussi avec le pronom personnel dans quelques-uns des sens indiqués, *être déchiré, tout déchiré*, avoir ses vêtements déchirés en lambeaux. —Fig. et fam., *cette femme, cette fille n'est pas trop déchirée, n'est pas tant, n'est pas si déchirée*, elle n'est pas laide, elle est assez jolie. Cela se dit aussi d'une femme d'un certain âge qui conserve encore des restes de beauté. — Prov., *chien hargneux a toujours l'oreille déchirée*, il arrive toujours quelque accident aux gens querelleurs.

DÉCHIREUR (*construct.*), ouvrier qui fait métier de déchirer les bateaux hors de service.

DÉCHIRURE, rupture faite en déchirant.

DÉCHOIR, tomber dans un état moins brillant, moins avantageux que celui où l'on était. *Être déchu d'un droit, d'un privilége*, etc., en être dépossédé, l'avoir perdu. — DÉCHOIR, se dit quelquefois des choses, et alors il signifie diminuer, s'affaiblir. — *Commencer à déchoir* se dit aussi d'une personne avancée en âge, lorsque les facultés du corps ou de l'esprit commencent à s'affaiblir en elle. DÉCHOIR se disait autrefois, en termes de marine, pour dériver, sortir de la route.

DÉCHOUER (*marine*), relever, remettre à flot un bâtiment qui était échoué. On dit mieux DESÉCHOUER.

DECIA (LEX) (*droit romain*), loi décrétée l'an de Rome 442, sous les auspices du tribun Décius; elle conférait au peuple le droit de nommer deux citoyens chargés de veiller à l'équipement et à l'entretien des flottes.

DÉCIARE, s. m. (*métrol.*), dixième partie de l'are, dix mètres carrés.

DÉCIATINE, s. f. (*métrol.*), mesure de superficie employée en Russie : la déciatine, *deciatina*, vaut, ares 109, 32.

DÉCIDÉMENT, d'une manière décidée. On l'emploie quelquefois absolument, surtout dans le langage familier, en parlant d'une résolution bien arrêtée, ou d'une chose que l'on regarde comme devenue certaine.

DÉCIDENCE, s. f. (*méd.*), affaissement. La *décidence du ventre* se manifeste souvent chez les femmes grosses lorsque l'enfant est sans vie.

DÉCIDER, porter son jugement sur une chose douteuse ou contestée, la résoudre. Il signifie aussi terminer une contestation ou l'affaire qui est en contestation, y mettre fin. Il s'emploie, dans les deux sens, avec le pronom personnel, et prend alors la valeur du passif. — DÉCIDER, signifie encore déterminer quelqu'un à faire quelque chose. Il s'emploie souvent, dans ce sens, avec le pronom personnel. *Se décider pour quelque chose, pour quelqu'un*, se prononcer pour quelque chose, pour quelqu'un, lui donner la préférence. — DÉCIDER, signifie en outre prendre telle résolution, arrêter, déterminer ce qu'on doit faire. — DÉCIDER, s'emploie aussi comme verbe neutre, et alors il signifie ordonner, disposer. Il signifie quelquefois porter son jugement sur quelque chose.

DÉCIDÉ (*participe*). Il s'emploie aussi adjectivement et signifie alors résolu, ferme, qui a des principes dont il ne s'écarte point. Il signifie quelquefois qui n'a rien de vague, d'incertain, qui ne marque point d'hésitation.

DÉCIDIUS SAXA, Celtibérien, lieutenant de César, et ensuite des triumvirs dans la guerre d'Antoine et Octave contre Brutus et Cassius.

DÉCIDU ou **DÉCIDENT** (*bot.*). En botanique on emploie cette expression pour distinguer le temps relatif de la chute de certains organes. Ainsi, dans certaines fleurs, le calice est *décidu*, parce qu'il ne tombe que longtemps après son développement; dans d'autres, au contraire, il tombe aussitôt que la fleur est épanouie; on le nomme alors *caduc*.

DÉCIDUODÉCIMAL, adj. (*minéral.*). Il se dit d'un cristal à dix pans terminé par un sommet à douze faces.

DÉCIGRAMME, s. m. (*métrol.*) dixième partie du gramme.

DÉCIL ou **DEXTIL** (*astr.*), vieux terme d'astronomie ou plutôt d'astrologie sous lequel on désignait l'*aspect* (*V.* ce mot) de deux planètes éloignées l'une de l'autre de 36° ou de la dixième partie du zodiaque.

DÉCILITRE, nouvelle mesure de capacité, qui vaut la dixième partie du litre.

DÉCIMA (*dixième*), nom d'une des Parques parmi les Romains, parce que son pouvoir ne s'étendait sur l'homme que depuis sa naissance, c'est-à-dire neuf ou dix mois après qu'il avait été conçu.

DÉCIMA, divinité chargée de veiller sur l'enfant encore dans le sein de sa mère et de le préserver de tout accident jusqu'au commencement du dixième mois, où les anciens plaçaient la naissance.

DÉCIMABLE, sujet à la dîme.

DÉCIMAIRE, adj. des 2 g. (*didact.*), qui procède par dix. *Arithmétique décimaire*, celle qui emploie des caractères pour compter. On dit plus ordinairement *décimal*.

DÉCIMALE. La division décimale est celle qui a lieu de *dix en dix*; ainsi notre échelle de numération est une *échelle décimale*, parce que la valeur des chiffres augmente de dix en dix suivant la place qu'ils occupent (*V.* NUMÉRATION).—FRACTIONS DÉCIMALES. Ce sont des fractions qui ont pour dénominateurs des puissances entières de dix, telles que $\frac{3}{10}$, $\frac{4}{100}$, $\frac{55}{1000}$, etc. D'après la nature de notre système de uumération, on peut les exprimer, en faisant abstraction de leurs dénominateurs, seulement par la place qu'on fait occuper aux chiffres de leurs dénominateurs. En effet, étant convenu de donner à un chiffre une valeur dix fois plus grande lorsqu'il est placé à la gauche d'un autre, que celle qu'il occupe isolément; si l'on adopte cette règle dans toute sa généralité, il est évident que la valeur relative de plusieurs chiffres écrits les uns à côté des autres doit diminuer de dix en dix en allant de gauche à droite; ainsi, dans la quantité représentée par 5555, le second chiffre vaut dix fois moins que le premier, le troisième dix fois moins que le second et le quatrième dix fois moins que le troisième, ou cent fois moins que le second, ou mille fois moins que le premier. Si donc le premier exprime 5 unités absolues, le second exprimera $\frac{5}{10}$, le troisième $\frac{5}{100}$ et le quatrième $\frac{5}{1000}$. On indique cette circonstance par une virgule placée après le chiffre des unités, c'est-à-dire que dans le cas en question on écrit 5,555; alors les chiffres à la gauche de la virgule sont les chiffres entiers, et ceux à la doite sont les chiffres décimaux; de cette manière, l'échelle complète de numération est

	1	1	1	1	1	,	1	1	1	1	1	
etc.....	dix mille.	mille.	centaine,	dixaine.	unité.		dixième.	centième.	millième.	dix-millième.	cent millième.	etc.....

Lorsqu'il n'y a point d'entiers, on remplace par 0 le chiffre des unités; ainsi 0,1 désigne $\frac{1}{10}$, 0,54 désigne $\frac{54}{100}$, 0,003 désigne $\frac{1}{1000}$, et ainsi de suite.

Cette manière d'écrire les fractions décimales, introduite par le géomètre angais Oughtred, facilite extrêmement les calculs, et on peut voir aux articles ADDITION, SOUSTRACTION, MULTIPLICATION, DIVISION, EXTRACTION DES RACINES, et ÉLÉ-

VATION AUX PUISSANCES, qu'on exécute sur ces fractions toutes les opérations de l'arithmétique avec autant de facilité que sur les nombres entiers. On réduit une fraction ordinaire en fraction décimale en divisant son numérateur par son dénominateur, après avoir ajouté préalablement autant de zéros à la gauche des chiffres du numérateur qu'il en est besoin pour que l'opération se fasse exactement, ou pour obtenir une approximation suffisante si la fraction ordinaire ne peut s'exprimer exactement par une fraction décimale. Pour réduire $\frac{3}{4}$, par exemple, en fraction décimale, il faut ajouter deux zéros, et l'on a

$$\tfrac{300}{4} = 75.$$

alors le dividende ayant été rendu cent fois plus grand, le quotient est également cent fois trop grand; ainsi, au lieu d'exprimer 75 unités, il ne doit exprimer qu'une quantité cent fois plus petite, c'est-à-dire $\frac{75}{100}$ ou 0,75; on a donc

$$\tfrac{3}{4} = 0{,}75$$

S'il s'agissait de la fraction ordinaire $\frac{4}{7}$, quel que soit le nombre des zéros qu'on ajoutât à 5, il serait impossible d'effectuer exactement la division par 7, et, dans ce cas, on ne peut obtenir qu'une fraction décimale approximative; ainsi, en ajoutant 1, 2, 3, 4 et 5 zéros, et divisant sans avoir compte du dernier reste, on a

$$\tfrac{50}{7} = 7 \text{ ou } \tfrac{4}{7} = 0{,}7$$
$$\tfrac{500}{7} = 71 \text{ ou } \tfrac{5}{7} = 0{,}71$$
$$\tfrac{5000}{7} = 714 \text{ ou } \tfrac{5}{7} = 0{,}714$$
$$\tfrac{50000}{7} = 7142 \text{ ou } \tfrac{5}{7} = 0{,}7142;$$

ce que l'on pourrait continuer à l'infini, parce qu'après avoir trouvé 6 chiffres au quotient, le dernier reste est de nouveau 5, et la même période de 6 chiffres recommence; de sorte que l'on a

$$\tfrac{5}{7} = 0{,}7142\,85 \quad 7142\,85 \quad 7142\,85 \text{ etc... à l'infini.}$$

La fraction décimale prend alors le nom de *fraction périodique* (*V.* PÉRIODIQUE). — Le problème de réduire une fraction ordinaire en fraction décimale peut être généralisé de la manière suivante :

Soit $\frac{N}{M}$ une fraction ordinaire quelconque, et soient *a*, *b*, *c*, *d*, *e*, etc., les chiffres décimaux qui donnent :

$$\frac{N}{M} = a.\,10^{-1} + b.\,10^{-2} + c.\,10^{-3} + d.\,10^{-4} + \text{etc.}$$

Nous avons $N < M$, et il s'agit de déterminer *a*, *b*, *c*, *d*, etc. Multipliant les deux membres de cette égalité par 10, elle devient :

$$\frac{N.\,10}{M} = a. + b.\,10^{-1} + c.\,10^{-2} + d.\,10^{-3} + \text{etc.}$$

Alors *a* exprime des entiers, et *b* devient le premier chiffre décimal ou le chiffre des *dixièmes*; nous avons donc, en désignant par N' le reste de la division de N. 10 par M

$$\frac{N.\,10}{M} = D, \text{ reste } N'$$

c'est-à-dire

$$\frac{N'}{M} = a + \frac{N'}{M}.$$

et par conséquent

$$\frac{N'}{M} = b.\,10^{-1} + c.\,10^{-2} + d.\,10^{-3} + \text{etc.}$$

Multipliant de nouveau les deux membres de cette égalité par 10, elle devient

$$\frac{N.\,10}{M} = b. + c. - 10^{-1} + d.\,10^{2} + e.\,40^{3} + \text{etc.}$$

ou

$$\frac{N'.\,10}{M} = b., \text{ reste } N''.$$

En désignant par N" le reste de la division de N'. 10 pour M, on a donc aussi :

$$\frac{N'.\,10}{M} = b. + \frac{N''}{M}$$

et

$$\frac{N''}{M} = c.\,10^{-1} + d.\,10^{-2} + e.\,10^{-3} + \text{etc.}$$

et ainsi de suite; d'où il est facile de conclure la règle suivante : Multipliez le numérateur par 10, et divisez le produit par le dénominateur, le quotient sera le premier chiffre décimal ou le chiffre des *dixièmes*; multipliez ensuite par 10 le reste de la division, et divisez ce second produit par le dénominateur, le quotient sera le second chiffre décimal ou le chiffre des *centièmes*; multipliez de nouveau par 10 le second reste, et divisez le produit par le dénominateur, le quotient sera le troisième chiffre décimal ou le chiffre des *millièmes*; multipliez encore le dernier reste par 10, et continuez toujours de la même manière jusqu'à ce que vous ayez pour reste zéro ou un nombre déjà trouvé. Dans le premier cas, l'opération est terminée; dans le second, la période est trouvée. Si, après avoir multiplié un des restes par 10, le produit était plus petit que le dénominateur, la division ne pourrait s'effectuer; alors le chiffre décimal correspondant serait zéro, et il faudrait considérer ce produit comme un reste, et le multiplier par 10 pour obtenir le chiffre décimal suivant. — SYSTÈME DÉCIMAL. La division de 10 en 10 faisant le fondement de l'arithmétique, on a cru qu'il était naturel de l'adopter dans les poids et mesures, quoiqu'elle ne soit pas la plus commode, et maintenant notre système métrique est *décimal*. Nous l'exposerons au mot MESURE.

DÉCIMATEUR, celui qui avait droit de lever la dîme dans une paroisse.

DÉCIMATION, s. f., **DÉCIMER**, v. a. (*code criminel*). On entend par décimation la peine que les Romains infligeaient aux soldats qui, de concert, avaient abandonné leur poste, s'étaient comportés lâchement dans le combat, ou avaient excité quelque sédition dans le camp. Dans ce cas, au lieu de punir de mort tous les coupables, on les faisait assembler, on mettait leurs noms dans une urne ou dans un casque, et, suivant la nature du crime, on condamnait à périr le cinquième, le dixième, le quinzième ou le vingtième, que le sort dénommait. Par ce sage tempérament, tous les coupables étaient dans la crainte, quoiqu'il y en eût très peu de punis. Cette manière de punir un corps, une multitude, est d'ailleurs très conforme à la justice, qui veut que les peines qui retombent sur un corps soient très douces et de courte durée. Nous observerons néanmoins que la décimation nous paraît ne devoir être employée que dans le cas où il est difficile, même impossible, de reconnaître les auteurs du crime; car il est certain que la faute commise par une communauté est l'effet de son état de communauté et de l'influence de quelques membres qui ont le crédit ou l'art de persuader les autres.

La décimation a eu lieu quelquefois en France, à l'exemple des Romains. En 1675, la garnison de Trèves, pour avoir capitulé et s'être rendue contre les ordres du maréchal de Créqui, fut décimée en punition de son infidélité, ou du moins de son manque de soumission.

DÉCIMATRIES (*antiq.*), fêtes des Falisques, ainsi nommées du dixième jour des ides où elles se célébraient.

DÉCIME, s. f. (*myth. rom.*), nom d'une des Parques chez les Romains. On l'appelait ainsi, selon Varron, parce que son pouvoir sur l'homme commençait seulement à l'époque de sa naissance, c'est-à-dire environ dix mois après qu'il avait été conçu.

DÉCIME ou **DÉCIMES**, *decima decimæ* (*droit ecclés.*). Décimes, dîme et dixième, signifient une même chose selon la force des termes; savoir, la dixième partie d'une chose; mais dans l'usage ils ont une signification différente. Dîmes signifie ce que les fidèles donnaient aux ministres de l'Église pour leur entretien. Dixième ou dixième denier signifie la dixième partie des revenus que le roi levait sur son peuple. Dixième signifie ce que les ecclésiastiques donnaient au roi de leurs biens d'église pour les besoins de l'État.. Les décimes ne furent d'abord accordés que pour un temps limité. On ne les demandait que pour des guerres saintes. La première dont notre histoire fasse mention est celle qui fut accordée à Charles-Martel pour la défense du pape contre les Lombards. La seconde, appelée *saladine*, fut accordée à Philippe-Auguste pour la guerre contre Saladin, sur le bruit qu'il avait pris Jérusalem. Sous le règne de saint Louis, en 1267, on leva encore les décimes pour la guerre de la Terre-Sainte. En 1215, le concile général de Latran sous le pape Innocent III, et, en 1264, le second concile général de Lyon les ordonnèrent pour le même sujet. On les accorda ensuite si fréquemment qu'elles devinrent un subside ordinaire sous François Ier, ou, selon d'autres, sous Charles IX. Depuis, elles ont été converties en rentes de 1,600,000 livres qui étaient les rentes de l'Hôtel-de-Ville sur le clergé. Il y avait autrefois des décimes que les papes, et particulièrement ceux qui résidaient à Avignon, levaient sur le clergé comme un tribut presque ordinaire. Le concile de Constance les abolit dans sa quarante-troisième session, et ordonna qu'on ne les lèverait plus à l'avenir que pour des raisons considérables, tirées du bien de l'Église universelle et du consentement général des prélats. Ainsi celle qui se renouvelait de dix en dix ans s'appelait *décime ordinaire*, ou *ancienne décime*, ou enfin *décime de contrat*. Les autres étaient appelées *décimes extraordinaires*, et il y en avait de deux sortes : les unes, qui étaient aussi des impositions annuelles de même que les décimes ordinaires, mais qui avaient une origine différente ; les autres étaient les *dons gratuits* que le clergé payait au roi tous les cinq ans, et autres subventions extraordinaires qu'il payait de temps en temps, selon les besoins de l'État. Pour entendre la manière dont se levaient les décimes ordinaires et extraordinaires, il faut distinguer les personnes ou les bénéfices qui y étaient sujets, la forme du recouvrement, et enfin les juges établis pour connaître des différends et contestations qui pouvaient s'élever touchant la matière des décimes. —Régulièrement, les décimes tant ordinaires qu'extraordinaires ne se levaient avec la permission du roi que sur les membres du clergé et sur ceux seulement qui avaient des bénéfices ou des biens ecclésiastiques, tant à l'égard des séculiers que des réguliers.

Il y avait des monastères dont l'abbaye était seule comprise dans la cote de l'imposition ; alors l'abbé la payait entièrement, et l'on présume que la mense conventuelle n'ayant pas été séparée de la mense abbatiale, elle ne fut pas comprise dans l'imposition. Mais, dans les abbayes où l'abbé et les religieux avaient leurs menses séparées, c'était une obligation des religieux de payer la taxe de leur imposition, sans pouvoir la répéter sur leur abbé qui jouissait du lot des charges ou du tiers lot. (*Mémoires du clergé*, tom., 8, pag. 1225 et suivantes, 1967... 2169 ; *Lois ecclésiastiques*, chap. *des Décimes*, n° 17.) —Les colléges étaient sujets aux décimes; mais voici ce qu'il fallait observer à cet égard. On ne considérait pas ordinairement comme biens ecclésiastiques ceux qui étaient donnés pour fonder et entretenir des colléges qui avaient été conservés sous la direction des communautés des villes où ils étaient établis. Mais si ces communautés, avec la permission du roi, se dépouillaient de leurs droits et de l'inspection qu'elles avaient sur ces biens, en consentant qu'ils fussent employés à l'établissement d'une communauté ecclésiastique qui se chargeait d'enseigner, on les regardait alors comme biens ecclésiastiques, et en cette qualité sujets à imposition. A l'égard des communautés ecclésiastiques qui auraient prétendu que les biens des colléges qui leur avaient été donnés ne devaient point être compris dans le régalement du don gratuit, parce qu'ils devenaient biens de colléges, cela n'aurait été proposable que de la part des congrégations dont les règles voulaient que le collége fût distingué des autres maisons; car si c'eût été des couvents qui n'avaient que la dénomination de colléges, comme étaient à Paris les grands couvents des Cordeliers, des Augustins, des Dominicains et des Carmes, il n'y eût eu absolument point de fondement, et on les y eût soumis, comme on y avait soumis les quatre couvents dont nous venons de parler, quoiqu'ils n'eussent pour tout bien que quelques maisons qu'ils louaient. Héricourt, en ses Lois ecclésiatiques, chapitre *des Décimes*, n° 4, dit que les hôpitaux, les maladreries, les fabriques, les communautés établies en France depuis peu de temps, n'étaient point compris dans les rôles des décimes. Cette règle souffrait quelquefois exception dans les cas de subvention extraordinaire. On voit même un arrêt du conseil du 21 avril 1657, qui renvoie à l'assemblée générale du clergé qui se tenait à Paris la contestation pendante audit conseil, entre le syndic du diocèse d'Aire et les marguilliers de quelques paroisses dudit diocèse, pour raison des décimes ; sur laquelle contestation l'assemblée faisant droit déclara lesdits marguilliers et leurs fabriques contribuables à toutes les impositions ordinaires et extraordinaires du clergé, et en conséquence les débouta de leurs impositions (*Mém. du clergé*, t. 8, p. 249 et suiv.) — On voit encore que, dans l'assemblée de 1585, on agita si l'on devait comprendre dans la taxe l'imposition d'un million d'or accordé au roi pour soutenir la guerre contre les hérétiques, les moniales, les chapelles, les hôpitaux et léproseries, et qu'il fut décidé que les chapelles dont le revenu excéderait 50 livres y seraient comprises, et pareillement les monastères, hôpitaux et léproseries taxés aux décimes, au jugement et discrétion toutefois des prélats et députés de leurs diocèses (*Mém. du clergé*, t. 8, pag. 1382-1383). Les confréries étaient à peu près sur le même pied en fait de décimes, et avec encore moins de faveur. — Les curés à portion congrue étaient obligés de payer leur part des décimes ordinaires et extraordinaires. — Les pensionnaires de bénéfices étaient aussi soumis aux charges du clergé ; mais tout pensionnaire n'y était pas soumis; ceux qui y étaient sujets ne contribuaient pas à toutes sortes de charges ou d'impositions.

1° Ceux qui avaient résigné leurs cures après les avoir desservies pendant quinze années, ou qui, n'ayant pu continuer de les desservir à cause d'une notable infirmité, s'étaient réservé une pension pour vivre, étaient déchargés de contribuer aux décimes ordinaires et extraordinaires, même pour dons gratuits, conformément aux lettres patentes du 9 juillet 1715. (*Mémoires du clergé*, tom. 8, pag. 1238 et suivantes). — 2° A l'égard des autres pensionnaires, de ceux-là même qui n'étaient pas si favorables, ils n'étaient point taxés suivant l'usage du clergé pour les décimes ordinaires et anciennes, contre la doctrine commune des auteurs et quelques anciens jugements; on ne les taxait que pour les subventions extraordinaires, à la décharge des titulaires chargés de leur pension ; il n'y avait point de règle générale qui fixât la somme de leur contribution; ils donnaient une somme plus ou moins grande, selon que le clergé promettait au roi un don gratuit plus ou moins considérable, ce qui se voit par différents contrats ; c'était même une question qui n'a pas été décidée, si, dans le cas où la somme à laquelle les pensionnaires étaient cotisés égalait l'imposition du titulaire ou l'excédait, le titulaire profiterait du surplus de ce que le pensionnaire devait fournir, ou si le pensionnaire serait tenu seulement d'acquitter la taxe du titulaire. (*Mém. du clergé*, t. 8, pag. 1239 et suiv., 1395). M. de Héricourt, *en l'endroit cité*, n° 15, *établit comme une maxime* certaine que les pensionnaires sur qui le clergé faisait une taxe pour leur contribution aux charges publiques devaient la payer nonobstant tous les concordats pour la création de la pension et les clauses des signatures qui portaient que les pensionnaires jouiraient de leur pension franche et quitte de toutes charges; il n'y avait d'exception à cet égard que pour les curés, dans les cas que l'on a vus ci-dessus. — Les biens de l'ordre de Malte, considérés comme ecclésiastiques, étaient sans doute sujets aux décimes et aux autres impositions du clergé. On alléguait plusieurs raisons d'exemption, auxquelles on en opposait d'autres pour les y soumettre. Dans le fait, si Léon X exempta cet ordre des décimes, d'autres papes l'y ont soumis, et lorsqu'elles furent devenues ordinaires, ou plutôt depuis l'imposition de 1516, dont Léon X exempta les biens de cet ordre, le clergé de France n'a pas cessé de les comprendre dans les impositions suivantes; si bien que, le 20 avril 1606, l'ordre, après beaucoup de défenses, fit un abonnement avec les députés de l'assemblée du clergé qui tenait alors, par lequel les prieurs et commandeurs de cet ordre promettaient payer pendant les dix années du contrat la somme de 28,000 livres par chacun an, à la décharge du clergé, moyennant laquelle somme lesdits députés consentaient que l'ordre ne fût compris ni imposé aux départements d'aucunes décimes, subsides, aliénations, subventions ordinaires ou extraordinaires, ni autre nature de décimes qui auraient pu être demandées par le clergé. Ce traité, connu sous le nom de composition des Rhodiens, parce que l'ordre était alors à Rhodes, était le boulevard de l'exemption générale prétendue par ledit ordre; mais, nonobstant ce, quand des circonstances particulières n'avaient pas obligé de l'excepter, le clergé l'avait comé pris dans certaines de ses impositions. En 1700 il fut excepté. Et quant aux chevaliers, dit le contrat, et commandeurs de Malte, en considération des grandes dépenses qu'ils sont obligés de faire présentement pour la défense de la chrétienté, l'assemblée ne les a voulu comprendre, ni imposer aucune somme sur eux, « sans préjudice toutefois de le faire lorsqu'elle le jugera à propos, suivant le traité fait entre eux. » (De Héricourt, loc. cit., n° 14. *Mém. du clergé*, t. 8, p. 1339 et suiv., 902 et suiv.).

II. On garda dans le clergé trois formes différentes d'imposer les prieurs et les commandeurs de l'ordre. Quelquefois les rois voulurent bien régler la somme qu'ils auraient été obligés de donner à la décharge du clergé. Dans d'autres occasions, les prieurs et les commandeurs, pour éviter toutes difficultés, étaient convenus d'une certaine somme pour la part que leurs prieurés et commanderies devaient porter. —

La troisième forme qu'on garda fut de les comprendre, à proportion de leurs revenus, dans les rôles des diocèses où leurs commanderies étaient situées; c'était la forme la plus ancienne. (*Mémoires du clergé*, t. 8, pag. 1356, et loc. cit.) —Les cardinaux étaient autrefois exempts des décimes dans le temps qu'elles se levaient en vertu des bulles des papes qui les exemptaient en termes exprès. Ils ont joui de ce privilége jusqu'à ce que les décimes aient été payées en vertu des contrats passés entre le roi et les assemblées du clergé; alors les cardinaux y furent imposés; mais le roi leur accorda, pour les indemniser, une somme à peu près pareille à celle de leurs décimes, à prendre sur le receveur général. Cette somme fut fixée en 1636 à 36,000 livres, dont les six plus anciens cardinaux profitaient également. (*Mémoires du clergé*, tom. 8, pag. 1312 et suivantes.) — Le clergé accorda quelquefois l'exemption des décimes aux fils des chanceliers de France. — Le premier exemple de cette exemption, qui ne dura que deux ans, ce fut celui de l'abbé de Saint-Evroult, fils du chancelier d'Aligre, à qui l'assemblée de 1625 accorda la décharge des décimes pour les bénéfices qu'il possédait. — Il y a eu certaines causes générales d'exemption qui avaient l'équité pour principe: quand un bénéficier, un corps, une communauté quelconque avait été mis hors d'état de payer ses impositions pour raison de spoliation, comme par le campement des armées du roi, incursion des troupes ennemies, grêles, incendies, inondations et autres cas semblables, le clergé le déchargeait de ses paiements; sur quoi il fallait distinguer les spoliations causées par les armées du roi, incursions d'ennemis et autres voies générales de cette qualité, dans lesquels cas la décharge ou l'exemption était à la charge du roi; mais, pour prévenir les abus qui auraient pu naître de ces sortes d'exemptions, on avait égard aux clauses des contrats relatives à ces cas, et aux règlements faits sur le même sujet par les assemblées générales du clergé. Quant aux spoliations produites par les grêles, incendies, etc., c'étaient des cas particuliers qui ne regardaient, suivant l'usage du clergé, que les diocèses dans lesquels les bénéfices spoliés étaient situés; les assemblées générales n'entraient point dans ces sortes de décharges: elles étaient traitées dans les bureaux particuliers des diocèses. Entre les précautions qu'on estima nécessaires pour empêcher qu'on abusât des décharges sous des prétextes faux ou spécieux, le consentement des agents généraux fut requis pour leur poursuite, sans que ce consentement toutefois pût obliger le clergé. (*Mém. du clergé*, t. 8, pag. 2382 et suiv.) —Les décimes avaient lieu dans toutes les provinces du royaume, même dans celles qui furent réunies à la couronne depuis le département de 1516, excepté dans les évêchés de Metz, Toul et Verdun et leurs dépendances, l'Artois, la Flandre française, la Franche-Comté, l'Alsace et le Roussillon. Les bénéfices de la Navarre réclamèrent, en 1671, l'exemption des décimes. Un arrêt du conseil d'Etat, du 9 août 1672, les débouta de leur demande. (*Mém. du clergé*, tom. 8, pag. 2307 et suiv.) Entre les pays qui n'étaient pas sujets aux décimes, il y en eut quelques-uns qui se prétendaient exempts de toute imposition; il y en eut d'autres où ils payaient quelques droits; en Artois, par exemple, l'imposition sur les fonds était du centième qui fut établi par les Espagnols en 1569. Dans les cas de nécessité, on doublait, on triplait le centième. Dans le Hainaut, les ecclésiastiques étaient sujets à tous les droits qu'on levait sur les fonds, sur les bestiaux et denrées. Dans la province de Lille, qui était un pays d'état, le peuple faisait tous les ans un don au roi; ensuite l'intendant assemblait le clergé et la noblesse qui accordaient ordinairement le vingtième et demi des biens qu'ils faisaient valoir par leurs mains. Mais, demande Héricourt, les bénéficiers des provinces qui ne sont pas sujettes aux décimes doivent-ils les payer pour les biens de leurs bénéfices qui se trouvent en pays de décimes, quand ces biens y ont été imposés par les départements faits avant la réunion de ces provinces à la couronne de France? Cette question, liée avec celle des chefs-lieux, fut décidée de même dans plusieurs assemblées du clergé où l'on agita si un bénéfice qui avait des annexes dans différents diocèses devait être imposé pour les décimes dans tous les diocèses où étaient les annexes, et où on décida que la taxe des annexes serait faite aux chefs-lieux seulement; on n'en excepta que les bénéfices dont le chef-lieu et les dépendances étaient sous différents souverains dans le temps que les départements furent faits, et qu'une partie des revenus qui n'était point sous la domination du roi y était rentrée depuis; on supposait, en ce cas, que les bénéfices n'avaient été compris dans les départements qu'à raison des revenus qui avaient été perçus sur les terres de l'obéissance du roi. (*Mém. du clergé*, t. 8, pag. 1214 et suiv.; de Héricourt, chap. *des Décimes*, n° 19.) — Il ne faut pas, au reste, mettre au nombre des provinces exemptes des décimes celles qui étaient abandonnées avec le clergé; cela ne pouvait regarder le roi.—La question de savoir si les bénéfices dont les biens étaient imposés aux tailles, dans les pays où elles étaient réelles, pouvaient aussi être imposés aux décimes, cette question fut agitée différentes fois dans les assemblées du clergé, et elle ne parut pas bien décidée, avec les plus grands motifs d'entière exemption (*Mém. du clergé*, t. 8, p. 1250 jusqu' à 1259). Héricourt dit, *loc. cit.*, n° 18, qu'avant les secours tenant lieu de capitation et de dixième, les ecclésiastiques n'étaient imposés à aucune subvention pour leur bien patrimonial, et ils ne payaient rien au roi quand ils ne possédaient point de bénéfices. On dérogea à cette règle pour les subventions extraordinaires de 1710 et 1711, et pour celle de 1715, qui se payèrent par des états de distraction sur le produit des impositions précédentes, à cause de la réduction des rentes; c'est pourquoi on faisait porter une partie de la taxe à tous les ecclésiastiques à proportion des biens laïcs qu'ils possédaient, même du titre patrimonial sur lequel ils avaient été ordonnés. Les bénéficiers, outre la taxe de leurs bénéfices, portaient encore une partie de l'imposition pour leur patrimoine; et les particuliers qui étaient taxés en corps avec une communauté l'étaient encore séparément pour leur patrimoine, quand ils en avaient. Chacun devait être taxé dans le lieu de sa résidence ordinaire pour cette part personnelle de l'imposition qui était indépendante du bénéfice (lettres patentes de 1715). Tout cela ne pouvait ou ne devait avoir lieu dans les pays où, les tailles étant réelles, les bénéfices ecclésiastiques qui y avaient des biens patrimoniaux étaient sans doute compris dans la capitation laïque dont parlaient ces lettres patentes.

III. Quant aux juges, ou tribunaux, ou bureaux, ou enfin chambre des décimes, établis pour connaître des différends et contestations qui pouvaient s'élever touchant la matière des décimes, on en distinguait de deux sortes: les bureaux diocésains et les bureaux généraux ou souverains.— Les bureaux diocésains étaient des tribunaux ecclésiastiques qui avaient pour ressort l'étendue d'un diocèse. Ils furent établis avec le droit de faire la répartition des sommes à imposer sur les biens et les personnes des ecclésiastiques, et avec l'autorité de juger les questions concernant ces impositions, par des lettres patentes en forme d'édits du mois de juillet 1616, dûment vérifiées et conformes au contrat passé entre le roi et le clergé, du 8 août 1615. Cet établissement n'eut cependant pas sitôt lieu partout, ou du moins, longtemps après cette attribution aux diocèses de connaître en première instance des causes de décimes, plusieurs diocèses n'en prenaient point connaissance; les causes en étaient portées aux tribunaux séculiers des lieux. Cet usage fut plus ordinaire en Bretagne que dans les autres provinces. Le diocèse de Rennes ne s'en mit en possession qu'en 1696, en exécution d'un arrêt du conseil du 9 juin 1696 qui portait l'établissement d'un bureau diocésain en la ville de Rennes (*Mém. du clergé*, t. 8, p. 1893 et suivantes).

Les syndics de Bresse, Bugey et Gex, nommés par le clergé, la noblesse et le tiers-état, chacun pour ce qui regardait leur corps, par arrêt du conseil d'État du 23 avril 1697.—Dans tous les diocèses, l'évêque, par sa dignité, était le chef du bureau diocésain. On prenait aussi dans tous les diocèses un député dans le chapitre de l'église cathédrale. Mais on ne voit rien dans toutes les décisions sur cette matière qui favorisât les prétentions des premières dignités des cathédrales, que la députation au bureau du diocèse leur appartînt par la qualité de leur titre; il n'était pas même décidé que le chapitre eût le choix de ce député plutôt que l'assemblée synodale du diocèse (*Mém. du clergé*, t. 8, p. 1725). Le nombre des députés au bureau n'était pas égal dans tous les diocèses; chacun avait des usages anciens qu'il suivait. Plusieurs assemblées générales, lorsque cette question s'y fut présentée, réglèrent qu'il y en aurait au moins six avec l'évêque ou son grand-vicaire (*Mém. du clergé*, tom. 8, pag. 1925). —C'était l'usage de la plupart des diocèses de nommer un régulier pour député et de le prendre dans les maisons qui étaient imposées aux décimes; mais ce choix n'était point de droit, et l'assemblée n'était pas en rigueur obligée à le faire; ce qui faisait tomber la prétention de certains abbés et prieurs claustraux, que, par un droit attaché à leur titre, ils pouvaient envoyer un député au bureau. (*Mém. du clergé*, t. 8, pag. 1923 et suiv..., 2301 et suiv.) — Des conseillers clercs aux présidiaux établis dans les villes épiscopales prétendaient aussi être députés de droit à ces bureaux; mais ils furent désabusés par des arrêts rapportés dans les *Mém. du cl.*, t. 8, p. 368 et suiv.; 2055 et suiv.

—A l'égard des grands vicaires, dans certains diocèses, ils n'étaient pas reçus, parce que le contrat du 8 août 1715 n'en faisait pas mention, et qu'il ne s'agissait pas là des fonctions de pasteur; mais comme les contrats postérieurs contenaient tous cette clause, *par les évêques, grands-vicaires, syndics et députés des diocèses*, la plupart des diocèses avaient un usage différent. En l'absence de l'évêque, les grands-vicaires étaient admis dans les bureaux; ils y avaient même la préséance et la présidence, à la place de l'évêque; mais dans les diocèses où tous les grands-vicaires allaient au bureau, ils n'avaient tous qu'une voix, ou seulement le premier d'entre eux, s'ils étaient subordonnés. (*Mémoires du clergé*, tom. 8, pag. 1927 et suivantes.) — Régulièrement, le choix des députés qui composaient le bureau diocésain devait se faire dans l'assemblée des bénéficiers du diocèse; mais plusieurs diocèses avaient des usages contraires: il y en a qui divisent en quatre corps leurs bénéficiers et communautés ecclésiastiques. Dans quelques grands diocèses, ces corps nommaient chacun deux députés, lesquels, avec l'évêque, ou son grand-vicaire en son absence, composaient le bureau diocésain. Dans d'autres diocèses, lorsqu'une place était vacante, l'évêque choisissait, avec les députés qui composaient le bureau, un sujet qui eût les qualités requises, c'est-à-dire qui fût bénéficier ou membre d'un corps sujet aux décimes. Il y avait même des diocèses où les évêques étaient en possession de nommer seuls ces députés, et de leur donner des lettres. Ces députés n'étaient pas perpétuels. Pendant la vacance du siége, les chapitres ne pouvaient déposséder les syndics et les députés aux bureaux des décimes; le clergé même du diocèse ne pouvait, pendant ce temps-là, faire d'innovation dans le bureau diocésain, ni dans le département des décimes. (*Mém. du clergé*, t. 8, pag. 1946 et suiv.) — Les bureaux généraux ou souverains remontaient à l'assemblée générale tenue à Melun, qui obtint du roi Henri III, le 10 février 1580, un édit portant création de sept bureaux généraux dans les villes de Paris, Lyon, Toulouse, Bordeaux, Rouen, Tours et Aix. Cet édit réglait le ressort de chacun de ces bureaux, et leur attribuait la même connaissance, en dernier ressort, de toutes les affaires concernant les subventions qu'avaient auparavant les syndics généraux du clergé révoqués par ladite assemblée de Melun. L'assemblée de 1585 obtint du même prince la confirmation de ces sept chambres et la création d'une huitième en la ville de Bourges, par des lettres patentes du 6 juin 1586, vérifiées au parlement de Paris. En 1636, au mois de juin, Louis XIII permit, par un édit particulier, d'ériger une chambre ecclésiastique dans la ville de Pau, qui pourrait connaître des différends pour les décimes, dans les pays de Béarn, Navarre et Soule, dans le ressort du parlement de Pau, et où ressortiraient, par appel des bureaux particuliers de Lescar et d'Oleron, les causes de ces deux diocèses. — Les bureaux généraux des décimes étaient composés de juges qui étaient pris des parlements ou des siéges présidiaux des lieux, et des ecclésiastiques choisis par les diocèses du ressort. Dans la pratique, chacun des diocèses du royaume y nommait son député, lequel devait être gradué et constitué, au moins dans les ordres sacrés. Il y avait des archevêques des lieux où les bureaux étaient établis qui se mirent en possession de nommer tous les députés qui les composaient; c'était l'usage à Bordeaux. — Les bureaux diocésains des décimes jugeaient en dernier ressort et sans appel des différends concernant les décimes qui n'excédaient, en principal, la somme de vingt livres, ou celle de trente quand il s'agissait d'une subvention extraordinaire, comme celle de 1715, selon les lettres patentes qui furent données à ce sujet. Quant à ces mêmes causes qui excédaient les sommes ci-dessus, les bureaux diocésains n'en connaissaient en première instance que sous l'appel aux bureaux généraux et supérieurs. — Les bureaux supérieurs ne pouvaient point connaître en première instance des causes qui concernaient les décimes, et les jugements du premier bureau étaient exécutés par provision. Par délibération de l'assemblée générale de 1661, les bureaux diocésains avaient le pouvoir de faire exécuter leurs ordonnances et commandements par corps et emprisonnements des personnes des officiers des décimes, contrôleurs et autres, auxquels lesdits commandements étaient faits, sauf l'appel au bureau provincial. (Durand de Maillane, *Dict. de droit can.*, aux mots DÉCIMES et BUREAU; Van Espen, *Jus civile univers.*, t. 1, part. 2, chap. 3, fol. 851. *V.* aussi les lois ecclésiastiques, part. 2, chap. 5; les *Mémoires du clergé*, t. 8, pag. 1200 et suiv.; lettres patentes du 28 janvier 1599, portant règlement général des décimes; les art. 25 et 26 de l'édit du mois de décembre 1606; les lettres-patentes du mois d'août 1700 et celles du 9 juillet 1715.)

DÉCIME, valeur monétaire qui est la dixième partie du franc.

DÉCIMER, mettre à mort ou frapper de quelque autre peine une personne sur dix, selon que le sort en décide. Il se dit principalement en parlant de soldats qui ont mérité d'être punis, ou de vaincus, etc. Il signifie, figurément, faire périr un certain nombre de personnes sur un nombre beaucoup plus grand.

DÉCIMÈTRE, nouvelle mesure de longueur qui vaut la dixième partie du mètre.

DÉCIMEUR, s. m., celui qui levait les dîmes d'une paroisse (*V.* DÉCIMATEUR).

DÉCIMIUS FLAVUS (C.), tribun militaire (209 av. J.-C.). Par son exemple, il rendit le courage aux Romains qui fuyaient devant les éléphants d'Annibal, et leur fit remporter la victoire.

DÉCIMIUS, ambassadeur à Rhodes, l'an 172 av. J.-C., pendant la guerre que les Romains eurent à soutenir contre Persée.

DÉCIMIUS (C.), un des trois députés envoyés de Rome en Crète, l'an 171 av. J.-C., pour demander des archers auxiliaires contre la Macédoine.

DÉCIMIUS (E.), député en Grèce, l'an 171 av. J.-C., alla trouver Gentius, roi des Illyriens, comme pour l'engager à faire alliance avec les Romains. Il revint sans avoir persuadé le roi barbare; il fut même soupçonné de s'être laissé corrompre par son or, et de n'avoir tenté aucun moyen pour l'amener à une alliance.

DECIMO, adv., dixièmement, mot latin ordinairement indiqué par ce signe 10° dans une série d'articles que l'on note: 1° ou *primo*, 2° ou *secundo*, etc. On dit également, 13° ou *decimo tertio*, pour treizièmement; 14° ou *decimo quarto*, quatorzièmement; 15° ou *decimo quinto*, quinzièmement; 16° ou *desimo sexto*, seizièmement; 17° ou *decimo septimo*, dix-septièmement; 18° ou *decimo octavo*, dix-huitièmement; 19° ou *decimo nono*, ou dix-neuvièmement.

DECIMUS, prénom usité chez les Romains. On l'écrit en l'abrégeant par un D.

DÉCINE, s. f. (*métrol.*), poids de 10 livres employé en Italie.

DÉCINTREMENT (*architect.*), action de décintrer.

DÉCINTRER (*architect.*), ôter les cintres qu'on avait placés pour construire une voûte.

DÉCINTROIR, s. m. (*technol.*), sorte de marteau à l'usage du maçon.

DÉCIO (PHILIPPE), jurisconsulte, naquit à Milan en 1454. Il professa le droit civil et le droit canon successivement à Pise, à Pavie, à Sienne et à Rome, où il fut désigné auditeur de rote par le pape Innocent VIII. Il s'attira la colère du pape Jules II en donnant à Louis XII des conseils contre ce pontife. Decio, réfugié en France, fut fait conseiller au parlement de Grenoble et professeur à l'Université de Valence. Il retourna en Italie, et mourut à Sienne en 1535.

DÉCIOCTONAL, adj. m. (*minér.*). Il se dit d'un cristal qui présente dix-huit faces.

DÉCIPER, v. a., latinisme en usage dans l'ancienne pratique, pour abuser, tromper.

DÉCIQUATUORDÉCIMAL, adj. m. (*minér.*). Il se dit d'un cristal dont la surface présente deux assortiments, l'un de dix faces et l'autre de quatorze.

DÉCIRER, v. a. (*technol.*), enlever la cire qui couvre un objet.

DÉCISEXDÉCIMAL, adj. m. (*minér.*). Il se dit d'un cristal dont la surface offre deux assortiments, l'un de dix faces et l'autre de seize.

DÉCISIF, IVE, qui décide, qui fait cesser toute indécision. Il se dit aussi des personnes, et signifie qui décide hardiment, avec une sorte d'autorité et en prenant un ton avantageux.

DÉCISION (*jurisp.*), sentence, jugement, résolution prise sur quelque objet. Les arbitres donnent des *décisions* qui deviennent exécutoires par une ordonnance du président du tribunal de première instance dans le ressort duquel elles ont été rendues. Les *décisions arbitrales* ne peuvent en aucun cas être opposées à des tiers (Cod. procéd., art. 1020 et 1022). Les avocats consultants donnent des *décisions* sur les questions qui leur sont proposées; mais elles n'ont d'autre autorité que celle d'un avis.

DÉCISIONS DE JUSTINIEN. On appelle ainsi les cinquante ordonnances que cet empereur fit après la publication de son premier code, afin de décider de grandes questions qui partageaient les jurisconsultes.

DÉCISIONS DU CONSEIL (*anc. légis.*), résolutions prises au conseil des finances sur les requêtes, mémoires et placets que l'on y présentait. — **DÉCISION MINISTÉRIELLE** (*législ.*), véritable jugement rendu sur la réclamation d'un citoyen par un ministre, dans les limites de son autorité, et sauf le pourvoi au conseil d'État.

DÉCISION (*géogr.*), capitale de l'Amérique russe, sur la côte N.-O. Vancouver lui donna ce nom, parce qu'après l'avoir découverte, il crut avoir décidé la question du passage N.-O. Elle forme l'extrémité méridionale d'une île grande et considérable; elle est située au N.-O. de l'archipel du Prince-de-Galles, et gît par les 56° 2' de latitude N., et 136° 12' de longitude O.

DÉCISIVEMENT, adv., d'une manière décisive. Il est peu usité.

DECISOIRE (*jurispr.*), décisif. Il est principalement usité dans cette locution; *serment décisoire*, celui qu'une partie défère à l'autre, pour en faire dépendre le jugement de la cause.

DECISTÈRE, s. m. (*métrol.*), dixième du stère, mesure de solidité.

DECIUS, tribun militaire, l'an 340 avant Jésus-Christ sauva d'un danger imminent son collègue Cornelius Cossus, qui s'était laissé enfermer dans les gorges de Satricule par les Samnites. Deux ans après, 338 avant J.-C., ayant été nommé consul avec Manlius Torquatus, et chargé de la guerre contre les Latins, après une foule d'exploits héroïques, il se voua aux dieux infernaux pour assurer la victoire aux Romains, et se jeta au milieu des rangs ennemis, où il mourut percé de coups.

DECIUS, héritier des vertus de son père, se dévoua de même aux dieux infernaux dans son quatrième consulat, au milieu d'une bataille contre les Gaulois et les Samnites.

DECIUS, fils du précédent, consul avec Sulpicius Savernius, l'an 280 avant J.-C., se dévoua, à l'exemple de son père et de son aïeul, dans la guerre de Pyrrhus et de Tarente, et vit avant de mourir la victoire se déclarer pour les Romains. Le dévouement de ce jeune Décius était d'autant plus glorieux que, dit-on, Pyrrhus lui avait fait dire que, s'il se dévouait, on serait sur ses gardes pour ne pas le tuer, mais qu'on le prendrait vivant afin de lui faire subir le dernier supplice.

DECIUS (T.-M.), tribun du peuple l'an de Rome 442 (312 avant J.-C.), porta la loi Décia.

DECIUS JUBELLIUS, tribun légionnaire chargé, l'an 281 avant J.-C., de conduire à Rhegium 4,000 hommes tirés des colonies romaines de la Campanie, massacra les habitants de la ville et s'empara de la citadelle. Un médecin échappé du carnage et auquel il avait eu recours pour se guérir du mal d'yeux, vengea ses compatriotes en lui appliquant sur les yeux un médicament composé de sucs corrosifs, qui acheva de lui faire perdre l'usage de la vue.

DECIUS MAGIUS, un des principaux citoyens de Capoue, s'opposa vivement à ce que ses concitoyens reçussent Annibal dans leurs murs. Annibal, entré dans la ville malgré son opposition, le fit charger de fers et conduire en Afrique; mais une tempête jeta le vaisseau sur les côtes de l'Egypte, et Magius y recouvra sa liberté.

DECIUS CALPURNIUS, officier de la garde prétorienne sous Claude et amant de Messaline; le prince, pour le punir de cette intrigue, le fit mettre à mort.

DECIUS TRICCIANUS, favori de Macrin et gouverneur de la Pannonie, massacré l'an de J.-C. 218 par les ordres d'Héliogabale.

DECIUS, empereur. (*V.* DÈCE.)

DECIUS (JEAN-BAHOVIUS.) (*V.* TIETZY.)

DECIZE (*géog.*), petite ville de France (*Nièvre*), arrondissement et à neuf lieues S.-E. de Nevers, chef-lieu de canton. Sa situation est avantageuse et favorable au commerce. Elle est dans une île formée par la Loire, à l'embranchement du canal du Nivernais. Elle s'élève sur un rocher, dont un des flancs est taillé à pic et dont le sommet est couronné par un antique château des ducs de Nevers. Il y a des fabriques de fer-blanc et des forges pour l'exploitation des mines de houille. Son commerce consiste en bois de chauffage, charbon de bois, merrain, pierres meulières. Sa population est de 2,500 habitants.

DÉCIZELER, v. a. (*technol.* Empiler les bois qui ont été enfoncés dans l'eau.

DECKASELB (*bot.*), suivant Daléchamp, et *selq* suivant M. Delile, sont les noms arabes de la poirée, *beta vulgaris*.

DECKER (THOMAS), auteur dramatique anglais, qui vivait sous le règne de Jacques Ier. On cite parmi ses pièces *l'Honnête prostituée* et *le Vieux Fortunatus*.

DECKER (ADOLPHE), né à Strasbourg, était capitaine d'armes à bord de la flotte hollandaise, commandée par Jacques l'Hermite, et expédiée pour faire la conquête du Pérou en avril 1623. Il a publié une relation très estimée de ce voyage. On la trouve dans le recueil des voyages de la Compagnie des Indes, t. VII, édition de Rouen.

DECKER (PAUL), architecte, né à Nuremberg en 1677, a publié un traité d'architecture très estimé. Il a pour titre: *Furstlicher Baumeister, oder architectura civilis*, avec 64 planches, Augsburg, 1711, in-fol. — Decker avait un frère qui doit être compté au nombre des bons peintres que l'Allemagne a produits. Ses portraits forment une partie intéressante de l'iconographie moderne.

DECKER (JÉRÉMIE DE), poète hollandais, né à Dordrecht vers 1610. Se faisant un devoir d'aider son vieux père dans les soins d'une famille nombreuse, il se voua au célibat pour ne pas être détourné de cette pieuse obligation. Il débuta dans le monde littéraire par une imitation libre des Lamentations de Jérémie. Parmi ses autres productions on remarque son éloge de l'avarice, satire piquante dirigée contre ceux qui sont sous l'empire de cette malheureuse passion. Sa pièce intitulée: *Remontrance des chevaux*, atteste son cœur sensible. Une autre pièce intitulée: *A ma Mère*, est un chef-d'œuvre de sentiment et d'élévation. Decker est un des poètes qui honorent le plus le Parnasse hollandais. L'élégance, le nombre et la variété caractérisent sa muse. Il mourut à Amsterdam en 1666, âgé de 56 ans.

DECKERS (JEAN), jésuite, natif d'Hazebrouck en Flandre, devint chancelier de l'Université de Gratz en Styrie et y mourut en 1610. Il s'était rendu habile dans la chronologie et dans l'histoire ecclésiastique.

DECKHERR (JEAN), jurisconsulte et bibliographe de la fin du dix-septième siècle. Il était, en 1708, conseiller du roi de Danemarck. Il a publié quelques ouvrages qui n'ont plus aucun intérêt.

DECLAMATION, du latin *declamatio*, formé de la particule augmentative *de*, et de *clamo*, parler à haute voix: l'action de parler à haute voix, de déclamer. *diction*(. La déclamation est l'art de rendre le discours. *Chaque mouvement de l'âme*, dit Cicéron, *a son expression naturelle dans les traits du visage, dans le geste et dans la voix*. Il y a autant de sortes de déclamation que de passions différentes: la déclamation est relative à notre caractère et à notre situation; enfin elle dépend des lieux. Le barreau, la chaire, le théâtre ont leur déclamation propre. Déclamation se prend quelquefois en mauvaise part pour exprimer une fausse éloquence, une affectation de termes pompeux et figurés dans un ouvrage, dans un sujet qui ne le comporte pas. Il se dit aussi pour invective, et l'on dit dans ce sens qu'un *factum* ou mémoire ne contient aucune raison solide, que c'est une *déclamation* continuelle contre sa partie. Déclamation se prend en musique pour l'art de rendre, par les inflexions et le nombre de la mélodie, l'accent grammatical et l'accent oratoire (*V.* ACCENT, RÉCITATIF).

DECLAMATOIRE, qui appartient à la déclamation. Il signifie plus ordinairement, qui ne renferme que des déclamations. Dans ce sens, il ne se prend qu'en mauvaise part.

DECLAMER, prononcer, réciter à haute voix et avec le ton et les gestes convenables. Il se dit souvent absolument. Il est aussi neutre, et signifie invectiver, parler avec chaleur contre quelqu'un, contre quelque chose.

DÉCLARATIF, IVE (*jurisp.*). Il se dit d'un acte par lequel on déclare quelque chose.

DÉCLARATION. C'est l'action de déclarer, de faire connaître. Cette expression, prise isolément, s'applique: 1° à l'aveu qu'une partie fait dans une cause; 2° à l'acte par lequel la partie qui a produit un acte contre lequel son adversaire déclare devoir s'inscrire en faux fait connaître si elle persiste dans l'intention d'en faire usage; 3° à la déposition d'un témoin; 4° à l'explication que tout juge récusé est tenu de donner des faits sur lesquels on fonde sa récusation; 5° à la connaissance qu'est obligée de donner de ce qu'elle doit au débiteur du créancier saisissant toute personne entre les mains de laquelle il a été fait une saisie-arrêt (*V.* Cod. de procéd. civ., art. 571 et suivant)s.

DÉCLARATION AU DROIT D'UN TIERS. C'est l'acte par lequel un particulier déclare que le bien acquis en son nom, ou que la constitution faite à son profit, ou que l'obligation qu'il a acceptée ne lui appartient pas, mais à un autre auquel il a seulement prêté son nom (*V.* Cod. de procéd., art. 709).

DÉCLARATION D'ABSENCE. C'est le jugement qui déclare l'absence d'une personne disparue et dont on n'a point de nouvelles depuis un certain temps. Lorsqu'une personne a cessé de paraître au lieu de son domicile ou de sa résidence, et que depuis quatre ans on n'en a point eu de nouvelles, les parties intéressées peuvent se pourvoir devant un tribunal de première instance afin que l'absence soit déclarée. Pour constater l'absence, le tribunal, d'après les pièces et documents produits, ordonne qu'une enquête soit faite contradictoirement avec le procureur du roi, dans l'arrondissement du domicile et dans celui de la résidence, s'ils sont distincts l'un de l'autre. Le tribunal, en statuant sur la demande, a d'ailleurs égard aux motifs de l'absence et aux causes qui ont pu empêcher d'avoir des nouvelles de l'individu présumé absent. Le procureur du roi envoie, aussitôt qu'il sont rendus, les jugements, tant préparatoires que définitifs, au ministre de la justice qui les rend publics. Le jugement de déclaration d'absence n'est rendu qu'un an après jugement qui a ordonné l'enquête (*V.* quels sont les effets de la déclaration d'absence (Cod. civ,. art. 120 et suivants.)

DÉCLARATION DE GUERRE. C'est un des pouvoirs du roi (*V.* la Charte constitutionnelle, art. 14).

DÉCLARATION DE NAISSANCE. Elles doivent être faites dans les trois jours de l'accouchement à l'officier de l'état civil du lieu : l'enfant lui est présenté. La naissance de l'enfant doit être déclarée par le père, ou à défaut du père par les docteurs en médecine ou en chirurgie, sages-femmes, officiers de santé ou autres personnes qui ont assisté à l'accouchement; et lorsque la mère est accouchée hors de son domicile, par la personne chez qui elle est accouchée. L'acte de naissance est rédigé de suite en présence de deux témoins (Cod. civ., art. 65 et suivants). Toute personne qui, ayant assisté à l'accouchement, n'a pas fait la déclaration prescrite dans le délai fixé, est puni d'un emprisonnement de six jours à six mois, et d'une amende de 16 francs à 300 francs (Cod. pénal, art. 346). Toute personne qui trouve un enfant nouveau-né est tenue de le remettre à l'officier de l'état civil, ainsi que les vêtements et autres effets trouvés avec l'enfant, et de déclarer toutes les circonstances du temps et du lieu où il a été trouvé. Il en est dressé un procès-verbal détaillé, qui annonce en outre l'âge apparent de l'enfant, son sexe, les noms qui lui seront donnés, l'autorité civile à laquelle il sera remis. Ce procès-verbal est inscrit sur les registres (Cod. civ., art. 58).

DÉCLARATION DU ROI. C'était une loi par laquelle le roi expliquait, révoquait un édit, une ordonnance. Ce n'est plus par des lois, mais par des avis du conseil d'Etat et des décrets que se fait aujourd'hui l'interprétation des lois qui présentent quelques obscurités.

DÉCLARATION DE DÉPENS. C'est un mémoire des frais et dépens occasionnés par un procès, et qui sont dus par celui qui a succombé; sur l'exposition de ce mémoire, la cour délivre *exécutoire* pour la somme à laquelle se montent les dépens mentionnés article par article.

DÉCLARATION, s. f. (*droit féod.*). *Déclaration seigneuriale*, tout acte recognitif qu'un seigneur était en droit d'exiger, ce qui comprenait l'aveu et dénombrement, la reconnaissance censuelle, mainmortable, bordelière ou en franche aumône, et enfin la déclaration sèche, c'est-à-dire la simple reconnaissance qu'un immeuble était assis dans la justice de tel seigneur.

DÉCLARATION DE CESSATION DE FONCTIONS (*administr.*), déclaration faite soit par le titulaire d'un emploi assujéti à un cautionnement, soit par ses héritiers, pour obtenir le remboursement de ce cautionnement.

DÉCLARATION DES DROITS (*hist.*) (*V.* DROITS).

DÉCLARATION DU CLERGÉ (*V.* FRANCE (*histoire de l'Eglise en*).

DÉCLARATOIRE (*pratique*). Il se dit d'un acte par lequel on déclare juridiquement quelque chose.

DÉCLARER, manifester, faire connaître. *Déclarer la guerre*, déclarer qu'on va prendre les armes et faire des actes d'hostilité. Il s'emploie quelquefois figurément. — DÉCLARER, signifie aussi manifester, prononcer, décréter par acte public, par autorité publique. — DÉCLARER, avec le pronom personnel, signifie s'expliquer. Il signifie également se manifester, se faire connaître. On l'emploie souvent au figuré dans ce sens, en parlant des choses. Il signifie encore se prononcer, prendre parti pour ou contre quelqu'un, pour ou contre quelque chose. Il signifie aussi prendre parti dans une guerre commencée.

DÉCLARER, v. a. (*hist.*). *Je déclare avec vérité*, formule de serment qui fut adoptée en 89 par l'Assemblée constituante.

DÉCLASSEMENT, s. m. (*néol.*), action de déclasser, de défaire un classement; état des choses ou des personnes déclassées, *déclassement de la rente*.

DÉCLASSER, v. a. (*néol.*), déranger ce qui est classé. Il se dit surtout en politique dans le sens de briser les barrières qui divisent une société en plusieurs classes : *déclasser tous les ordres de citoyens*. — DÉCLASSER (*marine*), rayer le nom d'un marin sur le registre des classes.

DÉCLAUSTRE (ANDRÉ), prêtre du diocèse de Lyon, né au commencement du XVIIIe siècle, a laissé plusieurs ouvrages utiles aux lettres.

DÉCLENCHER, v. a., lever la clenche d'une porte pour l'ouvrir.

DÉCLIC ou **DÉCLIQ**, s. m. (*anc. t. milit.*), départ du ressort d'une machine de guerre ou de la platine d'une arme à feu. On a dit dans le même sens, *déclin*, *déclic* (*mécan.*), ressort ou crochet qui, étant retiré, laisse entrer en mouvement une machine quelconque : *Un déclic laisse tomber le mouton*.

DECLIEU (N.). Nommé en 1723 lieutenant du roi à la Martinique, il voulut enrichir cette colonie de l'arbuste du caféier; il y planta le premier pied et donna naissance à une des principales branches de commerce des Antilles.

DÉCLIEUXIE (*botan.*), plante de la tétrandrie monogynie de Linné, famille des rubiacées, dont les caractères sont : calice adhérant à l'ovaire, à quatre redents; corolle infundibuliforme, à quatre divisions régulières et étalées; quatre étamines insérées à l'entrée de la corolle, saillantes; ovaire infère; un style portant un stigmate bifide; deux noyaux didymes, couronnés par le limbe du calice, contenant chacun une seule graine. Ce genre a été établi par le botaniste Kunth, sur une plante indigène des bords de l'Orénoque, et dédié par lui au capitaine Declieu, qui transporta de l'Ethiopie à la Martinique les premiers pieds de caféier, et qui pendant la traversée, sous le soleil brûlant des tropiques, aima mieux se passer d'eau douce que de laisser périr les plantes confiées à ses soins. Cette espèce est la *declieuxia chiococcoïdes*, dont les rameaux quadrangulaires sont garnis de feuilles opposées, entières, coriaces et munies de stipules; ses fleurs, en corymbes terminaux, sont blanches. J. P.

DÉCLIN, état d'une chose qui penche vers sa fin, qui arrive au terme de son cours, qui perd de sa force, de son éclat.—DÉCLIN, en terme d'arquebusier, le ressort par lequel le chien d'un pistolet, d'un fusil, s'abat sur le bassinet.

DÉCLIN DE LA LUNE (*V.* DÉCOURS).

DÉCLINABILITÉ, s. m. (*gramm*), qualité d'un mot déclinable.

DÉCLINABLE (*gramm.*), qui peut être décliné.

DÉCLINAISON est un terme de grammaire qui signifie la manière de faire passer les noms et les adjectifs par tous les cas, dans les langues qui ont des cas.

DÉCLINAISON (*astron.*). La déclinaison d'un astre est sa distance à l'équateur céleste, mesurée sur l'arc du grand cercle qui passe par l'astre et par les pôles de la sphère. Elle est, par rapport aux corps célestes, ce qu'est la *latitude* par rapport aux lieux terrestres. La déclinaison est *boréale* ou *australe*, selon que l'astre se trouve dans l'hémisphère boréal ou dans l'hémisphère austral. Pour trouver la déclinaison d'un astre, on observe préalablement la hauteur du pôle au-dessus de l'horizon ou la latitude du lieu de l'observation (*V.* LATITUDE), et on mesure ensuite la hauteur de l'astre au moment de son passage au méridien ou sa distance au zénith, qui est le complément de la hauteur. Lorsque la distance de l'astre au zénith, qu'on nomme *boréale* si l'astre est dans l'hémisphère boréal, et *australe* si l'astre est dans l'hémisphère austral, est de même désignation que la latitude, leur *somme* est la *déclinaison*, laquelle est de même désignation que la latitude; lorsque, au contraire, la distance au zénith est d'une désignation opposée à la latitude, leur *différence* est la *déclinaison*, dont la désignation est la même que celle de la plus grande des deux quantités. Cette règle est assez évidente pour se passer de démonstration. Par exemple, l'élévation du pôle nord étant de 47° 20', on a trouvé la hauteur du soleil, lors de son passage au méridien, égale à 33° 25', et par conséquent sa distance au zénith égale à 56° 35'; cette distance est *australe*. Les désignations étant différentes, la différence entre 56° 35' et 47° 20' ou 9° 15', est la déclinaison cherchée, laquelle est *australe*, parce que la distance *australe* est plus grande que la latitude *boréale*. Les déclinaisons servent de concours avec les ascensions droites pour fixer la position des astres sur la voûte céleste. Le mouvement propre des astres et la précession des équinoxes (*V.* ce mot) faisant varier continuellement leurs ascensions droites et leurs déclinaisons, on trouve ces quantités calculées à l'avance dans la *connaissance des temps* de chaque année pour les besoins de l'astronomie et de la navigation (*V.* CATALOGUE). — CERCLES DE DÉCLINAISON, grands cercles de la sphère qui passent par les pôles du monde, et sur lesquels la déclinaison est mesurée. — PARALLÈLES DE DÉCLINAISON, petits cercles de la sphère, parallèles à l'équateur. — PARALLAXE DE DÉCLINAISON, arc du cercle de déclinaison qui mesure la quantité dont la déclinaison d'un astre est augmentée ou diminuée par la *parallaxe de hauteur* (*V.* ce mot). — RÉFRACTION DE DÉCLINAISON, arc du cercle de déclinaison qui mesure la quantité dont la déclinaison augmente ou diminue par l'effet de la réfraction. —DÉCLINAISON DU PLAN VERTICAL (*gnom.*), arc de l'horizon compris entre le premier vertical et la section du plan du cadran avec l'horizon (*V.* DÉCLINANT).— DÉCLINAISON de l'aiguille aimantée ou de la boussole (*V.* VARIATION).

DÉCLINAISON DE L'AIGUILLE AIMANTÉE. C'est l'angle que fait le méridien magnétique avec le méridien astronomique, ou, en d'autres termes, c'est l'angle formé par la direction de l'aiguille suspendue horizontalement avec la ligne du méridien. Si le pôle sud de l'aiguille est dirigé du côté de l'ouest, la déclinaison est occidentale; elle est orientale lorsqu'il passe à l'est du méridien. La déclinaison de l'aiguille aimantée est actuellement pour Paris de 22 degrés et quelques minutes; mais elle varie avec le temps. Elle varie aussi avec les lieux. Ainsi il y a des pays où l'aiguille prend exactement la direction du méridien astronomique : dans ce cas, la déclinaison est nulle et l'ensemble des lieux où ce phénomène a lieu forme ce qu'on appelle des lignes sans déclinaison. En 1580, la déclinaison de l'aiguille était pour Paris de 11 degrés et demi à l'orient du méridien; en 1663, elle était nulle, par conséquent le méridien magnétique coïncidait avec le méridien astronomique; puis l'aiguille s'est dirigée successivement vers l'occident, et en 1814 la déclinaison était de 22 degrés 34 minutes. Depuis cette époque elle a pris une marche légèrement rétrograde. — Nous citerons à ce propos une idée singulière que nous avons entendu émettre par un savant distingué, dont les sciences déplorent vivement la perte récente. M. Ampère, d'après certains résultats déduits d'observations, croyait que, dans nos climats, la température moyenne de l'année était dépendante de la déclinaison de l'aiguille aimantée. Ainsi, selon lui, pour un même pays, le minimum de température devait avoir lieu lorsque la déclinaison de l'aiguille était nulle; la température moyenne allait ensuite en augmentant à mesure que l'aiguille s'éloignait du méridien astronomique, et le maximum de température arrivait au maximum de déviation de l'aiguille. Il citait particulièrement ce fait : que l'on cultivait la vigne en Angleterre et que l'Islande était couverte de forêts à une époque où l'aiguille aimantée déviait considérablement à l'est du méridien astronomique; et il pensait que lorsque le pôle magnétique se trouverait de nouveau dans la même direction, ces deux pays jouiraient encore des mêmes richesses. Nous avons observé le maximum de déviation à l'ouest, mais la température moyenne n'a pas paru plus élevée; il est possible, toutefois, que la déviation de l'aiguille soit plus grande à l'orient qu'à l'occident, et que cet effet se fasse sentir davantage; mais jusqu'ici cette opinion de M. Ampère n'est qu'une hypothèse : elle n'en mérite pas moins toute l'attention des savants futurs qui pourront la vérifier avec les observations plus précises que leur laissera notre époque.

Les observations de déclinaison sont extrêmement délicates et minutieuses; elles se font avec un instrument qu'on appelle *boussole* de déclinaison et dont on trouve la description dans les principaux traités de physique : cependant, depuis quelques années, cet instrument a subi d'importantes modifications, dues à M. Gambey. Cet habile artiste a changé le mode de suspension de l'aiguille. Anciennement, l'aiguille se mouvait sur un pivot, et par cela même éprouvait de la résistance par le frottement : M. Gambey a suspendu l'aiguille par son centre à un fil de soie que l'on a soin de bien détordre avant de commencer l'observation.

DÉCLINAISON, s. f. (*phil.*), déclinaison des atomes, mouvement oblique au moyen duquel Epicure suppose que les atomes doivent se rencontrer et former des corps. Selon Démocrite, les atomes se mouvaient en droite ligne dans le vide infini : la *déclinaison* n'élude la difficulté qu'en apparence.

DÉCLINANT (*gnom.*). Les *cadrans déclinants* sont ceux dont la section avec l'horizon fait un angle avec le premier vertical. (*V.* GNOMONIQUE.)

DÉCLINATEUR OU DÉCLINATOIRE (*gnom.*), instrument qui sert à déterminer l'inclinaison ou la déclinaison des plans sur lesquels on veut trouver des cadrans solaires (*V.* GNOMONIQUE.

DÉCLINATOIRE, s. m. (*phys.*), boussole qui sert à estimer la déclinaison de l'aiguille aimantée.

DÉCLINATOIRE (*t. de procédure*). Il se dit des exceptions, des moyens qu'on allègue pour décliner une juridiction.

DÉCLINÉ (*bot.*), *declinatus*. On dit que le style est décliné, que les étamines sont déclinées, lorsque, dans une fleur irrégulière, ils se portent vers la partie inférieure de la fleur. Tel est le marronier d'Inde, *l'amaryllis formosissima*, etc.

DÉCLINER, déchoir, pencher vers sa fin; s'affaiblir, diminuer En parlant des personnes, il se dit, soit de la diminution des forces physiques, soit de l'affaiblissement des facultés intellectuelles, et quelquefois de l'un et de l'autre en même temps.

DÉCLINER, en astronomie, se dit des astres qui s'éloignent de l'équateur. Il se dit aussi, en physique, de l'aiguille aimantée qui s'éloigne du nord vrai. Il se dit également, en gnomonique, d'un plan vertical qui ne regarde pas directement celui des points cardinaux vers lequel il est tourné.

DÉCLINER, s'emploie comme verbe actif, en termes de grammaire, et alors il signifie faire passer un nom, un adjectif par tous ses cas, dans les langues qui ont des cas, telles que la langue grecque et la langue latine. Figur. et fam. : *décliner son nom*, dire qui l'on est, afin de se faire connaître. En termes de procédure : *décliner une juridiction, décliner la juridiction, la compétence d'un juge, d'un tribunal*, ne vouloir pas reconnaître la compétence d'un juge, d'un tribunal, et demander à être renvoyé devant un autre.

DÉCLINQUER, v. a. (*marine*), enlever le bordage d'un bâtiment à clin.

DÉCLIQUER, v. a. (*mécan.*), faire partir, lâcher un déclic.

DÉCLIQUETER, v. a. (*horlog.*), dégager le cliquet des dents de son rochet.

DÉCLIRE, qui va en pente.

DÉCLIVER, v. n. (*néol.*), pencher, s'abaisser graduellement.

DÉCLIVETÉ, situation d'une chose qui est en pente.

DÉCLOITRER, v. a., tirer du cloître.

DÉCLORE, ôter la clôture.

DÉCLORE UNE BOURDIGUE (*pêche*), ôter les roseaux qui bouchaient l'entrée des filets pour laisser un libre passage aux poissons.

DÉCLOTURE, s. f., clôture brisée, qui laisse une ouverture; action de déclore.

DÉCLOUER, détacher quelque chose en arrachant les clous qui l'attachent. On l'emploie aussi avec le pronom personnel.

DÉCOAGULER, v. a. (*phys.*), faire cesser l'état de coagulation d'un liquide.

DÉCOCHEMENT, action de décocher une flèche.

DÉCOCHER, tirer une flèche, un trait avec l'arbalète ou avec quelque autre machine semblable. Figur. et fam. : *décocher un trait de satire, une épigramme*, etc., lancer un trait malin, une épigramme. On dit quelquefois, mais plus familièrement : *décocher un compliment.*

DÉCOCONNER, v. a. (*technol.*), détacher le cocon du ver à soie des corps sur lesquels il est appliqué.

DÉCOCTION. Ce mot exprime non-seulement l'action de faire bouillir une substance animale ou végétale dans l'eau ou dans un autre liquide propre à en dissoudre certains principes, mais encore le produit de cette opération. Le pharmacien, le cuisinier, le teinturier et un grand nombre d'autres industriels emploient cette manière de traiter les diverses substances dont ils ont besoin.

Tantôt on met ensemble sur le feu le liquide et la substance sur laquelle on veut opérer; tantôt, au contraire, on attend que le liquide soit bouillant pour y plonger les matières, qu'il attaque alors avec plus d'énergie, surtout si l'on prolonge l'ébullition, et plus encore si l'on y ajoute une pression plus ou moins considérable. Quoique bien simple, cette préparation n'a pas moins besoin d'être dirigée avec précaution : il faut savoir si les substances qu'on y soumet sont de nature à céder leurs principes actifs à l'eau bouillante, qu'on préfère généralement, et à ne point s'altérer par une ébullition prolongée. On doit également, quand on a plusieurs matières à traiter, agir d'abord sur celles qui sont les moins solubles, puis successivement sur celles qui le sont davantage, et prolonger plus ou moins l'ébullition. La décoction achevée, on peut *décanter* le produit ou le passer, pour le séparer du résidu, que l'on soumet quelquefois à la pression, pour en extraire tout ce qu'il peut contenir encore d'utile; quelquefois il est bon de le laisser refroidir et même de le clarifier. En général, les substances pourvues de principes volatils ne supportent pas la décoction et doivent être traitées par infusion ou par digestion. En médecine, un grand nombre de tisanes sont des décoctions.

DÉCODON (*bot.*). Gmelin donnait ce nom générique au *lytrum verticicillatum* de Wildenow, *anonymes aquaticus* de Walther. J. P.

DÉCOGNOIR, s. m. (*technol.*), coin de buis qu'on emploie pour serrer ou desserrer les formes typographiques.

DÉCOGNOISSANCE, s. f. (*v. lang.*), ingratitude, déguisement, ignorance.

DÉCOIFFER, ôter ce qui coiffe ou défaire la coiffure. Il signifie aussi déranger la coiffure, les cheveux, les mettre en désordre. Il s'emploie avec le pronom personnel, soit comme verbe réfléchi, soit comme verbe réciproque. — Fig. et fam., *décoiffer une bouteille*, ôter l'enveloppe de goudron ou de toute autre matière résineuse qui entoure le bouchon ; et, par extension, la boire, la vider.

DÉCOIFFER UNE FUSÉE (*art milit. et technol.*), déchirer la garniture qui la préservait contre une inflammation accidentelle.

DÉCOLLATION, action par laquelle on coupe le cou. Ce mot n'est guère en usage que pour désigner le martyre de saint Jean-Baptiste. (*V.* JEAN-BAPTISTE (Saint).)

DÉCOLLEMENT, action de décoller, de se décoller, ou état de ce qui est décollé. — Il se dit par extension, en chirurgie, d'un organe qui se détache d'un autre auquel il était adhérent.

DÉCOLLEMENT, s. m. (*technol.*), entaille que le charpentier pratique du côté de l'épaulement pour dérober la mortaise.

DÉCOLLER, séparer, détacher une chose qui était collée. Il s'emploie aussi avec le pronom personnel. — Fig., au jeu de billard, *décoller une bille*, l'éloigner, la détacher, en jouant, de la bande contre laquelle elle était. On dit aussi, avec le pronom personnel, *se décoller*, détacher sa bille de la bande.

DÉCOLLER (*jeux*). Il signifie, au billard, éloigner une bille de la bande.

DÉCOLLETAGE, s. m. (*agric.*), opération qui consiste à couper le collet des betteraves.

DÉCOLLETER, découvrir le cou, la gorge, les épaules. On l'emploie surtout avec le pronom personnel. Il se dit aussi, neutralement, d'un vêtement dont le collet se rabat et n'embrasse pas le cou.

DÉCOLLEUR, s. m. (*pêche*). Il se dit parmi les pêcheurs de morue de celui qui coupe la tête et arrache les entrailles du poisson.

DÉCOLORATION, perte de la couleur naturelle. Il ne s'emploie guère qu'en médecine.

DÉCOLORER, ôter la couleur, effacer la couleur. Il se dit figurément en parlant des ouvrages d'esprit. Il s'emploie avec le pronom personnel.

DÉCOLORIMÈTRE. C'est un instrument à l'aide duquel on peut apprécier la force décolorante des diverses espèces de charbons. Pour apprécier ce pouvoir décolorant, prenez un centilitre de la liqueur d'épreuve, versez-le dans un flacon qui contienne un peu plus d'un litre; mesurez un litre d'eau, et servez-vous de cette eau pour rincer à plusieurs reprises le centilitre dans lequel vous aurez versé la liqueur d'épreuve mesurée; puis versez dans le même flacon tout ce litre d'eau. Cette quantité suffit pour faire dix essais, puisque pour chaque essai il faut seulement un décilitre de cette solution étendue. — Pour essayer le pouvoir décolorant d'un noir, pesez-en exactement 2 grammes, agitez-le vivement pendant une minute avec un décilitre de la solution de caramel, filtrez et versez la liqueur dans le tube vertical C, D ; puis, en tirant la double tige horizontale intérieure B, B, vous ferez passer une partie du liquide dans cette tige, et vous aurez une couche d'autant plus épaisse et d'autant plus colorée que vous tirerez davantage. Vous regarderez dans cette tige creuse, en opposant le bout qui contient le liquide au jour, et dès que la nuance de ce liquide traité par le charbon sera de même intensité que la solution de caramel renfermée dans le double disque en verre P, vissé sur le côté de l'instrument (ce qu'il est facile d'obtenir, puisque cette intensité varie à volonté en tirant ou poussant la tige creuse), vous observerez sur l'extérieur de la tige horizontale les divisions qui marquent l'écartement. Ainsi le premier centimètre produit un écartement égal à celui des deux disques fixes sur l'instrument; le n° 2 indique une épaisseur double, et le n° 3 une triple. Si l'on avait tiré la tige extérieure jusqu'à la deuxième division, il est évident que le charbon aurait enlevé à la liqueur la moitié de sa matière colorante, etc., etc. — Les dix subdivisions égales tracées dans l'espace qui comprend un degré permettent d'apprécier même de très légères différences dans le pouvoir décolorant des divers charbons. Il faut avoir le soin, pour bien apprécier la nuance du liquide d'épreuve contenu dans les disques fixes, de le regarder au travers d'un rouleau T, T, de deux doubles de papier de la même grosseur que le tube en cuivre horizontal et de la même longueur, à peu près, que l'on applique contre ce tube.

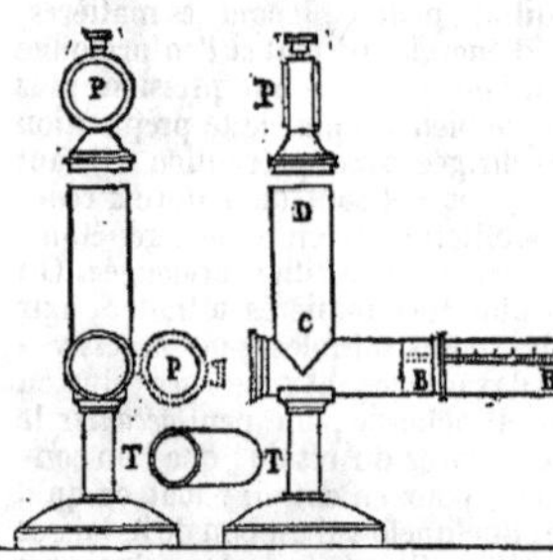

DÉCOLORIS, s. m. (*didact.*), perte du coloris.

DÉCOMBANT, *decumbens* (*bot.*). Ce mot exprime la situation d'une tige qui, d'abord s'élançant droite, trace une courbe et s'étend ensuite sur le sol; telle est la tige de l'*arctotis decumbens*, L. J. P.

DECOMBES (JEAN), premier président de la cour des aides de Mont-Ferrand en 1582, a publié en 1584 un Traité des tailles et subsides.

DECOMBES (MADAME), de la même famille. On a publié d'elle en 1774 (Riom, 2 vol. in-12) un Recueil de lettres pieuses.

DECOMBES (JEAN), médecin à Manosque-la-Patrie, a publié vers la fin du XVIIe siècle une Hydrologie en 5 vol. in-8°.

DÉCOMBRER, ôter les décombres, les immondices, les débris, les plâtres qui embarrassent un terrain et qui bouchent quelque passage.

DÉCOMBRES, amas de matériaux inutiles qui restent sur le terrain après la démolition d'un bâtiment.

DÉCOMBRES (*agricult.*). Les décombres qui proviennent de la démolition des constructions forment un excellent amendement par la quantité des sels alcalins qu'ils contiennent; mais, suivant que la partie qui en forme la base est calcaire, sablonneuse ou argileuse, ils doivent être employés dans des sols de nature différente. — La règle à suivre à cet égard est la même que celle qui détermine l'emploi des substances mêmes qui forment ces décombres; ainsi, suivant que l'on trouvera que la *chaux*, le *plâtre*, l'*argile* ou le *sable* y dominent, on devra les considérer comme des matières calcaires, argileuses ou sablonneuses, etc., et les employer d'une manière analogue. — Lorsque les décombres sont en gros fragments, ce ne sera pas du temps perdu que celui qu'on passera à les pulvériser grossièrement. — On peut faire entrer utilement les décombres réduits en poudre à la composition des *compostes*. (*V.* ce mot.)

DÉCOMBUSTION, s. f. (*chimie*), la destruction de l'oxydation d'un corps.

DÉCOMMANDER, v. a. (*comm.*), contremander une demande, annuler un ordre par un ordre contraire.

DÉCOMPOSABLE, adj. des deux genres (*didact.*), qui est susceptible d'être décomposé.

DÉCOMPOSÉ (*bot.*). On appelle ainsi une tige lorsqu'elle se divise et se subdivise en une multitude de ramifications dès sa base. On appelle une feuille décomposée lorsque le pétiole commun se divise en pétioles secondaires, et que ces derniers portent les folioles, comme dans la sensitive. J. P.

DÉCOMPOSER, analyser un corps, le réduire à ses principes, séparer les éléments dont il est composé. On dit dans un sens analogue, en physique, *décomposer les rayons solaires, la lumière.* — Il s'emploie figurément en mécanique : *décomposer le mouvement d'un corps*, considérer le mouvement actuel d'un corps comme produit par la coexistence de plusieurs mouvements partiels ayant des directions et des intensités diverses que les principes de la mécanique enseignent à déterminer.

DÉCOMPOSER, signifie aussi produire dans quelque substance une altération ordinairement suivie de corruption, de putréfaction, de dissolution, etc. Il se dit figurément en parlant de l'altération des traits du visage par l'effet de la maladie, de la mort, de quelque passion violente, etc. Il s'emploie souvent avec le pronom personnel, surtout dans les deux sens qui précèdent.

DÉCOMPOSITION DES FORCES (*méc.*). On peut toujours remplacer une force par deux ou plusieurs autres agissant dans des directions différentes, et dont elle serait la *résultante*. Cette décomposition, dont la possibilité repose sur les mêmes principes que ceux de la COMPOSITION DES FORCES, est d'un grand usage dans la mécanique (*V.* FORCE).

DÉCOMPOSITION DES ÉQUATIONS (*alg.*). Pour résoudre une équation, on la décompose souvent en plusieurs autres, qui sont les facteurs ; c'est ainsi que Descartes est parvenu à la solution des équations du quatrième degré en décomposant l'équation générale

$$x^4 + Ax^2 + Bx + C = 0,$$

en faveur du second degré

$$x^4 + ax + b, x^2 + cx + d$$

ou en posant l'égalité hypothétique

$$x^4 + Ax^2 + Bx + C \equiv (x^2 + ax + b)(x^2 + cx + d).$$

(*V.* Biquadratique.)

Décomposition. Les chimistes entendent par ce mot la réduction d'un corps en ses éléments ou en ses principes constituants. Par exemple, la chaleur décompose la pierre à chaux, qui, d'abord à l'état de carbonate, est ensuite débarrassée de son acide. Les matières volatiles échappent à la décomposition en se réduisant en vapeur; mais on obtient la décomposition en faisant passer cette vapeur par un tube de porcelaine chauffé au rouge. Le choc ou le frottement produit aussi la décomposition. La présence de certains corps hâte ou produit même ce phénomène. Les expériences de Nicholson, de Davy, de MM. Gay-Lussac, Thénard et Becquerel ont prouvé que l'électricité est un agent très puissant de décomposition. (*V.* Éléments.)

Décompoter, v. a. (*anc. cout.*), changer le compost d'une terre ou l'ordre des années de culture et de repos.

Décompt, s. m. (*anc. cout.*), imputation

Décompte, ce qu'il y a à rabattre, à déduire sur une somme qu'on paie. *Faire le décompte*, rabattre sur une certaine somme, ou faire la supputation de ce qu'il y a à rabattre. — On dit de même, *payer le décompte*, payer ce qui est dû en retenant ce qu'on a avancé. — Fig. et fam., *trouver du décompte dans une affaire*, reconnaître qu'elle n'est pas aussi avantageuse qu'on l'avait espéré.

Décompter, déduire, rabattre d'une somme. — Il signifie, figurément et familièrement, rabattre de l'opinion qu'on avait d'une chose, d'une personne. Dans ce sens, on l'emploie d'ordinaire absolument, et il n'est guère usité qu'à l'infinitif.

Décompter, v. n. (*musique*), faire passer la voix par tous les degrés d'un intervalle pour le saisir plus facilement.

Déconcerter, troubler un concert de voix ou d'instruments. Il signifie, figurément, rompre les mesures de quelqu'un, l'arrêter dans l'exécution de ses projets, etc. Il signifie aussi troubler, interdire quelqu'un, lui faire perdre contenance. On l'emploie souvent, dans ce sens, avec le pronom personnel.

Déconfès, adj. des deux genres. Il se dit d'une personne qui ne s'est point confessée à un prêtre. *Mourir déconfès*, mourir sans confession. On dit quelquefois au féminin *déconfesse*.

Déconfire, défaire entièrement dans une bataille. Il est vieux.—Fig. et par plaisanterie, *déconfire quelqu'un*, le réduire à ne savoir plus que dire ni quelle contenance tenir.

Déconfiture, entière défaite. Il s'emploie quelquefois au figuré dans le langage familier.

Déconfiture. C'est l'insolvabilité d'un débiteur dont les biens sont insuffisants pour payer tous ses créanciers. La déconfiture d'une rente en rend le capital exigible. Cod. civ., art. 1913. En cas de faillite ou de déconfiture du mari, les créanciers personnels de la femme peuvent exercer les droits de leur débitrice jusqu'à la concurrence de leur créance, art. 1446. La déconfiture, soit du mandant, soit du mandataire, fait finir le mandat, art. 2003. La société finit par la déconfiture de l'un des associés, art. 1868.

Déconfort, découragement, désolation d'une personne qui se voit sans secours. Il est vieux.

Déconforter, décourager, abattre, affliger. Il est vieux; on l'emploie aussi avec le pronom personnel.

Déconseiller, dissuader, conseiller de ne pas faire quelque chose, en détourner par ses raisons, par ses avis. On lui donne aussi le nom de la personne pour régime.

Déconsidération, s. f., perte de considération, manque de considération, mésestime.

Déconsidéré-ée, qui n'est plus jugé digne de considération, d'estime.

Déconsidérer, v. a., cesser d'estimer, perdre de réputation; *se déconsidérer*, agir imprudemment, de manière à s'attirer le mépris.

Déconstruction, s. f., (*gramm.*) terme employé par plusieurs grammairiens pour désigner ce que les autres appellent improprement la *construction*, *faire la construction* d'une phrase, c'est en *opérer la déconstruction* en violant la syntaxe de la langue dans laquelle cette phrase est écrite.

Déconstruire, v. a., désassembler les parties d'un tout. **Déconstruire des vers** (*litt.*), les rendre, par la suppression de la mesure et de la rime, semblables à la prose. On *déconstruit* les vers pour reconnaître s'ils ont véritablement un sens et si ce sens est en harmonie avec l'expression Déconstruire (*gramm.*), faire la déconstruction.

Décontenancer, faire perdre contenance à quelqu'un. Il s'emploie aussi avec le pronom personnel, et signifie surtout perdre contenance par timidité, par embarras.

Déconvenue, malheur, mauvais succès. Il est familier.

Déconvertir, v. a. (*néol.*), faire revenir à l'erreur, à l'incrédulité.

Décor (*t. d'architect.*), ce qui décore. On ne le dit guère que des peintures de bâtiment qui font partie de la décoration intérieure des appartements.

Décorateur, artiste qui dispose ou compose même les objets destinés à embellir tel ou tel lieu, tel ou tel objet. Le tapissier doit être décorateur comme l'ordonnateur d'un festin, le peintre et l'architecte d'une salle de spectacle... Partout où le regard doit rencontrer des objets construits et disposés de manière à former un ensemble agréable ou imposant, suivant leur destination, l'art du décorateur est nécessaire. On nomme spécialement décorateurs les peintres qui exécutent ou font exécuter les toiles et tout ce qui forme la scène au théâtre (*V.* Décorations).

Décoratif-ive, adj. (*néol.*), qui sert à décorer; qui décore bien.

Décorations de théâtre. On nomme ainsi tout ce qui représente sur la scène les lieux et quelquefois les objets. Comme le costume, le lieu de l'action tire son importance de l'illusion qu'il doit produire, les seules conditions exigibles pour ce genre de peintures sont l'exactitude historique ou la convenance, lorsque l'action est fantastique et l'effet puissant qui résulte à la fois du clair-obscur et de la perspective. Les ombres et les lumières doivent être combinées avec le jour de la rampe et celui du lustre. Quant au coloris, ce n'est pas celui des autres peintures qui doit servir de guide aux décorateurs, car leurs ouvrages sont faits pour la lumière artificielle. Balthazar Preuzzy, né en 1481, fut le restaurateur de cet art qui, comme tous les autres, était oublié. Depuis, les décorations se sont perfectionnées, et, de nos jours, sans parler des dioramas qui produisent une parfaite illusion, de vrais chefs-d'œuvre ont attiré à nos théâtres la foule qu'eût laissée indifférente le titre de la pièce, l'action elle-même et le nom de l'auteur.

Décorations, récompenses ou distinctions accordées au mérite, aux services ou à la naissance. Les décorations sont des signes extérieurs qui peuvent n'avoir d'autre valeur que celle que leur donne l'opinion en les supposant mérités. Ainsi la richesse des décorations est inutile en elle-même; mais elle sert souvent à marquer différents degrés dans des distinctions du même nom et de même institution. Voyez, pour plus de détails, les noms particuliers de chaque décoration, comme Saint-Esprit, Légion-d'Honneur, Danebrog, Croix, Anneau, etc. Tous les peuples ont accordé des marques distinctives à ceux qui se sont fait remarquer par leurs talents ou qui ont rendu à leur patrie des services éclatants.

Décorder, détortiller une corde, séparer les petites cordes dont elle est composée.

Decordes ou De Cordes (Eutiche), né à Anvers au commencement du XVIe siècle, prit, le 3 septembre 1540, l'habit de Saint-Benoît à Padoue, et fut plus tard abbé de Saint-Fortunat à Bassano; il rétablit la règle de son ordre dans les couvents de Silésie, et se fit remarquer au concile de Trente. Il est surtout remarquable comme commentateur de la Bible et des Épîtres de saint Paul. Il mourut en septembre 1583.

Décordonnage, s. m. (*artill.*), opération par laquelle on enlève la matière qui s'attache aux pilons d'un moulin à poudre.

Décordonner, v. a. (*artill.*), exécuter le décordonnage.

Décoré, adj. m. (*néol.*). Il se dit absolument de ceux qui portent une décoration, et particulièrement la croix de la Légion-d'Honneur. On l'emploie quelquefois substantivement: les *décorés*, les *décorés de Juillet*.

Décorer, orner, parer. Il signifie aussi orner d'une décoration, revêtir d'un titre, d'une dignité. Il s'emploie quelquefois figurément. Il se joint aussi avec le pronom personnel.

Décorner, v. a. (*jeux*), abattre la marque ou la corne faite à une carte; ôter les cornes faites aux pages d'un livre.

Décorporation, s. f. (*art milit.*), action de dissoudre un corps militaire.

Décortilant, ante (*hist. nat.*), qui soulève et détache l'écorce des arbres.

Décortication (*agr. et bot.*), séparation naturelle ou artificielle de l'écorce. Les troncs du chêne-liége, du platane, de la vigne, etc., se dépouillent tous les ans d'une plus ou moins grande partie de leur enveloppe corticale. Cette opération se fait sur certains arbres, dont elle augmente la densité, la force et la durée du bois, et le rend plus propre à la menuiserie. Quand la décortication provient d'un accident, d'une blessure, et qu'elle a mis à découvert une partie considérable du tronc, la sève n'ayant plus de relations complètes avec les racines et les parties aériennes, l'arbre ne tarde pas à périr. J. P.

DÉCORTIQUER, v. a. (*didact.*), enlever l'écorce, l'enveloppe.

DÉCORUM (*t. emprunté du latin*). Il n'est guère usité que dans ces phrases : *garder, observer le décorum*, garder les bienséances. *Blesser le décorum*, choquer les bienséances.

DECOSTEA GRIMPANT (*bot.*), *D. scandens*, arbrisseau originaire du Chili, décrit comme formant un genre particulier dans la Flore du Pérou ; ce genre appartiendrait à la *dioécie pentandrie* de Linné. Les fleurs mâles sont composées d'un calice d'une seule pièce à cinq dents, une corolle à cinq pétales ; cinq étamines. Les fleurs femelles naissent sur des individus séparés ; elles offrent un calice, point de corolle ; trois styles. Le fruit est un drupe monosperme, couronné par le calice et les styles. J. P.

DÉCOUCHER, coucher hors de chez soi, hors du logis où l'on a accoutumé de coucher. — Fam., *ce mari ne découche point d'avec sa femme*, il couche toujours dans le même lit que sa femme. — DÉCOUCHER est aussi verbe actif, et signifie être cause que quelqu'un quitte le lit où il couche.

DÉCOUDRE, défaire une couture, ce qui est cousu. Il signifie figurément faire une blessure en long, comme le sanglier lorsqu'il déchire le ventre d'un chien. Ce sens vieillit. Il se dit aussi, avec le pronom personnel, des choses dont la couture vient à se défaire. — Fig. et fam., *les affaires se décousent, commencent à se découdre*, les affaires commencent à aller mal ; *leur amitié commence à se découdre*, leur amitié commence à se refroidir. Ces manières de parler vieillissent. — DÉCOUDRE est aussi neutre, et, dans cette acception, il n'est d'usage qu'avec la particule *en*, et en parlant figurément et proverbialement des personnes qui se déterminent et se disposent soit à quelque combat, à quelque contestation, soit à des jeux, à des exercices qui sont une manière de combat. Il est familier.

DÉCOUDRE, v. a. (*marine*), détacher quelque pièce du bordage d'un navire.

DÉCOUENNAGE, s. m. (*technol.*), action de découenner ; son produit, ses frais.

DÉCOUENNER, v. a. (*technol.*), ôter la couenne d'un porc.

DÉCOULANT, ANTE, adj., qui découle, d'où découle une liqueur.

DÉCOULEMENT, flux, mouvement de ce qui découle peu à peu et de suite. Il n'est guère usité et il vieillit.

DÉCOULER, couler. Il ne se dit que des choses liquides qui tombent peu à peu et de suite. Il se dit figurément de certaines choses spirituelles et morales.

DÉCOULOURABLE, adj. des 2 g. (*v. lang.*), pâle, décoloré.

DÉCOULOUREMENT, s. m. (*v. lang.*), pâleur.

DÉCOULOURER, v. a. (*v. lang.*), décolorer.

DÉCOUPAGE, s. m. (*technol.*), action de découper.

DÉCOUPÉ (*bot.*), *incisus*. On applique ce nom aux feuilles, calices, corolles, dont le limbe est partagé en plusieurs lobes ou segments. Si les incisions n'atteignent guère que jusqu'à la moitié du limbe, on dit que ces organes sont *bifides, trifides, multifides* ; mais si elles pénètrent plus profondément, on les dit bipartis ou tripartis, etc. La plupart des ombellifères ont leurs feuilles découpées ; le calice des primevères est *découpé* en cinq lobes ou *quinquéfide* ; la carène de plusieurs légumineuses est *bipartie*, c'est-à-dire profondément découpée en deux lobes. J. P.

DÉCOUPÉ, ÉE, part. (*blason*). Il se dit de l'écu semé de figures nombreuses qui sont faites comme des tierces feuilles renversées ayant la queue en haut (*V.* PAPELONNÉ).

DÉCOUPER, couper par morceaux. Il se dit surtout en parlant des pièces de viande, telles que la volaille et le gibier, qui peuvent se séparer par membres. Il se dit aussi en parlant des étoffes que l'on coupe avec art à petites taillades, soit qu'on enlève la pièce, soit qu'on ne l'enlève pas. Il signifie encore couper du carton, du papier, etc., de manière que ce qui en reste ait la figure de quelque objet, une forme déterminée. Il signifie également détacher, en coupant tout autour, les figures ou autres objets qui sont représentés sur une toile, sur du papier, etc.

DÉCOUPÉ (*part.*). En termes de peinture, *les figures de ce tableau semblent découpées, sont découpées*, se dit des figures qui tranchent trop sur le fond, à cause de la sécheresse des contours ou de la crudité des couleurs. — DÉCOUPÉ, se dit substantivement d'un parterre formé de divers compartiments destinés à recevoir des fleurs.

DÉCOUPEUR, EUSE, celui, celle qui travaille en découpure.

DÉCOUPLE ou **DÉCOUPLER** (*t. de vénerie*), action de détacher les chiens pour qu'ils courent après la bête. — DÉCOUPLER, détacher des chiens couplés. Il ne se dit guère qu'en parlant des chiens courants qu'on mène attachés deux à deux. Il s'emploie quelquefois absolument. Fig. et fam., *découpler des gens après quelqu'un*, lâcher des gens après quelqu'un pour le maltraiter, le poursuivre. — Fig. et fam., *être bien découplé*, être vigoureux et de belle taille.

DÉCOUPOIR, s. m. (*technol.*), instrument qui sert à faire des découpures.

DÉCOUPURE, action de découper une étoffe, de la toile, du papier, etc., ou le résultat de cette action.

DÉCOURAGEANT, ANTE, qui décourage, qui rebute.

DÉCOURAGEMENT, perte de courage, abattement de cœur.

DÉCOURAGER, abattre le courage, ôter le courage. Il signifie aussi faire perdre le courage, ôter l'envie de faire quelque chose. Il s'emploie souvent avec le pronom personnel.

DÉCOURBER, v. a. (*didact.*), redresser une chose courbe.

DÉCOURIR, v. n. (*v. lang.*), couler, découler, sortir.

DÉCOURONNER, v. a. (*néol.*), enlever la couronne, balayer une hauteur, chasser les troupes, prendre les fortifications qui la couronnaient.

DÉCOURS, s. m. (*v. lang.*), cours, déclin.

DÉCOURS (*astr.*). On nomme *décours* la diminution de la lumière de la lune depuis la pleine lune jusqu'au moment de la nouvelle lune suivante. Cette désignation est l'opposé de celle de *croissant*, qui s'applique à la figure de la lune depuis le moment où elle est nouvelle jusqu'à celui où elle est pleine ; passé cette dernière époque, la lune est en *décours*.

DÉCOUSURE, endroit décousu de quelque linge ou de quelque étoffe.

DÉCOUSURE, s. f. (*vénérie*), blessure que le sanglier fait aux chiens avec ses défenses.

DÉCOUVERT, s. m. (*finance*), ce dont on est à découvert, ce que l'on a payé.

DÉCOUVERTE, s. f. (*marine*), bâtiment léger envoyé à une certaine distance en avant, sur les ailes d'une escadre, pour observer les mouvements de l'ennemi.

DÉCOUVERTE (*escrime*), action de découvrir, de donner jour à l'arme de l'adversaire.

DÉCOUVERTE, action de découvrir, ou la chose même qu'on a découverte, qu'on a trouvée (*V.* INVENTIONS ET DÉCOUVERTES). En termes de guerre, *aller ou envoyer à la découverte*, aller ou envoyer reconnaître le lieu où sont les ennemis, leur nombre, leur contenance.

DÉCOUVERTES (VOYAGES DE) (*V.* VOYAGES.)

DÉCOUVERTS (FRUITS) (*bot.*). M. Mirbel nomme fruits découverts ou gymnocarpiens ceux qui ne sont masqués par aucun organe étranger (renonculacées, ombellifères, malvacées, cerisier) ; il nomme, au contraire, fruits couverts ou angiocarpiens ceux qui sont masqués par des organes de la fleur qui subsistent après la maturité et semblent faire partie du fruit lui-même (châtaignier, conifères, coudrier, ananas.) J. P.

DÉCOUVREUR, s. m. (*néol.*), celui qui fait une découverte. Il se dit particulièrement des voyageurs qui découvrent de nouvelles contrées.

DÉCOUVRIR, ôter ce qui couvrait une personne, une chose. Il signifie quelquefois, particulièrement, laisser voir ou laisser trop voir ; et dans cette acception il ne se dit guère que des femmes. *Découvrir son jeu*, laisser voir ou montrer ses cartes ; et, figurément, jouer de manière à faire connaître un jeu. Il se dit également en parlant d'affaires, et signifie donner à connaître ses desseins et les moyens qu'on emploie pour les exécuter.

DÉCOUVRIR signifie aussi ôter, écarter ce qui mettait à couvert, ce qui défendait ou protégeait. Ce sens est principalement usité en termes de guerre. — Aux échecs, *découvrir une pièce*, la dégarnir des pièces qui devraient la couvrir ou la dégager de ce qui l'empêchait d'agir. Au tric-trac, *découvrir une dame*, laisser une dame seule dans une case, en sorte qu'elle peut être battue. Dans ce même sens, on dit aussi *découvrir son jeu*.

DÉCOUVRIR, signifie figurément révéler, déclarer, faire connaître ce qu'on tenait ou ce qui était tenu caché, secret. — Il signifie encore voir, apercevoir d'un lieu élevé. Il signifie même simplement commencer d'apercevoir. Il signifie aussi trouver ce qui n'était pas connu, ce qui était resté ignoré, caché. — Prov. et fig., *découvrir le pot aux roses*, découvrir ce qu'il y a de secret dans quelque intrigue.

DÉCOUVRIR, signifie particulièrement parvenir à connaître ce qui était tenu caché.

DÉCOUVRIR, s'emploie aussi avec le pronom personnel dans quelques-uns des sens indiqués. — Il signifie particulièrement ôter son chapeau, son bonnet, etc. Il signifie, en termes d'escrime, donner prise à son adversaire, ne pas se mettre bien en garde. — Il signifie également, en termes de guerre, s'exposer aux coups, au danger, au lieu de se tenir derrière le retranchement.

DÉCOUVRIR, v. a. (*gravure*), dépouiller la planche de son vernis lorsque l'eau forte a suffisamment mordu.

DÉCOUVRIR (*technol.*), nettoyer un outil trempé en le fichant à plusieurs reprises dans un morceau de pierre ponce.

DÉCOUVRIR, v. n. (*marine*). Il se dit des objets que la mer laisse à découvert en se retirant.

DÉCRAMPILLER, v. a. (*technol.*), démêler la soie après qu'elle a été teinte.

DÉCRASSER, ôter la crasse. *Décrasser du linge*, en ôter avec une première eau ce qu'il y a de plus sale.

DÉCRASSER, signifie figurément enseigner à quelqu'un ce qu'il doit savoir pour n'être pas d'une ignorance crasse; ou polir, former une personne qui a été mal élevée ou qui n'a point encore vu le monde. — Il se dit également en parlant d'une personne de basse condition qu'on revêt d'une dignité, d'une charge, d'un titre. Il s'emploie souvent avec le pronom personnel dans ses divers sens.

DÉCRÉDITEMENT, action de décréditer.

DÉCRÉDITER, ôter le crédit, faire perdre le crédit. — Il signifie figurément faire perdre à quelqu'un la considération, l'autorité, l'estime, la confiance dont il jouissait. Il se dit dans un sens analogue en parlant des choses. Il s'emploie aussi avec le pronom personnel.

DECREMENTUM, s. m. (*anc. t. de méd.*), mot latin qui s'employait, selon quelques lexiques, pour signifier la période de déclin d'une maladie.

DECREMPS (HENRI), né à Beduer dans le Quercy le 1er avril 1746, auteur de plusieurs ouvrages, et entre autres de la *Magie blanche dévoilée*, dans lequel il donne l'explication des expériences d'un prétendu physicien, Pinetti, fort habile escamoteur; et la *Science sans-culotisée, premier essai sur les moyens de faciliter l'étude de l'astronomie et d'opérer une révolution dans l'enseignement*. Il mourut vers 1826.

DÉCRÉPIT, ITE, qui est dans la décrépitude.

DÉCRÉPITATION (*chim.*), phénomène qu'on observe lorsqu'une substance, étant chauffée, se réduit en petits fragments qui sont projetés au loin avec bruit. Le sel marin que l'on jette sur les charbons ardents offre un exemple de décrépitation. J. P.

DÉCRÉPITER, pétiller, faire du bruit.

DÉCRÉPITUDE, état de faiblesse et de langueur où les opérations animales se font avec difficulté. Le pouls est lent et déprimé, la respiration lente, les digestions pénibles, les sécrétions faibles et le plus souvent insuffisantes. La paralysie, la gangrène, le tremblement des membres, la perte de la sensibilité, l'affaiblissement de l'intelligence accompagnent souvent la décrépitude qui, après la vieillesse, mène à la mort. A tout âge pourtant la décrépitude peut atteindre l'homme affaibli, désorganisé pour ainsi dire par des maladies héréditaires ou non, par des excès, par des chagrins. — On peut prolonger la décrépitude par le régime, en rendre les effets moins douloureux et empêcher même certaines maladies. Les toniques doivent être employés surtout pour lutter contre cette déperdition de forces et de vie.

DECRÈS (Le duc DENIS), ministre de la marine sous Napoléon, naquit à Château-Villain, en Champagne, le 18 juin 1761. Il entra dans la marine à l'âge de dix-sept ans, avec la qualité d'aspirant. Il servit successivement à bord de la frégate *le Richemond*, de *la Nymphe*, de *l'Alouette*, et, au mois de février 1791, il s'embarqua sur la *Cybèle* en qualité de major-général de la division de frégates commandée par Saint-Félix, et destinée pour les Indes orientales. Il était parvenu à ce grade par plusieurs traits d'une bravoure extraordinaire. Il donna un nouvel exemple de son courage dans cette dernière campagne en délivrant, à l'abordage, un vaisseau de commerce français qui avait été pris par les Marattes. En 1793, Decrès fut chargé d'aller en Europe rendre compte de la situation de l'Ile-de-France et solliciter des secours. Arrivé en France, il apprit qu'il avait été nommé capitaine de vaisseau, puis destitué comme noble; il fut même arrêté, mais il échappa à la proscription et fut réintégré dans son grade en 1795. L'année suivante il fut nommé chef de division, et il fut fait contre-amiral en avril 1798. Il se distingua à l'attaque de Malte; puis, bloqué dans cette place, Decrès résolut d'en sortir pour soulager les autres troupes; il s'embarqua le 29 mars, à onze heures du soir, sur *le Guillaume Tell* avec 1000 hommes et 200 malades; mais, attaqué par deux vaisseaux et une frégate, *le Lion*, *le Foudroyant* et *la Pénélope*, il fut forcé d'amener pavillon, après avoir soutenu, pendant huit heures, un combat héroïque qui lui valut un sabre d'honneur. — Il fut nommé, en 1801, ministre de la marine; il occupa ce poste pendant treize années, et, malgré les censures qu'a encourues son administration, il n'en est pas moins vrai qu'on lui dut de grands travaux et de grandes améliorations. Pendant les Cent-Jours, il fut rappelé au ministère, et mis à la retraite après la seconde restauration; il rentra dans la vie privée. — Le 22 novembre 1820, son valet de chambre, qui lui avait volé des sommes considérables, voulut l'assassiner pour couvrir son premier crime. Il plaça des paquets de poudre sous le matelas de son maître et y mit le feu; Decrès reçut de graves blessures, mais n'en mourut pas; son assassin se précipita par une fenêtre et expira presque aussitôt. Cet événement affecta si profondément Decrès, qu'il mourut quelques jours après, le 7 décembre 1820.

DECRESCENCO, adv. (*musiq.*), en diminuant l'intensité des sons; on dit aussi substantivement un *decrescendo*, par opposition à un *crescendo*. Il s'emploie quelquefois dans le langage familier et signifie en décroissant.

DÉCRESCENTE PINNÉE (*feuille*), *decrescentipinnatum* (*bot.*). On désigne ainsi la feuille ailée de quelques légumineuses, dont les folioles décroissent en grandeur à mesure qu'elles approchent du sommet de leur pétiole commun, comme le *vicia sepium*. J. P.

DÉCRET. Ce mot signifie, en général, *ordre*, *ordonnance*, *jugement*.

DÉCRET EN MATIÈRE CRIMINELLE. C'était, dans l'ancienne forme, un jugement rendu contre un accusé pour l'obliger à prêter son interrogatoire sur l'accusation intentée contre lui, et quelquefois pour s'assurer de sa personne. Il y avait trois sortes de décrets, savoir: le décret d'assigné pour être ouï, le décret d'ajournement personnel, et le décret de prise de corps. Le juge ordonnait l'un ou l'autre suivant la gravité du crime imputé et la qualité des personnes.

DÉCRET DE DIEU. (*V.* VOLONTÉ DE DIEU, PRÉDESTINATION.)

DÉCRETS DES CONCILES. (*V.* CONCILE.)

DÉCRETS, DÉCRÉTALES. On peut voir, dans l'article CONCILE, la différence qu'il y a entre les *décrets* qui regardent le dogme et ceux qui concernent la discipline. Quant aux *décrétales* des papes, le soin de distinguer celles qui sont vraies ou fausses appartient aux canonistes plutôt qu'aux théologiens. Il suffit de remarquer que personne n'est plus assez ignorant pour vouloir fonder un point de croyance ou de discipline sur les fausses *décrétales*, forgées sur la fin du VIIIe siècle. — Quelques censeurs fort mal instruits ont attribué ces fausses *décrétales* à l'ambition des papes. Mais celui qui les a fabriquées n'a été suscité ni payé par les papes; il les a faites en Espagne et non en Italie; il a voulu étayer par de faux titres une jurisprudence établie avant lui. Comme tous les romanciers, il a prêté aux personnages des quatre premiers siècles de l'Eglise les idées et le langage du VIIIe siècle. Le pouvoir temporel des papes sur tout l'Occident avait commencé longtemps avant cette époque, et ç'a été l'ouvrage de la nécessité plutôt que de l'ambition. Quand on examine de sangfroid l'histoire de ces temps-là, on voit que ce pouvoir, quoique porté à l'excès et devenu abusif, a fait beaucoup plus de bien que de mal.

DÉCRET IRRITANT (*hist. eccl.*), se dit des clauses insérées dans les bulles de la cour de Rome dont l'inexécution fait perdre la grâce et emporte nullité.

DÉCRET DE GRATIEN, recueil de canons composé par le moine toscan Gratien, sous le pape Eugène III.

DÉCRET FORCÉ (*anc. jurispr.*), décret d'immeubles qui était précédé d'une saisie et se compliquait de formalités nombreuses réglées par les édits de François Ier et de Henri II.

DÉCRET VOLONTAIRE, décret d'immeubles qui exigeait les mêmes formalités que le décret forcé, mais qui, à la différence de celui-ci, avait lieu par suite d'un accord entre les parties.

DÉCRET D'IMMEUBLES, vente d'un immeuble saisi réellement sur un débiteur.

DÉCRET (*législat.*), acte de l'Assemblée constituante avant sa conversion en loi par la sanction royale.

DÉCRÉTALES. On appelle ainsi les épîtres ou lettres écrites par d'anciens papes pour faire quelque règlement.

DÉCRÉTALISTE, s. m. (*hist.*), docteur en droit canon.

DÉCRÉTER, ordonner, régler par un décret. Il signifie aussi lancer un décret contre quelqu'un. Dans la pratique ancienne, *decréter une maison, une terre*, en faire le décret pour le paiement des créanciers et pour la sûreté des acheteurs.

DÉCRÉTISTE, s. m. (*théol.*). Il s'est dit d'un docteur en droit canon chargé d'expliquer dans une école publique le décret de Gratien.

DÉCRÉTISTE (*anc. prat.*), celui qui poursuit la vente par décret d'un bien saisi réellement.

DÉCRÉTOIRE, adj. m. (*méd.*). Il se dit des jours auxquels s'opèrent les crises des maladies. — **ANNÉE DÉCRÉTOIRE** ou **NORMALE** (*hist.*), se dit de l'année 1624, parce que, aux termes du traité de Westphalie, l'état public de la religion dans toute l'Allemagne fut remis sur le pied où il était au 1er janvier de cette année.

DÉCREUSAGE ou **DÉCRUAGE** (*chim.*). On nomme ainsi l'opération par laquelle on enlève aux étoffes les matières étrangères qui se trouvent à leur surface, et qui pourraient nuire à leur blancheur ou à l'éclat des couleurs que le teinturier se propose d'y fixer. On décreuse les étoffes de chanvre, de lin et de coton en les faisant d'abord bouillir dans l'eau pure, puis ensuite dans l'eau contenant de la soude caustique. On fait bouillir les étoffes de soie dans de l'eau de savon pour les décreuser. J. P.

DÉCRI, action de décrier, proclamation par laquelle l'autorité décrie quelque chose. Il se dit surtout en parlant de la suppression ou de la réduction d'une monnaie. Il signifie figurément perte de réputation, d'estime, de considération.

DÉCRIATUS, philosophe, natif de Patare dans la Lycie.

DÉCRIER, défendre, par une proclamation ou autrement, la vente, le cours, l'usage de quelque chose. Il s'applique plus ordinairement à la suppression ou à la réduction d'une monnaie. Il signifie, figurément, décréditer, ôter la réputation, l'estime, la considération. On l'emploie quelquefois dans ce sens avec le pronom personnel.

DÉCRIRE, représenter, dépeindre par le discours. Il signifie quelquefois simplement donner une idée générale de quelque chose.

DÉCRIRE (*géom.*), action d'engendrer une étendue par le mouvement d'un point, d'une ligne ou d'une surface : ainsi un point qui se meut est dit *décrire* une ligne droite ou courbe ; une ligne, *décrire* une surface ; et une surface, *décrire* un solide (*V.* GÉNÉRATION).

DECRIUS, officier courageux et expérimenté qui périt couvert de blessures dans une affaire contre les Numides, l'an 20 de J.-C.

DÉCROCHEMENT, s. m. (*technol.*), action de décrocher.

DÉCROCHER, détacher une chose qui était accrochée.

DÉCROCHOIR, s. m. (*technol.*), instrument propre à détacher une chose accrochée.

DÉCROIRE, ne croire pas. Il n'est guère usité qu'en opposition avec le mot *croire*. Il est familier.

DÉCROISEMENT, s. m. (*technol.*), action de décroiser.

DÉCROISER, v. a., mettre dans une autre position des objets qui étaient croisés. — **DÉCROISER LES ÉCHELONS** (*art milit.*), redresser les échelons obliques de l'infanterie en manœuvre, pour qu'ils puissent se remettre en bataille perpendiculairement. — **DÉCROISER** (*technol.*). En termes de chapelier, changer le pli des capades.

DECROISIÉ, s. m. Il se disait, au temps des croisades, de celui qui refusait de prendre la croix.

DÉCROISSANCE, s. f., décroissement.

DÉCROISSEMENT, diminution.

DÉCROIT, s. m. (*astron.*), décroissement de la lune lorsqu'elle entre dans son dernier quartier.

DÉCROITRE, diminuer.

DECROIX (PIERRE), cordelier, né à Saint-Pol en 1548, fit profession à Saint-Omer et prêcha dans les couvents de son ordre aux Pays-Bas. Nommé par le gouvernement espagnol inquisiteur contre les hérétiques vulgairement connus sous le nom de *gueux* : le P. Decroix fut jeté dans une prison et condamné à mort. Il allait être exécuté, quand Eustache de Croï, comte de Rieux, gouverneur de Saint-Omer, le délivra par son crédit et au moyen d'une rançon. Decroix est auteur : 1° d'un livre intitulé : *De l'usage, vertu et miracles de la croix*. Arras, 1603 et 1617, in-8° ; 2° d'un autre ouvrage *contre la politique de François de Noüe, surnommé Bras-de-Fer*, hérétique de cette époque (Mss. de la bibliothèque d'Arras).

DECROIX (J.-J.-M.), né à Lille, était, avant la révolution, secrétaire du roi et trésorier de France ; il cultiva les lettres et publia divers ouvrages sous le voile de l'anonyme ; il a donné ses soins à l'édition des Œuvres de Voltaire connue sous le nom d'*édition de Kehl*. Il mourut à Lille le 28 juin 1826.

DÉCROTTER, ôter la crotte.

DÉCROTTEUR, celui qui gagne sa vie à décrotter, à cirer les souliers et les bottes.

DÉCROTTOIR, lame de fer, boîte garnie de brosses qu'on met à la porte d'une maison ou d'un appartement pour que les personnes qui viennent du dehors puissent décrotter leur chaussure avant d'entrer.

DÉCROTTOIRE, sorte de brosse dont on se sert pour décrotter.

DÉCROUTER, v. a. (*vénerie*). Il se dit des cerfs qui vont au frayoir nettoyer leur tête après la chute de leur bois.

DÉCRUCHER, v. a. Il s'est dit anciennement pour supplanter.

DÉCRUE, quantité dont une chose a décru. Il ne se dit qu'en parlant des eaux.

DÉCRUER, préparer par une lessive du fil ou de la soie à recevoir la teinture.

DÉCRUMENT, action de décruer.

DÉCRUSEMENT, action de décruser.

DÉCRUSER, mettre des cocons dans l'eau bouillante pour en dévider la soie avec facilité.

DECTÈRE ou **DECKÈRE** (JEAN), né à Hazebrouck en 1570, étudia dans l'Université de Douai, se rendit ensuite à Rome où il entra dans la société de Jésus. Il suivit à Naples un cours de théologie, et revint en Flandre où il enseigna à Douai et à Louvain la philosophie et la théologie. Depuis, on l'envoya à Gratz en Styrie ; il y devint chancelier de l'Université, et mourut dans cette contrée en 1619, à l'âge de 59 ans. Il publia : 1° l'Exercice de la piété chrétienne ; 2° l'oraison funèbre de Marie-Anne d'Autriche, imprimée à Gratz en 1616, in-4° ; 3° la Vérification de l'année précise de la naissance et de la mort de J.-C., avec un tableau chronologique à dater de la prise de Jérusalem par Pompée jusqu'à sa destruction par Tite ; 4° Dissertation sur la naissance divine et temporelle de J.-C., suivie d'un narré de toute sa vie. Dectère est honorablement cité parmi les écrivains de sa société (V. Bibliothèque belgique de Foppens).

DÉCUBITUS, s. m. (*méd.*), position d'une personne couchée, manière dont un malade est couché. Il se dit par extension des escharres qui se produisent sur les parties qui touchent au lit chez les malades qui restent longtemps couchés.

DÉCUIRE, corriger l'excès de la cuisson. Il se dit en parlant des sirops et des confitures où l'on met de l'eau pour les rendre plus liquides quand ils sont trop cuits.—Il s'emploie aussi avec le pronom personnel, et se dit des confitures qui se liquéfient trop, faute d'avoir été assez cuites.

DÉCULASSEMENT, s. m. (*art milit.*), action de dévisser la culasse d'une arme à feu.

DÉCULASSER, v. a. (*art milit.*), ôter la culasse.

DÉCUMAIRE, *decumaria* (*bot.*), genre de plantes dicotylédones, à fleurs complètes, polypétales, régulières, de la famille des *myrtacées*, et de l'icosandrie monogynie de Linné ; ses caractères principaux sont : calice supérieur, divisé en huit ou douze dents ; une corolle composée d'autant de pétales égaux ; les étamines en nombre double ou triple ; ovaire infère, style court ; stigmate épais, ayant environ dix lobes. Le fruit consiste en une petite capsule à huit ou dix loges, s'ouvrant transversalement, à son sommet, par un opercule surmonté par le style et le stigmate persistants ; une semence dans chaque loge. On n'en connaît qu'une espèce : la *décumaire sarmenteuse*, *D. barbara* ou *sarmentosa*, arbrisseau de la Caroline, à tiges grimpantes, sarmenteuses, cylindriques, presque articulées par des nœuds renflés d'où sortent de petites racines fibreuses. Les feuilles sont opposées, pétiolées, ovales ; les fleurs sont blanchâtres, odorantes, en petits corymbes nus, opposés, formant par leur ensemble une panicule droite terminale. Le fruit est une petite capsule en forme de cassolette, à stries saillantes, égales ; cette capsule se divise en huit ou dix loges renfermant chacune une semence.

DÉCUMAN, se disait, en général, pour grand ou décuple. **BOUCLIER DÉCUMAN**, grand bouclier que portaient les habitants d'Albe.

DÉCUMANE (PORTE), une des quatre portes principales du

camp romain ; elle était vis-à-vis de la porte Prétorienne, et par conséquent opposée au côté le plus voisin de l'ennemi. On la nommait aussi porte Questorienne, parce que près d'elle était la tente du questeur.

DÉCUMANES (TERRES), terres sur lesquelles on levait les dîmes (*decumas*). Ces terres furent ensuite vendues ou données aux citoyens romains à diverses époques, et par conséquent cessèrent d'être exposées à cette taxe. Celles de Capoue furent les dernières conservées ; enfin César les distribua à ses soldats.

DÉCUMANS, chevaliers romains, fermiers des dîmes ou des terres décumanes. C'étaient les plus considérés de tous les publicains et fermiers généraux, parce que l'on regardait l'agriculture comme la voie la plus honorable pour arriver à la fortune.

DÉCUMATES (*antiq.*) (Brisgaw), contrée de la grande Germanie chez les Allemani, vers le centre, entre le Nicer et le Rhin ; ainsi nommée de ce que les colons vétérans, à qui on l'avait abandonnée, payaient au trésor la dîme (*decumam*) du revenu.

DECUNX ou **DEUNX** (*métrol.*), fraction de l'as, en valait les 11/12, comme l'as désigne une mesure quelconque entière ; le deunx s'emploie également pour les 11/12 du pied de la livre, du jugerum, etc.

DÉCUPELLATION, s. f. (*anc. t. de chim.*), décantation.

DÉCUPELER, v. a. (*t. de chimie*), verser doucement une liqueur en inclinant le vase qui la contient.

DÉCUPLE, terme d'arithmétique qu'on emploie pour désigner une quantité *dix* fois plus grande qu'une autre. Par exemple, 40 est *décuple* de 4 ; 100 est *décuple* de 10, etc., etc.

DÉCUPLÉ. On nomme *rapport décuplé* celui qui existe entre les *racines dixièmes* de deux nombres. Ainsi a et b sont en *rapport décuplé* de a^{10} et b^{10} ; en général M et N étant deux nombres quelconques, $\sqrt[10]{M} : \sqrt[10]{N}$ est le rapport *décuplé* de M à N. Il est important de ne pas confondre *décuplé* et *décuple*.

DÉCUPLER, rendre dix fois plus grand, augmenter de dix fois autant.

DÉCURIE (*hist. rom.*), division civile, dixième partie de la centurie. Lorsque Romulus jeta les fondements de la ville de Rome, la centurie ne comprenait pas plus de cent personnes, et par conséquent la décurie pas plus de dix. Dans la suite, les centuries se composèrent d'un bien plus grand nombre de personnes, et les décuries varièrent dans les mêmes proportions.

DÉCURIE (*hist. rom.*), division des juges. Des lois anciennes de la république établissaient trois décuries : l'une sénatoriale, une autre plébéienne et une troisième équestre. Auguste en créa une quatrième, Caligula une cinquième ; Galba, quoiqu'on l'y engageât fortement, se refusa à en créer une sixième.

DÉCURIE (*hist. rom.*), division militaire, corps de dix cavaliers qui formait le dixième d'une centurie et le trentième d'un escadron de cavalerie.

DÉCURION (*hist. rom.*), chef de la décurie civile qui, originairement, n'était composée que de dix (*decem*) citoyens, mais qui, à mesure que Rome s'agrandit, contint un nombre plus grand d'individus.

DÉCURION (*hist. rom.*), officier militaire, chef de la décurie, compagnie de dix hommes. Le décurion portait à la main un bâton fait avec un cep de vigne.

DÉCURION (*hist. rom.*), magistrat des colonies romaines, membre d'une cour de juges ou de conseillers qui représentait le sénat dans les villes municipales. Les décurions étaient chargés de veiller aux intérêts de leurs compatriotes et à l'emploi de leurs revenus ; on les nommait décurions parce qu'ils étaient au nombre de dix. Ils se donnaient eux-mêmes le nom de *civitatum patres curiales* ou *municipiorum senatores*, et à leurs réunions celui de *minor senatus* ou *curiæ decuriorum*. Ils étaient élus avec les mêmes formes que les sénateurs ; l'élection se faisait le 25 de mars ; on ne pouvait être élu si l'on n'avait vingt-cinq ans accomplis, et certains revenus fixés par la loi.

DÉCURIONAL, ALE (*hist. rom.*), qui a rapport au décurionat.

DÉCURIONAT, s. m. (*hist. rom.*), dignité, fonction de décurion.

DÉCURRENCE, s. f. (*bot.*), état de ce qui est décurrent.

DÉCURRENT, TE, *decurrens* (*bot.*). On dit qu'une feuille est *décurrente* lorsque le limbe, au lieu de s'arrêter à son point d'insertion sur la tige, se prolonge jusque sur celle-ci et y forme deux espèces d'ailes. Les feuilles de quelques espèces de chardons et du bouillon blanc ont leurs feuilles *décurrentes*. On nomme ailées les tiges qui portent ces sortes de feuilles. — On nomme *decursive pinnée* la feuille ailée dont les folioles sont décurrentes sur le pétiole commun ; telles sont les feuilles des espèces du genre *melianthus*. J. P.

DÉCURSIF, IVE, adj. (*bot.*). Il se dit d'une feuille qui descend en saillie sur la partie dont elle tire naissance.

DÉCURSIVE-PENNÉE, adj. f. (*bot.*). Il se dit d'une feuille pennée dont les folioles sont décurrentes.

DÉCURTATION, s. f. (*agricult.*), maladie des arbres qui en fait périr la cime.

DÉCUSSATIF, IVE, adj. (*bot.*). Il se dit des parties opposées dont les paires se croisent à angle droit.

DÉCUSSATION (*opt.*). Le point de décussation est celui où plusieurs rayons se coupent, tel que le foyer d'un miroir, d'une lentille, etc.

DÉCUSSÉ, ÉE, adj. (*bot.*), qui est disposé en croix, en sautoir.

DECUSSIS (*métrol. anc.*), monnaie romaine dont la valeur changea souvent. Originairement, ainsi que l'indique son nom (*decem asses*), elle était égale à dix as ; sous Fabius elle en valut seize, et sous Auguste douze.

DECUSSAIRE, s. m. (*chirurg.*), instrument dont on se servait jadis pour déprimer la dure-mère.

DÉCUVATION, s. f. (*technol.*), action de transvaser le vin d'une cuve dans des tonneaux.

DÉCUVER, v. a. (*technol.*), mettre le vin hors de la cuve.

DEDACANA (*géogr. anc.*) (*Dracan*), ville de la Bithynie.

DÉDAIGNABLE, adj. des 2 g., que l'on peut dédaigner.

DÉDAIGNER, marquer du dédain à quelqu'un. Il signifie aussi rejeter, refuser avec mépris, regarder comme au-dessous de soi, comme indigne de ses désirs.

DÉDAIGNEUSEMENT, avec dédain, d'une manière dédaigneuse.

DÉDAIGNEUX, EUSE, qui marque du dédain. Il est aussi substantif.

DÉDAIN, mépris vrai ou affecté exprimé par l'air, le ton, le maintien.

DÉDALE, labyrinthe, lieu où l'on s'égare, où l'on se perd, à cause de la complication des détours. Il se dit, au figuré, des embarras dont il est très difficile de sortir, des choses très-compliquées qu'il est difficile de concevoir nettement ou de débrouiller.

DÉDALE (en grec, *Daidalos*), souche de la race héroïque des *Dédalides* à Athènes, et lui-même, suivant quelques mythographes, arrière-petit-fils du roi Erechthée, est le type ou représentant de l'art plastique pendant une longue époque de l'histoire des arts en Grèce, comme il est aussi le père des arts chez les Crétois. Le nom de Dédale, dérivé de travailler artistement, fait déjà supposer une allusion mythologique, et les traditions qui s'y rattachent confirment cette supposition. Cependant les historiens ont assigné à Dédale une date historique en le plaçant dans le XIVe siècle avant notre ère. L'antiquité lui attribue beaucoup de statues de dieux, comme aussi l'invention de plusieurs instruments nécessaires à la xyloglyphie. Du temps de Pausanias, il existait encore différentes statues qu'on disait être de Dédale ; malgré des formes peu agréables, elles semblaient refléter, dit-on, la nature divine, et elles rappelaient par leurs attitudes les modèles égyptiens ; ajoutons toutefois que M. Otf. Müller a vivement contesté cette dernière opinion. Le mouvement apparent produit par l'écartement des pieds et les yeux ouverts de ces statues s'accordent avec les marques distinctives des monuments égyptiens. Homère fait déjà mention d'un ouvrage d'art que Dédale avait composé pour Ariane. M. Thiersch, en résumant de la manière la plus ingénieuse les données des anciens sur cette matière, cherche à faire prévaloir l'idée que, sous le nom générique de Dédale et de ses fils, les Dédalides, il faut comprendre les artistes qui transportèrent l'art égyptien en Grèce et le transformèrent en un art grec, tout en s'attachant encore longtemps au type originaire. A une époque plus récente, le nom de Dédale, affecté aussi à différents autres artistes dans l'histoire des arts en Grèce, fut adopté par les auteurs d'automates artificiels, en souvenir des impressions merveilleuses que Dédale avait produites par ses anciens ouvrages. La fable traitée par Ovide fait de Dédale le père d'Icare. Retenu prisonnier avec ce fils par Minos, Dédale essaya d'échapper par les airs ; il fit des ailes à son fils et les attacha avec de la cire ; mais Icare s'étant trop approché du soleil, la cire finit par se fondre, et Icare tomba dans la mer, qui reçut de lui le nom d'*Icarienne*. Les Béotiens célébrèrent tous les sept ans de petites, et tous les soixante ans de grandes fêtes en l'honneur de Dédale (*Daidala*) ; mais nous n'avons point sur ces fêtes des notions bien positives.

DEDALE, statuaire, natif de Sicyone, fils et disciple de Patrocle, auteur du trophée que les Eléens érigèrent dans l'Altis à Olympie, après leur victoire sur les Lacédémoniens.

DÉDALE, statuaire de Bithynie, connu par un *Jupiter Stratius*, ou Jupiter armé.

DÉDALE (*géogr. anc.*), forteresse de Carie, au S.-E., sur les frontières de la Lycie, auprès de la mer, sur le *Glaucus sinus*.

DÉDALE (*géogr. anc.*), petite montagne de Carie auprès de la ville du même nom.

DÉDALE (*géogr. anc.*), ville de l'Inde septentrionale, dans le pays des Caspiréens, non loin des sources de l'Hydaspe.

DÉDALÉ, nourrice de Minerve, enseigna à cette déesse les travaux de femme dans lesquels elle excellait.

DÉDALÉE, s. f. (*bot.*), genre de champignon.

DEDALEON INSULÆ (*géogr. anc.*), deux petites îles voisines de la Carie, près de la côte occidentale, dans le *Glaucus sinus*, ainsi appelées de la forteresse.

DÉDALES (*archéol.*), statues faites avec les branches des arbres sur lesquels allaient se reposer les corbeaux qui avaient enlevé les morceaux de chair crue exposés dans les fêtes nommées petites Dédalies.

DÉDALES (*géogr. anc.*), montagnes de l'Inde septentrionale, dans le voisinage de la ville de Dédale.

DÉDALIES (*archéol.*), fêtes de Béotie. On en comptait deux différentes. La première, qui se nomme petites Dédalies, n'était célébrée que par les Platéens, auprès de la ville d'Alalcomène où était la plus belle forêt de la Béotie. On s'y rassemblait en foule, on y exposait en plein air des morceaux de viande crue, et l'on observait attentivement de quel côté et sur quels arbres se posaient les corbeaux qui ne tardaient pas à fondre sur cette proie; tous les arbres sur lesquels ils s'arrêtaient étaient coupés et taillés en statues appelées Dédales. La seconde et la plus importante, celle que l'on nomme *grandes Dédalies*, était solennisée non-seulement par les Platéens, mais encore par les habitants de toute la Béotie. On mettait entre chaque célébration un espace de soixante ans en mémoire de l'exil de soixante ans qu'avaient subi les Platéens lors de la prise de leur ville par les Thébains, l'an 371 av. J.-C. On y portait en procession quarante statues appelées *Dédales*, depuis l'Asope jusqu'au haut du Cithéron, du côté de Thèbes; là était un autel couvert de sarments, et sur lequel chaque ville de Béotie offrait son sacrifice particulier.

DÉDALIES, fête en mémoire d'une réconciliation de Jupiter et de Junon.

DÉDALION, fils de Lucifer et frère de Ceyx, roi de Trachine, fut si affligé de la perte de sa fille Chioné, tuée par Diane, qu'il se précipita du haut du Parnasse. Apollon, touché de son malheur, le changea en faucon.

DEDALIQUE, adj. des 2 g. Il a été employé, à l'imitation des anciens, par quelques traducteurs et quelques archéologues pour signifier ingénieux.

DÉDALLER, v. a. (*technol.*), enlever les dalles d'une salle, d'un trottoir.

DÉDAMER (*t. du jeu de dames*). Il se dit lorsqu'un joueur déplace une des dames qui occupent le rang le plus proche de lui.

DÉDAN (*géogr. sacr.*), ville de l'Idumée, fameuse par son commerce, ou Dadan, ville de l'Arabie heureuse.

DEDANS, dans l'intérieur. Fig. et fam., *ne pas savoir si l'on est dedans ou dehors*, être incertain de l'état de ses affaires, de la situation où l'on est auprès de certaines personnes, du parti qu'on prendra, de l'opinion qu'on doit embrasser. Prov., fig. et fam.. *donner dedans*, se laisser tromper comme un sot; et *mettre quelqu'un dedans*, le tromper. *De dedans*, *en dedans*, *par dedans*, de l'intérieur, à l'intérieur, par l'intérieur. *Porter la pointe du pied en dedans*, marcher de manière qu'il y ait plus de distance entre les deux talons qu'entre les deux pointes des pieds: Prov. et fig., *avoir l'esprit en dedans*, être timide à montrer son savoir. Prov. et fig., *être en dedans*, manquer de franchise, être peu communicatif. *En dedans* s'emploie quelquefois avec *de*, comme locution prépositive. *Par dedans*, s'emploie de même comme locution prépositive, mais sans la préposition *de*.

DEDANS, s'emploie aussi comme substantif, et alors il signifie la partie intérieure de quelque chose. Au jeu de bague, *avoir deux dedans*, *trois dedans*, avoir emporté deux ou trois fois la bague. *Le dedans*, *les dedans d'un jeu de paume*, petite galerie ouverte qui est à l'un des deux bouts de certains jeux de paume. En termes de manége, *la jambe du dedans*, *larêne du dedans*, etc., la jambe, la rêne, etc., qui sont du côté de l'intérieur du manége; par opposition à la jambe, à la rêne, etc., qui sont du côté du mur.

DEDANS, adv. de lieu. *Etre dedans*, se dit fig. et populairement pour être pris de vin. *Etre vent dessus*, *vent dedans* (*marine*), se dit d'un bâtiment lorsque quelques-unes de ses voiles sont masquées, tandis que d'autres sont pleines. *Etre en dedans* (*danse*), se dit d'un danseur dont les hanches et les genoux sont mal posés, quoique ses pieds puissent encore se tourner et les pointes se baisser à moitié. *Mettre dedans* (*jeux*), se dit, au trictrac, pour mettre une dame sur une flèche qui reste à remplir. *Mettre un oiseau dedans* (*fauconnerie*), l'appliquer actuellement à la chasse.

DEDANTRIEN, ENNE, adj. (*v. lang.*), intérieur.

DEDEK (*ois.*). Suivant Aldrovande, c'est le nom de la huppe en Illyrie (*upupa epops*), L.

DEDEKIND (FRÉDÉRIC), inspecteur des églises protestantes dans le diocèse de Lubeck, mourut en 1598. On a de lui plusieurs ouvrages en vers allemands; mais il doit toute sa réputation à son *Grobianus*, satire en vers latins qui parut à Francfort, 1549, in-8°.

DEDEKIND (CONSTANTIN-CHRISTIAN), poète allemand du XVIIe siècle, a publié un grand nombre d'ouvrages dont on trouve la liste dans le dictionnaire d'Adelung et dans celui de Jordens.

DEDELAY-D'AGIER (PIERRE-CLAUDE), issu d'une famille noble, naquit à Romans le 25 décembre 1750. Il suivit d'abord la profession des armes, et, parvenu au grade de capitaine de cavalerie, il donna sa démission et vint s'établir dans une ferme considérable qu'il possédait à Bourg-du-Péage. Là, il s'occupa avec le plus grand succès d'améliorer l'agriculture dans ce pays, et acquit l'estime générale. En 1790, il entra aux états-généraux comme député de la noblesse, et s'occupa des questions de finance et d'agriculture, et prit surtout part à l'établissement du nouveau mode de contributions. Il revint ensuite à Bourg-du-Péage, et ne fut pas inquiété pendant la terreur. En 1797, il fut envoyé au conseil des anciens, et en fut fait président en 1799. Après le 18 brumaire, il entra au tribunat, fit partie du sénat conservateur le 19 décembre 1800, et fut créé comte et commandant de la Légion-d'Honneur en 1804. Il fit partie de la minorité opposante du sénat, et vota la déchéance de Napoléon en 1814; il entra alors à la Chambre des pairs; Bonaparte l'y maintint pendant les Cent-Jours. Il cessa d'en faire partie en 1815 et y rentra en 1819. Dedelay-d'Agier mourut à Bourg-du-Péage le 4 août 1827.

DÉDICACE (*antiq.*), consécration d'un temple, d'une statue, d'une place, etc., à quelque divinité. A Athènes, à Rome, cette fonction appartenait aux premiers magistrats; mais dans la suite elle devint une des prérogatives des empereurs. Suivant la loi Papiria, la dédicace devait être autorisée par le sénat et le peuple avec le consentement du collége des augures. Le jour de la dédicace d'un temple était un jour de fête solennelle. On immolait des victimes sur tous les autels, on chantait des hymnes au son de la flûte. La cérémonie consistait à entourer le temple, la statue ou la place de guirlandes, tandis que les vestales, portant des branches d'olivier, arrosaient l'extérieur du temple avec l'eau lustrale. Le magistrat chargé de la consécration mettait ensuite la main sur le jambage de la porte, et répétait mot à mot la formule dédicatoire que lui dictait le grand-prêtre. On consacrait ensuite la cour intérieure du temple en immolant une victime sur un autel de gazon. La statue de la divinité à qui le temple était dédié était couchée sur un lit de parade, parfumée d'essences précieuses. Le temple alors prenait le nom d'auguste, et une inscription publique portait le nom et les qualités de celui qui avait fait la dédicace.

DÉDICACE, consécration d'un temple, d'une église, d'une chapelle. Il se dit aussi de la fête annuelle qui a lieu en mémoire de la consécration d'une église. — **DÉDICACE** signifie encore, figurément, hommage qu'on fait d'un livre à quelqu'un, par une épître ou par une inscription, en tête de l'ouvrage.

DÉDICACE (*théologie*), cérémonie par laquelle on voue ou l'on consacre un temple, un autel, à l'honneur de la divinité. L'usage des *dédicaces* est très ancien. Les Hébreux appelèrent cette cérémonie *Hhanuchah*, ce que les Septante ont rendu par *ἐγκαίνια*, *renouvellement*. Il est pourtant bon d'observer que les Juifs ni les Septante ne donnent ce nom qu'à la dédicace du temple faite par les Machabées, qui y renouvelèrent l'exercice de la religion, interdit par Antiochus, qui avait profané le temple. — Les Juifs célébrèrent cette fête pendant huit jours avec la plus grande solennité, 1. *Machab*, c. 4, v. 36 et suiv. Ils la célèbrent encore aujourd'hui. Jésus Christ honora cette fête de sa présence. *Joan.*, c. 10, v. 22. Mais il ne paraît pas qu'ils aient jamais fait l'anniversaire de la première *dédicace* du temple, qui se fit sous Salomon, ni de la seconde, qui fut célébrée après sa construction, sous Zorobabel. *Roland*, *Antiq.*

vet. *Hebræor*, 4e part., c. 10, § 6; *Prideaux, Hist. des Juifs*, liv. 11, tom. 2, p. 79. On trouve dans l'Écriture des *dédicaces* du tabernacle, des autels du premier et du second temple, et même des maisons de particuliers, de prêtres, de lévites. Chez les chrétiens, on nomme ces sortes de cérémonies consécrations, bénédictions, ordinations, et non *dédicace*, ce terme n'étant usité que lorsqu'il s'agit d'un lieu spécialement destiné au culte divin. — La fête de la *Dédicace*, dans l'Eglise romaine, est l'anniversaire du jour auquel une église a été consacrée. Cette cérémonie a commencé à se faire avec solennité sous Constantin, lorsque la paix fut rendue à l'Eglise. On assemblait plusieurs évêques pour la faire, et ils solennisaient cette fête, qui durait plusieurs jours, par la célébration des saints mystères et par des discours sur le but et la fin de cette cérémonie. Eusèbe nous a conservé la description des *dédicaces* des églises de Tyr et de Jérusalem. Sozomène, *Hist. ecclés.*, liv. 2, ch. 26, nous apprend que tous les ans l'on en célébrait l'anniversaire à Jérusalem pendant huit jours. On jugea depuis cette consécration si nécessaire, qu'il n'était pas permis de célébrer dans une église qui n'avait pas été dédiée, et que les ennemis de saint Athanase lui firent un crime d'avoir tenu les assemblées du peuple dans une pareille église. Depuis le IVe siècle on a observé diverses cérémonies pour la *dédicace*, qui ne peut se faire que par un évêque; elle est accompagnée d'une octave solennelle. Il y a cependant beaucoup d'églises, surtout à la campagne, qui ne sont pas dédiées, mais seulement bénites; comme elles n'ont point de *dédicaces propres*, elles prennent celles de la cathédrale ou de la métropole du diocèse dont elles sont. On faisait même autrefois la *dédicace* particulière des fonts baptismaux, comme nous l'apprenons du pape Gélase dans son Sacramentaire; Ménard, *Notes sur le Sacrament.*, p. 205. — Les protestants ont affecté de remarquer que l'on ne trouve aucun vestige de la *dédicace* des églises avant le IVe siècle. N'est-ce donc pas là une assez haute antiquité pour qu'elle ait dû leur paraître respectable? Dans ce siècle, qui a été incontestablement l'un des plus éclairés et des plus fertiles en grands évêques, on faisait profession comme aujourd'hui de suivre la doctrine et les usages des trois siècles précédents; c'en est assez pour nous faire présumer que la consécration ou la *dédicace* des églises n'était pas alors une nouveauté. Dans un moment nous verrons les conséquences qui s'ensuivent. — Ils ont encore observé que l'on ne dédiait pas pour lors les églises aux saints, mais à Dieu seul. Nous le savons, et, quoi qu'ils en pensent, cet usage dure encore. Parce que l'on dédie une église à Dieu sous l'invocation d'un tel saint, il ne s'ensuit pas qu'elle est dédiée ou consacrée au saint, et lorsque l'on dit: *l'église de Notre-Dame ou de Saint-Pierre*, on n'entend pas qu'elle est destinée au culte de ces patrons plutôt qu'au culte de Dieu. Les anglicans mêmes ont conservé ces dénominations vulgaires; les luthériens et les calvinistes donnent encore à leurs temples les mêmes noms qu'ils portaient lorsque c'étaient des églises à l'usage des catholiques. S'ils doutent des intentions de l'Eglise romaine, ils n'ont qu'à ouvrir le Pontifical, ils verront que les prières que l'on fait pour la *dédicace* d'une église sont adressées à Dieu et non aux saints. Bingham, qui a tant étudié l'antiquité, et qui a fait la remarque dont nous parlons, nous apprend aussi que dès les premiers siècles les églises furent non-seulement appelées *domicum*, la maison du Seigneur, mais encore *martyria*, *apostolœa et prophetœa*, parce que la plupart étaient bâties sur le tombeau des martyrs, et parce que c'étaient autant de monuments qui conservaient la mémoire des apôtres et des prophètes. *Orig. ecclés.*, liv. 8, c. 1, § 8; c. 9, § 8. — De tout cela il s'ensuit que les chrétiens des premiers siècles n'avaient pas de leurs églises la même idée que les protestants ont de leurs temples. Ceux-ci sont simplement des lieux d'assemblée, où il ne se passe rien que l'on ne puisse faire partout ailleurs; conséquemment les protestants ont supprimé les bénédictions, les consécrations, les *dédicaces*, comme autant de superstitions du papisme. Qu'en est-il besoin, en effet, pour un lieu profane? C'est autre chose quand on croit, comme les premiers chrétiens, que les églises sont consacrées par la présence réelle et corporelle de Jésus-Christ, qu'il daigne y habiter aussi véritablement qu'il est dans le ciel; alors on est en droit de dire comme Jacob: *C'est ici la maison de Dieu et la porte du ciel*; d'en faire une consécration, comme il consacra, par une effusion d'huile, la pierre sur laquelle il avait eu une vision mystérieuse. Il est à propos d'en renouveler chaque année la mémoire, afin de faire souvenir les fidèles du respect, de la modestie, de la piété avec lesquels ils doivent y entrer et s'y tenir. Quelques incrédules ont dit que c'est une cérémonie empruntée des païens; mais les païens l'avaient dérobée aux adorateurs du vrai Dieu. (*V.* CONSÉCRATION, EGLISE.)

DÉDICATOIRE, qui contient la dédicace d'un livre. Il n'est guère usité que dans la locution: *épître dédicatoire.*

DÉDICTE, s. f. Il se disait autrefois de l'action de dédire. On lit dans Montaigne: *Le repentir n'est qu'un dédicte de notre volonté.*

DÉDIER, consacrer au culte divin, mettre sous la protection d'une divinité, sous l'invocation d'un saint. — Fig., *dédier un livre, un ouvrage à quelqu'un*, lui faire hommage d'un ouvrage par une épître ou par une inscription à la tête d'un livre. On dit, dans un sens analogue: *dédier une gravure.*

DÉDIER, v. a. Il s'est dit autrefois, en général, pour consacrer, donner. Montaigne a dit; *dédiant tout ce soin.*

DÉDIRE, désavouer quelqu'un de ce qu'il a dit ou fait pour nous. Il s'emploie souvent avec le pronom personnel, et alors il signifie se rétracter, dire le contraire de ce qu'on a dit, désavouer ce qu'on a dit. Il signifie aussi ne pas tenir sa parole, revenir contre un engagement verbal. — Fig., *ne pouvoir pas, ne pouvoir plus s'en dédire*, être trop engagé dans une affaire pour ne pas la pousser à bout.

DÉDIRE, v. a. *Se dédire* a été employé par Montaigne dans le sens de s'abstenir, renoncer: *Je me suis dédict de loger ici.* Molière a dit: *Puisque je l'ai promis, ne m'en dédites pas*, au lieu de *ne m'en dédisez pas.*

DÉDIT, révocation d'une parole donnée. On l'emploie surtout dans cette phrase proverbiale et familière: *avoir son dit et son dédit*, être sujet à se dédire, à se rétracter, à changer aisément d'avis. Il signifie aussi la peine stipulée dans un marché, dans une convention, contre celui qui n'en remplira pas les conditions. Il s'applique, par extension, à l'acte même où se trouve stipulée la peine encourue par celui ou celle qui se dédira.

DÉDITAMÈNE, favori d'Alexandre, nommé par ce prince gouverneur de Babylone.

DEDITI (*hist. rom.*), nom que donnaient les Romains aux peuples qu'on avait forcés de se rendre (dedere). Ils avaient rang avant les esclaves, mais ne jouissaient d'aucun droit civil dans la république.

DÉDITION, s. f. Latinisme qui s'est dit quelquefois pour reddition.

DEDJEAL ou **DEDJIAL**, s. m. (*relig. mah.*), littéral.: *menteur*, nom que les Mahométans donnent à l'Antechrist.

DÉDOLATION, s. f. (*chirurg.*), action par laquelle un instrument porté obliquement sur une partie du corps y fait une plaie oblique avec perte de substance.

DÉDOLER, v. a. (*chirurg.*), raser la surface d'une partie du corps avec un instrument tranchant, et n'enlever qu'une très faible épaisseur.

DÉDOMMAGEMENT, réparation d'un dommage. Il signifie, figurément, compensation.

DÉDOMMAGEMENT. C'est l'indemnité accordée par le juge à l'une des parties, et qui est proportionnée aux pertes qu'elle a injustement souffertes. (*V.* DOMMAGES ET INTÉRÊTS.)

DÉDOMMAGER, indemniser, rendre l'équivalent du dommage souffert. Il s'emploie souvent au figuré et aussi avec le pronom personnel.

DÉDORER, enlever, effacer la dorure en tout ou en partie. Il s'emploie aussi avec le pronom personnel, et signifie perdre de sa dorure peu à peu.

DÉDOSSEMENT, s. m. (*technol.*), dresser à la scie une pièce de bois pour la mettre à vive-arête.

DÉDOUBLER, ôter la doublure. En termes de guerre, *dédoubler les rangs*, *les files*, faire mettre sur un rang, sur une file, des soldats qui étaient sur deux rangs, sur deux files. *Dédoubler un régiment*, *une compagnie*, partager un régiment en deux régiments, une compagnie en deux compagnies. *Dédoubler une pierre*, la séparer, la partager en deux dans toute sa longueur.

DÉDOUBLER, v. a. (*marine*), enlever le doublage d'un bâtiment pour en visiter la carène; défaire plusieurs tours des rabans qui tenaient les voiles fermées.

DÉDUCTEUR, s. m. (*ant. rom.*). Il se dit des clients qui accompagnent un citoyen distingué au Forum et au Sénat.

DÉDUCTIF, IVE, adj. (*philol.*), qui tient à la déduction, synthétique; la *méthode déductive* est opposée à la méthode inductive comme la synthèse à l'analyse.

DÉDUCTION, opération de l'esprit qui consiste à conclure du général au particulier. C'est le contraire de l'induction qui généralise le fait observé. Si l'induction a été mal faite, si elle a trop généralisé, la déduction pourra s'appliquer à des exceptions, les croyant soumises à la loi générale, et alors la seconde erreur sera née de la première. — Exemple : Par induction, un enfant vient à conclure que tous les objets jetés dans les flammes doivent être consumés. Ensuite, il y jette un diamant et se dit : Puisque tout objet exposé à cette chaleur est consumé, le diamant va se réduire en cendres. Il juge ainsi par déduction. Or le diamant reste diamant, et l'enfant ne s'est pas trompé dans sa déduction, mais bien dans son induction, ayant trop généralisé le résultat apparent de l'action du feu sur les corps.

DÉDUCTION, s. f. (*musique*). Il se dit dans le plain-chant d'une suite de notes montant diatoniquement et par degrés conjoints.

DÉDUIRE, rabattre, soustraire une somme d'une autre. — **DÉDUIRE**, signifie aussi narrer, raconter, exposer en détail. Il signifie encore inférer, tirer comme conséquence.

DÉDUIRE, v. a. Il se disait anciennement pour amuser, divertir : *se déduire.*

DÉDUISABLE, adj. (*v. lang.*), convenable, agréable.

DÉDUIT, divertissement, occupation agréable. Il est vieux et ne s'emploie que dans le style badin.

DÉDUIT, , s. m. (*vénerie*). Il se dit de tout l'équipage qui sert à prendre le plaisir de la chasse, veneurs, chiens, oiseaux, valets, etc.

DÉDURCIR, v. a. (*didact.*), amollir, faire cesser la dureté.

DÉDYMNÉE (*antiq. gr.*), nom du premier mois de l'année chez les Achéens : il répondait à notre mois de janvier. Selon le dict. de Bouillet, ce mot, qui ne se trouve pas dans les grands lexiques, paraît au moins fort suspect.

DÉE, s. f. (*géogr.*), fleuve de la Grande-Bretagne qui a sa source dans le comté de Merioneth, et se jette dans la mer d'Irlande après un cours de vingt-six lieues, en formant un estuaire de cinq lieues de long. — **DEE**, fleuve d'Ecosse qui prend sa source au mont Cairngorm et se jette dans la mer du Nord, près de New-Aberdeen; son cours est d'environ trente lieues. On y trouve beaucoup de saumons.

DÉE (**JEAN**), mathématicien anglais, né à Londres le 13 juillet 1527, de parents obscurs. Il s'adonna de bonne heure, avec ardeur, à l'étude des mathématiques et de l'astronomie, et ne tarda pas à acquérir de la célébrité par ses connaissances étendues dans les diverses branches de ces sciences. Ce fut probablement cette renommée exagérée de son savoir qui plongea Dée dans de graves erreurs et donna à ses travaux scientifiques une direction malheureuse. Sa réputation le suivit sur le Continent, où il vint en 1548. A Louvain, il fut consulté comme un oracle, et à Paris, où il donna des leçons de géométrie et commenta publiquement Euclide, il fut accueilli avec autant d'empressement. De retour dans sa patrie, il donna dans toutes les erreurs de l'astrologie judiciaire, et fut employé en cette qualité par la reine Elisabeth. Il quitta de nouveau l'Angleterre et se livra entièrement à des pratiques peu dignes de la science. Nous ne le suivrons pas dans ces diverses phases de sa vie, qui fut triste, agitée par de vaines espérances et usée par des travaux sans résultat. La reine Elisabeth, ayant la connaissance de la profonde détresse dans laquelle cet homme célèbre était tombé, le rappela à Londres, où il mourut en 1607. Malgré l'état de misère où il vécut longtemps, Dée était parvenu à se former une très belle bibliothèque et un cabinet de curiosités fort remarquable. Parmi les ouvrages qu'il a publiés, et qui sont tous plus ou moins empreints des idées qui le rendirent malheureux, nous citerons seulement : I. *Monas hieroglyphica*, *mathematicè*, *magicè*, *cabalisticè et analogicè explicata*; Anvers, 1564, in-4°, 1584; Francfort, 1691, in-8°. II. *Propœdemata aphoristica de prœstantioribus quibusdam naturœ virtutibus*; Londres, 1556-1558-1568, in-4°, etc.

DEEL, s. m. (*v. lang.*), dé à coudre, dé à jouer.

DEEMOUR, s. m. (*v. lang.*), qui décime, qui proscrit.

DEERING (**CHARES**), médecin saxon, vint s'établir à Nottingham au moment où une épidémie de petite vérole y faisait de grands ravages. Il la combattit avec succès, ce qui lui procura une nombreuse clientèle; mais, ayant encouru la censure de la Faculté, il fut bientôt abandonné de ses clients et tomba dans la misère. Il se livra alors à la botanique et s'occupa aussi de recherches d'antiquité. On a de lui : *Nottinghamia novus et vetus* (Nottingham, 1151, in-4°.)

DEERINGIA (*bot.*), genre établi par R. Brown aux dépens des celosia, dont il se distingue par ses fruits qui consistent en une baie renflée contenant environ trois semences, tandis que le fruit des *celosia* est une capsule uniloculaire, polysperme, s'ouvrant transversalement. Ses tiges sont droites, garnies de feuilles alternes, pétiolées, entières, en cœur, acuminées à leur sommet. Les fleurs sont disposées en grappes lâches, axillaires, allongées; elles sont petites, médiocrement pédicellées, le calice à cinq découpures profondes, ovales, accompagné de deux folioles; point de corolle. Les filaments des étamines dilatés à leur base et environnant complètement l'ovaire; celui-ci, surmonté de trois stigmates se convertit en une baie noirâtre. Cette plante croît dans les Indes orientales.

DÉESSE, divinité fabuleuse du sexe féminin. *Elle a l'air, le port d'une déesse*, se dit d'une belle femme qui a l'air et le port majestueux. On dit figurément, dans le même sens : *c'est une déesse.*

DÉESSES. Les Juifs, éclairés par la révélation divine, n'en reconnaissaient aucune, mais l'antiquité profane en comptait presque autant que de dieux, et même davantage; car les vertus, les passions et les douleurs divinisées par l'allégorie étaient plutôt représentées sous la forme de déesses que sous celle de dieux. Les déesses daignaient quelquefois, soit par l'hymen, soit par l'amour, s'unir aux simples mortels; mais on croyait que l'amant ou l'époux honoré de leurs faveurs ne pouvait vivre longtemps. On rangeait les déesses, ainsi que les dieux, sous deux classes : les grandes déesses, telles que Junon, Minerve, Cérès; les déesses subalternes ou terrestres, et les déesses allégoriques, telles que la joie, la danse, la douleur, etc.

DÉESSES (grandes), Cérès et Proserpine, chez les Messéniens, qui leur rendaient des hommages particuliers; le culte de ces déesses avait été naturalisé dans cette contrée par Caucon, petit-fils de Phlius.

DEESUANCE, s. f. (*v. lang.*), douleur, tristesse, désespoir.

DEET ou **DEEX**, s. m. (*v. lang.*), bornes, limites, banlieue.

DÉF. (*grammaire*), abréviation du mot défini.

DÉFACHER (SE), s'apaiser après s'être mis en colère. Il n'est guère usité que dans quelques phrases familières.

DÉFACHER, v. a. Il se dit quelquefois, dans le langage populaire, pour apaiser. Il s'emploie aussi, neutralement, dans le sens de s'apaiser.

DÉFACTION, s. f. (*v. lang.*), mutilation, destruction.

DÉFAILLANCE, faiblesse, évanouissement, pâmoison; *défaillance de nature*, état d'une personne affaiblie par l'âge, par l'excès du travail, par la maladie, etc.

DÉFAILLANCE (*t. de chimie ancienne*). On dit aujourd'hui *déliquescence.*

DÉFAILLANCE (*médec.*). V. **ÉVANOUISSEMENT.**

DÉFAILLANT-ANTE, qui s'affaiblit.

DÉFAILLANT-ANTE (*t. de procéd.*). Celui, celle qui manque à comparaître, à se trouver à l'assignation donnée en justice.

DÉFAILLIR, manquer. Il vieillit. Il signifie aussi dépérir, s'affaiblir; il signifie encore tomber en faiblesse.

DÉFAIRE, détruire ce qui est fait, changer l'état d'une chose de manière qu'elle ne soit plus ce qu'elle était. *Défaire une malle, un porte-manteau*, en ôter les effets qu'on y avait enfermés. On l'emploie souvent avec le pronom personnel. Il se dit quelquefois figurément. — **DÉFAIRE**, signifie particulièrement faire mourir. On l'emploie aussi, dans cette acception, avec le pronom personnel. — **DÉFAIRE**, en termes de guerre, mettre en déroute, tailler en pièces; remporter un grand avantage. — **DÉFAIRE**, signifie aussi abattre, atténuer, amaigrir; avec le pronom personnel, *ce vin se défait*, il s'affaiblit, il n'a plus la même qualité. — **DÉFAIRE**, signifie, au figuré, éclipser, effacer par plus d'éclat, par plus de beauté, par plus de mérite. — **DÉFAIRE**, signifie encore délivrer, dégager, débarrasser. On l'emploie souvent dans ce sens avec le pronom personnel. — **DÉFAIRE**, avec le pronom personnel, signifie particulièrement, se désaccoutumer de quelque chose, y renoncer; *se défaire d'un domestique*, le mettre dehors, le congédier; *se défaire de son ennemi*, le faire mourir; *se défaire d'une chose*, l'aliéner, en transporter le droit et la possession à un autre.

DÉFAITE, déroute d'une armée ou de quelques troupes. — **DÉFAITE**, signifie aussi débit, facilité plus ou moins grande de se défaire de quelque chose. — **DÉFAITE**, signifie encore excuse artificieuse, mauvaise raison, prétexte.

DÉFAIX, s. m. (*anc. cout.*), lieu défendu; une garenne, un étang qui appartenait au seigneur, était un défaix.

DÉFALCATION, déduction, retranchement.

DÉFALQUER, rabattre, retrancher d'une somme ou d'une quantité quelconque.

DÉFAUSSER (SE) (*t. de plusieurs jeux de cartes*). Il se dit du joueur qui, n'ayant pas la couleur dans laquelle on joue, jette celle de ses cartes qu'il regarde comme la moins utile.

DÉFAUT, imperfection. Il se dit également d'une imperfection morale; il se dit, particulièrement, de ce qui n'est pas conforme aux règles de l'art, de ce qui choque le bon sens, le goût dans un ouvrage, dans une production quelconque. Il se dit également, surtout dans les arts et métiers, des parties faibles ou défectueuses dans une étoffe, dans du bois, dans un ouvrage quelconque. Il signifie aussi, absence, manque, privation de quelque chose ; il se dit, dans une acception particulière, de l'absence de certaines qualités, de certains avantages, etc. *Le défaut des côtes*, l'endroit où se terminent les côtes ; *le défaut de la cuirasse*, l'intervalle qui est entre la cuirasse et les autres pièces de l'armure qui s'y joignent; et, figurément et familièrement, le faible d'un homme, l'endroit par lequel on peut venir plus aisément à bout de lui.

DÉFAUT est aussi un terme de chasse; fig. et fam., *être en défaut*, faillir, se tromper, commettre quelque manquement, quelque erreur. On dit de même, *trouver, prendre, mettre quelqu'un en défaut*. Cette locution s'applique également à certaines facultés intellectuelles, à certaines qualités. — AU DÉFAUT, ou A DÉFAUT DE, au lieu de, à la place de telle personne ou de telle chose qui manque, qui vient à manquer.

DÉFAUT. C'est le jugement rendu sur la demande de l'une des parties sans que l'autre ait été entendue. — Dans les justices de paix, si le défendeur qui ne comparaît pas au jour indiqué par la citation n'a pas joui du délai accordé par la loi, le juge ordonne qu'il sera réassigné, et les frais de la première citation restent à la charge du demandeur. Dans le cas contraire, si au jour indiqué par la citation l'une des parties ne comparaît pas, la cause est jugée par défaut. — La partie condamnée peut former opposition dans les trois jours de la signification faite par l'huissier du juge de paix, ou autre qu'il aura commis (Code de procéd., art. 5, 19 et 20). — Devant les tribunaux de commerce, si le demandeur ne se présente pas, le tribunal donne défaut et renvoie le défendeur de la demande. Si le défendeur ne comparaît pas, il est donné défaut et les conclusions du demandeur lui sont adjugées, si elles se trouvent justes et bien vérifiées. (Code de procéd., art. 434, 435.) — Dans les tribunaux ordinaires, si le défendeur ne constitue pas avoué ou si l'avoué constitué ne se présente pas au jour indiqué pour l'audience, il est donné défaut. On le prononce à l'audience sur l'appel de la cause, et les conclusions de la partie qui le requiert sont adjugées, si elles se trouvent justes et bien vérifiées; les juges peuvent néanmoins faire mettre les pièces sur le bureau, pour prononcer le jugement à l'audience suivante. (Code de procéd., art. 79 et 179.) On nomme *défaillant* la partie qui n'a pas été entendue.

DÉFAVEUR, cessation de faveur, disgrâce. Il se dit particulièrement, en termes de finances et de commerce, pour exprimer l'état de ce qui tombe en discrédit.

DÉFAVORABLE, qui n'est pas favorable.

DÉFAVORABLEMENT, adv., d'une manière défavorable, fâcheuse.

DÉFAVORISER, v. a. Il s'est dit quelquefois pour priver de sa faveur.

DÉFÉCATION, opération par laquelle on débarrasse un liquide des substances plus ou moins insolubles qui le troublent et qui d'ordinaire gagnent le fond du vase (comme l'indique l'origine du mot qui, venant de *fæx, fæcis*, lie, signifie dégagement de la lie). Pour opérer la défécation, on verse le liquide clair qui occupe la partie supérieure, puis on jette le reste sur un tamis ou sur un filtre, selon la nature du liquide ou celle de la lie. Il faut *décanter* avec précaution, afin que le dégagement soit aussi bien fait que possible. — DÉFÉCATION signifie encore l'acte par lequel les animaux supérieurs se débarrassent des excréments (*V.* ce mot). La sensation pénible causée par la trop grande quantité de ces matières provoque une contraction qui les chasse. (*V.* DIGESTION, CANAL INTESTINAL.)

DÉFECT. (*gramm.*), abréviation employée pour défectif ou défectueux.

DÉFECTIF (*t. de gramm.*) Il se dit d'un verbe qui n'a pas tous ses temps et tous ses modes.

DÉFECTIF-IVE, adj. (*gram. hébr.*). Il se dit des verbes qui en se conjuguant perdent quelqu'une de leurs radicales. — HYPERBOLE DÉFECTIVE (*géom.*), courbe hyperbolique du 3e degré qui n'a qu'une seule asymptote rectiligne. — DÉFECTIF (*minér.*), se dit d'un cristal cubique dont quatre angles solides sont remplacés par autant de facettes, tandis que les quatre angles opposés restent intacts.

DÉFECTIF (*arith.*). Un nombre défectif est la même chose qu'un *nombre déficient*. (*V.* ce mot) — DÉFECTIF (*géom.*). Newton a donné le nom d'*hyperboles défectives* à des courbes du troisième ordre qui n'ont qu'une seule asymptote. (*V.* HYPERBOLE.)

DÉFECTION, manquement, séparation, détachement. Une partie se détache de l'ensemble par défection, c'est-à-dire qu'elle manque. Aujourd'hui, ce mot s'applique surtout à l'action de celui qui change d'opinions, de parti, de camp, de religion. Les défections politiques excitent ordinairement l'indignation, parce qu'on croit y reconnaître toujours la mauvaise foi, la faiblesse ou l'égoïsme. Mais quel est celui qui ne s'est jamais trompé dans son jugement sur les hommes et sur les choses? quel est donc celui qui n'a jamais changé d'idées, d'opinion? N'est-ce pas un acte de bonne foi que de quitter un parti lorsqu'on le juge mauvais après l'avoir jugé bon? Il est vrai qu'en politique comme en guerre les défections sont dangereuses. Au sein d'un parti, on apprend à bien connaître les hommes et l'on n'en est que plus fort s'il faut les combattre. De plus, la défection d'un homme réputé honnête peut faire dans l'opinion publique un grand tort au parti qu'il abandonne, et si cet homme, interrogé, interpellé, poussé à bout peut-être par la calomnie, est appelé à rendre compte de sa conduite, il pourra lever quelque coin du rideau et faire découvrir la cause de son erreur et celle de son dégoût. Néanmoins, il faut l'avouer, la réprobation spontanée qu'on encourt en changeant de drapeau n'est que trop souvent méritée, et depuis cinquante ans le *cynisme de ces apostasies* semble prouver l'oubli des sentiments d'honneur, de bonne foi, de loyauté que nous enseigne notre histoire et que doivent nous rappeler à toute heure la morale et la religion.

DÉFECTION, s. f. (*théol.*). Il se disait figurément de la ruine de l'Église romaine. Une prétendue prophétie marquait les premières années du dix-huitième siècle comme l'époque de la *défection de l'Église*.

DÉFECTION (*astrol.*), éclipse: *défection de la lune, du soleil*.

DÉFECTIVITÉ, s. f. (*gramm.*), qualité des vers défectueux.

DÉFECTUEUSEMENT, d'une manière défectueuse. Il est peu usité.

DÉFECTUEUX, EUSE, qui manque des qualités, des conditions requises. Il s'emploie souvent en grammaire comme synonyme de défectif.

DÉFECTUOSITÉ, vice, imperfection, défaut. Il ne se dit guère au sens moral.

DEFENDABLE, qui peut être défendu contre l'ennemi ou contre un adversaire.

DÉFENDANT, martyr honoré à Casal. Quelques-uns croient que c'est le même qui souffrit à Marseille. D'autres le distinguent de celui de Marseille et disent que c'est un des martyrs de la légion thébéenne qui répandirent leur sang dans la partie de l'Italie, appelée Gaule Cisalpine. Il est aisé de croire que, dans une légion entière, il se soit trouvé deux soldats de même nom. Leur fête est marquée au second jour de janvier. Le culte du martyr saint Défendant est fort célèbre en beaucoup de villes de la Lombardie, principalement à Novarre en Milanais, à Chivas en Piémont et à Casal au Mont-Ferrat, où l'on prétend que reposent ses reliques dans l'église des Ermites. L'invention ou la translation de saint Défendant, qu'on célèbre le 14 septembre, est celle de Marseille qui se fit du temps de l'évêque saint Théodose, et non celle de Casal. (Baillet, t. III, 22 sept., p. 286.)

DÉFENDERS. Les *defenders* (défenseurs) composaient, en Irlande, une association politique dont le but avoué était d'obtenir des réformes civiles et religieuses. Ce parti, dont l'organisation remonte à la victoire de la Boyne, remportée par Guillaume III (30 juin 1688), eut pour berceau le nord de l'Irlande. Composé d'abord uniquement de chefs presbytériens, également recommandables par un patriotisme éclairé, un mérite vrai et le développement qu'ils avaient donné à l'industrie, il se recruta, peu de temps après la bataille de la Boyne, des catholiques d'Irlande qui vinrent chercher dans ses rangs un refuge contre l'oppression qu'on faisait peser sur eux, ainsi que des catholiques anglais qui ne pouvaient plus occuper ni places ni emplois dans l'État et auxquels on avait interdit l'exercice des droits politiques. Toutes les associations politiques de l'Irlande pouvaient alors se résumer en une seule, celle des *Irlandais Unis*, et les *defenders* étaient, à proprement dire, le collége des chefs qui présidaient chacune des sociétés fractionnaires dont l'association des Irlandais Unis formait le faisceau. La religion n'était pas, comme on le voit, un motif de division pour ces hommes marchant tous, selon des lignes différentes, à un but unique, l'affranchissement. Ils adoptèrent la dénomination de *defenders*, défenseurs des droits, par opposition à celle des *orangistes* ou partisans de Guillaume, dévoués *quand même* au pouvoir anglais. Ainsi constitués, les *defenders* prirent une action puissante dans le soulèvement de 1797-1798, alors que, encouragés par notre révolution de 89, les Irlandais se crurent en mesure de réclamer des droits au gouvernement anglais; mais, trop faibles néanmoins pour résister seuls à leurs oppresseurs, ils se ménagèrent avec la France des intelligences secrètes dont le résultat fut l'envoi d'un secours assez considérable. Malheureusement Humbert, général républicain, séparé de la grande flotte, aborda seul à Killada (comté de Mayo) le 22 août 1797, à la tête de 1,100 hommes, parmi lesquels figuraient 70 officiers marquants. Si les troupes françaises avaient pu arriver à temps pour soutenir l'insurrection et opérer leur réunion avec les defenders, il n'est pas douteux que l'affranchissement de l'Irlande n'eût été conquis; car alors les forces des Irlandais se seraient élevées au chiffre de 200,000 hommes. Ce fut la trahison de Reynolds qui fit échouer leurs plans: cet homme, qui figurait parmi les conjurés, dénonça les principaux chefs des Irlandais-unis et nommément lord Fitzgerald, qui fut exécuté et dont le fils siége actuellement parmi les représentants de l'Irlande à la chambre des lords d'Angleterre. Les Irlandais-unis essayèrent bien encore, en 1803, de secouer le joug, mais cet effort fut aussi malheureux que le premier, et aujourd'hui, tandis que les orangistes possèdent encore des loges en Irlande, le nom des *defenders*, qui n'ont plus d'existence comme corporation, est tombé dans l'oubli. Toutefois, ils ont laissé en Irlande des souvenirs qui leur ont survécu, et c'est avec eux, c'est avec les fils et petits-fils de ces mêmes hommes, que Daniel O'Connell a organisé son système d'agitation. L'association dite aujourd'hui *de justice*, qui soutient O'Connell et l'aide dans son œuvre, n'est autre chose que la société des *defenders* d'alors.

DÉFENDEUR. C'est celui à qui l'on fait une demande en justice. — On assigne le défendeur, en matière personnelle, devant le tribunal de son domicile, et, s'il n'a pas de domicile, devant le tribunal de sa résidence. (Code de proc., art. 59.) — On appelle *défendeur au fond*, ou *défendeur au principal* celui qui est en même temps demandeur relativement à quelque incident sur la forme, et *défendeur en la forme* celui qui défend à un incident de cette sorte.

DÉFENDEUR ORIGINAIRE. C'est, en matière de garantie, celui contre lequel on a formé quelque demande pour laquelle il prétend avoir un garant auquel il a dénoncé la demande. (*V.* Code de proc., art. 176 et suiv.)

DÉFENDRE, protéger, soutenir une personne ou une chose attaquée. Il se dit en parlant de toute espèce d'attaque ou d'agression. Figur. et famil., *défendre son pain*, se dit d'une personne qui a peu de bien et qui soutient un procès où il s'agit de tout ce qu'elle a. *Défendre une place, un poste*, etc., résister à tous ceux qui veulent s'en rendre maîtres, s'opposer aux ennemis qui l'attaquent. *A son corps défendant*, en repoussant une attaque, en opposant de la résistance: *Il a tué l'agresseur à son corps défendant.* On l'emploie le plus communément au figuré dans le langage familier, et alors il signifie malgré soi, à regret, avec répugnance.

DÉFENDRE, signifie particulièrement, en termes de guerre, empêcher que l'ennemi ne puisse, sans risquer beaucoup, entrer dans un lieu ou en approcher.

DÉFENDRE, signifie aussi garantir, tant au propre qu'au figuré.

DÉFENDRE, avec le pronom personnel, signifie repousser une attaque, une agression quelconque, y résister. *Cette place se défend d'elle-même*, elle est facile à défendre et difficile à attaquer. On dit, dans le sens contraire, qu'*une place n'est pas en état de se défendre.*

DÉFENDRE, avec le pronom personnel, signifie aussi se préserver, tant au propre qu'au figuré. — *Cette étoffe est bonne, il n'y a qu'à se défendre du prix*, il n'y a qu'à disputer sur le prix.

DÉFENDRE, avec le pronom personnel, signifie en outre s'excuser de faire quelque chose à quoi on voudrait nous obliger. Il signifie encore se disculper, nier quelque chose qu'on nous reproche.

DÉFENDRE, signifie aussi prohiber, interdire quelque chose.

DÉFENDRE, neutralement et en termes de procédure, fournir des défenses aux demandes de la partie adverse.

DÉFENDRE, v. a. Il s'employait dans le style de l'ancienne procédure avec la préposition *à*. *Défendre un canot* (*marine*), éviter de le faire choquer contre un bâtiment ou un quai. Se défendre bien à la mer; il se dit d'un bâtiment qui reçoit peu d'eau à bord par un gros temps. *Se défendre* (*manége*), se dit d'un cheval qui refuse d'obéir, soit en sautant, soit en reculant.

DÉFENDS, terme de coutume et de juridiction des eaux et forêts, qui signifie une chose dont l'usage est actuellement défendu.

DÉFENDS, s. m. plur. (*cout. de Normandie*), ce qui est défendu, par opposition à ce qui est permis.

DÉFENDUDE, s. f. (*coutum. de Provence*), terrains où le pâturage est défendu, bien qu'ils soient situés parmi des fonds qui y sont sujets.

DÉFÉNESTRATION, s. f. (*hist.*), nom sous lequel on désigne les excès que commirent les protestants de Bohême en 1618, et pendant lesquels deux des quatre gouverneurs assemblés dans la salle du conseil à Prague furent précipités par les fenêtres avec le secrétaire. La *défénestration de Prague* fut la prélude de la guerre de trente ans. (*V.* TRENTE ANS (Guerre de).)

DÉFENSABILITÉ, s. f. (*prat.*), qualité de ce qui est défensable ou défendable.

DÉFENSE, action de défendre, de se défendre, ou ce qu'on dit, ce qu'on écrit pour défendre ou se défendre. *Se mettre en défense*, se mettre en état de se défendre. *Être hors de défense*, n'être plus en état de se défendre.

DÉFENSE, se dit particulièrement, en termes de guerre, de l'action ou de la manière de défendre une place, un poste, etc., de s'y défendre. — Fig. et fam., *faire une belle défense*, résister longtemps à quelque proposition, à quelque sollicitation, etc. *Cette place est de défense*, elle peut soutenir un siége. *Cette place est en état de défense*, elle est bien fortifiée et bien munie. — En termes d'eaux et de forêts, *ce bois est en défense*, il est en tel état qu'on n'a plus besoin d'empêcher les bestiaux d'y aller. — Il signifie, en termes de procédure, ce qu'on répond, par écrit et par ministère d'avoué, à la demande de sa partie.

DÉFENSE, se dit en outre de chacune des deux longues dents, canines ou incisives, qui sortent de la bouche de certains quadrupèdes et dont ils se servent pour se défendre. Défense, signifie encore prohibition, interdiction. *Jugement, arrêt de défense, de défenses*, ou simplement *défenses*, jugement qui défend de procéder, de passer outre à l'exécution de quelque chose.

DÉFENSE. C'est en général l'action par laquelle on repousse une agression quelconque. La défense est de droit naturel; elle est permise à l'homme surpris par une attaque injuste, et les effets qui peuvent en résulter ne lui sont point imputables; mais il faut qu'il y ait eu *nécessité actuelle* de défense. Le Code pénal s'exprime ainsi sur ce sujet: — « Art. 328. Il n'y a ni crime » ni délit lorsque l'homicide et les coups étaient commandés » par la nécessité actuelle de la légitime défense de soi-même » ou d'autrui. » — « Art. 329. Sont compris dans les cas de né- » cessité actuelle de défense les deux cas suivants: 1° si l'homi- » cide a été commis, si les blessures ont été faites, ou si les » coups ont été portés en repoussant, pendant la nuit, l'escalade » ou l'effraction des clôtures, murs ou entrées d'une maison ou » appartement habité, ou de leurs dépendances; 2° si le fait a » eu lieu en se défendant contre les auteurs de vol ou de pillage » exécutés avec violence. »

DÉFENSES. Ce sont les exceptions, les moyens de fait ou de droit que l'on oppose à une action intentée en justice. — Avant de défendre au fond, on doit proposer les exceptions ou fins de non recevoir, ainsi que les moyens de nullité; car, en défendant d'abord au fond, on est censé avoir renoncé au droit de les faire valoir. — Dans la quinzaine du jour de la constitution d'avoué, le défendeur fait signifier ses défenses signées de son avoué; elles doivent contenir offre de communiquer les pièces à l'appui ou à l'amiable, d'avoué à avoué, ou par la voie du greffe. — Dans la huitaine suivante, le demandeur fait signifier sa réponse aux défenses. — Si le défendeur n'a point fourni ses défenses dans le délai de quinzaine, le demandeur poursuit l'audience sur un simple acte d'avoué à avoué. Après l'expiration du délai accordé au demandeur pour faire signifier sa réponse, la partie la plus diligente peut poursuivre l'audience sur un simple acte d'avoué à avoué; le demandeur peut même poursuivre l'audience, après les significations des défenses, et sans y répondre. Cod. de procéd., art. 77 et suivant.

DÉFENSE DE SOI-MÊME. Cet article appartient directement à la philosophie morale; mais comme certains censeurs de l'Évangile ont prétendu que Jésus-Christ interdit la défense de soi-même, et déroge ainsi à la loi naturelle, un théologien doit prouver le contraire. — Dans saint Matthieu, c. 5, v. 38, Jésus-Christ dit: « Vous savez ce qui a été ordonné par la loi du talion, que l'on rendra œil pour œil et dent pour dent; et moi je vous dis de ne point résister au méchant; mais si quelqu'un vous frappe sur la joue droite, tendez-lui l'autre; s'il veut plaider contre vous et vous enlever votre tunique, abandonnez-lui votre manteau, etc. » Il est évident que Jésus-Christ avertissait ses disciples de ce qu'ils seraient obligés de faire lorsque le peuple et les magistrats, conjurés contre eux à cause de l'Évangile, voudraient leur ôter, non-seulement tout ce qu'ils avaient, mais leur arracher la vie. « Le moment viendra, leur dit-il, où tout homme qui pourra vous ôter la vie, croira faire une œuvre agréable à Dieu (Jean, c. 16, v. 2). » — Il aurait été alors fort inutile de vouloir opposer la force à la force, ou d'implorer la protection des lois et des magistrats; mais ce qui était pour lors une nécessité pour les disciples du Sauveur, est-il encore une obligation pour le commun des fidèles, dans un état policé et sagement gouverné? La loi qui nous oblige à supporter pour la religion et pour la foi, les injustices et la violence des persécuteurs, ne nous commande pas de céder de même à l'audace d'un voleur ou d'un assassin. — En général, le conseil de souffrir l'injustice et la violence plutôt que de poursuivre nos droits à la rigueur, est toujours très sage; l'opiniâtreté à les défendre, à plaider, à exiger des réparations, n'a jamais réussi à personne; les victoires que l'on peut remporter en ce genre ont ordinairement des suites très fâcheuses. — A la vérité, les sociniens ont poussé le rigorisme jusqu'à décider qu'un chrétien est obligé, par charité, de se laisser ôter la vie par un agresseur injuste plutôt que de le tuer lui-même; mais nous ne voyons pas sur quelle loi ni sur quel principe peut être fondée cette décision. Lorsque Jésus-Christ ordonnait à ses disciples de souffrir la violence, ce n'était pas pour conserver la vie des agresseurs, mais parce qu'il savait que cette patience héroïque était le moyen le plus sûr de convertir les infidèles : c'est ce qui est arrivé. — Comme Bayle avait fait cette objection, Montesquieu lui reproche de n'avoir pas su distinguer les ordres donnés pour l'établissement du christianisme d'avec le christianisme même, ni les conseils évangéliques d'avec les préceptes. Une preuve que les leçons données par Jésus-Christ à ses apôtres ne sont ni impraticables ni pernicieuses à la société, c'est que les apôtres les ont pratiquées à la lettre, et sans ce courage ils n'auraient pas réussi à établir le christianisme. — Barbeyrac, appliqué à décrier la morale des Pères de l'Eglise, les accuse d'avoir condamné, d'un sentiment presque unanime, la *défense de soi-même*. La vérité est que la plupart se sont bornés à répéter les maximes de l'Evangile; que par conséquent il faut donner aux uns et aux autres la même explication. En effet, ceux qui se sont exprimés le plus fortement sur la patience absolue et sans bornes prescrite aux chrétiens sont Athénagore, *Legat. pro Christ.*, c. 1; Tertullien, dans son *Livre de la patience*, c. 7, 8, 10; saint Cyprien, epist. 57, p. 95, et *De bono patient.*, p. 250; Lactance, *Instit. divin.*, l. 6, c. 18. Or, ces quatre auteurs ont vécu dans les temps de persécution; et, pour peu qu'on les lise avec attention, on voit évidemment qu'ils parlent de la patience du chrétien dans ces circonstances. Barbeyrac lui-même est forcé de convenir que, dans ce cas, les chrétiens devaient tout souffrir sans se défendre, parce que leur patience héroïque était nécessaire, soit pour amener les païens à la foi, soit pour y confirmer ceux qui l'avaient embrassée. Les Pères des trois premiers siècles n'ont donc pas eu tort d'en faire un devoir pour les chrétiens. — Supposons que ceux du quatrième et des suivants, comme saint Basile, saint Ambroise et saint Augustin, aient décidé en général qu'un chrétien, attaqué par un agresseur injuste, doit plutôt se laisser tuer que de tuer son adversaire; cette morale est-elle aussi évidemment fausse que Barbeyrac le prétend? De son propre aveu, Grotius, aussi bon moraliste que lui pour le moins, regarde cette patience d'un chrétien comme un trait de charité héroïque, Annot. in Matt., c. 5, v. 40. Les Pères ont donc pu penser de même, sans mériter une censure rigoureuse. — Barbeyrac décide le contraire pour trois raisons : c'est qu'il n'est pas juste qu'un innocent meure plutôt qu'un coupable, autrement la condition des scélérats serait meilleure que celle des gens de bien, et ce serait un moyen d'enhardir les premiers au crime. Cela est très bien; mais cet oracle de morale passe sous silence un inconvénient terrible, c'est que si le meurtre vient à être découvert et que celui qui l'a commis ne puisse pas prouver qu'il l'a fait uniquement pour sauver sa propre vie, *cum moderamine inculpatæ tutelæ*, il sera puni comme meurtrier. Dans ce cas, l'innocence ne se présume point, il faut la prouver. Voilà donc le danger inévitable auquel se trouve exposé un innocent. — Si l'on examine toutes les conditions qui sont nécessaires pour qu'en pareil cas un meurtrier soit innocent et soit déclaré tel, on verra si l'opinion que Barbeyrac blâme avec tant de hauteur est aussi mal fondée qu'il le prétend. Heureusement le cas dont nous parlons est très rare, et quand les Pères se seraient trompés en le décidant, il n'y aurait encore là aucun danger pour les mœurs. Le premier mouvement d'un homme attaqué sera toujours de se défendre, et l'on sait bien qu'il ne lui est pas possible d'avoir pour lors assez de sang-froid pour mesurer ses coups. De là même nous concluons, contre les déistes, et contre tous les censeurs de la morale chrétienne, qu'il n'est pas vrai que la loi naturelle et le droit naturel soient fort aisés à connaître dans tous les cas, et qu'il en est plusieurs dans lesquels les deux parties sont exposées à peu près aux mêmes inconvénients. Ce qu'il y a de certain, c'est que dans tous les cas la charité héroïque d'un chrétien sera toujours d'un excellent exemple et ne produira jamais aucun mal.

DÉFENSE DES PLACES. Il n'y pas d'opération militaire qui exige le concours d'un plus grand nombre d'agents matériels et la réunion de plus de capacité et d'expérience que la défense des places. Avant qu'on fît usage de la poudre et de l'artillerie, les moyens de défense, pour répondre aux moyens d'attaque, étaient très rapprochés du corps de la place; les défenseurs repoussaient les assiégeants par des procédés que l'invention de la poudre a dû nécessairement faire abandonner; les armes et les bouches à feu remplaçaient de part et d'autre les armes de jet et celles de trait et de chocs.—Aux balistes, aux catapultes, aux tours ambulantes, que les assiégeants dirigeaient de très près contre les murailles des forteresses, les assiégés opposaient le plus souvent des machines semblables. Quand ils étaient assez nombreux pour lutter avec l'ennemi, ils faisaient des sorties dans lesquelles ils mettaient le feu aux béliers, aux tortues et aux autres machines de l'assiégeant, pendant que les autres livraient combat à ses troupes. S'ils restaient enfermés dans leurs villes, ils employaient divers moyens incendiaires pour embraser les engins de leurs adversaires. C'est ainsi qu'au siége de Marseille par César les habitants, suivant le rapport de Vitruve, brûlèrent, en y jetant avec des balistes des barres de fer rougies au feu, un rempart élevé contre la muraille avec plusieurs arbres coupés et entassés les uns sur les autres; puis, lorsque la tortue s'approcha pour battre la muraille, ils descendirent une corde avec un nœud coulant dans lequel ils prirent le bélier, en relevèrent la tête au moyen d'une roue, assez haut pour qu'il ne pût frapper la muraille; et enfin, à coups de brûlots et de balistes, ils ruinèrent toute la machine. Les Tyriens incendièrent aussi avec du souffre, de la poix, de l'huile, qu'ils versaient bouillants, les tours ambulantes qu'Alexandre avait fait élever contre les murs de cette ville, et forcèrent ainsi le roi de Macédoine à en abandonner le siége. — Sous le régime féodal, les seigneurs mettaient leurs châteaux en état de défense en les entourant de fossés, en armant de herses les portes; ensuite en entourant de machicoulis les faces les plus susceptibles d'attaque; enfin on perça les murailles de créneaux. Plusieurs de ces moyens de défense furent rapportés d'Orient en Occident, au retour des croisades, par quelques guerriers qui avaient fait partie de ces expéditions. — Mais, vers le XIIe siècle, la découverte de la poudre donna lieu à l'invention des armes à feu. Dès lors les armes de trait furent abandonnées; les anciennes machines disparurent devant les bouches à feu, et la défense des places devint un art nouveau, soumis à des combinaisons savantes, résultant des nouveaux moyens d'attaque. — La défense d'une place consiste dans l'emploi des moyens que l'art de la fortification met à la disposition de l'assiégé pour forcer l'assiégeant à une marche lente et circonspecte, et pour retarder la prise le plus longtemps possible. — De même que l'attaque régulière d'une place, sa défense se divise en trois périodes, ainsi qu'on va le voir.

Ire **PÉRIODE.** — *Depuis son investissement jusqu'à l'ouverture de la tranchée.* — Avant même l'investissement, et dès qu'on a la moindre inquiétude de voir une ville attaquée, il faut s'assurer des approvisionnements de vivres et de munitions de guerre proportionnés à la force de la garnison, comme aussi de réparer et armer tous les ouvrages. On dresse des états de tous les ouvriers d'art susceptibles d'être employés aux travaux, tels que charpentiers, maçons, forgerons et autres; on ramasse tous les outils, machines et instruments dont on peut avoir besoin; on oblige les habitants à se pourvoir de vivres pour toute la durée présumée du siége, et l'on renvoie ceux qui ne se conforment pas à cet ordre, comme bouches inutiles dont la consommation diminuerait les ressources de la place et abrégerait la durée de sa résistance. On a soin de nettoyer tout le terrain qui environne la place jusqu'à distance de 1,000 à 1,200 mètres, et, en conséquence, de faire abattre, en avant et sur le pourtour de la place, tout ce qui pourrait en masquer et en faciliter les approches, telles que maisons, murs de clôture et toutes espèces de constructions; enfin, on abat aussi les arbres qui se trouvent à la même distance, ainsi que les taillis, haies et broussailles. Ce sont autant de matériaux précieux pour l'approvisionnement de gabions, saucissons, fascines, claies et piquets dont on fait une grande consommation ; les gros bois sont employés à la construction des ponts, rampes, couverts, communications en charpente, etc. — En même temps on remet en bon état les parapets et les banquettes, on palissade les chemins couverts, on place des barrières à toutes les issues, on aère, on met en état de servir les souterrains ; on établit des blindages sur les planchers des bâtiments militaires assez solidement construits pour les supporter, et particulièrement dans les hôpitaux, les magasins à poudre et ceux de vivres ; on dispose des appentis contre les murs intérieurs des remparts pour procurer des abris à la garnison. — Tous ces travaux marchent de front avec ceux de l'artillerie, qui s'occupe activement de l'armement de tous les ouvrages de la place, et surtout de ceux qui se trouvent sur le pont d'attaque. — Dès que les corps qui forment l'investissement paraissent à la vue de la place, l'officier qui la commande envoie en reconnaissance des détachements d'infanterie et de cavalerie, soutenus par de l'artillerie légère ; s'il parvient à connaître le moment où l'assiégeant doit commencer l'ouverture de la tranchée, il fait attaquer subitement les troupes qui couvrent cette opération pour jeter l'épouvante parmi leurs travailleurs, et retarder ainsi les premiers travaux de l'attaque le plus longtemps possible.

IIe PÉRIODE. — *Depuis l'ouverture de la tranchée jusqu'à la troisième parallèle.* — Quand l'assiégeant est parvenu à triompher des obstacles et des ruses par lesquels l'assiégé a cherché à retarder l'investissement, celui-ci emploie tous les moyens qu'il a en son pouvoir pour découvrir l'établissement des dépôts de l'assiégeant, afin de prévoir par-là, avec quelque certitude, le temps et les points où la tranchée doit être ouverte. Il interroge à cet effet les prisonniers, les déserteurs, et fait des reconnaissances de nuit à main armée ; il lance du haut des remparts, pendant les premières nuits du siége, et surtout pendant les premières heures de chaque nuit, des pots à feu, qui, portés à 8 ou 900 mètres de la place sur tout son pourtour, éclairent et font apercevoir les premiers travaux de l'ennemi. Aussitôt qu'ils sont découverts, on dirige sur eux un feu très vif de toutes les batteries à barbettes qui peuvent y porter et que l'on dispose pour tirer à ricochet. On parvient ainsi à répandre le désordre et la confusion parmi les travailleurs, et par conséquent à retarder d'autant l'avancement des travaux. — Pourtant, malgré ces difficultés, la première parallèle s'établira, et par son tracé, l'assiégé pourra juger de l'emplacement des batteries de l'assiégeant. Dès lors il disposera des batteries de fort calibre pour tirer à ricochet contre elles, tant du corps de place que des ouvrages collatéraux qui peuvent prendre d'écharpe les travaux de l'ennemi. De vigoureuses sorties seront faites ensuite contre les troupes qui couvrent les travailleurs et bouleverseront les ouvrages que l'assiégeant élève contre les défenses du front attaqué. — C'est le moment, si la place renferme des mines, de s'occuper d'en dégager les galeries, d'y faire les réparations dont elles peuvent avoir besoin, et de commencer l'établissement de la guerre souterraine. — Le front d'attaque étant connu, l'assiégé ne doit pas attendre que les batteries de la première parallèle soient élevées pour commencer les lignes de contre-approche par lesquelles il peut en augmenter la résistance. On appelle ainsi de petits ouvrages en forme de *flèches*, formés de deux faces de 50 à 60 mètres de longueur, flanquées des chemins couverts, et qu'on élève à la queue des glacis, sur les capitales du front d'attaque. Lorsqu'on a soin de les fraiser sur leur fossé et de les palissader à la gorge, l'assiégeant est obligé d'en faire l'attaque de vive force avant qu'il puisse pénétrer plus avant et prendre pied sur le glacis. Ces flèches doivent être placées de manière à pouvoir prendre de flanc ou d'écharpe le travail de l'ennemi avec du petit canon ou des obusiers ; elles doivent être, ainsi que leurs communications avec le glacis, défilées (*V.* DÉFILEMENT) des positions occupées par l'assiégeant. Ces tracasseries retardent d'autant la construction des batteries de l'ennemi et de ses boyaux de communication de la première à la seconde parallèle. — Quand une fois ses batteries sont établies et démasquées, comme leurs feux sont dirigés sur le prolongement des faces des bastions pour en ruiner les défenses, l'assiégé donne une nouvelle disposition à son artillerie ; il la porte principalement sur des parties de la fortification que l'ennemi ne peut enfiler, et ne conserve sur les faces que l'artillerie qu'il a pu mettre à l'abri du ricochet dans des batteries couvertes. Ces dispositions ne doivent point ralentir les sorties, qui, lorsqu'elles sont fréquentes et vigoureuses, contribuent toujours beaucoup à retarder la marche de l'assiégeant. — C'est désormais sur les zigzags ou tranchées de communication entre les deux premières parallèles que l'assiégé doit s'attacher à croiser les feux de ses batteries en tirant à ricochet. — L'assiégeant parvient enfin à la seconde parallèle, et comme il se trouve alors rapproché de la place, on s'assure, en lançant des pots à feu, du moment où il place ses travailleurs, et l'on fait alors un feu continuel d'artillerie à cartouches, et même de mousqueterie placée dans les chemins couverts. On combine ces feux d'artillerie et d'infanterie avec des sorties qui se font vers la fin de la nuit ; elles sont composées de troupes qui repoussent vivement les gardes de tranchée, et de travailleurs qui renversent les travaux exécutés pendant la nuit. — Plus les travaux de l'assiégeant se rapprochent de la place, plus ils deviennent difficiles par l'opposition constante et acharnée qu'y apporte l'assiégé. Les coups de main auxquels il est exposé le forcent à recourir au procédé lent et pénible de la sape pleine pour la construction de la troisième parallèle.

IIIe PÉRIODE. — *Depuis la troisième parallèle jusqu'à la reddition de la place.* — Pendant l'exécution des travaux que l'assiégeant a poursuivis jusqu'à la troisième parallèle, l'assiégé a perdu les défenses des faces de ses bastions ; il a formé des retranchements dans l'intérieur de ceux qu'il croit menacés d'une attaque de vive force ; il a établi sur les courtines des batteries couvertes et à embrasures biaises, avec lesquelles il démonte les cavaliers de tranchée que l'assiégeant élève pour plonger dans l'intérieur des places d'armes, et tire sur le débouché de la descente du fossé. Aux pierriers que l'assiégeant met dans la troisième parallèle pour chasser du chemin couvert les défenseurs de la place, l'assiégé oppose le jeu des grenades dont il ne cesse d'accabler les travailleurs et les sapeurs ; il fait tous ses efforts pour retarder le couronnement du chemin couvert. De fortes et fréquentes sorties se succèdent rapidement pour mettre en fuite les travailleurs, raser leurs travaux et enclouer leurs canons. Il a recours à un moyen accessoire de défense qui ne doit pas être négligé par l'assiégé, c'est celui des mines. Sans traiter ici cette matière importante, on ne peut passer sous silence le supplément de force que l'emploi des mines peut prêter à la défense d'une place. La principale disposition consiste à diriger une galerie souterraine, terminée par un double T, sous chaque saillant de chemin couvert, pour en faire sauter le couronnement et les contre-batteries. On fait un travail semblable sous chaque branche de chemin couvert, vis-à-vis les faces de bastion du front d'attaque, pour en faire sauter également le couronnement et les batteries de brèche qui seront établies. On établit aussi des fourneaux sous le fossé des mêmes faces de bastions, à l'endroit où elles doivent être battues en brèche, pour déblayer et escarper les brèches. On conçoit que l'assiégeant détruit successivement les travaux de l'assiégé, et qu'il finit par se rendre maître du chemin couvert et y maintenir ses batteries de brèche qu'il dirige contre la demi-lune et les bastions du front d'attaque. L'assiégé les contre-bat avec celles qu'il a dressées dans les demi-lunes et sur les courtines collatérales ; il est réduit à disputer le passage du fossé en détruisant à coups de canon l'épaulement qui couvre l'assiégeant. Puis, quand celui-ci est parvenu au pied de la brèche, l'assiégé cherche à retarder l'assaut en accumulant au bas de la montée des fagots, des fascines goudronnées, et en allumant un grand feu qu'on entretient tant qu'on peut avec du bois qu'on jette continuellement, et on augmente les difficultés de l'escalade en semant la brèche de chausse-trappes et en dirigeant sur sa pente tout le feu du flanc du bastion voisin. Après avoir soutenu un ou plusieurs assauts, il ne reste plus à l'assiégé qu'à se retirer dans le retranchement qu'il a construit au haut de la brèche. Dans cette position critique, il pourra obtenir une capitulation honorable ; son ennemi lui accordera les honneurs de la guerre, et il sortira de la place à la tête de sa garnison avec la gloire d'avoir épuisé toutes les ressources de l'art, du génie et de la valeur pour en prolonger la défense et de ne l'avoir rendue qu'à la dernière extrémité.

DÉFENSES, s. m. plur. (*marine*), glènes ou tronçons de vieux cordages suspendus le long du bord d'un navire pour le protéger contre le frottement des coups extérieurs.

DÉFENSE (*manége*), action du cheval qui se défend (*V.* DÉFENDRE).

DÉFENSE (*technol.*), lattes croisées et attachées au bout d'une corde que les couvreurs suspendent au toit d'une maison pour écarter les passants. Corde à laquelle le couvreur s'attache pour travailler sur un toit dangereux.

DÉFENSEUR. On appelle ainsi celui qui est chargé de la défense d'un client. Ce titre se donne à l'avocat ou à l'avoué dans le moment où l'un où l'autre plaide une cause à l'audience. — Les parties, assistées de leurs avoués, peuvent se défendre elles-mêmes; le tribunal cependant a la faculté de leur interdire ce droit s'il reconnait que la passion ou l'inexpérience les empêche de discuter leur cause avec la décence convenable ou la clarté nécessaire pour l'instruction des juges. — Les parties ne peuvent charger de leur défense, soit verbale, soit par écrit, même à titre de consultation, les juges en activité de service, procureurs-généraux, avocats-généraux, procureurs du roi, substituts des procureurs-généraux du roi, même dans les tribunaux autres que ceux près desquels ils exercent leurs fonctions; peuvent néanmoins les juges. procureurs-généraux, avocats-généraux et procureurs du roi, plaider dans tous les tribunaux leurs causes personnelles et celles de leurs femmes, parents ou alliés en ligne directe, et de leurs pupilles. (Code de procéd., art. 85 et 86). — Dans les justices de paix, les parties comparaissent en personne ou par leurs fondés de pouvoirs, sans qu'elles puissent faire signifier aucune défense; le juge de paix les entend contradictoirement (Code de procéd., art. 9, 10 et 13). — DÉFENSEUR OFFICIEUX. C'était celui qui, sans être avoué, se livrait à la défense des parties devant les tribunaux. La loi du 22 ventôse an XII leur a rendu leur ancienne dénomination d'*avocat* (*V.* l'art. 1597 du Code civil).

DÉFENSEUR (*antiq.*), nom sous lequel Hercule avait un temple à Rome. C'est là que les gladiateurs, après avoir obtenu leur congé, suspendaient leurs armes.

DÉFENSEUR (*ant. rom.*), titre de certains magistrats qui, sous les empereurs, étaient chargés de poursuivre les délits et de soutenir les lois ou les privilèges de diverses cités. Il y avait un *défenseur de l'empire* (*defensor regni*), et des défenseurs de cités.

DÉFENSEUR DE LA CITÉ OU DU PEUPLE (*droit rom.*), magistrat municipal établi dans les petites villes des provinces romaines, et chargé principalement de veiller à la juste répartition des tributs, de garder les registres publics, d'y inscrire les insinuations, les actes de naissance et les actes de décès. Le *défenseur* était choisi parmi les décurions.

DÉFENSIVE, IVE, fait pour la défense. Il se dit quelquefois substantivement, au féminin, de la disposition à se défendre, à ne faire simplement que se défendre.

DÉFENSIVEMENT, adv. (*néol.*), sur la défensive, en se défendant.

DÉFÉQUER (*chimie*), ôter les fèces, les impuretés d'une liqueur.

DÉFÉRANT, ANTE, qui défère, qui cède.

DÉFÉRENCE, condescendance.

DÉFÉRENT, adj. et s. m. (*astron.*), cercle imaginé par les anciens astronomes pour expliquer certaines inégalités des planètes. Le *déférent* portait l'épicycle de la planète ou la planète elle-même.

DÉFÉRENT (*anat.*). Il ne s'emploie que dans cette dénomination : *canal* ou *conduit déférent*, canal excréteur du sperme.

DÉFÉRER. C'est accuser, dénoncer. — DÉFÉRER LE SERMENT DÉCISOIRE. C'est déclarer qu'on s'en rapporte au serment de l'adversaire. — Le juge peut aussi déférer à l'une des parties le serment, ou pour en faire dépendre la décision de la cause, ou seulement pour déterminer le montant de la condamnation. Il ne peut déférer d'office le serment, soit sur sa demande, soit sur l'exception qui y est opposée, que sous les deux conditions suivantes; il faut : 1° que la demande ou l'exception ne soit pas pleinement justifiée; 2° qu'elle ne soit pas totalement dénuée de preuves. Hors ces deux cas, le juge doit ou adjuger ou rejeter purement et simplement la demande (*V.* Cod. civ., art. 1366, 1367, 1368 et 1369).

DÉFERLER (*marine*), déployer les voiles. On dit, par analogie, qu'*une lame déferle*, lorsqu'elle se déploie avec impétuosité et qu'elle se résout en écume.

DEFERMON DES CHAPELLIÈRES (LE COMTE JOSEPH), né à Rennes en 1756, acheta fort jeune une charge de procureur au parlement de Bretagne. Il embrassa avec modération les principes de la révolution, et fut envoyé aux Etats généraux comme député du tiers-état. Il s'occupa beaucoup dans cette assemblée des lois de finances et d'organisation judiciaire, et en fut nommé président le 19 juillet 1791. En septembre 1792, il fut député à la Convention, et en était président lors du jugement du roi, et vota pour le bannissement et non pour la mort. Le 18 juillet 1793, il fut lui-même accusé pour une lettre écrite aux citoyens d'Ille-et-Vilaine. Il s'échappa et se cacha jusqu'en décembre 1794, époque à laquelle il rentra à la Convention. Defermon fit ensuite partie du conseil des Cinq-Cents, en devint président en 1796, fut nommé secrétaire de la trésorerie, contribua à la révolution du 18 brumaire, et fut fait aussitôt conseiller d'Etat. On le nomma directeur-général de la liquidation de la dette publique le 14 juin 1802, et ministre d'État en 1807. En janvier 1811, il fut élu sénateur, et se retira après la déchéance de l'empereur. Pendant les Cent-Jours il revint aux affaires, fut banni en 1816, et, revenu en France en 1822, il mourut le 15 juillet 1831.

DÉFERRER, ôter le fer qui a été appliqué sur un objet quelconque, et, plus particulièrement, ôter le fer du pied d'un cheval, d'un mulet. Il signifie, figurément et familièrement, rendre muet, déconcerter, interdire. — DÉFERRER s'emploie aussi avec le pronom personnel, et alors il se dit principalement des fers d'un cheval, lorsqu'ils tombent, et de la ferrure d'un lacet, d'une aiguillette, lorsqu'elle vient à se détacher, à se défaire. Il se dit aussi, figurément, d'une personne qui se déconcerte, qui demeure interdite. — Pop. et fig., *être déferré d'un œil*, avoir un œil de moins.

DÉFET (*t. de librairie*). Il se dit des feuilles superflues et dépareillées d'un ouvrage, qui ne peuvent servir à former des exemplaires complets.

DÉFEUILLER, v. a. (*hort.*), enlever les feuilles d'un arbre.

DEFFAIS, s. m. pl. (*législ.*), pêcheries.

DEFFANT (MARIE DE VICHY-CHAMBONEL, MARQUISE DU), naquit en 1697, d'une famille noble de la province de Bourgogne. Elle fut mariée au marquis du Deffant, beaucoup plus âgé qu'elle, et avec lequel elle n'avait aucune conformité de goûts, d'inclinations et d'humeurs. Cette union ne fut pas heureuse et ne tarda pas à être suivie d'une séparation. La maison de madame du Deffant fut le rendez-vous de ce que Paris renfermait d'illustre parmi les Français et les étrangers. Madame du Deffant devint aveugle. Cette cruelle infirmité, qui, comme elle le dit énergiquement elle-même, « la plongeait dans un cachot éternel », contribua beaucoup à augmenter l'ennui dont elle était continuellement rongée. Elle connut, vers cette époque, M. Walpole, et eut avec ce seigneur anglais une correspondance à laquelle elle dut la plus grande partie de sa célébrité. Sa façon de penser sur les hommes et les choses de son temps est exprimée clairement et durement dans la correspondance. Les contemporains nous ont transmis plusieurs anecdotes qui accusent la froideur et l'insensibilité de son âme; mais il faut s'en défier comme de la plupart des anecdotes, et il serait aisé de citer plusieurs endroits de sa correspondance qui prouveraient qu'après avoir été sensible à l'amour dans sa jeunesse, elle n'avait pas été insensible à l'amitié dans un âge plus avancé. On a imprimé, à la suite de sa correspondance avec M. Walpole, ses lettres à Voltaire, qui, frappé de la justesse de ses observations et de ses jugements, l'avait appelée l'aveugle clairvoyante. Elle continua ce commerce de lettres avec Voltaire et avec M. Walpole jusque dans un âge très avancé, et les deux correspondances ne se ressentent, à aucune époque, ni de l'affaiblissement de l'esprit, ni des glaces de la vieillesse. Elle chercha sur la fin de sa vie des consolations dans la religion, et mourut âgée de quatre-vingt-quatre ans.

DEFFIANCE, s. f. (*hist.*), défi, provocation. Dans le langage féodal, tout gentilhomme qui en attaquait un autre sans lui avoir fait *deffiance*, soit par lettre, soit par messager, était regardé comme traître et félon; mais vingt-quatre heures après la deffiance il avait le droit de piller et de saccager les terres de son ennemi. — *Deffiance*, par extension, pillage, rapine, préjudice, en parlant des choses et des personnes. On disait aussi, dans l'une et l'autre signification, *deffaille*.

DEFFORGIA (*bot.*), nom sous lequel M. Lamarck désigne le genre de plantes nommé par Commerson *forgesia*, et consacré par lui à la mémoire de M. Desforges, gouverneur de l'île Bourbon à l'époque où ce naturaliste herborisait dans cette île. J. P.

DEFFYT (*ois.*), nom que donne Gesner à l'oiseau que Buffon nomme grinette, *gallinula nævia* de Latham et *fulica nævia* de Gmelin. J. P.

DÉFI, appel, provocation au combat et qui se fait, soit de vive voix, soit par écrit, soit par gestes. Il se dit, par extension, de toute sorte de provocation. — *Mettre quelqu'un au défi de faire quelque chose*, l'en défier, lui déclarer qu'on regarde comme impossible qu'il la fasse.

DÉFI (CARTEL DE) (*hist.*), sorte de manifeste par lequel on résiliait les engagements contractés. On envoyait un *cartel de défi* au peuple auquel on déclarait la guerre.

DÉFIANCE, soupçon, crainte d'être trompé, surpris. — Prov., *la défiance est mère de la sûreté*. Pour éviter d'être trompé, il faut ne pas donner légèrement sa confiance.

DÉFIANCE, se dit aussi du manque de confiance dans ses forces, dans ses talents, dans ses ressources, etc.

DÉFIANCE, s. f. Il se disait autrefois pour défi. (*V.* DEFFIANCE.)

DÉFIANT, ANTE, soupçonneux, qui craint toujours qu'on ne le trompe.

DÉFICIENT (*arith.*). Lorsque la somme des parties aliquotes d'un nombre est plus petite que ce nombre, on le nomme *déficient*, par opposition avec le nombre ABONDANT, dans lequel le contraire a lieu. 10, par exemple, est un nombre déficient, parce que la somme de ses parties aliquotes 1, 2, 5 est plus petite que ce nombre lui-même.

DÉFICIT. C'est un terme de finance qu'on emploie pour exprimer la situation d'un Etat dont le revenu ne suffit pas à ses dépenses.—Quelle que soit la cause du déficit, qu'il dérive, soit de la nature du pays qui l'assujétit à des dépenses supérieures à ses ressources, ce dont l'histoire moderne offre plus d'un exemple; soit de l'ambition ou des prodigalités du pouvoir qui semblent le caractériser et en être inséparables; soit des vices de l'administration contre lesquels on déclame sans cesse et auxquels on ne remédie jamais, on est également fondé à le regarder comme la source des plus grands désastres qui puissent affliger un pays. Il favorise les désordres des agents du pouvoir, élève le prix du matériel du service au delà du prix du marché, détruit le crédit, déconsidère le pouvoir, énerve son autorité au dedans, affaiblit sa puissance au dehors et exerce une influence funeste sur les destinées de l'Etat. —Sans doute on est parvenu par d'habiles mesures de finances à détourner de si déplorables calamités. On a, par l'accumulation du déficit, formé la dette publique; et si cette dette n'a pas payé le déficit, elle l'a du moins régularisé et rendu moins onéreux aux générations actuelles, en appelant à leurs secours les générations qui doivent leur succéder. Mais toutes ces combinaisons, loin de remédier au mal, n'ont fait que l'accroître, parce qu'elles n'ont servi qu'à grossir les dépenses; et si, malgré sa pesanteur, le fardeau est encore supporté, il peut, si l'on n'y prend garde, par la progression de la masse, écraser la civilisation dont il a été sans contredit le plus puissant levier. (*V.* DETTE PUBLIQUE.)

DÉFIEMENT, s. m. (*féod.*), déclaration de guerre, défi.

DÉFIER, provoquer quelqu'un au combat. Il se dit aussi de toute provocation qu'une personne adresse à une autre. Il signifie encore mettre quelqu'un à pis faire, lui déclarer qu'on ne le craint point.—Prov., *il ne faut jamais défier un fou*, se dit lorsque quelqu'un propose de faire quelque chose d'extravagant et qu'il demande si on l'en défie.

DÉFIER, signifie également déclarer que l'on regarde une certaine chose comme impossible à quelqu'un, malgré les efforts qu'il emploiera pour en venir à bout.

DÉFIER, signifie figurément, braver quelque chose de dangereux, s'y exposer hardiment, courageusement, lutter contre. On le dit quelquefois des choses dans un sens analogue.

DÉFIER, s'emploie aussi avec le pronom personnel, surtout dans les premiers sens. —Il signifie, en outre, être, se mettre, par défiance, en garde contre quelqu'un ou quelque chose. —*Se défier de soi-même, de ses forces, se défier de son esprit*, etc., avoir peu de confiance en soi-même, en ses propres forces, en sa capacité.

DÉFIER, avec le pronom personnel, signifie aussi se douter, prévoir.

DÉFIER, v. n. (*marine*). Il s'emploie à l'impératif dans les commandements qu'on adresse au timonier lorsqu'un bâtiment navigue au plus près. *Défie de l'arrière, défie du vent*, commandement de mettre la barre au vent; *défie tout*, ordre de faire agir vivement le gouvernail sous le plus grand angle possible, pour éviter que le vent ne masque les voiles.

DÉFIGURER, gâter la figure, le visage. Il signifie, dans une acception plus étendue, gâter la forme, la figure de quelque chose, la dénaturer. On l'emploie figurément dans ce dernier sens. Il s'emploie quelquefois avec le pronom personnel.

DÉFILAGE, s. m. (*technol.*), opération qui consiste à diviser et déchirer les chiffons dont on fait du papier.

DÉFILÉ, passage étroit où il ne peut passer que quelques personnes de front. Il s'emploie quelquefois figurément, et signifie situation dangereuse.

DÉFILÉ, s. m. *Défilé de Décime* (*géogr. et hist. anc.*), défilé situé à dix milles de Carthage; théâtre d'une victoire remportée par Bélisaire sur les Vandales en 553.

DÉFILÉ (*technol.*), se dit d'une masse de chiffons qui ont subi l'opération du défilage.

DÉFILEMENT (*fort.*). On appelle plan de défilement celui qui contient les crêtes intérieures d'un ouvrage de fortification. Après avoir fait le tracé d'un ouvrage ou d'un ensemble d'ouvrages, il faut déterminer le relief de ses différentes parties, c'est-à-dire les hauteurs dont elles doivent s'élever au-dessus du terrain sur lequel elles sont assises, pour abriter les défenseurs des vues de la campagne. Remplir ces conditions, c'est défiler un ouvrage. On y parvient en tenant les crêtes intérieures des différents ouvrages dans des plans laissant au-dessous d'eux tout le terrain environnant. La solution complète de ce problème étant une des parties les plus difficiles de la science de la fortification, nous allons en traiter avec quelques détails. La première opération à faire est de tracer les limites entre lesquelles sont compris les points d'où l'ennemi peut prendre des vues sur l'ouvrage et tirer des coups dangereux. L'expérience a fixé entre 1200 et 1400 mètres la distance au delà de laquelle les coups de l'ennemi ne sont plus à craindre. Si l'ouvrage à défiler est isolé, de tous ses saillants comme centre et avec un rayon égal à 1400 mètres, on décrit des arcs de cercle qui, par leurs rencontres, déterminent toute la partie du terrain dont on a à se défiler. Si l'ouvrage fait partie d'un système, alors des ouvrages environnants peuvent intercepter une partie des coups, et il faut déterminer avec soin la direction des coups extrêmes, puisque c'est elle qui fixera la limite du terrain dont on devra se défiler. Cette détermination, qui souvent offre de grandes difficultés, se fait ordinairement par tâtonnements; cependant on peut y arriver d'une manière rigoureuse. En effet, si, par le saillant de l'ouvrage à défiler et par la partie supérieure de l'ouvrage couvrant, on fait passer une surface conique, dont on cherchera l'intersection avec une surface parallèle au terrain et suffisamment élevée au-dessus de lui, tous les points compris entre cette intersection et l'obstacle, et qui, par conséquent, sont au-dessus du cône, ne peuvent diriger sur l'ouvrage que des coups interceptés. Alors la dernière direction des coups dangereux est la ligne extrême menée vers cette intersection dans sa partie comprise entre l'obstacle et l'arc de cercle tracé à 1400 mètres. — Ces différentes opérations préliminaires, pour la fixation des limites, présentant une foule de particularités, nous ne pouvons entrer dans les détails qui les concernent; seulement nous ferons observer que cette détermination étant ordinairement faite avant que le saillant de l'ouvrage à couvrir et même la crête couvrante soient définitivement arrêtés, il est nécessaire, après que le tracé et le relief sont fixés, de vérifier si ces limites sont bien telles qu'elles doivent être. — Afin de nous occuper d'abord des cas les plus simples, nous supposerons que l'ouvrage à défiler soit complètement tracé, et que le relief de ses crêtes intérieures soit fixé; que, de plus, il ne se compose que de deux faces formant un angle. Imaginons que le plan de ses deux crêtes intérieures soit indéfiniment plongé au-dessus de tout le terrain dont on a à se défiler, terrain que nous supposerons relevé de 1 mètre 40 centimètres, quantité dont le plan de défilement doit passer au-dessus de lui pour être au-dessus des ouvrages que peut construire l'assiégeant. Nous relèverons ainsi le terrain, en diminuant de 1 mètre 40 centimètres les côtés des courbes horizontales équidistantes qui servent à le déterminer. Ou ce plan laissera tout le terrain relevé au-dessous de lui, ou il le coupera. Dans le premier cas, le terre-plain de l'ouvrage, étant maintenu parallèle au plan des crêtes et à 2 mètres 50 centimètres au-dessous de lui, sera évidemment défilé. Dans le second cas, l'ouvrage ne sera pas défilé, puisque des parties du terrain relevé, situé au-dessus du plan des crêtes, l'ennemi plongerait dans l'ouvrage. Imaginons alors la crête d'une des faces de l'ouvrage indéfiniment prolongée, et trois cas pourront s'ensuivre: ou toute la partie du terrain située au-dessus du plan des crêtes sera en avant de cette droite, ou elle sera percée par elle, ou elle sera en arrière. — Examinons d'abord le premier cas. Si par cette crête prolongée on fait placer un plan tangent à la partie du terrain relevé située au-dessus des plans des crêtes, et qu'on lui tienne parallèle et à 2 mètres 50 centimètres au-dessous le plan du terre-plein, celui-ci sera défilé. Si la même circonstance se présente pour l'autre face, on la défilera de la même manière; alors les deux terre-plains se couperont suivant une droite passant par le saillant et formant gouttière. Si l'inclinaison des deux plans de défilement était très grande, les deux déblais à faire pour obtenir les terre-plains seraient très considérables; afin d'éviter ce grand remuement de terres, on ne prolonge pas les plans de terre-plain jusqu'à leur intersection. En effet, si on joint par des droites les deux points de tangence des plans de défilement et le saillant de l'ouvrage, ces deux droites, prolongées dans l'intérieur de l'ouvrage, comprendront entre elles un angle, dont l'intérieur ne pourra être vu, par-dessus le saillant, que de la portion de surface du terrain comprise entre les deux plans de défilement, partie qui est au-dessous des plans de défilement. Si donc par le saillant on imagine un cône tangent au terrain, la nappe dans l'intérieur de l'ouvrage se raccordera avec les deux plans de terre-plein, et on pourra, en satisfaisant aux conditions de défilement, tenir le terre-plain tangent à cette surface. Cette manière de défiler un ouvrage s'appelle *défilement par le terre-plain.* Si la crête intérieure prolongée fichait dans la partie du terrain relevé qui se trouve au-dessus du plan de crête, à moins qu'on n'élevât au saillant une bonnette ou massif de terre, moyen qui est toujours mauvais. — Si la crête prolongée laisse derrière elle une partie de terrain relevé, situé au-dessus du plan des crêtes, il faudra nécessairement élever dans l'ouvrage une traverse, car le plan tangent du terrain relevé, passant par la première crête, laissera au-dessous de lui la seconde, qui alors serait prise de revers. Cette traverse devra être assez élevée pour atteindre le plan tangent. Pour lui donner ce minimum de relief, il faudra le faire passer par le saillant; mais comme cette disposition est gênante pour la défense, il vaudra mieux la rapprocher de la seconde face, et lui donner un peu plus de relief. Si la seconde face de l'ouvrage se trouve dans le même cas, il faudra construire une seconde traverse pour empêcher la première face d'être prise de revers. Mais si on dirige une traverse suivant l'intersection des deux plans tangents passant par les crêtes, elle suffira; il arrivera souvent qu'on sera obligé de briser cette traverse, afin de baisser le saillant libre de manière à ce qu'on puisse y établir une batterie à barbette. D'autres fois il faudra nécessairement construire plusieurs traverses; ce sont là des cas particuliers qu'il est impossible de préciser à l'avance, et qui ne peuvent se déterminer que suivant les localités, et en combinant entre eux les éléments de la facilité de la défense, de l'abri qu'elles offrent et de la dépense qu'elles occasionnent. — Supposons maintenant que le tracé et la ligne de feux soient à peu près déterminés, mais que le relief ne le soit pas entièrement. Alors trois cas encore peuvent se présenter: 1° le relief est connu par deux points de l'ouvrage même, ou par deux points d'un ouvrage collatéral par lesquels le plan de défilement doit passer; 2° le plan de défilement n'est assujéti à passer que par un seul point; 3° le plan de défilement peut n'être assujéti qu'à donner un relief compris entre certaines limites. — Dans le premier cas, le plan de défilement étant déja assujéti à deux conditions, il suffit, pour le déterminer, de le rendre tangent au terrain relevé compris entre les lignes assignées précédemment. Quand il sera possible d'y satisfaire, ce problème n'offrira aucune difficulté, et la géométrie des échelles de pente fournira tout ce qui est nécessaire pour le résoudre. (*V.* ECHELLE DE PENTE.) Mais il arrivera souvent que les points culminants du terrain seront tellement élevés qu'on ne pourra, par la droite donnée, mener un plan qui les laisse tous au-dessous de lui; ou bien, cette condition étant remplie, le plan de défilement sera tellement raide qu'il donnerait au saillant un relief excessif, et à la gorge une hauteur qui ne serait pas suffisante. Dans ce cas, on prolongera les deux crêtes des faces à défiler, ce qui partagera le terrain en trois parties: les deux latérales et celle comprise entre ces deux droites. Si alors, par une des faces, on peut mener un plan tangent aux hauteurs latérales, on le considérera comme le plan des crêtes, et on défilera chaque face des hauteurs comprises dans l'angle des faces à l'aide de son terre-plain. Si la droite donnée coupait le terrain latéral relevé, il ne serait plus possible de défiler sans traverses; alors on emploierait un plan particulier pour chaque face, et ces plans de défilement ne seraient plus assujétis qu'à passer par un point déterminé, circonstance que nous allons examiner. — Si le plan de défilement était trop raide et que la raideur fût due aux hauteurs comprises dans l'angle des faces, on se défilerait des hauteurs latérales, ce qui diminuerait le relief du saillant, et on défilerait les faces par leur terre-plain. Afin de diminuer la raideur de celui-ci, au lieu de le tenir parallèle aux plans de défilement, on le ferait perdre vers les saillants, ce qui ne ferait qu'allonger les talus de banquette. — Si le plan de défilement n'est assujéti qu'à passer par un point déterminé, on pourra le rendre tangent au terrain relevé en deux points, ou bien en un seul point autour duquel on le fera tourner de manière à satisfaire le plus convenablement aux conditions exigées. — Examinons maintenant le cas où le tracé seul est donné, circonstance la plus ordinaire, car il est rare que les hauteurs des crêtes intérieures soient tellement fixées qu'il ne soit pas possible de les faire varier. On essaiera d'abord de déterminer un plan tangent au terrain dont on a à craindre. Si dans ce terrain il ne se trouve que deux points, on le fera monter ou descendre en le faisant tourner sur une surface développable, tangente au terrain, jusqu'à ce qu'il donne un relief convenable. D'autres fois on relèvera le plan au-dessus de l'un des points de contact, en l'assujétissant seulement à être tangent au terrain dans l'autre point. Alors on joindra par une droite le point de tangence et le point donné de l'ouvrage; et, les divisant de mètre en mètre, on aura les points par lesquels doivent passer les horizontales du plan cherché, horizontales que l'on devra diriger de manière à satisfaire aux conditions exigées. On arrivera ainsi, à l'aide de tâtonnements, à trouver le plan qui donne les reliefs les plus convenables. — Lorsqu'on a à défiler un ouvrage d'une certaine étendue, il est rarement avantageux de n'employer qu'un seul plan. Du reste, le nombre des plans de défilement auxquels on devra avoir recours ne peut pas se déterminer d'avance, et cette détermination doit résulter d'une étude approfondie du terrain qui environne la fortification que l'on doit défiler. — Indépendamment du défilement des ouvrages qui est indispensable pour que les défenseurs soient à couvert, l'ingénieur est encore astreint à la condition de défiler les maçonneries des vues de l'assiégeant. La distance de laquelle on doit se défiler est fixée à 800 mètres. Le problème ici se simplifie beaucoup, car au lieu d'une surface on n'a qu'une ligne à mettre à l'abri; trois cas sont encore à considérer: la hauteur de la maçonnerie peut être fixée, la hauteur de la crête de l'ouvrage couvrant étant indéterminée; la hauteur de la crête de la masse couvrant peut être donnée, celle de la maçonnerie étant arbitraire; enfin la hauteur de la crête de l'ouvrage couvrant et celle de la maçonnerie peuvent être indéterminées. — Dans le premier cas, on mène par la ligne terminant la maçonnerie un plan tangent aux hauteurs dont on a à craindre, et la crête de l'ouvrage couvrant ne doit pas être au-dessous de ce plan, ce qui fournit une condition de plus à considérer dans la détermination de cette crête. Dans le second cas, on fait passer le plan tangent par la crête de la masse couvrante, et la ligne suivant laquelle elle coupe le revêtement détermine la limite au delà de laquelle la maçonnerie ne doit point s'élever. Dans le troisième cas, enfin, une grande latitude est donnée, et alors ce n'est que par tâtonnement qu'on peut arriver à trouver le plan qui, avec un relief convenable pour la crête, donne pour la maçonnerie une hauteur satisfaisant aux autres conditions exigées pour un revêtement. — D'après cet exposé rapide des principaux moyens employés pour défiler les ouvrages de fortification, on doit être convaincu que le problème à résoudre renfermant en général plus de données qu'il n'est nécessaire, on ne peut arriver à sa solution que par un grand nombre de tâtonnements, ce qui nécessite des dessins longs et pénibles. Pour obvier à cet inconvénient, le colonel Bellonet a inventé la machine à défiler, que nous croyons devoir décrire pour compléter la théorie que nous avons présentée. — Sur un châssis composé de quatre règles en bois réunies par des boutons autour desquels elles peuvent tourner de manière à former un parallélogramme quelconque, sont fixés des fils équidistants, parallèles entre eux et à deux côtés du châssis. Découvrant plus ou moins le châssis, on fait varier l'écartement des fils sans que pour cela ils cessent d'être parallèles à leur première direction. Ces fils représentant les horizontales du plan déterminé par ce châssis, à mesure que leur écartement diminue, le plan qui les contient devient plus raide, et si on laisse un des fils invariables, alors le plan tourne autour de lui comme une charnière. Si, l'écartement des fils ne variant pas, on change leur direction, le plan alors restera également incliné. — Supposons maintenant qu'à l'aide de cette machine nous voulions défiler une face de bastion dont les côtés extrêmes de la crête intérieure sont 21 mètres 50 centimètres et 22 mètres 50 centimètres, afin d'avoir immédiatement le plan du terre-plain, nous abaisserons ces côtés de 2 mètres 50 centimètres, ce qui donnera 23 et 24 mètres pour les côtés extrêmes de la droite par laquelle devra passer le plan tangent au terrain environnant, que nous relèverons de 1 mètre 40 centimètres. Plaçant les fils cotés 23 et 24 sur la machine de manière qu'ils passent par les points de la crête qui ont même cote, nous examinerons si les horizontales du plan ainsi déterminé coupent ou laissent au-dessous d'elles les horizontales du terrain relevé qui ont même cote. Dans le second cas, le plan du châssis sera le plan de défilement; et, en menant une perpendiculaire à ses horizontales, on obtiendra immédiatement son échelle de pente. Dans le premier cas, on fera varier la distance entre les horizontales, en assujétissant toujours celles cotées 23 et 24 à passer par les points correspondants de la crête, de manière qu'elles laissent au-dessous d'elles les courbes du terrain ayant même coté. On arrivera ainsi, au bout d'un temps très court, à trouver la position indiquée par la figure, et en menant par le point coté 23 mètres ou 24 mètres, une perpendiculaire à la direction de ces horizontales, on aura l'échelle du plan de défilement cherché, qui ainsi se trouvera complétement déterminé.

DÉFILEMENT, s. m. (*art. milit.*), marche en colonne d'une troupe qui défile devant son chef (*V.* DÉFILER).

DÉFILER, ôter le fil, le cordon qui était passé dans quelque chose. Fig. : *défiler son chapelet*, réciter en détail et de suite tout ce qu'on sait sur une matière. Cela signifie aussi faire à quelqu'un tous les reproches qu'on croit avoir à lui faire. — DÉFILER s'emploie aussi avec le pronom personnel. Fig. et fam. : *le chapelet se défile*, il *commence à se défiler*, se dit quand quelques personnes d'une même famille, d'une même société, d'une même confédération, viennent successivement à manquer. En termes de fortification, *défiler un ouvrage*, le garantir d'enfilade, c'est-à-dire garantir son prolongement des feux qui en balaieraient les défenseurs.

DÉFILER, aller l'un après l'autre, en sorte qu'il y ait peu de personnes de front. Il ne se dit proprement qu'en parlant d'une marche de troupes. Il se dit aussi du mouvement qu'on fait faire à des troupes pour les voir plus en détail. Il se dit encore substantivement de l'action des troupes qui défilent. Dans ce sens, on écrit aussi *défilé*.

DÉFILER, v. a. (*technol.*). Il se dit chez les chandeliers pour lever les chandelles de dessus les broches quand elles sont finies.

DÉFINI, s. m. (*philol.*). Il se dit absolument des choses définies, par opposition à l'indéfini.

DÉFINIES (*étamines*) (*bot.*). On compte le nombre des étamines jusqu'à douze, elles sont définies ; passé ce nombre on ne les compte plus, elles sont indéfinies. J. P.

DÉFINIR, marquer, déterminer. Il se dit surtout en parlant du temps, du lieu qu'on fixe pour quelque chose. Il signifie aussi expliquer ce qu'est une chose, dire quels sont les attributs, les qualités qui la distinguent de toute autre. *Définir un mot, un terme, une expression*, dire ce qu'ils signifient, quel sens on y attache. Fig., *définir une personne*, la faire connaître par ses qualités bonnes ou mauvaises.

DÉFINIR, signifie encore, dans le style dogmatique, décider.

DÉFINISSABLE, adj. des 2 g. (*néol.*), que l'on peut définir.

DÉFINISSEUR, s. m. (*didact.*), celui qui définit, qui attache beaucoup d'importance aux définitions.

DÉFINITEUR. On appelle ainsi, dans quelques ordres religieux, celui qui est préposé pour assister le général ou le provincial dans l'administration des affaires de l'ordre.

DÉFINITEUR, *definitor*, terme usité dans quelques ordres religieux pour signifier l'assesseur ou conseiller d'un supérieur majeur. Il y a des ordres où les définiteurs n'ont lieu que pendant l'assemblée du chapitre général ou provincial, et d'autres pendant tout l'intervalle d'un chapitre à l'autre.

DÉFINITIF, IVE, qui termine une chose, une affaire, de manière qu'on n'y devra plus revenir. *En définitive*, dans le langage ordinaire, signifie en résultat.

DÉFINITIF. Par jugement *définitif* on entend celui qui décide entièrement de la contestation entre les parties. — Un *arrêt définitif*, une *sentence définitive*, sont opposés aux arrêts ou sentences préparatoires et interlocutoires qui ordonnent quelque chose pour l'instruction, ou en attendant le jugement du fond de la contestation. En *définitive* veut dire par jugement définitif.

DÉFINITION (*philos.*). *L'homme est une intelligence servie par des organes vivants* : cette proposition fait connaître l'homme par ce qu'il a de commun et de propre, ou par son *genre* et par sa *différence*. C'est là une définition. Dans cette proposition, le mot *intelligence* est le *genre*, et les mots *servie par des organes vivants* sont la *différence*. — Dans cette autre définition-ci : *L'homme est un animal raisonnable*, le *genre* c'est *animal*, et la *différence* c'est *raisonnable*. — La définition (*de finis, limite*), c'est donc une proposition qui dit ce qu'une chose est, moins ce qu'elle n'est pas, ou qui fixe les limites des choses pour donner des choses une vue claire et distincte. —En quoi la proposition diffère-t-elle d'une définition ? Dans la proposition, l'attribut exprime une qualité affirmée ou niée du sujet, et, dans la *définition*, l'attribut c'est le sujet lui-même exprimé en d'autres termes. — Outre l'avantage de rendre la science des choses plus claire et plus distincte, la définition a pour avantages : 1° de réduire toute la science de la chose à deux, à trois et à quatre mots. Le plus savant des hommes serait donc celui qui définirait le mieux toute chose, de manière qu'un dictionnaire encyclopédique bien fait deviendrait le premier des livres à cause des seules définitions. —La définition a son usage en littérature ; elle appartient au poëte et à l'orateur autant qu'au physicien et au philosophe. Lorsque Boileau disait :

> Je me ris d'un auteur qui, lent à s'exprimer,
> De ce qu'il veut d'abord ne sait pas m'informer,

il parlait évidemment de ceux qui ne savent point définir. La définition n'a pas sans doute la même forme en vers que dans des livres scientifiques, mais elle n'y est pas moins nécessaire. —Aussi, ce que des élèves ont le droit d'exiger avant tout d'un professeur de sciences ou de lettres, et ce que lui-même a le plus le droit d'exiger d'eux, c'est de savoir définir. Les mêmes exigences ont lieu de la part des jurisconsultes à l'égard des législateurs, et des magistrats à l'égard des avocats. En effet, il n'y a pas de science pratique possible sans des définitions parfaites. —Nous comparons celui qui traite un sujet de vive voix ou par écrit sans le définir ou en le définissant mal au géographe qui nous entretiendrait d'un pays sans nous en donner d'abord le nom et les limites véritables. — Que de difficultés qui ne sont interminables entre les savants que parce qu'ils ignorent l'art de définir, ou celui de s'en servir !

Locke rapporte qu'un jour, ayant rencontré deux médecins qui disputaient avec chaleur sur une humeur qui se forme entre la chair et les peaux, il les mit d'accord après leur avoir fait définir ce qu'ils entendaient par *humeur*. Ils virent qu'ils comprenaient la chose de la même manière et qu'ils n'étaient divisés que sur le sens non défini des mots. — Nous ajoutons une dernière observation en faveur des définitions. Tout le monde sait que le vrai des sciences, comme le beau des arts, se tire de la connaissance approfondie des choses mêmes, *ex visceribus rei*, selon le mot de Cicéron ; or qu'est-ce qui peut faire mieux connaître les choses au fond que la définition, et qui les imitera le mieux dans les arts que celui qui a su les mettre comme à nu devant ses yeux par une bonne définition ? Quelles sont les règles à suivre pour bien définir ? On en a donné plusieurs, telles que la clarté, la précision, la brièveté dont nous ne parlerons pas, parce qu'elles appartiennent à toutes les parties du discours. Les règles que nous donnons comme n'appartenant qu'à la définition sont celles-ci :

1° *Définir la chose par le genre le plus prochain et par la différence la plus propre*, c'est-à-dire, par ce qui la confond avec le moins de choses possible, et par ce qui la distingue de plus de choses possible. Si je dis, par exemple : *L'homme est un agent*, je dis ce qui est, mais je confonds l'homme non-seulement avec les intelligences pures et avec les animaux, mais encore avec tous les mobiles de la nature : ce serait donc un genre trop *éloigné* ou trop étendu. Pareillement, si je dis : *L'homme est un animal qui marche sur deux pieds*, je définis mal, parce que je ne le distingue pas de tous les animaux dont il se distingue cependant par la raison. La *différence* que j'indique ne serait donc pas *la plus propre*. Je définirai donc mieux l'homme en disant : *L'homme est un animal raisonnable*.

2e règle : *Ne pas définir ce qui est évident par soi*, car le but de la définition c'est de rendre clair ce qui est obscur. Pascal insiste d'autant plus sur cette règle qu'on obscurcit la chose en employant trop de mots, moins clairs le plus souvent que celui de la chose même. Aussi Boileau a dit avec juste raison :

> Tout ce qu'on dit de trop est fade et rebutant,
> L'esprit rassasié le rejette à l'instant.

Un ancien philosophe haïssait tellement le *trop* qu'il faisait consister toute la sagesse dans ces deux mots : Rien de trop, *ne quid nimis*.

3e règle : *Que la définition convienne à toute la chose définie et ne convienne qu'à elle seule, toti et soli.* Si je dis, par exemple, avec les anciens : *Un roi c'est un tyran*, c'est une définition fausse que je donne, parce que tous les rois ne sont pas tyrans et qu'il y a des tyrans qui ne sont pas rois. Elle ne convient ni à toute la chose ni à la seule chose définie.

4e règle : Tirer la définition autant que possible du sens radical des mots, d'autant plus que les mots expriment le plus ordinairement par eux les fins naturelles des choses, comme on le voit par les mots *définition, politique*. On est d'ailleurs plus clair en parlant la langue comme le grand nombre, et plus vrai en suivant la raison commune sur les choses. La meilleure définition de la définition était donc de la tirer du mot *finis* comme nous l'avons fait.

5e règle : *Définir les choses au moins par un genre et par trois différences au plus.* — Il y a plusieurs *genres* ou principes dans chaque chose, mais il y en a un qui domine tous les autres et qu'il faut savoir distinguer et exprimer.—Quant aux *différences* qui distinguent le mieux le genre de la chose, elles dépendent ou des actes, ou des fins, ou des réalités, et des trois choses à la fois.

Exemple : *L'homme est une intelligence servie par un corps qui végète et qui se meut*; il n'y a là qu'un seul *genre* qui est d'être *une intelligence*, mais trois *différences* qui sont *corps*, *plante* et *suppôt* ou *agent*. Cette manière de définir est la plus parfaite sans doute, parce qu'elle nous donne l'idée la plus scientifique de la chose. — Combien de sortes de définitions distingue-t-on ? —On distingue : 1° des définitions *explicatives* qui se placent au commencement du discours, et des définitions explicites qui se placent à la fin du discours. — Les premières dépendent du sens des mots et des idées communes sur les choses; et les secondes, de la science acquise et développée par le discours. —C'est pour n'avoir pas distingué ces deux sortes de définitions que Laromiguière a enseigné qu'on ne devait définir la philosophie qu'à la fin du discours. Mais il y a une définition tirée du mot et du sens commun des choses, qui peut et doit être mise en tête même du discours.

2° On a distingué des définitions *de choses* et des définitions *de mots*, ou des définitions qui font connaître les choses par l'idée des choses, ou par le sens grammatical des mots.

3° Des définitions *logiques*, dont nous venons de donner les règles dans ce chapitre, et des définitions *littéraires* qui ne font que développer les définitions *logiques* en les embellissant. —On pourrait encore, et plus scientifiquement, diviser les définitions de cette manière-ci :

1° Définition *réelle*, ou de la chose en soi, comme si je dis : *Un cercle est une ligne en rond.*

2° Définition idéale ou de la chose en image et dans son signe, comme si je dis : *Le cercle* (*de circum ire*), *c'est une ligne qui tourne autour d'un centre commun*; ou lorsque Pascal disait : *Le monde c'est une sphère dont le centre est partout et la circonférence nulle part*; ou bien un sourd-muet : *Le temps c'est un torrent qui va se perdre dans l'Océan, et l'éternité, c'est l'Océan lui-même*; ou : *La reconnaissance c'est la mémoire du cœur.*

3° Définition *historique* ou pratique, ou de la chose en acte, comme : *Le cercle c'est la figure que l'on trace en faisant tourner une branche de compas sur l'autre fixée à un point.*

4° Définition *logique* ou de la chose par son genre et par ses différences, comme : *Le cercle*, pris dans le sens ordinaire du mot, *est une circonférence dont les points sont également éloignés d'un même point appelé centre.*

5° Enfin définition scientifique, ou systématique, ou complète de la chose par son premier principe et par ses trois différences les plus essentielles, c'est-à-dire par ce qui fait son unité et sa variété, ou la beauté et perfection de son être. —Ce dernier genre de définitions se présente dans les livres plus souvent qu'on ne pense, et jusque dans l'adresse mise sur une lettre. En effet, qu'est-ce que le nom et le prénom, si ce n'est *le genre le plus prochain*, et qu'est-ce que l'état, la ville et la maison de celui à qui s'adresse la lettre, sinon les différences les plus propres à le faire distinguer de tout autre ?

J'ouvre une géographie et je lis : — Avignon, chef-lieu du département de Vaucluse; — où résident les principaux chefs de l'administration départementale; — renommée pour le commerce des soieries et des garances; — bâtie dans une plaine fertile, au pied d'un rocher et sur les bords du Rhône, etc. — Evidemment c'est là une définition scientifique par le *genre le plus prochain* et par les *différences les plus propres*, et qui procède *à priori* ou *à posteriori* selon les cas. — Il est une dernière distinction ou division à faire sur les définitions, c'est qu'elles sont *synthétiques* ou *analytiques*. — Par exemple : Si, voyageant en pays étranger, je rencontrais un personnage français qui me serait connu, je disais : Ce personnage que vous voyez au balcon de cette maison, tel numéro, telle rue, est ministre d'État de France, *c'est un Montmorency, Matthieu*, je définirais tout autrement que si j'écrivais : *à Matthieu de Montmorency, ministre d'Etat de France, ambassadeur à Rome*, rue de Saint-Pierre, n° 5. —Dans le premier cas, j'ai défini en commençant par les *différences*; et dans le second cas, par *le genre*. — Donc : 1° le genre le plus prochain, ou le principe premier avec ce qui le détermine le mieux;

2° L'état constitutif de la chose ou de la personne ;

3° Ses rapports ou ses fins ;

4° Ses réalités, ou son être sensible, visible.—C'est là tout ce qu'on doit s'attacher à faire voir clairement et distinctement pour définir les choses avec perfection. LL.....

DÉFINITION, s. f. (*hist. eccl.*). Il s'est dit pour profession, exposition, *définition de foi.*

DÉFINITIVEMENT, d'une manière définitive. Il signifie aussi par jugement définitif.

DÉFINITOIRE, s. m. (*hist. eccl.*). Il se dit, dans quelques ordres religieux, du lieu où s'assemblent les principaux officiers du chapitre. Il se dit aussi de l'assemblée même de ces officiers.

DÉFLAGRATION (*t. de chimie*), opération par laquelle un corps est brûlé avec flamme.

DÉFLAGRATEUR, s. m. (*phys.*), appareil électrique avec lequel on produit des effets surprenants de combustion.

DÉFLÉCHI, IE, adj., qui a changé de direction, qui est détourné de sa direction naturelle. On lit dans J.-J. Rousseau : *Les passions haineuses ne sont que des passions secondaires et défléchies.*

DÉFLÉCHI (*bot.*), se dit des parties qui après s'être élevées un peu retombent en décrivant un arc.

DÉFLEGMATION (*t. de chimie*), action d'enlever à des liquides spiritueux l'eau qu'ils contiennent.

DÉFLEGMER (*t. de chimie*), enlever la partie aqueuse d'une substance.

DÉFLEURAISON (*bot.*). Dès que l'ovaire est fécondé, ou que le fruit est formé, la corolle se flétrit; les anthères, leurs filets, les stigmates et leurs styles se dessèchent pour que toute la puissance végétale se concentre sur lui. Dans quelques espèces, la corolle persiste quelque temps pour abriter le fruit, mais décrépite et décolorée; le calice persiste aussi lorsqu'il doit accompagner le fruit jusqu'au moment de la dissémination, comme dans la bourrache, la sauge, le chanvre, etc., où qu'il doit faire partie du fruit, comme dans la poire, la pomme, la grenade, la nèfle: ce sont ses divisions supérieures qui dans ces fruits constituent la petite couronne qu'on voit à leur sommet. On peut aller contre cette loi de la nature et prolonger la durée des fleurs en empêchant la fécondation, ce que l'on fait en éloignant les fleurs mâles des fleurs femelles, dans les plantes dioïques. J. P.

DÉFLEURIR. Il se dit des arbres, des arbrisseaux qui viennent à perdre leurs fleurs. Il est aussi verbe actif, et signifie faire tomber la fleur qui était aux arbres. Il signifie encore ôter le velouté de certains fruits en les touchant.

DEFLEXION, s. f. (*physique*), changement de direction.

DÉFLORATION. C'est l'action par laquelle on prive une fille de sa virginité. Lorsqu'il y a violence, le crime prend le nom de *viol*; il est alors passible des peines portées par le Cod. pén., art. 331 et suiv. — Lorsque la défloraison s'exerce envers une fille formée et sans violence, on l'appelle alors *fornication* (*V.* ce mot).

DÉFLOREMENT, s. m. (*hist.*), action de déflorer et résultat de cette action. — DROIT DE DÉFLOREMENT, droit de déflorer les nouvelles mariées dont jouissait le seigneur du fief; le droit de déflorement fut converti en prestation pécuniaire au XIVe siècle dans la plupart des provinces, et définitivement aboli dans la fameuse séance de l'assemblée constituante du 4 avril 1789.

DÉFLORER, ôter la fleur de la virginité. Fig., *déflorer un sujet*, ôter à un sujet ce qu'il a de neuf et de piquant, soit en le traitant mal, soit en le traitant d'une manière agréable, mais sans lui donner les développements qu'il importe.

DÉFLUER, v. a. (*v. lang.*), couler, découler, s'affaiblir. — DÉFUER (*astron.*), se dit d'une planète qui après avoir passé à la conjonction d'une autre planète, continue à s'en éloigner.

DÉFOE (DANIEL) (*V.* FOE).

DÉFONÇAGE, s. m. (*agricult.*), action de défoncer un terrain.

DÉFONCEMENT (*agricult.*). On donne le nom de *défoncement* aux labours à la bêche et généralement à toute opération qui ameublit le sol de douze à quinze pouces de profondeur. On peut donc défoncer un terrain à la *charrue*, à la *bêche* ou à la *pioche*. Toutes les fois que le sol est profond, il y a de l'avantage à le défoncer; s'il n'est composé que de terre végétale, cette opération ramène à la surface une terre neuve, et qui ne demande pour être très fertile que d'être fécondée par les impressions de l'air. Si la terre est argileuse, un défoncement profond la divise, la rend perméable et favorise la végétation des plantes. Enfin un défoncement est encore utile dans les terrains composés de couches minces de différente nature, si une couche argileuse r epose sur le tuf ou sur la marne, dût-on aller chercher ces dernières couches à une profondeur de deux à trois pieds. En pareil cas, un défoncement suffit quelquefois pour opérer le dessèchement des terrains de cette nature lorsque l'humidité est occasionnée par le défaut de perméabilité des couches supérieures. Les défoncements, au contraire, ne peuvent qu'être nuisibles dans les terrains légers, calcaires ou sablonneux, peu couverts de terre végétale et qui ne reposent pas sur une couche argileuse; en effet, cette opération, soulevant les couches inférieures, les mêle avec la couche végétale et achève de la rendre improductive. Le défoncement des terres incultes est souvent le meilleur moyen de défrichement qu'on puisse employer (*V.* DÉFRICHEMENT). Pour défoncer la terre à la charrue, on peut ou se servir d'une charrue tirée par un fort attelage, ou faire passer la charrue ordinaire deux fois dans le même sillon. Dans la Flandre, on ouvre la terre au moyen de la charrue, et l'on achève d'approfondir le sol avec la bêche. Dans les terres légères et meubles, le défoncement de la bêche est suffisant. Dans les sols pierreux, on défonce à la pioche; mais le défoncement doit se faire à ciel ouvert, c'est-à-dire en laissant toujours devant soi une tranchée ouverte. On doit éviter de faire des plantations dans un terrain nouvellement défoncé, et il convient d'attendre à cet égard qu'une année ait laissé à la terre le temps de se tasser.

DEFORIS (JEAN-PIERRE), né à Montbrison en 1732, entra à l'âge de 20 ans dans la savante congrégation de Saint-Maur. Il se livra à la défense de la religion contre les incrédules, et composa dans ce but une série d'ouvrages qui commence par une réfutation de l'Emile de J.-J. Ces ouvrages sont en général écrits avec autant de force que de clarté. Les grandes vérités de la religion y sont bien prouvées. Après la mort de l'abbé Lequeux, Déforis fut chargé de continuer une nouvelle édition des OEuvres de Bossuet, commencée par cet abbé. La révolution l'empêcha de mettre fin à cet ouvrage. Il fut traduit devant le comité révolutionnaire de sa section et condamné à mort. Le 25 juin 1794, il monta sur la fatale charette. Arrivé au pied de l'échafaud, il demanda et obtint la permission d'être exécuté le dernier, afin de pouvoir exhorter toutes les victimes qui devaient être sacrifiées avec lui.

DÉFONCER, v. a. (*marine*). Il se dit de l'action d'un vent violent qui fait crever le fond d'une voile.

DÉFONCER, ôter, enlever le fond. Il se dit sourtout en parlant de futailles, de tonneaux, etc., dont on ôte les douves qui servent de fond. En termes d'agriculture, *défoncer un terrain*, le fouiller à la profondeur de deux ou trois pieds, en ôter les pierres, les gravois, et, à la place, mettre du fumier ou de la terre nouvelle. *Défoncer un cuir de vache*, le fouler avec les pieds après l'avoir mouillé. *Chemin défoncé*, chemin rompu, dégradé, effondré.

DÉFORMATION (*t. de médecine*), altération de la forme de quelque partie du corps.

DÉFORMER, gâter, altérer la forme d'une chose. Il s'emploie aussi avec le pronom personnel.

DEFORS, adv. de lieu (*v. lang.*), dehors.

DÉFOUETTER, v. a. (*technol.*). Il se dit chez les relieurs et signifie ôter la ficelle dont on s'est servi pour serrer un livre et pour en marquer proprement les nerfs.

DÉFOURNEMENT s. m. (*technol.*), action de défourner, de tirer du four.

DÉFOURNER, tirer d'un four.

DÉFOURNER, v. n. (*jeux*). Il se disait autrefois, au billard, quand on faisait entrer sa bille dans la passe par l'endroit opposé à celui de la sonnette, après qu'elle y avait déjà passé directement.

DÉFOURRER, v. a. (*v. lang.*), ôter la fourrure, dépouiller. — DÉFOURRER (*marine*), ôter la fourrure d'une manœuvre dormante. — DÉFOURRER (*technol.*), se dit chez les batteurs d'or, pour retirer les couches ou feuillets de vélin de leur enveloppe.

DÉFRAI, s. m. Il se dit quelquefois familièrement de l'action de défrayer; du paiement des dépenses d'une maison.

DEFRANCE (JEAN-CLAUDE), médecin, né à Vassy en 1743, député à la Convention en septembre 1792. Il vota pour la détention du roi pendant la guerre et le bannissement à la paix. Il fut député au conseil des Cinq-Cents en 1795. Membre du Corps-Législatif après le 18 brumaire, il en sortit en 1803, et obtint en 1806 la place de directeur des postes à Nantes; comme il s'y rendait, la diligence versa et il mourut des suites de cet accident le 6 janvier 1807.

DEFRANCE (CLAUDE-JEANNE-CHOMPRÉ), femme du précédent, était fille de l'auteur du Dictionnaire abrégé de mythologie, et s'occupa de poésie. Elle a laissé quelques pièces en vers.

DEFRANCE (le comte JEAN-MARIE-ANTOINE), général français, fils des précédents, naquit à Vassy le 21 septembre 1771, prit la profession des armes, s'engagea à Saint-Domingue, pendant ses voyages, dans les dragons du Cap, et, de retour en France en 1792, il fut fait sous-lieutenant de cavalerie dans le régiment de Royal-Etranger. Il servit successivement dans les armées du Nord, des Ardennes, de Sambre-et-Meuse, de l'intérieur et de l'Helvétie. En 1799, il fut nommé colonel du 11e chasseurs, et passa l'année suivante au 12e avec le même grade. Il se distingua alors en Allemagne et en Italie; nommé général de brigade par Napoléon, il fit avec honneur les campagnes d'Autriche et de Prusse, se fit remarquer à Wagram et fut nommé général de division en 1811. En 1812, il suivit l'empereur en Russie, et se signala, lors de la campagne de France, au combat de Montmirail. Après la Restauration, il fut nommé comte et inspecteur général de la cavalerie; il conserva ce poste pendant les Cent-Jours, le reprit en 1816 après l'avoir perdu un instant. Il mourut à Epinay en 1835.

DÉFRANCISER, v. a. (*néol.*), faire perdre les mœurs, la langue, les opinions françaises.

DÉFRAUDATION, s. f., action de tromper, de dépouiller. Ce mot a été employé par le grand Frédéric (*V.* FRAUDE).

DÉFRAYER, payer la dépense de quelqu'un. Fig. et fam., *défrayer la compagnie*, l'entretenir, l'amuser; ou faire rire la compagnie à ses dépens, lui servir de risée.

DÉFRAYEUR, s. m. Il se dit quelquefois de celui qui défraie, qui paie la dépense des autres.

DÉFRICHAGE, s. m. (*agricult.*), action de défricher un terrain.

DÉFRICHEMENT (*agricult.*). C'est la mise en valeur des terres en friches ou incultes; c'est aussi le déboisement des taillis pour y substituer la culture des céréales. — Après les résultats fâcheux qu'a produits le défrichement des terrains en pente, l'entraînement de la terre végétale, la mise à nu des rochers, la disposition des sources qui arrosaient les vallées, la stérilité des coteaux, il convient d'apporter la plus grande réserve et le plus grand discernement dans l'étude des sols qu'on se propose de défricher. Ainsi, tel terrain qui manque de profondeur et repose sur la pierre, telle nature de terre que les labours appauvriraient plutôt qu'ils ne pourraient les amender, ne doivent pas être défrichés s'ils sont couverts de bois ou même de broussailles ou de genêts; ces plantes y entretiennent l'humidité et augmentent la masse de terre productive par l'accumulation des détritus végétaux et la décomposition annuelle des feuilles et des parties ligneuses. Enfin dans le défrichement des coteaux, soit pour les mettre en pâturage, soit pour les planter en vignes, il est indispensable de conserver des lignes et des bouquets de bois pour y entretenir l'humidité, et d'y adapter un mode de labourage et de culture propre à retenir les terres et à en prévenir le dessèchement. — Examinons rapidement les divers moyens de mettre en culture les terres en friche.

Écobuage. Pratique avantageuse dans les terres où la combustion du gazon peut produire une quantité notable de cendres (*V.* ÉCOBUAGE).

Défoncement. Il se fait à la bêche ou à la pioche: à la bêche dans les terres argileuses ou dans celles qui ont de la profondeur, et à la pioche dans les sols pierreux ou crétacés. Dans ce cas, si la superficie n'a pas été écobuée, on enterre le gazon au fond de la tranchée, et l'on rejette les pierres à la surface où on les met en tas pour les lever en temps de gelée ou dans les sols humides les employer à la confection des saignées couvertes (*V.* DESSÈCHEMENT, SAIGNÉE). Les terrains ainsi défoncés à quatorze ou quinze pouces de profondeur ne demandent que des endroits appropriés à leur nature.

Labours profonds à la charrue. On se sert de la charrue dans les terres argileuses qui sont couvertes de bruyère, de mousse, de genêt, etc. On emploie à cet usage de fortes charrues tirées par un attelage de quatre à six chevaux et même davantage. On doit avoir soin de renverser la tranche afin de faire pourrir le gazon. Sir John Sinclair cite à cet égard l'exemple de M. Barclay d'Ury; ce propriétaire employait une charrue tirée par six ou huit chevaux très vigoureux. Malgré les obstacles, elle pénétrait de seize à dix-sept pouces de profondeur; et, après qu'on eut enlevé les pierres amenées à la surface par trois labours successifs, la terre devint propre à toute espèce de culture.

Élévation des terrains. Cette méthode, qui consiste à exhausser le sol en le recouvrant de terre à une épaisseur plus ou moins considérable, a été mise en usage dans quelques parties de l'Angleterre, là où l'on a pu se procurer des terres facilement; ainsi, dans le voisinage des excavations, des carrières et des mines, sur une surface tourbeuse, sur un terrain marécageux où la stagnation des eaux n'est due qu'au manque de pente et d'élévation, on peut essayer de porter des décombres de toute nature, des terres de déblais, soit calcaires, soit sablonneuses, etc. Dans les sols sablonneux, sur les bruyères, dans les landes, il est avantageux de répandre de l'argile et de la marne, et le plus souvent il suffit d'excaver le terrain à une certaine profondeur pour y trouver ces substances en grande abondance. — On cite un fait fort curieux de la mise en valeur d'un terrain tourbeux; mais il serait inutile de le proposer pour exemple. Dans un terrain où la tourbe avait une épaisseur moyenne de sept pieds, lord Komes fit disposer des machines propres à y amener l'eau en grande quantité et à y former un courant. La tourbe molle et superficielle fut d'abord délayée; la tourbe solide éprouva ensuite le même sort; et toute la couche fut successivement soulevée, délayée et transportée par l'eau dans une rivière voisine et de là dans la mer. Par ce moyen dix mille acres anglais reposant sur une terre d'alluvion furent mis à nu, et ce canton, qui naguère, raconte sir John Sinclair, n'entretenait que des oiseaux aquatiques, nourrit aujourd'hui 900 habitants et se couvre annuellement d'abondantes récoltes. — Un accident se reproduit fréquemment dans les terres nouvellement mises en culture et qui reposent sur des couches tourbeuses ou molles: c'est le tassement irrégulier du sol et par suite le crevassement de la surface. Un des moyens les plus simples de prévenir cet inconvénient est d'y faire passer le rouleau à plusieurs reprises. Le rouleau qu'il convient d'employer à cet usage ne doit être ni trop lourd, ni d'un petit diamètre, parce que si sa pression ne s'opérait que sur un espace peu étendu, la terre céderait trop facilement en avant et en arrière du rouleau, et le terrain, au lieu de s'égaliser, présenterait après le roulage une suite d'ondulations plus ou moins profondes, suivant la pesanteur de l'instrument. Un rouleau de bois de trois à quatre pieds de diamètre et disposé de manière à être tiré par trois ou quatre hommes, est ce qui convient le mieux. Lorsqu'on emploie des chevaux à cet usage, il est presque toujours indispensable de leur mettre des patins pour les empêcher de foncer le sol. — Mais il ne suffit pas de labourer le sol pour le rendre propre à la culture, il faut encore qu'il soit amendé et engraissé convenablement, c'est-à-dire suivant la nature du terrain. Les engrais animaux sont ceux qui produisent le plus d'effets, mais on n'emploie pas assez généralement à cet usage les amendements calcaires dont l'influence durable favorise la végétation des prairies artificielles et des pâtures permanentes. — La chaux est indispensable dans les tourbes; c'est le seul moyen de hâter la décomposition des substances végétales qui les constituent et de les convertir en humus. L'emploi de la marne peut conduire au même résultat; mais comme il en faut une quantité beaucoup plus considérable, il n'y a profit à se servir de marne qu'autant qu'on la trouve sur le lieu même et qu'on n'a pas à payer de frais de transport. Autrement le moindre prix de cette substance serait plus que compensé par ces derniers frais. On emploie avec succès la méthode suivante pour féconder les tourbes: après avoir ouvert des fossés d'écoulement à l'automne, on relève la tourbe en billons de sept à huit mètres de largeur, et on y répand de la chaux en grande abondance. Au printemps suivant on laboure le sol, on reforme les billons, on rétablit les sillons d'écoulement et l'on y sème de l'avoine. Les pommes de terre y réussissent encore mieux, mais elles exigent du fumier long. Les récoltes enterrées en vert fournissent encore un excellent moyen de féconder le sol, et généralement il serait avantageux de sacrifier à cet usage les deux premières années, c'est-à-dire les trois ou quatre récoltes qui suivent les défrichements. — Dans quelques cantons, on est dans l'usage de semer du froment sur les terres défrichées, et cette culture réussit dans quelques terrains; mais le moindre inconvénient de cette céréale est de pousser en paille et de donner un grain de peu de qualité; en outre, tirant toute sa nourriture du sol, elle commence à l'épuiser avant qu'il ait acquis toute sa fécondité. L'avoine est moins épuisante et peut donner successivement plusieurs récoltes abondantes; mais les turneps, les pommes de terre et autres légumineuses conviennent beaucoup mieux; elles se nourrissent plus dans l'air que dans la terre, et, par les nombreuses façons qu'elles exigent, elles contribuent à l'ameublissement du sol, point essentiel pour un sol neuf qui a besoin surtout de se charger du carbone et des autres principes constituants de l'air.— Au surplus, il est presque toujours avantageux après quelques récoltes ameublissantes de convertir les terres défrichées en pâturages artificiels que l'on ne fauche pas et que l'on doit faire durer aussi longtemps que possible. C'est là la véritable base d'un système d'amélioration durable dans les défrichements sur landes ou sur bruyère; dans les fonds tourbeux ou marécageux et en général humides, la plantation en essence de saule, de peuplier, d'aune, et autres qui ne craignent pas le voisinage de l'eau, est souvent le meilleur et le seul mode de culture à employer, surtout si le sous-sol mouvant par sa nature ou par la présence de l'eau a besoin d'être fixé, ce que les racines des arbres contribuent puissamment à faire. On a vu des oseraies réussir très bien dans des terrains de cette sorte et y rapporter des produits très considérables. — Enfin, nous rappellerons encore ce mode de défrichement, le plus avantageux et peut-être le seul praticable dans les terres en friche d'une grande étendue, qui manquent de profondeur: c'est d'y établir des familles de colons et d'assigner à chacune, moyennant une légère redevance annuelle, une certaine étendue de terrain proportionnée à ses ressources et au nombre des membres qui la composent. Le pas du maître engraisse la terre, a dit Columelle; c'est ici surtout que cette réflexion est juste; le cultivateur qui habite au milieu d'un champ stérile, le fertilise bientôt, et, du carré de terre où il fait venir les légumes nécessaires à la nourriture de sa femme et de ses enfants, la fécondité gagne de proche en proche, le nombre de ses bestiaux s'augmente avec les moyens de les nourrir, et l'augmentation d'engrais qui en résulte est un nouveau germe de prospérité. C'est là le secret de la petite culture qui n'ensemence que ce qu'elle peut féconder.

DÉFRICHER. Il se dit en parlant d'une terre inculte dont on arrache les mauvaises herbes, les arbres, les broussailles, les épines, pour la cultiver ensuite. Il se dit figurément, en parlant des choses que l'on commence à cultiver, à polir par l'étude. Il signifie aussi familièrement, éclaircir, démêler une chose difficile et embrouillée. Ce sens est peu usité.

DÉFRICHEUR, celui qui défriche.

DÉFRISEMENT, s. m., action de défriser; état de ce qui est défrisé.

DÉFRISER, défaire la frisure. Il s'emploie avec le pronom personnel.

DÉFRISER, v. a. Il se dit populairement et figurément dans le sens de désappointer, déconcerter.

DÉFRONCEMENT, s. m., action de défroncer, état de ce qui est froncé.

DÉFRONCER, déplisser, ôter, défaire les plis d'une étoffe ou d'une toile froncée; fig., *défroncer le sourcil,* se dérider le front, prendre un air serein.

DÉFROQUE, le petit mobilier et l'argent qu'un religieux laisse en mourant. Il se dit, par extension et familièrement, des biens meubles de tout autre particulier, lorsque quelqu'un en profite sans que ce soit par succession. Il se dit aussi des vêtements qu'on ne porte plus.

DÉFROQUER, ôter le froc à quelqu'un. Il ne se dit guère qu'en mauvaise part, en parlant d'un religieux qui a quitté ou qui veut quitter l'habit de moine et l'état monastique pour prendre un autre état. Il s'emploie aussi avec le pronom personnel. Il est familier.

DÉFRUCTU, s. m. Il se disait familièrement à la fin du siècle dernier pour signifier la menue dépense que fait, en pain, salade, fruit, dessert, celui qui prête sa table pour un repas où chacun apporte son plat.

DEFRUTUM, s. m. (*pharm.*), suc végétal amené à la consistance du miel par l'évaporation.

DEFTERDAR-EFFENDI, s. m. (*hist. ott.*), titre du ministre des finances dans l'empire ottoman. En persan, *defterdar* signifie *teneur de registre.*

DEFTERDARIE, s. f. (*hist. ott.*), le département du ministre des finances dans l'empire turc.

DEFTÈR-EMINI, s. m. (*hist. ott.*), titre du conservateur des archives impériales.

DÉFUBLER, v. a. Il se dit quelquefois pour dégager de ce qui enveloppe, dépouiller.

DÉFUNER, v. a. (*marine*), dégarnir un mât de ses cordages.

DÉFUNT, UNTE, qui est mort. Il n'est guère usité que dans quelques locutions. Il s'emploie plus ordinairement comme substantif.

DÉGABER, v. a. (*v. lang.*), jouer, se moquer.

DÉGAGEMENT, action de dégager, de se dégager, ou l'effet, le résultat de cette action. Il se dit dans plusieurs des sens du verbe. Il se dit particulièrement, en termes d'escrime, de l'action de dégager le fer.

DÉGAGEMENT, en architecture. Partie d'un appartement servant de passage dérobé.

DÉGAGEMENT, s. m. (*danse*), action de tirer un pied engagé derrière l'autre pour le faire passer devant ou à côté.

DÉGAGEMENT (*archit.*), sorte de moulure qui forme des grains d'orge détachés.

DÉGAGER, retirer ce qui était engagé, ce qui avait été donné en hypothèque, en nantissement, en gage. Figur., *dégager sa parole*, retirer une parole donnée sous des conditions qui n'ont pu être remplies. Il signifie aussi : tenir à sa parole, dégager sa parole. *Dégager quelqu'un de sa parole, de sa promesse, d'une responsabilité*, etc., lui rendre sa parole, ne pas exiger qu'il tienne sa promesse, l'affranchir de la responsabilité à laquelle il était tenu. *Dégager un soldat*, obtenir son congé. Figur., *dégager son cœur*, rompre un engagement d'amour ou de galanterie.

DÉGAGER, signifie en outre : faire qu'une chose ne soit plus embarrassée, obstruée, etc. : *dégager la tête, dégager la poitrine*, rendre la poitrine, rendre la tête plus libre, la débarrasser, la soulager de ce qui peut l'incommoder.

DÉGAGER, se dit souvent, au figuré, dans le sens qui précède.

DÉGAGER, signifie encore : débarrasser quelqu'un en le retirant d'un lieu où il se trouvait engagé, en le délivrant de ce qui le tenait embarrassé. En termes d'escrime, *dégager le fer*, ou simplement *dégager*, faire un mouvement par lequel on détache son épée de celle de l'adversaire. *Dégager un appartement*, y pratiquer un ou plusieurs dégagements. *Cet habit dégage la taille*, se dit d'un habit qui fait bien paraître la taille de la personne qui le porte.

DÉGAGER, en termes de chimie, séparer une substance gazeuse volatile, etc., de celles auxquelles elle était unie. Il se dit également d'une substance composée qui donne quelque émanation. En mathématique : *dégager l'inconnue*, faire sortir des relations algébriques où elle était engagée la quantité inconnue que l'on cherche pour la solution d'un problème.

DÉGAGER s'emploie aussi, avec le pronom personnel, dans plusieurs des sens indiqués.

DÉGAGER, se dit encore neutralement, en termes de danse, et signifie : détacher un pied ou une jambe de l'autre pied ou de l'autre jambe.

DÉGAGER, v. a. (*gravure*), repasser la pointe autour des traits déjà gravés, pour enlever plus facilement le bois des vides.

DÉGAÎNE. Il ne s'emploie guère que dans cette locution adverbiale et ironique : *d'une belle dégaîne*, d'une façon, d'une manière ridicule, maussade. Il est très familier.

DÉGAÎNER, tirer un instrument perçant ou tranchant de sa gaîne, de son fourneau. Il est familier et ne s'emploie guère qu'absolument dans le sens de mettre l'épée à la main pour se battre. *Etre brave jusqu'au dégaîner*, se dit d'un fanfaron, et figurément de quiconque promet beaucoup et ne tient pas sa parole quand il est question d'agir.

DÉGIANER, v. a., expr. prov. *Il ne frappe point comme il dégaine*, se dit d'un homme plus violent en paroles qu'en actions.

DÉGAÎNEUR, s. m., ferrailleur, bretteur.

DÉGALER, v. a. (*technol.*). Il se dit chez les chapeliers pour débarrasser les peaux de tout ce qu'elles peuvent avoir de nuisible ou d'inutile.

DÉGANTER, ôter les gants. On l'emploie souvent avec le pronom personnel.

DÉGARNIR, ôter ce qui garnit. *Dégarnir le centre, les ailes d'une armée*, diminuer le nombre des troupes qui les forment. *Dégarnir une place*, en retirer une partie considérable de la garnison ou des munitions. *Dégarnir un arbre*, en ôter les branches inutiles qui viennent mal.

DÉGARNIR, signifie particulièrement ôter ce qui forme la garniture d'une chose, les ornements, les accessoires, etc., qu'on y avait fixés, attachés, cousus.

DÉGARNIR, s'emploie aussi avec le pronom personnel. Il signifie quelquefois : se vêtir, se couvrir plus légèrement. Il signifie encore figurément, en termes de commerce, se dessaisir de son argent comptant.

DÉGASCONNER, v. a., défaire de l'accent gascon. Il a été employé par Malherbe et par Balzac.

DÉGAT, ruine, ravage, détriment causé par une force majeure, par un accident quelconque, comme tempête, grêle, gens de guerre, etc. Absol. : *faire le dégât*, ravager, dévaster.

DÉGAT, signifie aussi : consommation de denrées, de vivres, faite avec désordre et sans économie.

DÉGAT, s. m. (*législ. rur.*), ravage commis par les bestiaux d'un cultivateur dans l'héritage d'autrui.

DÉGAT (*législ. crim.*), dommage causé par les personnes aux propriétés d'autrui.

DÉGATÈLE, s. f. (*v. lang.*), prodigalité, profusion.

DÉGAUCHIR, v. a., corriger la gaucherie : *dégauchir un jeune homme*. Il est très familier.

DÉGAUCHIR. Terme propre à certains métiers. Dresser le parement d'une pierre, d'une pièce de charpente ou de menuiserie, etc.

DÉGAUCHISSAGE, s. m. (*technol.*). Action par laquelle on dégauchit ou aplanit une surface.

DEGAULE (Jean-Baptiste), ingénieur de la marine, professeur de navigation et correspondant de la marine. Il naquit en 1732 à Attigny, en Champagne. Il a laissé plusieurs mémoires sur l'art de la navigation.

DÉGAZER (*chim.*). On nomme ainsi l'opération par laquelle on chasse des eaux les gaz qui peuvent s'y trouver en dissolution. J. P.

DEGEER (*V.* Geer).

DÉGEL (*physique*). C'est le passage de l'eau de l'état solide à l'état liquide. Cet effet est produit par une élévation de température au-dessus de zéro du milieu dans lequel se trouve la neige ou la glace. La densité de la glace est moindre que celle de l'eau liquide, et c'est à 4° 3/10 que l'eau liquide est la plus dense. C'est par cette raison que la température inférieure des eaux profondes dans lesquelles se trouvent des monceaux de glace, ne descend jamais au-dessous de 4° 3/10. Ce rapport entre les densités de l'eau à ses différents états explique le phénomène très-curieux des puits de glace que l'on rencontre dans les glaciers des Alpes. En effet, une grande masse de glace ayant une surface plane et exposée à l'action calorifique des rayons solaires doit se *fondre uniformément*; cette fusion est d'ailleurs peu rapide si la température de l'air environnant est au-dessous de zéro; mais si quelques débris de végétaux séjournent sur la surface de la glace, leur présence accélère la fusion autour d'eux, puisque leur température peut s'élever au-dessus de zéro par l'effet de la chaleur solaire. Il doit donc se former là une cavité où l'eau s'accumulant peut s'échauffer jusqu'à 4° 3/10, descendre, à cause de sa plus grande densité, et céder sa chaleur aux parois qu'elle fond, en sorte que la cavité s'approfondit de plus en plus.— On sait que, sous des climats moins doux que le nôtre, les rivières, les fleuves, les lacs et même la mer le long des côtes d'un golfe, *gèlent* en hiver. Cela arrive, à de légères variations près, chaque année vers la même époque, et celle du *dégel*, là où les eaux, une fois gelées, restent prises pendant toute la saison, arrive également d'une manière presque régulière et prévue. Tous les fleuves de la Russie se couvrent de glace au mois de novembre et sont irrévocablement enchaînés en décembre : pendant qu'ils charrient les glaçons, on enlève les ponts de bateaux sur lesquels on les traverse pour les rétablir ensuite dans les ouvertures taillées dans la glace. Lorsque le dégel commence, on les enlève encore, afin qu'ils ne soient pas entraînés par la débâcle. Celle-ci est quelquefois subitement amenée par la rupture inattendue de la glace, et alors elle peut occasionner de grands malheurs; le plus souvent un lent dégel la prépare et même la prévient. C'est au mois de mars ou en avril que la débâcle a ordinairement lieu sur les fleuves de la Russie.

DÉGELER, faire qu'une chose qui était gelée cesse de l'être. — Il s'emploie aussi avec le pronom personnel. — Il est également *neutre*. — Il s'emploie souvent aussi comme impersonnel.

DÉGÉNÉRATION, état de ce qui dégénère. Il se dit, en médecine, de l'altération qui survient dans les solides ou dans les liquides, et particulièrement du changement de quelque partie en une substance morbide.

DÉGÉNÉRATION. Ce mot, en histoire naturelle, dans son sens propre, ne s'applique qu'aux êtres qui se reproduisent par génération, et il se dit communément de toute altération héréditaire; cependant, comme nous le verrons bientôt, il n'emporte dans bien des cas que l'idée de changement. — Ces altérations sont *absolues* quand elles nuisent au développement et à l'exercice des organes et qu'elles restreignent la durée de la vie : alors il y a dégénération réelle; elles ne sont que relatives quand elles rendent les êtres moins propres à l'emploi que nous en faisons, ou moins conformes à l'idée qu'à leur égard nous attachons à la beauté, à la perfection; dans ce cas, elles ne consistent qu'en simples modifications sans dégénération effective. Enfin elles sont *mixtes* dans le cas où, en modifiant, dans les êtres vivants, les qualités qui nous les rendent utiles ou agréables, elles affaiblissent les sources de leur vie. — Quelques exemples suffiront pour rendre sensibles ces trois manières d'envisager la dégénération. — Il y a dégénération absolue dans le bouleau commun qui se reproduit encore dans les régions polaires et sur les montagnes, à la limite des neiges, mais où il vit peu et reste toujours à l'état nain et informe. Il y a aussi dégénération absolue dans les deux races extrêmes de nos chiens domestiques : dans la plus grande, le dogue de forte race, et dans la plus petite, le bichon, qui ont en grande partie perdu la faculté de se reproduire, et dont toute l'intelligence est notablement affaiblie. — Il n'y a que dégénération relative dans l'arbre qui, sous l'influence de la culture, donne des fruits succulents ou des fleurs doubles et odorantes, et qui, rendu aux influences de la nature, reprend ses fruits acerbes et ses fleurs simples et sans parfum. Ce changement pourrait même être considéré comme une régénération. — Enfin il y a dégénération mixte dans le chêne qui perd de sa beauté et de sa durée sous l'influence des climats très chauds ou très froids ; et dans ces chevaux ou ces vaches que les soins de l'homme sont parvenus à conserver en Norwége ou en Islande, mais sans pouvoir les soustraire aux nombreuses altérations qui ont affaibli en eux les qualités des races dont ils descendent et qui restreignent la durée de leur vie. — Ces exemples donnent une idée générale de la dégénération ; mais pour avoir une entière compréhension de ce phénomène, il faut rechercher les conditions dans lesquelles il a lieu et les influences qu'elles exercent sur sa production. Cependant, comme ces recherches nous forceront d'entrer dans des considérations un peu abstraites, avant d'aller plus loin, et pour nous rendre plus intelligibles, nous ferons remarquer que les organes des êtres vivants, dans le point de vue sous lequel nous les envisageons, doivent être regardés comme composés de deux parties, l'une essentielle à l'existence des individus et qui ne supporte aucune altération, l'autre variable et à laquelle l'existence des individus n'est point essentiellement attachée. — Les modifications de la partie essentielle des organes, faisant cesser la vie, s'opposent à toute transmission héréditaire ; celles de la seconde partie permettent seules à la génération de les transmettre, et c'est de celles-là seules que nous entendons parler dans la suite de cet article. Ainsi les sens peuvent sans conséquence être profondément altérés dans leurs parties accessoires, tandis que la mort serait inévitablement l'effet de leur privation ; l'estomac peut sans danger revêtir différentes formes, et il ne pourrait pas impunément changer sa constitution intime, etc. — Une des vérités les mieux établies par l'observation, c'est que toute plante et tout animal placés dans des conditions propres à agir sur eux, et se développant sous cette influence, se modifient plus ou moins profondément dans leurs organes et dans leurs fonctions. Lorsque ces conditions n'agissent pas avec une certaine puissance ou ne sont pas permanentes, leurs effets passent avec les individus qui les ont éprouvés ; mais si elles sont durables et qu'une succession plus ou moins grande d'individus y ait été soumise, les modifications organiques ne sont plus individuelles et passagères, leur durée même n'est plus bornée à celle de leurs causes : elles deviennent inhérentes à la nature intime des êtres et se perpétuent de génération en génération tant que des causes contraires ne les ont pas détruites. C'est ainsi que se forment les variétés et les races, c'est là que se trouve la source de toutes les dégénérations. — Ici se présente une des questions les plus difficiles de la philosophie naturelle. Pour apprécier et mesurer exactement les modifications des êtres vivants par l'influence des causes diverses auxquelles ils sont soumis, il faudrait connaître ces êtres tels que nous les verrions s'ils étaient soustraits à toutes les conditions qui sont de nature à les modifier ; or, comme le monde ne peut exister sans forces actives et que les êtres vivants ne sauraient s'y soustraire, dans le combat éternel qu'elles se livrent ici-bas sous la main de Dieu, on ne peut se représenter ce que seraient des êtres sans modifications, des types purs. Les êtres vivants, considérés dans la partie variable de leur organisation, ne sont donc que le résultat des forces de la vie qui agissent en eux et des forces du monde matériel qui agissent hors d'eux, et c'est dans les seuls produits de ces forces agissant de concert que nous devons chercher des types propres à nous faire apprécier les modifications dont chaque espèce est susceptible. Où ces types se rencontrent-ils ? sera-ce dans la nature seule, comme on l'a dit, ou dans la nature aidée des soins de l'homme ? Quelques mots suffiront pour répondre à ces questions. — Les êtres qui vivent dans l'état de nature sont ceux dont l'existence est conforme aux conditions diverses où ils se trouvent placés, au climat, au sol, à la nourriture, en un mot à toutes les causes connues ou ignorées dont ils peuvent recevoir et supporter l'influence ; mais comme la Providence a doué ces êtres de la faculté de se ployer dans certaines limites à la diversité des causes nombreuses qui agissent sur la terre et de changer avec elles, il devait s'en trouver, et il s'en trouve, en effet, de même espèce sous des influences très différentes, qui toutes ne sont pas également favorables. Ce bouleau nain et rabougri du voisinage des glaces vit, se reproduit et se conserve, comme variété, aussi naturellement que le bouleau d'un sol riche, qui acquiert une grande taille et des formes élégantes. Le cheval sauvage, vivant sans autre joug que celui de la nature dans les vastes steppes de la Tartarie, a une taille médiocre, une tête lourde et d'épaisses proportions qui sont sans beauté ; et rien n'est plus facile à concevoir que l'effet de ces influences naturelles. — En effet, lorsqu'on envisage d'une manière générale les différentes causes à l'action desquelles sont soumis les êtres vivant dans une entière liberté, on voit qu'il en est d'avantageuses et de nuisibles ; que le bien qui résulte des unes est en partie détruit par le mal que font les autres ; et il naît de ce combat un état de choses mixte, duquel ne saurait évidemment résulter ce développement harmonique et parfait des organes qu'on a prétendu n'exister que dans l'état sauvage ; il n'est parfait que relativement aux conditions dans lesquelles il a lieu. — L'homme, dont les études ont eu pour objet les forces de la nature et qui est souvent parvenu à les maîtriser en les opposant l'une à l'autre, a su aussi appliquer sa science aux êtres vivants ; par-là, il a réussi à soustraire plusieurs espèces de plantes et d'animaux aux causes perturbatrices qui, dans leur état de nature, pesaient sur eux, pour les entourer plus exclusivement de causes bienfaisantes ; et, par cette influence, il a obtenu des effets puissants qui ont évidemment rapproché les espèces, qui les ont rapprochées de ce type parfait que notre intelligence conçoit du moins, si la nature ne doit pas le produire. — Toujours est-il que l'espèce du cheval, sur laquelle nous avons réuni tous nos soins, est arrivée, dans ses belles races, à un degré de perfection que la nature seule n'aurait jamais atteint ; et, dans ce cas, nous aurions un véritable phénomène de régénération. N'exaltons donc pas les influences de la nature pour ravaler celles de l'homme, puisque les unes ne diffèrent des autres que par l'ordre et la mesure de leur action. — Sans doute toutes les influences de l'homme sur les êtres vivants n'ont point atteint à ce résultat ; dans un grand nombre de cas son intérêt s'y est opposé. Souvent, en effet, il a eu plus d'avantage à favoriser certains développements à l'exclusion des autres qu'à travailler à ce qu'ils fussent harmoniques ; et ce qui est à noter, c'est qu'il en est toujours résulté que la faculté de la reproduction s'est d'autant plus affaiblie que cette harmonie a été moins grande, soit qu'elle ait été rompue par l'exaltation des autres facultés, soit qu'elle l'ait été par leur appauvrissement : une trop vigoureuse végétation nuit à la production des fruits, et les animaux dont on a voulu exalter ou trop diminuer la taille ont cessé de se reproduire. — On sent par ce qui précède combien il serait important de connaître spécialement l'action des diverses forces de la nature sur les êtres vivants ; mais, à cet égard, rien n'est plus borné que nos lumières. Nous savons que telle plante ou tel animal souffre d'une haute température ou la recherche, fuit l'humidité ou en éprouve le besoin, se nourrit de telle substance plutôt que de telle autre ; qu'une nourriture abondante et substantielle tend à l'augmentation de la taille, tandis qu'une nourriture insuffisante tend à son rapetissement ; que le froid favorise l'accroissement des poils et la lumière leur coloration ; que la chaleur et l'obscurité produisent des effets contraires, etc. Aussi ces connaissances si bornées n'ont-elles eu, à bien dire, aucun effet sur la formation de nos variétés et de nos races de plantes et d'animaux. Presque toutes les dégénérations qui caractérisent la plupart d'entre elles sont dues au hasard, à des causes tout-à-fait ignorées, et tous nos soins ne consistent guère qu'à les entretenir empiriquement. Lorsque, par quelques circonstances fortuites, une modification utile ou agréable se montre, qu'une plante ou qu'un animal apparaît avec des qualités nouvelles qui excitent notre intérêt, nous savons quelquefois les conserver et les faire se reproduire ; mais nous ne savons jamais les faire naître à volonté. Sur ce sujet nous sommes à peu près privés de toute règle, et, malgré les avantages sans nombre que nous en tirerions, il ne se fait aucun effort pour les découvrir. Il n'est guère d'État en Europe qui n'ait, par exemple, quelque établissement où l'on entretient à grands frais des animaux de toutes espèces, dont l'objet principal est de satisfaire une vaine curiosité, et jamais, que nous sachions, on n'a eu l'idée d'en tirer un parti utile ; jamais on n'a fait la moindre tentative pour soumettre ces animaux aux expériences qui auraient été propres à dévoiler ces règles, de sorte que si leur possession a eu quelque avantage pour la science, c'est à leur mort seule qu'elle le doit ; leur vie, à bien dire, lui a été sans profit ; et cependant tous ces résultats de dégénération qui fournissent tant de produits à l'industrie, qui procurent tant de bien-être à toutes les races humaines, sont dus à des causes qui sont encore actives ; il n'est point de jours, pour ainsi dire, où le hasard ne nous procure, dans les plantes et les animaux, des modifications nouvelles qu'on serait libre de propager si on le croyait bon, mais qu'on néglige parce qu'on n'en voit pas l'utilité. Plus les dégénérations sont profondes, plus leurs causes ont dû agir longtemps et par gradation. Cependant, et c'est un des points les plus importants à reconnaître, elles ne s'étendent jamais que sur les organes d'un ordre secondaire, que sur ceux qui fournissent les caractères distinctifs des espèces : elles se rapportent à la taille, aux proportions de quelques parties, aux couleurs du pelage, à sa longueur, à sa finesse, et il est sans exemple qu'elles se soient étendues jusque sur les caractères par lesquels les genres se distinguent les uns des autres, sur la structure intime des organes du mouvement, des sens, de l'alimentation, et, à plus forte raison, sur ceux d'un ordre plus élevé et desquels la vie dépend davantage, sans qu'elles n'aient été absolues, comme celles de nos races extrêmes de chiens, qui ne se soutiennent qu'artificiellement et par l'effet de nos soins. C'est pour n'avoir tenu aucun compte de ces derniers faits qu'on a imaginé tous ces faux systèmes dans lesquels on fait jouer à la nature le rôle le plus contraire à ce qu'elle nous enseigne, en supposant que, favorisés par les circonstances et par le temps, tous les êtres vivants, mais les animaux surtout, peuvent se transformer les uns dans les autres, systèmes qui, par extension, ont conduit à l'idée que cette transformation a lieu dans les différentes époques du développement fœtal de toutes les espèces. Nous voudrions pouvoir ne pas ranger parmi ces faux systèmes une des plus belles compositions littéraires de Buffon : son discours sur la dégénération des animaux. Malheureusement les faits sur lesquels il s'appuie sont directement opposés à ce qu'il croyait ; mais en revanche il est peu de discours où il ait mis plus d'art, où il ait montré de plus hautes vues, et qui soient plus propres que celui-là à satisfaire les esprits élevés, une fois qu'ils ont admis comme vrais les faits sur lesquels il fonde ses raisonnements et qui constituent ses preuves. On voit, par les simples aperçus que nous venons de présenter, qu'il est peu de sujets auxquels se rattachent de plus importantes questions que celui de la dégénération. Tout ce qui tient à l'amélioration physique et morale des êtres vivants, sans faire exception de l'espèce humaine, dépend des lois de ce phénomène. C'est lui qui a exercé une des plus puissantes influences sur la civilisation en multipliant nos forces par plusieurs de nos animaux domestiques ; nos moyens d'existence par plusieurs de ces mêmes animaux et des variétés sans nombre de plantes que la culture a produites ; nos moyens d'industrie par les substances animales et végétales de toute nature que nous y employons et qui sont le résultat de véritables dégénérations. Enfin, c'est sur les phénomènes de dégénération qu'on a fait reposer les systèmes les plus généraux sur la nature vivante, qui, quoique hypothétiques, ont séduit les intelligences les plus élevées par leur grandeur, et les plus faibles esprits par leur simplicité, et ont toujours exercé par-là tant d'influence sur la direction de plusieurs branches des sciences, placées si honorablement dans l'estime des hommes par leur objet et par leur utilité.

DÉGÉNÉRER, s'abâtardir. Il se dit des hommes, des animaux, des plantes, etc., qui, par l'effet de la reproduction successive, perdent plus ou moins de leur force, de leur bonté, de leur beauté, ou de quelque autre qualité remarquable. Il signifie particulièrement, en parlant des personnes, n'avoir pas autant de noblesse, de vertu, de mérite que ceux dont on est sorti ; ne pas suivre leurs bons exemples. Dans cette acception, il se construit souvent avec la préposition *de*. Il se dit également d'une personne qui perd de ses qualités, de son mérite, etc. **DÉGÉNÉRER**, suivi de la préposition *en*, se dit des choses qui changent de bien en mal, de mal en pis, ou de mal en moins mal. Il se dit particulièrement d'une maladie, lorsqu'elle s'affaiblit et prend un caractère moins grave, et aussi lorsqu'elle se change en une maladie plus violente.

DÉGÉNÉRESCENCE (*t. de médec.*), synonyme de dégénération.

DÉGÉNÉRESCENT, ENTE, adj. (*didact.*), qui subit une dégénérescence.

DEGENFELD (CHRISTOPHE-MARTIN, baron de), lieutenant-général de la cavalerie allemande au service de la France, se trouvait en cette qualité au siége d'Ivoi, en 1639. Il passa ensuite au service des Vénitiens, qui le comblèrent d'égards.

DEGENFELD (FERDINAND), son fils, perdit la vue à l'âge de dix-huit ans, au service des Vénitiens, qui lui firent une pension considérable.

DEGENFELD (MARIE-SUZANNE, baronne de), maîtresse de Charles-Louis, électeur palatin. Ce prince eut d'elle quatorze enfants, qui, avec le consentement des princes de la maison électorale, portèrent tous le titre de rangrave. La baronne mourut en couches le 18 mars 1677.

DÉGINGANDÉ, ÉE. Il se dit d'une personne dont la contenance et la démarche sont mal assurées, comme si elle était toute disloquée.

DÉGINGANDEMENT, s. m., état, aspect d'une personne dégingandée. Il a été employé par le cardinal de Retz et madame de Sévigné.

DEGIS, frère de Décébale, roi des Daces, qui vint en qualité d'ambassadeur à la cour de Domitien.

DÉGLACER, v. a. Il s'est dit quelquefois pour fondre la glace. Le verbe pron. se *déglacer* a été employé par P. Corneille.

DEGLAVEIS, s. m. (*v. lang.*), combat, massacre à coups de glaive.

DEGLAVER, v. a. (*v. lang.*), tuer avec l'épée.

DÉGLAVIER, v. a. et n. (*anc. t. milit.*), tirer une épée du fourreau, dégaîner, faire périr par l'épée, mourir par le glaive.

DÉGLUER, ôter la glu, débarrasser de la glu. On l'emploie aussi avec le pronom personnel. — Fig., *dégluer les yeux*, ôter la chassie qui colle les paupières.

DÉGLUTITION, opération par laquelle les aliments, après avoir subi l'action des dents et des liquides qui affluent dans la bouche, sont précipités dans l'estomac. Cette opération est compliquée et nécessite l'action de la langue, qui forme un plan incliné sur lequel le bol alimentaire est poussé de l'épiglotte, espèce de pont-levis qui s'abat sur l'ouverture du canal aérien et se relève ensuite, en même temps que le voile du palais se relève et se tend pour fermer l'ouverture postérieure des fosses nasales ; et l'action des muscles du pharynx qui élèvent et abaissent successivement l'entonnoir membraneux qui commence l'œsophage. Ce conduit est lui-même actif et, par sa contraction, il sert à vaincre la résistance de l'orifice supérieur de l'estomac. La déglutition des liquides s'effectue de la même manière ; seulement la langue se ploie en rigole, et, arrivé à l'épiglotte, le flot se partage en suivant deux rainures pratiquées sur les côtés de cet opercule et pénètre ensuite dans l'œsophage. Le mécanisme admirable qui a pour objet d'empêcher l'introduction des corps étrangers dans le larynx vient quelquefois à manquer son effet lorsqu'une aspiration subite se fait au moment de la déglutition : c'est ce qu'on appelle *avaler de travers*. En pareil cas, les substances alimentaires ou les boissons s'échappent également par le nez. Souvent la déglutition devient difficile et douloureuse dans les affections inflammatoires ou autres des parties qui doivent l'accomplir. On l'a vue quelquefois complètement empêchée par suite d'un cancer du pharynx ou de l'œsophage. La mort par la faim est la suite inévitable d'une pareille lésion, qui ne laisse d'autre ressource que de sustenter le malade bien imparfaitement par des lavements de lait, de bouillon, etc., etc.

DÉGLUTIR, v. a. (*physiol.*), avaler.

DÉGLUTITEUR, adj. m. (*anat.*). qui sert à la déglutition ; appareil déglutiteur.

DEGNER (JEAN-HARTMANN), médecin allemand, né à Scheintfurt en 1687. Il pratiqua la médecine à Nimègue et il obtint dans cette ville de grands succès. Il obtint des habitants de cette ville le témoignage le plus flatteur par sa promotion au rang d'archiâtre et de sénateur.

DEGMENUS, archer éléen, vaincu par l'Étolien Pyrecmis au combat de la fronde.

DÉGOLA (l'abbé EUSTACHE), né à Gênes le 20 septembre 1761, embrassa l'état ecclésiastique et partagea avec ardeur les principes des jansénistes, et accueillit aussi avec empressement les réformes de l'assemblée constituante à l'égard du clergé français. Ami de l'abbé Grégoire, il voyagea avec lui en Angleterre, en Hollande et en Allemagne. De retour de ses voyages, en 1805, il s'associa aux travaux du P. Assarotti pour l'établissement d'une institution de sourds-muets. En 1810, il vint à Paris, où il était déjà venu en 1801, lors du concile national, et retourna à Gênes où il mourut le 17 janvier 1826. Il est auteur de plusieurs ouvrages anonymes écrits dans le sens des opinions qu'il avait embrassées. On trouve dans le t. XXX de la *Revue encyclopédique* une notice assez étendue sur la vie de Dégola : elle est attribuée à l'abbé Grégoire.

DEGNIZLI (*géogr.*), ville de la Turquie d'Asie dans l'Anatolie ; 30,000 âmes.

DEGO (*géogr. et hist.*), bourg des États sardes, division d'Alexandrie, sur la Bormida, théâtre d'une victoire remportée sur les Autrichiens en 1796, par le général Bonaparte.

DÉGOBILLER, vomir le vin et les aliments qu'on a pris avec excès. Il est bas.

DÉGOBILLIS, les matières dégobillées. Il est bas.

DÉGOIS et **DÉGOISEMENT**, s. m. (*v. lang.*), ramage, chant.

DÉGOISER. Il signifiait autrefois, en parlant des oiseaux, chanter, gazouiller. Il signifie, figurément, parler plus qu'il ne faut et avec volubilité. Dans ce sens et dans les suivants il est très familier. Il signifie aussi dire ce qu'on devrait taire, ce qu'on aurait intérêt de cacher, et alors il peut s'employer absolument. Ce sens a vieilli. Il s'emploie comme neutre dans le sens de jaser.

DÉGOMMAGE, s. m. (*technol.*). Il se dit chez les teinturiers de l'action de dégommer ou de décreuser la soie.

DÉGOMMER, v. a. (*technol.*), ôter la gomme, décreuser la soie. Fig. et dans le langage du peuple, *dégommer* signifie destituer d'un emploi, d'un poste quelconque : *on l'a dégommé.* Il signifie même faire mourir, tuer.

DÉGON, s. m. (*zool.*), petite coquille du Sénégal.

DÉGONDER, v. a. Il se dit quelquefois pour dégager une porte de ses gonds.

DÉGONFLEMENT, action de dégonfler, de se dégonfler.

DÉGOR, s. m. (*technol.*), tuyau de décharge par lequel on fait passer la liqueur distillée.

DÉGORGEAGE, s. m. (*technol.*). Il se dit chez les teinturiers de l'opération par laquelle ils débarrassent un tissu de toute matière étrangère avant de le teindre.

DÉGORGEMENT, écoulement des eaux et des immondices retenues. Il se dit aussi du débordement et de l'épanchement de la bile et des autres humeurs. *Le dégorgement des jambes*, l'écoulement des humeurs qui y surabondent. — DÉGORGEMENT, dans plusieurs arts et métiers, action de dépouiller, de nettoyer certaines choses de matières superflues ou étrangères.

DÉGORGER, déboucher, débarrasser un passage obstrué par quelque matière. On l'emploie avec le pronom personnel. Il est quelquefois neutre.—DÉGORGER, actif, signifie également, dans plusieurs arts et métiers, dépouiller, nettoyer une chose de matières superflues ou étrangères. — DÉGORGER, avec le pronom personnel, se dit aussi d'un tuyau, d'un canal qui verse, qui épanche ses eaux. Il se dit en outre du poisson qui se purge dans l'eau claire du goût de la marée ou de la bourbe. *Faire dégorger des laines, des soies*, etc., les laver pour les dégorger.

DÉGORGEOIR, s. m. (*art. milit.*), petite broche à manche que l'on introduit dans la lumière d'une pièce pour la déboucher. — DÉGORGEOIR (*technol.*), instrument à l'usage du serrurier, instrument qui sert à tondre la laine.

DÉGOTER, déplacer, chasser quelqu'un de son poste et se mettre à sa place. Il est très familier et peu usité.

DÉGOURDIR, redonner du mouvement, de la chaleur à ce qui était engourdi par un long repos, par une position forcée, par le froid ou par quelque autre chose. Il signifie, figurément et familièrement, ôter, faire perdre à quelqu'un sa gaucherie et sa timidité, lui faire acquérir de la vivacité, de l'aisance, de la hardiesse. Il s'emploie aussi avec le pronom personnel ; fig., *faire dégourdir de l'eau*, faire chauffer légèrement de l'eau pour lui ôter sa grande froideur. Dans cette phrase, le pronom est sous-entendu. Adjectivement, *c'est un homme, un gaillard bien dégourdi*, il est adroit, avisé, difficile à tromper. *Cette femme a l'air bien dégourdi*, elle a des manières vives et même un peu libres.

DÉGOURDISSEMENT, action par laquelle les membres engourdis reprennent du mouvement, de la chaleur, etc.

DÉGOUT, manque de goût, d'appétit. Il se dit aussi de la répugnance qu'on a pour certains aliments. Il signifie, figurément, aversion qu'on prend pour une chose ou pour une personne. Il signifie encore, figurément, déplaisir, chagrin, mortification, et, en ce sens, on l'emploie souvent au pluriel.

DÉGOUT, s. m. (*jeux*). Il se dit, au jeu de l'hombre, pour signifier un paiement.

DÉGOUTANT, ANTE, qui donne du dégoût. Il signifie figurément, qui inspire de l'aversion, de la répugnance. Il signifie aussi, figurément, qui cause du déplaisir, qui rebute, qui décourage.

DÉGOUTÉ, ÉE, adj., expression proverbiale. C'est un bon dégoûté se dit d'un homme de bon appétit, d'un amateur de bonne chère. *N'être pas dégoûté*, se dit très familièrement et populairement de celui qui veut avoir une chose qu'il est fort difficile d'obtenir.

DÉGOUTER, ôter l'appétit. Il signifie également inspirer de la répugnance pour quelque aliment. Il signifie, figurément, donner, inspirer de l'éloignement, de l'aversion pour une personne, pour une chose; faire qu'on cesse de trouver une personne, une chose à son gré. Il se met souvent avec le pronom personnel, et signifie, tant au propre qu'au figuré, prendre du dégoût. — DÉGOUTÉ (*participe*). Il est quelquefois substantif, comme dans cette phrase familière : *faire le dégoûté*, pour le difficile, le délicat.

DÉGOUTTANT, ANTE, qui dégoutte.

DÉGOUTTEMENT, s. m. (*didact.*), état, action d'une liqueur qui dégoutte, d'un objet qui laisse dégoutter. Le *dégouttement* du frêne passe pour endommager tous les végétaux qui en sont atteints.

DÉGOUTTER, couler goutte à goutte. Il se dit aussi des choses d'où l'eau ou quelque autre liqueur dégoutte. Prov. et fig. : *à la cour, auprès des grands, s'il n'y pleut, il y dégoutte*, si on n'y fait pas toujours grande fortune, au moins on y obtient quelque grâce, quelque avantage. Prov. et fig. : *s'il pleut sur moi, il dégouttera sur vous*, s'il m'arrive quelque chose de bien ou de mal, vous en aurez votre part. On dit aussi, proverbialement et figurément, dans le même sens : *quand il pleut sur le curé, il dégoutte sur le vicaire.*

DÉGOUTTURE, s. f. (*didact.*) (*V.* DÉGOUTTEMENT).

DÉGRADATION, privation du grade, punition militaire, civile ou ecclésiastique. Elle s'est infligée à des corps entiers. Les cavaliers romains ont plusieurs fois été condamnés à servir comme fantassins, et les légionnaires ont été réduits à la condition de simples archers ou frondeurs. A cette punition s'ajoutait quelquefois un appareil ignominieux. Cependant le militaire qui avait été ainsi flétri pouvait être réhabilité s'il présentait la dépouille d'un ennemi tué de sa main. Au moyen âge, le coupable, amené sur un échafaud, y voyait briser par la main du bourreau son blason et ses insignes, s'entendait proclamer traître et déloyal; on lui versait sur la tête un vase d'eau chaude, on disait sur lui l'office des morts, et on le descendait de l'échafaud par dessous les bras. En Russie, l'officier peut être condamné à servir comme simple soldat, avec ou sans perte de la noblesse, avec ou sans espoir d'avancement et de réhabilitation. En France, la dégradation ne peut avoir lieu que pour les sous-officiers et soldats. Le grenadier ou voltigeur peut être renvoyé à la queue d'une compagnie du centre; le caporal peut devenir soldat, le sergent caporal, l'adjudant sergent ou même simple soldat; mais les officiers qui perdent leur grade ne peuvent en aucun cas être forcés de servir avec des grades subalternes. La dégradation est disciplinaire, n'a rien d'infamant et permet la réhabilitation, ou, lorsqu'elle est infligée par un conseil de guerre et pour des crimes qui entraînent une peine infamante, elle est accompagnée de cérémonies ignominieuses en présence de la troupe, et le militaire ainsi puni est déclaré incapable de reprendre du service. — Avant que les prêtres ou les ecclésiastiques engagés dans les ordres sacrés qui étaient condamnés à la peine de mort fussent exécutés, ils devaient à une certaine époque être dégradés par l'archevêque ; mais cet usage ne dura pas longtemps. — Aujourd'hui, la dégradation civile, qui autrefois se faisait avec des cérémonies infamantes, s'opère par la simple déclaration qui en est faite dans le jugement. Ainsi, après la lecture du jugement rendu contre un membre de la Légion-d'Honneur, le président du tribunal prononce la formule suivante : Vous avez manqué à l'honneur; je déclare, au nom de la Légion, que vous avez cessé de lui appartenir. La dégradation *civique* était signifiée sur la place publique par le greffier du tribunal criminel qui disait : Votre pays vous a trouvé convaincu d'une action infâme ; la loi et le tribunal vous dégradent de la qualité de citoyen français. Aujourd'hui cette peine est encourue, sans la même cérémonie, par les condamnés aux travaux forcés à temps, à la réclusion, au bannissement, etc.

DÉGRADATION (*hist. ecclésiast.*). La dégradation était une peine par laquelle un clerc était privé pour toujours de tout office, bénéfice et privilége clérical ; en sorte que celui qui l'aurait frappé aurait péché à la vérité, mais n'aurait pas été excommunié. On distingue deux sortes de dégradations, la verbale et l'actuelle, réelle ou solennelle. La dégradation verbale était la même chose que la déposition. La dégradation réelle ajoutait à la déposition plusieurs cérémonies infamantes, qu'on peut voir dans le Sexte, cap. II, *De pœnis*, et dans le Pontifical romain. La déposition pouvait se faire par le vicaire de l'évêque ; la dégradation, par l'évêque seul, du clerc qu'on dégradait en présence des cinq autres évêques, s'il était prêtre, et de deux s'il était diacre. La dégradation et la déposition différaient essentiellement de la suspense, en ce qu'elles privaient absolument et pour toujours le coupable de ses offices, bénéfices, priviléges, au lieu que la suspense ne faisait que lui interdire pour un temps l'usage de ces choses. Un clerc dégradé ou déposé n'était point exempt du vœu de chasteté, non plus que du bréviaire. Autrefois, en France, on n'exécutait point des ecclésiastiques à mort, qu'on ne les eût fait dégrader auparavant *in figuris* par leurs évêques. L'art. 14 de l'ordonnance de 1571 dit que les prêtres et autres pourvus aux ordres sacrés ne pourront être exécutés à mort sans avoir été dégradés auparavant. On craignait de profaner la sainteté de l'ordre tant que le condamné en conservait les marques; mais les évêques ayant voulu entrer en connaissance de cause avant de procéder à la dégradation, l'exécution était différée d'autant et les crimes restaient impunis. Pour obvier à ces abus, les magistrats cessèrent de regarder cette dégradation comme nécessaire, et pensèrent qu'un clerc était suffisamment dégradé devant Dieu et devant les hommes par les crimes qui lui avaient mérité une honteuse dégradation. On se détermina donc à l'exécution sans dégradation précédente; ce qui s'est constamment observé en ce royaume depuis le commencement du siècle passé. (*Voyez*, sur cette matière, les *Mémoires du clergé*, au t. 7, pag. 1307 et suivantes, où le fameux arrêt du parlement d'Aix, rendu sur le refus, de la part de Mgr. l'archevêque, de dégrader un prêtre condamné à mort, se trouve rapporté avec les suites qu'il eut. (*Voyez* aussi la Vie de Charles VIII, par Juvénal des Ursins, année 1398; les Annales de Belleforêt, liv. 3, chap. 67; Louet, lettre D, nº 59; Tournet, l. D, nº 17; Loiseau, en son *Traité des ordres*, chap. 9, où il parle fort au long de la dégradation; M. Durand de Maillane, *Dictionn. de droit canonique*, au mot DÉGRADATION.)

DÉGRADATION, en termes de peinture, affaiblissement graduel de la lumière, des ombres, des couleurs d'un tableau.

DÉGRADEMENT, s. m. (*v. lang.*), dégradation.

DÉGRADEMENT (*t. milit.*), perte d'un grade militaire en vertu d'un jugement.

DÉGRADER, dépouiller, destituer quelqu'un de son grade, de sa dignité, de son emploi, etc., ce qui se fait ordinairement avec de certaines formalités et par châtiment. — Il signifie, au figuré, avilir.

DÉGRADER, signifie encore détériorer, endommager. — Il s'emploie aussi avec le pronom personnel dans les deux sens qui précèdent.

DÉGRADER, en termes de peinture, diminuer, affaiblir insensiblement la lumière, les ombres, la couleur d'un tableau.

DÉGRADER (*marine*), ôter les agrès d'un vaisseau devenu inutile.

DÉGRADER, v. n. Il se dit d'un bâtiment tombé sous le vent du lieu qu'il voulait aborder.

DÉGRAFER, détacher une chose qui était agrafée, qui était retenue par une agrafe ou des agrafes.

DÉGRAISSAGE ou **DÉGRAISSEMENT**, action de dégraisser les laines, les étoffes de laine.

DÉGRAISSER, ôter la graisse de quelque chose. — Fig. et pop.: *Dégraisser quelqu'un*, lui ôter une partie des grandes richesses qu'il avait mal acquises. — **DÉGRAISSER**, signifie aussi dépouiller une chose de la matière grasse dont elle est couverte ou pénétrée. — *Dégraisser le vin*, lui ôter, au moyen de quelque ingrédient, la mauvaise qualité qu'il contracte en tournant à la graisse. — **DÉGRAISSER**, signifie encore, particulièrement, ôter les taches que la graisse ou quelque autre matière grasse a faites. — **DÉGRAISSER**, se dit figurément en parlant du mauvais effet que les torrents et les ravines d'eau font sur les terres labourables, en emportant ce qu'il y a de plus propre à les rendre fertiles.

DÉGRAISSEUR, qui enlève les taches, quelles qu'en soient la nature et l'étendue. Le principe général à suivre pour dégraisser, c'est d'appliquer sur l'étoffe une substance qui ait plus d'affinité pour la matière qui tache, que celle-ci n'en a pour l'étoffe. On distingue les taches *simples* qui sont dues aux huiles et aux graisses, qui s'étendent sur les étoffes si on ne les enlève pas immédiatement, et qui retiennent la poussière, et les taches *composées*, formées par l'action réunie de plusieurs substances. Pour enlever les premières on peut employer toutes les terres qui ont la propriété d'absorber, le savon dans son état naturel, le jaune d'œuf, le fiel de bœuf purifié, l'essence de térébenthine. Si les taches proviennent de la poix, de la cire, de la résine, l'alcool pur est efficace; les taches provenant des sucs de fruits écrasés se savonnent et sont exposées à une fumigation sulfureuse. La rouille est enlevée par l'acide oxalique. Les taches composées exigent plusieurs opérations, selon la nature des diverses substances desquelles elles sont formée.

DÉGRAISSEUR, s. m. (*technol.*), espèce de moulin avec lequel on tord la laine imprégnée d'eau de savon avant de la mettre sous peigne.

DÉGRAISSIS, s. m. (*technol.*), ce que l'on enlève par l'opération du dégraissage.

DÉGRESSOIR, s. m. (*technol.*), instrument dont le boyaudier se sert pour enlever la graisse des boyaux.

DEGRAMER, v. a. (*agricult.*), enlever le chiendent au moyen d'une fourche après les labours, pour le mettre en tas et le brûler.

DEGRANGES (MICHEL), né à Lyon le 2 mars 1736, était gardien des Cordeliers. Lorsque la révolution éclata, ses craintes le firent se réfugier en Suisse jusqu'après le 9 thermidor, et exercer son ministère dans la maison d'une de ses parentes jusqu'au rétablissement du culte; il fut ensuite curé de l'église des Chartreux. En 1819 il voulut reprendre l'habit de capucin et entra au couvent de Chambéry où il ne resta que peu de temps; il rentra en France, et essaya, sous le ministère Villèle, de fonder à Crest, en Dauphiné, une maison destinée à fonder des missionnaires pour le Levant; ce projet ne réussit pas, et l'abbé Degranges revint à Lyon, où il mourut le 13 octobre 1822, âgé de 85 ans. Les quelques écrits qu'on a de lui montrent des opinions assez ultramontaines. Cependant on a exagéré en disant qu'il était plus royaliste que le roi, et plus ultramontain que le pape.

DÉGRAPPINER, v. a. (*marine*), retirer un vaisseau du milieu des glaces par le moyen des grappins.

DÉGRAS, s. m. (*technol.*), huile de poisson dont le chamoiseur s'est servi pour passer les peaux au chamois.

DÉGRAT, s. m. (*pêche*), départ. Être en dégrat se dit parmi les pêcheurs de morue d'un bateau qui a quitté le havre pour gagner le banc.

DEGRAVE (CHARLES-JOSEPH), né à Ursel, en Flandre, le 24 octobre 1736. Il étudia le droit à Louvain, et fut avocat au conseil de Flandre. En 1775, il obtint une place de conseiller et y joignit en 1794 la charge d'avocat fiscal. En 1797, après la réunion de la Belgique à la France, il fut nommé membre du conseil des anciens; mais, renonçant bientôt aux emplois qui l'éloignaient de son pays, et se contentant du titre de membre du conseil général de l'Escaut, il se retira dans sa famille. Il mourut près de Gand le 2 août 1805. Il est auteur d'un livre intitulé : *La république des Champs-Élysées* ou *le monde ancien*; c'est un ouvrage rempli de recherches et de faits curieux.

DÉGRAVELER, v. a. (*technol.*), débarrasser un tuyau de conduite du sédiment ou du gravier qui s'y est accumulé.

DÉGRAVOIEMENT ou **DÉGRAVOÎMENT**, effet d'une eau courante qui dégravoie, qui déchausse des murs, des pilotis, etc.

DÉGRAVOYER, dégrader, déchausser des murs, des pilotis.

DÉGRAVOYER, v. a. (*p. et ch.*), enlever le gravier au moyen de l'action de l'eau que l'on accroît ou que l'on dirige sur le point où l'on veut opérer cet enlèvement.

DÉGRÉ, escalier d'un bâtiment. Il se dit aussi des marches qui forment un escalier. — Il se dit particulièrement des marches servant d'entrée ou de soubassement aux grands édifices.

DÉGRÉ, se dit figurément des emplois, des charges, des honneurs, des dignités par où on passe successivement pour arriver à une position plus élevée. — Il se dit particulièrement, dans les universités, surtout au pluriel, des grades de maître ès arts, de bachelier, de licencié, de docteur. — Il se dit aussi, figurément, en parlant de toute espèce de progrès, de transition, ou de déclin, de déchéance. — En méd. : *Le degré d'une maladie*, se dit du point où une maladie est parvenue. — En gramm. : *Degrés de comparaison* ou *de signification*, le positif, le comparatif et le superlatif.

DÉGRÉ, en musique, se dit des notes d'une gamme considérées comme parcourues en montant ou en descendant.

DÉGRÉ se dit aussi pour exprimer la différence de plus ou de moins dans les qualités sensibles. — En chimie : *Degré de feu*, le point où il faut que le feu soit poussé pour l'opération qu'on se propose.

DÉGRÉ, se dit figurément, dans un sens analogue, en parlant des qualités morales, des passions, des sentiments, etc.

DÉGRÉ, se dit encore, surtout en termes de physique, de chacune des divisions principales qui sont marquées sur l'échelle des instruments destinés à mesurer le plus ou le moins d'intensité, d'accroissement, de pesanteur, etc., de certaines choses.

PAR DEGRÉS (*locut. adverb.*), graduellement.

DEGRÉ, s. m. Degré métaphysique (*phil.*) se disait, dans la scolastique, de la série des propriétés d'un objet, série que l'on établissait en commençant par la propriété la plus générale et en finissant par la plus particulière. Les *degrés métaphysiques* du terme *homme* étaient l'*être*, la substance, la vie, l'animalité, la rationalité.—DEGRÉ D'ACHAZ (*chron.*) *V. Pierre des heures* au mot Heure. DEGRÉ DE NOBLESSE, se dit du nombre de générations que l'on compte entre la personne dont on parle et le premier individu anobli dans sa famille Les *degrés de noblesse* se comptent en ligne directe, ascendante ou descendante : l'anobli fait le *premier degré*, ses enfants *le second* (*V.* QUARTIER). — DEGRÉ (*fauconnerie*), se dit de chacun des endroits où l'oiseau, durant sa montée ou son élévation, tourne la tête et prend une nouvelle carrière.

DEGRÉ (*alg.*), terme employé pour désigner les équations d'après la plus haute puissance de l'inconnue qu'elles renferment. Ainsi, une équation du *cinquième degré*, par exemple, est celle dans laquelle x est la cinquième puissance, ou qui contient x^5 (*V.* ÉQUATIONS). — DEGRÉ (*géom.*). C'est la 360e partie de la circonférence d'un cercle suivant la division sexagésimale ou la 400e suivant la division centésimale. Toute circonférence de cercle étant supposée divisée en degrés, on désigne la grandeur d'un angle par le nombre de degrés et de fractions de degré que renferme l'arc qui lui sert de mesure. Ainsi, un angle de 30° sexagésimaux est un angle qui, placé au centre d'un cercle, intercepte entre ses côtés un arc dont le rapport avec la circonférence entière est le même que celui de 30 à 360 (*V.* ANGLE n° 15).

DEGRÉ *de latitude.* (*V.* LATITUDE).

DEGRÉ *de longitude.* (*V.* LONGITUDE).

DEGRÉ *terrestre.* Si la terre était une sphère exacte, un degré terrestre la 360e partie de sa circonférence (division sexagésimale); tous les degrés seraient égaux, et les angles au centre de la terre intercepteraient entre leurs côtés des arcs qui leur seraient proportionnels. Mais la terre est loin d'être parfaitement sphérique, et conséquemment les angles égaux au centre ne déterminent pas des arcs égaux à la surface. Ce qu'on nomme degré terrestre est la portion d'un arc terrestre qui correspond à un degré céleste ; ainsi, un degré mesuré de cette manière est un angle qui n'a pas son sommet au centre de la terre, mais au point de concours des verticales tirées des deux extrémités du degré céleste perpendiculairement à la terre. Un degré terrestre est donc l'espace qu'il faut parcourir sur la terre pour que la ligne verticale ait changé d'un degré. Cet espace étant d'autant plus grand que la courbure est plus petite, si la terre est aplatie vers les pôles, les degrés terrestres mesurés sur le méridien doivent être d'autant plus grands qu'ils sont plus près du pôle, où la courbure est la plus grande, et c'est ce que l'expérience a confirmé (*V.* MESURE DE LA TERRE).

DEGRÉS DE JURIDICTION. Il faut observer les *degrés de juridiction*, c'est-à-dire qu'une demande doit être portée au juge qui doit en connaître le premier, avant de l'être au tribunal chargé de réviser, sur l'appel, la décision de ce premier juge. Si, par exemple, une affaire doit être décidée par le juge de paix, sauf l'appel au tribunal civil, on doit d'abord la porter à ce juge ; et elle ne peut être présentée au tribunal civil qu'autant que ce juge a statué et qu'on demande la réformation de ce jugement.

DEGRÉS DE PARENTÉ. On appelle ainsi la distance qu'il y a entre ceux qui sont unis par les liens du sang. — La proximité de parenté s'établit par le nombre de générations : chaque génération s'appelle un degré. — La suite des degrés forme la ligne. En ligne directe, on compte autant de degrés qu'il y a de générations entre les personnes : ainsi le fils est, à l'égard du père, au premier degré ; le petit-fils au second, et réciproquement du père et de l'aïeul à l'égard des fils et petits-fils. — En ligne collatérale, les degrés se comptent par les générations, depuis l'un des parents jusques et non compris l'auteur commun, et depuis celui-ci jusqu'à l'autre parent. — Ainsi deux frères sont au deuxième degré ; l'oncle et le neveu sont au troisième degré, les cousins-germains au quatrième, ainsi de suite. (Cod. civ., art. 725 et suiv.) Les parents au delà du douzième degré ne succèdent pas.) *Ibid.*, art. 755.)

DEGRÉS UNIVERSITAIRES. On appelle ainsi les différents grades conférés dans le régime des Universités. On dit d'un homme qui a acquis tous ces grades qu'il a pris *ses degrés*. — Cet usage, qui nous est venu d'Italie, s'introduisit en France dès l'année 1145, époque à laquelle deux savants théologiens, Pierre Lombard et Gilbert de la Porée, furent reçus docteurs par l'Université de Paris. Dans le siècle suivant, l'Angleterre et l'Allemagne suivirent cet exemple. — Les grades ne se conféraient d'abord que dans la seule faculté de théologie ; le candidat était tenu de consacrer cinq années à l'étude de la théologie. Alors il subissait plusieurs examens dont chacun devait durer un nombre d'heures déterminé, et soutenait des thèses dont la dernière et la plus importante se nommait *vespérie*, parce qu'elle commençait à trois heures de l'après-midi et finissait à six. C'est ainsi qu'il prenait successivement les degrés de *maître ès arts*, *bachelier*, *licencié* et *docteur*. Pour chacun de ces grades il y avait à acquitter un droit qui variait de 200 à 600 livres. Les facultés de droit et de médecine eurent bientôt aussi leurs degrés, qui étaient à peu près les mêmes que ceux de la théologie. — Tel était encore l'état des choses en 1789 ; aujourd'hui il n'existe plus dans l'Université de France que trois degrés : le *baccalauréat*, la *licence* et le *doctorat*, chacun desquels ne s'acquiert qu'après un certain nombre d'années d'études, après des examens, des thèses, des inscriptions, et enfin après le paiement des droits universitaires. Le décret impérial de 1808 a institué des *docteurs ès sciences* et des *docteurs en théologie protestante*. — Aucune inscription ne peut avoir lieu dans une faculté sans la présentation préalable du diplôme de bachelier ès lettres. Une ordonnance de 1826 avait créé le grade de *bachelier ès sciences*, dont le diplôme était exigé notamment à la faculté de médecine. Cependant les candidats qui déclaraient n'aspirer qu'au grade d'officier de santé étaient exempts de cette formalité ; mais, dans ce cas, ils étaient tenus de prendre quatre inscriptions au lieu de trois. En 1830, le grade de bachelier ès sciences fut supprimé ; il fut rétabli au mois d'août 1836, et les choses aujourd'hui sont sur le même pied qu'en 1836. — Dans les pays étrangers les personnes *graduées* n'ont pas toujours les mêmes titres. On crée bien partout des docteurs, mais, au lieu des licenciés et des bacheliers, quelques universités ne nomment que des *magisters* ou des *candidats*. En Russie, ces titres donnent droit à un certain rang dans la hiérarchie du service.

DÉGRÉER (*t. de marine*). Il se dit en parlant d'un bâtiment dont on ôte les agrès, les voiles, les cordages et autres choses nécessaires à la manœuvre, ou qui perd ses agrès, soit par accident, soit dans un combat.

DÉGRÉAGE, s. m. (*marine*). Il se dit quelquefois de l'état d'un bâtiment dépouillé de son gréement.

DÉGRÉER, v. a. (*v. lang.*), déplaire, être désagréable.

DÉGRÉNAGE, s. m. (*technol*), action de retirer du moulin les matières destinées à produire les pâtes céramiques.

DÉGRÉNER, v. a. (*technol.*), exécuter le dégrénage.

DEGRÉS-BORDÉS, s. m. (*zool.*), nom marchand d'une coquille univalve.

DÉGRÈVEMENT, action de dégrever quelqu'un, de diminuer son imposition jugée trop forte.

DÉGREVER, diminuer une imposition, une taxe jugée trop forte.

DÉGRINGOLADE, action de dégringoler. Il est familier.

DÉGRINGOLANDO, adv., en dégringolant. Fig., de mal en pis : *il va degringolando.* Ce mot est très familier et n'appartient qu'au style burlesque.

DÉGRINGOLER, descendre avec précipitation, et souvent plus vite qu'on ne voudrait. Il se dit quelquefois pour rouler du haut en bas. Il est familier dans les deux sens.

DÉGRISEMENT, s. m., passage de l'état d'ivresse, d'exaltation, à une situation calme, à la plénitude de la raison. Il est familier.

DÉGRISER, faire passer l'ivresse. Il signifie figurément détruire l'illusion, le charme, l'espérance. Il est familier dans les deux sens.

DÉGROSSER, v. a. (*technol.*), amincir les lingots qu'on veut faire passer à la filière.

DÉGROSSI, s. m. (*technol.*), pièce ou laminoir des plombiers ; presse dont on se sert pour rendre les monnaies plus unies ; action de dégrossir une glace avant de la polir.

DÉGROSSIR, (*t. d'arts et métiers*), ôter le plus gros de la matière, pour la préparer à recevoir la forme que l'artiste, que l'ouvrier veut lui donner. Il signifie, figurément, ébaucher. Il signifie encore commencer à débrouiller, à éclaircir. En impr., *dégrossir une épreuve*, lire la première épreuve d'une feuille pour en ôter les plus grosses fautes. Cette locution est maintenant peu usitée.

DÉGROSSISSAGE, s. m. (*technol.*), opération par laquelle on donne la première façon à un ouvrage.

DÉGU, s. m. (*zool.*), espèce de loir du Chili.

DÉGUÉLIA GRIMPANTE (*bot.*). *Deguelia scandens*, arbrisseau grimpant et sarmenteux qui croît dans la Guyane au bord des rivières. Aublet en fait un genre de la famille des légumineuses, de la *diadelphie décandrie* de Linné, et dont les caractères sont : calice court, urcéolé à deux lèvres, la supérieure entière, l'inférieure trifide; corolle papillonacée; l'étendard très grand rabattu sur les autres pétales; la carène à deux pétales de la longueur des ailes; un ovaire arrondi; un style, un stygmate obtus. Le fruit est une petite gousse roussâtre, globuleuse, bivalve, à une seule loge, renfermant une semence enveloppée dans une substance farineuse. Cet arbrisseau s'élève à trois ou quatre pieds sur un tronc de quatre pouces de diamètre, ses branches longues, sarmenteuses, s'élèvent jusque sur la cime des arbres qui les avoisinent, dont elles laissent pendre un grand nombre de rameaux chargés de feuilles alternes, pétiolées, composées de cinq folioles vertes, deux stipules opposées et caduques à la base des feuilles. Les fleurs sont blanches, disposées en longs épis dans l'aisselle des feuilles et à l'extrémité des rameaux.

DÉGUENILLÉ, ÉE, dont les vêtements sont en lambeaux.

DÉGUENILLER, v. a. Il se dit quelquefois pour déchirer les vêtements, mettre en guenilles. Au figuré il est du langage populaire et signifie maltraiter de paroles.

DEGUERLE (JEAN-NICOLAS-MARIE), né à Issoudun, fit de bonnes études au collége de Montaigu, et montra de bonne heure du goût pour les vers; il fut d'abord placé chez un procureur, puis adopta la carrière de l'enseignement; il était maître de quartier au collége de Lizieux quand la révolution éclata ; ses opinions le firent poursuivre, et il n'échappa qu'avec peine à la mort. Lorsque les temps furent devenus plus calmes, il recommença à cultiver les lettres et reprit l'enseignement. Il fut successivement professeur de grammaire générale à l'université d'Anvers (1800), de belles-lettres à l'école de Saint-Cyr (1801), de rhétorique au collége Bourbon, d'éloquence française à la Faculté des lettres, puis censeur des études au collége Louis-le-Grand; il finit par se borner à cette dernière place dans laquelle il mourut le 11 novembre 1824. Il est auteur d'une traduction en prose de l'*Énéide* et de plusieurs pièces en vers, entre autres des *Contes charmants*.

DÉGUERPIR (*t. de pratique*), abandonner la possession d'un immeuble. On l'emploie souvent absolument. Il s'emploie aussi comme neutre, dans le langage ordinaire, et signifie sortir, se retirer d'un lieu malgré soi.

DÉGUERPISSEMENT. Ce mot, tiré de la langue allemande, désigne l'acte par lequel le détenteur d'un immeuble grevé d'une charge foncière en abandonne la possession pour se soustraire à cette charge.

DÉGUERPISSEUR, s. m. (*prat.*), celui qui fait abandon.

DÉGUEULER, vomir, rendre gorge. Il est bas et ne se dit que d'un vomissement qui vient d'excès de débauche.

DÉGUEULEUX, s. m. (*anc. t. d'hydraul.*). Il se disait autrefois des masques qui ornent les fontaines et qui paraissent vomir des eaux dans un bassin.

DEGUIGNES (*V.* GUIGNES).

DÉGUIGNONNER, faire cesser le guignon, le malheur. Il se dit principalement au jeu.

DÉGUISEMENT, ce qui sert à déguiser une personne. — Il signifie aussi l'état d'une personne déguisée. — Il signifie figurément, fausse apparence. — Il signifie également dissimulation, artifice pour cacher la vérité.

DÉGUISER, travestir une personne de telle sorte qu'il soit difficile de la reconnaître. — Il signifie figurément, cacher quelque chose sous des apparences trompeuses. — *Déguiser son nom*, changer son nom pour n'être pas connu. — *Déguiser sa voix*, parler avec un son de voix différent de sa voix naturelle. — *Déguiser son écriture*, écrire en formant les lettres et les mots d'une façon différente de sa façon habituelle. — *Déguiser son style*, écrire dans un style différent du sien. — *Déguiser les mets*, *les viandes*, les assaisonner, les apprêter de telle sorte qu'il soit difficile de les reconnaître. — DÉGUISER signifie particulièrement présenter, raconter une chose autrement qu'elle n'est, dans l'intention d'abuser, de suprendre. — DÉGUISER s'emploie souvent avec le pronom personnel. — Il signifie quelquefois se montrer tout autre qu'on n'est réellement.

DÉGUSTATEUR, officier qui vérifie et constate la qualité des boissons. Il est aussi adjectif.

DÉGUSTATION, essai qu'on fait des liqueurs en les goûtant.

DÉGUSTER, goûter du vin ou quelque autre boisson pour en connaître la qualité.

DEHAIT ou **DEHAIX**, s. m. Il se disait autrefois pour maladie, tristesse, chagrin. — DEHAIT (*faucon.*), maladie des oiseaux de proie. Il se prenait adjectivement pour malade, chagrin. (*V.* DEHET.)

DEHAITÉ, ÉE, adj. Il se disait autrefois pour malade. *Oiseau dehaité* (*faucon.*), celui qui ne vole pas de bon gré.

DÉHALER, ôter l'impression que le hâle a fait sur le teint. Il s'emploie aussi absolument. — Il s'emploie quelquefois avec le pronom personnel.

DÉHALER (SE), v. pron. (*marine*). Il se dit d'un bâtiment qui, après s'être avancé en se hâlant, recule par une manœuvre contraire.

DÉHANCHÉ, ÉE, qui a les hanches rompues ou disloquées. Il se dit des hommes et des chevaux. — Il se dit, figurément et familièrement, de ceux qui marchent sans être fermes sur leurs hanches.

DÉHARDER, v. a. (*chasse*), détacher des chiens quand on en a lié plusieurs couples ensemble.

DÉHARNACHEMENT, action de déharnacher.

DÉHARNACHER, ôter le harnais à un cheval de trait.

DEHEEM (JEAN-DAVID), peintre, né à Utrecht vers 1604, excella à peindre des fleurs, des fruits, des vases d'or et d'argent, et surtout le cristal. Il mourut à Anvers en 1674.

DÉHÉRITE, s. m. (*phil. arabe*). Il se dit des philosophes arabes, tels que Avicenne, Averroès, qui croient le monde éternel.

DEHET, s. m. (*v. lang.*), mal, malheur. *Dehet*, adj. m., malade, affligé.

DEHISCENCE (*bot.*). Ce mot qui signifie l'action de s'ouvrir, est employé en botanique pour l'anthère et le fruit. La déhiscence des anthères ou manière dont elles répandent la poussière fécondante, a ordinairement lieu par le sillon longitudinal situé entre les deux loges; dans la bruyère le pollen s'échappe par deux petits trous qui se trouvent à la partie inférieure de ses loges; dans la pyrole, au contraire, ces trous sont placés à la partie inférieure. Les lauriers émettent la poussière fécondante par des valves qui s'enlèvent du bas au sommet de l'anthère. Dans les fruits il y a plusieurs modes de déhiscence; chez plusieurs fruits charnus le péricarpe se rompt en plusieurs pièces, lorsque la graine est mure. Chez d'autres, tels que le pavot et l'antirrhinum, il se forme un certain nombre de trous au sommet du péricarpe par lesquels passent les graines. Dans l'œillet, la saponnaire et la plupart des caryophyllées, la déhiscence a lieu par le moyen de petites dents placées au sommet de la capsule, et qui, d'abord unies entre elles, s'écartent en laissant une ouverture au sommet. Enfin le fruit s'ouvre en un certain nombre de valves dont le nombre varie selon les espèces, ainsi celui du laurier rose s'ouvre en une seule valve longitudinale; les légumineuses et les crucifères ont deux valves. Lorsque le péricarpe n'a qu'une loge, le nombre de valves est d'ordinaire égal à celui des stigmates; mais si le péricarpe a plusieurs loges, le nombre des valves est égal à celui de ces dernières. Par opposition, on a nommé *indéhiscents* les fruits qui ne s'ouvrent pas à l'époque de leur maturité; tels sont les melons, les cerises, les pommes et en général les fruits charnus. J. P.

DEHNE (JEAN-CHRÉTIEN-CONRAD), médecin-physicien de Schoeningen, mort en 1791, a écrit plusieurs ouvrages sur les propriétés médicales de la teinture d'antimoine et sur l'hydrophobie.

DÉHONTÉ, ÉE, éhonté, sans honte, sans pudeur.

DÉHONTER, v. a. Il s'est employé autrefois pour déshonorer, on le trouve dans Th. Corneille.

DEHORS, hors du lieu, hors de la chose dont il s'agit. — Fig.: *Mettre quelqu'un dehors*, le chasser, lui donner son congé. — En terme de commerce : *Mettre dehors un billet*, etc., le mettre en circulation en le passant à l'ordre de quelqu'un. Fig. et fam. : *Ne pas savoir si l'on est dedans ou dehors*, être incertain de l'état de ses affaires, de la situation où l'on est auprès de certaines personnes, du parti qu'on prendra, de l'opinion qu'on doit embrasser, etc. — *Ne pas savoir si une personne est dedans ou dehors*, ne pas connaître son opinion, ses vues, ses intentions, etc. — DEHORS désigne particulièrement, en terme de marine, la pleine mer, le large, par oppositions aux rades, aux ports, aux côtes. *Ce bâtiment va mettre dehors*, va sortir du port, de la rade. — En termes de marine : *Toutes voiles dehors*, toutes les voiles étant déployées. *De dehors*, *en dehors*, *par dehors*, de l'extérieur, à l'extérieur, par l'extérieur. *Porter la pointe du pied en dehors*, marcher de manière qu'il y ait plus de distance entre les deux pointes des pieds qu'entre les talons. — Fig. et fam. : *Etre en dehors*, *tout en dehors*, être d'une extrême franchise, ne cacher aucun de ses sentiments. *En dehors*, s'emploie quelquefois avec *de* comme locution prépositive. — Fig.: *Cela est en dehors de la question*, cela n'appartient pas, ne se rapporte pas à la question. — *Par dehors* est aussi quelquefois préposition. — DEHORS se dit substantivement de la partie extérieure de quelque chose. *Les dehors d'un château, d'une maison*, etc., les avenues, avant-cour, parc, etc., qui dépendent d'un château, d'une maison. *Les dehors d'une place*, les fortifications extérieures, les ouvrages détachés de la place. — En termes de manége : *La jambe du dehors, la rêne du dehors*, etc., la jambe, la rêne, etc., qui sont du côté du mur, par opposition à la jambe, à la rêne, etc., qui sont du côté de l'intérieur du manége. — DEHORS, substantif, se dit figurément au pluriel pour apparence.

DEHORS, s. m. (*manége*), le côté opposé à celui sur lequel le cheval tourne. *Etre en dehors* (*danse*), se dit d'un danseur quand ses hanches sont ouvertes, et ses pieds et ses genoux tournés en dehors.

DÉHORTATOIRE, adj. des 2 g. (*diplom.*), qui exhorte, qui engage à ne pas faire une chose,

DÉHOUSER, v. a. Il se disait autrefois pour ôter les bottes, les houseaux, et fig., dépuceler. Au neutre il signifiait quitter ses bottes, et fig., mourir.

DEI, s. m. (*relig. pers.*), nom que les Persans, selon d'Herbelet, donnent au bon principe. *Dei* (*calend.*), se dit aussi d'après la même autorité d'un mois de l'année persane qui répond à décembre.

DEI (JEAN-BAPTISTE), généalogiste de Toscane, mort à Florence en 1789, a laissé l'arbre généalogique de la maison ducale des Médicis, qui fut imprimé en 1761.

DÉICIDE. On ne se sert de ce mot qu'en parlant de la mort à laquelle Pilate et les Juifs ont condamné le Sauveur du monde. Il est formé de *Deus*, Dieu, et de *cædo*, je tue. Déicide signifie mort d'un Dieu, comme *homicide* le meurtre d'un homme, *parricide* celui d'un père, et autres semblables composés. A la vérité, c'est en tant qu'homme, et non en tant que Dieu, que Jésus-Christ est mort ; mais, en vertu de l'incarnation, on doit attribuer à la personne divine toutes les qualités et les actions de la nature divine et de la nature humaine ; conséquemment il est vrai dans toute la rigueur des termes, en parlant de Jésus-Christ, qu'un Dieu est né, mort, ressuscité, etc. (*V.* INCARNATION.) — Les rabbins, qui ont voulu faire l'apologie de leur nation, se sont efforcé de prouver qu'elle ne s'est point rendue coupable d'un *déicide*, et que l'on ne peut l'en accuser sans injustice ; ils en concluent que l'état d'opprobre et de souffrance où elle est réduite, depuis dix-sept siècles, ne peut être une punition de ce crime prétendu. Les incrédules, toujours prêts à faire cause commune avec les ennemis du christianisme, ont répété les raisons des rabbins ; il les ont principalement puisées dans l'usage du juif Orobio, et dans le recueil de Wagenseil, *Philippi à Limborch amica collatio cum erudito Judæo. Tela ignea satanæ*, etc. — 1° Ce ne sont pas les Juifs, disent-ils, mais les Romains qui ont crucifié Jésus ; quand ce seraient les Juifs, leurs descendants n'en sont point responsables ; il y aurait de l'injustice à les punir du crime de leurs pères. Les Juifs dispersés par tout le monde n'eurent point de part à ce qui se passait à Jérusalem, et cependant on suppose que leurs descendants sont punis aussi bien que les autres. Pour que l'on pût accuser de *déicide* les meurtriers de Jésus, il faudrait qu'ils l'eussent connu pour fils de Dieu ; or ils ne l'ont jamais connu comme tel ; Jésus lui-même, en demandant pardon pour eux, a dit : *Ils ne savent ce qu'ils font*, et saint Paul dit que s'ils avaient connu le Seigneur de gloire ils ne l'auraient pas crucifié. I, Cor., c. 2, v. 8. — *Réponse*. Les apologistes des Juifs oublient que Jésus fut condamné à mort par le grand prêtre et par le conseil souverain de la nation, que ce furent ses juges mêmes qui demandèrent à Pilate l'exécution de leur sentence, qui engagèrent le peuple à crier : *Crucifige* ; *que son sang tombe sur nous et sur nos enfants*. Leurs descendants applaudissent encore à cette conduite, ils maudissent Jésus-Christ et blasphèment contre lui aussi bien que leurs pères, ils sont encore aussi obstinés que ceux de Jérusalem après dix-sept cents ans de punition. Ceux qui étaient dispersés hors de la Judée, et qui eurent connaissance de la condamnation et de la mort de Jésus, l'approuvèrent ; ils rejetèrent la grâce de l'Évangile lorsqu'elle fut annoncée ; ils persécutèrent les apôtres ; ils se rendirent donc complices, autant qu'ils le purent, du crime commis à Jérusalem, et leurs descendants font de même ; c'est donc ici un crime national, s'il en fut jamais ; ces derniers ne sont pas punis du péché de leurs pères, mais de leur propre crime. — Pour qu'il soit justement nommé *déicide*, soit dans les pères, soit dans les enfants, il n'est pas nécessaire qu'ils aient connu Jésus-Christ pour ce qu'il était, il suffit qu'ils aient pu le connaître s'ils avaient voulu. Or, Jésus-Christ avait prouvé si clairement sa divinité par ses miracles, par ses vertus, par la sainteté de sa doctrine, par les anciennes prophéties, par celles qu'il fit lui-même, que l'incrédulité des Juifs est inexcusable. Par un excès de charité, Jésus-Christ a cherché à l'excuser ; saint Paul a fait de même, mais il ne s'ensuit pas que ces meurtriers aient été innocents. Il aurait fallu une malice diabolique pour sacrifier un Dieu comme tel. — 2° Les Juifs, continuent leurs apologistes, ne nous paraissent pas fort coupables pour n'avoir pas reconnu dans Jésus la qualité de Messie et de fils de Dieu. Les anciennes prophéties semblaient annoncer plutôt aux Juifs un libérateur temporel, un conquérant, qu'un prophète, un docteur ou un rédempteur spirituel ; ils n'étaient pas obligés de deviner que tous ces anciens oracles devaient être entendus dans un sens figuré et métaphorique. Quelque nombreux que fussent les miracles de Jésus, on pouvait y soupçonner du naturalisme ou de la fraude ; d'ailleurs les Juifs étaient persuadés qu'un faux prophète pouvait en faire. S'il montrait des vertus, sa conduite n'était cependant pas à couvert de tout reproche : il violait le sabbat ; il ne faisait aucun cas des cérémonies légales ; il traitait durement les docteurs de la loi ; sa doctrine paraissait, en plusieurs points, contraire à celle de Moïse. — *Réponse*. Tout cela prouve très bien que quand les hommes veulent s'aveugler, ils ne manquent jamais de prétextes ; c'est ce que font encore les incrédules, parfaits imitateurs des Juifs. Ceux-ci ne prenaient les prophéties dans un sens grossier que parce qu'ils étaient plus attachés aux biens de ce monde qu'à ceux de l'autre vie, et qu'ils faisaient plus de cas d'une délivrance temporelle que d'une rédemption spirituelle. Il est prouvé d'ailleurs que la plupart des prédictions des prophètes ne pouvaient absolument s'accomplir dans le sens que les Juifs y donnaient (*V.* PROPHÉTIES). Leurs soupçons contre les miracles de Jésus-Christ, renouvelés par les incrédules, sont évidemment absurdes. Quand on aurait pu avoir quelque défiance de ceux qu'il fit pendant sa vie, que pouvait-on alléguer contre les prodiges qui arrivèrent à sa mort, surtout contre sa résurrection, contre la descente du Saint-Esprit sur les apôtres, etc. ? Le prétendu pouvoir des faux prophètes de faire des miracles n'est prouvé par aucun passage de l'Ecriture-Sainte, ni par aucun exemple.) *V.* MIRACLE). — Jésus-Christ ne détourna jamais personne d'accomplir les cérémonies légales ; au contraire, en les comparant aux devoirs de la loi naturelle, il disait qu'il faut accomplir les uns et ne pas omettre les autres. Matt., c. 23, v. 23. Mais il blâmait, avec raison, l'entêtement des Juifs, qui attachaient plus de mérite aux cérémonies qu'aux vertus, et qui poussaient la démence jusqu'à prétendre que Jésus-Christ violait la loi du sabbat, en guérissant des malades. Josèphe, quoique juif, est convenu que dans ce temps-là les chefs, les prêtres et les docteurs de sa nation, étaient des hommes très corrompus ; Jésus-Christ, qui avait authentiquement prouvé sa mission, était donc en droit de leur reprocher leurs désordres. Jamais on ne prouvera que sa doctrine ait été opposée à celle de Moïse. — 3° Moïse, dit Orobio, n'a jamais averti les Juifs que leur incrédulité au Messie leur ferait encourir la malédiction de Dieu, et que pour l'avoir rejeté ils seraient dispersés, haïs, persécutés par toutes les nations ; si leur captivité présente était une punition de ce crime, ils ne pourraient rendre leur sort meilleur qu'en adorant Jésus ; mais soit qu'un juif se fasse mahométan, païen ou chrétien, il se soustrait également à l'opprobre jeté sur sa nation. — *Réponse*. Dieu avait suffisamment averti les Juifs de leur sort futur ; lorsqu'il leur dit, par la bouche de Moïse, Deut., c. 18, v. 19 : « Si quelqu'un » n'écoute pas le prophète que j'enverrai, j'en serai le ven» geur. » Cette menace n'était-elle pas assez terrible pour les intimider et les rendre dociles ? Dans l'article DANIEL, nous avons vu que ce prophète a distinctement prédit qu'après la mort du Messie sa nation serait réduite à l'excès de la désolation, et que ce serait pour toujours ; les juifs ont donc tort de chercher ailleurs la cause de leur malheur présent. De ce qu'un juif s'y soustrait en embrassant une autre religion, vraie ou fausse, il s'ensuit que leur état est plutôt une punition nationale qu'un châtiment personnel et particulier, ou plutôt qu'il est l'un et l'autre, et nous en convenons. Au mot CAPTIVITÉ, nous avons fait voir qu'il n'est pas vrai que cet état soit une continuation et une extension de la captivité de Babylone.

DEIDAMIE, fille de Lycomède, roi de Scyros, fut aimée d'Achille dans le temps qu'il était caché à Scyros sous des habits de femme; elle en eut un fils nommé Néoptolème ou Pyrrhus.

DEIDAMIE, fille d'Adraste, roi d'Argos, nommée aussi Hippodamie, épousa Pirithoüs, roi des Lapithes. Ce fut à leurs noces que commença la querelle des Lapithes et des Centaures.

DEIDAMIE, fille de Bellérophon, épousa Evandre, dont elle eut un fils nommé Bellérophon, ainsi que son aïeul.

DEIDAMIE, fille de Pyrrhus, tué par les Epirotes.

DÉIDAMIE (*bot.*), genre de plantes de la famille des passiflorées, qui s'en éloignent cependant par la forme de leur fruit, mais dont les autres caractères ne permettent pas de les en éloigner. Ce genre a été créé sur un arbuste de Madagascar, que les naturels appellent *Vahing viloma.* Les tiges sont anguleuses et grimpantes à la manière des lianes; ses feuilles alternes et ailées sont composées de cinq folioles ovales, échancrées au sommet; leurs fleurs présentent les caractères suivants: calice à cinq ou six divisions pétaloïdes, ovales; corolle nulle, remplacée par un rang de filets plus courts que le calice; étamines au nombre de cinq, à filets réunis par la base; ovaire supère, surmonté de trois ou quatre styles ou stygmates; fruit capsulaire, ovoïde à quatre valves déhiscentes, et autant de loges. La seule espèce connue est la *Déidamie ailée*, *D. alata*; son fruit, à peu près de la grosseur d'un œuf, est un aliment des Madécasses, c'est la graine qu'ils recherchent, et le nom qu'ils lui donnent (Vahing vilama) signifie *liane bonne à manger*. J. P.

DEIDIER (ANTOINE), médecin, occupa la chaire de chimie de Montpellier, en 1696. Il fut envoyé à Marseille pour secourir les habitants affligés de la peste, en 1720. Son dévouement et son zèle, en cette occasion, lui valurent le cordon de Saint-Michel et plusieurs autres faveurs. Retiré à Marseille, il y exerça l'emploi de médecin des galères jusqu'à sa mort, arrivée en 1746.

DEIDIER (L'ABBÉ), mathématicien du XVIIIe siècle, obtint par ses travaux la chaire de mathématiques à l'école d'artillerie de la Fère. Il publia un très grand nombre d'ouvrages sur la science qu'il professait. L'abbé Deidier rendit de grands services à l'instruction par ses écrits et par son zèle à remplir les devoirs de sa place; mais il fut trop partisan des méthodes synthétiques.

DÉIFICATION, apothéose, action par laquelle on déifie, on divinise (*V.* APOTHÉOSE).

DEI GRATIA, formule pieuse par laquelle, en tête des actes émanés de leur pouvoir, les rois reconnaissaient tenir leur autorité de Dieu et avouaient humblement leur dépendance de ce maître supérieur de tous les dominateurs des peuples. Elle semble imitée de cette autre formule, par laquelle les évêques et les papes se déclaraient *episcopi divinâ clementiâ, permissu divino*, etc. Mais, employée par les rois, la formule *Dei gratiâ* ne fut pas toujours un signe d'humilité et de soumission envers la divinité; elle marque au contraire leur orgueil, et fut comme l'expression abrégée du *droit divin*, en vertu duquel, ne croyant devoir aucun compte de leurs actions au peuple, ils prétendaient ne tenir leur couronne que de Dieu, et être, par le fait seul de leur naissance, d'une nature supérieure à celle de leurs sujets. En France, la formule *Dei gratiâ* ne paraît sur le sceau des rois que sous la seconde race. Le premier de tous, où elle figure incontestablement, est celui de Charles-le-Chauve, apposée à une charte de l'an 849. Quoique Pepin-le-Bref, en mémoire de ce qu'il avait été élevé au trône par une voie extraordinaire, se soit servi le premier de cette formule, on ne la trouve point sur ses sceaux. Du reste, des prélats, des ducs, des comtes, etc., s'intitulèrent souvent *par la grâce de Dieu*; mais ce n'est que dans des temps assez rapprochés de nous que cette formule emporta réellement avec elle l'idée de souveraineté indépendante. Charles VII, le premier, l'employa en ce sens, et interdit ce titre aux grands vassaux qui voulaient l'usurper. Depuis ce temps cette formule a toujours été réservée aux souverains. Les prélats du second ordre cessèrent de s'en servir à la fin du XVe siècle; les évêques, au contraire, l'ont conservée, mais sans y ajouter toujours les mots *et apostolicæ sedis*. Avant la révolution et depuis Henri IV, nos rois s'intitulaient N., *par la grâce de Dieu, roi de France et de Navarre.* Napoléon adopta la formule, *par la grâce de Dieu et les constitutions de l'empire, empereur des Français*, etc. Louis XVIII et Charles X revinrent aux anciens errements; mais depuis la révolution de juillet on ne se sert plus en France de cette formule, encore en plein usage dans d'autres pays.

DEION ou **DEIONÉE**, fils d'Éole et roi de Phocide, épousa Diomédé, fille de son oncle Xuthus, dont il eut plusieurs enfants, entre autres Céphale. Il fiança une de ses filles, Dia, à Ixion. Son gendre futur l'attira dans sa maison, sous prétexte de lui faire un présent, et le jeta dans une fournaise ardente.

DEIONE, maîtresse d'Apollon, mère de Mélitus.

DEIOPÉE, la plus belle des quatorze nymphes de la suite de Junon. Cette déesse la promit à Eole, s'il consentait à susciter une tempête contre la flotte d'Enée, près d'entrer en Italie.

DEIOPÉE, nymphe de la suite de Cyrène.

DEIPHILE ou **DEIPYLE**, , une des filles d'Adraste, roi d'Argos, fut femme de Tydée et mère de Diomède.

DEIPHILE, fils de Sténélus, un des principaux chefs de l'armée coalisée contre Thèbes, était ami de Capanée.

DEIPHOBE, fille de Glaucus, prêtresse d'Hécate et sybille de Cumes. Dans sa jeunesse elle avait été aimée d'Apollon, qui, pour la rendre sensible, offrit de lui accorder tout ce qu'elle souhaiterait. Deiphobe demanda de vivre autant d'années qu'elle tenait de grains de sable dans la main; mais elle ne demanda pas pendant le cours de cette longue vie la fraîcheur et la beauté. Elle avait sept cents ans lors de l'arrivée d'Enée en Italie, et il lui restait encore trois cents ans à traîner une vie languissante et accablée d'infirmités. C'est elle qui guida Enée aux enfers.

DEIPHOBE, fils de Priam et d'Hécube, époux d'Hélène après la mort de Pâris. Cette femme parjure introduisit Ménélas auprès du lit de Deiphobe, la nuit de la prise de Troie, et le fit poignarder. Il s'était signalé dans la guerre de Troie, surtout contre Mérion et contre Ascalaphe, fils de Mars, qui tomba sous ses coups.

DEIPHOBE (*ins.*). Ce nom, d'un des fils de Priam, a été donné par Linné à une espèce de papillon rangé parmi les chevaliers troyens, ou à taches de sang sur la poitrine.

DEIPHOBE, fils d'Hippolyte, qui purifia Hercule du meurtre d'Iphitus.

DEIPHON, frère de Triptolème et fils de Célée et de Métanire. Célée ayant donné l'hospitalité à Cérès, la déesse, pour le récompenser, voulut donner l'immortalité à Deiphon. Tous les jours elle le mettait sur des charbons ardents, pour le purifier de ce qu'il avait de mortel. Métanire la surprit au milieu de cette mystérieuse occupation, et la troubla tellement par ses cris, qu'elle remonta aussitôt dans son char et laissa périr Deiphon.

DEIPHON, mari d'Hirnetho, fille de Témène, roi d'Argos.

DEIPNOCLÉTOR, s. m. (*ant. gr.*). Il se dit de ceux qui étaient chargés d'inviter les conviés à un festin.

DEIPROSOPHISTE, s. m, (*philos.*), nom par lequel on désigne les philosophes qui dissertaient à table sur des points de métaphysique ou de morale. Les *Diprosophistes* ou *le Banquet des Sophistes*, titre d'un ouvrage d'Athénée de Naucratis, dans lequel l'auteur présente une réunion de savants qui discutent sur des matières scientifiques chez un riche romain nommé Laurentius.

DEIPNUS, s. m. (*myth. gr.*), Dieu auquel les Achéens attribuaient l'institution des festins,

DEIRON (JACQUES), né à Nismes vers le commencement du XVIIe siècle, a publié, sous deux titres, un ouvrage fort peu estimé sur les antiquités de Nismes.

DEISCH (JEAN-ANDRÉ), médecin allemand, né à Augsbourg en 1713, se livra particulièrement à la pratique des accouchements. La plupart des écrits qu'il a laissés ont cette matière pour objet.

DÉISME, système de ceux qui, rejetant toute révélation, croient seulement à l'existence de Dieu. (*V.* DIEU et RÉVÉLATION).

DÉISTE, celui ou celle qui reconnaît un Dieu, mais qui rejette toute religion révélée (*V.* DIEU et RÉVÉLATION.)

DEITÉ, divinité, dieu ou déesse de la fable.

DEIVIRIL, ILE, adj. (*théol.*), qui est à la fois divin et humain. Ce terme a été employé par Fleury. (*V.* THÉAUDRIQUE.)

DÉJA, dès l'heure présente, dès à présent. Il signifie également dès lors, dès le temps, dès le moment dont je parle, et s'applique tant au passé qu'à l'avenir. Il se prend aussi pour auparavant.

DÉJANIRE, fille d'Oinée, roi d'Etolie, se promit à celui de ses amants qui surpasserait tous les autres en force. Hercule l'emporta, et épousa la princesse, dont il eut plusieurs enfants, entre autres Hyllus, tige des Héraclides, qui régnèrent dans le Péloponnèse et la Macédoine. Un jour que les deux époux voyageaient ensemble, ils furent tout-à-coup arrêtés par le fleuve Evenus. Le centaure Nessus transporta Déjanire sur l'autre rive; mais il voulait lui faire violence quand le héros lui lança une flèche empoisonnée et le blessa mortellement. Nessus, pour se venger, donna à Déjanire sa tunique teinte d'un sang empoisonné, comme un talisman propre à lui rendre le cœur de son mari, si jamais il devenait infidèle. Déjanire reçut ce présent avec joie. Quelque temps après, ayant appris qu'Hercule était retenu par les charmes d'Iole, fille d'Euryte, elle lui envoya, par un esclave nommé Lychas, la tunique fatale dont le poison le fit périr. Déjanire fut si affligée de la mort de son mari, qu'elle se tua de désespoir.

DÉJAUGER, v. n. (*marine*). Il se dit d'un bâtiment qui, après avoir touché sur un fond, s'élève au-dessus de sa ligne de flottaison.

DEJAURE (JEAN-ELIE-BEDENC), né en 1761, consacra toute sa vie aux lettres, et obtint quelques succès dans la carrière théâtrale. Il débuta par un éloge de J.-J. Rousseau, 1792, in-8°. Ses autres ouvrages sont des compositions dramatiques : Louise et Volsan, comédie en trois actes et en prose; le nouveau d'Assas, trait civique en un acte et en prose, mêlé de chant, 1790. Dejaure mourut le 6 octobre 1799.

DEJEAN (JEAN-FRANÇOIS-AIMÉ, COMTE), né à Castelnaudary le 6 octobre 1749, fut nommé ingénieur ordinaire du roi, après avoir passé par les écoles de Sorèze et de Mézières. De 1781 à 1791 il fut employé comme ingénieur en chef dans celle de Picardie. Au commencement des guerres de la révolution il était commandant des gardes nationales de la Somme, et il quitta ce poste pour entrer dans l'armée active. Il servit alors sous Dumouriez, mais après la condamnation de Louis XVI, il écrivit au ministre de la guerre Beurnonville, pour lui donner sa démission, qu'il retira néanmoins peu après. Dans le courant de 1793, il fut nommé commandant du génie et directeur des fortifications, et sa conduite à Courtray, à Menin, à Nimègues et à Ypres, lui valurent le grade de général de brigade. Celui de général de division lui fut mérité par la part active et l'habileté qu'il montra lors du passage du Rhin par l'armée de Sambre-et-Meuse, dans la nuit du 5 au 6 septembre 1795. Dejean fut quelque temps après général en chef par interim de l'armée du Nord. Au 13 fructidor, il fut mis à la réforme, parce qu'il faisait partie des clichiens, qui succombaient alors. L'année suivante il reprit ses fonctions d'inspecteur général des fortifications, puis, après le 18 brumaire, il devint conseiller d'État, passa en Italie, fut un des commissaires chargés de l'exécution des conventions signées à Marengo, fut envoyé comme ministre extraordinaire à Gênes, et devint enfin ministre de la guerre. Nommé premier inspecteur général du génie, il fut envoyé en cette qualité à Anvers lors du débarquement des Anglais à l'embouchure de l'Escaut, en 1809, et s'occupa d'organiser les moyens de défense de cette place. Peu de temps après, le portefeuille de la guerre lui fut enlevé; il conserva néanmoins l'inspection générale du génie. En 1812 il fut élu président à vie du collége électoral d'Indre-et-Loire et membre du Sénat conservateur. Lors de la déchéance de Napoléon, Dejean adhéra au gouvernement provisoire, et fut nommé, lors de la première restauration, pair de France, gouverneur de l'École polytechnique et président du comité de liquidation de l'arriéré. En 1815, il reprit néanmoins sa place d'inspecteur général, remplit les fonctions de grand chancelier de la Légion-d'Honneur et celles d'aide de camp de l'empereur, qui le créa membre de la nouvelle Chambre des pairs. Dépouillé de tous ses emplois lors de la deuxième restauration, il y fut rétabli sous le ministère de Gouvion-Saint-Cyr et chargé de la direction générale des subsistances. Il fut aussi rappelé à la Chambre des pairs le 6 mars 1819. Il mourut à Paris le 12 mai 1824.

DÉJECTION (*t. de méd.*), évacuation des excréments par l'anus. Il se dit également, surtout au pluriel, des matières évacuées.

DÉJECTION OU CHUTE D'UNE PLANÈTE (*astrol.*), se disait du signe du Zodiaque opposé à celui où la planète avait le plus d'influence.

DÉJETER (SE). Il se dit proprement du bois qui, soit par l'effet de la sécheresse ou de l'humidité, soit parce qu'il a été employé trop vert, se resserre, s'enfle, se courbe, se déjoint ou se fend. Il se dit quelquefois, par extension, de certaines parties du corps, lorsqu'elles se contournent ou s'écartent de leur direction naturelle.

DÉJEUNER. Le repas du matin, ou les mets, les aliments qu'on mange à ce repas. *Déjeuner-dîner*, grand déjeuner, qui se fait plus tard dans la matinée que les déjeuners ordinaires et qui tient lieu de dîner. Privat. et figur., *il n'en a pas pour un déjeuner*, se dit d'un prodigue, d'un dissipateur qui se dépêche de manger son bien. On dit aussi : *Il n'y en a pas pour un déjeuner*, en parlant d'un bien, d'un patrimoine qui peut être aisément dissipé en peu de temps. Cela se dit également en parlant d'une force, d'une résistance que l'on croit facile à vaincre, à surmonter. Figur. et fam., *c'est un déjeuner de soleil*, se dit d'une étoffe dont la couleur se passe aisément. — DÉJEUNER, signifie aussi une espèce de petit plateau garni d'une tasse, d'une soucoupe, etc.

DÉJEUNER, v. n. Il s'employait autrefois passivement en parlant d'une nouvelle. *Il a été déjeuné de cette affaire.*

DEJOCÈS, fondateur de l'empire des Mèdes, fils de Phraorte, arracha la Médie au joug des Assyriens et y établit le gouvernement républicain vers 709 avant J.-C. Quelque temps après (710) il fut porté au trône par la reconnaissance de ses concitoyens. Il bâtit Ecbatane, fit les lois les plus sages et civilisa rapidement un peuple encore à demi sauvage. Il mourut l'an 647 avant J.-C., après un règne long et heureux, il laissa le gouvernement à Phraorte, son fils.

DÉJOINDRE, faire que ce qui était joint ne le soit plus. Il ne se dit qu'en parlant des ouvrages de menuiserie, de charpenterie et de maçonnerie. Il s'emploie avec le pronom personnel.

DEJOTARUS, roi de Galatie. Son histoire est tellement liée à celle de Rome, qu'il se ressentit de toutes les secousses qui ébranlèrent la république pendant les guerres civiles. Obligé à se décider entre César et Pompée, il n'hésita point à joindre ses troupes à celles des consuls, parce qu'il était l'allié de Rome et non celui de César. Le dictateur, qui avait pardonné si facilement à tant d'autres partisans de Pompée, oublia bientôt les torts de Dejotarus. Ce prince trouva bientôt un ennemi dans sa propre famille. Son petit-fils Castor vint l'accuser à Rome d'avoir voulu assassiner César à son retour de l'expédition d'Égypte. Ce fut alors que Cicéron se montra l'ami fidèle de Dejotarus et le justifia pleinement dans sa belle harangue *pro rege Dejotaro*. Dejotarus réglait toutes ses actions sur le vol et le cri des oiseaux. Il mourut dans un âge très avancé.

DÉJOUER, faire manquer, faire échouer un projet, un dessein, une intrigue dont on craint le résultat pour soi ou pour autrui. *Déjouer quelqu'un*, empêcher l'effet nuisible, préjudiciable, qu'il se propose par ses discours, par ses actions, par ses démarches. — DÉJOUER, s'emploie aussi comme verbe neutre, et alors il signifie familièrement n'être pas à son jeu, jouer plus mal qu'à l'ordinaire.

DÉJOUER, v. n. (*t. de marine*). Il se dit d'un pavillon qui flotte au gré des vents.

DEJOUX (CLAUDE), célèbre sculpteur, naquit en 1721 à Vadans près d'Arbois, d'une famille très pauvre; mis d'abord en apprentissage chez un menuisier de village, il se rendit successivement dans différentes villes, et ce fut à Lyon que sa vocation se révéla. Il ne songea plus, dès lors, qu'à la sculpture; travaillant sans cesse pour vivre et pour faire des études, il parvint enfin à faire quelques économies qui lui permirent de venir à Paris, où il entra dans l'atelier de Coustou. Il forma, chez ce sculpteur, une très grande amitié avec Pierre-Julien, et lorsque celui-ci eut obtenu le prix de sculpture, Dejoux le suivit à Rome en 1768. Ce fut là surtout qu'il forma son talent par l'étude des chefs-d'œuvre antiques, et de retour en France en 1778, il commença à se faire connaître par des travaux d'un grand mérite, tels que un *Saint-Sébastien mourant*, la statue de *Catinat*, etc. A des talents distingués Dejoux joignait de rares vertus; une simplicité et une bonté extrême formaient le fond de son caractère. Il mourut à Paris le 18 octobre 1816. Un groupe colossal, *Ajax enlevant Cassandre*, passe pour son chef-d'œuvre.

DEJOUX DE LA CHAPELLE (PIERRE), né à Genève en 1752, commença ses études à Genève et les termina à Oxford. De retour dans sa patrie, il fut reçu ministre de l'Évangile en 1775; il fut appelé quelque temps après à Paris par Court de Gébelin, qu'il aida dans la composition de son grand ouvrage : du *Monde primitif*. Il retourna ensuite à Genève, où il se fit agréger en 1785 à la compagnie des pasteurs, dans laquelle il ne tarda pas à se distinguer par son talent pour la chaire. Dejoux quitta encore une fois Genève en 1803 pour venir en France, et fut nommé président du consistoire de la Loire-Inférieure et de la Vendée; plus tard, en 1816, il perdit cette place parce qu'il n'était pas Français. Il fit à cette époque un voyage en Italie et résolut de se convertir à la religion catholique, qu'il était allé étudier dans le pays; mais des raisons de fortune l'ayant empêché longtemps de déclarer sa conversion, il n'abjura sa religion que le 11 octobre 1825 entre les mains de l'archevêque de Paris. Il mourut quelques jours après, le 29 du même mois. On a de lui plusieurs ouvrages, entre autres celui intitulé : *Lettres sur l'Italie, considérée sous le rapport de la religion.*

DÉJUC. Le temps du lever des oiseaux. Ce mot est vieux. Il se disait par extension du lever des hommes.

DÉJUCHER. Il ne se dit proprement que des poules, quand elles sortent du juchoir. Il signifie, figurément et familièrement, se déplacer d'un lieu haut et élevé. Il s'emploie aussi comme actif et signifie faire déjucher quelqu'un.

DEKEN (AGATHE), née en 1741 à Amstelveen, village situé à une lieue d'Amsterdam, publia seule, ou en société avec Marie Bosch, et ensuite avec madame Wolf née Bekker, un grand nombre d'ouvrages littéraires, romans, lettres, fables et chansons populaires, qui eurent le plus grand succès en Hollande. Mademoiselle Deken mourut à Amsterdam en 1804.

DEKKAN (ROYAUME DE) (*géogr.*). Ce royaume comprend toute la belle et fertile péninsule qui s'étend au sud de l'Hindoustan propre. Il porte le nom de *Dekkan*, qui, en sanscrit, signifie sud, parce qu'il est au midi, et celui de *Dakchina* (à main droite), parce que, en regardant le soleil levant, il se trouve en effet à main droite. Cette dénomination a été prise dans divers sens. Celle de Dekkan est la plus ancienne et paraît avoir été la plus étendue ; car il est certain que toute la péninsule qui forme ce royaume faisait partie du *Pouniabhoumi*, c'est-à-dire de la Terre-Sainte des brahmanes, et les géographes hindous le plaçaient entre les rives de la Nerboudah et de la Krichna. — Le Dekkan méridional, au sud de la Krichna, comprenait autrefois le Kanara, le Malabar, le Kotchin, le Travankore, le Koïmbatour, le Karnatik, le Salem ou Barramhal, le Maïssour et le Balaghat, et les îles qui en dépendent géographiquement. Le Dekkan septentrional se composait du Kandeich, de l'Avrengabad, du Bedjapour, de l'Haïderabad, de Bider, du Bérar, du Gandonana, de l'Orissa et des Circars du Nord. Cette immense contrée a été longtemps gouvernée par des souverains particuliers ; mais depuis la conquête de ces contrée par Aureng-Zeyb, il fut divisé en un nombre infini de petites principautés. Aujourd'hui ces principautés sont réunies en cinq grandes *soubahs* ou vice-royautés, savoir : Haïderâbâd, Bider, Berar, Avrengâbâd et Bedjapour ; on les désigne collectivement par la dénomination des *cinq draviras*. De leur nombre, les *Gourjanas* ou *Goujers* semblent s'être confondus dans les autres par des circonstances maintenant inconnues. Les *Mahrattes* et les *Telingas* forment encore des nations nombreuses et puissantes, et occupent les parties occidentale et orientale de la péninsule du Nord. Ils étaient bornés au sud par les *Karnatas* ou *Kaimaras*, qui s'étendaient jusqu'aux deux côtes. Les *Tamoulas* ou *Draviras* proprement dits demeuraient à l'extrémité méridionale. — Nous ne parlerons ici que du nouveau royaume du Dekkan. Haïderâbâd est la capitale du *Nidzam* ou royaume de Dekkan, ainsi que de la province d'*Haïderâbâd*. Cette grande ville est située à la droite du Mousah (Moosy) ; elle renferme une population qui s'élève (en comprenant les habitants de ses faubourgs) à plus de 200,000 âmes ; les plus remarquables de ses monuments sont : le palais du *nidzam* ou souverain, le palais du résident anglais, la mosquée dite de la Mecque et quelques tombeaux. Les principales villes de cette province étaient Golconde, si célèbre dans l'histoire de l'Inde et dans tout l'Orient par ses prétendues mines de diamants. Cette antique capitale du royaume de Telingana n'est plus que la prison d'État où le *nidzam* fait jeter les personnes qui ont eu le malheur de lui déplaire ; viennent ensuite *Ghampour* et *Palountchah*. — La capitale de la province de Bider est Bider, située à 67 milles nord-ouest de Golconde ; elle fut autrefois la capitale d'un des cinq royaumes mahométants de l'Inde. Elle n'est pas moins déchue que Golconde ; ses mosquées en ruines, ses palais délabrés et ses superbes mausolées, dont le plus beau est le mausolée de Berid, attestent encore son antique splendeur. Les autres villes principales de cette province étaient *Kalberga, Nandere,* célèbre par les pèlerinages qu'on y a faits, et aujourd'hui par son collége de cheiks, établi depuis 1818. — Le chef-lieu de la province de Berard est *Éllitchpour* ; ses principales villes étaient Amraouatty et Mulkâpour. Le chef-lieu de la quatrième province est *Avrengâbâd*, qui fut autrefois la capitale du royaume de Dekkan avant que la résidence fût transférée à Haïderabad. Elle est située au nord-ouest du royaume ; sa population s'élevait en 1825 à 60,000 habitants. Parmi les monuments de cette grande ville presque en ruines, on remarque un immense bazar d'environ deux milles de long, le mausolée de Rabi'â-Dourani, fille d'Aureng-Zeyb, et les restes du palais de ce prince. Les autres villes principales sont : *Darletâbâd*, autrefois nommée *Déoghir* par les naturels, et capitale d'un empire hindou, dominée par une citadelle réputée imprenable. C'est dans cette ville que l'empereur Mohammed tenta vainement de transporter la population de Delhi au commencement de XIVe siècle, et qu'il voulut établir la capitale de son empire ; *Roza* (Rowzah, remarquable par sa situation romantique, par quelques monuments et par la salubrité de son climat ; *Elora*, qui n'est plus qu'un petit village auprès duquel on voit plusieurs temples taillés dans une montagne de granit, surpassant en grandeur et en perfection de travail tout ce que l'Inde offre de plus remarquable dans ce genre, et comparables aux étonnantes constructions des anciens Égyptiens. Le *Kailas* ou *Kaylas* est une espèce de panthéon hindou qui, à notre avis, doit exciter l'admiration de tous les voyageurs. — *Sâkkar* est le chef-lieu du Bedjapour ; *Kopal* est ensuite la ville la plus remarquable de cet ancien Etat. — Toutes les grandes provinces du Dekkan sont sous la domination médiate de la compagnie anglaise des Indes-Orientales.

DELA, plus loin, de l'autre côté de. — Ce mot est quelquefois précédé de l'une des prépositions *de* et *par*. Il s'emploie plus ordinairement de la même manière avec *au* ; mais alors il doit être suivi de la préposition *de*. *Au delà*, et quelquefois *par delà*, s'emploient figurément, au sens moral, pour marquer excès d'une chose sur une autre. — *Au delà* et *par delà* se disent aussi, figurément et absolument, pour encore plus, encore davantage. — *De çà de là*, de côté et d'autre. Fam., *jambe de çà, jambe delà*, une jambe d'un côté, une jambe de l'autre. — *En delà*, plus loin.

DELA (*bot.*). Adanson fait un genre à part, auquel il donne le nom de *dela*, de toutes les espèces d'*athamanta* dont les graines sont velues et profondément sillonnées ; Haller et Mœnch les distinguent sous le nom de *libanotis*. J. P.

DELABORDE (Le comte HENRI-FRANÇOIS), né à Dijon le 21 décembre 1764, était fils d'un boulanger de cette ville, s'enrôla de bonne heure dans un régiment d'infanterie ; fut nommé sous-lieutenant dans le 1er bataillon des volontaires de la Côte-d'Or, et fut ensuite promu au commandement de ce même bataillon. Il servit d'abord en cette qualité dans l'armée du Rhin, puis passa à celle d'Espagne ; mais il fut retenu et employé contre les fédéralistes du Midi, et devint à cette occasion général de brigade ; Delaborde prit ensuite une part active au siége de Toulon. En 1794, il commandait le centre de l'armée des Pyrénées ; il retourna ensuite à l'armée du Rhin et s'y distingua dans diverses circonstances. En 1807, il prit du service dans l'armée du Portugal, et fut chargé, par Junot, du gouvernement de Lisbonne. En 1812, il commanda une division de l'armée du maréchal Mortier, et les services qu'il y rendit le firent nommer grand'croix de l'ordre de la Réunion et gouverneur du château de Compiègne, place qu'il perdit lors de la première Restauration. Il fut pourtant, peu après, créé chevalier de Saint-Louis et commandant des deux premières subdivisions de la 10e division militaire ; mais au retour de Napoléon, il se déclara pour lui, et, après les Cent-Jours, il fut porté sur la liste du 24 juillet comme devant être poursuivi criminellement. Cependant ses juges, quoiqu'il fût contumace, admirent, pour le sauver, une distinction entre lui et le nommé *Laborde* désigné par l'ordonnance, et il put revenir en France en 1819. Il ne remplit dès lors aucun emploi, et mourut à Paris le 3 février 1833.

DELABRE, médecin, né à Clermont en 1724. Il ouvrit dans sa ville natale un jardin botanique à ses frais. Il y donna, pendant plusieurs années, des cours gratuits. On a de lui *la Flore d'Auvergne*, ouvrage fort estimé, 2 vol. in-8°, et un essai zoologique sur la même province.

DÉLABREMENT, état d'une chose délabrée.

DÉLABRER, déchirer, mettre en lambeaux. — Il se dit, par extension, en parlant de toute chose détériorée, mise en mauvais état par l'effet d'un long usage, de la vétusté, du défaut de soin, etc. Il s'emploie figurément dans le même sens. Il s'emploie souvent avec le pronom personnel. — *Etre délabré*, avoir des vêtements en lambeaux.

DÉLACER, relâcher ou retirer un lacet qui est passé dans les œillets d'un corset, d'une robe, etc. *Délacer une femme*, défaire, lâcher le lacet de son corset, de sa robe.

DÉLACER, s'emploie aussi avec le pronom personnel.

DÉLACER, v. a. (*marine*), retirer la passeresse qui servait à lacer momentanément une portion de voile supplémentaire et à l'attacher à la ralingue du fond d'une voile très échancrée.

DELACROIX (JACQUES-VINCENT), né à Paris le 10 mai 1743, fut d'abord destiné à l'état ecclésiastique, mais son goût le porta à embrasser la carrière des lettres. Il fit quelques essais heureux, mais de peu de portée, parmi lesquels on remarque les *Lettres* d'*Affi à Zurac*, faible imitation des lettres persannes. Il quitta bientôt cette route pour suivre celle du barreau, mais l'avènement du parlement Maupeou, survenu avant que Delacroix ne fut inscrit au tableau des avocats, le força de reprendre son premier état. Ce fut alors qu'il se mit à la tête du *Spectateur français*, que Marivaux avait laissé tomber, et dont le succès lui valut sa première cause, celle de la famille Véron contre le comte de Morangiès; il se fit connaître dans cette occasion et acquit bientôt une grande célébrité, et par suite une nombreuse clientèle. Sa réputation fut encore augmentée par un ouvrage qu'il publia: *Réflexions sur la civilisation*; et lorsqu'en 1790 une chaire de droit public fut créée au *Lycée* (depuis *l'Athénée*), ce fnt Delacroix qui l'occupa. Il y fit un cours sur les constitutions de l'Europe, qui fut imprimé, et obtint un grand succès. Mais ses idées lui firent dans le même temps un grand nombre d'ennemis, et les mémoires qu'il publia pendant le procès de Louis XVI, et surtout la demande qu'il fit dans le *Spectateur français* d'un appel à une nouvelle assemblée du peuple pour décider de la transformation de la monarchie en république, déchaînèrent contre lui toutes les haines des républicains. Il fut décrété d'accusation, et grâce à l'éloquence de Tronçon-Ducoudray, son avocat, le tribunal révolutionnaire l'acquitta. Quelques temps après, il fut nommé juge au tribunal de Versailles, et mourut dans cette ville le 9 mars 1832, après avoir publié dans cet intervalle un grand nombre d'ouvrages, parmi lesquels on remarque: *les Dangers des souvenirs*, *Réflexions morales sur les délits publics et privés*; *l'Instituteur français*; et surtout: *Tableau moral et politique de l'histoire de France depuis Clovis jusqu'au siècle de Louis XIV*.

DELACROIX. (*V.* LACROIX.)

DELAHAYE (GUILLAUME-NICOLAS), graveur géographe et typographe, né à Paris en 1725. Il a gravé toutes les œuvres de d'Anville, qui avait beaucoup d'estime pour lui, une grande partie de celles de Vaugondy, l'atlas de Mennevillette et plusieurs autres ouvrages importants. Il mourut en 1802.

DÉLAI (*jurispr.*). C'est un temps accordé par la loi ou par un jugement pour faire quelque chose. — Les délais pour amener garant, pour faire enquête, inventaires, pour délibérer, etc., sont déterminés par la loi. — Les juges peuvent, en considération de la position du débiteur, et en usant de ce pouvoir avec une grande réserve, accorder des délais modérés pour le paiement, et sursoir l'exécution des poursuites, toutes choses demeurant en état. Cod. civ., art 1244. — L'héritier a trois mois pour faire l'inventaire, à compter du jour de l'ouverture de la succession. Il a, de plus, pour délibérer sur son acceptation ou sur sa renonciation, un délai de quarante jours, qui commencent à courir du jour de la clôture de l'inventaire, s'il a été terminé avant les trois mois. *Ibid.*, art. 795. — La femme survivante qui veut conserver la faculté de renoncer à la communauté doit, dans les trois mois du jour du décès du mari, faire faire un inventaire fidèle et exact de tous les biens de la communauté, contradictoirement avec les héritiers du mari, ou eux dûment appelés. — Cet inventaire doit être par elle affirmé sincère et véritable lors de sa clôture devant l'officier public qui l'a reçu. — Dans les trois mois et quarante jours après le décès du mari, elle doit faire sa renonciation au greffe du tribunal de première instance dans l'arrondissement duquel le mari avait son domicile; cet acte doit être inscrit sur le registre établi pour recevoir les renonciations à succession. *Ibid.*, art. 1456, 1457 et suivants.

DÉLAI, s. m. *Paroles de délai* (*anc. cout. du Poitou*), imputation calomnieuse de faits, qui, s'ils étaient vrais, attireraient une peine corporelle, ou la haine et le mépris public sur leur auteur.

DÉLAIS, s. m. (*anc. cout.*), cession, abandon d'un bien pour lequel on est inquiété.

DÉLAISSEMENT. En matière de commerce maritime, c'est l'acte par lequel un marchand qui a fait assurer des marchandises sur quelque vaisseau, dénonce la perte du bâtiment à l'assureur, et lui abandonne les effets pour lesquels l'assurance a été faite, avec sommation de lui payer la somme assurée. — (*V.*, pour ce qui concerne le délaissement maritime, les art. 369, 370 et suiv. du Code de commerce.)

DÉLAISSEMENT PAR HYPOTHÈQUE, c'est l'abandonnement d'un immeuble par celui qui en est propriétaire pour se libérer des poursuites d'un créancier auquel il n'est pas obligé personnellement, mais qui a une hypothèque sur cet immeuble. (*V.* Cod. civ., art. 2172.—Le délaissement par hypothèque se fait au greffe du tribunal de la situation des biens, et il en est donné acte par ce tribunal. — Sur la pétition du plus diligent des intéressés, il est créé à l'immeuble délaissé un curateur sur lequel la vente de l'immeuble est poursuivie dans les formes prescrites pour les expropriations. *Ibid.*, art. 2173 et suiv.

DELAISTRE (HUGUES), lieutenant général ou particulier à Langres, en 1610, après avoir été avocat général à la chambre de justice de Châlons. C'est tout ce qu'on connaît de sa vie. Il nous a laissé plusieurs ouvrages curieux, parmi lesquels on remarque: *De l'être perpétuel de l'empire français par l'éternité de cet État*, ou *Remontrances faites aux ouvertures*, et *Premier plan du mont-de-piété français*.

DÉLAISSER, abandonner, laisser sans aucun secours, sans aucune assistance.

DÉLAISSER, en termes de jurisprudence, quitter une chose dont on était en possession. — Il signifie également, en termes de procédure, ne pas continuer, renoncer à.

DÉLAITAGE ou **DÉLAITEMENT**, s. m. (*écon. rur.*), action de débarrasser le beurre du petit lait qui est demeuré dans ses interstices.

DÉLAITER, v. a. (*écon. rur.*), exécuter l'opération du délaitage.

DELALANDE (PIERRE-ANTOINE), naturaliste, né à Versailles le 27 mars 1787, fut admis fort jeune au Muséum d'histoire naturelle, devint aide de M. Geoffroy-Saint-Hilaire, et l'accompagna, en 1808, en Portugal. Il voyagea plus tard seul dans le midi de la France, suivit ensuite le duc de Luxembourg au Brésil, et entreprit en 1818, par ordre du gouvernement, un voyage au cap de Bonne-Espérance. Il recueillit dans ces expéditions, et surtout dans la dernière, une immense collection d'animaux, de végétaux et de minéraux; mais les fatigues qu'elles lui avaient causées le conduisirent au tombeau le 27 juillet 1823. On a de lui: *Précis d'un voyage au cap de Bonnee Espérance*, imprimé dans le recueil des mémoires du Muséum d'histoire naturelle.

DELAMALLE (GASPARD-GILBERT), célèbre avocat, né le 25 octobre 1752, fut reçu en cette qualité au parlement en 1774; il débuta en 1779, dans le procès de la comtesse d'Evry contre son mari. Cette plaidoirie commença sa réputation, et bientôt elle s'étendit de telle sorte que son nom figure dans toutes les grandes affaires qui se présentèrent jusqu'en 1790. A cette époque ses opinions lui attirèrent des persécutions, il fut arrêté et ne dut son salut qu'à la mort de Robespierre. La révolution l'avait ruiné, il reconstruisit sa fortune aussitôt que les tribunaux furent de nouveau réorganisés, et bientôt son éloquence et sa profonde érudition lui valurent parmi les avocats le rang qu'il avait jadis occupé. Après que Napoléon eut reconstitué, en 1806, l'ordre des avocats, Delamalle en fut le bâtonnier; en 1807 il fut nommé membre du conseil de discipline et d'enseignement de l'École de droit de Paris, et en 1808 il devint conseiller d'État. Il abandonna alors le barreau et se donna tout entier à sa nouvelle charge. En 1814 il adhéra à la déchéance de l'empereur, fut compris dans la nouvelle réorganisation du conseil d'État et créé conseiller titulaire de l'Université; il conserva ce dernier titre pendant les cent jours, et y joignit de nouveau le premier après le deuxième retour du roi. A la fin du règne de Charles X, il joignait à ces charges celles d'inspecteur général des écoles de droit, de membre du comité du contentieux de la liste civile et de la société des prisons, et enfin celle de commandeur de la Légion-d'Honneur. Il mourut le 25 avril 1834. M. Parquin, alors bâtonnier de l'ordre des avocats, prononça le discours sur sa tombe. — Les œuvres de Delamarre ont été réunies sous le titre: *Plaidoyers choisis et œuvres diverses*.

DELAMARCHE (C.-F.), né en 1740, éditeur d'un grand nombre d'ouvrages de géographie, et auteur de plusieurs autres; son meilleur ouvrage est un *Traité de la sphère et de l'usage des globes célestes et terrestres*. Il mourut en 1817, après avoir été pendant trente ans en possession presque exclusive de la vente des globes et des cartes dans les maisons d'éducation et les colléges.

DELAMARRE (LOUIS-GERVAIS), né en 1766, entra à douze ans chez un procureur, travailla ensuite dans diverses études, et entra en 1785 dans celle de Bourgeois, procureur au Châtelet de Paris, qui lui céda sa charge en 1791. Après avoir fait tous ses efforts pour conserver quelques débris de fortune à ses clients qui se trouvaient tous faire partie de ceux que frappaient alors les lois révolutionnaires, et avoir failli être lui-même victime de son dévouement, il vendit sa charge que sa santé ne lui permettait plus de conserver, et se retira à la terre d'Harcourt près de Bernay. Là il se livra à l'agriculture avec ardeur et mourut à la fin de 1827, après avoir publié deux ouvrages sur la culture des pins. Son *Eloge*, par M. Silvestre, se trouve dans *les Mémoires de la société d'agriculture*.

DELAMBRE (JEAN-BAPTISTE-JOSEPH, le chevalier), l'un

des plus célèbres astronomes de ce siècle, naquit à Amiens, le 19 septembre 1749. Les dispositions qu'il manifesta dans le cours de ses premières études n'annonçaient point le rang qu'il devait prendre un jour dans la science. Il suivit les leçons de Delille, et l'affection particulière que lui voua cet ingénieux écrivain, semblait, d'accord avec ses goûts, l'exciter à suivre la carrière des lettres. Ce fut, en effet, seulement à l'âge de trente-six ans que Delambre commença à s'occuper d'astronomie. Il est probable qu'il avait néanmoins déjà des connaissances étendues en mathématiques, et qu'il ne fit alors que se livrer plus spécialement à l'étude de cette branche de la science. Lalande professait l'astronomie au collége de France, Delambre devint son élève de prédilection, et enfin son ami. Cet astronome se plaisait à dire que Delambre était son meilleur ouvrage; il ne tarda pas à l'associer à ses travaux, et pour ainsi dire à sa renommée. Le grand travail de Laplace sur les satellites de Jupiter servit de base à Delambre pour calculer avec une précision remarquable les tables de ces astres, qui parurent dans l'édition de 1792 de l'*Astronomie* de Lalande. Cet ouvrage ouvrit à Delambre les portes de l'Académie des sciences, où il fut reçu au mois de février de la même année. Il fut immédiatement chargé, avec Méchain, membre comme lui de ce corps savant, de la mesure de la méridienne de la France. On pensa à cette époque que la perfection qu'on était parvenu à donner aux instruments, pourrait conduire à des résultats précis, en mesurant un plus grand arc du méridien qu'on ne l'avait encore essayé. Outre cet avantage que n'avaient pu avoir les travaux dont elle avait été précédemment l'objet (*V.* CASSINI et LACAILLE), cette grande opération trigonométrique devait avoir celui de fixer d'une manière très exacte une unité fondamentale pour toutes les mesures d'étendue. L'arc du méridien, que Delambre et Méchain furent chargés de mesurer, s'étend depuis Dunkerque jusqu'à Barcelonne, et comprend environ neuf dégrés, étendue plus grande qu'aucune de celles qu'on avait déterminées; Delambre fut chargé de la partie boréale, à partir de Dunkerque, et poursuivit jusqu'à Rhodès les opérations géodésiques et astronomiques de cette belle entreprise. On sait que l'Académie des sciences avait été dissoute en 1793, Delambre n'en continua pas moins, malgré les désordres de ce temps, et les difficultés physiques qu'il eût à surmonter, et avec un zèle et avec une persistance qui l'honorent, l'important travail qui lui avait été confié: il n'a été complètement terminé qu'en 1799. (*V.* MÉRIDIENNE.) Depuis lors, Delambre a encore mesuré, par des procédés nouveaux, et avec une grande précision, deux autres bases de 6000 toises, l'une près de Melun et l'autre près de Perpignan. En 1795, Delambre fut nommé membre de la classe des sciences de l'Institut, et presque en même temps membre du bureau des longitudes. En 1810, l'Académie des sciences, à l'occasion des prix décennaux, couronna l'ouvrage de Delambre où sont exposés les éléments et les résultats de la grande opération qu'il avait exécutée avec son collègue Méchain, et qui a pour titre: *Base du système métrique*. Delambre a exercé avec distinction de hautes fonctions publiques, la plupart de ses ouvrages, qui manquent peut-être de clarté et de méthode, seront longtemps estimés, et lui ont mérité une réputation distinguée parmi les astronomes et les géomètres modernes. Chevalier et ensuite officier de la Légion-d'Honneur, chevalier de l'ordre de Saint-Michel, honoré de l'estime générale, Delambre fut enlevé à la science et à ses nombreux amis dans le mois d'août 1722 Voici les titres de ses principaux ouvrage: I. *Tables du soleil, de Jupiter, de Saturne, d'Uranus et des satellites de Jupiter*; 1792 (insérée dans l'astronomie de Lalande). II. *Méthode analytique pour la détermination d'un arc du méridien*; 1 vol. in-4°, 1799. III. *Base du système métrique ou mesure de l'arc du méridien de Dunkerque à Barcelonne*; 3 vol. in-4°, 1806-1813, formant suite aux *Mémoires de l'Institut*. IV. *Nouvelles tables du soleil*; in-4°, 1806. V. *Rapport historique sur les progrès des sciences mathématiques depuis l'an* 1789, lu au conseil d'État le 6 février 1808, in-4°, 1810. VI. *Abrégé de l'astronomie*; 1 vol. in-8°, 1813. VII. *Traité complet d'astronomie théorique et pratique*; 3 vol, in-4°, 1814. VIII. *Histoire de l'astronomie ancienne*; 2 vol. in-4°, 1817. IX. *Histoire de l'astronomie du moyen âge*; 1 vol. in-4° 1819. *Histoire de l'astronomie moderne*; 2. vol. in-4°, 1821, etc.

DELANDINE (ANTOINE-FRANÇOIS), bibliographe et littérateur distingué, né à Lyon, le 6 mars 1756. Son *Histoire des assemblées nationales de France*, et la réputation que lui avaient déjà méritée ses autres ouvrages, le firent nommer, en 1789, député à l'assemblée constituante, dans laquelle il vota constamment dans le sens de ses opinions monarchiques. Après la session il retourna à Lyon; mais, inquiété d'abord dans cette ville, il se retira à Nérondc où il fut arrêté; il ne sortit de prison qu'après le 9 thermidor, et reprit ses travaux. En 1803, Delandine fut nommé conservateur de la bibliothèque de Lyon qui venait d'être rétablie.

DELANNES (JEAN), religieux de Cîteaux, est auteur de l'Histoire du pontificat d'Innocent II, Paris, 1741, in-12; et de celle du pontificat d'Eugène III, Nancy, 1737, in-8°.

DELANS (AMASA), né à Duxbury, dans les Etats-Unis, le 21 février 1763, navigateur célèbre, fit deux fois le tour du monde et mourut aux Etats-Unis vers 1817. Il a publié ses voyages, qui forment un ouvrage estimé à la portée de toutes les classes de marins.

DELAOY (PATRIK), théologien irlandais, né vers 1686, se fit connaître comme prédicateur et comme écrivain. Ses ouvrages théologiques sont oubliés aujourd'hui à l'exception de deux volumes de sermons d'une utilité pratique, imprimés en 1744 et 1754.

DELAPLACE (FRANÇOIS-MARIE-JOSEPH-GUISLAIN), né à Arras le 8 décembre 1757, professeur au collége Louis-le-Grand, et professeur à la chaire d'éloquence latine de la faculté des lettres de Paris, auteur de plusieurs ouvrages classiques et de quelques traductions. Il mourut le 13 décembre 1823. Deux discours publiés par la Faculté des lettres sous le titre de *Funérailles de M. Delaplace* ont été prononcés sur sa tombe par MM. Barbié du Bocage et Naudet.

DELARAM (FRANÇOIS), graveur au burin, né à Londres en 1590, y mourut en 1627. Les estampes de cet artiste sont fort estimées, tant par l'intérêt historique qu'elles présentent, puisqu'on y trouve une suite considérable de portraits des personnages célèbres du XVIe siècle, que par le talent ferme et délicat tout à la fois avec lequel ce maître a su en conserver la physionomie.

DÉLARDEMENT (*t, d'archit. et de charpent.*), action de délarder, ou le résultat de cette action.

DÉLARDER, Il signifie, en termes d'architecture, enlever une partie du lit d'une pierre; couper obliquement le dessous d'une marche d'escalier. — Il signifie également, en termes de charpenterie, abattre les arêtes d'une pièce de bois.

DÉLARIE, s. f. (*bot.*), genre de plantes légumineuses.

DÉLASSEMELT, repos, relâche qu'on prend pour se délasser de quelque travail.

DÉLASSER, ôter la lassitude, faire qu'on ne soit plus las. Il s'emploie souvent avec le pronom personnel.

DÉLATEUR, s. m, (*légist. pén.*), celui qui dénonce à la justice un crime ou un délit et qui en désigne l'auteur sans se rendre partie civile, la loi n'attache aucune idée déshonorante à la qualification de *délateur*.

DÉLATION, accusation, dénonciation; habitude de dénoncer.

DELATOUR. *V.* LATOUR.

DELATOUR (LOUIS-FRANÇOIS), né à Paris en 1727, après avoir exercé pendant longtemps la profession d'imprimeur-libraire, se livra à son goût pour la littérature et publia plusieurs ouvrages parmi lesquels on remarque ses Essais sur les Chinois.

DÉLATTER, ôter les lattes de dessus un toit.

DELAUNAY. *V.* LAUNAY.

DELAULNE (ETIENNE), orfèvre, célèbre dessinateur et graveur au burin, né à Orléans en 1520, auteur d'un très grand nombre d'ouvrages, parmi lesquels les plus recherchés sont: *Les douze mois de l'année*, la série de pièces de l'*Histoire de l'Ancien-Testament* et les *Trois Grâces*. Il mourut vers 1595.

DELAUDUN (PIERRE), sieur d'Aigulliers, né à Uzès en 1575, se livra, dès sa jeunesse, à son penchant pour la poésie. On a de lui un Art poétique divisé en cinq chants et un poème intitulé la Franciade.

DELAUNAY (PIERRE-PYPOULAIN ou PIPOULAIN), grammairien, né à Paris en 1670, tenait école dans cette ville et est auteur d'une *Nouvelle méthode de lecture* pour laquelle il reçut les plus grands éloges et qu'il se décida à faire imprimer quelqu'imparfaite que sa modestie la lui fit paraître. Il mourut vers 1730. Son fils, beaucoup moins modeste, suivit la carrière de son père et publia plusieurs ouvrages qui eurent du succès tant qu'il copia son père, mais qui encoururent des critiques très vives dès qu'il voulut sortir de cette servitude. Il mourut à Paris le 6 mars 1767.

DELAUNAY (LOUIS), minéralogiste, suivit la carrière du barreau, fut nommé, en 1784, greffier du conseil des domaines et finances des Pays-Bas. Il employait ses loisirs à la culture des sciences, et s'occupa surtout de minéralogie; admis, en 1776, à l'académie de Bruxelles, il y présenta divers mémoires sur cette matière. Ces mémoires ont été imprimés dans les recueils de cette académie. Il était né vers 1740 ; on ignore la date de sa mort.

DELAUNAY (PIERRE-LOUIS-ATHANASE, VEAU), né à Tours en 1751, fut d'abord avocat; puis, nommé en 1775 procureur du roi des eaux et forêts, il renonça au barreau, et consacra ses loisirs à l'étude des lettres et des sciences. En 1792, il fut appelé à la Convention, s'affilia au club des Jacobins dont il fut président, et revint, après la session, à Tours, où il fut nommé professeur d'histoire naturelle à l'école centrale. Il conserva jusqu'à sa mort cette place, dont les devoirs ne l'empêchaient pas de sacrifier de temps en temps aux muses. Il mourut à Tours le 3 janvier 1814.

DELAUNAY (CLAUDE-JEAN, VEAU), frère du précédent, né à Tours en 1755. Destiné au barreau, son goût l'entraîna vers la médecine, et il se fit recevoir docteur. Il fut successivement médecin des hôpitaux de Tours, professeur de physique dans cette ville, et eut le même emploi à Reims. Il mourut dans une maison de campagne près de Paris le 2 avril 1826.

DELAUNEY. *V.* LAUNEY.

DÉLAVAGE, s. m. (*dessin*), action de délaver.

DÉLAVER, v. a. (*dessin*), enlever ou affaiblir avec de l'eau une couleur étendue sur du papier. On dit aussi *se délaver* en parlant d'une couleur que l'eau enlève ou rend plus pâle.

DÉLAVÉ, ÉE, part. (*écon. rur.*). Il se dit du foin, qui a été exposé à la pluie ou à des rosées abondantes pendant la fanaison,

DÉLAVÉ, ÉE. Il se dit des couleurs faibles et blafardes. En joaillerie, *pierre délavée*, pierre dont la couleur est faible.

DELAWARE (*géogr.*), rivière des Etats-Unis qui prend sa source aux monts Catokill, situés dans l'état de New-York. Dans son cours, elle sépare la Pensylvanie de New-York et de New-Jersey et va se perdre dans la baie de Delaware, à 5 milles environ au-dessous de Newcastle. Elle est navigable, pour un vaisseau de 74, jusqu'à Philadelphie, qui est à 55 milles anglais de la baie et à 120 de l'Océan ; pour les navires de commerce, jusqu'à Trenton, point extrême de la marée montante, situé à 35 milles plus haut que Philadelphie; pour les bateaux, environ 100 milles plus loin; mais cette navigation devient très difficile au-dessus d'Easton. Les rivières les plus importantes qui y versent leurs eaux sont le Lehigh et le Schuylkill. Elle se grossit en outre de celles qui descendent des marécages situés sur des montagnes entre elle et la baie de Chesapeake. La longueur totale de son cours, depuis la source jusqu'à la baie de son nom, est d'environ 300 milles anglais. Les principales villes sur la Delaware, outre Philadelphie, sont Easton et Bristol, appartenant à l'Etat de Pensylvanie, et Trenton, Bordentown et Burlington, dans l'Etat de New-Jersey. — La Delaware a donné son nom à l'un des États de l'Union américaine du nord ; à son embouchure elle forme, avec plusieurs autres rivières moins considérables, la *baie de Delaware* qui, située entre les Etats de Delaware et de New-Jersey, ressemble à un large bras de mer. Cette baie a 65 milles de long, et, à la moitié de sa longueur, environ 30 milles de large ; mais à son embouchure seulement 18, du cap Henlopen, lat. 38° 47' N., long. 75° 6' O.; au cap May, lat. 38° 57' N., long. 74° 52' O.—A l'entrée de cette baie, près du cap Henlopen, est situé le môle de Delaware. La rade est formée par une anse sur la rive sud de la baie, à l'ouest de la pointe du cap et d'une couche de sable appelée *les Ciseaux*, parce qu'après avoir formé une ligne de 5 milles; en remontant la baie, elle prend la direction de l'est et va se terminer 2 milles plus haut que la pointe cap, au nord. Le môle est une muraille de pierre dont la section transversale est un trapèze. Les côtés parallèles forment, l'un la base, l'autre le sommet de l'ouvrage; des deux autres côtés, celui qui regarde la baie a une inclinaison de 45°. Le sommet, qui est horizontal, a 22 pieds de large et s'élève de 5 pieds un tiers au-dessus de la plus haute marée de nouvelle lune. La pente du côté de la mer a 39 pieds de haut sur une base de 105 pieds trois quarts, laquelle est posée à 27 pieds au-dessous de la plus basse marée de nouvelle lune. Cette digue forme une ligne droite dans la direction de E.-S.-E. à E.-N.-O ; 1200 verges sont la longueur de la portion de l'ouvrage destinée à rompre l'impétuosité des vagues. A la distance de 350 verges de l'extrémité ouest du môle, on doit exécuter une digue semblable, longue de 500 verges en droite ligne, plus particulièrement destinée à briser les glaçons, et formant vers l'ouest un angle de 146° 15' avec le grand môle. La longueur totale des deux digues sera ainsi de 1700 verges; elles contiendront, quand elles seront terminées, 900,000 verges cubiques de pierre, composées de morceaux de basalte et de granit, pesant depuis un quart de tonneau jusqu'à trois tonneaux et plus. La construction d'un havre artificiel dans cette rade a pour objet de mettre les vaisseaux à couvert de l'action des vagues soulevées par les vents soufflant de toutes les directions comprises entre l'est et le nord-ouest, et aussi de les protéger contre les glaces flottantes qui descendent la baie.

DÉLAYAGE, s. m. (*technol.*), action de délayer.

DÉLAYANT (*t. de méd.*), remède qui rend les humeurs plus fluides.

DÉLAYEMENT, action de délayer.

DÉLAYER, détremper dans un liquide. — Il se dit, au figuré, en parlant de ce qui est exprimé trop largement et avec diffusion.

DELAYURE, s. f. (*technol.*), opération de boulangerie qui consiste à mêler exactement la farine et le levain avec l'eau.

DELBÈNE (BENOIT), savant italien, né le 29 mai 1149, membre de plusieurs académies italiennes, remplit des fonctions politiques assez importantes pendant les guerres qui suivirent la révolution française. Il est auteur d'un assez grand nombre de mémoires insérés, soit dans les journaux, soit dans les recueils des académies dont il fit partie, il mourut le 7 décembe 1825.

DELBÈNE (ALPHONSE), né à Lyon dans le XVIe siècle, d'une famille illustre de Florence obligée de fuir pour échapper aux troubles qui agitaient cette ville, devint évêque d'Alby en 1588. Il a laissé plusieurs ouvrages historiques.—Un autre ALPHONSE DELBÈNE, neveu du précédent était évêque d'Alby en 1632, et fut accusé d'avoir pris part aux troubles du Languedoc. — Un troisième ALPHONSE DELBÈNE fut élu évêque d'Orléans en 1638. Il était neveu du second.

DELBRUCK (JEAN-FRÉDÉRIC-THÉOPHILE), savant allemand, né à Magdebourg le 22 août 1768, Il fut reçu docteur en philosophie et en théologie, embrassa le professorat, fut nommé recteur du gymnase de Magdebourg, et en 1800, le roi de Prusse lui confia l'éducation de ses deux fils, Frédéric-Guillaume et Guillaume. Cette éducation terminée, il voyagea en France, en Angleterre, en Italie et en Suisse. Après les événements de 1813, il fut nommé surintendant et prédicateur à Zuig, avec le titre de conseiller aulique, et mourut le 4 juillet 1830. Il est auteur de quelques ouvrages.

DELCAMBRE (THOMAS). Célèbre bassoniste, élève de Ozé; il fit de tels progrès, qu'il fut en 1790, admis à l'orchestre du théâtre de *Monsieur*. Sa réputation se forma rapidement et s'accrut encore dans les concerts du théâtre Feydeau ; il fut 30 ans professeur au Conservatoire, et eut l'emploi de premier basson à la chapelle du roi. Il conserva ce dernier titre jusqu'à sa mort, arrivée le 7 janvier 1820. Il est auteur de plusieurs compositions fort médiocres.

DELDON, roi des Bastarnes, fut tué par Crassus, lieutenant d'Octave.

DELB, TOLAK, TULAC (*bot.*), noms arabes d'un figuier, *ficus vasta* de Forskaël, *ficus bengalensis* de Linné, selon Forskaël, son tronc est comme composé de plusieurs; on trouve dans ses fruits des insectes, comme dans ceux du *ficus sycomorus*, mais différents pour la forme. J. P.

DELÉATTÉ ou **DELEAUTÉ**, s. f. (*V. lang.*), déloyauté.

DÉLÉAN (*géogr. anc.*), ville de la Palestine, vers la tribu de Juda.

DELEATUR (*t. d'impr. emprunté au latin.*). Signe par lequel on indique, dans la correction des épreuves, les lettres, les mots ou les lignes à retrancher.

DELECLOY (JEAN-BAPTISTE-JOSEPH), né à Doullens en 1757, exerçait dans sa ville natale la profession d'avocat, quand il fut envoyé à la Convention. Il y vota la mort du roi sans appel et sans sursis. Plus tard, il adopta des opinions plus modérées et prit parti pour la Gironde ; il fit même adopter dans la suite diverses mesures contre les montagnards et contre les jacobins. Il fit aussi partie du conseil des cinq-cents, de celui des anciens, et après le 18 brumaire il entra de nouveau au corps législatif. Il mourut vers 1810.

DÉLÉBILE, adj. des deux g. (*didact.*), qui peut être effacé, qui s'efface facilement.

DÉLECTABLE, qui plaît beaucoup, très agréable.

DÉLECTATION, plaisir qu'on savoure, qu'on goûte avec sensualité.

DÉLECTATION MOROSE (*théol.*). C'est un acte de complaisance que l'on prend à penser à une mauvaise chose, quoique sans intention de la commettre. On appelle cette délectation *morose*, non pour le temps qu'elle dure, mais parce qu'on y consent positivement lorsqu'on s'en aperçoit, ou au moins qu'on néglige de la rejeter. La délectation morose tire sa malice de son objet, d'où vient qu'elle est péché mortel lorsque la chose à laquelle on prend plaisir est un péché mortel, et vénielle seulement lorsque cette chose n'est qu'un péché véniel. Les mauvaises pensées sont abominables devant Dieu, dit l'Écriture, prov. 15, 26; elles séparent de Dieu, sap. 13. Elles sont donc péché mortel, lorsque l'objet en est mortel. D'ailleurs (et c'est le raisonnement de saint Thomas, 1er 2e, quest. 74, art. 8) on ne s'arrête à penser à une chose avec réflexion et complaisance que parce qu'on l'aime; or, aimer une chose mauvaise, et s'y arrêter avec un plaisir délibéré, est un péché mortel si la chose est mortelle, et véniel si la chose n'est que vénielle. La délectation est aussi d'autant plus mauvaise que l'objet est plus criminel. Par exemple, c'est un plus grand mal de penser à un inceste, ou à un adultère, qu'à une simple fornication, et l'on doit expliquer cette circonstance dans la confession. On doit conclure de là que c'est avec raison que l'assemble générale du clergé de 1700 a censuré cette proposition de morale relâchée touchant la délectation morose : *Hinc inferre debemus eum consensum qui prœbetur suggestionibus pravis, cum tendit ad delectationem cogitandi tantum de re illicita... secundum sanctum Augustinium, non esse aliud quam veniale peccatum, licet ipse ultionis actus, cujus cogitatione animus delectatur, sit pessimus et certissimum mortale peccatum.* (*Mémoires du clergé*, tom. 1, pag. 739.) Il y a cependant plusieurs cas où la délectation à la pensée d'une mauvaise chose est absolument innocente, pourvu qu'il n'y ait ni affection à la chose même, ni danger de consentir aux mouvements sensuels que cette délectation peut exciter. C'est ainsi que les médecins, les confesseurs et d'autres qui sont obligés de lire, d'apprendre, d'enseigner, de pratiquer certaines choses qui produisent ces sortes de délectations moroses, peuvent quelquefois s'y arrêter sans aucun mal. On peut penser inocemment, quoiqu'avec plaisir, aux tours d'adresse des voleurs, aux stratagèmes injustes dont on s'est servi à la guerre contre les ennemis, pourvu qu'on déteste le vol et l'injustice.

DÉLECTATION VICTORIEUSE, terme faux dans le système de Jansénius, qui, par cette expression, entend un sentiment doux et agréable, un attrait qui pousse la volonté à agir et la porte vers le bien qui lui convient ou qui lui plaît. Jansénius distingue deux sortes de *délectations* : l'une, pure et céleste, qui porte au bien et à l'amour de la justice; l'autre terrestre, qui incline au vice et à l'amour des choses sensibles. Il prétend que ces deux *délectations* produisent trois effets dans la volonté : 1° un plaisir indélibéré et involontaire; 2° un plaisir délibéré qui attire et porte doucement et agréablement la volonté à la recherche de l'objet de la *délectation*; 3° une joie qui fait qu'on se plaît dans son état. Cette *délectation* peut être *victorieuse* ou absolument, ou relativement, en tant que la *délectation* céleste, par exemple, surpasse en degrés la *délectation* terrestre, et réciproquement. Jansénius, dans tout son ouvrage de *Gratiâ Christi*, et nommément liv. 4, c. 6, 9 et 10 ; liv. 5, c. 5, et liv. 8, c. 2, se déclare pour cette *délectation* relativement *victorieuse*, et prétend que, dans toutes ces actions, la volonté est soumise à l'impression nécessitante et alternative des deux *délectations*, c'est-à-dire de la concupiscence et de la grâce. D'où il conclut que celle des deux *délectations*, qui, dans le moment décisif de l'action se trouve actuellement supérieure à l'autre en degré, détermine nos volontés, et les décide nécessairement pour le bien ou pour le mal. Si la cupidité l'emporte d'un degré sur la grâce., le cœur se livre nécessairement aux objets terrestres. Si, au contraire, la grâce l'emporte d'un degré sur la concupiscence, alors la grâce est *victorieuse*, elle incline nécessairement la volonté à l'amour de la justice. Enfin, dans le cas où les deux *délectations* sont égales en degrés, la volonté reste en équilibre sans pouvoir agir. Dans ce système, le cœur humain est une vraie balance, dont les bassins montent, descendent ou demeurent au niveau l'un de l'autre, suivant l'égalité ou l'inégalité des poids dont ils sont chargés. — Il n'est pas étonnant que, de ces principes, Jansénius infère qu'il est impossible que l'homme fasse le bien, quand la cupidité est plus forte que la grâce; qu'alors l'acte opposé au péché n'est pas en son pouvoir; que l'homme, sous l'empire de la grâce plus forte en degrés que la concupiscence, ne peut non plus se refuser à la motion du secours divin, dans l'état présent où il se trouve; que les bienheureux qui sont dans le ciel ne peuvent se refuser à l'amour de Dieu. (Jansén., l. 8, *de Grat. Christi*, c. 15, l. 4, *de statu Nat. Lapsœ*, c. 24.) Mais les bienheureux dans le ciel méritent-ils une récompense par leur amour pour Dieu? C'est cet amour même, auquel ils ne peuvent se refuser qui est leur récompense. Si donc l'homme, mû par la grâce, était dans la même impossibilité d'y résister que les bienheureux à l'amour de Dieu, il ne serait pas plus capable de mériter qu'eux. Cet exemple même démontre la fausseté de la proposition condamnée dans Jansénius; savoir, que pour mériter ou démériter, dans l'état de nature tombée où nous sommes, il n'est pas nécessaire d'être exempt de nécessité, mais seulement de coaction. S'avisa-t-on jamais de penser que le désir de manger, dans un homme tourmenté d'une faim violente, est un acte moralement bon ou mauvais? — Indépendamment de l'absurdité de ce système, on pouvait demander à l'évêque d'Ypres qui lui avait révélé de si belles choses. Loin d'éprouver en nous le phénomène de la *délectation victorieuse*, nous sentons très bien que quand nous obéissons aux mouvements de la grâce, nous sommes maîtres de résister; que, quand nous cédons à un mauvais penchant, il ne tiendrait qu'à nous de le vaincre, autrement nous n'aurions jamais de remords. Lorsque nous résistons par raison à un penchant violent, nous n'éprouvons certainement point de *délectation*. Il est difficile de nous persuader que Dieu a fait en nous un miracle continuel, pour tromper le sentiment intérieur.—Le principe de saint Augustin sur lequel Jansénius se fonde, savoir : *que nous agissons nécessairement selon ce qui nous plaît davantage*, n'est qu'une équivoque; et si l'on prend à la rigueur le terme plaire, ce principe est faux. Où est le plaisir que nous éprouvons lorsque nous résistons à un penchant violent qui nous porte à une action sensuelle? Nous n'y résistons pas par *plaisir*, mais par raison, en faisant un effort sur nous-mêmes. C'est donc une expression très impropre de nommer *plaisir* le mot *réfléchi* qui nous fait vaincre le *plaisir* que nous aurions à nous satisfaire. Ce principe ne signifie donc rien, sinon que nous agissons nécessairement en vertu du motif auquel nous donnons librement la préférence; et de là il ne s'ensuit rien, puisque c'est nous-même qui nous imposons librement cette nécessité. Il est bien absurde de fonder un système théologique sur l'abus d'un terme. Dans le fond, la dissertation de saint Augustin et de Jansénius sur le mot *délectation* n'est qu'un jeu d'esprit. Quand on dit que la grâce et la concupiscence sont deux *délectations* contraires, cela signifie seulement que ce sont deux mouvements qui nous entraînent alternativement sans nous faire violence. Mais la nécessité de céder à celle qui prévaut pour le moment est faussement supposée; elle est contredite par le sentiment intérieur, qui est pour nous le souverain degré de l'évidence. Nous ne croirons jamais que saint Augustin ait été assez mauvais raisonneur pour soutenir le contraire, après avoir fait usage lui-même de cette preuve invincible pour établir le dogme de la liberté. *V.* JANSÉNISME.

DÉLECTER. Charmer, réjouir. Il s'emploie plus ordinairement avec le pronom personnel : et alors il signifie, familièrement, prendre beaucoup de plaisir à quelque chose.

DÉLÉGANT, ANTE, *s. m.* (*prat.*), celui qui délègue, qui donne une délégation.

DÉLÉGATION, (*jurispr.*), c'est en général, l'acte par lequel celui qui délègue, substitue quelqu'un en son lieu et place.

DÉLÉGATION DE DETTES. C'est un acte par lequel un débiteur donne à son créancier un autre débiteur qui se charge de payer la dette. *V.* NOVATION. — La délégation par laquelle un débiteur donne au créancier un autre débiteur qui s'oblige envers le créancier, n'opère point de novation, si le créancier n'a expressément déclaré qu'il entendait décharger son débiteur qui a fait la délégation. — Le créancier qui a déchargé le débiteur par qui a été fait la délégation n'a point de recours contre ce débiteur, si le délégué devient insolvable, à moins que l'acte n'en contienne une réserve expresse, ou que le délégué ne fut déjà en faillite ouverte, ou tombé en déconfiture au moment de la délégation. Cod. civ. art. 1275 et 1276.

DÉLÉGATION DE JURIDICTION. Commission donnée à un tribunal pour connaître d'une affaire, pour la juger. — Il y a par exemple, délégation de juridiction, lorsqu'en cassant un jugement en dernier ressort, ou en prononçant sur une demande en renvoi pour cause de suspicion légitime, la Cour de cassation commet un tribunal pour statuer sur l'affaire qui a été l'objet du jugement annulé ou de la demande en renvoi.

DÉLÉGATOIRE, adj. des deux g. (*prat.*), qui contient une délégation.

DÉLÉGI (*bot.*), et par corruption *halilig*, nom arabe sous lequel Avicenne et Serapion désignent les divers mirobolans. Selon Clusius, le mirobolan Chebule est nommé *Quebulgi*, le bellérique *beleregi*, l'emblique *embelgi*, le jaune *azfar*, l'indien ou noir *azuat*.
J. P.

DÉLÉGUER. Députer, commettre, envoyer quelqu'un avec pouvoir d'agir, d'examiner, de juger, etc. *Déléguer son autorité, son pouvoir, ses pouvoirs, etc.* Investir quelqu'un de son autorité, lui donner les pouvoirs nécessaires pour remplir une mission, pour traiter une affaire, etc.

DÉLÉGUER, se dit aussi en parlant des fonds qu'on assigne pour un paiement, pour l'acquittement d'une dette. — *Délé-*

guer un fermier, donner une délégation sur un fermier. Cette locution a vieilli. — *Déléguer une dette*, charger quelqu'un de la payer.

DÉLÉGUÉ (*participe*); il est quelquefois substantif, et signifie, celui qui a reçu une délégation, qui a commission de quelqu'un.

DELEN (DIRCK ou THIERRY VAN), peintre, né à Heusden vers 1635. Corneille de Bye a donné à cet artiste des éloges auxquels Descamps souscrit.

DELEPHAT, v. pr. f. (*myth.*, *symb.*), selon Hesychius, nom d'une divinité des Assyriens et des Chaldéens, et qui avait quelque rapport avec la Vénus des Grecs.

DÉ-LÈS, (*prép.*). Il se disait autrefois pour, le long de, à côté de.

DÉLESSERIE, *delesseria* (*bot.*), *hydrophytes*, genre de la famille des floridées. Longtemps confondu parmi les fucus, et dédié à M. Benjamin Delessert. Ses caractères sont : tubercules ronds, ordinairement comprimés, sessiles enpedonculés, situés sur des rameaux, le bord des feuilles endisséminés à leur surface. Les espèces très nombreuses de délesseries habitent principalement les lieux submergés par les marées, plusieurs sont parasites, et ornent les tiges des grandes laminaires. Leurs couleurs offrent toutes les nuances possibles, depuis le rose et l'écarlate le plus vif jusqu'au brun foncé, en passant par le jaune, le vert, le violet et le pourpre. J. P.

DELEPIERRE DE NEUVE ÉGLISE (JEAN-CHARLES), officier dans les armées du roi, né à St-Omer en 1723, fut l'un des collaborateurs de l'Encyclopédie du XVIIIe siècle, émigra en 1792, et mourut en Angleterre. Delepierre fit imprimer 1° un mémoire sur la province de Picardie, ou projet d'un canal et d'un port sur les côtes, in-4°, 1759; 2° le Patriote artésien, un vol. in-8°; dédié à M. le comte d'Artois; 3° de l'utilité des Ecoles de dessin, brochure in-8°, 1764 (Hist. de St-Omer, par J. Dreheims).

DELESSANG (LOUIS-CHARLES-NICOLAS), né à Mortagne, en 1756, fut sous-préfet de sa ville natale, et publia plusieurs ouvrages d'histoire et de statique. Il mourut en 1830.

DELESTAGE, (*t. de marine*), action de délester, déchargement du lest d'un bâtiment.

DELESTER (*t. de marine*), ôter le lest d'un bâtiment.

DELESTRE (FRANÇOIS), né à Neufchatel, en Normandie, vers 1766, il était principal de sa ville natale, quand il fut forcé de se réfugier en Angleterre, après avoir refusé de prêter le serment exigé des ecclésiastiques. Lorsque la persécution se ralentit, il rentra en France, mais il fut bientôt après atteint par la loi qui déportait à la Guyane les prêtres rentrés sans autorisation; il fut embarqué, mais à peine arrivé à sa destination, il mourut le 6 août 1798

DÉLESTEUR, s. m. (*marine.*), bateau employé à transporter le lest d'un vaisseau. C'est encore la personne qui, dans un port, est chargée de faire délester les bâtiments.

DELEUZE (JOSEPH-PHILIPPE-FRANÇOIS), né à Sisteron en 1753, se destina d'abord au génie militaire, et fut sous-lieutenant dans un régiment d'infanterie, mais après le licenciement de son régiment, il se voua entièrement aux sciences naturelles. En 1795, il fut nommé aide-naturaliste au Muséum d'histoire naturelle dont il devint le bibliothécaire en 1828. Deleuze se fit remarquer par son zèle pour la propagation du magnétisme animal, dont il publia une *Histoire critique* en 1813; on lui doit aussi une traduction estimée des *Amours des plantes* de Dirwin, et *Eudoxe*, ou *Entretiens sur l'étude des sciences*. Cet homme estimable mourut le 31 octobre 1835.

DÉLÉTÈRE, qui attaque la santé, qui peut causer la mort.

DELEYRE (ALEXANDRE), né aux Portrets, près de Bordeaux en 1726, fit partie de la société des jésuites jusqu'à leur expulsion. Il fut d'abord d'une dévotion outrée, et fit ensuite profession d'athéisme. Il était lié avec les encyclopédistes, et a laissé un grand nombre d'ouvrages, les principaux sont : l'*Analyse de la philosophie de Bacon*, 3 vol. in-12, Paris, 1755; l'article *Fanatisme* et plusieurs autres dans l'*Encyclopédie*; *Le père de famille* et le *Véritable ami*, traduits de Goldoni, 1758; l'*Esprit de Saint-Évremont*, in-12, 1761. Deleyre prit part à la révolution et fut député à la Convention par le département de la Gironde. Il est mort en 1797, âgé de 71 ans.

DELFAU (...), Bénédictin de la congrégation de Saint-Maur, est l'auteur de l'*Abbé commendataire*, imprimé en 1673, in-12, sous le faux nom de Des Bois-Franc. — C'est lui qui veut que l'auteur inconnu de l'*Imitation* soit Jean Gerson. — Delfau périt dans un naufrage, le 13 octobre 1676.

DELFICO (MELCHIOR), né au château du Leognano, dans le royaume de Naples, le 1er août 1744, était issu d'une famille noble et ancienne, il fit des études brillantes et s'appliqua de bonne heure à l'étude des sciences relatives à la haute administration, vers laquelle il se sentait porté ; dès 1782 il commença à publier des ouvrages sur cette matière, et sa réputation s'établit ; il voyagea dans toute l'Italie et reçut partout l'accueil le plus distingué de la part des hommes les plus remarquables. Pendant les troubles qui désolèrent son pays, de 1791 à 1798, Delfico paya son tribut aux calamités du temps, puis après l'occupation des armées françaises il fut appelé à faire partie du corps législatif de la république parthénopéenne, puis ensuite du directoire; il refusa cet honneur et fit seulement partie d'un conseil institué pour l'administration de la province. Dans ces temps de réaction, Delfico fut forcé de se réfugier dans la république de Saint-Marin où il demeura plusieurs années, et dans laquelle il fut admis au nombre des citoyens ; il publia sur ce pays des mémoires historiques qui figurent en première ligne parmi ses ouvrages. En 1806 il fut appelé à faire partie du conseil d'État, institué à Naples, par Joseph Bonaparte, il occupa ce poste pendant dix ans et il y fut maintenu après le retour des Bourbons sur le trône de Naples. Il se retira en 1823 à Teramo, chez les enfants de son frère, et y mourut le 21 juin 1835. Une notice sur sa vie et ses ouvrages a été publiée par son neveu, Grégoire de Filippis Delfico, comte de Longano.

DELFINO (FRÉDÉRIC), médecin et astronome, né à Padoue en 1477, alla exercer la médecine à Venise, où sa facilité de diagnostic lui attira une réputation de magie qui lui eut été fatale s'il ne s'était dérobé par une prompte fuite aux résultats qu'elle pouvait avoir. Delfino étudia alors les mathématiques, et en 1521 il fut nommé à la chaire d'astronomie de l'université de Padoue, et mourut dans ce poste en 1547. On a de lui un ouvrage, maintenant fort rare, intitulé : *De fluxu et refluxu aquæ maris, subtilis et erudita disputatio.*

DELFINO (JEAN), fut élu doge de Venise le 13 août 1356, pour succéder à Jean Gradenigo. Pendant son gouvernement eut lieu l'invasion de Louis de Hongrie qui fit perdre à la république toutes les possessions d'Illyrie. Jean Delphino mourut le 11 juillet 1431.

DELFINO (JOSEPH), de la même famille que le précédent, fut capitaine général de la flotte vénitienne en 1654. — **DELFINO** (JÉROME), provéditeur général des Vénitiens, commanda en Dalmatie de 1694 à 1699.

DELFINO (PIERRE), né à Venise en 1444, de la même famille que les précédents. En 1480 il fut élu général des Camaldules. Il travailla avec ardeur à maintenir la rigueur et l'esprit du premier institut. Il refusa le chapeau de cardinal qu'on lui offrait. Peu après il accompagna à Rome le fils de Laurent de Médicis. Mais le faste de la cour de Léon X lui déplut. Il se retira dans son monastère de Saint-Michel et y mourut en 1525.

DELFINO (JEAN), cardinal et poète italien, d'une famille patricienne de Venise, fut patriarche d'Aquilée. Il a laissé quatre tragédies, *Cléopatre*, *Lucrèce*, *Crésus* et *Médor*, qu'il ne voulut jamais faire imprimer, mais qui furent publiées après sa mort. Elles sont courtes et d'un style noble et concis.

DELFT, grande ville de Hollande, à deux lieues de Rotterdam et à une lieue de La Haye. Latitude N. 52°, O. 59"; longitude E. 2° 1' 30", 13,000 habitants. Cette ville possède des édifices forts beaux, une église remarquable où sont les tombeaux de Tromp et de Hein. C'est la patrie de Grotius.

DELFT (GILLES de). (*V.* DELPHUS.)

DELFT (JACQUES-WILLEMSZ), peintre de portraits fort estimé. Il mourut en 1601.

DELHI, province de l'Indoustan. Ses limites sont : au N. le Labor, au N.-E. les montagnes Kenaoun, au S.-E. l'Aoude, au S. le pays d'Ayrah, au S.-O. l'Adjmir, et à l'O. le Moultan. Cette province a 130 lieues de longueur sur 70 de largeur. Elle est très fertile; le Gange et la Djemna l'arrosent. Le sol est généralement uni, des canaux d'irrigation, joints aux petites rivières qui la parcourent en tous sens, alimentent la culture et multiplient ses productions; les principales sont le blé, l'orge, le maïs, le sucre, le coton. Cette contrée est riche en végétaux, en tabac, bambous, bois de construction, bois résineux et à gomme. On y élève beaucoup de bestiaux ; on y rencontre des éléphants sauvages. Le miel y abonde et est un objet de commerce. On y fabrique du coton. La qualité supérieure s'exporte, de même qu'une grande quantité de sucre, d'ivoire, de cuirs et de bois de construction. Le Delhi n'est plus aussi peuplé qu'autrefois : il contient 8,000,000 d'habitants.

DELHI, ville considérable de l'Indoustan, bâtie sur la rive droite de la Djemna, chef-lieu de la province du même nom, célèbre dans les fastes de l'Orient comme résidence des puissants empereurs Aureng-zeb et Akbar Ier. Elle commence à se relever sous la protection anglaise, des pertes immenses qu'elle a éprouvées en 1738, lors de l'invasion de l'armée persanne, commandée par Nadir-Châh. On a calculé à plus d'un milliard la valeur du butin enlevé par le conquérant, et cette somme s'élèverait beaucoup plus haut aujourd'hui, eu égard à l'augmentation du marc d'argent. Au commencement de 1827, le *Missionary register* portait la population de Delhi à 300,000 habitants, comme on le voit, elle a subi une terrible diminution depuis Aureng-Zeb, sous le règne duquel elle était évaluée à 2,000,000. Elle est à 100 lieues N.-O. de Calcutta. — L'empereur Akbar II, successeur des empereurs Akbar Ier et Aureng-Zeb, à Delhi, sous la suzeraineté des Anglais, qui l'ont dépouillé de sa couronne en 1803, en lui laissant toutefois le titre de *Grand Mogol* et une apparence de liberté, n'est en quelque sorte que le préfet du résident anglais dans cette ville déchue; il est chargé de conduire toutes les négociations politiques du N.-O. de l'Inde, surtout avec la cour de Randjit-Singh, souverain de Lahor. Les revenus qu'on lui a accordés s'élèvent à 3,640,000 francs. Parmi les édifices de la moderne Delhi, reconstruite presque entièrement par Châh-Djihân, édifices qu'on peut mettre au rang des plus beaux monuments de l'Inde, est une partie du superbe *Palais impérial*, qui a été assignée à ce prince en 1814. Autour de ce palais, composé d'un assemblage d'édifices en granit rouge, s'élèvent de vastes murailles et est creusé un fossé profond sur un mille de circonférence. Delhi fut bâtie au VIe siècle par Schâh-Djihân. Pris par *Thomas Kou-likan* en 1738, elle est depuis tombée, en 1798, au pouvoir des Anglais, qui la possèdent encore aujourd'hui. Dans l'intérieur se trouve une salle d'audience dont on admire la grandeur et la magnificence. On a converti en parc les fameux jardins *Chalinar*, qui sont aujourd'hui presque entièrement détruits. Ils avaient un mille de circonférence. Leur construction a, dit-on, coûté 25,000,000 de francs. Un voyageur anglais regarde la *Djemna-Medjid* comme le plus beau temple mohammédan de l'Inde. Cette mosquée a été construite par Châh-Djihân. Elle s'élève sur une vaste plate-forme, et est environnée d'une belle colonnade en granit rouge marqueté de marbre. Tout semble concourir à faire de la Djemna-Medjid l'un des plus admirables monuments connus, et la longueur de la mosquée proprement dite, évaluée à 260 pieds anglais, et l'élévation de ses deux minarets, portés à 130 pieds, et l'élégance de ses coupoles, et la richesse de ses décorations, et son puits taillé dans le roc, à une profondeur immense, pour fournir en tout temps l'eau nécessaire aux ablutions. — On cite encore le grand canal d'irrigation qui conduit l'eau de la Djemna, depuis les montagnes jusqu'à Delhi, dans une longueur de 20 milles anglais. Le gouvernement anglais l'a fait déblayer en 1820, plus tard en 1826, il l'a fait restaurer, et depuis cette époque il l'entretient à ses frais ainsi que la Djemna-Medjid. — Au sud, et non loin de la nouvelle *Delhi*, sont tristement couchées, sur une vaste étendue, jusqu'au village de Kattab (*Cuttub*), les ruines de l'ancienne *Delhi*, construite par les empereurs Patans sur l'emplacement de la ville indienne d'*Indra Prast'ha* (*Indraput*), elles semblent n'être plus que le mausolée de son antique splendeur. Parmi les monuments restés debout se fait remarquer, selon M. Héber, évêque de Calcutta, le monument sépulcral élevé à la mémoire du saint personnage mohammédan Kattab-Salnid. La tour qui constitue ce mausolée, connu sous le nom de *Kattab-Minar*, égale, par sa régularité, les tours les plus régulières qu'il ait vues. Elle s'élève à la hauteur de 242 pieds anglais sur un polygone de 27 côtés, et à cinq étages qui vont en diminuant. On distingue encore le tombeau d'Houmagoun, plus petit et moins épargné par le temps, qu'environne un vaste jardin orné de terrasses et de fontaines; les ruines des anciens palais des empereurs Patans, dont l'une des cours a gardé la colonne de métal nommée *Bâton de Firoux*, recouverte d'inscriptions arabes et persannes mêlées à d'autres plus anciennes en caractères *nagri*. Cette colonne est placée dans un temple que les Hindous regardaient comme le palladium de la dynastie régnante à *Indra-Prast'ha*. Enfin, on voit encore debout, au milieu de ces ruines, quelques portes, quelques pans de murailles, de mosquées caravansérais. Latitude nord, 28° 42′′, longitude est, 74° 26′.

DELI (*hist. ott.*), garde-du-corps du grand visir. Les *délis* sont au nombre de cinquante.

DELIADE, fils de Glaucus, tué par Bellérophon, son frère. On l'appelle aussi Alcimène. (*V.* ce mot.)

DÉLIADES, prêtresses d'Apollon à Délos.

DÉLIAGE, s. m. (*féod.*), droit prélevé par le seigneur sur les voitures et sur différentes marchandises et denrées.

DÉLIAISON, s. m. (*marine*), jeu dans les pièces qui composent la coque d'un bâtiment. *Déliaison* (*construct.*), arrangement des pierres d'un mur, auxquelles on donne moins de six pouces de recouvrement, tant au dedans du mur qu'au parement.

DÉLIAQUE, adj. et s. des 2 g. (*ant. gr.*), habitants de Délos, qui appartient à Délos ou à ses habitants. *L'airain déliaque* était recherché par les anciens.—*Déliaque*, s. m. Il se disait des marchands d'œufs et de volailles, et de ceux qui chaponnaient les coqs, parce que les habitants de Délos avaient pratiqué les premiers cette opération. *Problème déliaque*, se dit du problème de la duplication du cube, qui fut proposé par un oracle aux habitants de Délos.

DÉLIAS ou **THÉORIS**, nom du vaisseau athénien que l'on envoyait tous les cinq ans à Délos.

DÉLIASTES ou **THÉORIES**, députés d'Athènes à Délos.

DÉLIBATION. C'est la distraction qu'on fait d'une chose particulière sur la masse des biens d'une succession. — Le legs, par exemple, est appelé *delibatio hæreditatis*, parce que le legs se prend par distraction sur la masse des biens de la succession.

DÉLIBÉRANT, ANTE, qui délibère. Il se dit surtout des assemblées politiques.

DÉLIBÉRATIF, IVE (*t. de rhétorique*). Il se dit de ce genre de discours par lequel l'orateur se propose de faire adopter ou rejeter une résolution, dans une affaire publique mise en délibération.—*Voix délibérative* se dit par opposition à *voix consultative*, du droit de suffrage dans les délibérations d'une assemblée, d'un tribunal, etc.

DÉLIBÉRATION, s. f. (*v. lang.*), délivrance.

DÉLIBÉRATION, discussion entre plusieurs personnes sur une résolution à prendre, sur une question à résoudre. Il se dit aussi d'un examen que l'on fait en soi-même.

DÉLIBÉRATION. C'est une résolution prise dans une assemblée; pour la validité d'une délibération, il faut que l'assemblée ait été convoquée dans les règles, que les suffrages aient été libres, et que la délibération ait été rédigée conformément à ce qui a été arrêté par la pluralité des voix.

DÉLIBÉRATIVE, *avoir voix délibérative.* C'est pouvoir donner son suffrage dans les délibérations d'une assemblé. — Les pairs de France ont entrée dans la chambre à vingt-cinq ans, mais ils n'ont voix *délibérative* qu'à trente ans seulement. Charte constitutionnelle, art. 28.

DÉLIBÉRATOIRE, adj. des 2 g. (*prat.*), qui contient une délibération.

DÉLIBÉRÉ. C'est un jugement par lequel un tribunal, considérant que l'affaire est instruite du côté des parties, qu'il n'est plus besoin que d'examiner leurs titres et moyens, et que cet examen ne peut se faire à l'audience, à cause des distractions qu'on y éprouverait, ou du temps et de la méditation que cet examen exige, ordonne qu'il en sera délibéré en particulier en la chambre du conseil. — Il y a trois sortes de délibéré : — 1° Le délibéré sur-le-champ. — 2° Le délibéré sans rapport. — 3° Le délibéré sur rapport. — **DÉLIBÉRÉ SUR-LE-CHAMP.** C'est celui par lequel les juges ordonnent qu'ils se retireront sur-le-champ dans la chambre du conseil pour y recueillir les avis. — Ils ordonnent, en conséquence, que les parties remettent leurs pièces sur le bureau pour procéder à l'examen. (*V.* Cod. de procéd., ar). — **DÉLIBÉRÉ SANS RAPPORT.** C'est celui par lequel les juges qui ne peuvent décider sur-le-champ, ordonnent que la cause sera continuée à une des plus prochaines audiences, pour prononcer le jugement, afin que, dans l'intervalle, ils puissent examiner l'affaire. Cod. de procéd., art. 116. — **DÉLIBÉRÉ SUR RAPPORT**, est celui par lequel le tribunal ordonne que les pièces soient remises sur le bureau pour en être délibéré au rapport d'un juge nommé par le jugement, avec indication du jour auquel le rapport sera fait. — Les parties et leurs défenseurs sont tenus d'exécuter le jugement qui ordonne le délibéré, sans qu'il soit besoin de le lever ni signifier, et sans sommation; si l'une des parties ne remet point ses pièces, la cause est jugée sur les pièces de l'autre. Cod. de procéd. civ., art. 93 et suiv.

DÉLIBÉRÉMENT, hardiment, d'une manière délibérée.

DÉLIBÉRER. C'est examiner, consulter en soi-même ou avec d'autres pour prendre une résolution, une détermination quelconque. — L'héritier a trois mois pour faire inventaire, à compter du jour de l'ouverture de la succession. — Il a de plus pour délibérer sur son acceptation ou sur sa renonciation, un délai de quarante jours, qui commencent à courir du jour de l'expiration des trois mois donnés pour l'inventaire, ou du jour de la clôture de l'inventaire, s'il a été terminé avant les trois mois. Cod. civ., art. 795 et suiv. — Voyez les délais accordés à la veuve pour accepter ou renoncer à la communauté.

Cod civ., art. 1453 et suiv. Ces dispositions sont confirmées par l'art. 174 du Cod. de procéd. civ.

DÉLIBÉRER signifie aussi prendre une détermination. — **DÉLIBÉRÉ** (*participe*). *C'est une chose délibérée*, c'est une chose arrêtée, conclue. — *De propos délibéré*, à dessein, exprès, après y avoir bien pensé. On le dit presque toujours en mauvaise part. — **DÉLIBÉRÉ** est aussi adjectif, et signifie aisé, libre, déterminé.

DÉLIBÉRER, v. a. *Délibérer un cheval* (*manége*), le déterminer aux allures qu'il a de la peine à prendre.

DÉLICAT, ATE, fin, délié. Il est opposé à grossier.—Il se dit particulièrement de ce qui est fait, travaillé, façonné avec adresse et légèreté, avec un soin extrême et une attention minutieuse. Il se dit, par extension, des choses pour lesquelles ou à l'aide desquelles on exécute des ouvrages délicats. — **DÉLICAT**, se dit figurément, des pensées, des sentiments peu communs, lorsqu'ils ont quelque chose de pur, de *naïf*, de *touchant*. — Il se dit également de ce qui est fait ou exprimé d'une manière ingénieuse et détournée, par ménagement, par retenue, par modestie, par fierté, etc. — Il se dit quelquefois pour subtil. — **DÉLICAT**, signifie en outre, faible, qui peut recevoir aisément quelque altération. En ce sens, il est opposé à robuste. — **DÉLICAT** signifie aussi agréable au goût, et se dit surtout des aliments choisis et recherchés. — Fig. : *Plaisir delicat*, *jouissance délicate*, etc., plaisir, jouissance honnête, où l'âme, où l'esprit a plus de part que les sens. — *Avoir le sommeil délicat* se dit d'une personne que le bruit éveille. — **DÉLICAT** se dit pareillement de certaines choses frêles ou qui passent aisément. — Il signifie, figurément, difficile, embarrassant, dangereux, périlleux. — **DÉLICAT** signifie encore, figurément, sensible, qui juge finement de ce qui regarde les sens ou l'esprit. — Il signifie particulièrement difficile à contenter. On l'emploie aussi dans ce sens comme substantif. Il signifie également susceptible, facile à choquer, à offenser. — Il signifie de même absolument, scrupuleux sur ce qui concerne la probité, la morale ou les simples bienséances. — Il se dit aussi de ce qui est conforme à la probité, à la morale, aux bienséances.

DÉLICATEMENT, avec délicatesse, d'une manière délicate.

—**DÉLICATER**, traiter avec délicatesse, accoutumer à la mollesse. On l'emploie aussi avec le pronom personnel. Il vieillit.

DÉLICATESSE, qualité de ce qui est délicat, fin, délié. Il signifie, par extension, adresse, légèreté, soin. Il signifie, figurément, habileté, ménagement, circonscription. — **DÉLICATESSE** signifie encore la qualité de ce qui est agréable au goût : *les délicatesses de la table*, les mets délicats. — **DÉLICATESSE** se dit aussi figurément, en parlant de ce qui est senti, pensé, fait ou exprimé d'une manière délicate : *les délicatesses du langage*, *du style*, les finesses du langage, du style. — **DÉLICATESSE** se dit en outre pour faiblesse, débilité. Il signifie quelquefois mollesse. Il signifie aussi, figurément, sensibilité, aptitude à juger finement de ce qui regarde les sens ou l'esprit. Il se dit également pour susceptibilité, facilité à s'offenser, à se choquer. Il se dit également des scrupules sur ce qui touche à la probité, à la morale, aux bienséances, On l'applique souvent aux choses que la délicatesse fait dire ou faire.

DÉLICHÈRES (JEAN-PAUL), archéologue, né à Aubenas, en 1752 ; d'abord avocat, et s'occupant d'archéologie ; il fut distrait de ses études par la révolution, qui le fit maire de sa ville natale, puis député au conseil des Cinq-Cents, puis président du tribunal à Privas. Il donna sa démission de ces dernières fonctions en 1804, reprit la profession d'avocat, et s'occupa de nouveau de sa science favorite, sur laquelle il publia plusieurs ouvrages. Il mourut le 1er décembre 1820.

DÉLICES, plaisir, volupté. Il s'emploie quelquefois au singulier, et alors on le fait masculin.

DÉLICIEUSEMENT, avec délices, d'une manière délicieuse.

DÉLICIEUX, EUSE, extrêmement agréable.

DÉLICOTER (SE) (*t. de manége*). Il se dit d'un cheval qui se défait de son licou.

DÉLIÉ, ÉE, menu, grêle, mince. fig., *être délié*, *avoir l'esprit délié*, avoir beaucoup de finesse d'esprit, d'habileté, de pénétration, d'adresse. Il se prend quelquefois en mauvaise part. — **DÉLIÉ**, en termes de calligraphie, se dit substantivement, par opposition à *plein*, de la partie fine et déliée d'une lettre.

DÉLIÉ, ÉE, adj., *vers déliés* (*litt.*), vers où la rime n'est point employée, et dans lesquels le poète n'observe d'autre règle que la cadence et la mesure. Cette expression n'est usitée qu'en parlant de la poésie italienne, et l'on dit plus habituellement *versi sciolti*. (V. SCIOTTO.)

DÉLIÉ (*marine*), se dit d'un navire dont le gros temps ou un échouement fatigue la coque.

DÉLIÉES, s. f. pl. (*vénerie*). Il se dit des fumées du cerf, lorsqu'elles sont bien moulues.

DÉLIEMENT, s. m., action de délier, état de ce qui est délié.

DÉLIEN, IENNE, adj. (*myth. gr.*), surnom d'Apollon. Fêtes déliennes, que les Athéniens célébraient tous les cinq ans. (V. THÉORIE.)

DÉLIES, fêtes célébrées tous les cinq ans à Délos, en l'honneur d'Apollon, qui y était né. Son institution remonte à Thésée, qui à son retour de Crète plaça, dans l'île de Délos, une statue de Vénus, qu'Ariane lui avait donnée, et à laquelle il attribuait sa délivrance. On couronnait de guirlandes la statue de la déesse, et on faisait des courses de chevaux. Ensuite on formait des danses dans lesquelles on imitait les détours variés du labyrinthe d'où Thésée était sorti par le secours d'Ariane. — Les Athéniens célébraient tous les ans une fête qui portait le même nom. Elle fut également instituée par Thésée, qui, à son départ pour la Crète, fit vœu, s'il revenait vainqueur, de visiter tous les ans le temple de Délos. En conséquence, les Athéniens envoyaient tous les ans une députation sacrée à Délos. On appelait *déliastes* ou *théores*, les citoyens qui la composaient, et *délias* ou *théoris*, le vaisseau qui les portait. C'était celui-là même sur lequel Thésée avait fait son voyage. Lorsque le navire était équipé, le prêtre d'Apollon en ornait la poupe de fleurs et faisait une lustration générale dans toute la ville ; les théores étaient couronnés de laurier, marchaient précédés de hérauts armés de haches, en mémoire de Thésée, qui avait détruit les brigands et rétabli la sûreté des chemins. Arrivés à Délos, ils offraient des sacrifices à la divinité de l'île, et célébraient des fêtes en son honneur. Ils se rembarquaient ensuite, retournaient à Athènes, dont tout le peuple venait au devant d'eux. La gaîté régnait alors dans la ville, les travaux étaient suspendus, les citoyens sortaient de leurs maisons et se prosternaient devant les *déliastes*. Il était défendu de faire mourir les criminels depuis le jour du départ des députés jusqu'à celui de leur retour. C'est pour cela qu'on ne fit boire la ciguë à Socrate que trente jours après sa condamnation.

DÉLIER, détacher, défaire ce qui lie quelque chose. Il se prend aussi pour dénouer. Il signifie figurément, dégager d'une obligation, d'un serment, etc. Il se dit particulièrement, en termes de théologie, pour absoudre, et alors il s'emploie presque toujours absolument.

DÉLIGATION, s. f. (*chirurg.*), art de construire et d'appliquer des bandes, bandages et appareils.

DÉLIGATOIRE, adj. des 2 g. (*chirurg.*), qui appartient à la déligation.

DÉRIL, s. m. (*hist. ot.*), celui qui garde le voile du Kéabé,

DÉLILIE, s. f. (*bot.*), plante de l'Amérique.

DELILLE (JACQUES), naquit en 1738, dans les environs de Clermont en Auvergne. Sa mère appartenait à la famille des chevaliers de l'Hôpital. Le jeune Delille fut élevé à Paris, au collége de Lisieux. Au sortir du collége de Lisieux, il occupa un emploi à celui de Beauvais. Encouragé par les suffrages de Racine le fils, il donna au public sa traduction des *Géorgiques*. Voltaire fut tellement frappé des beautés de cet ouvrage, qu'il écrivit à l'Académie pour l'engager à recevoir dans son sein un homme dont le talent avait agrandi la gloire de la nation. Delille fut honoré deux fois des suffrages de l'Académie. La première élection n'avait pas été ratifiée par le roi, qui le trouvait trop jeune. Après la traduction des Géorgiques, Delille donna au public son poème des *Jardins*, œuvre remplie de descriptions pittoresques et brillantes. Ami de M. de Choiseul-Gouffier, il le suivit dans son ambassade à Constantinople. Inspiré par le spectacle de ces magnifiques contrées, il y composa son poème de l'*Imagination*. De retour à Paris, il reprit ses leçons au Collége de France, où un public nombreux venait lui entendre expliquer Juvénal, Horace, et surtout son cher Virgile. Delille s'éloigna de Paris et se retira à Saint-Diez, patrie de madame Delille. Il n'y resta pas longtemps ; il se réfugia à Bâle, puis à Glairesse, charmant village de la Suisse, situé vis-à-vis l'île Saint-Pierre, habitée jadis par Rousseau. Le poète obtint le droit de bourgeoisie dans cette même île dont l'illustre prosateur avait été banni. C'est là qu'il acheva l'*Homme des Champs* et le poème des *Trois Règnes de la Nature*. Après deux ans de séjour à Soleure, il se rendit en Allemagne, où il composa le poème de la *Pitié*, et passa ensuite deux ans à Londres, pendant lesquels il traduisit le *Paradis Perdu*. Cette traduction est un de ses plus beaux ouvrages. En 1801, Delille revint à Paris, chargé des trésors qu'il avait ramassés dans ses courses nombreuses. Il publia plusieurs de ses poèmes et fut témoin de leur succès. Aucun poète ancien ou moderne n'a laissé un plus grand nombre de vers, et de beaux vers. Delille est mort à Paris le 1er mai 1813, à l'âge de soixante-quinze ans. L'Académie française, en corps, et tout ce que la capitale avait d'hommes de lettres et de savants distingués, ont assisté à ses funérailles.

DELIMALANT (*bot.*), nom donné, à l'île d'Amboine, à un *carapa.* (*V.* ce mot.)

DÉLIMACÉ ÉE, adj. (*bot.*), qui ressemble à une delime, — **DÉLIMACÉES**, s. f. pl., famille de plantes.

DELIME SARMENTEUX (*bot.*). *Delima sarmentosa*, Linné, vulgairement *karswelo* de Ceylan, genre de plantes dicotylédones, à fleurs incomplètes, quelquefois dioïquss. Plusieurs auteurs modernes l'ont réuni au *tetracera*. Il appartient à la famille des *dilleniacées*, et à la *polyandrie monogynie* de Linné, offrant pour caractère essentiel : un calice à cinq divisions profondes; point de corolle, Linné; des étamines nombreuses, ovaire supère, un style, un stigmate; le fruit est une baie sèche, ou une capsule uniloculaire, bivalve, à une ou deux semences, entourée à sa base par les folioles réfléchies du calice; les semences pourvues d'une arille. Cette espèce est un arbrisseau sarmenteux de l'île de Ceylan, à rameaux cylindriques, dont les feuilles ont à peu près la forme de celles du hêtre; elles sont alternes, pétiolées, ovales, très rudes au toucher. Les fleurs pédonculées sont disposées en panicules lâches, nues, axillaires et terminales, plus longues que les feuilles. Ce genre, qui ne contenait autrefois que cette seule espèce, en comprend aujourd'hui plusieurs, décrites dans le *syst. nat. végét.* de Decandolle. J. P.

DÉLIMÉ (*bot.*). (*V.* DÉLIMACÉ.)

DÉLIMITATEUR, s. m. (*néol.*), celui qui pose des limites, des bornes, au prop. et au fig.

DÉLIMITATION, action de délimiter, ou le résultat de cette action.

DÉLIMITER, marquer, fixer, tracer des limites.

DÉLINÉATEUR, s. m. (*néol.*), celui qui dessine le trait; qui esquisse.

DÉLINÉATION, action de tracer le contour d'un objet au simple trait. Il se dit aussi de la figure qui en résulte.

DÉLINQUANT, c'est celui qui s'est rendu coupable de quelque délit.

DÉLINQUER (*t. de jurispr.*). Il n'est guère usité qu'au prétérit : faillir, contrevenir à la loi. Il a vieilli.

DÉLIOT, s. m. (*technol.*), petit doigtier de cuir blanc, dont les ouvrières se couvrent le bout du pouce pour travailler au point de France. (*V.* DÉLOT.)

DÉLIQUESCENCE (*t. de chimie*), propriété qu'ont certains corps d'attirer l'humidité de l'air et de l'humecter, de se résoudre en liqueur. On le dit également d'un corps pénétré par l'humidité.

DÉLIQUESCENT ENTE (*t. de chimie*), qui tombe ou peut tomber en déliquescence.

DÉLIQUIUM (*t. de chimie*), emprunté du latin, déliquescence. Il ne s'emploie que dans cette phrase : *tomber en déliquium.*

DÉLIRANT, **ANTE**, qui est en délire. Il n'est guère d'usage qu'au figuré.

DÉLIRE. C'est, du point de vue médical, le seul que nous envisagions ici, le désordre plus ou moins profond des facultés intellectuelles, avec ou sans perversion des facultés morales. Ici le cerveau joue nécessairement un rôle. Cela ne veut pas dire qu'il faille s'attendre à trouver dans cet organe la cause matérielle ou palpable de ces phénomènes; dans une foule de cas, en effet, l'autopsie cadavérique ne nous apprend absolument rien sur leur mode de développement (ce qui, par parenthèse, prouve que l'école matérielle n'explique nullement ce qu'elle a la prétention d'expliquer). La distinction la plus importante à faire, en médecine pratique, c'est celle du délire *aigu*, c'est-à-dire accompagné de fièvre, et du délire *chronique*, ou sans fièvre. Le premier se montre dans une foule de maladies aiguës, soit comme symptôme essentiel (*inflammation du cerveau*), soit comme complications (inflammations du tube digestif, des poumons, etc.). Il reçoit alors différentes formes, offre divers degrés d'intensité, tantôt poussé jusqu'à la fureur, tantôt ne consistant qu'en une légère incohérence dans les idées, alternant avec des moments de calme ou d'assoupissement profond, augmentant avec les exacerbations de la fièvre, diminuant avec elle. — Le délire *sans fièvre* caractérise la folie. Néanmoins il n'est pas seulement le résultat de cette affection, il survient souvent après de grandes pertes de sang spontanées ou provoquées par l'art; je l'ai vu dans plusieurs cas apparaître *dans la convalescence*, chez des malades qui avaient été saignés et soumis à une diète sévère. Dans un mémoire adressé à l'Académie royale de médecine, j'ai aussi appelé l'attention des praticiens sur l'origine souvent méconnue de certains délires partiels, accompagnés d'hallucinations, de spleen, etc., et qui reconnaissent pour cause une lésion organique du cœur. J'ai recueilli plusieurs observations fort curieuses en ce genre. Enfin nous citerons le délire qui arrive par suite de l'ingestion de diverses substances vénéneuses (belladone, jusquiame et autres narcotiques), ou de boissons spiritueuses (délire des ivrognes). — Le délire est toujours un symptôme d'une assez grande gravité, et qui do t appeler toute la sollicitude du médecin. Cependant il est loin d'offrir la même importance dans tous les cas. Ainsi j'ai connu des personnes qui délirent pour le plus léger accès de fièvre. Les enfants au-dessous de quatre ou cinq ans sont rarement atteints de délire, ou du moins ils ont trop peu de suite dans les idées pour que ce phénomène soit apparent. — Le délire nerveux, qui survient après les grandes opérations, est généralement de mauvais augure, ainsi que celui qui se manifeste à la fin des maladies, et s'accompagne de soubresauts des tendons et de mouvements convulsifs. Le pronostic n'est pas moins grave dans les fièvres éruptives, avec rétrocession de l'exanthème, dans les fièvres typhoïdes, autrefois désignées sous les noms de fièvres *malignes, ataxiques, putrides.* — On ne confondra pas le délire proprement dit avec la folie, qui est permanente, subsiste d'elle-même, tandis que le premier, plus ou moins passager, est la conséquence d'une affection particulière, dont il n'est qu'un des symptômes. — On observe parfois du trouble moins grave dans l'intelligence, les idées, le caractère, dont il faut cependant tenir compte, car ils accompagnent souvent, parfois même ils annoncent des maladies. Ainsi, une perte subite de mémoire, un embarras dans les idées, peuvent être le prélude d'une attaque d'apoplexie; des vertiges, des hallucinations, annoncent soit une congestion sanguine vers la tête, soit une affection nerveuse, ou une grande faiblesse. — On comprend que nous ne pouvons rien dire ici du *traitement* du délire, qui doit nécessairement varier suivant la nature de la maladie sous l'influence de laquelle il se montre. Bornons-nous à recommander d'une manière générale l'éloignement de tous les agents qui peuvent exercer une stimulation quelconque sur les sens, comme la lumière, le bruit, les odeurs, les sons. Le malade sera tenu, autant que possible, dans l'isolement et le silence.

Dr SAUCEROTTE.

DÉLIRE, se dit figurément de l'agitation extrême, du trouble qu'excitent dans l'âme les passions, les émotions violentes. On dit en un sens analogue, *le délire des sens.*

DÉLIRER, avoir le délire, être en délire.

DELISEA (*bot.*), genre de la famille des algues, établi par Lamouroux sur des espèces de delesseria, qui diffèrent des autres par une double sorte de fructification : l'une formée par des tubercules comprimés, translucides sur les bords situés au sommet des rameaux; l'autre formée de capsules éparses dans les épines latérales de l'extrémité des rameaux. Suivant Lamouroux, les *delisea* diffèrent des autres floridées par la double fructification et la forme des rameaux; elles sont linéaires ou presque filiformes, ordinairement dichotomes, avec des appendices latéraux en forme d'épines aiguës, recourbées vers le sommet, et d'environ une ligne de longueur. — *Delisea élégante*, *D. elegans.* Cette belle espèce croît à la Nouvelle-Hollande; la fraude est couleur de corne ou rouge, très rameuse, à rameaux presque filiformes; elle a six à sept pouces de longueur. J. P.

DELISLE DE LA DREVETIÈRE (LOUIS-FRANÇOIS), né à Suze-la-Rousse, en Dauphiné, d'une famille pauvre, étudia d'abord le droit, qu'il abandonna pour se livrer aux lettres; il travailla alors pour le théâtre Italien et composa pour lui les premières comédies régulières qui y furent représentées; il y donna, en 1721, Arlequin Sauvage, pièce injustement critiquée par Laharpe, et qui eut le plus grand succès. En 1722, Timon le Misanthrope réussit également. Plus tard, il présenta à la même scène diverses comédies qui eurent plus ou moins de faveur, mais dans lesquelles on remarque constamment des qualités assez grandes. Trop fier pour solliciter la faveur des grands, Delisle mourut dans un état voisin de la misère, que le goût qu'il avait eu pour les plaisirs dans sa jeunesse avait, il est vrai, contribué à empirer.

DELISLE (DOM JOSEPH), né à Brainville, dans le Bassigny, en 1670, embrassa la vie religieuse, après avoir suivi quelque temps le métier des armes. Il enseigna les belles-lettres, la philosophie et la théologie aux novices de son ordre : il fut nommé abbé de Saint Léopold de Nancy. On a de lui divers ouvrages tirés des sujets ecclésiastiques : 1° *Vie de M. Hagy*, calviniste converti, ci-devant capitaine dans le régiment de Sparre ; 2° *Traité* touchant l'obligation de faire l'aumône ; 3° *Défense de la vérité du martyre de la religion Thébaine*, réponse à la dissertation du ministre Dubourdieu ; 4° *Histoire du Jeûne* ; 5° *La Vie de saint Nicolas*, histoire de sa translation et de son culte ; 6° *Histoire de l'abbaye de Saint Mihiel* et de la ville qui en porte le nom, précédée de cinq dissertations préliminaires ; 7° *Avis* touchant les dispositions dans lesquelles on doit être pour étudier la théologie ; 8° *Histoire de l'abbaye d'Agaune* (maintenant saint Maurice dans le Valais) ; 9° d'autres ouvrages manuscrits. Dom Joseph Delisle mourut à saint Mihiel, le 24 janvier 1766.

DELISLE (GUILLAUME), fils du précédent, naquit à Paris le 28 février 1675. Ses études furent dirigées par son père ; son goût pour la géographie se montra dès son enfance ; à neuf ans il avait déjà dressé plusieurs cartes sur l'histoire ancienne. A vingt-cinq ans il avait entièrement réformé le système des anciens géographes et corrigé leurs nombreuses erreurs ; à cet âge, en 1700, il fit paraître une mappemonde, plusieurs cartes d'Europe, d'Asie et d'Afrique, un globe céleste et un globe terrestre. Dans ces ouvrages il diminuait la Méditerranée de 300 lieues en longitude, et l'Asie de 500 ; il prouvait en même temps que ses mesures étaient justes et d'accord avec toutes les observations géographiques connues ; il démontrait jusqu'à l'évidence la fausseté de la marche suivie jusque là par Nicolas Sanson et ses copistes, et il fut dès-lors avéré pour tout le monde que le jeune Delisle était le créateur du seul système géographique rationnel. — Ses cartes et ses globes lui attirèrent l'admiration générale ; en 1702 il fut admis à l'Académie des sciences. Il fit condamner alors, comme plagiaire, Molin, géographe du roi, qui avait copié son travail et qui l'accusait lui-même de plagiat. Delisle publia plus de cent cartes dont on trouve la liste dans l'ouvrage de Lenglet Dufresnoy, *Méthode pour étudier la géographie*. Il est aussi l'auteur de plusieurs mémoires fort remarquables insérés au recueil de l'Académie des sciences. — Il enseigna la géographie à Louis XV qui le nomma premier géographe du roi, le 24 août 1718, et lui donna une pension de 1,200 livres. Pierre-le-Grand, pendant son séjour à Paris, l'allait voir souvent et apprenait de lui, dit Fontenelle, la structure de son vaste empire. — Il mourut d'une attaque d'apoplexie le 5 janvier 1726, âgé de cinquante-et-un ans.

DELISLE (LOUIS), frère du précédent, prit le nom de sa mère, qui se nommait de La Croyère, il se livra avec succès à l'astronomie, et fut aussi admis à l'Académie des sciences, il accompagna son frère Joseph en Russie, et mourut au port d'Avatcha le 22 octobre 1741, épuisé par les fatigues que lui avaient causé de longs voyages scientifiques, sur les côtes de la mer Glaciale, en Laponie, en Sibérie, au Kamtchatka, etc. Au moment de sa mort il se préparait à se joindre à l'escadre de découverte de Béring. On a aussi de lui divers mémoires sur l'astronomie, insérés aux recueils de l'Académie des sciences de Paris et de Saint-Pétersbourg.

DELISLE (CLAUDE), né à Vaucouleurs, le 5 novembre 1644, fit ses études au collége de Pont-à-Mousson, se livra quelque temps au droit, et vint ensuite à Paris pour enseigner l'histoire ; ses cours furent très suivis ; le duc d'Orléans lui-même y assista ; ce prince le protégea par la suite et lui fit avoir une place de censeur et des gratifications. Il mourut le 2 mai 1720. Il a laissé cinq ouvrages : Relation historique du royaume de Siam ; Atlas historique et généalogique ; Abrégé de l'histoire universelle ; un Traité de chronologie, et une introduction à la géographie avec un Traité de la sphère.

DELISLE (JOSEPH-NICOLAS), troisième fils de Claude Delisle, né à Paris en 1688, étudia d'abord sous la direction de son père, et termina ses études au collége Mazarin. — Il montra dès son enfance un goût prononcé pour l'astronomie et se livra avec ardeur aux mathématiques qui lui ouvraient l'entrée de cette science ; avant même d'avoir connu aucun principe d'astronomie, il avait déjà résolu, par sa seule intelligence, plusieurs des problèmes qu'elle comporte. On lui permit, en 1710, d'habiter le dôme du Luxembourg, et il utilisa avec talent la position de cet observatoire ; il fut reçu, en 1714, membre de l'Académie des sciences, et y lut plusieurs mémoires sur les solitices et les éclipses ; il fut associé, par le régent, à Boulainvilliers, qui s'occupait alors de calculs pour l'astrologie judiciaire ; mais cette position que la misère lui avait fait accepter, ne l'empêcha pas de continuer ses travaux sérieux. Cédant plus tard aux sollicitations du czar Pierre et à celles de l'impératrice Catherine, il passa en Russie et fut mis à la tête de l'École d'astronomie de Saint-Pétersbourg, à laquelle il donna pendant ving-deux ans les soins les plus efficaces. De retour en France, en 1747, il vendit au gouvernement la magnifique collection de pièces astronomiques et géographiques à laquelle il avait employé le traitement qu'il avait en Russie, et fut nommé conservateur de ce nouveau musée. — Malgré son zèle et sa mauvaise santé, il continua alors à se livrer avec ardeur à la science ; il mourut à Paris le 11 septembre 1768. — Outre les mémoires imprimés dans les journaux du temps, où sont les recueils des sociétés savantes dont il faisait partie, il a laissé plusieurs ouvrages qui sont : un *Mémoire* sur les nouvelles découvertes au nord de la mer du Sud, imprimé en 1752, après les navigations des Russes dans ces parages pour découvrir un passage de cette mer dans le nord de l'Amérique ; un *Mémoire* pour servir à l'histoire, aux progrès de l'astronomie, de la géographie et de la physique ; *Avertissement* aux astronomes sur l'éclipse annulaire du soleil que l'on attend le 25 juin 1748.

DELISLE (SIMON-CLAUDE), frère puîné du précédent, naquit à Paris en décembre 1775. Il se voua entièrement à l'étude de l'histoire. On a de lui une traduction des tables chronologiques du P. Petau, et quelques petits ouvrages sur l'histoire de France. Il en préparait, dit-on, de plus importants, quand il mourut à Paris en 1726.

DELISLE DE SALES (JEAN-BAPTISTE-ISOARD), membre de l'Institut (académie des inscriptions et belles-lettres), fut peut-être le plus fécond des écrivains du dernier siècle. Il a écrit plus de cent volumes in-8°. Né à Lyon en 1743, il entra de bonne heure dans la congrégation des Oratoriens, puis il retourna dans le monde et mourut à Paris en 1816. A une époque où des idées nouvelles faisaient explosion de toutes parts, Delisle de Sales était philosophe dans le genre antique ; ses manières brusques et quelquefois sauvages, la négligence exagérée de sa toilette, la singularité de ses idées, sa bibliomanie enfin, le rendaient souvent ridicule aux yeux des gens du monde, autant que la supériorité de son esprit, la profondeur de son érudition et l'originalité de ses paradoxes, faisaient de lui un objet de jalousie pour plusieurs hommes de lettres ses confrères. Sans doute il faut reconnaître que cette prodigieuse fécondité qui enfantait tant de volumes impose l'obligation d'un choix rigoureux ; mais cette condition une fois remplie, il reste encore à Delisle des titres de gloire que l'on ne saurait méconnaître. Son *Histoire des hommes* (Paris, 1781, 41 vol. in-8°, avec atlas), que les biographes affectent de ne citer que légèrement et comme par réminiscence, est peut-être le plus bel ouvrage de cet écrivain si fécond. Une vaste érudition, une foule d'idées neuves et brillantes, un style élégant et facile, presque toujours libre de cette emphase qu'on reproche à plusieurs des autres productions du même auteur, en sont les principaux caractères. La *Philosophie de la nature* (1769), ouvrage bien inférieur au précédent, eut un prodigieux retentissement et valut à Delisle un arrêt de bannissement perpétuel. Un cri général d'indignation s'éleva en faveur du proscrit et le sauva de cette peine si peu méritée. — Voici la liste de ses principaux ouvrages : la *Bardinade*, poème satirique en dix chants (Paris, 1765) ; *Dictionnaire théorique et pratique de chasse et de pêche* (1769, 3 vol. in-12) ; *Philosophie de la nature* (la dernière édition est de 1804 ; elle a 10 vol. in-8°) ; *Histoire des douze Césars, de Suétone, suivie de mélanges philosophiques* (1774, 4 vol. in-8°) ; *Essai sur la tragédie par un philosophe* (1772) ; *Paradoxes par un citoyen* (1773) ; *Histoire philosophique du monde primitif* (Paris, 1779 ; 4e édition, 1793, 7 vol. in-8°) ; *Histoire des hommes*, 41 vol. in-8°, (continuée par MM. Mayer et Mercier, et portée à 53 vol.) ; *Éponine*, 6 vol. in-8°, ouvrage publié en 1791 sous le titre de *Ma république ; Mémoire en faveur de Dieu* (1802), titre bizarre dont les ennemis de Delisle se firent une arme contre lui ; *Essai sur le journalisme* (1811) ; continuation des histoires de France, d'Angleterre, etc., de l'abbé Millot, et de l'histoire de la révolution de France de Bertrand de Molleville ; Mémoires en faveur de MM. Carnot, Barthélemy et Pastoret, proscrits en septembre 1797, etc., etc.

DELISSER, v. a. (*technol.*). Tirer les feuilles de papier, les chiffons.

DELISSEUR, EUSE, s. (*technol.*). Ouvrier, ouvrière qui fait le triage des feuilles de papier.

DÉLIT COMMUN, s'est dit de tout crime commis par un ecclésiastique, dont la connaissance appartenait au juge ecclésiastique. *Le corps du délit*, *le corps de délit*, ce qui prouve l'existence d'un crime, d'un délit, comme le cadavre d'une personne assassinée, l'effraction d'une porte, etc. On le dit par opposition aux circonstances. — *Prendre, surprendre quelqu'un en flagrant délit*, le prendre sur le fait.

DÉLIT (*t. de maçonnerie*). Côté d'une pierre opposée au lit qu'elle avait dans la carrière. Il se dit par rapport à la manière dont on pose les pierres dans une construction.

DÉLIT, s. m. **DÉLIT ECCLÉSIASTIQUE** (*droit canon*), délit concernant la discipline ecclésiastique, et pour la punition duquel on se contentait de prononcer des peines canoniques. — **DÉLIT PRIVILÉGIÉ**. *V.* **CAS PRIVILÉGIÉ** au mot **CAS**. — **DÉLIT PUBLIC** (*anc. législ.*), délit dont la punition intéresse directement la société. — **DÉLIT PRIVÉ**, délit dont la poursuite, chez les Romains et dans l'ancienne France, n'appartenait qu'aux citoyens directement blessés. — **DÉLITS EXTRAORDINAIRES** (*législ. pén. de brumaire an* IV), délits retranchés par la loi de la juridiction ordinaire pour être soumis à des tribunaux exceptionnels — **DÉLIT DE GRAND CRIMINEL**, crime, méfait, qui entraîne une peine afflictive et infamante. — **DÉLIT DE POLICE CORRECTIONNELLE**, délit dont la peine n'est ni infamante, ni afflictive, mais excède une amende de la valeur de trois journées de travail ou un emprisonnement de trois jours. — **DÉLIT DE SIMPLE POLICE**, délit dont la peine ne peut excéder une amende de trois journées de travail ou un emprisonnement de trois jours. *V.* **CONTRAVENTION**.

DÉLIT, s. m. (*construct.*). Position d'une pierre placée de telle sorte que son lit de carrière est vertical ou incliné sur l'horizon. Joint ou veine que présente un bloc d'ardoise.

DÉLITEMENT, s. m. (*écon. rur.*). Action de déliter les vers à soie.

DÉLITER, v. a. (*écon. rur.*). Oter les vers à soie de dessus la litière formée par les débris des feuilles et par leurs excréments. — Se **DÉLITER**, v. pron. (*construct.*). Il se dit d'une pierre qui se fend naturellement dans le sens de son lit de carrière. — **DÉLITER** (*technol.*). Détacher l'ardoise ou la pierre par dalles ou blocs de la masse de la carrière, couper une pierre dans le sens de son lit de carrière.

DÉLITESCENCE (*t. de médecine*). Disparition subite d'une tumeur ou, plus généralement, des phénomènes inflammatoires.

DELIUM (*géog. anc.*) Ville de Béotie, vis-à-vis de l'île d'Eubée, célèbre par une bataille que les Thébains et les Athéniens s'y livrèrent l'an 424 avant J.-C.

DELIUS, surnom d'Apollon, né à Délos.

DELIUS (**CRISTOPHE-TRAUGORT**), né en Saxe en 1730, était d'une famille noble, mais pauvre. Son goût pour la minéralogie lui fit abandonner la carrière des armes qu'il avait d'abord embrassée ; il alla se fixer à Vienne où il se convertit à la religion catholique, et fut successivement nommé essayeur en 1756, inspecteur de l'école des mines en 1761, directeur de l'école des mines de Schemnitz, et enfin conseiller au département général des mines et monnaies d'Autriche. C'est à lui qu'est due la découverte d'une mine d'opale en Hongrie. — Le mauvais état de sa santé le fit se déterminer à aller chercher à Florence un climat plus doux ; mais il mourut le 21 janvier 1779. — Son premier ouvrage fut une dissertation sur l'origine des montagnes, sur les filons, sur la minéralisation des métaux et particulièrement sur l'or. On a en outre de lui le recueil de ses leçons à l'école des mines de Schemnitz.

DÉLIVRANCE. C'est la mise en possession d'un droit ou d'une chose quelconque. — **DÉLIVRANCE DE LA CHOSE VENDUE**. C'est la tradition ou livraison de la chose vendue faite à l'acheteur par le vendeur. Ou bien, selon le Code civil, c'est le transport de la chose vendue en la puissance de l'acheteur. La délivrance de la chose vendue est une des obligations du vendeur. — L'obligation de délivrer les immeubles est remplie de la part du vendeur lorsqu'il a remis les clefs, s'il s'agit d'un bâtiment, ou lorsqu'il a remis les titres de propriété. — La délivrance des effets mobiliers s'opère : ou par la tradition réelle, ou par la remise des clefs du bâtiment qui les contiennent, ou même par le seul consentement des parties, si le transport ne peut pas s'en faire au moment de la vente, ou si l'acheteur les avait déjà en son pouvoir à un autre titre. La tradition des droits incorporels se fait, ou par la remise des titres, ou par l'usage que l'acquéreur en fait du consentement du vendeur. — La délivrance doit se faire au lieu où était, au temps de la vente, la chose qui en fait l'objet, s'il n'en a été autrement convenu. Les frais de la délivrance sont à la charge du vendeur, et ceux de l'enlèvement à la charge de l'acquéreur, s'il n'y a eu stipulation contraire. — La chose doit être délivrée en l'état où elle se trouve au moment de la vente; depuis ce jour tous les fruits appartiennent à l'acquéreur. — L'obligation de délivrer la chose comprend ses accessoires et tout ce qui a été destiné à son usage perpétuel. (*V.* Cod. civ., art. 1604 et suiv.) — **DÉLIVRANCE DES LEGS**. C'est l'obligation de délivrer au légataire le legs que le testateur lui a assigné. — Lorsqu'au décès du testateur, il y a des héritiers auxquels une quotité de ses biens est réservée par la loi, ces héritiers sont par sa mort saisis de plein droit de tous les biens de la succession ; le légataire universel est tenu de leur demander la délivrance des biens compris dans le testament; mais, s'il n'y a pas d'héritiers auxquels la loi fasse de réserves, le légataire universel, par la mort du testateur, se trouve saisi de plein droit, et n'est pas tenu de demander délivrance. — Les légataires à titre universel sont obligés de demander la délivrance : 1° aux héritiers auxquels la loi fait une réserve; 2° à leur défaut, aux légataires universels; 3° et, au défaut de ces derniers, aux héritiers appelés par la loi à succéder. — Le légataire particulier est tenu également de former sa demande en délivrance dans l'ordre ci-dessus. (*V.* Cod. civ., art. 1004, 1011, 1014. — Les frais de la demande en délivrance sont à la charge de la succession, sans néanmoins qu'il puisse en résulter de réduction de la réserve légale. (*Ib.*, art. 1016.)

DÉLIVRANCE, s. f. (*anc. législ. forest.*), livraison accordée aux usagers dans les forêts royales, ainsi qu'aux ecclésiastiques et communautés qui avaient obtenu de faire abattre leurs bois. Les bois devaient être marqués avant leur *délivrance*. Les délivrances de bois étaient faites par les grands maîtres et les officiers des eaux et forêts.

DÉLIVRANCE, lorsqu'il s'agit d'un accouchement, signifie la sortie de l'arrière-faix. Il se dit quelquefois pour accouchement.

DÉLIVRE (*t. d'accoucheur*), l'arrière-faix, l'enveloppe du fœtus.

DÉLIVRE, s. m., *être fort à délivre* (*faucon.*), se dit d'un oiseau qui est maigre et n'a point de corsage.

DÉLIVRER, v. a. (*marine*), enlever du bâtiment tout ou partie d'un bordage pour visiter sa membrure.

DÉLIVRÉ, ÉE, part. Il est employé par Montaigne dans un sens absolu pour signifier libre, dégagé de soins. — **DÉLIVRÉ** (*faucon.*). Il se dit d'un héron lorsqu'il n'a point de corsage et qu'il est presque sans chair.

DÉLIVRER, mettre en liberté; affranchir de quelque mal, de quelque chose d'incommode. On l'emploie souvent avec le pronom personnel. — **DÉLIVRER**, en parlant d'une femme, signifie particulièrement, accoucher. — **DÉLIVRER**, signifie aussi, livrer, mettre, remettre entre les mains. — *Délivrer des ouvrages à un entrepreneur, à un maçon*, donner des travaux, des constructions à faire à un entrepreneur, à un maçon. — *Délivrer des ouvrages*, signifie aussi les rendre terminés, confectionnés.

DÉLIVREUR, s. m. Il se dit quelquefois dans le style burlesque pour libérateur. Voiture appelle Persée le *délivreur d'Andromède*. — **DÉLIVREUR** (*manège*), domestique qui distribue l'avoine aux chevaux. — **DÉLIVREURS** (*technol.*), l'un des deux tambours qui font partie des cardes à carder le coton en gros ou à nappe.

DELLA-MARIA (**DOMENICO**), né à Marseille vers 1764, trahit dès sa plus tendre enfance son origine italienne. Sa famille ne mit aucun obstacle à ses penchants ; et, dès l'âge de 18 ans, le jeune virtuose, aussi habile sur le piano que sur le violoncelle, fit entendre sur le théâtre de Marseille un opéra-comique accueilli avec bienveillance. Son séjour pendant dix ans en Italie, les conseils de plusieurs grands maîtres et l'impulsion que donna à ses idées le fameux Paesiello, fécondèrent son génie naturellement inventif. Sur six opéras-comiques qu'il fit entendre, trois obtinrent un grand succès. Précédé par une réputation brillante, Della-Maria débuta en 1796 au théâtre de l'Opéra-Comique par *le Prisonnier*, et l'enthousiasme que ce petit ouvrage excita en France le plaça tout d'un coup au rang des premiers compositeurs. A ce glorieux début succédèrent presque sans interruption *l'Oncle valet, le Vieux château, l'Opéra comique, Jaquot, le Cabriolet jaune, le Général suédois, la Fausse duègne*; représentés presque tous avec succès. L'avenir s'ouvrait devant le jeune compositeur, riche de gloire et de bonheur, lorsqu'en 1800 une mort aussi terrible qu'imprévue vint l'enlever au milieu de son triomphe, à peine âgé de 36 ans. Les œuvres qu'il nous a laissées sont loin d'avoir aujourd'hui la même valeur ; les formes mélodiques ont presque totalement changé, et tout le mérite du compositeur reposait dans la naïveté et la simplicité trop candide de son chant.

DELLE (**CLAUDE**), né à Paris dans la première moitié du XVIIe siècle, entra dans l'ordre des Dominicains parmi lesquels il se distingua comme savant remarquable; il enseigna d'abord la philosophie à Abbeville, et se voua ensuite à l'éloquence de la chaire, jusqu'à ce qu'enfin sa santé ne lui permettant plus d'exercer ce ministère, il vint se fixer à Paris dans la maison professe de son ordre. Il se livra dès lors tout entier à l'étude, et fit de savantes recherches sur la vie monastique des différents peuples; il publia le résultat de ses travaux dans un ouvrage intitulé : *Histoire de l'état monastique*, dans lequel on remarque une fort grande érudition. Delle mourut le 14 octobre 1699.

DELLIARION (*bot.*), un des noms de la conize cités par Dioscoride. J. P.

DELLIUS (QUINTIUS), officier envoyé par Antoine à Cléopâtre pour la citer devant son tribunal. Frappé de la beauté de cette princesse, il lui conseilla de déployer tous ses charmes pour captiver Antoine. Dellius changea souvent de parti dans les guerres civiles, il finit par abandonner Antoine pour s'attacher à Auguste. Horace lui a adressé la troisième ode du second livre.

DELLON (C.), naquit vers 1649, en France; mais on ne sait dans quelle partie. La lecture des relations de voyages qu'il fit dans son enfance lui donna le goût des excursions lointaines; il s'embarqua au Port-Louis le 20 mars 1668, et aborda le 4 septembre à l'île Bourbon. Il visita successivement Madagascar, Surate et la côte du Malabar, revint à Surate. Il se préparait à passer en Chine et s'était rendu même à Demerary dans ce but, mais les instances du gouverneur l'engagèrent à s'y fixer quelque temps pour y exercer la médecine dans laquelle il avait des connaissances étendues. Bientôt le même gouverneur conçut contre lui une jalousie sans fondements qui le porta à dénoncer Dellon au tribunal de l'inquisition. Malgré la fausseté des accusations d'hérésie portées contre lui, il fut condamné à servir cinq ans dans les galères du Portugal; ses biens furent confisqués et il fut de plus excommunié et banni. — Le 25 janvier 1676, on l'embarqua les fers aux pieds. Le capitaine du vaisseau le traita du reste avec beaucoup de bonté, lui fit ôter ses fers et le chargea du soin de la santé de l'équipage. Arrivé à Lisbonne après avoir abordé à San-Salvador, Dellon, aidé par le médecin de la reine de Portugal, fit réviser tout son procès, et le grand inquisiteur, convaincu de son innocence, le fit immédiatement remettre en liberté; il en profita pour revenir en France et arriva à Bayonne le 15 août 1677. — Il continua d'exercer la médecine et accompagna, en 1685, les princes de Conti en Hongrie, en qualité de médecin. — On ignore l'époque précise de sa mort. — Il publia : 1° *Relation d'un voyage aux Indes-Orientales;* 2° *Relation de l'inquisition de Goa*. Ce dernier ouvrage était écrit longtemps avant d'être imprimé, parce que l'auteur, lié par un serment qu'il avait fait aux inquisiteurs de ne pas révéler ce qu'il avait vu dans leur tribunal, hésita longtemps à le mettre au jour.

DELMACE (FLAVIUS-JULIUS-DELMATICUS), petit-fils de Constance Chlore, naquit dans les Gaules et fut élevé à Narbonne par l'orateur Exupère qui en fit un prince accompli. — Son oncle Constantin le fit d'abord consul en 333 et ensuite en 335 il le proclama César. Il passa dans l'île de Chypre pour réprimer la révolte de Calocère, s'empara de la personne de ce dernier, et le fit périr à Tarse. Il gouverna pendant deux ans la Thrace, la Macédoine, etc., que Constantin lui donna ensuite comme apanage; mais, à la mort de ce prince, Constance excita les troupes contre Delmace, son frère, Annibalien, gendre de Constantin, et divers autres parents; ils furent tous massacrés, et l'avide Constance put alors s'emparer des États que son père leur avait donné. — On trouve à la Bibliothèque royale quelques médailles de ce prince sur lesquelles il prend le titre de *prince de la jeunesse* et de *nobilis Cæsar*.

DELMAS (LE PÈRE), poète latin, né en 1733, dans le Rouergue, entra fort jeune dans la congrégation des pères de la doctrine chrétienne, et professa les humanités; il fut ensuite appelé par Mgr. du Breteuil, évêque de Montauban, en 1772, et lui confia la direction de la paroisse de Saint-Orcan, qu'il administra pendant 18 ans. Il mourut le 3 octobre 1790. On a de lui : *Ars artium, seu de pastorali officio*, poème très remarquable, et une traduction en vers latins de l'*Imitation de J.-C.*

DELMAS (JEAN-FRANÇOIS-BERTRAND), né en 1754, aux environs de Toulouse, était officier des milices lors de la révolution; il fut alors nommé aide-major de la garde nationale de cette ville; puis député de la Haute-Garonne à l'assemblée législative. Sa carrière politique fut marquée par des changements fréquents d'opinion : modéré dans la première assemblée, il fut des plus exaltés dans la Convention; puis, au 9 thermidor, il fut un des premiers à dénoncer ceux au parti desquels il s'était attaché d'abord. Plus tard, président du club des Jacobins, que la Convention venait de rétablir, il chercha à rétablir ce parti; puis, le 1er prairial, commandant de la force armée, il fut le principal auteur de sa ruine. Appelé au Conseil des anciens, en 1795, il en fut successivement secrétaire et président, et mourut en 1798, dans un accès de folie.

DELMAS (ANTOINE-GUILLAUME), général français, né à Argentat près Tulle, le 21 janvier 1768, entra à onze ans au régiment de Touraine, et fit la guerre d'Amérique. Il adopta les principes de la révolution et fut fait commandant des gardes nationales de la Corrèze. Nommé en 1791 commandant du 1er bataillon de volontaires de ce département, il fut dirigé sur l'armée du Rhin et se distingua particulièrement au combat de Stromberg. Promu au grade de général de brigade, et après avoir courageusement défendu Landau, Delmas fut nommé général en chef de l'armée du Rhin, mais il refusa cette place qui lui était contestée par plusieurs représentants du peuple, et il prit le commandement d'une division à la tête de laquelle il se signala à l'affaire de Rehut. Sa prudence et ses services ne le sauvèrent pas d'une arrestation, qui fut, il est vrai, de courte durée. Il défit, après son élargissement, les Anglais à Boxtel, et prit, quelque temps après, le fort d'Orthem, d'où il canonna ensuite Bois-le-Duc. Rappelé à l'armée du Rhin, il se distingua encore à Neuhoff et à Ettingen, puis passa à l'armée d'Italie où il ne rendit pas de moins grands services. Il ne quitta qu'un instant cette armée pour celle du Rhin; il y retourna en 1801. Après la campagne, Delmas fut fait inspecteur général; mais il tomba peu de temps après en disgrâce, ne reprit du service qu'en 1813, acquit beaucoup de gloire à Lutzen, à Pleinitz, à Wachau, et tomba frappé d'un boulet sous les murs de Leipzig, le 18 octobre de la même année.

DELMINIUM (*Delmino*), capitale de la Dalmatie près du fleuve Naro. Elle fut prise et rasée par Scipion Nasica, 153 ans av. J.-C.

DELMONT (DEODAT), naquit à Saint-Tron en 1581. Ses parents le destinèrent d'abord aux sciences, il devint fort bon géomètre, et on dit même qu'il se livra avec succès à l'astronomie, mais de Bye, qui lui attribue cette dernière science, dit aussi qu'il avait l'art de prédire l'avenir, de sorte que ses assertions ne sont rien moins qu'irrécusables. Delmont était depuis longtemps ingénieur du roi d'Espagne, qui lui montrait la plus haute estime, quand il fit la connaissance de Rubens, prit le goût de la peinture, et se livra entièrement à cet art dans lequel il se distingua beaucoup. Ses principaux ouvrages sont : une *Adoration des rois* faite pour les religieux, *façons* d'Anvers; un autre tableau du même sujet pour l'église de Notre-Dame; un autre encore ainsi qu'un portement de croix pour les jésuites de la même ville. Il mourut à Anvers le 25 novembre 1634, âgé de cinquante-trois ans.

DELMOTTE (HENRI-FLORENT), né à Mons, fut d'abord destiné au barreau et y renonça à cause de la faiblesse de sa poitrine; il fut notaire à Baudour et à Mons, puis succéda à son père dans l'emploi de bibliothécaire de la ville et devint archiviste du Hainaut. Il embrassa la révolution de 1830 avec ardeur, parce qu'il espérait la réunion de la Belgique à la France, puis il se retira de nouveau au milieu de ses livres. Il fonda à Mons la Société des bibliophiles et mourut au mois de mars 1836. Il est auteur d'un assez grand nombre d'ouvrages légers, entres autres : *Voyage pittoresque et industriel de Kaout't'chouk*, qui a fourni à M. Charles Nodier un article très piquant.

DÉLOGEMENT, action de déloger. Il se dit particulièrement du départ des gens de guerre logés par étapes. Ce sens vieillit. — Il s'est dit aussi pour décampement. Ce sens est vieux.

DÉLOGER, quitter un logement, sortir d'un logement pour aller loger ailleurs. — Il se dit pareillement de troupes logées par étape. Ce sens vieillit. — Il signifie quelquefois décamper. Ce sens est familier. — Fig. et fam., *déloger sans trompette, sans tambour ni trompette*, déloger, se retirer secrètement, sans faire de bruit, soit pour ne pas payer ce qu'on doit, soit pour éviter un mal, un danger dont on est menacé. — DÉLOGER, signifie encore familièrement, sortir d'un lieu, d'une place qu'on occupe. — DÉLOGER est aussi actif; alors il signifie ôter un logement à quelqu'un, lui faire *quitter son logement*, son appartement. — Il signifie, en termes de guerre, faire quitter un poste. — Il signifie encore, *familièrement*, faire sortir quelqu'un d'une place commode où il s'était mis.

DÉLONGER ou **DÉLONGIR**, v. a. (*fauconn.*), ôter la longe à un oiseau.

DELORME (PHILIBERT), né à Lyon au commencement du XVIe siècle, alla, dès l'âge de 14 ans, voyager en Italie pour étudier l'antique. La protection de Marcel Cervin, qui devint plus tard le pape Marcel II, lui facilita les études. En 1536 il revint à Lyon, où il mit à profit les études sérieuses qu'il avait faites, en construisant plusieurs voûtes et escaliers en trompes, ouvrages qui étaient à cette époque tout-à-fait inconnus. Le car-

-dinal du Bellay l'attira à Paris au moment où il finissait le portail de Saint-Nizier, et l'introduisit à la cour de Henri II. Sa première œuvre fut le fer à cheval de Fontainebleau; il donna ensuite les plans des châteaux d'Anet et de Meudon; il travailla à ce dernier avec le Primatice. A la mort de Henri II, il fut nommé par Catherine de Médicis intendant des bâtiments royaux. Outre des réparations qu'il fit aux châteaux de Villers-Cotterets et de la Muette, il est l'auteur des plans de celui de Saint-Maur, de la tour des Valois à Saint-Denis, et du palais des Tuileries qui fut son chef-d'œuvre. Quoique seulement tonsuré, il fut créé par Catherine abbé de Saint-Eloi, de Noyon et de Saint-Serge d'Angers; elle lui donna aussi le titre de conseiller et d'aumônier ordinaire du roi. Ces dignités le rendirent vain et orgueilleux; il encourut même à cet égard les reproches de sa protectrice. — Il mourut en 1577. — Delorme employa le premier avec succès les planches de sapin comme charpente, malgré le peu de foi qu'on avait dans la réussite de son procédé. Il excella surtout dans la construction des voûtes, pour laquelle il surpassa tous ses contemporains. Il fut sans contredit le premier architecte de son temps. L'étude assidue qu'il avait fait de l'antique, lui permit d'établir en France le bon goût dans les constructions, et de substituer le genre grec au genre gothique, qui était avant lui le genre préféré.

DELORME (JEAN), né à Moulins en 1547, était médecin de la faculté de Montpellier, et exerçait dans le Forez. Sa réputation brillante lui valut la charge de premier médecin de la reine qu'il vint remplir à Paris; il fut ensuite successivement médecin de Marie de Médicis, de Henri IV et de Louis XIII. Il sauva, dit-on, la reine-mère par une saignée, et sa réputation s'augmenta encore de cette importante cure. En 1626 il céda sa place à son fils, Charles Delorme, et se retira dans sa ville natale, où il mourut de la pierre, le 14 janvier 1637, âgé de quatre-vingt-dix ans.

DELORME (MARION). On ne sait positivement ni l'époque de sa naissance, ni celle de sa mort; elle fut, à ce qu'on croit, la maîtresse de Desbareaux, et fut à coup sûr celle de Cinq-Mars; on dit même qu'un mariage clandestin les unissait. La maréchale d'Effiat, mère de Cinq-Mars, demanda et obtint un arrêt qui défendait aux deux jeunes gens de se voir, et ce fut cet arrêt qui donna lieu à l'ordonnance du 26 novembre 1639, relative aux mariages clandestins. Marion ouvrit dès lors sa maison à tous les jeunes seigneurs de la cour, et accorda successivement ses faveurs à un grand nombre d'entre eux; elle se lia à cette époque avec la célèbre Ninon de Lenclos, et partagea avec elle l'empire de la mode. Au temps de la fronde, son salon qui était déjà le rendez-vous de tout ce que Paris avait d'illustre, de spirituel et d'aimable, devint aussi celui des mécontents; il paraît même qu'elle fut sur le point d'être arrêtée, et que pour échapper à ce malheur elle feignit une maladie et fit même courir le bruit de sa mort. Elle partit pour l'Angleterre et y épousa un lord qui la laissa quelque temps après veuve et héritière de ses biens. Elle repartit pour sa patrie, mais sur la route elle fut attaquée par des voleurs dont le chef l'épousa; veuve une seconde fois, elle revint en France et épousa en troisièmes noces un nommé Lebrun, procureur fiscal; ayant encore perdu son mari à Paris, elle se trouva à l'âge de quatre-vingt-un ans seule et livrée à la merci de deux domestiques qui la volèrent et s'enfuirent. Réduite alors à une grande détresse, elle voulut avoir recours à Ninon, mais elle apprit qu'elle venait de mourir (1706). Cette nouvelle abrégea la vie de Marion Delorme, que quelques personnes ne font pourtant mourir qu'en 1741, à l'âge de cent trente-quatre ans. Cette longévité de Marion n'est pourtant pas prouvée; une femme mourut en effet à cet âge à Paris en 1741, mais il n'est pas du tout certain que ce fut elle.

DELORME (CHARLES), naquit à Moulins en 1584, son père, Jean Delorme, dirigea ses premières études en médecine; lorsqu'il fut docteur (1607), le jeune Charles voyagea en Italie, où il acquit une très grande réputation; il fut, dit-on, médecin de Henri IV, mais ce qui est certain, c'est qu'il fut celui de Gaston d'Orléans et de Louis XIII. Il rendit de grands services dans la peste de Paris en 1619, et aussi au siége de La Rochelle en 1628. Lors du mariage de Louis XIII avec l'archiduchesse Anne d'Autriche, Delorme accompagna le duc de Nevers dans son ambassade en Espagne; il eut l'amitié du cardinal de Richelieu et du chancelier Séguier, qui lui faisait une pension de 1,500 livres. Il eut en France, comme médecin, le même succès qu'il avait eu en Italie, et son désintéressement faisait dire à Henri IV qu'il gentilhommait la médecine. Il mourut le 24 juin 1678, âgé de 94 ans. — Les thèses qu'il soutint et quelques autres pièces, ont été rassemblées en un seul ouvrage sous le titre de *Lauriers de l'orme.*

DÉLOS (*géog.anc.*), petite île de la mer Egée, l'une des Cyclades, au N. de Naxos, entre Rhénée et Mycone, était appelée aussi Lagie, Astérie, Ortygie, Chlamydie, Pélasgie, Pyrpole, Cynthus et Cynœthus. Neptune la fit sortir du fond des eaux afin de soustraire aux poursuites de Junon l'amante de Jupiter, Latone qui y donna naissance à Diane et à Apollon. Cette île était célèbre pour le culte qu'on y rendait à ces divinités. Son territoire était regardé comme sacré, et l'on ne pouvait y faire la guerre. Il était défendu d'y enterrer les morts; on les transportait dans l'île de Rhénée. Délos fut d'abord occupée par les Cariens, et probablement par les Crétois, qui à ces époques reculées faisaient la plus grande partie du commerce de la Méditerranée. Les Doriens y dominèrent ensuite et y apportèrent le culte d'Apollon, leur divinité tutélaire. Enfin les Ioniens, lors de leur émigration en Asie, s'y fixèrent à leur tour, et c'est alors que Délos acquit sa plus grande célébrité; elle devint le rendez-vous commun de tous les peuples de la Grèce, soit à cause de son temple d'Apollon qui était un asile inviolable, soit parce qu'elle se trouvait à peu près à moitié chemin de la traversée lorsqu'on voulait passer de Grèce en Asie. Enfin elle appartint exclusivement aux Athéniens qui y envoyaient une députation religieuse de cinq ans en cinq ans. Le temple était desservi par des Crétois.—**DÉLOS**, ville de l'île de Délos sur la côte occidentale, une des plus belles de la Grèce, elle n'avait ni tours ni murailles, la présence de la divinité protectrice de l'île la mettait à l'abri de toute attaque.

DÉLOS (*antiq.*) ou **RHENEA**, petite île de l'archipel, déserte et couverte de mines et de tombeaux. Les anciens transportaient les morts qu'il n'etait pas permis de brûler dans l'île de Délos.

DÉLOS (PROBLÈME DE). La peste ravageait la Grèce; ses habitants crurent voir dans ce fléau l'œuvre d'un de leurs dieux en courroux, et les Déliens consultèrent l'oracle de leur dieu qui répondit, comme il répondait toujours, par un problème: *Doublez l'autel!* L'autel du temple d'Apollon, dans l'île de Délos, avait la forme d'un cube parfait, et le nouvel autel fut construit avec des côtés doubles de ceux de l'ancien. Malheureusement les lois de la géométrie ne se prêtèrent pas à cette interprétation, et le cube que l'on obtint fut, non pas deux fois, mais huit fois plus grand que le premier. La peste continua d'exercer ses ravages, et l'oracle consulté de nouveau répondit qu'on s'était trompé. Dès-lors la pratique dut se reconnaître impuissante, et la théorie eut à résoudre ce problème que nous traduisons en langue scientifique; construire un cube double d'un cube donné géométriquement, c'est-à-dire sans employer d'autres instruments que la règle et le compas. — Quelle que soit la véracité du récit de Plutarque et de Philoponus, sur l'origine à laquelle le problème de la duplication du cube doit le nom de *problème de Délos*, ainsi que nous venons de le poser tout-à-l'heure, sa solution géométrique est tout-à-fait impossible; mais les difficultés de cette solution, l'ardeur des recherches dont il fut l'objet, ont donné naissance à d'importantes découvertes parmi lesquelles nous citerons la quadratrice de Dinostrate et le conchoïde de Nicomède. Le célèbre quadrateur des lunules, Hippocrate de Chio, l'avait réduit à la recherche des deux moyennes proportionnelles continues, et c'est sous ce point de vue qu'on espérait d'achever géométriquement sa solution, seule difficulté qui se présentât aux géomètres anciens. L'école platonitienne s'en occupa avec la plus grande ardeur, son chef en donna lui-même une solution ingénieuse, mais qui ne faisait qu'éluder la difficulté; Archytas de Tarente, Eudoxe de Gnide, son disciple Ménechme, Aristée, Dénostrate (ces trois derniers après la découverte de la théorie des sections coniques), s'exercèrent également à la solution de ce problème. Enfin Pappus fournit un moyen très ingénieux pour trouver les deux moyennes proportionnelles, et cette méthode a été perfectionnée par Dioclès.

DÉLOSTOME, s. m. (*bot.*), genre de plantes du Pérou.

DÉLOT, s. m. (*marine*), garniture de cuir dont les calfats s'enveloppent le petit doigt pour travailler, anneau de fer concave que l'on met dans une boucle de corde pour l'empêcher de se couper.

DÉLOVER, v. a. (*marine*), dérouler un câble qui était lové ou plié en cercle.

DELOY (JEAN-BAPTISTE-AIMÉ), né en 1798 à Plancher-Bas, près de Lure, fit ses études à Besançon, étudia le droit à Toulouse et à Strasbourg, puis reçu docteur en droit, il vint à Paris où une vie dissipée et de grandes dépenses ne lui permirent pas de rester. Il alla au Brésil où l'empereur lui confia la rédaction d'un journal; il prit beaucoup de part aux révolutions de ce pays, puis forcé de s'éloigner d'un pays où la vie des Français était menacée, il revint en France, puis voyagea en Angleterre, en Belgique, en Hollande et en Suisse. De retour en France, il contribua à la rédaction de diverses publications, et mourut dans le dénûment, à Saint-Etienne, le 25 mai 1834.

DÉLOYAL, ALE, perfide, qui n'a ni foi, ni parole, qui compte pour rien les engagements les plus forts. Il s'applique également aux choses, *conduite déloyale*, *procédé déloyal*, conduite, procédé qui annonce un manque de bonne foi.

DÉLOYALEMENT, sans foi, avec perfidie. Il est peu usité.

DÉLOYAUTÉ, manque de loyauté, de foi; infidélité, perfidie.

DELPECH (FLANÇOIS-SÉRAPHIN), né à Paris en 1778, après s'être fait connaître comme excellent dessinateur, se fit remarquer comme littérateur; ses écrits ont tous trait à la peinture. Il mourut en avril 1825. Sa mort interrompit la publication de son principal ouvrage, l'*Iconagraphie des contemporains*, cette publication a été continuée par sa veuve.

DELPECH (J.), médecin, né à Toulouse en 1772, fut reçu docteur à la faculté de Montpellier, s'occupa principalement des maladies chirurgicales, fut nommé professeur de clinique externe à la faculté de Montpellier, et acquit une grande réputation. Il fut tué d'un coup de feu dans le courant de 1832 par un nommé Ducepta qui se tua ensuite, et qui fut dit-on porté à cet acte par le soupçon que le professeur avait donné sur lui des renseignements qui avaient empêché une union qu'il désirait. Delpech est auteur de plusieurs ouvrages de chirurgie.

DELPHACE, DELPHAX (*ins.*). Ce mot signifie un cochon de lait, *parcellus lactans*; Fabricius l'emploie pour désigner un genre d'insectes hémiptères de la famille des collirostres et voisin des cicadelles. Latreille a donné aux espèces de ce genre le nom d'*asiraques*; il se distingue des autres cicadelles par la forme et la longueur des antennes, qui ont deux articles allongés, terminés en masse et qui sont insérés sur l'œil même, dans une sorte d'échancrure inférieure. Le *delphace clavicorne*, *clavicornis*,. Cet insecte est brun, ses ailes sont transparentes, brunes à l'extrémité. J. P.

DELPHES (*Castri*), ville de la Phocide, un peu à l'ouest, sur le penchant du mont Parnasse. On la nomma d'abord Pytho, du serpent Python qui y fut tué, ensuite Delphes, de Delphus, fils d'Apollon. Les anciens croyaient généralement que cette ville était au milieu de la terre, et ils l'appelaient pour cette raison *Umbilicus terræ*; ils prétendaient que cette découverte avait été faite par deux colombes que Jupiter envoya des deux extrémités de la terre et qui se rencontrèrent à Delphes. Cette ville était célèbre par le temple et par l'oracle d'Apollon. La prêtresse qui y rendait les oracles se nommait Pythie; non-seulement tous ceux qui venaient consulter l'oracle avaient coutume d'offrir des présents, mais on y en envoyait de toute la terre. Crésus fut de tous les rois celui qui fit les dons les plus magnifiques. On raconte qu'avant d'entreprendre la guerre contre Cyrus, il y envoya en offrande cent dix lingots d'or, dont le moindre équivalait à une somme de deux talens. Aussi le temple d'Apollon fut souvent pillé; les Phocéens en enlevèrent dix mille talens et Néron plus de cinq cents statues d'airain. Constantin le dépouilla de tous ses ornements.

DELPHIDIUS (ATTIUS TIRO), était fils d'Attius Patère, qui s'était acquis au IVe siècle, comme professeur de rhétorique à Bordeaux, une grande réputation que Delphidius surpassa encore. Il se livra avec succès à l'éloquence et à la poésie. Il se maria, et l'intérêt de sa famille le porta à étudier les lois et à plaider; il parla devant l'empereur Julien contre Numérius, préfet de la garde narbonnaise, accusé de concussion; celui-ci nia les faits qu'on lui reprochait, et Delphidius s'écria: « Qui donc sera coupable s'il suffit de nier? » Julien répondit par ces belles paroles: « Qui donc sera innocent s'il suffit d'accuser? » Plus tard, Delphinius entra dans la conjuration de Procope contre Valens, et ne dut son salut, après la découverte du complot, qu'aux larmes de son père. Il rouvrit alors une école de rhétorique et mourut à un âge peu avancé.

DELPHIEN, IENNE, adj. et s. (*géog. anc.*), habitant de Delphes, qui appartient à Delphes et à ses habitants. *Delphien*, surnom d'Apollon qui avait un oracle à Delphes.

DELPHINAL, ALE, adj. (*hist.*), qui appartient aux dauphins du Viennois ou d'Auvergne, qui a rapport au Dauphiné.

DELPHINAPTÈRE (*mamm.*). C'est le nom du huitième genre du second ordre des cétacés de Lacépède. Ce mot, tiré du grec, signifie dauphin sans nageoires. J. P.

DELPHINATE, s. m. (*chimie*), sel produit par la combinaison de l'acide delphinique avec une base.

DELPHINE, s. f. (*chimie*), alcali que l'on extrait de la staphisaigre.

DELPHINÉ, ÉE, adj. (*zool.*), qui ressemble à un dauphin. — **DELPHINIS**, s. m. pron., famille de mammifères cétacés.

DELPHINELLE, s. f. (*bot.*), genre de plantes renonculacées.

DELPHINIDE (*zool.*). (*V.* DELPHINÉ.)

DELPHINIEN, IENNE (*myth. gr.*), surnom sous lequel Apollon et Diane avaient un temple à Athènes.

DELPHINIQUE, adj. m. (*chimie*). Il se dit d'un acide particulier fourni par la graisse du dauphin. J. P.

DELPHINITES (*minér.*), nom que donne Saussure à la pierre nommée, jusqu'à lui, schorl vert du Dauphiné, et qu'il regardait comme très différente des autres schorls; c'est l'ÉPIDOTE de M. Haüy. (*V.* ce mot.) J. P.

DELPHINULUS (*mollusq.*). M. Denys de Monfort, affectant la terminaison et le genre masculin à tous les genres de coquilles univalves, désigne ainsi le genre dauphinule, *delphinula*, de M. Lamark. J. P.

DELPHINUS (*mamm.*), nom latin du dauphin. J. P.

DELPHINIES, s. m. pl. (*myth. gr.*), fêtes à Égine en l'honneur d'Apollon delphinien.

DELPHINIFOLIÉ, ÉE, adj. (*bot.*), dont les feuilles ressemblent à celles de la dauphinelle.

DELPHINIUM (*géog. anc.*), bourg de Béotie, à l'embouchure de l'Asope. — **DELPHINIUM**, bourg de l'île de Chio, sur la côte orientale. — **DELPHINIUM**, quartier d'Athènes. On y voyait l'endroit où Égée, après avoir reconnu Thésée, renversa la coupe où était le poison qu'il avait voulu lui faire prendre, à l'instigation de Médée. Le lieu où avait été la maison d'Égée était entouré de murailles. — **DELPHINIUM**, tribunal d'Athènes, devant lequel se justifiaient ceux qui, avouant un meurtre, prétendaient l'avoir commis innocemment. Le *Delphinium* était voisin du temple d'Apollon delphinien. — **DELPHINIUM D'AJAX** (*myth. gr.*), nom ancien d'une plante que l'on croit être le pied d'alouette. Ajax et Hyacinthe furent métamorphosés en *delphinium*.

DELPHINIUS, épithète d'Apollon, prise ou de ce qu'il était honoré à Delphes, ou de que ce dieu avait guidé, sous la forme d'un dauphin, Castalius, de Crète, qui conduisait diverses colonies.

DELPHINIUS, s. m. (*ant. gr.*), nom d'un des mois de l'année chez les Éginètes. Il correspondait à peu près à notre mois de juin.

DELPHINORHYNGUE, s. m. (*zool.*), espèce de dauphin.

DELPHINO (*Delphinium*), village maritime de la Turquie d'Asie. Il se trouve sur la côte orientale de l'île de Chio. A deux lieues et demie de là s'élève le mont Epos. A son sommet est un banc circulaire avec une pierre carrée. Les habitants soutiennent qu'Homère, né dans cette île, y récitait ses vers; ce lieu porte encore le nom d'Ecole d'Homère.

DELPHIQUE (*myth. gr.*). *V.* DELPHIEN.

DELPHIQUE, adj. m. (*chimie*). Il se dit des sels qui ont pour base la delphine.

DELPHIS, prêtresse du temple de Delphes, surnom du serpent Python.

DELPHIS, s. m. (*zool.*), nom grec d'une espèce de cetacé qui est inconnue aujourd'hui.

DELPHUS, fils d'Apollon, bâtit la ville de Delphes et la consacra à son père. Les uns lui donnent pour mère Céléno, d'autres Mélène.

DELPHUS, fils de Neptune et de Mélanthe, fille de Deucalion. Suivant certains auteurs, il donna son nom à la ville de Delphes.

DELPHUSIE (*géogr. anc.*), ville de l'Arcadie.

DELPHUS (ÆGIDIUS), ou Gilles de Delft, professeur de théologie à Paris vers 1507, et docteur en Sorbonne. Lélio Gyraldi et Erasme ont célébré son talent pour la poésie latine. Il a publié quelques ouvrages en vers dans cette langue, et entre autres une traduction de l'*Epître de saint Paul aux Romains*.

DELPHUS (JEAN), né à Delft, coadjuteur de l'évêque de Strasbourg, assista en 1541 au colloque de Worms. On a de lui deux ouvrages: *De potestate pontificiâ*, et *de notis ecclesiæ*.

DELPHYNE, monstre moitié fille, moitié serpent, qui garda Jupiter dans l'antre Corycien.

DELPON *de Livernon* (JACQUES-ANTOINE), né à Livernon le 22 octobre 1778, étudia le droit, fut reçu avocat, et la grande réputation qu'il acquit au barreau de Figeac lui valut la place de procureur impérial près ce tribunal. En 1830 et 1832, il fut nommé député du Lot, et renonça à toute fonction pour conserver son indépendance. En 1833, il fut nommé président du tribunal de première instance de Figeac, et mourut le 24 novembre de la même année. Il avait depuis peu donné sa démission de député à cause de l'affaiblissement que sa santé avait subie depuis une attaque du choléra qu'il avait éprouvée. Il est auteur de plusieurs ouvrages, dont quelques-uns ont été couronnés par différentes académies.

DELPORTE (François), né en 1746 à Boulogne-sur-Mer. Excellent agriculteur, il contribua beaucoup à perfectionner la culture dans le Pas-de-Calais. En 1785, la Société d'agriculture lui décerna une médaille d'or, pour l'amélioration de la race des chevaux. Il mourut en 1819. Il a laissé un ouvrage sur l'éducation des troupeaux.

DELRIEU (Etienne-Joseph-Bernard), auteur dramatique, né en 1751, fut longtemps régent de rhétorique à Versailles, et est auteur d'un grand nombre d'ouvrages dramatiques : comédies, tragédies, opéras et opéras-comiques; quelques-uns seulement eurent du succès, ce sont : *Le Jaloux malgré lui*, *Artaxerce*, et *Démétrius*. La dernière pièce qu'il fit représenter à été *Léonide*. Il mourut le 4 novembre 1836. — Delrieu fut un littérateur très consciencieux et très estimable.

DEL-RIO (Martin-Antoine), né à Anvers le 17 mai 1551, étudia à Paris, où Maldonat lui enseigna la philosophie; il retourna dans son pays, y fit ses études de droit, passa ensuite en Espagne et reçut le titre de docteur à Salamanque en 1574. De retour dans sa patrie il fut nommé successivement sénateur au conseil souverain de Brabant, auditeur de l'armée, vice-chancelier et procureur général; peu après il se dégoûta des affaires publiques, retourna en Espagne et se fit jésuite à Valladolid en 1580, alla étudier la théologie à Louvain, enseigna la théologie à Douai et à Liége, prononça ses vœux, alla en Styrie, retourna à Salamanque, et mourut à Louvain le 19 octobre 1608. C'était un homme très savant, et, ce qui est plus rare très modeste. On a de lui un assez grand nombre d'ouvrages parmi lesquels le plus célèbre est celui intitulé : *Disquisitionum magicarum*, imprimé à Louvain en 1699. Il est aussi l'auteur d'un livre qui a pour titre : *in Senecæ tragœdias adversaria*, dans lequel il cite près de onze cents auteurs qu'il a tous lus et comparés.

DELTA, s. m. (*philol. grecq.*), quatrième lettre et troisième consonne de l'alphabet grec (Δ δ); comme chiffre, avec l'accent supérieur (δ'), il vaut 4; avec l'accent inférieur (͵δ) 4,000. *Delta* se dit du triangle entouré de rayons dans lequel on dessine un œil, ou les lettres hébraïques qui composent le nom de Jéhova. Les peintres et les sculpteurs emploient les *delta* comme emblêmes ou représentations de la Divinité.

DELTA (*géogr.*), contrée de la Basse-Egypte. Elle est comprise entre les deux principaux bras du Nil, ceux de la Rosette et de Damiette. Son nom lui vient de sa forme, qui ressemble à celle de la quatrième lettre de l'alphabet grec. Sa longueur est de 38 lieues et sa largeur de 29.

DELTA DE L'INDUS (*géogr. anc.*), partie de la Patalène, île formée par les deux bras de l'Indus lorsqu'il se sépare pour se jeter dans la mer.

DELTA RU DAONA (*géogr. anc.*) est formée par les bouches du Daona (*V.* ce mot), à son entrée dans le golfe du Gange.

DELTA (*géogr, anc.*), village de la Carinthie.

DELTANII (*géogr. anc.*), ville de la Messénie, sur les frontièrss de la Laconie.

DELTOCARPE, adj. (*bot.*), qui a des fruits triangulaires.

DELTOÏDE, feuille (*bot.*). La véritable figure deltoïde est celle du *delta* des Grecs; en botanique, on appelle feuille deltoïde, une feuille épaisse, à trois faces, amincie aux deux bouts et dont la coupe transversale approche du triangle ou *delta*. Telle est la feuille des *mesembryanthemum deltoïdes*.

DELTOÏDES (*ins.*). Latreille désigne sous ce nom, dans le règne animal de Cuvier, une tribu de lépidoptères qui comprend les pyrales de Linné dont les ailes étendues latéralement forment une espèce de *delta* dont la base forme un angle rentrant dans son milieu. Cet auteur y rapporte ses deux genres aglosse et botys.

J. P.

DELTOÏDE, s. m. (*anat.*). Il se dit d'un des muscles de l'épaule.

DELTOÏDIEN, IENNE, adj. (*anat.*), qui a rapport au muscle deltoïde.

DELTOTON, nom que les Grecs donnaient à la constellation d'Andromède. Le *deltoton* représente, soit le Delta du Nil, soit la forme de la Sicile, ou encore la division de l'empire du monde entre Jupiter, Neptune et Pluton, ou bien encore le nom de Jupiter.

DELTURE, adj. des deux genres (*zool.*), qui a la queue en triangle.

DELUBRUM. Les antiquaires ne sont pas bien d'accord sur ce qu'on doit entendre par ce mot, et sur ce qui le différencie de *templum*. Les uns veulent que le *delubrum* ait été une espèce particulière de monument religieux, distinct, ou par la forme et la proportion, ou par la consécration; les autres, s'appuyant sur Varron, prétendent que *delubrum* n'était qu'une partie du temple, et en désignait l'endroit le plus retiré, le plus saint, celui où était placée la statue de la divinité. Quelles qu'aient été ces distinctions, la vérité est qu'elles se perdirent par l'usage et qu'on employa indifféremment les mots *delubrum* et *templum* l'un pour l'autre.

DELUC (Jean-André), l'un des plus célèbres physiciens du XVIIIe siècle, né à Genève en 1698, était issu d'une des premières familles de la république; les affaires commerciales lui permirent de se livrer à l'étude, et il en profita pour réfuter les principes anti-chrétiens des philosophes ses contemporains. Il est auteur de deux ouvrages : *Lettre contre la fable des abeilles*, et *Observations sur les écrits de quelques savants incrédules*. Il était lié avec J.-J. Rousseau et fit tout ce qu'il était en son pouvoir de faire pour lui faire reprendre le titre de citoyen de Genève. Il mourut en 1780.

DELUC (Jean-André), fils du précédent naquit à Genève en 1727, et fut un des plus grands physiciens et des plus savants géologues du XVIIIe siècle. Il n'avait que 17 ans, et son frère Guillaume (Antoine) n'en avait que 15 quand ils entreprirent ensemble leur première excursion dans les Alpes, en 1744; ils renouvelèrent depuis ces excursions presque chaque année, et augmentaient leur collection de minéraux et de fossiles. En 1762, il soumit à l'Académie des sciences les *Recherches sur les modifications de l'atmosphère*, ouvrage qu'il perfectionna encore plus tard. Bientôt après il perfectionna le baromètre et le thermomètre, et inventa l'hygromètre. En 1765, il fit un voyage en Angleterre où il fut reçu avec distinction; la reine lui donna même un logement à Windsor pour faire ses expériences. Il continua ses expériences et ses voyages jusqu'à une vieillesse très avancée, publiant ses observations dans les journaux scientifiques, et trouvant encore le temps d'écrire des ouvrages dont le nombre est énorme. Il mourut à Windsor où il avait continué d'habiter, le 7 novembre 1817.

DELUC (Guillaume-Antoine), né à Genève en 1729, montra dès son enfance un goût très prononcé pour l'histoire naturelle. Il s'occupa toute sa vie à former et à augmenter des collections d'objets curieux ayant rapport à cette science; il les avait commencées de fort bonne heure, puisqu'à 14 ans il s'en était déjà formé une très considérable. Il l'enrichit dans les voyages qu'il fit dans les Alpes; il y ajouta un grand nombre de produits volcaniques qu'il rapporta du Vésuve, de l'Etna et de l'île de Vulcano. Il s'occupa aussi beaucoup des coquillages fossiles et de leurs rapports avec des analogues vivants. A mesure que ses découvertes augmentaient, il publiait ses savantes observations qui furent insérées, soit dans les *Recherches sur les modifications de l'atmosphère*, le *Journal de physique*, soit, dans la *Bibliothèque Britannique* ou le *Mercure de France*. Ses ouvrages sont tous relatifs à la minéralogie ou à la géologie. On remarque dans tous, outre une science profonde, un esprit juste, sage, religieux et observateur. Deluc forma aussi une riche collection de médailles. Il mourut le 26 janvier 1812.

DELUENTINUS (*deluere*, détruire), dieu que les Crustumiens invoquaient en temps de guerre, afin d'être préservés des ravages de l'ennemi.

DÉLUGE, très grande inondation. Par exag. et fam., *remonter au déluge*, remonter fort loin dans le passé. —Prov. et fig., *passons au déluge*, abrégeons, arrivons au fait. —Prov. et fig., *après moi le déluge*, pour faire entendre qu'on s'embarrasse peu de ce qui arrivera quand on n'existera plus. — Déluge, se dit par extension et par exagération, surtout dans le style poétique, en parlant de choses autres que l'eau, qui sont répandues, versées avec une extrême abondance.—Il se dit figurément, d'une grande profusion de quelque chose que ce soit.

DÉLUGE. Un déluge est une inondation extraordinaire qui ravage la terre sur laquelle d'immenses masses d'eaux peuvent être répandues par des causes nombreuses et diverses. On ne doit point confondre ce phénomène avec les inondations ordinaires et fréquentes causées presque régulièrement par les dégels, les fontes de neiges, les pluies abondantes et autres causes semblables, mais à peu près régulières dans leur origine et leurs effets. Les causes qui déterminent les déluges sont bien plus rares et peu connues encore, et il serait par conséquent difficile de les attribuer au cours régulier de la nature, puisque la science humaine n'est point en état de les prévoir, ni d'en fixer les lois, chose nécessaire pourtant pour qu'on puisse affirmer qu'ils rentrent dans l'ordre le plus commun des faits naturels et qu'ils constituent un des mouvements *essentiels* du globe, comme l'affirment assez légèrement certains écrivains. Il st bien vrai que l'étude du globe terrestre fournit les preuves rréfragables de submersions longues et d'émersions d'une rande partie des continents. Il est probable encore que plusieurs de ces émersions ont pu causer dans un temps ou dans n autre des inondations diluviennes; mais comme jusqu'ici n n'a appliqué le nom de déluge qu'à une ou plusieurs inondations qui ont profondément frappé l'esprit des peuples, dérangé le placement des nations et laissé des traces dans toutes es traditions, nous pensons qu'il ne faut point introduire la onfusion dans la langue en changeant la valeur d'un mot consacré et qui a une signification historique. C'est ici une simple obligation de bonne foi, commandée par la logique qui défend oute tactique habile qui consisterait à remplacer les preuves le raison par des mots détournés de leur sens. Le nom de déuge ne doit donc s'appliquer qu'aux grandes inondations qui ont détruit toute l'humanité ou des parties notables de notre espèce, et c'est là le sens précis que nous entendons lui donner dans cet article. Nous ne rangerons donc point indifféremment parmi les déluges une foule d'inondations qui, bien que considérables, n'offrent pourtant pas les caractères assignés aux vrais déluges par le bon sens général de tous les peuples. Nous en parlerons néanmoins en suivant pas à pas l'auteur de l'article DÉLUGE, dans l'*Encyclopédie nouvelle*, où il a assez bien résumé toutes les difficultés faites contre le déluge mosaïque. Nous reconnaissons que les grandes inondations sont le résultat de phénomènes fort divers, dont voici les principaux : 1° rupture de barrages ou de digues, un des bords du bassin qui tenait une masse d'eau en équilibre au-dessus d'une contrée plus basse, vient tout-à-coup à se briser et l'eau inonde la contrée inférieure; 2° dislocation du sol : des tremblements de terre, en soulevant ou abaissant le sol, peuvent changer le lit des fleuves et le bassin des mers en inondant des contrées auparavant à sec, et qui deviennent ou le nouveau lit du fleuve ou un bras de mer, ou un lac; 3° violences de l'océan : les eaux des mers peuvent être soulevées sur la contrée qui les borde, s'y établir à demeure ou simplement la ravager et rentrer après dans leurs anciennes limites. Mais ce n'est pas seulement à ces divers phénomènes, même en y joignant aussi les pluies et les fontes de neiges extraordinaires, que sont *vraisemblablement* dus *tous* les déluges qui ont passé jusqu'ici sur la terre; car nous pourrions *très vraisemblablement* aussi joindre à ces causes d'inondations, avec grand nombre de savants, les influences astronomiques des autres globes sur le nôtre, influences qui peuvent troubler pour un instant l'équilibre de la terre, changer tout ou partie du bassin des mers. En admettant la moralité du genre humain comme son premier caractère d'élévation sur les autres êtres, en acceptant l'action nécessaire de la Providence sur cette moralité, nous pourrions *très vraisemblablement* encore admettre l'action de la justice divine dans ces phénomènes effrayants qui ramènent l'humanité déviée dans ses voies; c'est là une loi du monde moral, tout aussi digne de Dieu que les lois de l'attraction, et à laquelle il ne paraît pas que la logique de tous les peuples ait répugné, ainsi que nous le verrons plus loin. Disons un mot des principales causes physiques d'inondations.

Rupture de barrages.—Les ruptures de barrages peuvent avoir lieu soit par l'érosion lente ou l'impulsion violente des eaux du réservoir, soit par les dislocations qu'occasionnent parfois les tremblements de terre. Il est superflu d'ajouter que « les particularités du déluge dépendent uniquement du volume total des eaux, des dimensions de l'ouverture, ainsi que de l'étendue et de l'inclinaison de la contrée soumise à l'inondation. » Inutile encore d'ajouter que « la géométrie permet de calculer, au moyen de ces quatre éléments, la grandeur et la durée du déluge, ainsi que la vitesse et la hauteur des eaux, etc. » Une des plus modernes inondations de cette espèce que l'on puisse citer, est celle qui a eu lieu en 1818 dans la vallée de Bagnes. Des blocs de neige et de glace tombés du haut des glaciers du Gétroz formèrent dans cette vallée, l'une des principales ramifications de celle du Rhône, une digue de près de trois cents pieds de hauteur. Les eaux du torrent grossies par la fonte des neiges produisirent bientôt un lac d'une demi-lieue de longueur et de deux cents pieds de profondeur dans quelques points, en somme de huit cent millions de pieds cubes d'eau suspendue derrière une barrière de glace au-dessus des parties inférieures de la vallée. Les chaleurs de l'été étant survenues, l'inondation fut terrible. C'était un lac tout entier qui marchait à travers le pays, avec une vitesse qui fut d'abord de près de dix lieues à l'heure. Tout fut ravagé, d'énormes quartiers de rochers furent enlevés, la petite ville de Martigny souffrit beaucoup; plusieurs maisons eurent de l'eau jusqu'au second étage. La furie de l'inondation ne se calma qu'en débouchant dans la vallée du Rhône. Au seizième siècle, la même ville de Martigny fut deux fois gravement endommagée par des masses d'eaux ainsi précipitées du haut de la vallée. Les années dernières, la vallée du Rhône a été aussi assez fortement ravagée par des inondations, pour que la bienfaisance publique de toute la France soit venue par des quêtes au secours des victimes. Personne cependant n'a songé, avant l'*Encyclopédie nouvelle*, à voir des déluges dans ces inondations.—Il est facile de concevoir, d'après la débâcle du lac de Bagnes, quelle énergie peuvent acquérir ces masses d'eaux quand elles sont resserrées par des obstacles assez puissants. On s'en est même servi pour expliquer le transport des quartiers de rochers que l'on observe souvent loin de leur position primitive, au débouché des hautes vallées. Ces blocs, enlevés dans d'énormes glaçons, flottent à la surface des eaux et sont ainsi entraînés, pense-t-on. — L'inondation causée par le lac de Mareb est assez célèbre dans l'histoire d'Arabie, puisque le Coran en parle et qu'elle déplaça plusieurs tribus arabes. C'est, dit-on, à cette émigration fameuse chez ces peuples, que remonte la fondation des royaumes de Gassan et Hiza, et l'établissement des Khozaïtes à la Mecque. — Les inondations par rupture de barrage peuvent n'être pas aussi limitées que les deux exemples que nous venons de citer. Il y a d'assez vastes contrées, placées au-dessous d'énormes amas d'eau, qui pourraient dans un temps donné se verser sur elles et les couvrir soit passagèrement, soit pour toujours. — Qu'un tremblement de terre, par exemple, vienne par une dépression de terrain à mettre la Mer-Noire en communication avec les versants de la mer Caspienne, aussitôt un effroyable déluge engloutirait tout le magnifique pays de plus de quinze mille lieues carrées, bien peuplé, bien cultivé, enrichi de ports, de monuments, de cités florissantes, et qui est situé tout entier au-dessous du niveau de la mer Noire. Les bords de la mer Caspienne ne sont pas la seule partie des continents qui soit dominée par de grands réservoirs. Il existe un grand nombre de vallées qui, par la rupture soudaine des lacs placés dans leur partie supérieure, se trouveraient couvertes par une inondation transitoire plus ou moins considérable. Certains géologues acceptent de nombreux dessèchements de lacs, dont plusieurs ont pu causer de pareilles inondations, mais on ne peut ranger parmi ces inondations incertaines celles dont les traditions des peuples nous ont conservé le souvenir; car parce que l'histoire ne mentionne pas toutes les inondations que la géologie découvre comme probables, ce n'est pas une raison pour nier celles dont le souvenir a été conservé. Un grand nombre de ces phénomènes ont pu avoir lieu sans aucun témoin humain, et quand la géologie sera sortie de son enfance peut-être pourra-t-elle dire quelque chose de plus positif sur ce qu'elle ne peut encore que soupçonner aujourd'hui. Cela pourra offrir quelque intérêt à l'histoire de notre globe, mais fort peu à l'histoire du genre humain. Nous ne dirons donc pas « que c'est à la géologie à suppléer à l'imperfection de l'histoire, et à lui rendre, par ses découvertes, les connaissances qu'elle a perdues. » L'histoire a des monuments certains, la géologie n'a encore et n'aura d'ici longtemps que des conjectures; c'est pourquoi la première peut quelquefois guider la seconde, mais celle-ci n'offrira jamais de grandes lumières à une science qui est d'un tout autre ordre, puisqu'elle repose tout entière sur la mémoire et la moralité humaine, bases bien plus certaines que les interprétations hypothétiques des accidents du sol. Cependant on a dit : « Nous avons déjà indiqué ailleurs (*V.* l'article CHRONOLOGIE (*Encyclopédie nouvelle*), en recommandant ce sujet aux investigations des voyageurs, le rôle capital que la rupture, durant quelque agitation du Caucase, de réservoirs situés dans les ramifications supérieures du Tigre et de l'Euphrate, aurait pu avoir dans l'*inondation* fameuse dont les écrits des Hébreux nous ont gardé la mémoire. » S'il suffisait d'indiquer des investigations à faire pour changer une conjecture mal fondée en certitude, nous répondrions; mais, en attendant les investigations à faire, nous ne perdrons pas de temps à rechercher le rôle *capital* que la rupture des réservoirs inconnus du Tigre et de l'Euphrate *aurait pu* avoir dans l'*inondation* qu'on avait toujours appelée jusqu'ici déluge, et à tout aussi bon droit que l'inondation de la vallée de Bagnes. Une pareille affectation à confondre ainsi à plaisir la signification des termes suffirait à elle seule pour réfuter une thèse, conjecturale surtout.

Sans plus de preuves, on ajoute : « Le déluge de Deucalion, » amplifié et défiguré par la mythologie des Grecs, comme le » précédent par la mythologie orientale, et qui, suivant toute » apparence, n'a exercé ses ravages que dans la Thessalie, » pourrait bien être sorti du sein de quelque lac de la chaîne

» du Pinde ou de l'Olympe. Aristote, qui le rapportait (*Météor.*, » liv. I) à des pluies extraordinaires, par suite desquelles une » partie de la Grèce aurait été inondée, n'en fournissait cette » explication que pour enseigner qu'il avait été local et produit » par des causes naturelles; et cette opinion, simplement » énoncée sans aucune preuve de géologie ni d'histoire, ne » suffit pas pour trancher décidément la question. » L'auteur espère que quelque géologue la tranchera un de ces jours. Nous verrons plus loin si le déluge mosaïque, dans la narration duquel il n'y a nulle trace de mystère, peut être confondu avec la mythologie grecque; pour le moment, nous acceptons l'autorité d'Aristote comme plus compétente que celle de notre auteur qui l'a lu peu attentivement. Car qu'il n'y ait pas maintenant de monument historique touchant le déluge de Deucalion, cela ne prouve pas qu'Aristote n'en avait pas entre les mains, qui ont pu être détruits par le temps comme un grand nombre d'autres. Pour quiconque a étudié Aristote, qui sait toujours douter à propos, la manière positive dont il parle de ce déluge, ne permet guère de penser qu'il n'eût des traditions certaines sur cet évènement. Il en parle d'ailleurs comme d'un phénomène bien plus étendu que ne l'insinue la citation précédente. C'est au chapitre quatorze du premier livre de la *Météorologie* qu'il en est question. Dans ce chapitre, du plus haut intérêt pour la géographie géologique, Aristote dit que le déluge de Deucalion eut lieu *principalement* autour de la Grèce, et plus bas, qu'il changea le cours des eaux dans un *grand nombre* de lieux. Contrairement à ce que prétend la citation que nous critiquons, Aristote donne particulièrement des preuves géologiques de ce déluge dans le même chapitre, puisqu'il dit qu'au temps des Troïens, l'Argolide, toute couverte de marais, nourrissait peu d'habitants; il ajoute qu'il en a été de même pour plusieurs autres lieux, et, de son temps, ils étaient desséchés. Il y a plusieurs autres considérations géologiques dans ce chapitre qui défendent de traiter Aristote comme un homme d'une science superficielle. — « Terminons brièvement ce cha» pitre, continue notre auteur, en jetant un coup d'œil sur le » déluge dont *semble* menacée, pour les *siècles futurs*, une » contrée *plus florissante sans doute* que ne le fut *jamais* la » Mésopotamie antédiluvienne. » Suit une longue et prophétique description du déluge que le lac Érié, qui tombe depuis *dix mille* ans sur le Bas-Canada, répandra dans un minimum de *quarante mille* ans sur cette contrée. Où sont les preuves de tant d'assertions hasardées? Il n'y en a pas d'autres que l'intention bien manifeste d'étourdir le lecteur sur le fond de la question. Mais, puisque les preuves n'arriveront que dans *quarante mille ans*, au minimum, nous avons le temps de découvrir d'ici-là les éléments d'une réponse d'autant plus solide, que quand même le déluge du Bas-Canada serait déjà arrivé, il ne prouverait absolument rien contre le déluge mosaïque, ni sur l'état de la Mésopotamie antédiluvienne.

Dislocations. — Les tremblements de terre peuvent soulever ou abaisser des parties du sol, et forcer ainsi les eaux à changer leur niveau et leur lit. Ici les eaux s'établissent à demeure et non plus passagèrement, comme dans les inondations par débacles; l'étendue de la région ainsi engloutie, la hauteur et la violence des eaux peuvent, comme il est aisé de le concevoir, varier à l'infini. — En 1819, un violent tremblement de terre se fit sentir aux bouches de l'Indus. La secousse se propagea dans l'intérieur, jusqu'à Ahnedabad; plusieurs villes furent renversées, le fort de Sindrée et le pays environnant s'abaissèrent sur une étendue d'environ 12 lieues de longueur sur 7 de largeur, et furent engloutis par une irruption de la mer. En 1828, le capitaine Burnes visita ces lieux dans une chaloupe; il trouva la grande tour toujours debout et s'élevant de quelques pieds seulement au-dessus de l'Océan. Les poissons circulaient parmi les arbres restés debout, et l'Indus enterrait le pays dans ses sables. — Les tremblements de terre analogues au précédent sont assez fréquents. Rappelons seulement l'affaissement de la côte d'Anica, au Pérou, pendant le tremblement de terre de 1833; la submersion de la ville de Tomboro, à Java, en 1815, la formation des lacs de la vallée du Misissipi, aux environs du nouveau Madrid, en 1811; la destruction de Lima, d'une partie de la côte et de la ville de Callao, en 1746; le tremblement de terre de Saint-Domingue, en 1751, causa sur la côte un enfoncement de plus de 20 lieues de longueur; en 1755, le fameux tremblement de terre de Lisbonne engloutit sous les eaux le quai, les navires et un grand nombre de victimes; en 1762, d'horribles inondations eurent lieu au Bengale, par suite du tremblement de terre de Chittagong; le tremblement de terre de Calabre, en 1783, fut accompagné de la formation d'une cinquantaine de nouveaux lacs, non compris les abîmes plus étroits remplis d'eau. « M. de Hoff a calculé, d'après le relevé des tremblements de terre qui ont eu lieu dans ces quinze dernières années, que chaque mois, en moyenne, il s'en est produit au moins un. En supposant, ce qui probablement n'est pas exagéré, que les circonstances nécessaires pour l'inondation se présentent une fois sur cent, on trouverait, en raison de la moyenne ci-dessus, que les inondations par affaissement doivent se répéter, sur un point ou sur un autre, à peu près une fois tous les huit ans. Mais jusqu'à ce que la géologie connaisse les tremblements de terre par une série d'observations plus exacte, plus complète et plus nombreuse que celle qu'elle possède aujourd'hui, on ne pourra rien fixer de précis à cet égard, même en moyenne. Contentons-nous donc de l'idée générale que les exemples précités ont sans doute fait naître. ». Or, en acceptant très volontiers tous ces faits et bien d'autres qui sont très importants pour l'histoire de la terre, mais qui ne peuvent rien contre le déluge mosaïque, l'idée générale qui reste est qu'on ne peut *rien fixer de précis à cet égard*, *même en moyenne*.

Violences de l'Océan. — Les secousses brusques des tremblements de terre peuvent imprimer à la mer d'énormes oscillations qui la précipitent fougueuse au loin de ses rivages. Les inondations de cette espèce durent peu, mais elles détruisent tout sur leur passage. — Le tremblement de terre de Lisbonne montra un exemple mémorable de cette action des eaux : « La mer, comme si elle se fût tout-à-coup séchée, laissant son lit à découvert, se mit d'abord à fuir loin de la côte; puis s'arrêtant alors et ramassant toute sa force, elle revint sur elle-même, gonflée en une énorme vague de 60 pieds de hauteur, et d'une incroyable violence. Cette fluctuation extraordinaire se promena sur une grande étendue, à la surface de l'Océan; elle se fit sentir tout le long de la côte de Maroc, ainsi qu'à Madère, où elle occasionna de grands dégâts; et d'une autre part, remontant vers le nord, elle alla expirer, en y culbutant encore les navires dans l'intérieur des ports, sur les côtes d'Irlande. » Des phénomènes semblables se reproduisirent lors du tremblement de terre qui détruisit Lima, en 1746, et pendant les commotions de la Calabre, où la plus terrible des inondations fut celle qui détruisit Scilla. — Un grand nombre d'évènements analogues ont pu se produire sur les bords de la Méditerranée, dans la plus haute antiquité, et cependant il n'est guère arrivé jusqu'à nous, de cette période, d'autres récits de déluges partiels que ceux des Grecs. — « Encore ces récits sont-ils si fort obscurcis et dominés par la fable, que les particularités essentielles du phénomène physique y manquent presque entièrement. La science serait en droit, à leur sujet, de comparer la poésie à ces enveloppes protectrices dont on entoure les momies, et qui ne conservent qu'à la condition de déformer. Mais, quelles que soient les altérations qu'elle cause, la poésie mérite à coup sûr, même en ceci, de la reconnaissance, puisque c'est elle qui, en empêchant de se dissiper et de se perdre des choses auxquelles nous avions intérêt, nous les a gardées au moins en partie. Ces réflexions tombent particulièrement sur la tradition du déluge d'Ogygès, qui se borne pour ainsi dire à nous faire savoir qu'une ancienne inondation a eu pour théâtre la Béotie et l'Attique. Cela seul est beau; car en considérant que cette inondation n'a point été permanente comme celle de Samothrace, et qu'elle ne s'est étendue que sur deux contrées basses et voisines de la mer, on peut penser, comme l'a fait M. Lyell, dans un aperçu sur les anciennes révolutions de l'Archipel, qu'elle a été le résultat de quelque flot considérable soulevé par un tremblement de terre. Avis de la poésie aux géologues d'étudier ce pays, et de voir s'il serait demeuré à sa surface quelque trace de cet antique évènement. » — La mer, par des marées violentes, peut quelquefois attaquer ses rivages et empiéter sur les terres. Les pays situés à l'embouchure des grandes rivières sont les plus exposés à ces empiètements. Les côtes du Danemark et de la Hollande, basses, formées uniquement de terrains d'alluvion, soumises à d'énormes marées et exposées à toute l'impétuosité des ouragans du nord-ouest, sont la partie de l'Europe où ces funestes inondations se répètent le plus souvent. L'Océan leur fait une guerre éternelle, et son voisinage est aussi menaçant pour elles que celui des volcans pour les villes assises à leur pied. Dans les premiers siècles de l'ère chrétienne, l'Archipel qui s'étend à peu de distance du Continent, entre les embouchures de l'Elbe et celles du Rhin, se composait de vingt-trois îles, et il n'en a plus que seize aujourd'hui. Le grand golfe de Zuyder-Zée ne date que du XIIIe siècle; celui de Dullart, creusé dans le delta de l'Ems, n'a été achevé qu'au XVIe, lors de la destruction de la ville de Tarum et de la campagne environnante ; celui de Gahde, près de l'embouchure du Weser, s'est graduellement approfondi depuis le XIe jusqu'au XVIIe ; la baie de Bies Bosch, au fond de laquelle reposent vingt-deux villages, est du XVe siècle. Les progrès de la mer sur la Hollande sont effrayants. Il y a lieu de penser que le Rhin et les fleuves voisins ont perdu de leur force depuis le temps où leurs alluvions ont formé ces vastes plaines ; car il est certain que, malgré les digues élevées par l'industrie humaine, l'Europe perd continuellement du terrain de ce côté, et que le limon charrié par les fleuves, loin de forcer comme autrefois la mer à reculer, ne suffit même plus pour compenser ce qu'elle enlève. Les terres du Danemarck ne sont pas moins en danger que celles de la Hollande. Elles sont attaquées même par la Baltique; mais c'est surtout sur le Cattegat et sur la mer du Nord que les assauts sont terribles. Si l'Océan est destiné à soutenir pendant quelques siècles encore le système d'envahissement qu'il paraît avoir constamment poursuivi sur ce littoral depuis les temps les plus anciens, il est facile de prévoir que la péninsule danoise, déjà fortement entamée à la hauteur de Schleswig, finira par se couper tout-à-fait, et ouvrir ainsi une nouvelle route aux vagues du nord-ouest, vers les îles de la Baltique. » — « Bien que ce grand phénomène, considéré dans son ensemble, s'accomplisse par une série de coups plus puissants par leur nombre et leur tendance uniforme que par l'efficacité particulière de chacun d'eux, cependant, de temps à autre, quelques-uns de ces coups, par l'étendue du morceau qu'ils enlèvent, se distinguent de tous les autres et font époque. Celui qui a complété la ruine de Nordstrand est un des plus mémorables. Cette île, jointe avec quelques-unes de ses voisines, formait au moyen âge, sous le nom de Nord-Feriesland, une florissante péninsule ; entièrement détachée du continent, vers la fin du XIIIe siècle, et peu à peu rongée par l'Océan, elle possédait encore, au commencement du XVIIe siècle, une population de 9,000 habitants et d'immenses troupeaux. Aujourd'hui ses débris sont trois petits îlots que les vagues dévorent, et qui bientôt peut-être auront disparu. Une tempête qui jeta sur l'île une haute mer d'automne, en 1634, et causa en une seule nuit la perte de treize cents maisons, de six mille habitants et de cinquante mille têtes de bétail, l'a mise en cet état. » Tous ces faits sont des renseignements utiles, mais ils n'ont que des rapports trop éloignés au déluge pour qu'on puisse en tirer aucune conséquence. — « On ne peut guère douter que le déluge kimrique, qui est du second siècle avant notre ère, n'ait été produit par une inondation de ce genre, et ne doive être rangé dans la série des désastres occasionnés par les violences de la mer dans ces contrées. Ce fut ce déluge qui jeta les Cimbres sur l'Italie, et devint ainsi la cause incidente de la grandeur de Marius et des évènements retentissants qui l'ont suivi : « *Cimbri*, *Teutoni atque Tigurini*, dit Feloms, *ab extremis Galliæ profugi*, *cum terras eorum inundasset Oceanus*, *novas sedes toto orbe quærebant..* » — Le rédacteur de l'Encyclopédie nouvelle, que nous venons de citer, termine ce chapitre par le roman de Kazwini, dans ses Miracles de la nature. Cet auteur passait un jour par une riche et populeuse cité, et il demanda à l'un de ses habitants depuis quel temps elle existait. Il ne put obtenir d'autre réponse, sinon qu'elle était ancienne. Cinq cents ans après, passant par le même lieu, il ne trouva plus qu'une campagne couverte d'herbe. Après cinq autres cents ans, il trouva ce lieu couvert par la mer. Enfin cinq autres cents ans s'étant écoulés, il trouva au même lieu un désert habité par un solitaire, qui ignorait aussi bien que les précédents ce qui était advenu. Puis notre rédacteur en conclut qu'il en est de même de l'histoire de la terre et des déluges par rapport à l'humanité. Cela peut être, mais qu'est-ce que cela prouve? absolument rien. — Nous venons de parcourir tous les préliminaires curieux, mais fort peu concluants et tant soit peu parasites, qui préparent dans l'Encyclopédie nouvelle la question du déluge. On a pu se convaincre qu'il n'y a aucune conclusion à en tirer ; quelques-uns des faits qui y sont mentionnés ne nous seront pourtant pas complètement inutiles, et pourront nous servir, sinon à prouver le déluge, au moins à former des conjectures tout aussi plausibles que celles de notre auteur. Or, des conjectures valent toujours des conjectures. Nous arrivons donc à la grande question du déluge mosaïque, et nous allons commencer par exposer succinctement les objections qu'on a faites contre le récit de Moïse, et que l'auteur précité a toutes accumulées dans son article; puis nous les résoudrons, tout en prouvant la réalité du déluge biblique.

DÉLUGE UNIVERSEL. « Ceux, dit-on, qui écriront sur les » déluges à la fin de ce siècle seront vraisemblablement dis- » pensés, par suite du progrès des saines idées de géologie et » d'histoire, d'aborder par une discussion sérieuse la fabuleuse » tradition du déluge universel. Il n'en est pas de même de » notre temps. Le récit biblique est si frappant, il a tellement » dominé nos pères, nous sommes si fort habitués à lui voir » donner place dans presque *toutes les histoires*, comme à une » vérité reconnue *du monde entier*, que, lors même que nous ne » croyons plus à l'*inondation miraculeuse*, nous sommes tout » disposés encore à croire à l'inondation naturelle. Il nous pa- » raît donc nécessaire, en terminant cet article, de jeter quel- » ques traits de critique historique sur cette tradition et de » montrer qu'elle ne possède pas la moindre solidité en ce » qu'elle a d'essentiel. » — On prétend donc : I, que le récit de Moïse offre au plus haut point tous les caractères qui constituent la tradition poétique ou fabuleuse ; qu'il est faux dans ses circonstances secondaires ; — II, qu'il est de toute impossibilité que le narrateur ait pu acquérir la connaissance même du fait fondamental ; — III, qu'il a été impossible à Noé ainsi qu'à ses descendants de connaître et de constater soit l'étendue, soit l'universalité du déluge ; — IV, que c'est exclusivement à la géologie, et non à l'histoire, qu'il appartient de donner des preuves directes du déluge ; — V, que la géologie prouve la fausseté du déluge mosaïque ; — VI, que la nature du genre humain, sa dignité, la nature de Dieu, sa sainteté, etc., prouvent la fausseté, l'absurdité et l'impiété de la tradition du déluge universel ; — VII, ne niant pas le déluge mosaïque comme partiel, on en nie l'universalité en le réduisant à des proportions telles que les seules tribus établies sur l'Euphrate auraient été dispersées, les Etats naissants de la Grèce renversés, mais que les peuples de l'Egypte, de l'Inde et de la Chine seraient restés pour être la source de tous les progrès de l'esprit humain et les maîtres des débris des tribus de l'Euphrate et des peuples de la Grèce ; — VIII, le christianisme, en acceptant des Juifs l'erreur d'un déluge universel et en plaçant toute l'humanité antique dans la descendance de Noé, se détache de la solidarité universelle de l'humanité qui est sainte et impeccable. — C'est à ces huit points principaux que se réduisent toutes les objections faites contre le déluge mosaïque par l'Encyclopédie nouvelle, dont toute la prétendue critique consiste à accumuler des assertions hasardées, sans preuves et sans autre fondement que l'autorité de l'auteur. Jusqu'ici on avait entendu par *critique*, recueillir les faits, les examiner dans leur source, en peser la valeur, en mesurer les rapports mutuels et enfin en juger la concordance avec les principes certains et démontrés comme tels. Mais pour la religion du progrès humanitaire les assertions de ses fondateurs valent à elles seules toutes les preuves historiques, scientifiques, critiques, etc. Pour nous, qui croyons à une religion révélée, nous ne réclamons pas une confiance aussi aveugle dans ses enseignements, parce que nous les croyons assez puissants pour soutenir toutes les épreuves de la logique, de la critique historique et scientifique, et même des assertions du progrès humanitaire, si mal compris qu'il soit. C'est pourquoi nous allons essayer d'approfondir dans tous leurs détails les objections résumées dans les huit articles ci-dessus ; puis nous tirerons les conclusions qui sortiront logiquement de notre examen. — Avant toute discussion nous remarquerons que l'auteur de l'article Déluge suppose gratuitement que la religion chrétienne n'est point divine, que les livres de l'Ancien et du Nouveau-Testament ne sont point révélés ; or nous croyons, pour notre compte, que la divinité de la religion, que la révélation des saintes Écritures sont parfaitement démontrées (*V.* les art. RELIGION, CHRISTIANISME, RÉVÉLATION, ECRITURE SAINTE, etc.). Nous sommes depuis longtemps en possession, et nous gardons jusqu'à ce qu'on nous ait prouvé que nous possédons illégitimement. Nous pourrions déjà nous borner là pour la question du déluge biblique, qui est un fait plus moral encore que physique, et contre lequel les sciences géologiques ne prouveront jamais rien. Mais afin de lever tous les doutes de nos lecteurs, nous allons descendre dans la discussion de toutes les objections, que nous citerons d'abord textuellement, telles qu'elles sont dans l'article *Déluge* de l'Encyclopédie nouvelle.

Ire *objection*. « D'abord, il est aisé de se convaincre que le » récit de l'auteur juif offre au plus haut point tous les caractères » qui constituent la tradition poétique et fabuleuse. Rien n'y » manque : l'intervention directe de la divinité, dont les divers » entretiens avec Noé sont fidèlement rapportés ; l'emploi con- » tinuel des périodes exactes ; les eaux tombant précisément

» pendant quarante jours; les sommets des montagnes apparaissant précisément le premier jour du premier mois de la
» première année du sixième siècle de Noé; la fausseté évidente des circonstances secondaires; il suffit de citer l'embarquement de tous les animaux à respiration aérienne,
» dont il y a au moins un million d'espèces, y compris leur
» nourriture pour une navigation de six mois; enfin, l'invraisemblance générale de l'évènement; la longue durée de
» la tradition orale, la confusion, apparente en plusieurs
» points, de plusieurs textes différents. A la rigueur, rien de
» tout cela ne démontre que le fait fondamental du déluge ne
» puisse être vrai, car la tradition d'un fait vrai peut fort
» bien, en passant de bouche en bouche, s'obscurcir et se
» charger d'accessoires merveilleux ou mensongers. Mais en
» voyant l'imagination du narrateur antique jouer un si grand
» rôle dans l'ensemble du récit, on est naturellement porté à
» soupçonner que cette imagination a dû s'étendre jusque sur
» le fait fondamental, sinon pour l'inventer de toutes pièces,
» du moins pour le rendre plus frappant et plus mémorable
» en lui donnant plus de grandeur. »

Réponses. Prendre le contrepied d'une question, appeler poétiques et fabuleux les détails circonstanciés d'un fait, lorsque tout le monde y verrait la preuve d'un évènement positif, c'est renverser les lois de la logique, violer les premières notions de la saine critique pour faire de ses préventions illégitimes la règle souveraine de ses jugements. Si le récit de Moïse était vague, embelli d'ornements et de fictions, chargé de comparaisons plus ou moins poétiques, indéterminé dans ses détails, jeté seul et isolé de tous les faits qui le précèdent et de tous ceux qui le suivent, alors on concevrait qu'il pût être rangé parmi les fables et les fictions poétiques. Mais, tout au contraire, le récit du déluge fait partie d'une histoire générale et importante de laquelle il ne peut être retranché sans jeter la confusion et l'incertitude sur les autres faits; il domine l'origine de tous les peuples de la terre, que Moïse dit être tous sortis de la famille de Noé. Il termine une grande période de l'histoire de l'humanité que nous ne connaissons que par Moïse, et il commence une autre période dont Moïse est encore le seul à nous donner les fils conducteurs. Quant aux détails de l'évènement en lui-même, ils sont tous liés, enchaînés et circonstanciés de la manière la plus positive; et il n'y a d'autre poésie que la grandeur de l'évènement même; mais rien n'y sent la fiction, comme il nous sera facile de nous en convaincre. « Rien n'y manque; » il y a donc tout ce qu'il faut pour exercer la critique; or, est-ce ce que l'on a fait? Nullement; on se contente de citer rapidement quelques circonstance et de dire, sans les discuter : elles sont fausses! Nous pourrions répondre : elles sont vraies! et pourquoi pas avec autant et plus de fondement. Voyons cependant le caractère fabuleux de ces circonstances. — « L'intervention directe de la Divinité dont les entretiens avec Noé sont fidèlement rapportés. » On ne veut pas de l'intervention de la Divinité, et pourquoi? on dénature le caractère de l'historien et on l'accuse de mensonge; rien de plus facile. Il faudrait donc ici démontrer la révélation; mais ce n'est pas le lieu, nous demanderons seulement : Le monde est-il régi par des lois physiques? sans aucun doute. Y a-t-il des rapports nécessaires entre les êtres divers qui composent ce monde? personne ne peut le nier. Dieu existe-t-il, est-il l'auteur de ce monde et des lois qui le régissent? sans aucun doute. L'homme est-il un être physique et moral tout à la fois? comme être physique a-t-il des rapporrs nécessaires avec le monde et les êtres physiques? sa moralité n'est-elle pas son caractère le plus élevé et le plus nécessaire à sa nature sociale? La société, comme l'individu humain, ne sont-ils pas l'échelon le plus élevé des êtres créés? est-il déraisonnable d'admettre que Dieu, qui a établi des rapports entre tous les êtres, a dû aussi en établir entre lui et l'homme? Pourquoi aurait-il créé ce monde et l'homme en particulier, s'il ne devait plus y avoir nul lien, nul rapport entre lui et l'homme? La nature de Dieu et celle de l'homme n'appellent-elles pas comme une conséquence nécessaire l'intervention de la Divinité dans les affaires et le gouvernement de l'humanité? cette intervention même, ses conséquences sur les destinées de l'homme, ne sont-elles pas le point le plus capital de l'histoire, de l'existence et de l'avenir de l'homme. Nous voudrions bien savoir ce qu'il y a d'absurde dans toutes ces propositions; et alors nous avouerions que l'humanité en masse, passée et présente, a été dans une longue erreur jusqu'à ce jour sur sa nature, son origine, ses destinées et sa fin. Or Moïse, à part son caractère d'inspiration, s'est placé au point de vue de l'humanité tout entière : comme elle il a pensé que Dieu se mêlait du gouvernement de ce monde; qu'il agissait sur les sociétés par sa providence; qu'il arrêtait la corruption générale en punissant les peuples coupables; que le châtiment des nations a lieu en ce monde pour être un exemple et un préservatif tout à la fois. Tel est le point de vue de Moïse; est-il absurde? Il raconte l'histoire de l'humanité sous la conduite de son créateur et de son Dieu, il montre par les faits historiques que Dieu intervient dans les évènements de ce monde, et l'humanité tout entière le raconte aussi. Qu'y a-t-il là de poétique et de fabuleux? — « L'emploi continuel des périodes exactes; les eaux tombent précisément pendant quarante jours, les sommets des montagnes apparaissent précisément le premier jour du premier mois de la première année du sixième siècle de Noé. » Si Moïse n'avait pas employé de périodes exactes, qu'aurait-on dit? que l'évènement était faux, controuvé, puisqu'on n'en connaissait ni l'époque précise, ni la durée, ni les circonstances physiques, etc. Si les eaux étaient tombées pendant cent jours, que les sommets des montagnes eussent apparu le vingt-cinquième jour du troisième mois de la quatrième année du cinquième siècle de Noé, qu'aurait-on dit? c'eût toujours été l'emploi de périodes exactes. Dès que les temps sont fixés, c'est l'emploi des périodes exactes; et qu'est-ce que cela prouve? que l'évènement a été assez frappant pour qu'on en ait retenu le commencement, la durée et la fin. Qu'y a-t-il là de poétique et de fabuleux? — On s'est plaint que la poésie antique n'avait conservé que le souvenir des déluges grecs sans donner aucune des circonstances physiques. Voici que Moïse raconte les principales circonstances physiques; cela ne fait rien; au lieu de discuter ces circonstances, on dit c'est de la poésie et de la fable. Voyons cependant ces circonstances au point de vue de la justice logique et de la saine critique; et, avant tout, nous prions le lecteur de tenir compte de deux considérations importantes; c'est une obligation de bonne foi : 1° Moïse n'a point voulu faire une thèse scientifique sur le déluge, mais simplement raconter un fait historique et moral dans ses principales circonstances, pour en déduire les conséquences morales propres à éloigner son peuple de l'idolâtrie et du crime, et à le porter à la reconnaissance et à la soumission envers Dieu; 2° M. de Maistre, livre premier, *du Pape*, chapitre quinzième, rappelle admirablement une grande règle de critique : « Les auteurs de la traduction du Nouveau-Testament, appelé
» de *Mons*, dit-il, remarquent dans leur avertissement préli-
» minaire *que les langues modernes sont infiniment plus claires et*
» *plus déterminées que les langues antiques*. Rien n'est plus incon-
» testable. Je ne parle pas des langues orientales, qui sont de
» véritables énigmes; mais le grec et le latin même justifient
» la vérité de cette observation. » — Nous ajouterons que les termes des sciences physiques, naturelles et surtout géologiques sont une langue à part, que nous voyons naître et qui n'est pas encore complètement faite. Ces considérations sont du plus grand poids; elles montrent toute la mauvaise foi, toute l'injustice qu'il y aurait à vouloir comparer le texte de Moïse avec nos langues modernes et surtout avec notre langage scientifique encore informe. Nous devons donc lui laisser toute sa latitude pour être dans la vérité, la bonne foi, la justice et la logique. — Suivons à ce point de vue la narration de Moïse. — Les hommes que Dieu avait créés êtres moraux, sur lesquels il avait fait reposer son esprit et qui devaient former une société perfectible, avaient violé toutes les lois morales, s'étaient éloignés du but pour lequel Dieu les avait créés, avaient abusé de toutes les créatures faites pour eux; ils tendaient à détruire l'œuvre de Dieu. La sagesse du Créateur, qui devait aussi conserver l'intégrité de son œuvre, prononce que son esprit ne demeurera plus désormais longtemps sur l'homme, qu'il ne peut y avoir union entre le mal et le bien, et que dans cent vingt ans il détruira les méchants qui pervertissent son œuvre et arrêtent l'accomplissement de ses desseins; et, pour marquer toute l'horreur du crime, le langage humain dit que Dieu se repentit d'avoir fait l'homme sur la terre, que son cœur s'en affligea. Le sens droit seul dit que ce repentir n'est que la justice de Dieu punissantt le crime; le refus de concourir à la destruction de son œuvre, en conservant les destructeurs; la volonté de renouveler l'humanité, puisqu'il en conserve les germes justes et innocents. Nos langues modernes auraient dit que Dieu, voulant empêcher l'abus de la liberté humaine poussé à son dernier excès, et ramener l'humanité dans ses saines voies, punit les coupables et en purgea la terre, ainsi que fait la justice humaine des grands criminels. — Dieu dit donc : « Je vais
» exterminer de la face de la terre les hommes que j'ai créés;
» tous, hommes et animaux, reptiles et oiseaux du ciel, car je

» me repens de les avoir faits. » (*Genèse*, ch. VI, v. 7.) — Le mot hébreu *Behemah*, traduit par animaux, s'emploie toujours dans la Genèse pour signifier les animaux terrestres les plus rapprochés de l'homme, ceux que nous appelons mammifères; pour traduire donc scientifiquement il faudrait dire les mammifères et non pas les animaux, mot qui comprend pour nous tous les êtres organisés, depuis le singe jusqu'à l'éponge. — Le terme hébreu *remesch* est très probablement aussi mal traduit scientifiquement par reptile; philologiquement il veut bien dire animal qui rampe, qui se meut près de la terre. Mais tous les anciens naturalistes et même ceux du seizième siècle encore, appelaient animaux rampants les petits mammifères de la famille des martes, des fouines et des belettes. Le nom classique de reptile n'a été employé que fort tard pour désigner uniquement les reptiles, serpents et autres animaux voisins. Dans la Genèse même le serpent n'est point appelé *remesch* mais *nahasch*, et *remesch* est employé dans le premier chapitre de la Genèse pour signifier les êtres animés qui se meuvent dans les eaux. Ce terme ne désigne donc point uniquement ni proprement les reptiles, mais il nous paraît signifier aussi les petits animaux mammifères qui semblent ramper sur la terre, en opposition avec les oiseaux qui volent dans les airs. Ce qui confirme cette intréprétation, c'est que le terme *remesch* est toujours rapproché dans la Genèse du nom des grands mammifères et de celui des oiseaux, *hoph*. Ainsi l'usage des anciens naturalistes, le rapprochement du texte hébreu nous permettent donc d'entendre, par ce que les traducteurs ont appelé reptiles, sur la seule consonance du mot, aussi bien les petits mammifères que les reptiles proprement dits; et dès-lors il nous sera facile de montrer que Moïse a bien pu ne parler, dans le texte ci-dessus, que de l'extermination des mammifères et des oiseaux. — Tous les hommes doivent périr, à l'exception du juste Noé et de sa famille. « Dieu a dit à Noé : la fin de toute chair a été arrêtée à mes yeux, parce que la terre est remplie de l'injustice de ses habitants, et je suis prêt à les détruire. (V. 13.) » L'expression *toute chair* se prend dans l'Écriture le plus souvent pour tous les hommes, pour les mortels; d'autres fois pour les hommes et les animaux les plus rapprochés de l'homme. Dans le texte présent on peut, si l'on veut, lui donner les deux sens. Mais cette expression ne signifie jamais tout ce que nous entendons par animaux. Ainsi quand nous trouvons dans le récit du déluge l'expression *toute chair*, plusieurs fois répétée, nous ne pouvons entendre par là que les hommes, et dans la plus grande extension du mot, les animaux les plus rapprochés de l'homme. — Dieu ordonne à Noé de se construire une arche dont il lui prescrit toutes les dimensions; c'est ici l'intervention de la Divinité que nous avons déjà justifiée. Dieu ajoute : « Pour moi je vais amener le déluge d'eaux sur la terre pour *détruire* toute chair douée d'un souffle de vie. (V. 17.) » Ici les expressions *toute chair*, *douée d'un souffle de vie*, nous paraissent devoir plus particulièrement désigner les hommes; la raison en est que les termes hébreux *rouah haüm* (esprit des vies), sont au pluriel; or presque partout où il s'agit de la vie des animaux, la Genèse dit *nephesch haiah* (souffle de vie) au singulier, tandis qu'en parlant de la vie de l'homme, elle emploie toujours le pluriel *haüm* (vies); c'est en effet par ces expressions que l'homme est désigné dans le chapitre de la création. Dieu ordonne à Noé d'entrer dans l'arche, avec sa famille, et d'y faire entrer deux des animaux de toute chair, des oiseaux, des grands et des petits animaux terrestres (mammifères). Il lui enjoint aussi de prendre des aliments pour lui et pour les animaux. — Dans le chapitre 7 de la Genèse, Dieu renouvelle les mêmes ordres à Noé et lui ordonne de plus de prendre dans l'arche sept couples des animaux et des oiseaux purs, et seulement un couple de ceux qui ne sont pas purs.

« En l'an 600 de la vie de Noé, au second mois, le dix-septième jour du mois, toutes les *sources des grandes eaux* furent rompues, et les cataractes du ciel furent ouvertes. Ce débordement des eaux continua sur la terre durant quarante jours et quarante nuits. (V. 11, 12.) Les eaux s'accrurent jusqu'à soulever l'Arche, qui se trouva ainsi élevée bien au-dessus de la terre; elles continuèrent à grossir avec tant de force que l'arche nageait sur la surface des ondes. Enfin elles s'étaient si prodigieusement accrues que les plus hautes montagnes du vaste horizon en furent couvertes de quinze coudées au-dessus de leur sommet. (V. 17-20.) » *Les sources des grandes eaux* sont évidemment d'après le langage de la Genèse le bassin de la grande mer, car le mot *theom* (abîme) a été employé au premier chapitre, comme dans celui-ci, pour désigner les mers de grand abîme des eaux. Les cataractes du ciel peuvent désigner des torrents de pluie. C'est donc comme si nous disions aujourd'hui les digues de l'Océan furent rompues, les mers sortirent de leurs bassins et la pluie tomba par torrents. Ce débordement dura quarante jours, et les eaux s'accrurent tellement que les plus hautes montagnes de l'horizon furent couvertes de quinze coudées. Voilà bien les causes physiques du déluge, c'est un immense déplacement des mers accompagné de pluies, qu'y a-t-il là de poétique et de fabuleux, rien de plus que dans tous les soulèvements de la mer connus; celui-ci seulement porte avec lui les caractères d'une plus vaste étendue, mais caractères en définitive très possible et très concevables comme nous le verrons. — Quels furent les effets de cet immense cataclysme? « Toute chair se mouvant sur la terre périt, oiseaux, animaux domestiques, bêtes sauvages, toutes les petites bêtes qui fourmillaient sur la terre, ainsi que tous les hommes. Tout ce qui avait une âme, soufle des vies sur la face, mourut sur la terre ferme. (V. 21, 22.) » *Tout ce qui avait une âme soufle des vies sur la face* sont les mêmes expressions employées au chapitre de la Genèse pour désigner la création de l'homme, et elles diffèrent de celles employées pour la création des animaux; on peut et on doit donc entendre par là tous les hommes, surtout en considérant les règles de la grammaire hébraïque qui reprend toujours le verset et le répète en d'autres termes, car le verset 21e finit par *tous les hommes*, et le 22e développe cette fin en la reprenant; le 23e répétera les deux versets précédents. Les eaux se débordèrent pendant quarante jours, mais elles étaient toujours en agitation. « Dieu fit passer sur la terre un vent au souffle duquel les eaux » s'apaisèrent. Les sources de l'onde (de la mer) et les cata- » ractes du ciel se refermèrent; la pluie fut arrêtée. Les eaux » commencèrent à se retirer de dessus la terre et à diminuer » de plus en plus au bout de cent cinquante jours. De manière » que l'arche se reposa sur les montagnes d'Ararat le dix- » sept du septième mois. Le premier jour de ce mois on aperçut » les sommets des montagnes. Quarante jours après, Noé ouvrit » la fenêtre qu'il avait faite à l'arche, et lâcha le corbeau qui » allait et revenait jusqu'à ce que les eaux furent desséchées de » dessus la terre. Plus tard il envoya aussi la colombe pour voir » si les eaux avaient baissé sur la terre. Mais la colombe n'ayant » pas trouvé où poser le pied revint à lui, car l'eau couvrait » encore toute la terre... Il attendit encore sept autres jours, » et il envoya de nouveau la colombe; elle rentra sur le soir, » ayant une feuille d'olivier mâchée dans son bec. Noé recon- » nut par là que les eaux étaient basses sur la terre, et ayant » attendu encore sept autres jours, il envoya de nouveau la » colombe qui ne revint plus. Ce fut en l'an 601, le premier » jour du premier mois que les eaux laissèrent la terre entiè- » rement à sec. Noé alors ôtant la couverture de l'arche, vit que » la surface de la terre était enfin sèche; et le vingt-septième » jour du second mois, elle se trouva ferme et solide. (Gen., » ch. 8, v. 1-14.) » Dieu fit ensuite sortir Noé, sa famille et les animaux de l'arche. Noé éleva un autel à l'Éternel, prit quelques animaux purs et quelques oiseaux purs et les offrit à l'Éternel. Tel est le récit du déluge dans tous ses détails importants. En l'an 600 de la vie de Noé, au second mois, le dix-septième jour du mois, le débordement des eaux commence, il dure quarante jours; les eaux commencent à diminuer au bout de cent cinquante jours, c'est-à-dire environ cinq mois après le commencement du déluge; et le dix-sept du septième, par conséquent au bout de six mois, l'arche se reposa sur une montagne. Pendant deux mois les eaux décroissent continuellement, au bout d'un autre mois et dix jours, les eaux n'étaient pas encore retirées entièrement; elles ne le furent qu'en l'an 601, le premier jour du premier mois. Elles furent donc six mois à se retirer complètement. Le vingt-septième jour du second mois la terre était ferme et solide, elle eut donc environ deux mois pour se raffermir. Noé fut ainsi un an et quelques jours dans l'arche. Qu'y a-t-il dans toutes ces circonstances de fabuleux et de poétique? Elles sont évidemment toutes parfaitement possibles et concevables. Concluons *que le récit de l'auteur juif n'offre aucun des caractères qui constituent la tradition poétique ou fabuleuse*. D'ailleurs l'auteur de l'objection a mal lu le texte de Moïse; il dit en effet: « La terre se sèche le premier jour du premier mois de la première année du sixième siècle de Noé, » proposition qui prête très gratuitement à Moïse un ridicule qui ne retombe pas sur lui. Car il ne dit point que la terre s'est séchée en *un jour*, mais bien que les eaux mirent six mois à se retirer, et que la terre ne fut *entièrement* à sec que le premier jour du premier mois, non pas de l'an six cent comme on a mal lu, mais de l'an 601.

2° Nous avons maintenant à scruter les circonstances secondaires et à démontrer que leur *fausseté* n'est pas aussi *évidente* qu'on le prétend. « Il suffit, dit-on, de citer l'embarquement de tous les animaux à respiration aérienne, dont il y a au moins *un million* d'espèces, y compris leur nourriture pour une navigation de dix mois. » Moïse dit douze mois, et nous ne voulons point diminuer la difficulté. On annonce la fausseté des circonstances secondaires, et on ne cite que celle-ci. Mais à cette difficulté s'en rattachent plusieurs autres, proposées par d'autres auteurs; nous allons les examiner toutes: 1° sur la construction de l'arche; 2° sur ses dimensions, incapables de contenir tant d'animaux et leur nourriture; 3° sur le nombre des animaux et leur rassemblement. — Nous entrons, comme on le voit, dans l'examen approfondi des circonstances du déluge, et nous commençons tout naturellement par la première partie du récit de Moïse, qui se trouve coïncider avec les premières objections. Mais tout d'abord nous faisons nos réserves sur le fait général et sûr la nature du déluge, que l'on ne peut en aucune façon considérer comme un évènement purement physique; c'est avant tout un fait moral. Nous reviendrons sur ces réserves quand nous aurons débarrassé la thèse au point de vue du fait simplement physique et historique. Nous consentons donc à descendre sur le terrain de nos adversaires; en l'acceptant tel qu'ils l'ont choisi, et en ne nous servant pour le moment que des armes qu'ils nous proposent eux-mêmes.

1° *Construction de l'arche.* — Comment, dit-on, Noé put-il bâtir *seul* un si immense vaisseau? — La misère de cette objection est incompréhensible; pour y répondre, nous demanderons: Comment les Pharaons d'Egypte bâtirent-ils *seuls* les Pyramides? Comment Salomon bâtit-il *seul* le temple de Jérusalem? Comment quelques papes, dont la succession représente un seul homme, ont-ils bâti *seuls* l'église de Saint-Pierre à Rome? Comment, en un mot, tous les princes par l'ordre desquels des monuments ont été élevés, les ont-ils bâtis *seuls*, comme l'histoire le raconte, en disant: Tel prince a bâti tel monument? Où a-t-on vu que Noé avait construit l'arche seul? Que ceux qui se forgent cette chimère résolvent la difficulté. Moïse n'en a dit mot, il a parlé comme tous les historiens et attribué comme eux la construction du monument à celui qui le faisait bâtir. Noé nous est représenté comme un patriarche, un chef de famille, un pontife, un prince de son temps, par conséquent fort riche. Il avait donc le moyen de prendre à son service le nombre de travailleurs suffisants, qui, bien qu'incrédules à la prédication de Noé, ne refusèrent pas plus le lucre qu'il leur offrait, que les ouvriers impies ne refusent le gain que leur procure la construction d'une église. On se tue de nous dire ailleurs que la nature humaine n'a pas changé. Eh bien, non, elle n'a pas changé; la cupidité existait alors comme aujourd'hui, et elle vint au secours de Noé, comme elle est venue dans tous les temps en aide à ce que la pensée de l'homme cupide n'approuvait pas; et c'est ainsi que *Noé bâtit seul un si immense vaisseau*; et le temps fut bien suffisant, puisque le patriarche eut cent ans pour achever l'arche de son salut; c'est du moins ainsi que le raconte l'historien, et pour démentir ses renseignementr positifs, il faudrait avoir d'autres renseignements positifs, et on n'en a pas.

3° Les dimensions de l'arche étaient incapables de contenir tout ce que Moïse dit y avair été contenu. — D'abord, quelles étaient les dimensions de l'arche? Elle avait trois cents coudées de long, cinquante de large et trente de haut. Elle était divisée en étages inférieurs, seconds et troisièmes (Gen., ch. 6, v. 15, 16); elle était disposée en compartiments (v. 14). On a supposé à la coudée dont il s'agit ici plusieurs valeurs. Saint Augustin et Origène ont admis la coudée géométrique, qui équivaut à peu près à huit pieds et six pouces, et, suivant ce calcul, l'arche eut été un immense vaisseau de trois cent vingt-huit millions de pieds. Cappel donne à la coudée trois pieds de longueur. Buteo pense que Moïse parle de la coudée commune, qui est de dix-huit pouces. Lepelletier croit, plus probablement, qu'il s'agit de la coudée égyptienne, que le long commerce des Juifs avec les Egyptiens, et l'éducation de Moïse avaient dû leur faire adopter. Or, d'après les mesures des étalons du Caire, la coudée égyptienne équivaut à environ vingt pouces. — Suivant cette donnée très probable, calculons les dimensions de l'arche et sa capacité. La coudée vaut 20 pouces: or, l'arche avait 300 coudées de long: 20 pouces $\times$ 300 coudées $=$ 6000 pouces $=$ 500 pieds de long; la largeur de l'arche était de 50 coudées: 20 pouces $\times$ 50 coudées $=$ 1000 pouces $=$ 83 pieds 4 pouces de large 500 (pieds de long) $\times$ 83 (pieds de large) $=$ 41, 500 pieds carrés pour un étage, et il y en avait trois, plus un fond de cale admis par quelques auteurs avec une très grande vraisemblance. Nous avons 30 coudées de haut; donnons au fond de cale 9 coudées de haut, au premier étage 7 coudées, au second 6 coudées, et au troisième 8 coudées. De la sorte le fond de cale devait avoir une capacité de (500$\times$83) $\times$ 15 pieds $=$ 622,500 pieds cubes: il pouvait donc y avoir là près de 622,500 pieds cubes de provisions de toute nature. Le troisième étage ayant 8 coudées de haut $=$ 13 pieds 4 pouces de haut. Supposons au toit une inclinaison de 6 pieds 4 pouces, nous aurons 7 pieds pour la partie inférieure de cet étage, qui n'a point de réduction de capacité; calculons d'abord cette dernière: (500 $\times$ 83) $\times$ 7 $=$ 290,500 pieds cubes). Calculons la partie supérieure comme si le toit n'était pas incliné, puis nous prendrons la moitié pour tenir compte de l'inclinaison; nous avons (500 pieds de long $\times$ 83 pieds de large) $\times$ 6 pieds de haut $=$ 249,000 pieds cubes, dont la moitié est 124,590 pieds cubes, qui, joints aux 290,500 pieds cubes de la partie inférieure ci-dessus, donnent 415,000 pieds cubes, qui pouvaient contenir des fourrages, des grains de toutes sortes. Le fond de cale nous a donné 622,500 pieds cubes de provisions, le troisième étage nous en donne 415,000 pieds cubes; nous avons donc en tout 1,037,500 pieds cubes de provisions; ce qui donne, en négligeant les fractions, 383,510 hectolitres, mesures actuelles. Le premier et le second étage auraient été réservés aux animaux. Or, le premier étage avait 41,500 pieds carrés, et pouvait contenir les grands animaux; en accordant à chaque animal, l'un portant l'autre, un carré de 6 pieds, ce qui donne 36 pieds carrés, et c'est beaucoup, il y avait où loger à l'aise 1152 et quelques individus; ce qui donne 576 espèces ou couples. — Le second étage, que nous supposons destiné aux oiseaux et aux petits animaux, devait en contenir un bien plus grand nombre; nous pouvons très hardiment n'accorder que 4 pieds carrés à chaque oiseau ou petit animal, compensation faite des grands et des petits. Suivant ce calcul très naturel, 41,500 pieds carrés pouvaient contenir 10,375 individus, en négligeant les fractions, par conséquent 5,187 couples ou espèces. Mais si nous remarquons que cet étage avait 6 coudées de haut, c'est-à-dire 10 pieds, et que tous les jours nous élevons des corbeaux dans des cages qui n'ont pas 2 pieds de haut, ni 4 pieds carrés de superficie, nous pouvons admettre que cet étage était divisé en cages superposées de 3 pieds de haut chacune et de 8 pieds carrés pour chaque espèces. Cette hypothèse, très plausible, triple le nombre des espèces d'oiseaux et de petits animaux, et nous donne 15561 espèces. En outre, plusieurs espèces du même genre pouvaient habiter dans la même cage, dont les dimensions étaient proportionnées au nombre des espèces et à la grandeur de chacune d'elles, tout en prenant moins d'espace. De la sorte, une place considérable dut être ménagée, et nous pouvons sans crainte ajouter 1000 espèces pour occuper cette place. Si l'on introduit les insectes dans l'arche, il leur faudra encore bien moins d'espace. Compensation faite, accordons à chaque espèce d'insectes 18 pouces cubes, et donnons-leur la place ménagée par les 1000 espèces précédentes, nous aurons où loger environ 16,000 espèces d'insectes. — Ces calculs nous conduisent donc à conclure que l'arche pouvait loger à l'aise 16,137 espèces, tant mammifères, qu'oiseaux et reptiles, et 16,000 espèces d'insectes, et 383,510 hectolitres de nourriture. Une simple division conduit à trouver, pour les mammifères, les oiseaux et les reptiles, 23 hectolitres pour chaque espèce, de quoi faire vivre un homme pendant environ deux ans. La division donne un reste de 12,379 hectolitres, qui suffisent bien pour nourrir les 16,000 insectes. Or, compensation faite des petites et des grandes espèces animales, ces quantités sont bien plus que suffisantes pour nourrir tous les animaux renfermés dans l'arche. Cependant il faut ajouter que dans tous nos calculs nous avons négligé les fractions.

Si tous les animaux étaient herbivores, granivores ou frugivores, la difficulté serait à peuprès résolue; mais il y a des carnivores parmi les mammifères, les oiseaux, les reptiles et les insectes; comment ont-ils vécu? Pour répondre à cette difficulté on a eu recours à un espèce de miracle, qui aurait modifié et changé les mœurs de ces animaux pendant le déluge. Nous n'avons pas besoin de ce miracle, très admissible cependant au point de vue de la foi; mais nous sommes descendu sur le terrain de nos adversaires, et nous ne voulons pas le déserter; cela n'est nullement nécessaire. Le texte de l'historien du déluge nous suffit; il s'agit de savoir s'il renferme des contradictions et des absurdités, comme on le prétend; c'est donc à ce texte qu'il faut s'en tenir. Or Dieu dit à Noé: « Tu prendras aussi de tous les aliments qui servent de nourriture, et tu les déposeras auprès de toi pour vous servir à tous de nourriture. » Qui dit toute espèce de nourriture n'en excepte aucune; et si elle doit servir à tous les êtres qui sont dans l'arche, il faut qu'elle soit appropriée à tous les estomacs. Pourquoi donc Noé, afin d'accomplir le précepte qui lui est donné, n'aurait-il pas introduit dans l'arche un certain nombre d'animaux destinés à nourrir les carnivores? Ces victimes n'avaient besoin ni de tant d'aises ni de tant de nourriture que les animaux qui devaient être conservés, par conséquent elle durent facilement trouver place, puisqu'elle put leur être donnée sur les étages réservés à la nourriture, et aussi sur ceux destinés aux animaux.

Cette réponse est complètement dans le bon sens et dans l'esprit du texte; elle n'a aucun besoin d'être développée, et elle suffit. Cependant le texte nous fournit encore un autre moyen, Dieu commenda à Noé de prendre sept paires d'animaux purs et sept paires d'oiseaux purs. Or nous savons que les espèces pures étaient les herbivores, les frugivores et les granivores, justement celles qui sont aussi la proie des carnassiers. Ne peut-il pas se faire que ce grand nombre d'animaux purs ait été en partie destiné aux carnivores, soit que les animaux purs soient venus à mourir, soient qu'ils leur aient été positivement destinés. Cette seconde réponse serait encore suffisante et très plausible, surtout en considérant l'affectation du texte à mettre une si grande différence entre le nombre de ces animaux et celui des espèces non pures; et puis au verset 20 du chapitre 8, il ajoute que Noé, sorti de l'arche, éleva un autel à l'Éternel, et prit *quelques* animaux purs et *quelques* oiseaux purs; cette expression *quelques* ne permettrait-elle pas de supposer que le nombre des espèces pures avait diminué. Enfin on pourrait encore proposer une troisième réponse, à laquelle nous n'attachons pas plus d'importance qu'elle n'en mérite; voici cette hypothèse : les eaux du déluge n'auraient-elles pas pu amener autour de l'arche des cadavres qui auraient été retirés dans l'arche par l'ouverture, à l'aide de quelques moyens de pêche, et ainsi donnés aux carnassiers; des poissons ne peuvent-ils pas aussi avoir été pêchés de la sorte. En outre, comme nous le verrons, le sommet de l'arche était très probablement ouvert tout du long, et par conséquent des oiseaux pouvaient chercher refuge par là et tomber dans l'arche, où ils servirent au moins les premiers jours à nourrir les animaux carnassiers. Nous le répétons, c'est ici une pure supposition, sur laquelle nous ne faisons aucun fondement sérieux; nous la regardons comme simplement équivalente à plusieurs difficultés de nos adversaires. Quoiqu'il en soit, nos trois considérations réunies résolvent, pour tout esprit de bonne foi, la difficulté de la nourriture des animaux carnassiers conservés dans l'arche. — Une dernière objection sur le point qui nous occupe, c'est le soin de tant d'animaux confié à huit personnes, certainement insuffisantes. Il y avait deux sortes de soins à donner, distribuer la nourriture et nettoyer les étables. En premier lieu, pour le nétoyage des étables, on peut supposer que l'eau découlait dans les auges des animaux par des canaux qui la recevaient du toit, disposé en plat-bord, et l'eau découlant du toit pouvait être aisément introduite dans les étables pour les nettoyer. D'autres canaux pouvaient d'ailleurs être disposés de tel façon qu'on n'eut qu'à y verser de l'eau pour qu'elle se répandit partout d'une extrémité à l'autre, qu'elle abreuvât les animaux et nettoyât les étables en sortant par l'une des extrémités. De la sorte, il n'y eut aucun besoin de conserver de l'eau dans l'arche, c'est pour cela que nous ne lui avons point assigné de place. La pluie en fournissait sinon continuellement en tombant sur le toit, au moins assez fréquemment; un si grand mouvement des eaux permet bien cette hypothèse; en outre on pouvait en puiser par l'une des extrémités de l'arche, la verser dans des canaux qui la répandaient partout. Ces moyens réduisent le travail à des proportions facilement exécutables, même pour moins de huit personnes. — Reste donc les soins à donner pour la nourriture. D'abord la plupart des insectes n'avaient besoin que de peu de soins, aussi bien que les reptiles, dont un grand nombre d'espèces mangent rarement. Les compartiments des oiseaux et des mamnifères étaient sans doute disposés de façon à rapprocher toutes les espèces dont la nourriture est la même, et auxquelles on pouvait la donner pour plusieurs jours à la fois. Il y avait probablement aussi des communications et des correspondances entre les divers étages, de manière à pouvoir faire tomber par exemple les fourrages, placés dans l'étage supérieur au-dessus des herbivores, par des espèces de trappes dans les rateliers de ces animaux, et ainsi du reste. Si nous avions connu tous les avantages de la disposition des compartiments de l'arche, nous ne verrions sans doute aucune difficulté. Les hypothèses que nous faisons pourraient être développées et accompagnées de plusieurs autres qui ne feraient que surcharger ce travail. — On a demandé aussi comment la lumière et l'air pouvaient pénétrer dans l'arche, car la critique a tout discuté jusqu'à l'iota. Mais si on avait voulu lire et comprendre le texte, on n'eut même pas eu la pensée de proposer l'objection présente. En effet, Dieu dit à Noé, en parlant de l'arche : « Tu lui donneras du jour, tu la termineras par le haut *en la réduisant* à une coudée, et tu y feras sur le côté, une porte d'entrée (Gen., ch. 6., v. 16, *traduction de l'Hébreu* par l'abbé Glaire). Ceci ne demande aucun commentaire, puisque pour donner du jour on commande de terminer le toit en le réduisant à une coudée; il est impossible de comprendre autre chose sinon que tout le long du sommet de l'arche il régnait entre les deux moitiés du toit une ouverture de la largeur d'une coudée, qui permettait l'accès de la lumière et la circulation de l'air. Au chapitre 8, verset 6, il est dit que « Noé ouvrit la fenêtre qu'il avait faite à l'arche, » et ailleurs il est parlé d'une porte d'entrée; rien n'empêche d'admettre qu'il y avait plusieurs fenêtres, quoiqu'il ne soit mention que d'une, de celle qui servit à lâcher le corbeau et la colombe. — Enfin, on a demandé si l'arche n'était pas construite de manière qu'elle devait se briser contre les rochers ou être engloutie dans les abîmes? Nous demanderons à notre tour si au contraire elle n'était pas construite de manière qu'elle ne devait ni se briser contre des rochers, ni être engloutie dans les abîmes? Le fait est que l'histoire dit positivement qu'elle n'a été ni brisée ni engloutie, et la raison conçoit qu'il était d'autant plus difficile qu'elle fut brisée ou engloutie qu'elle était plus grande. Tout le monde sait que ce sont les grands vaisseaux qui sont les moins exposés aux dangers des naufrages et aux avaries des tempêtes.

IIIe *objection, sur le nombre des animaux et leur rassemblement.* « Il suffit, dit-on, de citer l'embarquement de tous les animaux à respiration aérienne, dont il y a au moins *un million* d'espèces. » Nous voudrions bien savoir quelles preuves on apporte de l'existence d'un million d'espèces animales au moins. Nous ne nions pas précisément ce fait, mais nous prétendons qu'il n'est pas prouvé. Nous n'invoquons point ici le témoignage de Ray, qui ne comptait que cent cinquante espèces primitives de quadrupèdes et de reptiles, et cinq cents espèces d'oiseaux, ni celui de Wilkins, qui ne comptait que cent espèces de quadrupèdes et deux cents espèces d'oiseaux, ni celui de Buffon qui, bien qu'il admit un plus grand nombre d'espèces, n'en admettait pas encore assez pour être dans le vrai. Nous savons qu'il ne faut pas parler de nombre en fait d'espèces animales, parce qu'il n'est pas connu. Puis, avant tout, y a-t-il beaucoup de naturalistes qui savent et qui pourraient démontrer ce que c'est qu'une espèce? il est permis d'en douter. Les uns placent la caractéristique de l'espèce dans une chose et les autres dans une autre : ce qui est une espèce pour les uns est un genre pour les autres. Ceux-ci font autant de genres que d'espèces; ceux-là autant d'espèces que de variétés. Quel moyen de s'entendre dans un pareil chaos? Avant de fixer le nombre des espèces, il faudrait savoir ce que c'est qu'une espèce; jusque-là toute objection est nulle et pèche par le principe, parce qu'on peut toujours nier que ce que vous appelez espèces soient des espèces. Nous ne connaissons encore qu'un philosophe naturaliste qui ait nettement et précisément posé la question de la spécification des animaux; or M. de Blainville, ce philosophe, démontre justement dans tous ses cours et ses ouvrages qu'on a considérablement exagéré le nombre des espèces. Venons cependant aux faits. — Il y a cinq types d'organisation animale : 1° les ostéozoaires ou vertébrés; 2° les antomozoaires ou articulés extérieurement; 3° les malacazoaires ou mollusques; 4° les actinozoaires ou rayonnés; 5° les amorphozoaires ou spongiaires. Or. dans tous ces types réunis il n'y a certainement pas un million d'espèces connues, même en joignant aux espèces actuellement vivantes les espèces fossiles perdues; nous doutons même qu'il y ait, en énumérant tout, vivants et fossiles, cinq cent mille espèces bien connues, et surtout bien déterminées et démontrées. Cependant, nous n'assignons aucun nombre, parce que cela est encore et sera longtemps impossible à la science. Nous pourrions donc en rester là pour l'objection présente. Mais pour quiconque a tant soit peu étudié la zoologie, la géographie zoologique et la palœontologie, la réfutation de nos adversaires est bien plus complète; 1° les espèces fossiles perdues ne doivent point être prises en considération pour deux raisons : la première parce que la plupart ont pu disparaître avant le déluge; la seconde parce que plusieurs peuvent avoir disparu dans le déluge même; le fait palœontologique de la disparition successive et continuelle de certaines parties de la série animale rend ces deux raisons inexpugnables; 2° le type des spongiaires et celui des rayonnés vivent uniquement dans l'eau et ne peuvent, par conséquent, être mentionnés quand il s'agit du déluge. Or, il est à remarquer que ce sont les types inférieurs de la série zoologique qui sont les plus nombreux en espèces.

3° Le type des mollusques est encore presque uniquement aquatique, sauf un certain nombre de groupes, comme les hélices et les limaces; mais toutes les hélices non aquatiques ou bien ont une coquille dans laquelle elles peuvent se retirer et vivre longtemps, ou bien peuvent se réfugier dans des trous de murs, de rocher, d'arbres ou dans la terre. Il ne peut donc encore être question des mollusques, dont les œufs d'ailleurs auraient pu être conservés de mille manières différentes.

4° Le type des entomozoaires ou articulés comprend dix classes dont huit sont aquatiques et sont très nombreuses en espèces; les deux autres classes, octopodes ou araignées, hexapodes ou insectes sont en partie aquatiques, en partie terrestres. Mais tout le monde sait que ces animaux se cachent assez profondément dans de très petits trous, soit dans la terre, soit dans des rochers ou dans des murs, soit sous l'écorce ou dans le bois des arbres. De plus un grand nombre vivent longtemps à l'état de larves ou de vers qui souvent sont aquatiques, bien que les adultes soient terrestres ou aériens. Ces larves vivent pour la plupart enfoncées dans la terre, ou dans l'écorce des plantes, ou dans les fruits, etc. En troisième lieu, un très grand nombre de ces larves s'enveloppent dans un cocon pour opérer leur transformation et prennent alors le nom de chrysalides, qui sont collées ou cachées, soit à l'anfractuosité d'un mur, d'un rocher, soit dans des trous d'arbres ou même dans la terre, etc. Ces chrysalides demeurent assez longtemps dans cet état. En quatrième lieu, tous ces animaux sont ovipares et déposent leurs œufs, qui sont forts petits, à l'abri de toutes les circonstances nuisibles. Ils ont donc pu se conserver sous l'un ou l'autre de ces quatre états et même sous les quatre à la fois, et par conséquent il faut les exclure de l'arche, où nous les avions introduits plus haut, uniquement dans l'intention de montrer toute la force de notre thèse, sous quelque point de vue qu'on l'envisage.

5° Il ne reste donc que le type des ostéozoaires, de tous le moins nombreux en espèces, sauf peut-être le type des spongiaires. Nous ne devons compter que cinq classes d'ostéozoaires: les poissons, les amphibiens, les reptiles, les oiseaux et les mammifères. Il ne faut pas parler des poissons. Les amphibiens sont aussi presque tous aquatiques, à l'exception de quelques crapauds dont il n'est pas démontré que les têtards ou même les adultes ne puissent vivre dans l'eau, mais qui vivent très certainement dans des trous assez profonds sous terre ou dans des creux de rocher; il faut donc les passer sous silence. Parmi les reptiles, plusieurs ordres, comme les crocodiles, un grand nombre de tortues sont aquatiques; les autres, ou peuvent vivre dans l'eau, ou s'enfoncer dans des trous assez profonds sous terre, ou s'accrocher à des arbres qui ont certainement bien pu surnager pendant le déluge. Nous pouvons donc encore exclure tous les reptiles de l'arche sans difficulté sérieuse, d'autant plus que leurs œufs ont pu être conservés par une foule de moyens. Il ne peut donc être question que des oiseaux et des mammifères, deux classes des moins nombreuses en espèces, surtout les mammifères. Or, nous avons vu que Moïse n'avait probablement parlé que de ces deux classes d'animaux dans le récit du déluge; car le mot hébreu traduit ordinairement par *reptile*, désigne aussi les petits mammifères qui se meuvent près de la terre; nous avons donc été bien généreux en admettant dans l'arche, ce que la science appelle aujourd'hui *reptiles*. Descendons, pour répondre à l'objection, dans quelques détails. La classe des oiseaux comprend quatre-vingt-sept genres linnéens (*Systema naturæ*, édit. de Gmelin, 1789), qui sont encore les plus fondés en raison dans la science, mais que l'on pourrait réduire à cinquante et quelques. On doit certainement en retrancher les genres des oiseaux nageurs et quelques-uns des échassiers, en tout environ vingt genres, ce qui réduit à quarante-sept le nombre des genres dont les espèces auraient dû entrer dans l'arche. C'est accorder beaucoup que d'assigner une moyenne de trente espèces pour chaque genre, ce qui donnerait en tout 30 espèces $\times$ 47 genres = 1410 espèces d'oiseaux qui auraient dû entrer dans l'arche. Or, nous avons vu que le second étage de l'arche pouvait être disposé de manière à contenir quinze mille cinq cent-soixante-une espèces d'oiseaux et de petits mammifères; supposons seulement douze mille couples d'oiseaux, c'est à peu près dix fois plus qu'il n'y a d'espèces certaines connues et signalées dans Linné. — Le *Systema naturæ* établit quarante grands genres de mammifères, dont six vivent continuellement dans l'eau; reste donc trente-quatre genres, qui, suivant les données les plus acceptables de la spécification ne doivent pas comprendre beaucoup plus de trois cents espèces bien déterminées; or, ce nombre ne remplirait pas encore le premier étage de l'arche, qui pouvait contenir cinq cent soixante-seize et quelques espèces. Et notons que nous avons pu placer au second étage trois mille cinq cent soixante-une espèces de petits mammifères, qui sont les plus nombreux en espèces. — Ainsi l'arche pouvait contenir 16,137 espèces d'animaux tant grands et petits mammifères qu'oiseaux; et Linné, ce grand naturaliste qui mérite encore toute considération, ne nous fournit dans son *Systema naturæ* que 2,310 espèces qu'il fût nécessaire d'introduire dans l'arche. Supposons que le nombre des espèces certainement connues ait doublé depuis Linné, ce que tous les zoologistes savent bien être faux, cela ne donnerait encore que 4,620 espèces. Il y a loin de là à *un million*. — Nous le répétons en terminant ce chapitre: tous ces calculs du nombre des espèces font sourire les naturalistes sérieux; la science ne peut encore prononcer sur une question d'aussi mince importance que celle de nombre. Les lois de la spécification ne sont point encore assez unanimement senties ni démontrées pour qu'on puisse toujours prononcer à coup sûr sur la certitude et la réalité d'une espèce. Quand ces lois seront pleinement démontrées, comme elles tendent à l'être entre les mains de M. de Blainville, leur premier résultat dans la science sera de diminuer l'exagération du nombre des espèces. Quoiqu'il en soit, nous avons dû, en faveur de ceux de nos lecteurs qui n'ont pas le loisir de scruter ces sortes de choses, entrer dans la discussion détaillée de ce que dit la science aujourd'hui pour ou contre l'objection de nos adversaires; nous croyons avoir prouvé que la science leur est contraire; cela nous suffit et nous n'attachons aucune autre importance à tous ces calculs.

Rassemblement des animaux. — Comment, dit-on, Noé put-il rassembler tous ces animaux de climats si opposés? — Nous pourrions répondre que le Dieu qui a créé l'instinct des animaux, qui leur a appris à sentir les temps et les saisons, à prévoir les orages et les frimas, qui a tracé la route des oiseaux du nord vers les contrées du midi, qui a donné à leur aile la force de traverser les mers, qui a assigné aux quadrupèdes les temps propices pour la chasse, les moments convenables pour rentrer dans leurs cavernes d'hibernation et pour en sortir; que ce Dieu, disons-nous, qui avait créé tous ces êtres et qui voulait les conserver, pût tout aussi bien les amener vers Noé, ce père du monde futur. Mais nos adversaires ne veulent pas de l'intervention de Dieu, quoique ce soit cette intervention même qui fasse vivre leur corps et soutienne leur intelligence. Donnons leur donc une réponse à leur portée, une explication sans cause première. En premier lieu, sur quoi fondés supposent-ils que tous les animaux anté-diluviens fussent de climats opposés? n'est-il pas vraisemblable, au contraire, que toutes les espèces étaient représentées dans chaque pays? La palæontologie, qui découvre maintenant dans les couches du sol des animaux qui vivent dans l'autre hémisphère, permet de croire qu'ils vivaient autrefois dans le pays où on les rencontre fossiles; un grand nombre de faits palæontologiques convergent à prouver cette théorie. En outre, beaucoup de savants ont pensé que le climat de la terre avait changé, et que, par suite, des animaux qui pouvaient vivre au nord, ne vivaient plus qu'au midi. D'autres ont attribué la variation actuelle des climats et le déluge même à l'inclinaison de l'axe de la terre, et il n'y a rien là d'impossible: sans soutenir, pour notre compte, ni l'une ni l'autre de ces théories acceptées par des hommes d'une grande science, nous croyons cependant qu'elles peuvent nous permettre de penser que toutes les espèces animales vivaient dans tous les pays indifféremment au temps de Noé. La géographie zoologique, jointe à l'histoire de cette science, nous fournit à elle seule une explication suffisante et certaine. Il est bien prouvé, en effet, que des animaux qu'on avait assigné exclusivement aux climats méridionaux, remontent assez avant vers le nord, et *vice versâ*. Les lions étaient très nombreux en Grèce autrefois. Aristote fait la remarque que, de son temps, ils avaient déjà diminué, et maintenant il n'y en a plus. Tout le monde sait que les loups ont disparu d'Angleterre. Il est très probable qu'il y avait autrefois des ours jusque dans la province de Bretagne; aujourd'hui il n'y en a plus en France que sur les versants des Pyrénées et des Alpes, et encore y ont-ils considérablement diminué. Les cirques des Romains étaient remplis d'animaux de toutes sortes, et en si grand nombre qu'il serait aujourd'hui impossible de les réunir à cause de leur rareté de plus en plus considérable. L'aurochs et l'élan peuplaient les forêts des Gaules du temps de César, et aujourd'hui ils sont confinés dans le nord. On avait cru jusqu'ici que le tapyr était propre à l'Amérique, et voilà qu'on en a trouvé une très belle espèce dans les îles de la Sonde, appartenant à l'ancien Monde. Tous les faits de la disparition des animaux du globe et les causes de cette disparition bien appréciées conduisent à prouver que la distribution géographique des espèces a considérablement changé depuis les temps historiques, et qu'elle continue à se modifier de plus en plus. L'évènement du déluge n'a pas dû peu contribuer à changer la géographie zoologique. Tout porte donc à croire que la plupart des espèces pouvaient habiter le pays de Noé. Mais quand même certaines espèces auraient vécu dans des régions plus éloignées, rien n'empêche de penser qu'il ait pu se les procurer comme celles de son pays. Noé était riche; il eut cent ans devant lui pour se préparer contre le déluge. Un tel homme a le temps dans un siècle de prendre des mesures suffisantes pour accomplir la mission dont il est chargé. Enfin, nul doute que le déluge ait dû faire disparaître un assez grand nombre d'espèces, et dès lors celles du pays de Noé ont été les sources des espèces actuellement existantes; ce n'est point là une vaine supposition dénuée de fondement; elle est au contraire parfaitement d'accord avec les faits palæontologiques, et complètement dans l'esprit du texte de Moïse, qui ne mentionne évidemment que les animaux les plus rapprochés de l'homme, et, ce n'est point lui faire violence, en admettant qu'il ne parle que de ceux qui habitaient le même pays que notre espèce. Ces considérations diverses doivent satisfaire tout esprit impartial. — Nous croyons avoir résolu toutes les objections élevées contre la construction de l'arche, sa capacité, le nombre des animaux conservés, leur nourriture pendant un an, leur rassemblement. Nous concluons que la fausseté des circonstances secondaires du déluge n'est pas si évidente qu'on le prétend, que l'imagination du narrateur antique n'a pas joué un si grand rôle dans l'ensemble du récit qu'on paraîtrait le croire, et que tout démontre que le fait fondamental du déluge ne peut être nié.

IIe *objection*. — Qu'il est de toute impossibilité que le narrateur ait pu acquérir la connaissance même du fait fondamental. « Ces considérations (celles que nous avons réfutées) prennent » surtout de la force (nous avons prouvé qu'elles étaient faus- » ses) lorsque l'on réfléchit que le fait fondamental est de telle » nature que, lors même qu'il ne serait point *controuvé*, il serait » de toute impossibilité que le narrateur eut pu en acquérir » connaissance. » *Controuvé* est un mot terrible; pour le prononcer, il faut des preuves; où sont-elles? Jusqu'ici nous avons vu des assertions, des erreurs de faits, un texte mal lu et nullement compris; mais de preuves et de discussions sérieuses, il n'y en pas l'ombre. La sagesse et la justice semblent demander que ce mot *controuvé* soit rayé jusqu'à nouvel ordre, car c'est le premier principe de la logique de ne tirer les conséquences qu'après la démonstration des prémisses. Voyons donc s'il serait de toute impossibilité que le narrateur eut pu acquérir connaissance du fait fondamental. Noé fut sans doute témoin du fait fondamental du déluge; Sem, son fils, fut aussi témoin de cet évènement. Arphaxad, fils de Sem, naquit deux ans après le déluge; il en fut donc pour ainsi dire témoin, et son père le lui raconta certainement. Sem a vécu cinq cents ans après la naissance d'Arphaxad; Moïse est le quatorzième descendant de Sem de père en fils. Abraham a vécu deux cent quatre ans avec Sem, Isaac cent ans et Jacob quarante ans. De Jacob à Moïse il n'y a que quatre têtes; et si Moïse n'a pas vu Jacob, Amram, son père, l'a certainement vu. La tradition du déluge n'a donc dû passer que par quatre bouches au plus pour arriver à Moïse, et on pourrait même concevoir qu'elle n'ait passé que par deux, celles de Jacob et d'Amram. La nation de Moïse descendait de Noé; cette nation avait un soin particulier de conserver les généalogies de ses ancêtres et les évènements mémorables de leur temps. Est-il croyable qu'elle eut pu ne pas se souvenir d'un fait aussi important pour elle que le déluge, puisque c'était de ce fait qu'elle datait pour ainsi dire son origine. Moïse, élevé dans la science des Égyptiens, conduisant un peuple rebelle à sa parole, raconte qu'un déluge a eu lieu environ huit cents ans avant lui, sans crainte d'être démenti par son peuple, par les monuments de l'antiquité des nations, par leur histoire, leurs traditions, etc. Il donne ce déluge comme étant le point de départ de tous les peuples, et fournit ainsi lui-même dans son récit toutes les circonstances qui auraient pu servir à le convaincre d'imposture, si le fait fondamental dont il parle n'avait pas été dans la tradition publique et dans la croyance de son temps. Or, il est passablement singulier qu'après trois ou quatre mille ans on vienne refuser la possibilité de s'assurer d'un fait à un auteur qui le tenait de première source, surtout lorsque la tradition de tous les peuples confirme le récit de cet auteur et que l'on n'a absolument aucun document pour le nier.

IIIe *objection*. — Qu'il a été impossible à Noé, ainsi qu'à ses descendants, de connaître et de constater soit l'étendue, soit l'universalité du déluge. — Il faut bien ramener la question à ses vrais termes : il ne s'agit pas de savoir si Noé ou ses descendants ont pu constater l'universalité ou l'étendue du déluge, mais bien s'ils ne se sont pas trompés en affirmant qu'il a eu lieu et qu'il a fait périr tous les hommes; car tel est le point capital du récit de Moïse. Cette première remarque suffirait seule, car nous n'aurions plus qu'à montrer que l'historien du déluge ne s'est pas trompé dans son récit; mais parcourons, en les annotant, les assertions de nos adversaires. « Et par quel » moyen, en effet, disent-ils, voudrait-on que dans ces temps » d'ignorance géographique (la géographie de Moïse est pour- » tant démontrée assez juste) quelques familles (une famille) » échappées à un déluge qui avait dévasté leur pays eussent pu » apprendre ce qui s'était passé dans les pays lointains? L'inon- » dation aurait couvert toutes les contrées de la terre, en même » temps que la leur, qu'elles n'en auraient rien su, et elle » aurait respecté toutes les contrées de la terre, sauf la leur, » qu'elles ne l'auraient pas su davantage. Si, à part les élus » de l'arche, toute la population terrestre a été noyée, il faut » *nécessairement* admettre que les survivants ont fait eux-mêmes » (ou leurs descendants) le tour du monde pour s'en assurer » (nous ne voyons nullement la nécessité d'un pareil tour); et » si l'inondation s'est étendue sur toute la terre, en laissant » subsister seulement çà et là quelques-uns de ses habitants, sur » les sommités des montagnes, il faut encore admettre que des » voyageurs partis de tous les points du monde (si tous les points » dn monde étaient habités), même d'Amérique (si elle était » habitée, ce qui est douteux), sont venus informer Noé ou » ses descendants de l'universalité de la catastrophe. »

— Moïse a lui-même répondu à toutes ces assertions. Noé, nous apprend-il, est seul sauvé du déluge avec sa famille; sa race se multiplie, les enfants de l'un de ses fils vont peupler l'Europe, ceux de l'autre vont peupler l'Afrique, ceux du troisième vont peupler l'Asie. Les annales de la plupart de ces peuples confirment cette origine; voilà donc les descendants de Noé qui partent d'auprès de l'arche et qui s'en vont voyager par toute la terre; ils disent qu'elle est déserte, et qu'à mesure qu'ils la peuplent de proche en proche, ils n'y trouvent pas trace humaine. Ces peuples conservent des rapports certains entre eux; et quatre cents ans après le déluge, Abraham descend de la Chaldée en Palestine, et de la Palestine en Égypte, et partout il peut reconnaître les peuples sortis de la même souche que lui. Moïse arrive huit cents ans après, et le genre humain voyageur avait constaté, sur tout le monde connu alors, qu'il n'y avait pas d'autres habitants que ceux qui étaient sortis de l'arche; Moïse en fait le dénombrement, et il est d'accord avec les annales de tous ces peuples sur leur origine. Ainsi les voyages que l'on demandait ont été faits, et on a pu en conclure rigoureusement que toute la race humaine avait été détruite par le déluge, universel en ce point au moins. Quant à l'Amérique, il faudrait prouver d'abord qu'elle était habitée avant ou même du temps de Moïse, or, cela n'est pas prouvé; et d'ailleurs l'Amérique elle-même vient apporter son témoignage au fait du déluge. Nons reviendrons sur cette question du témoignage des peuples. Qu'il nous suffise pour le moment d'avoir montré que l'on n'a pas le droit de conclure en ces termes : « Or, il » est incontestable qu'aucune nation de l'antiquité, et je n'en » excepte pas même l'Egypte, n'a réuni les conditions de sa- » voir *indispensables* pour pouvoir transmettre avec certitude à » la postérité un pareil récit, (il suffisait de la parole, et l'E- » gypte comme les autres peuples, non-seulement savait parler, » mais encore écrire et élever des monuments; c'est beaucoup » plus qu'il n'en faut pour conserver la *tradition* d'un évène- » ment tel que le déluge). La tradition du déluge universel, à » moins que l'on ne consente à la détacher de l'histoire com- » mune, pour la regarder comme directement inspirée aux » hommes par l'esprit de Dieu (eh! pourquoi pas!), et l'accepter » par conséquent dans son entier, ne repose donc sur aucun » argument valable; (la particule *donc* est commode, c'est l'ar- » gument de ceux qui n'en ont pas, et ici la proposition dont » elle fait partie est fausse et ne repose absolument sur rien). » Et si un pareil déluge s'est jamais produit sur la terre, ce » dont il nous reste à nous enquérir, c'est ailleurs que dans les » écrits des Hébreux qu'il faut en chercher les témoignages.)» Et pourquoi pas dans les écrits des Hébreux, ne valent-ils pas ceux d'un autre peuple, ne sont-ils même pas comparables à des conjectures géologiques ou autres? Leur caractère religieux et social est leur défaut! — « Supposons un instant, continue » l'objection, que Noé, le déluge, dont ses compatriotes venaient » d'être *victimes terminé*, eût voulu s'assurer si l'inondation » s'était réellement étendue sur toute la terre, Noé aurait pris » en main le bâton de pèlerin, et parcourant dans toutes les » directions les continents devenus de nouveau secs et prati- » cables, il serait allé constater en chaque lieu les traces né- » cessairement laissées par le séjour des eaux. » A quoi bon toutes ces suppositions ; c'est toujours déplacer la question, car, encore un coup, suivant le récit de Moïse il ne s'agissait pas de savoir si les eaux s'étaient répandues par toute la terre, mais bien si tous les hommes et les animaux les plus rapprochés de l'homme avaient péri ; or il n'était pas besoin de prendre le bâton de pèlerin pour s'assurer d'une telle destruction. Noé connaissait sans doute quels étaient les principaux pays habités avant le déluge ; il connaissait probablement aussi les mers qui environnaient ces pays, il les vit se déborder sur le sol habité, il connut l'élévation des eaux au-dessus des plus hautes montagnes du vaste horizon, il put en déduire l'étendue de l'inondation, et après la catastrophe terminée, il lui fut facile de constater sans long voyage que tout avait péri, puisqu'il n'y avait plus d'habitants sur la terre; et son fils Sem, qui vécut encore plus de cinq cents ans après le déluge, et du temps duquel arriva la dispersion, put bien mieux encore le constater. Voilà ce que dit le bon sens, et cela suffit. Mais, lorsqu'on veut arriver à d'autres conséquences, il faut bien poser d'autres prémisses, toutefois sans les prouver.

IVe *Objection.* Que c'est exclusivement à la géologie et non à l'histoire qu'il appartient de donner des preuves directes du déluge. — Cette objection est une conséquence des précédentes. C'était à exclure l'histoire, qui parle trop haut et trop unanimement, qu'on voulait arriver pour donner toute l'autorité à la géologie, qui ne prononce et ne peut encore prononcer que des conjectures. Comment cela s'appelle-t-il en logique? « Mais, dit-on, ce que Noé n'a *certainement* eu ni » l'idée, ni le moyen d'exécuter, nous pouvons le faire. (Cer- » tainement Noé n'a point eu l'idée de faire un voyage géo- » logique). Que l'on songe aux marques nombreuses et pro- » fondes qu'une aussi violente et aussi extraordinaire invasion » des eaux aurait dû causer à la surface de tous les pays, » et l'on concevra aisément que ce ne sont pas les pluies » tombées dans l'espace de quelques siècles qui auraient pu » les effacer entièrement. » Il n'y a pas eu que des pluies, mais une foule d'autres causes, des inondations partielles, des soulèvements ou des abaissements du sol, des tremblements de terre, etc.; ces causes n'ont pas agi seulement pendant quelques siècles, mais pendant quarante ou cinquante siècles, suivant la chronologie qu'on voudra adopter. « Il y » a d'ailleurs des contrées où il ne pleut jamais (maintenant). » *Donc*, les seules monuments sur lesquels l'opinion de Noé, » au sujet de l'universalité du déluge, aurait pu raisonnable- » ment se fonder, sont encore debout pour servir de fonde- » ment à la nôtre. » *Donc* n'est pas concluant, et de plus il y a d'autres monuments que ceux qu'on préconise, parce qu'ils n'existent pas. « Il s'agit ici, continue-t-on, de géo- » logie et non d'histoire. A défaut de témoins oculaires, c'est » exclusivement à cette dernière science qu'il appartient au- » jourd'hui, comme cela lui aurait appartenu dans tous les » temps, de donner des preuves directes de l'universalité ou » de la non universalité du déluge. » Nous dirons et nous prouverons tout l'inverse : il s'agit ici d'histoire et non de géologie; avec tant de témoins oculaires, c'est exclusivement à cette première science qu'il appartient aujourd'hui, comme cela lui a appartenu dans tous les temps, de donner des preuves directes de l'universalité ou de la non universalité du déluge. Mais avant d'en venir à cette thèse, poursuivons avec nos adversaires tout ce qui tient à la géologie. — « Or, dit- » on, qu'est-il besoin de dire, sinon aux personnes peu versées » dans les connaissances géologiques, que rien n'est mieux » démontré par les observations modernes que la fausseté du » récit hébraïque? » Beaucoup de savants géologues sont d'un avis tout contraire. « On trouve à la vérité, à la surface des » continents, une multitude d'indices de déluges locaux et » rien à coup sûr n'est plus naturel; mais il n'y a pas un seul » fait qui autorise à penser que ces diverses inondations ont » été contemporaines. » Beaucoup de faits, au contraire, autorisent à penser qu'elles ont été contemporaines; mais ne l'eussent-elles pas été, qu'elles seraient encore une présomption en faveur du déluge, puisque, pouvant avoir eu lieu après lui, elles en auraient effacé les traces. « L'eussent-elles été, con- » cession bien gratuite (pas si gratuite) et bien hasardée ! elles » ne feraient, relativement à l'étendue totale des continents, » qu'un ensemble d'inondations tout-à-fait partiel, et il de- » meurerait parfaitement avéré que les eaux de ce déluge se » sont répandues dans quelques localités seulement, sur des » vallées et des régions basses, et qu'en général elles ne se » sont pas même élevées jusqu'au niveau des plus médiocres » collines (les preuves! les preuves!). N'est-il pas certain » que si les eaux d'un déluge avaient jamais inondé toute la » terre, leurs alluvions se seraient forcément déposées dans » les plus hautes vallées des montagnes (cela n'est nullement » certain)? Or, toutes les observations constatent qu'il n'y a » pas un seul exemple de *véritables* alluvions dans de tels lieux.» Qu'entend-on par véritables alluvions? Il faudrait au moins le dire ; car enfin on conçoit que le mouvement des eaux du déluge n'a dû déposer que fort peu de limons sur les montagnes ; qu'elles ont dû au contraire raviner leurs sommets pour déposer à leurs pieds, et que les dépôts ont dû surtout être considérables quand les eaux ont fini leur retrait sur les terres basses ; c'est du moins là ce que nous voyons tous les jours dans les inondations. Si donc, il y a de petites alluvions, qu'on ne veut pas appeler *véritables* alluvions, dans les hautes vallées, c'est justement ce qu'aurait dû produire le déluge. Passons à une autre raison. « N'est-il pas certain encore que les » eaux, en venant baigner les montagnes de scories spongieuses » et désagrégées que vomissent les volcans, les auraient forcé- » ment démolies et dispersées? Or, les nombreuses montagnes » de cette espèce, disséminées en Italie, en Auvergne, en Viva- » rais, sur les bords du Rhin, en tant d'autres pays qu'il serait » inutile de nommer, attestent d'une manière irrécusable, par » la conservation parfaite de leurs formes primitives, que jamais » les eaux d'un déluge n'ont mouillé leurs flancs. Il faudrait » donc dire que cette armée de volcans, tous antérieurs aux temps » historiques, a paru sur la terre, comme par explosion, durant » le court intervalle qui sépare l'époque du déluge de Noé de » celle des plus anciens souvenirs de nos annales, et donner » ainsi pour complément à l'invention d'un cataclysme d'eau » l'invention non moins téméraire d'un cataclysme de feu. » Il n'est nullement besoin d'inventions téméraires. Les eaux du déluge ont bien pu baigner momentanément les montagnes de scories spongieuses et désagrégées, entraîner même de ces scories, sans détruire la forme des cônes volcaniques que les influences atmosphériques ont pu exfolier de nouveau en désagrégeant les scories superficielles; quatre ou cinq mille ans sont plus que suffisants pour opérer cette désagrégation. Si les eaux du déluge avaient battu ces montagnes de scories pendant des années, on concevrait l'objection; mais elles ne les couvrirent que pendant quelques mois, au plus cinq mois. En second lieu, qui prouve que ces montagnes volcaniques sont antérieures au déluge? Absolument rien. Du déluge aux plus anciens souvenirs de nos annales, il s'est écoulé plus de mille ans au moins. Or, tout le monde connait la rapidité des formations volcaniques, et qu'il y a des centaines de volcans encore en activité aujourd'hui sur le globe. A-t-on d'ailleurs, une histoire bien suivie et bien ancienne des formations volcaniques? Nos adversaires disent eux-mêmes, dans le commencement de cet article, qu'on n'a encore *rien de précis* sur ce sujet. Il y a seulement quelques années que la géologie s'occupe de l'étude des volcans. Et l'histoire a-t-elle parlé de tous les phénomènes volcaniques? Il est positivement certain que non. Tous ces volcans auraient donc pu former leurs cônes même dans les temps historiques, sans que l'histoire ait songé à en dire mot. On le voit, *l'invention téméraire d'un cataclysme de feu,* n'appartient point à notre témérité. Continuons, car nous pourrons enfin obtenir forcément quelques concessions assez mal déguisées ; écoutons.

« Il existe, à la vérité, non pas au sommet des montagnes, » et ce n'était pas là que le déluge devait faire des dépôts) mais » sur des pentes et des plateaux (et c'était là que le déluge de- » vait déposer) inaccessibles aujourd'hui à toute inondation » locale que l'on puisse imaginer (c'est grave!), des alluvions, » dont la présence en ces lieux semble ne pouvoir s'expliquer » que par des mouvements de l'Océan bien supérieurs en vio- » lence et en étendue à ceux dont nous avons parlé jusqu'ici, » (C'est beaucoup trop accorder pour nier le déluge). Mais » ces terrains auxquels, par un blâmable abus (pourquoi blâ- » mable abus), quelques géologues ont attribué le nom de » terrains diluviens, sont précisément caractérisés, de l'aveu » même de ces géologues, par l'absence de tous débris humains » et par les ossements d'espèces animales aujourd'hui éteintes » ou repoussées dans des latitudes plus méridionales. » L'absence de débris humains dans les terrains diluviens, fût-elle universellement constatée, ce qui n'est pas, ne prouverait qu'une chose; c'est qu'il n'y aurait pas de fossiles humains dans ces terrains, mais nullement qu'il n'existait pas d'hommes à l'époque de leur formation. Aujourd'hui il se forme des alluvions qui renferment des débris de certains animaux, placés dans les circonstances convenables pour être entraînés et fossilisés; mais l'homme et la plupart des animaux ne se trouvant point dans les mêmes circonstances, leurs débris sont absents de ces alluvions. Or, si ces alluvions ne se formaient pas sous nos yeux, serions nous fondés à croire et à dire qu'il n'existait pas d'hommes sur la terre lors de leur formation. C'est pourtant là le raisonnement de tous ceux qui prétendent que tous les terrains qui ne contiennent pas de débris humains, ont été formés avant l'existence de l'homme. Tous les géologues et les paléontologistes observateurs savent que les débris d'animaux fossiles doivent être considérés comme des exceptions, et que ce serait une grave erreur de prétendre déterminer les faunes et les flores des époques où les terrains qui contiennent ces débris se sont déposés. L'espèce humaine est de toutes les espèces celle qui peut le plus facilement se dérober aux causes de fossilisation; son absence de tel ou tel terrain en général, ne prouve donc absolument rien pour ou contre son existence contemporaine à la formation de ces terrains. Quant à son absence des terrains diluviens, elle ne prouve pas davantage; d'abord parce que les terrains diluviens sont loin d'avoir été étudiés sur toute la surface du globe; en second lieu, quand ils auraient tous été étudiés, et que l'absence de débris humains y serait universellement constatée, cela ne prouverait rien encore. Les hommes purent bien en effet être tous détruits par les eaux du déluge sans qu'aucuns de leurs débris aient été conservés; il n'y aurait en cela rien d'étonnant, rien de contraire aux faits géologiques. Les ossements d'espèces animales aujourd'hui éteintes ou repoussées dans des latitudes plus méridionales, témoigneraient plutôt en faveur du déluge que contre lui. Nous l'avons déjà fait observer, l'histoire de la disparition des espèces animales n'est pas faite, cette disparition se continue tous les jours; il y a longtemps qu'elle a commencé, et l'on peut dire que c'est un phénomène perpétuel assez frappant de notre globe. Le déluge a dû à lui seul faire disparaître bien des espèces; nous avons montré qu'il n'y avait dans ce fait aucune contradiction avec le texte de Moïse littéralement entendu. Si des espèces aujourd'hui plus méridionales se trouvent dans les alluvions de nos pays, qui les y a amenées? De deux choses l'une, ou ces espèces vivaient autrefois dans nos pays, ce qui peut être; ou elles y ont été apportées par un immense mouvement des eaux, et dans ce cas, les géologues qui ont appelé diluviens les alluvions qui les contiennent, n'ont pas commis un *blâmable abus*. Ces réflexions suffisent pour nous faire apprécier les conclusions suivantes :

» Les phénomènes auxquels ces témoignages se rapportent » appartiennent *donc* aux annales de la période tertiaire, et » demeurent complètement en dehors de celle du genre hu» main. » Oui, s'il était démontré que le genre humain n'existait pas pendant la période tertiaire; mais qu'est-ce que la période tertiaire en géologie? Cela n'est pas bien fixé; pour un grand nombre, c'est celle qui continue encore aujourd'hui les formations. Tous ceux qui ont étudié la série des terrains, l'engrenage des couches superposées, l'oscillation presque insensible qui conduit d'un terrain à un autre, savent qu'on n'a introduit, dans la série presque continue des terrains, des divisions, que pour fixer un peu les idées : mais qu'elles ne sont nullement dans la nature ce qu'elles sont dans la parole ou sur le papier. Il est impossible, et il sera longtemps, pour ne pas dire à jamais, impossible à la géologie de fixer l'époque de l'apparition, nous ne dirons pas seulement de l'homme, mais d'aucune espèce animale sur la terre. La présence des fossiles prouve que ces animaux existaient à l'époque de la formation des terrains où ils se trouvent; mais leur absence ne prouve rien. Que les terrains diluviens appartiennent donc à la période tertiaire dont ils seraient la dernière formation, ou à la période actuelle, cela est complètement indifférent et n'empêcherait nullement de les attribuer au déluge. — « Si, durant cette » période, continue-t-on, comme portent à le penser plusieurs » monuments considérables, des massifs de montagnes, tels » qu'une partie des Alpes, se sont brusquement soulevés, de » vastes régions ont dû être ébranlées par cette crise, et les flots » de l'Océan, secoué puissamment dans ses profondeurs, sur» tout si le soulèvement s'est opéré dans son sein, ont pu se » trouver chassés sur les continents, dans un rayon géogra» phique étendu, à une grande distance des côtes, et jusque sur » des pentes élevées. » Certes une pareille révolution aurait suffi pour produire le déluge mosaïque, et nous ne voyons pas ce qui empêcherait d'admettre cette cause au moins comme plausible; nous y reviendrons; voici le correctif de cet aveu nécessaire : — « Peut-être aussi quelques-unes de ces alluvions » doivent-elles simplement la place singulière qu'elles occu» pent à des exhaussements partiels, postérieurs à l'époque de » leur dépôt (peut-être aussi que non). En tous cas, la nature » de la population de la terre au moment où ces inondations » ont eu lieu, nous est suffisamment révélée par le caractère » des ossements qui sont ensevelis dans les terrains charriés » alors par les eaux; et puisque les hommes n'existaient point » encore, ces inondations sont tout-à-fait étrangères au sujet » de cet article. » Nous avons déjà montré que la population de la terre, non-seulement ne nous était pas révélée, mais même qu'elle ne pouvait pas nous être révélée par les débris fossiles des êtres organisés. Nous avons également fait voir que la non-existence des hommes ne pouvait pas être démontrée par l'absence de fossiles humains. — Nous avons parcouru dans tous leurs détails les objections que l'on prétend tirer des faits géologiques contre le déluge. Nous espérons avoir montré que ces faits sont complètement impuissants pour infirmer le récit de Moïse, et que plusieurs d'entre eux, mêmes, seraient plutôt en sa faveur. Voyons maintenant d'une manière plus positive les faits que la géologie semble pouvoir fournir à l'appui du déluge mosaïque.

Données géologiques en faveur du déluge. — Nous commençons par prévenir que nous ne prétendons nullement prouver le déluge par la géologie; nous ne la croyons pas encore assez avancée dans ses progrès pour lui accorder une telle confiance. Le déluge est avant tout un fait moral et historique, la géologie ne l'infirmera jamais; nous n'osons dire qu'elle puisse le confirmer. Mais nous devons à notre conscience de mettre sous les yeux de nos lecteurs l'état de cette science sur ce point particulier, sans prétendre en tirer aucune démonstration rigoureuse; c'est pour cela que nous intitulons ce chapitre *données géologiques*, afin de ne rien préjuger et de laisser toute liberté à chacun. — Dans l'enfance de la géologie on regardait tous les débris fossiles d'animaux comme des preuves du déluge. C'était certainement une grave erreur, dont on a dû revenir par suite d'une étude mieux approfondie des terrains qui contiennent ces débris. Les couches fossilifères régulières, superposées en plus ou moins grand nombre, l'alternance des couches marines et des couches d'eau douce ne peuvent être l'effet du déluge. — M. Constant Prévost, dont la sage réserve a peut-être été un peu mal comprise, nous paraît avoir apprécié de la manière la plus convenable les faits géologiques rapportés au déluge; en combattant les irruptions réitérées de la mer sur nos continents, il dit : « Je n'entends pas parler » de la dernière catastrophe, dont presque tous les peuples ont » conservé le souvenir, et qui, au surplus, n'a laissé sur le « sol que les traces d'une action violente et passagère, et dont » les effets *bien constatés* ne prouvent, en aucune manière, l'élé» vation et le séjour assez prolongé des eaux de l'Océan au» dessus d'un sol antérieurement habité, pour qu'il se soit » formé sur ce sol des dépôts marins réguliers. (*Dissert. géol.*, lue à l'Acad. des sc., le 18 juin et 2 juillet 1827, p. 24 et 25), » Plus loin (p. 48 et s.) il ajoute : « Tout en n'admettant pas » l'hypothèse imaginée par Pallas, qui expliquait la présence, » en Sibérie, des cadavres de rhinocéros et d'éléphants, par » une grande débâcle des mers du sud qui les aurait entraînés » vers le nord, il faut craindre de décider trop tôt que les fos» siles n'ont pas été transportés souvent à de grandes distances, » et qu'ils sont toujours près des lieux où vivaient les êtres dont » ils proviennent », et il donne plusieurs raisons très satisfaisantes pour appuyer cette manière de voir.

Ce savant professeur range dans la même catégorie les cavernes à ossements, les brèches osseuses et le *diluvium*, ou terrain diluvien, « parce qu'ils lui paraissent avoir beaucoup de » rapports entre eux quant à la nature des causes dont ils sont » les effets et à l'époque où ils ont eu lieu, et aussi pour faire » observer que si quelques-uns pouvaient être apportés comme » preuve, qu'au moins une fois les terres habitées ont été uni» versellement inondées, et que les animaux terrestres ont été » détruits sur le sol qu'ils habitaient, aucun de ces mêmes faits » ne prouve un séjour prolongé des mers, une véritable ir» ruption sur des continents précédemment mis à sec. Car en » y réfléchissant bien, on verra que nous pouvons tout au plus » conjecturer, d'après les seuls documents que nous fournissent » les cavernes à ossements, les brèches osseuses et ce que l'on » appelle le diluvium, qu'à une époque à laquelle nous pou» vons, jusqu'à un certain point, chronologiquement remonter » une violente catastrophe et passagère inondation semble

» avoir dévasté et englouti des pays alors habités, sans que nous » puissions affirmer en même temps que ces pays étaient exac- » tement les mêmes que ceux de l'époque actuelle, dont au » contraire, à mon avis, les parties basses au moins ne pa- » raissent avoir été découvertes qu'à la suite de ce grand et » dernier événement. — On sait que non-seulement le fond » de nos vallées, mais nos plaines élevées et le sommet de nos » collines jusqu'à une assez grande hauteur, sont couverts de » terrains meubles, de marne tendre, de sable, de gravier, de » cailloux roulés qui renferment, accompagnent ou recouvrent » presque partout les ossements de grands animaux mammi- » fères, dont plusieurs appartenaient à des races perdues; des » fentes verticales de rochers anciens, depuis la pointe de Gi- » braltar jusqu'au fond de la Méditerranée, sont remplies d'un » ciment terreux, rougeâtre, presque partout semblable, qui » a agglutiné les débris osseux d'animaux ou inconnus, ou » analogues à plusieurs de ceux qui habitent maintenant des » contrées éloignées du point où on les trouve; enfin le sol de » l'Allemagne, de la France, de l'Angleterre et de beaucoup » d'autres lieux qui ont été moins étudiés, est percé de spa- » cieuses cavernes dont les anfractuosités irrégulières sont » remplies des innombrables dépouilles de divers carnassiers, » de pachydernes, de ruminants, etc. (P. 60, 61.) » C'est par ces faits d'une si vaste étendue qu'on a avec quelque fondement appuyé géologiquement la tradition du déluge. Plusieurs géologues ont cru pouvoir conclure que plusieurs de ces cavernes avaient servi de retraites aux animaux qu'elles contiennent, et que ces animaux mêmes y avaient vécu. Mais considérant que le fond de ces cavernes est comblé par les débris d'animaux enveloppés de sable, d'argile, de marne, etc., que les parois même de plusieurs contiennent enchâssés ces mêmes débris; que d'autres sont remplies d'ossements et de leur gangue jusqu'au sommet; que ces cavernes sont sinueuses. et leurs bords si escarpés qu'on ne peut y pénétrer que par des espèces d'escaliers ou avec des échelles; qu'en outre il y a encore des cavernes souterraines où des fleuves et de grands courants d'eau disparaissent pour aller sortir ensuite plus loin, etc. M. C. Prevost pense avec fondement qu'au moins un certain nombre de ces cavernes anciennes ont dû être remplies par des courants d'eau qui les traversaient, et que par conséquent les irruptions itératives de la mer sur nos continents ne peuvent être appuyées par ces faits. « Enfin, ajoute ce sage et conscien- » cieux observateur, lors même que contre l'opinion que j'ai » cherché à appuyer sur des faits, il faudrait admettre que » les animaux carnassiers ont vécu dans les cavernes où on » trouve leurs ossements, rien n'attesterait qu'à une époque » postérieure une irruption marine, et bien moins un séjour » des eaux, aurait eu lieu sur ce sol supposé habité. Quant aux » brèches osseuses et même au dernier *diluvium* qui, selon moi, » appartiennent à la même classe de phénomènes que les ca- » vernes à ossements, ils me semblent avoir été produits par le » passage lent et habituel ou par l'introduction rapide et pas- » sagère des eaux douces et continentales, et non par celles des » mers. » Si nous sommes frappés des raisons que M. C. Prévost donne à l'appui de sa manière de voir sur les cavernes et les brèches osseuses, et disposés à l'adopter, jusqu'à plus amples renseignements, il s'en faut beaucoup que nous pensions de même sur le terrain diluvien. L'immense étendue de pays et les lieux élevés, couverts de *terrains meubles, de marne tendre, de sable, de gravier, de cailloux roulés renfermant ou accompagnant presque partout les ossements de grands mammifères*, ne nous paraissent pas explicables par la seule action des eaux douces et continentales. L'uniformité de couches de cailloux alpins et leur ressemblance générale sur une aussi vaste étendue que le bassin qui sépare les Alpes du Jura, et de là jusqu'en Autriche, dans la grande vallée du Rhin, la grosseur des cailloux roulés, nous semblent exiger une cause plus générale que l'écoulement subit de certains lacs supposés, si nombreux qu'ils fussent. Sans aucun doute les eaux douces ont pu jouer un rôle dans la production des terrains diluviens, mais cela n'exclue pas l'action des eaux marines. Du reste, ces réflexions n'ébranlent nullement la thèse qu'a voulu soutenir M. C. Prévost, pas plus que les siennes n'ébranlent la nôtre. M. Prévost a voulu combattre la théorie des irruptions et des retraites successives sur les continents habités, qui auraient été plusieurs fois envahis et laissés à sec. La force de ses raisons doit convaincre tout esprit impartial. Mais il n'a eu aucune intention de combattre une irruption subite et très étendue des eaux sur les continents; seulement il n'accepte pas que cette irruption, qu'il est d'ailleurs très porté à admettre, ait longuement séjourné sur les lieux envahis. Peut-être aurait-on pu lui demander une discussion un peu plus approfondie sur tout l'ensemble du terrain diluvien, sa thèse n'eût fait qu'y gagner et ses conclusions n'en eussent été que mieux appuyées. Que telle soit la pensée sage de cet habile géologue, lui-même va nous l'apprendre. « Cependant, dit-il (p. 76), je ne suis pas » moins disposé à reconnaître avec Deluc, avec M. Cuvier, » avec le professeur Buckland, qu'un grand nombre de faits » géologiques viennent appuyer les traditions historiques de » presque tous les peuples, et nous apprendre qu'à une époque » que l'on pourra peut-être fixer par de certains chronomètres » physiques, certaines parties des terres découvertes ont été » momentanément ravagées par de grandes inondations, qui » ont certainement fait périr des milliers d'animaux terrestres, » et sans doute une grande partie des hommes, sur les points » où ils étaient établis; mais ce que je me refuse à regarder » comme aussi bien démontré, c'est que le sol bas de nos con- » tinents actuels, celui de la France, et plus particulièrement » encore celui des environs de Paris, était déjà à sec et habité » au moment où cette dernière grande catastrophe a eu lieu, et » à plus forte raison, ce que je ne puis croire, faute de faits po- » sitifs, c'est que cette partie du globe que nous habitons ait » était précédemment assujétie à des retraites et à des irrup- » tions alternatives des mers jusqu'à trois fois répétées. »

D'autres géologues ont cru trouver de nouvelles preuves du déluge dans les vallées de dénudation et dans les blocs erratiques. — Les vallées de dénudation sont creusées dans la masse même des plateaux élevés; elles sont enclavées entre des collines composées de couches évidemment continues avant l'existence des vallées; ces couches sont, en effet, à la même hauteur, de la même structure et dans le même ordre de superposition des deux côtés de la vallée On remarque que toutes ces vallees paraissent avoir été creusées dans la même direction; et c'est sur ce caractère qu'on s'appuie principalement pour voir en elles un résultat du déluge. Mais d'autres observateurs, avec autant et peut-être plus de raison, attribuent ces vallées à des dislocations du sol qui se serait abaissé d'un côté et soulevé de l'autre, comme par un mouvement de bascule; d'autres y voient une preuve de la formation des grandes chaînes de montagnes par soulèvement. Quoi qu'il en soit de ces diverses opinions, nous ne croyons pas que les vallées de dénudation puissent être considérées comme un résultat d'un mouvement subit des eaux, et cela pour de graves raisons qu'il serait trop long et intempestif de donner ici. — On a aussi attribué à une action violente des eaux la dénudation d'énormes masses de granit qui ont jusqu'à 975 mètres d'élévation sur les plus hautes Alpes. Les influences atmosphériques et météoriques, pouvant tout aussi bien être les causes de ces dénudations des crêtes granitiques, nous ne voudrions rien en conclure. — Il en est autrement des blocs erratiques. Ces blocs sont des fragments de roches de granite, de syénite, de quartzites, quelquefois de calcaire, dont le volume varie depuis quelques décimètres jusqu'à quinze cents mètres cubes. On les rencontre à la surface du sol, au milieu des sables ou enfouis dans les dépôts meubles du diluvium, isolés ou amoncelés sur de vastes plaines, souvent semés en longues traînées sur les pentes et jusque sur les crêtes des montagnes, auxquelles ils n'appartiennent certainement point. Ils se trouvent, pour la plupart, jetés à de très grandes distances des chaînes de montagnes qui seules ont pu les fournir et dont ces blocs, de même composition qu'elles, sont séparés par des vallées profondes, des fleuves, des bras de mer. Ils sont généralement disposés en bandes parallèles, quelquefois ellyptiques, dans une direction constante, du nord-est au sud-ouest. — Les blocs erratiques ont été observés en grand nombre et avec tous ces caractères généraux, en Angleterre, en Irlande, en Écosse, dans les îles Shetland, où l'on suppose que plusieurs proviennent de la Norwége. Les mêmes observations ont été faites sur le Continent, en Suède, en Russie, en Allemagne, dans les Alpes. L'Amérique septentrionale, les montagnes du Potosi, au-dessus de Lima, ont offert les mêmes phénomènes, et partout dans la même direction du nord au sud. — On a cherché à expliquer ces faits par de grandes inondations partielles, des débâcles, de grands lacs, des dégels, qui auraient transporté ces blocs enclavés dans d'énormes glaçons. On a encore supposé que des dislocations du sol par des soulèvements et des abaissements simultanés, accompagnés de mouvements dans les eaux, auraient pu faire glisser, pour ainsi dire, ces blocs des sommets d'où ils étaient détachés sur les lieux où ils gisent maintenant. Mais il faut convenir que les faits sont trop généraux et sur une trop vaste échelle pour qu'on puisse se contenter de ces hypothèses, qui n'ont d'ailleurs aucune preuve et qui seraient certainement insuffisantes.

Il y a bien plus de raison d'attribuer ces phénomènes, si uniformes tant sur l'ancien que sur le nouveau continent, à une même cause perturbatrice, qui a mis les eaux en mouvement sur une vaste étendue du nord au sud. Les liens d'union de ces traînées de blocs erratiques avec les sables, les marnes, les terrains meubles du diluvium, et avec les innombrables débris d'animaux que renferment ces terrains, semblent entraîner la conviction à considérer tout cet ensemble de phénomènes comme des résultats d'une seule et même cause, d'un seul et prodigieux mouvement dans les eaux, que l'on ne peut, par aucune raison sérieuse, séparer du déluge et que tout porte au contraire à identifier avec lui. — Regardant tous ces faits, ainsi qu'un grand nombre d'autres, comme parfaitement d'accord avec les traditions des peuples sur le déluge universel, Deluc et après lui De Saussure, Dolomieu, Cuvier, ont cru trouver un chronomètre géologique qui permît de remonter à la date au moins approximative du grand cataclysme. En calculant le mouvement envahisseur des dunes de sable sur les côtes de l'Océan, dans un temps donné, la formation des marnières et des tourbières pendant une certaine période, Deluc et après lui tous les autres, arrivaient à conclure que notre globe a été victime d'une grande et subite inondation, dont la date ne peut remonter au delà de cinq à six mille ans.

Le fait des fossiles humains, que certains géologues se sont obstinés à nier, vient encore ajouter une nouvelle donnée. Il est en effet pleinement reconnu aujourd'hui que l'on rencontre des fossiles humains dans le terrain diluvien ou avec des animaux contenus dans ce terrain, soit dans les brèches osseuses, soit dans les cavernes, soit dans les terrains meubles du diluvium. — Dans la grotte de Bise, près de Narbonne, on a trouvé des ossements humains avec des débris de poterie grossière, des os de lions, d'hyènes, de tigres, etc., ensevelis dans des matériaux regardés par tous les géologues comme appartenant au diluvium. — Dans la caverne de Gailenreuth, on a découvert, en 1829, des fragments d'urnes sépulcrales parmi les ossements d'ours. — La caverne de Pondres, département du Gard, est comblée par un dépôt diluvien d'une assez grande solidité dans certains points, et renfermant des ossements d'hyènes, d'aurochs et de cerfs. On y a trouvé, à toutes les hauteurs, des fragments de poterie d'une argile séchée au soleil et des ossements humains. — A une demi-lieue de la caverne de Pondres, celle de Souvignargues contenait, dans un dépôt d'environ deux mètres d'épaisseur, plusieurs ossements humains, une omoplate, un humérus, un radius, un péroné, un sacrum et deux vertèbres, mêlés à des débris de cerfs, de bœufs, etc., d'ours, et dans le même état que ces derniers. Un crâne et d'autres ossements humains bien caractérisés, confondus avec des débris d'ours, de rats, d'oiseaux, etc., ont été trouvés dans la caverne d'Engis, à Engihoul, à soixante-dix mètres au-dessus du niveau de la Meuse. La caverne de Chokier contenait, parmi des restes d'ours et de rhinocéros, non-seulement des ossements humains, mais plusieurs objets d'industrie humaine, une aiguille faite en arête de poisson, un os taillé en pointe et portant d'autres traces de coupures, des silex taillés en flèches et en couteaux, et des os travaillés. — Longtemps avant ces découvertes des cavernes, on avait signalé des ossements humains dans les brèches osseuses de l'île Incoronata, sur la côte de Dalmatie, dans les fentes de Jadra, dans les brèches osseuses de la Dalmatie et de la Syrie; le professeur Germar a confirmé ces découvertes de Donati et de Spallanzani; il a de plus trouvé dans les mêmes lieux des fragments de verre grossier et de poterie. Les brèches osseuses de Kosbritz ont aussi offert des ossements humains, mêlés à des os de cheval, de rhinocéros, etc. — Non-seulement les cavernes et les brèches osseuses mais encore les terrains meubles du diluvium ont montré aux observateurs des débris humains. Des ossements et des crânes humains rapprochant des races africaines ont été trouvés dans les sables marneux de Baden près de Vienne, avec des os d'ours et de rhinocéros. Près de Krems, dans l'archiduché d'Autriche, sur la rive gauche du Danube, on a signalé des crânes humains au milieu d'un dépôt coquillier, fort au-dessus des bords du fleuve. A deux reprises diverses, en 1823 et en 1829, M. Boué a trouvé, dans un dépôt marneux du duché de Bade, à environ cent mètres au-dessus du Rhin, des ossements humains mêlés à des coquilles terrestres et fluviatiles et à des restes d'animaux en partie perdus. Les têtes trouvées sur les bords du Rhin et du Danube se rapprochent des têtes des Caraïbes et de celles des anciens habitants du Chili et du Pérou. — Ces faits sont tous Européens; mais ni l'Asie ni l'Afrique n'ont encore été explorées, et c'est en Asie pourtant qu'on aurait droit de s'attendre à rencontrer plus de débris humains. Espérons que les observateurs dirigeront leurs recherches vers ces pays, et qu'un jour la confirmation pleine et entière du récit mosaïque en sortira. Les faits européens sont déjà bien suffisants pour réfuter les objections tirées de l'absence des fossiles humains dans les terrains diluviens. Si on en a trouvé, c'est une preuve qu'on doit espérer d'en trouver encore quand les recherches auront été faites sur une assez vaste échelle. Dans tous les cas, les faits présents suffisent bien pour montrer que loin d'infirmer nos traditions la géologie tend au contraire à les confirmer à mesure que ses progrès augmentent.

Pour compléter ces données il nous reste à exposer les hypothèses plus ou moins plausibles, par lesquelles on a cherché à se rendre compte des causes physiques de l'inondation diluvienne. Nous ne parlerons point des théories anciennes qui supposaient que la croûte du globe recouvrait des abîmes d'eau, ou que la queue d'une comète aqueuse aurait inondé la terre, etc. L'hypothèse du déplacement des mers par l'action des vents, n'est pas suffisante pour rendre compte d'un tel phénomène. L'attraction céleste et l'inclinaison de l'axe terrestre auparavant droit, offre une théorie plus satisfaisante, mais indémontrable. L'hypothèse du déplacement des eaux par l'affaisement des anciens continents, pourrait expliquer la plupart des phénomènes; mais concorderait-elle aussi bien avec l'état actuel du globe, cela n'est pas prouvé. L'hypothèse du déplacement des eaux par suite du soulèvement de certaines parties de l'écorce du globe, offre bien aussi quelques difficultés; cependant comme elle a été mise en avant par nos adversaires les plus récents, nous allons l'étudier plus en détail, en suivant les idées de M. Elie de Beaumont, ce savant géologue qui explique le déluge par cette théorie. Pour le moment, nous supposons la théorie des soulèvements suffisamment appuyée en raison, bien qu'elle soit sujette à de graves objections, mais comme nous ne faisons pas en ce moment de la géologie et que nous recueillons seulement les principales données, nous nous contenterons d'indiquer les conclusions de la théorie actuelle, qui, du reste, n'est nullement en opposition avec le récit du déluge mosaïque. Il paraît, dit-on, prouvé par la géognosie, que les terrains tritoniens qui se trouvent à six mille mètres de hauteur dans les Alpes, se formaient sous la mer à la même époque où les plaines de la Bresse et celle des environs de Paris, étaient couvertes par des lacs d'eau douce, dont les rivages étaient ombragés par des forêts de palmiers, habités par une grande quantité d'animaux terrestres. Le soulèvement des Alpes orientales, est pour M. Elie de Beaumont, la dernière catastrophe qui a changé le relief de l'Europe, et l'a laissée à peu près telle que nous la voyons aujourd'hui. Mais la vaste chaîne des Andes qui traverse toute la longueur de l'Amérique méridionale, dans la direction du Nord au Sud, qui est presque entièrement composée de terrain trachytique, et qui présente encore une grande quantité de soupiraux volcaniques, « forme, dit M. de Beaumont, le trait le plus étendu, le plus tranché et pour ainsi dire le moins effacé de la configuration actuelle du globe terrestre. » D'où ce savant est porté à voir dans l'apparition de cette chaîne de montagnes, la cause de cette terrible inondation, dont nos monuments historiques nous ont conservé le souvenir sous le nom de déluge; et on conçoit, en effet, ajoute M. d'Omalius d'Halloy, que le soulèvement d'une chaîne de montagnes aussi puissantes, a pu occasionner aux eaux de la mer une agitation suffisante pour qu'elles vinssent inonder les autres continents. Mais la théorie des soulèvements paraît à beaucoup de savants géologues, trop exclusive. Les plus haut placés dans la science, et M. de Beaumont est du nombre, inclinent bien plus à présenter ces phénomènes sous le nom de dislocations, qui réunit comme résultats d'une même cause, les abaissements et les soulèvements du sol, deux phénomènes qui seraient corrélatifs et simultanés. Tel nous semble être le fond de la théorie de M. de Beaumont, d'accord en cela avec M. C. Prévost. Mais les observations ne nous paraissent pas encore assez nombreuses, assez étendues pour permettre une théorie complète qui systématise toutes les grandes chaînes de montagnes du globe; espérons que de nouvelles recherches amèneront des résultats plus complets. Dans cet état de la science, et uniquement à priori, nous serait-il permis de supposer que deux dislocations simultanées, celles des Alpes et celle des Andes, l'une à l'ouest de l'Asie et l'autre à l'est, auraient précipité les mers sur tout le continent d'Asie, d'une partie de l'Afrique, de l'Europe et de l'Amérique. Mais une si grande secousse dans notre globe en aurait amené une seconde très rapprochée, qui aurait soulevé les grandes chaînes de l'Asie centrale, creusé le bassin de la plupart des mers actuelles, remis à sec une partie des continents anté-diluviens, etc., etc., Ces trois grandes dislocations que l'on peut supposer contemporaines, auraient donné à nos continents et à nos mers actuels, leur conformation et leur position respective. Il suffit de jeter un coup d'œil sur les cartes géographiques, pour concevoir la possibilité de cette hypothèse, qui expliquerait assez bien, à notre avis, les causes physiques du déluge mosaïque. Encore un coup, ce n'est là qu'une hypothèse, plausible sans aucun doute, mais qui, comme toutes les autres, a besoin d'être contrôlée par une étude plus complète et plus générale.

Quoiqu'il en soit des théories de la géologie, cette science si problématique encore, il nous semble démontré que ses données sur tous les points, loin de combattre la tradition du déluge universel, lui sont au contraire favorables, et que certainement il n'y a aucun fait dans la science qui puisse ébranler ni même atteindre cette tradition de tous les peuples. Or, cela nous suffit; car le déluge, tel que toutes les traditions le présentent, n'a pas duré assez longtemps pour laisser à la surface du globe des traces indubitables aux recherches actuelles. Si la science arrive un jour à confirmer cette tradition d'une manière complète, tant mieux; mais tant qu'il n'y aura que des hypothèses, quelques probables qu'elles soient, on pourra toujours leur en opposer d'aussi raisonnables. — Que penser maintenant de cette conclusion des objections précédentes : « La terre, ce vénérable témoin de toutes » les révolutions qu'a éprouvées le genre humain depuis son » origine, interrogée par nous sur la réalité du déluge uni- » versel, nous répond donc, avec une *autorité absolue* et bien » supérieure à celle de toutes les traditions anciennes, que » *jamais* un tel déluge n'a existé. » Nous avons suffisamment établi combien cette conclusion est contraire à tous les faits géologiques; mais notre auteur continue : « Quel inconce- « vable dérangement dans l'ordre de la nature n'aurait-il » pas, en effet, été nécessaire d'imaginer pour rendre raison » de la production d'un tel phénomène? » (La géologie positive imagine le dérangement du soulèvement des montagnes, bien suffisant pour la production d'un tel phénomène, et on ne lui en demande pas compte.) « L'océan au-dessus du » sommet des montagnes! » (Oui, au-dessus des montagnes *du vaste horizon*, dit le texte, et il pouvait bien en exister.) « Songe-t-on que pour arriver là, la profondeur moyenne de » la mer étant de mille mètres (ou plus, car où sont les observations assez générales pour prononcer définitivement sur cette moyenne), « il faudrait verser sur la terre dix océans » égaux à l'océan actuel? » (La mer, d'après les calculs les plus authentiques, occupe plus des deux tiers du globe; un tiers des mers actuelles, déplacé par une cause quelconque, serait donc suffisant pour inonder toute la terre ferme : voilà les dix océans réduits à peine à la moitié de l'océan actuel.) « Je conçois que dans l'enfance de la cosmologie cette diffi- » culté ait semblé peu embarrassante » (et qu'elle semble encore aujourd'hui peu embarrassante, comme nous venons de le voir), « et que l'écrivain sacré l'ait résolue de bonne foi et sans inquiétude » (comme on la résout encore aujourd'hui de bonne foi et sans inquiétude) « en faisant appel aux grands » réservoirs, sources intarissables des fleuves que l'on croyait » suspendus dans l'espace au-dessus de la voûte du ciel. » (Il est permis de se tromper dans la lecture et l'interprétation d'un texte, mais erreur n'est pas preuve) : « *clausi sunt fontes abyssi* » *et cataractæ cœli* »; (ce qui veut dire, nous l'avons prouvé : les eaux rentrèrent dans le bassin des mers et les pluies torrentielles cessèrent.) « Je conçois encore, vu l'état où se trouvait » alors la physique, qu'à l'aide d'un vent violent « *et adduxit* » *spiritum super terram* », l'écrivain ait cru pouvoir sécher la » terre en quelques mois et se délivrer, sans plus de scrupule, » de toute cette eau. » (Que dans les phénomènes qui accompagnèrent le déluge, il se soit produit de grands vents, nul ne peut le révoquer en doute; que ces vents aient agi sur les eaux, c'est encore évident; qu'ils aient seuls séché la terre, personne ne l'a jamais dit; puisque Moïse dit, au contraire, que les soulèvements du bassin des mers cessèrent, ou l'équivalent dans sa langue; or, nous avons vu que les hypothèses géologiques étaient d'accord.) « Mais, s'écrie-t-on, je mets au défi tous les géo- » logues actuels, juifs, catholiques ou protestants, de justifier sur » ce point (qui n'est pas le leur, mais l'assertion gratuite de » l'adversaire) leur tradition, d'en offrir la moindre explica- » tion raisonnable; bref, de montrer comment une masse d'eau » décuple de celle de l'océan a pu faire tout d'un coup appari- » tion sur la terre, et, ce qui n'est pas moins épineux, com- » ment elle a pu en partir après y être arrivée. » (La masse d'eau décuple de l'océan est de l'invention de l'adversaire, c'est à lui de la justifier (1); le reste est parfaitement d'accord avec les faits et les données de la science, nous l'avons prouvé; et au nom de tous les géologues juifs, catholiques, protestants, nous renvoyons le défi à son auteur.) « La supposition la moins » folle (dont nous n'avons pas besoin) est peut-être celle du » savant Whiston, qui pensait qu'une comète d'eau avait été » poussée par Dieu sur notre planète, et qu'après l'avoir peu » à peu enveloppée, de manière à couvrir ses plus hautes » montagnes, cet océan vagabond, abandonnant l'arche sur » l'Ararat, avait poursuivi sa route dans le ciel. Mais pourquoi » tant de malheureux efforts pour soutenir une tradition que la » critique est maintenant en droit de juger sans scandale (toutefois en accusant tout le genre humain d'erreur, et en jetant à la face de la science l'accusation de rêves absurdes), » et que des observations *positives* condamnent pleinement. » (Toutes ces observations *positives*, au contraire, tendent à la confirmer.) « La seule ressource que les clartés qui illuminent » à présent cette question, laissent en désespoir de cause aux » croyants invincibles, est de prétendre, comme l'insinue à » propos des terrains diluviens M. Cuvier, que la terre primi- » tive, avec ses monuments et les ossements des hommes qui » l'habitaient, est vraisemblablement enfouie loin de nos re- » gards dans les abîmes de la mer. »

Nous croyons avoir prouvé que nous avions d'autres ressources que l'hypothèse de M. Cuvier, d'ailleurs très plausible, et probable du moins en partie. Mais nous rendrions de grandes actions de grâces à l'esprit éminent qui ferait briller à nos yeux *les clartés qui illuminent à présent cette question*, dans laquelle toute la science s'accorde au contraire à proclamer bien haut qu'elle n'y entrevoit pas grand' chose. « Ou bien, continue l'ad- » versaire (bien aise de donner son coup d'épingle en passant à » un homme éminent), qu'il n'a pas plu à la divine Providence » de permettre au déluge de déposer les traces de son passage » sur la terre, comme M. le chanoine Zamboni, chambellan » du pape et secrétaire de l'Académie de la religion, qui, dans » un ouvrage contre l'impiété des géologues, publié à Rome en » 1821, affirme que Dieu, en créant la terre, a mis dès le pre- » mier jour à sa surface toutes les marques d'antiquité qu'elle » porte et tous les ossements fossiles qu'elle renferme. » Certainement nous n'admettons pas l'opinion de l'illustre cardinal Zamboni sur les fossiles; mais, en définitive, qu'a-t-elle de ridicule en partant du point de vue de la puissance du Créateur qui a tout fait pour l'homme? Nous ne le voyons pas; et M. de Châteaubriand, ce génie qui a si sublimement saisi les harmonies de ce monde, ne l'a pas vu non plus, puisqu'il pense comme le cardinal Zamboni. Il est un certain bon ton qui commande de respecter des opinions qui ne sont pas les nôtres quand elles partent de si haut, fussent-elle encore plus faibles en preuves.

VIe *objection*. — La nature du genre humain, sa dignité, la nature de Dieu, sa sainteté, etc., prouvent la fausseté, l'absurdité et l'impiété de la tradition du déluge universel. — Nous avons répondu à toutes les objections tirées des sciences physiques mal interprétées, nous passons avec nos adversaires aux objections empruntées aux sciences morales, tout aussi mal comprises. « Mais, dit-on, le désordre matériel introduit par « le déluge dans notre monde n'est rien, si je puis ainsi dire, » quand on le compare au désordre moral qui en résulte et » pour toujours. (On avait vu jusqu'ici qu'il devait en résulter un bien moral, en rappelant sans cesse aux hommes la justice de Dieu vengeresse de leurs crimes.) « Le genre humain faillir » et appeler sur sa tête, comme un vil criminel, l'extermina- » tion! (Pourquoi pas?) A côté d'un tel bouleversement, celui » de l'Océan gagnant le sommet des montagnes, me semble en » vérité peu de chose! Où y a-t-il sous le ciel quelque chose » qui soit solide, si le genre humain ne l'est pas! Que devient » cette auguste puissance du consentement universel, si les » hommes, dans leur ensemble, sont soumis à l'erreur et au » crime comme dans leur isolement? Qui peut nous répondre » que cette majestueuse compagnie, dont le sentiment général » nous inspire et nous guide; dont la voix, sur les points où » elle se fait entendre, nous semble une voix de Dieu; de con- » cert avec laquelle nous nous efforçons constamment de vivre » et de travailler, ne soit pas en ce moment même, dans ses » actes et dans ses pensées, frappée de ce vertige qui précéda » le déluge? » — Le genre humain est infaillible dans son en-

(1) De Lamettrie dit que toute la masse des eaux des mers *actuelles* répandue sur la surface du globe y formerait une couche de 700 à 800 pieds (*Théorie de la terre*, t. 5, p. 220).

semble, sa voix est la voix de Dieu, soit. Mais voici que le genre humain, dans son ensemble, affirme le déluge universel, et l'affirme comme un fait de la plus haute moralité, et on l'accuse d'imposture; comment donc est-il infaillible? qu'on s'accorde avec soi-même. Nous accordons, nous aussi, une grande autorité à la voix du genre humain, peut-être plus grande que nos adversaires; mais nous savons aussi, de concert avec lui, reconnaître ses faiblesses, ses égarements et même ses crimes. L'humanité est créée comme tout ce qui l'entoure; elle a commencé, elle doit finir. Déjà un assez grand nombre d'êtres créés ont fini sur la terre, la palœontologie le prouve; c'est donc déjà le commencement de la fin. D'un autre côté l'histoire, à chacune de ses pages, nous montre des nations et des peuples qui ne sont plus, de grandes familles humaines qui ont disparues, et à côté de leur mort l'histoire nous en montre les causes dans leur crimes et leur corruption, sources certaines de leur décadence. Les détails seraient inutiles, tout le monde connait la corruption finale et mortelle des empires de Babylone, des Perses, des Grecs, des Romains, etc. Les faits historiques prouvent donc que le genre humain peut faillir et appeler sur sa tête comme un vil criminel, l'extermination! Et ce n'est point là un bouleversement, mais au contraire l'ordre moral, et la loi de conservation de l'humanité dans ses voies les plus saintes. Les nations pèchent comme les individus, c'est un fait, ou bien il faut appeler saintes les horreurs les plus monstrueuses. La justice de Dieu est souveraine et doit s'étendre aux nations comme aux individus; qu'y a-t-il de plus raisonnable, de plus logique, de plus hautement proclamé par la voix du genre humain tout entier? La différence est que chaque individu est responsable pour lui-même tandis que les nations sont solidaires et qu'elles doivent parconséquent expier en ce monde leurs forfaits, car après cet vie il n'y a plus de nations. Rejeter ces vérités, c'est consacrer tous les crimes, toutes les corruptions comme choses saintes et fatales et arriver logiquement à l'abjection la plus humiliante et à la destruction finale et complète de cette *majestueuse compagnie*; c'est remplacer par une fatalité aveugle la justice providentielle de Dieu qui châtie pour purifier, qui purifie pour perfectionner et conserver, qui enseigne et soutient les nations chancelantes, instruit et encourage celles qui sont dans la voie droite par l'extermination des nations coupables qui ne remplissent plus leurs destinées et qui arrêtent la marche progressive de l'humanité. Celà n'empêche pas l'*auguste puissance du consentement universel*; au contraire cette divine action de Dieu sur les peuples la fortifie et la sanctionne. Ce consentement universel que l'on comprend mal, en l'isolant de son point d'appui, l'autorité divine et l'action incessante de Dieu sur les peuples, qui demeurent pourtant libres, proclame de siècle en siècle la doctrine que nous venons de rappeler; il la proclame par le culte publique et particulier des nations, par leurs mœurs et leurs croyances, par leurs monuments et leur histoire. Mais il crie dans le désert quand il ne parle pas suivant les pensées et les inclinations des individus qui ne le consultent que pour mépriser et calomnier sa sentence.

Le sentiment universel de tous les peuples enseigne que le genre humain avait corrompu toutes ses voies, que le débordement du crime menaçait de détruire l'humanité, et qu'alors Dieu, dans sa justice providentielle, arrêta le cours du crime et ramena l'humanité dans les voies du bien, en conservant quelques germes purs et en exterminant les pervers qui auraient fini par tout corrompre. Voilà le côté moral du déluge; quel plus grand et quel plus salutaire enseignement pouvait être donné à l'humanité et proclamé par *l'auguste puissance de son consentement universel?* Pourquoi donc ne pas respecter sa voix? Nous laissons à répondre. — « Et pour en venir à Dieu » lui-même, continue-t-on, quel jouet est-ce donc que l'uni- » vers sous sa puissante main, si l'incorruptible principe qui » assure l'existence et la droiture des choses a été omis dans » notre création. « (Dieu n'a rien omis dans notre création, seulement il nous a faits libres, finis et bornés, parce qu'il n'était pas en son pouvoir de nous faire ses *égaux*; il s'est réservé le *principe qui assure l'existence et la droiture des choses*, tant que cela sera nécessaire à son grand et magnifique but.) « Quelle foi pouvons-nous raisonnablement avoir dans sa sa- » gesse, s'il se voit forcé d'anéantir le lendemain ce qu'il a » fait la veille? » (Il n'anéantit pas; il conserve et perfectionne). « Quelle foi dans son amour, si, comme le disent les » Juifs, il est assez indifférent à notre sort pour laisser le genre hu- » main courir vers l'abîme sans daigner le retenir? » (Il l'a retenu et empêché de courir vers l'abîme de sa destruction complète par une corruption universelle; le déluge est une preuve de son amour en même temps que de sa justice envers l'humanité, qu'il a daigné purifier, ramener au bien et au but pour lequel il l'avait créée; but qui est de connaître Dieu et de le servir *librement*.) « La sainteté du créateur n'est donc pas moins offensée » (*donc* n'est pas le mot) par cette fable (qui n'est pas une « fable), que celle du genre humain; et la géologie, en la » rejetant (elle ne la rejette pas, mais elle en appuie autant » qu'elle peut la vérité), ne fait que prêter main-forte à la » religion. » A quelle religion, s'il vous plaît? A celle qui ne veut pas que Dieu soit juste, que le crime soit puni, que l'humanité ne se détruise pas elle-même par ses crimes; mais c'est-là tout le contraire de ce qu'on avait entendu jusqu'ici par religion. Nous croyons, avec tous les peuples, que la réalité du déluge prouve la sainteté de Dieu, celle que le genre humain doit pratiquer, et que Dieu l'estime assez pour l'y rappeler. « Je sais, s'écrie-t-on, que ce déluge est un des grands » enseignements du dogme catholique, et que la chaire chré- » tienne en a souvent (et avec raison) invoqué le souvenir, » pour convaincre les hommes de la vanité de leurs établisse- » ments (de la justice de Dieu, de la nécessité de vivre dans » la sainteté et l'innocence), et leur montrer, dans la figure » du patriarche Noé, la figure de la papauté, liaison solitaire » de la terre avec Dieu, au milieu de l'égarement général des » peuples. » Il est bien vrai que des interprètes ont vu dans l'arche une figure de l'Eglise; mais ce n'est point un article de foi, bien que ce sentiment soit pieux et respectable, le dogme de l'Eglise et de l'autorité du vicaire de Jésus-Christ n'est point appuyé sur le déluge, ni sur Noé, ni sur l'arche; il a bien d'autres preuves auxquelles nous devons renvoyer (*voir les articles* EGLISE, PAPAUTÉ), afin de ne pas tout embrouiller en relevant tous les coups perdus pour la question qui nous occupe. « Mais ce prétendu déluge n'est qu'une fable (nous » avons prouvé le contraire) et fut-il vrai (comme il l'est), » pour oser dire, en se prévalant de cet exemple (il y en a » bien d'autres, l'histoire en est pleine) que le genre humain » en masse a pu faillir, il faudrait oser dire en même temps, » comme le Juif, affreuse *impiété* pour une théologie savante! » (*ignorante*! veut-on dire), *et Deum pœnituit* »; en bonne traduction: *Dieu, outragé des péchés des hommes, les punit.* Quelle affreuse impiété! punir le crime, venger la sainteté outragée, conserver son œuvre intacte et pure! Nous n'insistons pas davantage sur d'aussi pauvres objections, et nous passons à la septième.

VIIe *objection*. — Le déluge mosaïque n'a été que partiel et d'une très petite étendue. Les peuples de l'Egypte, de l'Inde et de la Chine sont restés pour être la source de tous les progrès de l'esprit humain et les maîtres des débris des tribus de l'Euphrate et des peuples de la Grèce, qui purent échapper à ce déluge. — « Ne nions *donc* pas le déluge de Noé (logique- » ment, d'après vos prémisses, vous devez le nier, c'est une » fable), appuyé sur tant de preuves positives (où sont-elles) » et de toute nature, nions avec une pleine certitude qu'il ait » été universel. » Entendns-nous sur ce mot universel. Entend-on par *universel* que les eaux aient enveloppé à la fois toute la terre, que tous les êtres vivants, depuis l'éponge, les rayonnés, les mollusques, les articulés, les poissons, les reptiles, les oiseaux, les mammifères, jusqu'à l'homme, ont péri? Si c'est là tout ce qu'on entend, on est seul de son avis; Moïse et la tradition disent simplement que les eaux couvrirent les plus hautes montagnes du vaste horizon de la partie du globe habitée par l'homme, et que tous les hommes, les oiseaux et les animaux terrestres les plus rapprochés de l'homme périrent, à l'exception de ceux conservés dans l'arche. Voilà le déluge universel de la tradition; mais ce n'est pas celui de l'objection, puisqu'il fallait dix océans comme l'océan actuel; qu'on nie donc tant qu'on voudra que le déluge de dix océans, etc., ait été universel, nous sommes très disposés à accorder qu'il n'a jamais eu lieu. Mais revenons à ce que l'on dit du déluge prétendu partiel de Noé. — « Quelles » ont été et son étendue et le nombre de ses victimes? Jusqu'à » présent aucune observation ne nous l'a fait connaître. » (un grand nombre d'observations géologiques, la vaste étendue du terrain diluvien, les blocs erratiques, les milliers d'animaux du diluvium, etc., tendent à nous faire connaître son immense étendue, qui nous est prouvée par la tradition de la *majestueuse puissance du consentement universel* de tous les peuples.) « Mais ce n'est point là l'important: La seule chose » essentielle, et nous en sommes aujourd'hui hautement assu- » rés, c'est que ce déluge n'a été dans l'histoire du monde « qu'un accident. » (Accident assez frappant pour qu'il ait laissé des traces très profondes dans toutes les histoires et les annales de tous les peuples.) « Qu'il se soit même étendu hors des

» limites de la Chaldée; que les divers déluges dont la Grèce » effrayée a conservé la mémoire, et dont l'époque ne saurait » être fixée avec exactitude, soient, comme l'ont voulu les » *âpres* (*âpres* est une insulte, mais non une raison), parti» sans de la tradition hébraïque, des déluges contemporains » de celui de Noé, cela n'est rien (ce serait beaucoup, car ils » ressembleraient passablement à un seul et même déluge); et » cela fût-il démontré, le fond de la question n'en serait pas » même effleuré (cela commencerait cependant à prouver quel» que chose). Supposons, en effet, que dans un fort ébranle» ment du Caucase: une masse d'eau, déplacée par une cause » quelconque, soit versée sur la vallée de l'Euphrate, voilà » le déluge de Noé; que du même coup, une partie du bassin » de l'Archipel s'affaisse, voilà le déluge de Samothrace; en» fin, qu'un flot soulevé par cette même secousse balaie le lit» toral de la Grèce, voilà le deluge d'Ogygès. » Ce sont ici des hypothèses qui peuvent être plausibles; nous ne les repoussons point; elles sont d'ailleurs plus favorables au déluge mosaïque qu'elles ne lui sont contraires, mais elles ne peuvent en être une preuve.) « Ce déluge a pu, sans dommage durable, » disperser les tribus établies sur l'Euphrate, renverser les » états naissants de la Grèce; il suffit à la cause immortelle du » genre humain, qu'accompagnée de l'Inde et de la Chine, » destinées à faire plus tard leurs leçons au monde, la vieille » Egypte soit toujours debout; bientôt les débris des tribus de » l'Euphrate viendront à son école, en la personne de la race » juive, s'instruire et se faire nation, et c'est d'elle aussi que » partiront ces sublimes rayons qui, ramenant la vie sur le » sol de la Grèce, en feront plus tard le foyer de la philo» sophie. »

Les recherches consciencieuses de la critique moderne ne permettent plus de croire à la haute antiquité des Chinois, des Indiens, ni même des Egyptiens. La chronologie de ces peuples, toute couverte de ténèbres qu'elle soit, est désormais convaincue d'erreurs graves, et la date certaine de l'existence de ces peuples ne remonte point au-delà de l'époque assignée par Moïse, comme nous le verrons bientôt; nous examinerons aussi si ces peuples ont pu être les maîtres de la race juive et des Grecs. Pour le moment nous nous contentons d'une simple réflexion: les Chinois, les Indiens et les Egyptiens, croient à un déluge universel, dont la date se rapproche beaucoup de celle du déluge de Noé. Cela étant, quelle nation a pu servir de maîtres aux débris de chacun de ces peuples? C'est une question importante à résoudre; car enfin s'il faut les en croire pour le reste, on doit aussi les croire quand ils affirment leur déluge; et, s'il a eu lieu, comment leurs sciences, leur philosophie et leurs arts ont-ils pu être assez avancés pour que ces peuples devinssent les précepteurs des Juifs et des Grecs? Tout cela n'est pas de la plus haute évidence.

« Mais, continue notre auteur sans plus d'inquiétude, cette » simultanéité des déluges, si différente de l'universalité du » déluge (mal comprise, oui; mais comprise comme Moïse et la tradition la présentent, c'est une autre question) n'a pas même » la vraisemblance en sa faveur (il faudrait le prouver). Toutes » les données chronologiques contenues dans les traditions des » premiers temps s'accordent, comme l'a savamment établi » M. Letronne, à prouver que ces diverses inondations se sont » produites l'une à la suite de l'autre, et que par conséquent (ce n'est pas M. Letronne qui tire cette conséquence) l'antiquité, » selon toute apparence, n'a jamais éprouvé d'accident de ce » genre d'une étendue prodigieusement supérieure à ceux dont » les temps plus modernes nous ont conservé la mémoire. »

Nous avons assurément la plus grande confiance dans les recherches de M. Letronne, parce que nous savons toute la conscience et toute la perspicacité qu'il apporte dans ses travaux. Qu'il ait établi qu'il y avait eu plusieurs déluges partiels et successifs, dont la mémoire a été conservée par les anciens peuples, cela ne nous étonne pas et nous nous rangeons facilement de son avis. Mais M. Letronne, à notre grand regret, ne s'est point occupé spécialement, du moins à notre connaissance, de la question du déluge mosaïque; nous désirerions bien qu'il le fît, parce que nous sommes sûrs qu'il jetterait un grand jour sur cette question, comme sur toutes celles qu'il a traitées. Les services qu'il a rendus à la science, en terrassant des préjugés puissants, nous font espérer que, si un jour il aborde directement la tradition générale du déluge, il arrivera à des conséquences qui ne sont pas celles qu'on lui prête gratuitement. Nous n'avons donc point à discuter ces conséquences pour le moment.

VIIIe *objection*. — Le Christianisme, en acceptant des Juifs l'erreur d'un déluge universel, et en plaçant toute l'humanité antique dans la descendance de Noé, se détache de la solidarité universelle de l'humanité qui est sainte et impeccable. — Nous avons déjà en partie répondu à cette objection; nous ne ferons ici qu'en parcourir rapidement les détails afin de ne rien laisser après nous. « Toutefois, dit-on, en concluant, comme nous le » faisons, par une négation formelle du déluge universel, néga» tion (gratuite) appuyée sur le sentiment religieux (qu'elle détruit en le comprenant mal), aussi bien que sur l'expérience (qui affirme le contraire), nous devons peut-être à la justice » comme à l'humanité elle-même, de faire remarquer qu'en » adoptant, sur la foi du peuple juif (confirmée par la tradition de tous les peuples) la croyance du déluge universel, la chré» tienté n'est cependant pas tombée, en ce qui lui est propre, » dans une erreur fondamentalement (ni même accessoirement) » absurde. Cette erreur (qui n'en est pas une), si je puis ainsi » dire, devient même une sorte de vérité, en raison de l'atta» chement exclusif que le Christianisme, dans la considération » des temps passés, a voué (et pour de bonnes raisons, puisque le Christianisme est enté sur le judaïsme) à la tige hébraïque. » De même que les Juifs, dans leur orgueilleux isolement, pou» vaient s'écrier par la voix de leur prophète: « Périsse Jéru» salem, périt le monde! » (nous ignorons quel prophète a dit cela, et nous sommes très portés à croire que c'est une traduction *libre*). « De même leurs héritiers testamentaires ont pu » dire à leur tour: « Périsse l'éminente nation qui avait vu » naître les patriarches, périt le monde. » (Jamais le Christianisme n'a pensé ni parlé de la sorte). « Ce qui était l'univers » pour Noé, dans le cercle étroit de ses relations avec ses con» temporains, est également demeuré l'univers pour les chré» tiens dans le cercle étroit de leurs relations avec l'antiquité. » Pour Noé comme pour les chrétiens, l'univers c'est l'humanité tout entière, le Dieu de Noé et des chrétiens est le Dieu de tous les peuples et il l'a prouvé.

« Et même ne devrait-on pas dire qu'aux yeux des chrétiens, » vu leur mépris de la sagesse humaine (de la fausse sagesse), » le déluge universel, loin de détruire le monde, n'aurait fait » que le nettoyer de ses impuretés, et que l'arche portant Noé » et la tradition patriarchale, était le monde lui-même et sur» nageait. » Cette bénigme interprétation n'a pour but que de nous donner le change, en essayant de nous enlever adroitement la vraie et solide réponse que nous avons déjà faite en prouvant que le déluge était envoyé pour la conservation de l'humanité dans ses vraies voies. « Un nouveau déluge, ajoute-t-on, se serait » produit dans les plus beaux temps de l'antiquité, et aurait » effacé de la terre, en engloutissant à jamais les monuments » de leur esprit, l'Égypte, l'Inde, la Grèce, Rome, tous les » peuples, hormis le peuple juif, que l'humanité antique, telle » que l'entendent et l'honorent les chrétiens, en aurait à peine » reçu atteinte. » (Le christianisme a si bien compris l'humanité que partout il a volé à son secours par ses missionnaires, et que c'est à lui que nous devons tout ce qui s'est conservé des monuments de l'esprit des peuples divers.) « L'humanité an» térieure à Jésus n'est-elle pas tout entière pour eux dans » leur Ancien Testament? (les traditions pures, oui, mais l'hu» manité entière, non). De même l'humanité antérieure au » déluge de Noé est tout entière pour eux dans la tradition » particulière de ce chef de famille (c'est toujours la même er» reur), et soit que l'inondation n'ait porté que sur le voisi» nage de Noé, soit que toute la terre l'ait ressentie, cette dif» férence pour le christianisme, détaché, comme il l'est, de la » solidarité universelle (que seul il embrasse pleine et entière), » n'est qu'un point véritablement secondaire. Ce point n'est » pas secondaire pour nous, il est fondamental, et c'est pour» quoi nous avons pris à tâche de démontrer que cette tradition » est sans valeur. » Ce point est tout aussi capital pour nous, et c'est pourquoi nous avons pris à tâche de démontrer que cette tradition est de la plus haute valeur, comme vont nous le prouver les traditions de tous les peuples, car nous ne nous arrêterons pas davantage à cette dernière objection qu'il suffit d'indiquer pour qu'elle se réfute d'elle-même; d'ailleurs elle ne tient que de fort loin au déluge auquel nous avons hâte de passer. — Nous avons jusqu'ici montré toute la logique, tout le positif et la raison du récit de Moïse; nous avons exposé la précision de son texte en prouvant la possibilité de l'événement du déluge; nous avons reconnu que les circonstances accessoires pas plus que le fond n'offraient aucun des caractères de la poésie ou de la fable, mais que tout au contraire paraissait probable. Nous avons vu qu'il a été très possible à Noé ou à ses descendants de constater l'universalité du déluge, que cette tradition a pu et dû arriver intacte et complète à Moïse. Nous avons démontré que c'est à l'histoire et non à la géologie qu'il appartient de donner des preuves directes du déluge; que du reste la géologie, en ce qu'elle peut dire, est plutôt favorable à la tradition du déluge qu'elle ne lui est contraire. Nous nous sommes convaincus que la tradition du déluge était de la plus haute conformité avec la nature et les besoins moraux de l'humanité, avec la nature de Dieu, sa sainteté, sa sagesse et sa bonté. Nous avons expliqué comment il faut entendre l'universalité du déluge, qui dès lors est un événement très possible à concevoir comme à réaliser. Enfin nous avons rappelé que le christianisme, quoi qu'on en dise, ne se sépare point de la solidarité universelle de l'humanité, que seul il comprend, pas plus en acceptant la tradition du déluge que toute autre tradition du peuple juif. — Nous avons ainsi répondu à toutes les objections sans sortir du terrain sur lequel nos adversaires se sont placés par leur choix. Libres maintenant de toute entrave, nous allons démontrer la certitude du déluge universel, entendu comme l'écrivain sacré l'a raconté. C'est à l'histoire et à la tradition des peuples que la critique doit s'adresser pour découvrir la vérité sur cet événement; la géologie n'y peut encore rien, et d'ailleurs il a duré trop peu de temps pour avoir laissé des traces faciles à saisir par l'observation.

Preuves du déluge universel. — Un grand fait est demeuré dans la mémoire de tous les peuples; avec les mêmes circonstances fondamentales pour tous. Tous ont regardé le déluge comme un châtiment infligé à l'humanité coupable; tous ont vu que le genre humain avait péri à l'exception d'un petit nombre de personnes privilégiées destinées à repeupler la terre. Cette tradition a passé dans l'histoire, dans le culte, dans les monuments des différents peuples. Pour nier une tradition si unanime, il faut nier l'histoire entière. Vainement objecterait-on l'ignorance des temps anciens; elle ne peut aller jusqu'à croire qu'un événement si important, duquel tous les peuples datent leur origine, serait arrivé, lorsqu'il n'aurait pas eu lieu. Freret, Bailly, Boulanger et plusieurs autres ont prouvé qu'il n'y a pas de fait plus universellement convenu, plus universellement représenté dans tous les mythes religieux, que le grand cataclysme du déluge. Dans un mémoire intitulé : *Déluge et inondations*, Klaproth s'attache à montrer que le souvenir d'une grande inondation qui a détruit autrefois la plus grande partie du genre humain, s'est conservé chez tous les anciens peuples, avec des circonstances qui prouvent que tous ont entendu parler d'un même événement physique, et non de plusieurs révolutions semblables survenues en différents endroits à des époques diverses. Le temps surtout, auquel les traditions asiatiques rapportent le grand cataclysme, lui paraît coïncider d'une manière frappante chez plusieurs peuples orientaux. Le déluge de Noé, suivant le texte samaritain, eut lieu l'an 3044 avant Jésus-Christ; le déluge indien en l'an 3101; le déluge chinois l'an 3082. Le terme moyen entre ces nombres est 3076, nombre d'années qui, suivant Klaproth, a séparé le grand déluge de la naissance de Jésus-Christ.

Chaldéens. — Le prêtre chaldéen Bérose, qui a compilé, dit-il, les monuments les plus authentiques de sa nation, donne une histoire du déluge qui semble calquée sur le récit de Moïse. Xisuthrus se sauve dans une barque de l'inondation générale; or ce Xisuthrus a été précédé de dix générations depuis Adam, le premier homme, nombre précisément le même que celui des patriarches antédiluviens. L'arche a été célèbre de tout temps en Orient, particulièrement dans les contrées où Noé et ses enfants ont commencé à s'établir : dans l'Arménie, la Mésopotamie, la Syrie et la Chaldée. (*Alexand. polyhist., ex Beroso, apud syncel*, p. 30, 31, *et apud Joseph antiquit. l.* 1. *c.* 3.) Hiérôme, Égyptien, qui a écrit des antiquités phéniciennes; Manazéas, Nicolas de Damas (96e liv. de son hist.) et plusieurs autres en ont parlé (*Apud Joseph, antiq., l.*1, *c.* 3). Abydène a fait mention de l'arche, de l'Arménie où elle s'arrêta, etc. (*Apud Euseb, prop. évang., l.* 9 *c.* 12, *syncel. chrono.*, p. 38, 39, *ed Paris.*)

Egyptiens. — L'historien égyptien Manéthon dit que « son » histoire d'Égypte a été composée sur les mémoires gravés par » le premier Mercure sur des colonnes *avant le déluge*, » les Égyptiens disent encore que le même Mercure avait gravé les principes des sciences sur des colonnes qui purent résister au déluge (*Syncel*, p. 40). Ainsi le déluge était un fait si universellement admis qu'ils ne le mettent même pas en question. On trouve d'ailleurs dans leur mythe d'Osiris et de Typhon, plusieurs traits remarquables relatifs à cet événement. (*Plut.*, de Isid. et Osyrid.) Ils disent même qu'Osiris avait été contraint par Typhon de se renfermer dans l'arche le dix-septième jour du second mois, le même jour du même mois qu'assigne Moïse pour l'entrée de Noé dans l'arche. La nouveauté dont fut suivi le déluge, l'entier changement du labourage, etc., ont été conservés dans les fêtes publiques de presque tous les peuples. Les Égyptiens et la plupart des orientaux avaient une allégorie ou une peinture des suites du déluge qui devint célèbre et qu'on retrouve partout. Elle représentait le monstre aquatique tué et Osiris ressuscité. Mais il sortait de la terre des figures hideuses qui entreprenaient de le détrôner. C'étaient des géants monstrueux dont l'un avait plusieurs bras; l'autre arrachait les plus grands chênes; un autre tenait dans ses mains un quartier de montagne, et le lançait contre le ciel. On les distinguait tous par des entreprises singulières et par des noms effrayants. Les plus connus de tous étaient Briareus, Othus, Éphialtès, Encelade, Mimas, Porphyrion et Ronach ou Rœchus. Osiris reprenait le dessus, et Horus, son fils bien aimé, après avoir été rudement maltraité par Rœchus, se délivrait heureusement de ses poursuites. Pour montrer que ce tableau est historique, et que tous les personnages qui le composent sont autant de symboles ou de caractères significatifs qui expriment les désordres qui ont suivi le déluge, les peines des premiers hommes et en particulier l'état malheureux du labourage en Égypte, il suffira de traduire ici les noms particuliers qu'on a donné à chacun de ces géants. Briareus signifie *la perte de la sérénité*; Othus *la diversité des saisons;* Éphialtès *les grands amas de nuées* auparavant inconnues; Encelade *les ravages des grandes eaux débordées*; Porphyrion *les tremblements de terre* ou *la fracture des terres* qui crevasse les plaines et renverse les montagnes; Mimas *les grandes pluies*; et Rœchus *le vent.* Comment se pourrait-il faire que tous ces noms conspirassent par hazard à exprimer les météores qui ont suivi le déluge, si ce n'avait été là l'intention et le premier sens de cette allégorie? Par là les fables disparaissent et on trouve dans ce récit une peinture vive des phénomènes qui ont dû paraître autant de nouveautés fâcheuses aux enfants de Noé. Ces allégories sont passées dans la mythologie grecque et romaine. Chez presque tous les peuples on célébrait la fête des représentations; cette fête était un souvenir de l'état heureux de la terre avant le déluge, des malheureux changements et de la désolation qui avaient suivi cet événement. On donnait alors différents noms en différents pays tant à la figure de la terre qu'à la figure du travail. Mais on retrouve dans tous ces noms les mêmes intentions et les mêmes rapports. L'Isis, surnommée Némésis, signifiait fort simplement la terre *sauvée des eaux*, Sémélé voulait dire *la représentation* de l'ancien état; et Mnémosine n'est que la traduction du même mot en langue grecque. L'Isis, figure de la terre changée par le déluge, se nommait encore Cérès, Thémis et Adrastée, etc. (On peut consulter sur ce point intéressant la savante histoire du ciel de Pluche.) — Il serait facile de réunir bien d'autres témoignages tirés du culte et des mounuments des divers peuples, et qui tous rappellent l'événement d'un même cataclysme, qui avait changé la face de la terre et l'état de l'humanité. D'où pouvait venir une tradition si universelle, si profondément empreinte dans la religion et les usages des peuples, si elle ne sortait de leur commune origine.

Grecs et Romains. — Les circonstances des déluges des Grecs ont des rapports trop évidents avec celui de Moïse pour ne pas tenir à la même tradition. Plusieurs déluges partiels ont pu ravager plusieurs parties de la Grèce, mais le récit de ces déluges est enrichi de circonstances qui ont certainement leur origine dans la tradition du déluge universel. Une sage critique ne peut être satisfaite de la négation de ces circonstances, comme fabuleuses, mais elle doit en chercher l'explication dans une source ou dans une autre; or, elle ne trouvera cette explication que dans la tradition du déluge commun à tous les peuples. La narration du déluge, dans le premier livre des Métamorphoses d'Ovide, se rapporte toujours à la même tradition. Du reste, ces écrits comparativement modernes, nous importent peu, si ce n'est comme confirmation de la croyance générale.

Perses. — En Perse, ceux qui passent pour suivre l'ancienne doctrine, reconnaissent une inondation universelle, qui fit périr tout le genre humain, à l'exception d'un très petit nombre de personnes, et qui fut envoyée en punition des crimes des hommes.

Inde. — Les Brahmes prétendent que les quatre âges du monde, et en particulier le quatrième, dans lequel nous sommes, sont séparés par des cataclysmes, et le dernier déluge aurait eu lieu vers l'an 3100 avant notre ère. On trouve dans le huitième livre du *Baga-Vadam*, plusieurs détails concernant le déluge, qui sont conformes à ceux de l'Écriture; d'autres sont rapportés en plus grand nombre dans le *Matcham*, un des dix-huit pouranas, qui renferment, selon les Indiens, la doctrine enseignée par Wichenou aux huit personnes qui échappèrent au désastre universel. Il est aussi question du déluge dans l'*Ezour-Vedam*. Enfin, l'histoire du déluge dans le *Maabaratahr* est d'une similitude frappante avec la narration de Moïse.

Chine. — Les Chinois ont aussi leur *Peyroun*, mortel aimé des dieux, qui se sauva dans une barque de l'inondation générale. Le premier chapitre du Chou-King parle du déluge, et, suivant les Chinois, à Fohi, leur fondateur, succéda une impératrice, *Nou-oua* (corruption du nom de *Noé*), sous laquelle il y eut un déluge.

Peuples du Nord. La barque conservatrice du genre humain se retrouve encore au nord de la terre et dans l'Edda. — Les déluges mexicains ressemblent singulièrement à celui de Moïse et de tous les peuples anciens. La barque, un petit nombre de mortels sauvés, des oiseaux qui jouent le même rôle que les oiseaux de la Bible, y sont mentionnés.—Nous n'en finirions pas s'il fallait rapporter toutes les traditions des peuples divers sur le déluge. Ce que nous avons rappelé suffit pour prouver l'universalité d'une seule et même tradition. Le déluge est donc un fait historique admis par tous les peuples les plus anciens, comme par ceux qui paraissent plus récemment établis sur le sol. Tous ont admis qu'il avait anéanti le genre humain sauf un petit nombre de personnes, qu'il avait dérangé l'état antérieur, soit de la terre, soit des hommes dont la vie devint plus courte et les travaux et les luttes plus pénibles. Cependant, « l'idée d'une destruction générale n'est point naturelle, elle ne peut naître dans l'esprit humain qu'à la suite d'une grande calamité (Bailly, 3e lettre à Voltaire). » Or, ce déluge étant une tradition identique chez tous les peuples, pour le fond comme pour les détails principaux, est nécessairement le même pour tous; il ne s'agit plus que de fixer son époque pour avoir une dernière confirmation. — Nous avons déjà vu que les dates du déluge chinois, indien et biblique, étaient, à quelques années près, les mêmes; la chronologie des Chaldéens ne remonte pas à plus de 2,237 ans avant J.-C.; celle des Egyptiens à plus de 2,200; celle des Perses à 1,769. Nous parlons ici de la chronologie positive et non point des fables, que personne n'admet plus. — L'histoire des progrès de l'esprit humain dans toutes les branches des connaissances humaines démontre à tout esprit dégagé de préjugés que c'est en Chaldée qu'il faut chercher les premiers germes de ces progrès, et qu'à la Grèce revient l'honneur d'avoir surtout formulé les sciences positives; que l'Inde et la Chine sont demeurées bien en arrière, puisqu'on ne peut leur assigner quelques progrès appréciables et bien au-dessous de ceux de la Grèce que dans des temps bien postérieurs, et qui probablement ne remontent pas au delà des premiers siècles de notre ère; que l'état scientifique de l'Égypte nous est encore inconnu avant l'empire grec-égyptien. D'où il suit que la prétention d'instituer la Chine, l'Inde et l'Égypte, précepteurs des débris des peuples échappés à un déluge partiel, est au moins contraire aux données historiques les plus positives et les mieux démontrées. Toutes ces thèses ont été sérieusement étudiées et établies dans l'*Histoire des sciences*, de MM. de Blainville et Maupied, et dans l'*Essai sur l'origine des principaux peuples anciens*, par nous. Nous renvoyons à ces deux ouvrages les personnes qui désireraient de plus amples renseignements. Tout concourt donc, et l'histoire des progrès de l'esprit humain, et les traditions historiques, monumentales et liturgiques des différents peuples, à prouver la certitude d'un déluge universel, tel que l'a raconté Moïse; en outre, tout bien considéré, le récit de Moïse, comparé aux traditions de tous les autres peuples, renferme d'abord tous les faits généraux sur lesquels ces mêmes traditions sont d'accord ; en second lieu, il ne contient aucune des exagérations ni des circonstances fabuleuses que la couleur locale a pu ajouter postérieurement à la tradition primitive; enfin, tout dans son récit est logique, simple, naturel, et ne sort point des conditions nécessaires à la vraisemblance d'un pareil événement. Il faut donc en conclure que ce récit est la tradition pure et découlant de la source primitive, et qu'on ne peut le rejeter sans anéantir en même temps toutes les origines des peuples, et les principales bases sur lesquelles peuvent s'appuyer la critique et la logique de l'histoire, laquelle, pourtant, est proprement la science qui a pour garantie de sa vérité la nature de l'homme et la moralité des sociétés, se traduisant et se perpétuant par leurs traditions, leurs monuments et leurs religions. Il y a ici de tout autres fondements de certitude et de vérité que dans de simples conjectures géologiques. Le déluge est donc le fait historique le plus positif et le mieux démontré des temps primitifs, puisqu'il n'en est peut-être pas un autre qui ait réuni à un aussi haut degré le témoignage de tous les peuples de la terre. Qu'importent maintenant les divergences et les erreurs accessoires introduites par chaque peuple en particulier, dans une tradition fondamentalement la même? qu'importe même qu'il y ait eu ou non des déluges partiels et locaux, postérieurs à celui que tous les peuples proclament? ils ne servent qu'à confirmer le déluge universel, par la manière même dont ils sont racontés.

L'humanité tout entière, ce témoin irréfragable de sa propre existence, répond donc à toutes nos investigations, de la manière la plus absolue, que le déluge universel a changé son état sur toute la face de la terre, et confirme la certitude de la tradition mosaïque. En outre, toutes les objections contre les circonstances accessoires de ce grand cataclysme sont sans valeur; mais on en a fait quelques-unes encore contre les circonstances postérieures à la sortie de l'arche : ainsi, on a demandé comment les animaux sortis de l'arche purent retourner dans leurs climats respectifs? comment se conservèrent tous ces animaux après le déluge, toutes les productions de la terre et les autres animaux ayant été détruits par le déluge? enfin, comment furent préservés les végétaux, puisque Moïse ne dit point que Noé en eût conservé les semences dans l'arche? Nous avons donc à répondre à ces dernières objections.

I. *Comment les animaux sortis de l'arche purent retourner dans leurs climats respectifs?* — Il n'est pas prouvé que les climats fussent avant le déluge les mêmes qu'ils sont aujourd'hui. Le déluge même, et c'est la tradition de presque tous les peuples, put y apporter des modifications. Dès lors les animaux purent gagner de proche en proche, et avec le temps les climats qui convenaient à chacun d'eux. L'objection n'a de poids que pour les animaux de l'Amérique et ceux des îles diverses de l'Océan. Mais il ne faut pas oublier qu'il ne s'agit que des mammifères et des oiseaux. Quant à l'Amérique, Buffon et plusieurs autres savants ont pensé avec quelque raison que le détroit de Behring n'avait pas toujours existé, et qu'un isthme lui ouvrait autrefois communication avec l'Asie. Buffon avait déjà constaté qu'il y avait la plus grande analogie entre les espèces animales du nord de l'Amérique et celles du nord de l'Asie. On peut, d'ailleurs, facilement concevoir qu'un tremblement de terre, une dislocation du sol ont pu dans un temps ou dans un autre former le bras de mer du détroit de Behring, lorsque les animaux de l'Amérique y étaient déjà passés. — La Nouvelle-Hollande et les îles de l'Océanie peuvent bien avoir été après le déluge, en communication avec l'Asie méridionale, la Cochinchine, la presqu'île de Malaca, etc., puis en avoir été séparées par des dislocations du sol qui auraient soulevé des montagnes et abaissé un nouveau lit aux mers qui séparent maintenant ces pays et ces îles. Ces changements par dislocations sont regardés par tous les géologues comme ayant joué un grand rôle dans la conformation actuelle de nos continents. Pourquoi n'auraient-ils pas eu lieu pour les îles de l'Océanie et pour toutes les autres îles peuplées d'animaux. D'abord, puisqu'il y a des animaux, on est bien obligé d'admettre qu'elles ne sont devenues îles qu'après avoir été peuplées, à moins qu'elles ne datent de la création du monde, ce qui peut être pour plusieurs, mais ce qui serait difficile à prouver pour un grand nombre. Il faut de toute nécessité admettre que la plupart de ces îles ont été séparées de la terre ferme après en avoir reçu leur population animale; car les créations spontanées sont insoutenables de tout point. Mais sur quoi fondés soutiendrait-on qu'elles ont été entourées par la mer avant le déluge plutôt qu'après. On peut encore accepter que certains animaux, en petit nombre il est vrai, ont pu être transportés dans certaines îles soit par les hommes, soit en voyageant sur des glaçons, ainsi que le font les ours blancs, au rapport de nos navigateurs et de nos marins. Enfin l'universalité du déluge, telle qu'elle est rigoureusement enseignée par Moïse, ne s'oppose pas à ce que certains points de la terre peuplés d'animaux, mais non d'hommes, aient pu échapper à l'inondation universelle. Nous allons revenir sur ce sujet.

IIe *objection. Comment se conservèrent tous les animaux après le déluge, toutes les productions de la terre et les autres animaux ayant été détruits?* — D'après le genre de nourriture, les animaux se divisent en carnassiers et en herbivores. Parmi les carnassiers, les uns sont insectivores, les autres se nourrissent de proies vivantes ou mortes, et comprennent les plantigrades et les digitigrades. Pour les insectivores, il n'y a pas de difficultés, puisque nous avons prouvé que les insectes avaient pu échapper en grand nombre au ravage du déluge, sans même être conservés dans l'arche. Les plantigrades sont en partie omnivores, en partie carnassiers, et plusieurs, comme les ours blancs, vivent volontiers de poisson. Ils ont donc pu se nourrir soit de végétaux, soit des restes d'animaux que les eaux avaient laissés sur la terre, ou enveloppés d'un sable et d'un limon peu profond, soit de poisson. Les digitigrades renferment la grande famille des chats, celle des chiens et les hyènes. La famille des chats, qui comprend les lions, les tigres, les panthères, etc., est très friande de poisson et même de coquillages, puisque les lions d'Algérie s'en vont le long des rivages de la mer pour y chercher des mollusques. La famille des chats a donc pu se nourrir de poisson, de coquillages et même aussi des cadavres laissés par les eaux du déluge, au moins dans les premiers temps. Les chiens, comme le loup, le chacal, le renard, vivent de chair morte quand ils n'en ont pas de vivante, le chacal même paraît préférer les cadavres; les chiens mangent aussi des végétaux. Les hyènes recherchent les cadavres de préférence aux proies vivantes. Tous les animaux carnassiers ont donc pu vivre d'abord, pendant quelque temps, des cadavres laissés par les eaux et conservés plus ou moins longtemps dans le sable et le limon; en second lieu de poissons, de coquillages, plusieurs même de reptiles qui, comme nous l'avons vu, ont pu échapper au déluge. Enfin, plusieurs ont pu y mêler des insectes, des fruits et divers végétaux laissés par les eaux, soit sur le sol, soit dans le sable et le limon. Ce que nous disons des mammifères carnassiers s'applique tout aussi bien aux oiseaux de proie. — La difficulté de la nourriture des herbivores sera résolue par la réponse à l'objection suivante.

IIIe *Objection. Comment furent préservés les végétaux, puisque Moïse ne dit point que Noé en eut conservé les semences dans l'arche?* D'abord, il est faux que Noé n'eut point conservé des semences dans l'arche, puisqu'il prit de toute sorte de nourritures; mais d'ailleurs cela n'était pas nécessaire. Les eaux du déluge ne séjournèrent que quatre ou cinq mois sur les montagnes et environ un an sur les plaines et les vallées. Un aussi court séjour des eaux n'a pu détruire complètement les végétaux. Pour les grands arbres, le tremblement de terre d'Ahmenabad, aux bouches de l'Indus, nous prouve qu'ils ont pu être conservés. Ce tremblement de terre, arrivé en 1819, abaissa sous les eaux de la mer le fort de Sindrée et tout le pays environnant, sur une étendue d'environ douze lieues de longueur sur sept de largeur. En 1828, c'est-à-dire neuf ans après l'événement, le capitaine Burnes, visitant ces lieux dans une chaloupe, vit les poissons circuler parmi les arbres restés debout. En dehors même de ce fait on conçoit très naturellement qu'un grand nombre d'arbres ont pu résister aux eaux du déluge. Les plantes plus petites et les graminées ont dû être couvertes par les sables et les limons déposés par l'inondation, mais qui ne sait que les alluvions de nos fleuves, de nos torrents se recouvrent au printemps d'une abondante végétation. Les alluvions bien plus considérables du Mississipi et des grand fleuves d'Amérique se couvrent en moins de trois ans d'une végétation puissante. Les eaux du déluge purent bien faire des dépôts considérables, mais non les mêmes pour tous les lieux; ainsi le sommet des montagnes, le penchant des colines, qui furent les premiers découverts, et sur lesquels les dépôts ne purent être que faibles, virent leur végétation se développer avec une puissance d'autant plus grande que ce sol venait d'être fécondé par les eaux. Bien des graines purent y être déposées, y germer et y croître rapidement. Les plaines et les vallées plus chargées de sable et de limon, éprouvèrent sans doute plus d'obstacles à la conservation de leurs végétaux. Mais d'abord un grand nombre de plantes purent conserver au moins leurs racines ou leurs graines sous les sables et le limon, et à mesure que les eaux se retiraient, ces racines et ces graines tendaient à percer à l'air ainsi que nous le voyons arriver sur les alluvions de nos fleuves, etc. En second lieu des graines et même des végétaux pouvaient être laissés par les eaux à mesure qu'elles se retiraient; les plantes des collines purent aussi s'étendre de proche en proche sinon la première année, au moins les années suivantes. Enfin un grand nombre d'arbrisseaux purent être en partie ensablés et pourtant demeurer fixés au sol et en partie découverts, continuer à végéter aussitôt après le retrait des eaux. Que toutes ces choses ne se soient pas ainsi passées sur tous les points du sol, c'est très propable; mais il est impossible de nier qu'elles n'aient pu se réaliser pour un grand nombre de lieux, et cela suffit pour conserver les végétaux et fournir la nourriture aux herbivores. Tous ces phénomènes sont d'autant plus probables que le déluge finit vers le printemps, alors que la végétation est plus active. Une inondation aussi courte que celle du déluge ne put faire périr tous les végétaux; il n'est pas nécessaire de s'étendre ici sur la puissance prolifique des graines que tout le monde sait être considérable. ni sur les propriétés vivaces des plantes, des racines, des tiges, etc. Le flux et le reflux des mers qui dépose deux fois par jour sur beaucoup de côtes des sables, des marnes, ne suffit pas depuis des siècles pour y détruire toute végétation. Les eaux du déluge n'occupèrent pas plus de six mois une partie de la terre, leurs dépôts ne purent être assez considérables sur tous les points pour y faire périr tous les végétaux; et de plus les graines surnagent et sont le plus souvent déposées à la surface du sol. Toutes ces considérations sont simples, naturelles, et réunies elles suffisent bien pour résoudre l'objection. Nous ne nous arrêterons donc pas à rappeler une foule d'autres raisons qu'on pourrait accumuler, mais qui seraient oiseuses. Si maintenant nous voulons résumer synthétiquement toutes les conclusions auxquelles nous sommes arrivés, voici où nous sommes conduits en traduisant le langage de Moïse dans notre langage actuel. Le déluge fut une grande destruction qui changea l'état du genre humain sur la terre. Notre espèce menacée d'un anéantissement complet par suite de la corruption générale et profonde, fut châtié par son créateur qui la purifia et la renouvela par un fléau qui devait éternellement servir de leçon à tous les peuples. Un homme juste et riche fut choisi de Dieu pour être le père du monde futur; il fit construire dans l'espace de cent ans un immense vaisseau qui pouvait contenir un nombre d'espèces animales beaucoup plus considérables qu'il n'y en a de CERTAINEMENT connues, avec leur nourriture. La forme de ce vaisseau, ses dispositions intérieures lui facilitèrent à lui et à sa famille, composée de huit personnes, les soins à donner à ces animaux pendant un an. Lorsqu'il fut entré dans ce vaisseau avec tous les animaux qu'il devait conserver et qui étaient pris parmi les mammifères et les oiseaux, des dislocations du sol soulevèrent au loin le bassin des mers, dont les eaux accompagnées de pluies torrentielles se précipitèrent sur la terre habitée. Le vaisseau du salut fut soulevé par les flots et porté au-dessus des montagnes de l'Ararat; à l'eau que tirait cet immense vaisseau, Noé put juger que les eaux s'élevèrent d'environ quinze coudées au-dessus des plus hautes montagnes Averti de prendre toutes sortes de nourriture, il avait introduit dans son vaisseau des fourrages, des grains, des animaux herbivores en plus grand nombre pour nourrir les carnassiers, dont il n'y avait que deux individus de chaque espèces. Au bout de cinq mois, de nouvelles dislocations du sol, accompagnées de grands vents, commencèrent à faire rentrer les eaux dans leurs lits. En se retirant de sur les montagnes et les collines, elles ne laissèrent que peu de limon, et la végétation recommença à s'y développer avec la même puissance qu'en Égypte après les inondations du Nil, ou qu'en Amérique sur les grands alluvions de ses fleuves. Les eaux, en se retirant des plaines et des vallées, y déposèrent des sables, des limons mêlés de graines, de racines, d'arbrisseaux qui recommencèrent à végéter aussitôt, avec d'autant plus de force, que la terre avait été fécondée par l'inondation. — Quand Noé vit que les eaux commençaient à diminuer sur la terre, il fit sortir un corbeau, qui resta sans doute à se nourrir de vers ou de cadavres qu'il trouva abandonnés par les eaux. Quelques jours après, il fit sortir une colombe, qui, ayant trouvé la terre encore trop humide, revint fatiguée vers l'arche où elle avait été nourrie pendant un an. Après quelques jours, Noé fit de nouveau sortir la colombe; elle demeura tout le jour dehors, mangea des baies d'olivier, et en mâcha quelques feuilles, et le soir, en revenant vers sa retraite habituée pour reposer, elle avait au bec des débris de feuilles d'olivier mâchées que Noé, prit pour un présage d'heureux augure. Il renvoya de nouveau son oiseau chéri, qui cette fois ne revint plus, et il en conclut que la terre était assez sèche pour lui permettre de sortir bientôt de l'arche. Enfin, au bout d'un an, Noé mit le pied sur la terre avec tous les animaux. Il en offrit quelques-uns en holocauste au Seigneur, et les autres se dispersèrent. Les carnassiers trouvèrent d'abord des cadavres nombreux laissés par les eaux et ensevelis dans les sables; d'autres se dirigèrent le long des rivages des lacs, des fleuves, des mers, pour y chercher du poisson, des coquillages; les autres trouvèrent des insectes, des reptiles, qui reparaissaient sur la terre avec la sérénité du ciel. Les herbivores trouvèrent une végétation qui les attendait; et Noé sema des graines, cultiva la vigne, et les choses reprirent leur cours. Cependant la famille de Noé s'étant prodigieusement multipliée tout en conservant le terrible souvenir du déluge, dont elle célébrait la triste mémoire chaque année dans des fêtes qui en rappelaient les principales circonstances, songea à se disperser sur la terre. Ses trois fils sont la source de tous les peuples qui habitent actuellement la terre. Aussi tous les peuples ont conservé la tradition de ce grand événement dans leurs annales, leur culte, leur langue, leurs coutumes et leurs monuments. Et ainsi il a été prouvé que toute la terre habitée par les hommes avait été ravagée par le déluge. Depuis, beaucoup d'îles déjà peuplées d'animaux et peut-être même d'hommes, ont été séparées des continents par de nouvelles dislocations partielles du sol. Enfin, une science née dans ces derniers jours, la géologie, étudiant la surface de la terre, a rencontré, après environ quatre ou cinq mille ans, des sables, des graviers, de gros blocs de pierre, un grand nombre d'ossements d'animaux qu'elle croit, avec assez de raison, être des traces presqu'universelles du grand déluge, que tous les peuples de la terre racontent comme Moïse. Certaines voix sceptiques se sont élevées çà et là pour douter de cet événement; mais quelle autorité peuvent-elles avoir en présence du concert universel de toutes les traditions; vainement appellent-elles la science à leur secours pour étayer leurs doutes, ici comme en tout le reste, la science, dans les langes de son enfance, bégaie tout ce qu'on veut lui faire dire ; mais dès qu'elle commence à prendre des forces elle vient d'elle-même se ranger sous les drapeaux de la vérité; et aussitôt qu'elle a pu prononcer des paroles sérieuses, elles se sont montrées d'accord avec les traditions des peuples. — Dans tous les cas, quand la géologie aura étudié à fond l'Europe, l'Asie, l'Afrique, l'Amérique et les îles de l'Océan, qu'elle en aura comparé les terrains divers, elle pourra alors se prononcer avec quelque assurance sur leur génèse générale, et nous dire peut-être aussi de grandes vérités sur le fait du déluge universel. En attendant, nous concluons que même au point de vue rationnel, et sans sortir du terrain de nos adversaires, le déluge est une vérité historique suffisamment démontrée sur tous les points, et cela sans faire aucune concession et en prenant le texte de Moïse dans son sens le plus généralement admis. Cependant, avec cette abondance de raison, le point dogmatique rigoureux nous fournit de quoi repousser toutes les attaques venues et à venir, sans blesser en rien la foi, et sans même faire de concessions sur l'interprétation du texte sacré, dont les termes nous laissent une grande latitude. — En effet, l'universalité du déluge a été diversement comprise. Il est bien vrai que la plupart des interprètes catholiques ont entendu, par l'universalité, que tous les points du globe avaient été couverts par les eaux et que tous les animaux et les oiseaux avaient péri sur toute la surface de la terre. Cependant, Vossius, Deluc et la plupart des critiques protestants d'Allemagne ont défendu la non universalité du déluge. Il paraît que le fameux père Mersenne n'était pas éloigné de cette opinion. L'Eglise n'a jamais condamné ce sentiment. On pensa à le flétrir quand Mabillon se trouvait à Rome; et ce savant religieux ayant été admis dans la congrégation établie pour en juger, empêcha de le noter d'aucune censure. Cette opinion est donc demeurée libre, et nous ne devons point être plus sévère que l'Eglise; mais il faut sur cette question bien fixer le sens du texte. Le texte de la traduction latine peut prêter à l'équivoque; il en est autrement du texte hébreu que nous avons suivi dans tout ce travail, et que nous allons exposer sur la question actuelle. — Au chapitre VI de la *Genèse*, verset 7, nous lisons : « Je vais exterminer de la face de la terre les hommes que j'ai créés; tous, hommes et animaux, reptiles et oiseaux du ciel. » Or. quand il est question, dans l'Écriture, de la terre en même temps que de l'homme, c'est le plus souvent la terre habitée par les hommes qu'il faut entendre. Il y a deux mots hébreux pour désigner la terre, *adama*, qui signifie plus particulièrement la terre cultivée, habitée; une région, un pays, et *haretz*, qui signifie plus spécialement la terre en général, mais aussi un pays, une région particulière. Ces deux mots sont du reste employés indifféremment l'un pour l'autre; mais nous allons voir que leur sens va être déterminé par le contexte, dans tout le récit du déluge. Dans le verset présent, c'est le mot *adama* qui est employé : « Je vais exterminer de la terre habitée, etc. » Nous avons vu en outre qu'il fallait comprendre parmi les *reptiles* les petits mammifères, et entendre par les animaux dont il est ici mention, ceux qui sont les plus rapprochés de l'homme, qui vivent pour ainsi dire avec lui, sur le même sol. Nous pourrions justifier ces sens par une foule de textes. — v. 11. « Alors la terre était corrompue aux yeux de Dieu, et entièrement livrée à l'injustice et à la violence. » Le mot *haretz* est employé ici ; mais il est évident que dans ce texte il ne s'agit pas de la terre, qui ne peut être corrompue, ni injuste, ni violente, mais bien de ses habitants : c'est ici le contenant pour le contenu, comme nous dirions le monde, l'univers est corrompu, en parlant du genre humain. — v. 12. « Dieu voyant la terre dans cet état de corruption, car toute *créature* avait corrompu sa voie sur la terre, v. 13ᵉ, dit à Noé : « La fin de toute chair a été arrêtée à mes yeux, parce que la terre est remplie de l'injustice de ses habitants, et je suis prêt à les détruire. » Le mot *haretz* est encore employé dans le 12ᵉ verset, pour signifier ses habitants, et dans le 13ᵉ, la terre habitée ; le contexte seul le prouve. Le mot *toute créature*, en hébreu *basar* (chair), désigne le plus souvent les hommes, et dans le verret 12 il ne peut signifier autre chose, car l'homme seul pouvait corrompre ses voies; par conséquent ces mots du 12ᵉ verset : *la fin de toute chair* (basar), veulent dire tous les hommes, en preuve c'est que la fin du verset ajoute : « *parce que* la terre est remplie de l'injustice de ses habitants », qui ne peuvent être que les hommes, *et Dieu va les détruire.* — v. 17. « Pour moi, je vais amener le déluge des eaux sur la terre, pour détruire *toute créature douée d'un souffle des vies* qui se trouve sous les cieux, et tout périra sur la terre. » Le déluge est envoyé pour détruire *toute créature douée d'un souffle des vies.* Or, nous avons vu que ces expressions désignaient toujours l'homme ; c'est donc sur la terre où habite l'homme que sera amené le déluge, et tout y périra. — Ch. VII, v. 3 : « Tu prendras de même sept paires mâles et femelles des oiseaux du ciel, pour en conserver la race sur toute la terre. » Les animaux et les oiseaux conservés dans l'arche pouvaient n'habiter alors que le pays des hommes, et leur race eut été perdue s'ils n'eussent été conservés. De l'arche ils se sont répandus partout. En outre, les expressions *toute la terre* signifient souvent, dans l'Ecriture, le pays d'un peuple, d'une nation, le pays habité par les hommes. — V. 4 : « et je détruirai tout être que j'ai fait de sur la face de la terre ; *adama*, terre habitée, cultivée. » — V. 21. « Et périt toute créature se mouvant sur la terre, oiseaux, animaux domestiques, bêtes sauvages, et tous les petits animaux qui se meuvent près de la terre et tous les hommes. » Nous l'avons déjà dit, il ne s'agit ici que des mammifères grands et petits, des oiseaux, et des hommes. Le verset 22 va reprendre la fin du précédent en d'autres termes pour mieux exprimer qu'il s'agit des hommes, suivant le style de l'écriture : « tout ce qui respirait et avait un souffle de vie sur la terre ferme mourut. » Les termes hébreux *col ascher nischemat rouah haiim be apav* se rapportent plus spécialement à l'homme. Le verset 25 répète les deux précédents. — Il n'y a plus que le verset 19 du 7ᵉ chapitre qui puisse être invoqué en faveur de l'universalité absolue ; « Les eaux s'étaient si prodigieusement accrues, que les plus hautes montagnes du vaste horizon en furent couvertes. » Or, cette traduction qui est celle du savant abbé Glaire, nous paraît la plus littérale; en effet il y a de mot à mot en hébreu, *les plus hautes montagnes qui sont sous le ciel*, ce qui ne peut évidemment s'entendre que de l'horizon qui est souvent ainsi exprimé dans la langue sacrée. — Nous avons cité tous les textes que l'on peut apporter pour prouver l'universalité du déluge, on a pu se convaincre qu'aucun d'eux n'indique une universalité absolue, tous au contraire, ont pour but l'homme, le pays habité par l'homme et les animaux qui s'y trouvaient. Mais, dira-t-on, en restreignant ainsi cette universalité du déluge, on peut supposer aussi que le seul pays habité par Noé et son peuple en fut la victime; et dès lors d'autres branches de l'humanité purent échapper au désastre. Le texte est formel pour ce qui concerne l'humanité; elle est toute coupable et corrompue; c'est contre elle et à cause d'elle que le déluge est envoyé ; les expressions appliquées à l'homme dans le récit sont toujours générales et souvent les mêmes dont l'écrivain s'est servi pour la création de l'homme. En outre les chapitres 10 et 11 montrent toutes les nations de la terre, même celles qui habitent dans les pays les plus éloignés, sortant des enfants de Noé. Tous les hommes sans exception ont donc péri, sauf la famille de Noé. De cette discussion nous pouvons conclure que l'universalité du déluge n'est point présentée comme absolue par Moïse, mais seulement comme relative à l'espèce humaine. Voilà ce qu'il y a de rigoureux dans le texte, et rien de plus. Dès lors nous pouvons admettre que l'Asie, par exemple, était seule habitée par l'espèce humaine ; qu'elle pouvait être à cette époque entourée de mers de toutes parts et que des dislocations du sol suivant une grande étendue soulevèrent les mers et firent périr tous les hommes et tous les animaux qui vivaient dans ce même pays, tandis que les animaux qui vivaient sur les autres points de la terre échappèrent au déluge qui n'était point envoyé contre eux. Or comme nous avons prouvé qu'il n'était question que des mammifères et des oiseaux pour les sauver dans l'arche, toutes les difficultés du nombre des espèces et de leur nourriture, etc., tombent d'elles-mêmes, aussi bien que la plupart des autres difficultés contre les circonstances secondaires du grand cataclysme qui fit périr toute notre espèce et dont le souvenir dut par conséquent se conserver dans les traditions de tous les peuples; et ces traditions, en effet, portent, comme le texte de Moïse, plus particulièrement sur la destruction totale de l'humanité. — En finissant ce chapitre, nous devons faire observer que nous n'avions pas besoin de cette réponse pour défendre la tradition; nous la donnons comme surabondance de preuves, afin de montrer que, sous quelque côté qu'on l'envisage, le texte sacré est inattaquable.

Notre tâche est finie vis à vis du rationalisme et de l'incrédulité; nous sommes descendus sur le terrain des adversaires de la religion; nous avons accepté les armes de leur choix. Nous laissons à juger à tout lecteur de bonne foi de quel côté est la logique, le bon sens et la raison; pour nous, nous croyons avoir acquis le droit de revenir sur nos réserves et de donner la preuve du déluge la plus forte et la plus convaincante pour tout esprit assez élevé et assez puissant pour la comprendre. La religion est la loi sociale de l'humanité et n'a pu lui être donnée que par son créateur. Par conséquent, il n'y a qu'une seule religion véritable. Le judaïsme et le christianisme sont au fond une seule et même religion à divers états de développements opérés par Dieu lui-même, suivant les besoins et la capacité de l'humanité. Le judaïsme est la prophétie et la figure, c'est la préparation; le christianisme est l'accomplissement et la réalité, c'est la perfection. L'un et l'autre sont d'origine révélée et divine; leurs preuves sont les mêmes, seulement elles sont fortifiées par le christianisme qui renferme la démonstration complète de la révélation divine. Cette grande vérité devenue sociale est désormais au-dessus de toutes les attaques des esprits sceptiques; il faut nécessairement s'y soumettre ou nier la nature humaine, et son caractère social le plus sublime de tous. La religion est divine, son enseignement est donc divin et son autorité infaillible. Ce n'est pas par quelques points isolés de sa doctrine qu'il faut l'attaquer; car en les séparant du tout, on les dénature, on se fabrique une chimère au gré des caprices de son imagination et l'attaque ne s'adresse plus qu'à ce fantôme, mais non à la réalité. Chaque vérité de l'enseignement catholique fait partie d'un harmonieux ensemble, dont les unes sont principes et les autres conséquences. C'est dans cet ensemble qu'il faut considérer ces vérités pour en sentir et en juger la valeur. C'est ainsi qu'il faut considérer le grand fait du déluge universel; c'est un fait moral et religieux beaucoup plus encore que physique. L'inspiration divine de son historien est solidement prouvée. Le récit du déluge ne peut donc être révoqué en doute, pas plus que la création du monde, pas plus que tout ce que Dieu a fait en ce monde pour l'humanité; car ce sont autant de vérités du même ordre. Le déluge est un événement miraculeux, accompli par la puissance de Dieu, comme la création du monde. La même puissance divine qui a créé peut tout aussi bien châtier la créature coupable qui manque à son but et qui outrage son créateur; elle peut tout aussi bien conserver une famille et le nombre d'animaux suffisants pour perpétuer l'œuvre de sa création; elle a pu fournir les moyens de construire l'arche, de rassembler les animaux, de les nourrir pendant un an. Elle a bien su d'où faire venir des eaux suffisantes pour inonder la terre, puisqu'à l'origine sa parole fit apparaître la terre qui était toute emmaillotée d'eaux, pour nous servir de l'expression d'un Père; la même parole qui avait rassemblé les eaux dans un seul lieu et leur avait posé des limites en disant aux flots : vous viendrez vous briser au rivage et vous n'irez pas plus loin, a bien su faire rentrer les mers dans leur lit après le déluge. Enfin la même parole qui avait dit au commencement aux hommes et aux animaux : croissez et multipliez-vous, a répété le même commandement après le déluge, et il a été tout aussi efficace. — Pour oser nier toutes ces vérités, il faut nier d'abord que Dieu s'occupe de ce monde; il faut nier sa puissance et ses infinies perfections, il faut nier Dieu. D'ailleurs le déluge est un événement dont nous avons encore les preuves en main, de quelque façon qu'il soit arrivé, et quelque incompréhensible qu'il paraisse. D'où il résulte une grande vérité, que nous prions le lecteur de bien retenir : c'est qu'il y a dans la nature et dans la Sainte-Ecriture des choses inconcevables à l'esprit humain, et qui ne laissent pas d'être certaines et démontrées.

F.-L.-M. MAUPIED.

DÉLUSTRER, ôter le lustre.

DÉLUTAGE, s. m. (*chimie*), action d'ôter le lut qui fermait un vaisseau.

DÉLUTER, ôter le lut ou l'enduit qui servait à fermer un vase destiné à aller au feu.

DELVAUX (LAURENT), né à Gand, en 1595, alla se perfectionner à Rome, auprès des grands ouvrages de sculpture. Il acquit un rang distingué parmi les artistes, et fut protégé par les papes Benoît XIII et XIV, par Charles VI, par Marie-Thérèse et par Charles de Lorraine, gouverneur des Pays-Bas. Il mourut le 24 février 1778. Ses principaux ouvrages sont : l'Hercule placé au bas du grand escalier du palais des archiducs à Bruxelles, les statues qu'on voyait dans la chapelle, la chaire de la cathédrale de Gand, et celle de l'église du chapitre de Nivelle.

DELVINCOURT (CLAUDE-ETIENNE), jurisconsulte, né à Paris le 4 septembre 1772, fut, après de brillantes études, reçu avocat, en 1784, et docteur en droit l'année suivante. Dès 1796 il concourut pour une chaire à la Faculté de droit de Paris, qu'il obtint après bien des contestations de la part du pouvoir, contestations qui lui étaient suscitées par ses rivaux, et auxquelles son âge servait de prétexte. Bientôt après la révolution éclata, et il fut forcé de chercher dans les bureaux de la Comptabilité de la marine les moyens de soutenir sa famille. En 1805 il fut appelé à la première chaire de code civil, fondée en France, et il s'acquitta de ses fonctions avec un talent très remarquable. Sa popularité était alors très grande parmi les étudiants, et il eut plusieurs fois occasion d'en prouver l'étendue. Mais cette popularité cessa de lui appartenir, lorsqu'après la restauration; ses opinions monarchiques se déclèrent. Delvincourt avait été nommé doyen de la Faculté, en 1810; ces fonctions le forçaient à des mesures que son caractère estimable, mais plein de sécheresse et de dureté, semblaient rendre plus odieuses. S'il eut à souffrir pour la cause à laquelle il s'était dévoué, il en fut du reste amplement dédommagé sous le ministère de M. Fraissinous; il fut décoré de l'ordre de Saint-Michel, reçut la croix d'officier de la Légion-d'Honneur, et fut créé membre du bureau de charité, puis de la commission de Chambord et du conseil de l'école polytechnique; administrateur des Jeunes-Aveugles, adjoint au maire du 12e arrondissement et conseiller de l'Université. En 1830, toutes ces places, celle de censeur royal, qui lui avais été donnée en 1814, et celle de doyen, lui furent enlevées, et il mourut peu de temps après, le 23 octobre 1831. On a de lui : *Cours du droit civil*, *Institutes du droit commercial*, *et Juris romani clementa secundùm ordinem institutionem Justiniani. Cum notis.*

DELWARDE ou **DELEWARDE** (MICHEL), né en 1650, à Mons, entra dans la congrégation de l'Oratoire et devint supérieur général de cet ordre, en Flandre. Il se livrait dans ses loisirs à la culture des lettres, et mourut à Mons le 18 novembre 1724. On a de lui : *l'Histoire générale de Hainaut.*

DELYCRANIA (*bot.*). Nom sous lequel Téophraste désigne le cornouiller sanguin.

DELZONS (ANTOINE), naquit à Aurillac le 22 janvier 1743, d'une des plus anciennes familles consulaires de cette ville; un de ses ancêtres, Giraud Delzons, était consul en 1286; son père, Antoine Benoît, exerçait les mêmes fonctions en 1743, au moment de sa naissance; et lui-même, en 1780, se démit de cette dignité pour ne pas voir périr entre ses mains les anciennes franchises municipales. — Après avoir fait d'excellentes études, il entra fort jeune au barreau d'Aurillac; il y trouva des confrères que l'esprit, les talents, les lumières faisaient remarquer, et bientôt il s'y distingua par une diction pure, un raisonnement solide, une érudition profonde. — En 1790, il fut nommé juge au tribunal du district; en 1797, il entra au conseil des anciens; en 1800, il devint membre du Corps-Législatif et reçut, deux ans après, la décoration de la Légion-d'Honneur à la fondation de l'ordre. En 1807, il succéda à son beau-frère, Pierre Destaing, dans la présidence du tribunal civil d'Aurillac; en 1812, enfin, il fut de nouveau député au Corps-Legislatif, et concourut en cette qualité à la restauration des Bourbons et au rétablissement de la paix. — Dans ces diverses fonctions, Antoine Delzons, étranger à toute intrigue, à tout parti, inaccessible à la prévention et à toute impulsion étrangère, n'eut d'autre règle de conduite qu'une sévère impartialité, une équité raisonnée, l'amour désintéressé de la patrie.—Chrétien pieux, sans affectation, il remplissait ses devoirs religieux sans respect humain. Père de dix-sept enfants, il n'avait pour eux d'autre souci que de les former à la vertu, à la modération, au travail. Retiré avec les plus jeunes à la campagne pendant les jours néfastes de la révolution, il y cultivait de ses mains l'héritage de ses parents, pendant que trois de ses fils défendaient avec courage les frontières de la France. — La mort de deux de ces derniers, tués à la bataille de Malojaroslawest, et les fréquents voyages qu'il était obligé de faire pour se rendre au Corps-Législatif, altérèrent enfin sa santé et il mourut, comme il avait vécu, plein de foi et de résignation, le 16 janvier 1816. — Antoine Delzons a laissé plusieurs mémoires, rapports et discours qui sont autant de monuments de la variété et de l'étendue de ses connaissances, et de son zèle pour la justice et les intérêts d'un pays où son nom sera toujours vénéré et sa mémoire toujours chère.

(*Extrait d'une notice lue à l'audience du* 18 *janvier* 1816, *par* M. GUITARD, *substitut du procureur du roi.*)

DELZONS (ALEXIS-JOSEPH), fils du précédent., naquit à Aurillac le 26 mars 1775. Il venait d'achever ses études lorsqu'en 1791 on organisa dans toute la France les bataillons de volontaires. Deux de ses aînés étaient appelés par leur âge à en faire partie. Il sollicita l'honneur de les suivre, et, bien qu'il n'eût encore que seize ans, trois mois et quatre jours, il s'engagea le 30 juin 1791 dans le 1er bataillon du Cantal.—Le 8 juillet 1792, il y fut nommé par ses camarades lieutenant des grenadiers, et le 15 octobre 1793 il fut élevé de la même manière au grade de capitaine, n'ayant encore que dix-huit ans, six mois et vingt-neuf jours. — Il avait mérité ces grades par son courage; tout jeune encore, il comptait trois blessures : la première reçue à La Jonquière, la seconde à la redoute de Dego, la troisième à Rivoli, où, quoique blessé, il repoussa, seul avec sa compagnie, tout un régiment autrichien. Cette dernière action lui fit conférer sur le champ de bataille le grade de chef de bataillon, à l'âge de vingt-un ans. — La 4e demi-brigade légère, composée en grande partie des bataillons du Cantal, ayant été désignée pour l'expédition d'Egypte, Delzons pénétra l'un des premiers dans Alexandrie le 2 juillet 1798; le 21 du même mois, à la bataille des Pyramides, chargé d'enlever la redoute d'Embabeh avec les carabiniers de la 4e, il repoussa d'abord une vigoureuse sortie des Mameluks, pénétra ensuite avec eux dans la redoute, s'y posta de manière à les obliger de défiler sous le feu de ses carabiniers, à cinq pas de distance seulement, et en fit un horrible carnage. Le grade de colonel et le commandement de la 4e demi-brigade furent la récompense de la conduite de Delzons dans cette mémorable journée : il n'avait encore que vingt-trois ans. — La 4e demi-brigade, commandée par Delzons, prit une part glorieuse à tous les hauts faits d'armes qui ont signalé l'expédition d'Égypte; au siége de Saint-Jean d'Acre, à la bataille d'Aboukir, à la reprise du Caire, enfin à la bataille du 30 ventôse an IX. C'est à la suite de cette dernière affaire que Delzons, âgé de vingt-six ans seulement, fut nommé général de brigade par le commandant en chef de l'armée d'Orient, le 22 avril 1801. — Le général Delzons a laissé à sa famille un journal précieux contenant le détail des opérations de la 4e demi-brigade pendant l'expédition d'Égypte; il est la suite et le complément de celui qu'avait rédigé, pour les campagnes d'Italie, le général Destaing, son cousin-germain, qu'il remplaça dans le commandement de la 4e demi-brigade. Ce journal atteste la sollicitude du jeune colonel pour les braves qu'il commandait, la bonté de son cœur et l'affection sincère qui l'unissait à tous ses compagnons d'armes; c'est en même temps un monument glorieux élevé au courage, à la constance et à l'infatigable activité de ce beau régiment.—De retour en France, le général Delzons, confirmé dans son grade le 30 novembre 1801, reçut le commandement militaire du département du Cantal, et, par une probité sévère et une rare impartialité, il sut s'y concilier l'estime et l'affection de tous ses concitoyens. Le 1er février 1804, appelé au camp d'Utrecht, il fit les campagnes de l'an XII et de l'an XIII, puis à la Grande-Armée, celles de 1805, 1806 et 1807. Pendant les années 1808, 1809, 1810 et 1811, il fit partie de l'armée d'Illyrie, et contribua à faire lever le siége de Raguse. Lorsque, en 1809, cette armée fut rappelée en Allemagne pour prendre part à la bataille de Wagram, elle dut traverser des provinces ennemies et passer sur le corps de plusieurs généraux autrichiens qui lui barraient le passage avec des forces supérieures; le général Delzons, qui commandait la brigade de droite, déploya de grands talents et une froide intrépidité à Mont-Kitta, à Belay, à Gospich, à Ottochatz, à Wagram enfin, où il eut deux chevaux tués sous lui. Il fut deux fois blessé dans la longue et pénible marche sur Wagram, où l'armée d'Illyrie ne serait pas arrivée sans lui. — De retour en Illyrie, il fut nommé général de division, le 15 février 1811, et fut chargé du commandement de cette armée en l'absence du duc de Raguse. L'organisation des provinces illyriennes lui fut aussi confiée, et dans cette haute position il montra autant de désintéressement que d'habileté et de prudence. — L'année suivante, il commandait la 1re division du corps d'armée sous les ordres du vice-roi d'Italie dans la fatale expédition de Russie. Il se signala aux journées d'Ostrowno, de la Moskowa, et plus encore, peut-être, au combat de Malojaroslavest, où l'attendait une mort glorieuse; il y périt frappé de trois balles le 24 octobre 1812, âgé de trente-sept ans, six mois et seize jours. — Le général Delzons, fort jeune encore, comptait déjà vingt-un ans de service, dix-neuf campagnes et trois blessures; il avait glorieusement conquis sur le champ de bataille les grades les plus élevés; il était commandant de la Légion-d'Honneur depuis le 25 prairial an XII, baron de l'Empire depuis le 2 juillet 1808 et venait d'être décoré du titre de commandeur de la couronne de fer le 16 octobre 1812. — Quelques auteurs, M. de Norvins entre autres, et même le général Gourgaud, reprochent comme une faute au général Delzons de n'avoir fait occuper la ville de Malo-Jaroslavest, le 23 au soir, que par deux bataillons et d'avoir campé avec le reste de sa division pendant cette nuit de l'autre côté de la Louja. Tous conviennent cependant que s'il commit une faute, il la répara noblement puisqu'il avait maintenu sa position et était maître de la ville, lorque le prince Eugène arriva vers les onze heures du matin, le 24. — Sans accuser personne, il est permis d'examiner jusqu'à quel point ce reproche est fondé. Trois routes conduisaient de Moscou à Kalouga : les Russes étaient sur la nouvelle route, ils y occupaient une forte position à Tarontino. L'empereur feignit de les vouloir attaquer de front et prit la même route en partant de Moscou. Mais bientôt, pour tourner l'armée ennemie, il fit couper à travers champs pour rejoindre la vieille route et s'emparer de Borowsk et Malojaroslavest, villes situées au sud de Tarontino, sur la route de Kalouga. Ce stratagème réussit. Le 23 au soir l'empereur était avec son corps d'armée à Borowsk, le vice-roi à une lieue plus loin avec le sien, et le général Delzons, à la tête de la treizième division, formant l'avant-garde du prince, avait atteint Malojaroslavest, trois lieues et demie plus loin.— Ces deux villes furent occupées sans résistance; mais, dit Labaume, *ceux qui la couvraient* s'étaient hâté de prévenir Kutusoff, qui leva aussitôt son camp, *laissant les Français dans l'incertitude s'il déboucherait par Borowsk ou par Malojaroslavest.* — Cela est si vrai, que le général Gourgaud, répondant au reproche que fait M. de Ségur à l'empereur de n'avoir pas marché de suite sur Malojaroslavest, dit : « Il paraît que notre historien n'a pas examiné la carte, puisqu'il dit, en parlant de Malojaroslavest : *c'était le seul point où Kutusoff pouvait nous couper la nouvelle route de Kalouga.* Cependant, à Borowsk, nous courions le même danger. » — Donc Kutusoff pouvait revenir sur la route indifféremment de l'une ou de l'autre des deux villes occupées par les Français, et même sur un point quelconque entre les deux. Or, s'il était venu prendre position dans cet intervalle de trois lieues et demie qui séparait la treizième division du reste du corps du vice-roi, s'il s'y était fortement retranché avec ses 90 ou 100,000 hommes, comment la division Delzons, placée tout entière à Malojaroslavest, de l'autre côté de la Louja, dont le pont avait été rompu, aurait-elle pu rejoindre l'armée? — C'est donc avec raison que M. Labaume affirme dans une note, page 254, que Delzons avait reçu l'ordre de se tenir prêt à battre en retraite s'il entendait le canon du côté de Borowsk, et qu'il agit prudemment en n'engageant pas toute sa division au-delà de la Louja.—Mais quand l'empereur apprit, le 24 seulement, que Kutusoff, qu'il attendait à Borowsk, attaquait Malojaroslavest, il envoya le général Gourgaud au prince Eugène pour lui ordonner de tenir ferme dans cette position et lui annoncer qu'il marchait à son secours. — On conçoit que, d'après la marche de Kutusoff, il eût été avantageux d'avoir en avant de Malojaroslavest, non pas seulement une division le soir du 23, mais le corps entier du vice-roi, et plus encore s'il eût été possible; mais il n'est pas juste de reprocher au seul général Delzons de n'avoir pas prévu quelle route suivraient les Russes quand le vice-roi et l'empereur lui-même n'avaient pu le deviner.—Quoi qu'il en soit, la treizième division reprit Malojaroslavest et s'y maintint. Le général Delzons était victorieux déjà, lorsqu'il tomba frappé de trois balles devant les bastions de la ville. Deux de ses frères remplissaient auprès de lui les fonctions d'aides-de-camp. L'un d'eux, DELZONS (JEAN-BAPTISTE-ANTOINE-GIRAUD), né à Aurillac, le 14 novembre 1787, chef de bataillon et officier de la Légion-d'Honneur, fut mortellement blessé au moment où il relevait le corps du général. Il mourut six jours après, à Viasma, le 30 octobre 1812, âgé de moins de 25 ans. — L'armée perdit en eux deux braves, la France deux bons citoyens, leur famille deux modèles.

* DEMABUSE (JEAN), peintre, né à Maubeuge en 1499, acquit dans un long séjour en Italie un goût d'une grande pureté. Ses compositions sont d'un bon style; mais ses tableaux sont peu nombreux, parce que ses habitudes de débauches l'empêchèrent de se livrer à un travail assidu. Il peignait surtout le portrait

avec une inconcevable supériorité. Il mourut à Middelbourg en 1562.

DEMACHY (JACQUES-FRANÇOIS), naquit à Paris, le 30 août 1723, d'une famille de commerçants, honnête et considérée, mais peu aisée. Il fit ses études au collège de Beauvais, à la tête duquel venait de mourir Rollin ; il s'y distingua beaucoup et acquit, en même temps que des connaissances positives, un goût prononcé pour les lettres qui l'occupaient toujours, en même temps que l'étude de la nature, qui lui plaisait aussi beaucoup. Ses parents le placèrent comme apprenti chez le pharmacien Gilet, qui cultivait aussi la littérature. Quelques années après il obtint une place à l'Hôtel-Dieu et s'établit ensuite ; mais le commerce ne lui plaisant point, il se livra entièrement à l'étude et professa pendant vingt-cinq ans. Il fut nommé d'abord pharmacien en chef de l'hôpital militaire de Saint-Denis, puis directeur de la pharmacie centrale des hôpitaux civils et enfin censeur royal. Il mourut le 7 juillet 1803. Il était membre de plusieurs sociétés savantes. On a de lui un assez grand nombre d'ouvrages tant littéraires que scientifiques.

DÉMACLAGE, s. m. (*technol.*), action de démacler.

DÉMACLER, v. a. (*technol.*), remuer le verre fondu avec une barre de fer.

DEMADES, Athénien de la plus basse extraction, que son éloquence, ou plutôt l'abondance de son élocution pleine de bons mots et de saillies, porta aux affaires ; il déshonora ses talents par sa vénalité qui était insatiable. Il suivit le parti de Philippe de Macédoine, et reçut en récompense de lui de l'argent et des terres en Béotie. Après la bataille de Chéronnée, dans laquelle il fut fait prisonnier, il usa de son influence sur Philippe pour amener la paix entre ce roi et les Athéniens. Plus tard, lorsque Alexandre demanda qu'on lui livrât les chefs du parti qui, à Athènes, était contraire aux Macédoniens, et qui comptait Démosthènes, Demades reçut d'eux de l'argent pour les défendre, empêcha ses concitoyens d'accéder à cette demande et fit partie de l'ambassade envoyée à ce sujet en Macédoine. Après les victoires éclatantes d'Alexandre en Asie, Demades proposa de lui rendre les honneurs divins, et fut, à cause de cela, condamné à une amende. Il fut aussi, après la mort d'Alexandre, envoyé avec Phocion vers Antipater, qui leur témoigna à tous deux beaucoup d'amitié, quoique le caractère vénal du premier l'empêchât de l'estimer. Cependant ce démagogue le trahit ; il écrivit à Perdicas une lettre dans laquelle il l'exhortait à renverser Antipater. Cette lettre fut saisie par le fils de celui-ci, Cassandre, qui fit tuer le malencontreux conseilleur l'an 202 avant J.-C. — Il fut toute sa vie en faveur près des Athéniens, et abusait de leur partialité pour lui en se mettant au-dessus des convenances et même des lois. On défendait, par exemple, à Athènes de produire pendant les fêtes de Bachus des danseurs étrangers, Demades en fit venir cent et paya pour chacun d'eux l'amende qui était de mille drachmes.

DÉMAGOGIE, ambition de dominer dans une faction populaire, ou moyens, menées qu'on emploie pour devenir influent parmi le peuple. Il ne se dit qu'en mauvaise part. Il se dit quelquefois de l'exagération dans les idées qui paraissent favorables à la cause populaire.

DÉMAGOGIQUE, qui appartient à la démagogie.

DÉMAGOGUE, celui qui dirige une faction populaire, ou celui qui affecte de soutenir les intérêts du peuple, afin de gagner sa faveur et de le dominer. Il se dit quelquefois de celui qui est du parti populaire et qui a des opinions fort exagérées. Il s'emploi aussi comme adjectif, surtout dans le premier sens.

DÉMAGOGISME, s. m. (*polit.*), opinion, conduite de ceux qui poussent la démagogie à l'excès. (*V.* DÉMAGOGIE.)

DÉMAGORAS, orateur athénien, condamné à une amende pour avoir proposé d'adorer Alexandre comme dieu.

DÉMAGORAS, capitaine rhodien, habile dans les combats sur mer, commandait un vaisseau de Lucullus dans la guerre contre Mithridate.

DÉMAGORAS, écrivit sur la fondation de Rome.

DÉMAIGRIR, devenir moins maigre. Il est peu usité et ne se dit guère que par plaisanterie. — Démaigrir s'emploie aussi comme verbe actif, et alors il signifie, en termes de maçonnerie et de charpenterie, retrancher quelque chose d'une pierre, d'une pièce de bois.

DÉMAIGRISSEMENT, s. m. (*construct.*), action de démaigrir une pierre, une pièce de bois, un tenon. État d'une pierre, d'une pièce de bois démaigrie. (*V.* DÉMAIGRIR.)

DEMAILLER, v. a., défaire les mailles.

DÉMAILLER (*marine*), détacher, démailler la bonnette, la détacher de la voile.

DEMAILLONNER, v. a. (*agricult.*). Il se dit, dans l'Orléanais, pour détacher les sarments de l'échalas après les vendanges.

DÉMAILLOTER, ôter du maillot.

DEMAIN, adv. de temps, servant à indiquer le jour qui suivra immédiatement celui où l'on est. — Il se dit quelquefois, dans un sens moins restreint, d'une époque qui en suit un autre de fort près, et alors on l'oppose ordinairement à aujourd'hui. — Prov., à *demain les affaires*, songeons aujourd'hui au plaisir, et remettons les affaires à demain, à un autre jour. — Fam., *aujourd'hui pour demain*, dès à présent ou d'un moment à l'autre. — DEMAIN, s'emploie substantivement dans le premier sens.

DEMAIN, adv. exp., prov., *le demain des prisonniers*, un jour qui n'arrivera pas.

DÉMANCHEMENT, action de démancher, ou l'état de ce qui est démanché. — DÉMANCHEMENT, se dit aussi de l'action de placer la main sur le manche du violon, de l'alto, de la basse, etc., de manière à tirer des sons plus aigus.

DÉMANCHER, ôter le manche d'un instrument. — Il s'emploie aussi avec le pronom personnel. — Il se dit quelquefois figurément, *ce parti commence à se démancher*, ceux qui forment ce parti commencent à ne plus s'entendre, à se désunir; ce sens est familier. — DÉMANCHER, s'emploie aussi comme verbe neutre, et alors il signifie, placer la main sur le manche du violon, de l'alto, de la basse, etc., de manière à tirer des sons plus aigus.

DÉMANCHER, v. n., (*marine*) sortir de la Manche.

DEMANDE, action de demander. — Il se dit également d'un écrit qui contient une demande. — Il se dit particulièrement, de la démarche par laquelle on demande une fille en mariage à ses parents. — Il se dit aussi de l'action qu'on intente en justice, pour obtenir une chose à laquelle on a ou l'on croit avoir droit. — Il signifie quelquefois la chose demandée.

DEMANDE, (*jurispr.*). — Ce mot exprime le besoin des produits du travail, et ce besoin est la mesure de leur production. Tant que les besoins et les produits restent dans une exacte proportion, les prix conservent leur cours ordinaires. Si les produits sont inférieurs aux besoins, les prix haussent ; dans le cas contraire, ils baissent. Sans des circonstances extraordinaires ou des accidents imprévus, les besoins et les produits, ou la demande et l'approvisionnement, tendent à se mettre en équilibre.)Voyez. OFFRES.)

DEMANDE, DEMANDEUR, (*jurispr.*), *demande*, se dit de toute action intentée en justice pour obtenir une chose à la quelle on croit avoir droit. *Le demandeur* est celui qui intente cette action. — DEMANDE PRINCIPALE, se dit de celle par laquelle on commence une contestation, on l'appelle *demande originaire*, lorsquelle est suivie d'une demande en garantie. — DEMANDE INCIDENTE, se dit de celle qu'on a formée dans le cours d'une contestation par l'effet d'une demande incidente, le défendeur au principal peut devenir incidemment demandeur. — DEMANDE SUBSIDIAIRE, est celle qui tend a obtenir une chose, dans le cas ou le juge où la justice ferait difficulté d'en accorder une autre. — DEMANDE PROVISOIRE, est celle qui tend à faire ordonner quelque chose *provisoirement* ; c'est-à-dire, en attendant le jugement définitif de la contestation; l'orsqu'une demande provisoire est formée séparément de la demande principale, elle peut être regardée comme une demande incidente. — DEMANDE SUR LE BARREAU, est celle que la partie, ou son avoué, ou l'avocat assisté de la partie ou de l'avoué, font judiciairement en plaidant la cause, sans quelle ait été précédée d'aucune demande par écrit. — DEMANDE PRÉPARATOIRE, est celle qui tend seulement à faire ordonner quelque chose pour l'instruction de la procédure. — DEMANDE EN INTERVENTION, est celle qui forme un tiers sur la contestation pendante entre le demandeur et le défendeur, soit pour prendre le fait et cause de l'une des parties, soit pour prendre part aux intérêts de la demande principale, soit enfin pour se faire adjuger l'objet contesté. — Quant aux autres demandes, voyez les articles auxquels elles se rapportent.

DEMANDE, s. f. (*v. lang.*), partie d'un chœur d'église. — DEMANDE (*phil.*), vérité, fait, que l'on prie l'adversaire de reconnaître préalablement à une discussion, à une démonstration. — DEMANDE (*musique*), se dit dans une fugue ou une symphonie, du sujet ou du motif que l'on propose d'imiter ; la phrase qui y correspond se nomme *réponse*. *A la demande*, loc, adv., FILER UN CABLE A LA DEMANDE DU VENT (*marine*), le filer à mesure qu'il se tend pour éviter de faire chasser l'ancre.

DEMANDER, exprimer à quelqu'un le désir qu'on a d'obtenir quelque chose de lui. On l'emploie souvent absolument. Il se dit aussi en parlant des choses pour lesquelles on s'adresse à la justice. Il s'emploie souvent avec les prepositions *à* et *de*, suivies d'un verbe à l'infinitif. Fam.: *Ne demander qu'à s'amuser, qu'à manger*, etc., n'avoir d'autre désir que celui de s'amuser, de manger, etc. *Demander la bourse*, *demander la bourse ou la vie*, demander à quelqu'un son argent, sa bourse, avec menace de le tuer s'il la refuse. — *Demander son pain, sa vie*, ou absolument *demander*, demander l'aumône. — Prov. et fig.: *Qui nous doit nous demande* se dit lorsqu'on a sujet de se plaindre de la personne même qui se plaint. Prov.: *Ne demander que plaie et bosse*, souhaiter qu'il y ait des querelles, des procès, qu'il arrive des malheurs, dans l'espérance d'en profiter ou par pure malignité. — Fam.: *Je ne demande pas mieux*. je consens volontiers à cela, j'en suis content. — DEMANDER signifie, dans une plus vaste étendue, dire ou prier de donner, d'apporter, d'expédier quelque chose, d'envoyer ou d'aller chercher quelqu'un, etc. — *Demander un commis, un associé, un ouvrier, un domestique*, etc., faire savoir par les journaux, ou autrement, qu'on a besoin d'un associé, d'un ouvrier, d'un domestique, etc. — DEMANDER signifie encore chercher quelqu'un pour le voir. — DEMANDER signifie aussi, interroger quelqu'un pour apprendre de lui quelque chose qu'on veut savoir. — Fam.: *Demandez-moi pourquoi?* se dit en parlant d'une chose dont on ne saurait rendre raison. — DEMANDER, avec un nom de chose pour sujet, signifie exiger, avoir besoin de — Fam.: *Cet habit en demande un autre*, Il est usé et ne peut plus être porté.

DEMANDER, v. a., expr. prov. *Il ne demande qu'amour et simplesse*. Il veut vivre en repos et ne ne demande rien à personne. — DEMANDER LE CAMP (*anc. t. milit.*), solliciter l'autorisation de combattre en champ clos, proposer le duel. — DEMANDER (*jeux*), se dit, à certain jeux de cartes, pour annoncer qu'on est disposé à faire un certain nombre de levées, sous la condition qu'on écartera les cartes que l'on jugera convenable pour en prendre ensuite une pareille quantité au talon. *Je demande*. Il se dit à d'autres jeux de cartes quand on propose de jouer dans une couleur. *Demander Gano* (*V.* GANO).

DEMANDEUR, EUSE, celui, celle qui demande quelque chose, qui fait métier de demander. — DEMANDEUR, en termes de procédure, signifie celui qui intente un procès, qui forme une demande en justice. Dans ce sens, il fait *demanderesse* au féminin.

DEMANDRE (CLAUDE-FRANÇOIS), né en 1728 à Amance près Vesoul, embrassa l'état ecclésiastique, fut aumonier des pages du roi Stanislas, et fut ensuite pourvu de la cure de Donnelay. Il employa ses loisirs à l'étude de la mécanique, et ses efforts furent couronnés de succès. En 1772 il présenta à l'Académie des sciences un nouveau moteur; il employa ce moteur à remonter des bâteaux, et finit par obtenir du gouvernement le privilége exclusif de remonter les bateaux sur toutes les rivières; mais il ne put profiter de ce privilége, et après avoir en vain sollicité de l'Académie et de l'Assemblée nationale une indemnité pour des travaux entrepris en vue du bien public, qui lui avaient coûtés plus de trente années d'études et 200,000 francs, il se trouva dans le dénuement. Enfin il obtint du premier consul une pension de 1,200 francs. Il mourut à Paris le 3 décembre 1803. Il avait composé un *Traité de mécanique* qui n'a pas été imprimé.

DEMANDRE (JEAN-BAPTISTE), cousin du précédent, né le 28 octobre 1739 à Saint-Loup. près Vesoul, embrassa aussi l'état ecclésiastique. Il fut en 1777 pourvu de la cure de Saint-Pierre, à Besançon; il remplaça ensuite l'abbé Millot à l'assemblée constituante et vint après la session reprendre sa cure. Arrêté plus tard, il ne fut rendu à la liberté qu'après le 9 thermidor, et fut, en 1798, élu évêque; il donna sa démission en 1801. Demandre fut ensuite grand-vicaire du siége qu'il avait occupé, et continua à mener la vie la plus édifiante et la plus remplie d'abnégation, aussi était-il chéri et respecté de tout le monde. Il mourut le 21 mars 1823.

DEMANET, ecclésiastique français, était aumonier à Gorée, en Afrique, en 1764; de retour en France, il publia une *nouvelle histoire de l'Afrique française*, dans laquelle il se livre à des considérations sur notre commerce dans ce pays à cette époque, et explique son système sur la couleur des nègres qu'il attribue à l'influence du climat; il est aussi l'auteur d'un ouvrage intitulé : *Parallèle général des mœurs et des religions de toutes les nations*.

DÉMANGEAISON, picotement, irritation qu'on éprouve à la peau et qui excite à se gratter. — Il se dit, figurément et familièrement, de l'envie immodérée de faire une chose.

DEMANNE (LOUIS-CHARLES-JOSEPH), né le 11 septembre 1773 à Paris, fut admis d'abord dans la compagnie des Indes et obtint ensuite un poste sous Barthélemy, au cabinet des médailles; la révolution le força à fuir. De retour en France, il fut pourvu d'un emploi subalterne à la bibliothèque nationale, et fut enfin, en 1820, appelé à une place de conservateur. On lui doit d'immenses travaux de classement dans cette bibliothèque. Il mourut à Paris le 23 juillet 1832.

DÉMANGER, éprouver une démangeaison. Il ne s'emploie qu'à l'infinitif et aux troisièmes personnes. Fig. et fam.: *Les poings, les mains, les doigts, la langue, les pieds lui demangent*, il a grande envie de se battre, d'écrire, de parler ou d'aller. Fig. et fam.: *Le dos lui démange* se dit d'une personne qui fait tout ce qu'il faut pour qu'on en vienne à la battre. — Prov. et fig. : *Gratter quelqu'un où il lui démange*, faire ou dire quelque chose qui lui plaît et à quoi il est extrêmement sensible.

DÉMANTÈLEMENT, action de démanteler ou l'état d'une place démantelée.

DÉMANTELER, demolir les murailles, les fortificauons d'une ville.

DÉMANTIBULER, rompre la mâchoire. Il n'est plus usité au propre que dans cette phrase : *Il criait à se démantibuler la mâchoire*. Il se dit, figurément et familièrement, en parlant des meubles et autres ouvrages d'art, dont les parties sont ou rompues, ou tellement dérangées qu'ils ne peuvent plus servir.

DÉMAR (madame CLAIRE), Saint-Simonienne, auteur d'un ouvrage intitulé : *Appel d'une femme au peuple sur l'affranchissement de la femme*. Elle se suicida à Paris le 3 août 1833.

DEMARATA, fille d'Hiéron, roi de Sicile, fut mise à mort pour avoir participé à la révolte d'Andranodore, son mari, l'an de Rome.

DEMARATE était de la famille des rois de Sparte; il vint au monde sept mois après le mariage de sa mère avec Ariston, qui dit d'abord que cet enfant n'était pas de lui, mais du précédent mari de sa femme. Ce propos qu'Ariston désavoua du reste par la suite, n'empêcha pas Demarate de lui succéder d'abord, mais après qu'il eut abandonné la cause de Cléomène contre les Athéniens parce qu'il la trouvait injuste, celui-ci pour se venger excita contre lui Leotichydas qui avait des prétentions au trône, et qui mit alors en doute la légitimité de Demarate. L'oracle de Delphe ayant été consulté sur ce point, la Pythie corrompue se déclara contre ce dernier, qui fut détrôné, et se retira auprès de Darius. Plus tard il donna à Xercès d'excellents conseils sur son expédition en Grèce, et donna aussi, à ce que l'on prétend, avis aux Spartiates de cette expédition. Il mourut en Perse laissant une nombreuse postérité.

DEMARATE, exilé de Corinthe, qui vécut à la cour de Philippe, roi de Macédoine.

DEMARATE, auteur, natif de Corinthe, écrivit un *Traité historique de l'Arcadie*, un *Traité des rivières* et une *Histoire de Phrygie*.

DÉMARCATION, action de marquer, de délimiter. Il ne s'emploie guère que dans cette phrase, *ligne de démarcation*, la ligne tracée sur la mappemonde, en 1493, par le pape Alexandre VI qui, de son autorité pontificale, donnait aux Espagnols les terres qu'ils découvriraient à l'ouest de cette ligne, et aux Portugais celles qu'ils découvriraient à l'est. *Ligne de démarcation* se dit, par extension, sur une carte, etc, pour marquer les limites de deux territoires, de deux propriétés.

DÉMARCHE, allure, manière, façon de marcher. — Il s'emploie aussi, figurément, et signifie manière d'agir, de se conduire, ou ce qu'on fait pour la réussite d'une entreprise, d'une affaire.

DEMARCHEXOUSIOS, s. m., (*antiq. gr.*), selon le père Hardouin, nom du cinquième mois de l'année chez les Cypriotes et les Paphiens, l'Encyclopédie l'appelle Demarchexasius.

DÉMARCHIE (δῆμος, peuple, ἀρχεῖν, commander), nom de certaines divisions ou districts du territoire athénien, nommés dêmes, le chef de chacun de ces districts s'appelait Démarque.

DÉMARES (JOSSE), né à Anvers en 1590, entra chez les jésuites de cette ville à l'âge de vingt-deux ans; il professait les lettres grecques et latines; il mourut le 13 décembre 1637 et était alors recteur du collége de Maubeuge. On a de lui un ouvrage où il donne tous les mots grecs empruntés du latin, et un commentaire sur Horace intitulé : *Q. Horatius ad usum et Castos mores juventutis accomodatus cum notis et commentariis brevibus*.

DÉMARÉTION, s. m. (*ant. gr.*), nom de la monnaie que fit frapper Demareta, femme de Gelon, roi de Syracuse, avec l'or d'une couronne de 200 talents, qu'elle avait reçue en présent des Carthaginois.

DÉMARGER, v. a. (*technol.*), déboucher les orifices d'un four de verrerie.

DÉMARIER, séparer juridiquement deux époux. Il s'emploie aussi avec le pronom personnel.

DEMARNE OU DE MARNE, jésuite, né à Douai le 26 novembre 1699, enseigna les belles-lettres à Mons et à Tournay. Ses supérieurs l'envoyèrent à Paris, où les affaires de la province Wallone exigeaient la présence d'un homme habile. Le P. Demarne y resta quatre ans. Il fut ensuite recteur du collége de Nivelles et président de la première congrégation. Il revint ensuite à Paris, puis exerça à Namur la charge de ministre, et se retira ensuite auprès de l'évêque de Liége, Jean Théodore de Bavière. Il mourut le 9 octobre 1756. On a de lui : *Le Martyr du secret de la confession, ou la vie de saint Jean Népomucène, chanoine de l'église métropolitaine de Prague*, et *Histoire du comté de Namur*.

DEMAROON, v. pr. m. (*temps héro.*), roi de Phénicie, qui régna sur ce pays avec Astarté et Adod. Sa mère, faite prisonnière par Cronas, avait été donnée à Dagon.

DÉMARQUE, habitant de Parrhasie, ville d'Arcadie, fut changé en loup pour avoir mangé d'une victime humaine immolée à Jupiter Lycien. Les Grecs prétendaient que dix ans après il recouvra sa première forme, et qu'il fut vainqueur aux jeux olympiques. On raconte à peu près la même aventure de Lycaon.

DÉMARQUE) *archéol.*), magistrat de l'Attique, chef d'une des démarchies.

DÉMARQUER, ôter une marque. — **DÉMARQUER** est aussi neutre, et se dit, en termes de manége, d'un cheval qui ne marque plus l'âge qu'il a.

DÉMARQUER, v. n. Il se dit d'une manière de jouer, principalement au billard, dans laquelle un des deux adversaires consent à perdre ce qu'il a déjà quand l'autre prend un ou plusieurs points.

DÉMARRAGE (*t. de marine*), déplacement d'un navire, soit qu'on le démarre du poste qu'il occupe dans un port, ou que la force du vent, du mauvais temps fasse rompre ses amarres.

DÉMARRER (*t. de marine*), détacher ce qui est amarré, défaire un amarrage. Il est aussi neutre, et se dit proprement des navires qui partent du port. Il se dit également d'un navire qui rompt ses amarres par accident. Il signifie, par extension et familièrement, quitter une place, un lieu. Dans ce sens on l'emploie surtout avec la négation.

DEMARS, traducteur *des épidemiques* d'Hippocrate, mort en 1707.

DEMARSEAU (**GILLES**), graveur, naquit à Liége en 1739. Il perfectionna l'invention de François, qui consistait à imiter par la gravure les dessins au crayon. Il réussit en ce genre, au point qu'il est souvent difficile de distinguer ses gravures des dessins eux-mêmes. Il obtint une pension du roi, et l'Académie de peinture le reçut pour sa gravure de *Lycurgue blessé dans une sédition*, d'après Cousin. On a de lui près de 500 pièces, d'après Sullart, Raphaël, Vanloo, Foucher, etc., et diverses études imitant plusieurs crayons. Il mourut à Paris en 1776.

DEMARSEAU (**GILLES-ANTOINE**), élève et neveu du précédent, a aussi gravé un grand nombre d'études d'après divers maîtres, et quoiqu'il soit resté inférieur à son oncle, il est loin d'être sans mérite. Il est mort jeune, vers 1806.

DÉMASQUER, ôter à quelqu'un le masque qu'il a sur le visage. Il signifie figurément, faire connaître quelqu'un pour ce qu'il est; dévoiler, mettre en évidence la conduite secrète, les intentions cachées de quelqu'un. Il s'emploie avec le pronom personnel, dans l'un et dans l'autre sens. Fig., en termes de guerre, *démasquer une batterie*, découvrir une batterie auparavant cachée, et la mettre en état de tirer.

DÉMASTIQUER, v. a. (*technol.*), détacher une chose qui était retenue par du mastic, enlever le mastic qui tenait une chose attachée.

DÉMATAGE (*t. de marine*), action de démâter.

DÉMATER, ôter les mâts d'un bâtiment. Il signifie aussi rompre, abattre les mâts d'un vaisseau, d'un navire. Il se dit, au neutre, d'un bâtiment qui est démâté par la tempête.

DÉMATEMENT, s. m. (*marine*), action d'ôter les mâts d'un navire.

DEMATIUM (*bot.*). Champignons byssoïdes, sans forme déterminée, droits ou déprimés, presque fasciculés ou étalés, composés de filaments lisses qui ne sont point entremêlés. M. Persoon a établi ce genre aux dépens du genre Byssus, de Linné. M. Decandolle a de nouveau réuni ce genre aux Byssus. (*V.* ce mot.)

DEMAUGRE (**JEAN**), né à Sédan, le 28 février 1714, fils d'un capitaine de la milice frontière. Il étudia d'abord au collége des jésuites. Les dispositions que ceux-ci remarquèrent en lui, leur firent désirer de le voir faire partie de leur ordre; il s'y décida et alla faire son noviciat à Pont-à-Mousson, et enseigna ensuite les humanités à Metz. Il quitta les Jésuites cinq ans après, fut d'abord vicaire à Balant, près de Sédan, puis curé de Chouvency, dans le duché de Luxembourg, et peu après il passa à la cure de Givet, où il se livra à l'éloquence de la chaire. Il réussit à intéresser par ses discours les soldats de la garnison, qui venaient en foule à ses sermons. Il fit plus tard un recueil de fragments de ses prêches, qu'il intitula *le Militaire chrétien*. Il quitta Givet pour la cure de Gentilly, qui le rapprochait d'un de ses frères, qui habitait Paris, puis il passa au prieuré de Châblis. La révolution vint troubler les dernières années de sa vie, qu'il se proposait de finir à Ivoy-Carignan, où il s'était retiré; il fut forcé de se réfugier dans le Luxembourg. De retour à Ivoy-Carignan, il fut arrêté; mais cette affaire n'eut pas de suites fâcheuses. Il mourut dans cette dernière ville en 1801, âgé de quatre-vingt-sept ans. On a de lui plusieurs pièces de poésies, en latin et en français, dont une, dans la première de ces langues, dans laquelle il décrit le jeu de wiski, celui de reversi; les psaumes de David, mis en vers latins, et quelques oraisons funèbres. L'abbé Demaugre avait une originalité d'esprit qui se retrouve dans tous ses ouvrages.

DEMAUTORT (**JACQUES-BENOIT**), né à Abbeville le 27 mai 1745, vaudevilliste, auteur de plusieurs comédies, entre autres *le petit Sacristain*. Il est mort à Paris le 10 octobre 1819.

DEMAVEND, montagne d'Asie (*Perse*), sur la limite des provinces de Mazandéran et de Tabaristan. C'est le pic le plus élevé des monts Elbours. Il a 500 toises au-dessus des monts environnants, et 12 à 13,000 toises au-dessus de la plaine de Téhéran.

DEMBÉA, lac d'Abyssinie (*Amhara*). Comme tous les lacs de la zône torride, il change d'étendue selon les saisons. Communément il a 25 lieues de long sur 15 de large, et 160 lieues de circuit; il renferme à peu près une douzaine d'îles; la plus grande, nommée Dek ou Daya, a une prison d'Etat. Le Bahr-el-Azrek la traverse sans mêler ses eaux à celles de ce vaste bassin, et court de là fertiliser la partie occidentale de l'Abyssinie.

DEMBÉA, province d'Abyssinie (*Amhara*). C'est un pays très fertile; il est bien cultivé et renferme les villes de Faggora, Emfras et Gondear; celle-ci en est le chef-lieu.

DEMBOWSKI (**LOUIS-MATTHIEU**), né à Gora (duché de Varsovie) en août 1769, entra dans le régiment de la couronne dont son père était colonel. Après la guerre contre la Russie à laquelle il prit une part active, il se réfugia en France, au service de laquelle il entra en qualité d'officier d'état-major, attaché à l'armée des Alpes. Promu au grade de chef de bataillon, il se distingua beaucoup en Italie et surtout au combat de Vérone (1799) où il fut nommé chef de la légion, et fit ensuite partie de l'armée des Grisons, suivit Rochambeau à Saint-Domingue, revint en France, fit les campagnes de 1806 et 1807 en Prusse et en Pologne, et passa en Espagne où il s'illustra dans plusieurs combats, et surtout à la retraite d'Arroyo-Molinos qu'il commanda. Il fut appelé en 1812 à l'armée de Russie, où il devait commander une division, mais il fut tué à Valladolid dans un duel le 12 juillet 1812.

DEMBOWSKI (**JEAN**), frère du précédent, prit ainsi que lui une part des plus actives à la guerre contre la Russie, et vint se réfugier en France où il fut un des membres du comité Polonais établi à Paris. Ce comité l'envoya à Constantinople en même temps que celui de Venise envoyait aussi son délégué pour exciter le divan à prendre les armes contre la Russie. Leurs efforts furent sans résultat, et Dembowski revint à Paris, obtint l'autorisation de former une légion polonaise, et fit avec elle les campagnes d'Italie pendant lesquelles il se distingua beaucoup. Après que la légion eut été dissoute, il fut, en 1808, employé dans l'armée d'Illyrie, et fit ensuite partie de l'expédition d'Espagne. Devenu général de brigade en 1810 il fut investi du commandement du Tyrol méridional et passa ensuite à la grande armée de Russie. Il repassa en Italie en 1813, commanda la place de Milan, fut gouverneur de Ferrare, puis à la chûte de l'empire il se retira dans la famille de sa femme et mourut en 1823. Sa veuve, Mathilde Visconti, fut impliquée en 1821 dans une conspiration contre l'autocrate et mourut en 1825.

DEMBOWSKI (**IGNACE**), de la même famille, auteur d'une traduction polonaise de la *Henriade* de Voltaire.

DEMBOWSKI (**J.-J.**), auteur de deux tragédies; *Wanda* et *le comte de Tyniec*.

DEMBOWSKI (**SÉBASTIEN**), commissaire dans le palatinat de Cracovie, publia en 1791 quelques écrits sur les affaires de son pays.

DEMBARRÈRE (JEAN-LECOMTE), général français, né à Tarbes le 3 juillet 1747, entra à l'école de Mézières en 1768, ingénieur en 1770, il fut nommé capitaine en 1777; il était commandant en chef du génie en 1792 lorsqu'il fut appelé à l'armée du Nord. Il prit une large part de gloire dans la belle défense de Valenciennes; et, promu au grade de général de brigade, il servit quelque temps en Vendée, et passa ensuite à l'armée d'Italie où il eut le commandement en chef du génie : il contribua puissamment à la défense de la Provence contre les Autrichiens, et dirigea les fortifications sur toute la ligne et surtout celles du pont du Var. Nommé commandant de la Légion-d'Honneur à la première promotion, il continua à servir jusqu'en 1805, époque à laquelle il fut nommé sénateur. En 1814, il signa la déchéance de Napoléon, et fut créé par le roi chevalier de Saint-Louis et pair de France. Privé de fonctions pendant les cent-jours, il fit de nouveau partie de la Chambre des pairs après la deuxième restauration, fut fait comte, et mourut au commencement de 1828.

DÊME, δῆμος. On donnait ce nom à certains cantons de l'Attique, ayant chacun leur bourg, leurs temples, leurs dieux, leurs magistrats et leurs lois particulières avant que Thésée les eût réunis sous un même gouvernement.

DÉMÊLAGE, s. m. (*technol.*), action de démêler la laine pour la rendre apte à être filée. On donne aussi ce nom à l'opération du brassage, dans la fabrication de la bière.

DÉMÊLÉ, querelle, contestation, débat.

DÉMÊLÉE, s. f. (*construct.*), espèce d'ardoise.

DÉMÊLEMENT, s. m., action de démêler; fig., dénouement. Madame de Sévigné l'a employé dans ce dernier sens.

DÉMÊLER, séparer des choses qui sont mêlées ensemble. Prov. et fig., *démêler une fusée*, débrouiller une intrigue, une affaire. — DÉMÊLER, signifie aussi figurément, apercevoir, reconnaître une chose confondue avec d'autres. Il signifie également discerner. En termes de chasse, *démêler les voies de la bête*, distinguer les nouvelles traces d'avec les anciennes. — DÉMÊLER, signifie encore figurément, débrouiller, éclaircir. Fig. et fam., *il n'est pas aisé à démêler*, se dit de quelqu'un dont il n'est pas aisé de connaître le caractère, les vues, les projets. — DÉMÊLER, signifie aussi contester, éclaircir, débattre. — Il s'emploie, avec le pronom personnel, dans le sens de se débrouiller, tant au propre qu'au figuré. — Il signifie, en outre, figurément, se tirer, se dégager de.

DÉMÊLER, v. a., *démêler la voie* (*vénér.*), trouver la voie du cerf couru quand elle est confondue avec celle d'autres cerfs. *Démêler*, en terme de foulonnier, remettre et fouler l'étoffe à l'eau chaude après l'avoir retirée de la pile quand elle est dégraissée.

DÉMÊLEUR, s. m. (*technol.*), celui qui fait le démêlage, ouvrier briquetier qui corroie la terre.

DÉMÊLOIR, machine ou instrument qui sert à démêler. Il se dit particulièrement d'une sorte de peigne à grosses dents, fort séparées, qui sert à démêler les cheveux.

DÉMEMBREMENT, DÉMEMBRER, c'est séparer les uns des autres les membres d'un corps. Au figuré, c'est séparer un corps politique en plusieurs parties, en retrancher une ou plusieurs pour les joindre à un autre corps ou pour en faire un corps distinct. En conséquence, *démembrement* signifie la dissolution ou le morcellement d'un corps politique, le démembrement à lieu de trois manières : 1° par la ruine d'un empire trop étendu pour se soutenir, au moyen de ses propres forces, lorsqu'il n'a pas à sa tête un grand homme, et qui, travaillé par des maux intérieurs, arrive à se partager en différentes souverainetés, sans passer par la conquête étrangère : de cette espèce a été le démembrement de l'empire d'Alexandre et de Charlemagne; 2° par la conquête étrangère, par l'arrivée de nouveaux peuples qui fondent, avec ses débris, des états nouveaux ; de ce genre a été le démembrement de l'empire romain ; 3° par la réunion, contre un seul état, de plusieurs puissances voisines qui l'écrasent et se partagent ses provinces, sans laisser subsister sa nationalité : tel a été le dernier partage de la Pologne. Presque toujours les causes du démembrement d'un empire, agissent simultanément, mais rarement elles ont une force égale. Ainsi l'empire Romain et la Pologne, usés également par leur constitution intérieure, ont succombé dans l'attaque étrangère; l'empire de Charlemagne a été partagé entre ses enfants et ses officiers, mais il n'est pourtant devenu la proie ni des Hongrois, ni des Sarrazins, ni des Normands, si ce n'est en petite proportion. — DÉMEMBRER UN FIEF, c'était en détruire l'unité et l'intégrité, et en former plusieurs fiefs tenus également chacun en hommage séparé. Ce démembrement avait lieu : 1° quand le vassal vendait les dépendances de son fief, sans retenir aucun droit ni aucune supériorité sur la partie aliénée ; 2° quand il remettait à ses vassaux, qui possédaient les arrière-fiefs, ou à ceux qui possédaient des censives dans sa mouvance, le droit qu'il avait sur eux ; 3° quand le vassal permettait à ses arrière-vassaux de posséder leurs fiefs en franc aleu, ou qu'il les cédait à d'autres seigneurs. C'était donc démembrer son fief que d'en retrancher des membres, et porter préjudice au seigneur dominant, qui n'eût plus été reconnu et qui n'aurait plus eu d'*homme* qui pût lui prêter foi pour les choses ainsi démembrées. Enfin, c'était démembrer son fief que de le diviser de telle sorte que d'un fief on en fit plusieurs, à moins que la division du fief ne fût faite de manière que ses diverses parties formassent toutes ensemble un seul et même sujet. DÉMEMBRER UNE JUSTICE, c'était en créer une avec réserve du ressort. Les seigneurs féodaux, hauts-justiciers, de quelque qualité qu'ils fussent, ne pouvaient créer ni concéder les droits de justice, de châtellenie et autres semblables, à leurs vassaux, dans leurs fiefs, sans l'autorité du roi, parce que c'était là un droit de souveraineté incommunicable et indépendant.

A. S. R.

DÉMEMBRÉ ÉE, part. (blason). Il se dit des oiseaux qui sont représentés sans pieds et sans cuisses. Il se dit encore des animaux dont les membres sont séparés.

DÉMEMBRER, arracher, séparer les membres d'un corps, le mettre en pièces. — Il signifie figurément, diviser, séparer les parties d'un tout considérable; détacher, retrancher quelque partie de ce qui forme une espèce de corps.

DÉMÉNAGEMENT, action de déménager; transport de meubles d'une maison à une autre où l'on va loger.

DÉMÉNAGER, ôter, retirer ses meubles d'une maison que l'on quitte, pour les transporter dans une autre où l'on va s'établir. — Il se dit aussi neutralement. Il signifie quelquefois, figurément et familièrement, sortir du lieu où l'on est; et cela ne se dit guère que d'une personne contrainte de se retirer. — Fig., et fam., *sa raison, sa tête déménage*, se dit en parlant d'un vieillard qui tombe en enfance.

DÉMÉNAGER, v. a et n. prov. *On n'est jamais si riche que quand on déménage.* On trouve toujours alors quelque meuble qu'on ne croyait point posséder.

DEMENCE. C'est une faiblesse ou une aliénation d'esprit qui ôte à celui qui en est attaqué l'usage de sa raison. — La démence est une cause d'opposition au mariage de la part des collatéraux. Cod. civ., art. 174. Elle donne lieu à l'interdiction, même lorsque cet état de démence présente des intervalles lucides. *Ibid.*, art. 489. Le Code pénal décide qu'il n'y a ni crime ni délit lorsque le prévenu d'un crime était en démence au temps de l'action. *Ibid.*, art. 64. — Il se dit par exagération, en parlant d'une démarche, d'une action, d'une conduite qui indique de la déraison, de l'extravagance.

DÉMENCE (*sciences médicales*). (*V.* FOLIE.)

DÉMENÉ, ÉE (*anc. juris.*), réglé, *démené forain* ou *démené de forain*, réglé par la loi des forains. On ne pouvait arrêter un bourgeois forain de la ville de Lille ou saisir ses biens, *avant que lui et lesdits biens fussent démenés de forain.*

DÉMÈNEMENT, s. m. *Démènement de forain* (*anc. cout.*), moyen qu'on employait à Lille contre un bourgeois forain pour le soustraire à la juridiction échevinale; l'action de *démènement n'avait pas lieu contre les bourgeois de l'intérieur de la ville.* On distinguait le *démènement pour arrêter, et le démènement pour saisir.*

DÉMENER (SE), se débattre, s'agiter, se remuer violemment. Il signifie figurément, se donner beaucoup de mouvement pour quelque chose. Dans les deux sens il est familier.

DÉMÉNÈTE, adj. m. (*myth. g.*), surnom d'Esculape, tiré du nom de celui qui le premier lui avait élevé un temple. DÉMENÈTE, v. pr. m. Arcadien qui fut changé en loup pour avoir mangé de la chair humaine.

DÉMENTI, parole, discours par lequel on dit à un homme qu'il en a menti. — Il se dit quelquefois des choses qui se trouvent contraires à une assertion, à une conjecture, etc. — Il signifie figurément, dans le langage familier, le désagrément qu'on éprouve en échouant dans une entreprise, dans une tentative dont on avait le succès à cœur.

DÉMENTIR, dire à quelqu'un, ou de quelqu'un qu'il a menti, soutenir qu'il n'a pas dit vrai. Il signifie, également, nier la vérité, l'exactitude de quelque fait, le déclarer faux, supposé, controuvé, etc. — *Démentir sa promesse*, ne pas tenir sa promesse. — DÉMENTIR, avec le pronom personnel, se contredire soi-même ou l'un l'autre. — Il signifie aussi manquer à sa parole. — Il signifie encore s'écarter de son caractère, de ses principes. — Il se dit également, en sens moral, des choses qui ne cessent ou ne continuent pas d'être ce qu'elles étaient.

DÉMÉRARY, rivière de la Guyanne hollandaise, à une lieue E. d'Essequibo; ses bords sont très fertiles.

DÉMÉRARY, province de la Guyanne anglaise, arrosée par la rivière de ce nom, bornée au S. par la Guyanne française, au N. par l'Atlantique, à l'E. par la Berbice, à l'O. par l'Essequibo. Elle produit du café, du riz, du sucre, du cacao. Chef-lieu Essequibo.

DÉMÉRITE, ce qui peut attirer l'improbation, ce qui nous expose à perdre la bienveillance de quelqu'un.

DÉMÉRITER, faire quelque chose qui prive de l'estime, de la bienveillance, de l'affection de quelqu'un. Il signifie particulièrement, dans le dogmatique, faire quelque chose qui prive de la grâce de Dieu.

DEMERVILLE (DOMINIQUE), né en 1767 dans le Bigorre, fut en 1794 employé au comité de salut public, par la protection de Barrère, son compatriote, dont il était le secrétaire. Il conserva même, après le 18 brumaire, ses anciennes opinions, et devint un des chefs de la conspiration de Ceracchi et Diana. Il fut arrêté et mis en accusation avec ses complices, et fut condamné à mort et subit sa peine le 31 janvier 1801.

DEMESMAY (JEAN-ANTOINE-MARIE), magistrat, né à Dôle le 15 août 1751. Il fut élu en 1780 conseiller au parlement de Besançon; secrétaire de la chambre de la noblesse aux états de la province en 1788, il s'y montra zélé défenseur des priviléges et s'attira ainsi la haine générale; plus tard, en 1789, lors d'une nouvelle assemblée, des troubles éclatèrent, Demesmay abandonna son château pour s'enfuir, la multitude y pénétra, et un baril de poudre qui se trouvait dans la maison ayant pris feu, trois personnes furent tuées. On attribua cet accident à un crime; mais son innocence fut reconnue. Cependant il fut arrêté encore une fois en 1793 et échappa à la mort lors du 9 thermidor. Il se retira alors dans son pays où il mourut dans un état voisin de l'indigence le 9 août 1826.

DEMESTE (JEAN), docteur en médecine et chirurgien-major des troupes de l'évêque, prince de Liége; il s'occupa beaucoup de chimie, et émit, à propos de cette science, les idées les plus bizarres qui lui plaisaient à cause de leur bizarrerie même; il publia même sur ce sujet et dans ce sens un ouvrage intitulé : *Lettres au docteur Bernard sur la chimie, la docimasie, la cristallographie, la lithologie, la minéralogie et la physique en général.* — Il exerça du reste son art avec un zèle et un désintéressement des plus louables, et mourut à Liége, sa ville natale, le 20 août 1783. Il n'avait à cette époque que trente-huit ans.

DÉMESURE (A), loc. adv. Il se disait anciennement pour à l'excès.

DÉMESURÉ, ÉE, qui excède la mesure ordinaire. — Il se dit figurément, en sens moral, pour extrême, excessif.

DÉMESURÉMENT, d'une manière démesurée, excessive.

DÉMÉTER (on le fait venir de δῆ, pour γῆ, terre et μήτηρ, mère), surnom de Cérès.

DÉMÉTRIADE (*géog. anc.*), ville de Thessalie vers l'O. dans la Phthiotide, sur le golfe Pélasgique, fondée par Démétrius Polyorcète.

DÉMÉTRIADE, ville de la Sicyonie auprès de Sicyone. D'après les conseils de Démétrius Polyorcète, les Sicyoniens eux-mêmes abandonnèrent leur ville pour bâtir celle-ci dans le voisinage de l'ancienne.

DÉMÉTRIADE (*kerkout*), ville de l'Assyrie.

DÉMÉTRIADE (*akkar*), ville de Syrie dans la Phénicie, au bord de la mer.

DÉMÉTRIADE (*archéol.*), nouvelle tribu athénienne qui fut, en même temps que la tribu Antigone, ajoutée par honneur aux dix tribus anciennes, lorsque Démétrius Polyorcète rendit au nom de son père, Antigone, la liberté aux Athéniens.

DÉMÉTRIES, fêtes grecques en l'honneur de Cérès Déméter. Ceux qui les célébraient se frappaient avec des fouets composés d'écorces d'arbres. Les Athéniens célébraient aussi une fête de ce nom en l'honneur de Démétrius Polyorcète.

DÉMÉTRIANUS ou **DEXTRIANUS** fut un des architectes les plus remarquables du temps d'Adrien; son œuvre la mieux constatée, est le déplacement de la statue colossale en bronze de Néron, qui avait, selon Suétone, cent-vingt pieds romains. Il la fit transporter, de la Voie sacrée au devant du Colysée, au moyen de vingt-quatre éléphants.

DÉMÉTRION, nom que les Athéniens donnèrent à leur mois de Munychion, en l'honneur de Démétrius Polyorcète, roi de Macédoine.

DÉMÉTRIULE ou **DÉMÉTRULE**, s. f. (*ant. gr.*), hymne en l'honneur de Cérès.

DEMETRIUM ou **DEMETRIUS**, port de l'île de Samothrace sur la côte septentrionale.

DEMETRIUM, ville de Thessalie près du golfe Pélagique. (*V.* DÉMÉTRIADE.)

DÉMÉTRIUS. Ce nom fut porté par un sculpteur, un peintre, dont parle Diogène Laërce comme d'un homme très éloquent, et un architecte qui vivait vers la 95e olympiade, et qui termina, de concert avec Paonius d'Éphèse, le temple de Diane dans cette dernière ville. Le premier a dû vivre vers la 108e olympiade (343 ans avant J.-C.). Il fit une statue de Lysimachès, prêtresse de Minerve, et une autre de cette déesse, qui est son plus remarquable ouvrage, et qu'on nomma la musicienne à cause du son harmonieux que rendaient, quand on les frappait, les têtes de serpents qui faisaient partie de ses attributs. Ces trois artistes étaient Grecs.

DÉMÉTRIUS POLYORCÈTES, c'est-à-dire Démétrius le preneur de villes, était fils d'Antigone, l'un des généraux d'Alexandre qui, après la mort de ce prince, se partagèrent l'empire asiatique qu'ils l'avaient aidé à conquérir. Il avait vingt-deux ans quand son père l'envoya défendre la Syrie contre Ptolémée; son début ne fut pas heureux, car il fut complètement battu à Gaza; mais il répara cet échec en surprenant Cillée, général de Ptolémée, qu'il fit prisonnier avec sept mille hommes. Il ne réussit pas non plus dans une expédition contre les Arabes nabathéens et dans une autre contre les Arabes ioniens qui s'étaient révoltés en faveur de Séleucus. — Sur ces entrefaites, Cassandre, fils d'Antipater, après avoir renversé le vieux Polysperchon, auquel son père avait laissé la régence de la monarchie macédonienne, s'était emparé de toute la Grèce; un nouveau partage des États d'Alexandre eut lieu entre Antigone, Ptolémée, Lysimaque et Cassandre; une des principales conditions de leur traité était la liberté de la Grèce, dont la possession était trop importante pour la laisser à Cassandre; celui-ci ne se pressant pas d'exécuter cette condition, Démétrius alla lui-même en Grèce pour l'y contraindre; il arriva à Athènes, proclama la liberté du peuple en s'appuyant sur l'escadre qu'il avait amenée, et fit conduire à Thèbes Démétrius de Phalère qui y commandait pour Cassandre.

Les Athéniens alors témoignèrent leur reconnaissance au fils d'Antigone avec leur exagération accoutumée; ils élevèrent Démétrius et son père au rang des dieux, et lui rendirent toutes sortes d'honneurs. Là Polyorcète épousa Eurydice, de la famille de Miltiade, quoiqu'il fut déjà marié à Phila, fille d'Antipater; mais il paraît que dans ce temps la polygamie était permise chez les Macédonniens, qui avaient pris cet usage des Perses. L'affranchissement de la Grèce n'était pas encore complet quand il fut rappelé en Asie par Antigone qui était toujours en guerre avec Ptolémée. Il remporta deux victoires navales complètes, l'une sur Ménélas, général de ce prince, l'autre sur ce dernier en personne. Il conquit alors l'île de Chypre, et essaya de s'emparer de l'Egypte où régnait Ptolémée, mais il ne put y réussir. Il échoua également dans l'expédition qu'il tenta pour se rendre maître de Rhodes; les Rhodiens résistèrent à ses armes et à ses efforts comme ils avaient résisté aux belles promesses d'Antigone. Pendant ce dernier siége, les Athéniens et d'autres peuples de la Grèce, vinrent lui demander secours contre Cassandre; il se rendit aussitôt en Grèce, après avoir traité avec Rhodes, força Cassandre à lever le siége d'Athènes, délivra l'Attique et la Béotie de la domination de ce prince, et Sicyonne de celle qu'y exerçait Ptolémée. Il prit ensuite Corinthe et Argos, où il épousa Déïdamie, sœur de Pyrrhus; il fut alors proclamé général de toutes les forces de la Grèce. Pendant le cours de cette expédition, il venait de temps en temps se délasser à Athènes. Les Athéniens trouvèrent encore à enchérir sur les honneurs qu'ils lui avaient déjà rendus; ils montrèrent tant de bassesse qu'ils se rendirent méprisables même aux yeux de celui pour lequel ils les commettaient. — Cependant tous ces succès furent cause de la ruine d'Antigone et de Démétrius; Cassandre, Lysimaque, Ptolémée et Séleucus, alarmés de leurs progrès, formèrent contre eux une lutte formidable, et les vainquirent à la bataille d'Ipsus (299 ans av. J.-C.). Antigone trouva la mort dans ce combat. Démétrius s'échappa alors avec 9,000 hommes, tant de cavalerie que d'infanterie. Il alla d'abord à Éphèse, puis à Chypre, et de là en Grèce. Les Athéniens se refusèrent alors à le recevoir, et, sur sa demande, lui envoyèrent ses vaisseaux. Abandonné de toutes ses villes, il se réfugia dans la Chersonnèse, et ravagea les états de Lysimaque pour faire subsister son armée. A cette époque, Séleucus lui demanda sa fille Stratonice, et il s'empressa d'accepter une alliance si avantageuse. Il revint en Grèce, et échoua contre Athènes dans une première tentative, mais s'en rendit maître quelque temps après en l'affamant, et traita les Athéniens beaucoup mieux qu'ils ne devaient s'y attendre. Il se préparait à s'emparer du Péloponèse, après avoir vaincu Archidamus, roi de Sparte, quand il fut appelé en Macédoine par les fils de Cassandre, Antipater et Alexandre, qui se disputaient la couronne. A son arrivée un partage avait fait cesser leurs différents; mais comme il retournait dans le Péloponèse, il fit assassiner Alexandre, qui l'avait accompagné jusqu'à Larisse. Les uns disent que ce meurtre prévint celui que la victime méditait contre lui; les autres nient ce fait, et attribuent ce crime à l'ambition. Quoiqu'il en soit, Démétrius, après avoir dépouillé Antipater, se fit reconnaître roi de Macédoine. Il possédait alors la Thessalie, la Macédoine et une grande partie de la Grèce. Cependant la Béotie ne lui obéissait pas encore. Il alla assiéger Thèbes, finit par la prendre, et entreprit bientôt de nouvelles guerre contre les Etoliens et l'Epire, ou régnait Pyrrhus. — Alors plus que jamais les Athéniens lui rendirent des honneurs; ils le mettaient audessus des dieux; alors aussi de nouveaux revers allaient l'accabler. Il mécontenta les Macédoniens par ses hauteurs, et s'apercevant de leurs mauvaises dispositions à son égard, il voulut les distraire par des expéditions lointaines. Il conduisit une armée en Asie; mais pendant ce temps Pyrrhus, qui précédemment avait déjà entrepris une expédition heureuse sur la Macédoine, la renouvela, aidé cette fois de Séleucus, de Ptolémée et de Lysimaque, et réussit encore mieux que la première fois. Démétrius revint en toute hâte, attaqua Pyrrhus; mais ce fut en vain; ce dernier fut proclamé roi, et le banni se réfugia en Grèce. Cependant il n'avait pas abandonné le goût des conquêtes et des entreprises hasardeuses; il passa encore une fois en Asie avec 11,000 soldats. Il obtint d'abord des avantages très brillants, prit Sardes et d'autres villes; mais bientôt il fut forcé de se retirer dans la Haute-Asie, devant la nombreuse armée d'Agathoclès, fils de Lysimaque; là, les maladies et les privations diminuèrent son armée. Il trouva pourtant un asile dans les état de Séleucus; mais peu de temps après il s'irrita des prudentes précautions que ce dernier prenait contre lui; il ravagea le pays, et Séleucus fut forcé d'envoyer des troupes pour s'opposer à ces dégâts. Cette première armée eut d'abord le dessous; mais lorsque son roi lui-même lui commanda, elle vainquit d'autant plus facilement, qu'une défection générale mit Démétrius aux abois. Ce malheureux prince fut forcé de se rendre à son gendre, qui lui donna un revenu considérable et une suite d'hommes à son choix, mais le fit garder à vue. Dès lors Démétrius se livra à la débauche, qu'il avait toujours aimée, et ses excès, joints à la cessation de sa vie active, lui causèrent une maladie dont il mourut. l'an 283 avant J. C., âgé de cinquante-quatre ans, laissant quatre fils qu'il avait eus de quatre femmes différentes. — On a de lui quelques médailles qu'on attribue aussi à Démétrius II.

DÉMÉTRIUS II, fils d'Antigone Gonatus, montra dès sa jeunesse beaucoup de valeur. Son père lui dut sa couronne, qu'à force de prudence et d'exploits, il reconquit sur Alexandre, fils de Pyrrhus, qui s'en était emparé; il conquit même l'Epire sur celui qu'il chassait de Macédoine, et remit Antigone en possession de ses états. Il lui succéda l'an 241 avant J. C. Malgré les talents militaires qu'il avait déployés dans sa jeunesse, il ne voulut pas devenir un conquérant, et il aima la paix, qui ne fut troublée sous son règne que par une guerre qu'il fut forcé de faire aux Achéens, qui furent vaincus. Il fit alliance avec Olympias, femme d'Alexandre d'Epire, qui venait de mourir. Elle était régente de ses deux fils, et avait alors besoin de secours contre les Atoliens. Pour déterminer Démétrius à entrer dans ses intérêts, elle lui proposa sa fille Phthia, qu'il épousa après avoir répudié la fille du roi de Syrie, Antiochus II. Démétrius mourut l'an 231 avant J. C., après avoir régné dix ans.

DÉMÉTRIUS, petit-fils du précédent, était fils de Philippe V. Après la défaite de son père, à Cynocéphale, par Q. Flaminius, il fut emmené comme ôtage à Rome, et ce ne fut qu'à cause de ce jeune prince, qui avait la bienveillance des Romains, que le sénat rendit une décision favorable à Philippe, lorsqu'il fut accusé par plusieurs villes grecques de faits aussi nombreux que graves. Ce fait, qui aurait dû valoir à Démétrius la reconnaissance de son père, ne fit que causer la jalousie de ce prince et celle de son fils Persée. Ce dernier calomnia tellement son frère auprès de leur père, que ce roi inepte, faible et cruel, le fit mourir; se préparant ainsi des remords qui ne tardèrent pas à l'entraîner lui-même au tombeau.

DÉMÉTRIUS Ier (**SOTER**), roi de Syrie, était fils de Séleucus IV, Philopator, fut privé de la couronne à la mort de son père par son oncle Antiochus Epiphane, qui avait été envoyé en ôtage à Rome après la défaite de son père, Antiochus-le-Grand, près de Magnésie; il arriva en Syrie par suite d'un échange entre lui et Démétrius, par Séleucus IV, au moment même où ce dernier mourait, et il s'empara de la couronne au préjudice de son neveu, qui pendant ce temps tenait sa place à Rome. A la mort de l'usurpateur, Démétrius, qui avait alors vingt-trois ans, réclama contre l'élection de son cousin Antiochus Eupator, fils d'Epiphane. Ce jeune prince n'était âgé que de neuf ans, et sa trop grande jeunesse favorisait les raisons de son compétiteur pour demander son exclusion du trône. Mais l'intérêt de Rome l'empêcha de se rendre à ces raisonnements; elle préféra un roi enfant qu'elle dirigerait, à un homme fait qui l'inquiéterait peut-être. Démétrius voyant qu'il n'était pas écouté, s'échappa de Rome secrètement, passa en Syrie, et parvint à s'y faire reconnaître seul souverain. Le jeune Eupator et son tuteur furent massacrés; mais il paraît que son rival doit être absous de ce meurtre. Il s'agissait alors de se faire reconnaître par les Romains. Des négociations furent ouvertes à cet effet; et enfin la fière république donna son approbation, et répondit aux ambassadeurs Syriens que « Démétrius serait l'ami des Romains tant qu'il leur serait aussi soumis qu'il l'aurait été pendant son séjour à Rome. » C'est sous Démétrius que les frères Machabées parvinrent, à force de valeur, à soustraire leur pays à la domination de la Syrie. Démétrius porta ensuite la guerre contre Ariarathe, roi de Cappadoce, qui lui avait refusé sa sœur Laodice. Il le détrôna; mais bientôt le vaincu se ligua avec Attale, roi de Pergame, et Ptolémée Philomator, roi d'Egypte. Ces trois princes suscitèrent au roi de Syrie un rival dans la personne d'Alexandre Bala, qu'Héraclide, ennemi personnel de Démétrius, présenta comme un fils d'Antiochus Epiphane. Cet imposteur, soutenu par l'armée des trois rois ligués, par l'approbation du sénat Romain, et par Jonathas, prince des Juifs, entra en Syrie. En vain Démétrius s'arracha aux voluptés auxquelles il se livrait tout entier depuis quelque temps; en vain il obtint des avantages dans un premier combat, la fortune finit par l'abandonner, et il fut tué au milieu de la mêlée, après des prodiges de valeur. Cet évènement arriva vers l'an 150 avant J. C. Il avait régné onze ans. Son titre de Soter lui venait de ce qu'il avait délivré les Babyloniens de la pesante tyrannie d'Héraclide et de Timarque. Il avait fait mourir celui-ci, avait exilé l'autre, et c'est ce fait qui lui avait attiré la haine du premier.

DÉMÉTRIUS II (MICATOR), fils du précédent, avait d'abord été envoyé à Rome par son père qui pensait que ce jeune prince obtiendrait l'amitié du sénat romain; mais la puissante république, mécontente de la conduite du père qui avait pris la couronne de Syrie sans son consentement, reçut froidement le fils; celui-ci revint alors vers Démétrius. Lors de la révolte d'Alexandre Bala, le jeune Démétrius II avait été envoyé avec son frère, Antiochus (Evergètes), à Cnide afin qu'ils fussent à l'abri des résultats défavorables qui pourraient advenir de cette sédition. — Cependant la tyrannie de l'usurpateur Bala, étant devenue odieuse aux Syriens, ceux-ci se révoltèrent et appelèrent le jeune Démétrius, qui, aidé de quelques troupes auxiliaires entra dans la Cilicie. Il se préparait à marcher sur Antioche, quand Alexandre obtint le secours de Ptolémée, son beau-père, roi d'Égypte; la position du prétendant devenait critique, quand un complot contre la vie de Ptolémée, ayant été découvert par celui-ci, le jeta dans le parti de Démétrius. Dès lors, le nombre de ses partisans s'augmenta rapidement; il épousa la fille de son alliée Cléopâtre, qui était déjà la femme d'Alexandre Bala, et il fut proclamé roi après que Ptolémée eut répondu de sa conduite à venir. Peu après, il se vit débarassé d'Alexandre Bala qui, vaincu par les armes des rois de Syrie et d'Égypte, se réfugia en Arabie où un prince nommé Zabel le fit mettre à mort; cette mort précéda de peu celle de Ptolémée qui, blessé dans le combat, succomba bientôt à ses blessures. Dès lors Démétrius croyant n'avoir plus rien à redouter, se livra tout entier à la molesse; la tyrannie de Lusthène, qui gouvernait à la place de son indigne maître, fit éclater une révolte des habitants d'Antioche qui furent réduits au moyen d'un secours de 3000 juifs, que Jonathas envoya au roi dont il avait reçu les bienfaits; mais ce n'était là qu'un effet détruit, la cause subsistait toujours. Démétrius continua à mécontenter les Syriens; de nouveaux démêlés s'étaient élevés entre les Juifs et lui, de sorte qu'il se vit abandonné de Jonathas au moment où il en eut eu besoin. Tryphon, général d'Alexandre Bala, se révolta et plaça sur le trône un fils de ce dernier et de Cléopâtre; le vaincu fut forcé de se retirer en Cilicie. Plus tard, les crimes de Tryphon lui firent espérer qu'il ne serait pas longtemps souffert par les peuples; il avait fait tuer le jeune roi Antiochus Dionytius qu'il avait placé d'abord sur le trône, et s'était emparé de la couronne. Il s'était brouillé avec les Juifs, et leur chef, Simon, successeur de Jonathas, avait fait alliance avec Démétrius; celui-ci, au lieu de profiter de ces circonstances pour tenter de rentrer en Syrie, préféra attendre encore, entreprit une expédition contre les Parthes, fut vaincu et fait prisonnier. Il fut traité par les vainqueurs avec beaucoup de distinction, et épousa Rodogune, fille de Mithridate leur roi. Cependant il tenta plusieurs fois de s'échapper; mais ce fut en vain. Pendant ce temps, son frère Antiochus Evergète s'était défait de Tryphon et s'était emparé du trône. Il projeta alors une expédition contre les Parthes; ceux-ci, dans l'espoir de lui donner un rival, rendirent la liberté à Démétrius; mais quand celui-ci rentra en Syrie, son frère était mort et il se remit en possession de ses États. Il n'en jouit pas longtemps; encore une fois il opprima ses sujets, puis il céda aux instances de la reine d'Égypte et entreprit une guerre contre Ptolémée Physcon qui avait répudié cette reine. Celui-ci, pour se venger et d'accord avec les Syriens, leur envoya pour roi un prétendu fils d'Alexandre Bala qui vainquit Démétrius, près de Damur. Dès lors, fugitif, il alla chercher un refuge près de sa femme Cléopâtre, qui le lui refusa et qui le fit assassiner quelque temps après dans un temple de Tyr où il avait cru trouver asile. Il mourut l'an 126 av. J.-C. — Les médailles que nous avons de lui indiquent qu'il régna 21 ans; elles lui donnent le nom de *Deus nicator*, qu'il prit après avoir vaincu Alexandre Bala, et celui de *Philadelphe* qui rappelait son amitié pour son frère.

DÉMÉTRIUS III (EUCARUS), était fils d'Antiochus Grypus et petit-fils du précédent. Malgré les pompeux surnoms qu'il prit, ce fut un prince très médiocre et qui ne régna que six ans. Il se joignit à son frère Philippe qui luttait contre son cousin Antiochus Eusèbe qui avait succédé à son père, usurpateur du trône de Syrie, et leurs forces réunies les rendit maîtres de ce pays qu'ils partagèrent d'abord; puis, pendant que Démétrius aidait les Juifs dans leur révolte contre Alexandre Jonnès, dans l'espoir de lui succéder, son frère s'empara de ses États; il voulut les défendre, mais ce fut en vain; Philippe, aidé des Parthes, le battit et le livra à ses alliés, qui l'envoyèrent dans la Haute-Asie où il mourut. Il régnait vers l'an 95 avant J.-C.

DÉMÉTRIUS (DE PHALÈRE), fils de Phanostrate, étudia d'abord la philosophie sous Théophraste; il se mêla plus tard aux affaires publiques, prit avec Phocion le parti macédonien et fut condamné à mort avec lui; il s'échappa et se réfugia auprès de Cassandre. En 516, lorsque ce dernier s'empara d'Athènes, il fut mis à la tête du gouvernement. Démétrius se servit de l'autorité avec sagesse; jamais Athènes n'avait été plus heureuse que sous lui; cependant la populace le haïssait, parce que, depuis qu'il était aux affaires, elle était exclue des assemblées publiques par la volonté de Cassandre. Aussi, lorsque Démétrius Polyorcète arriva et proclama la liberté du peuple, on brisa toutes les statues de Démétrius de Phalère, et il semblait que ce fut un tyran dont on était délivré. Celui qu'ils haïssaient tant se retira alors près de Ptolémée, roi d'Égypte, qui le reçut avec distinction et lui donna sa confiance. Ce fut, dit-on, d'après ses conseils que ce roi fonda la fameuse bibliothèque d'Alexandrie. Démétrius essaya de détourner Ptolémée du projet qu'il avait de choisir pour son successeur le fils qu'il avait eu de Bérénice, au préjudice de ceux qui étaient nés de sa première épouse; il n'y réussit pas; et lorsque Ptolémée Philadelphe fut parvenu au trône, il ne lui pardonna pas ce conseil et l'exila dans le nome Busirite, où il mourut de la piqûre d'un aspic. Nous avons de lui un traité de l'élocution, écrit avec beaucoup d'élégance et de goût.

DÉMÉTRIUS DE PHAROS, avait pris ce surnom de l'île où il était né et sur laquelle dominait alors Agron, roi d'Illyrie. A la mort de ce prince, sa veuve Teuta donna à Démétrius le gouvernement de Corcyre, que peu après il livra aux Romains, parce qu'il était mécontent de la reine. Il les aida à conquérir l'Illyrie et en reçut pour récompense une partie considérable. Il épousa plus tard Triteuta, première femme d'Agron, dont le fils puiné avait succédé à Teuta. A cette époque il alla secourir Antigone Doson contre Cléomènes; et, lorsque les Romains se virent menacés par Annibal, il résolut de s'affranchir de leur joug; il y réussit, mais quelque temps après ils l'attaquèrent et le battirent. Il se réfugia alors près de Philippe de Macédoine, l'accompagna dans toutes ses expéditions, et après la bataille de Cannes il lui conseilla de se joindre aux Carthaginois vainqueurs. Un traité eut lieu, en effet, entre ceux-ci et le roi de Macédoine, par lequel il était convenu que Démétrius serait rétabli à Pharos; mais il ne profita pas de cette clause il fut tué en voulant s'emparer, pour Philippe, de Messène, qu'il avait surprise de nuit. (vers 214 av. J.-C.)

DÉMÉTRIUS (LE CYNIQUE), disciple d'Appollonius de Tyane, vint à Rome sous Néron, et s'exposa à la mort par des critiques sur cet empereur. Il fut pourtant seulement exilé. Il vit mourir devant lui Thrasea, banni comme lui qui, après un entretien sur la nature de l'âme, se fit ouvrir les quatre veines et expira en présence du philosophe. Démétrius se retira à Athènes et ne revint à Rome que sous Vespasien. Il encourut encore la disgrâce de cet empereur, et fut exilé avec les autres philosophes qui excitaient le peuple par leurs discours. Dans son exil il déclama encore davantage contre Vespasien, qui lui dit, à ce qu'on rapporte: « Tu fais tout ce que tu peux pour que je te fasse mourir, mais je ne m'amuse pas à faire tuer tous les chiens qui aboient. » — On ignore l'époque de la mort de ce philosophe.

DÉMÉTRIUS, né à Scepsis, disciple d'Aristarque et de Crasès, célèbre par l'interprétation des poèmes d'Homère.

DÉMÉTRIUS PEPAGOMÈNE, vivait dans le XIIIe siècle et était médecin de Michel Paléologue, auquel il dédia un ouvrage sur la goutte (*de Podagrâ*) qui est loin d'être sans mérite.

DÉMÉTRIUS II (TEMÈDRE), roi de Géorgie, fils et successeur de David III. En 1126, il eut d'abord à combattre Fudloun, émir turk, qui gouvernait Ani, capitale de l'Arménie, pour les sultans Seldjoukides de Perse, et qui en avait été dépouillé par David III. Le nouveau roi de Georgie ne fut pas heureux dans cette première expédition et fut forcé de reconnaître l'indépendance du vainqueur; mais ayant réparé ses pertes il entra en Arménie, où rien ne put lui résister; ses généraux Ivane Orpelian et Sempad renversèrent les troupes musulmanes, et s'emparèrent d'une partie de l'Arménie, pendant que d'autres chefs, Abouleк et son fils Ivane, remportaient des victoires de leur côté. Les émirs musulmans se liguèrent alors sous l'un d'eux nommé Eldi-Kouz, marchèrent contre les Géorgiens, prirent Aboule et Ivane et forcèrent les vainqueurs à reculer; mais Démétrius ayant réuni de nouvelles troupes, vint attaquer les musulmans en 1137, les mit en déroute et délivra ses généraux Il mourut en 1158 après un règne de 32 ans qui fut rempli de guerres contre les mêmes ennemis. Son fils David IV lui succéda.

DÉMÉTRIUS III, roi de Georgie succéda à David V, en 1272 après que Sempad son tuteur eut vaincu les autres prétendants au trône. *En 1282 il* rendit de grands services à Arghoun-Khan lorsque celui-ci remplaça Tongodor (Achmed-Khan), détrôné parce qu'il avait embrassé la religion musulmane. Le prince Mongol, pour le récompenser, lui donna presque tous les pays de la Grande Arménie, au nord du fleuve Aracc et la souveraineté sur tous les petits princes chrétiens des environs Ces faveurs excitèrent la jalousie des grands de la cour d'Arghoun, qui le calomnièrent auprès de celui-ci et l'impliquèrent dans une conspiration des officiers *mongols*; il fut arrêté et mis à mort en 1289. Il avait régné 17 ans et laissait deux fils, David VI qui lui succéda, et Manuel.

DÉMÉTRIUS (LES FAUX), furent des imposteurs qui au commencement du XVIIe siècle, causèrent de grands troubles en Russie. — Boris Gudonow après avoir usurpé l'autorité sur Fédor fils et successeur de Iwan Wasiliewitz, avait fait massacrer un dernier fils de ce dernier, nommé Dmitri ou Démétrius. Une certaine obscurité avait entouré ce meurtre, et ce fut cette obscurité qui, éveillant l'ambition de quelques imposteurs, donna naissance aux faux Démétrius. — Le premier fut un nommé Grégoire Otrepieff, qui avait quelqu'éducation, chose rare à cette époque en Russie, une très grande ressemblance avec le jeune prince fils d'Iwan, lui donna l'idée de se faire passer pour lui. Boris le fit poursuivre. Il se sauva en Pologne, et revint bientôt en Russie avec un corps de troupes fourni par le Palatin de Sandomir qu'il avait persuadé de son illustre origine. Boris marcha contre Otrepieff, mais ses troupes passèrent à ce dernier, et il s'empoisonna de désespoir. L'imposteur entra alors à Moscou (1605), et fut proclamé grand duc de Russie; on dit que la veuve d'Iwan le reconnut alors pour son fils, abusée peut être par la ressemblance. Cependant le nouveau souverain mécontenta ses sujets; une conspiration se forma en faveur de Basile Chuskoi, descendant des Czars par les femmes, et elle éclata pendant les noces du faux Démétrius avec la fille du Palatin de Sandomir premier auteur de son élévation. Otrepieff fut massacré, son corps méconnaissable fut exposé publiquement, et Chuskoi fut proclamé. Cependant personne n'avait reconnu le corps de celui qui passait pour Démétrius, et on crut qu'il vivait encore ; alors un autre imposteur se présenta sous son nom et fut soutenu par les Polonais ; la fille du palatin de Sandomir le reconnut pour son époux, et il parvint enfin à forcer Chuskoi à déposer la couronne. Ce second faux Démétrius fut la même année 1610, massacré par les Tartares qui formaient sa garde; alors nouvelle anarchie et nouvelles prétentions de plusieurs autres prétendus Démétrius dont on ne connait pas bien l'histoire. Enfin, en 1613, on proclama souverain Michel Pédérowitz Romanow, et les faux Démétrius furent poursuivis, saisis et exécutés. Le dernier qui vécut fut un individu qui se faisait passer pour le fils d'Olrepieff; il se réfugia d'abord en Pologne, puis en Suède, enfin auprès du duc de Volstein qui consentit à le livrer à la Russie; il fut exécuté en 1653.

DÉMÉTRIUS, mathématicien de l'école d'Alexandrie, cité par Pappus, dans ses *Collectiones mathematicæ*, où il lui attribue un traité des courbes, intitulé : *Lineares aggressiones*. Cet ouvrage ne nous est pas parvenu ; mais la mention qu'en fait Pappus peut fortifier cette conjecture, que les anciens avaient sur ce sujet important des connaissances et une théorie plus étendue qu'on ne le pense communément. On croit que Démétrius vivait durant le deuxième siècle de notre ère.

DÉMÉTRIUS-CYDONIUS, célèbre écrivain grec, vivait à la cour de l'empereur Jean Cantacuzène, dans le XIVe siècle, et ne quitta son maître qu'après son abdication. Il se retira alors dans un couvent de l'île de Crète et y termina ses jours. Il a composé de nombreux ouvrages dont Fabricius donne les titres dans sa *Bibliotheca Greca*, et dont quelques manuscrits se trouvent dans les bibliothèques de Paris, d'Oxford et de Vienne.

DÉMÉTRIUS-PEPANUS ou **PEPANO**, théologien grec orthodoxe, né dans l'île de Chio, donna des leçons de littérature à Rome et fut relevé de ses vœux à cause de palpitations de cœur qu'il éprouvait; il travailla beaucoup à amener ses compatriotes à l'unité de l'Église romaine. Il se maria en 1649 à Chio, quitta ce pays quelque temps après et, mourut, dit-on, en Sicile. Ses ouvrages ont été publiés en 1781 par Amaduzzi, sous le titre : *Demetrii-Pepani domestici Chii opera quæ reperiuntur*. Ce titre de *domesticus* est à ce qu'il paraît le nom d'une charge qui avait appartenu à sa famille.

DÉMÉTRIUS ou **DMITRI**, fils d'Iwan IV, naquit le 19 octobre 1482. Après la mort d'Iwan, Fédor, frère aîné de Démétrius, monta sur le trône, et celui-ci se retira avec sa mère à Ouglitche. Boris Godounoff, beau-frère de Fédor, fit assassiner ce jeune prince lorsqu'il n'avait encore que neuf ans, afin de se rapprocher du trône, qu'il parvint à saisir après la mort de Fédor. Plusieurs imposteurs se firent passer pour Démétrius, sur la mort duquel quelques doutes existaient, et ils sont connus dans l'histoire sous le nom des *faux Démétrius*.

DEMETRIUS (*ins.*), division de Coléoptères pentamères créophages, créée par Bonelli, et correspondant au *carabus atricapillus* de Linné. J. P.

DÉMETTRE, disloquer, ôter un os de sa place.—Il signifie, figurément en termes de procédure, débouter. — Il signifie aussi quelquefois destituer. — Il s'emploie avec le pronom personnel dans le premier sens. — Il signifie plus ordinairement, quitter une charge, un emploi, une dignité, etc., s'en défaire.

DÉMEUBLEMENT, action de démeubler, ou l'état de ce qui est démeublé.

DÉMEUBLER, dégarnir de meubles.

DEMEUNIER (JEAN-NICOLAS), né à Noseray, en Franche-Comté, le 15 mars 1751, vint se fixer à Paris où il s'occupa de littérature. Il obtint ensuite une place de censeur royal ; il était secrétaire de Monsieur quand la révolution éclata ; il fut alors nommé député du tiers-état de Paris ; fut secrétaire, président et membre du comité de constitution. A la fin de la session de l'Assemblée constituante, Demeunier devint membre du Directoire ; le 25 décembre 1799, il fut nommé membre du Tribunat, et entra au Sénat en 1802. Ce fut un des sénateurs les plus souples devant les volontés de Napoléon. — Il mourut à Paris le 7 février 1814. — Il est traducteur de plusieurs voyageurs anglais, et auteur d'un ouvrage intitulé : *Esprit des usages et coutumes des différents peuples*. Ce livre a valu à Demeunier une lettre des plus flatteuses de la part de Voltaire.

DEMEURE, habitation, domicile, lieu où l'on habite. Il signifie aussi le temps pendant lequel on habite un lieu. — Fig., *être en demeure envers quelqu'un*, être en reste de bienfaits, de bons offices, etc., envers quelqu'un ; *constituer, mettre quelqu'un en demeure*, faire, par sommation ou autrement, qu'une personne soit avertie que le terme où elle doit remplir une certaine obligation approche ou est passé, en sorte qu'elle ne puisse en alléguer l'oubli ou l'ignorance. On dit dans le même sens, *mise en demeure*. — En termes de procédure, *il y a péril en la demeure*, le moindre retardement peut causer du préjudice.

A DEMEURE (*locut. adverb.*), de manière à rester dans le même état, à demeurer stable, à n'être pas déplacé. — En agricult., *labourer à demeure*, donner le dernier labour avant de semer. *Semer à demeure*, répandre la semence dans un lieu d'où la plante ne doit pas être transplantée.

DEMEURE, s. f. (*chasse*), endroit fourré de bois où se retirent les animaux.

DEMEURER, habiter, faire sa demeure. Dans ce sens et dans le suivant, il se conjugue avec le verbe *avoir*.—Il signifie aussi, tarder, employer plus ou moins de temps à quelque chose. — Il signifie encore, s'arrêter, se tenir, rester en quelque endroit. Dans ces sens et dans les suivants, il se conjugue avec le verbe *être*. *Demeurer sur place*, être tué, terrassé sur la place où l'on a combattu.— Fig., *demeurer en arrière, demeurer en reste*, rester débiteur — *Ne pas demeurer en reste*, rendre la pareille — Fig. et fam., *demeurer pour les gages*, se dit de ceux qui sont pris ou tués dans quelque combat d'où les autres se sauvent. Cela se dit aussi dans quelques occasions moins importantes; par exemple si dans une hôtellerie, dans un cabaret, on retient quelques personnes d'une compagnie dans le dessein de les faire payer pour les autres qui se sont échappées. Il se dit même quelquefois en parlant d'une chose qu'on a perdu quelque part. Ces phrases sont maintenant peu usitées.—*Demeurer sur le cœur, sur l'estomac*, se dit d'un aliment qui cause des soulèvements de cœur, des maux d'estomac, ou qui pèse sur l'estomac. — Fig. et fam., *cela lui est demeuré sur le cœur*, il en conserve du ressentiment. — Fig. et fam., *demeurer en bon chemin*, ou *en demeurer là*, ne point avancer, ne point faire de progrès en quelque chose que ce soit, malgré les facilités ou les dispositions qu'on paraissait avoir. *En demeurer là*, signifie aussi ne point donner suite à une affaire, ou, avec un nom de chose pour sujet, n'avoir point de suites, ne pas être continué, poussé plus loin. — *Demeurons-en là*, n'en parlons pas davantage, cessons : cela se dit ordinairement lorsqu'on voit que la contestation s'échauffe et qu'il est à craindre qu'elle n'aille trop loin. — *Demeurons-en là*, *demeurons-en à cela*, tenons-nous-en à celà, c'est cela que nous devons préférer, choisir. — Fam., *demeurer sur la bonne bouche*, cesser de manger ou de boire, après qu'on a bu ou mangé quelque chose qui flatte le goût; et, figurément, s'arrêter après quelque chose d'agréable, dans la crainte d'un changement, d'un retour fâcheux. —*Demeurer sur son appétit*, se retenir de manger quand on a encore appétit. Cette manière de parler signifie, figurément et familièrement, ne pas aller aussi loin que nos désirs, que nos goûts pourraient nous porter.— *Demeurer court*, *tout court*, manquer de mémoire en récitant un discours appris par cœur, ou ne plus trouver ce qu'on avait à dire et qu'on voulait dire. Cela se dit aussi quand une personne est si pressée par des objections ou si convaincue, qu'elle ne sait que répondre. — DEMEURER, signifie, figurément, être à demeure, être permanent; ou tenir, persister, durer. On l'emploie quelquefois impersonnellement dans le même sens. — Il signifie aussi, se trouver, rester, être dans un certain état. — Il se dit encore de ce qui est conservé, laissé en dévolu à quelqu'un. Il se dit, figurément, dans le même sens. — DEMEURER, signifie en outre, rester, être de reste; et, dans cette acception, on l'emploie presque toujours impersonnellement.

DEMEURER, v. n. (*expres. prov.*), demeurer au filet, rester court au milieu d'une harangue. — DEMEURER DU CROIRE (*anc. jurisp.*). Garantir la solvabilité de ceux auxquels on vend des marchandises à crédit pour le compte d'autrui.—DEMEURER (*manége*). Se dit d'un cheval qui ne va pas assez en avant : *ce cheval demeure*.

DEMI, IE, qui contient, qui fait, qui est la moitié d'une chose divisée ou divisible en deux parties égales. On ne le fait accorder en genre que lorsqu'il vient immédiatement après un substantif qui désigne une quantité entière. Il reste invariable quand on le fait suivre immédiatement de son subtantif. — Abusivement, *midi et demi*, *minuit et demi*, demi-heure après midi, après minuit.— Proverbialement et figurément, *en diable et demi*, excessivement. — DEMI s'emploie dans certaines phrases elliptiques et proverbiales, avec la préposition *à*, suivie de mots qui expriment une mauvaise qualité, et alors il signifie qui enchérit sur cette qualité. Il se met aussi devant quelques substantifs de qualité, et alors il sert à marquer une sorte de participation à la qualité que le substantif désigne. Par dénigrement, *un demi savant*, un homme qui ne sait rien qu'imparfaitement, ou qui présume savoir beaucoup, quoiqu'il sache peu. — Demi sert également à former, avec divers autres mots, des termes indiquant certaines choses qui ne sont pas tout-à-fait ce que les mots auxquels on le joint désigneraient si on les employait seuls. — Demi, en arithmétique, s'emploie comme substantif masculin pour désigner une moitié d'unité.—Demie, féminin, s'emploie quelquefois absolument, comme substantif, pour signifier demi-heure. — Demi s'emploie aussi adverbialement devant plusieurs adjectifs, et signifie à moitié, presque. — A demi, à moitié. Il signifie aussi en partie ou imparfaitement, incomplètement : *il n'y en a pas à demi*, il y en a beaucoup,

DEMIA (Charles), né à Bourg-en-Bresse le 3 octobre 1636, archiprêtre de Bresse et visiteur extraordinaire du diocèse. Ce vertueux ecclésiastique, après avoir institué de petites écoles dans le diocèse de Lyon, fonda, en 1678, la communauté des sœurs de Saint-Charles-Borromée pour l'éducation des petites filles. L'abbé Failon a publié, en 1829, la vie de Demia.

DEMI-ACCULÉ, ÉE, adj. (*marine*). Il se dit des varangues placées entre les varangues plates et les varangues acculées.

DEMI-AIGRETTE (*oiseau*), nom que donne Buffon à l'oiseau nommé, dans ses planches enluminées, héron bleuâtre à ventre blanc, de Cayenne : *ardea leucogaster*, Gmelin.

DEMI-AIR, s. m. (*manége*), un des sept mouvements du cheval.

DEMI-AMAZONE (*oiseau*), variété du perroquet amazone, *psittacus amazonicus*, Linné. On lui donne ce nom à la Guyane, parce qu'on le regarde comme le produit d'une amazone avec un perroquet d'une autre espèce.

DEMI-AMPLEXICAULE, adj. des deux genres (*bot.*). Il se dit d'une feuille qui embrasse la moitié de la tige.

DEMI-ANGE, s. m. (*métrol.*), ancienne monnaie d'or. (*V.* Ange.)

DEMIANUS (Claudius), se joignit à ceux qui accusaient L. Vétus, proconsul d'Asie, devant Néron. Il avait été mis en prison par L. Vétus ; mais il obtint sa liberté en récompense du service qu'il rendait à l'empereur en se déclarant contre un homme qui lui était odieux.

DEMI-APONÉVROTIQUE, adj. et s. m. (*anat.*), un des muscles de la cuisse.

DEMI-ARIEN (*hist. relig.*). (*V.* Semi-Arien.)

DEMI-APOLLON (*ins.*), nom d'un papillon que Linné nomme *mnémosyne*. C'est un papillon parnassien ou des montagnes.

DEMI-AUTOUR (*oiseau*). Les fauconniers appellent ainsi des autours dont la taille est moyenne, mais qui ne constituent pas une espèce particulière.

DEMI-AZOGOS, s. f. (*anat.*), veine particulière qui parcourt la poitrine.

DEMI-BAIN, s. m. (*médec.*), bain dans lequel on n'entre que jusqu'à l'ombilic.

DEMI-BANDE, s. f., donner une demi-bande (*marine*), incliner un bâtiment sur chacun de ses côtés pour réparer sa carène.

DEMI-BASTION, s. m. (*art milit.*), ouvrage qui ne se compose que d'un flanc et d'une face. L'ouvrage à corne et l'ouvrage à couronne sont terminés de chaque côté par un *demi-bastion*. On a donné la forme d'un *demi-bastion* à des contregardes.

DEMI-BATON, s. m. (*musique*), bâton qui marque deux mesures à compter; moitié d'un bâton entier, qui en marque quatre.

DEMI-BATTOIR, s. m. (*jeux*), sorte de petit battoir pour jouer à la paume.

DEMI-BAN, s. m. (*marine*), chacune des pièces qui composent un ban.

DEMI-BEC (*poiss.*), *hemiramphus*, genre de poissons des malacopterygiens abdominaux, famille des ésoces. Ses caractères sont : os intermaxillaires formant le bord de la mâchoire supérieure, qui, ainsi que l'inférieure, est garnie de petites dents, la symphyse de celle-ci se prolongeant en une longue pointe ou demi-bec sans dents. Ces poissons ne diffèrent des *orphies* que par la forme des mâchoires. *L'espadon hemiramphus brasiliensis* a la mâchoire inférieure terminée par une pointe conique sept ou huit fois plus longue que la supérieure ; des dents autour du gosier ; le palais et la langue lisses ; le dessus de la tête déprimé ; les opercules rayonnés; teinte générale argentée ; la tête, la mâchoire inférieure, le dos et la ligne latérale d'un beau vert; les nageoires bleuâtres. La chair de ce poisson est assez délicate quoique huileuse. Il habite les mers des deux Indes, on le pêche au flambeau durant les nuits sombres.

J. P.

DEMI-BRIGADE, s. m. (*art milit.*), nom qui a été donné pendant quelques années de guerres de la révolution aux régiments français d'artillerie et d'infanterie.

DEMI-CANON, s. m. (*art milit.*), pièce d'artillerie hors d'usage depuis la fin du XVIIe siècle. Le *demi-canon* avait onze pieds de longueur et portait des boulets de vingt-quatre.

DEMI-CAPSULE, s. f. (*bot.*), nom que l'on donne quelquefois à la capsule.

DEMI-CASE, s. f. (*jeux*), flèche du jeu de trictrac sur laquelle il n'y a qu'une dame.

DEMI-CASTOR, s. m. (*comm.*), chapeau dans lequel il entre moitié de poil de castor et moitié d'autre laine. Il se dit figurément dans le langage populaire d'une femme de moyenne vertu.

DEMI-CEINT, s. m. (*archit.*). Il se dit quelquefois d'une colonne qui n'est pas en plein relief, et qui ne paraît qu'à demi hors du mur. — Demi-ceint (*costume*), sorte de ceinture que portaient autrefois les femmes du peuple.

DEMI-CEINTIER, s. m., ouvrier qui faisait les ceintures appelées demi-ceint.

DEMI-CERCLE, s. m. (*géom.*), moitié d'un cercle terminé par une demi-circonférence et un diamètre, instrument d'arpentage appelé plus communément *graphomètre*.

DEMI-CHAMEAU, s. m. (*const. maritime*). Il se dit quelquefois de chacun des deux pontons qui composent un chameau complet. (*V.* Chameau.)

DEMI-CHAMPIGNONS FEUILLETÉS ou OREILLES DES ARBRES (*bot.*). Dans sa classification des champignons, le docteur Paulet nomme ainsi la dix-neuvième famille du septième genre de l'ordre premier (*les agarics*). Ces champignons ont un chapeau latéral semi-orbiculaire ; ils appartiennent au genre *agaric* de Linné. Ils se divisent en quatre nations selon la forme du chapeau. 1° *Chapeau en forme de coquille*, dont les espèces sont : l'*oreille du noyer*, la *coquille* de *l'aune* et la *coquille du chêne*. (*V.* ces mots.) — 2° *Chapeau en forme de cuiller ;* la *cuiller des arbres* et la *jonquille du chêne*. — 3° *Chapeau en forme de langue*, la *langue du pommier*, la *langue du chêne*. — 4° *Chapeau en forme d'éventail* ou de *fouet*, l'*oreille de l'olivier*, l'*oreille du chêne vert*, l'*oreille du charme*. (*V.* tous ces mots) — Tous ces champignons ont une consistance ferme ; le dessous de leur chapeau est feuilleté. La plupart sont de bonne qualité, ceux de la dernière section sont dangereux, notamment l'*oreille de l'olivier*. P. P.

DEMI-CHAMPIGNONS FEUILLETÉS ou OREILLES DE TERRE (*bot.*), vingtième famille du septième genre de l'ordre premier de la première classe dans la distribution des champignons du docteur Paulet. — Chapeau incomplet en forme d'éventail ou d'un entonnoir qui serait coupé perpendiculairement. Ces champignons se rangent dans les agarics de Linné, et croissent en touffes au pied des arbres, excepté le *demi entonnoir*, ils sont de bonne qualité. Les espèces de ce genre sont : le *demi-entonnoir*, la *raquette blanche*, la *corne d'abondance*, la *peuplière brune*, al *petoncle en famille* et la *chair de Bavière*. (*V.* ces mots.)

DEMI-CHAMPIGNONS POREUX ou POLYPORES COQUILLERS (*bot.*), vingt-et-unième famille du septième genre de l'ordre premier et de la classe première de la distribution des champignons du docteur Paulet. — Ces champignons sont des bolets rameux, remarquables par le grand nombre de leurs chapeaux, imbriqués en manière de coquilles disposées les unes sur les autres, mais sans se toucher. Ils atteignent un grand poids qui dépasse quelquefois quarante livres. Un seul pied peut suffire au repas d'une famille. Cette famille renferme des espèces : le *coquiller en bouquet* et le *coquiller en plateau*. Elles rentrent dans le *boletus ramosissimus* de Schœffer et de Jacquin.

DEMI-CHEMISE, s. f. (*technol.*), vêtement de toile à une seule manche dont les verriers se servent pendant leur travail.

DEMI-CIRCONFÉRENCE, s. f. (*géom.*), moitié de la circonférence du cercle.

DEMI-CIRCULAIRE, adj. des 2 g. (*géom.*), qui a la forme d'un demi-cercle.

DEMI-CLEF, s. f. (*marine*), nœud fait avec le bout d'un cordage replié sur lui-même.

DEMI-CLOISON, s. f. (*bot.*), cloison d'un fruit qui n'atteint pas jusqu'à l'axe de celui-ci.

DEMI-COLONNE, s. f. (*architect.*), colonne dont la moitié seulement est visible, l'autre étant censée engagée dans le mur ou dans un pilier.

DEMI-CONCOMÉRATION, s. f. (*architect.*), forme d'une voûte qui s'arrête à la moitié de la courbe.

DEMI-CORDE, s. m. (*métrol.*), la moitié d'une corde de bois. (*V.* Corde.)

DEMI-COULEUVRINE, s. f. (*art milit.*), pièce d'artillerie allongée, depuis long-temps hors d'usage, la *demi-couleuvrine* portait des boulets de quatre, de cinq ou de dix.

DEMI-COUPÉ, s. m. (*danse*), espace de pas dans lequel on commence ordinairement le pas composé. (*V.* COUPÉ.)

DEMI-COURONNE, s. f. (*métrol.*), monnaie d'argent d'Angleterre. La demi-couronne vieille vaut 2 schillings 6 pences, ou fr. 3,09. La *demi-couronne nouvelle* vaut 2 nouveaux schillings 6 pences, ou fr. 2,91

DEMI-CROCHE, s. f. (*musique*), note qu vaut la moitié d'une croche.

DEMI-CROIX, s, m. (*hist.*), nom par lequel on désignait, dans l'ordre de Malte, les dévots ou les oblats de l'ordre.

DEMI-CUIRASSE, s. f. (*art. milit.*). Cuirasse composée seulement d'un plastron. Les cornettes de certains corps de cavalerie allemande n'avaient que la *demi-cuirasse*.

DEMI-DEUIL, s. m., moitié du temps du deuil; costume que les parents d'un défunt portent après que la moitié du temps de deuil est expirée. Le *demi-deuil* n'est pas aussi sévère que le grand deuil.

DEMIDE, tige des Demidoff, était armurier fondeur à Toula. Lors de la guerre de Pierre-le-Grand contre la Suède, ce fut lui qui fondit les canons nécessaires pour cette guerre. En 1725, il découvrit les mines de Koliwan, dont il eut l'exploitation. Il exploita aussi les mines de Nevianski et de Nyjnosaguilik, et acquit ainsi une très grande fortune, que ses descendants augmentèrent encore d'une manière considérable.

DEMIDOFF (PROCOPE), arrière-petit-fils du précédent, naquit à Moscou vers 1730, augmenta, par l'exploitation des mines, la fortune de son père, et la porta à près de 5 millions de revenu; mais mauvais père, il aliéna autant que possible ses biens pour en frustrer ses enfants. Il mourut à la fin du siècle dernier.

DEMIDOFF (NICOLAS-NIKITICH), neveu du précédent, né le 3 novembre 1773, aux environs de Saint-Pétersbourg, entra fort jeune dans les gardes impériales. Après deux campagnes contre les Turcs, il devint lieutenant-colonel et gentilhomme de la chambre de l'impératrice Catherine. Il épousa ensuite une femme de l'illustre famille des Stroganoff, et obtint de nouveaux titres sous Paul Ier. Il quitta alors le service militaire, et se voua tout entier aux sciences, aux arts et à la philantropie. Il voyagea beaucoup en Allemagne, en Italie, en France, en Angleterre. Partout il étudiait les inventions utiles et envoyait dans son pays et dans ses domaines des ouvriers habiles, qui apportaient leur industrie en Russie; il fonda ainsi dans ses possessions des ateliers et des manufactures toutes nouvelles, et loin de s'attribuer le monopole de leurs produits, il tâchait de former des ouvriers qui pussent en former de semblables à leur tour dans toutes les parties du royaume. Immensément riche, très généreux, et surtout exerçant une philantropie large et éclairée, il forma dans son pays des établissements qui firent faire à la Russie un pas immense dans l'industrie, et qui augmentèrent d'autant le bien-être d'une multitude d'individus. Il mourut le 22 avril 1828. On a publié à Paris, en 1830, une notice sur sa vie, par V. Muller, qui passait pour son fils naturel, et qui mourut en 1832.

DEMI-DEUIL (*ins.*) nom donné par Geoffray au papillon satyre, désigné par Linné sous le nom de *Galathea*.

DEMI-DIABLE (*ins.*). Geoffray nomme ainsi un insecte hémiptère de la famille des collirostres, qui est le *centrotus genistœ* de Fabricius. (*V.* CENTROTUS.)

DEMI-DIAMÈTRE, s. m. (*géom.*), le rayon d'un cercle.

DEMI-DITON, s. m. (*musique anc.*), la moitié d'un diton ou d'une tierce-majeure.

DEMIDOFIA (*bot.*). Gmelin a donné ce nom à l'un des genres décrits sans noms dans la Flore de la Caroline de Walther. Il paraît n'être qu'une espèce de *dichandra* dans la famille des convolvulacées. Pallas, dans ses plantes de Russie, avait aussi établi un genre *Demidoria*, qui est la *Tetragonia expansa* de Murrai. J, P.

DEMI-DROIT, s. m. (*législ.*), amende fixée à la moitié du droit. Les héritiers qui n'ont point, dans le délai voulu, déclaré les biens à eux transmis, sont passibles du *demi-droit*.

DEMIELLET, v. a. (*technol.*), enlever de la cire tout le miel qu'elle peut contenir.

DEMI-ENTONNOIR (*bot.*), espèce d'agaric de la famille des demi-champignons feuilletés, ou oreilles de terre du docteur Paulet. Cette espèce, d'un blanc cendré ou de couleur paille lavée de chair, a quatre pouces de hauteur; son chapeau, en forme d'entonnoir, en a autant de diamètre; ses feuillets très fins et très serrés; sa saveur est désagréable et rebutante. M. le docteur Paulet a trouvé ce champignon dans le parc Saint-Maur, et s'est assuré sur son chien de ses qualités malfaisantes. J. P.

DEMI-ÉPINEUX, adj. et s. m. (*anat.*). Il se dit de plusieurs muscles de l'épine du dos.

DEMI-ESPADON, s. m. (*art milit.*), épée à lame plate et droite.

DEMI-EXSERT, ERTE, adj. (*bot.*), qui est à moitié découvert.

DEMI-FILE, s. f. (*art milit.*), la moitié d'une file. Il se disait à l'époque où l'ordre profond était en usage.

DEMI-FIN, adj. et s. m. (*technol.*). Il se dit des bijoux qui sont d'un or mêlé de moitié d'alliage. *Demi-fin* se dit encore d'une écriture un peu plus grande que l'expédiée ordinaire.

DEMI-FIN (*ois.*). Montbellard donne ce nom à des oiseaux qui, suivant son opinion, doivent former une classe intermédiaire entre les insectivores à bec faible, et les granivores, dont le bec est plus fort. Cette classe comprendrait les espèces dont le bec est plus fort que celui des fauvettes; mais moins fort que celui de la linotte.

DEMI-FLEURON (*bot.*). *Semi-flosculus*. Dans les *synanthérées*, ou *fleurs composées* (*V.* ces mots), les corolles reçoivent le nom de *fleurons*, lorsque leur tube s'épanouit en un limbe qui s'étale en tous sens (chardon); et elles reçoivent celui de *demi-fleuron*, lorsque le tube se termine par un limbe unilatéral en forme de languette (pissenlit).

DEMI-FLEURONNÉ, ÉE, adj. (*bot.*), qui a la forme d'un demi-fleuron, qui contient des demi-fleurons.

DEMI-FLORIN, s. m. (*métrol.*), monnaie d'argent de Brunswick; le *demi-florin* de 1764 vaut fr., 129 c.

DEMI-FLOSCULEUX, EUSE, adj. (*bot.*), qui se compose de demi-fleurons seulement.

DEMI-FOLLE, s. f. (*pêche*), petit filet du genre de ceux qu'on appelle *folles*; les mailles de la *demi-folle* sont plus serrées.

DEMI-FORTUNE, voiture bourgeoise à quatre roues, tirée par un seul cheval.

DEMI-FRÈRES et **DEMI-SOEURS**. On appelait ainsi, dans quelques coutumes, les frères et les sœurs qui ne l'étaient que du côté de leur père ou de leur mère. Les demi-frères et les demi-sœurs qui ne sont que d'un même père et non d'une même mère, sont appelés frères et sœurs *consanguins*, et les frères et sœurs de mère seulement, sont appelés frères et sœurs *utérins*.

DEMI-FUTAIE, s, f. (*eaux et f.*). Il se dit d'un bois dont les arbres sont âgés de quarante à soixante ans.

DEMI-GORGE, s. f. (*fortif.*), ligne qui va de l'angle de la courtine au centre du bastion,

DEMI-GUÊTRE, s. f. (*costume milit.*), guêtre montant à mi-jambe, en usage dans l'infanterie française depuis les guerres de la révolution.

DEMI-GUINÉE, s. f. (*métrol.*), monnaie d'or d'Angleterre, valant 10 shillings 6 pences, ou fr. 13,24 c.

DEMI-HIATUS, s. m. (*gramm.*). On appelle ainsi, selon quelques lexicographes, une rencontre de deux voyelles au milieu d'un vers, lorsque cette rencontre, dissimulée par une élision ou une h. aspirée ne peut être considérée comme un véritable hiatus.

DEMI-HOLLANDE, s. f. (*comm.*), sorte de toile de lin qui se fabrique en Picardie.

DEMI-INTEROSSEUX, adj, et s. m. (*anat.*). Il se dit d'un des muscles du pouce.

DEMI-JEU, s. m. (*musique*), manière de jouer de l'orgue, qui tient le milieu entre le fort et le doux. Le *demi-jeu*, jouer à *demi-jeu*. Il se dit de même de toute musique instrumentale, et répond à l'italien *mezzo-forte*.

DEMI-KOPFSTUCK, s. m. (*métrol.*), monnaie d'Autriche qui vaut 10 kreuz, ou fr. 043 c.

DEMI-LAINE, s. f. (*technol.*). Il se dit d'un fer ou plat en bandes, qui sert à ferrer les bornes et les seuils d'une maison.

DEMI-LIT, s. m. (*anc. cout.*), réunion des enfants issus d'un même mariage considérés relativement aux enfants qui ont le même père et une autre mère, ou la même mère et un autre père.

DEMI-LOUIS (*métrol.*), monnaie d'or de Malte (12 fr.). Il y avait aussi des demi-louis dans l'ancien système monétaire français.

DEMI-LUNE, ouvrage en forme de flèche, qui a pour capitale la droite perpendiculaire sur le milieu de la courtine. Dans son intérieur est construit un ouvrage semblable qui porte le nom de réduit de la demi-lune. Ces deux ouvrages, qui sont séparés de l'enceinte par le fossé du corps de place, font partie des *dehors* et ont pour but de donner de la force au système. *V.* FORTIFICATION.

DEMI-LUNE (*ois.*), nom que donnent les marins à la grande ou petite mouette cendrée, *larus canus*, ou *larus cinerarius*, Linn. Cette dénomination vient, suivant Fleurieu, de ce que les ailes de l'oiseau déployées forment un croissant dont l'intervalle est rempli par la masse blanchâtre du corps.

DEMI-LUNE (*poiss.*), nom d'une espèce du genre *spare*, *sparus semiluna*, Lacép. (*V.* SPARE).

DEMI-MASQUE NOIR (*Ois.*) C'est la fauvette voilée, *sylvia velata*, Vieillot (ois. de l'Amér. sept., pl. 74.). J. P.

DEMI-MEMBRANEUX, adj. et s. m. (*anat.*). Il se dit d'un des muscles de la cuisse.

DEMI-MÉTAUX (*chim.*). Les chimistes anciens appliquaient ce nom à des substances qui avaient l'aspect métallique, mais qui étaient plus ou moins cassantes et plus ou moins volatiles, telles que l'*arsenic*, le *cobalt*, le *nickel*, le *bismuth*, l'*antimoine* et le *zinc*. Les alchimistes employaient surtout cette expression, et pensaient qu'avec certains procédés on pouvait transmuter ces substances en or ou en argent, qu'ils regardaient comme des métaux parfaits. J. P.

DEMI-MÉTALLIQUE, adj. des deux genres (*chimie*), qui se rapproche du caractère des métaux.

DEMI-MÉTOPE, s. f. (*archit.*), moitié d'une métope qui se trouve aux angles de la frise dorique.

DEMI-MINUTE, s. f. (*marine*), sablier qui passe en trente secondes.

DEMI-MISSÉIR, s. m. (*métrol.*), monnaie d'or de Turquie de 1818, 2 fr. 71 c.

DEMI-MUSEAU (*poiss.*), nom de l'espadon, *hemiramphus brasiliensis* (*V.* DEMI-BEC).

DEMINEMENT, s. m. (*v. lang.*), saisie faite au nom du seigneur de l'endroit.

DEMINER, v. a. (*v. lang.*), mettre sous la main du seigneur de l'endroit.

DEMI-NERVEUX, adj. et s. m. (*anat.*). Il se dit d'un des muscles de la cuisse.

DEMI-ONCIAL, ALE, adj. et s. (*paléogr.*). Il se dit d'une écriture, d'un caractère plus petit que l'onciale ordinaire.

DEMI-ORBICULAIRE, adj. et s. m. (*anat.*). Il se dit de chacune des deux moitiés du muscle orbiculaire des lèvres.

DEMI-PALMÉ, ÉE, adj. (*bot.*), qui n'est palmé qu'à moitié.

DEMI-PAON (*zool.*), *sphinx ocellata*, papillon nocturne.

DEMI-PARABOLE, s. f. (*géom.*), la moitié d'une parabole.

DEMI-PARALLÈLE, s. f. (*art milit.*), ouvrage ou logement construit entre deux parallèles d'un siége.

DEMI-PARTI, s. m., résolution insuffisante qui ne mène qu'à moitié chemin du but qu'on veut atteindre.

DEMI-PASSION, s. f. Il se dit quelquefois d'une passion sans force et sans durée.

DEMI-PAUME, s. f. (*jeux*), raquette légère.

DEMI-PAUSE, s. f. (*musique*), silence qui doit durer une demi-mesure à quatre temps ou une blanche.

DEMI-OPALE (*min.*). Les Allemands nomment ainsi (*halbopal*), une variété de *silex résinite* (*V.* ce mot).

DEMI-PÉLAGIEN (*hist. relig.*). (*V.* SEMI-PÉLAGIEN).

DÉMIPHON, roi de Phlaguse, ville de l'Asie mineure. Ayant reçu l'ordre de sacrifier chaque année une jeune fille à ses dieux pénates, pour être délivré d'une maladie contagieuse qui régnait parmi ses sujets, il rassembla toutes les jeunes filles de ses États, à l'exception de ses filles, pour décider par le sort quelle serait la victime. Un des grands nommé Matusicus, se vengea de cette injustice en faisant périr toutes les filles du roi.

DEMI-PIÈCE, s. f. (*comm.*), pièce d'étoffe qui n'a que la moitié de la longueur ordinaire.

DEMI-PIQUE, s. f. (*art. milit.*), arme qui était surtout en usage dans le XVIIe siècle.

DEMI-PONT, s. m. (*marine*), partie du pont qui se trouve sous le gaillard d'arrière.

DEMI-PORTÉE, s. f. (*technol.*), allée ou venue du ruban de fil qui parcourt toute la longueur que doit avoir la chaîne d'une étoffe. (*V.* PORTÉE.)

DEMI-PRÉGATON, s. m. (*technol.*), filière où le fil d'or repasse.

DEMI-QUARANTE-CINQ, donner demi-quarante-cinq (*jeu de paume*), donner 45 dans un jeu et trente dans l'autre et ainsi de suite alternativement.

DEMI-QUART, la huitième partie. *Gouverner sur le demi-quart* (*marine*), se dit d'un bâtiment qui a sa route entre deux aires de vent.

DEMI-QUEUE, s. f. (*comm.*), espèce de tonneau contenant 260 pintes de Paris.

DEMI-REVÊTEMENT, s. m. (*fortif.*). Paroi d'un fossé de fortification dont la maçonnerie ne s'élève qu'à la hauteur du niveau de la campagne.

DEMI-ROND, s. m., demi-cercle, (*technol.*), couteau demi-circulaire qui sert à décrotter les peaux de corroyeur.

DEMI-ROSINE, monnaie d'or de Toscane valant 7 fr. 75 c.

DEMIR-HISSAR ou **CHATEAU DE FER** (*Héraclée*), ville de la Turquie d'Asie, dans le gouvernement du capitan-paschà, chef-lieu de distribution, bâtie au pied d'une montagne très haute, au sommet de laquelle est un vieux château en ruines, d'où elle tire son nom. Un quartier est habité par des Grecs qui y ont une église. 7 à 8,000 habitants.

DEMISELLAGE, s. m., célibat. *Biens en demisellage* (anc. cout. de Lille), biens qu'un homme avait acquis avant de se marier.

DEMI-SETIER, s. m. (*métrol.*), ancienne mesure de capacité, quart de pinte.

DEMI-SOIE, s. f. (*comm.*), étoffe tissue de laine et de soie, ou de coton et de soie.

DEMI-SOLDE, s. f., appointements d'un militaire, qui, sans être en activé, n'est pourtant pas hors de service.

DEMI-SOUPIR, s. m. (*musique*), repos valant la moitié d'un soupir, c'est-à-dire une croche.

DÉMISSION, c'est l'abdication d'une charge, la renonciation à un emploi, quand on a renoncé à sa place en faveur d'une autre personne. Cette démission se nomme *résignation*. — DÉMISSION DE BIENS. C'était un acte par lequel une personne faisait de son vivant, un abandonnement général de ses biens à ses héritiers présomptifs. — De nos jours, on ne peut disposer que par donation entre vifs ou par testament.

DÉMISSION, s. f. (*féod.*), acte par lequel celui qui avait fait un contrat translatif de propriété déclarait par devant les officiers du seigneur de qui relevait cet héritage qu'il s'en était démis en faveur de l'acquéreur. — DÉMISSION DE FOI, aliénation que faisait un vassal d'une partie de son fief sans rétention de foi, en sorte que le nouvel acquéreur la tenait en plein fief.

DÉMISSIONNAIRE. Il se disait autrefois de celui, de celle en faveur de qui une démission était donnée. — Il signifie maintenant celui ou celle qui donne sa démission. — Il s'emploie quelquefois adjectivement.

DEMI-TALENT, s. m. (*ant.*), pièce de monnaie qui valait la moitié d'un talent. *Demi-talent*, au fig., connaissance incomplète d'un art, degré de moyens, d'habileté; celui-là même qui ne possède que des connaissances incomplètes.

DEMI-TEMPS, s. m. (*musique*), valeur de la moitié d'un temps.

DEMI-TENDINEUX, adj. et s. m. (*anat.*). Il se dit d'un des muscles de la cuisse.

DEMI-TERME, s. m. (*méd.*), la moitié du temps de la grossesse. *Demi-terme* se dit, parmi les matrones, de la moitié de ce qu'elles appellent un terme de trois mois, c'est-à-dire six semaines. *Demi-terme* (*modes*), espèce de coussin que les dames ont porté sous leurs vêtements à l'époque du Directoire pour simuler une grossesse arrivée au premier *demi-terme*.

DEMI-TIERCE, adj. des deux genres (*méd.*). Il se dit des maladies qui ont deux accès tous les deux jours et un seul les jours intercalaires.

DEMI-TIGE, s. f. (*hortic.*), arbre fruitier de quatre ou cinq pieds de haut.

DEMI-TON, s. m. (*musique*), degré de l'échelle musicale, valant la moitié d'un ton; *demi-ton majeur*, différence de la tierce majeure à la quarte; de *mi* à *fa* il y a un *demi-ton majeur*. *Demi-ton mineur*, différence de la tierce majeure à la tierce mineure.

DEMI-TOUR, s. m. (*art milit.*), mouvement par lequel on fait face du côté auquel on tournait le dos: *demi-tour* à droite; on ne fait jamais le *demi-tour* à gauche.

DEMI-TRENTE, s. m. Donner demi-trente (*jeu de paume*), donner à son adversaire trente dans un jeu et quinze dans l'autre, et ainsi de suite alternativement.

DEMI-TRIQUET, s. m. (*technol.*), petit battoir.

DÉMITTE, s. f. (*comm.*), sorte de toile de coton du Levant.

DÉMITTON, s. m. (*comm.*), toile de coton moins large et moins serrée que le démitte.

DEMIURGOS (δημιουργός) (*artisan*), nom que les platoniciens donnaient au Créateur. Dans le gnosticisme la dernière émanation de *Buthos*. — DEMIURGOS (*ant. gr.*), magistrat de l'Achaïe dont les fonctions étaient à peu près les mêmes que celles du Démarque.

DÉMIURGIQUE, adj. des 2 g. (*philos*), du démiurge, du créateur.

DEMI-VARLOPE, s. f. (*technol.*), rabot à deux poignées.

DEMI-VOL, s. m. (*blason*). Il se dit de la représentation d'une seule aile d'oiseau. — DEMI-VOL (*faucon.*), se dit du vol d'un oiseau qui va s'abattre non loin de l'endroit où on l'a fait partir.

DEMME (GERMAIN-CHRISTOPHE-GODEFROY), prédicateur, né à Mulhausen dans la Prusse Saxonne, le 7 septembre 1760. Il devint premier pasteur protestant de la cathédrale d'Altembourg, et surintendant général du culte évangélique. Il est auteur d'un grand nombre d'ouvrages où il tâche d'inspirer le goût d'une vie conforme à l'Évangile parce qu'il croit trouver là le moyen de soulager les souffrances morales de tous. Les plus remarquables de ses ouvrages sont : *Mémoires pour enseigner à vénérer Dieu d'une manière plus pure, Contes, le Fermier Martin et son père, Soirées passées dans des cercles de personnes vertueuses et bien élevées.* Cet homme de bien mourut d'apoplexie le 26 décembre 1822.

DEMO, sibylle de Cumes, sans doute la même que Démophile.

DÉMOCÈDE, médecin grec. On présume qu'il naquit à Crotone vers l'an 558 avant J.-C. Il quitta sa patrie et passa à Égine, de là à Athènes, puis à Samos. Il devint l'esclave d'Oréas après que celui-ci eut fait périr Polycrate, tyran de Samos de la suite duquel Démocède faisait partie; il passa auprès de Darius après la mort d'Orétès, et acquit la faveur du roi parce qu'il le guérit d'une luxation qui avait résisté aux efforts des autres médecins. Il quitta ce prince pour retourner à Crotone où il épousa la fille de l'athlète Milon.

DÉMOCHARÈS, orateur et historien athénien ; il était neveu de Démosthènes, et comme lui se livra aux affaires publiques. Il était dévoué au parti populaire, fut exilé sous Démétrius de Phalère, et s'attacha pour cette cause à déchirer la réputation de ce grand homme. Un second exil le frappa plus tard pour s'être permis de critiquer la basse adulation des Athéniens envers Démétrius Polyorcètes. Sur la fin de ses jours ses concitoyens lui décernèrent une statue, sa nourriture au Prytanée, et le droit de préséance aux jeux publics. Il a écrit l'histoire de *son temps,* dans laquelle il prodigue l'injure à Démétrius de Phalère.

DÉMOCOON, fils naturel de Priam, vint d'Abydos combattre les Grecs sous les murs de Troie, où il fut tué par Ulysse.

DÉMOCOON, fils d'Hercule et de Mégare, tué par Hercule ainsi que sa mère et ses frères, dans un transport de fureur que Junon lui avait inspiré pour se venger de la mort de Lycus.

DÉMOCRATE, Athénien qui combattit en faveur de Darius contre les Macédoniens. Il aima mieux mourir que de se rendre à Alexandre. Quelques éditions portent Dinocratès ou Démocharès (le neveu de Démosthène), à la place de Démocrate.

DÉMOCRATE, athlète d'une force prodigieuse, que personne ne pouvait faire sortir du cercle où il s'était placé.

DÉMOCRATE, architecte d'Alexandrie.

DÉMOCRATE, commandant vingt vaisseaux des Tarentins avec lesquels il remporta, l'an 210 avant J.-C., une victoire sur Quintius, amiral romain.

DÉMOCRATE (*Servilius*), médecin, a écrit en vers un *Traité de médecine* dont Galien fait mention.

DÉMOCRATE, celui qui est attaché aux principes de la démocratie.

DÉMOCRATIE, gouvernement où le peuple exerce la souveraineté (*V.* GOUVERNEMENT) (FORMES DE).

DÉMOCRATIQUE, qui appartient à la démocratie.

DÉMOCRATIQUEMENT, d'une manière démocratique.

DÉMOCRATISER, v. a. (*néol.*), conduire à la démocratie. — DÉMOCRATISER, v. n., afficher des principes démocratiques.

DÉMOCRITE se rattache par sa philosophie à l'école de Xénophane, que l'on a aussi appelée l'école d'Élée. On lui donne également le nom d'*atomistique*, parce que les philosophes de cette école professaient une doctrine qui essayait d'expliquer les phénomènes de l'univers par la rencontre fortuite et l'agrégation des atomes; et l'on sait que cette hypothèse, toute bizarre qu'elle semble d'abord, n'a pas été tout-à-fait abandonnée dans les temps modernes, puisque plusieurs auteurs de systèmes l'ont fait revivre, du moins en partie et seulement avec les modifications que pouvait y introduire le progrès des sciences. L'école d'Élée, à laquelle se rattache Démocrite, tire son origine de la ville d'Élée dans la Grande-Grèce, où elle fut établie par Xénophane de Colophon, du vivant de Pythagore. (*V.* ces noms.) Pour comprendre Démocrite, il faut nous reporter un instant à la doctrine des Éléates; or, le caractère essentiel de leur philosophie était de considérer tout commencement, toute transformation, toute diversité comme impossible, et de n'admettre dans l'univers qu'un être unique et immuable. Les Élates s'étaient divisés en deux sectes : l'une, les *métaphysiciens,* dont les plus célèbres furent Xénophane, Parménide, Héraclite, Mélissus et Zénon d'Élée, n'admettaient d'autre être que l'esprit, tandis que les *physiciens*, parmi lesquels étaient Leucippe et Démocrite, n'admettaient que la matière. Leucippe fut le maître de Démocrite, ou plutôt Démocrite ne fit autre chose que de développer et compléter le système de son maître. Leucippe florissait environ cinq cents ans avant J.-C. — Il est à regretter que nous n'ayons pas de documents très positifs sur la vie de Démocrite; nous allons, toutefois, extraire quelques traits de celle que nous a laissée Diogène Laërce. Ce philosophe naquit à Athènes, ou, suivant d'autres, à Milet, vers l'an 470 avant J.-C. Il reçut de bonne heure les leçons de plusieurs mages chaldéens que le roi Xerxès, au rapport d'Hérodote, laissa pour instituteurs à son père, lors de son passage pour aller en Grèce ; ce furent eux qui lui enseignèrent la théologie et l'astrologie. Il fut le disciple de Leucippe, puis peut-être d'Anaxagore ; il voyagea ensuite et se rendit en Égypte où il visita les prêtres de ce pays qui lui enseignèrent la géométrie, puis en Perse où il prit de nouvelles leçons des mages, et pénétra jusqu'à la mer Rouge. Il employa aux dépenses de ses voyages tout l'argent qui lui revenait de la succession de son père dont il était le troisième fils, et ne négligea aucun sacrifice afin de satisfaire son ardente passion pour l'étude. A Athènes, il connut Socrate et assista à ses leçons ; mais, quoiqu'il eut déjà de la réputation, il s'y conduisit avec tant de modestie, qu'il en sortit sans avoir été connu ni remarqué de personne. Il n'est pas douteux que Démocrite, doué d'une ardente passion pour l'étude, n'ait amassé d'immenses connaissances en tout genre et qu'il ne fût un des philosophes les plus éclairés de son temps. Il n'avait négligé aucun objet des connaissances de l'homme, et avait également étudié les doctrines des philosophes anciens et de ceux des pays étrangers. Il paraîtrait (1), suivant Diogène Laërce, qu'il avait adopté une partie des opinions des pythagoriciens et qu'il avait parlé de Pythagore avec de grands éloges dans un ouvrage qui en portait le nom. Glaucus de Reggia, son contemporain, atteste qu'il eut un pythagoricien pour maître, et Apollodore de Cyzique affirme qu'il était lié d'amitié avec Philolaüs. Après avoir dépensé tout son patrimoine en voyages, il fut obligé de subir toutes les nécessités de la pauvreté; mais un frère qu'il avait, nommé Damaste, vint à son secours. Néanmoins cette pauvreté même lui attira de fâcheuses épreuves; il y avait une loi qui interdisait la sépulture dans sa patrie à quiconque avait dépensé son patrimoine. Démocrite, au récit d'Antisthène, informé de l'accusation qui allait être dirigée contre lui, voulut la prévenir en se conciliant les suffrages, et lut publiquement son ouvrage intitulé *le Grand monde*, le meilleur de tous ses écrits (2). Si l'on en croit l'historien de sa vie, le peuple, frappé d'admiration, l'aurait immédiatement renvoyé de la cause, et sa patrie, reconnaissante de la gloire qu'elle devait en tirer un jour, lui aurait élevé une statue et fait don de cinq cents talents. De pareils faits cependant ne doivent être admis qu'avec beaucoup de précaution; nous dirons de même d'un autre trait beaucoup plus connu, et que notre excellent Lafontaine a traduit en une fable charmante (*Démocrite chez les Abdéritains*). Les Abdéritains, témoins de la bizarrerie du genre de vie de leur célèbre compatriote, de ses méditations continuelles et prolongées, du sourire qui résidait habituellement sur ses lèvres en présence des folies et des travers qu'il observait partout, avaient conclu que sa raison était dérangée, et avaient fait venir le célèbre Hippocrate de Cos pour traiter ce qu'ils supposaient être chez lui un affaiblissement de l'intelligence. Mais le médecin, introduit chez le philosophe, n'eut pas plutôt assisté à ses travaux, à ses expériences de physique et de physiologie, et surtout n'eut pas plus tôt joui quelque temps d'une conversation aussi élevée que riche en faits de toute espèce, qu'il se retira plein d'une secrète admiration pour cet homme remarquable, et n'accusant plus de folie que ceux qui l'avaient appelé. Quelques autres traits de la vie de Démocrite, forts suspects, mais rapportés par Bayle (3), peuvent être rangés parmi les puérilités; mais nous ne rejetterons pas entièrement la vraisemblance de celui où il salue alternativement son hôtesse du nom de jeune fille et de celui de femme. Il nous semble apercevoir là des traces d'une grande sagacité et d une habitude d'observation qui font honneur à la perspicacité d'un homme qui fut toute sa vie excellent investigateur des faits et des phénomènes naturels, et qui fut peut-être sur la voie de la science physiognomonique dont on retrouve ensuite des traces brillantes chez Aristote. —

(1) Diogène Laërce, *Vie de Démocrite.*
(2) Diogène Laërce, *loc. cit.*
(3) Article Démocrite, *Diction. histor.*

Démocrite mourut dans un âge avancé; suivant la plupart des historiens dans la 109e année de son âge. Les circonstances de sa mort, comme celles de sa vie, sont entourées d'une infinité de fables, qui ne méritent aucune attention, et que Bayle a soigneusement rassemblées pour la curiosité de ceux qui voudront les y rechercher (1). Le catalogue de ses ouvrages, donné par Diogène Laërce, prouve mieux que tous les éloges l'immensité d'un savoir qui embrassait toutes les connaissances de son temps : à la variété et à la richesse de l'érudition il joignait aussi l'expression et le style, que Cicéron comparait à celui de Platon (2) ; toutefois cet éloge, soit qu'il ait été contesté par certains historiens, soit manque de moyens de comparaison, n'a pas été entièrement confirmé par la postérité. — Démocrite, comme Leucippe et tous les philosophes de l'école atomistique, voulut tout ramener aux idées mathématiques ; la prédilection qu'il manifestait pour la science des nombres le conduisit à en faire la base de sa philosophie. Pour lui, le seul vrai, l'existant, comme il l'appelle avec les Éléates, c'est l'étendue dans l'espace. Il admet l'existence du vide, dont il démontre la réalité au moyen des mêmes arguments par lesquels les Éléates niaient la possibilité du mouvement. La prédominence qu'il accorde au point de vue mathématique le porte à adopter et à développer les opinions de Leucippe sur la nature de l'âme et du mouvement vital.

Physique de Démocrite. — La physique de Démocrite suit de près celle de son maître, et se trouve empreinte, comme la sienne, d'un matérialisme érigé en système régulier.

Les atomes. — Il explique tous les phénomènes du monde naturel et toutes les lois de l'univers par la présence d'une infinité d'atômes qui se meuvent dans l'espace, et qui forment tous les corps ; tous les changements qui arrivent dans le monde ne sont, d'après lui, que la suite d'une mutation de rapports entre les atômes ; ces rapports varient par leur mouvement. Quant à la source du mouvement en général, on ne rencontre chez lui rien de parfaitement défini, et c'est là où l'on aperçoit le défaut de toute philosophie qui ne s'élève point à l'existence d'une cause première, primordiale, d'où dérivent toutes choses. — Aristote (3) dit qu'il considérait le mouvement comme éternel, mais qu'il n'en recherchait pas le principe en général, disant qu'il faut le poursuivre en particulier dans chacune des choses où il se manifeste ; ce n'était là que reculer la difficulté, et Démocrite ne la résolvait pas d'avantage en attribuant, comme son maître, la création ou l'origine du mouvement au hasard, ou à une aveugle nécessité. Suivant lui les atômes formaient toute la matière, qui elle-même constituait l'univers. Ils ne naissaient point du vide, mais existaient dans le vide, s'y agitaient et y prenaient mille formes différentes. Démocrite leur assignait deux propriétés, la figure et la masse : la figure variait à l'infini, mais la masse demeurait toujours la même, et était la plus petite possible. Il pensait que tout ce que nous attribuons aux atômes comme une propriété réside en nous-mêmes et n'est qu'une modification de notre être que nous leur attribuons ; de même toutes les autres idées et opinions que nous nous formons, les notions de Dieu, de justice, de Providence, sont des mots vides de sens et sans aucune signification, car il n'existe dans la nature que les atômes, qui seuls ont une essence. La génération est la cohésion entre eux des atômes homogènes ; l'altération est un trouble dans leur combinaison ; la corruption et la mort n'est autre chose que leur séparation, après laquelle les corps qu'ils constituaient sont entièrement dissous. Démocrite croyait à l'infinie variété des mondes, qui, suivant lui, étaient de diverses sortes et de diverses natures et remplissaient l'espace.

Astronomie. Il se faisait quelques idées vagues en astronomie sur le mouvement des planètes : il considérait les astres comme des amas de corpuscules ignés, tournant sur eux-mêmes, et mus d'un mouvement général d'Orient en Occident ; il pensait que leur révolution était d'autant plus rapide qu'elle se faisait plus près de la terre, et d'autant plus lente qu'elle en était plus éloignée. Il avait aussi émis des hypothèses qui, sans doute, doivent nous paraître aujourd'hui hasardées, mais qui toutefois purent conduire à des recherches plus étendues sur la nature des comètes et sur celle de l'orbite terrestre. Il savait que l'axe de la terre était oblique, mais croyait que son mouvement primitif, d'abord irrégulier lors de sa formation, s'était ensuite régularisé, et qu'elle avait acquis un repos parfait, causé par l'équilibre de ses deux hémisphères. Il croyait

(1) Bayle, *Dict. histor.*, article Démocrite.
(2) Cic, *De oratore*, I, 11.
(3) *De cœlo*, III, 2. — *Métaphy.*, I, 4

que le globe terrestre était rempli d'eau, et que c'était l'inégale distribution de ce fluide, dans ses profondes cavités, qui entretenait la vie ou le mouvement à sa surface. Il considérait les mers comme décroissant sans cesse, et supposait qu'elles devaient tarir un jour. Il avait une foule d'autres opinions non moins erronées, mais qu'on doit s'attendre à trouver dans l'histoire des sciences chez les anciens. Cependant, malgré ces erreurs, on ne peut s'empêcher de reconnaître chez Démocrite beaucoup de sagacité dans un temps où l'art d'observer était encore dans son enfance, et où l'on était dépourvu de la plupart des moyens de pénétrer le secret des œuvres de la nature. —Aristote (*de generatione et corruptione*), Cicéron et Pline, nous transmettent là-dessus des documents instructifs. Tout nous porte à croire que la partie réellement saillante du génie de Démocrite était la physiologie et la connaissance de la nature de l'homme. Il avait porté très loin cette étude dans une époque encore bien reculée de l'antiquité. Il connaissait la dissection et l'anatomie comparée, et possédait des notions étendues en histoire naturelle. Il avait étudié avec persévérance l'organisation des animaux, et avait expliqué, par la diversité de cette organisation, la variété de leurs mœurs et de leurs habitudes. Il connut les phénomènes de la digestion et le rôle qu'y joue la bile. Il chercha la source de la manie, et crut l'avoir découverte dans l'altération des viscères de l'abdomen, opinion qui a été soutenue jusqu'à nos jours.

Psychologie. La philosophie de Démocrite était moins avancée sous le point de vue psychologique ; il ne connaissait qu'imparfaitement les phénomènes de la nature intellectuelle de l'homme. Comme tous les atomistes, il n'admettait que des unités corporelles et les composés qu'elles forment ; il ne considérait l'âme, qui est présente à notre corps, que comme une autre espèce de corps dans le corps visible (1). Il n'avait point d'idée distincte d'un Dieu créateur et conservateur, et quoique cette opinion ait été controversée et le contraire soutenu par de bons auteurs, nous croyons qu'ils se sont trop légèrement appuyés sur l'autorité de Plutarque (2), autorité contestée par d'autres témoignages, tels que celui de Sextus Empiricus et de Cicéron, non moins solides d'une part, et plus en harmonie avec ce que nous connaissons déjà des opinions de Démocrite. On ne voit point de trace, dans ce qui nous reste de sa doctrine, de l'idée de la divinité, et comme cette idée, d'ailleurs, ne concorde nullement avec les autres opinions de l'école atomistique à laquelle appartenait Démocrite, tout nous porte à ne pas la lui accorder. Dans l'analyse des facultés de l'âme, il n'assignait à l'intelligence qu'un rôle presque entièrement passif, supposant que toutes nos perceptions venaient du dehors, ou que certaines émanations ou images s'échappaient des corps pour venir frapper notre entendement et s'y imprimer : il appelait ces images εἴδωλα, et pensait que leur action s'exerçait encore longtemps après que leur premier effet avait cessé d'être produit, ainsi qu'on voit à la surface de l'eau se former des tourbillons, lorsqu'on y a jeté quelque corps pesant. Dans une semblable philosophie, toute matérialiste, la morale ne pouvait pas prendre un caractère bien élevé ; aussi celle de Démocrite se ressentit-elle de l'absence de notion supérieure à la sphère des sens. Ne voyant que des sensations dans l'homme, et des abîmes dans l'univers, il ne s'éleva point à la notion absolue du juste et du saint, et fit consister la morale dans une parfaite tranquillité de l'âme exempte de tout trouble extérieur, et la sagesse dans l'art de jouir du présent, sans nous inquiéter de ce qui est hors de notre pouvoir. Néanmoins, par une de ces contradictions que l'on retrouve partout dans l'histoire de l'esprit humain, il croyait que c'étaient les phénomènes extraordinaires de la nature, tels que la foudre, les éclipses, qui, par la terreur qu'ils nous inspiraient, nous révélaient l'existence des Dieux ; c'était-là la seule idée sur la divinité, qu'on pouvait apercevoir dans sa doctrine. Démocrite nous représente donc en somme un philosophe fort remarquable sous le rapport de l'impulsion qu'il donna à l'esprit humain dans son temps. Quant à l'investigation des phénomènes de la nature, en cela il a contribué puissamment aux progrès des sciences de l'antiquité ; mais il est incomplet comme psychologiste et moraliste. Nous n'avons de lui que des fragments mutilés. Consulter, sur l'histoire de sa philosophie, Diogène Laërce, Aristote (*de generatione et corruptione*), Cicéron (*de finibus et de naturâ Deorum*, et les questions académiques), l'histoire naturelle de Pline, et chez les modernes, le Dictionnaire de Bayle, qui lui a consacré un long article ; l'histoire de la philosophie an-

(1) Ritter, *Histoire de la philosophie ancienne*, t. 1, p. 485. — Aristote, *De anima*, 1, 5.
(2) *De placitis philosoph.*, I, 7.

cienne de Ritter, tome Ier, et une Dissertation de M. Lafcist, Paris, 1833, in-8° L. D. D. C.

DÉMOCRITE, de Sicyone, statuaire élève de Cristias d'Athènes.

DÉMOCRITE, éphésien, auteur d'un ouvrage sur le temple de Diane d'Éphèse, et sur la ville de Samothrace.

DÉMOCRITE, citoyen puissant de l'île de Naxos.

DÉMOCRITE, orateur natif de Pergame.

DÉMOCRITE, de Millet un des plus anciens cosmographes de la Grèce.

DÉMODOCUS, musicien de la cour d'Alcinoüs, chanta en présence d'Ulysse les amours de Mars et de Vénus, les muses l'avaient privé de la vue en lui donnant l'art de chanter.

DÉMODOCUS, guerrier troyen, suivit Enée en Italie et fut tué par Hoselus ou Halésus.

DEMOGÉRONTE, s. m. (*aut. gr.*), ancien du peuple. Sénateur.

DEMOGORGON, (δαίμων, génie, γεωργῶν, labourant), génie de la terre particulièrement adoré par les arcadiens qui avaient pour lui tant de vénération qu'ils n'osaient prononcer son nom ; Démogorgon passait pour le père du soleil, de la discorde, de Pan de Pytho et des trois parques; il habitait au centre de la terre.

DEMOISELLE, dénomination commune à toutes les filles d'honnête famille, et par laquelle on les distingue des femmes mariées.— Il se disait particulièrement autrefois, d'une fille, et même d'une femme née de parents nobles. — DEMOISELLE; se dit encore d'une pièce de bois ronde, haute de trois ou quatre pieds, ferrée par un bout, et dont les paveurs se servent pour enfoncer les pavés. — On l'appelle autrement HIE.

DEMOISELLE, s. m. (*hist.*), qualification qui au XIIe siècle, était propre aux femmes d'écuyers, celles des chevaliers portaient seules le titre de dames.— DEMOISELLE, (*marine*), cheville enfoncée à l'avant ou à l'arrière d'une embarcation, tribord et babord du davier. — DEMOISELLE, (*écon. dom.*), bouteille de grès remplie d'eau servant à échauffer les lits, on l'appelle aussi *moine*. — DEMOISELLE, (*horticul.*), variété de poires. — DEMOISELLE, (*technol.*). Brosse servant à étendre le vermillon sur les marrons avec lesquels on imprime le nom d'un fabricant. Outil de bois tourné qui sert à ouvrir le bras d'un gant. Espèce de jambier que soutient le cheval et qui est employé par les scieurs de long. Lucarne au toit de la halle qui contient les chaudières dans une rafinerie à sucre. En terme de monnayeur, verge de fer qui sert à empêcher les charbons de couler avec la matière fondue, de la cuiller dans le moule.

DEMOISELLE, (*zool.*). Ce nom a été appliqué à des animaux de diverses classes; ainsi on nomme : — DEMOISELLE, la mésange à longue queue *parus caudatus*, L.; le couroucou à ventre rouge, *trogon roseigaster*, Vieillot, et le troupiale doré, *oriolus xanthornus*, L.; — DEMOISELLE DE NUMIDIE, une espèce du genre grue, l'*ardea virgo*, L. — Parmi les poissons, on donne aussi le nom de *demoiselle* au *squalus zigœna*, L.; au *labrus julis*, etc. — On donne encore le nom de *demoiselles*, à tous les insectes du genre *libellule*. (Voyez ces différents mots.) J. P.

DEMOISIR, v. a., nettoyer un objet en enlevant les moisissures qui s'y étaient attachées. Il a été employé par J.-J. Rousseau.

DÉMOLIR, détruire, abattre pièce à pièce. Il ne se dit guère qu'en parlant des bâtiments, des constructions.

DÉMOLISSEUR, s. m. (*art. milit.*). Ancienne machine de guerre munie d'un corbeau en forme de crochet emmanché.— DÉMOLISSEUR, (*néol.*), se dit de ceux qui achètent les vieux édifices pour les démolir, (*V.* BANDE NOIRE au mot BANDE). Il se dit au figuré, de ceux qui veulent détruire les institutions sociales.

DÉMOLITION. C'est l'action de démolir, de détruire un mur, un édifice, etc. Quiconque détruit ou renverse, par quelque moyen que ce soit, en tout ou en partie, des édifices, des ports, digues ou chaussées, ou autres constructions qu'il sait appartenir à autrui, est puni de la réclusion, et d'une amende qui ne peut excéder le quart des restitutions ou indemnités, ni être audessons de cent francs. Cod. pén. art. 527. — DÉMOLITIONS. On donne ce nom aux débris d'un bâtiment, d'un mur, d'un édifice démoli, etc. — Les matériaux provenant de la démolition d'un édifice. Ceux assemblés pour en construire un nouveau, sont meubles jusqu'à ce qu'ils soient employés par l'ouvrier dans une construction. Cod. civ. art. 532.

DÉMOLVA, (*bot.*), nom ancien arabe du laurier suivant Avicenne. S. P.

DÉMOMÈLE, frère de Démon et cousin de Démosthène.

DÉMON, (*myth.*). Génie invisible, qui selon les anciens présidait aux actions des hommes, les conseillait, et veillait avec soin sur leurs pensées les plus secrètes. Ces génies prenaient à leur gré toute sorte de formes, chaque homme avait deux démons l'un, bon l'autre mauvais ; au moment de la mort le démon conduisait au jugement l'âme qui lui avait été confiée, et elle était jugée sur son rapport. Quoique ces génies ne fussent que des ministres subalternes des Dieux on leur rendit cependant un culte et nous trouvons des autels élevés *au génie du lieu* (*genio loci*), *au génie d'Auguste* (*genior Augusti*).

DÉMON. Diable, malin esprit, fig., et fam., (*V.* DIABLE et ESPRIT), *c'est un démon*, *un vrai démon*, *un démon incarné*, se dit d'une personne qui ne fait que tourmenter les autres. Fam., *avoir de l'esprit comme un démon*, avoir beaucoup d'esprit. Fig., et fam., *faire le démon*, tempêter, faire du bruit, donner de la peine. Il se prend quelquefois, dans le sens des anciens, pour génie, esprit, soit bon, soit mauvais. Il se dit souvent, au figuré par allusion à ce dernier sens, de la cause à laquelle on attribue les inspirations de quelqu'un, la passion qui l'agite, etc.

DÉMON, oncle de Démosthènes l'orateur, eut deux fils Démomète et Démophon.

DÉMON, neveu de Démosthène, gouverna la république en l'absence de son oncle, l'an 323 avant J.-C., obtint le rappel de cette orateur, et fit décrèter qu'on lui enverrait un vaisseau pour le ramener, et que les trente talents auxquels il avait été condamné lui seraient remis.

DÉMON, peintre d'Athènes, contemporain de Parrhasius, se rendit célèbre par ses ouvrages et son orgueil, il se qualifiait de *prince de la peinture et descendant d'Apollon*.

DÉMONAX. Mantinéen, envoyé à Cyrène pour y établir un gouvernement régulier ; apaisa, par son équité et sa justice une guerre civile qui s'était élevée entre les Cyrénéens.

DÉMONAX, député par Archélaüs aux Cyzicéniens du temps de Lucullus.

DÉMONAX, général des Arméniens, vers le milieu du Ier siècle de J. C., fut battu par un Mithridate.

DÉMONAX, célèbre philosophe cyriaque de Crète, contemporain d'Adrien et de Marc-Aurèle. Il s'inquiétait peu des besoins de la vie, et entrait dans la première maison, où il demandait à manger, lorsqu'il sentait les approches de la faim, Il se laissa mourir de faim à l'âge de cent ans, sans rien perdre de sa gaîté. Il dit à ceux qui étaient autour de son lit : *Vous pouvez vous retirer, la farce est jouée.* Ce mot a été pareillement attribué à Auguste. Démonax fut enterré aux dépens du public. Les Athéniens voulurent établir dans leur ville un spectacle de gladiateurs : Renversez donc auparavant, leur dit Démonax, l'autel que vos maîtres ont élevé à la Pitié. Un magistrat l'ayant consulté sur le moyen de bien remplir son emploi ; le philosophe lui répondit : Fuyez la colère, parlez peu, écoutez beaucoup. Sa grande maxime était que le propre de l'homme est d'errer, et celui du sage de pardonner à l'erreur.

DÉMONÉTISATION. Action de démonétiser, ou l'état de ce qui est démonétisé. (*V.* MONNAIE.).

DÉMONÉTISER, ôter à une monnaie, à un papier-monnaie, la valeur que la loi lui ava t attribuée.

DÉMONÉTISER, v. a. (*néol.*,). Il s'emploie quelquefois au figuré, dans le sens de déprécier, rabaisser.

DÉMONIAQUE, qui est possédé du malin esprit (*V.* LUNATIQUE et POSSESSION). Il s'emploie aussi substantivement ; il se dit, figurément et familièrement, d'une personne qui est colère, emportée, passionnée.

DÉMONIAQUE, s. m. (*hist. rélig.*). Membre d'une secte d'anabaptistes, ainsi nommés parce qu'ils croyaient que les démons seraient sauvés à la fin du monde.

DÉMONICE (*myth.*), fille d'Agénor, que Mars rendit mère de plusieurs enfants, qui furent Eveicus, Molus, Pylos et Rhestieis.

DÉMONICÉ (*hist.*), jeune fille d'Ephèse, vendit sa patrie à Brennus, chef des Gaulois, après s'être fait promettre qu'on lui donnerait les colliers et les bracelets des autres femmes de la ville. Brennus, après s'être rendu maître d'Ephèse, ordonna à ses soldats de jeter à la tête de Démonice tous les joyaux d'or et d'argent qu'ils avaient enlevés, et elle périt sous cette sorte de lapidation. On raconte la même chose de la jeune Tarpeia, à Rome.

DÉMONIQUE, ami d'Isocrate, à qui cet orateur adressa un discours moral.

DÉMONIQUE, contemporain de Démosthène, fut archonte d'Athènes.

DÉMONISME, s. m. (*théol.*), croyance aux démons.

DÉMONISTE, adj. des 2 g. (*théol.*), qui croit aux démons.

DÉMONNÈSE (*géogr. anc.*), île de la Propontide, aux environs de Chalcédoine, à l'opposite de Nicomédie.

DÉMONOCRATIE, s. f. (*théol.*), influence des démons.

DÉMONOGRAPHE, s. f. (*théol.*), science, traité de la nature et de l'influence des démons.

DÉMODOLATRE, s. et adj. des 2 g. (*théol.*), adorateur, adoratrice des démons.

DÉMONOLATRIE, s. f. (*théol.*), adoration des démons.

DÉMONOLATRIQUE (*théol.*), qui a rapport à la démonolâtrie.

DÉMODOLOGIE (*théol.*), traité sur les démons.

DÉMONOLOGIQUE, adj. des 2g. (*théol.*), qui a rapport à la démonologie.

DÉMONOMANCIE, s. f. (*art divinat.*), faculté de prédire l'avenir par les inspirations d'un démon intérieur.

DÉMONOMANE, s. des 2 g. (*méd.*), malade atteint de la démonomanie.

DÉMONOMANIE, sorte de folie où l'on se croit possédé du démon. Il se dit aussi d'un traité sur les démons.

DÉMONS (JEAN), sieur d'Hédicourt, né à Amiens, conseiller au bailliage de cette ville en 1587. Il a laissé deux ouvrages de théologie mystique, qui sont maintenant très rares; ils sont de plus aussi obscurs et aussi singuliers que rares. Le premier est intitulé : *La démonstration de la quatrième partie de rien, et quelque chose, et tout, avec la quintescence tirée du quart de rien et de ses dépendances, contenant les préceptes de la sainte magie et dévote invocation des démons, pour trouver l'origine des maux de la France et les remèdes d'iceux.* Le second a pour titre : *la Sertescence dialectique et potentielle, tirée par une nouvelle façon d'alambic, suivant les préceptes de la sainte magie et invocation des démons, tant pour guérir l'hémorrhagie, playes, tumeurs et ulcères vénériennes de la France, que pour changer les choses estimées les plus nuisibles et abominables, en bonnes et utiles.*

DÉMONSTRABILITÉ, s. f. (*didact.*), qualité de ce qui peut être démontré.

DÉMONSTRABLE, adj. des 2 g. (*v. lang.*), qui peut être démontré.

DÉMONSTRATEUR, Celui qui démontre. Il se dit surtout des professeurs chargés d'enseigner l'anatomie, l'histoire naturelle, la physique, etc.

DÉMONSTRATIF, IVE. Qui démontre, qui sert à démontrer. Il ne se dit que des preuves par lesquelles on démontre quelque chose. Il se dit, en rhétorique, de celui des trois genres d'éloquence qui a pour objet la louange ou le blâme. On l'emploie quelquefois substantivement dans ce sens. Il se dit aussi, en grammaire, des adjectifs et des pronoms qui servent à indiquer. — DÉMONSTRATIF signifie en outre, familièrement, qui donne des signes extérieurs d'affection, de bienveillance, d'intérêt, etc.

DÉMONSTRATION, signifie marque, témoignage, toute parole, tout acte par lequel on manifeste ses dispositions ou intentions, etc. Il se dit encore des leçons que donne un professeur, lorsqu'il met sous les yeux de ses élèves les objets même dont il leur parle.

DÉMONSTRATION (*logique*). Raisonnement par lequel on établit la vérité d'une proposision d'une manière évidente. Démontrer, c'est décomposer une proposition pour que, par ses rapports avec une autre, elle soit rendue certaine. Toute démonstration suppose donc des vérités qui ne peuvent être mises en doute, ou plutôt toute démonstration postule un *criterium* de vérité qui lui sert de base : car, sans ce criterium, il est impossible de s'élever à aucune certitude; or, il existe trois criterium logiques, et conséquemment trois modes différents de démonstrations; ce sont : 1° LE PRINCIPE DE CONTRADICTION ET D'IDENTITÉ; 2° LE PRINCIPE D'EXCLUSION; 3° LE PRINCIPE DE RAISON SUFFISANTE. — Sur ces trois principes reposent les trois propositions générales suivantes, qui sont les fondements de toutes nos connaissances : —1° *Si deux objets sont identiques, tout ce que l'on peut affirmer de l'un peut être également affirmé de l'autre. — Lorsqu'on ne peut affirmer d'un objet tout ce que l'on peut affirmer d'un autre, ces deux objets ne sont point identiques*; — 2° *deux objets qui s'excluent mutuellement ne peuvent exister ensemble*; — 3° *une proposition dont la conséquence est fausse, est nécessairement fausse. — Une proposition dont toutes les conséquences sont vraies, est nécessairement vraie.* Les démonstrations mathématiques reposent en général sur le *principe de contradiction*.

DÉMONSTRATION (*mathém.*). On considère en mathématique plusieurs espèces de démonstrations, que l'on emploie avec plus ou moins d'avantage, suivant la nature des questions que l'on a à résoudre. Les deux principales, qui sont d'une application générale, sont la démonstration analytique ou algébrique, et la démonstration synthétique. Ces deux méthodes diffèrent essentiellement. La première consiste à supposer le problème résolu, c'est-à-dire que l'on attribue à une quantité inconnue toutes les propriétés enfermées dans la valeur qui satisfait rigoureusement à la question proposée. Partant de cette hypothèse et par une suite de conséquences successives déduites des diverses relations qui lient les données aux inconnues, on arrive peu à peu à trouver la véritable solution. Cette méthode consiste aussi quelquefois à changer l'énoncé du problème et à le ramener à des questions que l'on sait déjà résoudre, ou du moins qui sont beaucoup plus faciles. — La méthode synthétique est précisément le contraire de la précédente : elle se réduit à indiquer immédiatement les opérations qui doivent amener la véritable valeur, et à prouver ensuite que cette quantité satisfait rigoureusement aux conditions de l'énoncé du problème. Chacune de ces deux méthodes a ses avantages particuliers; mais on peut les caractériser parfaitement en disant que la synthèse est la méthode de démonstration, et l'analyse la méthode d'invention. Celle-ci est plus longue, parce qu'elle exige souvent beaucoup de tâtonnements, indispensables pour arriver à un but que l'on ne prévoit pas; celle-là, au contraire, est plus courte, en ce qu'elle montre d'avance le but auquel il faut parvenir; mais elle n'est pas toujours facilement applicable. La pratique seule peut guider dans le choix de celle que l'on doit employer. En résumé, on peut dire que l'analyse sert à déterminer les vérités inconnues, et la synthèse à prouver celles qui sont déjà connues. — Ces deux méthodes s'appliquent également à l'analyse pure et à la géométrie. Mais en géométrie, on considère un autre genre de démonstration qu'on appelle *méthode de superposition.* Elle consiste à prouver que l'on peut appliquer exactement une figure sur une autre : dans ce cas, on suppose que quelques-unes des parties de la première figure sont semblables et égales aux parties réciproques de la seconde figure, et alors on conclut la similitude de la figure totale; ou bien de la similitude totale des deux figures, on conclut l'égalité et la similitude des parties prises une à une. — Enfin, une dernière méthode principale de démonstration est celle qu'on appelle *réduction à l'absurde.* On admet que la proposition à établir ne soit pas vraie; puis, par des considérations tirées de principes antérieurement reconnus, on fait ressortir une contradiction, soit avec la supposition elle-même, soit avec un des principes sur lesquels on s'est appuyé. Cette marche est en général moins directe, et on doit se garder de l'employer souvent. — On peut encore ranger parmi les démonstrations ce qu'on appelle le *cercle vicieux* et la *pétition de principes*, dont on ne doit jamais faire usage. Le cercle vicieux nécessite l'emploi, pour prouver une proposition, de principes qui ne sont pas encore démontrés et qui ne peuvent l'être qu'au moyen de la résolution de la question proposée. La pétition de principes est analogue au cercle vicieux : elle consiste, pour démontrer une proposition, à s'appuyer sur cette même proposition.

DÉMONSTRATION. Nous venons de parler sur la démonstration d'après des idées communes, nous allons le concevoir plus scientifiquement. — La *démonstration*, c'est un raisonnement ou une suite de raisonnements rendus certains : la question de la certitude et de ses moyens serait donc la plus essentielle à résoudre au sujet de la démonstration (*V.* CERTITUDE). — Qu'entend-on par *raisonner?* C'est, une première vérité étant donnée, en trouver une seconde qui explique la première, pour de cette explication déduire avec certitude une troisième vérité. — Le raisonnement, en tant que certain ou scientifique, prend le nom de *démonstration.* — Il y a quatre choses à voir dans une démonstration : 1° la chose dont nous partons; 2° celle qui nous dirige; 3° celle où nous arrivons; 4° les principes par lesquels le point de départ et la ligne de direction, et la conclusion sont rendues certaines. — Exemple : « Je suis; or, je ne suis pas par moi; donc je suis par un autre qui est par lui. » C'est là une démonstration dont la conclusion suppose ce principe-ci : rien n'est sans cause et sans raison d'être. — La chose la plus importante pour la démonstration et même pour la certitude, ce sont donc les principes (*V.* PRINCIPE). — Comment définit-on un *principe?* Un principe est par quoi plusieurs choses sont, et sans quoi elles ne seraient point. Un *principe*, c'est tout ce qui a l'être ou la lumière, ou la force pour soi : d'où des principes d'existence, de connaissance et d'action; c'est des principes seuls de *connaissance* qu'il s'agit ici. — Un principe de connaissance est une lumière qui, visible par elle-même, rend visible plusieurs autres choses. Il y a des principes increés et des principes créés. Dieu est un principe incréé, il est le principe des principes ; le soleil, la raison, la loi naturelle sont des principes créés. Nous en portons plusieurs chacun en nous ; car nous nous instruisons par sensation, par idée, par action et par abstraction. — Mais il ne suffit pas d'avoir des lumières, il faut s'en servir et savoir qu'on s'en est bien servi. Quand est-ce que nos lumières nous éclairent avec certitude ? C'est quand elles s'accordent pour nous faire juger une même chose ; car si nos facultés de connaître concourent en faveur d'une même vérité, de manière qu'il ne nous en reste pas une seule pour pouvoir douter, il y aura certitude ; il y a certitude encore, quand on ne peut douter en pensée, sans se contre-dire en acte, comme si je disais : je doute que j'existe. Le mot *je* suppose, un acte de foi à mon existence. — Mais remarquons, pour le bon usage de nos lumières, qu'il y a des choses, telles que les *corps*, pour lesquelles des lumières sensibles suffisent ; d'autres, telles que le *beau* dans les arts, pour lesquelles il faut les lumières des sens et du langage ; d'autres, telles que les faits *historiques*, pour lesquelles il faut des lumières venues des sens, du langage et de l'autorité ; d'autres enfin, telles que *Dieu*, pour lesquelles il faut des lumières venues à la fois des sens, du langage, de l'autorité et de l'abstraction.— En d'autres termes, il y a : 1° des principes d'*intuition*, ou de sens intime, comme celui-ci, ce qui est *senti* est ; 2° des principes de *raison* ou d'*évidence*, comme ceux-ci : *le tout est plus grand que la partie, un effet suppose une cause ;* 3° des principes d'*autorité*, comme ceux-ci : *plusieurs témoins divisés d'intérêts ne peuvent s'accorder que par la vérité ; qui témoigne contre soi doit être cru ;* 4° des principes de *déduction*, ainsi appelés parce qu'ils sont acquis par la science, ou par la révélation, comme sont ceux-ci : *quelque chose a dû être toujours, sans quoi rien n'aurait jamais pu être ; l'Eglise doit être crue, parce qu'elle est inspirée de Dieu.* — Or, quatre sortes de principes étant connus, et chacun des quatre ayant son usage pour un ou plusieurs ordres de connaissances, il faut les appliquer selon les cas ; car il est aussi absurde de ne juger des choses passées que par des principes d'intuition, qu'il l'est de ne juger des choses sensibles que par des principes de déduction. Nous n'avons pas besoin, pour savoir s'il y a des corps, d'interroger la révélation, les sens nous suffisent ; comme il n'est pas nécessaire pour croire aux choses passées et même révélées, de nous en instruire par l'expérience des sens. — Nous avons déjà dit que les principes ne suffisent pas ; ils sont la lumière sans laquelle rien n'est connu avec certitude ; mais, outre la lumière du soleil, il faut encore des yeux bien conformés et bien exercés ; comme, outre les principes, il faut un art de raisonner et un entendement sain et cultivé ; car non-seulement il y a des esprits faux ou légers qui raisonnent mal, mais il y a encore des esprits prévenus ou passionnés qui s'aveuglent. — Qui donc nous garantira la certitude des démonstrations ? Nous avons déjà donné deux règles qui nous paraissent infaillibles et que nous formulerons de nouveau ainsi :

Première règle. — Cela est démontré, en faveur de quoi tous nos moyens de connaître concourent, de manière qu'il n'en reste plus un seul pour pouvoir dire : je *doute.*

Deuxième règle. — La certitude est invincible, si, ayant intérêt à douter, je ne le puis en parole sans me contredire en acte.

Avec ces deux règles, en effet, le scepticisme sera vaincu ; mais sans ces deux règles, il est irréfutable. Le scepticisme veut-il raisonner scientifiquement, il manque de base, ou de principe, ou de motif, pour raisonner. Pour dire, je doute, il faut pouvoir donner la raison de son doute, sans quoi l'on dira au scepticisme : à qui ne contredit rien avec raison, il n'y a rien à répondre. — N'est-il sceptique que pratiquement ? il tombera alors dans les mains de la nature, qui le forcera à se contredire, ou à sentir, à parler et à agir comme ayant foi et certitude.— Un stoïcien s'écriait, dit-on, dans son accès de goutte : *Cruelle douleur, je n'avouerai jamais que tu sois un mal !* et Pyrrhon, poursuivi par un chien, se tenait derrière un arbre en tremblant de tous ses membres ; il disait : Oh ! qu'il en coûte de se dépouiller de la nature ! — Pyrrhon et le stoïcien, vaincus par l'invincible nature, étaient donc croyants pratiquement ou en acte. Il n'est pas un seul sceptique qui, étant menacé d'un bâton par un adversaire, n'agit comme ayant foi à la puissance du bâton. — Or, si le scepticisme est impossible dogmatiquement et pratiquement, il s'ensuit que les bases de la démonstration sont certaines aux yeux de la science et de la nature. — Nous ne terminerons point notre article sans faire observer, au sujet du concours des moyens de connaître, qu'il ne faut un concours que de nos moyens essentiels pour les choses dont il s'agit. Par exemple, ai-je faim ou soif ? je ne dois pas invoquer, ici, le témoignage des autres, mais le mien seulement ; car il s'agit d'une vérité individuelle et toute de sens privé. — Mais s'agit-il de vérités de sens commun, ou de sens public, ou de sens révélé, il convient et il est nécessaire d'en appeler à la majorité de ceux qui comprennent le mieux les choses de sens commun, de sens public et de sens révélé. Du reste, dans tous les cas et pour toutes choses, il faut demander un concours de moyens, parce que pour chaque cas et dans chaque ordre de choses il faut la sensation, l'idée, le témoignage et des principes pour connaître. — Sentir, pressentir, ressentir ; ou voir, prévoir, revoir ; ou connaître, distinguer et autoriser, en confirment ces trois actes par des principes : ce sont là nos moyens essentiels pour démontrer quoi que ce soit. — La science a donc ses fondements, et ce n'est pas elle qui manque à l'esprit humain, mais c'est l'esprit humain qui manque trop souvent à la science.

DÉMONSTRATIVEMENT, d'une manière démonstrative, convainquante.

DÉMONTAGE, s. m. (*technol.*), action de démonter. *Démontage d'un fusil*, action d'en désunir les pièces pour les nettoyer ou les réparer.

DÉMONTÉ ÉE, adj. (*chasse*). Il se dit d'un oiseau qui a une aile cassée.

DÉMONTER, séparer quelqu'un de sa monture, ou ôter à quelqu'un sa monture. — *Démonter son cavalier*, se dit d'un cheval qui jette son cavalier par terre. — *Démonter de la cavalerie*, lui faire faire le service à pied dans quelque occasion extraordinaire. — *Démonter un capitaine de vaisseau*, lui ôter le commandement de son vaisseau, du vaisseau qu'il montait. — **DÉMONTER**, signifie aussi, dessassembler les pièces dont une chose est composée, le défaire avec soin. — *Démonter une horloge, une montre, un tournebroche, etc.*, signifie aussi, faire que les ressorts n'en soient plus bandés, les contre poids haussés, etc., de manière à les faire aller. *Démonter des pierreries, des diamants*, les séparer de leur chaton, de la garniture dans laquelle ils sont sertis. — *Démonter un canon*, l'ôter de dessus son affût. — *Démonter des canons, une batterie*, les mettre à coups de canon hors d'état de tirer, de servir. — Avec le pron. pers. *Cela se démonte*, se dit d'une chose faite de manière à pouvoir être démontée. — Fig., et fam., *la machine commence à se démonter*, se dit de tout ce qui commence à se détraquer, à n'aller plus aussi bien qu'auparavant, et particulièrement d'une personne qui devient sujette à des indispositions et valétudinaire, après avoir joui longtemps d'une bonne santé. — Fig., et par exagérat., *bailler à se démonter la mâchoire*, faire de grands baillements. — Fig., et fam., *il se démonte le visage, il démonte son visage comme il lui plaît, il a un visage qui se démonte*, se dit de quelqu'un qui est assez maître de son visage pour donner à ses traits l'expression de la joie, de la tristesse, de l'espérance, ou de la crainte, selon qu'il convient à ses intérêts. — **DÉMONTER**, signifie figurément, mettre en désordre, déconcerter, mettre hors d'état d'agir, de répondre. On l'emploie quelquefois dans ce sens avec le pronom personnel.

DÉMONTOIR, s. m. (*technol.*). Planche sur laquelle l'imprimeur posait les balles pour les monter et les démonter.

DÉMONTRABLE, ((*T. didactique*). qui peut être démontré.

DÉMONTRER, prouver d'une manière évidente et convainquante, par des conséquences nécessaires d'un principe incontestable. — Il se dit également de ce qui fournit la preuve ou l'indice de quelque chose. — **DÉMONTRER**, en anatomie, en botanique, en histoire naturelle ; faire voir aux yeux la chose dont on parle, comme les parties du corps humain, une plante, un animal, etc.

DÉMOPHILE, (*myth.*) ou *hiérophile*, nom de la sybille de Cumes, qui dit-on, vendit à Tarquin les livres sybillins.

DÉMOPHILE, (*hist*), fils de l'historien Ephore, contemporain d'Alexandre-le-Grand, continua l'histoire de la guerre sacrée, que son père avait commencée.

DÉMOPHILE, d'Himère en Sicile, peintre célèbre.

DÉMOPHILE, l'un des accusateurs de Phocion, prit la fuite après la mort de ce grand homme, pour se soustraire au supplice auquel les Athéniens avaient condamné tous ceux qui avaient contribué à l'arrêt rendu contre ce philosophe. Démophile fut tué par le fils de Phocion.

DÉMOPHILE, Sicilien d'Agathocle.

DÉMOPHON, (*myth.*), fils de Thésée et de Phèdre, monta sur le trône d'Athènes l'an 1182 avant J.-C. et l'occupa trente trois ans. A son retour de la guerre de Troie, il visita la Thrace et inspira de l'amour à une fille de Lycurque, roi du pays, nommée Phyllis, A peine rentré dans ses états, il oublia Phillis, qui se pendit de douleur.

DÉMOPHON, ami d'Enée.

DÉMOPHON, (*hist.*). Athénien aida les Thébains à reprendre Cadmée, l'an 578 avant J.-C.

DÉMOPHON, tyran de Pise, causa les plus grands maux aux habitans d'Élis.

DÉMOPHON, fils de Démon et cousin de Démosthène.

DÉMOPHON, devin de la suite d'Alexandre-le-Grand.

DÉMOPHON. Un des officiers d'Antiochus Eupator, resta en Judée après la conclusion de la paix, vers l'an 163 avant J.-C.

DÉMOPOLIS, fils de Thémisthocle, fut lapidé ainsi que son frère par les Athéniens, pour être revenu à Athènes malgré la loi qui les bannissait; Pausanias dit que cette histoire n'est qu'une fiction.

DÉMORALISATEUR, TRICE, adj. (*néol.*), qui démoralise.

DÉMORALISATION, (*néol.*), action de démoraliser ou résultat de cette action.

DÉMORALISER, s. f., (*néol.*) Corrompre les mœurs, ôter la moralité, détruire la force morale.

DÉMORDRE, Quitter prise après avoir mordu. Il se dit particulièrement des chiens, des loups, etc. — Il signifie figurément et familièrement, se départir de quelque entreprise, de quelque dessein, abandonner une opinion, un avis qu'on soutenait avec chaleur.

DÉMOS. Dans son acception la plus étendue ce mot grec désigne le peuple ; il implique l'idée d'une assemblée souveraine et délibérante, tel que le peuple d'Athènes par opposition aux magistrats et à l'aréopage. On ne peut se dissimuler néanmoins que par forme d'exception, et quand ils ne parlent pas le langage des lois, les auteurs n'aient souvent employé le mot *démos* dans le sens de bas peuple, et plus souvent dans celui de *plébéiens*; c'est ce que fait presque toujours Denys d'Alicarnasse. Le démos, tel que le trouva Solon, était une communauté de propriétaires campagnards déjà divisée en *dèmes* ou cantons territoriaux. C'était les descendans libres des anciens Attiques, qui n'avaient été ni subjugués par l'immigration ionienne ni réduits par le besoin de renoncer à leur indépendance. Clisthène partagea la nation en dix tribus ou *phyles*, et chaque tribu en dix *dèmes*. Cependant il y en eut dans la suite 174, ainsi que l'attestent Hérodote et Strabon. On en ajouta donc 74 composés probablement de cantons qui, dans le commencement, étaient restés sujets. Meursius a voulu retrouver les noms de tous ces dèmes : aussi n'y a-t-il pas un nom de village dont il ne se soit servi pour compléter son catalogue. Il faut s'en tenir aux indications de Suidas, d'Hésychius, d'Étienne de Byzance. Chaque fois qu'il leur arrive de nommer un dème, ils indiquent la phyle à laquelle il appartenait. On ne suivait en cela nul ordre géographique, et souvent les plus éloignés appartenaient à la même phyle. Les dèmes, administrés chacun par un *démarque*, étaient délimités par des bornes comme nos banlieues. On cite parmi les anciens qui ont traité de leur organisation, Diodore, Phrynicnus, Nicandre, Denys, Didyme et peut-être Polémon; parmi les modernes Meursius que nous avons déjà cité, Spon, Corsini, Stuart. Nous renverrons surtout à l'excellent livre de Kruse intitulé *Hellas*; on y trouve des recherches particulières sur plusieurs dèmes, et ces recherches sont d'une profondeur et d'une érudition au-dessus de tout éloge.

DÉMOSTHÈNES, naquit à Athènes, l'an 381 av. J.-C. Son père étant mort, il resta de bonne heure livré aux soins d'une mère que sa tendresse pour lui aveuglait, et de tuteurs infidèles ; aussi sa première éducation ne fut-elle pas propre à former un grand homme. Cependant à 16 ans son goût pour l'éloquence se développa en entendant parler un célèbre orateur, Callistrate, dans une cause importante; dès lors il se livra tout entier à la vocation qui venait de naître en lui. Son premier maître fut Isée; il fit de si rapides progrès, qu'à 17 ans, il attaqua ses tuteurs, plaida contre eux, et gagna son procès. Il suivit aussi les leçons de Platon, dans lesquelles il puisait ces maximes généreuses qui devaient plus tard rendre ses harangues politiques si remarquables. Son début dans l'assemblée publique ne fut pourtant pas heureux ; deux fois il fut accueilli par des huées. Cet échec ne le découragea pas. Satyrus, l'acteur, le ranima et lui donna des leçons. Pendant plusieurs années il s'occupa avec une infatigable persévérance de modifier ses défauts naturels, et d'acquérir les qualités qui lui manquaient encore : enfermé pendant des mois entiers, sans cesse méditant, déclamant, étudiant les orateurs et les poètes, il se mit enfin en état de briller à la tribune ; enfin, à 27 ans, il fut chargé par Ctésippe d'attaquer la loi qui défendait qu'aucun citoyen, excepté les descendants d'Harmodius et d'Aristogiton, ne fût exempté de ce qu'on appelait les *magistratures onéreuses*, telles que la direction des jeux publics, qui obligeait celui qui en était chargé à les donner à ses dépens. C'est le premier des discours de Démosthènes qui mit au jour sa puissante éloquence; il fut suivi de beaucoup d'autres qui avaient pour but, tantôt la défense d'intérêts particuliers, tantôt des accusations contre des citoyens chargés du service de l'État, tantôt enfin des poursuites exercées par lui pour la réparation d'injures ou de violences dont il avait été victime. On a lieu de reprocher à Démosthènes peu de délicatesse dans diverses de ces circonstances, jusqu'à l'époque où, dans sa lutte contre Philippe de Macédoine, il sembla s'épurer, et devint incorruptible au milieu de la vénalité des autres orateurs athéniens. Démosthènes prévoyait les projets du conquérant macédonien, et comprenait que chaque succès le rapprochait d'Athènes; onze harangues, connues sous le nom de *Philippiques* et d'*Olynthiennes*, furent employées par lui à éclairer ses compatriotes et à les faire enfin sortir de l'apathie dans laquelle ils languissaient. La prise d'Élatée leur fit enfin ouvrir les yeux, et les efforts de l'éloquent orateur les déterminèrent à une ligue avec les Thébains. Démosthènes, qui le premier en avait ouvert le projet, fut chargé de la conclure. Il alla à Thèbes, et y trouva les envoyés de Philippe ; Python était à leur tête; mais son opposition fut vaine; l'impétueuse éloquence de son adversaire renversa tous les obstacles, et l'alliance fut conclue. La bataille de Chéronnée la suivit bientôt, et sa déplorable issue n'empêcha pas Démosthènes de conserver son crédit sur les Athéniens. Peu de temps après, la mort de Philippe vint lui donner une nouvelle occasion de communiquer à ses concitoyens l'enthousiasme qui le transportait; la jeunesse d'Alexandre releva soudain des espérances brillantes et des élans vers la liberté, que devaient bientôt abattre la valeur et le génie de ce fils de Philippe : Thèbes fut rasée, Athènes se vit menacée, et les chefs du parti opposé à Alexandre auraient été livrés à ce dernier sur sa demande, si Démades ne les eût sauvés par ses discours et son crédit sur le jeune vainqueur. — L'anéantissement qui succéda alors en Grèce aux illusions de l'enthousiasme causa une inaction et un calme dont Eschine profita pour renouveler les accusations qu'il avait portées contre Démosthènes huit années auparavant. C'était à l'occasion d'un décret par lequel Ctésiphon proposait de voter une couronne d'or à Démosthènes pour le récompenser de ses services; Eschine soutenait que ce décret ne pouvait être rendu, puisque celui qu'on voulait honorer d'une pareille distinction était encore comptable de son administration; et en même temps il peignait sous les plus noires couleurs les actes de cette administration. Malgré tout l'acharnement et tout l'art avec lesquels ces accusations avaient été ourdies, Démosthènes sortit triomphant de la lutte, et l'accusateur n'ayant pas obtenu la cinquième partie des suffrages, fut exilé, conformément à la loi. Le discours que prononça Démosthènes dans cette occasion passe pour son chef-d'œuvre. Les difficultés qu'il avait à vaincre pour ménager toutes les convenances oratoires en faisant sa propre apologie, la délicatesse avec laquelle il devait parler de la défaite de Chéronnée, tout en se vantant d'avoir conseillé la guerre qui y avait donné lieu, et l'art avec lequel il triompha de tous les désavantages de cette position, font, en effet, de ce morceau une œuvre des plus remarquables.—Cependant, peu de temps après ce triomphe, il fut condamné pour s'être laissé corrompre par Harpalus, gouverneur macédonien, qui était venu à Athènes cacher le fruit de ses brigandages, et qui sollicitait la protection de la république. Les faits de l'accusation ne sont pas tellement prouvés qu'ils ne puissent être révoqués en doute; quoi qu'il en soit, il fut banni; mais bientôt son rappel fut décidé, quand, à la mort d'Alexandre, il parcourut la Grèce en soulevant par son éloquence tous les peuples contre la Macédoine. Peu après, les armes d'Antipater avaient détruit encore une fois la ligue que l'orateur avait formée, et il expia par sa mort l'ardeur de son patriotisme; le vainqueur l'exigea et elle fut décidée. Il s'enfuit, alla chercher un asile dans le temple de Neptune, à l'île de Calaurée; de vils assassins l'y poursuivirent. Pressé par eux et ne pouvant leur échapper, il se tua à l'aide d'un stylet empoisonné. — La rapidité, l'enthousiasme, l'énergie se retrouvent avec le bon sens et la générosité des maximes dans toutes les pièces que nous avons de Démothènes, lesquelles consistent en 61 discours ou harangues, 65 exordes et 6 lettres écrites aux Athéniens pendant son exil.

DÉMOSTHÈNE. Des fragments d'un ouvrage sur les maladies des yeux, souvent cité par Galien, nous sont parvenus sous le nom de Démosthène. On attribue ce nom et cet ouvrage à trois personnages ; on ne sait s'ils ont véritablement existé, ou si ces trois individus n'en font qu'un.

DÉMOSTHÈNE, gouverneur de Césarée, sous Galien. Lorsque cette ville fut assiégée par Sapor, roi des Perses, les ennemis s'étant emparés de cette place, il se fit jour au travers des Perses et échappa ainsi par son courage à la captivité et à la mort.

DÉMOSTHÈNE, vicaire du préfet du prétoire, sous Valence, fauteur ardent des ariens, et persécuteur des catholiques.

DÉMOSTHÉNIQUE, adj. des 2 g. (*littér.*). Il se dit du genre de style d'éloquence qui appartient à Démosthène, ou de ce qui en est l'imitation, de ce qui en rappelle l'idée.

DÉMOSTRATE, de Phénée en Arcadie, père des trois Dématrate qui combattirent contre Critolaüs et ses deux fils pour terminer la guerre des Tégéens et des Phénéens (*V.* CRITOLAUS).

DEMOTÈLE, un des douze écrivains qui ont écrit sur les pyramides d'Egypte.

DEMOTIKE, (*Dedimotichos*), ville de la Turquie d'Europe (*Gallipoli*). Elle fait partie du gouvernement du capitan-paschâ; elle est à 30 lieues N. de Gallipoli, sur la rive gauche de la Huritza, près du confluent de ce fleuve et du Kisilnahar. Charles XII, roi de Suède, y a séjourné longtemps après la bataille de Pultawa. A 12 lieues S. d'Andrinople; 10,000 habitants.

DÉMOTIQUE, qui concerne le peuple, qui est à l'usage du peuple. Il se dit seulement de l'écriture qui, dans l'ancienne Égypte, pouvait être lue et comprise du peuple; par opposition à *hiératique*, qui se dit de l'écriture dont on pense que les prêtres seuls avaient l'intelligence.

DEMATZ (DE LA SALLE), né en Savoie à la fin du XVIIe siècle, entra dans les ordres et fut pourvu d'une cure dans la partie du diocèse de Genève, dépendant alors de la France. Il tenta d'amener des modifications dans la méthode du plain-chant; il publia sur ce sujet plusieurs ouvrages. Son système, qui avait été approuvé en 1726 par l'Académie des sciences, fut critiqué par le célèbre Sébastien de Brossart, chantre de l'église de Meaux, qui prouva que cette méthode n'était ni utile, ni nouvelle; le P. Souhaisty, entre autres, l'avait déjà mise au jour en 1677, et ce fut de lui que J.-J. Rousseau tira son système de notation sans y rien changer.

DÉMOUCHETER UN FLEURET, le dégarnir de son bouton pour en faire une arme offensive.

DÉMOULAGE, s. m. (*technol.*), action de retirer du moule une pièce qui a été moulée.

DÉMOULER, v. a. (*technol.*), exécuter le démoulage.

DEMOURS (PIERRE), né à Marseille en 1702, fit ses études d'abord à Avignon, puis à Paris où il reçut le grade de bachelier; en 1728, il alla se faire recevoir docteur à Avignon et revint immédiatement à Paris. Il fut successivement aide de Duvernay pour les travaux anatomiques, démonstrateur et garde du cabinet d'histoire naturelle du Jardin du roi en 1730, puis aida le docteur Antoine Petit dans ses recherches anatomiques, et se livra surtout à l'étude des maladies des yeux. Il fut reçu membre de la Société royale de Londres et nommé associé vétéran de l'Académie des sciences de Paris en 1769. Plus tard, il devint médecin ordinaire oculiste du roi et censeur royal. Il mourut le 26 juin 1795. — Il est l'auteur de la traduction de plusieurs ouvrages scientifiques anglais, et de quelques opuscules originaux sur les maladies des yeux.

DESMOURS (ANTOINE-PIERRE), oculiste distingué comme son père, naquit à Paris le 16 décembre 1762, se fit recevoir docteur et se livra exclusivement aux maladies des yeux, qu'il étudia avec persévérance pendant plus de cinquante ans. Il publia en 1818 un *Traité des maladies des yeux*, qui est le fruit de ses longs travaux et de ses nombreuses observations. Il mourut le 4 octobre 1836. Ses talents lui avaient valu le titre d'oculiste de Louis XVIII et de Charles X.

DEMOUSTIER (CHARLES-ALBERT), né à Villers-Cotterets, le 11 mars 1760, fit ses études à Paris au collège de Lisieux; il était de la famille de Racine et tenait par sa mère à celle de La Fontaine; il suivit quelque temps la carrière du barreau, mais l'abandonna bientôt pour s'adonner aux lettres. Il mourut dans sa ville natale le 9 mars 1801. Il est l'auteur des *Lettres à Emilie sur la mythologie*, et d'un grand nombre de comédies dont les unes ont été imprimées, et les autres sont restées manuscrites; parmi ces pièces de théâtre, *le Conciliateur*, *les Femmes*, *Alceste*, *le Divorce* et *la Toilette de Julie*, ont été recueillies et imprimées sous le titre de *Théâtre de Dumoustier*. Toutes ses œuvres sont empreintes du goût affecté et prétentieux qui régnait à l'époque où elles parurent; elles obtinrent malgré cela, ou plutôt à cause de cela un très grand succès. — Le caractère aimable et facile de Demoustier lui valut un grand nombre d'amis; on cite du reste de lui un trait qui prouve bien cette facilité; on dit qu'un jour au théâtre, à la première représentation d'une de ses pièces, *les Trois fils*, un jeune homme qui ne le connaissait pas, lui emprunta une clé forée pour manifester sa désapprobation; Demoustier ne la lui refusa point.

DÉMOUSTIER (PIERRE-ANTOINE), oncle du précédent, né à Lassigny le 1er août 1735, fut chargé de la construction du pont Louis XV; en 1791, nommé ingénieur en chef du département de la Seine, il dirigea la construction du pont des Arts, de celui de l'île Saint-Louis et de celui du Jardin-des-Plantes. Il est mort en 1803.

DÉMOUVOIR (*t. de pratique*), faire qu'une personne se désiste de quelque prétention. Il n'est guère usité qu'à l'infinitif; il est vieux.

DEMPSTER (GUILLAUME), né en 1490 dans le comté d'Angus en Ecosse, vint perfectionner ses études à Paris; il écrivit contre les écrits de Raymond Tulle par ordre de l'Université et du Parlement; après différents voyages en Italie et en Ecosse, il revint à Paris où il mourut en 1557. Il était très savant, ce qui ne l'empêchait pas d'être un trop crédule historien, ainsi que le démontrent les fables absurdes qui ont trouvé place dans son *Histoire ecclésiastique d'Ecosse*.

DEMPSTER (THOMAS), écossais comme le précédent, était né en 1579 d'une famille noble. Il alla étudier à Cambridge, puis vint en France; de là il visita successivement Louvain, Rome, Douai et Tournay, puis revint à Paris où il obtint une chaire d'humanité au collège de Navarre. Il était extrêmement studieux, et comme il était en même temps doué d'une mémoire extraordinaire, il amassa une immense quantité de connaissances diverses; ces qualités étaient ternies par une violence sans égale, au point qu'il avait sans cesse l'épée à la main, soit pour venger des injures qu'il prétendait avoir reçues, soit pour soutenir celles dont il s'était rendu coupable envers les autres. Un trait de cette violence, qui se passa au collège de Bauvais, lui valut un grand nombre d'ennemis et éveilla l'attention de la justice; il fut alors forcé de se réfugier en Angleterre où il obtint le titre de premier historiographe du roi, et se maria. Il alla ensuite professer les belles-lettres à Pise, à Toulouse, à Nîmes, à Padoue et à Bologne, où il mourut le 16 septembre 1625. — On a de lui plusieurs ouvrages, entre autres une *Liste des auteurs écossais*, remplie de très nombreuses erreurs volontaires, faites pour relever la gloire de sa patrie; il forgeait, par exemple des titres d'ouvrages qui n'avaient jamais existé et qu'il attribuait à des auteurs écossais; il y cite aussi un grand nombre d'auteurs qu'il savait très bien appartenir à l'Angleterre et à l'Irlande; il est aussi l'auteur d'un livre intitulé: *Etruria regalis*, qui est encore souvent consulté avec fruit pour ce qui concerne les antiquités étrusques et l'histoire de la Toscane.

DEMPSTER (GEORGES), savant et homme politique écossais, né en 1735, se fit recevoir avocat au barreau d'Edimbourg et fut ensuite membre de la Chambre des communes pendant 28 ans. Pendant cet espace de temps, il montra beaucoup d'habileté et de patriotisme, et s'occupa surtout des questions de commerce et d'agriculture, telles que celles relatives à la compagnie des Indes et aux pêcheries écossaises. Il renonça ensuite aux affaires, se retira dans ses belles propriétés d'Écosse et s'occupa de faire prévaloir des améliorations dans la culture. Nommé président de la Compagnie pour l'extension des pêcheries de la Grande-Bretagne; il donna tous ses soins à cette entreprise et lui donna un grand élan qu'arrêtèrent les guerres qui suivirent la révolution française. Il mourut en 1818.

DEMSISE, DEMSYSE (*bot.*), plante commune dans les îles du Nil, voisines du Caire, que Farskaël nomme *ambrosia villosissima*, et qui est rapportée par M. Delile à l'*ambrosia maritima*. J. P.

DÉMUNIR, ôter les munitions d'une place. — **DÉMUNIR**, avec le pronom personnel, signifie se dépouiller des choses qu'on avait mises en réserve pour quelque besoin futur, pour quelque projet.

DÉMUQUES (δῆμος, district, ἔχω, avoir), nom donné aux gouverneurs de la ville de Thespies, dans la Haute-Béotie.

DÉMURER, ouvrir une porte ou une fenêtre qui était murée, ôter la maçonnerie qui la bouchait.

DÉMUSELER, v. a. Enlever la muselière d'un animal. Il se dit fig., *démuseler le lion populaire*.

DEMYLUS, tyran qui fit souffrir la torture au philosophe Zénon.

DEN, un des noms de Jupiter chez les Grecs.

DENABA (*géogr. anc.*), ville d'Idumée, où régnait Béla, fils de Béor.

DENABA DHENABA (*bot.*), nom arabe du *reseda hexagyna*, de

Forskaël, que Valsh rapporte au *reseda canescens*, de Linné.
J. P.

DENAIN (BATAILLE DE). Denain, village du Hainaut, forme aujourd'hui une commune du département du Nord, canton de Bouchain, arrondissement de Valenciennes, dont il est éloigné de 2 lieues. Sa population est d'environ 900 habitants. Il y avait à Denain une célèbre abbaye de religieuses, fondée l'an 764; mais ce qui a surtout illustré ce village, c'est la victoire qu'y remporta le maréchal de Villars, en 1712. — Louis XIV voyait sa capitale menacée par le prince Eugène; des malheurs domestiques s'unissaient aux malheurs publics pour l'accabler. La terreur était à la cour et dans le royaume. On donnait à Louis le conseil de se retirer derrière la Loire; mais il déclara qu'il aimerait mieux se mettre à la tête de sa noblesse, la conduire à l'ennemi, malgré ses 74 ans, et périr avec elle. Villars fut le sauveur de la France. — Le gouverneur du Quesnoy avait capitulé; Eugène investissait Lendrecies, dont la prise lui ouvrait la Champagne et la Picardie. Villars marcha au secours de la place. Ses succès, ses forces, la faiblesse de ses ennemis, lui avaient inspiré une confiance qui approchait de la sécurité. Il résolut d'attaquer le camp retranché de Denain, qui assurait aux armées impériale et anglaise, réunies contre la France, leurs communications avec Marchiennes, et par conséquent leurs approvisionnements. Cette position était formidable; on y avait exécuté des travaux dont on trouverait difficilement un autre exemple dans l'histoire. Le succès dépendait du secret; il fallait tromper le prince Eugène, et, comme le dit Villars, tromper l'armée française elle-même. Les mouvements des Français avaient fait croire au prince Eugène qu'ils attaqueraient le lendemain ses retranchements; mais Villars fait passer l'Escaut à nos troupes (24 juillet 1712), et tombe sur le camp de Denain, que commandait le duc d'Albermale, fils du célèbre Monk. Ce camp fut forcé avec autant d'impétuosité que de conduite. Le duc d'Albermale fut fait prisonnier. Deux princes de Nassau, les princes de Holstein et d'Anhalt, et 300 officiers, se rendirent également. Le prince Eugène n'arriva qu'à la fin du combat. Villars repoussa toutes ses attaques; le prince se retira après avoir fait massacrer ses quatre meilleurs bataillons. On prétend que, dans la rage de sa défaite, il mordait ses gants en proférant des imprécations. — Louis XVI, en 1781, fit ériger, sur la route de Paris à Valenciennes, à l'endroit où aboutit le chemin de Denain, une pyramide de 30 pieds, sur laquelle on grava ces vers de la Henriade :

Regardez dans Denain l'audacieux Villars,
Disputant le tonnerre à l'aigle des Césars.

Abattu lors de la révolution, ce monument fut relevé sous la Restauration. Voltaire dit que l'idée d'attaquer le camp de Denain ne fut pas conçue par Villars : un curé et un conseiller de Douai, dans une promenade aux environs des ouvrages des alliés, auraient remarqué qu'on peuvait facilement les attaquer vers Denain et Marchiennes. Le conseiller se serait empressé d'en donner avis à l'intendant de Flandre, et celui-ci au maréchal de Montesquiou. Villars aurait approuvé le projet et se serait aussitôt occupé de l'exécution. Saint Simon prétend, de son côté, que l'honneur de cette mesure appartient au maréchal de Montesquiou, qui aurait reçu du roi l'ordre de mettre son projet à exécution, en ménageant toutefois l'amour-propre de Villars. Quoiqu'il en soit, les magasins d'Eugène, qui étaient à Marchiennes, tombèrent, avec la ville, au pouvoir des Français. Le siége de Lendrecies fut levé; la prise de Denain, de Bouchain, du Quesnoy, fut la suite de cette victoire, qui hâta le résultat des négociations d'Utrecht. Cette journée sauva la France. « Il y a eu; dit M. Ancillon, des victoires » plus difficiles, plus glorieuses, plus complètes que celles de » Villars; il n'y en a pas eu de plus décisive. »
A. Savagner.

DENAIRE. Qui a rapport au nombre dix.

DENAISIUS (Pierre), né à Strasbourg, le 1er mai 1560, d'une famille noble, chassée de Lorraine par les guerres de religion. Il fut reçu docteur en droit en 1583, et fut nommé peu de temps après conseiller de l'électeur Palatin, qui l'envoya en ambassade en Pologne, en Angleterre et dans d'autres pays. En 1590, il fut fait assesseur de la chambre impériale de Spire, et mourut dans cet emploi, en 1610, à Heidelberg. Il est l'auteur de plusieurs ouvrages de droit, de quelques opuscules théologiques, et de quelques écrits politiques.

DÉNANTIR (SE) (*t. de jurisp.*) Abandonner des valeurs, des gages, des nantissements qu'on avait entre les mains. Il signifie, par extension, se dépouiller de ce qu'on a.

DENARIUS ou **DENIER.** Monnaie romaine, qui valait dans l'origine (jusqu'en 536 de Rome) dix as, comme l'indique son nom. Depuis 436 il valut seize as. C'était une monnaie d'argent; elle valait de nos monnaies environ 81 centimes.

DÉNASALER ou **DÉNASALISER**, v. a (*gramm.*). Oter le son nasal, prononcer comme si le son n'était pas nasal.

DÉNATIONALISER, v. a. (*néol.*), faire perdre le caractère national, effacer du nombre des nations.

DÉNATTER, défaire ce qui était arrangé en natte.

DENATTES (François), né à Ligny, le 25 janvier 1796, fit sa théologie chez les jésuites de Dijon; il fut fait prêtre par Caylus, évêque d'Auxerre, et prit part au soulèvement du clergé, lors de la mort de cet évêque. Il mourut le 23 septembre 1765.

DÉNATURALISATION, s. f. (*néol.*), perte de l'état de naturalisation.

DÉNATURALISER, v. a, (*néol.*), faire cesser, détruire l'état de naturalisatson.

DÉNATURER, changer la nature ou les qualités d'une chose; faire qu'elle ne paraisse plus ce qu'elle était ou ce qu'elle devrait être. Il s'emploie aussi avec le pronom personnel. — **DÉNATURÉ** (*participe*). Il est aussi adjectif, et signifie qui manque d'affection et de tendresse pour ses plus proches parents. Il se dit également de ce qui est contraire aux sentiments naturels d'affection ou d'humanité.

DÉNATURER (*jurisp.*), v. a. Dénaturer une créance, convertir une créance en une créance d'une autre nature, une rente constituée en une obligation pure et simple. *Dénaturer ses biens*, faire changer ses biens de nature. céder un immeuble pour une créance mobilière. *Le droit de dénaturer un bien suppose le droit de l'aliéner*,

DENAVOS (*géogr. anc.*). Ile à l'extrémité orientale de l'île de Cypre, près du promontoire Dinaretum.

DENARO. Monnaie de compte de Milan, 1 livre courante de Milan vaut 240 *denari*, ou fr. 0 764; le *denaro* vaut alors fr. 0,0031, une livre impériale de Milan vaut 240 *denari*, ou fr. 1,081, le *denaro* vaut alors 0,0045. *Denaro*, subdivision de la livre, poids en Italie : la livre vaut 288 *denari*.

DENBIGH, comté anglais (*principauté de Galles*), entre ceux de Caernawen, Flint, Shrop, Chester, Merioneth, Montgomery et la mer d'Irlande. Il produit blé, fromage, troupeaux. plomb, houille. 80,600 habitants.

DENBIGH, capitale du comté ci-dessus, à 9 lieues O. de Chester, 68 lieues N.-O. de Londres. Elle a des tanneries; fabriques de gants.

DENDER. Rivière d'Afrique, qui a sa source en Abyssinie, près et à l'O du Bahr-el-Azuk, ou Nil Bleu; coule au N.-O., entre dans le Sennaar, reçoit à gauche l'Epengologo, et après un cours environ de 100 lieues, se jette dans le Bahr-el-Azuk, un peu au-dessus du confluent du Bahud.

DENDERA (*poiss.*). Nom d'une espèce de mormyre, *mormyrus dendera*, de Geoffray; *mormyrus anguilloïdes*, de Linné. que l'on trouve dans le Nil, près de Denderah.

DENDERAH (*tentyris*), ville de la Haute-Egypte, sur la rive gauche du Nil, à 3 lieues O. de Keneh, latitude N. 26° 10'; longitude E., 30° 20' 11". Elle est célèbre par ses deux zodiaques, dont un fut apporté à Paris en 1832 (*V.* Egypte et Zodiaque).

DENDERMONDE, ville de Hollande, à 6 lieues S. O. d'Anvers; 5,800 habitants; commerce de chevaux, grains, lin, chanvre, papeteries, tanneries, raffineries de sel. Elle est entourée de marais et de prairies,

DENDRAGATES (*min.*). On donne quelquefois ce nom aux arborisations dans une agate, aux agates arborisées. J. P,

DENDRELLE (*zooph. inf.*), Genre de psychodiées dont les caractères sont : corps conique, pourvu d'une bouche ou orifice nu, c'est-à-dire dépourvu de cirrhes ou d'autres organes ciliés, et terminé postérieurement par un pédicule qui tient à un système ramifié, formé d'une famille de plusieurs individus. Les dendrelles diffèrent des vorticelles par l'absence des cirrhes, et ont, sous d'autres rapports, beaucoup d'analogie avec ces animaux. Elles habitent exclusivement les eaux et vivent en parasites sur les conferves, les patamots et autres plantes aquatiques. Parmi les espèces que renferme ce genre, on remarque la *dendrelle de lyngbie*; on la trouve dans les ruisseaux, où elle forme entre les pierres des masses globuleuses, variant pour la grosseur depuis celle d'un pois à celle d'une noix; ses filaments, simples d'abord, se bifurquent ensuite et sont confondus dans la mucosité qui les environne. Lorsque les corpuscules viennent à se détacher, ceux-ci nagent librement dans les eaux, sans qu'on puisse deviner par quel mécanisme s'exercent leurs mouvements. J. P.

DENDRIFORME, adj. des 2 g. (*hist. nat.*), qui a la forme d'un arbre.

DENDRINE, s. f. (*bot.*), genre de champignons.

DENDRITES. Nom sous lequel Hélène fut honorée après sa mort, parce que, dit-on, elle fut pendue à un arbre par ordre de Polixo.

DENDRITES, s. m. p. (*philol.*), hommes que Lucien, dans son histoire merveilleuse, met au nombre des habitants de la Lune, et dont il suppose la génération semblable à celle des plantes.

DENDRITES (*min.*). On nomme ainsi divers dessins naturels qu'on observe sur plusieurs minéraux, et qui représentent des arbrisseaux très ramifiés, semblables aux bruyères. On les nomme aussi *arborisations* (*V.* ce mot). Parmi ces dentrites les unes sont superficielles, disposées sur un même plan, les autres sont développées dans l'intérieur même de certaines pierres. Ces dernières sont les plus rares; on en rencontre: — dans le calcaire compacte, où elles sont noires; — dans la stéatite; — dans les agates calcédoines; ce sont les plus recherchées; — dans le quartz et la lithomarge: celles-ci sont formées ordinairement par de l'argent natif; — dans le jaspe rouge, elles sont dues au bismuth, etc.; les plus belles sont celles du calcaire compacte et de l'agate. J. P.

DENDRITINE (*moll.*), Genre de l'ordre des camerines, classe des céphalopodes, dont les cellules sont simples et disposées en spirale, et dont les spirales s'enveloppent les unes dans les autres. Les dendritines sont des animaux de la plus petite taille, et n'offrant que peu d'intérêt. J. P.

DENDRITIQUE, adj. des 2 g. (*hist. nat.*, qui offre des arborisations, qui a la forme d'un petit arbre.

DENDROBATE, adj. des 2 g. (*zool.*), qui se tient habituellement sur les arbres. — DENDROBATE, genre de reptiles batraciens.

DENDROBIUM, (*bot.*). Genre de plantes monocotylédones, à fleurs incomplètes, irrégulières, de la famille des *orchidées*, de la *gynandrie diandrie* de Linné, dont le caractère essentiel consiste en une corolle (un calice) à cinq pétales redressés, étalés, les deux latéraux extérieurs, soudés par leur base avec un sixième pétale en lèvre offrant souvent une sorte de corne par leur réunion, une anthère terminale, operculée, le pollen distribué en plusieurs paquets; la colonne des organes sexuels articulée avec la lèvre; point d'éperon, une capsule oblongue, uniloculaire à trois valves polyspermes. Presque toutes ces plantes sont parasites: les unes pourvues de tiges feuillées, d'autres n'ayant que des feuilles radicales. Parmi les nombreuses espèces de ce genre; nous citerons le *Dendrobium à grandes feuilles, D. grandiflorum*; cette belle espèce croit dans les andes de Puruguaya, sa bulbe est brune, longue de trois pouces; ses branches droites, hautes de six pouces couvertes d'écailles membraneuses, les feuilles longues d'un pied, lancéolées, aiguës, rétrécies à leur base, toutes radicales. Une fleur solitaire, terminale; corolle blanche; les pétales ovales, aigus, longs d'un pouce, la lèvre onguiculée rougeâtre, longue d'un pouce et demi, ondulée à ses bords; la colonne arquée, ponctuée de rouge, triangulaire à son sommet. Le *Dendrobium* de *Barrington*, *D. Barringtoniæ*, à racines pourvues de plusieurs bulbes, d'où sortent trois ou quatre feuilles pétiolées; les hampes sont radicales, et se terminent par une seule fleur, rarement par deux ou trois, pédicellées et sortant d'une bractée en forme de *gaîne*. Elle croît sur les arbres de la Jamaïque, On trouve dans le même pays le *D. palmifolium*, à feuilles longues d'un pied, lancéolées, rétrécies en pétiole, chaque bulbe ne produit qu'une feuille, capsules longues d'un pouce; aiguës à leurs deux extrémités trigones, velues en dedans. J. P.

DENDROCITTE, (*ois.*). Genre de la famille des corvidés ou corbeaux; ce genre ne renferme que trois espèces, appartenant toutes à l'Inde, et voisines des pies. L'une d'elles, la *Dendrocitte à ventre blanc D. leucogastra*, se distingue par son plumage noir, d'un beau blanc sous le ventre. J. P.

DENDROCOLAPTES, (*Ois.*). Nom grec des pies, et appliqué de nos jours, par le naturaliste Hermon, aux espèces du genre picucule. (*V.* ce mot.) J. P.

DENDRODROME, adj. des 2 g., (*zool.*), qui court sur les arbres.

DENDRO-FALCO, (*Ois.*), Gesner nomme ainsi le *falco arborarius* d'Aldrovande ou hobereau. J. P.

DENDROGRAPHIE, s. f. (*didact.*), histoire des arbres traité sur les arbres.

DENDROGRAPHIQUE, adj. des 2 g. (*didact.*). qui a rapport à la dendrographie.

DENDROHYADE, s. m. (*zool.*), genre de reptiles batraciens.

DENDROIDE, (*ins.*), genre d'insectes coléoptères hétéramères, à antennes branchues établi par Latreille; M. Fischer de Moscou a décrit une espèce du même genre sous le nom de *pogonocère* qui signifie antennes barbues. J. P.

DENDROIDES, (*bot.*). Genre établi par Roussel dans la Flore du Calvados, les *fucus pumilus* et *pinastroïdes*, qui sont droits, rameux, et portent leur fructification sur les derniers rameaux. La première de ces espèces rentre dans le genre *choudrus* de Lamouroux, et la seconde dans le *ceramium* de Decandolle. J. P.

DENDROITE, s. f. (*minér.*), pierre qui affecte la forme d'une branche d'arbre.

DENDROLIBANUS, (*bot.*), nom du cèdre du Liban dans quelques livres d'agriculture, suivant Daleschamps. J. P.

DENDROLICHÉNÉE, s. f. (*bot.*), famille de lichens à expansions dendroïdes.

DENDROLITHAIRE, (*zool.*), classe qui contient certains polypiers arborescents,

DENDROLITHE, s. m. (*hist. nat*,), végétal ou partie de végétaux pétrifiés.

DENDROLOGIE, s. f. (*didact.*), traité des arbres et des arbustes.

DENDROLOGIQUE, adj. des 2 g. (*didact.*), qui a rapport à la dendrologie.

DENDROMALACHE, (*bot.*), nom grec ancien de la rose tremière suivant Daleschamps, (*alcea rosea*). J. P.

DENDROMÈTRE, (*géom.*), (*de* δενδρον, *et de* μετρον, *mesure.*) Instrument pour mesurer le diamètre et la hauteur des arbres.

DENDROMÉTRIQUE, adj. des 2 g. (*géom. prat.*), qui a rapport au dendromètre.

DENDROPHAGE, s. m. (*zool.*), genre d'insectes coléoptères.

DENDROPHORE, (δενδρον, *arbre*, φερω, *porter*), surnom de Sylvain qui était représenté portant un arbre (δενδρον) et surtout un cyprès.

DENDROPHORES, (δενδρον, *arbre*, φερω, *je porte*), nom de ceux qui dans les dendrophories portaient une branche de pin.

DENDROPHORIES, (δενδρον, *arbre*, φερω, *porter*), sacrifices en l'honneur de Bacchus, de Cybèle et de Sylvain, dans lesquels on promenait un pin en mémoire de celui sous lequel on prétendait qu'Atys s'était mutilé.

DENDROPHIDE, DENDROPHIS (*bot.*), ce nom qui vient de deux mots grecs, *dendron*, arbre, et *ophis*, serpent, a été donné à un genre d'ophidiens voisin des couleuvres, mais s'en distinguant par un corps légèrement comprimé, des écailles lisses, subverticillées, fort allongées, inclinées en arrière, de manière à former sur le dos des sortes de chevrons, composés d'écailles quadrilatères fort étroites, séparées sur le rachis par une série d'écailles dilatées, rhomboïdales, pentagonales ou hexagonales, selon leur plus ou moins grand rapprochement. Ces reptiles ont la tête couverte de grandes plaques, le museau arrondi, les yeux assez grands, à fleur de tête. Outre ces caractères, qui les distinguent des couleuvres proprement dites, elles le sont encore par leur habitude de vivre sur les arbres, ainsi que l'indique leur nom. L'espèce la plus connue est le *dendrophide brun, coluber fusens* de Linné. Ce serpent atteint quatre pieds de longueur, la queue en forme le tiers; le dos est brunâtre avec une raie noire passant sur les côtés du museau, sur l'œil où elle est très marquée et s'étend jusque sur les côtés de la queue; au-dessous d'elle est une raie blanche bordée d'une seconde raie noire, le ventre est blanchâtre. Cette espèce est assez répandue dans l'Inde et se trouve dans l'intérieur de l'Afrique. J. P.

DENDROPHORES et **DENDROPHYLES** (*min.*), synonymes de *dendrites*. (*V.* ce mot.)

DENEB (*astr.*), mot arabe qui signifie *queue*, et dont les astronomes se sont servis pour désigner quelques étoiles comme *Deneb adigege*, la *Queue du cygne*, *Deneb algedi*, la *Queue du capricorne*.

DENEEFF (JEAN-GEORGES), simple bourgeois de Louvain, se fit un nom lorsque la révolution de 1830 eut de l'écho en Belgique. Il fut un des chefs de l'insurrection qui voulait renverser le gouvernement établi. Lors du retour de l'ordre il conserva le titre de bourgmestre qu'il avait pris pendant les troubles, et se suicida le 6 avril 1833, à cause des remords que lui causaient le meurtre du lieutenant-colonel Gaillard, qui avait eu lieu par sa négligence, et aussi à cause de l'abandon où le laissaient ses amis.

DÉNÉGATEUR, s. m. (*néol.*), celui qui nie.

DÉNÉGATOIRE, adj. des 2 g. Il n'est employé qu'en pratique dans cette locution, *exception dénégatoire*, qui signifie la même chose que *dénégation*. (*V*. ce mot.)

DÉNÉGATION, c'est le refus qu'on fait de convenir d'une promesse, d'une action, d'une obligation, etc. — La dénégation suppose l'interpellation sur un fait quelconque. Il suffit à l'accusé de le nier pour se disculper, si l'accusateur ne prouve point l'accusation, *ei qui dicit incumbit onus probandi.*

DENEKIA (*bot.*), genre de plantes de la famille des *corymbifères* de Jussieu et de *syngénésie, polygamie superflue* de Linné. Thumberg a fait connaître sous le nom de *denekia capensis*, une plante aquatique du cap de Bonne-Espérance, qui offre, suivant l'auteur, les caractères suivants: calathide couronnée, composée d'un disque régulariflore, androgyniflore, et d'une couronne biliguliflore, féminiflore; le péricline est formé de squames imbriquées, dont les intérieures sont scarieuses, le clinanthe est inappendiculé; les cypsèles inaigrettées. La dénékie du cap a la tige herbacée, haute d'environ sept pouces, cylindrique, striée, tamenteuse, divisée en rameaux penchés à leur sommet; les feuilles alternes, demi amplexicaules, oblongues, lancéolées, obtuses mucranées, très entières, ondulées, glabres en dessus, tamenteuses en dessous, les inférieures longues de deux pouces, les autres progressivement plus courtes; les calathides disposées en une panicule terminale resserrée. J. P.

DÉNÉRAL, s. m. (*technol.*), plaque ronde qui sert de modèle au monnayeur.

DENESLE, né à Mans au commencement du XVIIIe siècle, est l'auteur de quelques ouvrages imités de Parny et de Labruyère et d'un assez grand nombre d'autres, parmi lesquels on compte l'*Analyse de l'esprit du jansénisme*, et une *Lettre sur le nouvel abrégé de l'histoire ecclésiastique de M. l'abbé Racine*. Il mourut dans l'indigence, le 2 novembre 1767.

DENHAM (SIR JOHN), né à Dublin, en 1615, était fils de sir John Denham, premier baron de l'échiquier en Irlande, puis nommé baron de l'échiquier en Angleterre. Il fut élevé d'abord à Londres et ensuite à Oxford. Sa jeunesse fut remplie par la passion du jeu. Après la mort de son père, en 1638, il perdit encore une bonne partie de son patrimoine; mais il cessa de jouer depuis lors. Sa vie fut, à cette époque, partagée entre les affaires publiques et la poésie. En 1641, il composa une tragédie, *le Saphi*, qui obtint un succès immense, et commença sa réputation. — Cependant Charles Ier venait de convoquer un cinquième parlement, dont le premier acte avait été la mise en accusation des ministres; les troubles éclataient partout; Denham fut nommé par le roi gouverneur du château de Farnham; mais il se démit bientôt de cet emploi, et rejoignit le roi à Oxford en 1643. Là il publia *Cooper'shill* (la colline de Cooper), un de ses poèmes les plus estimés. En 1647, il fut chargé par la reine d'un message pour le malheureux Charles qui était entre les mains des indépendants de Cromwell; il parvint à le lui remettre, et fut pendant neuf mois l'agent de la correspondance secrète des deux époux; mais cette correspondance ayant été découverte, il fut forcé de s'enfuir, et fut assez heureux pour s'échapper. En 1648, Denham contribua à faire passer le duc d'York en France. Plus tard, il fut envoyé en Pologne, avec lord Croft, pour lever une contribution sur les Écossais qui voyageaient en ce pays. Pendant ce temps sa fortune avait été confisquée en Angleterre, et il vécut pendant quelque temps de la générosité du comte de Pembroke. A la restauration, il fut nommé inspecteur des bâtiments royaux, chevalier de l'ordre du Bain et membre de la Société royale de Londres, qui venait d'être créée. Denham mourut au mois de mars 1668. — Denham est regardé comme un de ceux qui ont le plus contribué à perfectionner la poésie anglaise. Pope l'appelle le majestueux Denham.—Outre un assez grand nombre de pièces de poésie adressées à différentes personnes et les ouvrages que nous avons déjà cités, on a de lui une traduction du second livre de l'*Énéide* de Virgile.

DENHAM (DIXON), célèbre voyageur anglais, né à Londres, le 1er janvier 1786, entra, en 1811, comme volontaire dans un corps destiné pour l'Espagne; mis à la demi-solde en 1814, il rentra en activité l'année suivante, et fit la campagne des Pays-Bas, et mis de nouveau en demi-solde, il voyagea en France et en Italie. Adjoint, en 1821, au docteur Oudney et au lieutenant Clapperson, et fit avec eux un voyage dans l'Afrique septentrionale et centrale s'étendant à travers le grand désert jusqu'au 10e degré de latitude nord, et de Kouka, en Bornou, à Sackatou, capitale de l'empire des Félausahs. Il déploya dans ce voyage une grande énergie et beaucoup de courage et de persévérance. Il a en publié la relation. Nommé lieutenant-colonel et surintendant de l'établissement des Africains affranchis qui avait été fondé à Sierra-Leone, il s'embarqua le 8 décembre 1826, et après avoir rempli cette mission avec distinction pendant 18 mois, la fièvre du pays l'attaqua, et il mourut le 9 juin 1828.

DÉNI DE JUSTICE, c'est le refus que fait un juge de rendre justice à qui la lui demande, lorsque la décision du point contesté est de sa compétence. Le juge qui refuse de juger, sous prétexte du silence, de l'obscurité ou de l'insuffisance de la loi, peut être poursuivi comme coupable de *déni de justice* (Cod. civ., art. 4). — Tout juge ou tribunal, tout administrateur ou autorité administrative, qui, sous quelque prétexte que ce soit, même du silence ou de l'obscurité de la loi, dénie de rendre la justice qu'il doit aux parties, après en avoir été requis, et qui a persévéré dans son déni, après avertissement ou injonction de ses supérieurs, peut être poursuivi et puni d'une amende de 200 fr. au moins et de 500 fr. au plus, et de l'interdiction de l'exercice des fonctions publiques depuis 5 ans jusqu'à 20 ans (Cod. pen., art. 185).

DÉNIAISEMENT, action de déniaiser, de détromper un niais.

DÉNIAISEUR, s. m., celui qui déniaise, qui détrompe.

DÉNIAISER, rendre quelqu'un moins niais, moins simple, moins gauche, plus fin, plus rusé qu'il n'était. — On l'emploie souvent avec le pronom personnel. — Il signifie quelquefois, ironiquement, tromper quelqu'un, abuser de sa simplicité.

DÉNIAISÉ (*participe*). Il est quelquefois substantif, et alors il signifie un homme adroit et rusé. Cette acception est peu usitée.

DÉNICALES (*deni*, dix, et *nex*, mort), cérémonies purificatoires que l'on faisait dans la maison, dix jours après la mort de quelqu'un.

DÉNICHER, ôter du nid. — *Dénicher une statue, un saint*, l'ôter de sa niche. — **DÉNICHER** signifie, figurément, faire sortir par force de quelque poste, de quelque endroit; et dans ce sens, il ne se dit guère qu'en parlant d'une bande de voleurs, d'une troupe d'ennemis. Dans ce sens et dans les deux suivants, il est familier. — Il signifie encore trouver, découvrir la demeure, la retraite de quelqu'un à force de recherches. — Il se dit dans un sens analogue, en parlant des choses. — **DÉNICHER** est souvent neutre, et alors il signifie abandonner le nid. — Il signifie, figurément et familièrement, s'évader, se retirer avec précipitation de quelque lieu. — Prov. et fig., *les oiseaux sont dénichés*, se dit en parlant des personnes qui se sont évadées, qui ne sont plus où l'on va les chercher.

DÉNICHEUR, celui qui déniche les petits oiseaux. Il n'est guère usité au propre. — Prov., fig. et pop., *c'est un dénicheur de merles*, se dit d'un homme fort appliqué à rechercher et à découvrir tout ce qui peut lui être agréable et utile, et fort adroit à en profiter. *A d'autres, dénicheur de merles*, se dit à une personne à qui l'on ne se fie pas.

DENICHI, n. pro. m. (*relation*), une des trois divinités japonaises qui président à la guerre.

DENIER, monnaie romaine d'argent qui, jusqu'à l'an 536 de Rome, valut dix as, et plus tard seize. — Il se dit également d'une ancienne monnaie française de cuivre, devenue depuis simple monnaie de compte, et qui vaut la douzième partie d'un sou tournois ou le tiers d'un liard. — Fam., *rendre compte à livres, sous et deniers*, rendre compte avec la plus grande exactitude. — Prov. et fig., *cette chose vaut mieux denier qu'elle ne valait maille*, se dit d'une chose qui a été mise en meilleur état qu'elle n'était. — *Denier fort* ou *fort denier*, ce qu'il faut ajouter à la fraction qui excède une somme, pour avoir la valeur de la plus petite ou d'une des plus petites monnaies de cours. — Prov. et fig., *le denier de la veuve*, ce qu'on donne pour les besoins d'autrui en le prenant sur son propre nécessaire. *Le denier de saint Pierre*, tribut que l'Angleterre payait autrefois au pape, et qui n'avait été d'abord que d'un denier par maison.

DENIER, se dit aussi de toute espèce de numéraire, de toute somme d'or ou d'argent; et alors on l'emploie surtout au pluriel. — Fam., *tirer un grand denier, un bon denier de quelque chose*, tirer un grand profit, recevoir une somme d'argent de quelque affaire. Cette phrase est peu usitée. — Fam., *j'y mettrais bien mon denier*, se dit en parlant d'une chose dont on ferait volontiers l'acquisition, si elle était à vendre. — Prov. et fig., *vendre quelqu'un à beaux deniers comptants*, le trahir par intérêt. On dit dans un sens moins odieux, *il le vendrait à beaux deniers comptants*, il est beaucoup plus fin, plus rusé que lui.

DENIER, signifie aussi la partie d'une somme, d'un capital quelconque, d'un revenu, etc., qui est prélevée au profit de quelqu'un. Ce sens vieillit. — Il se dit particulièrement de l'intérêt d'une somme principale. Ce sens a vieilli. — *Le denier de l'ordonnance*, *le denier du roi*, se disait autrefois du taux auquel il était permis par l'ordonnance du roi, de mettre son argent à rente, ou auquel s'estimaient les intérêts qui étaient adjugés. On dit maintenant, *le taux légal*. — *Denier fort*, taux qui excède le taux ordinaire des intérêts. — *Vendre une chose au denier vingt*, *au denier trente*, *au denier quarante*, etc., la vendre pour un prix établi d'après la supposition que le revenu ou le produit annuel de cette chose est le vingtième, le trentième, etc., de sa valeur.

DENIER, se dit encore d'une certaine part qu'on a dans une affaire, dans un traité, à proportion de laquelle on partage le gain ou la perte, et qui est ordinairement le douzième d'un vingtième. Ce sens a également vieilli. — En termes de monoyage, *denier de poids*, ou absolument *denier*, la 785e partie du kilogramme ou 24 grains. — *Denier de fin* ou *de loi*, le degré de pureté de l'argent. — *Connaître le denier de fin d'une pièce*, *d'un lingot*. Il se dit plus exactement de chacune des parties de fin contenues dans une quantité d'argent quelconque, que l'on suppose partagée en 12 parties égales, et alors on l'emploie souvent absolument.

DENIER, s. m., expr. prov. *Brûler une chandelle d'un liard à chercher une épingle dont le quarteron ne vaut qu'un denier*, se dit de ceux qui, dans une affaire dépensent plus que le bénéfice qu'ils espèrent en retirer. — *Il n'y a point d'huis qui ne lui doive un denier*, se dit d'un valet qui flane et s'arrête souvent en chemin. — *Ne pas donner une chose pour denier d'or*, l'estimer à un prix fort élevé. — DENIER TRIGRAMME (*ant. rom.*), se dit d'un denier un peu faible, qui eut cours depuis Néron jusqu'à Constantin. *Denier de Néron* se dit d'un denier un peu plus fort que le denier trigramme qui fut frappé sous Néron; il valait 15 *nummi* ou 60 *assarions*. — Le denier chez les Romains était aussi un poids. *Denier de Papirius*, ancien poids des Romains qui valait 6 *sextants de Celsus*. *Denier de Néron*, poids qui valait 18 *siliques*. — DENIER D'ARGENT (*ant. franç.*), monnaie d'argent des rois de la première race, qui pesait à peu près un quart de franc. — DENIER DE GROS (*anc. monn.*), monnaie de compte en usage en Hollande et en Flandre, qui valait la moitié d'un sou. *Denier de poids de marc*, troisième partie du gros ou vingt-quatrième de l'once. — DENIER DE SAINT PIERRE (*hist.*), nom du tribut primitivement appelé *romescot*, qui se payait à Rome le jour de la fête de saint Pierre-aux-Liens (*V.* ROMESCOT). Le *denier de saint Pierre* fut établi en France par Charlemagne. — DENIER A DIEU (*anc. législ. financ.*), pièce de monnaie que les marchands billonneurs étaient obligés de mettre à part dans une boîte, et qui était employée aux réparations des ponts et chaussées et à certaines aumônes. — CENTIÈME DENIER (*anc. adm.*), nom que prit le droit de la paulette quand il fut réduit au centième du prix des offices. *Deniers d'octroi*, certains droits que le roi accordait aux villes et aux communautés pour acquitter leurs dettes et fournir à leurs besoins. *Deniers patrimoniaux*, rentes et héritages appartenant aux villes et communautés. *Deniers royaux*, sommes qui se levaient par imposition au profit du roi; les vingtièmes, la taille, la capitation étaient des deniers royaux. *Denier Saint-André*, droit que l'on percevait sur les marchandises qui passaient du Languedoc en Dauphiné, dans la Provence ou dans le Comtat, ou qui venaient de ces provinces en Languedoc. *Maître de la chambre aux deniers*, celui qui présidait le bureau où se donnait l'ordre de la dépense de la maison du roi. — FAIRE BONS DES DENIERS (*anc. prat.*), garantir la somme. — DENIERS AMEUBLIS (*anc. jurisp.*), deniers que la femme mettait en communauté par son contrat de mariage. — DENIERS CLAIRS ET LIQUIDES (*jurisp.*), sommes que l'on peut recevoir quand on veut et sans contestation. *Deniers d'entrée*, deniers qu'on avance en entrant dans une ferme. *Deniers dotaux*, argent qu'une femme apporte en dot. *Francs deniers*, somme que l'on doit recevoir exempte de déduction et de retenue. *Deniers oisifs*, argent qui ne porte point intérêts. *Deniers pupillaires*, revenu des biens d'un pupille. *Deniers de monnayage*, se dit dans les hôtels des monnaies de toutes sortes d'espèces d'or, d'argent ou de cuivre qui ont reçu la dernière façon.

DÉNIER, nier. Il est principalement usité en jurisprudence. Il signifie aussi, refuser quelque chose que la bienséance, l'honnêteté, l'équité, la justice, ne veut pas qu'on refuse. Ce mot est peu usité.

DENIER A DIEU (*denarius Dei*), c'est une pièce de monnaie que l'un des contractants donne à l'autre, en signe de l'engagement qu'il cotracte avec lui. Il est d'un usage assez général que les domestiques qui se présentent pour entrer dans une maison en cette qualité, reçoivent du maître auquel ils s'engagent, une pièce d'argent à titre de *denier à Dieu*, comme un signe de leur engagement. Cet engagement n'est point irrévocable; le domestique peut dégager sa parole, en rapportant au maître dans les 24 heures ce *denier à Dieu*. Le maître est libre également de ne point recevoir ce domestique en lui abandonnant le *denier à Dieu*. Le denier à Dieu est aussi en usage dans les locations verbales : il diffère des *arrhes* en ce que celles-ci sont un acompte sur le prix; au lieu que le *denier à Dieu* ne s'impute point sur le prix.

DENIER DE SAINT-PIERRE (*Peterspence et Romescot*). Selon la plupart des historiens qui se sont occupés jusqu'ici de l'histoire d'Angleterre, Offa, roi saxon de Mercie, dont le règne commença en 765 et finit en 794, voulant s'assurer un appui dans le clergé, ou tourmenté par des remords, fit un voyage à Rome et y obtint l'absolution du pape. Pour se rendre celui-ci encore plus favorable, il promit de lui payer tous les ans une somme destinée à l'entretien d'un séminaire anglais à Rome; et, afin de tirer cette somme de ses sujets, il leva une taxe d'un pence sur chaque maison louée trente pences par an. Cette imposition, levée ensuite sur toute l'Angleterre, fut communément appelée le denier de Saint-Pierre, et quoique accordée en pur don, fut bientôt exigée par le pape comme tribut. — C'est-là le récit de Henry, de Hume, etc.; mais comme il n'est appuyé que sur l'assertion d'un moine peu véridique de Saint-Alban, et sur une autre de Huntingdon, le docteur Lingard rejette l'histoire du pèlerinage d'Offa à Rome, et croit que Huntingdon a confondu le *romescot* avec une donation annuelle de 365 mancuses (la *mancuse* valait environ 30 sous), qu'Offa fit réellement au Saint-Siége, pour contribuer aux dépenses du culte public, et particulièrement pour secourir les indigents. — Ethelwolf, fils d'Egbert, mort en 858, partagea son patrimoine privé entre ses enfants, à la charge obligatoire d'entretenir une personne pauvre par chaque hyde de terre, et de payer une rente annuelle de 300 mancuses au pape, pour son propre usage et pour le service des églises de Saint-Pierre et de Saint-Paul. On regarde généralement ce don, sinon comme l'origine, du moins comme la confirmation du *romoscot*. M. Lingard ne s'explique point à ce sujet. Quelques écrivains en rapportent l'établissement à Ina, roi de Wessex, ce que nie également M. Lingard. Quoiqu'il en soit, le *romescot*, ou denier de Saint-Pierre, était une espèce de rente annuelle et volontaire, dont l'origine remonte aux rois saxons, et que ceux-ci payaient au pape à un titre quelconque. Grégoire VII prétendit que le paiement du *romescot* prouvait que les rois d'Angleterre s'étaient toujours reconnus vassaux du pape, et réclama en conséquence l'hommage de Guillaume-le-Conquérant, qui lui résista. Le romescot ou denier de Saint-Pierre se paya plus ou moins exactement, jusqu'au temps où Henri VIII l'abolit entièrement, après sa séparation de l'église romaine. — Olaüs, roi de Suède, imposa également, sous le nom de *denier de Saint-Pierre*, un pareil tribut à ses sujets, en faveur du pape; mais il fut aboli par ses successeurs. S'il faut s'en rapporter à Boronius, Charlemagne aurait établi le même impôt. Au XIVe siècle, il fut levé en Pologne et en Bohême. A. SAVAGNER.

DENIERS. Ce terme désigne les espèces qui circulent dans le commerce et comprend toutes sortes de monnaies.

DÉNIGRANT, **ANTE**, adj. (*néol.*), qui dénigre, qui exprime le dénigrement.

DÉNIGREMENT, action de dénigrer.

DÉNIGRER, tenir un langage qui tend à atténuer, à détruire la bonne opinion que les autres ont de quelqu'un à déprécier la qualité, la valeur de quelque chose.

DÉNIGREUR, s. m. (*néol.*), celui qui dénigre.

DENINA, (CHARLES-JEAN-MARIE), né en 1731, à Revel en Piémont, fit ses études à Saluces, obtint d'abord un bénéfice, prit l'habit ecclésiastique et alla en 1718 étudier à l'université de Turin dans le Collége des provinces où on lui accorda une bourse; il prit quelque temps après les ordres, et fut en 1753, créé professeur d'humanités à Pignerol, qu'il fut bientôt obligé de quitter à cause d'une comédie de collége, dans laquelle il faisait dire à un des personnages, que les écoles publiques étaient aussi bien placées sous la direction des magistrats que sous celle des moines ou des clercs; ces paroles lui attirèrent la censure des jésuites; et il fut renvoyé des écoles royales dans les écoles d'un ordre inférieur. Cependant quelque temps après il fut rappellé et nommé professeur extraordinaire de rhétorique au collége de Turin; un an plus tard il obtint la chaire d'éloquence italienne et de langue grecque dans la même université. Dans un voyage qu'il fit en 1777 à Florence, il donna à un libraire de cette ville, un manuscrit qui d'après la loi devait passer avant d'être imprimé à la censure de Turin; il fut pourtant édité ayant seulement passé sous celle de Toscane; quoique Denina n'y eut pas mis son nom, il fut néanmoins poursuivi; son livre fut supprimé et il se vit forcé d'en payer les frais. On l'exila alors à Verceil, et il reçut ensuite l'ordre de se retirer dans sa patrie; mais l'abbé Costa d'Arégnan ami de Danina, sollicita pour lui et obtint qu'il rentrerait dans une partie de ses pensions et qu'il lui serait permis de revenir à Turin, permission dont il s'empressa de profiter. Quelques temps après, comme il se proposait de faire un ouvrage sur les révolution d'Allemagne, Frédéric II, de Prusse, lui fit dire qu'il trouverait dans ses états toute liberté et protection pour travailler, il se rendit donc à Berlin en 1782, et le roi le nomma membre de son académie. Il publia quelques ouvrages, et fit plusieurs voyages en Allemagne. Il se trouvait à Mayence lors du passage de Napoléon dans cette ville en 1804, sur la recommandation de M. Salmaboris, l'empereur le nomma son bibliothécaire; il vint à Paris et y mourut le 5 décembre 1813. Denina est l'auteur d'un très grand nombre d'ouvrages parmi lesquels, plusieurs ont encouru les censures ecclésiastiques, le plus remarquable est une *histoire des révolutions d'Italie*. M. Barbier a fait imprimer dans le *magaasin Encyclopédique* du mois de janvier 1814, une *notice sur la vie et les ouvrages de Denina*.

DENIRA, (*Bot.*). Adanson nomme ainsi le genre ova de Linné et des autres botanistes.

DENIS, (saints du nom de, etc.) (*V.* **DENYS**).

DENIS (SAINT), fut élu pape en 259, après saint Sixte II. Son ordination fut retardée par la persécution de Valérien. Il racheta les chrétiens en Cappadoce; lors de la prise de Césarée, il assembla un concile à Rome, pour examiner les écrits de Denys d'Alexandrie, parmi lesquels on incrimina un passage. Celui-ci s'y justifia complètement. Ce pape fut célèbre par ses vertus et pour la pureté de sa doctrine; il mouaut le 26 décembre 269, après dix ans de pontificat. L'Eglise l'honore au nombre des saints confesseurs.

DENIS Ier, roi de Portugal, fils d'Alphonse III et de Béatrix de Guzman, naquit à Lisbonne, le 9 octobre 1261; son éducation fut des plus soignées. Il monta sur le trône à l'âge de dix-huit ans, et se brouilla bientôt avec sa mère, qu'il avait d'abord associée au pouvoir; il eut aussi à réprimer les projets d'usurpation de son frère Alphonse. Denis épousa, en 1232, Elisabeth d'Arragon, qui fut depuis canonisée. A son avènement, les disputes avec le clergé, qui avaient déjà fait excommunier son père, attirèrent aussi sur lui l'excommunication. Cependant elle fut révoquée plus tard, lorsqu'en 1283 il sanctionna les immunités du clergé. Quelques années après de nouveaux arrangements durent pourtant être pris pour modifier divers points des concordats signés, et ces arrangements furent confirmés par une bulle de Nicolas IV. Toutes les parties de l'administration l'occupèreet tour à tour, aussi mérita-t-il les titres que lui donnèrent ses sujets: de père de la patrie, roi libéral et roi laboureur. Il se montra aussi bon politique qu'il s'était montré bon administrateur, il restreignit beaucoup la puissance des seigneurs, et se montra surtout habile dans les guerres et les négociations où le firent s'engager les prétentions des *infants de Lara*; il y acquit de la gloire pour sa patrie, et des avantages réels par les traités qui suivirent ces différents. Les dix derniès années du règne de Denis furent troublées par la révolte de son fils Alphonse, qui, jaloux du crédit que son frère naturel, Alphonse Sanche, avait acquis auprès de leur père, résista à la force et à la douceur, tant que ce frère ne se fut pas dévoué à la tranquillité publique, en se retirant dans la Castille. Les principaux instruments de cette révolte furent punis. Parmi eux se trouvaient quelques ecclésiastiques; Denis les fit emprisonner, et encourut une seconde fois, pour ce fait, les censures de l'Eglise. Il mourut le 6 janvier 1335, à Santarem, après un règne de 46 ans. Denis favorisa les lettres, et fut lui-même un des premiers poëtes de son royaume; il établit à Lisbonne une université que jusqu'alors cette ville n'avait pas encore possédée, mais il refusa d'y laisser fonder une faculté de théologie, parce qu'il craignait qu'elle n'augmentât trop l'influence du clergé, qu'il redoutait. Il ne voulut jamais consentir à la condamnation des Templiers, qu'il trouva moyen de faire subsister sous le nom de chevaliers du Christ.

DENIS DE GÈNES (LE PÈRE), né en 1636, fut le premier bibliographe de l'ordre des Capucins, dont il faisait partie. Son principal ouvrage est sa *Bibliothèca scriptorum ordinis minorum sancti Francisci capuccinorum*; malgré quelques défauts et quelques omissions, cet ouvrage est fort utile à l'histoire bibliographique des ordres monastiques.

DENIS DE LA NATIVITÉ se nommait Pierre Berthelot; il naquit à Honfleur, en 1600. Dès l'âge de quatorze ans, son amour pour les voyages l'engagea à visiter l'Angleterre et l'Espagne; il alla aussi à Terre-Neuve. A 19 ans il s'embarqua sur l'escadre du général Beaulieu, qui partait pour les Indes. Les connaissances qu'il avait acquises sur la navigation, et celles qu'il recueillit encore dans ce voyage, le mirent en état de servir comme premier pilote sur un autre vaisseau après que celui qu'il montait eut été brûlé par les Hollandais. Trois ans après il passa au service des Portugais. Il fut très bien accueilli à Goa, et fut nommé, en 1629, premier pilote d'une flotte considérable qui allait secourir Malacca contre le roi d'Achem. Dans cette circonstance il déploya beaucoup de bravoure et d'habileté, et ses services lui valurent la charge de cosmographe royal. Ce fut alors qu'il fit la connaissance du P. Philippe, qui le détermina à entrer dans son ordre; il devint donc carme déchaussé sous le nom de *Denis de la Nativité*. Cette démarche indisposa considérablement le vice-roi, que le P. Philippe calma néanmoins, en lui faisant observer que le P. Denis pourrait servir dans sa marine, comme l'avait fait Pierre Berthelot; en effet, il fit encore partie de deux expéditions, l'une contre les Hollandais, où il trouva de la gloire; l'autre comme faisant partie d'une ambassade vers le nouveau roi d'Achem, dans laquelle il trouva la mort. En effet, arrivé à sa destination, le 25 octobre 1638, il fut fait prisonnier avec ses compagnons, et mis à mort un mois après. — Berthelot est auteur de plusieurs cartes marines très exactes et très estimées.

DENIS, (NICOLAS), né à Tours, obtint en 1632 la concession d'une partie de l'Acadie et du Canada, et le titre de gouverneur lieutenant général du roi dans ces contrées. Il partit pour l'Amérique et dit Charlevoix, ce pays ne posséda jamais un commandant plus capable; mais les divisions dont l'Amérique était alors déchirée l'empêchèrent de rien faire d'important, et le ruinèrent lui-même. De retour en France après 46 ans de séjour dans cette contrée il publia un ouvrage plein de mérite sur les observations qu'il avait été à portée d'y faire, tant sous le rapport de la géographie et de l'histoire, que sous celui des ressources qu'elle possède.

DENIS, (JEAN-BAPTISTE), fils d'un pompier de Paris, fut reçu docteur en médecine à la faculté de Montpellier, et revint à Paris, où il obtint la charge de conseiller-médecin ordinaire de Louis XIV; il fut appellé ensuite en Angleterre par Charles II, et sacrifia plus tard les espérances qu'il avait droit de concevoir, à son désir de revenir en France. Denis fut un partisan zélé de la transfusion du sang par laquelle il prétendait avoir guéri plusieurs maladies, guérisons qui furent du reste niées. Il était ami de l'extraordinaire, et professait souvent des doctrines erronées. Il mourut subitement à Paris, le 3 novembre 1704.

DENIS, (MICHEL), né en 1729 à Scharding en Bavière, fut un des plus savants bibliographes et un des poëtes les plus remarquables de l'Allemagne; il entra dans l'ordre des jésuites lorsqu'il n'avait encore que 18 ans, et il prit ce parti comme le plus favorable à ses goûts et à ses projets d'études. Il enseigna d'abord à Grætn et à Clagenfurth, et fut chargé en 1759 de l'inspection des études à l'école militaire de Marie-Thérèse; il fut nommé en 1773 chef de la bibliothèque de Gurelli, et en 1791, premier conservateur de la bibliothèque impériale de Vienne. C'est dans la première qu'il commença ses travaux bibliographiques les plus importants; sous le titre de *Bibliothèque Gurelli*, il publia une savante notice des principaux livres dont il avait la garde; il fit paraître ensuite *l'Histoire de l'imprimerie de Vienne*; puis, le *Catalogue des manuscrits théologiques qui sont contenus dans la bibliothèque impériale de Vienne, en latin ou autres langues imitées en Occident*. Le premier manuscrit dont parla Denis dans cet ouvrage, est une Bible latine transcrite par Radon abbé de Saint-Waast, de 735 à 818. — Outre ces important travaux et d'autres encore, Denis fit paraître à diverses époques, des recueils de poésies qui sont toutes fort remarquables et dans le genre d'Ossian, que, le premier, il fit connaître en Allemagne en le traduisant; dans ces ouvrages, il s'intitule le *Barde du Danube*, ou prend le nom de *Sined* qui est le sien retourné. Il mourut le 29 septembre 1800, à l'âge de 71 ans. Toute la vie de Denis fut pure et vouée à l'étude, il était sincèrement attaché à son ordre et à sa religion, mais sans fanatisme; il n'en rendait pas moins justice à ceux qui ne professa ent pas ses croyances, et prôna par exemple les ouvrages remarquables qui avaient pour auteurs des protestants tels que Klopstock, Gellert, etc.

DENIS (LOUIS), était d'abord graveur, et obtint plus tard le titre de géographe du duc de Berry, depuis Louis XVI; il est auteur d'un grand nombre de cartes fort ingénieusement disposées, entre autres d'un recueil intitulé *empire des Solipses* qui est un petit atlas du gouvernement des jésuites; et le *Conducteur français* divisé en cahiers décrivant chacun une route de 30 ou 40 lieues, sur une largeur de 2 lieues à droite et à gauche du chemin en partant de Paris; cet ouvrage n'a été guère poussé que jusqu'au tiers des routes qui divisent la France. Denis mourut vers la fin du XVIIIe siècle.

DENISOEA (*bot.*). Nesker désignait sous ce nom le *phryma de hiscens* de Linné fils, distinct par son calice fendu latéralement à l'époque de sa maturité et par le limbe de la corolle presque régulier. J. P.

DENISART (JEAN-BAPTISTE), né en 1712 à Iron, près Guise; il était procureur au Chatelet de Paris; malgré les nombreuses occupations de sa charge, il entreprit un immense ouvrage sous le titre de *Collection de décisions nouvelles et de notions relatives à la jurisprudence*. Cet ouvrage qui eut d'abord un très grand succès est pourtant très défectueux; sur les 6,000 arrêts qu'il y rapporte, la plupart sont inexacts ou mal rapportés, on a essayé de le refondre, mais c'est tout un nouveau travail qu'il a fallu faire et qu'on a entrepris sous le titre de *Nouveau Denisart*, quoiqu'arrivé à 14 volumes in-4° dus à MM. Camus, Bayard et Calenge, cet ouvrage est resté fort incomplet. Denisart mourut à Paris le 4 février 1765 âgé de 52 ans; on dit que l'excès du travail abrégea ses jours.

DENISATION, s. f., *lettres de denisation* (*anc. législ. ang.*), lettres qui opéraient en Angleterre le premier dégré de naturalisation. *.

DENISAT (GÉRARD), né dans le diocèse de Chartres, fut reçu docteur de la faculté de Paris le 26 novembre 1548, il exerça la médecine pendant 50 ans et eut une très grande réputation. Après sa mort, Guillaume Joli, magistrat, trouva dans la bibliothèque de Denisat, qu'il avait achetée, un poème de sa composition sur les aphorismes d'Hippocrate, rédigé en vers grecs et latins, il en fit hommage à la faculté à laquelle il les envoya avec une lettre grecque que Guypatin traduisit depuis en latin. Ce Denisat mourut en 1595.

DENISOT (NICOLAS), né au Mans en 1515, il réunissait les qualités de peintre, de gravenr et de poète latin et français; il passa en Angleterre où il fut précepteur des trois sœurs, Anne, Marguerite, et Jeanne de Seymours. Denisot vécut dans l'intimité des plus beaux esprits et dans la meilleure société de Paris; il mourut dans cette ville en 1554. Ses tableaux n'étaient pas estimés dans son temps, quant à ses poésies elles l'étaient beaucoup, mais ne le sont plus. Il a traduit en français des distiques latins composés par ses anciennes élèves, les trois sœurs de Seymours. Il signait quelquefois ses vers : *Conte d'Alsinois*, anagramme imparfait de son nom.

DENIZEN ou **DENIZON**, s. angl. m. (*anc. légis. angl.*), étranger qui ayant formé le dessein d'habiter l'Angleterre pendant un grand nombre d'années, obtenait du roi des lettres de denization.

DENMAN (THOMAS), chirurgien et accoucheur anglais, né à Bakewell le 27 juin 1733, était fils d'un pharmacien qui ne lui laissa en mourant que très peu de ressources : aussi, après avoir été sur la côte d'Afrique, et avoir passé quelque temps dans la chirurgie de marine, était-il dans un état voisin de l'indigence, quand il commença sa réputation en donnant des leçons d'accouchement de concert avec le docteur Osborne. Bientôt il fut nommé chirurgien accoucheur de l'hôpital de Middlesex, et sa renommée s'accrut en même temps que sa fortune; il mourut en 1815. Son principal ouvrage est: l'introduction à la méthode des accouchements.

DENNER (JEAN-CHRISTOPHE), né à Leipziq le 13 août 1655; célèbre luthier inventeur de la clarinette. Il mourut à Nuremberg le 20 avril 1707.

DENNER (BALTHASAR), peintre, né à Hambourg en 1685, ses parents le destinaient au commerce, mais il quitta cette carrière pour se livrer à la peinture à laquelle sa vocation l'entrainait, il passa quatre années à copier les meilleurs tableaux de la galerie de Berlin, et il s'appliquait surtout à rendre minutieusement les détails de la nature; il acquit un grand talent pour le portrait, et forma sa réputation en peignant des princes et de grands personnages. Denner fut loin d'être un peintre sans mérite, il est vrai que son dessin est défectueux, mais sa couleur et l'expression de ses figures sont naturelles. Parmi ses meilleurs ouvrages, il faut citer deux têtes de vieillards qui furent achetées chacune 5875 florins par l'empereur Charles VI. Plusieurs de ses tableaux font partie de la galerie de Dresde. Cet artiste avait un secret qui n'a été connu de personne que de lui pour préparer la laque qu'il employait avec beaucoup d'art dans toutes ses carnations. Il mourut à Rostock en 1747.

DENNIS (JEAN), né à Londres en 1657. Son père était sellier et assez riche pour lui donner une éducation dont Dennis profita assez bien, à son retour de Cambridge, où il avait fait ses études, il se vit maître d'une assez belle fortune qu'il eut bientôt dissipée en dépenses de luxe que lui inspiraient sa vanité excessive; cependant il se lia avec quelques personnages remarquables de son époque, tels que les comtes Halifax et Pembroke, Dryden, Pope, Congrève Moyle etc., mais bientôt son caractère hargneux et son excessif orgueil le brouillèrent avec tous ceux que son esprit et ses manières avaient d'abord attirés à lui. Ce fut en 1690 qu'il commença à se faire connaître par des satyres en vers et en prose qui lui firent beaucoup d'ennemis; plus tard deux poëmes qu'il composa en 1692 et 1695 eurent du succès à la cour et lui valurent une faveur passagère; deux autres lui procurèrent la protection du duc de Marlborough et une place assez avantageuse. Il est aussi l'auteur de quelques comédies et tragédies, parmi ces dernières, celle qui eut le plus de succès fut celle intitulée *Liberty asserted* (*le Triomphe de la liberté*), dans laquelle il prodigue les injures à la nation française, ce qui ne fut pas son moindre élément de réussite. Il critiqua aussi très vivement *le Caton* d'Addison et l'*Essai sur l'homme* de Pope; ce dernier s'en vengea en le ridiculisant dans sa *Dunciade*, et, ce qui est moins honorable, en lui reprochant quelques bienfaits dont Dennis lui était redevable. Cet écrivain mourut dans l'indigence sans laisser ni regrets ni estime, le 6 janvier 1733. Il avait dissipé son patrimoine par un luxe ridicule et perdit de la même manière la fortune que lui avaient procurée des chances passagères. Le trait le plus remarquable de son caractère était une vanité aussi risible qu'excessive; pour en montrer un trait, nous citerons ce qu'on raconte de ses transes lors de la paix d'Utrecht : il se figurait que Louis XIV ne consentirait jamais à la paix qu'après qu'on l'aurait livré, lui, Dennis, à la France, et il alla même à ce sujet trouver le duc de Marlborough pour le conjurer d'empêcher que cette condition fût admise.

DENNIÉE (le baron ANTOINE), né à Versailles le 17 janvier 1754, fut commissaire général de la dernière garde dite *Constitutionnelle* de Louis XVI. Plus tard il fut employé en qualité de commissaire ordonnateur à l'armée du Var et institué grand juge de la Cour martiale; puis, après le 9 thermidor, il reçut l'ordre d'explorer les papiers du général Bonaparte arrêté comme terroriste à Nice. C'est dans cette circonstance qu'il mérita l'estime de Napoléon qui le fit successivement ordonnateur en chef de l'armée d'Italie, inspecteur aux revues, secrétaire général du ministère de la guerre, intendant général des armées en Espagne, baron et commandant de la Légion-d'Honneur. En 1814 Louis XVIII nomma Denniée intendant général de sa maison militaire. Il mourut le 19 avril 1829.

DÉNOMBREMENT, énumération des choses ou des individus dans un état, pour arriver à établir avec le plus d'équité possible les charges publiques. Les Egyptiens avaient dès les temps les plus reculés des dénombrements, s'il faut en croire quelques historiens. Mais le plus ancien dénombrement que nous connaissions d'une manière certaine est celui des Hébreux, fait d'abord avant la sortie d'Egypte, puis dans le désert, par Moïse et Aaron. On y trouva 603,550 hommes en âge de porter les armes, et 650,000 en y ajoutant la tribu de Lévi. De ce dénombrement, l'un des cinq livres du Pentateuque a pris le titre de *Nombres* (*Numeri*). David fit aussi un dénombrement; les tribus d'Israël comptaient de son temps 800,000 hommes en état de combattre, et celles de Juda 500,000. On ne connaît pas le motif qui conduisit David à cette mesure; si réellement elle ne lui fut dictée que par un fol orgueil, il en fut puni par une peste qui décima cruellement son peuple. Nous ne savons pas si jamais les Grecs firent de véritables dénombrements publics. A Rome, le lustre fut institué par Servius Tullius; il devait avoir lieu tous les cinq ans. Auguste l'étendit à toutes les provinces de l'empire. Nos anciens écrivains français n'appliquent le nom de *dénombrement* qu'à ceux que firent Moïse et David, et à celui qui fut ordonné par Auguste huit ans avant l'ère chrétienne, époque où Joseph et Marie se rendirent à Bethléem. La dénomination de recensement est beaucoup plus usitée et presque exclusivement adoptée aujourd'hui. Aussi renvoyons-nous à cet article tout ce que nous aurions encore à dire à ce sujet.—DÉNOMBREMENT, en terme de jurisprudence féodale, se joint à *aveu*, et se dit de la déclaration qu'on faisait au seigneur dominant de tous les fiefs, droits et héritages qu'on reconnaissait et avouait tenir de lui. Le mot d'aveu regardait principalement la reconnaissance qui était au commencement de l'acte; celui de *dénombrement* se rapportait au détail qui était fait ensuite des dépendances du fief. A. S-R.

DÉNOMBRER, faire un dénombrement. Il est maintenant peu usité.

DÉNOMINATEUR (*arith.*), celui des deux nombres d'une fraction qui indique en combien de parties l'unité est divisée; on l'écrit au-dessous de l'autre nombre, en les séparant par un trait. Par exemple, dans la fraction $\frac{3}{4}$ *trois quarts*, 4 est *dénominateur*, et indique que l'unité est divisée en 4 parties. (*Voy.* ALGÈBRE n° 12 et FRACTION.)

DÉNOMINATIF, IVE, qui sert à nommer.

DÉNOMINATION, désignation d'une personne ou d'une chose par un nom qui en exprime ordinairement l'état, l'espèce, la qualité, etc. — En arithm, *réduire des fractions à même dénomination*, leur donner le même dénominateur.

DÉNOMMER (*t. de procéd.*), nommer une personne dans un acte.

DENON (DOMINIQUE-VIVANT), né à Châlons sur Saône le 4 janvier 1747, était issu d'une famille noble; il vint à Paris pour y étudier le droit et s'y livra à une vie assez dissipée. Ce fut à cette époque que mis en relation avec les actrices du théâtre français, il composa une comédie intitulée *Julie* ou *le bon père*. Plus tard il trouva moyen d'attirer, par sa présence continuelle à Versailles, l'attention de Louis XV qui lui donna une place de gentilhomme d'ambassade à Saint-Pétersbourg. Denon, doué de beaucoup d'esprit et d'amabilité sut se faire bien venir de toutes les personnes avec lesquelles il entrait en relation ; il obtint bientôt une mission en Suisse, puis fut envoyé comme secrétaire auprès de M. de Clermont d'Amboise, ambassadeur à Naples et lui succéda. Il s'acquitta de ses fonctions d'une manière fort remarquable. Cependant le séjour qu'il avait fait en Italie avait augmenté chez lui le goût des arts, et lui avait fourni l'occasion d'acquérir un véritable talent dans le dessin et la gravure qu'il avait déjà cultivés avant ses missions ; après qu'il eut été remplacé à Naples par M. de Talleyrand, il désira entrer à l'Académie de peinture et obtint son entrée grâce à M. Quatremère de Quincy avec lequel il avait eu des relations en Italie. Il retourna alors dans ce pays, et, après que ses biens eurent été séquestrés et qu'on l'eut inscrit sur la liste des émigrés, il eut la hardiesse de revenir en France. David qui le connaissait le fit échapper aux conséquences de cette imprudence, et il fut chargé de dessiner d'après l'antique les costumes que la Convention voulait introduire en France. Denon avait été présenté à Mad. de Beauharnais avant son mariage avec Bonaparte; après ce mariage il entra également en relation avec le général dont il était très ardent admirateur, et celui-ci l'emmena avec lui en Égypte, d'où il rapporta un ouvrage descriptif qui eut un grand succès. Deux ans après Denon fut nommé directeur général des Musées, et conserva cette place jusqu'à la restauration. Il mourut le 27 avril 1825. Il était membre de l'Académie des beaux-arts et de l'Institut. On a de lui : *Voyage en Sicile et à Malte; Voyage en Egypte pendant les campagnes du général Bonaparte; Discours sur les monuments d'antiquités arrivés d'Italie*, et *plusieurs notices biographiques sur des peintres français*.

DÉNONCEOR, s. m. (*v. lang.*), dénonciateur, traître.

DÉNONCER, déclarer, publier. — *Dénoncer un excommunié*, *dénoncer quelqu'un pour excommunié*, déclarer publiquement, selon les formes ecclésiastiques, que telle personne a encouru la peine de l'excommunication. — DÉNONCER, signifie particulièrement, déférer, signaler à la justice, à l'autorité, à un supérieur. — Il signifie, en jurisprudence, faire connaître extra judiciairement quelque chose à quelqu'un.

DÉNONCIATEUR, c'est celui qui fait la déclaration secrète du crime de quelqu'un. Il est des cas ou la loi oblige de dénoncer le crime (voy. Cod. d'instruct. crim., art. 29, 30, et 31; voy. Cod. pén., art. 103 et suiv. et Cod. civ., art. 727). — Dans le cas où l'accusé dénoncé est acquitté, il peut obtenir des dommages et intérêts contre ses dénonciateurs, pour fait de calomnie, sans néanmoins que les membres des autorités constituées puissent être ainsi poursuivies à raison des avis qu'ils sont tenus de donner, concernant les délits dont ils ont cru acquérir la connaissance dans l'exercice de leurs fonctions, et sauf contre eux la demande en prise à partie, s'il y a lieu. — Le procureur général est tenu, sur la réquisition de l'accusé, de lui faire connaître ses dénonciateurs (Cod. d'instruct. crim., art. 358).

DÉNONCIATEUR, s. m. (*ant. rom.*), nom que l'on donnait sous les empereurs à des magistrats subalternes qui faisaient connaître à la justice les crimes et les délits commis dans leur ressort. Il y avait deux *dénonciateurs* dans chaque quartier de Rome, on en comptait d'autres dans les différentes villes de l'empire romain.

DÉNONCIATION, c'est en matière criminelle, la déclaration qu'on fait à la justice d'un crime ou délit, et de celui qui en est l'auteur. — Les dénonciations sont rédigées par les dénonciateurs, ou par leurs fondés de procuration spéciale, ou par le procureur du roi, s'il en est requis, elles sont toujours signées par le procureur du roi à chaque feuille, et par les *dénonciateurs ou parleurs fondés de pouvoir*. — Si les dénonciateurs ou les fondés de pouvoir ne savent ou ne veulent pas signer, il en est fait mention. — La procuration demeure annexée à la dénonciation; et le dénonciateur peut se faire délivrer, mais à ses frais, une copie de sa dénonciation (Cod. d'inst. crim. art. 31). — DÉNONCIATION DE NOUVEL OEUVRE, c'est une action possessoire par laquelle quelqu'un s'oppose, en justice, à la continuation de quelque nouvelle entreprise qu'il croit lui être préjudiciable. — Cette action doit être portée devant le juge de paix, sauf l'appel au tribunal civil.

DÉNONCIATION, s. f., *Bouche de dénonciation* (*bot.*), sorte de coffret placé dans la gueule d'une statue de lion à Venise, par où le gouvernement recevait les dénonciations, avis secrets, etc., qu'on voulait lui faire parvenir. On l'appelait aussi *Bouche du lion* (Bocca di leone).

DÉNOTATION, désignation d'une chose par certains signes. Il est vieux.

DÉNOTER, désigner, il signifie aussi marquer, indiquer.

DÉNOUABLE, adj. des 2 g. (*néol.*), qui peut se dénouer.

DÉNOUER, défaire ce qui forme un nœud, ce qui est noué, ou ce qui est retenu par un nœud. On l'emploie aussi avec le pronom personnel. Il signifie, figurément, rendre plus souple plus agile. On l'emploie également, dans ce sens, avec le pronom personnel fig., et fam., *dénouer la langue*, faire rompre le silence à quelqu'un qui voulait le garder. *Cet enfant se dénoue*, *il commence à se dénouer*, les parties de son corps qui étaient noués commencent à se dégager, à prendre la forme, l'étendue et le jeu qu'elles doivent avoir. — DÉNOUER, signifie encore figurément, démêler, développer; et il se dit principalement en parlant du nœud, de l'intrigue d'une pièce de théâtre. Il s'emploie aussi dans ce sens, avec le pronom personnel.

DÉNOUMENT, action de dénouer. Il n'est guère d'usage qu'au figuré, et signifie ce qui termine une pièce de théâtre, en démêlant le nœud de l'action. *Le dénoûment d'une intrigue, d'une affaire*, la manière dont une intrigue, une affaire se termine.

DENRÉES, ce sont les produits du travail que chaque producteur réserve pour sa consommation, ou qui sont mis en vente par lui ou par le commerce, pour être consommés. Le mot denrées emporte toujours avec lui l'idée d'une consommation actuelle ou prochaine.

DENRÉE, se prend quelquefois pour toute espèce de marchandise, comme dans cette phrase, *c'est une bonne denrée*, *une mauvaise denrée*, qui se dit tant d'une marchandise bonne ou mauvaise, que d'une marchandise de bon ou de mauvais débit. fam., *c'est une chère denrée*, se dit de toute chose qui est mise à très haut ou à trop haut prix. fam., *il vend bien sa denrée*, se dit en général de quiconque sait tirer un bon prix de ce qu'il vend; et figurément, de celui qui sait bien se faire valoir.

DENRÉE, s. f,. il signifiait autrefois denier, et se trouve avec cette acception dans la *Farce de Pathelin*. Il s'est dit ensuite d'une botte d'herbe de la valeur d'un denier. On trouve dans Rabelais *denrée de cresson*.

DENSE, épais, compacte, dont les parties sont serrées. Il est opposé à *rare*. Il s'emploie comparativement, en termes de physique, pour exprimer les divers degrés de densité des corps.

DENSIFLORE, adj. des 2 g. (*bot.*), qui porte des fleurs serrées les unes contre les autres.

DENSIFOLIÉ, ÉE, adj. (*bot.*), qui porte des feuilles nombreuses et serrées.

DENSIROSTRE, adj. des 2 g. (*zool.*), qui a un bec très fort et très dur.

DENSITÉ; c'est le rapport de la masse d'un corps à son volume. On dit qu'un corps est plus dense qu'un autre quand il pèse davantage sous le même volume. (*V.* POIDS SPÉCIFIQUE.)

DENT, chacun des petits os recouverts d'une espèce d'émail, qui sont enchâssés dans la mâchoire, et qui servent à inciser, à déchirer, à mâcher les aliments et à mordre. — *Dents de lait*, premières dents qui viennent aux enfants. On le dit aussi en parlant des animaux. — *Dents de sagesse*, les quatre dents molaires, qui viennent ordinairement entre vingt et trente ans. — *Fausses dents*, dents artificielles qu'on met à la place de celles qui manquent. — *Beaucoup d'enfants meurent aux dents*, beaucoup d'enfants meurent dans le temps de leur dentition. — Toutes les phrases suivantes sont familières : *N'avoir pas de quoi mettre sous sa dent*, *sous la dent*, n'avoir rien à manger, n'avoir pas de quoi vivre. — *Manger de toutes ses dents*, manger vite et beaucoup. — *Mordre à belles dents*, mordre avec force. — Fig. : *Déchirer quelqu'un à belles dents*, médire outrageusement de quelqu'un. — *Parler entre ses dents*, ne pas parler assez haut ni assez distinctement pour être bien entendu. — *Prendre le mors aux dents*, se dit au propre d'un cheval dont la bouche est tellement échauffée, qu'elle devient absolument insensible et qu'il s'emporte, sans que le cavalier ou le cocher puisse le retenir, le mors n'opérant pas plus d'effet sur les barres que si le cheval le tenait entre les dents. — Fig. et fam. : *Prendre le mors aux dents*, se dit d'un homme qui, n'écoutant plus les avis, les remontrances de ceux qui le dirigeaient, se livre tout entier à ses passions. Il se dit aussi d'une personne qui se met en colère, qui s'emporte subitement. Il se dit encore d'une personne qui, ayant été quelque temps dans l'indolence, dans l'inaction, change tout-à-coup et se livre au travail avec ardeur. — Fig. : *Montrer les dents à quelqu'un*, lui faire voir qu'on ne le craint point et qu'on est en état de se bien défendre. — Fig. : *Parler des grosses dents à quelqu'un*, le réprimander, lui parler avec menace. — *Être sur les dents*, se dit des hommes et des animaux harassés et abattus de lassitude. On dit de même : *Mettre sur les dents*, exténuer de fatigue, harasser. — Prov. et fig. : *Avoir la mort entre les dents*, être fort vieux ou fort malade, n'avoir pas longtemps à vivre. — Prov. et fig. : *Rire du bout des dents, ne rire que du bout des dents*, s'efforcer de rire quoique l'on n'en ait nulle envie. — *Manger du bout des dents*, manger à contre cœur. — Fig. : *Donner un coup de dent à quelqu'un*, médire de lui, ou dire quelque mot qui l'offense, qui le pique. On dit dans un sens analogue : *Tomber sous la dent de quelqu'un*. — Prov. : *Quand on lui demande quelque chose, il semble qu'on lui arrache une dent*, se dit d'une personne qui ne donne qu'avec peine. — *Ne pas desserrer les dents*, se taire obstinément, ne pas dire un seul mot dans une occasion de parler. — Prov. et fig. : *Il lui vient du bien lorsqu'il n'a plus de dents*, se dit de quelqu'un à qui il vient du bien sur la fin de ses jours. On dit aussi : *Donner des noisettes à ceux qui n'ont plus de dents*, donner à quelqu'un des choses dont il n'est plus en état de se servir. — Prov. et fam. : *Avoir les dents longues, bien longues*, être affamé après avoir été longtemps sans manger. — Prov. : *C'est vouloir prendre la lune avec les dents*, *on prendrait plutôt la lune avec les dents*, se dit en parlant d'une chose qu'il est impossible de faire. — Prov. et fam. : *Avoir une dent contre quelqu'un*, avoir de l'animosité contre lui. *Avoir une dent de lait contre quelqu'un, lui garder une dent de lait*, lui vouloir du mal depuis longtemps, avoir quelque ancienne rancune contre lui. — Prov. : *Mentir comme un arracheur de dents*, être fort accoutumé à mentir. — Prov. et fam. : *Il n'en tâtera, il n'en cassera, il n'en croquera que d'une dent*, il en aura peu, il n'en aura point, il n'obtiendra pas ce qu'il désire. — *Ne pas perdre un coup de dent*, manger avidement, sans se reposer, sans se laisser distraire par la conversation. On dit figurément : *Je n'en perdrai pas un coup de dent*, pour faire entendre qu'on ne se met point en peine de quelque chose de fâcheux, et qu'on ne laissera pas d'agir comme à l'ordinaire. — Prov. et fig. : *Il n'y en a pas pour sa dent creuse*, se dit de quelqu'un de grand appétit, à qui on présente peu de chose à manger. — Fig. et fam. : *Il est armé jusqu'aux dents*, se dit d'un homme qui est armé plus qu'on a coutume de l'être. — Prov. et par plaisanterie : *Être savant jusqu'aux dents*, être très savant. — Prov. et pop. : *Une vieille sans dents*, une vieille femme décrépite. — Prov. et pop. : *Il y a longtemps qu'il n'a plus mal aux dents, qu'il est guéri du mal de dents*, il est mort depuis longtemps. — Fig. : *Malgré lui, malgré ses dents*, en dépit de lui et de toute sa résistance. — Prov. et fig. : *Œil pour œil, dent pour dent*, se dit en parlant de la peine du talion, qui consiste à traiter un coupable de la même manière qu'il a traité ou voulu traiter les autres. — *Dent d'éléphant*, les défenses de l'éléphant, soit entières, soit en morceaux. — *Dent*, se dit par analogie, en parlant de plusieurs choses qui ont des pointes faites à peu près en forme de dents. Il se dit aussi des brèches qui sont au tranchant d'une lame. — *Broderie, découpure à dents de loup*, broderie, découpure qui forme une suite d'angles aigus. — *Dent-de-loup*, espèce de cheville de fer qui sert à arrêter la soupente d'une voiture. Il se dit aussi d'un petit instrument qui sert à polir le parchemin, à lisser le papier, etc. — *Dent de lion*. (V. PISSENLIT.)

DENT, s. f. expr. prév., *faire de l'alchimie avec les dents*. Remplir sa bourse aux dépens de son estomac, *le vin trouble ne casse pas les dents*, un vin trouble peut encore être passable. DENT (*géog.*), se dit du sommet d'une montagne lorsqu'il est prismatique ou anguleux. On dit dans le même sens *aiguille* et *corne*, *côte des dents* ou *côte d'ivoire*, partie de la côte de la Guinée septentrionale, entre la côte d'Or et la côte des Graines, qui a 120 lieues de développement. Grande quantité de dents d'éléphant. — DENT-DE-LOUP, s. f. (*arch.*), espèce de gros clou de 4 à 5 pouces de longueur.

DEND DE SCIE (*ins.*), Geoffroy décrit sous ce nom la Phalène nommée *noctua serrata*.

DENT DOUBLE (*poiss.*). On a donné ce nom à un poisson du genre crenilabre, *crenilabrus bidens*.

DENT-DE-SERPENT (*foss.*). Luid a désigné sous ce nom les glossopètres que l'on trouve dans l'île de Malte.

DENT DE CHIEN (*bot.*), nom vulgaire du crythanium.

DENTAIRE, DENTARIA (*bot.*), genre de la tétradynamie siliqueuse de Linné, famille des crucifères ; son nom vient de la forme de ses racines, espèces de souches tubéreuses, en quelque sorte dentées par des écailles. Ses caractères sont : sépales oblongs, connivens, caducs ; pétales onguiculés, planes ; anthères légèrement sagittées ; stigmates émarginés, silique ensiforme, à valves planes sans nervures, graines ovoïdes, unisériées. Les dentaires sont des herbes à feuilles alternes, à fleurs en corymbes ou grappes terminales, blanches ou violacées. La plupart des espèces sont propres à l'Amérique et à l'Asie septentrionales. Deux espèces se rencontrent dans les contrées montagneuses de la France, ce sont : *la dentaire digitée D. digitata*, ses feuilles sont composées de cinq folioles unies par leur base, en forme de digitation, ce qui la distingue des autres espèces. Ses fleurs sont grandes, de couleur violette ou purpurine. La seconde espèce, commune au Mont-d'Or, se distingue par ses feuilles ailées à cinq ou sept folioles, et par ses fleurs blanches. C'est la *dentaire pinnée, D. pinnata*.

J.-P.

DENTAIRE (*t. d'anat.*), qui appartient, qui a rapport aux dents.

DENTAL, ALE (*t. de gramm.*). Il se dit de certaines consonnes qu'on ne peut prononcer sans que la langue touche les dents,

DENTALE, s. f. (*phil.*), nom des grandes consonnes du 3e ordre dans la grammaire grecque, Δ, Τ et Θ sont les trois dentales, nom des consonnes du 5e ordre dans l'alphabet hébreu, nom des consonnes du 4e ordre dans l'alphabet sanskrit.

DENTALE (*ann.*), genre d'annelides de l'ordre des tubicoles. Ce sont des animaux fort peu connus, auxquels Cuvier assigne pour caractère : coquille en cône allongé, arquée, ouverte aux deux bouts, et que l'on a comparée en petit à une défense d'éléphant ; animal sans articulation sensible ni soies latérales, mais ayant en avant un tube membraneux renfermant une sorte de pied ou d'opercule charnu et conique ; sur la base de ce pied est une tête petite aplatie, et sur la nuque sont des branches en forme de plumes. Ces animaux se trouvent dans toutes nos mers. J. P.

DENTALE (*foss.*). On trouve à l'état fossile, un grand nombre d'espèces de ce genre, qui presque toutes proviennent des couches marines que l'on regarde comme les plus nouvelles du globe ; les unes sont lisses, d'autres cannelées ou portant des anneaux circulaires sur leur surface. F.P.

DENTALINES (*moll.*), genre établi aux dépens de la famille des *stycostègues*, par d'Orbigny, dans l'ordre des camérines (céphalopodes), ayant les cellules simples et enfilées sur un seul axe droit un peu courbé. J. P.

DENTALITHE (*zool.*), dentale fossile.

DENTÉ, ÉE, qui a des dents. Il se dit des roues et autres machines munies de pointes qu'on nomme dents.

DENTÉ, ÉE, adj., charte dentée (*diplomatique*). Papier poli avec une dent de loup ou de sanglier et de la marque qu'il laisse.

DENTÉ, *dentex* (*poiss.*), genre des sparoïdes, ayant pour caractère principal, des dents coniques sur une seule rangée aux deux machoires, et dont quelques unes s'allongent en grands crochets. Ces poissons se rapprochent des *léthrynus* par leurs dents également en crochets ; mais ils s'en distinguent par leurs joues écailleuses. Ils vivent de préférence parmi les rochers. On en trouve deux espèces dans la Méditerranée. Le *denté ordinaire dentex vulgaris*, dont le corps ovale, allongé est d'une couleur argentine, se nuançant sur le dos en bleu céleste, et orné de point bleuâtres sur les côtés, le museau est orné d'ondes à reflets dorés et argentés ; ses pectorales et sa candole sont rougeâtres. Ce poisson atteint jusqu'à un mètre de longueur ; t vingt livres de poids. — La seconde espèce, *le denté à gros yeux D. macrophthalmus*, est plus rare que la précédente, et se reconnaît facilement à la grandeur de ses yeux. Il est entièrement rouge; le sous-orbitaire et le dessous de la mâchoire sont argentés. J. P.

DENTÉ, *dentatus* (*zool-bot.*). On applique cette dénomination aux organes des animaux et des plantes qui sont garnis sur les bords de petites saillies qui ne penchent ni d'un côté ni de l'autre; ainsi les feuilles, les calices, les stipules, etc., peuvent être dentés. Le mot dentelé est synonyme de denté en anatomie humaine; on donne le nom de dentelés à plusieurs muscles, en raison de leur configuration. J. P.

DENTÉ (*bot.*), nom que donne Paulet à l'*agaricus dentatus* de Linné. Ce champignon est couleur de tabac d'Espagne; ses feuillets plus pâles ont à leur base, contre la tige, une espèce de crochet.

DENTÉE (*t. de vénerie*), coup de dent. Il se dit des coups de dent qu'un lévrier donne à une bête que l'on chasse. Il se dit aussi des coups que le sanglier donne avec ses défenses.

DENTELAIRE, *plumbago* (*bot.*). Genre de plantes herbacées ou ligneuses, de la famille des plumbaginées; pentandrie monogynie de Linné, à feuilles semi-amplexicaules, à fleurs en épis terminaux de couleur rose, blanche ou bleue, ayant pour caractères : calice tubuleux, à cinq dents, constamment hérissé de glandes plus ou moins visqueuses, corolle infundibuliforme, à cinq segments ovales, cinq étamines hypogynes, à filets élargis à leur base, et entourant l'ovaire; style à cinq stigmates; capsule s'ouvrant par le sommet en cinq valves, renfermant une seule graine. L'espèce la plus répandue, est la *dentelaire d'Europe, pl. europœa*, que l'on appelle encore *malherbe* dans le midi de la France. C'est une herbe dont la tige droite, cannelée, rameuse est haute d'environ deux pieds; ses feuilles sont ovales, ondulées, légèrement velues en dessous et sur les bords : les fleurs sont ramassées en bouquets au sommet des branches, elles sont bleuâtres ou purpurines. Cette plante est très âcre. J. P.

DENTELÉ, ÉE, qui a des points en forme de dents, ou qui offre des dentelures. — DENTELÉ, en termes de botanique, ne diffère de *denté* qu'en ce que les feuilles, les calices et les pétales dentelés ont leurs découpures moins égales et plus écartées que ceux qui sont dentés.

DENTELÉ, ÉE, part., médailles dentelées (*numism.*), se dit de certaines médailles consulaires d'argent et de bronze, des rois de Syrie, dont la tranche est garnie des dents. Les *Germains*, selon Tacite, *recherchaient les deniers consulaires dentelés* (serrati). *Charte dentelée* (*diplom.*). *Voy.* ENDENTURE. — DENTELÉ, s. m. (*anat.*), nom de plusieurs muscles du tronc, qui se terminent par des languettes oblongues.

DENTELÉE, s. f. (*véner.*). Il se dit d'un coup de dent de sanglier et de la marque qu'il laisse.

DENTELER, v. a. (*technol.*), faire des entailles en forme de dents.

DENTELET, s. m. (*const.*), carré sur lequel on taille les ornements appelés denticules.

DENTELÈTES (*géogr. anc.*), peuples de Thrace, à la droite du Stymon.

DENTELLE (*arts mécaniques*). Cette parure élégante des dames est faite à la main, avec des fils de lin extrêmement fins, dont on enveloppe de petites bobines ou *casses*, au bout de fuseaux très déliés; on manœuvre ces fuseaux de manière à croiser les fils et à faire un réseau à jour, où se trouvent diverses fleurs enlacées avec délicatesse. La dentelle que l'on fait avec de la soie blanche est appelée *blonde*; elle prend le nom de *dentelle noire* quand elle est composée avec de la soie noire. Le *tulle* est une dentelle en coton, en fil ou en soie, qu'on exécute avec une machine. Il y a aussi des dentelles en fil d'or et d'argent, qui sont grossières et servent aux décorations. Le *mêlier* est une boîte que l'ouvrière pose sur ses genoux, et qui est recouverte en drap et rembourrée. Au milieu du dessus de cette boîte est un trou rectangulaire dans lequel est placé le *tambour*, cylindre tournant sur un axe dans des tourillons. On donne le nom de *cave* à l'espace creux dans lequel ce tambour est engagé. Ce cylindre est un noyau de bois recouvert en drap ou en coton, et rembourré pour qu'on puisse y ficher des épingles très fines ou *camions*; il sert à faire et à enrouler la dentelle à mesure qu'on l'exécute, en la descendant dans la cave. Les points où l'on doit successivement planter ces épingles sont marqués sur un velin qui est piqué d'avance, selon le dessin qu'on veut faire, et est attaché sur le tambour; on fiche les camions au fur et à mesure du travail. Le fil dont la casse est entourée s'arrête au bout des fuseaux par un nœud provisoire, en sorte que ces fuseaux pendent à l'extrémité d'un brin de fil qu'on allonge quand cela devient nécessaire; on les manœuvre 4 à 4, en tordant les fils autour de l'épingle qui arrête le point qu'on veut faire, et l'on fait ainsi passer tour à tour les fuseaux de droite à gauche les uns après les autres. Il y a 60, 100, 200 fuseaux, plus ou moins, selon l'ouvrage. On retire les épingles qui arrêtent les points précédemment exécutés, afin de les piquer ailleurs et de les employer à faire de nouveaux points. Il serait difficile de faire comprendre par une simple description en quoi consiste l'art de croiser et pour ainsi dire nouer les fils autour de chaque épingle : c'est une entreprise à laquelle on doit renoncer. L'aspect d'une dentelle, et surtout un peu d'attention prêtée à une ouvrière qui l'exécute, en apprendront plus que ne le ferait le discours, même aidé de planches. C'est à Bruxelles, Malines, Valenciennes, qu'on fait les plus belles dentelles; les points d'Angleterre et d'Alençon sont renommés, et cependant on en a presque abandonné l'usage. En général, le haut prix des dentelles a conduit à préférer les parures en tulle qui sont aussi belles et à beaucoup meilleur marché.

DENTELLE RAMPANTE (*bot.*). *Dentella repens*. Forster a découvert cette plante dans les îles de la mer du Sud; elle paraît avoir de grands rapports avec l'*oldenlandia repens* de Linné. Elle forme un genre particulier de la famille des *rubiacées*, de la *pentandrie monogynie* de Linné, caractérisé par un calice supérieur à cinq divisions droites, aiguës; corolle infundibuliforme à cinq découpures terminées par trois dents, celle du milieu plus grande que les autres; cinq étamines non saillantes, attachées à la base du tube; anthènes petites, oblongues; ovaire infère, velu, surmonté d'un style court, un peu épais, terminé par deux stigmates divergents, plus épais et plus longs que le style· Le fruit consiste en une capsule globuleuse, velue, couronnée par le calice, divisée en deux loges contenant plusieurs semences ovales. J. P.

DENTELLE (*zooph polyp.*), nom vulgaire de plusieurs espèces de polypes des genres millépore, eschare, flustre, etc. (*V.* ces mots). — DENTELLE DE VÉNUS (*zooph polyp.*), nom de l'*anadyomena flabellata* de Lamouroux. J. P.

DENTELLE (*technol.*), partie de la superficie d'un diamant taillé en rose, qui fait le mur. Petit brillant dans lequel les arêtes des biseaux sont rabattues par une simple facette. Ornement d'imprimerie servant d'entourage aux pages ou de vignettes aux titres des chapitres. Chez les relieurs, dessin poussé sur le bord des livres ou sur le plat de leur couverture. Ornement ciselé sur la tête d'une pipe. Ensemble des pointes qui forment le peigne du dominotier.

DENTELLÉS (*bot.*), vingt-septième famille du septième genre de l'ordre premier de la distribution des champignons du docteur Paulet. Elle ne comprend qu'une espèce remarquable par ses feuillets fluxueux et anastamosés de manière à rappeler la dentelle de l'écorce du melon. Ce champignon, haut de trois pouces, garni d'un chapeau du même diamètre, est d'un blanc de lait : on le rencontre en automne dans le bois de Vincennes.

DENTELLIÈRE, s. f. (*technol.*), ouvrière qui fait de la dentelle.

DENTELURE, ouvrage de sculpture fait en forme de dents ou dentelé. Il se dit aussi, dans l'usage ordinaire, des découpures faites en formes de dents à quelque chose que ce soit, ou de ce qui ressemble à ces découpures.

DENTHELIATE (*géogr. anc.*), territoire du Péloponèse, dans la Messenie. On y voyait un beau temple de Diane.

DENTICOLLE, adj. nes 2 g, (*zool.*), qui a le cou ou le corselet dentelé.

DENTICORNE, adj. des 2 g. (*zool.*), qui a les antennes ou cornes dentées.

DENTICULATA (*bot.*), nom que donne Daléchamps à la moscatelle, *adaxa moschatellina*. J. P.

DENTICRURE, adj. des 2 g. (*zool.*), qui a les cuisses garnies d'épines.

DENTICULE, s. f. (*hist. nat.*), dent très petite, légère dentelure.

DENTICULÉ, ÉE, adj. *Ecu denticulé* (*blason*), écu dont la bordure est formée de denticules pareils à ceux qu'on emploie dans l'architecture.

DENTIDIA (*bot.*), nom sous lequel Loureiro désigne une plante de la Chine, que l'on cultive dans les jardins aux environs de Nankin. M. R. Brown la rapporte au genre *plectranthe* (*V.* ce mot).

DENTICULES (*t. d'architect.*), moulure plate refendue dans le sens de la hauteur, de manière à former, dans toute sa longueur, une suite de dents.

DENTIER, rang de dents. En ce sens il est familier et peu usité. Il se dit, en chirurgie, d'une plaque de métal ou d'ivoire sur laquelle sont montées les dents qu'on ajuste à la place de celles qui manquent.

DENTIER, s. m. (*technol.*), outil qui sert à diviser chaque pain de savon en loves.

DENTIFORME, adj. des 2 g. (*hist. nat.*), qui a la forme d'une dent.

DENTIFRICE, remède propre à nettoyer et à blanchir les dents. Il s'emploie aussi comme adjectif des deux genres.

DENTILARIA (*bot.*), Gesner donne ce nom au *sisymbrium polyceration*.

DENTIGÈRE, adj. des 2 g. (*hist. nat.*), qui porte une ou plusieurs dents.

DENTILLAC, s. m. (*zool.*), un des noms du poisson appelé aussi denté.

DENTIPÈDE, adj. des 2 g. (*zool.*), qui a les pieds dentelés.

DENTIPORE, adj. des 2 g. (*hist. nat.*), qui est garni de pores dont le bord est dentelé.

DENTIROSTRES (*ois.*). Ce nom, qui signifie bec denté, a été donné par Cuvier à une famille de l'ordre des passereaux, qui a pour caractère principal d'avoir de chaque côté de l'extrémité de la mandibule supérieure une dentelure ou échancrure plus ou moins forte, selon les espèces. Cette famille comprend un très grand nombre de genres, dont les habitudes sont très différentes, les principaux groupes parmi les dentirostres sont les suivants : 1° les pies-grièches, vangos, cassicans, choncaris, pardalottes, etc ; 2° les gobe-mouches, tyrans, moucherolles, céphaloptères, cotingas, drangos...; 3° les tangaras, euphones et ramphocèles; 4° les merles, grives, fourmiliers, cincles, philédons et mainates ; 5° les martins ; 6° les chocards ; 7° les loriots ; 8° les goulins ; 9° les lyres ; 10° les becs-fins, traquets, rubiettes, fauvettes, roitelets, troglodytes, bergeronnettes, farlouses ; 11° manakins; 12° énrylaimes (*V.* ces différents mots). J. P.

DENTISTE, chirurgien qui ne s'occupe que de ce qui concerne les dents.

DENTITION (maladie de la). Disons d'abord qu'on attribue quelquefois à la dentition des accidents qui lui sont entièrement étrangers. Nous ne prétendons pas que cette époque critique de la vie de l'enfant ne s'accompagne souvent de phénomènes pathologiques, qu'elle ne soit une prédisposition puissante à plusieurs affections du système nerveux, par exemple; mais nous voudrions qu'il soit bien compris des mères que l'éruption des dents n'est pas plus une maladie par elle-même, que ne l'est l'apparition des règles, ou tout autre fonction naturelle. Que d'enfants, en effet, traversent l'époque de la dentition sans accident sérieux ! — De la chaleur locale, de la salivation, un peu d'irascibilité et d'agitation pendant le sommeil, une plaque rouge sur l'une et sur l'autre joue alternativement, des selles plus fréquentes, quelques vomissements, un peu de toux, quelques éruptions cutanées (*feux de dents*), voilà les phénomènes que l'on observe chez le plus grand nombre, et rarement réclament-ils autre chose que des soins hygiéniques bien entendus. Avant donc que d'indiquer ce qu'il y a à faire dans des cas où ces phénomènes acquièrent une gravité plus grande, nous disons quels sont les *soins préservatifs* auxquels on doit avoir recours. — Je ne connais pas de moyen plus propre à prévenir les accidents de la dentition, et notamment les convulsions que l'emploi fréquent, habituel des bains légèrement tièdes. Je ne me souviens pas avoir jamais vu des accidents nerveux résulter de la dentition chez les enfants que j'avais soumis à cette pratique dès les premières semaines de leur existence. Je fais faire, dans ce but, une petite cuve d'une forme particulière, assez semblable à un pétrin, et que j'ai vu employer en Russie avec un grand avantage. L'enfant, trop faible encore pour se soutenir dans une cuve ordinaire, est couché dans celle-ci sur une couverture qui en garnit le fond, de manière à ce que sa tête seule soit hors de l'eau ; position très commode aussi pour les lotions de propreté qu'il réclame journellement. — Les lavements ne sont pas d'une moindre utilité dans la médecine des enfants, particulièrement à cette époque. Tous les jours on voit un appareil fébrile accompagné de symptômes plus ou moins graves céder comme par enchantement à un simple lavement. — Un léger dévoiement nécessite l'emploi d'une eau de riz légère, en boisson et en lavement. — La toux, qui est souvent alors de nature nerveuse, ne contre-indique pas toujours les bains, car on les voit même réussir dans quelques coqueluches. — Quant aux accidents locaux résultant de la tension ou du gonflement inflammatoire des gencives, on les combat en faisant sucer à l'enfant une figue ramollie dans du lait, et attaché à un fil, pour qu'il ne puisse l'avaler; ou bien encore en passant sur les parties douloureuses, un doigt enduit d'un mélange de crème fraîche et de miel. Je préfère aux hochets de corail ou d'ivoire un bâton de guimauve ou de réglisse ràtissé. — La nourrice fera bien de se soumettre de son côté à un régime rafraîchissant, et à l'usage d'une boisson délayante, comme la tisane d'orge, à moins qu'elle ne soit faible, d'un tempérament lymphatique ; en ce cas l'usage modéré d'un bon vin vieux, et de quelques amers légers sera plus particulièrement indiqué. — Passons maintenant aux cas qui s'accompagnent d'un cortège de symptômes assez formidables pour réclamer un traitement plus actif. — *Les convulsions*, ceux de tous les accidents que l'on redoute le plus, sont ordinairement de nature nerveuse; mais comme elles s'accompagnent souvent d'une congestion sanguine vers les parties supérieures, il est bon, chez les enfants forts et sanguins surtout, de les combattre à l'aide d'une ou deux sangsues que l'on applique sous le bord de la mâchoire inférieure, vis-à-vis le point où se fait le travail de l'éruption. On seconde cette médication par des applications de cataplasmes irritants autour des pieds, par des bains, etc. (Voy. l'art. convulsions). C'est en semblable cas, et lorsque les accidents résistent avec opiniâtreté aux moyens employés contre eux, qu'on peut tenter l'incision de la gencive, si l'on s'aperçoit que cette membrane gonflée, tendue et très douloureuse oppose une résistance insurmontable à la sortie de la dent. Il ne faut toutefois pratiquer cette petite opération qu'en cas de nécessité absolue, parce que l'on pourrait, en y apportant trop de précipitation, ouvrir la capsule dentaire avant que la dent ne soit arrivée au degré convenable d'ossification (*V.* DENT.). — Les éruptions cutanées qui surviennent pendant la dentition ne réclament aucun traitement, à moins qu'elles ne passent à l'état de *dartres*. (*V.* ce mot). Quant à l'ophthalmie, à la bronchite, à l'entérite, qui peuvent l'accompagner, leur traitement ne différant pas de celui que l'on suivrait dans toute autre circonstance, nous renvoyons aussi aux articles qui les concernent. Bornons-nous à signaler le danger qu'il y aurait à supprimer brusquement le dévoiement qui survient pendant la dentition. On a vu en résulter des convulsions. Que l'on se contente donc de le modérer par l'emploi d'une tisane de riz, de demi-lavements d'amidon, et d'une légère diminution dans la nourriture. — La deuxième dentition n'est, dans les cas ordinaires, signalée par aucun accident. Ceux auxquels on a quelquefois à remédier dépendent de certaines anomalies dans la sortie des dents (V. ce mot), et réclament plutôt les avis du dentiste que ceux du médecin. Nous signalerons cependant la fréquence des hémorragies nasales, des engorgements des glandes cervicales, des ophthalmies et phénomènes qui annoncent le travail congestif dont cette partie du corps est alors le siège et dont la cause prédisposante ne doit pas être perdue de vue. (Voir les AVIS AUX MÈRES, par Saucerotte père, et les CONSEILS AUX MÈRES, par le docteur Donné.)

Dr SAUCEROTTE.

DENTOL, s. m., (*zool.*), un des noms du poisson appelé aussi denté.

DENTO-LABIALES, s. f. pl. (*philol.*). Il se dit, selon quelques grammairiens, des consonnes qui se forment par l'imposition des dents supérieures sur la lèvre inférieure. Le V et l'F sont des *Dento-labiales*.

DENTRECOLLES (FRANÇOIS-XAVIER), né à Lyon en 1664. Il entra dans l'ordre des jésuites et alla comme missionnaire en Chine avec le P. Parennin, son compatriote; il s'appliqua, dès son arrivée, à l'étude de la langue chinoise et fut peu après en état d'ouvrir une école à Yao-Tcheou ; il fut successivement supérieur général de la mission française en Chine et supérieur particulier de la maison des jésuites de Pékin. Dans ces divers emplois sa douceur et ses manières affables lui valurent des amis et des succès. Il mourut le 2 juillet 1741, accablé d'infirmités qu'il avait supportées avec une résignation toute chrétienne. On doit au P. Dentrecolles d'intéressants *renseignements* sur la Chine, son industrie, ses productions, son histoire et les mœurs de ses habitants.

DENTS, *dents* (*conchyl.*). On désigne sous ce nom, en conchyliologie, les éminences de forme variable, qui contribuent à former la charnière des coquilles bivalves, ou qui se trouvent quelquefois dans un endroit du péristome de l'ouverture d'une coquille univalve. La forme, le nombre et la position des dents, dans les coquilles bivalves, sont des caractères importants pour la conchyliologie systématique. J. P.

DENTS DU PÉRISTOME (*bot.*). Dans les manses le péricarpe (urne) est composé de deux vases, emboîtés l'un dans l'autre et soudés à leur bord ; offre ordinairement à son orifice, lorsque l'opercule qui le couvre est tombé, une bordure de petites lanières rangées circulairement; cette bordure se nomme *péristome*, quand les lanières procèdent de la paroi extérieure de l'urne, elles prennent le nom de *dents du péristome*; on les nomme *cils du péristome* quand elles procèdent du vase intérieur. J. P.

DENTS DE L'HOMME (*chim.*). Plusieurs chimistes ont examiné les dents de l'homme, entr'autres MM. Pepys et Berzelius. Nous citerons seulement les résultats obtenus par ce dernier. Suivant cet auteur, les dents sont composées de :

	Partie osseuse.
Phosphate de chaux	61,95
Fluate de chaux	2,10
Phosphate de magnésie	1,05
Carbonate de magnésie	5,30
Soude et chlorure de sodium	1,40
Cartilages, vaisseaux sanguins et eau	28,00
	L'émail.
Phosphate de chaux	85,3
Carbonate de chaux	8,0
Phosphate de magnésie	1,5
Membrane brune, soude et eau	2,0

MM. Fourcroy, Vauquelin et Berzelius, admettent une quantité notable de tissu cellulaire ou cartilagineux dans l'émail des dents; MM. Hatchett et Pepys prétendent au contraire qu'il n'en contient pas. Un chimiste romain, M. Morichini, découvrit le premier, en 1802, le fluate de chaux dans les dents; M. Berzelius est le seul chimiste qui ait confirmé cette découverte. J. P.

DENTS DES ROUES (*arts mécaniques*). Lorsque deux cercles se touchent, si l'on imprime à l'un un mouvement de rotation sur son axe, la pression des surfaces courbes déterminera l'autre à tourner en sens contraire. Mais le frottement ne suffirait plus pour entraîner la rotation de cette dernière, si elle avait quelque résistance à vaincre : on garnit donc les surfaces courbes de ces roues de *filets*, de sorte que les reliefs de l'une entrant dans les creux de l'autre, le mouvement de la roue menée soit une conséquence nécessaire de la rotation de la roue motrice; mais comme il faut satisfaire à plusieurs conditions dans ce système, la forme de ces filets et des creux n'est point arbitraire, ainsi qu'on l'avait fait remarquer à l'art. CAMES. Nous allons indiquer ces formes pour chaque roue. — La nature du mécanisme qu'on veut exécuter, donne d'avance les vitesses des deux roues, et par suite le nombre de dents dont on les doit armer, *ces nombres sont en raison inverse des vitesses* (V. *nombre des dents de roues*); les dents doivent être d'égales grandeurs dans les deux roues pour pouvoir engrener; les circonférences, et par suite leurs rayons, sont donc dans le rapport inverse des vitesses, ce qui détermine leurs grandeurs relatives. Ainsi, lorsqu'une roue doit en mener une autre et tourner six fois moins vite qu'elle, elle doit avoir six fois plus de dents, un rayon six fois plus grand et la distance des axes de rotation doit être partagée en sept unités, savoir : six pour l'un des rayons, et un pour l'autre. Ainsi les rayons des roues sont donnés d'avance, par la forme même du mécanisme; on dit que ces circonférences tangentes sont *primitives*.

Épure. — Après avoir décrit les deux circonférences primitives PQ, pq, avec les rayons CA, ca, on divisera l'une et l'autre de ces courbes en autant de parties égales qu'on veut y pratiquer de dents; ces parties seront non seulement égales sur chacune des *aliquotes de sa circonférence*, mais encore de l'une à l'autre; chaque arc sera ensuite coupé par moitié pour la largeur du *plein* et du *creux* de la dent. Décrivez sur CA et cA, comme diamètres, deux cercles CNA, cnA; puis dessinez à part les *épicycloïdes* DML, *dm* — engendrés, par chacun de ces cercles en roulant sur la circonférence primitive de l'autre : DML sera l'épicycloïde décrite par *cn*A en roulant sur le cercle QAP; *dml* sera celle que produit CNA en roulant sur *pAq*. Cette courbe est engendrée par un point d'une circonférence qui roule sur une autre. V. CYCLOÏDE et EPICYCLOÏDE.— L'épicycloïde DML étant transportée en un point de division D, est coupée par le rayon CM passant au milieu I du plein DD', en un point M qui détermine le sommet de la dent; l'autre face MD' est la même courbe placée en sens contraire, c'est-à-dire que MD et MD' sont symétriques relativement au rayon MC. On exécute la saillie DMD' en papier découpé, et l'on porte ce *patron* sur chaque plein du contour de la circonférence primitive PAQ, comme on le voit dans la figure. Toutes les pointes M des dents sont sur un cercle MRkd' décrit avec le rayon CM du centre C : ces sommets M sont encore sur les rayons CM menés par les milieux I de tous les pleins; d'où l'on voit que le premier travail de l'épure est, après avoir tracé et divisé les circonférences primitives en pleins et creux, de mener des rayons à chaque point de division et à chaque milieu. On trouve de même l'épicycloïde *dml*, les pleins *dmd'* des dents de la petite roue. — Il reste à figurer l'excavation D'OE de chaque dent; elle est formée de deux parties symétriques par rapport au rayon CH passant par le milieu H de D'E. La circonférence *mr*, qui passe par tous les sommets des dents de la petite roue, va couper en *r* le rayon CA; ces sommets atteignent en tournant le point *r*; ainsi les creux de la grande roue doivent être évidés à cette profondeur, puisque, sans cela, ils ne pourraient pas loger les dents de l'autre roue. Donc si l'on décrit du centre C la circonférence XrO, elle touchera à tous les fonds des creux D'O'E. De même le cercle MR qui passe par tous les sommets des dents de la grande roue, donne le rayon *c*R du cercle *x*R*u* qui limite tous les creux d'*oe* de la petite. — Chacune des branches symétriques D'G'O et OE d'une excavation est formée de deux parties, l'une D'G' qui est rectiligne et dirigée au centre C selon le rayon D'C; on la nomme le *flanc* de la dent; l'autre G'O est arrondie suivant une courbe déterminée qui va être indiquée : on amené tous les rayons correspondants aux flancs et aboutissants aux extrémités des creux. La circonférence CNA est coupée en K par *mr*K, et le cercle FKGG', décrit du centre C avec CK, donne l'intervalle DG, largeur des flancs. — Le point *k* où la circonférence *kcn*A est coupée par MR*km*, détermine de même le cercle *g'gf* et la largeur *dg* de tous les flancs de la petite roue. Toutes les constructions sont réciproques d'une roue à l'autre. — Et quant à la forme du creux GO, comme ce creux doit être capable de loger le plein de la dent *dmd'* de l'autre roue, dans toutes les situations relatives des deux roues, la courbe GO est celle que décrit le sommet *m* d'une dent, quand le cercle A*nc* roule (entraînant le point *m*) sur la circonférence primitive PAQ : la courbe GO est donc une *épicycloïde rallongée*, dont la construction est faite selon une loi connue (*voy.* ce mot). On dessinera donc à part la courbe G'O, ou la symétrique GO, qu'on transportera à toutes les dents. — Dans toutes les situations des roues, si la rotation est due à une force constante, il faut que la *pression* des dents en contact reste la même, afin que le mouvement soit uniforme des deux parts. Il est facile de voir que cet effet résultera de la forme de la courbe qui constitue le plein de la dent, car c'est une propriété de l'épicycloïde et de sa tangente. — La plupart du temps, les dents sont trop petites pour qu'il soit possible de les façonner selon les règles de notre épure, ce n'est que dans les grandes machines qu'on s'y astreint.

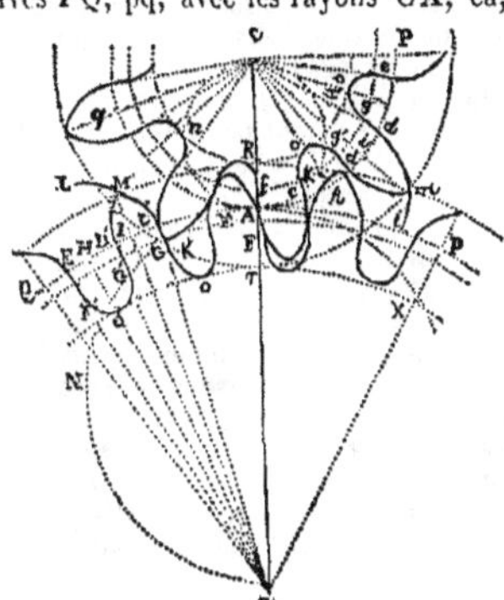

Dents de roues.

Quant à l'engrenage des roues et des lanternes à fuseaux cylindriques, après avoir réduit la roue et sa *lanterne* aux circonférences primitives PAQ, pAQ, on divisera ces courbes en autant de parties qu'on veut y pratiquer de dents ou d'*alluchans* et de *fuseaux*, comme il a été dit précédemment, d'après les vitesses relatives que doivent avoir les deux rames. Chaque point de division marquera les axes des fuseaux d'une part, et les milieux

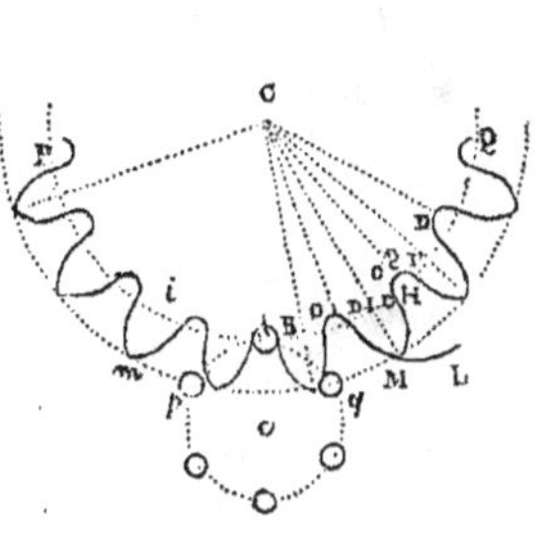

Dents des roues.

des creux des dents de l'autre part ; formez l'épicycloïde DML qui décrit dans sa rotation le cercle dont le diamètre est AC, en roulant sur la circonférence primitive ADQ. Ainsi, en pliant la figure suivant MI, la courbe DM s'appliquera sur D'M, et déterminera le patron DMD', sur lequel toutes les dents seront taillées. — Puisque les règles qui ont été prescrites pour construire les engrenages de deux roues sont les mêmes pour tous les rayons, il suffit de concevoir que l'un de ces rayons devient infini pour former l'*engrenage d'une roue avec une crémaillère*. EAQ représente le cercle primitif de la roue C qui doit mouvoir la crémaillère avec une vitesse égale à celle de la rotation de ce cercle, lequel est divisé en autant de parties égales qu'on veut y mettre de dents, DD' sera l'épaisseur d'un *plein*, AD celle d'un *creux*, et ainsi de suite. La tangente *pAq* tiendra lieu d'un cercle de rayon infini, on y portera des intervalles *dd'*, *de*. *Ad*, etc., égaux aux arcs précédents AD, DD', pour désigner les pleins et les creux de la crémaillère ; des perpendiculaires RA, *oh*, *im*, etc., menés par tous les points de division et leurs milieux, ainsi que les rayons AC, DC, IC, D'C, etc., marqueront les séparations des pleins et des creux, ou bien les couperont symétriquement. On décrira sur le diamètre AC la circonférence AKNC, et la *cycloïde* engendrée par cette courbe, en roulant sur *pAq*, remplacera ici l'épicycloïde de l'engrenage de deux roues; elle sera tracée à part, et portée en *dml*; sa rencontre en *m* avec la perpendiculaire *im* détermine le sommet de la dent; on aura donc la parallèle *mr*K à *pq*, pour le lien de tous les sommets semblables, la courbe *em* symétrique à *dm*, et le portron *dme* qui sert à marquer tous les pleins des dents de la crémaillère. — Cette parallèle *mr*K coupe et K le cercle AKNC, ce qui donne le rayon cK de la circonférence EKFG, qui fixe la longueur des flancs AF, DG, etc., des dents de la roue. Le point *m* de la crémaillère décrit une droite K*m* parallèle à *pAq* qui limite la profondeur de tous ces creux, et leur est tangent. Le creux est une courbe qu'on décrit d'une manière analogue à l'épicycloïde rallongée, excepté que le cercle roule sur une droite, au lieu de rouler sur une autre circonférence. — Quant aux dents de la crémaillère, elles n'ont pas de flancs, et la ligne RoL tangent en R au cercle RM, qui passe par tous les sommets des dents de la roue, et par conséquent parallèle à *pq*, est tangente à tous les creux de la crémaillère. La forme *dml* des dents de la roue est la *développante* du cercle primitif PAQ, précisément comme dans les *cames*.

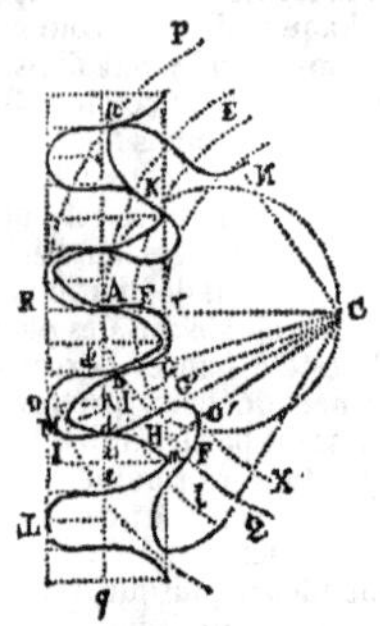

Dents de roues.

DENTURE, ordre dans lequel les dents sont rangées. — DENTURE, en termes d'horlogerie et de mécanique, signifie le nombre de dents qu'on donne à chaque roue.

DENTZEL (GEORGES-FRÉDÉRIC), conventionnel, né à Turkheim, dans la principauté de Linange, le 25 juillet 1755, entra d'abord comme aumônier dans le régiment de Deux-Ponts au service de la France, suivit ce corps en Amérique, et à son retour devint pasteur de l'église luthérienne. Il vint ensuite s'établir à Landau et en 1792 il fut nommé député à la Convention par le département du Bas-Rhin. Adjoint aux adjudants-généraux de l'armée du Rhin, il dénonça les généraux d'Arambure et Delmas comme royalistes. Plus tard, il fut lui-même dénoncé par les députés Lacoste et Baudot comme coupable d'actes arbitraires; ils voulurent le faire rejeter de l'assemblée comme étranger. Cependant, après une captivité de quelques mois, il rentra à la Convention. En 1795, Dentzel, nommé secrétaire de la Convention, se prononça contre les terroristes et fit ensuite partie du conseil des anciens. Sorti de ce conseil en 1798, il embrassa définitivement la carrière militaire, obtint le grade de colonel adjudant-général, fit en cette qualité la campagne de Prusse en 1806, et préposé, à l'échange des prisonniers de guerre, il se conduisit avec humanité, ce qui lui valut d'être décoré de quelques ordres étrangers. En 1813 il reçut le titre de général de brigade et fut en outre créé officier de la Légion-d'Honneur et baron de l'empire ; enfin, lors de la Restauration il fut fait maréchal-de-camp et chevalier de Saint-Louis. Il prit sa retraite après la bataille de Waterloo et mourut vers 1820.

DÉNUDATION (*t. de chirurg.*), état d'une partie mise à nu ou dépouillée de ses enveloppes naturelles.

DÉNUDER, v. a. (*chirurg.*), opérer la dénudation, enlever les téguments qui recouvrent une partie : *Dénuder un os.* Il se dit quelquefois pour dépouiller un animal de sa peau, un arbre de son écorce.

DÉNUDÉ, ÉE (*partic.*).

DÉNUDÉS (*crust.*). M. Duméril désigne sous ce nom, dans la zoologie analytique, les entomostacés dont le corps est tout-à-fait nu ou non recouvert d'un têt. Il leur applique aussi la dénomination de gymnonectes. (*V.* ce mot.)

DÉNUEMENT, s. m. *V.* DÉNUMENT.

DÉNUER, priver, dépouiller des choses nécessaires ou regardées comme nécessaires. On l'emploie souvent avec le pronom personnel. — DÉNUÉ (*partic.*). Il est aussi adjectif et signifie dépourvu.

DÉNUMENT, dépouillement, privation.

DENUXIPPE, guerrier qui se trouva à la chasse du sanglier de Calydon.

DENYS L'ANCIEN, tyran de Syracuse, était, dit-on, d'une basse naissance, mais adroit orateur et général expérimenté ; il profita des troubles de la Sicile pour arriver au pouvoir. Les Carthaginois appelés par les Ségestains vinrent pour secourir ceux-ci contre Syracuse, et profitèrent bientôt de cette circonstance pour entreprendre la conquête de la Sicile, qu'ils convoitaient depuis long-temps. Agrigente venait d'être prise par eux, et Denys sema adroitement des bruits qui firent soupçonner les généraux Syracusains de s'entendre avec l'ennemi ; il se joignit aux mécontents, et fit entendre au peuple qu'il devait mettre à sa tête des gens de basse origine qui comprendraient mieux ses besoins. Ses conseils furent goûtés : on changea les magistrats, et Denys fit partie du nouveau gouvernement. Dès lors ce fut contre ses collègues qu'il se tourna; il se forma en même temps un parti puissant composé des bannis qu'il avait fait rappeler et des soldats qu'il avait comblé de largesses, et parvint enfin au trône à l'âge de 25 ans, vers l'an 405 av. J.-C. Il s'occupa alors d'affermir son pouvoir ; il proscrivit les plus puissants citoyens, dépouilla les plus riches, et fit mourir ceux qui voulaient s'opposer à sa volonté ; cette dure tyrannie n'était supportée qu'avec peine par les Syracusains, qui se repentirent trop tard d'avoir confié le pouvoir à celui qui les opprimait alors ; plusieurs révoltes éclatèrent; deux fois dans le cours de son règne il fut chassé de Syracuse et deux fois il y rentra aidé par le dévouement de ses soldats. Cependant la gloire qu'il procurait à sa patrie fesait de temps en temps oublier à ses sujets le cruel despotisme qu'il faisait peser sur eux ; ses principales guerres furent dirigées contre les Carthaginois ; il fit contre eux de grands préparatifs, leur déclara la guerre, et mit le siége devant Mothye, la principale place des ennemis, et s'en rendit maître; de là il poursuivit ses succès, et fut à la veille d'étendre sa domination sur toute la Sicile ; mais, pendant son absence, Imilcon, général carthaginois, vint assiéger Syracuse, qu'il aurait prise s'il n'avait perdu un temps précieux que Denys mit à profit pour rassembler ses forces et le chasser. De là il porta la guerre en Italie, réussit à s'emparer de quelques villes, et y exerça d'atroces cruautés. Denys eut été le plus heureux des tyrans, s'il n'en eût été le plus soupçonneux; sans cesse il portait sa cuirasse sous ses vêtements ; tout le monde lui était suspect, et il faisait mourir sans hésiter tous ceux contre lesquels il concevait à tort ou à raison le moindre soupçon particulier. Ses craintes du reste n'étaient pas vaines, car il paraît qu'il mourut empoisonné à l'âge de 63 ans, l'an 368 av. J.-C., après avoir régné pendant 38 ans. Cruel et impie, la crainte lui soumettait tout, et il recueillait des richesses immenses en pillant les temples des dieux, remplis des dons précieux qu'on faisait à leurs autels. Cependant au milieu de sa puissance, de ses trésors, et même de sa gloire, car il en acquit, Denys était le plus malheureux des hommes, il savait la haine qu'on lui portait, la crainte et la défiance empoisonnaient sa vie ; il exprima du reste lui-même ses tortures d'une manière bien saisissante par le repas si connu qu'il donna à Damoclès : il lui confia pour un moment sa puissance; mais, il n'y eut plus que d'horribles inquiétudes pour le convive, du moment qu'il se fut aperçu qu'une épée était suspendue au-dessus de sa tête par un crin de cheval.

DENYS LE JEUNE, fils du précédent, lui succéda sans entraves ; il n'était pas né méchant, ses premières dispositions en arrivant au trône étaient bonnes, dit-on, mais les courtisans l'eurent bientôt corrompu. Dion auquel ses richesses et son caractère donnaient une grande influence sur les syracusains, essaya de le ramener à la vertu, il lui proposait sans cesse pour modèles les qualités de Platon, et à force de sollicitations, il obtint que ce philosophe serait appelé; celui-ci hésita longtemps, mais les instances de Dion le décidèrent et il quitta Athènes pour se rendre en Sicile; il y fut reçu avec les plus grands honneurs; au bout de quelque temps, Denys ne pouvait plus se passer de lui, alors la vertu lui semblait seule digne d'envie; mais la cour s'allarma d'une pareille révolution; Dion, le premier auteur de ce changement fut enlevé secrètement et embarqué sur un vaisseau qui le conduisit en Italie; restait Platon le plus redoutable ennemi de ceux qui trouvaient leur avantage dans les vices et dans la tyrannie, il fallait aussi l'éloigner, et on y parvint; d'ailleurs lui-même était excédé par les caprices du tyran qui tantôt l'aimait jusqu'à être jaloux de la moindre part de son affection et tantôt le querellait sans motif. Cependant sur de nouvelles instances de Denys, il consentit encore à revenir à sa cour, mais sous la condition expresse que Dion serait rappelé; cette condition ne fut pas exécutée, quelque temps après il courut des dangers très grands par ses ennemis, et ce fut le roi qui le sauva. Platon se résolut à quitter pour toujours une cour si rebelle à la vertu. Dès lors Denys se livra plus que jamais à la débauche la plus effrénée; puis enfin, fatigué d'entendre sans cesse exprimer ce désir du rappel de Dion, il força la femme de ce dernier à épouser un de ses favoris, et fit vendre ses biens, pour lui ôter tout espoir de retour. Ce dernier trait transporta l'exilé du désir de se venger, et il résolut de délivrer sa patrie; il attira dans son parti un grand nombre de personnages distingués, et se présenta devant Syracuse au moment ou Denys faisait une expédition en Italie; les portes lui en furent ouvertes comme à un libérateur, et lorsque le tyran revint, il trouva la ville occupée par son beau-frère. Il tenta de l'en chasser, mais ce fut en vain. Il se retira alors à Lovus, il s'empara de la citadelle, et établit dans ce pays le joug qu'il avait fait peser déjà sur la Sicile; au bout de six ans il en fut également chassé. Cependant le vertueux Dion avait été assassiné, des factions diverses déchiraient Syracuse, Denys en profita pour y rentrer. Dans cette nouvelle partie de son règne, il ajouta la cruauté à la débauche; ses crimes irritèrent de nouveau ses sujets qui demandèrent alors du secours à Icétas, roi des Léontins; celui-ci leur en envoya, mais comme il voulait s'emparer de l'autorité, ils s'adressèrent à Corinthe qui chargea Timoléon de les délivrer. Ce grand homme eut alors à vaincre Denys et Icitas, il y parvint. Denys retiré dans la citadelle fut forcé de traiter avec le vainqueur, il lui remit ses armes et ses munitions de toute espèce, puis se retira à Corinthe, où il devint maître d'école et où il continua à se livrer à la plus crapuleuse débauche; plus tard il se fit, dit-on, prêtre de Cybèle.

DENYS, tyran d'Héraclée, était le second fils de Cléarque, qui avait usurpé le pouvoir dans sa patrie; Timothée, son frère, avait associé Denys au gouvernement quelque temps avant sa mort, après lui ce prince régna seul; il profita des guerres des perses et des macédoniens, pour réunir quelques provinces à ses états, mais il n'en fut pas toujours paisible possesseur. Cependant les bons offices de Cléopatre sœur d'Alexandre, le préservèrent de la domination du conquérant; après la mort de ce dernier il épousa la nièce de Darius Amastris dont il eut une fille et deux fils ou plutôt deux monstres qui firent mourir leur mère et qui périrent eux-mêmes par les ordres de Lysimaque. Denys mourut à l'âge de 55 ans, après un règne de 33 ans; il fut regretté de ses sujets.

DENYS DE MILET, l'un des plus anciens écrivains grecs, en prose; il vivait sous le règne de Darius fils d'Hystaspe. Il avait réuni en un seul corps les traditions éparses transmises par les poètes. C'est ce qu'on nommait le cycle mythique. — **DENIS DE THRACE**, fut disciple d'Aristarque et enseigna la grammaire à Rome sous Pompée; il est auteur d'une grammaire grecque très ancienne.

DENYS D'HALICARNASSE, ne nous est connu, à peu près, que par des ouvrages qui, en revanche, le sont beaucoup; le principal est celui intitulé Antiquités romaines, dont nous avons deux traductions, l'une par le père Ligny, jésuite, l'autre par l'abbé Bellanger; cette dernière est la plus estimée. Les autres ouvrages de Denys d'Halicarnasse sont des examens critiques, sur le style de différents écrivains grecs. Un de ses descendants, du même nom que lui, a écrit sur la musique, mais aucun de ses ouvrages ne nous est parvenu.

DENYS L'ARÉOPAGITE (SAINT), était d'Athènes, selon toutes les apparences, puisqu'on ne prenait pas d'ailleurs les juges ou sectateurs de l'aréopage, du nombre desquels il était, lorsque saint Paul y prêcha et le convertit avec une femme nommée Damaris, et quelques autres (52 de J.-C.), ainsi qu'il est rapporté dans le XVIIe chapitre des Actes des apôtres. Depuis sa conversion, saint Denys fut premier évêque d'Athènes et l'on croit qu'il y fut brûlé sous l'empire de Domitien l'an 95, après avoir beaucoup souffert et travaillé pour la propagation de l'Évangile. Les Grecs l'honorent le 3 octobre. Depuis le temps de Louis-le-Débonnaire, les Latins se sont persuadés que saint Denys l'aréopagite, premier évêque d'Athènes, était le même que saint Denys, premier évêque de Paris; mais cette opinion paraît avoir cessé depuis le règne de Louis-le-Grand, que les savants ont reconnu la distinction des deux évêques fondée sur les raisons suivantes : 1° Tous les anciens martyrologes de France distinguent deux saints Denys, l'un évêque d'Athènes, et l'autre évêque de Paris. Ils mettent le martyre du premier le 3 octobre, sans parler du genre de sa mort et sans lui donner de compagnons. Ils mettent le martyre du second le 11 octobre et disent qu'il eut la tête tranchée avec saint Rustique, prêtre, et saint Eleuthère, diacre. 2° L'empereur Louis-le-Débonnaire ayant ordonné vers l'an 814 à Hilduris, abbé de Saint-Denys en France, de recueillir tout ce qu'il trouverait dans les auteurs grecs et latins touchant la vie de ce saint, cet abbé fit un livre, intitulé les *Aéropagiques*, dans lequel il prétendait, le premier de tous, que saint Denys, premier évêque de Paris, était le même que saint Denys l'aréopagite, premier évêque d'Athènes. 3° Le moine de Saint-Denys en France, qui écrivit l'histoire de l'invention des corps de saint Denys et de ses compagnons vers l'an 730, ne parle point de saint Denys l'aréopagite. Saint Sulpice Sévère, dans le deuxième livre de son histoire sacrée, dit qu'on ne commença à voir des martyrs dans les Gaules que sous Marc-Aurèle qui donna lieu à la persécution des chrétiens en 162. 5° Saint Grégoire de Tours dit que saint Denys, évêque de Paris, vint dans la Gaule du temps de l'empereur Dèce, c'est-à-dire après l'an 450. On a aussi attribué à saint Denys l'aréopagite, plusieurs ouvrages enfermés dans deux volumes in-f°, en grec et en latin, imprimé à Anvers en 1634, par les soins du père Balthazard Cordérirus ou cordère, jésuites d'Anvers. Le premier volume contient le livre de la hiérarchie céleste, en quinze chapitres, celui de la hiérarchie ecclésiastique, en sept chapitres, et celui des noms divins en treize chapitres. Le second volume contient la théologie mystique, en cinq chapitres, et dix épîtres, quatre à Caïces, moine; les autres à Dorothée, à Sonpatre, à Polycarpe, évêque, à Démophile, moine, à Titus, évêque et à saint Jean l'évangéliste. On fait voir par des raisons convaincantes, que ces ouvrages ne sont pas de saint Denys l'aréopagite : 1° Les anciens qui parlent de saint Denys l'aréopagite, comme saint Denys de Corinthe, Eusèbe, saint Jérôme, saint Ambroise, ne parlent pas de ces ouvrages et ils furent cités la première fois par les hérétiques sévériens, dans une conférence qu'ils eurent avec les évêques catholiques à Constantinople, dans le palais de l'empereur Justinien, l'an 532. 2° Le style de ces livres est enflé et figuré, l'artifice parait dans la période, et la méthode dans l'arrangement des raisonnements, ce qui ne convient pas à la manière simple et naturelle d'écrire des deux premiers siècles de l'église. 3° On explique les mystères suivant les principes de la philosophie de Platon, et en termes platoniciens; on en recherche curieusement les difficultés; on y propose des questions fort inutiles sur la nature de Dieu et les différents ordres des anges, et ces sujets ne conviennent pas aux écrits des trois siècles de l'église, qui se réduisaient à des apologies pour la religion, à des lettres instructives, et à des traités contre les hérétiques. 4° L'auteur du livre des noms divins cite les paroles de l'épître de saint Ignace aux Romains : or, saint Denys l'aréopagite était mort lorsque saint Ignace écrivit cette lettre, puisque saint Ignace a souffert sous Trajan et saint Denys sous Domitien. 5° Il rejette l'erreur des Millenaires, qui ne pouvait pas encore avoir eu cours du temps de saint Denys. 6° Il parle des mystères de la Trinité et de l'Incarnation en des termes qui n'ont été usités que depuis le IVe siècle, comme celui d'Hipostase, c. 7, *de cœlest. hiér.*, c. 1. *De divin. nominib.* 7° Il cite saint Clément Alexandrin, sous le nom de Clément le philosophe; et le passage qu'il rapporte est tiré du VIIIe livre des Stromates; ce qui fait connaître qu'il parle de saint Clément qui vivait dans le IIIe siècle. 8° Il cite souvent les auteurs ecclésiastiques qui avaient vécu avant lui, sur des choses qui n'ont été dites que dans le IVe siècle de l'église, comme sur la distinction de l'amour et de la charité;

sur les prières de la messe, sur le baptême des enfants et sur la cérémonie du baptême.

DENYS (SAINT), évêque de Corinthe, gouverna les Corinthiens, sous Marc-Aurèle, avec beaucoup de lumière, de charité et de zèle; mais nous ne connaissons rien de particulier de ses actions, non plus que du genre ni du temps de sa mort. Les Grecs l'honorent comme un martyr le 29 novembre et les Latins comme un confesseur le 8 avril. Eusèbe nous apprend que saint Denys écrivit sept épîtres catholiques, ou universelles, ainsi nommées parce qu'elles n'étaient point adressées à des particuliers, mais à des églises, ou à des peuples entiers. La première était écrite aux Lacédémoniens, pour les instruire de la foi catholique et les exhorter à la paix; la seconde aux Athéniens, pour les exciter à renouveler leur foi et à régler leur conduite sur les maximes de l'Évangile; la troisième aux Nicomédiens en Bithynie, contre les erreurs de Marcion; la quatrième aux fidèles de Gortyne dans l'île de Crète, pour les prévenir contre les artifices des hérétiques; la cinquième à l'église d'Amastris et aux autres villes du Pont, pour l'intelligence de l'Écriture, et des instructions sur le mariage et la virginité; la sixième aux Gnossiens dans l'île de Crète; la septième aux Romains et à leur évêque le pape saint Sote, pour le remercier des aumônes qu'il avait faites à l'église de Corinthe. Outre ces sept lettres universelles, Eusèbe en cite une huitième qui était particulière, écrite à une femme de piété nommée *Chrysophore*, à laquelle il donnait des avis conformes à son état. Saint Jérôme dit encore de lui qu'il avait fait voir dans ses écrits de quel philosophe chaque hérésie avait tiré son origine. Mais ces écrits nous sont inconnus. On apprend dans les fragments des lettres de saint Denys que saint Pierre souffrit le martyre à Rome, que saint Denys l'aréopagite fut évêque d'Athènes, et quelques autres choses remarquables.

DENYS (SAINT), patriarche d'Alexandrie, était d'une famille noble et qualifiée parmi les païens. Il fut élevé dans toutes les sciences des Grecs et des Égyptiens, ayant beaucoup d'esprit et de goût pour les lettres. Il paraît qu'il fut marié et qu'il eut des enfants, s'il est vrai que Timothée, à qui il adressa son traité de la nature, était son fils. Dieu se servit de la lecture des épîtres de Saint-Paul pour le convertir, et de Demetrius, évêque d'Alexandrie, pour le baptiser. Il se rendit le disciple d'Origène, et devint le maître de l'école d'Alexandrie vers la fin de 231, après Hercule, successeur d'Origène. Seize ans après, on l'éleva sur le siége patriarcal de la ville d'Alexandrie. Il signala son courage et sa charité pendant les persécutions excitées sous les empereurs Philippe et Déce. Il fut d'abord arrêté et conduit à Toposiris, ville de Lybie; d'où, ayant été délivré malgré lui des mains des soldats qui le gardaient, il se retira dans un désert, et, de là, il soutint son peuple par ses lettres. A son retour, en 251, il travailla à éteindre le schisme de Novatien contre le pape Corneille. En 253, il écrivit au pape Etienne, au sujet de Novat et du baptême des hérétiques; quelques années après, au pape Sixte, sur la même matière. En 254, il ramena à la vraie foi les chrétiens du canton d'Arsinoé, qui étaient millénaires. En 257, il fut arrêté une seconde fois par ordre de l'empereur Valérien, et relégué à Kephro, pauvre village proche du désert; d'où il écrivit plusieurs lettres patriarcales. Étant de retour à Alexandrie, il y eut beaucoup à souffrir, à travailler et à combattre, tant au sujet des guerres et des séditions, de la peste et de la famine qui désolaient la ville, que par rapport aux erreurs des Sabelliens et des Nestoriens. L'an 264, il fut invité au concile d'Antioche, assemblé contre Paul de Samosate; mais son âge et ses infirmités l'ayant empêché de s'y trouver, il écrivit aux Pères du concile une excellente lettre, dans laquelle il réfutait les erreurs de Paul. Saint Denys mourut en 264, après avoir gouverné 17 ans l'église d'Alexandrie, avec un zèle, une capacité, des peines et des travaux continuels pour la religion, qui lui ont mérité le titre de *grand*, et l'ont fait placer parmi les saints que l'on qualifiait *hiéromartyrs*, tant pour honorer leur sacerdoce que pour les distinguer du commun des martyrs, quoiqu'il n'ait point perdu la vie dans les tourments. Les Grecs l'honorent le 3 octobre, et les Latins le 17 novembre. Saint Denys d'Alexandrie avait composé plusieurs ouvrages qui sont perdus. Eusèbe, qui en a conservé quelques fragments, nous apprend que ce saint avait écrit des lettres pascales, c'est-à-dire en forme d'homélies, pour marquer le temps auquel on devait célébrer la fête de Pâques; une lettre à Fabius d'Antioche, une à Domitius, une à Novatien qu'il appelle Novat, une aux confesseurs de Rome, aux chrétiens de Laodicée, aux Arméniens, aux papes Corneille, Étienne, Sixte; à Philémon, prêtre de Rome, sur le baptême; à Liéraux, évêque d'Égypte (la lettre à l'église d'Antioche, contre Paul de Samosate, est supposée); des traités sur le martyre et sur la Trinité; un livre sur la pénitence, à Conon; un sur le martyre, adressé à Origène; deux livres des promesses contre Népos, évêque d'Égypte, qui avait composé un livre intitulé : Réfutation des allégoristes, en faveur des millénaires; quatre livres contre les Sabelliens, adressés au pape Denys; un écrit sur la mortalité en temps de peste. Saint Denys d'Alexandrie savait très bien le dogme, la discipline et la morale; il avait beaucoup de sagesse, de jugement; son style est pompeux et élevé.

DENYS (SAINT) était prêtre de l'église de Rome sous le pape saint Étienne, qui la gouvernait l'an 253. Il fut élu le 19 septembre de l'an 259, à la place de saint Sixte, successeur du pape saint Étienne. Il gouverna neuf ans trois mois dix jours, étant mort le 29 décembre 268. Le martyrologe romain moderne met cependant sa fête le 26 du même mois. Il fut enterré dans le cimetière de Calliste. Félix Ier lui succéda après une vacance de quatre jours. Saint Basile-le-Grand dit que saint Denys, pape, s'était rendu illustre par l'intégrité de sa foi et par toutes les vertus qui le font saint évêque. Nous avons trois lettres de lui, l'une à l'église de Césarée en Cappadoce qui avait été mincée par les barbares, et deux à saint Denys d'Alexandrie. Les ouvrages contre Sabellius, qu'on lui a attribués, ne sont pas de lui, non plus qu'une lettre à Urbain et une autre à Sévère. Il n'y a guère plus d'assurance à ce qu'on rapporte de lui touchant le règlement des églises et des cimetières de la ville, de la disposition des paroisses et des diocèses d'Italie.

DENYS (SAINT), apôtre et premier évêque de Paris, fut envoyé de Rome vers le milieu du IIIe siècle pour prêcher la foi dans les Gaules. Après s'être arrêté à Arles et en d'autres endroits, sur sa route, où il souffrit beaucoup pour la cause de J.-C., il arriva à Paris où il fit nombre de conversions qui le firent prendre et présenter au gouverneur Pescenius, qu'Adon appelle Sisénarius Fescennius. Ce juge, l'ayant trouvé ferme dans la confession de Jésus-Christ, le fit emprisonner, tourmenter très cruellement, et enfin mourir par l'épée avec un nommé Rustique et un diacre nommé Eleuthère. Il n'y a rien d'assuré ni sur le lieu ni sur le temps précis de leur martyre. On en fait la fête le 9 octobre. Le corps de saint Denys est à l'abbaye qui porte son nom, à deux lieues de Paris; et c'est mal à propos que les Allemands prétendent qu'il fut transporté à Ratisbonne, où les religieux de Saint-Emmerar se vantent de l'avoir reçu de la libéralité de l'empereur Arnoul vers l'an 893. Saint Grégoire de Tours, Fortunat de Poitiers et l'auteur de la vie originale de sainte Geneviève ont parlé de saint Denys.

DENYS (SAINT), évêque de Milan, succéda à saint Protée, l'an 531 ou 532. Il assista au concile de Milan qui fut indiqué par l'empereur Constance en 355, et il eut d'abord la faiblesse de signer la condamnation de saint Athanase; mais saint Eusèbe de Verceil lui ayant ouvert les yeux, il conçut un repentir sincère de sa faute, et défendit la cause de l'Église et de saint Athanase avec tant de courage, que l'empereur le condamna au bannissement, après avoir délibéré s'il ne le ferait pas mourir, aussi bien que saint Eusèbe de Verceil et Lucifer de Cagliari. Ceux-ci revinrent de leur exil, mais saint Denys mourut dans le sien, qui était un endroit de la Cappadoce. Son corps fut rapporté à Milan du temps de saint Ambroise; et l'on bâtit une église avec un monastère de son nom quelques siècles après. C'est celui qu'occupent les Servites; mais ses reliques en furent transférées, comme l'on croit, au XVIe siècle, dans la cathédrale de Milan. Sa fête se célèbre le 25 mai.

DENYS, surnommé le PETIT, à cause de sa taille, né en Scythie, moine et abbé, a fleuri depuis le commencement du Ve siècle jusqu'à l'an 540. Il savait très bien le grec et le latin. Son principal ouvrage est une collection de canons et de décrétales, qui contient, outre ceux qui étaient dans le code de l'Église universelle, les 50 premiers canons des apôtres; ceux du concile de Sardique, 138 des conciles d'Afrique. Ce code a été approuvé par l'église de Rome et par celle de France. M. Juste le fit imprimer en 1628, et y joignit un recueil des décrétales des papes, depuis Sérice jusqu'à Anastase. L'on y a depuis ajouté celles d'Hilaire, de Simplicius et des autres papes, jusqu'à saint Grégoire. Les autres ouvrages de Denys-le-Petit sont : une traduction de la lettre synodale de saint Cyrille et d'un concile d'Alexandrie contre Nestorius; la traduction d'une lettre pastorale de Protérius à saint Léon; le traduction de la vie de saint Pacôme; celle de quelques homélies de saint Grégoire de Nysse. Denys-le-Petit a fait aussi un cycle pascal pour 97 ans, à commencer par l'année 527. C'est encore lui qui a introduit la manière de compter les années depuis la naissance de Jésus-Christ, et qui l'a fixée suivant l'épo que de l'ère vulgaire, qui n'est pourtant point la véritable.

DENYS, moine du Mont-Cassin, est auteur de la vie de saint Ligdan, abbé de l'ordre de saint Benoît. Barverius parle de cet ouvrage, sous l'an 1119, comme plein de fautes.

DENYS, surnommé le CHARTREUX, du nom de sa profession, naquit à Nickel, village du pays de Haspergan, en 1402. Il fut amateur des lettres et de la piété dès son bas âge; il fut fait docteur ou maître dans l'université de Cologne à 21 ans, embrassa l'institut des Chartreux à Ruremonde, et parvint bientôt à un haut point de vertu. Il excella particulièrement en humilité, en abstinence, en patience dans les différents maux qui affligèrent son corps, tels que la pierre, la paralysie. Il était dans un recueillement continuel et en extases qui lui méritèrent le surnom *d'extatique*. Il fut l'instrument de plusieurs conversions, notamment d'un juif qui, par reconnaissance, se fit appeler Denys de Denys. Il réforma plusieurs monastères d'hommes et de filles, apaisa des troubles publics, et mourut à Ruremonde en 1471, âgé de 69 ans, dont il avait passé 48 dans les Chartreux. On honorait sa mémoire d'un culte religieux à la Grande-Chartreuse, dans le diocèse de Grenoble, où l'on exposait quelques-unes de ses reliques avec celles des autres saints. Denys le Chartreux commença à composer des livres à l'âge de 21 ans, et il en a laissé un très grand nombre, savoir : des Commentaires sur toute l'Écriture sainte, imprimés en 7 volumes, à Cologne, en 1533, à Venise et à Lyon, en 1567 et en 1579; des explications d'anciennes hymnes de l'église; un Commentaire sur le maître des sentences; un sur les œuvres attribuées à saint Denys l'aréopagite; une somme de la foi orthodoxe; des dialogues sur la foi catholique; des règles sur la vie chrétienne; un *Monopoton*, ou extrait des épîtres de saint Paul; un traité sur les quatre fins dernières de l'homme; un traité du jugement particulier, et plusieurs autres traités de spiritualité; cinq livres de l'Alcoran, contre les superstitions, et de la guerre contre les Turcs; de la tenue d'un concile général; du bon règlement de la vie des prêtres, de l'institut; du relâchement et de la réforme de tous les ordres et états; des sermons du temps et des saints. Cet auteur avait une grande lecture. Il est plein de maximes et d'instructions salutaires, et applique assez heureusement les passages de l'Écriture. Il écrit facilement, mais son style est simple et sans élévation. Son Traité des quatre fins dernières a été mis à l'index, *donec corrigatur*, parce qu'il y avance que les âmes du purgatoire ne sont point assurées de leur salut.

DENYS (GUILLAUME), prêtre et professeur d'hydrographie à Dieppe, profitait de ses loisirs pour se livrer à l'étude de la navigation, dans le but de diminuer le nombre des naufrages dans la Manche; il succéda à Caudron dans la chaire d'hydrographie fondée par Descalier, et mourut vers 1630. Il est auteur de deux ouvrages sur la navigation.

DENYS (PIERRE), est regardé comme le plus habile artiste en ouvrages de fers, qu'ait eu le XVIIIe siècle. Il était né à Mons en 1658; il étudia quelques années à Rome et à Paris, et s'attacha, en 1690, en qualité de commis à l'abbaye de Saint-Denis. La grille, la suspension des lampes du chœur, la balustrade du grand escalier, la chaire du lecteur dans la salle du réfectoire, sont ses œuvres, et ont pour la plupart disparu. Il est aussi l'auteur de la porte du chœur de Notre-Dame de Paris, de la grille du chœur des religieuses de Chelles, de celle de la cathédrale de Meaux, etc. Il mourut à Saint-Denis le 20 mars 1733.

DENYS (ANDRÉ), né à Arras à la fin du XVIe siècle, d'Antoine Denys, président du conseil provincial d'Artois, se fit jésuite en 1608, et mourut octogénaire, le 30 juillet 1670. Le P. Denys composa en vers français : 1° *les Charmes de l'amour divin dans les stations de Jésus souffrant*; Arras, 1639, in-4°; 2° *le Temple de la sagesse* (Bibliothèque Belgique de Foppens).

DENYSE (LOUIS-TRANQUILLE), sous-principal au collége de Navarre, à Paris, où il mourut en 1742; auteur d'une traduction des *Cent Fables* latines de Faërne, et des *Fables de Phèdre*.

DENYSE (JEAN), professeur de philosophie au collége de Montaigu, au commencement du XVIIIe siècle, auteur de *la Vérité de la religion chrétienne*, démontrée par ordre géométrique, et la nature expliquée par le raisonnement et par l'expérience.

DENYSE, vierge et martyre de Lampsaque, ville de l'Hellespont, qui n'était pas loin de l'île de Chio. Elle n'avait que 16 ans, lorsqu'ayant vu un chrétien, appelé Nicomaque, céder à la violence des tourments, lorsqu'il était sur le point d'expirer pour la foi, elle s'écria : « Ah! malheureux! fallait-il que, pour t'épargner une heure de tourments, tu te précipitasses dans les supplices éternels! » Le proconsul Optime l'entendit, la fit approcher, lui demanda si elle était chrétienne; et, sur sa confession, il la livra à deux jeunes hommes pour la corrompre. Un ange tout brillant de lumière, qui parut vers minuit, fit tomber de crainte ces deux corrupteurs aux pieds de la sainte, et la délivra de leurs mains. S'étant ensuite échappée de ses gardes, elle courut au lieu où la populace mutinée lapidait deux chrétiens, André et Paul, et elle eut la tête tranchée par l'ordre du proconsul, le 13 mai, sous l'empire de Dèce.

DENYSE, sainte femme et mère de beaucoup d'enfants, souffrit le martyre à Alexandrie, l'an 250, sous l'empire de Dèce, avec saint Épimaque, saint Alexandre, saint Macas, sainte Amémonaire.

DENYSE (SAINTE), dame de Peradœme, dans la Byzacène, souffrit beaucoup pour Jésus-Christ, en 484, sous Hunneric, roi des Vandales. Saint Victor de Vite, auteur contemporain, qui était de la même province que la sainte et qui la connaissait, en fait mention dans son histoire de la persécution des Vandales en Afrique. Les bourreaux la traitèrent de telle sorte que la quantité de coups de verges qu'elle reçut faisait couler des ruisseaux de sang de son corps. Elle exhortait et fortifiait les autres confesseurs, et en particulier son fils unique, nommé Majoris, qui commençait à trembler, mais qui souffrit le martyre devant elle, encouragé par ses discours. Après qu'il fut expiré, cette généreuse mère l'embrassa et l'enterra dans son logis. On vit beaucoup d'autres effets des exhortations de sainte Denyse. On arracha les entrailles à la bienheureuse Dative, sa sœur, au vénérable Emile, leur cousin, à la généreuse Léonce, fille du saint évêque Germain, au pieux Terce et à Boniface de Sibide. Usuard fait mention de tous ces saints au 6 décembre.

DEO ou **DIO**, surnom grec de Cérès, par allusion à la recherche qu'elle fit de sa fille (δήω, trouver).

DEOBRIGA (*géogr. anc.*) (Mirendo de Ebro), ville de la Tarraconaise sur l'Èbre, non loin de sa source, chez les Vascones.

DÉODAND. C'est un mot anglais, tiré du latin *deodanda*, qui signifie une chose donnée ou consacrée à Dieu. On l'applique particulièrement à tous les corps animés ou inanimés qui causent la mort d'un homme par leur mouvement, sans la direction de personne. Ces sortes de choses sont confisquées de plein droit au profit du roi, qui les fait vendre par son aumônier pour en appliquer le prix à des œuvres pies. Mais le droit de déodand appartient aussi très souvent aux seigneurs particuliers, lorsque le roi l'a inféodé en faveur de leurs prédécesseurs. — On trouve chez les peuples anciens des usages peu différents, qui, sans doute, avaient pour objet d'inspirer une grande horreur du meurtre. Suivant le chap. 21 de l'Exode, le bœuf qui a tué un homme devait être lapidé, et l'on ne pouvait pas en manger la chair. Chez les Athéniens, les corps inanimés qui avaient tué un homme étaient jetés hors du territoire de la république. — Comme les déodands sont comptés au nombre des revenus des rois d'Angleterre, et qu'ils en ont inféodé le droit à bien des seigneurs particuliers, il peut être douteux si ces sortes de confiscations ont été consacrées à Dieu dès leur origine, et si elles ont même toujours porté ce nom. Quoi qu'il en soit, cette destination à des œuvres pies paraît dériver du dogme du purgatoire. Il paraît que, du temps de Littleton, la confiscation n'avait lieu que lorsque la personne blessée n'avait pas reçu l'extrême-onction. On employait autrefois le produit de la vente des déodands à faire prier Dieu pour l'âme du défunt et celles du roi et de ses ancêtres. On le distribue aujourd'hui en aumône. — Voici quelques décisions puisées dans les commentaires de Blackstone, dans le New-law-Dictionnary de Jacob, et dans Cowel. — Suivant la rigueur des règles, s'il arrivait qu'un homme fût écrasé par une voiture chargée, ou par un bateau, et même par un navire, sur une rivière, la charge de la voiture ou du navire était confisquée avec eux; mais comme les déodands n'appartiennent au roi que lorsqu'ils lui sont adjugés par les jurés, ceux-ci sont dans l'usage de mitiger la rigueur de la loi dans tous ces cas, en attribuant la cause de l'accident à une des dépendances de la voiture ou du bâtiment, par exemple à la roue de la voiture; le tribunal du banc du roi souffre cet adoucissement d'un droit qui n'est pas vu d'un œil favorable. Lorsque l'accident est arrivé en pleine mer, la confiscation n'a pas lieu, attendu que le droit coutumier d'Angleterre n'a aucune force en mer. — On ne met point au nombre des déodands tout ce qui appartient au roi, ni ce qui fait partie d'un immeuble (*free-hold*), comme la meule d'un moulin, quelque accident qui puisse résulter de leur mouvement, tant que ces corps sont unis à l'immeuble dont ils faisaient partie. — Mais on mettait aussi au nombre des déodands, suivant Littleton, les meubles de celui qui se tuait lui-même, du *felo de se*. Chez les Athéniens, on se contentait de couper la main qui avait donné la mort au suicide, et de l'enterrer loin du surplus du corps.

DEODATUS, Athénien qui s'éleva contre la motion de Cléon, qui voulait qu'on massacrât les prisonniers de Mytilène. On le nomme aussi *Doclès*.

DEOIS, nom grec de Proserpine, pris de celui de Deo ou Dio qui fut donné à Cérès, sa mère.

DÉONAIRE, s. m. (*hist. relig.*). On donne ce nom aux *manichéens* et aux *pauliciens*. Plusieurs auteurs croient cependant que l'on désignait ainsi uniquement ceux que nous nommons *déistes* aujourd'hui.

DÉONTOLOGIE (*log.*), science de la morale, de δέον, devoir, convenance. Ce mot a été créé par Bentham, qui définit la déontologie comme étant la science de ce qui est juste et convenable. Dans son système *utilitaire*, le philosophe anglais était intéressé à faire considérer la science de la morale comme étant plutôt la science de ce qui est convenable que de ce qui est obligatoire. Cependant le mot *déontologie* pouvait être conservé pour exprimer la science de la morale, quelle que soit l'opinion que l'on adopte sur le mobile moral qui doit diriger les actions des hommes; car le mot δέον, en grec, exprime à la fois *devoir* et *convenance*. — Tous les êtres existants dans le monde ont une destination; souvent ils ne l'atteignent pas, mais toujours ils y tendent. Les uns voient dans ce fait l'action d'un Dieu souverainement puissant et bon, dont la providence s'exerce sur les moindres parties de cet univers, et qui pourvoit, dans les plus petits détails, aux besoins de ses créatures; d'autres croient reconnaître là un Dieu indépendant, force occulte et aveugle qui domine la nature; d'autres enfin voient dans la destination de tous les êtres quelque chose d'intérieur par rapport à eux, qu'ils accomplissent sans avoir d'autre but qu'eux-mêmes et leur propre développement. — Quelle que soit celle de ces trois solutions qu'on adopte, le principe que tous les êtres ont une destination est en lui-même incontestable. Le bien d'un être est ce qui est conforme à la destination de cet être; le mal est ce qui y est contraire. Ceci est encore un principe inattaquable, car ce n'est que la définition des mots *bien* et *mal*. Mais, dira-t-on peut-être, les sceptiques nient la destination générale du bien et du mal, et par conséquent il faut avant tout examiner la fin de non-recevoir qu'ils opposent à la science de la morale. En effet, la plupart des déontologistes ont cru devoir traiter avant tout cette question préliminaire : existe-t-il une distinction réelle entre le bien et le mal ? Mais ils ne se sont pas bien rendu compte, suivant nous, de la vraie signification de cette question. — Nous regardons comme une proposition non-seulement incontestable, mais encore incontestée, ce principe fondamental de la déontologie : tous êtres ont une destination, qui est le bien. Mais comment accomplissent-ils cette destination? Ici commence le débat entre les philosophes. Pour les êtres autres que l'homme, il est évident qu'il y a pour eux obligation physique et absolue de tendre à leur destination. Les philosophes fatalistes croient que l'homme est assujéti à une obligation du même genre, plus ou moins absolue; les partisans du libre arbitre admettent chez l'homme une obligation purement morale, en vertu de laquelle, quoiqu'il *puisse* ne pas tendre à sa destination, il *doit* cependant le faire, soit en vue de son intérêt bien entendu, soit en vertu d'un motif moral qui se révèle à lui dans la conscience. Le fatalisme ne détruit pas directement la science de la destination de l'homme, mais il détruit au moins la science de la morale, en tant que connaissance des moyens que nous avons de diriger l'accomplissement de notre destination. Le fatalisme est la seule fin de non-recevoir qui renverse dans son principe la science de la morale; car nous n'admettons pas que le scepticisme soit une véritable fin de non-recevoir, à moins toutefois qu'on ne suppose le scepticisme réuni au fatalisme; mais cela impliquerait contradiction. — Un traité complet de déontologie doit donc toujours commencer par l'examen de la question du libre arbitre. Nous n'aborderons pas ici cette grande question; nous ferons seulement remarquer que le fatalisme, qui, pris dans toute sa rigueur, détruirait radicalement la science de la morale, n'a jamais été formulé par ses partisans dans ses conséquences extrêmes, qui seraient l'inaction et la passiveté absolue. On trouve dans un très grand nombre de philosophes un genre et un degré quelconque de fatalisme; mais aucun d'eux n'a admis un fatalisme absolu. Spinosa lui-même, après avoir consacré les quatre premières parties de son *Éthique* à établir un système fataliste fondé à la fois sur le panthéisme et sur le déterminisme, est obligé, dans la cinquième partie, de descendre au rôle de sophiste pour voiler les conséquences de sa théorie et pour reconstruire en partie les bases de la morale qu'il a renversées au commencement de son livre. — La question préliminaire du libre arbitre une fois résolue, le déontologiste se trouve en présence du grand problème dans lequel se résout toute la science de la morale; c'est celui-ci : Quelle est la vraie destination de notre nature ? en quoi consiste le vrai bien, le souverain bien pour l'homme ? Entre toutes les solutions différentes qui ont été essayées pour cette question, il y en a trois principales, auxquelles toutes les autres nous semblent pouvoir être ramenées : ce sont celles qui font consister la destination ou le bien de l'homme dans le plaisir, dans le bonheur et dans l'accomplissement de la morale. — La doctrine qui fait consister le souverain bien dans le plaisir du moment présent est ce qu'on a appelé l'*hédonisme*, en opposition avec l'*eudémonisme*, qui fait consister le souverain bien, non pas directement dans le plaisir, mais dans le bonheur, et qui nous apprend à sacrifier un intérêt présent et passager à un intérêt à venir et durable. C'est là la différence qui sépare l'école d'Aristippe de celle d'Épicure. Nous devons ajouter cependant que nous avons quelque doute qu'aucune école, méritant à un degré quelconque le nom d'école philosophique, ait enseigné l'hédonisme pur et simple. Nous ne compterons jamais les grossiers matérialistes de la fin du XVIIIe siècle parmi les philosophes; Condillac et Helvétius méritent ce nom; mais ce serait le profaner que de le donner à des hommes tels que le baron d'Holbach et le marquis de Sade. Tous les représentants du sensualisme moral, Démocrite, Épicure, Gassendi, Hobbes, Helvétius, Bentham, fondent la morale, non sur la recherche du plaisir du moment présent, mais sur un calcul d'intérêt bien entendu. Nous voyons donc dans l'histoire de la philosophie l'hédonisme représenté seulement par les Cyrénaïques. Or, rien n'est plus obscur et plus contradictoire que les renseignements donnés par les historiens de la philosophie sur Aristippe et sur son école; et nous nous croyons fondés, aussi bien d'après l'histoire de la philosophie que d'après l'examen de l'hédonisme en lui-même, à établir que ce système ne doit pas être pris au sérieux comme doctrine philosophique, mais que tout le débat sérieux sur la nature du souverain bien est entre les eudémonistes et les partisans du principe de l'obligation morale. — L'eudémonisme et le système de l'obligation morale ont eu, de nos jours, deux représentants illustres : Bentham et Kant. La *Déontologie* et les autres ouvrages de Bentham peuvent être considérés comme présentant le résumé le plus exact et le plus complet de tous les principes de l'eudémonisme, de même que la *Critique de la raison pratique* résume aussi les principes contraires. Nous n'entrerons pas dans les détails de cette discussion; nous dirons seulement que toute la question peut être ramenée à celle de l'existence du principe que les spiritualistes appellent devoir moral, obligation morale. Il s'agit de savoir si nous ne distinguons pas nettement ces deux mobiles différents de nos actions : 1° il me plaît de faire telle action parce que mon intérêt le demande; 2° il faut que je la fasse parce que le devoir l'exige. Bentham avoue que le second mobile de nos actions disparaît dans sa théorie; il n'y a pas pour lui d'obligation morale : c'est, dit-il, un mot vague et ambigu, imaginé par les spiritualistes pour dissimuler le défaut de leur système. — Le système de l'obligation morale a été formulé par ses partisans de différentes manières. On connaît la maxime de la morale platonicienne : Agis d'une manière conforme à ton perfectionnement. Agis, disent les stoïciens, d'une manière conforme à la nature. Agis, dit Kant, de manière à ce que la règle de ton action puisse devenir une règle générale. Agis d'une manière conséquente, dit Fichte. Agis en te conformant à l'absolu, disent les dernières écoles de l'Allemagne. Mais tous ces systèmes divers s'accordent en ce qu'ils se fondent sur le principe révélé à l'homme par la raison du devoir ou de l'obligation morale. — Nous avons exposé jusqu'ici les problèmes fondamentaux de la déontologie; il nous reste à indiquer le plan général de cette science et la division générale des questions dont elle se compose. Les anciens distinguèrent quatre classes de devoirs : la force, la prudence, la tempérance et la justice. Une division plus simple et en même temps plus complète, adoptée presque unanimement aujourd'hui, distingue trois classes de devoirs : les devoirs de l'homme envers lui-même, envers ses semblables et envers Dieu. Nous distinguerons donc la morale individuelle, la morale sociale et la morale religieuse; dans ces trois classes seront renfermées toutes les questions comprises dans la déontologie. (V. DEVOIR.)

DÉOPERCULÉ, ÉE, adj. (*hist. nat.*), qui est privé d'opercule.

DEOCUM| CURRUS (*géogr. anc.*) (*Sierra-Leone*), montagne d'Afrique, dans la Lybie inférieure.

DÉPAQUETER, défaire, développer un paquet, ce qui forme un paquet.

DÉPARAGEMENT, s. m. (*anc. jurispr.*), mariage inégal. Union dans laquelle il y a de la disparité, soit quant aux biens, soit quant aux personnes des époux.

DÉPARAGER, v. a. (*v. lang.*), marier une fille à une personne de condition inégale.

DÉPARAGÉ ÉE (*partic.*).

DÉPARCIEUX (ANTOINE), né en 1703 dans les environs de Nîmes, de parents sans fortune, fut néanmoins placé au collége de Lyon par un protecteur de sa famille; il s'y distingua beaucoup par les progrès rapides qu'il fit dans les mathématiques. Il vint ensuite à Paris, où il traça d'abord, pour vivre, des cadrans solaires et des méridiennes. L'habileté qu'il montrait dans ce travail lui procura bientôt une certaine aisance, mais il ne tarda pas à se faire connaître sous des rapports plus sérieux. Il a publié : 1° *Tables astronomiques;* 2° *Traité de trigonométrie rectiligne et sphérique, avec un Traité de gnomonique et des Tables de logarithmes*; 3° *Essai sur les probabilités de la vie humaine*; 4° *Mémoire sur la possibilité d'amener auprès de l'Estrapade, à Paris, les eaux de la rivière d'Ivette*, projet qui a été réalisé depuis par la construction du canal de l'Ourcq. Déparcieux fut censeur royal, membre de l'Académie des sciences de Paris et de celles de Berlin, de Stockholm, de Metz, de Lyon et de Montpellier. Il mourut à Paris le 2 septembre 1768.

DÉPARCIEUX (ANTOINE), neveu du précédent, était né dans le même pays en 1753. Il fut appelé par son oncle à Paris et placé par lui au collége de Navarre. Il n'avait pas encore 20 ans quand il remplaça Brisson dans sa chaire de physique. Il s'adonna principalement aux mathématiques, qu'il appliquait à la physique, et cette méthode donna à ses leçons une clarté et une précision admirables. Il se proposait de publier une nouvelle édition augmentée de l'ouvrage de son oncle sur les probabilités de la durée de la vie humaine, mais il n'accomplit pas ce projet. Cependant il fut plus d'une fois consulté par le gouvernement à cet égard et il détruisit les calculs qui basaient un projet de caisse d'épargne qu'il fit rejeter. Il a laissé trois ouvrages où se retrouve la netteté de raisonnement qu'on remarquait dans ses leçons publiques. Il mourut dans un état voisin de la misère le 23 juin 1799, d'une maladie au pilore, que lui avait causée l'habitude qu'il avait prise de travailler immédiatement après ses repas.

DÉPAREILLER, de deux choses pareilles en ôter une et ne point la remplacer, ou la remplacer par une autre qui n'a pas la forme ou la couleur convenable. Il se dit également en parlant d'un plus grand nombre de choses pareilles dont on ôte une ou plusieurs.

DÉPARER, ôter ce qui pare. Ce sens n'est guère usité qu'en parlant des parements extraordinaires d'un outil. Figurément : *déparer la marchandise*, choisir le dessus d'un panier de fruits ou d'autres denrées, prendre ce qu'il y a de plus beau. — DÉPARER signifie aussi : rendre moins agréable, nuire au bon effet de quelque chose. Il s'emploie figurément dans le même sens.

DÉPARIER, ôter l'une des deux choses qui font une paire. Il signifie aussi séparer l'un de l'autre le mâle et la femelle de certains animaux.

DÉPARLER, cesser de parler. Il ne s'emploie guère qu'avec la négation.

DÉPARQUER, v. a. (*économ. rur.*), faire sortir les moutons d'un parc. Détruire un parc.

DÉPART (*chimie*). On appelle faire le départ d'un métal d'avec un autre métal, isoler le premier du second au moyen d'une opération chimique. Cette expression a été spécialement employée par plusieurs chimistes pour désigner l'opération par laquelle on sépare l'or et l'argent l'un d'avec l'autre.

DÉPART, action de partir. *Être sur son départ*, être près de partir.

DÉPARTAGER (*t. de jurispr.*), lever, faire cesser le partage qui résulte, dans une délibération, de ce que deux avis opposés ont obtenu un égal nombre de voix, de suffrages.

DÉPARTEMENT, distribution, répartition. Il était fort usité autrefois dans ce sens en matière d'administration. Il s'est dit aussi des lieux qui étaient départis et distribués entre les divers intendants, et surtout des provinces ou circonscriptions maritimes. Il se dit encore des différentes parties des affaires d'État distribuées entre les ministres et dont la connaissance leur est attribuée. Famil., *Cela est* ou *n'est pas de son département*, se dit de ce qui est ou n'est pas dans les attributions de quelqu'un, de ce qui est ou n'est pas de sa compétence. — DÉPARTEMENT se dit aussi des principales divisions administratives du territoire français (*V.* FRANCE). Il se dit quelquefois absolument, au pluriel, pour désigner les provinces, par opposition à la capitale.

DÉPARTEMENTAL, ALE, qui a rapport au département.

DÉPARTEUR, adj. et s. (*v. lang.*), qui partage, qui sépare. — DÉPARTEUR (*technol.*), ouvrier qui fait le départ de l'or.

DÉPARTIE, départ. Il est vieux.

DÉPARTIR, distribuer, partager. — DÉPARTIR, avec le pronom personnel, signifie se désister. *Se départir de son devoir*, s'éloigner, s'écarter de son devoir, manquer à ce qu'on doit. Cette phrase n'est guère employée qu'avec la négation.

DÉPARTIR, v. a. (*prat.*), partager des procès entre des juges et leur distribuer les pièces qui en dépendent. *Départir les quêtes* (*vénerie*), assigner à chaque veneur qui va au bois le canton de sa quête. Il se disait autrefois neutralement pour s'en aller, se séparer.

DÉPASSER, aller plus loin, aller au delà. Il s'emploie figurément dans le même sens. Il signifie encore : devancer, laisser derrière en allant plus vite. Il signifie aussi : être plus long, plus haut, etc. ; excéder. — DÉPASSER signifie en outre : retirer un ruban, un cordon ou quelque autre chose semblable qui était passée dans une boutonnière, dans un œillet, dans une coulisse, etc.

DÉPASSER, v. a. *Dépasser un câble* (*marine*), en faire sortir le bout par son écubier. *Dépasser un mât de hune, de perroquet*, le faire descendre assez pour que sa tête sorte du chouquet et des barres. *Dépasser la tournevire*, la changer de bord.

DÉPASSIONNER, v. a. (*néol.*), effacer les traces d'une passion.

DÉPATISSER, v. a. (*technol.*), distribuer des caractères d'imprimerie mêlés.

DÉPAVER, arracher, ôter le pavé qui est placé.

DÉPAYSEMENT, s. m. (*néol.*), action de dépayser.

DÉPAYSER, conduire, envoyer quelqu'un hors de son pays, le faire sortir d'un pays, d'un lieu, pour lui en faire habiter un autre. Il s'emploie aussi avec le pronom personnel et signifie : quitter son pays, ou le pays, le lieu dans lequel on a été longtemps. — DÉPAYSER signifie encore : dérouter, désorienter, faire qu'une personne ne sache plus où elle est. Il signifie de même : mettre une personne sur un sujet qu'elle connaît peu, sur lequel elle n'est point préparée. Il signifie également : éloigner quelqu'un de la chose qu'on traite, lui donner de fausses idées pour empêcher qu'il ne devine ou qu'il ne vienne à connaître ce qu'on veut lui cacher.

DEPAZEA (*bot.*), plantes cryptogames, constituées par une tache extrêmement mince et étalée sur les feuilles; elles ont des conceptacles épars, enfoncés, sessiles, devenant avec l'âge cupuliformes et dont le disque est nu et pulvérulent. *Depazea des feuilles, D. frondicola*, conceptacles épars dans une tache cendrée; se trouve en Suède, sur la surface inférieure des feuilles vivantes du tremble. Ce genre est très voisin des *xyloma*.

DÉPEÇAGE, s. m. (*technol.*), action de dépecer.

DÉPÈCEMENT, action par laquelle on dépèce, on met en pièces.

DÉPECER, mettre en pièces, couper en morceaux.

DÉPECER, v. a. (*technol.*), ouvrir les peaux à faire des gants, en les étirant dans tous les sens sur le bord arrondi d'une table.

DÉPECEUR, s. m. (*technol.*), celui qui dépèce; *dépeceur de bateaux*, celui qui les met en pièces. *V.* DÉCHIREUR.

DÉPÊCHE, lettre que l'on envoie par un courrier exprès, dans les cas urgents pour l'Etat. On donne aussi ce nom à toutes les lettres qui entrent dans la correspondance d'un gouvernement avec ses ministres, ses généraux ou ses agents. On appelle quelquefois celui qui les porte *estafette*. Dans des cas tout-à-fait extraordinaires, ou lorsque leur nature exige dans leurs transmission une plus grande rapidité, le gouvernement français et quelques autres emploient le télégraphe; alors on les appelle *dépêches télégraphiques*. En Espagne, le secrétaire d'État chargé du département des affaires étrangères était appelé *secrétaire des dépêches universelles*. En France, Louis XIV établit un *conseil des dépêches* auquel assistaient le dauphin, le duc d'Orléans, le chancelier et les quatre secrétaires d'État. Ce conseil subsistait encore au moment de la révolution. On y examinait les affaires qui avaient trait à l'administration intérieure du royaume; on y expédiait des ordres pour les provinces et des instructions pour les ambassadeurs. Il se composait, dans les derniers temps, du chancelier, du garde des sceaux, des quatre secrétaires d'État, du contrôleur général et des ministres qui assistaient au conseil d'État. Les secrétaires d'État y faisaient chacun le rapport au roi des affaires de leur département. A. S.

DÉPÊCHER, expédier, faire promptement, hâter. Il est familier. Il s'emploie aussi avec le pronom personnel, et signifie se hâter. Prov., *travailler à dépêche compagnon*, travailler vite et négligemment, ne chercher qu'à finir, sans se mettre en peine de la perfection de l'ouvrage. Prov. et fig., *se battre à dépêche compagnon*, se battre sans quartier. — DÉPÊCHER, signifie encore expédier quelqu'un, l'envoyer en diligence avec des ordres, le renvoyer avec des expéditions qu'il attend. — Absolument, *dépêcher*, envoyer un courrier, l'envoyer en diligence. — Il signifie, figurément et familièrement, se défaire de quelqu'un en le tuant, soit dans un combat singulier, soit autrement. — *Il en a beaucoup dépêché*, se dit d'un mauvais médecin.

DÉPEÇOIR, s. m. (*technol.*), outil ou couteau propre à dépecer.

DÉPEINDRE, décrire et représenter par le discours.

DÉPENAILLÉ, ÉE, déguenillé, couvert de haillons. — Il se dit aussi d'une personne mise négligemment, de manière que les différentes parties de son habillement ne paraissent pas tenir ensemble. Il est très familier dans les deux sens. — Fig. et fam., *visage dépenaillé*, *figure dépenaillée*, visage flétri, défait; *fortune dépenaillée*, fortune délabrée.

DÉPÉNAILLEMENT, état d'une personne où d'une chose dépenaillée. Il est très familier.

DÉPENDAMMENT, avec dépendance, d'une manière dépendante. Il est peu usité.

DÉPENDANCE, sujétion, subordination. Il se disait particulièrement, dans la jurisprudence féodale, en parlant des terres qui relevaient, qui dépendaient d'une autre terre, d'un seigneur. — Il se dit encore, par extension, des rapports qui lient certaines choses, certains êtres, et qui les rendent nécessaires les uns aux autres. — DÉPENDANCE, se dit aussi, surtout en jurisprudence, de tout accessoire d'une chose principale, de tout ce qui tient ou se rattache à une chose sans la constituer essentiellement; et alors il s'emploie ordinairement au pluriel.

DÉPENDANCE, s. f. Syntaxe de dépendance (*gramm.*), se dit de la partie de la syntaxe qui contient les règles relatives aux régimes ou compléments des différentes espèces de mots.

DÉPENDANT, ANTE, qui dépend, qui est subordonné. Il se dit des personnes et des choses. — Il signifie, en jurisprudence féodale, qui relève d'un autre. — En termes de marine, *arriver en dépendant*, se dit d'un bâtiment sous voiles qui se dirige vers un objet en courbant graduellement sa route.

DÉPENDEUR, celui qui dépend, qui décroche. Il se disait autrefois pour prodigue, dépensier.

DÉPENDRE, détacher, ôter une chose de l'endroit où elle était pendue.

DÉPENDRE, être assujéti, subordonné à. Il se dit particulièrement, en matière de fiefs, pour relever. En matières bénéficiales, *Ce prieuré, cette cure dépend de telle abbaye*, la nomination en appartient au titulaire de telle abbaye. — DÉPENDRE, signifie en outre, figurément, être soumis à l'action, à l'influence de, ou résulter, provenir, procéder de. Il signifie également, dériver, découler. Il se dit aussi de ce qui est laissé, abandonné à la volonté, au caprice de quelqu'un. — DÉPENDRE, signifie encore, faire partie de quelque chose, y appartenir. — DÉPENDRE, dépenser. Il n'est plus usité que dans quelques phrases proverbiales.

DÉPENS. Ce sont les frais que la poursuite d'un procès à occasionnés et que la partie qui succombe doit payer à celle qui a eu gain de cause. — Toute partie qui succombe est condamnée aux dépens. Néanmoins les dépens peuvent être compensés, en tout ou en partie, entre conjoints, ascendants, descendants, frères et sœurs, ou alliés au même degré; les juges peuvent aussi compenser les dépens en tout ou en partie, si les parties succombent respectivement sur quelques chefs. (Cod. de procéd., art. 130, 131.) La liquidation des dépens et frais est faite, en matière sommaire, par le jugement qui les adjuge. (*Ibid.*, art. 543; voy. encore le décret du 16 février 1807.) — La taxe des dépens se fait, en matières non sommaires, de deux manières: ou par le *jugement* de condamnation, ou par un acte séparé qu'on appelle *exécutoire*, qui contient le montant de la taxe mis au bas de l'état, et par lequel le tribunal ordonne que le condamné sera contraint à le payer. Voyez le décret précité.

DÉPENS, ce qu'on dépense, toute espèce de frais. Il ne s'emploie guère en ce sens que dans la locution, *aux dépens de quelqu'un*, aux frais de quelqu'un, en employant ou en prenant le bien de quelqu'un. Fig., et fam., *faire la guerre à ses dépens*, faire seul, dans la poursuite d'une affaire, des avances, des frais que d'autres devraient partager; ou faire dans l'exercice d'un emploi plus de dépense qu'on n'en retire de profit. Fam., *gagner ses dépens*, se dit d'une personne qui procure par ses services un avantage proportionné à la dépense quelle occasionne. Fig. et fam., *devenir sage à ses dépens*, devenir sage par quelque sévère leçon de l'expérience. Fig., *se divertir, s'amuser, rire aux dépens de quelqu'un*, s'amuser en le tournant en ridicule, en le rendant un objet de moquerie ou de blâme, soit devant lui, soit en son absence. Fig., *aux dépens d'une chose*, au détriment, ou par la perte, par le sacrifice de cette chose. Fig. et fam., *être condamné aux dépens*, perdre jusqu'à ses déboursés, dans une entreprise où l'on échoue.

DÉPENSE, l'argent qu'on emploie à quelque chose que ce puisse être. *Faire la dépense*, être chargé du détail de ce qui se dépense dans un ménage, dans une maison. *Faire de la dépense*, faire beaucoup de dépense. *Se mettre en dépense*, faire une dépense qui n'est pas ordinaire. *Dépense sourde*, dépense secrète, qui ne paraît point. *Faire la dépense*, *les dépenses*, augmenter la dépense, ou la donner comme plus grande qu'elle n'est. — DÉPENSE, se dit aussi des articles d'un compte où se trouve porté en détail ce qui a été dépensé, déboursé par celui qui rend compte. — DÉPENSE, se dit quelquefois, figurément, de l'emploi d'une chose quelconque, surtout lorsque cet emploi manque d'à-propos ou d'utilité. — DÉPENSE, se dit en outre, dans un château, dans une maison royale ou dans une communauté, du lieu où l'on reçoit et où l'on distribue les objets en nature, où se fait le paiement des journaliers et des fournisseurs, la recette des fermages, des rentes, etc. Il se dit également, dans les maisons particulières, d'un lieu où l'on serre des provisions et différents objets à l'usage de la table. Il s'est dit aussi, dans les vaisseaux, du lieu où l'on distribue les vivres, et qu'on nomme aujourd'hui *cambuse*.

DÉPENSE, s. f., *dépenses nécessaires* (*jurisp.*), dépenses qu'exigent les biens pour empêcher qu'ils périssent ou soient endommagés. *Dépenses utiles*, celles qui, sans être nécessaires à la conservation d'un bien, en augmentent la valeur. *Dépenses d'agrément*, celles qui n'ajoutent point à la valeur échangeable d'une chose, et qui ont pour unique objet l'agrément ou le caprice individuel. *Dépenses publiques* (*droit public*), dépenses qui ont pour objet de pourvoir aux divers services de l'État, des départements ou des communes. *Dépense* (*écon. dom.*) ne doit point se confondre avec *consommation*: la première ne consiste que dans l'achat ou l'échange, et ne diminue point essentiellement la richesse. Du reste on établit entre les *dépenses reproductives* et les *dépenses improductives* une distinction analogue à celle qui existe entre les consommations. (V. CONSOMMATION.)

DÉPENSES. C'est l'argent employé à un achat quelconque. Lorsqu'un donataire fait rapport d'une chose à la succession du donataire, il doit lui être tenu compte des dépenses qui ont amélioré la chose, eu égard à ce dont la valeur se trouve augmentée au temps du partage. On doit lui tenir compte également des impenses nécessaires qu'il a faites pour la conservation de la chose, encore qu'elles n'aient point amélioré le fonds (Cod. Civ., art. 861 et 862). — Les dépenses annuelles du mineur sont réglées par le conseil de famille (*ibid.*, art. 454). — On alloue au tuteur toutes dépenses suffisamment justifiées et dont l'objet était utile (*ibid.*, art. 471). — Le maître dont l'affaire a été bien administrée doit remplir les engagements que le gérant a contractés en son nom, l'indemniser de tous les engagements personnels qu'il a pris, et lui rembourser toutes les dépenses utiles ou nécessaires qu'il a faites (*ibid.*, art. 1375). — Celui auquel la chose est restituée doit tenir compte, même au possesseur de mauvaise foi, de toutes les dépenses nécessaires et utiles qui ont été faites pour la conservation de la chose (*ibid.*, art. 1381). — La personne qui a fait le dépôt est tenue de rembourser au dépositaire les dépenses qu'il a faites pour la conservation de la chose déposée, et de l'indemniser de toutes les pertes que le dépôt peut lui avoir occasionnées (*ibid.*, article 1947). — Le vendeur est tenu de rembourser ou de faire rembourser à l'acquéreur par celui qui l'évince toutes les réparations ou améliorations utiles qu'il a faites au fonds (*ibid.*, art. 1634). — Si le vendeur a vendu de mauvaise foi le fonds d'autrui, il est obligé de rembourser à l'acquéreur toutes les dépenses, même voluptuaires ou d'agrément, que celui-ci a faites au fonds (*ibid.*, art. 1635). — Si, pendant la durée du prêt, l'emprunteur a été obligé pour la conservation de la chose à quelque dépense extraordinaire, nécessaire, et tellement urgente qu'il n'ait pas pu en prévenir le prêteur, celui-ci est tenu de la lui rembourser (*ibid.*, art. 1890).

DÉPENSE D'UN RÉSERVOIR. C'est le volume d'eau qu'il débite dans un temps donné. (*V.* ÉCOULEMENT.)

DÉPENSER, employer de l'argent à quelque chose. On l'emploie aussi absolument. Il se dit quelquefois, figurément et familièrement, pour employer, prodiguer, consumer.

DÉPENSER, v. a. Prov.: *Autant dépense chiche que large*, celui qui épargne mal à propos finit par être entraîné à des dépenses considérables. *Il y a plus de moyens de dépenser que d'acquérir*, on consomme plus facilement qu'on n'acquiert. *Il ne dépense guère en espions*, exp. prov., il se dit d'un homme qui ne sait point ce qu'il lui importe de savoir.

DÉPENSÉ, ÉE, part. Expr. prov.: *Journée gagnée, journée dépensée*, s'applique à ceux qui dépensent leur argent à mesure qu'ils le gagnent.

DÉPENSIER, ÈRE, qui aime excessivement la dépense, qui dépense excessivement. Il s'emploie aussi substantivement. Il se dit absolument, dans quelques communautés religieuses, de celui qui est chargé de la dépense de toute la communauté. *Le dépensier d'un vaisseau*, celui qui distribue les vivres. Cette dénomination a vieilli. On dit aujourd'hui *cambusier*.

DÉPERDITION (*t. didact.*), perte, diminution, déchet.

DÉPERDITION (*bot.*). On nomme ainsi la propriété qu'ont les plantes de laisser échapper, ou même de rejeter une partie des fluides et des gaz qu'elles contiennent. Les gouttelettes que l'on remarque le matin sur les feuilles des plantes ne proviennent pas de la rosée comme on l'a cru longtemps, mais bien de la transpiration condensée par la fraîcheur de la nuit. Les végétaux rejettent aussi à l'extérieur différents sucs, tels que les résines, les huiles, de la manne, du sucre, de la cire, etc.

DÉPÉRIR, diminuer, s'affaiblir. Il signifie aussi se détériorer, se délabrer, être près de tomber en ruine, Fig., *Ces créances dépérissent*, ces créances deviennent plus difficiles à recouvrer. En jurispr. crimin., *Les preuves dépérissent par la longueur du temps*, avec le temps les preuves deviennent plus faibles, parce que les témoins meurent.

DÉPÉRI (le comte MATTHIEU), né à Mézin, en Languedoc, le 12 octobre 1746, député à l'Assemblée législative en 1791, siégea parmi les défenseurs des principes monarchiques. Il échappa par l'obscurité aux périls de ces temps, fut, après le 9 thermidor, membre du conseil des Anciens, dont il devint le président, et entra ensuite au Sénat. Il adhéra à la déchéance de Napoléon et fut créé pair de France en 1814. Il mourut à Toulouse le 8 décembre 1825. Il était depuis 1819 retiré dans ses terres, où il s'occupait activement d'améliorations agricoles.

DÉPÉRISSEMENT. C'est l'état d'une chose qui commence à se détériorer. S'il existe dans une succession des objets susceptibles de *dépérissement*, l'héritier peut, en sa qualité d'habile à succéder, et sans qu'on puisse en induire de sa part une acceptation, se faire autoriser par justice à procéder à la vente de ces effets (Cod. c., art. 796).— À défaut d'une caution de la part de l'usufruitier, le propriétaire peut exiger que les meubles qui dépérissent par l'usage soient vendus (*ibid.*, art. 603). — Le mari est responsable de tout dépérissement des biens personnels de sa femme, causé par défaut d'actes conservatoires (*ibid.*, art. 1428). (*V.* encore les art. 1566 et 1567.)

DÉPERSUADER, v. a. (*néol.*), détromper, ôter une persuasion.

DÉPERTHES (JEAN-LOUIS-HUBERT-SIMON), avocat, né à Reims le 12 juillet 1730. On a de lui trois ouvrages estimables surtout par le but moral qu'il se proposait en les mettant au jour; ils ont pour titres: 1° les Diogènes modernes corrigés; 2° Histoire des naufrages; 3° Guide de l'historien. C'était un homme éclairé et de la plus pure délicatesse, mais son goût pour les fleurs et son amour pour les livres lui firent négliger sa fortune qui diminua beaucoup; il mourut à Montfaucon en septembre 1792.

DÉPERTHES (JEAN-BAPTISTE), né à Reims le 25 octobre 1761, s'appliqua d'abord au dessin; il suivit les leçons de Valenciennes, célèbre peintre de paysages, et devint très bon paysagiste. Il entra à cette époque dans un des bureaux du gouvernement, et plus tard dans ceux de la préfecture de la Seine. Il mourut le 25 octobre 1833. Il est auteur de deux ouvrages écrits, l'un sur la théorie du paysage, l'autre sur l'histoire de ce genre. On a aussi de lui une centaine de petits tableaux copiés de Valenciennes et autres paysagistes.

DÉPEUPLEMENT, action de dépeupler un pays, ou l'état d'un pays dépeuplé.

DÉPEUPLER, dégarnir d'habitants une ville, un pays, etc., en diminuer extrêmement le nombre. Il signifie, par extension, dégarnir un lieu de la plus grande partie des animaux qui s'y trouvaient. *Dépeupler une forêt, une pépinière*, en tirer une trop grande quantité d'arbres ou de plants. DÉPEUPLER, s'emploie aussi avec le pronom personnel.

DEPFORD, ville d'Angleterre (*comté de Kent*), sur la Tamise. Elle a un chantier de construction, de beaux bassins, des fonderies considérables, et tout ce qui est nécessaire à la marine. 20,000 habitants. A 2 lieues S.-E. de Londres.

DÉPHLOGISTIQUÉ, ÉE (*anc. t. de chimie*), qui a perdu son phlogistique.

DÉPICATOIRE, adj. des 2 g. (*agricult.*), qui sert à faire le dépiquage.

DÉPIÉ, s. m. (*droit féod.*), démembrement; *dépié de fief*, démembrement qui avait lieu d'après les coutumes d'Anjou, du Maine, de Tours et de Loudun, lorsqu'un vassal aliénait une partie de son fief sans observer les conditions prescrites par ces coutumes.

DÉPIÈCEMENT, s. m. Il se dit quelquefois de l'état d'une chose dépiécée.

DÉPIÉCER, démembrer. *V.* DÉPECER.

DÉPILOGE, s. m. (*technol.*), opération qui a pour but de détruire l'adhérence du poil et de l'épiderme à la peau, et d'en faciliter la séparation.

DÉPILANT, ANTE, adj. (*technol.*), qui fait tomber les poils.

DÉPILATIF, IVE, qui fait tomber le poil, les cheveux.

DÉPILATION, action de dépiler, ou le résultat de cette action.

DÉPILATOIRE, drogue qui fait tomber le poil.

DÉPILER (SE), il se dit d'un animal qui perd son poil. Il se disait autrefois dans le même sens qu'ÉPILER. (*V.* ce mot.)

DÉPINGLAGE, s. m. (*technol.*), action de dépingler.

DÉPINGLER, v. a. (*technol.*), enlever les épingles d'une toile tendue par les bords.

DÉPIQUAGE (*agricult.*). Dans le midi de la France, le battage des grains se fait au moyen d'animaux qu'on fait courir sur les gerbes, et quoique cette méthode qui tient à l'enfance de l'agriculture soit peu employée ailleurs, nous croyons devoir citer ici la description que Rozier en a faite. On commence par garnir le centre de l'aire par quatre gerbes, sans les délier; elles sont posées sur leur pied, et, à mesure qu'on garnit un des côtés des quatre gerbes, une femme coupe les liens des premières et suit toujours ceux qui apportent les gerbes; mais elle observe de leur laisser garnir tout un côté avant de couper les liens. Les gerbes sont pressées les unes contre les autres, de manière que la paille ne tombe point en avant. Si cela arrive, on a soin de la relever lorsqu'on place de nouvelles gerbes; enfin, de rang en rang, on parvient à couvrir presque toute la surface de l'aire.—Les mules, dont le nombre est toujours en proportion de la quantité de froment que l'on doit battre par cette opération, sont attachées deux à deux, c'est-à-dire que le bridon de celle qui décrit l'extérieur du cercle est lié au bridon de celle qui décrit l'intérieur; enfin une corde prend du bridon de celle-ci et va répondre à la main du conducteur qui occupe toujours le centre. Un seul homme conduit quelquefois jusqu'à six paires de mules, avec la main droite, armé d'un fouet, il les fait toujours trotter, pendant que les valets poussent sous les pieds de ces animaux la paille qui n'est pas encore bien brisée et dont l'épi n'est pas assez froissé. — On prend pour cette opération des mules légères, afin que, trottant et pressant moins la paille, elle reçoive des contre-coups qui fassent sortir le grain de sa balle.— Chaque paire de mules marche de front, et elles décrivent ainsi huit cercles concentriques en partant de la circonférence au conducteur, ou excentrique en partant du conducteur à la circonférence. Ces pauvres animaux vont toujours en tournant en effet sur une circonférence d'un assez long diamètre, et cette marche les aurait bientôt étourdis, si on n'avait la précaution de leur boucher les yeux: c'est ainsi qu'ils trottent du matin au soir, excepté les heures des repas. La première paire de mules, en trottant, commence à coucher les premières gerbes de l'angle; la seconde les gerbes suivantes, et ainsi de suite. Le conducteur, en lâchant la corde ou en la retenant, les conduit où il veut, mais toujours circulairement, de manière que lorsque toutes les gerbes sont aplaties les animaux passent et repassent successivement sur toutes les parties. — Pour battre le blé avec les animaux, il faut choisir un beau jour et bien chaud, la balle laisse mieux échapper le grain.—Le battage se fait toujours en plein air, ce qui a de grands inconvénients relativement à la pluie, surtout à la pluie d'orage. Dans ce cas on perd beaucoup de blé et de paille, quelques précautions qu'on prenne. — Outre les mules, on emploie aussi des chevaux, des ânes, et même des bœufs. Les chevaux de la campagne, à demi sauvages, petits et vifs, sont préférés à tous les autres. — Ces animaux, dont on élève un très grand nombre dans cette île du Rhône, n'ont pas d'autre occupation que celle que nous venons de décrire; on les y emploie deux ou trois mois de l'année. Lorsque ce travail est fini dans la campagne, on les envoie dans les départements voisins où ils se louent pour le même service à raison de 5 à 6 francs par jour la paire, ce qui donne 50 à 60 francs par an pour chaque animal. — Outre ce mode de dépiquage, on se sert aussi de rouleaux. Dans la partie septentrionale de l'Afrique, en Egypte et dans la Turquie d'Asie, on emploie au même usage des chariots diversement construits; au reste, la machine écossaise, l'appareil le plus perfectionné qu'on ait fait en ce genre, se répand chaque jour davantage, et doit contribuer à faire abandonner la pratique du dépiquage qui au surplus n'est avantageuse que dans les pays où les animaux vivant toute l'année dans les pâturages n'occasionnent pour ainsi dire aucun frais de nourriture, et où la chaleur du climat amenant les récoltes à une grande maturité facilite la séparation du grain de la balle. Le dépiquage d'ailleurs a l'inconvénient, s'il est fait par un temps humide, que toujours la paille est foulée, brisée et salie par les animaux au point de ne pouvoir servir ni à la nourriture du bétail ni aux autres usages ordinaires.

DÉPIQUER, défaire les piqûres faites à une étoffe. — **DÉPIQUER**, signifie aussi, figurément et familièrement, ôter à quelqu'un l'humeur qu'il a de quelque chose, faire qu'il n'en soit plus piqué. On l'emploie aussi avec le pronom personnel.

DÉPIQUER, v. a. (*agricult.*), faire sortir le grain de son épi.

DÉPIQUEUR, s. m. (*agricult.*), ouvrier qui conduit le dépiquage.

DÉPISTER (*t. de chasse*), découvrir les traces, les pistes d'un animal qu'on chasse. Il signifie aussi, figurément et familièrement, découvrir ce qu'on veut savoir, en épiant les démarches de quelqu'un.

DÉPIT, chagrin mêlé d'un peu de colère. — Fam., *en dépit qu'il en ait*, malgré qu'il en ait, *en dépit de*, malgré. — Fig. et fam., *faire quelque chose en dépit du sens commun*, *du bon sens*, etc., le faire très mal.

DÉPITER, causer du dépit à quelqu'un, le mutiner. Il s'emploie aussi avec le pronom personnel, et signifie concevoir du dépit, se fâcher, se mutiner. — Fam., *se dépiter contre son ventre*, se priver de manger par dépit ou par humeur, comme font quelquefois les enfants. Cela se dit aussi, figurément, d'une personne qui, par dépit, refuse ce qu'on sait qu'elle désire et qui lui convient.

DÉPITEUSEMENT, adv., avec dépit.

DÉPITEUX, EUSE, adj., qui a du dépit. *Oiseau dépiteux* (*vénerie*), se dit d'un oiseau qui ne veut pas revenir lorsqu'il a perdu sa proie.

DÉPLACEMENT, action de déplacer ou de se déplacer.

DÉPLACER, ôter une chose de la place qu'elle occupait, la changer de place. Il signifie particulièrement, surtout en termes de procédure, enlever, retirer quelque chose d'un lieu, d'une maison, et le transporter ailleurs. — *Déplacer quelqu'un*, prendre la place qu'il occupait. Il signifie aussi, figurément, ôter à quelqu'un sa place, son emploi, pour y placer une autre personne. — Fig., *déplacer le point de la question*, changer le point sur lequel porte la difficulté dans une discussion. — **DÉPLACER**, avec le pronom personnel, signifie changer de place, de demeure, en se transportant d'un lieu dans un autre. — **SANS DÉPLACER** *loc. adv.*), sans ôter les choses de leur place, sans les emporter; et, plus ordinairement, sans changer de place, sans quitter le lieu. — Il s'emploie aussi comme adjectif, et signifie alors mal placé, placé dans un poste qui ne convient pas ou auquel on n'est pas propre. Il signifie aussi : qui n'est pas où il doit être. Il signifie encore : inconvenant, qui ne convient pas.

DÉPLAIRE, être désagréable. Il signifie aussi fâcher, donner du chagrin. Il s'emploie impersonnellement dans le même sens. — *Ne vous déplaise*, *ne vous en déplaise*, façon de parler familière dont on se sert pour marquer qu'on ne demeure pas d'accord de ce qu'un autre dit. — **DÉPLAIRE**, avec le pronom personnel, signifie s'ennuyer, s'attrister, se trouver mal à son aise. — Il se dit également des animaux. Fig., *Ces plantes se déplaisent en cet endroit*, le sol ou l'exposition de ce lieu ne leur est pas propre.

DÉPLAISANCE, éloignement, répugnance, dégoût. Il ne s'emploie guère que dans cette phrase : *Prendre quelqu'un en dégoût.*

DÉPLAISANT, ANTE, désagréable, qui déplaît, qui fâche, qui chagrine.

DÉPLAISAMMENT, adv., d'une manière déplaisante.

DÉPLAISIR, chagrin, affliction, sentiment pénible. Il signifie aussi mécontentement.

DEPLANCHES ou **DESPLANCHES** (**JEAN**), poète, né vers le milieu du XVIe siècle. Après avoir mené d'abord une vie fort dissipée, et s'être livré à des œuvres de poésie légère, il embrassa les ordres et se livra à des ouvrages plus graves. Il mit alors en vers des psaumes de David, l'histoire de Job, etc. Il fit contre les femmes un poème intitulé *le Misogyne*, et un autre dans lequel il célébrait leurs mérites, qu'il intitula *le Philogyne.* Il mourut en 1611.

DE PLANO, adv. (*jurisp.*), directement, de suite, sans qu'il y ait besoin de jugement.

DÉPLANTAGE ou **DÉPLANTATION**, s, f. (*agricult.*), action de déplanter un arbre.

DÉPLANTER, ôter un arbre, une plante de terre pour les planter ailleurs. — *Déplanter un parterre*, *un bosquet*, arracher ce qui s'y trouve planté.

DÉPLANTER UNE ANCRE (*marine*), l'arracher du fond de la mer.

DÉPLANTEUR, s. m., qui arrache les arbres; expression de Montaigne.

DÉPLANTOIR, outil avec lequel on déplante des racines ou des plantes.

DÉPLATRAGE, s. m. (*technol.*), action de déplâtrer.

DÉPLATRER, v. a., ôter le plâtre. Au fig., mettre à découvert.

DÉPLAYER, v. a., vieux mot qui signifiait couvrir de plaies.

DEPLEGIER, v. a. (*v. lang.*), décharger du cautionnement.

DEPLÉTIF, IVE, adj. (*méd.*). Il se dit de tout ce qui diminue la masse des liquides du corps.

DÉPLÉTION, s. f. (*méd.*), action de vider, résultat de cette action.

DÉPLIER, étendre, défaire, ouvrir une chose qui était pliée. Il se dit quelquefois absolument, étaler sa marchandise. *Déplier toute sa marchandise*, se dit d'un marchand qui fait voir tout ce qu'il a de meilleur dans sa boutique.

DÉPLISSAGE, s. m. (*technol.*), action de déplisser.

DÉPLISSER, défaire les plis d'une étoffe, d'une toile. Il s'emploie aussi avec le pronom personnel.

DÉPLOIEMENT, action de déployer, ou l'état de ce qui est déployé.

DÉPLOIEMENT, s. m. (*tactique*), manœuvre par laquelle on développe en ordre de bataille une troupe qui était en colonne.

DÉPLOMBAGE, s. m. (*comm.*), action de déplomber.

DÉPLOMBER, v. a. (*comm.*), enlever les plombs que la douane a mis sur un ballot.

DÉPLORABLE, qui mérite d'être déploré, qui est digne de compassion, de pitié. Il ne se dit guère que des choses. Il se dit quelquefois des personnes, en poésie et dans le style soutenu.

DÉPLORABLEMENT, d'une manière déplorable, très mal.

DÉPLORATION, s. f. (*v. lang.*), plainte, lamentation, nom que l'on donnait au XVe siècle à une espèce de poésie.

DÉPLORER, plaindre avec de grands sentiments de compassion. Il ne se dit guère qu'en parlant des choses.

DÉPLOYER, étendre, développer ce qui était ployé. — *Déployer une armée*, lui faire occuper un plus grand espace de terrain devant l'ennemi. — Dans la théorie militaire, *déployer la colonne*, passer de l'ordre en colonne à l'ordre de bataille. — **DÉPLOYER** signifie aussi, figurément, faire paraître, montrer, étaler. Il s'emploie souvent avec le pronom personnel, tant au propre qu'au figuré. *Rire à gorge déployée*, rire de toute sa force.

DÉPLOYER, v. a. (*pêche*), *déployer le trait*, allonger la corde de crin qui tient à la botte du limier.

DÉPLUMER, ôter les plumes. On dit plus ordinairement *plumer*. Il s'emploie aussi avec le pronom personnel. Il signifie plus ordinairement perdre ses plumes. — Fig. et pop., *avoir l'air déplumé*, avoir l'extérieur de la misère, après avoir eu celui de l'opulence.

DÉPOINTER, v. a. (*comm.*), couper les points qui retiennent les plis d'une pièce d'étoffe.

DÉPOLARISATION, s. f. (*phys.*), action de détruire l'état qui constitue la polarisation.

DÉPOLARISER, v. a. (*phys.*), détruire ou faire cesser l'état de polarisation.

DÉPOLI, s. m. (*technol.*). Il se dit de la qualité même de ce qui est dépoli ; *le dépoli d'une surface.*

DÉPOLIR, ôter le poli de quelque chose. On l'emploie aussi avec le pronom personnel.

DÉPOLISSAGE, s. m. (*technol.*), action de dépolir le verre, une glace, un cristal, de manière que ces corps transparents laissent encore passer la lumière, mais non plus l'image des objets.

DÉPOLISSEMENT (*technol.*) (*V.* DÉPOLISSAGE).

DÉPONE (*rept.*). Séba donne ce nom à un très grand serpent du Mexique dont les mâchoires sont armées de dents comme celles des brochets. Au nombre de ces dents il y en a deux principales qui ont, dit-il, l'air de deux défenses. Ce serpent évite la rencontre des hommes, et est souvent attaqué par des insectes parasites. C'est probablement le *boa aboma* ou *baiguacu* de Pisan. (*V.* BOA.)

DÉPONENT (*t. de gramm.*). On s'en sert en parlant des verbes latins qui ont la signification active et la terminaison passive. On l'emploie quelquefois substantivement.

DÉPONTAIN, s. m. (*ant. rom.*). Il se dit des sexagénaires que leur âge écartait des emplois publics, et qui pouvaient être privés du droit de suffrage, ou repoussés du *pont aux suffrages.*

DÉPOPULARISATION, s. f. (*néol.*), perte de la popularité, de la faveur populaire.

DÉPOPULARISER, faire perdre l'affection, la faveur du peuple. On l'emploie aussi avec le pronom personnel.

DÉPOPULATION, l'état d'un pays dépeuplé.

DÉPORT, s. m. (*v. lang.*), joie, divertissement, plaisir.

DÉPORT (*t. de procédure*), action de se récuser soi-même. Il signifie aussi retardement, délai, mais on ne l'emploie guère alors que dans cette locution adv. : *sans déport*, incontinent, sur-le-champ. — DÉPORT s'est dit, en jurisprudence féodale, du droit qu'avait un seigneur de jouir du revenu d'un fief la première année après la mort du possesseur.

DÉPORT, droit que les évêques ou les archidiacres, ou les chapitres, avaient de jouir pendant un an du revenu d'une cure qui était vacante par mort, en faisant desservir, et aussi d'en jouir pendant le litige, si elle était contestée, en certains diocèses. L'origine de ce droit est incertaine; on présume que les évêques et les archidiacres le commencèrent comme une espèce d'annate, et qu'il devint ensuite un droit ordinaire qui fut condamné par le concile de Bâle, par celui de Constance et par la pragmatique-sanction, comme odieux et contraire aux saints canons. Il fut rétabli depuis et confirmé par plusieurs arrêts, et ensuite aboli; d'où vient qu'il était licite, pourvu qu'il fût renfermé dans ses justes bornes et dans la coutume légitime de chaque diocèse, soit pour le temps, soit pour les cas, soit pour la qualité. Ceux qui jouissaient du déport devaient payer les décimes et les autres charges, et faire desservir la cure pendant la vacance. Ils ne pouvaient exiger deux années consécutives de déport, en cas de deux mutations de titulaires en la même année. Le déport cessait pendant le litige, quand il y avait sentence de récréance. Les cures régulières non exemptes étaient sujettes au déport, excepté dans les cas de permutation et de résignation en faveur (Cabassut, *Jur. can. theor. et pract.*, liv. 5, cap. 4, p. 5.; de Sainte-Beuve, t. 2, cas. 183; Pontas, au mot DÉPORT). Dans l'ordre de Malte, il y avait un droit de déport à la mort des commandeurs, au profit de l'ordre, appelé vacant ou le *mortuorum.*

DÉPORTATION. C'est une peine afflictive et infamante que le Code pénal prononce en certains cas. (*Voy.* Code pén., art. 7.) — La peine de la déportation consiste à être transporté et à demeurer à perpétuité dans un lieu déterminé par le gouvernement hors du territoire continental de la France. — Si le déporté rentre sur le territoire du royaume, il est, sur la seule preuve de son identité, condamné aux travaux forcés à perpétuité. Le déporté qui ne sera pas rentré sur le territoire du royaume, mais qui est saisi dans des pays occupés par les armées françaises, est reconduit dans le lieu de sa déportation. (*Ibid.*, art. 17.) — La condamnation à la déportation emporte la mort civile; néanmoins le gouvernement peut accorder au déporté, dans le lieu de la déportation, l'exercice des droits civils ou de quelques-uns de ces droits. (*Ibid.*, art. 18.)

DÉPORTEMENT, conduite, mœurs, manière de vivre. Il ne se prend qu'en mauvaise part, et se met plus souvent au pluriel qu'au singulier.

DÉPORTER, transporter, exiler quelqu'un dans un lieu d'où il ne peut sortir, et qui est ordinairement éloigné.

DÉPORTER, v. a. (*v. lang.*), amuser, réjouir, protéger, favoriser.

DÉPORTER (SE), c'est s'abstenir, se départir, se désister. On dit d'un juge qui croit devoir s'abstenir de la connaissance d'une affaire, qu'il s'en déporte. Tout juge qui sait cause de récusation en sa personne est tenu de le déclarer à la chambre qui décidera s'il doit s'abstenir. (Code de procéd., art. 380.)

DÉPORTUAIRE, s. m. (*hist. eccl.*), celui qui était chargé du dépôt d'un bénéfice pendant l'année où il n'y avait pas de titulaire.

DÉPOSANT, ANTE (*t. de palais*), qui dépose et affirme devant le juge. — Il est aussi substantif : *Plus n'en sait ledit déposant*, formule de pratique dont on se sert aussi familièrement, pour marquer qu'on ne sait rien de plus que ce qu'on vient de dire.

DÉPOSE, s. f. (*constr.*), enlèvement d'un objet scellé, maçonné.

DÉPOSER, poser une chose que l'on portait. — Il signifie figurément, se dépouiller, se défaire de. — Il se dit quelquefois en parlant de dignités, de charges, etc. — Il signifie également destituer, priver, dépouiller quelqu'un d'une dignité, d'une charge, etc. — DÉPOSER, signifie aussi, placer, mettre, laisser une chose en quelque endroit, et se dit surtout en parlant de ce qui ne doit rester qu'un certain temps dans le lieu où on l'a mis. — Il signifie particulièrement, mettre en dépôt, donner en garde, confier, remettre. — Il s'emploie figurément dans le même sens. — DÉPOSER, signifie encore, dire comme témoin ce qu'on sait d'un fait. Dans ce sens, il est ordinairement neutre. — Il se dit quelquefois figurément des choses, et signifie attester, prouver. — DÉPOSER, se dit en outre des liqueurs qui laissent des parties grossières et hétérogènes au fond d'un vase, d'un vaisseau.

DÉPOSER, v. a. (*construct.*), démonter un objet posé à demeure.

DÉPOSITAIRE, celui ou celle à qui l'on confie un dépôt. Il s'emploie aussi figurément.

DÉPOSITEUR, s. m. (*comm.*). Il se dit quelquefois de celui qui a un dépôt de marchandises.

DÉPOSITION. C'est le témoignage que rend, dans une enquête ou dans une information, le témoin assigné. (Voy., pour les dépositions en matière criminelle, Cod. d'inst. crim., art. 7 et suiv., 477, 317 et suiv.,; voy.. pour les dépositions en matière civile, Code de proc. civ., art. 271 et suiv.; voy. les peines portées contre les fausses dépositions, Code pén., art. 361 et suiv.)

DÉPOSITION, *depositio*. La déposition est une peine infligée par l'Eglise à un ecclésiastique coupable de quelque crime qui le prive de sa juridiction et de son office, c'est-à-dire de la fonction de ses ordres, pour toujours; en quoi la déposition diffère de la suspense, qui n'est point perpétuelle de sa nature. La déposition diffère aussi de la dégradation : 1° en ce que la dégradation ne peut se faire qu'en présence du coupable, avec les solennités requises, au lieu que la déposition peut se faire par paroles seulement et en l'absence du coupable; 2° en ce que la dégradation ne peut être infligée que pour les crimes exprimés dans le droit, ni le dégradé rétabli que par le pape, au lieu que le déposé peut être rétabli par l'évêque, et la déposition infligée pour d'autres crimes; 3° en ce que la dégradation met le clerc dégradé entièrement au rang des laïques, à la réserve du caractère qui est ineffaçable, ce que ne fait pas la déposition (Pontas, au mot DÉPOSITION). — DÉPOSITION des abbés et des évêques. (*V.* ABBÉS, ÉVÊQUES.)

DÉPOSITION (*pol.*). C'est, en général, la privation d'une charge éminente. Les rois sont *détrônés* lorsqu'une guerre extérieure ou la force brutale à l'intérieur les renverse de leur grandeur; ils sont *déposés* lorsque la volonté nationale, légalement ou du moins froidement exprimée, les force à renoncer à leur pouvoir; ils sont déclarés *déchus* lorsque, par des atteintes manifestes portées aux droits du pays, celui-ci est amené à les déclarer, pour ce fait seul, indignes de le gouverner plus longtemps (*V.* DÉCHÉANCE). Les modes de la déposition et ses formes légales ont varié suivant les temps et suivant les constitutions des divers peuples. Les empereurs romains étaient renversés par une sédition militaire; les despotes de l'Orient le sont encore par les mêmes moyens. Dans les temps du moyen âge, la déposition était prononcée par les assemblées nationales; les exemples ne manquent point : nous nous bornerons à citer la déposition de Charles-le-Gros, qui consomma le démembrement de l'empire de Charlemagne. Il n'y a dans aucune constitution actuelle de chapitre formel au sujet de la déposition ou de la déchéance d'un monarque; la constitution espagnole de 1812 elle-même, qui est la plus *avancée* sous bien des rapports, ne contient rien que de très vague sur ce point. En général, on a cru pouvoir tourner la question en introduisant dans ces actes fondamentaux la responsabilité des ministres. Autrefois les papes ont prétendu au droit de déposer les souverains : on connaît les malheurs dont cette prétention fut cause. Les papes eux-mêmes ont été plus d'une fois déposés par les conciles. — En droit ecclésiastique, la déposition est une peine canonique par laquelle le supérieur dépouille pour toujours un ecclésiastique de son bénéfice et des fonctions qui y sont attachées, sans néanmoins toucher au caractère de l'ordre. Dans ce dernier cas, il y aurait dégradation (*voy.* ce mot). Les formes de la déposition ecclésiastique sont très peu fixes, et les indices que fournit à ce sujet l'histoire sont trop vagues pour que l'on puisse en déduire quelques principes rigoureusement exacts et généraux. A. S. R.

DÉPOT, se dit, par extension, d'un lieu où l'on dépose habituellement certains objets. Il se dit aussi d'un lieu où quelqu'un fait débiter, permet de débiter ce qu'il récolte, ce qu'il fabrique, etc. Il désignait autrefois le lieu où l'on déposait du sel, du tabac, jusqu'à ce qu'ils fussent voiturés aux lieux de leur distribution. Il se dit encore d'un lieu où l'on garde certaines choses pour s'en servir, pour y recourir dans l'occasion. Il se dit, en termes d'administration militaire, du lieu où restent les soldats qui ne peuvent suivre le corps auquels ils appartiennent et où l'on exerce les recrues destinées à faire partie de ce corps. Il se dit également des soldats, des recrues qui sont au dépôt. — *Dépôt de mendicité*, établissement public dans lequel on loge et on nourrit des pauvres. En matière criminelle, *mandat de dépôt*, ordonnance en vertu de laquelle un prévenu, contre qui il a été décerné un mandat d'amener, est retenu dans la maison d'arrêt. — DÉPOT se dit en outre d'un abcès, d'un amas d'humeurs qui se forme en quelque endroit du corps; dans le langage médical on dit plus ordinairement *abcès*. — DÉPOT se dit en outre du sédiment que des matières liquides laissent au fond du vase où elles ont séjourné pendant quelque temps.

DÉPOSITO (A), loc. adverb. *Donner, prendre à déposito*, se disait autrefois pour donner, prendre à intérêt.

DÉPOSITOIRE, s. m., il se dit, dans quelques localités, de l'endroit public où l'on déposait les cadavres avant de les inhumer, jusqu'à ce que les signes de décomposition se manifestassent.

DÉPOSSÉDER, ôter la possession de quelque chose à quelqu'un.

DÉPOSSESSION, action de déposséder, ou l'état d'une personne dépossédée. Il n'est guère usité qu'en jurisprudence.

DÉPOSTER (*t. de guerre*), chasser d'un poste, le faire abandonner.

DÉPOT. C'est, en général, un acte par lequel on reçoit la chose d'autrui à la charge de la garder et de la restituer en nature (Cod. civ., art. 1915). Il y a deux sortes de dépôts : le dépôt proprement dit, et le séquestre. — Le dépôt, proprement dit, est un contrat essentiellement gratuit. — Il ne peut avoir pour objet que des choses mobilières. — Il n'est parfait que par la tradition réelle ou feinte de la chose déposée. — La tradition feinte suffit quand le dépositaire se trouve déjà nanti, à quelqu'autre titre, de la chose que l'on consent à lui laisser à titre de dépôt. Le dépôt est volontaire ou nécessaire. Le *dépôt volontaire* se forme par le consentement réciproque de la personne qui fait le dépôt et de celle qui le reçoit. Le dépôt volontaire ne peut régulièrement être fait que par le propriétaire de la chose déposée, ou de son consentement exprès ou tacite. Il ne peut avoir lieu qu'entre personnes capables de contracter. Néanmoins, si une personne capable de contracter accepte le dépôt fait par une personne incapable, elle est tenue de toutes les obligations d'un véritable dépositaire, ou une action en restitution jusqu'à concurrence de ce qui a tourné au profit de ce dernier (voy. Cod. civ., art. 1917 et suiv.). Le *dépôt nécessaire* est celui qui a été forcé par quelque accident, tel qu'un incendie, une ruine, un pillage, un naufrage ou tout autre événement imprévu. Les aubergistes ou hôteliers sont responsables, comme dépositaires des effets apportés par le voyageur qui loge chez eux; le dépôt de ses sortes d'effets doit être regardé comme un dépôt nécessaire. Ils sont responsables du vol ou du dommage des effets du voyageur, soit que le vol ait été fait ou que le dommage ait été causé par les domestiques ou préposés de l'hôtellerie, ou par des étrangers allant et venant dans l'hôtellerie. Ils ne sont pas responsables des vols faits avec force armée ou autre force majeure (ibid., art. 1949 et suiv.). Le dépôt volontaire doit être prouvé par écrit. La preuve testimoniale n'en est point reçue pour valeur excédant cent cinquante fr. Lorsque le dépôt, étant au-dessus de cent cinquante francs, n'est point prouvé par écrit, celui qui est attaqué comme dépositaire en est cru sur sa déclaration, soit pour le fait même du dépôt, soit pour la chose qui en faisait l'objet, soit pour le fait de sa restitution (ibid, art. 1923 et 1924). La preuve par témoins peut être reçue pour le dépôt nécessaire, même quand il s'agit d'une valeur au-dessus de cent cinquante francs (ibid, art. 1950).

DÉPOT JUDICIAIRE, voy. SÉQUESTRE.

DÉPOT, s. m. *Dépôt volontaire* (*jurispr.*), contrat de dépôt formé par le consentement spontané et réciproque du déposant et du dépositaire. *Dépôt nécessaire*, contrat de dépôt qui est bien moins l'effet de la libre volonté des parties que la suite forcée d'une circonstance impérieuse, telle qu'une incendie, une ruine, un pillage, un naufrage, ou la station dans une auberge, dans un hôtel. *Dépôt judiciaire* (*V.* SÉQUESTRE). *Dépôt criminel*, lieu où l'on dépose les actes des procédures criminelles et les pièces à l'appui. *Dépôt public* (*législ.*), lieu où sont déposés des minutes ou des copies d'actes et jugements, des registres, etc. *Dépôt des signatures et paraphes des notaires*, dépôt que les notaires, avant d'entrer en fonction, doivent faire de leur signature et de leur paraphe, tant au greffe de chaque tribunal de première instance de leur département qu'au secrétariat de la mairie de leur résidence.

DÉPOT (*chimie*). Quand on réduit un corps solide en poudre et qu'on le jette dans un liquide non susceptible de le dissoudre, on remarque que les particules les plus grosses de ce corps tombent les premières au fond, celles d'un volume un peu moindre arrivent ensuite, et en dernier lieu les plus ténues, qui forment un dépôt en couche assez homogène et compacte. Le dépôt peut être produit par la décomposition chimique. C'est ainsi qu'il a lieu dans la plupart des sources thermales et dans beaucoup d'autres. Le carbonate de chaux arrive dissous dans l'acide carbonique que ces eaux renferment. A la surface du sol cet acide, n'étant plus maintenu par la pression, se dégage; le carbonate se précipite alors peu à peu et forme un dépôt qui enveloppe tous les corps placés dans l'intérieur du liquide. On peut même, dans les localités où le dépôt de carbonate est abondant, le mettre à profit pour se procurer des incructations, des empreintes de médailles et d'autres objets de curiosité. Quelquefois le dépôt est produit par une action électro-chimique, et c'est surtout dans les liquides où l'on rencontre des métaux hétérogènes en contact, comme dans les tuyaux de conduite ordinairement en fonte et terminés par des robinets en plomb. Les sels en dissolution se trouvent décomposés; l'acide de ces sels se porte sur un métal, l'oxyde sur l'autre. On ne peut se garantir, dans les arts, de cette décomposition, qu'en neutralisant l'effet électrique par l'application bien entendue de couples métalliques, produisant un effet contraire à celui des premiers, ou en empêchant le contact immédiat des métaux hétérogènes. Quelquefois même les dépôts se forment dans les liquides où il n'entre qu'un seul métal, car le dépôt lui-même fonctionne comme un des deux éléments du couple, et il suffit qu'une cause quelconque ait amené une particule d'oxyde, quelque petite qu'elle soit, pour qu'elle serve de germe à un dépôt qui peut ensuite se développer beaucoup.

DÉPOTEMENT, s. m. (*hortic.*), action de dépoter une plante.

DÉPOTER (*t. de jardinage*), ôter une plante d'un pot pour la mettre en terre ou dans un autre pot. *Dépoter du vin, des liqueurs*, les changer de vase.

DÉPOUDRER, ôter, faire tomber la poudre des cheveux, d'une perruque. On l'emploie aussi avec le pronom personnel.

DÉPOUDRER, v. a. Il se dit quelquefois pour : enlever la poussière dont un corps est couvert.

DÉPOUILLE, peau ôtée de dessus le corps d'un animal. Il n'est proprement d'usage, dans cette acception, qu'en parlant des serpents et des insectes qui se dépouillent de temps en temps de leur peau. Il se dit néanmoins quelquefois, en poésie et dans le style soutenu, de la peau de toute sorte de bête féroce, lorsqu'elle est arrachée. Figur., *la dépouille mortelle d'une personne*, ou simplement *la dépouille*, *les dépouilles d'une personne*, le corps d'une personne quand elle est morte. — DÉPOUILLE, se dit également des vêtements, des habits, etc., qu'une personne décédée portait habituellement. Il se dit quelquefois, figurément, de la succession d'une personne et particulièrement des dignités, des emplois qui deviennent vacants par sa mort. Il se dit pareillement de toute chose dont on s'empare ou que l'on acquiert au détriment, au préjudice d'autrui, et alors il se met souvent au pluriel. Il se dit particulièrement de tout ce qu'on enlève à l'ennemi. — DÉPOUILLE, se dit aussi, figurément, de la récolte des fruits de l'année.

DÉPOUILLE, ou *droit de funérailles*. C'était un droit possédé par quelques archidiacres, et qui consistait à avoir quelques-uns des meubles du défunt curé, déterminés par la coutume.

Il y a un traité sur ce droit, imprimé en 1783 (*Institutes ecclésiast.*, page 155). Les évêques ont prétendu autrefois que la dépouille des curés et des autres bénéficiers, c'est-à-dire tous leurs effets mobiliers, leur appartenaient après leur décès, se fondant sur ce que les biens des églises particulières étaient originairement à la cathédrale. Cette prétention a été condamnée par le troisième concile d'Orléans, par celui de Châlons de l'an 650, et par d'autres. Les papes prétendirent aussi le droit de dépouille des évêques, des abbés et des autres bénéficiers, pendant le schisme qui régna sous Urbain VI et Clément VII. Ce dernier, qui avais son siége à Avignon, se réserva tous les riches bénéfices et la dépouille des bénéficiers décédés pour entretenir sa cour. L'Université de Paris s'opposa à ce droit en France, et le roi Charles VI l'abolit en 1385. (De Ferrière, au mot DÉPOUILLE.)

DÉPOUILLE DES MOINES. (V. PÉCULE, RELIGIEUX.)

DÉPOUILLE, s. f. (*technol.*), dimension superflue que le modeleur est obligé de donner aux modèles de terre pour compenser le retrait qu'ils doivent éprouver.

DÉPOUILLES OPIMES (*opima spolia*). Quand un général romain tuait de sa main un général ennemi, il en emportait les dépouilles, que l'on appelait alors *opimes* (*opimus riche*), et les suspendait dans le temple de Jupiter Férétrien. Ces sortes de dépouilles ne furent remportées que trois fois pendant toute la durée de la République, d'abord par Romulus, qui tua Acron, roi des Céniniens; ensuite par Cornelius Crassus, qui tua Lar. Telumnius, roi des Véiens; et enfin par Claudius Marcellus, vainqueur de Viridomare, roi des Gaulois.

DÉPOUILLEMENT, action de dépouiller, ou l'état de ce qui est dépouillé. Il se dit surtout en parlant d'une personne que l'on a privée de ses biens, ou qui s'en est privée elle-même. Il se dit aussi, en parlant d'un registre, d'un dossier, d'un compte, d'un inventaire, etc., que l'on examine et dont on fait le sommaire, l'extrait. *Le dépouillement d'un scrutin*, l'action de compter les voix, les suffrages, quand les membres de l'assemblée ont donné leurs votes.

DÉPOUILLER, déshabiller quelqu'un, lui ôter ses vêtements. On l'emploie aussi avec le pronom personnel. Prov. et figur., *Il ne faut pas se dépouiller avant de se coucher*, il ne faut pas se dessaisir, se priver de son bien avant sa mort. — DÉPOUILLER, se dit aussi en parlant des animaux dont on ôte la peau pour les apprêter. Il se dit, avec le pronom personnel, des animaux qui quittent leur peau. Il se dit également de ce qui enlève la peau ou même la chair. On l'emploie, dans ce sens, avec le pronom personnel. Il se dit, par extension, pour ôter, enlever ce qui couvre, accompagne ou garnit une chose. On l'emploie aussi dans ce sens avec le pronom personnel. Il signifie figurément, priver, dénuer. L'emploi avec le pronom personnel a lieu également dans ce sens. — DÉPOUILLER, signifie, en outre, quitter un vêtement ou une chose quelconque dont on était enveloppé, et alors il ne s'emploie guère que dans le style soutenu. Il se dit figurément, en parlant des sentiments, des passions, des opinions, etc., auxquels on renonce, dont on se défait. On l'emploie dans un sens analogue avec le pronom personnel. Figurém., *dépouiller le vieil homme, se dépouiller du vieil homme*, signifie, en termes de l'Écriture sainte, se défaire des inclinations de la nature corrompue, et dans le langage familier, renoncer à ses vieilles habitudes. — DÉPOUILLER, signifie quelquefois recueillir, récolter. Il signifie aussi, faire l'examen et donner l'état abrégé, l'extrait, le sommaire d'un inventaire, d'un compte, d'un dossier, etc. *Jouer au roi dépouillé*, jouer à une sorte de jeu où l'on ôte pièce à pièce les habits de celui qu'on a fait le roi du jeu. Cela se dit aussi, figurément et familièrement, quand plusieurs personnes sont autour de quelqu'un pour le piller, le ruiner.

DÉPOURVOIR, dégarnir de ce qui est nécessaire. Il n'est guère usité qu'au prétérit et à l'infinitif. On l'emploie aussi avec le pronom personnel. — DÉPOURVU (*participe*). Il signifie adjectivement, qui manque de quelque chose. — AU DÉPOURVU (*locut. adv.*), sans être pourvu des choses nécessaires, sans être préparé.

DÉPRAVATION (*t. de méd.*), action de dépraver, et plus ordinairement, l'état de ce qui est dépravé, altéré.—Il s'emploie figurément dans le langage ordinaire.

DÉPRAVER (*t. de méd.*), altérer d'une manière fâcheuse, faire passer d'un bon à un mauvais état. — Il s'emploie figurément, dans le langage ordinaire, pour corrompre, pervertir. — Il s'emploie dans l'un et dans l'autre sens avec le pronom personnel.

DÉPRÉCATIF, IVE, adj. (*théol.*), en forme de prière.

DÉPRÉCIATEUR, TRICE, adj. et s. (*néol.*), qui déprécie.

DÉPRÉCATION, figure oratoire par laquelle on souhaite du bien ou du mal à quelqu'un. — Il se dit aussi d'une prière faite avec soumission pour obtenir le pardon d'une faute.

DÉPRÉCIATION, état d'une chose dépréciée.

DÉPRÉCIER, mettre une chose, une personne au-dessous de son prix, en rabaisser la valeur, le mérite. — Il s'emploie aussi avec le pronom personnel.

DÉPRÉDATEUR, celui qui fait ou qui tolère des déprédations.

DÉPRÉDATEURS, s. m. pl. (*zool.*), division d'insectes hyménoptères.

DÉPRÉDATIF, IVE, adj. (*néol.*), qui porte le caractère de la déprédation.

DÉPRÉDATION, vol, ruine, pillage fait avec dégât. — Il se dit particulièrement des malversations commises dans l'administration ou la régie de quelque chose.

DÉPRÉDATION. C'est l'abrogation partielle d'une ancienne loi. On déroge à une loi en détruisant quelques-unes de ses dispositions. Le législateur seul a le droit de déroger à une ancienne loi par la création d'une loi nouvelle. On abroge une loi en la supprimant en entier, on y déroge en la supprimant en partie. La dérogation, comme l'abrogation, peut être expresse ou tacite. Elle *est expresse* quand le législateur déclare dans une loi nouvelle qu'il est dérogé par la présente loi à une loi antérieure. Elle est *tacite* quand la déposition de la loi présente détruit, par le fait seul de son existence, quelques dispositions d'une loi antérieure sans que cela soit formellement exprimé.

DÉPRÉDATRICE, adj. et s. f. (*néol.*). Il se dit de celle qui exerce des déprédations.

DÉPRÉDER, piller avec dégât; il est très peu usité.

DÉPRENDRE, détacher, séparer. Il se dit surtout en parlant des êtres animés. — Il s'emploie aussi avec le pronom personnel, et signifie, se degager. Il se dit aussi figurément. Ce sens est peu usité.

DÉPRESSER, v. a. (*technol.*), ôter de la presse un livre fraîchement relié. Enlever aux draps le lustre qu'ils avaient acquis à la presse, les délustrer.

DÉPRESSICAUDE, adj. des 2 genres (*zool.*), qui a la queue aplatie.

DÉPRESSICOLLE, adj. des 2 genres (*zool.*), qui a le cou ou le corselet aplati.

DÉPRESSION (*t. de chirurg.*), enfoncement, affaissement accidentel dans quelque partie du corps. — Il se dit également, en termes d'anatomie et d'histoire naturelle, d'un enfoncement ou aplatissement naturel. — DÉPRESSION, en termes d'anatomie nautique, abaissement de l'horizon visuel au-dessous de l'horizon vrai.

DÉPRESSICORNE, adj. des 2 genres (*zool.*), qui a des cornes ou des antennes aplaties.

DÉPRESSION, s. f., il se disait autrefois figurément pour abaissement, humiliation. On le trouve dans Rabelais. DÉPRESSION (*néol.*), blâme, mépris.

DÉPRESSOIR, s. m. (*chirurg.*), instrument qui sert à abaisser la dure-mère.

DÉPRÉVENIR, v. a. (*néol.*), faire abandonner une prévention, ôter une prévention.

DÉPRI, s. m. (*féod.*), notification que l'on faisait au seigneur, de l'intention où l'on était d'acquérir un héritage dans sa censive, à l'effet de composer avec lui des droits de lots et ventes, et d'obtenir remise d'une partie de ces droits. Notification d'une acquisition déjà faite, à l'effet d'obtenir la remise d'une partie des droits seigneuriaux. Déclaration que l'on faisait au bureau des aides de l'intention où l'on était de transporter des marchandises d'un lieu sur un autre, à l'effet de les vendre. Le *dépri* emportait soumission de payer le droit de gros.

DÉPRIER, retirer une invitation qu'on avait faite pour un diner, pour une fête, pour une assemblée.

DÉPRIER, v. a. (*féod.*), demander une remise au seigneur. Voy. DÉPRE.

DÉPRIMAGE (*agricult.*), action de déprimer les prairies.

DÉPRIMER (*t. d. chirurg.*), enfoncer, affaisser. Il se dit en parlant des os du crâne. On l'emploie avec le pronom personnel. — DÉPRIMER, signifie, figurément, chercher à diminuer, à détruire la bonne opinion que les autres ont conçue de quelqu'un, l'idée avantageuse qu'ils se font de quelque chose. Il se joint également en ce sens au pronom personnel, surtout avec l'idée de réciprocité. — DÉPRIMÉ (*participe*). Il signifie quelquefois, adjectivement, dans le langage scientifique, qui est comme écrasé, aplati.

DÉPRIMER, v. a. (*agricult.*), faire manger par les bestiaux la pointe des herbes des prairies qui a été flétrie par les premières gelées du printemps.

DEPRINGLES (**JEAN**), né à Nuys et 1550, nommé en 1576 à la charge de son oncle, Nicolas Morelot, procureur général à la Cour des comptes, céda cette charge à un de ses fils, continua son état d'avocat, et devint doyen de l'ordre ; c'est un des meilleurs jurisconsultes de cette époque.

DÉPRISANT, ANTE, adj., méprisant, dédaigneux.

DÉPRISER, mettre une chose au-dessous de son prix, de sa valeur. Il se dit surtout en parlant de marchandises.

DÉPRISONNER, v, a. (*néol.*), tirer de prison.

DE PROFUNDIS, le sixième des sept psaumes de la pénitence, qui commence en latin par les mots *de profundis*, et qui sert ordinairement de prière pour les morts. — *Chanter le* de profundis, *dire un* de profundis *pour quelqu'un*.

DÉPROHIBER, v. a. (*néol.*), cesser de prohiber, annuler une prohibition.

DÉPROHIBITION, s. f. (*néol.*), levée d'une prohibition.

DÉPROMETTRE, v. a., retirer une promesse, revenir sur une chose promise.

DÉPROPRIEMENT, s. m. (*hist. eccl.*). Il se dit du testament des chevaliers de Malte.

DÉPROVINCIALISER, v. a., faire perdre les manières provinciales, se dégourdir.

DÉPUCELLEMENT, s. m. (*droit cout.*), action de déflorer. Le *Dépucellement* était un droit seigneurial dans certains pays.

DÉPUCELER, ôter le pucelage. Il est libre.

DEPUIS, préposition qui indique un rapport de temps, de lieu ou d'ordre. Cette préposition se construit souvent avec la particule *que*, et alors elle indique toujours un rapport de temps. — *Depuis peu*, depuis peu de temps. — *Depuis quand?* depuis quel temps. — DEPUIS est aussi adverbe de temps.

DEPUNTIS (**FRANÇOIS-JOSEPH**), poète dramatique, né à Montauban le 8 février1771, fut reçu avocat à l'université de Toulouse, servit quelque temps, et, nommé conservateur de la bibliothèque de Montauban, lors de sa formation, il se livra tout entier aux lettres. Il est auteur de *l'Ecole des ministres*, comédie en cinq actes et en vers, de *l'Entremetteur de mariages*, en trois actes et en vers, d'une tragédie de *Clovis*, d'*Henri IV et Sully*, du *Protecteur supposé*, etc. Il mourut le 28 janvier 1820.

DÉPURATIF, IVE (*t. de médec.*). Il se disait autrefois des remèdes que l'on croyait propres à dépurer le sang, les humeurs. On l'employait aussi comme substantif au masculin.

DÉPURATION (*chim.*). C'est l'action par laquelle une substance est privée des corps qui en altéraient la pureté.

DÉPURATOIRE, qui sert à dépurer, qui dépure.

DÉPURER (*t. de médec. et de chimie*), rendre plus pur.

DÉPUTATION, envoi d'une ou plusieurs personnes chargées d'une mission. Il se dit aussi d'une réunion, d'un corps de députés. Il se dit encore de la charge, des fonctions de député, surtout en parlant de ceux qui sont envoyés pour faire partie d'une assemblée délibérante.

DÉPUTATION, s. f. (*hist.*). Il se disait, en Allemagne, d'une assemblée des États de l'empire, dans laquelle se discutaient et se réglaient certaines affaires renvoyées par la diète. — *Députation des Etats*, se dit, dans plusieurs gouvernements constitutionnels. d'un comité formé d'un certain nombre de membres des États, qui reste assemblé, pendant l'absence de ces mêmes États, pour diriger certaines branches d'administration. — Dans le royaume des Pays-Bas, chaque province est administrée par une *députation des Etats provinciaux*, sous la présidence du gouverneur.

DÉPUTÉ, celui qui est envoyé par une nation, par un prince, par un corps, etc., pour remplir une mission particulière auprès de quelqu'un, soit seul, soit avec d'autres. Il se dit particulièrement de celui qui est nommé, envoyé pour faire partie d'une assemblée où l'on doit s'occuper des intérêts généraux d'un pays, d'une province, d'une confédération, etc.

DÉPUTÉS (**CHAMBRE DES**) (*V.* FRANCE (*Constitution de la*).

DÉPUTÉ, s. m. (*ant. rom.*). Il se disait de certains ouvriers qui suivaient les armées. Il se disait aussi des membres d'un corps d'infirmiers à cheval, dans la milice du Bas-Empire.

DÉPUTER, envoyer en députation ou comme député. Il s'emploie aussi absolument.

DÉQUALIFICATION, s. f. (*néol.*), perte d'une qualification.

DÉQUALIFIER, v. a. (*néol.*), enlever une qualification.

DÉQUASSER, v. a. (*v. lang.*), rompre, briser.

DEQUEURIR, v. n., vieux mot qui signifiait découler.

DERA (*géogr. anc.*), ville de Perse, dans la Susiane, vers le centre du territoire.

DERAC, s. m. (*ant.*), mesure égyptienne qui valait une coudée.

DÉRACANTHE, s. m. (*zool.*), genre d'insectes coléoptères.

DÉRACINEMENT, action de déraciner, ou l'état de ce qui est déraciné.

DÉRACINER, tirer de terre, arracher de terre un arbre, une plante avec ses racines. Il signifie aussi cerner, couper autour, extirper. — Fig., *déraciner un mal*, le guérir entièrement. — DÉRACINER se dit figurément, en parlant des mauvaises coutumes, des opinions, des vices, des mauvaises habitudes, etc.

DÉRADELPHIE, s. f. (*anat.*), réunion de deux corps par le cou et par la tête.

DÉRADELPHIEN, IENNE, adj. (*anat.*). Il se dit des monstres qui ont deux corps et un seul cou.

DÉRADELPHIQUE, adj. des 2 g. (*anat.*), qui a les caractères de la déradelphie.

DÉRADER (*t. de marine*). Il se dit d'un bâtiment qui est emporté de la rade ou du mouillage par la force du vent ou des courants.

DÉRADER, v. a. (*pêche*), désagréer un bateau quand la saison de la pêche est finie.

DÉRADIOTE ou **DIRADIOTE**, nom sous lequel Apollon avait un temple à Argos.

DERAGE, s. m. (*relation*). On appelle ainsi, chez les Arabes, l'espace parcouru par une marche ordinaire dans l'intervalle de quatre minutes.

DÉRAH, s. m. (*métrol.*), mesure de longueur employée en Égypte. Le *dérah* du Caire vaut 0,6474 mètres.

DÉRAIDIR, v. a., faire cesser l'état de raideur.

DÉRAISON, défaut de raison, manière de penser ou d'agir déraisonnable.

DÉRAISONNABLE, qui n'est pas raisonnable dans sa conduite, dans ses projets, dans ses propositions, etc. Il se dit également de ce qui ne s'accorde pas avec la raison, de ce qui est contraire à la raison.

DÉRAISONNABLEMENT, sans raison.

DÉRAISONNEMENT, s. m. (*néol.*), action de déraisonner.

DÉRAISONNER, tenir des discours dénués de raison.

DÉRALINGUER, v. n. et a. (*marine*), ôter les ralingues d'une voile. Il se dit du vent qui déchire une voile le long de ses ralingues.

DÉRAMAGE, s. m. (*technol.*), action de détacher les cocons des vers à soie des rameaux auxquels ils sont fixés.

DÉRAMER, v. a. (*technol.*), faire l'opération du déramage.

DÉRAND (**FRANÇOIS**), jésuite français, né dans le diocèse de Metz en 1588, enseigna les mathématiques dans les colléges de son ordre ; il se voua surtout à l'architecture, et a publié sur cet art un ouvrage intitulé : *Architecture des voûtes*, ou *l'art des traits et coupe des pierres*, qu'on consulte encore avec fruit.

DÉRANGEMENT, action de déranger, ou état de ce qui est dérangé.

DÉRANGER, ôter une chose de son rang, de sa place ; mettre en désordre ce qui était arrangé. *Déranger une chambre*, *un cabinet*, etc., y causer quelque désordre dans la disposition habituelle des meubles, des objets qui s'y trouvent. *Déranger quelqu'un*, faire qu'il soit obligé de quitter sa place, de se lever de son siége. Il signifie aussi, figurément, détourner quelqu'un d'une occupation, de ses affaires. — DÉRANGER signifie aussi, tant au propre qu'au figuré, faire qu'une chose n'aille plus aussi bien, altérer, troubler, brouiller. *Déranger quelqu'un*, déranger sa santé. Il signifie aussi, figurément et familièrement, chagriner quelqu'un, le contrecarrer. *Déranger quelqu'un*, signifie encore faire que la conduite de quelqu'un ne soit plus aussi réglée qu'elle l'était auparavant. — DÉRANGER, s'emploie aussi avec le pronom personnel dans la plupart des sens qui viennent d'être indiqués. *Être dérangé chez soi*, *dans sa maison*, n'avoir pas ses effets, ses meubles rangés proprement et avec soin. Cette manière de parler est peu usitée.

DÉRANGER, v. a. *Déranger la bonnette* (*anc. marine*), la déboutonner du corps de la voile.

DÉRAPER, v. n. (*marine*). Il se dit d'une ancre qui, quoique mouillée, n'est plus fixée au fond et laisse dériver le vaisseau.

DÉRATER, ôter, retrancher la rate.

DÉRATOPTÈRE, adj. des 2 g. (*zool.*), qui a des ailes coriaces. — *Dératoptère*, s. m, pl., classe d'insectes.

DÉRAYURE, s. f. (*agricult.*), dernière raie qu'on fait en labourant.

DERBE (*ins.*), genre d'hémiptères, section des homoptères, famille des cicadaires fulgarelles. Ces insectes présentent les caractères suivants : tête comprimée, bicarénée longitudinalement, antennes insérées bien au-dessous des yeux, le premier article claviforme, rostre à dernier article très court; tibias non épineux. Ces insectes sont de très petite taille, leurs ailes sont deux fois plus longues que le corps, le premier article des tarses est beaucoup plus long que les autres, et le second plus court. On connaît surtout le *derbe pâle*, *D. pallida*, de l'Amérique méridionale, long de quatre lignes, à ailes jaunâtres, avec quelques ondulations plus foncées. J. P.

DERBÉ (*géog. anc.*) (Aladag), ville et château de l'Asie mineure, dans la contrée de l'Isaurie, appelée Antiochona, près d'une petite chaîne de montagnes qui se détache du mont Taurus.

DERBENT (Albana), ville de la Russie asiatique au pied du Caucasse; chef-lieu du Dughestan, latitude N., 42° 5″; longitude E., 45° 40′. Elle est très fortifiée, et produit vins, safran, soie, laine; son port est commerçant.

DERBIO (*poiss.*). On a donné ce nom au caraux glauque de Lacépède; Cuvier le regarde comme étant le même que le cœsiomore-baillon.

DERBICES (*géog. anc.*), peuple de l'Hyrcanie auquel succédèrent les Dahæ, qui donnèrent à la partie septentrionale de cette province le nom de Dahistan, qu'elle porte aujourd'hui. Les Derbices punissaient de mort les moindres crimes, ils adoraient le soleil, et ne mangeaient ni sacrifiaient la femelle des animaux. Ce peuple barbare faisait mourir les septuagénaires des deux sexes: les hommes étaient égorgés et l'on étranglait les femmes, les Derbices mangeaient leurs propres parents quand ils mouraient de mort violente.

DERBICES, peuple de la Libye inférieure, vers l'Occident à l'O. du mont Araga.

DERBY (*géogr.*), comté d'Angleterre, entre ceux d'York, Vottingham, Leicester, Stafford et Chester. Il a 139 lieues carrées et 21,500 habitants, ses montagnes fournissent du plomb, du marbre, du vitriol, de la houille, à l'O., la partie orientale est très fertile en grains et donne de l'albâtre et du cristal.

DERBY, ancienne ville d'Angleterre, chef-lieu du comté de ce nom, sur le Derwent que l'on traverse sur un beau pont de pierre. Elle a 5 églises, dont la plus remarquable est celle de Tous-les-Saints. On y remarque l'hôtel-de-ville, l'hospice du comté et les moulins à soie de la Derwent. Cette ville commerce en tissus de coton, porcelaine, ouvrages en marbre, albâtre et métaux. C'est le lieu natal de Richardson, Flamsteed et Wright. A 40 lieues N. O. de Londres. Latitude, 52° 58′; longitude O. 3° 45′. 17,500 habitants.

DERBY (Jacques Sanley, comte de), partisan inébranlable de Charles Ier; il était né en 1596; il se distingua dans la plupart des combats qui se donnèrent à cette époque. Après la retraite de Charles Ier il se retira lui-même avec ses amis dans l'île de Man qui lui appartenait, et s'y maintint jusqu'en 1650. Il alla ensuite rejoindre le roi dans le Lancashire, accompagné de 600 cavaliers; il fut attaqué par 3000 hommes, se défendit pendant 2 heures et demie contre eux, et arriva auprès du prince après avoir reçu 26 blessures, et avoir eu deux chevaux tués sous lui. Après la bataille de Worcester, il conduisit Charles Ier dans une métairie du Staffordshire et fut fait prisonnier aussitôt après. Traduit devant une cour martiale, il fut condamné à mort et décapité le 15 octobre 1651.

DERCÉ (*géog.*), fontaine d'Espagne, fameuse par la fraîcheur extraordinaire de ses eaux.

DERCÉTADES, nom de la dynastie qui régna la première sur l'Assyrie, ainsi nommée de Sémiramis, fille de Derceto, de laquelle elle descendait.

DERCETO (*Derketo*), nom sous lequel les Syriens adoraient une déesse représentée comme femme jusqu'aux hanches, et à partir de là comme poisson; elle avait ses principaux temples à Ascalon et à Joppé (Diod. Sic. II, 4). On raconte qu'ayant un jour offensé Aphrodite, celle-ci, pour s'en venger, lui inspira un violent amour pour un jeune Syrien qui la rendit mère de Sémiramis. La fable ajoute que Derceto finit alors de rougir de sa passion, et qu'après avoir tué son amant et exposé son enfant, elle se précipita dans la mer, près d'Ascalon, devenu dans la suite le principal siége de son culte. Derceto ne fait probablement qu'une avec Atergatis (*Tergatis*, de là *Derketo*), connue sous différents noms, et peut-être même avec Astarté. Comme cette dernière, et de même que l'Isis des Égyptiens et l'Aphrodite des Grecs, elle représentait la force naturelle qui porte à la procréation de toutes choses. C. L.

DERCIS, n. pr. fr. (*astron.*), nom que quelques anciens astronomes ont donné à la constellation des poissons.

DERCON (*géog. anc.*), ville de Thrace, sur le pont Euxin, aujourd'hui *Derkous*.

DERCYLLIDAS ou **HERCYLLIDAS**, général lacédémonien, célèbre par ses exploits, il prit neuf villes en huit jours, et éleva un mur dans la Chersonnèse pour la mettre à l'abri de l'incursion des Thraces; il vivait vers l'an 399 avant J.-C.

DERCYLLUS, gouverneur de l'Attique sous Antipater, laissa prendre le Pirée par Nicanor, lieutenant de Cassandre, mais ensuite il le força à quitter Athènes.

DERDAR, **DIRDAR** (*bot.*), noms arabes donnés par Avicenne au frêne, suivant Mentzel. Daléchamps cite le mot *Dirdar* pour *l'orme*.

DÉRÉ ou **DIRE** (*géog. anc.*), ville de l'Éthiopie dans la Troglodytique au S. sur un promontoire du même nom.

DÉRÉ (*Bab el mandeb*), promontoire de l'Éthiopie, près du golfe Arabique.

DÉRÉ (*détroit de*), détroit de *Bab el Mandeb*, détroit fameux qui unissait le golfe Arabique et la mer Erythrée.

DERECHEF, une seconde fois, de nouveau. Il vieillit.

DÉRÈGLEMENT, désordre, état d'une chose déréglée. Il se dit particulièrement du désordre dans la conduite, de l'opposition aux règles de la morale.

DÉRÈGLEMENT, sans règle.

DÉRÉGLER, faire oublier, faire négliger la règle de vie, de conduite, les règles du devoir. Ce sens vieillit. Il signifie plus ordinairement, faire qu'une chose ne soit plus réglée, n'ait plus sa marche, son cours accoutumé, n'exerce plus son action avec régularité. On l'emploie souvent avec le pronom personnel. — DÉRÉGLÉ (*participe*). Il est aussi adjectif, et signifie qui n'a point de règle, qui n'est pas dans la règle. Il se dit particulièrement de ce qui est contraire aux règles de la morale.

DEREIN, **EINE**, adj. (*v. lang.*), dernier.

DÉRÉLOME, s. m. (*zool.*), genre d'insectes coléoptères.

DERELSIDE (*bot.*). Suivant Prosper Alpin, on donne ce nom, en Egypte, au tamarin, *tamarindus;* cependant dans la Flore égyptienne de Forskaël, et dans celle de M. Delile, il est nommé *tamar-hendi*.

DERGNA (*ois.*). On nomme ainsi les pies-grièches en Piémont.

DEREMISTES (*géogr. anc.*), peuple de la Dalmatie, divisé en trente décuries.

DÉRENCÉPHALE, s. m. (*anat.*), monstre qui n'a qu'un très petit cerveau enveloppé par les vertèbres du cou.

DÉRENCÉPHALIE, s. f. (*anat.*), implantation d'un cerveau imparfait sur le cou; absence de la moelle épinière à la région cervicale.

DÉRENCÉPHALIEN, **IENNE**, adj. (*anat.*). Il se dit des monstres privés de moelle épinière au cou.

DÉRENCÉPHALIQUE, adj. des 2 g. (*anat.*), qui offre le caractère de la dérencéphalie.

DERENG, s. m. (*droit cout.*), borne, bornage d'héritage.

DEREQUELEYNE (BALTHAZAR-ANTOINE), né à Dijon le 27 juin 1663, mort le 27 février 1734, auteur d'une *lettre au P. Lempereur sur le dyptique de M. de Lamare*, insérée dans les mémoires de Trévout, et de plusieurs ouvrages manuscrits, entre autres une *traduction du Pollodore*.

DÉRÉTINS (*géogr. anc.*), peuple de Dalmatie.

DERHAM (GUILLAUME), naquit à Estowton, près de Wercester, en 1657, et suivit avec beaucoup de distinction les cours de l'université d'Oxford; il y étudiait encore quand il publia un ouvrage curieux et savant sur l'horlogerie, intitulé: *Artificial clock-maker*, et qui a été traduit en français. Ordonné prêtre en 1682, il fut, en 1689, nommé recteur d'Upminster, dans le comté d'Essex, et de là entretint des relations suivies avec tous les physiciens de Londres. Il fut appelé, en 1711 et 1712, à faire les discours connus sous le nom de *fondation de Boyle*. Ce fut à cette occasion qu'il prononça des discours qui furent réunis par lui en un ouvrage divisé en deux parties, sous le titre de: *Physico-Théology* et *Astro-Théology*. Il présentait la sublimité des merveilles de la nature comme preuve irrécusable de l'existence de Dieu. Derham montra dans ses ouvrages un mérite supérieur, qui lui valut le titre de docteur, que lui conféra l'université d'Oxford, en le dispensant des formalités ordinaires. Nous avons de lui divers autres ouvrages dans lesquels il s'applique toujours à faire servir les sciences au bonheur et à l'utilité générale. Il mourut dans sa paroisse d'Upminster, le 5 avril 1735, à l'âge de 78 ans, emportant l'estime et les regrets de tous ceux qui le connaissaient.

DERIC (GILLES), né au commencement du XVIIIe siècle à Saint-Coulomb, près Saint-Malo, prieur de Notre-Dame du château royal de Fougères, et plus tard grand vicaire de l'évêque de Dol. Il est auteur d'une *Histoire ecclésiastique de la Bretagne*, qui est restée inachevée, mais qui est encore très recherchée. Déric mourut vers 1796, à Jersey, où il s'était réfugié après avoir refusé de prêter serment à la nouvelle constitution du clergé.

DÉRIDER, ôter les rides, faire passer les rides. On l'emploie quelquefois avec le pronom personnel. Il signifie, figurément, égayer, réjouir. On l'emploie dans ce sens avec le pronom personnel.

DÉRIENS (*géogr. anc.*), peuple d'Acarnanie qui se retira à Agrinie, l'an 314 avant J.-C., pour se défendre des irruptions des Étoliens.

DERINGA (*bot.*). Adanson distingue sous ce nom le *sison canadense*, comme différant de son genre primitif par des graines plus longues et la privation presque complète d'involucre et d'involucelles. J. P.

DÉRINGE, s. f. (*bot.*), genre de plantes ombellifères.

DÉRISEUR, s. m. (*néol.*), celui qui se joue de tout, qui tourne en dérision des choses respectables.

DÉRISION, moquerie souvent accompagnée de mépris.

DÉRISOIRE, qui tient de la dérision, où il y a de la dérision.

DÉRITOIR ou **DÉBITOIRE**, s. m. (*technol.*), madrier qui fait partie d'un moulin à olives.

DÉRIVATIF, **IVE** (*t. de médec.*), qui sert à opérer, à déterminer une dérivation. Il s'emploie aussi comme substantif au masculin (*V.* **Révulsifs**).

DÉRIVATIF, **IVE**, adj. (*gramm.*). Il se dit quelquefois pour dérivé.

DÉRIVATION, action de dériver des eaux. Il signifie également, en médecine, l'action de détourner une irritation, une cause morbide, de l'attirer d'une partie vers une autre, où ses effets sont moins dangereux. Il signifie, en termes de grammaire, la manière dont les mots naissent les uns des autres, ou l'origine d'un mot tiré d'un autre.

DÉRIVATION, s. f. (*littér.*), figure qui consiste à employer, dans une même phrase ou dans une même période, plusieurs mots tirés de la même origine.

DÉRIVATION (*alg.*), opération par laquelle des quantités sont produites par d'autres en employant un procédé uniforme. Par exemple, φx étant une fonction quelconque de la variable x, on nomme *dérivée différentielle* de φx, la différentielle de cette fonction divisée par celle de la variable, ou la quantité $\frac{d\varphi x}{dx}$; par suite

$$\frac{d\left[\frac{d\varphi x}{dx}\right]}{dx}$$

est la *divisée* de $\frac{d\varphi x}{dx}$, ou la divisée *seconde* de φx. Lorsque x est une variable indépendante, cette seconde dérivée s'écrit simplement $\frac{d^2\varphi x}{dx^2}$. De même $\frac{d^3\varphi x}{dx^3}$ est la *première* dérivée de $\frac{d^2\varphi x}{dx^2}$, ou la *seconde* de $\frac{d\varphi x}{dx}$, ou enfin la *troisième* de φx; et ainsi de suite. En général

$$\frac{d^m\varphi x}{dx^m}$$

est la dérivée de l'ordre m de la fonction φx. — Pour rendre ces dérivations plus sensibles, soit $\varphi x = x^m$, la première dérivée de x^m est $\frac{dx^m}{dx}$ ou mx^{m-1} (*V.* **Différentiel**); la seconde est de

$$d\left(\frac{mx^{m-1}}{dx}\right) \text{ ou } \frac{d^2x^m}{dx} = m(m-1)\,x^{m-2};$$

la troisième est

$$\frac{d\,[m(m-1)\,x^{m-2}]}{dx} \text{ ou } \frac{d^3x^m}{dx^3} = m(m-1)(m-2)\,x^{m-3};$$

généralement la dérivée de l'ordre n est

$$\frac{d^nx^m}{dx^n} = m(m-1)\,m-2)\ldots\ldots(m-n+1)\,x^{m-}\,x^m n$$

on voit que les dérivées successives de x^m,

$$x^{m-1}$$
$$m(m-1)\,x^{m-2}$$
$$m(m-1\,(m-2)\,x^{m-3}$$
$$m(m-1\,(m-2\,(m-3)\,x^{m-4}$$
$$\ldots\ldots\ldots$$
$$m(m-1)(m-2)\ldots(m-n+1)\,x^{m-}$$

sont formées en déduisant chacune d'elle de celle qui la précède par le même procédé de dérivation, savoir : en la multipliant par l'exposant de x, et en diminuant ensuite cet exposant d'une unité.

Calcul des dérivations. Calcul fondé sur la dépendance réciproque des coëfficiens des séries et présenté par Arbogast comme devant remplacer le calcul différentiel, et rendre inutile la considération de *l'infini*. Lorsque l'ouvrage d'Arbogast parut en 1800, les principes matérialistes de la secte encyclopédique étaient alors si généralement adoptés que les mathématiciens crurent y trouver le moyen, depuis longtemps cherché, d'écarter de leur science tout ce qui s'y trouvait encore de trop intellectuel; et ceux que la méthode des *limites* (*V.* ce mot) ne satisfaisait pas entièrement s'empressèrent de proclamer la supériorité du point de vue métaphysique du calcul des dérivations, calcul plus général que celui des *fonctions analytiques* (*V.* ce mot) déjà proposé par Lagrange pour remplacer et *expliquer* le calcul différentiel. Montucla, dans son *histoire des mathématiques*, ou plutôt son continuateur, ne craint pas de présenter le nouveau calcul d'Arbogast comme le point le plus élevé de la science des nombres, d'en faire dépendre les progrès futurs de la science, et de rabaisser le calcul différentiel à n'être qu'un de ses cas particuliers. Un géomètre moderne a fait justice de ces étranges prétentions, et il est aujourd'hui prouvé que le calcul des dérivations n'est qu'une méthode indirecte qui peut bien à la vérité, dans les applications, remplacer le calcul différentiel, mais qui loin de l'expliquer, ne peut être conçu, et n'a absolument aucune signification sans ce calcul lui-même (*V.* **Philosophie de l'infini**). Quant au petit nombre de résultats vraiment importants auxquels sont parvenus Arbogast et ensuite Kramp à l'aide des dérivations, il est facile de les obtenir d'une manière directe et beaucoup plus simple par les procédés, d'ailleurs bien moins compliqués du calcul différentiel. *V.* **Différentiel**, **Polynome**, **Puissance** et **Retour des suites**.

DÉRIVE ou **DRIVE**, s. f. (*marine*). Il se dit de chacune des deux ailes en forme de semelles, dont l'extrémité la plus étroite est fixée par une cheville à chaque bord des bâtiments à plates varangues. Lorsque ces bâtiments naviguent au plus près, on laisse tomber presque perpendiculairement la *dérive* qui se trouve sous le vent, afin d'augmenter la résistance latérale du fluide, et d'empêcher, par ce moyen, le navire de dériver.

DÉRIVE (*t. de marine*), déviation de la route du bâtiment, occasionnée par l'obliquité des voiles, orientées au plus près du vent. — *L'angle de la dérive*, ou simplement *la dérive*, l'angle que la quille du bâtiment fait avec la direction réelle de sa route. — *Ce bâtiment va en dérive*, le vent, les courants le détournent de sa route. — *Il y a de la dérive*, se dit quand on se trouve assez loin d'une côte ou d'un écueil pour n'avoir pas à craindre d'y être poussé par la dérive. — *La dérive vaut la route*, se dit lorsqu'étant en panne ou à la cape, le bâtiment éprouve une dérive qui le pousse du côté où il doit aller. — *Être en dérive*, se dit de ce qui flotte abandonné au gré du vent, du courant, etc.

DÉRIVER, s'éloigner du bord, du rivage. Il signifie aussi suivre le courant, le fil de l'eau. Il signifie également, en termes de marine, s'écarter plus ou moins de la route qu'on voudrait tenir en mer. — **Dériver**, se dit en outre des eaux qui sont forcées d'abandonner leur cours naturel. Il signifie encore, figurément, venir de, tirer son origine de. Il se dit particulièrement, en termes de grammaire, des mots qui tirent leur origine de quelque autre. Il s'emploie aussi comme actif dans le sens de faire dériver, mais seulement en parlant des eaux, et en termes de grammaire. — **Dérivé** (*participe*). Il se dit, substantivement, en termes de grammaire, d'un mot dérivé d'un autre.

DÉRIVER, v. a. (*technol.*), limer la rivure d'un clou, pour le faire sortir de son trou.

DÉRIVETTE, s. f., sorte de pêche qui se fait avec des manets qu'on laisse dériver au gré du courant.

DÉRIVOIR, s. m. (*technol.*), instrument dont on se sert pour dériver les pignons et les séparer des roues sans les gâter.

DÉRIVOTE, s. f. (*technol.*), grande perche qui sert à éloigner un train de bois de la rive.

DERJAVINE (**Gabriel-Romanowitz**), né à Cuzan le 3 juillet 1743, montra de bonne heure une grande vocation pour la poésie et une intelligence très distinguée. Il entra en 1760 dans le génie et passa l'année suivante, comme simple soldat, dans les gardes préobajenski. Il acquit un à un tous ses grades, et devint, en 1777, colonel d'infanterie, conseiller du Collége et conseiller d'Etat. En 1784, il fut nommé gouverneur d'Olonetz, et, s'élevant presque chaque année progressivement, il fut fait ministre de la justice par l'empereur Alexandre, le 8 septembre 1802. Ayant obtenu sa retraite en 1803, Derjavine, qui au milieu de ses occupations importantes n'avait jamais abandonné la poésie, s'y livra tout entier jusqu'à sa mort, arrivée en 1832 près de Nowogorod. Ses poésies nombreuses lui assurent une place parmi les poëtes les plus distingués. On remarque surtout parmi elles l'*Ode à Dieu* (oda Bog), qui, d'abord traduite en latin, le fut aussi ensuite en chinois, par ordre de l'empereur de la Chine, qui la fit imprimer en lettres d'or sur une étoffe de soie, pour l'exposer dans une salle de son palais. Ses œuvres complètes ont été publiées en 1840 à Saint-Pétersbourg.

DERKACZ, s. m. (*zool.*), oiseau de la Pologne.

DERLE (*min.*). On nomme ainsi en Alsace une argile grasse et fine, de couleur grise, dont on fait de la belle faïence. Dans le tarif des douanes, ce mot est synonyme de terre à porcelaine ou kaolin. J. P.

DERMANYSSE, s. m. (*zool.*), genre d'Acarides.

DERMAPTÈRE, adj. (*zool.*), qui a des ailes coriacées. — *Dermaptères*, s. m. pl., classe d'insectes.

DERMATITE, s. f. (*médec.*), inflammation du derme de la peau.

DERMATOBRANCHE, adj. (*zool.*), dont la peau fait office de branchie. — DERMATOBRANCHES, s. m. pl. famille de mollusques.

DERMATOCARPE, s. m. (*bot.*), genre de plantes de la famille des lichens. — *Dermatocarpes*, s. m. pl., famille de champignons.

DERMATOCOTE, s. f. (*anat.*), côte du dermatosquelette.

DERMATODEA (*bot.*), genre de lichens comprenant toutes les espèces caractérisées par leur expansion coriace ou membraneuse, élargie, rampante et dentellifère; le type de ce genre, créé par Ventenat, d'après la section de Linné, est le lichen pulmonaire. On l'avait déjà établi avant lui, sous le nom de *lobaria* (*V.* ce mot.). J. P.

DERMATODONTE, adj. (*hist. nat.*), qui est garni de denticules membraneuses.

DERMATOGRAPHE (*médec.*). (*V.* DERMOGRAPHE.)

DERMATOIDE, adj. (*hist. nat.*), qui a l'apparence du cuir.

DERMATOPATHOLOGIE, s. f. (*méd.*), histoire des maladies de la peau.

DERMATOPHIDE, adj. (*zool.*), il se dit des serpents qui ont la peau nue.

DERMATOPNUNTE, adj. (*zool.*), qui respire par la peau.

DERMATOPODES (*ois.*), famille particulière établie par Nœhring, comprenant des oiseaux dont les pieds sont revêtus d'une peau cariace et rugueuse. J. P.

DERMATOSQUELETTE, s. m. (*anat.*), squelette cutané ou extérieur.

DERMATOSQUELETTIQUE, adj. (*anat.*), qui a rapport au dermatosquelette.

DERMATOVERTÉBRAL, ALE, adj. (*anat.*), qui a rapport à la dermatovertèbre.

DERMATOVERTÈBRE, s. f. (*anat.*), vertèbre du dermatosquelette.

DERME (*t. d'anatom.*), il se dit quelquefois pour la peau.

DERMEA (*bot.*), sans genre établi par Fries dans le genre *Peziza*, pour placer toutes les espèces cariaces et glabres.

DERMÉEN, ENNE, adj. (*bot.*), qui ressemble à une dermée. — DERMÉENS, s. m. pl., famille de champignons.

DERMESTE (*ins.*), ce mot vient du grec, *derma*, peau, et *esto*, je dévore, et a été employé par Linné pour désigner un genre d'insectes de l'ordre des coléoptères, section des pentamères, famille des clavicornes, ayant pour caractères : antennes de onze articles, dont les trois derniers presque égaux forment une massue perfoliée ; le sternum avance peu sur le menton, et les antennes ne sont point reçues dans des fossettes spéciales au-dessous du thorax; la tête est globuleuse, et enfoncée dans le corselet jusqu'aux yeux, celui-ci est profondément échancré pour la recevoir. L'espèce la plus commune, le *Dermeste du lard*, *D. lardarius*, est longue de trois lignes, noire, avec une large bande d'un gris jaunâtre traversant les deux élytres à leur base, dentelée au bas et marquée dans son milieu de trois petits points noirs. Cette espèce est très commune partout. J. P.

DERMESTINS (*ins.*), tribu de coléoptères, de la famille des clavicornes, section des pentamères, offrant pour caractères : prosternum dilaté en manière de mentonnière, tibias contractiles sur les fémurs, laissant les tarses libres; mandibules courtes et dentées; antennes au moins de dix articles plus courtes que la tête et le corselet réunis. Ces insectes ont tout le corps arrondi; ils commettent, à l'état de larves, de grands dégâts dans les collections d'animaux empaillés, d'insectes, et dans les bibliothèques, où ils percent à jour la reliure des livres ; rien ne résiste aux terribles mandibules dont ces larves sont armées; elles attaquent aussi les provisions de bouche, et le lard surtout. Le meilleur moyen de s'en préserver c'est beaucoup de soin et d'attention, et d'exposer souvent à l'air les objets que l'on soupçonne attaqués. On a conseillé pour préserver les collections le savon arsenical de Becœur. Pour les collections d'insectes, j'indiquerai un moyen qui m'a parfaitement réussi, c'est de peindre l'intérieur des boîtes avec du blanc de céruse délayé dans de l'essence. On se sert aussi d'un appareil au bain-marie, dont la chaleur de 80 à 160 degrés fait effectivement périr les larves et les insectes. J. P.

DERMITE, s. f. (*méd.*), inflammation du derme.

DERMOBLASTE, s. m. (*bot.*), embryon végétal dont le cotylédon est formé d'une membrane qui se rompt irrégulièrement.

DERMOBRANCHE, adj. (*zool.*), dont les branches sont situées sur la peau.

DERMOBRANCHES, s. m. pl., famille de mollusques gastéropodes.

DERMOCHÉLYDE, *dermochelys* (*erpét.*), nom que donne M. de Blainville à un genre de reptiles de l'ordre des chéloniens, et qui a pour type le *luth* (*V.* CHÉLONÉE), qui se distingue des autres chéloniens par la nature de sa peau, et par ses côtes qui ne sont soudées ni entre elles, ni avec le plastron qui est presque entièrement membraneux. *Dermochélyde* est tiré du grec, et signifie *tortue* à cuir. J. P.

DERMODIUM (*bot.*), genre de champignons de la cinquième série (*mycétodéens*) de l'ordre premier (*gastromyciens*) de la famille des champignons établie par Link. Ce petit champignon, sans forme déterminée, a un péridium simple, sessile, membraneux, papyracé, très mince et fugace, qui contient dans son intérieur une multitude de séminules ou sporidies, entassées, globuleuses. Le *dermodium tachant*. *D. inquinans*, largement étalé, noir; sporidies de même couleur; on trouve ce champignon sur les troncs d'arbres coupés, principalement auprès des racines. J. P.

DERMODONTES (*poiss.*). M. de Blainville désigne sous ce nom, qui vient du grec *dermos*, peau, et *odons*, dent, les poissons cartilagineux, parce que leurs dents tiennent à la peau et ne sont point implantées dans l'épaisseur des mâchoires. J. P.

DERMOGRAPHE, s. m. (*méd.*), auteur d'une description de la peau.

DERMOGRAPHIE, s. f. (*méd.*), description de la peau.

DERMOGRAPHIQUE, adj. (*méd.*), qui a rapport à la dermographie.

DERMOIDE, adj. (*anat.*), qui a de la ressemblance avec la peau.

DERMOLOGIE, s. f. (*méd.*), traité sur la peau.

DERMOLOGIQUE, adj. (*méd.*), qui a rapport à la démologie.

DERMOLOGISTE ou **DERMOLOGUE**, s. m. (*méd.*), celui qui traite de la dermologie.

DERMOLYSIE, s. f. (*méd.*), insensibilité de la peau.

DERMOPTÈRES (*poiss.*), famille de poissons holobranches abdominaux établie par M. Duméril dans sa zoologie analytique, et à laquelle il assigne pour caractères : rayons des nageoires pectorales réunis et tous semblables; opercules lisses, deux nageoires du dos; la seconde sans rayons osseux, molle et adipeuse. Le principal caractère propre à faire distinguer cette famille de tous les autres abdominaux est la présence de la seconde nageoire du dos, et son peu de consistance, d'où vient son nom formé du grec *derma*, cuir, et *ptéron*, nageoire; ce caractère se retrouve pourtant dans quelques genres de la famille des oplophores, mais dans ceux-ci le premier rayon des nageoires pectorales et mobile, épineux, très fort et souvent dentelé. J. P.

DERMORHYNQUES (*ois.*). Ce mot signifie bec couvert d'une peau, et désigne la troisième famille de la première tribu de l'ordre des nageurs de M. Vieillot; laquelle est caractérisée par un bec dentelé en scie ou en lames, déprimé et arrondi à la pointe et par des jambes demi-nues. J. P.

DERMOSPORIÉ, ÉE, adj. (*bot.*), qui ressemble à un dermosporion.

DERMOSPORIÉES, s. f. pl, famille de champignons.

DERMOSPORIUM (*bot.*), genre de champignons de la troisième série (*sphérobases*), du premier ordre (*mucédines*) de la famille des champignons de Link. Il a pour caractère : champignon globuleux, compacte, entouré de tout côté d'une couche de séminules ou sporidies. Le *dermosporium jaunâtre, d. flavicans*, groupé, globuleux, couvert de très petites granulosités jaunâtres, visibles à l'œil nu, à cause de leur grand nombre. Ce champignon se trouve sur le bois mort, et ressemble en quelque sorte à des œufs d'insectes. Il se trouve en Silésie, dans les lieux montueux. Suivant M. Link, il a le port des *scletorium* et des *œgerita*; il a quelques affinités avec le *tubercularia*. J, P.

DERMOTOMIE, s. f. (*anat.*), dissection de la peau.

DERMOTOMIQUE, adj. (*anat.*), qui a rapport à la dermotomie.

DERNE (*géog. anc.*), une des cinq villes principales de la Cyrénaïque, sur la Méditerranée.

DERNE (*géog.*), ville du royaume de Tripoli; capitale du pays de Barca, sur la Méditerranée; territoire fertile; miel.

DERNIER, IÈRE, qui vient, qui est après tous les autres, ou après lequel il n'y en a point d'autre. Figur., *mettre la dernière main*, *donner la dernière main à quelque chose*, l'achever de telle manière qu'on ne doive plus y revenir, y toucher. Figur., *Brutus et Cassius furent les derniers des Romains*, ils furent les derniers Romains qui combattirent pour la liberté de la république. — DERNIER, se dit, en un sens particulier, pour le plus récent. *L'année dernière, le mois dernier, la semaine dernière*, l'année, le mois, la semaine qui a précédé immédiatement l'année, le mois, la semaine où l'on est. — DERNIER, se dit aussi de ce qu'il y a d'extrême en chaque genre, soit en bien, soit en mal. *C'est le dernier des hommes*, c'est le plus vil, le plus méprisable des hommes. On dit dans le même sens, en parlant d'une femme, *c'est la dernière des créatures. C'est le dernier homme à qui je me confierais, à qui je voudrais demander un service*, etc., c'est un homme à qui je ne me confierais nullement, à qui je ne voudrais, à qui je n'oserais jamais demander un service, etc. — DERNIER, se prend quelquefois substantivement. Ainsi, en parlant de certains jeux de main, on dit : *ne vouloir jamais avoir le dernier*, ne vouloir pas souffrir d'être touché le dernier. Figur. et famil., *il ne veut jamais avoir le dernier*, se dit de quelqu'un qui veut toujours répliquer dans une dispute. Prov., *Aux derniers les bons*, ce qui reste de quelque chose, après que les autres ont choisi, est souvent le meilleur. — DERNIER, substantif, se dit aussi de chacune des deux ouvertures de la galerie d'un jeu de paume qui sont les plus éloignées de la corde.

DERNIER, IÈRE, adj. et s. *Dernier vivant tout tenant* (anc. coutume d'Artois et du Cambresis), époux survivant qui profitait en totalité d'une acquisition faite pendant le mariage par lui et son conjoint, et en vertu d'une stipulation expresse que la coutume autorisait. *Dernier en cartes* (*jeux*), celui qui ne doit jouer qu'après les autres.

DERNIER ÉTAT, en matière bénéficiale, était la possession du collateur de conférer ou de présenter, résultante du dernier acte de collation ou de présentation. De Roie, professeur en droit dans l'université d'Angers, dans son commentaire sur le chapitre *Consultationibus*, dit que les interprètes disputent entre eux pour savoir combien il fallait de présentations pour établir le dernier état du patronnage, et qu'après beaucoup de diversité d'opinions, l'usage a prévalu qu'un seul acte suffisait, pourvu que ce fut le dernier et qu'il eut été admis par l'ordinaire. Cette maxime avait lieu, non-seulement contre le véritable patron du bénéfice, mais même contre l'évêque qui voulait conférer le bénéfice vacant librement et de plein droit; en sorte qu'un laïc, avec un seul acte de présentation qu'il avait fait de bonne foi à la dernière vacance du bénéfice, aurait fait provisoirement maintenir son présenté contre l'évêque, quoiqu'il n'eut prouvé son droit que par ce seul acte de présentation. Les arrêts jugèrent la même chose, c'est-à-dire qu'un seul acte suffisait pour établir une possession, pour intenter l'action en trouble ou en complainte, et pour demander à y être maintenu (V. M. Louet, lettre P, somm. 20; Chopin, *Police sacrée*, liv. I, tit. III, et le *Journal du Palais*). Mais ces maximes n'avaient lieu que lorsqu'il s'agissait d'une cure ou autre bénéfice à charge d'âme; car un semblable bénéfice ne pouvait rester sans titulaire; une église de cette espèce ne pouvait demeurer veuve; ainsi il fallait nécessairement adjuger la possession provisoire à l'un des deux contendants, et l'on préférait celui que présentait le patron qui avait le dernier état. Il en était autrement en matière de bénéfice simple; les juges pouvaient s'écarter de cette règle et, en prononçant un appointement sur le fond du droit, ils pouvaient ordonner le séquestre des fruits; c'est le parti que la Cour prit, par arrêt du 31 décembre 1737, rendu sur les conclusions de M. d'Aguesseau, avocat-général, en confirmant la sentence rendue entre les seigneurs de Morfontaine et Berlancourt, diocèse de Laon, sur un droit de patronage, laquelle, en appointant, ordonnait le séquestre par provision (M. Denisart, *Coll. de jurispr.*, au mot DERNIER ÉTAT).

DERNIÈREMENT, depuis peu, il n'y a pas longtemps.

DERNIS (*géog. anc.*) (Derne), ville de la Cyrénaïque, à l'E. du promontoire de Razu, était une des cinq villes de la Pentapole.

DERO (*entomol.*). M. Ocken, dans son nouveau système de zoologie, sépare sous ce nom deux ou trois espèces de naïs qui n'ont aucune trace d'yeux, et dont la queue est élargie en forme de feuille plus ou moins lobée. Les espèces qu'il rapporte à ce genre sont le *naïs cœca* de Linné, qui a une seule soie à ses appendices, six lobes à la queue, et qui vit dans la vase.

DERO, n. pr. f. (*myth. gr.*), une des cinquante filles de Nerée et de Doris.

DÉROBEMENT, s. m. (*construct.*), nom donné au mode du tracé des pierres, dans lequel on ne fait pas usage du panneau, mais seulement de l'épure qu'on rapporte directement sur la pierre équarrie.

DÉROBER, ôter la robe, l'enveloppe. Dans cette acception il ne se dit guère qu'au participe, et en parlant des fèves de marais qu'on a dépouillées de leur première enveloppe.—DÉROBER, signifie plus ordinairement, faire un larcin, prendre en cachette ce qui appartient à autrui. Il a quelquefois pour régime le nom de la personne à qui l'on dérobe quelque chose; prov.: *Est bien larron, qui larron dérobe*; fam., *s'il a du bien, il ne l'a pas dérobé*, se dit d'un homme qui a acquis du bien par des voies légitimes, et avec beaucoup de peine.—DÉROBER, dans le sens qui précède, s'emploie aussi figurément. Il se dit, particulièrement, d'un auteur qui prend dans un autre quelque pensée, quelque passage, quelque vers, et qui se l'approprie. Il se dit encore en parlant du temps, des moments pris sur les heures que l'on consacre à ses affaires, à ses occupations ordinaires.—DÉROBER, signifie, en outre, cacher, empêcher de voir, de découvrir. Il signifie également, soustraire, *dérober sa marche*, se dit d'une armée qui fait une marche sans que l'ennemi s'en apeçoive. Il se dit aussi, familièrement, d'une personne qui va d'un côté après avoir fait entendre qu'elle voulait aller d'un autre. Il signifie encore figurément et familièrement, cacher les moyens dont on se sert pour aller à ses fins.—DÉROBER, avec le pronom personel, se dit d'un objet qu'on cesse peu à peu de voir, soit parce qu'il s'éloigne ou qu'on s'en éloigne, soit parce que la clarté diminue. Il signifie également, se soustraire, *se dérober d'une compagnie*, ou simplement, *se dérober*, se retirer d'une compagnie sans dire mot, sans être aperçu. En termes de manége, *ce cheval se dérobe de dessous l'homme*, se dit d'un cheval, qui tout-à-coup, et par un mouvement irrégulier, s'échappe de dessous l'homme qui le monte. Fig., *ses genoux se dérobent sous lui*, ses genoux vacillent, et il a peine à se soutenir. *Escalier dérobé, porte dérobée, corridor dérobé*, escalier, porte, corridor qui servent à dégager un appartement, et par lesquels on peut entrer et sortir sans être vu. *Faire quelque chose à ses heures dérobées*, prendre sur ses occupations ordinaires le temps de faire une chose. — A LA DÉROBÉE (*locut. adv.*), secrètement, avec une sorte de mystère.

DÉROBER, v. a., *dérober une marche, une étape* (*art. milit.*), la faire à l'insu de l'ennemi. — DÉROBER LES SONNETTES (*faucconn.*), se dit d'un oiseau qui s'en va sans être congédié. — DÉROBER LA VOIE (*chasse*), se dit d'un chien qui chasse sans crier.

DÉROCHAGE, s. m. (*technol.*), opération par laquelle on nettoie et affine la surface de l'or, de l'argent et du cuivre.

DÉROCHER, v. a. (*fauconn.*), il se dit des grands oiseaux qui, en poursuivant des bêtes à quatre pieds, les obligent à se précipiter de la pointe des rochers. — DÉROCHER (*technol.*), exécuter l'opération du dérochage.

DÉRODON (David), né en Dauphiné, professeur de philosophie à Die, à Orange, à Nimes et à Genève, passait pour le plus grand dialecticien de son temps; on dit qu'un professeur, poussé par les arguments d'un inconnu, lui dit : *Es diabolus aut Derodo;* l'inconnu était en effet Dérodon; il était calviniste, et se fit catholique en 1630, puis revint plus tard au calvinisme. Quoiqu'il eût publié au temps de sa conversion un ouvrage contre la religion réformée, il écrivit beaucoup contre le catholicisme; entre autres ouvrages il publia : *Disputation de supposito* qui fut brûlé par ordre du parlement de Toulouse, et le *Tombeau de la Messe*, pour lequel l'auteur fut banni de France. Tous ses autres ouvrages traitent des points de controverse.

DÉRODYME, s. m. (*anat.*), monstre qui a deux têtes et deux cous.

DÉRODYMIE, s. f. (*anat.*), duplicité de la tête et du cou.

DÉRODYMIEN, IENNE, adj. (*anat.*). Il se dit des monstres qui ont deux têtes et deux cous.

DÉRODYMIQUE, adj. (*anat.*), qui offre les caractères de la dérodymie.

DÉROGATION, action de déroger à une loi, à un acte quelconque de l'autorité, à un usage, à des droits, etc.; ou le résultat de cette action.

DÉROGATOIRE, qui contient une dérogation, qui emporte dérogation.

DÉROGATOIRE, s. m. (*v. lang.*), dérogation.

DÉROGEANCE (*t. d'ancienne chancellerie*), action par laquelle on perd les droits et priviléges attachés à la noblesse.

DÉROGEANT, EANTE, qui déroge.

DÉROGER, modifier, changer de quelque manière que ce soit, une loi, un acte de l'autorité publique, une convention, des droits, un usage, etc.; ou s'en écarter, y faire quelque chose de contraire. — **DÉROGER**, signifie aussi faire une chose indigne de... — Il signifie également condescendre, s'abaisser. On l'emploie souvent en ce sens par ironie.

DÉROGER A SA NOBLESSE. C'était, dans l'ancien régime, faire des actes réputés par les préjugés d'alors indignes d'une personne noble : la profession de négociant sur laquelle, de nos jours, un peuple entier a fondé sa grandeur, faisait *déroger* le noble qui l'embrassait; pour recouvrer sa noblesse, il fallait obtenir des lettres de réhabilitation.

DEROI (Bernard-Érasme), né à Manheim le 11 décembre 1743, entra fort jeune au service et parvint en 1792 au grade de général major, Il commandait la place de Manheim quand les Français la bombardèrent en 1794, et se fit remarquer par sa fermeté. Plus tard il commanda le corps bavarois au service de la France, et nommé lieutenant-général il fut mis par Napoléon à la tête des troupes statoinnées dans le Tyrol. Enfin il fut, en 1812, général en chef des corps auxiliaires bavarois incorporés à la grande armée de Russie. Blessé mortellement au combat de Pulstulk, il succomba le 18 août 1812. Napoléon lui envoya à son lit de mort la grande décoration de la Légion-d'Honneur.

DÉROIDIR, diminuer, ôter la roideur. — On l'emploie aussi avec le pronom personnel. — Il se prend aussi figurément.

DÉROMPOIR, s. m. (*technol.*), table garnie d'un instrument tranchant, dont les papetiers se servent pour couper les chiffons en petits morceaux au sortir du pourrissoir.

DÉROMPRE, v. a. Il s'est dit autrefois pour torturer, rompre sur la roue.

DÉROMPRE (*faucon.*). Il se dit de l'action d'un oiseau de proie qui fond sur un autre, et le précipite à terre par un coup violent

DÉROMPRE (*technol.*), couper les chiffons pourris en petits morceaux avant de les porter dans les piles à effilocher.

DÉROQUER (*faucon.*), *V.* DÉROCHER.

DEROSSI (Jean-Gérard), poète né à Rome le 12 mars 1754, fils d'un banquier, suivit par obéissance la profession de son père, et consacrait une grande partie de son temps aux arts et aux lettres. Il fut directeur de l'académie de Portugal à Rome, et lorsque les armées françaises envahirent cette ville, il fut nommé ministre des finances; il n'accepta cette place qu'avec répugnance, et, s'étant retiré des affaires publiques, il continua de se livrer à ses goûts favoris. En 1812 il fut nommé membre correspondant de l'Institut de France, et en 1816 directeur de l'académie de Naples à Rome. Il mourut le 28 mars 1827; il est auteur de *Mémoires sur les beaux-arts*, d'un *Traité sur l'art dramatique*, de *Fables et épigrammes*, de la *Vie d'Angélique Kaufmann* et de 16 comédies, dont la plus remarquable est celle du *Cortigiano onesto, ovvero Cambiamenti d'un giorno.*

DÉROSTOME, adj. (*zool.*), qui a la bouche placée sur le cou.

DÉROUGIR, ôter la rougeur, ce qui rend rouge.—Il est aussi neutre et signifie, devenir moins rouge. Il s'emploie dans le même sens avec le pronom personnel.

DÉROUILLEMENT, s. m. (*technol.*), action de dérouiller, état de ce qui est dérouillé.

DÉROUILLER, ôter la rouille. Il signifie, figurément et familièrement en parlant des personnes, façonner, former, polir. Il s'emploie aussi avec le pronom personnel, dans l'un et dans l'autre sens. Il signifie encore, se remettre au fait d'une chose qu'on a autrefois apprise ou pratiquée, mais que l'on a plus ou moins négligée depuis.

DÉROULEMENT, action de dérouler.

DÉROULER, étendre ce qui était roulé, et le mettre de son long. On l'emploie aussi avec le pronom personnel. Il s'emploie dans certaines phrases figurées.

DÉROUTE, fuite de troupes qui ont été défaites, qui ont été rompues, ou qui ont pris l'épouvante d'elles-mêmes (*V.* RETRAITE). Il se dit, figurement, du renversement total des affaires de quelqu'un. Fig. et fam., *mettre quelqu'un en déroute dans une dispute*, le déconcerter, le mettre hors d'état de répondre.

DÉROUTER, détourner, égarer quelqu'un de sa route, de son chemin. Il signifie, figurément, rompre les mesures que quelqu'un prenait, et qui le conduisaient à son but. Il signifie aussi, déconcerter.

DERPT (*géogr.*). *V.* DORPAT.

DERPN (*bot.*), nom brame de l'*iria* des Malabares, *cyperus iria.*

DERKAMME, s. m. (*hist.*), serment fait en justice par lequel on s'engageait à prouver, surtout par témoins, la vérité de ce qu'on avançait.

DERREYÉ (*géogr.*), ville d'Arabie, capitale du Nedjed, au pied de la montagne de Kouhr. Céréales et fruits en abondance. Derreyé était autrefois le centre de la puissance des Wéhabis; cette ville fut prise, en 1819, par les Égyptiens. 13,000 âmes.

DERRHA (*géogr. anc.*), lieu du Péloponnèse, dans la Laconie, sur le mont Taygète, près de Lapithrée.

DERRHA ou **DERRIS** (*Costel-Rampo*), ville de la Macédoine, vers le S. sur le golfe de Thermaïque près d'un promontoire du même nom.

DERRHA, promontoire de la Macédoine, vers le S. dans la Paraxie, au fond du golfo Thermaïque.

DERRHIATIS, adj. f. (*myth. gr.*), surnom de Diane, adorée à *Derrhion* en Laconie.

DERRI ou **DARRY** (*min.*), on donne ce nom en Hollande, à une couche de tourbe solide qui se trouve à environ quinze centimètres de la surface du sol, et qui s'oppose au passage des eaux tant inférieures que supérieures. M. Decandolle applique spécialement le nom de *darri* à des tourbes de la Nord-Hollande, composées surtout de fucus, et néanmoins très combustibles. J. P.

DERRIÊH, ville dans une position très forte, au pied d'une montagne de l'Arabie centrale. Elle a été pendant longtemps la capitale de l'empire des Wahabites; enfin elle a été prise par Ibrahim-Pascha et presque détruite. 10 à 12,000 habitants. A 200 lieues N.-E. de la Mekke.

DERRIÈRE, préposition de lieu opposée à la préposition *devant*, et qui marque ce qui est après une chose ou une personne. — Fig., *il ne faut pas regarder derrière soi*, il faut continuer quand on a bien commencé, quand une fois on s'est engagé dans une carrière. — DERRIÈRE, s'emploie aussi comme adverbe, et signifie, après, en arrière, ou du côté opposé au devant. — Fig., *porte de derrière*, faux-fuyant, défaite, échappatoire. — Fig. et fam., *faire rage des pieds de derrière*, faire tous ses efforts, mettre tout en usage pour réussir. — Fig., *laisser quelqu'un bien loin derrière soi*, *bien loin derrière*, le surpasser, avoir beaucoup d'avantage sur lui.—Fam., *sens devant derrière*, se dit en parlant de la situation d'un objet tourné de telle façon que ce qui devrait être devant se trouve derrière. — DERRIÈRE, s'emploie aussi comme substantif masculin, et signifie le côté opposé au devant, la partie postérieure.—DERRIÈRE, substantif, se dit au pluriel, en termes de guerre, des derniers corps d'une armée en marche ou en bataille; et du côté auquel l'armée tourne le dos, ou du pays qu'elle laisse derrière elle. — DERRIÈRE, substantif, se dit en outre de cette partie de l'homme et de quelques animaux, qui comprend les fesses et le fondement. — Pop., *montrer le derrière*; fuir dans un combat, et figurément, ne pouvoir pas exécuter ce qu'on s'était vanté de faire.

DERRIS (*entomoz.*). On a donné ce nom à un petit animal fort peu connu. Son corps conique est terminé antérieurement par une sorte de renflement céphalique distinct portant deux petits tentacules cylindriques à sa partie supérieure et pourvu d'une bouche située entre deux lèvres assez saillantes. Il est contenu dans une sorte de tube qui paraît formé de cinq ou six articulations, auquel il est probable que l'animal n'adhère pas. Est-ce un chétopode ou ver à tuyau ou une larve d'hexapode?

DERRIS (*bot.*), genre de la diadelphie décandrie de Linné, famille des légumineuses, dont les caractères sont : calice tubuleux, crénelé sur les bords et coloré; corolle papilionacée, à quatre pétales presque égaux; étamines au nombre de dix, à filets monadelphes, style de la longueur des étamine, portant un stigmate simple; légume oblong, obtus, très comprimé, membraneux, lisse, à une seule graine longue et aplatie. On en connait deux espèces, dont l'une *derris pennée, D. pinnata*, est originaire de la Cochinchine, où les habitants font usage de sa racine qui est très charnue, et la machent avec les feuilles du bétel pour parfumer leur haleine et rendre leurs lèvres plus vermeilles. C'est un arbuste à tige rampante, longue, très rameuse, à feuilles alternes, pinnées, à folioles petites, rhomboïdales, glabres, entières et très nombreuses; ses fleurs sont blanches, et portées sur des pédoncules axillaires. La seconde espèce, *derris trifoliée, D. trifoliata*, a les feuilles ternées, et les fleurs en grappes longues et axillaires. Elle croît dans les forêts de la Chine. J. P.

DERROI, s. m. (*v. lang.*), déroute, déréglement, désordre.

DERT (GILBERT), né à Bourges, vivait au milieu du XVIe siècle; il avait embrassé la vie religieuse. Il est auteur de plusieurs ouvrages : 1° *Le soulas du cours naturel de l'homme, contenant sept dialogues, qui est un traité touchant la foi chrétienne, à l'encontre des Juifs*, trad. de l'italien; 2° *Traité de l'humilité*; 3° *La somme et fin de toute la sainte écriture du Nouveau-Testament, avec une épître de saint Jean Chrisostôme : de la manière de prier Dieu.*

DERTONA (*géogr. anc.*), ville de la Ligurie où les Romains établirent une colonie aujourd'hui *Tortone*.

DERTOSA (*géogr. anc.*), ville de l'Espagne tarragonaise, sur l'Ebre, dans le pays des Hercaons aujourd'hui *Tortosa*.

DÉRUSIEN, IENNE, adj. et s. (*hist. anc.*), nom d'une des dix tribus des Perses; membre de cette tribu. Les *Dérusiens* étaient agriculteurs.

DERVENTIO (*géogr. anc.*) (Derby), ville forte de la Bretagne dans la grande césarienne chez les Parisii.

DERVIS, DERVICHES ou MERLERIS, moines mahométans vivant en communauté, sous la conduite d'un supérieur et de délégués, et dont la principale occupation est la prédication. Leur règle leur impose la pauvreté, la chasteté et l'obéissance; mais ils éludent facilement les deux premières; ils ont même la faculté de quitter leur vie monastique et de se marier, sans aucun scandale. — En présence de leur supérieur et des étrangers, les derviches affectent une grande modestie; ils ont toujours les yeux baissés et gardent le plus profond silence; mais, hors de là, ils prennent un ton de supériorité envers les croyants, à quelque classe qu'ils appartiennent, et pénètrent sans façon dans les divans des gouvernements ou chez d'autres officiers, qui sont obligés de les accueillir avec les plus grands égards. Ils sont orgueilleux, suffisants, et, la plupart, d'une profonde ignorance. Beaucoup d'entre eux, quand ils peuvent se procurer des liqueurs fortes, de l'eau-de-vie ou du vin, en boivent outre mesure. L'usage de l'opium est beaucoup plus fréquent chez eux que chez les autres musulmans. Le jeudi est leur jour de jeûne; ils ne peuvent rien manger avant le coucher du soleil. Pour se dédommager de ce jeûne obligé, ils s'enivrent d'opium. Cette substance, dont une petite quantité suffit pour donner la mort à quiconque n'est pas fait à son usage, est prise par eux jusqu'à plusieurs onces à la fois. Peu à peu elle excite chez eux une vive gaîté, à laquelle succède une exaltation et même une ivresse complète. Dans cet état, ils restent étendus toute la journée sans remuer ni bras ni jambes. Leur barbe est l'objet particulier de leurs soins; ils se sont beaucoup relâchés de la manie de se découper et taillader le corps comme jadis : à peine si la peau est effleurée; mais ils se brûlent encore le côté du cœur avec de petites bougies en témoignage de tendresse pour l'objet de leur amour. Ils fixent l'admiration du peuple par l'agilité et l'extrême adresse avec lesquelles ils manient le feu sans se brûler; ils tiennent même dans la bouche et sans danger assez longtemps, ainsi que nos jongleurs et nos charlatans, des pointes ou lances rougies au feu. etc. Ils font mille autres tours adroits et prétendent, par une vertu particulière attachée à leurs robes, charmer et captiver les vipères et les serpents. — Ils sont les seuls parmi tous les religieux turcs qui parcourent l'Orient dans tous les sens : ils vont jusqu'au fond de l'Inde, mettent de côté les abondantes aumônes qu'ils reçoivent et entrent familièrement dans toutes les maisons religieuses qui se trouvent sur leur route, où ils se font defrayer de tout. Cependant les seuls Bektachi forment un ordre mendiant : il n'est point permis aux autres de demander l'aumône. Les derviches sont musiciens; leurs chants à la louange de Dieu sont toujours accompagnés de flûtes et de tambours de basque, quoique l'Alcoran défende l'emploi des instruments de musique. Leurs prières sont accompagnées de danses; c'est le vendredi et le mardi qu'ont lieu leurs cérémonies religieuses publiques; elles sont précédées d'une prédication du supérieur et d'un délégué. Les femmes, bannies de tous les lieux où se rassemblent les hommes, peuvent assister à ces prônes et n'y manquent jamais. Les derviches sont enfermés dans une balustrade, accroupis sur leurs talons, les bras croisés et la tête baissée. Après le sermon, les chantres, placés dans une galerie qui tient lieu d'orchestre, accordent leurs voix avec les instruments et chantent un hymne fort long. Le supérieur ou cheikh, en étole et veste à manches pendantes, frappe des mains à la seconde strophe; à ce signal les moines se lèvent, et, après avoir fait une profonde révérence, commencent à tourner sur eux-mêmes en pirouettant, l'un après l'autre, avec une telle rapidité que leur robe s'arrondit en pavillon d'une manière surprenante. Les danses cessent subitement à un nouveau signal du supérieur, et les derviches reprennent leur première attitude, aussi frais et dispos que s'ils ne venaient pas de se livrer à un exercice violent. Cette danse recommence ainsi cinq à six fois, aux signaux du supérieur, se prolongeant de plus en plus, et augmentant de rapidité à mesure qu'elle avance vers sa fin; car les derviches sont en haleine. Par la longue habitude qu'ils ont de cet exercice, ils s'y livrent sans en être étourdis. — La plupart portent une veste de bure couleur brune, qui descend un peu plus bas que le gras de la jambe; elle se boutonne; mais ils ont presque constamment la poitrine découverte jusqu'aux hanches, et la taille serrée par une ceinture en cuir noir; les manches de cette veste sont très amples. Par dessus ils portent un mantelet ou casaque à manches qui vient jusqu'au coude. Leurs jambes sont nues, et ils sont chaussés de babouches. Ceux qui mettent une chemise sous la veste la font faire de la toile la plus grossière, par humilité et pénitence. Leur coiffure est un bonnet en poils de chameau tout rond, d'un blanc sale, en forme de pain de sucre, arrondi au sommet; quelques-uns roulent autour un linge ou sesse en forme de turban. — De quelque ménagement dont le gouvernement soit obligé de faire usage envers eux, il ne souffre plus aujourd'hui que leur ordre prenne la même extension qu'autrefois. Les célibataires ne jouissent d'aucune considération parmi les Turcs; ce motif fait regarder les derviches comme nuisibles plutôt qu'utiles dans cet empire. — Le sultan Amurath avait résolu de les supprimer; mais, redoutant quelque soulèvement, il fut obligé de se contenter de les reléguer dans leur couvent de Koniah. Ils ont une succursale importante à Galatah, sur la côte du Bosphore de Thrace, et une à Broussa, l'ancienne Pruse en Bithynie. — Les derviches s'occupent beaucoup de poésie; ils n'y parlent jamais des femmes, à moins que ce ne soit de celles qu'ils espèrent trouver au céleste séjour. Leurs chants sont tristes, mélancoliques, mais harmonieux. Les personnes qui ont parcouru l'Orient avec attention sont surprises de lire dans les relations de quelques voyageurs que les Turcs et surtout les derviches insultent grossièrement le Christ; ces auteurs induisent le public en erreur. Il arrive souvent que les prédications des derviches roulent sur Jésus-Christ; alors ils attaquent les Juifs, mais avec calme et mesure; on ne les voit jamais s'emporter. Ils sont persuadés que le Christ n'a pu être mis à mort, qu'il est monté aux cieux et que les Juifs crucifièrent un homme qu'ils prirent pour lui. Ils font un reproche aux chrétiens de croire que l'envoyé de Dieu fût mortel; et s'ils nous traitent d'infidèles, ce n'est pas parce que nous révérons le Christ, mais parce que nous ne voulons pas admettre que Mahomet ait été envoyé après lui pour prêcher une loi plus en harmonie avec l'espèce humaine et la nature.

Le nom de *derviche* signifie pauvre, en persan, et on le donne à tous les moines de l'islamisme. Ils sont cependant de plusieurs ordres divers (Nakchbendi, Merleri, Bektachi, Kadri, Khalvali, Rufaai, Sady, etc.); quelques-uns remontent jusqu'à l'origine de cette religion (*Voy.* SOFY, FAKIR, etc.). Leur réception, dans chaque ordre, s'accompagne de beaucoup de cérémonies, et, pendant leur noviciat, ils sont soumis à toutes sortes d'épreuves : c'est lorsque le cheikh leur a très secrètement fait part des derniers *mots mystérieux* qui consistent en invocations fort simples adressées à la Divinité, que leur initiation est complète. Les *merleris* sont les plus adonnés au mysticisme. Ils tirent leur nom ou de Merlerah, sulthan de Koniah au XIIIe siècle, ou du poète mystique Merlana Djelaleddin Ar-Roumi, fanatique outré. Merlerah abandonna, dit-on, le pouvoir, et institua un ordre religieux auquel il donna son nom. Il fit construire un vaste monastère à Koniah, en Caramanie, et y attira un grand nombre d'illuminés. Othoman institua le supérieur du couvent de cette ville, grand chef de l'ordre, qui s'était répandu dans toute l'Asie-Mineure et dans la plupart des pays soumis à l'islamisme; le couvent où réside ce grand chef reçut encore de l'empereur Othoman de nombreux priviléges. Koniah compte environ 500 merleris ou derviches; le tombeau de leur fondateur est dans ce monastère; et, quand le chapitre général de l'ordre s'y tient, il y vient jusqu'à 7 et 8,000 de ces moines, qui sont le plus souvent en missions et dispersés.

DERWENT-WATER (JACQUES, comte de). L'un des seigneurs les plus remarquables qui, en 1715, prirent les armes pour le prétendant Charles-Édouard. Il fut fait prisonnier à Preston. Jugé avec les autres chefs de l'insurrection, il fut condamné à mort et exécuté le 6 mars 1716. Au moment de subir le supplice, il fit monter sur l'échafaud son fils, encore enfant, et lui dit : « Sois couvert de mon sang, et apprends à mourir « pour ton roi. »

DERWENT, s. m. (*géogr.*), fleuve de la terre de Van-Diémen, dans l'Australasie. Le *Derwent* prend sa source au centre de l'île, passe à Hubart-Town, chef-lieu des établissements anglais, et se jette dans la baie de la tempête après un cours de quatre-vingts lieues; les gros navires le remontent pendant neuf lieues. — DERWENT, nom de plusieurs rivières d'Angleterre, dont une passe à Derby. — DERWENT-FELLO, montagne d'Angleterre, comté de Cumberland, célèbre par ses mines de plomb.

DERXÈNE (*géogr. anc.*), contrée de l'Arménie, vers les sources de l'Euphrate.

DERYA'H (*dis.*). On nomme ainsi, en Egypte, la harpaye, *falco rufus*. (Gmel.) J. P.

DERYS (*bot.*), nom que l'on donne, en Egypte, au fourrage sec provenant du *trifolium alexandrinum*, ou *bersym* des Arabes. J. P.

DES. Mot qui tient lieu, par construction, de la préposition *de* et de l'article pluriel *les*. (V. DE.)

DÈS, préposition de temps et de lieu. Depuis, à partir de *Dès-lors*, dès ce moment là, dès ce temps là. Il s'emploie aussi pour de là, par forme de conséquence. — DÈS, s'emploie aussi pour désigner un temps fixe et prochain, dans l'avenir. — DÈS, construit avec *que* signifie aussitôt que. Il se prend aussi pour puisque.

DÉS (JEU DE). Le dé dont on se sert pour ce jeu est un petit cube dont chacune des six faces porte un nombre différent de points, depuis 1 jusqu'à 6. Le jeu de dés fut, selon les uns, inventé par les Lydiens, selon les autres, par Palamède. Les Grecs désignaient les différents coups sous les noms de dieux et de déesses. Le plus mauvais coup étant trois as, on disait proverbialement que telle condition amenait souvent trois as, pour signifier qu'on y trouvait beaucoup de mécomptes. Les Grecs se servaient donc de trois dés; d'ordinaire nous n'en employons que deux. Ce jeu de hasard fit fureur à Rome et bouleversa quelques fortunes. Ce ne fut guère que sous le règne de Philippe-Auguste que les dés s'introduisirent en France. — Les dés se mettent dans un cornet et, lorsqu'on les a remués un peu, on les jette brusquement. Il faut que la somme des points amenés, c'est-à-dire de ceux qui sont la face horizontale et parallèle à la base, se rapproche le plus possible d'un nombre déterminé pour lequel le joueur parie. Bien que ce soit un jeu de hasard, il y aura avantage pour celui qui tiendra compte des probabilités. Il n'y a donc aucune habileté dans la manière de jeter les dés; mais il y a un calcul probable à faire avant de parier pour tel ou tel nombre. Lorsqu'on parie avec 2 dés, 7 est le nombre le plus probable, 2 et 12 les plus rares. Avec 3 dés, 10 et 11 ont pour eux 27 chances sur 216, ou 1 sur 8. Lorsque les faces des dés présentent le même nombre, le coup s'appelle râfle. Quand on parie pour ce coup, il ne faut exposer que 1 contre 35 à 2 dés, 3 contre 213 à 3 dés, 6 contre 1299, ou 1 contre 215 à 4 dés, etc. Les *dominos* sont des sortes de dés. On emploie les dés dans le *tric-trac*. *Avoir le dé*, c'est jouer le premier : de là l'expression *à vous le dé*, pour *à vous l'initiative*. On dit *le dé en est jeté*, pour *le sort en est jeté*. Quelques autres expressions ont la même origine.

DÉSABÉLIR, v. n. (*v. lang.*), déplaire, être désagréable.

DÉSABRITER, v. a. (*néol.*), enlever un abri.

DÉSABUSEMENT, s. m. (*néol.*), action de désabuser; état d'une personne désabusée.

DÉSABUSER, tirer d'erreur, détromper de quelque fausse croyance. Il signifie particulièrement détromper quelqu'un de l'idée avantageuse ou défavorable qu'il se fait de quelque personne, de quelque chose. Il s'emploie aussi avec le pronom personnel dans l'un et dans l'autre sens.

DÉSACCOINTER, v. n., désunir, rompre l'accointance, la société.

DÉSACCOMMODER, v. a. (*v. lang.*). Incommoder.

DÉSACCORD. État de ce qui n'est point d'accord. Il se dit surtout de la différence d'opions, de sentiments entre les personnes.

DÉSACCORDER, detruire l'accord d'un instrument de musique. On l'emploie aussi avec le pronom personnel.

DÉSACCOUPLEMENT, s. m. (*hist. nat.*), cessation de l'accouplement.

DÉSACCOUPLER, détacher les unes des autres des choses accouplées. On l'emploie aussi avec le pronom personnel.

DÉSACCOUTUMANCE, perte de quelque coutume ou de quelque habitude. Il est vieux.

DÉSACCOUTUMER, faire perdre, faire quitter une coutume, une habitude. On l'emploie aussi avec le pronom personnel.

DÉSACHALANDER, éloigner les chalands, faire perdre les pratiques, éloigner ceux qui vont habituellement acheter chez un marchand.

DÉSACCUMULER, v. n. (*néol.*), détruire un amas, une accumulation.

DÉSACHALANDAGE, s. m. (*comm.*), perte des chalands; état d'une boutique désachalandée.

DÉSACIDIFICATION, s. f. (*chimie*). Action de désacidifier.

DÉSACIDIFIER, v. a. (*chimie*). Détruire l'état d'accidité d'une substance.

DÉSACIÉRER, v. a. (*technol.*). Détruire l'état d'aciération du fer.

DÉSADORER, v. a. (*néol.*), cesser d'adorer.

DÉSAFFAIRÉ, ÉE, adj. (*néol.*). Qui n'a rien à faire; qui n'est point affairé.

DÉSAFFECTION, s. f. (*néol.*). La cessation ou l'opposé de l'affection.

DÉSAFFECTIONNEMENT, s. m. (*néol.*), perte de l'affection. Il se dit surtout du refroidissement de l'amour du peuple pour le souverain.

DÉSAFFECTIONNER, v. a. (*néol.*), cesser de porter de l'affection à quelqu'un. On emploie plus ordinairement la forme pronominale. *Se désaffectionner*, absolument ou avec la préposition *de*.

DÉSAFFLEUREMENT, s. m. (*construct.*), état de ce qui est désaffleuré.

DÉSAFFLEURER, v. a. (*construct.*), faire ressortir certaines parties d'une surface sur les autres.

DÉSAFFOURCHER, (*t. de marine*), lever l'ancre d'affourche.

DÉSAFIANCE, s. f. (*v. lang.*). Défiance.

DÉSAFIER (SE), v. pers, (*v. lang.*). Se défier.

DÉSAGENCER, v. a. (*néol.*), détruire l'agencement.

DÉSAGIE, s. m. (*v. lang.*), malaise, incommodité.

DESAGRÉABLE, qui déplait, de quelque manière que ce soit. Il se dit des personnes et des choses.

DÉSAGRÉABLEMENT, d'une manière désagréable.

DÉSAGRÉER, déplaire, n'agréer pas.

DÉSAGRÉER (*t. de marine*). Il se dit en parlant d'un bâtiment dont on ôte les agrès, les voiles, les cordages et autres choses nécessaires pour la manœuvre, ou d'un bâtiment qui perd ses agrès par accident ou dans un combat. Il a vieilli. On dit maintenant *dégréer*.

DÉSAGRÉGATION, s. f. (*didact.*), séparation des parties dont l'assemblage constitue un corps.

DÉSAGRÉGER, v. a. (*didact.*), détruire l'agrégation des parties.

DÉSAGRÉMENT, chose désagréable, sujet de chagrin, d'ennui, de dégoût. Il se dit aussi des défauts qui nuisent aux agréments extérieurs d'une personne.

DESAGULIERS (JEAN-THÉOPHILE), né à la Rochelle en 1683, fils d'un ministre protestant, qui fut forcé de se retirer en Angleterre lors de la révocation de l'édit de Nantes. Après avoir commencé ses études sous son père, Desaguliers alla les terminer à l'université d'Oxford. Il s'y fit remarquer par l'ardeur qu'il mettait à l'étude de la physique: et lorsque Keill, qui occupait la chaire de cette science, la quitta, le jeune Desaguliers le remplaça en 1710. Il fut ensuite chargé d'ouvrir un cours de physique au collége de Hart-Hall; il le fit avec une grande distinction, en s'appuyant sur les conseils de Newton. Sa réputation croissante le fit désirer à Londres; il s'y rendit, parce qu'il espérait être, dans cette ville, plus à même d'acquérir des connaissances. Il prit les ordres en 1717, et fut fait chapelain du duc de Chandos, puis du prince de Galles. Il fut ensuite admis à la Société royale de Londres. Newton, qui connaissait les talents de Desaguliers, le chargea de répéter plusieurs de ses expériences les plus importantes. Celui-ci fit donc un cours de physique expérimentale newtonienne, où l'on vit venir les savants les plus distingués et les hommes d'États les plus remarquables; Georges Ier et le prince de Galles y assistèrent. Il publia ensuite le recueil de ses leçons, sous le titre de : *System of experimental philosophy*. Cet ouvrage a été traduit en français par le P. Pezenas. On dit que sa raison s'altéra dans la dernière année de sa vie, et qu'il succomba à des accès de folie en 1743.

DÉSAIGNER (*technol.*). (*V.* DESSAIGNER).

DÉSAIGRIR, v. a. (*v. lang.*), soulager.

DÉSAIGRIR (*chimie*), faire perdre à un corps ses qualités aigres.

DÉSAIMER, v. a. (*v. lang.*), cesser d'aimer.

DÉSAIRER, v. a. (*faucon.*), tirer les oiseaux de l'aire où de l'endroit où on les nourrit.

DESAIX DE VOYGOUS (LOUIS-CHARLES-ANTOINE), né en 1768, à Saint-Hilaire-d'Ayat, en Auvergne, et entra à l'âge de 15 ans comme sous-lieutenant au régiment de Bretagne, où il se fit remarquer par son caractère doux, grave et studieux. En 1791, il fut nommé commissaire des guerres, et peu après aide-de-camp du général Victor de Broglie. Les guerres de la révolution lui donnèrent alors occasion de se distinguer, et il obtint un avancement rapide. En 1796 il fut appelé au commandement d'une division; et servit dans l'armée de Moreau avec beaucoup de gloire. Il suivit Bonaparte en Égypte et remporta plusieurs victoires qui le rendirent maître de toute la Haute-Égypte; il gouverna ensuite ce pays avec tant de modération, que les habitants lui donnèrent le nom de *Sultan juste*. Plus tard il accompagna le premier consul dans son expédition d'Italie, et contribua puissamment à la victoire de Marengo, le 14 juin 1800, et y reçut une blessure mortelle. Son corps fut embaumé et transporté dans l'hospice du Grand Saint-Bernard. Un monument lui a été élevé place Dauphine,

DÉSAJUSTER, faire qu'une chose cesse d'être dans l'arrangement, dans la position où elle était et où elle devait être. Il s'emploie aussi avec le pronom personnel. — DÉSAJUSTÉ (*participe*). En termes de manége, *ce cheval est désajusté*, se dit d'un cheval qui ne fait plus le manége avec la même justesse, dont les allures sont dérangées.

DÉSALIGNEMENT, s. m. (*art milit.*), désordre dans l'alignement d'une troupe.

DÉSALIGNER, v. a. (*art milit.*), causer un désalignement.

DÉSALITER (SE), v. pers., sortir du lit, cesser de garder le lit.

DÉSALLAITEMENT, s. m. (*méd.*), action de désallaiter.

DÉSALLAITER, v. a. (*méd.*), cesser d'allaiter un enfant, le sevrer.

DÉSALTÉRANT, ANTE, adj. (*néol.*), qui désaltère.

DÉSALTÉRER, apaiser la soif. On l'emploie aussi avec le pronom personnel.

DÉSAMARRER, v. a. (*marine*), détacher un bâtiment, un objet qui est amarré,

DÉSAMOUR, s. m. (*néol.*), cessation de l'amour; refroidissement.

DÉSANCHER, v. a. (*musique*), ôter l'anche d'un instrument à vent.

DÉSANCRER (*t. de marine*), lever l'ancre. Il a vieilli.

DÉSANIMER, v. a., cesser d'animer.

DÉSAPPAREILLER, ôter une ou plusieurs choses d'un certain nombre de choses pareilles, dont la réunion forme une sorte d'ensemble d'assortiment. On dit plus ordinairement *dépareiller*.

DÉSAPPAREILLER, v. n. (*marine*), faire les manœuvres contraires à celles qui sont nécessaires pour appareiller, c'est-à-dire replier ses voiles, etc.

DÉSAPPARIER, séparer deux oiseaux appariés; tuer le mâle ou la femelle.

DÉSAPPLIQUER, v. a., détacher du travail.

DÉSAPPLIQUER (SE), v. pron., cesser d'avoir de l'application.

DÉSAPPOINTEMENT, contrariété qu'on éprouve lorsqu'on est trompé dans ses espérances, déconcerté dans un projet.

DÉSAPPOINTER. Il signifiait autrefois ôter, rayer quelqu'un de l'état des soldats ou officiers de guerre entretenus. Il signifie maintenant, au figuré, tromper quelqu'un dans ses espérances, ne pas remplir son attente. — *Désappointer une pièce d'étoffe*, couper les points de fil ou de ficelle qui tiennent en état les plis de cette pièce.

DÉSAPPRENDRE, oublier ce qu'on avait appris.

DÉSAPPROBATEUR, TRICE, qui désapprouve par caractère, par habitude. Il se prend aussi substantivement.

DÉSAPPROBATION, action de désapprouver.

DÉSAPPROPRIATION, action par laquelle on abandonne la propriété d'une chose.

DÉSAPPROPRIER (SE), renoncer à une propriété, s'en dépouiller. Il est peu usité.

DÉSAPPROUVER, blâmer, condamner, trouver mauvais. On l'emploie aussi avec la conjonction *que*, suivie d'un verbe.

DÉSARBORER, v. a. (*marine*), abattre des mâts.

DÉSARBORER (*néol.*), cesser d'arborer, abattre un pavillon, un drapeau arboré.

DÉSARÇONNER, mettre hors des arçons, jeter hors de la selle. Il signifie, figurément et familièrement, confondre quelqu'un dans une discussion, le mettre hors d'état de répondre.

DESARENA (*géogr. anc.*), contrée de l'Inde, en deçà du Gange, sur la côte orientale.

DÉSARGENTER, enlever l'argent d'une chose qui était argentée. Il signifie, figurément et familièrement, dégarnir d'argent comptant. Il s'emploie aussi avec le pronom personnel, surtout dans le premier sens.

DESARGUES (GÉRARD), géomètre distingué, né à Lyon en 1593. Il appartenait à une famille ancienne; et, pour obéir à d'honorables préjugés, il embrassa d'abord la profession des armes. Il se trouva au siége de la Rochelle, où il connut Descartes; des goûts communs les rapprochèrent, et ils se lièrent ensuite d'une amitié solide et sincère. Desargues s'étant retiré du service vint à Paris, où il entra dans la société de Chantereau-Lefèvre, qui reunissait chez lui une sorte d'académie de mathématiciens. Il y connut Gassendi, Bouillau, Roberval, Carcavi et Pascal. Quand Descartes eut publié son livre des *Principes*, qui jeta les fondements de sa réputation, Desargues prit chaleureusement sa défense contre Fermat et le P. Bourdin, qui avaient attaqué quelques-unes de ses opinions. Il publia, à peu près à cette époque, un traité sur les *sections coniques*, qui lui donna une place parmi les mathématiciens les plus remarquables de cette époque. Sa réputation était telle, que lorsque Pascal publia son traité sur le même sujet, Descartes l'attribua à Desargues, qu'il regardait comme le seul mathématicien en état de produire un semblable ouvrage. Desargues quitta ensuite Paris et revint à Lyon, où il se livra entièrement à ses goûts pour l'étude, et où il s'adonna surtout à la coupe des pierres; il se plaisait même à faire aux ouvriers dont il était entouré, des leçons sur cette partie toute géométrique de l'architecture. Desargues écrivait avec pureté; mais, soit timidité ou modestie, il confia à Abraham Bosse le soin de rédiger ses ouvrages, et c'est à cette fâcheuse circonstance qu'il faut attribuer l'obscurité dans laquelle ils sont tombés. Desargues mourut à Lyon en 1662; on a de lui : — I. *Traité de la perspective*, 1636, *in-folio*; — II. *Traité des sections coniques*, 1639, *in-8°*; — III. *Ouvrages rédigés par Bosse*; *La manière universelle pour poser l'essieu*. — *La pratique du trait à preuve pour la coupe des pierres*. — *La manière de graver en taille douce et à l'eau forte*. — *La manière universelle pour pratiquer la perspective*.

DÉSARMEMENT, action par laquelle on fait quitter les armes à des gens de guerre ou autres. Il se dit par extension, du licenciement des gens de guerre. Il se dit aussi de l'action de désarmer un vaisseau. — DÉSARMEMENT, en termes d'escrime, signifie l'action par laquelle on fait sauter l'épée de son adversaire.

DÉSARMEMENT (*adm. milit.*). Ce mot est plus employé dans la langue de la marine que dans celle des troupes de terre; les maîtres d'armes l'ont appliqué à leur art; le dernier siècle l'a pratiqué dans le sens de réduction au pied de paix, idée qui se rendait autrefois à l'étranger par l'expression de *dislocation*. Maintenant, sauf ses acceptions vulgaires, qui ne demandent pas à être énoncées ici, le terme n'est presque plus usité que par les officiers du génie. Un ministre de la guerre qui ordonne un désarmement sous-entend, par cette injonction, que les places fortes qu'il désigne seront dégarnies du matériel d'armement qui en occupe les ouvrages ou les remparts, et que les bouches à feu et leurs accessoires seront réintégrés dans les arsenaux et les magasins.

DÉSARMEMENT (*politique*). Quel temps pourrait être plus propre pour invoquer la paix et réaliser tous les biens qui en découlent, que celui où l'esprit de conquête et d'agrandissement s'éteint chez les peuples éclairés et reste contenu chez les peuples stationnaires, que celui où l'esprit de liberté, d'association et d'industrie, devient général et fonde le crédit, puissance nouvelle qui sera par sa nature un jour le plus solide lien des nations? — Envisagé seulement sous le point de vue de la prospérité publique, nul doute qu'un désarmement ne soit de la plus urgente nécessité ; car, non-seulement tous les cœurs gémissent de voir enlever à l'agriculture, au commerce et aux arts utiles la fleur de la population ; mais la politique même fait comprendre aux gouvernements qu'en persévérant dans l'entretien de si nombreuses armées, aux dépens de leurs finances, ils pourraient bien aussi préparer de terribles commotions. — Malheureusement, depuis Louis XIV, qui le premier donna le funeste exemple de ces grands appareils de guerre, l'Europe est *montée sur ce ton* ; et, comme on l'a dit, avec une allusion maligne, au grand Frédéric lui-même, c'est une maladie épidémique, et la philosophie n'en guérira pas les princes qu'elle compte parmi ses adeptes. Aussi, de nos jours, les puissances un peu dédaigneuses des spéculations de la philosophie, et sachant qu'il ne serait pas de leur prudence de se confier aux exceptions et aux vertus politiques, ne se conduisent plus que d'après les *maximes de cabinet*, et ces maximes, appliquées à l'état actuel de l'Europe, ne font pas concevoir d'espérance prochaine pour l'accomplissement des vœux les plus chers à l'humanité. — Les gouvernements, en effet, s'autorisent, pour rester armés, de principes qu'il n'est pas facile de contester. — On établit d'abord que le crédit, la considération d'un gouvernement, sa prééminence, son rang enfin dans l'ordre politique est nécessairement fondé sur sa puissance, c'est-à-dire la force ou les ressorts qu'il trouve dans les troupes et les alliances ; et, par une conséquence outrée peut-être, on en conclut que c'est par l'entretien soutenu et chaque jour perfectionné d'une grande armée qu'un État s'élève et se maintient au premier rang. On s'appuie de l'exemple de la Russie et de la Prusse, qui ne doivent qu'à ce moyen la place qu'elles occupent aujourd'hui, et l'on cite encore l'Autriche, qui ne s'en est pas tenue exclusivement au *Tu, felix Austria, nube!* Ainsi, même en faisant abstraction de la situation intérieure peu rassurante de divers États, de certains faits accomplis qui ne sont pas adoptés par tous, de certains autres qui menacent et qu'il faut surveiller, de l'imprévu enfin, qui, en politique, joue un si grand rôle, on soutient qu'il est d'une prévoyance légitime pour un gouvernement qui a des rivaux de garantir contre toute attaque soudaine les propriétés particulières de la fortune nationale, de contrebalancer l'ambition étrangère en réglant la force publique d'après celle qui pourrait menacer son territoire ; et, rappelant enfin que la durée de la paix pendant trente ans est un grand préjugé contre sa stabilité ultérieure, on insiste sur la nécessité d'être prêt à tout événement ; car on respecte toujours une nation que l'on sait en mesure de résister vigoureusement à toutes les attaques. — On voit donc, en aprofondissant la question du désarmement, que c'est dans un esprit de paix, de conservation et d'humanité que les cabinets ont admis cet axiome vulgaire : *Si vis pacem, para bellum* ; ils tiennent en effet pour vrai, et l'expérience des dernières années fortifie cette opinion, qu'en se tenant toujours préparés pour la guerre, ils réussiront longtemps encore à en détourner le fléau. Mais, quelle que soit la valeur de ces arguments, on ne peut se dissimuler qu'au nombre des maux qu'engendrent ces continuels apprêts de défense, il en est deux qui s'aggravent chaque jour davantage ; il faut réduire le pied de guerre pour décharger les peuples des impôts écrasants et pour mettre un terme à l'agitation morale qui fermente dans les camps. — Les moyens d'obtenir le désarmement ne peuvent dériver que de la considération des rapports et des intérêts politiques, ou des institutions analogues et des sympathies nationales ; le but direct est de substituer aux développements de la politique d'ambition les mesures de la politique morale fondée sur la justice, les services mutuels et les bienfaits réciproques ; en un mot, il s'agit de remplacer la force des baïonnettes par le faisceau des alliances.

DÉSARMER, ôter à quelqu'un son armure. On l'emploie aussi avec le pronom personnel. — Il signifie aussi ôter, enlever à quelqu'un ses armes. — Il signifie également, en termes d'escrime, faire sauter l'épée de la main de son adversaire. — Il signifie encore obliger quelqu'un à livrer, à rendre les armes qu'il a en sa possession. — En termes de marine, *désarmer un vaisseau*, le dégarnir de son artillerie, de son équipage, de ses agrès, et le laisser dans le port. — DÉSARMER, signifie figurément toucher, fléchir, adoucir, rendre traitable. — Il signifie quelquefois figurément, dans le style soutenu priver, dépouiller. — DÉSARMER, s'emploie aussi neutralement et signifie alors pour les armes, congédier les troupes et cesser de faire la guerre. — Il se dit également d'un vaisseau qu'on désarme. — DÉSARMÉ (*participe*), il se prend aussi adjectivement, et signifie qui n'a plus d'armes.

DÉSARMER, v. a. (*marine*), être congédié et quitter un bâtiment. — **DÉSARMER UN CHEVAL** (*manége*), tenir ses lèvres sujettes et dégagées des barres.

DÉSARRIMER, v. a. (*marine*), déranger les objets arrivés dans la cale d'un navire.

DÉSARROI, désordre dans les affaires, renversement de fortune. Il n'est guère usité qu'avec les prépositions *en* et *dans*.

DÉSARRONDIR, v. a. (*technol.*), détruire la forme arrondie d'un corps. — Il s'emploie quelquefois avec le pronom personnel.

DÉSARTICULATION, s. f. (*chirurg.*), amputation d'un membre dans son articulation. — Section des liens fibreux qui unissent ensemble deux ou plusieurs os.

DÉSARTICULATION (*anat.*), action d'isoler les uns des autres les divers os du squelette, en particulier ceux de la tête.

DÉSARTICULER, v. a. (*anat.*), pratiquer la désarticulation des os.

DÉSASSAISONNEMENT, s. m. (*néol.*), action de désassaisonner, état de ce qui est désassaisonné.

DÉSASSAISONNER, v. a. (*néol.*), ôter l'assaisonnement.

DÉSASSEMBLAGE, s. m. (*technol.*), action de se désassembler.

DÉSASSEMBLER, séparer ce qui était joint par assemblage. Il ne se dit guère qu'en parlant des pièces de charpenterie et de menuiserie.

DÉSASSIMILATEUR, TRICE, adj. (*didact.*), qui produit un effet contraire à l'assimilation.

DÉSASSIMILATION, s. f. (*didact.*), cessation ou destruction de l'état d'assimilation.

DÉSASSIMILER, v. a. (*didact.*), cesser d'assimiler.

DÉSASSOCIATION, s. f. (*néol.*), rupture d'une association.

DÉSASSOCIER, v. a., détruire une association.

DÉSASSORTIMENT, s. m., action de désassortir. — État des choses mal assorties.

DÉSASSORTIR, ôter ou déplacer quelqu'une des choses qui avaient été assorties.

DÉSASTRE, événement funeste, grand malheur ; ou les effets qui en résultent.

DÉSASSURER, v. a. (*néol.*), dépersuader.

DÉSASTREUSEMENT, d'une manière désastreuse.

DÉSASTREUX, EUSE, funeste, malheureux.

DÉSATIR. Par ce mot de la langue persane moderne, dans laquelle il signifie *préceptes*, on désigne un recueil de seize écrits sacrés des quinze prophètes anciens de la Perse, y compris un livre de Zoroastre. Ces écrits sont tous rédigés dans un idiome inconnu qui ne diffère pas moins du zend que du pehlvi et du persan moderne. Le dernier des quinze prophètes qui vivait lors de la chute des Sassanides et de la conquête de la Perse par les Arabes, les traduisit littéralement et y ajouta un commentaire. Le *Désâtir*, après avoir joué jusque dans le XVIIe siècle un rôle important dans l'ancienne religion persane, mêlée d'astrologie et de démonologie, et avoir été ensuite égaré pendant environ **158** ans, a été retrouvé à Ispahan par un Perse lettré. Le fils de celui-ci, Molla-Firuz, en a publié, sur la demande du marquis de Hartings, une édition intitulée : *Désâtir, ou Écrits sacrés des anciens prophètes persans*, à laquelle se trouve jointe une traduction anglaise par Erskine (Bombay, **1818**, 2 vol. in-8°). Ce dernier regarde le *Désâtir* comme apocryphe ; M. Silvestre de Sacy est du même avis : cet illustre orientaliste croit que les pièces qui le composent sont l'œuvre d'un Perse du IVe siècle de l'hégire, qui aurait inventé lui-même la langue dans laquelle elles sont écrites, pour donner un air d'authenticité aux antiques traditions et aux mystères ingénieux qui y sont consignés. M. de Hammer, au contraire, les tient pour authentiques, et les attribue au prophète persan Mehabat. Quoi qu'il en soit, le *Désâtir* mérite notre attention, parce qu'il fait connaître l'ancienne religion des peuples asiatiques, dans laquelle se trouvent réunis, entre le pandémonisme et la métempsycose, tous les éléments du culte des astres, de l'astrologie, de la théurgie, du système des amulettes, ainsi que ceux de la croyance des Indous, et notamment de la doctrine brahmanique des castes, comme aussi beaucoup de principes du christianisme. Cependant le *Désâtir* ne contient rien qui se rapporte au Zend-Avesta et au magisme des Perses.

DÉSAUBAGE, s. m. (*hist.*), repas qui se faisait autrefois le huitième jour après le baptême d'un nouveau-né, et dans lequel les parents donnaient des gâteaux aux enfants.

DÉSAUBER, v. a. (*V. lang.*), ôter la robe blanche, *l'aube* que l'on mettait aux catéchumènes.

DÉSAUGIERS, (Marc-Antoine), né en **1742**, à Fréjus, apprit la musique et la composition sans aucun maître. Il vint à

Paris en 1774 et s'y fit connaître bientôt par des ouvrages pleins d'originalité; les jolis airs des Jumeaux de Bergame, des deux Sylphes et de Florine furent longtemps populaires. Il réussissait également bien dans différents genres de composition, et il le prouva quand après ses opéralegers, il fit paraître *les chants funèbres* qu'il avait composés sur la mort de Sacchini. Il mourut à Paris le 10 septembre 1793.

DÉSAULT (Pierre), docteur en médecine né en 1675, à Arzac, près Bordeaux, il exerça sa profession avec talent, mais ses qualités étaient ternies par un orgueil insupportable qui déparent aussi ses ouvrages qui ne sont pas sans mérite, mais dans lesquels on rencontre des raisonnements fort hasardés; ils consistent en dissertations sur différentes maladies; la rage, la phtisie, la pierre, la goutte et principalement les maux vénériens.

DESAULT (Pierre-Joseph), né en 1744 au Magny-Vernais, près de Lure, était d'une famille peu fortunée, qui lui donna néanmoins une éducation libérale, il s'appliqua surtout aux mathématiques et devint en état de commenter le livre de Borelli, intitulé : *De motu animalium*. Ses parents le destinaient à l'état ecclésiatique, mais sa vocation l'entraînait vers la chirurgie qu'il devait plus tard illustrer. Il prit d'abord les leçons d'un praticien de son village dont il ne tarda pas à reconnaître l'ignorance, et le quitta pour aller à Béfort, où il suivit la pratique de l'hôpital militaire; son génie naissant suppléa à ce que ces nouvelles leçons avaient d'incomplet, et les nombreux cas de blessures d'armes à feu qu'il fut à même d'observer avec sa perspicacité ordinaire le mirent plus tard à même de prouver que ce n'était pas sans fruit qu'ils les avait étudiées. Après trois années de séjour à Béfort, il résolut de venir à Paris, puiser auprès des grands praticiens la science dont il était si avide; il y arriva en 1764, et se rangea parmi les élèves du célèbre Antoine Petit. Cependant il lui fallait vivre, et pour subvenir à ses besoins, il donnait à ses condisciples des leçons de mathématique. Il abandonna bientôt cette industrie pour ouvrir à la fin de 1766 un cours public d'anatomie. Desault n'était pas orateur, mais ses cours étaient si pleins d'intérêt et de savoir, qu'ils furent bientôt suivis par une foule d'élèves qui désertaient les leçons des chirurgiens de Saint-Côme et des médecins de la faculté qui étaient seuls en possession de l'enseignement. Ceux-ci jaloux de ses succès, lui firent défendre de continuer à enseigner. Cependant Louis et Lamartinière plus généreux que leurs confrères lui prêtèrent leur appui; quoiqu'il en soit, il eut été forcé de céder à la défense qu'on lui avait faite s'il ne l'eut éludée en empruntant le nom d'un médecin qui lui donna le titre de son répétiteur. Dès-lors, sa réputation continua à s'accroître; l'envie forcée de reconnaître sa supériorité comme professeur, contestait son talent comme praticien, Desault lui donna le dementi le plus complet; l'invention ou la rénovation de différents instruments de chirurgie très ingénieux lui valurent de nouveaux succès et prouvèrent qu'il était aussi grand chirurgien que savant anatomiste. C'est lui qui remit en vigueur la ligature immédiate des artères dans les amputations, et ce procédé qui avait été abandonné depuis Ambroise Paré, est maintenant exclusivement employé. Quelque temps après il fut nommé professeur à l'école pratique, puis admis au collége de chirurgie, et reçu membre de l'académie royale. En 1782 il fut nommé chirurgien en chef de l'hôpital de la Charité. Là il fit faire de grands progrès à la science, à laquelle il était si dévoué, tantôt en perfectionnant un instrument, tantôt en en invantant un nouveau qui manquait aux opérations. Il occupait cette place depuis 6 ans, quand la survivance de l'Hôtel-Dieu vint à vaquer; Desault y fut nommé, et après la mort de Moreau, chirurgien en chef, il lui succéda. Dès ce moment la confiance publique qui était déjà venue au chirurgien en chef de la Charité, fut acquise exclusivement au chef de la chirurgie de l'Hôtel-Dieu. Cependant sa nombreuse clientèle ne lui fit jamais négliger ni ses malades de l'hôpital, ni ses nombreux élèves, tout son temps leur était donné, sauf six heures par jour consacrées aux particuliers; quoiqu'il eut sa maison et qu'il fut marié, il couchait à l'Hôtel-Dieu pour être à même de donner ses soins à toute heure aux malades qui lui étaient confiés. Ses leçons étaient en même temps théoriques et pratiques. Jamais il ne laissait échapper une occasion d'instruire ses élèves, aussi son école devint-elle célèbre dans toute l'Europe, et il se vit bientôt entouré d'élèves de tous pays. — Au commencement des guerres de la révolution, Desault fut nommé au comité de santé des armées et rendit de grands services dans cette place. Cependant, victime comme tant d'autres de la tourmente révolutionnaire, il fut, sur la dénonciation de Chaumette, arrêté le 28 mai 1793, mais les rumeurs que son emprisonnement excita déterminèrent son élargissement au bout de 3 jours. L'année suivante, Desault fut nommé professeur de chimie chirurgicale dans l'école de santé que remplaça, en 1794, la Faculté de médecine et le Collége de chirurgie. Il murmura hautement contre cette organisation qui mettait la médecine qu'il affectait de mépriser au même niveau que la chirurgie qu'il avait toujours aimée en enthousiaste. — Cet illustre chirurgien fut enlevé aux sciences et à l'humanité le 1er juin 1795; il était à peine âgé de 51 ans.

DÉSAUMUSSÉ, ÉE, adj., qui a quitté l'aumusse.

DÉSAUTORISER, v. a. (*néol.*), cesser d'autoriser; détruire une autorisation.

DÉSAVANTAGE, infériorité en quelque genre que ce soit de combat, de lutte, de dispute, de concurrence, etc. Il se dit aussi en parlant des choses qui font qu'on a du désavantage. Il signifie aussi, préjudice, dommage *voir quelqu'un à son désavantage*, le voir sous un aspect, sous un jour défavorable.

DÉSAVANTAGER, v. a., faire subir un désavantage.

DÉSAVANTAGER (*jurispr.*), causer de la perte; ôter à quelqu'un ce qui lui appartient, diminuer la part d'un héritier en augmentant celle des autres, le contraire d'*avantager*.

DÉSAVANTAGEUSEMENT, d'une manière désavantageuse.

DÉSAVANTAGEUX, EUSE, qui cause ou qui peut causer du désavantage, du préjudice, du dommage. En termes de guerre, *ports désavantageux*, ports mal choisis ou mauvais par la situation, et où il est mal aisé que les troupes puissent se défendre.

DÉSAVENANT, ANTE, adj. (*v. lang.*), désavantageux; désagréable, indécent. *Désavenant* se prenait quelquefois substantivement dans le sens de dommage, désastres.

DÉSAVENIR, v. n. (*v. lang.*), arriver malheureusement.

DÉSAVEU, dénégation; en jurispr. *Le désaveu d'un enfant légitime*, l'acte par lequel un mari refuse de reconnaître un enfant dont sa femme est accouchée.—DÉSAVEU, signifie quelquefois rétractation. Il signifie aussi, l'action ou l'acte par lequel on déclare n'avoir point autorisé une personne à faire ou a dire ce qu'elle a fait ou dit. Il se dit par extension de tout ce qui équivaut à un désaveu.

DÉSAVEU, s. m. (*féod.*), refus d'un nouveau vassal de prêter foi et hommage à son seigneur, soit en se déclarant vassal d'un autre seigneur, soit en soutenant qu'il possède son fief en *franc-aleu*; ce qui donnait lieu à la commise.

DÉSAVEU. C'est l'acte par lequel une partie prétend qu'un avoué ou autre officier n'a point eu commission de s'occuper pour elle, ou qu'il a excédé les bornes de son pouvoir, et qu'en conséquence, elle désaprouve et demande la nullité de ce qu'il a fait. — Aucunes offres, aucun aveu ou consentement, ne peuvent être faits, donnés ou acceptés sans un pouvoir spécial, à peine de désaveu (Cod. de procéd. art. 352). — Le désaveu est *principal* ou *incident* (*ibid.* art. 354 et 358). — Le *désaveu principal* est celui qui est dirigé contre un acte sur lequel il n'y a point encore d'instance, ou bien sur lequel il y a eu instance mais qui est terminée. — Le *désaveu incident* est dirigé contre un acte fait dans le cours d'une instance encore existante. — Par le désaveu, il est sursis à toute procédure et au jugement de l'instance principale jusqu'à celui qui statuera sur le désaveu, à peine de nullité; sauf cependant à ordonner que le désavouant fera juger le désaveu dans un délai fixé, sinon qu'il sera fait droit. — Toute demande en désaveu doit être communiquée au ministère public (*ibid.* art. 359, voyez au reste le titre XVIII du code cité). — DÉSAVEU DE PATERNITÉ. C'est la déclaration du mari qu'il n'est point le père de l'enfant né dans le mariage. Il est des cas où il est admis à faire cette déclaration. Le mari peut désavouer l'enfant, s'il prouve que, pendant le temps qui a couru depuis le trois centième jusqu'au cent quatre-vingtième jour avant la naissance de l'enfant, il était, soit pour cause d'éloignement, soit par l'effet de quelque accident, dans l'*impossibilité physique* de cohabiter avec sa femme (C. civ., art. 312). Le mari ne peut, en alléguant son impuissance naturelle, désavouer l'enfant; il ne peut le désavouer, même pour cause d'adultère, à moins que la naissance ne lui ait été cachée, auquel cas il est admis à proposer tous les faits propres à justifier qu'il n'en est pas le père. — L'enfant né avant le cent quatre-vingtième jour du mariage ne peut être désavoué du mari dans les cas suivants: 1° s'il a eu connaissance de la grossesse avant le mariage; 2° s'il a assisté à l'acte de naissance, et si cet acte est signé de lui ou contient la déclaration qu'il ne sait signer; 3° si l'enfant n'est pas né viable. — La légitimité de l'enfant né trois cents jours après la dissolution du mariage peut être contestée (*ibid.*, art. 313, 14 et 15).—Dans les divers cas où le mari est autorisé à réclamer, il doit le faire dans le mois, s'il se trouve sur les lieux de la naissance de l'enfant; dans les deux mois après son retour si, à la même époque, il est absent; dans les deux mois après la découverte de la fraude si on lui a caché la naissance de l'enfant. — Si le mari est mort avant d'avoir fait sa déclaration, mais étant encore dans le délai utile pour la faire, les héritiers ont deux mois pour contester la légitimité de l'enfant, à compter de l'époque où cet enfant se serait mis en possession des biens du mari, ou de l'époque où les héritiers seraient troublés par l'enfant dans cette possession. — Tout acte extrajudiciaire contenant le désaveu de la part du mari ou de ses héritiers, est comme non avenu s'il n'est suivi, dans le délai d'un mois, d'une action en justice dirigée contre un tuteur *ad hoc* donné à l'enfant, et en présence de sa mère (*ibid.*, art. 316, 317 et 318).

DÉSAVEUGLEMENT, s. m. (*néol*), état d'une personne désaveuglée, désabusée.

DÉSAVEUGLER, tirer quelqu'un de l'aveuglement, le détromper d'une erreur, le guérir d'une passion.

DÉSAVOUABLE, adj., que l'on peut, que l'on doit désavouer. Il a été employé par Marat,

DÉSAVOUER, nier d'avoir dit ou fait quelque chose. Il signifie particulièrement ne vouloir pas reconnaître une chose pour sienne. Il signifie également quelquefois : rétracter. Il signifie encore : déclarer qu'on n'avait point autorisé quelqu'un à faire ou à dire ce qu'il a fait ou dit. Il signifie quelquefois, figurément, désapprouver, condamner, réprouver.

DESBANS (LOUIS), né à Paris vers le milieu du XVIIe siècle, et embrassa la profession d'avocat; mais quoiqu'il eut de l'instruction et du talent, il ne put parvenir à se faire une clientèle. Il mourut en 1720. Il est auteur de l'*Art de connaître les hommes; De la fausseté des vertus humaines; Des principes naturels du droit et de la politique;* ou plutôt il copia le premier sur le *Traité de l'esprit;* le second dans les *Maximes* de La Rochefoucault, et le troisième n'est qu'une réimpression de la 2e partie des *Essais de morale et de politique.*

DESBARATER, v. a. (*v. lang.*), vaincre, renverser.

DESBERS et **BUDEIG** (*bot.*), noms arabes du polypode vulgaire, *polypodium vulgare*, Linné, dans Avicenne. G. P.

DESBIEFS (LOUIS), né à Dôle en 1733, quitta l'étude du droit pour se livrer à la littérature. Il publia quelques ouvrages, qui eurent un succès qui fut, il est vrai, plutôt dû à la malignité du public, qui y trouvait ample pâture, qu'au talent de l'auteur. Desbiefs obtint la place de secrétaire du grand maître des eaux et forêts, et vint demeurer à Paris, où il mourut en 1760, au moment où on avait lieu d'espérer qu'il emploierait son talent plus utilement qu'il ne l'avait fait encore.

DESBILLONS (FRANÇOIS-JOSEPH-TERRASSE), auteur de très bonnes poésies latines, né à Château-Neuf en Berry le 26 janvier 1711, fit ses études au collége des jésuites à Bourges. A seize ans il entra dans cette société et fut chargé d'enseigner les humanités à Nevers, à Caen et à la Flèche; il s'y distingua beaucoup, et refusa une chaire à Paris pour se livrer tout entier à la poésie latine. Après la dissolution de la société, il se retira à Manheim, près de l'Électeur de Bavière, reprit ses études littéraires, et mourut dans cette ville le 19 mars 1789, regretté de tous ceux qui l'avaient connu et que lui avaient attachés la simplicité et la droiture de son caractère. Il est auteur d'un recueil de fables intitulé : *Fabulæ Esopicæ*; leur mérite approche de celui des fables de Lafontaine auquel on a comparé Desbillons, à cause de la similitude de leur caractère et de leur talent. Son ouvrage le plus important est l'*Histoire critique de la langue latine, de sa naissance, de ses progrès, de sa perfection, de sa décadence, de son anéantissement et de sa renaissance*; il n'a pas été terminé.

DESBOIS (ENGELBERT), né à Bruxelles, chanoine et archidiacre de la métropole de Cambrai, devint prévot de la collégiale de Saint-Pierre de Lille en 1619 et fut, dix ans après, promu à l'évêché de Namur. M. Desbois est le premier des évêques de Flandre qui ait reçu et publié la bulle du pape Urbain VIII contre le jansénisme. Il mourut dans sa ville épiscopale le 15 juillet 1651. Il est auteur d'un livre qui a pour titre : *Proxis bonarum intentionum.* Douai 1619. (Bibliographie douaisienne).

DESBOIS DE ROCHEFORT (ÉLÉONORE-MARIE), né à Paris en 1749, docteur en Sorbonne, fut d'abord vicaire-général de l'évêque de la Rochelle, et plus tard curé de Saint-André-des-Arts à Paris. Dans cette position, et pendant l'hiver de 1784 à 1785, il avait ouvert son presbytère, qui était devenu un chauffoir offert à tout venant, et il poussa la charité jusqu'à vendre sa montre et à donner ses propres habits et ceux de ses domestiques. En 1791, il fut nommé membre de l'assemblée législative par le département de la Somme. Quoiqu'il partageât les principes de la révolution française, il fut emprisonné pendant la terreur. Après 22 mois de captivité il fut rendu à la liberté; il rassembla alors les débris de sa fortune, et fonda une imprimerie appelée *Imprimerie chrétienne*, de laquelle sortirent les écrits publiés par les membres du concile national de France. Il mourut le 5 septembre 1807. Il a publié quelques ouvrages, et a fourni plusieurs articles à l'Encyclopédie méthodique, entre autres l'article Cimetière.

DESBOIS DE ROCHEFORT (LOUIS), frère du précédent, né le 9 octobre 1750, fut dès son enfance destiné à la médecine; il travailla avec ardeur à acquérir des connaissances dans cette science, et ses efforts furent couronnés d'un plein succès. A trente ans il fut nommé médecin de l'hôpital de la Charité à Paris. Desbois est le premier qui ait fait en France de véritables cliniques. Il mourut à l'âge de 36 ans le 26 janvier 1786. Il était déjà un des plus habiles praticiens de Paris et il promettait de bien plus grandes choses encore, si la mort l'eut épargné plus longtemps. On a de lui un *Cours élémentaire de la matière médicale, suivi d'un Précis de l'art de formuler.* C'est un ouvrage qu'on consulte encore avec fruit.

DESBORDEAUX (FRANÇOIS-PIERRE-FRÉDÉRIC), médecin né à Caen le 16 mars 1763, se fit recevoir docteur à l'Université de cette ville. Pendant la révolution ses opinions le firent poursuivre, il fut arrêté et ne recouvra sa liberté qu'après la chute de Robespierre. A la réorganisation des universités, Desbordeaux fut nommé professeur à Caen; il était aussi médecin de la maison du *Bon Sauveur* pour le traitement des aliénés. Il mourut à Caen le 25 juillet 1821. M. Faucon-Duquesnoy a publié une notice sur sa vie. Il a publié : *Nouvelle orthopédie*; Dissertation sur les fièvres épidémiques d'Europe, et sur les moyens de s'y soustraire.

DESBOTDS DES DOIRES (OLIVIER), né vers le milieu du XVIIe siècle, fit quelque temps partie de la congrégation de l'Oratoire; il quitta cette communauté pour exercer à Paris le ministère de la prédication. Ses sermons eurent dans son temps beaucoup de succès. Il mourut au commencement du XVIIIe siècle, laissant deux traités dédiés au cardinal de Noailles. L'un intitulé : *Traité de la meilleure manière de prêcher*, ne porte pas de nom d'auteur; l'autre *la Science du salut*, porte le pseudonisme de Damelincourt.

DESBOULMIERS (JEAN-AUGUSTIN-JULIEN), né à Paris en 1731, prit le métier d'homme de lettres après avoir servi d'abord dans l'armée. Il est auteur d'un grand nombre d'ouvrages de littérature de toute espèce, contes, romans, pièces de théâtre, etc. On a de lui une *Histoire anecdotique et raisonnée du théâtre italien de* 1716 *à* 1769 et une *Histoire du théâtre de l'Opéra-Comique de* 1712 *à* 1761. Ces deux ouvrages donnent une assez juste idée de ce qu'étaient alors ces deux théâtres. Desboulmiers mourut en 1771.

DESBUREAUX (le baron CHARLES-FRANÇOIS), lieutenant général, né à Reims, le 13 octobre 1755, s'engagea, vers 1775, dans le régiment du roi et y fit un congé, puis revint à Reims où il se maria. Lorsque la Révolution éclata, il s'en montra chaud partisan, et fut nommé commandant d'un bataillon de la garde nationale de Reims. Le 26 septembre 1792, il alla avec 1,200 hommes rejoindre le général Harville à Pont-Faverger, et resta alors à l'armée. Il fut nommé lieutenant général en 1793, et fit à l'armée du Nord toutes les campagnes de ce temps-là; puis il suivit le général Leclerc à Saint-Domingue. Après 1814, il fut fait chevalier de Saint-Louis et commandant de la Légion-d'Honneur, prit parti pour Napoléon lors des Cent-Jours, et fut mis à la retraite en 1815. Il mourut à Paris, le 26 février 1835.

DESCALANGÉ, ÉE, adj., vieux mot qui signifie libéré de prison, réhabilité dans son honneur.

DESCALORINÈSE, s. f. (*méd.*), maladie dans laquelle il y a diminution de la chaleur.

DESCAMPS (JEAN-BAPTISTE), né à Dunkerque en 1714, eut à vaincre les répugnances de sa famille pour se livrer au dessin; il y parvint cependant, et, après avoir étudié les peintres flamands, il vint à Paris. Ses premiers ouvrages eurent un certain succès qui lui valut d'être employé aux travaux du sacre de Louis XV. Plus tard il se retira à Rouen où il fonda une école de dessin; dans la suite il obtint la fondation d'une école gratuite dont il fut le directeur. Descamps fut membre de l'Académie royale de peinture. Il est surtout célèbre par des ouvrages qu'il publia sur cet art, et qui sont : 1° *La vie des peintres flamands*; 2° *Voyage pittoresque de la Flandre et du Brabant*;

3° un *Traité sur l'utilité des écoles gratuites de dessin en faveur des métiers.* Descamps mourut le 30 juillet 1791.

DESCAMISADOS, dénomination imitée de cette autre plus fameuse qui rappelle les temps malheureux de notre révolution (*voy.* SANS-CULOTTES), et donnée en Espagne de 1820 à 1821 à la fraction la plus violente du parti démocratique. Elle se composait surtout de ces individus que la misère et les vices qu'elle entraîne précipitent si aisément dans les plus déplorables excès, lorsque éclatent de grandes crises politiques. Cette faction se confond avec les *martilleros*, ainsi nommés de l'instrument de mort (marteau) dont ils se servirent pour égorger dans sa prison le chanoine Vinuessa ; mais il faut la distinguer de celle des francs-maçons et *communeros* (*voy.*) qu'animait la pensée d'une régénération sociale. Hommes de renversement, d'anarchie, les descamisados s'attachèrent à poursuivre avec acharnement tous les patriotes qui refusèrent de s'associer à leurs transports frénétiques. Riego fut leur idole. La première législature, élue après le triomphe de la constitution de 1812, leur résista avec énergie ; mais lors du renouvellement des Cortès, en 1822, les élections se firent en grande partie sous leur influence devenue prédominante dans les grandes villes. L'invasion française vint, l'année suivante, y mettre un terme ; la faction populaire, comprimée par la force étrangère, s'effaça, ou plutôt elle mit, peu de temps après, au service de la réaction contre-révolutionnaire, ces mêmes fureurs qui n'avaient pas peu contribué à perdre la cause constitutionnelle.

P. A. D.

DESCARTES (RENÉ). Des hommes d'un génie rare et puissant, qui semblent appelés par la Providence à imprimer un grand mouvement à la marche intellectuelle du monde, n'appartiennent point au pays où ils sont nés, mais à l'humanité tout entière. Cependant le sentiment de la nationalité ne se prête point assez à la sainte fraternité des sociétés humaines, il s'enorgueillit d'une fraternité plus restreinte. L'Italie se prévaut avec fierté du génie de Galilée, l'Allemagne de celui de Leibnitz, l'Angleterre de celui de Newton, et la France a le droit de s'enorgueillir de celui de Descartes. Tous ces esprits forts et hardis, qui ouvrent à l'humanité des voies nouvelles et qui la devancent dans l'avenir, n'apparaissent qu'à de longs intervalles. Les grandes pensées ne trouvent pas toujours une époque assez bien préparée pour les accueillir. Trop souvent la parole de l'homme de génie retentit dans un monde qui n'a point d'écho pour elle. Mais cette parole ne meurt pas, et elle attend, dans le sanctuaire de la vérité, qu'il se lève un jour plus favorable, où son retentissement sera immense, parce que tous les esprits pourront la comprendre. Ce jour est arrivé depuis longtemps pour l'auteur du *Discours sur la méthode* et de tant d'autres œuvres aussi profondes qu'élevées. La France, entraînée hors de la voie des véritables méthodes par un philosophisme sans autorité, peut renaître à la vérité en se rattachant à la philosophie de Descartes. Déjà, dans un grand nombre d'écrits inspirés par une pensée de rénovation et d'avenir, le nom de Descartes est rappelé à l'admiration des esprits. Nous apporterons notre part à ce concours de louanges en faveur d'une noble et pure intelligence qui est une des gloires de la France.

Descartes.

René Descartes naquit à la Haye, petite ville de la Touraine, le 31 mars 1596 ; sa famille, originaire de la Bretagne, était noble, mais peu favorisée du côté de la fortune. Comme Newton, comme d'autres hommes de génie, il était d'une constitution maladive et débile qui causa, dans son enfance, de vives craintes à ses parents. Cependant il fut envoyé de bonne heure à la Flèche pour y faire ses études, sous la direction des jésuites nouvellement établis dans ce collége. Il ne se distingua d'abord des autres élèves, ses condisciples, que par son application plus vive à l'étude et par son goût pour l'isolement et pour la solitude. On attribuait ces penchants méditatifs à la faiblesse de son organisation qui le rendait triste et mélancolique ; cela contribua à le faire vivre de ses pensées, pour pouvoir sonder plus tard les abîmes de la philosophie. Après sa sortie du collége, il sentit le besoin de trouver dans sa raison un principe de vérité que ses études classiques ne lui avaient point révélé. Voici comment il nous initie lui-même à ces premiers efforts de son génie : « J'ai été nourri » aux lettres dès mon enfance, et parce qu'on me persuadait » que par leur moyen on pouvait acquérir une connaissance » éclairée et assurée de tout ce qui est utile à la vie, j'avais un » extrême désir de les apprendre. Mais sitôt que j'eus achevé » ce cours d'études, au bout duquel on a coutume d'être reçu » au rang des doctes, je changeai entièrement d'opinion, car » je me trouvai embarrassé de tant de doutes et d'erreurs, qu'il » me semblait n'avoir fait aucun profit en tâchant de m'in» struire, sinon que j'avais découvert de plus en plus mon » ignorance.... Je crus que pour toutes les opinions que j'avais » reçues jusqu'alors en ma créance, je ne pouvais mieux faire » que d'entreprendre une bonne fois de les en ôter, afin d'y en » remettre par après, ou d'autres meilleures, ou bien les » mêmes, lorsque je les aurais ajustées au niveau de ma rai» son. » Nous reviendrons plus tard sur ces principes, dont tous les travaux de Descartes ne sont en effet que des déductions plus ou moins heureuses ; achevons de jeter un coup d'œil rapide sur les évènements de sa vie. Au sortir du collége, à peine âgé de 19 ans, Descartes résolut de voyager pour mettre en pratique ses nouvelles idées, tout voir par lui-même et chercher la vérité « dans le grand livre du monde. » Il prit le parti des armes, et servit successivement en qualité de volontaire dans les troupes de la Hollande et dans celles du duc de Bavière. « J'employai, dit-il, le reste de ma jeunesse à voya» ger, à voir des cours et des armées, à fréquenter des gens de » diverses humeurs et conditions. » Mais Descartes était doué d'une raison trop supérieure pour prendre réellement parti dans les querelles sanglantes au milieu desquelles il se trouvait. Le guerrier ne cessait pas d'être philosophe sur les champs de bataille, qui n'étaient pour lui qu'une grande scène ouverte à ses observations. Ce mélange d'hommes de divers pays, avec toutes les passions qui honorent ou affligent l'humanité, ces mouvements imprévus qui naissent des chances de la guerre, présentaient à cet esprit, calme au sein de l'agitation, et solitaire parmi la foule, tous les moyens de vérifier par l'expérience les questions qu'il s'était posées. Il continuait ainsi sur un plan vaste et nouveau les études les plus importantes, en appliquant aux faits et aux accidents dont il était le témoin, les principes des sciences mathématiques et philosophiques, objets constants de ses méditations et de ses travaux. On rapporte que se trouvant en garnison à Breda, il vit un jour un grand nombre de personnes rassemblées devant une affiche écrite en langue flamande ; c'était l'énoncé d'un problème mathématique que, suivant l'usage du temps, un géomètre inconnu proposait aux mathématiciens. Descartes n'avait pas jugé à propos d'apprendre le flamand, et il pria un des spectateurs de lui traduire la proposition exposée ainsi à un concours public. Le hasard voulut que la personne à laquelle le jeune officier étranger s'adressa fût un professeur du collége de Dort, nommé Bekman. Ce dernier prit avec le militaire le ton de supériorité d'un pédant qui doute qu'un autre puisse s'élever à l'intelligence de ce qu'il ne comprend pas lui-même. Mais le lendemain Descartes lui apporta la solution complète du problème. Après avoir assisté à la bataille de Prague, en 1620, et avoir été témoin des revers militaires dont la Hongrie fut ensuite le théâtre, Descartes quitta la profession des armes et continua ses voyages. Il parcourut successivement la Hollande, la France, l'Italie, la Suisse et le Tyrol ; il fit un assez long séjour à Venise et à Rome, toujours inspiré par le désir d'acquérir des connaissances nouvelles et de vérifier celles qu'il avait acquises. La plupart de ses biographes s'étonnent avec raison que, durant son voyage en Italie, Descartes n'ait pas visité l'illustre Galilée, alors en possession de ses principales découvertes, et persécuté à l'occasion de quelques vérités sublimes. Descartes ne s'est jamais expliqué à cet égard, et l'on a remarqué que, dans un âge plus avancé, il n'avait manifesté aucune admiration pour Galilée; tout son système cosmo-physique était conçu dans sa raison, il ne pouvait donc, sans s'exposer à une évidente contradiction, louer des doctrines qui n'étaient point en harmonie avec les siennes ; mais on sent que cette considération ne suffit pas pour excuser le silence de Descartes. Il vaut donc mieux renoncer à expliquer une circonstance inconcevable, dont la cause est demeurée cachée. Au retour de ses voyages, Descartes voulut se livrer tout entier à la seule occupation qui lui parut convenir à un philosophe, celle de cultiver sa raison. Il pensa qu'il ne trouverait pas en France cette tranquillité d'esprit dont il avait besoin, ce *procul negotiis*, sans lequel les hommes d'intelligence se perdent dans la foule, et enfin cette liberté qui convenait surtout à la fière indépendance de Descartes. Il se retira en Hollande, après avoir vendu une partie de son patrimoine. Ce fut sur cette terre qu'il conçut et qu'il écrivit les hautes pensées qui devaient le signaler au monde comme l'un des plus beaux génies qui aient jamais captivé son admiration; mais ce fut là aussi, quand une immense renommée eut accueilli ses travaux, que Descartes eut à lutter contre l'envie, qui s'attache aux succès les plus mérités et aux œuvres les plus éclatantes. Nous ne pouvons passer sous silence cette particularité si importante de sa vie. Gisbert Voët ou Voëtius, premier professeur de théologie à l'université d'Utrecht, se distingua parmi les ennemis de la gloire de Descartes par un zèle frénétique dont nous ne pouvons plus nous faire une juste idée dans l'état actuel de nos mœurs et de nos relations sociales. Cet homme, abusant de l'influence que lui donnaient les fonctions dont il était chargé et de la réputation que lui avait acquise l'hypocrite austérité de ses formes et de ses mœurs, fit combattre la doctrine de Descartes dans des thèses publiques, où l'on insinuait l'absurde accusation d'athéisme. Descartes athée ! Toutes ses spéculations philosophiques avaient eu pour but de démontrer l'existence de Dieu et l'immortalité de l'âme. Mais, aveuglé par la haine, le théologien protestant osa écrire au père Mersenne pour l'engager à prendre en main la défense de la religion catholique, qu'il prétendait attaquée par la métaphysique de Descartes. Mais le père Mersenne était l'ami le plus cher du philosophe; de doux souvenirs se rattachaient à leur liaison, qui avait commencé au collége de la Flèche. Le savant religieux adressa une réponse à Voët, en la faisant passer tout ouverte par les mains de Descartes, qui la fit parvenir à Voët, sans ajouter un seul mot. Voët ne perdit pas courage ; il continua de déclamer contre la métaphysique de Descartes, et de l'attaquer comme contraire à la religion. On sait que, par une manœuvre infâme, il parvint à faire condamner les doctrines du philosophe par les bourguemestres d'Utrecht, étranges juges, il faut l'avouer ! Ces persécutions, aggravées par des calomnies de tout genre et par des accusations atroces, compromirent un moment la tranquillité de Descartes, qui, retiré dans une charmante solitude des environs de la Haye, accueilli et aimé de la princesse palatine Élisabeth, n'attachait aucune importance à ces misérables attaques, et ne faisait rien par conséquent pour en prévenir l'effet. Mais quand, sur l'odieux libelle, pour lequel Voët avait emprunté un nom étranger, sa condamnation eut été prononcée, le philosophe sortit de la réserve dans laquelle il s'était enfermé. Il n'eût qu'à se montrer pour déjouer les viles machinations inventées pour le perdre; mais il éprouva un profond découragement; et, redoutant de nouveaux chagrins que pouvait lui causer la haine que sa magnanimité et ses talents n'avaient pu vaincre, il s'éloigna d'un pays théâtre de sa gloire et de persécutions. Il accepta un asile que la célèbre Christine, reine de Suède, offrit à son génie. Les attaques de Voët firent de Descartes le chef d'une nouvelle école philosophique, qui eût ses adhérents et ses adversaires; mais quel que soit le jugement dont ses doctrines ont pu être l'objet, le nom de son ennemi est condamné à subir leur immortalité, mais pour sa honte. — On considère en général sous trois points de vue spéciaux le vaste génie de Descartes; et, séparant sa philosophie de ses découvertes en physique et en mathématique, on a trop souvent avancé que sous le dernier rapport seulement, sa gloire était incontestable. Ainsi sa physique et sa philosophie n'auraient été qu'un corps de sublimes erreurs pour lesquelles ses travaux mathématiques lui ont fait trouver grâce aux yeux de la postérité. Nous ne pouvons admettre de tels jugements, et, sans disconvenir que quelques-unes de ses hypothèses cosmo-physiques ne peuvent être admises, nous devons considérer toutes les doctrines de Descartes comme formant un majestueux ensemble dont les parties, liées entre elles par la même pensée et déduites des mêmes principes, ne sauraient être logiquement distraites les unes des autres : telle fut du moins l'opinion de son siècle, qui donna le nom de *cartésianisme* à l'ensemble de ses doctrines. — Descartes ne pensa que par lui-même; il brisa le vieux joug de la philosophie péripatéticienne, et il n'admit pour règle dans les choses de la raison que la raison elle-même. Il forma un grand nombre de penseurs, en invitant chaque homme à rentrer en lui-même, pour ne partir que de ses propres convictions ; il créa un esprit philosophique. Le service qu'il rendit à la philosophie a donc été immense; il réforma la spéculation, comme Copernic avait réformé l'astronomie; il brisa le joug de la scolastique, et il mit en honneur un mode actif de philosopher qui ruina le mode passif et historique qui était en usage avant lui. Il ne suffit plus dès lors de jurer sur la parole du maître ; l'aristotélisme scolastique fut détrôné ; la raison reconquit sa souveraineté. — Déjà, il est vrai, le dogmatisme scolastique avait été attaqué, avant Descartes, par des hommes tels que Rabelais, Ramus, Sanchez, Montaigne et Charron, qui tous, selon les formes spéciales de leur talent et de leur caractère, l'avaient poursuivi ou de leurs railleries et de leurs sarcasmes, ou de leurs graves objections. Mais ils n'avaient su lui substituer qu'un scepticisme exagéré, qui n'était que la négation de toute science. Aussi, à peu près à la même époque, des hommes de foi, comme Erasme et Mélanchton, effrayés du néant que le pyrrhonisme amenait dans la spéculation, prêtèrent-ils à la scolastique l'appui de leur chaleureuse éloquence. Du reste, il ne faut pas s'imaginer que la scolastique fût de soi une chose puérile. Les saint Thomas et les Scott n'étaient point des esprits superficiels ni grossiers. Ces hommes, aussi remarquables par l'étendue de leurs connaissances que par la force de leur dialectique, avaient appris l'emploi que l'esprit humain pouvait faire de l'instrument logique. La scolastique met donc l'esprit humain sur le chemin de la métaphysique, et par cela même valait mieux que l'empirisme. La métaphysique, telle fut l'œuvre de Descartes qui ne réalisa cette œuvre que par l'émancipation de la raison. La devise de l'école cartésienne est celle-ci : « Pense par toi-même, et ne juge de rien sur parole. » Elle renferme une des règles les plus importantes pour l'esprit philosophique ; elle n'admet pas le doute pour lui-même, mais comme une préparation à l'examen. — Cette école illustra la France et la fit marcher à la tête des nations les plus éclairées ; le cartésianisme fut adopté par les esprits les plus forts, les plus élevés et les plus indépendants du siècle de Louis XIV, par les Bossuet, par les Fénelon, par les Malebranche, par les principaux membres de la congrégation de l'Oratoire, par les écrivains de la grande et célèbre école de Port-Royal, et enfin par l'Institut des jésuites, renommé pour son orthodoxie et pour sa science. — Le principe de raison dont Descartes se servit pour la métaphysique, il l'appliqua à la physique; et, malgré la hardiesse, et peut-être l'invraisemblance de quelques-unes de ses hypothèses, on est frappé de la fécondité et de l'étendue de son génie, en examinant son système. Son ingénieuse idée des tourbillons est presque la seule doctrine qu'on lui attribue généralement en physique, comme s'il était possible d'arriver à une telle conception, quelle que soit, du reste, sa valeur scientifique, sans avoir parcouru un cercle immense de pensées et de recherches ! Mais combien de sublimes découvertes n'a-t-il pas réalisées par ce système, et de combien d'autres conquêtes scientifiques ce système n'est-il pas la source ! Aussi un écrivain moderne a-t-il dit avec raison : « S'il s'est trompé » sur les lois du mouvement, il a du moins deviné le premier » qu'il devait y en avoir. » Ne serait-ce point aussi en soumettant à son examen les idées de Descartes que le grand Newton s'est trouvé tout naturellement dans la voie de ses immortelles découvertes ? — Lorsque Descartes écrivit son discours sur la dioptrique, la réfrangibilité inégale des divers rayons de la lumière n'était pas connue ; cependant, outre une foule d'applications ingénieuses de la géométrie à cette science, son traité renferme une exposition de la véritable loi de la réflexion, découverte immense que Huygens a voulu vainement contester à Descartes. Dans le traité des météores, il a donné la véritable théorie de l'arc-en-ciel. Comme sa philosophie, la physique de Descartes est une empreinte de la pensée d'un génie puissant ; et si, dans son système du monde et dans l'explication de quelques phénomènes naturels, il n'a pas aussi heureusement rencontré la vérité, est-ce sous ce rapport seulement que doivent être envisagés ses immenses travaux ? et à quelle hauteur ne faut-il pas être placé soi-même pour oser se prononcer sur les erreurs d'un tel génie ? — Les travaux géométriques de Descartes, qui doivent maintenant nous occuper, lui assignent le rang le plus élevé parmi les hommes de génie qui ont déterminé les progrès de la science; ses droits, à cet égard, furent reconnus même par ses plus cruels ennemis; et les théologiens hollandais, dont il eut à subir les injustes attaques, rendirent hommage à la beauté et à l'importance de ses découvertes mathématiques. Mais nous avons eu raison de dire que la haute aptitude de Descartes, dans cette branche du savoir humain, découle encore du principe supérieur sur lequel il fonda sa philosophie. Fontenelle avait dit, avant nous, en établissant un parallèle entre Descartes et Newton: « Tous » deux, géomètres excellents, ont vu la nécessité de transporter » la géométrie dans la physique; tous deux ont fondé leur » physique sur une géométrie qu'ils ne tenaient presque que » de leurs propres lumières. » Ce fut en effet par le travail libre de sa raison que Descartes opéra dans les mathématiques une heureuse révolution. Ses idées, exposées presque sans ordre et surtout sans développements, sont produites, dans sa géométrie, sous la forme de principes que son génie se contente d'indiquer, sans s'arrêter à en faire l'application. — Le traité de géométrie de Descartes parut à la suite de *la méthode*, non pas, comme on l'a dit, parce qu'il n'attachait aucun prix à des méthodes dont il était l'inventeur, et dont sa gloire devait cependant tirer le plus d'éclat, mais parce qu'il avait été amené par le raisonnement, ou si l'on veut par la spéculation métaphysique, à la découverte de ses plus beaux théorèmes. — La science doit à Descartes la connaissance de la nature et de l'usage des racines négatives, et il est le premier qui les ait introduites dans la géométrie; il a donné une règle pour déterminer, par la seule inspection des signes, le nombre des racines positives et négatives, et il a ainsi enrichi la théorie d'Harriot d'une découverte que les injustes critiques de Wallis n'ont pu dépouiller de son caractère d'originalité et d'utilité aux yeux de tous les géomètres. On sait que la limitation de cette règle consiste en ce qu'il faut que l'équation n'ait aucune racine imaginaire. Descartes, comme l'ont prétendu Wallis et Roberval, n'a point ignoré cette limitation, puisqu'il l'annonce lui-même dans un autre passage de géométrie, en disant que ces racinss, tant positives que négatives, ne sont pas toujours réelles, mais quelquefois seulement imaginaires. Wallis a refusé à Descartes, dans le même esprit d'injustice, une découverte fort importante dans l'algèbre, c'est la *méthode des coefficients indéterminés*, qui consiste à supposer une équation qui lui doit être égale. Nous ne pouvons donner ici que l'énoncé des découvertes et des travaux de Descartes dans la géométrie et dans l'algèbre; elles sont exposées au mot qui les concerne dans tous leurs développements; c'est pourquoi nous passons sous silence les diverses querelles scientifiques auxquelles ces découvertes ont pu donner lieu, soit du temps même de Descartes, soit après lui. — L'application de l'algèbre à la géométrie est sans contredit une des plus belles découvertes de Descartes. Il est le véritable fondateur de cette science aujourd'hui si féconde, désignée sous le nom inexact de *géométrie analytique*. On avait bien avant lui appliqué l'algèbre aux problèmes de la géométrie; mais c'est à Descartes qu'est due entièrement cette méthode de construire l'étendue à l'aide des relations de deux quantités variables. Il est ainsi bien certain que ces découvertes dans la science, antérieures à Descartes, ne sont pour ainsi dire qu'élémentaires relativement aux siennes; et c'est réellement à ce qu'il y a ajouté qu'il faut fixer l'époque d'une révolution qui a si énergiquement favorisé les progrès de la géométrie. La methode des tangentes, que donna ensuite Descartes, doit tenir un rang distingué parmi ses découvertes, quoique depuis lui on soit parvenu à en imaginer d'une expression plus simple et plus commode. Il parle lui-même de sa méthode avec enthousiasme: « De tous les problèmes, dit-il, que j'ai découverts en géomé» trie, il n'en est aucun qui soit plus utile et plus général, et c'est » de tous celui dont j'ai davantage désiré la solution. » Plus tard, Descartes proposa dans sa correspondance une autre méthode pour les tangentes; mais toutes deux sont fondées d'ailleurs sur les mêmes principes. — Ainsi Descartes n'a abordé aucune des branches élevées du savoir sans leur imprimer la marque de son génie. En mathématiques, on lui doit d'importantes découvertes dans toutes les parties de l'algèbre, et principalement dans la théorie des équations; l'application de l'algèbre à la géométrie et une ingénieuse méthode pour mener les tangentes aux courbes. Dans la physique mathématique, la théorie de l'arc-en-ciel, la loi de la réfraction et la démonstration du principe fondamental de la mécanique, sont des découvertes inappréciables que la science doit à Descartes. On voit dans une des lettres de ce grand homme, écrite en 1631, qu'il avait reconnu, avant Torricelli, la pesanteur de l'air et son action pour soutenir l'eau dans les pompes et les tuyaux fermés à une extrémité, puisqu'il y explique le phénomène de la suspension du mercure dans un tube fermé par le haut, en l'attribuant au poids de la colonne d'air élevée jusqu'au delà des nues. Il a enfin déterminé, par le principe rationnel qu'il a mis dans la philosophie, le grand mouvement intellectuel qui continue à s'opérer dans l'esprit humain. — Nous avons vu plus haut que Descartes, profondément affligé des injustes persécutions que ses opinions lui attiraient en Hollande, avait accepté l'asile que la reine Christine lui offrit à sa cour. Ce ne fut point cependant alors que la France se montra indifférente à la gloire de cet homme prodigieux. Ses doctrines y firent de rapides progrès, et le roi Louis XIII lui fit en vain offrir ses faveurs. Il accepta plus tard du cardinal Mazarin une pension de 3,000 livres, qui lui fut exactement payée, malgré les troubles politiques qui agitaient le pays. Il est vrai que l'année suivante le brevet d'une pension plus considérable lui fut adressé, et que, quand il eut payé les droits d'usage, il n'en entendit plus parler. Mais qu'étaient-ce en effet que ces tristes et faibles rémunérations envers un homme tel que Descartes, tandis qu'une foule de poètes et de comédiens, honorés dans sa patrie, y recevaient les récompenses qui ne sont dues qu'au génie? — Le changement de sa vie, que sa nouvelle position auprès de la reine Christine imposa à Descartes, altéra bientôt sa santé, qui avait toujours eu besoin des plus grands ménagements. Le froid climat de la Suède et la tyrannie des habitudes de courtisan, qu'il fut obligé de prendre, abrégèrent sa vie. Atteint d'une fluxion de poitrine, il souffrit durant quelques jours et mourut à Stockholm le 11 février 1650, à peine âgé de 54 ans. — La reine de Suède donna des larmes à la mort de Descartes; elle voulut le faire enterrer dans le tombeau des rois, mais la France réclama, par son ambassadeur, sa dépouille mortelle, qui néanmoins ne fut transférée de Stockholm à Paris que 18 ans après le douloureux événement qui avait privé le monde savant des vives lumières de son génie, et la France d'un de ses grands hommes. Les restes de Descartes furent déposés dans l'église de Sainte-Geneviève, et l'on inscrivit sur son tombeau l'épitaphe suivante qui offre un remarquable résumé de sa vie et de ses illustres travaux:

D. O. M.

RENATUS DESCARTES.

Vir supra titulos omnium retro philosophorum
Nobilis genere, Armoricus gente, Turonicus origine
In Galliâ Flexiæ studuit,
In Pannoniâ miles meruit,
In Bataviâ philosophus delituit,
In Sueciâ vocatus occubuit.
Tanti viri pretiosas reliquias
Galliarum percelebris tunc legatus, Petrus Chanut,
Christinæ, sapientissimæ reginæ, sapientium amatrici
Invidere non potuit, nec vindicare patriæ.
Sed quibus licuit cumulatas honoribus
Peregrinæ terræ mandavit invitus,
Anno 1650, mense februario, ætatis 54.
Tandem post septem et decem annos
In gratiam christianissimi regis
Ludovici decimi quarti
Virorum insignium cultoris et remuneratoris;
Procurante Petro d'Alibert,
Sepulchri pio et amico violatore,
Patriæ redditæ sunt,
Et in isto urbis et artium culmine positæ;
Ut qui vivus apud exteros otium et famam quæsierat
Mortuus apud suos cum laude quiesceret,
Suis et exteris in exemplum et documentum futurus.
Si nunc, viator,
Et divinitatis, immortalis que animæ
Maximum et clarum assertorem,
Aut jam credde felicem, aut precibus redde.

Nous ne croyons pas devoir ajouter ici la notice bibliographique des œuvres de Descartes, réimprimées plusieurs fois et sous tous les formats, elles sont connues de tout le monde. Il y avait dans le caractère de ce grand homme un mélange de douceur et de noble fierté qui annonçaient à la fois la pureté de l'âme et l'élévation de son esprit. Il se laissa néanmoins emporter quelquefois par la vivacité de son imagination dans des querelles scientifiques où la raison n'était pas toujours de son côté; mais ce sont là de ces tâches, comme celles du soleil, qu'on ne peut apercevoir qu'à l'aide de puissants instruments qui n'altèrent pas plus la beauté de son génie qu'elles n'obscurcissent l'éclat de cet astre. Du reste, tous les témoignages contemporains attestent la bonté du cœur, la générosité et la piété éclairée de Descartes, dont un apologiste a dit avec raison : « On peut avoir été plus loin que lui, mais c'est dans la route qu'il a tracée; on peut s'être élevé plus haut, mais c'est en partant du point d'élévation où il a porté les esprits; on peut enfin l'avoir combattu lui-même avec succès, mais c'est en se servant des armes qu'il a fournies. On ne peut qu'être philosophe en effet par les moyens méthodiques de Descartes; mais ces idées claires ne suffisent point, il faut encore, outre les exigences sensibles de Bacon, l'autorité des sens communs ou de la nature de Reid, le témoignage traditionnel de lumières et de vues de M. Bonald, et enfin un concours bien entendu de tous moyens, tels que le réclament aujourd'hui les ecclectiques. — En d'autres termes, la philosophie n'a pas pour seul intérimes l'évidence des droits, quoiqu'il n'y ait pas de philosophie sans cette évidence là. — Nous ne dirons pas que Descartes est un philosophe complet, mais qu'il n'y a pas de philosophe véritable sans les doctrines de Descartes. Voy. CARTÉSIANISME. — PHILOSOPHIE (*histoire de la*). — Qu'il nous soit permis, en terminant cette rapide notice sur notre illustre Descartes, d'émettre ici un vœu qui sera compris de la France éclairée. Notre pays a élevé des monuments et des statues à la mémoire de quelques écrivains peu dignes de l'enthousiasme qu'ils ont excité et dont les travaux ont ébranlé la morale et retardé la marche de l'humanité. Que la mémoire de Descartes so t enfin honorée et que la statue de Voltaire, son détracteur, ne fasse plus remarquer à tous les yeux l'ingratitude de la France envers le restaurateur de la philosophie rationnelle parmi nous. P. D.

DESCEINDRE, v. a. (*v. lang.*), ôter la ceinture.

DESCELLER, détacher ce qui est scellé en plâtre, en plomb, etc. — DESCELLER, signifie aussi ôter le sceau d'un acte, d'un titre, etc.

DESCELLER, v. a. (*technol.*), dégrossir une glace jusqu'à ce que la règle porte exactement sur toute la surface.

DESCEMET, médecin savant et laborieux, né à Paris le 26 avril 1732, fut reçu docteur régent en 1758. Il se livra assidument à des recherches anatomiques et à des études sur la botanique, et enrichit ces sciences de diverses découvertes. Il exerçait en outre la médecine avec beaucoup de succès et possédait une nombreuse clientèle. A la création du Lycée impérial, Descemet en fut nommé médecin; il se démit de cette place en 1808 et se retira dans une maison de campagne près de Saint-Denis; il y mourut le 17 octobre 1810. On lui doit divers mémoires dans le journal du Lycée des arts.

DESCENDANCE, extraction, filiation.

DESCENDANT, ANTE, qui descend. En termes de marine, *la marée descendante*, ou, substantivement, *le descendant*. En termes de guerre, *garde descendante*, celle qu'on relève, par opposition à celle qu'on place dans un poste et qui est appelée *garde montante*. En termes de généalogie, *ligne descendante*, la postérité de quelqu'un, par opposition à *ligne ascendante*, qui se dit de la suite des ancêtres de quelqu'un. En termes de musique, *gamme descendante*, la suite des tons de la gamme, entonnés du haut en bas. En termes d'astronomie, *signes descendants*, les signes du zodiaque par lesquels le soleil paraît descendre, depuis le solstice d'été jusqu'au solstice d'hiver. En arithmétique, *progression descendante*, celle dont les nombres vont en décroissant.

DESCENDANT, ANTE, celui, celle qui descend, qui tire son origine d'une personne, d'une race. Il s'emploie le plus souvent au pluriel.

DESCENDANT *caudex* (*bot.*), Linné. Le nom de caudex descendant au corps du végétal qui se dirige vers le centre de la terre, et produit par ses subdivisions les petites racines qui puisent la nourriture. On dit que le collet de l'embryon est descendant lorsqu'il se développe dans le sens de la radicule; dans ce cas, les cotylédons ne sont pas soulevés et portés à la lumière; ils restent cachés sous terre, comme dans le marronier d'Inde; lorsqu'il est ascendant, au contraire, c'est-à-dire qu'il se développe dans le sens de la plumule, les cotylédons sont portés à la lumière, ce qu'on voit dans la fève, etc. J. P.

DESCENDEMENT, s. m. (*v. lang.*), action de descendre, conséquence.

DESCENDEMENT (*droit coutum.*), succession de père en fils.

DESCENDERIE, s. f. (*technol.*). Il se dit d'une galerie pratiquée, dans les mines, suivant la pente de la couche à exploiter.

DESCENDRE, aller de haut en bas. On l'emploie souvent dans un sens actif. *Descendre à terre*, ou simplement *descendre*, débarquer. Fig., *descendre du trône*, cesser de régner. Poétiq., *descendre au cercueil, au tombeau*, mourir. En termes de guerre, *descendre la garde*, *la tranchée*, se dit d'une troupe qui se retire d'un poste, d'une tranchée, après avoir été relevée par une autre. — DESCENDRE, s'emploie quelquefois figurément, dans le premier des sens qui précèdent. — DESCENDRE, signifie particulièrement faire une irruption à main armée en arrivant par mer. Il se dit pareillement d'une irruption qui se fait par terre, quand on vient d'un pays qui est regardé comme plus élevé. — DESCENDRE, signifie encore absolument, mettre pied à terre, et se dit d'un voyageur qui s'arrête quelque part pour coucher, pour faire un séjour, etc. Il signifie également, en termes de palais, se transporter en quelque endroit pour y procéder à un examen ou à toute autre opération. — DESCENDRE, signifie en outre figurément, s'abaisser, et se dit tant en bonne qu'en mauvaise part. — DESCENDRE, se dit par une extension du premier sens, de tout ce qui tend, se dirige ou est porté, poussé de haut en bas. Il signifie aussi figurément déchoir. Il se prend quelquefois activement. Il s'emploie aussi figurément dans la même acception. — DESCENDRE, se dit encore pour baisser. Il signifie aussi s'étendre de haut en bas. Il signifie quelquefois particulièrement, aller en pente. — DESCENDRE, en termes de musique, signifie, figurément, aller, passer de l'aigu au grave. — DESCENDRE, en termes de généalogie, être issu, tirer son origine d'une personne, d'une race. — DESCENDRE est aussi verbe actif, et alors il signifie ôter une chose ou une personne d'un lieu haut pour la mettre plus bas.

DESCENSION, s. f. (*astron.*), terme qui n'est employé que dans cette locution, *descension droite d'un astre*, distance entre le point équinoxial et le point de l'équateur qui descend avec l'astre sous l'horizon. La *descension droite* est égale à *l'ascension droite*.

DESCENSIONNEL, ELLE, adj. (*didact.*), qui affecte un mouvement de haut en bas.

DESCENSUM, s. m. (*anc. t. de chimie*), mot purement latin, qui se disait d'une espèce de distillation faite en plaçant le feu au-dessus de la liqueur que l'on voulait distiller.

DESCENTE, action de descendre, ou par laquelle on descend. — *A la descente*, pendant la descente, ou au moment de la descente. Cette locution se rapporte ordinairement à la personne indiquée par le régime direct ou indirect du verbe qui précède. — DESCENTE, se dit aussi d'une irruption des ennemis par mer et par terre. Il signifie également l'action de se transporter dans un lieu par autorité de justice, pour en faire la visite, pour y procéder à quelque perquisition. — DESCENTE, se dit encore d'une pente par laquelle on descend. En termes de guerre, *descente de fossé*, tranchée ou galerie que l'assiégeant pratique à travers la contrescarpe pour atteindre le fond du fossé. — DESCENTE, se dit, par extension, du mouvement de haut en bas de quelque chose que ce soit. Il signifie absolument, en chirurgie, hernie, rupture, incommodité qui consiste dans le déplacement des intestins. *Descente de matrice*, déplacement de la matrice, dans lequel ce viscère est plus ou moins abaissé, et paraît quelquefois en dehors. — DESCENTE, en architecture, tuyau qui porte les eaux d'un chéneau ou d'une cuvette jusque sur le pavé, ou par lequel descendent les eaux d'un réservoir. — DESCENTE, signifie aussi l'action par laquelle on descend quelque chose. *Descente de croix*, tableau, gravure représentant Notre Seigneur qu'on détache de la croix.

DESCENTE, s. f. Prov., *A grande montée, grande descente*, se dit en parlant de ceux qui tombent du faîte des honneurs ou de la fortune, aussi rapidement qu'ils s'y sont élevés. *Ligne de la plus courte descente* (*géom.*), ligne courbe suivant laquelle doit tomber un corps abandonné à l'action seule de la pesanteur, pour passer, dans le moindre temps possible, d'un point donné à un autre. Cette courbe est une *cycloïde*.

DESCENTE (*archit.*), voûte rampante sous laquelle on établit un escalier ou une rampe.

DESCENTE DE MAIN (*manége*), mouvement qui se fait ordinairement quand le cheval est au galop, et qui consiste à quitter les rênes de la main gauche, après avoir glissé la droite jusqu'au bouton pour s'assurer de leur égalité, et après avoir abaissé lentement cette dernière main presque sur le pommeau de la selle. — **Descente**, se dit de l'action de l'oiseau de proie qui fond sur le gibier pour l'assommer.

Descente, ou **Actes sur les lieux**. C'est le transport d'un juge sur le lieu contentieux, afin de l'examiner lui-même. — Le tribunal peut, quand il le croit nécessaire, ordonner que l'un des juges se transporte sur les lieux; mais il ne peut l'ordonner dans les matières où il n'échoit qu'un simple rapport d'expert. S'il n'en est requis par l'une des parties, le jugement commet l'un des juges qui y ont assisté. —Sur la requête de la partie la plus diligente, le juge commissaire rend une ordonnance qui fixe le lieu, jour et heure de la descente; la signification en est faite d'avoué à avoué et vaut sommation. — Le juge commissaire fait mention, sur la minute de son procès-verbal, des jours employés au trasport, séjour et retour. — L'expédition du procès-verbal est signifiée par la partie la plus diligente aux avoués des autres parties; et, trois jours après, elle peut poursuivre l'audience sur un simple acte. — Les frais de transport sont avancés par la partie requérante et par elle consignés au greffe. — La présence du ministère public est nécessaire dans le cas seulement où il est lui-même partie. (C. de proc., art. 295 et suiv.)

Descente (*arts milit. et marit.*), opération militaire mixte, en ce qu'elle exige le concours de la marine et de l'armée de terre. C'est l'invasion d'un pays par sa frontière maritime. Le nom de *descente* est venu sans doute de ce que les envahisseurs étant *montés* sur des vaisseaux, ils doivent en *descendre* pour prendre terre. On confond quelquefois à tort la *descente* avec le *débarquement*, qui n'en est qu'une phase ou un épisode; c'est prendre la partie pour le tout. Le débarquement est tout simplement, comme le mot l'indique, l'action d'extraire des barques, bateaux ou vaisseaux, les hommes ou les choses dont on les avait chargés. A la rigueur, un débarquement de troupes peut, dans tous les cas, être considéré comme une opération militaire; mais ce n'est pas toujours un fait de guerre, puisqu'il peut avoir lieu chez soi ou en pays amis. Une descente, au contraire, est, sans exception, une entreprise hostile. Lorsqu'un état envoie des troupes pour garder ses possessions d'outre-mer, lorsqu'il y a mutation dans ces garnisons et qu'on les ramène à la métropole, ces divers mouvements nécessitent des débarquements; mais, à coup sûr, on ne leur donnera pas le nom de descente. Enfin, ce qui établit une différence bien tranchée, c'est que le débarquement, même en pays ennemi, peut s'effectuer et s'effectue souvent dans un port, tandis que la descente s'opère toujours en pleine côte. Les descentes ne sont quelquefois que des coups de main tentés pour inquiéter l'ennemi, le tenir en haleine, lui faire disséminer ses forces et dévaster ou rançonner certaines parties de son littoral. D'autres fois elles ont pour objet la conquête de quelque province ou d'un pays tout entier. Ce sont ces grandes expéditions qui doivent principalement faire un sujet d'étude pour les officiers de terre et de mer, elles méritent seules de fixer l'attention de l'histoire. Là, le succès dépend en très grande partie de la manière plus ou moins habile dont les préparatifs ont été combinés et exécutés. Cette tâche importante appartient à la marine, et c'est elle qui joue le premier rôle dans les descentes. Il ne cesse, en apparence, que quand les troupes mises à terre par ses soins s'y sont solidement établies; mais alors même la marine est encore l'âme de l'opération, car elle doit les ravitailler et se tenir prête à le recueillir en cas d'échec. Le premier élément de l'expédition doit être une flotte ou escadre de vaisseaux, frégates ou autres bâtiments de guerre. Leur concours est indispensable pour lutter contre les forces navales ennemies que l'on pourrait rencontrer dans le trajet, ou qui attendraient l'expédition à l'atterage. Quand la traversée est courte, il peut arriver que ces bâtiments suffisent pour transporter les troupes et les attirails de guerre; mais pour une longue traversée, ou lorsqu'il s'agit de débarquer une grande armée avec tout son matériel, il faut nécessairement des *transports*. Une descente exige quelquefois, outre la flotte de bâtiments de haut-bord, une flottille de petits bâtiments de guerre. Cette dernière devient d'une nécessité absolue dans le cas où, sur le littoral choisi pour opérer la descente, les bâtiments de haut-bord ne peuvent approcher suffisamment de terre pour protéger le débarquement des troupes que transportent successivement leurs chaloupes, et leurs canots, quoique protégés, auraient un trop grand nombre de voyages à faire. Pour assurer le succès d'une descente il est une mesure essentielle que l'on n'a pas toujours prise, par incurie ou inadvertance et qu'il est quelquefois impossible de prendre, à moins de construire, installer et équiper des bâtiments d'une manière spéciale : c'est de répartir les hommes et le matériel sur tous les bâtiments, de manière à pouvoir débarquer avec facilité, en même temps que les troupes qui les montent, tous les attirails, munitons et vivres nécessaires à ces troupes pendant la première partie de la campagne qui suivra le débarquement. Sans cette précaution, l'on se trouve à la merci des tempêtes ou autres accidents de mer qui peuvent séparer une partie des bâtiments du gros de la flotte, et par défaut soit de vivres, soit de munitions, d'artillerie ou d'effets de campement ou d'outils pour se retrancher, l'expédition manquera. On n'avait pas négligé cette précaution, lors de la grande expédition préparée à Boulogne, dans les années **1804** et **1805**, pour l'invasion de l'Angleterre. Il est vrai que les bâtiments de la flottille de guerre, construits exprès, purent être installés d'une manière parfaitement appropriée à leur destination. Quelque portion de cette flottille, qui fût parvenue à atteindre les rivages anglais, les troupes qu'elle portait se seraient trouvées munies de tout ce qui leur était nécessaire pour tenir la campagne pendant quinze jours. Une fois que les préparatifs, tels qu'ils ont été indiqués succinctement, sont terminés l'on met en mer, exposé aux chances de la traversée. Si elle est heureuse et si l'on atteint sans accident le point désigné de la côte ennemie, alors commence l'opération de la descente. Les bâtiments de guerre viennent jeter l'ancre aussi près du rivage qu'il leur est possible, et par leur feu s'efforcent d'en ruiner les défenses et balaient le terrain sur lequel doivent descendre les troupes. Dès que l'ennemi a abandonné un espace suffisant pour qu'elles puissent s'y former dans l'ordre le plus convenable, soit en bataille, soit en colonne d'attaque; elles sont débarquées par les chaloupes et canots de l'escadre ou par les bâtiments de la flottille, qui viennent s'échouer à la côte de manière à pouvoir se servir de leur artillerie pour tenir l'ennemi à distance ou les mettre en déroute. Le corps d'armée, débarqué en entier et avancé au delà de la portée des canons de l'escadre et de la flottille, ses opérations rentrent dans le cercle des opérations militaires pures; il est livré à ses propres ressources et il ne reçoit d'autre assistance de la marine que le débarquement de son gros matériel et des envois de vivres tirés de l'approvisionnement des vaisseaux, si l'état du pays rend insuffisants ceux dont il a été pourvu par les soins du département de la guerre. Nous ne pouvons donner ici un précis de l'histoire des descentes et des débarquements auxquels, par erreur, on a pu donner ce nom; ces expéditions, d'ailleurs, se trouveront mentionnées, soit aux articles des pays qui en ont été le théâtre, soit à ceux des officiers qui en ont eu le commandement. On en citera cependant quelques-unes des plus récentes pour faire mieux ressortir la différence qui a été établie au commencement du présent article. Lors de la célèbre expédition d'Égypte, en **1798**, l'armée prit terre sur différents points de la côte, aux environs d'Alexandrie : ce fut une descente. Le même nom appartient à l'expédition anglaise, dirigée quelques semaines auparavant contre Ostende, les troupes ayant débarqué en pleine côte. En **1799**, l'invasion de la Nord-Hollande par les Anglais doit être qualifiée de débarquement, parce qu'ils s'emparèrent du Texel avec leurs vaisseaux et mirent leur armée à terre dans ce port. Il y eut descente, lors de l'expédition contre les établissements maritimes de la France dans l'Escaut en **1809**, les premières divisions des troupes anglaises ayant débarqué sur une vaste grève de l'île de Zélande, à peu de distance de la ville de Ter-Viere. Lorsque, en février **1814**, les Anglais revinrent essayer de détruire l'arsenal maritime, les chantiers et les bassins d'Anvers, ils n'eurent pas de descente à opérer; ils débarquèrent paisiblement dans les ports de la Hollande, qui venait de secouer le joug de la France. L'expédition de Morée, en **1828**, eut pour début une descente opérée dans le golfe de Coron. Enfin, la descente sur les côtes de la régence d'Alger, en **1830**, peut aussi être considérée comme l'une des plus grandes et des plus belles entreprises de ce genre qui aient été exécutées dans les temps modernes.

Desceu (au), loc. adv. (*V.* Long). A l'insu.

Descha (*bot.*), nom hébreu du chiendent suivant Mentzel.

J. P.

Deschales (le P. François-Milliet), religieux de l'ordre de Jésus, a mérité le titre de savant et d'habile géomètre durant le XVIIe siècle, si prodigieusement fertile en grands maîtres dans les sciences mathématiques. Il naquit à Chambéry en **1611**, et se distingua par son savoir dans l'ordre religieux dont il avait pris l'habit. Il est l'auteur d'un cours de mathématiques qui a pour titre : *Cursus seu mundus mathematicus*, etc.; Lyon, 1673-1691, in-fol. Aux leçons d'arithmétique et de géométrie qui forment le fond de cet ouvrage, le P. Deschales ajouta un traité sur la *perspective* et un autre sur la *gnomonique*. On place au nombre des meilleurs ouvrages d'hydrographie qui aient été publiés de son temps un autre écrit du P. Deschales intitulé : l'*Art de naviguer démontré par principes*, etc.; Paris, 1677, in-4°. Quoiqu'il fût entaché de quelques uns des préjugés qui animaient alors l'Église romaine contre le système de Copernic, le P. Deschales eut le courage, sinon de prendre la défense de ce système, du moins de prouver la grossière ignorance en mathématique et en physique de quelques uns de ses détracteurs. Le mérite particulier des ouvrages du P. Deschales est la clarté avec laquelle il y expose les propositions les plus compliquées. Il mourut à l'âge de 67 ans, en 1678, à Turin où il occupait une chaire de mathématiques.

DESCHAMPS (PIERRE), en latin De Compis et Capis (quelque auteurs le nomment Pierre de Chappes) il nâquit en Champagne et devint chanoine de Reims et d'Amiens, conseiller clerc au parlement de Paris, chancelier de France en 1316, évêque d'Arras en 1320, de Chartres en 1326 et cardinal du titre de Saint-Clément en 1327. Ce prélat prit beaucoup de part aux affaires civiles et religieuse de la France. Il faisait partie du sacré collége en 1334 quand le pape Jean XXII fit sa déclaration publique concernant la vision béatifique, sur laquelle on l'accusait d'avoir des sentiments contraires à ceux de l'église. (Mss. de la bibliothèque d'Arras).

DESCHAMPS (EUSTACHE), dit *Morel*, parce qu'il avait été prisonnier des Maures en Afrique, et dit *Deschamps*, parce qu'il finit par habiter la campagne, naquit à Vertus en Champagne vers le milieu du XIVe siècle. Sa destinée eut, avec celle de Michel Cervantes et celle de Regnard, ce point de conformité que, comme l'un et l'autre, il fut grand voyageur et porta les fers de l'esclavage. Il n'en fut délivré qu'à 36 ans. Il se hâta alors de repasser en France, embrassa la profession des armes, s'y distingua, devint huissier d'armes des rois Charles V et Charles VI, gouverneur du château de Fismes, et enfin Bailly de Senlis, où il vécut jusqu'en 1422. Ses propriétés ayan' été dévastées par les Anglais, toujours en guerre alors avec la France, il voua à cette nation une haine dont ses ouvrages offrent souvent l'expression énergiqne; on y trouve aussi de fréquentes traces de sa mauvaise humeur contre la cour et les grands, constamment sourds à toutes les plaintes que lui arrachait sa détresse. Il ne ménagea pas davantage les femmes. Fort malheureux dans sa vie domestique, il chargea le *Miroir de la Vérité*, son ouvrage le plus étendu, de réfléchir les difformités du lien conjugal. Il est à croire que cette diatribe contre le mariage a été consultée avec fruit par Boileau. La Fontaine a puisé dans les œuvres d Eustache Deschamps, puisqu'on trouve dans celles-ci les fables du *Conseil tenu par les Rats*, de la *Cigale et la Fourmi*, avec cette moralité : *qui saiges èst fasse ainsi pourvéance*; et du *Corbeau et le Renard*, avec celle-ci : *on se deçoit par légièrement croire*. Ce poëte a été apprécié ainsi par feu Raynouard, dans une notice insérée au *Journal des Savants*, mars 1832 : « Contemporain de » Charles d'Orléans, émule de ce prince dans le même genre, » il l'égale pour le style, et il est plus varié dans les formes de » la versification, plus abondant en pensées. » Les poésies d'Eustache Deschamps, aussi nombreuses que variées, n'avaient jamais été publiées en France ; M. Crapelet a donné, en 1832, un choix de ses poésies, d'après le manuscrit qui se trouve à la Bibliothèque royale, sous le n° 7219, et a joint à cette édition une bonne notice sur ce vieux poëte. La bibliothèque de l'Arsenal possède aussi, en manuscrit, les œuvres d'Eustache Deschamps, 3 vol. gr. in-fol.

DESCHAMPS (Joseph-François-Louis), médecin, né à Chartres le 14 mars 1740, fut d'abord destiné à l'état ecclésiastique, mais ayant assisté à Paris aux leçons de Dubois, il se sentit appelé à exercer la chirurgie. Admis en 1764 à l'école pratique, il emporta les premiers prix plusieurs années de suite. Il fut nommé chirurgien principal de l'hôpital de la Charité, et plus tard Desault ne l'emporta que d'une voix sur lui pour la place de chirurgien en chef à laquelle il fut nommé après que Desault eut passé à l'Hôtel-Dieu en 1788. Lorsque Corvisart devint premier médecin de l'empereur, il fit nommer Deschamps l'un des quatre chirurgiens consultants. Il fut en 1811 désigné pour remplacer Sabatier à l'institut, et en 1816 il fut créé chevalier de la Légion-d'Honneur. Il mourut le 8 décembre 1824. Il avait le goût de la littérature, et faisait des vers agréables. Il a publié un excellent ouvrage intitulé : *Traité historique et dogmatique de l'opération de la taille*.

DESCHAMPS (Jacques), né à Virummerville, près Rouen, en 1677, docteur en Sorbonne, curé de Dangu en Normandie et traducteur du prophète Isaïe, mort le 1er octobre 1759.

DESCHAMPS (François-Michel-Chrétien), né à Montmorency, près Troyes, en 1683, d'abord militaire puis employé dans la finance, mort le 10 novembre 1747. Auteur de plusieurs tragédies.

DESCHAMPS (Pierre-Suzanne), avocat à Lyon, député aux états généraux, blessé mortellement le 9 octobre 1793, à la sortie que les Lyonnais firent en abandonnant leur ville, auteur d'un *Traité sur l'adultère*.

DESCHAMPS (Claude-François), né le 10 avril 1745, à Orléans, d'abord chapelain de l'église de cette ville, se voua ensuite tout entier à l'éducation des sourds-muets; remarquable par ses talents et son humanité; il mourut ignoré en janvier 1791, après avoir écrit plusieurs ouvrages sur la matière qu'il professait.

DESCHAMPS (Jean-Marie), né à Paris, vers 1750, fut secrétaire du ministre Montmorin, au commencement de la révolution, se retira des affaires à la chute de ce ministre, et se livra entièrement à la littérature. Il est auteur d'un assez grand nombre de pièces de théâtre, vaudevilles et opéras, il a, en outre, traduit de l'anglais (avec Desprès le roman de *Simple histoire*, et la *Suite de simple histoire* par Mistris Inchbald; (avec Desprès et Benoit) le roman du *Moine*. Il traduisit encore en vers, le poème italien de Monti, *Le Barde de la forêt noire*. Secrétaire des commandements de l'impératrice Joséphine, il accompagna cette princesse dans sa retraite, et mourut en mai 1814. — **DESCHAMPS** *De Saucourt*, né à Thionville au commencement du XVIIIe siècle, et mort à Paris en 1784, a publié sous ce voile de l'anonyme : 1° *Qu'est-ce que le pape?* 2° *Baby Bambou, histoire archi merveilleuse, publiée par M. D. de S.*; 3° *Les premières amours* ou *Zémire et Zèlus*.

DESCHAMPS (Louis-Auguste), naquit à Saint-Omer le 22 août 1765 et y mourut le 25 février 1842. Médecin de l'ancienne faculté de Douai; il fut désigné en 1791 par le gouvernement français pour faire partie, en qualité de naturaliste, de l'expédition chargée d'aller à la recherche de la Peyrouse. Arrêté par les Hollandais et conduit à Batavia, le gouverneur de cette ville le chargea d'écrire l'histoire de l'Ile de Java. Pris par les Anglais en retournant en France en 1802; il se vit enlever la riche collection d'objets d'histoire naturelle qu'il avait faite dans ses voyages. Quoiqu'il en soit, il possédait à Saint-Omer l'un des plus beaux herbiers de plantes exotiques, connus; sa famille en a fait don au musée de cette ville. On doit à ce savant divers articles publiés dans les mémoires de la société des antiquaires de la Morinie (hist. de Saint-Omer par J. Derheim).

DESCHAMPSIE, s. f. (*bot.*), genre de plantes de la famille des graminées.

DESCHAUSSAGE ou **DESCHAUSSAILLE**, s. f. (*hist.*), ce qu'une nouvelle mariée, le jour de ses noces, donnait aux jeunes garçons pour boire.

DESCHEVAUCHIER, v. a. (*v. lang.*), démonter, désarçonner.

DESCHIZAUX (Pierre), médecin et procureur-général du grand conseil, né à Macon en 1687, voyagea en Russie et en Perse afin d'étudier la botanique de ces pays; il acquit la protection du czar Pierre Ier, qui facilita son travail. Il donna ses conseils pour l'établissement d'un jardin de botanique à Saint-Pétersbourg, et revint en France où il publia les observations qu'il avait faites dans ce voyage. Il mourut au retour d'un second voyage en Russie dont il a aussi écrit la relation.

DESCLIQUER, v. n.; vieux mot qui signifiait figurément, bavarder, babiller, parler aussi vite qu'un cliquet de moulin. Il se trouve dans Rabelais et dans la farce de Pathelin.

DESCONNAISSANCE, s. f. (*V. lang.*), distinction, marque servant à faire reconnaître. — Ce mot signifiait aussi ingratitude et ignorance.

DESCORCHER (Marie-Louis-Henri), marquis de Sainte-Croix, né le 17 septembre 1749, à Sainte-Croix-du-Ménil-Gonfroi, près Timoutier, après avoir pris place dans l'armée où il obtint le grade de maréchal de camp, entra en 1782 dans la carrière diplomatique, il fut successivement envoyé à Liége et en Pologne, et auprès de la porte ottomane en 1793. Chaud partisan de la révolution, son exaltation provoqua des troubles à Constantinople, et il fut rappelé peu après le 9 thermidor. En 1800 il fut nommé préfet de la Drôme. Il mourut le 2 septembre 1830. — **DESCORCHES** *De Sainte-Croix* (Charles), son fils, né vers 1783, se distingua beaucoup dans la carrière des armes, sa belle conduite à la bataille d'Essling, en 1809, lui valut à 26 ans le grade de général de brigade. Il fut tué en

Portugal dans une reconnaissance, près de Villa-Franca, en 1810.

DESCORTINÉ, ÉE, adj. (*V. lang.*), découvert, dépouillé.

DESCOURVIÈRES (Jean-Joseph), missionnaire français, né à Goux-les-Usies, près Pontarlier, vers 1740. Porté dès sa jeunesse au ministère des missions, il céda à sa vocation, et après avoir été quelque temps vicaire à Belford, il vint à Paris, fut admis au séminaire des missions, et partit pour celle de Loango, au mois de mars 1768. Il déploya un grand zèle et réussit à plaire au roi de Kakougo qui lui accorda sa protection; cependant sa santé le força de revenir en France en janvier 1770; mais il retourna plus tard dans le pays qu'il avait abandonné. De retour une seconde fois en 1775, il fut 4 ans après envoyé en Chine, puis forcé par la persécution de revenir dans son pays, la révolution le contraignit à l'abandonner encore une fois. Il se retira à Rome où il mourut le 6 août 1804; outre *une grammaire et un dictionnaire kakongais*, on a de lui des *mémoires* sur lesquels l'abbé Proyart a rédigé *l'Histoire des royaumes de Loango, Kakougo*, etc., et des lettres qui ont servi à la rédaction de *l'Histoire de la persécution en Chine*.

DESCOUSU (Celse-Hugue), né à Châlons-sur-Saône en 1480, étudia le droit à Turin et à Paris; docteur à 22 ans, il obtint plus tard la chaire de professeur en droit canon à Montpellier; il voyagea ensuite successivement en Flandres, et dans différentes parties de l'Espagne où il avait été nommé *Fiscal del consejo Real*, charge correspondant à celle d'avocat-général au parlement; il est l'auteur de divers ouvrages de droit en latin et en espagnol, dont on trouve la liste dans le Moréri de 1759.

DESCOUSU (Celse-Hugue), de la même famille que le précédent, ne doit pas être confondu avec lui; il était licencié en droit et professeur de Grec et d'Hébreu à Paris; il est l'auteur de la première traduction des *Idylles* de Théocrite, qui ait paru en France.

DESCRIPTEUR, s. m. (*didact.*), celui qui décrit.

DESCRIPTIF, IVE, qui a pour objet de décrire.

DESCRIPTION, discours par lequel on décrit, on dépeint. Il se dit particulièrement d'un inventaire qui indique le nombre et la qualité des meubles, papiers, etc., qui se trouvent dans une maison. — Il se dit encore d'un livre qui fait connaître l'état présent d'une province, d'un royaume, d'une partie du monde. — Il se dit en termes de logique, d'une définition imparfaite.

DESCRIPTION, c'est l'état ou inventaire sommaire des meubles, effets, titres, etc., etc. Le procès-verbal d'apposition de scellés doit contenir entre autres choses, une description sommaire des effets qui ne sont pas mis sous les scellés. (Cod. de procéd. art. 314, n° 8.) Lorsqu'on saisit un accusé, on fait une description des effets qu'on trouve sur lui. (Voy. Cod. d'inst. crim. art 35 et 39.)

DESCRIPTION (*géom.*), action de tracer une figure, ou construction d'une figure; c'est ainsi qu'on dit *décrire* un cercle, une parabole, etc.

DESCRIPTIVE (*poésie*). *V.* POÉSIE.

DESCRIPTIVE (*géom. descriptive*), une des branches de la SCIENCES DE L'ÉTENDUE (*V.* GÉOMÉTRIE).—L'objet de la géométrie descriptive est la construction ou la génération universelle de l'étendue par le moyen des *projections*.—1° On nomme *projection* la trace déterminée, sur un plan donné de position, par les intersections des perpendiculaires abaissées de tous les points d'une ligne ou d'une surface situées hors de ce plan d'une manière quelconque. Par exemple, si de tous les points de la droite A B, on mène des perpendiculaires sur le plan M N, la trace C D, formée par les intersections de ces perpendiculaires, sera la *projection* de A B, et en particulier

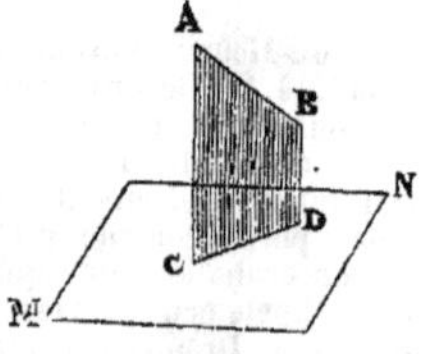

Fig. 1.

le point C sera la projection du poidt A, et le point D la projection du point B; 2° la position de la droite A B dans l'espace sera donc entièrement déterminée si, connaissant d'ailleurs celle du plan M N, ainsi la projection C D, on connaît de plus la longueur des perpendiculaires A C et B D; 3° cette position sera également déterminée par les projections de la droite A B sur deux plans différents donnés de position et perpendiculaires entre eux, tels que les plans M N et M P; car *ab* et *a' b'* étant ces projections, si l'on fait passer par la première un plan *a* B perpendioulaires à M P, et par la seconde un plan A *b'* perpendiculaire à M N, l'intersection de ces deux plans sera évidemment la droite A B; 4° si du point *a* on abaisse la perpendiculaire *a x* sur l'intersection commune M Q, cette perpendiculaire le sera également à la droite *a* A

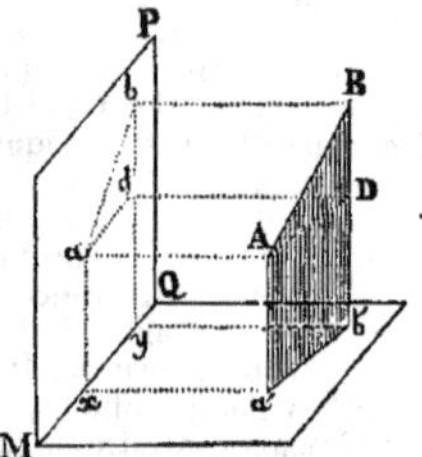

Fig. 2.

(*V.* PLAN), et par conséquent on pourra faire passer par les droites *a x*, *a* A, A *a'* un plan perpendiculaire au plan M N, et dont l'intersection avec M N sera la droite $a'\,x = a$ A. On a de plus $a\,x =$ A a'. Ainsi, lorsqu'on connaît les deux projections *a* et *a'*, d'un point A sur les plans rectangulaires M N et M P, si de ces projections on abaisse des perpendiculaires *a x* et *a' x* à l'intersection commune M Q, ces perpendiculaires se rencontreront en un même point *x*, et seront respectives égales aux perpendiculaires menées du point A à chacun des plans, ou aux perpendiculaires déterminant les projections *a* et *a'*; 5° pour se conformer aux usages habituels de la ligne de niveau et du fil à plomb, on est convenu de supposer l'un des deux plans *horizontal* et l'autre *vertical*. Nous donnerons le nom de *base* à la droite M Q, intersection commune des deux plans;

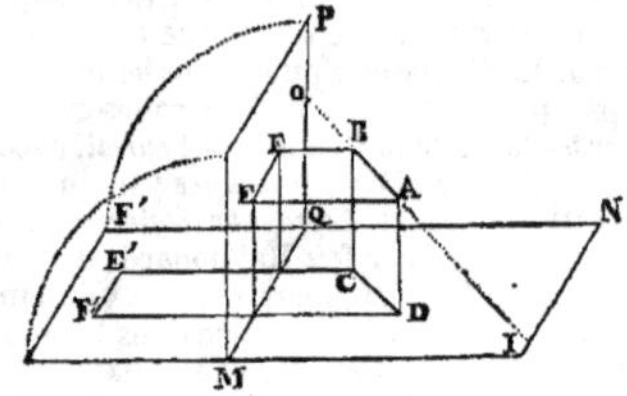

Fig. 3.

6° le but des projections est de représenter par des figures faites sur un seul plan, et n'ayant par conséquent que deux dimensions, tout ce qui concerne l'étendue ayant deux ou trois dimensions. Pour cet effet, on considère le plan vertical comme ne faisant qu'un avec le plan horizontal, en supposant que le vertical, tournant autour de la base comme charnière, ait fait un quart de conversion pour ne plus former qu'un seul plan avec l'horizontal. En vertu de ce mouvement, toute droite située sur le plan vertical et perpendiculaire à la base, restera perpendiculaire à cette base après que la conversion a été achevée, et la projection verticale d'un point quelconque se trouvera sur le prolongement de la perpendiculaire menée de sa projection horizontale à la base, car le plan M P prenant la position M F', les perpendiculaires E *x* et F *x* ne font plus qu'une seule et même droite perpendiculaire à la base M Q. — Ceci posé, nous allons donner les propositions fondamentales de la géométrie descriptive; 7° On nomme *traces* d'un plan quelconque les deux intersections qu'il fait avec les deux plans fixes, lorsqu'on le prolonge suffisamment pour qu'il les rencontre; on nomme de même *traces* d'une ligne les points O et I (fig. ci-dessus), où cette ligne, prolongée s'il est besoin, rencontre les plans fixés; 8° *les deux projections d'une droite étant données. déterminer ses traces sur les deux plans fixes, o'est-à-dire les points où elle traverse le plan horizontal et le plan vertical,*

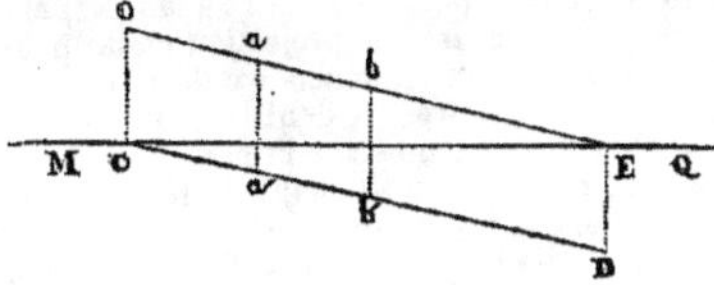

Fig. 4.

soit *a b* la projection verticale, et *a' b'* la projection horizontale. Prolongez ces projections jusqu'à ce qu'elles rencontrent la base, la première en E et la seconde en G, et de ces points menez les perpendiculaires E D et G O à la base, dont la première rencontre en D le prolongement de la projection *a' b'*, et dont la seconde rencontre en O le prolongement de la projection *a b*; les points D et O, ainsi déterminés, seront les *traces* demandées. — En effet, CD et EO sont les projections d'une droite O D, qui contient comme une de ses parties la droite dont *a b*, *a' b'* sont les projections. Or, cette ligne O D devant se trouver sur l'intersection de deux plans différents, l'un OCD mené par CD, et perpendiculaire au plan horizontal, et l'autre OED, mené par OE, et perpendiculaire au plan vertical, passé nécessairement d'un côté par l'intersection des droites ED et OE; puisque CD, perpendiculaire à CO, se trouve sur le plan perpendiculaire mené selon CO, et que ED, perpendiculaire à OE, se trouve sur le plan perpendiculaire mené selon OE; ainsi ces intersections, ou les points O et D, sont les traces de la droite O D, et conséquemment de la droite dont *a b* et *a' b'* sont les projections; 9° si la droite O D était parallèle au plan horizontal, sa projection horizontale C D pourrait bien faire avec la base M Q un angle quelconque; mais sa projection verticale serait alors parallèle à la base, et il n'y aurait point de trace horizontale D. On déterminerait comme ci-dessus la trace verticale O; 10° réciproquement, si la droite OD était parallèle au plan vertical, il n'y aurait point de trace verticale; sa projection horizontale serait parallèle à sa base, et l'on déterminerait seulement la trace horizontale D; 11° *les projections d'une droite étant données, déterminer les projections d'une autre droite parallèle à la première, et assujettis à passer par un point dont les projections sont également données.* Les projections horizontales de la droite donnée et de la droite cherchée doivent être parallèles entre elles, puisqu'elles sont les intersections de deux plans perpendiculaires au plan horizontal, et par conséquent parallèles entre eux. Par la même raison, les projections verticales doivent être aussi parallèles entre elles. Donc en menant par les projections du point des lignes parallèles aux projections de la droite donnée, ces parallèles seront les projections demandées; 12° *déterminer la longueur d'une droite dont les projections sont connues.* Si la droite est parallèle à l'un des plans, ce que l'on connaît lorsque sa projection sur ce plan est parallèle à la base, elle est égale à cette projection; si elle n'est parallèle à aucun des deux plans, elle est plus grande que chacune de ses projections.

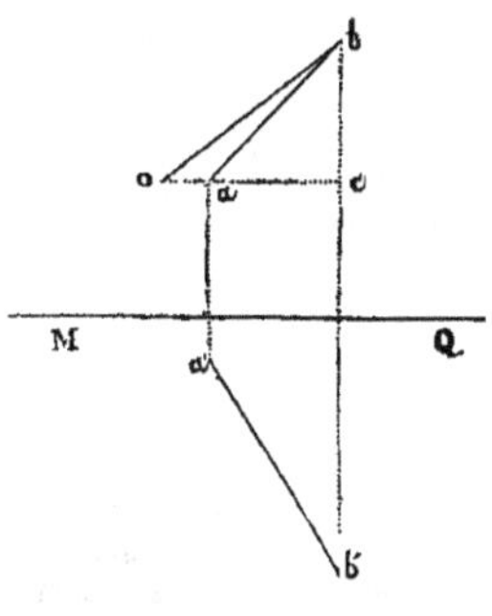

Fig. 5.

Dans ce dernier cas, en menant du point A (fig. du n° 4 ci-dessus), la droite A D, parallèle à la projection horizontale *a' b'*, ou, ce qui est la même chose, perpendiculaire sur B*b'*, on aura un triangle rectangle A B D, dont la droite A B est l'hypothénuse, et dont les deux autres côtés sont A D $=$ *a' b'* et A D — B D — B *b'* — A *a'*, mais la projection *a d* de A D sur le plan vertical détermine *b d* — B D, et cette projection s'obtient en menant *a d* parallèle à la base; ainsi les deux côtés de l'angle droit du triangle rectangle A B D sont donnés par les projections, et il suffit de construire ce triangle pour obtenir l'hypothénuse ou la longueur demandée de la droite A B;

Ainsi *ab*, *a'b'* étant les projections données, du point *a* on abaissera sur *bb'* la perpendiculaire *ac* sur laquelle on prendra de *c* en *o*, *co* $=$ *a'b'*, on mènera *bo* et cette droite sera égale à celle dont les projections sont *ab* et *a'b'*. — 13° *Connaissant les projections d'une droite, trouver les angles qu'elle fait avec chacun des deux plans fixes.*

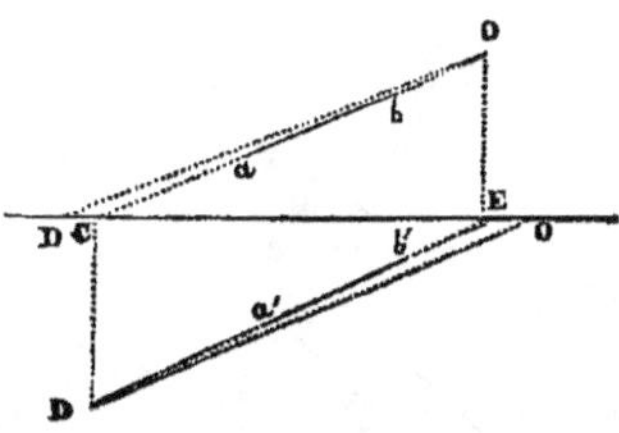

Fig. 6.

Si *ab* et *a'b'* sont les projections données, on déterminera (8) les traces *o* et *d*, et alors l'angle *od*C sera l'angle fait par la droite avec le plan horizontal, et l'angle *do*E, l'angle fait par la même droite avec le plan vertical. Ces angles appartiennent aux triangles rectangles *o*C*d* et *d*E*o* que l'on peut supposer entièrement connus, puisqu'on a leurs bases C*o* et *d*E, et leurs hauteurs C*d* et *o*E. Il suffit donc de construire ces triangles pour obtenir les angles demandés. Ainsi, prenant ED — E*d* et CO — C*o*, on mènera les droites *od* et *d*O dont la première fera connaître l'angle CO*d* égal à l'angle de la droite avec le plan horizontal et la seconde, l'angle *o*DE égal à l'angle de la droite avec le plan vertical. — 14° *Connaissant les projections de trois points quelconques, trouver les traces du plan qui passe par ces trois points.*

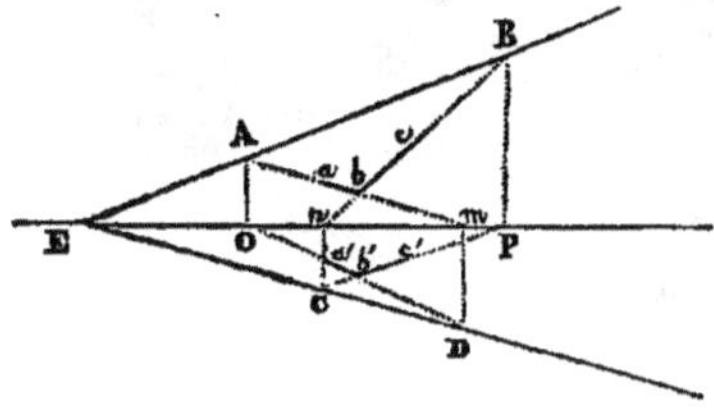

Fig. 7.

Soient *a*, *b*, *c*, les projections verticales, et, *a'*, *b'*, *c'*, les projections horizontales données; menons les droites *a'b'*, *b'c'*, *ab*, *ac*, et prolongeons-les jusqu'à leurs points de rencontre respectifs *m*, *n*, *o*, *p*, avec la base; des points *o* et *p* élevons, à la base, des perpendiculaires *o*A et *p*B, jusqu'aux points A et B où elles rencontrent les droites *ab* et *bc*, élevons de même des points *n* et *m* les perpendiculaires *n*C et *m*D, jusqu'aux points C et D où elles rencontrent les droites *a'b'* et *b'c'*; les droites AB et CD seront les traces demandées, lesquelles, prolongées, auront un point commun E d'intersection où le plan proposé coupe la base. En effet, *ab* et *a'b'* sont les projections d'une droite menée dans le plan proposé par les points dont *a* et *a'*, *b* et *b*, sont les projections, et d'après la construction A et D sont les traces de cette droite; de même *bc* et *b'c'* sont les projections d'une seconde droite menée dans le plan proposé par les points dont *b* et *b'*, *c* et *c'* sont les projections, et également d'après la construction C et B sont les traces de cette seconde droite. Or, le plan proposé coupe dans le plan horizontal aux points A et B et le plan vertical aux points C et D; ses intersections avec ces plans ont donc lieu suivant les droites AB et CD, et par conséquent AB et CD sont ses traces. — 15° *Les traces d'un plan étant* *donnés ainsi que les projections d'un point situé hors de ce plan, trouver les traces d'un second plan parallèle ou premier, et qui passe par ce point.* — Soient MN et NP, les traces du plan, et *a* et *a'* les projections du point. Par le point *a* menons *a*A parallèle à la base, et *a*B parallèle à la trace verticale MN, jusqu'à sa rcmontre en B avec la base. Par le point *a'*, menons également *a'*C parallèle à la base, et *a'*D parallèle à la trace horizontale NP. Aux deux points B et D, élevons les perpendiculaires à la base BC et DA jusqu'à la rencontre des parallèles *a* A et *a'* C, et par les points A et C, menons les droites AO et CO parallèles aux traces données, ces parallèles seront les traces demandées.

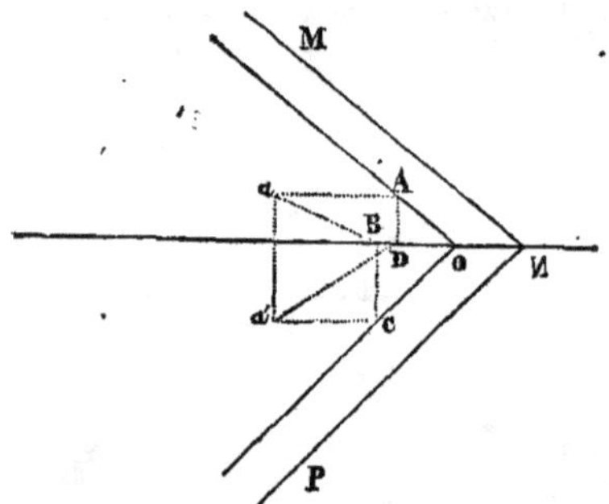

Fig. 8.

En effet, les points A et C sont les traces d'une droite dont la projection verticale est *a*B et dont la projection horizontale est *a'*C. Or, cette droite est parallèle au plan donné, puisque sa projection verticale *a*B est parallèle à la trace verticale de ce plan, et par conséquent elle est contenue dans le plan cherché puisqu'elle passe par le point dont les projections sont *a* et *a'*, ainsi ce plan coupe le plan vertical au point A et le plan horizontal au point C, et ces points sont situés sur ses traces; mais les traces de deux plans parallèles sont nécessairement parallèles. Ainsi, il suffit de connaître un seul point de chaque trace du second plan pour les déterminer, et ces traces sont les droites AO et CO qui, par la nature du problème, doivent se couper à la base en un même point O ; 16° *Étant données, les traces PB et BC d'un plan et les projections a et a' d'un point contraire 1° les projections de la droite abaissée perpendiculairement du point sur le plan ; 2° les projections du point de rencontre de la droite et du plan.* Des poins *a* et *a'* menons les perpendiculaires *a m* et *a n* sur les traces BP et BC; ces perpendiculaires seront les projections de la droite demandée ; car si l'on conçoit un plan vertical mené par cette droite, ce plan coupera le plan donné et le plan horizontal en deux droites qui seront l'une et l'autre perpendiculaires à la commune intersection BC de ces plans, et dont la première sera la projection du plan vertical, et en même temps la

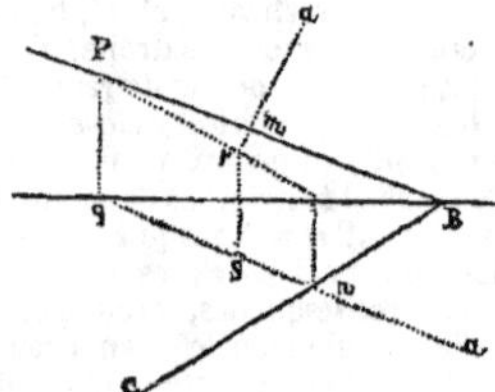

Fig. 9.

projection de la droite; ainsi cette projection devant passer par le point *a'* et être perpendiculaire à BC, sera *a' n*. On démontre de la même manière que *a m* est la projection verticale. Pour déterminer le point de rencontre, ont doit remarquer que ce point se trouve nécessairement sur l'intervention du plan donné par le plan vertical mené suivant la droite cherchée, intersection dont *a' q* est la projection horizontale. Or, si l'on avait la projection verticale P*t* de cette intersection, elle contiendrait celle du point demandé, et comme, de plus, ce point doit aussi se trouver projeté sur la perpendiculaire *a m*, il serait au point de rencontre *r*, de P*t* et de *a m*. Mais l'intersection dont il s'agit rencontre le plan horizontal en *n*, dont on aura la projection verticale *t*, en menant *n t* perpendicula re à la base ; et comme elle rencontre le plan vertical de projection en un point dont la projection horizontale est *q*, rencontre de la base avec *a' n* prolongée, s'il est nécessaire, et dont la projection verticale doit se trouver en même temps sur la perpendiculaire *q* P et sur la trace PB, c'est-à-dire au point de rencontre P de ces droites, on aura donc la projection verticale de l'intersection en joignant par une droite les points P et *t*. Cette projection étant connue, il suffit de prolonger *a m* jusqu'à *r* pour obtenir la projection verticale demandée du point de rencontre; quant à la projection horizontale du même point, comme elle doit se trouver en même temps sur le prolongement de la perpendiculaire menée de *r* à la base et sur *a' q*, en abaissant cette perpendiculaire, on la déterminera en *s*; 17° *étant données, les projections d'une droite et celle d'un point, construire les traces d'un plan mené par le point perpendiculairement à la droite.* Soient AB, *ab* les projections de la droite et D, la droite DH, perpendiculaire à la projection horizontale AB, jusqu'à ce qu'elle coupe la base en H. Au point H, élevons à la base la perpendiculaire HG, et du point G, où cette perpendiculaire rencontre la droite *d* O, menons GC perpendiculaire à la projection *a b*; du point C, où GC rencontre la base, menons également CE perpendiculaire à la projection AB, GC et CE seront les traces demandées.

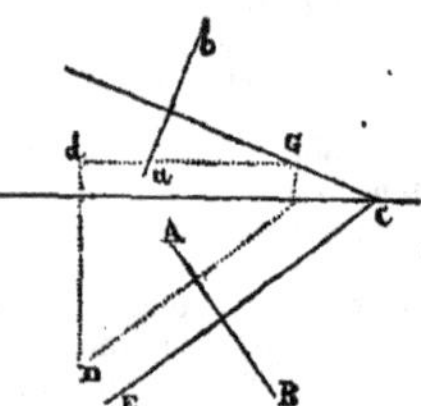

Fig. 10.

On sait déjà par ce qui précède que les traces demandées doivent être perpendiculaires aux projections données de la droite, et qu'elles se coupent en un même point de la base; ainsi il suffit d'un second point trouvé sur l'une ou l'autre de ces traces pour les déterminer entièrement. Or, si par le point cherché on conçoit une droite parallèle au plan horizontal de projection, et prolongée jusqu'à sa rencontre avec le plan vertical, cette rencontre sera la trace de la parallèle, et se trouvera sur la trace du plan; mais les projections d'une telle droite doivent être, la verticale, parallèle à la base, et l'horizontale perpendiculaire à AB; elle sont donc les droites *d* G et DH; ainsi, d'après la construction, la trace verticale de cette droite est au point G, et ce point G fait également partie de la trace verticale du plan demandé; 18° *les traces de deux plans étant données, construire les projections de leur commune intersection.*

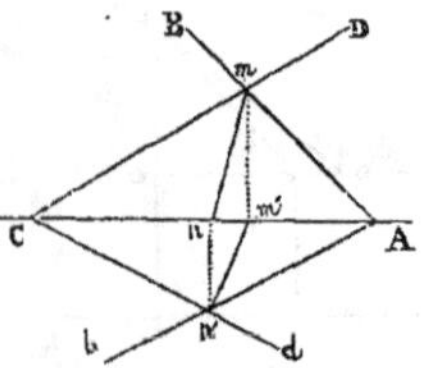

Fig. 11.

Soient AB, A*b* les traces du premier plan, et CD et C*d* les traces du second. Du point *m*, intersection de AB et de CD, abaissons *m m'* perpendiculaire à la base; abaissons de même de *n'*, intersection de A*b* et de G*d*, la perpendiculaire *n' n* ; menons ensuite les droites *m n*, *m' n'*, ces droites seront les projections demandées. En effet, tous les points des traces AB et CD se trouvent sur les plans proposés, leur point de rencontre *m* se trouve en même temps sur ces deux plans, et fait conséquemment partie de leur intersection; il en est absolument de même du point *n'*, commun aux deux traces A*b* et C*d*; ainsi l'intersection des deux plans rencontre le plan vertical en *m*, et le plan horizontal en *n'*. Or, *m'* est la projection horizontale de *m*, et *n* la projection verticale de *n'*, donc *m n* est la projection verticale de l'intersection des plans donnés et *m' n'* sa projection horizontale; 17° *construire l'angle formé par deux plans qui se coupent, et dont on connaît les traces.*

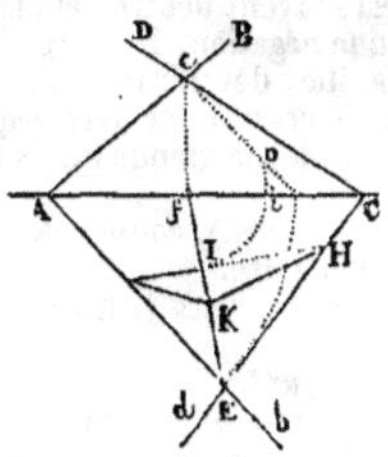

Fig. 12.

Soient AB et CD, les traces verticales des plans, et A*b*, C*d* les traces horizontales, construisons d'abord par ce qui précède la projection horizontale E*f* de l'intersection des deux plans et d'un point I pris à volonté, menons la droite GH perpendiculaire à E*f*. Prenons *fo* égale à E*f* et *fi* égale à *f*I; menons *eo*; et du point *i*, abaissons sur cette droite la perpendiculaire *ik*; portons *ik* de I en K; et enfin du point K, ainsi déterminé, menons les droites KG, et KH, l'angle GKH sera l'angle demandé. On peut considérer la droite GH menée par le point arbitraire I comme la trace d'un plan perpendiculaire à l'intersection des plans proposés, et par conséquent perpendiculaire à ces plans eux-mêmes. Ainsi l'angle formé par les intersections de ce troisième plan avec les proposés, sera le même que l'angle de ces plans; et ces intersections formeront avec GH, comme base, un triangle dont l'angle au sommet sera l'angle demandé. Mais si l'on conçoit le plan de ce triangle abattu sur le plan horizontal, après avoir tourné autour de sa base GH, son sommet tombera nécessairement sur E*f*, et deviendra l'un des points de cette droite; il suffit donc de déterminer ce point, ou la hauteur du triangle, pour pouvoir construire ce triangle, et conséquemment pour connaître l'angle cherché. Or, la hauteur du triangle est la perpendiculaire abaissée du point I sur l'intersection des plans proposés et elle est comprise dans le plan vertical mené par E*f*. Si l'on conçoit donc que ce plan vertical soit abattu sur le plan vertical de projection après avoir tourné autour de *fe*, et que l'on prenne *f*I = *fi* et E*f* = *fo*, le point I se trouvera en *i*, le point E en *o*, et l'intersection en *eo*. Ainsi du point *i*, menant sur *eo*, la perpendiaulaire *ik*, elle sera la hauteur du triangle; il suffit donc de porter cette hauteur de I en K pour achever ce triangle et construire l'angle demandé GKH; 20° *les projections de deux droites qui se coupent dans l'espace étant données, construire l'angle qu'elles forment.*

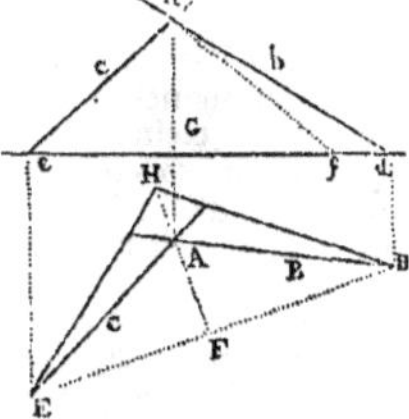

Fig. 13.

Soient AC et AB les projections horizontales et *ac* et *ab* les projections verticales. Par le procédé du n° 8, déterminons d'abord les traces horizontales E et D des deux droites et menons DE. Cette droite sera la base d'un triangle, dont les parties des droites proposées, comprises entre leurs traces et leur point de rencontre, seront les autres côtés. Il ne s'agit donc que de déterminer les longueurs de ces parties, pour pouvoir construire le triangle et conséquemment résoudre le problème. Or, il se présente un moyen plus simple pour arriver à cette solution : du point A menons sur ED la perpendiculaire indéfinie AF; joignons les points *a* et A et portons AF de G en *f*; tirons la droite *af* et prenons FH=*af*. Du point H menons enfin HD et HE; l'angle EHD sera l'angle demandé. — En effet, la droite *a*A est perpendiculaire à la base, puisque les droites proposées devant se couper, le point *a* est la projection verticale de leur point de rencontre, et le point A la protection horizontale de ce même point. Or, AF est la projection horizontale de la hauteur du triangle dont ED est la base et dont les deux autres côtés sont les portions des droites proposées, comprises entre leur point de rencontre et leurs traces E et D; car si l'on conçoit un plan vertical mené par la perpendiculaire, abaissée du sommet de ce triangle sur sa base, ce plan passera nécessairement par le point A et sa trace sera AF. Mais A est la projection horizontale de cette hauteur, dont une des extrémités est F et dont l'autre se trouve élevée au-dessus du plan horizontal d'une hauteur verticale égale à *a*G; elle est donc égale à l'hypothénuse d'un triangle rectangle *a*G*f*, ayant *a*G et G*f*=AF pour côtés de l'angle droit. De plus, la hauteur du triangle, si l'on suppose son plan abattu sur le plan horizontal en tournant autour de ED, devant prendre la direction de AF, il faut donc prendre sur cette direction FH=*af*, et le triangle se trouve construit en menant HE et HD. 21° *Connaissant les projection d'une droite et les traces d'un plan, construire l'angle que la droite forme avec le plan.* Cette question se ramène facilement à la précédente, car si l'on imagine que, par un point quelconque de la droite, on abaisse une perpendiculaire au plan, l'angle de cette droite avec la perpendiculaire sera le complément de l'angle cherché, et il suffira de le construire pour résoudre le problème. Mais d'après le n° 16, si l'on prend deux points sur les projections données qui soient sur la même perpendiculaire à la base, et que de ces points on élève des perpendiculaires aux traces respectives du plan donné, on aura les projections horizontales et verticales de la perpendiculaire au plan, et il ne s'agira plus que de construire l'angle formé par deux droites dont on connaît les projections, ce qui s'exécutera par les procédés du numéro précédent. 22° *Étant donné l'angle de deux droites qui se coupent dans l'espace, ainsi que les angles qu'elles forment l'une et l'autre avec le plan horizontal, construire la projection horizontale du premier de ces angles.*

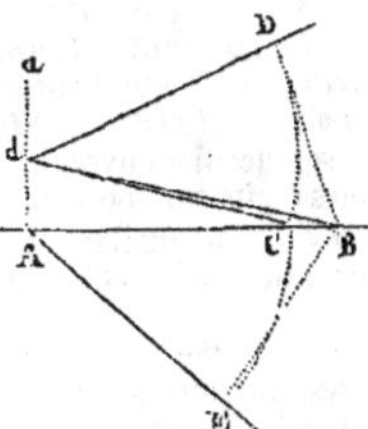

Fig. 14.

Soient A la projection horizontale du sommet de l'angle des deux droites, et AB la projection de la première de ces droites. Du point A, élevons sur AB la perpendiculaire infinie A*a*, et d'un point arbitraire *d*, pris sur A*a*, menons les droites *d* B et *d* C, dont la première fasse avec AB un angle dBA égal à l'angle donné, que fait la première droite avec le plan horizontal, et dont la seconde fasse l'angle *d*CA égal à celui de la seconde droite avec le même plan; menons de plus dD, faisant avec dB l'angle DdB égal à celui des droites; prenons *d*D = *d*C, menons DB; et enfin des points A et B comme centres, et avec AC et BD comme rayons, décrivons deux arcs de cercle; du point E où ces arcs se coupent, menons AE, l'angle BAE sera l'angle demandé. En effet, si nous supposons que le plan vertical de projection passe par AB, ou que cette droite soit la base, la projection verticale du sommet de l'angle des deux droites sera l'un des deux points de la perpendiculaire A*a*; considérant le point *d* comme cette projection, et C*d* comme la projection verticale de la seconde droite, il est évident que cette seconde droite ne pourra rencontrer le plan horizontal que dans l'un des points de la circonférence du cercle décrit du point A comme centre, A C pour rayon, puisque cette seconde droite fait, avec ce plan, un angle égal à *d* C A. Il ne s'agit donc plus que de déterminer celui des points de la circonférence qui satisfait aux autres conditions du problème, et pour cet effet, il suffit de trouver sa distance à quelqu'autre point fixe, tel que B. Or, l'angle B *d* D étant égal à l'angle des deux droites, le point D, déterminé par l'arc de cercle C D décrit du point d comme centre avec *d* C pour rayon, se trouvera à la même distance du point B que le point cherché; ainsi, menant B D et portant cette longueur de B en D, ce point E sera le point cherché, et par conséquent C A E l'angle demandé. Ce problème, connu sous le nom de *réduction d'un angle au plan de l'horizon*, trouve une application fréquente dans la *levée des plans* (*V.* PLAN). 23° Telles sont les propositions élémentaires de la géométrie descriptive. Les limites de ce dictionnaire nous forcent à passer sous silence les applications curieuses et importantes qu'elles offrent en foule, et pour lesquelles nous renvoyons nos lecteurs aux ouvrages de Monge, créateur pour ainsi dire de cette branche de la géométrie (*V.* GÉOMÉTRIE), à ceux de Lacroix, et particulièrement au Traité de géométrie descriptive de M. Vallée. Les parties plus élevées de cette science sont traitées aux mots : NORMALES, PLANS TANGENTS, PROJECTION, SURFACES COURBES ; *V.* aussi : ÉCHELLE DES COTES, ÉPURES et TRANSVERSALE.

DESCROISILLES (François-Antoine-Henri), chimiste, fut le premier qui soupçonna que l'alun était un sel double, et qui imagina de mettre un carbonate calcaire en suspension dans l'eau où on recueille le chlore pour le blanchiment. Il construisit l'instrument connu sous le nom d'*Alkalimètre*, il fit en outre un chloromètre, et inventa *l'abambic d'essai*, perfectionné depuis par Gay-Lussac; il mourut le 14 avril 1825, âgé de près de 80 ans. Il est auteur de plusieurs ouvrages de chimie.

DESCUREA (*bot.*), genre formé par Guettard (Flore d'Étampes), pour le *sisymbrium sophia*, remarquable par un calice allongé et lâche, des pétales très petits et un disque à six glandes. Adanson le séparait aussi des *sisymbrium* sous le nom de *sophia*.

DÉSÉCHOUER, relever, remettre à flot un bâtiment qui était échoué.

DESEINE (FRANÇOIS), libraire français né à Paris, s'établit à Rome, fit plusieurs voyages dans toute l'Italie et en publia la relation ; on a aussi de lui : *Rome ancienne et moderne*, description fort exacte de cette ville. Il mourut à Rome en 1715.

DESEINE (LOUIS-PIERRE), sculpteur, né à Paris en 1750, n'eut point de maître dans son art, et remporta néanmoins le grand prix de sculpture en 1780. Il mourut à Paris le 13 octobre 1822. Ses principaux ouvrages sont: *Bacchus et Hébé*, statues qui lui valurent le titre de sculpteur du prince de Condé; les bustes de *Louis XVI*, de *Louis XVII* et de *Pie VII* ; le *Mausolée du cardinal du Belloy*, qui est son dernier ouvrage terminé. Deseine est aussi auteur de quelques écrits sur son art.

DÉSEMBALLAGE, action de désemballer.

DÉSEMBALLER, défaire une balle, et en tirer ce qui était emballé.

DÉSEMBARGODOR, s. m. (*relation*). Juge officier de robe en Portugal, et dans les possessions portugaises.

DÉSEMBARGO, s. m. (*admin.*), cessation de l'embargo.

DÉSEMBARQUEMENT, action de désembarquer.

DÉSEMBARQUER, tirer ou faire sortir du navire, avant le départ, ou avant l'arrivé au lieu de destination.

DÉSEMBOURBER, tirer hors de la bourbe. On l'emploie aussi avec le pronom personnel.

DÉSEMMANCHER, v. a. (*technol.*), ôter le manche d'un outil, d'un instrument.

DÉSEMMUSELER, v. a. (*manège*), ôter la muselière d'un cheval.

DÉSEMPAREMENT, s. m. (*néol.*), action de désemparer.

DÉSEMPARER, abandonner le lieu où l'on est, en sortir. *Sans désemparer*, sans quitter la place.

DÉSEMPARER, s'emploie aussi comme verbe actif, en termes de marine, et alors il signifie, démâter un bâtiment, en ruiner les manœuvres, et le mettre hors d'état de servir.

DÉSEMPARER, il a été employé par Montaigne activement dans le sens de perdre, abandonner. Ma mémoire désempare ce que j'escry comme ce que je ly.

DÉSEMPÊCHER, v. a., il se disait autrefois dans le sens de débarrasser.

DÉSEMPENNÉ, ÉE, vieux mot qui signifie dégarni de plumes, et qui s'est conservé dans cette phrase proverbiale, aujourd'hui peu usitée, *il va comme un trait désempenné*, il va de travers.

DÉSEMPENNER, v. a. vieux mot qui signifiait dégarnir une flèche de ses plumes.

DÉSEMPENNÉ, ÉE, part. expr. prov. *s'en aller comme un matras désempenné*, signifie outre le sens indiqué ci-dessus, conduire une affaire, entreprendre une chose sans posséder ce qui est indispensable pour réussir.

DÉSEMPESER, ôter l'empois d'une étoffe, en la faisant tremper, ou en l'imprégnant d'humidité. Il s'emploie aussi avec le pronom personnel.

DÉSEMPLIR, vider en partie, faire qu'une chose qui était pleine le soit moins. Il est souvent neutre, et alors on ne l'emploie guère qu'avec quelque négation. Il s'emploie aussi avec le pronom personnel, et signifie, devenir moins plein.

DÉSEMPLOTOIR, s. m. (*fauconn.*), fer avec lequel on tire de la mulette des oiseaux de proie, la viande qu'ils ne peuvent digérer.

DÉSEMPOINTER, v. a. (*technol.*), couper les points d'une étoffe pour la déplier et l'étendre.

DÉSEMPOISONNEMENT, s. m. (*méd.*), action de désempoisonner.

DÉSEMPOISONNER, v. a. (*méd.*), détruire l'effet d'un poison, annuler les qualités vénéneuses d'une substance, ce mot a été employé par madame de Sévigné.

DÉSEMPRISONNEMENT, s. m. (*néol.*), action de désemprisonner.

DÉSEMPRISONNER, v. a. (*néol.*), tirer de prison, mettre en liberté.

DÉSEMPRISONNÉ, ÉE, part.

DÉSENA (*géogr. anc.*), (*densen*), ville de la Mauritanie Césarienne.

DÉSENAMOURER, v. a., guérir de l'amour, *se désenamourer*, v. pers. cesser d'aimer.

DÉSENCHANTEMENT, action de désenchanter, ou l'état de ce qui est désenchanté.

DÉSENCHANTER, rompre l'enchantement. le faire finir. Il sign. fig., guérir quelqu'un d'une passion, faire cesser l'engouement de quelqu'un.

DÉSENCHANTEUR, adj. et s. m. Il se dit de ce qui désenchante et de celui qui désenchante ; Delille a dit : *les yeux désenchanteurs de la réalité*.

DÉSENCHASSER, v. a. (*néol.*), tirer une pierre précieuse de son chaton, une relique de sa châsse.

DÉSENCLOUAGE, s. m. (*art. milit.*), action de désenclouer une pièce de canon, *désenclouage* (*vétér.*), action de tirer un clou du sabot d'un cheval.

DÉSENCLOUER, tirer un clou de l'endroit où il est enfoncé. On l'emploie principalement dans ces phrases : *Désenclouer un cheval*, lui ôter un clou qui le faisait boiter. *Désenclouer un canon*, ôter le clou qui avait été enfoncé dans la lumière d'un canon pour le mettre hors de service.

DÉSENCOMBRER, v. a., ôter les empêchement, faire cesser l'encombrement. Il se disait autrefois dans le sens figuré pour délivrer. On le trouve aussi avec cette acception dans les *assises de Jérusalem*.

DÉSENCROUTEMENT (*anc. t. de phys.*), action de dégager ce qui est encroûté. Les *Cartésiens* employaient ce terme en parparlant des *croûtes* qui s'amassaient selon eux, à la partie extérieure d'un tourbillon et qui en se brisant et en s'agglomérant par pelotons, formaient les planètes.

DÉSENCROUTER (*anc. t. de phys.*), opérer le désencroûtement Il s'employait avec le pron, pers. se *désencroûter* ; il se dit familièrement et au fig. pour se déniaiser.

DÉSENCROUTÉ, ÉE, part.

DÉSENFILER, faire que ce qui était enfilé ne le soit plus. On l'emploie aussi avec le pronon personnel.

DÉSEMFLAMMER, v. a. (*néol.*), éteindre la flamme qui consume un objet. Il se prend quelque fois fig. et se construit avec le pronom se *désenflammer* cesser d'être épris.

DÉSENFLEMENT, s. m., cessation de l'enflement. V. DÉSENFLURE.

DÉSENFLER, faire qu'une chose enflée cesse de l'être, ou le soit moins. Il est également neutre, et signifie, devenir moins enflé, ou cesser d'être enflé. Il s'emploie aussi avec le pronom personnel, dans le même sens.

DÉSENFLURE, diminution ou cessation d'enflure.

DÉSENFUMER, v. a. (*néol.*), chasser la fumée d'un lieu.

DÉSENFORESTER, v. a. (*coutumes*), séparer d'une forêt royale une terre qui s'y trouvait engagée.

DÉSENGAGEMENT, s. m. action de se désengager.

DÉSENGAGER, v. a., dégager. Il se trouve dans Montaigne.

DÉSENGRENER, v. a. (*mécan.*), détacher un engrenage.

DÉSENIVREMENT, s. m., action de désenivrer ou de se désenivrer.

DÉSENIVRER, faire passer l'ivresse. On l'emploie aussi avec le pronom personnel. Il s'emploie quelquefois figurément. Il est aussi neutre ; et dans cette acception, on dit : *cet homme ne désenivre point*, il est toujours ivre.

DÉSENLACEMENT, s. m. (*oisell.*), l'action de désenlacer. Il s'emploie au propre et au figuré.

DÉSENNE (ALEXANDRE-JOSEPH), dessinateur, né à Paris le 1er janvier 1783, livra au public ses premières compositions en 1812, et sa réputation fut aussitôt établie. C'est à lui qu'on doit des vignettes de l'Ermite de la Chaussée-d'Antin ; il fournit aussi des vignettes aux éditeurs des œuvres de J.-J. Rousseau, Molière, Delille, Cervante, Boileau, Walter Scott et Berchout. Il mourut le 29 janvier 1827.

DÉSENLACER, v. a. (*oisell.*), tirer des lacets, se *désenlacer*, v. pron., se délivrer des lacets des piéges ; il s'emploie au propre et au figuré.

DÉSENNUI, s. m., cessation de l'ennui, du chagrin. Il se disait autrefois et on l'a renouvelé.

DÉSENNUYER, dissiper, chasser l'ennui de quelqu'un. On l'emploie aussi avec le pronom personnel.

DÉSENRAYEMENT, s. m., action de désenrayer. *V.* DÉSENRAYER.

DÉSENRAYER, ôter la corde, la chaîne ou le sabot qui empêche que la roue d'une voiture ne tourne. On l'emploie aussi absolument.

DÉSENRHUMER, guérir le rhume, faire cesser le rhume. On l'emploie aussi avec le pronom personnel.

DÉSENROLEMENT, s. m., (*anc. t. milit.*). Il se disait de l'action de casser un enrôlement.

DÉSENROLER, v. a. (*anc. t. milit.*), casser un enrôlement.

DÉSENROUEMENT, s. m., cessation de l'enrouement.

DÉSENROUER, faire cesser l'enrouement. On l'emploie aussi avec le pronom personnel.

DÉSENSEIGNEMENT, s. m , l'action de désenseigner.

DÉSENSEIGNER, v. a., faire perdre à quelqu'un le savoir qu'il avait acquis, les idées fausses dont il était imbu. *Il désenseigne la sottise*, dit mademoiselle de Gournay en parlant de Montaigne.

DÉSENSEVELIR, ôter le linceuil qui ensevelissait un mort.

DÉSENSEVELISSEMENT, s. m., action de désensevelir. (*V.* DÉSENSEVELIR.)

DÉSENSORCELER, délivrer de l'ensorcellement. Il se dit aussi figurément, dans le langage familier.

DÉSENSORCELLEMENT, action de désensorceler.

DÉSENTÊTER, faire cesser l'entêtement, la prévention de quelqu'un On l'emploie aussi avec le pronom personnel. Il est familier et peu usité.

DÉSENTORTILLER, v. a. Il se dit quelquefois familièrement pour démêler ce qui était entortillé.

DÉSENTRAVER, v. a. (*technol.*), ôter les entraves, les liens employés pour assujétir les animaux dans le travail d'un maréchal.

DÉSENVENIMER, v. a., ôter le venin.

DÉSENVERGUER (*marine*) (*V.* DÉVERGUER).

DÉSÉPERONNER, v. a., ôter les éperons.

DÉSÉQUIPER, v. a. (*marine*), désarmer.

DÉSERGOTER, v. a. (*vétér.*), couper ou enlever du pied du cheval les portions de corne nommées ergots. *Désergoter* (*écon. rur.*), couper les ergots d'un coq.

DESERIZ (JOSEPH-INNOCENT), savant cadinal hongrois, né en 1702 à Neytra, entra de bonne heure dans la congrégation des écoles pies et y enseigna les belles-lettres ; il fut plus tard professeur de théologie au séminaire de Raab et reçut ensuite le chapeau de cardinal. Il fut envoyé en qualité de légat, par le pape Benoît XIV, auprès de Constantin Maurocordato, hospodar de Valakie. Il est surtout connu par sa lutte contre le P. Pray.

DÉSERT, lieu, pays désert. Figur. et famil., *Prêcher dans le désert*, n'avoir pas d'auditeurs ou n'être pas écouté. — DÉSERT, se dit quelquefois par exagération, d'un lieu où il y a peu d'habitants, et figurément d'un lieu dans lequel on se trouve fort isolé, quoiqu'il ne manque pas d'habitants.

DÉSERTS (*géogr. phys.*). Parmi les contrées inhabitées auxquelles ce nom s'applique en général, on distingue en particulier les plages arides et sablonneuses, rendues inhabitables par la privation de l'eau et celle des végétaux nutritifs qui en est la suite. Tels sont, en Afrique, le grand désert de Sahara ; en Asie, les déserts situés à l'orient de la Syrie, ceux de l'Arabie et celui de *Chamo* ou *Coli*, dans la Tartarie Orientale. Volney, dans son excellent voyage en Égypte et en Syrie, décrit ainsi, au XXIIIe chapitre, l'aspect des déserts qu'il a vus. « Pour se peindre ces déserts, que l'on se figure, sous un » ciel presque toujours ardent et sans nuages, des plaines im- » menses et à perte de vue, sans arbres, sans ruisseaux, sans » montagnes ; quelquefois les yeux s'égarent sur un horizon » ras et uni comme la mer. En d'autres endroits le terrain » se courbe en ondulations ou se hérisse en rocs et rocailles. » Presque toujours également nue, la terre n'offre que des » plantes ligneuses clair-semées et des buissons épars, dont » la solitude n'est que rarement troublée par des gazelles, des » lièvres et des rats. » En parlant du chameau, sans lequel l'homme ne pourrait tenter de parcourir ces immenses solitudes, Buffon a fait une peinture aussi terrible qu'éloquente du sort qui attend le voyageur, lorsque les rafraîchissements qu'il portait avec lui sont épuisées ou qu'il est surpris soit par une de ces tempêtes de sable que les vents élèvent dans un sol aussi mobile qu'il est divisé, soit par le souffle brûlant du *kamsin*, vent du midi, qui suffoque les êtres animés lorsqu'ils n'ont pas la précaution d'appliquer leur bouche à terre pendant le cours de sa durée, heureusement toujours assez courte. La traversée des déserts, d'une étendue considérable, serait absolument impossible sans la connaissance des mares d'eau saumâtres, qui s'y rencontrent quelquefois à de grandes distances, ou des puits qui y ont été creusés de temps immémorial et qui tracent les routes que sont forcées de suivre les caravannes. Les déserts de l'Afrique septentrionale, justement assimilés à des mers de sable, renferment des espèces d'îles pourvues de ruisseaux ou de sources qui entretiennent une végétation, dont le charme est bien relevé par la stérilité du pays qui les entoure. (*V.* OASIS.)

DÉSERT, ERTE, inhabité, ou qui n'est guère fréquenté. En terme d'ancienne pratique, on disait qu'*un appel était désert*, quand celui qui l'avait interjeté ne l'avait pas relevé par lettres dans les trois mois.

DÉSERT. Dans l'écriture on désigne sous ce nom, quand il est seul, la partie de l'Arabie qui est au S. de la Terre Sainte. C'est là que les Hébreux errèrent pendant quarante ans après la sortie de l'Égypte. Les autres déserts sont désignés par le nom de la ville voisine.

DÉSERT, s. m., *le désert* (*hist. sacrée*), les plaines où les Israélites demeurèrent pendant quarante ans sous des tentes, ayant à leur tête Moïse et Aaron. *Désert de la tentation*, celui où Jésus-Christ fut conduit par l'Esprit saint pour y être tenté et où il jeûna quarante jours et quarante nuits. On l'appelle aussi le désert de la quarantaine, ou absolument *le Désert*. On croit que ce désert était situé près de Jéricho, au couchant du Jourdain. *Désert rouge* (*hist.*), nom par lequel on désigne la partie occidentale de la vaste steppe qui formait l'intérieur de l'Aria. *Désert salé*, la partie septentrionale du district de Shiwa.

DÉSERTE, s. f., vieux mot qui s'est dit pour mérite ou démérite.

DÉSERTER, abandonner un lieu pour quelque cause que ce soit. On l'emploie aussi absolument. Il se dit également des militaires et des marins qui abandonnent le service sans congé. Dans cette acception il s'emploie surtout absolument. *Déserter à l'ennemi*, passer à l'ennemi. On dit par opposition *Déserter à l'intérieur*. — DÉSERTER, se dit quelquefois figurément de celui qui abandonne une religion, une cause, un parti, etc. Il s'emploie aussi neutralement dans les deux premiers sens, et se fait suivre alors de la préposition *de*. — **DÉSERTÉ, ÉE** (*participe*). Il n'est usité que dans le premier sens.

DÉSERTES, s. f. pl. (*technol.*), forces peu tranchantes dont se servent les tondeurs de draps.

DÉSERTEUR, militaire ou marin qui déserte ou qui a déserté. Il se dit figurément de celui qui abandonne une religion, une cause, un parti, etc. ; qui se sépare d'une association, d'une compagnie, ou qui en trahit les intérêts. Il s'emploie quelquefois par plaisanterie.

DÉSERTICOLE, adj. des 2 g. (*bot.*), qui affectionne les lieux déserts.

DÉSERTION, action de déserter, de quitter sans congé le service de l'État. Il se dit figurément en parlant d'une personne qui se sépare d'un parti, d'une association, d'une compagnie, etc. En termes d'ancienne pratique, *Désertion d'appel*, abandonnement d'appel, faute de le relever dans le temps prescrit.

DÉSERTION, s. f. (*législ.*), *désertion d'un héritage*, conduite d'un propriétaire négligent qui laisse un héritage en friche.

DÉSERTION, absence illicite, disparition spontanée d'un homme inscrit sur les rôles d'une armée. Cependant la disparition est quelquefois involontaire, et c'est, dans ce cas, à tort, qu'en temps de guerre un soldat prisonnier, un homme mort, un absent dont son corps n'a aucune nouvelle, restent inscrits sous l'accusation de désertion. Ce cas s'est maintes fois reproduit, non sans jeter de la perturbation dans les familles. Appien affirme qu'un légionnaire qui s'écartait, sans permission, de ses rangs et franchissait l'espace au-delà duquel le son de la trompette ne pouvait se faire entendre, était réputé déserteur. On lit dans Valère Maxime et dans Frontin combien étaient rigoureuses les peines encourues par les déserteurs romains : être vendus comme esclaves, être écrasés de coups de fouet, tel était le sort qui les attendait. La prise de Régium mit en la possession du vainqueur 300 déserteurs qui furent battus de verges avant que leur tête tombat. Scipion immolait par la hache les déserteurs des troupes alliées qu'il se faisait restituer par Carthage ; il faisait crucifier ceux qui étaient romain de naissance. Si nous interrogions l'histoire des grecs, nous y verrions de même que, parmi eux, la désertion a été fréquente. Ce que le moyen âge appelait *félonie* était une défection, une désertion. Dans le XVe siècle, les fantassins français qui désertaient étaient condamnés à mort, les nobles qui se rendaient coupables du même crime en étaient quitte pour perdre cheval, harnois et un an de solde. Ce que nous en disent les chroniques, par exemple celle de Jean de Troyes, ne se rapporte, il est vrai, qu'à des usages ou à des traditions; car il n'a existé de lois positives, royales, sur la désertion, que depuis le règne de François Ier. Tout, jusques là, consistait en coutumes locales ou féodales. De 1534 à 1684, la législation voulait que le déserteur à l'ennemi fut puni de la potence, que le déserteur à l'intérieur fut passé par les armes. C'était ce qu'on appelait l'*arquebusade*. La désertion n'a jamais été en aucun pays aussi considérable qu'elle l'était dans l'infanterie de France pendant le XVIII siècle, la cavalerie et l'artillerie, au contraire, désertaient peu, et les bas officiers ne désertaient presque jamais. L'invention si moderne des contrôles de signalement est due, en grande partie, à la nécessité de porter remède à ce fléau rongeur, à cette maladie épidémique de la désertion à l'étranger, crime qui a cessé, comme par enchantement, depuis l'émigration et la conscription. Une longue insouciance de la loi, une contradiction ou respirait encore la féodalité, entachaient encore jusqu'à nos jours la jurisprudence militaire. Le code qui poursuivait le soldat transfuge glissait sur l'officier fugitif; et pourtant, plus le grade est élevé, plus est grave l'abandon du drapeau. Montesquieu, qui s'est trompé sur l'histoire de la désertion antique, ne s'est pas moins égaré dans les jugements qu'il émet sur la moralité de l'acte et sur la prérogative de l'épaulette. Il dit : «l'honneur permet à la noblesse de servir le prince à la guerre, mais veut être l'arbitre de cette loi, et s'il (l'honneur) se choque, il exige et permet que l'on se retire chez soi. » Ce grand publiciste professait un principe devenu une hérésie depuis que la noblesse n'était plus féodale. Les abus sont si difficiles à déraciner que, dans la loi du 8 nivôse an VIII, les officiers n'étaient pas encore compris dans les lois sur la désertion, puisque, s'ils négligeaient, disait cette loi, de rejoindre ou s'il s'y refusaient, à l'expiration d'un congé, cette violation du serment militaire, n'était censée qu'une renonciation aux devoirs de leur profession et équivalait à une tacite déclaration de démission. Ces incertitudes, ces lacunes de la législation ne permettent guère qu'on traite du genre de désertion autre que celle des hommes de troupe. Le traducteur de Végèce proposait, pour la rendre plus difficile, de recourir à un moyen qui eut été une imitation mitigée de la marque du soldat romain. Donnez, disait-il, aux enrolés, un anneau d'argent qui se suspende à l'oreille gauche, et soit comme le signe ostensible d'une profession honorée : tout homme ayant l'oreille gauche percée, ne pourra nier qu'il est ou a été soldat, et il aura à justifier des causes de la cessation de son service. La mesure proposée par Turpin de Crissi est devenue sans objet depuis que la loi a déclaré soldat tout français. De nos jours la désertion est censée consommée après un laps de temps qu'on nomme délai de repentir; elle est mentionnée sur le registre matricule, elle est inscrite sur les feuilles d'appel; une plainte régulièrement formulée, et transmise par le chef du corps, la dénonce; l'autorité compétente ordonne d'en informer; un conseil judiciaire applique la loi selon qu'il y a lieu en désertion à l'étranger, ou désertion à l'intérieur avec ou sans objets appartenant au gouvernement; et suivant les cas il prononce la peine de mort ou celle des travaux forcés.

DÉSESPÉRADE (A LA), à la manière d'un désespéré. Il est familier et il a veilli.

DÉSESPÉRANT, ANTE, qui jette dans le désespoir, qui cause un grand chagrin.

DÉSESPÉRÉMENT, éperdument, avec excès. Ce mot est peu usité.

DÉSESPÉRER, perdre l'espérance, cesser d'espérer. — *Désespérer de quelqu'un*, ne plus espérer qu'il se corrige, qu'il devienne ce que l'on voulait qu'il fût. — *Désespérer d'un malade*, ne plus espérer de guérison. — DÉSESPÉRER est également verbe actif et signifie mettre au désespoir, ou tourmenter, affliger au dernier point. Il s'emploie aussi avec le pronom personnel, et signifie se tourmenter, s'agiter avec de grandes démonstrations de douleur, d'affliction. — DÉSESPÉRÉ (*participe*). Il signifie aussi, qui est dans le désespoir. Il se dit figurément et par exagération pour fâché, peiné. — Il se dit encore de ce qui est inspiré par le désespoir. — DÉSESPÉRÉ se dit aussi pour incorrigible. — *Être désespéré des médecins*, se dit d'une personne que les médecins désespèrent de guérir. On dit dans un sens analogue, *un mal désespéré*, un mal incurable; et dans un sens un peu différent, *un malade désespéré*, un malade à toute extrémité, et qu'on s'attend à voir mourir d'un moment à l'autre. On dit encore, *être dans un état désespéré*, soit en parlant d'un malade désespéré, soit en parlant d'une chose dont la perte, la ruine, etc., est regardée comme inévitable. — DÉSESPÉRÉ s'emploie substantivement, en parlant d'un furieux.

DÉSESPOIR, perte d'espérance; état d'une personne qui a perdu toute espérance. — Il signifie aussi cet état violent de l'âme, causé par une affliction qu'on ne cherche pas à surmonter. — Par exagér. : *Être au désespoir*, être bien fâché, avoir bien du déplaisir. *Faire une chose en désespoir de cause*, essayer d'une dernière ressource, d'un dernier moyen de succès, avec peu d'espoir de réussir. — DÉSESPOIR, désigne quelquefois ce qui cause le désespoir. — Il se dit particulièrement des choses qui sont en un si haut degré d'excellence qu'elles passent pour inimitables.

DÉSESPOIR (BAIE DU), située à peu près au milieu de la côte méridionale de Terre-Neuve, au N. des îles Saint-Pierre et Miquelon; elle est extrêmement spacieuse et renferme une infinité de petits ports, criques et anses, qui y forment des abris excellents. Le milieu de son entrée est par 47° 35' de latitude N., et 58° 30' de longitude O.

DESESSARTS (ALEXIS), né à Paris en 1687, embrassa l'état ecclésiastique et se fit connaître par ses écrits religieux; mort le 12 mai 1774. Son frère, Poncet-Desessarts, Jean-Baptiste, se consacra aussi à l'église, naquit le 9 février 1681, et mourut le 23 décembre 1762. Il se distingua aussi par quelques ouvrages qui font partie du catalogue de la Bibliothèque royale.

DESESSARTS (DENIS DECHANET), connu sous le nom de), né à Langres vers 1740, y exerça d'abord la profession de procureur; mais ayant fait un voyage à Paris, il assista à une représentation de la comédie française, et sa vocation se décidant, il se fit acteur. Il passa quelque temps dans les théâtres de provinces, et remplaça ensuite Bonneval au Théâtre-Français. C'est lui qui jouait le rôle d'Orgon dans le Tartufe. Il était d'une grosseur extraordinaire, et c'est à lui que Dugazon, qu'il avait appelé en duel pour une première plaisanterie, dit que la partie n'étant pas égale entre eux à cause de la différence de surface qu'ils présentaient, il croyait devoir lui tracer sur le ventre un rond hors duquel les coups portés ne compteraient pas. Cette plaisanterie arrêta le duel. Il mourut dans les derniers jours d'octobre, aux eaux de Barèges, en apprenant la nouvelle de l'arrestation de ses camarades.

DESESSARTS (NICOLAS LEMOYNE, connu sous le nom de), né le 1er novembre 1744 à Coutances, fut d'abord avocat, puis libraire et auteur. C'est en cette dernière qualité qu'il publia les causes célèbres et plusieurs autres ouvrages; il est en outre éditeur d'un grand nombre d'autres. Il mourut le 5 octobre 1810.

DESESSARTZ (JEAN-CHARLES), médecin distingué, naquit à Bragelogne, en Champagne, en 1729. D'abord sollicité par les jésuites d'entrer dans leur ordre, il résista à leur désir et se voua à la médecine; il donnait des leçons de mathématiques, pour suppléer à la modicité de sa fortune. Il fut reçu docteur à la faculté de Reims, et bientôt, sa réputation s'étendant, la faculté de Paris l'engagea à venir exercer dans cette ville; il s'y rendit en 1769, fut nommé professeur de chirurgie en 1770, professeur de pharmacie en 1775, et doyen en 1776.

Lors de la fondation de l'Institut, il fut un des premiers membres nommés. Il mourut à 81 ans, le 13 avril 1811. On n'a de lui que deux ouvrages et quelques discours et mémoires. Celui qu'il publia d'abord est intitulé : *Traité de l'éducation corporelle des enfants en bas âge*, ou *réflexions pratiques sur les moyens de procurer une meilleure constitution aux citoyens*. C'est dans ce livre que J.-J. Rousseau a puisé ce qu'il a dit de bon sur l'éducation physique des enfants, dans son *Émile*. — Il fit paraître en second lieu : *Mémoire sur le croup*.

DÉSESTIMER, v. a. (*v. lang.*), mésestimer, cesser d'estimer.

DÉSÉTRINER, v. n. Il se disait pour ôter les pieds des étriers.

DÉSEVRER, v. a. (*v. lang.*), quitter, abandonner, rompre, discontinuer, diviser.

DÉSEXCOMMUNIER, v. a. (*dr. canon.*), remettre dans la communion, lever l'excommunication.

DESÈZE (ROMAIN ou RAYMOND), l'un des trois défenseurs de Louis XVI, naquit à Bordeaux en 1750, d'une famille ancienne de la Guyenne. Comme son père, il embrassa la profession d'avocat, et l'exerça dans sa ville natale avec la plus grande distinction. En 1782, il fut chargé de la cause de la marquise d'Angure qui réclamait sa légitimité contestée par des collatéraux. Les *mémoires* qu'il publia pour la défense de cette dame furent remarqués de M. de Vergennes, alors ministre, qui s'intéressait au succès de cette cause ; il le fit inviter par M. Elie de Beaumont, l'un des avocats les plus distingués de Paris, à venir s'établir dans la capitale. Target, auquel il fut recommandé, abandonnait alors la plaidoierie, après avoir obtenu à l'Académie française une place qu'il devait à ses éloquentes improvisations ; il confia à son nouveau confrère la dernière cause dont il s'était chargé, celle des filles d'Helvétius. Le plaidoyer du jeune Desèze fut digne de la célébrité qu'elle lui valut. En 1789, il entreprit la défense du baron de Bezenval, accusé de haute trahison. L'acquittement qu'il obtint lui mérita une médaille d'or que lui envoya le roi de Pologne, qui était allié de l'accusé. Desèze plaida dans d'autres affaires importantes, notamment, en octobre 1790, pour *Monsieur* (depuis Louis XVIII), contre les héritiers de la Bretignière ; il gagna son procès. Ce fut le dernier que jugea le parlement de Paris. Desèze devint membre du conseil de la reine. Choisi par Louis XVI, pour sa défense, comme un *secours nécessaire*, demandé par Tronchet et Malesherbes, autorisé à être le troisième conseil du roi, ce fut lui qui porta la parole à la barre de la Convention, le 26 décembre 1792. Son discours contient de très beaux passages, des morceaux hardis et éloquents : *Je cherche parmi vous des juges*, osa-t-il dire aux conventionnels, *je ne trouve que des accusateurs*. On aurait désiré peut-être qu'au mérite littéraire il joignit encore la force du raisonnement ; que le système de la défense eût été plus fortement conçu : mais cette défense n'en était pas moins alors une action héroïque ; il savait qu'il s'exposait à la mort. Trois fois son plaidoyer fut interrompu par les vociférations des sans-culottes qui remplissaient les tribunes ; trois fois il lutta contre le flot populaire, qu'il contraignit au repos ; il força son auditoire à l'entendre jusqu'à la fin. M. Desèze avait tout le courage, tout le dévouement d'un sujet fidèle, d'un français attaché à la monarchie, mais il n'eut pas tout le talent que demandait la défense (si toutefois l'éloquence eut pu désarmer les bourreaux qui s'étaient arrogé le droit de juger leur roi). A l'époque où le décret qui établissait des catégories de suspects rendait générales les proscriptions, Desèze fut enfermé à la *Force*. Il ne fut point traduit au tribunal révolutionnaire, et recouvra sa liberté après le 9 thermidor. Depuis ce temps jusqu'à la Restauration, il n'occupa aucune place ; il continua d'exercer ses fonctions d'avocat. Dans le mois de février 1815, Louis XVIII le nomma premier président de la Cour de cassation et grand trésorier de ses ordres ; il le décora aussi du cordon de l'ordre du Saint-Esprit. Pendant les Cent-Jours Desèze se retira en Angleterre, puis à Gand, auprès du roi. De retour à Paris, le roi lui rendit ses places et le fit pair de France, chevalier de Malte, comte, membre de l'Académie française. On a remarqué les discours qu'il prononça à la Cour de cassation. La fidélité aux Bourbons était la première de ses maximes politiques ; on peut dire qu'il était peu attaché au nouveau système de gouvernement, et que les anciennes constitutions du royaume avaient plus d'attraits pour lui que nos chartes anglaises ou républicaines. A l'Académie française il prononça un discours de réception (25 août 1816) qui fit beaucoup d'impression par les souvenirs qu'il rappelait. A la Chambre des pairs, il fut chargé du rapport de la loi sur l'abolition du divorce. Il parla dans d'autres occasions, où il fit preuve de raisonnement et de force. Ses *discours*, *plaidoyers* et *mémoires* ont été imprimés. Desèze est mort à Paris le 2 mai 1828, après avoir reçu de monseigneur l'archevêque de Paris les consolations de la religion. On remarquait à ses funérailles la livrée du roi et de madame la dauphine, et au-dessus de ses armoiries l'inscription suivante : 26 décembre 1792. Son éloge se trouve dans le testament de Louis XVI. Desèze connut Marmontel. Ce littérateur, en parlant de la société qu'il voyait à Grignon, le dépeint ainsi : « Desèze vint bientôt donner à nos relations encore plus d'essor, de charmes.. une gaîté naïve, piquante, ingénieuse, une éloquence naturelle, qui, dans la conversation même la plus familière, coule de source avec abondance ; une justesse, une prestesse de pensées, qui, à tout moment, semblent inspirées ; et mieux que tout cela, un cœur ouvert, plein de droiture, de sensibilité, de bonté, de candeur ; tel était l'ami que l'abbé Maury me faisait désirer depuis longtemps ; et que me procura le voisinage de nos campagnes. » M. de Marcellus lui a consacré ces vers :

> Loyal comme la ville où le ciel l'a fait naître,
> Aux plus nobles vertus on le vit s'élever ;
> Devant un tribunal que son cœur sut braver,
> Comme orateur il défendit son maître :
> Il méritait de le sauver !

DESFAIRE, v. a. Défaire. Il se disait autrefois pour mettre à mort, exécuter une sentence de mort. On le trouve dans Montaigne.

DESFAUCHERETS (JEAN-LOUIS-BROUSSE), auteur dramatique, né en 1742 d'un procureur au parlement, qui lui laissa de la fortune, fit représenter à différents théâtres des pièces qui eurent plus ou moins de succès : le *Mariage Secret*, qui fut joué à la Comédie Française, en 1786, est certainement son ouvrage le plus remarquable. C'est aussi celui qui réussit le mieux.

En sa qualité d'écrivain, Desfaucherets joignit, pendant et après la révolution, le titre d'administrateur ; il était membre du directoire du département, quand, devenu *suspect*, il fut incarcéré en 1793. Il mourut le 18 février 1808, pendant qu'il faisait les fonctions de censeur de la police, après avoir rempli celles d'administrateur des hospices civils.

DESFONTAINIE, s. f. (*bot.*), arbrisseau du Pérou.

DESFIEUX (FRANÇOIS), l'un des révolutionnaires les plus exaltés qu'il y ait eu, naquit en 1755 à Bordeaux, où il était marchand de vin, quand la révolution éclata. Il vint à Paris, et se montra constamment dans toutes les émeutes ; dénoncé par les Girondins comme un des chefs d'un comité d'insurrection, il les accusa à son tour, et contribua beaucoup à leur condamnation. Plus tard, sur l'accusation de Robespierre, il fut condamné à mort par le tribunal révolutionnaire, le 4 germinal an II (mars 1794).

DESFONTAINES (PIERRE-FRANÇOIS-GUYOT), né en 1685 à Rouen, où son père était conseiller au parlement, il étudia chez les jésuites et entra dans leur société à l'âge de quinze ans, il les quitta en 1715 ; il vint à Paris en 1724, et écrivit dans le *Journal des Savants* ; le reste de sa vie fut livré à la critique littéraire, et sa manière de juger les ouvrages nouveaux, lui attira un grand nombre d'ennemis dont le plus formidable et le plus acharné fut Voltaire. Si l'on croit ce qu'on raconte de la vénalité de sa plume, l'abbé Desfontaines fut un homme des plus méprisables ; on ne peut cependant lui refuser une certaine dose de talent ; il se distinguait surtout par le goût fin et éclairé avec lequel il saisissait le bon et le mauvais d'un ouvrage littéraire. Il mourut à Paris le 16 décembre 1745. On a de lui une traduction en prose de *Virgile*, il traduisit aussi de l'anglais les *Voyages de Gulliver*.

DESFONTAINES (GUILLAUME-FRANÇOIS-FOUQUES-DESHAYES, connu sous le nom de), littérateur, né à Caen en 1733. D'abord secrétaire du duc de Deux-Ponts, il devint ensuite bibliothécaire de *Monsieur*, depuis Louis XVIII. Il est auteur, seul ou en collaboration, d'un très grand nombre de vaudevilles qui eurent tous du succès. On peut citer parmi eux : *Colombine mannequin* (avec Barré et Radet) ; *M. Guillaume, ou le voyageur inconnu* (avec les mêmes et Bourgueil). Cette pièce est une de celles qui eurent le plus de réussite ; *Sophie Arnould* (avec Baré et Radet) ; *Gaspard l'avisé* (avec les mêmes et Picard), etc., etc.

DESFONTAINES (RENÉ-LOUICHE), botaniste, né à la fin de 1751 ou au commencement de 1752 au bourg du Tremblay (Ille-et-Vilaine), alla à Paris après de fort bonnes études classiques faites à Rennes, et y suivit les cours de médecine. Il se livra avec ardeur à l'étude de la botanique, et fut admis à l'Académie en 1783. Il fit ensuite un voyage phylographique en Barbarie, et fut à son retour nommé professeur au Jardin-des-Plantes. Là il se livra exclusivement à des études assidues, et la révolution passa sans qu'il y prît part. Il mourut le 16 novembre 1833. Il était devenu aveugle depuis quelques temps. —Ce savant professeur a reculé les limites de la science à laquelle il s'était voué, on lui doit plus d'une vingtaine de genres, et un nombre d'espèces encore plus considérable. C'est aussi à lui qu'est due la découverte de la différence de croissance et de structure existant entre les monocotylédones et les dycotylédones. Il a laissé un grand nombre d'ouvrages intéressants sur la botanique.

DESFORGE DE BOURBON, (*bot.*) *forgesia.*, arbre découvert par Cammersan à l'Ile-Bourbon, et dont il forme un genre particulier de la famille des *campanulacées*, et appartenant à la pentandrie monogynie de Linné. Les caractères sont : calice turbiné, à cinq découpures; corolle à cinq divisions très profondes; cinq étamines alternes avec les divisions de la corolle; un style; un stigmate à deux lobes, une capsule à demi inférieure, acuminée par le style, à deux loges polyspermes. Les rameaux sont garnis de feuilles alternes pétiolées, coriaces, ovales, lancéolées, longues de quatre à cinq pouces, lisses à nervures réticulées, à bords munis de dentelures courtes et distantes; les fleurs axillaires anterminales, disposées en grappes lâches, paniculées. Le fruit est quelquefois divisé en trois loges lorsque le style est trifide. J. P.

DESFORGES, clerc de procureur qui avait écrit plusieurs brochures qui n'avaient pas eu beaucoup de succès; quand en 1749 il fut témoin de l'arrestation du prétendant à l'Opéra; il fut indigné de cet acte de violence, et composa là-dessus une pièce de vers, qui amena son arrestation. Il resta trois ans et demi au Mont-Saint-Michel, où il souffrit la plus dure captivité. Enfin l'abbé de Broglie obtint sa mise en liberté, et le plaça auprès de son frère, le maréchal, qui plus tard le nomma commissaire des guerres. Il mourut subitement au mois d'août 1768. Il a publié une critique de la *Sémiramis* de Voltaire.

DESFORGES (PIERRE-JEAN-BAPTISTE-CHOUDARD), né à Paris le 15 septembre 1746, était fils d'un riche marchand de porcelaines, qui, ayant perdu sa fortune, laissa le jeune Desforges dans la misère; il avait commencé à étudier la médecine, qu'il quitta pour la peinture; il abandonna bientôt cet art, pour se faire homme de lettres, puis enfin acteur; il joua sur différents théâtres de France et de Russie. Depuis 1769 jusqu'en 1782, époque à laquelle il se voua tout entier à la littérature. Il a donné un grand nombre de pièces de théâtre dont les meilleurs sont : *Tom-Jones à Londres*, la *Femme Jalouse*, le *Sourd ou l'Auberge pleine*; ces deux dernières se sont maintenues au répertoire. Il a publié aussi quelques ouvrages en prose peu estimés, et le *Poète*, ouvrage fort licencieux, qui contient l'histoire de sa vie jusqu'en 1782. Desforges mourut à Paris le 13 août 1806.

DESFORGES-MAILLARD (PAUL), né au Croisic, en Bretagne, en 1699, était membre des académies d'Angers, de la Rochelle, de Caen et de Nancy. C'était un poète médiocre, qui n'est plus guère connu que par le stratagème dont il se servit pour donner plus de prix à ses vers, stratagème qui a fourni à Piron le sujet de la *Métromanie*. Il imagina de faire paraître ses œuvres dans le *Mercure*, sous le nom imaginaire de *mademoiselle Malerais de la Vigne*. Cette ruse réussit, et il ne fut bientôt bruit à Paris que des vers de la divine Malcrais; Desforges reçut même, dit-on, sous ce pseudonyme, les déclarations les plus passionnées; mais après que cette supercherie eut été découverte, les vers perdirent leur valeur et le poète retomba dans son obscurité. Il mourut le 10 décembre 1772.

DESFOURS-DE-LA-GENETIÈRE (CHARLES-FRANÇOIS), né en 1757 à Lyon, où son père était président de la cour des monnaies, fut élevé au collége de Juilly dans les principes de l'école de Port-Royal. Il se déclara de bonne heure zélé partisan des convultionnaires, et il est auteur de plusieurs ouvrages sur cette secte, dont il vante les prétendues prédictions. Il sacrifia aux idées qu'il avait embrassées son temps et son argent, et mourut dans l'indigence à Lyon le 31 août 1819.

DESGABETS (ROBERT), bénédictin de la congrégation de saint Vannes, naquit à Dugny, près Verdun, et prononça ses vœux en 1636 à l'abbaye d'Hautvillers. C'était un des hommes les plus savants et les plus laborieux de son ordre, dans lequel il introduisit la pholosophie de Descartes. Il remplit, dans la congrégation, les fonctions les plus importantes, entre autres celles de procureur général, ce qui le força de venir à Paris, où il se lia avec les savants les plus célèbres. Les écrivains de son ordre lui attribuent, et lui-même revendique, l'invention de la transfusion du sang qui, du reste, comme on le sait, ne réussit pas et fut depuis entièrement abandonnée. Il mourut à Breuil le 13 mars 1678. Desgabets a beaucoup écrit, mais peu de ses ouvrages ont été imprimés; on peut en voir la liste dans Moreri.

DESGENETTES (RENÉ-NICOLAS-DUFRICHES, baron), naquit à Alençon en 1762, d'une famille noble, et mourut à Paris le 4 février 1837. Jeune encore, il étudia la médecine à Paris, visita les principales Facultés de l'Europe et fut reçu docteur à celles de Montpellier en 1789, où il se fit connaître par quelques ouvrages remarquables. En 1796 il suivit l'armée d'Italie en qualité de médecin ordinaire, mais en peu de temps il obtint les premiers grades; enfin, il accompagna Bonaparte en Orient en qualité de médecin en chef, et sut justifier ce choix par son activité et son intelligence. Après le départ de Bonaparte, Kléber lui confia l'administration générale des hôpitaux et des lazarets. Rentré en France, Desgenettes fut bien accueilli par le 1er consul et fut nommé, en 1804, inspecteur-général du service de santé des armées. Après avoir étudié, en Espagne, l'épidémie qui déjà avait régné à Cadix, à Malaga, et dans d'autres villes, il suivit nos armées en Prusse, en Pologne et en Autriche, où il fit preuve du plus rare talent joint au plus sincère dévouement. Lors de la campagne de Russie il déploya le plus grand zèle. Napoléon avait ordonné, à Moscou, de transformer en caserne un hospice d'enfants trouvés; Desgenettes l'ayant appris s'exprima franchement et ne craignit pas de lui dire que, s'il persistait dans son projet, la postérité le comparerait à Hérode. « Hérode! dit Napoléon, et comment Hérode peut-il se trouver ici, et à quoi cela pourrait-il ressembler? Au massacre des innocents, répondit le médecin en chef. » L'hospice fut conservé. Fait prisonnier en Russie, il demanda la liberté à Alexandre, lui rappelant qu'il avait, en plusieurs circonstances, soigné des soldats russes. L'empereur russe lui témoigna beaucoup d'estime, lui octroya sa demande et le fit conduire jusqu'à Wittemberg, où était l'avant-garde de l'armée française. Après 1830, il fut élu maire du 10e arrondissement de Paris. On a de ce savant : *Observations sur une Phtisie calculeuse*, 1790; *Observations sur la faculté d'absorber que conserve le système des vaisseaux lymphatiques, après la mort des animaux*, 1790; *Observations sur l'enseignement pratique de la médecine dans les hôpitaux de la Toscane*, 1792; *Réflexions générales sur l'utilité de l'anatomie artificielle, en particulier sur la collection de Florence et la nécessité d'en former de semblables en France*, 1793; *Histoire médicale de l'Orient*, 1812; *Éloges des académiciens de Montpellier, pour servir à l'histoire des sciences dans le XVIIIe siècle*, 1811; *Études sur le genre de mort des hommes illustres de Plutarque et des empereurs romains*, 1833; *Souvenirs de la fin du XVIIIe siècle et du commencement du XIXe, ou Mémoires historiques*, 1835.

DESGODETS (ANTOINE), né à Paris en 1655, étudia l'architecture, et fut nommé, en 1674, pensionnaire du roi à l'Académie de Rome. En se rendant en Italie par mer, il fut pris par les Algériens et resta captif chez eux pendant seize mois; il se rendit après ce temps à sa destination et dessina ce qui reste de monuments antiques à Rome. Colbert fit graver ce précieux travail par les graveurs les plus célèbres du temps. Peu après son retour en France, Desgodets fut nommé contrôleur des bâtiments du roi, à Chambord et ensuite à Paris. Il mourut le 20 mai 1728 professeur à l'Académie d'architecture. Il a laissé les lois des bâtiments, suivant la coutume de Paris, et un traité du toisé.

DESGOUTTES (JEAN), né dans le Bourbonnais, habitait Lyon et vivait sous François Ier. Il est l'auteur d'une traduction française du *Traité de Lucien* sur les gens de lettres gagés des grands seigneurs. On lui a attribué aussi une traduction de l'Arioste, dont il n'est que l'éditeur. Cette traduction est la première qui ait paru en France : elle est de Jean Martin.

DESGRANGES (TIBURCE DU PEROUX), naquit en 1678, sa vie fut remplie toute entière par un dévouement complet au malheur d'autrui, une charité inépuisable et une abnégation sans exemple. Issu d'une famille noble du Berry, il prit les ordres à Orange et commença à se dévouer, d'abord dans une peste qui désolait la Provence, plus tard, au milieu des pauvres de Bicêtres, et enfin comme aumônier du roi pour les galériens, auxquels il procurait tous les secours spirituels et corporels qu'il était en son pouvoir de leur donner. Il mourut le 29 novembre 1726, dans la maison de l'évêque de Senez, chel lequel il était arrivé dans le dénuement le plus complet et le plus affreux.

DESGRANGES (JEAN-BAPTISTE), médecin, né à Mâcon en 1751, fut reçu docteur à Valence en 1788, après avoir donné déjà de nombreuse preuves d'un grand savoir, comme interne des hôpitaux de La Rochelle et de Lyon. Les connaissances et l'habileté qu'il avait acquises dans la pratique médico-chirurgicale lui valurent bientôt une nombreuse clientèle. Plus tard, au mois d'août 1793, lorsque Lyon, opposant une courageuse résistance à la tyrannie de la convention, organisa une petite armée, Desgranges en fut nommé chirurgien en chef et déploya dans cette occasion un grand courage et une grande habileté. Forcé de fuir à la suite de cette affaire, il se réfugia à Morges, dans le pays de Vaud, et y resta pendant neuf années; il y acquit une grande réputation, et fut universellement regretté quand il revint en France en 1802. Il retourna alors se fixer à Lyon, et continua sa pratique et ses succès jusqu'au 23 septembre 1831, époque à laquelle il termina son honorable et laborieuse carrière. Il a fourni aux journaux de médecine un grand nombre d'articles et de mémoires fort intéressants. Le docteur Pointe a prononcé un éloge historique de Desgranges, imprimée à Lyon en 1831.

DESGRAS, *s. m.* (*v. lang*), bombance, bonne chère.

DESGRAVIERS (AUGUSTIN-CLAUDE-LECONTE), né à Paris le 7 mai 1749, fut d'abord destiné au barreau, mais il fut détourné de cette carrière par le prince de Conti qui le nomma en 1770 son gentilhomme d'honneur, et lui fit donner en 1788 la croix de Saint-Louis et le grade de lieutenant-colonel de dragons. Il quitta la France avec ce prince lorsque ce dernier fut exilé, et l'accompagna jusqu'à sa mort. Son protecteur l'avait fait son légataire universel, et à la restauration il assigna en cette qualité Louis XVIII pour le paiement des sommes encore dues sur le domaine de l'*Ile Adam*, vendu par le prince de Conti au comte de Provence. Après avoir perdu en première instance, Desgraviers triompha en appel, et perdit cependant son procès en définitive. Il mourut peu de jours après le 20 novembre 1822.

DESGRONAIS, grammairien né en 1703, professeur au collége royal de Toulouse, est auteur d'un ouvrage intitulé les *Gasconismes corrigés*, dans lequel il relève les fautes de langage particulières aux riverains de la Garonne. Il mourut à Paris le 6 octobre 1766.

DESGUERROIS (MARIE-NICOLAS), savant ecclésiastique du diocèse de Troyes, né vers 1580 à Arcis-sur-Aube; se distingua par l'éloquence de la chaire, et mourut le 22 décembre 1676, âgé de quatre-vingt-quinze ans. Il est auteur de *la Sainteté chrétienne*, *contenant les vies, morts et miracles de plusieurs saints de France, etc., avec l'histoire ecclésiastique du diocèse de Troyes*; *les vérités de saint Aventin*; *sancti Lupus et Memorius cum Attilâ rege*; *Ephemeris sanctorum insignis ecclesiæ Trecensis*; *et les Vies des évêques de Troyes*.

DESHABILLÉ, vêtement négligé dont on se sert chez soi avant de prendre ou après avoir quitté les habillements avec lesquels on va dans le monde. Il n'est guère usité qu'en parlant des femmes. Fig., *se montrer*, *paraître dans son déshabillé*, *en déshabillé*, se montrer, paraître tel que l'on est, sans art, sans affectation.

DESHABILLER, ôter à quelqu'un les habits dont il est vêtu. Prov., et fig., *déshabiller Saint-Pierre pour habiller Saint-Paul*, remédier à un inconvénient par un inconvénient pareil. — **DÉSHABILLER**, s'emploie aussi avec le pronom personnel. Il se dit particulièrement d'un ecclésiastique qui quitte ses vêtements sacerdotaux, d'un avocat, d'un magistrat qui quitte sa robe, d'un acteur qui quitte son costume de théâtre, etc. Il signifie encore particulièrement, quitter son habit de ville pour se mettre plus a son aise, pour mettre sa robe de chambre. Prov., et fig., *il ne faut pas se déshabiller avant de se coucher*. Il ne faut pas se dépouiller de ses biens avant sa mort. — **DÉSHABILLER**, s'emploie quelquefois neutralement dans le sens de se déshabiller. Cet emploi familier a vieilli.

DÉSHABITÉ, ÉE, tiré du verbe *déshabiter*, qui n'est plus en usage. Qui cesse d'être habité qui n'est plus habité.

DESHABITUDE, s. f. (*néol.*), perte d'une habitude.

DÉSHABITUER, désaccoutumer faire perdre l'habitude de quelque chose. On l'emploie souvent avec le pronon personnel.

DESHAINESCHIER, v. a. (*v. lang*), déployer.

DESHAIT, s. m., vieux mot qui signifie tristesse, désordre, dispute.

DESHALER, v. a. Il se disait autrefois pour déhâler, ôter le hâle.

DESHARMONIE, s. f. (*néol.*). discordance.

DESHARMONIER ou **DESHARMONISER**, v. a. (*néol.*), troubler l'harmonie des choses, des opinions, *se désharmonier*, v. pron. se mettre en désaccord.

DESHAUTESRAYES (MICHEL-ANGE-ANDRÉ-LE-ROUX), né à Conflans-Sainte-Honorine près Pontoise le 10 septembre 1724, était neveu d'Étienne Frourmont, qui le fit venir auprès de lui en 1734, et l'appliqua à l'étude des langues hébraïque, syriaque, arabe et chinoise. En 1745, il fut attaché comme interprète à la Bibliothèque du roi, et remplaça en 1752 Petit de la Croix, dans la chaire de professeur d'arabe au collége de France. Après 32 ans d'exercice il se démit de sa charge et se retira à Ruel où il mourut le 9 février 1795. On a de lui, entre autres œuvres, un long mémoire qui a paru dans le 3e volume de la *Bibliothèque des artistes et des amateurs*, et qui montre bien toute l'étendue des connaissances de Deshautesrayes dans les langues de l'Orient. Il a aussi beaucoup contribué à l'impression de l'*Histoire de la Chine*, traduite par le P. Moyrac de Mailla, et il a enrichi cet ouvrage d'excellentes notes.

DESHAYES (LOUIS, baron de Couremnin), fut chargé de plusieurs missions importantes par le roi Louis XIII; en 1621 il alla dans le Levant où sa mission était de faire rendre aux cordeliers la possession des lieux saints; il se rendit ensuite en Danemarck, en Suède, en Perse, en Moscovie, à Constantinople et en Grèce. Il a publié ses voyages qui sont fort intéressants; M. de Chateaubriand dans son *Itinéraire de Paris à Jérusalem*, rapporte en entier la description du Saint-Sépulcre de Deshayes, qu'il regarde comme la meilleure de celles faites jusqu'à ce jour. Plus tard, Deshayes s'étant joint aux ennemis du cardinal de Richelieu, fut arrêté en Allemagne et décapité à Béziers en 1632.

DESHAYES (JEAN-BAPTISTE), peintre, né à Rouen en 1729, montra de bonne heure pour la peinture des dispositions qui ne se démentirent pas plus tard, il était élève de Restout quand il fit un tableau représentant *la femme de Putiphar*, qui commença sa réputation. En 1751, il obtint le premier prix de l'Académie de peinture, fut admis dans l'atelier de Vanloo, et reçut pendant 3 ans les leçons de cet artiste célèbre. Il alla ensuite faire un voyage en Italie, et augmenta encore son talent par l'étude. Ce peintre remarquable fut enlevé aux arts par une mort prématurée, le 10 février 1765. Ses productions les plus remarquables, au milieu d'un grand nombre d'autres pleines de mérite, sont: Un tableau représentant *Vénus versant sur le corps d'Hector une essence divine pour le garantir de la corruption*, qui lui valut sa réception à l'Académie royale de peinture en 1758; et surtout celui du *saint Benoit mourant*.

DÉSHÉRENCE (*t. de jurispr.*), droit qu'a l'État, et qu'avaient autrefois le roi et les haut justiciers, de recueillir la succession des personnes mortes sans héritiers. Il signifie également, l'état d'une succession à l'égard de laquelle peut s'exercer le droit de déshérence.

DÉSHÉRENCE. La succession en déshérence est celle qui est acquise à l'État lorsque le défunt ne laisse ni parents au degré successible, ni enfants naturels, ni conjoint survivant (Code civil, art. 767 et 768). — Les biens acquis par le condamné à une peine emportant la mort civile, et dont il se trouve en possession à sa mort naturelle, appartiennent également à l'État par droit de déshérence (Ibid, art. 53). — Il ne faut pas confondre les successions en *déshérence* avec celles qui sont *vacantes*, auxquelles un curateur doit être nommé. — La succession est vacante lorsqu'il ne se présente point d'héritiers, lorsqu'il ne sont point connus, et qu'on ignore s'il en existe; — Elle est en déshérence lorsqu'il est constaté qu'il n'en existe pas. — L'État n'est pas saisi de plein droit, il est tenu de demander l'envoi en possession au tribunal de première instance dans le ressort duquel la succession est ouverte (Ibid, art. 770). — Trois publications ou affiches doivent, au préalable, avoir lieu dans les formes usitées (ibid) de trois mois en trois mois, et le jugement d'entrée en possession ne peut être rendu qu'un an après la demande formée par la régie (Circulaire du grand juge, du 8 juillet 1806). — Pour conserver les droits des héritiers qui peuvent se présenter plus tard, l'administration des domaines est tenue de faire apposer les scellés et de faire faire inventaire dans les formes prescrites pour les acceptations de successions sous bénéfice d'inventaire (Code civil, art. 769). — L'administration des domaines fait toujours vendre le mobilier dont le prix est, sous sa resposabilité, versé dans la caisse du receveur. — Elle n'est pas assujettie, comme les autres successeurs, à donner caution pour en assurer la restitution au cas où il se découvrirait des héritiers du défunt (Ibid, art. 771). — Ce n'est qu'après trente ans écoulés depuis l'entrée en possession, que la prescription pourrait être opposée par l'État aux héritiers jusqu'alors inconnus qui viendraient réclamer. — L'État, possesseur de bonne foi, ne serait pas tenu, à la rigueur, de rendre les fruits des immeubles à l'ayant droit qui se fait connaître (argument tiré du Code civil, articles 138 et 549). Mais la régie est dans l'usage d'en faire la restitution, sous la déduction des dépenses auxquelles a donné lieu la succession. — *Enregistrement.* L'héritier qui se présente est tenu d'acquitter les droits de succession dans les six mois de son envoi en possession. (V. MUTATION PAR DÉCÈS).

DÉSHÉRITANCE, s. f. (*v. lang.*), perte d'héritage.

DÉSHÉRITANCE (*anc. jurisp. des Pays-Bas*), dessaisine, acte par lequel on se désaisissait de ses biens immeubles, on pouvait modifier l'ordre de succession réglé par les chartes générales. — DESHÉRITANCE A FUTUR (anc. cout. du Cambresis), acte par lequel on remettait aux juges fonciers du lieu la propriété d'un immeuble, à la charge par eux d'en saisir, plus tard, celui à qui l'on jugerait à propos de la transporter. Déshéritance à profit. Celle qui, après un certain temps, saisissait la personne au profit de laquelle elle avait été faite.

DÉSHÉRITER, priver quelqu'un de sa succession.

DÉSHÉRITER, v. a. (*anc. cout. des Pays-Bas*), faire l'acte de déshéritance.

DÉSHEURER, déranger les heures ordinaires des occupations habituelles. — On l'emploie aussi avec le pronom personnel. Il est familier et peu usité.

DÉSHIVERNER, v. a. (*anc. t. milit.*), faire sortir des quartiers d'hiver.

DÉSHONNÊTE, qui est contre la pudeur, contre la bienséance.

DÉSHONNÊTEMENT, d'une manière déshonnête, contre l'honnêteté, contre la pudeur.

DÉSHONNÊTETÉ, vice de ce qui est déshonnête. Il n'est guère usité.

DÉSHONNEUR, perte de l'honneur, honte, avilissement, opprobre. — Fam., *prier quelqu'un de son déshonneur*, lui demander de faire ou d'accorder une chose qui le déshonorerait. Figurément et par plaisanterie, *c'est le prier de son déshonneur*, c'est lui demander une chose qui lui déplaît fort. Cette manière de parler vieillit.

DÉSHONORABLE, qui cause du déshonneur. Il est peu usité; on dit plus ordinairement *déshonorant.*

DESHONORABLEMENT, adv. (*néol.*), d'une manière déshonorante.

DÉSHONORANT, ANTE, qui déshonore, qui tend à déshonorer.

DÉSHONORER, ôter l'honneur à quelqu'un, le perdre d'honneur et de réputation, le diffamer. — *Déshonorer sa famille*, commettre une action, mener une vie qui fait deshonneur à sa famille. — *Déshonorer ses ancêtres, la mémoire de ses ancêtres*, dégénérer de la vertu de ses ancêtres, faire déshonneur à leur mémoire. — *Déshonorer une fille, une femme*, la séduire, en abuser. — DÉSHONORER, se dit également en parlant des choses, et signifie flétrir, dégrader, ternir. — Il s'emploie aussi avec le pronom personnel, surtout dans le premier sens.

DÉSHOSTELER, v. a. (*v. lang.*), chasser de la maison.

DÉSHOULIÈRES (ANTOINETTE DU LIGIER-DE-LA-GARDE), naquit à Paris en 1634. Son père était chevalier de l'ordre du roi et maître-d'hôtel d'Anne d'Autriche. On ne négligea rien pour son éducation et bientôt elle joignit une instruction solide aux grâces et à la beauté qu'elle tenait de la nature. Elle épousa, en 1651, Guillaume de la Fon-de-Boisguérin, seigneur des Houlières, lieutenant-colonel dans un des régiments du prince de Condé. Il suivit ce prince pendant les troubles de la fronde, et sa femme alla bientôt le rejoindre. Elle se rendit quelque temps après suspecte à la cour de Bruxelles, dans laquelle elle était admise, et fut arrêtée; au bout de six mois son mari la délivra à l'aide d'une ruse et revint avec elle en France, où une amnistie était alors offerte à tous ceux qui avaient pris part aux troubles. Les premiers vers de madame Deshoulières furent imprimés dans le *Mercure galant* en 1762 et obtinrent beaucoup de succès; bientôt tous ce que la cour et la ville possédaient d'hommes remarquables et distingués rechercha son amitié; les plus grands éloges furent accordés à ses productions, qui, pourtant, ne sont pas toutes admirables. Ses Idylles sont ce qu'elle a fait de mieux. Celle des *Moutons* particulièrement que, par parenthèse, on l'a accusé d'avoir volée à *Cousel*, est d'un rare mérite. Elle ne réussit pas aussi bien dans le genre dramatique. Sa tragédie de *Genséric* et celle de *Jules-Antoine* furent très mal reçues et lui firent donner le conseil de *retourner à ses moutons.* En 1684, elle fut reçue membre de l'académie des *Ricovrati* de Padoue, et fut admise à celle d'Arles en 1689. Quelque opinion qu'on ait sur la valeur plus ou moins sérieuse de son talent, on doit s'empresser de lui accorder un éloge que n'ont malheureusement pas mérité toujours les femmes auteurs, son goût pour les lettres ne la détourna jamais de ses devoirs : elle fut toujours épouse fidèle, amie dévouée et la plus tendre des mères. Elle mourut à Paris, le 17 février 1694 un peu plus d'un an après la mort de son époux.

DESHOULIÈRES (ANTOINETTE-THÉRÈSE), née à Paris en 1662, fille de la précédente; se livra comme sa mère à des ouvrages d'esprit, lui resta inférieure; cependant elle obtint en 1687 un triomphe des plus honorables : elle remporta le prix de l'Académie française, quoiqu'elle eut Fontenelle et Duperrier pour concurrents. Elle fut aussi admise à l'académie des *Bicovrati* et à celle d'Arles. Elle mourut le 8 août 1718, d'un cancer au sein, maladie à laquelle sa mère avait aussi succombé. Leurs cendres réunies reposent à l'église Saint-Roch.

DÉSHOUSER, v. a. (*v. lang.*), débotter, figur., détrousser, *se déhousse*, ôter ses housses ou chaussures. (*V.* DÉHOUSSER).

DÉSHUILER, v. a. (*écon. dom.*), enlever l'huile d'un corps, d'une étoffe.

DÉSHYDROGÉNATION, s. f. (*chimie*), soustraction de l'hydrogène qui entre dans la composition d'une substance.

DÉSHYDROGÉNER, v. a. (*chimie*), enlever l'hydrogène d'une substance.

DÉSHYPOTHÉQUER, v. a. (*admin.*), lever une hypothèque.

DÉSIDERATA, s. m. plur. (*phil.*). Il se dit de toutes les parties d'une science qui ne sont pas encore traitées, et sur lesquelles il est à désirer que l'on s'exerce. *Bacon a signalé le premier les desiderata de la science humaine.* (*V.* DATA).

DESIDERI (HIPPOLYTE), jésuite, né à Pistoie en 1684. fut envoyé dans l'Inde en 1712. Il fit, en 1716, partie de la mission du Thibet et alla rejoindre à Delhy le P. Freyre, qui faisait partie de la même mission. Pendant leur voyage à travers le grand et le petit Thibet, qui dura quatre ans, les deux missionnaires eurent à souffrir des peines incroyables, tant à cause de l'état physique du pays qu'ils traversaient, qu'à cause des tracasseries qu'ils eurent à essuyer; enfin ils arrivèrent à Lassa au mois de mars 1616. Malgré les désagréments de tout genre que Desideri éprouva dans cette ville, probablement à cause de son zèle trop ardent, il n'y séjourna pas moins jusqu'en 1727, époque à laquelle le pape le rappela, sur les plaintes des capucins missionnaires au Thibet. Plus tard il demanda à retourner en Asie, mais cela lui fut refusé. Il mourut à Rome en 1733.

DÉSIDÉRATIF, IVE, adj. (*philol.*), qui exprime le désir; *forme désidérative.*

DESIDERIUS, frère de l'usurpateur Magnence, obtint de lui le titre de César vers l'an 351, mais ensuite ce prince cruel chercha à l'assassiner et le perça de plusieurs coups. Desiderius, guéri de ses blessures, alla se jeter aux pieds de l'empereur Constance, qui, dit-on, lui conserva la vie.

DÉSIGNATEURS. Chez les Romains, la fonction des désignateurs qu'on appelait aussi *locarii*, consistait à placer dans l'amphithéâtre chaque personne selon sa qualité et son rang et selon l'intention des édiles (*V.* AMPHITHÉATRE). Il y avait encore d'autres désignateurs chargés d'arranger les pompes funèbres, et qui assignaient à chacun la place qu'il devait y avoir.

DÉSIGNATIF, IVE, qui désigne, qui spécifie.

DÉSIGNATION, dénotation, indication d'une personne ou d'une chose par des expressions, par des marques qui le font connaître. Il signifie encore nomination et destination expresse.

DÉSIGNATION, c'est l'action de dénoter, de spécifier une chose d'une manière qui la fait connaître. — L'exploit doit désigner l'objet de la demande et l'exposé sommaire des moyens. — En matière réelle ou mixte, les exploits doivent désigner la nature de l'héritage, la commune, et, autant qu'il est possible, la partie de la commune où il est situé, et deux au moins des tenants et aboutissants; s'il s'agit d'un domaine, corps de ferme ou métairie, il suffit d'en désigner le nom et la situation : le tout à peine de nullité (Code de procéd., art. 61 et 64. *Voyez* encore art. 1er, 675, 559, etc., etc.)

DÉSINENCE (*V.* TERMINAISON).

DÉSIGNÉ, ÉE, part. (*ant. rom.*), épithète que l'on donnait aux magistrats depuis leur élection jusqu'à ce qu'ils fussent confirmés ou qu'ils entrassent en fonctions; *consul désigné.*

DÉSIGNER, dénoter, indiquer une personne ou une chose par des expressions, par des marques, par des symboles, etc., qui la font connaître. — Il signifie également, être le signe, le symbole ou l'annonce, le symptôme de quelque chose. —

DÉSIGNER, signifie en outre, fixer, marquer. — DÉSIGNER, se dit aussi en parlant des personnes qu'on destine à quelque dignité, à quelque charge. Il se dit quelquefois pour signaler.

DÉSILLES (le chevalier), né à Saint-Malo en 1767, officier au régiment du roi, faisait partie de la garnison de Nancy, lorsqu'elle se révolta en 1790. Le marquis de Bouillé fut envoyé pour comprimer cette rébellion, et essaya d'abord de ramener les soldats dans le devoir. Quelques mal-intentionnés empêchèrent la réussite de ce moyen; ils déterminèrent les soldats et la populace à faire feu sur les troupes du marquis de Bouillé; les canons étaient chargés à mitraille; Désilles se précipita au devant des pièces pour empêcher l'exécution de leurs projets, et fut massacré au milieu de ses efforts. Son dévouement fut loué par l'assemblée nationale.

DÉSILLUSIONNER, v. a. (*néol.*), éclairer, faire cesser les illusions.

DÉSILLUSIONNÉ, ÉE, part.

DÉSIMBRINGUER, v. a. (*jurispr.*) Ce terme, usité dans les provinces de droit écrit et dans les îles françaises de l'Amérique, signifie *affranchir*, *libérer* ou *décharger* un héritage qui était affecté ou hypothéqué à quelque charge réelle ou hypothécaire. Il est opposé à *imbringuer*, qui signifie *charger*. On appelait *biens imbringués* ceux qui étaient chargés de beaucoup de redevances ou de dettes (*a*).

DÉSINCAMÉRATION, terme de droit qui regarde la cour romaine, et qui signifie l'action par laquelle le pape démembre quelque terre de la chambre apostolique.

DÉSINCAMORER, v. a. (*droit canon*), démembrer de la chambre apostolique les terres qui lui appartiennent.

DÉSINCORPORATION, s. f. (*t. milit.*), disjonction de troupes, renvoi d'hommes qui avaient été incorporés dans une compagnie militaire.

DESINCORPORER, séparer une chose de celle avec laquelle elle avait été incorporée.

DÉSINENCE, s. f. (*bot.*). Il se dit de la manière dont se termine un organe ou une partie d'organe.

DÉSINFATUER, désabuser quelqu'un d'une chose ou d'une personne pour laquelle il avait une prévention très favorable dont il était infatué. On l'emploie avec le pronom personnel. Il est familier.

DÉSINFECTER, purger d'un mauvais air, de vapeurs infectes, de miasmes putrides. — *Désinfecter l'air*, purifier un air vicié.

DÉSINFECTEUR, adj. et s. m. (*phys.*) Il se dit de celui qui désinfecte, de ce qui est propre à désinfecter.

DÉSINFECTION (*agricult.*). Les logements des hommes et des animaux, dans les campagnes surtout, sont rarement construits de manière à permettre le renouvellement facile de l'air. Il en résulte pour les uns comme pour les autres de fréquentes maladies, qui affectent particulièrement les enfants et les jeunes animaux, dont les organes sont plus sensibles; leur développement est contrarié par cette circonstance, et leur constitution en est souvent atteinte. — En pareil cas, tous les moyens de désinfection sont impuissants si l'on ne commence par faire cesser la cause du mal, c'est-à-dire si l'on ne corrige le vice des bâtiments en y pratiquant les ouvertures nécessaires. Heureusement la nécessité de faire du feu dans les habitations des hommes, pendant l'hiver, remédie à une partie de l'inconvénient que nous venons de signaler, et le feu établissant un violent courant d'air, forme un désinfecteur naturel. — Il n'en est pas de même dans les écuries, les étables, les bergeries, etc. La plupart des cultivateurs, convaincus qu'il est nécessaire d'y entretenir la chaleur, ne manquent jamais d'en fermer hermétiquement les portes et les fenêtres, et d'y laisser accumuler la litière. L'air, déjà raréfié par la première, se charge des émanations qui s'exhalent continuellement du fumier, et l'*infection* ne tarde pas à se produire dans ces sortes d'étuves. Les animaux peuvent-ils vivre sans souffrir dans une pareille atmosphère, et la nature les a-t-elle conformés de telle sorte que ce qui nous suffoque en entrant dans une bergerie ne suffoque pas également les moutons? Respirer librement est le premier besoin de notre être, et la nature qui a placé les animaux dans l'état sauvage d'où l'homme les a tirés pour les façonner à la domesticité, n'a pas prédisposé leurs organes pour cette étrange altération des fonctions naturelles. Les animaux ont été créés pour vivre en plein air; l'ignorance a longtemps perpétué les habitudes vicieuses les plus contraires à ce principe; il est temps que l'instruction fasse justice de ces vieux préjugés, et il est honteux pour l'humanité d'avoir été si longtemps à apprendre que c'est en se rapprochant de la nature qu'on est le plus près de la perfection. Répétons-le avec une confiance que ne désapprouveront pas les hommes éclairés, la plupart des prétendus besoins des animaux sont des nécessités factices que nous avons créées nous-mêmes. Défaisons graduellement ce que nous avons fait : aérons nos écuries, nos bergeries, nos étables; laissons-y pénétrer le froid; empêchons les animuax d'y croupir dans une fange dont ils auraint horreur dans l'état de nature, et alors nous n'aurons pas d'infection à combattre. — Ce n'est là, au surplus, que l'infection continuelle et permanente qui forme l'atmosphère habituelle des logements des animaux et contre laquelle, comme nous l'avons dit plus haut, on ne peut agir efficacement qu'en facilitant le renouvellement de l'air et en entretenant la propreté. Mais si quelque maladie contagieuse (*V.* CONTAGION), dont la plupart fermentent et se développent dans ces foyers de corruption, après avoir décimé les troupeaux de la ferme, démonté les charrues, ou dépeuplé les pâturages, amène la nécessité de désinfecter les bergeries, les écuries ou les étables, il faut alors avoir recours à quelques moyens que nous allons indiquer. — Le plus puissant et le plus prompt est l'emploi du chlorure de chaux, substance qui, à la vérité, ne peut être préparée par les cultivateurs, mais qu'ils peuvent toujours se procurer à des prix très modérés, et dont l'emploi ne présente ensuite ni danger ni difficulté. — Le chlorure de chaux s'emploie ordinairement dissous dans l'eau; voici comment on prépare cette solution : on délaie d'abord le chlore pulvérulent dans un volume d'eau à peu près égal au sien. Si, par exemple, on prend un kilogramme de cette matière, on verse dessus un litre d'eau; puis, en continuant de délayer, on ajoute successivement vingt fois autant d'eau au volume, ou vingt litres. Ce mélange étant bien brassé pendant quelques minutes, ont le laisse déposer pendant une heure ou deux; au bout de ce temps on soutire toute la solution claire, à l'aide d'une cannelle placée un peu au-dessus du fond du vase. Pour les opérations en petit on se sert d'un flacon en verre, muni d'un robinet de même substance; en grand, l'on fait usage de baquets et cannelles en bois, quelquefois doublés de plomb. — Le dépôt de sable, carbonate et hydrate de chaux, est plus ou moins considérable, suivant la richesse du chlorure, on le lave avec une quantité d'eau égale à la première, et l'on tire à clair. La deuxième solution ainsi obtenue, on répète ces lavages ou soutirages encore deux fois. Les deux premières solutions serviront à préparer le bain ou la solution de chlorure; les deux lavages suivants seront mis en réserve pour servir au lieu d'eau pure à dissoudre un autre quantité de chlorure de chaux.—M. Payen, auquel nous avons emprunté la description ci-dessus, indique la manière suivante de l'employer : la solution étant ainsi préparée, on en arrose les lieux infectés et pour en rendre l'effet plus efficace, on en imbibe des linges que l'on y étend. On en lave ensuite les murs, les rateliers, les mangeoires, les fourches et les instruments d'écurie; mais si l'on n'a pas à craindre les suites d'une maladie contagieuse, on peut, pour ce dernier usage, remplacer cette substance par de l'eau de chaux, pourvu que l'on ait soin d'en laver les murailles à plusieurs reprises. — Des aspersions de chlorure de chaux faites de temps à autre dans les étables qui renferment un grand nombre d'animaux ne peuvent que produire un bon effet, et elles sont nécessaires lorsque quelque maladie y règne. — Les logements des animaux, au surplus, ne sont pas les seuls lieux où l'infection puisse se manifester : les puits, les fosses d'aisances, les puisards, répandent quelquefois des vapeurs méphytiques qui en rendent le curage extrêmement dangereux. En pareil cas, on doit jeter dans la fosse une quantité de solution de chlorure de chaux proportionnée à la masse des matières ou des immondices qu'elle contient, 10, 20, 30 ou 40 litres, par exemple; on l'agitera avec une longue perche, et, pour surcroît de précaution, les ouvriers en enduiront leurs vêtements.—Cette même substance peut être d'un secours utile contre la putréfaction qui se développe, souvent avec une grande rapidité, dans les cadavres des individus qui ont succombé à des maladies putrides ou gangreneuses. On s'en sert alors en aspersion; l'on peut même, si le cas l'exige, en mouiller entièrement un drap et en envelopper le corps. Enfin, dans l'intérieur des ménages, dit M. Payen, dans une note relative à l'emploi des chlorures, les garde-manger, les tables de nuit, les encognures où l'on dépose habituellement les immondices, les plombs, les urinoirs, les tonneaux où l'on conserve du poissons, du cochon salé, etc., contractent presque toujours une odeur désagréable; on peut prévenir cet inconvénient ou y remédier en les imprégnant de cette solution; une petite quantité de chlorure de chaux liquide jeté dans une eau infecte suffit pour en faire disparaître le mauvais goût.

DÉSINFLUENCER, v. a. (*néol.*), délivrer d'une influence.

DESING (ANSELME), savant bénédictin, né à Amberg en 1699, embrassa la règle de Saint-Benoît à Ensdorf, devint abbé de cette communauté et mourut en 1773. On a de lui différents ouvrages d'histoire ; entre autres un *abrégé de l'Histoire Universelle*, et une *Histoire ancienne d'Allemagne et de la monarchie des Francs jusqu'à Louis l'enfant.* Ces ouvrages sont écrits en allemand.

DÉSINNOCENS (GUILLAUME), célèbre chirurgien de Toulouse, né vers le milieu du XVIe siècle; il est auteur de divers ouvrages : 1° *Traité de la peste, plus une question de la paralysie et deux paradoxes de la révulsion*; 2° *Examen des éléphantiaques ou lépreux*, 3° *le Chirurgien méthodique*; 4° *Traité d'ostéologie.*

DÉSINSUFFLATION, s. f. (*technol.*). Il se dit chez les boyaudiers de l'action de percer les boyaux secs avec une pointe de ciseaux pour les priver de l'air qu'ils contiennent.

DÉSINTÉRESSEMENT, détachement de son propre intérêt.

DÉSINTÉRESSÉMENT, sans aucune vue d'intérêt.

DÉSINTÉRESSER, mettre quelqu'un hors d'intérêt, en le dédommageant de ce qu'il perd ou de ce qu'il espérait. — DÉSINTÉRESSÉ (*participe*). Il est aussi adjectif, et signifie alors, qui n'a aucun intérêt à quelque chose. Il signifie en outre, qui ne fait rien par le motif de son intérêt particulier. Il signifie également, qui n'est ou ne peut être animé d'aucun désir de vengeance, d'aucun sentiment d'affection, de haine, etc. *Conduite désintéressée, action désintéressée, conseils désintéressés*, etc., conduite, action, sentiments, conseils, etc., hors de tout soupçon d'intérêt personnel.

DÉSINVESTIR, v. a. (*art. milit.*), replacer dans l'ordre primitif une troupe que le demi-tour a invertie. Remettre une troupe dans son ordre naturel.

DÉSINVESTIR, v. a. (*néol.*), enlever, retirer la connaissance d'une chose, le droit de l'examiner.

DÉSINVITER, v. a. Il se dit quelquefois familièrement, et signifie détruire l'effet d'une invitation, rétracter une invitation.

DÉSINVOLTE, adj. des 2 g., terme emprunté de l'italien qui signifie plein de laisser-aller et au figuré, sans détour. On lit dans Voltaire *politique désinvolte.*

DÉSINVOLTURE, s. f., tournure pleine de laisser-aller, mouvement, allure, gestes simples et gracieux, ce mot, emprunté de l'italien, est surtout en usage parmi les artistes.

DÉSIR, souhait, mouvement de la volonté vers un bien, un avantage qu'on n'a pas. En termes d'ancienne pratique, *au désir de l'ordonnance, au désir de la coutume*, suivant l'ordonnance, suivant la coutume. Laromiguière a fait du désir une faculté de forme : c'est à la fois méconnaître les choses ou le sens des termes. Le désir est un acte, et non pas une puissance, un effet et non pas une cause.

DÉSIRABLE, qui mérite d'être désiré, qui excite le désir.

DÉSIRADE (LA), île de l'Océan atlantique, l'une des Antilles. (*V.* GUADELOUPE.)

DÉSIRÉ (ARTUS), né en Normandie vers 1510. Il embrassa l'état ecclésiastique, et écrivit contre les protestants des ouvrages tantôt exagérés et ridicules et tantôt exaltés au plus haut degré ; dans quelques-uns il s'adresse au roi et l'engage à détruire le Calvinisme par les supplices dont il donne l'horrible détail. Il fut quelques temps détenu aux Chartreux où il devait rester 5 ans, mais il parvint à s'échapper et recommença ses déclamations ; il mourut vers 1579. — On trouve la liste de ses œuvres dans les *Mémoires* de Nicéron.

DÉSIRÉ (CAP), cap de l'Amérique méridionale à l'extrémité occidentale de la Terre-de-Feu, latitude. S. 52°52'; longitude O., 99°.

DÉSIRER, souhaiter, porter ses désirs vers quelque bien qu'on n'a pas; avoir désir, volonté, envie de quelque chose. Fam., se faire désirer, mettre peu d'empressement à satisfaire le désir que les autres ont de nous voir, de se lier avec nous, etc., afin de rendre ce désir plus vif. *Il y a quelque chose à désirer, il y a telle chose à désirer dans cette personne, dans cet ouvrage*, etc. Il y manque quelque chose, telle chose. On dit dans le sens contraire, *ne rien laisser à désirer*, être parfait dans son genre. — DÉSIRER, devant un verbe à l'infinitif, est suivi de la préposition *de*, lorsqu'il exprime un désir dont l'accomplissement est incertain, difficile ou indépendant de la volonté. Quand, au contraire, il exprime un désir dont l'accomplissement est certain ou facile et plus ou moins dépendant de la volonté, il s'emploie sans la préposition *de*. — DÉSIRER, se dit par extension, en parlant du bien qu'on souhaite à quelqu'un.

DÉSIREUX, EUSE, qui désire avec ardeur. Il n'est guère usité que dans le style soutenu.

DESISTAT, s. m. (*anc. jurispr.*), locution latine qui signifie littéralement *qu'il se désiste.* Elle était usitée au parlement de Toulouse pour action au pétitoire, action de désistement.

DÉSISTEMENT, action de se désister, soit verbalement, soit par écrit; acte par lequel on se désiste.

DÉSISTEMENT. C'est l'action de renoncer à quelque chose. — Il y a plusieurs sortes de désistement : 1° le désistement d'une demande, qui consiste à renoncer à ses prétentions sur un objet qu'on a réclamé en justice; 2° le désistement d'un appel est l'acquiescement au jugement dont on était appelant ; 3° le désistement d'un héritage est l'acte par lequel le détenteur d'un héritage en laisse la possession et la propriété à celui qui le revendique en qualité de propriétaire. Le désistement peut être fait et accepté par de simples actes signés des parties ou de leurs mandataires, et signifiés d'avoué à avoué. Le désistement, lorsqu'il a été accepté, emporte de plein droit consentement que les choses soient remises au même état qu'elles étaient avant la demande. Il emporte également soumission de payer les frais, au paiement desquels la partie qui se sera désistée sera contrainte, sur simple ordonnance du président mise au bas de la taxe, parties présentes ou appelées par acte d'avoué à avoué. — Cette ordonnance, si elle émane d'un tribunal de première instance, est exécutée nonobstant opposition ou appel ; elle est exécutée nonobstant opposition, si elle émane d'une Cour royale. (Code de procéd., art. 402, 403.)

DÉSISTER (SE), se départir de quelque chose, y renoncer.

DÉSISTIATER (*géogr. anc.*), une des plus nombreuses peuplades de l'ancienne Dalmatie.

DESISTRIÈRES (FRANÇOIS-MICHEL), vicomte de Mura, né à Vic (Haute-Auvergne), fut conseiller du roi, son sénéchal d'Appeces, et son lieutenant général au bailliage de Carladès. Il est auteur d'une *Histoire d'Auvergne*, publiée en 1782.

DESISTRIÈRES (JEAN), aïeul ou bisaïeul du précédent, est aussi auteur d'une *Histoire d'Auvergne* restée manuscrite.

DESISTRIÈRES (JEAN), quadrisaïeul du premier, a publié *un panégyrique de la reine Marguerite, duchesse de Valois, sur son arrivée à Paris, en* 1582.

DESISTRIÈRES (FRANÇOIS), frère du précédent, vivait dans le XVIe siècle ; il était avocat au parlement de Paris et prieur de Saint-Etienne. On a de lui un *Discours de la tenue des conciles, sur une dispute eue avec un religieux de Saint-François.* Clermont, 1594, in-12, 57 pages.

DESJARDINS (JEAN) (en latin HORTENTIUS ou DE HORTIS), médecin, né près de Laon, fut reçu docteur en 1519, et fut médecin de François Ier. Il jouissait d'une très grande réputation, et on le croyait dans son temps capable de guérir toutes les maladies, pourvu que l'heure fatale ne fut pas arrivée. Il mourut subitement, en 1549, pendant qu'il donnait à ses parents le repas du jour anniversaire de sa naissance.

DESJARDINS (MARTIN VAN DER BOGUERT), habile sculpteur, naquit à Bréda en 1650 ; il vint en France, et fut reçu à l'Académie en 1671. La plupart de ses œuvres sont maintenant détruites ; le plus beau morceau dont il fut l'auteur est le monument de la place des Victoires, qui avait été érigé aux frais du maréchal de la Feuillade. Ce monument remarquable, qui représentait Louis XIV couronné par la Victoire, fut enlevé en 1792, par décret de l'Assemblée nationale, qui ne voulait voir dans l'image d'un prince que l'effigie du despotisme, et il fut détruit avec tant d'autres. Desjardins mourut fort riche, en 1694.

DESJARDINS (PHILIPPE-JEAN-LOUIS), né le 6 juin 1753, à Messas, près Meung. Il étudia la théologie au séminaire de Saint-Sulpice, où il devint maître de conférences ; et, en 1783, il fut reçu docteur à la Sorbonne. Desjardins fut aussitôt après nommé chanoine official et grand vicaire à Bayeux. Il quitta peu de temps après ce diocèse pour celui où il était né, et où il fut fait grand vicaire et doyen de la collégiale de Meung. En 1792 il fut forcé d'émigrer, et alla en Angleterre, où il connut le célèbre Burke, qui lui fit donner une mission pour le Canada. Il revint en France en 1802, et fut alors nommé à la cure de Meung, puis il devint curé des missions à Paris. Plus tard, soupçonné d'intelligence avec l'Angleterre, il fut arrêté et emprisonné. Lors de la Restauration il rentra dans sa paroisse, et en 1819 il fut fait grand vicaire à Paris. Il mourut dans cette ville le 21 octobre 1833. *L'oraison funèbre de l'abbé Desjardins* a été prononcée par M. l'abbé Olivier, curé de Saint-Roch. Ce discours a été imprimé.

DESJARDINS, général français, né à Angers, en 1757, s'engagea, en 1776, comme volontaire dans le régiment de Vivarais, où il devint sergent. Retiré dans son pays au commencement de la révolution, il fut nommé commandant d'un des bataillons de volontaires de Maine-et Loire. Parvenu au grade de général de division, il concourut, sous les ordres de Pichegru, à l'invasion des Pays-Bas et à la conquête de la Hollande; il eut plus tard le commandement de l'armée par interim, et refusa le commandement définitif. Il fit ensuite les campagnes de Prusse et la première guerre de Pologne et de Russie. Blessé grièvement à la bataille d'Eylau (février 1807), il fut forcé de quitter le service. Il se retira près d'Amiens et y mourut peu de temps après.

DESJONGLER, v. a. (*v. lang.*), tromper, attraper.

DESLACHER, v. a. (*v. lang.*), lâcher, détacher, *deslâcher une machine de guerre*, *un canon*, lancer leurs projectiles.

DESLANDES (ANDRÉ-FRANÇOIS BOUREAU), né à Pondichéry en 1690. Il était petit-fils du chevalier Martin, gouverneur de Pondichéry. Il passa jeune encore en France, et résista alors aux sollicitations du père Mallebranche qui voulait le faire entrer dans la congrégation de l'Oratoire, dont il était membre. Il obtint plus tard le commissariat général de la marine à Rochefort, puis à Brest; et s'étant démis de ses emplois, il se retira à Paris, où il mourut le 11 avril 1757. Il s'est fait connaître par un assez grand nombre d'ouvrages, écrits en grande partie sur la philosophie, et qui portent tous l'empreinte du septicisme du XVIIIe siècle. On dit qu'à sa mort il rétracta les principes qu'il avait professés toute sa vie.

DESLANDER (PIERRE DE LAUNAY), né à Avranches en 1722, entra jeune encore dans la congrégation de l'Oratoire, de laquelle il se retira pour entrer à l'école des ponts-et-chaussées. Il fut ensuite nommé sous-directeur de la manufacture des glaces de Saint-Gobain, dont il devint directeur en 1758. Il occupa cette place jusqu'en 1789, époque à laquelle il demanda sa retraite, et se retira à Chauny, où il mourut le 10 décembre 1803. C'est Deslandes qui, par les perfectionnements qu'il introduisit dans la manufacture de Saint-Gobain, porta si haut la splendeur et la célébrité de cet établissement.

DESLAURIERS, connu sous le nom de *Bruscambille*, qu'il prit en embrassant la profession de comédien, en 1593. Il vint à Paris en 1596, et remplit l'emploi de comique à l'hôtel de Bourgogne. Il est l'auteur *des Fantaisies de Bruscambille*, recueil de plates bouffonneries et d'obscénités. Quoique souvent réimprimé, cet ouvrage est devenu rare, et il est recherché par les bibliomanes.

DESLIGNAGIER, v. n. (*v. lang.*), déroger.

DESLIONS (ANTOINE), naquit à Béthune vers 1590 et entra fort jeune dans la société de Jésus. Ce père laissa des pièces de poésie qui, d'après l'opinion des journalistes de Trévoux (janvier 1704), ne sont pas inférieures à celles de Hossch; « il a » donné, disent-ils, plus de liberté à sa versification et a imité » la vivacité féconde d'Ovide. » Deslions a mis au jour: 1° *Traité sur les stations de la passion de N.-S. J.-C.*; 2° *De Angeli tutelaris cultu carmen paroeneticum*; 3° *De cultu B. M. Virginis*; 4° *Elegiæ de amore Jesu*; 5° *Histoire de la confrérie de saint Eloy à Béthune.* Ce dernier ouvrage a obtenu douze éditions et fut depuis augmenté par Gilles Joly, seigneur de Vaulte, receveur des États d'Artois. (M. de l'académie d'Arras et de la bibliothèque publique de cette ville.)

DESLOIX (JEAN), né à Tournehem, près d'Ardres, en 1568. Se fit religieux à Saint-Omer, au couvent des Dominicains et fut envoyé en Allemagne pour y terminer ses études. Déjà il avait été prieur de l'une des maisons de l'ordre à Valencienne, quand il se rendit à Paris en 1611. Il subit alors divers examens par suite desquels il devint maître es-arts, bachelier en théologie et enfin docteur dans l'Université de Caen en 1613. Le chapitre général de l'ordre des Dominicains, tenu à Lisbonne en 1618, le confirma dans le même titre. Il était alors prieur de sa maison de profession à Saint-Omer. Sa réputation grandissait chaque année. Il avait prêché avec distinction dans plusieurs ville du Hainaut et de l'Artois, et il se proposait de suivre exclusivement cette carrière, lorsque le chapitre général de la province réuni à Maëstricht en 1619, l'arracha à ses travaux apostoliques en l'élevant au titre de provincial. Durant les quatre années qu'il passa dans cette charge, il procura la fondation de plusieurs maisons de son ordre, qu'il unit à sa province. Ce furent celles de Mons, de Braine le comte, de Tournay, de Vilvorde et de Lillers. Il créa, en outre, le collége de Saint-Thomas à Douai. En 1622, Desloix se rendit à Milan pour la tenue d'un chapitre général. Appelé à Besançon l'année suivante dans le tribunal du saint office par la congrégation des cardinaux, il devint inquisiteur au comté de Bourgogne, et remplit pendant vingt-huit ans cette charge si délicate, sans qu'il s'élevât contre lui une seule plainte. Il sut allier avec la fermeté que lui imposaient ses devoirs, la douceur que prescrit l'Évangile. Revenu en Belgique, on le nomma successivement prieur des maisons de son ordre à Mons et à Saint-Omer; et en 1653, il fut élu de nouveau provincial, quoiqu'il eut alors 85 ans. — Le père Desloix remplit les devoirs de cette charge pendant quatre ans. Sentant que ses forces l'abandonnaient, il se démit, vécut encore près d'un an et mourut à Saint-Omer le 22 janvier 1658, dans sa quatrevingt-dixième année, et la soixante-quatorzième depuis sa profession religieuse. — Ce dominicain a publié: 1° *Exercices spirituels pendant la célébration de la sainte messe*; Douai, 1617; 2° *Speculum inquisitionis bisuntinæ, ejus vicariis et officiariis exhibitum*, Dôle, 1628, in-8°; 3° *Jus canonicum pro officio s. inquisitionis;* cet ouvrage est suivi d'un grand nombre de bulles des souverains pontifes; 4° *l'Inquisiteur de la foi représenté;* Besançon, in-8°. — Il est fait mention de ce savant dominicain dans plusieurs auteurs belges, tels que Guillaume Séguier, Guilbert de la Haye, Foppens, et dans la bibliothèque du père Echard des auteurs de l'ordre de Saint-Dominique. Le père Ignau, capucin d'Arras, en parle aussi dans ses manuscrits, d'après les Mémoires du père Patou, prieur du couvent des dominicains à Douai.

DESLON (CHARLES), régent de la faculté de médecine de Paris et premier médecin de M. le comte d'Artois, fut un zélé disciple de Mesmer, il se brouilla par la suite avec ce propagateur du magnétisme en allant sur ses brisées. — Il a écrit une lettre intitulée: *Lettre à M. Philip*, pour se disculper auprès de la faculté de Paris, qui voulait le rayer du tableau. Deslon mourut le 21 août 1786.

DESLUMINER (se), v. prov. (*v. lang.*), perdre sa lumière.

DESLYONS (JEAN), né à Pontoise en 1615, pris les ordres à Paris, et devint théologale et doyen de Senlis. En 1640 il fut nommé docteur en Sorbonne, mais en 1656 il fut rayé du tableau de cette faculté pour avoir refusé de souscrire à la condamnation d'Arnauld; il mourut le 26 mars 1700. — Il était très savant, et surtout très versé dans la liturgie ancienne et moderne, il a publié des ouvrages sur quelques points de cette science.

DESMAHIS (JOSEPH-FRANÇOIS-EDOUARD de Corsembleu), né à Lally-sur-Loire le 3 février 1722, était destiné par son père à la magistrature, mais sa vocation l'entraînà vers les lettres et il est devenu un de nos poètes aimables les plus remarquables. La meilleure de ses poésies légères est *le voyage d'Eponne.* Il aborda aussi le genre dramatique, sa comédie de l'*Impertinent* eut le plus grand succès. — Recommandable surtout par les qualités du cœur, Desmahis mourut à 38 ans, le 25 février 1761, regretté par les nombreux amis quo lui avaient valu son amabilité et sa bonté.

DESMAILLIER, v. a. (*v. lang.*), rompre les mailles d'une armure.

DESMAISONNER, v. a. (*v. lang.*), chasser de la maison.

DESMAISEAUX (PIERRE), né en Auvergne en 1666, fut secrétaire de la société royale de Londres; il mourut dans cette ville en 1745. Ses écrits intéressent surtout l'histoire littéraire, il a publié la vie de Bayle, celle de Saint-Evremont et celle de Boileau.

DESMAN, *Mygale* (*mam.*). Genre de la famille des carnassiers insectivores; leurs caractères les rapprochent des musaraignes; la forme générale de leur corps est assez semblable à celle de ces dernières, mais leur tête est conique et terminée par un museau allongé en forme de petite trompe aplatie, très mobile, et à l'extrémité de laquelle sont les narines, celles-ci sont arrondies; leur queue longue est aplatie dans une grande partie de son étendue et leur sert de rame; leurs pattes ont cinq doigts entièrement palmés en arrière, et ceux de devant ne le sont qu'en partie: leurs yeux sont très petits et leurs conques auditives nulles ou à peu près. Leurs dents, au nombre de quarante-quatre, sont composées de deux grandes incisives et de dix mâchelières, dont sept petites, à la mâchoire supérieure, à l'inférieure il n'y a que neuf mâchelières de chaque côté, et deux très petites incisives entre les deux grandes, ce qui a fait prendre ces deux dernières pour des canines par plusieurs naturalistes. Les desmans sont des animaux aquatiques; ils vivent dans des galeries souterraines qu'ils se creusent au bord de l'eau, avec une seule ouverture dont l'issue est au-dessous du niveau des eaux; leur poil court et lustré est comme celui des castors. On en connaît deux espèces propres à l'Europe, la première et la plus anciennement connue est: le *Decman moscovite*, *M. moscovita*, vit dans une grande partie de la Russie méridionale. Cette espèce est longue de quinze pouces, dans lesquels la queue entre pour moitié; celle-ci est étranglée à sa base, écailleuse et presque nue; elle a sur les côtés des cryptes particulières qui sécrètent une matière exhalant une forte odeur de musc, les glandes sécrétoires sont placées sur les côtés du corps dans les musaraignes; son pelage de couleur brune, varie du clair au foncé en dessus, il est blanchâtre en dessous. Cet animal se creuse au bord de l'eau des galeries de trente à quarante pieds de longueur, où il vit seul ou en compagnie de sa femelle; sa nourriture consiste en larves et insectes aquatiques. En Russie on met sa queue dans le linge pour le parfumer, mais son pelage ne peut être employé comme fourrure, à cause de sa trop forte odeur. La seconde espèce, beaucoup plus petite, se trouve dans les Pyrénées. C'est le *Desman des Pyrénées, M. pyrenaïca*; il diffère de l'espèce précédente, outre sa taille qui est de moitié plus petite, par les fortes moustaches qui garnissent les côtés de la tête; l'odeur qu'il répand est beaucoup moins forte que celle des Desmans de Russie. J. P.

Desman.

DESMANTHE, *Desmanthus* (*bot.*), genre de plantes de la famille des légumineuses, section des mimosées. Ses caractères sont: un calice à cinq dents, en forme de cloche; la corolle pentapétale et hypogine; dix étamines à filets libres et capillaiser, à anthères biloculaires; gousse non articulée, sèche, à une seule loge à deux valves, contenant un nombre variable de graines. Les desmanthes sont des plantes herbacées ou des arbustes rameux, étalés, quelquefois nageant à la surface de l'eau; ses feuilles sont alternes, doublement pinnées, composées de folioles très petites, ayant deux stipules adhérentes à la base du pétiole; les fleurs, petites et blanches, sont en épis axillaires, pédonculés, ovoïdes ou globuleux. La plupart des espèces sont propres à l'Amérique méridionale ou à l'Inde. Nous citerons: le *Desmanthe nageant, D. natans*, dont les tiges flexueuses sont étalées à la surface de l'eau; ses fleurs blanches sont en épis; cette espèce vient des Grandes-Indes. Le *Desmanthe déprimé, D. depressus*, se trouve au Pérou; ses tiges ligneuses, diffuses et étalées, sont garnies de feuilles bipinnées dont les folioles sont opposées, au nombre de treize à quatorze paires, linéaires, aiguës, ciliées; ses épis ont peu de fleurs. J. P.

DESMARCHAIS (le chevalier), navigateur français, fit, en 1724, un voyage sur les côtes d'Afrique, qu'il publia à son retour sous le titre de: *Voyage du chevalier Desmarchais en Guinée, îles voisines et à Cayenne, en 1724, 1725 et 1726, contenant une description très exacte du pays et du commerce qui s'y fait.* Ses écrits ont été très utiles aux écrivains qui ont décrit la Guinée.

DESMARES, médecin, pensionnaire de la ville de Boulogne-sur-Mer, membre de l'académie des sciences et belles-lettres d'Amiens, mort en 1767, a composé: 1° *Mémoire sur l'air, la terre et les eaux de Boulogne-sur-Mer et ses environs*, Amiens, 1759, in-12; 2° *Discours sur les épidémies d'Hippocrate*, traduites du grec avec des réflexions sur les constitutions épidémiques. Cet auteur a publié en outre, dans le *Mercure de France* et dans le *Journal de médecine*, des observations intéressantes sur la topographie des environs de Beauvais, sur les épidémies de Boulogne, etc. (Manuscrits de l'Académie royale d'Arras.)

DESMARES (TOUSSAINT-GUY-JOSEPH), né à Vire en 1599, entra dans la congrégation de l'oratoire. Ses études furent dirigées par l'abbé de Saint-Cyran, le célèbre janséniste, et il en adopta les principes. En 1653, Desmares fut envoyé à Rome pour y soutenir la doctrine de la grâce efficace. Il fut, comme tous les autres jansénistes, persécuté par les jésuites et mourut le 19 janvier 1669. On a de lui un *Discours sur la grâce efficace*, prononcé en 1654 devant Innocent X. Desmares a travaillé avec le bénédictin Rivet au *Nécrologe de l'abbaye de Port-Royal-des-Champs*.

DESMARES, officier du grand Condé, auteur d'une comédie intitulée *Merlin Dragon*, qui eut du succès. Il mourut en 1715.

DESMARES (CHRISTINE-ANTOINETTE-CHARLOTTE), née en 1682 à Copenhague, était nièce de la Champmeslé, dont elle avait pris les leçons et qu'elle remplaça en 1699. C'était une actrice charmante et très intelligente; chose rare, elle ne se distingua pas moins dans les rôles de soubrette que dans les rôles graves d'Athalie et de Sémiramis. Elle continua à remplir deux emplois si opposés jusqu'au 30 mars 1721, époque à laquelle elle prit sa retraite. Elle mourut à Saint-Germain-en-Laye le 12 septembre 1753.

DESMARESTIE (*bot.*), genre de plantes hydrophytes, dédié à Desmarest, dont les caractères sont: rameaux et feuilles planes, à bords épineux; vues au microscope, les épines paraissent cloisonnées et contenir de petites séminules. Ces plantes sont annuelles et croissent sur les rochers immergés. J. P.

DESMARETS (NICOLAS), né le 16 septembre 1725 à Soulaines, en Champagne, fit ses études au collège de l'Oratoire à Troyes. Il vint ensuite à Paris et, quoique pauvre, parvint, à force de travail, à suivre ses cours de physique, de chimie et de mécanique. En 1753, il remporta le prix de l'académie d'Amiens sur la question relative à l'ancienne jonction continentale de l'Angleterre à la France. Il se prononça pour l'affirmative. Ce succès lui valut la protection de d'Alembert et particulièrement celle de Turgot, de Malesherbes et de Trudaine. Desmarets fut chargé, à différentes reprises, de visiter diverses manufactures pour étudier les procédés employés, soit dans des provinces de France, soit à l'étranger. En 1771, il fut nommé adjoint à l'académie des sciences, et en 1788 le roi le fit inspecteur-général, directeur des manufactures de France. Il n'échappa que par miracle aux massacres de la révolution, et plus tard il accepta la place de professeur d'histoire naturelle à l'école centrale de la Seine. Il mourut âgé de 90 ans, le 28 septembre 1815. Son *éloge* a été prononcé par M. Silvestre à la société d'agriculture, et par Cuvier à l'académie des sciences. Les missions nombreuses de Desmarets l'empêchèrent de se livrer à des travaux d'une grande étendue, et si l'on en excepte son *Dictionnaire de la géographie physique*, il n'a guère composé que des opuscules ou des mémoires fort intéressants, mais assez courts. Il était un des collaborateurs principaux de l'Encyclopédie méthodique.

DESMARETS (JEAN), avocat général au parlement de Paris, fut le seul magistrat qui eut le courage de rester dans cette ville pendant la sédition des Maillotins en 1381. — La fermeté avec laquelle il s'était opposé à la rentrée de Robert-le-Coq, évêque de Laon, et autres partisans de Charles-le-Mauvais, causa sa perte; les ducs de Berry et de Bourgogne ne purent lui pardonner de s'être rendu l'organe de l'opinion publique, et, plus de vingt ans après, il fut livré au supplice par ordre de Charles VI qui venait de soumettre la populace révoltée de Paris. Il ne voulut pas consentir à implorer sa grâce, et mourut avec fermeté en 1382.

DESMARETS (ROLAND), né à Paris en 1594. Il suivit quelque temps le barreau, mais le quitta bientôt pour vivre dans une tranquille retraite au milieu de quelques amis et livré à l'étude. —Ménage l'avait surnommé *philadelphe*, à cause de la tendresse aveugle qu'il portait à son frère, Desmarets de Saint-Sorlin, dont il trouvait toutes les œuvres indistinctement admirables. Il mourut le 27 décembre 1653. — Il a écrit sur la littérature, et passait pour un bon critique; il a composé quelques vers latins qui prouvent qu'il aurait pu prétendre à la réputation de poète.

DESMARETS (DE SAINT-SORLIN-JEAN), né à Paris en 1595, fut un des premiers membres de l'Académie française; son esprit lui valut de puissants protecteurs, qu'il s'acquit dans les sociétés distinguées qu'il fréquentait. Le cardinal de Richelieu, principalement, lui montra beaucoup de bienveillance. — Desmarets, dont la jeunesse avait été fort licencieuse, devint tout à coup d'une dévotion outrée, et d'une intolérance sans égale; du reste, vers les derniers temps de sa vie, sa raison se troubla. Il proposa à Louis XIV d'exterminer les impies et les hérétiques avec une armée de 144,000 hommes qu'il voulait lever dans ce but. Il composa aussi dans ce temps un poème intitulé Clovis, dans lequel il prétendait qu'il avait vaincu les anciens et qu'il les avait traité comme tels et foulés aux pieds.—Il est l'auteur de sept pièces de théâtre, entre autres, les *Visionnaires* et le *Menteur*. — Il mourut à Paris, le 28 octobre 1676.

DESMARETS (SAMUEL), né à Oisemont le 9 août 1599, fut dans sa jeunesse d'une constitution si faible, qu'il pouvait à peine se soutenir sur ses jambes, ce qui ne l'empêchait pas de montrer une grande ardeur pour l'étude. Il étudia la théologie à Saumur, puis à Genève; fut en 1620 reçu ministre au synode de Charenton et nommé ministre de l'église de Laon. Ayant appris que la femme du gouverneur de La Fère avait été convertie au catholicisme, il lui écrivit, elle lui envoya l'histoire de sa conversion, et Desmarets en fit la réfutation. Peu de temps après, il reçut un coup de couteau qui lui fit une profonde blessure, et on attribua à tort ce crime à un agent du P. d'Aubigny, jésuite, confesseur de la gouvernante de La Fère. Le synode crut ne devoir pas le laisser à Laon et l'envoya à Falaise, puis à Sedan, et ensuite dans différents autres lieux. — Il mourut à Groningue, le 18 mai 1678. — Desmarets est l'auteur d'un très grand nombre d'ouvrages de théologie, dont on trouve la liste dans les Mémoires de Nicéron.

DESMARETS (NICOLAS), neveu et élève de Colbert, fut d'abord maître des requêtes, puis intendant des finances, puis directeur des finances et enfin, le 27 février 1708, il fut mis à la tête de cette administration en remplacement de Chamillard qui avait prié Louis XIV de le décharger de cet emploi. —Il trouva les finances dans l'état le plus déplorable, et sut, par d'habiles mesures et une conduite droite et prudente, ramener pour un temps la confiance perdue; mais le terrible hiver de 1709 et la guerre malheureuse de Flandre, vinrent l'entraver dans ses projets. Cependant il avait mis la France en état de rejeter les propositions humiliantes des conférences de Gertruydemberg, et la paix d'Utrech vint sauver notre patrie. —Il méditait les moyens de réparer d'une manière solide les désordres introduits dans les finances, quand l'administration lui en fut ôtée dans le commencement de la Régence. Ses successeurs le firent regretter. Il mourut en 1721, après avoir publié un *Mémoire sur l'administration des finances, du* 20 *février* 1708 *au* 1*er septembre* 1715. Ce mémoire a été loué par Voltaire.

DESMARETS (HENRI), compositeur, né à Paris en 1662. Il fut auteur d'*Iphigénie en Tauride*, opéra, qui eut beaucoup de succès; il fit aussi beaucoup de petites compositions parmi lesquelles plusieurs ont paru sous le nom de Goupillier, maître de la chapelle de Versailles qui les achetait. Desmarest fut condamné à mort pour rapt et séduction; il passa les Pyrénées, devint surintendant de la musique du roi d'Espagne, et mourut à Lunéville en 1741.

DESMARETS (CHARLES), fameux chef de la police impériale, naquit à Compiègne en 1753, fut d'abord destiné à la carrière ecclésiastique, il fut même prêtre et chanoine de la cathédrale de Chartres, mais, pendant la révolution, il abandonna les ordres. Il entra alors dans l'administration militaire, et fut attaché à l'administration des vivres de l'armée d'Italie; là, il se fit remarquer par les chefs de l'armée, et particulièrement par Bonaparte, qui, aussitôt après le 18 brumaire, le plaça à la tête de la police secrète. Il conserva son emploi pendant quinze années, et on l'accusa d'avoir souvent joué un rôle déplorable dans les affaires ténébreuses de cette époque. Cependant, il faut dire à sa louange qu'il ne laissa pas une fortune proportionnée à celle qu'il aurait pu acquérir, s'il eût manqué de probité. Il mourut dans une propriété près de Compiègne en 1832.

DESMARETZ (JOSSE), jésuite de la province de Flandre, naquit à Anvers et mourut recteur du collége de Maubeuge le 13 décembre 1637. Il était très versé dans la connaissance des langues grecque et latine. On a de lui un Commentaire sur Horace que la société de Jésus fit imprimer à Douai, après sa mort, en 1638. (*V.* BIBLIOTHÈQUE, BELGIQUE DE FOPPENS.)

DESMASURES (LOUIS), né à Tournay vers 1523, montra de bonne heure des dispositions pour la poésie, et fut protégé par le cardinal Jean de Lorraine, puis par le cardinal du Bellay. Il fit profession du calvinisme, ce qui lui attira quelques persécutions, et fut successivement pasteur à Metz, à Sainte-Marie et à Strasbourg, où il mourut vers 1580. Il est auteur d'une traduction de l'Énéide de Virgile.

DESMASURES (PIERRE), procureur général au conseil d'Artois, vivait au commencement du XVIIe siècle. Il a composé des observations sur les coutumes de la province d'Artois qui sont restées manuscrites; mais on les trouve citées dans divers factums et mémoires. Adrien Maillart, avocat au parlement de Paris, s'en servit utilement dans son commentaire sur la coutume d'Artois. Desmasures mourut en 1638.

DESMAULER, v. a. (*v. lang.*), enlever, couper.

DESMOCHÆTA (*bot.*). Genre de plantes de la famille des *amaranthacées*, de la pentandrie monogynie de Linné, dont les caractères sont : calice régulier, persistant, à cinq divisions profondes; point de corolle, cinq étamines, filaments réunis à leur base, ou en un godet non découpé; ovaire supère un peu arrondi; style filiforme, capsule monosperme uniloculaire, indéhiscente. Ce genre, établi d'abord par Jussieu sous le nom de *pupalia* pour quelques espèces d'*achyranthes*, fut changé par Decandolle en celui qu'il porte aujourd'hui ; il diffère des *achyranthes* par ses fleurs fasciculées et non distinctes, par la disposition de ses épis composés de petits paquets à trois ou quatre fleurs, munis chacun de trois bractées et de faisceaux de soie crochus qu'entoure une bractée particulière. Ce sont des plantes à tiges herbacées ou ligneuses, à feuilles très souvent opposées. — *Desmochœta à fleurs touffues*, *D. densiflora*, à rameaux tétragones, glabres, à feuilles ovales, aiguës, non acuminées, épis touffus et velus; les fleurs et les fruits sont petits. J. P.

DESMINE (*min.*). Substance minérale qui se présente cristallisée en petites houppes soyeuses, dans les laves téphriniques ou les trachites des bords du lac de Laach, près d'Andernach. (M. Rose, Minéralogie des montagnes du Bas-Rhin.) J. P.

DESMODIUM (*bot.*). M. Desvaux donne ce nom (Journal de Botanique, vol. 3, p. 122.) aux espèces d'*hedysarum* (sainfoin) dont les gousses sont un peu comprimées et en forme de chapelet, et dont il forme un genre nouveau; il comprend dans ce genre : l'*hedysarum asperum*, Poir.; l'*hed. repandum*, Vahl., vulgairement *sainfoin à gratter* ; l'*hed. scorpiurus*, Swartz; l'*hed. canescens*, Linné, etc. J. P.

DESMOGRAPHE, s. m. (*anat.*), celui qui décrit les ligaments.

DESMOLETS (PIERRE-NICOLAS), naquit à Paris à la fin de 1678. Il fit ses études avec distinction, et suivit les cours de théologie du séminaire de Saint-Magloire. Il résolut ensuite de renoncer au monde et de se consacrer à la congrégation de l'Oratoire; il y fut reçu le 2 septembre 1701. Il mourut le 26 avril 1760 dans sa quatre-vingt-troisième année. — Ses nombreux travaux consistent dans des éditions et des recueils faits avec soin, dont le détail se trouve dans une lettre de l'abbé Gougct à M. Bonamy, insérée dans le *Journal de Verdun*.

DESMOGRAPHIE, s. f. (*anat.*), description des ligaments.

DESMOGRAPHIQUE, adj. des 2 g. (*anat.*), qui a rapport à la desmographie.

DESMOLOGIE, s. f. (*anat.*), traité sur les ligaments. (*V.* LIGAMENTS.)

DESMOND (JEANNE-FITZGERALD), épouse de Jacques, comte de Desmond, naquit dans le comté de Waterfort en Irlande, fut un rare exemple de longévité. Elle avait conservé dans une extrême vieillesse toute sa force et sa vivacité; elle fit à l'âge de près de cent quarante ans un voyage de Bristol à Londres pour réclamer des secours du gouvernement; après qu'elle fut tombée dans la détresse par la destruction et la ruine de la famille de Desmond. Elle mourut sous le règne de Jacques Ier, qui monta sur le trône en 1603.

DESMONCEAUX, oculiste, naquit à Paris en 1734. Ayant embrassé l'état ecclésiastique, il employa ses loisirs à l'étude de la médecine, et s'attacha surtout aux maladies des yeux. Il acquit sur cette matière une très grande habileté et publia divers ouvrages concernant ces maladies. Il mourut le 5 mars 1806.

DESMOLOGIQUE, adj. des 2 g. (*anat.*), qui a rapport à la desmologie.

DESMONSTROY, adj. et s. m. (*v. lang.*), insolent.

DESMONTÈS, fit crever les yeux à Mélanippe, sa fille, et la fit enfermer parce qu'elle s'était laissé séduire par Neptune; Éolus et Béotus délivrèrent leur mère et la vengèrent en tuant Desmontès.

DESMOPHLOGIE, s. f. (*méd.*), tuméfaction inflammatoire des ligaments.

DESMOPHLOGIQUE, adj. des 2 g. (*méd.*), qui a rapport à la desmophlogie.

DESMOTOMIE, s. f. (*anat.*), dissection des ligaments.

DESMOTOMIQUE, adj. des 2 g. (*anat.*), qui a rapport à la desmotomie.

DESMOULINS (GUYART), naquit à Aire sur la Lys en 1251, entra dans l'état ecclésiastique, devint chanoine, puis doyen de la collégiale de Saint-Pierre en cette ville. Dans sa jeunesse, il cultiva, dit Fauchet, la poésie française ; mais il est plus connu comme traducteur de l'abrégé de la Bible de Pierre Comestor. Il y ajouta les livres moraux et prophétiques. Cette œuvre qui a pour titre *les livres historiaulx de la Bible translatés du latin en françois* se trouve encore manuscrite à la Bibliothèque royale. Elle fut imprimée à Paris en 1490, 2 vol. in-fol. Après avoir été revue par Jean de Rely. Desmoulins mourut à Aire en 1298. Foppens le cite comme l'un des premiers auteurs qui aient traduit l'écriture sainte en langue française.

DESMOULINS (LAURENT), prêtre du XVe siècle, déclama avec beaucoup de force contre les désordres du clergé, dans un ouvrage en vers intitulé : *Catholicon des mal advisés.* On présume qu'il mourut vers 1525.

DESMOULINS (JEAN), médecin de Lyon où il vivait à la fin du XVIe siècle ; il était lié avec le célèbre Rondelet. Il continua l'*Histoire des plantes* dites de *Lyon*, commencée par Dalechamp, mais on ne peut le louer dans cet ouvrage que sous le rapport de sa bonne volonté.

DESMOULINS (CAMILLE), naquit à Guise en Picardie et fut, au collége Louis-le-Grand, condisciple de Robespierre. Dès l'ouverture des états-généraux, Camille Desmoulins se montra un des plus ardents partisans de la révolution, et le plus enthousiaste orateur des rassemblements qui avaient lieu au Palais-Royal. Le 12 juillet 1789, on apprit dans Paris que Necker venait d'être congédié, et la plus grande fermentation avait été le résultat de cette nouvelle, le jeune tribun se mit à la tête des mécontents, et conduisit le peuple à la Bastille. Après cet évènement il continua à prendre part aux actes de la révolution par des pamphlets passionnés dans lesquels il prenait le titre sanguinaire de procureur général de la lanterne, et surtout dans son journal intitulé : *les Révolutions de France et de Brabant.* Il était toujours orateur forcéné, et déclamait surtout dans le club des Cordeliers. Plus tard on le vit avec le journaliste Morande attaquer Brissot et les députés de la Gironde. Ce furent eux qui imaginèrent les noms de *Brissotins* et de *Girondins* qui devaient bientôt leur être appliqués et causer leur ruine. Au milieu de ces temps terribles, Desmoulins fut nommé député à la convention par les électeurs de Paris, et vota la mort du roi. De ce moment il adopta des principes plus modérés, et parut déplorer les attentats auxquels ses amis continuaient à se livrer, il essaya d'y mettre un terme en publiant un écrit périodique intitulé le *vieux Cordelier* ; mais dans cet écrit il ne se contenta pas d'attaquer les choses, mais il attaqua les personnes, et c'est ce qui le perdit ; on le mit en accusation comme complice de Danton et il fut envoyé à la prison du Luxembourg. De là il comparut au tribunal révolutionnaire qui le condamna à mort, après sa condamnation, il fit une résistance désespérée aux soldats qui le conduisaient à l'échafaud où il monta le 5 avril 1794.

DESMYSOPODE, adj. des deux genres (*zool.*), qui a de longues pattes dont les doigts sont unis par des membranes, les *desmysopodes*, famille d'oiseaux.

DESNOQUER, v. a. et n. (*anc. t. milit.*), mettre en jeu la noix d'une arbalète.

DÉSOBÉIR, ne pas obéir, refuser d'obéir à quelqu'un. — Il se dit aussi en parlant des infractions à certaines choses. — Quoique neutre, ce verbe a un passif.

DÉSOBÉISSANCE, manque ou refus d'obéissance, action de désobéir. — Il signifie également, l'habitude de désobéir. — Il se dit aussi d'un acte de désobéissance ; et dans ce sens il peut s'employer au pluriel.

DÉSOBÉISSANCE, s. f., *désobéissance à justice* (*jurisp.*), refus de se soumettre aux ordres, aux décrets d'un juge légitime.

DÉSOBÉISSANT, ANTE, qui désobéit.

DÉSOBÉISSAMMENT, adv. (*v. lang.*), avec désobéissance.

DÉSOBLIGEAMMENT, d'une manière désobligeante.

DÉSOBLIGEANCE, disposition à désobliger.

DÉSOBLIGEANT, ANTE, qui désoblige.

DÉSOBLIGEANTE, sorte de voiture étroite qui ne peut contenir que deux personnes.

DÉSOBLIGER, faire de la peine, du déplaisir à quelqu'un.

DÉSOBSTRUANT, ANTE (*t. de méd.*), il est synonyme d'*apéritif*. On l'emploie aussi comme substantif, au masculin.

DÉSOBSTRUCTIF (*t. de méd.*). Il est, comme le précédent, synonyme d'*apéritif*.

DÉSOBSTRUCTION, s. f. (*didact.*), action de désobstruer, résultat de cette action.

DÉSOBSTRUER, débarrasser, dégager de ce qui obstrue, boucher, encombre. — Il signifie particulièrement, en terme de médecine, détruire, faire cesser une obstruction.

DÉSOCCUPATION, état d'une personne désoccupée. — Il est peu usité.

DÉSOCCUPÉ, ÉE, qui n'a point d'occupation, qui ne s'occupe de rien.

DÉSOEUILLETS (Mademoiselle), comédienne de l'hôtel de Bourgogne. Elle créa les rôles d'Agrippine et d'Hermione, et y déploya un talent des plus remarquables ; une maladie de langueur l'enleva au théâtre au milieu de ses succès, elle mourut le 25 octobre 1670 âgée d'environ 49 ans. Elle avait été reçue au théâtre en 1658. Raymond Poisson fit sur elle ces vers :

Et justement on dira d'elle
Qu'elle n'était pas belle au jour ;
Mais sans avoir donné d'amour,
Sans être ni jeune ni belle,
Elle charmait toute la cour.

DÉSOCCUPER (SE), v. pers., cesser de s'occuper. On lit dans le cathéchisme de Port-Royal : *Ils s'appliquoient à ce qu'ils devoient à Dieu, et se désoccupoient de tout autre soin.*

DÉSOEUVRÉ, ÉE, qui n'a rien à faire, qui ne sait point s'occuper. — Il s'emploie quelquefois substantivement.

DÉSOEUVREMENT, état d'une personne désœuvrée.

DÉSOEUVREMENT, s. m. (*technol.*), séparation des feuilles de papier.

DESOL DE GRISOLLES, général royaliste né à Mirande, émigra à l'époque de la révolution, rentra en France lors de la première guerre de la Vendée, et servit sous les ordres de Georges Cadoudal. Arrêté en 1801, il écarta les soupçons et recouvra la liberté, mais incarcéré de nouveau lors du procès de Picot, Lebourgeois et Querelle, il resta en prison jusqu'en 1814. Pendant les cent jours il commanda encore les royalistes en Bretagne ; puis à la seconde restauration il fut fait lieutenant général et gouverneur du château de Pau. En 1830, il perdit ce poste et se retira à Bordeaux où il mourut en août 1836.

DÉSOEUVRER, v. a. (*technol.*), séparer les feuilles de papier les unes des autres, *se désœuvrer*, v. pron., se séparer, se détacher.

DÉSOLANT, ANTE, qui désole, qui cause une grande affliction. Il se dit par exagération, d'une simple contrariété. Il se dit aussi des personnes, et signifie insupportable, ennuyeux, importun, fatigant. — Ce sens est familier.

DÉSOLATEUR, celui qui désole, qui ravage, qui détruit.

DÉSOLATION, ravage, ruine, destruction. Il signifie aussi extrême affliction. Il se dit quelquefois par exagération pour exprimer le chagrin, le vif déplaisir que cause une contrariété.

DÉSOLATION, cap sur la côte S.-O. du Groënland. Latitude N. 69° 29' ; longitude E. 61° 54'. Il fut découvert par Davis en 1585.

DÉSOLATION (ILE DE LA). (*Voyez* KERGUELEN).

DÉSOLER, ravager, ruiner, détruire. Il signifie aussi causer une grande affliction. Il s'emploie quelquefois par exagération, à propos d'une simple contrariété, d'un désagrément, etc. — Il signifie encore tourmenter, inquiéter, importuner beaucoup. Il s'emploie aussi avec le pronom personnel et signifie se livrer à une grande affliction. — DÉSOLÉ (*participe*). Il signifie adjectivement, qui éprouve une grande affliction. On l'emploie aussi dans ce sens par exagération.

DÉSOLER, v. a., *désoler une troupe, un ennemi* (*art milit*), les tourmenter, les harceler par des agressions fréquentes et soudaines.

DÉSOPILANT, ANTE, adj. (*méd.*), propre à désopiler.

DÉSOPILATIF, IVE (*t. de méd.*), apéritif, propre à désopiler. Il n'est guère usité que dans cette locution : *remède désopilatif.*

DÉSOPILATION (*t. de méd.*), débouchement de quelque partie obstruée.

DÉSOPILER (*t. de méd.*), déboucher, détruire les obstructions, les opilations. Fig., et fam., *désopiler la rate*, réjouir, faire rire.

DÉSORDONNÉ, ÉE, où il y a du désordre. Il signifie également mal réglé, déréglé. Il signifie encore excessif.

DÉSORDONNÉMENT, d'une manière désordonnée ; avec beaucoup de licence et de discorde. Il signifie aussi excessivement. Ce mot est peu usité.

DÉSORDRE, manque d'ordre ; renversement, dérangement, confusion des choses qui ne sont pas dans l'état, dans le rang, dans la disposition où elles devraient être. Il signifie quelquefois pillage, dégât. Il se dit aussi pour trouble, égarement. Il se dit en outre du mauvais état de certaines choses qui ne sont pas ou ne sont plus réglées, administrées, etc., comme elles devraient l'être. Il se dit particulièrement du dérèglement des mœurs. Il se dit encore des querelles, des dissentions, et particulièrement des troubles, des émeutes, dans un état, dans une ville, etc.

DÉSORDRE, s. m., s'emp. prov., *Il est comme la servante à Pilate, il se plaît dans le désordre*, se dit d'un homme qui sème le désordre après lui.

DESORES ou **DESORENDROIT**, adv. (*v. lang.*), désormais, dorénavant.

DÉSORGANISATEUR, TRICE, adj. (*néol.*), qui désorganise. Il est aussi substantif masculin : *Craignons les désorganiteurs.*

DÉSORGANISATION, action de se désorganiser ou l'état de ce qui est désorganisé.

DÉSORGANISATION, phénomène que présentent les parties vivantes lorsque, par une cause interne ou externe, les éléments qui les composent se trouvent dissociés, confondus, et rentrent par conséquent sous les lois générales de la matière, différentes, comme on sait, des lois vitales, sous l'empire desquelles ils ne pourront plus repasser désormais. Le broiement des membres par un boulet de canon, la gangrène, suite de la compression prolongée ou de la brûlure, le cancer arrivé à son terme, sont autant d'exemples de désorganisation. Dans ces circonstances, en effet, ces tissus se décomposent, tombent en dissolution putride, et, devenus étrangers à l'économie, ils lui seraient bientôt très nuisibles si l'ablation n'en a été faite.— L'art a quelquefois recours à la désorganisation dans un but de guérison; mais il ne l'emploie que dans une proportion restreinte. Ainsi, l'action des caustiques est essentiellement désorganisatrice, et a pour objet de faire tomber en gangrène et d'éliminer ainsi certaines parties qui nuisent à l'exercice régulier des fonctions.

DÉSORGANISER, détruire l'organisation, les organes. Il s'emploie aussi avec le pronom personnel.

DÉSORGUES (THÉODORE), né à Aix, en Provence, dans la dernière moitié du XVIIIe siècle, mourut en 1808 à l'hospice de Charenton, où il avait été mis par ordre supérieur, à cause d'une chanson qu'il avait faite et dont voici la fin:

Oui, le grand Napoléon
Est un grand caméléon.

C'est un poète du troisième ordre; ses meilleurs ouvrages sont: *Les Transteverins* et l'*Hymne à l'Être-Suprême*. C'était un ardent républicain.

DÉSORIENTER. Il signifie proprement faire perdre la connaissance du véritable côté du ciel où le soleil se lève, par rapport au pays où l'on est. Il signifie, par extension, faire qu'une personne ne reconnaisse plus son chemin. Il signifie figurément, dépayser, déconcerter, embarrasser.

DÉSORMAIS, dorénavant, à l'avenir, dès ce moment-ci.

DÉSORMEAUX (JOSEPH-LOUIS-RIPAULT), né à Orléans le 3 novembre 1724, fit ses études au collége des jésuites. Il vint ensuite à Paris et s'attacha au prince de Condé qui le nomma son bibliothécaire et lui fit obtenir, en 1772, le brevet d'historiographe de la maison de Bourbon. Il mourut le 21 mars 1793. On a de lui: *Abrégé chronologique de l'histoire d'Espagne et de Portugal; Histoire du maréchal de Luxembourg et de la maison de Montmorency; Histoire de la maison de Bourbon; Vie du grand Condé*. Plusieurs mémoires de lui ont été aussi imprimés dans les Recueils de l'académie des inscriptions et belles-lettres, dont il avait été nommé membre en 1771.

DÉSORMEAUX (MARIE-ALEXANDRE), né à Paris le 5 mai 1778; son père était professeur d'accouchement et lui fit diriger ses études vers la même science. Le jeune Désormaux demeuré orphelin en 1798 tenta de lui succéder comme professeur et comme praticien, mais la réquisition vint lui enlever ses espérances. Il alla rejoindre l'armée du Rhin, dans laquelle il fut attaché aux hôpitaux; puis, ayant obtenu, en 1801, son congé définitif, il revint à Paris. Mais son manque de fortune le força de s'en éloigner encore une fois, et il alla en Bretagne faire l'éducation de deux jeunes gens. Il continua pourtant toujours ses études médicales, et, de retour à Paris au bout de deux ans, il fut reçu docteur gratuitement, grâce à la fondation du professeur Cabanis, qui lui permit d'obtenir cette faveur dans un concours. Cependant, ses ressources n'en furent pas augmentées et il fut encore forcé de faire l'éducation de quelques jeunes gens, jusqu'à ce que Corvisart l'eût fait nommer chirurgien de la mère de l'empereur. Il n'abandonna cette nouvelle position que lorsqu'il obtint, en 1811, par le concours, la chaire d'accouchement. Dès lors sa position changea. Il fut nommé trésorier de la Faculté, et plus tard, médecin en chef de l'hospice de la Maternité. Il mourut subitement le 28 avril 1830, laissant plusieurs ouvrages et un grand nombre d'articles sur les accouchements, insérés dans le dictionnaire de médecine en 21 volumes. Le docteur Honoré, son ami, a publié une *Notice historique sur le docteur Désormeaux*.

DESORMERY (LÉOPOLD-BASTIEN), né à Bayon, en Lorraine, en 1740, est auteur de la partition de deux opéras: *Euthyme et Lyris* et *Myrtil et Lycoris*. Il mourut dans les environs de Beauvais à l'âge de plus de soixante-dix ans.

DÉSORNER, v. a. (*néol.*), enlever les ornements.

DÉSOSSEMENT, action de désosser.

DÉSOSSER, ôter les os de quelque animal pour en mettre la chair en pâte ou en hachis. Il se dit, par extension, de certains poissons dont on a ôté les arrêtes.

DÉSOUFRER, v. a. (*technol.*), enlever le soufre qui se trouve dans une substance.

DÉSOURDIR, défaire ce qui a été ourdi. Il est peu usité.

DESOUS, prép. (*v. lang.*), dessous, *ce desous desore*, locution adverbiale, sens dessus dessous.

DÉSOXYDATION (*t. de chimie*), action de désoxyder, ou le résultat de cette action. On dit aussi *désoxydation*.

DÉSOXYDER (*t. de chimie*), séparer l'oxygène, en totalité ou en partie, des corps avec lesquels il était uni. On l'emploie aussi avec le pronom personnel.

DÉSOXYGÉNATION, s. f. (*chimie*), action de désoxygéner; état de ce qui est désoxygéné.

DÉSOXYGÉNER, v. a. (*chimie*). Il se dit principalement pour enlever l'oxygène d'un corps qui n'est point classé parmi les oxydes. On désoxygène l'air et l'on désoxyde les métaux. Il s'emploie avec le pronom *se désoxygéner*.

DESOXYGÉNÈSE, s. f. (*méd.*), maladie attribuée à la soustraction ou à la diminution de l'oxygène.

DESPARD (ÉDOUARD-MARIE), militaire anglais, né en Irlande, après s'être distingué pendant la guerre d'Amérique, passa, en 1779, à la Jamaïque comme ingénieur. En 1781 il fut nommé commandant de l'île de Rattan, et, en 1783, il devint chef des établissements de la côte de Honduras. Quelques colons, auxquels il avait déplu, portèrent des plaintes contre lui et il fut suspendu de ses fonctions. Il revint alors en Angleterre; il essaya alors vainement d'obtenir justice. Il fut arrêté puis relâché, lorsqu'en 1802 il fut de nouveau emprisonné, mais cette fois sous la prévention de complot contre la vie du roi; il fut traduit le 7 février 1803, ainsi que ses complices, devant une commission extraordinaire, fut condamné à mort avec sept de ses coaccusés et subit sa peine quelques jours après.

DESPARTS (JACQUES), chanoine et médecin, né à Tournay, reçut le titre de docteur à la faculté de Paris et fut médecin de Charles VII. Il fit des dons considérables à la faculté qui, par reconnaissance, ordonna des messes pour la conservation de ses jours, et le choisit pour un de ses députés au concile de Constance. Il mourut le 3 janvier 1457. Le principal ouvrage de Desparts est un commentaire très long sur Avicenne; il est plein d'érudition, mais très insignifiant.

DESPARSONNER, v. a. (*v. lang.*), injurier.

DESPAUSÈRE (JEAN) (en flamand VAN-PAUSEREN), fameux grammairien, né vers 1460 à Ninove, petite ville du Brabant; il étudia à Louvain et professa à Bois-le-Duc, à Berg-Saint-Vinoc et à Comines; il est auteur de plusieurs grammaires latines, qui ont été long temps en usage dans les colléges, quoiqu'elles fussent fort obscures et écrites en latin. Il mourut à Comines, à l'âge de soixante ans. Il était connu sous le nom du *Ninivite*.

DESPAZE (JOSEPH), né à Bordeaux en 1776, contribua à fonder, dès avant le 9 thermidor, le journal intitulé le *Fanal*. Peu de temps après il publia des *Satires* très rigoureuses contre les hommes du temps et contre leurs actes. Il renonça de bonne heure à la poésie, dans laquelle il eut certainement atteint un des premiers rangs, et se retira dans les environs de Bordeaux. Il mourut à Cussac le 15 juin 1814.

DESPEISSES (ANTOINE), célèbre jurisconsulte, né en 1504 à Calais, fut d'abord avocat au parlement de Paris, et quitta plus tard le barreau pour se livrer à des travaux sur le droit. Il est, en collaboration avec son ami Charles de Boucques, auteur d'un *Traité des successions testamentaires et ab intestat*. Il mourut à Montpellier en 1658.

DESPENSE, s. f. (*v. lang.*). buffet, office où l'on serre le manger.

DESPÉRIERS (BONAVENTURE), né à Arnay-le-Duc, en Bourgogne, vers la fin du XVe siècle, fut valet de chambre de la reine de Navarre. On prétend qu'il ne fut pas étranger à la composition des *Nouvelles* publiées sous le nom de cette princesse. Pendant un accès de fièvre causée par ses nombreux excès, il se perça de son épée et mourut dans un âge peu avancé. Il est l'auteur de quelques ouvrages réunis dans un *recueil des OEuvres de Bonaventure Despériers*, imprimé en 1548.

DESPIRE, v. a. (*v. lang.*), chagriner, offenser, indigner, mépriser.

DESPIT, ITE, adj. Il se disait autrefois pour fâché, dépité. On le trouve dans Montaigne.

DESPIERRES (Jean), né en 1597, religieux d'Anchin et principal du collége de ce nom à Douai, docteur de l'Université de cette ville. Ce savant bénédictin, très versé, pour son époque, dans les connaissances astronomiques, est auteur : 1° d'un ouvrage qui a pour titre, *l'abbé Jean Tristhème vengé;* Douai, 1641 ; 2° d'un *Calendrier romain* ; Douai, in-f°, 1657 ; 3° *Gloire de Saint-Benoît, patriarche des moines* ; 4° *Autorité de la sainte Écriture*, en hébreu, en grec et en latin ; Douai, 1651 ; 5° *Calendrier nouveau pour réciter les heures selon le rit romain* ; 6° *Commentaires sur le psautier*. Despierres mourut le 28 mars 1664 à l'âge de soixante-sept ans. On voyait au siècle dernier, dans l'abbaye d'Anchin, une sphère qu'il avait inventée. Cette machine représentait, au moyen de quelques roues et d'un poids, le mouvement du soleil, de la lune et des autres planètes. (Mss. de la bibliothèque d'Arras.)

DESPLACES (Louis), l'un de nos meilleurs graveurs français, naquit à Paris en 1682, était en outre très bon dessinateur ; il a gravé un grand nombre de sujets d'histoire. Sa gravure la plus remarquable est celle appelée : *Faste des puissances voisines de la France*, d'après Lebrun. Il mourut à Paris en 1739.

DESPLACES (Philippe), astronome, né à Paris en 1659, continuateur des *Éphémérides* de Beaulieu et de celles de l'Académie. Ses calculs sont aussi exacts qu'ils pouvaient l'être dans son temps. Il mourut à Paris au mois d'avril 1736.

DESPLACES (Laurent-Benoit), agriculteur distingué, auteur de deux ouvrages sur ce sujet : 1° *Préservatif contre l'agromanie*, dans lequel il combat les inventeurs de systèmes impraticables d'agriculture ; 2° *Histoire de l'agriculture ancienne*, ou *Traité de l'histoire naturelle de Pline*.

DESPLAS (Jean-Baptiste), habile vétérinaire, né à Paris en 1758, entra à l'école vétérinaire d'Alfort, où il obtint la chaire de maréchallerie. Il fut envoyé, en 1766, dans le Quercy, avec Chabert, pour y combattre une épizootie, et eut ensuite une mission semblable dans les départements de l'Est. Il vint plus tard se fixer à Paris, où il exploita un établissement de maréchallerie, qui avait appartenu à son père, et où il était attaché comme vétérinaire expert à la préfecture de police et aux tribunaux. Il mourut le 9 mars 1823. Il a laissé plusieurs ouvrages et a fourni plusieurs articles à l'*Encyclopédie méthodique*.

DESPONSATION, s. f. (*hist. relig.*). Il s'est dit des fiançailles de la Vierge. Les religieuses de l'Annonciade célèbrent en l'honneur de la Vierge, qu'elles appellent *les dix Vérités*, *la Desponsation*, *l'Invention* et *le Spasme*.

DESPONT (Philippe), prêtre et docteur de la faculté de théologie de Paris, passe pour l'éditeur de la grande collection intitulée : *Maxima bibliotheca veterum patrum et antiquorum scriptorum ecclesiasticorum*. Il en a composé la préface et signé l'approbation ; mais il paraît que les vrais éditeurs sont Jean et Jacques Anisson, imprimeurs à Lyon.

DESPORT (François), l'un des plus habiles chirurgiens militaires français, naquit dans les dernières années du XVIIe siècle. Il obtint, vers 1734, le titre de chirurgien major dans l'armée d'Italie, et modifia le traitement des blessures d'armes à feu qui, jusqu'alors, avait été soumis au joug de la routine. Le premier il détruisit le préjugé existant, qui faisait croire que ces blessures étaient empoisonnées, et expliqua les phénomènes auxquels elles donnent lieu par l'attraction exercée par les corps contondants. Dès lors Desport obtint dans la pratique les plus grands succès ; il désapprouva l'usage qu'on faisait de l'eau-de-vie comme lotions, et y substitua les émollients, qui sont encore employés aujourd'hui par les meilleurs chirurgiens militaires. Outre des mémoires présentés par lui à l'Académie de chirurgie, dont il était membre, on a de lui un ouvrage intitulé : *Traité des plaies d'armes à feu*. Il mourut vers 1760.

DESPORTES (Philippe), poète français, né à Chartres en 1546, fut d'abord attaché à un évêque, qui l'emmena à Rome, où il apprit parfaitement l'italien ; puis il suivit le duc d'Anjou en Pologne, et plus tard, lorsque ce prince devint roi de France, sous le nom d'Henri III, il fut par lui comblé de bienfaits. Les revenus des bénéfices qui lui furent donnés s'élevaient à plus de 10,000 écus. Quoiqu'il en soit, il faisait un noble usage de ses biens ; sa bourse et sa bibliothèque étaient au service des gens de lettres. A la mort d'Henri III, il devint ligueur par attachement à l'amiral de Villars ; mais dans la suite il reprit le parti de Henri IV, et obtint même sa faveur. Il mourut le 5 octobre 1606. Ses poésies sont écrites assez purement, eu égard au temps où il vivait, et où Ronsard était à la mode ; mais ses idées n'ont pas de grandeur. On lui a reproché aussi d'avoir imité les auteurs italiens, et lui-même ne s'en défendait pas.

DESPORTES (François), peintre français, né en 1661 à Champigneul en Champagne, montra de bonne heure du goût pour la peinture. Il vint à Paris, où il se lia avec Claude Audran ; il travailla avec ce dernier au château d'Anet et à Versailles. Il se rendit ensuite en Pologne, où il peignit le roi Jean Sobieski, la reine et les principaux seigneurs de la cour. Deux ans après il revint en France. En 1699 il fut nommé membre de l'Académie de peinture, et, la même année, Louis XIV lui accorda une pension et un logement au Louvre. Ce prince se faisait suivre dans ses chasses par Desportes, qui en esquissait à cheval les principaux incidents et les peignait ensuite. Après avoir fait un voyage en Angleterre, où ses ouvrages furent extrêmement recherchés, il revint en France et continua à travailler pour le roi, et plus tard pour le régent, qui avait beaucoup d'affection pour lui. En 1735 il fit, pour Louis XV, huit grands tableaux pour la manufacture des Gobelins. Il mourut en 1743. Il était très laborieux et possédait une grande facilité de pinceau, de sorte que ses ouvrages sont fort nombreux. Son tableau de réception à l'Académie de peinture passe pour son chef-d'œuvre ; il s'y est représenté lui-même en habit de chasseur, entouré de chiens et de gibier.

DESPORTES (Jean-Baptiste-Poupec), médecin français, né à Vitré en Bretagne l'an 1704. A 28 ans, il passa à Saint-Domingue comme médecin du roi, et se livra avec fruit à l'observation des maladies de ces climats; ses travaux ne furent publiés qu'après sa mort sous le titre : *Histoire des maladies de Saint-Domingue*. L'Académie des sciences, l'ayant nommé son correspondant en 1738, il lui envoya plusieurs savants mémoires sur le sucre, le café, le coton, l'indigo et autres productions de l'île. — Il mourut le 15 février 1748 après seize années de séjour à Saint-Domingue.

DESPORTES (Charles-Édouard Boscheron), né à Paris en 1753, fut nommé conseiller au Châtelet en 1771, à la Cour des aides en 1781, et il était maître des requêtes quand la révolution vint arrêter sa carrière. Ses principes monarchiques lui attirèrent à cette époque des persécutions, mais ne firent pas changer ses convictions. Il n'accepta aucun emploi jusqu'en 1811, époque à laquelle il remplit les fonctions de conseiller à la Cour royale d'Orléans. En 1814, il fut promu à la présidence d'une chambre de cette Cour, en sortit lors du retour de Napoléon, et y fut réintégré à la seconde restauration. Il prit sa retraite en 1823 et mourut le 20 janvier 1832. Il avait employé ses loisirs à la littérature, et il était membre de la Société des sciences, arts et belles-lettres d'Orléans, et fut un des rédacteurs de la *Gazette de France*. Une notice nécrologique a été publiée sur Boucheron-Desportes et imprimée à Orléans, sans nom d'auteur.

DESPOSYNE, s. m. (*philol.*), littéralement *qui appartient au maître*, nom qui a été donné aux parents de J.-C.

DESPOTAT, s. m. (*hist.*), dignité de despote, apanage d'un despote, territoire soumis à l'autorité d'un despote, le *despotat de Servie*. — **Despotat** (*ant. rom.*). Il se dit des infirmiers qui suivaient les armées pour relever les blessés sur le champ de bataille. (*V.* **Député.**)

DESPOTE, souverain qui gouverne avec une autorité absolue et arbitraire. Ce mot implique ordinairement l'idée de tyrannie d'oppression. — Il se dit aussi des gouverneurs de certains petits états, tributaires de la Turquie. — Il se dit, par extension, de quiconque exerce ou s'arroge une autorité absolue, oppressive, tyrannique.

DESPOTE, s. m. (*hist.*), titre honorifique que les empereurs grecs se réservèrent dans l'origine, et qu'ils accordèrent ensuite à leurs fils, à leurs gendres, à leurs parents. Alexis III, l'Ange, donna au *despote* le premier rang après l'empereur, au-dessus du *Sébaste* et du *César*.

DESPOTICITÉ, s. f. Anciennement, il s'est dit quelquefois d'un pouvoir despotique ; *despotisme* a prévalu. (*Voy.* ce mot.)

DESPOTIQUE, absolu et arbitraire. Il implique ordinairement l'idée de tyrannie, d'oppression.

DESPOTIQUEMENT, d'une manière despotique; avec une autorité, un pouvoir despotique.

DESPOTISME, pouvoir absolu et arbitraire. Ce mot implique ordinairement l'idée de tyrannie, d'oppression. Il se dit, par extension, de toute espèce d'autorité absolue, oppressive, tyrannique, qu'on exerce, qu'on s'arroge. (*V.* **Gouvernement**) (formes de).

DESPRADES (Joseph Grellet), né à Limoges en 1733, vicaire général de Die, instituteur des enfants du comte d'Artois et abbé de la Vernusse; il était membre de l'Académie de la Rochelle. Il mourut en juin 1810. Il est l'auteur d'un *Poème sur l'électricité*, et d'un autre intitulé : *les Quatre parties du jour à la ville*, traduction libre de l'abbé Parini.

DESPRÉAUX (JEAN-ÉTIENNE), né à Paris le 31 août 1748, entra à l'Opéra comme danseur en 1764, et devint bientôt célèbre; il fut empêché de continuer son art, par une blessure au pied. Il épousa la fameuse Guimard. Il fut directeur général de l'Opéra de 1807 à 1815, et on le nomma à cette époque inspecteur-général des spectacles de la cour, puis professeur de danse et de grâces à l'École royale de musique et de déclamation. Il mourut à Paris le 26 mars 1816. Il est auteur de parodies, de diverses tragédies; ces parodies sont généralement assez spirituelles. Il a fait en outre représenter plusieurs vaudevilles.

DESPRÉAUX (MARIE-MADELAINE), si connu sous le nom de *Guimard*, naquit à Paris le 10 octobre 1743, elle entra d'abord dans les ballets de la Comédie-Française, et ses succès la firent admettre à l'Opéra, où bientôt sa grâce lui valut des applaudissements universels. Sa maison était le rendez-vous des beaux esprits du temps, et ses galanteries furent très nombreuses. Elle mourut le 4 mai 1816 âgée de 73 ans.

DESPRÉS, né à Dijon en 1752, fut d'abord attaché au baron de Bezenval, et perdit sa place au commencement de la révolution; il rédigea alors, avec des collaborateurs qu'il s'associa, un journal intitulé le *Point du Jour*; les articles piquants que publiait ce journal, le firent arrêter, et il resta neuf mois à Saint-Lazare, d'où il ne sortit que parce qu'un homme de bien qui s'intéressait à lui, imagina de le faire *mettre en réquisition* comme très habile en agriculture, et fut chargé de propager dans les départements la confection de l'huile de faîne; il ne connaissait pas même l'arbre qui porte la faîne, mais il prit des renseignements, et en peu de temps il devint botaniste. En 1805, Després fut nommé par Napoléon secrétaire des commandements de Louis Bonaparte, qu'il suivit en Hollande et qui le fit conseiller d'état. Revenu en France, il fut admis au conseil de l'Université, et s'occupa dès lors avec assiduité de travaux littéraires. Il est auteur de plusieurs ouvrages dramatiques, parmi lesquels on remarque le *Satirique*; il a travaillé aussi à la traduction de plusieurs romans anglais, entre autres : *Simple Histoire*, mais son œuvre la plus remarquable est une traduction complète d'*Horace* et de l'historien Velleius Paterculus. Il mourut le 2 mars 1832, vivement regretté de ses nombreux amis.

DESPRÉS (LOUIS), connu sous le non latin de *prateus*, était professeur de rhétorique au collége du cardinal Lemoine, il fut chargé de donner des éditions de Juvénal, de Perse et d'Horace, qui font partie de la collection *ad usum Delphinj*.

DESPRETZ (JEAN), né à Beauvoir près Saint-Pol, évêque de Langres et depuis de Tournay; duc et pair ecclésiastique; composa l'Histoire de Louis X, de Philippe V, de Charles IV et de Philippe VI rois de France. Il mourut au Câteau-Cambresis le 13 juin 1349, et fut inhumé à Tournay dans sa cathédrale. Foppens et Ferry de Locre font mention de ce prélat.

DESPRETZ (LOUIS-JEAN), peintre et architecte, né à Lyon vers le milieu du XVIIIe siècle, après avoir quelque temps travaillé dans cette ville et à Paris, il passa en Italie; il alla à Rome, où il fit la connaissance de Gustave III, roi de Suède, qui apprécia ses talents et l'emmena à sa cour où il se fit connaître par la décoration de l'opéra national de Gustave Wasa. La guerre de 1788, entre la Suède et la Russie, lui fournit ensuite le sujet de plusieurs grands tableaux, et entre autres, celui de la *bataille de Sneusksund* qui est le plus remarquable. Il mourut à Stockholm en 1804. Cet artiste qui était doué d'une grande facilité, et d'une activité non moins grande, envoya ses nombreux dessins en Angleterre, en Russie et en Danemarck; outre les œuvres qu'on trouve de lui en Suède, on rencontre aussi quelques tableaux de lui en France.

DESPRETZ-VALMONT, comédien et auteur, né en 1757. On a de lui : l'*Enfant de trente-six pères*, roman imprimé en 1801 qui se fit remarquer par sa gaîté au milieu des autres romans tristes et sombres qui paraissaient à cette époque; il est aussi l'auteur d'une comédie intitulée : *Le souper de Henri IV*. Il mourut à Lyon le 4 mars 1812.

DESPRETZ (CLAUDE), seigneur de Quéant, avocat au conseil provincial d'Artois, vivait au commencement du XVIIe siècle. Il est auteur de commentaires sur les Douze livres de la métaphysique d'Aristote, et sur les Dix livres de la morale du même philosophe. Despretz composa, en outre, le *Miroir de la vie humaine*, divisé en vingt-sept livres et des notes sur Lactance, concernant les attributs divins; de plus, un Recueil, ou les analectes des cinq livres de la Somme de Henri de Suze, cardinal d'Ostie. De Locre, et la *Bibliothèque de Belgique* de Foppens, font mention de cet auteur.

DESPREZ-CRASSIER (JEAN-ÉTIENNE-PHILIBERT), né à Crassier, près Ferney, le 18 janvier 1733, entra au service de la France, comme cadet, dans le régiment suisse de Châteauvieux, en 1745; fit les campagnes d'Allemagne jusqu'à la paix en 1763, prit part aux guerres d'Amérique en qualité de lieutenant colonel, et, de retour en Europe, il suivit en Hollande le maréchal de Maillebois qui le fit adjudant général dans sa légion. S'étant montré favorable à la révolution, il fut créé maréchal de camp en 1791, et lieutenant général l'année suivante. Il faisait partie de l'armée de la Moselle lorsque les Prussiens vinrent attaquer la France; passa ensuite à l'armée des Alpes, fut privé de son commandement après la défection de Dumouriez, à cause de son titre de noblesse, puis réintégré après le 9 thermidor, et mis définitivement à la retraite en 1798. Il mourut vers 1803 au château d'Ornes, que lui avait donné Voltaire, dont il avait été connu et aimé dans sa jeunesse.

DESPREZ-SAINT-CLAIR (CLAUDE-AIMÉ), né à Saint-Germain-en-Laye le 5 avril 1785, auteur dramatique et acteur de l'Ambigu-Comique. Il a composé un assez grand nombre de pièces de théâtre qui eurent du succès. On a de lui, en outre, quelques chansons insérérées dans le recueil des *Soupers de Momus*. On trouve une notice sur Desprez dans le tome XII de cette collection. Il mourut le 26 avril 1824.

DESPRUETS (JEAN), docteur de Sorbonne et abbé général de Prémontré, naquit vers l'an 1525; il prononça des vœux dans l'abbaye de Grâce-Dieu, diocèse d'Aire. Il s'adonna à la controverse et à la prédication, et se fit bientôt une réputation brillante. Le 10 décembre 1572, le pape le nomma abbé général de Prémontré, à la sollicitation du chapitre de l'abbaye et à celle du roi. Il s'appliqua aussitôt à rétablir la discipline dans toutes les maisons de son ordre; il fit, dans ce but, plusieurs voyages dans les abbayes de France, des Pays-Bas, de Lorraine et d'Allemagne. Il fut chargé par le roi de France d'une mission près de Grégoire XIII, et profita de son voyage à Rome pour solliciter du pontife la translation des cendres de saint Norbert, fondateur de l'ordre, dans l'abbaye de Strahow, à Prague. Il obtint cette faveur, et la translation eut lieu en 1627. — L'abbé Despruets mourut à Prémontré le 15 mai 1596. On a de lui des *Livres de controverse*, un *Recueil de sermons*, un *Traité des sacrements*, et des *Commentaires sur la Bible*.

DESPUIGY DANETO (D. ANTONIO), cardinal, né à Palma, dans l'île de Majorque, le 31 mars 1745. Il fut, vers 1775, chargé par la cour d'Espagne de visiter les villes où avaient été tenus les plus célèbres conciles d'Occident. Il parcourut alors la France, l'Allemagne, la Hollande, l'Angleterre, etc. Après que sa mission eut été terminée, il remplit à Rome la place d'auditeur de rote pour le royaume d'Aragon, et fut successivement nommé par son souverain évêque d'Orihuela, archevêque de Tolède, et archevêque de Séville. Appelé à Madrid en 1737, il essaya de lutter contre le prince de la Paix, mais il fut vaincu dans cette lutte, et fut exilé sous le prétexte d'une mission à Rome. Il revint en Espagne après le départ de Pie VI pour la France, fut fait conseiller d'État, et reçut le titre de patriarche d'Antioche. Il assista en 1800, en qualité de ministre d'Espagne, au conclave qui procéda à l'élection de Pie VII, et fut créé cardinal en 1803; il suivit Pie VII en 1810 lorsque le pontife vint en France, y resta jusqu'en 1812, et ayant obtenu à cette époque la permission d'aller aux bains de Lucques, il y mourut le 30 mai 1813.

DESPUMATION, s. f. (*chimie*), action d'enlever l'écume que le feu fait monter à la surface d'un liquide.

DESPUMER, v. a. (*chimie*), enlever l'écume, purifier, clarifier.

DESQUAMATION (*t. de méd.*), exfoliation ou séparation de l'épiderme sous forme d'écailles plus ou moins grandes. (*V.* PEAU (maladies de la).

DESQUAMMER, v. a. (*didact.*), détacher des parties qui s'enlèvent par plaques ou écailles. Il n'est guère usité que sous la forme pronominale, se desquammer.

DESQUELS ou **DESQUELLES**, adj. conj. plur. Il se dit pour de lesquels, de lesquelles, ou de qui. (V. LEQUEL.)

DEQUERQUIER, v. a. (*v. lang*), décharger, alléger, diminuer.

DESRAIMBRE, v. a. (*v. lang*), racheter, retirer.

DESRAINE ou **DESRÈNE**, s. f. (*anc. cout.*), dénégation d'une chose avec serment.

DESRÉAUX (PHILIPPE), né en 1758, rencontra par hazard le jeune compositeur Vogel, et ils firent ensemble deux opéras, dont Desréaux fournit les poèmes qui sont assez médiocres. Ces deux opéras sont : la *Toison d'Or* et *Démophon*. On ignore l'époque de sa mort.

DERÉAIN, AINE, adj. (*v. lang*), dernier.

DESRÉNER, v. a. (*droit cout.*), nier une chose avec serment.

DESREY ou **DERREY** (PIERRE), né à Troyes dans le XVe siècle, vivait sous Charles VIII et Louis XII. Il est auteur de traductions, de continuations et de compilations sans mérite.

DESRENAUDES ou **DÉRENAUDES** (MARTIAL-BORYE), né à Tulle le 7 janvier 1755, se destina d'abord à l'état ecclésiastique, devint grand vicaire de l'évêque d'Autun, M. de Talleyrand, et assista ce prélat en qualité de sous-diacre à la messe de la fédération, il lui resta attaché lorsqu'il quitta les dignités de l'église et passe pour le rédacteur secret d'une partie de ses travaux législatifs. Après le 18 brumaire, il fut créé membre du tribunat, fut ensuite conseiller de l'Université, chevalier de la Légion-d'Honneur et censeur impérial. Il conserva ces dernières fonctions sous la restauration et les exerça avec beaucoup de convenance et de modération sur le *Journal des arts*, l'*Ami de la religion et du roi* et la *Gazette de France*. Il mourut le 8 juin 1825. Il est l'auteur de quelques ouvrages et articles, et, entre autre choses, d'une traduction de la *vie de Julius Agricola*, par Plutarque.

DESROBERT, jésuite et missionnaire français, naquit en Champagne d'une noble et ancienne famille, il joignait à des talents distingués un zèle pour la religion qui le porta à se vouer aux missions de la Chine où il arriva en 1730; il eut en partage la province Hon-Kouang dans laquelle à force d'ardeur, de courage et de zèle, il parvint à fonder de nombreuses chrétientés. On trouve, dans le recueil des *Lettres édifiantes*, une lettre du P. Desrobert dans laquelle il rend compte des fatigues et des dangers qu'il lui fallait braver pour introduire et entretenir la foi dans sa mission. On ignore l'époque de la mort de cet homme estimable.

DESROCHERS (ÉTIENNE-JEHANDIER), graveur, né à Lyon, se fit une certaine réputation par la gravure et la publication des portraits des hommes illustres. Il mourut à Paris en 1741.

DESROCHES (MADELEINE NEVEU *dame*), née à Poitiers vers 1530, eut de son mariage avec André Fradonnet sieur des Roches une fille nommée *Catherine* dont elle soigna elle-même l'éducation; toutes deux, mais surtout la fille, se distinguèrent par leur beauté, leur esprit et leur talent pour la poésie; elles attirèrent autour d'elles par ces avantages tout ce que la France possédait de savants et de beaux esprits ; il existe un recueil de vers en plusieurs langues, intitulé : *la pièce de mademoiselle Desroches*. Ces vers ont été composés par divers personnages et par mademoiselle Desroches elle-même sur une puce que le célèbre Pasquier avait aperçue sur le sein de cette dame. Les vers de ces deux femmes remarquables ont été recueillis et imprimés, on y trouve *le ravissement de Proserpine*, *Tobie*, tragédie comédie, plus des épîtres, des odes, des sonnets, etc. Elles moururent toutes deux en 1587 de la peste qui désolait Poitiers.

DESROCHES (PIERRE-VINCENT), né à Paris en 1686, suivit la carrière diplomatique à laquelle l'avaient destiné ses parents; il suivit d'abord comme secrétaire M. d'Andrezel, ambassadeur à Constantinople. En 1727 il perdit ce protecteur et se retira auprès du prince Ragotyki, chez lequel il trouva un emploi; puis il retourna à Constantinople où il était rappelé par le nouvel ambassadeur, M. de la Villenave, dont il mérita la confiance par l'habileté qu'il montra dans différentes missions. Il mourut subitement le 27 septembre 1734. Desroches était doué d'un esprit fin, agréable, et observateur; Voltaire l'estimait beaucoup et lui demanda des notes pour son *Essai sur l'esprit des nations*; il fournit aussi au P. Lequien des matériaux pour son *Oriens christianus*.

DESROCHES DE PARUHENAY (JEAN-BAPTISTE), littérateur, né vers la fin du XVII siècle à la Rochelle, fut d'abord conseiller et avocat général du roi au bureau des finances à la Rochelle, puis passa en Hollande ou il travailla en commun avec la Martinière et La Barre de Beaumarchais. On ne sait auquel des trois on doit attribuer certains ouvrages, mais on sait qu'ils travaillèrent tous trois au *Dictionnaire géographique*, et que Desroches est seul auteur d'une *Histoire du Danemarck*. Il quitta plus tard la Hollande et alla à Copenhague où il publia la traduction des *Pensées ou réflexions morales* de Holberg et celle de la *Description et histoire naturelle du Groenland*, par Égède. Il était encore à Copenhague en janvier 1753, mais on ignore le lieu et la date de sa mort.

DESROCHES (MARIE-JEANNE BOUGOUD), née à Saint-Malo le 5 décembre 1774, publia à Paris diverses pièces de vers dans l'*Almanach des Muses* et les *Quatre saisons du Parnasse*. Elle mourut le 25 août 1811. On a publié le recueil de ses *œuvres*, les pièces les plus remarquables sont : *Epître à madame de Sévigné*, *la jeune mère* et *Abbaye abandonnée*.

DESROCHES (JEAN), laborieux écrivain et savant académicien de Bruxelles. Il s'occupa toute sa vie de recherches relatives à l'histoire de son pays, et publia sur ce sujet plusieurs ouvrages dans lesquels il déploie une grande érudition. Il mourut le 20 mai 1787.

DESROTOURS (NOEL-FRANÇOIS-MATHIEU-ANGOT), l'un des plus habiles monétaires du XVIIIe siècle, naquit à Falaise le 25 mars 1739. Il fut adjoint par l'Assemblée constituante à son comité des monnaies, et fut consulté sur le projet d'une refonte générale des monnaies, qu'avait conçu le gouvernement consulaire. Il rendit bien des services dans ces deux circonstances. Il mourut dans sa terre des Rotours dans les premiers jours de juin 1821. Il a publié un assez grand nombre d'ouvrages sur la matière qui faisait l'objet de ses études.

DESROUPTE, s. f. (*anc. t. milit.*), ancienne orthographe du mot déroute.

DESROY ou **DESROI** (*anc. t. milit.*), désarroi.

DESROYER, v. a. (*anc. t. d'agric.*), changer l'usage d'une terre jusqu'alors destinée au labour.

DESROZIERS (CLAUDE), né à Bourges, vivait au milieu du XVIe siècle. On a de lui une traduction de l'*Histoire romaine* de Dion Cassius, dédiée à Charles, duc d'Orléans, fils de François Ier. Cette traduction est la seule que nous ayons en français.

DESRUES (ANTOINE-FRANÇOIS), fameux par ses crimes et son hypocrisie, naquit en 1745 d'une famille honnête de Chartres. Il montra dès son enfance les inclinations les plus vicieuses. Ses parents l'envoyèrent à Paris et le placèrent chez un droguiste où il acquit la connaissance des substances dangereuses dont il devait plus tard tirer parti. Il entra ensuite comme garçon chez la belle-sœur de son maître, épicière rue Saint-Victor, et là, tout en commettant de nombreuses infidélités, il déploya toute son hypocrisie, pratiquant et outrant toutes les pratiques de la religion, il passait auprès de ceux qui le connaissaient pour un saint personnage. Il succéda à sa maîtresse, déchira quelque temps après l'obligation qu'il lui avait faite d'une indemnité de 1,200 francs. Il parvint, à force d'escroqueries, à amasser une petite fortune, et se retira du commerce en 1773. En 1775 il avait déjà dissipé le fruit de ses gains honteux, et fit la connaissance des sieur et dame de la Motte, qui lui vendirent une propriété moyennant 130,000 livres, qu'il devait leur payer au mois de juillet de l'année suivante; mais, à cette époque, Desrues ne remplissant pas ses engagements, M. de la Motte envoya sa femme à Paris pour terminer cette affaire. Peu de temps après il vit arriver près de lui son débiteur qui lui montra une quittance de 100,000 livres, signée de la dame de la Motte. Cependant cette dame ne reparaissait pas, et son mari, ne pouvant plus résister à ses inquiétudes, se rendit lui-même à Paris, fit des recherches inutiles, qui n'aboutirent à rien, et s'adressa en dernier ressort à la police. On découvrit enfin que madame de la Motte et son fils, qui l'accompagnait, avaient été tous deux empoisonnés par le scélérat duquel ils étaient venus réclamer paiement. Le 30 avril 1777 Desrues fut reconnu coupable et condamné par le Châtelet à être rompu vif et brûlé ; le parlement confirma cette sentence le 5 mai, et il fut exécuté le lendemain. Son hypocrisie ne se démentit pas un seul instant, et même en marchant au supplice il prenait encore Dieu à témoin de son innocence, quoique les preuves qui parlaient contre lui fussent irrécusables. La famille de ce grand criminel demanda et obtint de changer de nom. On trouve le détail de son procès dans tous les recueils de causes célèbres.

DESSABLER, v. a. (*écon. rur.*), enlever le sable d'un lieu qu'il encombre.

DESSACRER, v. a. Il s'est dit autrefois dans le sens de rendre profane ce qui avait été consacré : *Dessacrer une église*. (V. DÉCONSACRER.) Selon quelques dict. il a été employé dans le sens de détruire les effets du sacre, en parlant d'un monarque que l'on détrône.

DESSAIGNER, v. a. (*technol.*), enlever le sang et les ordures qui restent attachés aux peaux fraîches venant de la boucherie.

DESSAISINE, s. f. (*v. lang.*), privation de possession, cession. DESSAISINE (*anc. jurispr.*), formalité au moyen de laquelle s'opérait l'aliénation d'un héritage, à la suite d'une vente, d'un échange, d'une donation, ou bien par laquelle on conférait un droit d'hypothèque, en conséquence d'un contrat, d'un prêt, etc.

DESSAISIR (SE) (*t. de jurisp.*), relâcher, abandonner, laisser prendre ce qu'on avait en sa possession, en ses mains.

DESSAISISSEMENT (*t. de jurisp.*), action par laquelle on se dessaisit.

DESSAISONNEMENT, s. m. (*agricult.*), changement dans l'ordre des années que l'on avait coutume de suivre pour la culture d'une terre. (*V.* DESSAISONNER.)

DESSAISONNER (*t. d'agricult.*), s'écarter de l'ordre qu'on avait coutume d'observer pour la culture et l'ensemencement des terres.

DESSAISONNER, v. a. (*v. lang.*), faire quelque chose hors de saison. — DESSAISONNER (*horticult.*), changer l'époque de la floraison, faire croître et fructifier une plante hors de l'époque naturelle. Ce verbe a été employé au figuré par Pasquier. *Il a été dessaisonné et cueilli avant le temps.*

DESSAISONNÉ, ÉE, part.

DESSAIX (JOSEPH-MARIE), né à Thonon en Savoie le 24 septembre 1764, étudia d'abord la médecine. Il essaya, en 1791, mais en vain, de faire révolutionner son pays. A son retour il fut fait capitaine de la garde nationale, puis organisa le corps des Allobroges, dont il devint un peu plus tard le commandant. Il fit avec ce corps la campagne contre des insurgés Lyonnais, et les battit sur tous les points. Il fut ensuite employé au siége de Toulon, passa de là sur les frontières d'Espagne, et fit partie de l'armée d'Italie, où il se distingua et fut fait prisonnier par les Hongrois. En 1798 il fut député du Mont-Blanc au conseil des Cinq Cents. Après le 18 brumaire il fut exclu du conseil comme opposé à cette révolution ; et, jusqu'en 1800, il retourna à son corps et commanda la ville de Francfort, puis celle de Breda. En 1803 il fut fait général de brigade, prit part à toutes les campagnes de cette époque, en 1809 ; il fut alors nommé commandant d'Amsterdam, puis prit part à l'expédition de Russie, où il se distingua. En 1813 il s'opposa à l'entrée des alliés, fut néanmoins créé chevalier de Saint-Louis par le roi, servit encore Napoléon pendant les Cent Jours, et quitta la France après la deuxième restauration. Il prit part aux événements qui eurent lieu en Piémont en 1821, et fut nommé général en chef de l'armée piémontaise par le gouvernement provisoire, mais il ne se mit pas à la tête des troupes, et mourut dans la retraite vers 1825.

DESSALEMENT, s. m. (*didact.*), action de dessaler quelque chose, art de faire cette opération.

DESSALER, faire qu'une chose ne soit plus aussi salée qu'elle l'était, ou qu'elle ne le soit plus du tout.—DESSALÉ (*participe*). Fig. et pop. : *C'est un homme dessalé*, ou substantivement : *C'est un dessalé*, c'est un homme fin, rusé.

DESSALINES (JACQUES), empereur noir de l'île d'Haïti, né dans les déserts de l'Afrique vers 1760 ; d'abord esclave d'un nègre libre dont il reçut le nom, Dessalines prit part aux premiers massacres des blancs ; il fut bientôt le lieutenant de Jean-François, devint peu après celui de Toussaint-Louverture, et devint l'allié des Français. Il fut employé par son chef contre le mulâtre Rigaut et contre Moïse, neveu de Toussaint. Dans ces expéditions, Dessalines déploya la plus grande cruauté. Lorsqu'en 1802 le général Leclerc arriva pour faire rentrer la colonie sous la domination de la France, Toussaint-Louverture organisa la défense et conféra à Dessalines le commandement de la plus forte division. Celui-ci, après avoir reculé devant l'armée française, en mettant tout à feu et à sang sur son passage, finit par faire sa soumission, et feignit dès lors un entier dévouement à la France. Mais, quand la fièvre jaune eut fait des ravages immenses, quand Leclerc lui-même y eut succombé, quand enfin l'armée française fut réduite à une poignée d'hommes, Dessalines changea de rôle et se tourna contre ceux auxquels il montrait naguère tant de fidélité. Sur ces entrefaites, Rochambeau succéda dans le commandement à Leclerc. Les hostilités recommencèrent, et bientôt les deux armées furent en présence dans la plaine du Cap ; les Français furent mis en déroute. Dès lors des cruautés atroces furent commises de part et d'autre ; mais bientôt Rochambeau fut forcé de se retirer dans la ville du Cap, et la rupture du traité d'Amiens étant survenue, les Anglais vinrent bloquer ce port, et l'armée, forcée de capituler avec les nègres, tomba au pouvoir de l'escadre anglaise. Dessalines fut alors nommé gouverneur à vie de l'île, qui reprit son ancien nom d'Haïti (décembre 1803) ; puis il s'occupa d'organiser son empire noir, et il le fit avec modération et sagesse ; mais sa haine contre les Français continua à se montrer implacable. Il attira par de fausses promesses de protection les malheureux blancs qui étaient restés cachés dans l'île, et il les fit massacrer avec une cruauté sans exemple ; puis il se fit proclamer empereur sous le nom de *Jean-Jacques Ier* le 8 octobre 1804. Il continua à s'occuper du bonheur de ses sujets ; mais son règne ne dura pas longtemps, et, le 17 octobre 1806, il fut assassiné par ses troupes mutinées par les soins de Christophe, son lieutenant, qui lui succéda sans obstacle sous le nom de *président.*

DESSANGLER, lâcher ou défaire les sangles.

DESSAU, ville d'Allemagne, capitale du duché d'Anhalt-Dessau, située près du confluent de la Mulde et de l'Elbe ; elle est généralement bien bâtie. C'est la résidence du duc. On y fabrique des draps, des chapeaux tressés d'or et d'argent, des bas ; elle a des manufactures de tabac. Patrie de Mendelsohn. On y compte 9,400 habitants.

DESSAU (PRINCE LÉOPOLD Ier D'ANHALT). Ce guerrier, dont la mémoire vit encore, sous le nom de *Vieux Dessau*, dans l'armée prussienne, naquit en 1676. Ses parents le destinaient à la carrière civile ; mais, entraîné par un goût irrésistible vers l'état militaire, il obtint un régiment de l'empereur Léopold Ier, à l'âge de douze ans, et, à seize, on lui donna le régiment de son père qui était feld maréchal général et gouverneur de Berlin. Après deux ans de voyages, il fit, en 1696, sa première campagne sur le Rhin. Dans la guerre de la succession d'Espagne, le prince de Dessau déploya, comme général, autant de prudence que de bravoure ; et, à la bataille de Hochstads, les Prussiens qu'il commandait prirent une part glorieuse à la victoire des alliés. L'année suivante il cueillit de nouveaux lauriers en Italie. Chargé plus tard du commandement des Prussiens dans les Pays-Bas, il fut nommé, en 1712, feld maréchal général et conseiller privé militaire. Le roi Frédéric-Guillaume Ier lui était tellement attaché qu'il ne pouvait jamais se passer de lui ; Léopold était d'ailleurs par sa mère, sœur de la première reine de Prusse, proche parent de la famille régnante. Lorsque le roi se décida à marcher lui-même contre les Suédois, Léopold l'accompagna, et fut, à vrai dire, le chef de l'armée : il se couvrit de gloire dans ce commandement. Après la mort de son royal ami, il jouit de la même confiance auprès de son successeur, Frédéric II. Ce prince, en partant pour sa première expédition en Silésie, lui confia la défense du pays de Brandebourg menacé de la part du Hanovre d'une invasion qui cependant n'eut pas lieu. En 1742 le roi l'investit du commandement en chef des troupes de Silésie. Lors du nouvel envahissement de la Bohême par les Prussiens en 1744, Léopold s'était porté près de Magdebourg à la tête d'une armée qu'il conduisit ensuite en Silésie, où il commanda pendant l'absence du roi. L'année suivante, il força à une prompte retraite les Autrichiens qui faisaient mine d'entrer en Silésie. Il se porta enfin de Magdebourg, par Leipzig, sur Dresde, et livra le 15 décembre aux Saxons près de Kesselsdorf, une bataille sanglante qui fit tomber la capitale de la Saxe au pouvoir des Prussiens, et termina la guerre par la paix de Dresde. — Léopold accompagna le roi à Berlin et retourna ensuite dans sa résidence de Dessau. Lorsqu'il n'était pas à la guerre, il veillait à la prospérité de son pays, en améliorant la situation économique et politique, et faisait faire des constructions utiles ; mais il régnait despotiquement, habitué qu'il était au commandement militaire. — Il était feld maréchal général de Prusse et de l'Empire, et remplissait les fonctions de gouverneur de Magdebourg lorsqu'il mourut en 1747. De son mariage, toujours heureux, avec Anna Fœhs ou Fœhsin, fille d'un apothicaire de Dessau, qui avait été élevée en 1701 au rang de princesse d'Empire, il eut neuf enfants légitimes ou *légitimés. Les manières de Léopold étaient brusques et peu gracieuses*, mais il était populaire et fort aimé du soldat.

DESSAURET (ISAAC-ALEXIS), né à Saint-Flour le 21 avril 1720, y fut ordonné prêtre le 21 septembre 1748, et se distingua par ses talents pour la prédication. Il échappa par la retraite aux orages de la révolution, et mourut le 10 mars 1804. Le recueil de ses sermons a été publié en 1829 par son petit-neveu, Pierre Dessauret, avocat.

DESSÉCHANT, ANTE, qui dessèche.

DESSÈCHEMENT, action de dessécher, ou l'état d'une chose desséchée. — Il se dit également de l'état du corps humain affaibli, amaigri.

DESSÈCHEMENT (*agricult.*). L'art de dessécher les terres ou de les débarrasser de l'eau surabondante, forme deux branches distinctes. On peut ranger dans la première les dessèchements qui n'exigent pas des connaissances et des moyens hors de la portée des propriétaires riches, et dans la seconde tous ceux qui demandent des travaux d'art pour lesquels le concours des ingénieurs est ordinairement réclamé. Cette dernière est hors de notre sujet; mais la première appartient à l'économie rurale, et en forme même une des parties les plus importantes. — L'Angleterre, sous son ciel brumeux, éprouve encore plus que la France le besoin de soustraire ses cultures aux influences funestes d'une trop grande humidité; aussi la pratique des desséchements ordinaires y est-elle devenue habituelle et familière. Nous allons faire connaître les procédés que l'on y emploie le plus généralement. Sir John Sinclair nous fournit à cet égard les meilleurs renseignements, et nous le suivrons volontiers dans la marche qu'il a suivie en traitant cette matière. Il convient d'abord de considérer les effets de l'humidité par rapport aux terres arables, aux prairies et aux bois, et d'y reconnaître les améliorations produites par les desséchements.

Terres arables. Sur un sol humide les engrais et les amendements produisent peu d'effets; les semences périssent souvent, les récoltes ont peu de vigueur, et leur maturité est tardive; les opérations de la moisson sont difficiles, dangereuses, et occasionnent souvent du dommage au sol même. Lorsque, au contraire, le terrain est entièrement égoutté, il se prête à tous les travaux de la culture, et présente ordinairement une grande fécondité.

Prairies. Le desséchement n'est pas moins utile dans les prairies; il raffermit le sol qui souffre moins du piétinement du bétail; les joncs et autres plantes aquatiques ne tardent pas à faire place aux herbes de meilleure qualité; le pâturage peut entretenir un plus grand nombre d'animaux; le bétail s'améliore en taille et en qualité; les maladies deviennent moins fréquentes, particulièrement la *pourriture*, affection si fatale aux bêtes à laine; enfin le fourrage acquiert de la qualité.

Bois et plantations. Le desséchement des plantations qui ne consistent pas en arbres aquatiques, telles que celles de presque tous les arbres forestiers, est tout-à-fait nécessaire; mais comme les racines des arbres pénètrent à une plus grande profondeur que celles des autres plantes, cette opération ne doit pas être bornée à la surface du sol, il faut qu'elle descende jusqu'au sous-sol. L'effet du desséchement des plantations est de changer tout-à-fait la nature du bois et de le rendre propre à toute espèce de service. L'aménagement et l'exploitation, presque impraticables dans les fonds mouillés, en deviennent faciles et avantageux, et le propriétaire y trouve un accroissement de produit extrêmement considérable. — Le desséchement des terrains marécageux est la première opération de tout défrichement; l'humidité en surabondance neutralise l'effet des engrais et fait périr les plantes qu'on peut confier au sol. En outre, le séjour de l'eau sur la terre exerce une influence fâcheuse sur la salubrité générale du pays, et imprime à la nature végétale et animale un caractère remarquable de faiblesse et de souffrance; la température de la contrée reste constamment plus basse; enfin les fruits y sont sans saveur, les grains et les fourrages sans qualité, la laine des moutons molle et sans nerf, et les animaux sans vigueur. Le desséchement d'une grande étendue de terre fournit aussi une quantité d'eau dont on peut tirer parti pour divers objets d'utilité, tels que l'irrigation, les moulins, les usines, le service des habitations, l'entretien des étangs et des canaux de navigation. En résumé les desséchements présentent de grands avantages lorsqu'ils sont appliqués judicieusement. Pour procéder dans les desséchements avec quelque espoir de succès, il est nécessaire de s'assurer des causes qui produisent l'humidité du sol. Ces causes sont le défaut d'écoulement des eaux pluviales, la nature des terres qui absorbent et retiennent une quantité surabondante d'eau, soit par leur propre contexture, soit par la qualité du sous-sol; les sources provenant des eaux de la surface, les sources provenant de l'eau subjacente, les infiltrations des fossés ou des étangs, enfin les débordements des rivières, des lacs ou de la mer. Dans le sols argileux, l'eau séjourne à la surface. Ces sols varient de nature, mais ils possèdent tous, à un degré plus ou moins considérable, la propriété de retenir l'eau qui tombe sur leur surface, où elle reste jusqu'à ce qu'elle trouve un écoulement ou soit évaporée. Les sols de cette espèce ne peuvent être débarrassés de l'humidité surabondante que par des saignées superficielles. Les *loams* absorbent facilement l'humidité et se gonflent par cette absorption. Ils retiennent ordinairement une grande quantité d'eau, surtout lorsqu'ils reposent sur un sous-sol de matière argileuse à travers lequel elle ne peut pénétrer. Les sols sablonneux, reposant sur un sous-sol imperméable, sont dans le même cas; il est ordinairement suffisant d'ouvrir quelques saignées, pourvu qu'elles descendent de plusieurs pouces dans l'argile sur lequel le sol supérieur repose. Dans beaucoup de cas le sol supérieur varie de nature, et on trouve dans le même champ, à côté de l'argile, le sable ou un sol poreux. En pareil cas les sols poreux et sablonneux absorbent l'eau des pluies et forment ainsi des réservoirs qui s'augmentent constamment jusqu'au moment où, s'élevant au-dessus du niveau des parties argileuses, elles s'y écoulent et forment des sources temporaires. Cette eau peut ensuite être réabsorbée par d'autres terrains poreux pour reparaître encore à la surface; ces places reçoivent quelquefois le nom de *mouilles*. On opère le desséchement des terrains de cette nature, en ouvrant une tranchée profonde depuis la partie la plus basse du champ jusqu'à la partie sablonneuse la plus élevée, en donnant à cette tranchée une direction telle qu'elle traverse toutes les *mouilles*, s'il est possible, ou du moins qu'il soit facile de la mettre en communication par des saignées transversales avec celles qui s'en écarteraient trop. Souvent encore les eaux qui couvrent le terrain proviennent des terrains inférieurs; il convient d'entrer ici dans quelques détails. On sait que la terre est composée de différentes couches qui, suivant leur nature, absorbent ou retiennent et sont ou poreuses ou imperméables; le sable, le gravier, les calcaires et diverses sortes de couches mélangées forment les sols poreux; les argiles, les graviers empâtés d'argile, les roches solides sans crevasses et sans fissures constituent les terrains imperméables. L'eau des pluies, lorsqu'elle rencontre des couches poreuses, s'enfonce profondément jusqu'à ce qu'elle rencontre des couches dures; elle forme ainsi de grands réservoirs d'eau souterrains qui, trouvant une issue sur des terrains inférieurs, y jaillissent en sources nombreuses, et y entretiennent une humidité plus ou moins abondante, suivant la capacité des réservoirs et l'étendue des terres qui servent à les alimenter. Ces infiltrations ne sont pas les seules qui causent la trop grande humidité des terres; la stagnation des eaux dans les fossés supérieurs des propriétés, le voisinage d'un étang produisent les mêmes effets, et l'on y remédie habituellement dans le premier cas en donnant de l'écoulement aux eaux des fossés, dans le second en ouvrant autour de l'étang et à quelque distance un fossé dont le fond soit au niveau de la partie inférieure de cet étang. Enfin l'infiltration ou le débordement des rivières, des lacs ou de la mer mouille profondément le sol; l'ouverture des tranchées, saignées ou rigoles, est le moyen le plus simple et le plus ordinaire d'opérer le desséchement. On distingue diverses sortes de saignées.

— *Saignées ouvertes* ou *fossés*. Ce moyen qui est le moins dispendieux et que l'on emploie généralement pour enclore les champs, suffit quelquefois, lorsque les saignées sont dirigées avec art, pour opérer le desséchement des terres; c'est ainsi que, dans les sols argileux, le labourage en sillons produit souvent les plus heureux résultats. On ne peut trop se pénétrer de la nécessité d'ouvrir des sillons d'écoulement dans les terres humides aussitôt après les labours. Les rigoles doivent être examinées fréquemment, entretenues et relevées aussi souvent qu'il est nécessaire, et particulièrement après la fonte des neiges et les pluies d'orage. On doit avoir soin dans ce travail de rejeter toujours la terre du côté où le sol est le plus bas. Dans les prairies basses, il est presque toujours indispensable d'établir un bon système de fossés pour empêcher l'eau d'y séjourner et de favoriser la croissance des joncs et des herbes aquatiques qui nuisent à la qualité du fourrage. Dans le royaume de Naples, on apprécie l'avantage de donner un courant continuel à l'eau qui baigne les pâturages; c'est là tout le secret de la fertilité de ces riches prairies connues sous le nom de *marcites*. Dans le comté de Worcester, on pratique dans les prairies des rigoles transversales qui communiquent avec les fossés d'enceinte, et dans lesquels l'eau ne séjourne jamais. Et, en effet, on a soin de leur donner, à la partie supérieure, une largeur trois fois plus grande que celle du fond, précaution nécessaire pour donner de la solidité aux talus. La pente de ces rigoles est aussi calculée de manière à ce que l'eau y trouve un écoulement ni trop rapide ni trop lent, de telle sorte qu'elle ne puisse ni dégrader les côtés ni y rester stagnante; au moyen de ces soins, l'herbe croît dans ces rigoles comme partout ailleurs, et, en ne les laissant pas s'envaser, on n'éprouve aucune perte de fourrage. Dans le travail des fossés, l'ouvrier doit toujours commencer par la partie inférieure; de cette façon, la pente se règle d'elle-même, et, en cas de pluie, il n'est pas obligé de s'interrompre à cause de l'arrivée des eaux. Nous ne terminerons pas cette partie sans citer pour exemple des résultats qu'on peut attendre de l'emploi de ce moyen la carse de Gowrie, district d'Écosse, qui contient environ trois mille acres de sol argileux, loameux, aujourd'hui très riche, et qui naguère se refusait à la culture. Les propriétaires de ces terrains se réunirent pour poser les bases d'un plan général de desséchement; de larges saignées de 5 à 6 mètres de profondeur, ressemblant à de petits canaux et destinées à conduire les eaux à une rivière voisine, furent ouvertes dans plusieurs directions. On creusa ensuite des fossés de plus petites dimensions, qui servirent à former les différentes divisions des champs de chaque propriété, et qui divisèrent leurs eaux dans les saignées précédentes; la profondeur de ces fossés ne fut pas moins d'un mètre; leur largeur supérieure de deux, et celle du fond d'un demi-mètre environ. Enfin ce système d'écoulement des eaux fut complété: dans les champs d'un niveau uniforme, au moyen d'une culture à billons et de rigoles ouvertes de distance en distance, dans les terrains inégaux, au moyen d'une rigole profonde traversant toutes les parties basses, et communiquant avec toutes les rigoles des billons et avec les fossés de clôture. Ces rigoles transversales s'ouvrent à la charrue et se perfectionnent à la bêche. On conçoit d'ailleurs que le succès d'une opération de cette sorte dépend du soin qu'on apporte à l'entretien de tous ces petits canaux.

—*Saignées couvertes.* Dans beaucoup de circonstances on préfère les saignées ou rigoles couvertes, parce qu'elles ne diminuent pas la surface du sol, et qu'elles ne gênent pas, comme les précédentes, la dépaissance du bétail. La saison la plus convenable pour ce travail est le mois de mars lorsqu'il est sec, ou la fin du printemps, parce qu'alors le terrain, séché en partie, montre mieux quelles sont les places les plus basses et où l'eau séjourne particulièrement. Dans les terres argileuses ou extrêmement humides, l'été est préférable, parce que la terre, plus raffermie, souffre moins du transport des matériaux nécessaires à ce travail. On ouvre ordinairement les saignées à la charrue; mais on ne peut obtenir par ce moyen qu'une profondeur de huit à dix pouces, et, comme elle ne doit pas être moindre de trois à quatre pieds, on est obligé de finir ce travail avec des bêches de différentes tailles et d'autres instruments. Les dimensions des rigoles ouvertes varient suivant la quantité d'eau qu'elles doivent faire évacuer, et leur largeur suivant que le degré de consistance du sol permet de donner aux talus plus ou moins de pente; enfin, leur profondeur doit être assez considérable pour qu'on puisse recouvrir la rigole d'une quantité de terre telle que les animaux ne puissent l'enfoncer. Lorsque la quantité d'eau que doivent recevoir les rigoles est très considérable, on emploie des conduits formés par deux murs en pierres ou en briques, et recouverts de pierres plates. Si, au contraire, la masse d'eau disséminée sur une plus grande surface rend nécessaire de multiplier les fossés d'écoulement, on pratique les fossés connus sous le nom de fossés en coin. Les fossés dont il s'agit ont la forme d'un coin allongé; à cinq ou six pouces du fond on place, en les renversant, des touffes de gazon solides qui laissent au-dessous un espace vide, en forme de conduite souterraine; par-dessus on replace les terres et l'on comble le fossé qui n'est point apparent à l'extérieur, et ressemble beaucoup aux fossés couverts en usage en France. Voici la manière de les construire. Un premier ouvrier, avec une bêche ordinaire de moyenne largeur, enlève la surface du sol à huit ou dix pouces de profondeur, ou moins si le sol est compacte; la largeur du fossé, à la partie supérieure, étant d'un pied à quinze pouces, mais jamais de moins d'un pied. Un second ouvrier vient ensuite avec une bêche de quatorze pouces de long sur six de large au sommet, et quatre à l'extrémité inférieure, au moyen de laquelle il creuse le terrain de quatorze pouces aux moins. Arrive ensuite un troisième ouvrier, plus habile, qui, au moyen d'une autre bêche de quatorze à quinze pouces de long, quatre de large au sommet, et deux à l'extrémité inférieure, enlève encore quatorze pouces d'argile; s'armant ensuite d'un long instrument composé d'un manche au bout duquel est adaptée, sous un angle de 70 degrés, une espèce d'écope, d'une forme demi-cylindrique, de deux pouces de diamètre et d'un pied de long environ, il donne la dernière main à l'ouvrage et enlève la terre qui pourrait être tombée au fond. La profondeur de ces fossés étant communément de trois à quatre pieds, et l'ouverture d'un pied à quinze pouces, on voit que les talus se trouvent presque droits. Les fossés étant creusés, on choisit des touffes de gazon épaisses, on leur donne une longueur de quatorze pouces, une largeur de quatre pouces et demi d'un côté et un peu moins du côté du gazon, et une épaisseur de trois à cinq pouces. On place ces touffes de gazon au fond des fossés, l'herbe en dessous, et on les consolide en marchant dessus; et, comme elles ont la forme d'un coin dont le sommet serait tronqué, elles ne peuvent descendre jusqu'au fond et laissent en dessous un espace vide d'environ cinq ou six pouces de profondeur, de trois de largeur au sommet et d'un et demi ou deux à la base. On emploie aussi pour la construction des saignées couvertes des tuyaux d'argile moulés sur place, ainsi qu'il suit : après avoir ouvert, comme précédemment, une tranchée aussi étroite que possible, on couche dans le fond une pièce de bois arrondie, de six pouces de diamètre environ, de douze à dix-huit pieds de long, et à l'une des extrémités de laquelle est attachée une chaîne de fer avec un fort anneau; sur cette pièce de bois et dans toute la longueur, on répand une légère couche de sable, après quoi l'on jette dans la tranchée de l'argile que l'on bat fortement, et l'on achève de la combler avec de la terre. On tire ensuite les pièces de bois par la chaîne restée en dehors; on la fait avancer de quelques pieds; on répète la même opération, et l'on continue ainsi jusqu'à l'extrémité. Par ce moyen on a un véritable tuyau d'argile moulé sur place; mais ces derniers moyens conviennent mieux pour la conduite des eaux que pour le desséchement des terres, car lorsque les rigoles sont terminées, l'eau n'y pourrait entrer que par des ouvertures qu'on laisserait à dessein. On pratique encore une autre espèce de saignées couvertes, connues en France sous le nom de *pierrées;* elle consiste en une tranchée ouverte comme précédemment et remplie ensuite de différentes matières qui permettent à l'eau de couler librement à travers leurs interstices; telle sont les *pierrailles* qui forment une saignée durable, pourvu que le fond de la rigole soit large; les briques, les gazons, les souches d'arbres, les fagots et branchages d'épine noire, de bruyère, de saule, de chataignier, la paille, soit tordue, soit dans son état naturel, etc.; ces matériaux doivent être recouverts ensuite d'une couche de paille, de bruyère ou de gazon, et la tranchée comblée immédiatement après. Dans les terres argileuses, très humides, les saignées couvertes doivent être écartées les unes des autres de moins de trente pieds; dans les sols calcaires ou autres une distance de quarante à cinquante pieds est suffisante. Les pièces doivent être encloses de fossés larges et profonds dans lesquels on dirige les eaux de etoutes les rigoles. Ces rigoles souterraines se font avec plus ou moins de frais, suivant les localités; on calcule ordinairement la dépense de 20 à 60 fr. par acre ; elle est plus élevée dans les sols très humides. Le moment le plus favorable pour entreprendre ce travail, est celui où l'on veut rompre un vieux pré ou défricher une jachère. Les saignées couvertes durent en général de vingt à vingt-cinq ans, et souvent plus, suivant le soin qu'on a apporté à leur construction. Différentes circonstances concourent cependant à en abréger la durée : ce sont particulièrement les affouillements des taupes, des rats, le développement des racines des arbres, et aussi la croissance d'une plante qui vient dans les saignées mêmes. C'est la *prêle des marais* (*equisetum palastre*), dont la tige ralentit et souvent interrompt le cours de l'eau.

—*Saignées voûtées.* On construit encore des fossés couverts dont la partie supérieure est fermée par une voûte de pierres plates assemblées sans être liées; mais cette construction, très dispendieuse, ne peut être employée que dans les pays où la pierre est abondante et où le sol n'a pas assez de consistance pour permettre l'emploi des moyens précédemment indiqués.

Saignées verticales ou *puits perdus.* Dans les cantons où la terre présente une grande variation dans la nature des couches qui la composent, il n'est pas rare que l'humidité d'un champ ou d'une prairie soit produite par la présence d'une couche ou d'un amas de sable ou de terre poreuse, formant un réservoir naturel, et dont les eaux s'élèvent à la surface à mesure qu'elles arrivent à ce réservoir en plus grande abondance. Dans ce cas, il peut arriver qu'un puits vertical, descendu au niveau de la base des sables, soit suffisant pour donner issue à l'eau qui s'élève alors librement à la surface; il faut alors former un fossé circulaire autour de ce puits, et conduire les eaux qui en jaillissent jusqu'aux fossés d'enceinte, au moyen d'une tranchée couverte ou découverte. Quelquefois aussi un puits vertical, descendu dans le milieu d'un champ humide, ouvre une issue aux eaux qui s'écoulent alors dans des couches inférieures. Les instruments que l'on emploie ordinairement sont les charrues de diverses espèces, les bêches, le coupe-gazon, la tarrière, etc. L'emploi des différentes sortes de charrues que l'on a inventées pour cet usage exigent des attelages très nombreux, est presque toujours plus dispendieux que celui des bêches. On doit à M. Eccleston un instrument appelé *mineur*, qui facilite l'ouverture des tranchées; c'est une espèce de soc de charrue, fixé à un axe très fort, sans versoir, et qui est tiré par quatre chevaux ou plus, au fond d'un sillon ouvert par une charrue ordinaire. Elle pénètre dans la terre inférieure sans la retourner, et ameublit le sol à huit ou dix pouces de profondeur de plus que la première charrue n'avait pénétré. Enfin, on cite encore la *charrue-taupe*, inventée par Adam Scott; mais elle exige dix à quatorze chevaux dont le piétinement dans un sol humide ne peut être que très préjudiciable; il paraît qu'en adaptant des roues à cette charrue, six chevaux suffisent pour la tirer. Les bêches que l'on emploie pour creuser les saignées, sont de différentes formes; celles qui servent pour la partie supérieure ne diffèrent de la bêche ordinaire que par un fer plus long; celles qui servent ensuite, et particulièrement pour le fond, ont leur extrémité inférieure très étroite et presque pointue, comme on l'a vu plus haut. On emploie aussi la bêche à écobuage ordinaire dont les bords sont relevés, et qu'un ouvrier pousse devant lui. La tarière qu'on met en usage dans les dessèchements est celle que l'on emploie communément pour les petits sondages. Il nous reste à examiner quel est le mode de dessèchement qui convient le mieux à chaque nature de terrain.

—*Sols argileux.* Le premier moyen qui se présente est la culture en *billons*; mais ce moyen exige pour complément un bon système de fossés d'enceinte et de tranchées transversales; dans ce cas, les saignées couvertes sont-elles préférables aux rigoles découvertes? C'est ce qu'on ne peut prononcer d'une manière absolue; les secondes sont plus faciles à entretenir que les premières, et, occasionnant moins de dépense, elles sont préférables sous ce rapport; dans quelques cas particuliers, des rigoles couvertes, placées sous les *raies d'eau* qui séparent les billons, ont produit les plus heureux effets.

—*Terrains poreux.* Les tranchées couvertes n'exigent pas une grande dépense dans cette nature de sol; elles peuvent y être appliquées avec grand avantage.

—*Prairies.* Lorsque les prés sont mouillés par les infiltrations de l'eau des ruisseaux qui les bordent, on peut les sécher, soit en encaissant ces ruisseaux, soit en approfondissant le lit. Mais lorsque l'eau qui y abonde descend des coteaux voisins, ce que la situation ordinaire des prairies au fond des vallées rend assez fréquent, on peut employer les eaux supérieures à mettre en mouvement des machines propres à épuiser l'eau des prairies et à leur donner un écoulement au dehors.

—*Prés hauts* Le dessèchement des pâturages élevés offre en général peu de difficultés; tantôt on l'obtient en ouvrant des tranchées d'un pied de largeur sur autant de profondeur, dans une direction oblique à la pente du terrain; tantôt on creuse, avec une forte charrue, un sillon profond; on partage la tranche de terre qu'elle a enlevée de manière à ne laisser à la bande de gazon qu'une épaisseur de trois à quatre pouces; on la replace alors sur le sillon, l'herbe en dessus, et il reste ainsi en dessous une petite tranchée creuse qui facilite l'écoulement des eaux. On peut employer à l'irrigation des terrains inférieurs les eaux que fournissent ces dessèchements.

DESSÉCHER, rendre sec. Il signifie aussi, mettre à sec, *dessécher le sang, les poumons, la poitrine, le cerveau*, etc., les dépouiller, les priver plus ou moins de l'humidité dont ils sont chargés, pénétrés. — DESSÉCHER, signifie quelquefois, exténuer, amaigrir, consumer. Il s'emploie figurément dans certaines phrases, telles que les suivantes: *dessécher l'esprit, l'imagination*, ôter à l'esprit, à l'imagination leur agrément. *Dessécher le cœur*, le rendre froid, insensible; *Dessécher le cœur*, signifie aussi, dans le style ascétique, diminuer le goût de la piété. — DESSÉCHER, s'emploie souvent avec le pronom personnel dans ses différentes acceptions.

DESSEIN, intention de faire quelque chose, vue, projet, résolution. Il signifie aussi le projet, le plan d'un ouvrage. — A DESSEIN, exprès avec intention. Il se met aussi avec l'infinitif d'un verbe, précédé de la préposition *de*. Il s'emploie également avec la particule *que*, devant le subjonctif.

DESSELLER, ôter la selle de dessus un cheval.

DESSEMELER, v. a., ôter la semelle d'une botte d'un soulier.

DESSERRE. Il n'est usité que dans cette phrase familière: *être dur à la desserre*, ne se déterminer qu'avec beaucoup de peine à donner de l'argent, à payer.

DESSERRER, relâcher ce qui est serré. *Desserrer les dents à quelqu'un*, lui faire ouvrir par force les deux mâchoires, lorsque, par convulsion ou autrement, il les tient extrêmement serrées l'une contre l'autre. Fig., et fam., *ne pas desserrer les dents*, se taire obstinément, ne pas dire un seul mot dans une occasion de parler. *On n'a pu lui faire desserrer les dents*, on n'a pu l'obliger à parler, à rompre le silence. Fig., et fam., *desserrer un coup de pied, un coup de fouet, un soufflet*, etc., donner un coup de pied, un coup de fouet, un soufflet avec violence.

DESSERROIR, s. m. (*technol.*), outil servant à desserrer. Bûche plate dont on se sert pour préparer la place des pièces de bois destinées à remplir les vides des mises d'un train à flotter.

DESSERT, ce qu'on sert, ce qui se mange à la fin du repas, comme le fruit, le fromage, les confitures, la pâtisserie, etc. On dit aussi quelquefois, *le fruit*, surtout dans les grandes maisons. Il se dit, par extension, du moment où le dessert est sur la table.

DESSERTE, viandes, mets qu'on a desservis, qu'on a ôtés de dessus la table. — DESSERTE, se dit aussi des fonctions attachées au service d'une cure, d'une chapelle, etc., et s'emploie surtout en parlant du service que fait un prêtre commis pour remplacer le titulaire.

DESSERTE, s. f. *chemin de desserte*, (P. et Ch.), celui qui met une propriété, une forêt en communication avec le grand chemin.

DESSERTIR, dégager une pierre précieuse, une pierre gravée, un portrait, de ce qui les retient dans une monture de métal.

DESSERVANT. C'est, en France, le titre légal du prêtre chargé de *desservir* une succursale, quoique dans l'usage on l'appelle ordinairement *curé* (Voy.). La nomination et la révocation des desservants appartient exclusivement à l'évêque diocésain. Il peut également les interdire ou les changer de résidence suivant sa volonté, sans que l'autorité civile ait le droit d'intervenir autrement que par voie d'observation ou de remontrances. Toutefois, il y a le recours au conseil d'État dans tous les cas d'abus prévus par la loi du 11 germinal an X (art. 6, 7 et 8). Suivant l'art. 31 de la même loi, les desservants doivent exercer leur ministère sous la surveillance et la direction des curés. Cependant, d'après un réglement pour le diocèse de Paris, approuvé par le gouvernement et devenu commun aux autres diocèses, les curés n'ont sur les desservants aucune autorité réelle. Ils ont un simple droit de surveillance dont l'objet est de prévenir les évêques des irrégularités et des abus parvenus à leur connaissance. Ainsi, sauf l'inamovibilité, les desservants jouissent-ils tant au temporel qu'au spirituel de tous les droits et avantages des curés. Le traitement des desservants est payé sur le trésor en vertu d'un décret du 11 prairial an XII; il était d'abord de 500 fr., et il a été porté par les lois successives jusqu'à 800 fr., taux actuel pour les écclésiastiques au-dessous de 60 ans; il est de 900 fr. pour les desservants de 60 à 70 ans et de 1,000 fr. pour les septuagénaires. Le nombre des desservants est d'environ 25,000, le nombre des succursales légalement établies est cependant de 26,776: il manque donc, année commune, plus de 1,500 prêtres pour l'exercice du culte, quoiqu'il y ait déjà en France près de 10,000 communes qui n'ont ni église ni prêtre.

DESSERVIR, ôter, lever les plats de dessus la table. Souvent on l'emploie absolument. — DESSERVIR, signifie aussi, nuire à quelqu'un, lui rendre de mauvais offices. — DESSERVIR, signifie encore, faire le service d'une cure, d'une chapelle, etc Il se dit surtout d'un prêtre commis pour remplacer le titulaire.

DESSERVITORERIE, s. f. (*hist. eccl.*), office ou bénéfice qui oblige à desservir une église ou un chœur.

DESSICCATEUR, s. m. (*technol.*), bâtiment dans lequel on fait sécher les draps, on dit plus ordinairement *séchoir*.

DESSICCATIF, IVE (*t. de méd.*). Il se dit des remèdes qui ont la vertu de dessécher les parties sur lesquelles on les applique. En termes de peinture, *huiles dessiccatives*, se dit de certaines huiles qui, employées avec les couleurs, servent à les faire sécher plus promptement. — DESSICCATIF, se prend aussi substantivement.

DESSICCATION des plantes (*bot.*), opération que l'on fait subir aux plantes avant de les mettre dans un herbier. Nous en parlerons à l'article *herbier*. J. P.

DESSICATION (*t. de ch.*), opération qui consiste à enlever à des substances l'eau et l'humidité qu'elles contiennent.

DESSILLER, séparer les paupières l'une de l'autre, afin de faire voir clair. Fig., *dessiller les yeux de quelqu'un, à quelqu'un*, le détromper, le désabuser, lui faire voir clair sur quelque chose. — DESSILLER, s'emploie aussi avec le pronom personnel.

DESSIN, **DESSINATEURS.** C'est principalement au moyen de deux sens que nous distinguons les objets ou les corps. Par le tact nous connaissons leur forme, et avec de l'habitude leur grandeur; mais, outre que la vue apprécie les différentes couleurs, et par cela même est plus propre à nous faire distinguer tel objet de tel autre, elle a sur le tact l'avantage de fatiguer beaucoup moins la mémoire, car la vue nous met à même de comparer avec une excessive rapidité les dimensions d'un corps entre elles, et ces mêmes dimensions relativement à celles d'autres objets. La vue est donc le sens qui nous met le plus fréquemment et le plus utilement en rapport avec le monde extérieur qui, par elle, nous apparaît avec ses couleurs, ses dimensions, ses formes. Par le tact, les dimensions, les formes seules peuvent être connues. Enfin, par ces deux sens nous acquérons la science ou du moins quelques notions du DESSIN. L'art d'imiter le monde matériel dans ses proportions et ses différents aspects est l'art du peintre comprenant essentiellement celui du *dessinateur qui rend les proportions, c'est-à-dire les formes, sans tenir compte des couleurs.* D'après cette définition, on *dessine* donc non-seulement les contours que nous appelons extérieurs (bien improprement, car le sculpteur, l'architecte, qui ne font absolument que dessiner sur trois dimensions ne peuvent se servir de cette expression), mais aussi les lumières et les ombres qui indiquent toutes les proportions, toutes les formes. Donc au dessin appartiennent: les figures linéaires, les figures, les sujets ombrés, les peintures monochromes où l'on ne tient pas compte de la valeur des couleurs, l'imitation des formes et des proportions au moyen des trois dimensions, par la sculpture, l'architecture, et tous les arts qui en procèdent plus ou moins; toutes les fois enfin que nous imitons un objet quelconque, ou que nous arrangeons à notre gré des distances, des lignes, des formes, nous dessinons. Le dessin est nécessaire au peintre, au sculpteur, à l'architecte, au ciseleur, au menuisier, au tapissier, au topographe, au géographe, au pâtissier, au tailleur, au calligraphe, au chorégraphe, etc., etc. Mais, renvoyant aux articles spéciaux destinés à ces arts ou à ces métiers, nos conseils ne s'appliqueront qu'aux études à faire pour bien dessiner sur deux dimensions, c'est-à-dire sur le plan. Lorsque nous distinguons de ce qui l'entoure un objet quelconque, ce qui nous frappe le plus, c'est quelquefois la couleur, dont nous n'avons pas à nous occuper ici; mais c'est le plus souvent le contour extérieur, car il suffit presque toujours à nous faire reconnaître l'objet. C'est d'ailleurs ordinairement la limite la plus sensible pour nous entre un objet et ce qui n'est pas lui. Ce contour ou périmètre est une ligne dont tous les points sont les tangentes des rayons visuels et de la surface. Cet aspect des corps qui se présentent en silhouette étant le plus simple, on doit commencer les études d'après nature par ces contours, et s'occuper d'abord des objets les moins complexes dans leurs formes. Or, cette simplicité dépend : 1° de la similitude entre les lignes et les plans qui délimitent les corps; 2° du petit nombre de ces plans et de ces lignes; et enfin, 3° de leur position relativement au dessinateur. Ainsi, 1° un cube ayant ses côtés et ses angles égaux, sera plus facile à représenter et surtout à comprendre qu'une fleur aux feuilles inégales (1); 2° un plan carré, n'ayant que quatre angles et quatre côtés, sera plus facile qu'un octogone; 3° le cube présente plus ou moins de difficulté selon qu'il est placé de manière à laisser voir trois côtés, ou deux, ou seulement un. Dans ce dernier cas il ne présente qu'un plan carré; dans les autres il faut observer la perspective. Pour la plupart des élèves, ces études d'après nature seraient encore trop fortes, même en donnant des modèles très simples. Bien que la silhouette apparaisse tout d'abord, l'enfant voit pour ainsi dire à la fois de tout un peu, couleur, forme, ombres et lumières, et souvent aussi objets voisins. L'analyse lui est difficile à cause, tout à la fois, de sa curiosité mobile et de son impuissance sous le rapport de l'attention; il faut donc analyser et abstraire pour lui. La silhouette, le contour que vous séparez promptement, et que l'enfant ne verrait ni avec la même promptitude ni avec la même rectitude, dessinez-le, faites-en un modèle, et cette abstraction sera aussitôt comprise par l'enfant qui dira : Ceci est un cube, cela est une fleur, et qui copiera plus aisément parce qu'il n'aura pas à choisir. Nous venons de dire que les formes les plus faciles à observer, à se rappeler, à copier, sont les plus simples, et qu'une des causes de cette simplicité est la similitude de diverses parties ou la régularité. Les figures régulières qu'on analyse si aisément et qui se dessinent si bien avec la règle et le compas présentent plus de difficulté lorsqu'il faut se passer de ces instruments. L'élève doit surmonter l'ennui de ces premières études : Raphaël Mengs et Pierre Laïresse le lui conseillent. L'habitude de dessiner exactement ces figures, qui perdent entièrement leur physionomie si elles subissent le moindre changement, rend plus sévère pour ces à peu près dont on se serait contenté, et sert d'ailleurs de base à toutes les études du dessinateur. En effet, l'appréciation des formes et des proportions d'un objet, quelque peu géométriques qu'elles soient en apparence, exige qu'on parte de données générales: d'abord des axiomes qu'on sait sans les apprendre, puis des premières notions de la géométrie. En effet, mesurer, c'est diviser ou multiplier, autrement dit, additionner ou soustraire; pour mesurer, il faut donc une unité la plus simple possible, par conséquent, en fait de dessin, la plus régulière, et, pour ainsi dire, la plus homogène; cette unité sera la ligne droite, ou le carré, ou l'angle droit, etc. Ceux qui ne se sont pas occupés de dessin peuvent se dire : Eh quoi ! pour juger des proportions d'une statue, par exemple, j'en comparerai les diverses parties à des lignes droites, à des angles ! — Assurément, les mouvements du corps peuvent se faire comprendre par des lignes, par des angles. Les membres ont leur axe; on ne juge la courbure des contours qu'en les comparant à des lignes droites, en supposant des cordes à ces sortes d'arcs. Et toutes les fois que vous voulez reconnaître une distance, n'est-ce pas nécessairement par la ligne droite, réelle ou imaginaire ? Deux séries de parallèles qui se croisent perpendiculairement forment des carrés ou bien des zones égales qui servent d'unité de mesure, etc.; et parmi les lignes droites elles-mêmes, celles qui peuvent servir de terme de comparaison sont les plus simples, puisqu'on peut les concevoir sans les autres, et qu'on ne juge des autres que par elles. Ce sont la verticale et l'horizontale, ou deux perpendiculaires, dont l'une est donnée par le niveau de l'eau, et l'autre par la direction de la pesanteur. Cette dernière surtout est très utile comme terme de comparaison et moyen de rectification, puisque la plupart des corps que nous représentons doivent être en équilibre. Ce que nous avons dit des statues, des proportions du corps humain et de celui des animaux, est à plus forte raison vrai pour les monuments d'architecture et pour les productions des arts qui s'y rattachent. Quant au paysage, il faut que le maître se montre tout aussi sévère; il doit exiger des copies rigoureusement exactes lorsqu'elles sont faites d'après des dessins, et, devant la nature, il imposera à son élève l'observation des contours et de la perspective. Mais la forme des terrains, des montagnes, des arbres, des plantes, des rives, variant à l'infini, un paysage pourra être inexact et rester vraisemblable, tandis qu'un monument, une statue, une académie sont estropiés ou même deviennent impossibles dès que les proportions ne sont pas gardées. La hauteur et la grosseur des arbres varient beaucoup plus que celles des hommes; il y a des arbres de même espèce qui ont, l'un un tronc droit et presque cylindrique, l'autre un tronc noueux; il y a bien aussi des hommes droits et des hommes bossus, mais ces derniers sont difformes, et l'arbre irrégulier ne l'est pas. On en dirait autant de presque tous les objets qui entrent dans la composition d'un paysage, et c'est ainsi que s'explique la facilité relative de cette partie de l'art du dessinateur. De même que les enfants doivent se servir le moins possible de la règle et du compas, de même les amateurs qui veulent faire quelque progrès doivent se méfier des instruments qui tiennent lieu jusqu'à un certain point de science, de jugement et de coup d'œil. Outre que ces instruments donnent pour la plupart des résultats qui pèchent du côté de l'exactitude, ils ont l'inconvénient de ne pouvoir être établis qu'en certains lieux. Tracer ainsi des contours au moyen de ces machines, ce n'est pas être artiste, et c'est le plus sûr moyen de ne jamais le devenir. L'œil ne s'exerce pas puisqu'il ne compare pas, la main ne s'habitue pas à obéir au jugement, elle calque; le jugement n'a rien à faire dans ces opérations, où on n'interprète pas, où on n'interroge même pas la nature. Si nous appuyons quelque peu sur ce chapitre, c'est que les arts et l'industrie se touchent de près aujourd'hui; c'est qu'il ne s'agit pas de bien faire, mais de faire vite, et que les jeunes gens, au lieu d'achever leurs études, au lieu même de les commencer, peuvent faire, comme certains amateurs, de ces dessins calqués sur la nature, qui n'en sont pas moins pauvres, mais qui, avec un titre, se vendent assez bien; c'est enfin que les moyens mécaniques doivent servir dans les études à vérifier l'exactitude des premiers essais, mais non à les diriger, car il s'agit alors d'acquérir ou

(1) Nous parlons ici d'une copie exacte, comme on doit en exiger des élèves, et non d'un à peu près comme peuvent s'en permettre les paysagistes. Car, dans ce derniers cas, la fleur serait d'une exécution plus facile que celle du cube, parce que les feuilles un peu plus petites ou un peu plus grandes sont toujours des feuilles, tandis qu'un côté plus petit qu'un autre détruit le cube.

de perfectionner des facultés qui tiendront lieu de règle, de compas, de diagraphe, d'équerre, etc., etc., etc., et qui, de plus, feront ce que les instruments ne peuvent faire (1). Après l'étude des contours vient celle des ombres, qu'on commence à indiquer seulement par des traits plus ou moins forts, marquant les muscles sur le corps, et, sur les autres objets, tout ce qui a du relief. En suivant les progrès de l'élève, on lui fait successivement masser les ombres, c'est-à-dire indiquer les principales et les délimiter un peu plus fortement qu'elles ne sont dans la nature, puis *masser* et détailler les ombres ainsi que le trait; et il est bon de remarquer que l'homme qui sait ne doit pas agir autrement que celui qui étudie; il suit absolument la même marche; seulement il est plus prompt et plus sûr. Ainsi il commence par établir les principales proportions, soit par des points, soit par des lignes, toujours par de grandes divisions; après la forme générale, qui est le contour extérieur, il établit les détails de la figure, puis il affermit son trait, indique au trait les ombres qui donnent le relief, ensuite il les masse, et enfin il les finit. De l'étude d'après le dessin on passe à l'étude d'après la bosse (2), de celle-ci au modèle vivant. Quant au paysage on passe immédiatement du modèle dessiné au peint à la nature. Les différentes manières de dessiner sont très nombreuses. On s'est beaucoup servi de la *sanguine*, plus encore de la *pierre noire* et de la *mine de plomb*. L'étude d'après la bosse se fait le plus souvent avec l'*estompe*, qui abrège beaucoup le travail puisqu'elle couvre promptement tout le grain et imite plus parfaitement la nature. Pour s'habituer à comprendre les ombres et à dessiner en ombrant, il est bon de faire quelques études en *hachures* : la gravure et quelquefois la lithographie se font ainsi; mais la lithographie présente le plus souvent un *grainé* qui imite mieux la nature. Le *lavis*, bien que ses procédés soient ceux de la peinture, est un dessin lorsqu'il ne tient compte que des formes, des proportions et des ombres. On ne peut en dire autant des peintures monochromes qui traduisent (qu'on nous passe cette expression), qui traduisent la valeur des tons. La grisaille est un dessin. On a pu voir que le mot dessin s'emploie et dans un sens général et dans un sens particulier d'application. Le dessin... des dessins. *Le dessin* comprend la science et l'art nécessaires pour faire *des dessins*. C'est aussi, jusqu'à un certain point, l'ensemble des dispositions générales d'une composition : le dessin de ce tableau est grand, est large. Le dessin peut exprimer le caractère, l'émotion, la passion, l'action. Pourtant, en peinture, il n'embrasse pas la composition tout entière, car elle comprend aussi la combinaison des couleurs (peinture) qui, avec les lumières et les ombres (dessin), composent le clair obscur et donnent le relief. On aurait donc tort de dire que la composition rentre exclusivement dans le domaine du dessin; au contraire, elle comprend les lignes, les ombres, les lumières, les couleurs, dessin et peinture. Un peintre qui arrêterait sa composition sans songer aux couleurs pourrait être conduit à des effets de mauvais goût, ou se verrait forcé de pécher contre le coloris. Le DESSINATEUR est celui qui sait dessiner. Pour être bon dessinateur, il n'est pas seulement nécessaire d'avoir de la main, de l'expérience, de voir juste, de savoir la perspective et la géométrie descriptive (*V.* ce mot); il faut, d'après ce que nous venons de dire relativement à la signification si étendue du mot dessin, il faut qu'il ait le goût qui guide dans le choix, la connaissance des costumes et des caractères historiques, et celle de l'anatomie; il lui faut une puissante mémoire, le sens de l'ordre qui crée l'unité matérielle, et la pensée philosophique ou dramatique qui dirige les expressions vers leur but, et fait, pour ainsi dire, l'unité morale. Il faut que, devant la nature, le paysagiste dessinateur résiste aux sollicitations des différents aspects; il faut qu'il choisisse, et quelques-uns savent que ce choix est pénible; il faut qu'il sépare promptement le principal de l'accessoire, et qu'il fasse comme le traducteur qui s'attache à la pensée et non aux mots; car le dessinateur n'a pour lui ni la lumière, ni la substance des corps, ni les trois dimensions. Qu'il borne donc son ambition et qu'il traduise en langage humain les grandes œuvres de Dieu. Nous appuyons sur cette vérité, car l'artiste amoureux de son modèle est parfois assez fou pour le méditer comme s'il voulait se l'approprier, pour le sonder, comme s'il voulait le refaire. Qu'on ne croie pas impossible la réunion de toutes ces qualités; des artistes de génie les ont possédées. Il en est des dessinateurs comme des écrivains. Ceux chez qui prédomine la mémoire aux dépens des autres facultés réussissent promptement dans de certaines limites qu'ils ne dépassent jamais, paraissent précoces comme l'enfant qui ose parler, et produisent beaucoup parce qu'ils étudient peu et ne s'attachent pas à la correction des détails. Expliquons-nous. L'avantage que tire de sa mémoire un dessinateur est de dessiner sans modèle. Or, comme la beauté n'est pas exactement géométrique, cette mémoire serait-elle même aidée de la science approximative des proportions; le dessinateur, n'ayant pas sous les yeux ce qui seul peut lui enseigner la grâce, la correction, l'expression, fera, d'après des données trop générales, d'après des souvenirs trop peu lucides, ces dessins banals, ces dessins *de chic* qu'on écoule aisément dans le commerce, qui font vivre l'artiste, mais qui tueraient l'art, si l'art pouvait périr. La science et la mémoire doivent surtout servir les yeux; on n'est original qu'à la seule condition de rendre certaines nuances, et ces nuances ne s'apprennent pas, ne restent pas dans la mémoire; elles se voient et doivent être traduites séance tenante, C'est surtout aux élèves qu'il faut recommander une sage méfiance. Ils ont hâte de faire acte de dessinateur, et pensent que le mauvais bonhomme fait *d'idée*, prouve leur capacité plus qu'une bonne copie. Ils finissent même par mal copier, substituant leurs réminiscences à ce qu'ils verraient avec plus d'attention, et s'ils voulaient apprendre à bien voir. Apprendre à bien voir, c'est là le seul but que doit se proposer l'élève; beaucoup de bons dessinateurs n'ont fait que cela toute leur vie. Nous répéterons ici ce que nous avons dit à propos des *coloristes*. Le dessin isolé, c'est-à-dire sans la participation de la couleur, nous rappelle les objets, tandis que nous ne comprenons pas la couleur sans dessin, c'est-à-dire sans délimitations. Nous entrerons à ce sujet dans quelques explications. La forme connue, même par le toucher d'un aveugle, suffit pour faire distinguer les objets entre eux, pour les faire reconnaître à l'aide de la mémoire et pour les représenter (1). Dans ce cas la couleur manque absolument. Voyons maintenant si la couleur seule, le dessin à son tour manquant absolument, suffirait pour faire reconnaître les objets. Qu'indique la couleur verte sans délimitations? La mer, une prairie, un arbre, une étoffe, un volet, etc., etc. On en dirait autant de toutes les couleurs. Pourquoi? Parce que les couleurs malgré le nombre de leurs nuances qui d'ailleurs, en tant que nuances, sont souvent peu appréciables, ne sont pas assez nombreuses pour varier avec chaque objet, et par conséquent pour le représenter suffisamment, pour suffire même à sa définition descriptive. Le dessin, au contraire, a plus de ressources parce qu'il a plus d'éléments divers et de combinaisons distinctes; il embrasse non-seulement les proportions des différentes parties d'un corps entre elles, c'est-à-dire *la forme*, mais encore l'ensemble de ces proportions relativement à celles d'un autre corps semblable, c'est-à-dire *la dimension*. En résumé, tous les objets, quel que soit leur nombre, peuvent avoir chacun une forme et une dimension appréciables, bien distinctes, et traduisibles par le dessin, tandis que la couleur, qui n'a par elle-même ni forme, ni dimension, n'a pas non plus assez d'aspects tranchés et reconnaissables pour en donner un à chaque objet. Donc, enfin, le dessin peut se passer de la couleur, et non la couleur du dessin. Un bon auteur a écrit que Léonard de Vinci avait consacré la plus grande partie de son ouvrage au dessin parce que le coloris n'était pas son fort. Cela est mal trouvé. Cet homme de génie a appuyé davantage sur la partie la plus importante : son livre

(1) Le daguerréotipe ne peut être comparé aux instruments ordinaires. Ici, plus que partout ailleurs, l'artiste s'efface; ici plus d'interprétation, plus de main, plus d'abstraction, si ce n'est pour choisir le site. L'ouvrier, le chimiste, si l'on veut, prépare sa plaque par des procédés qui ne regardent en rien le dessin, il la place, puis il attend que la lumière ait fait son œuvre. Or, cette œuvre, comme dessin, est complète. C'est la nature elle-même; mais est-ce de l'art? Quelques-uns répondront : Oui, car le but de l'art est de se rapprocher le plus possible de la nature. — Quand à moi, je pense que cela n'est qu'une des tendances de l'art, sa tendance, pour ainsi dire, matérielle. L'art, en vue d'une pensée, doit souvent abstraire, ne saisir et ne rendre qu'un aspect de la nature : c'est ce que ne peut faire le daguerréotype.

(2) Rubens signale un écueil qu'il faut éviter : c'est de prendre, à force d'habitude, les ombres et les lumières de la bosse pour modèle absolu. Celles du corps transparent moins polis et d'autres couleurs sont différentes. Ceux donc qui, en étudiant la nature, se rappellent trop les statues, peuvent, au lieu de chair, ne représenter que du marbre de différentes couleurs : *Pro carne marmor coloribus tantum repræsentant.*

(1) Des bustes ressemblants ont été faits par un aveugle. On l'a peint lui-même avec des yeux au bout des doigts.

prouve la plus nette et la plus forte intelligence. Mais hélas! combien peu d'artistes savent et peuvent écrire de leur art! Ils se plaignent de la critique, et ils ont presque toujours raison; mais alors qu'ils fassent eux-mêmes des critiques motivées, et d'abord qu'ils posent nettement et logiquement les principes d'après lesquels on doit critiquer. Dans combien de questions de science et d'esthétique ne pourrait-on pas dire aujourd'hui, comme autrefois saint Augustin : les maîtres de votre art ne vont guère jusque là! (*Voir* les mots : ÉCOLES, LAVIS, TRAIT, OMBRER, HACHURES, GRAIN, ESTOMPE, SCULPTURE, GRAVURE, LINÉAIRE, etc.)

C.-B. SIEURAC.

DESSIN GÉOMÉTRIQUE. On comprend sous ce nom le dessin qui s'exécute avec la règle et le compas, ou seulement à la main, mais d'après des points qui ont été déterminés géométriquement. Les dessins d'architecture, de machines, de fortifications, de topographie, sont géométriques. Les noms de *dessin linéaire et géométrique* sont souvent employés pour exprimer la même chose; il peut néanmoins exister une légère nuance entre eux. Ainsi, par exemple, en parlant du dessin des ornements, on dira que c'est du dessin linéaire et non géométrique; ce dernier mot est donc mieux approprié à la représentation des lignes, des surfaces et des corps qui sont tout-à-fait du domaine de la géométrie. Cependant on emploie, sans erreur, l'un ou l'autre de ces mots dans le même sens, ce que nous ferons du reste dans cet article. Le dessin dont il est question ici repose entièrement sur la partie de la géométrie qui traite de l'intersection des plans et de la théorie des projections, partie à laquelle on a donné le nom de *géométrie descriptive* (*Voy.*), et dont le célèbre Monge est en quelque sorte le créateur. Pour bien dessiner tous les corps combinés entre eux, il faut étudier complètement cette partie, et faire en outre un usage répété de la règle et du compas. C'est par elle que l'on surmontera facilement les difficultés fréquentes que présentent les dessins compliquées d'architecture et de machines. La perspective est une des parties les plus importantes du dessin linéaire; nous renvoyons à ce mot. On ne saurait trop recommander aux ouvriers, aux fabricants, l'étude du dessin géométrique : il tient lieu en même temps de l'écriture et de la parole dans tous les arts mécaniques; c'est par lui seul qu'on peut représenter, dans des proportions exactes, tous les produits de l'industrie. L'établissement des écoles industrielles où s'enseignent la géométrie, la mécanique et le dessin devraient avoir lieu dans toute ville manufacturière, même de peu d'importance; elle contribueraient grandement à rendre notre industrie florissante. Avec la connaissance du dessin linéaire, tout ouvrier peut étudier à tête reposée, chez lui, les idées conçues dans l'atelier; il se les rend ainsi palpables, ce qui lui permet de ne pas les abandonner comme il arrive trop souvent, faute par lui de pouvoir se rendre compte des effets multipliés des pièces composant sa machine, et souvent par la crainte qu'en quêtant une main étrangère pour la dessiner il ne se voie enlever les fruits de ses veilles. Le manufacturier, avec le dessin, se procurera l'immense avantage de ne pas établir de machines sans s'être rendu un compte exact de leur résultat; avec des épures il transmettra ses ordres aux ouvriers bien plus facilement qu'avec des paroles qui s'oublient promptement, et ses ordres ne pourront être éludés; enfin, le dessin lui permettra de varier la forme de ses produits et d'augmenter ainsi ses bénéfices.

DESSINATEUR, celui dont la profession est de dessiner. Il se dit aussi d'un peintre qui sait rendre avec justesse les formes, le contour des figures.

DESSINER, imiter, représenter quelque objet avec le crayon, avec la plume, ou de quelque autre manière. Il signifie particulièrement, tracer le contour, exprimer les formes des figures d'un tableau. Il se dit quelquefois, par analogie, de ce qui indique ou fait ressortir les formes du corps. — DESSINER, s'emploie aussi avec le pronom personnel, et se dit de ce qui paraît ou se détache plus ou moins nettement sur un fond quelconque. Il signifie quelquefois, prendre, acquérir des contours plus saillants, plus prononcés. Il signifie encore, prendre des attitudes, des positions propres à faire ressortir les avantages extérieurs.

DESSINER, v. a. (*musique*), faire le dessin, concevoir l'ordonnance d'un morceau de musique.

DESSOLER, ôter la sole. — DESSOLER, signifie aussi dessaisonner changer l'ordre des soles d'une terre labourable.

DESSOLLES (le marquis JEAN-JOSEPH-PAUL-AUGUSTIN), général français, né à Auch le 3 juillet 1767, entra au service lors de la première coalition, et se trouvait en 1792 à l'armée des Pyrénées-Orientales avec le grade de capitaine. Il était adjudant-général quand la loi qui excluait de l'armée les nobles lui enleva son grade; il fut réintégré presqu'aussitôt, et fit les compagnes d'Italie, il y gagna le 31 mai 1797 le grade de général de brigade. Il pénétra ensuite dans les grisons décida du succès du combat de Sainte-Marie, et fut fait général de division. Dessolles passa alors sous les ordres de Moreau en Italie, puis avec le même général à l'armée du Rhin; il se fit remarquer dans toutes les occasions importantes et se distingua surtout aux passages de l'Inn, de la Saale, de la Salza; au combat de Wolkerbruck, à la prise du Lintz, etc. De retour à Paris il fut nommé conseiller d'état et secrétaire de la guerre (21 décembre 1801), puis en 1802, il alla commander une division dans l'armée du Hanovre. Vers cette époque sa modération, quant à l'affaire de Moreau, son ami, déplut à Napoléon, qui ne lui pardonna jamais entièrement. Cependant après, qu'ayant demandé et obtenu son rappel, Dessolles se fut retiré près d'Agen, il fut nommé grand officier de la Légion-d'Honneur et on lui donna en 1805 le gouvernement du château de Versailles, puis, en 1808, l'empereur lui donna un commandement en Espagne, enfin à son retour il le nomma chef de l'état-major du corps d'armée de Beauharnais dans l'armée de Russie. Dessolles quitta cette armée à Smolensk alléguant le délabrement de sa santé, et rentra dans la vie privée jusqu'en 1814. A cette époque il fut fait général en chef de la garde nationale parisienne, et fut appelé au conseil qui fut tenu chez l'empereur Alexandre dans la nuit du 5 avril; il s'y prononça fortement contre la régence de Marie-Louise et pour la rentrée des Bourbons. Quelques jours après, Louis XVIII le créa ministre d'état et major général de toutes les gardes nationales du royaume, les titres de chevalier de Saint-Louis, de pair de France, de comte, enfin de grand-cordon de la Légion-d'Honneur lui furent successivement conférés. Il s'opposa plus tard de toutes ses forces au débarquement de Napoléon, puis se retira dans une maison de campagne près Paris où il ne fut pas inquiété. Au deuxième retour du roi il reprit le commandement de la garde nationale avec le titre de général commandant en chef, et donna peu de temps après sa démission (octobre 1815) à cause de quelques démarches qui furent désapprouvées. Il continua alors à siéger à la chambre des pairs dans laquelle il se montra avec une nuance très constitutionnelle. En 1817 le roi lui donna le titre de marquis et en 1818 celui de commandeur de Saint-Louis, puis, le 28 décembre de la même année, Desolles fut appelé au ministère des affaires étrangères et à la présidence du conseil. Sa conduite dans cette haute position fut honorable, et sa conviction le porta à donner sa démission à la fin de 1819 lorsque M. Decazes, pour faire des concessions à l'opposition, essaya de changer la loi du 5 février. Ce ne fut plus désormais qu'à la chambre des pairs qu'on vit figurer Dessoles. Il mourut en novembre 1828. Le général Lamarque a publié sur lui une notice dans la revue encyclopédique tome XL, page 812.

DESSOLURE, s. f. (*vétérin.*), enlèvement de la sole de corne. *Dessolure* (agric.), changement du mode d'assolement d'une terre.

DESSOUCHER, v. a. (*écon. rur.*), arracher les souches.

DESSOUDE (A LA), loc., adv. (*v. Lang*), à la sourdine.

DESSOUDER, ôter, fondre la soudure. Il s'emploie aussi avec le pronom personnel.

DESSOUFFLER, v. a. (*technol.*). Il se dit chez les boyaudiers pour pratiquer l'opération de l'insufflation.

DESSOUFFLÉ, ÉE, part.

DESSOUFFRAGE, s. m. (*technol.*), opération par laquelle on débarrasse le charbon de terre du soufre qu'il contient.

DESSOUILLER, v. a. (*néol.*), ôter la souillure. *Se dessouiller*, v. pers., fig., se laver d'une opprobre.

DESSOULER, faire cesser l'ivresse. Il est aussi neutre, et signifie, cesser d'être ivre. Dans l'un et dans l'autre sens, il est populaire.

DESSOUS. Il sert à marquer la situation d'une chose qui est sous une autre. *Vêtement de dessous*, vêtement qui se porte ordinairement sous d'autres. — DESSOUS, s'emploie aussi comme préposition. — DESSOUS, est quelquefois substantif masculin, et signifie la partie qui est dessous; l'endroit, le côté de dessous. *Les dessous d'un théâtre*, les étages à planches mobiles qui sont au-dessous de la scène, et d'où s'élèvent, ou dans lesquels descendent certaines décorations. *Le dessous des cartes*, la partie colorée des cartes, qui reste cachée quand on donne ou qu'on coupe. Fig. et fam., *voir, savoir le dessous des cartes*, apercevoir, connaître les ressorts secrets d'une affaire, d'une intrigue. On dit de même, *Il y a dans cette affaire un dessous de cartes*, ou absolument *un dessous*, c'est-à-dire quelque chose de secret, de caché, dont il faut se défier. — DESSOUS, substantif, signifie figurément, désavantage dans un combat, dans une lutte, dans un débat quelconque. — PARDESSOUS (*préposit.*). Sous. Il est aussi adverbe. — AU-DESSOUS (*préposit.*). Plus bas. En termes de marine. *Etre au-dessous du vent d'un vaisseau*, se dit d'un vaisseau sur lequel un autre a le vent. Fig., *être au-dessous de sa place*. N'être pas en état de la bien remplir. On dit au contraire, *cet emploi est au-dessous de lui*, cet emploi n'est pas digne de lui, il est capable d'en remplir un plus élevé. Fig., *Cet ouvrage est au-desous de la critique*, il ne vaut pas qu'on prenne la peine de le critiquer. — AU-DESSOUS, s'emploi figurément pour exprimer toute espèce d'infériorité, de subordination, etc. Il se dit particulièrement, pour marquer une infériorité de nombre, de durée, de valeur, etc. — AU-DESSOUS, s'emploie souvent aussi comme adverbe — EN-DESSOUS (*locut. adv.*), du côté de dessous, vers ou dans la partie de dessous. Fam. *Regarder en dessous*, regarder obliquement, en baissant les yeux. *Avoir le regard, la mine en dessous*, se dit d'une personne sournoise, caffarde, etc., qui regarde habituellement de cette manière. On dit aussi figurément, *être en dessous*, être morne et dissimulé. — LA-DESSOUS (*loc., ad.*), sous cela. On l'emploie aussi figurément. — CI-DESSOUS (*loc., adv.*), qui indique le dessous du lieu où l'on est. En ce sens, on ne l'emploie guère que dans les épitaphes. Elle signifie plus ordinairement, ci-après, plus bas dans la même page.

DESSOUS, ad. Mettre dessous (*jeux*), se dit à la paume, quand on lance une balle assez bas pour qu'elle ne soit arrêtée ni par la corde, ni par le filet tendu au milieu du jeu.

DESSOUSTRAME, adj. des 2 g. De dessous. Il a été employé par Froissard en parlant de la ville de Meaux.

DESSUINTAGE, s. m. (*technol.*), opération par laquelle on dépouille la laine du suint qui la recouvre. (V. LAINE et LAVAGE.)

DESSUINTER, v. a. (*technol.*), enlever le suint de la laine.

DESSUS (*ad. de lieu*). Il sert à marquer la situation d'une chose qui est sur une autre. Il s'emploie aussi comme préposition. *Sans dessus dessous*, se dit en parlant de la situation d'un objet tourné de manière que ce qui devrait être dessus ou en haut, se trouve dessous ou en bas. Cela se dit aussi, familièrement, en parlant de ce qui est dans un grand désordre et tout bouleversé. — DESSUS, est aussi substantif masculin, et alors il signifie la partie qui est dessus; l'endroit, le côté de dessus. *Le dessus d'une lettre, d'un paquet*, etc. La suscription, l'adresse d'une lettre, etc. En architect. *Dessus de porte*, ornement de boiserie, de peinture ou de sculpture, placé dans un encadrement au-dessus du chambranle d'une porte. *Les dessus d'un théâtre*, les étages qui sont au-dessus de la scène, et d'où descendent ou dans lesquels remontent certaines décorations, certaines machines. En termes de marine, *avoir, tenir le dessus du vent*, avoir, conserver l'avantage du vent sur un navire. Fig. et fam., *avoir le dessus du vent*. Avoir l'avantage sur quelqu'un.— DESSUS, se dit aussi figurément, de l'avantage obtenu dans quelque genre que ce soit de combat, de lutte, de débat. — DESSUS, substantif, signifie en termes de musique, la partie la plus haute, celle qui est opposée à la base. Il se dit également d'une personne qui chante le dessus. — PARDESSUS (*préposition*). Sur, au-delà, par delà. Fig., et fam., *avoir d'une chose par dessus les yeux, pardessus la tête*, en être fatigué, dégoûté, ou en avoir plus qu'on n'en peut faire, qu'on n'en peut supporter. Prov. et fig., *par dessus les maisons*, se dit en parlant de choses exorbitantes, excessives, exagérées. Prov. et fig., *faire quelque chose pardessus l'épaule*, ne point le faire. *Pardessus tout*, surtout, principalement, plus que tout le reste.—PARDESSUS, signifie aussi figurément, outre. Il s'emploie souvent comme adverbe. Subst., *pardessus de viole*, ancien instrument de musique qui était plus petit que la viole, et qui s'accordait un octave plus haut. — AU-DESSUS (*préposition*). Plus haut. Fig. et fam., *être au-dessus du vent*. Etre en état de ne rien craindre. Cette locution n'est point usitée au propre dans la marine, ou l'on dit, *avoir le dessus du vent*. AU-DESSUS, s'emploie figurément, pour exprimer toute espèce de supériorité, de prééminence ou d'excès. *Être au-dessus de sa place*, etc. Avoir plus de mérite, de capacité qu'il n'en faut pour la place que l'on occupe. *Etre au dessus de sa condition*, avoir des sentiments, des qualités qui se trouvent rarement chez les personnes de la même condition. — AU-DESSUS, se dit particulièrement, dans le sens qui précède, pour marquer une supériorité de nombre, de durée, de valeur, etc. AU-DESSUS, se dit encore figurément, en parlant de ce dont une personne se dégage, s'affranchit, est dégagée, affranchie. Il se dit pareillement en parlant de ce qu'une personne dédaigne ou brave, de ce dont elle ne se met point en peine. Il se dit aussi, tant au sens physique qu'au sens moral, en parlant de ce qui est nuisible en soi, mais dont l'effet ou l'influence ne saurait atteindre la personne ou la chose dont on parle. Fam., *être au-dessus de ses affaires*, avoir une fortune bien établie, avoir plus de bien qu'on n'en dépense. —AU-DESSUS, est souvent employé comme adverbe. — EN-DESSUS (*loc., adv.*), du côté de dessus, vers ou dans la partie de dessus. — LA-DESSUS (*loc. adv.*), sur cela. Il signifie figurément, sur ce sujet, sur cette affaire, sur la réalité de telle ou telle chose. Il signifie encore, aussitôt après cela, après ces mots. — CI-DESSUS (*loc., adv.*), dans ce qui a été dit, écrit, exposé plus haut.

DESSUS, adv., *vent dessus, vent dedans* (*marine*). (V. DEDANS). *Mettre dessus* (*jeux*), se dit à la paume quand on pousse ou qu'on relève une balle avec la raquette assez haut pour qu'elle passe au-dessus de la corde.

DESTAL, s. m. (*v. lang.*), carnage.

DESTAING (JACQUES-ZACHARIE), né à Aurillac le 6 novembre 1764, de Pierre Destaing, avocat, et de Marie-Gabrielle Delzons, fit d'excellentes études classiques, étudia ensuite la jurisprudence et prit rang au barreau d'Aurillac, où il se fit distinguer par son esprit, son savoir et une grande facilité d'élocution. En 1791, lors de la formation des bataillons de volontaires, il se fit inscrire le premier avec deux de ses frères, et leur exemple fut suivi par tous les jeunes gens des meilleures familles d'Aurillac. Destaing fut chargé par l'administration centrale du département de l'organisation du 1er bataillon des volontaires du Cantal; il s'acquitta de cette mission avec zèle et talent, aussi, le 7 juillet 1792, la compagnie dont il faisait partie s'étant réunie pour nommer ses officiers, il fut choisi pour lieutenant, et trois jours après, le 10 juillet, les officiers, réunis pour composer l'état-major, le nommèrent chef de bataillon. Peu de mois après, le 1er bataillon du Cantal fut envoyé à l'armée des Pyrénées-Orientales; il s'y fit remarquer par sa discipline, son instruction et sa bravoure; il se distingua dans plusieurs rencontres, notamment à l'attaque du Boulou où il soutint seul, pendant toute une journée, les efforts de 4000 Espagnols et sauva la ville de Perpignan. Destaing, dans cette guerre difficile, montra autant d'habileté que de courage dans les combats de Peyrestortes, du Boulou et de la Jonquières, et aux siéges de Colioure, Portvendre, Bellegarde, Rose et Saint-Elme, où il fut blessé par un éclat de bombe en prairial an 2. Dans l'une de ces rencontres, il eut la douleur de perdre l'un de ses frères, tué d'un coup de feu dans une redoute espagnole, au moment où il y entrait le premier à la tête des grenadiers du 1er bataillon. La belle conduite de Destaing dans cette guerre lui mérita la grade de chef de demi-brigade (colonel), qui lui fut conféré le 4 ventôse an 2. La paix faite avec l'Espagne, Destaing passa à l'armée d'Italie et y prit le commandement de la 4e demi-brigade légère, dont faisait partie le 1er bataillon du Cantal. A la tête de ce beau régiment il fit toutes les campagnes d'Italie. Le 2 thermidor an 4, il fut blessé d'un coup de feu à la Corona, et, malgré sa blessure, réunissant quelques dragons, il délivra une compagnie de sa demi-brigade qui avait été enlevée par les ennemis. Cinq jours après, le 16 thermidor, il reçut quatre coups de sabre à Lonato. Le 25 nivôse an 5, il fut encore blessé d'un coup de feu à Rivoli, et le 13 germinal suivant d'un coup de pierre à Milbak, dans le Tyrol. La 4e demi-brigade légère s'était couverte de gloire dans les campagnes d'Italie, aussi le général Bonaparte la désigna-t-il des premières au nombre des corps qui devaient prendre part à l'expédition d'Égypte. Elle contribua beaucoup à la prise d'Alexandrie et au gain de la bataille des Pyramides. Ce fut elle qui enleva la redoute d'Embabeh et écrasa le corps des mameluks chargé de la défendre. Destaing reçut le grade de général de brigade sur le champ de bataille le même jour, 3 thermidor an 6. En cette qualité le général Destaing prit une part glorieuse à la bataille d'Aboukir, commanda l'importante place du Caire et se distingua surtout à la bataille du 30 ventôse an 9. Destaing, dans cette funeste affaire, commandait l'avant-garde de la division Rampon. Il attaqua et traversa les deux lignes de l'armée anglaise, mais n'étant pas soutenu et la droite de l'armée française, commandée par le général Lanusse, ayant plié après la mort de son chef, il fut obligé de battre en retraite. Il le fit en bon ordre malgré le feu des lignes anglaises et quoique blessé de deux coups de feu. L'armée française se retira sous Alexandrie, et Destaing, élevé au grade de général de division le 26 germinal suivant, fut nommé en même temps chef d'état-major général de l'armée. Malheureusement l'armée était alors divisée. Plusieurs généraux, du nombre desquels était Destaing, étaient résolus à conserver à tout prix l'Égypte à la France; d'autres pensaient à revenir dans leur patrie et ne reculaient pas devant l'idée d'une capitulation déjà proposée par Kléber. La perte de la bataille du 30 ventôse et l'abandon de l'Égypte furent la suite de cette funeste mésintelligence. Elle causa aussi la mort du général Destaing qui, à son retour en France, succomba dans un duel contre le général Régnier le 15 floréal an 10.

DESTAINS (EUGÈNE), né à Paris en 1793, fit, comme *jeune de langues*, ses études au lycée impérial. En 1812 la conscription l'enleva à la carrière diplomatique à laquelle ses parents le destinaient. Il devint officier, mais une blessure à la tête, qui nécessita le trépan, le fit encore une fois changer d'état. Il se livra alors à la littérature et publia des traductions d'auteurs arabes, puis fut associé à la rédaction des *Annales de la littérature et des arts*, qu'il créa en 1818. Il fut ensuite directeur de la *Gazette de France*. Il venait d'être nommé secrétaire interprète près du quartier-général de l'armée d'Afrique et allait quitter le port de Toulon quand il se suicida le 16 mai 1830. On ne sait pas au juste les causes de cet événement, mais elles doivent être attribuées en partie au dérangement que le trépan avait apporté dans son esprit.

DESTENIUS ou **DESSEN DE CRONENBURG (BERNARD)**, né en 1510 à Amsterdam; fut reçu docteur en médecine à Bologne en 1539. Il parcourut alors l'Italie, revint en Hollande et fut nommé professeur à l'université de Groningue; neuf ans plus tard il alla se fixer à Cologne et obtint bientôt la confiance et l'estime de tous, qu'il ne méritait pas moins par ses qualités comme particulier que par ses talents comme médecin. Il mourut en 1574. Les quelques ouvrages qu'il a laissés constatent ses connaissances solides; il fut un des principaux collaborateurs du *Dispensatorium pharmaceuticum Coloniense*.

DESTERO (NOSTRA SENORA DO), port du Brésil, avec un fort sur la côte occidentale de l'île de Sainte-Catherine, chef-lieu de la province de ce nom. La plupart des bâtiments qui se rendent de Fernambuco et de Rio-Janeiro au N.-O. de la rivière de la Plata y relâchent; 5,200 habitants. Latitude N. 27° 27'; longitude E. 51° 2'.

DESTIN, fatalité; l'enchaînement nécessaire et inconnu des évènements et de leurs causes. Il se prend aussi pour le sort particulier d'une personne ou d'une chose, et pour ce qui arrive aux hommes, de bien ou de mal indépendamment de leur volonté. Il se dit, en poésie, pour vie, existence.

DESTIN, *fatum*. Divinité aveugle, née du Chaos et de la Nuit, à qui tous les dieux étaient soumis et qui tenait dans ses mains le sort des mortels. Jupiter veut sauver Patrocle, il examine sa destinée qu'il ne connaît pas. Il prend des balances, pèse, et le côté qui décide de la mort de ce guerrier étant le plus pesant, il est obligé de l'abandonner à son *destin*. Diane, dans *Euripide*, voulant consoler Hippolyte mourant, lui dit qu'elle ne saurait changer l'ordre du *destin*, mais que, pour le venger, elle tuera un des amants de Vénus. Les destinées étaient écrites de toute éternité dans un livre où les dieux allaient le consulter. Jupiter, dit Ovide, y alla avec Vénus pour y voir celles de Jules-César. Celles des rois étaient gravées sur le diamant. Les trois parques étaient les ministres du destin; elles avaient soin de faire exécuter les ordres de l'aveugle dieu. On représente le Destin ayant sous ses pieds le globe de la terre et tenant dans ses mains l'urne qui renferme le sort des mortels. On lui donne aussi une couronne surmontée d'étoiles et un sceptre, symbole de sa souveraine puissance. Pour faire entendre qu'il ne variait pas et qu'il était inévitable, les anciens le figuraient par une roue que fixe une chaîne. Au haut de la roue est une grosse pierre, et au bas deux cornes d'abondance, avec des pointes de javelots. Cicéron a écrit un traité sur le Destin qui ne nous est arrivé que mutilé. (*V.* pour la question philosophique sur le Destin, l'article FATALISME.)

DESTINATAIRE. Il se dit, dans l'administration des postes, de la personne à qui une lettre est adressée.

DESTINATEUR, TRICE, s. (*néol.*), celui, celle qui destine telle chose à telle personne, à tel but.

DESTINATION, l'emploi d'une personne ou d'une chose pour un objet, pour un usage déterminé; ou la détermination même de cet emploi. Il s'emploie quelquefois dans le sens actif. DESTINATION, signifie en outre, le lieu où on doit se rendre, le lieu où une chose est envoyée, expédiée, ou la détermination de ce lieu.

DESTINATION. C'est l'emploi qu'on prétend faire d'une chose. Les objets que le propriétaire d'un fonds y a placés pour le service et l'exploitation de ce fonds, sont immeubles par *destination*. — DESTINATION DU PÈRE DE FAMILLE. C'est la disposition ou l'arrangement que le propriétaire de plusieurs fonds a fait pour leurs usages respectifs ou sa commodité. « Lorsque » deux héritages appartiennent au même maître, dit Pothier, » le service que l'un tire de l'autre, comme lorsqu'une maison » a une vue ou un égoût sur l'autre, n'est pas servitude, c'est » la destination du père de famille. » — La destination du père de famille vaut titre à l'égard des servitudes continues et apparentes (Cod. civ., art. 692). — Il n'y a destination du père de famille que lorsqu'il est prouvé que les deux fonds actuellement divisés ont appartenu au même propriétaire, et que c'est par lui que les choses ont été mises dans l'état duquel résulte la servitude. (*Ibid.*, art. 693).

DESTINATOIRE, adj. des 2 g. (*néol.*), qui assigne l'emploi, l'usage d'une chose.

DESTINÉE. Le destin, ou l'effet du destin. Il se dit aussi du destin particulier d'une personne ou d'une chose. Il s'emploie en poésie pour vie, existence. Ce mot, dans ses deux premières acceptions, est plus usité en prose que son synonyme *destin*. (*V.* FATALISME.)

DESTINER, fixer, régler la destination d'une personne ou d'une chose. Il signifie aussi préparer, réserver. Il s'emploie avec le pronom personnel dans le premier sens.

DESTINÉ, ÉE. Il signifie quelquefois, que son destin porte, conduit à.

DESTITUABLE, qui peut être destitué.

DETITUABILITÉ. s. f (*néol.*), qualité de ce qui peut être destitué. On dit *amovibilité*.

DESTITUER, déposer, ôter, priver quelqu'un de la charge, de l'emploi, de la fonction qu'il exerçait. Il s'emploie aussi comme adjectif, dans le sens de dépourvu, dénué. En parlant des personnes, ce sens vieillit.

DESTITUTION. C'est, pour un officier public ou employé, la privation de sa place et des fonctions qui y sont attachées. — En droit, peut-on destituer arbitrairement un fonctionnaire? Non, dans ce sens que si la loi publique ne le défend point, il y a une loi naturelle qui nous commande de bien choisir les hommes avant de les revêtir d'une fonction, mais de ne point les dépouiller de leurs titres sans de bons motifs. — DESTITUTION DE LA TUTELLE. La condamnation à une peine afflictive ou infamante emporte de plein droit la destitution de la tutelle antérieurement déférée. (Cod. civ., art. 443). Sont aussi destituables de la tutelle, s'ils sont en exercice : 1° les gens d'une inconduite notoire; 2° ceux dont la gestion attesterait l'incapacité ou l'infidélité (*ib.* art. 444). Tout individu destitué de la tutelle, ne peut devenir membre d'un conseil de famille (*Ib.* art. 545). — Toutes les fois qu'il y a lieu à une destitution de tuteur, elle doit être prononcée par le conseil de famille, convoqué à la diligence du subrogé tuteur, ou d'office par le juge de paix. — Celui-ci ne peut se dispenser de faire cette convocation, quand elle est formellement requise par un ou plusieurs parents ou alliés du mineur, au degré de cousin germain ou à des degrés plus proches. — Toute délibération du conseil de famille qui prononcera l'exclusion ou la destitution du tuteur, doit être motivée, et ne peut être prise qu'après avoir entendu ou appelé le tuteur. — Si le tuteur adhère à la délibération, il en est fait mention, et le nouveau entre aussitôt en fonctions. — S'il y a réclamation, le subrogé tuteur poursuit l'homologation de la délibération devant le tribunal de première instance qui prononce, sauf appel. — Le tuteur exclu ou destitué peut lui-même, en ce cas, assigner le subrogé tuteur pour se faire déclarer maintenu en la tutelle. — Les parents ou alliés qui ont requis la convocation peuvent intervenir dans la cause qui est instruite et jugée comme affaire urgente. (*V.* les art. 446, 447, 448 et 449).

DESTOUCHES (ANDRÉ-CARDINAL), compositeur, né à Paris en 1672, eut d'abord l'intention de se faire jésuite, prit ensuite le parti des armes, et finit enfin par se livrer tout entier à la composition; il ignorait les règles de cet art quand il fit son opéra d'*Isis* qui fut représenté à Trianon et qui eut le plus grand succès; le roi disait à cette occasion que *Destouches était le seul qui ne lui eût pas fait regretter Lulli*, et il gratifia l'auteur d'une bourse de 200 louis. Destouches étudia alors avec ardeur, mais il perdit ses principales qualités en acquérant des connaissances musicales. Il mourut en 1749 sur-intendant de la musique du roi et inspecteur général de l'académie royale de musique.

DESTOUCHES (PHILIPPE-NÉRICAULT), poète dramatique, naquit à Tours en 1680; sa famille le destinait dit-on à la robe, et il s'échappa de la maison paternelle pour échapper à ses obsessions. Il s'engagea dans une troupe de comédiens et parcourut divers pays avec eux. M. de Paysieux le vit à Soleure, et, charmé de l'esprit qu'il déploya dans une allocution qu'il fit au public, il se l'attacha et l'employa dans différentes négociations. Destouches se livra dès lors à l'art dramatique et il fit représenter plusieurs comédies médiocres dont la première fut le *Curieux indiscret*. Il fut ensuite en 1717, employé par le régent, à une mission en Angleterre; il y resta 7 ans et s'y maria. La mort du régent lui enleva un protecteur; il se retira alors à Melun et se voua tout entier aux lettres; il fut reçu à l'Académie en 1723, et fit alors ses meilleures comédies qui sont : *le Philosophe marié* et *le Glorieux*. Il mourut le 4 juillet 1754. Il laissait quelques pièces qui furent représentées après sa mort. Destouches est compté parmi les poètes du second ordre. La meilleure édition de ses œuvres est celle de l'imprimerie royale, publiée en 1757 en 4 vol. in-4°.

DESTOUR, s. m. (*religion parse*), nom des prêtres de la religion parse. *Destour-mobed*, littéral., maître accompli, se dit des mâges du troisième ordre.

DESTOURBANCE ou **DESTOURBEMENT** (*v. lang.*), action de troubler, diversion, empêchement.

DESTOURROIRE, s. m. (*véner.*), détertoir, verge de veneur.

DESTRAINDRE, v. a. (*v. lang.*), forcer, contraindre, séparer.

DESTRE, s. f. (*v. lang.*), la droite, la main droite.

DESTRECÉ, ÉE, adj. (*v. lang.*), qui a les cheveux épars, les tresses défaites.

DESTRÉE ou **DESTRÉES** (l'abbé JACQUES), prieur de Neuf-Ville, né à Reims au commencement du XVIIIe siècle, est auteur d'un assez grand nombre d'ouvrages sur la littérature et la généalogie, qu'il a publiés sous le voile de l'anonyme, et qui étaient fort recherchés dans son temps.

DESTREER, v. a. (*v. lang.*), être à la droite de quelqu'un, accompagner, donner la main.

DESTREINER. v. a. (*v. lang.*), forcer, obliger contraindre, presser.

DESTRIER, vieux mot qui signifiait, cheval de main, de bataille. Il était opposé de *palefroi*, qui se disait d'un cheval de cérémonie.

DESTREM (HUGUES), né à Fangeaux en 1758, député à l'assemblée législative où il fit partie du comité du commerce. En 1798 il fut envoyé par le département de la Haute-Garonne au conseil des Cinq-Cents, et fut un des membres qui s'opposèrent le plus vigoureusement à la révolution du 18 brumaire. Après cette époque, il fut envoyé en surveillance dans sa commune, et peu après il fut exilé à l'île d'Oléron où il mourut en 1805.

DESTROICT, s. m. Il s'est dit pour district, canton. Figurément, détresse *si à destroict* en telle détresse.

DESTROIS, adj. m. (*v. lang.*), oppressé, contraint, gêné, poussé, pressé.

DESTROUSSE, s. f. (*v. lang.*), brigandage, pillage, action de détrousser.

DESTROUSSEMENT, adv. Il s'est dit pour ouvertement. On lit dans Montaigne : *enfin elle (la médecine) s'en adresse tout destroussement à la santé même.*

DESTRUCTEUR, celui qui détruit. Il se dit aussi de ceux qui rompent, qui brisent, qui font du ravage dans une maison, dans un village, dans une ville, etc. Il se dit figurément, tant au sens physique qu'au sens moral. Il s'emploie aussi adjectivement.

DESTRUCTEUR DES CHENILLES (*ins.*). On donnait anciennement ce nom au calosome sycophante et à sa larve, qui tous deux se nourrissent des chenilles du bombyx processionnaire. — DESTRUCTEUR DES CROCODILES, nom donné à tort à la mangouste ou ichneumon, parce que l'on prétendait qu'elle attaquait et tuait les crocodiles, mais elle ne mange que leurs œufs. — DESTRUCTEUR DES PINS. On a donné ce nom au tomique du pin, parce qu'il perce cet arbre dans tous les sens.

J. P.

DESTRUCTIBILITÉ, qualité de ce qui peut être détruit. Il est peu usité.

DESTRUCTIF, IVE, qui détruit, qui cause la destruction.

DESTRUCTION, ruine totale. Il se dit figurément, tant au sens physique qu'au sens moral.

DESTRUCTION, s. f. *De la destruction des philosophes* (*philos.*), titre d'un livre d'Al-Gazel, philosophe arabe de la fin du Xe siècle, qui enseigna le scepticisme. *Destruction de la destruction*, titre de la réfutation du livre d'Al-Gazel, par le péripatéticien Averroës.

DESTRUCTIONNISTE, s. m. (*hist. relig.*), nom sous lequel on désigne, parmi les chrétiens universalistes ceux qui, se fondant sur le passage de l'Ecriture, où il est dit que la punition des méchants sera la mort éternelle, pensent que les réprouvés seront condamnés à rentrer dans le néant.

DESTRUCTIVITÉ, s. f. (*philo.*), penchant à détruire. La *destructivité* est une des facultés affectives que reconnait le système crâniologique, *protubérance de la destructivité*.

DESTRUCTRICE, adj. et s. f. (*néol.*), féminin de destructeur.

DESU, s. m. (*myth. afr.*), nom que les nègres du Congo donnent à l'Être suprême.

DÉSUDATION, s. f. (*méd.*), éruption de petits boutons miliaires, que la malpropreté fait naître chez les enfants.

DÉSUÉTUDE. C'est le non-usage dans lequel est tombée une loi, sans néanmoins qu'elle ait été abrogée. On peut dire qu'une loi est tombée en désuétude : 1° lorsque la loi est si peu connue qu'on peut la regarder comme oubliée, car l'oubli d'une loi est la marque la moins équivoque qu'elle n'est plus en vigueur; 2° lorsqu'on cesse généralement de l'observer sous les yeux même des magistrats auxquels l'exécution appartient, et qu'il n'y a point de réclamation de leur part.

DÉSULFURATION, s. f. (*chimie*), action de désulfurer; résultat de cette action.

DÉSULFURER, v. a. (*chimie*), détruire l'état de sulfuration d'un corps, lui enlever le soufre avec lequel il était combiné.

DÉSULTEUR, adj. et s. m. (*ant.*), cavalier qui mène deux chevaux et qui saute de l'un sur l'autre. Les *Scythes* et les *Numides* étaient de très habiles *désulteurs*; les Grecs et les Romains firent paraître des désulteurs dans les jeux et les pompes funèbres. Il y avait des désulteurs qui menaient jusqu'à vingt chevaux de front, et sautaient du premier sur le quatrième et le sixième, etc. *Chevaux désulteurs*, se dit des chevaux que conduisaient les cavaliers appelés *désulteurs*. *Désulteur*, se disait au fig., chez les Latins, de celui qui trahissait un secret, qui abandonnait un parti. Quelques archéologues l'ont employé dans ce sens. La première édition de l'Encyclopédie disait *dessauteur*.

DÉSUNI, IE, part. *Cheval désuni de devant* (manége), se dit d'un cheval qui, en galopant à main droite, part de la jambe gauche antérieure. *Cheval désuni du derrière*, se dit d'un cheval qui, en galopant à main droite, tient la jambe postérieure droite plus en arrière que la gauche.

DÉSUNION, séparation des parties qui composent un tout, un assemblage. Il s'emploie aussi dans le sens particulier du démembrement, disjonction. Il se dit plus ordinairement au figuré, pour mésintelligence, division.

DÉSUNIR, disjoindre, séparer ce qui était uni. Il signifie plus souvent, au figuré, rompre la bonne intelligence, l'union qui est entre des personnes. Il s'emploie aussi avec le pronom personnel dans l'un et dans l'autre sens. En termes de manége, *cheval désuni*, cheval qui traîne les hanches, qui galope à faux.

DESUVIATII (*géogr. anc.*), peuple de la Gaule Narbonaise, sur le bord du Rhodanus (*Rhône*), au nord d'Arélate, occupait le territoire de Tarascon.

DESVER, v. a. (*v. lang.*), égarer, éloigner, éviter. — DESVER, v. n., devenir fou.

DESVÉRIE, s. f. (*v. lang.*), écart, égarement, folie, mauvaise foi.

DESVIEMENT, s. m. (*v. lang.*), mort.

DESVIER, v. n. (*v. lang.*), mourir.

DESVIÉ, IÉE, part.

DESVIMBRER, v. a. (*v. lang.*), mettre en pièces.

DESVIGNOLES (ALPHONSE), savant chronologiste, né le 29 octobre 1649 au château d'Aubais en Languedoc, d'une famille très ancienne qui le destinait à l'état militaire. Il se livra de préférence à la théologie et fut nommé, en 1675, pasteur de l'église d'Aubais, puis passa à celle du Cailar. Lors de la révocation de l'édit de Nantes, il se retira à Genève, et enfin à Berlin où il fut nommé pasteur de l'église de Schwedt, et ensuite de celle de Brandebourg. Ses devoirs comme pasteur, qu'il remplissait avec zèle, ne l'empêchaient pas de se livrer à de savantes recherches chronologiques qui lui attirèrent l'attention du public et des savants. En 1701 il fut reçu membre de l'Académie royale de Berlin, et en devint le directeur en 1727. Ce fut dans la cure de Copenick qu'il composa son grand ouvrage de chronologie, publié en 1738. Cet ouvrage est regardé comme un des meilleurs qu'il y ait eu sur cette matière. Il mourut à Berlin le 24 janvier 1744, âgé de plus de quatre-vingt-quatorze ans. Il est auteur d'un grand nombre de *Mémoires* pour la Société royale de Berlin, et pour la *Nouvelle bibliothèque germanique* dont il était un des principaux rédacteurs. Son principal ouvrage, dont nous venons de parler, est intitulé : *Chronologie de l'histoire sainte et des histoires étrangères, depuis la sortie d'Égypte jusqu'à la captivité de Babylone*. Il est impossible de se faire une idée de l'immense travail que suppose cet ouvrage.

DESVRES, ancienne ville de la Morinie, à deux myriamètres de Boulogne-sur-Mer; connue dès l'époque de l'occupation romaine sous le nom de *Divernia*. Depuis, elle porta longtemps celui de Désurines, à cause de sa situation sur la petite rivière d'Ene. Au moyen âge, Desvres devint le chef-lieu de l'un des bailliages du comté de Boulogne. « Il est probable, dit le baron » d'Ordre (notice sur Desvres), que ce lieu était autrefois en- » touré de murailles, car il existe encore aujourd'hui une rue » nommée *rue dessous les murs*, qui offre les vestiges d'un large » et profond fossé. » Au centre de la ville était un château fort reconstruit au XIIIe siécle par Philippe de France, comte de Boulogne et oncle de saint Louis; les Anglais le ruinèrent en 1346. On le répara et il fut détruit de nouveau par les troupes de Charles-Quint en 1345. Cette forteresse dont il ne reste presque plus de traces fut prise et reprise plusieurs fois durant les guerres de la Ligue. Ces désastres réduisirent Desvres à l'état de bourgade. Quoi qu'il en soit, les maisons y sont, pour la plupart, assez bien bâties. On y remarque des tanneries, des fabriques de pipes, de poteries, de grosses draperies et une manufacture de faïence. Près de la route qui conduit à Boulogne, on rencontre un ruisseau d'eau minérale ferrugineuse. On lui attribue les mêmes propriétés qu'aux eaux de Forges. Ce bourg est un chef-lieu de canton civil et ecclésiastique de l'arrondissement de Boulogne. Il s'y tient quatre foires par an, dont une aux chevaux le quatre octobre. Elle est la plus considérable du département du Pas-de-Calais. C'est là que les cultivateurs et les marchands de Normandie et de Picardie viennent acheter les jeunes chevaux que produisent en grand nombre le Boulonnais et le Calaisis.

L'abbé PARENTY.

DÉSYMPHYSER, v. a. (*chirurg.*), opérer la section de la symphyse pubienne.

DES YVETAUX (NICOLAS-VAUQUELIN, seigneur), naquit au château de la Fresnaye, d'une famille noble et ancienne; dans les dernières années du règne de Henri IV, il fut appelé à Paris par le maréchal d'Estrées, qui le plaça comme précepteur auprès du duc de Vendôme, fils de Gabrielle et de Henri. Ce fut alors qu'il composa son poème de l'*Institution du prince*. Il fut ensuite nommé précepteur du dauphin, depuis Louis XIII, mais ses mœurs licencieuses le firent renvoyer de la cour en 1611. Il se retira ensuite dans une belle maison du faubourg Saint-Germain, et se livra exclusivement à la volupté. Il avait épousé une aventurière, joueuse de harpe, qu'il avait un jour trouvée évanouie à sa porte, et il passa avec elle le reste de ses jours. Mettant en action des pastorales ridicules à son âge, il se faisait quelquefois berger, portait la houlette et le chapeau de paille, et dans cet accoutrement chantait avec sa femme, transformée en bergère, des vers de sa composition. Il mourut à Brianval le 9 mars 1549, âgé de 90 ans. Outre l'*Institution du prince*, on a de Des Yvetaux des *stances*, des *sonnets* et autres poésies dans les *Délices de la poésie française*.

DÉTACHEMENT, état de celui qui est dégagé, délivré d'une passion, d'un sentiment, de tout ce qui peut captiver trop l'esprit ou le cœur. — DÉTACHEMENT, en termes de guerre, se dit d'un certain nombre de soldats ou d'une troupe, qu'on tire d'un corps plus considérable pour quelque service. DÉTACHEMENT de soi-même, en style religieux consiste à mourir à soi-même pour vivre de la vie de Dieu. Ce n'est donc renoncer à soi, que pour un autre soi-même que Dieu fera être en nous en s'unissant à nous. Ce n'est donc pas se haïr, mais ne s'aimer qu'en Dieu. Jésus-Christ nous dit vous aimerez votre prochain comme vous mêmes; il ne dit donc pas de nous haïr, mais de ne nous aimer qu'en, pour, par et avec Dieu.

DÉTACHER, ôter les taches.

DÉTACHER, dégager une personne ou une chose de ce qui l'attachait, de ce qui la retenait, de l'objet auquel elle était attachée, fixée. Il signifie aussi, ôter, défaire ce qui sert à attacher. Il signifie quelquefois, par extension, tenir écarté de. Il signifie pareillement, rendre distinct, isolé. En terme de musique, *détacher des notes*, les séparer dans l'exécution, par de courts silences pris sur leur valeur. — DÉTACHER, signifie encore, surtout en termes de peinture, faire apercevoir et ressortir les contours d'un objet, lui donner de la saillie, par le contraste de sa couleur avec celle du fond, ou par quelque autre moyen. DÉTACHER, se dit aussi en parlant d'une troupe qu'on tire d'un corps d'armée, des soldats qu'on tire d'un régiment, d'une compagnie, etc., pour quelque service. Il s'emploie dans un sens analogue, en termes de marine. *Détacher des gendarmes, des archers*, etc., *contre quelqu'un*, les mettre à sa poursuite, les envoyer après lui pour le prendre. Fam., *détacher un soufflet, un coup de pied*, etc. Donner un soufflet, un coup de pied. etc. DÉTACHÉ, se dit encore figurément en parlant des engagements, des occupations, des passions, des affections, etc., qu'on détermine une personne à quitter. — DÉTACHER, s'emploie aussi avec le pronom personnel dans les divers sens qui viennent d'être indiqués. En termes de fortification, *pièces détachées*, celles qui ne tiennent point au corps de la place. *Pièces détachées, morceaux détachés*, petits ouvrages en prose ou en vers, qui n'ont pas de liaison entre eux, dont chacun forme un tout.

DÉTACHEUR, s. m. (*technol.*), celui qui ôtes les taches des habits, dégraisseur.

DÉTACHOIR, s. m. (*technol.*), pièce de la machine qui sert à couper les flancs des monnaies et des médailles.

DÉTAIL (*t. de comm.*), action de vendre habituellement des marchandises par le menu, à la petite mesure. — DÉTAIL, dans le langage ordinaire, se dit d'une énumération quelconque de parties, d'objets. Il signifie particulièrement, exposé ou récit des circonstances et des particularités d'un événement, d'une affaire, etc. Il se dit également de ces circonstances, de ces particularités mêmes, en tant qu'elles sont ou peuvent être l'objet d'un exposé, d'un récit, et alors il s'emploie très souvent au pluriel. Il se dit encore des divers objets, plus ou moins nombreux, et plus ou moins dignes d'intérêt, qui concernent une affaire, une occupation, une gestion quelconque. Il se dit également, surtout dans les beaux-arts et en littérature, des parties qui concourent à la composition, à la formation d'un ensemble, d'un tout. — EN DÉTAIL (*locut. adv.*), par petites quantités, par petites mesures. Il signifie aussi, pièce à pièce, partie par partie. Il signifie encore, en faisant le détail, en donnant les détails. On dit aussi, dans ce dernier sens, *avec détail*.

DÉTAIL, s. m. *détail estimatif* (*construc.*), énumération et récapitulation des quantités et des prix des divers ouvrages qui doivent entrer dans l'exécution d'une construction quelconque. *Officier chargé du détail général* (*marine*), se dit de l'officier chargé de la police à bord et des punitions correctionnelles. Le rang de l'*officier chargé du détail* vient immédiatement après celui de capitaine.

DÉTAILLANT, qui vent en détail. On l'emploie aussi comme substantif.

DÉTAILLANTE, s. f. (*comm.*), marchande qui vend en détail.

DÉTAILLER, couper en pièces, distribuer par parties. Il signifie aussi débiter, vendre en détail. Il signifie encore, raconter, exposer en détail.

DÉTAILLERIE, s. f. (*v. lang.*), droit levé sur les marchandises.

DÉTAILLEUR (*t. de commerce*), marchand qui vent en détail, par opposition à marchand en gros. Il a vieilli; on dit aujourd'hui détaillant.

DETAILLEUR, s. m. (*art. milit.*), nom que l'on a donné autrefois à des fourriers, à des sous-officiers qui remplissaient l'office d'écrivains.

DÉTAILLISTE, s. m. (*néol.*). Il se dit d'un écrivain qui se complait ou qui excelle dans les détails.

DÉTALAGE, action de détaler des marchandises.

DÉTALER, ôter, resserrer la marchandise qu'on avait étalée. Il s'emploie aussi absolument. Il signifie, figurément et populairement, se retirer de quelque endroit promptement, et malgré soi.

DÉTALER, v. a. (*marine*). Il se dit d'un bâtiment fin voilier, *ce navire détale bien. Détaler* (*manège*), se dit d'un cheval qui court avec beaucoup de légèreté et de grâce.

DÉTALINGUER (*t. de marine*), ôter le cable d'une ancre.

DÉTAPER, v. a. (*marine*), ôter les tapes de liége qui ferment la bouche des canons. — DÉTAPER (*technol.*), ôter les tapes des formes chez les raffineurs de sucre.

DETARIUM du Sénégal, *d. senegalense* (*bot.*), genre de plantes dicotylédones, qui parait se rapprocher des *apalatoa*. Il appartient à la famille des *légumineuses* et à la *sécandrie monogynie* de Linné. Son caractère essentiel consiste dans un calice à quatre divisions, point de corolle; dix étamines libres, alternativement plus courtes. Le fruit consiste en un drupe mou, orbiculaire, épais, farineux, renfermant un osselet fort grand, comprimé, muni dans son milieu, tant en-dessus qu'en-dessous, de fibres entrelacées, réticulées; le contour lisse et obtus, une seule semence. Cet arbre a été observé par Adanson au Sénégal, ses feuilles sont alternes, ailées avec une impaire; les fleurs disposées en grappes axillaires. J. P.

DETÈCE, s. f, (*anc. jurispr.*), défaut de service d'un fief.

DÉTEINDRE, faire perdre la couleur, enlever la teinture à quelque chose. Il s'emploie avec le pronom personnel. Il s'emploie aussi neutralement, pour se déteindre.

DETELAGE, s. m., action de dételer les chevaux d'une voiture.

DÉTELER, détacher d'une voiture, d'une charrue, etc., des chevaux ou d'autres animaux de trait qui y sont attelés. Il se dit aussi absolument.

DÉTENDAGE, s. m. (*technol.*), action de détendre la chaîne d'une étoffe. *Détendage*, (*typog.*) (*V.* ÉTENDAGE).

DÉTENDOIR, s. m. (*technol.*), instrument dont le tisserand se sert pour tendre et détendre la chaîne d'une étoffe. *Détendoir*, (*typog.*) (*V.* ÉTENDOIR).

DÉTENDRE, relâcher ce qui était tendu. Il se dit fréquemment, au sens moral. Il s'emploie dans l'un et dans l'autre sens avec le pronom personnel, Fg. *Il faut quelquefois détendre l'arc*, il faut donner quelquefois du relâche à l'esprit. DÉTENDRE, signifie encore détacher, enlever ce qui était tendu en quelque endroit. — *Détendre une chambre, détendre un appartement*, en ôter, en détendre les tapisseries, le lit les rideaux, etc. — DÉTENDRE, se dit quelquefois absolument, soit en parlant des tapisseries et des chambres qu'on détend, soit en parlant des tentes et des pavillons qu'on détend lorsqu'une armée décampe.

DÉTENIR, (*t. de jurisp.*); retenir injustement, retenir ce qui n'est pas à soi. *Détenir quelqu'un en prison*, ou simplement, *détenir quelqu'un*, le mettre, le retenir en prison, soit justement, soit injustement. — DÉTENU (*participe*). Il se dit substantivement d'une personne qui est détenue, surtout lorsqu'elle l'est par autorité de justice.

DÉTENTE, petite pièce de fer ou d'acier qui sert au ressort des armes à feu pour tirer, pour faire partir le coup. Il se dit aussi de l'action de lâcher la détente, et de l'effort que fait cette pièce lorsqu'elle vient à se détendre, Fg. et pop. — *Etre dur à la détente*, être avare, avoir de la peine à donner de l'argent.

DÉTENTE, s. f. (*horlog.*), levier qui fait partir la sonnerie d'une pendule.

DÉTENTEUR. C'est celui qui a la possession actuelle d'un héritage quelconque. Le mari seul a le droit de poursuivre les débiteurs et détenteurs des biens dotaux (Cod. civ., art 1549).— TIERS DÉTENTEUR, est celui qui a la possession actuelle d'un héritage hypothéqué à quelqu'un par le possessenr antérieur. *V.* l'effet des priviléges et hypothèques contre les *tiers détenteurs* (Cod. civ., art. 2167 et suivants).

DÉTENTILLON, s. m. (*horlog.*), détente levée par la roue des minutes.

DÉTENTION. C'est l'état de celui qui est privé de sa liberté, soit par force, soit par autorité de justice. — La loi accorde au père de famille ce moyen de correction pour réprimer l'inconduite de son enfant (*V.* Cod. civ., art. 575 et suiv. *V.* CHARTE PRIVÉE.) — DÉTENTION, signifie aussi la possession de celui qui est *détenteur* d'un héritage. — La *détention* nous privant de la liberté, qui est le plus grand bien de l'homme, est pour ainsi dire son essence, puisque vivant par lui en tant que libre, c'est par la liberté qu'il se rapproche le plus de Dieu, qu'on définit l'être par soi. Nous croyons, par l'expérience que nous en avons acquise en visitant des prisonniers pendant plusieurs années, que les juges ne sentent pas assez la gravité de la peine de la *détention*; et que les Codes sont à modifier sur ce point. La détention abrége de beaucoup les jours d'un homme; et si, par cette peine, il est mis en contact avec des scélérats qui ont vieilli dans le crime, et forcé de subir les mauvais traitements d'un brutal geôlier, il aura certes enduré une bien grave peine, pour si court que soit le temps de la *détention*.

DÉTERGENT, ENTE (*t. de méd.*), synonyme de *détersif, ive*, qui est plus usité.

DÉTERGER, (*t. de méd.*), nettoyer, mondifier.

DÉTÉRIORATION. C'est l'action par laquelle on dégrade, ou rend pire une chose. Cependant le mot de *dégradation* s'applique particulièrement aux immeubles, et celui de *détérioration* aux choses mobilières. — Les objets mobiliers qui ne peuvent être enlevés sans détérioration sont immeubles. (Cod civ., art. 525. *V.* encore *ibid.*, art. 599, 805, 603, 1182, 1562, 1933, et 2175).

DÉTÉRIORER, dégrader, gâter, rendre pire. Il s'emploie aussi avec le pronom personnel.

DÉTERMINANT, ANTE, qui détermine, qui sert à déterminer.

DÉTERMINATIF, IVE (*t. de gram.*), qui détermine, qui précise ou restreint la signification d'un mot. Il est quelquefois substantif au masculin.

DÉTERMINATION, résolution qu'on prend après avoir balancé entre plusieurs partis. — *Détermination du mouvement*, ce qui détermine un corps qui est en mouvement à aller d'un côté plutôt que d'un autre.

DÉTERMINATION. Ce mot, dérivé de *terminus*, fin ou borne, exprime l'acte qui met fin au travail de la délibération. L'être libre et moral ayant jugé suivant la mesure de ses lumières que les motifs qui l'invitent à faire une action sont ou ne sont pas préférables à ceux qui l'en dissuadent, s'engage intérieurement à agir en conséquence, prend la résolution de faire ou de s'abstenir, se décide, se *détermine*, se dit à lui-même: je veux. C'est l'acte propre de la volonté, comme celui de la délibération et comme celui du jugement, de solitaire il devient social. Les réunions d'hommes qui en commun délibèrent et portent des jugements, ou bien prennent des déterminations collectives, ne font qu'imiter ce qui se passe à tout moment dans chacun de nous. Tel est l'homme, telle est la société humaine. L. F. E.

DÉTERMINATION, s. f. (*philo.*), une des choses de la volonté, celle qui a lieu au moment où l'on se résout d'agir. La *détermination* se manifeste entre la *délibération* qui pèse les motifs, et la *volition* qui produit l'action. Quelques philosophes modernes définissent la *détermination*, la permanence et l'efficacité de la volonté.

DÉTERMINÉ, (*alg.*). Les problèmes *déterminés* sont ceux qui n'admettent qu'un nombre déterminé de solutions. On les nomme ainsi, par opposition aux problèmes indéterminés dans lesquels le nombre des solutions est indéfini. (*V.* INDÉTERMINÉ.)

DÉTERMINÉMENT, résolument, absolument. Il signifie quelquefois, expressément, précisément. Il signifie aussi, courageusement, hardiment.

DÉTERMINER, décider, fixer, régler. Il se dit particulièrement, en grammaire, de ce qui précise ou restreint le sens d'un mot, d'une expression, d'une phrase. Il signifie encore, reconnaître, indiquer avec précision. — DÉTERMINER, signifie en outre, résoudre, former une résolution, prendre une résolution. Il signifie aussi, faire résoudre, faire prendre une résolution. On l'emploie souvent, en ce sens, avec le pronom personnel. — DÉTERMINER, en termes de philosophie, donner une certaine qualité, une certaine manière d'être, à ce qui de soi-même n'a pas plutôt celle-là qu'une autre. *Déterminer un mot, une expression, à un sens, à une signification*, lui faire prendre telle signification, l'y restreindre. — DÉTERMINER, signifie encore, faire qu'une chose ait lieu, s'accomplisse. — DÉTERMINÉ (*participe*). En mathém. *Problème déterminé*, celui qui n'a qu'un certain nombre de solutions possibles. — DÉTERMINÉ, est souvent adjectif; alors il se dit d'une personne entièrement adonnée à quelque passion, à quelque habitude. Il signifie aussi, hardi, courageux, qui ne s'effraye d'aucun péril. Il se dit quelquefois des choses, dans un sens analogue à celui qui précède. Il s'emploie aussi substantivement, et signifie, méchant, emporté, capable de violences et d'excès.

DÉTERMINER, v. a. (*manége*). *Déterminer un cheval*, le porter en avant, quand il résiste ou se soutient.

DÉTERMINISME, s. m. (*philo.*). Un des systèmes de la scholastique touchant le libre arbitre, le *déterminisme*, subordonne la détermination de notre volonté à l'influence d'un motif que la providence divine nous fournit toujours à propos pour faire pencher la balance selon ses vues dans nos déterminations intérieures. Il se dit aussi de tout système qui admet l'influence irrésistible et nécessaire des motifs.

DÉTERMINISTE, s. m. (*phil.*), partisan du déterminisme.

DÉTERRER, retirer de terre ce qui s'y trouvait caché, enfoui. Il signifie particulièrement, exhumer, retirer un corps de la sépulture. — Il signifie figurément, découvrir une chose qui était cachée, découvrir une personne qui se tenait cachée, qui ne voulait pas être connue.

DÉTERRÉ (*partic.*), il s'emploie quelquefois substantivement, comme dans cette phrase familière: *Cet homme a l'air d'un déterré*, il a le visage pâle et défait.

DÉTERRER, v. a. (*v. lang.*), intimider, effrayer.

DÉTERREUR, s. m. (*hist. contemp.*). *V.* RÉSURRECTIONNISTE.

DÉTERSIF, IVE (*t. de méd.*), qui nettoie, qui mondifie les plaies ou les ulcères. — Il se prend aussi substantivement, au masculin.

DÉTERSION, s. f. (*chirurg.*), action de nettoyer, de mondifier une surface ulcérée.

DÉTESTABLE, qui doit être détesté. Il se dit des personnes et des choses. Il se dit par exagération et familièrement de tout ce qui est fort mauvais dans son genre.

DÉTESTABLEMENT, très mal. Il est familier.

DÉTESTER, avoir en horreur. On l'emploie quelquefois avec le pronom personnel. — Il se dit quelquefois par exagération et familièrement, en parlant de ce qu'on ne peut endurer, supporter. — Fam., *détester sa vie*, maudire les misères, les malheurs de sa vie. — Prov., *ne faire que jurer et détester*, ne faire que blasphémer. Dans cette phrase, *détester* est neutre.

DÉTHARDING (GEORGE), né à Stettin vers le milieu du XVIIe siècle. Il fut premier médecin du duc de Mecklembourg. Il a laissé un ouvrage intitulé : *Nomenclator chirurgicus.* Il y a aussi de lui plusieurs observations dans les *Mémoires des curieux de la nature.*

DÉTHARDING (GEORGE), fils du précédent, aussi docteur en médecine, naquit à Stralsund en 1671. Il fut professeur à Rostock, puis à Copenhague où il mourut le 23 octobre 1747. Il était très érudit et a publié de nombreux ouvrages sur la médecine et la chirurgie. La vie de ce laborieux médecin a été publiée par P. C. Kœmpfer, sous le titre : *Publicum virtutis et eruditionis monumentum et Dethardingio erectum.*

DÉTHARDING (GEORGE-CHRISTOPHE), fils du précédent, né à Rostock en 1699, remplaça son père dans la chaire de Copenhague jusqu'en 1760, époque à laquelle il alla remplir les mêmes fonctions dans l'Université qui venait d'être fondée à Butzow. Il mourut le 9 octobre 1784, après avoir publié un grand nombre de dissertations médicales dont on peut voir les titres dans le Dictionnaire de Mensel.

DÉTIRER, étendre en tirant.

DÉTISER. Il n'est usité que dans cette phrase, *détiser un feu*, éloigner les tisons les uns des autres afin qu'ils ne brûlent plus.

DÉTISSER, défaire un tissu.

DETMOLD, ville d'Allemagne, chef-lieu de la principauté de Lippe-Detmold, sur la rive gauche de la Verra, qui la divise en vieille et nouvelle ville. Celle-ci est bien bâtie. 2,400 habitants, à 24 lieues S.-O. de Hanôvre.

DÉTONATION, inflammation violente et subite, accompagnée de bruit, telle que celle de la poudre à canon.

DÉTONATION (*chim.*), bruit plus ou moins fort qui a lieu dans les décompositions ou combinaisons chimiques qui se font avec rapidité, souvent même avec dégagement de feu, soit dans les cas où un corps change brusquement d'état ou simplement de volume. La cause première de toute détonation est une force dont l'action est assez intense pour mettre l'air ou tout autre fluide aériforme en vibrations sonores. L'élasticité de l'air est une force capable de produire une détonation lorsque un vide étant produit d'une manière quelconque dans un espace limité, l'air ambiant vient à s'y précipiter en vertu de son élasticité; alors le choc des particules d'air les unes contre les autres et la réaction qui en est la suite, mettent l'air en vibrations sonores de la même manière que le ferait un corps qui *viendrait à frapper l'atmosphère,* par une expansion subite de volume. J. P.

DÉTONER, s'enflammer subitement avec bruit, faire explosion.

DÉTONNELER, v. a. (*technol.*), tirer du vin ou toute autre liqueur d'une tonne.

DÉTONNER, sortir du ton qu'on doit garder pour chanter juste. — Il s'emploie aussi figurément; ainsi on dit en parlant d'un ouvrage d'esprit: *il y a dans ce livre des choses qui détonnent*, il contient des choses qui ne sont pas dans le ton général de l'ouvrage. Ce sens est peu usité.

DÉTORDRE, remettre dans son premier état ce qui était tordu. — On l'emploie aussi avec le pronom personnel, *se détordre le pied, le bras, le poignet*, se faire du mal au pied, au bras, au poignet, par une extension violente de quelque nerf ou de quelque muscle. Ce sens a vieilli. On dit *se fouler le pied*, etc.

DÉTORQUER, détourner en faisant quelque violence. Il n'entre guère que dans cette phrase peu usitée, *détorquer un passage*, donner à un passage un sens différent du naturel, et une explication forcée pour s'en servir à favoriser, à établir son opinion.

DÉTORS, ORSE, qui est détordu.

DÉTORSE (*t. de chirurgie*), synonyme d'entorse, qui est beaucoup plus usité.

DÉTORSION, s. f. (*méd.*), distorsion, entorse.

DÉTORTILLER, défaire ce qui était tortillé, le remettre dans l'état où il était avant d'être tortillé.

DÉTORTOIR, s. m. (*vénerie*), bâton de la longueur de deux pieds dont les chasseurs se servaient pour parer les branches qui peuvent les frapper à la figure en traversant un taillis. Aujourd'hui le manche de la cravache remplace le détortoir.

DÉTOUCHER, v. a. (*marine*), se remettre à flot après avoir touché.

DÉTOUPER, v. a., ôter l'étoupe qui bouchait un trou. Fig., *détouper ses oreilles*, écouter avec attention. *Détouper des terres* (*agric.*), ôter les épines qui les couvrent.

DÉTOUPILLONNER, v. a. (*horticult.*), couper les rameaux inutiles d'un oranger.

DÉTOUR, sinuosité. Il signifie aussi un endroit qui va en tournant, où l'on peut tourner, changer de direction. Fig., *les détours du cœur*, les replis secrets du cœur. — **DÉTOUR** se dit également d'un chemin qui éloigne du droit chemin. Il se dit figurément, surtout au pluriel, des discours dans lesquels on ne s'explique que d'une manière indirecte, par crainte ou par ménagement, par délicatesse, etc. Il signifie également toute espèce de biais, de moyen adroit, de ruse, de subtilité, pour éluder quelque chose, pour venir à bout de ce qu'on veut faire. *Être sans détour*, être loyal, franc, ne jamais user de détours.

DÉTOURNEMENT, s. m., action de détourner. On lit dans Molière : leurs détournements de tête et leurs cachements de visage.

DÉTOURNER, éloigner, écarter, tourner, diriger ailleurs. Il s'emploie figurément dans le même sens. *Détourner le sens d'un passage, d'une loi, d'un mot*, etc., donner à ce passage, etc. une signification, en faire une application différente de celle qu'il doit avoir. — **DÉTOURNER** signifie aussi figurément, dans une acception particulière, distraire de quelque occupation. Il signifie quelquefois dissuader. — **DÉTOURNER** signifie en outre soustraire frauduleusement. — **DÉTOURNER**, en termes de chasse, remarquer l'endroit où est une bête à la reposée, pour la courre ensuite, la chasser. — **DÉTOURER**, avec le pronom personnel, signifie s'écarter, s'éloigner. Il signifie aussi se déranger d'une occupation. Il signifie absolument, se détourner de son chemin, prendre, à dessein ou par hasard, un chemin plus long que le chemin ordinaire. Il signifie quelquefois se tourner d'un autre côté. — **DÉTOURNER**, s'emploie aussi neutralement, quitter le chemin qu'on suivait. — **DÉTOURNÉ** (*participe*). Il s'emploie aussi adjectivement, et se dit des petites rues peu fréquentées, des chemins écartés. Fig., *voie détournée*, voie indirecte. Cela se dit plus ordinairement des voies, moyens secrets ou artificieux par lesquels on tâche d'arriver à ses fins. Fig., *reproche détourné*, reproche indirect. *Louange détournée*, louange délicate et fine, qui ne s'adresse pas directement à la personne qu'on a l'intention de louer. *Sens détourné*, sens qui n'est pas le sens ordinaire ou naturel d'un mot, d'une phrase.

DÉTOURNER, v. a. (*vénerie*), découvrir par le moyen du limier le lieu où le cerf a reposé, et en marquer l'enceinte pour se reconnaître. *Détourner le cerf*, se dit pour tourner autour d'un endroit où il est entré, et s'assurer qu'il n'en est pas sorti.

DETOURNES, nom d'une famille longtemps célèbre dans l'imprimerie. Le premier qui se distingua fut JEAN DETOURNES; il travailla d'abord dans l'imprimerie de Seb. Gryphe; il en forma ensuite une en 1540. On remarque la grande correction des éditions qui sortirent de ses mains. Parmi elles on peut citer le *Pétrarque*, en italien, le *Dante* et les *Chroniques de Froissard.* Il est l'auteur de plusieurs préfaces jointes à ses éditions, et très bien écrites en latin. Il fut nommé imprimeur du roi, et mourut de la peste en 1564. JEAN DETOURNES IIe succéda à son père, et conserva le titre d'imprimeur du roi : la même pureté et la même élégance distinguent ses éditions et celles de son père. En novembre 1585, il fut forcé, à cause de sa religion, de se réfugier à Genève, où il fonda une imprimerie. Ses descendants continuèrent à prospérer à Genève, et, en 1726, *Jean-Jacques* et *Jacques* DETOURNES obtinrent la permission de rentrer à Lyon, conservèrent leur maison de Genève, et donnèrent ainsi un grand accroissement à leur commerce, qui consistait principalement en livres de théologie. Il commença à déchoir après l'abolition des jésuites, et les fils de Jean-Jacques et de Jacques vendirent leur établissement et abandonnèrent l'imprimerie, dans laquelle leur famille s'était distinguée pendant près de 240 ans.

DÉTRACTER, parler mal de quelqu'un ou de quelque chose, s'efforcer ou affecter d'en rabaisser le mérite. On peut l'employer absolument. Il est peu usité.

DÉTRACTEUR, celui qui parle mal de quelqu'un, de quelque chose, qui s'efforce, qui affecte d'en rabaisser le mérite. Il s'emploie quelquefois adjectivement.

DÉTRACTION, action de détracter, médisance.

DÉTRACTION (DROIT DE), droit public. C'est un droit connu en Allemagne sous le nom d'*abschuss* ou *abrug*, et qui se paie dans plusieurs états des princes de cette contrée sur l'exportation des effets, et du prix des immeubles d'une succession. En France, le roi, dans les différents traités conclus avec les princes allemands, pour la suppression du droit d'aubaine, dont nous avons parlé sous ce mot, s'est réservé, sur les successions que les sujets de ces princes viennent recueillir dans le royaume, un droit équivalent à celui de détraction, qui est fixé par plusieurs conventions à cinq pour cent du capital de ces mêmes successions. La raison de l'établissement de ce droit a été pour établir à tous égards la réciprocité la plus exacte entre les sujets respectifs des puissances.

DÉTRANCHEMENT, s. m. Il s'est dit de l'action de couper en tranches, en morceaux. Montaigne a dit : *le détranchement des membres.*

DÉTRANCHÉ, ÉE, part. (*blason*). Il se dit de l'écu dans lequel est une bande qui part de dextre, mais non pas précisément de l'angle.

DÉTRANCHER, v. a. Il s'est dit pour couper en tranches, en morceaux.

DÉTRANGER (*t. de jardinage*), chasser les animaux qui nuisent aux plantes.

DÉTRANSPOSER, v. a. (*technol.*). Il signifie, en termes de typographie, remettre à leur place les pages qui avaient été transposées.

DÉTRANSPOSITION, s. f. (*technol.*), action de détransposer.

DÉTRAPE. Il se disait autrefois pour décharge, débarras, *voilà une belle détrape.*

DÉTRAPER, v. a. Il se disait autrefois pour délivrer, débarrasser. On le trouve dans la satire Ménippée.

DÉTRAQUER, faire perdre à un cheval ses bonnes allures, son allure ordinaire. Il se dit également en parlant d'une machine, d'une montre, d'une horloge, etc., et signifie, la dérégler, faire qu'elle n'aille plus comme elle doit aller. Il signifie, figurément, troubler, déranger les fonctions d'une chose organisée, ou les facultés d'un être intelligent. Il signifie pareillement, dans une acception plus étendue, mettre le désordre où régnait une certaine règle, un certain ordre, etc. Il s'emploie avec le pronom personnel, surtout dans les trois derniers sens.

DÉTRÉ, jésuite français, né en 1668, fut attaché aux missions étrangères et envoyé dans l'Amérique espagnole, où il fut nommé, en 1713, supérieur général de toutes les missions du Maragnon. Il s'appliqua à l'étude de la langue du pays, et parvint à traduire le catéchisme en dix-huit idiomes parlés par ces peuplades. Il fut ensuite nommé, en 1727, recteur du collége de Cuença, et mourut quelques années après. On trouve une relation de ses missions dans les *Lettres édifiantes*, tome XXIIIe.

DÉTREMPE, manière de peindre avec des couleurs broyées à l'eau et à la colle, qu'on emploie sur le plâtre, le bois, la peau, le papier. On s'en sert pour les décorations de théâtre. Cette manière de peindre est la plus ancienne. Les peintures en détrempe se conservent longtemps, lorsqu'elles sont à couvert des injures de l'air. Leur plus grande imperfection est d'être facilement effacées.

DÉTREMPE, fig. et fam., *mariage en détrempe*, commerce illicite, sous quelque apparence de mariage.

DÉTREMPER, délayer dans quelque liqueur. — **DÉTREMPER** signifie aussi ôter la trempe à l'acier, en le faisant rougir au feu et le laissant refroidir peu à peu.

DÉTREMPEUR, s. m. Il se disait autrefois d'un aide de cuisine qui trempait dans l'eau le poisson et les viandes salées.

DÉTRESSE, angoisse, grande peine d'esprit causée par une situation malheureuse, par un embarras pressant, par un danger imminent; ou cette situation, cet embarras, ce danger même. En termes de marine, *signal de détresse*, signal par lequel un bâtiment annonce qu'il est en danger et qu'il a besoin de secours. On le dit figurément pour désigner toute action qui fait présumer qu'une personne est dans un embarras pressant.

DÉTRESSER, v. a., défaire des tresses.

DETRIANUS, architecte de l'antiquité, qui vécut sous le règne d'Adrien. Plus heureux ou plus adroit qu'Apollodore, Détrianus sut captiver les bonnes grâces d'Adrien, qui lui confia la conduite des plus importants édifices de Rome. Il répara le Panthéon d'Agrippa, la basilique de Neptune, le Forum d'Auguste, les bains d'Agrippine, et plusieurs autres monuments qui tombaient en ruine ou qui avaient été détruits par le feu. Détrianus éleva un temple magnifique en l'honneur de Trajan; mais son chef-d'œuvre fut le mausolée d'Adrien et le pont d'Elien, qu'on nomme aujourd'hui le pont Saint-Ange. Les constructions qui restent encore aujourd'hui du tombeau d'Adrien, sous le nom de château Saint-Ange, attestent la grandeur de l'entreprise. La magnificence que Détrianus développa dans ce monument, se confirme par les colonnes de la basilique de Saint-Paul hors des murs, et la pomme de pin du Vatican, qui formaient sa décoration et son couronnement. Si de telles autorités, si les détails de la construction et de la forme de la masse de ce tombeau, suffisent aux restaurations que plusieurs architectes en ont faites, l'édifice se composait d'un grand soubassement carré, au-dessus duquel s'élevaient deux ordres ou étages en retraite l'un sur l'autre. Le premier était de quarante-deux colonnes isolées formant galerie circulaire, le second était en pilastres; tous deux surmontés de statues. Le couronnement était une espèce de coupole revêtue de bronze, à laquelle la pomme de pin du belvédère servait d'amortissement. Ce tombeau, qui servit à enfermer les cendres non-seulement d'Adrien, mais encore de la famille des Antonins, était entièrement revêtu des plus beaux marbres de Paros. Détrianus paraît avoir réuni à la gloire de grand architecte celle d'habile mécanicien. Il trouva le moyen de transporter d'un lieu dans un autre le temple de Cérès, que l'on nommait la bonne déesse. Quelque difficile que paraisse une telle opération, elle ne peut cependant pas se ranger au nombre des choses impossibles ou invraisemblables, surtout si le temple, composé de grosses pierres, fut susceptible de se prêter à une déconstruction régulière. Détrianus aurait eu besoin encore de la science de la mécanique pour transporter, comme on dit qu'il le fit, dans le même lieu, debout et suspendu, le colosse de Néron, qui était de bronze et avait 120 pieds de haut. C'est un malheur pour les arts que de tels procédés ne nous aient pas été transmis par l'histoire. Quoique Detrianus passe pour avoir été l'architecte favori d'Adrien, ce prince fit élever ou restaurer tant d'édifices dans toutes les parties et dans la capitale de l'empire, qu'il faut bien que d'autres artistes aient eu part à sa confiance. Mais il paraît que Detrianus fut celui qui sut le mieux seconder ses vues ambitieuses en ce genre et s'accommoder à son humeur jalouse.

DÉTRICHAGE, s. m. (*technol.*), première façon que l'on donne aux laines avant de les peigner.

DÉTRICHER, v. a. (*technol.*), exécuter l'opération du détrichage.

DÉTRICHEUR, s. m. (*technol.*), ouvrier qui détriche les laines, qui les sépare les unes des autres en plusieurs qualités différentes.

DÉTRIEMENT, s. m. (*droit. cout.*) Assignation, don d'une portion légitime et convenable, *advenance et détriement* (cout. de Bretagne.) Espèce d'exécution immobilière.

DÉTRIER, v. a. (*v. lang.*), donner, assigner aux puînés une portion légitime et convenable.

DÉTRIMENT. Dommage, préjudice. — **DÉTRIMENT**, en termes d'histoire naturelle, se prend pour débris, fragment.

DÉTRIMENT, s. m. *Être en son détriment*, (*astrol.*), se disait d'une planète qui se trouvait dans un signe opposé à sa maison.

DÉTRIPLER. v. a. Réduire ce qui était triple. — **DÉTRIPLER LES FILES**, (*art. milit.*), les composer de deux hommes au lieu de trois.

DÉTRIS (*bot.*), genre de la famille des composées, section des bidents d'Adanson, auquel il assigne pour caractères : feuilles opposées, entières, fleurs solitaires, terminales; enveloppe simple de dix à douze feuilles médiocres; réceptacle à fossettes bandées d'une membrane courte, dentée; corolle des fleurs hermaphrodites à cinq dents, celle des fleurs femelles à trois dents; deux stigmates. Cette plante est à n'en pas douter la *Cineraria amelloides* de Linné.

DÉTRITAGE, s. m. (*écon. rur.*), action de passer les olives sous la meule.

DÉTRITER, v. a. (*écon. rur.*), broyer, écraser des graines, des olives.

DÉTRICTION, s. f. (*didac.*), usure par frottement.

DÉTRITIQUE, adj. des 2 g. (*géol.*), qui se compose de détritus. (*Terrain détritique.* (*V.* **DÉTRITUS**.)

DÉTRITOIR (*arts mécaniques.*) Moulin au moyen duquel on détrite les olives avant d'en exprimer l'huile. C'est une meule verticale de pierre, tournant lentement huit à dix tours par minute, dans une auge circulaire également en pierre, au moyen d'un moteur quelconque : il diffère peu des moulins de ce genre, dont on fait usage dans nos grandes huileries pour broyer les graines oléagineuses; le noyau, l'amande et la chair des olives se trouvent broyés, et par conséquent pressés ensemble, ce qui donne une plus grande quantité d'huile, sans en altérer la qualité. M. Sienne de Marseille, a imaginé un détritoir au moyen duquel on sépare les noyaux de la chair, en même temps que celle-ci se trouve broyée. Ce sont deux tables en bois, superposées, dont les surfaces en regard sont sillonnées en petites cannelures arrondies et parallèles. La table inférieure est fixe; elle porte des rebords entre lesquels la table supérieure peut se mouvoir dans le sens de sa longueur, et perpendiculairement à la direction des cannelures. Les olives placées entre ces deux tables, éprouvent un froissement quand la table supérieure vient à se mouvoir, qui dépouille le noyau et fait passer la chair sous forme de pulpe, à travers une infinité de petits trous percés dans la table inférieure, vis-à-vis du creux des cannelures. Cette pulpe, reçue dans une caisse dont le fond est en pente, se rend dans une espèce de chausse faite en maille de filet; la chausse laisse échapper une certaine quantité d'huile très fine, à laquelle on donne le nom de vierge, parce qu'elle est obtenue sans le secours de la presse. Le reste de l'huile que contient encore la pulpe, ainsi égouttée, est exprimée à l'aide du pressoir, comme à l'ordinaire. Les noyaux étant dépouillés de leur chair, on soulève la table supérieure à l'aide d'un treuil; avec une espèce de peigne en bois, dont les dents correspondent aux cannelures de la table inférieure, on fait tomber tous ces noyaux dans une auge placée sur un des côtés de la machine.

DÉTRITUS (*t. d'hist. nat., emprunté du latin*), amas de débris qui s'est formé naturellement.

DÉTROIT, bras de mer étroit qui sépare deux terres. Tel est le détroit de Gibraltar, entre l'Espagne et l'Afrique; le détroit du Pas-de-Calais, entre la France et l'Angleterre; le détroit entre la pointe méridionale de l'Italie et l'île de Sicile, appelé le phare de Messine; le détroit de Boniface, entre la Corse et la Sardaigne, le Sund et le Beltz, dans le Nord, ne sont autre chose que des détroits. Dans les autres parties du monde, on remarque le détroit de Magellan, entre la Patagonie et la Terre de Feu et l'Ile des États; le détroit de Béring, entre l'Asie et l'Amérique septentrionale. Le détroit de Bass, entre la Nouvelle-Hollande et la terre de Van-Diémen; le détroit des Dardanelles, qui sépare la Turquie d'Europe et la Turquie d'Asie. Un détroit un peu large est désigné quelquefois en géographie sous le nom de *canal* : ainsi le détroit qui sépare le royaume de Naples de la côte de Turquie, s'appelle canal d'Otrante; le bras de mer entre Formose et la Chine, est appelé canal de Formose, et le bras de mer entre l'Angleterre et l'Irlande est connu sous le nom de canal de Saint-George. C'est improprement que l'on applique le nom de détroit à l'entrée ou baie ou mer de Davis, qui n'est point resserré comme l'est, par exemple, l'entrée du golfe Arabique ou du golfe Persique. Plusieurs de ces détroits, peut être tous, doivent leur existence à la violence des chocs de la mer qui a fait irruption dans les continents, ou séparé des terres en minant et cultivant les bancs qui les unissent. Dans quelques détroits, il existe des courants violents qu'il est important pour les navigateurs de connaître.

DÉTROIT, s'est dit autrefois pour district, signifiant l'étendue d'une juridiction temporelle ou spirituelle.

DÉTROMPER. Désabuser, tirer d'erreur. Il s'emploie aussi avec le pronom personnel, et signifie, sortir d'erreur, se désabuser.

DÉTRONCATION, s. f. (*chirurg.*), séparation du tronc et de la tête du fœtus, cette dernière restant dans la matrice.

DÉTRONER. Chasser, déposséder du trône, dépouiller de la puissance souveraine.

DÉTROUSSER, détacher ce qui était troussé et le laisser retomber. Il se dit aussi avec le pronom personnel, de la personne qui détrousse son vêtement. — **DÉTROUSSER**, signifie figurément, et familièrement, voler, enlever par violence les effets, les marchandises d'un passant, d'un voyageur. — DÉTROUSSÉ, (*participe*), fig., et par plaisanterie, *rendre visite en robe détroussée*; rendre visite en grande cérémonie.

DÉTROUSSER, v. a. (*faucon.*). Il se dit d'un oiseau qui enlève la proie d'un autre, ou d'un chien qui l'ôte à l'oiseau.

DÉTROY, s. m. (*v. lang.*), tribut, amende imposée par le juge.

DÉTROY (FRANÇOIS), peintre, né à Toulouse en 1645; il vint à Paris et fut reçu à l'Académie de peinture. Il se distingua surtout comme peintre de portraits. Il mourut à Paris en 1730.

DÉTROY (JEAN-FRANÇOIS), fils du précédent, fut aussi peintre; il naquit à Paris en 1680, étudia en Italie, revint en France, acquit une grande réputation, fut nommé directeur de l'Académie de France à Rome et fut décoré de l'ordre de Saint-Michel. Il mourut à Rome en 1752. J. Beauvarlet a gravé, d'après Détroy, l'*Histoire d'Esther*.

DÉTRUIRE, démolir, abattre, renverser, ruiner un édifice, une construction ou toute autre chose semblable. Il signifie figurément faire qu'une chose quelconque ne soit plus, l'anéantir. *Détruire une personne dans l'esprit de quelqu'un*, décréditer entièrement une personne auprès de quelqu'un. — DÉTRUIRE s'emploie avec le pronom personnel au propre et au figuré. Il signifie quelquefois, en parlant des personnes, se donner la mort.

DETTE. C'est, en général, ce qu'on doit à quelqu'un. — DETTE ACTIVE, est celle dont on a droit d'exiger le paiement. —DETTE PASSIVE, est celle qu'on est obligé de payer.—DETTE PERSONNELLE, est une dette contractée par le débiteur personnellement ou pour laquelle le créancier a une action personnelle. — DETTE RÉELLE, est celle qui résulte uniquement de la détention ou possession, comme la rente foncière. — DETTE CHIROGRAPHAIRE, est celle qui résulte d'un titre sous seing privé ou d'une convention verbale qui n'emporte point d'hypothèques. — DETTE HYPOTHÉCAIRE, est celle qui est fondée sur un acte ou sur un droit emportant hypothèque et pour laquelle on peut agir hypothécairement contre le tiers détenteur d'un immeuble hypothéqué à cette dette. — DETTE PRIVILÉGIÉE, est celle qui fait préférer un créancier à tout autre, soit chirographaire, soit hypothécaire. — DETTE ANCIENNE, en matière d'hypothèque, est une dette qui précède les autres, et en matière de subrogation, c'est celle à laquelle le nouveau créancier est subrogé.—DETTE CLAIRE ET LIQUIDE, est une dette dont l'objet est fixé, certain. — DETTE CIVILE. On appelle ainsi toute dette ordinaire, qui n'est point pour fait de commerce, ni pour condamnation en matière criminelle. — DETTE LÉGALE, est celle à laquelle on est obligé par la loi, comme légitime des enfants, les aliments dûs réciproquement entre les ascendants et les descendants. — DETTE PURE ET SIMPLE. On donne ce nom à celle qui contient une obligation de payer, sans aucun terme, délai ou condition stipulée. —DETTE CONDITIONNELLE, est celle qui dépend de quelque évènement, ou qui ne peut être exigée qu'après l'accomplissement de quelque condition. — DETTE SIMULÉE, est celle qu'on contracte en apparence, mais qui n'existe pas réellement. — DETTE SOLIDAIRE. Une dette est *solidaire* lorsque le créancier peut l'exiger en totalité de l'un ou de l'autre des coobligés indifféremment.

DETTE. Fam., *Dette véreuse*, dette dont le paiement est fort incertain. Fam., *Dettes criardes*, petites sommes qu'on doit à des ouvriers, à des marchands, et dont ils sollicitent le paiement avec importunité. *Etre accablé de dettes, perdu de dettes, criblé de dettes, abîmé de dettes, avoir des dettes par dessus la tête*, avoir beaucoup plus de dettes que de bien. *Avouer une dette, avouer la dette*, avouer qu'on doit la somme dont il est question. Fig. et fam., *avouer la dette, confesser la dette*, reconnaître qu'on a tort, convenir d'un fait qu'on voulait cacher. On dit, dans le sens contraire, *nier la dette*. — DETTE, se dit figur., de tout ce qu'on doit ou qu'on veut faire en retour de quelque chose; et, en général, de toute chose qu'on ne peut se dispenser de faire, d'accomplir. *Payer la dette de la nature, sa dette à la nature*, mourir.

DETTE, s. f., express. prov., *faire sa dette de quelque chose*, répondre pour autrui, se rendre caution pour quelqu'un. *Dette de lit entier* (*anc. jurisp.*), dette contractée du vivant du mari et de la femme.

DETTE PUBLIQUE. C'est la partie de la dépense publique qui n'a point été acquittée avec le revenu public, soit à cause de son insuffisance, soit à cause de sa dilapidation. Ce qui embarrasse, quand on arrête sa pensée sur les causes de la dette publique, c'est qu'on ne les ait pas encore regardées comme des obstacles permanents et absolus à sa libération. Effectivement, ces causes ne sont pas transitoires et accidentelles, mais inhérentes à la nature de l'état social et politique. Si des guerres, des évènements imprévus, des abus ou des dilapidations ont élevé les dépenses de l'État au delà de son revenu et l'ont forcé de transformer ses intérêts en dette publique, les mêmes causes la perpétueront. Aussi, depuis près de cent cinquante ans que les gouvernements ont contracté une dette publique, non seulement aucun ne l'a remboursée, mais tous l'on, au contraire, augmentée dans des proportions qui épouvantent l'imagination. La dette de l'Angleterre, la seule connue, constatée et authentique, la seule qu'on peut suivre dans ses variations, depuis son origine jusqu'à nos jours, loin de s'éteindre par les remboursements qu'on en a faits, a été constamment progressive.

En 1701 elle se montait à	16,394,791 liv. st.
Depuis cette époque elle s'est élevée progressivement, en 1714, à . . .	53,681,076
En 1748, à.	78,293,313
En 1764, à.	139,516,807
En 1786, à.	260,000,000
En 1802, à.	553,712,807

En 1814, à. . . . . 778,478,521.

Et cependant l'Angleterre est, de tous les États modernes, celui qui s'est occupé avec le plus de soin du remboursement de sa dette. Dans l'espace d'un siècle elle a remboursé la somme énorme de 275,568,352 liv. st. Mais ce remboursement, tout immense qu'il est, forme à peine le quart de sa dette et n'en a que faiblement allégé le poids. On peut donc affirmer, sans être accusé de paradoxe ou d'exagération, que toute la dette publique est, dans sa nature, inextinguible, et il ne faut point s'en étonner. — Un particulier qui dépense au delà de son revenu, a trois moyens d'éteindre la dette qu'il a contractée par l'excès de ses dépenses. Il peut réduire sa dépense et se libérer par ses économies; il peut améliorer son revenu par plus de travail; il peut enfin trouver des ressources dans l'aliénation de son capital. — Un État ou un gouvernement n'a à sa disposition aucun de ces moyens de libérations. 1° Il ne peut pas réduire les dépenses ordinaires, presque toujours déterminées par la position relative du pays, par ses relations avec l'étranger, par ses mœurs, ses habitudes et ses usages : des dépenses extraordinaires ne sont pas une raison suffisante pour réduire les dépenses ordinaires. On n'économise pas sur le nécessaire, ou du moins telle n'est pas la vertu des gouvernements. Lors même que la réduction des dépenses ordinaires serait possible, elle serait insuffisante pour opérer la libération de la dette publique des États modernes. 2° L'amélioration du revenu général du pays, dont le revenu public est une partie aliquote, offre sans doute des ressources plus étendues et plus efficaces que la réduction des dépenses ordinaires. Qui peut, en effet, calculer la puissance de l'amélioration de la fortune d'un grand peuple? Mais cette puissance consiste dans le génie, l'industrie et l'activité de la population. Et comment leur donner le mouvement là où il n'existe pas? comment l'améliorer là où il existe? On ne peut y parvenir que par l'éducation des classes laborieuses et industrieuses, par la liberté de l'ouvrage et de l'ouvrier, par la facilité de la circulation des hommes et des choses, par la protection générale des individus au dedans et au dehors, par l'égalité de la justice, des récompenses, des grâces et des honneurs entre tous ceux qui ont bien mérité de leur pays. Mais peu de gouvernements connaissent l'influence de ces causes sur la richesse générale d'un pays; peu savent en faire usage; peu sont assez éclairés ou généreux pour n'en concevoir aucun ombrage. On en a, au contraire, un tel effroi, qu'on se fait un devoir de les paralyser, de les entraver, de leur opposer d'insurmontables obstacles. Le besoin de la richesse est sacrifié aux terreurs qu'elle inspire. On ne peut donc pas plus compter pour le remboursement de la dette publique sans l'amélioration du revenu public, que sur la réduction des dépenses ordinaires de l'État. 3° On ne peut pas davantage attendre sa libération de l'aliénation des domaines de l'État qui forment son capital. Depuis longtemps ces inaliénables domaines sont aliénés, et ce n'est que pour suppléer à leurs ressources qu'on a eu recours à la dette publique. On ne peut donc pas l'éteindre par l'aliénation du domaine public. — Les gouvernements n'ont, par conséquent aucun moyen de se libérer de la dette publique qu'ils ont contractée. — D'où vient donc qu'il en existe une dans chaque État, qu'elle est progressive, et que ses progrès sont si rapides qu'on ne sait où elle s'arrêtera? D'où vient surtout que son énormité, qui devait avoir une si funeste influence sur la fortune des peuples et sur la richesse générale, n'en a eu aucune, et peut-être leur a été plus favorable que contraire? C'est sans contredit un des plus grands problèmes de l'économie politique. — Peut-on se flatter de le résoudre par la sagesse des plans de finance qui, depuis l'origine des dettes publiques, ont été appliqués à leur libération? Tous ont échoué, et les meilleurs diffèrent peu des plus mauvais : tous ont appelé le temps à leur secours et le temps s'est joué de toutes leurs combinaisons. — D'abord on promit au créancier de le rembourser à des termes fixes et plus ou moins éloignés; mais on reconnut bientôt que la situation politique des États est si précaire, que les gouvernements les plus réguliers et les plus économes n'ont jamais la certitude de faire honneur à leurs engagements, et qu'ils ne peuvent y manquer sans perdre leur crédit et sans s'exposer à de déplorables calamités. Il fallut donc renoncer aux remboursements à termes, également funestes aux gouvernements et à leurs créanciers. — On eut encore recours aux annuités à cours et à longs termes, qui promettent de rembourser chaque année l'intérêt et une partie du capital. (*V.* Annuités). On se flattait que ce mode de remboursement, qui ne grèvait que faiblement le revenu public, ne compromettrait ni la foi des gouvernements ni les besoins de leurs créanciers. On se trompa encore. Tout remboursement, quelque faible qu'il soit, dépasse les forces du revenu public, et les États qui n'ont pas d'autres ressources à offrir à leurs créanciers, se trouvent placés entre le danger d'imposer un intolérable fardeau aux contribuables ou d'opérer la ruine de leurs créanciers. On fut donc forcé d'abandonner les annuités comme les remboursements à termes. — On ne fut pas plus heureux dans le mode de remboursement par forme de rente viagère, qui n'est qu'une modification de l'annuité. On dut y renoncer quand on eut acquis la certitude que la chance de la rente viagère aggrave prodigieusement la condition de l'État débiteur. — On en vint enfin à ne promettre que le paiement à perpétuité de l'intérêt de la dette publique, et l'on devait d'autant plus compter sur la fidélité de cette promesse, qu'elle s'accordait parfaitement avec la nature du revenu public; mais on apprit encore par l'expérience, ce régulateur de toutes les combinaisons humaines et sociales, que la dette publique grossit chaque année de toute l'insuffisance du revenu public, et qu'à une époque peu reculée elle en absorbe une si grande partie, que ce qui en reste ne suffit plus aux indispensables besoins du service ordinaire. Que fit-on dans cette position désespérée? On inventa l'amortissement qui, avec une faible somme consacrée à racheter la dette publique au cours du marché, parvint à arrêter son accroissement indéfini. (*V.* Amortissement). — Ainsi, depuis que la dette publique existe, elle n'a jamais été remboursée, quoiqu'on ait multiplié les plans de remboursement, à peine en a-t-on payé l'intérêt; et cependant le zèle des prêteurs ne s'est point ralenti, la fortune publique n'en a point souffert, et la condition des peuples s'est prodigieusement améliorée. — Sans doute, on dira que tous ces avantages ont été obtenus malgré la dette publique et que, sans elle, ils auraient été bien plus grands? Mais ce n'est là qu'une assertion et il reste à la prouver : ce qu'on n'a pas encore fait. Quel est donc la cause de ce singulier phénomène? Comment concevoir que les peuples s'enrichissent quand leurs gouvernements ne peuvent pas payer les dettes de l'État; et, ce qui est encore bien plus étrange, comment le revenu public augmente-t-il dans la proportion de l'accroissement de la dette publique, sans arrêter la progression de la richesse générale et sans lui porter la moindre atteinte. C'est là, sans contredit, un prodige qui semble au-dessus de la science économique. Essayons cependant de pénétrer ce mystère. — Que fait un gouvernement qui contracte une dette publique pour combler les déficits du service ordinaire et les dépenses imprévues et extraordinaires? Il consomme des économies volontaires ou forcées. — Elles sont volontaires quand on lui prête volontairement; elles sont forcées quand il ne paie pas ses créanciers. Mais, volontaires ou forcées, ces économies existent, et si elles sont consommées sans reproduction, leur consommation laisse le pays dans le même état que si elles n'avaient pas encore été faites; dans ce cas, la richesse reste stationnaire. — Heureusement, il n'en va pas tout-à-fait ainsi, et l'opération est plus compliquée dans ses résultats. — La consommation des économies volontaires ou forcées est une consommation extraordinaire qui renchérit la valeur des produits, favorise le producteur, l'encourage à donner une plus grande extension à la production, et par conséquent donne une nouvelle impulsion aux économies, au travail, à tous les mobiles de la richesse. Tel est l'effet infaillible de tout accroissement de la consommation. — Sans doute, si le gouvernement se bornait à consommer les produits des économies et du travail, et ne donnait à l'économe et au producteur aucun équivalent de leurs économies, la production s'arrêterait et n'opérerait que comme le fouet sur l'esclave; dans ce cas le gouvernement éprouverait le sort du prodigue, qui ne trouve plus rien à dépenser quand il n'a plus le moyen de payer sa dépense. — Mais le gouvernement a, dans la faculté d'imposer, un équivalent dont ses prêteurs se contentent, quand ils sont assurés que l'impôt sera payé, et ils ont toujours cette certitude quand l'impôt ne dépasse pas les forces des contribuables, parce que, dans ce cas, le contribuable a intérêt et profit à produire tout ce que l'impôt lui demande. — Effectivement, un gouvernement qui emprunte cent millions de francs qu'il emploie à consommer des produits du travail, augmente de la même somme la valeur de tous les produits destinés à la consommation. Cette augmentation des prix réduit d'autant la consommation ordinaire et laisse les produits non consommés disponibles pour la consommation extraordinaire, et si les choses en restaient là, une classe de la population consommerait ce que d'autres classes auraient économisé: mais ce résultat n'est pas le seul. — Comme la réduction des consommateurs ordinaires ne s'opère que par l'élévation des prix; le renchérissement des prix avertit le producteur que la consommation a besoin d'une plus grande quantité de produits, et les profits qu'il a faits par le renchérissement de ceux qu'il avait lui donnent les moyens d'étendre sa production dans la proportion des besoins de la consommation. — Mais un produit ne peut être obtenu, soit primitivement, soit additionnellement, que par une augmentation de capital, du travail et de la rente du propriétaire du sol; d'où il suit que tout impôt qui nécessite une plus grande production excite impérieusement un accroissement du capital, des salaires et de la rente de la terre, et par conséquent tout contribuable a intérêt et profit à produire tout ce que lui demande l'impôt.— N'est-ce pas là, en effet, ce qui se passe en Europe depuis l'établissement de la dette publique? Chaque année, les dépenses publiques dépassent le revenu public; à des époques peu éloignées on emprunte pour couvrir les déficits et les arriérés, et l'on augmente les impôts pour effectuer le paiement de l'intérêt de l'emprunt et de l'amortissement du capital. L'impôt excite le contribuable à économiser et à produire d'avantage pour couvrir sa part contributive, et le pays se trouve plus riche de tout ce que l'impôt a augmenté la production. On peut d'autant moins élever des doutes sur ce résultat que non-seulement l'accroissement graduel de l'emprunt et de l'impôt, depuis un siècle, n'a opposé aucun obstacle aux progrès de l'emprunt ou de l'impôt, mais même qu'il les a rendus tellement faciles, qu'ils se sont élevés à plus de cinq fois ce qu'ils étaient à cette époque; que le pays est cinq fois plus riche, et que la population a doublé dans quelques lieux, et augmenté de plus d'un tiers dans d'autres; d'où il résulte évidemment que si les dépenses publiques et la dette qui les représente n'ont pas été la cause directe et immédiate de la progression des richesses particulières et générales, du moins elles ne l'ont ni arrêtée, ni entravée, ni paralysée. Il est donc permis de croire qu'on s'est égaré dans cette partie de la science, quand on a dit et enseigné que la dette publique est une consommation improductive de la richesse d'un pays, et un poids mort sur les facultés productives.—Mais n'a-t-on pas eu raison de dire que, lorsque le gouvernement emprunte, il consomme un capital qui produirait un revenu et qui n'en produit plus, ce qui fait éprouver à l'État la double perte de son capital et de son revenu? — Sans doute la dette publique atteste la consommation de valeurs en produits du travail égales à sa quotité; et si, comme on n'en peut douter, le gouvernement anglais a reçu de ses prêteurs une somme de 14 à 15 milliards, il est hors de doute qu'il a consommé 14 à 15 milliards de valeurs; mais quelles sont ces valeurs? Sont-ce des capitaux qui produisaient un revenu! Non, ce sont, comme on l'a vu, des économies volontaires ou forcées qui, sans cette consommation, n'auraient pas eu lieu, ou qui, si elles avaient été faites n'auraient pas eu d'emploi, et par conséquent auraient été sans profit pour l'État et même pour celui qui les aurait faites (*V.* ÉCONOMIES). — Ce qui distingue les économies des capitaux, c'est que les économies cherchent un emploi et que les capitaux en ont un assuré. — Or il est naturel de croire que le gouvernement consomme des économies sans emploi plutôt qu'un capital employé, et ce qui le prouve sans réplique, c'est que si le gouvernement consommait le capital employé, les travaux alimentés par cet emploi cesseraient à chaque emprunt; les produits diminueraient, la richesse décroîtrait, et le pays marcherait à une ruine rapide et inévitable. Si l'Angleterre avait consommé 14 à 15 milliards de capitaux employés, depuis longtemps elle serait sans capital, sans travail, sans industrie, sans commerce; depuis longtemps elle n'existerait plus. L'absurdité de cette conséquence suffit pour démontrer l'absurdité de l'assertion dont elle dérive: on peut donc conclure avec certitude que la dette publique des États modernes n'a point consommé de capitaux qui produisaient un revenu. — Qu'a donc consommé la dette publique? Pas autre chose que des économies sans emploi, auxquelles elle en a ouvert un tout aussi productif que l'emploi des autres économies converties en capitaux. — Quand un gouvernement emprunte cent millions d'économies sans emploi, il ne donne à ses créanciers aucune valeur actuelle, et en cela il ressemble à tout particulier qui n'a à offrir d'autres gages de l'emprunt qu'il contracte que son amour du travail et de l'économie; son habileté et sa probité. — Il se met à l'œuvre pour faire honneur à ses engagements, et presque toujous il y parvient; presque toujours les produits de son travail le mettent en état de produire le capital qu'il a consommé, les profits du capitaliste, les salaires de son travail et la rente de la terre; de telle sorte que l'emploi du capital qu'il a emprunté enrichit le pays du salaire du travail, des profits du capitaliste et de la rente de la terre. De même, après son emprunt, le gouvernement met à l'œuvre ses contribuables, qui reproduisent dans le paiement de l'impôt les profits et l'amortissement du capital emprunté, et en outre les salaires du travail, les profits du capital qui l'a alimenté et la recette de la terre. L'impôt nécessite tous ces produits, parce que, sans eux, on ne consentirait pas à augmenter la production; seulement l'impôt se répartit sur l'accroissement des produits, et on opère la réduction à due concurrence; mais cette réduction ne suffit pas pour arrêter la production, car si elle n'avait pas lieu, l'impôt ne serait pas payé, l'intérêt et l'amortissement seraient pris sur l'ancienne production, le pays s'appauvrirait, et l'emprunt s'arrêterait avec l'impôt; car on ne prête pas plus à un pays qui s'appauvrit qu'un pays pauvre ne peut couvrir ces emprunts de son gouvernement. Il n'y a donc, quant à la richesse d'un pays, aucune différence entre les emprunts des particuliers et les emprunts publics; tous reproduisent ce qu'ils consomment, ou ils ne pourraient pas être continués. Mais ne peut-on pas dire avec raison que si le gouvernement n'avait pas employé les contribuables à produire pour payer les dettes, ils auraient produit pour eux mêmes et auraient eu tous les bénéfices de la production, au lieu qu'ils n'ont travaillé que pour les créanciers du gouvernement. — Peu importe pour la richesse générale que les produits du travail se distribuent à l'une ou à l'autre classe de la population; ce qui suffit, c'est que cette distribution ne nuise pas à la reproduction, et l'on ne voit pas pourquoi elle souffrirait de ce que les produits sont consommés par les créanciers de l'État plutôt que par les producteurs; dans les deux cas, il y a consommation avec équivalent, et il n'en faut pas d'avantage pour assurer la reproduction. Il faut d'ailleurs observer que si le gouvernement par ses consommations extraordinaires, n'avait pas provoqué l'accroissement des productions, cet accroissement n'aurait pas eu lieu, car la production se proportionne nécessairement à la consommation, la dépasserait sans profit et éprouverait des pertes qu'il est de son intérêt d'éviter. — Il n'est pas d'ailleurs exact de dire que les consommations extraordinaires du gouvernement ne sont d'aucun profit pour le pays, elles sont la cause et le principe de toutes les améliorations sociales; et si elles ne les produisent pas toujours et nécessairement, on doit convenir qu'il n'y a pas d'autre moyen de les obtenir. Sans consommations extraordinaires il y aurait sans doute plus d'aisance, de fortune et d'opulence dans les particuliers, mais on ne pourrait pas en attendre ces institutions, ces établissements et ces monuments qui honorent les peuples, illustrent et immortalisent les empires. — Qu'on se garde cependant de conclure de cette manière d'envisager la dette publique, qu'un gouvernement peut ne pas mettre de bornes à ses dépenses, et que plus il les augmente, plus il enrichit ses sujets. Ses dépenses ont une première limite dans la possibilité des économies de ses sujets. S'ils ne veulent ou ne peuvent pas en faire, on ne peut que difficilement les y contraindre, et les contraintes que le pouvoir exerce contre eux l'avertissent qu'il est arrivé aux termes de ses dépenses; car du moment qu'il ne trouve plus à emprunter, il ne peut plus se permettre des dépenses extraordinaires, lors même que les contribuables consentiraient à travailler pour payer, par l'impôt, les dépenses extraordinaires du gouvernement, il faudrait encore assurer un nouveau débouché aux nouveaux produits du travail, et ce débouché n'est pas toujours à la disposition du gouvernement. De là vient le principe fondamental de l'impôt qu'un gouvernement ne peut l'augmenter qu'autant qu'il ouvre aux contribuables de nouvelles sources de richesses pour le pays. — Il y a donc dans la nature des choses des limites naturelles et nécessaires aux dépenses du pouvoir, et ces limites sont celles de l'économie, de la production et de l'écoulement de ses productions. Tant qu'on n'est pas arrivé à ces limites, il est permis de croire que la dette publique n'est point un obstacle aux progrès de la richesse et de l'opulence d'un pays. Ainsi s'explique l'étrange phénomène de l'accroissement de la dette publique et des progrès de la richesse moderne; on m'accusera sans doute de paradoxe, si j'avance qu'ils sont tour à tour cause, cause et effet; mais les principes conduisent à ce résultat, et sous leur égide il m'est permis, et c'est même un devoir de ne pas les sacrifier à de vaines et d'impuissantes considérations. [W.

DETTE (PRISON DE LA). Les questions judiciaires et morales de la détention pour dettes ont été examinées à l'article CONTRAINTE PAR CORPS. Il ne s'agit ici que de quelques détails sur la manière dont s'exécute à Paris cette rigoureuse disposition de nos lois commerciales. Avant la révolution de 1789, c'est au *Fort-l'Évêque* qu'étaient renfermés les détenus pour dettes. Lorsque les couvents furent supprimés, et que *Sainte-Pélagie* devint tout-à-fait une prison, l'on en réserva une partie à cette sorte de captifs. Ils y avaient leur bâtiment séparé, que, par abréviation, l'on appelait *la dette*, comme sans l'autorisation du Dictionnaire de l'Académie, on les nommait eux mêmes les *dettiers*. Ces prisonniers habitent maintenant une maison récemment construite pour eux dans la rue de Clichy, et qui leur est spécialement affectée; son aspect est sans doute moins sévère, ses murs sont moins sombres, son intérieur est moins lugubre que ceux de l'antique monastère féminin changée en maison d'arrêt pour l'autre sexe; mais on sait qu'il n'est point de *belles prisons*, et la privation de la liberté est une souffrance qui n'admet guère d'atténuation. Comme on l'a dit plusieurs fois avec raison, ce qu'il y a de plus rare dans cette maison destinée aux commerçants, c'est d'y en rencontrer un. En revanche, presque toutes les autres classes de la société, rentiers, artisans, militaires, ecclésiastiques, etc., lui fournissent leur contingent; car il suffit, pour être réputé négociant, par une fiction de la loi, d'avoir placé son nom sur une lettre de change. Aussi les jeunes gens forment-ils une des plus nombreuses catégories de cette population captive, et l'on devine aisément l'honnête profession de presque tous les incarcérateurs. Il est de tradition au théâtre de représenter les *Sainte-Pélagie*, anciennes et nouvelles, comme une sorte de paradis terrestre, où la gaieté, le vin de champagne et l'orgie sont en permanence: on voit bien que les auteurs n'ont pas même regardé par le guichet. La prison des *dettiers* (sauf quelques exceptions pour de riches et obstinés débiteurs) a, comme toutes les autres, son ennui, sa tristesse, ses larmes et ses suicides! Il est juste cependant de dire que, depuis la révolution de Juillet, plusieurs adoucissements ont été apportés par la législation au sort des détenus pour dettes. Ainsi, toute créance, quelque minime qu'elle fût, donnait lieu précédemment à cinq ans d'emprisonnement : la loi les a réduits à deux ans et même à un pour les dettes qui n'excèdent pas une certaine somme. Elle a aussi exigé du créancier une augmentation de 25 centimes par jour sur les mois d'*aliments* d'un père de famille; et, même auparavant, ces aliments avaient déjà été élevés de 21 fr. à 30 fr. pour tous les prisonniers. Enfin, les étrangers, qui pouvaient être retenus toute leur vie dans la prison pour dettes, obtiendront maintenant de droit leur sortie au bout de dix ans. C'est encore trop, beaucoup trop sans doute, pour le débiteur réellement insolvable! Quand aux autres, ils feront toujours, proportion gardée, le calcul de ce fameux ex-fournisseur détenu à l'ancienne Sainte-Pélagie: « Trouvez-moi un négoce ou une occupation qui me vaille » deux millions en cinq ans, comme le fera mon séjour ici. »

DÉTUMESCENCE, s. f. (*méd.*), diminution de gonflement d'une partie.

DÉTURBATRICE, s. f. (*astron.*). Il ne s'emploie que dans cette locution, *force déturbatrice* qui se dit de la force perpendiculaire au plan de l'orbite de la planète troublée.

DEU, (*bot.*). Nom que porte au Chili une espèce de redoul, *coriaria ruscifolia*.

DEUCALION, fils de Prométhée et mari de Pyrrha, fille d'Epiméthée, régna sur une partie de la Thessalie. Ce fut sous son règne qu'arriva le déluge qui porte son nom. Jupiter, irrité de l'impiété des hommes, ayant résolu de détruire le genre humain, submergea toute la terre. Les hommes effrayés se réfugièrent sur les plus hautes montagnes, mais l'eau s'éleva bientôt jusqu'à cet asile, et ne leur laissa plus aucun espoir de salut. Par le conseil de Prométhée, Deucalion construisit un vaisseau, et s'y sauva avec sa femme Pyrrha. Le vaisseau flotta au gré des vents pendant huit jours, et s'arrêta le neuvième sur le sommet du Mont-Parnasse, où Deucalion demeura jusqu'à ce que les eaux se fussent retirées. Ovide et Pindare ne parlent pas de ce vaisseau, ils disent seulement que Deucalion se réfugia sur le Parnasse. Suivant Justin, Deucalion ne fut pas le seul qui échappa au déluge. Un grand nombre d'hommes sauvèrent aussi leur vie en gagnant le sommet des plus hautes montagnes ou en s'abandonnant sur des barques à la merci des ondes. Après la retraite des eaux, Deucalion et Pyrrha consultèrent l'oracle de Thémis, sur les moyens de repeupler la terre. L'oracle leur ordonna de voiler leur visage et de jeter derrière eux les os de leur grand'mère. Deucalion, après avoir cherché le sens de ces paroles, comprenant enfin qu'il s'agissait des pierres de la terre, mère commune de tous les hommes, ils se mirent en devoir d'exécuter les ordres du destin. Les pierres jetées par Deucalion furent changées en hommes et celles qui le furent par Pyrrha en femmes. Ils dressèrent ensuite à l'oracle douze autels particuliers; Deucalion bâtit un temple à Jupiter Phryxius, que Pisistrate rétablit, et qu'Adrien dédia à Jupiter Olympien. Il institua, en mémoire de ceux qui avaient péri dans cette inondation une fête appelée *hydrophories*, et qu'on célébrait encore du temps de Sylla. On croit que le déluge de Deucalion arriva l'an 1503 av. J.-C. Deucalion eut de Pyrrha deux fils, Hellen, fils de Jupiter, et Amphiction, roi de l'Attique, et une fille appelée Protogénée que Jupiter rendit mère d'Ethlius. La fable du déluge est fondée sur l'histoire. Sous le règne de Deucalion, roi de Thessalie, le cours du fleuve Pénée fut arrêté par un tremblement de terre à l'endroit où ce fleuve, grossi des eaux de quatre autres, se décharge dans la mer. Il tomba cette même année une si grande abondance de pluie que toute la Thessalie fut inondée. Deucalion et ceux de ses sujets qui échappèrent se retirèrent sur le Mont-Parnasse et, les eaux enfin écoulées, ils descendirent dans la plaine. Les pierres mystérieuses qui repeuplèrent le pays sont probablement les enfants de ceux qui se garantirent de l'inondation; le même mot grec signifiant à la fois *peuple* et *pierre*. Lucien dit que Deucalion se sauva dans une arche avec sa famille, et un couple d'animaux de chaque espèce, tant sauvages que domestiques, qui le suivirent volontairement.

DEUCALION, fils de Minos, second roi de Crète, régna avec son père et donna Phèdre, sa sœur, en mariage à Thésée.

DEUCALION, fils d'Hercule et d'une des Thetiades.

DEUCALION, fils d'Haliphron et de la nymphe Jophossa.

DEUCALION, fils d'Astérius et de Crêta, fille d'Halimon.

DEUCALION, Troyen tué par Achille.

DEUCALION (*géog.*), petite île de la Grèce, auprès du promontoire de Pyrrha.

DEUCALION (*astron.*), nom donné par quelques auteurs à la constellation du VERSEAU.

DEUCCHEL (*ois.*), nom allemand du grèbe proprement dit, *colymbus urinator*, Linné.

DEUDORIX, un des chefs des Chérusques, orna le triomphe de Germanicus.

DEUIL. Ce mot, en italien *doglia*, parait dérivé du latin *dolium*, racine *doléa*, je m'afflige. Une affirmation qui confirmerait cette étymologie, si elle était contestable, c'est que quelques écrivains de la basse latinité emploient l'expression à demi barbare de *dolium* dans le même sens que *dolor*, et Plaute lui-même a dit, *cordolium* pour *dolor cordis*. Le deuil est la manifestation extérieure de la douleur qu'on éprouve dans certaines circonstances malheureuses, et surtout des regrets que laisse dans notre cœur la perte d'une personne aimée. Mais si tous les hommes sont également accessibles à la douleur, ils n'ont pas tous un langage uniforme au service des sentiments qui les affectent, d'où il suit que le deuil a dû s'empreindre du cachet particulier des usages, des mœurs privées, politiques et religieuses des différents peuples, et n'a pu se formuler partout sous les mêmes emblèmes. C'est ce qui ressort de l'examen de l'histoire des nations anciennes et modernes. — *Deuil chez les anciens*. Les marques de deuil chez les Israélites étaient de déchirer ses habits aussitôt que l'on apprenait une mauvaise nouvelle ou que l'on se trouvait présent à quelque grand mal, comme un blasphème ou un autre crime contre Dieu; de se battre la poitrine, de mettre ses mains sur la tête, la découvrir en ôtant la coiffure, et y jetter de la poussière ou de la cendre au lieu de parfums qu'ils y mettaient dans la joie. Tant que le deuil durait, il ne fallait ni s'oindre ni se laver, mais porter des habits sales et déchirés, ou des *sacs*, mot Hébreu, qui désignait des habits étroits ou sans plis, et par conséquent désagréables; on avait les pieds nus aussi bien que la tête, mais le visage couvert. Quelquefois on s'enveloppait d'un manteau pour ne point voir le jour et pour cacher ses larmes. Le deuil était accompagné de jeûne, c'est-à-dire que tant qu'il durait, on ne mangeait point du tout, ou on ne mangeait, après le soleil couché, que des viandes fort communes, du pain, des légumes, et on ne buvait que de l'eau. Les hébreux durant le deuil, demeuraient enfermés, assis à terre ou couchés sur la cendre, gardant un profond silence, et ne parlant que pour se plaindre ou pour chanter des cantiques lugubres. Ordinairement le deuil pour un mort, était de sept jours. Quelquefois on le continuait pendant un mois comme il fut fait pour Araan et pour Moïse. Quelquefois il allait jusqu'à soixante-dix jours, comme pour le patriarche Jacob. Il y avait des veuves qui continuaient leur deuil toute leur vie, comme le fit Judith et Anne la prophétesse. — Chez les Égyptiens, à la mort d'un parent ou d'un ami, les femmes elles-mêmes oubliant le soin de leur beauté et les ménagements de la pudeur, se souillaient la tête de fange, se découvraient le sein, le frappait, et, courant les rues et les places, les faisaient retentir de leurs regrets. Les hommes ne se livraient pas moins vivement à la douleur. Ils se couvraient la tête de cendre ou de poussière, se frappaient la poitrine, et, tant que durait le deuil, ils laissaient croître leurs cheveux, s'abstenaient de vin et de toute nourriture délicate, portaient des habits sales et négligés, et s'interdissaient l'usage du bain. A la mort des rois, toute l'Égypte était en deuil; les habitants déchiraient leurs habits; les temples étaient fermés, les sacrifices et les fêtes suspendus pendant soixante-douze jours, et ceux qui se réjouissaient le plus de la mort du prince, étaient ceux qui montraient le plus de douleur. On s'abstenait de viande et de vin, ou l'on se cachait pour ne pas s'en abstenir; on ne faisait point usage de parfums et l'on couchait sur la dure. Des hommes et des femmes au nombre de 2 à 300, se couvraient la tête de boue, se frappaient la poitrine, chantaient deux fois par jour des hymnes funèbres qui contenaient les louanges du mort et l'énumération de ses vertus. — Les Syciens avaient une loi qui obligeait ceux qui voulaient porter le deuil de s'habiller en femmes; ils regardaient l'affliction comme une faiblesse indigne d'un homme. Les Syriens se retiraient pendant plusieurs jours dans des lieux solitaires pour y pleurer les morts sans être troublés. Les Perses, entre autres signes de deuil, coupaient les crins de leurs chevaux. — Les cérémonies consacrées par les grecs à l'expression de la douleur causée par la perte d'un ami ou pour toute autre cause profonde nous sont imparfaitement connues. Le deuil se manifestait à l'extérieur de la personne et par la forme et par la couleur de ses vêtements. Les grecs dans cette occasion cessaient de paraître aux banquets et dans les jeux; ils bannissaient de leur demeure les instruments de musique et tout ce qui donnait l'idée de fête ou de réjouissance, retirés dans l'intérieur de leur maison, ils s'imposaient toutes sortes de privations sur les commodité de la vie. Ils n'osaient faire usage du vin qui porte à la gaîté. Fuyant la clarté du jour, c'est dans les ténèbres et la solitude qu'ils cherchaient à dérober leur affliction à tous les regards. Le luxe de la parure était supprimé, joyau, or, ornements riches et précieux, tout était mis de côté; des vêtements d'une étoffe grossière, et ordinairement d'une couleur blanche, en prenaient la place. Ils coupaient et mêmes quelquefois rasaient entièrement leur chevelure; tantôt ils la plaçaient sur le corps du défunt, tantôt ils la jettaient au milieu du bûcher qui devait consumer sa dépouille. Quelquefois ils la déposaient sur le lieu ou les cendres étaient conservées. A la mort d'un grand homme, chaque citoyen s'acquittait de ce devoir pieux, soit qu'on crut appaiser ses mânes par ce sacrifice, soit que l'on vit une preuve d'affliction dans cette négligence et cet abandon d'un des principaux éléments de la beauté. Les grecs, en effet, laissaient croître avec le plus grand soin leur chevelure. Dans le deuil, on les voyait quelquefois, égarés par la douleur, s'agiter, se rouler dans la poussière, se couvrir la tête de cendres, l'envelopper dans leurs vêtements, ou, marchant à pas incertains et précipités, se frapper violemment la poitrine et se déchirer le visage avec leurs ongles. Douées de passions plus vives et cédant plus facilement à l'affliction, les femmes déployaient un appareil de douleur plus violent encore. Solon défendit prudemment des excès que la raison condamnait. Les Lacédémoniens montraient un grand courage à supporter les pertes privées; mais à la mort de leurs rois, hommes, femmes, enfants se rassemblaient indistinctement et se déchiraient le front à coups d'aiguilles, autant pour lui donner un témoignage de leur affliction que pour appaiser ses mânes satisfaites de ce sacrifice. Dans la violence de leurs imprécations, les grecs en venaient au point d'accuser les dieux, leurs reprochaient une vengeance injuste ou l'envie. Leur fureur insensée renversa plus d'une fois les autels et porta les ravages dans les temples, leurs sanglots n'étaient interrompus que par ce cri sans cesse répété *é, é, é, é*; de là dit-on le nom d'*ἔλεγος*, lamentations funèbres. A la mort d'un citoyen revêtu d'une charge importante, ou d'un personnage du plus haut rang, ou dans toute calamité terrible, les assemblées publiques étaient suspendues, les lieux d'exercice, les bains, les boutiques, les temples fermaient aussitôt, les places étaient désertes et la ville entière n'offrait que l'aspect du deuil ou de la désolation. — A Rome, du temps de la république, les femmes portaient le deuil en habits noirs; elles le portaient en blanc sous les empereurs. Caton, cité par Servius, dit que les femmes quittaient pendant le deuil les habits de pourpre et en portaient de couleurs bleue. Elles déposaient tous leurs ornements et négligeaient le soin de leur parure. Dans cette circonstance, les hommes s'habillaient généralement de noir, laissaient croître leurs cheveux et leurs barbes, quittaient les anneaux d'or. Les sénateurs et les magistrats ne portaient point de laticlave ni les autres marques de leur dignité. Tous étaient vêtus comme les plébéiens, les consuls eux-mêmes ne rendaient plus la justice assis sur leur tribunal et dans les chaises curules, mais assis sur les sièges des préteurs ou dans les bancs des tribuns du peuple. Ces marques d'affliction se donnaient surtout dans le deuil public, pendant lequel on fermait le Forum, les tavernes : aussi en abrégeait-on quelquefois le temps. Les causes pour lesquelles on mettait fin aux deuils publics étaient la dédicace d'un temple, la clôture du lustre, l'accomplissement d'un vœu public; et les causes qui abrégeaient un deuil privé étaient la naissance d'un enfant, quelques honneurs accordés à la famille, le retour de captivité d'un père, d'un fils d'un, époux ou d'un frère, un mariage, la naissance d'un parent plus proche de celui dont on portait le deuil, la célébration des mystères de Cérès, des compliments de félicitation à faire, la célébration des jeux solennels et celle des saturnales. Ceux qui étaient dans le deuil ne quittaient point leur maison; lorsqu'ils commençaient à sortir ils fuyaient les festins, les assemblées et les fêtes publiques. Gratien, Valentinien et Théodose, fixèrent à un an le temps des grands deuils, par exemple celui des maris porté par les femmes; ils déclaraient infâmes et privées de la succession de l'époux défunt celles qui en prendraient un autre avant l'année révolue. Avant ces empereurs, les grands deuils ne duraient que dix mois ou une année de Numa, qui le premier leur avait fixé ce temps. Les lois de Numa defendaient le deuil pour les enfants morts avant l'âge de 3 ans; une loi de Tibère le défendit aussi pour les condamnés à la peine capitale.

Deuil chez les modernes. Aujourd'hui, chez différents peuples, tels que les habitants de la Corée du Tonquin, les Japonais, les Mingréliens, les Indiens de l'Amérique du nord, etc., le deuil donne lieu à des pratiques assez singulières : les uns s'abstiennent de la cohababition avec leurs femmes et considèrent comme illégitimes les enfants qui proviendraient de ce commerce; les autres fuyent leurs habitations pendant des années entières, couchent à terre et s'astreignent à une abstinence rigoureuse; ceux-ci célèbrent des fêtes sur la tombe de leurs parents, en les invitant à y prendre part; ceux-là font disparaître tout ce qui a servi aux défunts et considèrent comme un crime et une insulte de prononcer leurs noms; enfin, il en est d'autres qui croyent honorer singulièrement les morts en restant à moitié nus pendant un temps plus ou moins considérable. — En Europe, la livrée ordinaire du deuil est le noir, symbole de la privation de la vie parce qu'il est la privation de la lumière. Cependant en Turquie la couleur reçue est le bleu ou le violet; le bleu emblème des vœux qu'on fait pour le bonheur de ceux qui sont morts, et le violet qui, étant un mélange de bleu et de noir, indique à la fois et les souhaits qu'on adresse aux morts et la tristesse que leur perte nous inspire. Le crêpe et les tentures noires sont en France les principaux attributs du deuil; quant à sa durée, elle est ainsi réglée par l'usage; *pour un mari un an six semaines*: pour un père, une mère, six mois, autant pour l'épouse; aïeul et aïeule, quatre mois et demi; frères et sœurs deux mois; tantes et oncle trois; cousin germain quinze jours; oncle à la mode de bourgogne, onze jours; cousin issu de germain, huit jours. Napoléon avait renouvellé, par un décret, différentes modes tombées en désuétude, concernant la durée et les attributs des deuils de cour et deuils ordinaires; mais la restauration a modifié tous les réglements émanés de l'autorité impériale. Bien que les deuils publics ne soient pas de rigueur, l'histoire contemporaine nous offre le tableau de plusieurs manifestations solennelles et éclatantes de douleur publique. Sans parler de la fête mortuaire décretée par l'assemblée Constituante en l'honneur des Français morts pour la liberté, et à l'imitation de laquelle une autre loi est venue en 1830 instituer un deuil à perpétuité pour les morts des trois journées de Juillet; sans rappeler aussi ce qui se passe sous nos yeux depuis la mort de Charles X, dans certaines classes de la société française, nous dirons qu'à la mort de Benjamin Franklin, arrivée le 17 avril 1790, tous les états de l'union américaine portèrent le deuil pendant deux mois, et que la France s'associa aux regrets de sa patrie; Mirabeau fit son éloge funèbre, le 11 juin, au sein de l'assemblée Constituante qui prit elle-même le deuil pour trois jours, les 14, 15 et 16 juin. Puis, quand Washington mourut, le gouvernement prit encore le deuil, comme pour Franklin, et Fontanes prononça son éloge; enfin, plus récemment encore, la tombe de Lafayette a été honorée, en Amérique et en France, d'hommages universels et spontanés. — Comme dans toutes les parties du monde civilisé, la religion sanctifie chez nous les fêtes en l'honneur des morts; mais les pratiques de piété ne servent qu'à faire ressortir d'avantage le contraste affligeant des débauches qui, dans grand nombre de localités, suivent les inhumations. C'est ainsi que dans la Bresse, par exemple, on dépose sur le cercueil des bouteilles qu'on s'amuse à vider ensuite; dans plusieurs autres parties de la France, comme dans le Morvan (Nièvre) et à Paris même, on se fait presqu'un devoir d'insulter par ces libations indécentes à la cendre des morts. C'est cet usage emprunté aux superstitions anciennes qui a donné naissance à la locution proverbiale, *in dolio dolcum infunde* (NOYER LE DEUIL DANS LE TONNEAU.) — L'assemblée qui forme le convoi mortuaire se nomme *le deuil*, c'est ordinairement le plus proche parent qui le conduit. On appelle *deuil joyeux*, celui d'une personne qu'on n'aimait pas ou qui vous laisse une riche succession; quand serons nous assez avancés pour bannir de notre langue cette expression scandaleuse qui profane la tombe.

Deuil de cour. Le grand et le petit deuil de la cour et leur durée sont réglés par le souverain; ordinairement le grand deuil est de 6 à 2 mois, le petit deuil est de 3 semaines à 3 jours. En France pendant le grand deuil, le roi portait l'habit, la culotte et la veste en drap violet et les bas en laine violette; le chapeau et l'épée étaient garnis de crêpes de la même couleur, les appartements tendus en violet. Les ministres, les personnes attachées à la Cour portaient les cheveux sans poudre, l'habit noir, les boucles de souliers bronzées, les bas de laine noirs, l'épée garnie d'un crêpe noir; pendant le petit deuil, le roi portait l'habit de soie noire, l'épée et les boucles en argent; le costume des autres personnes était à peu près le même dans les grandes cérémonies, les hommes ajoutent à leurs vêtements de deuil, un manteau, un crêpe au chapeau, quelquefois une cravate longue et des *pleureuses*, ou espèces de machettes rabattues sur les parements des habits. On peut consulter, pour les choses à observer durant le deuil de cour, le *Formulaire municipal* de M. Miroir, tome IV, page 401 et 402.

DEUIL. On entend ordinairement par ce mot la dépense d'habits dont on se couvre pour rendre en quelque sorte public le chagrin que nous cause la mort d'une personne qui nous était chère. Le deuil de la femme est aux frais des héritiers du mari prédécédé. — La valeur de ce deuil est réglée selon la fortune du mari. — Il est dû même à la femme qui renonce à la communauté (Cod. civ., art. 481.) (*V.* encore l'art. 1570). — On entend aussi par *deuil*, l'appareil lugubre des cérémonies funèbres. — Les frais funéraires sont créances privilégiées (*ibid.* art. 2101, n° 2).

DEUIL, grande tristesse causée par une chose funeste, déplorable. Poét. et fig., *le deuil de la nature*, se dit de l'aspect triste de la nature pendant la mauvaise saison. On dit dans le même sens, *la nature est en deuil*. Fam., *faire son deuil d'une chose*, la regarder comme une chose sur laquelle il ne faut plus compter, ou comme une chose perdue, et se résigner à s'en passer. — DEUIL, signifie particulièrement affliction, douleur qu'on éprouve de la perte de quelqu'un. Il désigne, par extension, les vêtements noirs, le crêpe, les voitures drapées, la livrée des gens, la tenture des appartements, et tout ce qui, à l'extérieur, caractérise la tristesse à l'occasion de la mort d'un parent, ou de ceux dont on hérite, ou de quelque autre, comme rois, princes, maîtres. — DEUIL, signifie également les étoffes, ordinairement noires, dont on tend une chambre, une église, etc. Il signifie aussi la dépense qu'on a fait pour prendre le deuil. Il se dit encore du temps pendant lequel on porte le deuil. Il signifie en outre le cortége des parents qui assistent aux funérailles de quelqu'un.

DEUIL, s. m., expr. prov., *faire le deuil sur la fosse*, acquitter sur-le-champ une dette peu honorable.

DEUIL et DEMI-DEUIL. On donne ces noms à plusieurs espèces de lépidoptères, notamment à ceux du genre *satyre* (*V.* ce mot).

J. P.

DEULE (*rivière*). Elle prend sa source au village de Carency, dans le Pas-de-Calais, et vient passer à Lens, dont elle baigne les anciennes fortifications. C'est là, qu'en prenant le nom de *Haute-Deule*, elle commence à devenir navigable au moyen d'écluses. Au village de Courrières elle mêle ses eaux à celles de la *Basse-Deule*, et communique avec Douai et Lille par un canal ouvert en 1690 au-dessus de Bercleau. En cet endroit, elle sépare le département du Nord de celui du Pas-de-Calais, se dirige vers Lille par Haubourdin, et va se jeter dans la Lys, à Deulemont, près de Warneton.

L'abbé PARENTY.

DEURHOFF (GUILLAUME), né à Amsterdam en 1650, exerçait l'état de layetier dans cette ville, quand il prit connaissance des ouvrages de Descartes et de Spinosa, il joignit à ces lectures celle de livres de théologie; et toutes ces idées fermentant dans sa tête formèrent un singulier amalgame qu'il élabora sous le nom de *Théologie de Deurhoff*. Ses écrits furent attaqués; il se défendit avec acharnement, et bientôt son nom fut très connu. Il mourut en 1717, après avoir publié le premier volume d'un autre ouvrage intitulé : *Métaphysique de Deurhoff*.

DEURIOPE (*géogr. anc.*), petite contrée de la Macédoine, au N.-O, faisait partie de la Peonie, entre l'Axius et l'Érigon. Elle avait pour limites au S. la Paphlagonie, au N. l'Orbélie, et à l'O. la chaîne des monts Bennus.

DEUS EX MACHINA, expression scholastique empruntée au théâtre. Conformément aux croyances mythologiques de l'époque, les poëtes tragiques de la Grèce, et particulièrement Euripide, au lieu d'amener le dénoûment par des moyens naturels, avaient souvent recours à un ressort plus commode, c'est-à-dire à l'intervention de quelque dieu. Lorsque cette intervention, faiblement motivée, choquait la vraisemblance théâtrale, le dieu n'était qu'une machine employée pour sortir d'embarras, *Deus ex machinâ*. Or, on dit par analogie, d'un savant ou d'un philosophe qui se sert d'un *Deus ex machinâ*, toutes les fois que, ne trouvant point une difficulté d'explication naturelle, il invoque une puissance surnaturelle, ou l'action directe de Dieu.

DEUSIEG (ANTOINE), né à Meurs, en Westphalie, le 15 octobre 1612, fit de très bonnes études et acquit, à l'université de Leyde, des connaissances fort étendues en philosophie, en mathématiques et dans les langues orientales. Il étudia ensuite la médecine et fut reçu docteur en 1637. Il revint ensuite à Meurs, et occupa une chaire de mathématiques dans cette ville. En 1639 il fut nommé professeur de physique et de mathématiques à Harderwick et, en 1642, il obtint la chaire de médecine. En 1646 il fut nommé premier professeur de médecine à Groningue. Il reçut ensuite les titres de médecin de la province, recteur de l'université, et archiâtre du comte de Nassau. Il mourut le 29 janvier 1666, laissant de nombreux ouvrages dont Niceron donne la liste. Il connaissait très bien la langue arabe, et on a de lui une traduction en latin des *Institutions de médecine* d'Avicenne, et des *Aphorismes* de Mesvé.

DESUING (HERMAN), né à Groningue en 1654. Après avoir choisi d'abord pour carrière la jurisprudence, il se livra ensuite à la théologie et adopta le *Coccéianisme*; il soutint ce système par ses écrits qui lui attirèrent des persécutions et l'excommunication. Il mourut dans sa ville natale, le 3 janvier 1722. La vie de Deusing, écrite par lui-même, se trouve dans le recueil intitulé : *Bibliotheca bremensis*.

DEUTERIE, s. f. (*méd.*), ensemble des accidents produits par la rétention de l'arrière-faix dans la matrice.

DEUTÉROCANONIQUE. *Deuterocanonicus*. On appelle deutérocanoniques les livres de l'Écriture sainte qui ont été mis plus tard que les autres dans le canon, soit parce qu'ils ont été écrits après que les autres y étaient déjà, soit parce qu'il y a eu des doutes sur leur canonicité (*V.* ÉCRITURE SAINTE).

DEUTÉROGAME, adj. des 2 g. (*didact.*), celui, celle qui se marie en secondes noces.

DEUTÉROGAMIE, s. f. (*didact.*), secondes noces, état du deutérogame.

DEUTÉROLOGIE, s. f. (*méd.*), traité sur l'arrière-faix.

DEUTÉROMESAL, ALE, adj. (*zool.*). Il se dit de quelques-unes des aréoles moyennes qu'offre l'aile des insectes.

DEUTÉRONOME, nom du cinquième livre du Pentateuque (*V.* MOÏSE et PENTATEUQUE).

DEUTÉROPATHIE, s. f. (*méd.*), état morbide qui se développe sous l'influence d'une autre maladie.

DEUTEROSE, s. f. (*théol.*). Il se dit quelquefois de ce que les Juifs appellent *Misna*, ou seconde loi.

DEUTOCARBONÉ, ÉE, adj. (*chimie*), qui est carboné au second degré.

DEUTOCHLORURE, s. m. (*chimie*), la seconde combinaison que le chlore forme avec un corps simple, lorsqu'il faut en former plusieurs.

DEUTOENOTHIONIQUE, adj. m. (*chimie*). Il se dit d'un acide produit par l'action de l'acide sulfurique sur l'alcool.

DEUTOSELENIURE, s. m. (*chimie*), la seconde des combinaisons que le selenium forme avec un corps simple, lorsqu'il peut en former plusieurs.

DEUTOSULFATE, s. m. (*chimie*), sel produit par la combinaison de l'acide sulfurique avec un deutoxyde.

DEUTOSULFURE, s. m. (*chimie*), la seconde des combinaisons que le soufre forme avec un corps simple, quand il faut en produire plusieurs.

DEUTOVERTÉBRAL, ALE, adj. (*anat.*), qui a rapport à la deutovertèbre.

DEUTOVERTÈBRE, s. f. (*anat.*), vertèbre du second ordre.

DEUTOXYDE, s. m. (*chimie*), second degré d'oxydation d'un corps qui peut se combiner en plusieurs proportions diverses avec l'oxygène.

DEUTSCH (NICOLAS-EMMANUEL), peintre et graveur, né à Berne en 1484, et mort dans la même ville en 1530. Ses tableaux sont très rares et très recherchés, mais ses gravures le sont encore davantage. Son ouvrage le plus remarquable est une suite de six estampes représentant les vierges sages et les vierges folles. Il laissa en mourant quatre fils qui furent aussi peintres et graveurs; le plus connu est *Jean-Rodolphe-Emmanuel*, dont les tableaux et les gravures sont aussi rares et recherchés que ceux de son père; il est auteur de gravures représentant les principales villes d'Europe et quelques cartes. Elles furent faites pour les trois éditions de la *Cosmographie* de Sébastien Munster.

DEUTSCHMANN (JEAN), théologien protestant, connu pour l'ardeur avec laquelle il se livrait à toutes les controverses théologiques de son temps. Il était né en 1625, et fut docteur et professeur de théologie à Wittemberg, où il mourut le 12 août 1706. Il est auteur d'une foule d'ouvrages dont la liste se trouve dans la biographie de Jocher.

DEUTZIE A FEUILLES RUDES ou **JORO** (*bot.*), *deutzia scabra*, genre de plantes dicotylédones, à fleurs complètes, polypétales, de la décandrie trigynie de Linné. Cette plante du Japon, décrite par Thunberg, présente pour caractère : calice court à cinq ou six divisions; cinq, rarement six pétales, dix étamines, les filaments alternativement plus courts, à trois pointes à leur sommet; ovaire supère, concave dans son milieu; trois et quelquefois quatre styles; autant de stigmates; une capsule petite, globuleuse; calleuse, perforée, scabre, munie de trois pointes, à trois loges, rarement quatre, s'ouvrant par sa base en autant de valves; plusieurs semences dans chaque loge. C'est un arbrisseau de cinq à six pieds de hauteur, très rameux, ayant le port d'un sureau; les feuilles presque semblables à celles du bouleau commun; les fleurs approchant de celles de l'oranger; les feuilles ovales aiguës sont couvertes de poils qui les rendent rudes au toucher. On les emploie au Japon pour polir divers ouvrages en bois. J. P.

DEUVE, s. f. (*comm.*), sorte d'étoffe de soie.

DEUX. Nombre double de l'unité. Fam., *cela est clair comme deux et deux font quatre*, cela est évident, incontestable. Fam. *n'en pas faire à deux fois*, *n'en faire ni un ni deux*, se décider sur le champ. Elliptiq., *donner*, ou mieux *piquer des deux*, faire sentir les deux éperons à un cheval pour qu'il aille plus vite. Fig. et fam., *piquer des deux*, aller très vite, faire beaucoup de diligence. — DEUX, s'emploie quelquefois, dans le langage familier, pour exprimer un très petit nombre indéterminé. Il s'emploie aussi dans le sens de deuxième ou second. — DEUX est quelquefois substantif masculin dans le premier sens. *Le deux du mois*, ou simplement, *le deux*, le second jour du mois. On dit de même, *le deux de la lune*. — DEUX, s'emploie également comme substantif, pour désigner le chiffre qui marque deux. Il signifie, en outre, une carte à jouer, ou le côté d'un dé à jouer qui porte deux points, etc. Au domino, *double-deux*, le dé sur lequel le point de deux est répété. Au trictrac, *amener double-deux*, amener un doublet de deux. Aux jeux de trois dés, *rafle de deux*, se dit lorsque chacun des trois dés est sur le point de deux.

DEUX, adj. numéral. Expr. prov., marcher *deux à deux comme frères mineurs*, marcher deux à deux et en bon ordre.

DEUX. Suivant Pythagore, ce nombre était le plus malheureux, parce qu'il désignait le mauvais principe, et par conséquent le désordre, la confusion. C'est d'après ce même principe que chez les Romains le second du mois de l'année et les seconds jours des mois étaient dédiés à Pluton.

DEUX-AIGUILLONS (*poiss.*), nom d'un poisson du genre *Premnade*; c'est le *Chætodon bisculeatus* de Bloch. (*V.* PREMNADE.) J. P.

DEUX-DENTS (*poiss.*), nom français du mot *Diodon* (*V.* ce mot). On donne encore ce nom à une espèce de *Crénilabre* (*V.* ce mot). J. P.

DEUX-DOIGTS (*poiss.*), nom du poisson décrit par Pallas sous le nom de *Scorpæna didactyla* (*V.* SYNANCÉE). J. P.

DEUX-CENTIÈME ou **DUCENTÉSIME**, s. f. (*ant. rom.*), impôt du deux-centième denier, établi par Tibère et aboli par Caligula.

DEUX CENT VINGT ET UN (ADRESSE DES) [*V.* JUILLET] (RÉVOLUTION DE).

DEUXIÈME, nombre d'ordre : second.

DEUXIÈMEMENT. En second lieu.

DEUX-PONTS (*en allemand, Zweibrucken*), district de Bavière. Son étendue est de 160 lieues carrée, 165,000 habitants. Il a des mines de fer, d'argent, d'agate (*mine unique en Europe.*). C'était jadis une principauté appartenant à la Bavière dès 1390. La France s'en empara en 1802; elle la rendit en 1814.

DEUX-PONTS (*Zweibrucken*), ville de Bavière, chef-lieu du district du même nom. Elle est très bien batie, son imprimerie a été longtemps célèbre. Fabrique de mousseline et de lainage, usines renommées, 6,000 habitants; à 20 lieues O. de Spire.

DEUX-PONTS (LOUIS, COMTE, PALATIN DE), second fils d'Étienne, comte, palatin du Rhin, naquit vers l'an 1459. Il prit le parti d'Adolphe de Nassau contre Thierri d'Isenbourg, à propos de l'archevêché de Mayence, et lui soumit cette ville, mais Frédéric-le-Victorieux lui fit la guerre, et le força à accepter des conditions de paix humiliantes. Ce Louis, surnommé *le Noir*, est la première tige de la maison de Deux-Ponts. Il mourut en 1489.

DEUX-PONTS (LOUIS), fils d'Alexandre et petit-fils de Louis le Noir, adopta la religion protestante et la fit adopter dans ses Etats. Il mourut en 1532. — Son fils, WOLFGUNG, lui succéda. Très zélé pour la religion protestante, il conduisit une armée en France pour secourir les protestants de ce pays. — Son fils, Philippe-Louis, commença la branche de Neubourg, Charles fut la tige de celle de Birkenfeld, et Jean-le-Vieux forma une nouvelle branche de Deux-Ponts.

DEUX-PONTS (JEAN, COMTE PALATIN DE), surnommé le Vieux. Par son mariage avec Madeleine de Clèves et Juliers, il acquit des droits à la succession de ces pays. Il mourut en 1604. Ses trois fils formèrent trois branches, celle de Deux-Ponts-Deux-Ponts, celle de Deux-Ponts-Landsberg et celle de Deux-Ponts-Klébourg.

DEUX-PONTS-DEUX-PONTS (JEAN, COMTE PALATIN DE), surnommé le Jeune, fils aîné de Jean-le-Vieux, et héritier du pays des Deux-Ponts, fut dépouillé de ses Etats et mourut dans une situation très pénible. — Son fils, Frédéric, rétabli en 1648, par le traité de Riswick, n'ayant laissé que des princesses, ses Etats passèrent à la seconde branche.

DEUX-PONTS-LANDSBERG (FRÉDÉRIC-CASIMIR, COMTE PALATIN DE), second fils de Jean-le-Vieux de Deux-Ponts. A la mort de Frédéric-Louis, son fils, qui lui succéda, les Etats de cette branche passèrent à celle de Deux-Ponts-Klébourg.

DEUX-PONTS-KLÉBOURG (JEAN-CASIMIR, COMTE PALATIN DE), troisième fils de Jean-le-Vieux. Il épousa la sœur de Gustave-Adolphe, roi de Suède, et par la protection de Christine, fille de Gustave, vit son fils Charles-Gustave monter sur le trône de Suède. La maison de Deux-Ponts a donné à ce pays trois monarques célèbres: Charles X, Charles XI et Charles XII.

DEUX-PONTS-KLÉBOURG (ADOLPHE-JEAN, COMTE PALATIN DE), né à Stegebourg, en Suède, l'an 1629, devint successivement gouverneur général de Westrogothie et de Wermeland, et généralissime des armées suédoises.

DEUX-PONTS (FRÉDÉRIC, COMTE PALATIN, DUC DE), se fit catholique en 1746, passa au service de l'Autriche et devient feld maréchal et chevalier de la Toison-d'Or.

DEUX-PONTS (CHARLES-AUGUSTE-CHRISTIAN, COMTE PALATIN, DUC DE), naquit en 1746. Il s'opposa à un arrangement conclu entre son frère Charles-Théodore, électeur palatin et l'Autriche. Maximilien-Joseph, frère de Charles-Auguste, reçut le titre de roi de Bavière en 1805.

DEUX-POINTS, s. m. (*technol.*), nom d'un caractère employé dans l'imprimerie. *Deux-points*, signe de ponctuation.

DEUX-SICILES. (*V.* NAPLES et SICILE).

DEUX-QUATRE, s. m. (*musique*). Il se dit d'une mesure qui contient deux noires.

DEUX-TÊTES, s. f. (*agric.*), variété de poires.

DEVA (*geogr. anc.*, *Chester*), ville de la Grande-Bretagne, chez les Cornavie, près de la mer, sur les confins de la Bretagne 2e et de la grande Césarienne.

DEVA (*dée*), rivière de la Calédonie.

DEVAHUDE, n. pr. f. (*myth. ind.*). Epouse du patriarche Kardama et mère de Capila.

DÉVAKI, n. pr. f. (*myth. ind.*), mère de Crichna.

DÉVALER, faire descendre quelque chose. Il signifie aussi, descendre, aller d'un lieu haut à un lieu bas. On l'emploie également comme neutre, dans le même sens. Il est vieux et populaire.

DÉVALISER, voler, dérober à quelqu'un, sa valise, ses hardes, ses effets.

DEVANAGARI, s. m. (*philol.*), littéral, *écriture des dieux* nom de l'écriture et des caractères de l'alphabet sanscrit, le *devanâgari*. Il s'emploie aussi adjectivement : *caractère dévanâgari* ; et au féminin consonne devanâgarie,

DEVANCER, aller, marcher en avant. Il signifie aussi, gagner le devant, arriver avant quelqu'un. Il signifie également, avoir le pas sur un autre, prendre rang avant lui. Il signifie aussi, tant au propre qu'au figuré, venir, paraître, avoir lieu avant. Il signifie pareillement, précéder quelqu'un dans l'ordre des temps, ou, dans un sens plus général, être le prédécesseur de quelqu'un en quelque chose que ce soit. Il signifie en outre figurément, faire une chose avant quelqu'un, le précéder par sa diligence. Il signifie encore figurément, surpasser, avoir l'avantage.

DEVANCIER, IÈRE, prédécesseur ; celui, celle qui a précédé quelqu'un dans un emploi, dans une fonction, ou en quelque autre-chose que ce soit. Il se dit quelquefois au pluriel pour aïeux, ancêtres.

DEVANT (*préposition de lieu*), à l'opposite, vis-à-vis, en face. Il signifie quelquefois, du côté extérieur. Fam., *avoir du temps devant soi*, avoir tout le temps nécessaire pour faire une chose. — DEVANT, est aussi préposition d'ordre, et s'oppose à après. Il s'emploie également comme adverbe dans les trois sens qui précèdent. *Comme devant*, comme autrefois. Il vieillit, fig, *les premiers vont devant*, les plus diligents ont ordinairement l'avantage. *Sens devant derrière*, se dit en parlant de la situation d'un objet tourné de telle façon que ce qui devait être devant se trouve derrière. En termes de marine, *être vent devant*, se dit d'un navire qui est debout au vent, qui reçoit le vent sur ses voiles, en le prenant de devant. — DEVANT, signifie aussi, en présence. On dit dans le même sens, *par devant*, surtout en termes de pratique. *Cette affaire a été portée devant tels juges, devant tel tribunal, est devant tels juges, etc.*, cette affaire a été soumise à tels juges, à tel tribunal, elle y est pendante. *Etre devant Dieu*, être mort. — DEVANT, s'emploie aussi comme substantif, et alors il signifie le côté opposé à celui de derrière, la partie antérieure. Fig., et fam.. *bâtir sur le devant*, se dit d'une personne qui engraisse et qui prend un gros ventre. Il se dit également d'une femme enceinte. En termes de peinture, *les devants d'un tableau*, les premiers plans. *Prendre, gagner le devant, les devants*, partir avant quelqu'un, le dépasser en allant plus vite. Fig., *prendre les devants*, prévenir, devancer quelqu'un, le gagner de vitesse dans une affaire. — AU DEVANT DE (*locut. préposit.*), à la rencontre de. Fig., *aller au devant*, prévenir. — AU DEVANT, s'emploie quelquefois comme locut. adverb. — CI-DEVANT (*locut. adv.*), précédemment, ci-dessus. Il signifie aussi, autrefois. On l'emploie quelquefois adjectivement en ce sens.

DEVANT, prép. exp. prov., *aller au devant par derrière*, aller au but par une voie détournée. *Sortir les pieds devant* (*V.* le mot PIED). *Devant que* conj. Il se disait autrefois par avant que ou avant de. On trouve dans la Bérénice de Racine, *devant que mourir*. Prendre les devants (*vénerie*), se dit quand on a perdu la voie d'une bête et que l'on fait un grand tour pour en rencontrer d'autres.

DEVANT DE TABLEAU. On nomme ainsi le premier plan, c'est-à-dire les objets qui sont supposés le plus près du spectateur. « Comme le devant du tableau, a dit de Piles, est l'in» troducteur des yeux, on ne saurait apporter trop de précau» tion pour faire en sorte qu'il soit bien reçu, tantôt par » l'ouverture d'une belle terrasse (terrain) dont le dessin et le » travail soient également recherchés, tantôt par des plantes, etc. » Le peintre ne saurait trop étudier les objets qui sont sur les » premières lignes du tableau ; ils attirent les yeux du specta» teur etc. » Nous croyons ces recommandations trop générales. En effet il est rare que les devants *attirent les yeux du spectateur*, parce qu'il est rare qu'ils soient le théâtre de l'action. Le véritable motif qui oblige les peintres et les dessinateurs à ne pas négliger le devant du tableau, c'est l'observation de la perspective linéaire et aérienne qui fait paraître au premier plan les détails plus grands, et plus nets. Néanmoins, il vaut mieux généralement sacrifier le premier plan aux seconds, à ceux où l'on retrouve pour ainsi dire l'unité du sujet, ou même l'action toute entière. C. B. S.

DEVANTAIL ou **DEVANTEAU**, s. m. (*v. lang.*), tablier, devantier.

DEVANT-HIER, adv. de temps, il se disait autrefois pour avant-hier.

DEVANTIER, tablier que portent les femmes du peuple. Il est vieux et familier.

DEVANTIÈRE. Sorte de jupe fendue par devant et par derrière, que les femmes portent quand elles montent à cheval à la manière des hommes.

DEVANTURE (*t. d'architect.*), face antérieure. Il se dit particulièrement en parlant des objets qui ne présentent qu'une façade. Il se dit aussi du revêtement de boiserie qui garnit le devant d'une boutique, d'une alcôve, etc Il se dit au pluriel des plâtres que les couvreurs mettent au-devant des souches de cheminées pour raccorder les tuiles ou les ardoises.

DÉVARCHI, s. m. (*myth. ind.*), littéralement *richi divin*, nom des richis de la deuxième classe.

DEVARIS (MATHIEU), né à Corfou d'une famille grecque qui suivait le rit latin, fut élevé dans l'école que dirigeait Jean Lascaris. Il devint correcteur des manuscrits grecs sous le pape Paul III. Devaris doit sa réputation à son traité De linguæ græcæ particulis. Il mourut vers la fin du XVe siècle.

DÉVASSALISER, v. a. (*hist.*), tirer de la condition de vassal, de l'esclavage.

DÉVASTATEUR, TRICE, qui dévaste. Il se dit aussi subtantivement.

DÉVASTATION, action de dévaster, ou le résultat de cette action.

DÉVASTER, désoler, ravager, ruiner. Il se dit surtout en parlant d'un pays, d'un lieu ravagé par la guerre ou par quelque autre grand fléau.

DEVA-TEVA-SINI (*bot.*), nom brame du mucca-piri des Malabares, mentionné par Rheede, et qui paraît être une espèce de *bryone*. J. P.

DEVAULT (FRANÇOIS-EUGÈNE), né à Lure en 1717, entra à 16 ans dans la première compagnie des mousquetaire et fit la campagne de 1733, puis celle contre l'impératrice Marie-Thérèse sous le maréchal de Bellisle dont il fut aide-de-camp. Il fit en qualité de capitaine la guerre de Flandres en 1743, prit part aux campagnes de 1747 et 1748. En 1757 il remplit à l'armée du maréchal de Soubise les fonctions de premier aide maréchal-général, et remplaça comme chef d'état-major le comte de Revel tué à Rosbach. Il assista à la prise des principales places de la Hesse et du Hanovre. Maréchal de camp en 1762, il fut employé en Allemagne. A la paix il fut nommé directeur du dépôt de la guerre et fut chargé d'enseigner la tactique à Louis XVI et à ses frères. Créé lieutenant-général en 1780, il mourut en octobre 1790.

DEVAUX (PHILIPPE), fils naturel du prince Charles de Lorraine, naquit à Bruxelles en 1761 ; prit part à l'insurrection des Brabançons contre l'Autriche, se réfugia en France après leur soumission et devint aide-de-camp de Dumouriez. Dans les premiers jours d'avril 1793, il fut chargé par son général de diriger la division de Miaczimki pour s'emparer de Lille. Tous deux furent arrêtés et livrés au tribunal révolutionnaire qui les condamna à mort. Devaux fut exécuté le 17 mai 1793.

DEVAUX (JEAN), chirurgien, né à Paris le 27 janvier 1649, mort dans la même ville en 1729. Devaux fut un habile chirurgien et un écrivain fort distingué. Il a enrichi la littérature médicale de plusieurs bonnes traductions et d'excellents ouvrages de sa composition. Parmi ses ouvrages on remarque l'*Art de faire les rapports en chirurgie*. Paris, 1743, in-12, c'est un excellent ouvrage de médecine légale. — *Index funereus chirurgorum Parisiensium, ab anno* 1315, *ad annum* 1714, *opera M. J. D. V.* Trévoux, 1714, in-12. Ce volume, fruit de quarante ans de travail, est le précis le plus certain que nous possédions sur l'histoire de la chirurgie française.

DEVAUX (*V.* VAUX (DE).

DEVAUX (GABRIEL-PIERRE-FRANÇOIS MOISSON), né à Caen en 1742. Après avoir fait en qualité de lieutenant de cavalerie les campagnes de 1758 à 1761, il quitta le service et se livra à son goût pour la botanique. Il forma près de Bayeux un jardin devenu célèbre sous le nom de jardin Devaux. Dans les temps orageux de la révolution il sauva plusieurs victimes au péril de ses jours. Dans des temps plus heureux, nommé secrétaire du conseil-général du Calvados, il vint fixer sa résidence à Caen, et forma, à Colombelles, un jardin plus riche encore que celui de Bayeux. Devaux mourut en 1802, il a laissé plusieurs ouvrages manuscrits.

DEVAUX (FRANÇOIS-ANTOINE), littérateur, né à Lunéville le 12 décembre 1712, est surtout connu par l'amitié que lui portèrent Voltaire et madame de Grafigny qui le désignent dans leurs lettres par le surnom de *Panpan* sous lequel il était connu dans les sociétés qu'il fréquentait et qu'il charmait par son esprit aimable. Le roi Stanislas le fit agréger à l'académie qu'il avait fondée à Nancy. Il mourut à Lunéville le 11 avril 1796. Il est auteur d'ouvrages peu nombreux, ce sont : une comédie *Les engagements indiscrets* et un *discours sur l'esprit philosophique* lu à l'Académie de Nancy (20 octobre 1752).

DEVANXIA (*bot.*), nom donné par R. Brown aux espèces du genre *centrolepis* (écailles centrales) de M. de la Billardière, dont le réceptacle est privé de paillettes, seul caractère qui puisse distinguer l'un des genres d'avec l'autre. (*V.* CENTROLEPIS.) J. P.

DÉVAYANI, n. pr. f. (*myth. ind.*), fille de Soucra et femme de Yayâti.

DEVEER, v. a. (*v. lang.*), défendre prohiber, tourmenter.

DEVELLUS (CLAUDE-JULES), né à Autun en 1692, fut jésuite puis théatin. Il a laissé quelques ouvrages de théologie.

DEVELOPPABLE, adj. des 2 g., qui peut être développé. *Surface développable* (*géom.*), surface engendrée par une ligne droite qui se meut de manière à ce que deux positions consécutives quelconques se trouvent toujours dans un même plan. Les *surfaces développables* jouissent de la propriété de pouvoir être développées sur un plan sans rupture, ni duplicature ; *les surfaces cylindriques et coniques sont des surfaces développables.*

DEVELOPPANTE, adj. et s. f. (*géom.*). Il se dit d'une courbe produite par le développement d'une autre courbe, celle-ci porte le nom de développée.

DÉVELOPPÉE (*géom.*), courbe lieu de tous les points de rencontre des normales infiniment voisines, menées à une courbe donnée. Ces courbes ont été découvertes par Huygens.

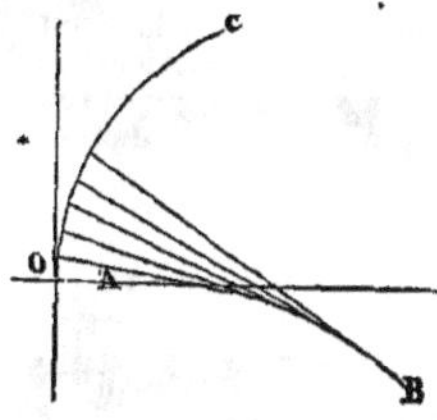

Fig. 1.

Si l'on imagine qu'une courbe AB soit entourée d'un fil flexible, infiniment délié et tout-à-fait inextensible, à mesure que ce fil abandonnera la courbe à partir du point A, sans cesser d'être enroulé sur elle, son extrémité décrira une nouvelle courbe, dont la première sera sa développée. La courbe décrite OC sera la développante. Il est évident, d'après ce mode de génération, qu'en chaque point de la développante le fil qui la décrit lui est perpendiculaire; car si on considère la développée comme un polygone d'une infinité de côtés, l'extrémité du fil décrira un arc infiniment petit de secteur circulaire qui se confondra avec l'élément de la courbe décrite. Le rayon de cet arc est le rayon de la développée, et comme il est tangent à cette courbe, on peut la considérer comme le lien de concours de toutes les normales infiniment rapprochées de la développante. En effet, si ces perpendiculaires sont à une distance finie, elles formeront par leur rencontre un polygone circonscrit à la développée, et quand on les supposera infiniment proches, les côtés de ce polygone deviendront infiniment petits et se confondront avec la développée. De ce que chaque portion infiniment petite de la courbe se confond avec un arc du secteur circulaire dont le centre est sur la développée, il suit que sa courbure en chacun de ses points est la même que celle du cercle décrit du rayon de la développée ; aussi ce rayon a-t-il reçu le nom de rayon de courbure, et le cercle celui de cercle de courbure, ou cercle osculateur. — Cherchons maintenant comment pour chaque point d'une courbe nous pourrons déterminer son cercle osculateur, et partant le lien de tous leurs centres si nous comparons le cercle dont l'équation générale est

$$(\alpha-x)^2+(y-\beta)^2=\rho^2$$

avec une courbe $y=fx$, pour exprimer que ces deux courbes ont un point commun, il faudra que dans l'une et dans l'autre les coordonnées de ce point soient les mêmes, ce qui donnera l'équation

$$\beta+\sqrt{\rho^2-(x-\alpha)^2}=y$$

En égalant les valeur de y', première divisée de y, dans les équations des deux courbes, nous exprimerons qu'elles ont une tangente commune au point x, y, et nous aurons les relations

$$-\frac{}{\sqrt{\rho^2-(x-\alpha)^2}}=y'$$

(*V.* FONCTION). De ces deux équations on tire pour les valeurs de α et de β en fonction de x, y, y' et ρ :

$$a=x-\frac{}{(1+y'^2{}^{\frac{1}{2}}}\quad \beta=y+\frac{\rho}{(=y'2)^{\frac{1}{2}}}$$

Si le rayon ρ était donné, le cercle dont les coordonnées du centre seraient a et β, serait tel qu'entre lui et la courbe on ne pourrait faire passer aucun autre cercle du même rayon ; car pour déterminer les coordonnées μ et ξ du centre de ce nouveau cercle on aurait les mêmes relations que celles qui ont servi à déterminer α et β. — Le cercle dont le rayon est β étant tangent à la courbe au point x, y, indépendamment de toute valeur de ρ, si on suppose le rayon indéterminé, et qu'on l'élimine entre les valeur de α et β, on aura la relation

$$\beta=y\frac{x-a}{y'}$$

qui est l'équation d'une droite, laquelle sera par conséquent le lieu des centres de tous les cercles tangents à la courbe au point x, y, et qui alors sera normale à la courbe en ce point. — Si maintenant nous exprimons que y'' est le même dans le cercle et dans la courbe, nous obtiendrons la relation

$$y''=-\frac{\rho^2}{(\rho^2-(x-\alpha)^2)^{\frac{3}{2}}}$$

qui permettra de déterminer α, β et ρ, en fonction de x, y, y' et y''. Le cercle sera alors complètement déterminé, et il sera tel qu'aucun autre cercle ne pourra passer entre lui et la courbe au point x, y. En effet, pour déterminer les coordonnés μ et ξ du centre de ce nouveau cercle et son rayon R, il faudrait exprimer que dans ce nouveau cercle et dans la courbe y, y' et y'' sont les mêmes, ce qui donnerait les mêmes équations que celles qui ont servi à déterminer α, β et ρ. — Le cercle que nous venons de déterminer a un contact du second ordre au point x, y avec la courbe. C'est le cercle osculateur de cette courbe; et le lien des centres de tous ces cercles est la développée. Cherchons, en effet, la courbe qui, en chacun de ses points, aura un contact du second ordre avec le cercle dont l'équation est

$$(x-\alpha)^2+(y-\beta)^2=\rho^2,$$

et dont les éléments du contact α; β et ρ ont entre eux la relation $\varphi(\alpha, \beta, \rho)=0$. Pour y parvenir, on pourrait substituer dans cette dernière équation les valeurs de α, β. ρ trouvées ci-dessus, et à l'aide de l'équation du second ordre obtenu on remonterait à l'équation primitive. Mais si on suppose les quantités α, β et ρ constantes, on aura une équation primitive, qui sera celle de la courbe enveloppant tous les cercles représentées par la même équation. — On obtiendra cette équation en éliminant les quantités α, β, ρ et $\frac{\beta'}{\alpha'}$, $\frac{\delta'}{\alpha'}$, entre les équations

$$(1)\ldots\ldots (x-\alpha)^2+(y-\beta)^2=\rho^2$$

$$(2)\ldots\ldots x-\alpha+(y-\beta)\,y'=0$$

$$(3)\ldots\ldots \varphi(\alpha, \beta, \rho)=0$$

et les équations primes de celles-ci prises relativement aux seules variables α, β et ρ, et qui sont

$$(4)\ldots\ldots (x-\alpha)+\frac{\beta}{\alpha'}(y-\beta)=\frac{\rho\rho'}{\alpha'}$$

$$(5)\ldots\ldots 1+\frac{\beta}{\alpha'}y'=0$$

$$(6)\ldots\ldots \varphi'\alpha+\frac{\beta}{\alpha'}.\varphi'\beta+\frac{\rho'}{\alpha'}.\varphi'\rho=0$$

Mais les valeurs de x et de y se présentent généralement ainsi sous une forme compliquée, il est plus simple de chercher à les déterminer à l'aide d'une troisième variable. Éliminons d'abord y' au moyen des équations (2) et (5), nous aurons

$$x-x-\frac{\alpha'(y-\beta)}{\beta'}=0$$

qui, combinée avec (α), donne immédiatement

$$x=\alpha+\frac{\rho\alpha'}{\sqrt{\alpha'^2+\beta'^2}}\quad y=\beta+\frac{\rho\beta'}{\sqrt{\alpha'^2+\beta'^2}}$$

En substituant ces valeurs dans (4), on obtient

$$\rho'=\sqrt{\alpha'^2+\beta'^2}$$

équation qui, combinée avec (α, β, ρ) $=0$, donnée par le problème, servira à déterminer α et β en fonction de ρ, et par conséquent aussi x et y. Or, la relation $\rho'=\sqrt{\alpha'^2+\beta'^2}$ existant quelle que soit l'équation de la courbe lieu des centres des cercles qui ont un contact du second ordre avec la courbe cherchée, on voit que la courbe demandée est telle que le rayon ρ est égal à l'arc de la courbe des centres. De plus ce rayon est tangent à la courbe des centres. En effet, la tangente à cette courbe a pour tangente d'inclinaison $\frac{\beta'}{\alpha''}$, mais le rayon ρ est normal à la courbe dont les coordonnées sont x et y, et la tangente de l'angle qu'il fait avec l'axe des x est $-\frac{1}{y'}$. Or, de la relation $1+\frac{\beta'y'}{\alpha'}=0$, on tire $-\frac{1}{y'}=\frac{\beta'}{\alpha'}$, dont le rayon ρ est tangent à la courbe des centres. Le rayon des cercles qui ont un contact du second ordre avec une courbe étant toujours tangent à la courbe, lieu des centres de tous ces cercles, et en même temps égal à l'arc de cette courbe ; il suit qu'une courbe quelconque peut être considérée comme engendrée par le développement de celle qui est le lieu des centres de tous les cercles qui ont avec elle un contact du second ordre. Cette dernière courbe est donc la développée de la première ; le cercle qui a un contact du second ordre avec la courbe donnée est son cercle osculateur, et son rayon est le rayon de courbure de cette courbe. Appliquons maintenant cette théorie à quelques exemples. Proposons-nous de trouver la développée de la parabole dont l'équation est

$$(1)\ldots\ldots\ y^2=yx,$$

en prenant les dérivées on a

$$y'=\frac{p}{2y'}\quad y''=-\frac{p^2}{4y^3}$$

d'où

$$x=^3x+\frac{p}{^2y},\ \beta=-\frac{^4y^3}{p^2}$$

ce qui donne pour les valeurs de x et de y

$$x=\frac{a-\frac{p}{2}}{3},\ y=-\left(\frac{1}{4}p^2\beta\right)\frac{1}{3}$$

En substituant dans l'équation (1), on obtient

$$\left(\frac{1}{4}p^2\beta\right)^{\frac{2}{3}}=\frac{\left(a-\frac{p}{2}\right)}{3}p$$

Si maintenant on pose $a-\frac{p}{2}=\iota$; c'est-à-dire si on transporte l'origine des coordonnées à l'origine de la développée, on aura pour l'équation de la développée

$$\beta^2=\frac{16\iota^3}{27p}.$$

Cette courbe aura deux branches, dont l'inférieure engendrera la branche supérieure de la parabole, et *vice versâ*. On pourrait, en suivant la même méthode, trouver l'équation de la développée de la cycloïde ; mais nous allons déterminer la nature de cette courbe à l'aide de considérations géométriques.

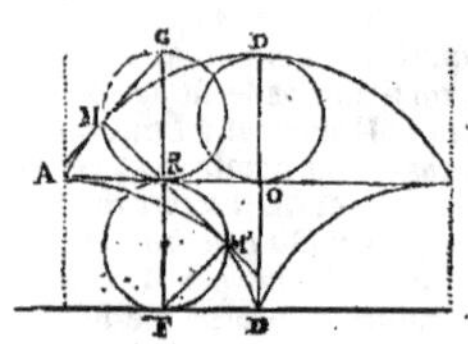

Fig. 2.

Le rayon de courbure de la cycloïde est égal à deux fois la normale à la courbe (V. RAYON DE COURBURE); or, la valeur maximum de la normale est celle qui correspond à la position OD, dans laquelle elle est égale à $2r$, r étant le rayon du cercle générateur. Donc le rayon de courbure a pour valeur maximum DD' — 2OD, et le point D' appartient à la développée. Le point M', qui est sur le prolongement de la normale MR, et tel que M'R = MR, est aussi un point de la développée. Déterminons maintenant la nature de cette courbe. Pour cela, par le point D menons D'F parallèle à AR, prolongeons le diamètre RG jusqu'à sa *rencontre* en F avec cette droite, et menons FM'. Les deux triangles MGR et M'F étant égaux, l'angle en M' est droit puisque celui en M l'est aussi, ce qui prouve que le cercle décrit sur RF passe par le point M'. Les deux droites M'F et MG étant égales, les arcs qu'elles sous-tendent sont égaux, et on en déduit: arc M'F = arc RMG = RM = AO — AR = RO = FD'. Comme ces relations existent pour tout autre point de la développée, il suit qu'elle est une cycloïde décrite par le mouvement du cercle RM'FR de même rayon que le cercle générateur de la première cycloïde, roulant sur la droite D'F, de D', qui est l'origine, sur F. A l'aide de *considérations que nous allons* rapidement exposer, Monge est parvenu à prouver qu'une courbe quelconque a toujours une infinité de développées.

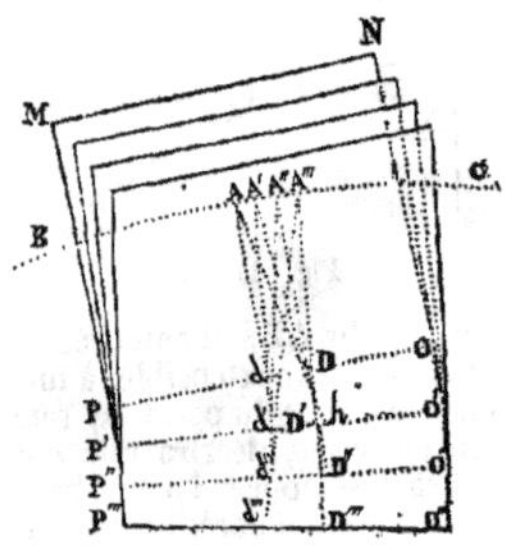

Fig. 3.

Supposons que BAC soit une courbe à double courbure quelconque. Par un point A de cette courbe, menons un plan MNOP perpendiculaire à la tangente A; menons de même par le point A', *infiniment proche de* A, *un plan* MNO'P' perpendiculaire à la tangente en A'. Ces deux plans se couperont suivant une droite OP qui sera l'axe du cercle dont on peut supposer que l'élément AA' de la courbe fait partie; de sorte que si on abaisse de ces points des perpendiculaires sur cette droite, elles seront égales entre elles et se rencontreront en un point qui sera le centre de ce cercle, lequel sera le cercle osculateur de la courbe. Tous les autres points de cette droite seront chacun à égale distance de tous les points de l'arc infiniment petit AA' et pourront par conséquent en être regardés comme les pôles; cette droite sera donc le lieu géométrique des pôles de l'arc AA'. Si maintenant on agit de même pour les points infiniment voisins A'', A''', tous les plans perpendiculaires aux tangentes à la courbe en ces points se *rencontreront deux à deux suivant* des droites O'P', O''P'', O'''P''', et ainsi de suite ; par conséquent, la surface courbe que ces droites forment par leur assemblage est le lieu géométrique des pôles de la courbe BAC. Menons maintenant par le point A et dans le plan MNOP une droite quelconque et prolongeons-la jusqu'à ce qu'elle rencontre PO en d; joignons A' et d par une droite que nous prolongerons jusqu'à ce qu'elle rencontre O'P' en d', menons de même A'' d'' et, ainsi de suite; nous obtiendrons de cette manière une courbe passant par tous les points $d\,d'\,d''\,d'''$... qui sera une développée de BAC'. En effet, toutes les droites Ad, A'd', A"d"... sont tangentes à la courbe $d\ d'\ d''$..., puisqu'elles sont les prolongements des éléments de cette courbe; de plus, si on conçoit que la première Ad tourne autour du point d pour venir s'appliquer sur la suivante A' d', elle n'aura pas cessé d'être tangente à la courbe $d\,d'\,d''$, et son extérmité A, après avoir parcouru l'arc AA', se confondra avec l'extrémité A' de la seconde; il en sera de même pour les autres droites A'd', A"d"... La courbe $d\ d'\ d''$ est donc telle que si on imagine qu'une de ses tangentes tourne autour de cette courbe sans cesser de lui être tangente, et sans avoir le mouvement dans le sens de sa longueur, un des points décrira la courbe BAC; c'est donc une de ses développées. Mais nous avons supposé que la direction de Ad était arbitraire; par conséquent il en serait de même pour toute autre droite menée par le point A dans le plan normal MNOP; donc une courbe quelconque a une infinité de développées toutes comprises sur la surface lieu des pôles de la courbe; cette surface, qui d'ailleurs est développable, est donc le lieu géométrique de toutes les développées. Si du point A on abaisse sur OP la perpendiculaire AD, au point A sur O'P', la perpendiculaire AD' du point A" sur O"P" la perpendiculaire AD" et ainsi de suite, les points D,D',D", seront les centres des courbures des éléments correspondants de la courbe BAC, et par conséquent la courbe passant par les points D,D',D" sera le lieu géométrique de ces points. Cependant cette courbe ne sera une développée de la proposée qu'autant que celle-ci sera plane. En effet, lorsqu'une courbe est à double courbure, deux tangentes consécutives sont bien dans un même plan, mais trois tangentes prises de suite ne peuvent s'y trouver ; par conséquent trois plans consécutifs, chacun normal à la courbe, ne peuvent pas être perpendiculaires en un même plan, et l'intersection du premier et du second ne peut être parallèle à celle du second et du troisième. Si donc la courbe BAC est à double courbure, les droites OP, O'P"O"P" ne sont pas parallèles; il suit de là que la droite ad étant perpendiculaire à OP ainsi que la droite A'D, celle-ci, prolongée jusqu'en h, ne rencontrera pas O'P' perpendiculairement; les deux droites AD, A'D', ne rencontreront donc pas la droite OP dans un même point. Mais ces deux droites considérées dans des plans différents ne peuvent se rencontrer que sur l'intersection des deux plans dans lesquels on les considère; par conséquent, elles ne se coupent pas et ne sont pas situées dans un même plan. Il en est de même des droites A'D',A"D", A"D", prises deux à deux consécutivement; par conséquent, elles ne peuvent être les tangentes consécutives d'une courbe. Il suit aussi de là que si, par deux points consécutifs D et D', on conçoit une droite tangente à la courbe DD'D", elle ne passera pas le point A'; maintenant qu'elle est dans le second plan normal, elle ne pourrait couper la courbe BAC qu'en ce point A' où ce plan la coupe; donc la courbe DD'D" est telle qu'aucune de ces tangentes prolongées ne rencontre la courbe BAC; par conséquent, elle ne peut être une de ses développées. Si la courbe BAC était plane, toutes les droites OP,OP',OP" seraient perpendiculaires au plan de la courbe et par conséquent parallèles entre elles. Alors les droites AD, AD',AD", seraient toutes dans le plan de la courbe et se rencontreraient consécutivement dans la courbe DD'D" dont elles seraient les tangentes. Il est évident alors que cette courbe serait la développée de la courbe BAC et précisément celle que l'on a l'habitude de considérer. On pourrait maintenant se proposer de déterminer l'équation de la surface développable, lieu géométrique de toutes les développées d'une courbe dont les équations sont données; et ensuite trouver l'équation d'une développée déterminée; mais ces considérations nous mèneraient trop loin, et nous renvoyons ceux qui seraient curieux d'étudier cette théorie dans tous ses détails à l'analyse appliquée à la géométrie de Monge.

DÉVELOPPEMENT. C'est, en géométrie, l'action par laquelle on développe une courbe pour lui faire décrire une *développante.* (V. ce mot). On se sert encore de cette expression pour indiquer la réunion sur un plan de plusieurs figures planes dont l'ensemble forme la surface d'un solide. En algèbre, on entend par développement la formation de la série qui donne la génération d'une fonction. Par exemple, $(a\times x)^m$ étant une fonction de la variable x, sa valeur,

$$a^m + ma^{m-1}x + \frac{m(m-1)}{1,2}a^{m-2}x^2 + \frac{m(m-1)(m-2)}{1,2,3}a^{m-3}x^3 +, \text{ ect.}$$

obtenue par le binôme de Newton, est ce qu'on nomme son développement (V. SÉRIE).

DÉVELOPPEMENT, action de développer, de se développer, ou le résultat de cette action. Il s'emploie au propre et au figuré. Il se dit souvent, au pluriel, d'une exposition plus ou moins détaillée, par opposition aux vues, aux considérations générales. En peinture, *cette figure présente de beaux développements*, se dit d'une figure dont la pose laisse voir une suite de parties qui forment une ligne étendue et d'un aspect agréable. — DÉVELOPPEMENT, en géométrie, se dit d'une figure de carton ou de papier dont les parties, étant pliées et rejointes, composent la surface d'un solide.

DÉVELOPPEMENT, s. m. (*escrime*). Il se dit de la grâce que l'on montre en tirant.

DÉVELOPPER, ôter l'enveloppe de quelque chose, ou déployer une chose enveloppée, pliée. Il signifie, figurément, tant au sens physique qu'au sens moral, faire qu'une chose prenne de l'accroissement, son accroissement. — DÉVELOPPER signifie en outre, surtout en architecture, représenter sur un plan, les diverses faces d'un objet. Il signifie aussi exposer, présenter, faire voir quelque chose en détail. Il signifie encore, figurément, débrouiller. — DÉVELOPPER s'emploie aussi avec le pronom personnel dans quelques-uns des sens indiqués. Il signifie également s'étendre.

DEVELTUS (*géogr. anc.*), ville de Thrace, sur le bord du Pont-Euxin, à l'O. d'Apollonie, devint colonie romaine sous Vespasien, et prit le nom de Flavia.

DEVENIR, commencer à être ce qu'on n'était pas; passer d'une situation, d'un état à un autre. *Devenir à rien*, se dit des choses, et signifie se réduire considérablement, s'évaporer. — DEVENIR signifie particulièrement, surtout dans les phrases qui marquent doute, conjecture, etc. Avoir tel ou tel sort, tel ou tel résultat, telle ou telle chose. *Qu'est devenue telle personne, telle chose?* Où est-elle, où a-t-elle passé? Cette façon de parler s'emploie quelquefois en parlant des choses morales. *Que devenez-vous?* Où allez-vous? que voulez-vous faire? *Que voulez-vous devenir?* Quel parti voulez-vous prendre? quelle profession voulez-vous embrasser? *Que devins-je à cette vue, à ce discours*, etc.? Quel ne fut pas mon étonnement, mon effroi, lorsque je vis, lorsque j'entendis cela!

DEVENTER, grande ville du royaume de Hollande (*Ower-Yssel*), à 5 lieues N. de Zutphen, longitude N. 3°50'; latitude N., 52°15'. Elle a 8,300 habitants. C'est la patrie de Gronovius.

DEVENTER (HENRI), médecin, né à Deventer, en Hollande, fut très bon accoucheur. Sa réputation d'excellent médecin le fit appeler plusieurs fois en Danemarck pour le service du roi Christian V, dont il reçut de grandes récompenses.

DÉVENTER, v. a. (*marine*), placer une voile à un bâtiment devant un objet qui intercepte le vent.

DÉVERDIR, v. n. (*technol.*), perdre la couleur verte. Il se dit des étoffes sortant de la cuve au pastel, lorsque l'air leur enlève la teinte verte qu'elles y avaient contracté, pour leur faire prendre un ton bleu.

DEVEREUX (GAUTHIER), vicomte d'Hereford, fut créé comte d'Essex et chevalier de la Jarretière par la reine Élisabeth. Il mourut en Islande, comte et maréchal de ce royaume. Il est le père de l'infortuné Robert Devereux, comte d'Essex, favori de la reine Élisabeth.

DEVEREUX (*V.* ESSEX).

DÉVERGONDER (SE), v. pers., se défaire de toute honte; terme burlesque qui a été employé par Scarron.

DÉVERGONDAGE, libertinage effronté, scandaleux.

DÉVERGONDÉ, ÉE, qui mène publiquement une vie licencieuse, qui ne met aucune retenue dans son libertinage. Il est familier. Il se prend aussi substantivement.

DÉVERGONDEMENT, s. m. (*v. lang.*), débauche, dérangement de conduite, manière de vivre honteuse.

DÉVERGONDER, v. a. (*v. lang.*), ravir l'honneur d'une femme ou d'une fille. *Se dévergonder*, v. pron. Il se dit encore quelquefois dans le langage familier, pour devenir dévergondé, vivre dans la débauche.

DÉVERGUER, v. a. (*marine*), séparer une voile de sa vergue.

DEVÉRITÉ (LOUIS-ALEXANDRE), né à Abbeville le 26 novembre 1746, suivit d'abord la profession du barreau, et la quitta pour celle d'imprimeur. Il adopta les principes de la révolution et fonda un journal, *Annales picardes*, pour les propager. En 1792 il fut nommé député à la Convention, et s'y montra un des membres les plus modérés, vota, lors du procès de Louis XVI, pour la réclusion et le bannissement à la paix, puis pour l'appel au peuple et pour le sursis de l'exécution. Devérité fut ensuite envoyé au conseil des Cinq-Cents, cessa d'en faire partie en 1797, et fut nommé juge au tribunal d'Abbeville, après le 18 brumaire. Il ne conserva pas sa place lors de la réorganisation de l'ordre judiciaire, en 1810, et mourut le 31 mai 1818. Il est auteur d'un assez grand nombre d'ouvrages, dont la *Biographie d'Abbeville* a donné une liste assez étendue, quoique incomplète.

DÉVERNIR, v. a. (*technol.*), ôter le vernis d'un objet.

DEVERRA (*verrere*, balayer), déesse qui présidait à la propreté des maisons. On l'invoquait pour qu'elle empêchât Sylvain de tourmenter les femmes grosses.

DEVERRONA (*verrere*, balayer), déesse qui présidait à la récolte des fruits chez les Romains.

DÉVERROUILLER, v. a., ouvrir ou enlever les verroux d'une porte.

DEVERS (*préposition de lieu*), du côté de. Il est vieux. — DEVERS, se joint quelquefois avec la préposition *par*; alors il n'est guère usité qu'avec les pronoms personnels, et sert à marquer possession. En termes de procédure, *se pourvoir par devers le juge*, se pourvoir à son tribunal.

DEVERS, ERSE. Il se dit, en termes d'arts, de tout corps qui n'est pas d'aplomb. Il est aussi substantif, comme dans cette phrase : *il faut marquer ce bois suivant son devers*, suivant sa pente ou son gauchissement.

DEVERS, s. m. (*technol.*), crochet dont les ouvriers se servent pour manier le fer dans les grosses forges; écroulement des couches dans une carrière d'ardoises.

DÉVERSEMENT, s. m. (*néol.*), action de déverser, de s'incliner, de pencher de côté.

DÉVERSER, pencher, incliner, devenir courbe. Il est quelquefois actif, comme dans cette phrase : *déverser une pièce de bois*, la pencher, l'incliner.

DÉVERSER, v. a. (*néol.*), répandre, verser. Il s'emploie surtout figurément : *déverser la honte et le mépris sur quelqu'un.*

DÉVERSOIR (*hydraul.*), échancrure rectangulaire pratiquée à la partie supérieure d'une des parois d'un bassin, pour donner passage au fluide dont il est rempli. La base de cette ouverture est horizontale et porte le nom de seuil. (V. ÉCOULEMENT DES FLUIDES.)

DEVEST, s. m. (*droit cout.*), dessaisine, transmission de la propriété et de la possession. Le mot *devest* était ordinairement joint au mot *vest*, qui signifie saisine. *Droit de vest et devest*, droit de saisine et de dessaisine, ou aliénation d'un héritage censuel.

DÉVESTITURE, s. f. (*v. lang.*), dépossession.

DÉVÊTIR. On ne l'emploie guère qu'avec le pronom personnel, et il signifie se dégarnir d'habits. Il signifie figurément, en jurisprudence, se dessaisir d'un bien, l'abandonner au donataire ou à l'acquéreur.

DÉVÊTISSEMENT (*t. de jurispr.*), dessaisissement.

DEVÈZE (JEAN), médecin, né à Rabastens le 4 décembre 1753, fit ses études médicales à Bordeaux, et alla, en 1778, se fixer à Saint-Domingue, où il établit au Cap une maison de santé florissante; mais le massacre des blancs le força à fuir et à gagner les États-Unis. Il fut pris en route par des corsaires anglais, qui le dépouillèrent du peu qui lui restait, et il débarqua à Philadelphie. A peine y était-il que la fièvre jaune se déclara, et Devèze se dévoua aux soins des malades, et se prononça pour l'opinion de la non-contagion de cette maladie. Cette doctrine lui valut une foule de tracasseries qui ne cessèrent point lorsqu'il fut de retour en France, où il n'était alors question que de cordons sanitaires. Il fut enfin forcé de donner sa démission de médecin ordinaire du roi, pour le château des Tuileries, place qu'il avait obtenue quelque temps après la Restauration. Il se retira à Fontainebleau en 1825, et y mourut le 14 septembre 1829. Il a publié une relation de la maladie qui avait ravagé Philadelphie, et un *Traité de la fièvre jaune.*

DÉVIATIF, IVE, adj. (*didact.*), qui sert à dévier, à faire dévier.

DÉVIATION, mouvement, action par laquelle un corps se détourne de sa direction. Il se dit aussi figurément.

DÉVIATION (*astron.*). Lorsque l'axe optique d'une lunette des passages est exactement dans le méridien, l'intervalle du temps qui s'écoule entre deux passages consécutifs, l'un supérieur, l'autre inférieur, ou *vice versâ*, d'une étoile circumpolaire, est de 12 heures sidérales. Dans le cas contraire, le cercle diurne que paraît décrire l'étoile est partagé en deux parties inégales, et une mire qui se trouve précisément dans la direction de l'axe optique dévié à l'est ou à l'ouest d'une quantité angulaire qu'on mesure ainsi qu'il suit :

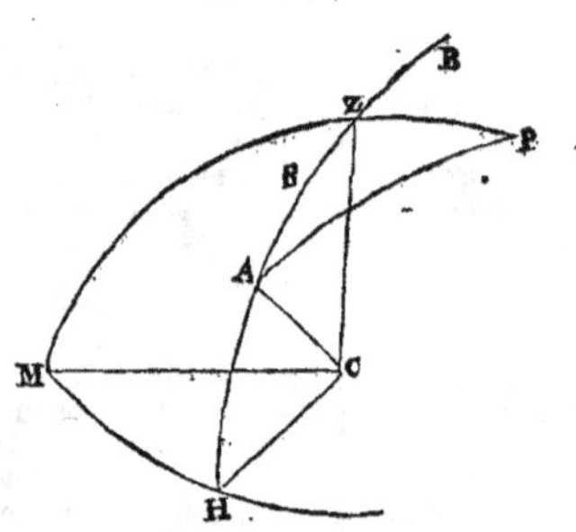

Soit Z le zénith du lieu de l'observateur, Z *a* le vertical que décrit la lunette en tournant sur son axe horizontal de rotation; P le pôle du monde; et supposons que l'objectif soit tourné du côté du sud, la déviation orientale de la lunette sera représentée par l'angle horizontal M C H; mesure de l'angle sphérique M Z H, et c'est cet angle qu'il s'agit de trouver à l'aide de l'observation des passages des astres A, B, B' au fil du milieu de la lunette. Or, en désignant par Δ la distance polaire A P de l'astre A, par 90° — H, la colatitude Z P, ou le complément de la hauteur H du pôle pour le lieu de l'observateur, et par x la déviation M H, ou l'angle M Z H, le triangle sphérique A Z P, dans lequel l'angle P est l'angle horaire, donne

$$\text{Tang } Z = \frac{\text{Sin } P.}{\text{Cot } \Delta \cos H - \cos P \sin H^{2}}$$

ou à cause de tang Z = — tang x et de l'extrême petitesse de x par supposition, auquel cas sin P=P et cos P=1, à fort peu près on a

$$P = (\sin H - \cot \Delta \cos H)\, x.$$

Telle est la quantité qu'il faudrait ajouter au passage observé pour avoir l'heure véritable du passage au méridien, si l'on connaissait x. — Supposons qu'une autre étoile B ou B' ait été observée à la lunette, on aura pareillement pour celle-ci :

$$P' = (\sin H - \cot \Delta' \cos H)\, x.$$

De ces deux équations semblables on tire

$$P' - P = x\,(\cot \Delta - \cot \Delta') \cos H = \frac{x \sin (\Delta' - \Delta)}{\sin \Delta \sin \Delta'} \cos H;$$

et si l'on désigne par T le temps sidéral du passage de la première étoile au méridien, ou son ascension droite apparente réduite en temps; par *t* le temps de son passage au vertical de la lunette, observé à une pendule exactement réglée sur le temps sidéral, on aura évidemment P=T—*t*, et pour la seconde étoile P'=T'—*e*'; ainsi en définitive (1)

$$x = \frac{(T' - T - (t' - t) \sin \Delta \sin \Delta}{\cos H \sin (\Delta' - \Delta)}$$

Il suit de ce résultat que pour déterminer la déviation de la lunette, bien rectifiée d'ailleurs, il suffit de connaître à peu près la distance polaire Δ, Δ', et très exactement la différence T'—T d'ascension droite, pourvu que Δ'—Δ ne soit pas un petit arc. Cette déviation sera orientale si x est positif; occidentale dans le cas contraire, pour une seule étoile on a (2)

$$x = -\frac{(T - ^{2}) \sin \Delta}{\cos (H + \Delta)} = \frac{(^{2} - T) \sin \Delta}{\cos (H + \Delta)};$$

mais alors la déviation est trop dépendante du temps du passage de l'étoile au méridien et de sa déclinaison, ainsi que de la marche de la pendule. — Les deux formules précédentes se rapportant aux passages supérieurs; on la ramènera aux passages inférieurs en prenant négativement sin Δ et cot Δ; et si, au lieu d'observer deux étoiles différentes, on observe la même étoile au-dessus et au-dessous du pôle, Δ' se changera en—Δ; la différence des passages au méridien, savoir T'—T, sera de 12 heures, et l'on aura visiblement (3)

$$x = \frac{(12^{h} - (2 - t) \sin^{2} \Delta}{\cos H \sin^{2} \Delta} - \frac{12^{h} - (2' - 2)}{2 \cos H \cot \Delta}$$

Cette dernière formule ne dépend plus de l'ascension droite de l'étoile ; elle donnera la déviation x avec beaucoup de précision, si cot Δ est très grand, ou, ce qui est de même, si l'on observe de préférence des étoiles circumpolaires. Delambre, à qui est due la méthode que nous expliquons, indique la polaire δ, β, γ de la petite ourse, et y de Céphée, parce qu'on n'a rien à craindre de l'irrégularité de la pendule. On fera bien alors de placer la mire au nord de la station ; et lorsqu'on en connaîtra la déviation, il sera très facile d'orienter une chaîne de triangles par l'*azimut* d'un de ses côtés. (*V.* ce mot.) — Pour donner une application de cette méthode, nous choisirons l'observation même par laquelle Delambre mesura, à Paris, la déviation de sa lunette, qu'il n'eût pas le temps de remettre sur la mire méridienne.

Passage inférieure de la chèvre à la lunette à $17^h\,1'\,18'',\,8 = \epsilon$;
Passage supérieur 12 heures, ou à . . . . . $5^h\,1'\,18'',\,6 - \epsilon$.

On avait ailleurs

$$\Delta = 44^\circ\,15', \quad H = 48^\circ\,50' ;$$

de là $\epsilon' - \epsilon = 12^\circ\,0'0'',\,2$, et ensuite la formule (3) donne en temps

$$x = \frac{-0'',\,2,\ \text{tang}\,\Delta}{2\cos H} = -0'',\,148 ;$$

ainsi en arc $x = 2'',\,25$. On juge par le signe de x que la déviation était occidentale quand l'objectif était tourné vers le sud, comme nous l'avons supposé dans les formules précédentes ; elle serait au contraire orientale, si l'on supposait l'objectif tourné vers le nord. M. PUISSANT.

DÉVIATION (*astr.*), écart de position. On se sert de ce terme pour exprimer la quantité dont une lunette méridienne ou un quart de cercle mural s'écartent du véritable plan du méridien. On trouve cette déviation en comparant le passage du soleil, observé dans la lunette, avec le passage au méridien, calculé par la méthode des hauteurs correspondantes. Par exemple, ayant calculé que le passage au méridien doit s'effectuer à $0^h.\,2'\,10''$, et ce passage s'étant effectué dans la lunette à $0^h.\,2'\,6''$, on en conclut que la déviation de la lunette est de 4'' vers l'est, puisque le soleil a passé dans la lunette avant de passer au méridien justement de cette quantité. — DÉVIATION *des corps dans leur chute libre.* On nomme ainsi la quantité dont un corps tombant librement à la surface de la terre, s'écarte de la perpendiculaire menée de son point de départ à cette surface. Si la terre était immobile, il ne pourrait y avoir aucune espèce de déviation, car la force qui fait tomber un corps agissant suivant sa droite qui passe par le corps et par le centre de la terre, tant que cette force est supposée agir seule, rien ne peut changer la direction du mouvement ; mais la terre tournant en 24 heures autour de son axe, et toutes ses parties ayant une vitesse d'autant plus grande qu'elles sont plus éloignées de cet axe, il est évident que le corps placé au-dessus de la surface et qui participe au mouvement commun, tant qu'il n'est pas libre, décrit un cercle plus grand que celui décrit par le point de la surface auquel il correspond perpendiculairement. Ainsi, au moment de la chute, ou lorsque le corps devient libre, il se trouve sollicité par deux forces, dont l'une le ferait tomber suivant la perpendiculaire, et dont l'autre lui ferait parcourir un espace plus grand que l'espace parcouru par le pied de la perpendiculaire, il en résulte que le corps doit tomber un peu plus à l'est que le pied de cette perpendiculaire ; et cette déviation, calculée d'après la théorie et vérifiée par l'expérience, devient aussi une *preuve de fait* de la rotation de la terre sur son axe. La Place a donné la formule suivante pour calculer la grandeur de la déviation d'après la hauteur de la chute.

$$\Delta = \tfrac{2}{3}\, nh \sin 6 \sqrt{\frac{n}{g}},$$

dans laquelle Δ désigne la déviation, h la hauteur de la chute, n l'angle de rotation de la terre pendant le temps de la chute, 0 le complément de la latitude du lieu, et g l'espace parcouru par un corps pendant la première seconde de sa chute, savoir $g = 4^m,\,9044$ pour Paris. (*V. Bulletin des sciences*, n° 75.) Cette déviation, observée par MM. Guglielmini et Buzemberg, a été trouvée, par le premier, de 8 lignes pour un corps tombant d'une hauteur de 241 pieds, et par le second, de 5 lignes pour un corps tombant de 260 pieds ; mais de tels résultats ne peuvent être considérés que comme une vérification générale du phénomène.

DÉVIDAGE (*arts mécaniques*), opération qui consiste à mettre en écheveau les substances filées. Le *dévidoir* est un instrument si simple et si connu, qu'il n'exige guère une description. Il est composé d'un axe en fer ou en bois, tournant à manivelle sur des supports : l'*asple* est formé de six bâtons et plus, parallèles à l'axe et à distances égales, soutenus par des bras. Lorsqu'on fait tourner ce système, le fil, dont un bout est attaché à l'un de ces bâtons, s'enroule sur l'asple en écheveau de forme polygone. On adapte ordinairement à l'axe des dévidoirs des filatures un *compteur*, qui fait résonner un coup quand la rotation a accompli un nombre déterminé de tours. On arrête alors la machine, et le fil de l'écheveau à une longueur connue, qui est déterminée par le contour de l'asple et le nombre de ses révolutions. Le dévidoir a souvent un mètre de contour ; chaque écheveau contient dix échevettes de cent fils, en tout mille mètres de longueur. La désignation de la finesse du fil est faite par un *numéro* qui indique combien il faut de ces écheveaux pour peser un demi-kilog. Ainsi le fil n° 80 est celui dont 80 écheveaux ou 80 mille mètres de long pèsent une livre. Lorsque l'on veut pelotonner les fils d'un écheveau, on les débrouille d'abord en secouant ; on ouvre l'écheveau par le milieu, on le fait tourner entre les deux mains pour trouver la *centaine* ou le bout du fil qui est lié autour de l'écheveau ; on le place sur l'*asple*, dont on éloigne les bâtons pour bien tendre le fil : il ne reste plus qu'à tendre le fil en tirant, pour faire tourner l'asple, et à enrouler une pelote. On a imaginé une petite machine fort ingénieuse, qui roule le fil en boule d'une manière si irrégulière qu'il forme un réseau très élégant. (*V.* PELOTONNEUSE.) Au reste, la forme des dévidoirs est très variée, selon la nature des substances filées, l'espace dont on peut disposer, l'usage auquel on destine le fil, etc.

DÉVIDER, mettre en écheveau le fil qui est sur le fuseau. Il signifie aussi mettre en peloton le fil qui est en écheveau.

DÉVIDER, v. n. (*manége*). Il se dit d'un cheval, lorsqu'en marchant des deux pistes, les épaules vont trop vite et que sa croupe ne suit pas également.

DÉVIDEUR, EUSE, ouvrier, ouvrière qui dévide des fils, des laines, des soies, ou en pelotons, ou en en écheveaux.

DÉVIDOIR, instrument dont on se sert pour dévider.

DÉVIDOIR (*conch.*). C'est un des noms vulgaires que porte en Hollande l'arche bistournée, *arca distorta*. J. P.

DÉVIDOIR, ordre militaire dont les chevaliers portaient un dévidoir d'or sur le bras gauche, dans un fond rouge. Cet ordre, ou plutôt cette compagnie de gens d'armes, qui se forma à Naples en faveur de la maison d'Anjou vers l'an 1388, ne dura qu'autant de temps que Louis d'Anjou fut maître de Naples. (Justiniani, *Histoire des ordres milit.*, t. 2, chap. 62, page 702.)

DEVIE, s. f. Il se disait autrefois pour trépas.

DEVIENNE (CHARLES-JEAN-BAPTISTE D'AGNEAUX), bénédictin de Saint-Maur, né a Paris en 1728, mérite d'être cité parmi les laborieux écrivains de son ordre. Il a été partisan des principes qui ont amené la révolution de France. Il mourut en 1792. Il avait le titre d'historiographe de Bordeaux, et il a laissé une histoire de cette ville.

DEVIENNE, compositeur français, mort complètement fou à Charenton en 1803. Il a mis en musique l'opéra des Visitandines, Rose et Aurèle et plusieurs autres.

DÉVIER, se détourner, être détourné de sa direction. Il s'emploie aussi figurément. Il s'emploie quelquefois avec le pronom personnel.

DEVIGOGNER, v. n. (*marine*), être en mauvais état. Les matelots appliquent ce mot à tous les objets mal conditionnés ou devenus impropres au service.

DEVILING (*ois.*). Nom que porte en Angleterre le grand martinet, *hirundo apus*, Linné. J. P.

DEVILLE (ANTOINE), célèbre ingénieur, naquit à Toulouse en 1596. Après avoir servi pendant quelque temps le duc de Savoie, il rentra en France et contribua à la reprise de Corbie en 1633. A la paix, il fut chargé de fortifier les villes cédées à la France par le traité définitif. Il a laissé plusieurs ouvrages sur son art. On le regarde comme le premier auteur qui ait écrit sur la construction et les effets des mines.

DEVILLE (PIERRE-FRANÇOIS-ALBÉRIC), né à Angers le 15 avril 1773, fit ses études médicales à Sens, sous l'habile praticien Soulas dont il épousa la fille, et qui le fit attacher à l'hôpital militaire dont il était chirurgien en chef. En 1798, Deville obtint la chaire d'histoire naturelle à l'école centrale de l'Yonne, la perdit, et suivit le commerce de son père ; puis vint à Paris, fut quelque temps employé au ministère de l'intérieur, reprit ensuite le service de la médecine, et obtint enfin une place distinguée parmi les accoucheurs de la capitale. Il mourut du choléra le 25 avril 1832. Il a laissé plusieurs ouvrages, mémoires, comédies et poésies.

DEVILLERS (CHARLES), né en 1724, a donné pendant longtemps des cours de physique à Lyon. On a de lui un ouvrage dans le genre des *Mondes* de Fontenelle, intitulé : *Journées physiques*, 1761, 2 vol. in-8; mais son principal titre littéraire est l'édition qu'il a donnée de l'*Entomologie* de Linné. Devillers mourut en 1809. Il était depuis 1764 membre de l'Académie de Lyon.

DEVILLY (LOUIS-JEAN-BAPTISTE), né à Metz le 5 août 1792, littérateur érudit et gracieux, membre correspondant de la Société royale de France et de plusieurs sociétés académiques, auteur d'une *Notice sur le général Legrand*, d'un *Mémoire sur l'emploi des troupes en temps de paix*, d'un autre *Mémoire sur les antiquités médiomatriciennes*, etc.; se brûla la cervelle le 30 mars 1825, par suite de son inconduite et de ses dissipations.

DEVIN, INERESSE, celui, celle qui se donne pour prédire les évènements qui arriveront et pour découvrir les choses cachées. — Prov. : *Il ne faut pas aller au devin pour en être instruit*, se dit en parlant d'une chose qui est assez connue. Fig. et fam. : *Je ne suis pas devin*, se dit pour faire entendre qu'on ne pouvait se douter d'une certaine chose, ou qu'on ne saurait la comprendre, si elle n'est mieux expliquée. — DEVIN, en histoire naturelle, se dit d'une espèce de serpent qui est le plus fort de tous les serpents connus.

DEVIN (*rept.*), nom que porte l'espèce la plus commune du genre *boa*. (*V.* ce mot.)

DEVIN ou **DEVINERESSE** (*ins.*). On donne ce nom à quelques espèces d'insectes orthoptères, du genre *mante*, à cause de leurs formes bizarres, et de l'habitude qu'ils ont de se redresser en agitant leurs pattes. On les nomme aussi *sorciers*. J. P.

DEVINEAU DE ROUVROY (C.-A.), poète dramatique, né à Paris le 4 juillet 1742, composa un grand nombre de tragédies dont aucune ne fut représentée ni connue. Il s'efforça en vain d'attirer l'attention sur ses productions, en donnant à quelques-unes de ses tragédies plusieurs éditions dont il payait les frais; son *Darius Codoman*, par exemple, en eut trois et n'en est pas plus connu. Il mourut complètement oublié en 1830.

DEVINER, prédire ce qui doit arriver, ou découvrir, par des sortiléges, ce qui est caché. On l'emploie aussi absolument, surtout dans le sens de prédire. Il signifie, plus ordinairement, juger, parvenir à connaître, à découvrir par voie de conjecture. — *Deviner une énigme, un logogriphe, une charade*, en trouver le mot. Fig. et fam. : *C'est une énigme à deviner*, se dit d'une chose qui est obscure. Fam. : *Il n'y a là rien à deviner*, c'est une chose claire par elle-même. Fam. : *Il faut toujours le deviner*, se dit de quelqu'un qui parle ou qui écrit avec beaucoup d'obscurité. Prov. : *Je vous le donne à deviner en dix, en cent*, se dit en parlant d'une chose dont on suppose que celui à qui l'on parle ne se douterait jamais. Fam. : *Devinez le reste*, jugez du reste. Prov. et fig. : *Deviner les fêtes quand elles sont venues*, dire des choses que tout le monde sait, annoncer des nouvelles qui sont déjà publiques. — DEVINER, s'emploie quelquefois avec le pronom personnel, surtout comme verbe réciproque.

DEVINEUR, EUSE, celui, celle qui a la prétention de deviner. Il se dit principalement d'une personne qui aime à juger, à connaître par voie de conjecture.

DÉVIRAGE, s. m. (*marine*). Il se dit des bordages placés sous les joues et les fesses des bâtiments.

DÉVIRER, v. a. (*marine*), détourner un cabestan pour donner du mou à un cordage qu'on avait raidi en virant.

DEVIRIEU (AIMÉ), né à Lyon vers 1782, fut destiné au commerce, et reçut néanmoins une éducation soignée. Il avait à peine seize ans quand il fut envoyé en Hollande, où il fut attaqué de la petite vérole qui le défigura à tel point qu'il n'osa plus revenir dans son pays. Il alla à Constantinople, et fut attaché à la légation française. Il revenait dans sa patrie, après un séjour de sept années à Constantinople, quand le vaisseau qu'il montait fut pris par des corsaires anglais qui déposèrent ensuite les passagers près de Naples. Il revint à Lyon et fut mis à la tête d'une maison de commerce. Il employait ses loisirs à cultiver la littérature, et se retira des affaires en 1825 pour se livrer tout entier à son goût favori. C'est là qu'il composa un ouvrage pour lequel il avait rassemblé d'immenses matériaux. Il publia le premier volume sous le titre : *Ébauche d'un cours préliminaire de droit naturel*. Cet ouvrage ne fut pas terminé. Un revers de fortune le frappa en 1830, et il alla se consoler en Afrique, où il mourut à l'hôpital militaire, dans les premiers jours de novembre 1831.

DÉVIROLAGE et **DÉVIROLEMENT**, s. m. (*technol.*), action de déviroler les pièces nouvellement frappées.

DÉVIROLER, v. a. (*technol.*), retirer de la virole les flans qui ont été frappés par le coin.

DÉVIROLÉ, ÉE, participe.

DEVIS. C'est un contrat de louage d'ouvrage par lequel un entrepreneur s'engage à faire ou à construire quelque chose, avec qualité et quantité déterminées de matériaux, moyennant un certain prix. — Lorqu'on charge quelqu'un de faire un ouvrage, on peut convenir qu'il fournira seulement son travail ou son industrie, ou bien qu'il fournira aussi la matière. — Si dans le cas où l'ouvrier fournit la matière, la chose vient à périr, de quelque manière que ce soit, avant d'être livrée, la perte en est pour l'ouvrier, à moins que le maître ne fut en demeure de recevoir la chose. Dans le cas où l'ouvrier fournit seulement son travail ou son industrie, si la chose vient à périr, quoique sans aucune faute de l'ouvrier, avant que l'ouvrage ait été reçu, et sans que le maître fut en demeure de le vérifier, l'ouvrier n'a point de salaire à réclamer; à moins que la chose n'ait péri par le vice de la matière. — S'il s'agit d'un ouvrage à plusieurs pièces ou à la mesure, la vérification peut s'en faire par parties; elle est censée faite pour toutes les parties payées, si le maître paie l'ouvrier en proportion de l'ouvrage fait. — Si l'édifice construit à prix fait périt en tout ou en partie par le vice de la construction, même par le vice du sol, les architecte et entrepreneur en sont responsables pendant dix ans. — Lorsqu'un architecte ou entrepreneur s'est chargé de la construction à forfait d'un bâtiment, d'après un plan arrêté et convenu, avec le propriétaire du sol, il ne peut demander aucune augmentation du prix, ni sous le prétexte de l'augmentation de la main d'œuvre ou des matériaux, ni sous celui de changements ou augmentations faits sur ce plan, si ces changements ou augmentations n'ont pas été autorisés par écrit et le prix convenu avec le propriétaire. — Le maître peut résilier par sa seule volonté le marché à forfait quoique l'ouvrage soit déjà commencé, en dédommageant l'entrepreneur de toutes ses dépenses, de tous ses travaux et de tout ce qu'il aurait pu gagner dans cette entreprise. — Le contrat de louage d'ouvrage est dissous par la mort de l'ouvrier, de l'architecte ou entrepreneur; mais le propriétaire est tenu de payer, en proportion du prix porté par la convention, à leur succession, la valeur des ouvrages faits et celles des matériaux préparés. Lors seulement que ces travaux et matériaux ne peuvent lui être utiles. — L'entrepreneur répond du fait des personnes qu'il emploie. Les maçons, charpentiers, et autres ouvriers qui ont été employés à la construction d'un bâtiment ou d'autres ouvrages faits à l'entreprise, n'ont d'action contre celui pour lequel les ouvrages ont été faits, que jusqu'à concurrence de ce dont il se trouve débiteur envers l'entrepreneur au moment ou leur action est intentée. — Les maçons, charpentiers et autres ouvriers qui font directement des marchés à prix fait, sont astreints aux règles ci-dessus prescrites; ils sont entrepreneurs dans la partie qu'ils traitent. (Code civil, art. 1787 à 1799.)

DÉVISAGER, défigurer, déchirer le visage. Il s'emploie aussi avec le pronom personnel, surtout comme verbe réciproque.

DEVISE, figure accompagnée de paroles, exprimant d'une manière allégorique et brève quelque pensée quelque sentiment. *Le corps de la devise*, la figure de la devise. *L'âme de la devise*, les paroles de la devise. — DEVISE, se dit par extension d'un ou de plusieurs mots formant une espèce de sentence qui indique les goûts, les qualités, la profession, la résolution, etc., de quelqu'un, soit qu'il les ait adoptés ou qu'on les lui applique.

DEVISER, s'entretenir familièrement. Il est familier.

DEVISME (JACQUES-FRANÇOIS-LAURENT), né à Laon en 1749, exerçait avec distinction dans cette ville la profession d'avocat, quand il fut nommé député aux États-Généraux dans lesquels sa haute raison rendit de grands services. Appelé de nouveau en 1800 aux fonctions législatives il fut fait président de l'assemblée, ce qui lui valut la croix de la Légion-d'Honneur qu'il reçut dès la création de l'ordre. En 1806 il fut fait procureur général près la Cour d'assises de l'Aisne, et exerça ces fonctions jusqu'en 1810, époque à laquelle elles furent supprimées. Il devint alors substitut à la Cour royale d'Amiens. Il a publié une très bonne traduction des *Odes* d'Horace, et l'*Histoire de la ville de Laon*, ouvrage fort remarquable. C'est à Devisme que cette ville doit sa bibliothèque, car c'est grâces à ses soins que l'amas de livres entassés dans les archives fût mis en ordre et encore augmenté. Cet honorable citoyen mourut en 1830.

DÉVISSER, défaire, ôter les vis qui servent à retenir, à fixer une chose. Il signifie également, retirer, séparer une chose d'une autre à laquelle elle s'adapte à vis.

DÉVITRIFICATION, s. f. (*chimie*), action de dévitrifier.

DÉVITRIFIER, v. a. (*chimie*), détruire l'état de vitrification d'une subtance.

DÉVOIEMENT, flux de ventre, diarrhée.

DÉVOIEMENT, c'est aussi un terme d'architecture, qui signifie, inclinaison d'un tuyau de cheminée ou d'un tuyau de descente.

DÉVOIEMENT, s. m. (*marine*), position de certains coeplos dans lesquels le plan des branches n'est pas perpendiculaire à la quille.

DÉVOILEMENT, action de dévoiler. Il ne s'emploie guère qu'au figuré.

DÉVOILER, hausser, relever le voile d'une femme. On l'emploie plus ordinairement avec le pronom personnel. Il signifie quelquefois figurément, relever une religieuse de son vœu. — DÉVOILER, signifie, dans une acception plus générale, ôter le voile ou tout autre chose semblable qui cache un objet. Il signifie aussi figurément, découvrir, révéler une chose qui était cachée, secrète, il s'emploie avec le pronom personnel dans ce dernier sens.

DEVOIR, c'est ce qui est prescrit par une loi. Le devoir, *de debitum*, c'est comme la dette que nous contractons envers la loi qui nous protége. Un père nourrit ses enfants, il les instruit, il les gouverne; il a donc droit à leur amour, à leur estime, à leur obéissance, par le bien même qu'il leur fait. Droit et devoir sont donc deux termes *corrélatifs*; c'est-à-dire l'un suppose l'autre. Dans le langage commun, on confond le mot *devoir* avec le *bien*, l'*honnête*, l'*obligation*, le *juste* et l'*ordre;* mais il n'y a pas de synonymes logiquement; il y a un sens particulier que distingue chaque mot; il en est des mots comme des visages. En effet, *le bien* (bonum), c'est le devoir en tant que *bon; l'honnête* (honos), c'est le devoir en tant *qu'honarable; l'obligation* (lex), c'est le devoir en tant que *légal;* le *juste* (justum), c'est le devoir en tant qu'imposé par *l'autorité;* et *l'ordre* (ordo), c'est le devoir en tant que *droit*, ou conforme aux choses mêmes. Nous pouvons donc, à cause de ces seules distinctions, admettre différentes espèces de devoirs, que nous classerons ainsi: 1° devoirs *naturels*, pour *le bon*, ou pour bien-être; 2° devoirs *civils*, pour *l'honnête*, ou pour bien paraître; 3° devoirs *politiques*, pour *l'obligation*, ou pour bien faire; 4° devoirs *religieux*, pour *le juste*, ou pour bien servir Dieu; 5° devoirs *parfaits*, pour *l'ordre*, ou bien vivre, ou, si l'on aime mieux, devoirs envers soi, envers ses semblables, envers l'État, envers Dieu, et envers l'humanité, en tant que ne faisant qu'un avec Dieu, qui en est l'âme; ou encore: devoirs *individuels*, devoirs *communs*, devoirs *publics*, devoirs *généraux*, et devoirs *universels*. Nous avons dit que *droit* et *devoir* sont corrélatifs; nous n'affirmons pas moins cependant que la morale est la science des devoirs avant tout. Car, qui que nous soyons, nous avons reçu de Dieu avant de rien rendre; Dieu seul, parce qu'il est par lui, a des droits avant tout. Mais nous, qui sommes sujets et non pas souverains par nature, nous avons d'abord des devoirs à remplir. Les anciens, bien meilleurs moralistes que nous, ne parlaient guère que de devoirs en morale; mais nous, meilleurs métaphysiciens, nous sommes fort ambitieux de la science des droits, ce qui, du reste, serait sans trop graves dangers, si nous savions, du moins, placer le droit divin à la tête de tous les droits. Mais, en nous attribuant chacun un droit royal et sacerdotal, nous renversons tout ordre; notre souveraineté n'étant que le droit de chacun contre tous, notre état social c'est l'anarchie, et l'état sauvage devient l'état naturel, où tout homme se fait Dieu. Les anciens nous ont laissé des traités sur les devoirs, auxquels les modernes n'ont rien à opposer, si l'on excepte les livres de la morale religieuse et inspirée par la foi, que l'Évangile dit être morte sans les œuvres. Nos livres philosophiques sur la morale sont purement dogmatiques, et, s'ils prouvent notre force de raisonnement, ils ne servent de rien pour nous rendre meilleurs. On y trouve beaucoup de principes et de conséquences savamment déduites, mais sans règles véritablement pratiques pour le bien. On apprend tous les arts dans les livres, excepté l'art même de faire. N'est-il pas déplorable qu'après avoir passé huit ans dans une école, un jeune homme ait besoin de s'apprendre par lui la science du monde où il entre, et de s'enfermer dans un couvent s'il veut avoir des maîtres qui l'initient au grand art de se régir soi-même? Il y a des écoles, même pratiques, où l'on s'instruit de l'art de savoir bien plus que de l'art de faire. Nous avons en France des écoles pour donner la *science* d'un état aux professeurs, aux avocats, aux médecins et aux prêtres; mais où sont nos écoles qui apprennent tout ce qu'il faut savoir faire pour bien faire son état? Et l'on s'étonne que les lettres et que les arts, que les théâtres et même les chaires publiques des professeurs, ne servent que pour le mal des jeunes gens! N'en demandez la raison qu'à ce grand vice des sociétés modernes, d'apprécier le savoir plus que la vertu de faire. Pourquoi tant de peintures immodestes et de poésies licencieuses, avec si peu de patriotisme dans les cœurs et de grandeur dans les âmes? Ce sont les résultats forcés d'un enseignement qui instruit, mais qui n'élève pas. Qu'est-ce que la politique elle-même de nos jours? C'est une lutte de phrases, d'intrigues et de majorités asservies ou vendues; c'est un honteux trafic de places et de votes entre des corrupteurs et des corrompus. C'est ainsi qu'on entend la science pratique du gouvernement. On est de l'opposition pour un parti, d'un parti pour des places, et l'on veut des places pour de l'or. L'amour du devoir n'inspire plus. Le même mal ne se fait-il pas sentir en religion, où l'on dogmatise trop, et où l'on ne pratique pas assez? Au lieu de faire vivre la foi dans les cœurs par les bonnes œuvres, on veut tout suppléer par la foi sans les œuvres; on vit en protestant, et puis arrive un Luther qui érige ce vice en hérésie. Assistez au panégyrique d'un saint, vous admirerez le talent de l'orateur autant que la gloire du saint. Mais vous apprendra-t-on, à cette occasion, l'art d'être un saint vous-même? Vous initie-t-on aux secrets de la vie du héros qu'on exalte? C'est la seule chose qu'on oubliera, et cependant c'est la seule utile. La société humaine souffre donc parce qu'on n'y a pas la véritable science des devoirs. On se croit sauvé si l'on élève la tête dans les cieux, en laissant ramper son cœur ici-bas. On se réjouit d'être couronné de lumière, mais on se plonge dans la boue. Ces égarements déplorables nous paraissent tirer leur origine de la fausse direction donnée aux études du moyen âge, où la métaphysique était la seule science. C'est par l'orgueil de l'esprit que la France s'est aveuglée, et qu'elle se creuse aujourd'hui des abîmes. Il y a un fait bien remarquable cependant, c'est la piété exemplaire des jeunes gens du monde; mais il y a un autre fait non moins important, c'est que les jeunes gens ne doivent leur piété qu'à leurs bonnes œuvres. Agissons donc; c'est là la vie: quand le cœur cesse de battre, c'est alors que l'homme meurt, d'où l'on comprend combien il importe de mettre en honneur l'éducation pratique, ou la science des moyens et des choses, pour laquelle nous n'avons point de système d'écoles. C'est pourquoi nous allons indiquer nous-mêmes, dans cet article, quelques règles lumineuses et toutes pratiques pour l'accomplissement même des devoirs. On peut ramener ces règles à un très petit nombre; car la morale évangélique les réduit à une seule ou à deux, ainsi conçues: *Vous aimerez votre Dieu par dessus toute chose et votre prochain comme vous-même.* Mais, pour l'application de cette règle, on doit se souvenir que tous les chefs règnent par Dieu, et que par conséquent nous devons leur obéir comme à Dieu même, s'ils ne nous commandent point l'injustice. Pour mettre d'accord cette règle avec notre classification des devoirs, nous la diviserons comme il suit: 1° Aimez-vous pour vous rendre meilleurs, ou soyez heureux pour vous perfectionner; 2° Aimez votre prochain comme vous-même; 3° Aimez votre patrie plus que vous et que votre prochain; car d'elle dépend le présent et l'avenir de vous et de votre frère; 4° Aimez l'Église ou la société du genre humain plus que la patrie, que vous et que votre frère, à cause de Dieu; 5° Enfin, aimez le genre humain avec Dieu, et Dieu avec le genre humain. C'est dans ce sens que Fénélon disait: « J'aime ma famille plus que moi, mon pays plus que ma » famille, et le genre humain plus que mon pays, que ma » famille et que moi. » Maxime bien plus vraie et plus belle que celle d'un prétendu sage, qui ne se disait que citoyen du monde. Un rationaliste de 93 disait aussi: *Périssent les colonies plutôt qu'un principe.* Il généralisait trop la morale. Le fanatisme en religion tient à cette erreur d'esprit. Tout le monde connaît ces deux règles: *Fais à autrui ce que tu voudrais qu'il te fût fait*; et *Ne fais pas à autrui ce que tu ne voudrais pas qu'il te fût fait.* Ces deux règles suffisent dans la pratique; car elles reviennent à celle-ci: Rendre à chacun ce qui lui est dû, *Suum cuique.* Il reste une question à nous faire: Quelle est l'origine des devoirs? Nous croyons que le devoir nous est révélé: 1° par la conscience; 2° par la raison commune; 3° par l'autorité publique; 4° par la science naturelle des principes, ou par la révélation surnaturelle des dogmes; 5° par un concours de toutes les origines également divines; car la conscience est un *instinct divin*; la raison commune, ou voix de tous, est dite *voix de Dieu*; l'autorité publique *règne, en principe, par Dieu*; les principes et les dogmes sont aussi la lumière de celui qui éclaire tout homme venant en ce monde; et le consentement général est *une loi de la nature*, ou de Dieu, *Consensus omnium lex naturæ putandus*. LI.

DEVOIR, ce à quoi on est obligé par la raison, par la morale, par la loi, par sa condition, par la bienséance, etc. *Etre dans son devoir, se mettre dans son devoir*, se tenir dans l'état où l'on doit être devant les personnes à qui on veut témoigner du respect. *Etre à son devoir*, être à son poste. *Rentrer dans son devoir, dans le devoir*, se remettre dans l'obéissance, dans la subordination dont on s'était écarté. *Ranger quelqu'un à son devoir*, l'obliger à faire ce qu'il doit. On dit de même : *se ranger à son devoir*. Par menace, *je lui apprendrai son devoir*, je le rangerai à son devoir. *Devoir pascal*, la communion que tout catholique doit faire chaque année à sa paroisse, aux fêtes de pâques. *Derniers devoirs*, honneurs funèbres, cérémonies que l'on fait pour les funérailles de quelqu'un. *Se mettre en devoir de faire quelque chose*, témoigner qu'on a dessein de le faire, se mettre en disposition de le faire, commencer à le faire. *Aller rendre ses devoirs à quelqu'un*, aller le saluer chez lui, lui faire une visite de politesse. En termes de féodalité *devoirs seigneuriaux*, ce qui était dû par le vassal à son seigneur. DEVOIR, se dit particulièrement d'un thème, d'une version ou de toute autre composition qu'on donne à faire à un écolier.

DEVOIR s. m. (*anc. jurisp.*), *devoirs de loi*. Dessaisine ou deshéritance, saisine ou adhéritance, formalités du nantissement, c'est-à-dire de la mise en possession destinée à transférer la propriété, après un contrat de rente de donation. *Devoirs de délit* (*droit cout.*), droit d'un boisseau de seigle sur chaque tenue ancienne de tout ménager, paroissien tenant feu et fumée et labourant terre.

DEVOIR, être obligé à payer une somme d'argent, à rendre ou à donner quelque chose que ce soit. On l'emploie souvent absolument. Prov., *devoir plus d'argent qu'on n'est gros, devoir à Dieu et à diable, à Dieu et au monde, devoir au tiers et au quart, devoir de tous côtés*, devoir beaucoup, avoir beaucoup de dettes. Prov., *qui doit a tort*, la loi est toujours contre le débiteur. *Qui a terme ne doit rien*, on ne peut être obligé de payer avant que le terme ne soit échu. Prov., *quand on doit, il faut payer ou agréer*, il faut donner à son créancier de l'argent, ou du moins de bonnes paroles. Prov. et fig., *qui nous doit nous demande*, se dit lorsqu'on a sujet de se plaindre de la personne même qui se plaint. Prov. et fig., *il croit toujours qu'on lui en doit de reste*, il n'est jamais content de ce qu'on fait pour lui. Fig., et fam., *il m'en doit*, ou *je lui en dois*, il m'a offensé, il m'a joué un tour, je m'en vengerai. Prov. et fig., *ils ne s'en doivent guère*, se dit de deux personnes qui ont d'aussi mauvaises qualités l'une que l'autre, ou qui ont eu également des torts à l'égard l'une de l'autre. *Doit*, s'emploie, dans les livres de compte, par opposition au mot *avoir*, et désigne la partie d'un compte où l'on porte ce qu'une personne doit, ce qu'elle a reçu. On appelle aussi, dans un autre sens, *doit et avoir*, le passif et l'actif. — DEVOIR, signifie encore, être obligé à quelque chose par la morale, par la loi, par sa condition, par la bienséance, etc. On le dit quelquefois des choses. Avec le pronom personnel, *cela se doit*, se dit de ce qui doit être, de ce qu'on est obligé de faire. —DEVOIR, signifie en outre, être redevable à, tenir de. On le dit quelquefois en parlant de choses fâcheuses ou funestes. — DEVOIR, se dit aussi pour marquer qu'il y a une espèce de justice, de raison, de nécessité, etc., qu'une chose soit. Il se dit également de ce qui paraît vraisemblable, probable, plus ou moins certain. Il se dit encore pour marquer qu'une chose arrivera infailliblement. Il se dit pareillement de ce qu'on croit, ou qu'on présume, ou qu'on suppose qui arrivera. Il se dit aussi pour marquer l'intention qu'on a de faire quelque chose. — DEVOIR, s'emploie avec le pronom personnel régime indirect, dans le sens d'être obligé. Il s'emploie également avec le pronom personnel régime direct, et alors il signifie, être tenu de se dévouer, de se sacrifier. — DU, UE (*participe*), il est quelquefois substantif. En termes de pratique, *jusqu'à due concurrence*, jusqu'à concurrence de la somme, de la quantité dont il s'agit.

DÉVOLE (*t. de certains jeux de cartes*). Il se dit lorsque la personne qui fait jouer manque la vole. Il est opposé à vole.

DÉVOLER (*t. de certains jeux de cartes*), être en dévole.

DÉVOLU, UE (*t. de droit*), qui passe, qui est transporté d'une personne à une autre, qui est acquis, échu à quelqu'un en vertu d'un droit.

DÉVOLU, provision d'un bénéfice vacant par l'incapacité ecclésiastique de celui qui en est en possession. *Jeter un dévolu*, faire signifier un dévolu. Fig. et fam., *jeter son dévolu, un dévolu sur quelqu'un, sur quelque chose*, arrêter ses vues, fixer son choix sur quelqu'un, sur quelque chose.

DÉVOLU (*anc. t. de palais*). Il se disait à Toulouse du droit en vertu duquel le plus ancien praticien d'un siége suppléait dans les fonctions un juge absent, malade ou récusé.

DÉVOLUTAIRE, celui qui a obtenu un dévolu.

DÉVOLUTIF, IVE (*t. de jurispr.*), qui fait qu'une chose passe, est transportée d'une personne à une autre. Il se dit principalement d'un appel qui saisit de la connaissance d'une affaire un juge supérieur.

DÉVOLUTION, c'est, en matière de succession, le transport qui se fait d'une ligne à une autre de la portion de biens affectée à la première. — Toute succession échue à des ascendants ou à des collatéraux se divise en deux parts égales; l'une pour les parents de la ligne paternelle, l'autre pour les parents de la ligne maternelle. Il ne se fait aucune dévolution d'une ligne à l'autre, que lorsqu'il ne se trouve aucun ascendant ni collatéral de l'une des deux lignes. — Cette première division opérée entre les lignes paternelles et maternelles, il ne se fait plus de division entre les diverses branches; mais la moitié dévolue à chaque ligne appartient à l'héritier ou aux héritiers les plus proches en degrés, sauf les cas de la représentation. (Cod. civ. art. 743 et 734.)

DÉVOLUTION, *jus devolutum*. En matière bénéficiale, la dévolution était le droit de conférer un bénéfice qui passait au supérieur immédiat de degré en degré, lorsque le collateur ordinaire négligeait de le conférer. Par exemple, quand le collateur ordinaire négligeait pendant six mois de conférer le bénéfice qui était à sa collation, le droit de conférer ce bénéfice, pour cette fois seulement, était dévolu à l'évêque; de l'évêque à l'archevêque; de l'archevêque au primat, et du primat au pape. Il en était de même si la collation était faite à un incapable ou à un indigne. La dévolution ne se faisait que de l'inférieur au supérieur, et non du supérieur à l'inférieur. Ainsi la dévolution ne se faisait point de l'évêque au chapitre. Quand l'évêque conférait en qualité d'évêque conjointement avec le chapitre, la dévolution ne se faisait point du chapitre à l'évêque, mais au supérieur de l'évêque; et, quand l'évêque n'avait de part à la collation que comme chanoine, la dévolution se faisait du chapitre à l'évêque. (Cap. *Postulasti*, extrav., *De concessus præbend.*) Si l'on en croit Rebuffe (*in Praxi benefic.*, part. 1, tit. *De devolut.*, n. 5), lorsque, par la négligence des collateurs inférieurs, le droit de conférer était dévolu au pape, il ne retournait plus à l'ordinaire, quoique le pape ne conférât pas le bénéfice dans les six mois, parce que, n'ayant aucun supérieur pour suppléer à sa négligence, ce droit ne pouvait pas être dévolu à un autre; cependant, M. de la Combe assure que c'est une maxime établie par nos auteurs, qu'alors le collateur ordinaire pouvait conférer par droit de retour, parce que l'obstacle que la loi de la dévolution opposait à l'exercice de son pouvoir était entièrement levé; et, selon les *Mémoires du clergé*, t. 12, pag. 103 et suiv., cette maxime paraissait plus conforme aux motifs qui avaient donné lieu au huitième canon du concile de Latran tenu, en 1199, sous Alexandre III, que l'on regardait comme la première loi qui eût déterminé la dévolution des collateurs inférieurs aux collateurs supérieurs, et qui ordonnait que la collation des bénéfices serait faite dans les six mois de la vacance. Un arrêt de la grand' chambre du parlement de Paris, donné le 18 mars 1745, au sujet du prieuré de Saumur, dans le diocèse de Rodez, à la collation de l'abbé de Moissac, favorisait ce dernier sentiment. La collation faite par le supérieur avant la dévolution acquise, était absolument nulle par le défaut de pouvoir; de sorte qu'elle n'était pas rendue valable, quoique le premier collateur n'eût pas conféré dans le temps. (Rebuffe, *ibid.*, n. 32; Louet, *De infirm.*, n. 67 et seq.) (V. COLLATION, ÉLECTION.)

DÉVOLUTION (DROIT DE). C'était le droit que tout supérieur immédiat des collateurs ecclésiastiques avait de conférer les bénéfices de leur collation lorsqu'ils avaient laissé passer le temps qui leur était fixé par les canons pour y pourvoir. Ainsi, quand un évêque négligeait de conférer, son droit était dévolu à l'archevêque, le droit de celui-ci passait au primat, et de ce dernier au pape. Ce droit de dévolution fut établi par le troisième concile de Latran pour empêcher la longue vacance des bénéfices, occasionnée par la négligence des collateurs ou des électeurs. Le décret de ce concile fut reçu en France; seulement, on n'admit pas dans ce royaume que le droit de l'évêque pût être dévolu au chapitre. Quelques chapitres néanmoins pouvaient conférer en vertu de la solidarité qui existait autrefois entre les évêques et les chapitres pour la collation des bénéfices, et qui avait été conservé par des traditions particulières. — En droit civil, la *dévolution d'aînesse* était le partage du droit d'aînesse sur la tête d'un puiné. En France, la dévolution en matière de succession formait un important sujet d'étude; l'esprit de chaque coutume était de conserver dans chaque famille les biens qui en provenaient; et, comme elles les distinguaient en meubles et en immeubles, elles avaient formé autant de successions différentes que d'espèces de biens. Elles appelaient, à l'exclusion des autres, certains héritiers à la succession des meubles et acquêts, et d'autres à celles des propres. — *Le droit de dévolution*, tel qu'il était en usage dans le Brabant, le Limbourg, la Gueldre, le pays de Liége, de Hainaut, de Namur, à Arras, dans quelques villes d'Alsace, était inconnu dans les coutumes de France. Il consistait en ce que tous les immeubles apportés par les conjoints en mariage, ou qu'ils acquéraient postérieurement, par succession ou par une autre manière, durant le mariage, appartenaient en propriété aux enfants nés de ce mariage, à l'exclusion des enfants nés d'un mariage subséquent. L'usufruit appartenait au survivant des époux, avec faculté d'aliéner ces biens en tout ou en partie, en cas d'indigence, sous l'autorité du magistrat. Le survivant des époux gagnait en propriété tous les meubles, même au préjudice des enfants. Si, lorsque l'un des deux époux mourait, il n'y avait pas d'enfants vivants, l'autre époux succédait en pleine propriété à tous les biens, à moins qu'il n'en eût été disposé par testament. — LA GUERRE DE DÉVOLUTION est celle que Louis XIV entreprit contre l'Espagne pour faire valoir les prétentions qu'il formait au nom de Marie-Thérèse, son épouse, sur plusieurs provinces des Pays-Bas espagnols, nommément sur les duchés de Brabant et du Limbourg, la seigneurie de Malines, le marquisat d'Anvers, la Haute-Gueldre, les comtés de Namur, du Hainaut et d'Artois, Cambrai et le Cambrésis, comme lui étant dûs en vertu du droit de dévolution usité dans ce pays. Nous avons dit que, suivant ce droit, la propriété des biens passait aux enfants du premier lit lorsque le père ou la mère contractait un nouveau mariage. Marie-Thérèse, reine de France, était fille du premier lit de Philippe IV, roi d'Espagne, au lieu que Charles II, son successeur dans la monarchie espagnole, était né du second lit de ce prince. Louis XIV soutenait que dès l'instant du second mariage de Philippe, la propriété de tous les pays qui se régissaient par le droit de dévolution avait passé à la reine sa femme, et qu'à la mort de Philippe, la jouissance devait se réunir à la propriété en faveur de cette princesse. Les Espagnols alléguèrent, à cette prétention des Français, que le droit de dévolution, dérivant de la coutume et ne concernant que la succession des particuliers, ne pouvait point être opposé aux lois fondamentales de l'Espagne, qui établissaient l'individualité de la monarchie, et qui déféraient toute la succession au roi Charles II, sans le moindre partage. La cour de France publia à ce sujet un ouvrage intitulé: *Traité des droits de la reine très chrétienne*, etc., et il fut réfuté par Stockmann et par le *Bouclier d'État et de justice*, attribué au baron de Lisola, gentilhomme franc-comtois. — Les Français s'emparèrent, dans le cours de la campagne de 1667, de plusieurs villes des Pays-Bas, comme Berg, Furnes, Armentières, Charleroi, Binch, Ath, Tournay, Douai, Courtray, Oudenarde, Lille; et, dès l'hiver suivant, ils firent la conquête de la Franche-Comté. Le pape et plusieurs princes ayant interposé leurs bons offices pour le rétablissement de la paix, on choisit Aix-la-Chapelle pour le lieu du congrès; mais le siége principal de la négociation s'établit à la Haye, où Louis XIV envoya le comte d'Estrades pour traiter séparément avec les États généraux. Cette négociation fut accélérée par la fameuse triple alliance conclue à la Haye entre la Grande-Bretagne, les États généraux et la Suède (janvier 1668). Aux termes de ce traité, les puissances alliées offrirent à Louis XIV l'alternative, ou de lui laisser les places qu'il avait conquises pendant la campagne de 1667, ou de lui faire céder, soit le duché de Luxembourg, soit la Franche-Comté, avec les villes de Cambrai, Douai, Aire, Saint-Omer, Furnes et leurs dépendances. La première de ces alternatives ayant été acceptée par les Espagnols, un projet de traité fut convenu et signé (15 avril 1668) par les ministres de France et d'Angleterre et des États généraux, et ce projet servit de base au traité de paix qui fut conclu à Aix-la-Chapelle (Voy.) entre la France et l'Angleterre (2 mai 1668). La France, au moyen des restitutions qu'elle fit à l'Espagne, conserva, par ce traité, les places de Charleroi, Binch, Ath, Douai, Tournay, Oudenarde, Lille, Armentières, Courtray, Bergues, Furnes, avec leurs baillages et dépendances. (*Voir* Dumont, *Corps dipl.*, t. VII, part. 1., p. 89; Léonard, t. IV, sur les négociations qui précédèrent cette paix; on peut consulter Dumont, *Mémoires sur la paix de Riswick*; les mémoires manuscrits de M. de Saint-Prêt, chef des affaires étrangères de France, et l'*Histoire de la diplomatie française*, par M. le comte de Flassan.) A. S. R.

DEVON ou **DEVONSHIRE**, comté maritime d'Angleterre, borné à l'O. par celui de Cornouailles, au N. par le canal de Bristol, à l'E. par le comté de Sommerset, au S. par la Manche. Il a 322 lieues carrées. Sa population est de 440,000 habitants; son sol est varié et en général fertile en grains et légumes excellents. Il produit plomb, argent, ardoise, pierre. On y fabrique laine, draps, dentelles. Grand commerce extérieur. Chef-lieu, Exeter.

DEVON (COMTES DE), famille historique anglaise, qui tire son origine de l'illustre maison de Courtenay, dont quelques-uns font remonter la généalogie jusqu'à Louis-le-Gros, roi de France, et même jusqu'à Pharamond. Hugh, cinquième baron de Courtenay et fils d'Isabelle de Fortibus, comtesse de Devon et de d'Albemarle, fut le premier membre de la famille qui porta le titre de comte de Devon (1335). Sa lignée s'éteignit en 1471, et le titre fut conféré à la branche collatérale, ayant pour chef sir ÉDOUARD de Courtenay de Boconnoc (1485), et confirmé ensuite (1553) héréditairement; mais il s'éteignit ou plutôt *resta dormant* à partir de 1556. La nouvelle branche collatérale le remplaça par d'autres titres: WILLIAM, l'un de ses membres, fut créé (6 mai 1762) vicomte de Courtenay de Powderham-Castle, et ce n'est que de nos jours qu'elle obtint la dignité de comte de Devon, dans la personne du chef actuel de la famille. Ce chef est WILLIAM Courtenay, comte de Devon, vicomte Courtenay, de Powderham-Castle, baronnet d'Irlande, né en 1768, pair d'Angleterre par droit de succession en 1778. A défaut d'enfants, il aura pour successeur Henri Courtenay, évêque d'Exeter. Il ne faut pas confondre la maison de Devon avec celle de Devonshire, bien que cette dernière, à laquelle fut attaché le titre de duc, tire son nom du comté de Devon, situé sur le canal de Bristol, au sud-ouest de l'Angleterre.

DEVONITE (*min.*), nom que donne M. Thompson à la wavellite, parce qu'elle fut trouvée pour la première fois dans le Devonshire. (*V.* WAVELLITE.) J. P.

DEVONIUS. (*V.* ISCANUS.)

DEVONSHIRE (ÉLISABETH HERVEY, duchesse de), née vers 1759, épousa très jeune M. Foster. Partageant les goûts de son père, lord Hervey, pour les voyages, elle parcourut successivement la France, la Suisse, l'Allemagne et l'Italie; elle se trouva en 1787 à Lauzanne, où Gibbon venait d'achever son grand ouvrage de la *Décadence et de la chute de l'empire romain*, et l'illustre historien conçut pour elle un violent amour, qui eut un dénouement ridicule, causé par l'obésité de Gibbon, qui, tombé aux pieds de la duchesse, ne put se relever qu'avec le secours de ses domestiques. Lady Élisabeth Forter, qui avait reçu en France un accueil flatteur, retourna en Angleterre après la rupture du traité d'Amiens, et, devenue veuve, elle épousa le duc de Devonshire. En 1814, veuve une seconde fois, elle revint de nouveau en France, et alla quelque temps après se fixer en Italie. Elle mourut à Rome vers le milieu de mars 1824. La duchesse de Devonshire, déjà remarquable par ses talents, son esprit et sa beauté, rendit son nom encore plus célèbre en l'attachant à de magnifiques éditions de la cinquième satire d'Horace, *le Voyage à Brindes*, avec une traduction italienne, et de l'Énéide de Virgile. Elle consacra à ces éditions modèles des sommes considérables. Elle se disposait à publier une édition du Dante, accompagnée de cent gravures et de la traduction française, quand la mort vint la frapper.

DEVONSHIRE (GEORGINE-CAVENDISH, duchesse de), dame anglaise, célèbre par sa beauté et son esprit. Elle avait en outre beaucoup d'instruction et de goût pour la poésie. Son principal ouvrage est *le Passage de Saint-Gothard*, qui a été traduit par notre grand poète Delille. Elle était liée d'amitié avec le célèbre Charles Fox. Elle se mêla publiquement d'une de ses élections, et contribua à sa réussite. Elle mourut en 1806.

DÉVORANT, ANTE, qui mange en dévorant. Il signifie également, qui consomme beaucoup, ou qui excite à manger beaucoup et avidement. Il signifie figurément, qui consume, qui détruit avec plus ou moins de rapidité. Il se dit aussi figurément, tant au sens physique qu'au sens moral, de choses qui se font sentir avec plus ou moins de violence. *Air dévorant*, air extrêmement subtil et dangereux pour les personnes dont la poitrine est délicate. On dit à peu près dans le même sens : *climat dévorant.*

DÉVORER, manger une proie en la déchirant avec les dents. Il signifie aussi, avaler goulument, manger avidement. On l'emploie souvent sans régime, surtout dans le langage familier. Il se dit quelquefois dans le sens de manger entièrement, sans rien laisser, surtout en parlant des animaux destructeurs. Fig., *dévorer un livre, des livres*, les lire avec avidité, avec une extrême promptitude. Fig., *dévorer des yeux*, tenir les yeux fixement attachés sur une personne ou sur une chose avec l'expression du désir. Fig., *dévorer une chose en espérance*, la convoiter avec ardeur et avec l'espérance de la posséder bientôt. Fig., *c'est une terre qui dévore ses habitants*, se dit d'un pays où ceux qui y demeurent ne vivent pas d'ordinaire longtemps. Fig., *dévorer les difficultés*, venir à bout courageusement des difficultés que l'on rencontre dans ses études. Fig., *dévorer ses larmes*, retenir ses larmes quand elles sont près de s'échapper. *Dévorer ses chagrins*, etc., ne pas les laisser paraître. *Dévorer un affront*, *une injure*, etc., cacher le ressentiment d'un affront, etc. — DÉVORER, signifie figurément, consumer, détruire. Il se dit dans un sens analogue, de l'effet que produisent en nous la faim et la soif, quand elles sont devenues pressantes, les longues peines d'esprit, les passions très ardentes, etc. — DÉVORER, s'emploie aussi avec le pronom personnel, comme verbe réciproque, et se dit surtout au propre.

DEVOS (MARTIN), peintre, né à Anvers vers 1534. Le fameux Tintoret l'associa à ses travaux et l'employa à peindre le paysage dans ses tableaux. De retour dans sa patrie, Devos fut reçu dans la société des peintres d'Anvers en 1559.

DEVOSGES (FRANÇOIS), né à Gray en 1732. Il reçut d'abord des leçons de sculpture de son père; puis il fut privé de la vue, et ne recouvra cet organe qu'au bout de seize ans. Il se voua alors à la peinture et fit des progrès rapides. Après avoir refusé plusieurs offres avantageuses, il se rendit à Dijon et y ouvrit une école gratuite de dessin. Devosges doit partager avec Vien la gloire d'avoir contribué à bannir le faux goût. Cet artiste estimable mourut à Dijon le 22 décembre 1811 universellement regretté.

DÉVOT, OTE, pieux, attaché aux pratiques religieuses. Il se dit quelquefois par dénigrement, de celui qui fait consister la religion dans les pratiques extérieures du culte. Il se dit également de ce qui caractérise une personne dévote. Il signifie aussi, qui est fait avec dévotion ou qui excite à la dévotion. — DÉVOT, s'emploie comme substantif, en parlant des personnes dévotes. Il se prend de même substantivement, dans le sens de faux dévot. *C'est une de ses dévotes*, se dit d'une femme qui est sous la direction d'un ecclésiastique. La dévotion n'est qu'un amour pieux ou qu'un amour qui nous rend dévoués pour Dieu. La dévotion est donc une chose raisonnable, commandée et sainte.

DÉVOTEMENT, d'une manière dévote et pieuse.

DEVOTI (JEAN), né à Rome le 11 juillet 1744, se destina à l'état ecclésiastique, et se livra surtout à l'étude du droit canon. Il fut nommé professeur de droit canonique à la Sapience lorsqu'il n'avait encore que vingt ans. Plus tard, en 1804, Pie VII le créa évêque de Carthage, *in partibus*, secrétaire des brefs aux princes, prélat de sa maison, camérier secret et consulteur de la congrégation de l'Immunité. Devoti est auteur d'ouvrages de droit canon qui ont acquis une réputation immense. Ce sont : 1° *De notissimis in jure legibus* ; 2° *Institutionum canoniarum libri*, et 3° *Jus canonicus universum* ; ce dernier n'a pas été terminé, 3 volumes seulement ont paru. Ce savant prélat mourut à Rome le 18 septembre 1820.

DÉVOTIEUSEMENT, dévotement, il est vieux.

DÉVOTIEUX, EUSE, dévot.

DÉVOTION, piété, attachement aux pratiques religieuses. *Fête de dévotion*, *jeûne de dévotion*, fête, jeûne qu'on observe par pure dévotion et que l'église n'a point commandé. *Livres de dévotion*, livres qui servent aux exercices de dévotion, qui contiennent des prières, des oraisons mystiques, etc. *Tableau de dévotion*, tableau représentant un sujet pieux. Prov. et fig., *il n'est dévotion que de jeune prêtre*, on n'a jamais plus d'ardeur dans une profession, dans une entreprise, que lorsqu'on la commence. *L'offrande est à dévotion*, on donne ce qu'on veut à l'offrande. *A l'offrande qui a dévotion*, va à l'offrande qui veut. — DÉVOTION, signifie aussi l'action d'accomplir des pratiques religieuses, et, au pluriel, ces pratiques mêmes. Il se dit particulièrement, au pluriel, de la communion. — DÉVOTION, signifie, par extension, dévouement, disposition à faire tout ce que veut une personne, tout ce qui peut lui plaire. On dit aussi, *être à la dévotion de quelqu'un*, lui être tout dévoué.

DÉVOUEMENT, abandonnement aux volontés d'un autre, disposition à le servir en toute occasion. Il signifie aussi l'action de s'exposer à un grand péril ou à une mort certaine, par humanité, par patriotisme, etc. Il se dit particulièrement lorsqu'il s'agit de l'acte religieux des anciens par lequel un citoyen s'offrait volontairement aux divinités infernales, pour faire retomber sur sa tête le malheur dont la république se croyait menacée.

DÉVOUEMENT (*Devotio*). Les païens regardaient les dieux infernaux comme auteurs de tous les maux et en même temps comme impitoyables. Lorsque leur fureur était allumée, les prières, les vœux, les victimes, semblaient trop faibles pour les fléchir : il fallait du sang humain pour l'éteindre. Ainsi, dans les calamités publiques, quelques zélés patriotes se chargeaient, par d'horribles imprécations contre eux-mêmes, de la malédiction publique, qu'ils croyaient pouvoir communiquer aux ennemis en se jetant au milieu d'eux. Les rois, les généraux, les magistrats, même les particuliers, pouvaient se dévouer pour le salut de l'État; mais le général seul pouvait dévouer un soldat pour toute l'armée. — Le dévouement était fort ancien chez les Grecs. Le premier fut celui d'Agraule, fille de Cécrops, qui se précipita du haut d'une tour pour délivrer les Athéniens d'une guerre cruelle qui désolait l'Attique. Dans la suite, Ménécée, roi de Thèbes, s'immola aux mânes de Dracon, pour faire cesser les malheurs dont les Thébains étaient accablés; et Codrus, dernier roi d'Athènes, ayant su que l'oracle promettait la victoire au peuple dont le général périrait, se déguisa en paysan, et alla se faire tuer dans le camp des ennemis. (*V*, ces mots.) — Chez les Romains, les sénateurs en masse donnèrent le premier exemple de cet acte d'héroïsme. Rome ayant été prise par les Gaulois, ils se laissèrent massacrer sur leurs chaises curules. Peu de temps après, le jeune Curtius se précipita au milieu d'un gouffre qui s'était ouvert au milieu de Rome. Les trois Decius se dévouèrent pour le salut des armées qu'ils commandaient; l'un dans la guerre contre les Latins, et les autres dans celles des Gaulois et des Samnites, tous trois de la même manière et avec le même succès. Lorsque le général romain se dévouait lui-même, il était obligé de prendre les marques de sa dignité, c'est-à-dire sa robe bordée de pourpre, dont une partie, rejetée par derrière, formait autour du corps une espèce de ceinture appelée *cinctus gabinus*, de l'autre partie il se couvrait la tête, coutume observée dans tous les sacrifices. Il était debout, le menton appuyé sur sa main droite passée par dessous sa robe, et à ses pieds était un javelot sur lequel il marchait, et qui représentait les armes des ennemis qu'il dévouait aux dieux infernaux. C'était au grand pontife à faire la cérémonie de la consécration; la prière qu'il prononçait alors était répétée mot à mot par celui qui se dévouait, parce qu'on était persuadé que l'omission d'une syllabe ou la mauvaise prononciation était capable de gâter tout le mystère, et de détruire toute l'efficacité qu'on y attachait. Quand le général qui s'était dévoué pour l'armée ne périssait pas dans le combat, les exécrations qu'il avait prononcées contre lui-même le faisaient regarder comme une personne abominable et haïe des dieux. Il était obligé, pour effacer cette tache, de consacrer ses armes à Vulcain et de lui immoler des victimes. Les Romains dévouaient encore aux dieux des enfers les sujets pernicieux dont ils ne pouvaient se défaire autrement, afin que, par ce dévouement, on fût en droit de les tuer impunément. Ils en usaient de même à l'égard des villes assiégées lorsqu'ils les voyaient réduites à l'extrémité. Ne croyant pas qu'il fût possible de s'en rendre maîtres sans la volonté de leurs dieux tutélaires, ils s'efforçaient, par des soumissions, des respects et des vœux, de leur faire agréer cette violence, les invitant d'abandonner leurs anciens sujets, indignes par leur faiblesse de leur protection. La flatterie introduisit du temps d'Auguste une nouvelle sorte de dévouement. Ce fut un tribun du peuple, nommé Pacuvius, qui en donna le premier exemple. Il se dévoua, à la manière des peuples barbares, pour complaire au prince, même aux dépens de sa vie. Cet exemple fut imité, et Auguste, en paraissant honteux de cette basse adulation, ne laissa pas d'en récompenser l'auteur.

DÉVOUER, vouer, consacrer, livrer sans réserve. Il s'emploie souvent avec le pronom personnel. Il signifie particulièrement, dans le même emploi, s'exposer à un grand péril, ou se dévouer à une mort certaine, par attachement pour quelqu'un, par humanité, par patriotisme, etc. — DÉVOUÉ (*participe*). *Être dévoué à quelqu'un*, être disposé à suivre toutes ses volontés, à tout faire pour lui être utile ou agréable. On l'emploie quelquefois, par exagération, pour exprimer une simple disposition à obliger. Par exagération : *Je suis votre dévoué serviteur*, formule de politesse par laquelle on termine souvent les lettres adressées à des égaux ou même à des inférieurs. On termine aussi quelquefois par la formule : *Votre dévoué*, *votre très dévoué*, mais seulement lorsqu'on écrit à une personne avec laquelle on vit un peu familièrement.

DÉVOYER, détourner de la voie, du chemin. On l'emploie aussi avec le pronom personnel. En ce sens il vieillit. Fig. et fam. : *Se dévoyer du chemin de la vérité*, quitter le bon chemin, le chemin de la vérité. *Dévoyer un tuyau de cheminée*, *de descente*, *etc.*, le détourner de la ligne verticale lorsqu'il rencontre un obstacle. — **DÉVOYER** signifie, en outre, donner le dévoiement. — **DÉVOYÉ** (*participe*). Il s'emploie aussi comme substantif, dans le langage mystique, et alors il se dit de ceux qui ne sont pas dans la voie du salut.

DEVRIENT (DANIEL-LOUIS), célèbre acteur prussien, naquit à Berlin le 15 décembre 1784. Il fut d'abord destiné au commerce; mais bientôt son goût pour le théâtre l'entraîna, et il débuta en 1803 sur le théâtre de Géra, dans le rôle d'Édouard de Schalheim (pièce du *Caméléon*, par Beck). Il joua ensuite dans différentes villes de Saxe, obtint partout des succès qui lui donnèrent bientôt une grande réputation, et parut enfin sur le théâtre de Berlin en 1814. Là, il s'entendit proclamer le premier acteur de l'Allemagne, et il mourut, au milieu de ses succès, en novembre 1832. Les rôles où il brillait le plus étaient : celui de Franz Moor, celui de Shyrok, et enfin le roi Léar.

DEVUEZ (ARNOULD), peintre, né à Oppenois, près Saint-Omer, en 1642. Lebrun, premier peintre de Louis XIV, fit proposer à Devuez de venir à Paris, en l'assurant d'une pension du roi. Louvois, qui avait su apprécier son mérite, le chargea de plusieurs travaux. Il se fixa ensuite à Lille, et il a joui en France d'une gloire méritée. Il mourut en 1724.

DÉVUIDE, s. m. (*jeux*), ancien terme de billard : *Faire dévuide*, ne laisser aucune bille sur le billard, pas même la sienne.

DEWALAGIRI, un des plus hauts sommets du système himâlayen, sur les limites du Tibet et du Népal. Sa hauteur au-dessus de la mer est de 26,436 pieds français. À 60 lieues N. O. de Katmândou. Latitude N. 290° 4'; longitude E. 79° 31'.

DEWALL (JEAN), peintre, né à Anvers en 1558. Après avoir voyagé en France et en Italie, il revint dans sa patrie, où il fut employé d'abord à peindre l'histoire, ensuite le portrait. Il y mettait toute la ressemblance et la vérité qu'exige ce genre de peinture.

D'EWES (Sir SYMOND), historien et antiquaire anglais, né en 1602 dans le comté de Dorset. Il a composé un recueil des journaux de tous les parlements durant le règne d'Élisabeth. Il fit partie du long parlement, et il était parmi les membres qui furent chassés par Cromwel en 1648. Ses travaux prouvent en général plus d'exactitude et de travail que de goût et de jugement.

DEWEZ (LOUIS-DIEUDONNÉ-JOSEPH), né à Namur le 4 janvier 1760, occupa pendant dix ans une chaire à l'université de Nivelle, et la quitta quand la révolution française éclata. Il remplit alors plusieurs fonctions publiques, et devint sous-préfet de Saint-Hubert. Il garda cet emploi jusqu'en 1814, et rentra bientôt après dans l'instruction publique avec le titre d'inspecteur général des athénées et colléges, qu'il conserva jusqu'à sa mort, arrivée le 28 octobre 1834. Dewez se consacra surtout à l'étude de l'histoire, et a publié un assez grand nombre de mémoires et d'ouvrages sur celle de la Belgique. Il était secrétaire perpétuel de l'Académie de Bruxelles et membre de l'Institut des Pays-Bas.

DEWITTE (CHARLES-JOSEPH), né à Saint-Omer le 24 décembre 1725, mort le 31 août 1807, religieux et archiviste de l'abbaye de Saint-Bertin, a écrit le grand cartulaire de ce célèbre monastère, qu'on trouve à la bibliothèque communale de Saint-Omer, sous le n° 803. Ce manuscrit est le plus considérable de tous ceux que recèle ce dépôt. Il forme onze volumes grand in-folio, pleins de documents du plus haut intérêt. (Hist. de Saint-Omer, par J. Derheims.)

DEWR, s. m. (*hist. otto.*), danse religieuse des derviches de certains ordres.

DEWS. C'est le nom que prennent dans la mythologie parse les mauvais génies Ahriman (Voy.) et les êtres créés par lui. On les appelle quelquefois *Devis.* Ce sont ceux qui frappent l'humanité de toutes les misères dont elle est incessamment surchargée : les maladies, les accidents, les querelles, les chagrins domestiques, la pauvreté, les revers de fortune, les méchantes passions, les catastrophes de toutes espèce. Aussi les êtres malfaisants appartenant à l'un et à l'autre sexe (*V.* PÉRI) étaient-ils fort nombreux. Ils se divisaient en trois classes, dont la principale était celle des archidews, au nombre de sept, dont l'emploi consistait à lutter contre les bons génies, *arnchaspands*; 2° les *daroudji* combattaient contre les *izeds* (Voy.); et 3° enfin les *dews* proprement dits étaient très nombreux et portaient des noms particuliers, qu'il serait inutile de rapporter ici. — Les *dewetas* de la mythologie indienne sont d'une nature différente; ce sont, en général, de bons génies créés par l'Éternel de sa propre essence. C. E. N.

DEWUEZ (ARNOULD), peintre, fils d'un tourneur en métaux, naquit près de Saint-Omer en 1642, annonça dès ses plus tendres années un goût prononcé pour le dessin. Placé d'abord auprès d'un juif de Saint-Omer, qui cultivait l'art de la peinture, Dewuez fut ensuite confié au frère Luc, récollet, qui formait à Paris de jeunes artistes. Depuis il passa en Italie où son mérite ne tarda point à être apprécié. Le célèbre Lebrun le fit venir à Paris pour concourir à l'exécution des travaux de peinture que Louis XIV lui avait confiés. Mais les éloges qu'on donnait à Dewuez excitèrent l'envie, à tel point qu'il crut devoir renoncer aux avantages que lui offrait l'emploi qu'il occupait. Il travailla pour la mère du prince Eugène et pour Louvois, puis il se retira à Lille, où il s'occupa de tableaux religieux qui justifièrent la réputation qu'il s'était faite. Plusieurs sont encore aujourd'hui au musée de Lille et dans les églises de cette ville. Il composa, pour la décoration de l'église des Jésuites à Cambrai, douze tableaux que la révolution française a épargnés et qu'on admire dans l'église paroissiale de Saint-Géry en cette ville. Dewuez mourut échevin de Lille le 3 avril 1724 à l'âge de quatre-vingt-deux ans. Il travaillait dans le goût et le style de Raphaël, et ses ouvrages lui ont valu un rang distingué parmi les grands maîtres. Ses tableaux se soutiennent auprès de ceux des plus célèbres artistes sortis de l'école flamande. (Mémoires de l'Académie d'Arras.)

DEX, s. m. (*v. lang.*), Dieu, *Dex aie*, Dieu nous aide, cri de guerre des Normands.

DEX, s. m. (*droit cout.*), limites, juridiction, étendue, district.

DEXAGORIDAS, partageait avec Gorgopas l'autorité souveraine à Gythium, l'an 195 avant J.-C. Les romains étant venus pour assiéger cette ville Dexagoridas offrit à L. Quintius de le recevoir dans la place, au moment d'exécuter cette trahison il fut tué par Gorgopas.

DEXAMÈNE, mère des Néréïdes.

DEXAMÈNE, roi d'Olénus en Achaïe, dont les filles épousèrent les fils d'Actor.

DEXAMINE (*crust.*), genre établi par M. Leach pour quelques espèces de chevrettes : *gammarus spinosus.* (*V. gammaridées.*) J. P.

DEXICRÉONTE, négociant ancien qui, ayant abordé dans l'île de Cypre et ayant consulté l'oracle de Vénus sur le moyen de s'enrichir, reçut pour conseil de n'emporter que de l'eau; les autres marchands pendant la navigation plaisantèrent Dexicréonte sur sa cargaison, mais un calme étant survenu et l'eau manquant, il échangea bientôt sa marchandise contre les objets les plus précieux. En reconnaissance, il fit élever un temple à Vénus *dexicréontique.*

DEXIOCARDIE, s. f. (*méd.*), transposition du cœur dans le côté droit de la poitrine.

DEXIPHANES, architecte de l'antiquité, naquit dans l'île de Chypre. Il vécut sous le règne de la fameuse Cléopâtre, dernière reine d'Égypte. Ce fut lui qui rétablit le phare d'Alexandrie, vingt-huit ans avant l'ère vulgaire, et fit construire une jetée pour le joindre au continent. Cet architecte eut pour sa récompense une charge très considérable, et la direction de tous les bâtiments que cette princesse fit construire dans la suite. Il y a déjà du temps que les dépôts continuels que le Nil porte à son embouchure ont réuni la petite île de Pharos à la terre ferme.

DEXIPPE, médecin disciple d'Hippocrate, ne voulut aller traiter Hécatomnus, roi de Carie, que sous la condition que ce prince cesserait de faire la guerre à sa patrie.

DEXIPPE, Spartiate, secourut les Agrigentins.

DEXIPPE, historien grec et vaillant guerrier, repoussa les Goths qui, vers l'an 269, ravageaient l'Achaïe. On trouve quelques fragments de ses ouvrages dans les *Excerpta de legationibus*, édition du Louvre, 1648, in-fol., page 7 et suivantes.

DEXIPPE, philosophe péripatéticien disciple de Jamblique, a écrit dans le IVe siècle un commentaire sur les catégories.

DEXITHÉE, femme de Minos et mère d'Évanthe.

DEXITHÉE, fille de Phorbas, fameux brigand tué par Apollon, épousa, selon Plutarque, Énée, et fit partie des ancêtres de Romulus.

DEXTANS, une des divisions de l'as romain, valait dix onces; on désignait par ce nom les dix douzièmes d'une mesure quelconque.

DEXTER (FAVIUS-LUCIUS). Après avoir été préfet du prétoire, dans le IVe siècle, sous l'empire d'Honorius, il rentra dans la vie civile et se livra à l'étude, puis fut nommé gouverneur de Tolède. Il mourut de chagrin d'avoir vu l'Espagne menacée d'une invasion. Saint Jérôme parle d'une chronique de Dexter, et le jésuite Higuera prétendit en avoir retrouvé un manuscrit, mais il paraît que ce manuscrit était apocryphe.

DEXTÉRITÉ, adresse de la main. Il se dit, figurément, de l'adresse de l'esprit.

DEXTRAL ou **DEXTROCHÈRE** (*ant. rom.*), bracelet que les dames romaines portaient au bras droit; Maxime mettait à son pouce le *dextral* de sa femme.

DEXTRATION, s. f. (*ant. rom.*), sorte de geste ou de mouvement de gauche à droite que les romains faisaient en adorant leurs divinités.

DEXTRE, la main droite, ou le côté droit, le côté de la main droite. Il est vieux. En termes de blason, *le côté dextre*, le côté droit, *à dextre*, à droite.

DEXTREMENT, avec dextérité. Il est vieux.

DEXTRINE. Dans ses savantes expériences sur la polarité de la lumière, M. Biot ayant remarqué que la substance dont il s'agit faisait dévier circulairement vers la droite le faisceau lumineux qui passe à travers sa dissolution, tandis que la gomme et d'autres substances le font dévier à gauche, donna à cette substance le nom de *dextrine*. Long-temps l'on a confondu la dextrine avec les gommes et l'amidine, et ce n'est que depuis la découverte de la diastase qu'on l'a distinguée de ces substances. Cette méprise était facile en raison de l'apparence gommeuse de la dextrine. Sa blancheur, sa transparence, son insapidité, son inodoréité, sa propriété de jaunir d'exhaler une odeur de pain brûlé quand on l'expose à la chaleur, de se boursouffler et de se décomposer après avoir subi un commencement de fusion, étaient autant de caractères de nature à produire l'erreur. La dextrine n'appartient ni à l'amidon, ni à la gomme, ni au sucre, ce qui prouve son inaltérabilité dans un air sec, sa solubilité abondante dans l'eau chaude ou même dans l'eau froide à laquelle elle donne une consistance mucilagineuse, l'inertie de l'eau de baryte, du nitrate de mercure, de l'eau de chaux, quand on les emploie à la précipitation de la dextrine, tandis qu'elle s'opère abondamment par l'alcool qui ne change point sa nature. Ajoutons que l'iode ne la bleuit pas, que l'acide nitrique n'y forme point d'acide mucique, qu'elle n'éprouve aucune atteinte de la part de la levure de bière. L'acide sulfurique étendue d'eau la transforme en sucre de raisin; transformation qu'elle subit aussi, mais moins complètement, par l'action de la diastase. MM. Payen et Persoz ont présenté à l'Académie des sciences, le 4 mars 1833, un mémoire très intéressant sur l'emploie de la dextrine et le procédé à employer pour l'obtenir. La dextrine pourra remplacer l'emploi des gommes dans certains travaux industriels; en raison de l'absence des téguments, qui donne pour résultat la disparition d'une saveur désagréable et une plus facile assimilation de la substance intérieure, la dextrine devient préférable aux fécules alimentaires les plus estimées. Elle pourra, avec avantage, s'ajouter à diverses préparations alimentaires, surtout entrer dans la composition du pain et des pâtes féculentes, le pain qui contient 30 p. 0|0 de dextrine est d'une excellente qualité. A part son emploi dans la préparation du cidre, des vins, etc., elle apporte, dans l'analyse des farines et de plusieurs produits végétaux, un degré de précision inconnu jusqu'ici. Enfin elle offre, en thérapeutique, l'avantage de remplacer la gomme. Le procédé indiqué par M. Payen pour obtenir la dextrine est très simple, il consiste à prendre une dissolution aqueuse d'orge gommée et séchée, et à faire bouillir rapidement la fécule dans cette eau. La fécule se crève, ses enveloppes se précipitent, et la dextrine reste en dissolution dans la liqueur. On passe au filtre; les enveloppes qui contiennent les substances âcres de la fécule restent sur le filtre; la dextrine passe pure et sans autre goût qu'une légère saveur de sucre; on fait évaporer, et on obtient la dextrine sous forme sèche, transparente, vitreuse, un peu jaunâtre, ressemblant alors à la gomme. Cette dextrine peut-être convertie en sucre. En continuant l'ébulition de la liqueur pendant une heure et demie, à la température de 65 à 70 dégrés, la conversion est parfaite; on obtient par ce procédé un sirop fort agréable et très économique.

DEXTROCHÈRE, s. m. (*ant.*), (*V.* DEXTRAL). — **DEXTROCHÈRE**, s. m. (*v. lang.*), partie du bras droit. — **DEXTROCHÈRE**, s. m. (*blason*), meuble de l'écu figurant un gantelet ou un bras nu qui porte une épée.

DEXTRO-VOLUBILE, adj. des 2 g. (*bot.*), qui tourne de gauche à droite.

DEY, qualité que prenait les pachas ou, pour mieux dire, les souverains de la régence d'Alger, avant sa conquête par les Français, et aussi les souverains de Tunis et de Tripoli. Dans la dernière régence barbaresque ce titre subsiste, mais celle de Tunis est depuis long-temps gouvernée par un *bey*, en place du *dey*. Le mot *dey* signifie, en langue turque, un oncle du côté maternel. La milice donna ce nom à son chef parce qu'elle regardait le Grand-Seigneur comme le père, la république comme la mère des soldats, et le dey comme le frère de la république. La Porte exerçait autrefois un droit immédiat de souveraineté sur les régences barbaresques, en y envoyant des gouverneurs avec le titre de *pachas*; mais, vers le commencement du XVIIe siècle, la milice turque, mécontente de l'administration de ses délégués, obtint du Grand-Seigneur la permission d'élire dans son sein un homme qui, avec le titre de *dey*, gouvernerait la régence, la Porte continuant d'ailleurs d'envoyer un pacha pour veiller sur le gouvernement. De graves dissensions éclatèrent souvent entre ces deux autorités. En 1710, le dey Ali-Baba obtint la suppression des pachas et devint ainsi prince souverain d'Alger et l'allié du Grand-Seigneur; mais il resta soumis, ainsi que ses successeurs, à la vaine formalité d'investiture que la Porte s'était réservé. Nous avons déjà parlé, des formes de l'élection des deys et de leur autorité. Le *Dey* présidait le divan; son siége était dans un angle de la salle sur un banc de pierre élevé d'environ deux pieds; il habitait un chateau-fort appelé la *Kasbah* et sortait bien rarement. Sa domination s'étendait sur trois beyliks, mais il n'avait guère plus de pouvoir sur les beys que la Porte n'en avait sur lui; pourvu que les gouverneurs des beyliks payassent exactement les tributs que le dey prélevait sur eux, ils gouvernaient les provinces selon leurs caprices, écrasant d'impôts et de vexations les populations qui leur étaient soumises. Le dernier dey d'Alger fut Hussein qui, par suite d'un affront fait par lui à M. Deval, consul général de France, au sujet des prétentions du banquier juif Bacry qui vient de mourir à Paris (1836), fut dépouillé de son gouvernement par l'armée française. Après avoir visité la France, dans l'espérance de se faire rétablir dans son autorité ou indemniser richement, et après avoir séjourné en Italie, il mourut à Alexandrie, en Égypte, le 30 octobre 1834.

DEYATH, s. m. (*hist. otto.*), titre du magistrat civil et criminel dans l'ancien gouvernement de la Mecque.

DEYL-EL-FAR (*bot.*), mot égyptien qui signifie *queue de rat*, et qui est donné, suivant M. Delile, à une espèce de graminée, le *polypogon monspeliense*. J. P.

DEYEUXIE (*bot.*), genre de plantes monocotylédones, à fleurs glumacées, de la famille des *graminées*, de la *triandrie* digynie de Linnée, dont les caractères sont: épillets à deux fleurs, l'une hermaphrodite, l'autre stérile, en forme d'arête plumeuse; calice à deux valves presque égales; dans la fleur hermaphrodite, une corolle à deux valves, l'inférieure munie d'une arête dorsale, géniculée, trois étamines; deux stigmates en pinceau. Ce genre se rapproche des roseaux par les poils courts qui entourent la base des valves de la corolle, et des avoines, par l'arête articulée placée sur le dos de la valve inférieure de la corolle. La *deyeuxie à tige raide*. *D. rigida*, croît dans les plaines élevées du royaume de Quito. Ses tiges sont glabres, hautes de trois à six pieds, ses feuilles rudes, roulées, sétacées, presque de la longueur des tiges: valves du calice linéaires, acuminées, presque égales, jaunâtres; celles de la corolle plus courtes, inégales bidentées à leur sommet. Les troupeaux recherchent cette plante. J. P.

DEYLING (SALOMON), savant orientaliste protestant, né en 1677, mort en 1655. Il fut surintendant du diocèse de Leipzig.

DEYNS (JACQUES), peintre, né à Anvers en 1645. Il avait de l'imagination; ses compositions sont riches et d'une belle ordonnance. Il mourut dans sa patrie en 1704.

DEYNUM (JEAN-BAPTISTE-VAN), peintre, né à Anvers en 1720. Les cours d'Espagne et d'Allemagne possèdent le plus grand nombre de ses tableaux.

DEYSTER (LOUIS DE), peintre, naquit à Bruges en 1656. Il était fort modeste et sembla se complaire dans l'obcurité, mais un tableau de Rebecca, une histoire de Judith en plusieurs morceaux, attirèrent les regards sur lui. Un singulier travers d'esprit causa son malheur. A l'âge de 50 ans, il lui prit fantaisie de fabriquer des instruments de musique, et s'occupa principalement à faire des orgues, des violons, etc. La misère fut la suite inévitable de cette folie. La plupart des tableaux de Deyster décorent les églises de Bruges. Il mourut en 1711.

DEYVERDUN (GEORGE), né à Lauzanne vers 1735, fut lié d'amitié avec Gibbon; et ils firent ensemble différentes études littéraires. Il fut nommé gouverneur de sir Richard Worsley qu'il accompagna dans ses voyages. On a de Deyverdun : *Mémoires littéraire de la Grande-Bretagne*, pour l'an 1767.—Werther traduit de l'allemand, etc., etc.

DEZ (JEAN), jésuite, naquit près de Sainte-Menehould en 1643. Il occupa les premières charges de son ordre, fut envoyé deux fois à Rome et suivit le Dauphin en Allemagne en qualité de confesseur du jeune prince. Étant à Rome en 1697, il écrivit un traité en faveur des livres des *Maximes des Saints* de Fénélon.

DÉZA (PIERRE), né à Séville en 1520, occupa successivement les premières dignités de l'église et de l'État. Grégoire XIII, lui ayant envoyé le chapeau de cardinal, il se fixa à Rome. Là il présida le tribunal de la Sainte-Inquisition et devint doyen du Sacré-Collége. Il mourut à Rome en 1600 et laissa des richesses considérables.

DEZALLIER D'ARGENVILLE (ANTOINE-JOSEPH), né à Paris en 1680. Il fut reçu maître des comptes de Paris en 1733, et obtint en 1748 le titre de conseiller du roi en ses conseils. On a de lui l'*Histoire naturelle éclaircie dans deux de ses parties principales, la lithologie et la conchyliologie*. 2° *Enumerationis fossilium quæ in omnibus Galliæ provinciis reperiuntur tentamina*. 3° *l'Histoire naturelle éclaircie dans une de ses parties principales, l'oryctologie*. Dezallier ne s'est pas seulement occupé d'histoire naturelle, il a fait d'assez grandes recherches dans l'histoire de la peinture. Il a publié en 1745 un *Abrégé de la vie de quelques peintres célèbres*. — Son fils (Antoine-Nicolas), reçu maître des comptes en 1746, a laissé plusieurs ouvrages, entre autres, *Voyage pittoresque de Paris*, 1752, in-12.

DEZÈDE ou **DEZAIDES**, compositeur de la fin du XVIIIe siècle. Il a mieux réussi dans l'opéra-comique que dans le grand opéra. Ses principaux ouvrages sont : *le Stratagème découvert, les Trois fermiers, Blaise et Babet, Alexis et Justine, la Cinquantaine, etc.* Cet artiste mourut en 1792.

DEZOTEUX (FRANÇOIS), médecin, né à Boulogne sur mer en 1724. Quand il eut terminé son éducation, il étudia l'art de guérir dans les hôpitaux de l'armée et s'y distingua par son zèle et son aptitude. Après la bataille de Fontenoy, il fut promu au grade de chirurgien major dans un régiment de cavalerie. En 1760, il prit ses degrés de médecine à la Faculté de Besançon. Le docteur Dezoteux est l'un de ceux à qui l'on doit l'introduction en France de la méthode de Sutton sur l'innoculation. Il obtint en 1778 la décoration de l'ordre de Saint-Michel, et devint en 1789, inspecteur des hôpitaux militaires. Admis à la retraite en 1793, il ne put, dans ce temps d'anarchie, en toucher les émoluments et fut réduit à réclamer la charité de ses amis. Ceux-ci, touchés de la situation malheureuse d'un vieillard qui avait consacré sa vie entière au soulagement des maux de l'humanité, le firent nommer médecin de la succursale des Invalides qui venait d'être créée à Versailles. Cet établissement ayant été supprimé, Dezoteux revint à Paris où il jouit de sa pension de retraite; mais peu de temps après, il mourut à Versailles où il s'était retiré, le 2 février 1803 à l'âge de 79 ans. (Mém. de l'Académie d'Arras et hist. de Boulogne, par Bertrand.)

DEZOTEUX (PIERRE), poète, né à Desvres, vers le milieu du XVIIIe siècle. Il était cordonnier. Son éducation ayant été négligée, il s'appliqua dans un âge déjà avancé à étudier les éléments de la lecture, de l'écriture et du calcul. Il avait plus de quarante ans quand il se sentit épris de la manie de faire des vers. Plusieurs de ses pièces furent d'abord publiées dans la *Feuille d'annonces* de Boulogne et éditées en 1811, en un volume in-18, chez Leroy-Berger dans la même ville. Dezoteux mourut en 1827. Ses poésies roulent sur quelques idées qu'il affectionnait et renferment des fautes et des négligences qui décèlent le vice de son instruction première. (Hist. de Boulogne par Bertrand.)

DHA, s. m. (*philol.*), nom d'une des consonnes aspirées de l'alphabet sanscrit; dha est l'aspirée de *da*, il appartient à la fois au 3e et au 4e ordre; *dha*, nom de la 17e lettre de l'alphabet arabe, signe numérique de 900.

DHABA, DOBB (*bot.*), nom arabe d'un acacie, *mimosa unguis cati* de Fors-Kaël, que Vahl nomme *mimosa mellifera*, parce que les abeilles tirent de ses fleurs un miel abondant, et qui est maintenant un *inga* de Wildenow. On applique les feuilles mâchées sur les yeux des bœufs, pour dissiper les nuages et enlever les taches qui les couvrent. J. P.

DHABOY, ville de l'Inde (*Goudjerat*), assez importante, résidence d'un radjah. Ses murailles sont flanquées de tours et bâties en pierre de taille. *La porte du diamant* est regardée par M. Farbes comme l'un des plus beaux morceaux de l'architecture indienne, tant sous le rapport de l'exécution que sous celui du dessin. On remarque dans cette ville d'autres édifices en grosses pierres de taille avec de nombreuses sculptures. 42,000 habitants au moins.

DHAD, s. m. (*philol.*), nom de la 15e lette de l'alphabet arabe, signe numérique de 800.

DHAERR, douzième khalife fathimite d'Égypte, monta sur ce trône l'an 344 de l'hégire (955 de J.-C.). Il régna quatre ans et huit mois seulement. Il consacra tout son temps aux fêtes et aux plaisirs. Il fut assassiné par Nasr, son favori, l'an 349 de l'hégire (960 de J.-C.).

DHAHER, trente-cinquième khalife abasside, succéda à son père, Nasser, l'an 622 de l'hégire (1225 de J.-C.). Il passa de la prison au trône, et commença à régner à l'âge de cinquante-deux ans. Il ne régna que neuf mois, et apparut, disent les historiens, comme un astre bienfaisant qui devait réparer les maux et les malheurs du peuple. Il mourut en 623 de l'hégire (1226 de J.-C.).

DHAHER, septième khalife fathimite d'Égypte, fut proclamé khalife après le meurtre de son père, le fameux Hakem, vers l'an 411 de l'hégire (1021 de J.-C.). Il y eut sous son règne une disette affreuse. Il mourut en 427 (1036 de J.-C.).

DHAHER, fameux cheik de la Palestine, Arabe d'origine, et issu des Béni-Zyadneh, l'une des tribus les plus puissantes des bédouins qui errent sur les bords du Jourdain. Vers le commencement du XVIIIe siècle, après la mort d'Omar, son père, Safad, petite ville située dans les montagnes, à l'ouest du lac de Tibériade, lui échut en partage. Il y ajouta bientôt Tibériade qu'il conquit. Il s'empara d'Acre par adresse en 1749. Sous son administration ferme et éclairée, cette ville devint très-florissante. La Porte vit avec défiance la prospérité de ce cheik. En 1760, elle avait élevé au pachalik de Damas, Othman, fils de Dhaher, qui avait trahi son père et s'était toujours montré son ennemi. Othman, qui croyait surprendre son vieux père, fut lui-même battu par Aly, autre fils de Dhaher. L'année 1770 vit s'opérer la jonction de Dhaher et d'Aly-Bey. Ces deux chefs réunis battirent plusieurs fois les armées turques envoyées contre eux; mais Aly-Bey périt. Après la mort de cet allié intrépide, Dhaher n'eut plus que des succès insignifiants; bientôt même la fortune lui devint tout-à-fait contraire. Combattu par Mohammed-Bey, puis par Djezzar pacha, le vieux cheik fut vaincu, pris et décapité en 1775. Aly, fils de Dhaher, résista encore un an contre les Turcs, et ne succomba que par trahison.

DHAHÉRITE (*n. patron.*) (*hist. otto.*), descendant de *Malek-al-Dhaher*, quatrième sultan de la dynastie des Turcs.

DHAHÉRY. (*V.* KHALYL DHAHÉRY.)

DHAMMA, s. m. (*philol.*), nom d'un des signes qui indiquent les sons ou les voyelles de l'alphabet arabe. Le *dhamma*, auquel on donne à peu près la figure d'un 9 ou d'une virgule, se place au-dessus de la consonne avec laquelle il forme un son articulé, et répond tantôt à notre *o*, tantôt à notre *ou*, et tantôt à notre *eu*.

D'HANNETAIRE. (*V.* HANNETAIRE (UD).)

DHARA, s. f. (*zool.*), couleuvre de l'Arabie-Heureuse.

DHARMA, s. m. (*myth. ind.*), nom de Yama comme dieu de la justice.

DHARU (*bot.*), nom donné dans le canton de Kurma, en Arabie, suivant Forskaël, à une sauge nommée ailleurs *merjamie*. Il cite celui *dharu œsuæd* pour le corinde, *cardiospermum*. Daléchamps cite celui de *daru* pour le lentisque.

DHEIRAK (*poiss.*), nom arabe du *caranx sansun*, que Forskaël a décrit comme un scombre. (*V.* CARANX.)

DHELL ou **D'HÈLE** (THOMAS), né vers 1740 en Angleterre, passa la première partie de sa jeunesse au service de la marine anglaise. Ensuite il se mit à voyager en Italie, puis en France, où il dissipa le reste de sa fortune. Il travailla pour le théâtre, et se mit au premier rang parmi nos auteurs d'opéras comiques. Il nous reste de lui en ce genre : *le Jugement de Midas, les Fausses apparences* ou *l'Amant jaloux, les Évènements imprévus*, et enfin *Gilles ravisseur*, qui fut son dernier ouvrage.

DHIB (*mamm.*), nom arabe du loup, suivant Eldemiri.

DHOULCADAH, s. m. (*calend.*), nom d'un mois sacré de l'année arabique. On l'appelle aussi *zilcadeh.*

DHOULHEDJIAH, s. m. (*calend.*), nom du dernier mois de l'année arabique. Il est presque entièrement consacré aux solennités et aux cérémonies qui ont lieu à la Mecque et sur le mont Arafat. On l'appelle aussi *zilhidjé.*

DHRABA (*bot.*). Suivant Forskaël, son *asclepias setosa* est ainsi nommé en Arabie. J. P.

DHRÆIRÆ (*bot.*), nom arabe de l'*aristida lanata* de Forskaël, qui est aussi nommé *sjœf sjuf.* J. P.

DHRITARACHTRA, n. pr. m. (*myth. ind.*), père des Côravas. Il se retira dans la solitude après la mort de ses enfants.

DHYA-EDDYN (splendeur de la religion), épithète commune à plusieurs poètes musulmans, parmi lesquels nous devons distinguer Abou-Mohammed-Abd-Alla, poète espagnol très célèbre, et auteur d'un poème sur l'art métrique, intitulé : *Cassideh Khezerdjyieh.*

DIA. Mot dont les charretiers se servent pour faire aller leurs chevaux à gauche, comme ils se servent des mots *hue, huhau* ou *hurhau*, pour les faire aller à droite. Prov., fig. et pop., *il n'entend ni à dia, ni à huhau*, on ne saurait lui faire entendre raison. Prov., fig. et pop., *l'un tire à dia, et l'autre à huhau*, ou *l'un tire à hue et l'autre à dia*, se dit lorsque deux personnes, dans la conduite de l'affaire dont elles sont chargées, prennent des moyens qui se contrarient.

DIABÈTE (διαβαίνειν, passer, filtrer), maladie singulière et assez rare qui consiste dans une sécrétion excessivement abondante de l'urine, avec altération particulière de ce liquide qui devient sucré. Elle a reçu beaucoup de noms différents, suivant l'idée qu'on se faisait de sa nature, qui d'ailleurs est encore bien peu connue. Ce n'est même que depuis une époque assez récente que l'on a reconnu la saveur sucrée de l'urine, qui en forme le caractère essentiel, bien qu'il existe cependant aussi un diabète non sucré plus rare encore que l'autre. Les auteurs assignent à cette maladie tant de causes différentes et même opposées entre elles qu'on est forcé de reconnaître l'ignorance où ils sont tous à ce sujet. Quoi qu'il en soit, le symptôme spécial du diabète est une surabondance de l'urine telle qu'elle surpasse en quantité les boissons qu'on a prises. C'est même par-là que l'attention du malade et du médecin est d'abord éveillée. On a vu dix, quinze, vingt, et même, ce qui est plus difficile à croire, jusqu'à deux cents livres d'urine être évacuées dans les vingt-quatre heures. Une soif ardente est la conséquence inévitable de cette perte énorme de liquide, qui, rendu incessamment, empêche le sommeil et suscite dans l'économie des désordres de différents genres. Malgré cela, en général les fonctions digestives se maintiennent en bon état, au moins pendant une grande partie de la maladie. La marche de cette maladie est toujours lente ; elle se manifeste par degrés et ne se dissipe aussi que graduellement. Son pronostic est grave, et l'on voit souvent les malades succomber à une fièvre de consomption dont on ne peut arrêter les progrès. L'ouverture des corps n'a été qu'une lumière incertaine sur l'histoire de cette maladie ; quelque augmentation du volume des reins sans altération de leurs tissus, quelques lésions, sont à peu près tout ce qu'on a découvert. De même l'analyse chimique de l'urine a donné des résultats jusqu'à présent plus curieux qu'utiles. On y a, d'une part, trouvé une matière sucrée non cristallisable, analogue au sucre de raisin, dont la proportion peut aller jusqu'au septième du poids total ; de l'autre, on y a constaté l'absence totale de l'urée, de l'acide urique et des sels qui s'y trouvent dans l'état ordinaire. D'ailleurs il paraît évident que le sucre se forme dans les reins, puisqu'on ne l'a point trouvé dans le sang tiré des veines des diabétiques. Le traitement de cette triste maladie est tout à fait empirique, et les méthodes les plus contradictoires ont été conseillées sans qu'aucune d'elles ait prévalu jusqu'à ce jour. Préoccupés de l'idée de faiblesse, quelques médecins conseillèrent un régime composé exclusivement de substances animale de laborieuse digestion et de vin pur; d'autres, par une théorie diamétralement opposée, prescrivirent la saignée et les adoucissants ; d'autres enfin, dans des vues diverses, employèrent l'opium, le musc, le quinquina, l'urée, etc. Quelques malades guérirent entre les mains de chacun d'eux, montrant ainsi que la nature peut, dans le plus grand nombre de cas, réclamer les honneurs du succès ; mais aucune méthode ne présente des probabilités suffisantes pour la faire adopter. Il faut donc, dans cette maladie, se diriger d'après les circonstances et les règles générales de la thérapeutique, attendant qu'un hazard heureux vienne montrer la voie la plus sûre. Ce qui d'ailleurs doit encourager dans ces recherches, c'est que le diabète n'est pas essentiellement mortel, et qu'en conséquence il est permis d'espérer un jour de réussir.

DIABLE, démon, esprit malin, mauvais ange. (V. ESPRITS.) Prov., *le diable n'y perd rien*, se dit en parlant d'une personne qui sait habituellement maîtriser cacher les passions et les sentiments qui la tourmentent. Prov., *quand il dort le diable le berce*, ou absolument, *le diable le berce*, se dit d'un homme inquiet, qui roule toujours dans sa tête quelque dessein contraire au repos des autres ou au sien. Prov., *les menteurs sont les enfants du diable.* Prov., *le diable était beau quand il était jeune*, la jeunesse a toujours quelque chose d'agréable, même dans les personnes les plus laides. *Cette femme à la beauté du diable*, elle n'est pas jolie, mais elle a la fraîcheur de la jeunesse. Prov., *quand le diable fut vieux, il se fit ermite*, se dit en parlant de quelqu'un qui, après avoir fait le libertin, devient dévot sur ses vieux jours. Prov., *le diable est aux vaches, est bien aux vaches*, il y a du vacarme, du désordre, de la brouillerie, etc. Prov., *les diables sont déchaînés*, se dit quand il arrive de grands mouvements, de grands malheurs. Prov., *le diable bat sa femme*, se dit quand il pleut et qu'il fait soleil en même temps. Prov., *il est comme le valet du diable, il fait plus qu'on ne lui commande*, ou simplement, *il fait le valet du diable*, se dit d'un homme qui, par zèle ou par tout autre motif, fait plus qu'on ne lui dit. Prov., *il mangerait le diable et ses cornes*, se dit d'un grand mangeur. *Le diable ne lui ferait pas faire telle chose*, on aurait bien de la peine à lui faire faire telle chose. Prov., *ne craindre ni Dieu ni diable*, se dit d'un méchant homme, d'un homme déterminé qu'aucune crainte n'arrête. Prov. et fig., *il vaut mieux tuer le diable, que le diable nous tue*, dans le cas de défense personnelle, il vaut mieux tuer son ennemi que s'en laisser tuer. Prov. et fig., *brûler une chandelle au diable*, flatter un pouvoir injuste pour en obtenir quelque chose. Prov. et fig., *tirer le diable par la queue*, avoir beaucoup de peine à se procurer de quoi vivre. Prov. et fig., *loger le diable dans sa bourse*, n'avoir pas le sou. Prov. et fig., *le diable n'est pas toujours à la porte d'un pauvre homme*, un homme n'est pas toujours pauvre. *Avoir le diable au corps*, être méchant, furieux. *Il querelle et bat tout le monde, il a le diable au corps.* On le dit quelquefois en parlant d'un homme qui montre beaucoup d'adresse, de courage, de force, de talent ou d'esprit. *Tout ce qu'il fait est prodigieux, je crois qu'il a le diable au corps, il faut qu'il ait le diable au corps.* On le dit quelquefois, dans le premier sens, en parlant des animaux, *ce cheval a le diable au corps. Avoir un esprit de tous les diables*, avoir beaucoup d'esprit. Prov., *c'est le diable à confesser*, se dit d'un aveu difficile à obtenir, et en général d'une chose difficile à faire. *C'est le diable, c'est là le diable, voilà le diable*, se dit de ce qu'il y a de pénible, de difficile, de fâcheux, de contrariant dans la chose dont il s'agit. *Cela se fera, ou il faudra que le diable s'en mêle, à moins que le diable ne s'en mêle, si le diable ne s'en mêle*, cette affaire se fera malgré tous les obstacles. *Veuille Dieu, veuille diable*, je n'en aurai point le démenti, je suis bien résolu à faire telle chose. *Quant le diable y serait*, se dit pour exprimer qu'une chose paraît difficile, impossible, incroyable. *Le diable n'y verrait goutte*, se dit en parlant d'une chose fort difficile à comprendre, à débrouiller. *Donner, envoyer au diable, à tous les diables, à tous les cinq cents diables*, maudire, repousser, rebuter, renvoyer avec colère, avec indignation. *Au diable celui qui le fera*, se dit pour faire entendre que personne ne pourra ou n'osera pas faire la chose dont il s'agit. *Au diable le profit que j'en ai tiré*, se dit pour faire entendre qu'on n'a tiré aucun profit d'une affaire. *Fi! fi! au diable!* sert à marquer le mépris, l'aversion. *Au diable*, se dit lorsqu'on se rebute, lorsqu'on renonce à faire une chose difficile ou très pénible. Fig., *s'en aller au diable, à tous les diables*, se perdre, disparaître tout-à-fait. *Mon chapeau, emporté par le vent, s'en est allé à tous les diables.* Cela signifie aussi, manquer, échouer. Fig., *être au diable*, être excessivement loin. Fig., *se donner au diable*, se dit lorsqu'on se donne beaucoup de mal, beaucoup de mouvement et de peine pour quelque chose. *Cela me ferait donner au diable*, se dit pour exprimer la vive impatience, le dépit violent qu'on éprouve de quelque chose. *Je me donne au diable, je veux que le diable m'emporte, si..., le diable m'emporte, si..., le diable m'emporte*, locutions qui sont quelquefois employées, par forme de serment, pour affirmer ou nier avec plus d'énergie. Par chagrin ou par dépit, *le diable s'en pende.* Par forme de serment, *je n'en ferai rien, de par tout les diables.* Fig., *faire le diable, faire le diable à quatre*, faire beaucoup de bruit, causer beaucoup de désordre, s'emporter à l'excès. *Ils ont fait le diable, le diable à quatre dans cette auberge.* Cela signifie aussi, se donner beaucoup de peine, de mouvement pour quelque chose. Fig., *faire le diable contre quelqu'un*, faire du pis qu'on peut contre lui. *Dire le diable contre quelqu'un*, en médire ou le calomnier impitoyablement. *Cela ne vaut pas le diable*, se dit d'une chose qui ne vaut rien, ou qui est fort mauvaise dans son genre. — DIABLE, se dit aussi, figurément, d'une personne très méchante, ou violente, emportée, ou d'une pétulance excessive, d'une turbulence incommode et bruyante. Prov., *il n'est pas si diable qu'il est noir*, cet homme n'est pas si méchant qu'il le paraît. — DIABLE, se dit encore, tant en bonne qu'en mauvaise part, d'une personne remarquable par quelque qualité, par ses mœurs, par ses manières. *Ce diable d'homme*, *cette diable de femme*, etc., se disent quelquefois par dépit contre un homme et une femme. *Ce diable d'homme ne veut pas me comprendre*, *cette diable de femme est venue là bien mal à propos. Un bon diable*, un homme de bonne humeur, de bon caractère, et commode à vivre. *Un méchant diable*, un homme méchant et rusé. *Un pauvre diable*, un homme qui est dans la misère. *Un grand diable*, un homme grand et dégingandé. *Une affaire du diable, une difficulté de diable*, une affaire très compliquée, ou qui a, qui peut avoir de très grandes suites; une très grande difficulté. — DIABLE, s'emploie souvent comme interjection de surprise, d'admiration, de doute, de mécontentement, d'inquiétude, etc. — DIABLE, se dit en outre d'une sorte de toupie que l'on fait tourner rapidement sur une corde attachée à deux baguettes, et qui ronfle avec beaucoup de bruit; *le jeu du diable*. Il se dit aussi d'une espèce de charrette à quatre roues fort basses qui sert au transport de certaines marchandises, et qui fait beaucoup de bruit en roulant sur le pavé. Il se dit également d'un petit chariot à deux roues dont les maçons se servent pour transporter les pierres. — DIABLE en histoire naturelle, se dit d'une espèce de cigale, ainsi que de divers oiseaux, et de quelques poissons. — EN DIABLE, fort, extrêmement. On dit quelquefois dans le même sens, *en diable et demi*. On dit aussi, comme le diable, comme un beau diable, comme tous les diables. — A LA DIABLE, très mal. *Cela est fait à la diable*, ou simplement, *cela est à la diable*. *Etre fait à la diable*, être habillé sans goût, ou avoir ses vêtements en grand désordre.

DIABLE (PONT DU). Ce pont, l'une des curiosité de la Suisse, est moins célèbre par la hardiesse de sa construction que par le site affreux auquel il appartient. C'est en gravissant le Saint-Gothard, pour passer du canton d'Uri dans celui des Grisons, qu'il faut passer sur ce pont, dont l'arche unique, ayant 75 pieds d'ouverture, traverse un précipice au fond duquel la Reuss se jette en mugissant et en lançant des tourbillons de brouillards. Le paysage ne paraît effrayant qu'à cause de cette chute bruyante entre des rochers qui s'élèvent à pic. Le pont fut rompu en partie par les troupes françaises pendant les guerres de la révolution, à la fin du dernier siècle, pour empêcher les Russes de descendre du Saint-Gothard dans les vallées inférieures de la Suisse; cependant ces derniers passèrent la Reuss en jetant des poutres sur la partie rompue du pont. Dans la suite il a été entièrement rétabli. On a souvent peint, dessiné et gravé le site pittoresque de ce pont. En continuant de gravir le Saint-Gothard, on traverse le paysage souterrain connu sous le nom d'*Urner loch* (abime d'Uri), à la sortie duquel on jouit d'une belle vue sur la vallée d'Urseren.

DIABLES (*phys.*, *techn.*). Descartes, dans l'un de ses ouvrages, parle de petits plongeons de verre qui, étant renfermés dans un vase plein d'eau, à goulot étroit, descendent au fond, remontent, et font tels mouvements qu'on veut. D'après son nom on les a appelés *diables cartésiens*. Ces plongeons qui doivent être un peu moins pesants qu'un égal volume d'eau, étant ainsi sur le liquide, descendent remontent suivant que l'air se dilate ou se condense, l'orsqu'on presse avec le doigt la superficie de l'eau au goulot ou qu'on le retire. On a donné aussi le nom de *diable* à un jouet chinois importé en Angleterre et en France, vers la fin de l'empire, et qui consistait d'abord en un double cylindre creux, en bois ou en métal, puis en un double ovoïde fait d'après le même système, ayant un trou des deux côtés de la traverse qui les réunit, et qu'on agitait vivement, suspendu en l'air, pour y établir un courant. Il en résultait un ronflement semblable à celui d'une toupie d'Allemagne, et le jouet dansait gracieusement sur une corde faiblement tendue.

DIABOLI (*géogr. sac.*), montagne de la tribu de Benjamin. vers le S., près de Jéricho.

DIABOLIQUE, des deux genres, qui est du diable, qui vient du diable. Il se dit, au figuré, de tout ce qui est extrêmement méchant, pernicieux dans son genre.

DIABOLIQUEMENT, avec une méchanceté diabolique.

DIABLEMENT, adv., excessivement. Il est plus que familier.

DIABLERIE, sortilége, maléfice. Il se dit, fig. et fam., en parlant de tout mauvais effet dont on ne peut découvrir la cause, et surtout des machinations secrètes qui nuisent au succès d'une affaire.

DIABLESSE, terme d'injure qui se dit ordinairement d'une femme méchante et acariâtre.

DIABLOTIN, petite figure de diable.

DIABLINTES ou **NOADUNUM** (*géogr. anc.*). Jublains, ville de la Gaule. Capitale des Aulerie diablintes. (*V.* AULERQUES).

DIACHERRIS (*géogr. anc.*), ville de la Cyrénaïque.

DIACHYLON, terme de pharmacie, emplâtre considéré comme résolutif, et dans lequel il entre des substances mucilagineuses. *Diachylon simple. Diachylon composé.* On écrit aussi *Diachylum* (qui se prononce *diachylome*).

DIACIRA (*géogr. anc.*), ville d'Asie, près de la rive droite de l'Euphrate.

DIACODE, sirop préparé avec les capsules du pavot indigène et pourvu de propriétés calmantes assez faibles. On a renoncé généralement à le préparer et on lui substitue le sirop d'opium contenant deux grains d'extrait d'opium par once. Des accidents affreux ont eut lieu par suite de cette substitution; plusieurs enfants ont été empoisonnés par ce dernier sirop qui renferme une proportion d'opium beaucoup trop considérable pour eux, et dont un grand nombre de personnes font un imprudent usage.

DIACONAL, ALE, qui appartient au diacre, qui a rapport au diacre.

DIACONAT, le second des ordres sacrés, ou l'office de diacre.

DIACOUSTIQUE. On sait que, quand un corps quelconque est ébranlé fortement, il rend un son qui se transmet à l'oreille par l'intermédiaire des divers corps placés entre elle et le corps vibrant. Pendant son trajet, la vibration perd constamment de son intensité lorsqu'elle passe d'un milieu dans un autre milieu de nature différente, comme de l'eau dans l'air, de l'air dans un solide. La partie de l'acoustique qui a pour objet l'étude des modifications qui surviennent aux vibrations dans leur passage d'un corps à un autre est diacoustique. On n'a jusqu'à présent découvert qu'un petit nombre de résultats généraux sur ce sujet. M. Savart est un des savants qui ont le plus fait à cet égard: Il a démontré le premier que le mouvement imprimé à un corps sonore se transmet à tous les corps susceptibles de vibrer qui sont en communication immédiate avec le premier, et que, dans cette transmission, la direction même du mouvement primitif est conservée. C'est ainsi qu'une lame de verre horizontale, mise en contact avec le bord d'un vasse de verre, exécute des vibrations longitudinales et dispose le sable qui la recouvre en lignes nodales transversales, lorsqu'on frotte le bord du vase du côté apposé à celui du contact. De même, quand une corde sonore est tendue entre un point fixe et une plaque de bois horizontale sur laquelle on puisse projeter du sable, on voit ce sable se mouvoir, dans tous les cas, parallèlement à la direction de l'archet ou au plan dans lequel la corde exécute les vibrations transversales.—Quand la vibration produite dans un corps sonore se communique à un corps en contact avec le premier, elle perd beaucoup de son intensité; mais cependant elle conserve sa nature, c'est-à-dire que le second corps vibre à l'unisson du premier. Aussi, M. Savart a-t-il encore fait voir que, dans un violon, par exemple, toutes les parties de l'instrument vibrent à l'unisson des cordes, mais que cependant leur forme, le rapport de leurs sons propres, la place et la courbure donnée aux échancrures, le lieu de l'*âme*, qui sert principalement à communiquer le mouvement à la plaque inférieure, avaient la plus grande influence sur la nature du timbre et sur la bonne on mauvaise qualité de l'instrument

DIACRE (du grec διάκονος, serviteur), nom de l'un des ministres inférieurs de l'ordre hiérarchique, de celui qui est promu au second des ordres sacrés et chargé de servir à l'autel dans la cérémonie des saints mystères; il peut aussi baptiser et prêcher, si l'évêque l'y autorise. Les apôtres avaient institué les diacres au nombre de sept, et longtemps ce nombre fut conservé dans plusieurs églises. Les diacres devaient servir dans les agapes, administrer l'eucharistie aux communiants, la porter aux absents et distribuer les aumônes. Les diacres pouvaient se marier, selon les anciens canons; mais depuis bien des siècles ils ne le peuvent plus dans l'église romaine sans une dispense qu'il est difficile d'obtenir du pape. Dès qu'ils sont mariés, ils redeviennent laïques.—Les diacres, dans les anciens temps, ne devaient pas s'asseoir avec les prêtres, et les canons leur défendent de consacrer. Au sixième siècle, il fallait avoir 25 ans pour devenir diacre; l'âge de 23 suffit aujourd'hui. Il n'y avait qu'un diacre à Rome sous le pape Sylvestre; depuis, on en fit 7, puis

14, enfin 18, et on les appela *cardinaux-diacres*, pour les distinguer de ceux des autres églises. — Leurs attributions consistaient à avoir soin du temporel et des rentes de l'Eglise, des aumônes des fidèles, des besoins des ecclésiastiques et même de ceux du pape. Les sous-diacres faisaient les collectes, et les diacres en étaient les dépositaires et les administrateurs; aussi leur autorité et leurs prétentions augmentèrent avec les revenus de l'Église. Saint Jérôme, s'élevant avec force contre leur orgueil et leurs empiétements, démontra que leur position était inférieure à celle des prêtres. On distingua bientôt les diacres destinés au service des autels de ceux qui distribuaient les aumônes des fidèles. Les diacres récitaient dans les offices certaines prières qui, pour cette raison, furent appelées *diaconiques*, et surveillaient le peuple à l'église; ils ne pouvaient enseigner publiquement, mais ils instruisaient les cathécumènes et les préparaient au baptême. Chargés d'abord de garder les portes de l'église; ils furent dans la suite remplacés dans cette charge par les sous-diacres et plus tard par des portiers (*ostiarii*). — Outre les diacres cardinaux ou principaux, on distinguait à Rome deux espèces de diacres; les diacres *palatins*, ou du palais, étaient attachés à l'église de Saint-Jean-de Latran, où était le palais du pape, les diacres *stationnaires* remplissaient leurs fonctions dans les églises où il y avait des stations marquées.— Les maronites du Mont-Liban ont deux diacres, seigneurs séculiers, administrateurs du temporel, gouverneur du peuple, juges des différents, traitant avec les Turcs de tout ce qui concerne les tributs et de toutes les autres affaires. — Autrefois, le plus ancien des diacres prenait le nom d'*archidiacre*, que l'on donnait aussi à celui que l'évêque choisissait pour le mettre à la tête des diacres. Dans les temps modernes, c'est un ecclésiastique pourvu d'une dignité à laquelle est attaché une sorte de juridiction. Les archidiacres furent longtemps les grands vicaires de l'évêque, et ils exercèrent en son nom la juridiction épiscopale sur les églises de leur dépendance. Ils avaient soin de l'ordre et de la décence du service divin, ils étaient les maîtres et les supérieurs des clercs, ils leur assignaient leur rang et leurs fonctions. S'il n'y avait pas d'économe, ils recevaient les oblations et les revenus de l'Eglise, et prenaient soin de la subsistance des clercs et des pauvres. Ils étaient les censeurs des mœurs, avertissaient l'évêque de tous les désordres, et faisaient à peu près les fonctions des promoteurs pour en poursuivre la réparation. Dans la hiérarchie, leur place était fixée immédiatement après l'évêque. Vers le sixième siècle, on leur attribua la juridiction sur les prêtres, et dans le onzième siècle on les considéra comme des juges ordinaires, qui avaient de leur chef une juridiction propre et le pouvoir de déléguer d'autres juges; ils usaient en leur nom des droits dont ils ne jouissaient que comme délégués de l'évêque. Plusieurs ont même prétendu en France avoir le droit de juger en première instance toutes les affaires ecclésiastiques de leur *archidiaconé*, et de pouvoir établir un official pour terminer ce qui dépendait de la juridiction contentieuse. Mais au commencement du treizième siècle, les évêques s'attachèrent à renfermer dans de justes bornes les entreprises des archidiacres, qui s'étaient emparés de presque toute leur juridiction: ils leur ôtèrent la juridiction volontaire par l'établissement des grands vicaires, la juridiction contentieuse par celle des officiaux, et ils resserrèrent ce qu'ils leur en laissaient en multipliant les archidiaconés. Par l'édit d'avril 1695, le droit le plus considérable qui ait été conservé aux archidiacres est celui de visiter les églises de leur archidiaconé, de dresser des procès-verbaux de l'état dans lequel ils trouvent chaque paroisse, des plaintes que peuvent former les paroissiens contre leurs curés, de recevoir les comptes des revenus des fabriques, et de faire des ordonnances pour le recouvrement et l'emploi des deniers qui en proviennent.—Jadis un archidiacre perdait sa dignité en se faisant ordonner prêtre; mais dans les derniers temps, il n'en fut plus ainsi. L'archidiacre ne pouvait être privé de son titre qu'après des procédures régulières, et lorsqu'il avait mérité cette peine par quelque délit. Originairement, il n'y avait qu'un archidiacre dans chaque église cathédrale; lorsqu'il y en eut plusieurs, l'archidiacre de la ville épiscopale prenait le titre de *grand archidiacre*. — Le *diaconat* est l'ordre et l'office de diacre, qu'on regarde comme un sacrement dans l'Eglise catholique, bien que des théologiens aient soutenu le contraire. — La *diaconie* était, dans les monastères de l'Eglise grecque, une charge dont les attributions étaient de recevoir et de distribuer les aumônes; c'est ce qu'on appelait aumonerie dans les abbayes de France. On appelait aussi *diaconies* des chapelles et oratoires situés dans la ville de Rome et gouvernés par chaque diacre dans sa région, c'est-à-dire dans son quartier. Les diaconies étaient des hôpitaux ou plutôt des bureaux pour la distribution des aumônes. Selon Fleury, le bureau de charité, joint à l'Eglise de la diaconie, avait pour le temporel un administrateur nommé le père de la diaconie, qui était tantôt clerc, tantôt laïque. — Le *diaconique* était un lieu autour de l'église où l'on conservait anciennement les vases sacrés et les ornements destinés au service de l'autel. Le diaconique est aussi une partie du sacré tribunal ou du siége pontifical; c'est la place où les diacres sont assis, à la droite du pontife, quand il est sur son trône. Le diaconique était encore, chez les Grecs, un livre ecclésiastique qui contenait et expliquait tous les devoirs, toutes les fonctions des diacres.

DIACONESSE et quelquefois *diaconisse*, mot en usage dans la primitive Église pour désigner des femmes dévotes consacrées au service religieux Elles remplissaient auprès des femmes certaines fonctions dont les diacres n'auraient pu s'acquitter sans blesser la pudeur, dans le baptême par exemple, qui se donnait par immersion aux chrétiens des deux sexes. Les diaconesses, dont il est fait mention dans l'épître de saint Paul aux Romains, et que Pline le jeune fit tourmenter (comme le prouve sa lettre à Trajan, l. X, 97), étaient encore préposées à la garde des Églises ou du lieu des assemblées, du côté des femmes, séparées des hommes selon l'ancienne coutume. Elles avaient soin des pauvres, des malades et des prisonniers. Durant les persécutions, quand on ne pouvait envoyer un diacre aux femmes pour les exhorter et les fortifier, on leur envoyait une diaconesse. Différentes raisons décidèrent quelques conciles à interdire la consécration des diaconesses. Celles-ci portaient un habit particulier. On ne sait si leur nombre était fixé; on ne peut pas non plus déterminer l'époque précise de leur suppression, parce qu'elle n'est pas la même pour tous les pays; en général, on ne trouve plus de diaconesses en Orient à partir du XIIIe siècle, ni en Occident à partir du XIIe. On a encore appelé diaconesses les femmes que les diacres avaient épousées avant leur ordination.

DIACUS, Mégalopolitain, général des Achéens, fut battu par Mummius, consul romain, et se tua de désespoir.

DIADELPHIE (*t. de bot.*), classe du système de Linné, qui comprend les plantes à plusieurs étamines réunies par leurs filets en deux corps distincts.

DIADÈME. C'était anciennement un bandeau tissu de fil, de laine ou de soie, dont les rois s'entouraient le front; car longtemps la couronne fut réservée aux dieux. Presque toujours le diadème était simple et uni, de couleur blanche; quelquefois cependant on l'ornait de broderies d'or, de perles et de pierreries. Souvent on le plaçait autour des couronnes de laurier. Ainsi qu'on l'a dit à l'art. BANDEAU, Pline l'ancien veut que Bacchus ait été l'inventeur des diadèmes, et, suivant Athénée, les buveurs s'en ornaient la tête pour se garantir des fumées du vin; plus tard seulement on en a fait un insigne royal. On ne sait en quel temps les empereurs romains prirent le diadème, innovation qui froissait la haine antique des Quirites contre les rois. L'opinion générale est toutefois que Dioclétien, qui régularisa le luxe de la cour impériale et lui donna toute la pompe de l'Orient, prit le premier cet ornement d'une manière formelle. Il est du reste certain que les premières effigies des empereurs sont ornées de diadème, ou de simples bandeaux. Dans la suite, ils prirent des couronnes rayonnées, pour faire comprendre par un signe extérieur que leur dignité était sur la terre une image de la majesté divine. Ce n'est que depuis Constantin que les empereurs sont représentés avec le diadème sur les médailles; quelquefois il est relevé par des perles ou par des diamants, en un seul ou à double rang; ce n'est aussi que depuis la même époque qu'il fut permis aux impératrices de porter cet ornement. Le mot diadème vient du grec διάδημα (bandelette circulaire), qui lui-même vient de διαδέω (je lis à l'entour). *Diadème* se prend en général pour la dignité royale, surtout en poésie: c'est en ce sens que l'on dit *accepter*, *refuser le diadème*.

DIADÈME, en terme de blason, se dit des ceintres ou cercles d'or qui servent à fermer les couronnes des souverains, et à porter les fleurs de lys double ou le globe croisé qui leur sert de cimier. Les couronnes diffèrent en ce qu'elles sont formées d'un plus ou moins grand nombre de diadèmes. On a prétendu que jadis les prélats portaient une espèce de diadème appelé *nimbe*. En blason encore, on nomme diadème ou *tortil* le bandeau qui ceint les têtes de more sur les écus; c'est de plus une sorte de cercle que l'on voit quelquefois sur les têtes de l'aigle éployée.

DIADOCHUS, évêque de Photique, en Illyrie, vers l'an 460, a écrit un traité de la *Perfection spirituelle*, qu'on trouve dans la bibliothèque des Pères.

DIADACHUS (διάδοχος, successeur), surnom de Proclus, considéré comme le successeur de Platon dans la chaire de philosophie.

DIADUMÈNE ou **DIADUMÉNIEN**, *nus* ou *nianus*, fils de Macrin, déclaré César par le sénat, lors de l'élévation de son père à l'empire, fut mis à mort l'an de J.-C. 218, par les ordres d'Héliogabale.

DIAGNOSTIC, partie de la médecine qui consiste à reconnaître les maladies et à les distinguer les unes des autres. C'est la base du traitement et le but des études constantes des médecins de tous les temps; c'est d'ailleurs le résultat de l'observation et de l'expérience personnelle, beaucoup plus que des leçons et de l'expérience d'autrui. Pour arriver à la connaissance précise des maladies, il faut d'abord une étude approfondie de la forme et de la structure des organes et de leurs fonctions dans l'état de santé, afin de pouvoir y rapporter les lésions matérielles ou vitales qui peuvent s'y manifester. Les difficultés se présentent sans nombre dans le diagnostic à raison de la multiplicité, de la complication des cas, de l'insuffisance des renseignements; et la sagacité, l'attention, ne mettent pas toujours à l'abri de l'erreur. Le meilleur moyen de l'éviter est de procéder à l'examen des malades avec une scrupuleuse exactitude, de ne négliger aucune circonstance; car les plus indifférentes en apparence peuvent conduire au résultat qu'on cherche. Le diagnostic est une opération d'analyse et de synthèse. Chaque maladie ayant des symptômes qui lui sont propres et d'autres qui lui sont communs avec diverses affections, il s'agit d'isoler ceux-ci, et d'en composer le groupe qu'on veut attaquer par le traitement. Les éléments qui se présentent sont les renseignements de tout genre et l'examen immédiat du sujet. Ainsi, pour donner un exemple, le médecin appelé auprès du malade doit en examiner l'âge, le sexe, le tempérament, la constitution, etc., s'enquérir de ses antécédents, en remontant quelquefois assez haut. Arrivé à l'état présent du malade, il s'assurera, par l'application de ses sens, quels sont les organes ou les fonctions lésées, de quelle manière et dans quelle proportion ils le sont. On a coutume de suivre un certain ordre dans cette exploration afin de ne rien oublier; on observe d'abord l'aspect extérieur du malade, son attitude, la température du corps, la sensibilité générale et partielle; puis successivement chacune des fonctions digestives, circulatoire, respiratoire, etc., s'attachant d'une manière particulière à ce qui s'écarte plus ou moins de l'état normal. Les médecins appellent *séméiotique* la science qui enseigne la valeur des différents phénomènes morbides; elle sert à établir le diagnostic différentiel entre eux, et fournit les moyens de porter un jugement sur leurs éventualités. Ainsi le diagnostic ne saurait être absolument isolé du *prognostic*. On ne peut nier que depuis cinquante ans le diagnostic n'ait fait d'immenses progrès, la culture de l'anatomie pathologique et le perfectionnement des moyens d'investigation ont amené des résultats d'une précision surprenante. Bien souvent, il est vrai, cette connaissance précise ne fait que nous révéler l'impuissance de l'art; mais, outre qu'en effet le traitement de plusieurs maladies a été notablement perfectionné, on doit considérer comme un progrès d'avoir mieux fixé les limites de la médecine et d'avoir empêché des tentatives inutiles contre des maladies évidemment incurables.

DIAGOMÈTRE (διάγω, je transmets, je conduis, et μέτρον, mesure), instrument inventé par M. Rousseau et propre à comparer les conductibilités des différentes substances. Cet appareil est d'une grande utilité dans les arts et dans les sciences. La sensibilité de l'aiguille qui donne la mesure des plus faibles degrés d'électricité est si grande, et cette aiguille peut si facilement être mise en mouvement sur le style vertical où elle est posée et dont elle reçoit l'électricité, qu'on est obligé de mettre tout le système sous une cloche, de peur que les courants d'air ne deviennent une cause perturbatrice. Un anneau qui communique au style dont nous avons parlé, et sur lequel on met les corps que l'on veut soumettre à l'expérience, est seul en dehors de la cage de verre, et sur celle ci, à la hauteur de l'aiguille, se trouve un quart de cercle gradué, limite qui suffit à la mesure des mouvements que l'aiguille peut exécuter dans ses répulsions avec un conducteur vertical communiquant à l'anneau et au style, au moyen d'une corde métallique horizontalement placée sur un plateau de résine. Au moyen du diagomètre, les appréciations de plus ou moins de conductibilité des corps sont si faciles que, parmi eux, la laque et le charbon de fusain ont été jusqu'à présent les seuls qui n'aient pas manifesté d'une manière sensible la propriété de transmettre l'électricité. L'huile d'olive pure n'est presque pas conductrice du fluide électrique; mais il n'en est pas ainsi, dès qu'on mêle à cette huile la plus petite dose d'huile d'œillet, de colza, ou de toute autre sorte. Aussi devient-il alors très facile à l'horlogerie de reconnaître la pureté des huiles qu'elle emploie; car si l'huile est sophistiquée, et si, après l'voir mise dans un godet sur l'anneau du diagomètre, on plonge dans l'huile un fil métallique en contact avec une pile sèche non isolée, le moindre atome d'huile étrangère devient, pour ainsi dire, un centre d'action conductrice. Il est fâcheux que l'instrument ne puisse pas donner exactement les proportions du mélange; mais on peut cependant juger du plus ou moins d'huile étrangère qui se trouve dans tel ou tel mélange par la perte qu'éprouve, dans la puissance électrique de ses effets, la pile sèche qui sert aux différentes expériences et dont on connaît l'intensité habituelle. Cet instrument,[1] qui supplée d'une manière ingénieuse et commode à l'imperfection des moyens chimiques, a fourni aussi le moyen de faire des expériences sur la conductibilité des différentes espèces de charbon. Les plus mauvais conducteurs sont ceux que l'on a reconnu être les meilleurs pour la fabrication des poudres.

DIAGON et DIAGUM (*géogr. anc.*), rivière du Péloponèse, qui se jette dans l'Alphée, et traverse la ville de Pise, en Arcadie.

DIAGONALE, du grec διάγωνιος, passant d'un angle (γωνία) à l'autre. On appelle ainsi la ligne qui joint les sommets de deux angles non adjacents d'un polygone. Dans un polyèdre, c'est aussi la ligne qui joint les sommets des deux angles solides non adjacents. Dans tout parallélogramme, les deux diagonales se coupent mutuellement en deux parties égales; chacune d'elles divise ce parallélogramme en deux triangles égaux, et la somme des carrés, des côtés, est égale à la somme des carrés des diagonales. Si le parallélogramme est rectangle, les deux diagonales sont égales, et le carré de l'une d'elles est égale à la somme des carrés des côtés adjacents; c'est-à-dire en isolant le triangle que ces deux côtés forment avec la diagonale, le carré fait sur l'hypothénuse est égal à la somme des carrés faits sur les deux côtés. Si nous examinons la diagonale d'un carré, nous trouverons que le carré fait sur cette diagonale est double du carré fait sur l'un des côtés. Ce qui, en désignant la diagonale par A C, et le côté du carré par A B, peut s'indiquer ainsi :

$\overline{AD}^2 : \overline{AB}^2 :: 2 : 1$; en extrayant la racine carrée on a AC : AB :: $\sqrt{2}$ :: 1;

dont la racine carrée de deux étant exprimée par un nombre irrationel, la diagonale d'un carré est incommensurable avec son côté; ce qui se démontre encore géométriquement. On peut, comme rapport approximatif, dire que ces deux droites sont entre elles comme 41 est à 29. Dans toute losange ou parallélogramme, en connaissant une diagonale et un côté, l'autre diagonale sera facile à connaître. Dans tout polygogne rectiligne, les côtés et les angles étant donnés, il est aussi très facile de connaître les diagonales de ce polygone. De ces deux portions, la première est d'un très grand usage dans certaines parties de la mécanique; et la dernière est fort importante dans la levée des plans.

DIAGONALEMENT, d'une manière diagonale.

DIAGORAS de Mélos, sophiste grec, fameux par son athéisme, fut d'abord l'esclave, ensuite l'affranchi et le disciple de Démocrite. Dans sa jeunesse il cultiva la poésie lyrique. Un chant de sa composition lui ayant été dérobé par un homme qui, mis en jugement, nia le fait et fut acquitté, Diagoras s'attendait que les dieux puniraient le parjure; mais comme il le vit jouir paisiblement d'une réputation usurpée, de superstitieux qu'il était, il devint complètement sceptique touchant l'existence des dieux. Il écrivit même un ouvrage pour répandre son incrédulité, et révèle les secrets des mystères d'Eleusis. Les Athéniens, chez qui il résidait, lui intentèrent une accusation d'impiété. Il prit la fuite (l'an 415 avant J. C.), et sa tête fut mise à prix.

DIAGRAMME (διαγράφω, je dessine un contour). Ce mot, appliqué par les Grecs aux figures mathématiques et autres simples contours, puis à la notation musicale et à la gamme, désignait, dans l'école des ophites, une des plus curieuses de toutes celles des gnostiques, un tableau allégorique qui paraît avoir servi de base aux initiations extraordinaires ou à l'instruction commune des adeptes de cette école mystique. Nos anciens écrivains appelaient ce tableau le *Catéchisme des ophites*, locution évidemment impropre. C'était en effet, suivant le rapport d'Origène, témoin oculaire, une peinture accompagnée d'inscriptions distinguées en trois zones, dont la première représentait le *plérôme*, ou le monde des intelligences parfaites;

la seconde, la région intermédiaire entre ce monde et la terre, avec les génies planétaires qui le gouvernaient; la troisième, la région terrestre, avec les esprits qui y président. Les emblèmes que l'on voyait sur ce tableau et les inscriptions qui les accompagnaient en faisaient incontestablement le plus curieux de tous les monuments gnostiques. Voir *Histoire du gnosticisme* (volume des planches) où l'auteur de cet article a tâché de le reconstruire d'après la description que nous en a laissée Origène dans son livre contre Celse, et le traité *de l'Initiation chez les Gnostiques*, qu'il a fait imprimer depuis (Paris, 1834).

DIACRINOMÈNES, nom tiré du mot grec διακρίνομαι, qui signifie : *je sépare*. On le donna en Orient à ceux qui, tenant le sentiment d'Eutyches, ne voulaient reconnaître aucun chef, parce qu'ils refusaient d'adhérer aux décisions du concile de Chalcédoine, et de s'unir à ceux qui prononçaient des anathèmes contre ce même concile; en sorte qu'ils étaient neutres sur la foi et ne se rangeaient d'aucun parti. (Baronius, *ad ann.* 433, n. 4, 21; *ann.* 482, n. 42; *ann.* 492, n. 44. Pratéose, titre Acephali.)

DIAGRAPHE. Ce mot, composé du grec γράφω, j'écris, je dessine, et de la préposition διά, par, à travers, désigne un instrument de dessin qui depuis peu est venu enrichir l'art graphique. Une règle méplate, en acier, parfaitement droite, trois galets disposés de telle sorte qu'ils roulent entre des pointes qui se règlent à volonté, et qu'on peut les faire tourner légèrement et sans jeu; une autre règle en cuivre, surmontée d'une demi-tringle ronde, faisant corps avec cette règle, une petite planchette, un chariot sur lequel s'élève un tube qui peut tourner sur lui-même et s'incliner dans tous les sens par le moyen d'une charnière, et quelquefois par deux; plusieurs vis, une petite boîte carrée glissant le long du tube, une petite goupille en acier, un petit châssis en cuivre noir, un crayon et un fil, telles sont les huit à dix pièces qui entrent dans la composition du diagraphe. Le tout est contenu dans une boîte qui varie selon la grandeur de l'instrument. Les plus petits diagraphes, qui, du reste, donnent également, mais par bandes successives, les dessins de toutes dimensions, sont renfermées dans une boîte de 12 pouces de longueur, sur 3 environ de largeur; la boîte elle-même se développe pour former la planchette, et une grande canne se divisant en deux parties, sert à la fois de siége et de pied de table. Quant au mécanisme, il diffère peu, dans son principe, de l'opération qu'on fait sur la vitre; seulement, tandis qu'ici c'est la main qui, comme on le sait, trace sur la vitre elle-même les contours des objets aperçus derrière cette vitre, dans le diagraphe, c'est un châssis de vitre chargé d'un point ou petite marque fixée dans le châssis, qui parcourt la circonscription de l'objet qu'on veut représenter. Considéré au point de vue scientifique, le diagraphe a pour base le principe général de toute perspective, principe qui peut se résumer ainsi : Si de l'œil du spectateur des lignes viennent aboutir à tous les points du corps ou de l'objet dont on désire obtenir l'apparence, et si une surface quelconque se trouve interposée entre cet objet et l'œil, les lignes, par leur rencontre avec cette surface, y laissent l'empreinte perspective du corps ou de l'objet à représenter. Ainsi, on peut dire du diagraphe qu'il est en quelque sorte la *perspective mécanisée*. En effet, aidé par lui, on parvient non-seulement à expliquer toutes les lois de la perspective, mais encore à s'instruire seul et à apprendre, sans secours étranger, le dessin linéaire. Cet instrument a pour but de représenter sur le papier les lignes vues dans l'espace, quelle que soit leur position et suivant les lois de la perspective; et tel est aussi le genre de dessin qu'il est le plus apte à reproduire. Le diagraphe est en quelque sorte un maître de dessin, pour qui veut apprendre cet art; il est un auxiliaire puissant pour le dessinateur, le peintre, l'architecte, dont il abrège et perfectionne le travail, en leur évitant la perte du temps. Quant aux personnes absolument étrangères au dessin, et qui veulent cependant dessiner, il leur suffit de placer convenablement le diagraphe et savoir s'en servir, pour obtenir, avec autant de célérité que d'exactitude, la représentation de tous les objets, tels qu'un portrait, un paysage, etc., même sans qu'elles puissent se rendre compte des effets qu'elles produisent. L'honneur de cette invention, qui remonte déjà à plusieurs années, mais encore récemment perfectionnée par son auteur, appartient à M. Gavard, capitaine d'état-major français, ancien élève de l'école polytechnique. Le mérite en est d'autant plus réel, que ce mécanicien n'a pu être aidé que très faiblement par les théories de la chambre claire et de la chambre obscure. Le diagraphe se plie à toutes les exigences du dessin; il donne toutes les projections possibles, la réduction des grands tableaux qu'on ne peut déplacer, le calque des gravures placées sous verre, les paysages et portraits d'après nature et sur quelque échelle que ce soit, les dessins horizontaux ou inclinés, suivant un angle quelconque, reproduits, sans qu'on soit obligé de lever la tête, les figures des plafonds, voûtes et dômes, les esquisses des poses d'après nature, le dessin géométrique, le tracé des ombres, des superficies courbes ou irrégulières, enfin celui des ornements plans situés obliquement, et dont on ne peut composer la disposition sans en avoir sous la vue le tout ensemble. Loin de désenchanter l'art, comme l'ont dit quelques adversaires de cette invention, le diagraphe ne fera que lui ouvrir un champ plus vaste, en lui fournissant des données premières dont l'exactitude aurait désespéré le talent le plus accompli et le travail le plus opiniâtre. Nous ne finirons pas sans recommander à l'examen des savants et des artistes la notice remarquable dans laquelle M. Gavard a lui-même développé la théorie scientifique de sa belle découverte (Paris, A. Guyot).

DIALE (FLAMINE), *alis flamen*, prêtre de Jupiter, institué à Rome par Numa. Il tenait le premier rang parmi les prêtres; il avait la chaise d'ivoire, la robe royale, l'anneau d'or, possédait le droit de se faire précéder d'un licteur, et en certaines occasions, celui d'ôter les chaînes aux condamnés, et d'empêcher qu'on ne les battît de verges, lorsqu'ils se trouvaient par hasard sur son passage. C'était toujours de sa maison qu'on apportait le feu pour les sacrifices; c'était lui qui bénissait les armées et faisait les conjurations et les dévouements contre les ennemis; son bonnet était surmonté d'une petite branche d'olivier, pour marquer qu'il portait la paix partout où il allait. Mais d'ailleurs il était soumis à des lois bizarres qui le distinguaient des autres prêtres : 1° il lui était défendu d'aller à cheval : 2° de voir une armée hors de la ville ou une armée rangée en bataille; c'est pour cette raison qu'il n'était jamais élu consul quand les consuls commandaient les armées; 3° il ne lui était jamais permis de faire de serment; 4° il ne pouvait se servir que d'une sorte d'anneau, percé d'une certaine manière; 5° il n'était permis à personne d'emporter du feu de sa maison, hors le feu sacré; 6° si quelque homme lié ou garotté entrait dans sa maison, il fallait d'abord lui ôter ses liens, les faire monter par la cour intérieure de la maison, jusque sur les tuiles, et les jeter du toit dans la rue; 7° il ne pouvait avoir aucun nœud, ni à son bonnet sacerdotal, ni à sa ceinture, ni autre part; 8° si quelqu'un qu'on menait fouetter se jetait à ses pieds pour lui demander grâce, c'eût été un crime de le fouetter ce jour-là; 9° il n'était permis qu'à un homme libre de couper les cheveux à ce flamine; 10° il ne lui était permis de toucher ni chèvre, ni chair crue, ni lierre, ni fève, ni même de proférer le nom d'aucune de ces choses; 11° il lui était défendu de couper les branches de vigne qui s'élevaient trop haut; 12° les pieds du lit où il couchait devaient être enduits d'une boue liquide, il ne pouvait coucher dans un autre lit trois nuits de suite, et il n'était permis à aucun autre de coucher dans ce lit, au pied duquel il ne fallait mettre aucun coffre renfermant des hardes ou du fer; 13° ce qu'on coupait de ses ongles ou de ses cheveux devait être enterré sous un chêne vert; 14° tout jour était jour de fête pour le flamine diale; il ne lui était pas permis de sortir sans son bonnet sacerdotal, mais il pouvait le quitter dans sa maison pour sa commodité; 15° il ne lui était pas permis de toucher de la farine levée; 16° il ne pouvait ôter sa tunique intérieure qu'en un lieu couvert, de peur qu'il ne parût nu sous le ciel, et comme sous les yeux de Jupiter; 17° dans les festins, personne n'avait séance devant le flamine diale, sinon le roi sacrificateur; 18° si sa femme venait à mourir, il perdait sa dignité de flamine; 19° il ne pouvait faire divorce avec sa femme; il n'y avait que la mort qui les séparât; 20° il lui était défendu d'entrer dans un lieu où il y eut un bûcher à brûler les morts; 21° il ne lui était pas permis de toucher un mort; il pouvait pourtant assister à un convoi. (*Cic.*, *Div.*, l. tit. 2.)

DIALECTE. Ce mot, d'après son étymologie, signifie proprement langage, expression; mais l'usage en a spécifié le sens en l'appliquant aux formes diverses que présente une langue dans les différentes provinces d'un même pays. Le dialecte est à la langue principale ce que la variété est à l'espèce; et de même qu'en histoire naturelle, il est souvent difficile de fixer rigoureusement les limites de ces deux dénominations, de même les mots *langue* et *dialecte* se confondent souvent dans la grammaire. Pour s'en faire une idée plus précise, il est nécessaire d'examiner leur origine. Le langage, considéré en général comme l'expression de la pensée humaine, a dû se modifier de diverses manières dans la dispersion du genre humain sur la terre ; les premières tribus, séparées par de vastes espaces, soumises à des climats opposés, influencées par des habitudes différentes, ont dû se former autant de langues spéciales qu'elles présentaient de groupes isolés. Mais lorsque ces tribus, augmentant en nombre et étendant leurs ramifications, se répandirent successivement sur tout le pays qui entourait leur siége principal, et se constituèrent ainsi en peuplades distinctes, mais jamais complètement séparées; alors, la langue se modifiant de nouveau, sans perdre cependant son caractère d'unité, adopta dans chaque province une prononciation particulière, une forme locale désignée sous le nom de dialecte. Chaque langue parlée renferme plusieurs dialectes, dont l'un, usité dans la capitale, épuré par le goût, fixé par l'écriture, finit par devenir la langue littéraire, le véritable idiome national; les autres, confinés dans les provinces, y conservent une allure plus libre, une individualité plus prononcée, et une certaine originalité native, qui souvent leur donne beaucoup de charme. Sont-ils adoptés par la société ou favorisés par la prépondérance politique de la province à laquelle ils appartiennent, ils peuvent à leur tour devenir langue dominante, tandis que si la société les rejette et les abandonne à l'ignorance du bas peuple, ils s'altèrent promptement dans sa bouche et deviennent de simples patois. Il serait difficile de signaler ces divers degrés dans la plupart des langues connues, si un pareil examen ne nous entraînait au delà des bornes de cet article. Nous nous contenterons de remarquer ici qu'en Europe il n'a manqué aux riches dialectes de la langue grecque, à l'éolien, au dorien, à l'ionien, à l'attique, que d'appartenir à de plus puissants états, pour que chacun d'eux devînt langue dominante; tandis que les dialectes romans, formés comme par hasard de la langue latine dégénérée, ont produit, sous l'influence du pouvoir et d'une vaste extension politique, les langues italienne, espagnole, française, ennoblies par la littérature et subdivisées à leur tour en plusieurs dialectes. Il en est de même des idiomes germaniques et slavons, qui, primitivement issus d'anciens dialectes, et élevés au rang des langues écrites, renferment à leur tour plusieurs dialectes et un plus grand nombre de patois. Ainsi, par une révolution continuelle, chaque langue subit, dans les diverses contrées, les phases successives de l'enfance, de la jeunesse et de l'âge viril, jusqu'à ce que, dans sa décrépitude, elle soit appelée à former une nouvelle langue, selon la loi constante de la nature, qui transforme sans cesse pour reproduire. La langue dont les savants ont eu le plus à étudier les dialectes, et à propos de laquelle ce mot se présente le plus communément dans les écoles, c'est le grec. Répandue autrefois, non-seulement en Grèce, mais encore dans une grande partie de l'Asie mineure, de l'Italie méridionale et de la Sicile, et dans d'autres contrées habitées par des colonies grecques, cette langue, ainsi que le dit Buttmann, grammairien consommé, auquel nous empruntons une partie de ce qui va suivre, a eu, comme toutes les autres, différents dialectes, mais qui tous peuvent être réduits à deux principaux : le dorien et l'ionien, qui prennent leur nom de deux races principales de la nation. La race dorienne était la plus considérable; elle fonda la plupart des colonies. Le dialecte dorien était donc en usage dans toute la Grèce intérieure, en Italie et en Suède. Ce dialecte faisait sur l'oreille, par l'α long qui y prédominait, un effet que les Grecs appelaient πλατειασμός (prononciation large ou plate), et était en général moins cultivée que le dialecte ionien. Le dialecte *éolien* (αἰολική, αἰολίς) n'était qu'une branche du dialecte dorien. Il parvint de bonne heure à un assez haut degré de perfection, particulièrement dans les colonies éoliennes de l'Asie mineure et dans les îles voisines. Cependant la perfection du dialecte éolien n'eut probablement lieu qu'en poésie. La race ionienne habita d'abord l'Attique, d'où elle envoya des colonies sur les côtes de l'Asie-Mineure. Or, comme ces colonies précédèrent, dans la culture de l'esprit, leur métropole, et même tous les autres Grecs, on appela d'abord, et par excellence, Ioniens les habitants de ces colonies, et leur dialecte, *dialecte ionien*. Enfin, eux et leur dialecte retinrent exclusivement le nom d'Ioniens, tandis que les Ioniens primitifs de l'Attique s'appelaient Attiques. Le dialecte ionien surpassait en douceur tous les autres dialectes, à cause de ces nombreuses voyelles. Mais le *dialecte attique* (ἡ Ἀττική, ἀτθίς), qui commença un peu plus tard à se développer, devint encore supérieur; il sut éviter, avec une délicatesse particulière, et la dureté dorienne et la molle douceur ionienne. Or, bien que la race attique fut la véritable souche des colonies ioniennes, on regarde néanmoins le dialecte ionien de ces colonies de l'Asie mineure, comme la mère du dialecte attique, parce que la perfection du dialecte ionien se rattache à une époque où l'ionisme ne s'écartait encore que très peu de l'ancienne langue ionienne commune. La supériorité et la délicatesse du dialecte attique sont surtout remarquables dans la syntaxe, où ce dialecte surpasse non-seulement tous les autres dialectes de la langue grecque, mais encore toutes les langues, par une heureuse concision, par un rapprochement très frappant des idées principales, et par une sorte de modération dans les assertions et les jugements, modération qui était passée des manières civilisées de la société dans la langue elle-même. D'autres branches de tous ces dialectes, comme le *béotien*, le *laconien*, le *thessalien*, etc., ne sont connues que par quelques mots, par certaines formes particulières, par des documents sans suite, par des inscriptions, etc. On peut admettre comme mère de tous les dialectes, une ancienne langue grecque primitive, dont on ne peut découvrir ou même conjecturer certaines formes qu'à l'aide de la critique philosophique du langage. Chaque dialecte reste plus ou moins fidèle à cette langue primitive, en sorte qu'il ne pût manquer d'arriver qu'un dialecte conservât de cette ancienne langue quelque chose qui se perdit peu à peu dans les autres, ce qui explique déjà suffisamment comment les grammairiens peuvent trouver des dorismes, des éolismes, et même des atticismes dans le vieux ionien Homère. Mais, du reste, on appelait en général du nom d'un dialecte quelconque toutes les formes qui lui étaient très familières, quand même elles se rencontraient, quoique moins généralement, dans d'autres dialectes. C'est ainsi qu'il faut expliquer les formes doriennes dans les auteurs attiques, et les formes attiques dans des auteurs non attiques.

DIALECTICIEN, celui qui sait la dialectique, qui s'applique particulièrement à l'étude de la dialectique. Il se dit aussi d'un homme qui donne à ses raisonnements une forme méthodique.

DIALECTIQUE, (de διαλέγεσθαι, converser, s'entretenir), étymologiquement l'art de la dispute. Mais ce mot eut chez les Grecs une signification plus étendue. La dialectique était pour eux ce qu'est pour nous la logique tout entière, l'art de découvrir comme de démontrer la vérité. Outre que les Grecs étaient un peuple essentiellement discoureur, à qui sa constitution politique faisait vivement sentir le prix de la parole. Zénon, l'inventeur de la dialectique, appartenait par sa doctrine métaphysique à l'école d'Élée, qui, d'accord en cela avec presque toutes les autres philosophies contemporaines ou antérieures, regardait le témoignage des sens comme illusoire ou au moins incertain. Zénon dut donc penser qu'en tourmentant les mots par la dispute on en ferait sortir une connaissance plus complète, plus nécessaire, plus philosophique en un mot, que celle qui est fournie par l'observation des réalités; et c'est pourquoi aussi Platon voyait dans la dialectique la science qui apprend à s'élever jusqu'à l'essence des choses et au vrai absolu. D'ailleurs les sciences mathématiques, et la géométrie particulièrement, ayant été les premières cultivées et portées à un assez haut degré de perfection chez les pythagoriciens et les éléates, elles devinrent le modèle de toute science humaine. Les idées générales, à l'instar des invariables définitions des figures géométriques, furent donc considérées comme quelque chose d'immuable, et l'on crut que la philosophie tout entière consistait à en faire sortir déductivement la science. Au lieu de s'appliquer à l'étude des choses elles-mêmes, on trouva plus commode de spéculer sur des idées, de jouer avec des mots. Mais qu'était cette dialectique, cette dispute par laquelle on prétendait déduire toute vérité des idées générales que contient le langage? Elle avait ceci de particulier qu'elle se faisait toujours par demandes et par réponses, et encore de telle sorte que le répondant n'eut jamais à dire que oui ou non. Or, comme il était impossible à celui-ci d'apercevoir tous les sens dans lesquels la proposition accordée pouvait être prise et toutes les relations qu'elle pouvait avoir avec d'autres, ce procédé était la source de nombreuses erreurs, tantôt imprévues et involontaires, tantôt calculées d'avance et amenées à dessein par l'interrogateur, comme il arrivait souvent dans l'école des sophistes. Le raisonnement que les anciens ont appelé l'*argument cornu* peut ici servir à nous faire comprendre. On demandait : Avez-vous encore ce que vous n'avez pas perdu? A quoi il fallait répondre oui plutôt que non, dans la nécessité où l'on était de répondre oui ou non. L'interrogateur reprenait : Vous n'avez pas perdu de cornes, donc vous avez des cornes. De ce genre étaient tous les arguments captieux de la sophistique et de l'école de Mégare. Tout consistait à profiter de l'ignorance où était le répondant des conséquences que le questionneur voulait tirer de son aveu, ou bien de l'ignorance du répondant relativement à la manière dont le questionneur entendait la question.

Ce procédé, qui fut la seule logique formulée avant Bacon, avait pris naissance dans l'école pythagoricienne. Zénon d'Élée la réduisit en préceptes. Après lui, les socratiques l'appliquèrent sans lui faire subir de bien grandes modifications. Socrate n'a pas eu d'autre méthode, non plus que les sophistes, non plus que les philosophes de Mégare; c'est donc à tort qu'on a regardé comme lui étant propre la forme interrogative et quelque peu sophistique de ses entretiens. Il en est de même absolument de Platon, qui, dans ses dialogues, se donne toutes les peines du monde pour rompre la monotonie d'un entretien dans lequel l'un des interlocuteurs répond toujours simplement oui ou non. Aristote, quoi qu'on en puisse dire, ne se faisait pas une autre idée de la logique. Suivant lui, elle consiste tout entière à régler l'affirmation et la négation, à montrer quand et jusqu'à quel point la réponse à une question, ou une proposition à côté d'une autre, doit être affirmative ou négative. Il déclare d'ailleurs, conformément à cette opinion, que le défaut de tous les mauvais raisonnements réside dans ce qu'il appelle τοῦ ἐλέγχου ἄγνοια, c'est-à-dire dans l'ignorance où est le répondant de ce que l'interrogateur à l'intention de conclure de son aveu. D'autre part, sa logique n'est évidemment qu'une application à la pensée en général du procédé géométrique. Et, par exemple, n'a-t-il pas tiré de la géométrie ce principe, base de sa théorie du syllogisme, que deux quantités égales à une troisième sont égales entre elles? Toute la scolastique resta fidèle à la logique d'Aristote. Elle réduisit tout à la dialectique, elle argumenta sans fin et sans repos. Mais si elle fit une seule découverte, ce fut en vertu de règles qui n'étaient point dans ses livres et que Bacon devait inscrire en tête de la logique moderne.

DIALECTIQUEMENT, selon les formes de la dialectique.

DIALOGIQUE, qui a la forme du dialogue.

DIALOGISME, l'art, le genre du dialogue, ou l'emploi des formes du dialogue. Il est peu usité.

DIALOGISTE, celui ou celle qui a fait un dialogue, des dialogues. Il est peu usité.

DIALOGUE, du grec διάλογος, et du latin *dialogus*, entretien de deux ou de plusieurs personnes, qui parlent alternativement, soit de bouche, soit par écrit. Le dialogue diffère de la conversation en ce qu'il suppose un entretien régulier dans lequel chacun des interlocuteurs expose ses doutes, ou donne ses raisons, comme dans une *conférence* où l'on traite de quelque point qui demande de la discussion. — La forme du dialogue a souvent été adoptée par les philosophes et par les moralistes. Les poètes l'on admise dans l'églogue et dans la satire. Les plus anciens dialogues se trouvent dans la Bible, où l'esprit saint a plus d'une fois employé cette méthode pour donner aux hommes des leçons ou des préceptes. Les Pères de l'Église ont fréquemment suivi ce modèle. Platon passe dans l'antiquité profane pour le père ou l'inventeur de ce genre d'ouvrage: cependant il est probable qu'il n'a fait que le perfectionner. Diogène Laërce attribue l'invention de cette sorte d'écrits à Zénon d'Élée qui avait précédé de peu Socrate dont le génie semble être l'inspirateur des dialogues de Platon, et Aristote en fait honneur à Alexamènes de Téos. Mais il importe peu que d'autres en aient été les inventeurs; parmi les dialogues graves et philosophiques ceux de Platon tiennent toujours le premier rang. Les dialogues de Lucien ne sont pas moins excellents dans le genre gai, comique, critique et satirique. Lucien est l'écrivain le plus spirituel des Grecs, ce peuple qui avait tant d'esprit. Cicéron, qui précéda Lucien de plus d'un siècle et demi, imita Platon. Son style est noble et grave comme les sujets qu'il traite dans *les Tusculanes*, *la Nature des dieux*, *l'Orateur*; il est simple, doux et plein d'élégance dans le dialogue *de l'Amitié* et dans celui *de la Vieillesse*. Nous ne parlerons pas de tous les imitateurs qu'ont eut ces deux grands écrivains, dans les langues grecque et latine. Mais nous ne pouvons pas omettre l'ingénieux et savant Érasme auteur des *Colloquia*. Nous ne saurions citer tous les imitateurs qu'ils ont eus dans les langues modernes; cependant, il en est plusieurs qui méritent dans notre nation une réputation égale à celle qu'ont eue les écrivains grecs et latins. Fénélon et Fontenelle, le premier dans ses *Dialogues sur l'éloquence*, le second dans ses *Dialogues des morts*, sont de dignes émules de Platon et de Lucien. Pascal, dans les *Provinciales*, a dû l'agrément de quelques-unes de ses lettres à la forme du dialogue qui donne au discours plus de vivacité, à la plaisanterie plus de sel, et plus de force à l'éloquence. Fénélon que nous venons de nommer a placé dans la préface d'un mandement qu'il publia en forme de dialogue des réflexions qui en font tellement ressortir l'agrément et l'utilité, que nous ne croyons pouvoir mieux faire que de les citer textuellement. « Toute l'antiquité la plus éclairée a » cultivé heureusement ce genre d'écrits si insinuants; elle voyait » par expérience qu'une longue et uniforme discussion de dogmes » mes subtils et abstraits est sèche et fatigante; on y languit, rien » n'y délasse; un raisonnement en demande un autre; un auteur » teur parle sans cesse tout seul; le lecteur, rebuté de ne rien » faire qu'écouter sans parler à son tour, lui échappe; ou ne le » suit qu'à demi. Au contraire, faites parler à leur tour plusieurs » sieurs hommes avec des caractères bien gardés, le lecteur » s'imagine faire une véritable conversation et non pas une » étude; tout l'intéresse, tout éveille sa curiosité, tout le tient » en suspens. Tantôt il a la joie de prévenir une réponse et de » la trouver dans son propre fonds; tantôt il goûte le plaisir de » la surprise par une réponse décisive qu'il n'attendait pas; ce » que l'un dit le presse d'entendre ce que l'autre va dire; il » veut voir la fin pour découvrir celui qui répond à tout avant » que l'autre ne pût lui donner une entière réponse. Ce spectacle » cle est une espèce de combat dont le lecteur est le spectateur » et le juge. » Dans le XVIIe siècle, deux écoles rivales employèrent le dialogue dans leurs ouvrages destinés à l'éducation de la jeunesse. Les jésuites surtout en firent un grand usage, et mirent en dialogue la grammaire, la logique, la philosophie, la physique, la géographie, l'histoire. *Les Entretiens* du père Bouhours sont remplis d'une grande variété de choses agréables, quoique le style y soit d'une élégance un peu affectée. *Les Entretiens philosophiques* de Malebranche, qui appartient à l'école opposée, seront toujours lus avec l'intérêt que mérite l'ouvrage d'un des meilleurs écrivains de notre langue. Pourrions-nous oublier un chef-d'œuvre, *le Dialogue de Sylla et d'Eucrate*, où Montesquieu a déployé une éloquence sublime qui tient de la politique et de l'imagination, qui s'anime de la chaleur des passions et de la grandeur des sentiments? Voltaire a paré le dialogue de toutes les grâces de l'esprit, il y a toujours été ingénieux et piquant; mais il l'a plutôt employé à lancer des sarcasmes qu'à développer des vérités importantes. C'est lui-même, si bon juge en matière d'esprit et de goût, qui fait l'éloge d'un écrivain dont le talent et le succès furent d'autant plus remarquables, qu'il traitait le sujet le plus sec et le plus aride. L'abbé Galiori, italien, écrivit en français sur le tarif d'importation et d'exportation des grains, et il fit des dialogues aussi amusants que les meilleurs romans, et aussi instructifs que les meilleurs livres sérieux. Les églogues en général, et particulièrement celles de Virgile, sont des conversations admirables par la naïveté du sentiment et le coloris des images; mais non seulement le dialogue y est sans objet, il y est aussi quelquefois sans suite, ce sont des propos alternatifs qui, détachés l'un de l'autre, ne se terminent à rien. La satire, comme nous l'avons dit, prend quelquefois la forme du dialogue, ce qui lui donne plus de vivacité. On en a des modèles latins dans Juvenal et dans Horace. Boileau les a imités avec bonheur. Quelques-unes de ses satires sont des scènes de comédie. Le dialogue, dans les romans, doit avoir plusieurs des qualités de celui de la comédie, dont nous allons parler tout-à-l'heure: mais il n'est pas astreint aux mêmes règles. Il peut avoir beaucoup de développement, parce qu'il concourt moins à l'action qu'à la peinture des caractères. Cependant il ne faut pas qu'il s'égare en de longues digressions, ou qu'il s'écarte trop du sujet. Il est nécessaire aussi qu'il ne nuise pas à la situation, sans quoi il encourrait le reproche que faisait une dame à une longue conversation qu'elle lisait dans la Cléopâtre de la Calprenède. Cette conversation entre deux amants était tendre mais longue: que d'esprit mal employé, dit-elle, ils étaient ensemble, et ils étaient seules! Les longues conversations qui sont déplacées dans certains romans font pourtant le charme d'un des meilleurs que l'on connaisse; mais il est vrai que ce roman n'est point intrigué, et qu'il ne consiste que dans une suite d'aventures qui mettent en relief le caractère du héros et celui de son confident. Les entretiens que Cervantes met dans la bouche de Don Quichotte et de Sancho Pança, quoiqu'ils remplissent souvent des chapitres entiers, ne lassent jamais, parce qu'ils sont toujours fins et naïfs, et qu'on y trouve toutes les grâces du meilleur comique, jointes à la plus saine philosophie. Le dialogue n'est pas la partie la moins importante de l'art dramatique. Ce n'est pas assez de choisir un sujet, de combiner un plan, de le diviser par actes et par scènes, si l'on ne fait parler convenablement ses personnages. Il faut qu'ils disent non-seulement ce qui est nécessaire à la situation, mais ce que leur inspire leur caractère, dans la situation où ils se trouvent. Il ne suffit pas qu'ils le disent avec esprit et avec élégance, il faut encore que ce soit avec naturel et avec vérité; et que ce naturel et cette vérité ne soient pas simples et communs. L'auteur doit leur donner une forme piquante, ne dire que ce qu'il faut et le bien dire. La perfection du dialogue est donc le complément indispensable de toute œuvre de théâtre. Cependant, on ne vient pas au spectacle pour entendre des personnages dire ce que l'on entend tous les jours autour de soi, exprimer des idées communes, des sentiments vulgaires et les rendre dans un langage trivial. Dans la comédie même, le dialogue ne peut pas être aussi simple que dans la conversation familière, car ce dialogue concourant à développer une action, la peinture des caractères doit être composée des traits principaux qui peuvent les mettre en relief, et être accueillie par la passion ou par l'intérêt qui pousse les personnages vers le but auquel ils cherchent à parvenir. L'art de dialoguer n'est donc pas aussi simple qu'il pourrait le paraître, puisqu'il faut qu'il tienne le milieu entre trop de recherche et une trop grande simplicité, entre la prolixité qui le rend lâche et diffus et la brièveté qui le rend obscur. Donner trop d'esprit à ses personnages et en donner à tous est un aussi grand défaut que de ne pas leur en donner assez. C'est ce juste milieu, si difficile à saisir dans tous les arts, qui distingue l'homme de goût, de tact, et surtout de bon sens. « L'art du dialogue, dit Voltaire, consiste à faire » dire à ceux qu'on fait parler, ce qu'ils doivent en effet se » dire. — N'est-ce que cela? me répondra-t-on. — Non, il » n'y a pas d'autre secret. Mais ce secret est le plus difficile de » tous. Il suppose un homme qui a assez d'imagination pour se » transformer en ceux qu'il fait parler, assez de jugement pour » ne mettre dans leur bouche que ce qui convient, et assez » d'art pour intéresser. Le premier genre du dialogue, ajoute- » t-il, est sans contredit celui de la tragédie. Car, non-seule- » ment il y a une extrême difficulté à faire parler des princes » convenablement; mais la poésie noble et naturelle qui doit » animer ce dialogue est encore la chose du monde la plus » rare. Corneille, lui-même, ne dialogue point comme il faut » dans plusieurs de ses pièces. On y trouve de longs raisonne- » ments embarrassés; mais dans ses chefs-d'œuvre on trouve » un dialogue vif et touchant dont nous citerons des exemples. » Beaucoup d'auteurs n'ont point l'art de faire parler leurs ac- » teurs. Les personnages ne s'entendent point et ne se répon- » dent point, pour la plupart. Ils manquent de cette logique » secrète qui doit être l'âme de tous les entretiens, et même » des plus passionnés. Il ne faut jamais faire parler les hommes » autrement qu'ils ne parleraient eux-mêmes. L'art du dialo- » gue exige qu'on réponde précisément à ce que l'interlocu- » teur a dit: ce n'est que dans une grande passion, dans l'excès » d'un grand malheur, qu'on doit ne pas observer cette règle: » L'âme alors est toute remplie de ce qui l'occupe, et non de ce » qu'on lui dit; c'est alors qu'il est beau de ne pas bien répondre. » Le mérite de bien dire peut seul donner du prix à ces dialo- » gues où l'on ne peut dire que des choses communes. C'est là » ce que la poésie a de plus difficile, c'est elle qui orne les » moindres objets. » Dans la tragédie, en effet, où le style est noble et soutenu, où l'on fait parler des héros et des rois, il est facile de tomber dans l'emphase et dans la déclamation. Les sentiments y sont presque toujours exagérés, et leur expression s'en ressent. Les plus grands génies n'ont pas été exempts de cette exagération de pensées et de paroles qui séduit les esprits communs, mais qui, en faisant admirer la grandeur factice des personnages, détruit la sympathie qu'ils devraient inspirer. C'est lorsque les héros tragiques sont hommes, c'est lorsque leurs passions trouvent un écho dans les cœurs, qu'ils savent nous émouvoir et nous plaire. Corneille, le premier de nos poètes tragiques, souvent emphatique et déclamateur dans ses monologues, a donné des modèles excellents de ces dialogues vifs, coupés, et où les répliques, en se pressant et naissant l'une de l'autre, donnent à la scène une admirable vivacité. Dès sa première pièce (car je ne compte pas celles qu'il fit avant le Cid) il prouve combien il a le sentiment de la conversation dramatique.

LE COMTE.

Ce que je méritais vous l'avez emporté.

D. DIÈGUE.

Qui l'a gagné sur vous l'avait mieux mérité.

LE COMTE.

Qui peut mieux l'exercer en est bien le plus digne.

D. DIÈGUE.

En être refusé n'en est pas un bon signe.

LE COMTE.

Vous l'avez eu par brigue, étant vieux courtisan.

D. DIÈGUE.

L'éclat de mes hauts faits fut mon seul partisan.

LE COMTE.

Parlons-en mieux, le roi fait honneur à votre âge.

D. DIÈGUE.

Le roi, quand il en fait, le mesure au courage.

LE COMTE.

Et par-là cet honneur n'était dû qu'à mon bras.

D. DIÈGUE.

Qui n'a pu l'obtenir ne le méritait pas.

LE COMTE.

Ne le méritait pas! moi?

D. DIÈGUE.

Vous.

LE COMTE.

Ton impudence,
Téméraire vieillard, aura sa récompense.

(Il lui donne un soufflet.)

D. DIÈGUE.

Achève, et prends ma vie après un tel affront.

Et dans la scène suivante, lorsque le Cid arrive, ce vieillard, avant de lui demander vengeance, s'écrie:

Rodrigue, as-tu du cœur?

RODRIGUE.

Tout autre que mon père
L'éprouverait sur l'heure.

D. DIÈGUE.

Agréable colère!...
Viens me venger.

RODRIGUE.

De quoi?

D. DIÈGUE.

D'un affront si cruel
Qu'à l'honneur de tous deux il porte un coup mortel,
. . . .
C'est....

RODRIGUE.

De grâce, achevez.

D. DIÈGUE.

Le père de Chimène.

RODRIGUE.

Le....

D. DIÈGUE.

Ne réplique point, etc.

Lorsque Rodrigue se trouve en présence du comte, avec quelle vivacité le dialogue continue!

RODRIGUE.

A moi, comte, deux mots.

LE COMTE.

Parle.

RODRIGUE.

Ote-moi d'un doute,
Connais-tu bien don Diègue?

LE COMTE.

Oui.

RODRIGUE.

Parlons bas, écoute.

C'est par un tel dialogue que Corneille préludait à des scènes admirables que savent par cœur tous ceux à qui l'art dramatique n'est pas étranger.

Ce dialogue coupé, dont nous venons de donner des exemples, est une sorte d'escrime où les combattants s'attaquent et ripostent avec vivacité: ce n'est pas le modèle qu'il faut suivre dans tout le cours d'un ouvrage. Ce cliquetis continuel étourdirait le spectateur et serait du plus mauvais effet. — Cependant, Racine a souvent animé son dialogue par le même moyen, mais toujours dans des situations vives où la passion ne doit pas s'exprimer en longs discours. Dans Andromaque, par exemple:

HERMIONE.

Courez au temple. Il faut immoler...

ORESTE.

Qui?

HERMIONE.

Pyrrhus.

ORESTE.

Pyrrhus, madame!

HERMIONE.

Eh quoi, votre haine chancelle?

Dans une situation plus douce il emploie la même forme; mais avec un charme qui lui donne une couleur toute différente.

BRITANNICUS.

Ne m'as-tu pas flatté d'une fausse espérance?
Puis-je sur ton récit fonder quelque assurance,
Narcisse?

NARCISSE.

Oui. Mais, seigneur, ce n'est pas en ces lieux
Qu'il faut développer ce mystère à vos yeux.
Sortons. Qu'attendez-vous?

BRITANNICUS.

Ce que j'attends, Narcisse?
Hélas!

NARCISSE.

Expliquez-vous.

BRITANNICUS.

Si, par ton artifice,
Je pouvais revoir...

NARCISSE.

Qui?

BRITANNICUS.

J'en rougis. Mais enfin
D'un cœur moins agité j'attendrais mon destin.

NARCISSE.

Après tous mes discours vous la croyez fidèle?

Il faudrait citer tout Racine pour donner des modèles d'un dialogue toujours pur, élégant, approprié à la situation, comme il faudrait citer tout Molière pour donner l'idée du dialogue qui convient à la comédie. Celui de ce grand maître de la scène comique est vrai, simple, naturel, et n'est jamais chargé de ces faux brillants dont l'éclat séduit l'esprit sans satisfaire la raison. — Le bon sens était la qualité principale de Molière, comme l'esprit était celle de Regnard. Aussi le dialogue de ces deux auteurs diffère-t-il en ce que l'un brille souvent aux dépens de la vérité, tandis que l'autre lui doit tout son mérite. Chez Regnard, la saillie éclate, la réplique est piquante, elle excite le rire; mais l'auteur parle quelquefois plus que le personnage lui-même. Nous ne devons prendre nos exemples que parmi les auteurs qui occupent le premier rang sur la scène. Destouches mérite à cet égard de venir après ceux que nous venons de nommer, par la pureté de son style, par la morale douce répandue dans ses pièces avec l'intérêt. Souvent il y sème des vers qui sont devenus sentences, et dont le sens à la fois épigrammatique et naïf les rapproche de ceux de Boileau et de La Fontaine. —Le dialogue en vers, plus étudié, plus châtié que le dialogue en prose, s'éloigne davantage du naturel de la conversation. Cependant certains auteurs ont fait de leur prose un jargon où le goût n'est pas plus respecté que la vérité. Sans être arrivé à cet excès, Marivaux a mis dans son dialogue tant d'esprit, il a tellement quintessencié le sentiment, qu'il semble donner des énigmes à deviner. Beaumarchais plaisante avec les choses et joue avec les mots. Ses acteurs, comme ceux de Marivaux, ont tous de l'esprit. Son dialogue est un cliquetis d'épigrammes, qui fait que ses comédies ressemblent à de la satire en action. — Nous n'avons pas parlé de Voltaire qui s'est exercé dans le tragique et le comique, et qui est bien supérieur dans la tragédie à ce qu'il est dans la comédie. Son dialogue, dans ce dernier genre, est un mélange de pathétique et de bouffon; mais dans le tragique, plus correct que Corneille, aussi passionné que Racine, son dialogue brille par le mouvement et par le coloris. Nous n'irons pas plus loin, nous ne parlerons ni des auteurs du second ordre, ni des auteurs modernes. Ceux-ci ont quelques-unes des qualités et plusieurs des défauts que nous avons remarqués dans les maîtres de la scène. Quant au dialogue des pièces des théâtres secondaires, nous n'avons pas à nous en occuper, cela n'est pas du domaine de la véritable littérature, dont les limites sont fixées par le goût.

Du Mersan.

DIAMANT (*minéralogie*, *chimie*), la plus célèbre des substances minérales que les lapidaires nomment par excellence *pierre précieuse*. Comme le luxe est seul en possession de fixer la valeur des objets dont il peut seul faire usage, on doit s'attendre que ses appréciations paraîtront capricieuses, fondées sur l'éclat ou la rareté de ces objets. Le tarif du prix des diamants justifie cette présomption; il varie suivant la forme, le degré de transparence, la pureté et la grosseur. Toutes choses d'ailleurs égales, les diamants sont réputés fins si leur forme est celle d'un polyèdre à peu près régulier, dont plusieurs diamètres égaux se croisent en sens divers; ceux qui ne sont que la moitié d'un tel polyèdre et reposent sur une large section plane sont des *diamants rares*. Quant à la transparence et la limpidité, elle doit égaler celle de l'eau et elle en prend le nom; un diamant d'une belle eau est réputé parfait, quand même il serait coloré. Mais, parmi ceux qui réunissent au plus haut point les qualités qui constituent la perfection, les plus gros sont recherchés plus particulièrement en raison de leur rareté, toujours plus grande à mesure que le poids augmente, d'où il suit qu'une sorte de règle fixe leur prix proportionnellement au carré des poids ou volumes. Ainsi, si un diamant fin de belle eau est estimé 1,000 fr., un autre aussi parfait, et qui serait d'un volume décuple, coûterait 100,000 fr., en tenant compte d'une seule dimension du diamètre; par exemple, un diamant dont le diamètre serait le double de celui d'un autre devrait coûter 64 fois autant; pour un diamètre triple, 729 fois, et si cette dimension était quadruple, 4096 fois le même prix. Mais les diamants d'une grosseur extraordinaire sont mis tout-à-fait hors de ligne; aucun tarif n'en règle le prix. C'est ainsi que parmi les diamants de la couronne des rois de France, le fameux *Sanci*, au sujet duquel on a débité beaucoup de fables, et dont le poids est de 106 carats, ne coûta, dit-on que 600,000 fr., et le *Pitre* ou *Régent*, du poids de 137 carats, fut payé 2,500,000 fr. Duvernier estimait que celui du grand duc de Toscane, de 139 carats, valait 2,608,335 fr., et portait à 11,723,275 fr. le prix d'un diamant qu'il vit dans les trésors du Grand-Mogol : ce bel échantillon des mines de l'Indoustan pesait 279 carats. Dans ces différents prix, le tarif du carré des poids n'est pas exactement observé, comme on peut s'en convaincre; mais voici un autre fait où cette règle est encore plus en défaut: la piété des monarques indiens avait consacré à la religion les plus beaux diamants tirés des mines de Golconde, et les statues des dieux en étaient ornées. Vers le commencement du siècle dernier, un soldat français, de la garnison de Pondichéry, apprend qu'il existe près de cette colonie un temple où deux magnifiques diamants forment les yeux du dieu Brama; il conçoit le hasardeux projet de s'emparer de ce trésor; il déserte, embrasse la religion des brames, et feint si bien le zèle pour cette croyance qu'il est admis au nombre des ministres du dieu, et que la garde du temple lui est confiée. Tout étant bien disposé pour le larcin qu'il médite et pour sa fuite après cette œuvre accomplie, il choisit une belle nuit d'orage, arrache un des yeux brillants qu'il convoitait depuis si longtemps; mais l'autre résiste, et le temps de fuir est venu; il se borne donc à la moitié de la riche dépouille dont il eût voulu se charger. Comme sa patrie lui était fermée, il gagne les établissements anglais, cède pour 50,000 fr. son diamant, et le nouvel acquéreur n'en connaissait guère le prix, car étant venu en Angleterre, il le vendit 4,500 livres sterling (112,500 fr.). Les spéculations sur ce précieux objet ne pouvaient s'arrêter que lorsqu'il serait devenu la propriété d'un monarque : ce fut l'impératrice de Russie qui en fit l'acquisition au prix d'environ 13,000,000, outre une pension viagère et des titres de noblesse accordés au vendeur. Ce diamant extraordinaire pèse 779 carats, et, suivant la règle du carré des poids, sa valeur serait de 92,482,901 fr. Examinons maintenant cette substance en elle-même, indépendamment du prix de fantaisie qu'on y attache. On croyait autrefois que l'Inde était seule en possession des mines de diamants; mais il est bien constaté aujourd'hui que celles du Brésil peuvent en fournir aussi abondamment et d'aussi beaux, peut-être même de plus gros, comme on peut en juger par celui que possède le roi de Portugal, dont le poids est de 1730 carats, et qui serait d'une valeur de plusiers centaines de millions, sans quelques défauts qui affaiblissent son éclat. Quant aux diamants de Sibérie, leur découverte est trop récente pour que l'on puisse comparer ces mines nouvelles à celles de Golconde et du Brésil. Il est probable que la découverte de plusieurs autres mines prouvera que cette matière est moins rare qu'on ne le pense, et qu'il sera très difficile d'empêcher que son prix ne subisse pas une très forte baisse. Les terrains d'alluvion qui contiennent des diamants ne sont rares nulle part, si l'on ne les considère que par rapport à leur composition, à l'ordre des couches, aux diverses substances qui accompagnent cette matière précieuse; on peut espérer d'en trouver en Europe, au nord de l'Amérique, sur le bord des rivières africaines, lorsque leur minéralogie, explorée par des Européens, nous sera mieux connue. Puisqu'on en trouve aux deux extrémités de l'Asie, pourquoi le nouveau monde n'en aurait-il qu'entre les tropiques? et puisque les circonstances nécessaires à la formation de ce minéral ont pu se réunir et opérer leur effet dans des lieux aussi éloignés l'un de l'autre que l'Indoustan et le Brésil, pourquoi les régions intermédiaires n'auraient-elles pas ressenti la même influence? Les diamants sont toujours cristallisés, et, comme tous les cristaux, ils se divisent plus facilement dans le sens des lames cristallines que suivant toute autre direction. L'art du joaillier a mis cette propriété à profit pour *cliver* les diamants, c'est-à-dire les tailler parallèlement à leurs facettes. Comme leur dureté surpasse celle de tous les autres corps, à l'exception du *spath adamantin* (ainsi nommé parce qu'il est en effet aussi dur que le diamant), on ne peut les tailler et les polir qu'au moyen de l'*égrisée*, poudre formée par la pulvérisation des diamants de rebut. La couche extérieure n'est pas transparente comme l'intérieur, soit que l'arrangement régulier de ses molécules intégrantes ait éprouvé des obstacles, soit que cette couche ait subi quelque altération durant le transport par les eaux et le séjour dans l'intérieur de la terre; il en résulte que les diamants *bruts* (tels qu'on les tire de la mine) n'ont que la demi-transparence du verre dépoli, ce qui n'empêche point qu'on ne puisse reconnaître leur intérieur et juger de leurs qualités; mais pour cette sorte d'épreuve par la seule inspection, il faut un coup d'œil exercé. En raison de sa dureté, le diamant entame tous les autres corps, et l'on sait que les vitriers se servent de ses angles tranchants pour couper le verre. Hors de cette application, les arts font rarement usage de cette matière encore trop précieuse et trop peu commune; mais comme il y a tout lieu d'espérer qu'elle deviendra plus abondante, elle sera peut-être aussi plus fréquemment et plus diversement employée. Quelle est donc cette matière si dure, si brillante, d'une transparence aussi parfaite, lorsque sa cristallisation a bien réussi? Les chimistes du XVIIIe siècle ont complètement résolu cette question : on savait déjà que le diamant exposé à découvert au feu des fours de porcelaine disparaît sans laisser aucune trace, on l'avait vu se volatiliser ainsi lorsqu'on le mettait au foyer de la fameuse lentille de Tchirnhaussen; en mesurant l'action du diamant sur la lumière, Newton avait reconnu qu'il devait être rangé parmi les substances combustibles. Cependant on était encore loin de penser que ce fût du charbon et rien de plus; que cette matière opaque et noire, dans l'état ou nous la voyons habituellement, pût acquérir les qualités directement opposées par le seul effet de la cristallisation. Mais enfin des expériences authentiques, faites avec le plus grand soin en présence des joailliers de Paris, dont il fallait vaincre l'incrédulité, n'ont laissé aucun doute sur ce fait chimique. S'il fût resté encore la plus légère incertitude, elle aurait cédé à la vue d'une expérience faite par Clouet, qui, ayant enfermé un diamant dans l'intérieur d'une masse de fer très pur, sans laisser aucun vide entre le contenant et le contenu, déterminé d'ailleurs les proportions du métal et du diamant, pour que leur combinaison convertisse le fer en acier, ajouté la dose de fondant nécessaire pour obtenir de l'acier fondu, et pris des précautions telles que ni les creusets ni la violence et la durée du feu ne puissent altérer le résultat, retira effectivement un culot d'acier fondu dans lequel le diamant avait tenu lieu de charbon, et produit une combinaison absolument la même que celle qu'on forme avec le fer, le charbon et le fondant. Il est donc tout-à-fait prouvé que le diamant n'est que du charbon, ou plus exactement du *carbone* cristallisé, car ce que l'on nomme vulgairement *charbon*, quelle que soit son origine est du carbone plus ou moins combiné avec d'autres matières. On est donc fondé à penser que cette cristallisation précieuse se montrera beaucoup moins rare, puisque la matière dont elle est formée se trouve partout, qu'elle est répandue avec profusion dans tous les règnes de la nature, et que la chaleur de la zone torride n'est pas une condition nécessaire pour cette production.

DIAMANTS DE LA COURONNE. On comprend sous cette dénomination tous les joyaux qui font partie de la dotation mobilière de la couronne, et parmi lesquels on distingue le *Régent*, du poids de 136 carats $\frac{28}{32}$, estimé 12,000,000 fr. La grandeur de cette pierre, le travail parfait de sa taille, la pureté de son eau, sa transparence, la vivacité et l'éclat de son jeu font de ce brillant célèbre un des chefs-d'œuvre de la nature fossile. Le premier inventaire général des diamants, perles et pierreries de la couronne fut fait sous l'empire en 1810; un récolement de cet inventaire eut lieu sous Louis XVIII, à son retour de Gand, où ces joyaux avaient été transportés pendant les Cent-Jours, et toutes les pierres ayant été démontées, les diamants, perles, pierreries et bijoux qui les composaient furent pesés et expertisés; il fut reconnu que ces joyaux étaient au nombre de 64,812, pesant 18,751 carats $\frac{17}{28}$, évalués 20,900,260 fr. Or, le nouveau récolement, fait en exécution de la loi du 2 mars 1832, sur la liste civile, par MM. Bapst et Lazarre, joailliers de la couronne, a constaté le même nombre, le même poids et la même évaluation. Voici un tableau des objets les plus remarquables que présentent ces joyaux:

DÉSIGNATION DES OBJETS.	DÉSIGNATION des pierres.	NOMBRE des pierres.	POIDS.	ÉVALUATIONS.	TOTAUX.
Couronne	Brillants	5,206	1,872 c. 4/32 1/2	14,686,504 85	
	Roses	146	28/32	219	14,702,788 85
	Saphirs	59	120	16,065	
Glaive	Roses	1,569	308 8/32		261,165 99
Autre glaive	Brillants	410	135 24/32		71,559 39
Epée	Brillants	1,576	330 24/32		241,874 37
Aigrette et bandeau	Brillants	217	341 25/32		273,119 37
Contre-épaulette	Brillants	127	102 28/32		191,834 06
Agrafe et manteau	Brillants	197	61 6/12	30,605	68,105
	Opale	1		37,500	
Boucles de souliers et jarretières	Brillants	120	103 12/32		56,877 50
Boutons de chapeau	Brillants	21	29 22/32		24[illegible],700
Rosettes de chapeau et de souliers	Brillants	27	83 10/32		89,100
Plaque du Saint-Esprit	Brillants	443	194 10/32		325,936 25
Plaque de la Légion-d'Honneur	Brillants	393	82 6/32	34,525 95	
	Roses	20	4/32	40	34,678 75
Croix de la Légion-d'Honneur	Brillants	305	43 8/32	10,082 80	
	Roses	15	2/32	30	
Parure, rubis et brillants	Rubis	399	410 17/32	211,336 68	
	Brillants	6,042	793 14/32	181,925 41	393,758 39
	Roses	327		496 50	
Parure, brillants et saphirs	Brillants	3,837	558 6/32	129,951 09	283,816 09
	Saphirs	67	768 8/32	153,865	
Parure, turquoises et brillants	Brillants	3,302	434 5/32	87,920 63	130,820 63
	Turquoises	215		42,900	
Parures de perles	Perles	2,101	5,912 27/32	1,164,523	1,165,163
	Roses	320		640	
Collier	Brillants	26	106 12/32		133,900
Epis	Brillants	9,175	1,033 4/32		191,475 62
Peigne	Brillants	250	92 9/32		47,451 87
Bouts de ceinture	Brillants	480	49 8/32		8,352 50
		37,393	13,968 11/32		18,912,697 43

Les autres objets consistent en plaques et croix de différents ordres, tels que de Saint-Lazare, de la Toison-d'Or, de la Jarretière, de Saint-Alexandre, de Saint-André, de Saint-Etienne, de l'Aigle-Noir, de l'Éléphant, etc.

DIAMANT D'ALENÇON (*min.*). C'est un quarz hyalin cristallisé qu'on trouve dans les fissures des graintes des environs d'Alençon. — **DIAMANT DE BRISTOL**, cristaux de quarz très limpides, (*V.* QUARZ). — **DIAMANT FAUX** (*min.*). On donne ce nom aux pierres artificielles nommées *strass* du nom de leur inventeur qui imitent le diamant par leur limpidité et leur force de réfraction; on donne aussi ce nom aux variété limpides de Zircon qui portent également le nom de Jargon. — **DIAMANT ROUGE** (*min.*). M. Sage, conduit par l'analogie de forme, a rapproché le spinelle rubis du diamant, en lui donnant le nom de diamant rouge. J. P.

DIAMANT, bourg de la Martinique sur l'anse du même nom. Au N. s'élève le morne du Diamant, montagne volcanique près de laquelle croit le fatal Mancenillier. 1,511 habitants.

DIAMANTAIRE, ouvrier qui taille les diamants et qui en fait traffic. On dit plus ordinairement *lapidaire*.

DIAMANTAIRE, adj. des 2 genres (*didact.*). Il se dit de l'éclat des pierres précieuses quand il se rapproche de celui du diamant.

DIAMANTINI (JEAN-JOSEPH), peintre et graveur à l'eau forte, né dans la Romagne en 1660. Il s'établit à Venise et orna les monuments de plusieurs belles peintures. Il peignit dans l'église de Saint-Moïse, en société avec les peintres les plus célèbres de son temps, une Adoration des Mages qui fut généralement admirée. Son mérite le fit élever au rang de chevalier. Cet artiste a presque toujours gravé d'après ses propres compositions; il mourut à Venise en 1722.

DIAMASTIGOSE, osis (διὰ, à travers; μαστιγωσις, flagellation), fête célébrée à Sparte en l'honneur de Diane Orthia, dans laquelle on fouettait cruellement les enfants sur l'autel de cette déesse. Les mères se tenaient auprès de leurs enfants, les exhortaient à ne pousser aucun gémissement, et à ne montrer aucune faiblesse. Celui qui souffrait avec plus d'héroïsme était appelé bomonique (voyez ce mot); ceux qui mouraient dans l'épreuve étaient couronnés de fleurs, et enterrés avec honneur. L'origine de cette fête est inconnue. On croit que c'est Lycurgue qui l'institua pour accoutumer la jeunesse à la fatigue, et à la rendre insensible à la douleur. Quelques-uns pensait que c'est pour éluder l'oracle, qui avait ordonné de verser du sang humain sur les autels de Diane et à laquelle on sacrifiait d'abord des victimes humaines; d'autres font remonter cet usage barbare à Oreste, qui apporta dans le Péloponèse la statue de Diane Taurique. D'autres enfin rapportent que Paxsanias, offrant un sacrifice aux dieu avant de livrer bataille à Mardonius, fut tout-à-coup attaqué par un corps de Lydiens, qu'il repoussa à coups de fouets et de bâtons, seules armes que les Lacédémoniens eussent en ce moment, et qu'il institua cette solennité en mémoire de cet événement.

DIAMENERYA (*bot.*), nom donné, suivant Hermann, dans l'ille de Ceylan au *cammelina nodiflora*. J. P.

DIAMÉTRAL, ALE, appartenant au diamètre. Il n'est guère usité qu'au féminin, et dans cette locution : *ligne diamétrale*.

DIAMÉTRALEMENT, d'un bout du diamètre à l'autre. Il se dit, figurément, des personnes ou des choses qui sont tout-à-fait contraires, entièrement opposées l'une à l'autre.

DIAMÈTRE (*géom.*), de διὰ, *à travers*, et de μετρὸν, *mesure*), droite qui passe par le centre d'un cercle et qui se termine d'une part et d'autre à sa circonférence. Le diamètre d'un cercle est le double de son rayon. (*V.* NOTIONS PRÉLIMINAIRES, 42, et CERCLE, 30). — LE DIAMÈTRE *d'une section conique* est une droite qui coupe toutes les ordonnées en deux parties égales. Lorsque ce diamètre est perpendiculaire aux ordonnées, il prend le nom d'axe, voyez chacune de ses courbes en particulier. — LE DIAMÈTRE *d'une sphère* est la même chose que le diamètre du demi cercle, dont la révolution a engendré la sphère. On le nomme aussi l'axe de la sphère. (*V.* SPHÈRE.) — DIAMÈTRE DES PLANÈTES (*astr.*). Ils sont ou *réels* ou *apparents*. Le diamètre apparent d'une planète est l'angle sous lequel elle apparait aux observateurs, en prenant pour rayon la distance de la planète à la terre. C'est-à-dire, en menant de l'œil des rayons visuels à deux points opposés du disque d'une planète, l'angle formé par ces rayons et dont le diamètre de la planète est la corde, forme ce qu'on appelle le *diamètre apparent*. Cet angle étant très petit, on peut considérer la corde comme confondue avec l'arc ou comme étant sa mesure. Ainsi les diamètres apparents d'une même planète sont en raison inverse de ses distances à la terre, car il est évident que ces diamètres doivent paraître d'autant plus grands que les distances sont plus petites. — LE DIAMÈTRE RÉEL d'une planète est sa véritable grandeur mesurée à l'aide d'une grandeur connue telle que le mètre, ou comparée avec le diamètre de la terre. Les diamètres apparents servent à trouver les diamètres réels lorsque les distances sont connues. C'est ce que nous exposerons au mot DISTANCE. La distance des planètes à la terre variant à chaque instant par suite des mouvements propres de ces corps, leur diamètre apparent varie également, mais ces variations s'effectuent entre certaines limites dont voici la moyenne :

Moyens diamètres apparents.	
Soleil.	32' 2''
Mercure. . . .	11,8
Vénus.	57,9
Mars.	8,94
Jupiter.	39
Saturne.	18
Uranus.	3,54
La Lune. . . .	31'

Les diamètres réels sont, en prenant celui de la terre pour *unité* :

Diamètres réels.	
Soleil.	109,9300
Mercure.	0,3944
Vénus.	0,9730
Mars.	0,5556
Jupiter.	11,5616
Saturne.	9,6094
Uranus.	4,2630
La Lune. . . .	0,2729

Il suffit donc de multiplier ces nombres par la valeur du diamètre de la terre exprimée en lieues ou en mètres pour connaître les diamètres des planètes exprimées en mesures semblables. Le diamètre équatorial de la terre est de 12,754,863 mètres.

DIAMGONEH, s. m. (*hist. otto.*), nom d'un pyrée ou temple des mages bâti, suivant d'Herbelot, par Caikhousron.

DIAMIUM (*géom. anc.*) (*Gianutti*), île d'Italie, sur la côte d'Étrurie, près de l'île d'Igillium.

DIAMONON (*bot.*), nom que donnait Zoroastre à la mandragore, suivant Mentzel. J. P.

DIAMORPHA FLUETTE (*bot.*), *diamorpha pusilla*, genre de plantes dicotylédones, de la famille des *crassulées*, de l'*octandrie tetragynie* de Linné, offrant pour caractères : un calice à quatre divisions, quatre pétales, huit étamines, quatre styles, une capsule coriace, s'ouvrant extérieurement en quatre loges, aiguës, subulées, divergentes; environ quatre semences dans chaque loge. Ce genre se rapproche beaucoup des *tillæa* dont il ne paraît différer que par le nombre de ses étamines, par ses feuilles alternes; il ne renferme qu'une seule espèce découverte dans la Caroline, c'est une fort petite plante, bisannuelle, charnue, dont les tiges se divisent à leur base en rameaux verticillés, garnis de feuilles alternes fort petites, cylindriques; les fleurs sont très petites, au nombre de trois ou quatre, réunies en cime. J. P.

DIAMPOLIS (*géog. anc.*) (*Jamboli*), ville de Thrace, sur la côte, bâtie par Philippe.

DIAN (*géogr. anc.*), ville de la tribu de Gad.

DIANA (BENOIT), né à Venise, vivait vers l'an 1500. On voit de lui dans l'église del Carmine une sainte Lucie qui fit mettre Diana par ses contemporains sur la même ligne que Jean Belin. On ignore de qui il fut élève.

DIANA (JEAN-NICOLAS), jésuite. Il composa un sermon sur saint Lucifer qui lui attira de longues persécutions et une condamnation de la part des inquisiteurs de Sardaigne; il appela de leur sentence au conseil suprême de l'inquisition et vit triompher sa cause après douze ans et cinq mois de luttes.

DIANA (ANTONIN), né à Palerme, en Sicile, en 1595, d'une famille noble, s'adonna à la théologie morale avec tant d'ardeur et de fruit, que bientôt il eut une très grande réputation. Il s'acquit l'estime et l'amitié de quelques auteurs très considérés dans leur temps, entre autres Antoine Coton et Escobar. Des pays les plus éloignés et même du Nouveau Monde, on lui écrivait pour le consulter comme l'oracle de la théologie morale. Le sénat de Palerme, les gouverneurs de la Sicile prenaient ses avis dans les affaires les plus délicates. Les papes l'accueillaient, et il fut sous Urbain VIII, Innocent X et Alexandre VIII, examinateur des évêques. Diana mourut à Rome le 22 juillet 1663.

DIANA MANTUANA. (*V.* GHISI.)

DIANA (CHRISTOPHE), né en 1553 à San-Vito, dans le Frioul. On ne connaît aucune particularité sur sa vie. L'ouvrage le plus remarquable qu'on connaisse de lui, est un tableau représentant le Christ en croix, avec la Vierge et saint Jean.

DIANCHORA (*foss.*). M. Sowerby a donné ce nom à un genre de coquilles bivalves, dont les caractères sont d'être adhérentes, inéquivalves, à charnières sans dents, une ouverture au sommet de la valve adhérente, la valve libre auriculée. L'auteur en a trouvé deux espèces en Angleterre; l'une à laquelle il a donné le nom de *dianchora striata*, dans une couche de sable vert, près de Warminster, et l'autre à laquelle il a donné le nom de *dianchora lata*, dans une couche de craie, à Leuwes. J. P.

DIANDRE (*bot.*). On applique ce mot à tous les végétaux dont la corolle ne présente que deux étamines. On se sert aussi de l'expression diandrique. J. P.

DIANDRIE (*bot.*). Ce mot, composé de deux racines grecques, *dis* deux, et *andria* virilité, est celui de la deuxième classe du système sexuel de Linné; elle renferme tous les genres dont les plantes ont deux étamines libres. Elle se divise en trois ordres : la *diandrie monogynie*, qui comprend les genres *olea*, *chionanthus*, *syringa*, *lycopus*, *collinsania*, et généralement tous ceux qui n'ont qu'un pistil; la *diandrie digynie* ne comprend qu'un seul genre muni de deux pistils, c'est le genre *anthoxanthum;* enfin la *diandrie trigynie*, qui contient deux genres munis chacun de trois pistils, *piper* et *peperomia*. J. P.

DIANE, déesse de la chasse, fille de Jupiter et de Latone. (Cicéron en compte deux autres; l'une mère de Cupidon, fille de Jupiter et de Proserpine; l'autre fille d'Apis et de Glaucé.) La fille de Latone naquit en même temps qu'Apollon, dans l'île de Délos; et, comme elle fut témoin des douleurs de sa mère, elle conçut tant d'aversion pour le mariage qu'elle résolut de vivre dans une perpétuelle virginité. Pour éviter la société des hommes, elle se livra à la chasse, et obtint de Jupiter pour compagnes soixante Océanides et vingt autres nymphes, qui renoncèrent comme elle au mariage. Quoique déesse de la chasteté, elle viola cependant son vœu en faveur d'Endymion, de Pan et d'Orion. (*V.* ces mots.) — Les habitants de la Tauride lui rendaient un culte solennel, et immolaient sur ses autels tous les étrangers que les tempêtes jetaient sur leurs côtes. Elle avait à Aricie un temple desservi par un prêtre, qui ne pouvait parvenir à cette fonction qu'en tuant son prédécesseur. Les Lacédémoniens lui offrirent des victimes humaines jusqu'au siècle de Lycurgue, qui abolit cette horrible coutume, et y substitua la flagellation. Les Athéniens lui offraient un bouc, d'autres un chevreau blanc, une laie ou un taureau. Le pavot lui était consacré. Elle avait, ainsi qu'Apollon, son frère, plusieurs oracles, dont les plus connus sont ceux d'Égypte, de Cilicie et d'Éphèse. Elle avait surtout un grand nombre de temples, parmi lesquels le plus célèbre, le plus riche et le plus beau était le temple d'Éphèse, que Pline appelle *le miracle de la magnificence grecque*, et que la voix publique rangea parmi les merveilles du monde. (*V.* ÉPHÈSE.) — Diane portait différents noms, pris des lieux où elle recevait un culte et des fonctions auxquelles elle présidait. Elle était adorée sous trois noms principaux : Diane sur terre, la Lune dans le ciel, et Hécate ou Proserpine aux enfers. Les femmes qui l'invoquaient dans leurs grossesses l'appelaient Lucine, Ilythie ou Junon Pronuba; on la nommait Trivia lorsqu'on l'adorait dans les carrefours (*trivium*), qui étaient ordinairement ornés de ses statues. Les poëtes lui donnèrent trois têtes : la première de cheval, la seconde de femme ou de laie, et la troisième d'un chien; d'autres celles d'un taureau, d'un chien et d'un lion. On la représente armée d'un arc et d'un carquois, suivie d'une meute de chiens, et quelquefois assise sur un char attelé de deux chevaux blancs. Quelquefois elle a des ailes, tient un lion d'une main et une panthère de l'autre. On la voit aussi traînée dans un char attelé de deux génisses ou de deux coursiers de différentes couleurs. Elle surpasse de toute la tête les nymphes de sa cour, porte un croissant au-dessus du front, et est toujours accompagnée de chiens. Elle a un air mâle, les jambes fortes et bien proportionnées, et les pieds couverts de brodequins, qui étaient chez les anciens la chaussure des chasseurs.

DIANE DE POITIERS, fille aînée de Jean de Poitiers, seigneur de Saint-Vallier, d'une des plus anciennes familles du Dauphiné, naquit le 3 septembre 1499. Elle épousa, à l'âge de treize ans, Louis de Brézé, comte de Maulevrier, grand sénéchal de Normandie, dont la mère était fille de Charles VII et d'Agnès Sorel, et elle le perdit le 13 juillet 1531. On a prétendu à tort que Diane de Poitiers avait fait à François Ier le sacrifice de son honneur, pour obtenir la grâce du seigneur de Saint-Vallier, son père. Diane ne donna aucune prise sur sa conduite tant que vécut son mari. Elle voulut même signaler sa tendresse pour lui et en perpétuer le souvenir. Après la mort de Louis de Brézé, elle lui fit élever un superbe monument dans l'église de Rouen, et toute sa vie elle porta son deuil. Maîtresse du duc d'Orléans, dauphin, elle se trouva en concurrence avec la duchesse d'Étampes, favorite de François Ier; mais, à la mort de ce prince, arrivée en 1557, elle vit tous les courtisans se réunir autour d'elle. Dès lors elle régna en France sous le nom de Henri, et la reine Catherine de Médicis, malgré sa beauté, fut elle-même obligée de ménager la favorite. Diane employa les fonds que lui procurèrent les libéralités du roi a faire embellir le célèbre château d'Anet, que les poëtes du temps célébrèrent sous le nom de *Dianet*. L'âge de Diane, qui rendait son empire sur le cœur du roi si extraordinaire, fit croire à quelques-uns de ses contemporains qu'elle avait eu recours à la magie pour le séduire; la véritable magie de Diane fut le charme de l'esprit, des talents et des grâces. Au reste, la beauté de Diane se conserva longtemps; elle mit tous ses soins à retarder l'outrage des années, et elle y réussit. Il paraît qu'on peut lui reprocher avec justice d'avoir contribué à inspirer à Henri II ces cruelles idées d'intolérance qui semblaient poussées à l'excès sous son règne. Le roi, blessé dans un tournoi, mourut le 10 juillet 1559. Dès que l'état de ce prince ne laissa plus d'espérance, Catherine ordonna à Diane de se retirer. Dès que le roi fut mort, elle vint à Anet, où elle mourut le 22 avril 1566, âgée de soixante-six ans. Le roi lui avait donné le duché de Valentinois.

DIANE DE FRANCE, duchesse d'Angoulême, fille d'Henri II, alors dauphin, et d'une Piémontaise nommée Philippe Duc, naquit en 1538. De tous les enfants d'Henri II, elle fut celui qui lui ressembla le plus. Les historiens du temps vantent son esprit et son savoir, et Brantôme donne les plus grands éloges à sa beauté. Ayant été légitimée, elle épousa, en premières noces, Horace Farnèse, duc de Castro, second fils de Louis, duc de Parme et de Plaisance, qui fut tué, six mois après, en défendant Hesdin avec l'élite de la noblesse française. Elle épousa, en secondes noces, François de Montmorency, fils aîné du connétable, qui, pour contracter ce mariage, fit déclarer nul celui qu'il avait contracté avec la demoiselle de Fiennes. Diane de France perdit ce second époux après vingt-deux ans de mariage et après l'avoir sauvé par sa prudence du massacre de la Saint-Barthélemi. Constamment attachée à Henri III, son frère, Diane ne l'abandonna jamais dans ses revers. Ce fut elle qui, après le meurtre des Guises, négocia (1588) la réunion de Henri III avec le roi de Navarre. Le bon Henri, si souvent trompé par la cour, avait en cette princesse la plus grande confiance. Monté sur le trône, ce prince la consulta souvent et lui montra toujours la plus sincère estime. Après avoir présidé à l'éducation de Louis XIII, le septième roi qu'elle voyait sur le trône de France, elle se retira de la cour, et mourut, sans postérité, le 11 janvier 1619, âgée de plus de quatre-vingts ans.

DIANE (*ins.*), nom que l'on donne à l'espèce de papillon que Fabricius nomme *hypsipyle*, parce qu'il se trouve principalement dans les montagnes et sur les lieux élevés. J. P.

DIANE (ARBRE DE), sorte de récréation physico-chimique, fort curieuse autrefois, parce qu'on n'en connaissait pas la théorie. Elle consiste à mettre dans une dissolution étendue de nitrate d'argent, un amalgame de mercure et d'argent; le nitrate d'argent décomposé laisse former des cristaux d'argent métallique, qui se disposent en arborisations. On favorise d'ailleurs cette cristallisation en mettant dans la liqueur un faisceau de fils métalliques, sur lesquels les cristaux viennent se fixer. Ces sortes d'arbres se voyaient autrefois chez les pharmaciens et dans les cabinets de physique; ils sont maintenant fort rares. On peut les produire rapidement par le moyen de la pile galvanique. Leur nom venait de ce que l'argent, dans la nomenclature des alchimistes, s'appelait Diane où Lune. F. R.

DIANE (*t. milit. et de marine*), batterie de tambour qui se fait à la pointe du jour, pour réveiller les soldats et les matelots.

DIANÉE (*zooph.-acal.*), genre de zoophytes acalèphes, très voisin des géryonies, de l'ordre des médusaires proboscidées. Ses caractères sont : corps hémisphérique, garni dans sa circonférence d'un petit nombre de fibres tentaculaires, excavé en dessous, et muni dans son milieu d'un fort appendice proboscidiforme saillant, avec quatre appendices brachidés à l'extrémité. J. P.

DIANELLE, *dianella* (*bot.*), genre de l'hexandrie monogynie de Linné, et de la famille des asparaginées. Ses caractères sont : plantes vivaces, herbacées et rameuses, monocotylédonées, à fleurs incomplètes. Ces fleurs sont très élégantes et disposées en panicules lâches terminales; les ramifications et les pédoncules munis de spathes, calice coloré à six divisions profondes, caduques, égales entre elles et étalées, dont trois alternes plus antérieures; six étamines à filaments courts, épaissis vers leur sommet qui se termine par une anthère linéaire : l'ovaire est supère, globuleux et déprimé à son centre; capsule bacciforme, oblongue, à trois loges, contenant chacune quatre à cinq semences noires et luisantes. L'espèce la plus connue est la *dianelle bleue*, *D. cœrulea*, que l'on cultive dans les jardins à cause de ses belles fleurs bleues : elle est originaire de la Nouvelle-Hollande. Sa tige, haute de seize centimètres, est tortueuse, et garnie à sa base de feuilles glabres, pliées en carènes, disposées sur deux rangs, engaînantes, et munies de dentelures épineuses. Les fleurs sont d'un beau bleu d'azur, avec les anthères jaunes. Une autre espèce, la *dianelle des bois*, *D. nemorosa*, dont la tige, haute d'un mètre, porte des feuilles de trente-deux centimètres de longueur, et des fleurs en panicule d'un bleu d'améthyste. Cette espèce abonde dans les bois de l'île Maurice. J. P.

DIANÈME (*poiss.*). Nom spécifique d'un poisson du genre *lonchiure*. (*V.* ce mot.) J. P.

DIANIUM (*Denia* et *Cap Martin*), ville et promontoire de l'Espagne citérieure, sur la côte orientale. Elle fut, dit-on, fondée par les Marseillais, plusieurs siècles avant J.-C., sous le nom d'Artemisium. Diane y recevait un culte particulier.

DIANNYÈRE (JEAN), docteur en médecine, naquit au Donjon, dans le Bourbonnais, en 1701. Il sacrifia plusieurs places pour se fixer à Moulins auprès d'un de ses oncles auquel il devait son éducation. Il s'attira dans cette ville l'amour des habitants par ses nombreux bienfaits. « Là, dit Vicq-d'Azyr, « sa vie fut uniforme; ses jours furent également occupés, également tissus de bonnes œuvres. » Il est mort à Moulins le 13 août 1782.

DIANNYÈRE (ANTOINE), fils du précédent, naquit à Moulins le 26 janvier 1762. Il étudia d'abord la médecine; mais son goût l'entraîna bientôt vers la littérature et l'économie politique. Aux approches de la révolution, il en adopta les principes et se lia avec les républicains, et notamment avec Condorcet dont plus tard il prononça l'éloge. Lors de la création de l'Institut national, il fut nommé membre associé de la classe des sciences morales et politiques. Il mourut en 1802.

DIANOIE, s. f. (*litt.*), nom grec d'une figure de pensée, la *Dianoïe* est à peu près la même chose qu'une sentence ou une épiphonème.

DIANTHON, s. m. (*pharm.*), préparation dans laquelle entraient beaucoup de plantes aromatiques.

DIANTHUS, (*bot.*), nom latin du genre œillet. J. P.

DIANTRE, mot très familier dont on se sert pour éviter de prononcer le mot de *diable*, et qui est tantôt une sorte d'imprécation, tantôt un signe d'étonnement, d'admiration, etc.

DIAPALME. On appelle ainsi un emplâtre préparé avec la litharge, l'huile d'olive, l'axonge et le sulfate de zinc, que l'on emploie en médecine comme résolutif et dessicatif. Ce composé tire probablement son nom de l'usage où l'on était autrefois de faire servir à sa préparation une décoction de *régimes* de palmier au lieu d'eau ordinaire. Cependant, l'Emery pense que cette dénomination a son origine dans l'emploi que l'on conseillait jadis, pour cette opération, d'une spatule faite avec la tige du palmier. Reuss et Plenck croient la trouver dans l'huile de palme qui, dans le principe, était usitée au lieu de celle d'olive.

DIAPHASIS à feuilles filiformes (*bot.*), *diapasis filifolia*, plante de la Nouvelle-Hollande, pour laquelle M. R. Brown a établi un genre de la famille des *lobéliacées*, de la *pentandrie monogynie* de Linné, offrant pour caractères : corolle presque irrégulière en soucoupe; le tube à cinq découpures, renfermant cinq étamines à anthères libres; ovaire à une seule loge, contenant deux ovules; un style; un stigmate. Le fruit est un drupe sec, monosperme. Les tiges sont simples ou médiocrement rameuses, droites, herbacées, un peu pubescentes; garnies de feuilles alternes, sessiles, filiformes, presque cylindriques : les pédoncules axillaires uniflores, pourvus de deux bractées vers leur sommet; les fleurs inclinées; le calice court, à cinq découpures; la corolle très étroite à sa base, pubescente un peu au-dessus; le limbe plane; ses découpures en forme d'ailes ascendantes; les deux supérieures plus étroites; les anthères glabres. J. P.

DIAPASME, s. m. (*ant.*). Il se dit de certaines poudres odorantes que les anciens répandaient sur leurs membres après s'être baignés; quelques archéologues disent *Diapasmàte*.

DIAPASON, verge d'acier creusée et courbée en V fermé, montée sur un pied, laquelle, en vibrant, donne un son déterminé par son volume. Ce son, qui est invariable, sert de type pour accorder les instruments de musique. Le diapason fait ordinairement entendre la note *la*. Il est facile de concevoir, d'après le principe sur lequel repose cet instrument, qu'on peut le construire de différentes manières et avec des substances différentes. On a imaginé des pianos que chacun peut accorder au moyen de douze diapasons, donnant les douze notes de l'octave du milieu, sur laquelle on accorde les autres.

DIAPENSIE, *diapensiæ* (*bot.*), genre de plantes de la pentandrie monogynie, Linné, et que Jussieu regarde comme ayant de l'affinité avec les convolvulacées. Ses caractères sont : calice de cinq folioles; corolle monopétale, hypocratériforme, ayant son limbe partagé en cinq lobes; cinq étamines insérées au sommet du tube de la corolle et entre ses divisions; ovaire supère, arrondi, surmonté d'un style à stigmate simple; capsule arrondie à trois valves et à trois loges polyspermes. Ce genre ne renferme qu'une espèce. La *Diapensie* de *Laponie*; *Diapensia Lapponica* dont la racine fibreuse, vivace, donne naissance à une tige divisée, presque dès sa base, en petits rameaux simples, couchés, garnis de feuilles oblongues rapprochées les unes des autres et presque imbriquées. Fleurs blanches, assez grandes, solitaires au sommet de chaque rameau. Cette plante croît sur les montagnes de la Laponie. J. P.

DIAPENTE, des deux mots grecs διὰ et πέντε (cinq). Ce mot désignait dans l'ancienne musique l'intervalle qu'on appelle *quinte* et qui embrasse en effet cinq tons différents. (*Voyez* QUINTE).

DIAPÈRE, *Diaperis* (*ins.*), genre de l'ordre des coléoptères, famille des taxicornes, dont les caractères sont : antennes composées d'articles en forme de disques, grossissant insensiblement le dernier article des palpes maxillaires, un peu plus gros que celui qui précède. Ces insectes sont de forme ovoïde, bombée; leur tête est courte et triangulaire; les antennes qui sont à peine de la longueur du corselet ont leur dernier article en forme de poire; le corselet est lobé postérieurement et les élytres sont plus larges que ce dernier. On trouve ces insectes dans les champignons dont ils se nourrissent. L'espèce la plus commune est le *Diapère* du *Bolet*, *D. Boleti*, elle est d'un noir brillant, avec trois taches jaunes sur les élytres, une à la base, la seconde au milieu et la troisième à l'extrémité. J. P.

DIAPHANE (*t. de physique*). Il se dit des corps qui transmettent abondamment la lumière. Dans l'usage ordinaire, on l'emploie souvent d'une manière absolue, comme synonyme de très transparent.

DIAPHANÉITÉ, DIAPHANE, mot grec dérivé de φαίνω, je luis, avec la préposition διὰ, à travers. (V. TRANSPARENCE et TRANSLUDICITÉ.

DIAPHANES, fleuve de Cicilie qui formait la limite de cette province du côté de la Syrie.

DIAPHANIPENNE, adj. des 2 g. (*zool.*), qui a des ailes diaphanes.

DIAPHANOGÈNE, adj. des 2 g. (*phys.*), qui produit la transparence.

DIAPHANOMÈTRE, s. m. (*phys.*), appareil servant à apprécier les variations de la diaphanéité de l'atmosphère.

DIAPHANOMÉTRIE, s. f. (*phys.*), art de mesurer la diaphanéité du ciel.

DIAPHANOMÉTRIQUE, adj. des 2 g. (*phys.*), qui a rapport au diaphanomètre.

DIAPHNOPHYTE, s. m. (*bot.*), groupe de plantes qui diffèrent toutes les unes des autres, eu égard à la fructification. On écrirait plus correctement *diaphonophyte*.

DIAPHONIE, s. m. (*musique anc.*), nom par lequel les Grecs désignaient tout intervalle ou accord dissonant. Au VIIe siècle, Isidore de Séville a employé ce mot pour désigner une musique à deux voix.

DIAPHORE, s. f. (*littér.*), figure de rhétorique qui consiste à répéter un mot déjà employé en lui donnant une nuance nouvelle de signification. La *diaphore* se rapproche de la répétition.

DIAPHORÉE (*bot.*), *diaphorea cochinchinensis*, plante de la Cochinchine, pour laquelle Loureiro a établi un genre particulier de la famille des cypéracées, et de la monoécie de candrie de Linné; elle a pour caractère essentiel, des fleurs monoïques; trois valves calicinales, uniflores; corolle à deux valves mutiques; environ dix étamines presque sessiles, placées sur un réceptacle garni de plusieurs paillettes. Dans les fleurs femelles, point d'étamines, trois stigmates sessiles, une semence trigone.—Les tiges sont droites, triangulaires, hautes de deux pieds, garnies de feuilles alternes, rudes, subulées, pileuses à leur base; les fleurs axillaires disposées en épis paniculés; les fleurs mâles placées au sommet des épis. J. P.

DIAPHORÈSE (*t. de méd.*). Il désigne toute espèce d'évacuation cutanée, de transpiration.

DIAPHORÉTIQUE MINÉRAL (*chim.*), ou *antimoine diaphorétique*. Les anciens chimistes donnaient ce nom au peroxide d'antimoine produit par un mélange de parties égales de nitrate de potasse et d'antimoine, ou de trois parties de nitre et une de sulfure d'antimoine. Dans le premier cas, on obtient du peroxide d'antimoine, de la potasse et un peu de nitre non décomposé, et dans le second, ces mêmes corps, plus du sulfate de potasse. Les anciens lui donnaient le nom de diaphorétique, parce que n'étant ni émétique ni purgatif, ils lui attribuaient la propriété de faire transpirer. J. P.

DIAPHRAGMATIQUE (*t. d'anat.*), qui a rapport au diaphragme.

DIAPHRAGMATITE DIAPHRAGMITE, s. f. (*méd.*), inflammation du diaphragme.

DIAPHRAGMATOCÈLE, s. f. (*méd.*), hernie du diaphragme.

DIAPHRAGME. Ce nom dérive du grec διάφραγμα (διὰ, entre et de φράσσω, je ferme), signifie en général une cloison transversale plus ou moins complète. On s'en sert pour désigner: 1° En optique, un anneau de métal ou de carton qu'on place au foyer commun de deux verres d'une lunette, ou à quelque distance de ce foyer, pour intercepter le rayon trop éloigné de l'axe, et qui pourraient rendre confuses les images sur les bords; 2° en botanique, toute lame ou cloison transversale qui partage une silique ou autre fruit capsulaire. L'emploi le plus fréquent du mot diaphragme est en zootomie ou anatomie des animaux. Quoiqu'on observe un très grand nombre de cloisons qui partagent directement les nombreuses cavités observables dans l'organisme animal, l'usage a consacré ce nom à signifier le muscle large qui, dans le corps humain et celui des mammifères, divise la grande cavité splanchnique du tronc en deux cavités secondaires, qui sont la poitrine et l'abdomen. Chez l'homme, ce muscle impair, membraneux, obliquement situé entre les deux cavités qu'il sépare, est constitué par une portion centrale aponévrotique trilobée, d'où partent des fibres musculaires, rayonnantes dans tous les sens, qui vont s'insérer en avant derrière l'appendice xiphoïde du sternum, sur les parties latérales aux côtés et en arrière: 1° par deux faisceaux appelés piliers ou jambes au corps des quatre dernières vertèbres lombaires, et 2° sur chaque côté à une arcade aponévrotique, tendue entre l'extrémité de la dernière côte et l'apophyse transverse de la première vertèbre des lombes. Les lignes sur lesquelles se font, sur chaque côté du corps; les insertions des fibres du diaphragme sont représentées par le rebord inférieur des os du thorax et par la saillie médiane du corps des vertèbres des lombes. L'étendue de ces fibres étant beaucoup plus grandes que la distance en ligne droite du centre aponévrotique à tous les points de la circonférence indiquée, il en résulte que cette cloison musculaire offre une grande courbure ou voûte dont la concavité correspond aux viscères logés dans le haut de l'abdomen, tandis que les poumons sur chaque côté et le cœur au milieu sont en rapport avec sa convexité. La portion centrale aponévrotique a été appelée *centre phrénique* ou *tendineux*. Les arcades aponévrotiques situées de chaque côté des piliers ont reçu le nom de ligaments cintrés du diaphragme. En raison de sa situation intermédiaire à la poitrine et au bas-ventre, le diaphragme offre une disposition anatomique et des connexions dont l'étude est très importante pour l'intelligence de ses fonctions. Il présente trois ouvertures, dont l'une à droite de la ligne médiane du corps, pour le passage de la veine cave inférieure, l'autre à gauche de la précédente, logeant l'extrémité inférieure de l'œsophage, et la troisième médiane et inférieure, correspondant à l'aorte et au canal thoracique. Le diaphragme reçoit des vaisseaux et des nerfs considérables. Sa contraction tend à effacer la courbure qu'il présente, à aggrandir la capacité de la poitrine et à diminuer celle du bas-ventre. En raison de ses alternatives de relâchement et d'action contractile, ce muscle important joue un très grand rôle dans les phénomènes mécaniques de la respiration; et dans d'autres phénomènes accessoires; tels que le soupir, le bâillement, l'anhélation, la toux, l'éternuement, le rire, le sanglot, le hoquet, les actions de flairer, de crier, de chanter, et les efforts. Son action est aussi plus ou moins énergique, et concourt avec celle des muscles abdominaux dans le vomissement, l'accouchement, l'excrétion des matières fécales et de l'urine. En anatomie et en physiologie comparée, on constate d'abord l'existence du diaphragme dans toute la classe des mammifères, où il présente un certain nombre de modifications qui n'ont point été encore suffisamment étudiées. Les particularités d'organisation du diaphagme des mammifères, qui ont excité le plus l'attention des zootomistes, sont: 1° celles qu'il offre dans les cétacés ou le muscle très fort est entièrement charnu, s'attache très en arrière de la paroi tergale de la cavité du tronc, ce qui fait que la poitrine se prolonge beaucoup dans ce sens, et offre en arrière un très long espace où sont logés les poumons; et en avant, un autre intervalle fort court, qui est presque entièrement occupé par le cœur; 2° l'existence d'un os diaphragmatique chez le chameau, le dromadaire, la cigogne, que Meckel et Lenkart ont observé sur des individus adultes avancés en âge. Les mêmes anatomistes ont aussi eu l'occasion de disséquer cet os à l'état cartilageux sur un dromadaire de deux ans, mort à Paris. Nous avons nous-mêmes observé deux fois l'ossification, sous forme de lame, de la portion gauche du centre tendineux du diaphragme chez l'homme, et nous nous sommes assuré par la macération que cette lame ou plaque solide était une incrustation ossiforme du tissu fibreux et non un véritable os. Les phénomènes physiologiques auxquels se rattache l'étude de l'action du diaphragme chez les mammifères sont en général semblables à ceux indiqués au sujet de l'homme; mais en raison des différences des mouvements plus ou moins énergiques de la poitrine et du bas-ventre chez les animaux respirant dans des milieux où la pression atmosphérique offre un grand nombre de variations, en raison de la diversité du volume des viscères digestifs et génito-urinaires, on conçoit facilement que l'étude comparative du diaphragme nécessite encore un grand nombre de recherches. Chez les oiseaux, le diaphragme est représenté par une membrane aponévrotique qui est en rapport avec la face interne des poumons. Des côtés de cette membrane partent plusieurs faisceaux musculaires qui vont s'attacher aux quatre vraies côtes pectorales moyennes. Ce muscle, considéré comme l'analogue du diaphragme des mammifères, se continue en bas avec le transverse ou le plus interne des muscles de l'abdomen. Il est très développé chez l'autruche. Le diaphragme manque dans les reptiles. La membrane qui sépare la cage branchiale des poissons d'avec la cavité abdominale, et qui est en rapport avec la poche du cœur, est considérée dans cette classe comme l'analogue du diaphragme des mammifères. En physiologie générale, on appelle quelquefois la tente du cervelet *diaphragme de la cavité crânière*, l'iris diaphragme de la chambre obscure constituée par le globe de l'œil. En pathologie, on désigne sous le nom de *diaphragmité* l'inflammation du muscle diaphragme, qu'il ne faut pas confondre avec la phlegmasie de la portion de la plèvre ou de celle du péritoine qui revêtent ses surfaces. Lorsque dans les théories physiologiques anciennes on faisait jouer un très grand rôle à la portion centrale et aponévrotique de ce muscle, on l'appelait *centre phrénique*, et l'inflammation du diaphragme était appelée *phrenetius* ou *phrénésie*. Cette maladie, fort rare, est, suivant les nosologistes, caractérisée par plusieurs symptômes dont le plus remarquable était *le rire sardonique*, qu'on avait cru à tort être le partage exclusif de la *diaphragmite*. L'épithète de diaphragmatique s'applique en anatomie et en pathologie, à tout ce qui à trait au diaphragme. Tels sont les vaisseaux (artères, veines), les nerfs et les plexus diaphragmatiques, les portions diaphragmatiques de la plèvre et du péritoine qui tapissent les faces de ce muscles; les *hernies diaphragmatiques*, c'est-à-dire les déplacements des viscères abdominaux qui passent du bas-ventre dans la poitrine à travers les ouvertures accidentelles de cette cloison charnue.

DIAPHRAGME, s. m. (*technol.*), cloison que divise l'intérieur d'un soufflet, d'une lunette.

DIAPHYSE, s. f. (*hist. nat.*), séparation, cloison. — *Diaphyse* (anat.), corps ou partie moyenne d'un os long.

DIAPNOGÈNE, adj. des 2 g. (*anat.*), qui engendre l'humeur de la transpiration.

DIAPRER, varier de plusieurs couleurs. Il ne s'emploie guère qu'en poésie.

DIAPRÉ (*participe*). Il se dit aussi adjectivement dans le langage ordinaire, *prunes diaprées*, espèce de prunes violettes.

DIAPRIE, *diapria* (*inst.*), genre d'insectes de l'ordre des hyménoptères, de la famille des pupivores, tribu des oxyures. Ses caractères sont: antennes presque de la longueur du corps, composées de quatorze articles dans les mâles, et de douze dans les femelles; palpes filiformes; les ailes ne présentent aucune nervure. Les Diapries sont de très petits insectes, leur tête est arrondie, le premier article des antennes plus long que les autres; les ailes sont velues et plus longues que le corps, l'abdomen est formé de six anneaux dont le second est à lui seul deux fois plus grand que les autres réunis ensemble; leurs pattes allongées ont les cuisses en massue. H.

DIAPRUN (*terme de pharmacie*), sorte d'opiat ou d'électuaire dont on incorpore les ingrédients au moyen de la pulpe des pruneaux.

DIAPRURE, variété de couleurs. Il est vieux.

DIAPTOSE, s. f. (*anc. t. de mus.*). Il se dit dans le plain-chant, d'une sorte de périélèse qui consiste à répéter deux fois la finale d'un chant, en plaçant entre ces deux notes, la note sensible.

DIAR-BEKR en turc, ou **DIAR-BEKIR** en arabe, et non pas *Diabek*, comme l'écrivent communément nos géographes, est le nom d'une grande province et d'une ville de la Turquie asiatique. C'est encore par erreur que la plupart ont dit que cette province correspond à l'ancienne *Mésopotamie*, puisque au contraire il est reconnu que les parties N. et E. du Diar-Bekr appartenaient jadis à l'Arménie et à l'Assyrie, et que la partie méridionale de la Mésopotamie, n'est point dans le Diar-Bekr, mais dans la province nommée Irak-Arabi (V. IRAK). Le Diar-Bekr en général, ou du moins sa partie méridionale, est nommée aussi par les Arabes *Al-Djézirah* (île), à cause de sa situation entre le Tigre et l'Euphrate. Ils appellent *Diar-Rabiah* la partie qui confine au premier de ces fleuves, et *Diar-Modzar* celle qui touche au second. Le Diar-Bekr est borné au nord par le Pachalik de Siwes (Anatolie); au N.-E. par l'Arménie ou Turcomanie, à l'est par le Kourdistan, au S. par l'Irak-Arabi, et à l'O. par la Syrie. Il a environ 150 lieues de long et 80 de large. Son étendue serait bien plus considérable si, comme l'ont fait remarquer quelques géographies soi-disant élémentaires, on y joignait ces deux dernières provinces. Son sol, généralement plat, est fertilisé par les deux beaux fleuves qui l'entourent, par des canaux qui en sont dérivés, et par les rivières qui s'y jettent, et dont la principale est le Khobour. Il abonde en grains, en pâturages, en fruits, en légumes, en vignes, en oliviers, en mûriers, en cotonniers; aussi les environs des rivières sont-ils fréquentés par des tribus errantes d'Arabes et de Kourdes. Mais le centre de la province offre des plaines désertes, devenues arides par suite de l'insouciance des Musulmans, qui ont négligé d'entretenir les canaux. Les montagnes qui séparent le Diar-Bekr de l'Arménie et du Kourdistan, et celles que l'on trouve sur divers points de sa partie N.-E., renferment des mines de plomb, de cuivre et d'argent, des carrières de pierre et de marbre, et sont couvertes de matières de volcans éteints. Le pays nourrit un grand nombre de bestiaux de toute espèce. Les vivres y sont à bon marché; la volaille y est fort bonne; le gibier n'y est pas rare, et l'on rencontre des animaux féroces dans les parties désertes et méridionales. Là aussi on ne boit que de l'eau saumâtre, excepté au bord des rivières. Le Diar-Bekr étant sur le passage des caravanes de Turquie, de la Syrie, de la Perse, le commerce y est assez actif, soit pour l'entrepôt des marchandises des pays voisins, telles que la noix de galle, soit pour les objets qu'on fabrique dans les principales villes de la province: cotonnades, toiles peintes, et surtout maroquins rouges, jaunes, verts et noirs, très renommés. Toutefois, si le Diar-Bekr est voisin des lieux où fut, dit-on, le paradis terrestre, soit dans l'Arménie, soit dans la Mésopotamie, il est bien dégénéré sous les rapports physique, politique et moral. Mais, dans son état actuel, il intéresse encore par de grands souvenirs traditionnels et historiques, qui remontent à la plus haute antiquité. C'est sur la rive orientale du Tigre que fût bâtie la célèbre Ninive, dont les restes forment aujourd'hui un faubourg de Moussoul, ville importante fondée depuis sur la rive opposée. Les Assyriens, les Babyloniens, les Mèdes, les Perses, les Macédoniens, les Parthes, ont dominé tour à tour sur la Mésopotamie. Les Romains la disputèrent à ces derniers, ainsi qu'aux rois Sassanides de Perse, qui en restèrent maîtres jusqu'à la conquête qu'en firent les Arabes, sous lesquels elle changea de nom. A l'époque de la décadence des monarques Séleucides, sa partie occidentale, l'Osroène, devint un état indépendant fondé par Osroès, et eut pour capitale Edesse, ville fameuse, où dix rois, la plupart nommés *Abgar*, régnèrent près de trois siècles, et furent alliés et auxiliaires des Romains contre les Parthes, ce qui n'empêcha pas que le dernier fut dépouillé et retenu prisonnier l'an 212 de J. C., par l'empereur Caracalla, qui fut tué lui-même dans cette ville quatre ans après. Non loin de là était Charra, aujourd'hui Haran, fameuse par la résidence d'Abraham avant qu'il vint dans la terre de Chanaan, et par la défaite de Crassus. La partie nord du Diar-Bekr était une province arménienne nommée *Aghdsen* ou *Arzane*, sujet et théâtre de longues guerres entre les empereurs de Constantinople et les souverains de la Perse. La principale ville était *Amide*, si souvent citée dans les annales du Bas-Empire, pour les siéges qu'elle soutint contre les uns et les autres. Nous n'adoptons point l'opinion d'un orientaliste moderne (St-Martin), qui prétend que cette ville a succédé à *Tigranocerte*, l'une des capitales de l'Arménie, et située, selon d'Auville, plus à l'E. *Amide*, connue dans le moyen âge sous le nom d'*Emed*, est appelée par les Turcs *Cara-Amid* (Amide à la Noire), parce que ses murailles et une partie de ses maisons sont construites en lave noirâtre. Elle a pris depuis le nom de Diar-Bekr, comme chef-lieu de la province, et est située sur la rive occidentale du Tigre, à l'endroit où ce fleuve commence à être navigable. Malgré le voisinage de Bagdad, où résidaient les khalifes, le Diar-Bekr leur échappa de bonne heure. Dès l'année 934 la dynastie arabe des *Hamdanides* s'établit à Moussoul, et porta sa domination jusqu'à Alep en Syrie. Après eux régnèrent à Moussoul, en 990, les *Okaïlides*; puis, en 1087, la race turque des *Atabeks aesancarides*, si puissants, si célèbres par leurs guerres contre les Croisés, sous Zenyhy et sous Noureddin, jusqu'en 1233. Les kourdes *merwarides*, qui, vers 1020, avaient enlevé aux Hamdanides le nord du Diar-Bekr. Amide, Hira Kaïfa, Meiafarkin (l'ancienne martyropolis), Mardin, etc., sont détruits et remplacés, en 1085, par les Turcomans *Ortokides*, qui y forment deux dynasties. Dépouillés d'une partie de leurs états par le grand Saladin et les sultans *Aioubides*, ses successeurs, ils se maintiennent à Mardin jusqu'en 1408, et les Aioubides eux-mêmes ne conservent de toute leur puissance que Him-Khiffa, où ils s'éteignent en 1660. Dans cet intervalle Edesse devint, en 1098, un fief chrétien du royaume de Jérusalem. Mais il fut conquis sur les Croisés 44 ans après, par le fameux Zenyhy, et subit le sort des autres pays soumis par Atabeks. Les princes du Diar-Bekr furent détruits ou soumis, vers 1260, par les *Djinghizkhamides*, qui régnaient sur la Perse, après avoir mis fin au khalifat. Lorsque cette dynastie se fût éteinte, le Diar-Bekr fut possédé successivement, en totalité ou en partie, malgré les efforts de Tamerlan, par deux races de Turcomans, les *Cara-koiounlou* et les *Okkoïounlou*, ainsi nommés des béliers noirs et des béliers blancs qu'ils portaient sur leur étendard; il fut alors incorporé à la Perse, à laquelle il appartint jusqu'en 1516, que le sultan Selim Ier en fit la conquête et le remit à l'empire ottoman. Le Diar-Bekr est divisé en trois gouvernements ou pachaliks, qui portent le nom de leurs capitales: celui de Diar-Bekr au N. celui d'Omfa à l'O., et celui de Moussoul à l'E. Mais tous trois ensemble ils ont à peine l'étendue de la partie occidentale de cette province, qui dépend du pacha de Bagdad, et qui est gouvernée par un moutsellim résidant à Mardin, place forte sur une montagne, plus près de Diar-Bekr et de Moussoul que de Bagdad. Diar-Bekr est une des cités les mieux bâties de l'Orient; ses rues sont larges et sa population d'environ 60,000 âmes, dont plus d'un tiers se compose de chrétiens Arméniens, Nestoriens et Jacobites. Hira-Kaïfa et Meiafarkin dépendent de son gouverneur, qui est un pacha à trois queues. Omfa est l'ancienne Edesse, connue aussi sous le nom de Rhoa, dérivé par altération de celui de la Fontaine Calli Rhoé. Elle contient 30.000 habitants. Son pacha à trois queues commande aussi aux villes de Bivon Ellis sur l'Euphrate, Seredj, Rasclaïn, près des sources qui forment le Khabour, Kehisiah, à l'embouchure de cette rivière, dans l'Euphrate. Des mines superbes, éparses le long du Tigre, répandent sur Moussoul une partie de la splendeur de l'ancienne Ninive. Cette ville a une population de 54,000 âmes. Son pacha n'est que du second ordre et n'a qu'un district fort circonscrit. Dans les dépendances du montsellim de Mardin, et par conséquent du pacha de Bagdad, sont Nisbins (l'ancienne Nisibe), presque ruinée; Al Djezirah, dans une île du Tigre, et Sindjas, ville principalement habitée, ainsi que son territoire, par les *Yezidis*, sectaires chrétiens qui méritent une mention particulière. Dans les principales villes du Diar-Bekr, où les chrétiens sont nombreux, il y a des maisons de missionnaires européens.

DIARRHÉE (de διά au travers et de ῥέω je coule). Il y a diarrhée ou dévoiement toutes les fois que les selles, plus fréquentes que de coutume, offrent en même temps une plus ou moins grande liquidité. Symptôme commun d'affections très diverses, la diarrhée est loin d'avoir dans tous les cas la même importance, la même signification. D'abord nous ne dirons rien ici de celles qui accompagnent inévitablement certaines maladies, comme la dysenterie, le choléra, la fièvre typhoïde, l'entérite, certains empoisonnements, la dentition, puisque des articles spéciaux sont consacrés dans cet ouvrage à chacune d'elles. Quant à la diarrhée que l'on peut appeler *essentielle*, c'est-à-dire qui constitue par elle-même une affection morbide réclamant un traitement spécial, nous y reconnaîtrons diverses formes réclamant chacune un traitement différent. La *diarrhée stercorale*, caractérisée par la nature même des matières excrétées, lesquelles sont ordinairement très abondantes, est presque toujours le résultat d'une mauvaise digestion, soit qu'elle ait été provoquée par des aliments d'une nature indigeste, soit qu'elle se déclare à la suite d'un repas trop copieux. Contre cette forme, qui n'est jamais grave et se dissipe ordinairement au bout de vingt-quatre heures, il suffit de quelques lavements simples, de quelques tasses de thé ou d'eau sucrée, jointes à une diète plus ou moins complète. La *diarrhée nerveuse*, qui se déclare subitement dans la plupart des cas, chez les personnes irritables surtout, à la suite d'une impression morale vive, d'un refroidissement, d'un dégoût, etc., et dans laquelle les selles sont presque entièrement de nature fécale, réclame une légère infusion aromatique avec la camomille, les feuilles d'oranger, la mélisse, etc.; des pilules ou des demi-lavements calmants, légèrement opiacés, quand les coliques sont vives, un régime gras plutôt que maigre. La *diarrhée bilieuse* se reconnaît à la grande quantité de bile que contiennent les selles; elles s'accompagnent assez souvent d'un embarras des premières voies, caractérisé par l'amertume de la bouche, l'enduit jaunâtre de la langue, l'inappétence. Quand le dévoiement n'est pas trop considérable, il faut le respecter, ou du moins ne pas l'arrêter trop brusquement, car c'est lui surtout qu'on peut regarder comme un *bénéfice de nature*, comme une sorte de purgation naturelle, de nature à prévenir peut-être des fièvres de mauvais caractère. Ces idées, bien qu'elles ne soient pas celles de tous les *organiciens* de nos jours, n'en sont pas moins conformes à la pratique journalière; voilà pourquoi on se trouve très bien de n'opposer à cette forme de diarrhée que des délayants acidulés, des lavements simples, et un régime léger maigre, quelquefois même *des purgatifs légers*. Il est bien entendu, toutefois, qu'on aura constaté l'absence complète de symptômes d'irritation dans des voies digestives, lesquels indiqueraient un traitement entièrement opposé. Enfin, la diarrhée *séreuse* ou *muqueuse*, qu'accompagnent souvent des symptômes d'*embarras muqueux* des premières voies (blancheur de la langue, défaut d'appétit, renvois, etc.), a pour caractère distinctif l'excrétion d'une quantité plus ou moins considérable de mucosités (glaires). Ici encore on se trouve très bien d'un purgatif léger, comme l'eau de Sedlitz, ou de l'ipécacuanha en lavage. Même observation à l'égard des symptômes d'irritation qui pourraient se montrer. En thèse générale, quand les coliques sont vives, quand la diarrhée revêt une forme indécise ou semble prête à passer à un état d'irritation inflammatoire de la muqueuse intestinale, il est préférable de s'en tenir aux adoucissants: eau de riz gommée, demi-lavements émollients, ou dans lesquels on fait entrer l'amidon, si les selles sont très fréquentes. C'est surtout dans les affections chroniques, chez des convalescents affaiblis par de longues maladies, et qu'un dévoiement prolongé jetterait dans l'épuisement, qu'il faut chercher à couper court à ces dévoiements. C'est ici que l'on trouve l'alun, le cachou, le *diascordium*, etc., d'une utilité incontestable. Mais nous ne saurions nous étendre davantage à cet égard, sans nous exposer aux redites que nous voulions éviter, et nous renvoyons pour ce sujet au mot *Dysenterie* ce que nous avions à dire de l'utilité de l'*albumine* (blancs d'œufs) dans certaines diarrhées.

Dr SAUCEROTTE.

DIARRHÉIQUE, adj. des 2 g. (*méd.*), qui a rapport à la diarrhée, qui a les caractères de la diarrhée.

DIARTHRODIAL, ALE, adj. (*anat.*), qui a rapport à la diarthrose.

DIARTHROSE, s. f. (*anat.*), articulation qui permet aux pièces osseuses de jouer librement en tous sens les unes sur les autres.

DIAS (BALTHAZAR), poète portugais, né à Madère au commencement du XVIIe siècle, était aveugle de naissance. Cette infirmité ne l'empêcha pas de cultiver les belles lettres, et il réussit surtout dans la composition de ces pièces dramatiques que les Portugais et les espagnols appellent *autes*, *actes* ou *mystères*. Parmi les ouvrages qu'il a laissés, on connaît particulièrement l'*Acte du roi Salomon*, Evora 1612; *la Passion*, Lisbonne 1643; *Saint Alexis, Catherine, la Malice des femmes, Conseil pour se bien marier*, Lisbonne 1633; *Histoire de l'impératrice Pracina, femme de l'empereur Lodonius de Rome*, Lisbonne 1660; *tragédie du marquis de Mantoue et de l'empereur Charlemagne*, Lisbonne 1605. Ce poète mourut vers 1685.

DIASCÉVASTE, s. m. (*philol.*). Il se dit de ceux qui, avant les grammairiens d'Alexandrie, s'occupèrent de retoucher, d'arranger et de continuer les poésies d'Homère, et des poètes Cycliques.

DIASCHISME, s. m. (*mus. anc.*), moitié d'un semi-ton mineur.

DIASCORDIUM. On appelle ainsi, en pharmacie, un médicament du genre des *électuaires*, dans la composition duquel on fait entrer un grand nombre de substances, entre autres la plante nommée *tenorium scordium*, d'où vient l'étymologie du mot. Le diascordium est une préparation analogue à la thériaque et douée de propriétés toniques. On l'emploie principalement pour remédier aux diarrhées chroniques. Il est prudent de n'en point faire usage sans l'avis d'un médecin, car c'est à l'opium surtout qu'il faut attribuer son action médiatrice.

DIAS-GOMÈS (FRANÇOIS), poète portugais, émule et compatriote de Comvers, naquit à Lisbonne en 1745, et mourut le 30 septembre 1793. Fils d'un mercier, il fut destiné d'abord au commerce; les heureureuses dispositions qu'il annonçait, déterminèrent sa famille à lui donner une éducation distinguée et à lui laisser parcourir la carrière des lettres. Plus tard son père changea d'avis, et avant que ses études ne fussent terminées, il le força à se livrer à son commerce de mercerie. Dias-Gomès sut trouver dans ses loisirs des moments pour ses études favorites; il composa des vers pleins d'élégance et de pureté. Loin de suivre l'exemple des poètes de son temps, qui, pour devenir populaires, consacraient leur muse à des sujets bas et indignes, il eut devant les yeux les grands maîtres, et c'est d'après eux qu'il a fait d'une manière classique les compositions les plus nobles et les plus élevées. Ses *œuvres* poétiques se composent de sept *élégies*, quatre *odes* et trois *cantiques*, accompagnés de notes aussi savantes que curieuses; leur impression a été faite aux frais de l'Académie des Sciences de Lisbonne et au profit de la veuve et des enfants de Dias-Gomès. Lorsque ce poète est mort il travaillait à deux *poèmes* l'un était les *Saisons*, en vingt-quatre chants (six seulement ont été composés), l'autre était la *Henriquiade* ou la *Conquête du Centre* qui n'a pas été achevé. Dias-Gomès avait fait deux *tragédies*, *Électre* et *Iphigénie*, qui sont peu dignes de l'auteur. Enfin, il a publié trois *Discours* en prose qui sont très estimés: 1° *Analyse raisonnée du style de Sa de miranda, Bernardes, Caminha et Camœns*; 2° *Comparaison de l'histoire de don Juan de Castro par frère d'Androde, et de la vie de don Paul de Lima, par Diego de Couto*; 3° *Traité du bon goût en poésie*. Le premier de ces discours a été couronné en 1792 par l'Académie des Sciences de Lisbonne.

DIASIA (*bot.*), genre établi par de Candolle, dans les liliacées de Redouté pour le *gladiolus gramineus* Linné, (*V.* GLAYEUL). Il diffère des glayeuls, par la forme de sa corolle; elle n'est point tubulée, mais presque à deux lèvres, un peu campanulée, capsules à trois lobes émoussés; les semences arrondies, mucronées; une spathe double: la première placée immédiatement sous la corolle, s'ouvrant en deux parties; la seconde située à la base du pédoncule, à deux ou trois divisions profondes. Le *diasia graminifolia*, Decand. *Gladiolus gramineus*, Linné, plante du Cap de Bonne-Espérance que l'on cultive dans les jardins pour l'élégance de ses fleurs blanchâtres, de couleur violette dans le fond. Sa tige est lisse cylindrique, haute d'un pied et plus, rameuse à son sommet; les feuilles planes, semblables à celles des graminées glabres, nerveuses. Les fleurs naissent à l'extrémité des rameaux, à six découpures profondes, lancéolées, acuminées, terminées par un filet. J. P.

DIASIAS, fêtes athéniennes en l'honneur de Jupiter Mélichros

DIASPHENDONÈSE (διασφενδονίζω, écarteler), sorte de supplice en usage chez les anciens, surtout en Perse. On pliait par force deux arbres à chacun desquels on attachait un pied du criminel, les arbres en se redressant emportaient chacun une partie du corps du criminel.

DIASPHYXIE, s. f. (*méd.*), terme purement grec qui signifie, la pulsation des artères.

DIASPORE (*min.*), hydrate d'alumine composé de 76 à 80 de cette substance, de 14 à 17 d'eau et de 3 à 7 d'oxide de fer. Le diaspore se rencontre dans une roche argilo-ferrugineuse en lames jaunâtres ou brunâtres, un peu fibreuses. Si on expose un fragment de diaspore à la flamme d'une bougie il pétille et se disperse en une multitude de paillettes brillantes. Cette pierre raie le verre par ses angles. Sa pesanteur spécifique est de 3,432. J. P.

DIASPOROMÈTRE, s. m. (*phys.*), instrument propre à mesurer l'angle de deux prismes d'un verre différent, qui est nécessaire pour établir l'achromatisme.

DIASPOROMÈTRIE, s. f. (*phys.*), art de se servir du diasporomètre.

DIASPOROMÉTRIQUE, adj. des 2 genres (*phys.*), qui a rapport au diasporomètre.

DIASPRO, s. m. (*min.*), nom italien du jaspe, quelques lexicographes le francisent, et écrivent *diaspre*.

DIASTASE, l'un des principes immédiats de l'orge germé, la *diastase* jouit de l'importante propriété de séparer les téguments de l'amidon ou fécule amilacée de l'amidine qu'ils renferment. C'est M. Dubrunfaut qui, le premier, fit observer, il y a peu d'années, la facilité avec laquelle une petite quantité de *malt*, c'est-à-dire d'orge germée et concassée, déterminait la dissolution de l'amidon. Plus tard, MM. Payen et Persoz en firent de nouveau l'observation, et ils conclurent de leurs expériences que le malt devait cette propriété à une substance particulière, la diastase. On la retire de l'orge germée au moyen de l'eau et de l'alcool. Le procédé auquel on parait s'être arrêté est le suivant : l'orge récemment germée étant broyée dans un mortier, on l'humecte avec la moitié de son poids d'eau, puis on la presse avec force, il en découle une liqueur visqueuse dont on la sépare de l'albumine par la quantité d'alcool justement nécessaire à la destruction de sa viscosité ; et la liqueur étant filtrée, on en précipite la diastase au moyen d'une nouvelle quantité d'alcool. Elle est ensuite purifiée jusqu'à trois fois par les mêmes agents. La diastase est une poudre blanche, dissoluble dans l'eau, insoluble dans l'alcool, à moins qu'il ne soit affaibli, et dont une petite quantité (5 à 10/100) sépare nettement de ses téguments la fécule amilacée, dont elle détermine aisément la dissolution aqueuse à la température de 60 à 80 degrés. Elle n'exerce d'ailleurs aucune action sur le ligneux, ni sur la gomme, ni même sur l'inuline, qui, par sa nature, est si voisine de l'amidon. Son inertie se fait aussi remarquer sur le sucre, les téguments de la fécule, la levure de bierre, le gluter et l'albumine ; le noir d'os ne s'altère pas. Sa propriété la plus utile et par conséquent la plus importante, est évidemment la puissance dissolvante qu'elle exerce sur les matières amilacées. En agissant ainsi, elle offre un mode nouveau d'analyse pour le pain et les farines. Son histoire est liée d'une manière intime à celle de l'amidine. L'amidine est cette partie des fécules que l'eau peut dissoudre ; elle en est même le principe carastéristique, en raison de la vertu qu'elle possède exclusivement, et communique à la fécule amilacée, d'être colorée en bleu par l'iode, ainsi que l'ont prouvé, en 1814, MM. Colin et Gaultier de Claubry. Avant les observations microscopiques de M. Raspail, qui a répété et étendu celles de Lenwenhoeck sur le même sujet, on ne l'avait pas distinguée des sacs tégumentaires qui la contiennent. Elle fait la presque totalité des fécules amilacées ; elles est peu soluble dans l'eau froide et se dissout bien dans l'eau bouillante ; la diastase favorise cette dissolution et la transforme à l'aide de la chaleur en dextrine d'abord, puis en sirop de dextrine. L'amidine résiste aux actions dissolvantes de l'alcool et de l'éther ; l'iode colore en bleu sa solution aqueuse ; l'acide nitrique la change successivement en acide oxalhydrique et en acide oxalique, mais jamais il n'y produit d'acide mucide, ce qui suffit pour la distinguer de la gomme. L'acide sulfurique la noircit ainsi que beaucoup d'autres substances organiques ; cependant, une eau aiguisée de quelques centièmes d'acide sulfurique, et favorisée dans son action par une chaleur prolongée, la transforme en sucre de raisin. Cette transmutation de l'amidon en sucre, a rendu célèbre M. Kirchoff, chimiste de Saint-Pétersbourg. En arrêtant l'opération lorsque la dissolution dans l'acide sulfurique n'a pas dépassé 96 degrés de chaleur, et que, cependant, elle bleuit plus par l'iode, on obtient la dextrine et non la matière sucrée. Pour extraire l'amidine, on dissout une partie de fécule en la tenant un quart d'heure dans cent fois son poids d'eau bouillante. On décante la liqueur, on la filtre, on la fait évaporer en y produisant une légère ébulition ; on la passe avec expression au travers d'une toile pour en séparer une matière insoluble (l'amidon), et l'on amène la liqueur à siccité après l'avoir passée quatre fois, à divers intervalles à travers la toile. Ce moyen, donné par M. Guérin, fournit, d'après lui, de l'amidine complètement soluble dans l'eau froide. On a vu la facilité avec laquelle on la change en dextrine par le concours de l'eau et de la diastase, ou de l'eau et des acides ; il ne s'agit que d'arrêter à temps le travail de la saccarification. D'abord confondue avec les gommes, puis avec l'amidine, la dextrine n'a été distinguée de ces corps que depuis la découverte de la diastase. C'est parce que, dans les expériences de M. Biot sur la lumière, elle a fait dévier à droite le faisceau lumineux, que la gomme et d'autres subtances font dévier à gauche, qu'elle a reçu de ce savant académicien le nom de *dextrine*. Cette substance a effectivement une apparence gommeuse ; elle est blanche, transparente, sans odeur et sans goût ; exposée à l'action de la chaleur, elle jaunit, exhale une odeur de pain grillé, et, après avoir subi un commencement de fusion, elle se boursoufle et se décompose. Inaltérable dans un air sec, abondamment soluble dans l'eau chaude et même dans l'eau froide, à laquelle elle donne une consistance mucilagineuse, la dextrine n'est précipitée de sa dissolution aqueuse ni par l'eau de chaux, ni par l'eau de baryte, ni par le nitrate de mercure, mais elle l'est abondamment par l'alcool, qui ne change point sa nature. L'iode ne la bleuit pas, l'acide nitrique n'y forme point d'acide mucique, la levure de bierre est sans action sur elle : ce n'est donc ni de l'amidine, ni de la gomme, ni du sucre. L'acide sulfurique dilué la transforme en sucre de raisin : la diastase y produit le même effet, mais son action est toujours incomplète ; elle laisse toujours dans le liquide une portion de dextrine qui a échappé à sa réaction. On considère la dextrine comme étant moins en bouée que l'amidon et plus que le sucre. Si l'on délaie cent parties de fécule dans 9 à 10 parties d'eau, et qu'on la verse dans un mélange en ébullition formé de 20 d'acide sulfurique et de 18 d'eau, qu'on porte le tout à 90 à 92 degrés de température, qu'on sature l'acide par l'oxide de plomb en poudre, qu'on retire le mélange du feu, et que, lorqu'il ne marque plus que 20 degrés au thermomètre, on le filtre, la solution ainsi clarifiée donne, par une addition d'alcool, un précipité blanc, glutineux, d'un aspect soyeux et nacré, en un mot, la dextrine. Des lavages alcooliques opérés à chaud pour la purifier la réduisent en poudre impalpable, et, quand elle est desséchée une ébulition dans l'eau avec du charbon achève sa purification. Il ne s'agit plus ensuite que de filtrer la liqueur et de la faire évaporer. On réussit également bien en substituant 10 de malt à 20 d'acide, en portant la quantité d'eau jusqu'à 400 parties, en n'ajoutant la fécule qu'à une température de 60 degrés, en agitant pendant 20 minutes, et en n'élevant pas la chaleur au-delà de 65 à 75 degrés. Alors la précipitation et la purification de la dextrine s'opèrent comme nous venons de le rapporter. D'après ces faits et quelques autres, il paraîtrait que la gomme d'amidon torréfié et celle obtenue du bois par l'acide sulfurique sont de la dextrine (c'est au moins ce que semble indiquer leurs propriétés yotiques), que l'empois et l'amidine sont aisément convertis en dextrine, et même en sucre par la diastase, par les acides, par les alcalis, ou même par la torréfaction ; qu'à la dextrine n'appartiendrait pas exclusivement le pouvoir de faire tourner à droite le faisceau lumineux qui passe à travers sa dissolution, puisque le sucre de canne en jouit aussi, et que, d'un autre côté, il ne faudrait pas accorder aux caractères optiques une trop grande valeur sous le rapport chimique, puisque les différents morceaux d'une même substance, de cristal de roche, par exemple, coupés dans le même sens, c'est-à-dire perpendiculairement à l'axe de cristallisation, diffèrent en ce point autant que la dextrine et le sucre de seconde espèce.

DIASTEMATIE, s. f. (*méd.*), genre de déviations organiques qui consistent dans la présence d'une fente ou fissure sur la ligne médiane du corps.

DIASTÈME, s. m. (*mus. anc.*), intervalle. Il se dit de l'intervalle simple par opposition à *système* qui signifie intervalle composé. — DIASTÈME, (*phys.*), nom donné aux pores accidentellement épars sur la surface des corps, et qui ne peuvent être démontrés que par la pénétration des liquides dans les solides. — DIASTÈME (*zool.*), intervalle qui existe entre les dents canines et les dents molaires chez la plupart des mammifères. Portion de la tête des arachnides qui précède immédiatement le chaperon.

DIASTOLE, s. f. (*philol.*), petit signe, semblable à une virgule, employé par les anciens grammairiens grecs, pour indiquer la séparation de deux syllabes qui auraient pu se confondre en un seul mot. La *diastole* n'a été conservée que dans ὅ, τί, neutre de ὅστις, pour le distinguer de la conjonction ὅτι. — DIASTOLE (*log. anc.*), se disait d'une espèce de définition, de distinction. Dans Polybe, *diastole* signifie explication.

DIASTOLIQUE, adj. des 2 g. (*didact.*), qui a rapport à la diastole.

DIASTROPHYLLE, adj. des 2 g. (*bot.*), qui a des feuilles distordues ou rejetées de côté. On écrirait plus correctement *diastréphophylle.*

DIASTYLE, (*t. d'archit.*), manière d'espacer les colonnes en leur donnant trois diamètres d'entre-colonnement.

DIASYRME, s. m. (*littérat.*). Il se dit en rhétorique d'une espèce d'hyperbole et de sarcasme, d'une figure qui consiste à exagérer une chose basse et ridicule.

DIATESSARON, s. m. (*mus. anc.*), intervalle de quarte. — DIATESSARON (*pharm.*), électuaire excitant, dans la composition duquel il entre quatre substances diverses.

DIATHERMANE, adj. des 2 g. (*phys.*), qui laisse passer librement la chaleur.

DIASTOLE et SYSTOLE. La diastole est la dilatation des artères occasionnée par l'abord du sang qui y est poussé par les contractions du cœur. On a cru longtemps que les artères jouissaient de propriétés contractiles et qu'elles agissaient sur le sang pour le faire avancer jusqu'aux vaisseaux capillaires. Cette opinion est maintenant abandonnée. Par opposition, on appelle *systole* l'espèce de retrait que présente l'artère entre deux battements de cœur. Aux deux mouvements qui viennent d'être indiqués se joint un déplacement plus ou moins étendu qui accompagne chaque contraction des ventricules. (V. CIRCULATION et POULS.)

DIATHÈSE, (du grec διαθεσίς, disposition). L'acception du mot, usité en médecine, n'est pas rigoureusement déterminée. Mais une discussion à ce sujet serait déplacée dans un ouvrage tel que celui-ci : Il suffit de le présenter comme servant à indiquer la prédisposition à contracter telle ou telle maladie. Ainsi, on a une diathèse inflammatoire quand on est facilement affecté d'inflammation ; on a une diathèse scorbutique, quand on est sujet à éprouver les accidents qui caractérisent le scorbut.

DIATOMA (*bot.*), arbre qui croît dans les forêts de la Cochinchine, formant, suivant Loureiro, un genre de la famille *myrtacées*, de la dodécandrie monogynie de Linné. Il a de grands rapports avec le genre *alangium* (angolan), dont il ne diffère que par son stigmate à quatre ou cinq divisions. Ses feuilles sont glabres, ovales, opposées, très entières; les fleurs disposées en grappes courtes, presque terminales, d'un jaune de safran ; la calice campanulé, à huit divisions aiguës; la corolle composée de six à sept pétales; les baies fort petites, arrondies, monospermes.

DIATOMA (*bot.*). De Candolle désigne sous le nom de *diatoma*, quelques plantes marines que Roth avait placées parmi les conserves. J. P.

DIATONIQUE, (du grec τονος, *ton*, avec la préposition διὰ) se dit de la gamme et d'une des deux espèces de demi-tons qui existent dans notre système du tempérament. (*Voy*). Le ton étant partagé, comme on sait, en 9 parties égales, d'après une convention scientifique, nous avons une qualité de demi-tons représentée par $\frac{4}{9}$ et une autre représentée par $\frac{5}{9}$: la première, qui est celle donnée par l'intervalle *ut*, *ut* #, et en général par tout intervalle entre deux sons conjoints dont le nom est commun, est désignée sous le nom de *demi-ton chromatique*; la seconde connue sous le nom de *diatonique* et produite par l'intervalle de *ut* # à *ré*, et en général par tout intervalle entre deux sons conjoints de dénominations différentes, est le seul demi-ton admis dans notre gamme, qui, par suite de ce fait, a reçu l'épithète de diatonique.

DIATONIQUEMENT (*t. de musique*), suivant l'ordre diatonique.

DIATRAGACANTHE (*t. de pharmacie*), poudre composée adoucissante, dans laquelle il entre une assez grande quantité de gomme adragant; ce médicament est aujourd'hui peu employé.

DIATRIBE, du grec διατρίϐω, je m'exerce, je m'adonne à) diffère beaucoup du mot latin *diatriba*, qui veut dire seulement, secte, école, académie, assemblée de savants. *Diatriba Aristoteles*, l'école d'Aristote. Comme dans une école de philosophes spéculatifs on fait beaucoup de dissertations, on discute, *diatriba* a signifié par extension, en latin, dissertation critique sur une question philosophique ou sur un ouvrage d'esprit. Longtemps, en notre langue on ne s'en est servi que dans cette signification sans lui donner aucune idée défavorable. C'est dans ce sens qu'il est dit dans le *Dictionnaire de Trévoux*, au mot *baronius*, que le P. Jules César Boullenger, jésuite, a fait une *diatribe* contre les *Exercitations* de Casambon sur les *Annales* de ce cardinal. Le savant Huet, évêque d'Avranches a dit aussi : A l'assemblée suivante, il nous apporta une très savante et très absurde *diatribe*. On lit dans les lettres de Balzac : vous savez que le P. Bouhours, pour avoir douté qu'un Allemand pouvait être bel esprit, souleva tous les savants du Nord. Combien de *diatribes*, combien de harangues académiques pour les réfuter! Je ne changerais pas mon Aristippe pour toutes ces micellanées. *Diatribes*, diverses leçons, observations, animadversions, émendations, qui ont été imprimées à Leyde et à Francfort pendant 50 ans! Voltaire a intitulé *diatribes* p usieurs pièces de ses *Mélanges*. Ce sont des satires plus ou moins amères, et personnelles. Sa *Diatribe du docteur Akakia, médecin du pape* (1752), était un libelle contre Maupertuis, président de l'Académie de Berlin. Le roi de Prusse fit brûler à Berlin, le 24 décembre 1752, par la main du bourreau, cette *diatribe*, qui certes n'est pas la pièce la plus virulente de son auteur. En 1767, à la suite de la *Défense de mon oncle*, Voltaire fit imprimer quatre *diatribes* soi disant de l'abbé Bazin : la première est sur sur la cause première et les effets; la seconde tend à prouver que sa nomination a été plus ancienne que Moïse; la troisième est sur l'Égypte; la quatrième est *Sur un peuple à qui on a coupé le nez et laissé les oreilles;* c'est un factum contre les anciens Juifs, que l'auteur représente comme une bande de brigands chassés d'Égypte. Au mois d'août 1772, Voltaire publia sous le nom de l'abbé de Tilladet : *Il faut prendre un parti, ou le principe d'action, diatribe.* Condorcet, dans sa *Vie de Voltaire*, avance que cet opuscule renferme peut-être les preuves les plus fortes qu'on ait jamais présentées en faveur de l'existence de Dieu. On peut dire au moins que ce n'est poit un libelle diffamatoire. La dernière diatribe publiée par Voltaire, adressée à l'auteur des Éphémérides, contenant des principes d'économie politique, fut condamnée à la suppression comme scandaleuse, calomnieuse, contraire à la religion et à ses ministres. Voltaire n'a pas peu contribué sans doute à ce que le mot diatribe ne fût plus guère employé que dans le genre polémique, pour signifier une critique virulente, pédantesque, personnelle sur un ouvrage d'esprit ou sur une matière quelconque. Ce qu'on avait reproché aux théologiens, l'amertume de leurs controverses, de leurs *diatribes*, ce qu'on avait si justement flétri dans le père Gorasse, l'exemple de Voltaire l'a mis à la mode dans la république des lettres. Son *Dictionnaire philosophique*, ses *Mélanges*, ses romans, ses poésies fugitives, la plupart de ses ouvrages historiques, et même quelques-unes de ses tragédies ne sont qu'une éternelle *diatribe*, contre tout ce qu'on avait cru, vénéré, respecté, avant lui ; *diatribe* puissante, captieuse, irrésistible, où l'auteur se montre *toujours divers, toujours nouveau*, sans cesser de poursuivre son idée fixe. Et après cela, étrange contradiction de l'esprit humain! personne ne s'est élevé plus vivement et avec plus d'éloquence que Voltaire contre tout l'odieux des satires et des *diatribes*.

Quis tulerit Gracchos de seditione querentes?

Plus tard, Linguet s'est acquis une sorte de célébrité et un mépris très réel par des productions paradoxales que La Harpe appelle d'extravagantes *diatribes*. Il ne fallait rien moins que le génie de Voltaire pour faire supporter ce genre odieux, où, aux yeux du vrai philosophe, celui qui fait le mieux fait effectivement le plus de mal, car on y cherche moins à faire triompher la vérité, qu'à triompher de ses adversaires par toutes les ressources d'une plume envenimée.

DIATRION, s. m. (*pharm.*), poudre composée de trois substances différentes.

DIATRITAIRE, adj. et s. m. (*méd.*), nom donné jadis à une secte de médecins qui prétendaient guérir toutes les maladies, en tenant les malades à une diète sévère pendant trois jours.

DIATRITE, s. f. (*méd.*), diète soutenue pendant trois jours.

DIATYPOSE, s. f., dans Rabelais, description, constitution. — DIATYPOSE (*littér.*), se dit quelquefois de la figure de rhétorique plus connue sous le nom d'*hypotypose.*

DIAULE, s. m. (*antiq. gr.*), double stade, carrière des *diaulodromes* dans les jeux de la Grèce.

DIAULÉION, s. m. (*antiq. gr.*), air joué sur la flûte.

DIAULIE, s. f. (*v. lang.*), diablerie.

DIAULODROME, s. m. (*antiq. gr.*), coureur qui parcourait le double stade, ou un stade en allant et un stade en revenant.

DIAVOLINO, s. m., diablotin, sorte de bonbon, au pluriel diavolini.

DIAXEUXIS, s. f. (*mus. anc.*), ton qui séparait deux tébracordes disjoints. Intervalle de la quarte à la quinte.

DIAZ (BARTHÉLEMY). Ce célèbre navigateur portugais était gentilhomme à la cour du roi Jean II. Il avait acquis de bonne heure une si grande réputation par ses études et par les relations qu'il entretenait avec des hommes versés dans les sciences, surtout avec Martin Behaim (Voy.), cosmographe allemand, alors célèbre, et qui s'était marié avec Jeanne de Moredo, dans l'île de Fuyac, sur la côte d'Afrique, qu'il inspira une grande confiance au roi et qu'il fut chargé d'aller avec deux bâtiments continuer la découverte commencée le long de la côte occidentale de cette partie du monde par Santarem, Fernando-Po, d'Aveira et Caro. Arrivé à Sierra-Parda, sous le 25° 50' de latitude méridionale, et par conséquent vingt lieues plus au sud que ses devanciers, il prit possession du pays au nom du Portugal, en fixant sur une croix de bois les armes de cette puissance. Il poursuivit sa route, passa près d'une baie abondamment pourvue de troupeaux, qu'il nomma *de los vaqueros*, et parvint à une île où il éleva une seconde croix, de laquelle elle prit le nom *Del pennol de la Cruz*. Son équipage, en mer depuis longtemps, et ne voyant pas approcher le terme du voyage, ni l'espérance de revoir bientôt la patrie, fit entendre des menaces, et le navire qui portait les provisions de bouche s'était déjà séparé de lui, lorsque Diaz engagea avec un courage inébranlable sa vie, en cas où il ne découvrirait rien dans l'espace d'un mois. Il ne se doutait pas qu'il eût déjà doublé le plus grand de tous les caps, la pointe méridionale de l'Afrique. Près d'une rivière considérable et très poissonneuse, qu'il nomma *Rio del Infante*, et qui, plus tard, fut appelée par les Hollandais *Het Groote Vish-Rivers* il renouvela sa provision d'eau douce, et prit une charge d'animaux marins pour la nourriture de l'équipage; puis il remit à la voile. Mais une terrible tempête le jeta contre un rocher qui avançait dans la mer. Il y retrouva le navire réfractaire avec quatre de ses matelots infidèles; les autres avaient été tués par les noirs. L'inspection de l'endroit lui fit reconnaître un promontoire, et, en souvenir des tourments qu'il avait endurés, il l'appela *Cabo de todos los tormientes*, nom que le roi de Portugal changea plus tard en *Cabo de Buen Esperanza*. — Revenu à Lisbonne au mois de décembre 1487, Diaz fut comblé d'honneurs. Mais bientôt il eut le déplaisir de se voir préférer Vasco de Gama, et ce ne fût pas sans une profonde humiliation qu'il commanda en sous-ordre (1497) une caravelle de l'escadre de ce marin. Celui-ci l'ayant, près du cap Mina, renvoyé en Portugal, Diaz se joignit à Cabral (Voy.) pour le voyage de découverte du Brésil; mais, le 29 mai 1500, il trouva la mort dans une tempête au milieu des flots, qui engloutirent en même temps quatre bâtiments de l'escadre avec tout l'équipage. Dans le cinquième chant de la *Lusiade*, Camoëns a immortalisé le mérite de Diaz, en mettant dans la bouche de l'esprit aérien, qui faisait sa demeure auprès du Cap, des paroles de colère contre le hardi navigateur qui le premier avait osé pénétrer dans son empire et troubler son repos.

Aqui espero tomar, se não me engano,
De quem a me desquobrio summa vingença, etc.

DIAZ (MICHEL), Aragonais, compagnon de Christophe Colomb, découvrit, en 1495, les mines d'or de Saint-Christophe, dans le Nouveau-Monde. Il contribua beaucoup à la fondation de la Nouvelle-Isabelle, depuis appelée Saint-Domingue. Il fut, plusieurs années après, lieutenant du gouverneur de Porto-Rico, île célèbre, et y essuya quelques disgrâces. Il fut prisonnier en Espagne en 1509, et rétabli ensuite dans sa charge. Il mourut vers l'an 1512.

DIAZ (JEAN-BERNARD), évêque de Calahorra, était bâtard d'une maison illustre d'Espagne. Il se trouva au concile de Trente en 1552, et mourut en 1556. Il est auteur de divers ouvrages en latin et en espagnol : 1° *Practica criminalis canonica*, Alcala, 1594, in-fol. 2° *Regula juris*.

DIAZ (PHILIPPE), célèbre prédicateur franciscain de Bragance, mort en odeur de sainteté le 9 avril 1600. Ses sermons ont été imprimés en huit volumes.

DIAZ (JEAN), protestant espagnol, fit sa théologie à Paris en 1550, et fit de très grands progrès en hébreu. Séduit par la lecture de Luther, il devint partisan des nouvelles opinions, alla trouver Calvin à Genève, et finit par s'attacher à Martin Bucer, ministre de la religion protestante à Strasbourg. Il avait un frère, nommé Alphonse, avocat à la cour de Rome, et très attaché à la religion catholique, qui, sur le bruit du changement de religion de son frère, vint le trouver dans l'intention de le ramener à la vraie foi ou de le tuer s'il n'y pouvait parvenir. N'ayant pu le persuader, il le fit assassiner d'un coup de hache le 26 mars 1546.

DIAZ (BERNARD). (*V.* CASTILLO.)

DIAZ (EMMANUEL), naquit à Alpalham, diocèse de Portalègre, en Portugal. Il entra chez les jésuites en 1576, et se consacra aux travaux des missions. Se rendant aux Indes, il fit naufrage dans le canal de Mozambique, et devint esclave des sauvages habitants des côtes voisines. Échappé de leurs mains, il devint plus tard gouverneur du collége de Macao; puis, dans un âge très avancé, visiteur général de la Chine et du Japon. Il mourut à Macao le 10 juillet 1639.

DIAZ (EMMANUEL), neveu du précédent, comme lui jésuite et missionnaire. Il fut envoyé par ses supérieurs sur la côte de Malabar. Il pénétra ensuite dans le Thibet, suivi du P. Cabral, et y mourut en 1630. — Il y eut encore un Emmanuel Diaz, né à Castel-Bianco, diocèse de Guarda, en Portugal, d'une famille différente de celle de ces derniers. Il embrassa l'institut des jésuites et passa par tous les grades honorables de la société. Il professa six ans la théologie à Macao, fut vice-provincial pendant vingt-deux ans, et nommé ensuite vicaire général de toutes ces missions. On a de lui plusieurs ouvrages écrits en langue chinoise. Il mourut en 1659.

DIAZ (FRANÇOIS), religieux dominicain. Il passa en 1632 aux Philippines pour y travailler au salut des âmes. De là il fût en Chine, où il fut tué d'un coup de pierre en 1646.

DIAZ (DON JOSEPH), fut envoyé en ambassade par le roi de Maroc à la reine d'Angleterre (1709).

DIAZ (PIERRE), jésuite espagnol, né à Lupia, diocèse de Tolède, en 1546. Il exerça plusieurs emplois importants dans la compagnie au Mexique, et mourut à Mexico en 1683.

DIAZ (GASPARD), peintre portugais, élève de Raphaël et de Michel-Ange. Son pinceau est suave; il dessine avec une grande correction. On le nomme le Raphaël portugais.

DIAZOMA, s. m. (*ant.*). Il se dit des repos ou paliers semi-circulaires ménagés de distance en distance entre les gradins des théâtres grecs. On dit quelquefois, au pluriel, des *diazomata*. Dans les théâtres latins, cette partie s'appelle *precinction*(*V.*).

DIAZONE, *diazona* (*moll.*), genre de mollusques acéphales, de l'ordre des hétérobranches, famille des ascidies Ce sont des animaux agrégés, réunis dans une sorte de polypier charnu, et disposés en cercles concentriques; leur orifice branchial forme six rayons égaux : l'anus présente la même disposition. La seule espèce connue est la *diazone violette*, orbiculaire, blanchâtre; sa masse charnue est transparente, et ses cellules sont d'un violet léger à leur base et plus foncé au sommet. J. P.

DIAZOSTÈRE, s. m. (*anat.*), douzième vertèbre du dos.

DIBAPHE, adj. f. (*ant.*), *pourpre dibaphe*, étoffe de pourpre teinte deux fois. La livre de *pourpre dibaphe* se vendait, du temps de Pline, jusqu'à mille deniers.

DIBAPTISTE, s. m. (*hist. relig.*). Nom par lequel on désignait, au IXe siècle, dans l'Église grecque, certains sectaires qui prétendaient que le chrétien doit être baptisé deux fois.

DIBBIÉ, lac du Soudân, au S.-O. de Tomboctou. Il est traversé par le Niger et reçoit le Djoliba et la Bâ Nimma.

DIBDIN (CHARLES), né à Southampton en 1748, fut acteur, compositeur de musique, fondateur et directeur d'un petit théâtre; chantre patriotique, il fit aussi quelques *romans*, un poëme didactique, quelques pièces dramatiques, des opéras comiques (paroles et musique). Sa vie fut une alternative de vicissitudes heureuses et malheureuses. Vingt ans après avoir établi son théâtre, il se vit forcé, faute de fonds, de discontinuer cette direction; mais bientôt ses chants patriotiques, pendant la guerre avec la France, lui valurent une pension de 200 livres sterling; cette pension fut supprimée à la mort de Pitt. Alors une souscription lui assura une somme à peu près égale, qu'il toucha jusqu'à sa mort, arrivée le 25 juillet 1814.

DIBIL-ALKHOZZAY, poète arabe célèbre, naquit à Koufah en 148 de l'hégire (765 de J.-*C.*). Il fut contemporain de Haroun-al-Rachid et de Mamoun. Il se fit aimer de ces deux puissants khalifats par la tournure agréable de son esprit et son talent pour la versification. Ibn Khilcan nous dit que Dibil habita Bagdad, la capitale des khalifes abassides. Selon Albouféda, cité par Reiske, il aurait rempli la dignité de gouverneur de Sémeneljan, ville du Tokharistan. Ce poète mourut l'an 246 de l'hégire (860 de J.-C.).

DIBON (ROGER), charlatan qui a publié plusieurs mauvais ouvrages sur les maladies vénériennes et sur le moyen de les guérir. Malgré son manque de talent, il obtint la place de chirurgien ordinaire du roi, dans la compagnie des Cent-Suisses de la garde. Il mourut le 17 novembre 1777.

DIBON (*géogr. anc.*), ville de Palestine sur l'Arnon.

DIBOTHRYDE, adj. des 2 g. (*hist. nat.*), qui est creusé de deux fossettes.

DIBONGOAD, trente-neuvième campement des Israélites, près du torrent de Zared, à l'O. des Moabites.

DIBRANCHE, adj. des 2 genres (*zool.*), qui a deux branchies ou des branchies de deux feuillets. *Dibranches*, s. m. plur., famille de cerripèdes.

DIBRAQUE, s. m. (*gramm.*), pied d'un vers grec ou latin composé de deux brèves.

DIBUTADE, jeune fille de Sicyone, qui, pour conserver l'image de son amant, traça son ombre, dont le profil se dessinait sur une muraille, et donna ainsi naissance à la peinture.

DIC (*ois.*). Les Sarrazins nomment ainsi le coq.

DIACITÉ, s. f. (*v. lang.*), plaisanterie, raillerie.

DICAELE [*dicœlus*] (*ins.*), genre d'insectes coléoptères, voisin des carabes aptères, qui ont sur la tête deux impressions considérables, d'où il a tiré le nom de *dicœlus*. Ce genre renferme quatre espèces propres à l'Amérique du nord. J. P.

DICAEUS, fils de Neptune, frère de Sylée, donna son nom à la ville de Dicée, en Italie.

DICAEUS, Athénien, apprit d'une manière surnaturelle la défaite des Perses en Grèce.

DICAGE, s. m. (*anc. cout.*). Il se disait dans la Flandre maritime des ouvrages nécessaires pour l'écoulement des eaux et le dessèchement des terres, comme fossés, canaux, digues, ponts. *Dicage* se disait aussi d'une administration établie dans chaque endroit exposé par sa situation à être submergé par les eaux de la mer.

DICALICE, *dicalix çochinchinensis* (*bot.*), genre de plantes dicotylédones à fleurs polygames, dioïques, appartenant à la *polygamie diœcie* de Linné, offrant pour caractère essentiel, dans les fleurs hermaphrodites : un calice double, l'extérieur à trois folioles ; l'intérieur court à cinq dents, une corolle en roue, à cinq divisions ; un très grand nombre d'étamines insérées sur la corolle ; ovaire infère ; style épais, turbiné ; le stigmate obtus. Le fruit consiste en un drupe fort petit, couronné par le calice intérieur, renfermant une noix resserrée au sommet, en forme de bouteille, à une seule loge monosperme. C'est un arbre de la Cochinchine, qui parvient à une grande hauteur, ses branches se divisent en rameaux garnis de feuilles alternes lancéolées, légèrement dentées en scie. Les fleurs sont blanches, petites, disposées en grappes simples, presque terminales. Cet arbre croît sur les montagnes, dans les forêts de la Cochinchine. J. P.

DICARÈTE, s. m. (*hist. relig.*), nom sous lequel les Manichéens se désignaient entre eux (*V.* **MANICHÉENS**).

DICARPHUS (*bot.*), genre de champignons établi par M. Rafinesque, intermédiaire entre les *telephora* et les *hydnum* ; il ressemble par sa surface supérieure aux premiers, et aux seconds par sa surface inférieure. L'auteur ne fait point connaître les autres caractères de ce genre, auquel il rapporte un champignon des États-Unis qu'il nomme *dicarphus rubens*. J. P.

DICARTERIE, sorte de tribunal d'Athènes. Il y avait dix dicartéries qui portaient chacune le nom d'un temple ou d'un héros grec. Dans les affaires qui pouvaient être relatives à deux ou trois dicartéries, les juges de chacune s'assemblaient tous ensemble (*V.* **HÉLIÉE**).

DICASTILLO (**JEAN**), jésuite, né à Naples en 1585, enseigna la philosophie et la théologie à Murcie, à Tolède, et mourut à Ingolstat en 1635. On a de lui divers *Traités de théologie*.

DICÉARCHIE (*géogr. anc.*), nom que les Grecs donnèrent d'abord à la ville de *Puteoli* (*V.* ce mot).

DICÉARQUE, Messénien, fils de Phidias et disciple d'Aristote, célèbre par sa profonde connaissance de la philosophie, de l'histoire et des mathématiques. Il croyait le genre humain éternel, et pensait que l'âme était le résultat de l'harmonie des parties du corps et périssait avec lui. Il composa un grand nombre d'ouvrages, dont il reste peu de chose. Les plus estimés étaient : 1° un *Traité ou description des mœurs des Grecs à diverses époques* ; 2° une *Histoire de la république de Sparte*, ouvrage qui fut trouvé si beau, si exact et si utile à Lacédémone même, qu'il fut ordonné qu'on le lirait tous les ans au public pour l'instruction de la jeunesse ; 3° *Descriptio montis Pelii*, *geographiæ veteris scriptoris Græci minores*, Oxford, 4 v. in-8°. Cicéron cite plusieurs autres ouvrages de Dicéarque ; il en fait un grand éloge.

DICÉARQUE, Platéen, proposa, vers l'an 200 av. J. C., une loi qui ordonnait un traité de paix entre les Romains et les Béotiens. Cette loi fut reçue et autorisée par tous les peuples de la Béotie, *Tit. liv.*, 33, c. 2.

DICÉARQUE, frère de Thoas. prêteur des Étoliens, chercha, l'an 193 av. J. C., à faire déclarer Antiochus, roi de Syrie, en faveur des Étoliens, contre les Romains. *T. l.*, 35, c. 12; 36, c. 29.

DICÉE, *dicœum* (*ois.*), genre de l'ordre des passereaux, famille des tenuirostres, voisin des philédons. Ses caractères sont : bec court sans dentelures, légèrement recourbé à sa pointe, narines petites et arrondies ; ailes obtuses à quatrième et cinquième rémiges les plus longues. Ces oiseaux sont de petite taille. Le *dicée à poitrine rouge* ; *D. erithrotharax*, Less., qui habite les îles Moluques, a, ainsi que l'indique son nom, la poitrine teinte du plus beau rouge vif. J. P.

DICEL BAR (*poiss.*), nom arabe du *labrus gallus* de Forskaël, poisson de la mer rouge qui passe pour très venimeux. (*V.* **LABRE.**)

DICÉLIE, s. f. (*philol. gr.*), espèce de farce, suite de scènes libres, restes de l'ancienne comédie qui se maintinrent sur le théâtre après la suppression des pièces de ce genre. (*V.* **COMÉDIE.**)

DICÉLISTE, s. m. (*ant. gr.*), acteur qui jouait dans les dicélies.

DICÉLAPHE, adj. des 2 g. (*hist. nat.*), qui a une double enveloppe, une double coquille.

DICÉNÉE, philosophe égyptien, contemporain d'Auguste, voyagea dans la Scythie, et devint un des premiers conseillers du roi de cette contrée. Il opéra un tel changement dans les mœurs des Scythes, qu'ils arrachèrent leurs vignes pour éviter désormais l'intempérance à laquelle ils se livraient. Il écrivit pour eux des lois et des maximes, afin qu'ils ne les oubliâssent pas après sa mort.

DICÉPHALE (*bot.*), le point d'attache des styles ou des stigmates, soit que ces parties subsistent ou se détruisent, marquent les sommets organiques des fruits. Quand un fruit n'a qu'un sommet organique, il est *monocéphale* (pêche, cerise) ; quand il en a deux il est *dicéphale* (saxifrage) ; enfin il est polycéphale quand il en a plusieurs (*sida abutylan.*) J. P.

DICERA (*bot.*), genre de plantes établi par Forster, et réuni par quelques botanistes à l'*elæocarpus* (ganitre) ; ce genre parait cependant devoir en être séparé, comme ayant pour fruit des capsules à deux loges polyspermes, tandis qu'elles sont à quatre loges dispermes dans l'*œleo carpus serrata* (*V.* **GANITRE**). J. P.

DICÉRATE, *diceras* (*moll.*), genre de coquilles fossiles de la famille des cames : elles sont irrégulières, inéquivalves, à sommets coniques, contournés en spirale et simulant une paire de cornes ; la dent cardinale est très développée et fait partie de la grande valve. L'espèce la plus connue est la *dicérate arié-tine*, *D. arietina*, que l'on trouve assez répandue dans le département de la Meuse. On ne connaît point les animaux de ces coquilles. J. P.

DICÉRATION, s. m. (*ant.*), impôt d'un double cération exigé par l'empereur Nicéphore de chaque bourgeois de Constantinople, pour la reconstruction des murs de cette ville. — **DICÉRATION** (*bot.*), genre de plantes crucifères.

DICEROBATE (*poiss.*), *dicerobatus*. Ce mot, tiré du grec, signifie *raie à deux cornes* (dis, keras, batus), et a été donné par M. de Blainville à un genre de poissons de la famille des plagiostomes et voisin des raies. (*V.* **CÉPHALOPTÈRE.**) J. P.

DICEROS (*bot.*). Ce genre, de la Cochinchine, publié par Loureiro, est rapporté par Willdenav à l'*achimenes* de P. Browne, dont le nom avait été changé en celui de *cyrilla*, mais mal à propos, puisqu'il existait antérieurement un autre *cyrilla* qui doit être conservé dans la famille des erycinées. J. P.

DICHAPÉTALE (*bot.*), nom d'un arbrisseau de Madagascar, dont M. Dupetit-Thouars fait un genre particulier appartenant à la famille des *térébinthacées* et de la *pentandrie monogynie* de Linné, caractérisé par un calice campanulé, à cinq divisions profondes ; cinq pétales *linéaires* à leur base, bifurquées à leur sommet, alternes avec les divisions du calice ; cinq étamines insérées sur le calice ; anthères en cœur, attachées par leur sommet, alternes avec les pétales ; ovaire entouré à sa base par cinq écailles ; style simple, trifide à son sommet. Le fruit consiste en une baie charnue à trois loges, trois semences dans chaque loge, dont deux avortent très souvent ; point de périsperme. Les tiges se divisent en rameaux grimpants, peu garnis de feuilles ; celles-ci sont alternes, entières, les fleurs petites, réunies par paquets dans les aisselles des feuilles. J. P.

DICHAS (*antiq.*), ancienne mesure grecque, valait un demi-pied.

DICHÉLESTION (*crust.*), nom que donne Hermann fils à un entomostracé qui se fixe aux branchies des poissons, et notamment de l'esturgeon. Il l'a figuré à la planche 5 de son mémoire aptérologique, page 25, fig. 7 et 8. (*V.* **ENTOMOSTRACÉS**). J. P.

DICHOBUNE (*mam.*), genre de mammifères fossiles, placé par Cuvier dans l'ordre des pachydermes, à côté des anoplothérium et des hippopotames. C'étaient des animaux de petite taille, ayant les dents molaires garnies de tubercules distincts. Les espèces connues sont : 1° le *dichobune lièvre*, qui, par sa taille et ses formes, semble se rapprocher du lièvre ; 2° le *dichobune rongeur*, qui est de la taille d'un cochon d'Inde ; 3° *dichobune oblique*, de la taille du précédent, remarquable par l'obliquité des branches montantes de sa mâchoire inférieure. J. P.

DICHOGAME, adj. des 2 g. (*bot.*), qui appartient à la dichogamie.

DICHOGAMIE, s. f. (*bot.*), mode de fécondation qui a lieu chez les plantes à sexes séparés, où les fleurs mâles et les fleurs femelles ne se développent pas en même temps.

DICHOLOPUS (*ois.*), nom générique donné par Illiger au *cariama*, tiré de la huppe séparée en deux. (*V.* CARIAMA.)

DICHONDRA (*bot.*), genre de plantes dicotylédones, à fleurs complètes, monopétalées, régulières, de la famille des *convolvulacées*, de la pentandrie digynie de Linné, offrant pour caractère essentiel : calice à cinq découpures profondes, presque spatulées, corolle légèrement campanulée, à cinq divisions ; ovaire à deux lobes, à deux loges ; une semence dans chaque loge. C'est le genre *demidofia* de Waltherius, et *steripha* de Gærtner. La *dichondre rampante*, *D. repens*, *sibthorpia evolvulacea* de Linné. Ses tiges sont grêles, couchées, rampantes, herbacées, cylindriques, un peu rameuses ; les feuilles alternes, pétiolées, réniformes, fortement échancrées ; pétioles presque aussi long que les feuilles ; fleurs petites, solitaires, axillaires, inclinées à l'extrémité d'un pédoncule simple. Cette plante croît à la Nouvelle-Grenade et à la Nouvelle-Zélande. J. P.

DICHORDE, s. m. (*mus. anc.*), instrument de musique à deux cordes.

DICHORÉE (*t. de versification grecque et de versification latine*), pied composé de deux chorées ou trochées.

DICHOSANDRE, *dichosandra* (*bot.*), genre de plantes de l'hexandrie monogynie de Linné, de la famille des commelinées. Ce genre a été créé sur une plante originaire du Brésil. C'est le *dichosandre à fleurs en thyrse*, *D. thyrsiflora* : un tubercule charnu, garni de petites fibres, donne naissance à une tige haute d'environ un mètre, cylindrique, flexueuse, d'un vert foncé, parsemée de petites lignes d'un vert plus clair ; les feuilles sont engainantes, lancéolées, ondulées, offrant dans leur milieu une côte saillante et des nervures longitudinales ; leur couleur est d'un vert noirâtre, plus pâle en dessous. Une panicule à fleurs inodores garnit le sommet de la tige ; elle est chargée de ramifications alternes, d'un vert pâle violacé, avec une bractée subulée à la base, portant à leurs extrémités de trois à cinq fleurs pédonculées, à trois pétales extérieurs et trois intérieurs ; les premiers sont ovales, creusés en cuiller, l'un supérieur mucroné, les deux autres infères ; leur couleur, bleu lilas, se change en vert à l'extrémité ; les trois intérieurs, dont deux sont latéraux, et le troisième inférieur plus grand, en losange, sont d'un beau bleu d'azur ; du milieu s'élèvent six étamines à filets très courts, surmontés d'anthères quadrangulaires, jaunes ; quatre de ces étamines sont rapprochées ; les deux autres se courbent vers la partie supérieure. Le fruit est une capsule globuleuse, à trois valves et à trois loges, dans lesquelles sont renfermées plusieurs graines. J. P.

DICHOSTYLIS (*bot.*). M. de Beauvois a séparé du genre *isolepis* de R. Brown les espèces qui n'étaient pourvues que de deux stigmates au lieu de trois, et dont les semences n'avaient que deux angles, et leur a donné le nom générique de *dichostylis*. (*V.* ISOLEPIS.) J. P.

DICHOTOME (*bot.*). On emploie ce mot pour désigner un mode de division procédant toujours par deux : ainsi, une tige d'abord simple, qui se divise en deux branches, et dont chacune de ces branches se bifurque en deux, et ainsi de suite jusqu'au sommet, est une tige dichotome ; telle est la mâche (*valeriana locusta*), le gui, l'œillet couché, plusieurs lycopodes et la plupart des mertensies. J. P.

DICHOTOMIE (*astr.*). Termes dont se servent les astronomes pour exprimer la phase de la lune, dans laquelle elle est coupée en deux ou dans laquelle il n'y a exactement qu'une moitié de son disque éclairée. — Le moment de la dichotomie de la lune a été employé pour déterminer la distance du soleil à la terre par Aristarque de Samos, environ 260 ans avant l'ère vulgaire. Cette méthode, extrêmement ingénieuse, mais peu susceptible d'exactitude par la difficulté de saisir l'instant où la lumière est terminée par une ligne droite, se trouve décrite dans l'*Astronomie Delalande*. *V.* aussi l'*Astronomie Delambre*, 25.

DICHOTOPHYLLON (*bot.*). Nom que donnait Dillen à la cornifle, *ceratophyllum*. J. P.

DICHROA FÉBRIFUGE (*bot.*), *dichora febrifuga*, Lour. Arbrisseau de la Cochinchine, dont Loureiro fait un genre particulier, se rapprochant de la famille des *rosacées* et appartenant à l'icosandrie tétragynie de Linné, dont les caractères sont : calice à quatre dents ; cinq pétales ; ovaire renfermé dans le calice ; douze à quinze étamines ; quatre styles ; une baie formée par le calice, à quatre loges polyspermes. Sa tige est droite, haute de neuf pieds ; ses rameaux sont étalés, garnis de feuilles sessiles, opposées, glabres, lancéolées, légèrement dentées ; des grappes de fleurs terminales disposées en corymbe. Les Chinois emploient ses feuilles et ses racines comme très bons fébrifuges dans les fièvres tierces et quartes, mais ils préfèrent l'usage des feuilles à celui des racines. J. P.

DICHROISME (*min.*). On nomme ainsi une propriété optique des minéraux. Les minéraux qui sont doués de la double réfraction, forcent les rayons lumineux qui les traversent, à se partager en deux faisceaux, en sorte que des objets de petite dimension vus d'une face à l'autre, paraissent doubles ; mais il existe une ou plusieurs directions dans lesquelles on n'aperçoit qu'un nuage, c'est ce qu'on appelle *axe* de double réfraction. Les métaux qui n'ont qu'un axe de double réfraction ont la propriété de montrer deux couleurs extrêmes, l'une lorsque la lumière traverse le cristal parallèlement à l'axe, l'autre lorsqu'elle le traverse perpendiculairement. Cette propriété que l'on n'avait reconnue que dans la cordiérite, et qui lui avait fait donner le nom de Dichroïte, se rencontre aussi dans la tourmaline ; la première bleue dans un sens, est violacée dans l'autre, et la seconde d'un noir opaque parallèlement à l'axe, paraît verte, brune ou rouge perpendiculairement à ce même axe. On nomme *unichroïtes* les substances qui ne produisent point la double réfraction, telles que tous les cristaux du système cubique ; *dichroïtes*, celles à un axe de double réfraction, et *trihroïtes*, celles qui sont à deux axes, ou présentent trois couleurs différentes, comme la topaze. J. P.

DICHROMA (*bot.*), genre de la famille des cypérinées établi par Persoon ; c'est le *dichromena* de Michaux. Il existe un autre *dichroma*, qui est l'*aurisia* de Commerson, rapporté à la famille des rhinantées. J. P.

DICHROMÈNE, *dichromena* (*bot.*), genre de plantes monocotylédones, à fleurs glumacées, de la famille des *cypéracées*, de la *triandrie monogynie* de Linné, qui a de grands rapports avec les *schœnus* (choins), et qui offre pour caractère essentiel : des fleurs composées d'écailles imbriquées en tous sens ; point de corolle ; trois étamines ; un style bifide ; une semence presque lenticulaire, ridée, ondulée transversalement, surmontée d'une pointe obtuse ; point de soies à la base de l'ovaire. Ce genre renferme des espèces originaires de l'Amérique méridionale ; leur tiges sont très ordinairement triangulaires, particulièrement vers leur sommet, et se terminent par des fleurs disposées sur des épillets sessiles, réunies en tête. *Dichromène à tête blanche*, *D. leucacephala* de la Floride, à fleurs réunies au sommet de la tige, en une petite tête fort blanche composée d'environ cinq épillets ; les tiges sont droites, menues, longues de huit à dix pouces. J. P.

DICHROMOS (*bot.*), un des noms grecs de la verveine, cités par Ruellius, traducteur de Dioscoride. J. P.

DICKEYMAN (JEAN), trouvère français, né en Flandre au XIIIe siècle, et qui traduisit en vers les distiques de Denis Caton.

DICKINSON (EDOUARD), célèbre médecin et chimiste anglais, né en 1624, d'un ministre d'Appleton, dans le comté de Berg. Après s'être appliqué à des sciences utiles et agréables, il s'adonna à la chimie et à toutes les folies des adeptes alchimistes. Il mourut en 1707. On a de lui : 1° *Delphini Phœnicizantes*, Oxford, 1655, in-8. Il y soutient que tout ce qu'on raconte de l'oracle de Delphes est tiré de l'histoire de Josué et des livres saints. 2° *De Noe adventu in Italiam*, Oxford, 1655, in-8, ouvrage où il y a autant de fables que d'érudition. 3° *De origine druidum.* 4° *Physica vetus et nova, sive de naturali veritate hexametri mosaici*, Rotterdam, 1703, in-4. 5° *Traité sur les jeux grecs.* Tous ces ouvrages sont savants, mais sans justesse ni critique ; ils prouvent autant l'imagination singulière que le savoir de l'auteur.

DICKMANN (PIERRE), assesseur de la Cour de justice de Zonkoping, en Suède, s'occupa beaucoup de l'étude de l'ancienne langue gothique, et mourut en 1718.

DICKONS (MISTRISS POOLE), cantatrice anglaise, née vers 1775, se faisait déjà remarquer dès l'âge de 6 ans par un talent extraordinaire pour cet âge. A 13 ans elle parut comme cantatrice au Vauxhall et se fit plus tard entendre sur les théâtres de Covent-Garden et de Drury-Lane. Elle y acquit une très grande réputation par la perfection de ses talents. En 1806, elle fut engagée comme *prima dona* aux Italiens, et prit sa retraite en 1812, au milieu de la plénitude de ses facultés. Elle mourut à Londres, le 4 mai 1833, d'un cancer au sein.

DICKSON (ANDRÉ), agronome écossais, né à Albermarly, mort le 25 mars 1776, a publié un *Traité de l'agriculture des anciens*, traduit par M. Paris, 1802, 2 vol. in-8, c'est le meilleur commentaire qui existe sur les *Rei rusticæ scriptores*.

DICKSON (JACQUES), botaniste, né en Écosse, d'une famille obscure, fut d'abord jardinier dans les environs d'Humesmith, puis jardinier en chef dans quelques maisons riches, ensuite grainetier à Londres. Au milieu de ces occupations matérielles, il s'occupait de botanique, science pour laquelle il avait une passion qui allait jusqu'à l'enthousiasme. Un goût aussi prononcé était secondé par d'heureuses dispositions, en sorte qu'il fit avec le temps des progrès immenses dans cette science et acquit des connaissances dont la solidité et l'étendue lui ont fait une grande réputation, même sur le continent. Outre plusieurs mémoires insérés dans les *Transactions philosophiques*, il a publié : 1° *Fasciculi quatuor plantarum cryptogamicarum Britanniæ*, Londres, 1785-92, in-4; 2° *Collection de plantes séchées, fascicules*, 1789-99, in-folio, en anglais; 3° *Nomenclature botanique alphabétique, suivant le système de Linnée*, 1797, in-8, aussi en anglais. Dickson était vice-président de la société d'horticulture de Londres, et fut l'un des fondateurs de la société linnéenne de la même ville. Il est mort à Londres en 1822.

DICKSONIA (*bot.*), nom que donnait Ehrhard dans ses fascicules de plantes cryptogames, au *mnium osmundaceum* de Dickson, il le nommait *Dicksonia pusilla*.. C'est le *gymnostamum pennatum*, d'Hedwig, et le *gymnostamum osmundaceum* de Smith et d'Hoffmann.

DICKSONIA (*bot.*), genre de fougères, caractérisé par une fructification sous forme de points marginaux, distincts et presque ronds; tégument double, l'un superficiel, s'ouvrant en dehors, l'autre marginal, s'ouvrant en dedans; capsule munie d'un anneau élastique. J. P.

DICLINE (*bot.*), mot composé de deux racines grecques, δὶς, deux, et κλίνη, lit, s'applique aux plantes, dont les organes sexuels ne sont pas réunis dans chaque corolle, mais sont distincts sur des individus différents. Linnée a composé sa monoécie des plantes dont les fleurs sont diclines pures, c'est-à-dire lorsque les étamines et les pistils habitent sur la même plante, comme dans l'épinard, et sa dioécie avec celles dont les organes mâles existent sur un pied, tandis que les organes femelles sont sur un autre pied, comme dans le chanvre. Les plantes diclines forment la quinzième et dernière classe de la méthode naturelle et comprennent les euphorbiacées, les cucurbitacées, les urticées, les amentacées et les conifères; plusieurs des genres des plantes diclines ont été à tort classés dans ce groupe parce qu'ils ne le sont que par avortement. J. P.

DICLINISME, s. m. (*hist. nat.*), séparation des deux sexes dont chacun appartient à un individu distinct.

DICLINODÉRIQUÉ, adj. des 2 g. (*min.*). Il se dit des cristaux dans lesquels les plans coordonnés n'étant pas perpendiculaires entre eux, deux des angles sont aigus ou obtus, le troisième étant droit.

DICLIPTÈRE (*bot.*), genre établi par M. Jussieu, pour plusieurs espèces de *insticia* qui en diffèrent par le caractère de leur capsule; les *dicliptères* s'en distinguent par les valves de la capsule; chacune d'elles, redressant sa carène par suite de l'écartement, conserve ses deux parties latérales attachées au sommet sous forme d'ailes, un appendice entre les deux ailes formant une demi-cloison, les dents inférieures portant les semences. Le *dicliptère de la Chine, D. chinensis*, ses tiges sont rameuses, herbacées, anguleuses; ses feuilles pétiolées, opposées, ovales, aiguës; les fleurs axillaires, verticillées, trois à cinq ensemble dans chaque aisselle; les pédoncules propres fort courts; les bractées ovales, aussi longues que les fleurs. J. P.

DICOFRIT, s. m. (*anc. cout.*), corvée qui était en usage en Bretagne.

DICOME (*bot.*) [*cinarocéphales*, Jussieu, *syngénésie polygamie égale*, Linné], genre de plantes établi dans la famille des synanthérées. La calathide est incouronnée, équaliflore, puriflore, régulariflore, androgyniflore. Le péricline, supérieur aux fleurs, et subcylindracé est formé de squames imbriquées, appliquées, ovales lancéolées, coriaces, membraneuses sur les bords uninervées, surmontées d'un long appendice en forme d'arête spinescente, le clinanthe est plane, dépourvu de squamelles et de fimbrilles, mais alvéolé à cloisons membraneuses. Ovaire court, subcylindracé, hérissé de très longs poils roux, dressés et fourchus. Corolle divisée presque jusqu'à la base par des incisions à peu près égales, en cinq lanières longues, étroites, linéaires. Les anthères ont les filets glabres, les anthères sont minces et ont de longs appendices apicilaires linéaires, aigus, coriaces, et de longs appendices basilaires plumeux. L'espèce qui a servi de type au genre, vient du Sénégal; c'est le *dicome cotonense* (*D. tomentosa*), tige herbacée, haute de deux pieds, droite, rameuse, feuilles alternes spatulées couvertes, ainsi que les branches, d'un duvet laineux, calathides solitaires au sommet des rameaux. J.P.

DICONANGIA (*bot.*), Adanson nomme ainsi l'*itea* de Linnée, genre joint d'abord aux rhodoracées, mais depuis, établi par Brown dans sa famille nouvelle des cunoniacées. J. P.

DICOQUE, *dicoccus* (*bot.*), composé de deux *coques* (voyez ce mot). Le fruit du caille-lait, celui de la mercuriale, etc., sont dicoques. J. P.

DICORYPHE DE MADAGASCAR (*bot.*)., arbrisseau découvert à Madagascar par M. Dupetit-Thouars, et qui constitue un genre de la tétrandrie digynie de Linnée; ses caractères sont: calice tubulé à quatre lobes caducs; quatre pétales; quatre étamines fertiles; quatre autres alternes stériles; filaments connivents à leur base; deux ovaires connivents; deux styles; capsule inférieure à deux coques corniculées, s'ouvrant avec élasticité; une semence dans chaque coque. Cet arbrisseau s'élève à dix ou douze pieds. Les rameaux sont faibles, élancés, de couleur brune; les feuilles alternes, médiocrement pétiolées, lisses, oblongues, aiguës; fleurs terminales, fasciculées, pédonculées; le calice velu; le fruit est une capsule couronnée par la base du calice, terminée par deux mamelons; elle se fend en deux à son sommet, et laisse à découvert deux coques corniculées, contenant chacune une semence d'un noir luisant. J. P.

DICOTYLÉDONÉES (*plantes*), c'est la troisième grande division des végétaux de la méthode naturelle; elle renferme tous les genres dont la semence est à deux lobes, cotylédons ou feuilles séminales qui se montrent d'ordinaire à la surface du sol, lors de la germination. Cette division est la plus nombreuse, elle comprend environ les quatre cinquièmes des plantes connues. Elle diffère des monocotyledonées qui n'ont qu'un seul lobe, et des acotylédonées qui en manquent totalement. On a divisé les plantes dicotylédonées en trois groupes caractérisés par la corolle de leurs fleurs. Dans le premier, la corolle manque tout à fait, ce qui a fait donner aux plantes qu'il renferme le nom d'*apétales*, les genres du second groupe n'ont qu'une seule corolle, et sont nommés *monopétales*; enfin dans ceux du troisième, cet organe est multiple, on les nomme *polypétales*. (*V.* ces mots). J. P.

DICOTYLES (*mam.*), ce mot qui signifie *double nombril*, a été donné par Cuvier aux animaux du genre pécari (*V.* les mots COCHON et PÉCARI).

DICQUEMARE (JACQUES-FRANÇOIS), professeur de physique et d'histoire naturelle au Havre, naquit en cette ville le 7 mars 1733. Après avoir embrassé l'état ecclésiastique, le goût des sciences et des arts le conduisit à Paris, où il acquit des connaissances qu'il revint cultiver dans son pays. Il se livra avec une ardeur inconcevable à l'étude des animaux marins sans vertèbres. Il passait souvent des heures entières dans l'eau pour les observer. Il fit, le premier, connaître avec exactitude tout ce qui concerne la vie et les habitudes de plusieurs de ces animaux. L'histoire naturelle ne prenait pas tous ses moments. La géographie, l'astronomie et l'art nautique eurent aussi part à ses veilles. Enfin il cultiva aussi le dessin et la peinture, et l'on a de lui, dans l'église de l'hôpital du Havre, cinq grands tableaux peints à l'huile remarquables par la pureté du dessin. L'Académie des sciences nomma l'abbé Dicquemare son correspondant et plusieurs sociétés savantes l'admirent dans leur sein. L'assemblée du clergé de France rendit en 1786, par l'organe de son président, un hommage public à son mérite. Épuisé par 30 ans de travaux, il fut atteint par une maladie de langueur à laquelle il succomba le 29 mars 1789.

DICRANE, *dicranum* (*bot.*), genre de mousses, qui présente pour caractères, un péristome simple, composé de seize dents larges, divisées en deux, presque jusqu'à moitié par une coiffe fendue latéralement; il offre deux sections bien tranchées: dans la première, les feuilles insérées sur deux rangs opposés, sont verticales; le bord supérieur se divise en deux lames qui contournent la tige. Les espèces de la deuxième section ont leur tige rameuse le plus souvent, à rameaux dressés et serrés; les feuilles embrassent la tige. Les dicranes forment de beaux tapis de verdure, ou croissent en touffes serrées. L'une des espèces les plus communes, et qui croît abondamment aux environs de Paris, est le *dicranum scoparium*; sa tige est droite, peu rameuse, et porte des feuilles longues et déjetées d'un seul côté; c'est l'une des plus grandes espèces du genre. J. P.

DICROCÈRE, *dicrocerus* (*entomol.*), genre de vers qui paraît assez rapproché des néréïdes, établi par M. Rafinesque, et dont les caractères sont: corps filiforme, trois yeux, deux antennes sur la tête, les flancs mutiques. Il ne comprend qu'une seule espèce, le *dicrocère rougeâtre*, *D. rubescens*, dont la tête est obtuse, la queue aiguë, les anneaux plus larges que longs et rougeâtres. Elle est marine. J. P.

DICROEIA (*bot.*), genre de plantes établi par M. du Petit-Thouars, qui paraît avoir de grands rapports avec le *podostemum* de Michaux. Cet auteur parle d'une espèce de godet ou calice formé par la réunion des feuilles radicales; les jeunes feuilles élevées au-dessus de l'eau sont roulées à la manière des fougères, et les tiges qui portent la fructification également hors de l'eau sont nues. Ces observations n'ont pas été faites sur le *podostemum*. J. P.

DICROTE, s. m. (*ant. gr.*). galère à deux rangs de rames, birème des grecs. — DICROTE, adj. m. (*méd.*). Il se dit du pouls lorsque à chaque pulsation il semble battre deux fois.

DICTAME DE CRÈTE (*bot.*), cette plante, célèbre dans l'antiquité, passait pour être douée de propriétés vraiment héroïques; celle qui croissait sur le mont Ida jouissait surtout de la plus haute estime. On prétendait qu'à l'aide de cette plante merveilleuse, la biche se débarrassait du fer meurtrier qui menaçait ses jours. Aujourd'hui, cette plante est connue sous le nom d'*origan* et ses propriétés sont fort restreintes. On la trouve dans tout le midi de l'Europe, et dans les parties méridionales de la France; on en tire du camphre. On a appliqué le nom de dictame à plusieurs plantes qui n'ont aucun rapport entre elles; telles sont le *dictame de Virginie*, espèce de thym propre à l'Amérique septentrionale, le *faux dictame* ou marrube, *marrubium crispum*. L'espèce la plus intéressante est le *dictame blanc*, *D. albus*, plus connu sous le nom de *fraxinelle*, à cause de la ressemblance de son feuillage avec celui du frêne. C'est une plante vivace, à tiges droites, cylindriques, s'élevant à soixante et même quatre-vingt-dix centimètres de hauteur, garnies de feuilles alternes, à folioles ovales, aiguës, dentées; leurs fleurs en long épi sont d'une couleur pourpre rayé le plus foncé; une variété a ses fleurs parfaitement blanches. Cette plante se cultive dans les jardins où elle produit un très bel effet. J. P.

DICTAMEN (*t. dogm.*), emprunté du latin, et qui n'est employé que dans cette phrase: *le dictamen de la conscience*, le sentiment intérieur de la conscience.

DICTATEUR, magistrat extraordinaire investi temporairement de l'autorité suprême à Rome. On l'appelait dictateur parce que tous les citoyens obéissaient à ses ordres (*dicto*). Dictator *appellatur quòd ejus dicto omnes audientes essent* (Tit-Liv.), C'était un consul qui le nommait pendant la nuit, et son élection était confirmée par les augures, quelquefois il était nommé ou du moins désigné par le peuple. Aussitôt après la nomination du dictateur, les consuls et les autres magistrats déposaient leur autorité, excepté les tribuns du peuple. Il nommait le général de la cavalerie, qui faisait exécuter ses ordres et lui servait de lieutenant. On ne créait un dictateur que dans les temps difficiles, dans les grands revers, dans les calamités publiques, et pour l'institution de nouveaux jeux solennels qui faisaient partie de la religion. Le dictateur ne connaissait pas de supérieur dans la république; il était même au-dessus des lois. Il avait le droit de faire la paix et la guerre, de lever des armées, de les mener à l'ennemi et de les licencier à son gré. Il distribuait les châtiments et les peines et avait le droit de vie et de mort sans appel au peuple. Cependant il ne pouvait sortir d'Italie. Atilius Calatinus fut le seul qui transgressa cette loi; mais il y était contraint par une nécessité urgente. Il y avait une loi qui défendait au dictateur de paraître à cheval à l'armée, à moins qu'il n'en eût obtenue la permission du sénat et du peuple. Il ne pouvait non plus disposer des deniers publics sans en avoir reçu l'autorisation. Le dictateur n'exerçait son autorité que pendant six mois (*semestris dictatura*), lors même que le motif qui l'avait fait nommer existait toujours, et il n'était jamais continué au-delà de ce terme excepté dans le cas d'une extrême nécessité. Les dictateurs abandonnaient ordinairement leur puissance lorsqu'ils avaient terminé l'affaire qui avait provoqué leur nomination. Ce magistrat avait pour marque de sa puissance vingt-quatre licteurs qui portaient des faisceaux avec leurs haches, différents en cela de ceux qu'on portait devant les consuls qui n'avaient point de haches à moins qu'ils ne fussent à l'armée. La dictature était tellement puissante qu'un édit émané de son tribunal inspirait aux Romains une crainte semblable à celle qu'ils avaient de leurs dieux. Cependant, pour mettre un frein à cette toute-puissance, on avait droit de faire rendre compte au dictateur lorsqu'il avait cessé ses fonctions. Les patriciens seuls exercèrent la dictature, mais les plébéiens y parvinrent dans la suite. Cette charge, créée à ce qu'on croit l'an de Rome 257, pour apaiser une sédition, par Titus Lartius Flavius, fut très respectée dans les premiers siècles, mais Sylla et César la rendirent odieuse par leur usurpation. Après la mort de ce dernier, le sénat, sur la proposition du consul Antoine, rendit un décret qui défendit d'élire à l'avenir un dictateur.

DICTATION, s. m. (*v. lang.*), l'action de composer, l'action de dicter.

DICTATORIAL, **IALE**, qui a rapport, qui appartient à la dictature.

DICTATURE. On vient de dire ci-dessus ce qu'étaient les dictateurs chez les Romains. Dans les temps modernes, on a détourné ce terme de son acception historique: on en a fait le synonyme de domination souveraine, absolue, exercée avec ou sans le consentement de ceux qui doivent lui être subordonnés. C'est dans ce sens qu'on dit *pouvoir dictatorial*, pour désigner l'autorité de l'homme ou du corps politique qui, dans les circonstances décisives d'une révolution, s'emparent de la toute-puissance et se place au-dessus des lois établies, dédaignant (dans un gouvernement représentatif surtout) de consulter les corps qui doivent concourir, aux termes de la constitution, à l'exercice de la souveraineté. — Au figuré on dit d'un homme de lettres, d'un savant, d'un artiste dont le mérite est supérieur, mais qui veut, sans permettre la discussion, imposer aux autres son opinion et son système, qu'il prétend *exercer une dictature*. — Dans l'ancienne université de Paris, l'écolier qui avait été plusieurs fois *empereur*, c'est-à-dire qui avait obtenu plusieurs fois la première place dans les compositions, prenait le titre de *dictateur*. — Dans l'ancien empire d'Allemagne, on appelait dictature l'assemblée des cancellistes (secrétaires de Légation) des différents princes et états; au milieu de la salle où se tenait cette assemblée s'élevait un fauteuil réservé au secrétaire de légation de l'électeur de Mayence. Sous la dictée de celui-ci, *dictateur* d'un genre à part, les secrétaires des diverses légations écrivaient les actes qui avaient été portés au directoire de l'empire. La dictature était publique lorsqu'on dictait aux secrétaires de légation de tous les princes et états réunis; elle était particulière: 1° lorsque la dictée ne se faisait qu'aux secrétaires des États d'un seul collége de l'empire, 2° lorsque les États, ou catholiques ou protestants, avaient à se faire entre eux une communication particulière. A. S. R.

DICTÉ, nymphe qui se jeta dans la mer du haut d'un rocher pour éviter la poursuite de Minos, elle donna son nom au mont Dictée.

DICTÉE, action de dicter un discours, une lettre, un devoir, etc. Il se dit également, surtout dans les colléges, et dans les écoles, de ce qui a été dicté.

DICTÉE (*myth.*), Jupiter et Minos portaient le surnom de Dictéens; le premier parce qu'il était adoré en Crète sur le mont Dictée, et le second parce qu'il y avait régné.

DICTÉE (*géog. anc.*), montagne située à l'extrémité de l'île de Crète. On donnait souvent à l'île le nom de *Dictæa arva*, champs de Dictée.

DICTER, prononcer mot à mot une phrase ou une suite de phrases, pour qu'une ou plusieurs autres personnes l'écrivent. On l'emploie quelquefois absolument. Il signifie aussi suggérer à quelqu'un ce qu'il doit dire. Il signifie encore, figurément, inspirer. Il signifie également prescrire, imposer.

DICTER, v. a. (*v. lang.*), écrire, composer; le verbe dicter a conservé cette signification dans plusieurs provinces; en Champagne on dit: *dicter une lettre*, pour écrire une lettre.

DICTILEMA (*bot.*), plantes de la famille des algues, de la division des conferves; filaments anastomosés, réticulés inarticulés, offrant à leur surface des tubercules séminifères, le *dictilema à fruits jaunes*, *D. xanthosperma*, est lobé, velu, à tubercules arrondis, jaunes, épars. P. J.

DICTION, élocution, cette partie du style qui regarde le choix et l'arrangement des mots. Il signifie quelquefois la manière de dire, de prononcer un discours, des vers, etc.

DICTIONNAIRE, vocabulaire, recueil de tous les mots d'une langue, rangés dans un certain ordre, et expliqués dans la même langue, ou traduits dans une autre (V. LEXIQUE). Fam., *traduire à coups de dictionnaire*, se dit de ceux qui, peu familiarisés avec une langue, sont obligés, pour la traduire, d'avoir fréquemment recours au dictionnaire. On le dit quelquefois par dénigrement d'un mauvais traducteur. — DICTIONNAIRE, se dit aussi de divers recueils faits par ordre alphabétique sur des matières de littérature, de sciences ou d'arts. Fig. et fam., *c'est un dictionnaire vivant*, se dit d'une personne qui a des connaissances fort étendues, et qui les communique aisément.

DICTON, mot ou sentence qui a passé en proverbe. Il signifie quelquefois raillerie, mot plaisant et piquant contre quelqu'un. Il est familier dans les deux sens.

DICTON, s. m., dicton de jugement (*anc. légis.*). Dispositif d'un arrêt (*V.* DICTUM).

DICTUM, mot emprunté du latin, qui se dit du dispositif d'un jugement, d'un arrêt.

DICTYARIA (*bot.*). Hill nomme ainsi le genre de champignons nommé *phallus* par Linné. (*V.* ce mot.) J. P.

DICTYCIA (*bot.*), genre de champignons établi par Rafinesque, et qui diffère du *clathrus* par l'absence du volva; la seule espèce de ce genre, *dictycia* clathroïdes, croît dans l'état de Delaware. J. P.

DICTYDIUM (*bot.*), champignons sessiles ou stipités, formés par une membrane blanchâtre, sur laquelle sont les peridium; ceux-ci sont globuleux, simples, membraneux, composés de nervures ou veines anastomosées, et réticulées, qui enveloppent un amas de séminules. Celles-ci, lorsqu'elles sont mûres, s'échappent sous forme de poussière, à travers les mailles du peridium. Les *dictydium* rentrent dans le genre *cribraria* de Persoon, et les *sphæro-carpus*, de Bulliard. L'un d'eux, le *dyctidium brillant*, *D. splendens*, croît sur les pins; il est d'un beau jaune d'or. Le mot dyctidium signifie, en grec, réseau ou filet. J. P.

DICTYÉ, *Dictya*, (*ins.*), genre d'insectes diptères, établi par Latreille, qui a depuis adopté pour plusieurs des espèces de ce genre le nom de *tétanocères* proposé par M. Duméril. J. P.

DICTYNNA (δίκτυον, filet.). Une nymphe de Crète inventa les filets pour la chasse; elle était de la suite de Diane, ce qui fait donner quelquefois à cette déesse le surnom de dictynna.

DICTYOPHORE (*bot.*), genre de champignons qui se place à la suite des phallus; ses caractères sont: valve fugace, d'une texture délicate, disparaissant entièrement lorsque le champignon a acquis tout son développement; pédicule cylindrique, creux, chargé de vésicules, et enveloppé d'un réseau qui se déploie et ressemble à un filet, et qui prend naissance d'un bourrelet frangé adhérant au corps du pédicule; le chapeau campanulé offre à sa surface de nombreuses alvéoles à quatre et cinq angles. On n'en connaît que deux espèces, toutes deux propres aux contrées les plus chaudes; la première, le *dictyophore satyre*, se rencontre aux environs de Surinam, au bord de la mer et sur les rives du fleuve; la seconde vient de l'île de Java. C'est le *dictyophore en cloche*, *D. campanulata*, il croît sur les racines du bambou. Ces deux espèces se font remarquer par le voile léger qui se développe autour du pédicule, semblable à une gaze; dans l'espèce de Java, les mailles très serrées lui donnent l'aspect le plus curieux et le plus agréable. J. P.

DICTYOPTÈRE (*bot.*), genre d'hydrophystes, de l'ordre des dictyotées; ses caractères sont: feuilles partagées par une nervure qui se perd vers leur extrémité; à leur surface sont disséminées de petites capsules disposées en masses un peu saillantes sur une ou deux lignes parallèles à la nervure; leur tissu est irrégulièrement réticulé. Les dictyoptères sont très communes dans la Méditerranée. J. P.

DICTYOTE (*bot.*), genre de plantes marines dont les espèces, très nombreuses, se rencontrent surtout dans les zônes tempérées. Leurs feuilles sont rarement rameuses, et toujours sans nervure, le plus souvent dichotomes; leur base est garnie de quelques poils semblables à ceux qui recouvrent la racine. La fructification consiste en capsules nombreuses, petites, réunies en masses plus ou moins saillantes, disséminées à la surface des feuilles, et non linéaires comme dans les dictyoptères; leur couleur est un vert dont les nuances varient selon les espèces. J. P.

DICTYOTÉES (*bot.*), famille de plantes marines, dont les caractères généraux sont: une organisation réticulée et foliacée, une couleur verdâtre ne changeant point à l'air. Ces plantes ont un tissu cellulaire et un épiderme très épais; leur tige est garnie de rameaux et de feuilles avec ou sans nervures. Leur fructification consiste en capsules granifères, très nombreuses, innées dans la substance même de la plante, et recouvertes d'un pellicule qui se détruit avant la maturité de la graine; leur racine est une callosité fibrillaire, très velue et de couleur blanchâtre. Cette famille comprend les genres *amansie*, *dictyoptèra*, *dictyote*, *padine*, et *flabellaire*. (*Voyez* ces différents mots.) J. P.

DICTYS, Crétois qui suivit Idoménée à la guerre de Troie. On croit qu'il écrivit l'histoire de cette guerre célèbre, et qu'à sa mort son ouvrage fut mis dans son tombeau, où il resta jusqu'au règne de Néron, et qu'alors un tremblement de terre l'en ayant fait sortir, il fut trouvé par des bergers et porté à Rome. Cette tradition n'est qu'une fable; l'histoire de la guerre de Troie, que nous avons sous le nom de Dictys de Crète, a été composée dans le XVe siècle, selon les uns, ou sous le règne de Constantin, selon les autres. Mascellius Venia a donné une édition de Dictys, in-4°. Milan, 1477.

DICTYS, roi de l'île de Sériphe, fils de Magnès et de Naïs; il épousa la nymphe Clymène, et fut fait roi de Sériphe par Persée, qui déposa Polydecte à cause des outrages qu'il avait faits à Danaé.

DICTYS, centaure tué aux noces de Pirithoüs.

DICTYS, fils de Neptune et d'Agamède.

DICTYS, pirate tyrien, changé en dauphin par Bacchus. (*V.* ACÉTÈS.)

DICUTDAGALA (*bot.*). Suivant Camelli, c'est le nom d'un arbrisseau des Philippines, qui croît sur le bord de la mer, et dont les rameaux flexibles servent aux mêmes usages que l'osier. Les feuilles sont opposées et ont une odeur désagréable; les fleurs, plus petites que celles du jasmin, à cinq étamines, sont portées au nombre de trois sur le même pédoncule. J. P.

DIDACTIQUE (du grec διδακτικὸς, formé de διδάσκειν, enseigner), l'art d'enseigner; ce qui est propre à instruire. *La didactique*, *l'ordre didactique*, *le genre didactique*. Le but du poème didactique est d'instruire, son moyen est de plaire et, s'il le peut, d'intéresser. La première règle du poème didactique est de lui donner un fond solide et intéressant. Modeste dans le choix de son sujet, Virgile n'a voulu qu'instruire le cultivateur, mais il l'a honoré, et il a élevé à l'agriculture le plus beau monument que le premier des arts agréables pût élever au premier des arts nécessaires. Quoique de tous les arts, celui dont les préceptes sont le plus naturellement susceptibles des ornements de la poésie soit la poésie elle-même, Horace n'y a mis cependant qu'une raison saine et solide. Des idées élémentaires, souvent neuves, toujours fécondes, sont la richesse de ce bel ornement. Aussi, tant que la poésie aura du charme pour les hommes, ce code obligé de ses lois leur sera précieux et devra sa durée à sa solidité. Despréaux, à qui Horace et Aristote n'avaient guère laissé de nouvelles choses à dire, et qui, dans l'art poétique, ne nous a pas donné une idée qui soit de lui, le judicieux Despréaux a senti que la précision, la justesse, l'industrieux mécanisme des vers, ne lui suffiraient pas pour faire avec intérêt des préceptes déjà connus, dans une langue surtout qui est loin d'avoir l'harmonie et la précision des langues anciennes; il y a mêlé tout ce que la poésie de détail a d'agrément et d'élégance: il a suivi Horace et Virgile en homme de goût et en artiste ingénieux.

DIDACTYLE (*ois.*), ce mot signifie *deux doigts*, et s'applique à l'autruche proprement dite, *struthio camelus*, Linnée. J. P.

DIDAPPER (*ois.*), nom anglais du petit grèbe, *colymbus minor*, Linnée. J. P.

DIDAS, lieutenant de Philippe et gouverneur de la Péonie, empoisonna Démétrius, fils de Philippe, par l'ordre de ce dernier, l'an 181 av. J. C. Didas servit depuis dans les armées de Perse.

DIDASCALE, s. m. (*hist. relig.*). Il se dit des docteurs de l'église grecque.

DIDASCALIE, s. f. (*philol.*). Il se dit particulièrement des instructions données par le poète aux acteurs sur la manière dont ils devaient jouer leur rôle. Répertoire de pièces dramatiques.

DIDEAU, s. m. (*pêche*), filet avec lequel on barre les rivières. On dit aussi *didéau*: c'est la même chose que le *diguial*. (*V.* ce mot.)

DIDÉCAÈDRE, adj. des 2 g. (*minér.*). Il se dit des cristaux dont les faces offrent par leur ensemble la combinaison de deux solides à dix faces.

DIDELPHE ou **SARIGUE**, ce genre forme, avec les chironectes la famille des animaux à bourse propres à l'Amérique. (*V.* SARIGUE et CHIRONECTE.)

DIDELPHES ou **MARSUPIAUX** (*mam.*), ces animaux forment un groupe très important dans la classe des mammifères; ils se distinguent de tous les autres par leurs habitudes, leurs caractères, et surtout leur mode de génération, qui offre une particularité des plus remarquables : les petits se détachent de la matrice, où ils ne séjournent que très peu de temps, dans un état de développement très peu avancé, ayant à peine des germes de membres; ils s'attachent aux mamelles, qui sont ordinairement placées dans une poche formée par un repli de la peau de l'abdomen, et y restent fixés jusqu'à ce qu'ils aient atteint un développement analogue à celui des jeunes mammifères des autres ordres. Cette poche abdominale est comme une seconde matrice où les petits sont préservés, et dans laquelle ils reviennent se cacher au moindre danger, même longtemps après qu'ils ont commencé à marcher. Le nombre de ces petits est très variable, selon les espèces. Chez les didelphes on en compte jusqu'à dix ou douze, tandis que dans les kanguroos on n'en trouve ordinairement qu'un. La poche n'existe que chez les femelles, mais non pas dans toutes les espèces; les mâles ont le pénis ordinairement bifide et le scrotum pendant à l'extérieur. Ces animaux, unis entre eux par leur mode de génération, diffèrent beaucoup par d'autres caractères : ainsi, chez certaines espèces, les dents présentent la même disposition que celles des animaux insectivores, et déterminent un régime analogue ; chez d'autres, on retrouve les trois sortes de dents et les molaires tuberculeuses des frugivores; il en est enfin qui offrent la dentition des carnivores. Leurs membres fournissent aussi des caractères importants pour distinguer ces animaux entre eux ; chez quelques espèces, auxquelles on a donné le nom de pédimanes, le pouce est opposable aux autres doigts, de manière à constituer une main ; d'autres ont les doigts des membres postérieurs palmés, ce qui leur rend la natation facile. Les uns ont les membres postérieurs beaucoup plus longs que les antérieurs, comme chez les kanguroos, tandis que les autres sont égaux. La queue, nulle chez quelques espèces, prend chez d'autres un développement considérable ; chez les kanguroos, par exemple, elle est très robuste et forme pour ainsi dire un cinquième membre, qui leur permet de se reposer sur le train de derrière. Chez les didelphes ou sarigues, elle est nue et prenante comme dans beaucoup de quadrumanes. La peau des flancs prend chez quelques espèces une extension qui leur permet de se soutenir en l'air comme les scinroptères. Les didelphes se rencontrent dans l'Amérique méridionale, la Nouvelle-Hollande et quelques îles de l'archipel Indien. Nous les diviserons en trois sections, selon leur système dentaire : 1° les didelphes insectivores, qui comprennent les genres *perameles* et *didelphis*, ou sarigue ; 2° les didelphes carnivores, qui ne forment qu'un genre, les *thylacines*, et 3° les frugivores, où se rangent les *kanguroos*, les *phascolomes*, etc. (*V.* ces mots.) J. P.

DIDELTA (*bot.*), *corymbifères*, Juss. ; *syngénésie polygamie superflue* de Linnée. Ce genre de plantes a été établi par Lhéritier dans la famille des synanthérées ; le *didelte à feuilles de tétragonie*, *D. tetragoniæfolia*. C'est une plante herbacée dont la tige, haute d'un pied et demi, est rameuse, cylindrique, pubescente au sommet; les feuilles sont alternes, sessiles, linéaires lancéolées; les calathides grandes et composées de fleurs jaunes, solitaires à l'extrémité des rameaux, qui leur servent de pédoncules. Elle croît au cap de Bonne-Espérance. J. P.

DIDERMA (*bot.*), champignons ; peridiums ou conceptacles situés sur une membrane commune, sessiles ou portés sur des pédicelles ordinairement simples ; chaque peridium globuleux ou pyriforme, composé d'une double enveloppe, l'une extérieure, se déchirant irrégulièrement, ou en lamières radiées ; l'autre, globuleuse ou conoïde, remplie de filaments entremêlés qui contiennent la poussière seminulifère. J. P.

DIDEROT (**DENIS**), fils d'un coutelier de Langres, né dans cette ville en 1712, débuta à Paris par exercer les fonctions d'instituteur. Son génie ne tarda pas à le faire connaître, et l'usage qu'il en fit lui suscita des désagréments; mais son association à d'Alembert pour l'entreprise de la lourde Encyclopédie compensa ces disgrâces par des éloges qui ne manquent jamais aux gens agrégés à quelque faction. Appelé à Saint-Pétersbourg, il reçut, après un très court séjour, ordre de s'en retourner d'où il venait, la critique mordante qu'il exerçait sur toutes sortes d'objets n'étant pas du goût de la cour. On vit, dans cette occasion, ce qu'on ne voyait déjà que trop dans ses livres, combien il aimait à se distinguer et à être remarqué dans la foule. Il fit le voyage de Saint-Pétersbourg à Paris en robe de chambre et en bonnet de nuit, et se promenait en cet équipage dans les villes les plus fréquentées : les curieux ne tardèrent pas à demander quel était cet homme extraordinaire, et son domestique répondait : *C'est le célèbre M. Diderot.* Mais s'il ne fut pas à l'abri de la vanité, il ne paraît point avoir eu, comme la plupart de ses confrères, la soif des possessions terrestres : soit indifférence, soit mauvaise économie, il se trouva plus d'une fois à l'étroit et fut obligé de se défaire de sa bibliothèque, dont l'impératrice de Russie fit l'acquisition, en lui en laissant l'usage jusqu'à sa mort. Quoiqu'on le regarde comme un des grands promoteurs du philosophisme, et qu'il mérite cette dénomination par son ardeur à en propager les erreurs, il n'avait pas la politique tortueuse et l'artificieuse dissimulation de son collègue; plus libre et plus franc, il fut moins utile à la secte L'un avait une activité sourde qui, sans bruit, faisait beaucoup ; l'autre un zèle éclatant qui, avec beaucoup de bruit, souvent ne faisait rien. Diderot, en affectant des principes d'athéisme, a perdu plusieurs de ses partisans qui n'osaient pas les avouer ouvertement. On sera surpris qu'il ait été ami des jésuites presque jusqu'au fanatisme, jusqu'à devenir la victime de son attachement. C'est au moins ce que lui-même nous assure dans une lettre au père Castel, à l'occasion d'une critique qu'avait faite le père Berthier d'un de ses ouvrages. « A quoi pense, dit-il, le père Berthier de persécuter un honnête homme, qui n'a *d'ennemis que ceux qu'il s'est faits pour son attachement pour la compagnie de Jésus*, et qui, tout mécontent qu'il en doit être, vient de repousser avec le dernier mépris les armes qu'on lui offrait contre elle ? Vous le dirai-je, mon révérend Père? Sans doute, je vous le dirai, car vous êtes un homme vrai, et par conséquent disposé à prendre les autres pour tels. A peine ces deux lettres eurent-elles paru, que je reçus un billet conçu en ces termes : *Si M. Diderot veut se venger des jésuites, on a de l'argent et des mémoires à son service : il est honnête homme, on le sait ; il n'a qu'à dire, on attend sa réponse.* Cette réponse attendue, la voici : *Je saurai bien me tirer de ma querelle avec le père Berthier, sans le secours de personne. Je n'ai point d'argent, mais je n'en ai que faire. Quant aux mémoires que l'on m'offre, je n'en pourrai faire usage qu'après les avoir très sérieusement examinés, et je n'en ai pas le temps.* Je suis, monsieur et révérend père, avec le respect le plus profond, et toute la vénération qu'on doit aux hommes d'un mérite supérieur, etc. » Dans une lettre adressée au même P. Castel, le 2 juillet 1771, M. Diderot dit : « Je ne connais rien de si fin, ni de si délié, ni qui marque tant de goût et tant de précision que vos observations; vous avez raison partout... Vous avez si bien saisi ce qu'il peut y avoir de bon dans ces petits écrits, que, tout en marquant ce qu'il y a aussi de faible et même de mauvais, il se fût fait dans votre extrait une compensation de critique et d'éloge, dont j'aurais été bien content; car j'aime surtout la vérité et la vertu, et quand ces qualités se réunissent dans un même homme, il va, dans mon esprit, de pair avec les dieux. Jugez donc, monsieur, des sentiments de dévouement et de respect que je dois avoir pour vous. » Ce philosophe mourut à une campagne près de Paris, le 2 juillet 1784, après avoir bien dîné, âgé de 72 ans. Son enterrement, qui a souffert quelques difficultés comme celui de d'Alembert, s'est fait à petit bruit, malgré le zèle de la secte qui eût voulu donner de la pompe aux funérailles d'un de ses chefs. On a de lui : 1° le *Prospectus* de l'Encyclopédie, et divers articles insérés dans cet ouvrage devenu si fameux, et dont lui-même a donnée l'idée la plus juste en le nommant *un gouffre où des espèces de chiffonniers jetèrent pêle-mêle une infinité de choses mal vues, mal digérées, bonnes, mauvaises, incertaines, et toujours incohérentes et disparates*, etc. *On y a employé*, ajoute-t-il, *une race détestable de travailleurs, qui ne sachant rien, et se piquant de savoir tout, cherchèrent à se distinguer par une universalité désespérante, se jetèrent sur tout, brouillèrent tout, gâtèrent tout*, etc. *Les deux premiers volumes furent supprimés par arrêt du conseil du roi le 7 février 1752, comme renfermant des maximes tendantes à détruire l'autorité royale, à établir l'esprit d'indépendance et de révolte et, sous des termes obscurs et équivoques, à relever les fondements de l'erreur, de la corruption des mœurs, de l'irréligion et de l'incrédulité.* L'impression des autres volumes fut suspendue pendant dix-huit mois ; mais les entrepreneurs, actifs et persévérants, obtinrent la liberté de continuer leur ouvrage, en promettant plus de circonspection. Et néanmoins les autres volumes furent encore plus hardis, et, malgré les représentations des hommes religieux, le livre fut continué jusqu'à sa fin. Il devint une affaire de parti, et fut prôné comme la plus belle conception de l'esprit humain, comme un monument qui devait immortaliser le siècle. Cependant cette vaste entreprise n'a produit, comme la caverne d'Éole, que du vent, du bruit, du désordre. Le scepticisme, le matérialisme, l'athéisme, s'y montrent partout sans pudeur, sans retenue. Outre l'énorme diffusion, l'un des vices dominants de l'Encyclopédie, on reproche à Diderot d'avoir employé un langage scientifique sans trop de nécessité, d'avoir recouru à une métaphysique souvent inintelligible, qui l'a fait appeler le *Lycophron de la philosophie;* de s'être servi d'une foule de définitions qui n'éclairent point l'ignorant, et que le philosophe semble n'avoir imaginées que pour faire croire qu'il avait de grandes idées, tandis que réellement il n'a pas eu l'art d'exprimer clairement et simplement les idées des autres. La nouvelle édition qu'on en a donnée sous le titre d'Encyclopédie méthodique est plus défectueuse encore, et surtout plus défigurée par les délires de la philosophie irréligieuse. L'abbé Bergier s'étant réservé la partie théologique, on s'est empressé de répandre les erreurs qui étaient destinées pour cette partie dans toutes les autres. L'histoire, la géographie, jusqu'à la grammaire et la géométrie, tout a été asservi au fanatisme de l'impiété. 2° *Histoire de la Grèce*, traduite de Slangun, 1743, 3 vol. in-12; livre médiocre et traduction très faible. 3° *Principes de la philosophie morale*, traduction très libre de l'*Essai sur le mérite et la vertu* de milord Shaftersbury, 1745, in-12. Cet ouvrage a un but moral; si on y trouve quelques traits contre le christianisme, ils ne sont ni directs ni nombreux; 4° *Pensées philosophiques*, 1747, in-12, réimprimées avec quelques additions, sous le titre d'*Étrennes aux esprits forts*, 1757. Parmi des sophismes et des faussetés sans nombre, on y trouve des passages intéressants, tels que celui-ci : « Si un homme qui n'a vu que pendant un » jour ou deux se trouvait confondu chez un peuple d'aveu» gles, il faudrait qu'il prît le parti de se taire ou de passer » pour un fou; il leur annoncerait tous les jours quelque nou» veau mystère, qui n'en serait un que pour eux; et que les » esprits forts se sauraient bon gré de ne pas croire. Les dé» fenseurs de la religion ne pourraient-ils pas tirer un grand » parti d'une incrédulité si opiniâtre, si juste même à certains » égards et cependant si peu fondée? » M. Boudier de Villemer a opposé à ces *Pensées philosophiques* le petit volume portant le même titre, réimprimé à Liége en 1789 : recueil de réflexions solides, aussi claires et intelligibles que celles de Diderot sont obscures et intriguées. 5° *Mémoires sur différents sujets de mathématiques*, 1748, in-8°. 6° *Lettres sur les aveugles à l'usage des clairvoyants*, 1749, in-12. C'est un de ces écrits insidieux, où le matérialisme, n'osant pas se produire en dogme, s'enveloppe dans des hypothèses sophistiques, de manière à ce qu'on puisse le deviner et le conclure. Cette lettre, qui attira sur lui l'animadversion du ministère plus d'une fois provoquée, lui coûta la liberté. Il fut enfermé six mois à Vincennes. 7° *Lettre sur les sourds et muets, à l'usage de ceux qui entendent et qui parlent*, 2 vol. in-12, 1751. L'auteur donna sous ce titre des réflexions sur la métaphysique, sur la poésie, sur l'éloquence, sur la musique, etc. Il y a des choses bien vues dans cet essai, et d'autres qu'il ne montre qu'imparfaitement. Quoiqu'il tâche d'être clair, on ne l'entend pas toujours, et c'est plus sa faute que celle de ses lecteurs. On a dit de tout ce qu'il a écrit sur les matières abstraites, que c'était un chaos où la lumière ne brillait que par intervalles. 8° le *Sixième sens*, in-12, 1751. Dans cet ouvrage, comme dans le précédent, on trouve des observations justes, des sentiments vifs et pleins de chaleur qui contrastent avec des erreurs monstrueuses, avec les tristes spéculations du matérialisme. 9° *Pensées sur l'interprétation de la nature*, 1754, in-12. Clément (de Genève) a porté de cet ouvrage le jugement suivant : C'est un verbiage ténébreux, aussi frivole que savant... Il n'est presque intelligible que lorsqu'il devient trivial; mais celui qui aura le courage de le suivre à tâtons dans sa caverne pourra s'éclairer de temps en temps de quelques lueurs heureuses. Ce jugement est juste dans tous ses points, dit La Harpe; jamais la nature n'a été plus cachée que quand Diderot s'en est fait l'interprète. 10° Le *Code de la nature*, 1755, *in*-12, rempli de vues impraticables, fausses et pernicieuses, de déclamations triviales contre le clergé, et de toutes ces petites ressources qui constituent la science du jour. Plusieurs bibliographes disent qu'il n'est pas de lui, mais de Morelli. 11° Deux discours, le *Fils naturel* et le *Père de famille*, qui parurent en 1757 et 1758. La première de ces pièces, qui est une déclamation froide et emphatique, aussi insupportable à la lecture qu'au théâtre, ne put être jouée que deux fois, malgré la réputation de l'auteur et les efforts de son parti; la seconde, qui a plus d'intérêt et moins d'enflure, se soutint au théâtre. Diderot, qui se crut l'inventeur d'un nouveau genre, qu'il appela *drame honnête*, essaya d'appuyer ses pièces par un traité de la poésie dramatique, et un écrit intitulé : *Dorval et moi*, ou *Entretiens sur le fils naturel;* mais les règles qu'il y donne ne sont pas toujours appuyées par le goût, et la scène française, embellie par tant de chefs-d'œuvre, n'a pas à regretter que ce genre n'ait pas prévalu. 12° De *l'Éducation publique*, 1762, in-8°. Il y a de bonnes remarques, et un plus grand nombre d'autres destructives de toute éducation honnête, morale et religieuse. On prétend que cet ouvrage n'est pas de lui. 13° Plusieurs *Romans*, où le cynisme et l'impiété vont de pair. Le plus connu a pour titre : *les Bijoux indiscrets*, 1748, 3 vol. in-12; production légère et verbiageuse qui ennuie les lecteurs de toutes les classes, autant qu'elle dégoûte les honnêtes gens par les obscénités qu'elle renferme. 14° Les *Salons* de 1765 et 1767, c'est-à-dire les jugements de Diderot sur les ouvrages de peinture et de sculpture qui avaient été exposés au Louvre ces années-là. Ces jugements supposent des connaissances dans les arts; mais ils ne sont exempts ni de prévention ni de partialité. L'auteur, d'ailleurs, fait dans cet écrit des excursions sur les matières les plus étrangères à son sujet, où le goût et la vérité sont également blessés par la fausseté des reproches, la licence des images et la grossièreté des paroles. 15° *Vie de Sénèque*, dont il donna une seconde édition sous le titre d'*Essai sur les règnes de Claude et de Néron* ; *sur les mœurs et les écrits de Sénèque*, 1782, 2 vol. in-8°. On trouve dans cet ouvrage le même fonds de perversité que dans tous les autres, et les mêmes défauts. 16° Plusieurs autres *brochures* sur divers sujets, et plusieurs *manuscrits* laissés à sa nièce, élevée par lui-même dans les principes du philosophisme, pour lesquels les imprimeurs ont offert dans le temps 2000 louis. On voit qu'à une certaine époque, tandis que la valeur de tant d'objets, autrefois précieux, diminuait d'une manière étrange, celle des poisons allait toujours croissant. Il faut convenir cependant que la plupart des ouvrages de Diderot ne sont pas dangereux, parce qu'on ne les lit pas; pour les lire il faudrait les entendre, et il est constant aujourd'hui que l'auteur ne s'entendait pas lui-même en les composant. Ce qui doit surprendre, c'est que le philosophe de Langres, avec son enthousiasme et son imagination exaltée, n'ait été souvent qu'un copiste. Bacon revendique les *Pensées sur l'interprétation de la nature*. Le *Principe de la philosophie morale* appartient à lord Shaftesbury, ainsi que les *Pensées philosophiques*. Il y a beaucoup d'apparence que la chaleur de cet écrivain était dans sa tête plutôt que dans son âme, et qu'il n'affectait dans ses livres, comme dans son langage, ce ton d'énergumène, que pour en imposer à la multitude. Sa prétendue sensibilité ne s'exprimait que par des hurlements et des convulsions. Les gens du monde, accoutumés eux-mêmes à de grandes démonstrations qui ne signifient rien, n'auraient pas dû être séduits par ce pathétique de parade. Après tout, le *Père de famille* est la seule production de Diderot qui lui survive. Il travailla aussi à l'*Histoire philosophique* de Raynal, et à plusieurs autres productions de ce genre, surtout à celles du baron d'Holbach, avec qui il était intimement lié. Ses *OEuvres* ont été recueillies à Paris par son ami Naigeon, en 15 vol. in-8°, 1798, et 15 vol. in-12, 1800, plusieurs fois réimprimées. L'édition la plus complète est celle qu a été donnée à Paris en 1821 ; elle forme, avec les *Mémoires historiques et philosophiques* de Naigeon, 21 vol. in-8°. En résumé, Diderot n'a laissé un nom recommandable, ni comme écrivain, ni comme philosophe. (*V.* PHILOSOPHIE MODERNE.)

DIDESMUS (*bot.*), genre de plantes établi par M. Desvaux (Journ. bot., 3., p. 160) pour quelques espèces de *myagrum* et de *bunias*, qu'il distingue par leurs silicules coriaces, allongées, anguleuses, divisées en deux articulations monospermes, placées l'une au-dessus de l'autre, ainsi qu'on peut l'observer dans le *myagrum Ægyptiacum*, Linnée, et le bunias *myagroïdes*, Linné. J. P.

DIDIA (CLARA), fille de Didius Julianus, empereur romain. Son père, pendant son règne de 66 jours, s'empressa de la nommer Auguste, l'an 193 de J. C. Les médailles de cette princesse sont fort rares. (*V.* SCANTILLA.)

DIDIA (*lex*) **DE SUMBTIBUS** (*hist. rom.*), loi décrétée l'an de Rome 606, sous les auspices de Didius, pour mettre des bornes aux dépenses des fêtes publiques, et limiter le nombre des curieux qui se rendaient de toutes parts à celles qu'on célébrait à Rome et dans l'Italie.

DIDICILIS ou **DIDICLIS** (*bot.*), genre établi par M. de Beauvais aux dépens des *lycopodium*, et appelé depuis par lui *gymnogynum*. (*V.* ce mot et LYCOPODIACÉES.)

DIDIER (**SAINT**), DESIDERIUS, évêque de Langres au IIIe siècle, était né dans un village près de Gênes. En l'an 264 il scella de son sang les vérités de la religion à Saint-Dizier, qui a retenu le nom du martyr.

DIDIER (**SAINT**), né à Autun, succéda vers 576 à Verus, archevêque de Vienne. Sa fermeté à l'égard de Brunehaut irrita cette princesse, qui le fit déposer en 603 par une assemblée de prélats tenue à Châlon-sur-Saône. Elle le fit assassiner cinq ans après, en 608.

DIDIER (SAINT), d'une illustre famille d'Alby, exerça l'emploi de trésorier de la couronne sous les rois Clotaire II et Dagobert. Il fut ensuite élu évêque de Cahors, qu'il fit entourer de murailles, et gouverna sagement son diocèse. On l'honore dans les provinces méridionales de la France sous le nom de saint Géry. — Il y a encore trois saints évêques de ce nom : 1° saint Didier, archevêque de Bourges; 2° saint Didier, archevêque de Nantes, vers 451; 3° saint Didier, évêque de Châlon-sur-Saône, mort vers 531.

DIDIER, dernier roi des Lombards, succéda à Astolphe, malgré les efforts de Rachis, frère aîné de ce dernier. Il fut couronné en 757. L'année suivante il vainquit les ducs de Spolète et de Bénévent, qui s'étaient révoltés. En 759 il associa au trône son fils Adelgise. En 770 il unit sa famille à celle de Charlemagne, par trois mariages. L'année suivante Charlemagne répudia la fille de Didier, et, après cette offense, les deux familles ne se réconcilièrent plus. Didier, offensé par le pape Adrien, envahit les États de l'église et en conquit une partie ; mais Charlemagne passa les Alpes et vint assiéger Didier dans Pavie, où il fut pris en 774. Il fut ensuite enfermé dans le couvent de Corbie avec sa femme. Ce fut là qu'il mourut.

DIDIER, duc de Toulouse, l'un des généraux de Chilpéric Ier, roi de Soissons, chargé en 577 de s'emparer des États du jeune Childebert, roi d'Austrasie, fils de Sigebert, assassiné par Frédégonde, fut battu près de Limoges par Nummol, général bourguignon, allié du roi d'Austrasie. Plus tard, ayant embrassé le parti de Gontran, roi de Bourgogne, il voulut soumettre la Septimanie au pouvoir de ce prince; mais, victime d'un stratagème de Récarède, prince wisigoth, il périt dans cette entreprise.

DIDIER (*V.* DISDIER et SAINT DIDIER).

DIDIER ou **DÉSIRÉ**, fils de Roger, châtelain de Courtray, et de Sara, sœur de Hugues, châtelain de Lille, occupa le siége épiscopal de Térouane dès l'année 1166. Si l'on en croit Deneuville (Annales manuscrites de Saint-Omer), il procura, de concert avec Philippe, comte de Flandre, un asile à saint Thomas de Cantorbéry, dans le château de la Motte-au-Bois, situé dans la forêt de Nieppe, quand ce prélat vint en France pour se soustraire aux persécutions du roi d'Angleterre. Didier déploya beaucoup de zèle pour la fondation des monastères dans son diocèse. A cette époque c'était favoriser en même temps l'agriculture, l'étude des lettres et les arts. Il institua une collégiale à Saint-Pol et y fonda quelques prébendes. Ce fut d'après ses conseils que Baudoin, chantre de sa cathédrale, procura l'établissement du monastère de Sainte-Colombe à Blendecques, pour des religieuses de l'ordre de Cîteaux (1186). Didier confirma les donations faites à l'abbaye de Saint-Augustin, de l'ordre de Prémontré, établie près de Térouane, et accorda la même faveur aux moines de Licques. Les frères de sainte Marthe font mention d'une charte qu'il rédigea en faveur des religieux du prieuré de Renty. Il se démit après vingt-deux ans d'épiscopat, et se retira au monastère de Cambron, dans le Hainaut, où il mourut, d'après Malbrancq, en odeur de sainteté, le 2 septembre 1194. L'abbé PARENTY.

DIDIER LOMBARD, docteur de Sorbonne au XIIIe siècle, écrivit avec Guillaume de Saint-Omer, et eut un emportement légal contre les ordres mendiants, qui furent défendus par saint Bonaventure et saint Thomas.

DIDIER (JEAN-PAUL), né à Upie, dans le Dauphiné, en 1753, était avocat à Grenoble lorsque la révolution éclata ; il se montra d'abord un des plus ardents promoteurs des nouveaux principes, mais plus tard, lorsque les excès furent le résultat de toutes les déclamations auxquelles il avait pris part, il devint ennemi de la révolution. Il fut forcé de quitter la France en 1793, et n'y revint qu'après la mort de Robespierre. Après le 18 brumaire, il devint un très grand partisan de Bonaparte ; mais malgré toutes ses sollicitations il ne put obtenir aucune faveur du gouvernement impérial. Il ne fut pas plus heureux sous la Restauration, et, lors du second retour du roi, il se montra tout-à-fait opposé aux Bourbons. Il se retira dans son pays natal, et là il organisa un complot. A la tête de 600 paysans environ, il attaqua à l'improviste Grenoble. C'était pendant la nuit du 4 au 5 mai 1816. Repoussé et forcé de fuir, il se réfugia en Savoie, et fut livré par le gouverneur piémontais. Il fut traduit devant la cour prévôtale de l'Isère, et condamné à mort avec vingt-un de ses complices.

DIDIPLOSE, adj. des 2 g. (*minér.*). Il se dit des cristaux produits par l'union de deux rhomboïdes et de deux dodécaèdres.

DIDIRÉ (*bot.*), espèces de haricot ou dolie d'Arabie, qui sont les *dolichos didire* et *dolichos cultratus* de Forskaël. J. P.

DIDIUS (T.) VIVIUS, fit la guerre avec succès aux Scordisques, et obtint les honneurs du triomphe. L'an 654 de Rome, il fut nommé consul en Espagne, et fut battu par Sertorius.

DIDIUS, lieutenant de César, lui apporta la tête du jeune Pompée, tué à Gadès.

DIDIUS (A), gouverneur de la Grande-Bretagne, sous le règne de Claude.

DIDIUS (JULIANUS), riche Romain, qui, après le meurtre de Pertinax, acheta l'empire mis en vente par les soldats prétoriens, le 30 mars 193. Il se rendit odieux par son extravagance et son luxe. Ayant refusé de payer la somme pour laquelle on l'avait élevé à l'empire, il fut tué par ses soldats, le 2 juin de la même année. A sa mort, Albinus, Pescennius, Niger et Septime Sévère se disputèrent l'empire.

DIDJADI EL BAHR (*poiss.*). On nomme ainsi à Damiette la *daurade porte épines*. (*V.* DAURADE.)

DIDJAR (*bot.*), nom d'une plante de l'Arabie, dont Forskaël a fait son genre *digera*, qui appartient à la famille des amaranthacées. Selon cet auteur, le *cassia tora* est nommé *didjar el akbar*. J. P.

DIDODÉCAÈDRE, adj. des 2 g. (*minér.*). Il se dit de deux espèces diverses de cristaux produits par l'union de deux dodécaèdres différents.

DIDON (*V.* CARTHAGE).

DIDORON, mesure de deux palmes. C'était le nom que les Grecs avaient donné à une des trois espèces de briques qu'ils employaient. Vitruve, liv. II, chap. III, nous apprend que le *didoron* des Grecs correspondait à la nature des briques qui, chez les Romains, avaient un pied de long sur un demi-pied de large. Comme deux palmes grecques forment un demi-pied, Galiani infère de la dénomination *didoron* que la mesure qui donnait son nom aux briques n'était pas celle du grand côté, mais celle de la face, qu'on mettait en parement, bien qu'elle fût la plus petite. (*V.* BRIQUE.)

DIDOT (FRANÇOIS-AMBROISE), né à Paris en 1730, fils du premier imprimeur de ce nom, se destina lui-même à cette profession. Il se voua tout entier à son art, qu'il porta au plus haut degré en France. Ce fut dans son imprimerie que furent faits, en 1780, les premiers essais, en France, d'impression sur papier vélin. Les éditions de ce célèbre imprimeur sont connues et recherchées de toute l'Europe.

DIDOT JEUNE (PIERRE-FRANÇOIS), frère du précédent, succéda à son père dans le commerce de la librairie, et s'y distingua par ses connaissances bibliographiques.

DIDOT (FIRMIN), né à Paris en 1764, d'une ancienne et célèbre famille d'imprimeurs anglais, était deuxième fils de François-Ambroise Didot; il étudia les langues anciennes avant de se livrer à la typographie ; il perfectionna la gravure des poinçons, inventa la stéréotypie, dont il créa même le nom; il dessina et grava les caractères mobiles propres à représenter l'écriture. Membre de la Chambre des députés en 1829, il fit partie des 221. Il mourut en 1836, à sa papeterie du Mesnil, près de Dreux, qu'il avait fondée. Ses éditions les plus remarquables sont celles de *Lusiadas*, de la *Henriade* et de *Salluste*. Comme écrivain, on lui doit la traduction en vers des *Bucoliques de Virgile* et des *Idylles de Théocrite*, des poésies et deux tragédies: *Annibal* et *la Reine de Portugal*.

DIDRACHME, poids et monnaie des Grecs, qui valait deux drachmes. (*V.* DRACHMES.)

DIDRIC (*ois.*), espèce de coucou d'Afrique, *cuculus auratus*, Gmel. J. P.

DIDUS (*ois.*), nom latin du *Dronte*. (*V.* ce mot.) J. P.

DIDYMADON (*bot.*), genre de mousses voisin des trichostomes, dont les principaux caractères sont : péristome simple composé de trente-deux dents, filiformes, rapprochées par paires, quelquefois même soudées par leur base. Presque toutes les espèces de ce genre, assez peu nombreuses du reste, croissent dans les montagnes. La plus remarquable, qui sert de type aux didymadons, est le *didymadon capillaceum*, qui forme des touffes serrées d'un beau vert pâle et soyeux ; ses tiges assez longues, garnies de feuilles sétacées, supportent des capsules droites et cylindriques. Cette plante croît assez abondamment dans certaines parties des Alpes. J. P.

DIDYMANDRA PURPURINE (*bot.*). *D. purpurea*, Wild., grand arbre du Pérou, de la *polygamie monoécie* de Linnée, qui paraît devoir appartenir à la famille des *euphorbiacées*. Ses fleurs sont polygames, réunies en un chaton cylindrique, muni d'écailles imbriquées ; les fleurs hermaphrodites sont pourvues d'un calice à quatre découpures; une corolle monopétale à quatre divisions; un seul filament soutenant une anthère double, un ovaire supérieur, surmonté de trois styles courts. Le fruit est une baie à trois loges, une semence dans chaque; les fleurs femelles ressemblent aux fleurs mâles, mais elles n'ont pas d'étamines; elles sont placées sur le même chaton. Cet arbre s'élève à la hauteur de trente-six à quarante pieds; ses rameaux sont garnis de feuilles oblongues, entières, lancéolées, acuminées; les fleurs disposées en chatons. Il croît au Pérou, dans les lieux ombragés des grandes forêts. J. P.

DIDYMAON, artiste célèbre par la beauté des armures qu'il fabriquait.

DIDYMARQUE, écrivain qui composa des métamorphoses.

DIDYME, surnom de saint Thomas.

DIDYME, affranchi de Tibère.

DIDYME, mathématicien de Cuide, fit un commentaire sur Aratus.

DIDYME, surnommé ATÉIUS, philosophe académicien, composa un traité en deux livres, contenant des solutions de probabilités et de sophismes.

DIDYME, célèbre grammairien d'Alexandrie, surnommé CHALCENTÈRE, c'est-à-dire *entrailles d'airain*, à cause de son application à l'étude, vivait du temps d'Auguste. Il composa, selon Sénèque, quatre mille traités ou commentaires, dont un grand nombre sur Homère.

DIDYME D'ALEXANDRIE, perdit la vue à l'âge de cinq ans, ce qui ne l'empêcha pas de parvenir à un haut degré d'érudition, et d'être jugé digne de remplir après Origène, son maître, la chaire fondée par les chrétiens à Alexandrie. Didyme eut pour disciple saint Jérôme, Rufin, Pallade, Isidore et plusieurs autres hommes célèbres. Il mourut à l'âge de 84 ans, l'an 308. Il nous reste de lui plusieurs ouvrages, entre autres un traité du Saint-Esprit, traduit en latin par saint Jérôme, et un commentaire sur le traité *des Principes* d'Origène.

DIDYME, frère de Vérinicus et cousin de l'empereur Honorius, fut ainsi que son frère vaincu et tué vers 508 de J.-C., par Constant, fils du tyran Constantin.

DIDYME, quartier ou bourg voisin de Milet, où était l'oracle de Branchus.

DIDYME, montagne de l'Asie mineure, dans l'île de Milet selon les uns, et selon les autres dans la Phrygie, à la source de l'Hermus ou du Sangarius. C'est sans doute la même que le *mont Dindyme*.

DIDYME. (V. Sicile.)

DIDYME. (V. Libye.)

DIDYME (*bot.*), corps à deux lobes arrondis, réunis par leur côté interne, et paraissant au premier coup d'œil formé de deux parties distinctes; ainsi les anthères de plusieurs plantes notamment de la Mercuriale des potagers. L'ovaire de la plupart des ombellifères; la racine de l'orchis militaris sont Didymes. J. P.

DIDYMES (ILES), *Didymæ insulæ*, îles de l'Égypte inférieure au N. O., dans le golfe Plinthinite, près de la Cyrénaïque.

DIDYMÉLÉE DE MADAGASCAR (*bot.*), *didymeles Madagascariensis*. Genre établi par M. Dupetit-Thouars pour un arbre de Madagascar qui appartient à la diœcie diandrie de Linnée, son caractère essentiel consiste dans des fleurs dioïques; dans les mâles, deux écailles pour calice, point de corolle, deux anthères sessiles, adhérentes; dans les fleurs femelles, le calice comme dans les mâles, point d'étamines, un stigmate sessile à deux lobes, un drupe monosperme. Cet arbre ne s'élève qu'à une médiocre hauteur, il supporte une cime ou tête assez élégante; ses rameaux sont allongés, garnis de grandes feuilles alternes; ses fleurs sont peu apparentes. Le fruit consiste en un ou deux drupes monospermes, ovales, d'environ un pouce et demi de long. J. P.

DIDYMIUM (*bot.*). Genre de champignons microscopiques établi par Schrader; leur caractère est d'avoir un péridium sessile ou pédicellé, formé de deux enveloppes entre lesquelles se trouvent logées les séminules dans un réseau filamenteux, et dont l'enveloppe interne est fermée et remplie d'une matière pulvériforme, composée, selon quelques auteurs, de séminules nues. J. P.

DIDYMOCHLOENA ((*bot. fougères.*). Groupes fructifères, allongés, solitaires, recouverts chacun par un tégument fixé longitudinalement, et par sa partie moyenne, sur la veine des frandules, et s'ouvrant de droite et de gauche de dehors en dedans. — *Didymochlæna sinueux*, *D. sinuosa*, Desv. [Journ. bot. 3.] Stipe et côtes des frondes recouvert d'écailles; frondes deux fois ailées; frondules principales linéaires-lancéolées, les secondaires glabres, rhomboïdales, égales à la base, auriculées en avant, et à bords sinueux, fructification presque marginale. Cette fougère croît dans les Indes orientales, et paraît devoir rentrer dans le genre *diplazium*. J. P.

DIDYMODON (*bot. mousses*). Urne terminale, oblongue, sans apophyse; péristome simple à seize ou trente deux dents filiformes, libres, mais rapprochées par paires; coiffe fendue latéralement; fleurs mâles axillaires. Ces mousses ne diffèrent des genres *cynontodium* de Hedwig, que par la position terminale des fleurs mâles de ce genre. Elles naissent en touffes dans les endroits tourbeux ou sablonneux. Tel est le *didymondon-nain*, cette espèce n'a guère plus d'un pouce de hauteur. J. P.

DIDYNAMIE (*bot.*). Nom de la quatorzième classe du système sexuel des plantes de Linnée, et qui signifie double puissance. Cette classe est caractérisée par quatre étamines, dont deux plus grandes que les deux autres. Elle se divise en deux ordres : le premier, la *gymnospermie*, comprend les plantes qui portent quatre graines nues au fond du calice. Le second ordre, l'*angrospermie*, renferme les végétaux qui portent une capsule. Dans le premier ordre, se range la famille naturelle des labiées, et dans le second, celles des scrophulariées, des rhinanthacées, des verbénacées et des orobanchées. J. P.

DIE, ville de France sous-préfecture (*Drôme*), à dix lieues S. E. de Valence. 4,000 habitants. Eaux minérales. Sa porte Saint-Marcel est un monument antique remarquable.

DIÉ (SAINT), évêque de Nevers au XVIIe siècle. Il fut élu évêque de Genève par le peuple de cette ville, et il se démit quelque temps après de son siége pour aller dans les Vosges. La ville de Saint-Dié, en Lorraine, a pris son nom.

DIEBITSCH SABALKANSKI (JEAN-CHARLES-FRÉDÉRIC-ANTOINE DE), général russe né en Sibérie à Grossleippe le 13 mai 1785, se distingua dans toutes les campagnes contre la France, et commanda, en 1825, les colonies militaires d'Asie. En 1829, nommé commandant de l'armée destinée contre la Turquie, il réussit à franchir les monts Balkans par une manœuvre hardie, et ce fait lui valut le surnom de *Sabalkanski* (vainqueur du Balkan), il s'avança ensuite jusqu'à Andrinople, et dicta au sultan les conditions de la paix. Il ne fut point aussi heureux en 1830 contre les Polonais, et mourut le 10 juin 1831, près de Pulssuck au moment où Paskewitsch venait de le remplacer.

DIÈCHE (ANTOINE-CLAUDE), l'un des plus fougueux acteurs de la révolution, naquit à Rhodez; il entra de bonne heure au service, le 1er janvier 1768, et parvint au grade de général de division le 18 août 1793, après avoir gagné son avancement par des actes dans le sens de la révolution, tels que l'organisation de la société des Jacobins à Metz, etc. Il fut appelé au commandement de la citadelle de Strasbourg : il exerça dans cette ville des cruautés effrayantes et y fit régner la terreur. Après le 9 thermidor, Dièche conserva encore sa place jusqu'à la fin de l'année, époque à laquelle il fut remplacé par Lajolais. Il mourut quelques années plus tard dans une profonde obscurité.

DIECTASIQUE, adj. des 2 g. (*minér.*), qui s'étend en deux genres différents.

DIECTOMIS (*bot.*), genre de plantes monocotylédones, à fleurs plumacées, de la famille des *graminées*, de la *polygamie monoécie* de Linnée, offrant pour caractère essentiel des épillets géminés, uniflores; l'un hermaphrodite, sessile, l'autre neutre pédicellé. Ce genre a été séparé des *andropogon* avec lesquels il a de très grands rapports, et établi par M. de Beauvois. On y rapporte l'espèce suivante : *diectomis fastigié*, *D. fastigiata*, plante de l'Amérique méridionale, dont les tiges sont droites hautes de trois pieds, rameuses à leur base; feuilles planes à bords rudes; épis solitaires, terminaux, longs de deux pouces, épillets géminés, uniflores. J. P.

DIEDERICHS (JEAN-CHRISTIEN-GUILLAUME), orientaliste distingué, naquit à Pirmont en 1750, et mourut à la fleur de son âge le 28 mars 1781. En 1780, il fut reçu professeur de langues orientales dans l'université de Kœnigsberg.

DIEDO, noble vénitien, cultiva avec succès la philosophie et la jurisprudence dans le XVe siècle. Il fut successivement professeur en droit en 1460, ambassadeur près Matthias Corvin, roi de Hongrie, en 1474, député près du pape Sixte IV, en 1481, puis enfin podestat de Vérone en 1483. Il mourut dans cette ville l'année suivante.

DIEDO (JEAN), religieux augustin, naquit à Bassano en 1487. Il remplit avec distinction les premiers emplois de son ordre et mourut à Bologne en 1553.

DIÈDRE, adj. des 2 g. (*géom.*). Il se dit d'un angle formé par la rencontre de deux surfaces.

DIEEMANN (JEAN), théologien luthérien et philologue, né à Stade le 30 juin 1647, fit ses études à Giesten et à Wittemberg. Il devint ensuite surintendant des églises des duchés de Brême et de Verder, puis professeur de théologie à Kiel.

DIEGO DE YEPES, de l'ordre religieux de saint Jérôme, parvint à l'évêché d'Albarazin, et fut confesseur du roi Philippe II, puis évêque de Tarragone, où il mourut en 1614.

DIEGO-GARCIA ou **CHAGOS**, île de l'océan Indien ; elle est au S. de l'archipel des Maldives et au N. de l'île de France. Elle est entourée de plusieurs îlots, avec lesquels elle forme un archipel qui est compris, aussi bien que la Malaisie, dans les limites tracées à l'Océanie. Cet archipel est par les 4° 30' et 7° 27' de latitude S., et entre 63° 55' et 90° 20' de longitude E. L'île Diego-Garcia semble n'être qu'un banc de madrépores recouverts d'une couche de terre légère. On y trouve le cocotier, le bois de fer, le figuier d'Inde, le maupou, le bois blanc, le bormet carré. Le climat y est très sain et favorable aux malades. La tortue franche, la tortue carret, les crabes de terre y abondent, et forment une branche de commerce. L'île étroite, longue, a un circuit de 15 lieues environ ; elle a une vaste rade et un mouillage très propre aux vaisseaux. Elle fut découverte par les Portugais, puis visitée par les Français, qui y fondèrent des établissements.

DIEGO-RAMIREZ, petite île de l'archipel de Magellan, dont l'existence a été contestée. Elle est à 20 lieues S. O. du cap Horn, et gît par les 56° 40' latitude S. et les 70° 25' longitude O. Elle forme la terre la plus méridionale de l'Amérique.

DIÉGULIS, souverain des Cannes, dans un canton de la Thrace, régnait vers la 157e olympiade. Ayant pris Lysimachie sur Attale, roi de Pergame, il en traita les habitants avec une férocité inouïe. Mais les principaux seigneurs de sa cour, lassés de ses cruautés, l'abandonnèrent, et se retirèrent auprès du roi de Pergame qui eut bientôt l'occasion de venger ses malheureux sujets.

DIELHEM (JEAN-HERMAN), géographe, antiquaire allemand, fut d'abord perruquier. Faisant son tour d'Allemagne, suivant la coutume des ouvriers, il notait soigneusement ce qu'il rencontrait de remarquable. Le désir d'être utile à ses compatriotes qui se trouveraient dans le même cas que lui, lui donna l'idée de mettre en ordre les notes qu'il avait recueillies. Dielhelm est un auteur exact, mais singulièrement prolixe.

DIEMEL. (*mamm.*) Eldemiri donne ce nom comme un de ceux du chameau chez les Arabes. J. P.

DIÉMEN (VAN) (*géog.*), (*V.* VAN-DIÉMEN).

DIEMERBROECK (ISLEBRANDE DE), célèbre professeur en médecine à l'université d'Utrecht, né à Montfort, en Hollande, le 13 décembre 1609, mort à Utrecht, le 17 novembre 1674. Après avoir reçu à Angers le bonnet de docteur, il vint s'établir à Nimègue où la peste moissonnait une foule d'habitants; il se dévoua au salut de ses concitoyens pendant les années 1636 et 1637, et eut le bonheur de contribuer à l'extinction de ce fléau. La postérité conserve le nom de Diemerbroeck parmi ceux des médecins qui ont illustré l'art, et comme habile praticien et comme savant écrivain.

DIENÈCE, spartiate du corps de Léonidas. C'est lui qui, entendant l'ambassadeur de Xercès dire avec emphase que les traits des Perses étaient si nombreux qu'ils pourraient intercepter la lumière du soleil, répondit : Eh bien ! nous combattrons à l'ombre.

DIENEL (MICHEL), menuisier allemand, né en 1744 au Friedersdorf près de Landskron, dans la haute Lusace, se distingua par un talent extraordinaire pour la mécanique et par une adresse singulière pour les travaux de son état. Il mourut à Lunéville le 31 juillet 1795.

DIENHEIM (JEAN VOLFGANG), docteur et professeur de médecine à Fribourg en Brisgaw. Il se vantait d'avoir découvert une médecine universelle.

DIENS (*géog. anc.*), peuple de Thrace près du mont Rhodope.

DIEPENBECK (ABRAHAM), peintre, né à Bois-le-Duc, l'an 1607, étudia son art sous Rubens, et s'appliqua d'abord à travailler sur verre. Il quitta ensuite ce genre pour peindre à l'huile. Diepenbeck est moins connu par ses *tableaux* que par ses *dessins*, qui sont en très grand nombre. On remarque dans ses ouvrages un génie heureux et facile ; ses compositions sont gracieuses. Il avait beaucoup d'intelligence du clair-obscur; son coloris est vigoureux. Le plus grand ouvrage qu'on a publié d'après ce maître, est le *Temple des Muses*, en cinquante-huit pièces. Il a beaucoup travaillé à des sujets de dévotion. C'est à lui que les graveurs de Flandre avaient recours pour des vignettes, des thèses, et de petites images à l'usage des écoles et des congrégations. Il mourut à Anvers en 1675.

DIEPPE, ville ancienne de France (Seine-Inférieure), sur la Manche, chef-lieu de sous-préfecture. Elle est à 14 l. N. de Rouen, et à 39 lieues 1/2 N.-O. de Paris, par Courbevoie et Gisors. Dieppe est divisée en deux parties : la ville proprement dite et le faubourg du *Pollet*, séparées l'une de l'autre par le port, et qui communiquent ensemble par un pont volant. Dans la partie occidentale, sur le penchant des falaises, s'élève le vieux château-fort qui domine la ville entière. A l'E., les falaises très élevées se présentent dans toute leur unité. Le port est formé de deux bassins et reçoit par deux écluses les eaux de la petite rivière d'Arques et celles d'un immense bassin appelée *la Retenue*, destiné à l'alimenter. On y pénètre par un canal étroit dont l'entrée est obstruée par une barre et que le galet a pour ainsi dire entièrement envahi, ainsi que le premier bassin. Ce n'est qu'à force de travaux qu'on maintient le libre passage, et le danger toujours croissant a fixé les regards de l'administration. Depuis 1694, époque où Dieppe fut bombardée par les Anglais et les Hollandais, la ville est bien percée et assez bien bâtie. La grande rue mérite d'être citée pour sa longueur et pour la régularité de sa construction : elle s'étend de la porte de la Barre jusqu'au bassin. On remarque l'église Saint-Remy et celle de Saint-Jacques, beau vaisseau du XIVe ou XVe siècle; l'Hôtel-de-Ville, la salle de spectacle, et l'établissement des bains de mer chauds et froids sur la plage, avec la salle de bal dans la ville. Les bains de mer mis en vogue par la duchesse de Berri, sont très fréquentés dans la belle saison. Dieppe possède une bibliothèque de 4,000 vol. ; une école de navigation, un entrepôt de sel et de denrées coloniales, et deux parcs aux huîtres d'où l'on tire annuellement pour Paris environ douze millions de ces mollusques. La pêche forme la principale et pour ainsi dire la seule industrie de cette ville ; tous les produits, à peu de chose près, en sont destinés pour la capitale. La pêche du hareng, du maquereau et du merlan est très active. On arme aussi pour celle de la morue et de la baleine. Après cette branche si importante d'industrie, on ne doit pas oublier celle des objets de brosserie, et surtout des ouvrages en ivoire, en os et en corne, qui, quoique d'un faible produit, y a atteint un degré de perfection remarquable. Le commerce de Dieppe avec le nord de l'Europe est assez actif; on y importe des fers de Suède, du bois, de la houille de Newcastle, des denrées coloniales ; et on en exporte diverses productions du sol. Il part de Dieppe chaque semaine un bateau à vapeur pour Brighton, situé vis-à-vis sur la côte d'Angleterre. Dieppe est le lieu natal des navigateurs Aubert et Varezan, auxquels on attribue les découvertes du Canada; du célèbre négociant Ango, du biographe Bruzen de la Martinière, de l'amiral Duquesne, du médecin Pecquet. La population de Dieppe est de 16,000 habitants environ. — L'origine de cette ville ne remonte pas au-delà du IXe siècle ; à cette époque, elle ne consistait encore qu'en quelques cabanes de pêcheurs que Charlemagne mit à l'abri des incursions des Northmans par un fort. Ce dernier fort a été pris et repris plusieurs fois durant les guerres entre la France et l'Angleterre depuis Philippe Ier. — On fait dériver le nom de la ville de Dieppe de celui de *Deep* que portait anciennement la rivière d'Arques, et qui signifie profond. La construction du château fut commencée en 1433, lorsque la ville eût été reprise sur les Anglais. — On a peut-être exagéré l'importance du commerce de Dieppe à la fin du XVe siècle et au temps de François Ier; et nous ne voudrions pas affirmer que dans l'histoire d'Ango, tout fut conforme à l'exacte vérité. Cependant nous citerons un fait qui vient à l'appui des prétentions des Dieppois, et ce fait nous l'empruntons à la description que M. Vitet, dans son ouvrage intitulé : *Histoire des anciennes villes de France* (première série, Paris 1833, 2 vol. in-8°), a donné de l'église de Saint-Jacques, bâtie, à l'en croire, au XVIe siècle, sur les ruines et avec quelques débris d'une autre église qui datait du XIIe siècle. L'architecture de l'église Saint-Jacques, dit M. Vitet, a cet air noble et sévère qu'ont la plupart des édifices normands; le dessin en est simple, les proportions grandes, le dehors est orné de sculptures les plus diverses, où les sujets profanes et sacrés se mêlent indistinctement. On y voit des chimères, des dragons ailés, des tritons; on y voit des gouttières taillées en sirènes qui répandent l'eau par les deux seins. Une tour carrée surmonte l'édifice et semble le couronner. L'intérieur de l'église répond au dehors; les peintures des murailles, l'or, le vermillon des statues, les vitraux mêmes ont disparu; mais on remarque plusieurs chapelles où l'on trouve des sculptures d'un goût exquis. M. Vitet a décrit le premier un bas-relief du XVIe siècle qui existe dans une des chapelles de cet édifice. C'est une suite de petits personnages sculptés sur la frise d'une façade à 20 pieds au-dessus du sol. Au lieu de personnages sacrés, tels que des abbés et des évêques, on y voit des hommes et des femmes nus, coiffés de plumes, des sauvages armés de flèches, des hommes noirs dont les cheveux sont roulés comme de la laine, des singes et des serpents. Suivant les Dieppois, appuyés de l'opinion de M. Vitet, ce serait un hommage que l'artiste aurait adressé à ses concitoyens, pour consacrer le souvenir de leurs découvertes en Afrique, en Amérique et dans les Grandes-Indes. Près de Dieppe s'étend la fameuse plaine d'Arques au dessus de laquelle s'élève une montagne couronnée de ruines imposantes, qui sont tout ce qui reste de l'ancien château, construit par le frère de Guillaume-le-Bâtard. Entre la ville de Dieppe et la plaine d'Arques, s'étendent les Prés-salés, si renommés à Paris pour la saveur des nombreux moutons qu'ils nourrissent, et qui ont remplacé les lagunes que la mer autrefois couvrait chaque jour.

DIERAD EL BAHR (*pois.*), nom Arabe de l'exocet sauteur (*V.* EXOCET). J. P.

DIÈRE, espèce de vaisseau à deux rangs de rames, le même que celui que les Romains nommaient birème.

DIÉRÈSE (*t. de gram.*), division d'une diphthongue en deux syllabes.

DIÉRÈSE, en termes de chirurgie, se dit d'une opération qui consiste à diviser, à dilater, ou à séparer des parties dont le rapprochement, l'union, ou la continuité sont nuisibles.

DIEREVILLE (...............), voyageur français, naquit à Pont-l'Évêque, en Normandie. Il s'était fait connaître par plusieurs pièces fugitives en vers, lorsqu'il s'embarqua à la Rochelle en 1699, sur un navire dont il devait gérer les intérêts et qui était frété pour Port-Royal en Acadie. Il publia une relation de son voyage dans cette contrée. Il a rapporté de ce pays le joli arbrisseau que Tournefort appelle Diervilla. J. P.

DIERICX (le chevalier CHARLES-LOUIS-MAXIMILIEN), conseiller pensionnaire de la ville de Gand, puis membre du conseil général de l'Escaut, directeur du Jardin botanique de Gand, et membre de l'institut des Pays-Bas, naquit à Gand le 1er janvier 1756. Il est auteur des ouvrages suivants qui montrent une science très profonde sur l'histoire de son pays : 1° *Topographie de l'ancienne ville de Gand*; 2° *Mémoire sur la ville de Gand*; 3° *Appendice* à ce dernier; 4° *Mémoires sur les lois, les coutumes et les privilèges des Gantois jusqu'à la révolution de* 1540; 5° *Cartulaire de la ville de Gand*. Dierickx mourut le 1er avril 1823.

DIERNSTEIN, petite ville de la Basse-Autriche, sur le Danube, avec un château, une fabrique de porcelaine et un couvent. Richard Cœur-de-Lion, à son retour de la Terre-Sainte, y fut découvert et arrêté, en 1194, par ordre du duc d'Autriche.

DIERVILLA (*bot.*). Ce genre faisait d'abord partie du genre *lonicera* de Linnée, et en a été séparé à cause de ses fruits capsulaires et non en baie, offrant pour caractère essentiel un calice oblong, à cinq divisions, accompagné de deux bractées; une corolle infundibuliforme, une fois plus longue que le calice, le limbe à cinq découpures; cinq étamines saillantes; ovaire infère, un style, le stigmate en tête, une capsule oblongue à quatre loges polyspermes. On n'y rapporte que l'espèce suivante: *diervilla de Tournefort D. Tournefortii*, arbrisseau de l'Amérique septentrionale, touffu, haut de deux à quatre pieds; à racines traçantes; les rameaux sont garnis de feuilles opposées, vertes, glabres, un peu pétiolées, ovales, aigues, finement dentées; les fleurs sont jaunâtres, légèrement odorantes, et naissant en bouquets peu garnis à l'extrémité des tiges ainsi que dans l'aisselle des feuilles. Cette plante a été rapportée par le chirurgien Dierville, a qui elle a été dédiée. J. P.

DIES (*jour*), divinité allégorique fille du Chaos et de Caligo ou l'obscurité qu'Æther rendit mère de la terre, du ciel et de la mer.

DIES (GASPART), peintre portugais du commencement du XVe siècle, élève de Michel-Ange. Il est l'auteur du fameux tableau de la descente du Saint-Esprit, restauré en 1734, par Pierre Guarienti.

DIESBACH, nom d'une famille originaire de Souabe qui, ayant suivi l'empereur Frédéric Barberousse à son passage en Suisse, obtint des terres dans cette contrée, et fournit un grand nombre de membres illustres depuis le XIIe siècle jusqu'à la fin du XVIIIe.

DIESBACH (NICOLAS DE), naquit à Berne en 1430. Il y devint membre du conseil en 1454, et avoyer en 1463. Ce fut lui que Louis XI, en 1474, avait adjoint à ses députés pour négocier, en Suisse, le traité avec l'Autriche, connu sous le nom d'Union héréditaire, et dirigé contre le duc de Bourgogne. Il mourut de la peste à Porentrui en 1475.

DIESBACH (JEAN de), troisième fils du précédent. Il fut colonel des troupes que les Suisses envoyèrent à François Ier en Picardie, 1521. Ce prince le combla de faveur, il le nomma maréchal de camp et conseiller d'Etat. Il fut tué à la bataille de Pavie.

DIESBACH (SÉBASTIEN de), servit dans sa jeunesse en France. En 1514 il devint conseiller à Berne, et avoyer en 1529.

DIESBACH (JEAN-FRÉDÉRIC DE), né à Fribourg en 1677. Il quitta par mécontentement le service de la France pour celui de la Hollande, où il commanda un régiment. Après la paix d'Utrecht il entra au service de l'empereur qui le nomma major-général en 1714. Il fut successivement comte d'empire en 1718, prince de l'empire en 1722, sous la dénomination de Sainte-Agathe. Il mourut en 1751 sans postérité.

DIESBACH (FRANÇOIS-ROMAIN, baron de), successivement capitaine et major du régiment suisse de son nom. Il devint lieutenant-général et grand'croix de l'ordre de Saint-Louis. Mort en 1786.

DIESBACH (JEAN), savant jésuite né à Prague en 1729. Il fut professeur de mathématiques de l'archiduc François, depuis empereur sous le nom de François II.

DIÈSE. On nomme ainsi le signe # qui avertit d'élever d'un demi-ton le son de la note devant laquelle il est placé au-dessus de celui qu'elle aurait naturellement; et cette opération s'accomplit sans la faire changer de degré ni de nom. Le dièse s'emploie obligatoirement, lorsqu'il atteint une des notes constitutives de la gamme ou du ton dans lequel est composé le morceau, et alors il influence cette note pendant toute la durée de ce morceau, à moins qu'il ne soit neutralisé par un bécarre (voy.), dans le premier cas il prend place à la clef. Lorsqu'au contraire il ne produit qu'une altération accidentelle, il se pose à la gauche de la note qu'il doit modifier, et n'a de valeur que pendant la mesure où il est intercalé. Souvent on le voit figurer au-dessus d'une note de basse, à côté d'un chiffre, ou isolément; il représente alors l'altération de l'intervalle, ou simplement celle de la tierce. Lorsque la modulation nécessite une nouvelle augmentation, on élève le son au-dessus du dièse par le moyen du double-dièse, mais ce signe ne peut être qu'accidentel. Au reste il s'emploie dans les même conditions et avec les mêmes correctifs que le dièse. — Les Allemands qui solfient par *a*, *b*, *c*, etc., et non pas *la*, *si*, 6, *ut*, au lieu de joindre le mot *dièse* à la désignation de la note, comme nous le faisons en disant *ut dièse*, *fa dièse*, se contentent d'ajouter le monosyllabe *is* à chaque lettre pour indiquer le même effet : ainsi ils écrivent *sis*, *fis*, *dis*, pour *ut dièse*, *fa dièse*, *ré dièse*. — Au moyen âge, il est rare de trouver écrit, dans les pièces de musique, le dièse accidentel où il doit être chanté; mais il ne faut pas oublier le vieux principe de l'école italienne, qui veut que toute consonnance imparfaite, c'est-à-dire la tierce et la sixte, soit mineure en descendant et majeure en montant. Lors donc qu'on voit au chant *fa*, *sol* et *ré*, *sol*, correspondant à la basse, on doit immanquablement faire le *fa dièse*, bien qu'il ne soit pas écrit. En réfléchissant sur la routine de nos pères, plus d'un savant se serait épargné d'avancer que la tonalité du moyen âge rejettait généralement la sensible. Les dièses s'engendrent de quinte en quinte en montant, et se succèdent dans le même rapport à la clef. Or, deux intervalles de quinte donnent un intervalle de neuvième, en gardant une note commune; mais la neuvième n'est elle-même qu'une seconde renversée; donc en montant d'une seconde, on trouvera toujours deux dièses de plus dans le ton nouveau : ainsi, *ut*, pas de diese, *ré* deux dièses, *mi*, quatre dièses, *fa*, # six dièses. — Chez les Grecs *dièse* ou *diésis* était un intervalle de musique, en même temps que le signe de cet intervalle. Il y en avait trois : le *dièse en harmonique mineur*, qui élevait la note d'un quart de ton; le *dièse chromatique*, d'un demi-ton mineur; le *dièse en harmonique majeur*, de trois quarts de ton; cette pratique n'est plus aujourd'hui pour nous que de l'histoire. M. B.

DIÉSER (*t. de mus.*), marquer d'un dièse, ou hausser d'un demi ton.

DIESIES ou **DIOESIE** (Ζεύς, Jupiter), fêtes grecques en l'honneur de Jupiter.

DIESPITER, surnom de Jupiter, considéré comme père du jour (*diei pater*).

DIEST (HENRI-VON), naquit en 1595 à Altena en Westphalie. Il fut nommé ministre à Emmerich en 1624, puis en 1629, professeur de théologie et de langue hébraïque à l'université de Harderwych. Il mourut en 1673.

DIETAIRE, s. m. (*ant. rom.*). Il se dit de ceux qui dans les navires étaient préposés à la distribution des vivres.

DIETENBERGER (JEAN), théologien allemand, naquit au village de Dietenberg, dont il prit le nom, dans l'électorat de Mayence. Il est principalement connu pour la traduction allemande de la bible, la première qui eut paru à l'usage des catholiques. Mayence, 1534, grand in-fol.

DIÈTE, (du mot grec δίαιτα, *manière de vivre*), ce mot désigne, dans son sens primitif, l'emploi raisonné des agens qui servent à l'entretien de la vie; c'est aussi la signification qu'à gardé le mot DIÉTÉTIQUE qui en dérive, mais auquel on substitue le plus souvent aujourd'hui celui d'HYGIÈNE (*V.*), qui a plus de compréhension. Quant au terme de *diète*, détourné maintenant de son acception véritable, il sert, dans le langage ordinaire, à exprimer l'*abstinence* plus ou moins complète des aliments et des boissons pour cause de maladie. Quand on veut désigner l'usage restreint de certains aliments permis par le médecin, à l'exclusion des autres, on ajoute à ce substantif un adjectif qui le détermine spécialement; c'est dans ce sens que l'on dit : la *diète animale, végétale, lactée*, ou pour employer une expression plus généralement répandue, le RÉGIME *animal*, *végétal*, etc., renvoyant à ce dernier mot pour ce qui concerne le choix des aliments et des boissons dans l'état de santé et de maladie, et à l'article *abstinence* pour ce qui est relatif aux effets produits dans l'état physiologique et pathologique par la privation d'aliments; nous nous bornerons à présenter ici quelques considérations pratiques au sujet de la diète, ou de la suspension plus ou moins complète de l'alimentation dans les maladies. Quoiqu'ait dit Hippocrate de la nécessité de nourrir les malades pour leur donner la force de supporter *les crises*, on est généralement d'accord pour reconnaître que l'abstinence doit être prescrite au début des maladies aiguës, pendant la première période au moins, et qu'il n'est pas de moyen plus favorable pour en hâter la résolution. Malheureusement ces vérités qui ont cours dans les classes éclairées de la société, ne sont aucunement comprises du peuple, qui n'imagine pas, en général, de meilleur moyen pour reprendre des forces, et remédier à la faiblesse ou pour mieux dire à *l'abattement* qui accompagne la fièvre, que de manger, boire du vin chaud, ou autres liqueurs plus ou moins incendiaires. Il est du devoir des personnes mieux instruites des véritables intérêts des malades, de combattre ces funestes préjugés, de faire comprendre combien on éviterait de maladies graves en s'abstenant de toute nourriture, de toute boisson stimulante, surtout quand une affection morbide s'annonce par des symptômes graves, et qu'on ignore quel degré d'intensité elle peut revêtir. Ce n'est que lorsque les phénomènes généraux et locaux d'irritation seront tombés, lorsque la résolution commencera à s'opérer que l'on pourra commencer à se relâcher de la sévérité du régime. Alors seulement on pourra permettre, non pas des aliments, mais des boissons nutritives, telles que le bouillon de poulet, aux herbes, un lait de poule, etc. (*V.* CONVALESCENCE). Maintenant, pour être véridiques, nous devons convenir qu'on a souvent exagéré la nécessité et les rigueurs de la diète, dans ces dernières années surtout, sous l'influence des idées répandues par l'école de Broussais et des craintes paniques qu'inspirait à ses partisans le fantôme de la gastrite. On a reconnu depuis que la diète absolue avait de fâcheux résultats, par exemple dans une maladie où le célèbre réformateur ne voyait qu'une gastro-entérite, la *fièvre typhoïde*, parce que la diète favorisant l'action des absorbants intersticiels, portait dans le torrent de la circulation des subtances toxiques dont il eut mieux valu souvent provoquer l'élimination. Que si l'on tarde trop à nourrir ces malades, sous prétexte que le pouls garde sa fréquence, on voit bientôt le délire et les symptômes les plus graves se déclarer du côté du système nerveux. C'est aussi ce que j'ai observé à la suite d'autres maladies, où la diète, jointe à de nombreuses émissions sanguines avait amené une perturbation telle dans le système nerveux, que le malade en proie à un délire intense aurait pu être regardé par des praticiens inexpérimentés comme atteints de fièvre cérébrale, lorsqu'il suffirait de quelques bouillons pour faire tout rentrer dans l'ordre. J'ai même signalé cette forme de *delirium à farne* dans des observations que j'ai présentées à l'Académie royal de médecine. Les désordres que l'on trouve dans le tube digestif des individus qui ont succombé à la mort *par inanition*, doivent, d'ailleurs, donner suffisamment à penser sur les inconvénients d'une diète outrée dans les maladie. (*V.* ABSTINENCE.) Dr SAUCEROTTE.

DIÈTE, assemblée nationale dans certains pays. Quelques étymologistes font venir ce mot du grec δίαιτα (régime de vie), dans la signification de *salle où on fait des festins*. Mais il est plus naturel de les dériver de *dies*, jour, *dies indictus*, jour pour lequel on s'est ajourné ou donné rendez-vous. Cette étymologie parait d'autant plus exacte que la diète allemande s'appelait toujours dans le pays *reischtag*, jour d'empire, et s'appelle encore aujourd'hui *bundertag*, jour fédéral. La diète suisse est de même appelée *tag-tagsatzung* (jour, séance de jour), et siéger en diète se dit *tagen journer*, pour ainsi dire, d'où est formé le mot *ajourner*, en allemand *vertagen*. En Français, le nom de diète a spécialement été donné aux assemblées des États d'Allemagne, de Suisse, de Danemarck, de Suède, de Pologne, etc. Nous allons nous en occuper successivement.

1° *Diètes d'Allemagne*. — Depuis que l'Allemagne figure sur la scène historique, elle s'y est constamment montrée comme un assemblage de principautés distinctes, dont chacune avait son gouvernement et son existence à elle, mais qui toutes étaient membres d'un seul corps politique, dont le chef était l'empereur. Il prenait leur avis dans les affaires d'intérêt général. Les rois carlovingiens ne s'arrêtèrent pas beaucoup aux avis des États; et, si l'on proposait les lois nouvelles à l'assemblée des peuples, c'était plutôt afin de les publier avec éclat que pour demander le consentement des sujets; mais, sous les empereurs saxons, les diètes germaniques eurent plus d'indépendance : elles avaient le droit d'élire les rois d'Allemagne, futurs empereurs, de leur nommer des tuteurs en cas de minorité, de faire des lois, d'autoriser les aliénations du domaine, de concourir à l'établissement de nouvelles principautés, de faire la guerre et la paix, de décider des procès de leurs pairs, de juger et de condamner les États accusés de crimes et de révolte. On peut presque regarder comme certain que dès lors on ne voyait plus dans les diètes que les seuls États, et non plus les magistrats et les officiers inférieurs. Du temps d'Othon II, les États immédiats fournissaient aux frais des diètes. — Sous les Franconiens, les diètes étaient composées d'États ecclésiastiques et d'États séculiers : les archevêques, les évêques et les abbés appartenaient à la première classe; les ducs, les princes, les comtes et la haute noblesse formaient la seconde. L'empereur convoquait librement ces assemblées, et, à son défaut, l'archevêque de Mayence, comme primat et archi-chancelier d'Allemagne (*V.* LAMBERT D'ASCHAFFEMBOURG, aux années 1073, 1125). Lorsque les États s'étaient rendus au lieu prescrit, on proposait aussitôt l'objet des délibérations, et on les décidait sur le champ, en sorte que les diètes ne duraient ordinairement que fort peu de jours. Lambert d'Aschaffembourg trouve même beaucoup à redire à ce que la diète de Tribur, de l'an 1076, restât assemblée une semaine entière. L'archevêque de Mayence remplissait dès lors toutes les fonctions qui lui furent reconnues plus tard en qualité de directeur des *comices* et de *premier ministre* de l'empire. Les diètes se succédaient rapidement, et les États étaient tenus d'y comparaître en personne, sous différentes peines, dont celle de perdre leur suffrage chaque fois qu'ils y manquaient étaient la moins redoutée. De là vint que plusieurs États se firent dispenser de la nécessité de se rendre régulièrement à toutes les assemblées, et qu'il fallut une concession particulière de l'empereur pour autoriser le comte palatin du Rhin à voter à la place de l'abbé de Saint-Maximin. — Quand il survenait quelque affaire extraordinaire qui ne souffrait point de délai, l'empereur se contentait de consulter les ducs, et, à leur défaut, les princes qui se trouvaient près de lui; c'est là l'origine de la part distinguée que les électeurs (*V.*) obtinrent par la suite dans le gouvernement général de l'empire. — Aux droits que les diètes exerçaient dans le principe, elles ajoutèrent, sous les Franconiens, celui de déposer l'empereur (dont, du reste, elles avaient donné un exemple lors de la déposition de Charles-le-Gros; mais ici elles s'arrogèrent ce droit d'une manière plus formelle), ceux de faire des alliances, d'envoyer des ambassadeurs au nom de l'empire, de concourir à la collation des duchés et des fiefs majeurs, de faire grâce aux coupables jugés par elle; en un mot, elles s'arrogèrent toutes les parties du gouvernement public. — Sous le règne d'Othon IV, au commencement du XIIIe siècle, l'autorité des diètes fit des progrès considérables : on vit les États obliger l'empereur de se retirer de leur assemblée quand ils voulaient délibérer sur des objets qui le regardaient personnellement; régler à leur gré la forme des expéditions d'Italie, en se dispensant eux-mêmes d'y assister au moyen d'une somme d'argent convenue; contraindre l'empereur à révoquer des cessions faites sans leur consentement; s'opposer à l'introduction du droit romain qui favorisait le despotisme impérial, et forcer l'empereur à conserver leurs anciennes lois provinciales. — On peut voir à l'article ÉLECTEUR comment les diètes, à travers le grand interrègne et les règnes orageux des princes de la maison de Hohenstoffen, arrivèrent à perdre le droit d'élire l'empereur, droit qui devint le privilége de quelques États principaux. Sous Louis V (première moitié du XIVe siècle), les électeurs furent expressément maintenus dans le droit exclusif de nommer l'empereur; les villes commencèrent à exercer un suffrage décisif. Ainsi, à la diète de Francfort, de 1344, les deux colléges supérieurs s'étant déjà réunis pour condamner les propositions de Clément VI, ils consultèrent encore les colléges des villes; ces dernières délibérèrent dans une salle séparée, formèrent un arrêté de leur collége, et le député de Mayence en rendit compte au reste de l'assemblée. La diète concourait essentiellement à la collation des fiefs vacants. Ce ne fut que sous Frédéric III, à la diète de Nuremberg, en 1467, que les États furent distribués en trois colléges absolument séparés. Jusqu'alors les princes s'étaient toujours assemblés dans la salle des électeurs, et ils avaient voté à leur suite, quoiqu'ils composassent depuis longtemps un corps à part, inférieur à tous égards au corps électoral. Les *relations* et les *corrélations*, ou les conférences entre trois colléges, devinrent à cette même époque plus fréquentes, et se firent avec plus de régularité. — Plus tard, Charles-Quint s'engagea par sa capitulation (voy.) envers le corps germanique assemblé en diète à le maintenir invariablement dans l'exercice de la puissance législative, soit pour faire des lois nouvelles, soit pour changer, confirmer ou renouveler les anciennes; à le maintenir pareillement dans le droit d'entretenir la paix au nom de l'empire, de faire la guerre et la paix au nom de l'empire, de porter des règlements sur le fait du commerce et de la monnaie, d'arrêter les contributions ordinaires et extraordinaires, de régler les contingents et de prescrire la forme des perceptions; d'établir, de visiter et de surveiller les tribunaux suprêmes de l'empire, de juger les causes personnelles des États, et d'administrer la haute police de l'Église. Mais en même temps il promettait formellement aux électeurs de requérir leur consentement pour assembler les diètes, qui ne pouvaient être tenues qu'en Allemagne. — La diète de Nuremberg de 1543, présente le premier exemple de la cumulation de plusieurs suffrages sur une même tête; les suffrages avaient été jusqu'alors purement personnels et le possesseur de plusieurs principautés successivement réunies sous sa domination ne jouissait pas de plus d'une voix dans les assemblées. On commença à déroger à cet ancien usage dans la diète de 1543, en faveur du cardinal Albert de Brandebourg: ce prélat exerça à la fois le suffrage électoral de Mayence dans le collége électoral, et celui de l'archevêché de Magdebourg dans le collége des princes. Le premier exemple d'un prince séculier exerçant deux suffrages remonte à la diète de Ratisbonne de 1556: l'électeur palatin Othon-Henri vota dans le collége électoral comme électeur, et dans celui des princes comme duc de Neubourg. C'est à la diète d'Augsbourg de 1582 que l'on trouve l'origine du nombre déterminé de suffrages dont les anciennes maisons princières d'Allemagne jouissaient encore avant 1800 dans le collége des princes; cependant il serait difficile d'indiquer la raison ou le principe constitutif de cette détermination. La manie des partages ayant prévalu vers la fin du XIIIe siècle, à l'égard des fiefs et des principautés de l'empire, sur l'ancienne succession par droit d'aînesse, il se forma par degrés un grand nombre de branches collatérales dans les maisons souveraines d'Allemagne, qui jouissaient chacune, dans les portions d'héritage qui leur étaient dévolues, des mêmes droits de supériorité territoriales et d'immédiateté que le chef de la tige principale exerçait dans ses domaines. Par une suite nécessaire de cette jurisprudence combinée avec ce principe fondamental que tous les princes régnants qui possédaient les fiefs de l'empire prenaient de droit rang et séance à la diète, les chefs de toutes ces branches nouvellement formées dans les maisons princières acquirent chacun une place et une voix dans cette assemblée; mais comme les suffrages n'étaient que personnels, et qu'ils n'étaient pas encore inhérents à la glèbe, ces voix ainsi établies disparaissaient, d'une part, à mesure que les branches à qui elles appartenaient s'éteignaient, tandis que, d'un autre côté, il s'en élevait de nouvelles par quelques nouveaux traités de partage. Cette incertitude du nombre des suffrages qui devaient composer le collége des princes dura jusqu'en 1582, et cessa alors par l'introduction d'un usage nouveau. On a remarqué que toutes les maisons dans lesquelles il s'est trouvé à cette époque deux, trois ou plusieurs princes régnants, avec voix et séance à la diète, ont conservé depuis le même nombre de suffrages, quoique les branches collatérales d'où ces princes étaient issus et à qui ces suffrages appartenaient se soient successivement éteintes, et que les parties de fiefs dont ces suffrages étaient titres aient été réunies et consolidées dans une même main; mais il n'y eut, pour le changement que nous venons d'indiquer, aucune mesure législative; il s'introduisit par le simple usage. — La paix de Westphalie régularisa ce qui concernait les diètes. Les droits que nous avons indiqués ci-dessus y furent expressément reconnus et sanctionnés. Après les faits que nous venons d'exposer sur la formation successive des éléments qui constituaient les anciennes diètes d'Allemagne, il nous reste à faire connaître l'organisation de la diète germanique à la fin du XVIIIe siècle. Avant les changements introduits en Allemagne au commencement de ce siècle, l'empereur convoquait la diète, et, à son défaut, l'archevêque de Mayence, de l'aveu ou avec la participation des électeurs; l'empereur était à la tête de cette assemblée qui, pendant des siècles, n'eut pas seulement de résidence fixe; il était seulement passé en usage que la première diète de chaque nouveau règne fut réunie à Nuremberg. Depuis l'an 1663 la diète germanique se tenait à Ratisbonne. Ses membres, partagés en trois colléges, savoir: celui des *électeurs*, celui des *princes*, et celui des villes *impériales*, étaient au nombre de 285; ils donnaient en tout 159 voix, dont 153 étaient individuelles (*vota virilia*), et six collectives (*vota curiata*). Ces dernières étaient particulières au collége des princes et se donnaient par 39 prélats, abbés, abbesses, commandeurs d'ordre de Souabe et du Rhin, qui siégeaient sur deux bancs, et par 93 comtes et seigneurs de Wettéravie, de Souabe, de Franconie et de Westphalie, qui siégeaient sur quatre bancs. Les voix individuelles étaient communes aux trois colléges; elles se donnaient dans le premier par chacun des trois électeurs qui le composaient; dans le second, par 39 princes formant un banc ecclésiastique, et par 61 princes séculiers formant un autre banc; et dans le troisième par 50 villes impériales, dont 13 étaient désignées par le nom de *banc du Rhin*, et 37 par le nom de *banc de Souabe*. Le rang occupé par les États de l'empire germanique n'était pas bien fixée; plusieurs se disputaient le pas et la préséance. Ces États étaient appelés à l'assemblée six mois d'avance. L'empereur, président né de la diète, lui proposait les principaux objets de la délibération, et sa sanction était nécessaire à toutes les résolutions finales qui s'y prenaient. Dès le règne de Maximilien II il s'y faisait représenter par un principal ministre ou commissaire, et chacun des autres membres y envoyait un ambassadeur ou plénipotentiaire, des conseillers résidents ou agents. L'archevêque de Mayence, directeur particulier du collége des électeurs, était en même temps directeur-général des deux autres, et toutes les affaires se traitaient devant lui; il présidait à la *dictature* publique, d'où partaient tous les objets présentés à la délibération des États; cette dictature (voy.) se mêlait des affaires particulières de l'empereur, aussi bien que des affaires communes à tout l'empire, et de celles qui ne concernaient qu'un ou plusieurs membres de la diète. Tous les protocoles de l'assemblée se rapportaient à la chancellerie de l'archevêque, toutes les expéditions en sortaient, et toutes étaient sous sa signature, la seule qu'employât la diète. Les ministres qui le représentaient se légitimaient auprès du principal commissaire; ensuite ils recevaient eux seuls les lettres de créance des représentants des autres États de l'empire; et, conjointement avec l'empereur et le principal commissaire, ils recevaient celles des envoyés des puissances étrangères. Ces mêmes ministres, en vertu de leur autorité de directeurs, ajournaient les membres de l'assemblée, leur indiquaient l'heure et le lieu un jour d'avance. — Les trois colléges s'assemblaient dans le même local, mais chacun dans une salle séparée. Les délibérations commençaient par le collége des électeurs, puis elles allaient à celui des princes, et enfin on les faisait passer par celui des villes impériales; elles étaient décisives dans les trois; mais pour être transformées en résolutions, il fallait qu'elles fussent unanimes dans les trois colléges. On n'exceptait que les cas où il s'agissait d'affaires de religion, l'empire se divisait alors en corps *catholique* et corps *évangélique*, et les autres cas qui pouvaient avoir été réservés par le traité de Westphalie ou par les capitulations impériales. Les résolutions prises par la diète s'appelaient *conclusions* (*conclusa*), et le commissaire de Mayence les présentait sous le titre modeste *d'avis* (*gutachten*), au principal commissaire, afin qu'elles obtinssent la sanction impériale. Cette sanction se donnait par un *décret de ratification*. Si elles l'obtenaient, on publiait ensuite le tout sous le titre de *décret de l'empire*; dans le cas contraire, les résolutions n'avaient point d'effet, et on abandonnait la question, ou on la renvoyait à un autre temps. On appelait *recès de l'empire*, en latin *recessus*, en allemand *reichsabschied*, le recueil authentique de tous les décrets d'une diète; ce recès confié à l'archichancelier devait être muni de sa signature, au-dessous de celle de l'empereur et au-dessus de celle du vice-chancelier, et alors il avait force de loi fondamentale; mais il ne pouvait avoir lieu qu'à la clôture d'une diète. — Le pouvoir de la diète s'affaiblissait de jour en jour; elle perdait sa dignité en attachant une importance ridicule à de mesquines discussions sur l'étiquette; elle n'était presque plus rien après les traités de Campo-Formio et de Lunéville; elle cessa entièrement d'exister après la bataille d'Austerlitz. Enfin elle fut rétablie sur de nouvelles bases par l'acte fédéral du 8 juin 1815 (*V.* EMPIRE (saint) et GERMANIQUE (confédération).

2° *Diète en Suisse.* — Les assemblées des députés des cantons suisses, appelées *diètes* par les Français, sont désignées en allemand par les mots de *Tagsatzung*, *Tagleistung* (journées assises). Du jour où les juges qui successivement formèrent le corps helvétique établirent une ligne fédérative, et avant même leur entière séparation de l'empire germanique, il avait été convenu entre les cantons alliés d'un lieu de conférences où se réuniraient leurs députés pour régler les intérêts communs et intervenir comme arbitres dans les différends qui pourraient s'élever entre les cantons alliés. A mesure que les Suisses remportèrent des victoires et que de nouveaux cantons s'ajoutèrent à leur confédération, les assemblées des députés devinrent plus fréquentes, et les intrigues des puissances étrangères y introduisirent souvent la corruption et la discorde. Des conquêtes que divers cantons avaient faites, et dont ils partagèrent les fruits, amenèrent l'établissement des diètes annuelles, dans lesquelles on s'accoutuma à traiter des intérêts nationaux, à donner audience aux ambassadeurs. Ces diètes annuelles et ordinaires s'assemblaient à Baden, dans l'Argovie (Aarau). Depuis 1712, les diètes générales, qui se tenaient au mois de juillet, furent réunies à Frauenfeld, chef-lieu de la Thurgovie. On aurait tort de les regarder comme des États généraux, ou comme un corps représentatif chargé du pouvoir législatif ou de l'administration nationale. Les cantons étaient simplement alliés et n'avaient rien à régir en commun, mais seulement à s'entendre sur leurs intérêts réciproques, et leurs députés n'apportaient aux diètes que des instructions limitées; ce n'était jamais qu'en vertu de pouvoirs spéciaux qu'ils pouvaient conclure et terminer des affaires importantes. — Lorsqu'il s'agissait d'une diète générale, ordinaire ou extraordinaire, c'était le canton de Zurich qui, en vertu du premier rang qu'il occupait et du dépôt de la chancellerie helvétique qui lui était confié, fixait le temps et le lieu des assemblées, et les convoquait par une circulaire. Quant aux conférences entre plusieurs cantons, sur des objets qui n'intéressaient pas le canton de Zurich, c'était le plus ancien des cantons, suivant l'ordre établi entre eux, qui invitait les autres à envoyer des députés. — Un canton se faisait représenter par deux députés. Après les formes ordinaires d'ouverture, les députés du premier canton proposaient les sujets de délibération; on commençait par les affaires générales. A moins qu'un des états confédérés ou l'ambassadeur d'une puissance étrangère ne demandât la convocation d'une diète extraordinaire, les affaires générales étaient renvoyées à la diète annuelle de Frauenfeld. C'était le bailli de la Thurgovie qui, dans cette assemblée, invitait les députés successivement à opiner sur la question proposée; en cas de partage égal des suffrages, le bailli jouissait d'une voix prépondérante. Communément les résolutions étaient toutes prises *ad referendum*, c'est-à-dire que les députés voulaient les soumettre à l'examen des communes de leur état, et, si les matières n'étaient pas urgentes, on les renvoyait à une autre diète. Lorsque les matières d'intérêt général avaient été discutées, une partie des députés se retirait de la diète, et la chancellerie expédiait à chaque canton un double du *recès* qui contenait le résultat des délibérations. Dès ce moment la diète annuelle changeait de forme et d'objet; elle devenait une assemblée des représentants des cantons qui avaient part à la juridiction sur les baillages communs. Les baillis soumettaient leur gestion à l'examen de la diète, qui confirmait ou révoquait les sentences prononcées par eux dans les causes civiles portées devant elles par appel. Chaque député présent avait suffrage en qualité de juge, et le bailli donnait sa voix quand il y avait parité de suffrages. Du reste, ces jugements de la diète n'étaient pas rendus en dernier ressort : dans les causes majeures on pouvait en appeler devant les cantons mêmes. Le tribunal supérieur de chaque canton prononçait, et sa sentence formait un nouveau suffrage; toutes ces décisions étaient communiquées aux parties et notifiées au bailli pour qu'il les exécutât. Les baillis de la Thuringe, du Rheinthal, du comté de Sargans, et de la partie supérieure des bailliages libres, rendaient compte à la diète de Frauenfeld. Il se tenait annuellement, au mois d'août, une assemblée ou diète des députés de douze cantons à Lugano ou à Locarno; elle avait pour objet l'administration des quatre bailliages ultramontains situés sur les confins de la Lombardie. Il était d'usage de n'envoyer à cette diète qu'un seul député par canton. Une session de la même nature avait lieu à Baden, entre les députés des trois cantons de Zurich, Berne et Glâris, au sujet des bailliages de Baden et de la partie inférieure des bailliages libres. Les cantons d'Uri, de Schwitz et le Bas-Underwalden, envoyaient des députés à une session particulière, relative à quatre vallées sur les confins du Milanais, dont ils avaient la souveraineté. Les États de Berne et de Fribourg avaient établi entre eux une conférence, de deux en deux ans, à Morat, pour les quatre bailliages qu'ils gouvernaient en commun. etc. — Toutes les diètes ou conférences qui avaient rapport à l'examen de la conduite des baillis et à l'administration des provinces sujettes, étaient appelées *syndicats* ou *sessions de contrôle*. Les cantons aristocratiques défrayaient leurs députés et réglaient leur part aux épices et émoluments; les cantons démocratiques, au contraire, laissaient à leurs représentants le soin de se dédommager de leur dépense sur le produit de leur commission. — Outre toutes ces différentes diètes ordinaires et annuelles, il se tenait quelquefois des conférences particulières entre deux ou plusieurs cantons qui avaient à régler des intérêts passagers. Les cantons catholiques d'une part, les cantons protestants de l'autre, s'assemblaient quelquefois par députés, pour des matières qui intéressaient leurs églises; ils formaient même, à la grande diète de Frauenfeld, des sessions particulières pour cet objet. Le droit public entre les membres du corps helvétique établissait encore une autre conférence, c'étaient les congrès des arbitres chargés de prononcer sur les différends qui s'élevaient entre les cantons. Les confédérations et les traités d'alliance particulière entre des cantons voisins déterminaient le lieu de ces conférences, pour chaque cas, le choix des arbitres et la forme des jugements. — L'ancien pacte fédéral, et par conséquent l'ancienne diète helvétique, devait se ressentir de la secousse que la révolution française donna à l'Europe. Maîtresse de la Suisse, la France, à la place de la confédération, forma la république helvétique, et elle substitua à la diète les deux chambres dont l'action devenait de plus en plus désastreuse, lorsque Napoléon rendit à la Suisse sa forme fédérative et rétablit la diète par la constitution du 19 février 1803. Tous les ans elle se réunissait, au mois de juin, à Fribourg, à Soleure, Bâle, Zurich ou Lucerne, chefs-lieux des cinq cantons directeurs : la session durait un mois. Il y avait un député par canton, mais 25 voix, parce que Berne, Zurich, Vaud, l'Argovie, les Grisons et Saint-Gall avaient un double vote. La diète seule pouvait conclure des traités de paix et d'alliance, et pour ces traités, le consentement des trois quarts des cantons était indispensable; elle faisait aussi les traités de commerce, les capitulations pour le service étranger, autorisait les stipulations des cantons avec les puissances du dehors, ordonnait le contingent de troupes et d'argent, réglait ce qui avait rapport aux monnaies, nommait le général qui devait commander les forces réunies des cantons, servait d'arbitre entre eux, etc. Le *landamman* pouvait, si cela était nécessaire, convoquer une diète extraordinaire; les cantons le pouvaient aussi; mais seulement dans certains cas. Le congrès de Vienne (1815) laissa à la diète toutes ses attributions, mais Berne devint, avec Zurich et Lucerne, un des cantons directeurs. En 1833, on déclara que les débats seraient publics. Nous reviendrons sur l'organisation actuelle de la diète fédérale à l'article SUISSE.

3° *Diètes des États du Nord.* — Les assemblées nationales du Danemarck méritent peu d'attention, et d'ailleurs leur organisation n'a jamais été bien régulière. Nous renvoyons au mot STORTHING ce que nous avons à dire de la diète de Norwège, et nous ne nous occuperons ici que de la diète Suédoise. — On sait qu'avant le XIIIe siècle on ne trouve rien de certain sur l'histoire de Suède ni sur les institutions de ce pays; il est seulement incontestable que la couronne y était élective, que le sénat et les états étaient les véritables maîtres du gouvernement. Mais quel était dans ces anciens temps l'organisation des états ou de la diète? Voilà ce qu'il est à peu près impossible de préciser. Tout ce qu'on peut affirmer, c'est qu'ils se composaient de quatre ordres; le clergé, la noblesse, les bourgeois des villes et les paysans, et que leur consentement était nécessaire pour toute mesure un peu importante. Après la mort de Charles XII, voici ce qui fut réglé au sujet de la diète, composée de quatre ordres que nous venons de nommer. Le chef de la branche aînée de chaque famille noble avait le droit héréditaire d'y voter, ce qui forma environ 1,000 membres. Ils siégeaient suivant l'ancienneté de leur familles, et non pas suivant leur rang ou leurs fonctions; ils s'assemblaient à leurs propres frais à Stockolm, ou ils y envoyaient leurs députés, et ils choisissaient à la pluralité des voix un orateur qui avait le titre de *maréchal du pays*, et auquel on accordait à la fin des sessions une gratification déterminée. L'ordre des nobles se divisait en comtes, barons et gentilshommes; le roi pouvait bien créer un gentilhomme, mais l'ordre était libre de ne pas le recevoir dans son sein et de ne pas lui permettre de siéger à la diète. L'ordre du clergé était composé de l'archevêque d'Upsal, qui en était ordinairement l'orateur; de l'évêque de chaque diocèse, d'un membre de chaque chapitre, d'un ministre à la pluralité des suffrages de ses confrères. Pendant la diète, il était pourvu aux dépenses de ces prélats par une souscription du clergé; leur nombre était de 170. Les représentants des bourgeois se choisissaient par les magistrats et le conseil ordinaire de chaque corporation : Stockolm en envoyait quatre, d'autres villes deux et quelquefois un seul, et il y avait des petits bourgs dont deux se réunissaient pour avoir un représentant. L'orateur de cet ordre était communément un des bourguemestres de Stockolm. Les députés étaient entretenus pendant la diète aux frais de leurs concitoyens, et leur nombre était d'environ 150. Enfin, chaque canton envoyait un membre tiré de l'ordre des paysans qui possédaient les terres de la couronne; les tenanciers et les paysans n'avaient pas le droit de siéger eux-mêmes à la diète; ils choisissaient leur représentant et un orateur à la pluralité des voix; leur nombre était d'environ 180, et ils étaient défrayés par leurs commettants. — Les états se tenaient dans un palais appelé *Ridarhuset* (hôtel de l'ordre équestre), dans la grande salle du royaume; le roi y assistait et faisait annoncer les sujets de délibération. Puis les états se divisaient en plusieurs comités dont le principal, *le comité secret*, examinait les journaux du sénat et les comptes des finances, ainsi que les rapports avec les pays étrangers et les affaires les plus secrètes du royaume; il était composé de 40 membres choisis dans les quatre ordres des états *in pleno* (expression consacrée). Ce *plenum* était convoqué par un ordre du *maréchal du pays*, quand il fallait délibérer sur des choses importantes, tels que la guerre, la paix, les impôts, la succession au trône, etc. Les quatre ordres s'assemblaient alors dans la grande salle de la chambre des nobles, et, après avoir entendu la lecture des propositions, ils se retiraient dans leurs salles respectives où ils commençaient leurs débats, et prenaient les résolutions sur les objets qui leur étaient soumis. Les différents orateurs se réunissaient ensuite dans la même salle, et rapportaient au *maréchal du pays* les décisions de leur ordre. Toutes les résolutions capitales devaient obtenir le suffrage de trois ordres au moins avant que de passer en loi. Quand deux ordres étaient pour, et deux contre, les choses restaient dans leur ancien état, les autres comités étaient nommés suivant les circonstances; on renvoyait aux uns des affaires particulières; mais chacun d'eux était obligé de rapporter ses résolutions au comité secret ou au *plenum*. Les membres des quatre ordres entraient dans les comités. Ces réglements furent fixés en 1720. — Lorsque Gustave III changea la forme du gouvernement en Suède, il s'expliqua, au sujet de la diète, comme il suit, dans sa nouvelle constitution donnée le 21 août 1772: — « Les états du royaume s'assembleront aux temps et lieu qui leur serait assignés, quand le roi les convoquera pour délibérer avec S. M. sur les affaires qui leur seront communiquées; mais aucun autre que le roi ne pourra, sous quelque prétexte que ce soit, convoquer la diète générale : ce droit, en cas de minorité, sera exercé par les tuteurs du roi. Si le trône vient à vaquer, les états s'assembleront sans être convoqués, à Stockolm, treize jours après la mort du roi, et procèderont librement à l'élection d'un souverain, etc., etc. Les états veilleront à la conservation de tous les droits royaux, et ne changeront, multiplieront ou diminueront point les lois fondamentales du royaume sans l'avis et le consentement du roi. Celui-ci ne pourra point abolir ni abroger aucune loi sans la participation et l'aveu des états, ni ceux-ci sans l'aveu et la participation du roi. L'initiative, pour la proposition des lois nouvelles, appartiendra également au roi et à la diète. On ne fera aucun changement dans la valeur ou le titre des monnaies sans le consentement des états. Ceux-ci concoureront à l'établissement des impôts, à moins de certaines circonstances graves et tout-à-fait extraordinaires. Les assemblées de la diète ne se prolongeront jamais au delà de trois mois au plus. Le roi la dissoudra. Les états ont le droit de nommer ceux qui doivent composer le comité particulier avec lequel le roi délibérera sur les affaires qu'il voudra tenir secrètes. Ce comité aura tout le pouvoir des états eux-mêmes; mais, dans tous les cas où les délibérations pourront être connues, elles seront soumises au jugement de la diète. Le roi ne pourra faire ni la guerre ni la paix sans la connaissance et l'aveu des états. Les officiers des états ne pourront laisser au roi, et le roi ne pourra leur demander d'autres registres que ceux qui intéressent les affaires examinées par lui, de concert avec la diète. On présentera au comité de la diète l'état de tous les ouvrages publics et de toutes les sommes données par le trésor. Tout outrage envers un membre de la diète sera puni comme un crime et une infraction à la paix du royaume. » Aujourd'hui même, le roi de Suède ne peut rendre aucune loi nouvelle, interpréter les anciennes, lever des impôts, et déclarer la guerre sans le consentement des états, que lui seul a le droit de convoquer. La diète a dans ses attributions la gestion de la dette publique et de la banque du royaume. Elles se composent de quatre chambres une pour chaque ordre : celle de la noblesse qui se subdivise en trois classes, les comtes, les barons, et les nobles non titrés, et dans laquelle chaque membre a droit de voter à l'âge de 24 ans; celle du clergé composée d'évêques et de pasteurs élus dans chaque chapitre; celle de la bourgeoisie, dont les députés sont choisis parmi les principales villes du royaume, et qui comprend des négociants, des fabricants et des artisans; et celle des paysans, choisis par ceux-ci dans leurs assemblées. — Chaque député, à l'exception de ceux de la noblesse, doit avoir 25 ans accomplis, appartenir à l'un des ordres qu'il représente et professer la religion protestante. La chambre de la noblesse se compose de 1,117, celle du clergé 50 à 80 seulement, celle de la bourgeoisie de 100 à 200, et celle des paysans d'un peu plus de cent; la disproportion du nombre de ces députés serait un grave inconvénient dans les discussions, si la constitution ne l'avait modifiée par une disposition importante qui n'admet pas le vote par tête, mais par ordre. Les états s'assemblent ordinairement tous les 5 ans. (*V.* SUÈDE).

Diète en Pologne. — Dans le temps même où les rois de Pologne étaient absolus, ils consultaient les grands pour les affaires d'État; mais, en 1381, Ladislas-le-Nain constitua réellement la diète polonaise, en y appelant toute la noblesse, qui s'y rendait en masse. Avec le temps, les assemblées de la diète, qui ne duraient que quelques jours, devinrent plus fréquentes; mais le roi seul convoquait, et cette convocation n'était soumise à aucune forme régulière. La loi de 1468 régla la forme des diètes. — Les diètes ordinaires, appelées *seym*, commencèrent vers la fin du XVe siècle. Les lois de 1569, 1576, 1673, 1717, 1726 ôtèrent au roi le droit de fixer le lieu et l'époque de ces assemblées, qui devaient se tenir tous les deux ans, et ne duraient que six semaines; elles se réunissaient deux fois de suite à Varsovie, et la troisième diète était convoquée à Grodno, en Lituanie; cette règle souffrit néanmoins des exceptions. A l'approche des diètes, le roi écrivait à tous les sénateurs des lettres pour les consulter sur l'objet des délibérations comitales. Leurs réponses et les volontés du roi fournissaient le sujet des instructions que les deux chancelleries expédiaient à toutes les provinces et à tous les districts qui avaient le droit de députer des *nonces*; elles y joignaient les lettres de convocation ou *universeaux*, qu'on affichait aux greffes (*grods*) de chaque district, trois semaines avant l'assemblée des *diétines* (*V.* ci-dessous). Au jour marqué, les sénateurs s'assemblaient dans leur chambre et les nonces dans leur salle (*stuba*). — L'ordre des travaux de la diète a souvent varié; voici quel il était dans les derniers temps. On commençait par la vérification (*rugi*) des pouvoirs des nonces; puis le maréchal devait être élu à la pluralité des suffrages, avant la fin du troisième jour. Celui-ci nommait les secrétaires de la diète et les députés, deux par provinces, pour former les jugements de la diète, et quatre par province pour examiner les comptes de la commission du trésor. Le second jour, au plus tard, après l'élection du maréchal, la chambre des nonces devait se réunir au sénat. On allait saluer le roi et lire les *pacta conventa* (*V.*); ensuite on lisait les objets de délibération et les résultats des *senatus concilia*. Les commissaires du sénat, chargés de dresser les nouvelles constitutions à proposer, étaient nommés par le roi, ainsi que ceux qui devaient examiner les comptes du trésor. D'autres officiers, appelés *nouveaux commissaires du trésor*, étaient élus à la pluralité des voix. Les nonces, de retour dans leur chambre, recevaient communication des matières proposées, et on leur laissait un jour entier pour y réfléchir, avant toute délibération. — Les affaires des finances étaient décidées, à la pluralité des suffrages, par le sénat et par les nonces; en cas de partage, le roi avait la voix prépondérante. Pour la conclusion des affaires d'État, l'unanimité était nécessaire. L'opposition d'un seul nonce (*Niémazs sgoda*) suffisait pour empêcher toute conclusion (*V.* VETO). Les matières d'état étaient : l'augmentation des impôts et des troupes; les déclarations de guerre et les traités de paix et d'alliances; la concession de l'indigénat et des lettres de noblesse; la réduction des monnaies; les changements par rapport aux charges dans les tribunaux ou dans les ministères; l'ordre à tenir dans les diètes; la permission à donner au roi d'acheter des terres; la convocation de l'arrière ban; enfin, l'anéantissement des saisies à main armée. Le maintien du *liberum veto*, sur tous ces points, ne pouvait qu'être désastreux pour la Pologne. Le lundi de la sixième semaine, au plus tard, la chambre des nonces devait se réunir au sénat pour entendre la lecture des constitutions faites, en commençant par les affaires d'état. Enfin, le maréchal de la diète et les députés signaient les constitutions ou lois nouvelles, et on les envoyait au greffe pour être collationnées. — *Les diètes extraordinaires* différaient des diètes ordinaires en ce qu'elles n'étaient pas assemblées à des époques fixes, en ce que le roi seul pouvait signer les universeaux sans être tenu de consulter les sénateurs; enfin, en ce que les *diétines* pouvaient ne précéder que de trois semaines l'ouverture de la diète. De plus, on n'y laissait pas les *pacta conventa*, on n'y tenait pas de jugements comitaux; on ne s'occupait que de propositions faites par le roi. Ces diètes ne duraient communément que quatre jours. La loi de 1726 ordonnait que ces assemblées ne fussent convoquées que dans le cas d'une absolue nécessité. — Durant l'interrègne, il y avait des diètes d'une autre nature. L'archevêque de Guezue, primat du royaume, annonçait la vacance du trône à tous les sénateurs et les invitait à se rendre à Varsovie. — Anciennement on fermait les tribunaux; les universaux et les instructions étaient expédiés au nom du primat; les diétines s'assemblaient; enfin, les nonces élus arrivaient à Varsovie. D'abord, dans cette diète appelée *de convocation*, on suivait la marche des diètes ordinaires. On pourvoyait ensuite à la tranquillité publique pendant l'interrègne; on donnait des conseillers au primat, et, en cas de guerre, aux généraux en chef; on lisait les lettres des princes étrangers; on fixait l'époque de la diète d'élection; et on finissait habituellement par une confédération générale. Les constitutions de cette diète d'élection étaient signées de tous les membres de l'assemblée et par les députés des villes de Cracovie, de Wilna et de Léopol, qui avaient conservé le droit d'assister à ces diètes seules. La diète de 1768 décida que, dans les diètes de convocation, les matières d'état ne pourraient être décidées qu'à l'unanimité des voix. La même diète mit au rang des lois fondamentales et immuables, que le roi devait être à jamais électif et professer la religion catholique. — La diète d'élection n'était plus une assemblée de nonces. Toute la noblesse montait à cheval et était conduite par les palatins à Varsovie. Les Polonais campaient d'abord sur la rive droite de la Vistule, et les Lituaniens sur la rive gauche, le sénat se tenait dans une baraque élevée auprès du village de Wola, en vertu de la constitution de 1587, et il avait à sa tête le primat. Cette baraque, entourée d'un rempart, se nommait *szopa* (est le mot français échoppe). La noblesse, rangée sous les enseignes des palatinats, nommait ses nonces comme pour les diètes ordinaires; ceux-ci nommaient, à la pluralité des voix, le maréchal de l'élection qui jurait de ne signer le diplôme que si l'élection était unanime. Trois députés, un pour la Grande-Pologne, un pour la Petite-Pologne, un pour la Lituanie se rendaient avec le maréchal à la *szopa*. On proposait la rédaction des *pacta conventa*; on nommait les députés du sénat et des provinces qui dressaient cette espèce de capitulation; on décidait ce qui était relatif aux infractions qui avaient pu avoir été faites à la loi; le sénat donnait audience aux ministres étrangers et au nonce du pape; enfin, le primat déclarait les candidats au trône, et les députés de la noblesse en rendaient compte à leurs brigades. — Le jour fixé pour l'élection, toute la noblesse, à cheval, se rangeait autour du *szopa*, suivant l'ordre des palatinats. Le maréchal de l'élection et les nonces se réunissaient au sénat; les nonces retournaient à leurs brigades; le maréchal de la diète et le primat restaient seuls pour recueillir les suffrages; ils parcouraient les brigades, et, quand l'assemblée était d'accord, le primat proclamait le roi élu au milieu du *szopa*; le grand maréchal le proclamait de son côté aux trois portes du retranchement qui entourait le *szopa*. Si le roi élu se trouvait à l'assemblée, on se hâtait de lui faire prêter serment. Si on élisait un prince étranger, ses ambassadeurs juraient en son nom, et on lui envoyait des députés chargés de lui remettre le diplôme et d'exiger son premier serment. Les nobles quittaient enfin le camp et retournaient chez eux, en attendant les diétines pour nommer les nonces à la diète du couronnement. Celle-ci était encore convoquée par le primat; elle devait se tenir à Cracovie. Dans le cas où la diète d'élection avait été orageuse, la diète de couronnement était suivie d'une diète de pacification (V. KOLO, et l'ouvrage de M. D. de la Bizardière : *Histoire des diètes de Pologne pour les élections des rois, depuis* 1672 *jusqu'en* 1674; Paris, 1679, in-8°). — Les diétines (seymick) étaient les assemblées de la noblesse polonaise des palatinats, des provinces et des districts, qui avaient le privilége de nommer et d'envoyer des nonces à la diète de la nation. Elles devaient précéder de six semaines la diète générale. Elles se tenaient dans les églises, à huis ouverts. Pour y avoir une voix active, il fallait être gentilhomme polonais, avoir quelque possession territoriale dans la province et être âgé de 18 ans révolus (*V.* POLOGNE). A. S. R.

DIETERICH (HELVÉTIUS), docteur en médecine, né dans les États de Hesse-Darmstadt en 1601, d'abord professeur d'hébreu à Ulm; il quitta sa chaire pour la médecine. Après avoir exercé sa profession dans plusieurs cours du Nord, il vint se fixer à Hambourg et y obtint la charge de médecin de la ville. Dans un de ses ouvrages il s'attribue la découverte de la circulation du sang, mais ce fait est trop invraisemblable pour inspirer aucune confiance.

DIETERICH (JEAN-CONRAD), né à Butzbach, en Wetéraire, en 1612, mort en 1669. Il enseigna le grec à Marbourg en 1639, puis à Geissen en 1653. Il s'adonna dans cette dernière ville à la culture des sciences médicales, et il se rendit en état d'écrire des livres que les médecins de son temps n'auraient pas désavoués. Ses ouvrages historiques et philologiques ne sont pas moins estimés.

DIÉTERICH (JEAN-GEORGES-NICOLAS) (*Voy.* WEINMANN).

DIETERLING (de Strasbourg), peintre et architecte, vécut dans le XVIe siècle. Il a écrit sur l'architecture, et donné les dessins d'un grand nombre d'édifices élevés en Allemagne. On a imprimé à Nuremberg, en 1594, un Traité d'architecture de cet auteur, en allemand, in-folio.

DIÉTÉTIQUE (*t. de méd.*), qui concerne la diète, le régime de vie propre à conserver ou à rétablir la santé. Il s'emploie aussi comme substantif féminin, et se dit de l'art de conserver ou de rendre la santé par les moyens diététiques.

DIÉTINE, diète particulière.

DIETPOLD ou **THÉOBALD**, évêque de Passau, était d'une ancienne et illustre famille, il se croisa en 1189 et se joignit à l'armée de l'empereur Frédéric Barberousse. Il fut du petit nombre de ceux, qui après la mort de ce dernier, arrivèrent devant Acre, après avoir éprouvé la mauvaise foi des GrecsIl mourut devant cette ville en 1190. Il nous a laissé sur la première moitié de cette expédition une lettre écrite de Philippopelis au duc d'Autriche. Cette lettre a été publiée dans la *Bibliothèque des croisades*, qui sert de complément à l'Histoire des croisades de M. Michaud.

DIÉTRICH (JEAN-FRÉDÉRICH), né le 29 août 1753 à Gœrlitz, devint en 1784 bailli de Grünhayn, Schlettud et Stolberg, d'où il passa avec le même titre à Grossenhayn en 1790, et à Moritzburg en 1821. Il prit sa retraite en 1827, et mourut le 9 mars 1833 à Moritzburg. Il est auteur de poèmes et de poésies en langue latine réunis en deux recueils, publiés l'un en 1805, l'autre en 1829. On y remarque surtout la traduction du *Printemps* de Kleist.

DIÉTRICH (CHRÉTIEN-GUILLAUME-ERNEST), l'un des meilleurs peintres de l'école allemande, naquit à Weimar le 30 octobre 1712. Il fut élève d'Alexandre Thiele. Le comte de Bruhl s'attacha le jeune Diétrich à l'âge de 18 ans par une pension de 1300 l. Son Adoration des Mages, qu'on a vue à l'exposition du Louvre de l'an IX, est un de ses plus beaux ouvrages. Diétrich avait un talent particulier pour imiter le genre de tous les peintres, ce fut un véritable Protée dans son art.

DIÉTRICH (PHILIPPE-FRÉDÉRIC baron de), né à Strasbourg en 1748, s'occupa de bonne heure de minéralogie. Il devint membre de l'Académie des sciences, de la Société des curieux de la nature de Berlin et de celle de Gottingue. Devenu maire de Strasbourg pendant notre révolution, il fut victime d'une accusation de modérantisme. Il a écrit plusieurs ouvrages entre lesquels nous citerons celui intitulé : *Description des gîtes de minerai, de forges et de salines des Pyrénées*, suivie d'observation sur le fer mazé et sur les mines des Sarels en Poitou; Paris, 2 vol. in 4°, 1786. Cet ouvrage est recommandable surtout par la partie descriptive.

DIETTERLIN (**WENDELIN**), peintre et architecte, né à Strasbourg vers 1540. Jean Scheffer lui attribue l'invention du pastel. Il ne reste aucun tableau de lui, mais il nous a laissé un *Traité d'architecture*. Il mourut en 1599.

DIETZ (HENRI-FRÉDÉRIC DE), né à Berubourg le 2 septembre 1751; fut d'abord directeur de la chancellerie de Magdebourg, et se fit connaître comme savant jurisconsulte, puis entraîné par son goût pour l'étude des langues orientales, il demanda et obtint une place de chargé d'affaires de Prusse à Constantinople. A son avènement au trône, en 1786, Frédéric Guillaume II le nomma ambassadeur extraordinaire près la porte Ottomane, mais Dietz ne réussit pas dans sa mission; il fut mis à la retraite en 1790 avec le titre de conseiller de légation, et mourut le 8 avril 1817. Il a laissé un ouvrage : *De la tolérance et de la liberté de la pensée*, et *Notes sur l'objet, le style, l'origine, et le sort du Livre Royal*. C'est dans cet ouvrage que Dietz a fait connaître le résultat de ses travaux en Orient.

DIETZSCH (JEAN-CHRISTOPHE), peintre et graveur à l'eau forte, né à Nuremberg en 1710. Son pinceau est facile et léger, sa touche gracieuse et son coloris d'un joli effet. Aussi les tableaux de Dietzsch sont-ils fort recherchés des Allemands.

DIETRICHSTEIN (ADAM seigneur de), d'une illustre famille de Carenthie, naquit en 1527. Il fut honoré de la confiance de Maximilien II, qui le chargea de plusieurs messages très importants auprès du pape et du roi d'Espagne. — FRANÇOIS, cardinal de DIETRECHSTEIN, fils du précédent, né à Macbred en 1570. Il acheva ses études à Rome, et le pape Clément VIII le nomma son caméristc. Peu après, il fut élu évêque d'Olmutz, et enfin décoré de la pourpre. Il mourut subitement à Brunn, en Moravie, le 19 septembre 1636.

DIEU (ANTOINE), peintre, né à Paris en 1662, avait beaucoup de facilité dans le pinceau, mais son dessin était lourd.

DIEU. Dieu, c'est l'être par excellence. Existe-t-il, est-il unique ou multiple, quelle est son essence, quels sont ses attributs? voilà ce que nous allons examiner autant que peut le concevoir la faiblesse de l'intelligence humaine.

De l'existence de Dieu. — On appelle *athée* celui qui nie l'existence de Dieu. On en distingue de deux sortes : l'athée négatif ou pratique qui vit dans l'ignorance de Dieu, ou comme si Dieu n'existait pas. Cette ignorance est criminelle, elle est le fruit de l'abrutissement; dans tous les cas elle ne peut être de longue durée dans l'homme qui jouit de la moindre lueur de raison, et surtout dans celui qui possède le plein exercice de ses facultés intellectuelles. Toutefois le nombre des pervers est trop grand sur la terre pour nier l'existence de l'athée négatif. — L'athée positif, spéculatif, ou dogmatique et théorique, est celui qui, malgré la révolte de sa conscience, cherche à se persuader par ses raisonnements de la non-existence de Dieu. Y a-t-il sur la terre des hommes assez malheureux pour parvenir à une telle conviction? nous ne le pensons pas, car ce serait l'anéantissement de l'intelligence humaine. Il semble dès lors que toute discussion sur un sujet aussi fondamental devrait être écartée; mais comme on ne saurait nier les attaques systématiques de certains esprits dépravés, ou tout au moins bizarres, contre l'existence de Dieu, nous sommes forcés de réfuter leurs arguments. Observons d'abord que parmi les ennemis de la divinité les uns attaquent son existence directement et à front découvert, les autres indirectement et par des voies détournées et cachées. Les premiers veulent bien d'un Dieu, mais d'un Dieu *dépendant* (1), et ils le confondent avec l'univers (2); les seconds sont ceux qui rejettent comme insuffisants tous les arguments qui prouvent l'existence de Dieu, et ne trouvent Dieu nulle part.

(1) Telle est l'école du criticisme allemand et toutes celles auxquelles elle a donné naissance.

(2) Entre autres les spinozistes, qu'il ne faut pas confondre avec les stoïciens de l'antiquité qui, tout en disant que Dieu est l'âme du monde, lui reconnaissaient d'autres attributs; et les saint-simoniens qui, comme nous le verrons, reconnaissent pour Dieu l'univers et la société elle-même.

Les avis sont partagés sur le nombre des athées. Pour nous, nous ne croyons pas qu'il y en ait autant que certaines personnes le prétendent; nous ne croyons pas non plus qu'il y en ait aussi peu que le pensent quelques autres. Quoi qu'il en soit cependant, nous avons ici deux écueils à éviter dans la marche que nous nous sommes tracée pour prouver l'existence de Dieu. L'existence de Dieu, disent les uns, ne peut pas se prouver; la foi, la révélation, qui sont les lumières de l'espèce humaine, doivent seules donner la certitude sur cette première des vérités (1). Ce sont là les vrais déserteurs de la cause. Aucune preuve claire et précise, disent les autres, ne peut être donnée. Leur raisonnement, du reste, est tout aussi dangereux; car accordons que l'existence de Dieu ne peut se démontrer par la preuve *à priori*, c'est-à-dire par la preuve tirée du sujet même, il est cependant hors de doute qu'elle peut se prouver par les preuves *à posteriori*, ou bien, selon quelques-uns, par la preuve *à simultaneo*, en remontant de l'effet à la cause (2), et réciproquement. Dans le choix des arguments dont nous nous servirons pour arriver à notre but, nous userons de sobriété. L'espace et le temps nous manquent pour donner à ce vaste et magnifique sujet toute l'extension qu'il mérite. Cette question a été assez souvent agitée et parmi les anciens et parmi les modernes; nous glanerons au milieu des nombreux ouvrages philosophiques qui la traitent, nous réservant d'indiquer dans les notes à nos lecteurs les auteurs où ils pourront chercher et trouver la lumière.

Dieu existe. — Cette proposition est le *préambule* de la foi, pour me servir de l'expression de saint Thomas (3), puisque, indépendamment de la révélation, nous pouvons arriver, par la seule force de la raison, à la connaissance de l'existence de Dieu : c'est là un article de foi, car l'existence de Dieu est le fondement de toute religion révélée. Il existe de toute éternité un être incréé, existant par lui-même, nécessaire et infiniment parfait, qui a donné l'existence à tous les êtres contingents, or il n'y a rien de semblable dans cet univers; il faut donc admettre un être quelconque outre cet univers, à savoir la cause infinie et l'origine de toutes choses, que nous appelons Dieu (4). Nous ne pensons pas qu'un athée même puisse s'élever contre cette proposition : il est nécessaire qu'un être existe de toute éternité, puisque s'il n'existait pas, rien n'existerait maintenant, car rien ne sort de rien, et rien ne crée rien. Ce principe posé, tout se démontre nécessairement; car l'être qui existe nécessairement de toute éternité doit être incréé, puisqu'on ne peut supposer aucune cause antérieure à lui, qui l'ait produit; si l'on en admettait une, il ne serait plus éternel; il doit donc exister par lui-même. Or, exister par soi-même ne veut pas dire s'être créé soi-même; ce serait une manifeste contradiction, ce serait être avant d'être; cela signifie qu'il existe par la vertu essentielle de sa nature. Cet être doit évidemment être *indépendant*, *immuable* et absolument *nécessaire*, car l'être contingent peut être ou ne pas être; il est par lui-même indifférent à l'un comme à l'autre; quelle est donc la cause qui l'a déterminé à être plutôt qu'à ne pas être? surtout puisque l'être contingent ne peut pas se rendre compte à lui-même de sa propre existence. Or, ce qui est nécessaire, ce qui existe par soi-même et de toute éternité, doit évidemment être l'assemblage de toutes les perfections infinies. Quelles limites en effet assigner à l'être incréé? quelles perfections lui assigner? possédera-t-il les unes et non les autres; les possédera-t-il dans un degré plus ou moins grand, lui qui ne dépend d'aucune cause, lui qui a toujours existé? Puis cet être absolument nécessaire est autant qu'il peut être, il doit donc avoir toutes les perfections possibles de l'être. Or, toutes les perfections possibles dans leur intensité sont infinies; l'infini est ce à quoi on ne peut rien ajouter; or, on ne peut rien ajouter aux perfections qui sont l'apanage de l'être infiniment parfait;

(1) Voy. l'auteur de l'*Essai sur l'indifférence en matière de religion*; Bautain, dans sa *Réponse à J.-F.-M. Le Pappe de Treusen, évêque de Strasbourg*; Comp., *Avertissement sur l'enseignement de M. Bautain*, Strasbourg, 1834, p. 5 et seq.; *Psychologie expériment.*, Strasbourg, 1839.

(2) La preuve *à simultaneo* est celle qui réside en une double démonstration; la preuve *a priori* ou *a posteriori*, en une seule, au contraire.

(3) P. 1, q. 4, a. 2, ad. 2, *Conf.*; Joseph Saenz de Aquirre, *Theol. S. Anselmi*, Rome, 1688, liv. I, disp. VII, sect. 1 et seqq.: Emmanuel Panz, *Scholastes armatus*, Venise, 1715.

(4) V. Clarke, *De l'existence de Dieu et des attributs de Dieu*; Tertullien, *Contrà Hermogenem*, Suarez.

donc l'être nécessaire a toutes les perfections infinies ; rien par conséquent ne peut être imaginé de plus grand et de plus parfait que l'être nécessaire. De cet être les êtres contingents tirent leur existence. On appelle êtres contingents ceux qui peuvent être ou ne pas être ; c'est-à-dire ceux qui n'ont pas toujours été, qui ne se sont pas donnés l'existence à eux-mêmes, qui ne peuvent, en un mot, exister que par un être nécessaire et existant de toute éternité. Cette seconde proposition est facile à démontrer : tous les êtres qui sont en ce monde sont contingents et sujets au changement. Tous les jours, sous nos yeux, les uns naissent et les autres meurent ; tous affectent des formes sans cesse variables ; donc ce monde lui-même est contingent, puisqu'il n'est autre chose que l'immense réunion de tous les êtres contingents, et que cette réunion, quelle que soit son immensité, est tout aussi contingente dans sa masse, que l'est la moindre partie du tout. Et ne serait-il pas absurde de prétendre que le monde, ou du moins la matière qui le compose, est éternel, increé, nécessaire, immuable et tellement absolu dans ses perfections sans nombre, qu'on ne pourrait imaginer rien de meilleur, rien de plus excellent, puisque cette matière seule est sujette à tous les changements, à toutes les imperfections ; ce qui est la preuve la plus sûre qu'elle a été créée et qu'elle est bornée ? Les Pères de l'Église ont emprunté ces preuves aux païens eux-mêmes, contre l'aveuglement des athées. « Ils ont vu, dit saint Augustin (1), que tout ce qui change n'est pas Dieu. Ils ont vu que toutes les parties d'un être changeant, quel qu'il soit, ne peuvent être que par celui qui est immuablement. » « Tous ces êtres qui sont sujets au changement, dit saint Jean Damascène (2), ont dû être créés. S'ils ont été créés, il leur a fallu un créateur. Ce créateur doit donc être incréé ; car si lui-même a été créé, il lui faut un créateur, et, en remontant ainsi, nous arriverons à un créateur incréé. Si donc le créateur est incréé, il doit être immuable. Qu'est donc ce créateur, si ce n'est Dieu ? » Les preuves de l'existence de Dieu ne sont-elles pas là écrites dans le livre de la nature. La beauté, la grandeur, la majesté des choses créées et l'harmonie qui préside à leur arrangement, la destination de chacune, si bien remplie, frappent tellement tous les yeux, que la raison ne peut se refuser à admettre un être créateur et ordonnateur de ce magnifique ouvrage, qui dirige et règle toutes choses vers le but qu'il a tracé à chacune d'elles. C'est cette sublime harmonie de la nature qui a mis au cœur des peuples les plus sauvages l'idée d'un Dieu créateur. « Aucun peuple, dit Cicéron (3), quelles que soient sa brutalité et sa férocité, même s'il ignore quel Dieu il veut, sait cependant qu'il y en a un. » Cet admirable et unanime concert de tous les peuples est, sinon un argument, au moins une très forte présomption de l'existence de Dieu. Cette communauté d'idées parmi tous les hommes est un fait avéré, et ce fait doit être considéré comme un effet dont il faut rechercher la cause. Quelle est donc cette cause, si ce n'est un instinct, un besoin naturel, ou bien quelque tradition originelle, je dirai plus, l'un et l'autre peut-être ? Concluons donc avec Cicéron (4) : « Ce qui est accordé par tous doit nécessairement être une vérité. »

Objections.— D. Toute la force des arguments qu'on emploie pour prouver l'existence d'un Dieu roule sur la contingence des choses de l'univers ; elle tombe maintenant, parce que : 1° Si toutes les parties de cet univers sont contingentes, on ne peut inférer de là que tout l'univers soit contingent, autrement on passerait du sens distributif au sens collectif, espèce d'argumentation rejetée comme vicieuse par les logiciens ; 2° parce qu'elle est d'autant plus fausse que, tout en ne donnant essentiellement pas à un corps une figure, une étendue, un aspect quelconque, on serait forcé de conclure, et à tort, qu'il y a un corps sans figure et sans étendue ; 3° parce qu'il ressort de là que chaque partie de ce monde étant corruptible, on en conclurait à tort que le tout est corruptible aussi, ou que Dieu pourrait produire la réunion entière de tous les êtres possibles, puisqu'il les produit l'un après l'autre. — R. 1° Ce qu'on dit ici de cette forme vicieuse d'argumentation qui, du sens distributif, passe au sens collectif, est faux, parce qu'on accorde au tout ce qui n'a rapport qu'aux parties prises séparément. Supposons, par exemple, une armée ; ne serait-ce pas raisonner faussement que de refuser à cette armée ce qui lui est propre, par la raison que cela n'appartient pas à chaque soldat pris séparément ? Mais si on accorde à cette armée ce qui est propre à chaque soldat pris en particulier comme à l'ensemble des soldats, il n'y a rien de faux dans ce raisonnement. On pourrait dire d'une armée tout entière qu'elle est mortelle, parce que chaque soldat est mortel, et d'une masse qu'elle est d'or, parce que chacune de ses parties est d'or. 2° Quant à l'objection tirée de l'étendue, si on parle d'un corps existant sous une forme, sous un aspect naturel, c'est un sophisme ; car c'est autre chose de dire qu'aucune étendue ou figure déterminée n'est essentielle au corps, ou d'affirmer qu'aucune étendue, aucune figure n'est tout-à-fait essentielle ; ce qui ne peut être selon l'avis de quelques-uns, et c'est le nôtre. 3° Pour ce qui regarde la corruption universelle, il n'y a pas là matière à discussion, parce que, en effet, toute la masse est corruptible. Enfin, nous repoussons énergiquement cette objection que Dieu peut créer une réunion de tous les êtres possibles ; nous la repoussons, non à cause de la nature des êtres possibles qui peuvent être produits, mais à cause de l'impossibilité d'une série et d'une réunion infinies de faits, ce qui est faux évidemment : car une réunion infinie sortirait de nombres finis. — D. Rien ne répugne à supposer le monde éternel, puisqu'aucune opposition intrinsèque ne s'élève contre l'éternité du monde, enseignée par les anciens philosophes (1), et par conséquent rien ne répugne à le supposer existant par lui-même. — R. On ne peut pas dire qu'il y ait une série, soit actuelle, soit simultanée, soit successive, d'êtres finis, parce que l'infini serait formé de nombres finis, ce qui est faux. Or, supposant que le monde ait été créé ou non de toute éternité, il ne s'ensuivrait pas nécessairement une série infinie successive (2). Ajoutons que si le monde existait par lui-même, il serait Dieu, ce qui est absurde. Tout ce qui a été dit du monde s'applique à la matière ; supposons-la un instant éternelle, nous retombons dans l'absurdité que nous venons de relever. — D. 1° La combinaison fortuite des atomes n'a-t-elle pas pu former le monde ? 2° Parmi les combinaisons possibles qui ont eu lieu de toute éternité ou qui pouvaient avoir lieu, celle-là n'y était-elle pas contenue ? C'est ainsi que d'une quantité de lettres de l'alphabet ont pu être faites et l'*Iliade* d'Homère, et l'*Enéide* de Virgile ; cette induction est d'autant plus croyable, 3° si nous venons à penser qu'aux molécules de la matière est inhérente une affinité qui leur est propre, de telle sorte que l'on pourrait désigner la cause qui a présidé à l'arrangement de ces molécules dans l'ordre où nous les voyons. — R. 1° Nous rejetons comme absurde cette supposition d'atomes existants par eux-mêmes ; car donner un mouvement nécessaire à une semblable combinaison, n'est-ce pas une contradiction, puisque l'inertie est la propriété de la matière, puisqu'elle ne peut se mouvoir que si le mouvement est chez elle déterminé par l'action d'un choc ? et puis tout ce qui est dans le monde a été ordonné pour une fin certaine, et cette fin n'a pu être préétablie que par un ordonnateur intelligent (3). 2° Un homme doué de raison et d'intelligence ne peut pas être l'effet d'une combinaison fortuite, l'arrangement fortuit des lettres de l'alphabet n'a pas davantage pu former l'*Iliade* et l'*Enéide* ; dire le contraire est une absurdité que condamne le bon sens. Cicéron va parler pour nous (4) : *Hic ego non mirer esse quemquam, qui sibi persuadeat corpora quædam solida atque individua vi et gravitate ferri, mundumque effici ornatissimum et pulcherrimum ex eorum corporum concursione fortuita ? Hoc qui existimet fieri potuisse, non intelligo cur non idem putet, si innumerabiles unius et viginti formæ litterarum vel aureæ vel qualeslibet aliquo conjiciantur, posse ex his in terram excussis annales Ennii, ut deinceps legi possint, effici ; quod nescio an ne in uno quidem versu possit tantum valere fortuna. Iste autem quemadmodum asse-*

(1) *De civ. Dei*, lib. VIII, ch. 6.

(2) Voici ses paroles : Τρεπτὰ τοίνυν ὄντα, πάντως καὶ κτιστά· κτιστὰ δὲ ὄντα, πάντως ὑπό τινος ἐδημιουργήθησαν· δεῖ δὲ τὸν δημιουργὸν ἄκτιστον εἶναι· εἰ γὰρ κἀκεῖνος ἐκτίσθη, πάντως ὑπό τινος ἐκτίσθη, ἕως ἂν ἔλθωμεν εἴς τι ἄκτιστον. Ἄκτιστος οὖν ὢν ὁ δημιουργός, πάντως καὶ ἄτρεπτός ἐστι· τοῦτο δὲ τί ἂν ἄλλο εἴη ἢ Θεός ; *De orth. fide*, lib. I, cap. 3, p. 126, édit. Lequien, 1712.

(3) *De legibus*, lib. I, cap. VIII.

(4) *De nat. deorum*, lib. I, cap. 17.

(1) Les anciens philosophes n'enseignaient pas précisément l'éternité du monde, mais bien de la matière. V. les stoïciens, Juste-Lipse, dans sa *Physiologie des stoïciens*, lib. I, disp. 4, p. 9, et lib. II, p. 57 et seqq. V. les platoniciens anciens et modernes. Conf. J.-L. Mosheim, *Dissertatio de creatione ex nihilo*, § 81, chap. 5 ; *Système intellectuel* de Cudworth, lib. V, sect. 2.

(2) Tel est l'avis de saint Thomas, p. I, q. XLVI, a. 2. V. card. Gerdil, *Saggio d'istruz. teol. de Deo uno*, t. X.

(3) Consultez Gerdil, diss. cit. Cicéron, *De nat. deor.*, liv. I.

(4) *De nat. deor.*, liv. II, cap. 37.

verant, ex corpusculis non colore, non qualitate aliqua, quam ποιότητα *Græci vocant, non sensu præditis, sed concurrentibus temerè atque casu, mundum esse perfectum?... Quòd si mundum efficere potest concursus atomorum, cur porticum, cur templum, cur domum, cur urbem non potest? quæ sunt minùs operosa et multò quidem faciliora. Certe ita temere de mundo effutiunt, ut mihi quidem nunquam admirabilem cœli ornatum, qui locus est proximius, suspexisse videantur.* 3° Nous accordons que cette affinité propre à la matière lui ait été communiquée par une cause extérieure ou par Dieu ; mais qu'elle la possède par elle-même, nous le nions. Car les molécules de la matière ne jouissent de cette propriété d'affinité par aucune nécessité intrinsèque, par cela même qu'elles n'existent pas par une cause propre et intrinsèque. — D. 1° L'argument déduit de la structure et de l'harmonie du monde ne prouve pas l'existence d'un Dieu ou d'un créateur, mais seulement d'un ordonnateur, d'un architecte, et ne donne pas une connaissance suffisante de la nature de Dieu. 2° Cet argument a d'autant moins de solidité que l'idée d'un monde visible et de sa fin est subjective, c'est-à-dire existant dans notre intelligence, et qu'on ignore si ce sont les choses, les objets qui répondent aux idées. Telle est la théorie de Kant. — R. Cette théorie, par elle-même, est déjà un argument contre les athées, mais elle ne suffit pas. Les athées, en effet, non-seulement nient l'existence d'un créateur, mais ils repoussent même l'existence d'un ordonnateur doué d'intelligence et de liberté; de là tant d'hypothèses inventées pour expliquer la magnifique ordonnance de l'univers. Montrer, comme nous l'avons déjà fait, que l'ordre, l'harmonie, la beauté de l'univers sont nécessairement l'œuvre d'un ordonnateur existant en dehors de l'univers, c'est prouver la vérité de nos arguments. N'est-il pas absolument faux de prétendre que ce monde visible ne prouve que l'existence d'un ordonnateur et non pas celle d'un créateur, puisqu'il y a des hommes dont les actes libres ne pouvaient être ordonnés d'avance que par une intelligence infinie; puisque enfin la création des atomes est de toute nécessité, puisqu'ils n'ont pu exister par eux-mêmes. Tel est notre premier argument déduit de la nécessité d'un être et d'une cause première. Nous ajouterons que Kant est encore dans le faux quand il avance que l'harmonie de l'univers ne donne pas une notion suffisante de la nature morale de Dieu. L'homme, en effet, ne fait-il pas lui-même partie de cet univers, et ne trouve-t-il pas en lui-même un reflet admirable de cette nature morale de Dieu. 2° Supposons maintenant que l'idée du monde visible soit une idée subjective, elle existe dans notre intelligence, donc elle est réelle. Si elle est réelle, elle doit, d'après le principe de causalité, provenir d'une cause quelconque; et puisque notre intelligence dans cette idée, témoin le sens intime, est tout-à-fait *passive*, cette cause doit être distincte de l'intelligence ; donc ou elle sera Dieu, ou en remontant de cause en cause, elle nous mènera à la cause première nécessaire qui ne sera autre que Dieu. Si Kant prétend que cette idée découle de l'intelligence et qu'elle en est comme l'expression, comme la loi, nous lui prouverons par le même raisonnement que l'intelligence elle-même provient d'une cause, et comme elle est contingente et finie, nous remonterons à une cause première nécessaire et infinie. Et, dans le cas même où il existerait, où il ne serait donné aucun milieu qui pût démontrer qu'à cette idée répondent les choses et les objets extérieurs, l'existence de Dieu n'en serait pas moins clairement démontrée, d'après l'hypothèse même de notre adversaire. L'existence de Dieu une fois reconnue, cherchons maintenant ses propriétés. Prenons pour point de départ sa bonté et sa véracité qui nous sont une preuve convaincante de l'existence des objets extérieurs ; car il est de toute impossibilité que la véracité, la bonté suprême de Dieu nous ait inspiré cet invincible besoin que nous éprouvons de reconnaître la réalité des objets qui tombent sous nos sens, s'ils n'existent réellement pas. Car sans cesse nous serions déçus; nous tomberions évidemment dans l'erreur et jamais nous ne serions avertis de notre déception et de notre erreur. Nous concluons de là que Kant et ses disciples, s'ils veulent rester dans le sens commun, doivent admettre avec nous directement l'existence de Dieu, et indirectement une conformité réelle entre les idées subjectives et objectives (1).

D. 1° La plus grande force de l'argument pour prouver au moins l'existence d'un ordonnateur suprême roule sur le système des *causes finales* ; or on ne connaît aucune cause finale; car l'ignorance où l'on est de la connexion des événements particuliers avec le système de l'univers en est la source ; et elles disparaissent tous les jours, grâce aux progrès incessants des sciences physiques. Une sage philosophie ne doit voir dans ces causes finales que l'expression de l'ignorance où nous sommes des causes véritables, inhérentes aux choses elles-mêmes (1). 2 La preuve de l'existence de Dieu, déduite des causes finales, suppose un être suprême agissant d'après des fins préétablies ; telle est notre conduite ordinaire dans nos actes libres et réfléchis et n'est-ce pas là établir un Dieu semblable à l'homme ou l'anthropomorphisme (2). — R. 1° Qu'une sage philosophie exclue le principe mal interprété des causes finales, principe sur lequel certains philosophes se sont appuyés pour expliquer tant de phénomènes de la nature, nous l'accordons, mais qu'elle exclue les véritables causes finales, c'est ce qu'il nous est impossible d'admettre. Sans doute une sage philosophie repoussera avec raison la conduite de ceux qui, par erreur, ont inventé des causes finales pour expliquer quelques phénomènes, dont ils ignoraient la cause véritable, comme l'horreur du vide pour expliquer l'ascension de l'eau dans les tuyaux de pompe, et tant d'autres qui disparurent à mesure des progrès des sciences physiques; aussi n'en parlerons nous pas davantage. Mais s'il est question des causes qui produisent certains effets par des fins déterminées, causes que nous appellerons alors vraies *causes finales*, nous ne croyons pas qu'une saine philosophie doive les exclure, puisqu'on ne peut les nier, pas plus qu'on ne peut nier que certaines causes ne produisent pas réellement les effets qu'elles produisent. Non seulement il n'y a là aucune contradiction entre les causes physiques et les causes finales, mais encore les causes physiques viennent en aide aux causes finales. Quelle contradiction, en effet, trouvera-t-on entre cette proposition : Le cœur est la puissance principale qui pousse le sang dans les artères; et cette autre : Le cœur est la puissance principale qui pousse le sang dans les artères pour le répandre dans toute l'économie animale. Celui qui rejette les causes finales, doit soutenir que l'œil n'est pas fait pour voir, l'oreille pour entendre, le soleil, pour éclairer, le feu pour chauffer, etc., ce qui est tout-à-fait contraire au sens commun. Pour mieux nous faire comprendre, prenons l'œil pour exemple. La construction de l'œil est faite assurément de façon à produire les modifications de lumière nécessaires à la vision ; donc en reconnaissant ces modifications comme cause particulière de la structure de l'œil, modifications dont la conséquence ou la fin est la vision, il s'ensuit d'une telle structure, que l'œil ainsi construit est la cause réelle d'un effet conduisant à une fin, donc à une cause finale. Peut-être dira-t-on que cette structure a été faite ainsi, non pour servir à une modification de la lumière, mais par un concours fortuit de circonstances, ou par le hasard. Nous répondrons : Les produits du hasard ne sont pas constants et uniformes, et nous voyons le contraire pour l'œil et nos autres organes. De même à l'aspect d'une horloge marquant les heures, on pourrait dire que les mouvements constants et réguliers du balancier sont l'effet du hasard, ce qui est absurde (3). — 2° Que des actes libres et délibérés de l'homme, dirigés vers une fin certaine, on s'élève par analogie jusqu'à Dieu, nous l'accordons ; mais nous nions qu'il y ait de la ressemblance entre l'homme et Dieu. L'homme, en effet, témoin dans cet univers d'effets admirables qui ont des fins préétablies, et, comprenant que de semblables fins ne peuvent être assignées aux choses purement matérielles, mais seulement à certaine disposition en dehors d'elles, doit inférer de là qu'une intelligence douée d'une sagesse infinie a dû organiser ainsi les choses matérielles, et assigner à chacune sa fin spéciale et cela librement, puisque rien ne répugne à penser que Dieu aurait pu établir un arrangement tout différent. Les physiciens n'avouent-ils pas déjà qu'aucune raison intrinsèque n'existe pourquoi les corps descendent vers la terre plutôt que de monter (4)? — D. Le fait sur lequel s'appuie l'argu-

(1) Consultez Galuppi, *Elementi di filosofia*, t. III; *Dell' ideologia*, Messine, 1827, lett. XI et XII, surtout dans son *Saggio filosofico sulla critica della conoscenza*, vol. V.

(1) C'est l'avis de La Place, *Essai philosophique sur les probabilités*, Paris, 1816, 3e édit., p. 2.

(2) Hume, *Inquiry concern human understanding*, sect. IX, p. 150, 160.

(3) Conf. Ruffini, *Reflessioni critiche sopra il saggio filosofico intorno alle probabilità*, etc., Modène, 1821, 2e part., p. 35 et 54 ; Bergier, *Traité hist. et dogmat. de la vraie relig.*, t. II, ch. 4, art. 9, § 1 et seqq.

(4) Consultez surtout D. Haüy, *Traité élémentaire de physique*, 3e édit., Paris, 1821, t. 1 ; *Introduction*, p. 4, où il cite l'ouvrage de Newton, *Optica lux*, lib. III, quæst. 28 ; S.-B. Piancani, S. J. *Institut*.

ment moral est incertain; 1° Plusieurs peuples anciens étaient athées au dire de quelques écrivains; 2° des voyageurs modernes nous affirment la même chose de peuplades sauvages nouvellement découvertes; 3° beaucoup de peuples nous sont encore inconnus, on ne peut donc rien affirmer sur leur compte; 4° plusieurs philosophes de l'antiquité et de notre époque ont fait profession d'athéisme; 5° et certes leur opinion est préférable à celle de peuples barbares et sauvages (1). — R. Est-on bien certain de l'existence de ces peuples athées? Car aucun de ces écrivains anciens qui nous en ont parlé, ne les a visités. N'ont-ils pas plutôt été trompés par de faux bruits, par de fausses apparences, ou parce que ces peuples n'adoraient pas les idoles, ou parce qu'ils adoraient des divinités inconnues aux autres peuples de l'antiquité. Les juifs, les chrétiens, les Gaulois mêmes, n'étaient-ils pas regardés comme athées. Au reste, ce fait que nous définissons était tellement connu des anciens, que Platon, Aristote, Cicéron, Plutarque, Maxime de Tyr, Épictète, et bien d'autres célèbres philosophes s'en sont servi pour prouver l'existence de Dieu. Épicure lui-même l'admettait (2). 2° Quant aux voyageurs, qui, soi-disant, ont découvert des peuplades sauvages sans aucune connaissance d'un Dieu, n'ont-ils pas pu croire ce fait avec trop peu de réflexion et de discernement; car souvent, après avoir dit que ces mêmes peuples n'avaient aucune religion, ils parlent plus loin et de leurs dieux et de leurs rites (3). Les incrédules ne peuvent pas mettre ce fait en doute, et les athées ne peuvent le nier. Ils sont, en effet, forcés d'avouer que plus un peuple est sauvage, plus il est porté à se créer des dieux (4); car il est impossible d'en trouver un qui n'ait aucune idée de l'immortalité de l'âme (5); et ceci ne prouve-t-il pas la notion d'un Dieu. 3° S'il est des peuples que nous ne connaissons pas encore et qui pourraient être athées, quelle preuve en avons-nous? N'est-il pas plus raisonnable de conclure par analogie, et de les supposer semblables à ceux que nous connaissons. Sortis de la même origine, doués des mêmes instincts, ils ont dû avoir une idée de la divinité, comme tous ceux qui l'ont connue. Et si l'on rencontrait des athées, seraient-ils dignes du nom d'homme, mériteraient-ils que l'on s'occupât d'eux (6). 4° Ces philosophes qui ont fait, ou qui font profession d'athéisme, ont-ils jamais été en bien grand nombre, et ont-ils jamais formé une secte (7)? Nous dirons plus 5°, méritent-ils le nom de philosophes, et n'est-ce pas plutôt un titre usurpé. Nous ne reconnaissons d'autorité en philosophie, que celle qui a pour mobile le sens commun naturel dans les doctrines professées, et l'autorité de ceux qui s'en écartent est bien moindre à nos yeux que celle de l'ignorant. Pourra-t-on appeler philosophe celui dont la doctrine professe l'impiété? N'est-il pas plus raisonnable de préférer à ces hommes, hors nature, le peuple brut et sauvage qui, suivant son instinct naturel et la tradition, conserve la vérité et ne cherche pas à l'écraser sous de faux raisonnements, malgré la révolte de la conscience. — D. Cette première notion en Dieu ne pourrait-elle pas venir; 1° de la crainte, comme dit le poète Pétrone,

Primus in orbe Deos fecit timor, ardua cœlo
Fulmina cum caderent (1);

—ou 2° de l'ignorance des lois physiques, de telle sorte qu'on attribuait à Dieu les phénomènes dont on ignorait la cause; 3° ou des constitutions civiles; 4° ou de la fraude des prêtres, 5° ou de l'autorité des lois; 6° ou d'un instinct naturel à l'homme. — R. 1° La première notion de Dieu n'est pas le fruit de la crainte, puisque toujours et partout la divinité était adorée, dans les festins, dans les jeux, dans les spectacles, dans les jours de fêtes. Les premiers sacrifices dont l'histoire fasse mention sont ceux que Caïn et Abel offraient à Dieu, soit comme remercîment de ses bienfaits, soit comme témoignage de sa bonté et de sa majesté. Ajoutons que cette crainte alléguée est plutôt un produit de l'athéisme; car c'est un fait constant que plus les hommes sont criminels, plus ils doutent de l'existence de Dieu, dans la crainte de ses châtiments; et certes on ne craindrait pas Dieu, si on ne croyait pas d'abord à son existence (2). Le dogme de l'existence de Dieu est ennemi des passions. Car ce sont les passions qui ont inspiré cette *théophobie*, comme dit de Maistre, cette horreur de Dieu, aux philosophes matérialistes. 2° Il s'en suivrait de la seconde objection que plus les peuples se civilisent moins ils croient à Dieu, et l'expérience démontre le contraire. Les physiciens et les philosophes les plus habiles ont été aussi les plus religieux, témoins les Newton, les Euler, les Galilée et tant d'autres. De là le mot célèbre de Bacon de Vérulam : *Leves gustus in philosophia movere fortasse posse ad atheismum, sed pleniores haustus ad religionem reducere* (3). 3° Comment se ferait-il que les institutions civiles, si variées chez les peuples, aient eu seulement en cela de la conformité. Au reste, nous dirons qu'une semblable institution générale devait nécessairement être précédée de la connaissance de l'existence de Dieu. 4° Quant à ce que l'on dit des prêtres, c'est une absurdité, puisque leur existence serait présupposée à celle de Dieu, dont le culte est le but de leur institution. Otez en effet l'idée de Dieu, à quoi sert le sacerdoce qui n'est fait que pour l'honorer. 5° Quel est donc le législateur qui aurait pu inventer cette idée de l'existence d'un Dieu pour retenir les peuples dans le devoir, si cette idée n'était pas antérieure à toute société (4). Les faits et les monuments historiques sont une preuve encore en notre faveur. Il ne manque pas d'athées intrépides qui soutiennent sans raison que la divinité est le plus grand ennemi de la royauté (5), et que, par conséquent, Dieu n'a pas été inventé par les rois. 6° Que Dieu soit inspiré par un instinct naturel et uni à la persuasion intime, cela peut être. Il n'y a en effet aucun doute que l'homme ne ressente en lui-même un véritable besoin de religion, par conséquent de l'existence de Dieu; car Dieu n'est pas moins nécessaire à notre cœur que la nourriture à notre corps. Or, cet instinct n'exclut pas, je dis plus, il suppose une intime persuasion d'un Dieu existant, dont parlent à l'homme de tout rang, de toute condition, le ciel, la terre et leur magnifique spectacle, et il ne peut se faire que l'homme, entraîné pour ainsi dire hors de lui par la contemplation de la nature, ne soit pas amené à penser qu'elle a eu pour créatrice une cause suprême, toute puissante et infi-

fisico-chimiche, Rome, 1833, vol. 1; Newton, *Philosophiæ naturalis principia mathematica*, 2° édit., p. 284 et seqq., vol. in-4°, Cambridge, 1713. Conf. *Pensées de Leibnitz sur la morale et sur la religion*, Paris, 1819.

(1) Bayle, *Contin. des pensées divines*, § 7; *Rép. aux questions d'un provincial*, ch. 95; Voltaire, *Essai sur l'histoire générale*, t. 1, ch. 6, p. 91.

(2) Cicéron, *De nat. deor.*, lib. I, cap. 16, dit : « Solus enim vidit, » primùm esse Deos, quòd in omnium animis eorum notionem impres- » sisset ipsa natura. Quæ est enim gens, aut quod genus hominum, quod » non habet sine doctrinâ anticipationem quamdam deorum? Quam » appellat πρόληψιν Epicurus, etc. »

(3) Conf. Bergier, *loc. cit.*, t. II, c. 4, § 1 et seqq.; Feller, *Catéchisme philosophique*, liv. I, ch. 1, § 7; Tournemine, *Réflexions sur l'athéisme.*

(4) *Syst. de la nat.*, 2° part., ch. 10 et 11.

(5) *Ibid.*, t. 1, chap. 13, p. 260, 275, 279; *Lettre de Trasibule*, p. 285.

(6) Ainsi, Cicéron fait dire à Cotta, *De nat. deorum*, liv. 1, ch. 23 : « Equidem arbitror multas esse gentes sic immanitate efferatas ut apud » eas nulla deorum suspicio sit. »

(7) Voyez de Maistre, *De l'Eglise gallicane*, lib. I, ch. 9, où il dit : « Pour l'honneur du genre humain, l'athéisme, jusqu'à nos jours » peut-être, n'a jamais été une secte. » Conf. Tournemine, *loc. cit.*, et Feller, *ibid.*

(1) *In fragmentis*, p. 676.

(2) Gerdil a dit : « Cantici pure quanto si vuole il celebro verso. *Primus in orbe fecit timor;* il timor non avrebbe, giammai potuto creare gli dei nella fantasia degli uomini, se non avesse gia trovata la mente loro imbevuta delle nozioni del giusto e dell'ingiusto, per le quali conoscendo essi le loro scelleraggini e condannandole internamente, e degne stimandole di vitupero e di castigo, cominciassero a provare i crudeli remordimenti della macchiata coscienza. Nè questo timore eccitato della coscienza del delitto più oltre sarebbe proceduto, nè ad altro avrebbe potuto indurre gli uomini, che a cercare un compenso contro la vendetta degli altri uomini, nè mai avrebbe avuto forza di fare ideare un punitore in cielo, se creduto non avessero, che l'iniquità è rea in se stessa, non solo da fuggirsi, perchè viene dagli altri uomini castigata per lo male che ne ricevono, e se a questa nozione morale del giusto e dell' ingiusto non andasse naturalmente unita la *prenozione almeno confusa del supremo legislatore*, il quale prima dell' areopago e prima degli editti del pretore ha segnato ed impresso con eterni caratteri e vivaci la legge che vieta l'omicidio e il tradimento, e rende odiosa allo scelerato stesso la propria malvagità. » Conf. Cicer., *De legibus*, lib. 1.

(3) *De augm. scient.*, liv. I,

(4) Cons., *Origine des lois, des arts et des sciences*, part. 1, liv. 1, ch. 1.

(5) Tel est l'avis de l'auteur du livre intitulé : *Essai sur les préjugés*, p. 387.

niment sage, cause qui se trahit dans les plus petits comme dans les plus grands objets, dans leurs rapports admirables, dans le mouvement, dans les lois auxquelles chacun obéit. — D. 1. De nombreuses erreurs ont été universelles; telles que la crainte des météores et des éclipses, l'opinion du mouvement du soleil autour de la terre, l'astrologie judiciaire, le polythéisme et l'idolâtrie, etc. Il est donc absurde de fonder l'existence de Dieu sur le concert unanime des peuples, 2° puisque aucun peuple n'a eu de notions bien certaines de son existence, 3° sans en excepter les juifs (1), qui ne reconnurent ni sa spiritualité, ni son immensité, mais qui regardaient Dieu comme un Dieu nationalisé chez eux, comme chaque peuple avait le sien. 4° Du polythéisme général, nous concluons que l'argument déduit du concert des peuples est nul. — R. 1° Ces erreurs n'ont pas eu le même caractère d'universalité que la persuasion de l'existence de Dieu, et elles ont eu bien moins de constance que l'idée d'un dieu. Nous connaissons la cause de ces erreurs. L'illusion des sens a pu faire croire au mouvement du soleil. L'ignorance de la cause des éclipses a fait naître la terreur qu'elles inspiraient, de même que l'apparition inattendue des comètes, la chûte subite de météores, l'animation prétendue des astres ont pu donner naissance à l'astrologie judiciaire (2). Les philosophes ici n'ont pas été plus sages que les peuples (3). Le polythéisme et l'idolâtrie n'ont pas détruit les vestiges de l'idée ou de la notion d'une divinité supérieure qui toujours a survécu et ne s'est éteinte en aucun temps (4). 2° Quant à la notion que les peuples ont pu se former de la divinité, nous répondrons qu'il est ici question de l'existence de Dieu, et non de la connaissance plus ou moins erronée, plus ou moins entachée de superstitions sur la divinité. 3° Où donc trouver des idées plus grandes, un sentiment plus sublime de l'existence de Dieu que dans les écrits des juifs? N'est-ce pas là que nos poètes et nos écrivains vont puiser leurs plus belles inspirations. Que notre adversaire, qui accuse les idées étroites des juifs à propos de la spiritualité et de l'immensité de Dieu, écoute Jérémie (XXXII, 17 et seqq.) qui s'écrie : *Ecce tu fecesti cœlum ac terram, in fortitudine tuâ magnâ et brachio tuo extento; non erit difficile tibi omne verbum. Qui facis misericordiam in millibus...... fortissime, magne et potens..... magnus consilio et incomprehensibilis cogitatu; cujus oculi aperti sunt super omnes vias filiorum Adam, etc.*; et ailleurs (XXI, 24) : *Numquid non cœlum et terram ego impleo, dicit Dominus?* Parlerai-je aussi de la formule de serment dont les juifs se servaient : *Vivit Dominus in cujus conspectu sto.* Au reste ce qui est dit ici de l'idée locale d'un Dieu accueilli par les juifs est l'avis des ministres protestants, et il est déplorable que quelques catholiques n'aient pas rougi de s'y associer (5). Cette opinion est née de ce que Dieu se présente spécialement comme le père, comme le protecteur du peuple hébreu, et l'alliance que Dieu a faite avec ce peuple en est une preuve. Mais il faut bien se garder de faire confusion. 4° Le principe qui a pour mobile le suffrage et le concert général des peuples doit être admis parce que de ce principe sont déduites des conséquences, qui sont excellentes entre les mains des uns, et mauvaises entre celles des autres. Quelles que soient les idées que les peuples se soient faites de la divinité, il est constant que tous les peuples se sont pour ainsi dire entendus pour l'admettre. Parce que quelqu'un pourra se tromper en désignant l'auteur véritable d'une horloge, s'ensuit-il qu'il doit se tromper en disant qu'elle a eu un auteur? Tout le monde cherche le bonheur, mais tous ne sont pas d'accord sur le bonheur. On le place dans les honneurs, dans les richesses, dans les voluptés, niera-t-on pour cela que l'homme ne recherche pas le bonheur? Le raisonnement des athées est donc faux quand ils disent : Parce qu'on admet différentes notions de la divinité, on ne doit en admettre aucune. Dieu existe, c'est la voix de la nature, c'est un principe constant et uniforme. Mais ces différentes idées de Dieu qui se sont multipliées ne sont pas autre chose que des aberrations particulières à chaque peuple, et elles n'auraient pas existé si l'idée de la divinité ne les avait précédées. C'est ainsi que les peuples chrétiens sont d'accord sur l'existence et la vérité du christianisme, tandis que les sectes et le protestantisme sont des corruptions particulières de la foi chrétienne,

(1) C'est là l'avis des rationalistes.
(2) La Place, *Essai philosophique*, p. 4 et seqq., fait abus de ces prétendues erreurs.
(3) Conf. Cicéron, *De nat. deorum*, lib. I, cap. 13 et seqq.
(4) Conf. Feller. *Op. cit.*, n° 93.
(5) Entre autres Fr. Oberthür, dans son *Idæa biblica Ecclesiæ Dei*, vol. 1, p. 107.

corruptions qui ont toujours affecté tant de différence suivant les sectaires.

De l'unité de Dieu. — Les adversaires de l'unité de Dieu sont les polythéistes, c'est-à-dire les adorateurs de plusieurs dieux. Ceux qu'on appelle vulgairement *dualistes*, c'est-à-dire ceux qui professent deux principes, doivent-ils être comptés parmi les adhérents de cette erreur, surtout les dualistes qui ont le christianisme pour origine; c'est une question grave et embarrassante. Nous y reviendrons tout à l'heure. Il en est de même des trithéistes, qui affirment qu'il y a en Dieu trois personnes distinctes et dans leurs rapports et surtout dans leur nature et leur substance. Le polythéisme, tout ancien qu'il est et tout répandu qu'il était, est cependant postérieur au monothéisme; il en est une corruption. La vérité, en effet, doit précéder l'erreur, puisque l'erreur n'est qu'une corruption de la vérité; les documents historiques le prouvent évidemment (1). Aussi ne pouvons-nous donner raison à quelques modernes qui affirment sans preuve que chez les Hébreux mêmes le polythéisme a précédé l'idée de l'existence d'un Dieu unique. Quoique l'idolâtrie proprement dite ne puisse pas être confondue avec le polythéisme, on a coutume cependant de l'en rapprocher à cause de la ressemblance des superstitions. L'idolâtrie peut être comprise de deux manières. Dans toute l'étendue du sens, dans le sens théologique, on appelle idolâtrie tout culte qui s'adresse à un objet matériel, soit naturel, soit fait de main d'homme, regardé comme Dieu. Dans le sens le plus restreint, l'idolâtrie est le culte superstitieux d'images qui sont regardées comme Dieu, ou qui représentent de faux dieux. Ceci demande un examen approfondi à cause des questions qui se sont soulevées de nos jours. Pour plus de clarté, nous distinguerons deux choses, l'*objectif* et le *subjectif* de l'idolâtrie, soit que nous considérions l'idolâtrie en elle-même, soit sous le rapport de ses adhérents. L'idolâtrie, considérée en elle-même, se divise en beaucoup de parties : 1° le *sabéisme*, ou l'*astrolâtrie*, c'est-à-dire le culte des astres, du soleil, de la lune, des étoiles et de leurs images (Exod., XX, 4, 51; Deut., IV, 16, 19; V., 8, 9); 2° la *zoolâtrie*, ou le culte des animaux, tels sont les quadrupèdes, les oiseaux, les insectes, les poissons, les serpents, etc. (Rom. 1, 23); 3° l'*anthropolâtrie*, ou le culte des hommes et des images de ceux qui par leur force, leurs talents, leur puissance, leur génie, soit en bien, soit en mal, ont été après leur mort rangés au nombre des dieux (2). Il y a même quelques siècles, sous l'empire de la philosophie, des rois et des empereurs souillés de crimes se sont vus, de leur vivant, élever des temples, où des prêtres leur adressaient des sacrifices (3); 4° le *culte des choses inanimées*, comme la mer, la terre, les vents, les fleuves, le feu, les pierres, les plantes, etc.; dans cette espèce d'idolâtrie rentre le *fétichisme* qui adore des idoles de pierre ou de bois dont il se fait des dieux; 5° la *démonolâtrie*, ou le culte des démons. La plupart des nations croyaient que les malins esprits étaient des dieux, et adoraient leurs images. C'est ainsi que les Égyptiens adoraient Typhon, les Perses Ahrimane et son nombreux cortége de démons. On croyait que ces divinités pouvaient être forcées au repos, au sommeil, se déplacer et aller dans des régions lointaines, assister aux sacrifices qu'on leur offrait (4), et comme ces divinités étaient des deux sexes, elles pouvaient, selon les croyances des peuples, se marier, se souiller d'adultères et se mêler à la société des hommes; 6° enfin le *culte des images des choses abstraites*, de la renommée, de la concorde, de la piété, de la bonne foi, de la fortune (5), et des maux pris dans l'ordre physique, comme la fièvre, l'infortune, ou dans l'ordre moral, comme l'audace, l'imprudence (6). On élevait à toutes ces idées abstraites des autels et des temples comme à des dieux. En examinant l'idolâtrie sous le rapport de ceux qui obéissaient à ces hideuses superstitions, il faut, pour faciliter le raisonnement, établir aussi des divisions selon les différentes applications de culte, selon le temps et le degré de civilisation. Ici les objets ou leurs simulacres, sinon en totalité, au moins en grande partie, étaient regardés comme Dieu, et les sacrifices,

(1) La *Genèse* le démontre clairement.
(2) Hérod., lib. I, 131, 144; Cicéron, *Quæst. Tuscul.*, I, 12, 13; *De nat. deor.*, I, 42; III, 15, 23; Diodore de Sicile, V, 74, 80; Fl. Josèphe, *Archæol.*, IX, 4, 5.
(3) Conf. Jean-Albert Fabricius, *Bibliographie de l'antiquité*, Hambourg, 1760, p. 367.
(4) *Iliad.*, I, 423, 424, 609, 611; Lucien, *Dial. sur les sacrifices*; I, *Reg.*, XVIII, 27, 28.
(5) Cicéron, *De nat. deor.*, III, 16, 23, 24; *De legibus*, II, 8.
(6) Pline, *Hist. nat.*, III, 5.

les prières, les vœux, leur étaient offerts. Là les statues devenaient comme la demeure des dieux, où leur influence divine se manifestait par l'influence de la prière: ces dieux étaient aussi soumis aux passions humaines (1). Plus loin, le soleil, la lune, les astres étaient adorés comme dieux, et à côté on les vénérait comme la demeure des dieux, comme des symboles, des emblèmes de la divinité. Dans des siècles postérieurs, quelques philosophes considérèrent la pluralité des dieux comme les symboles, les attributs, les émanations d'une seule et même divinité (2), ou plutôt s'efforcèrent de donner ce sens à la mythologie et aux inventions des poètes. De cette esquisse rapide du polythéisme et du culte de l'idolâtrie, considéré sous son double aspect, nous conclurons: 1° que tous les païens n'ont pas été plongés dans les ténèbres de la superstition au même degré; 2° que tous n'ont pas regardé les images comme des dieux; mais que pour le plus grand nombre elles étaient la demeure des dieux, ou tout au moins douées d'une vertu divine; 3° que quelques-uns rendaient aux images un culte absolu, tandis que tous les autres leur rendaient un culte relatif; c'est-à-dire que les ignorants, ou la multitude, ont cru à la pluralité des dieux, ont regardé les images et les idoles comme des dieux, et ont rendu à ces objets matériels un culte absolu; 5° que la plupart des divinités de cette sorte n'ayant pas de réalité, ou n'exprimant pas au moins un objet doué de sens et de vie, comme étaient ces dieux abstraits dont nous venons de parler, et comme étaient même Jupiter, Mercure, Vénus, etc., il s'ensuit que nous devons regarder comme coupables d'idolâtrie proprement dite, tous ceux qui honoraient ces idoles même du seul culte relatif. Pour ce qui regarde les premières espèces d'idolâtrie, il n'y a pour ainsi dire point de controverse; il n'en est pas de même des deux dernières. La plupart des protestants, en effet, pour se faciliter les moyens d'accuser l'Église catholique d'idolâtrie dans le culte des images, soutiennent que le culte des païens et même celui des Israélites, que l'Écriture accuse souvent de se souiller de la superstition idolâtrique, était toujours relatif et jamais absolu, et que le seul crime des Israélites consistait dans l'adoration, contre la volonté de la loi, d'images du vrai Dieu, et non dans le culte réel des faux dieux. Quelques écrivains contemporains, suivant les traces des protestants, affirmèrent d'abord que les païens n'admettaient nullement la pluralité des dieux, et ensuite qu'ils n'adoraient les idoles que comme les différentes représentations d'un seul et vrai Dieu. Quant à nous, nous allons démontrer que les païens et même les Israélites infidèles étaient plongés dans les erreurs du polythéisme, et qu'ils étaient coupables d'idolâtrie proprement dite. Nous allons commencer par dire quelques mots sur le dualisme. La doctrine de deux principes était dès la plus haute antiquité répandue parmi les païens, surtout en Orient (3); elle tire probablement son origine de la tradition corrompue de la chute des anges, de la tentation et de la faute de nos premiers parents. Quelques protestants ont cru trouver quelques traces de dualisme chez les Juifs, surtout depuis la captivité de Babylone (4), c'est une erreur. Parmi les chrétiens, le dualisme fut mis en pratique par Cerdon, Marcion, Apelles et Manès dont les disciples, les manichéens, déchirèrent l'Église pendant plusieurs siècles. Le dualisme était oublié depuis quelques années, lorsque Bayle, se livrant trop à la fougue de son imagination, tenta par tous les moyens d'art et de finesse à en rétablir tous les arguments et à le représenter sous un jour nouveau, soit dans son *Dictionnaire*, soit dans quelques autres de ses ouvrages. Le trithéisme, inventé par un certain Philopponus, mourut à peine né (5). Les ariens cependant et les sabelliens accusèrent les catholiques de trithéisme. Gibbon lui-même ne craignit pas d'employer cette calomnie contre les saints Pères, eux qui étaient les plus ardents ennemis de l'arianisme (6). De ce court exposé de la question que nous nous sommes proposé d'éclaircir, il est facile de voir que nous établirons d'abord l'unité de Dieu, et que de cette proposition, établie comme un principe général, toutes les autres propositions en ressortiront comme autant de corollaires, soit contre les polythéistes et les idolâtres, soit contre les dualistes. Quant au trithéisme, nous y reviendrons en traitant l'article TRINITÉ, et nous laverons les Pères de l'Église des calomnies qu'on leur a imputées.

Dieu est un. — Cette proposition est un article de foi, la preuve en est dans le symbole de Nicée et de Constantinople: *Credo in unum Deum*, et dans le concile de Latran (cap. *Firmiter*), où il est dit: *Firmiter credimus et simpliciter confitemur quod unus solus est verus Deus.* Le sens de la proposition est que Dieu est un *numériquement*, et non *spécifiquement*, c'est-à-dire qu'on ne peut admettre un Dieu qui ne soit un et unique de sa nature. — La vérité de cette proposition est non-seulement écrite à chaque page dans l'Écriture (1), mais elle est encore en rapport avec la raison et la véritable notion de Dieu. Dieu en effet est, comme nous l'avons dit, un être au-dessus duquel on ne peut rien imaginer de plus grand; un être nécessaire, éternel, infini et doué de toutes les perfections. Or, un être ainsi conçu ne peut être s'il n'est unique, autrement s'il y en avait plusieurs, l'idée qu'on se forme de Dieu serait détruite. Dans cette hypothèse, en effet, où ces dieux seraient égaux entre eux, où ils seraient inférieurs les uns aux autres, ce qui est absurde et trop opposé à tout ce qu'on peut imaginer de Dieu. — Tous les arguments, vous les trouverez dans saint Cyprien, dans saint Athanase, dans saint Hilaire, dans Lactance, dans saint Jean Damascène (2); saint Thomas, dans son ouvrage *contra gentes* (3), et dans sa *Somme* (4), démontre cette vérité et la prouve en s'appuyant sur la simplicité de Dieu, sur l'infini de ses perfections, et enfin sur l'unité de l'univers, c'est-à-dire sur l'unité qui se révèle dans l'ordre harmonique qui a présidé à la création. Nous nous plairions à développer ici de tels arguments; mais nous ne les croyons plus nécessaires, puisque la vieille erreur du polythéisme n'existe plus.

Prop. 1. *Les païens se sont souillés ou du polythéisme proprement dit, ou du culte absolu des idoles, et quelquefois des deux à la fois.* — Nous soulevons cette question pour répondre aux protestants, qui font consister le crime d'idolâtrie dans le culte relatif des images et des idoles, et ne veulent pas que les païens aient adoré les idoles pour elles-mêmes, et aussi pour répondre à quelques modernes qui soutiennent que le polythéisme proprement dit, que l'idolâtrie absolue n'ont jamais existé. Nous prouverons la vérité de notre proposition à l'aide des livres saints et des monuments de l'antiquité sacrée et profane. Nous disons dans le polythéisme proprement dit, ou culte absolu des idoles, afin qu'on ne nous accuse pas de soutenir que tous les païens ont regardé les idoles comme des dieux; car nous savons que tous n'ont pas admis cette erreur. — En effet, que les païens aient d'abord admis le polythéisme proprement dit, c'est-à-dire aient adoré un grand nombre de dieux, nous en trouvons la preuve dans l'Écriture, qui, à chaque page, reproche aux infidèles la pluralité de leurs dieux. Les Actes des apôtres en donnent une excellente exposition au chapitre 14, dans lequel, à l'occasion d'un miracle accompli par saint Paul et par saint Barnabas, il est dit: Les Lystriens élevèrent leurs voix, disant: «Des dieux semblables à des hommes sont descendus vers nous, et ils appelaient Barnabas Jupiter, et Paul Mercure.» Et les apôtres, repoussant la multitude et le prêtre qui voulait leur faire un sacrifice, leur dirent: «Hommes, que faites-vous? Nous sommes mortels, semblables à vous, et nous vous annonçons de quitter vos faux dieux pour le Dieu vivant, qui a fait le ciel et la terre, etc...» Nous voyons par-là que les païens ont cru réellement à la multitude ou à la pluralité des dieux, que cette erreur était commune aux anciennes générations, et que les apôtres ont été envoyés par Jésus pour les arracher à cette erreur. Et cette erreur des païens, veuve de toute tendance à un vrai Dieu, est positivement déclarée par l'apôtre, lorsqu'il dit aux Galates: «Mais alors ignorant Dieu vous adoriez ceux qui de leur nature ne sont pas dieux (Gal., IV, 8).» Dans l'Ancien-Testament, le livre de Judith (chap. 5) énumère la multitude des dieux qu'adoraient les Chaldéens. La preuve de ce que nous avançons en est encore dans tous les passages où les dieux des Gentils sont appelés dieux étrangers, dieux nationaux, propres à chaque nation; elle se trouve encore dans ceux où l'on reproche aux Hébreux leur infidélité, eux qui, après avoir abandonné le culte de Dieu pour suivre celui des dieux des païens, sont accusés de *fornicari, adulterari*, etc. Les saintes Écritures sont pleines de ces reproches, et surtout les

(1) Quinte-Curce, IV, 11; Diodore de Sicile, XVI, 46; Pline, *Hist. nat.*, XXXVIII, 4.
(2) Conf. S. Aug., *De civit. Dei*, VI; Lact., *Div. inst.*, V et VI.
(3) Comp. Ramsay, *Discours sur la mythologie.*
(4) Vegscheider, § 7.
(5) Jean Damasc., *De hæres.*; conf. Bergier, *Dict. de théol.*, art. *Trithéisme.*
(6) *Hist. de la chute de l'empire romain*, 20, 21.

(1) Entre autres *Deut.*, VI, 4; Marc, XII, 29, etc., etc.
(2) *De Deo*, lib. I, cap. 4.
(3) Lib. I, cap. 42.
(4) Part. I, quest. IX, art. 3.

livres des prophètes (1) qui, par une métamorphore, disent que la nation juive, dont Dieu est l'époux ou le fiancé, commet, en abandonnant son culte, le crime d'adultère. — En second lieu, que le crime d'idolâtrie consiste dans le culte absolu des idoles, nous en trouvons la preuve : 1° dans ces passages où l'on reproche aux idolâtres de dire au bois : Tu es mon père ; et à la pierre : Tu m'as enfanté (2), et d'adorer les ouvrages de la main des hommes. A chaque verset, pour ainsi dire des prophètes, surtout dans Isaïe, au chap. XLIV, où un admirable pinceau a tracé le tableau de la stupidité de l'idolâtrie, où l'on représente un artiste sculptant un idole, et ensuite qui se courbe devant elle et l'adore et la prie, en disant : Délivre-moi, car tu es mon Dieu (3). 2° Dans ceux où les Hébreux sont avertis que les idoles des Gentils ne sont pas des dieux, dans le chap. VI tout entier de Baruch où il est dit : Vous verrez à Babylone des dieux d'or et d'argent, de pierre et de bois portés sur les épaules et épouvantant les nations; veillez à ne point devenir semblables à ces étrangers; craignez, et que la crainte vous saisisse à cette vue. Et où, après avoir passé en revue les différents rites de l'idolâtrie, et les formes infinies sous lesquelles elle se représente, le prophète conclut et dit : Sachez que ce ne sont pas des dieux, et vous ne les craindrez pas. — 3° Enfin, en laissant de côté tous les autres textes qui pourraient être cités sur ce grave sujet, les faits eux-mêmes cités dans l'Écriture montrent la vérité de notre proposition ; parmi tous ces faits, nous nous contenterons de citer l'histoire de l'idole de Bel et de Dagon. (Daniel XIV). Bel, en effet, était regardé comme un dieu vivant, que les Babyloniens adoraient, non-seulement d'un culte absolu, mais auquel ils apportaient du pain, de la viande, du vin, etc. On agissait de même envers Dagon. De tout cela nous pouvons conclure, à moins de retirer toute confiance à l'Écriture, que les païens tantôt adoraient un grand nombre de dieux, tantôt regardaient les idoles comme de vrais dieux et les adoraient d'un culte absolu. Maintenant, nous allons démontrer et confirmer par les preuves théologiques et profanes, la proposition que nous avons avancée. Les Pères de l'Église, qui étaient bien plus versés que nous dans la théologie et la religion des païens, puisque la plupart d'entre eux quittaient le paganisme pour embrasser la foi chrétienne, et qu'ils passèrent leur vie dans une lutte continue contre les erreurs et la superstition de leurs anciens co-religionnaires, attestent clairement la vérité de nos assertions. Leurs réfutations, en effet, s'adressent non-seulement à ceux qui adoraient comme des dieux des statues soit de métal, soit de bois, soit de pierre, mais encore à ceux, qui concédaient la divinité à Jupiter, à Apollon, à Vénus, à Minerve qui n'étaient après tout que des hommes, et aussi contre ceux qui, d'accord avec quelques philosophes de l'antiquité, personnifiaient sous ces noms divers le monde et ses éléments. L'idolâtrie, en effet, revêtait bien des formes chez les anciens. Les uns ajoutaient, en fait de religion, foi aux fables que racontaient les poëtes, les autres aux idées qu'émettaient les philosophes ; le plus grand nombre enfin croyaient que les statues elles-mêmes étaient des dieux : et cela est si vrai que les philosophes, même les plus éclairés, se laissaient entraîner par la multitude au culte des images, comme si elles étaient des dieux, témoin Origène, lorsqu'il parle de Platon et de Socrate (4). Minutius Félix, dans son ouvrage intitulé *Octavius*, parlant de l'idole regardée comme dieu dit : Quand donc est-elle née? On la fond, on la fabrique, on la sculpte; elle n'est pas dieu encore. On la plombe, on la construit, on l'érige ; elle n'est pas encore dieu. On l'orne, on la consacre, on la prie; enfin elle est dieu; l'homme l'a voulu et l'a consacrée. Saint Justin parle dans le même sens (5). Athénagoras, dans son ouvrage intitulé : *De legatione pro christianis*, au chap. XVII, non-seulement défend les chrétiens de l'accusation qu'on leur adresse de ne pas reconnaître les idoles comme dieux, mais encore il réfute cette erreur et montre l'intervalle immense qui sépare le vrai Dieu des idoles. Plus loin, au chapitre XVIII, il repousse l'explication des personnes qui croient que de semblables simulacres n'étaient que les images des représentations et l'effigie des dieux, etc. (1) et qu'ainsi les idoles étaient seulement l'objet d'un culte relatif. De là nous pouvons conclure que parmi les païens, le plus grand nombre rendaient aux idoles un culte absolu, et que si quelques-uns ne leur rendaient qu'un culte relatif, ils admettaient néanmoins la pluralité des dieux ; et cela est attesté par Tatien (2), par Lactance (3), par Théophile d'Antioche (4), par Tertullien (5), par Prudence (6) et par saint Athanase (7). Écoutons Arnobe exprimant en magnifiques paroles ses propres impressions à l'égard des idoles, quand il était païen : *Venerabar, o cæcitas! nuper, simulacra modò ex fornacibus prompta, in incudibus deos et ex malleis fabricatos; elephantorum ossa; picturatas veternosis in arboribus tænias siquandò conspexeram, lubricatum lapidem et ex olivi unguine sordidatum, tanquam inesset vis præsens, adulabar, affabar, et beneficia poscebam nihil sentiente detrunco; et eos ipsos divos, quos esse mihi persuaseram, afficiebam contumeliis gravibus* (8). A qui plutôt accorder confiance? est-ce au témoignage de ceux qui voyaient les choses et dans lesquelles ils étaient acteurs, ou bien aux idées quelque peu erronées des modernes? Enfin, pour abréger, nous appellerons deux païens en témoignage. L'un est Horace dans sa satire VIII du premier livre (9); l'autre est Sénèque, qui, dans ses livres sur la morale, disait des païens : « Ils respectent les simulacres des dieux, ils les supplient le genou fléchi devant eux, ils les adorent, ils restent tout le jour assis à côté d'eux pour les veiller, ils leur immolent des victimes; et ils méprisent l'ouvrier qui les a fabriqués. » Donc si l'on appelle polythéisme le culte dans lequel on admet la pluralité des dieux; si l'erreur du culte polythéistique appartient à ceux qui voient des dieux dans des statues; si l'on doit classer dans l'idolâtrie prise dans la rigueur du mot ceux qui croient que la divinité existe dans les idoles, ou que les idoles elles-mêmes sont des dieux, comme, à l'aide des documents puisés dans l'écriture et dans toute l'antiquité sacrée et profane, on peut démontrer d'une manière évidente que tel était l'état des nations païennes, il faut conclure que les païens se sont souillés tant du polythéisme proprement dit, que du culte idolatrique absolu, et même des deux ensemble; ce que nous devions démontrer contre les protestants et contre les philosophes modernes. Au reste, nous les renverrons au concile de Trente qui, dans sa XVe assemblée parle ainsi des images sacrées : « Les images du Christ, de la Vierge sa mère, et de tous les saints, doivent surtout être conservées dans les temples, et on doit leur rendre les honneurs qui leur sont dûs; non pas qu'il faille croire qu'il y ait en elles quelque divinité ou quelque puissance qui doive les faire honorer, ou qu'il faille leur demander des bienfaits, ou y mettre sa confiance, comme autrefois les Gentils plaçaient leurs espérances dans leurs idoles. » L'on voit donc par cette déclaration du concile de Trente que les Gentils croyaient qu'une sorte de vertu divine était inhérente aux idoles, qu'ils y mettaient leur foi, leur confiance, et leur espérance, et qu'ils faisaient ainsi profession du polythéisme proprement dit, de l'idolatrie proprement dite.

Proposition. — Le système des dualistes est absurde et incapable d'expliquer l'origine des maux. Les monuments historiques prouvent dès la plus haute antiquité, chez la plupart des peuples orientaux, chez les Perses surtout, l'existence du sys-

(1) *Exod.*, XXXIV, 15, 16 ; *Lev.*, XVII, 7 ; XX, 5, 6 ; Jud. II, 17 ; VIII, 27, 13 ; Psalm., LXXII, 27 ; CV, 39 ; Is., XXIII, 17 ; Jérém., III, 6, 8 ; Ezech., VI, 9 ; XVI, 15 et seqq. ; Os., I, 2.

(2) Jér., II, 27.

(3) Conf. *Exod.*, XX, 23 ; XXXIV, 17 ; XXXII, 4 ; *Sapient.*, XII-XV ; Is., 44, 8 et seqq. ; Dan., V. 4 ; Jér., X.

(4) Voici ses paroles : *Ἀλλ' οἱ τοιαῦτα περὶ τοῦ πρώτου ἀγαθοῦ γράψαντες καταβαίνουσιν εἰς Πειραιέα προσευξόμενοι ὡς θεῷ τῇ Ἀρτέμιδι, καὶ ὀψόμενοι τὴν ὑπὸ ἰδιωτῶν ἐπιτελουμένην πανήγυριν... ... ἀλεκτρυόνα τῷ Ἀσκληπιῷ ἀποδιδόντες· καὶ ἔστιν ἰδεῖν τοὺς ἐπὶ σοφίᾳ μέγα φρονοῦντας καὶ θεολογίᾳ, ὁμοιώματι εἰκόνος φθαρτοῦ ἀνθρώπου προσκυνοῦντας εἰς τιμὴν, φασὶν, ἐκείνου· ἔσθ' ὅτε δὲ καταβαίνοντας μετ' Αἰγυπτίων ἐπὶ τὰ πετεινὰ, ἢ τετράποδα, ἢ ἑρπετά* (*Contra Celsum*, VI, n° 4).

(5) *Apol.*, I, cap. 9.

(1) *Ἐπεὶ τοίνυν φασί τινες εἰκόνας μὲν εἶναι ταύτας, θεοὺς δὲ ἐφ' οἷς αἱ εἰκόνες, κ. τ. λ.*

(2) *Orat. adv. Græc.*, cap. 9.

(3) *Div. inst.*, II, cap. 2 et 4.

(4) *Ad Autolyc.*, II, 2.

(5) *Apol.*, n. XIII et seqq.

(6) *I Cathemerin.*, in hymno VIII, kal. januariis :

Nam cæca vis mortalium
Venerans inanes nænias,
Vel æra, vel saxa algida,
Vel ligna credebat Deum.

Et I *Peristephanon*, hymne en l'honneur de saint Vincent, martyr.

(7) *Orat. cont. gent.*, 22, 13, 15 ; comp. saint Grég. Naz., *Orat.*, XXXV.

(8) *Adv. gent.*, I, n. 13.

(9) *Olim truncus eram...*

tème du dualisme (1). Les basilidiens, les valentiniens, les carpocratiens, les cerdoniens et les marcionites qui appartiennent tous aux gnostiques, tentèrent d'introduire dans la religion chrétienne ces idées empruntées à la théologie orientale. Manès, le père des Manichéens, élevé à l'école de Zoroastre, à la fin du IIIe siècle (2), embrassa les dogmes de la Perse, et tenta de concilier la doctrine des mages avec la religion chrétienne. L'Église le rejeta aussitôt de son sein. Le manichéisme vécut longtemps (3); il ne faut pas croire cependant que tous ses disciples aient admis les principes de leur maître, on vit s'élever parmi eux une foule de dissidences comme il arrive toujours parmi les hérétiques. Quoique le dogme de deux principes soit l'erreur fondamentale de ces sectes, il était cependant présenté par elles sous différents aspects. Toujours il a existé parmi ces sectes de singulières différences tant sur la nature, que sur l'origine et la manière d'agir de ces êtres. Les uns, en effet, soutenaient que ni l'un ni l'autre n'avaient été produits, qu'ils étaient par conséquent éternels et indépendants l'un de l'autre; les autres voulaient que le principe du mal seul eût été produit. Quel que soit du reste le lien de parenté qui unisse ceux qui professaient cette doctrine qu'enveloppent d'épaisses ténèbres, elle est facile à détruire cependant dans l'une et l'autre hypothèse. Car d'après ce qui a été dit dans la proposition : 1° La notion de Dieu exige nécessairement qu'il soit un et unique; or, si l'on supposait deux principes incréés et indépendants, nécessaires par conséquent et éternels, dont l'un serait le principe du bien, et l'autre celui du mal, il s'ensuivrait qu'il existerait deux dieux, et par conséquent la notion de Dieu serait détruite. 2° Il répugne, avec la notion de Dieu, de supposer deux principes indépendant, c'est-à-dire dont l'un ne dépendrait pas de l'autre, il y aurait donc deux dieux égaux, l'un ne serait pas plus puissant que l'autre, par conséquent ni l'un ni l'autre ne serait dieu. 3° Si ces deux principes étaient nécessaires, absolus et doués d'une puissance égale, leur action serait annulée réciproquement dans un pareil conflit. Passant sous silence toutes les autres absurdités qui ressortent d'une semblable hypothèse, et tous les arguments dont les anciens Pères de l'Église pressaient le système des dualistes (5), contentons-nous de la révélation qui enseigne qu'il y a un seul Dieu créateur et principe de toutes choses, à qui les Écritures attribuent tous les maux physiques, comme on le lit dans le Deut. XXXII, 39 : *Videte quod ego sim solus, et non sit alius Deus prœter me; ego occidam et ego vivere faciam, percutiam et ego sanabo*; et dans Isaïe, XLV, 6, 7 : *Ego Dominus, et non alter, formans lucem et creans tenebras, faciens pacem et creans malum; ego Dominus faciens omnia hœc*; et Tob. XIII, 2 : *Quoniam tu flagellas et salvas, deducis ad inferos et reducis*. Quant au mal moral, il vient de la créature elle-même par suite de la violation de la loi ou de la règle des mœurs. Si l'on suppose un principe du mal dépendant et produit, il est soumis au Dieu bon, et il ne peut rien faire sans la permission de ce Dieu; le système des dualistes est renversé par cela seul. Nous ajouterons que cette doctrine absurde, tire son origine de l'ignorance d'une bonne philosophie et surtout de la physique. De ces importantes raisons nous tirerons facilement les preuves de la seconde partie de notre proposition, à savoir que le système des dualistes est inutile et incapable d'expliquer l'origine des maux. Car, ceci une fois établi, comme l'un et l'autre principe agiraient d'après la nécessité de sa nature, on ne pourrait assigner aucune raison pourquoi tant de choses seraient bonnes ou mauvaises à des degrés différents, si ces principes opposés l'un à l'autre agissaient avec une force et une puissance égale : et si l'un valait mieux que l'autre, on ne devrait trouver que des biens, ou que des maux; à moins toutefois que la distribution des biens et des maux soit réglée par un accord préétablie afin que leur égalité pût exister, ce qui est ridicule et absurde pour des principes qui sont supposés agir d'après la nécessité de leur nature. Au milieu du progrès incessant des sciences physiques, on s'aperçoit facilement de l'inutilité de ce système qui n'est venu que de leur ignorance. Il n'y a personne aujourd'hui, qui ait la moindre notion de physique, qui ne sache que de la simplicité et de l'unité des lois physiques prennent naissance des phénomènes qui semblent opposés entre eux, de telle sorte que par la même loi qui produit des effets salutaires, sont produits d'autres effets qui nous nuisent (1); nous n'en concluons pas qu'il y ait un principe double, mais un principe simple et identique, et aussi physique, du bien et du mal, ou de ces phénomènes que nous appelons relativement bien ou mal. Pour ce qui regarde le bien ou le mal moral, ils ont pour cause le bon ou le mauvais usage de la liberté; et, pour ne parler spécialement que du mal, il vient d'un mal métaphysique inné avec la créature, c'est-à-dire de la limitation de son être et de ses facultés, et qui fait que celle-ci peut tomber dans l'erreur et s'écarter de la règle (2). Or, puisque le système des dualistes répugne à l'intelligence, puisqu'il est insuffisant et tout-à-fait inutile pour expliquer l'origine des maux, il s'ensuit que toutes les objections mises en avant par nos adversaires, par Bayle surtout, ne servent qu'à nous prouver les limites étroites de notre intelligence, qui ne peut comprendre comment Dieu, infiniment bon, a voulu créer un univers où dominent tant de maux physiques ou moraux. De ce fait nous concluons que Dieu a pu agir ainsi sans blesser sa bonté, sa justice, sa sainteté. Et, en effet, d'un côté la notion innée en nous d'un Dieu, comme être très saint, parfait et très bon, serait détruite si nous venions à supposer qu'il ait pu ou qu'il puisse permettre quelque chose de contraire à sa toute bonté, à sa toute sainteté; de l'autre côté, nous éprouvons les maux, tant physiques que moraux, qui affligent notre nature, il faut donc en conclure que rien ne s'oppose à ce que Dieu, très bon et très saint, ait voulu les permettre, quoique nous ne puissions comprendre la cause qui a produit cet effet. Pour détruire les sophismes de Bayle, faisons attention à deux choses : 1° Dieu ne peut pas être astreint à donner la plus grande somme de bonheur; car autrement que deviendrait sa liberté, et n'aurait-il pas dû placer chacune de ses créatures raisonnables et intelligentes au plus haut échelon de l'échelle du bonheur et de la béatitude, ce qui est absurde. Or, s'il n'est pas forcé de donner à ses créatures ce degré de perfection et de félicité, il n'y a pas de raison suffisante pour expliquer pourquoi il leur a donné ce degré plutôt qu'un autre, puisque lui-même, partout où il s'arrêtera, sera toujours dans la plénitude du bonheur, et que la créature, quel que soit celui qui lui serait départi, en désirerait toujours un au-dessus de ce qu'elle possèderait (3), par cela même en effet que ces degrés sont infinis, et que Dieu est libre et peut, pour ainsi dire, s'arrêter sur l'échelon qu'il lui plaît de choisir. 2° Nous devons remarquer que nous ne pouvons, ni ne devons, pour juger des entraves auxquelles Dieu pourrait être soumis, prendre pour règle et pour mesure la créature qui est définie, car souvent on ne pourra appeler bonne une créature qui ne donne pas à une autre le bien qu'elle pourrait lui donner, surtout si elle y est forcée et par une loi particulière et par une obligation naturelle. Or Dieu, infiniment bon et puissant, n'est pas pour cela même forcé de donner tout le bien qu'il pourrait accorder; sans cela nous serions forcés d'admettre l'absurdité déjà signalée, un *optimisme* absolu qui assignerait à la toute-puissance divine des limites qu'elle ne pourrait transgresser. En outre, Dieu, qui veille à tout dans l'univers, peut permettre un défaut dans quelques parties de son ouvrage, pour le bien de tous (4). Remarquons encore l'énorme distance qui existe entre Dieu et la créature, et que Dieu peut du mal faire sortir le bien; ce que ne peut la simple créature. De là cette parole de saint Augustin : *Melius enim (Deus) judicavit de malis bene facere, quam mala nulla esse permittere* (5).

De l'essence de Dieu et de ses perfections en général. — Il n'est pas difficile de prouver l'existence et l'unité de Dieu. Mais il est impossible de définir et d'expliquer ce qu'est Dieu, com-

(1) Plut., *Traité de Is. et Os.*, p. 190.
(2) Comp. Bergier, *Diction. théol.*, art. *Manichéisme*.
(3) Comp. *ibid.*, Alticot, S. J., *De antiquis novisque manichœis*, cap. XI, p. 81. Conf. Théodoret, *Hœreticarum fabularum*, I, XXVI, et saint Épiphane, *Adversus hœreses*, II, LXVI, édit. de Padoue; saint Augustin, tous ses écrits contre les manichéens, surtout celui intitulé *Adversus Faustum*.
(4) Consult. sur Épiphane; saint Augustin, f. VIII, opp., édit. Maur.

(1) Ainsi la chaleur nécessaire à la vie des plantes et des animaux cause quelquefois des sensations pénibles et d'autres incommodités. L'effet de la chaleur est l'évaporation, et celle-ci produit les pluies, les rosées, les fleuves, etc., et aussi les grêles, les inondations, etc. On peut en dire autant des effets de l'électricité et des affinités chimiques, etc.
(2) Le mal métaphysique signifie un défaut de cette perfection qui n'est pas due à la nature de l'être. Comp. Suarez, *Métaph.*, disp. XI, sect. IV, n. 8; Leibnitz, *Essai de théodicée*, p. I, n. 21, p. 132.
(3) Cette théorie a été mise en lumière par Alex. Zorzi dans son *Prodromo della nuova enciclopedia italiana*, Sienne, 1779, art. *Libertà*, n. 20, 21, 22, 23.
(4) Voy. And. Spagni dans sa *Diss. du monde*, prop. III, sect. I, in-4°, Rome, 1770.
(5) *Enchiridium*, c. 27.

ment sa nature est en soi, ou quelle est son essence. De là ce mot de saint Augustin, approuvé par les autres pères : *Deus ineffabilis est. Faciliùs dicimus quid Deus non sit, quàm quid sit* (1). — Donc, les théologiens ne font des recherches sur l'essence et les perfections de Dieu que selon la portée de l'intelligence humaine, autant que l'esprit humain peut concevoir Dieu, et non suivant ce qu'il est en lui-même. — On appelle *perfections, noms, attributs*, les qualités qui appartiennent nécessairement à Dieu, et qui découlent de son essence, suivant que notre intelligence le conçoit, et modifient et perfectionnent pour ainsi dire cette essence déjà constituée. — Mais puisque Dieu est un océan sans bornes de perfections, et cependant simple en lui-même, et ne peut être conçu par une intelligence finie, si ce n'est que par des conceptions particulières, quand les théologiens posent cette question de la constitution métaphysique de Dieu, on doit comprendre l'ordre dans lequel doit procéder l'intelligence pour embrasser la série des attributs divins, et pour examiner cette perfection qui est la source et l'origine de toutes les autres, ou, si l'on aime mieux, la base et le fondement qui les porte et les soutient, perfection qui met une distance infinie entre Dieu et les autres êtres, et qui constitue la propre essence de Dieu. — Le mot *essence* signifie ce que l'on conçoit de primitif dans un être, ce qui est la source et l'origine de ses propriétés ; enfin, ce qui distingue entièrement un être des autres êtres, ce qui le constitue en un mot dans son propre état d'être. — Il y a quatre théories principales des théologiens sur cette question : La première est celle des *nominaux*, suivant lesquels l'essence de Dieu consiste dans la somme de toutes les perfections (2) ; la seconde est celle de ceux qui la placent dans l'*infinité radicale*, ou dans l'*exigence* de toutes les perfections (3) ; la troisième est celle de quelques *thomistes* qui croient qu'elle est placée dans l'*entendement actif*, ou, selon d'autres, dans l'*entendement radical* (2) ; et la quatrième, enfin, appartenant au reste des thomistes, et reçue communément parmi les théologiens, place l'essence de Dieu dans l'*être par soi* (ils l'appellent *aséité*), ou, plus clairement, dans l'existence par soi, dans l'existence nécessaire, ou dans la nécessité d'être. — Notre but n'étant pas de soulever ici des discussions de scolastique, nous nous contenterons d'exposer l'opinion la plus commune et que nous croyons la seule vraie. Notre plan sera donc de reconnaître d'abord, selon leur ordre, toutes les perfections qui appartiennent à Dieu, pour de là établir la première en ordre, celle qui est la source et l'origine de toutes les autres, qui est la constitution métaphysique de Dieu, c'est-à-dire l'existence métaphysique de Dieu. — Or, remarquons que ces perfections se divisent généralement en deux parties : la première embrasse celles que les anciens scolastiques appelaient *simplement simples*, et que nous appellerons absolument *simples* ; la seconde comprend les perfections *secundum quid*, que nous appellerons *mixtes*. La perfection *simple* est celle que l'on conçoit sans aucune imperfection, qui est meilleure que son opposée et que toute autre avec laquelle elle ne peut s'allier dans le même sujet ; la perfection *mixte* est celle qui emporte avec elle une idée d'imperfection, qui n'est parfaite que d'une certaine façon, et jamais absolument, et qui ne peut se trouver dans le même sujet avec une autre perfection, soit meilleure qu'elle, soit égale à elle. Pour donner plus de clarté à nos paroles, nous emprunterons un exemple à saint Anselme, qui a établi cette distinction dans son *Monologium* (cap. XV ou XIV). Être sage est meilleur que son opposé, parce que le sage est absolument meilleur que le non sage ; de même pour la bonté et la justice, etc. ; au contraire, être or n'est une perfection que pour l'or, et non pour tout ; car ce serait une imperfection pour l'homme qui, s'il était d'or, n'aurait ni le sentiment ni la vie. Le saint docteur remarque lui-même que cette distinction ne peut avoir lieu que pour les substances. — Les perfections peuvent exister dans un sujet de deux manières, ou *formellement* ou *éminemment*. Les perfections sont dites exister formellement dans un sujet lorsqu'elles sont énoncées proprement suivant l'idée qu'on s'en forme et suivant leur définition ; ainsi, quand je dis : Dieu est bon, sage, etc., ou : En Dieu est la bonté, la sagesse, etc. Elles existent éminemment quand elles ne peuvent être énoncées qu'improprement, quand on ne les trouve pas dans le sujet comme elles sont, mais d'une manière plus parfaite, ou bien quand le sujet auquel on rapporte une perfection de cette espèce peut ou la produire, ou faire l'équivalent au moyen d'une perfection d'un ordre plus élevé. Ainsi, on dit qu'un ange contient éminemment la raison, parce qu'il peut aller beaucoup plus loin par son intelligence que l'homme par sa raison. — Ceci posé, nous allons examiner ces trois propositions : 1° en Dieu sont toutes les perfections ; 2° comment il se peut dire qu'elles existent en lui ; 3° comment, enfin, des perfections qui sont en Dieu, on peut établir la constitution métaphysique de Dieu, c'est-à-dire par le moyen de quelle perfection doit-on constituer l'essence de Dieu ? Quant à ce qui regarde la manière dont se comportent les perfections divines, par rapport à son essence, nous en traiterons en parlant des attributs en particulier, et surtout de la simplicité de Dieu.

I. *En Dieu sont toutes les perfections.* — Dieu, en effet, parlant de lui-même à Moïse, a dit (1) : *Ostendam omne bonum tibi.* Dieu n'aurait pas pu être appelé *omne bonum* absolument, s'il ne contenait pas en lui toutes les perfections. Il en est de même dans tous les passages où les Écritures parlent de Dieu : au Psal. CXLIV : *Magnus Dominus et laudabilis nimis, et magnitudinis ejus non est finis* ; dans Baruch, III, 25 : *Magnus est et non habet finem.* Or l'Écriture donne à Dieu la grandeur, ce n'est pas dans le sens d'une grandeur étendue à travers tous les espaces, mais bien d'une perfection quelconque, comme la sagesse, la puissance, la majesté, etc. Aussi saint Jean Damascène s'exprime-t-il avec bonheur, quand il dit de Dieu : « Être tout, comprend dans son acception l'essence comme un océan immense et sans limites (2). » Déjà saint Grégoire de Nazianze s'était servi presque des mêmes termes : « l'Être universel en soi-même étant sans commencement et sans fin, comprend dans son acception l'essence comme un océan infini et sans bornes (3). » Au reste, la raison elle-même le conçoit ainsi : car Dieu est un être au-dessus duquel on ne peut en imaginer un plus grand. Il faut donc nécessairement qu'il ait en lui toutes les perfections, autrement on pourrait imaginer un autre être qui les posséderait toutes.

II. *Dieu a toutes les perfections simples formellement, et les mixtes éminemment.* — Telle est en effet l'idée de Dieu, que l'on doit lui attribuer toutes les perfections pouvant entrer dans la composition de sa nature, et que l'on doit lui refuser tout ce qui entraîne avec soi une idée d'imperfection, tout ce qui, en un mot, ne s'accorde pas avec la simplicité de sa nature. Or, d'après la première proposition, Dieu possède toutes les perfections ; nous dirons maintenant qu'il possède par une raison les perfections simples, par une autre les perfections mixtes, les premières formellement, et les autres à un degré plus éminent, comme il convient à la nature divine. — Dieu possède vraiment et proprement, c'est-à-dire formellement les perfections simples ; la preuve en est dans la définition que nous avons donnée de la perfection simple. La perfection simple est celle qui est meilleure que son opposée ou que tout autre, impossible avec elle. Donc Dieu contient en lui toutes les perfections vraiment et proprement simples, sans cela il ne serait plus l'être au-dessus duquel on ne peut en imaginer un plus grand. De là nommer toutes les perfections simples, c'est nommer Dieu, et Dieu est la substance, l'esprit ; il est sage, juste, etc. — Dire aussi qu'il ne possède pas éminemment les perfections mixtes, c'est en renverser la définition ; la perfection mixte, en effet, est celle qui entraîne une idée d'imperfection, ou du moins qui est impossible avec une perfection meilleure ou égale. Si Dieu possédait vraiment et proprement en lui ces perfections, il ne pourrait plus posséder les perfections simples, auxquelles ne peuvent s'allier, dans le même sujet, les perfections mixtes. Ainsi, si Dieu était corps, il ne serait pas esprit ; or, s'il n'est pas esprit, il n'est plus l'être au-dessus duquel on ne peut imaginer rien de plus grand. Aussi, nommer les perfections mixtes, ce n'est plus nommer Dieu ; Dieu n'est pas corps, animal, etc. — Toutes les perfections, cependant, qui brillent dans les créatures sont en Dieu ; et elles ne sont en lui que parce qu'il peut les produire, et alors il les contient éminemment ou virtuellement ; et il n'y en a aucune

(1) In Psal. LXXXV.
(2) Le père des nominaux est Guillaume Occam, sur lequel consultez Feller, *Dict. hist.*
(3) Les scotistes.
(4) Conf. card. Gotti, tract. *De Deo*, t. II, q. 3, dub. 3.

(1) *Exod.*, XXXIII, 19.
(2) Voici le texte : Ὅλον γὰρ ἐν ἑαυτῷ συλλαβὼν ἔχει τὸ εἶναι, οἷόν τι πέλαγος οὐσίας ἄπειρον καὶ ἀόριστον. *De fide orthod.*, liv. I, cap. 9, p. 142, edit. P. Lequien, Paris, 1712.
(3) Ὅλον γὰρ ἐν ἑαυτῷ συλλαβὼν ἔχει τὸ εἶναι μήτε ἀρξάμενον, μήτε παυσόμενον· οἷόν τι πέλαγος οὐσίας ἄπειρον καὶ ἀόριστον. *Orat. in Natalitia*, édit. Billii, *orat.* XXXVIII, n. 11, p. 615.

qui soit équivalente à Dieu, soit dans l'être, soit dans l'acte. C'est pourquoi il les contient *équivalemment*, si je puis me servir de ce terme, parce qu'il peut produire et faire dominer ce en quoi elles dominent, au moyen d'une perfection d'un ordre plus élevé; car il les produit par sa toute-puissance. Et tout ce que ces perfections ont en elles de dominant, mélangé toutefois à de nombreuses imperfections, il le domine sans aucun défaut et avec une excellence toute particulière. Ce qu'elles peuvent, il le peut au moyen d'une perfection bien supérieure. C'est là ce qu'on appelle contenir *éminemment*. — Donc Dieu contient formellement les perfections simples, et éminemment les perfections mixtes. Il est facile maintenant pour chacun de reconnaître que Dieu est la réunion la plus simple et la plus éminente de toute perfection et de tout état d'être; je dirai, non-seulement de toute perfection incréée, mais encore de toute perfection créée, parce que tout ce qui est bonté, beauté, perfection, état d'être, non-seulement existant, mais encore possible, est contenu en Dieu d'une manière infiniment parfaite et abondante, et cela par la seule raison de sa divinité, par laquelle il les possède toutes formellement ou éminemment. De là, et avec raison, saint Anselme (1) déduit que tous les attributs de la divinité signifient, non la qualité ou le mode de la divinité, mais sa substance, et que tout découle d'elle au suprême degré. C'est pourquoi nous devons l'adorer et l'aimer au suprême degré.

III. *L'essence métaphysique de Dieu paraît devoir être placée en ce qu'il est un être existant par soi et indépendant, c'est-à-dire dans l'existence par soi.* — L'essence métaphysique ou la constitution métaphysique de Dieu doit être, d'après l'opinion commune, considérée sous quatre aspects différents: 1° comme intrinsèque à l'être; 2° comme le séparant de tous les autres; 3° comme première conçue, et 4° enfin comme source et origine de toutes les autres perfections. Au reste, dans l'aséité, c'est-à-dire dans l'existence par soi, on trouve également quatre divisions qui suffisent pour établir l'essence métaphysique de Dieu. En effet, l'être par soi est intrinsèque à Dieu, car rien ne peut être imaginé avant lui, rien ne sépare davantage Dieu des créatures qui ont reçu *l'être* de lui; tous les attributs semblent en un mot découler de ce principe. De ce qu'on comprend que Dieu existe par soi, il s'en suit nécessairement qu'il doit être l'assemblage suprême et infini de toutes les perfections. Aussi saint Thomas, enseignant que Dieu est l'être subsistant par lui-même, déduit de là que toute perfection est attachée au sens d'être (2). Saint Jean Damascène, après avoir examiné toutes les appellations par lesquelles Dieu a été désigné, conclut que la principale et la plus propre à Dieu est: CELUI QUI EST, appellation qui comprend tout, qui rappelle qu'être est comme un océan infini de la substance (3). Et cet avis est conforme à l'Écriture et à la doctrine des saints Pères; car Dieu lui-même, voulant donner une idée de sa nature et de son nom, dit à Moïse: *Ego sum qui sum: Sic dices filiis Israel:* QUI EST *misit me ad vos* (4). Saint Hilaire, expliquant ces paroles, s'écrie: Je suis plein d'admiration pour cette appellation si absolue de Dieu, elle exprime en langage clair à l'intelligence humaine la connaissance incompréhensible de la nature divine. Quoi de plus propre en effet à Dieu que l'être, puisqu'il est ce qui n'a pas eu de commencement et ce qui n'aura pas de fin (5). Écoutons encore saint Bernard: *Si bonum, si magnum, si beatum, si sapientem, vel quidquid tale de Deo dixeris, in hoc verbo instauratur, quod est* EST. *Nempe hoc est ei esse, quod hæc omnia esse*(6). Tel est l'assentiment des Pères grecs et latins, dont Pétau cite les paroles, après avoir prouvé que c'était là aussi le sentiment des philosophes eux-mêmes et des docteurs juifs (7).

Des attributs de Dieu en particulier. — Parmi les attributs de Dieu, les uns sont *absolus*, ce sont ceux qui ont rapport à la nature divine; les autres sont *relatifs*, ce sont ceux qui ont trait aux personnes en Dieu. Nous traiterons à part de chacun. Parmi les attributs absolus, les uns sont dits *négatifs*, non qu'ils soient réellement négatifs, mais parce qu'ils sont exprimés par des mots négatifs, comme infinité, immensité, immutabilité, etc. Quant à ceux qui entraînent avec eux une idée positive, les uns sont appelés *affirmatifs*, parce qu'ils sont exprimés par des affirmations, comme la bonté, la justice, etc. Les autres enfin sont dits *respectifs*, parce qu'ils ont rapport aux actes; telles sont: la science, l'omnipotence, la providence, etc. Ce sont là les principales divisions des attributs divins; et, contrairement à quelques auteurs qui en ont établi beaucoup d'autres plus ou moins imparfaites (1), nous nous bornerons à celles-ci, craignant que l'abondance des divisions n'apporte la confusion là où il nous faut beaucoup d'ordre et de clarté. Il nous semble aussi qu'il serait trop long de traiter chacun des attributs en particulier. Nous nous contenterons d'examiner ceux qui ont fourni le plus de matière à l'erreur: la simplicité, l'immutabilité, la liberté, l'infinité, l'immensité, l'éternité.

De la simplicité de Dieu. — On dit que Dieu est simple, parce qu'il n'est pas un composé, c'est-à-dire parce qu'il n'est pas un assemblage de parties distinctes. Or un composé peut être physique, métaphysique ou logique. Un composé *physique* est celui qui est formé de parties réellement distinctes, comme le sont tous les corps. Un composé *métaphysique* est celui qui est formé de la puissance et de l'acte, de l'essence et de l'existence, de la nature et de la personnalité. Le composé *logique* enfin qui est formé du genre et de la différence. Bien des erreurs ont été avancées sur la simplicité de Dieu: 1° parmi les païens, par tous ceux qui adorèrent les idoles comme des dieux, ou par ceux qui ont reconnu des divinités corporelles. 2° Parmi les chrétiens, par ceux qui ont donné à Dieu la forme humaine, et qui pour cette raison ont été appelés *anthropomorphites*, question regardée par les Sociniens et les Arminiens comme indifférente pour la foi (2). 3° Par les anciens stoïciens et par les panthéistes modernes, et leur chef Spinosa, qui, dans son *Traité de morale*, a tenté d'expliquer le panthéisme par la méthode mathématique, et finit par ne reconnaître qu'une matière éternelle, improduite et immense, qu'il appelle Dieu. Il a eu pour adhérent, ces dernières années, le Juif Salvador (3). 4° Par ceux qui ont reconnu une distinction réelle entre l'essence divine et les attributs, erreur vulgairement attribuée à Gilbert de la Porrée, malgré quelques réclamations (4). Cette erreur a été adoptée par les Grecs schisma-

(1) *Loc. cit.*

(2) I p., q. IV, a. 2; comp. Suar., *Métaph.*, t. II, disp. XXX, sect. I et seqq.

(3) *Ibid.*, XXIII, a. 2.

(4) On lit dans le texte hébreu אהיה אשר אהיה, ce que les Septante ont traduit par Ἐγώ εἰμι ὁ ὤν; Aquila et Théodotion ont traduit les mots hébreux: Ἔσομαι ὃς ἔσομαι. Quoi qu'il en soit, le sens est toujours le même.

(5) *De trinitate*, l. I.

(6) *De consideratione*, l. VI, c. 6.

(7) *De Deo*, I, 6.

(1) Outre les attributs *positifs* et *négatifs*, on a distingué les attributs *quiescents* et *actifs*; *primitifs*, et par conséquent les *dérivés*; les *métaphysiques*, qui ont rapport à la substance infinie de Dieu; les *moraux*, qui ont rapport à son intelligence et à sa volonté; les *communicables*, comme la bonté, la sagesse, etc.; les *incommunicables*, comme l'omnipotence, etc., etc.

(2) Beausobre est de cet avis dans son *Hist. de Manichée*, etc., liv. III, ch. 2, p. 484, où il dit: « Tout ce qui peut me convenir, c'est de peser à la balance de l'équité et de la religion la question: si c'est une hérésie dangereuse de concevoir la nature divine comme une lumière étendue; voilà ce qui peut en faire douter, etc.»

(3) *Hist. des institutions de Moïse*, t. III, 2e part., ch. I, *Jehovah*. Cet auteur soutient cependant qu'il n'admet pas le panthéisme, et qu'on ne peut admettre que l'infinithéisme, ou l'existence universelle. Voici ce qu'il dit, p. 80: «Maintenant réunissons tous les êtres et toutes les intelligences secondaires connues et inconnues, ajoutons un même accord et une même tendance, une même harmonie, voilà l'existence universelle. Mais n'est-ce point le panthéisme? Mais alors chaque chose n'est-elle pas Dieu? Le mot *pan* signifie tout, et l'expression *tout* indique une œuvre faite, terminée, bornée. Or, l'être universel n'a pas de bornes dans notre esprit... Au lieu du mot *pan* plaçons le mot infini, faisons, si l'on veut, l'*infinithéisme*, et soudain la première objection (le *panthéisme*) disparaît.» Mais peu importe la dénomination, puisqu'il s'agit de savoir si Dieu se distingue de l'univers ou non, ou si l'universalité elle-même des choses est Dieu. L'auteur avoue dans une note que, quant à ce qu'il examine, le panthéisme, l'infinithéisme et le spinosisme ne font qu'un.

(4) Les critiques sont divisés à propos des véritables erreurs de Gilbert (erreurs dont il se rétracta dans le concile de Reims); les uns, comme Vasquez, Frassen, etc., regardent comme plus probable que Gilbert ne faisait pas de différence entre l'essence de Dieu et les attributs, mais soutenait seulement que l'essence et les propriétés étaient réellement distinctes de la personne. Ils s'appuient dans cette opinion de l'autorité d'Othon de Bavière et des actes du concile de Reims, que Vasquez a empruntés à un manuscrit du Vatican. Les autres, avec Pétau, pensent que Gilbert repoussait également la distinction entre l'essence et les attributs, et entre l'essence et les propriétés. Ceux-ci s'appuient sur l'autorité de saint Bernard et du moine Gunfred. Conf. Pétau, *De Deo*, I, cap. 8, § 4 et seqq., et Nat. Alex., *Synopsis in sæc.*, XI et XII, cap. 4, art. 9.

tiques, surtout à l'instigation de Grégoire Palamas, évêque de Thessalonique, qui faisait une différence réelle entre la vertu de Dieu (ἐνεργεία) et l'essence divine, et soutenait qu'une lumière éclatante en émane, semblable à celle dont le Christ s'environna sur le mont Thabor. L'abbé Joachim sembla faire aussi une distinction réelle entre la nature divine et les personnes divines. C'est pourquoi, l'an 1215, le quatrième concile de Latran condamna son livre. 5° Par les anoméens qui, au IVe siècle, tombèrent dans l'erreur contraire. Suivant l'opinion d'Eunomius et d'Aetius, ils ne voulurent aucune distinction entre l'essence de Dieu et ses attributs, ni même entre les attributs; c'était pour se proposer un moyen plus facile d'attaquer la divinité du Verbe. Ce sont là les principales erreurs sur la simplicité de Dieu condamnées par l'Église. Cette propriété de Dieu a donné lieu à bien des controverses, à bien des opinions opposées parmi les théologiens. Les uns, en effet, se sont rapprochés de l'opinion de Gilbert de la Porrée; les autres ont paru embrasser l'erreur des anoméens. Pour bien nous faire comprendre, nous allons exposer leurs opinions et leurs théories.—La distinction est la négation de l'identité; deux choses qui se distinguent ne sont pas les mêmes. Or, une chose ne peut être la même qu'une autre, ou en soi, ou dans notre conception. Si une chose en soi n'est pas la même qu'une autre, la distinction qui existe alors est dite *réelle*; mais si une chose n'est pas la même avec une autre seulement dans notre conception, on appelle cette distinction la distinction *de la raison*, de la pensée, ou la distinction *mentale*. Une chose peut ne pas être la même en soi avec une autre, ou parce que ces deux choses sont séparées, ainsi Pierre et Paul; ou parce qu'elles peuvent être séparées, ainsi l'âme et le corps; ou parce qu'elles sont opposées relativement, ainsi le père et le fils; c'est la distinction qu'on appelle la distinction *réelle majeure*. Une chose en soi peut ne pas être la même avec une autre, par la seule raison du mode, en tant que le mode est distingué de la chose; tel est le mode existant entre l'âme et l'idée qu'on a d'elle, entre le corps et la figure qu'il présente; cette distinction est dite *modale* ou distinction *réelle mineure*. A ces deux distinctions Jean Duns Scot en ajouta une troisième, existant entre deux ou plusieurs propriétés de la même chose, dont l'une n'est pas par l'autre, au moins dans sa raison formelle; ainsi, dans l'homme, l'animalité et la rationalité; dans Dieu, l'essence et les attributs, et les attributs les uns des autres, comme la miséricorde, la justice, etc. Cette distinction a été appelée distinction *réelle minime*, *formelle* ou *scotistique*. La distinction mentale se présente sous deux aspects: l'un est purement arbitraire; ainsi quand on distingue Pierre et Céphas, et est sans fondement dans la chose, on l'appelle distinction *de la raison raisonnante*; l'autre est celle que fait l'intelligence seule, mais avec fondement dans la chose, qui, quoique une en soi et simple en somme, équivaut cependant à plusieurs distinguées en soi, et nous fournit le fondement de la distinction, à cause des différents effets qu'elle peut produire; ainsi le grain peut être considéré comme semence, comme aliment, comme corps, etc. Et si l'on parle de Dieu, comme il peut produire différents effets, et comme il contient, ainsi qu'il a été dit, éminemment en soi par une raison très simple des perfections qui sont distinguées dans la créature, ceci donne occasion à notre esprit de la considérer séparément, par la distinction que les scolastiques ont appelée distinction *de la raison raisonnée ou virtuelle*. Comme ils ont été divisés entre eux, et que les uns, comme les scotistes, ont voulu que cette distinction existât en Dieu, entre son essence et ses attributs, et qu'entre les attributs eux-mêmes existât la distinction *réelle formelle*, ils ont été accusés pour cela d'avoir embrassé l'avis de Gilbert de la Porrée, tandis que les autres, au contraire, comme les nominaux, voulant nier en Dieu, entre l'essence divine et les attributs, et entre les attributs eux-mêmes, la distinction appelée virtuelle, ont été soupçonnés de tremper dans l'erreur des anoméens. Cependant tout soupçon d'erreur leur a été retiré par les plus savants théologiens (1). Nous allons considérer ce qui regarde la doctrine catholique contre ces diverses erreurs. Voici l'*ordre* que nous allons suivre: 1° Nous établirons la suprême simplicité existant en Dieu; 2° nous réfuterons ceux qui ont enseigné que Dieu est corporel, et ceux qui regardent cet article comme indifférent; 3° nous réfuterons le panthéisme ou spinosisme; 4° nous attaquerons l'erreur de Gilbert et des sociniens; 5° enfin sommairement l'erreur des eunomiens, et nous insisterons surtout sur les erreurs professées de nos jours.

(1) Conf. Frassen, *Scotus academicus*, tract. I, disp. III, art. III, quæst. 3; Venise, 1744.

Prop. Ire. — *Dieu est entièrement simple.* — Cette proposition est un article de foi comme le prouve la définition du quatrième concile de Latran, au chapitre *Firmiter*, où il est dit qu'il y a en Dieu: *una essentia, substantia, sua natura simplex omnino.* Sur ce sens se fonde la simplicité absolue, de façon que les compositions dont nous avons parlé, sont exclues de la nature divine. Or, d'abord, nous prouvons cette vérité qu'à Dieu appartient la suprême simplicité, s'il n'y a en lui aucune composition physique, métaphysique ou logique; or aucune composition de cette espèce n'est et ne peut être en Dieu; donc, notre proposition est prouvée. Toute composition physique semblable à celle qui existe entre des parties réellement distinctes, comme dans les corps, a été refusée à Dieu par l'Écriture. Le Christ, en effet, parlant de Dieu a dit: *Spiritus est Deus* (1). Or le Christ emploie le mot *spiritus* dans le sens strict, il le prouve ensuite; en effet, en enseignant à la Samaritaine le culte que l'on devait rendre à Dieu en tous lieux, il lui dit qu'il faut l'adorer *in spiritu et veritate*; c'est comme s'il disait, observe Maldonat, que Dieu n'ayant pas de corps, il ne peut être adoré qu'en esprit (2). L'apôtre a dit dans le même sens: *Dominus autem spiritus est* (3). L'Écriture attribue encore à Dieu les propriétés qui ne peuvent en aucune façon coexister avec la composition physique: ainsi l'infinité, l'immensité, l'éternité.—Toute autre composition métaphysique ou logique est également refusée à Dieu par l'Écriture, puisqu'elle lui donne des dénominations abstraites. Ainsi dans quelques passages Dieu est appelé *sagesse, justice, bonté, vérité, vie*, etc. Or s'il n'était pas entièrement simple, et sans aucune combinaison, Dieu ne pourrait être *sagesse, justice*; mais plutôt celui qui a la sagesse, la justice. Cette doctrine est confirmée par les Pères et par les milles raisons qu'ils développent. Selon eux, en Dieu n'entre aucune composition, parce que, d'après le sens commun, rien de supérieur à lui ne peut être imaginé; or Dieu ne serait point tel s'il n'était entièrement simple; car une composition entraîne toujours avec elle quelque imperfection. Telles sont les idées développées par saint Ambroise (4), par saint Augustin (5), par saint Bernard (6), etc. D'autres tirent cette conséquence de ce que Dieu est l'être premier, nécessaire, éternel, existant par soi, et que tout composé exige un composant antérieur à lui. Or tout ce que Dieu est, il l'est par nature. Tel est, entre autres, le sentiment de Tertullien (7), de saint Cyrille d'Alexandrie (8), de saint Grégoire de Nyssène, de Richard Victorin. D'autres enfin tirent leurs preuves de ce que Dieu est infini et immuable. Tout ce qui est Dieu en effet est infini, et par conséquent ne peut avoir de parties; et ce qui est immuable, ne peut subir aucune modification, aucune fluctuation, aucune vicissitude, aucun changement; il n'en est pas ainsi dans les composés. Telle est l'argumentation de saint Maxime, martyr, de saint Athanase, de saint Grégoire de Nyssène et de saint Cyrille (9). Telles sont aussi presque toutes les raisons dont se sert saint Thomas pour prouver la non-composition de Dieu (10). De tout cela nous pouvons ainsi conclure: En Dieu, il ne peut y avoir aucune composition, donc il est entièrement simple; et par conséquent Dieu est son essence; il est soi, c'est un acte pur, c'est-à-dire il est tout acte, et il est tellement simple que rien ne peut lui être comparé, puisque tout ce qui n'est pas Dieu doit avoir une composition au moins métaphysique ou logique. Ceci posé, nous allons réfuter toutes les erreurs qui seront élevées contre cette vérité.

Prop. II. — *L'opinion de ceux qui pensent que Dieu est corporel est absurde et hérétique.* — Nous disons *absurde* le système des anthropomorphites et de tous ceux qui ont donné à Dieu un corps quelconque, et *hérétique* pour les sociniens qui regardent cette question comme indifférente, ou qui pensent que jadis on la considérait comme telle. La nature ou l'essence de Dieu est entièrement simple comme le prouve non-seulement l'autorité, mais encore la raison; il est donc absurde de

(1) Πνεῦμα ὁ Θεός Jean, IV, 24.
(2) Voy. aussi Origène, *De principiis*, I, cap. I, n. 4.
(3) Ὁ δὲ Κύριος τὸ πνεῦμά ἐστιν, II, Cor., III, 17.
(4) *De fide*, lib. I, cap. 16, n. 106.
(5) *De trinitate*, lib. V.
(6) *De consideratione*, lib. V, cap. 7, n. 16.
(7) *Contra Marcionem*, lib. II, cap. 6.
(8) Voy. Pétau, lib. II, cap. 2, § 2, et seqq.
(9) *Ibid.*, § 9, et seqq.
(10) *Contra gentes*, lib. I, cap. 18.

vouloir un Dieu corporel, puisqu'il répugne à la raison de reconnaître un Dieu infini, éternel, immense et absolument parfait, qui soit composé de parties réellement distinctes, et de parties nécessairement finies. Aussi l'Écriture adresse ces vifs reproches à ceux qui se représentaient Dieu par des simulacres : *Cui ergo similem fecistis Deum? Aut quam imaginem ponetis ei?* (1) Origène aussi a écrit avec autant de raison que d'énergie : *Non ergo aut corpus aliquod, aut in corpore esse putandus est Deus, sed intellectualis natura simplex, nihil omnino in se adjunctionis admittens, uti ne majus aliquid et inferius esse credatur ; sed ut sit ex omni parte* μονὰς *et, ut ita dicam,* ἑνὰς *et mens ac fons, ex quo initium totæ intellectualis naturæ vel mentis est* (2). L'erreur des sociniens ne peut être regardée comme indifférente à la foi; car toujours les fauteurs d'une semblable hérésie ont été repoussés par l'Église. Vers la fin du IVe siècle naquit l'anthropomorphisme; aussitôt cette hérésie fut déclarée absurde par les Pères dont la plume traduisait alors les pensées de l'Église. Ainsi saint Jérôme (3) l'appelle *stultissimam hæresim*; Théodoret, *stultam sententiam* (4). Cassien, *ineptam hæresim, gravem errorem, qui in perpetuæ mortis discrimen injiciat, et gentilem blasphemiam ab omnibus detestandam* (5). C'est pourquoi les anthropomorphites qui s'opiniâtrèrent dans leurs idées furent comptés parmi les hérétiques. Ainsi saint Augustin (6), saint Philastre (7), saint Epiphane (8), saint Jean Damascène (9), Isidore et Raban, dans leurs catalogues des hérétiques, où ils désignent les anthropomorphites du nom d'Audiens, les comptèrent parmi les hérétiques. Théophile, patriarche d'Alexandrie, les attaqua énergiquement et les dénonça dans ses lettres paschales. Du reste, la lutte contre eux fut si vigoureuse qu'ils disparurent presque entièrement. Toujours l'erreur de l'anthropomorphisme a été déclarée par l'Église comme une hérésie honteuse et contraire à la raison autant qu'à la foi. Saint Augustin, dans sa lettre CXX (quelquefois CXXII) n'hésita pas de l'appeler une espèce d'idolâtrie (*quamdam idololatriam*); et au chap. VII de son livre *De fide et symbolo*, où il explique ces paroles du symbole : *Sedet ad dexteram patris*, il s'exprime ainsi : *Nec ideo, quasi humana forma circumscriptum esse Deum patrem arbitrandum est.... ne in illud incidamus sacrilegium, in quo execratur Apostolus eos, qui commutaverunt gloriam incorruptibilis Dei in similitudinem corruptibilis hominis* (10). Du reste, tout ce qui a été dit contre l'anthropomorphisme peut être mis en application contre l'idée de donner à Dieu toute autre forme corporelle que celle de l'homme, contre l'opinion des manichéens par exemple, qui voulaient que la lumière fût comme une partie constitutive de Dieu, ou même qu'elle fût Dieu.

Prop. III. — *Les systèmes du panthéisme et de l'autothéisme sont absurdes.* — Pour mieux nous faire comprendre, nous allons entrer dans quelques détails nécessaires avant d'aborder la question. — 1. Le panthéisme des anciens stoïciens ne doit pas être confondu avec le spinosisme proprement dit. Les anciens stoïciens, en effet, tout en appelant Dieu ce monde qu'ils regardaient comme éternel, ainsi du reste que la plupart des sectes philosophiques, distinguaient cependant deux substances en Dieu : la substance spirituelle et intelligente, qui, comme une âme, pénétrait la matière, la dirigeait, lui donnait la vie et le mouvement et qui était une partie constitutive de tout l'être divin, c'est-à-dire de Dieu ; et la substance corporelle, qui était comme l'autre partie constitutive de Dieu, extérieure et passive (11). Mais Spinosa ne trouve en Dieu, qu'il suppose identifié avec l'universalité des choses, qu'une substance dont les propriétés, les attributs et les modifications sont l'intelligence, l'immensité, l'infini, etc. Ainsi donc, il conçoit l'intelligence, non comme une partie constitutive de Dieu, mais seulement comme un de ses attributs (1). — Les panthéistes modernes se rapprochent plus ou moins du système de Spinosa sur cette substance unique, qu'ils font à la fois active et passive. Cependant, quelle que soit la route qu'ils suivent dans leurs arguments philosophiques, ils arrivent tous au même but. Ceux, en effet, qui suivent la philosophie réaliste, comme ils l'appellent, soutiennent que Dieu est l'*univers absolu*, *le chaos*, *l'indifférence pure* entre l'objectivité et la subjectivité, la *réunion de la nature tout entière*, et *l'animal universel* qui s'est pour ainsi dire revêtu de cet univers empirique, d'où naissent toutes choses comme *apparitions fugitives*, comme *vibrations*, comme bulles s'élevant sur l'*océan de la vie universelle*. C'est là l'école de Schelling (2). Ceux qui font profession *d'idéalisme* enseignent que Dieu est le *moi universel* qui est déduit de l'examen de notre propre moi, qui ne peut pas être dit *substance*, parce que la conception de la substance est finie, ni *existant*, parce qu'à l'existence est attachée la forme d'espace et de temps. Ces philosophes pensent ensuite qu'ils ne peuvent déterminer si ce *moi universel* est *l'ordre du monde moral*, ou une *idéalité pure*. Telle est l'école de Fichte (3). De ce principe découle l'*autothéisme* ou *suithéisme*, système dans lequel Dieu n'est que le *moi absolu* et *individuel*, ou la *personnalité sublimée*. — 3. *Du réalisme et du rationalisme transcendental*, et aussi de *l'idéalisme et de l'intuitisme transcendental* est né le saint-simonianisme dont la doctrine, en somme, est de nier et de détruire toute divinité et toute religion pour leur substituer le panthéisme et l'autothéisme universel de tout le genre humain, que les saints-simoniens tentent d'unir dans une seule et même famille, rejetant toute inégalité, tout privilége dû à la naissance. Ces mêmes saint-simoniens, renversant tous les principes de moralité, regardent comme bien tout ce qui peut servir à leur fin, et comme mal ce qui y est contraire. Les femmes dans les familles deviennent égales à leurs maris ; aussi cherchent-ils la femme émancipée ou à émanciper (4). Ils prêchent le progrès incessant et la perfectibilité ; chaque progrès de l'humanité est regardé par eux comme un pas nouveau vers la perfection. Ainsi, pour eux, la prétendue réformation de Luther, la révolution française, les tentatives dernières faites pour renverser l'ordre des choses établi, sont pour eux des progrès (5). Tout ce qui avait été jusque-là n'était qu'un ouvrage à moitié fait, le perfectionnement en appartenait aux disciples de Saint-Simon. Grâce à ce progrès, à cette perfectibilité, ils ne désespèrent pas de voir un jour les hommes vivre éternellement sur la terre. Suivant eux, la religion du Christ a été bonne ; c'est un progrès pour le temps où vivait le Christ, parce qu'alors il était nécessaire de prêcher aux hommes la mortification et de leur promettre le ciel ; aujourd'hui que le genre humain est plus avancé, les hommes n'ont plus besoin d'abnégation, parce que tous sans exception doivent être appelés au bonheur (6). Tout en rejetant tout dieu et toute religion, les saint-simoniens cependant conser-

(1) Is., XL, 18.
(2) *Periarchon*, lib. I, cap. 1, n. 6.
(3) *Contra Joan. Jeros.*, II, 11.
(4) *Hæretic. fabul.*, IV, cap. 10.
(5) *Collatione*, X, cap. 11 et seqq.
(6) *Hæresi* LXXVI et *hær.* LXXXVI.
(7) Lib. *De hæres.* Voy. la *Bibliothèque des Pères*, de la Bigne, t. V, *De imagine et similitudine Dei in homine hæresis.*
(8) *Advers. hær.*, lib. III, hær. LXX, n. 2 et seqq., éd. Pétau.
(9) *De hæresibus*, n. 70.
(10) Comp. Pétau, *loc. cit.*, où il énumère presque tous les témoignages des Pères grecs et latins qui combattent cette hérésie.
(11) Les stoïciens s'accordaient à reconnaître un premier principe de toutes choses, quoiqu'ils fussent très peu d'accord pour déterminer ce principe. Les uns disaient que ce principe était l'eau ; les autres le feu. Ils s'accordaient encore en ce point qu'ils soutenaient que ce principe, quel qu'il fût, était dans ses actes dirigé par la raison, et que la divine raison, comme dit Sénèque, était mêlée au monde et à ses parties, ou, comme disait Zénon, Θεὸν εἶναι πνεῦμα διῆκον δι'ὅλου τοῦ κόσμου, c'est-à-dire Dieu est l'esprit universel répandu dans le monde. Comp. Cudworth, *Syst. intell.*, cap. 4, § 25.

(1) Dans l'antiquité, l'école d'Élée avait devancé Spinosa. Elle soutenait, avec son chef Xénophane, que tout ce qui existe est un, éternel et infini, c'est-à-dire le monde, qu'ils appelaient Dieu.
(2) Voy. Jean Imre, *Alliance de la raison et de l'expérience*, 1827, part. I, *Cosmologie*, cap. I, § 6, et part. III ; *Théol.*, cap. I, § 1.
(3) *Ibid.*, part. III, *loc. cit.*
(4) Voy. le livre intitulé : *Religion saint-simonienne, communion générale*, p. 32 ; Paris, 1831 : « Parmi nous, disent-ils, plus de priviléges de sexe et de naissance ; l'inférieur n'est plus l'esclave du supérieur, ils sont associés ; l'homme n'est plus le maître de la femme, ils sont mariés ; un peuple n'est plus le tributaire d'un autre peuple, ils forment une seule famille ; car Dieu est tout ce qui est. »
(5) Ainsi on lit dans le livre intitulé : *Religion saint-simonienne, enseignement central*, p. 34 : « Saint-Simon sentit l'inspiration progressive et dit : Toute l'humanité est là ; lorsque j'aurai réconcilié le catholicisme et le libéralisme (ce qui paraît être aussi le point de mire de l'auteur des *Paroles d'un croyant*), et que j'aurai fait disparaître ces deux formes exclusives, j'aurai réconcilié l'humanité avec Dieu, c'est-à-dire avec elle-même, avec le monde, j'aurai trouvé la vraie religion. » Comp. *l'Organisateur*, 19 mai 1830, *sur la vie et le caractère de Saint-Simon*, où il est dit que Moïse *a promis* la fraternité aux hommes, que le Christ l'a préparée, et que Saint-Simon l'a réalisée, etc.
(6) *Enseignement central*, 1831, *loc. cit.*

vent, au moyen de l'autothéisme, un simulacre de divinité et de religion, religion qu'ils confondent avec la politique, ou qu'ils regardent comme identifiée avec elle. Qu'on fasse surtout attention à ce dernier point, car c'est tout le secret de leur verbiage obscur et alambiqué; souvent ils parlent de la révélation, de la religion, de Dieu, de la Trinité, du Messie, etc., en termes fort peu compréhensibles. Ils admettent les miracles, les prêtres, etc., mais dans un sens bien éloigné de celui que nous attachons aux mêmes mots (1); c'est ce que chacun peut conclure des quelques paroles que nous avons tirées de leur enseignement. —4. J. Salvador, philosophe juif, dans son *Histoire des institutions de Moïse*, a formé un panthéisme transcendental et absolu des nombreux emprunts qu'il a faits aux philosophes allemands et anglais, et aux saint-simoniens. Incrédule et renégat de sa religion, il s'efforce de bâtir des paradoxes sur la doctrine mosaïque. Selon lui, en effet, Moïse enseigna toujours que Dieu était l'*être* absolu, le *moi universel*, l'autothéisme de la société, la religion politique. Cet auteur impie peut être regardé comme l'organe du saint-simonianisme.—Certes il nous faudrait beaucoup trop de temps et d'espace pour suivre dans toutes leurs phases ces longues aberrations de l'intelligence humaine. Nous allons revenir à notre proposition qui embrasse tous les systèmes, enfants de l'*idéalisme* anglais, du *criticisme* allemand et du *sensualisme*, dans lequel Dieu n'est plus qu'une idée *subjective* et *idéale*, et qui n'est objective et réelle que comme somme *demandée* de la raison pratique, systèmes que nous nommerons avec Rosmini (2) *formes de l'impiété* de notre siècle.—1. D'après ce qui a été démontré dans notre première proposition, Dieu est un être objectif, réel, distingué du monde; Dieu est un être infiniment parfait, séparé de toute concrétion corporelle, et entièrement simple; Dieu est un être existant par soi, nécessairement indépendant; de là nous déduirons que Dieu n'est pas une idée purement subjective; que Dieu ne peut en aucune façon être confondu avec l'univers qui est fini, circonscrit dans des limites fixes, rempli d'imperfections, corporel, formé enfin de parties distinctes les unes des autres; que Dieu n'est pas l'homme faible sans cesse exposé aux mille caducités physiques et morales. Ceci doit prouver l'absurdité ou du panthéisme ou de l'autothéisme, soit idéal, soit matériel. — 2. Quant à ce qui regarde spécialement le spinosisme, fondé sur une définition ambiguë et plein de contradictions, il prouve lui-même sa fausseté. Telle est en effet la définition que Spinosa donne de la substance: « J'entends par substance ce qui existe en soi et qui se conçoit en soi; c'est-à-dire ce dont la conception n'a pas besoin de la conception d'une autre chose pour être formée. » Déjà sous ces paroles: *Ce qui existe en soi*, se cache un double sens. Ou elles signifient *ce qui existe par soi*, sens donné par les scolastiques à la substance qui n'a pas besoin d'un sujet auquel elle soit inhérente, qu'ils distinguent ainsi de l'*accident* et de la *modification*, dont le propre est d'être inhérente à un autre sujet, comme la rondeur à un morceau de cire; ou bien elles signifient *ce qui existe de soi*. Dans le premier cas, Spinosa a donné une bonne définition; mais les conclusions qu'il en tire ne sont pas conséquentes. Dans le second cas, sa définition est fausse, le fondement de son système s'affaisse et tout l'édifice bâti dessus s'écroule. Au reste, d'après ses conclusions, Spinosa prend l'expression *en soi* dans le dernier sens, et cela résulte de l'explication qu'il donne après sa définition, et dans laquelle se retrouve la même équivoque: *dont la conception n'a pas besoin de la conception d'une autre chose pour être formée*. Car Spinosa comprend cette conception ou *absolument* ou *relativement*. S'il la comprend absolument, c'est-à-dire si la conception d'une substance ne renferme pas formellement la conception d'une autre chose, comme la conception d'une horloge peut être sans la conception d'un ouvrier, il est dans le vrai; mais s'il veut exclure la conception relative à l'ouvrier par qui l'horloge a été faite, il est dans le faux. C'est dans ce dernier sens qu'il l'emploie; on peut le voir par ses axiomes qui tous présentent la même équivoque (1). Nous avons dit que le système de Spinosa était rempli de contradictions; et, en effet, suivant lui il y a une substance infinie dans laquelle il existe un grand nombre d'attributs infinis, parmi lesquels il compte la pensée et l'étendue. C'est ainsi qu'il définit l'attribut: *L'attribut doit se concevoir par lui-même* (2). Dans sa IIe et dans sa IVe lettre à Oldenburg, il explique plus clairement sa pensée: « Faites bien attention, dit-il, que j'entends par attribut tout ce qui est conçu par soi et en soi, de façon que cette conception n'entraîne pas la conception d'une autre chose. » Nous le voyons, il n'y a pas de différence pour lui entre la substance et les attributs de la substance. Or, d'après lui, un grand nombre d'attributs sont donnés à la substance, donc il doit exister un grand nombre de substances; la substance serait donc à la fois une et multiple, ce qui est une flagrante contradiction. Enfin le système de Spinosa, et tout autre système panthéiste ou autothéiste, est absurde, parce qu'il mène à une fatalité impie, impossible et pernicieuse. D'après ce système, en effet, Dieu serait l'auteur, je dis plus, le fauteur des actions même les plus criminelles. C'est donc une fatalité impie, chacun peut le voir; impossible, parce qu'elle est déduite de fausses idées sur la *substance*, *Dieu* et *l'univers*; pernicieuse enfin, parce qu'elle bat en brèche la liberté de l'homme, et avec elle la morale et la religion. Ajoutons à cela qu'on ne peut imaginer un Dieu à la fois actif et passif, sujet au plaisir et à la douleur, stupide et intelligent, qui naît et meurt sans cesse, etc., etc., et chacun comprendra la sottise et l'absurdité de semblables systèmes. Il serait peut-être inutile maintenant de réfuter, l'Écriture à la main, les extravagances de ces hommes dont les sciences si vantées n'ont enfanté que de semblables impiétés; mais quelques-uns ayant voulu, comme nous l'avons vu, les imputer à Moïse, nous allons ajouter quelques détails qui leur fermeront encore cette seule porte de salut. Celui qui enseigne un Dieu éternel, tirant du néant cet univers, suivant d'un œil providentiel les choses de ce monde, et l'homme surtout, lisant dans les consciences, faisant des miracles et annonçant à l'avance les évènements libres de l'avenir; celui qui enseigne un Dieu législateur, plein de sagesse et auteur d'une religion très sainte, de prières pour supplier sa bonté, et de sacrifices pour apaiser sa colère, etc.; Moïse, en un mot, non-seulement n'enseigne ni le panthéisme et sa fatalité, ni l'autothéisme; mais encore il les combat et les détruit. Parcourons en effet les livres de Moïse, et à chaque page nous trouverons l'enseignement d'un Dieu qui *dans le principe créa le ciel et la terre*, qui réserve des récompenses aux justes et des punitions aux méchants, qui sanctionne la loi hébraïque. Toute l'histoire de Joseph, sans parler des autres, n'est qu'une histoire, pour ainsi dire, de

(1) Ils ne veulent pas d'un Dieu objectif; leurs paroles le prouvent: « Nous ne craignons pas de dire avec vous, que tout ce qui n'est pas athéisme aujourd'hui est ignorance et superstition; que toutes les doctrines qui ont dirigé les peuples ont successivement pris et quitté. » Cependant sans cesse les saint-simoniens parlent de Dieu et de religion; mais pour eux le mot *religion* signifie *science*; ils parlent de la *trinité*, mais pour eux *trinité* signifie *activité externe*, *intelligence* et *imagination*. La première préside à *l'industrie*, la seconde aux *sciences*, la troisième aux *beaux-arts*. Au milieu d'elles ils placent la religion saint-simonienne, qu'ils appellent la fille de *l'imagination*, l'auguste fille du *vrai*, etc., et ils la nomment une triple manifestation: « Cette triple manifestation de l'activité humaine (*Doct. de Saint-Simon*, 1re année, 3e et 55e séance), beaux-arts, sciences, industrie, voilà donc la trinité philosophique de Saint-Simon. » Ils parlent de Messie; mais ils appliquent cette qualification de Messie à tout individu qui travaille à la liberté humaine; c'est ainsi qu'ils écrivent à l'article cité (*Comm. génér.*, p. 113): « O jeunes filles, vous le savez, la Vierge juive (c'est ainsi que les inspirés de notre époque qualifient la très sainte Vierge Marie) était belle, heureuse et bénie, parce que d'elle pouvait (*pouvait*, ils ne nient pas qu'elle soit la mère du Christ; mais ils veulent dire que Jésus pouvait être le sauveur du monde; mais, suivant eux, il ne l'est que comme imprimant au genre humain un progrès ultérieur, que Saint-Simon et ses partisans devaient réaliser) naître le Sauveur du monde; vous aussi vous êtes bénies, heureuses et belles; car peut-être serez-vous les mères de chefs aimants qui réuniront un jour tous les peuples dans une même communion. » Ils parlent de prêtres et de théurgiens; mais quels sont-ils? Écoutez-les (*Enseignement central*, 1831, p. 27): « Beaux-arts, sciences et industrie, et qui constituent dans l'ordre saint-simonien la religion, le dogme et le culte; et alors l'association sera composée exclusivement d'artistes, de savants, d'industriels, ou plutôt de prêtres, de théologiens et de théurgiens. » Ainsi les arts libéraux devenaient la religion; la science, le dogme; l'industrie, le culte. Les artisans sont les prêtres de cette nouvelle religion; les savants en sont les théologiens; les physiciens, les chimistes en sont les théurgiens, etc. Ils donnent aussi aux femmes accès au sacerdoce. Enfin la honte nous retient, et nous ne voulons pas citer les nombreuses absurdités que prêche cette doctrine insensée. Le saint-simonisme, en un mot, peut être défini: secte qui professe le panthéisme et l'autothéisme, ou plutôt l'athéisme, sous le couvert de la terminologie catholique

(2) *Frammenti di una storia dell' empietà*, Milan, 1834, p. 115.

(1) Comp. Gerdil, *Della esistenza di Dio et della immat erialità delle nature intelligenti*, t. II, p. 285 et seqq.

(2) Prop. X.

la providence divine, qui se décèle à chaque évènement de la vie de ce patriarche. Parlerons-nous de toutes ces prédictions faites à Abraham et à sa race, et qui ont reçu leur solution? Que Salvador, en un mot, lise le Pentateuque, et chaque chapitre, je dirai plus, chaque mot sera une réfutation de son système monstrueux et impie? N'y a-t-il pas de quoi s'étonner en effet que, dans une aussi longue série de siècles, aucun de ces hommes de l'ancienne synagogue, célèbres par leur sainteté et leur science, n'ait jamais vu dans l'Écriture les doctrines que Salvador y trouve dans l'intérêt de son saint-simonisme; qu'enfin Philon et Flavius Josèphe ne les aient pas même soupçonnées. De tout cela nous pouvons conclure que les systèmes du panthéisme, quelle qu'en soit la forme, et de l'autothéisme, sont absurdes et entièrement contraires aux documents que nous fournissent les livres de Moïse.

Prop. IV. On ne peut admettre aucune distinction réelle entre Dieu et ses attributs, soit absolus, soit relatifs, ni entre les attributs absolus entre eux. — Cette distinction admise, en effet, il existerait en Dieu une composition réelle; or, une telle composition ne peut exister en Dieu, puisque Dieu est entièrement simple; donc il faut écarter de Dieu toute distinction réelle, soit entre la divinité et ses attributs absolus et relatifs, soit entre les attributs absolus entre eux. Cette doctrine est fondée et sur l'Écriture et sur les saints Pères. L'Écriture, en effet, nous montre sans cesse un Dieu entièrement simple. Qu'on voie les nombreux passages où Dieu est appelé de noms abstraits, comme: *sagesse, vie, vérité,* et l'on aura la preuve de nos assertions. Quant aux Pères, dont Petau se plaît à citer d'innombrables passages (1), nous nous contenterons d'en rapporter quelques-uns. Ainsi, parmi les Grecs, saint Grégoire de Nazianze écrit: *Un trois, et trois un, en qui est la divinité, ou, pour parler plus exactement, qui sont la divinité* (2); saint Jean Damascène: *Dieu est simple, et non composé. Tout ce qui est plein de différences est composé. C'est pourquoi, si nous disons qu'être incréé, sans commencement, incorporel, immortel, éternel, bon, créateur, sont les différences substantives de Dieu. Formé alors de tous ces attributs, il ne sera plus simple, mais composé, ce qui est de la dernière impiété* (3). Parmi les Latins, saint Augustin, dans sa CXX[e] lettre (alias CXXII), au chap. III, num. 13, dit: *Crois avec une foi inébranlable que le Père, le Fils et le Saint-Esprit sont une Trinité et pourtant un seul Dieu, non parce que cette trinité leur est commune comme une espèce de quatrième divinité, mais parce qu'elle est ineffable et inséparable* (4); enfin saint Bernard attaquait ainsi Gilbert: *Si la divinité n'est pas Dieu, elle sera quelque chose qui n'est pas Dieu, ou rien... Si elle est quelque chose qui n'est pas Dieu, elle sera ou plus petite que Dieu, ou plus grande, ou égale à lui. Comment peut-elle être plus petite, elle par qui Dieu est? Est-elle plus grande? Alors elle est le plus grand bien, et non Dieu. Est-elle égale? Alors il y a deux biens les plus grands, et non un. Ce que repousse le sens catholique* (5). A ce raisonnement de saint Bernard, nous pouvons ajouter celui-ci: Si les propriétés divines sont réellement distinguées de la substance, ou elles sont des substances, ou elles sont des accidents: si elles sont des substances, il y aurait un grand nombre de substances en Dieu, ce qui répugne à la raison; quant à l'accident ou à la qualité, ils ne peuvent exister en Dieu, donc..., etc. Ainsi sont confondus les palamites grecs qui, en Dieu, distinguaient la vertu (ἐνεργείαν) de la divine substance, les sociniens, Gilbert de la Porrée et l'abbé Joachim, qui distinguaient réellement l'un les divines propriétés, l'autre les divines personnes de la substance de Dieu (6).

(1) Tout le livre II, et surtout le chapitre 7.

(2) Ἐν γὰρ ἐν τρισὶν ἡ θεότης, καὶ τὰ τρία ἕν, τὰ ἐν οἷς ἡ θεότης· ἤ τό γε ἀκριβέστερον εἰπεῖν, ἃ ἡ θεότης. *Orat.*, XXXIX.

(3) Τὸ θεῖον ἁπλοῦν ἐστι καὶ ἀσύνθετον· τὸ δὲ ἐκ πολλῶν καὶ διαφόρων συγκείμενον, σύνθετόν ἐστιν. εἰ οὖν τὸ ἄκτιστον, καὶ ἄναρχον, καὶ ἀσώματον, καὶ ἀθάνατον, καὶ αἰώνιον, καὶ ἀγαθὸν καὶ δημιουργικόν, καὶ τὰ τοιαῦτα οὐσιώδεις διαφορὰς εἴπομεν ἐπὶ Θεοῦ, ἐκ τοσούτων συγκείμενον, οὐχ ἁπλοῦν ἔσται, ἀλλὰ σύνθετον· ὅπερ ἐσχάτης ἀσεβείας ἐστίν. *De fide orth.*, lib. I, cap. 9.

(4) Nunc vero tene inconcessa fide Patrem et Filium et Spiritum Sanctum esse trinitatem, et tamen unum Deum; non quòd sit eorum communis quasi quarta divinitas, sed quòd sit ipsa ineffabilis et inseparabilis trinitas.

(5) *Serm.* 80, *in cant.*, n° 6: Si divinitas non est reipsa Deus, erit aliquid quod non est Deus, aut nihil...Quòd si aliquid est quod non est Deus, aut minor erit Deo, aut major, aut par. At quomodo minor, qua Deus est? Restat ut aut majorem rem fatearis aut parem. Sed si major, ipsa est summum bonum non Deus. Si par, duo sunt summa bona, non unum. Quod utrumque catholicus refugit sensus.

(6) Conf. saint Thomas, p. 1; q. 3, art. 3.

Prop. V. On doit admettre une distinction de raison ou de pensée entre la divine essence et ses attributs, soit relatifs, soit absolus, et entre les attributs absolus entre eux. — Nous avons développé, au commencement du chapitre, ce qu'il faut entendre par la distinction virtuelle ou distinction de raison, ou suivant la pensée, κατ' ἐπίνοιαν, comme l'appellent les Grecs; nous n'y reviendrons pas. Notre proposition a pour but de combattre Eunomius, qui, rejetant cette distinction, s'efforça d'attaquer la divinité du Verbe. Tout ce qu'on dit ou comprend de Dieu est suivant la substance; ainsi, *être engendré* est pour le Père selon la substance, comme *être engendré* est pour le Fils selon la substance. Or, comme l'inengendré diffère de l'engendré, la substance du Père et celle du Fils sont diverses. Tels étaient les arguments ou plutôt les chicanes des eunomiens. Saint Épiphane en a fait l'exposé (1). Démontrons maintenant la vérité de notre proposition. Nous devons penser et parler de l'essence de Dieu, comme Dieu lui-même s'est montré à nous, comme il a parlé de lui-même. Or Dieu, en vue de notre faiblesse, s'est montré à nous comme quelque chose de multiple, et a parlé de lui et de ses attributs de façon à nous faire comprendre qu'ils sont en grand nombre. Nous devons donc penser et parler de Dieu de la même manière; mais comme nous ne pouvons absolument pas penser et parler de choses réellement distinctes en Dieu, nous ne pouvons faire ces distinctions que suivant la conception de notre intelligence. Les saintes Écritures représentent Dieu tantôt comme tout-puissant, tantôt comme juste, tantôt comme sage, tantôt comme miséricordieux, et le Christ, parlant de lui, dit (2): *Tout ce qu'a mon père est aussi à moi.* Saint Grégoire de Nazianze, faisant allusion à ces paroles de Jésus-Christ, a dit, dans son 44e sermon: *Tout ce qui est au Père est au Fils, excepté qu'il est inengendré* (3). Telle est la manière de parler de tous les Pères qui défendent contre Aetius et Eunomius cette distinction virtuelle en Dieu (4). Sachons donc que cette distinction de raison provient de la fécondité de l'intelligence ou de la chose contemplée, c'est-à-dire de Dieu; lequel, quoique un et très simple de sa nature, est équivalent à un grand nombre d'objets distingués entre eux; et cela par suite de son action multiple qui s'étend sur des objets nombreux et distincts; d'où, par conséquent, naissent dans notre intelligence ces notions multipliées et distinctes; où, pour parler avec plus de netteté, sur lesquels notre intelligence se fonde pour produire ces notions différentes et multiples qu'elle acquiert de Dieu. Or cette différence de notions, que notre intelligence conçoit en Dieu, a divers degrés et éloigne un peu plus les propriétés relatives de l'essence et des propriétés absolues que celles-ci le sont de l'essence et entre elles. Ainsi, il y a plus de différence entre l'essence et la paternité qu'entre la bonté et l'essence; quoique, cependant, ni d'un côté ni de l'autre il n'y ait de différence suivant la chose, mais seulement selon ἐπινοίαν, ou la raison (5). Enfin, il faut nécessairement admettre cette distinction de la pensée, autrement, en parlant de Dieu, nous serions exposés à faire confusion de notions et d'expressions, si nous prenions pêle-mêle l'une pour l'autre; ainsi, en nommant la paternité, nous pourrions comprendre la sagesse, et autre chose peut-être plus absurde encore.

CHAPITRE II.

De l'immuabilité et de la liberté de Dieu. — Nous avons réuni ces deux propriétés divines, parce que toutes les objections soulevées contre la divine immuabilité sont habituellement tirées de la liberté de Dieu, tandis, au contraire, que les objections contre celle-ci sont le plus souvent tirées de l'immuabilité. En effet, comme dans presque toutes les questions, des erreurs opposées entre elles se sont formées sur l'immuabilité divine. Pour les stoïciens, Dieu était sujet au changement (6). Pour Hermogène, au contraire, Dieu était tellement immuable qu'il ne pouvait plus avoir la liberté (7). Les sociniens, eux, prenant le terme moyen, veulent que Dieu soit immuable en fait, mais qu'il y ait aussi une substance muable dans les décrets et dans les actes de sa liberté, et ils donnent ainsi à Dieu une liberté déguisée et formée de pièces et de morceaux. Mais

(1) Saint Épiphane, *Adversus hæreses*, lib. III, hæres. LXXVI.

(2) Jean, XVI, 15.

(3) Πάντα ὅσα ὁ πατὴρ τοῦ υἱοῦ, πλὴν τῆς ἀγεννησίας.

(4) Voy. Pétau, lib. I, cap. IX et seqq.

(5) Comp. Pétau, *ibid.*, cap. X, § 10.

(6) Voy. Origène, *Contra Celsum*, lib. III.

(7) Tertullien, *Cont. Hermog.*

nous, suivant la règle catholique, nous allons rétablir l'immuabilité et la liberté de Dieu, sous le rapport de la substance et sous le rapport des actes. Pour prévenir les objections, nous ferons remarquer que l'immuabilité n'est pas autre chose que la négation de toute transition d'un état dans un autre, ou d'une manière d'être dans une autre, par rapport à soi, par rapport au temps, et enfin par rapport à toute chose extrinsèque, que de là l'immuabilité a des degrés en nombre d'autant plus grand qu'elle a moins de ces transitions. Aussi, quand on parle de l'immuabilité de Dieu, doit-on comprendre l'immuabilité dans toute son extension. De même, la liberté est l'immunité (être à l'abri) de toute nécessité, tant intrinsèque qu'extrinsèque, ou, comme l'on dit vulgairement, la liberté de l'arbitre et de l'indifférence, par laquelle Dieu peut agir ou ne pas agir, veut une chose ou son opposé. Il faut cependant ne point attribuer à la liberté de Dieu deux défauts qui se trouvent dans la nôtre. Je veux dire la suspension du jugement, qui ne peut être en Dieu, qui sait tout, et la possibilité de choisir entre le bien et le mal, qui ne peut également être en Dieu, puisque, comme dit saint Augustin, il ne peut pécher, *de même qu'il ne peut se nier lui-même.* Cette dernière espèce de liberté est appelée par les théologiens de *contrariété*, et les deux premières de *contradiction* et de *spécification.* La liberté qui délivre de toute nécessité extrinsèque est dite liberté d'*indifférence* ou de *nécessité* ; celle qui délivre de toute action extrinsèque est nommée liberté de *contrainte.* Maintenant nous allons prouver qu'à Dieu appartient la liberté d'indifférence, de spécification et de contradiction.

Dieu est immuable et libre. — Cette proposition est un article de foi expressément énoncé par le premier concile de Nicée, dans son décret *de Fide : Eos qui dicunt erat aliquando, quando non erat..... aut mutabilem et convertibilem filium Dei, hos anathematizat catholica et apostolica ecclesia* (1). Après avoir rapporté cette citation, saint Ambroise ajoute : *Arius dicit mutabilem et convertibilem filium Dei. Quomodo ergo Deus, si mutabilis, cùm ipse dixerit : Ego sum et non sum mutatus* (2) ? Dans le IVe concile de Latran, au chap. *Firmiter,* Dieu est défini *incommutabilis* (incommuable). La foi de l'Église touchant la liberté de Dieu est évidemment prouvée par les prières qu'elle adresse à Dieu, prières qui deviendraient inutiles si la liberté de Dieu n'était pas reconnue. Les saintes Écritures donnent aussi des témoignages clairs et positifs de l'immuabilité de Dieu ; voyez le chapitre XXIII, 19 des Nombres où il est dit : *Non est Deus quasi homo ut mentiatur, nec ut filius hominis, ut mutetur ;* le psaume CI, 28 : *Tu autem idem ipse es, et anni tui non deficient ;* et surtout Malachie, (III, 6) : *Ego Dominus, et non mutor* ; le Nouveau-Testament ou Jacob l'apôtre s'exprime ainsi (cap. I, 17) : *Apud quem non est transmutatio, nec vicissitudinis obumbratio.* Saint Grégoire le grand, commente ainsi ces paroles de l'apôtre : *Ipsa mutabilitas umbra est, quæ quasi obscuraret lucem, si hanc per aliquas vicissitudines permutaret. Sed quia in Deo mutabilitas non venit, nulla ejus lumen umbra vicissitudinis intercedit* (3). Ces préliminaires établis, nous ne croyons pas nécessaires de rapporter ici les témoignages nombreux des pères qui établissent cette vérité prouvée du reste par la raison elle-même. Saint Thomas déduit de trois chefs, l'immuabilité de Dieu : 1° de ce que Dieu est un acte pur ; qu'il n'a rien en puissance ; or, toute chose qui change est en quelque sorte une puissance à l'égard de ce en quoi elle change ; 2° de ce que Dieu est entièrement simple et sans aucune composition qui existe nécessairement dans ce qui change, puisque la chose se présente successivement sous différents termes, l'un se retirant pour faire place à ce qui lui succède ; 3° de ce que Dieu est infini, et contenant en lui-même toute la plénitude de la perfection (4). Plus loin il montre qu'à Dieu seul appartient l'immuabilité absolue (5). On peut rapprocher de ce raisonnement de saint Thomas les arguments des pères que Pétau rapporte en grand détails (6).

(1) Saint Ambroise, *De fide*, lib. I, cap. XVIII, n. 120.
(2) *Ibid.*, cap. XIX, n. 131.
(3) Moraluoni lib. XII, cap. XXXIII, édit. Maurin, n. 38.
(4) I p., q. IX, art. 1.
(5) *Ibid.*, art. 2 ; comp. Lessius, *De divinis perfectionibus*, lib. III, cap. I, III.
(6) Lib. III. cap. I. Voici, du reste, le raisonnement concis de saint Fulgence : *Deum nec melioribus rebus nec deterioribus commutari. Neque enim habet ubi proficiat ipse in melius, aut unde in deterius deficiat. Ille quod est, semper est, et sicut est, ita est, non in se habet non esse posse quod est, quia nec inde habet esse posse quod non est. Et hoc, quod sic est, non initio prævenitur, non fine concluditur, non temporibus volvitur, non locis continetur, non ætatibus variatur. Nihil sibi deest, quia totum in illo est, nihil ei superest, quia nihil præter illum est.* Epist. ad Theodorum senatorem, cap. IV, n. 4.

Les preuves ne manquent pas non plus pour prouver que la liberté appartient à Dieu. La liberté, en effet, étant la plus grande perfection de la nature intellectuelle et absolument simple, ne peut pas ne pas appartenir à Dieu, lui qui est le plus parfait de tous les êtres. Nous nous contenterons de citer David, qui, au psaume CXXXIV, dit de Dieu qu'*il a fait tout ce qu'il a voulu dans le ciel, sur la terre, sur la mer et dans tous les abîmes.* Or, comme Dieu est un acte très pur, comme l'on ne peut concevoir rien de plus parfait que lui, comme tout lui est parfaitement connu, il choisit ce qu'il veut, et ainsi dans ses actes il ne peut avoir cette indifférence qui est passive. De toute éternité il a manifesté ses desseins, son action sur les choses qui devaient arriver dans le temps, et cette action était pleinement libre, puisqu'il aurait pu vouloir autre chose que ce qu'il a voulu. Aussi l'apôtre a-t-il dit (1) : *Dieu fait tout selon la résolution de sa volonté*, c'est-à-dire, comme l'explique saint Ambroise (2), *suivant un jugement de sa volonté, et non suivant une soumission à la nécessité.* Tel est aussi le raisonnement des pères contre quelques philosophes qui pensent que Dieu agit par nécessité de sa nature, afin de prouver par là que le monde a nécessairement et conséquemment existé de toute éternité (3). Pour détruire un pareil système, remarquons avec saint Thomas (4) que, quoique Dieu veuille par nécessité sa bonté, il ne veut cependant pas par nécessité ce qu'il veut pour sa bonté, parce que sa bonté peut exister sans les autres ; et pour la manifestation de sa volonté, il a produit des créatures participant à sa bonté au degré, à la quantité qui lui a plu davantage. Après qu'il a voulu ses créatures, il les aime par nécessité, par cette nécessité, dis-je, hypothétique qui se marie si bien à la liberté. Au reste, comment l'immuabilité suprême de Dieu peut-elle exister conjointement avec sa liberté suprême? C'est un mystère à la solution duquel n'ont jamais pu arriver les plus savants théologiens. Nous avons seulement prouvé que ces deux attributs de Dieu existent réunis en lui, c'est tout ce que l'intelligence humaine peut faire ; elle doit s'arrêter devant les mystères incompréhensibles pour elle, et se contenter des lumières que lui donne la foi.

CHAPITRE III.

De l'infinité, de l'immensité et de l'éternité de Dieu. — Nous avons réuni dans le même chapitre ces trois attributs, non-seulement à cause de la source commune d'où ils émanent, c'est-à-dire de ce que Dieu est un être existant de soi, mais aussi à cause de leur connexion entre eux. Parmi tous les hérésiarques, les sociniens ont le plus avancé d'erreurs sur ces perfections ; 1° ils ne veulent pas que l'essence divine soit infinie dans toutes ses perfections (5) ; 2° ils soutiennent que Dieu ne doit être considéré comme immense qu'en raison de sa puissance et de son activité, et non en raison de son essence (6) ; 3° ils ne regardent Dieu comme éternel que dans le sens qu'il manque de commencement et de fin, et non parce qu'il n'éprouve aucune succession, aucune différence de temps (7). Nous allons combattre ces erreurs dans trois propositions.

Prop. I. — *Dieu est absolument infini et dans toutes ses perfections.* — L'infinité peut être définie, la perfection souveraine et absolue ; *souveraine*, parce qu'elle contient toute perfection ; *absolue,* parce qu'elle ne connaît ni mesure, ni borne (8). Nous allons en peu de mots démontrer que Dieu est infini dans ce sens. Dieu, nous l'avons dit, est un être existant de soi ; donc il est infini. Car si Dieu est un être existant de soi et par conséquent nécessaire, il ne peut être limité ou circonscrit par aucune cause ; ni par lui-même, puisqu'il ne s'est pas donné l'*être ;* ni par un autre, puisqu'il n'a reçu l'*être* d'aucune cause (9). Dieu doit donc être la plénitude de l'être, il est in-

(1) *Ephes.*, I, 11.
(2) *De fide*, lib. II, cap. VI, n. 48.
(3) Comp. Pétau, lib. V, cap. IV.
(4) P. I, q. 19, art. 3.
(5) Voy. *Fragmentum catechismi Cracoviensis*, qui se trouve dans le tom. I de la *Bibliothèque des frères polonais*, chap. II, p. 685.
(6) *Ibid.*
(7) Voy. Socinus dans les *Prælect. theolog.*, t. I ; *Bibliot. frat. polon.*, chap. VIII, p. 545 ; comp. *Pensées de Leibnitz*, Paris, 1819, p. 247 et suiv.
(8) Comp. Suarez, *De Deo*, lib. II, chap. I.
(9) Conf. saint Thomas, p. I, q. 7, a. 1.

fini, et infini dans toutes ses perfections (1). Si Dieu en effet était fini, il ne serait plus l'être au-dessus duquel on ne peut en imaginer un meilleur; ce qui est contraire à toute notion de Dieu, aussi le psaume CXLIV, v. 3, dit de lui : *Magnus Dominus et laudabilis nimis, et magnitudinis ejus non est finis.*

Prop. II. — *Dieu est immense, et il est intimement présent en toutes choses.* — L'immensité de Dieu est un article de foi, puisque le IVe concile de Latran, au chap. *Firmiter*, fait profession de croire que *Dieu est immense.* Ajoutons le symbole de saint Athanase dans lequel il est dit : *Immensus Pater*, etc. Pour comprendre plus facilement notre proposition, il ne faut pas confondre l'immensité avec l'infinité. L'infinité en effet, comme nous venons de le voir, nie toute limite dans la perfection essentielle; l'immensité nie toute limite dans la présentialité substancielle. C'est-à-dire l'infinité affecte universellement l'excellence de la perfection essentielle de Dieu; l'immensité affecte précisément le mode de la divine essence; étant par soi dans le même état de permanence, peut être intimement présente en tout lieu, à toutes choses non-seulement existantes, mais encore possibles à l'infini. Il ne faut pas confondre non plus l'immensité avec *l'ubiquité*, comme l'on dit, car l'immensité est un attribut absolu et nécessaire à Dieu. Mais *être partout* n'appartient pas absolument à Dieu, mais seulement hypothétiquement, c'est-à-dire par la supposition des créatures existantes que Dieu a produit librement, en un mot Dieu avait la liberté d'avoir ou de ne pas avoir cette dénomination d'être partout (2). Saint Thomas donne cet exposé de l'immensité de Dieu:*Deus est in omnibus per potentiam, in quantum omnia ejus potestati subduntur ; est per præsentiam in omnibus, in quantum omnia nuda sunt et aperta oculis ejus ; est in omnibus per essentiam, in quantum adest omnibus, ut causa essendi* (3). Les deux premières propositions avancées par saint Thomas n'ont pas trouvé d'opposition; mais la dernière, dans laquelle consiste spécialement l'immensité de Dieu mise en doute par quelques anciens juifs, par les valentiniens, les gnostiques, les manichéens et les anthropomorphites, a été attaquée surtout par les sociniens, et Beausobre soutient qu'elle n'est pas un article de foi capital (4). Nous allons défendre le principe catholique qui enseigne comme vérité que Dieu est en tout par son essence, qu'il remplit intérieurement tout de sa substance, et qu'il circonscrit tout extérieurement. Nous appellerons encore le témoignage de l'Écriture sainte. Baruch (5) dit de Dieu qu'il est *immensus et excelsus*; Job (6) affirme qu'il est : *Excelsior cœlo, profundior inferno, longior terrâ et latior mari* ; d'où David s'écrie : *Quo ibo a spiritu tuo ? Et quo a facie tua fugiam ? Si ascendero in cœlum, tu illic es ; si descendero in infernum, ades*, etc. Saint Paul a mis ce principe en plus vive lumière encore lorsqu'il dit (7) : *In ipso* (Deo) *enim vivimus, movemur et sumus.* Certes, ces paroles font si clairement comprendre l'immensité de Dieu et sa présence substantielle en tous lieux, qu'il nous semble inutile d'en rapporter ici un plus grand nombre. Les saints Pères, les théologiens sont tous d'accord sur ce point que rien ne limite la substance de Dieu (8). Deux moyens ont été employés par eux pour démontrer la divine immensité. Selon les uns, Dieu est en tout, et remplit tout, comme il est hors de tout; selon les autres, Dieu n'est pas contenu par tous les lieux et toutes les substances, mais il contient et environne tout. Nous nous contenterons de citer les paroles de Théophile d'Antioche qui, par une gracieuse comparaison, explique comment Dieu contient et environne tout. « Comme, dit-il, l'orange, entourée d'une écorce qui l'enveloppe, contient intérieurement des petites cavités, séparées par des membranes, et peuplées d'une foule de graines, de même la créature universelle est enveloppée de l'esprit de Dieu, et l'esprit qui enveloppe, et la créature sont tous deux contenus dans la main de Dieu (9). »

Prop. III. — *Dieu est éternel.* — Cette proposition est encore un article de foi, d'après le IVe concile de Latran, au chapitre *Firmiter* déjà tant de fois cité par nous, où il est dit de Dieu qu'il est éternel (*Deus æternus*); cette vérité se retrouve dans le symbole de saint Athanase, *æternus Pater*, etc. L'éternité se prend dans plusieurs sens; 1° dans le sens le plus étendu, l'éternité est une longue durée qui cependant a eu un commencement et aura une fin. L'Écriture se sert souvent de ce sens, ainsi lorsque la possession éternelle de la Palestine est promise aux Hébreux; 2° dans un sens moins étendu, l'éternité est ce qui a eu un commencement et qui n'aura pas de fin; ainsi la durée de l'ange, de l'âme raisonnable, etc.; 3° dans un sens plus restreint encore, c'est ce qui n'a pas eu de commencement et n'aura pas de fin sans avoir toutefois une nécessité absolue; dans ce sens, il n'y a d'éternel que les actes contingents et libres de l'intelligence et de la volonté divine; 4° enfin c'est la durée absolument nécessaire, qui n'a ni commencement, ni fin, et qui dans le sens rigoureux et propre est dite éternelle, c'est celle qui doit nous occuper ici. On peut définir l'éternité proprement dite, *durée sans principe, sans fin, sans muabilité.* Quoique dans leur conception l'éternité et l'immuabilité soient distinctes, elles ont cependant entre elles de tels rapports que l'une ressort nécessairement de l'autre. Aussi c'est avec raison que saint Thomas (1) avec Boëce définit ainsi l'éternité : *Interminabilis vitæ tota simul et perfecta possessio*, c'est-à-dire entière et parfaite possession d'une vie interminable. Quoique l'éternité manque, comme l'on dit, d'étendue formelle, consistant dans le cours de parties se succédant les unes aux autres, elle possède cependant une étendue virtuelle infinie, parce que, n'ayant ni commencement ni fin, elle équivaut à un temps infini ayant des parties se succédant les unes aux autres de toute éternité, en toute éternité; ainsi elle équivaut dans l'ordre de coexistence avec tous les instants, avec toutes les choses créées se succédant dans l'infini. C'est pourquoi les choses créées coexistant à cette même éternité, ne peuvent être dites exister simultanément dans l'éternité, et être simultanément, ainsi qu'elles existent, présentes *réellement* à Dieu de toute éternité, quoiqu'elles soient présentes cependant *objectivement*, parce qu'elles ne coexistent pas à l'éternité suivant toute son étendue virtuelle, mais seulement suivant quelque partie de son étendue qui ponde à cette différence de temps que l'éternité, précéda suivant les parties de cette étendue écoulées déjà virtuellement, et qu'elle dépasse suivant les parties qui doivent s'écouler virtuellement. Pour mieux nous faire comprendre, concevons le centre d'un cercle qui, quoique indivisible, correspond cependant à des parties divisibles, c'est-à-dire à chaque point du cercle ou de la circonférence, et reste immobile, quoique le cercle soit lancé dans un mouvement rotatoire. Ceci posé, il n'est pas difficile de montrer la vérité de notre proposition, soit par la sainte Écriture, soit par les Pères, soit par la raison. Ouvrez l'Ancien-Testament et le psaume LXXXIX, 2, vous dira : *Priusquam montes fierent aut formaretur terra et orbis, à seculo et usque in seculum tu es Deus* ; avant les montagnes, avant la création de la terre et de l'univers, Dieu, vous existez de siècle en siècle. Dans le Nouveau Testament l'apôtre s'exprime sur Dieu en termes plus positifs : *Qui solus habet immortalitatem*, qui a seul l'immortalité (2). Saint Augustin expliquant ces paroles s'écrie : Que veut dire ce que l'apôtre dit de Dieu, qui a seul l'immortalité ? N'est-ce pas dire ouvertement que seul il a l'immuabilité, que seul il a la véritable éternité (3). Tertullien, dans son livre contre Hermogène (4), dit de l'éternité de Dieu : Quel autre recensement faire de Dieu, si ce n'est l'éternité; et dans son livre contre Marcion (5) il ajoute : L'éternité n'a pas de temps. Dieu est aussi éloigné d'un commencement et d'une fin, que du temps. Saint Grégoire de Nazianze exprime sa pensée sur l'éternité de Dieu en termes plus précis encore : Dieu a toujous été, il est, il sera, ou plutôt il est toujours : car ce qui était et ce qui sera sont les chaînons du temps et de notre nature fugitive et caduque (6). La raison vient encore à l'appui des livres saints et

(1) Comp. Less., lib. I.
(2) Comp. Pétau, lib. III, chap. VII, § 5.
(3) Dieu est en tout par sa puissance, car tout est soumis à sa puissance; il est en tout par sa présence, car tout est nu et ouvert à ses yeux; il est en tout par son essence, car il est à tout comme cause de l'*être*, p. I, q. 8, art. 3.
(4) *Histoire critique de Manichée*, liv. III, chap. IV, n. 4.
(5) III, 25.
(6) XI, 8.
(7) Psaume CXXXVIII, 7 et suiv.
(8) Act. XVII, 28.
(9) Voy. Pétau, *loc. cit.*, § 7.

(1) P. I, quæst. 10, art. 1.
(2) I Timoth., VI, 16.
(3) Quid est quod ait apostolus de Deo, qui solus habet immortalitatem, nisi quia hoc apertè dixit, solus habet incommutabilitatem, quia solus habet veram æternitatem. Tract. XXIII, n. 9, *In Joan.*
(4) Chap. IV : Quis enim alius Dei census quam æternitas ?
(5) Liv. I., chap. VIII : Deus tam alienus est ab initio et fine, quam à tempore. Non habet tempus æternitas.
(6) *Θεὸς ἦν μὲν ἀεὶ, καὶ ἔστι, καὶ ἔσται· μᾶλλον δὲ ἔστιν ἀεί· τὸ γὰρ ἦν, καὶ ἔσται, τοῦ κατὰ ἡμᾶς χρόνου τμήματα καὶ τῆς ῥευστῆς φύσεως, κ. τ. λ.* Voy., pour plus de détails sur l'opinion des Pères, Pétau, lib. III, cap. IV.

des Pères : écoutons saint Thomas (1) qui lui fait appel : La raison de l'éternité arrivé à l'immuabilité, de même que la raison du temps arrive au mouvement; aussi, puisque Dieu est immuable au plus haut degré, doit-il être éternel au plus haut degré. En vertu de ce principe, il infère plus loin que l'éternité est le propre de Dieu seul, parce que l'éternité vaut l'immuabilité, et que Dieu seul est entièrement immuable; et il tire ses preuves de la nécessité d'être qui est en lui. Que nous consultions l'Écriture, les Pères ou la raison, l'on voit qu'à Dieu, et à Dieu seul appartient la véritable éternité, c'est-à-dire celle qui n'a pas de commencement, qui n'aura pas de fin, et qui n'est sujette à aucun changement.

I. *De la science de Dieu.* — Pour traiter de la science divine, deux points importants sont à considérer. Il faut 1° distinguer avec soin les choses certaines de celles qui ne le sont pas, c'est-à-dire, distinguer ce que reconnaissent tous les catholiques de ce qui est devenu matière à discussion ; 2° éviter toute discussion pour ainsi dire domestique, afin de réunir toutes nos forces pour combattre d'un commun accord les véritables ennemis de la religion, qui s'efforcent d'ébranler les fondements de la foi. Tout ce qui en traitant la science de Dieu, n'excite pas de controverse, peut-être rapporté aux chefs suivants : c'est-à-dire à son existence, à ses propriétés, à son objet. Tout ce qui au contraire donne matière à controverse est le moyen et la division de la science divine. Pour que notre marche soit moins embarrassée, nous examinerons d'abord dans des articles distincts ce qui appartient à la doctrine catholique, nous réservant de traiter ensuite les parties sur lesquelles s'est exercée la controverse.

ART. I. — *De l'existence et des propriétés de la divine science.* — Nous n'aurons pas grande difficulté à établir l'existence de la science de Dieu, puisqu'elle n'a été révoquée en doute par personne, et qu'elle est reconnue de tous, car la notion de Dieu innée en chacun représente Dieu comme souverainement intelligent, bien plus, comme l'intelligence elle-même, comme l'esprit par excellence. Quant à ce qui regarde les propriétés de cette science, nous établirons d'après l'Écriture et les saints Pères sa simplicité, son immuabilité, son infinité, et son efficacité.

Prop. I. — *En Dieu il y a une vraie science, et elle est infiniment parfaite.* — Cette proposition est un article de foi; en effet, l'Ancien Testament et le Nouveau contiennent de nombreux témoignages de la science de Dieu : Dans le livre des Rois (2), Dieu est appelé le Dieu des sciences : *Deus scientiarum Dominus est*; dans le livre d'Esther (3), on lit : *Domine, qui habes omnium scientiam*; dans l'épître aux Romains l'apôtre s'écrie : *O altitudo divitiarum sapientiæ et scientia Dei* (4). Il est inutile de citer un plus grand nombre de passages. La raison nous enseigne cette vérité avec non moins de clarté. Dieu, en effet, est tout ce qu'on peut imaginer et concevoir de plus parfait, or, la science est une perfection sublime dont la possession est préférable à la non-posession; donc en Dieu il y a une vraie science, c'est-à-dire une science telle qu'elle convient à Dieu, en un mot la science, dépouillée de toute imperfection, la science au suprême degré.

Prop. II. — *La science de Dieu est simple, immuable et infinie.* — Cette proposition est encore un article de foi. Or la science en est simple en ce sens qu'elle existe en Dieu non par le mode d'habitude ou de qualité acquise; mais comme un acte très pur; c'est la substance divine infiniment simple qui pénètre tout à la fois, sans l'aide d'aucune composition d'intelligence, formée par un grand nombre de conceptions, et sans l'aide d'aucun raisonnement. Or, l'Écriture sainte nous donne de nombreux témoignages de la science divine, comme nous venons de la concevoir; le livre de la Sagesse (5) nous enseigne : *Qu'il y a dans cette sagesse un esprit d'intelligence saint, unique, multiple*, c'est-à-dire unique en soi, multiple sous le rapport du terme ou des objets, ce qui est évident, soit parce que la science en Dieu n'est pas un accident ni une qualité acquise, ce qui serait contraire à la simplicité de Dieu, mais c'est sa divine substance même. Ce qu'on doit comprendre de ce mot si connu de saint Augustin, *connaître et être, sont la même chose pour Dieu* (1), soit encore parce que Dieu perçoit tout, même l'infini, par l'effet d'une connaissance unique et d'une intuition simple. L'Écriture sainte prouve encore l'immuabilité de la science divine. Dans l'épître de saint Jacques (2) nous trouvons les expressions suivantes : *En Dieu il n'y a pas de mutation, ni l'ombre de changement.* Où serait la vérité de cette parole si la science en Dieu n'était pas un acte très simple, ou si elle pouvait acquérir de nouvelles connaissances, ou en perdre quelques-unes. Saint Augustin exprime en ces termes cette même pensée (3) : « Tu es absolument; de même tu sais seul, toi qui es immuablement, qui sais immuablement, et qui veux immuablement. » La raison elle-même confirme cette parole. En effet, si l'acte de l'intelligence n'est pas distingué de la divine essence, comme celle-ci est immuable; celui-là doit être également immuable, lui qui embrasse de toute éternité toutes les connaissances possibles, et tous les modes de connaissance sans la moindre imperfection. L'Écriture témoigne enfin que la science divine est infinie. Écoutons le Psalmiste disant (4) : *Sa sagesse n'a pas de limites*; et l'apôtre (5) parlant aux Hébreux : *Tout est nu et ouvert à ses yeux.* Comme on peut imaginer quelque chose de supérieur à la science finie, je veux dire la science infinie, et Dieu étant l'être au-dessus duquel on ne peut rien imaginer de meilleur, donc il doit avoir une science absolument infinie. La science de Dieu est donc simple, immuable et infinie (6).

Prop. III. *La science de Dieu est efficace et cause de toutes choses.* — Cette proposition est un article de foi et n'offre aucune difficulté. S'il y a ici discussion et controverse, ce n'est que sur la raison, qui veut que la science de Dieu soit la cause de toutes choses. Pour nous faire comprendre, remarquons que la science en Dieu peut être ou cause des êtres soit *adequate*, soit *inadequaté*. Elle est cause adéquate en tant que principe immédiat et total de toutes choses, soit de celles qui sont nécessaires, soit de celles qui sont libres, ou qui dépendent de la libre détermination des créatures intelligentes, de façon que l'intellect divin, appliqué par la volonté, opère toutes choses immédiatement. Elle est cause inadéquate en tant qu'elle éclaire et dirige la volonté divine exerçant sa puissance exécutive. Dans ce sens même la science divine pourrait être appelée efficace et cause de l'existence des choses, parce qu'elle concourt à leur production par mode de prudence et d'art. Je dis par mode de prudence par rapport à la liberté des actes de la volonté divine et à la détermination de ces actes; par mode d'art, par rapport à la manière dont les choses doivent être faites. Les théologiens thomistes, attachés au premier sens, affirment que la science en Dieu est cause première et efficace, à savoir le principe immédiat, adéquat ou *formel*, comme ils disent. Les autres théologiens, au contraire, qui déclarent ne pouvoir comprendre comment la science produit certaines choses, soutiennent que c'est dans le dernier sens seulement que la science divine peut être appelée efficace et cause des choses, c'est-à-dire comme principe inadéquat, partiel, médiat, en tant qu'elle est directrice de la volonté et de la toute-puissance (7). On a soulevé dans les écoles catholiques la question suivante : savoir, si cette science, qui est efficace, cause première des choses, et qui est appelée encore pratique, se rapporte à cette espèce de science divine, qui (suivant notre façon de concevoir) est appelée science *de simple intelligence*, et qui est comme antérieure à tout décret ou à tout acte de la volonté, ou bien si elle se rapporte à cette espèce de science divine, appelée science de *vision*, qui suit et approuve tout décret ou tout acte de la volonté. Les thomistes sont de ce dernier sentiment, parce qu'ils croient que la science de Dieu est cause première des choses, non directrice, mais immédiatement efficiente; ainsi, d'après leur opinion, les choses futures ne sont pas connues de Dieu, parce qu'elles sont futures; mais elles sont futures parce qu'elles sont connues, c'est-à-dire

(1) *Contra gentes*, lib. I, cap. LXVI, n. 2. : Ratio æternitatis consequitur immutabilitatem, sicut ratio temporis consequitur motum, unde cum Deus sit maxime immutabilis, ei maxime competit esse æternum.
(2) I Reg., II, 3.
(3) XIV, 14.
(4) XI, 33.
(5) Sap., VII, 22 : Est in illâ spiritus intelligentiæ sanctus, unicus, multiplex.

(1) Nosse et esse illi unum est, *De trinitate*, lib. XV.
(2) I, 17 : Apud quem non est mutatio, nec vicissitudinis obumbratio.
(3) Sicut omninò tu es, tu scis solus, qui es incommutabiliter, et scis incommutabiliter, et vis incommutabiliter, *Confess.*, lib. XIII, cap. XVI.
(4) Ps. CXLVI, 5 : Sapientiæ ejus non est numerus.
(5) Hebr., IV, 13 : Omnia nuda et aperta sunt ejus oculis.
(6) Voy. Suarez, *De Dieu*, liv. III, chap. I, n. 3; Lessius, *Des perfections divines*, liv. VI, depuis le chap. I jusqu'à III.
(7) Conf. Suarez, *loc. cit.*, chap. IX, n. 7, 8, 9; card. Gotti, chap. III, q. 1 et seqq.

dans les décrets divins. Les autres théologiens prétendent que la science efficace est une science de simple intelligence, parce qu'elle dirige le décret de la volonté dans la production des choses; car, disent-ils, la science de vision suppose la chose ou l'objet qu'elle voit, mais elle ne le produit pas; ainsi, d'après eux, les choses sont connues de Dieu parce qu'elles sont futures, et non futures parce qu'elles sont connues; car, d'après la logique, une chose existe avant d'être connue; toujours la connaissance pratique, dans une vérité spéculative, se fonde ou suivant la chose, comme il arrive en nous, ou suivant la raison, comme il arrive en Dieu, et la science divine ne peut être conçue cause efficiente que suivant le mode de direction ou d'art, puisque le propre de la science est de *connaître* et non de *faire*. L'art divin est un acte par lequel Dieu se représente au moyen de la raison, avant de vouloir opérer au dehors, tous les exemplaires à l'imitation desquels il peut agir au dehors. Or, cet acte est de simple intelligence, c'est-à-dire un effet de simple intelligence nécessaire et indépendante de tout décret actuel (1). Nous ne nous arrêterons pas plus longtemps à vouloir résoudre de semblables difficultés, nous nous contenterons de donner les preuves de notre proposition prise en général, et de montrer que la science en Dieu est efficace et en quelque sorte efficiente, soit dans le sens médiat, par mode d'art et de direction, soit dans le sens immédiat, par mode de cause formelle. Nous lisons en effet dans le psaume CIII, 24 : *Tu as fait tout avec sagesse* (2); dans le Livre de la Sagesse (3) : *La sagesse est auteur de tout*; dans Jérémie (4), où le prophète s'exprime ainsi sur Dieu : *Il prépare l'univers dans sa sagesse, et il étend le ciel dans sa prudence*; enfin dans les Proverbes (5), où la science elle-même est mise en action : *Quand il préparait le ciel, j'étais là; quand il assignait une règle fixe en creusant les abîmes.... j'étais là, créant tout avec lui.* Aussi, inspiré de l'Écriture sainte, saint Augustin écrivait (6) : « Dieu connait toutes ses créatures, spirituelles et corporelles, non pas parce qu'elles sont; mais elles sont parce qu'il les connait. Il n'ignorait pas en effet ce qu'il allait créer, et il connaissait ses créatures une fois créées, comme il les connaissait avant de les avoir créées, etc. » Lisez tous les saints Pères, et les mêmes idées se trouvent sans cesse reproduites (7). Saint Thomas enfin nous donne la raison théologique (8). Selon lui, la science de Dieu se comporte à l'égard de toutes les choses créées comme la science de l'artiste à l'égard de ce qu'il a fait ou de ce qu'il fait. La science de l'artiste est la cause de ce qu'il fait, la science de Dieu est aussi la cause des choses créées; et ce raisonnement a trop de rapport avec les paroles de saint Augustin, pour que nous les passions sous silence. La sagesse de Dieu, dit ce saint Père, par qui tout est fait, contient tout avant qu'elle fabrique tout (9).

ART. II. *De l'objet de la science divine.* — L'objet de la science divine est tout ce que Dieu connait. Or, il connait lui et les êtres hors de lui. Les êtres qui sont hors de Dieu sont possibles ou existants, passés ou futurs, soit comme absolus et nécessaires, soit comme libres et contingents, soit au moins comme conditionnels. Nous allons traiter d'abord du premier objet de la science divine, qui est Dieu, et ensuite du second, qui embrasse les êtres distincts de Dieu.

Prop. I. *Dieu se connait et se comprend parfaitement.* — L'apôtre déclare en termes clairs et positifs que Dieu se connait parfaitement lui-même. *L'esprit de Dieu*, dit-il, *scrute tout, même les profondeurs de Dieu. Personne ne connait ce qui est à Dieu, si ce n'est l'esprit de Dieu* (10). La raison elle-même nous en donne la persuasion, témoin ces belles paroles du païen Alcinous : « Puisque l'esprit suprême a l'excellence au plus haut degré, il faut qu'il ait aussi l'intelligence au plus haut degré. Il n'a rien de plus excellent que lui-même; aussi comprendra-t-il toujours lui-même et ses connaissances (1). Certes rien ne s'oppose à ce que Dieu se connaisse lui-même parfaitement. Ce n'est pas l'objet, puisque la faculté intrinsèque de connaître appartient à l'être qui est en acte, et que Dieu est par excellence l'être en acte; ce n'est pas non plus la puissance ou la faculté, puisqu'elle a une énergie *infinie* de compréhension, et que l'intellect divin s'identifie avec la divine essence elle-même.

Prop. II. *Dieu connait toutes les choses possibles.* — Dieu, en effet, comme dit l'apôtre (2) : *appelle les choses qui ne sont pas, comme il appelle celles qui sont.* S'il en est ainsi, Dieu connait également les choses qui sont et celles qui ne sont pas; car celles qui ne sont pas connues ne peuvent être appelées. Or, si Dieu connait comme possibles les choses qui peuvent arriver, il connait également toutes les choses qui ne doivent jamais arriver, mais qui pourraient être par un effet de sa volonté. Cette proposition trouve aussi ses preuves dans le raisonnement (3). Dieu en effet se comprend très parfaitement lui-même, il comprend donc aussi sa toute-puissance; donc elle atteint distinctement toutes les choses auxquelles elle s'étend; car une force ne peut être parfaitement connue si les choses auxquelles elle s'étend ne sont pas distinctement atteintes; donc Dieu par son intelligence atteint distinctement toutes les choses possibles; car l'omnipotence divine s'étend sur tout ce qui peut exister. Donc Dieu connait toutes les choses possibles, et cela suivant l'état d'être qu'elles auraient si elles étaient produites. Puis il appartient à la science infiniment parfaite de connaître tout ce qui est susceptible d'être connu, et ce qui est susceptible d'être connu est possible.

Prop. III. — *Dieu connait distinctement toutes les choses passées, les choses présentes et les choses futures, soit nécessaires, soit contingentes ou libres.* — Cette proposition est aussi un article de foi. D'abord pour ce qui regarde les choses passées, remarquons les paroles que Dieu adresse aux Hébreux pour leur reprocher leurs prévarications dont il promet de tirer vengeance (4) : *Tout cela ne m'est-il pas connu et consigné dans mes trésors?* Si toutefois on peut dire qu'à l'égard de Dieu il y a un passé et un futur, au fond, pour lui, il n'y a qu'un présent. De nombreux passages de l'Écriture prouvent encore la vérité de notre proposition sans énoncer aucune différence de temps. En voici quelques-uns : Il n'y a aucune créature, dit l'apôtre (5), invisible à l'œil de Dieu, tout est nu et découvert à ses yeux. Tu as compris de loin mes pensées, dit le Psalmiste (6), ... tu as prévu toutes mes voies, tu as connu tout le présent et le passé. Elle sait le passé, dit Salomon en parlant de la sagesse divine (7), et juge de l'avenir.... Elle connait les prodiges et les miracles, avant qu'ils n'arrivent, et aussi les événements des temps et des siècles. Saint Thomas prouve par le raisonnement suivant que Dieu connait tout distinctement (8). Dieu se connait parfaitement lui-même ainsi que sa puissance, or, cette puissance ne peut lui être parfaitement connue, s'il ne connait pas toutes les choses sur lesquelles elle s'étend. Mais cette puissance divine s'étend sur toutes choses distinctes de Dieu, non-seulement quant à la raison commune de l'être, mais encore quant à leur être formel et particulier jusqu'aux dernières différences, puisqu'il est la plénitude de l'être et la cause effective et exemplaire de tous les êtres et de chacun en particulier, ainsi que de leur différence et de leur perfection (9). Enfin, comme les Sociniens ont refusé d'admettre que

(1) Comp. Suarez, *loc. cit.*, n. 12.
(2) Omnia in sapientia fecisti.
(3) Sap., VII, 21 : Sapientia omnium artifex.
(4) X, 12 : Præparat orbem in sapientia sua et prudentia sua extendit cœlos.
(5) VIII, 27 : Quando præparabat cœlos aderam, quando certa lege et gyro vallabat abyssos... Cum eo eram cuncta componens.
(6) *De Trinitate*, lib. XV, cap. XIII : Universas creaturas suas, et spirituales et corporales, non quia sunt, ideo novit; sed ideo sunt quia novit; non enim nescivit, quæ fuerat creaturus, nec aliter scivit creata, quam creanda, etc.
(7) Conf. Petau, lib. IV, 11, n. 10 et seqq.
(8) P. I, q. 14, art. 8.
(9) Sapientia Dei, per quam facta sunt omnia, continet omnia, antequam fabricet omnia. *Traité I, in Joan.*
(10) Cor., II, 10 : Spiritus omnia scrutatur, etiam profunda Dei; quæ Dei sunt, nemo cognovit, nisi spiritus Dei.

(1) Voy. Petau, *De Dieu*, lib. IV, chap. III, § 1 : Ἐπεὶ δέ ὁ πρῶτος νοῦς κάλλιστος, δεῖ καὶ κάλλιστον αὐτῷ νοητὸν ὑποκεῖσθαι· οὐδὲν δὲ ἑαυτοῦ κάλλιον, ἑαυτὸν ἂν οὖν καὶ τὰ ἑαυτοῦ νοήματα ἀεὶ νοοίη.
(2) Rom., IV, 17 : Vocat ea quæ non sunt, tanquam ea quæ sunt.
(3) Voy. saint Thomas, q. 14, art. 3.
(4) *Deut.*, XXXII, 34 : Nonne hæc condita sunt apud me, et signata in thesauris?
(5) Hébr., IV, 13 : Non est ulla creatura invisibilis in conspectu ejus, omnia autem nuda et aperta sunt oculis ejus.
(6) Psaume CXXXVIII, 3 : Intellexisti cogitationes meas de longe.... Omnes vias meas prævidisti.... Cognovisti omnia, novissima et antiqua.
(7) Sap., VIII, 8 : Scit præterita, et de futuris æstimat.... Signa et monstra sit, antequam fiant, et eventus temporum et seculorum.
(8) *Loc. cit.*, art. 5.
(9) Parmi tous les raisonnements des saints Pères que cite Petau, nous avons extrait ce passage de Clément d'Alexandrie, où il emprunte à la forme d'un théâtre cette belle comparaison : Καὶ ὅπερ ἐπὶ τῶν θεάτρων γίνεται, καὶ ἐπὶ τῶν ἑκάστου μερῶν κατὰ τὴν ἐνόρασιν τε,

Dieu connaît parfaitement les choses futures contingentes, c'est-à-dire les actions qui doivent exister librement, outre les passages de l'Écriture sainte qui viennent d'être cités, nous ajouterons les paroles que Suzanne adresse à Dieu (1) : « Dieu » éternel, qui connais les choses cachées, qui les connais toutes » avant qu'elles n'existent..... » Toutes les prophéties contenues dans l'Ancien-Testament et dans le Nouveau sont autant d'arguments invincibles de la prescience divine, et nous dirons avec Tertullien (2) que : « la prescience divine a autant de té» moins que sa puissance a fait de prophètes ; » et avec saint Augustin (3) : « Croire à Dieu et nier sa prescience c'est une » folie évidente. » Le raisonnement du reste prouve la vérité contre les sociniens, si Dieu en effet de toute éternité ignorait la moindre partie des choses futures, sa science prendrait de l'accroissement par la suite des temps, puisque tous les jours il apprendrait ce qu'il ignorait auparavant. Or, aucune perfection de Dieu n'est sujette à l'accroissement, puisque sa nature est infiniment parfaite.

Prop. IV. *Dieu connaît d'une manière certaine et infaillible les futurs contingents conditionnels.* — Pour l'intelligence de cette proposition, nous allons expliquer ce qu'on entend par futurs conditionnels : ce sont des choses qui, quoiqu'elles ne doivent pas arriver en réalité, pourraient cependant arriver en supposant une condition dont elles dépendent. Elles tiennent pour ainsi dire le milieu entre les choses purement possibles et absolument futures. Telle était par exemple la conversion des Tyriens et des Sidoniens, si le Christ avait fait au milieu d'eux les miracles qu'il a faits en Judée. Cette conversion en effet n'était pas purement possible, ni absolument future, puisque la condition dont elle dépendait, ne devait pas être remplie ; elle était donc future sous condition. Quoique certains théologiens aient autrefois nié cette prescience divine des futurs conditionnels, aujourd'hui elle n'est l'objet d'aucune discussion sérieuse. « Les théologiens catholiques, dit le savant cardinal Gotti (4), sauf un ou deux qui prétendent que Dieu ne connaît » les futurs conditionnels que conjecturalement, soutiennent » que Dieu les connaît d'une manière certaine et infaillible. » Au reste une semblable prétention n'attaque nullement les principes de la foi ; toute la controverse qui partagea quelque temps les écoles catholiques roulait sur la manière de présenter la question et sur le milieu dans lequel Dieu voit ces futurs conditionnels. Soutenons que cette science en Dieu est certaine et infaillible contre ceux qui osent affirmer que Dieu ne connaît que conjecturalement les futurs conditionnels. Dans les saintes Écritures, on voit que Dieu a révélé plusieurs choses sous une condition future qui cependant ne sont pas arrivées parce que cette condition leur a manqué. Dieu les connaissait d'une manière certaine ; car, s'il en était autrement, que deviendraient sa vérité infinie et sa véracité. Au livre des Rois (5), David interroge le Seigneur et lui demande si, demeurant à Ceïla, Saül descendra pour l'y assiéger. Il descendra, lui répond le Seigneur. Il lui demande encore si, dans ce cas, les habitants de Ceïla le livreront à Saül, ils te livreront, répond encore le Seigneur. Il ne s'agit pas ici d'une chose purement possible, ni d'une chose qui doit arriver absolument ; mais seulement de ce qui serait arrivé suivant la condition passée. Cette vérité ressort encore du livre des Rois (6) où le Seigneur répète le précepte que déjà il avait donné dans l'Exode (7), de ne pas contracter de mariages avec les femmes étrangères parce que *certainement ces femmes amèneront à adorer leurs dieux.* L'exemple de Salomon et de quelques autres n'en est-il pas la preuve. Enfin nous achèverons de démontrer la vérité de notre proposition par ces paroles célèbres du Christ (8) reprochant à Corozaïn et à Bethsaïde la dureté de leur cœurs : Malheur à toi, Corozaïn, malheur à toi, Bethsaïde ; car si les miracles qui se sont faits dans votre sein avaient été faits à Sidon et à Tyr, celles-ci auraient fait pénitence dans la cilice et dans la cendre. Par ces paroles, le Christ prédit le repentir des Tyriens et des Sidoniens, si toutefois il avait prêché, il avait fait des miracles comme en Galilée. Donc, le Christ a connu que ce repentir aurait existé sous cette condition qui cependant n'a pas été remplie ; autrement il n'aurait pas adressé d'aussi vifs reproches aux Corozaïtes et aux Bethsaïdites, et il n'aurait pas affirmé d'une manière aussi certaine la pénitence qu'auraient faite les Tyriens et les Sidoniens. Les saints Pères, tant grecs que latins, sont unanimes à déclarer que Dieu possède cette connaissance (1). Il suffit de citer deux passages, l'un de saint Augustin, l'autre de saint Prosper. Saint Augustin (2) non-seulement reconnaît en Dieu cette connaissance. Mais encore il soutient que la nier est le comble de la folie. Voici ses paroles : « Répondez, si vous » pouvez : pourquoi Dieu ne les a pas arrachés des périls de cette vie, lorsqu'ils vivaient pieusement et fidèlement, de crainte que la malice ne changeât leur cœur, ou que l'illusion ne trompât leurs âmes ? Ou ce n'était pas en son pouvoir, ou il ignorait les maux qui les attendaient ? De semblables assertions n'appartiennent qu'au méchant et à l'insensé. » Voici maintenant ce que dit saint Prosper (3) : « Que pourrons-nous dire des Tyriens et des Sidoniens, si ce n'est qu'il ne leur a pas été donné de croire ceux dont la vérité par excellence a dit qu'ils croiraient s'ils avaient vu la vertu des miracles dont ceux qui ne croyaient point étaient témoins. » Ajoutons que, sous la plume éloquente des saints Pères, cette prescience divine devenait un argument pour prouver aux pélagiens et aux semi-pélagiens la nature et la dispensation gratuite de la grâce. Le raisonnement enfin va nous prouver que Dieu possède la science infaillible des futurs conditionnels. Cette prescience est une perfection supérieure ; donc elle doit nécessairement appartenir à Dieu, puisqu'il doit avoir toutes les perfections simples. Au reste, tous les cœurs catholiques sont tellement convaincus que Dieu prévoit les futurs conditionnels que nous disons journellement : Dieu a fait cela parce qu'il a prévu que ce serait un bien pour celui à qui il a permis que telle chose arrivât ; et de là une source abondante de consolations. Ainsi il y a autant de soutiens de cette prescience divine qu'il y a de chrétiens, je dirai plus, autant qu'il y a d'hommes croyant en Dieu.

Art. III. — *Du moyen de la science divine.* — Les philosophes et les théologiens nomment *moyen* d'une science la cause de sa connaissance, c'est-à-dire ce qui, étant connu en premier lieu, conduit à la connaissance d'une autre. D'où les mots, connaissance *immédiate*, connaissance *médiate*. Ainsi le miroir dans lequel nous voyons notre image est un moyen ; en philosophie, les premiers principes, c'est-à-dire les axiomes, sont des moyens par lesquels on arrive à la connaissance de la conclusion. Or, d'après ce que nous avons dit, Dieu se voit lui-même et voit les autres choses distinctes de lui. Ces choses hors de Dieu sont dites possibles, ou existant avec leurs différences de passé, de présent ou d'avenir. Elles sont nécessaires ou libres, ou bien enfin elles doivent être telles ou absolument, ou conditionnellement. Tout le monde convient que Dieu se connaît lui-même ou son essence sans aucun moyen. En Dieu en effet, être existant par lui-même, rien ne peut-être, ou être conçu avant son essence, comme la cause où le moyen de la connaissance de l'essence divine. Il est également certain que Dieu, d'après notre mode de penser, connaît en son essence, comme en un milieu ses attributs, parce que nous concevons, nous, l'essence divine comme la source d'où émanent ses attributs. Il est certain aussi que Dieu connaît en lui-même ce qui est hors de lui, les choses qui sont seulement possibles, et les choses existant par rapport à la différence d'état et de temps dans laquelle elles existent, c'est-à-dire les choses futures par rap-

καὶ περιόρασιν, καὶ συνόρασιν, τοῦτο ἐπὶ τοῦ θεοῦ γίνεται· ἀθρόως τε γὰρ πάντα, καὶ ἕκαστον ἐν μέρει, μιᾷ προσβολῇ προσβλέπει. Comme au théâtre, où l'on regarde de toutes parts, de tous côtés, sur toutes ses faces, ainsi fait Dieu ; car, embrassant toutes choses d'un seul coup d'œil, il les contemple aussi chacune en particulier.

(1) Dan., XIII, 42 : Deus æterne, qui absconditorum es cognitor, qui nosti omnia, antequam fiant.

(2) *Contra Marcionem*, lib. II, cap. V : Præscientiam Dei tantos habere testes, quantos fecit prophetas.

(3) *De civ. Dei*, lib. V, chap. IX : Confiteri esse Deum, et negare præscium futurorum apertissima infamia est.

(4) T. III.

(5) I Reg., XXIII, 11 et seqq.

(6) III Reg., XI, 2.

(7) *Exode*, XXXIV, 16.

(8) Matth., XI, 21 ; Luc, X, 13 : Væ tibi, Corozaïn, væ tibi, Bethsaïda, quia, si in Tyro et Sidone factæ esse virtutes, quæ factæ sunt in vobis, olim in cilicio et cinere pœnitentiam egissent.

(1) Voy. Petau, lib. IV, c. VIII, n. 19.

(2) *De corrept. et grat.*, cap. VIII : Respondeant, si possunt, cur illos Deus, cum fideliter et pie viverent, non tunc de hujus vitæ periculis rapuit, ne malitia mutaret intellectum eorum, et ne pretio deciperet illusio eorum ? Utrum hoc in potestate non habuit ? An eorum mala futura nescivit ? Nempe nihil horum nisi pervertissime et insanissime dicitur.

(3) *Resp. VIII ad excerpta Genuensium :* De Tyriis vero et Sidoniis quid aliud possumus dicere, quam non esse eis datum ut crederent, quos etiam credituros fuisse ipsa veritas dicit, si talia, qualia apud non credentes facta sunt, virtutum signa vidissent ?

port au temps où elles ne sont pas encore, et les choses passées par rapport au temps où elles ne sont plus. Il en est ainsi pour tous les êtres produits immédiatement par Dieu ou par des causes secondaires, agissant nécessairement ou naturellement. Dieu, au reste, peut les connaître toutes en lui-même, c'est-à-dire de sa propre essence, comme dans un milieu connu d'abord par la raison, et cela sous un triple rapport : 1° comme cause productive de toutes les choses possibles ou existantes; 2° comme idée objective de tout ce qui est ou qui peut être; 3° comme contenant en lui avec excellence la réunion de toutes les perfections des créatures, et chacune de ces perfections en particulier (1). Sur ce point, presque tous les théologiens sont d'accord; une seule difficulté a été soulevée. Dieu voit-il précisément les choses possibles en lui comme cause, ou comme miroir les réfléchissant toutes? Les thomistes soutiennent que Dieu connaît les choses possibles en lui comme cause. Vasquez et d'autres prétendent que Dieu les voit dans le Verbe comme dans un miroir. Quant aux controverses soulevées contre la connaissance appartenant à Dieu, des choses contingentes, qui doivent être ou absolument ou sous condition, nous renverrons à l'article *Grâce*, à cause des rapports qu'il y a entre ces controverses et celles soulevées contre l'efficacité de la grâce. Pour nous, au milieu d'opinions si diverses, nous nous contenterons de dire avec saint Augustin (2) : « Ne me demandez pas, mes frères, de vous expliquer comment Dieu connaît; je n'ai qu'un mot à vous dire : Il ne connaît pas comme l'homme, il ne connaît pas comme l'ange; mais comment connaît-il ? je n'ose le dire, et je ne puis le savoir. Je ne sais qu'une chose, c'est que Dieu connaissait toutes choses avant qu'elles ne soient. »

ART. IV. — *De la division de la science de Dieu.* — La science divine est de fait unique et simple. Cependant, à part toute imperfection, elle équivaut à un grand nombre de sciences ou de connaissances réellement distinctes entre elles; elle est donc virtuellement multiple. C'est pourquoi les théologiens ont coutume de la distinguer d'une manière extrinsèque en plusieurs sciences ou connaissances. On la divise suivant l'objet en science *nécessaire* et en science *libre*. La science *nécessaire* est la connaissance de l'objet indépendant des décrets libres de Dieu : cet objet c'est Dieu lui-même et toutes les choses possibles. La science *libre* est la connaissance de l'objet dépendant des décrets libres de Dieu ; l'objet de cette science sont toutes les choses existantes et celles qui doivent exister. 2. En science *spéculative* et *pratique*; la science *spéculative* est celle qui s'exerce sur un objet non faisable, comme l'on dit; comme Dieu et les choses purement possibles. La science *pratique* est la connaissance de l'objet faisable; telles sont toutes les choses créées ou à créer. 3. En science *d'approbation* ou *d'improbation*, la science *d'approbation* est la connaissance de l'objet que Dieu approuve et qui lui plaît; la science *d'improbation* est celle de l'objet que Dieu réprouve et qui lui déplaît. L'objet de la première science est tout ce qui existe, et aussi les bonnes actions des créatures libres; l'objet de la seconde, sont les péchés. 4. Elle est enfin science de *simple intelligence* et de *vision*. La science de *simple intelligence* est la connaissance des choses purement possibles qui n'ont pas existé et qui n'existeront pas, ce qui fait que cette science précède tout décret de Dieu; la science de *vision* est la connaissance soit de Dieu lui-même, soit des choses existant dans quelque différence de temps, soit qu'elles existent, soit qu'elles aient existé, soit qu'elles doivent exister. Aussi cette science est d'une part nécessaire, rapport à son objet, d'autre part contingente et libre. Ces divisions n'ont soulevé presque aucune controverse parmi les théologiens : il n'y a que la dernière, sur laquelle ils ne sont pas d'accord. Les uns la veulent adéquate, les autres inadéquate. Les thomistes partagent le premier sentiment, parce que, selon eux, il n'y a pas d'autre science que la science de simple intelligence et de vision : mais les augustiniens modernes, entre autres le cardinal Noris, Berti, Guenin et un grand nombre d'autres sont d'un sentiment contraire, ainsi que tous les autres congruistes qui ne veulent pas que Dieu ait la prescience de toutes choses dans son décret physiquement prédéterminant. Ils donnent pour raison, qu'outre la science par laquelle Dieu voit les choses purement possibles et celle par laquelle il voit les choses qui doivent être absolument, il y a une science moyenne par laquelle Dieu voit les choses qui doivent être sous condition, et qu'indépendamment de tout décret, il voit en lui, comme il voit en lui toutes les choses possibles. D'où la science moyenne est définie la connaissance divine des choses qui doivent être sous condition, et indépendante de tout décret de Dieu. Cette science du reste se relie à la science de simple intelligence dont elle est comme une espèce. Presque tous les théologiens catholiques, nous l'avons vu, admettent d'un commun accord en Dieu la science des futurs conditionnels; toute la question roule maintenant sur le moyen par lequel Dieu connaît ces futurs conditionnels. Car s'il voit en lui ou en son essence, comme il connaît les choses possibles en toute hypothèse avant tout décret de sa part, il suit de là nécessairement qu'il lui faut cette science moyenne; mais si Dieu ne voit ces choses que par un décret positif dépendant de lui, cette science moyenne ne lui est plus nécessaire. Les thomistes prétendent que Dieu voit les futurs conditionnels dans son décret subjectivement absolu et conditionnel de la part de l'objet. Pour nous faire comprendre, il faut expliquer qu'un décret peut être dit conditionnel par deux raisons : 1° de la part du sujet, ainsi quand je dis : Je voudrais donner cent écus à Pierre, si je vendais ma maison, mais comme j'ai décidé de ne pas la vendre, par conséquent je ne veux pas donner cent écus à Pierre; 2° de la part de l'objet, ainsi quand je dis : Je voudrais donner à Pierre cent écus, si Pierre venait me voir demain. Du reste, tous les théologiens conviennent qu'il y a en Dieu des décrets objectivement conditionnels. Tel est le décret, ou la volonté de sauver tous les hommes, s'ils se servent directement des moyens que Dieu leur doit donner; ainsi Sodome n'eût pas été détruite, si trente hommes justes eussent été trouvés dans son sein, etc. Aussi toute la question roule-t-elle sur les décrets subjectivement conditionnels. Les thomistes soutiennent vigoureusement leur opinion, prétendant que cette science des conditionnels dépend de ces décrets eux-mêmes, comme de la cause de l'existence future des actes libres, dont cette science s'occupe. Les autres théologiens ne repoussent pas avec une moindre vigueur ces décrets subjectivement conditionnels, parce qu'ils leur semblent contraires à la liberté humaine, et même illusoires, puisque, dans l'hypothèse des thomistes, la condition objective elle-même dépend du décret de Dieu physiquement prédéterminant comme on peut le voir par cet exemple : Je voudrais donner à Pierre cent écus, si Pierre venait me voir demain; or, il ne peut venir à moi sans mon équipage, que j'ai décidé de ne pas lui donner (c'est dans ce sens que le décret subjectivement absolu est conçu), donc je décide de ne pas donner à Pierre cent écus. La condition peut être réduite à ces mots : Je ne veux absolument pas donner à Pierre cent écus. Il ne nous appartient pas de résoudre la question; nous ne l'essaierons même pas; laissant à chacun le choix entre les deux opinions dont nous venons de faire l'énoncé. Ceux qui s'élèvent contre la science moyenne affirment qu'elle est nouvelle et qu'elle n'a été connue au plus que des ariens et des semi-pélagiens, et que, de plus, elle répugne à la saine raison. Ceux qui la défendent raisonnent ainsi : Une fois accordé qu'en Dieu il existe une science infaillible des futurs conditionnels, toute la question se trouve réduite à déterminer le moyen par lequel Dieu les connaît, c'est-à-dire si c'est d'une manière ou dépendante, ou indépendante des décrets subjectivement absolus et objectivement conditionnels. Il reste donc à savoir si l'invention de tels décrets est moderne ou ancienne, s'il y en a ou non, quelque vestige dans l'Écriture ou dans les saints Pères. Si dans l'Écriture et dans les saints Pères on trouve des décrets de cette espèce et établis de manière que, sans eux, il ne reste à Dieu aucun autre moyen de connaître les futurs conditionnels, ils avouent que cette science moyenne est nouvelle; mais s'il n'en est fait aucune mention, ni dans l'Écriture, ni dans toute l'antiquité, comme de l'unique moyen qui soit en Dieu pour connaître les futurs conditionnels libres. Alors, au contraire, les défenseurs de cette nouvelle science moyenne, notent de nouveauté ceux qui soutiennent les décrets. Didacus Alvarez, continuent-ils, est regardé comme le premier inventeur de semblables décrets, par lesquels il s'efforça de concilier la science divine certaine et infaillible des futurs conditionnels avec la théorie générale des thomistes sur la science de vision, dépendante des décrets de Dieu, comme cause efficiente de toutes choses, sans exclure toutefois les

(1) Voy. saint Thomas, *Contra gentes*, lib. I, chap. XLIX ; p. I, q. 14, art. 3 et 6.

(2) Ne forte hoc a me, fratres, exspectetis, ut explicem vobis quomodo cognoscat Deus ; hoc solum dico, non sic cognoscit ut homo, non sic cognoscit ut angelus ; et quomodo cognoscit dicere non audeo, quoniam et scire non possum. Unum tamen scio, quia et antequam essent, omnia noverat Deus. *Enarr.*, *in ps.* XLIX, n. 18.

actions libres des hommes, soit naturelles, soit surnaturelles. Et, en effet, depuis ce temps, l'opinion de la science certaine et infaillible des futurs conditionnels commença à se répandre parmi les thomistes avec autant de rapidité qu'ils mettaient naguère d'énergie à la repousser, ou à n'admettre cette science que comme conjecturale. Mais puisque ce sentiment de la science certaine et infaillible des futurs conditionnels, de l'aveu même des thomistes, est fondé sur l'Écriture et sur les saints Pères, il est évident que la science moyenne est aussi ancienne que l'Écriture et les Pères; ce n'est que pour y attacher une espèce de tache qu'on l'attribue aux ariens ou aux semipélagiens, tache dont les lave du reste les augustiniens, en prétendant que saint Augustin l'a enseignée, au moins pour l'homme en état d'innocence et l'ange. Enfin, ils cherchent à prouver que la science moyenne ne répugne pas à la raison, parce que rien n'est plus en rapport avec la saine raison que de dire : qu'au milieu de tant de décrets en nombre presqu'infini dont Dieu aurait besoin pour connaître les futurs conditionnels, il peut les connaître en lui-même et en eux-mêmes; rien n'élève plus la force de cette science divine, tandis qu'au contraire, il n'y a rien d'étonnant à ce que Dieu connaisse les choses futures, parce qu'il a décidé de les faire. Qui maintenant pourra déterminer d'une manière certaine que les décrets soient l'unique moyen par lequel Dieu voit les choses futures? Tel est leur raisonnement. Au reste, rien n'a encore été jusqu'à présent décidé sur ce point par l'Église. Chacun peut demeurer dans le sentiment qu'il a choisi, et qui pourra lui sembler plus conforme à l'Écriture et aux saints Pères, et qui conciliera plus facilement la liberté de l'homme avec l'efficacité de la grâce divine.

CHAPITRE II.

De la volonté de Dieu. — Pour rester dans l'espace qui nous a été assigné, nous passerons sous silence beaucoup de ces raisonnements que les scolastiques ont l'habitude d'avancer dans leur Traité de la divine volonté, et qui ne sont pas d'une grande nécessité. Nous exposerons en quelques mots les notions qui pourront apporter quelques lumières dans les développements que nous allons donner. On définit la volonté en une faculté de désirer le bien et de repousser le mal intellectuellement connu. La volonté est en Dieu réellement la même chose que l'essence divine, dont elle ne se distingue que virtuellement, parce quelle est une, simple, immuable et parfaite. Objectivement cependant, c'est-à-dire en raison de la chose voulue, comme l'on dit, et des divers motifs par lesquels elle tend à l'objet; la divine volonté est virtuellement multiple, c'est-à-dire qu'elle présente plusieurs actes virtuellement distincts. La volonté divine se distingue en volonté de bon plaisir, et en volonté de signe; la première, selon saint Thomas (1), est la volonté proprement dite qui existe vraiment et proprement en Dieu; la deuxième est le signe de la volonté, et n'est dite volonté que métaphoriquement ou improprement. Or le signe, pour être vrai et non faux, suppose toujours une volonté véritable dans celui qui manifeste cette volonté par signes. C'est par cette raison que l'on appelle volonté et testament la dernière volonté d'un testateur. Les signes de la divine volonté sont extrêmement nombreux. Il y en a cinq principaux auxquels les autres se rapportent facilement. Ce vers latin les comprend :

Percipit aut prohibet, permittit, consulit, implet.

La volonté de bon plaisir, d'après le même saint Thomas (2), se divise en volonté *antécédente* et en volonté *conséquente*. Saint Jean Damascène (3) définit ainsi la volonté *antécédente*. C'est celle que Dieu a de lui-même, c'est-à-dire dont il est la cause même sans attendre une occasion ou une cause de la part de la créature : telle est la volonté de sauver les réprouvés. La volonté *conséquente* est celle que Dieu n'a pas de lui seul, mais par occasion ou par une cause de la part de la créature : telle est la volonté de condamner les réprouvés à cause de l'impénitence finale. L'exemple suivant, tiré du même saint Thomas, va nous faire comprendre. Un juge veut *antécédemment* que tout homme vive, il veut *conséquemment* que tout homicide soit

(1) P. I, q. 19, art. 2.
(2) *De verit.*, q. 33, art. 3.
(3) *De fide orthodoxa*, lib. II, cap. XXIX.

retranché de la société. Saint Jean Chrysostôme (1) nomme ces volontés, volonté première et volonté seconde. La volonté divine se divise encore en volonté *efficace* et *inefficace*. La volonté *efficace* est celle par laquelle Dieu est tellement déterminé de faire quelque chose, qu'il est décidé à surmonter tous les obstacles. Cette volonté a toujours son effet. La volonté *inefficace* est celle par laquelle Dieu a l'intention de faire quelque chose, sans toutefois s'être proposé de surmonter quelque obstacle que ce soit. C'est pourquoi l'acte *efficace* de la volonté est incompatible avec l'opposé de ce que Dieu veut. Mais l'acte de la volonté *inefficace* est compatible avec l'opposé de ce que Dieu veut. Enfin la volonté de Dieu se distingue en volonté *absolue* et en volonté *conditionnelle*. La volonté *absolue* est celle qui n'entraîne aucune condition de la part de l'objet, c'est-à-dire qui ne dépend d'aucune condition : telle est la volonté par laquelle Dieu veut que ses commandements soient respectés par les hommes. La volonté *conditionnelle* est celle qui renferme quelque condition de la part de l'objet, c'est-à-dire de celle qui dépend de quelque condition : telle est la volonté par laquelle Dieu a voulu protéger les Israélites contre leurs ennemis, à condition qu'ils eussent observé ses commandements et n'eussent pas adoré les dieux étrangers. Il faut remarquer avec soin que la volonté absolue ne se convertit pas en volonté efficace; car toute volonté efficace est absolue, mais toute volonté absolue n'est pas efficace, comme on peut le voir par l'exemple tiré de la volonté par laquelle Dieu veut que ses commandements soient respectés par les hommes; nous avons fait cette observation parce que souvent on confond la volonté absolue avec la volonté efficace. Telles sont les principales divisions de la volonté divine, qui n'ont soulevé presque aucune controverse parmi les théologiens; il n'y a que les jansénistes qui prétendent que la volonté de bon plaisir est toujours accomplie; d'où ils concluent que Dieu n'a pas la volonté vraie et proprement dite de sauver les hommes; mais seulement la volonté de signe et métaphorique; ils déduisent aussi de ce même principe que Dieu ne veut l'observation de ses commandements que par cette seule volonté métaphorique. Ils prétendent, en outre, que la volonté ne se distingue en volonté antécédente, et en volonté conséquente, relativement au salut des hommes, qu'en raison de la prévision ou non prévision du péché originel. Ils enseignent que par une volonté antécédente Dieu a voulu le salut de tous les hommes avant la prévision du péché originel; mais celui-ci supposé et prévu, ils soutiennent que Dieu n'a plus voulu le salut de tous les hommes, mais des élus seulement, et qu'il ne veut le salut des réprouvés qu'improprement et métaphoriquement, et, en un mot, que c'est par une volonté métaphorique et improprement dite, que le Christ est mort pour eux. Cette détestable doctrine de Jansénius a été condamnée, comme contraire à la foi, par Innocent X et Alexandre VII. En effet, le Nouveau Testament et les saints Pères nous prouvent pour ainsi dire à chaque page, comme article de foi : 1° que Dieu, en supposant même le péché originel, veut par une volonté de bon plaisir antécédente et sérieuse le salut des autres comme celui des prédestinés, et que le Christ est mort, non pour les prédestinés seuls, mais aussi pour les autres hommes, au moins pour les fidèles; 2° que Dieu, en supposant même le péché originel, veut vraiment et sincèrement le salut de tous les hommes et de chacun en particulier, des adultes au moins, et que le Christ, par une même volonté sincère d'appliquer ses mérites, a versé son sang pour eux; 3° enfin, que Dieu, par une volonté sérieuse et antécédente, veut le salut des enfants morts sans baptême, et que le Christ est mort aussi pour eux. C'est à la science et à la volonté divine, comme le remarque saint Thomas au commencement de sa XXIIe question, qu'appartiennent de préférence et la providence générale de toutes choses, et la prédestination spéciale des saints. Aussi, pour procéder avec ordre, nous allons traiter de ces deux questions dans deux chapitres distincts.

CHAPITRE Ier.

De la providence. — La providence de Dieu est parfaitement définie par saint Thomas p. 1, q. 22, art. 1 : La raison de la

(1) Hom. I, *in Epist. ad Ephes.* Il s'exprime ainsi : Πανταχοῦ γὰρ εὐδοκία τὸ θέλημά ἐστι τὸ προηγούμενον· ἔστι γὰρ καὶ ἄλλο θέλημα οἷον θέλημα πρῶτον, τὸ μὴ ἀπολέσθαι ἡμαρτηκότας θέλημα δεύτερον, τὸ γενομένους κακοὺς ἀπολέσθαι.

coordination des choses vers leur fin existant en Dieu même (1). La providence a deux fins bien distinctes, l'ordination elle-même de toutes choses vers leur fin, voilà pour l'intelligence, et l'exécution dans le temps de cette même ordination par des moyens propres, voilà qui a rapport à la volonté. Excepté les épicuriens, tous les fatalistes ont nié la providence divine, et on doit ajouter à ces derniers tous ceux qui accordent que Dieu gouverne par lui-même les choses universelles, mais qui lui refusent cette attribution à l'égard des petites choses, viennent grossir cette liste; ces philosophes modernes qui voient partout l'effet des causes secondaires et ne reconnaissent, par conséquent, nulle part aucun acte de Dieu, qui, sans nier la providence divine, se conduisent et s'expriment cependant comme si elle n'existait pas. Mais la foi enseigne et la raison nous apprend aussi que Dieu tient soumis à sa providence infinie toutes les choses créées, même les plus petites, et nos propres actes, même quand nous les croyons libres.

Prop. I. *En Dieu existe une providence qui s'étend sur toutes choses et sur chacune en particulier.* — Cette proposition est de foi. Rien en effet n'est plus expressément établi dans les Écritures sacrées qu'une providence divine qui s'étend sur toutes choses (2). *Les sorts sont jetés dans le giron, et Dieu les gouverne*, dit Salomon, et cependant rien assurément ne doit paraître plus soumis au hasard que ce que l'on appelle le tirage par le sort. Enfin, J.-C. nous annonce très clairement que les oiseaux du ciel, les lis des jardins, l'herbe des champs et les cheveux de la tête sont tout-à-fait soumis à la providence de Dieu, de telle façon que pas un seul des cheveux même ne peut tomber sans son consentement. D'où le Christ nous fait voir ainsi à plus forte raison que le moindre des actes de l'homme n'est pas exempt de la surveillance divine. D'ailleurs la raison elle-même confirme cette proposition, car tous les arguments que nous avons donnés pour prouver l'existence de Dieu, prouvent aussi sa providence. C'est ce que saint Thomas nous montre dans le lieu précité. Si un dieu visible est le créateur de ce monde, nous devons attribuer à ce Dieu toutes les perfections qui se trouvent dans ce monde; or, parmi les perfections de cet univers, on doit certainement noter une ordination vers un but. Il n'y a de capable d'ignorer ou de nier cette vérité que celui qui n'est pas profondément ému à l'aspect des lois admirables et constantes de la nature. Donc Dieu est aussi l'auteur de cet ordre, c'est-à-dire que Dieu est la providence et la cause de l'ordination des choses vers leur fin. Il prouve également dans l'article suivant que la providence s'étend sur chaque chose, car Dieu, dit-il, agit toujours pour une fin et tout ce qu'il fait il le dirige vers sa fin; donc la providence de Dieu doit avoir autant d'étendue que son pouvoir; or, ce pouvoir s'exerce sur chaque chose, même sur les plus petites; il doit en être de même pour la providence; aussi toutes les créatures prouvent l'existence de leur auteur, et l'ordre qui brille en elles montre clairement la prévoyance, la sagesse et la supériorité d'un être au-dessus d'elles. C'est donc avec raison que Clément d'Alexandrie (3) dit : «Celui qui ne croit pas à la providence doit croire qu'il est athée; celui qui demande la preuve de l'existence de la providence ne mérite pas de réponse mais mérite un châtiment.» Je passe sous silence les autres Pères de l'Église, car il faudrait transcrire ici presque toutes leurs œuvres (4). Pour éviter toutes les objections, il faut faire remarquer que Dieu, tout en exerçant sa providence sur toutes choses, ne l'exerce pas cependant immédiatement. Nous voulons dire qu'il l'exerce immédiatement lorsqu'il agit par lui seul et médiatement lorsqu'il agit au moyen de causes secondes. Qu'il exerce sa providence médiatement ou immédiatement, il voit toujours une fin dernière et générale, c'est-à-dire sa gloire; mais ce qu'il faut observer avec soin, c'est qu'il n'a pas toujours pour but des fins particulières, parce qu'il porte son intention efficacement, non pas sur toutes, mais sur quelques-unes, et seulement conditionnellement sur quelques autres.

(1) Une excellente définition de la Providence se trouve dans Sénèque, ép. LXXI, 13, édit. Taur : Æterna ars cuncta temperantis Dei.
(2) *Sag.*, XII, 13; *Ps.*, CXVIII, 91; *Prov.*, XVI, 33; Matth., VI, 26 et suiv.; Luc, XII, 22 et suiv., etc.
(3) *Strom.*, lib. IV : Qui providentiam esse non putat, reverà atheum se putat; lib. V : Nec responsionem sed pœnam mereri eum qui demonstrari sibi petit esse providentiam.
(4) Comp. Petau, *De Dieu*, lib. VIII, chap. I au chap. IV; Lessius, *De la providence de Dieu*; le comte de Maistre, *Soirées de Saint-Pétersbourg*; Rosmini, *Opuscoli filosofici*, vol. I, Milan, 1827; surtout *Della divina providenza, saggio primo*; parmi les anciens, Théodoret, *De providentiâ Dei*; Synésius, évêque de Cyrène, *De Providentiâ*, etc.

CHAPITRE II.

De la prédestination. — Les controverses soulevées au sujet de la prédestination ont rapport à sa nature et à sa propriété, à ses causes et à ses effets. Nous allons en traiter aussi rapidement qu'il nous sera possible en autant d'articles séparés.

ART. Ier. *De la nature et de la propriété de la prédestination.* — La nature de la prédestination ne peut pas être mieux comprise que par sa définition. Saint Augustin (1) la définit préparation à la grâce, plus loin il développe ainsi son idée : « La prédestination n'est pas autre chose que la prescience et la préparation des bienfaits de Dieu, dont la dispensation arrive avec certitude à ceux qui en sont l'objet (2).» Selon saint Thomas (3), la prédestination est un certain moyen d'ordre pour conduire quelques uns au salut éternel, moyens existant dans l'intelligence divine. Nous adoptons ces deux définitions, desqu'elles nous concluons que la prédestination renferme deux choses, un acte de l'intellect et un acte de la volonté comme partie de la providence et œuvre de la miséricorde. La prédestination peut être considérée sous plusieurs aspects, comme *adæquate* ou comme *inadæquate*. La première comprend l'élection gratuite à la grâce et à la gloire, la seconde ne comprend que l'élection pour la gloire; la prédestination *adæquate* est entièrement *gratuite*, c'est un article de foi. Mais que la prédestination *inadæquate* soit également gratuite, ou provenant de mérites prévus de la grâce, il y a là discussion dans les écoles catholiques. La prédestination peut encore être considérée dans son *intention* et dans son *exécution*, ou, comme disent quelques-uns dans son *acte premier* et dans son *acte second*, ou même dans son *principe* et dans son *terme*. Si on la considère dans son exécution, elle dépend en partie de la miséricorde gratuite de Dieu, en partie de l'obéissance de l'homme c'est aussi là un dogme de la foi; car la béatitude céleste, dit l'Écriture, est la *récompense et la couronne de la justice*, donc elle demande nécessairement notre coopération. Si on la considère dans son intention, les écoles sont divisées en deux camps principaux. Les uns prétendent que Dieu décerne la gloire avant de donner la grâce aux élus qu'il a gratuitement arrachés à la masse commune de perdition dans laquelle le péché originel a plongé les hommes, élus qu'il a prédestinés, en laissant de côté ceux qu'il a une fois réprouvés. Il prétendent encore qu'il accorde les secours de la grâce pour conduire sûrement au salut. Les autres soutiennent que Dieu a choisi d'abord ses élus pour la grâce, et que, dans la prévision du bon ou du mauvais usage de cette grâce, il a assigné aux uns le châtiment, aux autres la gloire. C'est donc prétendre que la prédestination à la gloire vient après les mérites prévus de la grâce. Ceux qui sont du premier avis disent que la prédestination est gratuite *en soi*; ceux qui sont du second disent que la prédestination n'est gratuite que dans *la cause*. Les uns et les autres, pour la défense de leur opinion, opposent l'Écriture à l'Écriture, les saints Pères aux saints Pères, la raison à la raison. Comme les sources où ils ont puisés sont également respectables, le Saint-Siège n'ayant d'ailleurs rien décidé à ce sujet, nous laissons à chacun la liberté de suivre le parti qui lui conviendra et qui lui semblera plus conforme à l'Écriture, aux saints Pères et à la raison. Nous allons maintenant examiner les propriétés de la prédestination, qui sont la certitude de l'immuabilité de la part de Dieu, et l'incertitude de la part de l'homme. Les pélagiens ont attaqué l'existence de la divine prédestination et avec les semi-pélagiens, ils ont nié sa certitude et son immuabilité. Calvin a soutenu que chaque fidèle doit, par la certitude de la foi, être certain lui-même de sa propre prédestination. Voici par quels arguments nous les combattons.

Prop. I. *Une véritable prédestination existe de la part de Dieu; elle est certaine et immuable.* — Cette proposition est un article de foi, et saint Augustin l'a prouvé dans son livre de la Prédestination des saints et dans celui du Don de la persévérance. L'Église tout entière a approuvé sa doctrine en condamnant les pélagiens et les semi-pélagiens. Voici le raisonnement par lequel saint Thomas prouve la même proposition (4) : « Puisque la vie éternelle est une fin qui excède la me-

(1) *De prædest. sanctorum*, cap. X.
(2) *De dono persev.*, cap. XIV : Prædestinatio nihil est aliud quam præscientia et præparatio beneficiorum Dei, quibus certissime liberantur, quicumque liberantur.
(3) P. I, q. 23, art. 22 : Prædestinatio est quædam ratio ordinis aliquorum in salutem æternam, in mente divinâ existens.
(4) P. I, q. 23, art. 23.

sure et la proportion de la nature créée, ensorte qu'aucun homme ne peut l'atteindre par sa propre vertu, il faut que l'homme soit amené à elle par Dieu qui seul est l'auteur de la nature qui est dirigée et de la fin pour laquelle elle est ordonnée, et des moyens par lesquels elle est ordonnée. Or, la raison de cet ordre, qui se fait dans le temps, puisque Dieu ne fait rien qu'il n'ait auparavant défini de toute éternité, elle doit être de toute éternité dans l'intelligence de Dieu. Cette raison c'est la prédestination. Elle est donc en Dieu et elle est tellement nécessaire au salut que personne ne peut l'obtenir s'il n'a été auparavant prédestiné. De là découle la vérité de la *certitude* et de l'*immuabilité* de la prédestination, de façon que le nombre des élus ne peut être ni augmenté ni diminué. Témoin les paroles de Jésus-Christ (1): « Les brebis entendent ma voix, et je les connais, et elles me suivent, et je leur donne la vie éternelle; elles ne périront pas et personne ne les arrachera de mes mains. » « Si quelqu'un des élus périt, dit saint Augustin (2), Dieu s'est donc trompé; mais personne d'entre eux ne périt, parce que Dieu ne s'est pas trompé. Si quelqu'un d'eux périt, Dieu doit être vaincu par les vices du genre humain; mais personne d'entre eux ne périt, parce que Dieu ne peut être vaincu par rien. « La raison de ces paroles est manifeste. En effet, puisque la prédestination est l'acte de l'intellect et de la volonté, comme l'intellect divin ne peut être trompé dans sa prescience, de même quand sa volonté veut quelque chose absolument et efficacement, rien ne peut la dominer. Or, Dieu veut absolument et efficacement le salut des élus; c'est-là un de ces mystères que nous devons respecter et croire, et ne pas chercher à approfondir. Nous conclurons donc avec saint Augustin (3): « Si quelqu'un nous force à descendre à une telle profondeur, pourquoi l'un est amené à la persuasion, tandis que l'autre la repousse, je n'ai que ces deux mots à leur répondre : Oh! profondeur des richesses! l'iniquité est-elle en Dieu? Que celui à qui cette réponse déplaira aille trouver de plus savants que moi; mais qu'il prenne garde de ne trouver que des présomptions. »

Prop. II. *Personne ne peut être certain de sa prédestination sans une révélation spéciale.* — Cette proposition est un article de foi. Le concile de Trente en effet la définit ainsi : *Si quis magnum illud usque in finem perseverantiæ donum se certo habiturum absoluta et infallibili certitudine dixerit, nisi hoc speciali revelatione didicerit, anathema sit.* (4). Cette proposition trouve ses preuves dans l'Écriture et dans les Pères de l'Église. L'apôtre dit en effet (5) : « Reste dans la foi, ne cherche pas à en savoir davantage, mais crains.» Delà il conclut (6): « Faites votre salut avec crainte et tremblement. » Saint Augustin, pour exciter les fidèles à la prière, et pour obtenir par elle le don de persévérance, leur parle ainsi (7): «Qui, dans le troupeau des fidèles, tant qu'il est dans cette vie mortelle, sera assez présomptueux pour se compter au nombre des prédestinés ? » Le raisonnement théologique confirme la vérité de ces paroles, puisqu'en effet la prédestination est un acte libre de la divine volonté; personne ne peut connaître cet acte d'une manière indépendante de la divine manifestation; donc personne ne peut être certain de sa prédestination sans une révélation spéciale.

ART. II. *Des causes et de l'effet de la prédestination.* — Dans l'étude des causes de la prédestination, le sens de cette question ne ressort pas d'une cause physique, ni de la cause *à priori*. En effet, comme l'observe saint Thomas (8) : « Il n'y a » personne d'assez insensé pour dire que les mérites sont la » cause de la divine prédestination de la part de l'acte prédes» tinant; mais c'est la question de savoir si la prédestination a » quelque cause de la part de l'effet: c'est chercher si Dieu a » préordonné de donner un effet de prédestination à quelqu'un » à cause de quelques mérites. » Il n'est question que de la cause morale et méritoire. Nous avons déjà signalé les erreurs des pélagiens et des semi-pélagiens, et les différentes opinions des scolastiques sur une question de ce genre. Il nous reste à ajouter que la cause finale de la prédestination est la gloire de Dieu; la cause efficiente, les décrets éternels de Dieu; la cause méritoire externe, les mérites de Jésus-Christ; la cause méritoire interne, les mérites surnaturels du prédestiné lui-même. Quant à l'effet de la prédestination, deux conditions sont nécessaires : 1° Il faut qu'elle vienne de Dieu, comme cause prédestinante, car, à moins qu'elle ne vienne de la prédestination comme d'une cause, elle ne peut être son effet; 2° il faut qu'elle ait un rapport avec la gloire céleste et qu'elle y conduise de fait. C'est pourquoi les effets de la prédestination sont la vocation, la justification et la glorification. On compte ensuite parmi les effets de la prédestination ces biens naturels que la providence spéciale de Dieu et son amour dispensent en profusion pour la vie éternelle, tels sont: le génie, le bon caractère, etc. Les châtiments enfin et les fautes, chez quelques-uns, sont comptés parmi les effets de la prédestination, non par soi, mais comme l'on dit par accident, par la raison des biens subséquents que Dieu dans sa miséricorde a voulu leur départir (1).

(1) Jean, X, 27 et 28.
(2) *De corrept. et grat.*, cap. VII, 14.
(3) *De spir. et litt.*, cap. XXXIV : Jam si ad illam profunditatem scrutandam nos quisquam coarctet, cur illi ita suadeatur ut persuadeatur, illi autem non ità, duo solum occurrunt interim, quæ respondere mihi placeat : O altitudo divitiarum! et : Numquid iniquitas apud Deum? cui responsio ità displicet quærat doctiores, sed caveat, ne inveniat præsumptores.
(4) Sess. 6, can. 16. Au chap. XII de la même session, il avait déjà dit : Nisi ex speciali revelatione sciri; non potest, quos Deus sibi elegerit.
(5) Rom., XI, 20.
(6) Philipp., II, 12.
(7) *De corrept. et grat.*, cap. XIII.
(8) P. I, q. 23, art. 5.

CHAPITRE III.

De la réprobation. — Qui dit réprobation dit exclusion. La réprobation a été ainsi définie : Prescience de l'iniquité de quelques-uns et préparation de leur damnation. Cette définition ne peut s'appliquer qu'à la réprobation positive qui contient trois actes, la permission de la faute, le refus de la grâce efficace pour s'en relever, le décret de la damnation. On peut voir par là que la cause la plus immédiate de la réprobation est le péché. Tel est le sentiment commun de tous les catholiques contre les calvinistes et les prédestinatiens. Toutefois, une grande discussion s'est élevée entre les théologiens, relativement à la réprobation négative, pour savoir si cette réprobation qui, selon quelques-uns, consiste dans la décision prise par Dieu d'exclure quelques hommes de la gloire, comme un bienfait qui ne leur est pas dû, ne résulte que de sa volonté, avant tout péché prévu de leur part, soit originel, soit actuel, ou s'il ne destine quelqu'un au châtiment qu'après le péché prévu. C'est en quoi ces théologiens diffèrent des prédestinatiens (2). Suivant d'autres, elle ne consiste que dans l'exclusion de la gloire, sans aucun décret positif; elle ne devient négative qu'en tant que Dieu ne prédestine pas quelques hommes à la gloire (3). Ces opinions trouvent leur fondement dans le sentiment de ces théologiens qui défendent l'élection gratuite à la gloire, ou avant les mérites prévus de la grâce. Ceux qui regardent la prédestination comme inadæquato après le mérite prévu à la grâce ne reconnaissent aucune réprobation négative qui consiste dans l'exclusion de la gloire, et qu'elle soit faite par un acte positif ou négatif. Ils prétendent que personne ne peut être exclu de la gloire, si ce n'est à l'aide de quelques péchés prévus, *originel* dans les enfants morts sans baptême, *actuel* dans les adultes infidèles, *originel* et *actuel* en même temps dans les infidèles; au point qu'exclure de la gloire et assigner des peines d'après la prévision de la faute serait absolument la même chose (4). Toutefois, qu'on admette ou qu'on rejette cette réprobation négative, la réprobation positive, qui suppose le péché comme cause principale, exige une cause éloignée ou radicale, qui consiste alors dans le décret qui permet le péché, c'est-à-dire le décret de ne pas donner la grâce efficace pour l'empêcher, et de ne pas accorder la grâce de s'en relever. Les théologiens sont encore ici en opposition pour savoir d'où vient que Dieu tient cette conduite envers les réprouvés. Vient-elle de sa seule volonté, du manque de la grâce ou du péché originel qui, quoique détruit, peut encore influer comme une cause éloignée. En admettant ces trois manières de voir, ils disputent sur la cause principale, qui doit être considérée comme la source d'où émanent toutes les autres causes. Nous laisserons de côté ces discussions domestiques, qui ne détruisent en rien la foi, pour prouver la vérité catholique aux prédestinatiens tant anciens que mo-

(1) Pour de plus amples détails, voy. Suarez, *Des effets de la prédestination*, lib. III.
(2) *Consultation sur l'erreur des prédestinatiens*, Petau, lib. XIII, chap. VI et suiv.
(3) Suarez, *De la réprobation*, liv. V, chap. V, n. 1 et suiv.
(4) Comp. Petau, *De Dieu*, liv. X, chap. III et IV.

dernes, qui prétendent dans leur impiété que Dieu à son gré prédestine les hommes à la mort éternelle, avant même toute prévision de la faute. D'où ils infèrent que Dieu leur refuse toute foi et toute grâce, les pousse nécessairement au péché, les trompe et se joue d'eux; et que les sacrements sont des signes stériles et nus pour ces réprouvés (1). Calvin, comme il arrive à presque tous les hérétiques, n'est pas toujours conséquent avec lui-même; ailleurs, en effet, il semble rejeter sur le péché originel, comme cause, la réprobation, la nécessité de pécher des hommes même fidèles. Jansénius souscrit à ce dernier avis, ainsi que les calvinistes modernes, les gomaristes, comme on peut le voir par les actes du synode de Dordrecht. Ceux qui adhèrent au premier avis de Calvin sont appelés *antélapsaires*, ceux qui suivent le second sont nommés *postlapsaires* ou *superlapsaires*.

Prop. I. *Il est impie de prétendre que Dieu, par son bon plaisir seul, réprouve positivement quelques hommes et les destine aux supplices éternels, sans prévision du péché antérieur.* — On peut à juste titre taxer d'impiété l'opinion qui est si ouvertement opposée à l'Écriture, à la tradition universelle et à la saine raison. L'Écriture en effet ne nous dit-elle pas que Dieu n'a pas fait la mort et ne se réjouit pas de la perdition des vivants (2). Ne nous enseigne-t-elle pas aussi que Dieu ne veut la mort de personne (3), ni celle de l'impie, mais plutôt sa conversion et sa vie (4). A plus forte raison donc Dieu ne réprouve et ne destine personne aux peines éternelles, sans la prévision du péché. L'Écriture enfin n'assigne jamais à la colère et à l'indignation de Dieu d'autre cause que le péché. D'un commun accord, les Pères rejettent la cause de la réprobation, non sur la volonté de Dieu, mais sur les péchés prévus des hommes. Écoutons, entre autres, saint Augustin : » Dieu est bon, Dieu est juste, il peut sauver quelques hommes sans qu'ils l'aient mérité; parce qu'il est bon, il ne peut damner personne s'il ne l'a pas mérité, parce qu'il est juste (5). « La raison enfin vient encore à notre aide en cette circonstance. Dieu, en effet, a la volonté de sauver tous les hommes et de les conduire au bonheur éternel, autant qu'il le peut, si toutefois leur perversité n'est pas un obstacle. La miséricorde et la justice divine sont les voies universelles du Seigneur, et Dieu par conséquent ne peut dévouer l'homme à la perte éternelle sans qu'il soit coupable.

Ces questions ardues et difficiles par lesquelles nous terminons l'article Dieu nous ont paru, malgré leur profondeur mystérieuse, devoir être traitées, afin de lui donner une couleur plus théologique que philosophique. Il est bon que ces hautes vérités soient connues plus généralement, et ne restent pas entièrement renfermées dans les cours de théologie. Notre article Dieu offre ce qu'il y a de plus certain, de plus pur et de plus élevé dans la vraie doctrine; il est une introduction convenable à l'article Trinité; voilà pourquoi nous l'avons préféré aux hypothèses trop souvent gratuites de la simple philosophie.

J. Perr., P. J.

DIEU. L'Être suprême, créateur et conservateur de l'univers (V. l'article précédent). Il s'emploie très souvent d'une manière absolue et sans article. — *Être devant Dieu*, être mort. — Prov., *l'homme propose, et Dieu dispose*, les desseins des hommes ne réussissent qu'autant qu'il plaît à Dieu; souvent nos entreprises tournent d'une manière opposée à nos vœux et à nos espérances. — Prov., *la voix du peuple est la voix de Dieu*, d'ordinaire le sentiment général est fondé sur la vérité. — Prov. et fig., *ce que femme veut Dieu le veut*, les femmes veulent ardemment ce qu'elles veulent, et elles viennent ordinairement à bout de l'obtenir. — Prov., *cela va comme il plaît à Dieu*, se dit d'une affaire dont la conduite est abandonnée, négligée. — Prov., *ne craindre ni Dieu ni diable*, se dit d'un méchant homme, d'un homme déterminé que rien n'arrête. — *C'est un homme de Dieu, tout de Dieu, tout en Dieu*, se dit d'un homme fort pieux, fort dévot. On dit, dans le même sens, *être abîmé en Dieu*. — Prov., et fig., *cela lui vient de la grâce de Dieu, lui vient de Dieu grâce*, se dit de tout ce qui arrive d'avantageux sans qu'on y ait contribué par ses soins ou par son travail. — *Par la grâce de Dieu*, formule que des princes souverains mettent dans leurs titres, pour dire qu'ils ne tiennent leur puissance que de Deiu. — Prov., *il ne relève que de Dieu et de son épée*, se dit d'un prince souverain qui n'en reconnaît aucun au-dessus de lui. — *Le bon Dieu*, Dieu. — Dans la religion catholique, *le bon Dieu* signifie aussi l'hostie consacrée. Il se dit particulièrement du Viatique. — *Le Lever-Dieu*, le moment de la messe où le prêtre élève l'hostie. — *La Fête-Dieu*, la fête du Saint-Sacrement. — *Hôtel-Dieu*, nom donné à l'hôpital principal de plusieurs villes. *S'il plaît à Dieu*, façon de parler conditionnelle dont on se sert en parlant des choses qu'on souhaite ou qu'on a intention de faire. Dans une acception à peu près semblable, on dit aussi : *avec l'aide de Dieu*, et familièrement, *Dieu aidant. Dieu le veuille, plut à Dieu, Dieu vous entende*, façons de parler qui servent à marquer le désir que l'on a qu'une chose soit. On disait autrefois, après avoir fait une promesse solennelle, après avoir fait un serment, *ainsi Dieu me soit en aide*, ou *ainsi Dieu m'aide*, que Dieu m'accorde son aide autant que je tiendrai ma promesse, que je serai fidèle à mon serment. *Dieu vous vous bénisse, Dieu vous assiste, Dieu vous contente, Dieu vous soit en aide*, façons de parler familières qui s'employaient lorsqu'une personne éternuait, et dont on se sert encore quelquefois pour adoucir le refus qu'on fait à un pauvre de lui donner l'aumône. *Dieu vous conserve, Dieu vous conduise, Dieu vous le rende*, façons de parler qu'on emploie pour souhaiter du bien à quelqu'un, ou pour le remercier de celui qu'on a reçu. *Dieu vous garde* ou *vous gard'*, ancienne façon de parler qui s'employait pour saluer quelqu'un en l'abordant. *Grâce à Dieu, Dieu merci, Dieu soit loué, en soit loué*, façons de parler qui s'emploient pour exprimer que l'on reconnaît tenir une chose de la bonté de Dieu. Elles servent quelquefois à témoigner le contentement qu'on éprouve de quelque chose. *Dieu merci et vous, Dieu merci et à vous*, façons de parler dont le peuple se servait autrefois pour témoigner de la reconnaissance, ou par civilité. *Pour l'amour de Dieu*, dans la seule vue de plaire à Dieu. Cette locution signifie, dans les discours familiers, sans aucun intérêt. Elle s'emploie aussi lorsqu'on prie instamment quelqu'un de quelque chose; dans ce sens, elle est très familière aux mandiants, qui demandent qu'on leur fasse l'aumône *pour l'amour de Dieu*. On dit quelquefois, ironiquement, *comme pour l'amour de Dieu*, pour exprimer qu'une chose est faite ou donnée à contre cœur, ou qu'un don est fait avec lésinerie. *Au nom de Dieu*, s'emploie également lorsqu'on veut prier quelqu'un avec plus d'instance. *Sur mon Dieu, devant Dieu, Dieu m'est témoin, Dieu m'en est témoin*, locutions qui marquent affirmation et serment. *Dieu soit*, façon de parler qui s'emploie pour assurer fortement ce qu'on veut dire. *Dieu soit*, se dit aussi pour affirmer qu'on n'a point fait une chose. *Dieu soit*, se dit encore pour marquer l'incertitude où l'on est de quelque chose. On dit quelquefois, dans le même sens, *Dieu le sache, entre Dieu et soi*, secrètement. *Dieu! bon Dieu! mon Dieu! grand Dieu! juste Dieu!* etc., exclamations d'étonnement, d'admiration, d'impatience, de douleur, d'inquiétude, de crainte, etc. Dieu, se dit aussi des fausses divinités qu'adorent les nations païennes. Employé absolument et au pluriel, il s'entend ordinairement des divinités du paganisme ancien; en ce sens il a un féminin, qui est *déesse*. *Demi-dieu*, être fabuleux qui est censé participer de la nature divine, comme les faunes. Il se dit aussi d'un homme que l'on croyait né d'un dieu et d'une mortelle, comme Hercule. Fig., et fam., *promettre, jurer ses grands dieux*, promettre, affirmer avec de grands serments. Fig., *les dieux de la terre*, se dit des rois, des princes souverains, et en général de ceux qui ont beaucoup d'autorité et de pouvoir. l'Écriture sainte appelle aussi figurément *dieux* les hommes qui ont l'autorité. Fig. et fam., *comme un Dieu*, très bien, parfaitement. Dieu, se dit figurément de celui qui est l'objet d'un grand enthousiasme, d'une vénération profonde, d'une vive reconnaissance, d'un extrême attachement. *Faire son Dieu* ou *se faire un Dieu de quelque chose*, avoir pour quelque chose un grand attachement. Fam., *vous êtes un Dieu*, se dit pour exprimer à un homme la vive satisfaction qu'on éprouve de ce qu'il a fait.

DIEU (Saint Jean de), fondateur de l'ordre de la charité, naquit à Monte-Mayor-O-Novo, petite ville de Portugal, l'an 1495, d'une famille obscure et pauvre. Les regrets que lui causèrent le souvenir d'une jeunesse dissipée lui firent prendre la résolution, à l'âge de quarante ans, de consacrer le reste de sa vie à la prière et à la pénitence. Il passa en Afrique dans l'intention de consoler les chrétiens captifs et de les secourir. De retour en Espagne, il entendit dans une église de Grenade le célèbre Jean d'Avila, le plus grand prédicateur de son temps,

(1) Tel est l'avis de Calvin; voy. Bellarmin, t. IV, *Controv.*, liv. II, *De statu peccati*, cap. III; Petau, *De Dieu*, liv. X, chap. VI et suiv.
(2) Sap., I, 13.
(3) II, Petau, III, 9.
(4) Ezech., XVIII, 23.
(5) *Cont. Julianum*, lib. III; Comp. Petau, *De Dieu, loc. cit.*, chap. II, III, IV; Tournely, *De Dieu*, q. XXIII, art. 2, concl. V.

L'éloquence de ce célèbre prédicateur l'émut tellement qu'il parcourut les rues de la ville en s'arrachant les cheveux. Il fut mis à l'hôpital comme fou ; mais bientôt on vit l'erreur. Jean resta quelque temps à l'hôpital à servir les malades. En 1540 il loua une maison pour recevoir les malades indigents, et pourvut à leurs besoins avec une activité, une vigilance et une économie qui devinrent un sujet d'étonnement. Ce fut là le berceau de l'ordre de la charité qui, depuis, s'est répandu dans le monde chrétien. Jean-de-Dieu mourut le 8 mars 1550, après avoir donné sa bénédiction à la ville de Grenade, selon le vœu de ses principaux habitants. Il fut canonisé, en 1690, par Alexandre VIII.

DIEU (**LOUIS DE**), savant orientaliste et ministre de la religion réformé, né à Flessingue, le 7 avril 1590. Il fut ministre de l'église française de Flessingue pendant deux ans. Louis-de-Dieu cultiva particulièrement le persan et l'hébreu. Il mourut à Flessingue le 23 décembre 1642.

DIEUCHIDAS, écrivain grec qui fit une histoire du Mégare.

DIEU-DONNÉ ou **DEUS DEDIT** (saint), élu pape le 13 novembre 614, succéda à Boniface IV.

DIEU-DONNÉ ou **ADEODAT**, élu pape en avril 673, succéda à Vitullien.

DIEUDONNÉ, surnom qu'on donne à quelques enfants, surtout à des fils de princes, dont on regarde la naissance comme un bienfait du ciel.

DIEUDONNÉ (**CHRISTOPHE**), né dans les Vosges, en 1757, était avocat à Saint-Dié à l'époque de la révolution. Il fut alors administrateur du département des Vosges, puis député à l'assemblée législative. Il siégea ensuite au conseil des Cinq-Cents et au tribunat. En 1801, il fut nommé préfet du département du Nord. Il déploya de grands talents administratifs dans ce département, et en publia, en 1805, une statistique fort estimée.

DIEULAFOY (**JOSEPH-MARIE-ARMAND-MICHEL**), né à Toulouse, en 1762, remporta des prix aux jeux floraux. Il se rendit à Saint-Domingue où il fut ruiné par l'insurrection. De retour en France, il se fit connaître par ses succès dramatiques, et mourut le 13 décembre 1823, peu après la réussite de *Pauvre fille*. Ses principaux ouvrages sont : *Défiance et malice*, comédie ; *Milton* et *Olympia*, opéras ; il fit aussi des *chansons* et des *vaudevilles* en société, avec quelques auteurs connus.

DIEUX, *Dii*. Les mythologues ont divisé les dieux en plusieurs classes, suivant le rang qu'ils tenaient ou l'espèce de culte qu'on leur rendait. Cicéron divisait les dieux en trois classes : la première est celle des dieux célestes, la seconde celle des grands hommes que leurs vertus avaient rendus dignes d'être placés au rang des demi-dieux, et la troisième est celle des vertus divinisées. Varron les réduisait à deux classes : la première renfermant ceux dont on connaissait les fonctions, la seconde ceux dont on ne savait rien de certain. Saint Clément d'Alexandrie les divise en sept classes : la première, celle des étoiles ; la seconde, celle des fruits ; la troisième, des châtiments ; la quatrième, des passions ; la cinquième, des vertus ; la sixième, des dieux qu'on appelait *majorum gentium* ; et la septième, des bienfaiteurs de l'humanité déifiés par la reconnaissance, tels qu'Esculape, etc. Voici la division la plus commune et qui a été la plus généralement adoptée par les mythologues. — GRANDS DIEUX (*Dii majorum gentium*). Les Grecs et les Romains reconnaissaient douze grands dieux : Jupiter, Neptune, Mars, Mercure, Vulcain, Apollon, Vesta, Junon, Cérès, Diane, Vénus et Mercure. Chacun de ces dieux présidait à un mois de l'année ; on les appelait aussi *Consentes*, abréviations de *Consentientes*, délibérants, parce qu'ils formaient le conseil céleste. — DIEUX SUBALTERNES (*Dii minorum gentium*). Ce sont tous les dieux, après ceux que l'on nommait *Consentes*. — DIEUX NATURELS, savoir : le soleil, la lune, les étoiles et les autres dieux physiques. — DIEUX ANIMÉS ou *demi-dieux*. Nom donné aux hommes qui, par leurs grandes actions, avaient mérité d'être déifiés. — DIEUX ALLÉGORIQUES. Ce sont les vices, les vertus, des propriétés personnifiées et divinisées, comme la pauvreté, l'envie, etc. En outre, ces mêmes dieux se divisaient : 1°, quant au culte qu'on leur rendait, en PUBLICIS, ceux dont le culte était établi et autorisé par les lois des douze tables, par exemple les douze grands dieux, et PARTICULIERS, ceux que chacun choisissait pour objet de son culte, tels étaient les dieux lares, les pénates, les âmes, les ancêtres, qu'il était permis à chaque particulier d'honorer à son gré ; 2° quant à leur célébrité, en CONNUS, ceux dont on savait le nom, les fonctions, les aventures, comme Jupiter, Apollon, etc., et INCONNUS, on plaçait dans cette classe tous ceux dont on ne savait rien d'assuré et qu'on ne voulait pas cependant laisser sans autels et sans sacrifices ; 3° quant à leurs fonctions, en NUPTIAUX, DOMESTIQUES ; 4° quant aux lieux qu'ils occupaient, en DIEU DU CIEL, tels que Cœlus, Saturne, Jupiter, Junon, Minerve, Mars, Vulcain, Mercure, Apollon, Diane, etc. ; DIEUX DE LA TERRE, Cybèle, Vesta, Pan, les Faunes, les Nymphes, les Muses, etc. ; DIEUX DE LA MER, l'Océan et Thétys, Neptune et Amphitrite, Nérée et les Néréides, Doris et les Tritons, les Naïades, les Sirènes, Éole et les Vents ; et DIEUX DE L'ENFER, Pluton, Proserpine, Eaque, Minos, Rhadamante, les Parques, les Furies, les Mânes, Charon, etc. Outre les différentes classes des dieux, il y avait encore des objets auxquels on rendait un culte comme aux dieux mêmes, des minéraux, des plantes, des animaux, des poissons, des insectes (*V.* MYTHOLOGIE).

DIEUZE, petite ville de France (*Meurthe*), chef-lieu de canton. Elle a des salines et une fabrique de soude. 3,892 habitants ; à 3 l. 1/2 E. de Château-Salins (*V.* MEURTHE, département de la).

DIÈZE (**JEAN-ANDRÉ**), savant allemand, né à Leipzig, en 1729, fut professeur à Gœttingue, et premier conservateur de la bibliothèque de l'Université de Mayence.

DIFFAMANT, ANTE, qui diffame, qui est fait, qui est dit pour flétrir la réputation.

DIFFAMATEUR, celui qui diffame par des paroles ou par des écrits.

DIFFAMATION (*jurispr.*). C'est l'action d'attaquer la réputation de quelqu'un, et de porter atteinte à son honneur. Elle peut avoir lieu de différentes manières, par des propos, des écrits, etc. Voir les dispositions de la loi du 17 mai 1819 (*V.* INJURE PUBLIQUE).

DIFFAMATOIRE, qui diffame, qui est fait, qui est dit pour diffamer.

DIFFAMÉ, ÉE, *adj.* (*blason*). Il se dit d'un animal représenté sans queue. *Armes diffamées* (*féod.*), celles dont quelque pièce avait été retranchée en punition d'une action déshonorante.

DIFFAMER, décrier, chercher à déshonorer, à perdre de réputation. On l'emploie aussi avec le pronom personnel.

DIFFARRÉATION (*antiq.*), cérémonie romaine par laquelle on rompait le mariage contracté par confarréation (*V.* ce mot). Il paraîtrait qu'on y offrait aussi des gâteaux de froment, mais que les deux époux qu'on allait séparer ne goûtaient pas du même.

DIFFÉREMMENT, d'une manière différente.

DIFFÉRENCE, dissemblance, *faire la différence*, *sentir la différence*, saisir, connaître, apprécier, voir ce qui rend une chose distincte d'une autre. — DIFFÉRENCE, en logique, se dit de la qualité essentielle qui distingue entre elles les espèces de même genre.

DIFFÉRENCE (*arith. alg.*), excès de grandeur d'une quantité sur une autre, ou ce qui reste lorsqu'on retranche une quantité d'une autre quantité. Par exemple, la différence entre 8 et 5 est 3, et en général la différence entre a et b est $a-b$, quantité qui peut être positive ou négative, selon que $b<a$ ou $b>a$. (*V.* ALGÈBRE). — CALCUL DES DIFFÉRENCES, une des branches fondamentales de la science générale des nombres (*V.* MATHÉMATIQUES). — 1. Le calcul des différences, considéré dans toute sa généralité, c'est-à-dire comme embrassant le calcul différentiel, a pour objet les lois de la variation des quantités. — Par variations, nous entendons l'augmentation ou la diminution de grandeur qu'éprouve une fonction quelconque des quantités variables lorsqu'on augmente ou diminue ces variables. — 2. Pour fixer les idées, considérons ce que devient la fonction simple ax en faisant croître x d'une quantité quelconque m, on a alors

$$a\,(x+m) \text{ ou } ax+am,$$

ainsi la fonction ax a reçu un accroissement am par suite de l'augmentation éprouvée par x. Si, au contraire, on avait diminué x de la même quantité m, ax serait devenue

$$a\,(x-m) \text{ ou } ax-am,$$

et par conséquent la fonction ax aurait éprouvé une diminution am, correspondante à la diminution m de x. Or, cette variation am, en plus ou en moins, qu'on nomme en général DIFFÉRENCE de la fonction ax. — 3. De même, soit $a+bx^2$, une autre fonction de la variable x ; en la désignant par y, nous aurions l'expression

$$y,=a+bx^2.$$

Il est évident qu'en faisant varier x, y éprouvera une variation correspondante. Désignons par y' ce que devient y lorsqu'on augmente x d'une quantité n, nous aurons

$$y' = a + b(x+n)^2,$$

mais la variation subie par y pour devenir y', ou $y'-y$, etc.

$$[a + b(x-n)^2] - [a+bx^2],$$

c'est-à-dire

$$a+bx^2 + bnx+bn^2 - a - bx^2 = bnx+bn^2,$$

ainsi $bnx+bn^2$ est l'accroissement ou *la différence* de la fonction y. — 4. Généralement φx étant une fonction quelconque de x, si nous désignons par Δx l'accroissement qu'on fait subir à la variable x, et par $\Delta\varphi x$ l'accroissement qui en résulte pour la fonction φx, nous aurons

$$\Delta x = \varphi(x+\Delta x) - \varphi x,$$

et si, au lieu de faire varier x en *plus* nous l'eussions fait varier en *moins*, nous aurions eu

$$\Delta\varphi x = \varphi x - \varphi(x-\Delta x).$$

5. φx étant une fonction quelconque de la seule variable x, si nous la désignons par y, nous aurons l'expression

$$y = \varphi x,$$

et nous pourrons alors considérer y comme une autre variable, mais dont les variations dépendent de celles de x. On dit alors que y est une *variable dépendante*, tandis qu'on nomme x, une *variable indépendante*. D. Les accroissements qu'on fait subir aux variables peuvent être considérées comme des quantités réelles ou idéales, c'est-à-dire comme des quantités finies ou infiniment petites; dans le premier cas, le calcul des différences prend le nom de CALCUL DES DIFFÉRENCES FINIES. Nous allons procéder à l'exposition des lois générales de ces calculs et de leurs applications les plus importantes; mais nous jetterons un coup d'œil sur l'histoire de leur introduction dans la science et sur les diverses considérations métaphysiques auxquelles ils ont donné lieu. 7. CALCUL DES DIFFÉRENCES FINIES. La *différence* d'une fonction étant la variation qu'elle éprouve lorsqu'on fait croître les quantités variables qu'elle contient, la règle générale pour trouver cette différence est donc de retrancher la fonction primitive de la fonction variée, et c'est ainsi que nous avons trouvé ci-dessus

$$\Delta\varphi x = \varphi(x+\Delta x) - \Delta x,$$

ou

$$\Delta\varphi x = \varphi x - \varphi(x-\Delta x)$$

en prenant l'accroissement négatif. Il résulte de cette construction que pour obtenir la différence d'une quantité composée telle que $A+Bx$, dans laquelle A et B sont des quantités constantes et x une quantité variable, il suffit de faire varier le terme qui contient x, c'est-à-dire qu'on a

$$\Delta(A+Bx) = B\Delta x,$$

car la quantité A, ne recevant aucun accroissement, disparaît lorsqu'on retranche la fonction primitive de la fonction variée; en effet on a

$$\begin{aligned}\Delta(A+Bx) &= A+B(x+\Delta x) - (A+Bx) \\ &= +Bx+B\Delta x - A - Bx \\ &= B\Delta x\end{aligned}$$

on aurait par la même raison

$$\Delta[A+Bx+Cy] = B\Delta x + C\Delta y,$$

et ainsi de suite dans tous les cas semblables. Il est facile de voir qu'en général la différence d'une suite de termes telle que

$$\varphi x + \varphi' y + \varphi'' z +, \text{ etc.},$$

φx, $\varphi' y$, $\varphi' z$, désignant des fonctions quelconques des variables, x, y, z, se trouvent en prenant la différence de chaque terme, ou qu'on a

$$\Delta[\varphi x+\varphi' y+\varphi'' z+, \text{ etc.}] = \Delta\varphi x + \Delta\varphi' y + \Delta\varphi'' z +, \text{ etc.}$$

8. $\Delta\varphi x$ désignant toujours l'acroissement ou la diminution éprouvée par φx, lorsqu'on augmente ou qu'on diminue la variable x de la quantité Δx, on peut considérer cette quantité $\Delta\varphi x$ comme une nouvelle fonction de x qui peut admettre aussi un accroissement correspondant à celui de la variable x. Ainsi, en supposant que x croisse encore de la même quantité Δx, on aurait après l'accroissement

$$\Delta\varphi(x+\Delta x),$$

et la variation correspondante de la fonction $\Delta\varphi x$, ou la différence de cette fonction serait

$$\Delta(\Delta\varphi x) = \Delta\varphi(x+\Delta x) - \Delta\varphi x.$$

La *différence* de $\Delta\varphi x$ ou $\Delta(\Delta\varphi x)$ s'exprime par $\Delta'\varphi x$, et c'est ce qu'on nomme la *différence seconde* de la fonction φx. — On a donc pour la *différence seconde* de φx l'expression

$$\Delta'\varphi x = \Delta\varphi(x+\Delta x) - \Delta\varphi x,$$

substituant la valeur de $\Delta\varphi x$ ou $\varphi(x\Delta+\Delta x) - \varphi x$, cette expression devient

$$\Delta'\varphi x = \Delta\varphi(x+\Delta x) - \varphi(x+\Delta x) + \varphi x,$$

mais on a aussi, d'après l'expression générale du numéro 4,

$$\Delta\varphi(x+\Delta x) = \varphi(x+2\Delta x) - \varphi(x+\Delta x),$$

donc la différence seconde est

$$\Delta'\varphi x = \varphi(x+2\Delta x) - 2\varphi(x+\Delta x) + \varphi x.$$

10 Considérant de nouveau $\Delta'\varphi x$ comme nouvelle fonction de x, sa différence $\Delta(\Delta^2\varphi x)$ ou $\Delta^3\varphi x$ sera la *différence troisième* de φx, et, d'après ce qui précède, on aura

$$\Delta^2\varphi x = \Delta'\varphi(x+\Delta x) - \Delta'\varphi x,$$

mais d'après 9

$$\Delta'\varphi(x+\Delta x) = \varphi(x+3\Delta x) - 2\varphi(x+2\Delta x) + \varphi(x+\Delta x)$$

$$\Delta'\varphi x = \varphi(x+2\Delta x) - 2\varphi(x+\Delta x) + \varphi x,$$

ainsi, en substituant, on trouvera

$$\Delta^3\varphi x = \varphi(x+3\Delta x) - 3\varphi(x+2\Delta x) + 3\varphi(x+\Delta x) - \varphi x.$$

11. En suivant la même marche on trouverait pour *différence quatrième* de φx l'expression

$$\Delta^4\varphi x = \varphi(x+4\Delta x) - 4\varphi(x+3\Delta x) + 6\varphi(x+2\Delta x) - 4\varphi(x+\Delta x) + \varphi x$$

12. D'après ce qui précède, en remarquant que les coefficients numériques de ces développements sont les mêmes que ceux du binome de Newton, on peut conclure, par analogie, que la *différence* m-ième de la fonction φx doit avoir pour expression générale

$$\Delta^m\varphi x = \varphi(x+m\Delta x) - m\varphi(x+(m-1)\Delta x) + \frac{m(m-1)}{1.2}\varphi(x+(m-2)\Delta x) - \text{etc.}\ldots(-1)^m\varphi x,$$

le dernier terme φx ayant le signe $+$ lorsque m est pair et le signe $-$ lorsqu'il est impair. En renversant cette expression on peut lui donner la forme plus commode

$$\Delta^m\varphi x = (-1)^m\Big[\varphi x - m\varphi(x+\Delta x) + \frac{m(m-1)}{1.2}\varphi(x+2\Delta x) - \frac{m(m-1)(m-2)}{1.2.3}\varphi(x+3\Delta x) + \frac{m(m-1)(m-2)(m-3)}{1.2.3.4}\varphi(x+4\Delta x) - \text{etc.}\ldots\Big]$$

13. Pour donner une démonstration générale de cette loi, il suffit de prouver qu'elle est vraie pour la différence de l'ordre $m+1$, en la supposant vraie pour la différence de l'ordre m; car il est évident que puisqu'elle se vérifie en faisant $m=4$, il en résultera qu'elle est également vraie pour $m=5$, et par suite pour toutes les valeurs entières de m. Or, en désignant pour abréger, par i l'accroissement Δx de la variable x, cette loi est (a).

$$\Delta^m\varphi x = (-1)^m\Big[\varphi x - m\varphi(x+i) + \frac{m(m-1)}{1.2}\varphi(x+2i) - \text{etc.}\ldots\Big]$$

Prenant la *différence* des deux membres de cette égalité, on a

$$\Delta(\Delta^m\varphi x) = (-1)^m\Big[\varphi(x+i) - m\varphi(x+2i) + \frac{m(m-1)}{1.2}\varphi(x+3i) - \text{etc.}\ldots\Big] - (-1)^m\Big[\varphi x - m\varphi(x+i) + \frac{m(m-1)}{1.2}\varphi(x+2i) - \text{etc.}\ldots\Big]$$

ou, en effectuant l'addition des coefficients des mêmes fonctions,

$$\Delta^{m+1}\varphi x = (-1)^{m+1}\Big[\varphi x - (m+1)\varphi(x+i) + \left(m+\frac{m(m-1)}{1.2}\right)\varphi(x+2i) -$$

$$-\left(\frac{m(m-1)}{1.2}+\frac{m(m-1)(m-2)}{1.2.3}\right)\varphi(x+3i)$$
$$+\left(\frac{m(m-1)(m-2)}{1.2.3}+\right.$$
$$\left.+\frac{m(m-1)(m-2)(m-3)}{1.2.3.4}\right)\varphi(x+4i)$$
$$-\ldots\ \text{etc}\ldots]$$

ce qui se réduit à (*b*)

$$\Delta^{m+1}\varphi x=(-1)^{m+1}\Big[\varphi x-(m+1)\,\varphi(x+i)+\frac{(m+1)\,m}{1.2}\varphi(x+2i)-$$
$$-\frac{(m+1)\,m\,(m-1)}{1.2.3}\varphi(x+3i)+\text{etc.}\Big]$$

Car, en nous servant pour abréger de la notation des factorielles, on a en général, μ étant un nombre entier quelconque

$$\frac{m(m-1)(m-2)\ldots\ldots(m-\mu+1)}{1.2.3.4\ldots\ldots\ldots\mu}=\frac{m^{\mu}|-1}{1^{\mu}|-1}$$
$$\frac{m(m-1)(m-2)\ldots\ldots(m-\mu)}{1.2.3.4\ldots\ldots(\mu+1)}=\frac{m^{\mu+1}|-1}{1^{\mu+1}|1}$$

mais en réduisant au même dénominateur

$$\frac{m^{\mu}|^{-1}}{1^{\mu}|^{1}}+\frac{m^{\mu+1}|^{-1}}{1^{\mu+1}|^{1}}=\frac{(\mu+1)m^{\mu}|^{-1}}{1^{\mu+1}|^{1}}+\frac{m^{\mu+1}|^{-1}}{1^{\mu+1}|^{1}}$$
$$=\frac{(\mu+1)\,m^{\mu}|^{-1}+(m-\mu)m^{\mu}|^{-1}}{1^{\mu+1}|^{1}}$$
$$=\frac{(m+1)\,m^{\mu}|^{-1}}{1^{m+1}|^{-1}}$$
$$=\frac{(m+1)^{\mu+1}|^{-1}}{1^{\mu+1}|1}$$

expression qui, en faisant successivement $\mu=0$, $\mu=1)$ $\mu=2$, etc., donne les coefficients de (*b*), savoir :

$$(m+1),\ \frac{(m+1)m}{1.2},\ \frac{(m+1)\,m\,(m-1)}{1.2.3},\ \text{etc.}$$

Or, l'expression (*b*) est ce que devient (*a*) lorsqu'on y fait $m=m+1$; ainsi il suffit que la loi (*a*) soit vraie pour une valeur quelconque de m pour quelle soit vraie en général. — 14. Lorsque l'accroissement de la variable est négatif, la loi ci-dessus devient

$$\Delta^{m}\varphi x=\varphi x-m.\varphi(x-i)+\frac{m(m-1)}{1.2}\varphi(x-2i)-\text{etc.}\ldots.$$

ce qu'on déduit sans difficulté. — 15. Fx et fx étant deux fonctions différentes d'une même variable x, la différence de leur produit ou

$$\Delta\,(Fx.fx)$$

se trouvera aisément par ce qui précède, car d'après la conception générale des différences on a

$$\Delta\,(Fx.fx)=F(x+\Delta x).f(x+\Delta x)-Fx.fx$$

or

$$F(x+\Delta x)=Fx+\Delta Fx$$
$$f(x+\Delta x)=fx+\Delta fx$$

et par conséquent

$$F(x+\Delta x).f(x+\Delta x)=Fx.fx+fx.\Delta Fx+Fx.\Delta Fx+$$
$$+\Delta Fx.\Delta fx$$

donc

$$\Delta\,(Fx.fx)=Fx.\Delta fx+\Delta fx.\Delta Fx+fx.\Delta Fx$$

La différence seconde du même produit s'obtiendrait de la même manière. Cette différence est

$$\Delta^2(Fx.fx)=Fx.\Delta f^2x+2\Delta Fx.\Delta fx.+\Delta^2Fx.fx$$
$$+2\Delta Fx.\Delta^2fx+2\Delta^2Fx.\Delta fx$$
$$+\Delta^2Fx.\Delta^2fx$$

En général μ étant un indice quelconque, on a (*c*)

$$\Delta\mu(Fx.fx)=Fx.\Delta\mu Fx+\mu.\Delta Fx\,[\Delta\mu^{-1}fx+\Delta\mu fx]$$
$$+\frac{\mu(\mu-1)}{1.2}.\Delta^2Fx\,[\Delta\mu^{-2}fx+2\Delta\mu^{-1}fx+\Delta\mu fx]$$
$$+\frac{\mu(\mu-1)(\mu-2)}{1.2.3}.\Delta^3Fx\,[\Delta\mu^{-3}fx+3\Delta\mu^{-2}fx+$$
$$+3\Delta\mu^{-1}fx+\Delta\mu fx$$
$$+\text{etc.}\ldots.$$

Cette loi qui, dans le cas des accroissements *négatifs*, devient

$$\Delta\mu\,(Fx.fx)=Fx\Delta\mu fx+\mu\Delta Fx\,[\Delta\mu^{-1}fx-\Delta\mu.fx]$$
$$+\frac{\mu(\mu-1)}{1.2}.\Delta^2Fx\,[\Delta\mu^{-2}fx-2\Delta\mu^{-1}fx+\Delta\mu fu]$$
$$+\frac{\mu(\mu-1)(\mu-2)}{1.2.3}\Delta^3Fx[\Delta\mu^{-3}fx-3\Delta\mu^{-2}fx+$$
$$+3\Delta\mu^{-1}fx-\Delta\mu fx]$$
$$+\ldots..\ \text{etc.}\ldots..$$

est la loi fondamentale de la théorie des différences. Sa démonstration générale peut s'effectuer en suivant la marche que nous avons employée au nº 13. — 16. Il nous serait facile maintenant de trouver la différence de tous les ordres d'une quantité algébrique quelconque, mais sans nous arrêter ici à des déductions particulières dont nous trouverons d'ailleurs plus loin des exemples. C'est ici le cas de faire remarquer que le calcul des différences n'a pas seulement pour but de trouver les différences des quantités données, mais qu'il doit encore pouvoir remonter de ces différences aux fonctions dont elles dérivent, lorsque les premières seulement sont connues. Cette distinction partage ce calcul en deux branches, dont la première considère les *différences directes*, ou les différences proprement dites, et la seconde les *différences inverses* ou sommes. Ainsi, $\Delta\mu x$ étant la différence directe de φx, reciproquement $\varphi\Delta$ est la différence inverse de la somme de $\Delta\varphi x$. On désigne les différences inverses par la caractéristique Σ ; de sorte que pour exprimer que φx est la somme de $\Delta\varphi x$ on écrit

$$\varphi x=\Sigma\varphi x[\varphi x]$$

17. Comme il y a des différences de plusieurs ordres, il y a également des sommes de plusieurs ordres, par exemple,

$$\Sigma^2\,[\Delta^2\varphi x]$$

indique la *somme seconde* de $\Delta^2\varphi x$ en général Σ^m est la caractéristique de la somme de l'ordre m. — 18. Pour remonter d'une différence quelconque à la fonction primitive, il est évident qu'il faut prendre la somme du même ordre, et qu'on a

$$\Sigma^m[\Delta^m\varphi x]=\varphi x$$

19. Une fonction quelconque d'une variable étant donnée, si on considère cette fonction comme la différence d'une autre fonction inconnue, le problème de trouver cette dernière est donc le but du calcul des *différences inverses*, ainsi Fx étant la fonction donnée, trouver la somme de Fx ou ΣFx c'est trouver une autre fonction fx telle que l'on ait

$$Fx=\Delta f.x$$

S'il est toujours facile de trouver les différences d'une quantité donnée, il n'en est pas de même des *sommes*, mais ce n'est point ici le lieu de nous occuper de ce problème, qui forme le but général du calcul des *différences inverses*, ou du CALCUL INTÉGRAL. — 20. On considère encore les *sommes* comme des *différences d'un ordre négatif*, c'est-à-dire qu'on attache la même signification aux caractéristiques $\Sigma\mu$ et $\Delta\mu$; de cette manière.

$$\Sigma^m\varphi x\ \text{et}\ \Delta^{-\mu}\varphi x$$

sont des expressions identiques, si dans les lois (*a*) et (*c*), on fait l'indice négatif, elles s'appliquent immédiatement aux *sommes*. La première en ne considérant que les accroissements négatifs, ce qui est le cas le plus simple, devient (*d*)

$$\Sigma^m\varphi x=\varphi x+m\varphi(x-i)+\frac{m\,(m+1)}{1.2}\varphi(x-2i)+$$
$$+\frac{m\,(m+1)\,(m+2)}{1.2.3}\varphi(x-3i)+\text{etc.}\ldots.$$

et la seconde (*e*)

$$\Sigma^m(Fx.fx)=Fx.\Sigma^m fx-m.\Delta Fx\,[\Sigma^{m+1}fx-\Sigma^m fx]$$
$$+\frac{m(m+1)}{1.2}.\Delta^2Fx\,[\Sigma^{m+2}fx-2\Sigma^{m+1}fx+$$
$$+\Sigma fx^m-\text{etc}\ldots\ ]$$

21. Nous allons montrer par quelques exemples l'application de ces formules i désignant toujours l'accroissement de la variable x, proposons nous de trouver les différences successives de la quantité x^n, la première différence ou Δx^n sera

$$\Delta x^n = (x+i)^n - x^n$$

et en développant le binome $(x+i)^n$

$$\Delta x^n = n x^{n-1} i + \frac{n(n-1)}{1.2} x^{n-2} i^2 + \\ + \frac{n(n-1)(n-2)}{1.2.3} x^{n-3} i^3 + \text{etc...}$$

Pour obtenir la différence seconde, puisque, d'après la loi (a), on a :

$$\Delta^2 \varphi x = \varphi x - 2\varphi(x+i) + \varphi(x+2i)$$

en faisant $\varphi x = x^n$, on obtiendra :

$$\Delta^2 x^n = x^n - 2(x+i)^n + (x+2i)^n$$

ou, en développant les binomes,

$$\Delta^2 x^n = x^n.$$

$$-2x^n - 2nx^{n-1} i - 2\frac{n(n-1)}{1.2} x^{n-2} i^2 - \text{etc.}$$

$$+ x^n + 2nx^{n-1} i + 4\frac{n(n-1)}{1.2} x^{n-2} i^2 + \text{etc.}$$

et en réduisant

$$\Delta^2 x^n = n(n-1) x^{n-2} i^2 + 6\frac{n(n-1)(n-2)}{1.2.3} x^{n-3} i^3 + \text{etc.}$$

on trouverait de même, pour la *différence troisième*,

$$\Delta^3 x^n = n(n-1)(n-2) x^{n-3} i^3 + A x^{n-4} i^4 + B x^{n-5} i^5 + \text{etc.}$$

en désignant, pour abréger, par A B C etc., les coefficients des puissances i^4, i^5, i^6, etc.

En général, la différence *m'ième* aura la forme

$$\Delta^m x^n = n(n-1)(n-2)\ldots(n-m+1) x^{n-m} i^m + \\ + M x^{n-m-1} i^{m+1} + \text{etc.}$$

Lorsque l'exposant n est entier et positif, le nombre des termes de $\Delta^m x^n$, diminuant d'une unité, lorsque m augmente d'une unité, on voit facilement que dans le cas de $m = n$, on a :

$$\Delta^m x^n = n(n-1)(n-2)\ldots 1.\, i^m$$

et que cette différence ne contient plus la variable x.

Il suit de cette remarque que les différences d'un ordre supérieur à m sont 0, ou qu'on a en général

$$\Delta^m x^n = 0$$

Toutes les fois que m est plus grand que n.

En donnant des valeurs particulières à n, nous aurons :

$$\Delta x^2 = 2xi + i^2$$
$$\Delta^2 x^2 = 2i$$
$$\Delta^3 x^2 = 0$$
etc., etc.

$$\Delta x^3 = 3x^2 i + 3xi^2 + i^3$$
$$\Delta^2 x^3 = 6xi + 6i^2$$
$$\Delta^3 x^3 = 6i^3$$
$$\Delta^4 x^3 = 0$$
etc., etc.

22. Proposons-nous maintenant de trouver les différences successives de la factorielle $x^{m|i}$ en prenant pour accroissement de la variable i de la factorielle, nous aurons :

$$\Delta x^{m|i} = (x+i)^{m|i} - x^{m|i}$$

or, par la nature des factorielles,

$$(x+i)^{m|i} = (x+i)^{m-1|i}(x+mi)$$
$$x^{m|i} = x.(x+i)^{m-1|i}$$

ainsi, opérant la soustraction

$$(x+i)^{m|i} - x^{m|i} = (x+i)^{m-1|i}[x+mi-x],$$

donc

$$\Delta x^{m|i} = mi(x+i)^{m-1|i}.$$

En prenant les *différences à accroissements négatifs*, cette expression devient plus simple, car on a alors

$$\Delta x^{m|i} = x^{m|i} - (x-i)^{m|i}$$
$$= x + (m-1)i)\, x^{m-1|i} - (x-i)x^{m-1|i}$$
$$= mi.x^{m-1|i}$$

La *différence seconde* étant $\Delta^2 x^{m|i} = \Delta(mi.x^{m-1|i}) = mi.\Delta x^{m-1|i}$,

on obtient immédiatement, en vertu de l'expression précédente

$$\Delta^2 x^{m|i} = m(m-1)\, i^2.x^{m-2|i}.$$

En continuant de la même manière il est facile de voir qu'on a en général

$$\Delta^n x^{m|i} = m(m-1)\ldots(m-n+1).\, i^n.x^{m-n|i}.$$

Si au lieu de la simple factorielle $x^{m|i}$ nous prenions le binom $(a+x)^{m|i}$, nous aurions, en considérant toujours les accroissements comme négatifs,

$$\Delta(a+x)^{m|i} = (a+x)^{m|i} - (a+x-i)^{m|i}$$
$$= (a+x+(m-1)i)(a+x)^{m-1|i}$$
$$-(a+x-i)(a+x)^{m-1|i}$$
$$= mi(a+x)^{m-1|i},$$

et par suite

$$\Delta^n (a+x)^{m|i} = m(m-1)(m-2)\ldots(m-n+1).\, i^n (a+x)^{m-n|i}$$

Nous avons fait usage de ces différences à l'article COEFFICIENTS INDÉTERMINÉS. — 23. Les accroissements de la variable, que nous avons considérés comme égaux entre eux dans les différences successives, peuvent admettre, ainsi que nous le verrons ailleurs, des valeurs différentes. Mais avant d'aborder les applications du calcul des différences, procédons à l'exposition du cas des *différences idéales* qui forment la partie la plus *intéressante* de ce calcul. — 24. CALCUL DIFFÉRENTIEL. Lorsque les accroissements des variables sont considérés comme *infiniment petits*, le calcul des différences prend le nom de *calcul différentiel*. Alors la nature purement *idéale* des quantités sur lesquelles on opère apporte non-seulement des modifications dans les procédés du calcul, mais lui donne une signification particulière, qui, jusqu'à cette époque, ne paraît pas avoir été comprise par le plus grand nombre des mathématiciens. Nous allons essayer, autant que les limites de ce Dictionnaire peuvent nous le permettre, d'éclaircir les difficultés qui, depuis l'invention du calcul différentiel, ont porté quelques géomètres célèbres à éluder l'idée de l'infini, en substituant aux procédés, si éminemment simples de ce calcul, des procédés indirects et compliqués. Remarquons avant tout que l'intelligence de l'homme se compose de facultés différentes qui ont chacune leurs lois propres, et que toute connaissance est le produit de la double action, de l'objet de cette connaissance, sur les facultés intellectuelles et des facultés sur cet objet. C'est ainsi, par exemple, pour nous faire comprendre par une image sensible, que, dans les sensations de l'organe de la vue, la *vision* est le résultat composé d'un objet matériel sur l'œil et de la réaction de l'œil sur cet objet; de cette action réciproque, naît la sensation de la *couleur*; couleur dont on ne peut chercher exclusivement l'origine ni dans l'objet ni dans l'organe affecté, mais bien dans la réunion de leur activité. Il en est de même pour les facultés de l'*intelligence*; chaque faculté est douée de dispositions primitives ou de lois particulières qui entrent comme parties constituantes dans les connaissances auxquelles nous nous élevons par son moyen. Il est donc aussi essentiel de ne pas confondre les produits de ces diverses facultés que ces facultés elles-mêmes. Or, deux facultés opposées dominent toute l'intelligence humaine, ce sont L'ENTENDEMENT et la RAISON, qui se neutralisent dans la faculté intermédiaire du JUGEMENT. Les fonctions de l'*entendement* se rapportent aux objets sensibles, c'est-à-dire aux objets réels qui existent dans l'espace et dans le temps. Cette faculté agit en introduisant une unité intellectuelle dans les intuitions que nous avons de ces objets; ses produits se nommeront *perceptions générales* ou *conceptions*. Les fonctions de la *raison* ne s'exercent pas sur les objets eux-mêmes ou sur leurs intuitions, mais bien sur les conceptions de l'entendement que cette faculté supérieure ramène à l'unité; ses produits se nomment *conceptions générales* ou *idées*, en prenant le mot idée dans son acception philosophique. Les fonctions du jugement s'exercent alternativement sur les conceptions de l'entendement et sur les idées de la raison; cette faculté, dont les produits se nomment *jugements*, agit en descendant des conceptions générales aux conceptions particulières, ou en remontant des secondes aux premières. Ceci posé, il est évident que l'idée de l'*infini* est un produit de la raison, et par conséquent un produit essentiellement différent de celui de l'entendement qui donne la conception d'une quantité finie. En effet, la conception d'une quantité finie sert à lier les intuitions que nous avons des objets en les ramenant à l'unité, tandis que l'idée de l'infini est absolument inapplicable aux objets sensibles et ne peut se rapporter à aucune connaissance réalisable par l'expérience. Mais cette idée de l'infini, dernier terme de la raison, soumise à l'influence du jugement, se transforme en idée de l'*indéfini* et devient alors applicable aux conceptions de l'entendement dans lesquelles elle introduit la dernière unité intellectuelle. Ainsi la conception d'une quantité finie porte toujours sur des objets réels réalisables par l'expérience, et sert de loi constitutive à des relations possibles dans ces objets; tandis que l'idée d'une quantité indéfinie ne porte que sur les fonctions même de l'intelligence et sert de loi régulatrice ou de règle pour la *génération*, non de la quantité elle-même, mais de sa *connaissance*. Les quantités finies et les quantités indéfinies appartiennent donc à deux classes opposées de connaissances, et conséquemment les lois des premières ne peuvent être les mêmes que les lois des secondes. C'est à la confusion de l'origine de ces deux espèces si différentes de quantités, que sont dues toutes les controverses dont le calcul différentiel a été l'objet. — La première loi de ce calcul est : *Deux quantités qui ne diffèrent entre elles que d'une quantité indéfiniment plus petite, sont rigoureusement égales.* C'est sur cette loi, que les géomètres ont tant de peine à comprendre, que repose toute la question, question pour la solution de laquelle il faut, à la vérité, s'élever au-dessus de la niaise métaphysique de Condillac et de son grossier mécanisme des sensations. La plupart des mathématiciens modernes regardant encore la *langue des calculs* et d'autres inepties semblables comme le plus sublime effort de l'intelligence, nous ne pouvons nous étonner que malgré la publication faite en 1841, par M. Wronski, d'un ouvrage intitulé : *Philosophie de l'intérêt*, et dans lequel la loi du calcul différentiel se trouve démontrée de la manière la plus rigoureuse, ces mathématiciens ayant persisté dans leur savante prétention de bannir l'*infini* des mathématiques; mais nous ne pouvons nous empêcher de déplorer la condition des jeunes gens auxquels on impose l'étude d'ouvrages qui ne se font remarquer que par l'absence totale d'idées philosophiques. La démonstration complète de la grande loi des quantités infinitésimales repose sur la distinction nécessaire qui existe entre les lois *réelles* des quantités finies et les lois *idéales* des quantités indéfinies; distinction dont nous n'avons pu ci-dessus que résumer les principes et pour laquelle nous renverrons nos lecteurs à la *Philosophie de l'infini*, car c'est dans cet ouvrage seul qu'ils pourront l'approfondir, et conséquemment apprécier la démonstration dont elle est la base. Nous ne pouvons ici qu'affaiblir cette démonstration en la résumant comme il suit : Les lois des quantités indéfinies n'étant, comme nous l'avons dit plus haut, que des lois *idéales* qui ne peuvent servir de règle que pour la génération de la connaissance des quantités et non des lois réelles de la relation même des quantités, il est évident que deux quantités, A et B, qui ne diffèrent entre elles que d'une quantité indéfiniment plus petite C, sont rigoureusement égales. Car l'idée de la quantité indéfinie C n'étant qu'une règle pour la génération de la connaissance des quantités de l'ordre de A et B, et ne pouvant avoir conséquemment aucune *réalité* dans la sphère de grandeur où se trouvent A et B, ne peut par son influence purement idéale, changer en rien la relation de ces dernières quantités considérées dans sa réalité. — 25. On se sert de la caractéristique d, pour désigner les différences infiniment petites ou les différentielles. Ainsi dx est la différentielle de x et $d\varphi x$ celle de Φx. dx étant une quantité infiniment petite; dx^2 est une quantité infiniment petite du second ordre, ou une quantité infiniment petite par rapport à dx; de même dx^3 est une quantité infiniment petite du troisième ordre, et ainsi de suite. Le produit de deux quantités infiniment petites telles que dx et dy, est aussi une quantité infiniment petite du second ordre; le produit de trois quantités infiniment petites, dx, dy, dz est également une quantité infiniment petite du troisième ordre, etc, etc. (*V.* INFINI). La loi des quantités indéfinitésimales embrassant les différents ordres de ces quantités, il est évident que les infiniment petits d'un ordre quelconque n'ont aucune valeur à côté de ceux de l'ordre précédent, considérés comme donnant lieu à une relation réelle, c'est-à-dire que l'égalité

$$A=B+C$$

se réduit à

$$A=B$$

si, quelque soit l'ordre de grandeur des quantités A et B, C est une quantité infiniment petite par rapport à A et B. — 26. Tout ce que nous avons dit sur les différences, peut actuellement s'appliquer sans difficulté aux différentielles. Par exemple la *différence* d'un produit de deux variables simples x et y étant (15)

$$\Delta(x.y)=x\Delta y+\Delta x.\Delta y+y\Delta x$$

si l'on prend les différences infiniment petites, cette expression devient

$$d(x.y)=xdy+dx.dy+ydx$$

ou simplement

$$d(x.y)=xdy+ydx,$$

en retranchant dx, dy qui est une quantité *infiniment petite* de second ordre et qui n'a, par conséquent, aucune valeur comparée à celles du premier xdy et ydx. — 27. La loi fondamentale (a) lorsqu'on change l'accroissement i en dx, se réduit à (e)

$$d\mu(\mathrm{F}x.fx)=\mathrm{F}x.d\mu fx+\mu.d\mathrm{F}x.d\mu-{}^1fx$$
$$+\frac{\mu(\mu-1)}{1.2}d^2\mathrm{F}x.d\mu-{}^2fx$$
$$+\frac{\mu(\mu-1)(\mu-2)}{1.\ 2.\ 3}.\ d^3\ \mathrm{F}x.d\mu-{}^2fx.$$
$$+\text{etc., etc...}$$

En négligeant les quantités qui se détruisent. Cette loi peut, comme le binome de Newton, avec lequel elle a une grande analogie, se transformer en développement de trois ou d'un nombre quelconque de facteurs. — 28. Procédons maintenant à la déduction de différentielles des fonctions élémentaires. Soit d'abord $(\varphi x)^m$ la fonction qu'il s'agit de différentier. Si m est un nombre entier quelconque, faisons $m=p+q$, p et q étant eux-mêmes des nombres entiers, et nous aurons

$$(\varphi x)^m=(\varphi x)^{p+q}=(\varphi x)^p(\varphi x)^q.$$

mais, d'après la loi précédente :

$$d\left\{(\varphi x)^p.(\varphi x)^q\right\}=(\varphi x)^p.d(\varphi x)^q+(\varphi x)^p.d(\varphi x)^q.$$

ainsi faisant $p=1$ et successivement $q=1, 2, 3, 4$, etc., $m-1$, on a :

$$d(\varphi x)^2=2(\varphi x)^1.d\varphi x$$
$$d(\varphi x)^3=3(\varphi x)^2.d\varphi x$$
$$d(\varphi x)^4=4(\varphi x)^4.d\varphi x$$
$$\text{etc.}\qquad\text{etc.}$$

et généralement (f)

$$d(\varphi x)^m-m(\varphi x)^{m-1}d\varphi x.$$

Si m est un nombre fractionnaire, en le représentant par $\frac{p}{q}$ nous pourrons considérer $(\varphi x)\frac{p}{q}$ comme une fonction inconnue φx de la variable x, et poser :

$$1\ldots\ldots\qquad(\varphi x)\frac{p}{q}=\varphi x,$$

d'où :

$$2\ldots\ldots\qquad(\varphi x)^p=(\varphi x)^q,$$

et

$$3\ldots\ldots\qquad d\left\{(\varphi x)^p\right\}=d\left\{(\varphi x)^q\right\}$$

ainsi, p et q étant des nombres entiers, on a :

$$d\left\{(\varphi x)^p\right\}=q(\varphi x)^{p-1}.d\varphi x$$
$$d\left\{(\varphi x)^q\right\}=q(\varphi x)^{q-1}.d\varphi x,$$

et, par conséquent,

$$p(\varphi x)^{p-1}.d\varphi x=q(\varphi x)^{q-1}.d\varphi x.$$

on tire de cette égalité :

$$4\ldots\ldots\qquad d\varphi x=\frac{p}{q}.\frac{(\varphi x)^{p-1}}{(\varphi x)^{q-1}}d\varphi x$$

mais, d'après l'égalité 1,

$$d(\varphi x)=d\left\{(\varphi x)\frac{p}{q}\right\}$$

et

$$(\varphi x)^{q-1}=\left\{(\varphi x)\frac{p}{q}\right\}^{q-1}=(\varphi x)\frac{pq+p}{q}$$

substituant dans 4, on a :

$$d\left\{(\varphi x)\frac{p}{q}\right\}=\frac{p}{q}.\frac{(\varphi x)^{p-1}}{(\varphi x)\frac{pq+p}{q}}d\varphi x$$

$$=\frac{p}{q}.\ (x)\ \frac{p}{q}-^{1}.\ d\varphi x.$$

Ainsi, l'expression (f) a lieu lorsque m est un nombre positif, entier ou fractionnaire. Lorsque m est un nombre négatif, entier ou fractionnaire, nous pouvons poser :

$$(\varphi x)^{m-1}=\varphi x,$$

d'où

$$\frac{1}{(\varphi x)^m}=\varphi x$$

$$1=(\varphi x)^m.\ \varphi x.$$

Nous aurons aussi, à cause de $di=0$, puisque 1 est une quantité constante,

$$0=d\left\{(\varphi x)^m.\ \varphi x\right\},$$

et d'après la loi (e)

$$0=d\,(\varphi x)^m.\ \varphi x+(\varphi x)^m.\ d\varphi x,$$

c'est-à-dire

$$m(\varphi x)^{m-1}.\ d\varphi x.\ \varphi x=-\ x.\ d\varphi x;$$

d'où

$$d\varphi=-m\frac{(\varphi x)^{m-1}}{(\varphi x)^m}.\ d\varphi x.\ \varphi x$$

$$=\ m\ (\varphi x)^{-1}.\ \ d\varphi x.\ \varphi x$$

mais

$$d\varphi x=d\left\{(\varphi x)^{-m}\right\}\ \text{et}\ \varphi x=(\varphi x)^{-m}.$$

donc, en substituant ces valeurs dans la dernière égalité, on obtient définitivement :

$$d(\varphi x)^{-m}=-m\,(\varphi x)^{-m-1}.\ d\varphi x.$$

L'expression (f) se trouve ainsi démontrée pour toutes les valeurs entières et fractionnaires positive et négatives de l'exposant m. Il serait facile, en employant un procédé semblable à celui dont nous nous sommes servis à l'article ANGLE, n° 13, d'étendre cette démonstration au cas de l'exposant irrationel.

— 29. Il est facile à présent de trouver la différence d'une expression fractionnaire, telle que $\frac{\varphi x}{\varphi x}$, car on a :

$$\frac{\psi x}{\varphi x}=\psi x.\ (\varphi x)^{-1},$$

et, par conséquent,

$$d\left\{\frac{\psi x}{\varphi x}\right\}=\psi x.\ d\,(\varphi x)^{-1}.\ (\varphi x)^{-1}.d\psi x$$

$$=1\psi x.\ d\,(\varphi x)^{-2}.\ d\varphi x+(\varphi x)^{-1}\,d\psi x$$

$$=-\frac{\psi x.\ d\varphi x}{(\varphi x)^2}+\frac{d\psi x}{\varphi x}$$

$$=\frac{\psi x.\ d\varphi x-\psi x.\ d\varphi x}{(\varphi x)^2}$$

— 30. En substituant, dans ces expressions générales, des fonctions déterminées de x, on peut trouver facilement les différentielles de ces fonctions, c'est ce que nous allons éclaircir par les exemples suivant, soit

$$\varphi v=(A+x^2)\ \text{et}\ m=\tfrac{1}{2},$$

on a :

$$d\,(A+x^2)^{\frac{1}{2}}=\tfrac{1}{2}\,(A+x^2)^{\frac{1}{2}-1}.\ d\,(A+x^2),$$

or,

$$d\,(A+x^2)=dA+dx^2=0+2xdx,$$

donc,

$$d\,(A+x^2)^{\frac{1}{2}}=\tfrac{1}{2}.(A+x^2)^{-\frac{1}{2}}.\ 2\,xdx$$

$$=\frac{xdx}{\sqrt{(A+x^2)}}.$$

on trouverait de la même manière,

$$d\left\{\sqrt[m]{[a^n+x^p]}\right\}=\frac{pxp^{-1}.\ dx}{m\sqrt[m]{[an+x^p]^{m-1}}}.$$

à cause de $1-m=-(m-1)$.

Soit actuellement,

$$(\varphi x)^m=(a+bx^n)^m,$$

on aura.... $d\,(a+bx^n)^m=m\,(a+bx)^{m-1}.\ d\,(a+bx^n)$

$$=m\,(a+bx^n)^{m-1}.nbx^{n-1}\ dx$$

$$=mnb^{n-1}\ x.\ (a+bx^n)^{m-1}.\ dx$$

Prenons pour dernier exemple : $(\varphi x)^m=\left[a+\sqrt[n]{(b-\frac{c}{x^p})}\right]^m$

nous aurons d'abord

$$d\left[a+\sqrt[n]{b-\frac{c}{x^p})}\right]^m=$$

$$m\left[a+\sqrt[n]{(b-\frac{c}{x^p})}\right]^{m-1}\ \ d\left[a+\sqrt[n]{(b-\frac{c}{x^p})}\right]$$

mais

$$d\left[a+\sqrt[n]{(b-\frac{c}{x^p})}\right]=a\sqrt[n]{\left(b-\frac{c}{x^p}\right)}$$

$$=\frac{1}{n}.\ (b-\frac{c}{x^p})^{\frac{1}{n}-1}.\ d\,(b-\frac{c}{x^p}),$$

et, de plus,

$$d\,(b-\frac{c}{x^p})=-d\,(\frac{c}{x^p})$$

$$=-\ dcx^{-p}$$

$$=+\ pcx^{-p-1}.\ dx$$

$$=\ \frac{pcdx}{xp+1}$$

donc, en substituant

$$d\left[a+\sqrt[n]{(b-\frac{c}{x^p})}\right]^m=$$

$$=\frac{m\left[a+\sqrt[n]{(b-\frac{c}{x^p})}\right]^{m-1}}{n\left[\sqrt[n]{(b-\frac{c}{x^p})}\right]^{n-1}\ xp}.pc.\ dx$$

31. L'expression théorique du logarithme d'un nombre x, d'après la base a, étant :

$$\log.\ x=\infty\,(x^{\frac{1}{\infty}}-1).\ \frac{1}{La}$$

dans laquelle ∞ représente un nombre infiniment grand et La le logarithme naturel de la base a (*V.* LOGARITHMES). La différentielle est, d'après ce qui précède,

$$d\log x=d\left[\infty\,(x^{\frac{1}{\infty}}-1).\frac{1}{La}\right]$$

$$=\frac{\infty}{La}.\ d\,x^{\frac{1}{\infty}}$$

$$=\frac{\infty}{La}.\frac{1}{\infty}.\ x^{\frac{1}{\infty}-1}dx$$

$$=\frac{dx}{La.x}$$

à cause de $x^{\frac{1}{\infty}}=x^{-1}$

S'il s'agissait d'un logarithme naturel, on aurait $La=1$, et

$$dLx=\frac{dx}{x}$$

on aurait de même, en général,

$$d\log\varphi x=\frac{d\varphi x}{La\,\varphi x}.$$

32. Cette dernière différentielle nous fournit le moyen d'obtenir facilement celle de la fonction exponentielle $a^{:x}$. En effet, faisons

$$a\,\varphi^x=y$$

nous aurons..... $d[a\varphi^x]=dy.$

Mais en prenant les logarithmes naturels des deux membres de la première égalité, nous avons...... $\varphi x.\ La=Lx,$

ce qui nous donne, en différentiant,

$$La.\ d\varphi x=dLy=\frac{dy}{y}$$

ainsi,

$$dy = y.\,La.\,d\varphi x,$$

et, par conséquent, en subtituant les valeurs ci-dessus de dy et de y,

$$d[a^{\varphi x}] = a^{\varphi x}.\,La.\,d\varphi x.$$

33. Pour obtenir les différentielles des fonctions trigonométriques, sin .x et cos .x, nous pourrions partir des expressions théoriques de ces fonctions (v. SINUS) ; mais il se présente un moyen plus simple de les obtenir immédiatement, nous avons généralement (7) $d\varphi x = \varphi(x+dx) - \varphi x$

ainsi. . . . . . . $d \sin x = \sin(x-dx) - \sin x$

or . . . . $\sin(x+dx) = \sin x.\cos dx + \cos x.\sin dx$

donc. . . . . . . $d \sin x = \sin x.\cos dx + \cos x.\sin x$

Or, dx étant une quantité infiniment petite sin. $dx =$ sin. x et cos. $dx=1$ (v. SINUS), par conséquent d sin. $x. =$ cos. $x.\,d.x$ on trouverait de la même manière d cos. $x = -$ sin. $x.\,dx$, à l'aide des différentielles précédentes, on peut construire sans aucune difficulté celles de toutes les fonctions composées, nous ne nous y arrêterons donc point, et nous passerons immédiatement aux applications les plus importantes du calcul des différences. — 34. Le grand but du calcul des différences finies ou indéfinies étant d'obtenir la génération d'une fonction quelconque, par le moyen de ses accroissements, désignons par Fx une telle fonction, et examinons ce quelle devient lorsqu'on augmente successivement la variable x d'une même quantité z. Or, z étant considérée comme l'accroissement de x, nous avons en général

$$\Delta Fx = F(x+z) - \Delta Fx$$

d'où. . . . . . . $F(x+z) = Fx + \Delta Fx$

faisant successivement dans cette relation générale $x = x + z$, $x = x + 2z$, $x = x + 3z$ etc., et substituant les unes dans les autres valeurs que donne cette même relation, nous obtiendrons la suite d'expression,

$$F(x+z) = Fx. + \Delta Fx$$
$$F(x+2z) = F(x+2z) + \Delta F(x+2z) = Fx + 2\Delta Fx + {}^2\Delta Fx$$
$$F(x+3z) = F(x+2z) + \Delta F(x+2z) = Fx + 3\Delta Fx + 3\Delta^2 Fx + \Delta^3 Fx,$$

etc., etc., etc.

et, en général (g),

$$F(x+mz) + Fx + m\Delta Fx + \frac{m(m-1)}{1,\,2}\Delta^2 Fx, + \frac{m(m-1)^1(m-2)}{1.\,2.\,3}\Delta^3 Fx + \text{etc.}$$

Ce qu'on peut démontrer en suivant la marche employée par la loi du n° 13. Maintenant, y étant un multiple exact de z égal à mz. On a $m = \frac{y}{z}$, et substituant cette valeur dans (g), on obtient (h)

$$F(x+y) = Fx + \frac{y}{1}.\frac{\Delta Fx}{3} + \frac{y(y-z)}{1.\,2}.\frac{\Delta^2 F}{z^2} + \frac{y(y-z)(y-2z)}{1.\,2.\,3}\frac{\Delta^2 Fx}{z^3} + \text{etc....}$$

Mais le nombre des termes de cette expression est d'autant plus grand que la quantité z qui est sous multiple de y est plus petite; lors donc que cet accroissement est infiniment petit, et alors il peut toujours être considéré comme un sous multiple exact de y, le nombre des termes de (h) devient infiniment grand. Dans ce cas les différences deviennent des différentielles, z est simplement dx, et l'expression (h) devient (i).

$$F(x+y) = Fx + \frac{y}{1}.\frac{dFx}{dx} + \frac{y^2}{1.\,2}\frac{d.^2Fx}{dx^2}. + \frac{y^3}{1.\,2.\,3}.\frac{d^3Fx}{dx^3} + \text{etc....}$$

Telle est la génération de la fonction F($x+y$). C'est ce qu'on nomme le *théorème de Taylor*. — 35. Pour appliquer ce théorème à la génération d'une fonction déterminée, on voit aisément qu'il suffit de savoir trouver les différentielles successives de cette fonction, ce qu'on peut toujours faire par les règles données ci-dessus, soit, en effet, $F(x+y) = (x+y)^m$, nous aurons $Fx = x^m$, et par conséquent

$$dFx = d(x^m) = mx^{m-1}dx$$
$$d^2Fx = d^2[x^m] = d[mx^{m-1}dx] = m(m-1)x^{m-2}dx^2$$
$$d^3Fx = d^3[x^m] = d[m(m-1)x^{m-2}dx] = m(m-1)(m-2(x^{m-3}dx^3$$

etc. = etc. = etc.

la quantité dx étant considérée comme constante. Substituant toutes ces valeurs dans le théorème (i), on obtient

$$(x-y)^m = x^m + mx^{m-1}y + \frac{m(m-1)}{1.\,2}x^{m-2}y^2 + \frac{m(m-1)(m-2)}{1.\,2.\,3}x^{m-3}y^3 + \text{etc...}$$

ou la formule de Newton, qui se trouve ainsi démontrée pour un exposant quelconque m. — 36. Si dans le théorème (i), on fait $x=0$, on a, en désignant cette circonstance par un point placé sur x dans Fx

$$F(y) = F\dot{x} + \frac{y}{1}\frac{dF\dot{x}}{dx} + \frac{y^2}{1.2}.\frac{d.^2F\dot{x}}{dx^2} + \frac{y^3}{1.2.3}\frac{dF\dot{x}}{dx^3} + \text{etc...}$$

changeant y en x on a définitivement (h)

$$F(x) = F\dot{x} + \frac{x}{1}\frac{dF\dot{x}}{dx} + \frac{x^2}{1.\,2}\frac{d^2F\dot{x}}{dx^2} + \frac{x^3}{1.2.3}\frac{d^3F\dot{x}}{dx^3} + \text{etc...}$$

formule connue sous le nom de *théorème de Maclaurin*, et dont on a revendiqué dernièrement la propriété en faveur de Stirling. Nous avons déjà donné une déduction de cette formule par la méthode des *coefficients indéterminés*. —37. Éclaircissons l'usage de ces formules par quelques exemples, soit Fx=L ($1+x$), la caractéristique L désignant le logarithme naturel de ($1+x$), nous aurions les différentielles successives de L($1+x$) en faisant d'abord d'après (31)

$$dL(1+x) = \frac{dx}{1+x}.$$

ensuite

$$d^1L(1+x) = d\left[\frac{dx}{1+x}\right] = d[(1+x)^{-1}.dx] = -1.(1+x)^{-2}.dx^2 = -\frac{dx^2}{(1+x)^2}$$

$$d^3L(1+x) = d\left[\frac{dx^2}{(1+x)^2}\right] = +2(1+x)^{-3}.dx^3 = +2.\frac{dx^3}{(1+x)^3}$$

$$d^4L(1+x) = d\left[2.\frac{dx^3}{(1+x)^3}\right] = -2.\,3(1+x)^{-4},dx^4 = -2.3\frac{dx^4}{(1+x)^4}$$

etc.... etc....

et en général

$$d^mL(1+x) = 2.\,3.\,4....\,(m-1).\frac{dx^m}{(+x)^m}{}^*(-1)^{m-1}$$

faisant toutes les expressions $x=0$, et les substituant ensuite dans (k) on obtient

$$L(1+x) = L1 + \frac{x}{1} - \frac{x^2}{2} + \frac{x^3}{3} - \frac{x^4}{4} - \frac{x^5}{5} + \text{etc....}$$

ou seulement

$$L(1+x)=x-\frac{x^2}{2}+\frac{x^3}{3}-\frac{x^4}{4}+\frac{x^5}{5}-\frac{x^6}{6}+\text{etc.}...$$

à cause de $L1=0$. Soit actuellement $Fx=\sin(a+x)$, nous trouverons pour les différentielles successives

$$d\sin(a+x)=\cos(a+x),\ dx$$
$$d^2\sin(a+x)=d[-\cos(a+x)dx].=-\sin(a+x)dx^2$$
$$d^3\sin(a+x)=d[-\sin(a+x)dx^2]=-\cos(a+x)dx^3$$
$$d^4\sin(a+x)=d[-\cos.(a+x)dx^3]=+\sin(a+x)dx^4$$

et ainsi de suite. Faisant dans ces valeurs $x=0$ et substituant dans (k), on a

$$\sin(a+x)=\sin a+\cos a.\frac{x}{1}-\sin a.\frac{x^2}{1.2}$$
$$-\cos a.\frac{x^3}{1.2.3}+\text{etc}...$$

si l'on fait $a=0$, on a $\sin 0=0$, $\cos 0=1$, et le développement devient

$$\sin x=x-\frac{x^3}{1.2.3}+\frac{x^5}{1.2.3.4.5}\ \frac{x^7}{1.2.3.4.5.6.7}+\text{etc.}...$$

On trouverait de la même manière pour $\cos x$ l'expression

$$\cos x=1\ \frac{x^2}{1.2}+\frac{x^4}{1.2.3.4}\ \frac{x^6}{1.2.3.4.5.6}+\text{etc.}...$$

38. Nous avons jusqu'ici considéré la variable x de la fonction générale φx, comme une variable indépendante, c'est-à-dire comme une variable qu'on peut déterminer à volonté; mais il peut se présenter le cas où cette quantité est elle-même fonction d'une autre variable, des accroissements desquels les siens dépendent; par exemple, x peut être une fonction quelconque φz de z, ou la différentielle de φx en fonction immédiate de dz. Pour mieux faire comprendre cette particularité, supposons

$$\varphi x=ax^2 \text{ et } x=bz$$

en éliminant x entre ces deux équations, on obtient

$$\varphi x=ab^2z^2$$

dont la différentielle, en faisant varier z, est

$$d\varphi x=2ab^2zdz$$

or, cette élimination peut souvent devenir très compliquée, et il est toujours facile d'obtenir immédiatement la différentielle de φx en fonction de la variable indépendante z. Pour cet effet, remarquons que la différentielle d'une fonction quelconque φx est toujours de la forme Mdx, c'est-à-dire qu'on a en général

$$d\varphi x=Mdx$$

x étant considérée comme variable indépendante, et M étant une quantité dans laquelle x peut ou non se trouver, selon que dans φx, il entre ou n'entre pas de puissances de x. Or, en divisant l'équation précédente par dx, on a

$$\frac{d\varphi x}{dx}=M$$

et M est ce qu'on nomme la *dérivée différentielle* de φx. Ainsi, dans le cas où φx serait $a+bx+cx^2$, nous aurions

$$d\varphi x=bdx+2cxdx$$
$$=b+2cxdx$$

et, par conséquent,

$$\frac{d\varphi x}{dx}=b+2cx,$$

$b+2cx$ serait la *dérivée différentielle* de φx. De même $\frac{d^2\varphi x}{dx^2}$ est la seconde *dérivée différentielle* de φx, et ainsi de suite. Or, lorsque la dérivée différentielle d'une fonction est connue, on obtient immédiatement sa différentielle, car de l'équation générale,

$$\frac{d^m\varphi x}{dx^m}=X,$$

on tire

$$d^m\varphi x=X.\,dx^m.$$

Ayant donc la fonction φx, dans laquelle $x=\psi z$, ce qui revient à :

$$=\varphi x\,(\psi z).$$

Si nous parvenons à trouver la dérivée

$$\frac{d\varphi(\psi z)}{dz} \text{ ou } \frac{d\varphi x}{dz},$$

Nous aurons en même temps la différentielle de φx en fonction de la différentielle dz, de la variable indépendante z. Mais si nous désignons par M la dérivée de φx, et par N celle de ψz, nous aurons :

$$\frac{d\varphi x}{dx}=M, \text{ et } \frac{d\psi z}{dz}=N.$$

d'où

$$\frac{d\varphi x}{dx}.\frac{d\psi z}{dz}=M.N.$$

Or, à cause de $x=\psi z$, on a $dx=d\psi z$, retranchant donc le facteur commun aux deux termes de la fraction, il reste :

$$\frac{d\psi x}{dz}=M.N,$$

et, conséquemment,

$$d\psi x=M.N.dz,$$

Ce qui nous apprend que pour obtenir la différentielle de φx, par rapport à la variable indépendante z, il faut prendre le produit des dérivées de ψx et φz, et le multiplier par dz. Appliquons d'abord cette règle à l'exemple donné ci-dessus dans lequel

$$\varphi x=ax^2 \text{ et } x=bz$$

on a . . . . . . $d\varphi x=2axdx$, et $dx=bdz$

d'où. . . . . . $\frac{d\varphi x}{dx}=2ax$, et $\frac{dx}{dz}=b$

ainsi . . . . . $\frac{d\varphi x}{dz}=\frac{d\varphi x.}{dx}\ \frac{dx}{dz}=2abx,$

et, définitivement $d\varphi x=2abx.\ dz$,

différentielle qui est identiquement la même que celle obtenue par l'élimination, en substituant à la place de x sa valeur bz. Soit, pour second exemple, $\varphi x=a+bx^3$ et $x=mz+nz^2$, nous aurons

$$\frac{d\varphi x}{dx}=3bx^2,\ \frac{x}{dz}=m+2nz,$$

et

$$\frac{d\varphi x}{dz}=3bx^2\,(m+2nz),$$

ou

$$d\varphi x=3bx^2\,(m+2nz)\ dz.$$

39. Si la variable x de φx dépendait d'une autre variable y, dépendant à son tour d'une troisième z, c'est-à-dire si l'on avait

$$x=y \text{ et } \psi y=bz,$$

ψy et bz étant des fonctions quelconques de y et de z, on obtiendrait la différentielle de φx, en fonction du seul accroissement dz, par le produit de trois dérivées,

$$\frac{d\varphi x}{d}=\frac{dx}{dy}.\ \frac{dy}{dz};$$

c'est-à-dire qu'on aurait... $d\varphi x=\frac{d\varphi x}{dx}.\ \frac{dx}{dy}\ \frac{dy}{dz}.\,dz'$

ce qui est une conséquence de ce qui précède et peut s'étendre à un nombre quelconque d'équations auxiliaires. 40. Ces formules peuvent être employées avec avantage dans la différentiation des quantités compliquées; un seul exemple suffit pour enseigner leur emploi.

Soit : . . . . . . $\Phi x=\left[a+\sqrt{\left(b-\frac{c}{x^2}\right)}\right]^4;$

supposons

$$b-\frac{c.}{x^2}=y...\ (1)$$

et nous aurons

$$x=(a+\sqrt{y})^4...\ (2);$$

L'équation (1) nous donnera

$$\frac{dy}{dx}=\frac{2c}{x^5}$$

et l'équation (2)

$$\frac{d\Phi x}{dy}=\frac{4(a+\sqrt{y})^3}{2\sqrt{y}},$$

nous aurons donc

$$\frac{d\Phi x}{dx}=\frac{d\Phi x}{dy}\cdot\frac{dy}{dx}=\frac{4c(a+\sqrt{y})^3}{x^3.\sqrt{y}},$$

d'où, en mettant pour y sa valeur,

$$d\Phi x=\frac{4c\left[a+\sqrt{(b-\frac{c}{x^2}}\right]^3}{x^3.\sqrt{\left[b-\frac{c}{x^2})\right]}}.dx$$

— 41. Sans nous arrêter ici à la déduction des différentielles successives d'une fonction φx, dans laquelle x est une variable dépendante, déduction qui ne présente aucune difficulté et dont ce qui va suivre offrira d'ailleurs un exemple, appliquons les considérations précédentes à la génération de la fonction générale Fx, au moyen des accroissements dy d'une variable indépendante y avec laquelle x est liée par l'équation $x=\psi y$. La fonction Fx est alors proprement $F(\psi y)$. Or, en appliquant à cette dernière le théorème de Maclaurin (k) nous aurons (1)

$$F(\psi y)=F(\psi\dot{y})+\frac{y}{1}\frac{d(\psi y)}{d\dot{y}}+\frac{y^2}{1.2}\frac{d^2(\psi y)}{d\dot{y}^2}+\text{etc}...$$

Le point placé sur y indiquant toujours qu'il faut faire $y=0$ après avoir pris les différentielles. Mais, d'après la formule du n° 38, nous avons

$$\frac{dFx}{dy}=\frac{dFx}{dx}\cdot\frac{dx}{dy},$$

ainsi y désignant par A cette dérivée, ou posant

$$\frac{dFx}{dy}=A1$$

nous aurons évidemment

$$\frac{dA1}{dy}=\frac{dA1}{dx}\cdot\frac{dx}{dy}.$$

Et, par conséquent,

$$\frac{dA1}{dy}=\frac{d^2Fx}{dy}.$$

Désignons de nouveau cette seconde dérivée par A2, et, poursuivant de la même manière, nous trouverons, en rassemblant les résultats :

$$\frac{dF(\psi y)}{dy}=\frac{dFx}{dx}=\frac{dFx}{dx}=\frac{dFx}{dy}=A1.$$

$$\frac{d^2F(\psi y)}{dy^2}=\frac{d^2Fx}{dy^2}=\frac{dA_1}{dx}\cdot\frac{dx}{dy}=\frac{dA_1}{dy}=A_2$$

$$\frac{d^3F(\psi y)}{dy^3}=\frac{d^3Fx}{dy^3}=\frac{dA^2}{dx}\cdot\frac{dx}{dy}=\frac{dA^2}{dy}=A_3$$

$$\frac{d^4F(\psi y)}{dy^4}=\frac{d^4Fx}{dy^4}=\frac{dA}{dx}\cdot\frac{dx}{dy}=\frac{dA^3}{dy}=A_4$$

etc..... etc.....

substituant ces valeurs dans l'expression (l), elle deviendra

$$Fx=F\dot{x}+A_1\frac{\dot{y}}{1}+A_2\frac{\dot{y}^2}{1.2}+A_3\frac{\dot{y}^3}{1.2.3}+\text{etc}....$$

Le point indiquant qu'après les différentiations il faut donner à la variable x la valeur qui résulte pour cette quantité de la relation $y=0$ dans l'équation $x=\psi y$. Mais si nous désignons par φx la fonction réciproque qui donne $y=\varphi x$, nous aurons définitivement (m)

$$Fx=F\dot{x}+A_1\frac{\varphi\dot{x}}{1}+A_2\frac{(\varphi\dot{x})^2}{1.2}+A_3\frac{(\varphi\dot{x})^3}{1.2.3}+\text{etc}....$$

et alors le point indique qu'il faut donner à x, après les différentiations, la valeur qui rend $\varphi x=0$. Cette formule, qui donne la génération en série d'une fonction quelconque de la variable x, au moyen des puissances progressives φx, $(\varphi x)^2$, $(\varphi x)^3$, d'une autre fonction arbitraire de la même variable, est appelée le théorème de *Paolé*, du nom du géomètre qui l'a découverte. 42. En examinant la fonction des coefficients A_1, A_2, A_3, on peut les exprimer ainsi qu'il suit, en les rendant indépendants les uns des autres.

$$A_1=\frac{dF\dot{x}}{d\varphi\dot{x}}$$

$$A_2=\frac{1}{d\varphi\dot{x}}.d\left[\frac{dF\dot{x}}{d\varphi\dot{x}}\right]$$

$$A_3=\frac{1}{d\varphi\dot{x}}.d\left[\frac{1}{d\varphi\dot{x}}.d\left[\frac{dF\dot{x}}{d\varphi\dot{x}}\right]\right]$$

$$A_4=\frac{1}{d\varphi\dot{x}}.d\left[\frac{1}{d\varphi\dot{x}}.d\left[\frac{1}{d\varphi\dot{x}}.d\left[\frac{dF\dot{}}{d\varphi\dot{x}}\right]\right]\right]$$

etc., etc.

Si nous divisons ces valeurs par les coefficients numériques qui entrent dans l'expression (m), ou si nous faisons

$$\frac{A_1}{1}=A_1,\ \frac{A_2}{1.2}=A_2,\ \frac{A_3}{1.2.3}=A_3,\ \frac{A_4}{1.2.3.4}=A_4.$$

Nous pourrons lui donner la forme plus simple (n)

$$Fx=F\dot{x}+A_1\varphi\dot{x}+A_2(\varphi\dot{x})^2+A_3(\varphi\dot{x})^3+A_4(\varphi\dot{x})^4+\text{etc}...$$

et alors ces nouveaux coefficients seront :

$$A_1=\frac{1}{1}\cdot\frac{dF\dot{x}}{d\varphi\dot{x}},A_2=\frac{1}{2}\cdot\frac{dA_1}{d\varphi\dot{x}},A_3=\frac{1}{2.3}\frac{dA_2}{d\varphi\dot{x}},\text{ etc., etc}...$$

ou

$$A_1=\frac{1}{1}\cdot\frac{dF\dot{x}}{d\varphi\dot{x}}$$

$$A_2=\frac{1}{1.2}\cdot\frac{1}{d\varphi\dot{x}}.,d\left[\frac{dF\dot{x}}{d\varphi\dot{x}}\right]$$

$$A_3=\frac{1}{1.2.3}\cdot\frac{1}{d\varphi\dot{x}}.d\left[\frac{1}{d\varphi\dot{x}}d\left[\frac{dF\dot{x}}{d\varphi\dot{x}}\right]\right]$$

$$A_4=\frac{1}{1.2.3.4}\frac{1}{d\varphi\dot{x}}d\left[\frac{1}{d\varphi\dot{x}}d\left[\frac{1}{d\varphi\dot{x}}\left[\frac{dF\dot{x}}{d\varphi\dot{x}}\right]\right]\right]$$

etc... etc...

43. On peut encore obtenir d'autres expressions beaucoup plus simples de ces mêmes coefficients. Pour cet effet, représentons par A_0 le terme $F\dot{x}$ qui est une quantité constante, et considérons comme entièrement indéterminés les coefficients A_0, A_1, A_2, etc., de la série générale — $Fx=A_0+A_1\varphi x+A_2\varphi x_2+A_3\varphi x$, +etc. Désignant en général par φx^m la puissance ^{m}, non de x mais de φx. En prenant les différentielles successives des deux membres de cette équation, nous aurons la suite d'égalités

$$d\,Fx=A_1d\varphi x+A_2d\varphi x^2+A_3d\varphi x^3+A_4d\varphi x^4+\text{etc.}$$
$$d^2Fx=A_1d^2\varphi x+A_2d^2\varphi x^2+A_3d^2\varphi x^3+A_4d^2\varphi x^4+\text{etc.}$$
$$d^3Fx=A_1d^3\varphi x+A_2d^3\varphi x^2+A_3d^3\varphi x^3+A_4d^3\varphi x^4+\text{etc},$$
$$d^4Fx=A_1d^4\varphi x+A_2d^4\varphi x^2+A_3d^4\varphi x^3+A_4d^6\varphi x^4+\text{etc.}$$

etc. etc.

Or, si l'on fait $\varphi x=0$, toutes les différentielles dans lesquelles l'exposant de φx est plus grand que celui de la caractéristique deviennent zéro, car il est facile de voir que dans la différentielle générale.....$d_n\varphi^m$. Lorsque m est plus grand que n, φx entre comme facteur. Désignant cette circonstance par un point placé sur l'x, et observant de plus que lorsqu'on fait $\varphi x=0$, on a en général.....$d^m\varphi\dot{x}^m = m(m-1)(m-2)\ldots3.2.)d\varphi\dot{x})^m$, nous aurons les équations....

$$F\dot{x} = A_0$$
$$dF\dot{x} = A_1 d\varphi\dot{x}$$
$$d^2F\dot{x} = A_1 d^2\varphi\dot{x} + 2A^2(d\varphi\dot{x})^2$$
$$d^3F\dot{x} = A_1 d^3\varphi\dot{x}\, A_2 d^3\varphi\dot{x}^2 + 2.\,3.\,A_3(d\varphi\dot{x})^3$$
$$d^4F\dot{x} = A_1 d^4\varphi\dot{x} + A_2 d^4\varphi\dot{x}^2 + A_3 d^4\varphi\dot{x}^3 + 2.3.4.A_4(d\varphi\dot{x})^4$$

etc. etc.

d'où nous tirerons (o) $A_0 = F\dot{x}$

$$1.\ A_1 = \frac{1}{d\varphi\dot{x}}\, dF\dot{x}$$

$$1.\,2.\ A_2 = \frac{1}{(d\varphi\dot{x})^2}\left\{d^2F\dot{x} - A_1 d^2\varphi\dot{x}\right\}$$

$$1.\,2.\,3.\ A_3 = \frac{1}{(d\varphi\dot{x})^3}\left\{d^3F\dot{x} - A_1 d^3\varphi\dot{x} - A_2 d^3\varphi\dot{x}^2\right\}$$

$$1.\,2.\,3.\,4.\ A_4 = \frac{1}{(d\varphi\dot{x})^4}\left\{d^4F\dot{x} - A_1 d^4\varphi\dot{x} - A_2 d^4\varphi\dot{x}^2 - A_3 d^4\varphi\dot{x}^3\right\}$$

etc., etc.

Expressions à l'aide desquelles il devient très facile de calculer ces coefficients les uns au moyen des autres. 44. Faisons de φx une fonction déterminée pour montrer l'usage de ces formules. Soit, par exemple :

$$\varphi x = \frac{x-n}{x+n}$$

Ce qui nous donne $x=n$, dans le cas de $\varphi x = o$. Prenant les différentielles successives de φx ou de $\frac{x-n}{x+n}$, nous obtiendrons,

$$d\varphi x = \frac{2n}{(x+n)^2}.\ dx$$
$$d^2\varphi x = 2.\ \frac{2n}{(x+n)^3}.\ dx^2$$
$$d^3\varphi x = 2.\,3.\ \frac{2n}{(x+n)^4}.\ dx^3$$
$$d^4\varphi x = 2.\,3.\,4.\ \frac{2n}{(x+n)^5}.\ dx^4$$
$$d^5\varphi x = 2.\,3,\,4.\,5.\ \frac{2n}{(x+n)^6}.\ dx^5$$

etc., etc.

donnant à x, dans ces expressions, la valeur n, qui rend $\varphi x = o$. Nous aurons :

$$d\varphi\dot{x} = \frac{dx}{2n}$$
$$d\varphi\dot{x} = -2.\ \frac{dx^2}{(2n)^2}$$
$$d\varphi\dot{x} = 2.\,3.\ \frac{dx^3}{(2n)^3}$$
$$d\varphi\dot{x} = 2.\,3.\,4.\ \frac{dx^4}{(2n)^4}$$
$$d\varphi\dot{x} = 2.\,3.\,4.\,5.\ \frac{dx^5}{(2n)^5}$$

etc., etc.

$$d^\mu\varphi\dot{x} = (-1)^{\mu+1}1^{\mu|1}\frac{dx^\mu}{(2n)^\mu}$$

avec ces expressions il nous sera facile de construire les différentielles des puissances de φx qui entrent dans les coefficients (o). En effet, d'après la loi (e), nous avons

$$d^\mu(\varphi x)^2 = d^\mu\left\{\varphi x.\ \varphi x\right\} = \varphi x\, d^\mu\varphi x + \mu d\varphi x\, d^{\mu-1}\varphi x + \frac{\mu(\mu-1)}{1.\,2.}\, d^2\varphi x\, d^{\mu-2}\varphi x + \text{etc.}$$

ainsi,

$$d^2(\varphi x)^2 = \varphi x.\ d^2\varphi x + 2d\varphi x.\,d\varphi x + d^2\varphi x.\ \varphi x,$$

et, conséquemment, en faisant $\varphi x = o$,

$$d^2(\varphi\dot{x})^2 = 2d\varphi\dot{x}.\,d\varphi\dot{x},$$

ce qui nous donne, en substituant la valeur ci-dessus de $d\varphi\dot{x}$,

$$d^2(\varphi\dot{x})^2 = \frac{2dx^2}{(2n)^2}.$$

Nous trouverions de la même manière :

$$d^3(\varphi\dot{x})^2 = -\frac{12.dx^3}{(2n)^4}$$
$$d^4(\varphi\dot{x})^2 = \frac{72.dx^4}{(2n)^4}$$
$$d^3(\varphi\dot{x})^3 = \frac{12.dx^3}{(2n)^3}$$
$$d^4(\varphi\dot{x})^4 = -\frac{72.dx^4}{(2n)^4}$$

etc., etc.

Substituant ces valeurs dans les coefficients (o), ils deviennent (p).

$$A_0 = F$$
$$A_1 = (2n).\frac{dF\dot{x}}{dx}$$
$$A_2 = (2n).\frac{d\dot{x}}{dx} + (2n)^2\,\frac{d^2F\dot{x}}{1.2.dx^2}$$
$$A_3 = (2n).\frac{dF\dot{x}}{dx} + 2(2n)^2\,\frac{d^2F\dot{x}}{1.2.dx^2} + (2n)^3\,\frac{d^3F\dot{x}}{1.2.3.dx^3}$$
$$A_4 = (2n).\frac{dF\dot{x}}{dx} + 3(2n)^2\,\frac{d^2F\dot{x}}{1.2.dx^2} + 3(2n)^3\,\frac{d^3F\dot{x}}{1.2.3.dx^3} + (2n)^4\,\frac{d^4F\dot{x}}{1.2.3.4.dx^4},$$

etc., etc.

$$A_\mu = (2n).\frac{dF\dot{x}}{dx} + (\mu-1)\,(2n)^2\,\frac{d^2F\dot{x}}{1.2.dx^2} + \frac{(\mu-1)\,(\mu-2)}{1.\,2}\,(2n)^3\,\frac{d^3F\dot{x}}{1.2.3.dx^3} + \frac{(\mu-1)\,(\mu-2)\,(\mu-3)}{1.\,2.\,3.}\,(2n)^4\,\frac{d^4F\dot{x}}{1.2.3.4.dx^4} + \text{etc.}$$

et la série générale (n) prend la forme (q)

$$Fx = F\dot{x} + A_1\left(\frac{x-n}{x+n}\right) + A_2\left(\frac{x-n}{x+n}\right)^2 + A_3\left(\frac{x-n}{x+n}\right)^3 + \text{etc....}$$

dans laquelle n est une quantité arbitraire. 45. Appliquons cette loi particulière de génération à quelques fonctions élémentaires, soit d'abord $Fx = \log.\,x$, log. désignant le logarithme naturel. Construisons les différentielles successives de log. x, et nous trouverons :

$$dFx = d\log.\,x = \frac{dx}{x}$$
$$d^2Fx = d^2\log.\,x = -\frac{dx^2}{x^2}$$
$$d^3Fx = d^3\log.\,x = 2\frac{dx^3}{x^3}$$

$$d^4Fx = d^4\log. x = \quad 2.3\frac{dx^4}{x^4}$$

etc., etc.

Substituant ces valeurs dans les expressions (p), après avoir fait $x = n$, nous obtiendrons... $A_1 = 2$, $A_2 = o$, $A_3 = \frac{2}{3}$, $A_4 = o$, $A_5 = \frac{2}{5}$, $A_6 = o$, $A_7 = \frac{2}{7}$, etc. Et, par conséquent,

$$\text{Log. } x = \log. n = +2\left(\frac{x-n}{x+n}\right) + \frac{2}{3}\left(\frac{x-n}{x+n}\right)^3 + \frac{2}{5}\left(\frac{x-n}{x+n}\right)^5 + \text{etc.}$$

Ce qui devient, en faisant $n = 1$, d'où $\log. n = \log. 1 = o$, le développement connu.

$$\text{Log. } x = 2\left\{\left(\frac{x-1}{x+1}\right) + \frac{1}{3}\left(\frac{x-1}{x+1}\right)^3 + \frac{1}{5}\left(\frac{x-1}{x+1}\right)^5 + \text{etc} \ldots\ldots\right\}$$

lequel est convergent pour toutes les valeurs de x. Prenons pour second exemple $Fx = (1+x)^{-1}$. Les différentielles successives de Fx sont, dans ce cas :

$$d\,Fx = \quad -(1+x)^{-2}\,dx$$
$$d^2Fx = \quad 1.2.(1+x)^{-3}\,dx^2$$
$$d^3Fx = \quad 1.2.3.(1+x)^{-4}\,dx^3$$
$$d^4Fx = 1.2.3.4.(1+x)^{-5}\,dx^4$$

etc. etc.

faisant $x = n$, et substituant dans (p), nous aurons :

$$A_0 = \frac{1}{1+n}$$
$$A_1 = -\frac{2n}{(1+n)^2}$$
$$A_2 = \frac{2n(n-1)}{(1+n)^3}$$
$$A_3 = -\frac{2n(n-1)^2}{(1+n)^4}$$
$$A_4 = \frac{2n(n-1)^3}{(1+n)^5}$$

etc. etc.

et par suite

$$(1+x)^{-1} = \frac{1}{1+n} - \frac{2n}{(1+n)^2}\left(\frac{x-n}{x+n}\right) + \frac{2n(n-1)}{(1+n)}\left(\frac{x-n}{x+n}\right)^2 - \frac{2n(n+1)^2}{(1+n)^4}\left(\frac{x-n}{x+n}\right)^3 + \text{etc.}$$

série convergente pour toutes les valeurs de la quantité arbitraire n. Par exemple, dans le cas de $(1+x)^{-1}$ donne par la formule de Newton, l'expression singulière :

$$\frac{1}{2} = 1-1+1-1+1-1+1-1+1, \text{etc.}$$

cette série convient

$$\frac{1}{2} = \frac{1}{1+n} - \frac{2n}{(1+n)^2}\left(\frac{1-n}{1+n}\right) + \frac{2n(n-1)}{(1+n)^3}\left(\frac{1-n}{1+n}\right)^2 - \text{etc.}$$

qui pour toute valeur de n est une série convergente donnant $\frac{1}{2}$. En faisant $n=1$, on a immédiatement

$$\frac{1}{2} = \frac{1}{1+1} = \frac{1}{2}$$

La loi (q) peut ainsi, par les déterminaisons convenables de la quantité arbitraire n, donner des générations en séries toujours convergentes d'une fonction quelconque Ex. Ce que ne peut faire le théorème de Taylor, mais le développement des fonctions en séries fait l'objet d'un autre article, dans lequel nous verrons que le théorème de Paoli, duquel nous avons tiré la loi (q), n'est lui-même qu'un cas très particulier d'un théorème général dont nous donnerons l'exposition. (*V.* Série et Technie.)— 46. Nous verrons ailleurs comment on étend les développements que nous avons obtenus pour des fonctions d'une seule variable aux fonctions qui en contiennent plusieurs. Quant aux applications du calcul différentiel elles s'étendent à toutes les parties des mathématiques et nous renverrons également aux articles dans lesquelles il est employé. (*V.* particulièrement : Accélérée, Asymptote, Choc, Cubature, Développée, Maxima, Normale et sous normale, Osculatrice, Point singulier, Quadrature, Racines égales, Rectification, Tangente et sous tangente, Série, Retour des suites, etc., etc.) Nous allons terminer en exposant son emploi pour la détermination des vraies valeurs de certaines expressions qui deviennent $\frac{0}{0}$ dans quelques cas particuliers.— 47. Toute quantité fractionnaire de la forme (a')

$$\frac{A(x-a)^m}{B(x-a)^n}$$

dans laquelle on fait $x=a$, devient $\frac{0}{0}$, c'est-à-dire complétement indéterminée quoique sa véritable valeur soit dans ce cas (b')

$$\frac{A}{B}(x-a)^{m-n}$$

et qu'elle puisse être conséquemment finie ou indéfinie selon que $m=n$ ou que m est plus grand ou plus petit que n. Si le facteur ($x=a$) était en évidence, la détermination de la valeur de l'expression (a') n'offrirait sans doute aucune difficulté, mais il n'en est pas toujours ainsi, et c'est à ramener cette expression à la forme (b') que consiste le problème. Soit, par exemple, la quantité

$$\frac{x^3ax^2+ax-a^2}{a^2-a^2}$$

dont on veut connaître la valeur, dans le cas de $x=a$; en substituant a à la place de x, cette quantité devient

$$\frac{a^3a^2+a^2a^2}{x^2-a^2} = \frac{0}{0}$$

et rien ne peut nous indiquer ainsi quelle est la valeur demandée ; mais si nous remarquons que le numérateur $x^3-a^2x+ax-a^2$ peut se mettre sous la forme

$$(x-a)x^2+(x-a)a = (x-a)(x^2+a)$$

et que le dénominateur est... $x^2-a^2 = (x-a)(x+a)$

cette quantité devient......... $\frac{(x-a)(x^2+a)}{(x-a)(x+a)}$

ou

$$\frac{x^2+a}{x+a}$$

en retranchant le facteur commun $x=a$. Or, si l'on fait dans cette dernière expression $x=a$, elle devient

$$\frac{a^2+x}{a+a} = \frac{a(a+1)}{2a} = \frac{a+1}{1},$$

et l'on peut en conclure que

$$\frac{x^2-ax^2+ax-a^2}{x^2-a^2} = \frac{a+x1}{2}$$

lorsque $x=a$.

Dans les expressions plus composées, où il serait impossible de mettre ainsi les facteurs en évidence, on pourrait encore tenter de chercher le commun diviseur des deux termes (*V.* ce mot); et une fois ce diviseur commun trouvé, il suffirait d'en diviser les termes pour les faire disparaître. Mais ce moyen n'est pas toujours praticable, et il est dans tous les cas beaucoup plus simple d'avoir recours au procédé que nous allons exposer.

Soit $\frac{X}{X'}$, une quantité qui devient $\frac{0}{0}$ pour une valeur particulière a, de la variable x, contenue dans chaque fonction X et X'; cette circonstance indiquant l'existence d'un facteur $x-a$ commun à ces deux fonctions, nous pouvons faire :

$$X=P(x-a)$$
$$X'=Q(x-a)$$

P et Q étant les deux autres facteurs. Or, en prenant les différentielles des deux membres de chacune de ces expressions, d'après le n° 26, nous avons

$$dx=dP.(x-a)+P.dx$$
$$dx'=dQ.(x-a)+Q.dx$$

d'où

$$\frac{dX}{dX'}=\frac{dP.(x-a)+P.dx}{dQ.(x-a)+Q.dx}$$

quantité qui se réduit à

$$\frac{Pdx}{Qdx}=\frac{P}{Q}$$

Lorsqu'on fait $x=a$. Ainsi, en admettant que P et Q ne contiennent plus le facteur $(x-a)$, $\frac{P}{Q}$ sera la véritable valeur de $\frac{X}{X'}$, dans le cas de $x=a$. Si, au contraire, $x-a$ entre encore dans P et Q, ou si nous avons

$$P=P'(x-a)$$
$$Q=Q'(x-a)$$

c'est que les fonctions X et X' sont elles-mêmes

$$X=P'(x-a)^2$$
$$X=Q'(x-a)^2$$

et alors il faut prendre les différentielles secondes pour se débarrasser de ce double facteur, qu'on a

$$d^2X=d^2P'.(x-a)^2+4(x-a)dx.dP'.+2dx^2P'$$
$$d^2X=d^2Q'(x-a)^2+4(x-a)dx.dQ'+2dx^2Q'$$

et lorsque $x=a$

$$\frac{d^2X}{d^2X'}=\frac{2dx^2.P'}{2dx^2.Q'}=\frac{P'}{Q'}$$

c'est-à-dire la véritable valeur de $\frac{X}{X'}$. Il est facile de voir que si le facteur $x-a$ entrait dans X et X', il faudrait prendre les différentielles troisièmes pour le faire disparaître, et ainsi de suite.

Par exemple, pour la quantité $\frac{x^3-ax^2+ax-a^2}{x^2-a^2}$

en prenant les différentielles premières du numérateur et du dénominateur, on a :

$$d\left\{x^3-ax^2+ax-a^2\right\}=3x^2dx-2axdx+adx$$
$$d(x^2-a^2)=2xdx,$$

ce qui donne...
$$\frac{d\left\{x^3-ax^2+ax-a^2\right\}}{d\left\{x^2-a^2\right\}}=\frac{3x^2-2ax+a}{2x}$$

Et quand $x=a$

$$\frac{3x^2-2ax+a}{2x}=\frac{3a^2-2a^2+a}{2a}=\frac{a^2+a}{2a}=\frac{a+1}{2}$$

valeur que nous avons trouvé ci-dessus. Si le facteur $x-a$ était contenu un plus grand nombre de fois dans un terme que dans l'autre, la valeur de $\frac{X}{X'}$, serait de la forme

$$\frac{X}{X'}=\frac{M.(x-a)^m}{N.(x-a)^n}=\frac{M}{N}.(x-a)^{m-n}$$

et pourrait être alors infiniment petite ou infiniment grande, selon que m serait plus grande ou plus petite que n, car si $m>n$, cette quantité devient $\frac{0}{N}$, et si $m<n$, elle devient $\frac{M}{0}$, expression dont la première représente une quantité infiniment petite ou zéro, et dont la seconde représente une quantité infiniment grande. Les différentiations successives font encore reconnaître ces circonstances, car, en nous rappelant que lorsque $\varphi x=o$, on a toujours... $d^\mu\varphi^n x=o$, toutes les fois que $\mu<n$, si nous développons par la loi (e) les différentielles d^mX, d^mX', nous aurons :

$$d^mX=d^m\left\{M(x-a)^m\right\}=d^mM.(x-a)^m$$
$$+md^{m-1}M.d(x-a)^m$$
$$+\frac{m(m-1)}{1.2}d^{m-2}M.d^2(x-a)^m$$
$$+\text{etc....}$$
$$+M.d^m(x-a)^m$$

$$d^mX'=d^m\left\{N(x-a)^n\right\}=d^{m}N.(x-a)^n$$
$$+\frac{md^{m-1}}{1}N.d(x-a)^n$$
$$+\frac{m(m-1)}{1.2}d^{m-2}N.d^2(x-a)^n$$
$$+-\text{etc...}$$
$$+N.d^m(x-a)^n$$

Or, à cause de $d^m(x-a)^m=m(m-1).....2,1dx^m$, si l'on fait $x=a$ dans ces expressions, la première se réduit à $m(m-1)...2.1.M.dx^m$, et la seconde à $o.dx^{m'}$, en supposant $m<n$ on a donc... $\frac{d^mX}{d^mX}=\frac{m(m-1)...2.1.M}{0.}$

Ce qui nous apprend que la valeur de $\frac{X}{X'}$, est infiniment grande.

On trouverait de même lorsque $m>n$, en prenant les différences de l'ordre n, une expression de la forme

$$\frac{d^nX}{d^nX'}=\frac{0}{R},$$

qui nous ferait connaître la valeur infiniment petite de la quantité $\frac{X}{X'}$. On peut conclure de ce qui précède la règle suivante : *Pour déterminer la vraie valeur d'une fraction $\frac{X}{X'}$ qui devient $\frac{0}{0}$ par une valeur particulière de la variable x, différentiez séparément les deux termes X et X' et examinez si les résultats $\frac{dX}{dX'}$ se réduisent l'un et l'autre à 0 par la valeur hypothétique de la variable; si cela est, différentiez une seconde fois et examinez si $\frac{d^2X}{d^2X'}$ se réduit encore à $\frac{0}{0}$; continuez enfin à différentier jusqu'à ce que les deux termes de la fraction ou seulement un ne s'évanouissent pas par la valeur donnée à la variable, cette dernière fraction sera la vraie valeur de $\frac{X}{X'}$. Cette valeur sera finie dans le premier cas, nulle si le numérateur est 0, et infinie si c'est le dénominateur.* — 43. Prenons pour exemple la fraction.

$$\frac{x^3-3x+2}{x^3-6x^2+8x-3}.$$

Cette fraction devenant $\frac{0}{0}$ lorsque $x=1$. Prenant les différentielles premières nous aurons :

$$\frac{d\left\{x^3-3x+2\right\}}{d\left\{x^4-6x^2+8x-3\right\}}=\frac{3x^2-3}{4x^3\quad 12x+8}$$

faisant $x=1$, cette nouvelle fraction se réduit encore à $\frac{0}{0}$. Différentiant de nouveau, nous aurons :

$$\frac{d\left\{3x^2-3\right\}}{d\left\{4x^3-12x+8\right\}}=\frac{6x}{12x^2-12}$$

ce qui se réduit à $\frac{6x}{0}$, en faisant $x=1$. Le dénominateur seul se réduisant à zéro, nous en conclurons que la quantité proposée est *infinie*, dans le cas de $x=1$.

Soit maintenant la fraction,

$$\frac{a^x - b^x}{x}$$

qui devient $\frac{0}{0}$, pour $x=o$. Différentions séparément les deux termes, et nous aurons :

$$\frac{d(a^x - b^x)}{dx} = \frac{a^x.\log.a.dx - b^x\log.b.dx}{dx}$$

$$= a^x\log.a - b^x\log.b.$$

expression qui se réduit à $\log.a - \log.b$, en faisant $x=o$. Lorsque le facteur commun, qui réduit la fonction fractionnaire à $\frac{0}{0}$, est élevée à une puissance fractionnaire les différentiations ne peuvent le dégager, mais comme il est toujours possible alors de l'isoler, on peut immédiatement trouver la vraie valeur de la fonction. — 49. Dans tout ce qui précède, nous avons considéré les différences successives dans l'ordre direct, c'est-à-dire en passant de la première à la seconde, de la seconde à la troisième et ainsi de suite, et nous avons formé ainsi une suite de fonctions derivées. φx ou φx

$$\begin{array}{ll} \Delta\varphi x & d\varphi x \\ \Delta^2\varphi x & d^2\varphi x \\ \Delta^3\varphi x & d^3\varphi x \\ \text{etc.} & \text{etc.} \end{array}$$

Cette fonction successive des différences dans l'ordre direct, entraîne comme nous l'avons dit la considération opposée de leur formation dans l'ordre inverse ; or, le problème de construire la différence $\Delta^2\varphi x$, par exemple, au moyen de la différence supérieure $\Delta^3\varphi x$ est l'objet général du *calcul intégral*. On nomme *intégrale* ou *somme* la différence prise dans l'ordre inverse. Ainsi Σ étant la caractéristique de l'intégrale pour les différences finies, et celle de l'intégrale pour les différentielles, on écrit :

$$\Sigma[\ ^3\varphi x] = \ ^2\varphi x \int[d^3\varphi x] = d^2\varphi x$$
$$\Sigma[\ ^2\varphi x] = \ \varphi x \int[d^2\varphi x] = d\varphi x$$
$$\Sigma[\ \varphi x] = \ \varphi x \int[d\varphi x] = \ \varphi x$$

et, en continuant avec les indices négatifs,

$$\Sigma[\varphi x] = \ ^{-1}\varphi x \int[\varphi x] = d^{-1}\varphi x$$
$$\Sigma[\ ^{-1}\varphi x] = \ ^{-2}\varphi x \int[d^{-1}\varphi x] = d^{-2}\varphi x$$
$$\Sigma[\ ^{-3}\varphi x] = \ ^{-3}\varphi x \int[d^{-2}\varphi x] = d^{-3}\varphi x.$$

On a de même... $\Sigma\left\{\Sigma[\ ^3\varphi x]\right\} = \Sigma[\ ^2\varphi x] = \ \varphi x$

$$\int\left\{\int[d^3\varphi x]\right\} = \int[d^2\varphi x] = d\varphi x$$

ou $\Sigma^2\ ^3\varphi x = \ \varphi x \int^2 d^3\varphi x = d\varphi x$

en général

$$\Sigma^m[\Delta^n\varphi x] = \Delta^{n-m}\varphi x \int^m[d^n\varphi x] = d^{n-m}\varphi x$$

comme aussi les expressions

$$\Sigma^m(\varphi x) \text{ et } \Delta^{-m}\varphi x,\ \int^m(\varphi x) \text{ et } d^{-m}(\varphi x)$$

sont équivalentes. 50. En appliquant ces considérations à la loi fondamentale (e), elle devient pour le cas des différentielles inverses ou des intégrales.

$$\int^m(\mathrm{F}x.fx) = \mathrm{F}x.\int^m fx - \frac{m}{1}d\mathrm{F}x\int^{m+1}fx$$
$$+\frac{m(m+1)}{1.2}d^2\mathrm{F}x\int^{m+2}fx$$
$$-\frac{m(m+1)(m+2)}{1.2.3}.d^3\mathrm{F}x\int^{m+3}fx$$
$$+\text{etc....}$$

en multipliant les deux nombres par dx^m. Les applications de cette loi, ainsi que tout ce qui regarde le calcul des *différences inverses*, se trouveront à l'art. CALCUL INTÉGRAL. — 51. Il nous resterait à examiner le cas où les fonctions que l'on veut différentier, contiennent plusieurs variables, mais ce cas ne présente aucune difficulté, et l'on peut immédiatement conclure des principes précédents que la différence d'une fonction $\mathrm{F}(x, y\ z$ etc.), d'un nombre quelconque de variables, reçoit par un accroissement distinct ; ainsi désignant comme c'est l'usage par $\frac{\Delta\mathrm{F}}{\Delta x}\Delta x$, l'accroissement ou la différence de la fonction F correspondante à l'accroissement Δx de la variable x par $\frac{\Delta\mathrm{F}}{\Delta y}\Delta y$, la différence correspondante à l'accroissement Δy de la variable y, etc., la différence générale sera la somme de ces différences particulières, et nous aurons

$$\Delta\mathrm{F}(x,y,z,\text{ etc...}) = \left(\frac{\Delta\mathrm{F}}{\Delta x}\right)\Delta x + \left(\frac{\Delta\mathrm{F}}{\Delta y}\right)\Delta y + $$
$$+\left(\frac{d\mathrm{F}}{dz}\right)\Delta z + \text{etc.}$$

et dans le cas des différentielles

$$d\mathrm{F}(x, y, z\text{ etc...}) = \left(\frac{d\mathrm{F}}{dx}\right).dx + \left(\frac{d\mathrm{F}}{dy}\right).dy + $$
$$+\left(\frac{d\mathrm{F}}{dz}\right)dz + \text{etc...}$$

c'est-à-dire, que la différence totale se trouve, en prenant la somme des différences prises pour chaque variable en particulier, comme si les autres étaient constantes. Soit par exemple :

$$\mathrm{F}(x,y) = x^3 + 3x^2y + 2xy^2,$$

en différentiant d'abord comme si y était constante, nous aurons, d'une part,

$$\left(\frac{d\mathrm{F}(x,y.)}{dx}\right)dx = 3x^2dx + 6x.y\,dx + 2y^2dx,$$

et, de l'autre part, en différentiant comme si x était constante,

$$\left(\frac{d\mathrm{F}(x,y.)}{dy}\right)dy = 3x^2dy + 4xydy.$$

d'où nous aurons pour la différentielle générale (z)

$$\mathrm{F}(xy) = (3x^2 + 6xy + 2y^2)dx + (3x^2 + 4xy)dy$$

En effet, par la construction même des différences, on a

$$d\mathrm{F}(xy) = \mathrm{F}x + dx, y + dy) - (\mathrm{F}xy)$$

c'est-à-dire, dans l'exemple qui nous occupe,

$$(x+dx)^3 + 3(x+dx)^2(y+dy) + 2(x+dx)y+dy)^2 -$$
$$- x^3 - 3x^2y - 2xy^2$$

ou, en développant les produits,

$$\begin{array}{lll} x^3 + 3x^2dx + 3x.dx^2 + dx^3 & & \\ +3x^2y & +6xy,dx + 3ydx^2 & \\ +3x^2dy & +6xdx.dy + 3dy.dy^2 & \\ & +2xy^2 & +2y^2dx \\ & +4xydy & +4ydx.dy \\ & +2xdy^2 & +dx.dy^2 \\ -x^3 - 3x^2y - 2xy^2 & & \end{array}$$

opérant la soustraction et retranchant toutes les quantités indéfiniment petites des ordres supérieurs au premier, il reste

$$3x^2dx + 6xy.dx + 2y^2.dx + 3x^2dy + 4xy.dy$$

ce qui est identique avec (z). Nous verrons à l'article SÉRIE comment on peut étendre aux fonctions de plusieurs variables les théorèmes de Taylor, de Maclaurin, de Paoli, et d'autres encore plus généraux. — Les équations de différences seront traitées au mot ÉQUATION. — 52. La découverte du calcul différentiel a été l'objet d'une longue contestation, que nous aurons alors l'occasion de rapporter (*V.* LEIBNITZ ET NEWTON), et quoiqu'il soit aujourd'hui démontré avec la dernière évidence que l'accusation de plagiat dont les Anglais ont voulu flétrir Leibnitz, ne repose sur aucun fondement ; nous ne nous servirons point des arguments que les historiens français et allemands des mathématiques ont accumulés pour venger sa mémoire. Selon nous la gloire de Leibnitz reste pure et inattaquable, car non seulement ce grand homme a le premier produit le calcul différentiel, mais il est encore le premier qui ait compris la nature abstraite de ce calcul ; et ces infiniments petits des divers ordres sont une conception philosophique d'un ordre bien supérieur à celles des *fluxions* de Newton. En admettant donc, ce qui parait assez probable, que chacun de ces géomètres soit arrivé par la seule force de son génie à la découverte d'une même méthode de calcul, c'est à Leibnitz qu'appartient l'honneur de s'être élevé jusqu'aux véritables principes méthaphysique de cette méthode, et de l'avoir ainsi constituée une des branches fondamentales de la science des nombres. Notre intention avait été d'abord d'examiner dans cet article les diverses méthodes que quelques géomètres ont voulu substituer au calcul différentiel, mais ces méthodes devant être l'objet d'articles particuliers, et celui-ci dépassant déjà les bornes qui nous sont prescrites, nous renverrons aux mots : FONCTIONS ANALITIQUES, FLUXIONS, LIMITES, ÉVANOUISSANTES, RÉSIDUELLES. *V.* aussi MATHÉMATIQUES pour ce qui regarde la découverte du *calcul des différences finies.*

DIFFÉRENCICOMÈTRE, s. m. (*marine*), instrument qui sert à faire connaître le tirant d'eau d'un bâtiment à la mer.

DIFFÉRENCIER, distinguer, mettre de la différence.

DIFFÉREND. C'est une contestation, un débat sur un objet quelconque. Un différend peut être terminé par une transaction, quand les parties consentent réciproquement à rabattre de leurs prétentions, sinon, après avoir subi l'épreuve de conciliation, le différend est jugé par le tribunal compétent. — Les transactions ne règlent que les *différends* qui s'y trouvent compris, soit que les parties aient manifesté leur intention par des expressions spéciales ou générales, soit que l'on reconnaisse cette intention par une suite nécessaire de ce qui est exprimé (Cod. civ., art. 2049).

DIFFÉRENT, signifie aussi ce qui fait la différence; et alors il ne s'emploie guère qu'en parlant d'une valeur sur laquelle on conteste.

DIFFÉRENT, ENTE, dissemblable, qui n'est point de même. Fam., *cela est différent, bien différent*, c'est bien autre chose que ce que l'on disait, que ce que je pensais. Prov., *ces deux choses sont différentes comme le jour et la nuit*, elles sont extrêmement différentes. — DIFFÉRENT, se dit souvent au pluriel de plusieurs personnes ou de plusieurs choses considérées seulement comme distinctes.

DIFFÉRENTIATION, s. f. (*géom.*), action de différentier.

DIFFÉRENTIEL, ELLE (*t. de mathém.*), qui procède par différences. Il est spécialement et presque uniquement usité pour caractériser une sorte particulière de calcul qui considère les quantités variables dans leur mode d'accroissement par différences infiniment petites. — *Quantité différentielle*, ou substantivement, *différentielle*, accroissement d'une quantité variable, considéré comme infiniment petit (v. DIFFÉRENCE).

DIFFÉRENTIER (*t. de mathém.*), *différentier une quantité variable*, en prendre l'accroissement infiniment petit.

DIFFÉRER, retarder à un autre temps. Il est aussi neutre.

DIFFÉRER, être dissemblable, n'être pas de même. *Différer d'opinion, d'avis*, etc., ou absolument *différer*, avoir émis une opinion différente.

DIFFÉRER, v. n. (*expr. prov.*), différer du blanc au noir, se dit des choses fort dissemblables.

DIFFICILE, qui est malaisé, qui donne de la peine. *Temps difficiles*, les temps de guerre, de désordres, de troubles, de disette, etc. Prov. et fig., *jeunesse est difficile à passer*, dans la jeunesse on a bien de la peine à modérer ses passions. *Être difficile à vivre, être d'une humeur difficile, d'un naturel, d'un caractère difficile*, etc., être d'une humeur fâcheuse, peu accommodante. — DIFFICILE, signifie aussi exigeant, délicat.

DIFFICILEMENT, avec difficulté, avec peine.

DIFFICULTÉ, ce qui rend une chose difficile, pénible. Il se dit aussi du manque de facilité pour quelque action que ce soit. Il signifie encore ce qu'il y a de difficile en quelque chose, obstacle, empêchement, traverse, opposition. *Cela peut souffrir, peut éprouver quelque difficulté, de grandes difficultés*, etc., quelque difficulté, de grandes difficultés peuvent s'opposer à cela, peuvent empêcher que cela ne se fasse, ne réussisse. — DIFFICULTÉ, signifie également objection, raison alléguée contre. Prov. et fig., *cet homme est le père des difficultés*, il élève des difficultés sur tout. *Cette proposition ne souffre point de difficulté*, elle est incontestable, *Faire difficulté de quelque chose*, y avoir de la répugnance, en faire scrupule. On dit aussi absolument, *faire des difficultés.* — DIFFICULTÉ, signifie en outre obscurité d'un texte, endroit difficile à comprendre. Il signifie aussi, différend, contestation; ce sens est familier. — SANS DIFFICULTÉ (*locut. adv.*), indubitablement, sans doute, volontiers.

DIFFICULTUEUSEMENT, adv., d'une manière difficultueuse.

DIFFICULTUEUX, UEUSE, qui se rend difficile sur tout, qui allègue des difficultés, qui fait des difficultés sur toutes choses.

DIFFIDATION, s. f. (*anc. t. milit.*), défi. — DIFFIDATION (*hist.*), mot de la basse latinité qui a été francisé mal à propos par quelques lexiques.

DIFFLUENCE, s. f. (*did.*), état ou qualité de ce qui est diffluent.

DIFFLUENT, ENTE, adj. (*didact.*), état ou qualité de ce qui est diffluent.

DIFFLUER, v. n., couler, se répandre de tous côtés. Cette expression, qui appartient aujourd'hui au style didactique, se trouve dans Amyot.

DIFFLUGIE (*zooph., polyp.*), genre de zoophytes que M. Ehrenberg classe dans sa section des pseudopodes à cuirasse indivisible. Suivant M. Leclerc, qui a observé cet animal et l'a décrit (Mém. mus., t. II), il présente pour caractères : corps très petit, gélatineux, contractile, pourvu de tentacules inégaux, rétractile dans une espèce de fourreau ovale; subspirale prolongé en ligne droite à sa terminaison. Au rapport du même naturaliste, la difflugie se rencontre assez fréquemment dans les eaux pures de la France, peuplées de plantes aquatiques, au milieu desquelles elle se meut très lentement. L'animal fait sortir par l'ouverture de son fourreau de longs tentacules d'un blanc de lait, variant pour la grosseur et le nombre. Quelquefois aussi il les retire complètement à l'intérieur, et rien alors ne pourrait faire soupçonner en lui un animal.

DIFFORME, laid, défiguré, qui n'a pas la figure, la forme ou les proportions qu'il devrait avoir. Il se dit figurément des choses morales.

DIFFORMER, changer, gâter, altérer la forme. Il s'emploie surtout en parlant de monnaies et autres choses semblables.

DIFFORMES (*ins.*), nom donné par M. Duméril, comme synonyme d'anomides, à la famille naturelle des insectes anthoptères, correspondant au genre mante de Linné, qui comprend aussi les phyllies et les phasmes (*V.* ANOMIDES).

DIFFORMITÉ, défaut très apparent dans la forme, dans les proportions (*V.* ORTHOPÉDIE, etc.). Il se dit figurément des choses morales.

DIFFRACTION, appelée aussi INFLEXION. Avant le père Grimaldi, les physiciens étaient généralement convaincus que la lumière n'avait que trois moyens de se manifester à nous, ou par voie directe, ou par réflexion, ou par réfraction (voy. ces mots). Ce savant jésuite découvrit que les rayons lumineux ont, en outre, la propriété de l'inflection lorsqu'ils rasent les bords d'un corps opaque, de telle sorte que l'ombre de ce corps est alors plus grande qu'elle ne le serait si la lumière se mouvait en ligne directe, et que cette ombre est accompagnée de franges colorées. La découverte de cette propriété, dont on a faussement attribué la priorité au docteur Hook, fut un sujet d'études sérieuses pour plusieurs savants, et entre autres pour Newton. Nous devons nous borner ici à dire, en renvoyant aux ouvrages de MM. Biot, Pouillet, etc., que, pour se convaincre de la réalité de cette propriété des rayons lumineux, il suffit de regarder le soleil à travers les barbes d'une plume, ou près des bords d'un chapeau. Les phénomènes qui surviennent alors étaient expliqués autrefois par la réfraction; mais ici les rayons de lumière n'étant soumis à l'intervention d'aucun milieu, il y avait entre les phénomènes dus à la réfraction et ceux que produit la diffraction, cette différence que signale Grimaldi, et sur laquelle Newton n'a rien décidé, quoiqu'elle put fournir un caractère matériel de la lumière (*utrum sint corpora nec ne nihil omnino disputans. De natura radiorum*). Il a cependant exclu comme cause du phénomène la réfraction ordinaire de l'air, sans rien mettre à sa place. De Mairan en opposition avec Newton qui répondit à ses objections, soutenait que la diffraction était due à une atmosphère qui entourait les différents corps et occasionnait une réfraction aux rayons de lumière qui la traversaient. Comme nous venons de le dire, Newton répondit qu'il croyait à une autre cause de la réfraction de l'air, mais il ne la fit pas connaître. Cependant il paraissait croire à deux actions, l'une attractive et l'autre répulsive, se combattant entre elles, actions que les tranchants des corps exerçaient sur les molécules lumineuses. Parmi les travaux scientifiques auxquels ce phénomène a donné lieu, nous ne devons pas oublier ceux de Fresnel auquel on doit la connaissance exacte des circonstances qui accompagnent la diffraction et dont l'importance est si grande en astronomie. De nos jours MM. Biot, Pouillet, Arago, etc., en ont déduit des théories scientifiques dans leurs différents ouvrages, auxquels nous renvoyons nos lecteurs.

DIFFUS, USE, verbeux, prolixe, trop abondant en paroles. Il s'applique aux personnes, et aux discours, aux ouvrages d'esprit. En botanique, *tige diffuse*, celle dont les ramifications, naissant de tous côtés, s'étalent horizontalement, comme dans la fumeterre. On dit également, *des rameaux diffus.*

DIFFUSÉMENT, d'une manière diffuse.

DIFFUSION (*t. de phys.*). Il se dit des fluides, et signifie, l'action de se répandre, ou l'état de ce qui est répandu. — DIFFUSION, se dit figurément, dans le langage ordinaire, de la prolixité, de la trop grande abondance de paroles; il s'applique aux personnes, et aux discours, aux ouvrages d'esprit.

DIFOSOT, s. m. (*cout. anc.*), corvée due aux seigneurs de Bretagne.

DIGAMBORA, s. m. (*hist. relig.*), littéral, *dépouillé de vêtements* nom que prennent des secrétaires indiens appartenant à l'une des sectes des *djainas*. Les *digambaras* paraissent être les *gymnosophistes* des écrivains grecs.

DIGAMMA. Dans la plus ancienne langue grecque, le digamma, ainsi appelé, parce qu'il figure deux *gamma* superposés, F, tenait la place des lettres douces β, γ, δ, et des lettres aspirées φ, χ, θ. L'époque ou ce signe fut inventé nous est aussi inconnue que celle des lettres primitives de l'alphabet grec. Une des particularités du dialecte éolien, c'est d'avoir conservé ce caractère F, même après l'invention des autres lettres qu'il suppléait, et de l'avoir maintenu à la place de l'esprit rude et même parfois de l'esprit doux. Ainsi pour ἑσπέρα, les Éoliens écrivaient Fεσπέρα, en latin *vesper*, le soir, pour οἶνος, Fοῖνος, en latin *vinum*, vin; ἴς, Fίς, en latin *vis*, force. Ils mettaient même le digamma au milieu des mots; αἰών, éolien, αἰFών, latin *ævum*, siècle; ὠόν, éolien ὠFόν, latin *ovum*, œuf. Dans tous ces mots latins, le V n'est que le F des éoliens, qui très probablement en avait la prononciation, et c'est ici une preuve, entre beaucoup d'autres, de la justesse de l'observation de Denys d'Halicarnasse, qui dit, dans ses Antiquités romaines, que la langue latine est un mélange d'idiomes barbares et de grec dans lequel domine le dialecte éolien.

DIGASTRIQUE (*t. d'anat.*). Il se dit de certains muscles qui ont deux portions charnues, ou comme deux ventres attachés bout à bout.

DIGBY (ÉVERARD), gentilhomme anglais, né en 1581. Il devint tristement célèbre par la part qu'il prit à la conspiration des poudres. Il se laissa entraîner dans cette entreprise par un zèle exagéré de la religion catholique qu'il croyait en danger de persécution. Le 30 janvier 1606, il fut, avec d'autres conspirateurs, mené derrière l'église Saint-Paul où il témoigna publiquement du regret d'être entré dans une si épouvantable entreprise. Il fut pendu et écartelé.

DIGBY (KENELM), fils du précédent, n'avait que trois ans quand il perdit son père. Aussi remarquable par les qualités extérieures que par celles de l'esprit, il fit une brillante entrée dans le monde. Dès le commencement du règne de Charles Ier, il fut nommé gentilhomme de la chambre, commissaire de la marine et gouverneur de l'Hôtel de la Trinité. En 1628, il battit une escadre vénitienne avec une escadre équipée à ses frais. Né protestant, il fut, dans un voyage qu'il fit en France, converti à la religion catholique qui était celle de ses pères. Après la mort de Charles Ier il fut arrêté par ordre du parlement, mais il recouvra la liberté à la requête de la reine régente de France. Ce fut alors qu'il rencontra Descartes en France, qui, dit-on le reconnut à sa seule conversation. Plus tard, il fit quelques avances à l'usurpateur Cromwell, cela fut cause qu'on le reçut assez mal à la cour de Charles II, après la restauration. Il mourut de la pierre à Londres le 11 juin 1665.

DIGBY (JEAN), comte de Bristol, de la même famille que les précédents, naquit en 1580, et se fit connaître comme poète dès l'âge de 15 ans. Il posséda la confiance du roi Jacques Ier auquel il rendit des services dans plusieurs négociations importantes; mais le jaloux Buckingham, lui fit perdre la faveur du roi. Il ne put rentrer en grâce sous le règne de Charles Ier et il se rangea dans le parlement du côté des mécontents. Plus tard il les quitta, fatigué de leurs excès et il embrassa avec zèle la cause royaliste pour laquelle il souffrit l'exil. Il mourut à Paris, en 1653.

DIGBY (GEORGES), comte de Bristol, fils du précédent, naquit en 1612, à Madrid. Lorsque son père fut envoyé à la Tour, Digby présenta en sa faveur une pétition à la chambres des communes. Plus tard appelé lui même à la chambre des communes, il se distingua parmi les membres les plus turbulents. Il fut élevé en suite à la chambre haute et par son audace rendit dans cette assemblée la vigueur au parti du roi. Il quitta le royaume et fut en Hollande où il réussit à gagner le prince d'Orange à la cause de Charles Ier. Dès que la guerre qu'il avait toujours conseillée eut éclaté, il vint en Anglerre, leva un régiment et prit part à toutes les actions. Après avoir rendu quelques services au roi en Irlande, il vint trouver le prince à Fersey pour l'engager à retourner en Irlande, mais il le trouva sourd à toutes ses instances et retourna à Paris pour faire goûter ce projet à la reine Henriette. Ses manières insinuantes lui gagnèrent la confiance de Marie-Anne d'Autriche et du cardinal Mazarin. Après le rétablissement de Charles II, Digby devenu comte de Bristol par la mort de son père, vint à la cour de ce prince où il eut un grand crédit. Il mourut à Chelsea en 1676.

DIGENTIE (*géog. anc.*) (*Licenza*), petite rivière qui se jetait dans l'Anio, elle baignait la ferme qu'Horace possédait dans le pays des Sabins.

DIGEON (J.-M.), orientaliste, né vers 1730, entra de bonne heure dans les *jeunes de langues*, remplit pendant quarante ans diverses fonctions diplomatiques dans les échelles du levant, fut ensuite nommé secrétaire interprète du roi au ministère des affaires étrangères, et mourut en 1812. Il a laissé: *Nouveaux contes turcs et arabes*, avec un *Abrégé chronologique de l'Histoire de la maison ottomane et du gouvernement de l'Egypte* et suivi de l'*Histoire des pachas d'Égypte jusqu'en* 1673.

DIGEON (le vicomte ALEXANDRE-ÉLISABETH-MICHEL), né à Paris le 26 juin 1771, entra au service le 1er janvier 1792 comme sous-lieutenant d'infanterie, devint capitaine de dragons en 1793, colonel en 1802, général de brigade après les campagnes de Prusse et de Pologne en 1806 et en 1807, et fut envoyé en cette qualité en Espagne en 1808. Il s'y distingua autant par l'humanité de son administration que par ses talents militaires. En 1813, il fut nommé général de division, et en 1814 il fut envoyé à l'armée de Lyon où il commanda l'arrière garde du corps d'Augereau. Lors de la restauration, le général Digeon fut nommé chevalier de Saint-Louis et inspecteur général de la cavalerie; il refusa de servir le gouvernement des Cent-Jours, et lors du deuxième retour des Bourbons il reprit son titre d'inspecteur et fut ensuite aide-de-camp de *Monsieur*, puis il commanda la division de cavalerie légère de la garde royale, fut créé pair de France et vicomte, eut, en 1823, le portefeuille de la guerre par intérim, retourna encore une fois en Espagne et mourut le 2 août 1826 dans sa terre de Ronqueux près Paris.

DIGÉRER. Faire la digestion des aliments qu'on a pris. On l'emploie aussi absolument. Il signifie, figurément, examiner à fond une affaire, un sujet quelconque le réduire, par la méditation, à l'ordre, à l'état où il doit être. Il signifie particulièrement, se rendre compte d'une chose, de manière à la bien concevoir, à la posséder parfaitement. Il signifie encore, figurément et familièrement, souffrir, supporter quelque chose de fâcheux. *Cela est dur à digérer*, se dit aussi d'une chose difficile à croire. — DIGÉRER, en termes de chimie, s'emploie comme verbe neutre, et signifie, être mis en digestion.

DIGÉRER, s. m., expr. prov., *c'est un estomac d'autruche, il digérerait le fer*, se dit d'un grand mangeur.

DIGESTE. Recueil des décisions des plus fameux jurisconsultes romains, composé par l'ordre de l'empereur Justinien qui leur donna force de loi. (V. JUSTINIEN, PANDECTES, TRIBONIEN).

DIGESTEUR (*chim.*). On a donné ce nom à la *marmite de Papin*. — C'est un vase de métal ordinairement de cuivre allié de laiton, de forme cylindrique, dont les bords de l'ouverture ont été usés de manière à ce qu'on puisse le fermer hermétiquement au moyen d'un disque de métal que l'on y maintient fixé par des vis de pression. On conçoit qu'un liquide exposé au feu dans cet appareil, ne pouvant se réduire en vapeur, peut être échauffé à un degré de beaucoup supérieur à celui où il entre en ébullition sous la pression de l'atmosphère. La force expansive du liquide étant susceptible de s'accroître indéfiniment avec l'élévation de la température le vase pourrait produire une explosion s'il était échauffé sans précaution; pour cette raison Papin y a adapté une soupape qui exige, pour être soulevée, des forces toujours moindres que celles nécessaires pour rompre les parois du vase. J. P.

DIGESTIF, IVE. Il se dit en termes d'anatomie, de ce qui est à la digestion. Il se dit, en médecine, des remèdes qui aident à la digestion. Il se dit en chirurgie, d'une espèce d'onguent ou de liniment qu'on emploie pour favoriser la suppuration des plaies. Il s'emploie quelquefois comme substantif dans les deux derniers sens.

DIGESTION, élaboration, coction des aliments dans l'estomac. Il se dit également, en physiologie, de la fonction par laquelle s'opère la digestion. Fig. et fam., *cet affront, ce traitement est de dure digestion*, il est difficile à supporter. *Cette entreprise est de dure digestion*, elle est pénible. *Ce livre, cet ouvrage est de dure digestion, est un morceau de dure digestion*, il est difficile à entendre, ou pénible à lire. On dit encore, *cela est de dure digestion* en parlant d'une chose difficile à croire. — DIGESTION, en termes de chimie, opération par laquelle on tient longtemps certaine matières en contact avec des liquides, pour en extraire les parties solubles.

DIGESTION, en latin *digestio*, dérivé du verbe *digerere*, qui signifie distribuer, extraire de, etc. La digestion est une des grandes fonctions de la vie que nous appelons *nutritive* chez l'homme, au moyen de laquelle les substances alimentaires introduites dans les voies digestives subissent diverses modifications qui ont pour but de les convertir en deux parties : l'une, chyleuse ou récrémentitielle, est un suc réparateur qui va renouveler le sang et reconstituer nos organes; l'autre, excrémentielle et dépouillée de tout élément réparateur, est rejetée en dehors. Cette fonction se compose d'une série d'actions organiques complexes qui s'exécutent dans des organes creux, et dont le mécanisme est subordonné aux différentes conformations des diverses classes d'animaux. Nous pensons toutefois, avec M. Lepelletier et contre le sentiment de beaucoup d'auteurs, que la digestion n'est pas exclusive aux animaux, mais qu'elle appartient à tous les êtres organisés vivants, mais avec des modifications qui résultent de la nature des appareils chargés de l'effectuer. Le végétal, en effet, qui puise au sein de la terre, dans l'air ou dans l'eau des éléments de nutrition à l'aide de certains organes, digère à sa manière ces matériaux de réparation. L'appareil si important qui est le siége de la digestion varie singulièrement par sa conformation et son étendue dans les classes nombreuses d'être vivants disséminées sur le globe. Chez les *polypes* (pour s'élever du simple au composé), c'est un sac membraneux n'offrant qu'une ouverture qui sert tour à tour de *bouche* et d'*anus*. Retournez ce sac, la surface extérieure devient cavité digestive. Un peu plus de complication existe dans les zoophytes appelés *méduses*, etc. Dans les *poissons*, le canal digestif présente bien deux ouvertures et quelques organes accessoires, mais il y a moins de longueur que l'individu; les *reptiles*, au contraire, ont un tube digestif tortueux et plus long que la totalité de l'animal : il s'allonge encore et se complique d'avantage chez les oiseaux; il est terminé de plus par un *cloaque*, réceptacle commun des œufs, des matières fécales et des urines. Relativement à la classe la plus élevée de l'échelle animale, celle des *mammifères*, qui comprend l'homme, la longueur et la complication du canal de la digestion varient d'après la nature des substances alimentaires dont chaque espèce fait usage : ainsi, ce canal est moins étendu et moins considérable chez les *carnivores* que chez les *herbivores*, par la raison bien simple que les premiers font usage d'une moins grande quantité d'aliments que les seconds, et d'aliments qui, dans un volume donné, contiennent plus de substances nutritive. Quant à l'homme, qui est ce qu'on appelle omnivore ou polyphage, et qui tient le milieu entre les autres espèces, la longueur de son tube digestif est cinq ou six fois celle de son corps; il est sinueux, inégal, renflé en divers points de son étendue; il commence par l'orifice buccal (la bouche), et finit à la fin du rectum par l'*anus*; l'un de ces orifices sert à l'introduction des aliments et l'autre à l'expulsion des excréments. Le canal de la digestion chez l'homme, dont il ne nous appartient pas ici de faire connaître la composition anatomique, offre une suite d'organes creux où s'exécutent les différents temps de cette grande et importante fonction : ce sont, la *bouche*, le *pharynx*, l'*œsophage*, l'*estomac*, le *duodénum*, l'*intestin grêle*, le *gros intestin* et le *rectum*; tous communiquent directement les uns avec les autres. Il faut joindre à ces organes, et comme prenant une part accessoire à la digestion, par les fluides qu'ils lui fournissent, le *foie* et le *pancréas*; les dents, la langue et les lèvres concourent aussi, comme nous le verrons bientôt, aux premiers actes de la digestion. — *Divers temps ou périodes de la digestion, et mécanisme de cette fonction.* — Les diverses périodes de la digestion sont : 1° la *préhension*; 2° la *gustation*; 3° la *mastication*; 4° l'*insalivation*; 5° la *déglutition*; 6° la *chymification*; 7° la *chylification*; 8° l'*absorption chyleuse*; 9° et la *défécation* ou expulsion des excréments. Nous allons tracer un exposé sommaire de ces différents temps de la digestion, pour en faire bien comprendre le mécanisme, en renvoyant d'ailleurs d'avance à chacun de ces mots pour de plus amples détails. Quand l'homme et les animaux sont stimulés par le besoin à prendre des aliments, ils commencent d'abord par les explorer, soit au moyen de l'odorat, soit de la vue, soit même du toucher; et, bien que cet examen préliminaire les expose souvent à se tromper, il n'en précède pas moins dans les cas ordinaires la *préhension*, cette opération par laquelle les aliments sont saisies et portées dans la bouche de l'homme ou dans la cavité qui la représente chez les animaux inférieurs. Elle s'effectue, soit à l'aide des doigts, si puissants chez l'espèce humaine et quelques espèces d'animaux inférieurs, et de la trompe chez l'éléphant, soit par le moyen des lèvres et des dents réunies chez les animaux, dont les extrémités supérieures sont impropres à cet usage, soit enfin par le secours du bec des oiseaux ou d'autres organes particuliers à une multitude d'espèces, et qu'il serait trop long d'indiquer. Le mécanisme de la *préhension* des aliments varie selon que ces aliments sont liquides ou solides; les liquides peuvent être pris par *infusion*, par *succion* et par *projection*; les solides ne le sont guère que d'une seule manière. Ce mécanisme, pour l'une et l'autre *préhension*, consiste dans le relâchement des muscles qui meuvent et écartent les mâchoires, suivi de la contraction complexe de ces organes moteurs, qui ferment la cavité buccale et retiennent, chez l'homme et un grand nombre d'animaux (que nous prenons presque toujours pour exemple), l'aliment solide destiné à être broyé par l'appareil dentaire, chargé d'exécuter la *mastication* qui s'accomplit en même temps que la *dégustation*. Les aliments sont à peine dans la bouche qu'ils se trouvent sous l'influence immédiate du goût, espèce de sentinelle avancée, chargée d'explorer les qualités de la nourriture susceptible de flatter le palais. Au même moment les mâchoires, armées de dents dont la conformation est appropriée à la nature des substances alimentaires, se rapprochent par l'action contractile de muscles puissants et élévateurs, exécutent ensuite un autre mouvement horizontal à l'aide des muscles *ptérygoïdiens*. Par la succession répétée des contractions de ces divers muscles, la mâchoire inférieure exerce une espèce de mouvement de circomduction sur la supérieure, qui, pour nous servir de l'expression de M. Richerand, est une espèce d'enclume presque immobile, il en résulte que les aliments sont broyés le plus exactement possible entre les dents *molaires*, après avoir été divisés par les *incisives* et lacérés par les *canines* ou *lanières*. Les aliments glissant sans cesse de dessous les dents, ils y sont sans cesse ramenés sur les côtés par le resserrement des joues et par la langue dans toute l'étendue de la bouche exactement fermée; de cette manière, l'opération de la mastication se répète jusqu'à ce que ces aliments soient entièrement réduits en parcelles et imbibés des fluides muqueux de la bouche, et principalement de la *salive*, ce qu'on appelle *insalivation*, autre acte de la digestion, par lequel la substance alimentaire éprouve, d'après Haller et Tiedmann, une seconde modification. Du reste, on conçoit très bien que les instruments de la mastication doivent être appropriés à la nature des aliments qu'ils sont appelés à broyer; que le *carnivore*, l'*herbivore*, le *frugivore*, le *granivore* et le *polyphage*, doivent présenter à cet égard des différences que nous ne pouvons qu'indiquer ici, et qui se trouvent en rapport avec le mode d'action des autres parties du tube digestif. Les mouvements répétés de la mastication, la présence des aliments, sollicitée par l'appétit, excitent l'afflux des fluides muqueux ou folliculeux de la bouche et la sécrétion des glandes salivaires dont les canaux excréteurs, viennent aboutir dans l'intérieur de cette cavité; les fluides réunis, mêlés à une certaine quantité d'air, pénètrent, rendent visqueuse et ramollissent les pâtes alimentaire, si toutefois ils ne la modifient pas d'une autre manière; ils la disposent ainsi à franchir plus facilement l'arrière bouche, encore appelée l'*isthme du gosier*. Ce passage des aliments de la bouche dans le pharynx et l'œsophage, a reçu le nom de déglutition, laquelle consiste dans l'action d'avaler, de faire descendre le bol alimentaire de la bouche dans l'estomac, en traversant une ouverture quadrangulaire, fermée en haut par la *luette* et le *voile du palais*, en bas par la base de la langue, et latéralement par les piliers du voile du palais. Cet acte de la digestion est rapide, mais pourtant très complexe, en raison du grand nombre de muscles qui y concourent. Les auteurs classiques distinguent en général trois temps dans la déglutition : 1° le passage des aliments de la bouche dans le pharynx (en franchissant l'ouverture du voile du palais); 2° leur trajet du pharynx dans l'œsophage; 3° et celui de ce dernier conduit dans l'estomac. Par suite du mécanisme de la mastication et de l'insalivation, les aliments réunis sous une forme arrondie, prenant le nom de bol alimentaire, se trouvent placés sur la face supérieure de la langue; la bouche se ferme alors en devant, par le rapprochement des deux mâchoires, en sorte que le bol alimentaire n'a plus d'autre issue que l'ouverture du voile du palais. Pour l'y précipiter, la langue applique sa pointe sur la voûte palatine et forme ainsi un plan incliné, et, aidée de quelque auxiliaire, pousse le *bol* vers l'isthme du gosier; pressé par la langue contre la voûte palatine qui est résistante, celui-ci est contracté d'avance, n'éprouvant point d'obstacle de la part du voile du palais, qui est appliqué sur la voûte palatine; il entre alors dans le pharynx, qui se dilate et se porte en avant pour le recevoir, au moyen d'une action musculaire et très compliquée, que les bornes de cet article ne nous permettent pas de faire connaître avec tous ses détails. Le voile du palais, en se relevant, ferme toute communication entre le pharynx et les fosses nasales postérieures, et il empêche que les aliments ne pénètrent dans cette cavité; ce qui arrive quand cette cloison s'abaisse par suite du mécanisme de la respiration ou autrement. Tout est également disposé pour qu'aucune parcelle d'aliment ne pénètre dans le larynx. Quant aux usages de la luette dans la déglutition, faut-il croire avec les auteurs que cette appendice est une sentinelle avancée capable de juger par son mode de sensibilité, si les aliments ont les qualités requises pour être admis dans l'estomac? Cette opinion est au moins exagérée, car on empute souvent la luette sans qu'il en résulte aucun inconvénient. La partie musculaire du pharynx ne tarde pas à se contracter de bas en haut sur le bol alimentaire, et le force à pénétrer dans l'œsophage, trouvant d'ailleurs toutes les issues supérieures fermées (car l'action des agents musculaires de la déglutition est très rapide); il arrive dans ce canal, y provoque de nouvelles contractions, qui sont ici de deux espèces, à raison des fibres longitudinales et transversales qui se font remarquer dans la structure du conduit œsophagien; par conséquent, le bol alimentaire ne tarde pas à descendre dans l'estomac, favorisé d'ailleurs dans sa marche par les mucosités dont il est enduit et la direction de l'organe creux qu'il parcourt. La déglutition étant le produit d'un mécanisme compliqué, qui agit sur un grand nombre de points des matières ingérées, il en résulte que moins les matières alimentaires sont consistantes et solides, plus cet acte de la digestion est long et difficile; c'est ce qui explique pourquoi la déglutition des liquides offre plus de difficultés que celle des solides. Jusqu'alors, les aliments ayant peu séjourné dans les cavités digestives qui les ont reçus, n'ont guère subi que des modifications de forme; c'est une sorte de préparation au grand changement qui va s'opérer dans l'estomac. Cette modification capitale de la substance alimentaire a reçu le nom de *chymification*. L'estomac, où elle s'opère, est chez l'homme un organe creux conoïde, disposé en cornemuse et très propre, par la direction horizontale de son grand diamètre, à favoriser le séjour des aliments; sa conformation varie d'ailleurs dans diverses espèces : dans les *reptiles*, il n'offre ni valvules, ni cul-de-sac; chez les *poissons*, on le distingue à peine de l'œsophage; chez les *oiseaux*, il est remplacé par le *jabot* et le *gésier*, qui est un organe de trituration; les *ruminants* ont en quelque sorte quatre estomacs différents, qui sont : la *panse*, le *bonnet*, le *feuillet* et la *caillette*. La manière dont s'opère cette conversion des aliments en une pâte homogène, palpeuse, soit acide, soit alcaline, qu'on appelle *chyme*, constitue la digestion stomacale, opération dans laquelle commence à s'effectuer la séparation de la partie nutritive de l'aliment d'avec sa portion excrémentielle. Elle a été l'objet de divers hypothèses imaginées par les physiologistes; les principales sont : la *coction*, la *fermentation*, la *putréfaction*, la *trituration* et la *macération* des aliments reçus dans la cavité de l'estomac. A ces divers hypothèses abandonnées, a succédé la *dissolution* par le *suc gastrique* : ce suc, qui a été l'objet de tant de travaux, n'est pas fourni par un appareil particulier de la sécrétion, puisqu'il n'en existe pas dans l'estomac; il consiste donc dans la réunion des fluides folliculeux et perspiratoires du *ventricule*, auxquels vient se mêler une certaine quantité de salive apportée par le bol alimentaire. Les chimistes n'ont pu se trouver d'accord sur sa composition; les physiologistes ne le sont pas davantage sur son action pendant la chymification. Beaucoup d'opinions intermédiaires ont été émises entre celle de *Spallanzani*, qui considère le suc gastrique comme un dissolvant par excellence des aliments, et celle de Montègre, qui réduit à zéro le rôle qu'il joue dans la digestion. Peut-être, ici comme ailleurs, faut-il prendre le juste milieu entre ces deux opinions extrêmes, et accorder au suc gastrique, une influence dans la formation de la pâte chymeuse, et attribuer le reste à l'action nerveuse, si puissante dans l'accomplissement de presque toutes les fonctions; c'est ce que prouvent d'ailleurs, dans le cas présent, les nombreuses expériences faites sur les nerfs *vagues* ou *pneumogastriques* qui vont se distribuer à l'estomac, la ligature de ces nerfs, ou leur destruction ayant toujours arrêté ou suspendu cette importante opération. Notre opinion, mixte sur la digestion stomacale, se rapproche beaucoup de celle d'Hippocrate, qui l'expliquait par une sorte de *coction vitale*. Le temps nécessaire à la formation du chyme, à cette pénétration de l'aliment par les sucs gastriques, action vraiment mystérieuse de l'estomac sur la nourriture, varie le plus ordinairement de deux ou trois heures jusqu'à six, selon d'ailleurs l'espèce d'aliment dont l'homme fait usage : en général, les substances nourrissantes comme les viandes, séjournent plus longtemps dans l'estomac que les végétaux qui le sont moins. On a pu se convaincre de cette vérité, sur des individus affectés d'anus artificiels formés sur le trajet de l'intestin, et chez lesquels on voyait sortir des légumes à demi digérées, avant des morceaux de viandes, quoique les uns et les autres eussent été ingérés en même temps. Lorsque la mystérieuse opération de la chymification est opérée, le pylore, fermé exactement jusqu'alors, se dilate peu à peu; des contractions péristaltiques se développent de l'orifice cardiaque vers l'orifice pylorique, de concert avec celles des fibres longitudinales : réunies, elles font passer la masse chymeuse dans l'intestin duodénum, où doit s'effectuer la chylification. Là se termine l'action de l'estomac chez l'homme. Chez les *ruminants*, dont nous avons parlé plus haut, qui ont quatre cellules stomacales, dont trois communiquent avec l'œsophage, les aliments descendent dans la *panse* imparfaitement triturés par de faibles organes masticulateurs, y éprouvent une véritable macération; les contractions de l'estomac les font passer par petites portions dans le *bonnet*, qui se roule sur lui-même, enveloppe de mucosité l'aliment déjà ramolli, puis en forme une boule qui remonte dans la bouche par un mouvement antipéristaltique ou rétrograde de l'œsophage. Mâché de nouveau par l'animal, qui semble se complaire dans cette opération, le bol alimentaire redescend dans le troisième estomac (*feuillet*) puis passe dans la *caillette*, où s'achève la digestion stomacale : tel est le mécanisme de la *rumination* particulière à certains animaux, mais dont l'homme a offert quelques exemples. Pendant la digestion stomacale, on observe chez l'homme des phénomènes généraux et locaux de réaction qu'il importe de faire connaître. Relativement aux premiers, il y a d'abord un sentiment de bien-être et de contentement qui résulte du besoin satisfait, et qui se manifeste surtout dans les repas un peu nombreux et sans étiquette, par une exaltation momentanée des facultés, l'épanchement, la vivacité et la liberté de la conversation, etc.; mais aussitôt que l'appétit est entièrement satisfait, que la chymification commence, à cette vivacité, à cette loquacité bruyante, succède la satiété, le silence, l'apathie, l'engourdissement et quelquefois même le sommeil; presque en même temps naît ce sentiment de froid, d'horripilation, cette sorte de fièvre digestive qui résulte de la concentration de l'action vitale vers l'estomac, et qui s'accompagne communément d'une certaine fréquence du pouls. Quant aux phénomènes locaux, les aliments, par leur présence, augmentent la sécrétion des fluides respiratoires de l'estomac, qui les pénètrent en tous sens et les modifient. A l'action de ces sucs, se joint sans doute celle de la salive transmise au ventricule, celle de l'air avalé avec le bol alimentaire, et peut-être aussi celle d'une petite quantité de bile, quoique cela soit très douteux. Au même moment, les parois musculeuses de l'estomac impriment aux aliments de douces oscillations, qui consistent dans une série de contractions et de relâchements qu'on appelle *péristole*. Ces mouvements oscillatoires, augmentés de l'impulsion que donnent à l'estomac les mouvements du diaphragme et des côtes à chaque inspiration, concourent sans doute à perfectionner la digestion stomacale, en opérant un mélange plus parfait, une pénétration réciproque plus intime des éléments de la partie chymeuse. La série des phénomènes que nous venons de signaler ne peut avoir lieu sans un grand développement de chaleur et d'action nerveuse dans l'épigastre. C'est effectivement ce que démontre l'observation. Au sortir de l'estomac, les aliments passent dans le *duodénum*, intestin sinueux et contourné, ainsi appelé parce qu'il a environ douze pouces de longueur; hérissé à l'intérieur de valvules conniventes, il présente à l'extérieur trois courbures formant un arc de cercle à concavité inférieure droite, et à concavité supérieure gauche; il est profondément situé dans l'abdomen au niveau de la troisième ou quatrième vertèbre lombaire, etc. La masse chymeuse arrivée dans cet intestin, qu'on a appelé second estomac, s'y trouve en contact avec de nouveaux fluides folliculaires, et de plus avec la bile et le fluide pancréatique (apportés dans le duodénum par les conduits du *foie* et du *pancréas*), qui lui font subir une nouvelle élaboration et revêtir la forme dernière que doit recevoir la partie nutritive de l'aliment dans l'appareil digestif. La disposition, la fixité, l'aspect inégal, valvuleux de cet intestin, expliquent tout d'abord son importance et celle de l'acte organique qu'il accomplit pendant la progression lente du chyme dans la cavité duodénale. Les fluides dont nous venons de parler le pénètrent en tous sens de dehors en dedans, et, par un procédé dont la nature nous est inconnue, accomplissent la formation du chyle et la séparation des excréments. Des recherches et des expériences nombreuses ont été faites pour caractériser l'action *chimico-vitale* que les fluides biliaires et pancréatiques exercent sur le *chyme*. Les uns ont prétendu qu'ils étaient destinés à corriger l'acidité ou la qualité fermentescible des aliments arrivés à l'état de pâte chymeuse; d'autres, au contraire, ont cru trouver dans le produit de la sécrétion du pancréas, un principe acide, tandis que la bile était savonneuse, d'où des combinaisons ultérieures, qu'il était facile d'imaginer, etc. Tout ce que l'on peut dire de plus certain en définitive dans la thèse dont il s'agit, c'est que la *chylification* consiste dans la séparation ou le départ du chyle et des excréments sous l'influence commune de la bile et du suc pancréatique, puisque la ligature du canal cholédoque, faite par *Brodie*, a suspendu cette importante opération. Sans doute qu'il faut encore ici, comme pour la digestion stomacale, faire intervenir l'action vitale du duodénum et l'influence normale des nerfs qui vont s'y distribuer. Les chimistes eux-mêmes, comme pour se tirer d'embarras, se sont empressés d'admettre cette influence. De leur côté, les médecins, en faisant des concessions à la chimie organique, doivent avouer leur insuffisance pour expliquer catégoriquement l'action complexe de tant de substances diverses accumulées dans le court espace que présente la cavité duodénale, et réagissant sur deux fluides étrangers très composés qui y arrivent à la fois (la bile et le suc pancréatique). Le chyle et les excréments séparés parcourent ensemble l'intestin qui succède au duodénum : cet intestin est petit, flottant, pourvu à l'intérieur de nombreuses valvules; il offre des circonvolutions multipliées, et égale en longueur les trois quarts des voies digestives. Pendant un si long trajet, que la structure des parties ralentit beaucoup, le chyle est pompé par les vaisseaux absorbants chylifères qui prennent naissance à la face interne de l'intestin grêle. Les matières excrémentitielles, au contraire, cheminent successivement, poussées par la contraction des fibres circulaires de la *membrane musculeuse intestinale*, contractions qu'on a comparées à des ondulations et qu'excitent la présence de ces matières, et une grande quantité de bile qui, évidemment ici, est destinée à favoriser l'expulsion des excréments. La masse alimentaire, entièrement dépouillée de chyle, se durcit, prend une couleur brune, et commence à devenir fétide à son entrée dans le gros intestin. Le chyle est sans doute modifié, animalisé par les vaisseaux qui l'absorbent à la surface intestinale, mais il éprouve une autre grande modification de la part des ganglions mésentériques qu'il traverse après avoir cheminé un certain temps, modification qui le rend sans doute plus propre à renouveler le sang dont il est le régénérateur. Sorti des glandes mésentériques par des issues moins nombreuses que celles par lesquelles il est entré, le chyle, encore modifié dans sa nature, ne tarde guère à se jeter dans le réservoir de *Péquet* : il marche ainsi s'animalisant de plus en plus; il arrive dans le canal *thoracique* qui, comme on sait, traverse l'ouverture aortique du diaphragme, remonte dans la poitrine entre l'artère *aorte* et la veine *azigos*, et s'ouvre enfin dans la veine jugulaire gauche, près de sa jonction avec la sous-clavière. Dans tout ce trajet, le *chyle* remonte contre son propre poids, aidé par la contractibilité du canal thoracique, l'impulsion des grosses artères et les mouvements des organes respiratoires; il se mêle enfin à la masse du sang. M. Magendie pense que ce transport du chyle de l'intestin dans le système veineux dure deux ou trois heures, et que six onces de ce fluide réparateur sont versées toutes les heures dans le torrent de la circulation. Ici se termine la série des phénomènes digestifs qui ont pour but et pour fin unique la rénovation du sang, et par suite son assimilation à nos organes, pour le soutien et la conservation de la vie. Il ne nous reste plus qu'à parler de la dernière fonction du canal alimentaire, la *défécation* qui a pour objet de rejeter au dehors la partie excrémentitielle des aliments. Le point de séparation de l'intestin grêle et du gros intestin est marqué par une espèce de soupape intérieure appelée *valvule de Bauhin*, surnommée plaisamment la *barrière des apothicaires*, parce que les lavements ne parviennent presque jamais au delà de cette valvule musculo-membraneuse. Mais, en réalité, elle est destinée à empêcher le mouvement rétrograde des excréments dans l'intestin grêle. Le gros intestin, siége de la *défécation* est divisé en trois parties, qui sont : 1° le *cæcum*; 2° le *colon*; 3° le *rectum*; il forme à peine le cinquième de la longueur totale du tube digestif. Sa destination spéciale paraît être celle d'un réservoir formé pour contenir pendant quelque temps nos excréments, afin de nous soustraire, dit M. Richerand, à l'incommodité dégoûtante de les rendre sans cesse; sa structure renflée, froncée par des bandes musculaires plus courtes que le tube intestinal, explique merveilleusement cette destination, ainsi que la direction de diverses portions du colon, tour à tour ascendant, horizontal et descendant. En effet, les matières fécales, pour sortir par l'anus, sont obligées de remonter contre leur propre poids dans le *cæcum* et le *colon* ascendant, et presque partout de franchir des cellules inégales et profondes, correspondantes aux bosselures remarquables qu'on voit à l'extérieur du gros intestin. Dépouillées de quelques portions de chyle, absorbées par un très petit nombre de vaisseaux lymphatiques, ces matières se brunissent, s'épaississent, se durcissent, se moulent même dans les anfractuosités du colon, puis sont poussées par l'action musculaire percitaltique, jusque dans l'*s* du colon et le rectum, où elles font un dernier séjour avant d'être éliminées. Cette élimination ou expulsion n'est pas seulement le résultat des contractions du rectum; les efforts expulsifs du diaphragme et des muscles abdominaux lui viennent en aide pour vaincre la résistance des sphincters de l'*anus*, qui tiennent constamment cette ouverture dans un état de constriction. Le commencement de décomposition qu'éprouvent les excréments dans le gros intestin, explique leur fétidité et le dégagement des gaz, également fétides, qui précède ou accompagne l'expulsion des matières excrémentitielles (hydrogène azoté, acide carbonique, hydrogène carboné sulfuré). Nous venons de décrire la défécation telle qu'elle a lieu chez un homme sain et adulte; elle présente de nombreuses variations (ainsi que les autres périodes de la digestion) chez les enfants, les femmes, les vieillards, les malades, etc. La durée de ce dernier acte de la digestion intestinale est si variable, qu'il est impossible de la préciser; elle est relative à la sensibilité du rectum, au degré d'âcreté et de stimulation des matières fécales, à l'habitude, à la force contractile des agents d'expulsion, etc. L'accomplissement, aussi bien que le mécanisme de la digestion, n'est pas seulement soumis à l'influence des âges, des constitutions, du mode de sensibilité et d'énergie des voies digestives, de la nature des aliments, de leur manière de vivre, etc; elle se trouve encore parfaitement modifiée par l'habitude. Bien qu'il soit vrai de dire que la régularité, la constance éclairée dans l'usage des aliments choisis, et l'observation exacte des règles de l'hygiène, soient des conditions d'une bonne digestion et d'une santé florissante, on voit souvent néanmoins des individus, par suite d'une habitude longtemps contractée, mettre en oubli ces règles de régime sans en souffrir beaucoup : ainsi, on voit des gens manger avec une vitesse qui permet à peine la trituration des aliments sans avoir de mauvaises digestions; d'autres qui ne peuvent digérer au contraire, qu'autant qu'ils accomplissent lentement et méthodiquement tous les actes de la digestion, et qu'ils demeurent sous l'empire d'une sorte de périodicité invariable dans leurs repas comme dans leurs digestions. On rencontre des hommes faibles qui ne peuvent digérer qu'en mangeant peu et souvent, tandis que d'autres plus robustes, ne font avec avantage qu'un repas en 24 heures. Il en est qui ont habituellement plusieurs déjections par jour, sans que cela porte atteinte à leur santé, tandis qu'il n'est pas rare d'observer des sujets sains qui ne rendent leurs excréments qu'à des intervalles de 4, 6, 8 ou 10 jours; on sait aussi qu'un léger degré de constipation est un signe de santé. Il n'en est pas de même, toutefois, de ces interminables constipations qui durent des mois, des années, et qui finissent toujours par devenir funestes : tel fut le sort d'un malheureux officier de marine presque toujours atteint d'une constipation opiniâtre, et qui prit un jour à l'île d'*Aix* (en France), un purgatif qu'il ne rendit qu'à *Gorée* (Afrique). Si une parfaite digestion entretient l'homme dans un état de santé prospère, lui donne de la gaîté, du contentement, de la force, le dérangement de cette importante fonction est une cause de désordres nombreux dans l'économie animale. L'expérience prouve, en effet, qu'une foule d'affections nerveuses sympathiques doivent leur origine à des lésions profondes des organes digestifs. Les manifestations même les plus simples du caractère moral, ne sont pas toujours affranchies du dérangement de la digestion, et ce n'est pas toujours sans motifs qu'on a prétendu juger de l'état de cette fonction par l'accueil bon ou mauvais qu'on reçoit de certaines personnes dont l'abord ne nous est pas familier, tant est grande l'action *sympathique* et *synergique* de l'appareil digestif sur les autres organes.

DIGGES (LÉONARD), savant géographe anglais du XVIe siècle, né d'une famille ancienne à Barham, dans le comté de Kent. Il a laissé plusieurs ouvrages estimés sur la géographie et les mathématiques.

DIGGES (THOMAS), fils du précédent, fut l'un des plus grands géomètres de son temps. Il fut nommé commissaire-général des troupes envoyées par la reine Elisabeth dans les Pays-Bas. La plupart de ses ouvrages roulent sur l'application des mathématiques à l'art de la guerre. Il mourut en 1595.

DIGGES (sir DUDLEY), fils de Thomas Digges, naquit en 1583 et s'appliqua principalement à l'étude de la législation. Il fut mis à la Tour sous le règne de Charles Ier, pour la part active qu'il avait prise contre le duc de Buckingam. Il fut nommé, en 1636, maître des rôles, place que lui donna la cour pour se l'attacher, mais il en jouit peu. Il mourut la même année et sa mort fut regardée comme une calamité publique.

DIGITAIRE (*bot.*), *digitaria*, genre de plantes de la famille des graminées, Jussieu, et de la triandrie digynie de Linné; dont les principaux caractères sont : calice de deux glumes uniflores, serrées contre la corolle; corolle de deux balles dont l'extérieure embrasse l'intérieure; trois étamines; ovaire supère, surmonté de deux styles à stigmates plumeux; une graine libre à peine sillonnée. La *digitaire rouge*, *D. sanguinalis*; cette espèce croît en France, ses tiges sont couchées à leur base, redressées dans le reste de leur longueur hautes de douze à dix huit pouces, garnies de feuilles un peu velues, surtout en leurs gaînes, ses fleurs sont verdâtres, ou rougeâtres, tournées toutes d'un même côté, et disposées au sommet des tiges sur quatre à six épis placés en manière de digitations. Cette plante est commune dans les lieux sablonneux et les champs cultivés, en France et dans une grande partie de l'Europe. J. P.

DIGITAL, ALE (*t. d'anat.*), qui appartient aux doigts. *Impressions digitales*, légères dépressions qu'on observe à la face interne des os du crâne.

DIGITAL AURORE ou **PANACHÉ** (*bot.*), c'est le nom que Paulet donne au *clavaria digitellus* de Schœffer. J. P.

DIGITAL BLANC ou **LA MAIN D'HOMME** (*bot.*), c'est encore une espèce de clavaire qui imite en quelque sorte, par ses groupements, la main de l'homme. Elle est d'un blanc satiné, longue de deux ou trois pouces; ses sommités sont d'une légère teinte rousse; ses doigts, qui sont autant d'individus pressés les uns contre les autres, sont fibreux, soyeux et fragiles. Selon Paulet, on la trouve en automne, à l'Hôtel-Dieu de Paris sur les fanons qui servent à l'appareil des fractures et qui sont de bois blanc. J. P.

DIGITALE (*bot.*), genre de plantes de la didynamie angiospermie, de la famille des personnées, dont les caractères sont : calice à cinq folioles inégales, persistantes, corolle monopétale, tubulée à sa naissance, s'élargissant ensuite, plus grande que le calice, à limbe à quatre divisions, quelquefois à cinq lobes inégaux; quatre étamines inclinées ayant leurs filaments attachés à la base du tube et portant des anthères bilobées et didymes, ovaire supère, à style simple, terminé par un stigmate presque ovale, parfois à deux lames; une capsule ovale acuminée, à deux valves et à deux loges ou sont des graines nombreuses très fines d'un jaune rougeâtre. Une des plus jolies espèces est la *digitale pourprée, digitalis purpurea*, que l'on trouve aux environs de Paris dans les bois montueux; sa tige est droite, cylindrique, velue, atteignant jusqu'à deux mètres de hauteur; ses feuilles sont ovales, lancéolées, légèrement dentelées, d'un vert foncé en dessus; blanches et cotonneuses en dessous; les fleurs sont grandes en pyramides, tigrées intérieurement de taches d'un rouge foncé et entourées d'une auréole blanchâtre tranchant avec le rouge violacé de l'extérieur, elles pendent en cloches d'un seul côté de la tige. Cette plante est recherchée en médecine, pour ses qualités diurétiques, ses feuilles s'emploient en décoction contre les maladies scrofuleuses, l'hydropisie les spasmes, etc. J. P.

DIGITALE FAUSSE (*bot.*), c'est le nom que donnent vulgairement les jardiniers à la cataleptique, *dracocephalum virginianum* (V, DRACOCÉPHALE), J. P.

DIGITALE ORIENTALE (*bot.*), nom que l'on donne souvent au sesame, *sesamum orientale*, en le confondant avec une espèce de digitale qui vient dans le Levant et porte de grandes fleurs blanches. J. P.

DIGITALE PETITE (*bot.*), nom vulgaire de la gratiole commune, *gratiola officinalis*, dont les fleurs ressemblent beaucoup à celles d'une espèce de digitale à fleurs jaunes. J. P.

DIGITALE, s. f. (*pêche*), nom vulgaire des jeunes saumons, quand ils sont très petits et des pointes d'oursin fossiles.

DIGITALINE (*zool.*), genre de psychodiées microscopiques de la famille des vorticellaires, dont les principaux caractères sont : stipe fistuleux peu flexible le plus souvent dendroïde, à rameaux rigides. Les pédicules supportent une urne cylindracée, oblongue, non campaniforme, unie à la gorge où elle est uniquement tronquée présentant la forme plus ou moins régulière d'un cœur. Selon M. Bory de Saint-Vincent qui a plusieurs fois observé les digitalines, on les rencontre sur les petits crustacés aquatiques; les urnes se détachent à une certaine époque et voguent librement. On les trouve dans les eaux douces, et même dans la mer, suivant Muller. J.P.

DIGITÉ (*bot.*). On nomme ainsi les parties d'un végétal qui présentent des divisions en forme de doigt, ou dont la disposition sur un support commun offre quelque ressemblance avec les doigts de la main. Ainsi les feuilles du marronier, *æsculus hippocastanum*, du lupin, *lupinus albus*, etc., se trouvent composées de plus de trois folioles distinctes, insérées au sommet d'un pétiole commun, un épi digité est un peu écarté et réuni sur une tige commune, tels sont ceux du panic dactyle, *panicum dactylon*. Et l'on nomme digité, l'axe des graminées quand il se compose de plusieurs épis insérés sur le même point comme dans le dactyloctemon. J. P.

DIGITIGRADES (*mam.*). Ce nom a été donné par Cuvier à ceux des mammifères carnassiers, de la famille des carnivores, qui, dans la marche, appuient les doigt sur le sol ou seulement l'extrémité de ceux-ci, sans faire toucher la plante. Les principaux genres compris dans cette section, sont les chiens, les martres, et les chats qui renferment les plus forts et les plus terribles animaux tels que le lion, le tigre, etc. La marche digitigrade n'appartient pas seulement à ces carnivores, il existe beaucoup d'autres animaux qui ont le même mode de progression, tels que la plupart des rongeurs, des didelphes et des édentés. J. P.

DIGITUS ou **DOIGT**, petite mesure de longueur des Romains, seizième du pied, avait environ un travers de doigt.

DIGLADATION, s. f. (*anc. t. milit.*), escrime, duel.

DIGLITO ou **DIGLATH** (*géogr. anc.*), ruisseau de l'Asie qui coulait de la partie orientale du mont Niphate en Arménie, traversait l'Azanène et se jetait dans le Tigre.

DIGLOSSUS (*bot.*), corymbifères, Jussieu, syngénésie polygamie superflue de Linné. Genre établi dans la famille des synanthérées par Cassini, de la tribu des hélianthées près du *tagetes*, dont il n'est peut-être qu'un sous genre; il n'en diffère en effet que par sa couronne composée seulement de deux ou trois fleurs au plus situées du même côté, et entièrement ou presque entièrement cachées dans le péricline. Le *diglosse variable*, *D. variabilis*, Cass. C'est une plante herbacée probablement annuelle, haute de six pouces, glabre; à tige rameuse, un peu diffuse, tortueuse, striée; à feuilles opposées, pinnées linéaires, grèles, dont les pinnules sont linéaires, et munies de très petites dents rares, aculéiformes; à calathides portées sur de longs pédoncules grèles, axillaires et terminaux, et composées de fleurs jaunes. J. P.

DIGLYPHE, qui a deux glyphes ou gravures en creux, telles que celles qu'on pratique dans les triglyphes. Vignola a employé des diglyphes à des consoles qui entrent dans la composition d'un entablement mêlé de dorique et de corinthien, dont-il a, dit-il, usé souvent avec succès au couronnement de plus d'un édifice. Cet entablement se trouve dans son Cours d'architecture, et en termine les planches. Boffrand l'a imité dans son hôpital des Enfants-Trouvés à Paris.

DIGNA, femme de la ville d'Aquilée; après la prise d'Aquilée par les Huns, Attila leur roi ayant voulu lui faire violence, elle l'invita à monter au haut de sa maison, et se précipita en disant, *suis-moi si tu veux me posséder*.

DIGNE, qui mérite quelque chose. Il se prend en bien et en mal, *digne de croyance*, *digne de foi*, qui mérite qu'on lui donne croyance, qu'on ajoute foi à ce qu'il dit. *C'est un digne sujet*, se dit d'une personne très capable de bien remplir un emploi. — DIGNE, signifie quelquefois absolument, qui a de l'honnêteté, de la probité, qui est digne d'estime; et alors il se place toujours avant le substantif. Il se dit également d'une chose digne d'être approuvée. — DIGNE, se dit encore absolument pour grave, composé, mêlé de réserve et de fierté. Il se prend quelquefois dans un sens moqueur. — DIGNE, s'emploie très souvent aussi pour marquer proportion, convenance, conformité, rapport.

DIGNE (*Dinia*), ville de France, chef-lieu du département des Basse-Alpes, préfecture, évêché, siége d'une cour d'assises, d'un tribunal de première instance, latitude N., 44° 5' 15", longitude E., 3° 54' 4", 3,900 habitants. Cette ville est mal percée, et mal bâtie; elle a de belles promenades, une belle église, une bibliothèque, une société d'agriculture. A 195 lieues S. de Paris. Ses eaux minérales sont célèbres; elles guérissent les plaies d'armes à feu. Commerce de fruits, amandes, huiles, cire, miel, brignoles, laines, chanvres, toiles.

DIGNEMENT, selon ce qu'on mérite. Il signifie aussi, convenablement, très bien.

DIGNITAIRE, celui qui est revêtu d'une dignité.

DIGNITAIRE, s. m., grand dignitaire de l'empire se dit de chacun des titulaires des six *grandes dignités* créées par l'empereur Napoléon.

DIGNITÉ, élévation, grandeur, majesté, noblesse qui impose, gravité noble qui inspire l'admiration ou commande le respect, les égards. Il se dit des personnes et des choses, tant au sens physique qu'au sens moral. Il se dit quelquefois par dénigrement d'une affectation d'importance, de hauteur. *La dignité d'un sujet*, *d'une matière*, l'importance et la noblesse d'un sujet, d'une matière. — DIGNITÉ, se dit aussi d'un poste d'un grade éminent, d'une charge, d'un office considérable. Il se dit également, en quelques églises, de certains bénéfices auxquels est annexée quelque juridiction ecclésiastique, quelque prééminence ou quelque fonction particulière dans le chapitre, comme celle de prévôt, de doyen, de trésorier, d'archidiacre, etc., ou dans le chœur, comme celle de chantre, etc. Il se dit aussi des personnes qui possèdent ces bénéfices.

DIGOINE DU PALAIS (FERDINAND-ALPHONSE-HONORÉ, marquis de), né le 6 mai 1756, à Dunkerque, servit d'abord dans l'artillerie et dans la cavalerie où il devint capitaine en 1789, il fut député de la noblesse; il siégea parmi les plus zélés défenseurs de la monarchie et signa toutes les protestations contre le nouvel ordre de choses. Il alla rejoindre l'armée des princes, fit la campagne de 1792, et fut ensuite chargé par eux de diverses missions. Il rentra en France en 1802, et ruiné, il fut heureux d'obtenir la place d'ingénieur en chef du cadastre dans le département de l'Ardèche. Lors de la restauration il fut nommé maréchal de camp, mis à la retraite le 4 septembre 1815, et mourut à Versailles le 18 février 1832.

DIGOIRE (*anc. t. milit.*), genre d'épée dont on ne connaît pas précisément la forme.

DIGON, s. m. (*marine*), pièce de bois posée entre la gorgère et l'étrave; bâton qui porte une flamme ou un pavillon et qu'on attache au bout d'une vergue. — DIGON (*pêche*), morceau de fer barbelé ou demi-dard que l'on ajuste au bout d'une perche; les pêcheurs se servent du digon pour prendre le poisson plat entre les rochers de la basse mer.

DIGOR, ville de l'Hindoustan (*Bengale*), par 24 de latitude N. et 84 de longitude E., à 30 lieues environ de Patna. La superstition en a fait une ville sainte; son temple célèbre dans les contrées lointaines attire de nombreux pèlerins.

DIGOT, s. m. (*pêche*), petit instrument appelé aussi aiguillette, dont on se sert pour tirer du sable certains poissons de mer appelés vulgairement *manche de couteau*.

DIGRAMME (*poiss.*), nom spécifique d'un labre découvert par Commerson. (*V.* LABRE).

DIGRESSER, v. a. (*néol.*), se livrer à des digressions.

DIGRESSEUR, celui qui se livre à des digressions, celui qui aime les digressions.

DIGRESSIF, IVE, adj. (*didact.*), qui consiste dans une suite de digressions.

DIGRESSION, ce qui dans un discours est hors du principal sujet.

DIGRESSION (*ast.*), éloignement apparent des planètes inférieures au soleil. (*V.* ÉLONGATION).

DIGRESSIVEMENT, adv. (*néol.*), par digression.

DIGSULU (*ois.*). L'hirondelle du rivage, *hirundo riparia*, Linné, porte ce nom en Norwège ainsi que celui de *sand sulu*.

J. P.

DIGUE. Le sens naturel de ce mot, d'origine germanique, s'étend à toute espèce de construction destinée à s'opposer à l'effort des eaux. Il doit donc s'entendre depuis les vastes jetées qui forment l'enceinte de ports ou qui entourent leurs *darses* ou bassins jusqu'aux ouvrages les plus simples qui maintiennent les bords des rivières ou qui traversent leur lit en forme de barrage. Entre ces deux limites il y a un grand nombre de degrés qui nécessitent des procédés divers de constructions proportionnées aux efforts que les digues ont à soutenir. Les anciens ont été fort habiles dans les constructions de ce genre. Les môles antiques du port d'Ostie, dont on voit encore des vestiges, témoignent de la grandeur de leurs entreprises. Le grand môle, ouvrage avancé jusqu'en pleine mer, fut construit sous l'empereur Claude qui y employa le navire sur lequel Caligula avait fait venir d'Égypte l'un des plus grands obélisques tirés de cette contrée, et dont on présume que celui de la place Saint-Pierre, à Rome, n'est qu'un fragment. C'est le mode par enrochement ou à pierres perdues que les anciens ont principalement employé; il consistait à jeter immédiatement les matériaux dans la mer. A cet effet, on chargeait des bateaux et des navires de quartiers de roches et d'éclats de pierre, sous un volume plus ou moins gros, afin que ces fragments puissent mieux s'enchâsser les uns entre les autres, puis on les vidait à pleine mer ou bien on les faisait échouer à la place même où la construction devait s'élever. Pour mieux lier ces masses et en remplir les intervalles on faisait pareillement échouer des bateaux remplis de mortier fait avec la pouzzolane, si réputée en Italie; souvent encore on se contentait de jeter pêle-mêle le sable, le gravier fin et la pierre à chaux à demi calcinée : le mélange de ces matières s'effectuait sous l'eau; enfin le mouvement des flots, opérant sur ces masses, contribuait à leur faire prendre leur assiette et les consolidait. Si simple que fût cette méthode, elle était constamment suivie d'un plein succès. C'est encore à peu près le même procédé qu'on met en usage dans les pays situés sur les bords de la Méditerranée, et même dans nos départements méridionaux, lorsqu'il s'agit de faire des travaux de maçonnerie dans l'eau. A cet effet on entoure, par des files de pilotis et de palpanches, les espaces où l'on veut construire, puis, après avoir vidé la base et atteint le fond résistant, on jette alternativement un lit de béton et un lit de pierrailles, puis on bat la surface avec des demoiselles à long manche; on continue ainsi jusqu'au-dessus de l'eau. Ces ouvrages, terminés en automne, peuvent être utilisés au printemps suivant. C'est de cette manière qu'a été construite, en 1748, la nouvelle darse ou bassin de Toulon. Bélidor s'étonne qu'une pratique si simple, et dont les résultats sont toujours certains, soit restée exclusive aux riverains de la Méditerranée, tandis qu'elle aurait pu être imitée avec avantage sur les côtes de l'Océan, où l'abondance du galet pourrait la rendre encore moins dispendieuse. Le vœu de Bélidor a été réalisé dans notre siècle aux constructions maritimes de Cherbourg, de Brest et d'autres ports qui en fournissent des exemples. Cependant, jusque-là, l'usage avait fait prévaloir sur les côtes de l'Océan et de la Manche la pratique des encaissements en charpente et des fascinages. Ce procédé consiste, après avoir piloté l'espace où l'on veut établir une digue et avoir rempli les intervalles des pilots avec des fascines, à élever sur cette base des ouvrages en charpente dont la coupe transversale ou section verticale a la forme d'un trapèze ayant ses côtés divergents, opposés au choc des eaux, et inclinés sous un angle de 45° environ. Les divers châssis de charpente sont assemblés à peu près à la manière des combles des fermes, avec cette différence, qu'au lieu de se terminer en triangle ils sont tronqués à leur partie supérieure pour former le sol de la jetée. Ces châssis sont, en outre, fortement scellés entre eux par des poutres horizontales situées dans le sens longitudinal et qu'on nomme *entretoises*. Cet ensemble de pièces de bois est encore maintenu par des liens arrangés en croix de Saint-André. Cela fait, on remplit les intervalles des bois avec des maçonneries ordinairement de blocage, dont la condition essentielle est d'être bien unies par d'excellent mortier de chaux hydraulique (*V.* MORTIER), sans quoi le choc des eaux ruinerait promptement l'ouvrage. On conçoit que ce mode de construction soit fréquemment usité sur les bords de l'Océan et de la Manche, où son exécution est rapide et facile pendant la marée basse, et l'on conçoit aussi qu'il ne soit point employé dans la Méditerranée, où le reflux est peu sensible. Cette remarque répond à l'observation de Bélidor, que nous avons rapportée plus haut. Au demeurant, les constructions de ce genre, lorsqu'elles sont bien faites, ont une durée indéfinie. On cite comme ouvrage remarquable de cette sorte les jetées de Dunkerque, dont les plans furent soumis à l'examen de Vauban et approuvés par ce célèbre ingénieur. Généralement les constructions de tous nos ports des départements septentrionaux, ceux de la Belgique et de la Hollande, se rapportent plus ou moins à cette méthode. Les fameuses digues de la Hollande sont aussi faites de cette manière. Le côté opposé à la mer est un plan incliné soutenu par un terre-plein immense, que retiennent en outre d'énormes murs de revêtements ou des systèmes combinés avec des étrésillonnements en charpente. L'imagination est effrayée lorsqu'on pense qu'en certains endroits ces espèces de remparts, sur lesquels il existe des habitations, résistent à des masses d'eau de cent pieds de hauteur et fréquemment agitées par les tempêtes; mais en même temps l'esprit est émerveillé du génie de l'homme, qui est parvenu à ravir à l'Océan des espaces immenses, et à transformer des marais jadis infects et déserts en vallées fertiles et populeuses. L'entretien de ces gigantesques ouvrages est, en Hollande, une des dépenses les plus fortes pour l'État, mais aussi c'est une des sources les plus abondantes de sa prospérité. Il n'est pas sans exemple, cependant, que des ruptures partielles aient eu lieu, qui ont amené d'épouvantables désastres; mais que sera-ce, grand Dieu, lorsque les temps seront accomplis et que la civilisation aura disparu de ces contrées? Quelle horrible revanche l'Océan reprendra, pour punir la témérité de l'homme qui a osé lui imposer une barrière! Lequel des deux est le plus exposé, de l'insouciant napolitain qui repose tranquillement à la base et sur les flancs d'un volcan brûlant, ou du stoïque habitant du Zuydersée que n'émeut point le mugissement des vagues grondant sur la cime des digues : l'un et l'autre peuvent être engloutis tout-à-coup dans un affreux cataclysme. Les principes d'après lesquels les grands ouvrages dont nous venons de parler ont été construits sont aussi ceux que l'on applique, mais sur une moins grande échelle, aux constructions analogues sur les rivières et les étangs. Dans ces circonstances, on remplace souvent les masses dispendieuses de maçonnerie par des fascinages garnis en terre, les joncs et les roseaux qui poussent dans leurs interstices contribuent à leur solidité. Nous ne suivrons point l'art dans ces détails, dont on peut se faire facilement une idée, et sur lesquels nous pourrons d'ailleurs donner encore quelques développements aux mots ENCAISSEMENT, PERTUIS, VANNE, etc.

DIGUEMENT, s. m. (*néol.*). Il se dit de l'ensemble des digues construites au bord de la mer ou d'un fleuve.

DIGUER, v. a. (P. et ch.), faire une digue. — **DIGUER**, v. a. (*manége*), *diguer un cheval*, lui donner de l'éperon.

DIGUÉ, ÉE, participe.

DIGUIAL, s. m. (*pêche*), sorte de grand filet terminé par une nasse, que les pêcheurs établissent au pied des digues. On dit au pluriel *diguiaux*.

DIGYNIE (*bot.*), le candondre du système sexuel de Linné, dans lequel rentrent tous les végétaux qui ont deux pistils. Ce mot, formé du grec, signifie deux organes féminins. Dans ce système, toutes les fleurs pourvues de deux ovaires, de deux styles ou de deux stigmates appartiennent à la digynie. Tels sont les œillets, l'orme, qui n'ont qu'un ovaire, mais deux styles ou deux stigmates. De Jussieu ne reconnaît pour digynes que les plantes qui, comme les ombellifères ont deux ovaires. J. P.

DIHA, royaume d'Afrique (*Guinée supérieure*). Il s'étend le long de l'Ouola, au N. du royaume d'Okondi. Les voyageurs ne l'ont pas exploré.

DIHELCE, s. f. (*astre*). Il se dit quelquefois de l'ordonnée de l'ellipse terrestre, quand cette ordonnée passe par le foyer où se trouve le soleil.

DIHEXAÈDRE, adj. des 2 g. (*minér.*). Il se dit des cristaux dont les faces prolongées donneraient deux solides hexaèdres.

DIHIOVED, grand village d'Afrique (*Nigritie*), dans le pays de Banau. Il est situé sur le lac Débo, à l'endroit où le Dioliba prend naissance. Ses habitants sont Poulahs, nègres intéressants qui ne savent point refuser l'hospitalité, qui vivent paisibles chez eux, jouissant des biens que le ciel leur envoie, attendant ceux que Mahomet leur a promis.

DIHYDRIQUE, adj. des 2 g. (*chimie*). Il se dit de composés contenant deux fois autant d'hydrogène qu'un autre composé du même genre.

DIIAMBE, s. m. (*littér. anc.*), pied des vers grecs ou latins composé de deux ïambes, c'est-à-dire de quatre syllabes, dont la première et la troisième sont brèves, la seconde et la quatrième longues. On dit aussi *double ïambe*.

DIÏAMBIQUE, adj. (*littér.*), qui appartient à l'ïambe.

DIIPOLIS (Ζευς, Διος, Jupiter, πολις, ville), fêtes grecques en l'honneur de Jupiter Polius (protecteur des villes).

DIJON et **DIJONNAIS**. Le *Dijonnais* était un pays du duché de Bourgogne, baillage qui renfermait ceux de Dijon, de Baune, de Nuits, d'Auxonne et de Saint-Jean-de-Losne. Il était borné au nord par la Champagne, à l'est par la Franche-Comté, au midi par le Châlonnais, et à l'ouest par l'Auxois et le pays de la Montagne. On lui donnait 18 lieues du nord au midi, et 10 dans sa plus grande largeur, de l'est à l'ouest (*V.* département de la Côte-d'Or). Il forma pendant près de deux siècles un comté particulier. Manassès, premier comte de Dijon, en l'an 900, était le second fils de Manassès dit le Vieux, comte de Châlons. Valon, le second de ses petits-fils, est la tige de la maison de Vergy. La postérité masculine de Manassès posséda le comté de Dijon, selon l'ordre de primogéniture, jusqu'en 1082, que Létalde, dernier comte, étant mort sans enfants, et sa race même étant entièrement éteinte, Eudes Ier, duc de Bourgogne, réunit à son duché le comté de Dijon. La ville de Dijon est appelée en latin *Divionense castrum*, *Dibio*, *Divio*, noms que l'on a voulu dériver du celte, en affirmant qu'il se composait de deux mots de cette langue, *div*, deux, et *ion*, eau, rivière, lesquels indiqueraient effectivement la position de cette ville, entre deux cours d'eau, la rivière de l'Ourche et le torrent de Suzon. Plusieurs savants ont soutenu que Dijon existait en effet sous les Celtes, et la découverte de quelques monuments druidiques ou autres, est venue à l'appui de leur opinion; mais, selon d'autres écrivains, Marc-Aurèle fit bâtir cette ville sur les ruines d'Ongue, dont le nom signifiait en langue celtique *Bourg des dieux*, et il lui donna, conformément à cette étymologie, le nom de *Divio*. Quoiqu'il en soit du plus ou moins d'antiquité de cette ville, il est incontestable qu'elle fut importante sous la dénomination des Romains, qui l'embellirent de nombreux monuments, presque tous renversés ensuite par la ferveur des premiers chrétiens, et remplacés alors par de plus humbles constructions religieuses. Ravagée par les Barbares, Dijon fut, sinon la capitale, du moins une des principales cités du premier royaume des Bourguignons. Cette ville fut détruite par un incendie, en 1137; rebâtie 20 ans après. Dijon, depuis l'an 1179 jusqu'à la mort de Charles-le-Téméraire, fut la résidence la plus habituelle des ducs de Bourgogne, qui se plurent à l'embellir. Elle est située dans une belle et fertile plaine, sur la rive gauche de l'Ouche, qui y fait mouvoir plusieurs usines, et sur la petite rivière de Suzon, qui, par son cours souterrain dans plusieurs quartiers, contribue beaucoup à la propreté qu'on y remarque. Elle est bien bâtie, a de belles promenades, des places publiques vastes et nombreuses, ornées d'édifices assez remarquables; ses remparts, plantés de beaux arbres, offrent des points de vue pittoresques, et non loin de là passe le canal de Bourgogne (*V.*). Son château est l'ouvrage de Louis XI, qui le fit élever pour se maintenir en possession de la Bourgogne. En 1512, Louis XII, étant mort à Dijon, donna des ordres pour l'achever, et il était à peine terminé, lorsqu'en 1513 il fut assiégé par les Suisses. Il soutint encore une espèce de siége dans les troubles de la fronde. Plusieurs fois la mairie, les échevins, les élus et le parlement sollicitèrent la démolition d'une forteresse qui, loin de protéger la ville, lui nuisait toujours; mais on ne leur accorda jamais leur demande. Ce château devint, dans le XVIIIe siècle, une prison d'État; la duchesse du Maine, Mirabeau et le chevalier d'Eon y furent quelques temps enfermés; c'est aujourd'hui une caserne de gendarmerie. Le *Logis-du-Roi*, palais situé sur une belle place en forme de fer à cheval, qui était autrefois décorée d'une statue équestre de Louis XIV, a succédé à l'ancien château des ducs, dont faisait partie la haute tour carrée dite la *Terrasse*, qui sert aujourd'hui d'Observatoire; mais d'ailleurs la plus grande partie de ce château devint la proie des flammmes, en 1502. D'autres désastres l'avaient tellement endommagé qu'il fut remplacé par un nouveau palais destiné à la tenue des États de Bourgogne et à la résidence des princes de Condé, héréditairement pourvus du gouvernement de la province. Ce bâtiment, terminé en 1784, reçoit aujourd'hui diverses destinations. L'église de saint Bénigne fut fondée, dit-on, par le roi Gontran, et son ancienne abbaye fut longtemps considérée comme un chef-d'œuvre. La primitive église, élevée en l'honneur de saint Bénigne, fut cette rotonde si célèbre par l'élégance de sa construction, composée de trois églises bâties l'une sur l'autre, décorée de cent quatre colonnes de marbre blanc d'une délicatesse admirable; elle avait été construite par saint Grégoire, évêque de Langres, dans le Ve siècle, et fut démolie pendant la révolution. Au couchant de cette église fut élevée, sur la fin du XIIIe siècle, la basilique actuelle, qui a souffert aussi quelques mutilations en 1793. La flèche, d'une remarquable hardiesse, s'élève à 70 mètres au-dessus de la voûte, et à 98 mètres au-dessus du sol. C'était dans cette église que les ducs et les rois venaient prendre possession du duché de Bourgogne et juraient au pied des autels la conservation des priviléges de l'abbaye, de la province et de la ville; ensuite ils recevaient l'anneau ducal de la main de l'abbé de saint Bénigne, et les députés des villes leurs prêtaient serment de fidélité. En ce qui concerne cette fidélité, le maire de Dijon, passant une écharpe blanche à la bride du cheval du duc, le conduisait à la sainte chapelle pour y jurer également la confirmation des priviléges de cette église. L'église Notre-Dame, bâtie au XIIIe siècle, est un chef-d'œuvre d'architecture gothique; Vauban disait qu'il ne lui manquait qu'une boîte pour la renfermer; Soufflot l'admirait tellement qu'il en avait fait faire l'imitation en bois dans toute sa proportion, comme un modèle d'élégance et de légèreté. L'église Saint-Michel, qui portait jadis le titre de Basilique, date de 898. Dijon, aujourd'hui chef-lieu du département de la Côte-d'Or (*V.*) et de la 18e division militaire, possède un siége épiscopal, une cour royale, une académie universitaire avec les trois facultés de droit, des lettres et des sciences, une riche bibliothèque, un musée, un observatoire, un jardin de botanique, une académie des sciences, belles-lettres et arts, une école des chartes, etc., etc. Elle a vu naître saint Bernard, Bossuet, Crébillon, Piron, Rameau, Longepierre, Papillon, Fréret, Lamonnoye, le président Jeannin, Daubenton, Bret, Clément, Cazotte, Guiton de Morveau, etc., etc. Sous le rapport industriel, on cite ses fabriques de draps, bonneteries, couvertures de laine, vinaigre, moutarde, eau-de-vie, huiles, bougies, faïenceries, tanneries, etc. Dijon fait le commerce de grains, vins, chanvres, laines, cuirs, épiceries, etc. Sa population est d'environ 24,000 habitants. A. S. R.

DIKAIA PIKALIZA (*ois.*). Le pluvier social, *charadrius gregarius*, Linné, porte en Sibérie ce nom et celui de *pischik*. J. P.

DIL (*pharmac.*), abréviation employée dans les ordonnances médicales pour le mot latin *diluatur*, que cela soit délayé; *délayez*.

DILACÉRATION, action de dilacérer, déchirement. Il ne se dit guère qu'en termes de chirurgie.

DILACÉRER, déchirer quelque chose, mettre en pièces avec violence. Il ne se dit qu'en termes de chirurgie.

DILADILA (*bot.*). Camelli cite ce nom comme celui d'un arbre des Philippines, qui a un fruit ovale, aplati, contenant une seule graine, de même forme, attachée par le côté. Ce caractère lui donne beaucoup d'affinité avec quelques légumineuses, et particulièrement avec le pungam, *pungamia* ou avec l'*andira*. J. P.

DILANIATEUR, TRICE, adj. (*phys.*). Il se dit de l'effort que fait la poudre en s'enflammant pour vaincre la résistance des corps qui l'emprisonnent.

DILAPIDATEUR, TRICE, qui dilapide, qui dépense follement. Il s'emploie aussi comme substantif.

DILAPIDATION, dépense excessive et désordonnée.

DILAPIDER, dépenser avec excès et avec désordre.

DILATABILITÉ (*t. de physique*), faculté que possèdent tous les corps de pouvoir, sans se désagréger, admettre des variations plus ou moins étendues de distance entre les particules matérielles qui les composent.

DILATABLE (*t. de physique*), qui est susceptible de dilatation.

DILATANT (*t. de chirurgie*). Il se dit des corps qui servent à dilater ou à tenir libres et béantes certaines ouvertures naturelles, accidentelles ou artificielles.

DILATATEUR, adj. (*anat.*). Il se dit des muscles qui servent à dilater ou agrandir une cavité du corps.

DILATATEUR (*t. de chirurgie*), instrument dont on se sert pour ouvrir et dilater une plaie, pour agrandir une ouverture.

DILATATION (*arts mécaniques*), effet par lequel un corps prend un plus grand volume, sans recevoir aucune matière additive, sans changer de poids. Ce mot est opposé à *condensation*, qui signifie accroissement de *densité*. Les corps qui se dilatent deviennent moins denses. (*V.* POIDS SPÉCIFIQUE.) Deux causes changent les volumes des corps, la *pression* et la *chaleur*. Les gaz occupent moins d'espace lorsque, renfermés dans un vase flexible, la pression extérieure augmente. La chaleur produit l'effet inverse; le volume s'accroît d'une quantité qui varie pour les divers corps soumis à une même augmentation de température. La pression ne produit aucun effet sur le volume des fluides, parce qu'ils sont incompressibles, du moins dans les limites des expériences. Sur les solides elle ne peut guère s'exercer que mécaniquement, et par conséquent elle peut bien comprimer les corps, mais non les dilater en cessant son action, si ce n'est par l'effet de l'*élasticité*. Mais les gaz et les vapeurs sont sans cesse exposés à varier de volume sous l'influence des changements de pression atmosphérique; c'est alors la *loi de Mariotte* qui sert à en calculer les effets. Cette loi consiste en ce que les *volumes occupés par des gaz sont en raison inverse des pressions qui agissent sur eux*. Bien entendu qu'on suppose que le gaz est libre dans l'air ou contenu dans un vase flexible. Quant à la chaleur, ses effets sont si grands, si marqués, que nous sommes sans cesse appelés à leur résister ou à les seconder, selon les circonstances. La table suivante fait connaître l'allongement que subissent diverses barres qui ont l'unité pour longueur, en passant de 0, à 100 degrés du thermomètre centigrade: on y voit par exemple qu'un fil de fer s'allonge pour 100° de variation de température d'environ 0,0012 de sa longueur. On remarquera que lorsqu'un métal est écroui, ou tiré à la filière ou au *banc*, il est plus dilatable, sans l'influence de la chaleur, que lorsqu'il est simplement fondu et coulé, ou même forgé. Quoiqu'il ne soit pas exact de dire que *la dilatation se fait proportionnellement à la température*, cependant on peut admettre cette proposition pour les corps solides dans de certaines limites et principalement de 0 à 100°; mais vers le terme de la fusion les choses ne se passent plus ainsi. La dilatation du laiton pour 100° étant 0,00188, elle sera donc de 0,000188 pour 100. Une règle de trois fera toujours connaître l'allongement qui répondra à une température désignée; soit a la *dilatation linéaire* d'une substance pour 100°, et l'unité de longueur (a est le nombre de notre table), pour une variation de t degrés centigrades, la variation sera donnée par cette proposition: Si 100° produisent a, combien t degrés? La dilatation qu'éprouve la longueur l est donc $=0{,}01 \times a\,t\,l$, en sorte que l est devenu pour t degrés.

$$x=l\,(1+0{,}01\times at)\ldots.\ (1)$$

Si l'on considère une surface s, comme ses deux dimensions éprouvent la dilatation linéaire, il en résulte une aire s' semblable à la première; ces aires s et s' sont entre elles comme les carrés de leurs dimensions l et x, savoir: $s : s' :: l^2 : x^2$; or, en négligeant le carré de a, qui est fort petit, $x^2=l^2\,(1+0{,}02.\ at)$; ainsi l'accroissement de surface est $s'-s=0{,}02\times ats$, savoir $s'=s\ (1+0{,}02\times at)$. On verrait de même, en négligeant a^2 et a^3, qu'un volume v devient $v'=v\ (1+0{,}03\times at)$, pour t degrés. En comparant ces résultats à l'équation (1), on reconnaît que cette formule de la dilation des lignes est applicable aux surfaces et aux volumes représentés par l, pourvu qu'on remplace la grandeur a donnée par la table, par $2a$ dans le deuxième cas, par $3a$ dans le troisième.

Table des dilatations linéaires de quelques substances, depuis 0° jusqu'à 100° du thermomètre centigrade.

SUBSTANCES.	VALEURS de a	OBSERVATIONS.
Verre de Saint-Gobain	0,00089089	Lavoisier et Laplace.
Verre sans plomb	0,00089694	
Flint glass anglais	0,00081166	
Cristal avec plomb	0,00087199	
Cuivre (rouge)	0,00171733	
Cuivre jaune (laiton)	0,00187821	
Fer doux forgé	0,00122045	
Fer tiré à la filière	0,00123504	
Acier non trempé	0,00107915	
Acier trempé jaune recuit	0,00123956	
Plomb	0,00284836	
Étain des Indes	0,00193765	
Étain de Falmouth	0,00217298	
Argent de Caupelle	0,00190974	
Argent de 0,9 de fin	0,00190868	
Or de départ	0,00146606	
Or de 0,9 de fin	0,00155155	
Or tiré à 18 carats	0,00140902	Breguet.
Or fondu, *idem*	0,00152812	*Idem.*
Mercure dans un tube de verre	0,01587300	Biot.
Alliage moitié plomb et étain	0,00312671	Breguet.
Zinc coulé	0,00224795	*Idem.*
Zinc tiré à la filière	0,00304553	*Idem.*
Platine	0,00085655	Borda.

Notre formule est établie pour le thermomètre centigrade; si l'on se sert de celui de Réaumur, on remplacera le facteur 0,01 dans l'équation; (1) par $\frac{1}{80}=0{,}0125$. Les liquides éprouvent des effets de même nature que les solides, par l'influence de la chaleur. On trouve que de 0 à 100 degrés, la dilatation est (*V.* Phys. math. de M. Biot, 1, p. 210.):

Pour l'eau, de 0,045=*t*3 de son volume à zéro;

Pour l'alcool, de $0{,}1100=\frac{1}{9}$;

Pour le mercure, de $0{,}018018=\frac{2}{10}$.

Pour les huiles fixes, $0{,}08=\frac{2}{25}$

Toutefois les volumes ne varient proportionnellement aux températures que dans des limites beaucoup plus resserrées que pour les solides. Il nous reste maintenant à parler de l'effet de la chaleur sur les gaz. Il suit des expériences de MM. Gay Lussac et Dalton que, lorsque la pression reste la même pour chaque degré de température centigrade, quels que soient les gaz, leurs volumes varient de 0,00375 ou $\frac{3}{800}$ de celui qu'ils occupent à *la température* 0. Les vapeurs sont soumises à la même loi, tant qu'elles peuvent exister à cet état, eu égard à la pression et à la température qui les affecte. Pour comprendre à la fois les variations de chaleur et de pression dans la même formule, soient v et v' des volumes d'un gaz sec aux températures centigrades respectives t et t', et sous les pressions p et p', mesurées par les colonnes de mercure du baromètre, la loi précédente, combinée avec celle de Mariotte, donne l'équation

$$p\,v\,(1+0{,}00375\,t') = p'\,v'\,(1+0{,}00375\,t')\ldots (3).$$

DILATER, élargir, étendre. Il se dit particulièrement, en physique, de ce qui augmente un volume d'un corps et lui fait occuper plus d'espace, en écartant ses particules matérielles sans les désagréger. Il s'emploie souvent avec le pronom personnel.

DILATOIRE (*t. de procédure*), qui tend à prolonger un procès, à retarder le jugement.

DILATOIREMENT, adj. (*prat.*), d'une manière dilatoire, avec des délais ou retards.

DILATRIS (*bot.*), genre de plantes monocotylédones, à fleurs incomplètes, de la famille des *iridées*, de la tryandrie monogynie de Linné, offrant pour caractère essentiel : corolle velue, à six divisions très profondes, persistantes; trois étamines fertiles: une anthère plus longue que les autres, portée sur un filament plus court; trois autres filaments stériles et fort courts, un ovaire inférieur; un style; un stigmate simple. Le fruit est une capsule globuleuse, très velue, à trois loges, à trois valves, une semence dans chaque loge. — Ce genre se distingue par ses fleurs velues extérieurement, disposées en corymbe terminal et en panicule. On distingue l'espèce suivante : *Dilatris à corymbes*, Thumb., *D. umbellata*, Linné. Cette plante est toute blanchâtre et velue, à l'exception des feuilles; celles-ci sont assez semblables à celles des souchets; fleurs de couleur purpurine, disposées en corymbe rameux, presque ombelliformes. J. P.

DILAVEZ-PACHA fut fait grand visir par le sultan Othman II, en 1620. La révolution de 1622, qui amena la catastrophe du malheureux Othman, causa aussi la mort de son grand visir. La révolte ayant commencé par l'attaque du palais de ce seigneur, il se présenta seul à la multitude furieuse, dans l'espérance de l'apaiser, mais il fut aussitôt mis en pièces, et périt ainsi victime de son courage.

DILAYER, différer, remettre à un autre temps. Il est vieux et ne se dit qu'en parlant d'affaires. Il est quelquefois neutre, et alors il signifie user de remise.

DILECTION (*t. de dévotion*), amour, charité. — DILECTION est aussi un terme dont le pape et l'empereur d'Autriche se servent en écrivant à certains princes.

DILEG DILI (*bot.*). Suivant Dalechamps, les Arabes donnent ces deux noms au pastel, *isatis tinctoria*. J. P.

DILEGINE (*bot.*). Micheli désigne sous ce nom les champignons du genre *agaricus*, qui sont tendres, frêles, à tiges minces et qui se réduisent en eau. J. P.

DILÉMITE, s. m. (*hist.*), nom par lequel on désigne quelquefois les princes Bouides, parce que Bouiah, auteur de cette race, était né dans la province de *Dilem*.

DILEMMATIQUE, adj. (*didact.*), qui est de la nature du dilemme.

DILEMME, sorte d'argument qui contient deux ou plusieurs proportions différentes ou contraires, dont on laisse le choix à l'adversaire pour le convaincre également, quelle que soit celle qu'il adopte.

DILEPYRUM (*bot.*), genre de plantes monocotylédones, à fleurs glumacées, de la famille des graminées, de la triandrie digynie de Linné, qui a des rapports avec les *agrostis*, et se caractérise par un calice à peine visible, uniflore, à deux valves frangées ou dentées; une corolle à deux valves, pileuses à leur base; la valve extérieure munie d'une arête; trois étamines; deux styles, une semence libre. Ce genre est le même que le *muhlenbergia* de Willdenow. *Dilepyrum à petites fleurs*, *D. minutiflorum*, à tiges très grêles, un peu rameuses, feuilles planes, étroites linéaires; fleurs disposées en une panicule capillaire, allongée, très étroite. Cette plante croît dans les prairies sèches de l'Amérique septentrionale. J. P.

DILETTANTISME, s. m. (*néol.*), goût très vif pour la musique, et particulièrement pour la musique italienne.

DILHERR (JEAN-MICHEL), savant philologue et théologien protestant, né en 1604, à Themar, comté d'Henneberg. D'abord domestique à Leipsig; à force de bonne conduite et de travail il devint professeur d'éloquence à Iéna, en 1631, et de théologie en 1640. Il obtint ensuite la même chaire à Nuremberg, où il fut nommé premier pasteur, en 1646. Il mourut le 8 avril 1669, bibliothécaire de cette ville.

DILIGEMMENT, promptement, avec diligence. Il signifie aussi avec soin, exactement. Ce sens est moins usité que le premier.

DILIGENCE, promptitude, prompte exécution. *Faire diligence, faire grande diligence*, faire une chose promptement. Cela se dit plus ordinairement en parlant de voyage. — DILIGENCE, signifie particulièrement poursuite, surtout en termes de procédure, *faire acte de diligence*, marquer que l'on s'est mis en devoir de faire quelque chose. *A la diligence d'un tel*, sur la demande, à la requête d'un tel. On dit souvent aussi dans les exploits, *poursuites et diligences d'un tel*, surtout lorsqu'on y parle d'une personne qui agit au nom d'une autre. — DILIGENCE, signifie quelquefois, dans le langage ordinaire, soin vigilant, recherche exacte. — DILIGENCE se dit encore d'une grande voiture publique qui part à des jours et à des heures fixes, et qui ordinairement va vite. Il ne désigne plus aujourd'hui que des voitures de terre; autrefois on le disait aussi de certaines voitures d'eau (*V.* MESSAGERIES). Fig. et fam., *c'est la diligence embourbée*, se dit d'une personne très lente dans ce qu'elle fait.

DILIGENTE, ENTE, prompt à ce qu'il fait, qui se dépêche, qui fait ou qui va vite. Il signifie aussi soigneux, laborieux, vigilant. Il se dit quelquefois des choses dans des sens analogues.

DILIGENT, ENTE, *partie la plus diligente* (*jurisp.*), la partie qui agit la première dans une poursuite dont le droit lui était commun avec d'autres. — DILIGENT, s. m. (*technol.*), machine qui sert à dévider l'or en brins.

DILIGENTER, hâter, presser. Il s'emploie aussi avec le pronom personnel dans le sens d'agir avec diligence. Il s'emploie quelquefois dans le même sens, comme neutre. Ce mot est familier.

DILIVAIRE, *dilivaria* (*bot.*), genre de plantes dicotylédones, très rapproché des *acanthes*, de la famille des *acanthacées* de la *didynamie angiospermie* de Linné, offrant pour caractère essentiel : calice à quatre divisions, entouré de trois bractées un peu imbriquées et arrondies, ainsi que les divisions du calice; une corolle labiée; le tube court, resserré, fermé par des écailles; quelques dents à la place de la lèvre supérieure; l'inférieure très ample, à trois lobes sensibles; quatre étamines didynames; un style; un stigmate très simple; une capsule ovale à deux loges; une ou deux semences dans chaque loge. Ce genre a été séparé des acanthes par M. de Jussieu. — *Dilivaire à feuilles de houx*, *D. ilicifolia*, plante qui croît dans les lieux humides et fangeux des Indes orientales. Ses tiges sont dures, cylindriques, garnies à leurs nœuds d'épines courtes et quaternées; les feuilles sont alternes, longues de deux ou trois pouces, sinuées à leurs bords; les fleurs purpurines disposées en épis terminaux. J. P.

DILLÉNIACÉES (*bot.*), famille de plantes dicotylédones, polypétales hypogynes, qui prend place entre les renonculacées et les magnoliacées. Cette famille se divise en deux tribus, la première, les délimacées, dont le genre delima est le type, ont les filaments de leurs étamines dilatés à leur sommet, et portent des anthères arrondies. La seconde tribu, les dilléniées, qui ont pour type le genre dillemia, n'ont pas leurs filets élargis, et ont des anthères très allongées. Les plantes qui forment cette famille sont pour la plupart propres aux pays chauds. J. P.

DILLÉNIE, *Dillenia* (*bot.*), genre de la polyandrie polygynie de Linné, et dédié par ce dernier au botaniste allemand J. Dillen. Toutes les espèces de dillénies sont propres à l'Asie méridionale, et présentent pour caractères : calice à cinq folioles, persistant, corolle à cinq pétales grands, étalés, arrondis; étamines libres, disposées sur plusieurs rangs, ayant leurs anthères allongées; vingt ovaires ou capsules oblongues multiloculaires, attachées circulairement à un grand réceptacle charnu, cernel, remplies d'une substance pulpeuse, à la superficie de laquelle on voit de petites graines nombreuses. La *dillénie élégante*, *D. speciosa*, l'une des plus belles plantes du genre est originaire de Ceylan, du Malabar et de Java. C'est un arbre à rameaux épais, étalés, chargés de grandes feuilles d'un vert foncé, dentées en scie, analogues à celles du châtaignier; ses fleurs sont blanches, solitaires, et font place à une baie d'une saveur acidule, que les Indiens recherchent pour l'employer dans leurs condiments. On mange aussi cuits ou crus les fruits de la *dillénie dorée*, qui sont plus gros et d'une *saveur plus douce*. J. P.

DILLENIUS (JEAN-JACQUES), médecin allemand, l'un des plus savants botanistes du XVIIIe siècle, fit ses études à l'université de Giessen. Il fut reçu très jeune docteur et memb de la Société des Curieux de la nature. Dans les mémoires de cette société, Centurie IX, observat. 43, il exposa les expériences qu'il avait faites sur l'opium, qu'il avait retiré du pavot d'Europe, et fit voir qu'il pourrait remplacer celui qu'on faisait venir d'Orient. En 1719, il publia son *Catalogus plantarum, circa Giessam nascenitum, in-8°*. Les figures étaient dessinées et gravées par lui-même. Dans cet ouvrage, assez estimé, on reproche à Dillen d'avoir mis la méthode de Raifort au-dessus de celle de Tournefort. Dillen ne pouvant espérer de se faire en Allemagne une position indépendante accepta les propositions que lui faisait un riche particulier, nommé Guillaume Sherard, amateur distingué de la botanique, de venir s'établir en Angleterre. Il fut chargé, aussitôt arrivé à Londres, en 1721, de publier une nouvelle édition du *Synopsis plantarum Angliæ*. Il enrichit cette édition de plusieurs planches dessinées et gravées par lui-même. Jacques Shérard, frère de son protecteur, possédait, à la campagne d'Etham, dans le comté de Kent, une riche collection de plantes vivantes; Dillenius en publia la description en 1732, c'était un des plus magnifiques ouvrages qui eussent été publiés jusqu'alors. Mais ce qui mit le comble à sa réputation, ce fut l'*Historia muscorum*, traité le plus complet qui ait été publié sur une partie du règne végétal. Dans les figures, qui forment 85 planches, il se surpassa comme dessinateur et comme graveur. La plupart des épreuves de cette première édition furent perdues par un naufrage, mais Jean Millan en donna une seconde édition en 1768. Il fut lié avec les principaux botanistes de son temps, et principalement avec Haller, qui partageait ses opinions en botanique. Il n'en fut pas de même avec Linnée, Dillenius, nourri dans les vieilles habitudes, ne goûta pas les changements nombreux que le naturaliste suédois voulait introduire dans la science. Sur la fin de ses jours, Dillenius fut affligé d'un embonpoint excessif. Il fut frappé d'apoplexie et mourut à Oxford le 2 avril 1747.

DILLON (ARTHUR, comte de), naquit en Irlande, dans le comté de Roscommon, en 1670. Il était troisième fils de Théobald lord Dillon, pair d'Irlande, septième vicomte de Castello-Gallen. Louis XIV, voulant avoir des régiments irlandais en France, pour remplacer les régiments français qui étaient en Irlande, Arthur Dillon fut envoyé en France, en 1690, avec un régiment dont il fut nommé colonel propriétaire par brevet du 1er juin même année. Son avancement fut rapide, et il gagna chaque grade par une action d'éclat. Il fut successivement, brigadier à 32 ans, maréchal de camp à 34, et lieutenant-général à 36. En 1706, il décida, avec le marquis de Saint-Patern, la victoire de Castiglione. A la fin de sa vie il comptait près de cinquante siéges, batailles ou affaires, dans lesquelles il avait couru des dangers, et jamais il ne reçut une blessure. Il mourut à Saint-Germain-en-Laye, en 1733, laissant de son heureux mariage avec Christiana Sheldon, fille d'honneur de la reine d'Angleterre, cinq fils et quatre filles; parmi les fils on distingue Jacques, qui fut tué à Fontenoy, Édouard, tué à Laufeld, et Arthur, archevêque de Narbonne, président des états du Languedoc.

DILLON, petit-fils du précédent, appelé comme lui comte Arthur, né colonel le 3 septembre 1750, se distingua comme militaire dans les Colonies, et devint gouverneur de Tabayo. Il fut plus tard député aux états généraux. Chargé d'un commandement en 1792, il combattit avec succès dans les plaines de la Champagne et dans la forêt d'Argonne. Il périt sur l'échafaud révolutionnaire, le 14 avril 1794.

DILLON (THÉOBALD), frère puiné du précédent, entra fort jeune au service de la France, fut admis avec distinction à la cour de Versailles; nommé mestre de camp propriétaire du régiment de son nom, il fut élevé au grade de maréchal de camp, le 13 juin 1783. Il se montra cependant partisan de la révolution, et fut employé, en 1792, sur la frontière de Flandre. Il fut, dans le mois d'avril de cette année, massacré par ses soldats révoltés, victime de la désunion des généraux et de l'indiscipline des troupes excitées par les discussions élevées sur le principe de l'obéissance passive. L'assemblée législative fit mettre en jugement les assassins de Dillon, et accorda une pension de 800 francs à chacun des trois enfants qu'il avait eus de sa maîtresse, Joséphine Vierville, et une de 1,500 pour celle-ci.

DILLON (l'abbé ROGER-HENRI de), de la même famille que les précédents, naquit à Bordeaux le 11 juin 1762; il était grand vicaire de Dijon lorsque la révolution éclatta; il ne dissimula point ses opinions, et forcé d'émigrer il ne rentra en France qu'en 1804. Lors de la restauration, il fut nommé un des conservateurs de la bibliothèque Mazarine. Il mourut en 1829. On a de lui : *Guide des études historiques* ou *Chronologie appliquée à l'histoire*, et une *Histoire universelle*.

DILLON (JACQUES-VINCENT-HENRI-DE-LACROIX), descendait de la même famille que les précédents; il naquit à Capoue en septembre 1760; il fut placé à l'école militaire de Naples, et parvint ensuite au grade de capitaine dans le corps des ingénieurs hydrauliciens. En 1795, il vint en France, et s'y fixa, et s'étant fait connaître par des travaux utiles, il obtint la place de professeur d'arts et métiers aux Écoles centrales de Paris et celle de vérificateur général des poids et mesures. C'est sous la direction de Dillon que fut construit le Pont-des-Arts. Il mourut vers le milieu de 1807.

DILLON (JEAN-TALBOT), chevalier anglais, voyagea beaucoup. Il résida plusieurs années à Vienne en Autriche, y jouit de la faveur de deux empereurs d'Allemagne, et fut créé baron de l'Empire. Il a publié la relation d'un voyage qu'il fit en Espagne. Dans cet ouvrage il a inséré la plupart des observations de Bowles (voy. ce nom), mais dans un meilleur ordre. Cet ouvrage a été publié à Londres, 1780, un vol., in-4°.

DILLON-LEC (CHARLES, lord vicomte de), pair d'Angleterre, né à Brunswick, en Irlande, le 6 novembre 1745, abjura la religion catholique pour siéger au parlement et soutint le gouvernement dans toutes les mesures contraires aux catholiques et appuya aussi vivement le projet de réunion de l'Irlande et la Grande-Bretagne. Il mourut à Bruxelles en 1814.

DILLWINIA (*bot.*), genre de plantes dicotylédones à fleurs complètes, papillonacées, de la famille des légumineuses, de la decandrie monogynie de Linné, très rapproché des *pultenea*, offrant pour caractère essentiel : un calice à cinq découpures en deux lèvres, une corolle papillonacée; dix étamines libres: un style réfléchi; un stigmate obtus, pubescent; une gousse ventrue; bivalve à une seule loge; deux semences munies d'une caroncule à ombilic. Ce genre renferme des arbrisseaux propres à la Nouvelle-Hollande, à feuilles simples, à fleurs latérales ou terminales. La *dillwinia à feuilles glabres*, *D. glaberrima*, arbrisseau de trois à quatre pieds, dont les tiges droites et glabres, se divisent en rameaux très droits; les feuilles éparses, très étroites, linéaires presque sessiles, longues d'un pouce, fleurs terminales, disposées en petites grappes réunies en tête; une gousse légèrement pédicillée, ovale; semences réniformes, attachées à la suture supérieure par un pédicule court. J. P.

DILOBEIA (*bot.*), grand arbre observé dans l'île de Madagascar par M. Dupetit-Thouars, dont le fruit est inconnu. Cet arbre a des feuilles alternes, bilobées au sommet, munies d'une glande; les lobes anguleux; les fleurs petites, disposées en panicules; le calice divisé en quatre folioles, point de corolle; quatre étamines; un seul ovaire. J. P.

DILOCHIE, s. f. (*ant. mil.*), subdivision de la phalange grecque. La *dilochie* appelée par quelques écrivains *diloque* ou *dilokie* comprenait trente deux hommes.

DILOCHITE, s. m. (*ant. gr.*), commandant d'une dilochie.

DILOGIE, s. f. (*hist.*), il se dit quelque fois d'un drame qui a deux actions, ou de deux pièces réunies en une seule.

DILOPHE (*ois.*), genre de la famille des caronculés de Vieillot, dont les caractères sont : un bec droit, un peu grêle, entier, très comprimé latéralement et fléchi à la pointe; l'espèce qui le composait était le mainate porte lambeaux, *grocula caronculata*, Gmel, oiseau d'Afrique, très reconnaissable à l'espèce de coqueluchon charnu et noir dont le devant de la tête est enveloppé. Cuvier l'a placé dans son genre *philédon*. J. P.

DILOPHE (*ins.*), ce nom qui signifie deux crêtes ou deux panaches, a été donné par M. Meigen à un genre d'insectes à deux ailes, voisin des *bibions* de Geoffroy, auquel on a donné le nom de *hirtée*; le type de ce genre est le bibion de Saint-Marc, noir de Geoffroy *hirtée fébrile*, (*V.* HIRTÉE). J. P.

DILUER, v. a. (*phys.*), étendre d'eau une liqueur quelconque.

DILUTION, s. f. (*phys.*), action d'étendre d'eau une liqueur, une dissolution.

DILUVIAL (*géol.*). (*V.* DILUVIEN.)

DILAVIÉ, IÉE, adj. (*v. lang.*), submergé par le déluge.

DILUVIEN, IENNE, qui a rapport au déluge.

DILUVIUM. On a donné ce nom à un terrain composé de matières alluviales, c'est-à-dire de cailloux roulés, de sables et de graviers mêlés, de blocs arrondis ou anguleux d'un grand volume, appelés blocs erratiques. Ce terrain est toujours à l'air libre, c'est-à-dire qu'il n'est jamais recouvert par un autre dépôt, c'est là son caractère le plus distinctif. Son épaisseur varie de 1 à 100 pieds. Presque partout cette assise diluvienne forme la terre végétale. Le bassin du Rhône est le pays le plus curieux, ainsi que la Pologne et la Prusse pour étudier ce dépôt. La *crau* près d'Arles est surtout remarquable. Cette plaine a cinq myriamètres carrés de surface. Elle est entièrement composée, quant à la superficie, de cailloux roulés dont les 7/8 (selon M. d'Omalius), sont de quartz grenu, souvent de la grosseur d'une tête d'homme. Ces cailloux, libres en haut, forment un conglomérat dans la partie inférieure. La pâte qui les lie est composée d'argile sablonneuse et calcaire. On peut assigner 15 mètres d'épaisseur à ce dépôt. Cette plaine, sous le nom de *lapidei campi*, joue un grand rôle dans la mythologie. Les fossiles du terrain diluvien sont compris dans les genres éléphant, mastodonte, rhinocéros, hippopotame, cheval, cerf, bœuf, ours, hyène, chat, chien, deinoptère, mégathère, palæotère, lophyodon. Les coquilles sont presque semblables aux coquilles vivantes. C'est dans le diluvium qu'ont été trouvés le rhinocéros du Vilhoni et l'éléphant de la Seira, fleuves de la Sibérie. Ces deux animaux conservaient encore leur chair, leur peau et leurs poils. Un chasseur en nourrit ses chiens pendant quelque temps. On dirait que le diluvium, qui recouvre presque toute la surface de la terre, comme une grande enveloppe, a été formé violemment d'un seul coup, et qu'une cause unique et générale l'a ainsi étendue sur toute la surface du globe. En effet, sur les plateaux, au fond des vallées et sur les versants des montagnes, on le trouve partout. Plus souvent aussi, suivant M. Prévost, le diluvium n'a pas été formé par cette cause générale. Il y a des diluvium de différents âges. Quelquefois il a été recouvert, et d'autres fois il ne l'a pas été. Presque toujours il est formé des matières qui constituent les montagnes des environs. Les eaux pluviales et l'action atmosphérique qui dégradent sans cesse le globe ont enlevé aux montagnes une grande quantité de matières qui se sont détachées et se sont répandues plus ou moins loin par l'effet des éboulements, ou bien qui ont été roulées et charriées par les torrents. On conçoit que le diluvium peut de même couvrir la surface de la terre, mais qu'il n'a été formé que par des causes locales qui exercent encore aujourd'hui leur action sur le relief des continents.

DILYCNUS (*poiss.*). Dans l'énumération des poissons du Nil, Strabon parle d'un de ces poissons sous le nom grec de *diluchnos*. On ne sait pas à quelle espèce il se rapporte. J. P.

DIM (*musique*), abréviation de *dimimendo*, (voy. ce mot).

DIMACHÈRES (δύο deux, μάχαιρα épée), gladiateurs qui se battaient avec une épée de chaque main.

DINADJEPOUR, ville très commerçante de l'Hindoustan anglais. Elle est à 20 lieues N. de Calcutta. C'est le chef-lieu d'un district, très fertile en blé, riz, indigo, tabac.

DIMAH ou **DEIMAH**, s. m. (*calend. or.*), selon le dic. de Trévoux, dixième mois des Perses; il correspond au mois de juin.

DIMALLUM (*géog. anc.*), ville sur les confins de l'Épire et de l'Illyrie chez les Taulantiens sur le Génus au S. E. d'Épidamne fut cédée aux Romains par un traité de paix, l'an de Rome 549.

DIMANCHE. Les saintes Écritures nous apprennent que Dieu, après avoir créé le monde en six jours, se reposa le septième, qu'il bénit et sanctifia. Aussi, par suite de cette consécration divine, le septième jour a toujours été considéré comme saint par tous les enfants d'Adam; sa sanctification faisait partie de la loi primitive des patriarches, ainsi que l'enseignent Philon, l'historien Josèphe contre Appion, Tertullien, etc. Bien que les erreurs du polythéisme eussent profondément altéré toutes les vérités, tous les faits historiques, on retrouve la division de la semaine en sept jours chez presque tous les peuples. Le mot semaine n'était pas non plus inconnu; on le lit dans une lettre de Cicéron à son affranchi Tiron. Les témoignages d'Hésiode, d'Homère et de plusieurs autres écrivains de l'antiquité, nous montrent que le septième jour était saint et solennel chez la plupart des peuples de la terre. Ils le célébraient sous le nom de fête du soleil. Si les ouvrages d'Eusèbe étaient moins connus de nos lecteurs, nous ferions voir par quelles autorités cet illustre docteur de l'église démontre que le dimanche est le jour du soleil, qui, suivant l'expression de Philon, *était la fête de l'univers.* « Plusieurs autres peuples, dit aussi Josèphe, ont » depuis longtemps été si touchés de notre piété, qu'on ne » voit pas de ville grecque ni presque de pays barbare où l'on » ne cesse le travail le septième jour, où l'on n'allume des » lampes, et où l'on ne célèbre des jeûnes. » Toutefois l'institution régulière et périodique du sabbat, ou du repos après six jours de travail, distingua particulièrement les Juifs des autres peuples. Les dix commandements gravés par Dieu sur les deux tables de pierre et publiés sur le mont Sinaï, font un devoir essentiel de conserver au culte divin le septième jour, en sorte que ce jour là les Hébreux durent suspendre toutes les occupations du siècle, tous les travaux de la semaine, et s'appliquèrent uniquement aux exercices de piété. Le Seigneur fit sentir toute l'importance qu'il attachait à l'observation du sabbat par l'expression dont il se servit dans le commandement qui s'y réfère: « Souvenez-vous, dit-il de sanctifier le jour du sabbat. » C'est en effet le seul des dix commandements où il soit dit *souvenez-vous*. Du reste, la fidélité que l'on met à garder le sabbat garantit et rend plus facile l'accomplissement des autres commandements. D'après les lois divines qui les régissaient, les Juifs ne pouvaient, le jour du sabbat, acheter, ni vendre, ni voyager au delà d'un mille. Ce peuple était encore dans le désert lorsqu'un homme pauvre fut surpris un jour du sabbat, ramassant du bois hors du camp; le Seigneur, consulté par Moïse sur la punition qui devait lui être infligée, ordonna qu'il fut lapidé. Lorsque les Juifs furent revenus de la captivité de Babylone, Néhémie réforma les abus qui s'étaient introduits, au mépris de ce grand précepte. Les Juifs contemporains de ce grand homme s'étaient relâchés dans l'application de la loi du sabbat, et avaient ainsi attiré sur leurs têtes les fléaux de la colère céleste. Les pharisiens du temps de Jésus-Christ, et les rabbins venus plus tard, ont porté dans son observation le ridicule et l'exagération; malgré leur dispersion dans tout l'univers depuis dix-huit cents ans, les enfants d'Israël s'abstiennent encore de tout travail durant ce même jour, conformément au pacte éternel. En ordonnant aux hommes de se reposer de leurs travaux temporels le septième jour et de le consacrer à son service, le Seigneur voulut qu'ils honorâssent perpétuellement la mémoire de la création de l'univers, consommée en ce jour, et du repos dans lequel il était entré. Le Seigneur, est-il dit dans le troisième commandement, a fait en six jours le ciel et la terre, et il s'est reposé le septième; c'est pourquoi il l'a béni et sanctifié. Il entrait également dans les desseins de Dieu que les Juifs se ressouvinssent des miracles qu'il avait opérés en leur faveur, en les retirant de la terre d'Égypte: « Souvenez-vous, dit Moïse, que vous avez été esclaves en Égypte et que le Seigneur votre Dieu vous en a retirés par sa main toute-puissante, et en déployant la force de son bras; aussi il vous a ordonné d'observer le jour du sabbat. » Les Hébreux honoraient donc en ce jour le Dieu tout-puissant, par qui tout existe et subsiste, comme leur libérateur de la terre d'esclavage, et comme le bienfaiteur qui les avait conduits dans une terre de liberté et de bénédiction. Les chrétiens divisèrent aussi la semaine en sept jours; leur jour saint fut le premier, au lieu du dernier, comme chez les Juifs. Ce jour, que les païens nommaient jour du soleil, ils l'appelèrent jour du Seigneur et dimanche. Ce dernier nom fut adopté dans les premiers temps de l'Église, et se trouve employé dans l'Apocalypse. Ce fut en ce jour que l'apôtre saint Jean reçut les admirables révélations renfermées dans ce livre divin. Les actes des apôtres nous apprennent aussi que l'apôtre saint Paul, passant par la Troade, en Phrygie, pour se rendre à Jérusalem, les fidèles s'assemblèrent le dimanche, ou le premier jour de la semaine, pour rompre le pain, c'est-à-dire pour assister au saint sacrifice. Saint Paul prêcha dans cette assemblée et y ressuscita un mort. Nous lisons dans l'épître catholique de l'apôtre saint Barnabé, que les premiers chrétiens passaient dans une joie sainte le dimanche, qui est le jour où notre Seigneur sortit du tombeau victorieux de la mort. Les plus anciens pères, successeurs immédiats des apôtres, parlent du jour du Seigneur comme ayant pris dans l'Église la place du sabbat des Juifs. Saint Ignace recommandait aux fidèles de ne pas garder le sabbat des Juifs, et de mener le jour du Seigneur une vie qui répondit à sa sainteté. Saint Clément d'Alexandrie nous enseigne aussi avec quelle sainteté nous devons passer ce jour. Tous nous disent que le dimanche est le jour saint de la semaine dans tout le monde chrétien. Nous savons aussi, d'après les témoignages de l'histoire, que les chrétiens apportaient beaucoup de zèle à la sanctification du dimanche. Les auteurs païens ont eux-mêmes remarqué que rien ne pouvait éloigner ce jour là les fidèles de leurs assemblées. Ils ne tenaient aucun compte de la distance des lieux, de la difficulté des chemins; ils ne reculaient devant aucun danger quand il s'agissait de célébrer le dimanche en commun. On sait l'ardeur qu'ils déployèrent en Égypte pendant le règne de Valérien, un des plus grands persécuteurs de l'Église. En 304, Maxime Galère étant empereur, de nombreux chrétiens subirent le martyre parce qu'on les avait surpris le dimanche à l'église. Lorsqu'on les interrogea, ils répondirent qu'il ne leur était pas permis de manquer à la solennité du dimanche, et qu'ils n'en avaient jamais passé un seul sans prier. Les édits des premiers empereurs chrétiens témoignent aussi de l'antiquité du dimanche, qu'ils nomment le jour du soleil, comme le faisaient les Pères en s'adressant aux païens, pour en être mieux compris. Dès que Constantin eut donné la paix à l'Église, il porta un édit, le 7 mars 321, sur la célébration du dimanche, afin que tout négoce, toutes occupations séculières, cessassent ce jour-là; l'empereur n'introduisit pas sur ce point un usage nouveau dans l'Église; il rendit seulement obligatoire, dans l'ordre civil, même pour les païens, le commandement divin qui prescrit de s'abstenir de tout travail le dimanche. Il voulut même que sa loi fut suivie dans ses armées; il déchargea les soldats chrétiens de tout service le jour du dimanche, et il ordonna par un autre édit que les soldats païens sortiraient en pleine campagne, et feraient en commun les prières qu'on leur indiquerait, afin qu'ils apprissent à respecter ce jour mystérieux que les chrétiens entouraient de tant de vénération. Vers la fin du règne de Constance, fils et successeur de Constantin, le concile de Laodicée renouvela l'ordre d'observer le dimanche, prescrivant le repos à tous les particuliers. Cent ans environ après, l'empereur Léon publia une ordonnance pour défendre aux magistrats de permettre les jours de dimanche aucun acte de justice, aucune plaidoirie, ainsi que toutes les exécutions voulues par la loi. Depuis ce temps le dimanche a été observé partout où a été connu le nom chrétien; c'est une des premières lois que l'on fait observer aux peuples convertis au christianisme. Certes, on a beau fouiller dans les annales du monde, on ne trouvera aucune institution plus vénérable par son antiquité, puisque le repos du dimanche est d'institution divine, puisque dès l'origine du monde Dieu s'est réservé ce jour pour que l'homme lui offrît l'entier hommage de son cœur et de son esprit. Les protestants reconnurent aussi l'antiquité du dimanche, et l'on sait que presque tous les peuples qui furent entraînés dans les erreurs des audacieux sectaires du seizième siècle, observent le dimanche avec une *rigidité judaïque*. Ce n'est pas toutefois que poussés par l'esprit d'innovation et d'indépendance, beaucoup d'hérétiques n'aient voulu détruire l'observation du dimanche. Calvin, entre autres, voulait que, pour donner un exemple de liberté chrétienne, on transportât le repos du dimanche au jeudi, parce que Jésus-Christ était monté au ciel en ce jour. D'autres voulaient le fixer à chaque dixième jour. Dans les premiers siècles, diverses églises commençaient les dimanches et fêtes le samedi soir. Cet usage venait de la synagogue. Dieu lui-même l'avait prescrit en ordonnant à Moïse de faire observer le sabbat depuis le soir de la veille jusqu'au soir du lendemain. Beaucoup d'Églises, se conformant aux prescriptions de divers conciles, commençaient le dimanche aux premières vêpres du samedi, cet office étant le premier de la fête du dimanche, et le finissaient le dimanche soir; d'autres le prolongeaient jusqu'au lundi. En France, les magistrats de la police faisaient fermer toutes les boutiques le samedi soir au premier coup de cloches annonçant vêpres. En 823, le pape Grégoire IV déclara que les dimanches seraient observés depuis le samedi soir jusqu'au dimanche soir. Le pape Alexandre III ordonna, dans un canon sur les fêtes, que les coutumes des lieux sur cet objet seraient suivies. Aujourd'hui, dans toute l'Europe, les dimanches commencent et finissent à minuit. En transportant le jour du repos du dernier jour de la semaine au premier, les chrétiens n'ont pas touché au fond du précepte, à ce qui est essentiel, immuable. Du reste, divers motifs ont engagé les chrétiens à transférer le repos du samedi au dimanche. Tous les Pères nous enseignent que c'est parce que en ce jour eurent lieu la résurrection de notre Seigneur et la descente du Saint-Esprit sur les apôtres. Le premier jour de la semaine, dit le pape saint Léon, a été consacré par les dons de la grâce les plus précieux, dont nous sommes redevables à la bonté divine. C'est en ce jour que Dieu a opéré les principaux mystères de sa miséricorde; c'est en ce jour que le démon a été vaincu et que la vie a commencé de régner par la résurrection de Jésus-Christ, que le Saint-Esprit est descendu sur les apôtres, et qu'il nous a donné une loi toute céleste. Ce sont là des œuvres de la sagesse et de la bonté divine, infiniment plus éclatantes et qui réclament nos hommages à plus juste titre que celle de la création du monde, qui d'ailleurs a commencé ce même jour. Il était certes plus facile à Dieu de tirer les créatures du néant que de mourir pour elles, et de leur donner par sa mort et sa résurrection un être nouveau, pour vivre, non plus selon la chair, mais selon la loi de l'esprit. Autrefois, sous la loi de Moïse, le jour du sabbat on célébrait le repos de Dieu après la création. L'Église, en substituant le dimanche à ce jour, a voulu nous rappeler le repos éternel dans lequel notre divin Sauveur est entré après avoir vaincu la mort par sa résurrection, après nous avoir affranchis de la tyrannie et de la servitude du péché. Remarquons d'ailleurs que le jour du sabbat dût disparaître lorsque les rites, les ombres, les figures dont il faisait partie firent place à la réalité, à la loi de grâce de notre Seigneur Jésus-Christ. Disons aussi, avec saint Augustin, que nous trouvons dans ce saint jour, où nous imitons le repos que Dieu prend en lui-même et celui que notre Seigneur, son divin fils, partage avec lui dans la gloire, un emblème, un avant-goût du repos où nous entrerons nous-mêmes dans la Jérusalem céleste. Mais il ne suffit pas de constater que le dimanche est d'origine apostolique, qu'il remonte non-seulement au berceau de l'Église, mais encore à celui du monde, il faut aussi examiner de quelle manière on sanctifie le jour du Seigneur. Or, voici comment Dieu s'explique dans la loi concernant le sabbat. « Vous travaillerez, vous » ferez tous vos ouvrages pendant six jours; mais le septième » est le jour du Seigneur votre Dieu; vous ne ferez aucune » œuvre servile en ce jour, ni votre fils, ni votre fille, ni votre » serviteur, ni votre servante, ni vos bêtes de somme, ni » l'étranger qui est parmi vous, car le Seigneur a fait en six » jours le ciel, la terre, la mer et tout ce qu'ils renferment, » et s'est reposé le septième; c'est pourquoi il a béni et sanc» tifié le sabbat. » Il résulte évidemment de cette loi divine que le dimanche est proprement le jour du Seigneur; qu'il lui appartient exclusivement. Sans doute Dieu, qui nous a donné l'existence, tous les biens, et qui nous les conserve par sa puissance et sa miséricorde, a un droit essentiel à tout notre temps; nous lui devons des prières et des actions de grâces continuelles, mais les nécessités de la vie nous forçant à nous occuper des affaires temporelles, Dieu nous a laissé pour le travail six jours, qui sont en même temps les jours de Dieu et de l'homme; nous ne pouvons donc sans injustice, sans ingratitude, nous soustraire à la volonté de Dieu et nous refuser de passer le jour qu'il s'est réservé de la manière qu'il nous l'a prescrit. Le précepte d'observer le dimanche est à la fois prohibitif et impératif; il défend certaines œuvres et en commande d'autres, ainsi il prohibe toute œuvre servile, toute sorte de divertissement qui pourrait nous distraire du service de Dieu, ou profaner le saint jour du Seigneur; il nous fait aussi un devoir d'employer ce même jour dans des exercices publics et privés de piété et de charité; car si Dieu l'a béni et sanctifié, c'est afin que nous le passions dans des œuvres qui tournent à notre sanctification et à celle du prochain. La défense de travailler le dimanche comprend toute œuvre servile, c'est-à-dire toute œuvre dans laquelle on emploie ordinairement les mercenaires, les artisans. Les conciles ont toujours rangé au nombre des œuvres serviles, et par conséquent prohibées, la culture de la terre et toute sorte d'ouvrages de différents métiers, lors même qu'ils seraient faits pour se récréer; l'intention et la fin qu'on se propose ne changent rien à la nature du travail. Les peintres formant des images, ressemblances extérieures, ne peuvent travailler à leur art le saint jour du dimanche; encore moins est-il permis de former en ce jour des caractères ou autres ouvrages d'imprimerie; les ouvrages faits à l'aiguille, tels que les broderies, les tissus, etc., sont aussi considérés comme serviles et prohibés par les conciles. Les lois de l'Église prescrivent la fermeture des magasins les jours de fête et de dimanche; elles prohibent tout trafic, toute vente, les marchés et les foires. La coutume des barbiers de raser une partie considérable du dimanche est aussi considérée comme une violation flagrante du dimanche. Une lettre du pape Jean XXII condamne ceux qui, en France, se rasent le dimanche; et un concile d'Angers, célébré en 1282, veut qu'on porte la peine d'excommunication contre ceux qui se raseront ou qui raseraient le dimanche. Toutefois les barbiers peuvent raser les personnes qui viendraient de la campagne, mais ils doivent renfermer dans de justes bornes le temps qu'ils donneront à ce travail. Qu'ils prennent à cet égard l'avis de leurs pasteurs ou de leurs confesseurs. Tous les actes, toutes les procédures des tribunaux civils et criminels sont interdits aussi le dimanche, excepté les cas où un besoin pressant les rendraient nécessaires, comme s'il s'agissait de saisir un voleur ou de rendre un captif à la liberté. Dès que les empereurs furent devenus chrétiens, les lois s'harmonisèrent avec les lois de l'Église. Nous avons déjà dit que l'empereur Constantin avait ordonné à tous ses sujets d'observer le dimanche comme un jour de repos et de fête; il ordonna aussi aux cours de judicature d'interrompre ce jour-là leurs travaux, et que toute enquête demeurât fermée, excepté les cas de nécessité et de charité. L'empereur Léon, surnommé le philosophe, défendit aussi les travaux de l'agriculture, par la raison qu'ils étaient prohibés par la loi divine. Les chefs des nations qui envahirent l'empire romain se conformèrent également aux lois de l'Église pour prescrire l'observation du dimanche : dans leurs édits, dans leurs ordonnances, ils prononcent des peines sévères contre ceux qui, désobéissant à ses divins commandements, travailleraient pendant le jour du Seigneur ou feraient des actes quelconques de commerce. Cependant l'Église, qui est une bonne mère, n'a pas interdit les œuvres serviles dans tous les cas. Si la chose que l'on fait est de peu d'importance, on ne viole pas, en la faisant, la loi de Dieu ; ainsi en se promenant dans son jardin, on peut sans péché arracher une mauvaise herbe, on peut faire quelques points d'aiguille à un bas ou à un habit, si on n'en a pas d'autre à mettre. Le travail est permis le dimanche pour le service divin ; par exemple, s'il s'agit d'orner une chapelle, un autel, de porter une croix, une relique, on fait alors l'œuvre de Dieu et non pas la sienne. S'il y a nécessité, une vraie nécessité, on est aussi dispensé du repos du dimanche, le sabbat étant fait pour l'homme. Notre Seigneur longeant des blés un jour de sabbat, ses disciples, qui avaient faim, se mirent à arracher des épis, et les froissant dans leurs mains ils en mangèrent les grains. Des pharisiens s'en étant aperçus, lui dirent : Vos disciples font ce qui est interdit le jour du sabbat. Mais le Sauveur leur demanda s'ils n'avaient pas lu ce que fit David lorsqu'il était pressé par la faim, lui et les gens qui l'accompagnaient, comment il entra dans la maison de Dieu et mangea des pains de proposition, dont les prêtres seuls pouvaient manger. Il leur demanda s'ils n'avaient pas lu dans la loi que le jour du sabbat les prêtres violent la loi dans le temple ; il ajouta encore le sabbat a été fait pour l'homme, et non pas l'homme pour le sabbat, c'est pourquoi le Fils de l'homme est maître du sabbat. On peut conclure aussi de cet exemple, puisé dans l'Évangile, que l'on peut faire le dimanche tout ce qui est nécessaire pour la nourriture du corps de l'homme ; on peut tuer les animaux de la plus petite espèce pour les repas du jour, mais non les grands animaux que l'on conduit à la boucherie. On doit faire d'avance tout ce qui ne demande pas à être préparé prochainement ; ainsi, excepté le cas de nécessité, on doit moudre le blé et faire cuire le pain la veille du dimanche ; les domestiques peuvent préparer les aliments de leurs maîtres le dimanche, pour les repas de ce jour, à condition néanmoins qu'ils aient un temps suffisant pour vaquer à leurs devoirs spirituels. Les médecins, les chirurgiens administrent en ce jour également tous les soins, tous les secours de leur art, sans violer la loi divine. Comme la nécessité dispense du repos du dimanche, on peut bien charrier les grains, s'ils sont en danger d'être gâtés, et faire les vendanges si l'on court le risque de les perdre. En temps de disette, un artisan pourrait travailler à son métier dans son atelier, mais en ayant soin d'en fermer les portes pour ne pas devenir un sujet de scandale, et sans préjudice d'ailleurs de l'assistance aux offices divins. Les voyages, les promenades, les études de sciences ou d'affaires temporelles sont aussi permis dans les cas de nécessité. Dans toutes les circonstances où la nécessité nous dispense de l'observation du dimanche, nous devons consulter les ministres de Dieu et ne travailler qu'après avoir obtenu leur permission. Si la nécessité est générale, elle est accordée par le pape ou par l'évêque ; si elle est locale, c'est le curé qui l'accorde. Mais le travail étant imposé à l'homme par Dieu, disent quelques sophistes, il ne saurait lui être désagréable. Sans doute Dieu a imposé le travail à l'homme, comme la punition et le remède du péché ; en travaillant nous accomplissons notre pénitence et nous réparons les pertes que le péché nous a fait éprouver ; le travail nous fait regagner le ciel dont le péché nous a fermé les portes, et que notre Seigneur nous a ouvertes par ses sueurs et ses travaux. Mais en nous imposant le travail comme une source de bonheur pour nous, Dieu nous a fait aussi une loi de nous en abstenir pendant un jour de chaque semaine, nous devons donc lui obéir, car nous ne sommes pas faits pour discuter, mais pour exécuter les commandements de Dieu. Le soldat raisonne-t-il avec son capitaine, lui demande-t-il quels sont les motifs de ses ordres ; il obéit et ne s'inquiète pas du pourquoi et du comment des ordres qui lui sont donnés. Dieu a bien, je crois, sur nous les mêmes droits qu'un capitaine sur ses soldats. Observons donc le repos du dimanche, dont il nous a fait une loi rigoureuse, sans lui demander le pourquoi, le comment de cette loi. Nous verrons d'ailleurs qu'il y a dans cette loi une haute sagesse. Les œuvres de charité sont encore des exceptions à la règle qui prescrit l'observation du dimanche. Jésus-Christ étant entré dans une synagogue le jour du sabbat, il s'y trouva un homme qui avait la main desséchée ; les docteurs de la loi et les pharisiens, qui l'observaient lui demandèrent s'il était permis de faire des guérisons ce jour-là. Il leur répondit : Si quelqu'un de vous avait une brebis qui vint à tomber dans une fosse le jour du sabbat, ne l'en retirerait-il point ? combien un homme vaut-il mieux qu'une brebis ; il est donc permis de faire du bien le jour du sabbat. D'après cette décision divine, on peut dire que les bonnes œuvres sont permises le dimanche, et qu'elles font partie de sa sanctification ; que ceux qui font de bonnes œuvres emploient bien ce saint jour, car la charité, suivant l'expression de saint Paul, est la fin de tous les préceptes, l'accomplissement de la loi ; tous les commandements de Dieu sont renfermés dans l'amour de Dieu et du prochain. Si donc il se présente à nous quelque bonne œuvre le dimanche, nous devons l'embrasser avec ardeur, comme une marque que Dieu veut être ainsi honoré. Mais le devoir de sanctifier le dimanche ne renferme pas seulement la prohibition du travail, il implique aussi celle des divertissements mondains, de tout amusement, de tout plaisir qui pourrait nous détourner de nos obligations religieuses ou nous distraire dans nos prières, et affaiblir en nous l'esprit de méditation et de recueillement. Les Pères de l'Église n'ont qu'un même sentiment sur ce point. Ils condamnent comme une transgression de la loi relative à l'observation du dimanche, comme une profanation de ce saint jour, tout ce que l'on appelle le train du monde. On ferait moins de mal, disent-ils, en travaillant ce jour-là, que de le passer dans les jeux et autres divertissements mondains ; le repos passé dans les plaisirs sensuels, dans les cabarets et au spectacle, est le sabbat de satan, la fête du démon. Gardez le sabbat, dit saint Augustin, non en vivant comme les Juifs, qui abusaient du jour du repos pour offenser le Seigneur d'une manière toute charnelle, toute voluptueuse, mais en le passant dans la prière, dans la méditation, dans l'exercice de toutes les bonnes œuvres. Dès sa naissance, l'Église condamna les combats des gladiateurs, les représentations théâtrales, et défendit aux fidèles d'y assister. Le pape Nicolas Ier, dans sa réponse aux Bulgares, défendit de tolérer les jeux de théâtre, surtout le dimanche et pendant le carême. Si nous ne trouvons pas dans l'histoire des premiers siècles de la monarchie française des conciles qui aient pris des décisions dans cette matière, c'est que les Francs, en s'établissant dans les Gaules, avaient renversé tous les théâtres ; les Goths avaient suivi leur exemple dans toutes les villes dont ils s'emparèrent. Plus tard, lorsque les théâtres se relevèrent, l'Église les condamna, surtout pendant le dimanche. Saint Charles Borromée, n'ayant pu obtenir l'abolition entière du théâtre à Milan, déploya tout son zèle pour faire suspendre les représentations scéniques le dimanche, le Carême et l'Avent. De nombreux conciles ont ordonné que les cabarets et les maisons publiques restassent fermés pendant les jours de fête et de dimanche ; ils ont prohibé toute sorte de spectacle durant ces jours ; les courses de chevaux, les jeux publics, le combat des bêtes sauvages, les danses, la chasse, les chansons, les jeux de lutte, de cartes, de hasard ; ils ont porté la peine d'excommunication contre ceux qui négligeraient les saints offices et emploieraient leur temps dans ces divertissements. Les princes chrétiens, vivement pénétrés des doctrines salutaires de l'Église, non moins essentielles au bonheur des peuples qu'à celui des individus, ont reproduit dans l'ordre temporel, sous des peines sévères, toutes ces prohibitions, pour empêcher la profanation des jours saints. On n'a, pour s'en convaincre, qu'à consulter les édits des premiers empereurs chrétiens, de Constantin, de Théodose-le-Grand, de Valentinien II, d'Arcadius, de Théodose-le-Jeune, de Léon et de Gratien. Théodose-le-Jeune ne voulut pas excepter de sa défense le jour anniversaire de sa naissance ou de son avènement au trône, s'il se rencontrait un dimanche, disant qu'on ne pouvait mieux honorer la majesté impériale qu'en entourant de vénération la majesté du Dieu tout-puissant, qui règne dans les cieux. Ces lois survécurent à la ruine de l'empire romain ; elles passèrent dans les lois des nations modernes. Le dimanche devant être consacré à notre sanctification, toute conversation vaine, frivole, fut regardée comme un abus et une profanation de ce saint jour. Le concile tenu à Paris en 1557 étendit ses défenses aux discours oiseux. Déjà, plusieurs siècles avant, Louis-le-Débonnaire avait défendu dans ses édits de pareils discours. Les lois de l'Église ont aussi interdit pour le dimanche les longs voyages ou tout voyage avec chevaux et voiture, qui ne seraient pas motivés par la nécessité. Les anciennes lois civiles des Bavarois défendent à toute personne de voyager par terre et par eau pendant ce jour, et de continuer leur route, sous peine de payer douze schellings. Diverses lois ecclésiastiques et civiles d'Angleterre défendent aussi de faire voile et de voyager le dimanche sans une permission, qui ne s'accorde que pour des affaires graves, urgentes, et qui ne peuvent souffrir aucun retard. Toutefois, en défendant de passer le dimanche dans des amusements, l'Église permet une récréation honnête et modérée; ainsi on peut se promener quelques instants dans un lieu écarté, faire une visite courte à un ami, la chasse sans aucun train, sans compagnie, sans chien, la pêche sans filet, sont aussi permises sur le soir, après les offices, et pour peu de temps. Qu'on n'oublie pas que Dieu s'est réservé le jour du dimanche tout entier, et que la récréation permise n'est qu'une indulgence qui ne peut détourner des exercices particuliers de religion auxquels on est obligé. En suspendant les travaux en ce jour, l'Église a voulu que les fidèles en consacrassent toutes les heures à l'oraison, soit dans les offices publics qui ont lieu à l'Église, soit dans les exercices particuliers, sans excepter d'autres moments que ceux exigés pour la nourriture et le repos. Nous ne trouvons pas, dit un Père, que l'on ait jusqu'à présent fait une exception en faveur de ceux qui se croient suffisamment acquittés du devoir du dimanche, lorsque sur vingt-quatre heures ils en donnent une à Dieu pour assister à la messe, et se réservent les autres pour leurs plaisirs ou leurs affaires personnelles. La continence était ordonnée anciennement aux personnes mariées les jours de fête et de dimanche; de là vient dans certaines Églises l'usage de ne pas célébrer des mariages les dimanches. N'oublions pas non plus de dire que d'après les Pères, les docteurs de l'Église et les théologiens, les péchés commis les jours de fête et de dimanche contractent par cette circonstance du jour le caractère du sacrilége et même la malice du scandale, autre péché mortel qui accompagne les actions criminelles extérieures, telles que l'ivresse, la danse, la débauche, la fréquentation des spectacles. Saint Bonaventure et les meilleurs casuistes veulent que les confesseurs demandent aux pénitents s'ils ont commis les péchés dont ils s'accusent les dimanches ou les jours de fête, dans un lieu saint, s'ils ont duré un certain temps, s'ils ont été publics et scandaleux. Il est certain que le péché, qui est le plus grand malheur qui puisse arriver à un chrétien, s'aggrave beaucoup lorsqu'il a été commis un jour saint; il contient un abus et une profanation d'un temps consacré à notre sanctification et à celle de nos semblables. Nous devons donc nous surveiller beaucoup pour ne le jamais commettre, et surtout le jour du Seigneur. Mais l'Église ne fait pas consister l'observation du dimanche seulement dans la suspension des travaux des autres jours, dans la privation des réjouissances mondaines et dans l'éloignement du péché, elle nous fait aussi un devoir de consacrer tout ce jour à des œuvres de piété et de charité; elle veut que nous le sanctifiions par la prière, la méditation et des lectures pieuses, par l'assistance au saint sacrifice, aux offices, aux instructions. C'est ainsi que le sabbat était sanctifié par les Juifs; c'est ainsi qu'il doit l'être par les chrétiens, car le repos qui nous est commandé n'est pas l'inaction, l'oisiveté des brutes; au contraire, il est tout amour, tout action, si nous pouvons parler ainsi. Dès les premiers temps les chrétiens sanctifièrent le dimanche par de saintes assemblées. Diverses épîtres de saint Paul, les Actes des Apôtres, les ouvrages de saint Justin, de Tertullien et d'autres écrivains ecclésiastiques, nous apprennent que le dimanche les chrétiens se réunissaient dans ces assemblées; le temps y était partagé entre la lecture et l'explication de l'Évangile, la prière et le sacrifice de l'eucharistie. L'évêque, ou le prêtre qui tenait sa place, présidait ces assemblées; c'était lui qui instruisait les fidèles, qui expliquait les vérités qu'on venait de lire, qui proposait à l'imitation des fidèles les divins exemples du Sauveur ou ceux des saints; qui offrait à Dieu, au nom du peuple et pour le peuple, les vœux, les prières et les actions de grâces; il consacrait l'eucharistie, que les diacres distribuaient aux assistants et portaient aux absents. Cette assemblée n'était pas la seule à laquelle les chrétiens étaient dans l'obligation de se trouver; ils assistaient aussi le matin à l'office appelé laudes, et le soir aux vêpres. Comme ces divers offices étaient entremêlés de chants et de lectures, ils étaient plus longs qu'ils ne le sont aujourd'hui; les fidèles passaient presque toute la journée du dimanche à l'Église. Rentrés chez eux ils priaient encore et lisaient l'Écriture, soit en famille, soit en particulier. Mais de toutes les pratiques de piété à laquelle les chrétiens étaient et sont encore strictement tenus pour sanctifier le dimanche, c'était l'assemblée où se faisait la lecture et l'explication de l'Évangile, la consécration et la distribution de l'eucharistie. C'est l'assemblée que nous nommons aujourd'hui messe de paroisse, et qui a lieu, comme dans les temps primitifs, tous les huit jours. Saint Paul recommande aux Hébreux de ne pas s'éloigner de ces assemblées, et il dit que celui qui s'en absente par mépris est bien près de perdre la foi. Dans toutes ses lettres, saint Ignace, martyr, parle de l'obligation où sont les fidèles d'assister à l'assemblée où se fait la prière et se consacre l'eucharistie. Dans sa lettre à saint Polycarpe, évêque de Smyrne, il lui dit de veiller à ce que ces assemblées soient fréquentées, et l'avertit d'y chercher chacun par son nom. Tous les Pères veulent que les fidèles soient exacts à assister aux assemblées où se célèbrent les saints mystères, où se font les prières et l'explication des saintes Écritures. Ils nous disent aussi quels sont les avantages que nous retirons de la fréquentation de ces assemblées: elles entretiennent la foi, elles nourrissent un sentiment profond de la majesté divine, elles nous excitent à embrasser la vertu, et impriment dans les âmes un respect profond pour les saints mystères; elles préservent de la corruption du siècle. Notre fidélité à y assister est encore un moyen d'attirer les autres à la piété; par cette profession publique de la foi, nous faisons les fonctions d'apôtres, nous édifions nos frères, nous multiplions les adorateurs de Jésus-Christ, nous perpétuons les générations des justes. Les conciles d'Elvire, célébré en 305, de Sardique, tenu en 347, de Constantinople, appelé *intrullo*, qui eut lieu dans le VIIe siècle, ordonnent que ceux qui auront passé trois semaines sans venir aux assemblées, soient privés de la communion. Lorsque les chrétiens se furent multipliés, les évêques divisèrent leurs diocèses en diverses paroisses. Dans chacune de ces chrétientés ils placèrent un prêtre pour la gouverner sous leur autorité, pour célébrer le saint sacrifice, administrer les sacrements et instruire les fidèles. Depuis cette époque les fidèles sont obligés, dans chaque paroisse, d'assister au sacrifice et aux prières solennelles célébrés le dimanche par le curé, de même qu'ils étaient tenus, avant l'établissement des paroisses, de fréquenter les assemblées présidées par l'évêque. L'usage des messes privées n'a pas modifié le devoir des paroissiens. Suivant l'ancienne coutume, les prêtres particuliers célébraient le saint sacrifice conjointement avec le pasteur, mais leur dévotion introduisit dans la suite l'usage des messes privées. Les curés n'ayant pas été dispensés pour cela de célébrer la messe solennelle le dimanche et de faire le prône, il est évident que les fidèles sont restés soumis à l'obligation d'y assister. Les personnes que des raisons légitimes empêchent de s'y rendre trouvent dans les messes particulières un secours et un moyen de se trouver de corps au saint sacrifice. Saint Idulphe, évêque d'Orléans, qui vivait à la fin du VIIIe siècle, voyant que les messes privées étaient une occasion pour les peuples de s'absenter de la messe solennelle, ordonna qu'elles fussent célébrées de telle manière qu'elles ne devinssent pas un prétexte pour ne pas y assister. En 1254, le pape Innocent IV défendit par une bulle, aux religieux, de faire des sermons dans leurs églises aux heures où les fidèles doivent se rendre dans leurs paroisses. En 1312, le concile général de Vienne défendit aux religieux de détourner les laïques de la fréquentation de leurs paroisses. Dans le siècle suivant, Sixte IV porta la même défense, parce que les fidèles sont obligés de droit d'assister à la messe le dimanche dans leurs paroisses, à moins qu'ils n'aient de sujet légitime de s'en absenter. Le concile de Trente ordonna aux évêques d'avertir les fidèles de l'obligation où ils sont de se rendre chaque dimanche dans leurs paroisses pour le saint sacrifice et pour y entendre la parole de Dieu. Plusieurs autres conciles veulent que les curés fassent attention si leurs paroissiens assistent le dimanche aux offices divins de leurs paroisses, et que s'ils s'en absentent, surtout de la messe de paroisse, ils les avertissent de leur devoir, avec menace d'excommunication. Que si ces opiniâtres continuent à ne pas s'y rendre, ils en donnent avis à leurs évêques. Les conciles recommandent aussi aux curés de lire l'ancien canon qui défend à qui que ce soit de s'absenter trois dimanches de suite de la messe de paroisse; ils recommandent également aux confesseurs de demander à leurs pénitents s'ils ont satisfait à ce devoir, et de leur faire sentir la gravité de leur péché, s'ils y manquaient à l'avenir. Nous lisons dans les actes du concile de Milan, célébré sous saint Charles Borromée, qu'anciennement les curés, avant de commencer la messe le dimanche, demandaient s'il n'y avait pas dans leurs Églises quelques personnes d'une autre paroisse, et que s'il y en avait, on les fît sortir à l'heure même et qu'on les renvoyât à leurs paroisses respectives, pour y entendre celle de leurs curés, étant très expressément défendu aux curés d'admettre dans leurs églises les personnes d'une autre paroisse, sous quelque prétexte que ce fût, sauf celles qui étaient en voyage, du consentement de leurs pasteurs. Le clergé de France s'est aussi expliqué dans divers règlements sur la nécessité où sont les paroissiens d'entendre la voix de leurs curés, et sur le devoir de ceux-ci de voir et de connaître leurs ouailles. Aussi l'Église a-t-elle ordonné aux fidèles d'assister de trois dimanches l'un à la messe paroissiale, et les évêques ont le pouvoir de contraindre les récalcitrants par des censures ecclésiastiques. Ces règlements, pour ôter aux peuples tout prétexte de se dispenser d'assister à la messe de paroisse, défendent aux religieux de prêcher, de faire des processions, de tenir des congrégations ou des assemblées aux heures de la messe de paroisse. Les statuts synodaux, les rituels de tous les diocèses, portaient les mêmes prohibitions. On voit donc de quelle importance il est pour les fidèles de se rendre à la messe de paroisse, s'ils veulent sanctifier le dimanche. On conçoit d'ailleurs la sagesse des vues de l'Église. Chaque paroisse forme une famille dont le curé est le chef; il est de droit et dans l'ordre que les enfants prennent place à la table de leur père pour y faire leur repas; or, c'est le dimanche que le curé, le père de la paroisse, distribue à ses paroissiens le pain de la parole, qu'il leur donne l'eucharistie, qu'il leur fait connaître au prône leurs devoirs, qu'il leur annonce les fêtes, les jeûnes, toutes les choses qu'ils sont obligés de savoir. La paroisse est aussi une bergerie dont le curé est le pasteur; il n'est pas naturel que les brebis aillent dans un autre bercail, qu'elles se rangent sous les lois d'un étranger; d'ailleurs le pasteur est obligé d'avoir pour tous les membres de son troupeau une sollicitude vraiment paternelle, il doit chercher, par tous les moyens que lui prescrivent sa conscience et ses devoirs, de les ramener dans son église. Quelle serait la force d'une paroisse si ceux qui en font partie allaient les uns dans une église et les autres ailleurs. Quel trouble! quelle confusion! Dans l'ordre temporel on ne souffrirait pas un pareil désordre. Un justiciable ne peut être distrait de ses juges naturels; un citoyen ne peut aller exercer ses droits dans une commune différente de celle où il a son domicile; les soldats ne peuvent faire leur service dans un régiment différent de celui dans lequel ils sont incorporés. Si un curé célébrait la messe le dimanche ou plusieurs dimanches de suite dans une paroisse étrangère, et s'il laissait ses paroissiens sans instructions, on se récrierait contre lui; mais les mêmes liens attachent le pasteur à ses brebis, et les brebis à leur pasteur; les devoirs sont réciproques: il n'y a d'ordre qu'autant que chacun est fidèle à remplir ses devoirs. Si nous insistons autant sur la nécessité d'entendre la messe de paroisse le dimanche, c'est que nous y voyons un des principaux moyens de sanctification pour le jour du Seigneur; c'est parce que nous ne pouvons méconnaître sans péché l'obligation que l'Église nous a imposée sur ce point. Que vaut-il mieux, dit saint Athanase, que le peuple se fractionne ou qu'il se réunisse dans une grande église pour y chanter les louanges de Dieu d'une seule voix, lorsque rien ne trouble cette harmonie. Certes rien ne représente mieux la concorde de tout un peuple animé d'un même esprit que de telles assemblées; rien n'est plus propre à porter Dieu à exaucer nos prières. Si, suivant la parole de notre divin Maître, deux personnes réunies obtiennent de Dieu tout ce qu'elles demandent, que ne fera pas la prière d'un peuple nombreux. On trouve aussi dans ces saintes assemblées plus de recueillement et de ferveur, plus d'exemples propres à encourager, à édifier. Ces grandes assemblées offrent aussi une image sensible et admirable de l'union de l'Église dans un seul chef, qui est Jésus-Christ, représenté par son chef visible le souverain pontife, dans chaque diocèse par l'évêque, et dans chaque paroisse par le curé. On conviendra aussi qu'il est plus facile à une grand' messe de se pénétrer de la parole de Dieu, qu'on y lit à haute voix, des sentiments exprimés dans les saints cantiques qu'on y chante, et dans les prières que le prêtre prononce aussi à haute voix pour le peuple et au nom du peuple, qu'à une messe basse où l'on ne peut rien entendre et où tout se dit le plus souvent avec une telle rapidité, que l'esprit le plus attentif ne peut rien saisir. Celui-là donc qui a des sentiments religieux ne peut négliger d'assister à la messe de paroisse. Compterait-on pour rien la violation de l'abstinence les vendredi et samedi; ne la regarderait-on pas comme un péché mortel; on ne peut non plus regarder comme une faute légère la violation de la loi concernant le devoir paroissial, loi que l'Église a d'ailleurs renouvellée de siècle en siècle, sous les peines les plus rigoureuses. Il n'y a qu'une véritable nécessité qui puisse nous dispenser de l'accomplissement de ce devoir. Le précepte d'entendre la messe de paroisse comprend celui d'assister au prône, qui se compose de prières, d'annonces et d'instruction. C'est une partie si essentielle de la messe paroissiale, qu'on ne pourrait pas dire qu'on l'a entendue, si on ne l'écoutait pas, ou si l'on sortait de l'église pendant qu'il se fait, sans nécessité. Qu'on ne pense pas non plus avoir sanctifié le dimanche en se contentant d'assister à la messe de paroisse et au prône; il faut aussi se rendre aux autres offices. Il est dans le dessein de l'Église que nous assistions à tous les offices, aux vêpres, au sermon, au salut; si nous y manquons sans raison légitime, nous ne sanctifions pas réellement le dimanche. Mais, disent certaines personnes, après avoir assisté à la messe de paroisse, on peut sanctifier le dimanche en priant dans sa chambre. Non, on ne le sanctifie pas, puisqu'on viole les lois de l'Église, que Dieu a chargée de nous conduire dans les voies du salut; puisqu'elle nous prescrit d'assister le dimanche aux offices publics; c'est ne pas le sanctifier que de ne tenir aucun compte des prescriptions qu'elle a établies pour la célébration de ce saint jour. Si les offices se font deux fois publiquement dans le temple le jour du Seigneur, c'est que l'Église veut que nous soyons exacts à les fréquenter. Les constitutions apostoliques ordonnent à l'évêque d'exhorter les fidèles à se rendre aux assemblées le matin et le soir, et de ne s'en absenter jamais, de peur de mutiler le corps de Jésus-Christ, en lui retranchant un de ses membres. Ne divisez point Jésus-Christ, et que ses membres ne se séparent pas les uns des autres. Celui qui, sans une nécessité réelle, dit un célèbre auteur protestant, ose se retrancher de la prière publique, se retranche lui-même de l'Église; ce qu'on a toujours regardé comme une chose si fatale, qu'il lui est impossible de prononcer une plus terrible sentence contre les plus rebelles même de ses enfants. On n'obtient d'ailleurs jamais autant de fruit, dit saint Jean Chrysostôme, de la prière privée, que de celle faite publiquement dans les assemblées des fidèles, par les prêtres qui les président et qui offrent à Dieu les gémissements et les vœux de tous les membres qui les composent. Pierre et Paul sont les colonnes de l'Église, et cependant la réunion des prières de l'Église brise les chaînes du premier et donne à la bouche du second une éloquence divine. N'ayez rien plus à cœur que de tenir vos assemblées, disait saint Ignace; car en vous réunissant ainsi dans un même lieu, vous renversez le pouvoir de Satan, vous le dépouillez de ses armes, et, par l'unité de foi qui vous lie tous ensemble, vous détruisez tous les efforts qu'il fait pour vous perdre. Au surplus, l'obligation où nous sommes d'assister aux offices publics ne nous dispense pas de nous livrer dans l'intérieur de nos maisons à la prière, à la méditation; c'est même pour nous un devoir, le dimanche étant tout entier au Seigneur. Les œuvres de charité, ainsi que nous l'avons déjà dit plus haut, rentrent aussi dans la sanctification du dimanche, et en font même une partie essentielle. Les chrétiens des premiers âges de l'Église, pour honorer Dieu dignement, exerçaient des œuvres de charité. A l'égard des aumônes que l'on recueille pour les saints (les fidèles de Jérusalem), faites, dit saint Paul aux Corinthiens, ce que j'ai marqué aux églises des Galates; que chacun de vous mette quelque chose à part chez soi le premier jour de la semaine, le *dimanche*, amassant peu à peu ce qu'il veut donner. Saint Justin nous apprend que les riches donnaient librement les dimanches une certaine contribution. Ce qui était ainsi recueilli était gardé chez l'évêque; il en assistait les veuves, les orphelins, les étrangers, les prisonniers, ceux que la maladie ou toute autre cause réduisait à la pauvreté. Tertullien s'exprimait à peu près de même au sujet des œuvres de charité que les fidèles de son temps pratiquaient le dimanche. Pensez-vous donc, dit saint Cyprien, avoir observé le jour du Seigneur lorsque vous n'avez pas porté votre obole dans le sein des pauvres. Dans sa lettre aux Bulgares, Nicolas Ier, que nous avons eu déjà l'occasion de citer dans cet écrit, dit que les fidèles doivent employer le saint jour du dimanche à assister aux prières publiques, à faire à Dieu leurs offrandes, à honorer la mémoire des saints, à étudier leurs vertus, à entendre de saints entretiens, à répandre des aumônes. Le saint jour du dimanche doit être employé, dit saint Antonin, à des œuvres spirituelles, comme la prière, à entendre la parole sainte, à faire des choses pieuses, des aumônes, l'examen de sa conscience sur la manière dont on a passé les jours précédents, et confesser dans la componction du cœur les péchés dont on s'est rendu coupable. Une obligation particulière des pères et mères pendant ce saint jour, dit encore saint Antonin, est d'instruire leurs enfants, de les former aux bonnes mœurs, à la vertu, à la piété chrétienne. Tel est l'exemple que nous a laissé le saint homme Job, qui, après une révolution de jours, rassemblait ses enfants et les purifiait; c'est-à-dire que les premiers jours de la semaine, comme l'explique saint Thomas, il les exhortait, les instruisait et offrait pour eux des prières, des sacrifices. D'après ce qu'enseignent tous les saints docteurs, on doit être en ce jour plus libéral envers les pauvres. Il est dit au Lévitique que chaque jour de la semaine on offrait un agneau en holocauste, et deux au jour du sabbat. Tobie, un jour de fête, prépara un festin, et envoya son fils inviter les pauvres à venir le partager. Allez, disait Esdras au peuple Juif, mangez des viandes grasses et buvez du vin, mais partagez avec ceux qui n'ont pu rien apprêter pour leur repas. Tous ces exemples, empruntés à nos livres divins, nous montrent que les jours du Seigneur, qui sont des jours de joie, on doit verser des aumônes plus abondantes dans le sein des pauvres. C'est précisément parce que les dimanches sont des jours de joie, de réjouissance spirituelle, que l'Église n'a jamais autorisé le jeûne pendant ces jours saints. Du temps de Tertullien, jeûner le dimanche passait pour un péché. Les conciles ont même fulminé des anathèmes contre ceux qui, malgré les défenses de l'Église, persévéreraient à jeûner le dimanche. Les peuples observèrent fidèlement le dimanche jusqu'à l'époque de la prétendue réforme, et on peut le dire, en France, jusques au temps où la philosophie impie du dernier siècle se répandit dans ce royaume pour son malheur. Le dimanche, dit un vieux chroniqueur, contemporain de Louis IX, *est un jour de bonnes pensées et durant lequel on se délasse du fardeau des labeurs et des soucis du commerce. Le dimanche on ne livre point de bataille, on n'emprisonne point les débiteurs, on ne met point à mort les criminels; il y a paix sur la terre, et l'on dirait qu'une lueur de la céleste lumière se reflète sur la terre et la rend moins triste et moins redoutable. Chez les gens de haut lignage, comme chez les menus vassaux, après avoir entendu la parole de Dieu, on termine la journée en bons propos, tournant à l'édification et à l'instruction de toute la famille.* — Lorsque nous descendons de l'époque où les nations pleines de foi et d'amour observaient le dimanche avec un zèle si admirable aux jours où nous vivons, je ne sais qu'elle douleur profonde s'empare de notre âme. A peine trouvons-nous dans les usages modernes quelques vestiges de l'antique foi, quelques restes de la piété de nos pères. Aussi, nous nous demandons si nous sommes les descendants des saints, ou si de nouvelles races d'hommes ont chassé les anciens possesseurs de l'Europe. L'incrédulité a desséché les cœurs, a tari toutes les sources de la vie; les générations nouvelles n'observent plus le dimanche; elles ont oublié que le Seigneur se l'est réservé; Elles l'emploient à leurs affaires, à leurs plaisirs. Certes, nous n'exagérons rien; voyez ce qui se passe autour de vous. En France, on travaille le dimanche, à la ville, à la campagne, comme les autres jours. Les magasins sont remplis d'acheteurs, les marchandises sont étalées devant les boutiques et sur les places publiques, sans que l'autorité se mette en mesure même d'arrêter ce scandale. Tandis que les églises sont désertes, les quais, les cafés, sont remplis d'une foule immense. A la vérité, les tribunaux civils suspendent leurs audiences le dimanche, et les huissiers ne peuvent faire des significations en ce jour, mais l'autorité tolère que les notaires le choisissent préférablement à tout autre jour pour passer leurs actes. C'est le dimanche que se font les adjudications des travaux publics, que les huissiers procèdent à la vente des objets mobiliers. Les travaux publics se continuent le dimanche, sous la direction et la surveillance de l'autorité administrative. C'est le dimanche qu'elle choisit pour donner des fêtes, des amusements et des spectacles au peuple. C'est le dimanche qu'ont lieu les revues des gardes nationales, les conseils de révisions, les assemblées des conseils municipaux. N'est-ce pas aussi le dimanche que les Gouvernements réunissent les colléges électoraux, et forcent les peuples à s'occuper d'intrigues et de passions politiques, un jour réservé à la paix et à la miséricorde du Seigneur. Que dire aussi de l'éloignement de toute cérémonie religieuse, de tout signe religieux dans lequel l'on tient les régiments. A peine le petit nombre de soldats qui osent encore donner quelque marque de leur foi ont-ils un instant pour entendre une messe basse le dimanche; les inspections, les revues, qui se font ce jour là dans les casernes, ne leur permettent pas de remplir leurs devoirs de chrétiens. Aucun lien ne rattache donc plus la France au catholicisme. Quelle moralité peuvent avoir des hommes habitués à violer les lois divines. Oh! ne soyons pas surpris, si s'éloignant de la prière et des instructions religieuses avec l'autorisation et par ordre, pour ainsi dire, du Gouvernement, les peuples deviennent grossiers, ignorants, insouciants de la vie morale, et ne songent qu'aux jouissances de la terre. Mais Dieu n'a pas donné la religion pour qu'ils puissent se soustraire à ses prescriptions et à ses défenses. Si sa miséricorde infinie le rend patient, il arrive pourtant un jour où sa justice exerce ses droits contre les contempteurs de ses lois saintes. Mais les philosophes virent dans l'établissement du dimanche une institution odieuse, tyrannique, nuisible à l'intérêt du peuple. C'est donc Dieu, qui a donné six jours à l'homme pour le soin de ses affaires, et qui ne s'en est réservé qu'un seul, que l'on accuse de tyrannie. Cette institution qui conserve l'esprit de justice et d'ordre dans le monde est donc odieuse. La sagesse de Dieu s'est donc trouvée en défaut, en imposant au genre humain la loi du repos pour le septième jour. Les hommes qui s'ignorent eux-mêmes, qui ne savent ce qui leur convient, comprennent donc mieux que Dieu les lois qui sont utiles ou nuisibles à leurs intérêts. Dieu qui, en donnant l'existence à l'homme et les autres biens, ne s'est réservé qu'un seul jour sur sept, n'a pas certainement trop exigé de nous. N'a-t-il pas d'ailleurs, en faisant à l'homme une loi du travail, établi le principe fécond des développements de l'industrie et des richesses; mais nos grands philosophes ne sauraient comprendre cela, eux qui ne veulent pas que l'homme rende à Dieu aucun hommage, eux qui s'inquiètent fort peu si Dieu existe, et qui ne s'occupent que de leurs affaires et de leurs plaisirs, sans se mettre en peine s'il existe une autre vie après celle-ci, qui est si courte; mais avec de pareilles opinions, vous dégradez les peuples, vous les réduisez à l'état sauvage. Oh! si les mœurs du peuple en France vont tous les jours en s'affaiblissant davantage, on doit en trouver la raison dans l'inobservation du dimanche. Les peuples n'assistant plus aux instructions de leurs pasteurs, et cessant de prier, tombent dans une corruption profonde : ils sont sans force pour résister au mal. Il n'est pas vrai d'ailleurs que le repos du dimanche nuise à l'intérêt du peuple; l'expérience apprend que l'homme ne peut travailler sept jours de suite sans se reposer; s'il le fait, il épuise les forces de son corps, il se donne des maladies, il se prépare de graves infirmités pour sa vieillesse, il perd par les soins qu'exige sa santé, les gains qu'il a pu faire en travaillant le septième jour. Souvent aussi, ce travail forcé avance le terme de sa vie. On remarque aussi que l'ouvrier qui s'occupe le dimanche, fait moins de travail ou qu'il le fait plus mauvais. C'est aussi un fait constaté par l'expérience que les objets manufacturés dans les fabriques où le repos du dimanche n'est pas connu, sont d'une qualité inférieure à ceux qui sortent des établissements où l'on est dans l'usage de l'observer. Ceux d'ailleurs qui allèguent l'intérêt des pauvres ne sont pas sincères. Comment vivaient-ils, il y a cent cinquante ans? N'étaient-ils pas alors moins nombreux qu'ils ne le sont aujourd'hui, parce qu'il y avait plus de foi et de charité; cependant les dimanches et les jours de fête, quoique très multipliés, étaient strictement observés. N'y a-t-il donc des pauvres qu'en France? Comment vivent-ils dans les pays protestants, en Angleterre, par exemple, où l'on observe encore le dimanche avec une grande rigidité. Beaucoup d'industriels comprenant que les ouvriers ont besoin de repos, leur laissent le lundi et les retiennent le dimanche dans leurs ateliers. Mais les ouvriers, ainsi habitués à violer les lois de Dieu et de l'Église, perdent toute moralité; ils dépensent le lundi dans les cafés, les maisons de jeux et de débauches, tous les profits de la semaine, et leur immoralité fait perdre à leurs maîtres tous les bénéfices qu'ils espéraient obtenir du travail du dimanche. Les excès auxquels ils se livrent les rendent durs et égoïstes. Ils sont sans cœur, sans pitié pour leurs femmes et leurs enfants. Ils n'échappent jamais à l'un de ces malheurs, ou ils perdent le goût du travail et tombent en même temps dans la misère et le crime, ou ils prennent le germe de maladies longues et cruelles dont le plus souvent ils meurent. Lors de la première révolution, les philosophes voulurent réaliser toutes leurs déclamations contre la religion; ils abolirent le dimanche, et mirent les décades à sa place, c'est-à-dire qu'ils substituèrent le repos du dixième jour à celui du septième; mais on ne tarda pas à reconnaître que le repos du dixième jour était trop éloigné, et ne s'accordait pas avec les forces physiques de l'homme; épuisé par les travaux de la semaine, il a besoin de se reposer le septième jour pour reprendre de nouvelles forces et continuer le cours de ses travaux. Mais les décades ne s'harmonisaient pas non plus avec les forces des animaux : « Nos bœufs con-

» naissent le dimanche, disaient les paysans et ne veulent pas » travailler ce jour-là. » « Le bœuf ne peut travailler neuf » jours de suite, dit M. de Chateaubriant; au bout du sixième, » ses mugissements semblent demander les heures marquées » par le Créateur pour le repos général de la nature. » Nous pourrions montrer aussi que l'institution du dimanche, loin d'être odieuse, est en parfait accord avec les lois de la nature. *Elle a ces harmonies géométriques que les anciens*, dit M. de Chateaubriant, *cherchaient à établir entre les lois particulières et les lois générales de l'univers. Elle donne le six pour le travail; et le six, par deux multiplications, engendre les trois cent soixante jours de l'année, et les trois cent soixante degrés de la circonférence. On peut donc trouver magnificence et philosophie dans cette loi religieuse qui divise le cercle de nos labeurs, ainsi que le cercle décrit par les astres dans leur révolution. Comme si l'homme n'avait d'autre terme de ses fatigues, que la consommation des siècles, ni de moindres espaces à remplir de ses douleurs que tous les temps. Le calcul décimal peut convenir à un peuple mercantile, mais il n'est ni beau, ni commode, dans les autres rapports de la vie, et dans les équations célestes. La nature l'emploie rarement; il gène l'année et le cours du soleil, et la loi de la pesanteur ou de la gravitation, peut être l'unique loi de l'univers, s'accomplit par le carré et non par le quintuple des distances. Il ne s'accorde pas d'avantage avec la naissance, la croissance et le développement des espèces. Presque toutes les femelles portent par le trois, le neuf, le douze qui appartiennent au calcul sexİmal.* Le Concordat de 1801 rétablit en France l'observation du dimanche. En 1814, on fit une loi pour rendre obligatoire dans le for extérieur, devant les tribunaux, le précepte divin du repos du septième jour; or, l'on sait de combien de censures cette loi a été l'objet. Il faut être juste cependant, cette loi ne blesse pas la liberté garantie par la Charte à chaque citoyen. La liberté d'exercer le culte que l'on a choisi, ne comprend pas la faculté de renier publiquement la Divinité et de faire profession d'athéisme. Qui peut se plaindre de cette loi? les calvinistes, les luthériens; mais ils observent le dimanche comme les catholiques, on sait même qu'ils en sont des observateurs très rigides; en Angleterre, en Suisse, dans les États-Unis, si souvent cités comme terre modèle de la liberté religieuse, tous les magasins sont fermés le dimanche : il serait impossible, en ce jour, d'y traiter d'aucune affaire. De qui donc gène-t-on la liberté? des juifs; mais ils gardent le repos du jour du sabbat; ils ne peuvent se plaindre, qu'habitant au milieu des nations catoliques, ils soient obligés de respecter les lois qui les régissent. Lorsque leurs ancêtres formaient eux-mêmes un corps de nation, les étrangers qui venaient s'établir au milieu d'eux étaient bien obligés de garder le repos du sabbat, et l'histoire ne nous dit pas qu'il y ait jamais eu des réclamations à ce sujet. Il faut d'ailleurs distinguer dans une loi ce qui est de prescription et ce qui est de défense; si l'on prescrivait à un juif de travailler le jour du sabbat, évidemment on blesserait sa liberté religieuse, mais, en lui défendant de travailler le dimanche, on ne fait qu'ajouter une obligation civile de plus à toutes celles qui déjà l'obligent. On ne blesse donc aucune religion en défendant le travail le jour du dimanche, on garantit même par cette défense la liberté religieuse, qui ne peut se conserver que dans l'ordre; elle est aussi une garantie pour l'existence de la société. L'on reconnaît universellement qu'aucune société ne peut subsister sans religion, et que tout ce qui tend à ébranler la religion, comme le ferait la permission légale de travailler le dimanche, tend à détruire la société. Lors même que certaines localités souffriraient de la défense de travailler le dimanche, elles devraient se résigner à cette loi générale de la Providence; l'histoire prouve que les peuples sont toujours récompensés par des avantages temporels de leur fidélité à la religion. Il n'y a pas, du reste, de loi d'ordre public qui n'exige des sacrifices de la part des citoyens; à quelque point même que fussent porté ces exigences, l'intérêt privé devrait toujours céder devant l'intérêt général; mais, en définitive, le citoyen trouve son bien être dans ses sacrifices, dans son dévouement. Là où l'ordre général de la société est mieux conservé, les droits individuels sont plus respectés, et les intérêts privés plus florissants. Au contraire, dans les sociétés où chacun cherche sa satisfaction personnelle, où l'égoïsme est l'âme des actions, les droits et les intérêts privés ayant perdu leurs garanties par l'affaiblissement de l'esprit religieux sont toujours en souffrance. Ainsi, lors même que la loi de 1814 aurait exigé de légers sacrifices de la part de quelques citoyens, elle les en dédommagerait amplement par la moralité qu'elle répandrait dans la société, si on était exact à la faire exécuter, par la sécurité et les garanties qu'elle donnerait au commerce, en généralisant les habitudes religieuses. D'ailleurs, ainsi que nous l'avons déjà dit, l'Église n'est pas aussi exigente qu'on se l'imagine, elle se montre pleine de compatissance pour nos misères. Lorsque la nécessité l'exige, elle accorde la permission de travailler le dimanche. Mais ce n'est pas par une circulaire ministérielle, comme on l'a fait en 1838, que l'on doit obtenir la dispense de l'observation d'un précepte divin. On dira peut-être que la circulaire ne fait que dispenser de l'obligation civile imposée par la loi de 1814. Cette objection n'est d'aucune valeur. La loi de 1814 étant en harmonie avec la loi religieuse, étant même l'expression de cette dernière loi, il s'ensuit que la dispense de l'observer est aussi une dispense d'observer la loi religieuse; vous encourragez ainsi, par l'attrait d'un vil intérêt, les citoyens à violer la loi de Dieu. Il aurait été conforme à l'ordre et à la justice, de vous entendre avec le pape et les évêques, pour les nécessités industrielles et commerciales dont vous parlez. Vous n'auriez pas voulu donner cette satisfaction aux évêques? que n'auraient pas dit les ennemis de l'ordre? Oh! c'est alors qu'ils auraient hurlé contre le Gouvernement; mais, en agissant de la sorte, vous n'auriez fait que vous conformer aux principes dont on a toujours reconnu la vérité catholique en admettant la distinction du pouvoir spirituel et du pouvoir temporel, ainsi que leur action simultanée sur la société. La circulaire insiste beaucoup sur les nécessités industrielles et commerciales; qu'on nous montre donc où elles existent, qu'on nous dise aussi d'où sont venues les réclamations contre la loi de 1814, que l'on nomme les cités dont la majorité des habitants se plaint de l'arrêt de la Cour de cassation, qui maintient l'observation légale du dimanche. D'où vient aussi que les nécessités industrielles et commerciales, qui exigent en France la dispense de l'observation d'une loi divine, n'existent pas dans plusieurs pays protestants où le commerce et l'industrie sont dans une grande prospérité, quoique le dimanche y soit observé avec une rigidité judaïque. — Ne prévoyez vous pas également les funestes effets de la dispense de l'observation du dimanche, de la part de l'autorité civile?, c'est dire aux populations ouvrières de se moquer des préceptes de la loi divine; ces populations ne sont-elles pas déjà trop corrompues? ne sont-elles pas trop disposées à la révolte? Voulez vous encore par vos paroles, par vos actes, accroître leur corruption, leur haine contre la religion. Trouvez-vous qu'il n'y a pas en France assez d'indifférence pour travailler vous même à la ruine de la foi. Vous désirez l'intérêt des pauvres Mais si le dimanche cesse d'être entièrement observé, que ferez-vous de ces enfants, de ces vieillards, de ces infirmes qu'entretiennent et nourrissent la piété et la charité du riche? Ne réunissant plus autour de lui les riches du monde, le prêtre ne pourra pas émouvoir leur cœur et exciter leur charité, et ce superflu que les riches emploient au soulagement des infortunés, ils s'en serviront pour augmenter leurs jouissances ou le consumeront dans de honteux plaisirs. Vous alléguez l'intérêt des pauvres pour la dispense de l'observation du dimanche; mais savez-vous que l'homme quoique pauvre et ignorant ne vit pas seulement du pain matériel; il lui faut aussi le pain de la parole de Dieu qui se distribue le dimanche à l'église. Il ne doit pas toujours tourner ses pensées et ses regards vers les besoins physiques. Il faut que sur sept jours il y en ait un où son corps se repose de ses fatigues et où son âme dégagée des préoccupations de cette terre vive de la vie de Dieu. Chez l'homme, quel qu'il soit, l'intelligence domine la matière, la vie morale l'emporte sur la vie matérielle; il faut donc des aliments spirituels, si nous pouvons nous exprimer de la sorte, qui puissent la soutenir, la fortifier. Or, c'est le dimanche à l'église que l'homme entend et reçoit la parole de Dieu qui purifie son cœur, éclaire son intelligence, nourrit et élève sa vie morale. Voyez ces nombreux fidèles qui se pressent dans nos églises; quelle touchante réunion d'enfants, de jeunes gens, d'hommes d'un âge mûr, de vieillards, de pauvres, d'infirmes, de riches, de grands et de petits. Le ministre de l'Évangile donne des conseils aux uns, des consolations aux autres et offre pour le salut de tous le divin sacrifice. Vous cherchez l'égalité, eh bien! vous la trouvez le dimanche à l'église; les hommes de toutes les conditions y apprennent qu'ils sont tous frères qu'ils ont tous été crées par le même Dieu, et rachetés par le même homme Dieu. Mais en apprenant quels sont les rapports communs d'égalité qui les lient ensemble, chaque homme, chaque classe apprennent en même temps quels sont leurs devoirs particuliers. C'est de la connaissance de ces rapports communs d'égalité, ainsi que des devoirs relatifs à chaque homme, à chaque classe, que naît l'ordre et le bonheur de la société. On ne saurait donc trop insister sur les avantages que la société retire de l'institution du dimanche. C'est en ce jour à l'église que les enfants apprennent à obéir à leurs parents, que les parents sont instruits de leurs devoirs envers leurs enfants, que les jeunes gens apprennent à réprimer l'indépendance de leur esprit et les désirs de leur chair. C'est en ce jour que le pasteur fait connaître aux personnes mariées la sainteté du lien qui les unit, la fidélité qu'ils se doivent, et avec quelle pureté elles sont obligées de se conformer aux vues de la providence; il inspire aux hommes d'un âge mur la modération dans leurs désirs, aux vieillards, aux infirmes la patience, la résignation dans les maux de la vie. C'est aux instructions de leur pasteur que les infortunés acquièrent la certitude d'une nouvelle vie et se soumettent sans murmure à toutes les épreuves de cette vie passagère. C'est là que les riches et les grands apprennent qu'ils ne sont que les administrateurs des choses de ce monde, et qu'ils doivent calmer, ou du moins adoucir, tous les maux, toutes les peines de leurs frères. C'est encore à l'église que les domestiques apprennent qu'en obéissant à leurs maîtres ils obéissent à Dieu, et les maîtres, qu'ils doivent traiter avec charité les hommes qui les servent, puisqu'ils sortent tous de la même tige et qu'ils ont reçu le salut par le même Dieu. Là on expose la brièveté de la vie, la vanité et les dangers des attachements humains; c'est là qu'on enseigne que l'oisiveté est un péché, que le travail est une expiation qu'il faut supporter sans murmure et dont il faut offrir à Dieu les souffrances. Là les consciences coupables sortent de leur léthargie et trouvent le moyen de se défaire de l'accablant remords. Les instructions que le chrétien reçoit le dimanche à l'église le moralisent, le civilisent, les prières qu'il y fait avec ses frères lui obtiennent des grâces que la prière individuelle ne saurait obtenir; ce qu'il y a de défectueux dans l'un se trouve compensé par la ferveur de l'autre. Ne voyez-vous pas aussi l'heureuse influence qu'obtiennent sur les esprits, la pompe des cérémonies, la solennité des prières, la sublimité du sacrifice, la profondeur des mystères, et l'exemple commun. Tout dans ce jour excite la ferveur et ranime toutes les vertus. Il importe donc que le dimanche soit observé, ne dites plus que c'est un jour perdu pour la société. C'est au contraire le jour le plus utile puisque c'est celui où tous les membres de la société deviennent meilleurs, et où tous les liens qui les unissent sont resserrés. Et quand bien même il ne ferait que nous mettre dans la voie du salut, on ne saurait lui opposer un intérêt passager; la couronne de félicité réservée à l'homme vertueux peut-elle entrer en balance avec la désolation éternelle qui sera le partage de l'homme vicieux? Quel est donc l'aveuglement de notre époque? Quel esprit de vertige nous entraîne vers l'abîme? Les hommes seraient-ils dispensés aujourd'hui de tout devoir de soumission et de reconnaissance envers Dieu? Nous n'avons donc pas de grâces et de bienfaits à lui demander? Ce siècle est-il tellement heureux qu'il puisse se passer des miséricordes divines? N'a-t-il donc pas à redouter d'immenses calamités? Les soixante années qui viennent de s'écouler n'apprennent-elles pas que là où Dieu ne règne point il n'y a que des crimes, des révoltes? Ignorons-nous que les prières des nations sont puissantes auprès de Dieu? Elles ouvrent le trésor de ses miséricordes. Elles font descendre des cieux une rosée féconde de grâces et de bénédictions; or, il n'y a pas d'autre jour que le dimanche où les hommes se réunissent pour prier. Ceux qui ne les observent pas se privent donc de grandes consolations et se préparent de grandes infortunes. Si les hommes savaient comprendre la cause de leurs malheurs privés, de la perte de leurs enfants, de leur insuccès dans les affaires, il n'en est pas un qui ne dût l'attribuer à l'oubli ou au mépris de la loi divine, qui prescrit l'observation du dimanche. Oh! non, vous ne trouverez pas non plus d'autres causes des malheurs qui désolent la société depuis plus d'un demi-siècle. Si les gouvernements savaient aussi comprendre les desseins de Dieu et de son Église dans l'observation du dimanche, ils y trouveraient un grand principe de civilisation pour les peuples, et loin de tolérer sa violation ou de le violer eux-mêmes, ils le feraient fidèlement observer. S'il en était ainsi la société cesserait d'être agitée, il ne serait pas donné aux méchants d'y exercer une funeste influence. « Par votre fidélité à garder le saint jour du sabbat, dit le Seigneur, vous » trouverez votre joie, votre bonheur. Je vous placerai au-des- » sus de ce qu'il y a de plus élevé sur la terre. Vous élèverez » avec confiance vos regards vers moi, vous me prierez et je » vous exaucerai. » Mais si au lieu de sanctifier le dimanche les peuples l'emploient à leurs affaires ou à leurs plaisirs, ce jour devient pour eux une source de malédiction. Il y a longtemps aussi que la sagesse éternelle a déclaré que celui qui violerait le jour quelle s'est consacré *serait retranché du milieu de son peuple et puni de mort*. Le prophète Isaïe a annoncé aussi *que le Seigneur ferait éclater sa vengeance sur les transgresseurs du jour consacré à l'honorer*. Non, non, quoiqu'en disent d'audacieux et ignorants sophistes, Dieu n'est pas indifférent aux croyances et aux actions de l'homme. S'il l'était, il faudrait supposer en lui des volontés contradictoires, c'est-à-dire qu'il faudrait nier sa sagesse; mais nier sa sagesse, c'est nier Dieu lui-même. Mais si Dieu n'est pas indifférent aux actions de l'homme, il ne peut l'être non plus aux croyances et aux actions de la société. Ce qu'il trouve digne de récompense ou de punition dans l'homme l'est également dans la société. Ainsi, les hommes réunis en société n'ont pas le droit de s'affranchir de la loi de Dieu. Ils lui doivent même une grande et spéciale reconnaissance pour les avantages qu'ils retirent de la société dont ils sont membres. Il y a plus, le culte de la société est plus imposant que l'hommage de simple particulier, et, par là même, il est plus agréable à Dieu puisqu'il manifeste davantage sa puissance et sa gloire. Vainement s'efforcerait-on de distinguer dans la loi ce qui doit être exécuté où non, Dieu n'a pas fait de distinction. Il punit la violation d'une seule pratique commandée comme la violation de toute la loi parce que, suivant l'observation profonde de l'apôtre saint Jacques, celui qui viole la loi en un seul point est coupable comme s'il l'avait violée tout entière. L'effet de cette violation étant de détruire le principe sur lequel toute loi repose. Mais quel point de la loi aujourd'hui n'est pas violée? Toutes les pratiques, tous les préceptes de la religion sont méconnus, foulés aux pieds. Malheur donc, malheur aux peuples qui méprisent et violent la loi de Dieu! Les saintes Écritures sont pleines de menaces terribles contre ces nations ingrates et rebelles. Leur existence ne s'étendant pas dans l'éternité comme celle de l'homme, Dieu leur envoie des châtiments terribles qui les désolent et les font périr. Les annales du monde entier sont remplies des vengeances éclatantes que Dieu a tirées des peuples violateurs de ces saintes lois, et enivrés d'une fausse sagesse. Ne nous étonnons donc pas si aujourd'hui, où le dimanche n'est plus observé et où la religion semble entièrement oubliée par la multitude, l'ignorance, l'orgueil, le blasphème, l'ambition, la cupidité, l'amour des plaisirs, l'esprit de révolte répandent la désolation sur la terre; s'il n'y a plus pour les hommes ni paix, ni bonheur; si aucun pouvoir ne peut prendre racine; si des révolutions ébranlent les fondements de la société et la font chanceler comme un homme ivre. Que les Français comprennent donc les funestes effets de la violation des lois divines; que leurs cœurs n'y restent pas insensibles; que la nécessité de la pratique de la religion, qui ressort d'une manière si frappante des événements contemporains, parle à leur cœur et à leur intelligence; que les écailles qui les aveuglent tombent de leur yeux; qu'ils voient enfin que l'homme n'a de force que pour détruire, et que Dieu seul a le pouvoir d'édifier. Ainsi, d'ardents persécuteurs de la religion, ils en deviendront d'intrépides défenseurs et de longs siècles de bonheur leur seront assurés. Mais s'ils persistent dans leurs égarements, la main de Dieu s'apesantira sur eux, *le feu de sa colère les dévorera comme l'insecte consume l'herbe des champs, et ils seront comme ces animaux qui ont couvert la terre et ont disparu*. (Nahum., ch. 3., v. 15 et 16.)

PAULIN DE PUYMIROL.

DIMANCHE, (écoles du), (V. ÉCOLES).

DIMANCHE, s. m., dimanche de l'année, se disait au moyen âge du jour de la résurrection de Jésus-Christ, *Dimanche* (*marine*), palau portatif.

DIMANCHIER, IÈRE. Il se dit, populairement, d'une personne qui fête régulièrement le dimanche.

DIMANDIER, s. m. (*v. lang.*), chaudronnier, ouvrier qui raccommode les ustensiles de cuivre.

DIMAQUES (δὶς, de deux manières, μαχομαι, combattre), soldats pesamment armés qui étaient ordinairement à cheval, mais qui combattaient à pied quand la circonstance l'exigeait.

DIMAS DE LA CROIX (JACQUES-TONELLI), carme déchaussé, naquit à Monte-Leone, en Toscane; il fut envoyé comme missionnaire en Perse où il se distingua par son zèle et son abnégation. En 1634, le pape Urbain VIII, instruit de sa charité ardente lui envoya les ornements pontificaux. L'humilité ne lui permit pas de rien accepter. Il mourut à Ispahan le 28 décembre 1639.

DIMASTOS (*géogr. anc.*), nom de la plus haute montagne de l'île de Mycone, une des Cyclades.

DIMB, **DIMBOT** (*bot.*), noms que porte au Sénégal, suivant Adanson, l'*oncoba* de Forskaël, genre rapporté à la famille des liliacées.

J. P.

DIMBOS OU DIMBRIOS (*ins.*), on donne ce nom, à Ceylan, à une grosse fourmi qui vit sur les arbres, suivant Knoch. Les nids sont de la grosseur de la tête d'un homme. La description n'en est pas assez détaillée pour décider si ce sont des fourmis ou des termites. J. P.

DIME, anciennement *dixme* et en latin *decima*, signifie la dixième partie d'une chose, ou au moins une portion approximative de la dixième, comme la douzième, la treizième, etc. C'était une certaine portion des fruits de la terre et autres qui était due par le possesseur de l'héritage au *décimateur*, c'est-à-dire à l'église et au seigneur qui avait droit de jouir de la dîme. On fait remonter l'origine de cette redevance à une époque très ancienne. Ceux qui prétendent que la dîme ecclésiastique est de droit divin, s'appuient sur ce qu'Abraham donna à Melchisédech, roi de Saleh et prêtre du Très-Haut, la dixième partie du butin qu'il avait fait sur les quatre rois qu'il avait vaincus (Genèse XIV, 20). Il est encore dit dans la Genèse (ch. XXVII), que Jacob, se réveillant après le songe où il avait vu l'échelle mystérieuse, disposa la pierre qui lui avait servi de chevet de manière à reconnaître cette place, et s'écria : « Si le Dieu d'Abraham me conserve dans mon voyage, s'il me donne du pain et des vêtements, et s'il me fait retourner en paix dans la maison de mon père, certainement il sera mon Dieu, et je lui consacrerai la dixième partie de ce que j'aurai acquis, afin de soulager les hommes qui éprouveraient de pareils besoins. » Dans l'*Exode*, dans le *Lévitique* et dans le livre des *Nombres*, il est question de plusieurs espèces de dîmes. Ici, il est recommandé au peuple de payer sans retard ses dîmes et ses prémices (*Exode*, ch. XXII), de manière pourtant qu'il s'agit évidemment d'une offrande faite à Dieu même, plutôt que d'une rétribution due aux ministres des autels. Là, il est posé en principe que les dîmes de tous les fruits de la terre et les fruits des arbres appartiennent à Jéhovah, et lui sont consacrés; que si quelqu'un veut racheter les dîmes, il en ajoutera la cinquième partie ; que le dixième qui naîtra de tous les bœufs, moutons et chevaux, sera offert au Très-Haut ; que l'on ne choisira ni le bon ni le mauvais; que le dixième né ne sera point changé contre un autre; que si quelqu'un fait un changement de cette sorte, il sera tenu de donner ces offrande au Seigneur et l'animal dixième né et celui qu'il a voulu donner à la place (*Lévitique*, ch. XXVIII). » Ailleurs, on trouve que ce Dieu a donné à Aaron et aux Lévites, les dîmes, oblations et prémices en droit éternel, pour leur subsistance, parce qu'ils ne devaient posséder rien autre chose, et que la tribu de Lévi, consacrée à Dieu, ne devait avoir aucune portion dans le partage que l'on ferait des terres, et que les Lévites seraient obligés d'offrir à Dieu les prémices de la dîme, c'est-à-dire la dixième partie de la dîme (*Nombres*, ch. XVIII).» Dans un autre endroit enfin (*Nombres*, ch. XXX), on trouve que Moïse, après que les Hébreux eurent défait les Madianites, distribua les dépouilles des vaincus à toutes les familles; mais en fit donner une partie au grand prêtre Éléazar, assimilant ces dépouilles à un fruit recueilli dans le champ de bataille. Il n'en était pas ainsi des prêtres chrétiens. Sortis presque tous de la famille juive, s'adressant à des nations étrangères, les premiers apôtres n'avaient avec celles-ci aucune consanguinité, aucun droit de participer à un héritage commun ; aussi saint Paul, parlant de la nourriture due au ministre de l'autel, a passé complètement la dîme sous silence, et les actes des apôtres ont fait de même. Les apôtres, bien que dans le 3e et le 4e de leurs *canons* ils spécifient ce qui doit être offert à l'autel, bien que dans le 5e ils parlent déjà des premiers, se taisent sur les dîmes. Ainsi fait saint Clément qui pourtant dans ses lettres, parle *des revenus et des biens des églises et de leurs dispensateurs*. En général, il ne paraît pas que, durant les premiers siècles de l'Église où la piété des fidèles était dans la plus grande ferveur, les prêtres et les ministres des autels aient jamais prétendu aux dîmes ils ne vivaient que des offrandesf aites volontairement sur les autels : aussi saint Hilaire, évêque de Poitiers en 369, dit-il que le joug des dîmes avait été ôté par Jésus-Christ. Mais, dans la suite, la charité des fidèles s'étant refroidie, les Pères exhortèrent les chrétiens à donner la dîme suivant ce qui se pratiquait dans l'Ancien-Testament. Ce n'était pourtant pas un précepte, ce n'était qu'un exemple proposé et suivi dans l'origine par peu de personnes. Le témoignage de saint Augustin est formel à cet égard, malgré les prétendues citations données par Gratien. Il est probable que les pasteurs chargés de l'administration des sacrements, n'ayant qu'une part fort légère dans les biens appartenant à l'Église, demandèrent la dîme pour leur subsistance, et que le paiement de la dîme étant passé en coutume, on en fit insensiblement une loi ; mais il n'est pas aisé de préciser le temps où s'opéra cette transformation. Les lois romaines ne font pas mention de la dîme, mais seulement d'oblations volontaires. Aujourd'hui même ce dernier caractère est encore celui des dîmes dans l'Église grecque. Après le deuxième concile de Tours, tenu en 567, les évêques écrivirent une lettre circulaire qui paraît ordonner le paiement de la dîme, mais comme aumône. Le deuxième concile de Mâcon, de l'an 585, enjoint, par son cinquième canon, de payer la dîme aux prêtres et ministres de l'Église, sous peine d'excommunication. C'est le premier concile qui fasse mention expresse de la dîme ecclésiastique comme dette, et cependant il est dit, dans le canon cité, que tous les chrétiens autrefois étaient exacts à la payer. C'était l'évêque qui percevait les dîmes, et il les distribuait comme il le jugeait convenable. Un capitulaire de Charlemagne en règle cependant la division. Il devait en être fait trois parts, une pour l'évêque et son clergé, une autre pour les pauvres, et la troisième pour l'entretien de l'église (1). Quelques pasteurs dans les campagnes obtinrent de l'évêque le privilége de donner le baptême et la sépulture, et il leur fut assigné une partie déterminée des dîmes. Ce privilége s'étendit insensiblement à toutes les autres églises, et c'est ainsi que la division paroissiale se trouva enfin complètement établie. Ce seul fait, que les églises paroissiales ne devinrent indépendantes que d'une manière lente et progressive, paraît par lui-même une réfutation suffisante à opposer à ceux qui font remonter à une haute antiquité ce paiement universel des dîmes. Forts de l'autorité des capitulaires de Charlemagne, les prédicateurs du VIIIe siècle s'appliquèrent à représenter les paiement de la dîme comme un devoir, et parurent même reconnaître dans l'accomplissement de ce devoir le plus haut degré de la perfection chrétienne (2). Les conciles de Mayence, d'Arles, de Châlons et de Reims, tenus en 813, sont les premiers qui fassent mention des dîmes ecclésiastiques ; celui de Mayence (ch. XIII) ne se sert que de ces termes : *Admonemus, vel præcipimus, decima de omnibus dari non negligatur*. Le concile de Châlons fut plus rigoureux, *il ordonna que ceux qui, après de fréquentes admonitions et prières, auraient négligé de donner au prêtre, seraient excommuniés*. Celui de Reims veut que les dîmes soient données sans restriction (3). De si nombreuses prescriptions prouvent une grande répugnance du peuple à se soumettre à un tribut général et permanent, répugnance qui n'a rien d'incompatible avec l'empressement qu'il mettait à prodiguer à l'Église des dons volontaires. Dans les siècles suivants, il devint très commun d'appliquer à l'entretien d'églises particulières, ou à des fondations monastiques, ces dîmes qui, dans l'origine, étaient payables à l'évêque. Cette application arbitraire des dîmes, malgré les plaintes dont elle était l'objet, subsista, par une sorte de prescription, jusque vers l'année 1200. Ce fut presque à la même époque (en 1197) que le concile de Latran, tenu sous le pape Alexandre III, déclara que les dîmes étaient de précepte, et les regarda comme préférables aux tributs dus par le peuple. Vers ce temps aussi, l'obligation de payer les dîmes, limitée dans le principe aux fruits de la terre, fut étendue, du moins en théorie, à toute espèce de profit, à tout produit du travail. (Selven, *history of tithes*; Giannone, etc.) Déjà pourtant, dans les IXe et Xe siècles, on avait essayé de donner cette extension à la dîme. Le concile d'Arles, de 813, dont nous avons déjà parlé, ordonne de payer la dîme *même de son propre travail ou de son commerce*. Le concile tenu à Trosly, dans le Soissonnais, en 909, sous Hervé de Reims, y assujétit *le soldat et l'artisan*. « L'industrie qui vous fait vivre, disent les Pères de ce concile, appartient à Dieu : donc vous lui en devez la dîme. » En général on remarque que la plupart des concessions de dîmes faites aux monastères sont du Xe et XIe siècles. « Les évêques, en fondant des monastères, ce qui était la plus grande dévotion de ce temps là, leurs donnaient pour dotation les dîmes de leurs églises. L'ignorance profonde qui régnait alors, et les désordres des prêtres séculiers ayant obligé d'employer les moines à l'administration des cures, ils s'approprièrent les dîmes, tellement que, quand les conciles ont ordonné aux religieux de se retirer dans leurs cloîtres, ils ont encore retenu le titre de *curés primitifs* et les dîmes. Beaucoup de laïcs qui étaient en possession des dîmes les remirent aussi pour la décharge de leur conscience (*pro remedio animæ suæ*) à des chapitres ou à des monastères ; elles sont comprises dans ces concessions sous le titre d'*altare* et *decimas*, et quelquefois sim-

(1) Schmidt, *Histoire des Allemands*, t. II. Ce capitulaire paraît fondé sur un ancien canon.

(2) Fra Paolo, *Traité des bénéfices*, c. II.

(3) Decimæ pleniter dentur.

plement *altare*, qui comprend le patronage, les dîmes et autres droits utiles et honorifiques. Il y a eu des dîmes établies par l'Église même, lors de la concession qu'elle faisait de certaines terres à des particuliers, elle se réservait *nonas et decimas nonas* c'était la rétribution due pour la connaissance. A l'égard de la dîme, elle était retenue pour se conformer à l'usage général. Il est parlé de ces nones et dîmes dans les capitulaires des années 756, 779, 802, 819 et 823 (1). Les dîmes se divisaient en réelles, personnelles et mixtes. Les dîmes *réelles* étaient celles qui se percevaient sur les fruits de la terre, comme vin, blé, bois, légumes. Les dîmes *personnelles* étaient celles qui se percevaient sur le travail et l'industrie des personnes, comme négoce, métier, chasse, pêche. Les dîmes *mixtes* étaient celles qui provenaient en partie de la nature et en partie de l'industrie des hommes, telles que les dîmes de *charnage*, c'est-à-dire des animaux dont le profit vient de la terre où ils sont et des peines de ceux qui les soignent. Les dîmes réelles se subdivisaient en *grosses* et *menues*. Les grosses étaient celles qui se percevaient sur les fruits principaux d'un pays, comme blé, vin, huile, etc., les menues dîmes étaient celles qui se percevaient sur les fruits moins considérables ; sous ce rapport, la nature des dîmes variait selon les divers pays. Les dîmes se divisaient encore en anciennes et novales. Les *anciennes* étaient celles qui se percevaient des terres cultivées de tout temps, soit qu'elles eussent toujours porté la même espèce de fruits, soit qu'elles en eussent changé ; les *novales* étaient celles qui se percevaient des terres cultivées depuis peu de temps. Nous n'avons jusqu'ici parlé que des dîmes ordinaires. Les dîmes extraordinaires formaient les *décimes*. Les dîmes *solites* étaient celles qu'on avait coutume de payer dans les différents pays; les *insolites*, celles qu'on n'avait pas coutume de payer. Les dîmes *ecclésiastiques* étaient celles qui se percevaient par les ecclésiastiques à cause de leur ministère spirituel et sans aucune charge de fiefs. Les dîmes *profanes*, *temporelles* ou *inféodées* étaient celles qui étaient possédées à titre de fief, à la charge de foi et hommage et autres devoirs seigneuriaux. Il y avait encore une sorte de dîme qu'on appelait *dîme de suite* ou de *sequelle*, qui consistait en ce qu'un curé percevait la dîme du terrain d'une autre paroisse, qui était cultivé par son propre paroissien. Selon le droit commun, on devait payer la dîme de toutes sortes de fruits et de profits. En somme, la grande règle, pour connaître les choses sujettes à la dîme, c'était la coutume, qui non seulement n'était pas uniforme dans le même royaume, mais présentait souvent dans une même province les dispositions les plus contradictoires. De plus, il y avait quelquefois différents usages dans une même paroisse, mais l'usage des voisins et du canton l'emportait sur la possession de quelques particuliers lorsqu'ils n'avaient points de titre, quelque ancienne que fut leur possession (2). Propriétaires, fermiers, pauvres, riches, ecclésiastiques, laïcs, religieux, hérétiques, juifs, tous devaient en principe payer la dîme; cependant cette règle souffrait des exceptions. Ainsi les évêques ne payaient point la dîme du revenu de leur *mense épiscopale ;* les curés ne la payaient pas du revenu des fonds annexés à leurs paroisses et situés dans d'autres paroisses ; les simples clercs ne la payaient pas du revenu de leurs bénéfices, si ce n'est quand les biens qui avaient servi à former leurs bénéfices y avaient été antérieurement sujets. Les religieux étaient exempts de la dîme par des privilèges généraux ou particuliers; il y avait pourtant à cette exemption des restrictions assez nombreuses.

Dîmes inféodées, c'étaient celles que des laïcs possédaient à titre de fief. L'origine de ces dîmes est obscure ; on a cru trop généralement, sur la foi des canonistes, que les dîmes laïques étaient toutes ecclésiastiques dans leur principe, mais on n'a aucun indice certain sur l'époque de leur transformation et sur la manière dont elle s'est faite. Il est après tout incontestable qu'il y avait bien des dîmes laïques d'obligation avant les dîmes ecclésiastiques. Il parait certain que Charles-Martel donna une partie du bien des églises en bénéfice aux Leudes qui l'aidèrent à repousser les Sarrasins ; mais aucun monument ne dit qu'on ait compris les dîmes dans cette distribution, et les établissements que l'on attribue sur cette matière à Pépin et à Charlemagne, quand même on pourrait démontrer que le texte n'en a pas été altéré, n'ont pas trait aux dîmes inféodées (3). Assurément le paiement de la dîme ecclésiastique dut rencontrer plus de difficultés dans les lieux où l'on en payait déjà une aux laïcs. Ce fut là probablement la raison qui rendit ces dîmes si odieuses aux gens d'église, et qui leur fit assurer, dès le IXe siècle, qu'elles avaient été usurpées sur eux. Mais leur succès ne fut pas le même partout. L'introduction des dîmes ecclésiastiques n'abolit pas l'usage des dîmes laïques. Bien plus, les églises ne tardèrent pas à donner à divers seigneurs une partie des nouveaux domaines qu'elles avaient acquis, et particulièrement des dîmes ecclésiastiques, afin de s'assurer leur protection contre les ravages des Normands (1). On trouve, malgré les assertions contraires de certains auteurs (de Chorier, entre autres), des inféodations de dîmes dès la seconde moitié du Xe siècle. Il est croyable néanmoins que, dans ces temps de troubles, plusieurs dîmes furent usurpées, et qu'il s'en fit bien des concessions abusives. Mais plus tard on en rendit un grand nombre à l'Église, et on lui donna d'ailleurs de riches domaines bien suffisants pour la dédommager. Il arriva pourtant, dans la suite des temps, que l'on ne fit aucune distinction, et les ecclésiastiques prétendirent que toutes les dîmes laïques avaient été usurpées sur eux. Des conciles particuliers déclarèrent les laïcs incapables de posséder des dîmes. Enfin le troisième concile de Latran, tenu en 1179, défendit l'aliénation des dîmes de laïcs à laïcs, sous peine de privation de la sépulture ecclésiastique. Ce canon ne fut jamais exécuté ; mais s'il empêcha les usurpations et les aliénations ultérieures des dîmes, les seigneurs laïcs trouvèrent aussi moyen, à la faveur d'une distinction adoptée par tous les canonistes, de s'en faire un titre pour posséder tranquillement les dîmes inféodées avant l'époque de 1179 (2). L'inféodation des dîmes les rendit sujettes à la mouvance (voy. ce mot) de différents seigneurs, en remontant de l'un à l'autre jusqu'au roi. On ne pouvait les aliéner avec décharge de service sans abréger le fief de ces différents seigneurs; et, pour faire valablement cet abrégement de fief, il fallait payer une indemnité à chacun d'eux et au roi même. La dîme inféodée était encore appelée *dîme militaire*, parce qu'elle avait été inféodée à des militaires, en considération des services qu'ils avaient rendus à l'Église ou de la protection qu'elle attendait d'eux. Voilà ce que l'histoire a recueilli de plus important au sujet des dîmes. Resterait à les examiner sous le rapport de l'économie politique. Il est certain que cette espèce d'impôt ne pouvait qu'être onéreux à la propriété, et sa forme était souvent préjudiciable à la reproduction. Lors de la révolution, les dîmes furent abolies en Frances, et cette abolition a été regardée par beaucoup d'économistes comme un immense bienfait pour les habitants de nos campagnes. Les dîmes existent encore en Angleterre (voy. ci-dessous) et en divers autres pays.

Dîme Saladine. En 1188, comme on manquait d'argent pour la croisade, on résolut, dans le conseil des princes et des évêques, que tous ceux qui ne prendraient point la croix, paieraient la dixième partie de leurs revenus et de la valeur de leurs meubles. La terreur qu'avaient inspirée les armes de Saladin fit donner à cet impôt le nom de *dîme saladine*. On publia des excommunications contre tous ceux qui refusaient d'acquitter une dette aussi sacrée. En vain le clergé, dont Pierre de Blois entreprit la défense, allégua la liberté, l'indépendance de l'Église, et prétendit n'aider les croisés que de ses prières à quelques exceptions près, il fut obligé de payer la *dîme saladine* (2). Elle fut levée en Angleterre comme en France.

Dîme en Angleterre. En Angleterre et en Irlande, les dîmes constituent le salaire du clergé anglican. Elles ne furent, selon Burn, exigées en Angleterre qu'au VIIIe siècle. Les uns en attribuent l'établissement à Offa (vers 790), d'autres ne le font pas remonter plus haut que le retour d'Ethelwolf de Rome, en 855. A l'origine du clergé paroissial, le produit de cet impôt se divisait en quatre parts, dont l'une était affectée à l'évêque, l'autre aux réparations de l'église, la troisième aux pauvres et la quatrième au vicaire officiant. Lorsque les siéges épiscopaux furent richement dotés d'une autre manière, ils perdirent leur part, et les monastères s'approprièrent graduellement la masse totale des dîmes, remplissant eux-mêmes les cures des moines de leur ordre, et subvenant de manière ou d'autre aux besoins des pauvres et à l'entretien des églises (Blackstone, l. 1, ch. 2, sect. 5). A l'époque de la réformation,

(1) *Encyclopédie méthodique*, Diction. de jurisprudence, t. III, p. 756, 757.
(2) Lacombe, au mot *Dîme*, p. 241.
(3) Voir les additions faites au décret de Gratien, les actes du synode de Leptines, et la lettre écrite en 858 à Louis-le-Germanique par les évêques assemblés à Reims.

(1) *Historia Sclavorum* par le prêtre Helmoldus, liv. II, et sa continuation par Arnold de Lubeck, liv. III.
(2) Voir les lettres du pape Innocent III, et les décrétales *Statuta* d'Alexandre III.
(3) Le décret sur la dîme Saladine a été conservé par Rigord.

sous Henri VIII, ce prince abandonna les abbayes et leurs dépendances aux seigneurs de sa cour, et maintint le paiement des dîmes dont la propriété passa ainsi dans des mains séculières, conjointement avec ces abbayes, qui s'en étaient attribué la perception. Mais l'entretien des églises et les secours aux pauvres ne suivirent pas cette nouvelle destination de dîmes, et l'on se vit plus tard obligé d'établir des taxes en surplus, sous le nom de *poor-rates* et *church-rates*.—Les dîmes en Angleterre ont toujours été une source d'oppression pour le peuple et principalement pour les dissidents, et de temps à autre elles ont donné lieu à une polémique animée. Elles sont divisées en *grandes* et *petites*. Le *recteur* est celui qui perçoit toutes les dîmes d'une paroisse; s'il est séculier, s'il veut jouir en sinécuriste ou s'il possède plusieurs rectorats, il est obligé de nommer un *vicaire* pour officier à sa place, et la portion de son revenu qu'il lui abandonne comme salaire constitue les *petites dîmes*, tandis que ce qu'il se réserve prend le nom de *grandes dîmes*. On a évalué à 7,597 le nombre des possesseurs séculiers ou dîmes en Angleterre, et la propriété totale de l'Église à 8,896,000 l. sterl. (222,400,000 fr.), somme qui surpasse le revenu de toutes les Églises chrétiennes d'Europe réunies. Jusqu'ici les dîmes étaient exigibles en nature, ce qui donnait lieu à une foule de vexations; néanmoins, lorsque le bénéficiaire peut s'arranger avec ses ouailles, sa valeur, fixée au moyen d'une estimation (*composition*), en est payée en argent. Au reste, de toute manière cet impôt a un effet funeste sur l'agriculture, en ce que bien des terres d'une qualité inférieure ne pouvant couvrir les frais d'exploitation, et rapporter au cultivateur des profits suffisants et un intérêt raisonnable de son capital, lorsqu'il faut deduire un dixième des fruits, restent en jachère ou dans un état de culture imparfaite. On s'est demandé sur qui pesaient principalement les dîmes; mais c'est à tort qu'on a prétendu qu'elles n'affectaient en définitive que le fermage des terres et ne retombaient par conséquent que sur le propriétaire. Il est facile de prouver, au moins théoriquement, que cet impôt retombe d'abord sur le consommateur, et par suite seulement et d'une manière indirecte sur le producteur (*V.* Ricardo, *Theory of rent*, théorie du fermage). La question de l'inviolabilité de la propriété des dîmes occupe généralement aujourd'hui les esprits en Angleterre; ce qui serait plus simple, s'il ne s'agissait que des revenus ecclésiastiques, devient difficile en présence des possessions séculières. Divers systèmes de communication ont été proposés. Les dissidents (*V.* ce mot) regardent à juste titre cet impôt comme oppressif; mais il est surtout odieux pour les catholiques d'Irlande qui se voient obligés de maintenir à leurs frais les sinécures d'une église hostile à leurs croyances. On sait que la question est pendante devant le Parlement britannique.

DIME, s. m. (*métrol.*), monnaie d'argent des États-Unis, le dime vaut le dixième d'une piastre, ou fr. 0,50. c. *Demi-dime*, vingtième d'une piastre, ou fr. 0,29 c.

DIMÉE, s. f. (*v. lang.*), le droit de dîme, la dîme elle-même.

DIMENSION (*géom.*), longueur, largeur ou épaisseur d'un corps. Nous concevons les *lignes* comme n'ayant qu'une seule dimension, la *longueur*; les *surfaces* comme ayant seulement deux dimensions, la *longueur* et la *largeur*, et enfin les *solides*, comme ayant trois dimensions *longueur, largeur* et *épaisseur* ou *profondeur* (*V.* LIGNE, SOLIDE, SURFACE). On se sert encore du mot *dimension* en algèbre, pour désigner le degré d'une puissance ou d'une équation : ainsi l'inconnue x est dite avoir une, deux, trois, etc., dimensions, selon qu'elle est élevée à la première, seconde, troisième, etc., puissance. En général, une quantité a autant de dimensions qu'il entre de facteurs dans sa composition : a, par exemple, est d'une seule dimension, ab est de deux, abc de trois, $abcd$ de quatre, etc.

DIMENSION. Fig. et fam., *prendre ses dimensions dans une affaire*, prendre les mesures nécessaires pour réussir.

DIMENSION, s. f., *timbre de dimension* (*législ.*), timbre qui est tarifé en raison de la dimension du papier. On l'emploie par opposition à *timbre proportionnel*. (*V.* ce mot).

DIMER, lever la dîme. Il signifie aussi avoir droit de lever la dîme en un lieu.

DIMÉRÈDES (*pois.*), famille de poissons osseux holobranches abdominaux, créée par M. Duméril; ce mot tiré du grec, signifie *membres doubles*, tiré de leur caractère principal qui est d'avoir plusieurs rayons de nageoires pectorales isolés. Elle renferme les genres *cheilodactyle, cirrhite, polynème* et *polydactyle* (*V.* ces mots). J. P.

DIMÈRES (*ins.*), cinquième sous ordre des insectes coléoptères dont les torses ne seraient composés que de deux articles (*dis*, deux, et *meros* division). Cette division du torse en deux articles, n'existe pas réellement; des observations minutieuses ont fait découvrir qu'il était composé de trois articles, dont le premier, très petit, est fort difficile à distinguer. On avait rapporté à cette division, des *psélaphes*, des *chennius* et des *claviger*, qui rentrent maintenant dans la famille des coléoptères tridactyles, près des scymnes (*V.* ces mots). J. P.

DIMERIE, s. f. (*anc. législ.*), étendue d'un territoire sur lequel on avait le droit de dîmer.

DIMÉRIE DOUBLE ÉPI (*bot.*), *dimeria acinaciformis*; genre établi par R. Brown, pour une plante de la Nouvelle-Hollande qui diffère très peu des *saccharum* (cannamelle), si ce n'est par ses fleurs disposées en un double épi terminal, caractère qui lui donne l'apparence d'un *andropogon* ou d'un *chloris*. Ses tiges sont tendres, grêles, munies à leur partie inférieure de feuilles courtes et pileuses : les fleurs sessiles, alternes, lancéolées placées sur deux rangs le long d'un double épi terminal; elles sont hermaphrodites, pileuses à leur base, leur calice est bivalve, à deux fleurs, dont l'une est stérile; l'autre hermaphrodite bivalve; la valve intérieure très petite; les semences cylindriques, renfermées dans la valve extérieure. J. P.

DIMEROSTEMMA (*bot.*), genre de plantes de la syngénésie polygamie égale de Linné, de la famille des synanthérées, tribu des hélianthées, placé auprès du *trattenikia* dont il diffère par l'aigrette composée de deux squamellules paléiformes, coriaces, très grandes, demi lancéolées. La *dimerostemme brésilienne, D. brasiliana*. C'est une plante du Brésil, très velue sur toutes ses parties, à tige herbacée, droite; de longs rameaux simples, dressés; ses feuilles alternes, distantes, sont longues d'environ deux pouces et demi, ovales, demi crénelées; les calathides composées de fleurs jaunes sont terminales et solitaires. J. P.

DIMESSE, s. f. (*hist. ecclés.*), membre d'une communauté de femmes, veuves ou filles, qui fut établie à Venise en 1584, par Dianira Volmarana, veuve de Pristrato; les *dimesses* enseignent le catéchisme aux filles, et soignent les pauvres femmes dans les hospices.

DIMÈTRE, adj. et s. m. (*littér. anc.*). Il se dit des vers iambiques de quatre pieds et quelquefois aussi des vers de deux pieds.

DIMEUR, celui qui était commis pour recueillir les dîmes.

DINCICATION, s. f. (*anc. t. de guerre*), duel, combat, bataille.

DIMIDIÉ, IÉE, adj. (*hist. nat.*), qui est réduit de moitié, qui ne s'est développé qu'à moitié.

DIMIER, s. m. (*anc. législ.*), journalier chargé de recueillir la dîme.

DIMINUENDO, adv. (*mus.*), en diminuant. Terme italien dont on se sert pour indiquer qu'il faut passer du forté au piano, et du piano au pianissimo par une gradation insensible. Diminuendo est l'opposé de crescendo; il se marque quelquefois par le signe *z*, quelquefois par l'abréviation *dimi.*

DIMINUER, amoindrir, réduire quelque chose, en retrancher une partie. Il s'applique tant aux choses physiques qu'aux choses morales. Il s'emploie souvent comme neutre, et alors il signifie, se réduire, devenir moindre. Il signifie particulièrement maigrir. — DIMINUÉ (participe). Il se dit adjectivement, en termes de musique, d'un intervalle mineur dont on retranche un demi-ton par une dièse à la note inférieure, ou par un bémol à la note supérieure.

DIMINUER, v. a. et n. *Diminuer de voiles* (*marine*), carguer ou serrer les voiles qui sont dehors, afin d'affaiblir le sillage du vaisseau. On *diminue de voiles* à l'approche de la nuit.

DIMINUTIF, IVE. Il se dit de tout mot qui a une signification plus faible ou plus adoucie que celui dont il est formé par l'addition dans certaine terminaison. Il est aussi substantif, au masculin. — DIMINUTIF, se dit aussi, substantivement, d'un objet qui est en petit ce qu'un autre est en grand.

DIMINUTION, amoindrissement, rabais, retranchement d'une partie de quelque chose.

DIMISSOIRE, c'est une lettre que donne le propre prélat à son diocésain, pour pouvoir prendre la tonsure, ou un autre ordre, des mains d'un autre prélat, sans quoi, celui qui se ferait ordonner encourrait la suspense. (Concile de Trente, sess. 14, cap. 2; et sess. 23, cap. 8, *de Reformat.*). Boniface VIII entend par le *propre prélat*, l'évêque de la naissance du domicile; mais l'usage le plus ordinaire est de l'entendre du seul évêque de la naissance, c'est-à-dire de l'évêque dans le diocèse duquel on est né, non par accident et en passant, mais où les père et mère de l'enfant ont leur domicile (Ducasse, part. 1, chap. 3, n° 4 et suiv.). Le vicaire général ne peut accorder de dimissoire sans pouvoir spécial de l'évêque, même lorsque l'évêque est absent de son diocèse. (Rebuffe, in Praxi, lib. 1, de *Form. vicariat.*, n° 47 et 48. Cabassut, lib. 1, cap. 13, n° 12). Le chapitre peut donner des dimissoires après un an de vacance du siége épiscopal, et non auparavant. Pour que l'évêque puisse donner des dimissoires, il suffit qu'il soit confirmé par le pape et qu'il ait signifié des bulles au chapitre, quoiqu'il n'ait pas pris possession et qu'il ne soit pas sacré. Ainsi Gibert a bien remarqué que Cabassut, suivi par Pontas, s'était trompé, en disant que le siége est censé vacant jusqu'à la prise de possession du nouvel évêque. — Le dimissoire accordé par l'évêque n'expire point par son décès, parce que c'est une pure grâce, et que ce qui est de pure grâce subsiste même après la mort de celui qui l'a accordée. (Sylvius, Barbosa, Navarre, etc.). Le pape peut donner des dimissions pour se faire ordonner *à quocumque episcopo*, mais il faut toujours que l'ordinant ait une attestation de vie et de mœurs de son propre évêque. (Concile de Trente, sess. 23, cap. 8, *de Reform.*). Quand l'évêque refuse le dimissoire, l'usage n'est pas de recourir au métropolitain. (Ducasse, part. 1, chap. 3, n° 17). — Les religieux ne peuvent être ordonnés qu'avec le consentement de leurs supérieurs réguliers, par l'évêque du lieu où est situé le monastère où ils demeurent sans fraude; à moins que l'évêque de ce lieu ne soit absent, ou qu'il ne donne pas les ordres, auquel cas les supérieurs peuvent envoyer leurs religieux à d'autres évêques pour être ordonnés; mais ils ne peuvent attendre exprès l'absence de l'évêque, ni la vacance du siége, et sont obligés d'exprimer, dans leurs lettres dimissoires, la raison qu'ils ont de les envoyer hors de leurs diocèses. Tout cela, sous peine de la privation de leurs charges, offices, dignités, et de voix active et passive. C'est la disposition de la constitution de Clément VIII, du 15 mars 1596, adoptée par les assemblées du clergé, de 1625, 1635, 1645. Le concile de Trente, sess. 12, c. 2, *de Reform.*, prononce les peines suivantes contre ceux qui reçoivent les ordres, et contre les évêques qui les confèrent sans dimissoire du propre évêque. Ceux qui reçoivent les ordres sans dimissoire, sont suspens des ordres qu'ils ont reçus, jusqu'à ce que leur propre évêque trouve bon de lever la suspense; et si les clercs, ainsi suspens, exercent les fonctions des ordres qu'ils ont reçus, ils tombent dans l'irrégularité. Pie II, le déclara par sa bulle de l'année 1461, *incip. Cum ex sacrorum ordinum;* et le concile de Trente n'a rien changé à cette décision. Quand aux évêques qui ont ordonné sans dimissoire, s'ils sont titulaires, ils sont suspens pendant un an des fonctions épiscopales; et s'ils ont un diocèse, la suspense aura aussi lieu pendant un an pour la collation des ordres. Le chap. *sæpe de tempor. Ordin. in sexto*, et plusieurs bulles des papes postérieures au concile de Trente, telles que celles d'Urbain VIII du 11 novembre 1642, et d'Innocent XII, de l'an 1694, prononcent encore des peines plus sévères. (Mémoires du clergé, t. 5, p. 452, 458). On ne saurait contrevenir à ces différents réglements en établissant son domicile dans un autre diocèse, à dessein de se soustraire à la juridiction, ou à l'examen de son évêque diocésain. Il y a dans ce cas les mêmes peines, même pour l'évêque, s'il coopère à la fraude. C'est la décision de Grégoire X, dans le ch. *Eos qui de tempore Ord. in sexto.* — Un clerc peut recevoir les ordres sans dimissoire, quand son propre évêque est suspens pour avoir conféré les ordres à des clercs qui n'étaient pas soumis à sa juridiction, et que cette suspense est publique et notoire. (Cap. *Eos qui de temp. Ordin*). Il le peut aussi quand un évêque fait le cérémonial de l'ordination dans un autre diocèse que le sien, en ayant été prié et requis par l'évêque du lieu, ou par ses grands vicaires, à cause de l'absence, ou de l'infirmité de l'évêque diocésain, ou par honnêteté et par déférence. Alors la seule permission que l'évêque, ou ses grands vicaires, donnent à cet évêque étranger de faire l'ordination dans le diocèse suffit et tient lieu de dimissoire; mais, en ce cas, on doit faire mention de cette permission dans les lettres d'ordres, et c'est à l'évêque du lieu à les signer, ou à les faire signer par ses grands vicaires. Ordinairement, les dimissoires sont limités à un certain temps. C'est le désir et le réglement du quatrième concile de Milan, et de plusieurs autres conciles dont les plus indulgents fixent ce temps à une année. Le motif de cette loi est que l'on doit craindre qu'un homme change de conduite et ne tombe en un état qui rende fausse l'attestation qu'on a donné de sa probité. Ce temps passé, les dimissoires deviennent donc caducs et inutiles. Cette même raison a fait défendre aussi de donner des dimissoires pour plusieurs ordres ce qui n'est pas toujours observé. Si les dimissoires sont indéfinis et sans limitation de temps, il faut une révocation expresse pour les rendre inutiles; et, comme nous l'avons dit plus haut, la mort de celui qui les a accordés ne les révoque pas. Le successeur de l'évêque décédé doit donc avoir soin de révoquer les dimissoires accordés par son prédécesseur, s'il ne veut pas que ceux qui les ont obtenus en fassent usage. C'est l'évêque qui doit accorder le dimissoire, qui doit aussi examiner la capacité et les qualités des ordinants; car c'est à lui, et non pas à l'évêque qui les ordonne, à prendre soin d'eux, et à pourvoir à leur subsistance, s'ils n'ont pas de titre. L'évêque qui les ordonne peut néanmoins, s'il le veut, les examiner sur leur capacité; mais il n'y est point obligé lorsque les lettres dimissoires font mention de la capacité et des bonnes mœurs des aspirants, ce qui doit toujours être; le troisième concile de Milan, tenu en 1573, veut qu'on regarde comme nulles ces sortes de lettres. Quant à la capacité, la plupart des évêques y ont pourvu par l'une de ces deux formules, *modò capax et idoneus in examine reperiatur*, ou bien *idoneo et capaci in examine reperto*; dans le premier cas, il est du devoir de l'évêque qui ordonne d'examiner le sujet; dans le second, le prélat fait ce qui lui plaît. C'est une question, si l'ordinant, ayant besoin de quelque dispense qui n'excède pas le pouvoir des évêques, c'est a l'évêque qui accorde les dimissoires, ou à l'évêque qui doit ordonner sur ces dimissoires, à la donner. L'auteur des conférences d'Angers se décide pour le premier, parce qu'il est le propre évêque de l'ordinant, et qu'en cette qualité il a juridiction sur lui, et qu'il ne la transmet pas à l'évêque auquel il adresse le dimissoire : car le dimissoire ne concerne que l'ordination, et non pas les dispenses, et le pouvoir d'ordonner et celui de dispenser sont des choses différentes et séparées : or, les lois ecclésiastiques nous apprennent que *à separatis non fit illatio*, par conséquent un évêque qui confère les ordres à un aspirant en vertu d'un dimissoire ne le peut dispenser des interstices, s'il n'est expressément porté par le dimissoire. La sacrée congrégation l'a déclaré le 9 août 1593, au rapport Piasécius dans sa Nouvelle pratique épiscopale, part. 1, chap. 1. (*Conférences d'Angers*, volume de l'*ordre*, pag. 201, édition de 1755.) — Le concile de Toulouse, en 1590, conforme à celui de Trente, veut que les dimissoires soient donnés *gratis*. Celui de Narbonne, en 1551, ne permet de prendre qu'un prix modique. (Pontas, au mot DIMISSOIRE, cas. 5.)

DIMISSORIAL. Il n'est usité que dans cette locution, *lettres dimissoriales*, lettres qui contiennent un dimissoire.

DIMORPHANTHE (*bot.*), genre de plantes, de la syngénésie polygamie superflue de Linné, de la famille des synanthérées, tribu des astérées de Cassini qui le place près des genres *erigeron*, *trimorpha*, etc., dont il diffère par l'absence d'une couronne radiante liguliflore. Le *Dimorphanthe sicilien D. sicula*, *erigeron siculum* de Linné. C'est une plante herbacée, annuelle, haute d'un pied et demi, exhalant une odeur forte et désagréable; sa tige est rougeâtre, divisée latéralement en petits rameaux nombreux et chargés de feuilles et de calathides; ses feuilles radicales assez larges, les autres étroites, linéaires-lancéolées, rudes. Les calathides nombreuses sont composées de fleurs jaunes. Cette plante croît dans les lieux humides dans la Barbarie, l'Italie et la Sicile, ainsi que dans nos provinces méridionales. J. P.

DIMORPHE, *dimorpha* (*ins.*), Ce mot signifie *deux formes*, et a été appliqué par M. Jurine, à un petit genre d'insectes hyménoptères qui ne renferme encore qu'une espèce, qui est le *tiphia abdominalis*, de Panzer, et le *tiphia oculata* du même; cette dernière dont Panzer a fait une espèce distincte, n'est que le mâle, dont les yeux se touchent sur le front comme on le voit dans les mâles de plusieurs diptères, tandis que chez les femelles, les yeux sont distincts et bien séparés. De là le nom de *dimorphe*. Latreille avait rangé ces espèces dans son genre astate, et M. Duméril dans sa famille des oryctères ou fouisseurs. J. P.

DIMORPHISME, s. m. (*hist. nat.*), phénomène qui caractérise les substances dimorphes.

DIMORPHOTHECA (*bot.*), genre établi par Vaillant et Mœnch, pour quelques espèces de *calendula*, telles que le *pluvilis* et *l'hybrida*, dont les cypsèles sont droites, égales entre elles et de deux sortes : celles de la couronne triquètres, oblongues, non ailées, mais muriquées sur les angles; celles du disque planes, comprimées, bordées, cordiformes arrondies, glabres. (*V. Cardispermum* et Météorina). J. P.

DIMOS ou **DIMAS**, c'est selon quelques uns le nom du bon larron crucifié avec Jésus-Christ.

DIMSDALÉ (THOMAS), médecin anglais, né dans le comté d'Essex en 1712, était d'une famille de quakers; il se rendit célèbre par les succès qu'il obtint dans l'inoculation de la petite vérole, dont il fut le plus ardent propagateur. Il fut appelé en Russie en 1768, pour inoculer l'impératrice Catherine et le grand duc Paul, et en 1781, pour inoculer l'empereur Alexandre et le grand duc Constantin.

DINA, fille de Jacob et de Lia, naquit l'an 1746 avant J.-C. Sichem, fils d'Hémor roi de Sichem, lui ayant fait violence, Siméon et Lévi vengèrent leur sœur en tuant tous les sichimites. (V. SICHEM.)

DINAN, ville de France (*Côtes-du-Nord*), sous préfecture avec un tribunal de première instance, près de la Rance, à 89 lieues O. de Paris. Latitude N. 48°27'16"; longitude O. 4°23'2"; 7,356 habitants. On y fabrique des étoffes, des toiles, des flanelles. Le commerce consiste en bijouterie, beurre, lin, miel, suif, on y élève des chevaux, des bestiaux, elle a des fontaines d'eaux minérales.

DINANDERIE. Il se dit de toutes sortes d'ustensiles de cuivre jaune.

DINANDIER, s. m. (*comm.*), marchand ou fabricant d'ouvrages de dinanderie.

DINACRÈTE, promontoire à l'extrémité orientale de l'île de Cypre.

DINARQUE, le dernier des dix auteurs attiques, naquit à Corinthe vers l'an 361 avant J.-C. Envoyé très jeune à Athènes pour étudier l'éloquence, il y suivit les leçons de Théophraste et de Démétrius de Phalère, et s'occupa surtout à rédiger pour autrui des discours qui ensuite étaient prononcés soit dans les affaires particulières, soit dans l'intérêt de l'État. En 325 Harpalus, ancien gouverneur de Babylone, réfugié à Athènes, employa une partie des trésors amassés en Asie à acheter la protection de quelques démagogues contre les poursuites d'Alexandre; mais Antipater et Olimpias réclamèrent auprès des Athéniens. On découvrit ces menées corruptrices; l'Aréopage bannit Harpalus et punit les orateurs achetés par le satrape. Les historiens racontent que Démosthène fut de ce nombre; ce qui est certain, c'est que Dinarque se montra un des plus acharnés ennemis de Harpalus. Les trois discours qui nous restent de lui se rapportent tous à ce grand procès. Le plus curieux est celui *contre Démosthène*, puis celui *contre Aristogiton*, enfin celui *contre Philaclès.* En 307, lorsque Démétrius Poliorcète parut à Athènes, Dinarque se réfugia à Chalin en Eubée, et ce ne fut qu'en 292 que la protection de Théophraste lui permit de revenir à Athènes où il termina sa vie dans un âge très avancé. L'antiquité connaissait soixante discours de Dinarque. D'après le témoignage de quelques critiques anciens, il faut lui attribuer aussi l'*accusation de Theonrine*, qui se trouve dans les œuvres de Démosthène. Quoique reçû par les grammairiens d'Alexandrie dans le *Canon* des dix orateurs attiques, Dinarque ne jouit pas d'une haute estime chez les critiques anciens; Hermogène, celui de tous qui lui est le plus favorable, lui reproche cependant une certaine rudesse. Ces jugements sévères sont pleinement confirmés par les trois harangues qui nous restent de lui. Imitateur de Démosthène, dont il fut d'abord l'ennemi déclaré, Dinarque resta bien loin de son modèle, ce qui lui attira même des reproches et des sobriquets mérités. Ses trois harangues se trouvent dans les *Orateurs grecs* de Reiske, Bekker et Dabson. M. C.-E.-A. Schmidt en a donné à Leipzig, 1826, une édition à part. On cite avec éloge le *Commentarius in Dinarchi orationes tres*, publié en 1828 à Nuremberg, par M. Chr. Wurms. Voir encore, sur un passage très difficile de Dinarque, la *Lettre de Coray sur le Testament secret des Athéniens*, etc., reproduite dans les *Mélanges* de Chardon de la Rochette (t. 2, pag. 445-446). Cette importante dissertation paraît être échappée aux investigations bibliographiques des hellénistes allemands et anglais.

DINATOIRE, adj. des 2 g. (*néol.*), qui a rapport au dîner, déjeuner-dînatoire, se dit familièrement d'un déjeuner qui tient lieu de dîner.

DINDARIENS, peuple de la Dalmatie.

DINDE (*ois.*), nom que l'on donne à la femelle du dindon. On appelle aussi *dinde sauvage*, dans quelques cantons de la Bourgogne, le *coucou*, suivant M. Dumont. J. P.

DINDING-ARY (*bot.*), nom malais d'une ruellie de Ceilan, *ruellia alternata*, suivant Burmann. J. P.

DINDON MELEAGRIS (*ois.*), genre de l'ordre des gallinacés, se rangeant dans la famille des gallinacés à doigts bridés par une membrane. Ce genre est propre à l'Amérique, et non aux Indes-Orientales, comme l'ont avancé plusieurs auteurs, trompés par son nom vulgaire de coq d'Inde; il renferme deux espèces, dont la plus anciennement connue, le dindon ordinaire, *meleagris gallopavo*, qui se distingue des autres oiseaux par sa taille élevée, ses tarses assez longs à ergots peu développés, ses ailes arrondies, et surtout par la caroncule ou membrane charnue érectile mamelonnée, qui recouvre la tête et une partie du cou; les plumes de la queue ont la propriété de se relever en éventail, et de former ce qu'on appelle la roue. A l'état sauvage, le dindon ordinaire est de couleur brune verdâtre, à reflets cuivreux; la domesticité lui a fait subir de grandes variations, dans cet état, son plumage est le plus souvent d'un brun noirâtre, ou mélangé de blanc ou même entièrement de cette dernière couleur. La seconde espèce, le *dindon ocellé, M. ocellata*, n'est connue que depuis fort peu de temps; elle vient de la baie de Honduras. Dans cette belle espèce, chaque plume du dos et de la queue, est d'un vert clair à reflets brillants, ocellé de bleu d'azur, cerclé de noir; avec un bord jaune doré, la caroncule est bleuâtre parsemée de tubercules d'un rouge vif, sa taille est celle du dindon vulgaire. Le nom de *meleagris*, leur a été donné à tort, puisque ce nom était celui que donnaient les Grecs à des oiseaux d'Afrique reconnus pour être nos pintades, tandis que les dindons appartiennent à l'Amérique. Ces oiseaux furent connus en Europe, peu de temps après la découverte de l'Amérique; les premiers furent vus en Espagne; d'où on les importa en Angleterre, et plus tard en France. L'on prétend que le premier qui fut servi sur une table en France, le fut au repas de noces de Charles IX. Nous renverrons pour de plus amples détails sur ces oiseaux, à l'*Histoire des oiseaux de l'Amérique du Nord*, par M. Audubon. J. P.

DINDON, fig., et fam., *garder les dindons*, vivre, se reléguer à la campagne. fig. et fam., *c'est un dindon*, *un franc dindon*, se dit d'un homme stupide. On dit de même d'une femme sans intelligence, *c'est une dinde*, *une grande dinde*. Fig. et fam., *il en sera le dindon*. Il en sera la dupe.

DINDONNEAU, petit dindon ou petite dinde.

DINDONNIER, IÈRE, gardeur, gardeuse de dindons.

DINDONNIÈRE, se disait quelquefois figurément et par dénigrement, d'une demoiselle de compagnie.

DINDYME, épouse de Méon, roi de Phrygie, dont il eut Cybèle, selon les Phrygiens.

DINDYME (*géogr. anc.*), mont de l'Asie mineure sur les frontières de la Missie et de la Phrygie, il y avait un temple célèbre de Cybèle qu'on croyait avoir été construit par les Argonautes.

DINDYME, nom donné quelquefois à la ville de Cyzique.

DINDYMÈNE, surnom de Cybèle, pris du culte qu'on lui rendait sur le mont Dindyme ou dans le temple de Dindyne, sa mère, reine de Phrygie.

DINE (*géogr. anc.*), (*δινή, gouffre*) lac de l'Argolide, à côté de Genéthium.

DINEBRA ou **DINEBA** (*bot.*), genre de plantes monocotylédone, à fleurs glumacées, de la famille des *graminées* de la triandrie digynie de Linné offrant pour caractères: des épillets unilatéraux, à deux fleurs étalées, l'une hermaphodite, sessile, l'autre stérile, à trois arêtes; les valves du calice mutiques, en carène; la valve inférieure de la corolle à trois dents; la dent du milieu prolongée en arête; trois étamines, deux styles. *Dinebra à épis pendants, D. curtipendula*, plante de l'Amérique septentrionale, remarquable par la disposition de ses épillets. Ses tiges sont glabres, cylindriques, couchées à leur base, garnies dans toute leur longueur de feuilles raides, lancéolées, très ouvertes, légèrement pileuses enticulées à leurs bords. Les fleurs sont disposées en un épi droit et terminal, composé d'épis particuliers, courts, distants, sessiles, alternes, pendants, lancéolés; composés d'environ six épillets tournés du même côté. J. P.

DINÉE, le repas ou la dépense qu'on fait à dîner dans les voyages, tant pour les personnes que pour les chevaux. Il signifie aussi le lieu où l'on s'arrête pour dîner, lorsqu'on est en voyage.

DINÉCUS (*géog. anc.*), peuple de Palestine qui s'opposa au rétablissement de Jérusalem.

DINEMURE (*entamoz.*), genre établi par Rafinesque pour un animal articulé dont le corps cylindrique, composé d'environ dix anneaux deux fois plus longs que larges, est terminé antérieurement par une tête obtuse, unie, et postérieurement par une queue avec deux filets latéraux. Cet animal vit dans les eaux douces de la Sicile, M. Rafinesque le nomme *dinemure ponctué D. pnnctatus*; son corps est blanchâtre, ponctué de roussâtre; le nombre de ses anneaux et les filets de la queue ont porté quelques auteurs à soupçonner que ce pourrait bien n'être qu'une larve d'insecte hexapode. J. P.

DINER, prendre un repas vers le milieu ou vers la fin du jour. Prov. et fig., *qui dort dine*, le sommeil tient lieu de nourriture. Prov. et fig. *diner par cœur*, se passer de diner involontairement. Fig. et fam., *son assiette dine pour lui*, se dit en parlant de quelqu'un qui ne se rend point à une table d'hôte à l'heure du repas, et qui ne laisse pas de payer. Popu., *il me semble que j'ai diné quand je le vois*, se dit en parlant d'un homme fort ennuyeux, et fort incommode. Prov. et fig., *qui s'attend à l'écuelle d'autrui, à souvent mal diné*, quand on compte sur autrui, on est souvent trompé dans ses espérances.

DINER, repas qu'on fait vers le milieu ou vers la fin du jour. — **DINER**, se dit aussi des mets qui composent ce repas, ou de la nourriture qu'on y prend.

DINET (**FRANÇOIS**), récollet de la province d'Acquitaine, né à la Rochelle au commencement du XVIIe siècle, a écrit plusieurs ouvrages de morale et d'histoire.

DINET (**GASPARD**), évêque de Mâcon au commencement du XVIIe siècle.

DINÈTE (*ins.*), genre d'insectes hyménoptères établi par M. Jurine; ce genre est voisin des crabrans ou des pompiles; ce sont les *pompilus pictus* et *pompilus guttatus* de Fabricius, le premier est le mâle, et le second la femelle, qui diffèrent l'un de l'autre par les taches jaunes de l'abdomen. Ils creusent le sable, et nourrisent leurs larves de petites espèces de mouches. Cet insecte appartient à la famille des oryctères ou fouisseurs de M. Duméril. J. P.

DINETTE, petit repas, ordinairement simulé, que des enfants font entre eux ou avec une poupée. Il est familier.

DINEUR, celui qui est d'un diner. Il se dit aussi de celui dont le repas principal est le diner. Il signifie encore, mangeur; en ce sens on ne l'emploie guère que dans cette phrase. *C'est un beau dineur*, c'est un grand mangeur. Ce mot est familier dans ses trois acceptions.

DINGÉ (**ANTOINE**), ex-bibliothécaire du prince de Condé, et employé au trésor public pendant la révolution, sous l'empire et sous la restauration. Il naquit à Orléans le 2 mai 1759, et mourut à Paris le 23 avril 1832. Aucun écrivain n'a autant écrit que Dingé, ses manuscrits autographes furent trouvés peser 400 kilogrammes, et sont tous entre les mains de M. Villenave. Les travaux de ce savant ignoré ont fait la réputation et la fortune de *Joseph Ripault* connu sous le nom de Désormeaux.

DINGLA (*ois.*), oiseau de mer ainsi nommé à Alep, et que Linné regarde comme une variété du *larus cinerarius*, petite manette cendrée de Buffon. J. P.

DINI (**FRANÇOIS**), avocat, né dans le XVIIe siècle, s'appliqua à l'étude de l'histoire et des antiquités ecclésiastiques, et composa plusieurs ouvrages estimables pour les recherches et l'esprit de critique, mais qui n'ont pas fait une réputation très étendue à leur auteur.

DINIZ-DA-CRUZ (**ANTOINE**), naquit à Castello-de-Vide, dans la province d'Alentejo en Portugal, l'an 1730. Il étudia le droit à l'Université de Coïmbre et se livra à l'étude des classiques, surtout des poètes latins et grecs, parmi lesquels Pindare devint son auteur favori. Une étude approfondie des meilleurs auteurs portugais principalement du Camoëns, l'indigna contre le mauvais goût alors à la mode. Il forma, avec quelques compagnons d'étude, une association dans le but de le combattre. Ils furent aidés dans cette difficile entreprise par les oratoriens de Lisbonne qui cultivaient déjà la bonne littérature. Ils parvinrent bientôt à introduire une nouvelle poétique qui extirpa l'excès d'ornements, l'enflure du style et le néologisme barbare qui avaient égaré les écrivains de la seconde moitié du XVIIe siècle. Lors de l'attentat commis le 3 septembre 1759, contre la personne du roi Joseph, Diniz prit son rang de pindare portugais par la belle ode qu'il composa en cette occasion. Il entreprit ensuite de célébrer les capitaines et les hommes d'État de sa patrie. Une dispute ridicule entre le doyen et l'évêque de la cathédrale d'Elvas lui fournit l'occasion d'un poème héroï-comique. La versification en vers non rimés est parfaite, l'ironie est pleine de sel et la diction pure. L'universalité du talent de Diniz le fait considérer comme le plus grand poète de son pays au XVIIIe siècle.

DINIS, les Thraces ayant refusé, l'an de J.-C. 36, de se soumettre aux Romains, se trouvaient réduits aux dernières extrémités; un de leurs chefs Dinis conseilla de s'abandonner à la discrétion des ennemis, et pour donner l'exemple, il se livra à eux avec sa femme et ses enfants, tout le peuple l'imita.

DINITE, s. f. (*hist. nat.*), vermiculaire fossile.

DINNER (**CONRAD**), philologue né en 1540 à Acron dans la Frise, fut professeur de littérature ancienne à l'Académie de Fribourg et professeur de langue grecque à Wurtzbourg. Il a publié : *Epithetorum græcorum farrago locupletissima*. Son fils, *André* **DINNER**, fut un jurisconsulte distingué qui professa les Instituts et les Pandectes à l'Académie d'Altdorf. Il était né en 1579 et mourut en 1633.

DINO (*bot.*), nom brame du *nalugu* des Malabares, qui est une espèce d'*aquilicia* dont Linné faisait son *aralia chinensis*. J. P.

DINO, en latin **DINUS**, né au XIIIe siècle à Mugello dans le territoire de Florence, effaça par sa réputation celle de tous les jurisconsultes qui l'avaient précédé. Il professa le droit à Boulogne et il se fit remarquer par une grande facilité à s'énoncer, par la vivacité de son esprit et la netteté de sa diction.

DINO. (*V.* Compagni et Garbo).

DINOCHAU (**JACQUES**), né à Blois en 1752, se fesait remarquer comme avocat près le conseil supérieur de sa ville natale, quand la révolution commença. Il fut nommé député aux états généraux, et siégea parmi les membres modérés. Il fut ensuite, en 1791, président du tribunal criminel de Blois, puis procureur de la commune. Il fut incarcéré au temps de la terreur et relaché vers le 9 thermidor. Il reprit alors la profession d'avocat, quitta Blois pour aller à Orléans et se fit beaucoup remarquer par son éloquence et la convenance avec laquelle il plaidait. Il mourut le 12 février 1835. On lui attribue une *Histoire philosophique et politique de l'Assemblée constituante*.

DINOCRATES, architecte et géomètre célèbre de l'antiquité. Alexandre, vainqueur de Darius, et maître déjà d'une partie de L'Asie, entouré des chefs de son armée, donnait audience aux rois qu'il avait soumis, lorsqu'un étrange murmure s'éleva de la foule qui entourait sa tente royale, et signala à l'attention du jeune conquérant un personnage extraordinaire, qui paraissait désirer la faveur de lui parler. C'était un homme d'une taille élevée, d'une beauté mâle et brillante; ses noirs et longs cheveux tombaient arrondis en boucles sur son cou nerveux, son regard était fier et hardi; à l'exception d'une peau de lion jetée sur ses larges épaules, il était entièrement nu, et avait le corp oint comme un athlète; enfin, son front noble et élevé était ceint d'une couronne formée de branches de peupliers, et il s'appuyait sur une lourde massue; il dépassait de toute sa tête la foule des chefs et des courtisans qui s'écarta avec respect devant lui. Alexandre fut lui-même frappé d'admiration et d'étonnement à son aspect, et il lui fit signe d'approcher de son tribunal. Qui que tu sois, lui dit-il, que veux-tu d'Alexandre? — Je m'appelle Dinocrates, répondit cet homme, et je suis architecte macédonien, je t'apporte le projet d'un monument digne de ton grand nom et de ton génie; parle, et je taillerai le mont Athos en forme de statue humaine; la main droite contiendra une ville immense, et dans sa gauche une vaste coupe recevra les eaux des montagnes et les déversera dans la mer. Il est probable qu'Alexandre admira l'audace et le génie d'un artiste qui avait pu concevoir un pareil projet, mais sa réponse prouve que ce grand homme n'aimait pas seulement la gloire qui s'attache à l'exécution des choses difficiles, le but civilisateur qu'il avait en vue le préoccupait d'avantage. Il se borna à demander à Dinocrates, comment s'approvisionnerait une telle ville; l'artiste ne put résoudre cette difficulté, et Alexandre le retint auprès de sa personne, en lui promettant d'appliquer bientôt ses talents à une œuvre plus utile que celle dont il avait rêvé l'accomplissement dans son imagination. Effectivement, ce fut Dinocrates qui présida à tous les travaux de la fondation d'Alexandrie, exécutés par l'ordre d'Alexandre durant la 112e olympiade, environ 332 avant J.-C. On attribue à Dinocrates le rétablissement du fameux temple d'Éphèse, brûlé par Érostrate. La mort le surprit sous le règne du premier Ptolémée, au moment où chargé par ce prince de construire un temple en l'honneur d'Arsinoé, il voulut y soutenir en l'air une statue de fer au moyen d'une voûte d'aimant. L'inspiration de l'artiste ne peut seule aider à l'accomplissement des travaux exécutés ou médités par Dinocrates; aussi les anciens historiens qui nous ont conservé son nom, en parlent-ils comme d'un géomètre habile.

DINOLOGUE, poète comique de Syracuse ou d'Agrigente, composa quatorze comédies en dialecte dorique.

DINOMAQUE, fille de Mégaclès, épousa Clinias, dont elle eut Alcibiade.

DINOMAQUE, philosophe qui faisait consister le bonheur dans l'alliance de la vertu et du plaisir.

DINOMÈNE, Syracusain qui tua de sa main le tyran Hiéronyme. Il voulut faire subir le même sort à Hippocrate, frère d'Épycidors, qui était venu à Syracuse pour rétablir la tyrannie; mais il fut lui-même tué par les gardes vers l'an 215 av. J.-C.

DINOMÈNES ou **DINOMÈDES**, sculpteur grec, florissait sous la 95e olympiade. Pline le cite parmi les célèbres artistes de cette époque.

DINOSMOS (*bot.*). Ruellius cite ce nom grec comme un de ceux qui ont été donnés anciennement à la conyze. J. P.

DINOSTHÈNE, athlète lacédémonien, vainqueur à la course aux jeux olympiques.

DINOSTRATE, géomètre grec de l'école de Platon, dont il fut l'ami, vivait par conséquent à la fin du IVe siècle. Il ne nous reste aucun de ses écrits; mais Proclus le cite avec son frère Menechare (*Procl.*, liv. II, chap. IV, *Commentaire sur Euclide*), comme ayant essentiellement contribué aux progrès de la géométrie. On sait que le problème de la trisection de l'angle a beaucoup exercé la patience des géomètres anciens. Suivant Pappus (*Collections mathématiques*, prop. 25), Dinostrate imagina une courbe qui aurait eu le double avantage de donner la trisection ou la multiplication de l'angle et la quadrature du cercle, si on eût pu la décrire d'un mouvement continu par la règle et le compas. C'est pour cette raison que le nom de *quadratrice* est demeuré attaché à cette ligne, qui est du nombre des courbes mécaniques et ne remplit rigoureusement ni l'un ni l'autre des objets auxquels elle était destinée. Pappus ne dit pas positivement que Dinostrate fût l'inventeur de la quadratrice; mais il paraît certain que ce géomètre observa le premier la propriété remarquable de cette ligne; elle a d'ailleurs retenu son nom. Nous ne possédons aucun autre renseignement sur les travaux mathématiques de Dinostrate.

DINOTE (*ois.*), *dinotus*, genre établi par Guettard, pour toutes les espèces de tubes calcaires fixés sur les corps marins, et enroulés ordinairement d'une manière assez régulière pour imiter une coquille de planorbe. C'est le genre *sphirorbe* de Lamarck.

DINOTH (**RICHARD**), historien protestant, né à Coutances, réfugié à Montbéliard, et mort vers la fin du XVIe siècle.

DINOUART (**JOSEPH-ANTOINE-TOUSSAINT**), chanoine de Saint-Benoît de Paris, et membre de la compagnie des arcadiens de Rome, naquit à Amiens en 1716. Il fut l'auteur assez peu estimé du *Journal chrétien*, qu'il rédigea avec l'abbé Joannet, et du *Journal ecclésiastique*, qu'il rédigea jusqu'à sa mort, arrivée en 1786.

DINTER ou **DINTERUS** (**EDMOND**), naquit dans un village des environs de Bois-le-Duc. Il embrassa l'état ecclésiastique. S'étant retiré dans un monastère, il fut chargé par Philippe-le-Bon de rédiger les chroniques du Brabant sur des pièces originales qui lui furent communiquées. Parmi plusieurs autres ouvrages Dinter écrit une chronique des ducs de Lorraine et de Brabant, qui n'a pas été publiée et qui mérite de voir le jour.

DINTER (**GUSTAVE-FRÉDÉRIC**), né à Borna, prés Leipzig, le 29 février 1760, fut d'abord destiné à la carrière du droit, et préféra suivre l'état ecclésiastique, et se voua surtout à l'enseignement. Il se fit remarquer par son aptitude et son dévouement dans cette partie, et fut nommé, en 1817, sans solliciter cette place, conseiller des écoles et du consistoire, puis professeur de théologie. Il mourut le 29 mai 1831. On a de lui un grand nombre d'écrits, parmi lesquels on cite sa *Bible pour les maîtres d'école*, accompagnée d'explications et de remarques à l'usage des instituteurs.

DIO, un des surnoms de Cérès.

DIOBOLE (δὶς, deux fois, ὀβολός, obole), poids et mesures d'Athènes, qui valait deux oboles; elle portait d'un côté Jupiter et de l'autre un hibou, oiseau consacré à Minerve.

DIOCÉSAIN, AINE, celui, celle qui est du diocèse. Il s'emploie aussi adjectivement: *évêque diocésain*, l'évêque du diocèse dont on parle.

DIOCÉSARÉE, ville de la Cilicie, dans la Trachéotide, sur le Calycadnus.

DIOCÉSARÉE (Sesouri), primitivement Sepphoris, ville de Palestine, dans l'ancienne tribu de Zabulon, ou, selon une division postérieure, dans la Galilée inférieure, à 2 lieues de Cana, et à 7 S.-E. de Ptolémaïs.

DIOCÈSE, *diocesis*, première sous-division de l'empire sous Constantin et ses successeurs. Ce prince avait partagé l'empire en quatre grandes parties: l'Orient, l'Illyrique, l'Italie et les Gaules. Chacune contenait un certain nombre de diocèses, et les diocèses, à leur tour, un certain nombre de provinces. Ces diocèses étaient régis par de grands gouverneurs, qui dépendaient immédiatement d'un des quatre préfets du prétoire, et qui portaient le titre de vicaires dans les contrées subalternes, et de préfets ou de proconsuls dans les plus importantes. Ces diocèses étaient en tout au nombre de treize, savoir: 5 dans l'Orient: l'Orient proprement dit, l'Égypte, l'Asie, le Pont et la Thrace; 2 dans l'Illyrique: la Macédoine et la Dacie; 3 dans l'Italie: l'Italie, l'Illyrie et l'Afrique; 3 dans les Gaules: la Gaule propre, l'Espagne et la Bretagne (*V.* **PRÉFETS, PROCONSULS, VICAIRES, CONSULAIRES**).

DIOCÈSE, étendue de la juridiction d'un évêque. Quoique la division de l'Église en différents diocèses soit une affaire de discipline, il paraît qu'elle est d'institution apostolique. Saint Paul prescrit à son disciple Tite d'établir des pasteurs *dans les villes* de l'île de Crète; et quoiqu'il les désigne sous le nom de *presbytères*, on a toujours entendu par-là des évêques (Tit., c. I, X, 5) Cette division était nécessaire pour que chaque évêque pût connaître et gouverner son troupeau particulier sans être troublé ou inquiété par un autre dans ses fonctions. Il est constant que le partage des diocèses et des provinces ecclésiastiques fut fait dès l'origine, relativement à la division et à l'étendue des provinces de l'empire romain, et de la juridiction du magistrat des villes principales; cette analogie était égale à tous égards. Mais il s'est trouvé des circonstances, dans la suite, qui ont donné lieu à un arrangement différent. La plupart des critiques protestants ont contesté pour savoir quelle fut d'abord l'étendue de la juridiction immédiate des évêques de Rome; dispute assez inutile, pour ne rien dire de plus. Quand ils n'auraient pas eu d'abord une juridiction aussi étendue qu'ils l'ont eue dans la suite, on aurait été forcé de la leur attribuer pour conserver un centre d'unité dans l'Église, surtout lorsque l'empire romain s'est divisé en plusieurs royaumes. Leibnitz, en homme sensé, est convenu que la soumission d'un diocèse à un seul évêque, celle de plusieurs évêques à un seul métropolitain, la subordination de tous au souverain pontife, est le modèle d'un parfait gouvernement.

DIOCH (*ois.*). Les Yolofes des environs du Cap-Vert nomment ainsi un oiseau décrit par Montbeillard sous le nom de moineau de Sénégal, et qui est l'*emberiza quelea* de Linné. M. Vieillot a figuré le mâle et la femelle dans son *Histoire nat. des oiseaux chanteurs*, pl. 22 et 23. J. P.

DIOCHEN (*bot.*), nom arabe donné par Avicenne au millet, suivant Mentzel. J. P.

DIOCLÉE (*géogr. anc.*), ville de l'Illyrie, dans la Dalmatie, sur la côte, patrie de Dioclétien.

DIOCLÉES, fêtes célébrées chez les Mégariens en l'honneur de Dioclès. Théocrite les a décrites.

DIOCLÈS, (*mythol.*), héros révéré chez les Mégariens, qui célébraient en son honneur des jeux nommées dioclées ou dioclëides.

DIOCLÈS, roi de Phères, dont les deux fils, Créthon et Orsiloque, furent tués par Énée au siége de Troie.

DIOCLÈS, gouverneur d'Éleusis, fut chassé de cette place lorsque Thésée s'en empara.

DIOCLÈS (*hist.*), fils et successeur de Pisistrate, tyran d'Athènes, selon Justin. Il est contredit en cela par la presque totalité des historiens, selon lesquels Hippias et Hipparque succédèrent conjointement à leur père.

DIOCLÈS, second fils de Thémistocle et d'Archippe, sa première femme.

DIOCLÈS, jeune Syracusain. Une loi punissait de mort à Syracuse tout citoyen qui venait dans une assemblée publique avec une arme. Dioclès étant venu armé sur la place publique dans une circonstance où l'on était menacé de la présence de l'ennemi; un Syracusain, qui s'en aperçut, lui dit qu'il violait la loi. *Au contraire*, répondit-il, *je prétends l'affermir*, et aussitôt il se perça de son épée. Les Syracusains lui décernèrent les honneurs héroïques.

DIOCLÈS, nom que donnent quelques auteurs à l'architecte qui proposa à Alexandre de tailler le mont Athos en statue.

DIOCLÈS, l'un des trente tyrans d'Athènes.

DIOCLÈS, l'un des chefs des Étoliens, s'empara de Démétriade.

DIOCLÈS, de l'île de Péparèthe, historien, est le premier écrivain grec qui rechercha l'origine des Romains. Il écrivit l'histoire de Romulus. Il composa aussi une histoire de l'Étolie.

DIOCLÈS, nom de Dioclétien avant son élévation dans les armées romaines.

DIOCLÈS, géomètre grec qu'on suppose avoir vécu durant le VIe siècle de notre ère, s'est rendu célèbre par plusieurs découvertes en géométrie, et spécialement par une ingénieuse solution du problème de la duplication du cube, qui consiste, comme on le sait, à trouver deux moyennes proportionnelles entre deux lignes données. Eutocius, l'un des commentateurs d'Archimède, est le premier des écrivains anciens qui fasse mention de cette solution que Dioclès obtint au moyen d'une courbe qui a reçu le nom de **CISSOÏDE** (voy. ce mot). Le savant Pappus, qui s'est beaucoup occupé des différentes manières de résoudre ce problème, ne parle point de celle qu'employa Dioclès, d'où l'on a tiré la juste conséquence que ce géomètre lui était postérieur. Eutocius attribue aussi à Dioclès une belle et savante solution du problème posé par Archimède, dans son livre de la *sphère et du cylindre*, problème dont l'objet est de couper la sphère en deux segments, qui soient entre eux dans un rapport donné. Ce grand géomètre avait promis de résoudre ailleurs ce problème, et Eutocius, qui en rapporte deux solutions, prétend que la première pourrait bien être d'Archimède, la seconde est de Dionysidore, la troisième est celle de Dioclès. C'est d'un ouvrage sur les machines à feu (*De pyriis*), qu'Eutocius a extrait les parties remarquables des travaux de Dioclès. Ces fragments font regretter la perte de ce livre. On ignore s'il composa d'autres écrits, et l'époque de sa mort.

DIOCLÉTIEN (CAÏUS-VALÉRIUS-AURÉLIUS-DIOCLÉTIANUS), naquit à Dioclea ou Doclea, près de Solone, en Dalmatie, l'an 245 de J.-C. Dioclétien, qui rendit au trône impérial toute sa splendeur, était d'une naissance obscure, quoiqu'il se prétendit descendant de l'empereur Claude le Gothique. On prétend qu'une femme druide lui prédit qu'il parviendrait à l'empire après avoir tué un sanglier. L'ambition de Dioclétien fut éveillée par cette prédiction, et il chercha dès lors à se rendre digne de l'empire. Il servit avec distinction sous Aurélien et sous Probus. Il fut élevé aux honneurs du consulat, accompagna Carus dans la Perse. A la mort de ce prince il était revêtu d'une des premières charges du palais. L'an 284, Numérien ayant été assassiné par Arrius Aper, son beau-père, Dioclétien, élevé à l'empire par l'armée assemblée à Chalcédoine, vengea la victime en tuant le meurtrier de sa propre main. Ainsi fut justifiée la prédiction de la femme druide. Dioclétien revêtu des ornements impériaux fit ensuite son entrée à Nicomédie Carinus apprit en même temps la mort de Numérien, son frère, et l'élévation de Dioclétien à l'empire. Il vint au devant de lui, le rencontra dans la Moésie et le vainquit; mais ses propres soldats se tournèrent contre lui et le tuèrent. — Le premier soin de Dioclétien devenu empereur fut d'envoyer son ami Maximien Hercule pacifier les Gaules. Cette province était alors agitée par une faction de paysans nommés Bagaudes. Le nouvel empereur, pour s'assurer la fidélité de son général, le nomma Auguste et l'associa à l'empire. Il agit plus tard de la même manière à l'égard de Constance et de Galère, qu'il nomma Césars lorsqu'il leur confia le commandement des armées. On vit alors pour la première fois l'empire gouverné par quatre princes, tous Illyriens. Chacun d'eux fut appelé à gouverner une portion de l'empire : la Gaule, l'Espagne et la Grande-Bretagne formèrent les états de Constance, qui se fixa à Trèves; la Pannonie inférieure, l'Illyrie, la Thrace, jusqu'au Pont échurent à Galère; Sirmium devint la capitale de son gouvernement. Maximien eut tout ce qui est au delà des Alpes, avec la Rhétie, la Pannonie supérieure, la Sicile et la province d'Afrique; il résidait à Milan. Dioclétien conserva tous le reste en établissant le siége de son gouvernement à Nicomédie. Le but de Dioclétien était qu'il y eut toujours deux Augustes, deux Césars et quatre armées. Il regardait cet arrangement comme le chef-d'œuvre de sa politique, et croyant, par cet arrangement, avoir assuré le repos de l'empire. Ce fut pour anéantir entièrement l'autorité du sénat, qu'il fixa le siége de son empire à Nicomédie. Ce fut la première atteinte portée à la puissance de Rome, qui ne fut plus dès lors la capitale du monde. Nous ne parlerons point ici des conquêtes de Dioclétien sur les Bastarnes, les Quades, les Marcomiens et les Perses. Les historiens ne nous ont laissé aucun détail sur les premières, et il dut à Galère ses triomphes sur les Perses. Le nouveau César, fier de ses triomphes, prit auprès de Dioclétien cette attitude fière que donne le succès et parla bientôt en maître à celui qu'il appelait auparavant son père, son empereur et son dieu. Il profita de cet ascendant pour l'entraîner au crime en lui faisant donner son consentement à la persécution des chrétiens. Dioclétien résista longtemps et exigea qu'on se bornât à priver les chrétiens de leurs places, et qu'on les chassât seulement de l'armée. Mais rien ne put arrêter la fureur de Galère qui communiqua à cette persécution toute sa férocité. Dioclétien triompha par les victoires obtenues sur les Perses. Le triomphe était d'autant plus important que la femme et les enfants de Narsès, roi de Perse, suivirent le char du vainqueur. Les Romains virent pour la dernière fois cette cérémonie auguste. L'empereur s'était retiré à Ravenne pour célébrer son neuvième consulat. Étant tombé malade à Nicomédie, sa raison, dit-on, s'affaiblit. L'avide Galère, apprenant l'état de l'empereur, se hâta de se rendre auprès de lui pour lui arracher son abdication. Fatigué de régner, fatigué des menaces de Galère il quitta la pourpre l'an 305, à trois milles de Nicomédie. On sait que le même jour, Maximien Hercule abdiqua pareillement l'empire à Milan. Dioclétien avait des qualités éminentes. Le choix de l'armée, qu'il ne brigua point, est un éloge que ne peut affaiblir aucun témoignage historique. Élu empereur il sut rendre à la couronne tout son éclat, au pouvoir toute sa force. Le grand nombre de ses lois qui se trouve dans le Code Justinien nous prouve l'excellence de son administration, et sans la persécution des chrétiens, à laquelle il n'eut pas le courage de s'opposer, son grand nom serait parvenu jusqu'à nous avec toute sa gloire. Dioclétien se retira à Solone, sa patrie, et il se montra aussi grand dans une condition privée qu'il l'avait été à la tête du gouvernement. Lorsque Maximien Hercule le sollicita de ressaisir le gouvernement : « Venez à Salone, lui répondit-il, » vous y verrez si le soin que je prends de mes plantes ne me » rend pas plus heureux qu'un empire, et vous apprendrez » vous-même à apprécier le bonheur que je goûte en cultivant » mon jardin. » Il mourut à la suite d'une longue maladie, en mai 313. C'est le premier monarque qui ait su renoncer au pouvoir suprême, et peut être le seul qui ne l'ait pas regretté.

DIOCLÉTIEN (*numism.*). Les vingt et une années du règne de Dioclétien fournissent une riche suite de médailles dont la plupart sont estimées par les amateurs à des prix très élevés. Le médaillon d'or de ce prince où l'on voit sa tête avec celle de son collègue Maximien, et au revers les deux empereurs sur un char traîné par quatre éléphants, et couronnés par la victoire; un autre médaillon où les deux empereurs sacrifient à Jupiter et à Hercule, valent 5 et 600 francs. Les médailles d'or du module ordinaire valent de 60 à 200 francs. Parmi les types les plus curieux, on voit les trois Parques avec la légende FATIS VICTRICIBVS; — Jupiter foudroyant un Titan; — VIRTUS ILLYRICI, une figure équestre au-dessus d'une galère. — Les médaillons d'argent valent 200 fr., ainsi que quelques médaillons de bronze, et les petits bronzes mêmes sont estimés 3 francs. On connaît plus de cent revers différents du règne de Dioclétien. DU MERSAN.

DIOCLETIANOPOLIS (*géog. anc.*), ville de Thessalie, ainsi nommée en l'honneur de Dioclétien.

DIOCTAEDRE, adj. des 2 g. (*minéral.*). Il se dit de cristaux offrant, dans l'ensemble de leurs faces, la combinaison de deux octaèdres différents.

DIOCTONAL ALE, adj. (*minéral.*). Il se dit de cristaux dont les faces offrent la combinaison de deux solides, tous deux à huit faces mais différents l'un de l'autre.

DIOCTOPHYME (*entoz.*), nom donné à tort par M. Collet Maigret, au *strangylus gigas*, ver intestinal qui se trouve assez fréquemment dans les reins des mammifères et de l'homme. J. P.

DIOCTRIE (*ins.*), *dioctria*, genre d'insectes diptères, tribu des sclérostomes établi par Latreille, et formant une subdivision des *asiles*; leurs antennes plus longues que la tête, sont portées sur un pédicule commun. On y rapporte l'*asile d'OElande* (*V.* ASILE). J. P.

DIODATI (DOMINIQUE), archéologue, né le 31 octobre 1736 à Naples. Il publia en 1767, *De Christo græce loquente exercitatio qua ostenditur græcam linguam cum Judæis cum ipsi Christo et apostolis nativam ac vernaculum fuisse.* Dissertation dans laquelle il veut prouver que la langue grecque était la langue vulgaire en Orient près de deux siècles avant l'ère chrétienne. Il soutient que Jésus-Christ et ses disciples faisaient usage de cette langue, et que par conséquent, les textes originaux du Nouveau Testament sont en grec et non en hébreu. Il mourut vers 1801; il était membre de plusieurs Académies importantes.

DIODE (*bot.*), *diodia*, genre de plantes dicotylédones, à fleurs complètes, monopétales, régulières de la famille des *rubiacées*, de la tétrandrie monogynie de Linné, dont les caractères sont: calices à deux folioles persistantes; corolle unfundibuliforme, à tube grêle, le limbe à quatre divisions; quatre étamines; un ovaire inférieur; un style, un stigmate bifide. Le fruit est une capsule tétragone, couronnée par le calice, à deux valves, à deux loges; une semence dans chaque loge. — Ce genre comprend des plantes herbacées originaires de l'Amérique. — *Diode* de *Virginie*, *D. Virginica*, Linné; ses tiges sont couchées, rougeâtres, tétragones, longues d'un pied; les rameaux alternes; les feuilles opposées, presque sessiles, entières, lancéolées, aiguës; les fleurs blanches, opposées et solitaires. Cette espèce croit dans les lieux aquatiques et sablonneux, sur le bord des grandes rivières de la Virginie. J. P.

DIODON (*pois.*), genre de poissons cartilagineux, renfermant les espèces dont les mâchoires indivises ne présentent qu'une seule pièce en haut et une en bas. Leur nom qui vient de cette particularité, signifie qu'ils n'ont que deux dents. Ces poissons ont de grands rapports avec les tétrodons, mais

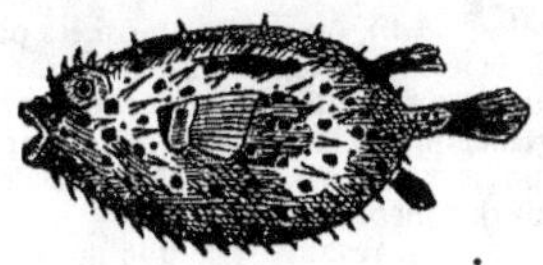

Diodon.

ils s'en distinguent par leurs piquants plus longs, plus gros et beaucoup plus forts que ceux d'aucun tétrodon. Ce genre remarquable renferme plusieurs espèces, dont la plus connue est le *diodon atinga* qui atteint plus d'un pied de diamètre, et dont les piquants sont rapprochés les uns des autres. Sa couleur est brunâtre sur le dos et blanche sous le ventre, il se nourrit de petits poissons, de crustacés et de mollusques, dont il brise facilement la coquille à l'aide de ses fortes mâchoires. Il a la faculté de se gonfler lorsqu'on veut le saisir, et produit en se détendant, et en faisant sortir avec force l'eau par la bouche ou l'anus, un bruit semblable à celui que font entendre les tétrodons et les balistes. On prétend que la vésicule du fiel de ce poisson contient un poison violent, cette circonstance, réuni au goût peu délicat de sa chair, fait qu'il est peu recherché. J. P.

DIODONCEPHALE, s. m. (*anat.*), monstre qui a une double rangée de dents.

DIODORE DE SICILE, historien, était né à Argyrum (aujourd'hui San-Philippo d'Argirone). Il consacra sa vie à la rédaction de son histoire universelle, et, dans la vue de s'instruire, il avait entrepris de fréquents voyages et fit de longs séjours en divers endroits, et notamment à Rome. Nous ne savons guère sur sa vie que les détails qu'il nous a transmis lui-même. Il faut qu'il ait vécu contemporain de Jules-César, puisqu'il dit avoir été en Égypte sous le règne de Ptolémée-Aulète; il n'a écrit que sous Auguste. Son livre est célèbre sous le titre de *Bibliothèque*. Il se divisait en 40 livres, dont nous avons malheureusement perdu ceux qui nous auraient le mieux éclairés. Nous n'en possédons plus que 15, et quelques fragments qui viennent la plupart des extraits de Photius et de Constantin-Porphyrogénète. Les trois premiers livres contiennent l'histoire de l'Égypte, de l'Assyrie et des autres peuples barbares; le quatrième et le cinquième, l'histoire des temps héroïques de la Grèce. De là, jusqu'au onzième, il y a une lacune. L'expédition de Xercès commence le onzième, et le vingtième finit un peu avant la bataille d'Ipsus, où Antigone fut tué. Nous connaîtrions un peu mieux l'histoire des successeurs d'Alexandre, si les ravages du temps ne nous avaient privés des vingt livres suivants. Le principal mérite de Diodore est dans le soin avec lequel il marque les années des Olympiades, les archontes d'Athènes et les consuls de Rome. Il n'est pas aussi exact sur la manière dont il fait accorder les faits avec les années. Du reste, il s'appuie souvent sans choix et sans critique sur des auteurs très peu dignes de foi, tels que Ctésias, Ephose, Clitarque. Les biographies citent encore d'autres personnages du nom de DIODORE, par exemple, un fils de l'athénien Eucrate, qui parla pour les habitants de Mitylène, que les Athéniens avaient condamnés à mort; an autre qui était fils d'Échéarate, qui coupa la tête à Hégésias, tyran d'Ephèse ; un Diodore de Sardes, orateur du temps de la guerre de Mithridate; un quatrième, né à Ephèse, historien, etc., etc.

DIODORE D'ANTIOCHE, embrassa d'abord la vie ascétique et eut saint Jean Chrysostôme au nombre de ses disciples. Plus tard, élevé sur le siége de Tarse, Diodore assista au concile général de Constantinople, l'an 381. Il avait écrit des commentaires sur presque toute l'Écriture sainte, en s'attachant au sens littéral. Saint Jean Chrysostôme, saint Basile, saint Athanase, ont loué les vertus de Diodore et son zèle pour la foi.

DIODORI INSULA (île de Mehun ou de Perine), Ile du golfe Arabique, au S., dans le détroit de Déra.

DIODOTE D'ÉRYTHRÉE, rédigea, avec Eumène de Candie, les éphémérides d'Alexandre, journal très circonstancié de la vie et des actions d'Alexandre. Il en reste quelques fragments.

DIOÉCIE, *Dioecia* (*bot.*). C'est le nom de la vingt-deuxième classe du système sexuel de Linné, qui comprend les végétaux à fleurs unisexuées et portées sur des pieds distincts. Tel est le dattier dont le pied qui porte le fruit est distinct de celui qui porte les étamines. Cette classe se divise en quinze ordre ainsi caractérisés : — 1° *D'après le nombre des étamines* ; dioécie monandrie, air à une seule étamine ; D. diandrie à deux étamines : D. triandrie à trois étamines : D. tetrandrie à quatre étamines ; D. pentandrie à cinq étamines ; D. hexandrie à six étamines ; D. octandrie à huit étamines (il n'y a point de fleurs dioïques à sept étamines) ; D. ennéandrie à neuf étamines ; D. décandrie à dix étamines. — 2° *D'après le mode d'insertion des étamines* : Dioécie icosandrie à étamines insérées sur le calice ; D. polyandrie à étamines hypogynes. — 3° *D'après la réunion des étamines par leurs filets*, Dioécie monadelphie. — 4° *D'après leur réunion par les anthères*, Dioécie syngénésie. — 5° *D'après leur soudure avec le pistil*, dioécie gynandrie. J. P.

DIOGDOEDRE, s. m. (*minér.*), cristal offrant le phénomène de la diogdoëdrie.

DIOGDOEDRIE, s. f. (*minér.*), état d'un cristal formant deux pyramides à base carrée, dont les faces ont deux à deux le même mode d'inclinaison sur la base.

DIOGDOEDRIQUE, adj. des 2 g. (*minér.*, qui offre le caractère de la diogdoëdrie.

DIOGÈNE LE CYNIQUE, était de Sinope, ville de l'Asie-Mineure. Il était fils d'un changeur et il embrassa la profession de son père. Mais, accusé d'avoir de complicité avec lui altéré les monnaies, il fut obligé de s'enfuir et vint se réfugier à Athènes. Il fut disciple d'Anthistène, qui était lui-même disciple de Socrate. On peut lui reprocher d'avoir porté à l'excès le mépris des richesses et des usages reçus dont Socrate avait jusqu'à un certain point donné l'exemple. Il ne faut ajouter aucune foi néanmoins à ce que les anciens racontent de son tonneau. Toutes les imprécations des tragiques, disait-il, s'étaient réalisées sur lui, car il était exilé, sans patrie, sans habitation, errant, mendiant son pain et vivant au jour le jour ; mais sa constance le mettait au-dessus des injures de la fortune. Diogène, déjà avancé en âge, s'étant embarqué pour l'île d'Egine, fut pris par des pirates, qui le vendirent comme esclave à un nommé Xéniades, riche Corinthien, qui le chargea d'élever ses fils. La manière dont il les éleva lui fait le plus grand honneur. Sur la fin de sa vie, Diogène passait l'hiver à Athènes et l'été à Corinthe, et il se trouvait aussi heureux que le roi des Perses, qui partageait son temps entre Suse et Echatanes. Ce fut dans cette ville qu'Alexandre, avant de partie pour l'Asie, eut avec lui cette entrevue célèbre. Diogène mourut à Corinthe, à l'âge de 90 ans, la même année qu'Alexandre-le-Grand, l'an 323 av. J.-C. (*V.* CYNIQUES).

DIOGÈNE, surnommé LAERCE, de Laërte sa patrie, ville de Cilicie, vivait à ce que l'on croit sous les empereurs Septime Sévère et Caracalla. Il nous reste de lui un ouvrage en dix livres, contenant la vie, les dogmes et les faits mémorables des anciens philosophes. Quoiqu'on reproche plusieurs défauts à cet ouvrage, il est de la plus grande utilité par le grand nombre de faits et de dogmes qu'il nous a conservés.

DIOGÈNE, d'Apollonie, ville de l'île de Crète, philosophe de la secte ionique, fut disciple d'Anaximènes.

DIOGÈNE LE BABYLONIEN, philosophe stoïcien, ainsi nommé parce qu'il était de Séleucie, près de Babylone, fut disciple de Chrysippe, et s'acquit une si grande réputation, que les Athéniens le députèrent à Rome avec Carnéade et Critolaüs, 155 ans av. J. C. Il fit toujours paraître une très grande modération. Un jour qu'il faisait une leçon sur la colère, et qu'il déclamait contre cette passion, un jeune homme lui cracha au visage : » Je ne me fâche point, dit le philosophe ; je doute néanmoins si je devrais me fâcher. » Il mourut à l'âge de 88 ans, après avoir prêché la sagesse autant par sa conduite que par ses discours. Quelques auteurs prétendent qu'il fut étranglé par l'ordre d'Antiochus, roi de Syrie, pour avoir parlé peu respectueusement de la famille de ce prince dans un de ses ouvrages. Il ne nous est rien parvenu de lui,

DIOGÈNE DE MITYLÈNE, fut banni de sa patrie par Alexandre, parce qu'il soutint le parti des Perses contre les Macédoniens. Pharnabase s'étant rendu maître de Mitylène, y fit rentrer Diogène et lui en donna la souveraineté.

DIOGÈNE, Macédonien qui livra Salamius à Aratus.

DIOGÈNE, roi d'un canton de la Lybie, qui favorisait les Carthaginois ; Scipion marcha contre lui et l'assiégea dans Néphéris, dont il s'empara.

DIOGÈNE, fils d'Archélaüs, général de Mithridate, fut tué dans une bataille, près d'Orchomène, vers l'an 85 av. J. C.

DIOGÈNE, sculpteur athénien, fit les ornements qui décoraient le panthéon d'Agrippa, ainsi que les cariatides qui servaient de colonnes au temple.

DIOGÈNE, Juif distingué par son courage et sa vertu. Alexandra, veuve d'Alexandre Jannée, le fit mourir.

DIOGÈNE, prince de la Chersonèse Taurique, secourut l'empire contre les Goths, et fut comblé de présents par Constantin, vers l'an 332.

DIOGÈNE (SAINT). On sait par tradition qu'il fut envoyé dans les Gaules par le pape Sirice, vers la fin du IVe siècle, pour y prêcher l'évangile. L'archevêque de Reims lui désigna les diocèses de Cambrai et d'Arras. Diogène est cité dans l'histoire du P. Longueval, comme ayant été martyrisé, en 404, au pied des autels, par les Vandales qui désolaient alors le Cambrésis, l'Artois et toute la partie de la Gaule Belgique habitée par les Nerviens. On s'accorde à penser que saint Diogène fut martyrisé à Arras.

DIOGÈNE (*V.* ROMAIN).

DIOGÉNIEN, grammairien d'Hervelée, vivait sous le règne d'Adrien. Il a fait un dictionnaire des mots les plus difficiles employés par les auteurs grecs.

DIOGNÈTE (*V.* CALLIAS).

DIOGNÈTE (*V.* MARC-AURÈLE).

DIOGNETUS (*V.* CLIMOTACHUS).

DIOGO BERNARDES, l'un des plus célèbres poètes portugais, naquit à Ponte-da-Barca, dans l'Entre-Douro. C'est dans l'idylle que ce poète s'est particulièrement distingué, et les Portugais le nomment leur Théocrite. Lopez de Véga confesse que c'est la lecture de Bernardes qui lui a enseigné l'art de faire des églogues. Dias Gomes dit que les Portugais trouvent dans ce poète une sorte de négligence gracieuse qui couvre l'art, semblable à celle que les Français trouvent dans leur la Fontaine et dans quelques scènes de leur célèbre Molière.

DIOGITON, capitaine thébain, vengea la mort de Pélopidas, qui avait été tué par les gardes d'Alexandre, tyran de Phères, en forçant ce dernier à rendre toutes les villes qu'il avait prises aux Thébains, et à jurer qu'il marcherait sous leurs ordres contre tous les ennemis.

DIOGNÈTES. C'est Vitruve (l. X, c. XXII) qui va nous donner l'histoire de cet habile architecte et ingénieur, Rhodien de naissance, dont les talents et le génie consacrés à la défense de sa patrie, lui en procurèrent tour-à-tour la reconnaissance et la gratitude. La république de Rhodes, selon le récit de notre historien architecte, faisait à Diognètes une pension annuelle, en considération de son mérite et de ses services. Un autre architecte nommé Callias, venu d'Aradus à Rhodes, proposa au peuple un modèle où était un rempart sur lequel il plaçait une machine tournante qui prenait et enlevait une hélépole placée près de la muraille, et la transportait en dedans du rempart. Les Rhodiens, enchantés de l'effet et du jeu de cette machine en modèle, ôtèrent à Diognètes la pension dont il jouissait, pour la donner à Callias. Quelque temps après, le roi Démétrius appelé Poliorcète, ou preneur de villes, déclara la guerre aux Rhodiens. Ce roi avait dans son armée un excellent architecte athénien, nommé Épimachus, qui lui bâtit un hélépole avec une dépense et un travail tout-à-fait extraordinaire. Elle avait 125 pieds de haut et 60 de large; elle était couverte de tissus, de poil et de cuir à l'épreuve de la plus forte baliste. Les Rhodiens sommèrent Callias de mettre sa machine en œuvre, d'enlever l'hélépole et de la transporter au-delà du rempart, comme il avait promis de le faire; mais le faiseur de projet n'eut d'autre ressource que de s'excuser sur la différence du modèle à l'exécution, et sur l'impossibilité de réaliser en grand ce que sa machine promettait en petit. Les Rhodiens comprirent qu'ils avaient eu tort d'offenser Diognètes pour se livrer à un théoricien dont les spéculations ne les tireraient pas d'affaire. Cependant l'ennemi faisait des progrès, les machines avançaient, et tout leur présageait la ruine de leur ville. La peur les força de recourir à l'homme qu'ils avaient éloigné. Diognètes les refusa d'abord; mais lorsqu'il vit les instances des prêtres et des enfants des plus nobles de la ville, il promit de se rendre, à condition que l'hélépole serait à lui s'il pouvait la prendre, ce qui lui fut accordé. Alors Diognètes fit percer le mur de la ville vis-à-vis le lieu où la machine devait s'avancer; il ordonna à chacun d'apporter en cet endroit ce qu'il pourrait d'eau, de fumier et de boue, pour les faire couler dans les canaux au travers de cette ouverture et les répandre au devant du mur; ce qui fut exécuté la nuit. Le lendemain, lors qu'on voulut faire avancer l'hélépole, avant qu'elle fût approchée de la muraille, elle s'enfonça dans la terre, de manière qu'il fut impossible de la faire avancer ni reculer. Démétrius, frustré dans son attente par l'intelligence de Diognètes, leva le siège et remonta sur ses vaisseaux. Les Rhodiens délivrés s'assemblèrent pour remercier leur libérateur, et lui accordèrent tous les priviléges et tous les honneurs par lesquels ils pouvaient lui témoigner leur reconnaissance. Diognètes fit entrer l'hélépole dans la ville, et la mit dans la place publique avec cette inscription: Diognètes a fait ce présent au peuple, de la dépouille de ses ennemis.

DIOIQUES (*plantes*) (*bot.*), on nomme ainsi les plantes comprises dans la dioécie du système sexuel de Linné (voy. ce mot). On trouve quelques plantes dioïques dans les autres classes : ainsi la *valériane*, qui appartient à la Triandrie, a l'une de ses espèces dioïque, c'est-à-dire que les fleurs mâles et femelles sont portées sur des pieds distincts. J. P.

DIOLIBA ou **NIGER**. En résumant ce que nous en ont appris les Mungo-Park, les Clapperton, les Llander, les Caillé, ces intrépides découvreurs, ce fleuve, appelé mal à propos Niger, descend des montagnes de Khoung, décrit au N. de cette chaîne un vaste demi-cercle, en se dirigeant vers l'E., tourne à la hauteur de Sakkaton vers le S. coupe le rempart sur lequel s'appuie le plateau qu'il vient d'arroser, et descend dans les plaines de la Guinée, où il se divise en un grand nombre de bras, qui sont connus sous les noms de fleuves et de rivières de *Formose, dos Ercardos, dos Forcados, dos Ramos, Noun, vieux et nouveau Calabar*, *Bonny*; le seul dont le cours ait été relevé est celui parcouru par Richard Llander. On peut évaluer à 600 lieues la longueur du Niger, les seuls affluents de quelque importance qu'on lui connaisse positivement sont: la Tchaddâ, le Bagoé et le Milo, tous deux vus par Caillé. La Tchaddâ est une rivière très considérable, qui est d'autant plus digne d'attention, qu'elle paraîtrait, d'après les indigènes, être la même que le Châry de Denham, et servir d'écoulement au grand lac Tchâd, à 20 lieues de sa source, le Dioliba a, au mois de mai, 8 à 9 pieds de profondeur, et une vitesse de 2 à 3 milles à l'heure. A Ségo, Mungo-Park dit qu'il est aussi large que la Tamise à Westminster (21 juillet); à Djenné, il a 3 fois la largeur de la Seine au Pont-Neuf; les embarcations y font 2 milles à l'heure; vers Boussa, sa largeur est les 3/4 de celle de la Tamise à Sommerset-House; au-dessous elle est dans quelques endroits de 5 milles (près de 2 lieues). Entre Djenné et Tenboctou, le Dioliba traverse le lac Dhiébou dans sa partie orientale. Il passe, entre autres endroits, à Ségo, Djenné ou Genny, près de Tenboctou, à Yaoury, Rabba, Egga Kakounda, Kirry, placé à la tête du Delta. On ne se sert guère sur ce fleuve que de grandes embarcations. M. Caillé y a vu quelques caïmans et beaucoup d'hippopotames.

DIOMÉDA, fille de Xuthus, et femme de Deïon d'Amyclès.

DIOMÉDA, fille de Phorbas, fut la maîtresse d'Achille après qu'il eut perdu Briséïs.

DIOMÉDA, femme de Pallas et mère d'Euryclus.

DIOMÉDA, fille de Lapithès et femme d'Amyclas.

DIOMÈDE (*myth.*), roi de Thrace, fils de Mars et de Cyrène, nourrissait ses chevaux de chair humaine (ce qui veut dire sans doute que pour nourrir ses chevaux il vendit jusqu'à ses esclaves). Hercule le vainquit et le fit dévorer par ses propres chevaux.

DIOMÈDES, fils de Tydée et de Deiphile et petit-fils d'Œnée, roi d'Étolie et l'un des guerriers qui se signalèrent le plus au siège de Troie. Il commandait les Étoliens. Il se battit en combat singulier contre Hector, Énée et plusieurs autres Troyens, enleva avec Ulysse le *Palladium* du temple de Minerve, tua Rhésus, roi de Thrace et s'empara de ses chevaux; par le secours de Pallas dont il était le favori, il blessa Vénus même. Ayant connu l'infidélité que sa femme Égiale avait commise en son absence, il s'éloigna de sa patrie, et vint dans la Grande-Grèce, où il épousa la fille de Daunus, roi de la contrée, et bâtit la ville d'Argyrippe ou Arpi. Diomède mourut dans une extrême vieillesse; quelques auteurs disent que Daunus le fit périr. Après sa mort il reçut les honneurs divins.

DIOMÈDE (*hist.*), secrétaire de la reine Cléopâtre, instruisit Marc-Antoine, au moment où il venait de se plonger une épée dans le sein, que cette princesse vivait encore.

DIOMÈDE, grammairien dont il nous reste un traité intitulé *de Orationis partibus, et varia rhetorum genere*; l'édition d'Élie Purschius, 1605, passe pour être la meilleure.

DIOMÈDE (Prom. de) (*géog.*) (*capo di San Nicolo*), presqu'île de la Liburnie sur la mer Adriatique.

DIOMÈDE (champs de). (*V.* DIOMEDIS CAMPI.)

DIOMEDEA (*ois.*). Pline, Gesner, Aldrovande, ont parlé sous le nom d'*aves diomedeæ*, d'oiseaux qu'ils ont dit habiter l'île de Diomède, où ils accueillaient les Grecs, tandis qu'ils se jetaient sur les étrangers. Plus tard, on a donné ce nom à divers oiseaux de mer, tels que les pétrels, les goëlands, les albatros, enfin ce nom est resté à ces derniers, dont la première espèce désignée sous ce nom par Linné est le *diomedea exulans*, l'albatros. J. P.

DIOMÉDÉE (*bot.*), genre de plantes de la famille des synanthérées, de la syngénésie polygamie superflue de Linné, établi par H. Cassini, pour les espèces de *buphtalmum* à tige ligneuse et à feuilles opposées, qui rentrent dans la tribu des hélianthées. La *diomédée bidentée*, *D. bidenta* (*buphtalmum frutescens*, Linné). C'est un arbrisseau élevé de trois à quatre pieds, à tiges droites, souvent simples, à feuilles opposées, connées, oblongues, obovales, acuminées, entières, veinées en dessus, unies en dessous, épaisses, avec un pétiole muni de deux petites dents; les feuilles des rameaux n'ont point de dents, et sont lancéolées; les calathides sont terminales, solitaires, grandes, composées de fleurs jaunes, et chaque squamelle se termine par une longue corne spiniscente. Elle croît à la Virginie et à la Jamaïque. J. P.

DIOMÉDÉES (*Iles*). Iles de la mer Adriatique sur les côtes de la Daunie, vis-à-vis de l'embouchure du fleuve Tiferne.

DIOMEDIS CAMPI (c'est-à-dire champs de Diomède), partie de l'Apulie située entre l'Aufide et le Cerbale, ainsi nommée de Diomède qui, dit-on, s'y fixa. C'est dans la partie orientale de ces plaines que se livra la bataille de Cannes.

DIOMÉDON, général athénien, un de ceux qui remplacèrent Alcibiade exilé. Il fut condamné à mort après la bataille des Arginuses.

DIOMÉDON, de Cyzique, partisan d'Artaxerce, essaya, mais en vain de corrompre Epaminondas.

DIOMUS (*myth.*), héros athénien, fils de Colyttus et favori d'Hercule, auquel on rendit des honneurs divins.

DIOMUS, berger sicilien, se rendit célèbre par ses poésies pastorales. On lui donnait le premier rang après Daphnis.

DION DE SYRACUSE. Sa sœur, Aristomaque, épousa Denys l'ancien, qui en eut deux filles. Il donna l'une en mariage à son fils Denys, qui devint son successeur; l'autre, nommée Aretée fut mariée à Dion. Il acquit l'amitié et la confiance de Denys l'ancien qui le fit participer aux plus grandes affaires du gouvernement. Dans le commencement du règne de Denys le jeune, qui hérita du trône de son père, mais non de son génie;, Dion et Platon, avec qui il s'était lié d'une étroite amitié, acquirent une heureuse influence; mais les courtisans ambitieux ne tardèrent pas à les rendre tous deux suspects. Dion fut exilé. Pendant son absence, ses biens furent séquestrés, et on força Aretée, sa femme, à se marier à un autre. Dion prit alors la résolution de rentrer à Syracuse par la force. La haine des peuples envers le despote l'y invitait. Il rassembla une petite armée et fut bientôt aux portes de Syracuse. Les habitants vinrent au devant de lui et le couvrirent de fleurs. Le peuple se jeta sur les délateurs et les agents de Denys, et en fit un massacre général; mais les troupes de Denys se retirèrent dans la citadelle et s'y fortifièrent. Quelque temps après, Denys qui était en Italie lors de ces événements, vint s'y renfermer avec eux; mais ils furent bientôt obligés de capituler. Cependant, Dion ne fut pas le seul maître. Il fut obligé de partager le pouvoir avec Héraclide, homme de distinction, mais qui lui était opposé. Pour devenir seul maître, Dion le fit assassiner. Cet acte de lâche cruauté précipita sa propre catastrophe en lui attirant la haine générale. Un Athénien, nommé Callipe, que Dion avait comblé de bienfaits et qu'il croyait être son ami, lui proposa de feindre une conspiration afin de lui faire connaître par ce moyen ses véritables ennemis. A l'abri de ce prétexte, Callipe put conspirer sans danger contre son bienfaiteur. Bientôt après, il le fit assassiner dans sa chambre et au milieu de ses gardes.

DION CASSIUS, né à Nicée dans la Bithynie, était fils d'un sénateur romain. Il fut lui-même sénateur sous Pertinax. Il remplit plusieurs emplois très importants. En dernier lieu, Alexandre Sévère le fit consul pour la seconde fois l'an 229 av. J.-C. Il est principalement connu comme historien, et a écrit plusieurs ouvrages dont le principal était son Histoire romaine depuis l'arrivée d'Énée en Italie, jusqu'à l'année de son consulat. Il l'avait divisée en quatre-vingt livres. Les vingt-cinq premiers sont presque entièrement perdus, les dix-neuf suivants sont complets à quelques lacunes près. Il nous reste un abrégé assez étendu des six livres suivants; mais nous n'avons pour les vingt derniers que l'abrégé de Xiphilin. Dion a pris un très grand soin de s'instruire de la vérité, et il est très exact pour la chronologie. Son style est assez pur et même élégant. On l'accuse aussi de crédulité; mais c'était l'esprit de son siècle, et les philosophes eux-mêmes de ces temps-là cherchaient à soutenir la religion païenne expirante, en opposant ces miracles à ceux du christianisme.

DION (**CHRYSOSTOME**) naquit vers la 30e année de notre ère, dans la ville de Pruse en Bithynie, près du mont Olympe, d'une famille illustre et puissante. Son titre de chevalier romain, un riche patrimoine, de hautes relations d'hospitalité et de brillants succès d'éloquence, lui permettaient d'aspirer aux premières magistratures; mais il voulut s'en rendre plus digne encore par une étude approfondie de la philosophie et de la politique. A la manière des anciens sages, il partit donc et voyagea, recueillant partout des préceptes de sagesse, des observations de mœurs, étudiant les institutions et les lois, accomplissant aussi l'espèce d'apostolat auquel il s'était voué de faire aimer la vertu par son exemple et ses discours. Il se trouvait en Syrie lorsque Vespasien y fut appelé à l'empire. Le nouvel empereur réclama les conseils du philosophe, et celui-ci osa lui proposer de rétablir la république. Vespasien n'en honora pas moins Dion de sa confiance et de son amitié; mais sous Domitien, cette même franchise, la vertu sévère de Dion, son influence comme orateur et comme philosophe, devinrent des titres de proscription : aussi, pressentant un arrêt d'exil, se bannit-il lui-même. Il quitta Rome furtivement et se rendit à Delphes. L'oracle qu'il y consulta lui dit d'accomplir sa mission, jusqu'à ce qu'il eût atteint les régions les plus lointaines. Dion se remit en route, mais, pour échapper aux poursuites de Domitien, il fut contraint de voyager seul, à pied, et sous des habits de mendiant. Il était déjà vieux, et sa santé avait toujours été délicate. Tel fut alors son dénûment, qu'il était réduit parfois, pour subsister, à labourer la terre, n'ayant pour toute consolation que le *Phédon* de Platon et un discours de Démosthène. Arrivé au Danube, il le traversa ainsi que l'Hyspanis et le Borysthène, et pénétra jusque chez les Gètes, honorant partout sa pauvreté par sa résignation et son courage. A la nouvelle de la mort de Domitien (96 ans av. J.-C), l'illustre proscrit se rapprocha des frontières de l'empire. Là il trouva une armée romaine qui venait de se révolter en apprenant la mort du tyran et le choix de son successeur. Alors Dion jette sa besace et son manteau, s'élance sur un autel et s'écrie : « Enfin, le sage Ulysse a quitté ses haillons. » Il se fait connaître et parle avec une telle éloquence et contre Domitien et en faveur de Nerva, qu'il calme la sédition et fait proclamer le nouvel empereur. Nerva était depuis longtemps son ami, son patron; la reconnaissance de l'empereur aurait porté Dion aux plus hautes dignités, mais il tomba malade, et ne revint à la santé que lorsque Trajan était empereur. Trajan, qui connaissait tout le mérite de Dion, réclama l'appui de son expérience et de ses conseils et l'admit dans sa plus intime amitié. Dion se servit de son crédit auprès du prince pour obtenir en faveur de sa ville natale les prérogatives dont jouissaient les grandes cités d'Asie, des franchises municipales, des droits sur les villes voisines, une juridiction plus étendue, un sénat. Ses concitoyens de Pruse lui en rendirent des actions de grâce et le supplièrent de revenir dans sa patrie : il se rendit à leurs vœux mais à son retour, il trouva son patrimoine extrêmement diminué. Pendant sa longue absence, ses esclaves s'étaient enfuis; des voisins s'étaient emparés de ses terres. Dion ne se plaignit pas, il n'intenta aucune action judiciaire; mais tous ceux qui l'avaient spolié étaient naturellement ses ennemis, et ils se liguèrent avec quelques sophistes jaloux de son éloquence et de son pouvoir pour l'éloigner de Pruse. Ils l'accusèrent de détourner à son profit les fonds votés pour les travaux d'embellissement de la ville, et d'avoir élevé une statue de l'empereur près des tombeaux de sa femme et de son fils. Une autre fois, dans une émeute causée par la cherté du blé, on répandit des bruits d'accaparement contre Dion, et sa maison fut aussitôt envahie et brûlée. Dion se retira à Rome, où l'amitié de Trajan le consola de l'ingratitude de ses concitoyens, et où il vécut jusque dans un âge fort avancé, comblé d'honneurs, et applaudi comme l'orateur le plus éloquent de son siècle. On croit qu'il ne mourut que sous Adrien. Des nombreux ouvrages qu'il avait composés, il ne nous reste que quatre-vingts Discours, qui, par l'élévation de la pensée, rappellent le génie de Platon, et où se retrouvent la clarté, la simplicité et l'élégance de Xénophon et de Lysias. Le publiciste Grotius, helléniste distingué, goûtait singulièrement Dion, et reprochait aux savants de son siècle de négliger cet écrivain, qui est encore l'un des plus délaissés de l'antiquité, quoique si digne d'être lu et médité. Fénélon l'avait étudié avec fruit, et son *Aristonoüs* doit peut-être à l'Eubéenne de Dion quelque chose de sa naïveté touchante et sublime. De son vivant, Dion portait le surnom de *Cocceianus* comme témoignage de son attachement à Cocceius Nerva, l'empereur; mais ses contemporains et la postérité lui en ont décerné un autre qui a prévalu, celui de *Chrysostome* ou bouche d'or. La meilleure édition des œuvres de Dion, bien que laissant encore beaucoup à désirer, est celle de Reiske, donnée par sa veuve, à Leipzig, 1784, 2 vol. in-8°.

DION (le comte de), né vers 1760, entra dès son enfance dans la carrière des armes; fort attaché aux anciens principes, il émigra avec les princes au commencement de 1791, et fit dans leur armée toutes les campagnes de cette époque. Il passa ensuite en Angleterre, revint en France lors de la Restauration, fut nommé chevalier de Saint-Louis et maréchal de camp, et mourut en 1834 à Fribourg, où il avait suivi les jésuites, expulsés de France en 1827.

DIONE, surnom de Vénus, supposée fille de Jupiter et de Dione.

DIONE, nymphe, fille de l'Éther et de la Terre, ou de l'Océan et de Thétys.

DIONÉ, nymphe, fille de Nérés et de Doris, que Jupiter rendit mère de Vénus, selon Homère et d'autres poètes; néanmoins, Hésiode donne à Vénus une autre origine.

DIONÉE, fille d'Atlas et épouse de Tantale, dont elle eut Niobé et Pélops.

DIONÉE, *dionæa* (*bot.*), genre de plantes dicotylédonées, de la décandrie monogynie de Linné. On ne connaît qu'une espèce de ce genre, la *dionée attrape-mouche*, ainsi nommée de la curieuse faculté qu'ont ses feuilles de se refermer lorsqu'on les touche. Quand un insecte vient à se reposer sur leur surface, dont les glandes distillent une liqueur abondante, les deux lobes se rapprochent aussitôt, et, par suite de leur irritabilité, plus l'animal se débat plus les lobes se resserrent; dès que la mort de l'insecte a mis un terme à ses mouvements, les lobes s'ouvrent et reprennent leur position habituelle. Cette singulière plante croît aux lieux humides et marécageux de la Caroline; elle est herbacée, à racine vivace, écailleuse et chargée de plusieurs fibres; de son collet sort une touffe de petites feuilles épaisses d'un vert tendre, étalées en rosette terminées par deux lobes demi-ovales garnis à leurs bords de cils raides, de petites glandes rougeâtres, et de quelques soies qui se redressent au plus léger mouvement. Du centre de ces feuilles s'élève une hampe, haute de dix-huit centimètres, dont le sommet en corymbe présente de six à dix fleurs blanches. J. P.

DIONIGI (MARIANNE) se distingua comme artiste en peignant des paysages, et en publiant un livre intéressant intitulé : *Règles élémentaires sur la peinture des paysages*; elle se fit aussi remarquer par des travaux d'archéologie, et mit au jour un ouvrage qui a pour titre : *Sulle cinque città del Lazio che diconsi fondate da Saturno*. Elle refusa de la cour de Naples l'éducation des princes royaux qu'on voulait lui confier, pour ne pas négliger le soin de ses propres enfants. Elle mourut à Rome le 10 juin 1826.

DIONIS (PIERRE), né à Paris, l'un des plus grands chirurgiens du XVIIe siècle, fut successivement, sous le règne de Louis XIV, premier chirurgien de la reine, de la dauphine, du dauphin et des enfants de France. Il avait une vaste érudition, et ses écrits sont remarquables par la pureté du style et par l'excellence de la doctrine et de la méthode. On remarque principalement ces qualités dans son Traité sur les opérations. Cet ouvrage a été pendant un siècle le guide des professeurs et des élèves.

DIONIS DUSÉJOUR, parent du précédent, a laissé un in-4° ayant pour titre : *Mémoires pour servir à l'histoire de la cour des aides*. Il était le doyen au moment de la révolution.

DIONIS DU SÉJOUR (ACHILLE PIERRE), naquit à Paris le 11 janvier 1734. Destiné par son père à la magistrature, il avait un goût très prononcé pour les sciences exactes et consacra à l'étude de ces sciences tout le temps que celle de la jurisprudence ne réclamait pas. Il débuta dans le monde savant par un Traité des courbes algébriques qu'il composa en commun avec Goudin, son ami et son condisciple. Dionis fut reçu conseiller au parlement en 1758. Admis à l'Académie, en 1765, comme associé libre, Dionis entreprit un travail qui, dans la suite, lui donna une place parmi les mathématiciens du XVIIIe siècle : c'est l'Application de l'analyse aux phénomènes célestes. Après avoir, pendant plus de 24 ans, passé en revue toutes les parties de l'astronomie, il rassembla les Mémoires dont il avait enrichi les collections de l'Académie des sciences, s'attacha à les perfectionner, et en forma un corps d'ouvrage sous le nom de Traité analytique des mouvements apparents des corps célestes, 2 vol in-4°, 1786, 1789. C'est un cours d'astronomie analytique; mais, malheureusement, la plupart de ses formules sont longues et chargées d'analyse. Quoi qu'il en soit, ce livre est un véritable monument élevé à la gloire de l'astronomie. Dionis mourut à l'âge de 60 ans, retiré à sa terre d'Angerville. Il avait fait dans sa retraite un Traité sur la résolution générale des équations. Cet ouvrage a disparu.

DIONISI (JEAN-JACQUES), antiquaire et philologue, né à Vérone en 1724; embrassa l'état ecclésiastique, et son goût pour l'érudition lui mérita bientôt la place de conservateur de la bibliothèque du chapitre dont il faisait partie, et, tout en assurant par ses ouvrages sa réputation de savant, il ne négligea pas la culture des lettres. Le Dante surtout devint son auteur favori, et après des recherches immenses sur cet auteur, il publia une magnifique édition de la *Divina comedia*. Ce savant distingué mourut à Vérone le 14 avril 1808.

DIONIUM (*min.*). Pline distingue trois sortes de sardes, pierres qui paraissent renfermer nos tourmalines et nos sardoines; la seconde paraît être plus particulièrement notre sardoine; c'est à celle-ci que Pline donne le nom de *dionium*, à cause de sa grandeur. Grosse, pense que c'est un ancien nom indien qui se rapporte au sardilus mâle de Théophraste, qui est d'un brun jaunâtre (Delaunay), grandeur et couleur qui conviennent parfaitement à l'agate que nous nommons sardoine. J. P.

DIONYSIADES (*bot.*), un des anciens noms de la toutesaine *hypericum androsæmum*, cité par Ruellius. Il est nommé *dionysia* par Mentzel; et ce dernier nom est aussi donné au lierre suivant Ruellius.

DIONYSIAS (*min.*), nom d'une pierre dont Pline ne dit presque rien, et qu'on ne peut par conséquent rapporter à aucune des pierres connues. Elle était noire et dure, marquée de taches rougeâtres, broyée dans l'eau, elle lui donnait la saveur du vin. J. P.

DIONYSIARQUE, premier magistrat de Catane. Verrès l'obligea de lui livrer toute l'argenterie qui était dans cette ville.

DIONYSICLÈS, sculpteur de Milet, fit la statue de l'athlète Dinocrate.

DIONYSIDÈS, poète tragique de Tarse.

DIONYSIDES (*géog.*), nom de deux petites îles près de l'île de Crète.

DIONYSIDOTE ou **DIONYSIDORE**, poète lacédémonien qui était assez estimé.

DIONYSIENNE (période). Denys, surnommé le petit abbé à Rome, au VIe siècle, renouvela le cycle pascal de Victor, Victorin ou Victorius, et trouva une période de 532 ans qui commençait dans l'année de l'incarnation, fixée à l'an de Rome 753, mais la naissance de J.-C paraît avoir eu lieu quatre ans plutôt, en 749. Une grande partie de la chrétienté adopta la période dionysienne surtout à partir du VIIIe siècle, et c'est d'après Denys qu'on calcule l'ère chrétienne, non pas à partir de la mort du Christ, comme c'était d'abord l'usage, mais à partir de sa naissance (*V.* DENYS LE PETIT). A. S. R.

DIONYSIUS, peintre grec, né à Colophon, florissait vers la 92e olympiade, 412 ans av. J.-C. Il fut contemporain et imitateur de Polygnote. — Un autre Dionysius eut à Rome une grande réputation comme peintre. — Il y eut aussi un sculpteur grec de ce nom, entre la 71e et la 76e olympiade. — Enfin, on voit dans la 153e olympiade un Dionysius, frère de Polyclès (*V.* ce nom).

DIONYSIUS (*V.* DENIS et DENYS).

DIONYSUS et **DIONYSIAQUES**. Ce nom principal du dieu de la vigne chez les Grecs et les Romains renferme, outre l'idée de la fécondité de l'année, de l'agriculture et de la culture civile, dont elle est la base, le sens mystique de la force divine fécondante, productrice, qui crée les formes diverses du monde sensible. Les Grecs employaient de préférence le nom de *Dionysos*, et les peuples plus occidentaux celui de *Bacchus*. Le mythe de ce dieu est un des plus variés et des plus étendus; mais aussi l'un des plus difficiles à exposer et à expliquer. Hérodote (II, 52) dit : que les Pélasges avaient appris à connaître le nom de *Dionysos* plus tard que les autres noms des dieux. Cela paraît signifier que le culte des autres dieux était antérieur dans l'Hellade à celui de Dionysus, et par conséquent que celui-ci fut le dernier dont on conçut l'idée. Les traditions relatives à la résistance que la nouvelle religion rencontra en plusieurs endroits semblent confirmer cette opinion. On raconte, en effet, que ce dieu ne put que par de sanglants combats fonder son culte dans l'Hellade. Il semble résulter aussi de cette introduction opérée par la violence que l'idée de ce dieu ne prit pas originairement naissance chez les Hellènes eux-mêmes, mais qu'elle leur vint de l'étranger, et, dans ce cas, elle ne peut leur être venue que de l'Orient, de l'Asie. Et, en effet, les attributs qu'on donne à ce dieu, les fables qu'on raconte à son sujet ont une couleur tellement orientale, qu'il paraît impossible de douter de cette origine. Pourtant les interprètes de son mythe se partagent à cet égard en deux camps opposés, et des hommes d'un mérite éminent se trouvent à la tête de l'un et de l'autre. Selon les uns, Dionysus est le dieu qui donna aux Grecs le bienfait de la vigne, les plaisirs du vin, et le caractère moral qui en résulte; comme tel, il a été originairement imaginé dans l'Hellade, et Bacchus, ce dieu bruyant, ne quitta la Phrygie (où régnait le culte tumultueux de Cybèle et de son Attis) pour venir apporter en Grèce ses orgies et s'y identifier avec Dionysus, que bien après les temps d'Homère; car Homère connaît bien Dionysus, mais non point Bacchus. Les autres tournent dès l'abord leurs regards vers l'Orient, et n'admettent ni l'idée exclusive d'inventeur de la vigne, ni une différence tranchée entre Dionysus et Bacchus. A les en croire, ce dieu représentant l'idée de la force de la nature qui produit toutes choses est venu en Grèce avec ses orgies de l'Égypte, de la Phrygie, de la Phénicie, et d'autres pays de l'Orient, en dernier lieu de l'Inde, et son arrivée est antérieure au temps d'Homère, qui connaît un Dionysus furieux, et qui fait même mention d'un de ces combats qu'occasionna le commencement de son culte. On ne peut nier, en effet, qu'il existait très anciennement, tout au moins vers l'an 1500 avant Jésus-Christ, en Syrie, en Phénicie, en Égypte, et probablement aussi dans l'Asie antérieure, dans le culte mêlé d'orgies du dieu du soleil, de Baal, accompagné de danses sauvages, d'une musique enivrante, d'usages fanatiques, de symboles obscènes, et l'on peut bien admettre que ce culte provenait du culte (également mêlé d'orgies) de Schiwa chez les Hindous, puisque les symboles essentiels de ces deux cultes s'accordent; ajoutons que d'ailleurs un *Pourana* indien parle de la migration de la religion de Schiwa et de son épouse Parivati dans les pays d'Occident; bien plus, ce serait une sorte de miracle que les Hellènes, et même déjà les anciens Pélasges n'eussent pas reçu des navigateurs phéniciens quelques notions de ces pratiques religieuses. Les adversaires de cette opinion nient, il est vrai, que l'Hellade ait été civilisée par des colonies étrangères, et n'admettent l'origine étrangère ni de Cécrops, ni de Cadmus, de Danaüs, de Pélops, etc., prétendant que les Grecs n'ont rien reçu du dehors qu'après l'époque où vécut Homère. Dans leur système, tous les récits des anciens sur la colonisation de la Grèce par des étrangers auraient eu leur source dans les assertions mensongères des prêtres, qui auraient bien voulu donner le vernis d'une haute antiquité à tout ce qu'ils avaient adopté des cultes étrangers après Homère. Ce mélange se serait opéré nommément par les prétendus poëmes d'Orphée, qui ne dateraient véritablement que de l'an 500 avant Jésus-Christ, et même, en majeure partie, d'une époque plus récente, quoiqu'on leur ait donné pour auteur un Orphée, lequel aurait vécu bien avant Homère. C'est par ces derniers seulement qu'il serait devenu de mode de mêler les dieux de l'Hellade avec ceux de l'étranger, principalement avec ceux de l'Égypte et de la Phrygie; de cette manière ces mensonges se seraient répandus chez toutes les races des Hellènes, et alors seulement d'excellents auteurs auraient commencé à parler de civilisateurs étrangers et de l'introduction de dieux étrangers. — Un très petit nombre d'hommes avait pénétré cette fraude et signalé comme indigènes ces étrangers tant vantés. De plus, ajoutent ceux qui soutiennent ce dernier système, il n'est pas possible que de l'Égypte nommément, une importation d'idées religieuses ait pu se faire par des étrangers, puisque l'Égyptien avait la mer en horreur comme formant l'empire de Typhon, et tenait son pays comme rigoureusement fermé. Après seulement que Psammetique se fut élevé au trône à l'aide des troupes grecques, les Grecs (disent-ils) purent entrer en Égypte, et de cette époque daterait tout ce bruit. — Mais, répondent les défenseurs de l'autre opinion, de ce que les poëmes appelés orphiques n'aient été vulgarisés que par Onomarite, il ne s'ensuit pas que leur contenu ne puisse pas remonter à une plus haute antiquité. C'étaient pour la plupart d'anciens hymnes religieux; mais jusqu'alors ils n'avaient été connus que des prêtres et dans les mystères. L'éditeur n'était pas le créateur dans toute la rigueur du terme; il n'avait fait que donner une autre forme à ce qui existait depuis longtemps. Ces chants usités dans les temples lui durent donc une meilleure forme, mais ils ne lui durent pas en même temps leur contenu. Ce contenu prouve une haute antiquité, car il exprime des idées empreintes du caractère d'une religiosité la plus pure, des manières d'envisager les choses divines, étrangères au culte public pratiqué par le peuple, mais qui avaient dû être conçues précédemment déjà par de meilleurs esprits, parce qu'elles se trouvent dans l'âme de l'homme même, et qu'il ne peut y avoir de religion si elles ne servent de base. Ces idées meilleures étaient le fondement des religions mêmes les plus barbares et les plus dissolues de l'Orient; elles étaient adoptées par la caste la plus éclairée des prêtres; mais ceux-ci les cachaient au peuple sous le voile des symboles, comme quelque chose de sacré et de divin, parce qu'ils croyaient le peuple incapable de saisir des idées si élevées, ou plutôt, sans doute, ils les lui cachaient pour conserver plus aisément sur lui leur domination. Or, ce fut précisément pour empêcher les notions meilleures de se perdre, que furent institués les mystères, et, dans les mystères, on consacra la doctrine de l'unité de Dieu, de l'immortalité de l'âme, des récompenses et des peines éternelles, de la métempsycose, etc. Ces doctrines venaient originairement de l'Inde; elles s'étaient transplantées de là dans les pays occidentaux par différentes voies, principalement par l'Égypte et l'Asie antérieure. Les races qui habitent l'Hellade y ont incontestablement émigré de l'Orient, de même que les Celtes et les Germains, et l'affinité intime qui existe entre les langues grecque et sanscrite prouve d'une manière irréfragable que les premiers étrangers venus en Grèce ont dû appartenir, bien des siècles auparavant, à une race parente et voisine des Hindous. Leurs migrations de la haute Asie, à travers l'Asie occidentale, ont dû durer des siècles et être plus d'une fois interrompues avant, qu'après avoir franchi le Caucase, ils eussent atteint les côtes de la Grèce et pris possession du pays même. De grands changements se firent sans doute dans leurs idées pendant ce temps, et enfin, selon toute probabilité, ils étaient descendus à un degré de barbarie assez grossière lorsqu'ils mirent le pied sur ces rivages nouveaux pour eux. Malgré cela ils apportèrent avec eux, de leur pays natal, quelques idées sur Dieu et les choses divines. Les plus sages d'entre eux, qui réglèrent le culte en qualité de prêtres, lorsque le peuple fût parvenu à des demeures fixes, avaient assurément mieux encore conservé ces idées; d'où il se fit que leur religion fut aussi un reflet, quoique très obscurci, des croyances indiennes. Le nom même qui désigne la divinité en général, *Deus*, Δῖος, Δὶς, n'est autre que le nom indien *Deva*, et il prouve précisément d'où ils ont apporté l'idée de la divinité. La religion de l'Égypte avait aussi des rapports intimes avec celle de l'Inde. Les recherches les plus récentes ont suffisamment démontré que la caste des prêtres de l'Égypte était primitivement d'origine indienne; par conséquent on ne peut s'attendre à autre chose qu'à trouver que, malgré son mélange dans le culte public, particulièrement avec le fétichisme d'un peuple grossier, la religion de ces peuples fut aussi tirée de leur patrie. Osiris, nommément, comme idée du dieu du soleil, et comme personnification de la force de la nature créatrice et bienfaisante, semble être une copie du Schiwa indien, qui a, de même que Osiris et Dionysus, pour symbole le *Phallus*, et dont le culte est célébré avec des orgies analogues à celles qui déshonoraient le leur. Cette même symbolisation se trouve dans les *Baalim* des Phéniciens et des Syriens, ainsi que dans la religion des Phrygiens. Un tel accord ne saurait être un simple effet du hasard, il suppose au contraire une première source commune à laquelle tous ces peuples ont puisé leur religion. Il n'est pas vraisemblable que l'Égypte ait été aussi sévèrement fermée à tout étranger qu'on voudrait le faire croire. Les ruines du temple de Thèbes nous montrent qu'il y avait eu dans ce pays une marine et même des vaisseaux de guerre, et l'on fait mention du commerce par caravanes, du pays de Canaan en Égypte, dès le temps de Joseph. Cette espèce de blocus ne fut peut-être établi qu'après l'expulsion des Hyksos. Les vainqueurs voulurent se mettre à l'abri de semblables désastres en s'isolant de la manière la plus complète des étrangers; et encore cette résolution ne fut-elle pas exécutée dans toute sa rigueur, puisque, selon le récit de la Bible, Salomon épousa une princesse égyptienne, et qu'un roi d'Égypte fit la guerre à Roboam, et que même le culte égyptien d'Apis se propagea jusqu'en Palestine. En admettant même que les Égyptiens n'aient pas navigué par eux-mêmes sur la Méditerranée, avant Psammétique, des émigrants néanmoins pouvaient, sur des vaisseaux phéniciens, se rendre d'Égypte en Grèce, et apporter dans ce dernier pays beaucoup de choses de leur religion. De plus, des émigrations d'Égypte en Grèce sont placées par les historiens précisément à l'époque où eut lieu l'expulsion des Hyksos. Les Hyksos avaient été maîtres de l'Égypte à peu près pendant deux siècles, et vraisemblablement ils avaient adopté, du moins en partie, le culte du pays. La guerre que leur firent les indigènes put précisément donner lieu à des émigrations, et Danaüs, Cécrops et d'autres ont pu très bien être du nombre des fugitifs. Si quelques auteurs grecs contredisent l'établissement de colonies venues du dehors, ils ne sont pas du moins plus anciens que les auteurs qui les soutiennent, et leur répugnance à admettre ces colonies s'explique parfaitement par l'orgueil des Grecs, qui prétendaient ne rien devoir qu'à eux-mêmes. C'est pourtant et dans le fait une assertion singulière que celle du Scoliati, manuscrit sur les panathénées d'Aristide, p. 185, qui affirment que l'Athénien Ogygès et sa femme Thébé allèrent en Égypte, y fondèrent la ville de Thèbes, l'ancienne capitale de ce royaume, appelée par Homère lui-même la ville aux cent-portes, qu'ils y instituèrent les mystères d'Isis et de Dionysus-Osiris. On n'y ajoutera pas plus de foi qu'à cette autre assertion, suivant laquelle Saïs serait une colonie athénienne, loin qu'Athènes soit une colonie saïtique. Si Homère ne sait rien ni d'un Cécrops et d'un Danaüs d'Égypte, ni d'un Cadmus de Phénicie, ce silence d'un poète sur des faits qui n'avaient aucun rapport avec son sujet ne serait encore pas une preuve négative. Dans son siècle, d'ailleurs, il pouvait encore être peu intéressant de s'inquiéter de colonies de cette nature; elles n'eurent d'importance que plus tard, lorsqu'on commença à apprécier leur influence sur la nationalité hellénique, et à rassembler, pour cette raison, les traditions relatives à leur origine et à leur histoire, et qui s'étaient conservées plus ou moins fidèlement dans la bouche du peuple. Quoi qu'il en soit, Homère parle du commerce phénicien sur les côtes de l'Hellade, et, si ce commerce existait, l'influence de l'Orient sur la Grèce devait nécessairement exister. Homère en outre ne pouvait, comme poète, s'occuper que de la religion publique; c'est conformément à cette religion qu'il dépeint les dieux. Il n'était pas initié au culte qui se pratiquait dans l'intérieur du temple, et ce culte offrait probablement, relativement aux dieux, une foule d'idées qui lui restèrent inconnues. Les prêtres pouvaient chanter des hymnes orphiques en l'honneur des dieux, sans qu'Homère sût rien de ces hymnes. En général il était rare que quelqu'un du peuple assistât aux cérémonies du culte secret des temples, et ce culte n'était célébré que par les prêtres seuls. Quel intérêt ont pu avoir ces prêtres à donner plus tard, et par un mensonge calculé, une origine étrangère à leur culte? Se seraient-ils assuré par là plus de respect ou une plus grande influence? ou bien leurs dieux en auraient-ils été plus sublimes et plus vénérés? Il serait tout au contraire bien plus naturel de considérer comme suspectes les assertions de ceux qui ne veulent reconnaître qu'une nationalité hellène pure et sans mélange, et font procéder de cette nationalité même ce qui lui est étranger. L'avenir, peut-être, en nous donnant une connaissance plus intime et plus complète des religions orientales, et surtout de celle de l'Inde, nous permettra de porter un jugement plus exact sur ce qui maintenant est encore incertain. En nous rangeant à cette opinion, nous avouons ouvertement qu'à nos yeux aussi il semble plus conforme à la vraisemblance de considérer le polythéisme hellénique comme un rejeton venu de l'Orient, plutôt que comme une plante née dans l'Hellade même, sans aucune coopération étrangère. Et cependant, il reste vrai que dans le culte populaire les poètes et les artistes modifièrent la nature des dieux au point que ce qu'elle avait d'oriental disparut presque entièrement, plus chez l'un, moins chez l'autre, et que les divinités se transformèrent en idéalités assez purement helléniques. C'est seulement dans le culte secret des temples que l'on conserva plus longtemps les idées anciennes et originales; là seulement les chants, les cérémonies et les rites symboliques rappelaient encore plus tard la source étrangère où l'on avait autrefois puisé. C'est surtout dans la religion de Dionysus que se révèle le caractère étranger; ce que ne nient pas même ceux qui ne veulent voir dans l'Hellade que des dieux imaginés dans le pays même, et qui n'admettent l'élément étranger que comme un mélange introduit plus tard. Mais nous ne pouvons admettre l'essence même de l'idée de ce dieu comme une invention due à une époque postérieure, bien qu'avec le temps elle ait subi des modifications de détail. Il nous semble donc plus exact de chercher l'origine première de cette religion à l'étranger, tout d'abord en Égypte, en Phénicie et en Phrygie, et plus loin, dans l'Inde même, d'où ces pays l'avaient eux-mêmes tirée. La tradition généralement admise d'une expédition de Dionysus vers l'Orient, tradition répandue, non après Alexandre seulement, mais déjà même avant ce prince, vint indubitablement de ce qu'on trouva dans les contrées de l'Orient une divinité et un culte analogues. Or, disait-on, ce dieu était allé de l'Hellade dans ces contrées, et y fonda son culte. On prétend même qu'il alla jusque dans l'Inde, lorsqu'au temps des guerres d'Alexandre on trouva dans ce pays même beaucoup d'idées et de pratiques semblables. Telle est l'explication donnée par l'orgueil hellénique, qui ne voulait rien devoir aux barbares; mais c'est le contraire qui est incontestablement la vérité, et c'est ce que l'on pressentit aussi dans des temps postérieurs, puisque des auteurs de cette période font en effet mention d'un Dionysus indien d'origine. Que le nom même de Dionysus soit un nom étranger, c'est ce que nous ne voulons pas examiner maintenant. Les Grecs eux-mêmes donnaient à ce nom des étymologies diverses; mais dans la plupart de celles-ci il est impossible de méconnaître quelque chose de forcé et de peu naturel, et précisément cette circonstance prouve peut-être que, dans l'origine, ce nom était étranger. On trouve un grand nombre de ces étymologies dans les *Dionysiaques* de Nonnus (données par Moser, page 201), et dans le *Dionysus* de Creuser (page 244). Nous en mentionnerons quelques-unes en passant. Ce qu'il y a de plus vraisemblable, c'est que ce nom désigne le *dieu de Nysa*. Mais quelle est cette Nysa, et où est-elle? Conformément aux indications données par les anciens, il faut croire que c'était une localité ou une contrée, car bien qu'il soit fait mention d'une nymphe Nysa, nourrice et institutrice du dieu, celle-ci n'est manifestement que la personnification de la contrée qui la première célébra le culte de Dionysus. Voss voit dans Nysa l'appendice méridional du mont Pangée chez les Édones de Thrace. En ces lieux, dit-il, la vigne sauvage fut pour la première fois cultivée, la vigne entretenue conformément aux règles de l'art, le raisin foulé par le pressoir; puis ces notions avaient peuplé la Béotie et importé dans ce pays la culture de la vigne. On aurait donc appelé le génie des montagnes, qui fit aux hommes ce présent, le dieu de Nysa, Dionysus; ou bien, si l'on voulait expliquer ce nom par la forme Διόνυσις, il signifierait le Nysas de Zeus, c'est-à-dire Nysas fils de Zeus. Mais fut-il vrai que le dieu dont il s'agit ait pris son nom de cette Nysa, voisine de la Grèce, et qu'en partie la religion dionysienne se soit répandue de la Thrace en Grèce, cela ne prouve pas encore que cette religion soit née originairement en ces lieux, et que dans ces lieux même elle n'ait pas été importée du dehors. Si l'endroit d'où ce dieu tira primitivement son nom était si voisin de la Grèce, pourquoi l'a-t-on cherché plus tard à une distance de plus en plus grande? On pourrait dire: Notre Dieu de Nysa a propagé son culte çà et là; mais il n'existait aucun motif pour chercher le lieu de son origine dans des contrées de plus en plus éloignées; car les mythographes parlent aussi d'une Nysa d'Asie, nom sous lequel on pourrait comprendre une contrée de la Lydie, au pied du Tmolus. Ensuite ils font mention d'une Nysa d'Éthiopie, d'une Nysa d'Arabie, et enfin d'une Nysa de l'Inde, après qu'Alexandre se fut avancé au delà de l'Indus. Tout cela s'explique plus naturellement si l'on admet ce qui suit: La tradition primitive était que ce dieu était originaire de Nysa, qu'il était le dieu de Nysa, sans désigner précisément l'endroit où était Nysa. Or, on chercha d'abord le point de départ dans le voisinage de la Grèce, en Thrace par conséquent, et ce fut là qu'on plaça la Nysa inconnue; puis, à mesure que l'influence phrygienne se fit sentir davantage, on recula l'emplacement de Nysa jusqu'au Tmolus; puis encore, quand on se fut convaincu de l'origine égyptienne de ce culte, on chercha le lieu de sa naissance en Arabie et en Éthiopie. Lorsqu'enfin on alla jusqu'à voir dans Dionysus une divinité indienne, on prétendit rencontrer Nysa sur les premières hauteurs de l'Himalaya, dans le Caboulistan, où l'on trouva, en effet, un vin excellent. Ici des auteurs postérieurs à Alexandre, par exemple Quinte-Curce (liv. VIII, chap. 10), qui n'invente pas précisément, mais suit probablement les indications d'écrivains antérieurs à lui, parlent d'une ville de Nysa où il croit que ce dieu fut d'abord élevé. Mais doit-on chercher réellement ici l'origine du nom et la naissance du dieu, c'est ce qu'il faut déterminer au moyen de sources autres que les sources grecques. Si, comme beaucoup d'autres motifs le rendent vraisemblable, la propagation de ce culte s'opéra d'Orient en Occident, la Nysa indienne a beaucoup de probabilités pour elle, comme étant la plus orientale. Donnons ici quelques indications. L'*Etymologicon magnum* (p. 259, 28 sq. cfr. Bast sur *Grégoire de Corinthe, De dialectis*, p. 882, ed. Schæfer), dit que Dionysus s'appelle aussi Deunysus (Δεύνυσος), soit en dialecte ionien pour Διόνυσος, soit de l'indien δεῦνος (deunos, Devnos), roi, et Νῦσα, par conséquent roi de Nysa. Ce mot deunos, ou devnos, n'est certainement pas autre chose que l'indien *Dewas*, qui signifie dieu et roi. Le grec avait peut être écrit dans le principe Δεύος (dénos, dévos) et le *v* n'a été interpolé que plus tard. Langlès (*rech. asiat.* I. p. 278) remarque que les Hindous avaient donné au dieu Schiwa l'épithète de *Dewanischi*, dieu ou roi de Nischa, c'est-à-dire de la ville de la nuit; ce serait donc Schiwa considéré comme dieu du soleil. Les Indiens, en effet, croyaient que le vin était un dieu du soleil, et pour cette raison ils appelaient celui-ci Suradewas, dieu du vin, nom déjà connu sous la forme de Σοράδειος de Charès, de Mitylène, l'un des compagnons d'Alexandre. Le mythe indien fait aussi naître de la Nuit (*Nis, Nisch*), le dieu du soleil, de sorte que sous ce rapport il pouvait bien aussi être nommé *Dewanisi, Dewanischi.* D'ailleurs, dans le mythe de Dionysus se trouvent aussi des allusions à la nuit. On le nomme *Nyctelios*, le Nocturne, d'abord sans doute parce que ses mystères se célébraient la nuit; mais le choix même de ce temps pour cette célébration a pu le faire désigner comme fils de la Nuit. Sous ce nom il avait un temple à Mégare, et il y avait dans cette même ville un oracle de la nuit (*Pausanias*, att., 40, 5); Plutarque de son côté (*Sympos.*, VII, 9, p. 941, éd. de *Wytt.*), dit que les anciens Grecs avaient appelé Dionysus *Eubulos*, le bon conseiller, et que pour cette raison, ils avaient donné à la nuit l'épithète de *prudente*. Ce sont là tout au moins des indications qui ont trait à l'origine indienne possible du nom de Dionysus, dans le cas même où le Dewanahuscha de Wilford, qui pénétra en conquérant jusqu'en Europe (Vaharadwapa), ne serait qu'une invention mensongère des Brahmes. Il se peut que par la Thrace précisément, le nom de Dewanisi ou Dionysi, soit venu de l'Asie antérieure, qui l'avait reçu de pays plus éloignés vers l'Orient, en Béotie, où on l'aura transformé en Dionysus et rattaché tout d'abord à Nysa de Thrace; il se peut de plus qu'à l'inverse ce nom de Nysa ait été formé de celui du dieu. C'est pour cela que l'on trouva une ville de Nysa dans tous les pays où l'on crut que le culte du dieu avait pris naissance, et l'on plaça cette ville toujours plus loin vers l'Orient, à mesure que l'Asie se révéla davantage aux yeux des Grecs, jusqu'au moment où ceux-ci arrivèrent à l'Inde. Si Alexandre avait porté plus loin ses armes, la ville indienne de Nysa eut probablement été rejetée plus loin encore vers l'Orient. Dans l'épisode de Nala, qui fait partie du Mahabharata, il fait mention d'un royaume de Nischadha; il est situé dans la partie orientale de la presqu'île de l'Inde, et non loin de là semble avoir coulé le fleuve Nischada, dont le nom se rencontre dans le Bramanda Pourana. Selon le Skanda-Parana, qui raconte la propagation du culte de Schiwa vers l'Occident, Schiwa abandonne avec son épouse Parwati son paradis de Kailasa sur le Merou, et se dirige au nord vers les monts Nischada. Ces monts sont peut-être la contrée où les compagnons d'Alexandre trouvèrent la Nysa indienne, d'où l'on pourrait dériver le nom du dieu. Avec ce nom, peut-être, la partie essentielle de son mythe et de son culte vinrent aux Grecs; mais plus tard, de nouvelles influences parties d'Égypte, de Phénicie, de Phrygie, donnèrent à l'un et à l'autre un développement toujours croissant, jusqu'au moment où les poëtes à leur tour s'emparèrent de la fable, l'embellirent de mille manières et lui donnèrent une forme hellénique, de telle sorte qu'il serait fort difficile aujourd'hui de séparer rigoureusement ce qui, dans cette fable appartient aux temps les plus anciens, de ce qui appartient à des époques moins reculées. Ce qui ajoute à cette difficulté, c'est que l'hypothèse suivant laquelle les indications moins anciennes ne contiennent aussi que des traditions moins anciennes, suivant laquelle encore le silence d'un poëte sur telle ou telle de ces traditions permet de croire qu'au temps de ce poëte cette tradition n'était pas encore connue, n'est exacte que dans le plus petit nombre de cas. —Ce qu'Homère raconte d'une partie des mythes dionysiens est de telle nature que, si on l'envisage sans préoccupation, cela suppose dans les auditeurs du poëte une certaine connaissance du mythe de Dionysus, bien que nous ne puissions déterminer jusqu'où s'étendait cette connaissance. Homère parle de Dionysus comme d'un dieu, bien qu'il n'apparaisse dans la fable de son origine que comme un héros, comme Hercule, par exemple. Ailleurs, le poëte parle d'un Dionysus furieux, et il n'existe aucun motif de donner à ce mot un autre sens que celui où il fut employé plus tard, à savoir, relativement aux orgies qui faisaient partie de son culte. De plus, l'opposition de Lycurgue se trouve exactement en parallèle avec les autres récits relatifs avec la résistance que la nouvelle religion rencontra de la part d'une religion antérieure, déjà répandue dans l'Hellade. Nous reviendrons plus bas sur ce sujet. Que, par conséquent, le Bacchus phrygien, avec ses orgies, n'ait été connu des Grecs que postérieurement à Homère, comme Voss le veut, et que jusque-là les Grecs n'aient connu que le Dieu du vin imaginé par eux-mêmes; c'est ce qui semble insoutenable, puisqu'assurément nous aurions d'ailleurs des renseignements plus détaillés sur un changement si récent de religion. Quant aux éclaircissements donnés par les modernes sur le nom de Dionysus, nous signalerons ceux d'Hermann (*de Myth.*, XXI, opusc. II, p. 290), et de Sickler (*Cadmos*, CII, sqq.). Hermann fait dériver la première partie de ce mot de la préposition διά, et la seconde moitié d'une racine de laquelle dérivent aussi ὄνυξ (ongle, griffe des animaux) et νύσσω (pousser en portant de bas en haut), de sorte que Διώνυσος (comme on devrait proprement écrire) serait l'équivalent de *exculcatus*, le foulé, le pressé sous les pieds, c'est-à-dire le vin pressé, foulé. Creuzer, dans ses lettres sur Homère et Hésiode (page 206), se prononce contre l'opinion qui voit la préposition διά dans la première partie du mot. Sickler fait dériver ce nom de l'Hébreu. Selon lui, c'est l'équivalent de חביבו (*Dajanæsus*), c'est-à-dire la puissance qui exerce la justice, qui aide, juge, domine, punit et récompense; car le sens général de la religion du monde primitif de Cadmus, religion révélée par Zeus au moyen d'Hermès, et reçue par l'humanité suppliante, était celui-ci : elle assure le droit, aide, juge, domine, punit et récompense. Cette dérivation et cette explication nous paraissent peu vraisemblables, parce qu'elles donnent un caractère trop général au dieu dont nous nous occupons, et n'ont rien de commun avec le bienfait tout particulier dont il gratifia les hommes. Quant à l'autre nom de cette divinité, à savoir le nom de Bacchus, que Voss prétend attribuer, non au Dionysus thébain, mais seulement au Dieu qui vint plus tard de Phrygie, jusqu'au moment où, par une sorte de confusion, celui-ci reçut les deux noms. Les opinions ne sont pas moins partagées sur son étymologie. Ce nom se trouve aussi modifié sous les formes de Βάκχιος. Βακχεῖος (Βακχεῖος). Ce nom aussi pouvait être d'origine indienne, car Schiwa portait également le surnom de Bagis (Vagis). En Égypte, le taureau sacré Onuphis s'appelait de plus *Bakis*, nom auquel on attribue le sens de Dieu bon, de bon génie. Ici vraisemblablement il existe quelque rapport avec l'indien Bagis, car on donne réellement à Schiwa le symbole du taureau, et son nom de Schiwa signifie aussi le bon, épithète qui est également attribuée souvent à Dionysus, de même que le symbole du taureau appartient réellement à l'idée qu'on se faisait de lui. Il est donc probable que le nom de Bacchus est également venu de l'Inde par l'Égypte. Ce rapport, pourtant, n'est pas suffisamment clair, et nous aimerions mieux nous en tenir à ceux qui le font dériver de l'hébreu ou du phénicien bakah (בכה), pleurer, gémir. Et, en effet, on consacra un jour de deuil en mémoire de la mort d'Adonis, et Dionysus aussi est, dans les mystères, le dieu assommé, le dieu mis en pièces, le dieu de l'année, qui est mise à mort par l'hiver. On pourrait donc admettre une fusion entre les Adonis et les fêtes de Dionysus, et une fête funèbre de Bacchus, dans les mystères, comme elle avait lieu, en effet, à Lerna. De plus, Adonis, aussi bien que Dionysus, ne fait qu'un, dans l'idée qu'on s'en formait, avec l'Osiris égyptien, et cette circonstance offrirait une nouvelle corrélation. Sickler, dans son Kadmos (p. 103), fait dériver le nom de Bacchus de *bakah* (בקה), et le prend ainsi pour *bakh-os* (בקד יון), c'est-à-dire la force révélatrice, libératrice, qui fait voir; car la religion ouvre et délivre l'esprit et le cœur de l'homme; elle délivre du mal moral comme du mal physique. On peut cependant s'en tenir à la langue grecque; aussi Schewk (*dans ses indications*, p. 144) propose la racine ἄγω, qui, sans doute, signifie aussi gémir, se plaindre (du cri naturel *ah !*), mais qui, avec le préfixe, forme le mot ἰάχω, pousser des cris de joie; de là vient, selon cet auteur, ἴακχος et Βάκχος, en substituant un β à l'ι. Le nom de ce dieu lui serait donc venu de la joie bruyante qui éclatait dans ses fêtes. Creuzer (*Symbolique*, III, 126) penche pour la même idée, et fait dériver ce nom de βάζω, parler, avec le sens accessoire de prononcer des oracles et de prédire l'avenir. Bacchus serait donc le dieu transporté par l'esprit divin, le dieu se livrant au bruit dans une exaltation frénétique, le dieu prédisant l'avenir. Voilà pourquoi Hérodote (VIII, 20) et Élien (V. H., XII, 35) font mention d'un divin Bacis et de prophétesses appelées, Bacides. Voilà encore pourquoi un prophète Bacchès, disciple de l'Étrurien Tagès, est cité dans le sénatus-consulte de Marcion (Rynkershoek, *De relig. peregr.*, p. 265). Apollodore, Hygin, Ovide, et d'autres mythographes, racontent le mystère de la naissance de Dionysus. Homère et Hésiode le connurent probablement aussi. Dionysus est né héros dans la maison de Cadmus, fable qui nous fait voir déjà l'origine orientale de son culte. Zeus (Jupiter), dit-on, aimait la charmante fille de Cadmus, Sémélé, et parvint à la séduire en prenant la figure d'un mortel. Hérè (Junon), apprit l'infidélité de son époux et médita une ruse pour perdre sa rivale. Elle apparut à la jeune fille sous la forme d'une vieille femme, et peut être sous celle de sa nourrice Beroë (Hygin. f. 167, 179), la félicita du bonheur qu'elle avait eu d'être jugée digne de l'amour du plus puissant des dieux, et s'informa comment il s'était montré à elle, puis elle lui inspira de la méfiance, et la fit douter si celui qui sous les traits d'un mortel jouissait de son amour était réellement le majestueux maître du tonnerre ou tout simplement un imposteur. Elle lui conseilla de le mettre à l'épreuve, et de le faire jurer par le serment inviolable des dieux de lui accorder la demande qu'elle lui ferait. S'il y consentait, elle devait le prier de se révéler à elle dans la majesté du plus puissant des dieux de l'Olympe, de même que quand il partageait la couche de la royale Junon. Ce conseil fut exactement suivi, et comme toutes les représentations du dieu ne purent déterminer Sémélé à retirer sa demande, il se vit forcé, par la sainteté du serment, à s'y rendre. Il arriva armé de la foudre étincelante et porté sur son char entouré de tonnerres; la jeune mortelle ne put supporter les flammes du dieu; le palais fut dévoré par le feu et le corps de l'imprudente réduit en cendres. Mais auparavant Zeus sauva l'enfant qu'elle portait dans son sein et qui n'était pas encore venu à terme; il l'enferma dans sa cuisse pour lui donner une seconde fois le jour, lorsque serait arrivé le moment fixé par les lois de la nature. Philostrate (I, 14) nous a conservé la description d'un beau tableau qui représentait d'une manière magnifique et sublime cette scène d'accouchement. Dans la partie supérieure apparaissait sous leur forme allégorique le Tonnerre, Brontè, dur et farouche, comme le veut sa nature, et l'éclair, Astrapé, lançant du feu par les yeux. Un nuage de feu enveloppe Thèbes tremblante, et tandis quelles s'écroule, Dionysus s'élance du corps déchiré de sa mère, que l'on entrevoit mourante sur l'arrière-plan. Mais l'enfant des dieux brille comme une étoile, et son éclat efface celui des flammes dont les tourbillons forment autour de lui une espèce de grotte. Le lierre, la vigne et des thyrses poussent tout-à-coup à travers les flammes et entourent la grotte de feu. On trouve encore la naissance de Bacchus sur d'autres monuments de l'artantique, par exemple sur une coupe du cabinet du cardinal Borgia, dans Canzi (Saggio della L.Etr. t.II, p.195, cfr. Zoega sur Basirile, I, p. 20). On n'est pas d'accord sur l'âge qu'avait l'enfant lorsqu'il fut tiré du sein de sa mère. Les fables varient entre six, sept et huit mois. Cette dernière donnée est celle de la fable de Naxos, dans Étienne de Bysance. Par conséquent, l'enfant était déjà viable; aussi, dans cette fable, ne dit-on pas que Zeus l'enferma dans sa cuisse; mais, selon elle, Hermès l'apporta aussitôt du milieu des flammes à Nysa dans l'île de Naxos, et, depuis cette époque, les femmes de Naxos eurent le privilége de mettre au monde, après huit mois de grossesse seulement, des enfants viables. Méléagre aussi (Carm. CXI) raconte que Dionysus s'élança aussitôt du milieu des flammes et que les nymphes le purifièrent de la cendre où il avait roulé. L'indien Schiwa est souvent représenté couvert de cendres. Si Dionysus est le même dieu que Schiva, ce mythe peut avoir trait à ce symbole du dieu du feu. Euripide (Bacch., 3) se contente de dire : que Sémélé le mit au monde à la lueur du feu céleste (Σεμέλη λοχευθεῖσ' ἀστραπηφόρῳ πυρί). Voss croit que le mythe suivant lequel Zeus enferma Dionysus dans sa cuisse est le plus récent, et que son origine ne date que de l'époque ou Dionysus se transforma en Bacchus Phrygien. Nonnus (IX, 19) prétend faire venir le nom de Dionysus de cette circonstance que l'enfant fut enfermé dans la cuisse de Zeus. Il prétend que dans l'idiome syracusain νῦσος est synonyme de χωλος, boiteux, et que le dieu reçut le nom de *quia femur* Διος ἐνύξε, parce que Jupiter boita, ayant une cuisse plus lourde que l'autre, tant qu'il porta ainsi le fils de Sémélé. Mais comment les poëtes ont-ils pu être amenés à cette fable, suivant laquelle Dionysius naquit de la cuisse de Jupiter? Hemster Huis (ad Luc. I, p. 228), croit que cette idée leur est venue de cette locution proverbiale commune en Orient : « sortir des reins de quelqu'un. » Cela n'est pas invraisemblable, mais on ne voit pas bien pourquoi cette manière de s'exprimer n'a été transformée en mythe que précisément au sujet de Dionysus. Il semble néanmoins, qu'il y a encore au fond de tout cela une autre raison. Cette circonstance, d'être sorti de la cuisse de Zeus a fait, comme l'on sait, donner à Dionysus le surnom de Μηρογενής (né de la cuisse), de Μηρορραφής et Εἰραφιώτης (cousu dans la cuisse), et de Μηροτροφής (élevé, nourri dans la cuisse. Si ces surnoms sont tirés du mythe, ils sont assez clairs par eux-mêmes; mais si le mythe, ce qui est possible, a pris naissance de ces surnoms, il faut rechercher le sens de ceux-ci et le fond de leur origine. Or, la dernière de ces hypothèses est certainement la plus juste. Vælcker (*Mythol.*, p. 113), et Schwenk (*Explic.* p. 147), proposent une racine μάρω, brûler, qui entre dans les mots : μαρίω, avoir chaud, μαίρω, briller, d'où μαῖρα, constellation du chien et μαραίνω, sécher, illuminer. Μηρογενής, serait donc l'équivalent de Μαρογενής, le dieu enfanté par la chaleur, et aurait assez bien le sens de Πυριγενής (né du feu). Un malentendu aurait donc amené au mot μῆρος, cuisse, et donné lieu au mythe, d'après lequel Bacchus serait sorti de la cuisse de Jupiter; et ensuite de ce mythe seraient venus les autres surnoms donnés à ce dieu. De plus, les deux auteurs cités tout à l'heure, pensent qu'il faut ici prendre pour point de départ la constellation du chien, μαῖρα, de sorte que le vin serait un produit de la canicule, c'est-à-dire de la chaleur d'été qui se fait sentir avec le lever héliaque de cette constellation. A cela pouvait aussi se rapporter la légende racontée dans Athénée (II, 35, 6; comp. Pausanias, *Phoc.*, 38,1.) et suivant laquelle une chienne aurait mis bas un morceau de bois, qui, planté en terre, aurait produit la vigne; à cela encore pourrait avoir trait la fable d'Icare, de sa fille Erigone et du chien Maira. Un tel malentendu pourtant est difficile á comprendre, vu sa généralité, et aucun Grec n'ayant su le deviner, quoique la langue grecque fût alors une langue vivante. Mais cette erreur a pu naître aisément, si dans la première partie de ce surnom, il y avait un mot étranger importé chez les Grecs avec l'idée de Dieu, mot qu'ils auront confondu, par cela même qu'ils ne le comprenaient pas, avec le mot de leur langue, μῆρος (cuisse); de là ils auront fait le mot μηρογενής, puis le mythe, et du mythe les autres surnoms. Or, à Schiwa, le dieu indien, était consacré le mont Merou, l'un des sommets de l'Himalaya, où se trouvait son paradis, et comme sa patrie, de sorte qu'il pouvait fort bien être appelé le dieu de Merou, c'est-à-dire le dieu venu de Merou, d'où l'on aura fait, au moyen d'un faible changement, le dieu né, élevé à Merou. Avant l'époque d'Alexandre, les Grecs ne connurent pas cette montagne sacrée, bien qu'ils eussent aussi apporté de leur patrie l'idée d'une montagne sacrée, qu'ils voyaient dans le mont Olympe; mais le nom de Merou était venu jusqu'à eux, et cela sans aucun doute à une époque fort ancienne, c'est-à-dire à l'époque où ce peuple, encore dans l'enfance, imaginait encore des mythes tout purs, des fables sacrées, et non point des mythes ou des fables semblables à ceux que l'imagination des poètes enfanta plus tard, et comme on en trouve plusieurs dans Homère et dans des poètes postérieurs. C'est pour cela donc qu'Hérodote (II; 146) connaît aussi le mythe suivant lequel Bacchus fut enfermé dans la cuisse de Jupiter et que l'auteur du 47e hymne orphique mentionne le surnom tiré de ce mythe. Lorsque après l'expédition d'Alexandre, et par cette expédition même, on eut appris à connaître le véritable mont Merou, et que de plus on trouva établi aux environs de cette montagne un culte de Bacchus, à savoir le culte de Schiwa, dont les orgies ressemblent tant à celles de Bacchus (Strabon, p. 473); Arien, *Ind.* 1; Polyen, *Strat.* I, 1), on arriva aussi tout-à-coup à la véritable explication du surnom de μηρογενής, et des écrivains, tels que Pline (VI, 21), Solin (c. 52), Quinte-Curce (VIII, 10), la citent formellement. Ce dernier auteur, par exemple, dit: *Urbs Nysa sita est sub radicibus montis, quem Merou incolæ appellant; indè Græci mentiendi traxere licentiam, Jovis semine Liberum patrem celatum esse.* Alors aussi, l'on trouva vraisemblable que le culte de Dionysus fût venu de l'Inde, et nous pourrions dire que précisément ce surnom de Bacchus, et la difficulté de lui donner une autre explication, à moins de recourir à des étymologies forcées et à des jeux de mots, peuvent servir à prouver que ce Dieu avait l'Himalaya pour patrie, et que c'est dans ces régions que l'on doit réellement trouver la ville de Nysa, d'où il a tiré son nom. Sans doute, d'ailleurs, il est difficile que des écrivains postérieurs à Alexandre, aient eu l'idée de faire venir ce dieu de ces pays orientaux; il est difficile qu'antérieurement déjà, aient pris naissance les fables relatives à son expédition en Orient, si les anciennes traditions n'avaient contenu quelques indications qui rattachaient Bacchus à ces régions inconnues. De plus, on n'attribue à nulle autre divinité une origine aussi lointaine et une marche triomphale aussi lointaine qu'à Dionysus et à l'Osiris égyptien; car il est évident qu'en ce sens Hercule n'a rien de commun avec ce mythe, bien que, pour ce héros également, l'histoire de ses aventures se rapporte à la lointaine propagation de son culte et se rattache aux expéditions maritimes des Phéniciens. Dans les temps les plus anciens, il ne pouvait encore être nullement question d'une expédition de ce dieu; Homère par conséquent n'en parle point, bien que son silence même ne prouve point que de son temps il n'existât encore aucune fable à ce sujet. Les prêtres pouvaient savoir en général que leur dieu était venu de l'Orient, et c'est ce qu'ils indiquaient en le faisant descendre de Cadmus. Mais à mesure seulement que l'Asie se dévoila de plus en plus aux regards des Grecs, à mesure que retentissait de plus en plus la nouvelle que dans l'Asie antérieure, en Syrie, sur l'Euphrate, dans la lointaine Médie, était adoré un dieu dont le culte avait toutes les apparences d'un culte dionysiaque, put se former et se répandre de plus en plus la fable de sa marche conquérante vers l'Orient; car autrement, comment ce culte serait-il venu dans ces contrées? Mais le sentiment que les choses étaient présentées à rebours fit que l'on recula toujours plus avant dans l'Orient le lieu où il avait été élevé, jusqu'à ce qu'enfin l'on s'arrêta dans l'Inde aux ramifications de l'Himalaya, où l'on crut trouver le premier commencement et la véritable patrie de Bacchus, et où l'on parla précisément d'un Bacchus indien né à Nysa. Si quelques-uns des anciens auteurs ne parlent point de fable, suivant laquelle Bacchus serait sorti de la cuisse de Jupiter, cela vient peut-être de ce que, par ignorance de son véritable sens, ils regardaient la fable courante comme absurde. A la tradition qui fait Bacchus fils de Sémélé, sorti de la cuisse de Jupiter, se rapporte encore le surnom de *Dimetor* ou *Dimator* (qui a deux mères); bien plus, on le surnommait encore *né trois fois*, si l'on mettait en même temps en avant sa naissance mystique de Zeus et de Perséphone. D'ingénieux artistes, qui veulent représenter Bacchus sortant de la cuisse de Jupiter, figurent ce dieu coiffé en femme, et criant entre les mains des accoucheuses, ou couché sur le lit de douleur, ayant à côté de lui le petit enfant. (Voy. Welcker, *Mémoires sur l'art ancien*, 1, 3, 519). De cette circonstance que Bacchus naquit au milieu des flammes, viennent les surnoms de πυριγενής (né du feu), et de πυρίσπορος (couvert de feu, mis au monde dans le feu). Au figuré, on a rapporté ces surnoms à la nature ardente du vin, et l'on en a déduit toute la légende de la naissance de Bacchus. Ces surnoms, toutefois, nous semblent trop caractéristiques, pour ne pas indiquer une cause plus profonde. Dans l'Inde, Schiwa est le dieu du feu, son œil étincelant change en cendres, et dans la lutte entre Brahma et Wischnou, il se manifeste comme une immense colonne de feu, du sein de laquelle il s'élance absolument comme Bacchus enfant s'élance du milieu des flammes. C'est dans cette idée du dieu indien, qui dut être apporté aux Grecs comme Dieu réel, quoique seulement sous une enveloppe symbolique, que se trouve, ce semble, la véritable origine de ces surnoms et de la légende relative à la naissance de Bacchus. Un autre surnom, celui de περικιόνιος, (qui embrasse les colonnes) paraît se rapporter à l'Égypte. En effet, Mnaséas, dans ses Histoires européennes (citées par le scoliaste d'Euripide, sur les Phéniciens, 651), raconte qu'aussitôt que Bacchus eût été séparé du corps de Sémélé, un lierre tout en feuilles sortit, pour le protéger contre les flammes, des colonnes du palais des rois, et cacha le fils des dieux sous son frais ombrage. Il paraît donc que l'enfant fit lui-même dès lors ce miracle; car en d'autres cas encore, le dieu manifeste de cette manière sa puissance. Mais, dit Creuzer, le lierre est consacré à Osiris non moins qu'à Dionysus; on l'appelle même la plante d'Osiris (Plutarque *de Iside*, page 498, édition de Wyttenbach), et selon Sylvestre de Sacy (dans une note sur *les Recherches sur les Mystères*, par Sainte-Croix). Ce mot se trouve encore aujourd'hui dans la langue copte, et le Chenosiris de Plutarque signifie réellement plante d'Osiris, de même qu'ici le lierre croît pour ainsi dire autour de Dionysus, de même le coffre qui contient le cadavre d'Osiris, lorsqu'il est poussé sur le rivage de Byblus, est, par la puissance du dieu, entouré par un arbrisseau qui pousse tout-à-coup, et devient tout-à-coup un tronc vigoureux, dont le roi fait faire une colonne qu'il place dans son palais. Osiris était donc enfermé dans cette colonne, de même que Dionysus enfant, dans la colonne de lierre, d'où l'on donne encore à ce dieu, en plusieurs passages, le surnom de colonne (στύλος, comme si l'on disait dieu de la colonne). Ce mythe pouvait donc fort bien venir de l'Egypte; il se peut aussi que, de là, le lierre soit devenu l'attribut du dieu, et on le regardait si bien comme lui étant spécialement consacré, que partout où l'on trouvait cette plante en abondance, on plaçait le pied du dieu. On entourait aussi de lierre la trompette avec laquelle, selon Plutarque (*de Iside*, p. 495, édit. Wytt.), les Argiens appelaient du fond de la mer Dionysus, né de la mer, et le lierre serpentait autour du thyrse des bacchantes. Voss remarque d'autre part que cela n'eut lieu que plus tard, car au temps d'Homère, on ne brandissait, aux fêtes joyeuses des vendanges que θύσθλα, c'est-à-dire des bâtons entourés de pampre; et ce furent seulement les orgies bachiques qui firent connaître à la Grèce l'épieu de chasse orné de pampre et de lierre, et appelé thyrse; Homère ne parle nulle part du lierre comme d'une plante consacré à Dionysus. Les observations générales que nous avons déjà faites contre cette opinion s'appliquent également ici. Le mot θύσθλα, désigne en général un ornement fait avec quelque chose de pendant, des touffes, des bouffettes, etc., et, par conséquent, il n'est pas impossible que ce nom ait été donné au thyrse avec ses guirlandes de pampre et de lierre. Homère n'a pas composé ses poèmes pour nous, mais pour ses contemporains; pourquoi donc aurait-il cru devoir toujours faire mention de ce qui était connu. — Parmi les fables relatives à la naissance de Bacchus et qui diffèrent de celle que nous venons de faire connaître, nous remarquons celles qui suivent. Pausanias (XII, 3) raconte qu'avec la foudre qui entra dans l'appartement de Sémélé, il tomba du ciel un morceau de bois, et que Polydore, frère de Sémélé, le fit orner de bronze et lui donna le nom de *Dionysus Cadméen*. Cette fable se rapporte très vraisemblablement à la plus ancienne manière de représenter les dieux sous la figure d'Hermès informes. A des époques postérieures, on voyait encore Dionysus ainsi représenté dans les champs de vignes des paysans Siciliens. Peut-être aussi cette légende avait-elle trait au culte de Phallus, introduit avec la religion du dieu dont il s'agit dans cet article, attribut qui devait symboliquement le représenter comme la force génératrice de la nature. L'expression *Dionysus Cadméen* n'a probablement pas d'autre sens que celui-ci : culte de Dionysus introduit par Cadmus, c'est-à-dire par les colonies orientales venues en Béotie. De cette première fable s'écarte bien plus encore le mythe lacédémonien donné par Pausanias (III, 24) : selon ce mythe, lorsque Cadmus se fut aperçu de la grossesse de sa fille, il la fit, aussitôt après la naissance de l'enfant, enfermer avec celui-ci dans un coffre, qui, par son ordre, fut jeté dans la mer. Les vagues poussèrent ce coffre sur le rivage près d'Oréatis en Laconie; là, on trouva la mère morte, mais l'enfant vivant. De ce que les flots de la mer avaient ballotté (ἐκβεβράσθαι) le coffre, la ville aurait pris le nom de Brasiæ. On y montrait la grotte où Ino avait élevé l'enfant, et les campagnes environnantes étaient appelés le jardin de Dionysus. Évidemment c'était là une fable locale des Brasiens, et vraisemblablement elle se rapportait à ce que le culte de Dionysus, tel qu'il y était célébré, avait été apporté dans ces contrées d'au delà de la mer, probablement par conséquent de la Phénicie ou de l'Égypte. Le coffre où étaient enfermés et la mère et l'enfant rappelle le coffre de Danaë et de Persée, comme celui où avait été mis le cadavre d'Osiris, et que les flots poussèrent vers Byblus. Selon toute apparence, le symbole avait le même sens. La force du soleil s'est évanouie dans le royaume de la nuit; elle s'est enfermée dans la chambre mortuaire de l'hiver, mais avec le printemps un nouveau dieu du soleil s'élève dans tout l'éclat de la jeunesse du sein de la mer, et répand sur la terre des dons nouveaux et splendides. Les campagnes alors se changent en un jardin plein de charmes. Un ancien tableau avait peut-être donné lieu à cette fable; mais celle-ci était certainement antique; car il est difficile que l'invention récente d'un poète ou d'un artiste se soit transformée en tradition populaire. — Dionysus enfant, tiré, pour être sauvé, du sein de Sémélé, fut, conformément aux ordres de son père, porté par Hermès à sa tante maternelle Ino, femme d'Athamas; Ino devait le nourrir et l'élever. — *Voss* veut qu'Ino et οἶνος, vin, soient de la même souche, appartenant aux racines ἶν — ἴν exprimant l'idée de la confortation et du soulagement. Il croit que le mot οἶνος est purement grec, et il est tout disposé à en faire dériver l'hébreu יין (*iain*); il conclut de là, que l'Hellade ne doit pas l'invention du vin à l'Orient, mais au contraire que c'est l'Orient qui la doit à l'Hellade. Selon Voss, comme nous venons de le dire, le nom d'Ino signifie la puissance fortifiante, et comme Ino est identique avec Leucothée, la déesse libératrice de la mer, nous voyons aussi en elle, en sa qualité de nourrice du dieu, le principe humide qui alimente toutes choses. Mais la colère de Junon chassa le dieu de cet asyle. Elle poursuivait avec fureur Ino et sa maison, de sorte que Zeus dût lui ôter l'enfant et le faire porter par Hermès aux nymphes de Nysa, que l'on confond collectivement en une seule nymphe, Nysa. Les nymphes représentent la même idée que Ino Leucothée. Elles président à l'élément humide, car Bacchus lui-même est la force fructifiante de l'humidité, la pluie du printemps, qui tombe du haut du ciel et féconde la terre; de là, son nom de Hyès (Ὕης) et l'explication de son nom par ὑετοῖς, et Διός (torrents de pluie) (Aristodème, dans l'*Etymologicon magnum*, au mot Διόνυσος). Le père métamorphosa l'enfant en un jeune bouc pour donner le change à Junon, dans Nonnus (XIV, 155), l'enfant se transforme lui-même, tantôt en un petit bouc qui sautille en bêlant, tantôt en une jeune fille, vêtue de jaune, à la voix enfantine. Selon quelques-uns, l'enfant avait déjà dans la cuisse de son père la figure d'un petit bouc, qui, en venant au monde, piquait son père de ses cornes naissantes, et c'est de là qu'on l'aurait appelé Διόνυξος (piqueur de Zeus), d'où serait venu plus tard le nom de Dionysus. Plusieurs raisons ont pu faire choisir le symbole du bouc. On sacrifiait à Dionysus un bouc, ennemi de la vigne, et d'après Pausanias (IX, 8, I), il y avait près de Thèbes, en Béotie, un temple du Dionysus, *Ægobolus*, c'est-à-dire le jeteur de boucs. Au lieu d'*Ægobolus*, toutefois, Kuhn propose de lire *Ægoborus*, (mangeur de boucs) parce qu'on raconte que ceux qui faisaient ces sacrifices avaient un jour tué, dans l'ivresse du vin, le prêtre du dieu; une peste les punit de ce crime. L'oracle de Delphes, consulté, ordonna d'immoler en expiation à Dionysus un garçon jeune et beau; mais en place de celui-ci, le dieu se contenta d'un bouc, et à l'avenir, on continua à lui sacrifier un animal de cette espèce. Ce récit nous apprend tout d'abord, que par le culte de Dionysus, les mœurs furent adoucies et les sacrifices humains abolis; mais il nous apprend aussi la connexion du dieu avec le symbole du bouc. Le sens de ceci est analogue au sens de la connexion de Zeus avec la chèvre, qui donne à celui-ci la première nourriture, et au sens de l'identification de Pan avec la forme extérieure du bouc. Le bouc, en effet, est un symbole agricole et astronomique comme le symbole du taureau, qui se fait voir plus manifestement encore dans le mythe de Bacchus. Il désigne la force fécondante et génératrice de la nature, et se trouve par conséquent aussi au ciel, sous la figure du capricorne, parce qu'au moment où le soleil entre dans ce signe, l'influence de cet astre bienfaisant commence à se faire sentir de nouveau. Dionysus, sous la figure d'un jeune bouc, est donc le soleil jeune encore, qui commence à prendre de la force. Hermès porte l'enfant à Nysa; et par Nysa on peut entendre tout d'abord les campagnes montagneuses de la Thrace, où pour la première fois, la vigne qui croissait sauvage dans ces fertiles vallées, fut, pour les Hellènes, anoblie par la culture, où probablement la grappe, foulée par le pressoir, leur donna pour la première fois la boisson spiritueuse du vin. C'est là qu'Hermès apporta l'enfant aux nymphes nourricières, qui ont pris de là le nom de nymphes nyséennes, et qui, comme l'ajoute Appollodore, furent placées plus tard par Zeus au nombre des étoiles, sous la dénomination d'Hyades. Ce sont ces Hyades qui amènent la pluie; elles se trouvent placées au front du signe du taureau, comme les Pléiades, qui passent aussi pour nourrices de ce Dieu, se voient aux épaules de la même constellation; Bacchus leur nourrisson paraît donc indiquer la constellation du taureau, qui, dans les temps très reculés, désignait déjà l'équinoxe, le commencement du printemps. De là se répandent sur la terre la chaleur et l'humidité fécondante. Phérécyde appelle les Hyades nymphes de Dodone; il met ainsi le mythe de Bacchus en rapport avec la religion de l'ancien Zeus pélasgique, avec Acheloüs, qui fertilise les campagnes par ses inondations, avec Dioné, qui est, dans ces lieux, la déesse de l'humidité fécondante, et qui, par conséquent, se confond en quelque sorte avec Leucothée. Presque tous les lieux où Bacchus était honoré s'attribuaient la gloire de l'avoir vu élever. C'est ainsi qu'on le disait nourri par les sœurs Philia, Coronis et Clyda, dans l'île de Naxos; par Hippa, ou Cybèle, sur le mont Tmolus, en Lydie; par la nympha Nysa, fille d'Aristée, dans une grotte charmante de l'île de Nysus, au milieu du fleuve Triton (Diodore, III, 68, sqq.). On donne aussi les Hores (saisons) pour nourrices du jeune dieu. Selon Nonnus (IX, II), elles le couronnaient de lierre, et, à cause de cette union avec Dionysus, elles furent encore appelées *Dionysiades*, et un autel de ce dieu, construit par Amphictyon, se trouvait dans une chapelle des saisons (*V*, Creuzer, *Dionysus*, p. 273). Il est facile de saisir le sens de cette fable. Les saisons produisent graduellement le vin. Dionysus, le dieu du printemps, devient en général le Dieu de l'année, et préside à tous les bienfaits de celle-ci. L'éducation de ce Dieu est souvent représentée sur les ouvrages de l'art antique. On voit entre autres, au musée de Naples, un beau bas-relief sur un cratère, connu sous le nom de baptistère de Gaëte, que Zoega (*Basiril.*, I, 3) et Welcker (Mémoires pour l'histoire et l'art de l'antiquité, I, 3, p. 500, etc.) ont expliqué. Le bord de ce vase, qui a la figure d'un cratère en forme de cloche, est entouré d'une guirlande de pampre et de grappes de raisin. Le groupe placé au milieu doit être considéré comme la partie essentielle de l'œuvre. Hermès apporte à la nourrice Dionysus enfant, enveloppé de langes, déjà couronné de lierre et du diadème distinctif de Bacchus, et ayant dans toute sa physionomie quelque chose de grand et de sublime. Cette nourrice n'est pas Ino; car, dans les œuvres qui la représentent, Ino montre bien plus de grandeur et de dignité, comme fille de roi et comme déesse, tandis que la figure dont nous parlons ne paraît annoncer qu'un être subordonné, destinée exclusivement au service de Dionysus. Ce n'est pas non plus la nymphe Nysa, ni la Macrio d'Eubée, fille d'Aristée, qui reçut la première l'enfant sur son sein et le nourrit de miel, ni la lydienne Hippa, des poèmes orphiques, dont le nom, prononcé rapidement, est probablement le même que Hippia, et qui, au moyen de l'hiéroglyphe du cheval, est également le symbole de l'eau et de l'humidité fécondante; ce n'est pas davantage une *seule* nymphe, désignée comme nourrice de Bacchus; mais il faut y voir collectivement et résumer en une seule figure toutes les nymphes que l'on désigne comme nourrices de Dionysus. Cette figure tient étendue dans ses deux bras la peau de chevreuil (la *nébris*), pour y recevoir l'enfant. Elle-même est assise sur un rocher, de sorte que toute la scène paraît se passer dans une grotte; comme aussi, en général, on signale toujours une grotte au sein d'une montagne, comme l'endroit où ce Dieu avait été élevé. Les autres figures, placées aux deux côtés du groupe principal, forment un contraste remarquable. Sur l'un des deux côtés, on reconnaît manifestement le repos, la gravité et la dignité, tandis que sur l'autre règnent la joie et le bruit, de sorte que tout ce dessin est un tableau fidèle de la religion dionysiaque, elle-même, qui renferme précisément ainsi le contraste de la grandeur, de la noblesse et de la dignité, avec le burlesque et le bruit d'une joie sans frein. Du côté sérieux, on voit d'abord le père Silène, qui doit recevoir plus tard le dieu des mains de sa nourrice, pour le former aux nobles tendances et le faire entrer dans le chemin de la vertu et d'une gloire immortelle. Après Silène vient une bacchante d'une expression grave, comme cela convient à un enthousiasme sublime. C'est selon Welcker, *Mystis*, qui initia le dieu à l'art mystique, aux orgies nocturnes et à la consécration, et qui inventa le thyrse et en général les ustensiles sacrés (*Nonnus*, IX, 98, 121; XIII, 140). Mystis et Silène sont armés du thyrse. La troisième figure est encore une femme, elle appuie sa main droite sur le tronc d'un arbre entièrement nu, mais qui paraît supporter des guirlandes de grappes et de pampre, qui entourent le bord du vase, de sorte que dans l'idée conçue par l'artiste, cette guirlande devait probablement sortir de ce tronc. Selon Welcker cette figure est l'*hora* (la saison) du printemps, la nourrice soigneuse du fruit de la vigne. Unie à Mystis et à Silène, elle signifie que Dionysus ne donne pas seulement aux mortels la nourriture du corps, mais aussi celle de l'esprit, à savoir la science et la consécration. Les trois figures placées de l'autre côté, indiquent les excès et l'extrême abandon des fêtes dionysiennes, la partie extérieure, pour ainsi dire, et matérielle de cette religion. Ce sont deux satyres, et, entre eux, une ménade, frappant sur le tambourin et dominée par toute la furie d'un enthousiasme produit par l'ivresse. Le jeune satyre qui marche devant elle joue de la double flûte, et de son épaule gauche tombe, devant et derrière, la peau de panthère; le satyre qui vient après la ménade porte aussi sur l'épaule gauche la peau de panthère, mais de telle sorte qu'elle couvre en même temps tout le bras gauche qui est étendu, et la main elle même, d'où elle retombe comme un bouclier. Il tient un thyrse de la droite. Ce bas-relief, il est vrai, nous montre déjà quelque chose du côté mystique de la religion de Dionysus; mais pour le moment nous ne suivrons pas plus loin cet indice, pour nous occuper plus en détail du dieu, du culte public, de l'inventeur du vin. C'est dans Nysa, que l'enfant fut élevé par les nymphes. Nous savons déjà où Voss place cette Nysa, et où, selon les différents âges, les écrivains grecs croient la trouver. Nous remarquons seulement ici que Diodore de Sicile (III, 2), invoquant le témoignage d'Homère voit dans Nysa une haute montagne, couverte de forêts, loin de la Phénicie, mais voisine du fleuve Ægyptus. Mais au livre III (chap. 68), ce même auteur fait mention d'une île située dans le fleuve Triton, et dans laquelle Ammon avait caché l'enfant, fruit de ses amours avec la nymphe Amalthée, qu'il avait foudroyée par peur de la jalousie de son épouse Rhéa. Là, et dans une grotte d'une ravissante beauté, il fit élever cet enfant par Nysa, fille d'Aristéus, sous la protection de Pallas Athéné. Hérodote (II, 146) remarque de même que Jupiter avait porté l'enfant enfermé dans sa cuisse au-delà de l'Égypte, à Nysa en Éthiopie. Tout ceci se rapporte au Dionysus égyptien, qui plus tard, comme Voss le veut, se confondit avec le Dionysus thébain, qui fut, comme nous le croyons, le type de ce dernier. Le second hymne des Homérides où il n'est pas question de la figure de bouc, mentionnée par Appollodore et par d'autres auteurs, dit que le dieu enfant suça le lait des nymphes à la belle chevelure, dans les vallées de Nysa. L'enfant grandit, grâce à l'affection de son père, et bientôt, dans la grotte parfumée, il devint assez fort pour figurer au nombre des immortels. Arrivé à l'âge d'homme, il errait chaque jour dans les bocages des vallées, la tête ornée de lauriers et de lierre, en compagnie des nymphes, dont il était le chef, et les forêts d'alentour retentissaient des cris d'une joie sans fin. Ensuite, et dans un sens plus élevé, Silène devient son instituteur et son maître; mais Homère ne connait pas Silène, de sorte que ce mythe a bien pu n'être connu que plus tard, et appartenir originairement aux mystères. Alors, selon la fable vulgaire, il commença sa longue course à travers les pays de la terre, pour répandre partout la culture de la vigne, celle du sol et la civilisation. Selon Apollodore (III, 5, 3), la déesse Héré (Junon) le rend furieux; il quitte les nymphes, ses nourrices, parcourt l'Égypte, où il est reçu par Protée, de là il va en Syrie et en Phrygie, où il est initié aux mystères de Rhée, Cybèle, puis en Thrace, où le roi Lycurgue lui résiste; ensuite il dirige sa marche vers l'Asie orientale par l'Inde, où il élève des colonnes en mémoire de ses conquêtes; enfin, de l'Inde il retourne à Thèbes. Route singulière assurément que d'aller de la Grèce en Égypte, en Syrie, en Phrygie, de se replier de là sur la Thrace et de courir de la Thace vers l'Inde. Il est très vraisemblabl, comme Heyne l'admet déjà, qu'ici des fautes se sont introduites dans le texte par la négligence des copistes. Si cependant on entend par la Thrace tous les pays du Nord en général, et par l'Inde, les régions de l'Orient, on peut trouver à tout cela un lien convenable. Euripide, dans Bacchus, met dans la bouche même du dieu le récit de sa marche d'Asie en Grèce. «Revenant des campagnes dorées de la Lydie, de la brûlante Phrygie et des peuplades perses, des murs de Bacres et des champs orageux des Mèdes; ayant ensuite traversé l'heureuse Arabie, et cette partie de l'Asie dont les côtes, baignées par les flots, sont habitées par des Grecs et des barbares mêlés ensemble, j'arrivai d'abord aussi dans le pays des Hellènes et dans les villes de l'Hellade, Thèbes fut la première que je remplis de la joie de mon culte. » Sans doute l'Inde n'est pas ici nommée, mais on trouve dans ce récit cette idée générale que le dieu vint du fond de l'Asie orientale en Grèce, et que dans ce pays, c'est à Thèbes qu'il institua d'abord son culte. On dit, il est vrai, qu'alors le dieu revenait de son expédition; que par conséquent et nécessairement il était parti d'abord de la Grèce pour accomplir ses voyages en Orient. Mais la manière dont les choses sont d'habitude représentées par les Grecs, qui font volontiers tout procéder d'eux, et suivant lesquels la culture du blé avait été tout-à-fait de même répandue par Triptolène du sein de l'Attique dans tous les pays de la terre, n'était après tout et en réalité qu'un effet de l'imagination, et il serait permis d'admettre comme une vérité que les fables grecques, sur la marche triomphale de Bacchus vers l'Orient, ont leur fondement dans ce fait que la religion de Bacchus était venue de l'Orient dans l'Hellade. C'est par là seulement aussi que peut s'expliquer la résistance que son culte trouva, même en Béotie, sa prétendue patrie. Les écrivains postérieurs à Alexandre parlent enfin en termes exprès de la présence de Dionysus dans l'Inde, Dans cette expédition, Dionysus fut accompagné d'un immense cortége d'hommes et de femmes (silènes, salgres, bacchantes, menades, thyades, etc.), tous poussant des cris de joie et se livrant au tumulte d'un sauvage délire, le front couronné de pampre et de lierre, entrelaçant quelquefois de serpents leur longue chevelure, qui flottait librement sur leurs épaules, et jetant par dessus leurs vêtements une peau de biche ou de quelque autre animal (de nebri). Ces furieux, brandissant avec arrogance le thyrse, dansaient et se livraient à tous les désordres, tantôt devant, tantôt derrière le dieu, et leur cri : *Evoe! Eleleus*! retentissait joyeusement dans les montagnes et dans les vallées, mêlé au son des flûtes phrygiennes, au roulement des timbales et au bruit des cimbales et du sistre. En Phrygie, Bacchus contracta des liens si intimes avec Cybèle, qu'elle-même prit part à ses mystères (Orph., *Hym*. 48). Le char du dieu était traîné par des lions ou des panthères, par des tigres ou des loups cerviers, pour marquer symboliquement, dit-on, qu'il avait dompté et apprivoisé la férocité même la plus sauvage, et en Grèce il se montra d'abord sur un éléphant amené de l'Inde. Partout où il passa, il enseigna l'art de tirer de la vigne une boisson spiritueuse et de préparer une sorte de bière avec l'orge (comme Osiris l'avait fait en Égypte); il apprit aux hommes à planter la vigne, ce magnifique arbuste; il bâtit des villes et apporta aux habitants de la terre des lois, une religion, des mœurs plus douces, qui leur assurèrent une vie plus gaie, plus libre de soucis. Nonnus, dans ses *Dionysiaques*, où il a rassemblé tout ce que les poètes plus anciens avaient raconté de l'expédition de Bacchus, décrit cette expédition particulièrement tout au long, et donne une longue liste des chefs de son armée (car dans cet auteur il s'agit ici d'une véritable armée), et des villes et des contrées d'où des guerriers vinrent accourir autour de lui. Avant le commencement de son expédition, il lui fait annoncer par Iris qu'il doit mériter par des exploits l'immortalité. Et en effet il fut partout reconnu comme un dieu et honoré comme le bienfaiteur des hommes. Après cette expédition Dionysus revint en Europe, mais là il trouva partout de l'opposition à l'introduction de son culte. Homère même (Il. VI, 130), mentionne le premier combat de ce dieu avec ses adversaires. En Thrace, chez le peuple sauvage des Edones et sur les sommets boisés du Pangée, régnait le roi Lycurgue, l'homme-loup, l'homme qui a affaire aux loups ravisseurs, fils de Dryas, l'homme-chêne, c'est-à-dire un chef de barbares sauvages qui vivaient dans les forêts. Ce roi Lycurgue, raconte Homère, poursuivit Dionysus furieux et ses nourrices, et les chassa du mont sacré de Nyseïon; frappés de terreur, ils jetèrent tous leurs bâtons entourés de feuillages (ἄεθλα), lorsque le meurtrier Lycurgue les frappa de l'aiguillon. Dionysus lui-même prit la fuite, se plongea dans les flots de la mer (qui, on peut le supposer, s'ouvrit à lui en sa qualité de dieu), et Thétis le cacha dans les plis de sa robe, car lui-même tremblait d'épouvante à la voix menaçante de cet homme. En reconnaissance de ce bienfait, il fit présent à la déesse d'une urne d'or, lorsqu'elle vint le visiter à Naxos, et cette urne, comme le scholiaste nous l'apprend d'après Stérichore, était celle qu'Hephaistos (Vulcain) lui avait donnée lorsqu'il avait été son hôte à Naxos. C'est aussi dans cette urne que furent enfermées les cendres d'Achille et de Patrocle (*Iliade*, XXIII, 91, et *Odyssée*, XXIV, 74). Homère se contente de mentionner en peu de mots ce mythe, tout juste autant qu'il le fallait pour bien faire comprendre cette pensée de Diomède, qu'il n'est pas bon de lutter contre les dieux. En conséquence il ne parle que brièvement du châtiment de Lycurgue, se bornant à dire que privé de la vue par Zeus, et odieux à tous les immortels, il mourut bientôt après. Il se peut donc que du temps même d'Homère, on ait eu une connaissance plus complète de ce mythe, sans que l'on puisse tirer aucune raison contraire du silence de ce poète. En effet, des auteurs postérieurs à Homère rapportent que Lycurgue, d'abord l'ami de Bacchus, avait, un jour qu'il était ivre, violé sa mère. Mais il rejeta la faute de ce crime sur Bacchus, devint l'ennemi de ce dieu, et fit fouetter les bacchantes. Pour le punir, le dieu le rendit furieux. Lycurgue, dans sa démence, ne voyant partout que des vignes, se fit couper les jambes ou les fit couper à son fils Dryas. Les dieux alors châtièrent le pays par une famine, et comme l'oracle demandait la mort du coupable, les Edones l'exposèrent, chargé de chaînes, sur le mont Pangée, où il fut mis en pièces par des chevaux sauvages (*Apollodor*, III, 5, 1. *Hygin*, f. 132. — *Servius*, ad Aen. III, 14. Efr. *Meziriac.*, ad Ovid., t. I, p. 163). Selon Diodore de Sicile (III, 65), Bacchus et Lycurgue en vinrent à une guerre en forme. Ce dernier, fait prisonnier, eut les yeux crevés et fut mis en croix. Selon le scoliaste (*ad Aristophanem, Chevalier*, 536), Bacchus frappa Lycurgue avec des ceps de vigne, au point que le malheureux versa d'abondantes larmes, qui, tombant sur la terre, en firent naître le chou, ennemi du vin. Il y a de nombreuses explications de ce mythe. Voss les prend dans un sens tout simple, Dans les champs du mont Nysa, dit-il, on a cultivé pour la première fois la vigne, et voilà pourquoi cet endroit est regardé comme le lieu où Dionysus fut élevé. Dans les forêts du Pangée vivait le peuple pasteur et sauvage des Edones, sous son roi Lykurgos. Ceux-ci, ennemis de l'agriculture et du jardinage, surprirent les habitants pendant les fêtes des vendanges, etc.; c'est pour ce crime que les immortels punirent Lycurgue, le contempteur des dieux. Comme alors Dionysus se montra encore entouré de ses nourrices, il faut lui supposer à cette épo que un âge fort tendre ; supposition que confirme d'ailleurs la terreur, la stupéfaction qui le saisit au son de la forte voix de Lycurgue ; c'est pour cela qu'il ne châtia pas lui-même le coupable, et que Zeus prit fait et cause pour son fils. C'est ainsi qu'Homère se figure ce mythe, et c'est par conséquent l'idée qu'on s'en faisait le plus anciennement ; toutes les explications données plus tard ne seraient, selon Voss, que des embellissements et des altérations imaginés après coup. Nous avons déjà fait plus haut une observation à ce sujet, et, dans l'exposé d'Homère, nous ne trouvons pas encore de preuve que les autres récits, du moins quant à leurs points capitaux, n'aient pas encore existé de son temps, ce qui, dans Homère lui-même, révèle l'antiquité de ce mythe, c'est l'emploi de la particule π τε, qui signifie jadis, autrefois, dans les vieux temps. Selon le Scholiaste (*Ad Il.*, VII, 130), ce mythe a donné déjà dans l'antiquité un sens physique et allégorique : Lycurgue aurait été roi de Thrace et contemporain d'Osiris. Osiris, dans son expédition, aurait introduit la culture de la vigne jusqu'en Thrace et dans le reste de la Grèce. Lycurgue, craignant les suites qu'entraînait l'usage du vin pur, se serait opposé à cette introduction. Alors on aurait commencé à mêler de l'eau au vin (et c'est ce que signifierait cette expression : Bacchus se réfugia dans la mer). Lycurgue aurait pris goût à cette nouvelle boisson, et aurait donc été de cette manière dompté par le Dieu. Doëga (*De obelisc.*, p. 206, note 18) donne l'explication suivante : Lycurgue était un dieu pasteur de la Thrace, et le nom de son père, Dryas, rappelle la vie sauvage des forêts. Dionysus, au contraire, étant un symbole de la culture des champs et des jardins, à laquelle ces nomades barbares s'opposèrent. Dans le plus ancien mythe de Bacchus, qui aurait été rapporté de Phrygie, les Thraces seraient le symbole de la vie sauvage des pasteurs, et de là, dans ce mythe, le théâtre de la lutte aurait été rapporté en Thrace. Dans le mythe plus moderne, qui fait venir de l'Inde le dieu dont nous nous occupons dans cet article, les Arabes seraient le symbole de la barbarie, et, par conséquent, dans cette fable, le dieu arabe Dusares jouerait le rôle de Lycurgue, en s'opposant à l'étranger. En même temps Zoëga trouve dans ce mythe des allusions aux sacrifices humains, qui auraient encore été usités en Thrace et en Arabie, tandis que l'Hellade jouissait déjà d'une religion plus douce. Eschyle a nécessairement aussi connu le mythe dans ses autres détails. Il a écrit une trilogie sous le titre de *Lycurgea*, comme Welcker le fait voir dans la trilogie d'Eschyle intitulée *Prométhée* (p. 320 et suiv.). Ce critique, du reste, en donne les fragments encore existants, et dont le contenu s'accorde avec les récits d'Apollodore. En conséquence l'explication donnée par Creuzer paraît la plus satisfaisante ; elle se recommande tout d'abord par le naturel de la solution qu'elle propose. Après avoir montré qu'Orphée, non comme individu, mais comme représentant collectif de certaines doctrines théologiques, appartient certainement aux temps antérieurs à Homère ; qu'Hérodote transporte à la période de Cadmus et des anciens Pélasges des doctrines de cette nature, qui se trouvent en harmonie avec celles de Bacchus ; qu'il les identifie avec des doctrines égyptiennes et pythagoriciennes ; qu'Aristote aussi et d'anciens poëtes, tels que Pindare et Simonides, parlent de semblables doctrines extrêmement anciennes, et qu'elles formaient la base des plus antiques systèmes philosophiques de la Grèce ; que, quant au contenu, elles étaient conservées dans les prétendus poëmes orphiques, poëmes dont Sickler affirme qu'ils ont reçu de temps en temps, sous le rapport de la langue, une forme plus moderne, ou qu'elles sont des traductions retravaillées d'anciens hiéroglyphes placés dans les temples ; que dans quelques-uns de ces hymnes, et particulièrement dans quelques fragments, il est impossible de méconnaître le caractère antique du contenu ; après avoir, disons-nous, fait ressortir tout cela, Creuzer admet qu'il y a eu différentes écoles orphiques, et il en distingue particulièrement une antérieure à l'introduction de la religion de Dionysus, et l'autre postérieure à cette introduction. C'est ce que font voir toutes les anciennes traditions. En effet, tantôt elles parlent d'un Orphée, lequel reçut la lyre des mains d'Apollon, descendait de la muse Calliope, considérait Hélios (le dieu du soleil), sous le nom d'Apollon, comme le plus grand des dieux, et ne voulait pas honorer Dionysus ; de sorte que pour cette raison il fut tué par les bacchantes ; tantôt elles racontent l'histoire d'un Orphée qui, fier de ses connaissances mystérieuses, ne voulut jamais consentir à présenter aux jeux pythiques un poëme en l'honneur d'Apollon ; ailleurs elles signalent un Orphée qui avait inventé les mystères de Dionysus ; puis un autre dont la statue aurait été placée dans les temples de la Grèce, à côté de celle de Dionysus. On pourrait donc assurément admettre un ancien Orphée, et un jeune ou plusieurs jeunes Orphée. Celui-là serait le plus ancien qui ne voulait pas entendre parler de Dionysus, mais qui adorait le soleil sous le nom d'Apollon, et savait tirer de la lyre des sons harmonieux. On pourrait par conséquent donner à sa religion le nom d'apollinienne, et elle aurait été apportée aux plus anciens habitants de la Grèce en partie de l'Égypte, en partie, par la Thrace, du mont Caucase. Les principes de cette religion étaient l'abstinence de toute nourriture animale, l'offrande de sacrifices non sanglants, une conduite sévère dans la vie, le repos qui n'est pas troublé par les passions, l'usage du chant et des accords de la lyre pour bercer l'âme dans une douce quiétude par des sons harmonieux, pour faire taire les mouvements tumultueux du cœur et faciliter la contemplation silencieuse de la divinité. Ces doctrines et cette règle de vie reçoivent expressément la qualification d'orphiques, et avec elles s'accorde exactement l'école de Pythagore, dont une des sources principales se trouve également en Égypte. Bien plus, cette école elle-même n'est autre que celle du culte antique de Wischnou et de Bouddha dans l'Inde. Car la vie des Sanyasi indiens, telle que, par exemple, nous la voyons dépeinte dans Kanna de la Sakontala, et dans presque tous les poëmes indiens, quand il est question des pieux ermites et des brames, est tout-à-fait en harmonie avec cette pureté de mœurs et avec cet éloignement pour les influences grossières des sens. D'après les recherches intéressantes de Ritter, dans son introduction à l'histoire, il n'est presque pas permis de douter que l'antique et souple religion de Bouddha ou de Brahma-Wischnou, avec ses cérémonies saintes, et ses pratiques simples et pieuses ne se soient propagées de l'Inde, en partant du nord-ouest vers la mer Caspienne et la mer Noire, et de là répandues en Thrace par une sorte de colonisation. Partout où se rencontrent des traces d'établissement de ce genre, on retrouve aussi la mention d'une vie simple pure, de sacrifices non sanglants et l'adoration du dieu du soleil. C'est de là que dérive probablement aussi l'ancienne civilisation de la Thrace, et c'est sans doute de ce pays que le culte des muses est venu aux Grecs ; fait qu'il est difficile d'expliquer autrement, puisque plus tard, mais certainement dès avant le temps d'Homère, la Thrace nous apparaît comme un pays de barbares, révolution amenée, selon toute probabilité, par une invasion de hordes sauvages et barbares. C'est encore par là que s'expliquent, de la manière la plus vraisemblable, les fables relatives aux heureux hyperboréens et au culte qu'ils rendaient à Apollon ; la plupart, au contraire, des autres interprétations sont très peu satisfaisantes. Cette très antique civilisation de la Thrace peut fort bien avoir laissé quelque empreinte dans les mythes sur Orphée, sur sa doctrine et sur ses règles de conduite. L'ancien culte de Bouddha ou de Wischnou y consistait peut-être dans l'adoration du dieu du soleil, et le culte lui-même en offrandes simples et pures et en chants solennels des prêtres en l'honneur de ce dieu, mêlés aux doux accords des instruments à cordes ; et de ces hymnes réservés à l'intérieur des temples bien des choses ont pu se conserver plus tard dans les poëmes orphiques. Tout cela sans doute ne peut pas se prouver rigoureusement par l'histoire ; mais ce qui parle en faveur de cette hypothèse, c'est son intime vraisemblance et son accord avec des vestiges extérieurs. Ensuite les princes qui se partageaient la Thrace étaient probablement des prêtres-rois, tels que la Bible nous représente Melchisedek, c'est-à-dire des princes qui réunissaient les fonctions sacerdotales à leur dignité temporelle, ou qui du moins se trouvaient avec les instituts sacerdotaux dans des rapports analogues à ceux que l'on trouve établis dans les plus anciens temps chez les Hindous. Creuzer croit que Lycurgue était un prince de ce genre ; son nom dérivait de λύκος, loup ; mais cet animal était, en Égypte et dans les fables grecques, un symbole sacré d'Apollon, et renfermait aussi en lui l'idée de λύκη, lumière. Ce prince s'opposa, mais en vain, vers l'an 1500 avant Jésus-Christ, au culte de la mère des dieux apporté de Phrygie et aux orgies de Dionysus-Bacchus (religion de Blawani et de Siwa, qui, formant dans l'Inde la seconde période du siwisme, y précéda sans doute le culte de Wischnou, mais se propagea plus tard que celui-ci vers l'occident). Le dieu tumultueux fut vainqueur, et alors Orphée lui-même fut mis en pièces par les ménades, Lycurgue tué, et dans les mythes de la secte nouvelle, Orphée reçoit la juste punition de sa conduite criminelle, et Lycurgue y est représenté comme un prince sauvage et cruel des Édones, que la vengeance des dieux frappa comme il l'avait mérité. Mais ce ne fut pas seulement de Phrygie, ce fut aussi d'Égypte, où le culte de Siwa-Osiris, avec ses orgies, semble avoir pénétré peu de temps avant Moïse, que cette religion fut importée en Grèce par Cadmus ou sous ce prince. Elle rencontra partout des adversaires, mais soutint presque partout victorieusement la lutte, et les doux accords de la lyre durent se taire devant le bruit des cymbales, des tambours et des fifres du dieu du tumulte. Cette victoire (dit Bœttiger, qui, dans cette hypothèse, s'accorde avec Creuzer) fut due principalement, selon toutes les apparences, aux femmes délivrées partout, grâce à la religion de Bacchus, de la pénible contrainte domestique, dont elles étaient fatiguées; c'est de là que, dans le culte de ce dieu, ce sexe joua un rôle si important; et ce dieu lui-même fut surnommé θηλύμορφος, à la forme féminine, surnom qui du reste lui est donné sous d'autres rapports encore. En plusieurs localités toutefois la victoire fut chèrement achetée. Dans l'Argolide, dit-on, Dionysus livra à Persée une bataille en règle, et fut lui-même tué dans la mêlée (Pausanias, *Cor.*, 20, 3, et 22, 1; comparez Creuzer, *Dionysus*, p. 236); Pausanias (*loc. cit.*) nous apprend de plus que de son temps on montrait encore les tombeaux des femmes qui avaient succombé dans la lutte. Mais lorsque le triomphe fut définitivement assuré, une réconciliation se fit, à ce qu'il semble, entre l'ancienne religion d'Apollon et la religion nouvelle, de sorte que toutes les deux s'unirent paisiblement dans leur culte, ou du moins renoncèrent à l'antagonisme qui les avait opposées l'une à l'autre. Mélampus, élève de Cadmus, avait, selon Hérodote (II, 49), introduit chez les Grecs le dieu Dionysus, ses fêtes et ses pompes où l'on portait le *phallus*; mais il n'avait pas assez clairement expliqué toutes choses; ce furent seulement les sages qui vinrent après lui qui donnèrent des éclaircissements plus complets (ἀτρέκεως μὲν οὐ πάντα συλλαβὼν τὸν λόγον ἔφηνεν. ἀλλ' οἱ ἐπιγενόμενοι τούτῳ σοφισταὶ μεζόνως ἐξέφηναν). Creuzer explique avec raison ces mots, en pensant que la religion de Dionysus fut dans la suite mieux exposée, et que sur cela se fonda sa réconciliation avec le culte plus ancien. Au symbole du phallus, signe de la force vitale de la nature, qui ne s'éteint jamais, on aurait, selon cet auteur, rattaché le dogme de l'immortalité et de la migration des âmes, communiqué aux initiés dans les mystères des Lernéens. Puis serait venue la mention d'un Orphée, qui aurait inventé les mystères de Dionysus (Apollodore, 1, 3, 2); et Silène aurait parlé en Thrace du néant de l'existence terrestre et du bonheur de n'être pas né, ou de mourir aussitôt après la naissance, doctrines qui s'accordent avec celles du bouddhisme, et qui s'étaient également formées en Égypte. Les orgies désordonnées du culte extérieur de Bacchus ne pouvaient nullement plaire aux sectateurs de la religion d'Apollon; mais lorsque de plus sages docteurs, venus d'Égypte, y eurent rattaché des idées plus pures et plus en harmonie avec leurs propres principes; lorsque de nouveaux disciples d'Orphée (Diodore de Sicile, par exemple [I, 23], parle d'un Orphée de beaucoup postérieur à Cadmus, et qui apporta avec lui les mystères d'Osiris) eurent rattaché même la religion de la lumière d'Horus-Apollon avec les interprétations meilleures de l'Osiris-Phallus, alors Apollon s'unit à Bacchus, et les bacchantes célébrèrent les fêtes de leur Dieu sur le mont Parnasse (Voy. Aristophane, *Nuées*, 599; Plutarque, *De ei Delph.*, p. 591 Wytt; Nonnus, *Dionys.*, IX, 261; Pausanias, *Phoc.*, 32, § 5); et, selon ce dernier, les Thyades errent sur le Parnasse en l'honneur d'Apollon et de Dionysus. Selon Pausanias (*Att.*, 31, § 2) il y a même dans le culte attique un Apollon donné par Dionysus. C'est donc ainsi que s'unirent les deux religions, que furent institués les mystères de Dionysus, et qu'on adoucit maintes choses dans le culte extérieur de ce dieu. Au nombre des mythes relatifs à la résistance que rencontra en Grèce la religion de Bacchus, il faut encore placer la fable de Penthée. Ce roi de Thèbes ne voulait pas entendre parler de Bacchus, ni permettre, sous aucun prétexte, la célébration de ses fêtes; comme on les célébra malgré sa défense, il résolut de les troubler. Le dieu voulut se livrer à ses orgies sur le Cithéron; Penthée accourut; mais les femmes qui se livraient à ces solennités, ayant à leur tête Agave, mère de Penthée, furent rendues furieuses par Dionysus; elles prirent le roi pour un sanglier ou pour un lion, et le déchirèrent. Euripide traite ce sujet dans sa tragédie intitulée *Bacchus*, et Eschyle l'a mis sur la scène. Les Thébains cependant ne voulurent pas accepter ce dieu; pour le punir, Bacchus rendit leurs femmes tellement furieuses, qu'elles déchirèrent et dévorèrent leurs propres enfants (Apollodore, III, 5). Pareille chose eut lieu à Argos. Nous avons déjà fait mention de la guerre de Persée contre Dionysus. Ce fut encore ce dieu qui causa la fureur des Prétides pour avoir méprisé son culte. Dans l'Attique, les paysans assommèrent Icare qui leur avait apporté le vin jusqu'alors inconnu chez eux. Sa fille Érigone se pendit dans le désespoir que lui causa cette perte. Par suite de ce même évènement, Bacchus rendit encore folles les filles des Athéniens, au point qu'elles se pendirent aussi, et il punit les habitants de Céos en leur envoyant des maladies, parce qu'ils avaient reçu les meurtriers d'Icare. Les filles de Minyas d'Orchomènes furent transformées en chauves-souris pour avoir méprisé les fêtes de ce dieu. Les marins Tyrrhéniens, c'est-à-dire Pélasges, ayant voulu l'enlever lorsqu'il leur apparut sur le rivage, revêtu, en fils de roi, d'un riche manteau de pourpre, reçurent également le châtiment de leur piége intéressé : malgré ses prières, ils le chargèrent de chaînes et le portèrent sur leur vaisseau. Mais les liens tombèrent tout seuls des membres du dieu, et il s'assit en riant au milieu des brigands. Le pilote reconnut sa divinité, et demanda qu'on le mît en liberté pour détourner la peine de ce forfait; mais, dans leur aveuglement, les matelots ne tinrent aucun compte de ses avis, et le capitaine ordonna de mettre à la voile avec ce riche butin, car il voulait vendre comme esclave, soit à Cypre, soit en Égypte ou aux Hyperboréens. Bacchus alors révéla son pouvoir surnaturel. Un torrent de vin inonda le vaisseau; des ceps couverts de grappes enveloppèrent les voiles, et le lierre verdoyant, orné de fleurs et de baies, entoura le mât, et des guirlandes serpentèrent autour des rames. Le dieu lui-même se tint sous la forme d'un lion rugissant, sur le vaisseau, au milieu duquel il fit apparaître un ours qui poussait des cris de fureur. Cet ours saisit le capitaine et l'étrangla; les matelots, dans leur frayeur, se jetèrent à la mer, où ils furent changés en dauphins. Bacchus n'eut pitié que du pilote Médéides; il lui découvrit qui il était et le rendit heureux (Appollodore III, 5, 2; Homère, *Hymnein Bacch.*; Ovide, *Met.*, III, p. 597). Hygin (*Poet. astr.*, II, 17) raconte aussi, mais avec quelques modifications, cette fable, d'après Aglaostène, Bacchus, dit-il, veut avec les nymphes, ses nourrices, passer dans l'île de Naxos sur un vaisseau tyrrhénien; mais les matelots, avides de butin, veulent détourner le vaisseau de sa route. Alors, sur l'ordre de Bacchus, retentit le chant des nymphes, et une démence sauvage saisit les tyrrhéniens. Ils se mettent à danser, et, poussés par cette joie forcée, ils se précipitent dans la mer, où ils sont métamorphosés en dauphins. Comme on l'a déjà remarqué, il faut entendre par ces Tyrrhéniens, les bandes de Pélasges qui s'établirent sur les côtes de la Lydie et de la Carie, et sur d'autres points de la mer Égée, et se rendirent redoutables aux Hellènes, par leurs brigandages. Le mythe que nous venons de connaître appartient aux fables populaires de Naxos, et la métamorphose des matelots en dauphins paraît être née de l'expression proverbiale : δελφῖνας ἐνηκόντας, dont se sert aussi Pindare pour désigner de hardis navigateurs. Néanmoins le dauphin est aussi au nombre des animaux consacrés à Bacchus, et on le voit représenté sur des vases destinés au culte de ce dieu; de plus, il s'était conservé à Naxos une fable sur les hommes dauphins. Quant aux Tyrrhéniens dont il s'agit ici, il semble qu'Euripide déjà (*Cyclope*, II) les prend pour des pirates Tusques (Toscan), et des auteurs postérieurs voient dans cet élément une guerre de Dionysus avec les Tusques, entreprise dans le but de vaincre l'Occident, comme précédemment il avait vaincu l'Orient (Athénée, VII, p. 286, D.; Eustath., sur l'*Illiade*, II, 205, 30; Bas.). Le dauphin était aussi le symbole de l'Étrurie et de sa navigation (*V.* Müller, *Étrurie*, et Creuzer, *Symb.*, p. 600). Toutes ces fables, sur les châtiments infligés par Bacchus, et dont Nonnus raconte encore un plus grand nombre, se rapportent en partie à la résistance que la religion de Bacchus rencontra en Grèce, en partie aux désavantages qu'entraîne la négligence à cultiver la vigne, en partie à des circonstances de localité. Mais il en est aussi quelques-unes qui donnent des exemples des récompenses que ce dieu accorde à ses adorateurs. Icare l'avait reçu avec une bienveillante hospitalité; en retour, Bacchus lui enseigne la culture de la vigne; Staphylus (le planteur de vignes), que Nonnus (*Dionys.*, XVIII, 124) désigne comme roi d'Assyrie, fut, pour prix de son accueil amical, honoré par lui-même après sa mort. Le dieu admit dans son cortége la femme de ce prince Méthé (l'ivresse), et son fils, Botlys (la grappe de raisin). Quant au roi indien Blemys, il en fit le dominateur de l'Éthiopie, parce qu'il ne lui avait pas opposé de résistance (Nonn., XVII). Au roi Onéus d'Ætolie, qui avait fermé les yeux sur les amours de Bacchus avec sa femme, le dieu donna également la vigne, et c'est de là que ce roi prit son nom. Midas, roi des Brygiens de la Thrace, ou, comme on le dit plus tard, roi de Phrygie, en Asie, avait ramené à Dionysus Silène, qui s'était égaré; il reçut en récompense le don de changer en or tout ce qu'il toucherait, et comme, dès ce moment, ses mets et sa boisson même se changeaient en or, Bacchus lui donna le conseil de se baigner dans le Pactole, qui, depuis ce temps, roula des grains d'or dans ses flots (*Hygin*, *Fab.*, 191 : Maxime de Tyr, *Diss.*, 30). Dans la Piérie, un Midas est initié aux mystères par Orphée, et en général l'union du culte de Bacchus, avec celui de la Cybèle de Phrygie est rapportée au règne, et c'est de là que Midas semble avoir été introduit dans le cycle des fables dionysiaques. Bacchus eut pour épouse *Ariadne*, ou, comme la nommaient les Crétois, *Aridela*, la rayonnante, la brillante. Bœttiger a consacré à ce mythe tout le premier cahier du *Musée archéologique*. On sait qu'Ariadne fut abandonnée par Thésée dans l'ile de Naxos; Bacchus, dit-on, apparut en songe à ce héros, et le détermina par ses menaces à cet abandon; ou même, dans cette nuit fatale, il enleva cette princesse et la transporta sur le mont Arius (Diodore de Sicile, V, 51; IV, 65). L'Odyssée (XI, 321) est le plus ancien ouvrage où il soit question d'Ariadne. Ulysse la voit dans le royaume des Ombres; puis il est dit que Thésée n'a pu jouir de son amour, car Artémise (Diane) la retint tout d'abord dans Dia (Naxos) entourée des flots de la mer, lorsque Dionysus eut révélé sa présence. Bœttiger rapporte la premiere partie de cette citation à la mort d'Ariadne, et la seconde partie a déjà été rapportée par le mythographe athénien Phrécyde, à la profanation d'une grotte sacrée de Dionysus, par les embrassements du couple amoureux. C'est là ce que Dionysus aurait révélé à Artémise, et pour cette raison Ariadne aurait dû mourir (voyez le scholiaste sur l'Odyssée, XI, 321, et le scholiaste sur Apollodius, III, 996). Une fois introduite de cette manière dans le cycle mythique de Dionysus, et, par relation avec des représentations symboliques, dans les mystères de ce dieu, il faut nécessairement que Thésée l'ait abandonnée vivante dans l'île de Naxos, et cet abandon doit résulter de la volonté même de Thésée ou d'une détermination inspirée par le dieu à ce héros. Les poëtes eurent désormais l'occasion de peindre de la manière la plus touchante la douleur de la malheureuse abandonnée, de dire comment ses plaintes suivirent le vaisseau qui fuyait loin d'elle, comment enfin, épuisée, elle tomba dans un sommeil léthargique, comment son aspect frappa le dieu de la joie, revenant, plein de jeunesse, de sa marche triomphale, comment il fut vaincu par ses charmes, et, à son réveil, la déclara sa fiancée et son épouse. Abandonnée, réduite au désespoir, elle trouve sa consolation dans l'amour d'un habitant du ciel; elle devient l'épouse du grand vainqueur du monde et l'égale des dieux immortels; sa couronne royale d'or pur et ornée de neuf pierres précieuses rayonnantes même dans l'obscurité, est rangée par ce dieu au nombre des étoiles étincelantes, et brille encore maintenant dans les régions septentrionales du ciel, décorée de neuf étoiles éclatantes (selon l'assertion des anciens). Vulcain avait mis tout son art à travailler cette couronne, dont il avait fait présent à Vénus, et celle-ci l'avait donnée à Ariadne. Ariadne, durement humiliée dans sa vie et plongée dans un sommeil mortel, mais élevée ensuite à la magnificence céleste, devint ainsi sur des sarcophages grecs et certainement aussi dans les mystères, une image de l'immortalité de l'âme. La couronne avait, par son éclat, dirigé les pas de Thésée, errant dans les ténèbres du labyrinthe, et à son retour, elle lui avait servi d'étoile polaire (*Hygin*, P. A. II, 5). De même, au milieu des peines et des souffrances de la vie, l'idée de l'autre monde doit, comme une étoile resplendissante, faire rayonner la paix dans notre âme. Bœttiger remarque encore que cette couronne était proprement celle que chaque initié portait dans les mystères, et qu'il en faut faire venir la couronne d'étoiles que les artistes modernes font figurer dans les apothéoses. Comme enfants d'Ariadne et de Bacchus on cite OEnopion (le buveur de vin), Staphylos (la vigne), et Eccantes (celui qui fleurit avec éclat). Bacchus eut encore d'autres amantes, Althea, épouse d'Oenée; il eut, dit-on, Déjanire (Hygin, f. 109), d'Aphrodite (Vénus), Hyménées, Priape (Diodore de Sicile, IV, 6; Pausanias, IX, 31); et une des Charites (Grâces); d'Alexirea, Carmon (Nat. cam. VI, 13); de la nymphe Chronophyle, l'argonaute Phias (schol., ad Apollod., I, 115); Physcoa lui donna Narcée, et la sévère et belle Nicéa le rendit père de Télete, et Aura, non moins sévère, lui donna, dit-on les deux gémeaux (Nonnus). Enfin, ce dieu éleva aussi au rang des immortels Sémélé, sa mère. Ce fut dans l'Argolide qu'il descendit, par le lac Alcyon (Pausanias, II, 31; cfr. 37; Apollodore, III, 5, 3, Hygin, f. 251), aux enfers, d'où il tira sa mère pour la faire monter dans l'Olympe, où, comme déesse, elle reçut le nom de Thyone. L'étymologie la plus probable qu'on puisse donner à ce nom est le verbe θύω, d'où vient aussi le mot thyades, et il signifie par conséquent l'enthousiaste. Sicker l'explique par l'hébreu *thjonah* (l'étonnée), de l'étonnement que lui causa sa réception parmi les dieux. Quelques-uns trouvent aussi dans ce nom, comme dans celui de Sémélé, l'idée de la terre; de sorte que cette élévation au ciel, faite par Bacchus, pourrait avoir le sens suivant: Avec le printemps la terre se réveille de la léthargie où l'hiver l'avait plongée, et apparait de nouveau dans son immortelle beauté. Dans les mystères, la résurrection de Sémélé était le symbole de l'immortalité. Tous les neuf ans on célébrait en son honneur, à Delphes, une fête nommée *Hervis*, avec des cérémonies secrètes et connues seulement des initiés, mais qui se rapportaient probablement à la résurrection de Sémélé et à sa signification mystérieuse (Plutarque, *Quæstiones græcæ*, XII, p. 202, With). C'était par les actions les plus glorieuses, par la propagation de l'agriculture et de la morale (rapport sous lequel il est aussi appelé *Thesmophoros* (le législateur) que Dionysus avait acquis la dignité des immortels, et que désormais il fut adoré comme dieu par les habitants de la terre. C'est encore à partir de ce moment que l'on parla de ses hauts faits dans la guerre des géants; car cette guerre ne pouvant sans lui se terminer par la victoire, les dieux l'avaient appelé à leurs secours; et comme la victoire une fois remportée, il faisait, dans l'exaltation de l'ivresse, retentir l'Olympe de ses cris de joie, Zeus, son père, lui cria avec satisfaction : *Euan euie !* mots qu'on interprète par bien, noblement agi, mon fils, et qui devinrent dans ses fêtes la formule de salutation. Dans la bataille même il fut l'avant-garde des dieux. Sous la forme d'un lion furieux ou même vomissant du feu (Horace, *Carmina*, II, 19, 23; Euripide, *Bacch.*, 1025); sous celle d'un taureau mugissant ou d'un dragon, il attaquait les ennemis, ou bien il courait avec les satyres et les silènes montés sur des ânes, dont le cri effraya les géants et sauva les dieux du danger qui les menaçait; et c'est pourquoi les ânes furent mis au nombre des étoiles dans la constellation du cancer. En général le symbole de l'âne joue un rôle important dans les mythes relatifs à Bacchus. L'âne est la monture habituelle de Silène, et lorsque Dionysus, rendu furieux par Junon, courut à travers la Chesprotie vers l'oracle de Zeus, à Dodone, pour lui demander les moyens de recouvrer sa raison, il se vit arrêté dans sa route par un vaste marais; mais, à l'aide de deux ânes qu'il rencontra, il franchit heureusement le marais, et, en arrivant au temple, il se sentit délivré de sa fureur. Alors, dans sa reconnaissance, il mit les ânes au nombre des étoiles. Bien plus, il donna la voix humaine à celui des deux ânes qui l'avait porté, et c'est celui-là, dit-on, qui eut avec Priape une de ces contestations honteuses dont les fables païennes offrent tant d'exemples; mais, vaincu dans cette lutte, il fut mis à mort; Bacchus, touché de compassion, le mit au rang des astres (Hygin., P. A., II, 23). Ce sont là certainement des mythes d'une époque plus récente; mais peut-être avaient-ils tiré leur origine de quelques hiéroglyphes. L'âne peut, comme le bouc et le taureau, être le symbole de la force génératrice, ce que semble indiquer sa lutte avec Priape, et l'âne parlant semble présenter le symbole de l'inspiration et de la faculté divinatoire. Voilà pourquoi le devin Silène est monté sur un âne; voilà pourquoi aussi, chez les Hyperboréens, on immolait des ânes à Apollon (Spanheim, *Ad Call.*, Dian., 280, 283). Dionysus n'était pas seulement l'inventeur de la culture de la vigne et de l'art de faire le vin, mais il était celui de l'agriculture en général, le dieu du monde végétal, le fondateur de la culture, et même le dieu des arts, des muses. Comme ce n'est qu'au bout de trois ans que la vigne acquiert toute sa force et porte du raisin, on exprima ce fait symboliquement : Bacchus, disait-on, avait dormi trois ans à côté de Proserpine, c'est-à-dire la force qui permet à la vigne de produire le raisin, est cachée pendant trois ans; elle se repose, en quelque sorte, auprès de la déesse des enfers. C'est à cela aussi que se rapportait la fête des triétérides à Thèbes. Selon Diodore de Sicile (III, 64), Bacchus inventa également la charrue et apprit aux hommes à y atteler des taureaux; il inventa aussi l'art de semer. Dans ce sens, Pindare (*Isthm.*, III, 7) l'appelle l'assistant de Demeter. Nous verrons plus tard, quand nous expliquerons son nom de *Briseus*, qu'on lui dut aussi l'art de recueillir le miel. C'est par la culture des champs et de la vigne qu'il accoutuma les hordes errantes à des demeures fixes et à une union sociale. En conséquence, il était de plus le dieu de la culture et de la civilisation, et même le dieu des arbres (δενδρίτης) et le dieu des fleurs. Dans ces dernières attributions la fable ancienne le place avec ses compagnons dans une contrée nommée Phyllis, dans le pays des fleurs, selon l'expression de Creuzer, près du mont Panyée, couvert de roses, et dans les jardins remplis de roses du roi Midas, sur les bords du Bermion, dans l'ancienne Thrace et dans la Macédoine (Hérodote, VII, 113, et VIII, 138). Voilà pourquoi on l'appelait encore φιλοστέφανος, qui aime les couronnes (Pline, *Hist. nat.*, XVII, 4); bien plus, il était la couronne de fleurs embaumée personnifiée, c'est-à-dire que la langue grecque n'avait qu'un mot pour nommer ce dieu et la couronne de fleurs comme ornement porté dans les fêtes; car dans le langage dorien, βάκχος signifiait couronne, et les habitants de Sicyone appelaient une couronne de fleurs odoriférantes, ἴακχα. De sorte que Bacchus représentait déjà dans l'explication des mythologues grecs la force active et vivante des fleurs et des plantes (Eusèbe, *Prép. ev.*, III, p. 110). En même temps, comme principe de l'humidité, Bacchus est la rosée et la pluie qui tombe des nuages sur les arbres. On faisait aussi venir de là son nom, parce qu'il descendait en pluie sur les arbres de Zeus (Διὸς νύσσας), car on appelait les arbres νύσαι ou νύσσαι. (Voy. le scholiaste manuscrit sur Aristide, *Panath.*, p. 185. Sebb.). Ses rapports avec les arts des muses font déjà voir la relation où il se trouve avec Apollon. Un sommet du Parnasse était consacré à Apollon, l'autre à Dionysus. Apollon est même appelé *Dionysodotos*, donné par Dionysus, et le vieux Silène lui-même reçoit la qualification de père du dieu de Délos. L'enthousiasme tumultueux de la poésie lyrique (μανία), principalement dans les chœurs de la tragédie, qui avait pris naissance au milieu des fêtes des vendanges, était considéré comme un don de Bacchus ivre de joie. Dans Orphée (*Hym.* 52, 5), c'est Bacchus lui-même qui entonne l'hymne, et il porte quelquefois le nom de *Melpomenos*, Dionysus chantant, celui de *Musagesès*, qui dirige les muses, celui de *Psilas* (à Amyclée), l'ailé, parce que, dit Pausanias (III, 19), le vin élève l'homme et donne l'essor à la pensée. Voilà pourquoi tous les théâtres lui étaient consacrés. Bacchus est voyant et prophète. Il fut, dit-on, avant Apollon, en possession de l'oracle de Delphes; aussi, selon Athénée (2, p. 57), dans les jeux célébrés en l'honneur de Bacchus, un trépied était le prix du vainqueur (Comparez Euripide, *Hécube*, 1267 ; Macrobe, *Saturn.*, I, 18). Les surnoms de ce dieu qui se rapportent à ces arts des muses sont: *Dithyrambos*, *Mantès*, *Tragoedos*, *Melpomenos*. Mais aussi, sous d'autres rapports encore, ce fut un dieu bienfaisant : il chassait la peste, et voilà pourquoi, dans Sophocle (*OEdipe roi*, 222), le chœur s'écrie : « Bacchus, riche en vin ! chasse avec tes torches enflammées, ce démon terrible. » Car on considérait le vin (on en arrosait les rues pendant la peste) et les torches allumées comme un moyen de purifier l'air, ou bien une offrande qui apaisait le démon de la peste. Bacchus, le dispensateur de tout ce qui est beau et de toute joie, apporta de plus, dit-on, les pommes d'or des Hespérides qui jouaient un rôle dans ses mystères. Par un de ses bienfaits aussi, selon l'opinion commune, un arbre qui portait ces fruits précieux, poussa dans un champ de l'île de Cypre consacré à Vénus. Parmi les fables qui le concernent particulièrement, nous citerons encore les suivantes, devant Bacchus les Amazones s'enfuirent du pays des Éphésiens vers Samos; mais Bacchus les poursuivit sur des vaisseaux et leur livra une bataille où la plupart d'entre elles périrent. C'est de là que le nom de Panæma (tout sang), dans l'île de Samos, a reçu son nom. (Plutarque, *Quæst. græc.*, 56). Nonnus, au contraire, fait des Amazones les compagnes de Bacchus. A son cortége appartenaient aussi les Centaures; car ce fut dans la Thrace barbare et en Thessalie, que les habitants apprirent d'abord à connaître le culte accompagné d'orgies de Bacchus, venu de l'Asie; de là aussi, le goût trop vif de ces cavaliers sauvages pour le vin. Selon Sosthènes, au livre XIIIe de son histoire de Crète, Zeus eut de la nymphe crétoise Argé, sur le mont Argillus en Égypte, Dionysus, qui, avec une armée de Pans et de satyres soumit à son pouvoir l'Inde et l'Ibérie. Il donna à Pan le gouvernement de ce dernier pays, et c'est de là que cette contrée prit le nom de *Pania*, plus tard, avec l'aspiration, *Spania*. (Plutarque, *des noms des montagnes et des fleuves*, 16). La dernière partie de cette fable n'a certainement qu'une origine étymologique; mais la première pourrait se rattacher au Zagréus Crétois Quand Plutarque (*Quæst. physic.* 10), raconte qu'un oracle avait ordonné à des pêcheurs de plonger Bacchus dans la mer, on rapporte cela à l'usage des anciens de clarifier le vin par l'eau de la mer. (Pline, H. N., 14, 25); de même qu'en général, l'association de Bacchus avec les nymphes, c'est-à-dire avec l'élément humide, ce dieu, dans le culte public, étant devenu simplement le dieu du vin, était rapporté à l'usage de mêler le vin fort et épais qui sortait du pressoir, avec de l'eau, pour en diminuer l'énergie. Ce mélange se faisait dans de grandes cruches destinées spécialement à ce but (on les appelait cratères), et dans les mystères on faisait de fréquentes allusions à ces vases, parce qu'on les considérait comme symboles de certaines idées mystiques. Voss voit principalement dans Dionysus le dieu du vin, et tient par conséquent le Dionysus thébain, le seul qu'Homère connaisse, pour l'idée primitive de cette divinité; mais dans les autres modifications de celle-ci et dans les idées étrangères qui s'y sont jointes, il ne voit qu'une addition postérieure, qu'une fraude, que des prêtres auraient apportés d'Asie et d'Égypte aux Grecs, dans les temps qui suivirent le règne de Psammétique. Mais, dans notre opinion, le Dionysus thébain est précisément le plus récent, c'est-à-dire que l'idée du dieu du vin, sortit d'abord comme une idée spéciale du symbole naturel de la force génératrice, tel qu'il était généralement admis en Asie; elle sortit par conséquent de l'idée d'Osiris, d'Apis, de Mithras, et en dernier lieu de l'indien Siwa. Pour cette opinion, se prononce aussi, dans ses *Vases peints* et dans son *Musée attique*, Bœttiger, auquel on reconnaît une science profonde de l'antiquité. Ce fut, dit-il, avec tout le luxe d'un triomphateur indien, que ce dieu franchit le Tmolus, et descendit par l'Asie phrygienne sur les côtes de l'Hellespont, d'où il pénétra dans la Thrace, qui comprenait alors la Macédoine et la Thessalie, puis jusqu'à Thèbes, en Béotie, qui fut le premier siége principal de son culte. De même que Creuzer, Bœttiger, admet en Thrace, et en d'autres parties de la Grèce, l'existence d'une religion plus ancienne, à laquelle appartenaient les chants sacrés et les initiations orphiques, « saints rejetons d'une souche qui, de l'Égypte et de la Phénicie, avait projeté ses racines jusque dans l'Hellade. Après de rudes combats, les idées religieuses étrangères remportèrent la victoire, et des symboles asiatiques naquit le Dionysus thébain. Il s'agit maintenant, et avant tout, de rechercher qui étaient ces Bacchus étrangers et plus anciens, dont les Grecs ont formé leur dieu. C'est Diodore de Sicile (III, 62 et 63), qui s'explique le plus catégoriquement à cet égard. Il y a eu, dit-il, à des époques différentes, trois Bacchus différents, dont le Bacchus indien était le plus ancien. C'est lui qui, dans son beau pays, foula le premier le raisin et inventa le pressoir; mais il enseigna aussi la culture des arbres fruitiers et la récolte des fruits. Il parcourut le monde pour le rendre heureux par ses inventions. Il est le *barbu*, car c'est un usage chez les Indiens de laisser croître avec soin leur barbe. — Remarquons, toutefois, que ceci ne peut s'appliquer aux pays du Gange proprement dits, car dans ces pays, on voit habituellement les dieux sans barbe; mais cela s'applique probablement au versant occidental de l'*Himalaya*, puisque nous trouvons la barbe chez les Perses et chez les Mèdes. Le *second Bacchus*, fils de Zeus et de Persephone (Proserpine) ou Demeter, donna à l'homme le taureau pour remplaçant à la charrue, et amena en général l'agriculture à une plus grande perfection ; aussi les beaux-arts le représentent-ils avec des cornes de taureau, symbole dont au reste nous ferons connaître une autre interprétation. Le *troisième Bacchus*, enfin, est le fils de Zeus et de Sémélé. Dans un autre passage (III, 73), Diodore de Sicile fait encore mention d'un Bacchus Africain ou Libyen, fils d'Ammon et d'Amalthée, et de même d'un cinquième, fils de Zeus et d'Isa, qui avait gouverné l'Égypte et institué les mystères. Nous pouvons y ajouter encore le *Dusarès* arabe, le *Sabazius* phrygien et même l'*Adonis* phénicien. Cicéron (*de la nature des dieux*, III, 23) déclare de même qu'il y a eu plusieurs Dionysus : 1° le fils de Jupiter et de Proserpine; 2° le fils de Nilus, qui tua Nysa ; 3° le fils de Caprius, roi d'Asie, auquel étaient consacrées les Sabazies ; 4° le fils de Jupiter et de la Lune; 5° le fils de Nysus et de Thyone, qui aurait fondé la *Triétéris.* Ce dernier paraît être le Dionysus de la fable profane; le quatrième paraît être le même que le fils de Jupiter et d'Io dans Diodore ; le fils de Caprius pourrait bien être le Dionysus Cabire, de sorte que *Caprius* ne serait qu'une leçon altérée du mot *Cabirus.* Il existe un rapport frappant entre le Dionysus cabire et le Sabazius phrygien, comme nous le verrons plus tard; aussi l'appelle-t-on roi d'Asie et dit-on que les Sabazies lui étaient consacrées. Quant au fils de Nysus et de Thyone, Ampelus l'appelle le dieu né de Nysus et d'Hésione. Cette expression que le fils de Nilus tua sa nourrice Nysa est interprétée allégoriquement par Creuzer. Selon Joh. Lydus (*de Mensuris*), le mot νύσσα signifierait le cercle de l'année, et Dionysus le soleil : de sorte que le sens serait que le soleil achève le cercle de sa course. Hérodote appelle *Urotal* le Bacchus arabe Dusarès, et comme ce mot semble avoir un certain rapport avec le mot sémitique אור, (or) lumière, ce Bacchus appartiendrait aussi aux symboles de la lumière et du Soleil. Les commentateurs, dans Hésychieus, expliquent l'autre nom, celui de Dusares, par roi de la maison et du pays. Quant au fils d'Ammon et d'Amalthée, Diodore dit que c'est celui qui vainquit les géants et fonda l'oracle d'Ammon. Encore enfant, il inventa l'art de presser le vin et de planter les arbres fruitiers. Mais Rhéa, l'épouse d'Ammon, lui conserva sa haîne, et après s'être vainement efforcée de s'emparer de lui, elle se sépara de son époux, et appela à son aide Cronos, frère d'Ammon; Cronos se rendit à ses vœux, chassa Ammon de l'Égypte et le contraignit à se réfugier dans l'île de Crète; mais il fut battu par Bacchus qu'il alla chercher à Nysa. Bientôt après Bacchus entreprit une expédition à travers la Libye, terrassa Campé le monstre aux cinquante têtes, et lui érigea un monument funèbre en souvenir de sa victoire. Partout où il se présenta il se montra bienfaisant envers les hommes. Cronos l'ayant attaqué de nouveau, il le battit une seconde fois, et le fit prisonnier avec Rhéa. Pourtant il se montra très-bienveillant envers tous deux, et se contenta de les prier de le reconnaître pour leur fils. Il remit le royaume d'Égypte à Zeus, fils de Cronos et de Rhéa, et alla lui-même en Crète pour assister Ammon contre les Titans, dont il triompha complètement aussi, à l'aide des Amazones guerrières et des Silènes. Bientôt après Ammon et Bacchus devinrent invisibles, et on dit en conséquence qu'ils furent élevés au rang des dieux. Dans ce mythe historique, il y a évidemment un mélange de fables grecques et de fables égyptiennes. Le fils d'Ammon (du bouc) et d'Amalthée (chèvre), est encore l'année régulièrement divisée qui commence avec le signe du bélier et celui du capricorne, et Cronos, son ennemi, n'est autre que le temps passé et irrégulièrement distribué. L'année régulière se soutient dans la lutte, mais elle reconnaît son origine dans l'idée générale du temps. Le dieu régulier de l'année règne désormais sur l'Égypte, et delà la division régulière de l'année est aussi introduite en Grèce. Il est donc question dans ce mythe d'un Bacchus originaire d'Égypte, et c'est sans doute le Bacchus qu'Hérodote a en vue lorsqu'il raconte (II, 146) que Zeus, après avoir enfermé Dionysus dans sa cuisse, le porta, à travers l'Égypte, à Nysa en Éthiopie. C'est encore de lui, sans doute, que veut parler Anacréon, lorsqu'il appelle Dionysus filsde l'Étiopie, quoique d'autres critiques prétendent que cette expression désigne tout simplement la couleur foncée du vin. Mais ce Dionysus égyptien n'est autre qu'Osiris, fils de Cronos et de Rhéa, un dieu du troisième rang des dieux Égyptiens, le fondateur de Thèbes (Diod. de Sic., I, 15), de la ville d'Ammon, et c'est pour cela, qu'il a passé dans les fables populaires comme Dionysus fils d'Ammon, pour un roi bienfaisant du pays, et un fondateur de la civilisation. Aussi racontait-on de lui des expéditions et des exploits analogues à ceux de Dionysus. Il vient de l'Asie orientale et en Grèce, où il dirige de même sa marche par la Thrace vers les régions méridionales. Comme Dionysus, il introduit partout la culture de la vigne, celle des plantes et celle des champs; on pourrait ici se demander si la légende hellénique a été puisée en Égypte ou si la légende égyptienne, que nous ne connaissons d'ailleurs que par des écrivains helléniques, a été puisée en Grèce. Au premier coup d'œil, cette dernière opinion serait la plus exacte, et pour elle se prononcent Voss et tous ceux qui ne veulent admettre aucune importation étrangère en Grèce. Mais si l'on considère la connexion générale et conforme à la nature des religions entre elles, on voit que le culte d'Osiris n'est autre que celui de l'indien *Mahadewa* (Siwa), comme symbole du soleil et comme dieu du Phallus; ce Mahadewa avait émigré par différentes routes en Occident à travers l'Assyrie et la Syrie sous le nom de Baal, par la Phrygie sous le nom de Sabus, et de même il était également arrivé en Égypte sous le nom d'Osiris. Des recherches récentes, d'accord avec les traditions indiennes ont fait voir, comme nous l'avons déjà remarqué, que le corps sacerdotal d'Égypte et de Méroé dérive des Bramines indiens. Ceux-ci avaient par conséquent apporté avec eux leur dieu, très vraisemblablement sous le nom d'*Eswara* ou *Isuren*, d'où l'on conçoit sans peine que se soit formé le nom d'Osiris. Or, *Eswarà* ou *Isuren* signifie : Seigneur, et c'est également là, la signification primitive du nom d'Osiris, comme on le voit déjà par cette circonstance, qu'en Syrie, il s'appelle Adonis (Adonaï), c'est-à-dire le Seigneur. Si l'on ne perd pas de vue cette connexion, il est très probable que le mythe qu nous occupe, ait existé en Égypte antérieurement à l'époque où on le rencontre dans l'Hellade, et que, apporté d'Égypte dans ce dernier pays, il ait été revêtu par les poètes d'une forme hellénique. C'est aussi pour cela que l'on fait naître le dieu grec à Thèbes, et que l'on signale cette ville comme le berceau de son culte, de même que la Thèbes égyptienne fut le berceau du culte d'Osiris. C'est encore pour cela que Dionysus apparaît comme un héros appartenant à l'espèce humaine, comme le fils d'un roi, obligé de gagner la dignité de dieu par ses exploits. C'est pour cela que l'un et l'autre ont un culte analogue, accompagné d'orgies, et le symbole du Phallus attribué de même à Siwa dans l'Inde, et tous deux, comme Siwa, désignent la force fécondante et génératrice du soleil. De plus, l'un et l'autre ont de lamentables destinées. Osiris doit mourir de la main d'un frère méchant, et nous verrons bientôt que Dionysus aussi a été tué. Osiris est appelé fils de Cronos et de Rhéa; mais ce Cronos est aussi le *Phthas* égyptien, l'Hephæstos héllénique, dont le fils est appelé le Dionysus cabire. Cela veut dire que l'un comme l'autre est issu de la force ignée, qui domine dans la nature, qui crée et forme toute chose; force représentée encore une fois dans l'Inde par Siwa-Mahadewa, et, pour cette raison, tous deux sont cette force ignée elle-même, et Dionysus est né du feu. Dans Diodore de Sicile (I,23), Osiris est encore appelé fils de Zeus, et cet auteur ajoute que Cadmus avait à dessein fait connaître aux Grecs cette descendance, et qu'Orphée l'avait confirmée par amitié pour ce prince. Donc la colonie amenée par Cadmus, apporta l'idée d'Osiris de l'Orient en Grèce, et la combina dans ce pays avec le dieu national Zeus, dont le culte existait déjà. Il se peut toutefois qu'Osiris, comme fils adoptif d'Ammon, qui est le Zeus des Grecs, soit à ce titre appelé fils de Zeus; on peut aussi tenir compte de l'indication donnée par Plutarque (de *Iside*, p. 498, Wyth.), selon laquelle Dionysus, fils de Zeus et d'Isis, portait en Égypte non pas le nom d'Osiris, mais celui d'Arsaphès, dieu du Phallus. Ce Dionysus était peut-être le quatrième de Cicéron, le fils de Zeus et de Luna, ou bien celui de Diodore de Sicile, le fils de Zeus et d'Io; car Isis et Io, sont toutes deux Luna (la *lune*). C'est par conséquent sous des formes diverses que l'idée égyptienne arriva d'Égypte en Grèce, mais plus tard que les autres dieux; car Hérodote (II, 145), nous assure que Dionysus était l'un des dieux moins anciens de l'Hellade. Seulement il ne faut pas assigner à l'introduction de cette divinité une époque trop récente; elle est en tout cas de beaucoup antérieure à Homère; car Hérodote, Aristote et le contenu des systèmes philosophiques les plus anciens, démontrent évidemment, comme cela est établi par Creuzer, que dans les systèmes théologiques de la religion sacerdotale, il se trouvait des doctrines propres au culte de Bacchus, doctrines qui datent d'une période de plus de mille ans avant Jésus-Christ, et qui s'accordent avec les prétendues doctrines orphiques. Elles étaient les plus récentes, car elles durent soutenir une lutte avec la religion plus ancienne d'Appollon-Wischnou, avec les doctrines de l'ancien Orphée. Cette lutte eut lieu dans les temps antérieurs à Homère; car ce poète lui-même en fait connaître une partie, et, selon toute apparence, elle fut engagée à l'époque de Cadmus, ou bientôt après. Elle avait déjà pris naissance dans l'Inde, où la religion plus pure de Brama et de Siwa, qui, dans un culte simple et patriarchal, adorait un seul dieu, père de l'univers, fut rejetée sur l'arrière plan par le culte mêlé d'orgies de la seconde période du siwaisme. De là ce culte s'était propagé par la violence vers l'occident; et, si nous pouvions ajouter foi aux traditions des talmudistes, s'il n'y avait pas trop de témérité à tirer ici des conséquences des récits de la Bible, nous pourrions admettre que ce fut cette révolution religieuse qui contraignit Abraham à quitter sa patrie pour s'établir dans la partie occidentale de la terre de Chanaan, où il trouva encore des prêtres-princes (Melchisédec, par exemple), lesquels conservaient les anciennes formes, plus simples, tout à la fois, et meilleures. Mais, pendant le séjour des Israélites en Égypte, la corruption paraît être devenue générale. C'est alors que devinrent dominants le culte de Baal, dans le pays de Chanaan, et le culte mêlé d'orgies d'Osiris, en Égypte; et de là celui-ci se répandit sous la forme de religion d'Osiris, en Phrygie et en Phénicie, et plus loin jusque chez les Hellènes. Ce ne fut que dans les mystères qu'en Égypte, comme en Grèce, les meilleures doctrines se conservèrent. C'est ainsi, du moins, que nous nous figurons la marche des choses. L'introduction du culte de Dionysus, aussi récente que Voss se l'imagine, est une transformation de l'ancien Dionysus, dieu symbolique du vin, et Bacchus orgiaque qui n'aurait eu lieu peut-être que vers l'an 700, ou vers l'an 600 avant Jésus-Christ, par conséquent dans une période historique déjà passablement claire, aurait certainement été signalée d'une manière plus exacte et plus précise par les historiens postérieurs qu'un ou deux siècles seulement auraient séparés de cette époque. Le dieu égyptien du Phallus, Osiris, fut tout d'abord introduit par les Phéniciens dans la religion samothracienne des Cabires. Voici ce que raconte à ce sujet la fable sacrée : deux Cabires tuèrent leur frère, enveloppèrent sa tête dans un voile de pourpre, ceignirent ses tempes d'une couronne, le placèrent sur un bouclier d'airain, et l'enterrèrent au pied du mont Olympe. Selon une autre version, les deux fratricides posèrent le membre génital de leur victime dans une casette, qu'ils portèrent ensuite en Tyrrhénie (Clément, *Protresit.*, p. 15, Potter). C'étaient là des mythes symboliques auxquels avaient donné naissance les cérémonies du culte secret célébré dans l'île de Samothrace, et qui rappellent l'histoire du meurtre d'Osiris par Typhon; le membre viril d'Osiris s'étant perdu et ayant été mangé par les poissons, Isis en fit faire une image, qu'elle exposa à l'adoration comme Phallus. Mais ce qui montre qu'au fond de ce mythe il faut voir Osiris, c'est l'assertion expresse que la victime du meurtre était Dionysus, et que, pour cette raison, les habitants de Thessalonique trempaient leurs mains dans le sang pour adorer ce dieu (Jul. Firmicus, *de errore profan. relig.*, c. 12). Ce Dionysus, d'ailleurs, paraît être identique avec le fils de Caprios, roi de l'Asie, et dont parle Cicéron, c'est-à-dire avec le Dionysus phrygien; de même qu'avec le Dionysius nommé parmi les Tritopators ou Anaces, Athéniens (Cicéron, *De la nature des dieux*, III, 21). Dans le système cabirique, Dionysus est tantôt le dieu ministre Cadmilus, tantôt une puissance supérieure; car, dans le Scholiaste d'Appollonius (I, 917), Zeus et Dionysus sont appelés, le premier et le second Cabires, et les deux ensemble les anciens Cabires. Cette suprématie fut donnée à Bacchus principalement dans les systèmes orphiques, ou, comme idée synthétique des trois pères, Zagræus, Eubuleus et Dionysus, signalés tous trois comme fils de Zeus et de Proserpine. Il est désigné seul comme fils de ces deux divinités, et reçoit aussi les noms de Zagréus et d'Eubuleus. Par les divinités cabiriques, on entendait des forces naturelles élevées et puissantes, qui régnaient dans le ciel, sur la terre, dans la mer et sous la terre; c'est pourquoi on les appelait à Athènes *anaces*, c'est-à-dire princes gouvernants, comme directeurs et régulateur des destinées de l'espèce humaine et pères anciens, identiques peut-être, quant à l'idée, avec les Rischis ou pères anciens des Hindous, qui sont également représentés comme des forces créatrices d'un ordre supérieur et comme régulateurs du monde. Dans le dogme orphique des âges du monde, Dionysus est le régulateur du dernier âge, le roi de la nature visible déjà fractionnée en individualités, le principe de la cause qui individualise, et par conséquent le créateur du monde, tel du reste qu'on nous représente l'indien Siwa, lorsqu'on le signale comme la force qui détruit et dissout toutes choses, mais qui reproduit aussi de nouveau toutes choses. — Par conséquent l'un et l'autre de ces dieux sont, quant à l'idée, identiques avec Hadès (Pluton), avec la force qui agit dans l'intérieur de la terre, qui fait descendre, qui attire à soi tout ce qui est vivant, mais qui aussi renvoie constamment de son sein à la surface une vie nouvelle. En ce sens, on donne à Dionysus le surnom de Chthonius (le souterrain), et l'on célébrait en son honneur des fêtes aux morts, des fêtes funèbres, comme étaient les fêtes lernéennes de Lerne, dans l'Argolide, sur le lac Alcyon, lesquelles étaient vraisemblablement une imitation de la fête funèbre célébrée en mémoire de la mort d'Osiris à Saïs, dans le temple de Neith, et de même sur les bords d'un lac. Et c'est à Lerne que Dionysus avait ramené sa mère du monde souterrain, c'est-à-dire que là, dans la mise en scène des mystères, on exposait des images de l'existence de l'homme, continuées après la mort, et de son retour à la vie, du sein du tombeau; et l'on combinait ainsi la doctrine du Phallus avec celle de l'immortalité et de la migration des âmes. La légende de Dionysus, tué dans l'île de Samothrace, trouve son parallèle dans l'histoire de Zagréus, Crétois, dont l'origine est aussi évidemment égyptienne. Mais dans le mythe crétois, Zagréus est fils de Zeus et de Perséphone. Nous n'avons, il est vrai, de ce mythe qu'une connaissance fragmentaire, puisque nous en avons perdu les sources les plus anciennes; cependant en voici le fonds : Lorsque Perséphone fut arrivée à l'âge adulte, tous les dieux recherchèrent l'amour de cette ravissante jeune fille. Déméter, redoutant une lutte sanglante entre les rivaux, cacha sa fille dans une grotte, et la fit garder par les serpents qui traînent son char; mais Zeus se transforma en serpent, enlaça dans ses replis Perséphone, et en eut Zagréus. Celui-ci devint le favori de son père, qui lui assigna une place à côté de son trône, et lui accorda même le pouvoir de lancer la foudre. Cette préférence excita l'envie des dieux. Son père, il est vrai, le fit garder par les curètes, qui exécutaient autour de lui des danses en armes; mais la jalouse Héré (Junon) réussit enfin à soulever contre lui les Titans, et un jour que les curètes étaient précisément occupés à leurs danses grossières, les Titans, sous des formes empruntées et avec de caressantes paroles, se glissèrent dans la chambre de Zagréus, surent distraire l'enfant en lui présentant toutes sortes de jouets, se précipitèrent sur lui et le mirent en pièces. Pendant qu'ils jetaient ses membres dispersés dans une chaudière et les faisaient cuire pour s'en repaître, Minerve leur arracha le cœur de leur victime, qui battait encore, et le porta à Zeus son père : celui-ci, pour punir les Titans, les foudroya et ordonna à Apollon de réunir les débris du corps de Zagréus et de les ensevelir sur le Parnasse (*V.* Clément, *Protryt.*, p. 15; Potter et Nonnus, *Dionysiaques*. V. p. 474). Que ce soit là un des mythes les plus anciens relatifs à Dionysus, c'est ce que Creuzer cherche à établir par différentes raisons, entre autres sur ce que dès l'an 600 avant J. C., Terpandre fait mention de Zagréus, et comme précisément ce Terpandre est appelé l'héritier de la lyre d'Orphée, il aurait, selon Creuzer, appartenu aux écoles poétiques d'Orphée, et il aurait incontestablement connu les dogmes des orphiques. Eschyle aussi, dans sa tragédie de Lycurgue, composée en l'honneur de Bacchus, avait donné à Bacchus le glaive et le miroir (Aristophane, *Thesmoph.*, 140), objets qui, comme nous le verrons plus tard, figurent dans la fable de Zagréus; Euripide de même, dans les *Crétois* (Porph., *De abstin.*, IV, p. 366, Rhœr.), aurait exactement caractérisé Zagréus. Ce poète n'aurait certainement pas mis sur la scène une fable tout-à-fait nouvelle, et par conséquent il ne faudrait pas reconnaître un grand poids à l'assertion de Pausanias (VIII, 37, 3), selon lequel Onomarite aurait le premier fait un poème sur les orgies de Dionysus, et parlé dans ce poème du meurtre de ce dieu par les Titans. Nonnus aussi (V, 564, X, 294), ajoute Creuzer, donne à Zagréus la qualification de premier Dionysus, à l'image duquel aurait été fait le Dionysus plus récent. On trouve différentes variantes de ce mythe. Avant de souffrir la mort, le dieu cherche à fatiguer ses meurtriers, en prenant la forme de tous les éléments et de toutes les natures; il se défend aussi avec ses cornes de taureau, c'est-à-dire il se change en taureau, jusqu'à ce qu'enfin la voix terrible de Héré le terrasse (Nonnus, VI, 200, etc.). Selon Hygin (fab. 167), Zeus fit avaler comme philtre, à Sémélé, le cœur pulvérisé de Zagréus, et selon d'autres auteurs, Zeus l'avala lui-même, l'identifia avec son suc vital, et féconda ainsi Sémélé avec l'essence du dieu, de sorte que Dionysus n'est autre chose que Zagréus rendu une seconde fois à la vie. Cela veut dire évidemment que de l'idée de Zagréus se développa celle de Dionysus, et qu'au fond Dionysus et Zagréus sont une seule et même divinité. Mais Dionysus paraît de plus être identique avec le Sabazius phrygien; car celui-ci est également appelé fils de Zeus et de Perséphone (Joh. Lyd., *De mens.*, p. 81), et on lui attribue un sort analogue. Dans l'Argolide on adorait le Dionysus crétois, par conséquent Zagréus, comme le dieu souterrain des morts; car après la lutte entre Perséus et Dionysus et leur réconciliation qui s'en suivit, on adora, dit-on, chez les Argiens, Dionysus, qu'on appelait Crétois, et on célébrait en son honneur, sur les bords du lac, près de Lerna, les mystères des Lernéens. Quant au mythe suivant lequel Apollon aurait enseveli sur le Parnasse les membres de Zagréus, il indique un rapport intime avec le culte de Bacchus, tel qu'on le connaissait à Delphes, et le culte du même dieu, tel qu'on le connaissait en Crète. Le collége de cinq prêtres, établis à Delphes, sous le nom d'*Hosiens*, faisaient des sacrifices secrets et des cérémonies qui avaient trait à la mort de Zagreus, et qui avaient vraisemblablement été apportés de l'île de Crète. Or, cette divinité de Zagréus n'était certainement autre que l'Osiris égyptien. Cet Osiris fut également tué et mis en pièces par les intrigues de ses ennemis. Ce que sont en Crète les Titans et l'Héré ennemie, les soixante-douze conjurés et la reine Éthiopienne Aso le sont en Egypte. Dans l'île de Rhodes, les Telchines tuèrent Apis, et Himérius (*Orat.*, IX, p. 560, ed. Wernsd.) mentionne aussi les Telchines au nombre des meurtriers de Zagréus. L'Apis tué est l'Osiris-taureau Apis, et Zagréus est aussi dieu-taureau. C'est encore à lui que se rapporte la fable égyptienne suivant laquelle Horus, fils d'Isis, fut mis en pièces. Dans toutes ces fables, Osiris, Zagréus, Horus et Apis sont la même idée, le dieu de l'année et l'année elle-même, qui meurt avec l'hiver et renaît avec le printemps, sous la figure de Dionysus florissant de jeunesse et dans toute la plénitude de sa joie; car l'être intime du dieu, son cœur, a été conservé par la suprême force ignée, Athéné, et porté à son père, qui en a formé un second Dionysus. Mais ici encore on ne peut méconnaître les idées orientales. Dans le mythe des Perses, la lune conserve la semence du taureau tué pour de nouvelles procréations, et dans l'Inde, Shawani rassemble dans son sein tous les germes vitaux du monde détruit, pour en former un monde nouveau; il faut donc entendre de la même manière la mort du Dionysus Cabire. Ses organes de la génération sont conservés, et par conséquent la nature, morte un instant, se manifestera toujours de nouveau dans toute l'énergie de sa force vitale. Du reste, comme nous le verrons plus tard, on donnait encore dans les mystères une autre explication de l'histoire et de la mort de Zagréus. On interprète ordinairement le nom de ce dieu dans le sens de fort chasseur; il l'est effectivement dans le sens où Hadès est nommé Polydecte, en sa qualité de dieu qui tend constamment des piéges à tous les êtres vivants, et cherche à les entraîner dans son empire. Il est donc Hadès lui-même, le Dionysus Chthonius; c'est pourquoi il a pour mère Perséphone, la déesse de la mort, qui elle-même est fille du Styx; c'est pourquoi, selon l'expression d'Hérodote, il gouverne aussi, en commun avec Déméter, l'empire des morts. Sickler fait venir le nom de Zagréus du sémitique שבר, envoyer, jeter, par conséquent שבר־שר (Isagreos), la force qui envoie, qui lance, parce que la religion est une envoyée de Dieu. Mais, ajoute-t-il, dans l'interprétation habituelle, ce nom aurait rappelé l'être qui lance la foudre. Il n'est pas invraisemblable que Zagréus soit plutôt un nom oriental qu'un nom grec, bien que nous ne soyons pas en état d'en donner l'étymologie; peut-être toutefois vient-il plutôt de l'égyptien que du sémitique. Un autre nom de ce dieu, usité de préférence dans les mystères athéniens de Dionysus, est celui de *Jacros*; on le fait dériver du syriaque *Jakko*, et il signifierait alors un petit garçon à la mamelle, ou bien on le fait dériver de l'hymne mystique des Athéniens, dans lequel se répétait souvent l'exclamation ἴα. Peut-être le nom de *Jobacchos*, usité dans les fêtes des Lernéens, n'est-il qu'une autre forme de *Iacchos*; peut-être aussi *Iacchos* n'est-il qu'une abréviation de *Iobacchos*. Ce dernier nom désignait à la fois les chants propres à la fête lernéenne et le dieu lui-même. Sickler fait dériver ce nom de l'hébreu *Jakah*, éclairer, donner de la lumière (dans le sens physique comme dans le sens moral), et il explique en conséquence *Iakos* par la force qui éclaire, qui donne la lumière, qui donne l'intelligence, force qui est une des qualités de la religion. Ce serait-là le sens donné à ce nom dans les mystères; mais dans le sens vulgaire, il serait identique avec πυριγενής, πυρίσπορος, celui qui est né du feu ou de la lumière, celui qui répand le feu ou la lumière; par conséquent Bacchus, sous le nom d'Iacchos, serait celui qui apporte la lumière, le génie de la lumière. Ce qui, selon le sens intérieur, s'accorderait peut-être avec cette interprétation, c'est que, particulièrement dans les Eleusinies, Bacchus porte le nom d'Iacchus; mais la première explication peut s'appuyer sur ce que dit Suidas, que Iacchus est Dionysus couché sur le sein de sa mère, et celle-ci pourrait être Sémélé. Comme, d'un autre côté, Pindare (*Isth.* VIII, 3) appelle Dionysus l'assistant de Déméter, et qu'ailleurs encore le dieu mystique est distingué du fils de Sémélé, on pourrait admettre que Déméter elle-même est la mère du dieu; car dans Sophocle aussi (*Antig.*, 1108) Déméter tient Dionysus couché sur son sein maternel. Diodore de Sicile également (III, 62), appelle expressément Dionysus fils de Zéus et de Déméter. Le sixième jour des Éleusinies on apportait dans le temple d'Éleusis, Dionysus encore enfant, ayant encore sur la tête la couronne de myrte, attribut distinctif de Cérès, et par là on faisait comprendre ses rapports intimes, avec cette déesse. Ce Iacchus paraît encore être le même que Zagréus, car ce que l'on raconte de ce fils de Perséphone, Diodore le raconte aussi du fils de Cérès, et le scholiaste de Pindare (*loc. cit.*), dit que Zagréus était à Thèbes l'assistant de Cérès, et qu'on l'appelait aussi Iacchus. Ainsi, comme cela se voit souvent dans les mythes, la mère et la fille ont interverti leurs rôles, en ce qu'elles ne font qu'une même personne dans les mystères. De plus (Arrien, *de Exped. Alex.*, II, 16), qu'on avait chanté Iacchus en l'honneur du fils de Deus et de Proserpine. Comme fils de Déméter, il est en même temps frère de Perséphone, et c'est pourquoi tous deux sont appelés enfants de Cérès, et Cérès elle-même Καλλιγένεια (la mère de beaux enfants), Iacchos est le Κόρος (le jeune garçon), Perséphone la Κόρη (la jeune fille) (1).

Ils sont donc frère et sœur, mais aussi fiancé et fiancée, époux et épouse, mariage entre frère et sœur, dont le monde des dieux nous donne plus d'un exemple. A ce point de vue appartient particulièrement l'union entre Osiris et Isis qui s'aiment déjà dans le sein de leur mère. Au troisième jour des Éleusinies, on préparait le lit nuptial pour Hadès (Pluton) et Proserpine (Clément, *Prot. rept.*, p. 19, et ses commentateurs sur ce passage); or, cet Hadès est le Dionysus souterrain (Héraclite, cité par Clément, *loco citato*). Mais tout le rapport qui existe entre Déméter, Dionysus et Proserpine se rapporte aux diverses manières dont on envisageait ces forces de la nature dans le soleil, dans la lune et dans la terre, et leur influence réciproque les uns sur les autres. Dionysus, dit Creuser, est tantôt le fils, tantôt le frère, tantôt l'époux de Proserpine; tantôt il est couché sur le sein de Cérès, tantôt il juge avec elle les morts. Il est Osiris, et Déméter est Isis. Mais Isis est aussi tout autre être féminin dans les cultes de l'Asie antérieure, Astarte, Cybèle, Aphrodite (Vénus), etc. Tantôt la terre-mère, tantôt la lune; Osiris est tantôt la force du soleil qui féconde la lune, tantôt le Phriron Nilus tombant en larges flots du ciel et principe de l'humidité, tantôt cette force de la terre qui agit sous le nom d'Hadès dans les régions souterraines. C'est par toutes ces relations que s'explique le mariage des deux divinités, et les périodes du cours apparent du soleil, de même que le temps périodique de la pluie; et les degrés du développement de la vie végétale représentent les peines et les plaisirs de ce mariage. Se figurait-on la force végétale comme un pouvoir mâle, et la terre comme la gardienne et la conservatrice de la semence, et comme la mère les plantes qui en jaillissent, alors Déméter était la mère, et Dionysus le fils, de même qu'en Égypte on représente Osiris comme fils d'Isis et par suite Proserpine est sa sœur. Mais autant que la force végétale agit sous la terre sur la semence, Dionysus et Proserpine sont époux et épouse, et ils le sont encore comme Soleil et Lune. Si au contraire, on fait dominer la puissance féminine, si par exemple la Lune ou l'intérieur de la terre sont figurés comme les nourrices de la force végétale, Dionysus devient encore une fois fils, d'époux qu'il était; c'est le Dionysus Zagréus, né de Perséphone et de Zeus (le Soleil, qui doit tout d'abord communiquer sa force à la Lune). On trouve absolument les mêmes relations dans l'Inde entre Schiwa Bhawani et Parvati. Mais nous avons à nous occuper d'un autre Bacchus encore, de *Sabus*, *Bassarcus* ou *Briseus*, adoré chez les Phrygiens et chez les nations voisines. Il s'appelait *Sabus* ou Sabazius le phrygien, et par suite des rapports mutuels qui existaient entre la Phrygie et la Thrace, on l'appelait aussi le Bacchus thrace, et de même ses prêtres, portaient le nom de *Saboi*. Les Grecs faisaient dériver ce nom de σαβάζειν, être en joie, chanter des hymnes de joie en l'honneur de Sabus-Bacchus. Mais il est certainement plus exact de faire dériver tout d'abord le mot σαβάζειν du nom de Dieu et de son culte, que de lui donner l'étymologie inverse. Bochart prétendant trouver la racine dans l'hébreu סבא (*Zaba*), s'enivrer, Sickler, dans son *Cadmus*, le fait venir de שבם (*Saba*) rassasier, nourrir, remplir, et il explique ce nom par סהש־בם, (Sabas) la force qui rassasie, qui remplit, de la religion de Dionysus. Quelques-uns même ont remonté à Saba, en Arabie, parce que Nysa, l'endroit où le dieu avait été élevé, était aussi placée en Arabie. En général, on pourrait rattacher ici le sabéisme de l'Orient, c'est-à-dire le culte du soleil et des astres; et comparer à ceci le surnom de Μηνοτύραννος, dominateur des mois, qu'il portait peut-être comme dieu du Soleil. Mais il s'est présenté à notre esprit, comme très vraisemblable, une autre conjecture encore, qui se trouve également consignée dans Bohle (*l'Inde ancienne*, p. 148), à savoir que Sabos serait précisément le nom indien Schiwa, Siwa, Sib, et que ses modifications, Sabadius, Sebadius, Sabazius, seraient tout simplement la juxtaposition, Schiwadewas, le dieu Schiwa. Le terme indien signifie le vénéré, le digne de vénération, et

(1) Ritter, dans son *Introduction à l'histoire*, fait remarquer que Κορ est un ancien nom, répandu dans tout l'orient, du dieu du soleil ou du premier Bouddha, et qu'on retrouve les traces de la propagation de son culte jusqu'en Grèce et en d'autres pays de l'Europe. Il croit en conséquence que ces dénominations de Dionysus et de Perséphone signifiaient originairement le soleil et la lune. On a donc pu les représenter comme le soleil et la lune encore jeunes (le soleil du printemps et la lune dans son croissant), et, par suite, symboliquement comme des enfants. Il serait alors permis de dire que les Grecs ne les appelaient point Koros et Korê en tant que jeune garçon et jeune fille, mais qu'à l'inverse ils appelaient, du nom de ces dieux, leurs enfants Koros et Korê.

ce sens s'est conservé dans le grec σέβομαι, σεβίζω, σεβαστός, et dans d'autres mots qui semblent dériver d'une seule et même racine indienne, dont probablement les Hellènes, avaient rapporté le son et le sens de leur patrie originaire. C'est donc de là que le Sabus phrygien a le même culte orgiaque que Schiwa dans l'Inde, et le symbole du phallus se prononce avec une force égale chez l'un et chez l'autre. Tous deux sont, sous ce rapport, la force ignée de la nature, qui appelle toutes choses à l'existence, et par conséquent le soleil. Bohle remarque que l'inscription obscure, consignée dans les Mémoires de l'Académie, *Nama Ṣebesio*, signifieraient précisément en sanscrit : *Namas Sivadevaya*, louange au dieu Siwa. La religion de ce dieu, l'ancien culte de feu, qui dominait originairement dans les pays élevés de l'Inde septentrionale, et qui, en se divisant en deux branches, se répandit de là au sud et au nord, par la Perse et par l'Assyrie, ou par la Bactriane et la Médie, vers le pays du Nil et vers la mer Caspienne, et, de ces dernières contrées, vers l'Asie antérieure; cette religion, disons-nous, donna lieu au culte d'Osiris, en Égypte, et au culte de Sabus-Bacchus en Phrygie en en Thrace, et de même que le titre d'Eswara ou d'Isuren, le Seigneur devint en Égypte le nom d'Osiris, de même aussi, dans l'Asie antérieure, Siwa a pu se transformer en Sabus, tandis que dans les contrées sentrales d'Assyrie et de Syrie, il apparaît comme dieu du coleil Baal, (Baal-Eswara). Partout il apporta avec lui les orgies et le culte du phallus, pour le représenter comme la force du feu et du soleil, force toujours active et produisant toutes choses, force qui vivifie et enthousiasme tout, et qui dans l'Hellade se manifestait surtout comme force brûlante du vin. Partout où régnait cette religion du feu, comme en Perse, en Égypte et dans les pays sur l'Euphrate, on n'avait pas coutume de brûler les morts, (car on ne pouvait souiller la pureté du feu donné par la nature), mais on les enterrait, et si chez les Grecs, l'usage de brûler les morts existait, cela semble venir de ce qu'à une époque encore antérieure, le culte de Wischnou avait été porté chez eux, et que plus tard, il s'était fondu dans la religion de Schiwa, de sorte qu'après cette fusion l'on distingua le feu primitif et sacré, du feu profane et terrestre, et que l'on considéra ce dernier comme un moyen de purifier l'esprit en détruisant la matière terrestre. Peut-être même tout le sabéisme, quant à son nom et à son essence est-il né du schiwaïsme, en ce sens que l'on changea l'adoration de la divinité sous le symbole plus spirituel du feu pur et primitif, pour le culte plus matériel du soleil et des astres. En Phrygie, le culte de Sabus était lié aux orgies de Rhée-Cybèle et du principe mâle Attis, placé à côté de cette déesse. On lui donne ici pour nourrice, sur le mont Tmolus, Hippa, qui sans doute n'est autre que Cybèle elle-même (Orph., *Hymne* 49 [48]); et comme Cybèle est la même que Rhée; comme les curètes sont les mêmes que les corybantes, on ne doit pas non plus distinguer Sabazius de Zagréus, c'est-à-dire que les mythes crétois et phrygiens se confondaient ensemble, que le fils de Zeus et de Perséphone s'appelle Sabazius; que le Sabazius phrygien est fils de Cronos et de Rhée; et l'on raconte de lui, comme de Zagréus, qu'il fut mis en pièces par les Titans. Comme dieu du soleil, il portait le nom de Μηνοτύραννος, ou bien ce nom le désigne comme *Lunus*, divinité mâle de la lune, avec le sens accessoire d'un cycle lunaire. Ce sont là également des allusions aux idées persanes, d'après lesquelles le soleil est le seigneur et le fondateur, la lune le serviteur et le récipient de la semence fécondante; par là le culte de Sabus se rattache encore au culte Perse de Mithra (*V.* Creuzer, *Symbolique*, I, 767). Sabazius et Cybèle, Sabus et Hippa, forment donc un parallélisme avec Zagréus et Perséphone, Dionysus et Sémélé, Déméter et Iacchus. Les fêtes du dieu phrygien étaient comme celles de Cybèle, tout-à-fait orgiaques, et on les accompagnait de la musique enivrante des cymbales, des tambours et des flûtes. A son cortége appartiennent les Bassarées, bacchantes de l'Asie-antérieure, lesquelles, couvertes de peaux de renard ou de panthère, ou de grossières étoffes, s'abandonnaient à la fureur la plus frénétique, d'où le dieu qui leur servait de chef était de préférence surnommé le furieux. On employait aussi le mot *Bassara*, comme qualification vulgaire d'une femme qui avait perdu toute retenue, et qui se livrait adonnée sans frein à la débauche. Dans ces fêtes, on exécutait une danse particulière à la Phrygie, et appelée *sicinnis*, qui paraît avoir eu pour caractère la frivolité et les mouvements lascifs. Les nuits étaient consacrées à la célébration des mystères, où l'on exposait divers symboles, et peut-être leur explication. Selon Clément (*Protrept.*, Potter), on faisait glisser dans le sein des néophytes des serpents, non pas réels, probablement, mais artificiels, et les tableaux peints sur les murs représentaient Zeus sous la forme d'un serpent, enlaçant dans ses replis Perséphone; et c'est à cela que se rapportait cette formule mystique citée par Jul. Firmus (cap. 28) : le taureau père du dragon, et le dragon père du taureau. Car on se représentait *Sabus-Zagréus* comme dieu-taureau, c'est-à-dire comme le taureau équinoxial qui ramène le printemps. Comme tel, il engendrait le serpent, c'est-à-dire l'année qui verse l'abondance, tandis que cette même année est cause que le soleil retourne toujours au taureau, reproduit comme celui-ci. Des allusions analogues étaient probablement renfermées dans cette autre formule : l'aiguillon du bouvier est caché dans la montagne. Tout cela rappelle les mythniaques des Perses. *Mithras*, le soleil, est le rayon de feu qui jaillit du mont Albordsch, qui avec chaque année réchauffe de nouveau la terre, par conséquent c'est le soleil qui s'élève au-dessus de l'Albordesch pour commencer l'été, et qui se cache de nouveau derrière la montagne à l'approche de l'hiver. *Sabus* est donc identique avec Mithras, ou du moins c'est un symbole qui se rapporte à celui-ci. C'est ainsi que sur un bas-relief trouvé à Ladembourg, sur le Necker, et représentant ce qu'on appelle le sacrifice de Mithras, où on voit derrière le taureau une figure que l'on interprète par Sabus, c'est-à-dire pour la lune, et qui frappe le taureau avec l'aiguillon (κέντρον); on a voulu, dit-on, exprimer par là l'idée de la manière dont on peut reconnaître, par le cours de la lune, le temps où le dieu du soleil Mithras ouvre avec le poignard la poitrine du taureau, afin que son sang encore chaud (l'humidité fécondante) se répande sur la terre et la rende propre à produire en abondance les bienfaits de l'année. Enfin on faisait la clôture des mystères de Sabus par cette formule : *Evoi Saboi! Hyes attes, attes hyes!* Fréret, dans les *Mémoires de l'Académie des inscriptions* (XXIII hist., p. 46), croit que ces mots sont grecs, et les traduit ainsi : *Quod faustum sit mystis, Sabazie patet, patet Sabazie!* Bochard explique les quatre derniers mots par l'hébreu : « Il est le feu, tu es le feu. » Sickler prend la formule tout entière pour de l'hébreu, et, selon lui, ces paroles étaient récitées ou chantées à la manière des antiphonaires, par deux chœurs, par le chœur des prêtres et par celui des mystes, ainsi qu'il suit :

CHOEUR DES MYSTES.

Εὐοῖ σαβοῖ (celui qui me remplit!), (*sebaeï eïbaeï*), mon père, mon nourricier!

CHOEUR DES PRÊTRES.

Ὕης (*Ih-esch*), il est le feu (la lumière)!

CHOEUR DES MYSTES.

Ἄττης (*attah-esch*), tu es le feu (la lumière)!

CHOEUR DES PRÊTRES.

Ὕης (*hi-esch*), tu es le feu!

CHOEUR DES MYSTES.

Ἄττης (*attah-esch*), tu es le feu!

Cette explication paraît être assez acceptable. La signification des deux premiers mots repose sur la dérivation que Sickler donne au nom de Sabus. Si l'on n'admet pas cette explication, et si l'on ne voit dans Saboi que le nom du dieu, et dans εὐοῖ que le cri de joie bien connu des adorateurs de Bacchus, qui probablement n'est qu'un cri naturel, telle qu'est en allemand le mot *juchhei*! On peut très bien interprêter les mots suivants dans le sens de Sickler et de Bochart. Creuzer, au contraire, aime mieux voir dans ὕης le Dionysus-Hyes, ou le Hyrisis des plus anciens Grecs. Sous ce nom, dit-il, on représentait ce dieu comme le principe de l'humidité nourrissante, raison pour laquelle Sémélé porte aussi dans Phérécyde le nom de Hye, de même que les Hyades sont appelées nourrices de Dionysus; Osiris d'ailleurs, chez les prêtres égyptiens, était également nommé Hysiris (*Etymologicum magnum*, et Suidas, v. ὕης). Une autre formule des Sabaziens était celle-ci : J'ai porté le *cernus* (Clém., *loc. cit.*). Or, le *cernus* était un vase où l'on mêlait le vin (un cratère) employé dans le culte de Rhéa-Cybèle. On voulait représenter d'une manière sensible par là les deux éléments principaux de la nature, l'eau et le feu, l'humidité et la chaleur du soleil. Comme aucune vie physique, aucun monde n'est imaginable sans ces deux éléments, ce *cernus* était en quelque sorte l'image de l'ensemble du monde. Tandis qu'on portait ce vase, on exécutait une danse particulière à cette cérémonie (κερνοφόρον ὄρχημα), qui, selon toutes les vraisemblances, devait symboliser les mouvements de l'univers, la danse des sphères. Cette formule indiquait donc probablement qu'on appartenait aux initiés des mystères du degré supérieur. Clément (*loc. cit.*) cite encore cette formule : J'ai pris de la nourriture du tambour (τυμπάνου) et de la boisson du bassin (κύμβαλον). On pourrait ici se rappeler la fête persane de *Daroun*, où l'on goûtait le pain sacré et où l'on approchait de ses lèvres le calice consacré. Dans le 48e hymne orphique, Sabazius est appelé fils de Chroude, qui avait amené à terme, dans sa cuisse, Dionysus-Bacchus, afin que, devenu complet, il s'associât à Hippa, sur le mont Témolos. Ici Sabazius est donc le Zeus de la fable vulgaire; et voici quel pourrait être le sens de ce mythe : de la religion de Sabazius naquit celle de Dionysus, et celle-ci unit son culte à celui de Cybèle; ou bien encore : du schiwaïsme naquit le culte grec de Dionysus, et celui-ci s'unit au culte orgiaque de Bhawani-Parwati. Nous pouvons aujourd'hui donner cette dernière explication, parce que nous connaissons mieux les religions de l'Inde et la manière dont elles se propagèrent; mais l'auteur de ce mythe ne songeait assurément qu'au sens que nous avons indiqué en premier lieu. Mais on avait aussi de ce mythe une explication mystique. On voyait dans Hippa l'âme du monde, et l'on interprétait cette légende dans le sens des rapports d'Hippa avec l'Éther et le Noûs (Νοῦς). C'est pourquoi Hippa ne fut pas seulement la nourrice de Dionysus, mais rendit encore de grands services lorsque ce dieu sortit de la cuisse de Jupiter. Du reste, il est vrai que les fêtes nocturnes des sabasies dégénérèrent de bonne heure en débauches honteuses chez les peuples sensuels d'un climat brûlant. Ici, comme dans tous les mystères, il faut distinguer ce que l'on donnait au vulgaire (qui n'arrivait qu'aux degrés inférieurs), de ce que l'on communiquait à un petit nombre d'hommes éprouvés et choisis que l'on admettait aux degrés supérieurs de l'initiation. Tandis qu'on laissait la foule s'arrêter au culte matériel de la nature, et que l'on fermait même les yeux sur de graves désordres relativement aux rapports des deux sexes, parce que le principe moral n'avait pas encore fait assez de progrès pour porter de ce côté aussi les hommes à la pureté, les époptes recevaient probablement les véritables explications des symboles, le véritable sens du phallus, et divers dogmes théologiques. Creuzer croit que ce degré supérieur d'initiation se rapporte à Rhéa et à sa relation avec Sabazius, en tant que tous deux étaient des principes cosmogoniques; il croit que la danse populaire appelée sicinuis appartenait au culte orgiaque inférieur, tout comme l'hymne cernophorique faisait partie de la symbolique des degrés supérieurs. Dès le temps de Démosthènes, et probablement à une époque antérieure, il y avait un certain déshonneur à figurer dans les sabazies, et plus tard encore le préteur des étrangers, C. Cornélius Hispalis crut qu'il était de son devoir (l'an de Rome 514), de s'opposer à l'introduction des orgies de Bacchus à Rome. Plus tard encore les plaintes des Pères de l'Église prouvent la honte qui s'attachait à ceux qui participaient à ces fêtes. Le *Bassareus* lydien touche de près au Sabazius de la Thrace et de la Phrygie; Bouchart fait venir le nom de Bassarem de l'hébreu *bassar*; il signifierait par conséquent le précurseur de la vendange, ce qui s'accorderait avec le προτρύγης des Grecs (Élien, V. H., III, 41). Des grammairiens grecs, au contraire, font dériver son nom du manteau long et bigarré que le dieu et ses prêtres portaient en Asie, et qui s'appelait *bassara* ou *bassaris*, nom tiré de celui des renards (βασσάροι), parce qu'il remplaçait les peaux de renard que l'on portait anciennement dans ces pays de montagnes. De là vient aussi que les femmes consacrées au service de Bacchus étaient appelées bassarides; selon d'autres, ce nom vient des prophètes de Bacchus en Thrace, des *Bessi* (Βησσοί) (Hérodote, VII, 111). Silvestre de Sacy, cité par Sainte-Croix, blâme, comme peu naturelles, l'étymologie de ce nom, prise du costume que portaient le dieu ou ses prêtres, et, selon nous, c'est avec raison; car il est plus vraisemblable que le costume et les prêtres ont pris leur nom de celui du dieu lui-même. L'étymologie donnée par Bochart, continue Sylvestre de Sacy, serait la meilleure si l'on pouvait prouver que chez les peuples qui les premiers lui donnèrent ce nom, le dieu ait été considéré comme présidant au vin et à la vendange. Ce dieu, selon l'auteur que nous citons ici, serait d'origine orientale, et son nom dériverait peut-être de la ville de Bastua, en Idumée. Quoi qu'il en soit, et en tout cas, remarque Creuzer, ce nom marque la réunion du culte pratiqué dans l'Asie mineure et du culte pratiqué en Thrace, et il faut voir dans le dieu lydien un Bacchus plus ancien, antérieur au Dionysus thébain, et qui, par sa peau mouchetée de panthère, ou par son long manteau, comme par la barbe qui orne son menton, annonce un dieu originaire de l'orient et passé de l'Asie antérieure dans les mystères de la Thrace. Il paraît identique à ce prétendu Bacchus indien, que l'on trouve représenté sur des monuments antiques, avec une figure de mâle beauté, ayant la barbe, portant le long manteau, et tenant à la main le bâton du commandement; que l'on voyait même déjà sur le coffre de Cypsélus (Pausanias, V, 19), couché dans une grotte, et dont le culte s'était répandu de l'Asie orientale, dans l'Asie antérieure, et de là dans la Thrace. Voilà pourquoi aussi le culte de Bacchus était répandu dans toutes les îles des côtes de l'Asie antérieure, et à Lesbos également ce dieu portait un nom caractéristique, celui de Brisacus (Βρισαῖος), du promontoire de Brisa, dit-on, où il avait un temple. D'autres trouvent l'origine de ce nom dans le mot βλίττειν, couper le miel, et ceci pourrait rappeler en même temps la nymphe Brisa, qui avait élevé Bacchus, et qui lui avait enseigné l'art de presser le miel. Selon Cornutus, dans ses notes sur Perse (*Sat.* I, 76), *bris* signifie doux, et par conséquent la nymphe *Brisa* qui éleva Bacchus serait la douce vierge, et Bacchus lui-même serait le dieu doux, en sa qualité de père des abeilles et de maître dans l'art de préparer le miel. Il a donc, en ce sens, un rapport intime avec Zeus, qui fut élevé par les melisses, nymphes des abeilles, et avec Aristée, l'élève des nymphes brisiennes, qui, sous d'autres rapports encore, se lie étroitement à Bacchus (Nonnus, *Dionysiaques*, V, p. 152, 156, etc.). Cette symbolique, dit Creuzer, rappelle les idées des anciens sur la nourriture primitive et pure des hommes sur leurs mœurs patriarchales et sur la pureté de leur vie; Dionysus est donc, comme Aristée et Zeus, le premier qui donna la nourriture, le dieu du miel. Pourtant il faut remarquer encore que, dans l'ancienne langue italique, le raisin foulé était appelé *brisa* (Columelle, XII, 39), et que, dans ce cas, Briséus serait aussi un dieu du vin. Selon l'*Etymologicon magnum*, Hésychius et d'autres, les nymphes Brisees auraient tiré leur nom d'une racine dont les mots βρίζω, βρίθω et βρύω sont des formes dérivées, et qui désigne en général la plénitude de la nature physique et morale dans ses diverses manifestations, la richesse de la végétation, l'excitation à la production, le don généreux de l'abandon joyeux qu'inspire dans les fêtes la jouissance des biens de la nature. Par conséquent, Dionysus-Briséus serait donc le distributeur des plaisirs des sens, de même que Schiwa. Du reste, selon Hésychius, on donnait le nom de Briacchos à une bacchante poussant des cris de joie. Briséus et le Sabazieus phrygien ne seraient pas bien différents quant à l'idée, et le distributeur de toutes les bonnes choses est donc en même temps l'auteur de toute joie et de tout plaisir désordonné, et le dieu Phallus célébré dans les orgies. Dans un certain sens même, et en tant que Briséus, Bacchus était jeune fille, ou plutôt son sexe est représenté comme équivoque. C'est à cela que fait allusion Aristide, lorsqu'il dit (*Oratio in Bacchum*, t. I, p. 29, ed. Jebb.) : « Parmi les jeunes garçons il est jeune fille, parmi les jeunes filles il est jeune garçon, et parmi les hommes il est sans barbe et Briséus. » Évidemment il y a ici dans le nom de Briséus une allusion à quelque chose de féminin dans la nature de ce dieu, et cela convient aussi à la signification du mot. C'est encore à cause de cette double nature que son cortége paraît composé d'êtres appartenant aux deux sexes, et selon Eustathe (sur l'*Iliade*, VI, 130), il portait aussi quelquefois des habits de femme, et l'un de ces vêtements prit même de lui le nom de διονύς. Comme motif de ce déguisement, cet auteur donne la terreur que le dieu ressentit à l'aspect de Lycurgue. Dans la tragédie de *Lycurgue*, par Eschyle, aujourd'hui perdue, il est apostrophé par la qualification de γύννις, féminin, et dans certaines œuvres d'art, ce dieu a des formes de femmes. Il n'est pas invraisemblable que ces idées soient venues de l'idée d'un dieu androgyne, extrêmement ancienne dans l'Asie. Comme dieu du printemps, qui, avec le signe du taureau, répand de nouveaux bienfaits sur la terre, Bacchus était surnommé ταυρόμορφος, qui a la forme d'un taureau, ταυρομέτωπος, qui a la figure d'un taureau, ταυρόκερως, qui a des cornes de taureau, κερασφόρος, le cornu, χρυσοκέρος, qui a des cornes d'or, et les femmes de l'Élide l'invoquaient par ces mots : « Majestueux taureau! majestueux taureau! » et elles le suppliaient en ces termes : « Viens, héros Dionysus, dans ton temple sacré, viens en toute hâte, avec tes dons précieux, marquer dans ton temple l'empreinte de ton pied de taureau! » Selon Plutarque (*De Iside*, pag. 494, Wytt.), Dionysus était représenté par beaucoup d'Hellènes sous la forme d'un taureau. C'est surtout sur les médailles, principalement sur celle de la Grande-Grèce et de Sicile, que ce dieu est figuré sous la forme d'un taureau, ayant la tête d'un homme barbu. — Cette figure porte le nom de *Hebon*, que Sickler explique par les deux mots hebraïques אב, père, et אוד, force créatrice, c'est-à-dire la force paternelle qui crée, explication assurément conforme à la force génératrice que la nature déploie au printemps. Sur les médailles béotiennes, on voit aussi la tête de Bacchus couronnée de lierre et ornée de deux cornes de taureau tournées en avant. A cet ordre de symboles se rapportent encore les surnoms de *Taurogenes* (qui est né du taureau), de *Taurocephalos* (qui a une tête de taureau), de *Taurocravos* (qui a le crâne du taureau), de *Dimorphos* (qui a deux formes), de *Dicerotes* (qui a deux cornes). En Italie, chez les Romains surtout, nous trouvons Bacchus sous le nom de *Liber*, et en même temps il est fait mention d'une déesse *Libera*. Cicéron (*de la Nature des Dieux*, II, 24), dit qu'on appelait les enfants de Cérès *Liber* et *Libera*, de même que l'on appelait les enfants en général *liberi*. Nous apprenons donc tout d'abord par là que les noms de *Liber* et de *Libera* étaient appliqués à Dionysus et à Proserpine, dans le même sens où les Grecs leur donnaient ceux de κόρος et de κόρη. Quelquefois même les Romains conservaient les noms de Cora, comme par exemple : *Sacratæ apud Lernorum deo Libera, Cereri et Coræ*. *Voss* croit que Liber est, dans l'ancienne langue italique, le nom de Bacchus, considéré comme dieu de la plantation (sur Virgile, *Géorg.*, I, 7), et qu'il fut remis en usage ou du moins adopté pour la première fois lorsque le sénatus-consulte Marcien (Tite-Live, XXXIX, 8, 19), défendit les bacchanales. Les fêtes honorables de Bacchus, en opposition avec les bacchanales effrénées, furent appelées *Liberalia*, et on les célébrait le 17 mars. Bœttiger (*Idées sur l'archéologie de la peinture*, I, p. 209), remarque que peut-être du temps de Cicéron, beaucoup de Romains ne savaient plus pourquoi on appelait leurs enfants *Liberi*. Dans les temps antérieurs, le garçon arrivé à l'âge viril serait devenu par l'initiation un *liber* (libre), et la jeune fille arrivée à l'âge nubile serait devenue également par l'initiation une *libera* (libre), et cette initiation se faisait précisément lors de la fête appelée *Liberalia*. Virgile, dans le début de ses Géorgiques, invoque les divinités qui président à l'agriculture, lorsqu'il dit : *Vos, ô clarissima mundi lumina, labentem cœlo, quæ ducitis annum, Liber et alma Ceres*. Par *lumina mundi*, Voss entend ici le soleil et la lune, et il en sépare Liber et Cérès, de sorte que, selon lui, le poète invoquerait ici quatre divinités. Varron s'accorde avec cette opinion au commencement de son Traité de l'*Économie rurale*, où il invoque d'abord le soleil et la lune, puis *Liber* et Cérès. D'autres commentateurs, au contraire, entendent dans Virgile, par Liber et Cérès, les *lumina mundi* même, et par conséquent le soleil et la lune; et Macrobe (I, 18), semble s'accorder avec cette interprétation. Creuzer fait venir l'ancien culte italique de Bacchus de l'antique religion de l'île de Samothrace; Liber, selon lui, serait le dieu du printemps, celui qui amène la pluie, le nourrisson des hyades. Le nom de Liber même se rapporterait à l'ancien Bacchus des Sabins, Lœbesius, et par conséquent il faudrait tenir compte de l'étymologie donnée par Plutarque (*Quæst. rom.*, CIV, p. 289, Wytt.), selon laquelle le dieu serait appelé *Liber* et *Lœbesius*, ὅτι τὴν λοιβὴν παρέχει. Or, λοιβή viendrait de λείβω (verser), en latin *libare*, de sorte que le dieu s'appellerait *Liber* ou *Lœbesius*, dans le sens de : celui qui verse, le taureau du printemps qui amène la pluie fécondante, et ceci serait aussi d'accord avec le symbole d'Hébon des anciens Italiens et des Grecs établis au milieu d'eux ; par conséquent le *Liber* italique ne serait autre que le dieu des anciens Grecs. Quant à *Libera*, dit Creuzer, il se peut que dans le principe elle soit Cérès. Il en est ainsi dans Virgile (*loc. cit.*), si l'on prend *Ceres* et *Liber* comme opposition de *clarissima lumina*; il en est ainsi dans l'idée égyptienne, selon laquelle, d'après Hérodote (II, 123), Dionysus gouverne avec Déméter l'empire des morts. Il se peut donc qu'elle soit l'épouse de Dionysus, en tant que Chthonia, la souterraine, la déesse qui donne les richesses du fond de l'abîme, en ce sens que Dionysus lui-même est le dieu souterrain, le distributeur des richesses cachées dans les entrailles de la terre. De plus, il se pourrait qu'elle fût Sémélé, laquelle est aussi appelée expressément *Llibera* (Muncker, sur Hygin, p. 344), ramenée du monde souterrain par Dionysus, considéré comme Chthonius. On voit en elle la terre, et par là il serait facile de comprendre le symbole de son union, comme épouse, avec le dieu. On pourrait encore admettre que Libera est Vénus. Dionysus est appelé fils de cette déesse) Valckenaer, *Dict.*, Eurip., c. 15, p. 154, etc.); et si Pausanias (*Bœt.*, c. 31), fait de Priape un fils de Bacchus et de Vénus, il faut bien qu'on l'ait considérée comme son épouse; Varron, d'ailleurs, cité par saint Augustin (*de la Cité de Dieu*, VI, c. 9), signale expressément Vénus comme associée à Liber, sous le nom de Libera, en les admettant l'un et l'autre comme présidant au mariage. Enfin Libera peut encore être Ariadne. En effet, Ariadne est l'épouse véritable de Bacchus, et partage tous ses honneurs. Ovide (*Fastes*, III, 52) fait dire à Dionysus, parlant à Ariadne, qu'elle doit être sa *Libera*. Ce qui paraît toutefois le plus exact, c'est de considérer Proserpine comme Libera dans la croyance des anciens Italiens et de la grande Grèce. Par suite, Liber et Libera sont le Iacchus mystique et le Perséphone mystique, le κόρος et la κόρη, le frère et la sœur, l'époux et l'épouse. Selon Théopompe (cité par Plutarque, *de Iside*, p. 549, Witt), les habitants des pays occidentaux se figuraient dans Perséphone le printemps, par conséquent et évidemment l'épouse du dieu qui amène le printemps avec ses bienfaits. Elle est, continue Creuzer, Libéra, qui monte et descend avec le grand maître du monde, avec l'année du soleil qui, en tant que l'une, partage avec lui la magnificence céleste; qui, déesse de la pluie et de l'abondance, envoie du haut du ciel ses dons précieux, puis, agit de nouveau en commun avec lui dans le sein de la terre et enfin, partage avec lui, devenu Hadès, le lit qui les attend dans les sombres régions du monde souterrain. C'est donc là un mariage mystique, un ἱερὸς γάμος, qui ne pouvait être signalé par la fable profane. Dans celle-ci, assurément, Perséphone n'est jamais l'épouse de Dionysus, et Millin, (*Peintures des vases antiques*, t. I, p. 74) s'appuyant là-dessus, veut que dans toutes les circonstances où Libera est signalée comme épouse du dieu, l'on ne voie en elle qu'Ariadne, et que dans toutes les circonstences où elle est signalée comme sœur de Bacchus, on ne voie en elle que Proserpine. Creuzer accorde aussi qu'Ariadne glorifiée et montant au ciel avec Dionysus est appelée *Libera*, mais il croit qu'en cela, il ne faut chercher qu'un rapprochement entre les mythes populaires et les histoires mystiques des dieux; que d'abord la dignité de Perséphone comme Libera a été reportée sur la fiancée naxienne du dieu; que par conséquent sur les vases peints, cette Ariadne divinisée pouvait figurer quelquefois en qualité de Libera; mais que dans la règle il ne faut, dans *Libera*, voir que Proserpine. Ariadne, ajoute-t-il, n'a jamais été considérée comme reine des morts, ce qu'après tout devait être nécessairement la mystérieuse Libera, puisque les *liberalia* de la grande Grèce, tiraient leur origine des mystères helléniques, et surtout athénien, et que le myrthe, les pavots et les pommes grenades qu'on trouvait comme symboles dans les peintures de cette sorte, étaient consacrées aux divinités réunies dans le culte de Cérès. Qu'on nous permette néanmoins une observation : les idées d'Ariadne et de Perséphone ne devaient-elles pas précisément se confondre dans le sens mystique? Ariadne faisant, au moyen d'un peloton de fil, sortir Thésée du ténébreux labyrinthe, Ariadne, dont la couronne de rayons brille à ses yeux dans l'obscurité comme une étoile qui, par son éclat, guide ses pas, Ariadne tombée à Naxos dans un sommeil semblable à la mort, et se réveillant ensuite à la vie de bonheur dans les bras du dieu plein de jeunesse, Ariadne, selon nous, diffère très peu, pour le fond de l'idée, de cette Perséphone que reçut aussi le monde souterrain, et qui revient ensuite à la séduisaute lumière du jour. L'une et l'autre sont donc l'image de la nature qui se réveille du sommeil léthargique de l'hiver pour renaître à la vie nouvelle du printemps, et, dans un sens plus élevé, l'image de l'immortalité et de la vie plus noble dans l'ordre céleste, au moment où la nuit de l'existence terrestre s'est évanouie devant les rayons de l'autre vie. Perséphone-Ariadne est donc l'épouse du dieu et sa *Libera*, elle l'est dans un double sens; dans le cercle du monde terrestre elle est Perséphone, épouse de Dionysus souterrain, d'Hadès; dans le cercle du monde céleste, elle est Ariadne, l'épouse céleste de Dionysus, qui est monté au rang des immortels. Nous arrivons maintenant aux fêtes célébrées chez les Grecs en l'honneur de ce dieu; fêtes dont plusieurs se rattachaient à des mystères. En général, on les appelait, du nom du dieu même, *Dionysies* ou *bacchanales*; mais elles recevaient aussi des dénominations particulières d'après la manière dont on les célébrait, ou sous d'autres rapports. A cet ordre appartiennent les Agrionies des Béotiens; les femmes allaient durant la nuit à la recherche de Bacchus, prétendant qu'il s'était caché chez les Muses. Ensuite, venaient des festins et des réjouissances (Plutarque, *Sympos.* VIII, 90, I). Les Ioniens, dans le mois de Lénéon, célébraient les Lénéennes, fêtes des vendanges, vers la fin de l'automne. Chez les Athéniens, les anthestéries tombaient vers le commencement du printemps. Elles duraient trois jours et avaient quelque analogie avec les saturnales des Romains. En ce sens, pendant leur durée, on permettait toute sorte de liberté aux esclaves. Le dernier jour, on échangeait des présents de pots de fleurs, et voilà pourquoi ce jour était appelé χύτροι, de χύτρος, pot. — Le premier jour portait le nom de πιθοιγία, parce qu'il était consacré à l'ouverture des vases qui contenaient le vin. Le second jour, chacun goûtait son vin, et voilà pourquoi il fut appelé χόες, parce que le vase ordinaire dans lequel on buvait le vin portait le nom de χόα. Il y avait du reste, à Athènes, diverses Dionysies. Les Dionysies champêtres (τὰ κατ'ἀγρούς) appelées aussi petites (μίκρα) Dionysies, étaient célébrées à la campagne. Les Dionysies de la ville (τὰ κατ'ἄστι, ἀστικα) ou les grandes (μεγάλα) Dionysies se célébraient dans la ville, et les anthestéries avaient lieu au printemps, de même que les Lénéennes étaient les fêtes des vendanges. Les anthestéries portaient aussi le nom de Dionysies anciennes, (ἀρχαιότερα). Par suite de l'insuffisance des renseignements que nous ont laissés les auteurs anciens, les savants ne sont d'accord ni sur le temps fixé pour ces fêtes, ni sur les différences qui les caractérisaient. — Selon Ruhnken, les Dionysies champêtres tombaient au mois de Posidéon, vers la fin de l'automne, et celle de la ville au mois d'Elaphebolion, après le commencement du printemps; les Anthestéries, que ce critique déclare les mêmes que les *Lénéennes*, avant le commencement du printemps, au mois d'Anthestérion. — Meursius, au contraire, distingue les Antesthéries des Lénées. Cette opinion est également soutenue par Bœckh, dans sa dissertation sur la différence qui existait entre les Lénées attiques, les anthestéries, et les Dionysies champêtres. Selon lui, les Lénées auraient été une fête particulière célébrée dans le mois athénien de Gamélion, distincte des Lénées ioniennes aussi bien que des Dionysies champêtres, puisqu'on les célébrait dans la ville, bien que dans l'origine, étant les fêtes de la vendange, elles eussent appartenu peut-être aux champs. Les Lénées, selon Bœckh, auraient été accompagnées de la représentation de comédies et de tragédies; mais aux anthestéries on n'aurait joué que des farces et tout au plus des comédies. Les Chytres auraient figuré aux premières de ces fêtes, et les Choés aux secondes. Sainte-Croix ne distingue que deux sortes de Dionysies chez les Athéniens, les petites e tles grands triéterides, qui revenaient tous les trois ans. Fréret (*Mémoires de l'Académie des inscriptions et belles lettres*, t. XXIII), admet quatre sortes de fêtes de Bacchus à Athènes : les grandes, dans le mois d'anthesterion, les petites dionysies champêtres, dans le mois pasideon, les petites dionysies de la ville, dans le mois d'élaphebolion, et les Lénées, qui se célébraient, à Athénes, après la vendange, dans un lieu appelé les Pressoirs (ἐν τοῖς Ληναῖς). Creuzer penche plutôt pour le sentiment de Ruhnken. La célébration des dionysies athéniennes était accompagnée de processions solennelles et de réjouissances de toute nature. Des jeunes gens se disputaient le prix de la course, tenant à la main des ceps de vigne chargés de grappes, et courant depuis le temple de Bacchus jusqu'au temple de Minerve Scirias, et des jeunes filles entonnaient des chants en leur honneur. Cette cérémonie était appelée oschophorie (le port des branches). Une autre réjouissance était celle des ascolies. On immolait au dieu des boucs, dont la peau servait à faire des outres ; on remplissait de vin ces outres, on les frottait d'huile à l'extérieur, et des jeunes gens s'efforçaient de se tenir debout sur cette surface glissante, mais d'ordinaire ils tombaient au milieu des rires des assistants. Les triétéries de Béotie étaient des fêtes toutes sauvages. On les célébrait tous les trois ans, principalement sur le mont Cithéron. La période fixée au retour de cette fête est, dit-on, une allusion du temps qu'il faut à la vigne plantée en terre pour devenir un ceps capable de porter des grappes, d'où Bacchus lui-même était appelé τριετής, τριετηρικός, le triennal. Dans toutes ces fêtes, célébrées pour la plupart la nuit, avec tout le bruit de la folie, on voyait des processions ou figuraient des personnes à moitié nues, ayant des peaux de bêtes rejetées sur le dos, portant à la main des thyrses, et la figure couverte de masques qui représentaient des Silènes, des Satyres et des Ménades. Ce cortége bachique, pris dans son ensemble, s'appelait thiasus, de θειάζω, diviniser, assister un dieu, remplir d'un dieu, inspirer, et ce mot exprime, par conséquent, toute la bande inspirée par Dionysus et remplie de sa divinité. A cette troupe appartenaient des Silènes, des Satyres, des Pans, des bacchantes, des Lénées, des Mimallones, des Naïades, des Nymphes et des Tityres, par conséquent un mélange nombreux et confus des deux sexes, d'où Bacchus a encore reçu le surnom de θηλύμορφος, le féminin. Sans entrer ici dans des détails qui nous entraîneraient trop loin, nous nous contenterons de faire une remarque générale : c'est que ce cortége, dans son ensemble, doit exprimer les signes et les qualités caractéristiques qui se lient à l'idée du dieu. Dans ces processions solennelles retentissaient des hymnes à la louange de Dionysus, hymnes appelés spécialement dithyrambes, et où l'on exaltait les exploits et les priviléges du dieu en vers de mesure extrêmement libres et sous les images les plus hardies. Enfin, dans les fêtes de Bacchus, on célébrait encore des mystères où entraient toutes sortes de pratiques mystérieuses, et cela se faisait surtout dans les lénées (ou dans les anthestéries, si l'on doit les admettre comme identiques), dans l'ancien temple de Dionysus, à Limnes (ἐν Λιμναῖς), place d'Athènes, qui vraisemblablement tirait son nom d'un ancien marais ou d'un ancien étang, de même que, d'ailleurs, les lénées argiennes étaient célébrées sur les bords d'un lac. Le temple qui se trouvait en cet endroit n'était ouvert qu'une fois l'an, le 12 du mois d'anthestérion, et dans ce but exprès. Là était encore le Lenæon, grande place entourée de murs, où se trouvaient les choses consacrées. C'est à cause de cette coïncidence de lieu que Creuzer donne son assentiment à l'opinion de Ruhnken, suivant lequel les anthestéries et les lénées sont identiques. Du lieu où se célébrait cette fête, le dieu était aussi appelé Limnéus, et Thucydide appelle les pratiques auxquelles on s'y livrait le plus ancien culte de Bacchus. La surveillance des mystères de cette fête était attribuée au second archonte, auquel on avait laissé le titre de roi, et qui était assisté, dans cette surveillance, par les épimelètes. Il nommait les prêtresses qui présidaient aux cérémonies, qui étaient au nombre de quatorze, selon le nombre des autels établis dans le temple. On les appelait γεραραί, vénérables, et elles accomplissaient les cérémonies secrètes avec le concours d'une autre prêtresse (Pollux, VIII, 9). L'épouse de l'archonte-roi faisait un sacrifice mystérieux pour la ville, et recevait le serment imposé aux *géraires* par leur mission. Voici quel était ce serment, selon Démosthènes (*Contr. Neær.*, p. 1371, Reiske) : « Je suis nette, pure et sans tache, aussi bien de tout ce qui est impur que de tout commerce avec un homme; je veux célébrer les theœnies et les Iabacchies en l'honneur de Dionysus, selon l'usage de nos pères et en temps convenable. » Toutefois, la haute surveillance sur les prêtresses était remise au grand-prêtre de Dionysus. Dans le personnel de ce sacerdoce, on voit aussi figurer les titres de hiéroceryx et de dadouque, comme dans les Eleusinies. On était admis aux solennités secrètes après certaines épreuves préparatoires, qui, selon toutes les probabilités, consistaient en purifications symboliques par l'air, l'eau et le feu; du moins les premières sont mentionnées expressément (Servius, sur Virgile, *Énéide*, VI, 740). On se balançait avec des cordes suspendues à un plafond, ou bien on faisait balancer des masques appelés *Oscilla*, auxquels on ajoutait des mannequins en forme de torses, garnis d'un phallus, ou bien aussi on se servait, en cette circonstance, du van mystique (λίκνον) d'Iacchus, pour montrer que dans les mystères l'homme devait être purifié de la même manière que le blé est purifié par le van. Que des purifications par l'eau aient également été habituelles dans ces fêtes athéniennes, c'est ce qui est incertain. Elles avaient lieu en d'autres fêtes de Bacchus. Ainsi, les femmes de Tanagra, qui étaient pour la première fois initiées aux orgies, devaient avant tout se baigner dans la mer (Pausanias, *Bœot.*, 20, 4). L'emploi de la purification par le feu est beaucoup plus vraisemblable, puisque, dans ces fêtes, on se servait de torches. Du moins Tite-Live (XXXIX, 13) raconte, au sujet des bacchanales nocturnes de Rome, défendues par un sénatus-consulte, que des femmes de condition, vêtues en bacchantes, avaient, de nuit, couru vers le Tibre avec des torches allumées, qu'elles les plongeaient dans l'eau, et qu'elles les en retiraient tout allumées, parce qu'auparavant elles les avaient enduites de soufre et de chaux. D'ailleurs, la purification par le feu était, en général, assez connue des Grecs, et l'on en trouvait un indice même dans l'action d'Hercule se faisant brûler sur le mont Œta. Au surplus, nous remarquons encore ici que ces purifications symboliques étaient extrêmement anciennes et d'origine orientale. Elles se propageaient des pays du Gange à travers la Perse et le reste de l'Asie occidentale, jusque bien avant dans l'Europe, et certainement elles sont une preuve significative de la connexion générale qui existe entre les idées religieuses. Ce qui garantit déjà leur ancienneté, c'est que l'on en trouve des traces incontestables dans la loi mosaïque, qui prescrit les purifications par l'eau et par le feu. Selon le scholiaste d'Aristophane (*Acharn.*, 503), tout étranger était à jamais exclu de la célébration de la fête et du temple. A l'ouverture des cérémonies, le dadouque, tenant un flambeau à la main, invite l'assemblée à entonner l'hymne, qui commençait ainsi : « Fils de Sémélé, Iacchus, distributeur de la richesse » (scholiaste d'Aristophane, *Grenouilles*, 479). Pour costume solennel, les Mystes portaient des peaux de faon

Denys, *De situ orbis*, 702), et, pour cette raison, ces peaux étaient appelées le vêtement sacré. Quelquefois on se couvrait aussi de peaux de panthère. Dans les solennités publiques, le myrthe remplaçait le lierre (Aristophane, *Grenouilles*, 329 et suiv., et le scholiaste sur ce passage); le myrte était l'ornement propre de Cérès et de Triptolème, de sorte que l'on pourrait conclure de là qu'il existait un lien entre cette initiation au culte de Bacchus et les Eleusinies. D'ailleurs on offrait encore au dieu, dans les dionysies, des bouquets de pervenche, du vin et un bouc (Plutarque, *De cupid. divit.*, p. 124, Wytt.), et de plus des figues dans des corbeilles, qui étaient souvent en or, et que portaient des jeunes filles à peine arrivées à l'âge nubile. Ces jeunes filles étaient appelées Canéphores (porteuses de corbeilles), et elles portaient autour du cou des colliers de figues sèches (Nat. com., V, 13; Aristoph., *Lysistr.*, 647). Une cassette renfermait un phallus de bois de figuier. Ce symbole rappelait probablement la force vitale de la nature, qui ne s'éteint jamais, et, dans un sens plus large, l'immortalité, le retour à la vie et la migration des âmes. Le bois de figuier, dit-on encore, et les figues rappelaient la fertilité et la propagation (Plutarque, *de Iside*, p. 496, Wytt.). Dans les dionysies ordinaires, c'était un bouc qui servait de victime; dans les dionysies mystérieuses, on immolait, à ce qu'il semble, le bouc, animal que l'on voit souvent représenté sur des vases peints de la grande Grèce, où sont figurées des scènes du cycle de Bacchus. A Ténédos, on consacrait à ce dieu une vache pleine. L'un et l'autre de ces symboles se rapportaient certainement à la fertilité, et ils étaient égyptiens, selon toute apparence. A Chios, on avait un usage particulier: les bacchantes étaient obligées de manger crue la chair de la victime partagée entre elles. On appelait cette coutume ὠμοφαγία, l'action de manger de la viande crue, et de là Bacchus était nommé ὠμάδιος. Dans cette île, comme à Ténédos, on avait jadis immolé en l'honneur de ce dieu une victime humaine, coupée ensuite en morceaux. C'est ce que rappela plus tard le changement introduit par des mœurs plus douces. Mais au point de vue symbolique, cet usage se rapportait peut-être à Zagréus, dont le corps avait été mis en pièces. Anciennement Athènes avait offert aussi des sacrifices humains à Bacchus, et Thémistocle lui-même avait encore immolé trois jeunes gens à Διόνυσος ὠμηστής, c'est-à-dire à Dionysus, qui mange cru (Plutarque, *Themist.*, c. 13; *Pelop.*, c. 21; *Aristide*, c. 8). Ce surnom d'ὠμηστής, détermine Creuzer à prendre dans le même sens celui d'ὠμάδιος, et beaucoup de savants se rangent de son avis. Dans ces mystères, le nom principal de Dionysus était Iacchus, et ce nom révèle aussi le lien qui existait entre les Eleusinies et la religion de Bacchus. Creuzer consacre un chapitre très détaillé aux mystères de Dionysus, et particulièrement aux dogmes qu'on y exposait. S'il est exact (ainsi que nous croyons devoir l'admettre, du moins comme vraisemblable,) que le Bacchus hellénique, de même que l'Osiris égyptien, soit né de l'idée fondamentale du Schiwa indien, nous devons avant tout nous occuper de cette idée fondamentale. Schiwa était, dans l'Inde, la force divine qui produit tout, mais qui aussi dissout et détruit toutes choses. Dans les deux sens il avait pour symbole le feu, et généralement le soleil comme source première de toute chaleur et par là même de toute naissance. Comme toute naissance a pour condition, dans la contemplation de la nature, l'action commune d'un principe mâle et d'un principe femelle, on se représente toujours Schiwa avec son épouse Parwati, et par suite on le décrit souvent comme Androgyne. Cette union de la nature femelle avec la nature mâle se révèle aussi en Dionysus, et se manifeste en partie dans son cortège, en partie dans la manière dont les beaux-arts le représentent. Ce qui est engendré est la nature individuelle, sensible, et voilà pourquoi Schiwa apparaît principalement comme le maître de cette nature. Tous les bienfaits qu'il distribue à ses adorateurs sont les biens qui rentrent dans le domaine des sens; la richesse, les plaisirs de la vie, la puissance et les honneurs terrestres, et cette idée se reproduit en Dionysus. Comme lui, ce dieu distribue les plaisirs des sens; comme lui il est mis à la tête de la nature sensible, en qualité de régulateur du monde. Si, selon les idées indiennes, la première chose qui ait existé est la grande unité indivise, et par conséquent en dehors de la perception des sens; si le monde naquit parce que cette unité se plaça en quelque sorte hors d'elle-même et se montra comme multiple, comme un ensemble d'individualités, nous trouvons aussi cette idée admise par les mystiques grecs, Dionysus est en conséquence ce Phanès des Orphiques (tel qu'il est expressément nommé dans le fragment VIII de l'édition de Gesner, p. 370), qui se développe d'abord, sous le nom d'Eros, de l'amour, du sein de l'être primitif, qui portait en lui les prototypes de toutes choses, et qui, en les émettant de lui-même, les rendit visibles. C'est précisément ainsi que, dans l'Inde, Maïa procède de Parabrama, et il voit en elle, comme dans un miroir, les prototypes des choses qui doivent exister un jour, et entraîné par là à une union d'amour avec ce principe primitif femelle, il devient le créateur du monde. C'est de même que les Orphiques font absorber Phanès par Zeus, et alors les prototypes des choses se manifestent dans Zeus lui-même, et celui-ci ne fait plus qu'un avec Phanès; de là vient que Dionysus est quelquefois considéré comme identique avec Zeus. Le monde fut, en ce que l'unité se divisa en multiplicité. C'est pour cela que, dans l'Inde, Brama prend toutes les formes les unes après les autres, et manifeste dans chacune d'elles l'opposé qui lui correspond. C'est ainsi que Dionysus aussi était, chez les mystiques, appelé la multiplicité, c'est-à-dire le tout se manifestant sous mille formes diverses; or, il semble que cette idée fut exprimée symboliquement dans la fable suivant laquelle Zagréus fut mis en pièces, de même qu'en Égypte, dans la fable de la mort d'Osiris. Zagréus, avant de mourir, se transforme en tous les éléments et en toutes les natures (Nonnus, *Dionysiaques*, VI, 174, et suiv.); c'est-à-dire il est la puissance divine qui maintient la nature, malgré son morcellement, dans son unité, qui fait que toutes les choses isolées ne forment pourtant qu'un seul tout. Pour marquer ces idées de Dionysus et d'Apollon, on a, dit-on, consacré au premier le dithyrambe qui prend tour-à-tour tous les rhythmes et change sans cesse son allure, et au second le pœan, toujours semblable à lui-même, toujours sévère; c'est pour cela encore que Dionysus est représenté tantôt sous les traits d'un enfant, tantôt sous ceux d'un jeune homme, d'un homme fait, et même d'un vieillard à longue barbe; tandis que l'on donne constamment à Apollon la même vigueur divine de la jeunesse (Plutarque, *de Iside*, p. 495, Witt.). Puis on alla plus loin; la vapeur qui s'éleva des cadavres putréfiés des Titans foudroyés, donna naissance à la matière, et de la matière naquit l'homme; de là vient ce qu'il y a de grossier dans notre nature; de là encore ce dogme que nous devons dompter ce qu'il y a de grossier et de désordonné dans notre nature, calmer les mouvements des sens, afin qu'il n'en advienne pas de nous comme des Titans. Ceux-ci, ajoute-t-on, se nourrirent des membres de Zagréus, pour apaiser leur rage; et c'est-là ce qu'on aurait représenté symboliquement dans les mystères, par l'action de manger crue la chair des victimes (Voy. Euripide, ap. Porph. *de abstin.*, IV, p. 366; Rhor., et Creuzer, *Explication des symboles*, III, 388); on voulait rappeler par là la loi contraire, à savoir que l'homme doit s'abstenir de toute nourriture animale et mener une vie pure, ne pas faire, en conséquence, ce qu'avaient fait les Titans. Celui donc qui, dans l'initiation au culte de Bacchus, était arrivé au degré où l'on servait un repas de viande crue, celui-là, dit Creuzer, était arrivé au degré le plus élevé, il était un disciple parfait de Bacchus, et pouvait participer aux initiations plus élevées des Curètes, qui, par les danses rhythmiques qu'ils exécutaient en armes autour de Zagréus enfant, exprimaient l'harmonie et l'ordre qui règnent dans l'univers, et ne peuvent être méconnus par un esprit cultivé, aux initiations de Rhée et de Jupiter idéen, ordonnateur et régulateur de la danse des Curètes. Le même auteur rattache encore à cet idée un autre surnom de Dionysus. En effet, celui-ci s'appelait encore ἰσοδαίτης ou ἰσοδαίτης, celui qui distribue avec équité la nourriture, en partie comme le dieu bon en général, qui, par ses dons, alimente toutes choses, en partie comme celui qui, dans l'empire de la nature, a ordonné toutes choses d'une manière harmonique et convenable, en partie comme dieu du monde souterrain, qu'attirent à lui dans les abîmes tous les êtres vivants sans distinction, mais renvoie aussi sur la terre les âmes en leur donnant une vie nouvelle, ce qui fait dire à Hesychius qu'Isodœtès est Pluton lui-même ou le fils de Pluton. Sous ce surnom, continue Creuzer, ce dieu apparaît donc comme souverain maître de la nature, de la mort et de la vie; l'Hindou réunissait aussi ces idées dans son Schiwa. Ensuite, Creuzer cherche à trouver un sens aux jouets dont Zagréus s'occupe avant d'être attaqué par les Titans. Ils sont nommés dans Clément (*Protrept.*, p. 15), et dans Arnole (V. c. 19) et ces auteurs citent à ce sujet des vers orphiques. Selon ces indications, ces jeux étaient les dés, la boule (image très habituelle de l'univers), les pommes des Hespérides, les quilles, le miroir, etc. Aux yeux de Creuzer, le miroir surtout est significatif. Selon Nonnus (VI, 173), Zagréus regarde dans ce miroir au moment même où les Titans le mettent en pièces, et il y voit sa fausse image ; c'est pourquoi ce miroir est appelé le miroir trompeur, et Zeus y reconnaît l'image obscure de Zagreus. Dans un fragment du *Lycurgue* d'Eschyle, un miroir est également mentionné parmi les attributs de Dionysus (Aristophane, *Thesmophr.*, 140), bien que seulement en ce sens que le jeune dieu y est représenté comme ayant les habitudes molles et efféminées de l'Asie. Mais les mystiques expliquent cela autrement. Selon eux, ce miroir était celui où Dionysus se vit lui-même (l'idéal de la nature sensible), et d'après cette image, il créa le monde sensible, varié, et riche en formes diverses (Proclus, in *Plat. Tim.*, p. 163). C'est ainsi que le Brama indien se voit aussi lui-même dans la trompeuse Maïa, comme un être extérieur varié, et qu'il forme les choses d'après cette idée. Le cratère (le vase où l'on mêle le vin et l'eau), souvent attribué à Dionysus, est en rapport avec ce miroir. Les mystiques parlaient d'un double cratère, l'un bas, qui était propre à Dionysus ; il contenait le mélange dont furent faites les choses terrestres, et qui par conséquent devaient être une image de la création physique ; l'autre haut, qui était tenu par le démiurge suprême lui-même ; il y mêlait la matière spirituelle (qu'on nous passe cette expression) des êtres intelligibles; ce second cratère était donc une image de la création intellectuelle. Dans ce vase se forma l'âme du monde, le fond de toute vie et de tout esprit, appelé par conséquent aussi source des âmes. Mais ce second cratère est également attribué à Dionysus, comme fondement créateur de tout être individuel. De ces deux cratères dépendaient ensuite deux coupes des âmes. L'âme qui boit de la première de ces coupes, de la coupe de Dionysus, est énivrée par ce qui appartient aux sens ; elle oublie sa nature plus élevée, et monte dans un corps terrestre. Si alors elle ne tombe pas tout-à-fait sous l'empire des sens, si elle a conservé encore quelque conscience de son *moi* plus sublime, elle est apte à boire à la seconde coupe, à la coupe de la sagesse, qui la délivre de la puissance des illusions des sens, et réveille en elle le désir de retourner dans sa véritable patrie. On trouve une symbolique analogue dans l'Osiris égyptien et dans le Dschemschid et le Mithras des Perses. — De plus, continue Creuzer, on représentait encore dans les mystères, Dionysus, comme le dieu qui ramène les âmes dans leur patrie, comme celui qui leur montre le chemin de la perfection, et, pour cette raison il était appelé le surveillant de la Télestique, de l'art du perfectionnement, que l'on enseignait précisément dans les mystères. Si dans d'autres mystères, par exemple, dans ceux des Cabires et d'Eleusis, il est représenté sous ce rapport comme serviteur et auxiliaire de dieux supérieurs, il était lui-même, dans ses propres mystères, le maître de la nature, le créateur des âmes et le régulateur de leurs destinées, et Coré était associé à sa majesté et à ses actes. Tous deux ensuite avaient pour serviteurs et pour auxiliaires les démons ou génies, qui agissent comme intermédiaires entre Dieu et l'homme. Ils pouvaient jouer ce rôle, parce qu'ils étaient des êtres intermédiaires entre les dieux et les hommes, c'est-à-dire parce qu'ils participaient à la nature des uns et des autres. Quelques-uns de ces démons étaient, selon la croyance vulgaire, devenus malheureux par des instincts et des passions sensuels, par leur attachement à la nature sensuelle; ils avaient été repoussées des sphères supérieures, ils avaient été condamnés à passer dans des corps mortels, pour être amenés par la douleur à la pénitence, et à la purification, et devenir ainsi de nouveau capables de prendre l'essor vers un état meilleur. Leurs destinées étaient, à ce qu'il paraît, représentées dans les mystères, dans des tableaux conformes au sujet, pour servir aux initiés de leçon et d'avertissement. D'autres démons restèrent plus fidèles à leur noble nature, et servaient aux hommes, de génies tutélaires, ayant pour mission de les détourner du mal et de les conduire au bien. Dans les mystères de Bacchus, on voyait de ces génies tutélaires et conducteurs dans le cortége même du dieu, qui certainement devait en général représenter ses diverses qualités et ses forces. Par cela même que ce cortége, dans son ensemble aussi bien que dans chacune de ses parties, avait admis le contraste de l'esprit et de la matière, de l'inspiration la plus sublime et divine, et du délire le plus désordonné et le plus dévergondé, il devait servir aux mystes de leçon et d'avertissement, en leur montrant ce qu'il fallait imiter et ce qu'il fallait rejeter. Il devait être le miroir où ils voyaient leur propre nature, leur nature élevée, comme leur nature basse, et les encourager à ne suivre la voix que de la première. Si les Tityes et les Satyres devaient être la représentation sensible de ce qu'il y a de bestial dans l'homme ; si les Bacchantes, les Lens et les Ménades devaient figurer le mélange de cette nature animale avec l'inspiration plus élevée; si les Nymphes devaient représenter la nature immortelle de l'homme ; si Télète, l'initiation personnifiée, la fille sublime du dieu et de Nicœa, la victorieuse, devait être l'image de l'initiation aux mystères, qui mène à la perfection ; si dans les mimallons il fallait voir la lutte de l'esprit contre la matière, Silène, en qualité de démon le plus élevé après Dionysus, comme le maître, le précepteur qui avait formé ce dieu lui-même, Silène réunissait ce contraste tout entier dans sa propre personne, et il apparaît tantôt sous la figure d'un vieillard étourdi par les vapeurs du vin et pouvant à peine se maintenir en équilibre sur son âne, tantôt comme un instituteur et un prophète plein de sagesse et qui, avec une majestueuse gravité signale le véritable but des efforts de l'homme, et formule notre mission par des comparaisons sublimes. — Dirigées par des génies de ce genre, les âmes accomplissent donc le cours de leur vie. Ces âmes, qui elles-mêmes appartenaient dans l'origine à la race des démons, sont, suivant les doctrines enseignées dans les mystères, en partie celles qui descendent par la volonté des dieux des sphères supérieures dans des corps matériels, pour éclairer l'économie du monde, pour apparaître au milieu de l'espèce humaine comme bienfaitrices, libératrices, institutrices, pour soutenir les habitants de la terre dans leur lutte contre le mal et les fortifier, en partie celles qui, en expiation de fautes antérieures, sont exilées de nouveau dans des corps, en partie celles qui, par inclination pour les choses terrestres, quittent volontairement les cercles supérieurs et émigrent dans un corps de terre. Ces dernières avaient, comme Dionysus, regardé dans le miroir et y avaient vu leur image; et cette vue les avait séduites au point de les faire descendre dans la sphère des individualités. Cette fantaisie des âmes était, dit-on, considérée en Égypte comme la curiosité de voir ce qui existait en dehors des sphères supérieures où elles résidaient; et par-là elles auraient été rejetées au-delà de la sphère de la lune dans ce monde inférieur. Cette curiosité qui séduit l'âme, cette image qu'elle voit (Zagréus aperçoit une image fausse, obscure, c'est-à-dire une image non point vraie, pure, mais troublée, ternie par la matière, par l'erreur des sens) est précisément l'image que dans l'Inde la trompeuse Maïa présente au créateur. C'est cette coupe enivrante de Dionysus, d'où l'âme boit l'oubli de son état plus élevé. Des âmes tout-à-fait parfaites se méfient de cette coupe et restent dans le cercle des dieux ; des âmes meilleures n'en boivent qu'autant qu'il en faut pour pouvoir descendre dans la matière; celles-ci restent aussi toujours obéissantes à la voix de leur génie et pensent sans cesse à retourner dans leur patrie; les âmes moins nobles sont les seules qui s'enivrent, et il leur faut par conséquent une purification plus sévère. Ces dernières sont encore appelées âmes humides, ou ce sont celles qui ont perdu leurs ailes. Le monde matériel, qui n'est en réalité qu'une caverne ténébreuse, leur paraît beau, car Dionysus l'a embellie des ornements les plus gracieux, en sa qualité de seigneur et créateur du monde varié et riche en formes de toute espèce. A la place de l'image vue dans le miroir, on avait encore une autre allégorie, celle du tissage. L'indienne Maïa tisse, comme le ferait une araignée, le voile du monde matériel devant le créateur, de telle sorte qu'il ne reconnaît plus l'être véritable, et se laisse décevoir par ce tissu trompeur. Cette idée s'était également introduite dans les mystères. Ici c'est Proserpine (Ilithyie, Artémis, Vénus) qui fait le tissu. Elle tisse l'enveloppe du corps matériel pour l'âme, et plus est grand le penchant de celle-ci pour les choses terrestres, plus sont nombreux les corps de ce genre qui s'attachent à elle, plus devient lourd le fardeau qu'elle est condamnée à porter, et qui tend à l'entraîner toujours plus bas dans la matière. Elle ne peut faire retraite qu'en se débarrassant de plus en plus de ces enveloppes. La mort amène la possibilité de ce retour. Par la mort l'âme arrive chez le bienveillant et doux Hadès, qui lui présente la seconde coupe, la coupe de la sagesse, l'eau du Léthé, qui lui fait oublier toutes les illusions de la terre et fait renaître en elle le sentiment du vrai. Ici commence le retour, mais seulement alors que l'âme, par de nouvelles naissances sur la terre, s'est purifiée de plus en plus de ce qui vient des sens. C'est par conséquent le dogme de la migration des âmes. Les Égyptiens en fixaient la durée à trois mille ans ; Platon, dans son *Phédon*, la fixe à dix mille ans. Chez les bouddhistes, elle a en somme une plus longue durée, et se règle selon le degré d'impureté. Quand enfin tous les êtres sont revenus dans la région du second Dhjana, c'est-à-dire dans les régions supérieures, dans les sphères de la divinité selon les mystiques égyptiens et grecs, toute la marche cyclique des choses, l'ortschilang, a un terme, l'univers est détruit, et un nouvel univers commence. Dans le bramaïsme aussi, la migration ne parcourait que les sept bobuns inférieurs, les régions du châtiment et de l'épreuve. Si l'âme était arrivée aux sept régions supérieures de la purification, elle n'était plus soumise à la migration et n'avait plus besoin que de la purification complémentaire. Ici encore se place la destruction de l'univers, lorsque s'est écoulée la période de douze mille années divines fixées pour l'amélioration. Le dominateur du monde souterrain, Hadès, est alors dans le sens mystique, le Dionysus souterrain, de même que dans l'Inde le dieu Jama est, en un certain sens, identique avec Schiwa. Liber et sa Libera (Proserpine) sont donc les dieux qui président au retour des âmes, et les initiations à leurs mystères devaient précisément être un moyen de faciliter ce retour. Par là le temps des périodes répétées de la migration était abrégé et le nombre de ces périodes diminué, et dans ce sens encore le dieu était appelé λύσιος, le libérateur, celui qui absout. Dans ces fonctions il était soutenu par sa compagne, la bienveillante Perséphone. Celui qui dans la vie présente n'avait pas été purifié par son admission aux mystères devait d'autant plus être purifié dans le monde souterrain par le feu, l'eau et l'air, avant de pouvoir, par une seconde naissance, arriver à une vie plus noble. C'était donc là le véritable but des mystères; en cela consistait ce qu'ils avaient de bienfaisant, selon la théorie du système mystique-théologique. — Toutes ces doctrines, continue Creuzer, étaient soutenues dans les mystères par les arts du dessin, c'est-à-dire qu'elles étaient rendues sensibles et comme corporelles dans un grand cercle de symboles. Ainsi les divinités et tout leur cortége furent représentés par les initiés, et des tableaux déroulaient aux yeux du spectateur l'empire des esprits, avec ses ordonnances, les âmes dans leurs destinées et leurs migrations, la vie souterraine avec ses joies et ses souffrances. Sans doute nous ne pouvons conclure sur ces mises en scènes que d'après des indications partielles données par des écrivains; mais une conclusion de ce genre, prise dans sa généralité, paraît approcher assez de la vérité. Creuzer cite plusieurs observations de cette nature, et s'appuie en même temps sur des œuvres d'art encore existantes; nous renvoyons à son ouvrage (partie III, p. 446, jusqu'à la fin). Sans doute Aglasphanos dit au sujet de toute cette représentation : Ce sont de misérables, d'absurdes rêveries des mystiques alexandrins, auxquelles nul ancien grec n'a songé; on ne peut le moins du monde leur attribuer une antiquité plus reculée que le siècle d'Homère. Je concède très volontiers que les plus anciens mystères étaient fort simples, qu'ils ne prirent qu'avec le temps un développement successif, et qu'ils ne reçurent que plus tard leur perfection (si l'on peut employer ici cette expression); mais au fond ces maximes sur lesquelles s'appuyait la dogmatique sacerdotale sont certainement fort anciennes, c'est-à-dire plus anciennes qu'Homère. C'est ce que prouve leur accord avec des dogmes évidemment très anciens des religions orientales, particulièrement du bramaïsme et du bouddhisme, qui précisément étaient l'un et l'autre fondés sur le dogme de la chute des démons, sur celui de la nécessité pour les esprits de se purifier des taches qui les souillaient, afin de pouvoir revenir à leur premier état dans l'empire de la divinité, sur celui du monde corporel créé expressément et seulement dans ce but, et où les esprits devaient faire diverses migrations, avant de pouvoir atteindre ce but; sur le dogme de la descente de bons génies et de puissances divines dans l'empire terrestre, pour soutenir les esprits dans leur lutte contre l'impureté et contre le mal, et apparaître ainsi comme de véritables libérateurs; sur le dogme de divers moyens symboliques de purification par l'eau, le feu et l'air, dont ne parlent pas seulement les plus anciens écrits des Indiens et des Perses, mais qui jouent aussi un rôle si important dans la législation mosaïque, et étaient par conséquent et certainement connus longtemps avant Homère en Égypte et dans l'Asie occidentale; ils ont donc également pu être connus de bonne heure des Hellènes et des anciens peuples de l'Italie, dans le cas où ceux-ci n'en auraient pas apporté déjà peut-être les idées principales de leur patrie originaire, des pays du Gange, où les analogies incontestables et évidentes des idiomes de la Grèce et de l'Italie avec la langue sanscrite, nous font trouver naturellement leur point de départ. Toute cette doctrine de purifications ne peut être véritablement et réellement motivée que si l'on suppose ces doctrines essentielles de l'Inde, de même que le dogme admis par les Égyptiens, par les peuples de l'Asie occidentale, et en partie aussi par les Hellènes, de corps naturels purs et impurs, ne peut être complètement expliqué que par le mythe persan de la création faite par Ariman, qui lui-même n'est autre chose qu'une autre manière de représenter la doctrine indienne de la chute des esprits. Tout cela appartient à une très haute antiquité, et son origine remonte au delà des temps historiques; on peut selon nous, en conclure avec raison que ces maximes mystérieuses des anciens Grecs étaient, quant au fond, extrêmement anciennes, mais que plus tard seulement, lorsqu'on eut appris à mieux connaître les systèmes philosophiques de l'Orient, elles reçurent le complément de leur développement et de leur forme. Avec ces doctrines d'ailleurs s'accordent les plus anciens philosophes grecs connus, les écoles ionique et italique, et cet accord est tel que l'on est encore une fois obligé de se tenir pour convaincu que ce ne sont pas là les produits d'une spéculation personnelle, mais des données puisées aux mêmes sources d'où nous croyons devoir faire dériver les mystères. Voilà les considérations qui nous déterminent à admettre comme exactes, en majeure partie, les recherches et les opinions de Creuzer. Si nous voulons nous en tenir exclusivement à des sources grecques, nous pouvons assurément expliquer telle chose de telle manière, telle autre chose d'une autre manière, et l'exposer sous une forme plausible, et si nous trouvons quelque contradiction, il nous suffit de la considérer comme une idée née plus tard, pour en finir bientôt avec l'hypothèse d'éloigner dans les plus anciens temps toute influence orientale; mais par cette voie nous ne trouverons pas la vérité, par cela que déjà nous isolons un peuple tout entier, qui pénètre si profondément dans l'histoire de l'humanité, de tous les autres peuples, parce que nous traitons ceux-ci comme des barbares qui ne méritent aucune attention, parce que nous prétendons que ce peuple ainsi isolé a puisé dans son propre sein toute sa sagesse et tous ses arts, parce qu'enfin nous rejetons toute analogie entre lui et les autres peuples. — Il nous reste encore à faire les remarques essentielles sur la manière dont Bacchus est représenté dans les arts, sur ses surnoms et sur son culte en Italie. Pour ce qui est de la manière dont le dieu est représenté, il faut bien distinguer l'idéal que donnent les beaux-arts de la Grèce, de sa figure dans les temples et sur les médailles. Les beaux-arts cherchaient à figurer dans ce dieu l'idéal de la vie dans toute sa plénitude et dans tout son éclat, Dionysus dans toute la fleur de la jeunesse, toujours serein, beau et heureux. La taille, les traits du visage, la chevelure, les gestes, les mouvements annoncent plutôt ce qu'il y a d'arrondi, de tendre, de gracieux dans une belle jeune fille que les qualités distinctives d'un jeune homme. Le visage forme un ovale allongé; nulle part l'œil ne saisit la moindre tension d'un muscle; pour toute expression celle d'une heureuse tranquillité, autour des lèvres bien remplies se joue une grâce pleine de douceur; l'œil n'a nulle expression de fermeté, mais le regard est plutôt abaissé et langoureux. Un ornement caractéristique de la tête est le bandeau, le diadème, qui fut plus tard la parure distinctive des rois, et, comme les anciens le prétendent, Bacchus l'avait inventé pour dissiper le mal de tête que lui avait causé l'usage du vin. Les cheveux longs et ondoyants sont relevés derrière la tête par un nœud, et quelques boucles seulement tombent des côtés sur les épaules. Autour des cheveux se noue une guirlande de pampre ou de lierre. La tête est toujours légèrement tournée et inclinée de côté, posture qui donne à Bacchus l'expression de langueur et de mollesse propre à la femme. Le reste du corps n'est ni trapu, ni élancé; il n'est pas trapu à cause du peu de largeur des épaules et de la nature de la poitrine, qui est plutôt grasse que musculeuse; il n'est pas élancé parce que ses hanches sont pleines et arrondies comme celles d'une jeune fille. On ne voit dans cette image ni contours raides ou anguleux, ni développement athlétique des muscles; ce qui domine dans tout l'ensemble c'est un air léger d'embonpoint et de contours délicats. Bacchus est donc en quelque sorte pour les jeunes hommes ce que Vénus est pour les femmes. A ce caractère de mollesse et de langueur répondent aussi tous ses gestes et tous ses mouvements, qu'on le représente marchant, debout, assis ou couché. Partout sont exprimées la délicatesse, la grâce et l'abandon. Ordinairement il est figuré entièrement nu; quelquefois il porte négligemment un long manteau (*palla*), qui, dans la plupart des cas ne couvre qu'une partie des épaules et des hanches et cache rarement presque tout le corps. Tantôt une peau de faon est jetée en travers sur sa poitrine; tantôt il a des sandales ou le cothurne. Dans un seul bas-relief de l'ancien style il est cuirassé. Toutes les autres idées rattachées à ce dieu et qui contrastent avec cet idéal conçu de lui par l'art sont exprimées ici plus doucement, là plus fortement dans les personnages qui l'accompagnent; l'embonpoint difforme, qui doit rendre sensible l'excès dans la jouissance, en Silène; la fureur de ses fêtes, dans les satyres et les bacchantes, l'inspiration plus élevée, ce que son être a de réellement divin, en partie dans les nymphes qui l'entourent, en partie dans l'heureuse quiétude qu'exprime son idéal lui-même. Le Bacchus dit *barbu* ou *indien*, manière très ancienne de le représenter, puisqu'elle se trouve déjà sur le coffre de Cypsélus, a une expression élevée, majestueuse, royale. La tunique large, richement drapée, tombant jusqu'aux pieds et garnie jusqu'au coude d'amples manches, jointe au manteau vaste et magnifique qui la recouvre annonce manifestement la mollesse et le luxe asiatiques. La main, élevée, tient le sceptre, et la chevelure flotte tantôt en boucles longues et frisées, et tantôt elle est rattachée autour de la tête en un faisceau de tresses élégantes. Tantôt le diadème orne son front, et tantôt il est rejeté par la chevelure sur le sommet de la tête. La barbe est longue et fournie, mais elle n'est pas tressée comme chez les dieux supérieurs. Dans l'expression de la physionomie règnent le calme, la douceur et la sérénité. Cependant la force virile et l'impétuosité ne s'effacent point sous ce luxe asiatique. Ces qualités se montrent lorsqu'il est représenté avec la tunique courte, relevée par la ceinture autour des hanches, et avec le cothurne aux pieds. La peau mouchetée de la panthère lui sert de bouclier, et tandis qu'il renverse son ennemi en le frappant du thyrse, il porte de la main gauche un cep de vigne en signe de paix; car l'acceptation et la plantation de la vigne sont les conditions du pardon. Tout en montrant ainsi le guerrier énergique, il représente, revêtu du manteau long et flottant, l'idéal le plus complet du sage plein de douceur, du législateur qui fait le bonheur des peuples, et du monarque asiatique ami du luxe. Mais en même temps on ne peut méconnaître dans sa pose un caractère de mollesse et d'abandon. On a pris longtemps ce Bacchus indien pour un Sardanapale, jusqu'au moment ou Visconti (*Mus. Pio-Clement.*, t. II, tav. 41) eut mis hors de doute sa véritable signification. En tant que Bacchus procède de Schiwa *indien, nous remarquons que l'on donne* aussi à celui-ci le symbole de l'ivresse. C'est ainsi que dans son mariage avec Parwati, fille du mont Himavat, et de Maira ou Maina, pour éprouver sa confiance et humilier sa vanité, il se montre ivre avec de honteuses circonstances et chancelant sur sa monture, le taureau. C'est peut-être cette idée du dieu ivre, transportée chez les Grecs, qui a principalement fait de lui le dieu du vin, après que le vin eut été inventé et que l'on eut reconnu sa force enivrante; mais les beaux-arts reportèrent ce symbole inconvenant sur son compagnon Silène, qui, sous ce rapport, ressemble tout-à-fait au Schiwa dont nous venons de parler. — Sur les médailles et dans les images placées dans les temples, aussi bien que sur les vases, la partie symbolique de la représentation est mieux conservée. Ainsi on l'y voit figuré avec des cornes naissantes, mais ayant du reste tout l'extérieur de Bacchus dans la fleur de la jeunesse, ou l'expression d'un jeune faune, aux cheveux hérissés, au regard brillant de désir. On ne voit un Bacchus barbu avec des cornes que sur les médailles de Naxos en Sicile. Sur des médailles on ne voit aussi que Bacchus sous la forme de taureau avec une tête humaine barbue (hebon), ou Bacchus avec des cornes de bélier, peut-être comme fils d'Ammon. Cependant, sur une double corne d'Ammon et de Bacchus, le père a des cornes de bélier et la barbe, tandis que le fils a le menton ras et des cornes et des oreilles de taureau. Le dieu est donc figuré de manières très diverses, participant plus ou moins de certains animaux, vieux, jeune, sous la forme masculine ou féminine, même androgyne. Schiwa apparaît aussi sous diverses formes, et par conséquent cette représentation diverse de Dionysus a bien pu avoir sa source dans la première idée que l'on s'était faite de ce dieu, considéré dans le sens mystérieux comme le monde matériel aux mille formes. La représentation du mariage de Liber avec Libera se reproduit fréquemment sur des vases. C'était ce qu'on appelait un ἱερὸς γάμος (mariage sacré), telles que les noces de Jupiter et de Junon, modèle de tout mariage dont les contractants avaient reçus la consécration des mystères de Bacchus. Dans le langage orphique, le mariage d'Uranus avec Gaïa (du ciel avec la terre) était le premier mariage, et celui de Liber avec Libera était le quatrième; il désignait mystiquement la formation individuelle de ce monde et son développement progressif vers la richesse et la beauté physique de ses formes, et, sur les vases, beaucoup de dessins représentaient les tableaux exposés dans les temples et qui devaient mettre ce mariage sous les yeux des initiés. Creuzer, dans sa *Symbolique* (II, pag. 486 et suiv.), cite plusieurs exemples de ce genre. D'autres vases peints ont trait à la doctrine mystique de la descente des âmes dans le monde physique et de leur retour dans leur patrie primitive, et Creuzer donne également (p. 499 jusqu'à la fin) des explications très intéressantes à cet égard. Beaucoup de monuments représentent Bacchus dans sa marche triomphale, où les Centaures jouent particulièrement un rôle. A cet ordre appartient entre autres le triomphe du dieu après le châtiment de Penthée, et où deux centaures, dont l'un donne du cor et l'autre joue de la lyre, traînent le char (*Pio-Clem.*, t. IV, tab 22; *Galleria Giustinian.*, t. II, n. 104; *Admiranda* LIV), Quelquefois Bacchus paraît aussi accompagné d'Ariadne. A cet ordre appartient un beau camée de la collection du Vatican, il représente la marche triomphale du dieu avec Ariadne, sur un char traîné par deux centaures mâles et par deux centaures femelles. — Les attributs de Bacchus étaient extrêmement nombreux. Nous en donnons ici une indication sommaire et nous nous contenterons de joindre quelques observations relativement à ceux dont il n'a pas encore été question. Ces attributs sont : 1° le bandeau ou diadème; 2° la couronne de lierre ou de pampre mêlé de grappes. Le lierre, disait-on, était un préservatif contre le mal de tête, ou bien, par son feuillage toujours frais, toujours vert, il était le symbole de l'éternelle jeunesse du dieu; ou bien encore cet attribut a été donné à Bacchus parce que les nymphes de Nysa couvrirent de lierre le dieu enfant pour le soustraire à la colère de la jalouse Junon. Quelquefois aussi Bacchus porte la couronne de laurier, parce qu'il avait été uni à Bacchus. 3° Le thyrse, bâton entouré de lierre, et surmonté d'une pomme de pin, qui cachait un fer de lance. 4° Des vases à boire, par exemple le cantharus, la patère, la corne, etc. Le cantharus était garni de chaque côté d'une anse, qui descendait sur le col du vase; le cotyle différait du cantharus en ce qu'il n'avait qu'une seule anse; le carchesion avait des anses qui se rattachaient en bas et en haut; il se resserrait au milieu, ayant sa partie supérieure et sa partie inférieure plus larges que le centre. Le cratère se distinguait par sa grandeur et contenait plusieurs pintes. Le scyphus était très large, plus large pourtant à sa base. La corne servait également de gobelet. 5° Divers animaux, tels que le lion, le tigre, la panthère, l'âne, le lynx, etc., rarement le cheval et le griffon. 6° La corbeille et le van mystiques. Dans la corbeille, qui était quelquefois en or, de nobles jeunes filles, magnifiquement vêtues, les canéphores, portaient des figues comme symbole de la fécondité et de la propagation; le van (λίκνον), sorte de panier ovale, était le symbole de la purification, et une prêtresse (λικνοφόρος) y portait dans les processions le demi-dieu nouvellement né. 7° Le cortège bachique, dont nous avons parlé précédemment. 8° *Divers instruments de musique*, tels que la lyre, la flûte, la flûte de Pan, le tambour, les cymbales, les grelots, les castagnettes. Le tambour, τύμπανον, était plat d'un côté, bombé de l'autre, tendu d'une peau de bœuf ou d'âne, rarement serrée par une garniture d'airain, et on le frappait avec les doigts, avec la paume de la main ou avec des baguettes; d'ordinaire on se frappait aussi le *tympanum* contre le front. Les cymbales (κύμβαλα) et les grelots (κρόταλα) sont fréquemment mentionnés, et les castagnettes quelquefois; on ne trouve ni les uns ni les autres sur les vases peints. 9° Les torches. 10° Des masques tragiques et comiques. — Les surnoms du dieu sont très divers, aussi l'appelle-t-on avec raison *le dieu aux noms multiples*, πολυώνυμος. Nous en avons déjà cité quelques-uns, et nous allons faire connaître les autres. En général tous ces surnoms se rapportent soit à sa naissance, à son éducation et à son cortège, soit aux qualités et aux facultés qu'on lui attribuait, soit aux mystères, soit à son extérieur et à son costume, selon la manière dont on se le figurait, soit à des circonstances particulières. A sa naissance, etc. Se rapportent les surnoms de *Brisæus* (voy. plus haut), de *Bromios*, né au bruit du tonnerre, ou élevé par la nymphe Bromé (l'une des Nyséennes) (*Hygin*, fab, 182), ou bien qui pousse de bruyants cris de joie, à cause de la fureur et des cris sauvages qui caractérisaient ses fêtes; *Digonos*, le dieu né deux fois; *Diogénès*, qui est né de Jupiter, *Cadmæus*, le Cadméen; *Mérogénès*, *Merorrhaphos*, etc., (voy. ci-dessus), *Nysæus*, *Nysius*, le Nyséen; *Semeleios*, le fils de Sémélé, *Thyonæus*, et d'autres déjà signalés. — Comme dieu du vin et dispensateur de la joie, il était désigné sous les noms de *Acratophoros*, celui qui donne le vin pur et sans mélange; *Æthiopaïs*, enflammé, brûlant; *Ampelophytes*, le planteur de la vigne; *Amphietès*, annuel; *Anthios*, qui fleurit; *Chalis*, qui donne le vin pur et sans mélange, et brise par conséquent tous les liens des convenances; *Eleleus*, le joyeux, du cri de joie des bacchantes; *Eleutherios*, le libérateur, soit parce que jadis il avait délivré des mains des Thraces des Thébains captifs, ou bien parce que le vin délivre les âmes de toute idée servile, ôte toute crainte et rend l'homme franc et libéral; *Epilenius*, qui préside à la vendange et au pressoir; *Evan, Evios*, du cri d'*évoé* particulier aux bacchantes; *Exarchos*, qui conduit le chœur dans sa marche; *Hemerides*, le créateur du vin qui, par sa douceur, rend l'homme heureux; *Hymenæus*, le dieu des noces; *Hypnodotor*, celui qui donne le sommeil; *Comastes*, celui qui concourt gaîment à la célébration de ses fêtes; *Lenæus*, le dieu du pressoir; *Lyæus, Lysius*, celui qui délie, qui délivre des soucis (dans le même sens qu'Eleuthérius), et de plus par rapport à l'idée de l'année, celui qui délivre l'année des chaînes de l'hiver, en tant que soleil entrant dans le signe du printemps; enfin encore mystiquement comme le dieu qui, par l'initiation aux mystères délivre les âmes du cycle des naissances (l'Ortschilang des Mongols); *Philochorentes*, l'ami de la danse en chœur; *Protryges, Protrygæus*, qui préside à la vendange; *Tachymenis*, qui entre vite en colère, etc., etc. Comme dieu de la plantation en général, il est appelé *Agrius*, le sauvage; *Agrianius*, le farouche, le cruel, peut-être aussi parce qu'il est entouré de bêtes féroces; *Agoïcus*, le champêtre, qui vit dans les champs; sous un certain rapport aussi *Bricerus*, qui a des cornes de taureau; *Chrysocerus*, qui a des cornes d'or; *Dicerus*, qui a deux cornes; *Ceraspherus*, qui porte des cornes, et encore *Dendritis*, le dieu des arbres, *Euanthès*, qui fleurit bien; *Nomius*, le dieu des bergers; *Philostephanus*, qui aime les couronnes; *Phoitaliotès*, celui qui erre çà et là, et, sous quelques rapports, *Taurus, Taurogénès, Taurocerus, Taurocranus, Taurocephalus, Tauromorphos*, surnoms que nous avons tous mentionnés plus haut. Comme dieu de la culture on l'appelle *Thesmophoros*, qui apporte les lois, et avec elles des mœurs plus douces. A cet ordre se rattachent les surnoms tirés des arts des muses; *Dithyrambus, Mantis*, le devin, le prophète, *Melpomenus, Musagètes, Tragœdus*. Aux mystères se rapportent, outre les surnoms que nous avons déjà indiqués, les suivants: *Diphyes*, le dieu aux deux natures, aux deux formes, aux deux sexes; *Dimorphos*, aux deux formes; *Démétrius*, comme assistant et fils de Déméter; *Eubuleus, Eubules*, le bon conseiller, et sous ce nom l'un des Tritopators athéniens, *Hyès*; *Hypnophobos*, celui qui effraye dans le sommeil (en songe). *Isodætes*(voyez ci-dessus); *Liknites*, du van mystique porté dans ses fêtes; *Mystes*, celui qui initie au mystères; *Nyctelius*, le nocturne; *Omestes, Omadius* (voyez plus haut), *Paredros*, l'assistant (de Cérès); *Protogonus*, le premier né; *Phanès, Sabazius, Zagreus* (voyez plus haut). — Voici les surnoms qui se rapportent à sa figure et à son costume, outre quelques-uns que nous avons déjà mentionnés en d'autres occasions; *Aiolomitres*, le dieu à la mitre bigarrée; *Aiolomorphus*, le dieu aux formes diverses; *Bassareus*, le dieu revêtu de la Bassaris (voy. ci-dessus); *Chrysopes*, qui a des yeux d'or, qui brille comme l'or; *Chrysocomus*, qui a des cheveux dorés; *Chrysomitres*, dont la tête est ornée de la mitre dorée; *Euchaïtes*, qui est orné d'une belle et riche chevelure; *Cissophorus*, qui porte le lierre; *Cissostephanus*, qui a une couronne de lierre; *Nebridopeplus, Nebridostalus, Nebrodes*, qui est couvert de la peau de faon; *Psilas*, selon Lobeck, qui a la barbe maigre (de ψιλός), selon Creuzer, qui a des ailes (de ψίλα, dorien pour πτίλα, aile), nom sous lequel il était adoré à Amyclée (*Pausanias*, III, 19, 6); *Thelimorphus*, aux formes féminines; *Thelymitres*, qui porte le bonnet de femme; *Thyrsetinactès*, qui brandit le thyrse. A des circonstances particulières se rapportent les surnoms suivants: *Aisymnetes, Gigantoleter* ou *Gigantoletès*, le tueur des géants; *Melanægis, Meilichius, Myriomorphos*, aux dix mille formes, c'est-à-dire extraordinaire, aux formes diverses; *Pseudanor*, l'homme douteux, incomplet. Une fois le roi de Macédoine, Argée, avait effrayé les Taulantiens qui avaient envahi son pays, en armant de thyrses et en faisant entrer en campagne toutes les jeunes filles. De loin l'ennemi les prit pour des guerriers armés, et cette erreur le décida à un traité de paix. Par reconnaissance, le roi éleva un temple à Bacchus sous ce nom. Ce dieu était encore souvent appelé *Soter*, sauveur, du secours qu'il avait donné dans des moments de danger; *Saotès*, celui qui donne la santé; sous ce nom, qui lui fut donné en vertu d'un oracle, il avait un temple à Trézène (*Paus.*, Cor., 31, 8); *Sphaltès*, qui fait tomber, parce que Télèphe tomba sur un cep de vigne et se blessa (*Tzetzès*, Lycophr., 206). Comme on se servait de bois de figuier pour faire ses statues et qu'en général le figuier faisait partie de ses symboles, il était appelé *Sycitès, Syceates* (*Athen.*, III, 5). Enfin il avait encore beaucoup de surnoms pris des lieux où il était adoré et des fêtes qui lui étaient consacrées; il est facile de les expliquer. Son culte était extraordinairement répandu. Mais on l'adorait principalement sur le mont Tmolus en Lydie, à Aloa en Arcadie, à Elis, à Athènes, à Thèbes et dans l'île de Naxos. Quand à son culte chez les peuples d'Italie, nous renvoyons à l'article LIBER. Chez les Étrusques, Bacchus s'appellait Tinia et son culte y était très ancien, et les assemblées nocturnes où, lors de ses fêtes, les femmes assistaient seules dans le principe, mais auxquelles les hommes furent admis plus tard, avaient le caractère des orgies, c'est-à-dire un caractère de dissolution et de débauche. C'étaient les Bacchanales, que le sénat romain fit interdire, l'an de Rome 566, dans toute l'Italie. Le culte de Bacchus, comme nous l'apprend Tite-Live (XXXIX, 8), avait été porté de Grèce en Etrurie avec ses orgies. (V. les articles LIBERALIA, OSCHOPHORIES, PITHÉGIES, etc.)

RICHTER.

DIOPÈTES (Ζευς Διος, Jupiter, πέτασθαι, voler), nom que l'on donnait aux statues des dieux que l'on croyait descendus du ciel.

DIOPHANE, rhéteur de Mithylène, ami et partisan de T. Gracchus, fut tué après la mort de Gracchus, à cause de l'attachement qu'il lui avait porté.

DIOPHANE, fils de Diéus de Mégalopolis, fit entrer plusieurs villes du Péloponèse dans la ligue des Achéens au commencement du IIe siècle av. J.-C.

DIOPHANE, auteur grec qui abrégea le traité d'agronomie de Magon, traduit en grec par Cassius Dionysius, et le réduisit de vingt livres.

DIOPHANTE D'ALEXANDRIE. On ne saurait déterminer d'une manière précise l'époque à laquelle vivait ce grand géomètre, si longtemps oublié, et dont les travaux n'ont été rendus à l'Europe qu'au XVIe siècle. Néanmoins la plupart des historiens des mathématiques, qui se sont livrés à de nombreuses recherches sur cet objet, ont adopté l'opinion de l'arabe Al-Bupharage, qui, dans un passage de l'*Histoire des dynasties*, parle de Diophante et du philosophe Thémiste comme ayant vécu du temps de l'empereur Julien, c'est-à-dire vers le milieu du IVe siècle. — Diophante est l'auteur du plus ancien traité qui nous soit parvenu sur l'algèbre. Des treize livres dont il était composé six seulement nous sont parvenus sous le titre de: *Arithmeticorum libri*, avec un autre livre contenant les nombres multangulaires ou polygones, intitulé: *De numeris multangulis*. Nous avons exposé ailleurs l'idée générale qu'on peut se faire du travail de Diophante et de sa valeur scientifique (V. ALGÈBRE). Nous nous bornerons à ajouter ici quelques considérations particulières qui s'y rattachent et celles qui peuvent intéresser l'histoire de la science littéraire. Xilaudor, mathématicien d'un médiocre savoir, fut le premier traducteur de Diophante; son travail incomplet et rempli de fautes fut repris par Bachet Meziriac (voy. ce mot), qui en donna, en 1621, une édition plus correcte, avec des commentaires qui sont encore estimés. Plus tard le célèbre Fermat y ajouta de savantes notes, que son fils publia dans une édition nouvelle, en 1670. Sans examiner ici la question, fort peu importante au reste, de savoir si Diophante doit être regardé comme l'inventeur de l'algèbre, on peut dire que ses premiers aperçus sur cette science ont singulièrement favorisé ses progrès. Elle était, en effet, restée à peu près stationnaire depuis Lucas Pacciolo, qui l'avait transportée d'Orient en Italie; et d'ailleurs, malgré l'opinion qui donne à l'algèbre l'Inde pour véritable berceau, il est au moins probable que Diophante ne fut pas étranger à cette conquête scientifique des Arabes. Les géomètres de cette nation connurent certainement l'ouvrage du mathématicien grec, et, si l'on peut espérer de retrouver un jour les parties qui en sont perdues, c'est dans une version arabe qui aurait échappé au naufrage du temps et à l'anéantissement des sciences en Orient. Bachet de Méziac raconte d'ailleurs dans la préface de son édition que le cardinal Duperron lui assura avoir possédé un manuscrit complet de Diophante, qui lui fut emprunté par Gosselin pour en préparer une nouvelle édition, avec un commentaire, et que ce savant étant mort d'une maladie pestilentielle le manuscrit avait disparu. On peut donc espérer que quelque heureuse circonstance rendra un jour à la science l'important ouvrage de Diophante. Au nombre des écrits de la savante et célèbre Hypatia, qui périt en 415, Suidas met un commentaire du géomètre grec. Ce travail est également perdu, et il ne paraît pas que les Arabes en aient eu connaissance. Nous n'aurions aucuns détails sur la vie de Diophante si, parmi les épigrammes de l'anthologie grecque, il ne s'en était trouvé une qui, sous la forme de l'énoncé d'un problème, contient quelques explications intéressantes. On ne peut penser que cette pièce soit, comme beaucoup d'autres de ce recueil, un jeu de l'esprit, car elle expose des faits qu'on ne se serait pas donné la peine d'inventer et dont l'arrangement seul a dû sourire à l'imagination du poète. Bachet de Méziriac en a donné une traduction latine; nous nous bornerons à en rapporter l'imitation française : « Diophante passa dans l'enfance le sixième du temps » qu'il vécut, un douzième dans l'adolescence; ensuite il se » maria et demeura dans cette union le septième de sa vie, aug- » menté de cinq ans, avant d'avoir un fils, auquel il survécut » de quatre ans, et qui n'atteignit que la moitié de l'âge où son » père est parvenu : quel âge avait Diophante lorsqu'il mou- » rut ? » Il résulte de la solution de ce problème que ce géomètre à vécu quatre-vingt-quatre ans. — Le traité de Diophante a souvent été réimprimé. Mais voici les éditions de cet ouvrage qu'on regarde comme les meilleures et les plus complètes, excepté la première : I. *Diophanti Alexandrini rerum arithmeticarum libri sex, quorum primi duo adjecta habent scholia maximi (ut conjectura est) Plamedis, item liber de numeris polygonis seu multangulis, opus incomparabile veræ arithmeticæ logisticæ perfectionem continens; paucis adhuc visum, à Guillelmo Xilandro Augustano, incredibili labore latine redditum et commentariis explanatum, inque lucem editum*, Bas., 1575, in-folio. II. *Diophanti Alexandrini*, etc., *nunc primum græce et latine editi, atque absolutissimis commentariis illustrati auctore C. G. Bacheto Meziriaco*; Paris, 1621, in-folio. III. *Diophanti Alexandrini*, etc., *cum commentariis Bacheti et observationibus Petri de Fermat*; Toulouse, 1670, in-folio. L'édition allemande de Leipzig, 1810, est aussi fort estimée.

DIOPHITE, Athénien qui fit passer un décret pour mettre en justice quiconque nierait les dieux, afin d'inquiéter Anaxagore, et, par suite, Périclès, son disciple.

DIOPHITE, devin spartiate, empêcha, par l'explication allégorique d'un oracle, que les Spartiates ne repoussassent du trône Agésilas.

DIOPHITE, père du célèbre poète Ménandre, commandant les armées athéniennes dans la Chersonèse, l'an 343 av. J.-C., ayant remporté quelques avantages sur Philippe, il fut accusé par les orateurs vendus à la Macédoine d'avoir violé les traités, mais Démosthène le défendit.

DIOPHORE, fils de la Terre, changé en rocher par les dieux, pour avoir défié sa mère au combat.

DIOPHRYS, adj. des 2 g. (*zool.*), qui a des sourcils doubles.

DIOPS, adj. des 2 g. (*zool.*), qui a les yeux doubles.

DIOPSIDE (*min.*). M. Haüy regarde cette pierre comme une variété de pyroxène, et l'y a réuni sous le nom de *pyroxène diopside* (*V.* PYROXÈNE). J. P.

DIOPSIS (*ins.*). Genre d'insectes diptères de la famille des athéricères, dont le caractère principal est d'avoir les yeux et les antennes situés à l'extrémité des deux parties latérales de la tête, qui se prolongent en forme de cornes. Leur corps est allongé, les ailes de sa longueur couchées en dessus dans le repos, la tête, qui est ce qu'ils offrent de plus singulier, forment à droite et à gauche du vertex deux prolongements qui s'élèvent à mesure qu'ils s'éloignent du point de départ, et finissent par égaler en longueur la moitié du corps, c'est à l'extrémité de ces prolongements que sont placés les yeux ; ses antennes

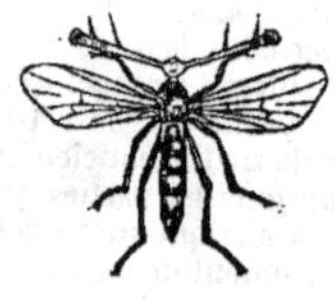

Diopsis.

sont composées de trois articles, dont le troisième est arrondi et terminé par une longue soie. Le corselet globuleux a son écusson terminé par deux épines divergentes, presque aussi longues que le corselet lui-même. Le *diopsis du Sénégal* est long de deux lignes; sa couleur est un rouge fauve, une bande sur le front et le corselet noirs; les ailes portent à leur extrémité une petite tache enfumée. J. P.

DIOPTASE (*min.*). Substance d'une belle couleur verte, diaphane, plus dure que le verre et cristallisant dans le système du prisme hexagone. C'est un silicate de cuivre, composé de 30 à 40 parties de silice, de 45 à 55 d'oxide de cuivre et de 11 à 12 d'eau. Les Russes lui donnent le nom d'*achirite*, de celui d'Achirka, natif du Tachkend, dans le Turkestan indépendant, qui le découvrit dans une petite chaîne de la steppe des Kirghiz, nommée *Altin-Taubé* ou Colline-d'Or (*V.* CUIVRE). J. P.

DIOPTRE, s. m. (*chirurg.*). Instrument dont on se sert pour élargir les ouvertures naturelles, afin de faciliter l'inspection des parties profondes.

DIOPTRIQUE (de διὰ, à travers, et de ὀπτομαι, je vois), science de la propagation de la lumière par réfraction. C'est une des branches de l'OPTIQUE (Voy. ce mot). — Tout rayon lumineux qui, traversant un milieu quelconque, en rencontre un autre de densité ou de nature différente, change de direction ; s'il ne peut pénétrer ce second milieu, il se réfléchit à sa surface ; s'il peut le pénétrer, il se brise ou se *réfracte* en y entrant. Les lois de la *réflexion* de la lumière forment l'objet de la CATOPTRIQUE (Voy. ce mot); celles de la *réfraction* sont l'objet de la DIOPTRIQUE. Cette science, dont les anciens n'ont eu qu'une connaissance très imparfaite, et qui semble ne dater chez les modernes que de Snellius et de Descartes, a reçu tout récemment un accroissement prodigieux par les découvertes de Fresnel, de Brewster, de Malus, du docteur Yong, et par les belles expériences de MM. Biot, Arago et Herschel fils. Cependant, si la dioptrique s'est étendue sous le rapport des connaissances pratiques, le principe premier de cette science est encore demeuré inaccessible à tous les efforts des observateurs, et les deux hypothèses ou les deux systèmes de la propagation de la lumière, savoir : celui de l'*émission* et celui des *ondulations* (*V.* OPTIQUE), qui divisent aujourd'hui les physiciens, ne sont encore revêtus ni l'un ni l'autre d'un degré de certitude assez élevé pour pouvoir s'établir exclusivement. Mais l'examen de ces difficultés est entièrement du ressort de la physique, et nous n'avons à considérer ici que les résultats mathématiques de la science, ou du moins ceux de ses résultats qui subsistent indépendamment de toute hypothèse sur la nature de la lumière et son mode de propagation. Ces résultats sont de deux espèces : ils comprennent 1° les propriétés générales de la lumière, lorsqu'elles traversent des corps transparents, et, 2° le phénomène qui en résulte par rapport à la vision des objets. La première partie sera traitée au mot RÉFRACTION, la seconde sera le sujet de plusieurs articles (*V.* LENTILLES, MENISQUE, VERRE.) (Voyez aussi TÉLESCOPE et MICROSCOPE).

DIORAMA. Ce nom, emprunté à la langue grecque, signifie littéralement vue de jour. Il désigne assez bien la nature du spectacle qui le porte, et qui se compose de vues, de sites, et d'intérieurs éclairés par le jour naturel, mais d'une façon particulière. Le spectateur, après avoir parcouru des corridors obscurs, est introduit dans une salle non moins sombre ; il aperçoit, à travers une large ouverture, semblable à celle d'une avant-scène de théâtre, un tableau d'une immense surface, dont il ne peut d'aucun côté découvrir les limites, et qui reçoit avec une égale abondance, sur toutes ses parties, la plus vive clarté du jour. Le diorama est une imitation du panorama, qui, inventé en Angleterre vers 1796, importé en France par Fulton en 1804, fut perfectionné par Prévost en 1816. MM. Daguerre et Bouton ouvrirent le premier diorama à Paris, en 1822. Le tableau qui, dans le panorama, est cylindrique, a, dans le diorama, une surface plane, et l'on y emploie quelques moyens nouveaux, surtout des combinaisons d'optique qui ajoutent aux prestiges de la peinture. Ainsi, l'on a recours à des ciels exécutés en transparence, ce qui les rend beaucoup plus lumineux ; à des verres coloriés à la lumière des flambeaux, etc. ; mais la crainte de sortir des limites de l'art n'a pas permis de recourir à tous les moyens mécaniques qu'on aurait pu ajouter à la peinture. Un des effets les plus puissants qu'ait employés M. Daguerre, l'habile peintre créateur du diorama, est celui par lequel son tableau de la messe de minuit à Saint-Etienne-du-Mont, offrant d'abord une vue de jour, passait par toutes les modifications de lumière pour arriver à une scène de nuit, éclairée par la lueur des flambeaux. Tout était peint sur la même toile ; la lumière qui tombait sur le tableau était seule mobile; le système de cette peinture était basé sur la différence qu'éprouvent les couleurs lorsque la lumière qui les éclaire est transmise par réflexion ou par réfraction, et que cette lumière elle-même est diversement coloriée. Dans ce tableau, l'effet où ce principe se trouvait le plus développé était l'apparition de figures placées sur des chaises qui, *dans la vue du jour, paraissaient* vides. Plusieurs causes concourent à l'illusion complète et au grand effet que produit le diorama : c'est le contraste des ténèbres et de la lumière ; c'est l'éloignement du tableau, dont, comme nous l'avons dit, on ne peut d'aucun côté découvrir les limites, et dont la vérité d'aspect général est d'autant plus grande que l'air interposé, agissant sur les tons comme il agit sur tous les objets naturels, ajoute à leur fusion, à la transparence, et les harmonise entre eux; c'est l'impossibilité de substituer le vague d'un aperçu lointain à l'exactitude d'un examen fait de près; c'est enfin le manque d'objets naturels de comparaison. De tous nos sens, le plus facile à tromper est la vue: ce n'est qu'avec incertitude que cet organe exerce ses fonctions; la dimension, la couleur, la distance, ne peuvent être déterminées, évaluées par lui sans l'aide de comparaison; or, ce secours manque au diorama, où le tableau absorbe seul les rayons visuels, où la nature n'est point à côté en concurrence avec l'imitation. Ajoutons que M. Daguerre, excellent peintre de décorations, unit à ces moyens d'illusion une exécution savante, l'entente des effets, la vérité de la couleur. Les premiers tableaux exposés au diorama furent l'intérieur de la cathédrale de Cantorbéry et la vallée d'Unterwalden; puis on y a remarqué successivement Saint Pierre de Rome, une vue de la Forêt-Noire, le bassin du commerce à Gand, l'inauguration du temple de Salomon, etc.

DIORITE (*géol.*), espèce de roche composée essentiellement d'amphibole et de feldspath, et contenant disséminés du quartz, du mica, du grenat, de l'épidote, du sulfure de fer, du titane, et quelquefois même d'autres minéraux. Sa texture est très variée; dans la *diorite granitoïde*, elle est grenue; elle est fissile dans la *D. schistoïde*. Une variété précieuse, connue sous le nom de *granite* orbiculaire de Corse, sert à faire des vases et d'autres objets d'un grand prix, et doit son nom d'*orbiculaire* aux cercles d'amphibole alternant avec des cercles de quartz. Les anciens estimaient beaucoup la diorite, dont quelques variétés prennent un fort beau poli. Cette roche constitue des montagnes entières. J. P.

DIORYCHOS ou **DIORYCTUS** (*géogr. anc.*), canton de l'Acarnanie occidentale, où l'on creusa (διορύσσω, creuser) un canal pour faire de Leucade une île, en la séparant de l'Épire.

DIOSANTHOS (*bot.*). Nom que Théophraste donnait à une espèce d'œillet, qui est le *dianthus superbus*, suivant Baukin (*V.* DIANTHUS). J. P.

DIOS-BOES (*boes* bœufs, *Dios* Jupiter). Fêtes milésiennes, ainsi nommées du bœuf qu'on immolait à Jupiter pendant leur célébration.

DIOSCODION (*kodion* toison, *Dios* de Jupiter), peau d'une victime sacrifiée à Jupiter, sur laquelle on faisait marcher ceux qui demandaient à être initiés aux mystères d'Éleusis.

DIOSCORE, l'aîné des quatre grands frères ou frères longs, ainsi nommés pour leur taille élevée, fut évêque d'Hermopole. Il fut persécuté et excommunié, ainsi que ses frères, par Isidore, patriarche d'Alexandrie. Il est mort à Constantinople, vers 403.

DIOSCORE, patriarche d'Alexandrie, succéda, l'an 445, à saint Cyrille. Il renouvela la querelle de la primatie entre les patriarchats d'Antioche et d'Alexandrie. Théodoret, depuis évêque de Saint-Cyr, défendit avec succès les droits du siége d'Anthioche. Dioscore, cédant aux sollicitations de l'impératrice Eudoxie, embrassa le parti d'Eutichès, en 449. Il demanda et obtint la convocation du faux concile d'Éphèse, connu dans l'histoire sous le nom de brigandage d'Éphèse. L'empereur Théodose lui donna la présidence de ce concile, qui dit anathème à ceux qui voulaient deux natures, et approuva la profession de foi d'Eutichès. Dioscore ne jouit pas longtemps du fruit de ses manœuvres criminelles. Le concile de Chalcédoine s'assembla l'an 451, alors Eusèbe de Dorylée accusa Dioscore d'avoir violé la foi pour établir l'hérésie d'Eutichès. Malgré les efforts des évêques d'Égypte, d'Illyrie et de Palestine, qui étaient de son parti, il fut déposé le 3 octobre 451, et relégué l'année suivante à Gangres, en Paphlagonie. Dioscore mourut au lieu de son exil, en 454. — DIOSCORE le Jeune, succéda (517) à Jean Nicéote, patriarche hérétique d'Alexandrie. — DIOSCORE, anti-pape, élu le 15 octobre 529, après la mort de Félix III, en opposition à Boniface II.

DIOSCOREA (*bot.*). (*V.* IGNAME).

DIOSCORÉES (*bot.*). Division des asparaginées de Jussieu, établie par R. Brown, comprenant les genres qui ont un ovaire infère, des fleurs dioïques et pour fruit une capsule. La famille des dioscorées comprend aujourd'hui toutes les asparaginées à ovaire infère, que leurs fleurs soient hermaphrodites ou unisexuées, et leur fruit sec ou charnu. Il renferme les genres *igname* et *rajanie*, ayant une capsule pour fruit; *tamus*, dont les fleurs sont dioïques et le fruit charnu; enfin, *fluggea* et *peliosanthe*, dont les fleurs sont hermaphrodites. J. P.

DIOSCORIDES. C'est un des célèbres graveurs sur pierres fines cité par Pline; il était sous Auguste ce que Pyrgotèles avait été sous Alexandre. De même que tous les artistes qui vinrent exercer leurs talents à Rome, Dioscorides était né dans la Grèce, et probablement à Égée, ville de l'Éolide, ce que fait présumer l'inscription d'une pierre gravée par Eutichès, son élève, qui désigne cette ville comme sa patrie (Bracci, Memorie delle antichi incisori, etc., Florence, 1786). Les pierres gravées, qui portent le nom de Dioscorides, sont les suivantes: 1° Une tête d'Auguste sur une améthyste; 2° la même tête sur un grenat. Outre la singularité que présenterait la tête d'Auguste avec de la barbe, on doit remarquer que ces deux pierres n'offrent nullement le caractère de physionomie de cet empereur, et il est plus sage de les ranger *parmi ses portraits inconnus*; 3° Mécénas, gravé sur une améthyste. Il en est de même de cette pierre, sur laquelle les uns ont voulu voir Solon, d'autres Cicéron, et enfin Mécénas, sans donner pour cela de preuves satisfaisantes. Cette belle améthyste appartient au cabinet des médailles et antiques de France; 4° Persée, sur une sardoine; 5° Diomèdes enlevant le palladium, sur une sardoine; 6° Jupiter Sérapis, sur un grenat, l'inscription ne porte que les lettres ΔΙΟΙ, et indiquerait peut-être le nom de Jupiter plutôt que celui de Dioscorides: il est à remarquer que sur la gravure de Bracci l'o est remplacé par un Ω, ce qui peut faire supposer que l'inscription a été ajoutée par une main moderne; cette pierre a appartenu au comte de Caylus; 7° une très jolie tête de femme appelée Isis, par Bracci, mais qui n'a nullement le caractère égyptien: c'est sans doute un portrait; 8° Mercure Criophore, sur une cornaline; 9° Mercure, sur une cornaline; 10° Hercule enchaînant Cerbère, sur une onyx; 11° un des géants, dans l'action de combattre; sa partie inférieure est composée de deux serpents, aigue-marine, l'inscription ne porte que les lettres ΔΙΟΙ, ainsi que la pierre suivante; 12° Hermaphrodite couché, entouré de trois cupidons, améthyste; 13° Démosthènes, sur une améthyste: Winckelman (man. inéd., II, 108) admirait cette gravure. — Le nom de Dioscorides doit s'écrire *Dioscourides*, il signifie fils de Jupiter. C'est comme fils de ce dieu que Castor et Pollux sont appelés *Dioscures*. DU MERSAN.

DIOSCORIDES. Il y eut deux personnages de ce nom: l'un a vécu du temps d'Auguste, l'autre sous le règne de Néron; ils étaient médecins l'un et l'autre. Tous deux sont nés à Anazarbe, ou Cæsarea-Augusta, en Cilicie. Il ne nous reste qu'un seul ouvrage, qui ne peut appartenir qu'à l'un des deux. Tout ce que l'on sait de personnel à l'auteur, quel qu'il soit, par plusieurs passages tirés de son ouvrage, se réduit à quelques lignes. Entraîné dès sa jeunesse par le désir de s'instruire, il avait parcouru différentes régions pour connaître les diverses substances qui servent à la médecine. Les contrées qu'il a ainsi parcourues sont, à ce qu'il paraît, par plusieurs autres passages, l'Asie-Mineure, sa patrie, la Grèce, une partie de l'Italie, et peut-être la Gaule narbonaise. Il nous a laissé un ouvrage sur la matière médicale générale, tiré des trois règnes de la nature; mais comme c'est le végétal qui fournit le plus de substances, on s'est accoutumé à ranger son auteur parmi les botanistes. L'ouvrage, écrit en grec, est divisé en cinq livres. L'auteur commence par une préface adressée à son ami Arcus Asclepiades, dans laquelle il expose brièvement ce qu'on avait fait avant lui pour faire connaître les plantes, et parle à cette occasion des botanistes qui l'avaient précédé; il annonce ensuite la division de son ouvrage en cinq livres, et chaque livre est précédé d'un avant-propos qui en contient le sommaire. Dioscorides s'applique particulièrement à exposer les vertus médicinales des plantes, mais sans aucune spécification des doses du remède, ni sans aucune distinction d'âge ni de sexe des malades auxquels il faut l'administrer. De plus l'auteur, ne remontant jamais aux causes des maladies, parle plutôt en empirique qu'en médecin éclairé. Malgré ses défauts, Dioscorides était fort estimé des anciens et particulièrement de Gallien, qui n'en parle qu'avec les plus grands éloges. L'un des plus anciens manuscrits de Dioscorides et l'un des plus remarquables est celui qui fut apporté vers le milieu du XVIe siècle, de Constantinople à Vienne. Il a été exécuté pour Julia Anacia, fille d'Olybrius, qui a occupé le trône impérial dans le VIe siècle. Il existe un autre manuscrit de Dioscorides à la bibliothèque du roi. On suppose qu'il a été écrit en Égypte au IXe siècle. Saumaise en parle avec éloge. Les ouvrages de Dioscorides (Pedanius et non Pedacius) se répandirent beaucoup par l'invention de l'imprimerie. Le texte grec a été imprimé pour la première fois, seul, à Venise, par Alde Manuce, 1499, in-folio, mais il était plein de fautes. Il reparut dans la même ville in-4°, 1518; enfin à Bâle, 1519, par les soins de Cornarius, qui le corrigea avec soin. Il ne nous reste de Dioscorides qu'une partie des noms qu'il a employés; car, si l'on en croit Tournefort, sur les 600 planches dont a parlé Dioscorides, c'est à peine si on en reconnaît avec pleine certitude quatre-vingt à cent.

DIOSCURES, fils de Jupiter (Ζεύς, Διός, Jupiter), κοῦροι, jeunes garçons), nom de Castor et de Pollux. Les Corcyréens, et plus particulièrement les Lacédémoniens encore, célébraient en leur honneur des fêtes appelées Dioscuries, dans lesquelles ils se livraient à une joie bruyante et faisaient un libre usage des dons de Bacchus. La lutte entrait comme partie essentielle dans ces fêtes.

DIOSMA (*bot.*). Ce genre présente pour caractère principal un disque placé sous l'ovaire et se prolongeant en cinq crénelures ou languettes, opposées aux cinq pétales et alternes avec les cinq étamines. Wendlanden a formé quatre genres secondaires, d'après ces organes et le nombre des graines dans chaque loge du fruit, savoir: le *diosma* à cinq pétales, cinq étamines et des loges monospermes; 2° le *burco*, à cinq pétales additionnels; 3° le *glandulifera*, à cinq pétales et dix étamines, dont cinq alternes, à filets stériles et à deux graines dans chaque loge; 4° le *parapetalifera*, à dix pétales, cinq étamines et un fruit tuberculeux, à loges monospermes. Willdenow adopte cette division, mais substitue au second nom celui d'*agathosma*, au troisième celui d'*adenandra*, et au quatrième celui de *Barosma* (*V.* ces différents mots). J. P.

DIOSMA (*bot.*). Première division établie par Wendland, dans le genre *diosma*, qui renferme des plantes monocotylédones, à fleurs complètes, polypétalées, régulières, de la pentandrie monogynie de Linné, et dont le caractère consiste en un calice persistant, à cinq divisions profondes, muni intérieurement, à sa base, d'un disque à cinq crénelures ou cinq écailles; cinq pétales opposés aux écailles du disque; cinq étamines alternes avec les pétales; ovaire sepérieur entouré par le disque; un style, un stigmate en tête. Le fruit consiste en trois ou cinq capsules oblongues, comprimées conniventes, s'ouvrant en dedans et renfermant une ou plusieurs semences. Ce genre renferme de jolis arbustes, presque tous originaires du cap de Bonne-Espérance. Nous citerons: le *diosma velu*, *D. hirsuta*, Linné, arbrisseau de cinq à six pieds, à tige divisée vers son sommet en rameaux grêles, épars, velus à leur partie supérieure, et garnis de feuilles droites linéaires très étroites hérissées de poils blancs. Les fleurs sont blanches, peu nombreuses, et disposées en petits corymbes presque ombellés et terminaux. Ses feuilles et ses capsules exhalent une odeur très agréable approchant de celle de l'anis étoilé de la Chine. J. P.

DIOSMÉES (*bot.*). Famille de plantes, ayant pour type le genre *diosma*, et comprenant les genres *boronia*, *crowea*, *zieria*, *phebalium*, *francoa* et *melicope*. Dans tous ces genres, on retrouve un calice monophylle, divisé jusque vers la base en plusieurs lobes; des pétales alternes avec ces lobes et en nombre égal insérés autour d'un disque hypogyne; des étamines en nombre égal ou double, portées sur ce disque, qui entoure un pistil surmonté d'un seul style et d'un stigmate; fruit composé de trois à cinq capsules, souvrant chacune du côté intérieur, et contenant une ou plusieurs graines renfermées dans une seconde capsule intérieure et coriace, qui est comme la doublure de la première. Arbrisseaux à feuilles non stipulées, alternes ou rarement opposées, des points glanduleux répandus sur diverses parties de ces plantes, principalement sur celles de la fructification. J. P.

DIOSPOGON (*bot.*), nom cité par Ruellius, comme étant l'un des synonymes grecs du *chrysocame* de Dioscoride, qui paraît être le *gnaphalium orientale*. On le nomme aussi *chrysitis* (*V.* ce mot). J. P.

DIOSPOROS (*bot.*), un des noms grecs anciens du gremil, *lithospermum*, suivant Ruellius et Mentzell. J. P.

DIOSPYROS (*bot.*) (*V.* PLAQUEMINIER). J. P.

DIOSPOLIS (*géogr. anc.*) (LOA), ville de Palestine, dans la Judée propre, au N.-E, à trois milles de Ramlé, ainsi nommée par les Grecs. Elle porta chez les Juifs le nom de Lydda. Lors des guerres civiles du second triumvirat, Cassius fit vendre à l'enchère les habitants de cette ville; mais ensuite Marc-Antoine leur rendit leur patrie et leur liberté. Elle fut brûlée par Cestius Gallus l'an 66 de J. C.

DIOSPOLIS ou **PANEPSIS**, ville de l'Égypte inférieure, dans la partie occidentale du petit Delta, au N.-O. et près de Mendès.

DIOSPOLIS MAGNA, autre ville d'Égypte (*V.* THÈBES).

DIOSPOLIS PARVA (*how*), ville de la Thébaïde, vers le centre, à l'O. du Tentira, sur la côte occidentale du Nil.

DIOSPOLITE (NOME) (*géogr. anc.*), nom commun au territoire des villes égyptiennes, soit dans l'Heptanomide, soit dans la Thébaïde, dont la capitale s'appelait Diospolis.

DIOT (NICOLAS), né à Reims, le 4 janvier 1744, fut secrétaire de l'évêque d'Auxerre, et obtint de lui un canonicat, qu'il permutta contre la petite cure de Saint-Brice, près Reims. Il était curé de Vendresse quand, en 1791, les électeurs du département de la Marne le proclamèrent leur évêque constitutionnel. Diot exerça ses nouvelles fonctions jusqu'à l'époque où il se vit contraint de quitter Reims, quoiqu'il eut pris part à toutes les impiétés et à toutes les profanations du temps. Il tenta, mais en vain, à son retour de les ressaisir, et mourut le 31 décembre 1802, dans un état voisin de l'indigence, n'ayant pour toute ressource que la tenue des livres d'un fabricant. Il n'avait jamais voulu abandonner son titre d'évêque constitutionnel.

DIOTA (*archéol.*), grande mesure de capacité chez les Grecs, valait la moitié du métrète, de nos mesures un peu plus de 38 litres. On la nommait ainsi d'un grand vase à deux anses (δίς, double, οὖς, ὦτος, oreille) qui contenait cette quantité.

DIOTATI (JEAN), né à Lucques en 1576; il s'appliqua à l'étude des langues savantes avec un tel succès, que Bèze le jugea capable, à l'âge de 21 ans, de remplir une chaire d'hébreu. Il parlait au public avec beaucoup de grâce et de facilité. Il fut député par l'église de Genève au synode de Dordrecht, en 1618, et chargé de rédiger les délibérations de cette fameuse assemblée. Il mourut en 1649.

DIOTIS (*bot.*), nom que donne Schreber à l'*axyris ceratoïdes* de Linné, dont les caractères doivent se distinguer du genre *axyris*. On lui donne de préférence le nom d'*eurotia*, comme plus ancien, donné par Adanson.

DIOTIS (*bot.*), genre de plantes de la famille des synanthérées de la syngénésie polygamie égale de Linné; le caractère le plus remarquable est que la base du tube de la corolle se prolonge inférieurement, en formant un anneau qui emboîte le sommet de l'ovaire, puis deux queues qui rampent sur ses deux côtés opposés, jusqu'au milieu de sa hauteur. — La *diotide maritime*, *diotis maritima*, plante herbacée, très cotonneuse et blanche sur toutes les parties à racine vivace, très longue, à tiges longues de huit à douze pouces, cylindriques, se divisant au sommet en quatre ou cinq rameaux courts, disposés en sorte de corymbes, et terminés par autant de calathides composées de fleurs jaunes; ses feuilles sont longues de huit lignes, légèrement crénelées. On la nomme aussi *fraisée* ou *herbe blanche*.

DIOTOTHECA (*bot.*). Vaillant nommait ainsi le *marina* décrit par Tournefort dans son voyage du Levant. J. P.

DIOX (*poiss.*). Festus donne ce nom à un poisson abondant dans l'ancien royaume du Pont. On ne sait encore à quel genre le rapporter. J. P.

DIP (*conchyl.*). Adanson a désigné sous ce nom vulgaire une très petite espèce du buccin de six lignes de long, d'un blanc sans mélange et chagrinée de petits tubercules disposés par rangs longitudinaux, qui se trouve assez communément dans les rochers de l'île de Gorée. J. P.

DIPGADI (*bot.*). Ce nom, qui paraît oriental, a été donné à quelques espèces du genre *muscari*. Mœnch y rapporte le *hyacinthus scrotinus*. J. P.

DIPÈNE, sculpteur grec, était né dans l'île de Crète et florissait vers la 60ᵉ olympiade, 540 ans avant J. C. Il avait un frère nommé Scyllis, avec lequel il fit tous ses ouvrages. On regarde ces deux sculpteurs comme les premiers qui aient employé le marbre pour les sculptures, et comme les fondateurs de la célèbre école de Sicyone. Ils avaient commencé dans cette ville les statues de plusieurs dieux, qu'ils laissèrent inachevées par mécontentement. En ce temps là une disette désola les habitants. Les oracles, consultés, répondirent que la disette cesserait si Dipène et Scyllis consentaient à achever les statues commencées. A force de présents et de prières on les décida à finir leurs ouvrages, et la peste cessa. Ils eurent beaucoup d'élèves qui devinrent illustres pour la plupart.

DIPHACA (*bot.*). Ce genre de plantes de Laureiro est, selon lui, l'*escastaphyllum* de P. Browne, que Linné avait réuni d'abord à l'*hedysarum*, et ensuite à son *pterocarpus*. Ce nom de P. Browne doit être conservé, et le *diphaca* ne peut être cité que comme son synonyme. J. P.

DIPHIE (*malacoz*), genre de la famille des méduses, établi par Cuvier pour une espèce assez singulière, décrit par M. Bory Saint-Vincent, sous le nom *biphare biparti*. Son corps, d'une substance ferme et très transparente, a la forme d'une pyramide anguleuse, avec deux ouvertures à la base: l'une, que

Cuvier regarde comme la bouche, est ronde, entourée de cinq pointes; elle conduit dans une sorte d'intestin aveugle, prolongé vers le sommet du corps; l'autre ouverture, plus grande, donne dans une cavité moins prolongée, qui communique en arrière avec une troisième cavité ovale, d'où sort une grappe de filaments qui traverse la seconde cavité et pend en dehors : Cuvier pense que c'est l'ovaire. Ces animaux se tiennent deux à deux; on les trouve dans la mer Atlantique. J. P.

DIPHILE, poète comique grec, était de Synope et florissait dans la 118e olympiade. Il était contemporain de Menandre, mais plus jeune que lui. Il avait composé cent comédies. Térence a imité cet auteur dans ses Adelphes, et Plaute dans sa Casina et dans son Rudens.

DIPHISE DE CARTHAGÈNE (*bot.*). *Diphina Carthaginensis*, arbrisseau de l'Amérique qui croît aux environs de Carthagène, et forme un genre particulier de la famille des *légumineuses* de la diadelphie décandrie de Linné, offrant pour caractère : calice campanulé à cinq découpures inégales; corolle papillonnacée; l'étendard courbé en arrière, plus long que les ailes; dix étamines diadelphes; un ovaire pédicellé; un style un stigmate simple; le fruit est une gousse linéaire, articulée, uniloculaire, munie de chaque côté, dans sa longueur, d'une vessie fort grande, membraneuse, enflée; autant de semences que d'articulations. C'est un arbrisseau droit rameux, haut d'environ dix pieds; les feuilles sont composées d'environ onze folioles fort petites, oblongues; les pédoncules filiformes, axillaires, de la longueur des feuilles, contenant chacun deux ou trois fleurs jaunes peu odorantes. J. P.

DIPHRYLLUM A DEUX FEUILLES (*bot.*). *D. bifolium*. Plante de la Pensylvanie, formant un genre particulier de la famille des *orchidées*, de la *gynandrie digynie* de Linné, caractérisée par une corolle à six pétales; une étamine à deux lobes placée sur la colonne du stigmate; une capsule filiforme, polysperme. Cette plante a une tige droite, simple, pourvue vers le milieu de deux feuilles presque opposées, en ovale renversé, terminée par des fleurs disposées en un épi lâche. J. P.

DIPHTHERA (διφθέρα, peau), peau de la chèvre Amalthée, sur laquelle, disait-on, Jupiter avait écrit les arrêts du destin.

DIPHTONGUE (*t. de gramm.*), syllabe qu'on prononce en faisant entendre, d'une seule émission de voix, le son de deux voyelles. Il se dit quelquefois, improprement, de la réunion, dans l'écriture, de deux ou plusieurs voyelles qui ne forment qu'un son dans la prononciation.

DIPHYLLÉE EN CIME (*bot.*), *Diphylleia cymosa*, Mich., plante de la Caroline septentrionale, qui croît sur les hautes montagnes dans les ruisseaux; elle constitue un genre particulier à fleurs complètes, polypétales, régulières, de la famille des berbéridées, dont le caractère est un calice à trois folioles caduques, six pétales, six étamines insérées sur le réceptacle; un ovaire supérieur; un style très court; un stigmate en tête. Le fruit est une baie globuleuse à une seule loge, contenant deux ou trois semences; c'est une plante à tiges droites, pourvues seulement vers leur sommet de deux grandes feuilles alternes, dentées en scie; les fleurs blanches nombreuses, disposées en une cime terminale; les baies sessiles, d'un bleu foncé; les semences arrondies et purpurines. J. P.

DIPHYLLIDE, *Diphyllidia* (Malacoz.) Cuvier a séparé des véritables phyllidies une espèce qui a à peu près les branches des phyllidies, mais le manteau plus pointu en arrière, la tête en demi-cercle, avec un tentacule pointu et un léger tubercule de chaque côté; l'anus du côté droit. J. P.

DIPHYSCIUM (*bot.*) [double-vessie]. Genre de mousses établi par Weber pour le *bux baumia foliosa*, qui diffère du *bux baumia aphylla*, par l'absence du péristome externe. J. P.

DIPLACRE NAINE (*bot.*), plante qui croît à la Nouvelle-Hollande, dans les lieux humides. *Diplacrum caricinum*, R. Brown; elle forme un genre de la famille des *cypéracées*, de la monoécie triandrie de Linné, très rapproché des *scleria*; les tiges sont simples, feuillées, peu élevées, pourvues de gaines entières : les fleurs réunies en paquets agglomérés, axillaires et terminaux; les deux valves du calice acuminées, fortement conniventes, en forme d'utricule, et se séparant en deux pointes à leur sommet. J. P.

DIPLANCHIAS (*poiss.*), genre de poissons fort singulier, établi par M. Rafinesque, et qui parait tenir le milieu entre la famille des chismopnés et celle des plagiostomes. Il lui donne les caractères suivants : « Mâchoires osseuses, semblables à celles des diodons; point de catopes; des nageoires pectorales, une nageoire dorsale, une caudale et une anale libres; deux ouvertures aux branchies de chaque côté. » Le *diplanchias nez*, *D. nasus*, que l'on nomme en Sicile *pesce tamburro*, plus long que large, brun en dessus, blanchâtre en dessous, museau saillant, yeux grands, allongés, obliques; ouvertures des branchies linéaires et en croissant, antérieures plus grandes que les postérieures, taille de trois à quatre pieds et plus. J. P.

DIPLANTHÈRE A QUATRE FEUILLES (*bot.*). *Diplanthera tetraphylla*, R. Brown, arbre de la Nouvelle-Hollande, formant un genre particulier, à fleurs complètes, monopétales irrégulières, appartenant à la famille des *solanées* ou des *personnées*. Cet arbre, peu élevé, supporte à l'extrémité de son tronc une cime diffuse; les rameaux cylindriques, tomenteux, sont garnis de grandes feuilles pétiolées, réunies quatre à quatre, munies de deux glandes au-dessus de leur base; les fleurs sont terminales et forment une sorte de thyrse un peu arrondi et déprimé; calice à trois découpures, à demi coloré; corolle jaune à deux lèvres; quatre étamines insérées au fond de la corolle; anthères à deux loges distinctes, divergentes, ovaire supérieur. Le fruit n'a point été observé. J. P.

DIPLAZION, *diplazium* (*bot.*), genre de fougères dont les caractères principaux sont d'avoir les capsules en groupes allongés, placées le long des deux côtés des nervures secondaires, et recouvertes par un tégument double, qui prend naissance aussi aux deux côtés de la nervure, et dont l'une s'ouvre en dedans et l'autre en dehors; les frondes sont grandes, simples ou une fois pinnées, et rarement deux fois; les pinnules sont larges, lancéolées, nervures bifinnées et placées à angle aigu; ce genre renferme un assez grand nombre d'espèces, dont plusieurs ont été décrites par M. Bory de Saint-Vincent sous le nom générique de *callipteris*. Une de ces espèces, propres aux îles australes de l'Afrique, est remarquable par sa tige arborescente; ses frondes grandes et bipinnées, et ses pinnules de quatre pouces de longueur. J. P.

DIPLE, s. f. (*paléolog.*), signe à peu près semblable à un V couché horizontalement<>qui sert dans les manuscrits à indiquer les citations des Saintes-Écritures. La *diple* est aussi un signe de distinction et de doute.

DIPLECTHRUM (*bot.*), genre de la famille des orchidées, établi par M. Persoon, caractérisé par une corolle à cinq pétales, réunis par leur base, avec un sixième pétale inférieur en lèvre; le supérieur en forme de casque, prolongé en deux éperons à sa partie inférieure, ce qui le distingue du genre *disa* qui n'en a qu'un; capsule à une seule loge, à trois valves polyspermes. Nous citerons : le *diplecthrum à capuchon*, *D. cucullatum*, les racines sont munies de deux bulbes : il s'en élève une tige rougeâtre, géniculée, munie à sa base de deux feuilles opposées, larges, en cœur, aigües, celles des tiges courtes, vaginales, en forme de capuchon, avec des stries purpurines à leur base. Les fleurs sont jaunes, disposées en un épi court; le casque ou pétale supérieur grand, aigu, muni de deux cornes; elle croît au cap de Bonne-Espérance. J. P.

DIPLOCOMIUM (*bot.*), (double-cil). Genre de mousses établi par Weber; c'est la *meesia langiseta*. Il diffère des *meesia*, en ce que dans ces derniers, les cils sont réunis par une espèce de réseau, tandis que dans le Diplacomium, ils sont entièrement libres. *Diplacomium à long pédicelle* : *D. longisatum*, Cette mousse est remarquable par son pédicelle, qui a jusqu'à cinq pouces de long. Tige droite, rameuse, feuilles disposées sur trois rangs, ovales, lancéolées, concaves, finement dentelées; urne pyriforme pendante, à opercule conique, portée par un pédicelle capillaire. Elle croît dans les marais tourbeux de l'Europe tempérée et septentrionale ainsi qu'au Canada. Ce mot vient du grec Diplocomium, et signifie *deux chevelures*. J. P.

DIPLODACTYLE (*rept.*), ce mot qui signifie *double doigt*, a été appliqué à des geckos, qui présentent pour caractères, une queue cylindrique et renflée, des doigts tuméfiés au bout, et comme divisés en dessous, par deux disques charnus, ovales, lisses, et terminés tous, par de petits ongles rétractiles. Les écailles du corps sont petites et lisses, celles de la queue plus grandes et disposées en anneaux. Ces animaux manquent de pores aux environs de l'anus. On ne connait encore de ce genre, qu'une seule espèce qui vit à la Nouvelle-Hollande. C'est le *diplodactyle à bandes*. *D. vittatus*. Long de trois pouces et demi, sur lesquels la queue mesure un peu plus d'un pouce. Le dessus du corps, est de couleur brunâtre, marqué de deux bandes longitudinales jaunes; les flancs présentent une rangée de petites taches de la même couleur. J. P.

DIPLODERMA (*bot.*), genre de champignons établi par Link, et qui appartient à la cinquième série (*mycétodéens*), du deuxième ordre (*gastramyciens*) de sa méthode. Ce genre est très voisin des *scleroderma* et des *lycoperdon*. Ce sont des champignons globuleux sessiles formés par un peridium double, l'un extérieur, dur, ligneux, indehiscent; l'autre interne, d'une consistance de carton, contenant des séminales éparses, et non agglomérées. — Le *diploderma tubuleux, D. tuberosum*, globuleux, tubériforme, d'un brun jaunâtre; seminules de couleur, baie dans un réseau floconneux de même couleur. Il croît dans les lieux sablonneux, en Italie et en Espagne, etc.; il devient dans la sécheresse, dur comme du bois. J. P.

DIPLOÈDRE, s. m. (*minér.*), forme cristalline produite par la combinaison de deux rhomboèdres.

DIPLOIS (διπλόος, double), nom que les anciens donnaient à des habits qui étaient assez amples pour qu'on pût les replier, et les mettre en double.

DIPLOLÈNE, *diplolæna*, (*bot.*), genre de plantes dicotylédones, à fleurs incomplètes de la famille des *diosmées* de la décandrie monogynie de Linné. Ce genre comprend des arbrisseaux de la Nouvelle-Hollande, à feuilles simples, alternes, glanduleuses; les fleurs réunies dans un involucre commun. — La *diplolène à grandes fleurs, D. grand inflora.* Cet arbrisseau s'élève à une hauteur de cinq à six pieds, sur une tige chargée de rameaux épars, nombreux, garnis de feuilles coriaces, parsemées de petits points glanduleux, blanchâtres et cotonneuses en dessous; les fleurs sont d'un rouge jaune, larges d'environ deux pouces, solitaires au sommet des rameaux, composées de plusieurs petites fleurs sessiles, sur un réceptacle commun, entourées d'un involucre ou calice commun, composé de plusieurs folioles placés sur deux rangs. J. P.

DIPLOLÉPAIRES (*ins.*), famille d'insectes hyménoptères à laquelle Latreille rapportait les diplolèpes. J. P.

DIPLOLÈPES (*ins.*), genre d'insectes hyménoptères qui produisent les galles sur les végétaux, et que Linné avait appelés *cynips* (*V.* ce mot). J. P.

DIPLOMATE, celui qui est versé dans la diplomatie, qui s'occupe de diplomatie, ou qui est dans la diplomatie.

DIPLOMATIE. Ce mot, en usage seulement depuis la fin du XVIIIe siècle, dans l'acception que nous lui avons donnée, signifie la science des relations extérieures ou affaires étrangères des États, ou, dans un sens plus déterminé, la science ou l'art des négociations. Diplomatie vient de διπλόος (δίπλωμα), mot grec qui signifie duplicata, double, ou copie d'un acte émané du prince, et dont la minute est restée. La diplomatie et la diplomatique (*V.*) n'ont entre elles aucun rapport : la diplomatique servant à désigner la connaissance technique des chartes et diplômes. — On le voit, diplomatie n'est qu'un mot nouveau; mais la chose en elle-même ne l'est pas. Du jour où des sociétés, des peuplades, des États, se sont constitués, de ce jour date la diplomatie, et elle a dû grandir et se perfectionner avec la civilisation amenant chaque jour de plus grands intérêts publics. La diplomatie, en un mot, se compose de la connaissance approfondie des intérêts divers et des pactes antérieurs qui déterminent les rapprts des peuples entre eux; de l'art qui dirige les négociations destinées à modifier les pactes, ainsi que le prescrit la mesure sans cesse variable des intérêts, enfin de l'habileté qui fait tourner les négociations dans le sens le plus favorable au pays que le diplomate est chargé de représenter. Il est évident que les circonstances doivent varier les intérêts d'une nation; souvent ceux-ci sont méconnus ou imparfaitement sentis, toujours ils sont sous l'influence plus ou moins marquée par le texte, l'esprit et la portée des pactes souscrits ou reconnus par la nation. La science diplomatique doit donc embrasser d'abord la connaissance approfondie de la collection comparée des traités, des conventions écrites ou même verbales qui ont uni les peuples, réglé leurs engagements, terminé leurs différends, fondé et resserré leurs alliances. C'est, en un mot, la connaissance du *droit public* (*V.*). Nous ne voulons entrer ici dans aucune discussion, dans aucune appréciation même des idées, des raisons, qui ont fait mouvoir les ressorts de la diplomatie aux différentes époques de la civilisation, nous nous contenterons de quelques généralités sur la diplomatie comme science, sans la suivre dans ses applications; notre cadre, trop étroit, ne nous permettant pas d'entrer dans de bien grands détails, nous laisse à peine la latitude d'examiner rapidement quelles sont les règles qui doivent diriger l'application de la diplomatie. Or, quelles sont ces règles? Étudier le pays où l'on est envoyé sous le triple rapport physique, moral et politique; approfondir la forme et la tendance du gouvernement; méditer sur les lois fondamentales qui en sont la base, sur les changements qu'elles ont subis ou qu'elles peuvent subir; se dégager, pour bien examiner, des impressions, des idées, des préjugés, qu'on a pu apporter de sa patrie. Pénétrer le caractère du prince, de ses conseillers et ministres et de tout ce qui l'entoure; scruter les objets de l'ambition des grands, les opinions des classes riches, les vœux, les sympathies et les préjugés des populations : rien ne doit échapper au diplomate. Les rapports qu'il reçoit de son gouvernement sur l'ensemble des relations extérieures, il les rapproche de ce qu'il voit par ses yeux; il est dès lors plus en mesure d'indiquer avec confiance les mesures que doit prendre son gouvernement, d'en prévoir et d'en annoncer les conséquences. L'habileté personnelle du diplomate est presque toujours le garant le plus sûr de ses succès. Mais, il le faut avouer, une opinion presque générale présente communément sous un aspect peu moral cette qualité essentielle. Dans la conversation familière, n'appelons-nous pas *faire de la diplomatie* s'envelopper dans un silence affecté, user de termes vagues ou peu susceptibles de prendre un sens positif, ne parler qu'avec un tel artifice que l'on puisse ensuite, sans invraisemblance, modifier essentiellement ou même nier d'une façon absolue ce qu'on a semblé vouloir dire? Mais d'honorables exemples ne prouvent-ils pas que le diplomate habile n'est point obligé de déshonorer ses talents par le déguisement et le mensonge. La dextérité, le tact et la circonspection, doivent lui suffire pour concilier la convenance et l'agrément dans les formes, avec la persévérance et la fermeté pour tout ce qui touche au fond des affaires, la discrétion profonde avec l'aisance d'un homme qui n'a point de secrets, le respect dû à la vérité avec les ménagements que réclament les passions humaines, le soin des intérêts qu'il est chargé de soutenir avec des égards légitimes pour les intérêts d'autrui, l'art enfin de découvrir dans une convention épineuse des expédients propres à entraîner l'assentiment général avec l'appréciation exacte des avantages que chaque partie est naturellement appelée à recueillir de la convention? Ce ne sont pas là, on le sent, des choses qui s'apprennent par la voie des préceptes; il faut que la nature ait fait beaucoup, je dirai plus, tout pour le diplomate, et cela explique pourquoi des hommes étrangers à la diplomatie y obtiennent des succès dès les premiers pas, tandis que des hommes vieillis dans la pratique sont quelquefois au-dessous du médiocre. Par ce qui se passe de nos jours, on a pu voir le rôle qu'est appelé à jouer la diplomatie. Tous les bouleversements, toutes les révolutions qui auraient pu mettre l'Europe en feu, la diplomatie a su les comprimer; elle a su, en un mot, maintenir la paix. C'est que partout active, vigilante, habile, elle s'est interposée, et sa médiation conciliatrice a fait rentrer le glaive dans le fourreau. Un tel exemple rassure les amis de l'humanité et de la paix, car ces deux choses sont inséparables, la paix étant la seule condition digne de l'humanité. Il autorise l'espérance que nous exprimons en concluant et à l'honneur du progrès social, que la violence fera place un jour au droit et à l'équité; le fléau de la guerre cessera donc de décimer les peuples, et les résultats qui jadis étaient le prix du sang et de la victoire ne seront plus que le produit heureux des hautes combinaisons politiques et de l'intervention puissante de la diplomatie.

DIPLOMATIQUE. Cette science s'occupe de l'étude des documents (Voy.) écrits qui ont été expédiés d'une manière solennelle et accompagnés d'une déclaration formelle, pour établir et constater des droits et des faits, et pour en donner une preuve authentique à la postérité. Ces documents portent différents noms, tels que : *charte*, *diplôme*, *instrument*, *monument*, *titre*, etc. (Voy. ces noms). La diplomatique enseigne à les lire, à les comprendre, et surtout à en reconnaître l'authenticité ou la fausseté, l'intégrité ou l'altération; elle est donc utile à l'homme d'État, au jurisconsulte, à l'historien, à tous ceux qui, pour des intérêts publics ou particuliers, ou pour leur instruction, sont appelés à faire usage de ces documents. Ce fut dans la première moitié du XVIIe siècle que l'on commença à s'occuper de recherches diplomatiques. Parmi les savants qui les premiers en firent sentir l'importance, on distingue Zillesius, Benj. Leuber et Cournig. Au milieu des discussions auxquelles prirent part ces savants et quelques autres, on vit paraître, en 1675, le premier essai, encore bien imparfait il est vrai, d'une diplomatique dont l'auteur était Papebroch, jésuite d'Anvers. Papebroch proposa des règles pour apprécier le mérite des diplômes, et comme ces règles étaient rigoureuses, on lui attribua l'intention d'anéantir ainsi les prétentions des bénédictins et des carmes, prétentions qui se fondaient surtout sur des titres anciens. Quoi qu'il en soit, on ne peut douter que cet ouvrage n'ait déterminé les bénédictins à étudier avec soin la diplomatique. Et six ans plus tard, en 1681, le P. Mabillon publia son ouvrage *De re diplomaticâ, libri VI*, qui est le premier où cette science soit traitée dans toute son étendue, et où les bases en soient établies sur de solides fondements; il y ajouta un supplément en 1704. La diplomatique eut bientôt des partisans et des adversaires dans tous les pays de l'Europe, et l'étude qu'on en fit donna naissance à plusieurs ouvrages importants, entre autres au *Chronicon Gottwicense*, 1732, où l'on distingua pour la première fois en intrinsèques et en extrinsèques les caractères par lesquels on reconnait les diplômes authentiques. Les premiers s'appliquent au contenu du diplôme, à la langue, aux formules, en un mot à tout ce qui doit se retrouver dans la copie; les autres à la forme du diplôme, à l'écriture, à l'orthographe, aux ornements, aux sceaux, etc. On fit plusieurs abrégés du *Chronicon* jusqu'à la publication du *Nouveau traité de diplomatique*, par les deux bénédictins Toustaint et Tassin, en 6 vol. in-4°, orné de 100 planches, et qui parut de 1740 à 1765. A peu près à la même époque, J. Heumann mettait au jour ses précieux *Commentarii de re diplomaticâ regum et imperatorum germanicorum*, Nuremberg, 1745-49, et montrait victorieusement l'utilité de la diplomatique pour l'histoire politique, religieuse et littéraire. A la fin du XVIIIe siècle, J. Chr. Gatterer essaya de soumettre cette science à un ordre plus systématique; il en fit trois parties distinctes qu'il désigna sous les noms de *graphique* et *séméiotique*, et de *formulaire*. La première avait pour objet l'étude de l'écriture, la seconde celle des signes, la troisième celle des formules en usage dans les différentes espèces d'actes, etc. Le système de Gatterer fut adopté par Schwabe, Oberlin, Schwartner et Mereau; mais ce système, tout rationnel qu'il paraisse au premier coup d'œil, ne répondait pas au besoin de la diplomatique, non plus que celui de Schœnemann, qui la distingua en intérieure et en extérieure, suivant qu'elle s'occupe du contenu ou de la forme des documents. En effet, la diplomatique étant une science essentiellement instrumentale sera toujours étudiée plutôt en vue du but spécial que l'on se propose que pour elle-même, et par conséquent il est nécessaire d'avoir égard à cette circonstance dans la division à laquelle on veut la soumettre, aussi regardons-nous comme la plus simple et la plus naturelle celle qui la distingue en générale et en particulière. La diplomatique *générale* s'occupe des titres en général, de leurs caractères intrinsèques et extrinsèques, de leur expédition, de leur conservation dans les archives, etc. La diplomatique *particulière* s'occupe des titres considérés par rapport à leur objet, c'est-à-dire des titres politiques, canoniques, juridiques, domestiques ou personnels. La diplomatique générale devrait encore se subdiviser en diplomatique ancienne et moderne, car il a existé des documents dès l'époque où l'écriture a été en usage. Les Égyptiens, les Phéniciens, les Babyloniens, les Perses, les Hébreux, les Grecs, les Romains, tous les peuples civilisés de l'antiquité, ont eu des écrits publics, les ont conservés dans des archives et s'en sont servis pour leur histoire, pour leur jurisprudence, pour leurs intérêts politiques; mais comme les divers documents qui nous sont parvenus de l'antiquité ne sont guère étudiés que par les philologues et les historiens, et que, d'un autre côté, les points de contact de l'étude de ces anciens titres avec celle des manuscrits, des médailles et des inscriptions, se multiplient tous les jours davantage, il est résulté de cette masse de documents et de la nécessité de les étudier ensemble et par les comparaisons répétées, l'existence d'une science à part, que l'on désigne par le nom de *palæographie* (Voy.). Celui de diplomatique restera donc plus spécialement attaché à l'étude des chartes, des titres, des diplômes, en un mot de tous les documents destinés à établir, à constater ou à garantir des droits politiques ou privés, civils et canoniques. C. L. M.

DIPLOMATIQUE, qui appartient, qui a rapport à la diplomatique. Il signifie aussi, et plus ordinairement, qui appartient, qui a rapport à la diplomatie. *Corps diplomatique*, les ambassadeurs et ministres étrangers qui résident auprès d'une puissance.

DIPLOMES. Par ce nom on désigne en général les bulles pontificales, les diplômes proprement dits, royaux ou impériaux, les lettres patentes, privilèges, donations, chartes (Voy.) de toute espèce, pourvu qu'elles soient un peu anciennes. Ces différents actes, dans une discussion de critique historique, doivent avoir la plus grande valeur et un poids déterminant, à moins toutefois que des motifs légitimes de doute ne s'élèvent à leur sujet. Comment supposer qu'un acte ne constate pas un fait vrai, lorsqu'il est dressé devant une assemblée nombreuse, dans une cour plénière, par exemple, en présence des grands officiers de la couronne ou devant les magistrats les plus éminents et les plus recommandables d'une république; lorsqu'il porte la signature du prince, le contreseing du référendaire ou chancelier, le sceau du roi ou de l'autorité souveraine, lorsque, pour les chartes des suzerains et des grands fiefs, il y a eu assemblée publique des seigneurs voisins et des vassaux, lorsque le consentement des parties contractantes ne peut être mis en doute, lorsque les vassaux et les seigneurs ont donné leur caution réciproque? Dès qu'il s'agira de constater le fait matériel, les conditions auxquelles il s'est accompli, les circonstances qui lui donnent sa physionomie propre, les usages, les coutumes particulières au temps et au lieu où il s'est passé, quelles garanties plus fermes et plus certaines peut-on demander que les formalités de droit, qui ôtent même les soupçons de l'erreur, la date, les noms et les qualités des personnes contractantes, le dépôt aux archives publiques?—Le mot diplôme tire son étymologie d'un mot grec qui signifie *double*. En effet, dans le principe, ces actes étaient habituellement pliés en deux, et ils gardèrent ce nom alors même que leur forme eût changé. On ne voit du reste aucun acte qui porte en lui-même cette qualification. Le plus ancien acte en forme de diplôme, que l'on connaisse, est un congé donné par l'empereur Galba à des soldats vétérans. L'empereur Zénon, par la loi du 23 décembre 476, voulut qu'on n'accordât point de diplômes à des particuliers, mais seulement à des provinces, à des villes et à des corps importants; mais les démembrements de l'empire empêchèrent cette loi d'être rigoureusement observée, surtout dans les États nouveaux fondés par les conquérants barbares, quoique les vainqueurs eussent adopté la plupart des lois, des usages, et une partie de la jurisprudence des vaincus. Le plus ancien diplôme qui nous soit resté des rois Mérovingiens est celui que Childebert Ier donna en 553, en faveur de l'abbaye de Saint-Germain-des-Prés. C'est au VIIe siècle seulement que les rois anglo-saxons commencèrent à donner des diplômes. Quant à l'époque où les divers États de l'empire germanique se donnaient le droit d'expédier des diplômes, on ne saurait la fixer; toujours est-il certain que les princes de la maison de Brunswik-Lunebourg furent les premiers à l'exercer de leur propre chef, sans l'autorisation des empereurs. On regarde Henri VIII (le noir) comme le premier duc de Bavière qui, ayant fait une donation de son chef, l'an 1120, en ait donné un diplôme, ce qui, avant lui, n'avait été fait en Allemagne que par les rois et les empereurs. Clovis et ses successeurs délivrèrent des diplômes. En général, les actes de cette nature, donnés par les Mérovingiens, portaient en tête une invocation monogrammatique (*V.* MONOGRAMME); puis venait la souscription qui, presque toujours, occupait seule la première ligne, ensuite un préambule, l'objet même du diplôme, les menaces ou les amendes, l'annonce du sceau ou de la signature (cependant l'une et l'autre manquent souvent), la souscription, qui contenait: 1° une invocation monogrammatique; 2° le nom du roi; 3° la *ruche*, assemblage informe de plusieurs S entrelacés d'une manière bizarre et représentant le mot *subscripsi*; 4° la signature du référendaire qui avait présenté l'acte; 5° le soutrait (formule *benevaleas*) placé près du sceau; tout au bas de l'acte se plaçaient les dates du jour, du mois, de l'année, du règne, du lieu; venait à la suite une invocation formelle et la formule finale, *feliciter amen* (*V.* FORMULES). Toutes ces formalités (Voy.) se rencontraient dans les diplômes solennels; mais les actes moins importants étaient souscrits par les seuls référendaires (Voy.). Il y a peu de différence entre les diplômes des Mérovingins et ceux des Carlovingiens; ces différences consistent dans les expressions plus que dans le fond même de l'acte. Cette même forme se maintint chez les Capétiens, avec peu de modifications, jusqu'au temps de Saint-Louis; mais avec Philippe-le-Bel, par suite de l'influence que les légistes exercèrent dans le gouvernement, la forme des diplômes fut entièrement changée en France. Alors les diplômes solennels présentèrent l'invocation du *nom de Dieu, de Jésus-Christ notre Sauveur, de la sainte Trinité*; comme date, l'ère chrétienne, l'année du règne du roi, son monogramme, la présence des quatre grands officiers; ces actes sont de plus munis d'un sceau avec contre-scel. Il y avait alors des diplômes moins solennels, qui n'étaient pas revêtus de toutes ces formalités, mais au moins en ont-ils quelques-unes. A cette même époque, les empereurs d'Allemagne suivaient généralement dans les diplômes les mêmes usages que les rois de France; comme eux aussi ils distinguaient les actes en solennels et moins solennels. A partir du XVe siècle, il n'y eut plus, en France du moins, de diplômes proprement dits; l'invocation disparut, comme aussi la signature des grands officiers; une nouvelle formule finale fut introduite, etc., etc.; le nom même de diplôme fit place à d'autres noms (*V.* LETTRES PATENTES, ORDONNANCES, etc.). La critique des diplômes, comme anciens actes publics ou privés, appartient à la diplomatique dont on a traité dans l'article précédent. Outre les ouvrages qui sont indiqués, on peut consulter sur cette science les suivants : Fréret, *Mémoires de l'Académie des inscriptions*, t. VIII ; Schannat, *Vindic. archiv. fuldens* ; Hergott, *Geneal. diplomatica gentis Habsbourg* (*prolegom.*) ; Percsius, *Dissert. eccles.* ; *Chronic. Gottwicense prodrom.* ; Joan Jungius, *Ad Lud. Waltheri lexicon, diplom.* ; Ducange, *Glossarium mediæ et infirmæ latinitatis* ; Franc. Michel, neveu de Windtschlée, *Dissert. de archivis argentor* ; Maffey, Istor. diplom. ; D. Devaisnes, *Dictionnaire de diplomatique*, et le petit manuel d'Oberlin, *Artis diplomaticæ primæ lineæ*, Argent. 1788, in-12. On trouve aussi de bonnes indications dans l'ancien Mercure de France (1724 et 1725). Les adversaires les plus décidés de l'autorité des diplômes ont été, en France, Germon. (*Discept.*) ; Baudelot (*De l'utilité des voyages*) ; Langlet-Dufresnoy (*Méthode pour étudier l'histoire*) ; Simon (*Lettres critiques*), etc. Voir enfin Raguet, *Histoire des contestations sur la diplomatique*. Dans les temps modernes, le nom de diplôme a été attaché à certains titres délivrés le plus souvent en vertu d'une décision suprême ou d'un acte solennel, d'une promotion particulière, d'une création de docteur, etc., pour constater la dignité ou le degré auquel une personne a été promue. C'est ainsi qu'on dit un diplôme d'avocat ou de bachelier, de licencié, de docteur, etc. Pour les grades militaires, on se sert préférablement du mot de *brevet*, et pour les actes nobiliaires de celui de *lettres de noblesse*. Les sociétés savantes délivrent aussi des diplômes pour constater les nominations de chacun de leurs membres, et pour lui en offrir l'acte solennel et honorifique. Les diplômes sont le plus souvent imprimés sur peau de vélin et munis d'un sceau académique, universitaire, ou de celui de toute autre autorité supérieure dont l'acte est émané. Plusieurs droits politiques, en France, sont attachés à la possession de certains diplômes. S.

DIPLOME, s. m. (*chimie*). Vase à parois doubles, entre lesquelles on verse de l'eau avant de le mettre sur le feu ; il remplit ainsi l'office de bain-marie.

DIPLOPAPPUS (*bot.*), syngénésie polygamie superflue de Linné. Genre de plantes de la famille des synanthérées, établi par N. Cassini, auquel cet auteur rapporte plusieurs espèces d'*aster* et d'*erigeron*, qui en diffèrent par l'aigrette. Le *diplopappe laineux*, *D. lanatus*, plante herbacée, à racine fibreuse, à tige haute d'un à deux pieds, dressée, garnie ainsi que les feuilles d'une laine grise ou roussâtre ; elle est divisée au sommet en quelques rameaux, terminés chacun par une calathide et qui forment un corymbe ; les calathides, composées de fleurs jaunes, ont le péricline glabre ; les feuilles sont alternes, sessiles, spatulées, entières. Cette plante habite les lieux maritimes de la Caroline. J. P.

DIPLO-PERISTOMATI (*bot.*), mousses. Bridel nomme ainsi la classe dans laquelle il ramène les mousses munies d'un péristome double. M. Palisot Bauvois les nomme *diplopogon* (double barbe). (*V.* MOUSSES.) J. P.

DIPLOPHRACTUM (*bot.*), genre de plantes dicotylédones, polypétales, régulières, de la famille des tiliacées, de la polyandrie monogynie de Linnée, offrant pour caractères : calice à cinq folioles ; cinq pétales alternes avec les divisions du calice ; étamines nombreuses, insérées sur le réceptacle ; un ovaire supérieur à cinq côtes, surmonté d'un seul style et de cinq stygmates rapprochés. Le fruit est une capsule globuleuse, indéhiscente, à cinq ailes, à dix loges partagées par des cloisons transversales en plusieurs petites loges monospermes ; des semences arillées attachées aux parois de la capsule. La seule espèce connue est le *diplophractum auriculé*, *D. auriculatum* de Java, arbre ou arbrisseau à rameaux cylindriques garnis de feuilles sessiles, alternes, oblongues, ridées, bardées vers le sommet de dents aiguës. Les fleurs sont solitaires à l'extrémité des rameaux, soutenues par des pédoncules courts. J. P.

DIPLOPRION (*poiss.*). Genre de poissons de la famille des percoïdes. On n'en connaît qu'une seule espèce : le *diploprion à deux bandes*, *D. bifasciatum*. Il a, comme les perches, le préopercule dentelé et l'opercule osseux terminé par deux épines ; mais ce qui le distingue c'est la forme singulière de son corps qui, ainsi que la tête, est comprimé de façon que son épaisseur forme à peine le dixième de sa longueur qui n'est que de cinq à six pouces. Sa couleur est d'un beau jaune, marqué de deux bandes noires, dont l'une descend de la nuque et se prolonge sur la joue, et la seconde plus large que la première occupe le milieu du corps. C'est à Java que se trouve cette curieuse espèce. J. P.

DIPLOPTÈRES (*ins.*), nom donné par Latreille à la famille d'insectes hyménoptères nommés par Duméril *ptérodiples*. (*V.* ce mot.) J. P.

DIPLOSTACHYUM (*bot. lycopodiacées*), *double-épi*, genre établi par M. Bauvois pour quelques espèces de lycopodium qui diffèrent des autres ; ses caractères sont : monoïque ; fleurs en épis terminaux, solitaires, sessiles ; fleurs mâles sessiles, réniformes, bivalves ; fleurs femelles, des capsules à trois coques, trivalves, trispermes ; semences sphériques blanches scabres.

DIPLOSTEMA (*bot.*). Genre de plantes de la famille des verbéracées. C'est le genre *amazonia* de Linné. Le nom de diplostema a été substitué par Necker à celui de *taligalea* donné par Aublet. J. P.

DIPLOVATAZIO (THOMAS). Jurisconsulte né en 1168 à Corfou. Après avoir fait sa philosophie à Salerne, il vint à Boulogne où il apprit le droit ecclésiastique sous Corsetti, et le droit civil sous Jason. Ses progrès sous ces habiles maîtres furent si rapides que la duchesse Camille Sforce le nomma lieutenant au tribunal de Pesaro, quoi qu'il eût à peine atteint sa vingtième année. Il refusa d'abord cet emploi pour ne pas interrompre ses études, et n'accepta que plus tard celui d'avocat fiscal dans l'exercice duquel il sut s'attirer l'amour de tous les habitants. Craignant ensuite la colère de Jean Sforce, il se retira auprès de Jules II, qui lui donna un emploi supérieur à celui qu'il occupait à Pesaro. Les temps étant devenus meilleurs, il revint dans cette ville en l'an 1532, et peu après les habitants le choisirent pour remplir la place de gonfalonier. Ce grand jurisconsulte mourut le 29 mai 1541 dans un âge avancé.

DIPNOPHORES (*antiq.*), femmes qui, dans les fêtes instituées à Athènes en mémoire de l'abolition des sacrifices offerts au Minotaure, portaient des mets dans une corbeille comme faisaient les mères des enfants désignés pour être victimes de ce monstre.

DIPODE (*bot.*) (*dipodium*). Genre de plantes monocotylédones à fleurs incomplètes, polypétales, irrégulières, de la famille des orchidées, de la gynandrie monogyne de Linné, très rapproché des *cymbidium* et dont les caractères sont : corolle à cinq pétales égaux, un sixième en lèvre, trifide, barbu sur le disque ; anthère terminale à deux loges ; un seul paquet de pollen dans chaque loge ; capsule inférieure, uniloculaire, à trois valves polyspermes. — Le *dipode ponctué*, *D. punctatum*, plante entièrement glabre, dépourvue de feuilles ; tiges droites, très simples, entourées à leur base de gaines larges, ovales, aiguës, imbriquées, sans carène ; les fleurs purpurines, disposées en grappes à l'extrémité des tiges. Elle croît à la Nouvelle-Hollande. J. P.

DIPODE, *dipodus* (*erpét.*), ce mot, tiré du grec (δὶς, deux, et πούς, pied) est le synonyme de celui de *bipède*, donné à un genre de reptiles. (*V.* BIPÈDE.) J. P.

DIPODES, *dipodi* (*poiss.*). Ordre de poissons écailleux qui n'ont que des catopes ou des nageoires pectorales. Le genre *ovoïde* rentre dans cette division. J. P.

DIPODIE, de δὶς, deux fois, et πούς, ποδὸς, pied, est une mesure de la poésie ancienne, un mode de scander et de mesurer le vers en prenant deux pieds à la fois. D'après la *monopédie* (μονος, unique) on compte chaque pied ou mesure isolément, tandis qu'on les accouple deux à deux par la dipodie. Suivant la première méthode, l'hexamètre a six pieds ou mesures ; avec la dipodie, il n'en a plus que trois, et devient un trimètre, ainsi de suite. — La dipodie était encore le nom d'une danse particulière en usage à Sparte, et dont il est fait mention dans Hesychius et Pollux.

DIPPEL (JEAN-CONRAD), philosophe et chimiste allemand, naquit en 1673 au château de Franckenstein, près de Darmstadt. Il était fils d'un ministre luthérien et fut destiné à suivre la même carrière que son père. Il montra dès son enfance une étonnante précocité. Admis à 16 ans à l'université de Giessen, il surpassa bientôt tous ses compagnons. Ces premiers succès devinrent funestes pour le jeune Dippel. Enivré de ses triomphes, il s'habitua bientôt à ne voir d'autres bornes au possible que celles de son intelligence. Il changea plusieurs fois de religion, et, en dernier lieu, écrivit contre les protestants son *Papismus protestantium vapulans*, qui souleva contre lui tous les théologiens de l'université de Giessen, ce qui le détermina à renoncer à cette carrière. A partir de là, il mena une vie assez aventureuse, cultivant tour à tour la médecine, l'alchimie et la chimie. Ses travaux chimiques ne furent pas sans importance. Il composa une huile animale qui a été quelquefois employée avec succès dans l'épilepsie. On la trouve encore dans plusieurs pharmacopées. Son élixir acide, dont on a dans la suite modifié la composition de différentes manières, eut aussi beaucoup de succès ; mais la découverte la plus utile qu'on lui doive, quoiqu'il ne l'ait faite que par hasard, est celle du bleu de prusse (prussiate de potasse). — Après avoir parcouru l'Allemagne et la Suède, s'attirant partout des ennemis par la trop grande ardeur de sa polémique religieuse, il vint mourir au château de Witgenstein, le 25 avrill 1734, démentant ainsi la prédiction dans laquelle il annonçait au monde qu'il ne devait mourir qu'en 1808. Ses ouvrages sont au nombre de 70. La plupart sont des Traités de controverse qu'il publia sous le nom de *Christianus Democritus*.

DIPPER (*ois.*), nom anglais du grèbe de rivière, *colymbus minor*, Linn. **J. P.**

DIPROSIE (*crust.*), *diprosia*. Genre des malacostracés établi par Rafinesque. *Diprosie rayée*, *D. vittata*. Blanc bleuâtre, rayé longitudinalement de pourpre violet; dos lisse, légèrement convexe, parasite du sparus erythrinus. **J. P.**

DIPSACÉES (*bot.*). Famille de plantes dicotylédonées, à corolle monopétale, à ovaire infère à étamines libres. La fleur a deux calices, dont l'extérieur est appliqué sur l'ovaire, il est persistant et enveloppe le fruit à sa maturité; l'intérieur adhérent à l'ovaire, dépasse ordinairement le premier, et se termine par un bord tronqué ou par des soies; la corolle est tubuleuse, son limbe à quatre ou cinq divisions; quatre ou cinq étamines saillant ordinairement hors de la corolle; l'ovaire à une seule loge et un seul ovule, porte un style et un stigmate simple. Le fruit est enveloppé dans les deux calices, dont l'un présente des petites fossettes, séparées par des lignes saillantes; la graine est composée d'un périsperme charnu et d'un embryon droit. Les capitules des dipsacées sont entourées d'un involucre polyphylle, et les fleurs sortent d'un réceptacle plus ou moins saillant, entre elles, naissent des écailles ou des soies. Cette famille se compose des genres *dipsacus*, qui lui sert de type, *scabiosa*, *marina* et *knautia*; ce sont des herbes annuelles ou vivaces, à feuilles opposées.

DIPSAS (*rept.*), chez les anciens, ce nom était celui d'un serpent dont la morsure terrible causait la mort; son nom vient du grec *dipsa* (soif), à cause de la fièvre ardente et de la soif inextinguible qui précédait le trépas. Le poète Lucanus, en parle dans sa *Pharsalia*, et l'indique comme un serpent aquatique. Voilà tout ce que l'on sait sur l'histoire de ce serpent que l'on n'a pu reconnaître. Aujourd'hui, ce nom est donné à des serpents d'arbre nullement venimeux, se rapprochant des couleuvres par la disposition des plaques de la tête, des lames ventrales et caudales; par leurs dents maxillaires et palatines, petites, simples, uniformes, sans sillons; mais leur corps est plus allongé que celui des couleuvres, comprimé sur les côtés; les écailles du dessus du corps sont allongées, lisses, subverticillées en chevron avec une série d'écailles rachidiennes plus dilatées et polygones, par leur plus ou moins grand rapprochement. Les dipsas poursuivent leur proie sur les arbres, comme les dendrophides. L'espèce la plus connue est le *dipsas dendrophile*, *D. dendrophilla*. D'un brun noirâtre, annelé de jaunâtre; ces anneaux, au nombre de trente à quarante, sont assez régulièrement espacés, et interrompus sous le ventre; le dessous de la gorge est entièrement jaune. Sa longueur est d'environ cinq pieds, sur un diamètre de quinze lignes. Cette espèce est assez commune à Java. Une espèce, nommée par Cuvier *dipsas cynodon*, présente une particularité remarquable, qui consiste à avoir quatre dents plus longues que les autres, insérées en avant des maxillaires supérieures et inférieures; on ne sait pas encore si elles ont un usage particulier; cette espèce, présente du reste tous les caractères des autres dipsas. Sa couleur est grisâtre en dessus, avec des taches noires transversales. **J. P.**

DIPSAS (*conchyl.*). Genre de coquilles bivalves margaritifères, établi par M. Leach, et fort voisin des *anodantes*, dont il ne diffère que parce que ces coquilles sont subauriculées. **J. P.**

DIPTERA (*bot.*). Barckhausen a séparé du genre saxifrage le *saxifraga sarmentosa*, sous ce nom générique, Munch lui a donné le nom de *sckika*.

DIPTÈRES (*ins.*), douzième et dernier ordre des insectes, ceux qui composent cet ordre ont deux ailes membraneuses et étendues; deux corps mobiles en forme de balanciers sont très souvent situés derrière ces ailes, et représentent celles qui manquent. Le suçoir, formé de plusieurs soies, est renfermé dans une gaîne inarticulée ayant la forme d'une trompe terminée par deux lèvres. M. Duméril classe ainsi ces insectes qu'il caractérise: « Insectes à deux ailes nues, bouche sans mandibules. » *Sclérostomes*, *hydramies*, *chétolaxes*, *aplocères*, *astomes*. (*V.* ces différents mots). **J. P.**

DIPTERIX (*bot.*), nom donné par Schreber et Willdenow au genre *coumarouna* ou *cumaruna* d'Aublet, rangé parmi les légumineuses, dont le fruit, semblable à une amande, renferme une seule graine de même forme, connue sous le nom de *fève Tonka*, on la mêle au tabac, pour lui donner une odeur agréable. C'est le genre *baryosma* de Gœrtner, et *heinzia* de Scopoli. **J. P.**

DIPTERODON (*pois.*). Genre établi d'après une espèce de poissons voisine des pimélептères, et qui offre pour caractères: les dents tranchantes, taillées obliquement en biseau, non coudées; la dorsale épineuse séparée de la molle, par une échancrure profonde. On rencontre le *diptérodon* au Cap de Bonne-Espérance, d'où on l'a nommé *D. capensis*. Son corps est ovale, moins comprimé et un peu plus allongé que celui des pimeleptères. C'est un beau poisson dont les écailles médiocres sont brunes, avec un trait blanc vertical sur chacune, le ventre est blanchâtre. **J. P.**

DIPTÉRYGIENS (*pois.*). Dixième classe des poissons de Schneider, dans laquelle il place les genres *petromyzon*, *ovum* et *leptacéphale*. (*V.* ces mots). **J. P.**

DIPTOTE, adj. et s. m. (*grammai.*), il se dit des noms qui n'ont que deux cas.

DIPTURUS (*pois.*), nom générique sous lequel M. Rafinesque désigne la raie cendrée, *raja batis* de Linné, parce qu'elle à la queue dépourvue de nageoire à l'extrémité, et garnie de deux nageoires dorsales. **J. P.**

DIPTYQUE. Les plus anciens diptyques étaient des tablettes d'ivoire, de bois ou de quelque matière solide, sur lesquelles on écrivait, et que l'on pliait en deux, comme l'indique leur nom grec *diptychon*, (*dis*, deux fois, *ptussô*, je plie). Leur usage remonte aux siècles les plus reculés. Homère, dans le sixième livre de l'Iliade, fait déjà mention des tablettes pliées. Dans la suite, ce genre de tablettes reçut une nouvelle destination. Au lieu d'écrire sur les quatre côtés des tablettes, on n'en remplit que l'intérieur, et au moyen d'un ligament et d'un cachet, on pensa qu'il serait facile de les envoyer au loin sous la foi publique, en y renfermant les mystères de la famille, de l'amour, ou de la politique. Ce furent des tablettes semblables que Bellérophon porta au roi de Lycie, Jobatès, et qui renfermaient l'avis donné par Prathus de faire périr ce héros. — Le diptyque, augmenté selon le besoin d'une ou de plusieurs feuilles, fut appelé triptyque, pentaptyque, polyptique, selon qu'il avait trois, cinq, ou plusieurs feuilles. — Le diptyque fut consacré à un autre usage, sous les consuls romains. Lorsque ces magistrats étaient installés, dans les calendes de janvier, ils témoignaient leur reconnaissance au peuple par des discours publics, ou dans des tablettes qu'il faisaient distribuer, et qu'ils envoyaient même à leurs amis éloignés. Ces *diptyques consulaires* changèrent de nature et de destination, lorsque, après la chute de la république, l'éclat du consulat fut anéanti sous la puissance impériale. Les consuls cherchèrent à signaler leur gloire expirante par des largesses et par la pompe des jeux publics, les diptyques ne furent plus une tablette repliée, sur laquelle le nouveau consul traçait l'expression de ses sentiments, mais un ouvrage d'art où il faisait tracer son image, ses noms, ses qualités; et pour mieux publier sa munificence, il y faisait figurer les jeux du cirque et de l'arène qu'il donnait au peuple; on l'y voit assis sur la chaise curule, et tenant à la main la *mappa circensis* qui donnait le signal des jeux. Non-seulement on répandait de ces diptyques parmi le peuple, mais on en envoyait dans toute l'Italie et jusque dans le fond de la Gaule. — Lorsque l'empire romain eut adopté la religion chrétienne, ces témoignages de bienveillance et d'une sorte de dévouement de l'autorité, furent accueillis par l'Église. Le diptyque fut placé sur l'autel, et la personne du magistrat recommandée aux prières. L'Église trouvant dans la suite de nouveaux bienfaiteurs, et voulant conserver leur souvenir, on écrivit d'abord leurs noms sur le revers de la feuille d'ivoire, puis on insinua dans le diptyque des feuilles de parchemins sur lesquelles on inscrivit leurs noms. Les évêques, comme chefs de l'Église, furent les premiers qui occupèrent ces catalogues sacrés. Ce fut ainsi que le diptyque consulaire se changea en diptyque ecclésiastique et devint un ornement, dont l'Église se servit pour revêtir son calendrier naissant. L'usage en dura longtemps dans l'Église romaine, *il cessa en* France vers le temps de Charlemagne. — Les figures que l'on voit sur les diptyques ne sont pas toujours relatives aux jeux du cirque, il y en a sur lesquels on trouve des sujets mythologiques, d'autres qui retracent des sujets pieux, des Pères de l'Ancien et du Nouveau Testament, et des figures de saints. — Ces monuments, détruits par le temps ou mutilés par l'ignorance, sont devenus rares. Le cabinet des médailles et antiques en possède plusieurs qui portent les noms des consuls Flavius

Félix, Magnus, Justinianus et Philoxenus. D'autres sont ornés des figures du Christ, de la Vierge, de Saint Jean, et représentent l'adoration des Mages. Un triptyque, du plus beau travail, représente le Christ sur la croix environné d'anges et de saints, et au pied de la croix, on voit l'empereur Constantin et Sainte Hélène, sa mère, en habits impériaux. Leurs noms sont écrits en grec au-dessus de leur tête. Gori avait composé un recueil de tous les diptyques connus de son temps, qui a été terminé, après sa mort, par Posseri; *Thes. vet. diptych*, 3 vol. fol. 1759. Ducange a publié aussi des diptyques dans ses *Familiæ augustæ Bizantinæ*, et *Constantinop. Christ.* On les trouve reproduits dans le *Trésor de Numismatique et de Gleptique*, par Ch. Lenormant. — Millin en a décrit plusieurs dans son *Voyage dans le midi de la France. Voyez* aussi *l'Hist. du cab. des médailles*, pages 16 et suiv. DUMERSAN.

DIPYRE (*min.*). Ce minéral se présente sous forme de très-petits cristaux, faciles à reconnaître par deux caractères qui sont de fondre un chalumeau avec bouillonnement, et jetés sur les charbons ils répandent une lueur phosphorique peu vive : ce sont des prismes droits rectangulaires; ils sont assez durs pour rayer le verre. Suivant Vauquelin, le dipyre se compose, de :

Silice	0,60
Alumine	0,24
Chaux	0,10
Eau	0,02
Perte	0,04

on le trouve dans les Pyrénées occidentales. J. P.

DIRAN Ier, treizième roi d'Arménie, fils d'Ardaschès II, succéda à son frère aîné Arduvazt II. Il fit une expédition glorieuse contre le roi d'Ibérie pour délivrer son frère prisonnier Zurch, et le ramena en Arménie. Il fut quelque temps après vaincu par les Romains que Domitien envoya contre lui, mais Arduvazt vengea sa défaite. Diran régna paisiblement 21 ans, jusque vers l'an 152.

DIRAN II, dix-neuvième roi d'Arménie succéda à son père Khosrov II l'an 253, consentit pour assurer la tranquilité de son règne à payer tribut au roi de Perse Schahpour qui venait pourtant d'être repoussé par Arschavir, général arménien, et en paya un autre à l'empereur de Constantinople. Cette mesure n'empêcha pourtant pas la guerre qu'il voulait éviter à tout prix ; menacé par Julien qui marchait sur la Perse, il s'empressa de lui donner des ôtages et de lui fournir des auxiliaires, cette démarche lui attira la colère de Schahpour; il parvint pourtant à faire la paix avec lui, mais quelque temps après, animé contre lui par le gouverneur Varaz, le roi de Perse permit à ce dernier d'employer tous les moyens d'empêcher l'agression dont il était accusé d'avoir conçu le projet, et Varaz lui fit crever les yeux et l'envoya prisonnier en Perse. Les Arméniens s'armèrent alors, et, commandés par Arschavir, ils mirent les Perses en déroute. Schahpour effrayé renvoya Diran et fit mourir Varaz. Mais rentré dans ses États Diran abdiqua en faveur de son fils Arschak II, et se retira dans une solitude. Il avait régné 13 ans.

DIRAN, prince de Duron, succéda à son père Vahan III, vers le commencement du VIIe siècle, il reçut l'investiture de sa souveraineté du roi de Perse Khosrou Parwiz qui lui donna des troupes pour combattre contre Héraclius, mais Diran tourna au contraire du côté d'Héraclius contre la Perse. Huit ans après il fut vaincu et tué dans un combat contre le général arabe Abderrahim, le premier musulman qui soit entré en Arménie.

DIRCA DES MARAIS (*bot.*), *dirca palustris*, Linné, appelé vulgairement *bois de plomb* ou *bois de cuir*. C'est un petit arbrisseau qui croît naturellement dans les lieux humides marécageux et ombragés de l'Amérique septentrionale. Il constitue un genre de la famille des thymélées, de l'octandrie monogynie de Linné. Ses tiges sont droites, hautes de cinq à six pieds; les feuilles alternes, glabres, ovales assez grandes, vertes en-dessus, pâles et blanchâtres en-dessous. Les fleurs paraissent avant le développement des feuilles, elles sont verdâtres pendantes, latérales, réunies trois ensemble à chaque bourgeon ; elles n'ont point de calice, la corolle est tubuleuse, rétrécie à sa base et élargie vers son sommet. On emploie son écorce à faire des paniers. J. P.

DIRCÆA (*bot.*), suivant Daléchamps, ce nom ainsi que celui de *circæa* étaient donnés à la plante plus connue maintenant sous ce dernier nom. J. P.

DIRCÉE, *dircea* (*ins.*). Genre d'insectes coléoptères hétéromères établi par Fabricius pour remplacer le nom de *serropalpe*; ce dernier a cependant prévalu. J. P.

DIRCÉ, fille d'Hélius ou du Soleil, que Lycus, roi de Thèbes, épousa, après avoir répudié Antiope; Dircé voyant Antiope enceinte, quoique répudiée, crut qu'elle vivait toujours avec son mari. Elle la fit enfermer dans une prison d'où Jupiter qui l'avait séduite la fit sortir. Dans la suite les fils d'Antiope, Amphion et Zébus firent mourir Lycus et attachèrent Dircé à la queue d'un taureau indompté qui l'emporta sur les rochers, où elle fut mise en pièces. Bacchus touché de son malheur, et reconnaissant du culte qu'elle lui avait toujours rendu, fit perdre la raison à Antiope et changea Dircé en fontaine.

DIRCÉ ayant osé comparer sa beauté à celle de Pallas fut changée en poisson.

DIRE, exprimer, énoncer, expliquer, faire entendre par la parole, on l'emploie quelquefois absolument. Il s'emploie également en parlant de ce que l'on énonce par écrit. Il peut avoir pour sujet le nom de la chose qui renferme les paroles, le passage que l'on cite ou auquel on fait allusion. Il s'emploie quelquefois avec le pronom personnel, dans le sens passif. Il est surtout noté en parlant de la signification ou de l'emploi d'un mot, d'une locution, d'une phrase, *Que veut dire ce mot, cette phrase*, etc.? Quel en est le sens? *C'est-à-dire* s'emploie lorsque, après avoir dit, exprimé, désigné quelque chose d'une certaine manière, on va le dire, l'exprimer, le désigner autrement, afin d'être plus exact, plus clair, etc. On emploie quelquefois dans le même sens la phrase, *je veux dire. C'est-à-dire* s'emploie aussi quelquefois pour faire entendre que ce qu'on va dire est la conséquence de ce qu'une autre personne a fait ou dit, ou l'explication qu'il faut y donner. *Ce n'est pas à dire pour cela que... à dire que...* Il ne faut pas croire pour cela que. *Pour ainsi dire* s'emploie l'orsqu'on veut affaiblir ce qu'il peut y avoir d'exagéré dans l'expression dont on se sert, ou faire excuser ce qu'elle a d'extraordinaire, d'inusité. *Disons le* s'emploie souvent l'orsqu'on va dire quelque vérité dure et fâcheuse, mais qu'on ne peut se résoudre à taire. *Disons mieux* s'emploie comme une sorte de complément ou de correctif. *Que voulez-vous dire?* se dit quelquefois pour exprimer la surprise agréable ou pénible que causent les paroles de quelqu'un, et marque une sorte de doute, d'incrédulité. Prov., *Cela va sans dire*, c'est une chose tellement certaine, incontestable, ou tellement claire, naturelle, qu'il est inutile de la dire, de l'expliquer, d'en donner la preuve. *On dit*, c'est la commune opinion, ou c'est le bruit qui court. Cette locution s'emploie quelquefois substantivement dans un sens analogue. *On dit* s'emploie aussi lorsqu'il s'agit d'une expression ou d'une façon de parler ordinaire. *Qui vous a dit, qui vous a dit que...* quelle raison avez-vous de croire que..., êtes vous sûr que.... *Dire la bonne aventure*, prédire par la chiromancie, ou de toute autre manière, ce qui doit arriver à quelqu'un. *Dire des douceurs, des fleurettes à une femme*, la louer sur sa beauté, sur son mérite, lui dire des choses flatteuses. Fam., *Dire à quelqu'un son fait*, lui parler vertement, avec force, lui dire ses vérités. Fig. et fam., *Dire pis que pendre de quelqu'un, en dire le diable*, dire de lui toute sorte de mal. *Se dire quelque chose à soi-même*, faire telle ou telle réflexion, avoir telle ou telle pensée, faire en soi-même tel ou tel raisonnement Fig, *Le cœur me le disait bien, me l'avait bien dit*, j'en avais un pressentiment. Fig. et fam., *Si le cœur vous en dit*, si vous êtes d'humeur à faire cela. *Trouver à dire*, s'apercevoir de l'absence d'une personne, du manque de quelque chose. Cette manière de parler a vieilli. *Trouver à dire* signifie encore trouver à reprendre, à blâmer, dans ce sens on dit plus ordinairement, *trouver à redire. Il y a bien à dire, beaucoup à dire là-dessus*, il y a bien des critiques, des objections, des observations, etc., à faire là-dessus. Fam., *Il y a bien à dire* signifie quelquefois, il s'en faut de beaucoup. Il signifie aussi il y a grande différence. On dit dans un sens analogue, il y a tout à dire. Fam., *Il n'y a pas à dire*, il n'y a pas de refus, de résistance à faire. *Il a beau dire*, malgré tout ce qu'il peut dire, alléguer, etc. Fam., *Cela soit dit en passant* ou elliptiquement *soit dit en passant*, se dit en parlant d'une chose qu'on mentionne seulement à propos d'une autre, et plus ordinairement lorsqu'on fait quelque légère plainte, quelque léger reproche en peu de mots. Fig. et fam., *S'il vient à bout de ce qu'il a entrepris, je l'irai dire à Rome*, je crois qu'il lui sera impossible ou très difficile de réussir. Fam., *S'il ne dit mot il n'en pense pas moins*, se dit d'un homme de sens qui écoute et ne parle point, et quelquefois aussi d'un homme qui cache son mécontentement, son dépit. Prov., *Qui ne dit mot consent*, en certains cas, se taire, c'est consentir. *C'est tout dire, pour tout dire, pour dire en un mot*, signifient qu'il n'y a rien de ce qu'on veut dire qui ne soit renfermé dans la phrase ou dans l'expression dont on se sert. *A vrai dire, à dire vrai*, pour s'exprimer d'une manière exacte, conforme à la vérité. Fam., *Cela vous plaît à dire*, sert à exprimer que l'on ne convient pas de ce qui vient d'être dit, ou à énoncer un refus. Fig. et fam., *Il dit d'or*, il dit ce qu'il y a de mieux à dire dans la circonstance, ou de plus satisfaisant pour celui ou ceux à qui il parle. *Il dit*, s'emploie souvent en poésie, à la fin d'un discours, et signifie: ce fut ainsi qu'il parla, après qu'il eut ainsi parlé. *J'ai dit* s'emploie quelquefois, dans la conversation, pour marquer qu'on n'a plus rien à dire. *L'art de bien dire*, l'art de bien parler. — DIRE s'emploie souvent en poésie, dans le sens de célébrer, chanter, raconter. Il signifie aussi dans le langage ordinaire débiter, réciter, on l'emploie quelquefois absolument, en parlant de la manière dont quelqu'un récite un discours, des vers, etc. *Dire la messe*, célébrer la messe. — DIRE signifie encore offrir, proposer. Il se prend aussi quelquefois pour juger, croire, penser. *Qu'est-ce à dire?* Qu'est-ce que cela signifie, que faut-il penser de cela? Cette façon de parler marque ordinairement surprise ou mécontentement. Fam., *On dirait d'un fou, d'un homme ivre*, etc., à en juger par ses actions, par ses discours, on le croirait ivre, on le prendrait pour un fou. Fam., *Se moquer du qu'en dira-t-on, être au-dessus du qu'en dira-t-on, braver le qu'en dira-t-on*, mépriser l'opinion, mépriser tout ce que les gens pourraient dire. — DIRE s'emploie figurément en parlant des actions, des gestes, des regards, etc., qui manifestent la pensée de quelqu'un. *Cette femme a de beaux yeux, mais ils ne disent rien*, elle a de beaux yeux, mais ils sont dépourvus de vivacité, d'expression. — DIRE se prend aussi dans le même sens de dénoter, signifier, indiquer, marquer. Fam., *Cela ne dit rien*, se dit quelquefois d'une chose qui importe peu, qui ne prouve rien. *Cette chose ne dit rien*, elle ne produit aucun effet à la place qu'elle occupe. *Cela ne dit rien au cœur, à l'âme*, cela ne touche point, n'émeut point. — DIRE, avec le pronom personnel, signifie prétendre, assurer qu'on a une certaine qualité. — DIRE se prend quelquefois substantivement, et alors il signifie ce qu'une personne dit, rapporte, avance, déclare. Dans cette acception, il est souvent usité en termes de pratique. Hors du style de pratique, il est ordinairement familier, *Au dire des experts*, selon l'avis des experts. — *A dire d'experts*, d'après une décision d'experts, en soumettant la chose à des experts. — DIRE, substantif, se dit particulièrement des moyens, des réponses ou déclarations d'une partie pour le soutien de sa cause. *Le bien dire*, l'élégance dans le discours. Fam., *Être sur son bien dire, sur son beau dire*, être en train de parler, cela se dit ordinairement d'une personne qui affecte de bien parler, ou qui parle avec plaisir sur un sujet de prédilection. Prov., *Le bien faire vaut mieux que le bien dire*, les bonnes actions valent mieux que les beaux discours. *Un homme bien disant* se dit d'un homme qui parle bien et avec facilité, ou d'un homme qui n'est pas médisant. Cette locution est peu usitée. En terme de pratique, *soi disant* s'emploie quand on ne veut pas reconnaître la qualité que prend quelqu'un. Il se dit aussi, dans le langage ordinaire, par mépris ou par raillerie. — DIT (*participe*), fam., *Tout est dit*, ou *voilà qui est dit*, n'en parlons plus, c'est une chose convenue, conclue, décidée. Fam., *C'est bien dit* s'emploie pour marquer approbation de ce que quelqu'un vient de dire. Fam., *C'est bientôt dit* s'emploie pour faire entendre que la chose dont parle quelqu'un ou qu'il conseille n'est pas si facile, ne s'exécute pas si facilement qu'il paraît le croire. — DIT signifie quelquefois surnommé. Il se joint aussi avec les articles et les pronoms, et a la force du relatif pour les choses ou pour les personnes dont on a parlé. Il n'est guère d'usage qu'en style de pratique, de formule. Dans le même sens, il se joint quelquefois aux adverbes.

DIRECT, **ECTE**. Droit, qui ne fait aucun détour. Il s'emploie aussi figurément. Il signifie particulièrement immédiat, qui a lieu, qui se fait sans intermédiaire. En astronomie, *mouvements directs*, ceux qui sont dirigés de l'occident vers l'orient, comme le sont les mouvements de toutes les planètes et de leurs satellites dans le système solaire. En optique, *rayon direct*, celui qui arrive directement du corps lumineux, sans avoir été dévié par la réflexion. En généalogie, *ligne directe* se dit de la ligne des ascendants et des descendants pour la distinguer de la ligne collatérale. On dit dans un sens analogue *héritier direct*. En jurisprudence féodale, *seigneur direct*, le seigneur immédiat dont une terre relevait, *seigneurie directe*, les droits d'un seigneur sur un héritage qui relevait directement de lui. En grammaire, *construction directe, ordre direct*, se dit d'une construction qui place le nominatif, le verbe et le régime, dans l'ordre de la relation grammaticale. Dans le même langage, *régime direct*, ou *complément direct*, celui sur lequel tombe directement l'action du verbe, qui est l'objet immédiat de cette action. *Preuve directe* se dit de toute preuve qui résulte immédiatement d'un fait, par opposition aux simples inductions ou conjectures. *Etre en contradiction, en opposition directe*, être tout-à-fait en contradiction, en opposition. *Harangue directe, discours direct*, dans une histoire, dans un poème, se dit de ce qu'on suppose être prononcé par le personnage lui-même. En logique, *proposition directe*, toute proposition considérée par opposition à celle qui résulte du renversement de ses termes, et qu'on nomme pour cette raison *proposition inverse*. En mathématiques et en physique, *la raison directe de deux quantités*, le rapport de la première à la seconde, dans l'ordre direct où on les énonce, par opposition à la *raison inverse*, qui intervertit l'ordre suivi dans l'énoncé.

DIRECT (*ast.*). On dit en astronomie que les planètes sont *directes* lorsqu'elles paraissent se mouvoir d'Occident en Orient suivant l'ordre des signes de zodiaque (V. PLANÈTES). La combinaison du mouvement propre de la terre avec ceux des planètes donne à ces dernières diverses apparences qu'on désigne par les mots : *direct, stationnaire* et *rétrograde*; ainsi, par opposition à *planète directe*, on nomme planète rétrograde celle qui paraît s'émouvoir dans l'ordre inverse des signes, ou d'Orient en Occident, et *planète stationnaire* celle qui paraît rester immobile au même point du ciel.

DIRECT (*alg.*). Lorsque deux quantités m et n dépendent de deux autres quantités M et N, et que le rapport des premières est le même que celui des secondes, c'est-à-dire lorsqu'on a.... $m : n :: M : N$. On dit que m et n sont en *rapport* ou *raison directe* de M et N, tandis qu'on nomme rapport *inverse* ou *réciproque* celui qui aurait lieu si on avait : $n : m :: M : N$. Le premier soin qu'on doit avoir si l'on veut établir une proportion pour opérer la règle de *trois*, c'est d'examiner si les rapports sont *directs* ou *inverses*. (V. RÈGLE DE TROIS.)

DIRECTE. (V. LIGNE.)

DIRECTE (*t. de féodalité*), l'étendue du fief d'un seigneur direct.

DIRECTEMEMT, tout droit, en ligne directe, sans faire de détour. Il s'emploie souvent au figuré. Il signifie particulièrement d'une manière immédiate, sans intermédiaire, sans aucune entremise. *Directement opposé, directement contraire*, se dit, tant au propre qu'au figuré, des choses qui sont entièrement opposées, comme les deux extrémités d'une ligne droite. *Directement en face*, tout à fait vis-à-vis.

DIRECTEUR. Ce titre s'explique de lui-même et appartient dans l'administration aux chefs des principales subdivisions de chaque département. C'est ainsi qu'il y a directeur des finances, des domaines, etc., et un petit nombre *directeurs généraux*, par exemple, pour les ponts et chaussées, les douanes, les postes, etc. On dit aussi directeur des études. L'Académi[e] française nomme tous les ans son directeur pour présider cette compagnie.

DIRECTEUR DU JURY. C'était, avant la publication du Code d'instr. crim., un magistrat institué par la loi du 16 septembre 1791, sur la procédure par jurés, pour mettre une affaire criminelle en état d'être soumise au premier jury, dresser l'acte d'accusation, convoquer le jury, le diriger, recevoir sa déclaration et rendre l'ordonnance qui devait en être la suite.

DIRECTEUR DE CONSCIENCE. Personne que l'on suppose éclairée et vertueuse, qu'un chrétien consulte sur sa conduite, dont il suit les conseils et les décisions. Comme un confesseur est censé le directeur de ses pénitents, l'on confond habituellement ces deux termes. Sans vouloir donner des leçons à personne, nous pouvons observer combien cette fonction est difficile et redoutable. Plus un directeur sera sage et instruit, plus il craindra de donner de fausses décisions à ceux qui le consultent, de ne pas assez connaître le caractère personnel de ceux qu'il est chargé de conduire, de ne pas observer un sage milieu entre le rigorisme outré et le relâchement. Saint Grégoire a dit avec raison que la conduite des âmes est *l'art des arts*, par conséquent le plus difficile de tous; mais s'il fallait pour l'exercer qu'un homme fût exempt de tous les défauts de l'humanité, personne ne serait assez téméraire pour s'en charger. Cependant Dieu a voulu que les hommes fussent conduits par d'autres hommes, les pécheurs sanctifiés par les pécheurs, que les saints mêmes fussent soumis à des guides beaucoup moins vertueux qu'eux. B—R.

DIRECTION, conduite, action de celui qui dirige, qui règle. Il se dit aussi de certaines administrations publiques ou particulières, ainsi que de l'emploi de directeur dans ces administrations. Il se dit quelquefois, par extension, du territoire administré par une direction publique. — *Direction de créanciers*, régie que des créanciers font, par le moyen de syndics ou directeurs, des biens qui leur ont été abandonnés par leur débiteur commun. On appelle également *direction* la réunion des syndics ou directeurs. — *Biens en direction*, ceux dont l'administration est confiée à des syndics ou directeurs nommés par une assemblée de créanciers. — DIRECTION se dit encore du côté vers lequel une personne ou une chose se dirige, est dirigée ou tournée, et du mouvement de quelqu'un ou de quelque chose dans un certain sens. Il s'emploie, au figuré, dans le même sens : *Prendre une bonne ou mauvaise direction*, accepter une bonne, une mauvaise manière de se conduire. — En termes de dévotion : *Direction de l'intention* ou *d'intention*, action par laquelle on dirige son intention. — *Direction de l'aimant*, la propriété que l'aimant possède de se tourner spontanément dans une direction déterminée, lorsqu'il est libre de se mouvoir. — *Être dans la direction d'un objet*, être exactement vis-à-vis de cet objet.

DIRECTION (*méc.*), droite suivant laquelle un corps se meut ou est sensé se mouvoir. — On nomme en particulier *ligne de direction* celle qui passe par le centre de gravité d'un corps et par le centre de la terre. Lorsque cette ligne ne passe pas en même temps par le point d'appui du corps, supposé élevé audessus de la surface de la terre, il faut nécessairement qu'il tombe sur cette surface. — *L'angle de direction* est l'angle compris entre les directions des deux puissances conspirantes (*V.* PUISSANCE). Dans la géométrie on dit que trois points ont une même direction, ou sont dans la même direction, lorsqu'ils se trouvent sur une seule et même droite.

DIRECTRICE (*géom.*). Droite le long de laquelle on fait couler une autre ligne ou une surface pour décrire une figure plane ou solide (*V.* GÉNÉRATION et les diverses SECTIONS CONIQUES).

DIRECTOIRE, magistrature suprême de la république française, constituée par la constitution de l'an III (1795) et revêtue du pouvoir représentatif. La révolution du 18 brumaire y mit fin (*V.* l'article général FRANCE).

DIRECTOIRE signifie aussi l'ordre qui règle la manière de dire l'office et la messe pour l'année courante.

DIRECTORIAL, ALE, qui appartient à un directoire.

DIRES. Ce sont les observations que font les parties ou leurs avocats dans le procès-verbal d'un juge, d'un expert ; ou bien ce sont les reproches proposés par les parties contre des experts nommés, des témoins produits dans une enquête, etc. — DIRE est pris quelquefois pour *estimation*, ainsi l'on dit : *A dire de prud'hommes, à dire d'experts*, pour dire : *A l'estimation de*, etc.

DIRES (*dirus*, cruel), filles de l'Achéron et de la Nuit ; elles étaient au nombre de trois ; on les nommait Furies ou Euménides sur la terre, Chiennes du Styx dans les enfers et Dires dans le ciel. Assises auprès du trône de Jupiter, elles recevaient ses ordres pour troubler le repos des méchants et excitaient des remords dans leurs âmes.

DIRIBITEURS. Nom de certains esclaves à Rome chargés de disposer les mets. On donnait aussi ce nom à ceux qui, dans les comices, distribuaient au peuple les tablettes sur lesquelles chacun devait marquer son suffrage.

DIRIBITORIUM, le plus vaste édifice de Rome ; il ne fut terminé que l'an 7 de J.-C.

DIRIGANG (*ois.*). Cet oiseau, que les Anglais nomment *wood picker* (pique bois), porte le nom de *dirigang* à la Nouvelle-Galles du sud. Sa taille est un peu plus forte que celle du grimpereau, le dessus du corps est d'un brun-olivâtre et le dessous d'un blanc dont la teinte est plus terne sur le ventre ; sa tête a des raies transversales noires, et l'on remarque sous l'œil une tache jaune et derrière une autre rougeâtre ; le bec et les pieds sont noirs. Latham le place parmi les grimpereaux, et le nomme *carthia leucophœa*.

DIRIGEANT, ANTE, qui dirige. Il ne s'emploie guère que dans cette dénomination : *Ministre dirigeant*, ministre chargé du gouvernement en l'absence du chef de l'État.

DIRIGER, conduire, régler. Il signifie aussi faire aller, conduire dans un certain sens, tourner d'un certain côté ; et il se dit tant au propre qu'au figuré. On l'emploie souvent avec le pronom personnel. — En termes de dévotion : *Diriger son intention*, rapporter ses actions, ses vues, à une fin déterminée, et plus ordinairement à une bonne fin.

DIRIMANT (empêchement). En droit canonique, on entend par *empêchement dirimant* un défaut qui emporte nullité du mariage.

DIRK, s. m. (*relation*), poignard des montagnards écossais.

DIROUK, fils de Mouskoun, naquit vers la fin du IVe siècle. C'était un des philosophes les plus distingués de l'école fondée au commencement du Ve siècle, en Arménie, par le patriarche Sahak Arsacide et le savant Mesrob. Il mourut vers 460.

DIROYS (FRANÇOIS), docteur de Sorbonne, accompagna à Rome, en 1672, le cardinal d'Estrées. Il obtint ensuite un canonicat à Avranches. Il combattit par quelques écrits les opinions de Port-Royal, avec lesquels il avait été lié auparavant. Il est mort vers 1691. On a de lui : *Preuves et préjugés pour la religion chrétienne et catholique contre les fausses religions et l'athéisme* ; Paris, 1683, in-4°.

DIS (*myth.*). Dieu des Gaulois, le même que Pluton : les habitants des Gaules se croyaient descendus de cette divinité.

DIS (*bot.*) Nom arabe du Jonc, *Juncus* suivant Dalechamps.

DISA (*bot.*). Genre de plantes monocotylédones à fleurs incomplètes, polypétales irrégulières, de la famille des *orchidées*, (gynandrie digynie de Linné), très rapproché des *diplectrums* offrant pour caractères : corolle à cinq pétales renversés, pétale supérieur concave, en casque, muni d'un éperon ; anthère à deux lobes. Le fruit est une capsule oblongue, à trois valves polyspermes. Ce genre se distingue facilement par le pétale supérieur prolongé en éperon à sa base ; tandis que, dans la plupart des autres genres, l'éperon est placé au pétale inférieur, excepté dans les *diplectrum* qui ont deux éperons. J. P.

DISAN, l'un des fils de Séhir le horréen.

DISANDRE *disandra* (*bot.*). Genre de plantes dicotylédones, à fleurs complètes, monopétales, de la famille des *personnées*, de l'heptandrie monogynie de Linné, caractérisé par un calice campanulé, à cinq ou sept découpures ; corolle en roue, à cinq ou sept divisions, autant d'étamines ; ovaire supérieur ; un style ; le stygmate simple ; le fruit consiste en une capsule ovale, biloculaire, à plusieurs semences. Ce genre diffère peu des *sibthorpia*, si ce n'est par le nombre des divisions du calice et de la corolle et celui des étamines qui, quoique variable, n'est jamais au nombre de quatre, comme dans les *sibthorpia*. L'espèce la plus connue est la *disandre couchée, D. prostrata*, Linné. Ses tiges sont grêles, cylindriques, couchées, pubescentes ; les feuilles alternes, pétiolées, arrondies en forme de rein, crénelées ; les pédoncules naissent deux ou trois ensemble dans l'aisselle des feuilles ; ils portent chacun une petite fleur variable dans le nombre de ses divisions, jamais au-dessous de cinq. Cette plante croît dans le Levant. J. P.

DISARRÈNE ANTARCTIQUE (*bot.*). Plante de la Nouvelle-Hollande, constituant un genre particulier de la famille des *graminées* et de la polygamie monoëcie de Linné, offrant pour caractères : un calice bivalve à trois fleurs, deux latérales mâles, à trois étamines ; une terminale hermaphrodite, à deux étamines ; deux styles ; les stygmates velus ; une semence oblongue, renfermée dans la valve de la corolle. Cette plante a ses tiges droites, hautes de trois pieds et plus, les feuilles planes, linéaires, aiguës, rudes, striées ; les fleurs disposées en une panicule étalée, un peu inclinée ; les valves du calice ovales-oblongues, aiguës, inégales, renfermant trois fleurs, les deux latérales mâles, pubescentes ; la fleur hermaphrodite un peu pédicellée, presque mutique ; valve extérieur d'un brun clair, ovale-oblongue, coriace, presque à cinq nervures, pileuse en dessus ; la valve intérieure plus petite, échancrée au sommet.

DISCALE (*terme de comm.*). Déchet dans le poids d'une marchandise, produit par l'évaporation de son humidité.

DISCERNEMENT. Distinction qu'on fait d'une chose d'avec une autre. Il signifie, plus ordinairement, la faculté de bien distinguer les choses et d'en juger sainement. *Agir sans discernement*, agir sans savoir si l'on fait bien ou mal. Cela se dit surtout en matière criminelle.

DISCERNER. Distinguer un objet d'avec un autre, le voir distinctement. Au sens propre, on dit plus ordinairement *désigner*. Il signifie, figurément, découvrir, connaître par quelles qualités une chose ou une personne diffère d'une autre.

DISCHIDIE NUMMULAIRE (*bot.*). *Dischidia nummularia*, R. Brown. C'est une plante parasite de la Nouvelle-Hollande, qui forme un genre particulier de la famille des *apocinées*, et de *pentandrie digynie* de Linné ; elle est couverte sur toutes ses parties d'une farine blanchâtre, et il en découle un suc laiteux, qui, selon R. Brown, a une vertu réfrigérante ; on l'emploie pour la guérison des piqûres envenimées, et l'on fait usage de ses feuilles dans la gonorrhée ; celles-ci sont opposées, médiocrement pétiolées, glabres, épaisses, arrondies ; les fleurs petites, disposées en petites ombelles latérales. Ses tiges sont herbacées, pendantes et rameuses, radicantes à leurs articulations. J. P.

DISCIPLE. Celui qui apprend d'un maître quelque science ou quelque art libéral. Il se dit également de celui qui suit la doctrine d'un autre, qui s'attache à ses principes, à ses sentiments. Il s'emploie, figurément, dans un sens analogue.

DISCIPLE, dans l'Évangile et dans l'histoire ecclésiastique, est le nom qu'on a donné à ceux qui suivaient Jésus-Christ comme leur maître et leur docteur. Outre les apôtres, on en compte à J.-C. 72, qui est le nombre marqué dans le chapitre x de saint Luc. Baronius reconnaît qu'on n'en sait point les noms au vrai. Le père Riccioli en a donné un dénombrement, fondé seulement sur quelques conjectures. Il cite pour garants saint Hippolyte, Dorothée, Papias, Eusèbe et quelques autres, dont l'autorité n'est pas également respectable. Plusieurs théologiens pensent que les curés représentent les 72 disciples, comme les évêques représentent les douze apôtres. Il y a aussi des auteurs qui ne comptent que 70 disciples de J.-C. Quoiqu'il en soit de leur nombre, les Latins font la fête des disciples du Sauveur le 15 juillet, et les Grecs la célèbrent le 4 janvier. — N'oublions pas de remarquer que les apôtres et les premiers disciples de J.-C. ont été en trop grand nombre pour que l'on puisse supposer entre eux un complot formé et un projet conçu de tromper les hommes sur les miracles, sur la mort, sur la résurrection et l'ascension de J.-C. Saint Pierre dit qu'immédiatement après cet événement les disciples étaient au nombre de près de 120. Saint Paul nous assure que J.-C. ressuscité, s'est fait voir à plus de 500 disciples ou frères rassemblés. Les deux premières prédications convertirent à Jérusalem huit mille hommes. Tous étaient à portée de vérifier sur le lieu même si les apôtres en imposaient sur les faits arrivés cinquante jours auparavant. L'on ne peut imaginer aucun motif d'intérêt temporel qui ait pu les engager tous à trahir leur conscience, à reconnaître pour fils de Dieu et Sauveur des hommes, un personnage crucifié par les juifs B.....r.

DISCIPLINABLE, docile, capable d'être discipliné, aisé à discipliner.

DISCIPLINAIRE. Qui concerne la discipline.

DISCIPLINAIRE (POUVOIR). On appelle ainsi le droit conféré dans l'ordre judiciaire, soit à une autorité hiérarchique supérieure pour les cours et tribunaux, soit à une chambre organisée dans le sein même d'un ordre d'avocats ou d'une compagnie d'officiers ministériels, d'exercer une surveillance immédiate sur la manière dont ceux qui en font partie accomplissent les devoirs de leur profession, et, en certaines circonstances, d'appliquer des peines en dehors de celles qui se trouvent au Code pénal. Cette juridiction censoriale et disciplinaire n'est, suivant un savant magistrat, M. Henrion de Pansey, ni criminelle, ni correctionnelle, ni de simple police, parce qu'elle n'agit ni sur des crimes, ni sur des délits, ni sur des contraventions, et que ce ne sont pas des peines proprement dites qu'elle prononce. — C'est le sénatus-consulte du 16 thermidor an x, qui a créé en quelque sorte, dans la nouvelle législation française, le pouvoir disciplinaire, en ce qui concerne du moins l'ordre judiciaire. Ce sénatus-consulte a décrété en principe que les juges seront soumis à la surveillance du ministre de la justice et à la censure de la Cour de cassation. Le décret du 30 mars 1808, la loi du 20 avril 1810, les décrets et ordonnances postérieurs, n'en ont été que le développement. — Le sénatus-consulte du 16 thermidor an x ne donnait au ministre de la justice que le droit de surveiller et de reprendre les tribunaux et les membres qui les composent; il réservait à la Cour de cassation celui de censurer et de mander près du ministre les juges qui auraient compromis la dignité de leur caractère. Mais la loi du 20 avril 1810 a conféré au ministre lui-même, le droit de mander les magistrats près de sa personne pour y rendre compte de leur conduite. Ce n'est que pour des *causes graves* que les juges peuvent être traduits devant la Cour de cassation et suspendus par elle. L'art. 57 investit la Cour de cassation du droit de censure et de discipline sur les cours royales et sur les tribunaux criminels, aujourd'hui les cours d'assises. — La loi du 20 avril 1810 donne un égal droit de censure et de discipline aux cours royales sur les tribunaux de première instance de leur ressort, et à ces tribunaux sur les juges de paix de leur arrondissement. Cette loi, a ajouté au droit de suspendre les juges de leurs fonctions, que le sénatus-consulte du 16 thermidor an x accordait à la Cour de cassation, celui de censure *simple* et de censure *avec réprimande*, selon la gravité des circonstances. — Les avocats sont soumis à deux espèces de juridictions disciplinaires : d'abord, celle du conseil de discipline de leur ordre, ou la *cour royale assemblée*, quant le fait qui motive une poursuite disciplinaire contre un avocat a eu lieu hors de l'audience; si le fait a eu lieu à l'audience, les tribunaux peuvent immédiatement appliquer une des peines disciplinaires. — Les notaires sont sous la surveillance immédiate des *chambres de discipline*, créées par la loi du 25 ventôse an XI. Ils peuvent encore être poursuivis devant le tribunal civil de leur résidence, soit à la requête des parties intéressées, soit d'office à celle du ministère public; et ces tribunaux peuvent prononcer contre eux, suivant la gravité des cas, la suspension, la destitution et la condamnation à des dommages et intérêts. — Les avoués, les commissaires-priseurs, les huissiers, etc., sont aussi soumis à la juridiction disciplinaire, soit de leurs chambres de discipline, soit des tribunaux près desquels ils exercent. Quant à ce qui concerne l'armée, Voy. l'art. *Discipline militaire*.

DISCIPLINE (*éduc.*), ce mot discipline aujourd'hui embrasse à la fois et l'idée de la règle et celle des moyens pour la faire observer. Venu du mot latin *discere*, apprendre, discipline signifiait dans cette langue *méthode d'enseignement*, et c'est dans ce sens surtout qu'il serait important de le comprendre pour l'éducation de la jeunesse. Si la discipline militaire a pour but de maintenir l'ordre dans le présent, la discipline des établissements d'enseignement doit surtout préparer l'avenir. Quand la discipline d'un collége facilite l'instruction, forme le caractère, prépare à la subordination spéciale, elle remplit son but. Nous ne croyons pas que la discipline en vigueur atteigne ce triple résultat; car toute discipline qui *réprime* sans *prévenir*, ne mérite pas le nom de discipline; et ensuite *prévenir* seulement en *comprimant*, c'est aller contre le triple but que nous venons de signaler, c'est détruire toute ardeur, c'est faire sentir le frein et craindre la peine, sans faire comprendre et respecter le caractère moral de la loi. — Sous l'ancien régime, la discipline était sévère, sans doute, mais elle avait quelque chose de paternel, parce que, laissée à la direction du principal, elle pouvait fléchir selon le caractère de tel ou tel écolier. De nos jours, la discipline est soumise à des règlements généraux, les proviseurs et les principaux ne peuvent s'en écarter. Les arrêts, la retenue, la privation de sortie, les *pensums* ont remplacé le fouet, les férules, la mise à genoux, le bonnet d'âne, etc. — Toutefois, cette discipline actuelle est repoussée par bien des élèves, comme insupportable, par beaucoup de familles comme trop peu paternelle. C'est, à les en croire, la discipline militaire appliquée à l'éducation de la jeunesse. Tout y marche avec un ensemble et un ordre extérieur inconnus, mais aussi l'élève et les surveillants, jusqu'au chef de la maison, vivent ensemble dans un état violent. S'il en est ainsi, il n'y aurait certes là rien de paternel, rien pour former le cœur aux douces affections, et pour façonner l'esprit à des idées, à des convictions d'ordre et de véritable subordination. Serait-ce alors la faute des maîtres et des élèves? Non sans doute. Cela tient à des causes extérieures, au monopole, à la centralisation universitaire peut-être. Dans les colléges actuels, les chefs étant comme employés du gouvernement, peuvent ne point avoir avec leurs élèves, avec leurs collaborateurs, avec les familles, ces formes de douceur, d'égalité, de paternité, qui jadis étaient le lien moral des colléges. Dans les colléges royaux, les professeurs n'ont aucune influence sur la direction de l'établissement, tout roule sur une seule tête, le proviseur, qui quelquefois peut être un parvenu de la faveur et même un homme politique. Ce chef n'a rien à commander impérieusement aux professeurs; il n'a aucune observation à recevoir des familles, du moment qu'il ne dépasse pas le règlement. Il est de droit despote avec les maîtres d'étude et les surveillants, et ceux-ci, croyant faire du zèle en faisant de la sévérité, rendent la pareille aux élèves, qui à leur tour ne négligent rien pour rendre la vie insupportable à ces infortunés subalternes. Peut-être ce tableau paraîtra-t-il sombre ; mais il est vrai. Les traits n'auraient certes pas manqué pour le rembrunir, les exemples non plus. Espérons, toutefois, qu'un jour viendra où la jeunesse trouvera dans des formes nouvelles ce dont elle manque aujourd'hui.

DISCIPLINE ECCLÉSIASTIQUE. Il est clair que le mot latin *disciplina* signifie l'état des *disciples* à l'égard de leur maître. Comme J. C. a établi ses apôtres pasteurs et docteurs des fidèles, ceux-ci leur doivent docilité et obéissance, et, comme, d'autre côté, les maîtres doivent l'exemple à leurs disciples, ils doivent aussi observer des règles pour le succès de leur ministère. Ainsi la discipline de l'Église est sa police extérieure, quant au gouvernement; elle est fondée sur les décisions et les canons des conciles, sur les décrets des papes, sur les lois ecclésiastiques, sur celles des princes chrétiens et sur les usages et coutumes du pays. D'où il s'ensuit que des règlements, sages et nécessaires dans un temps, n'ont plus été de la même utilité dans un autre; que certains abus ou certaines circonstances, des cas imprévus, etc., on souvent exigé qu'on fît de nouvelles lois, quelquefois qu'on abrogeât les anciennes, et quelquefois aussi celles-ci se sont abolies par le non usage. Il est encore arrivé qu'on a introduit, toléré et supprimé des coutumes, ce qui a nécessairement introduit des variations dans la discipline de l'Église. Ainsi la discipline présente de l'Église pour la préparation des catéchumènes au baptême, pour la manière même d'administrer ce sacrement, pour la réconciliation des pénitents, pour la communion sous les deux espèces, pour l'observation rigoureuse du carême, et sur plusieurs points qu'il serait trop long de parcourir, n'est plus aujourd'hui la même qu'elle était dans les premiers siècles de l'Église. Cette sage mère a tempéré sa discipline à certains égards, mais son esprit n'a point changé, et si cette discipline s'est quelquefois relâchée, on peut dire que, surtout depuis le concile de Trente, on a travaillé avec succès à son rétablissement. Nous avons sur la discipline de l'Église un ouvrage célèbre du père Thomassin de l'Oratoire, intitulé : *Ancienne et nouvelle discipline de l'Église touchant les bénéfices et les bénéficiers*, où il a fait entrer presque tout ce qui a rapport au gouvernement ecclésiastique, et dont M. d'Héricourt, avocat au parlement, a donné un abrégé accompagné d'observations sur les libertés de l'Église gallicane. — La discipline tient de plus près au droit canonique qu'à la théologie, ainsi nous ne devons l'envisager que relativement au dogme et nous borner à montrer la sagesse avec laquelle l'Église s'est toujours montrée à cet égard. — De savoir si les pasteurs de l'Église ont reçu de J. C. le droit et l'autorité de faire des lois de discipline, c'est une question qui doit plutôt être traitée à l'article LOIS ECCLÉSIASTIQUES (V.). — En fait de discipline, il faut distinguer les usages qui tiennent aux dogmes de la foi d'avec ceux qui regardent seulement la police extérieure. Or, tout ce qui concerne le culte divin à un rapport essentiel au dogme. Pour savoir, par exemple, si l'usage d'honorer les saints, leurs images, leurs reliques, est louable ou superstitieux, il faut examiner si Dieu l'a défendu ou non, s'il déroge ou ne déroge point au culte suprême dû à Dieu ; c'est une question de dogme et non de pure police. Pour décider s'il est permis ou défendu de réitérer le baptême donné par les hérétiques, ou les ordinations qu'ils ont faites, il faut savoir si ces sacrements, administrés par eux, sont nuls ou valides. Nous ne pouvons affirmer que la communion sous les deux espèces est nécessaire ou indifférente, à moins que nous ne sachions que Jésus-Christ est ou n'est pas tout entier sous chacune des espèces consacrées, etc. — Il n'en est pas de même des usages de pure police. La loi imposée aux premiers chrétiens, par les apôtres, de s'abstenir du sang et des viandes suffoquées, les épreuves auxquelles on soumettait les cathécumènes avant le baptême, la coutume de leur interdire l'assistance au saint sacrifice avant d'avoir reçu ce sacrement, de donner aux enfants la communion immédiatement après le baptême, de soumettre les pécheurs scandaleux à la pénitence publique, etc., sont des lois de simple police, elles n'intéressent point le dogme; elles ont pu être utiles dans un temps et peu convenables dans un autre, on a donc pu les changer sans inconvénient. Ici la tradition ou l'usage des siècles précédents ne fait pas loi; mais il faut s'en tenir à la tradition, dans tout ce qui tient au dogme de près ou de loin. — Quelquefois une coutume, qui n'était point liée au dogme en elle-même s'y trouve attachée par l'entêtement des hérétiques. Ainsi lorsque les protestants ont attaqué la loi du carême sous prétexte que l'abstinence des viandes est une superstition judaïque, et que l'Église n'a pas le droit d'imposer aux fidèles des jeûnes ni des mortifications; lorsqu'ils ont exigé la communion sous les deux espèces, en soutenant qu'elle est nécessaire à l'intégrité du sacrement; lorsque les sociniens ont blâmé l'usage de baptiser les enfants, parce que, selon leur opinion, le baptême ne produit point d'autre effet que d'exciter la foi, etc., ils ont mêlé le dogme avec la discipline, et ces deux choses sont devenues inséparables. Il est évident que dans ces circonstances l'Église ne pourrait changer sa discipline sans donner aux hérétiques un avantage duquel ils abuseraient pour établir leurs erreurs. Quand il est question de savoir si tel point de discipline est plus ou moins ancien, l'argument négatif ne prouve absolument rien; car enfin le défaut de preuves positives n'est pas une preuve, et le silence d'un auteur n'est pas la même chose que son témoignage. Pendant les trois premiers siècles de l'Église, les pasteurs loin d'écrire et de publier les pratiques du culte et la discipline du christianisme les cachaient aux païens, ils n'en ont parlé que quand il y ont été forcés pour répondre aux calomnies de leurs ennemis; que prouve donc le silence qu'ils ont gardé sur les rites et les usages que l'on observait pour lors? Ainsi lorsque les protestants ou leurs copistes viennent nous dire : on ne voit aucun vestige de tel usage avant le IVe siècle, donc il ne remonte pas plus haut que cette époque, ce raisonnement est faux. Il y a une preuve positive générale qui supplée au défaut des preuves particulières, savoir la règle, toujours suivie dans l'Église, de ne rien innover sans nécessité, de s'en tenir à la tradition et à la pratique des siècles précédents. Au IIIe, lorsque les évêques d'Afrique voulurent réitérer le baptême donné par les hérétiques, ils se fondaient sur des arguments théologiques plus apparents que solides ; le pape saint Étienne leur opposa la tradition, *nihil innovetur nisi quod traditum est*. Au IIe siècle, saint Irénée argumentait déjà de même. Dans la question de discipline touchant la célébration de la pâque, les évêques d'Asie se fondaient sur leur tradition, et les occidentaux y opposaient la leur; la dispute ne fut terminée qu'au concile général de Nicée, et ce fut l'usage du plus grand nombre des églises qui décida. On ne croyait donc pas au IVe siècle qu'il fut permis d'inventer et d'établir de nouveaux rites, un nouveau culte, des usages et des coutumes inconnues depuis les apôtres. Au Ve, saint Augustin voulait encore que l'on s'en tînt à cette règle, et l'on y a persévéré dans les siècles suivants. Si, dans la multitude des monuments du IVe siècle, nous trouvons des usages desquels il n'est pas parlé dans ceux des siècles précédents, il ne faut pas en conclure qu'avant ce temps-là ces usages n'étaient pas encore introduits. C'est néanmoins sur ce raisonnement faux que les protestants ont fondé toutes leurs dissertations pour prouver que le culte, les usages, les dogmes-mêmes de l'Église romaine sont de nouvelles inventions qui n'ont pris naissance pour le plus tôt qu'au IVe siècle. Nous ne prétendons pas dire que les pasteurs du IVe siècle n'ont fait aucune loi nouvelle, aucun nouveau règlement, en fait de police et de mœurs, le contraire est prouvé par les décrets des conciles tenus pour lors; mais enfin on les connaît, on en sait l'époque et les raisons, et l'on voit que les conciles ont pris pour règle et pour modèle ce qui avait été établi avant eux, et qu'ils se sont proposé de n'y pas déroger. On peut s'en convaincre en comparant ces décrets du IVe siècle avec ceux que l'on appelle *canons des apôtres*, qui avaient été dressés dans les trois siècles précédents. — Quand nous trouverions un grand nombre de nouveaux usages établis au IVe siècle, faudrait-il s'en étonner ? Pendant trois siècles de persécution, les pasteurs de l'Église n'avaient pas eu la liberté de s'assembler quand ils l'auraient voulu, ni de mettre une uniformité parfaite dans la police extérieure des églises, ils ne purent le faire que quand Constantin eût autorisé la profession publique du christianisme, et que l'on put espérer que les lois ecclésiastiques seraient protégées par les empereurs. Mais les protestants eux-mêmes sont-ils venus à bout de mettre d'abord l'uniformité dans leur prétendue réforme ? Non-seulement les différentes sectes se sont fort mal accordées, mais chacune d'elles a changé ses dogmes et ses lois comme il lui a plu. Ils disent que les lois de discipline n'étant établies que par une autorité humaine, chaque société chrétienne a dû être maîtresse de régler son régime comme elle le jugeait à propos. Mais, 1° nous ne voyons point cette liberté régner chez les sociétés chrétiennes des trois premiers siècles, auxquelles les protestants ne cessent de nous renvoyer; les canons des apôtres étaient des lois générales, dont plusieurs portaient la peine de suspense ou de dégradation pour les clercs, et d'excommunication pour les laïques. 2° Plusieurs de ces lois tenaient au dogme et y étaient relatives; on ne pouvait y déroger sans mettre le dogme en danger. Il en a été de même des protestants, ils n'ont été engagés à quitter la discipline de l'Église catholique que parce qu'ils en avaient abjuré la croyance. 3° Ils n'ont point laissé à chaque petite société de leur secte la liberté de changer cette nouvelle discipline; ils ont recueilli les décrets de leurs synodes, afin qu'ils fussent suivis par tous leurs ministres et leurs consistoires, et plusieurs de ces décrets portent la peine d'excommunication. Ainsi ils se sont attribué l'autorité législative qu'ils refusaient à l'Église catholique. — Mais un point de discipline que l'on ne doit pas oublier parce qu'il est de tous les siècles, ce sont les lois observées dans les premiers temps de l'Église touchant les mœurs du clergé. On ne peut, sans être édifié, lire ce qui en est rapporté dans les canons des apôtres, dans ceux des anciens conciles, dans les pères, tels qu'Origène, saint Cyprien, saint Jean Chrysostôme, saint Jérôme, saint Augustin, etc. Leur témoignage est confirmé par celui des païens. L'empereur Julien, par jalousie, aurait voulu introduire, parmi les prêtres du paganisme, les vertus qui rendaient recommandables les ministres de la religion chrétienne; ses regrets, ses plaintes, ses exhortations à ce sujet, sont un éloge non suspect des mœurs du clergé. Voyez sa lettre 49, à Arsace, pontife de Galatée, et les fragments recueillis par Spanheim. Ammien Marcellin rend justice de même aux vertus des évêques, liv. 27, p. 525 et 526.

Les lois ecclésiastiques ne se bornaient pas à défendre aux clercs les crimes, les désordres, les indécences, les divertissements dangereux, elles leur commandaient toutes les vertus, l'application à l'étude, la chasteté, la modestie, le désintéressement, la prudence, le zèle, la charité, la douceur. Un ecclésiastique était dégradé de ses fonctions pour des fautes qui ne paraîtraient pas aujourd'hui mériter une peine aussi rigoureuse. Cette sage discipline fut confirmée dans la suite par les lois des empereurs. Ils comprirent qu'un corps tel que le clergé devait être régi par ses propres lois; qu'il fallait, pour y maintenir l'ordre, que les premiers pasteurs eussent l'autorité de châtier et de corriger leurs inférieurs. Bingham, qui a rassemblé les monuments de l'ancienne discipline, voudrait qu'elle fût remise en vigueur. Il rend ainsi hommage, sans y penser, aux efforts qu'a faits le concile de Trente pour la rétablir. *Orig. ecclés.*, t. 2, l. 6. L'ouvrage serait plus avancé si l'église de France avait encore la liberté de tenir des conciles, comme elle le faisait autrefois; il n'y a pas de moyen plus efficace pour réformer le clergé. — DISCIPLINE est aussi le châtiment ou la peine que souffrent les religieux qui ont failli, ou que prennent volontairement ceux qui veulent se mortifier. Dupin observe que, parmi les austérités que pratiquaient les anciens moines et solitaires, il n'est point parlé de discipline; il ne paraît pas même qu'elle ait été en usage dans l'antiquité, excepté pour punir les moines qui avaient péché. On croit communément que c'est saint Dominique l'Encuirassé et Pierre Damien qui ont introduit les premiers l'usage de la discipline. Mais, comme Dom Mabillon l'a remarqué, Guy, abbé de Pomposie ou de Pompose, et d'autres encore, le pratiquaient avant eux. Cet usage s'établit dans le XIe siècle, pour racheter les pénitences que les canons imposaient aux péchés, et on les rachetait, non-seulement pour soi, mais pour les autres. — DISCIPLINE se dit encore de l'instrument avec lequel on se mortifie, qui ordinairement est de cordes nouées, de crin, de parchemin tortillé, etc. On peint saint Jérôme avec des disciplines de chaînes de fer armées de molettes d'éperons. Il ne s'ensuit pas de là que ce saint vieillard en ait fait usage; il avait assez dompté son corps par le jeûne, par les veilles, par un travail assidu, pour n'avoir pas besoin d'autres mortifications (*V.* FLAGELLATION). B.-R.

DISCIPLINE (CONSEILS DE). Dans la garde nationale, ils ont été établis à l'effet de maintenir la discipline et d'infliger des peines à ceux qui y manquent. Il y a, en vertu de la loi du 22 mars 1831, actuellement en vigueur, un conseil de discipline: 1° par bataillon communal ou cantonnal; 2° par commune ayant une ou plusieurs compagnie en un bataillon; 3° par compagnie formée de gardes nationaux de plusieurs communes. Dans les villes qui comprennent une ou plusieurs légions, il y a un conseil de discipline pour juger les officiers supérieurs de légion et les officiers d'état major non préjudiciables des conseils de discipline ordinaire. Le conseil de discipline de la garde nationale d'une commune ayant une ou plusieurs compagnies non réunies en bataillon, et celui d'une compagnie formée de gardes nationaux de plusieurs communes, sont composés de cinq juges, savoir: un capitaine, président, un lieutenant ou sous-lieutenant, un sergent, un caporal et un garde national. Le conseil de discipline du bataillon est composé de sept juges, savoir: le chef de bataillon, président, un capitaine, un lieutenant ou un sous-lieutenant, un sergent, un caporal et deux gardes nationaux. Le conseil de discipline pour juger les officiers supérieurs et officiers d'état-major est composé de sept juges, savoir: un chef de légion, président, deux chefs de bataillon, deux capitaines et deux lieutenants ou sous-lieutenants. Lorsqu'une compagnie est formée de gardes nationaux de plusieurs communes, le conseil de discipline siége dans la commune la plus populeuse. Dans le cas où le prévenu est un officier, deux officiers entrent dans le conseil de discipline et remplacent les deux derniers membres. S'il n'y a pas dans la commune deux officiers du grade du prévenu, le sous-préfet les désigne par la voie du sort parmi ceux du canton, et s'il ne s'en trouve pas dans le canton, parmi ceux de l'arrondissement. S'il s'agit de juger un chef de bataillon, le préfet désigne par la voie du sort deux chefs de bataillon des cantons ou des arrondissements circonvoisins. Il y a par conseil de discipline de bataillon ou de légion un rapporteur ayant rang de capitaine ou de lieutenant, et un secrétaire ayant rang de lieutenant ou de sous-lieutenant. Dans les villes où il se trouve plusieurs légions, il y a par conseil de discipline un rapporteur adjoint et un secrétaire adjoint, du grade inférieur à celui du rapporteur et du secrétaire. Le sous-préfet choisit l'officier ou les sous-officiers rapporteurs et secrétaires sur des listes de trois candidats désignés par le chef de légion, ou, s'il n'y a pas de légion, par le chef de bataillon. Dans les communes où il n'y a pas de bataillon, des listes de candidats sont dressées par le plus ancien capitaine. Les rapporteurs, rapporteurs adjoints, secrétaires et secrétaires adjoints, sont nommés pour trois ans; ils peuvent être réélus. Le préfet, sur le rapport des maires et des chefs de corps, peut les révoquer: il est dans ce cas procédé immédiatement à leur remplacement par le mode de nomination que nous avons indiqué. Les conseils de discipline sont permanents; ils ne peuvent juger que lorsque cinq membres au moins sont présents dans les conseils de bataillon ou de légion, et trois membres au moins dans les conseils de compagnie. Les juges sont renouvelés tous les quatre mois. Néanmoins, lorsqu'il n'y a pas d'officier du même grade que le président ou les juges du conseil de discipline, ceux-ci ne sont pas remplacés. Le président du conseil de recensement, assisté du chef de bataillon ou du capitaine commandant, si les compagnies ne sont pas réunies en bataillon, forme, d'après le contrôle du service ordinaire, un tableau général par grade et par rang d'âge de tous les officiers, sous-officiers et caporaux, et d'un nombre double de gardes nationaux de chaque bataillon, ou des compagnies de la commune, ou de la compagnie formée de plusieurs communes. Ils déposent ce tableau, signé par eux, au lieu des séances du conseil de discipline, où chaque garde national peut en prendre connaissance. Le conseil de discipline est saisi, par le renvoi que lui fait le chef de corps, de tous rapports ou procès-verbaux, ou plaintes, constatant les faits qui peuvent donner lieu au jugement de ce conseil. Ces pièces sont adressées à l'officier rapporteur qui fait citer le prevenu à la plus prochaine des séances du conseil. Le secrétaire enregistre ces pièces et la citation est portée à domicile par un agent de la force publique. Le président du conseil convoque les membres, sur la réquisition de l'officier rapporteur toutes les fois que le nombre et l'urgence des affaires lui paraissent l'exiger. Tout membre du conseil qui s'absente sans excuse valable est condamné par le conseil lui-même à 5 francs d'amende, et il est remplacé par l'officier, sous-officier, etc., qui doit être appelé immédiatement après lui. Le garde national cité comparaît en personne ou par un fondé de pouvoirs; il peut être assisté d'un conseil. L'instruction de chaque affaire est publique. Les peines infligées par le conseil de discipline sont: 1° la réprimande; 2° les arrêts pour trois jours au plus; 3° la réprimande avec mise à l'ordre; 4° la prison pour trois jours au plus; 5° la privaton du grade. Il n'y a recours contre les jugements définitifs de ces conseils que devant la Cour de cassation, pour l'incompétence ou excès de pouvoir, en contravention à la loi. Le pourvoi n'est suspensif qu'à l'égard des jugements prononçant l'emprisonnement. Il doit être formé dans les trois jours qui suivent la notification du jugement, et il n'est assujéti qu'au quart de l'amende établie par la loi pour tout recours en cassation. Telles sont les règles principales qui s'appliquent aux conseils de discipline de la garde nationale. Ces règles ont reçu un très grand développement par la jurisprudence de la Cour de cassation, intervenue sur l'application de la loi du 22 mars 1831. Les conseils de discipline de l'ordre des avocats ont été organisés par le décret du 14 décembre 1810 et par les ordonnances du 20 novembre 1822 et 27 août 1830. Aux termes de cette dernière ordonnance, ces conseils sont élus directement par l'assemblée, composée de tous les avocats inscrits au tableau. L'élection a lieu par scrutin de liste et à la majorité relative des membres présents. Ces conseils sont composés de cinq membres dans les siéges où le nombre des avocats inscrits est inférieur à 30, y compris ceux où les fonctions de ces conseils avaient été, jusqu'à la promulgation de l'ordonnance de 1830, exercées par les tribunaux; de 7, si le nombre d'avocats inscrits est de 30 à 50; de 9, si ce nombre est de 50 à 100; de 15, s'il est de 100 et au-dessus; de 21 pour Paris. Ce conseil est présidé par *le bâtonnier* ou chef de l'ordre. L'ordre des avocats *aux conseils du roi et à la Cour de cassation* a aussi un conseil de discipline, composé d'un président nommé par le garde des sceaux, sur la présentation de trois candidats élus à la majorité absolue des voix par l'assemblée générale de l'ordre, et de neuf membres nommés directement par cette assemblée, aussi à la majorité absolue des suffrages. Ce conseil choisit parmi ses membres deux syndics et un secrétaire trésorier. Les fonctions du président et des membres du conseil durent trois ans; les membres sont renouvelés par tiers chaque année. Ce conseil, organisé par l'ordonnance du 10 septembre 1817, prononce définitivement lorsqu'il s'agit de police et de discipline intérieure; il émet seulement un avis dans tous les autres cas. Cet avis est soumis à l'homologation du garde des sceaux quand les faits ont rapport aux fonctions d'avocats aux conseils, et à l'homologation de la Cour de cassation lorsqu'il s'agit de faits relatifs aux fonctions des avocats près de la Cour de cassation. Ces décisions ne sont pas susceptibles d'appel.

DISCIPLINE MILITAIRE. Devant s'adapter aux mœurs et aux usages, la discipline militaire a dû nécessairement varier de siècle en siècle. On a reproché à la discipline d'être moins perfectionnée que celle des anciens, tandis qu'elle devait, au contraire, l'être davantage; car les anciens combattant par le choc, et non par le feu, il arrivait un instant où la valeur faisait nécessairement fléchir la discipline et désunissait les rangs: c'était l'instant de la mêlée; maintenant, au contraire, que les assauts, les charges, les escalades sont rares, il faut que, jusqu'au dernier moment du feu, la discipline se conserve: son triomphe consisterait à mettre l'infanterie en état de couronner une charge à fond par des feux réglés. Dans tout état bien organisé, les bases de la discipline militaire ne doivent pas dépendre de la volonté absolue d'un chef, mais reposer sur de bonnes lois, sur une administration sage, ferme et prévoyante, contrôlée par les premiers pouvoirs du pays, et sur des règlements qui traceront les devoirs et les attributions de tous les grades. Comme branche de justice, la discipline ne date que de l'abolition des armées féodales, de l'extinction du cri de guerre, de l'institution des majors. La plus ancienne ordonnance qui en traite et qui a été longtemps suivie, est celle de Coligny, rendue en 1550. Depuis ces derniers temps, elle a fait de grands progrès en France et elle peut à juste titre servir de modèle aux autres nations; les nations étrangères envient la modération de notre système pénal. En France, la dignité de l'homme est toujours respectée; il est expressément défendu à tout supérieur, quel que soit son grade, de jamais se permettre avec ses inférieurs aucun fait, aucun geste, aucun propos, tendant à les injurier. Si toute faute reçoit un châtiment, ce châtiment ne peut être arbitraire; il est déterminé par les lois et les règlements et connu à l'avance des parties intéressées. En revanche, le jeune soldat qui embrasse la carrière militaire peut, avec de la bonne conduite, du zèle et de l'aptitude au métier des armes, obtenir un avancement que rien ne limite; il sait que la bravoure et les actions d'éclat ne restent jamais sans récompense. Les fautes des soldats et des sous-officiers sont punies par voie de discipline de la consigne au quartier, de la salle de police, dont la durée ne peut excéder un mois, de la prison, limitée à quinze jours, et du cachot, à quatre jours. Les crimes et délits sont jugés publiquement par un conseil de guerre, et suivant un code particulier à l'armée. Les soldats qui, sans commettre des crimes ou des délits, persévèrent à porter le trouble et le mauvais exemple dans les corps où ils servent sont envoyés dans une compagnie dite de *discipline.* Une loi assure l'état des officiers; les fautes qu'ils commettent contre la discipline sont punies par la réprimande, les arrêts simples, les arrêts de rigueur, et quelquefois par la prison. A quoi tiennent les différences que l'on peut remarquer entre notre discipline toute paternelle, toute d'émulation, et la discipline de fer et souvent barbare des anciens et de quelques puissances de l'Europe? probablement au mode de recrutement adopté en France. L'armée française ne se recrute plus de vagabonds, de gens sans aveu racolés au hasard, mais de jeunes soldats appartenant à toutes les classes de la société, portant en eux des sentiments d'honneur et acquittant avec loyauté une dette sacrée envers la patrie.

DISCIPLINE DE RELIGIEUSE (*bot.*). Nom vulgaire d'une espèce d'amaranthe, *amaranthus candatus*, Linné. J. P.

DISCIPLINER. Former, habituer, assujettir à des règles convenues. Il signifie aussi donner la discipline. Il s'emploie aussi avec le pronom personnel, dans l'un et dans l'autre sens.

DISCIPLINES. Ce mot, emprunté du latin, désigne tout ce que l'on enseigne dans les écoles. Le savoir humain se divise nécessairement en plusieurs branches, selon les objets divers qu'il comprend: de là l'ancien usage de nommer au pluriel l'universalité de ces matières, et de dire *les disciplines*, comme on dit *les arts*.

DISCITES (*foss.*). On donne ce nom aux peignes fossiles dont la surface est lisse. J. P.

DISCOELIE (*ins.*). Latreille désigne sous ce nom une espèce de guêpe, *vespa zonalis*, Panzer. J. P.

DISCOBOLE (*t. d'antiq.*), athlète qui faisait profession de l'exercice du disque ou du palet.

DISCOBOLER (*poiss.*). Ce mot, qui signifie nageoires réunies, désigne une famille de poissons malacoptérygiens subbrachiens, c'est-à-dire à nageoires paires inférieures situées sous la gorge, dont voici les caractères: nageoires ventrales réunies à leur base par une membrane en forme de disque; c'est au moyen de cette nageoire discoïde que ces poissons se cramponnent aux rochers, sous des saillies qui les abritent ou leur permettent de surprendre plus facilement leur proie. Cette famille comprend deux divisions: dans la première sont rangés les genres dont les espèces ont le corps lisse et sans écailles; dans la seconde, celles dont le corps, sans écailles, est semé de petits grains. Le genre *lepidagoster* fait partie de la première division, et la seconde renferme les *cycloptères*. J. B.

DISCOIDE (*bot.*). Nom que l'on donne à tout organe orbiculaire et très déprimé, et affectant la forme d'un disque. Une division du grand ordre des composées de Linné porte le nom de discoïdées, et comprend toutes les plantes dont les fleurs, non capitées, allongées, forment un disque semblable à celui d'un radiée privée de sa couronne. Ainsi, selon ce grand botaniste, la tanaisie, *tanacetum vulgare*, l'armoise, *artemisia abrotanum*, l'immortelle blanche, *gnaphalium margaritaceum*, sont des *discoïdées*, ainsi que leurs congénères. Selon Mirbel, on doit nommer discoïde tout nectaire orbiculaire, déprimé, servant de soubassement à l'ovaire, comme dans la *gratiole officinale*. On dit encore que le fruit du plantain d'eau, *alisma plantago*, et du sablier *hura crepitans*, et les graines de la noix vomique sont discoïdes. J. P.

DISCOLITE (*conchyl.*). M. Denys de Montfort donne ce nom aux espèces de *numismales* ou *cantérines* qui sont aplaties, très minces au centre et plus épaisses à la circonférence, qui est criblée de pores. L'espèce qui sert de type à ce genre se trouve fréquemment dans les sables coquilliers de Grignon, c'est la *discolites concentricus* de M. de Monfort, qui est toute blanche et très fragile. J. P.

DISCOLORE (*bot.*), signifie de couleur différente et s'applique aux feuilles qui ont chaque face d'une couleur différente, comme dans le *lemna polyrrhiza*, *le senecio discolor*, où le dessus de la feuille est vert et le dessous rouge. Il ne faut point confondre discolore avec bicolore, ce dernier mot signifie qui a deux couleurs sur la même face. J. P.

DISCONTINUATION. Interruption, suspension, cessation pour un temps de quelque action ou de quelque ouvrage.

DISCONTINUER. Interrompre, suspendre, cesser pour un temps quelque action ou quelque ouvrage. Il se dit neutralement des choses et des actions qui cessent pour un temps.

DISCONVENANCE. Défaut de convenance, de rapport, de proportion; inégalité, différence.

DISCONVENIR. Ne pas convenir, ne pas demeurer d'accord d'une chose.

DISCOPORE (*polyp.*). Genre de la famille des bustres, établi par M. de Lamarck pour des espèces de *cellépores* et de *millépores*, dont il ne diffère que parce qu'il n'offre que très rarement des expansions lobées, et surtout que les cellules ne sont jamais confuses. Parmi les espèces que M. de Lamarck rapporte à ce genre, nous décrivons le *discopore reticulaire*, *D. reticularis*, à cellules en fossettes arrondies et superficielles, formant un réseau régulier à la surface d'une expansion fort mince, fixée seulement par une portion de la surface inférieure. J. P.

DISCORDE (*foss.*). On trouve les coquilles de ce genre dans le calcaire coquillier assez abondamment; suivant M. Defrance, on les trouverait aussi à l'état vivant. On rencontre à Grignon, près de Versailles, le *discorbe vésiculaire*, *discorbites vesicularis*, petite coquille orbiculaire et discoïde; sa spire, que l'on n'aperçoit en entier que sur l'une des faces de la coquille, est composée de dix à douze loges sans siphon, qui présentent chacune un renflement, ce qui fait paraître la coquille noueuse et comme composée d'une suite de globules vésiculeux. Le côté opposé à la spire ne laisse apercevoir que le dernier tour. Certains individus tournent de droite à gauche et d'autres de gauche à droite. J. P.

DISCORBITE (*conchyl.*). M. de Lamarck applique cette dénomination aux corps organisés fossiles qu'il a longtemps réunis sous le nom de *planulite* (V. ce mot et DISCORBE).

DISCORD. Discorde, il vieillit.

DISCORD (*t. de musique*). Qui n'est point d'accord.

DISCORDANCE. Vice de ce qui est discordant. Il se dit au sens physique au sens moral.

DISCORDANTE, ANTE, (*t. de musique*). Qui n'est point d'accord ou qu'on ne peut que difficilement accorder. On dit, dans un sens analogue, *chant discordant*. Il se dit quelquefois, par extension, des choses qui ne sont pas bien ensemble. Il s'emploie également au sens moral.

DISCORDE, discussion, division entre deux ou plusieurs personnes. DISCORDE est aussi le nom de la divinité fabuleuse qui est censée causer et entretenir les divisions. Fig., *Pomme de discorde*, sujet de division entre des personnes qui étaient bien ensemble. DISCORDE, au jeu de l'hombre, se dit de la réunion des quatre rois.

DISCORDE, divinité malfaisante, fille de la Nuit et sœur de Némésis, des Parques et de la Mort. Jupiter la chassa du ciel à cause des dissentions qu'elle excitait sans cesse parmi les dieux. Irritée de n'avoir point été invitée aux noces de Pélée et de Thétys, la Discorde jeta au milieu des dieux assemblés une pomme sur laquelle étaient écrits ces mots : *A la plus belle!* Pomme fatale qui fut la cause de la ruine de Troie et des malheurs des Grecs (*V.* PARIS). On représente cette déesse avec des yeux hagards et enflammés, le teint livide, les vêtements déchirés et la tête entourée de serpents. Elle a un poignard caché dans son sein. Compagne fidèle de Bellone, elle est la cause des meurtres, des guerres et des querelles qui divisent les peuples et les familles.

DISCORDER (*t. de musique*), être discordant.

DISCOUREUR, EUSE, grand parleur, grande parleuse. Il se dit surtout d'une personne qui parle longuement de choses vaines, ou qui promet ce qu'elle ne tiendra pas. Il est familier : *C'est un beau discoureur, un agréable discoureur*, c'est un homme qui parle assez agréablement, mais sans beaucoup de solidité. *Faire le beau discoureur*, affecter de bien parler ou se plaire à parler longtemps.

DISCOURIR, parler sur une matière avec quelque étendue. Absol., *Ne faire que discourir*, ne dire que des choses frivoles et inutiles.

DISCOURS. Ce mot, qui dérive du verbe latin *discurrere*, *discursum*, est employé pour désigner tout exercice de la faculté de la parole. En ce sens, il s'applique également aux discours faits avec art et à ceux que le hasard et les circonstances font prononcer sans préparation. Dans le domaine de l'éloquence, le discours est un tout harmonieux dont chaque partie concourt au but que se propose l'orateur. Or, ce but est subordonné aux circonstances, et tous les rhéteurs de l'antiquité s'accordèrent à grouper les sujets en trois classes, qu'ils nommèrent *genres de causes*. Le *genre démonstratif*, qui eut pour but le blâme ou la louange ; le *genre délibératif*, le conseil ou la persuasion ; le *genre judiciaire*, l'accusation ou la défense. Les modernes pouvaient à la rigueur se contenter de cette division ; mais les trois grands théâtres de l'éloquence, la *chaire*, la *tribune*, le *barreau*, ont fait dès longtemps recourir à de nouvelles dénominations. Quel que soit, au reste, le genre auquel il appartient, on peut considérer un discours dans son essence et dans sa division. Dans son essence, on distingue les moyens de persuader trouvés par l'orateur, ou l'*invention ;* l'ordre dans lequel il a rangé ces moyens, ou la *disposition ;* le style dont il a revêtu ses pensées, ou l'*élocution ;* enfin, les gestes et les sons de voix dont il a accompagné ses pensées et ses sentiments, ou l'*action* (*V.* ces mots.). Dans la division du discours, on remarque généralement la manière dont l'orateur dispose l'auditeur à l'écouter avec faveur, ou l'*exorde* ; l'exposition de son sujet, ou la *proposition* ; les raisons qu'il expose pour le prouver, ou la *confirmation* ; les derniers jets de lumière dont il éclaire les esprits, et quelquefois les grandes émotions qu'il excite en terminant, ou la *péroraison*. Quelquefois les discours du barreau et de la tribune font usage de deux autres parties : la *narration*, qui se place avant la confirmation, et la *réfutation*, qui consiste à détruire les moyens employés par l'adversaire. La place de cette dernière est avant ou après la confirmation dont quelquefois elle ne se sépare pas.

DISCOURS signifie quelquefois, dans le langage familier, discours frivoles, discours en l'air. Fam., *C'est un autre discours*, il ne s'agit pas de cela. *Cela est bon pour le discours*, ce sont de ces choses que l'on dit dans la conversation, mais que l'on n'exécute pas.

DISCOURTOIS, OISE, qui n'est pas courtois, qui est impoli. Il vieillit.

DISCOURTOISIE, manque de courtoisie, de politesse. Il vieillit.

DISCRÉDIT, diminution, perte de crédit. Il se dit des personnes et des choses, au propre et au figuré.

DISCRÉDITER, faire tomber en discrédit.

DISCRET, ÈTE, avisé, prudent, judicieux, retenu dans ses paroles et dans ses actions, qui sait se taire et ne parler qu'à propos. Il se dit quelquefois, dans un sens analogue, des actions, de la conduite. DISCRET signifie aussi qui sait garder un secret. *Père discret*, *mere discrète*, religieux ou religieuse qui entre dans le conseil du supérieur ou de la supérieure. *Vénérable et discrète personne*, titre d'honneur qu'on donnait jadis aux prêtres et aux docteurs. En médecine, *petite-vérole discrète* celle dont les boutons ne se touchent point.

DISCRET (L.-C.), pseudonyme sous lequel est désigné l'auteur d'*Alison*, comédie dédiée aux jeunes veuves et aux vieilles filles. 1637, in-8° ; 1644, in-8°.

DISCRÈTE (*arith.*), vieux mot par lequel on désignait une quantité dont les parties ne sont point connues ou jointes ensemble. *V.* QUANTITÉ.

DISCRÈTEMENT, d'une manière discrète, réservée.

DISCRÉTION, réserve, retenue, circonspection dans les actions et dans les paroles. *Se remettre à la discrétion de quelqu'un dans une affaire*, s'en rapporter à son jugement pour une affaire, dans la confiance qu'on a en sa justice et en sa sagesse. *Se mettre à la discrétion de quelqu'un*, se livrer entièrement à la volonté de quelqu'un. DISCRÉTION signifie aussi ce qu'on gage ou ce qu'on joue, sans le déterminer précisément, et qu'on laisse à la volonté de celui qui perdra. A DISCRÉTION (*locut. adv.*), il se dit en parlant des choses dont on a autant qu'on veut. *Vivre à discrétion quelque part*, se dit des soldats qui ont été envoyés dans un village, dans une ville, pour se faire traiter à leur gré par les habitants. *Se rendre à discrétion*, se mettre à la merci de quelqu'un.

DISCRÉTIONNAIRE (*pouvoir*). En législation, on ne peut guère reconnaître de pouvoir discrétionnaire, c'est-à-dire en quelque sorte absolu et n'ayant d'autres limites que celles de la loi. Cependant l art. 268 du Code français d'instruction criminelle porte que « le président (de la cour d'assises) est investi d'un *pouvoir discrétionnaire* en vertu duquel il pourra prendre sur lui tout ce qu'il croira utile pour découvrir la vérité, et la loi charge son honneur et sa conscience d'employer tous ses efforts pour en faciliter la manifestation. » Comme corollaire de ce principe, l'article suivant du même Code autorise ce magistrat à appeler dans le cours des débats, même par mandat d'amener, et à entendre toutes personnes, ou se faire apporter toutes pièces nouvelles qui lui paraîtraient, d'après les nouveaux développements donnés à l'audience, soit par les accusés, soit par les témoins, pouvoir répandre un jour utile sur le fait contesté.

DISCRÉTOIRE, lieu où se tiennent les assemblées des supérieurs ou supérieures de certaines communautés.

DISCULPER, justifier d'une faute imputée. Il s'emploie souvent avec le pronom personnel.

DISCURSIF, IVE (*t. de logique*), qui tire une proposition d'une autre par le raisonnement. Il est peu usité.

DISCUSSEUR, officier de l'empire romain qui recevait les comptes des collecteurs des tributs. Ils jugeaient les contestations de peu d'importance qui étaient relatives à leurs fonctions ; dans les autres cas, on en appelait au gouverneur de la province.

DISCUSSIF, IVE (*t. de méd.*). Il se disait autrefois des médicaments qu'on appliquait à l'extérieur pour dissiper des engorgements.

DISCUSSION. Suivant son étymologie (*discutere*), ce mot exprimerait une opération de l'intelligence qui *secoue* un sujet pour le débarrasser de tout ce qui lui est étranger, afin de procéder ensuite avec ordre et sûreté aux recherches qui ont exigé ce travail préparatoire. Dans un sens plus étendu, c'est l'examen d'une proposition, d'une idée, d'une mesure, de la vérité ou de la fausseté de celles-là, des avantages ou des inconvénients de celles-ci, de manière à peser le pour et le contre et à éclaircir toutes les objections ou la valeur des arguments en faveur de la proposition. Dans le discours ordinaire, le mot *discussion* est quelquefois employé comme synonyme de *dispute*, *contestation* ; cet emploi n'est pas toujours une faute. L'expression ne manque pas de justesse lorsque deux interlocuteurs également éclairés et de bonne foi soutiennent avec quelque chaleur des opinions différentes sur le même sujet. Leur entretien peut avoir l'apparence d'une dispute, quoique l'un et l'autre cherche sincèrement la vérité, et s'empresse de la reconnaître dès qu'elle se montre à découvert. En général, dès que les deux adversaires n'ont d'autre but que de s'éclairer et d'arriver à la vérité ils *discutent* et ne disputent point, et comme ce qui est juste est essentiellement vrai, que la justice ne peut être que l'application de vérités morales, l'amour de la vérité est la seule passion qui puisse prendre part aux discussions. Dans le droit, ce mot *discussion*, employé souvent comme synonyme de *contestation*, désigne la recherche et la vente en justice que le créancier fait des biens de son débiteur pour se procurer le paiement de ce qui lui est dû. Dans ce sens, la discussion est quelquefois un préalable nécessaire que le créancier doit observer avant de recourir contre certaines personnes ou certains biens. L'exception de discussion, souvent appelée *bénéfice de discussion*, est aussi nommée *beneficium ordinis*, parce qu'elle tend à faire suivre un certain *ordre* dans les poursuites du créancier.

DISCUTER, examiner, débattre une question, une affaire avec soin, avec exactitude, et en bien considérer le pour et le contre. On l'emploie quelquefois absolument. En jurisprudence, *discuter les biens d'un débiteur*, les rechercher et les faire vendre en justice

DISDIER (HENRY-FRANÇOIS-MICHEL), professeur d'anatomie, naquit à Grenoble en 1708; il étudia dans cette ville les principes de la chirurgie, puis passa quatre ans aux écoles de Montpellier, et suivit enfin l'excellente pratique des hôpitaux de Lyon jusqu'à l'âge de 30 ans, où il vint à Paris perfectionner ses connaissances. L'Académie de peinture, dite de Saint-Luc, le choisit pour son professeur d'anatomie, et il se fit une grande réputation dans ce genre d'enseignement. Il a laissé plusieurs ouvrages. Le plus remarquable est: *Histoire exacte des os*, in-12, avec figures, Lyon, 1738; Paris, 1767.

DISÉPALE (*bot.*). On nomme sépales les pièces qui composent le calice. Quelques plantes offrent des exemples de calice disépale, ou formé de deux pièces. Tels sont le pavot, la fumeterre, la balsamine, etc., etc. J. P.

DISERT, ERTE, qui parle aisément et avec quelque élégance.

DISERTEMENT, d'une manière diserte. Il est peu usité.

DISETTE. Quand les objets de consommation, et surtout les subsistances de première nécessité, deviennent rares, leur prix s'élève et cesse d'être en rapport avec les salaires. Il y a alors souffrance parmi les travailleurs qui sont la majorité des consommateurs. C'est là ce qu'on appelle *disette*. Entre toutes les choses dont nous nous servons et que nous regardons comme indispensables, soit parce qu'elles le sont réellement, soit par l'habitude de les employer, il en est qui concourent évidemment d'une manière plus directe à la conservation de notre être. L'importance de leur service dans cette fin est ce qui assigne à chacune d'elles son rang d'utilité. De là trois divisions ou catégories de besoins et par conséquent de disettes: la disette des choses nécessaires, la disette des choses utiles, et la disette des choses agréables ou de luxe. La disette des choses nécessaires doit seule nous occuper, les autres étant loin d'avoir la même importance et d'exciter le même intérêt; car il est pour ainsi dire mathématiquement démontré que l'abondance des subsistances accroît les populations, et, que leur rareté est toujours cause d'un grand dépeuplement. La pomme de terre a presque triplé la population de l'Irlande et si elle venait à manquer, on n'ose calculer quels en seraient les effets. On sait aussi que lorsque le poisson, par des causes inexplicables encore, s'éloigne des côtes de la Norwége, la population de ce pays décroît et qu'elle ne se rétablit que lorsqu'il revient. Mais outre les privations directes qu'amène la disette, elle en occasionne d'autres pour la classe indigente. Les sacrifices que les malheureux sont obligés de faire pour l'achat des vivres devenus plus chers absorbent tous leurs profits, et ils ne peuvent plus se procurer des vêtements, des médicaments et les autres produits indispensables au maintien de la vie. Parmi les causes susceptibles d'engendrer les disettes, on peut placer en première ligne les guerres, les pestes et généralement toutes les perturbations inopinées de l'ordre physique, comme inondations, froids excessifs, sécheresses, etc. Mais à mesure que nous avançons dans la voie des progrès tout porte à croire que l'homme parviendra à se garantir complètement de pareilles atteintes. Déjà les guerres sont incomparablement moins inhumaines et moins dévastatrices; les mesures sanitaires, les dessèchements des marais et la police hygiénique, ont rendu les pestes et les épidémies infiniment moins fréquentes. Quant aux perturbations de l'ordre physique qui peuvent nous priver de récoltes, la prévoyance de l'administration y pourvoit chaque année par des réserves et des approvisionnements. Ainsi toute la civilisation concourt activement à l'amélioration et à la conservation de l'espèce humaine. Plus les relations se multiplieront, plus les communications se faciliteront, plus les intérêts des nations deviendront solidaires les uns des autres, moins l'on aura à redouter les fléaux de la disette. On a souvent signalé les accaparements comme pouvant produire la disette; moins ces sortes de manœuvres deviennent d'autant plus difficiles que le pays est plus populeux et plus commerçant. Pour influer alors sur les prix il faudrait opérer sur de trop grandes masses; or, la fortune particulière n'y suffirait pas. (V. FAMINE.)

DISETTEUX, EUSE, qui manque des choses nécessaires. Il a vieilli.

DISEUR, EUSE, celui, celle qui dit. Il est peu usité. Fam., *Un beau diseur*, un homme qui affecte de bien parler. Prov., *L'entente est au diseur*, signifie que celui qui parle entend bien ce qu'il veut dire, ou que ses paroles ont un sens caché que lui seul entend.

DISGRACE, perte, privation des bonnes grâces d'une personne puissante. Il signifie aussi: infortune, malheur. DISGRACE signifie encore mauvaise grâce dans le maintien, la démarche, la manière de parler. Il se dit également des actions morales.

DISGRACIER, cesser de favoriser quelqu'un, le priver de ses bonnes grâces. *Être disgrâcié de la nature*, ou simplement *être disgrâcié*, avoir quelque chose de défiguré, de difforme en sa personne. DISGRACIÉ (*participe*). Il s'emploie aussi substantivement.

DISGRACIEUSEMENT, d'une manière disgracieuse.

DISGRACIEUX, EUSE, qui est désagréable, fâcheux,

DISJOINDRE, séparer des choses qui étaient jointes. On l'emploie aussi avec le pronom personnel. Dans ce sens, on dit aussi *déjoindre*. Il signifie, en termes de procédure, séparer deux ou plusieurs causes ou instances, afin de les juger chacune à part. DISJOINT (*participe*). En musique, *degré disjoint*, intervalle d'une note à une autre qui ne la suit pas immédiatement dans la gamme.

DISJONCTIF, IVE (*t. de gramm.*). Il se dit de toute conjonction qui, en unissant les membres de la phrase ou de la période, sépare les choses dont on parle, c'est-à-dire qui unit les expressions et sépare les idées. Il s'emploie aussi comme substantif, au féminin.

DISJONCTION, du mot latin *disjungere*, *disjunctum*, séparer, exprime la même idée que celui de *séparation*, mais il s'applique exclusivement à la procédure civile ou criminelle; lorsqu'il arrive que plusieurs affaires sont *connexes*, les parties peuvent demander et le tribunal peut ordonner qu'elles soient jointes ensemble, sauf ensuite à les disjoindre, s'il y a lieu, lorsque, s'apercevant que l'une d'elles peut nuire au succès de l'autre ou que l'une est en état d'être jugée tandis que l'autre ne l'est pas encore, il est nécessaire d'en demander la disjonction. Cela se fait par requête, et c'est ce qu'on nomme un *jugement* ou un *arrêt de disjonction*. Cette expression n'est en usage au palais que dans ce sens; car on ne dirait pas une demande en disjonction de patrimoine. C'est alors le mot *séparation* qui seul peut être employé. (*Voy.*)

DISLOCATION, déboîtement, luxation d'un os. En termes de guerre, *la dislocation d'une armée*, la séparation des différents corps d'une armée, lorsqu'on les répartit dans plusieurs cantonnements ou garnisons.

DISLOQUER, démettre, déboîter. Il se dit en parlant des pièces d'une machine, ou des os qu'on fait sortir de leur place. On l'emploie aussi avec le pronom personnel. — *Disloquer le bras, le pouce, le poignet*, etc. Disloquer les os du bras, du pouce, etc. — DISLOQUÉ (*participe*), fam., *Etre disloqué, tout disloqué*, être infirme d'un ou de plusieurs membres, par suite de quelques dislocation.

DISNEY. Unitaire anglais, né à Lincoln, d'une famille riche, le 17 septembre 1748; il était, à vingt-trois ans, un des chapelains d'Edmond Law, évêque de Carlisle, lorsqu'en 1771 des doutes sur quelques articles de dogme et de discipline le déterminèrent à abandonner ce poste avantageux, et il accepta en 1782 le modeste emploi de desservant de la chapelle unitaire d'Essex street à Londres, où il succéda plus tard, comme prédicateur, au docteur Lindsay. Il hérita, en 1799 et en 1804, de deux de ses amis, qui moururent en lui laissant, l'un une partie de sa fortune, l'autre sa fortune tout entière. Il mourut le 26 décembre 1816, après avoir publié une trentaine d'ouvrages de théologie, de piété et de biographie.

DISODÉE FÉTIDE (*bot.*), *disodea fœtida*. Genre de plantes dicotylédones, à fleurs complètes, monopétales, régulières, de la famille des rubiacées, de la pentandrie monogynie de Linné, dont le caractère essentiel consiste dans un calice à cinq divisions; une corolle infundibuliforme; cinq étamines; une capsule inférieure, comprimée, à une seule loge, s'ouvrant en deux valves à sa base; deux semences orbiculaires, membraneuses à leur circonférence; un réceptacle filiforme. Ce genre ne renferme qu'une seule espèce, à tige grimpante, ligneuse, très rameuse, alternativement comprimée et cannelée; les rameaux souples, très étalés; les feuilles opposées, pétiolées, glabres, ovales, aiguës; les fleurs disposées en corymbes axillaires, pédicelles courts, uniflores, chargés de petites bractées ovales; la corolle d'un blanc mélangé de pourpre, les capsules pâles, contenant des graines noires, entourées d'un rebord blanc, membraneux. Cette plante, d'une odeur fétide, croît au Pérou. J. P.

DISOMÈNE (*bot.*). Nom que donnent Banks et Solander à la plante observée par Commerson au détroit de Magellan, et décrite par lui sous le nom de *misandra*. Cette plante a été reportée au genre *gunnera*. J. P.

DISPACHE. Terme de droit maritime, sous lequel on désigne, en matière d'assurance, une espèce de discussion et d'arbitrage qui a fait donner le nom de *dispacheurs* à ceux qui en remplissaient la tâche.

DISPARAGO (*bot.*). Genre de plantes de la famille des synanthérées, de la *syngénésie polygamie séparée* de Linné. Il diffère des genres *seriphium* et *stœbe*, en ce que la calothide est demi couronnée, biflore, au lieu d'être incouronnée, uniflore. On ne connaît qu'une seule espèce de ce genre, le *disparago ericoïdes* du Cap de Bonne-Espérance (*stœbe ericoïdes* de Linné). La tige est ligneuse, haute d'un pied, cylindrique, noueuse; divisée en branches rapprochées, dressées, un peu velues, couvertes de feuilles mortes, et subdivisée en rameaux rapprochés, filiformes blanchâtres, garnis de feuilles éparses, sessiles, obtuses acuminées, blanchâtres. Les capitules, solitaires et sessiles à l'extrémité des rameaux, de la grosseur d'un pois, arrondis, et composés de calathides dont les fleurs ont la corolle bleue. J. P.

DISPARAITRE. Cesser de paraître, d'être visible, d'être aperçu. Il se dit quelquefois figurément, au sens moral, de ce qui cesse d'être, d'exister. Par exagération, *Toute autre gloire disparaît devant la sienne*, est éclipsée ou affaiblie par la sienne. — **DISPARAITRE** signifie aussi s'en aller de quelque endroit et ne plus s'y montrer, n'y plus revenir, ou se retirer promptement, se cacher. Fig., *Disparaître du monde, de la terre*, etc., mourir, cesser d'être. *Disparaître de la scène du monde*, se confiner dans la retraite, après avoir joué un rôle dans le monde. — **DISPARAITRE** se dit figurément d'une chose qu'on avait, et qui tout d'un coup ne se trouve plus.

DISPARATE, défaut très sensible de rapport, de conformité, de parité ou l'effet ordinairement désagréable qui en résulte. Il est aussi adjectif des deux genres, et se dit des choses qui font disparate.

DISPARITÉ, inégalité, différence qui se rencontre entre des choses qui se peuvent comparer.

DISPARITION, action de disparaître.

DISPARITION (*jurispr.*), se dit d'un individu qui disparaît sans qu'on sache ce qu'il est devenu. (Voy. Cod. civ., art. 120.) (*V.* ABSENCE).

DISPENDIEUX, EUSE, qui exige beaucoup de dépense.

DISPENSAIRE. On appelle ainsi une espèce de *Codex* ou recueil de formules employées dans le traitement des maladies et spécialement destiné à quelque hôpital ou autre établissement sanitaire. — Ramené à son sens primitif, il dénomme un établissement spécial qui a pour objet de donner les secours de l'art aux personnes qui, sans être dans cette indigence qui a recours aux bureaux de charité, ont peine cependant à subvenir aux frais d'une maladie. Il y a, en Angleterre, plusieurs établissements de cette nature consacrés au traitement de certaines classes de maladies, comme celles de la peau, des yeux, etc., etc. — A Paris, on compte six dispensaires créés par la Société philanthropique, et destinés au traitement de toutes les maladies; les malades sont admis dans ces établissements avec la recommandation des souscripteurs de cette société; ils y sont traités gratuitement par les médecins attachés à chaque établissement, et quand les malades ne peuvent pas se transporter aux consultations, qui ont lieu deux fois par semaine, ils sont soignés dans leur domicile, ils y reçoivent tous les médicaments prescrits, que les pharmaciens attachés aux dispensaires délivrent gratis au malade sur le vu de l'ordonnance signée du médecin chargé de ce malade. Il existe en outre, près la Préfecture de police de Paris, un établissement qui a pareillement reçu le nom de *dispensaire*; il a pour objet de surveiller la santé des filles publiques, qui sont obligées de s'y faire examiner par des médecins, à certaines époques qui leur sont désignées.

DISPENSATEUR, TRICE, celui, celle qui distribue.

DISPENSATION. Distribution.

DISPENSE. Acte par lequel on apporte, en faveur de quelqu'un, une exception à la rigueur du droit: sous l'ancienne monarchie française, quand le pouvoir législatif résidait en la personne du roi, le prince pouvait, par des considérations particulières, dispenser de l'exécution d'une loi; mais depuis l'établissement du gouvernement constitutionnel, le chef de l'État ne peut accorder une pareille dispense, que dans les cas où la faculté lui en est expressément accordée par la loi. Ainsi, le Code civil d'après lequel l'homme avant 18 ans, et la femme avant 15 ans ne peuvent contracter mariage, permet cependant au roi de dispenser de cet empêchement temporaire. Il autorise aussi le roi à lever, par des dispenses, la prohibition du mariage entre beaux-frères et belles-sœurs, et entre l'oncle et la nièce, la tante et le neveu De même, il peut être accordé une dispense de la seconde des publications qui doivent précéder le mariage. Enfin les parents et alliés, jusqu'au degré d'oncle et de neveu inclusivement, ne peuvent être simultanément membres d'une même Cour ou d'un même tribunal sans une dispense du roi, qui n'en doit cependant accorder aucune pour les tribunaux composés de moins de huit juges. (Loi du 20 avril 1810).

DISPENSE (*droit ecclés.*) Quelque sages et nécessaires que soient les lois, il y a souvent de justes motifs de dispenser certains particuliers de les observer dans tel ou tel cas; ainsi, les supérieurs ecclésiastiques accordent souvent dispense des empêchements de mariage, des inhabilités à recevoir les ordres sacrés, et à exercer les fonctions ecclésiastiques, et ces grâces ne prouvent point que les lois de l'Église, portées à ce sujet, soient injustes ou superflues: souvent un souverain est obligé de dispenser de ses propres lois. — Il a été très convenable de défendre le mariage entre les proches parents, soit afin de favoriser les alliances entre les différentes familles, soit afin de prévenir la trop grande familiarité entre des jeunes gens de même famille, qui vivent ensemble, et qui pourraient espérer de s'épouser. Il était encore plus nécessaire d'empêcher que l'adultère ne devînt un titre aux deux coupables pour contracter un mariage, lorsqu'ils seraient libres, etc. De même le respect dû aux fonctions augustes du culte divin a été un juste sujet de déclarer certaines personnes incapables de les exercer. Mais il est des cas où l'observation rigoureuse de la loi pourrait porter préjudice au bien commun, causer du scandale, empêcher un grand bien; alors il est de la sagesse des pasteurs de l'Église de s'en relâcher. Par exemple, lorsqu'une famille se trouve malheureusement notée d'infamie, ses membres ne peuvent espérer de s'allier avec d'autres familles; il n'est pas juste que, déjà trop affligés d'ailleurs, ils soient encore privés de la consolation de s'épouser au moins les uns les autres. Il en est de même d'une personne qui, par des soupçons bien ou mal fondés, se trouverait frustrée de toute espérance d'établissement si on ne lui permettait pas d'épouser un parent, etc. — Mais quelques censeurs de la discipline ecclésiastique sont étonnés de ce que les dispenses des degrés de parenté les plus prochains sont réservés au Saint-Siége; de ce que, pour les obtenir, il faut payer une somme; ils ont imaginé que cet usage était un effet du despotisme des papes, venait d'un motif d'avarice et d'ambition; plusieurs écrivains satiriques, à l'exemple des protestants, ont pris de là occasion de déclamer. — S'ils avaient été mieux instruits des événements et des raisons qui ont donné lieu à cette discipline, ils en auraient parlé plus sensément. Dans le temps que l'Europe était partagée entre une multitude de petits souverains despotes, toujours armés, et qui ne respectaient aucune loi, les évêques n'avaient plus assez d'autorité pour faire observer celles qui concernaient le mariage, aussi la plupart de ces princes se firent un jeu de cet engagement sacré, et donnèrent ainsi à leurs sujets le plus pernicieux exemple. Il a donc été absolument nécessaire que les papes, qui n'étaient pas dans la dépendance de ces princes, veillassent sur cette partie essentielle de la discipline, se réservassent les dispenses, afin que l'embarras de recourir à Rome modérât l'ambition qu'avaient les particuliers de s'affranchir des lois ecclésiastiques sur le moindre prétexte. — Ensuite, lorsque l'Église s'est trouvée dans quelque besoin extraordinaire, il a semblé juste que ceux qui recourent à ses grâces, contribuassent à la soulager par leurs aumônes. Les fréquents malheurs de l'Europe ayant rendu ces besoins presque continuels, il a fallu établir une taxe selon les différentes conditions: cet usage n'a donc rien eu d'odieux dans son origine. Si des esprits ombrageux et prévenus s'imaginent que cela s'est fait à dessein de faire passer à Rome une partie de l'argent de la chrétienté, et que l'on a multiplié exprès les lois prohibitives, afin d'avoir occasion de faire payer un plus grand nombre de dispenses, ils se trompent, et quand ils osent l'affirmer, ils trompent ceux qui leur ajoutent foi. En établissant les lois, on ne pensait qu'au besoin présent, et l'on ne pouvait pas prévoir l'avenir; en faisant une taxe pour les dispenses, on était affecté par d'autres besoins, et l'on ne pouvait pas prévenir tous les abus. D'ailleurs, ce que l'on paie à Rome pour les dispenses, ne tourne point au profit de la cour romaine; il est employé à l'entretien des missions pour la propagation de la foi, et il s'en faut beaucoup que les sommes que l'on en tire soient aussi considérables que l'imaginent les censeurs de cet usage. — Ceux qui ont accusé les papes de s'attribuer le pouvoir de dispenser du droit naturel et du droit divin positif, et d'avoir accordé en effet à plusieurs personnes des dispenses de cette espèce sont encore plus coupables, ils ont confondu malicieusement deux choses très différentes. Autre chose est de déclarer que telle loi naturelle ou positive n'est pas applicable à tel cas et qu'elle n'oblige personne en telle circonstance, et autre chose de dispenser quelqu'un de cette loi, en supposant qu'elle oblige. Tous les jours, les tribunaux de magistrats interprètent les lois civiles, déclarent que telle loi n'est pas applicable dans telles circonstances; mais ils ne dispensent personne d'y obéir quand elles obligent: le souverain seul peut dispenser quelqu'un d'obéir à ses lois, les souverains-pontifes, magistrats-nés et pasteurs de l'Église universelle, consultés pour savoir si telle loi divine obligeait dans telles circonstances, ont décidé qu'elle n'obligeait pas, et ils en ont déterminé le sens; mais ils n'en ont pas pour cela dispensé: une dispense s'accorde à un particulier et ne regarde que lui; une interprétation de la loi concerne tout le monde. Les casuistes, les confesseurs, les jurisconsultes, sont dans le cas d'interpréter le sens des lois, sans avoir aucun pouvoir d'en dispenser. — Les papes ont accordé et accordent encore la rémission des fautes graves commises contre la loi divine, desquelles l'absolution leur a été réservée; mais ils ne dispensent pas pour cela les pénitents d'observer cette loi dans la suite; il en est de même des confesseurs. Avec de l'ignorance et de la malignité, on peut donner une tournure odieuse aux choses les plus innocentes. Au reste, il est absolument faux que la cour de Rome accorde toutes sortes de dispenses pour de l'argent et sans aucune raison; ceux qui les demandent peuvent tromper, en alléguant des raisons fausses, mais elle n'en est pas responsable. Quant aux conditions requises pour la validité des dispenses, aux formalités qu'il faut y observer, aux abus qui peuvent s'y glisser, on doit consulter les canonistes.

B...r.

DISPENSER, exempter de la règle ordinaire, faire une exception en faveur de quelqu'un, ou simplement exempter de quelque chose une personne. Il se prend quelquefois figurément, avec un nom de chose pour sujet. *Dispensez-moi de faire telle chose*, se dit pour s'excuser poliment de faire une chose. *Je vous en dispense*, se dit quelquefois pour prier quelqu'un de ne pas faire une chose, ou même pour lui défendre de la faire. — DISPENSER s'emploie souvent avec le pronom personnel, dans le sens de s'exempter soi-même de quelque chose. — Dispenser signifie en outre départir, distribuer. En ce sens, on l'emploie surtout dans le style soutenu.

DISPÉRIS (*bot.*). Genre de plantes monocotylédones, composé de plusieurs espèces du genre *arethusa*. Il appartient à la famille des orchidées, et de la gynandrie monogynie de Linné, caractérisé par une corolle à cinq pétales, presque en masque, les deux latéraux extérieurs étalés horizontalement, à peine éperonnés; la lèvre redressée, soudée à la base du style. Le *dispéris velu*, *D. villosa* (arethusa villosa. Linné.) Cette plante du Cap de Bonne-Espérance, est pubescente sur toutes ses parties: ses racines sont pourvues de bulbes arrondis; ses tiges simples, droites, garnies seulement de deux feuilles ovales en cœur, glabres en dessus, ciliées à leurs bords; une seule fleur terminale; les bractères et les ovaires velus.

J. P.

DISPERMA (*bot.*). Genre établi par Walterius pour une autre plante rampante, sous le nom d'*anonymos*, appartenant à la familles des *rubiacées*, rapproché du *diodia*, offrant une corolle tubuleuse, à quatre découpures, enveloppée par un calice à deux folioles; quatre étamines didynames; deux semences bordées, couronnées par le calice, appliquées l'une contre l'autre, planes à l'une de leurs faces, convexes à l'autre. Elle croît dans la Caroline.

DISPERME (*bot.*), renfermant deux graines. La baie de l'épine-vinette, le légume du pois chiche, sont dispermes. J. P.

DISPERSER, répandre, jeter çà et là. Il signifie aussi séparer des personnes ou des choses qui formaient un assemblage, et les mettre, les envoyer, les porter en divers lieux. Il signifie encore forcer à s'enfuir de différents côtés, mettre en désordre, dissiper. Il s'emploie aussi avec le pronom personnel.

DISPERSION, du latin *dispergere*, dont le simple est *spargere*, dérivé du grec *διασπείρειν*, dont la racine est *σπείρω*, je sème, je répands. Ces mots, au propre et au figuré, s'entendent de l'action de répandre en tout sens et à des distances plus ou moins éloignées les unes des autres des parties dont l'assemblage formait un tout complet; ils s'appliquent également aux personnes et aux choses; ils s'entendent plus particulièrement de ces dernières dans le sens de répandre, jeter çà et là avec quelque profusion, sans ordre et sans choix: *Disperser de l'argent, des présents*, etc. Ils prennent aussi quelquefois l'acception de perte; c'est ainsi, par exemple, qu'opère la *dispersion des forces*, lorsqu'elle n'est pas le résultat d'un calcul, d'une détermination raisonnée. Employés avec les personnes, ils sont quelquefois synonymes des verbes *distribuer*, *séparer*, et des substantifs *séparation*, *distribution* (Voy.). C'est ainsi qu'un général disperse des troupes, des soldats en divers lieux; mais plus communément ils s'entendent de l'action de mettre les personnes en fuite, en désordre. L'Écriture dit, dans ce sens: « Je frapperai le pasteur, et les brebis seront *dispersées*. » Le mot dispersion marque à la fois l'action de *disperser*, et ses effets; ainsi la dispersion est une des peines dont Dieu menaça et punit les Juifs: elle avait été prédite par les prophètes et par Notre Seigneur Jésus-Christ dans l'Évangile, et ils furent *dispersés* après la destruction du temple. — **DISPERSION DES PEUPLES.** Il faut que Moïse ait été bien sûr de l'histoire du premier âge du monde pour tracer avec autant de fermeté qu'il l'a fait le plan de la dispersion des peuples et de leurs migrations. Cependant, malgré toutes les recherches et toutes les conjectures des critiques les plus hardis, l'on n'a encore pu le convaincre d'aucune erreur. Le 10e chapitre de la Genèse est reconnu pour le plus ancien monument de géographie et le plus exact qu'il y ait dans l'univers. Ceux qui ont écrit après lui n'ont pu remonter assez haut pour nous instruire de l'origine des premières colonies qui ont peuplé les différentes parties du monde. Les écrivains qui veulent faire la généalogie des nations en comparant leurs opinions, leurs mœurs, leurs usages, nous paraissent suivre une fausse route et raisonner sans fondement; parce que tel peuple a les même idées, les mêmes rites civils et religieux que tel autre, il ne s'en suit pas que l'un a instruit l'autre, ou lui a servi de modèle. On a trouvé des ressemblances entre des peuples qui n'ont jamais pu se fréquenter; ils avaient sans doute puisé leurs usages et leurs préjugés dans la même source, savoir: dans les besoins de l'humanité et dans le spectacle de la nature. Ainsi, malgré la prévention dans laquelle ont été plusieurs savants, il n'est pas certain que les Phéniciens ni les Égyptiens soient les auteurs de la religion et des fables des Grecs. 1° Lorsque la Grèce n'était encore habitée que par quelques peuplades de Peslages errants et sauvages, quel motif aurait pu engager des Phéniciens ou des Egyptiens à venir s'y établir? Leur sol était meilleur que celui de la Grèce; il n'était pas encore assez peuplé pour avoir besoin d'envoyer des colonies ailleurs, et la Grèce n'offrait encore aucun objet de commerce; 2° les nations encore sauvages ne sont rien moins que disposées à recevoir les leçons des étrangers; elles les regardent comme des ennemis; leur premier mouvement est de les chasser ou de les détruire; les nations éloignées, chez lesquelles les Européens vont former des établissements pour le commerce, ne sont pas en général fort empressées de recevoir notre langage, nos mœurs, notre religion, et nos négociants pensent à autre chose qu'à les instruire et à les policer, ils laissent ce soin aux missionnaires; probablement il en fut de même autrefois, et nous n'avons aucune raison de supposer le contraire. — **DISPERSION DES APÔTRES.** Plusieurs Églises font une fête ou un office en mémoire de la dispersion des apôtres pour prêcher l'Évangile. Nous devons observer à ce sujet que quand même on pourrait supposer de la part des apôtres un complot ou un projet de tromper le monde et d'en imposer sur le caractère et sur les actions de Jésus-Christ, il serait impossible que le secret eût été gardé avec une égale fidélité par douze hommes ainsi dispersés, qui ne pouvaient plus avoir aucun intérêt commun, dont la plupart même ne pouvaient conserver aucune relation directe avec leurs collègues. Il n'y a donc que la vérité qui ait pu être assez puissante pour les assujétir tous à rendre le même témoignage, à prêcher la même doctrine, à former une seule Église de tous les adorateurs de Jésus-Christ. D'autre part, il leur eût été impossible de réussir dans leur projet s'ils avaient senti qu'on pouvait les convaincre de faux sur quelques-uns des faits qu'ils annonçaient. L'intention de J.-C. n'avait pas été que les apôtres se dispersassent d'abord; en les élevant à l'apostolat, il leur avait défendu de prêcher pour lors aux Gentils et aux Samaritains, il voulait que leur mission commençât par les Juifs, et avait dit dans le même sens qu'il n'était venu que pour ramener les brebis perdues de la maison d'Israël: mais avant de monter au ciel, il leur ordonna de prêcher l'Évangile à toutes les nations. Après la descente du Saint-Esprit, les apôtres attendirent encore l'ordre du ciel avant de travailler à la conversion des païens, et ils le reçurent en effet dans la personne de saint Pierre, lorsqu'il fut envoyé pour instruire et pour baptiser le centurion Corneille avec toute sa maison. La descente du Saint-Esprit sur ces nouveaux chrétiens fit comprendre aux apôtres que le moment était venu de prêcher l'Évangile aux Gentils aussi bien qu'aux Juifs. Cette timidité sage et cette circonspection des apôtres démontre qu'ils n'étaient animés par aucun motif d'intérêt, d'ambition, ni de vaine gloire. Lorsque les hommes sont conduits par les passions, leurs démarches ne sont pas si mesurées et leur zèle n'est pas aussi patient. — **Dispersion de la lumière.** Lorsqu'un rayon de lumière passe à travers un prisme de matière transparente, il se réfracte, se divise en sept rayons principaux, qui sont le *rouge*, *orangé*, *jaune*, *vert*, *bleu*, *indigo*, *violet*. Ces rayons, à leur sortie du prisme, forment une sorte d'éventail, dont la largeur est comprise entre le rayon rouge et le rayon violet. Cet écartement des rayons entre eux s'appelle *dispersion*. On a cru longtemps, sur l'autorité de Newton, que la dispersion était toujours proportionnelle à la déviation; de là résultait l'impossibilité de détruire l'une sans l'autre, et de produire des lentilles achromatiques, c'est-à-dire donnant des images dépouillées de toute coloration étrangère à celle des objets. On avait pourtant dans l'œil un exemple d'une lentille de cette espèce; c'est Dollond, célèbre opticien anglais, qui fit voir le premier la fausseté de cette idée; il parvint à recomposer la lumière blanche sans détruire complètement la déviation, en faisant traverser au rayon lumineux deux prismes à angle variable, dont l'un était solide et l'autre liquide. Bientôt après il réalisa l'achromatisme des lentilles, en employant deux substances qui avaient à peu près le même pouvoir réfringent avec des pouvoirs dispersifs différents.

DISPONDÉE (*t. de versification grecque et de versification latine*). Double spondée (*V.* **Spondée**).

DISPONIBILITÉ, mot dont le récent usage atteste avec quelle irréflexion est conçue et mise en pratique la langue des armes, en France; car il exprime directement le contraire de ce qu'il devrait dire. Ce terme d'administration militaire est en usage depuis la Restauration; il a été créé en vue d'indiquer certaine position particulière à des officiers qui conservent un grade sans en exercer l'emploi, à qui est imposée une inaction plus ou moins prolongée et qui sont sous le coup d'une réduction de traitement. Ils sont inactifs de fait, quoique l'activité de droit ou le droit à la retraite ne soit pas suspendu; mais comme souvent le poids des ans, l'inhabileté de l'homme qui s'est rouillé, une maladie chronique, un mariage, un établissement, une opinion, s'opposent à la reprise du service, il en résulte que ce qu'il y a de moins disponible c'est un militaire en disponibilité. Sous l'expression *activité de service*, deux pensées opposées se confondent: l'officier en disponibilité est en activité de service, puisqu'il est susceptible d'obtenir une retraite, et n'est pas en activité de service, puisqu'il est en disponibilité; et, en général, l'homme prêt à être rappelé au service, à être placé, si l'on a foi dans la locution réglementaire, est celui que le ministère déplace presque toujours indéfiniment.

DISPONIBLE, quel'on a à sa disposition, dont on peut disposer. Il se dit particulièrement, en jurisprudence, de la portion ou quotité de biens dont la loi permet de disposer par donation ou par testament.

DISPORIUM (*bot.*). Genre de champignons établi par Link, dans la troisième série du deuxième ordre (*gastromyciens*). Ses caractères sont: champignons très petits, presque globuleux, formés d'un peridium rempli de sphoridies ou de séminules élytres, les unes globuleuses, très petites et pellucides, ramassées sur les parois du champignon; les autres fusiformes, opaques, formant dans le centre une masse granuleuse. *Disporium versicolor*, presque globuleux, d'abord blanc, puis jaune, enfin gris. Ce champignon n'a pas plus d'une demi-ligne de diamètre, et naît sur les bighons des jacinthes et d'autres plantes bulbeuses qu'on met dans l'eau pour les faire fleurir. J. P.

DISPOSER, arranger, mettre dans un certain ordre. Il signifie aussi préparer à quelque chose, et, dans une acception particulière, engager quelqu'un à faire ce qu'on souhaite de lui. On l'emploie souvent avec le pronom personnel; *Disposer quelqu'un pour le bain, pour la purgation, pour* ou *à une opération, à prendre les eaux*, etc., le préparer par des remèdes; par un régime, à prendre des bains, à se purger, à subir quelque opération, etc. *Disposer les affaires*, les mettre dans un certain état pour une certaine fin. — **Disposer** se dit également en parlant des lieux que l'on prépare pour quelque occasion. — **Disposer** est aussi neutre et signifie faire de quelque chose ou de quelqu'un ce qu'on veut. *Dieu a disposé de lui*, se dit pour faire entendre que celui dont on parle est mort. — **Disposer**, neutre, se prend quelquefois dans le sens de régler, prescrire, décider. Prov., *L'homme propose et Dieu dispose*, les desseins des hommes ne réussissent qu'autant qu'il plait à Dieu, souvent nos entreprises tournent d'une manière opposée à nos vues et à nos espérances. — **Disposer**, neutre, signifie particulièrement aliéner, soit par vente, soit par donation ou autrement. — **Disposé** (*participe*). *Être disposé à quelque chose*, y être porté. *Être bien disposé, mal disposé pour quelqu'un*, être bien intentionné, mal intentionné à son égard.

DISPOSITIF, c'est le prononcé d'un jugement ou d'un arrêt débarrassé de toute la procédure et des motifs qui l'ont fait rendre. Le dispositif doit être mis sur la feuille d'audience tel qu'il a été prononcé et signé par le président et le greffier dans les vingt-quatre heures. Une fois qu'il a été signé, il est hors des attributions du tribunal ou de la cour qui l'a rendu, et il n'est plus possible d'y rien changer. Celle des parties qui n'en est pas contente et qui prétend que ses droits ont été froissés ne peut parvenir à le faire changer qu'en employant les moyens de l'appel ou de la cassation. On entend aussi par *dispositif* le projet de jugement que les parties forment entre elles et présentent au tribunal pour être mis sur la feuille. Le *dispositif* d'une loi est ce qu'elle ordonne ou défend.

DISPOSITION, arrangement, situation. En stratégie, *Faire une belle disposition*, *de belles dispositions*, *des dispositions savantes*, etc., disposer habilement son armée pour combattre. — **Dispositions**, au pluriel, se dit quelquefois pour préparatifs. — **Disposition** se dit aussi pour tendance, acheminement à quelque chose de plus ou de moins prochain, à quelque modification ou altération. Il se dit particulièrement de l'état du tempérament ou de la santé. En termes de philosophie scholastique, *disposition prochaine*, état prochain où est une chose pour recevoir une nouvelle qualité, une nouvelle forme. On dit dans un sens contraire, *disposition éloignée*. — **Disposition** signifie encore inclination, aptitude. On l'emploie souvent absolument, et alors il se prend toujours en bonne part. Il se dit également des sentiments où l'on est à l'égard de quelqu'un ou de quelque chose. Il se dit aussi du dessein, de l'intention que l'on a de faire quelque chose, de l'état où l'on est par rapport à quelque chose. — **Disposition** signifie en outre l'action de régler quelque chose, d'en disposer, ou le résultat de cette action. — **Disposition** signifie aussi pouvoir, faculté de disposer de quelqu'un ou de quelque chose; dans ce sens il ne se prend jamais au pluriel, et on l'emploie surtout avec les prépositions *à* et *en*.

DISPOSITION (*rhét.*). La disposition, dans l'art oratoire, consiste à placer avec ordre et justesse les diverses parties du discours, selon la nature et l'intérêt du sujet qu'on traite. D'où deux sortes de dispositions, l'une régulière, dans laquelle le discours peut être composé de six parties successives: 1° l'*exorde*, 2° la *proportion* et la *division*, 3° la *narration*, 4° la *confirmation* ou *preuve*, 5° la *réfutation*, et 6° la *péroraison*, qui sont contenues dans ce vers technique:

Exorsus, narro, seco, firmo, refello, peroro;

L'autre irrégulière dans laquelle, en raison de quelques circonstances particulières, on s'écarte de la rigueur des préceptes en mettant une partie à la place de l'autre. C'est ainsi qu'on est quelquefois obligé de commencer par la réfutation quand on s'aperçoit que l'adversaire a fait une forte impression et que les preuves seraient mal reçues si la prévention n'était dissipée. « L'orateur peut, dit Cicéron (*Rhétorique à Hérennius*, III, 9), selon le besoin de la cause, commencer par la narration ou par quelque argument solide, ou par la lecture de quelques pièces; ou bien aussitôt après l'exorde, il arrive à la preuve et la fait suivre de la narration; il peut se permettre quelques autres changements semblables dans l'ordre usité, pourvu qu'il ne les fasse jamais que si la cause le demande. » (*V.* **Rhétorique.**)

DISPOSITION. Ce mot, en droit, a diverses significations; il signifie en général l'action de disposer. Le droit de propriété confère le droit de disposition de la manière la plus absolue, Cod. civ., art. 544. **Dispositions entre vifs.** Ce sont celles dans lesquelles la considération de la mort n'entre pour rien;

elles sont irrévocables. (*V.* DONATION ENTRE VIFS.) DISPOSITIONS A CAUSE DE MORT. Ce sont celles qui se font en vue de la mort. (*V.* TESTAMENT.) DISPOSITIONS GRATUITES. Ce sont celles qui se font par pure libéralité, comme les donations. DISPOSITIONS ONÉREUSES. Ce sont celles qui sont faites à la charge par les parties qui les ont acceptées de faire donner ou payer quelque chose. DISPOSITIONS CADUQUES. Ce sont celles qui par quelque évènement demeurent sans effet. DISPOSITIONS D'UNE LOI, D'UNE ORDONNANCE. On entend par ces mots le contenu d'une loi, d'une ordonnance. DISPOSITION D'UN JUGEMENT, ou DISPOSITIF D'UN JUGEMENT. Ce sont les termes dans lesquels le jugement est rendu.

DISPROPORTION, inégalité, disconvenance, manque de proportion entre différentes choses ou entre les parties d'une même chose.

DISPROPORTIONNÉ, ÉE, qui manque de proportion, qui n'a pas de convenance.

DISPUTABLE, qui peut être disputé.

DISPUTE, débat suscité par des opinions opposées, des intérêts divergents, des prétentions rivales, et en général par tout ce qui peut exciter les passions. La dispute, si on la considère scientifiquement, est un important auxiliaire des livres et de la réflexion individuelle. C'est du choc des idées que jaillit la lumière. Le moins que l'on puisse gagner à ce contact d'opinions différentes c'est d'apprendre à renoncer à l'étroitesse des vues, à devenir de jour en jour moins exclusif dans les idées. La dispute est alors comme une gymnastique propre à fortifier l'intelligence, à donner plus de promptitude à ses opérations, plus de justesse à son coup d'œil. C'est de la *discussion* (*V.* ce mot). Quoique le mot *dispute* soit évidemment de même origine que le verbe *disputer*, le sens en est restreint à la définition que nous avons donnée, et plus spécialement encore aux débats dont la parole fait les principaux frais. Les disputes ne sont que trop fréquentes dans les rues, sur les places publiques; elles sont rares entre les personnes dont l'éducation a poli les formes et réglé les habitudes; il y en eut beaucoup dans les écoles dites de philosophie, il n'y en a point entre les sages :

Qui *discute* a raison, et qui *dispute* a tort.

DISPUTE, DISSENSION, DIVISION (*théologie*). Les incrédules ont souvent écrit que la révélation n'avait servi qu'à causer des disputes. Ils ignorent ou feignent d'ignorer que les hommes ont disputé depuis le commencement du monde, ils feront de même jusqu'à la fin; et que les nations qui ne disputent point sont ignorantes et stupides. Les disputes viennent de l'orgueil, de l'ambition, de l'opiniâtreté; ce n'est pas la révélation qui a donné aux hommes ces maladies. Les philosophes ont disputé pour leurs systèmes, les peuples pour leurs lois, pour leurs coutumes, pour leurs prétentions, aussi bien que pour leur religion; les incrédules disputent pour se donner un relief de capacité et d'érudition; ils combattent entre eux avec autant de chaleur que contre nous; il n'en est pas deux qui aient les mêmes principes et les mêmes opinions. — En général, il n'est pas vrai que ce soit la religion qui a divisé les peuples et qui a fait naître entre eux les haines nationales; c'est au contraire parce que les peuplades ont été portées, dès l'origine, à se haïr mutuellement, que la religion, destinée à les réunir, a opéré souvent un effet contraire. Tout peuple non civilisé regarde un étranger comme un ennemi; ce travers d'esprit, aussi ancien que la nature humaine, règne encore autant que jamais chez les sauvages; tout objet avec lequel ils ne sont point familiarisés leur inspire de la crainte et de la défiance, et ce sentiment n'est point loin de l'aversion. Dès qu'une peuplade est voisine d'une autre, la jalousie, les prétentions touchant la chasse, la pêche, les pâtures, une querelle survenue par hasard entre deux individus, etc., ne tardent pas à les mettre aux prises. Dès l'origine du monde, nous voyons les peuplades naissantes se battre, se chasser, se déposséder, et les plus fortes, toujours ambitieuses, asservir et dépouiller les plus faibles. Dans cette disposition d'esprit, il était impossible qu'elles s'accordassent en fait de religion; chacune voulut avoir des divinités locales et indigènes, des guerres tutélaires, nationaux et particuliers; elle se persuada qu'autant ses dieux étaient portés à la protéger, autant ils étaient ennemis des autres peuplades. L'inimitié naturelle avait donc précédé les dissensions en fait de religion, celles-ci n'en étaient pas la cause. — Une des premières vérités que Dieu avait révélées aux hommes est qu'ils sont tous frères, sortis du même sang et d'une même famille; cette leçon, loin de les diviser aurait dû les réunir. Une autre vérité que Dieu fit enseigner aux Hébreux par Moïse est qu'il a donné lui-même à tous les peuples le pays qu'ils habitent, qu'il en a tracé les dimensions et posé les bornes; il leur abandonne le pays des Chananéens pour punir ceux-ci de leurs crimes; mais il leur défend de toucher aux possessions des Iduméens, des Moabites, des Ammonites, etc. Il ne leur ordonne ni d'aller renverser les idoles de ces peuples, ni de leur faire la guerre pour cause de religion. Comment peut-on soutenir que ce sont les prétendues révélations qui ont divisé les hommes et les nations? Que l'on attribue si l'on veut ce pernicieux effet aux fausses révélations, telles que celles de Zoroastre et de Mahomet, qui ont établi leur doctrine le fer et le feu à la main, nous ne nous y opposons pas; mais il y a de la démence à faire le même reproche à la révélation que Dieu lui-même a donnée aux hommes. — Jésus-Christ a donné pour sommaire de sa morale l'amour de Dieu et du prochain, par conséquent la charité et l'affection envers tous les hommes sans exception; ce grand commandement était-il destiné à les rendre ennemis les uns des autres! A la vérité, il a prévu et prédit que sa doctrine serait parmi eux un sujet de division, parce qu'il savait que les incrédules opiniâtres ne manqueraient pas de persécuter avec fureur ceux qui embrasseraient l'Évangile; c'est ce qui est arrivé en effet. Mais, de peur de les diviser, fallait-il les laisser dans l'aveuglement, dans l'erreur, dans les désordres où ils étaient généralement plongés? « Quiconque a fait le mal, dit-il, hait la lumière et la fuit. » (Jean, c. III, v. 20). Il déteste par conséquent ceux qui veulent la lui montrer, mais ce n'est pas la religion qui lui inspire cette aversion. En effet, dès que le christianisme eut fait des progrès, quelques philosophes voulurent le connaître. Frappés de la sublimité de ses dogmes, de la sainteté de sa morale, des vertus de ses sectateurs, des prodiges qu'ils opéraient, ils feignirent de l'embrasser; mais au lieu de se soumettre au joug de la foi, ils voulurent régenter l'Église. Delà les disputes, les divisions, les hérésies qui en troublèrent la paix. Mais ce n'est pas notre religion qui donna aux philosophes la vaine curiosité, l'esprit de contradiction, l'ambition de dominer sur les esprits, ils avaient tous ces vices avant d'être chrétiens, et nous les voyons encore chez leurs successeurs, qui ont renoncé au christianisme. — Les protestants ont souvent exagéré les disputes qui règnent entre les théologiens de l'Église romaine. Nous voyons, disent-ils, que malgré l'unité de foi prétendue et la concorde dont elle se vante, elle ne cesse pas d'être agitée et divisée par les disputes les plus vives entre les franciscains et les dominicains, entre les scotistes et les thomistes, entre les jésuites et leurs adversaires, et plusieurs de ces contestations roulent sur des objets très graves. Avant d'examiner chacun de ces objets, il y a une observation essentielle à faire; malgré ces altercations si vives, tous les théologiens catholiques conviennent néanmoins d'une même profession de foi; il n'en est aucun qui ne souscrive aux décrets du concile de Trente en matière de doctrine, et qui ne soit prêt de signer de même les décisions de l'Église, dès qu'elle aurait prononcé sur les objets actuellement contestés; jusqu'alors ils conviennent que ces questions ne tiennent point à la foi, ne sont, de part ni d'autre, des erreurs dangereuses, ne sont pas un sujet légitime de schisme ni de séparation. Il n'en est pas de même des divisions, en fait de doctrine, qui règnent parmi les protestants; elles les ont séparés d'abord en trois sectes principales, sans compter celles qui sont nées dans la suite; sectes qui n'ont entre elles aucune liaison, qui sont à peu près aussi ennemies les unes des autres qu'elles le sont des catholiques. Dans aucune de ces sectes tous les théologiens qui y tiennent ne voudraient, d'un consentement unanime, signer la même profession de foi, quoique leur recueil en contienne au moins dix ou douze. Aujourd'hui aucun luthérien ne reçoit purement et simplement la confession d'Augsbourg; aucun calviniste n'adopte sans restriction celles qui ont été faites du vivant de Calvin; aucun anglican ne s'en tient à ce qui a été décidé sous Henri VIII ou sous la reine Élisabeth. Tous cependant prétendent avoir, pour seule et unique règle de foi, l'*Écriture sainte*. Ils en sont donc de beaucoup qu'ils aient entre eux la même unité de foi et de croyance que les catholiques. Pour en venir au détail, Mosheim (*Hist. ecclés. du XVIIe siècle*, sect. 3, part. I, c. I, § 32) réduit les disputes de ces derniers à six chefs principaux. Le premier, dit-il, regarde l'étendue de la puissance et de la juridiction du pontife romain; les ultramontains prétendaient que le pape est infaillible; les catholiques français et d'autres soutiennent qu'il ne l'est pas, et que son jugement, en matière de doctrine, n'est point irréformable; mais tous conviennent que ce jugement, une fois confirmé par l'acquiescement exprès ou tacite du plus grand nombre des évêques, est censé le jugement de l'Église universelle, et que tout catholique lui doit la même soumission qu'à la décision d'un concile général. Qu'importe à la foi le surplus de la contestation? Le second regarde l'autorité même de l'Église : les uns soutiennent qu'elle ne peut se tromper dans ses décisions, soit sur les points de doctrine, soit en matière de fait; les autres sont d'avis qu'elle n'est point infaillible sur les questions de fait. Il y a dans cet exposé une équivoque frauduleuse. Tout théologien vraiment catholique reconnaît l'infaillibilité de l'Église en matières de faits dogmatiques, parce que ces sortes de faits tiennent essentiellement au dogme ou à la doctrine; si quelques novateurs ont soutenu le contraire, ils ont été condamnés et ont cessé d'être catholiques. Lorsque Mosheim ajoute que quelques théologiens promettent l'héritage éternel à des nations qui ne connaissent ni Jésus-Christ, ni la religion chrétienne, et à des pécheurs publics, pourvu qu'ils professent la doctrine de l'Église, il invente une double calomnie. Autre chose est de soutenir que ces derniers ne cessent pas d'être membres du corps extérieur de l'Église pendant leur vie, et autre chose d'imaginer qu'ils peuvent être sauvés s'ils meurent dans le péché; aucun théologien catholique n'a été assez insensé pour enseigner une de ces erreurs. Le troisième sujet de contestation cité par Mosheim, concerne la nature, la nécessité et l'efficacité de la grâce divine, et la prédestination. Or, tous les théologiens catholiques conviennent que la grâce est absolument nécessaire pour toute bonne œuvre méritoire et utile au salut, même pour former de bons désirs; que la grâce, cependant, n'impose à la volonté humaine aucune nécessité d'agir; que l'action faite par l'impulsion de la grâce est parfaitement libre. Ceux qui ont voulu soutenir le contraire, aussi bien que les protestants, ont été condamnés comme eux. On dispute seulement pour savoir en quoi consiste l'efficacité de la grâce, comment cette efficacité se concilie avec le libre arbitre de l'homme, et on convient de part et d'autre que c'est un mystère; par conséquent la contestation n'est pas fort importante et l'on pourrait très bien s'en abstenir. Sur la prédestination, un théologien, s'il est catholique, enseigne que Dieu fait des grâces à tous les hommes, que s'il en accorde plus à l'un qu'à l'autre, c'est l'effet d'un décret ou d'une prédestination de Dieu purement gratuite, indépendante de tout mérite de la part de l'homme. Quant à la prédestination au bonheur éternel, que nous importe de savoir si ce décret est absolu ou conditionnel; si, selon notre manière de concevoir, il est antécédent ou subséquent à la prévision des mérites de l'homme; s'il faut envisager ce bonheur plutôt comme la fin vers laquelle Dieu dirige ses décrets, que comme récompenses de nos œuvres, etc.? — Un quatrième sujet de dispute, est ce que les jésuites ont enseigné touchant l'amour de Dieu, la probabilité, le péché philosophique, etc. Comme les jésuites ne sont plus, le procès est censé terminé. Mais nous nous contentons d'observer que les propositions fausses, en fait de morale, ont été condamnées, soit que des jésuites, ou d'autres, en fussent les auteurs, et que les jésuites n'ont jamais résisté à la censure avec autant d'opiniâtreté que leurs adversaires. — Le cinquième regarde les dispositions nécessaires pour participer avec fruit aux sacrements. Suivant Mosheim, les théologiens qui enseignent que ces divins mystères produisent leur effet par leur vertu intrinsèque : *ex opere operato*, ne croient pas que Dieu exige la pureté de l'âme, ni un cœur épris de son amour pour en recevoir le fruit; d'où il suit, dit le traducteur, que l'humilité, la force et la dévotion ne contribuent en rien à l'efficacité des sacrements. Calomnie grossière : c'est ainsi que de tout temps les hérétiques ont travesti la doctrine des catholiques pour les rendre odieux. Autre chose est d'enseigner que la foi, l'humilité, la componction, la dévotion, etc., sont des *dispositions absolument nécessaires* pour recevoir l'effet des sacrements; autre chose est de prétendre que ces dispositions sont la *cause immédiate* de la grâce, et que le sacrement n'en est qu'un signe. Cette seconde opinion est l'erreur des protestants; la première est la doctrine des théologiens catholiques. Le sixième, enfin, regarde la nécessité et la méthode d'instruire le peuple. Il est faux, d'abord, qu'aucun théologien catholique ait jamais enseigné qu'il vaut mieux laisser le peuple dans l'ignorance que de l'instruire; qu'il lui suffit d'avoir une foi implicite et une obéissance aveugle aux ordres de l'Église. En général, les traductions et les explications de l'Écriture-Sainte, les catéchismes, l'exposition de la foi, les livres de piété et d'instruction, sont plus communs et plus répandus parmi nous que chez les protestants. Ceux-ci prétendent qu'il leur suffit de lire la Bible, à laquelle ils n'entendent rien; ils ne savent autre chose qu'en citer au hasard des passages isolés pour étayer les erreurs de leur secte. On a condamné avec raison certains docteurs qui voulaient introduire parmi nous la même méthode, rendre les femmes et les ignorants aussi disputeurs et aussi hargneux que les protestants. Il y a plus de foi implicite et de prévention aveugle parmi ces derniers que parmi nous, puisqu'ils croient fermement toutes les calomnies qu'il plaît à leurs docteurs d'inventer pour noircir les catholiques. En voici encore un exemple : Mosheim affirme, avec la plus grande confiance, que les controverses au sujet de la grâce et du libre arbitre que Luther avait entamées ne furent ni *examinées*, ni *décidées* par l'Église romaine, mais suspendues et ensevelies dans le silence par l'effet de son adresse ordinaire; qu'à la vérité elle condamna les sentiments de Luther, mais qu'elle ne donna aucune règle de foi sur des points contestés. Pour se convaincre du contraire, il suffit de jeter un coup-d'œil sur la VIe session du concile de Trente, touchant la justification, on y verra que ce concile a non-seulement condamné les erreurs de Luther, mais qu'il a établi tous les points de doctrine contraires sur des passages de l'Écriture-Sainte, et que ses décrets sur cette matière de la grâce, du libre arbitre, de la justification et de la prédestination, sont clairs, précis, solides, et portent avec eux la conviction. — Mais admirons la sagesse et la brillante logique des protestants. D'un côté, ils disent que la *tolérance* est le seul remède pour empêcher le mauvais effet des disputes; de l'autre, ils reprochent à l'Église romaine la *tolérance* à supporter les disputes de ses théologiens, qui n'intéressent en rien la doctrine chrétienne, et dont la décision ne pourrait contribuer ni à l'éclaircissement de cette doctrine, ni à l'avancement de la piété et de la vertu. Nous ne devons pas être surpris de trouver la même injustice parmi les incrédules, leurs élèves. Ce ne sont point les théologiens qui ont provoqué les incrédules à la dispute; ces derniers sont les agresseurs : ils renouvellent contre la religion les arguments et les calomnies des anciens philosophes et des hérétiques de tous les siècles. Si les théologiens ne répondaient pas, on triompherait de leur silence, on dirait qu'ils se sentent confondus. Lorsqu'ils répondent et qu'ils mettent au grand jour l'ignorance et la mauvaise foi de leurs adversaires, on les accuse d'être querelleurs, brouillons, jaloux, calomniateurs, etc. Cependant ils sont chargés par état d'enseigner la religion et de la défendre; ils y sont engagés par l'intérêt qu'ils prennent au bien général de l'humanité; mais qui a donné aux incrédules la charge et la commission d'attaquer la religion? S'il n'est pas permis de prêcher la vérité pour détromper les hommes de leurs erreurs, de peur de causer des disputes, les incrédules ont grand tort de dogmatiser et de renouveler des questions sur lesquelles on a disputé depuis la création. Ajoutons que les disputes et les divisions qui sont nées parmi les fidèles, du vivant même des apôtres, sont une preuve certaine qu'il n'y a point eu de collusion entre les diverses parties pour en imposer au reste du monde sur les faits qui servent de fondement au christianisme. Quant aux disputes suscitées par les hérétiques des siècles suivants, Tertullien, saint Augustin, Vincent de Lerins et d'autres, ont fait voir que ç'a été un mal nécessaire, qu'elles ont donné lieu d'étudier plus exactement l'Écriture-Sainte et les monuments de la tradition; qu'elles ont contribué par conséquent à mieux expliquer la doctrine chrétienne. Il serait à souhaiter sans doute qu'il n'y eut plus de disputes ni de divers systèmes parmi les théologiens qui, uniquement occupés à établir le dogme contre les hérétiques, et à développer les preuves de la religion contre les incrédules, ils supprimassent entre eux toutes les questions problématiques; mais cette réforme est à peu près impossible. Les jeunes gens surtout ont besoin de la dispute comme d'un aiguillon qui les excite à l'étude; plusieurs, en s'occupant de questions inutiles, se rendent capables de traiter des matières plus importantes; mais on ne saurait trop recommander la douceur et la modération à ceux qui s'occupent de controverse; c'est mal servir la religion que de la défendre avec les armes de l'humeur et de la passion; il faut laisser les accusations personnelles, les sarcasmes, les traits de malignité à ses ennemis, à plus forte raison les moyens que la probité réprouve, comme les fausses citations, les fausses traductions, les passages tronqués, les ouvrages supposés, etc. B.....r.

DISPUTER, être en débat, avoir contestation. Il signifie particulièrement, raisonner, argumenter pour ou contre sur un sujet donné. Prov. et fig., *Disputer sur la pointe d'une aiguille*, élever une contestation sur un très léger sujet, sur des choses sans importance. Prov. et fig., *Disputer de la chappe à l'évêque*, disputer à qui appartiendra une chose qui n'est et ne peut être à aucun de ceux qui peuvent l'avoir. — **DISPUTER** s'emploie figurément avec la préposition *de*, pour exprimer que les choses ou les personnes dont il s'agit paraissent avoir des qualités si égales que l'on ne sait laquelle l'emporte. **DISPUTER** est aussi un verbe actif et signifie contester pour obtenir ou pour conserver quelque chose. Il s'emploie souvent avec le pronom personnel, complément indirect. *Disputer le terrain*, se défendre pied à pied. Il signifie figurément soutenir avec force son opinion, ses intérêts, ou ceux d'autrui, dans quelque contestation que ce soit. **DISPUTER** se construit quelquefois avec un régime direct sous-entendu et représenté par le pronom indéterminé *le*. *Le disputer à quelqu'un*, prétendre l'égaler en quelque chose. On le dit également des choses.

DISPUTEUR, celui qui aime à disputer, à contredire. Il s'emploie quelquefois adjectivement.

DISQUE, DISCOBOLES (*archéol.*). Les disques ou *palets* étaient de pierre ou de bronze, et travaillés autour; quelquefois ils étaient percés dans le centre. On a trouvé à Herculanum un de ces disques en bronze, dont l'ouverture oblongue, de deux pouces de longueur, se rétrécissait d'un côté. Outre ces disques, il y a dans les cabinets d'antiquités divers objets auxquels on donne le même nom. Tel est le prétendu bouclier de Scipion, conservé au cabinet des antiques de la Bibliothèque royale de Paris; c'est un disque d'argent de 26 pouces de diamètre, représentant Briséis enlevée à Achille par Agamemnon. Il a été trouvé dans le Rhône en 1656. Un autre disque d'argent, trouvé dans le Dauphiné en 1714, a reçu aussi la fausse dénomination de bouclier d'Annibal. Les disques de métal étaient destinés à orner les temples ou faisaient partie de la vaisselle des souverains ou des riches particuliers d'une époque dont le luxe nous est attesté par les historiens. **DISCOBOLES** (des mots grecs δισκός, disque; et βάλλω, βέβολα, je jette, je lance), était le nom de l'athlète qui lançait le disque. L'exercice du disque remonte jusqu'aux temps mythologiques, puisqu'on voit, dans les *Métamorphoses d'Ovide*, Apollon quitter le ciel et abandonner son oracle de Delphes pour venir à Sparte jouer avec le bel Hyacinthe qui fut mortellement blessé par le disque du palet qu'avait lancé la main du Dieu. Pausanias attribue à Persée l'invention de ce jeu, qni était déjà en vogue au temps de la guerre de Troie. Les guerriers d'Achille se livrent à cet exercice pendant l'inaction où les laisse ce héros; ils se disputent le prix du disque aux funérailles de Patrocle. Alcinoüs donne un combat du disque en l'honneur d'Ulysse. Pindare célèbre l'adresse et la force de Castor et Pollux, soit qu'ils jettent le disque en l'air, soit qu'ils le lancent en avant pour atteindre le but. Selon ce poète, ce fut Lyncée qui le premier mérita le prix du disque dans les jeux olympiques. Les athlètes étaient nus lorsqu'ils se livraient à cet exercice qui faisait partie du *pentathle*, lequel réunissait les cinq jeux: le saut, la course, le disque, le javelot et la lutte. Les artistes ont représenté des discoboles dans diverses attitutes. Le plus célèbre est celui du sculpteur Myron, dont on a trouvé une belle copie dans les fouilles de la *villa Palombara*. Quintilien fait l'éloge de ce discobole de Myron. Pline parle avec éloge de celui du peintre Naucydus. Des médailles et des pierres gravées représentent des discoboles. L'un des plus curieux est celui que l'on voit sur un médaillon de bronze frappé à Philippopolis de Thrace, sous le règne de Caracalla; l'athlète, qui est représenté nu, tient de la main droite trois petites boules, et de la main gauche le disque. Le mot *pythia*, inscrit dans le champ de la médaille, indique que cette figure est relative aux jeux pythéens qui se célébraient en l'honneur d'Apollon dans beaucoup de villes de la Grèce.

DISQUE, bassin dans lequel on mettait les entrailles des victimes.

DISQUE, bouclier en forme de disque, que l'on consacrait à la mémoire de quelques héros, et que l'on suspendait dans les temples des dieux pour servir de trophée.

DISQUE (*ast.*), corps d'un astre tel qu'il apparaît à nos yeux. La largeur du disque du soleil est divisée en douze parties qu'on appele *doigts*; il en est de même de celui de la lune. C'est par le nombre des doigts qu'on mesure la grandeur d'une éclipse. (*V.* **ÉCLIPSE.**)

DISQUE (*bot.*). On donne ce nom à un corps glanduleux jaune ou verdâtre, qui se trouve dans la plupart des végétaux, au-dessous ou autour de l'ovaire. Ainsi, le disque supporte l'ovaire dans la rue, *ruta graveolens*; il forme un bourrelet tout autour ou sur un côté seulement de l'ovaire, dans les scrofulaires; enfin, dans les *ombellifères*, il est plus ou moins saillant au sommet de l'ovaire. On nomme le disque *hypogyne*, s'il est au-dessous, *périgyne*, s'il est autour, et *épigyne*, s'il est au-dessus de l'ovaire. Le disque *hypogyne* présente plusieurs caractères: on le nomme *podogyne*, lorsqu'il supporte l'ovaire, comme dans le liseron; *pleurogyne*, lorsqu'il consiste en plusieurs tubercules qui pressent l'ovaire latéralement (la pervenche); *épipode*, si ces tubercules sont libres et distincts de l'ovaire (les crucifères); enfin, on le nomme *périphore*, quand, s'élevant du fond du calice, il porte les étamines et les pétales attachés à sa surface externe (l'œillet). Le disque *périgyne* tapisse la paroi interne du calice, comme dans le cerisier, la filipendule, etc. Le disque *épigyne* n'existe que dans les plantes où l'ovaire est infère, et couronne son sommet.

DISQUE DU SOLEIL (*bot.*), nom imposé par Paulet à un champignon poreux, dont la gravure existe parmi les dessins conservés au Muséum d'histoire naturelle de Paris. « *Fungus italicus porosus ex luteo et rubro variegatus.* » Le rouge y domine. Son pédicule est légèrement fusiforme. J. P.

DISQUISITION (*t. didactique*), examen, recherche exacte de quelque vérité dans les sciences.

DISSECTION, du mot latin *dissectio*, venu lui-même de *dissecare*, couper. L'étymologie latine de ce mot est la même que l'étymologie grecque du mot anatomie (ἀνὰ τέμνω, parf. moy. τέτομα), et cependant un sens bien différent s'y rattache. L'anatomie est le but; la dissection, le moyen. La dissection est indispensable pour connaître la structure intime des corps organisés; il faut diviser les enveloppes qui les recouvrent, pénétrer dens les cavités les plus profondes, soulever les membranes qui les tapissent, mettre en évidence, en les isolant, les artères, les veines, les vaisseaux lymphatiques et les nerfs; scier les os qui opposent de la résistance, enfin employer les macérations dans des liquides variés et les injections diverses pour manifester certains organes ou tissus peu preceptibles dans l'état ordinaire. Ainsi donc, point d'anatomie sans dissection, ou seulement une connaissance incomplète et insuffisante de la structure et de l'organisation des êtres vivants. L'histoire de la dissection est intimement liée à celle de l'*anatomie*. (*V.* ce mot.) Il est évident que toutes les fois que les moyens sont améliorés, les résultats sont plus faciles, plus fructueux. En disséquant, avons-nous dit, on se propose d'isoler certains organes sans les intéresser; on ne coupe que ceux qui ne peuvent être conservés en mettant les autres à découvert. On se sert pour les travaux de ce genre de scalpels de différentes formes et de ciseaux fins pour diviser les parties molles, de scies, de gouges, de marteaux coupants, de pinces incisives pour couper les os et pénétrer dans les cavités; d'érignes ou espèces de crochets, et d'épingles pour fixer les parties qu'on veut étudier, de tubes de différents diamètres, de seringues, de mercure, de cire, de résine colorée pour injecter les vaisseaux; enfin de liquides divers pour garantir le plus longtemps possible de la décomposition putride les corps sur lesquels on opère, ou pour coaguler certains liquides et dissoudre quelques solides; de vases pour faire macérer les pièces et même pour les faire bouillir au besoin. L'alcool, la solution de sublimé, le vernis, sont également employés pour rendre plus durables les préparations anatomiques. Les laboratoires consacrés aux dissections doivent être disposés de manière à concilier les intérêts de la science et de l'art avec ceux de la décence et de la salubrité publique. Ils doivent être hors de la vue des habitations voisines, pourvus d'eau en abondance, convenablement chauffés; il faut que le sol soit dallé en pente pour éviter la stagnation et surtout l'infiltration des liquides putrides. Les cadavres employés aux dissections pourront être déposés dans un local attenant, et les résidus seront enlevés au fur et à mesure, outre que des fumigations et des aspersions désinfectantes seront pratiquées en temps opportun. Moyennant ces précautions faciles à prendre, les salles de dissection ne présentent point de dangers pour la santé publique ni pour celle des individus. Aussi le conseil de salubrité de Paris a provoqué une décision en vertu de laquelle toute dissection est interdite, si ce n'est pendant la saison froide et dans un local désigné par l'autorité administrative et disposé par ses soins près de l'École de médecine. Cet établissement, dont la description nous entraînerait trop loin, est digne de servir de modèle en ce genre et fait l'admiration des étrangers qui le visitent. Il ne nous reste plus qu'à ajouter quelques mots sur les dangers et les accidents auxquels exposent les dissections; ils sont de deux natures: ou ils tiennent à la putridité engendrée par les substances cadavériques, ou à l'action mal dirigée des instruments qu'on emploie. Dans le premier cas, on résistera facilement aux maladies qui s'ensuivent en faisant usage de nourriture saine, de boissons légèrement vineuses et alcooliques ou d'infusions théiformes amères, tel est le café noir sans sucre. Les autres accidents produits par les instruments sont quelquefois excessivement graves; car de nombreuses et funestes expériences prouvent qu'une semblable inoculation entraîne après elle une fièvre typhoïde bien souvent mortelle. Ce qu'on a de mieux à faire quand on s'est coupé en disséquant, c'est de cautériser la plaie après l'avoir fait saigner et l'avoir bien lavée.

DISSEMBLABLE, qui n'est point semblable, qui est différent.

DISSEMBLANCE, manque de ressemblance.

DISSÉMINATION (*bot.*), dispersion naturelle des graines à la surface de la terre. La dissémination s'opère par différents moyens. Dans la balsamine, le dionæa, la fraxinelle, etc., les valves du péricarpe se disjoignent subitement et lancent les graines à quelque distance. Le pépon du *mamordica elaterium* se contracte au moment où il se détache du pédoncule, et par une ouverture pratiquée à sa base il projette ses graines et son suc corrosif. Dans les champignons, quelques-uns secouent leur chapeau quand les séminules dont il est couvert sont arrivées à maturité (*pezizes*); chez d'autres (vesse-loups), le sommet se perce comme un cratère et les séminules s'échappent très fines et très nombreuses, comme une épaisse fumée. Beaucoup de graines très légères et très fines, comme les grains du pollen, sont emportées par le vent. D'autres graines sont munies d'ailes qui les soutiennent dans les airs (l'orme, le frêne, l'érable, etc.). Beaucoup d'animaux avalent des baies dont ils digèrent la pulpe et rendent les graines intactes. (Voyez pour de plus amples détails, les *Amœnitates academicæ* de Linné, *Æconomia naturæ*, *Politia naturæ*, etc.) J. P.

DISSÉMINER, semer, éparpiller, répandre çà et là. Il se dit au propre et au figuré. Il s'emploie aussi avec le pronom personnel.

DISSENSION, discorde, querelle causée par l'opposition, par la diversité des sentiments ou des intérêts.

DISSENTANTS ou **OPPOSANTS**, nom général qu'on donne en Angleterre à différentes sectes qui, en matière de religion, de discipline et de cérémonies ecclésiastiques, sont d'un sentiment contraire à celui de l'Église anglicane, et qui néanmoins sont tolérées dans le royaume par les lois civiles. Tels sont en particulier les presbytériens, les indépendants, les anabaptistes, les quakers. On les nomme aussi *non-conformistes*. Cette tolérance, dont on veut faire un mérite à l'Église anglicane, ne nous paraît pas digne de grands éloges. De quel droit cette Église refuserait-elle aux autres sectes le privilége de se séparer d'elle, comme elle s'est séparée elle-même de l'Église romaine? Le principe fondamental de la réforme a été que tout chrétien doit suivre la doctrine qui lui paraît clairement enseignée dans l'Écriture sainte, et ne recevoir la loi d'aucune puissance humaine; or, toutes les sectes protestent qu'elles s'en tiennent fidèlement à ce principe. Quand même, dans une nation entière, il ne se trouverait pas deux hommes qui entendissent de même l'Écriture sainte, il ne serait pas permis de gêner par des lois la croyance d'aucun; tout fidèle est seul juge de sa foi; la même raison qui l'autorise à ne recevoir la loi de personne, lui défend aussi de l'imposer aux autres. A moins que le gouvernement anglais ne veuille contredire ouvertement la croyance dont il fait profession, il est forcé à une tolérance générale et absolue.

DISSENTIMENT. Différence de sentiments, d'opinions.

DISSENTIR. v. n. (*vieux lang.*), ne pas consentir, être d'avis opposé.

DISSÉQUER (*t. de chirurg.*), diviser et ouvrir les différentes parties d'un cadavre, ou quelque partie seulement, soit pour en étudier ou en démontrer la structure, soit pour connaître les causes et le siége d'une maladie. On le dit également en parlant des animaux. Il se dit, dans un sens analogue, en parlant des végétaux. Ce dernier emploi est plus rare, Fig. et fam., *Disséquer un ouvrage d'esprit*, en faire une analyse minutieuse et le critiquer dans ses moindres parties.

DISSÉQUEUR, celui qui dissèque. Il ne se dit guère qu'avec un adjectif.

DISSERTATEUR, celui qui disserte. Il ne se prend guère qu'en mauvaise part.

DISSERTATION. Discours ou écrit dans lequel on examine soigneusement quelque matière, quelque question, quelque ouvrage d'esprit, etc.

DISSIDENCE. Scission; action ou état de ceux qui s'éloignent de la doctrine ou de l'opinion du plus grand nombre, sur quelque matière.

DISSIDENT, ENTE, qui professe une doctrine, une opinion différente de celle du plus grand nombre. On l'emploie surtout en matière de religion et de politique. Il s'emploie souvent comme substantif.

DISSIDENTS. L'on nomme ainsi en Pologne ceux qui font profession des religions luthérienne, calviniste et grecque : ils doivent jouir, dans ce royaume, du libre exercice de leur religion, qui, suivant les constitutions, ne les exclut point des emplois. Le roi de Pologne promet, par les *pacta conventa*, de les tolérer et de maintenir la paix et l'union entre eux : mais les dissidents ont eu quelquefois à se plaindre de l'inexécution de ces promesses. Les ariens et les sociniens ont aussi voulu être mis au nombre des dissidents, mais ils en ont toujours été exclus.

DISSIMILAIRE (*t. didactique*). Qui n'est pas de même genre, de même espèce.

DISSIMULATEUR, celui qui dissimule. Il est peu usité.

DISSIMULATION. Action de dissimuler, conduite de celui qui dissimule. Il se dit aussi du caractère de celui qui est dissimulé.

DISSIMULÉ, ÉE. Couvert, artificieux, qui ne laisse pas apercevoir ses sentiments, ses desseins. Il est quelquefois substantif.

DISSIMULER. Cacher ses sentiments, ses dessins; ou, par une conduite réservée, artificieuse, ne pas les laisser apercevoir Il se prend aussi absolument. Il signifie encore faire semblant de ne pas remarquer, de ne pas ressentir quelque chose. *Se dissimuler quelque chose à soi-même*, ne pas se l'avouer, ne pas le reconnaître. — **DISSIMULER** signifie quelquefois rendre moins apparent.

DISSIPATEUR, TRICE. Dépensier, prodigue, qui dépense beaucoup.

DISSIPATION. Évaporation, déperdition. Dans ce sens, il ne se dit guère qu'en parlant de ce que l'on appelait esprits animaux. Il signifie, dans un sens plus général, action par laquelle une chose est dissipée ou se dissipe; et se dit surtout de l'action de consumer un bien par de grandes dépenses, ou ces dépenses mêmes. — **DISSIPATION** signifie aussi l'état d'une personne qui vit au milieu des plaisirs. Il signifie encore, distraction récréation.

DISSIPER. Disperser, écarter, défaire, détruire. Il s'emploie figurément dans le même sens. — **DISSIPER** signifie particulièrement consumer par des dépenses excessives, par des profusions. Il s'emploie quelquefois figurément dans un sens analogue. — **DISSIPER** signifie encore distraire, procurer de la récréation. Il s'emploie aussi avec le pronom personnel, dans la plupart de ses acceptions.

DISSIVALVES (*conchyl.*). M. Denys de Montfort indique sous ce nom les mollusques munis de plusieurs valves, mais non réunies et distinctes entre elles, c'est-à-dire qui ne sont pas assemblées entre elles par des nerfs ou des charnières. J. P.

DISSOLENA VERTICILLÉ (*bot.*), *dissolena verticillata*, arbrisseau des environs de Canton, dont Loureiro a formé un genre particulier de la pentandrie monogynie de Linné : caractérisé par un calice tubulé, à cinq découpures; une corolle infundibuliforme, à cinq découpures étalées, un appendice épais, pentagone, tubulé, soutenant vers sa base cinq étamines; un ovaire supérieur; un style; un stigmate épais; un drupe enveloppant une noix rude et comprimée, dans laquelle se trouve un noyau à une seule loge. Cet arbrisseau s'élève à la hauteur de huit pieds; ses rameaux sont étalés, garnis de feuilles glabres, lancéolées, très entières; les inférieures opposées, les supérieures ternées ou quaternées; les fleurs blanches disposées en grappes terminales. J. P.

DISSOLU, UE. Impudique, débauché. Il se dit aussi des choses, dans un sens analogue.

DISSOLUBLE (*t. de chimie*), qui peut être dissous. On dit plus ordinairement *soluble*.

DISSOLUMENT, d'une manière dissolue. Il est peu usité.

DISSOLUTIF, IVE, (*t. de médec. et de chimie*), qui a la vertu de dissoudre. Il a vieilli.

DISSOLUTION, séparation des parties d'un corps naturel qui se dissout. *La dissolution des humeurs, du sang*, la trop grande fluidité du sang, des humeurs. Cette façon de parler n'est usitée que dans le langage des médecins humoristes. *La dissolution du corps et de l'âme*, la séparation du corps et de l'âme. **DISSOLUTION** s'emploie aussi figurément. *La dissolution d'un mariage*, la rupture du lien conjugal. En jurispr., *Dissolution de communauté*, cessation de la communauté de biens entre conjoints. *Dissolution de société*, cessation d'une société de commerce. **DISSOLUTION** signifie encore figurément débauche, dérèglement de mœurs; et il se dit surtout de ce qui regarde l'incontinence.

DISSOLUTION (*chim.*). On dit qu'il y a dissolution : 1° quand un solide s'unissant à un liquide devient liquide lui-même;

c'est ce qui arrive au sucre, au sel que l'on met dans l'eau; 2° lorsqu'un gaz forme une combinaison liquide avec un liquide, ainsi qu'on l'observe, quand on fait passer un courant de gaz acide carbonique, de gaz ammoniaque dans l'eau; 3° lorsque deux liquides de différente nature n'en forment plus qu'un seul, parfaitement homogène à l'œil, quand on les a agités ensemble; tels sont l'acide sulfurique et l'eau, l'alcool et l'éther, etc. J. P.

DISSOLVANDE (*chimie*), nom que l'on appliquait autrefois aux corps que l'on devait dissoudre dans un liquide. J. P.

DISSOLVANT (*chimie*), nom qu'on donne à un liquide qui a la propriété de dissoudre telle ou telle substance. J. P.

DISSONANCE (*t. de musique*), faux accord, relation d'un son à un autre avec lequel il n'est pas consonant. (Voy. SON et MUSIQUE). *Sauver une dissonance*, la faire suivre d'un accord convenable qui empêche qu'elle ne blesse l'oreille; Fig., *Dissonance de ton dans le style*, le mélange disparate du ton sérieux et du badin, du noble et du trivial.

DISSONANT, ANTE, (*t. de musique*), qui forme dissonance. Il signifiait aussi, qui n'est point d'accord, qui n'est pas dans le ton. Ce sens n'est plus usité.

DISSONER (*t. de musique*), former dissonance.

DISSOUDRE. Opérer la séparation des parties d'un corps solide. Il se dit surtout en parlant de l'action d'un fluide qui pénètre un corps solide et s'empare de ses molécules. Il se dit particulièrement en médecine de ce qui fait disparaître une obstruction, un engorgement, de ce qui détruit une concrétion. Il signifie figurément rompre, diviser, faire cesser d'exister. DISSOUDRE s'emploie aussi avec le pronom personnel et alors il se dit, non-seulement de ce qui est dissous par un fluide, mais aussi de tout corps dont les parties cessent de rester agrégées, par quelque cause que ce soit. Il s'emploie également avec le pronom personnel dans le sens figuré.

DISSUADER, détourner quelqu'un de l'exécution d'un dessein, le porter à ne pas exécuter une résolution prise.

DISSUASION, effet des discours, des raisons qui dissuadent.

DISSYLLABE (*t. de gram.*), qui est de deux syllabes. Il s'emploie aussi substantivement au masculin.

DISSYLLABIQUE. Il se dit des vers dont tous les mots sont des dissyllabes, et des vers qui n'ont que deux syllabes.

DISTANCE, l'espace, l'intervalle d'un lieu à un autre, d'un objet à un autre. *Tenir à distance*, empêcher d'approcher. Cela se dit aussi figurément pour exprimer une certaine réserve d'orgueil ou de dignité qui repousse la familiarité. DISTANCE se dit par extension d'un intervalle de temps. Il s'emploie souvent au figuré, surtout pour exprimer différence.

DISTANCE (*géom.*). C'est proprement le plus court chemin d'un objet à un autre, ainsi la distance d'un point à un autre est la ligne droite qui joint ces points, et la distance du point à une ligne ou à une surface est la perpendiculaire menée du point à la ligne ou à la surface. On mesure les distances par le moyen de la chaîne ou du mètre (V. ARPENTAGE); quand les distances sont inaccessibles, on forme des triangles au moyen desquels ont peut les calculer (V. ALTIMÈTRIE, PLANCHETTE et GRAPHOMÈTRE.

DISTANCE (*ast.*). Les distances des astres entre eux sont réelles ou proportionnelles, on les distingue encore en moyenne distance, distance aphélie et distance périhélie. La DISTANCE *aphélie* des planètes est celle où elles sont à leur plus grand éloignement du soleil. — La DISTANCE *périhélie* est celle au contraire où elles occupent le point de leur orbite le plus rapproché du soleil. — La DISTANCE *moyenne* des planètes est la moyenne entre leur plus grande et leur plus petite distance du soleil, ou la moyenne entre leurs distances aphélie et périhélie. — Les DISTANCES *réelles* sont les distances de ces corps mesurées à l'aide de quelques mesures terrestres, comme les lieues, etc. — Les DISTANCES *proportionnelles* sont les distances des planètes au soleil, comparées avec l'une d'entre elles prise pour unité. Elles sont aisément déterminées à l'aide de la troisième loi de Kepler, savoir : les carrés des temps périodiques des révolutions de plusieurs corps autour d'un centre commun sont comme les cubes des moyennes distances respectives. D'après cette loi, les temps des révolutions des planètes étant connus, on déduit les distances proportionnelles suivantes, celle de la Terre étant prise pour unité.

Dist. proport. moyennes.

Mercure.	0,3870981
Vénus.	0,7233323
La Terre.	1,0000000
Mars.	1,5236935
Vesta.	2,2373000
Junon.	2,6671630
Cérès.	2,7674060
Pallas.	2,7675920
Jupiter.	5,2027911
Saturne.	9,5387705
Uranus.	19,1833050

Maintenant la distance moyenne réelle de la Terre, ayant été déterminée par le passage de Vénus (V. PASSAGE ET PARALLAXE) à 39,229,000 lieues de 2,000 toises, il suffit de multiplier par ce nombre les distances précédentes pour obtenir les distances moyennes réelles exprimées en lieues de 2,000 toises. On trouve ainsi :

Distances réelles moyennes.

Mercure.	15,185,465	lieues.
Vénus.	28,375,600	
La Terre.	39,229,000	
Mars.	59,772,920	
Vesta.	87,767,020	
Junon.	104,630,140	
Cérès.	108,562,550	
Pallas.	108,570,000	
Jupiter.	204,100,280	
Saturne.	374,196,340	
Uranus.	752,540,172	

Quant à la distance de la lune et celle des autres planètes secondaires V. SATELLITES. Nous verrons pour chaque planète en particulier comment on détermine ses distances aphélie et périhélie, ainsi que ses distances à la Terre. C'est à l'aide de ces dernières qu'on calcule le diamètre réel d'une planète dont on connaît le diamètre apparent. La DISTANCE des étoiles fixes soit de la terre, soit du soleil, n'a pu encore être déterminée par aucun moyen, on sait seulement qu'elle est si grande que le diamètre entier de l'orbite de la Terre qui est d'à peu près 80 millions de lieues, est comme un point par rapport à cette distance, et ne forme aucune mesure sensible qu'on puisse lui comparer. — DISTANCE APPARENTE de deux astres; c'est l'angle formé par les rayons visuels qui vont de notre œil à chacun d'eux, il est mesuré par l'arc du grand cercle compris entre eux sur la sphère céleste. — DISTANCE ACCOURCIE, c'est la distance d'une planète au soleil réduite au plan de l'écliptique, ou la distance qui est entre le soleil et la projection de la planète sur le plan de l'écliptique. Les astronomes lui ont donné le nom de *distantia curtata*, parce qu'elle est toujours plus courte que la distance réelle. La différence entre ces deux distances s'appelle *curtation*, ou réduction de la distance.

DISTANCES LUNAIRES (*astron. nautiq.*). C'est surtout dans les voyages de long cours que les navigateurs font un fréquent usage des distances de la lune au soleil et aux étoiles, pour déterminer la longitude du lieu où ils se trouvent. Ces distances se mesurent au sextant, ou mieux encore au cercle à réflexion dont Borda a enrichi l'astronomie nautique (V. CERCLE RÉPÉTITEUR). La rapidité avec laquelle la lune se meut dans son orbite autour de la terre fait que, dans certaines circonstances, l'arc qui la sépare de l'étoile mise en comparaison change sensiblement de grandeur dans un très court espace de temps, par exemple, lorsque la déclinaison de l'étoile située à l'orient ou à l'occident de la lune est peu différente de celle de ce satellite. Dans la *Connaissance des temps* et à chacun des mois de l'année se trouvent calculées de trois heures en trois heures les distances vraies du centre de la lune à celui du soleil, aux principales étoiles du zodiaque et même maintenant au centre des planètes; ces distances sont telles que les verrait (abstraction faite de la réfraction) un observateur qui serait placé au centre de la terre. On conçoit alors que si, dans un lieu dont la longitude est à peu près connue, l'on a mesuré une distance lunaire, et qu'on l'ait réduite en distance vraie, il ne s'agira plus que de déterminer par un calcul d'interpolation l'heure, les minutes et secondes de temps moyen que l'on comptait à Paris lorsque cette distance vraie existait; puisque la différence entre ce temps et celui de l'observation sera celle de la longitude cherchée. Ordinairement la formule par laquelle on convertit une distance lunaire apparente en distance vraie est celle de Borda; on l'obtient ainsi qu'il suit : Soient A, E, E', la distance et les deux hauteurs apparentes du soleil et de la lune; δ, e, e', la distance et les hauteurs vraies de ces deux astres; enfin, z l'angle au zénith formé par leurs verticaux, dans lesquels leurs lieux vrais et apparents se trouvent respectivement,

Le triangle sphérique dont les sommets sont au zénith et aux centres apparents des astres donnera :

$$\text{Cos } Z = \frac{\cos \Delta - \sin E \sin E'}{\cos E \cos E'}$$

celui dont les sommets sont au zénith et aux centres vrais des astres donnera pareillement :

$$\text{Cos } Z = \frac{\cos \delta - \sin e \sin e}{\cos e \cos e'}.$$

Ainsi l'on a :

$$\frac{\text{Cos } \Delta - \sin E \sin E'}{\cos E \cos E'} = \frac{\cos \delta - \sin e \sin e'}{\cos e \cos e'};$$

Mais, à cause de :

$$\text{Sin } E \sin E' = \cos E \cos E' - \cos (E + E'),$$
$$\text{Sin } e \sin e' = \cos e \cos e' - \cos (e + e'),$$

la relation précédente se change nécessairement en celle-ci :

$$\frac{\text{Cos } \Delta + \cos (E + E')}{\cos E.\ \cos E'} = \frac{\cos \delta + \cos (e + e')}{\cos e \cos e'},$$

d'où l'on tire :

$$\text{Cos } \delta = \frac{\cos e \cos e'}{\cos E \cos E'}\left[\cos \Delta + \cos (E + E')\right] - \cos (e + e');$$

et si l'on a égard à ce que

$$\text{Cos } \Delta + \cos (E + E') = 2 \cos \tfrac{1}{2}(E + E' + \Delta) \cos \tfrac{1}{2}(E + E' - \Delta),$$
$$\text{Cos } (e + e') = 2 \cos^2 \tfrac{1}{2}(e + e') - 1,\ \cos \delta = 1 - 2 \sin^2 \tfrac{1}{2}\delta,$$

on aura :

$$\text{Sin } \tfrac{1}{2}\delta = \cos^2 \tfrac{1}{2}(e + e') - \frac{\text{Cos } \tfrac{1}{2}(E + E' + \Delta) \cos \tfrac{1}{2}(E + E' - \Delta) \cos e \cos e')}{\text{Cos } E \cos E'},$$

puis si l'on fait :

$$\text{Sin}^2 \varphi = \frac{\cos \tfrac{1}{2}(E + E' + \Delta) \cos \tfrac{1}{2}(E + E' - \Delta) \cos e \cos e'}{\text{Cos } E \cos E' \cos^2 \tfrac{1}{2}(e + e')},$$

ou aura enfin :

$$\text{Sin } \tfrac{1}{2}\delta = \cos \tfrac{1}{2}(e + e') \cos \varphi.$$

Cette formule, la plus commode de toutes celles qui ont été proposées pour réduire une distance apparente en distance vraie, n'offre aucune variation de signe, et c'est un avantage qui diminue les chances d'erreur de calcul. Pour en faire un bon usage, il faut en recueillir avec soin tous les éléments dans le plus court espace de temps possible. Par exemple, les hauteurs des astres doivent être prises par deux observateurs, en même temps qu'un troisième mesure la distance des deux astres. (*V.* les traités spéciaux.)

Application. Un voyageur, arrivé le 12 mai 1825 dans un lieu où il trouva la latitude boréale de 36° 40′, et dont il estima la longitude occidentale de 3 h 36′ en temps, recueillit les observations contemporaines suivantes à 7 h 40′ du matin ou à 19 h 40′ (*temp. ast.*) :

Hauteur du bord inférieur du ☉ =	30° 17′ 8″		
Hauteur du bord inférieur de la ☾ =	52	59	30
Distance des bords voisins	61	28	6
Haut. du baromètre	0m,7399		
Haut. du therm. centig.	+ 25°.		

La *connaissance des temps* donne pour l'époque des observations, c'est-à-dire pour 25 h 16′ comptées à Paris :

Paral. horiz. de la lune = 54′ 7″ ; demi-diam. de la ☾ = 14′ 45″
Paral. horiz. du soleil = 8 73 ; demi-diam. du ☉ = 15 51

Il s'agit maintenant de calculer l'augmentation du demi-diamètre de la lune due à sa hauteur au-dessus de l'horizon (*voy.* AUGMENTATION), et l'on trouvera le demi-diamètre apparent de la ☾ = 14′ 56″, qu'il faut ajouter ainsi que le demi-diamètre du soleil à la distance des bords des deux astres pour avoir la distance apparente Δ = 61° 58′ 53″. Ensuite on aura :

Hauteur apparente du soleil. . . . . . 30° 17′ 18″
Demi-diamètre. . . . . + 15 51

Haut. apparente du centre. . . . E = 30 32 59
+ Parall. réfract. . . . . — 1 22,7

Haut. vraie géocent. du soleil . . e = 30 31 36,3

Haut. appar. du bord de la ☾. . . . 52° 59′ 30″
Demi-diam. augmenté. . . . . . . + 14 26

Haut. app. du centre . . . . . E′ = 53 14 26
+ Parall. réfract. . . . . + 31 43,8

Haut. vraie géocent. de la ☾ . . e = 53 46 9,8

Connaissant tous les éléments de la formule précédente, on opérera par les logarithmes ainsi qu'il suit :

Δ = 61° 58′ 53″
E = 30 32 59 . . . c log. cos 0,0649018
E′ = 53 14 26 . . . c log. cos 0,2229673

Somme m = 145 46 18
½ m . . . 72° 53′ 9″ . . . . log. cos 9,4687558
Δ — ½ m . . . 10 54 16 . . . . log. cos 9,9920867

e = 30 31 36,3 . . . . . . lóg. cos 9,9352009
e′ = 53 46 9,8 . . . . . . log. cos 9,7716145

Somme . . . 84 17 46,1 . . . . Somme . . 19,4555290

½ somme . . 9,7277635
½ somme n = 42 8 53,0 . . . c log. cos . . 0,1299396

Log. sin φ = 9,8577031

Angle φ = 46 6 19,2 . . . . log. cos φ = 9,8409430
n = 42 8 53,0 . . . . log. cos . . 9,8700604

Sin ½ δ = 9,7111034

De là ½ δ = 30° 56′ 1″,75 ; DIST. VRAIE δ . . . = 61° 51′ 3″,5.

On sait par la *connaissance des temps* que
Le 11 mai, à 21 h., la distance était de . . . 62° 53′ 33″
Le 12, à midi, de 61 32 18

Ainsi, diminution en 3 heures = 1 21 15

D'un autre côte,
Si de. . . . . 62° 53′ 33″
On ôte . . . . = 61 52 3,5

Le reste sera. 1 1 29,5

De là cette proportion :
1° 21′ 15″ : 3 h :: 1° 1′ 29″, 5 : x = 2 h 16′ 13″,6
Ajoutant 21

On a l'heure de Paris le 11 . . . . 23h 16′ 13″,6
Mais l'heure de l'observation était 19 40 0

Donc LONGITUDE en temps à l'ouest = 3 36 13 ,6

Cette solution est indépendante de la figure ellipsoïdique de la Terre, et, en effet, il est à peu près inutile de tenir compte de l'aplatissement, à cause de l'incertitude que laisse une méthode d'observation qui présente beaucoup de difficultés sur mer. Cependant Borda a indiqué le premier comment *il faudrait procéder* dans le cas le plus général (*Description et usage du cercle de réflexion*, p. 80). M. PUISSANT.

DISTANT, ANTE, éloigné. Il se dit aussi en parlant du temps.

DISTEIRE, *disteira* (*rept.*), nom sous lequel M. de Lacépède a désigné un genre de serpents de la famille des hétérodermes, et auquel il donne pour caractères : « Point de crochets à venin; la queue très comprimée, mince, élevée et conformée comme une nageoire; le dessous de cette partie garni d'un rang longitudinal d'écailles presque semblables à celles du dos; le dessous du corps revêtu d'une rangée longitudinale de petites lames relevées par deux petites crêtes. » C'est de ce dernier caractère qu'il tire son nom de distère, en grec, *deux carènes*. *Disteire cerclé*, *D. doliata*. Deux cent vingt-trois lames doublement striées sous le corps; une rangée longitudinale de quarante-huit écailles sous la queue; neuf flammes sur la tête; les écailles du dos striées et pointues; la couleur générale relevée par des cercles irréguliers et blanchâtres. Sa taille est de trois à quatre pieds; il vit dans la Nouvelle-Hollande. Cuvier le regarde comme étant un *hydrophis*. (*V.* ce mot.) J. P.

DISTELMEYER (LAMBERT), homme d'État distingué, naquit à Leipzig en 1522. Ayant la réputation d'un homme de mérite, il reçut des marques d'estime de la part de Charles-Quint et des ducs de Saxe-Weimar qui lui offrirent de le prendre à leur service; mais il refusa leurs propositions. Cependant il écouta celles de Joachim II, électeur de Brandebourg, et alla avec sa famille s'établir à Berlin, où son zèle et sa fidélité lui acquirent la bienveillance du prince et l'estime du public. Ses services furent récompensés en 1558 par la dignité de chancelier. Il mourut en 1588.

DISTENDRE (*t. de médecine*), causer une tension considérable. Il s'emploie aussi avec le pronom personnel.

DISTENSION (*t. de médecine*), tension considérable, comme est par exemple celle de l'estomac et de l'utérus quand des matières plus ou moins abondantes s'y accumulent.

DISTÉPHANE, *distephanus* (*bot.*), genre de plantes de la famille des synanthérées, de la syngénésie polygamie égale de Linné. M. Cassini le classe auprès du *vernonia* dont on le considère comme un sous-genre, quoiqu'il en diffère par la nature de l'aigrette. Le *distéphane à feuilles de peuplier*, *D. populifolius*. C'est un arbrisseau de l'île de France, à tige épaisse, divisée en rameaux anguleux, tomenteux; à feuilles alternes, pétiolées, ovales-aiguës, subcordiformes, anthères épaisses, tomenteuses sur les deux faces, comme glauques au-dessus, très blanches au-dessous; les calathides sont grandes, composées de fleurs jaunes et réunies en petits corymbes serrés aux extrémités des rameaux. J. P.

DISTHÈNE (*min.*), *cyanite*, *schrol bleu*, substance d'un bleu clair, en lames quadrangulaires allongées, rayant le verre et rayée par une pointe d'acier, infusible au chalumeau. Le disthène appartient par sa composition à la famille des silicates d'alumine. M. Beudant donne l'analyse suivante de l'une de ses variétés, le disthène blanc, silice 32, alumine 68, quelques traces de chaux, de potasse et d'acide fluorique. Cette analyse réunit au disthène le pinite de Saxe qui offre la même formule de composition et à peu près les mêmes éléments. C'est dans les roches de micaschiste de la Bretagne et du Tyrol, dans les hyalomictes, roches de quartz et de mica, dans la dolomie et le calcaire grenu, aux Pyrénées, que se trouve ce minéral, ainsi que dans diverses roches schisteuses et granitoïdes. Le seul usage que l'on fait du disthène est de s'en servir comme de support dans les essais au chalumeau à raison de son infusibilité. J. P.

DISTIGMATIE (*bot.*). M. Richard divise sa classe synanthérie en deux ordres, qu'il nomme l'un *monostigmatie* et l'autre *distigmatie*; il les caractérise en attribuant un seul stigmate au premier et deux stigmates au second. J. P.

DISTILLATEUR, celui qui fait des distillations. Il se dit particulièrement de celui dont la profession est de fabriquer pour la distillation toutes sortes d'eaux, d'huiles, d'essences, de liqueurs, etc.

DISTILLATION (*chimie*). Ce mot s'applique à toutes les opérations dont le but est de réduire par la chaleur une matière en produits qui diffèrent en volatilité : c'est ainsi que par la distillation on réduit le chlorate de potasse en gaz oxygène ou en chlorure de potassium fixe; le bois en eau, en acide acétique, en huile, en gaz acide carbonique et hydrogène carboné, et en charbon. Dans la premier cas il n'y a pas de liquide séparé; dans le second, tous les produits liquides et gazeux sont de nouvelle formation; c'est par extension que le mot distillation a été appliqué à ces opérations. J. P.

DISTILLATION. La distillation est une des opérations les plus anciennement connues; elle a pris son origine dans les laboratoires des premiers hommes qui se sont livrées à la préparation des médicaments, et depuis elle a reçu une foule d'applications toutes plus subtiles les unes que les autres. Son but est de séparer d'un composé les produits volatils de ceux qui ne le sont pas, ou qui le sont moins dans les mêmes circonstanees. C'est ainsi que l'alcool se retire du vin, les essences des diverses substances aromatiques qui les contiennent, etc., etc. On donne aussi le nom de *distillation* au traitement par la chaleur, et en vaisseaux clos, d'un corps quelconque dont on retire des produits solides, liquides ou gazeux, alors même que ces produits n'étaient pas primitivement contenus dans le corps soumis à l'expérience, et qu'ils résultent de l'action de la chaleur. Nous offrirons pour exemple de ce genre la distillation du bois, qui produit de l'huile empyreumatique, de l'acide acétique et divers composés gazeux qui prennent naissance dans l'opération elle-même. Le but de la distillation, avons-nous dit, est de séparer les produits volatils de ceux qui ne le sont pas, ou qui le sont moins dans les mêmes circonstances; mais rappelons-nous que tous les corps sont soumis à l'influence de deux forces opposées; savoir : d'une part l'attraction d'agrégation, qui tend à lier étroitement toutes les molécules entre elles; et de l'autre cette force expansive qu'ils reçoivent de la matière de la chaleur dont ils sont pénétrés, et qui, en s'introduisant entre les molécules, fait de continuels efforts pour les désunir. Rappelons-nous encore que la pression atmosphérique limite cette force expansive, et qu'elle agit dans le même sens que l'attraction moléculaire. Cela posé, si nous revenons au phénomène de la distillation, nous verrons qu'il y a deux moyens de le déterminer : ou bien en augmentant par l'action de la chaleur la répulsion des molécules des corps soumis à cette opération, jusqu'à ce que le plus volatil d'entre eux, celui qu'on veut éliminer, ait acquis assez de force répulsive pour que sa vapeur puisse résister à la pression atmosphérique et la vaincre; ou bien, en diminuant cette pression elle-même jusqu'à ce que le corps le plus expansible ne trouve plus d'obstacle à sa volatilisation. Il pourrait peut-être paraître d'abord plus simple d'avoir recours au dernier moyen qu'au précédent; mais il est un motif essentiel qui s'oppose à sa facile exécution, c'est qu'une fois qu'il n'y a plus équilibre entre la pression intérieure et extérieure que l'atmosphère exerce sur l'appareil, cela nécessite dans les parois et les jointures une force capable de résister à cette différence; autrement les vases cèdent à l'effort, et cet inconvénient entraîne souvent à de grands dangers. C'est donc presque constamment à l'aide de la chaleur et sous la pression ordinaire de l'atmosphère qu'on effectue la distillation. D'après les idées généralement admises, les diverses substances qui constituent un composé quelconque soumis à l'action de la chaleur s'en pénètrent d'abord uniformément tant qu'elles conservent le même état; mais, pour en changer, chacune d'elles en absorbe ensuite en combinaison réelle une quantité plus ou moins considérable, suivant sa capacité particulière pour le calorique, et le rend ce qu'on appelle *latent;* et réciproquement une vapeur qui reprend l'état de liquide, ou un liquide qui redevient solide, abandonne lors de cette transition et dans le même rapport tout le calorique latent qui avait produit ce changement d'état. Si nous cherchons maintenant à appliquer ces données à la distillation, nous verrons que pour volatiliser un liquide il faudra non-seulement lui communiquer la chaleur exigée pour qu'il atteigne son point d'ébullition, mais qu'il sera nécessaire en outre de lui en fournir toute la quantité voulue pour sa transformation en vapeur. Ainsi la proportion de combustible nécessaire à la distillation d'un liquide sera d'autant plus considérable, toutes circonstances égales d'ailleurs, que la capacité de sa vapeur pour le calorique sera plus grande; mais comme nous venons de l'observer, cette vapeur se dépouillera par sa condensation de toute cette quantité de calorique libre ou combiné qu'elle avait entraînée. C'est la juste appréciation de toutes ces données qui a servi de base aux immenses progrès qu'on a fait faire de nos jours à l'art de la distillation. Jusque-là on n'avait porté aucune attention à l'énorme déperdition de chaleur qu'occasionnait cette opération, et il a fallu toute l'influence des connaissances de la chimie moderne pour développer les précieuses inventions des nouveaux appareils jusque dans les ateliers de l'empirisme. Je n'entreprendrai point de faire ici l'historique de la distillation; les bornes de cet article ne comportent pas de tels détails, et je passerai immédiatement à la description de quelques appareils distillatoires.

Description de l'appareil de M. Derosne.

1° De deux chaudières A et A';
2° D'une colonne distillatoire B;
3° D'un rectificateur C;
4° D'un condensateur, chauffevin D;
5° D'un réfrigérant E;
6° D'un sceau de vidange ou régulateur d'écoulement, garni d'un robinet à flotteur F;
7° D'un réservoir G.

Pour mettre cet appareil en fonction on commence par remplir du liquide à distiller la première chaudière A au moyen de la douille H; on en verse jusqu'à ce que le niveau s'élève à la hauteur de 2 ou 3 pouces au-dessous de la partie supérieure de l'indicateur de verre x, qui y est adapté. On en fait autant pour la chaudière A'; mais on en verse jusqu'à la hauteur de six pouces au-dessus de son robinet de décharge 2. Les choses étant ainsi disposées, et le réservoir G ainsi que le régulateur F étant remplis, on ouvre le robinet 4 qui verse dans l'entonnoir I u réfrigérant E ; ce vase étant plein et d'ailleurs los de toutes parts, le liquide s'élève par le ube K, qui vient se décharger dans la partie upérieure du condensateur D, et le remplit en otalité. Le trop plein s'écoule par le tube L, lans la colonne distillatoire B. La disposition in-érieure de cette colonne est telle que le liquide ombe en forme de cascade sur une série de)lateaux qui se trouvent fixés sur un axe com-nun. Il parvient ainsi de proche en proche jus-qu'à la chaudière A, et l'on est averti de son arrivée par l'élévation du niveau dans le tube indicateur b' ; alors on ferme le robinet 4 du régulateur, et l'on allume le feu sous la chaudière A. Avant de décrire la marche de cet ingénieux procédé, nous allons indiquer brièvement la construction de chacune des pièces qui entrent dans la composition de l'appareil. Déjà nous venons de dire, autant qu'il nous a été permis de le faire, en quoi consistait la construction de l'intérieur de la colonne, et nous devons ajouter que les douilles figurées en *ff* sont de simples ouvertures destinées à faciliter le nettoyage intérieur de la colonne, qui doivent être fermées avec des bondons entourés de filasse pendant tout le cours de l'opération. Le rectificateur C est absolument composé de la même manière que le reste de la colonne dont il fait partie ; il ne reçoit point le liquide réfrigérant du condensateur, mais bien celui qui se produit dans les premières hélices, et il leur transmet en échange ses vapeurs et une partie de celles qu'il reçoit de la colonne. Le condensateur D est un cylindre en cuivre qui contient une serpentine à hélices verticales, qui communiquent individuellement, au moyen des tubes *a*, *b*, *c*, *d*, etc., à un canal commun MN, incliné de manière à pouvoir écouler le produit total dans le tuyau O qui conduit au réfrigérant; mais ce canal MN est annexé à des tubes *p*, *q*, *r*, *s*, qui permettent le rappel dans le rectificateur des portions condensées dans les hélices. Ce rappel peut être rendu total ou partiel à l'aide des robinets 5, 6, 7, 8. La capacité intérieure de ce vase est divisée en deux parties inégales, D', D'', au moyen d'un diaphragme ST, au bas duquel on a ménagé une ouverture de communication ; entre ces deux parties, est établie dans la double intention d'envelopper les premières hélices d'un liquide assez chaud pour ne permettre que la condensation des vapeurs les plus aqueuses et de ne déverser dans la colonne qu'un liquide presque bouillant. En effet, le vin arrive par le tube K dans la capacité D', où il s'échauffe modérément et également, au moyen d'une précaution particulière; de là il s'écoule par l'ouverture inférieure du diaphragme dans la partie D', où il prend une plus grande élévation de température; et comme les parties les plus échauffées, spécifiquement plus légères que les autres, viennent occuper la partie supérieure de cette capacité, il s'en suit que ce sont toujours celles-là qui affluent dans la colonne. Quant au réfrigérant E, il n'offre rien de particulier, c'est un serpentin ordinaire, entièrement renfermé dans un cylindre ou manchon en cuivre. Supposons maintenant qu'on allume le feu sous la chaudière A, et voyons ce qui va succéder dans chacune des parties, il est clair d'abord qu'aussitôt que le vin bouillira dans cette première chaudière les vapeurs iront, au moyen du tube de communication P qui plonge dans le liquide même, se condenser dans la chaudière A', qui ne tardera pas elle-même à entrer en ébullition, parce qu'elle reçoit en outre l'excédant de la chaleur du fourneau. La vapeur qui sort de A' n'a d'autre issue que la colonne; elle y pénètre donc, échauffe le liquide qu'elle trouve sur son passage, se condense en partie, tandis que le reste parvient aux régions supérieures, puis au rectificateur, de là dans le condensateur, et enfin dans le réfrigérant, si elles n'ont pu être coercées précédemment. Lorsque l'appareil est en pleine activité et que les robinets 1, 2, 3 sont ouverts, ce qui doit être fait aussitôt que le condensateur D est assez chaud pour qu'on n'y puisse plus tenir la main, époque à laquelle la distillation continue commence, le vin du réfrigérant devient tiède à la partie supérieure, puis il s'échauffe plus fortement à mesure qu'il parcourt les deux divisions du condensateur, et il finit par tomber presque bouillant par le tuyau L dans

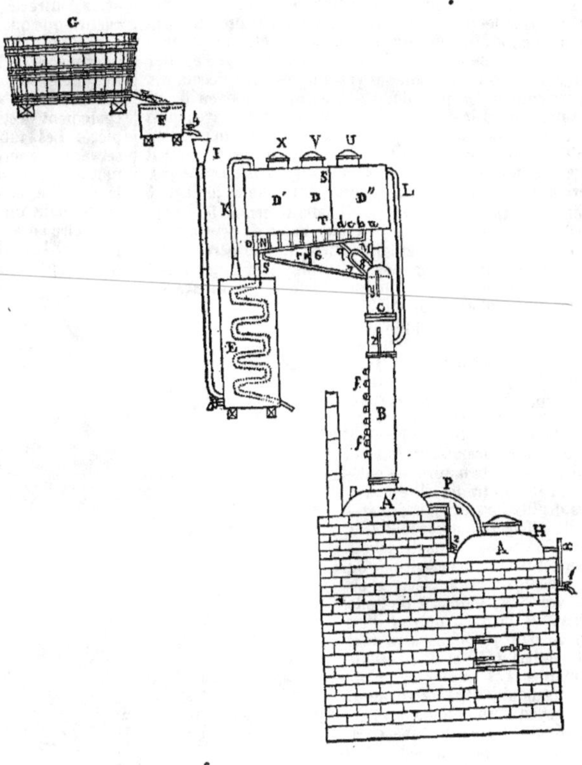

fig. 1.

la colonne B, où il se trouve en contact immédiat avec les vapeurs qui montent de la chaudière. Le nouveau degré de température qu'il y reçoit le fait se dépouiller pendant sa chute des vapeurs alcooliques qu'il contient, et il entraine avec lui la portion des vapeurs aqueuses qui se sont condensées par le refroidissement qu'il a produit; et lorsque l'opération est bien réglée, le liquide qui arrive dans la chaudière A' ne contient plus autant d'alcool; mais comme il se peut qu'on fasse, par négligence, descendre le vin trop précipitamment, alors qu'il achève de se dépouiller par l'ébullition, soit dans la chaudière A', soit dans la chaudière A ; et c'est-là, pour le dire en passant, ce qui constitue le principal et unique avantage de celle-ci. Observons actuellement que ce qui arrive dans la première colonne B se répète dans le rectificateur qui est au-dessus, et qu'à mesure que les vapeurs montent davantage elles deviennent d'autant plus riches en alcool, et cela par la raison toute simple que l'abaissement successif de température qu'elles subissent détermine sans cesse la condensation d'une portion des vapeurs aqueuses qu'elles renferment; et comme de leur côté les vapeurs aqueuses, en se condensant, échauffent assez le liquide alcoolique qu'elles rencontrent pendant leur ascension, pour produire la volatilisation de cet alcool, il s'ensuit que les vapeurs vont toujours en se dépouillant de leur eau et en s'enrichissant de l'alcool contenu dans le liquide qu'elles rencontrent. Les vapeurs une fois parvenues dans le condensateur, l'eau et l'alcool ne peuvent plus faire entre eux cet échange de calorique qui s'effectuait dans le rectificateur; mais comme par la disposition des choses, les premières hélices que ces vapeurs parcourent sont environnées d'un liquide plus chaud que celui qui enveloppe les hélices suivantes, il en résulte encore que, chemin faisant, elles font toujours des progrès vers une plus grande rectification, en sorte que les vapeurs qui arrivent intactes jusqu'au tube P ne peuvent être que de l'alcool très déflegmé, puisqu'elles ont résisté à une moindre température; et en effet, il en est ainsi lorsqu'on a eu la précaution d'ouvrir les robinets 5, 6, 7, 8, pour déterminer le retour dans le rectificateur des produits condensés dans les hélices. On conçoit que si au lieu d'ouvrir tous ces robinets on n'ouvre que ceux qui communiquent avec les premières hélices, alors leur produit, qui est le plus aqueux, retournera seul dans le rectificateur, tandis que l'autre s'écoulera dans le réfrigérant, et ira s'ajouter au résultat de la condensation des vapeurs les plus alcooliques qui y parviennent. On peut donc à volonté, au moyen de ce condensateur, obtenir de l'alcool à tous les degrés avec plus de facilité même que dans l'appareil d'Édouard Adam; et l'on voit qu'il supplée parfaitement à cette série de vases, dont il présente tous les avantages, sans en avoir les inconvénients. L'expérience a démontré qu'en général pour obtenir le degré $\frac{3}{6}$ du commerce, 33° de l'aréomètre, il fallait fermer les robinets 3, 6, 7, et laisser le n° 8 ouvert seul, mais on peut atteindre à un degré plus fort, en diminuant la température du condensateur et en laissant tous les robinets ouverts. Il est toujours convenable dans le principe de l'opération de chasser une certaine quantité de vapeurs, afin de laver les conduits et entraîner toutes les portions qui par leur séjour pourraient avoir contracté un mauvais goût, et de ne commencer à recueillir que quand le produit en est débarrassé. Il nous reste, pour terminer cette description, à indiquer l'usage de quelques pièces de l'appareil dont nous n'avons pas fait mention. Le robinet sert à vider complètement le condensateur, lorsqu'il est nécessaire de le nettoyer. Les ouvertures U, V, X, sont également destinées à faciliter le nettoyage de cette même pièce. Les tubes *y*, *z*, sont des indicateurs en verre qui servent à apprécier la marche de l'opération et à reconnaître si le liquide n'afflue pas en trop grande quantité dans la colonn e, et s'il n'est pas nécessaire d'en modérer la chute, en fermant un peu plus le robinet n° 4, ou bien s'il faut au contraire en augmenter l'arrivée et ralentir le feu trop vif en poussant le registre adapté à la cheminée. Ce sont ces moyens dont l'opérateur dispose à son gré pour régler l'opération.

L'autre espèce d'appareil distillateur, particulièrement applicable aux travaux en petit, se compose en général d'une cornue, d'un récipient ou ballon, et d'un vase intermédiaire appelé *allonge*. La cornue est en verre, en grés, en porcelaine, en fonte, en platine, suivant le degré de température qu'elle doit subir, suivant aussi la nature des substances qu'on doit traiter. Il est rare que ces distillations exigent des appareils de réfrigération particuliers; en général on plonge le matras dans un vase contenant de l'eau froide ou un mélange de sel et de glace, et on le recouvre d'un morceau de toile mouillée, ou bien au moyen d'un syphon ou d'un entonnoir à robinet on fait tomber un filet d'eau froide sur le matras. Les liquides à distiller sont introduits dans les cornues, soit au moyen d'un entonnoir à longue douille, soit avec un tube en S, lorsque la cornue est tubulée. — Les figures 3, 4 représentent des *réfrigérants* en verre dont l'usage est extrêmement commode dans un grand nombre de cas, mais principalement pour la distillation des matières corrosives, qui attaqueraient les métaux ou les cornues de grés et de porcelaine.

Fig. 2.

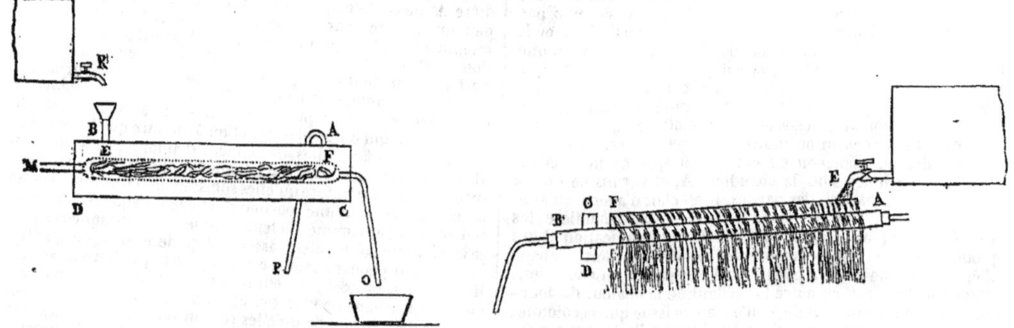

Fig. 3. Fig. 4.

Le tube de verre AB de la fig. 4 est recouvert d'une chemise de toile EF, sur laquelle on fait tomber de l'eau froide par un robinet. Cette eau, après avoir refroidi le tube, s'échappe le long du bouchon de liége CD. — ABCD (fig. 3) est un grand manchon de verre dans lequel est placé un autre tube condensateur EF. L'eau entre dans le manchon à la sortie du robinet R, et en sort par l'extrémité du tube P. Le liquide distillé s'échappe en O. Une cornue est adaptée au tube en M.

***Appareil distillatoire appelé* rectificateur *propre à distiller toute espèce de liquides ou de matières pâteuses, et à sécher des grains*, par Pierre Alègre (extrait de l'*Agriculteur manufacturier*).**

Cet appareil est à chauffevin et à colonne; on l'a beaucoup employé à Paris et dans les environs pour la distillation des sirops de fécule, et il donnait généralement de bons résultats. La préférence que lui ont accordée de bons praticiens nous a engagé à le faire connaître. Nous nous servons pour cela du texte même de l'inventeur, pris dans son brevet expiré de **1816**. L'un des inconvéniens que l'on reproche à cet appareil se trouve dans l'impossibilité de faire des réparations à la colonne sans la détruire.

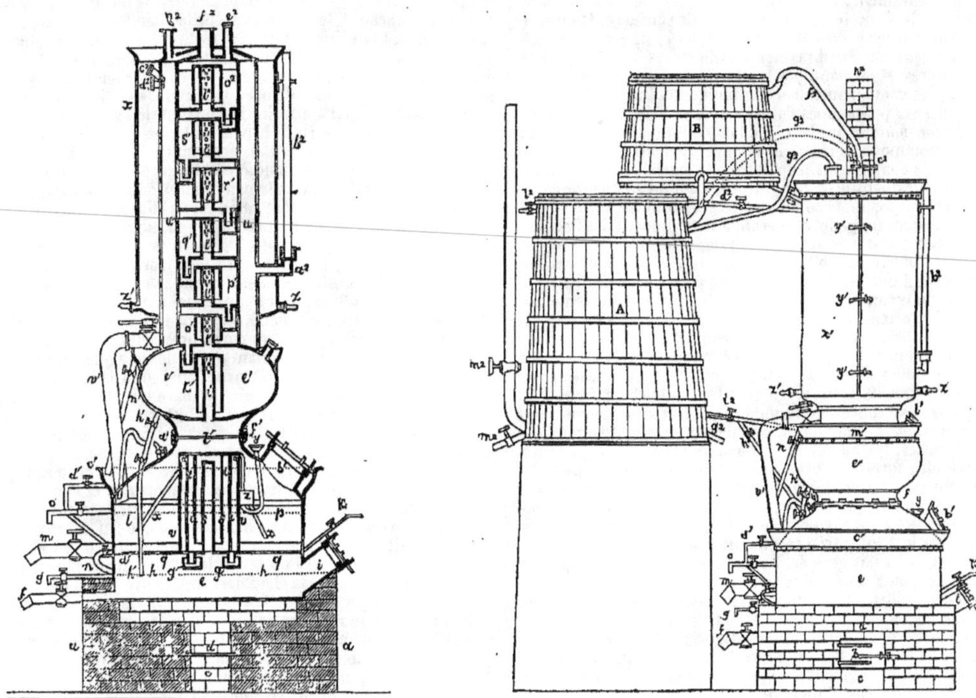

Fig. 6. Fig. 7.

a, fourneau ; *b*, porte du fourneau ; *c*, cendrier ; *d*, grille du fourneau ; *e*, chaudière inférieure ; *f*, robinet de la chaudière *e*, destiné à la vidange ; *g*, autre robinet adapté à la même chaudière pour indiquer le trop plein ; *h*, ligne ponctuée indiquant le niveau de l'eau ou du vin dans la chaudière *e*, quand on distille ; *i*, tubulure pratiquée sur la chaudière *e*, on la tient hermétiquement fermée au moyen d'un couvercle bridé, qu'on n'ouvre que lorsqu'on veut nettoyer l'intérieur de la chaudière ; *k*, robinet d'épreuve pour la distillation du vin; *l*, chaudière supérieure placée sur la précédente ; *m*, robinet de vidange de la chaudière *l* ; *n*, tuyau courbe portant robinet et établissant la communication entre les deux chaudières *e*, *l* ; *o*, robinet du trop plein de la chaudière *l* ; *p*, ligne ponctuée indiquant, dans la chaudière *l*, la surface du liquide à distiller ; *q*, fond qui sépare les deux chaudières *e*, *l* ; *r*, tuyau principal ajusté verticalement au centre du fond *q*, il est ouvert des deux bouts, et s'élève vers le collet de la chaudière *l* ; *s*, cylindre creux, ouvert par le bas et fermé à son extrémité supérieure, ce cylindre sert d'enveloppe au tuyau *r*, son bord inférieur repose sur trois pieds un pouce de haut, soudés sur le fond *q*, qui sépare les deux chaudières, et le fond de ce cylindre ne touche pas tout-à-fait le bord supérieur du tuyau *r* ; *t*, troisième cylindre creux, dont le bord inférieur est soudé sur le fond *q*, ce cylindre, qui enveloppe les deux précédents, est ouvert par le haut, et son bord supérieur s'élève d'environ un pouce au-dessus du cylindre *s* ; *u*, quatrième cylindre creux ouvert par le bas, fermé par le haut, et enveloppant le troisième cylindre *t*, le bord inférieur de ce cylindre est comme celui du cylindre *s*, porté sur trois pieds un pouce de haut, soudés sur le fond *q* ; son fond supérieur s'élève d'un demi pouce au-dessus du bord du cylindre *t* ; *v*, cinquième et dernier cylindre creux, servant d'enveloppe à tous les autres ; son bord inférieur est soudé sur le fond *q*, et le fond supérieur du tube *u*, agrandi, sert aussi à le boucher par le haut. Ces cinq cylindres sont placés les uns dans les autres, comme le représente très bien la coupe (fig. 6); de manière que la vapeur peut aisément les parcourir successivement. L'espace cylindrique qui sépare chacun de ces cylindres de son voisin est d'environ un pouce. *x*, tubes placés à égale distance au pourtour de la partie supérieure, qui bouche les quatrième et cinquième cylindres *u*, *v* ; ils sont ployés obliquement et descendent jusqu'à deux pouces du fond *q*, qui sépare les chaudières. La fig. 2 ne laisse voir que deux de ces tubes; il faut supposer qu'il y en a un troisième après la partie qui est enlevée. *y*, tuyau de sûreté pour empêcher l'absorption de la substance contenue dans la chaudière supérieure, par les trois tubes plongeurs *x* ; ce tuyau traverse le collet de la chaudière *l* ; son extrémité supérieure, qui a la forme d'un entonnoir, est en contact avec l'atmosphère, et son autre extrémité communique avec l'espace cylindrique formé entre les deux cylindres *u*, *v*. Ce tuyau est recourbé, comme le fait voir la fig. 6, de manière à ce qu'il touche, par le milieu à peu près de sa longueur, la surface de la matière renfermée dans la chaudière *l* ; il est interrompu dans sa moitié, qui s'approche du centre de l'appareil, par un renflement *z*, formant un cylindre creux, qui peut contenir environ deux litres d'eau, qu'on y introduit par l'entonnoir. *a'*, robinet d'épreuve de la chaudière supérieure ; *b'*, tubulure pratiquée sur la chaudière *l*, absolument de la même manière que l'est la tubulure *i* sur la chaudière inférieure *e*, et s'ouvrant également lorsqu'on veut nettoyer l'intérieure de la chaudière supérieure ; *c'*, bassin circulaire placé sur le collet de la chaudière supérieure et formant réfrigérant ; *d'*, tuyau à robinet conduisant l'eau du bassin réfrigérant *c'* dans la chaudière inférieure ; *e'*, vase de forme elliptique réuni au collet de la chaudière supérieure par les brides et boulons *f*. *g'*, fig. 6, deux tuyaux plongeant dans un petit vase ou godet, et servant à l'écoulement du flegme qui retombe dans la chaudière inférieure ; *h'*, tuyau à robinets et à double branche, servant à conduire à volonté les flegmes du vase elliptique *e'* dans l'une ou l'autre chaudière ; *i*, tube s'élevant verticalement dans l'intérieur du vase *e*, jusqu'à la distance d'un pouce à peu près de la paroi supérieure de ce vase ; il est bien bouché en haut par un fond, et, tout près de ce fond, le tube *i'* est percé horizontalement de plusieurs petits trous. k', cylindre creux, qui recouvre et enveloppe le tube i' ; il est muni au haut d'un fond, qui repose sur le tube i', et son bord inférieur descend jusqu'à un pouce de distance du fond du vase elliptique. l', tubulure pratiquée sur le vase elliptique pour permettre de nettoyer ce vase intérieurement; elle se ferme avec un bouchon de bois. m', bassin placé sur le vase e', où il sert de réfrigérant; on vide ce bassin au moyen du tube à robinet n'. o, p, q, r, s, o^2, six compartiments ou diaphragmes rectificateurs montés les uns sur les autres, et formant, par leur réunion, une colonne cylindrique. Ces compartiments communiquent l'un à l'autre au moyen des six petits tubes t' disposés dans leurs cases, chacun de la même manière que le tube i' l'est dans le vase elliptique e' ; ils sont, comme ce dernier, enveloppés chacun d'un cylindre en forme de chapeau, et leur extrémité supérieure est percée d'une grande quantité de petits trous. Le fond de chaque compartiment t' a, comme le montre très bien la fig. 6, un petit tuyau logé dans un godet et servant à l'écoulement des flegmes, qui, descendant d'un compartiment dans l'autre, finissent par se rendre dans le vase elliptique e', lequel à son tour les fait passer dans l'une ou l'autre des deux chaudières par les deux branches du tuyau à robinets h'. Ce passage des flegmes s'effectue en même temps que les vapeurs alcooliques s'élèvent, et parcourent, en se rectifiant, les six compartiments et les doubles tuyaux qui se trouvent dans chacun d'eux. u', long cylindre vertical enveloppant les six compartiments t', et laissant entre ces compartiments et lui un intervalle annulaire de six pouces. Ce cylindre, au moyen du liquide qu'on introduit dedans, sert de réfrigérant. Le liquide est évacué par le gros tuyau v', qui le fait passer, quand on veut, dans la chaudière supérieure. x', cylindre formé de deux pièces assemblées à charnière, et s'ouvrant et se fermant à volonté; on le tient fermé par des loquets y', fig. 5, que l'on ouvre quand on veut; l'espace compris entre cette enveloppe et le cylindre u', lequel espace est ouvert par le haut, sert à recevoir le grain qu'on veut torréfier après qu'on l'a fait germer. La surface de cette enveloppe est criblée de petits trous, qui livrent passage aux vapeurs humides qui s'échappent du grain, et sa base repose sur un rebord saillant, soudé au cylindre u', et qui lui sert en même temps de fonds. z', deux ouvertures pratiquées à la base de l'enveloppe x', par lesquelles on retire le grain lorsqu'on le juge à propos. a^2, tube recourbé à angle droit; l'un de ses bouts est en communication avec l'intérieur du cylindre réfrigérant u', et dans l'autre bout, qui a la forme d'un godet, est logée l'extrémité d'un tube conique b^2 en verre, qui sert à indiquer la hauteur du liquide dans le cylindre u'. c^2, tuyau à robinet servant à introduire la matière farineuse, lorsqu'on veut en distiller dans le cylindre réfrigérant u'. Quel que soit le liquide qu'on y introduit, il s'y prépare en acquérant de la chaleur, pour descendre ensuite dans la chaudière supérieure; si c'est une substance farineuse, elle reste dans cette chaudière pour y être distillée, et, si c'est du vin, on le fait descendre dans la chaudière inférieure en ouvrant le robinet h'. d^2, tuyau à robinet servant à introduire le vin, lorsqu'on veut en distiller dans le cylindre u'. e^2, tube par lequel on introduit de l'eau dans le cylindre formé par les compartiments t', pour nettoyer, dans toute son étendue, ce cylindre central qu'on appelle *rectificateur*. f^2, tuyau par lequel s'élèvent les vapeurs spiritueuses rectifiées, pour se rendre dans le serpentin, afin de s'y condenser. g^2, tuyau servant à dégager la petite portion de vapeurs qui se forment dans le cylindre u', et qui vont se rendre dans un petit serpentin placé avec le grand, où elles se condensent et sortent en esprit par son extrémité inférieure, au bas du tonneau A. h^2, cheminée ayant un registre, au moyen duquel on règle l'intensité du feu, que l'on doit diminuer pendant qu'on charge.

Manière de conduire cet appareil.

Quand l'appareil est disposé pour la distillation, tel qu'on le voit fig. 5, tous les robinets doivent être fermés, excepté celui qui indique le trop plein. On commence les opérations par remplir le tonneau A, dans lequel sont placés le grand et le petit serpentin ; on remplit ensuite, avec de la substance qu'on se propose de distiller, la cuve B où se trouve un troisième petit serpentin, qui aboutit au grand serpentin du tonneau A. On charge d'eau froide la chaudière inférieure par l'ouverture i, puis on allume le feu. Il faut laisser l'eau se distiller, jusqu'à ce que la substance qui est dans le tonneau B se trouve à trente degrés environ de chaleur au thermomètre de Réaumur ; alors on ferme le robinet du tuyau c^2, et on laisse continuer la distillation. On remplit de nouveau le tonneau B, pour remplacer la quantité de substance qui en est sortie pour se rendre dans la colonne cylindrique. On ouvre les deux robinets du tuyau h', pour que l'eau qui s'est condensée dans le cylindre rectificateur et dans le vase elliptique e' se vide; on ouvre aussi en même temps les robinets i^2 et k^2, fig. 5, pour remplir d'eau froide arrivant du tonneau A les réfrigérants de la chaudière supérieure et du vase e'. Ces réfrigérants étant pleins, on ferme ces robinets et l'on ralentit le feu en y mettant du charbon mouillé, et enfermant momentanément le registre de la cheminée. Cette première chauffe étant faite avec de l'eau dans l'intention de laver l'intérieur de l'appareil, il faut ouvrir les robinets des tuyaux f, g, n et l'ouverture i, pour vider les deux chaudières. Par ce moyen, l'eau qui s'était accumulée dans la chaudière supérieure passe dans la chaudière inférieure, et de là sort par le robinet f. Pendant l'écoulement on introduit un balai par l'ouverture i de la chaudière inférieure, afin de la bien nettoyer et d'en faire sortir tout ce qu'elle contient. Il est à observer que cette première chauffe à l'eau n'est uniquement faite que pour chauffer et nettoyer tout l'intérieur de l'appareil, et pour chauffer la substance à distiller qui se trouve entre le cylindre u' et le cylindre rectificateur, et celle qui est dans la cuve B. Lorsque l'appareil est neuf, cette opération est nécessaire pour enlever la résine et autres corps provenant des soudures. Elle ne devra se répéter qu'autant qu'on pensera que l'appareil en a besoin, et lorsque, après avoir suspendu la distillation pendant quelques jours, on voudra la reprendre. Quand la distillation se fait sans interruption, il est inutile de laver les chaudières. Lorsqu'on cesse de distiller, il faut, pour la propreté et la conservation de l'appareil, qu'il soit rempli d'eau, que l'on vide lorsqu'on veut recommencer à travailler. Les chaudières étant vides, on ferme les robinets f, n, et l'on remplit d'eau la chaudière inférieure jusqu'à ce qu'il en sorte par le tuyau g qu'on referme de suite ; on active le feu, en ouvrant la soupape de la cheminée ; on ferme aussi l'ouverture i et les robinets du tuyau h', et l'on ouvre le robinet du tuyau o, qui indique le trop plein de la chaudière supérieure, aussi bien que le robinet du tuyau v', pour faire passer dans la chaudière l, la matière qui se trouve dans le cylindre u', jusqu'à ce que cette chaudière soit pleine : ce qui est indiqué par le tube o du trop plein. On ferme le robinet de ce tube aussitôt qu'on a vu couler la substance ; on ferme également le robinet du tuyau v', et l'on ouvre celui du tuyau c^2, afin de faire passer la substance qui est dans la cuve B dans le cylindre u', jusqu'à ce que ce cylindre soit rempli ; ce qu'on voit aisément par le tube de verre b^2 : alors on ferme le robinet du tuyau c^2, puis on remplit de nouveau la cuve B avec la substance qu'on distille. Il faut avoir soin que l'eau du tonneau A soit toujours froide ; ce qu'on obtient en ouvrant les robinets l^2 et n^2, fig. 5 : ce dernier est supposé arrêter l'eau qui arrive d'un réservoir quelconque plein d'eau froide, qui est établi dans un endroit convenable pour le service de l'appareil. L'eau froide qui arrive dans le fond de la cuve A chasse l'eau chaude qui se trouve à sa surface et la fait sortir par le robinet l^2. Les choses étant en cet état, la charge se trouve faite, et, pendant le temps qu'on a employé à la faire, le feu ayant toujours été activé, l'eau qui se trouve dans la chaudière inférieure est mise en ébullition. La vapeur qui s'élève de cette chaudière chauffe le fond de la chaudière supérieure, qui renferme la substance à distiller, monte dans le tuyau r, parcourt tout les cylindres qui enveloppent ce tuyau et les chauffe; elle entre ensuite par le haut dans les trois tuyaux obliques x, qu'elle échauffe, et arrive dans le fond de la chaudière supérieure, où elle communique son calorique à la substance qu'elle traverse. Quelle que soit la nature de la substance, elle se met en ébullition, et les vapeurs alcooliques qui s'en dégagent s'élèvent et passent dans le vase elliptique e', où elles sont conduites par les tuyaux i', k', et où se commence leur analyse, qui se continue en parcourant successivement les six compartiments o', p', q', r', s', et o^2 et leurs doubles tuyaux qui forment le cylindre rectificateur. Les parties les plus légères qui ne sont pas condensées s'élèvent dans le tuyau f et passent dans les deux serpentins, où elles se condensent parfaitement, et sortent en esprit par le tuyau m^2, en formant le filet qui coule dans le récipient ; tandis que les parties aqueuses qui se sont condensées dans leur marche, ne pouvant pas continuer leur ascension à cause de leur pesanteur, descendent par les tuyaux d'écoulement pratiqués au fond de chacun des six compartiments du cylindre rectificateur. Au fur et à mesure que ces parties se rapprochent du calorique, leur portion spiritueuse se sépare et s'élève, pendant que la portion aqueuse descend dans le vase elliptique. Cette marche ascendante et descendante se continue jusqu'à ce que la substance en distillation se trouve entièrement dépouillée de toutes ses parties alcooliques, ce dont on s'assure en présentant au robinet d'épreuve a', que l'on ouvre, une lumière aux vapeurs qui s'en échappent. Si ces vapeurs s'enflamment, c'est une preuve qu'il y a encore de l'alcool dans la substance en distillation, et si au contraire elles ne s'enflamment pas, on est certain qu'il y a absence d'alcool; alors la chauffe est terminée; et l'on peut en recommencer une autre. Comme pour faire cette première chauffe on remplit la chaudière inférieure d'eau froide, elle dure environ trois heures; mais les opérations suivantes ne demanderont pas plus de deux heures, parce que l'eau de la chaudière inférieure se trouvera toujours chaude, aussi bien que tout l'appareil. Pour opérer la seconde chauffe, on commencera par ouvrir l'ouverture b', et les robinets des tuyaux m, o, pour vider la chaudière supérieure et en faire sortir le résidu de la matière distillée. Pendant que cette matière coule, on introduit dans la chaudière supérieure un balai par l'ouverture b', pour remuer et chasser au dehors tout le résidu; ensuite on ferme le robinet du tuyau m et l'ouverture b'; on ouvre le tuyau du robinet v''' pour charger la chaudière supérieure avec la substance chaude contenue dans le cylindre u'. Lorsque cette chaudière est remplie, on ferme les robinets des tuyaux n et v'; on charge de nouveau le cylindre u', en ouvrant le robinet du tuyau c^2 qu'on referme aussitôt que le cylindre est plein. On ouvre les deux robinets du tuyau h', pour que le flegme qui s'est accumulé dans le vase e' pendant la chauffe précédente passe dans la chaudière inférieure, dont le robinet du trop plein g doit se trouver ouvert, pour qu'on puisse voir quand la chaudière est pleine. Si le flegme du vase e' ne suffit pas pour remplir la chaudière e, on ouvre le robinet du tuyau d' du réfriégrant de la chaudière supérieure, pour que l'eau chaude qu'il contient y passe et achève de la remplir; alors on ferme le robinet du trop plein g, et l'on active le feu. Peu de temps après que le filet s'est établi, on ouvre le robinet du tuyau n', pour que l'eau chaude du réfrigérant du vase elliptique descende dans le réfrigérant de la chaudière; on ferme ensuite et l'on ouvre les robinets des tuyaux i^2 et k^2, pour remplir d'eau froide le réfrigérant du vase elliptique et achever de remplir celui de la chaudière. Dans cet état la seconde chauffe est en activité; elle est terminée deux heures après que la charge est faite. Toutes ces opérations se répètent à chaque chauffe, quelle que soit la substance farineuse soumise à la distillation.

Manière de torréfier les grains.

Lorsqu'on veut torréfier du grain, on l'introduit par le haut dans l'espace annulaire compris entre le cylindre u' et l'enveloppe x', où la chaleur le torréfie; on le fait ensuite sortir par les ouvertures z' lorsqu'on le juge torréfié, et u' le remplace par d'autre grain tant qu'on en a auquel on veut faire subir cette opération. Cette méthode est très économique, parce qu'on profite du calorique de l'appareil et que l'on évite par-là de faire un feu particulier pour cette opération, comme on est dans l'usage de le faire partout.

Distillation du vin.

Quand on veut distiller du vin, on enlève l'enveloppe u' en ouvrant les trois loquets y' qui la tiennent fermée. La cuve B et son petit serpentin devenant aussi inutiles sont également supprimés, et l'on adapte un tuyau que l'on voit ponctué en q^2, fig. 5; un bout de ce tuyau tient à la bride du tube f^2 de la colonne, et l'autre bout tient à l'ouverture saillante du grand serpentin de la cuve A. L'appareil étant disposé de cette manière, on commence par remplir de vin le tonneau A, le cylindre u' et la chaudière inférieure, en faisant usage des robinets comme pour la charge des substances farineuses. La chaudière supérieure reste vide pendant la première chauffe; on allume le feu et l'opération commence. Lorsque le vin est en ébullition, les vapeurs s'élèvent et suivent les mêmes routes que celles qui ont été indiquées pour les substances farineuses, et arrivent par le tuyau ponctué q^2 au grand serpentin du tonneau A, où elles se condensent. La chauffe se continue jusqu'à ce que tout le vin contenu dans la chaudière inférieure soit entièrement dépouillé de son alcool, ce que l'on reconnaît en présentant une lumière au robinet k, qu'on ouvre pour que les vapeurs en sortent. Si elles s'enflamment, c'est une preuve qu'il y a encore de l'esprit dans le vin, et si elles ne s'enflamment pas, on est certain qu'il n'y en a plus. Dès lors, la chauffe étant entièrement terminée, on ralentit le feu en y mettant du charbon mouillé et en fermant la soupape de la cheminée. Pour commencer une seconde chauffe, on ouvre les robinets des tuyaux g et k, pour donner de l'air à la chaudière inférieure; ensuite on ouvre le robinet du tuyau f, pour faire sortir de la chaudière la vinasse qu'elle contient, et on le ferme lorsque la chaudière est vide. Immédiatement après, on ouvre les robinets des tuyaux n et v', pour que le vin qui est dans le cylindre u' descende dans la chaudière supérieure, pour de là passer par le tuyau n et entrer dans la chaudière inférieure qui doit toujours se remplir jusqu'à la hauteur du trop plein g, qui se trouvant ouvert indique lorsqu'elle est pleine. On ferme les robinets des tuyaux g, n, k et v', et l'on ouvre le robinet supérieur du tuyau h' pour faire passer dans la chaudière supérieure les flegmes que contient le vase elliptique, puis on referme ce robinet. Dans cet état de choses, le cylindre u' se trouve vide, la charge faite, et l'on achève le feu. Si, avec cette chauffe, on veut faire de l'eau-de-vie de vingt à vingt-deux degrés, on laisse le cylindre u' tel qu'il est, c'est-à-dire vide; et si l'on veut de l'esprit de trente-trois à trente-six degrés, on le remplit de vin en ouvrant le robinet du tuyau d^2. Pour remplacer le vin qui sort du tonneau A, on ouvre le robinet n^2, qui laisse passer le vin froid qui vient du réservoir, qu'on suppose être placé convenablement dans le local. Chaque chauffe, après la première, ne dure qu'une heure au plus. Avec l'appareil que l'on vient de décrire, quelle que soit la nature de la matière qu'on distille, on peut obtenir au premier coup de feu et à volonté de l'eau-de-vie ou de l'esprit depuis vingt jusqu'à trente-quatre et même trente-sept degrés, sans que les produits soient atteints des mauvais goûts de cuivre, de brûlé, ni d'empyreume.

DISTILLATOIRE (*t. de chimie, de pharmacie*, etc.), qui sert à distiller, propre aux distillations.

DISTILLER (*t. de chimie, de pharmacie*, etc.), faire une distillation, des distillations, ou soumettre à la distillation. Poétiq. et par extension, *le miel que l'abeille distille*, qu'elle extrait du suc des fleurs. — DISTILLER s'emploie aussi dans quelques phrases figurées du langage ordinaire, pour dire épancher, répandre, verser. Il est quelquefois neutre et signifie dégoutter, couler.

DISTILLERIE, lieu où l'on fait des distillations en grand.

DISTINCT, TE, différent, séparé d'un autre. Il se dit également des objets dont la forme est bien aperçue, ou qui ne paraissent pas confondus avec d'autres. Il signifie aussi, tant au propre qu'au figuré, clair et net.

DISTINCT (*bot.*), sans connexion, sans soudure. Les étamines du lis sont distinctes, les stipules du rosier sont distinctes; dans le nénuphar, l'enveloppe immédiate de l'amande est distincte de la lorique, qui est l'enveloppe extérieure, tandis que ces deux enveloppes sont soudées ensemble dans le citron. J. P.

DISTINGUÉ (*ois.*). Sonnini a ainsi traduit le nom espagnol *caracterizados*, donné par d'Azara pour désigner une famille d'oiseaux ayant des rapports avec les pies-grièches et particulièrement avec les bécardes. J. P.

DISTINCTEMENT, nettement, clairement, d'une manière distincte.

DISTINCTIF, IVE, qui distingue.

DISTINCTION, division, séparation. Il signifie aussi l'action de mettre une différence entre des personnes ou des choses, ou d'avoir égard à la différence qui est entre elles. Il se dit également de ce qui établit ou indique une différence entre des personnes ou des choses. Il signifie particulièrement l'explication, l'indication des divers sens qu'une proposition peut recevoir. — DISTINCTION signifie encore prérogative, honneur, marque de préférence, d'estime, d'égard. — DE DISTINCTION, locution qu'on emploie comme une sorte de qualificatif, en parlant d'une personne qui s'est distinguée dans son état par son mérite. Cela se dit également des personnes distinguées par la naissance ou par les dignités. On le dit aussi quelquefois des choses qui distinguent, qui honorent.

DISTINGUER, discerner par la vue, par l'ouïe ou par les autres sens. Il signifie aussi discerner par l'opération de l'esprit. — DISTINGUER signifie en outre diviser, séparer, reconnaître la différence ou y avoir égard. *Distinguer une proposition*, ou, absolument, *distinguer*, marquer les divers sens qu'une proposition peut recevoir. — DISTINGUER signifie aussi rendre distinct, différent. Il signifie particulièrement élever au-dessus des autres, tirer du commun, rendre remarquable. Il s'emploie très souvent avec le pronom personnel dans les deux acceptions qui précèdent. — DISTINGUER signifie encore remarquer, préférer ou traiter avec distinction.

DISTIQUE (de δίς, deux fois, et στίχος, ligne, vers), peut s'appliquer à toute réunion systématique de deux vers ; mais on le donne plus particulièrement à la réunion des vers hexamètre et pentamètre dans la poésie antique, où le second de ces vers ne peut se montrer qu'à la suite du premier. Chez les Grecs il n'était pas nécessaire que chaque distique enfermât un sens complet. Les premiers poètes latins, Catulle, entre autres, se sont donné la même liberté ; mais Tibulle, Properce et Ovide ont été plus sévères, et depuis lors on n'osa plus enjamber d'un distique à l'autre. Cette restriction augmenta la monotonie que donne au distique le pentamètre régulièrement séparé à l'hémistiche en deux parties égales terminées chacune par une césure. De là ce caractère triste qui a fait adopter le distique pour les sujets plaintifs. S'il a depuis chanté les plaisirs, c'est qu'il s'est trouvé consacré à la poésie érotique après avoir commencé à chanter les chagrins amoureux. Le distique n'est pas seulement consacré à l'élégie ; il est encore le mètre le plus ordinaire de l'épigramme et celui de la poésie gnomique. Quelques anciens poètes l'ont consacré à des chants de guerre ; Callimaque s'en est servi dans ses hymnes et dans ses *Causes ou origines* ; Ovide dans ses *Fastes*, et, comme vers érotique, il l'emploie dans son *Art d'aimer* et dans ses autres poèmes didactiques du même genre.

DISTOME (*zooph. intest.*), genre d'intestinaux de l'ordre des parenchymateux. Ce sont de petits animaux à corps mou, allongé, presque cylindrique ou aplati, susceptible de s'étendre ou de se raccourcir comme chez les sangsues. Ce corps, contractile dans tous ses points, n'offre point de cavité viscérale ; il est parcouru par les vaisseaux séminifères et ovifères ; il offre à l'extérieur les deux pores dont l'antérieur sert d'orifice aux vaisseaux nourriciers, et l'inférieur sorte de ventouse au moyen de laquelle l'animal se fixe aux parois des organes dans lesquels il habite ; au devant de ce pore se trouve un mamelon rétractile nommé cirrhe, qui est un des principaux organes de la génération. On nomme *col* la partie de l'animal comprise entre les deux pores ; dans quelques espèces, la partie du col qui porte le pore antérieur est distincte du reste par une rainure, et surmontée d'aiguillons ; on la nomme alors tête. Dans certaines espèces, on remarque à leur surface trois ou quatre petits aiguillons dirigés en arrière. Les distomes sont hermaphrodites, très nombreux en espèces ; ils vivent dans l'intérieur des voies digestives, et quelquefois dans les voies aériennes. J. P.

DISTORSION, état d'une partie du corps qui se tourne d'un seul côté par le relâchement des muscles opposés, ou par la contraction des muscles correspondants. Il signifie aussi la torsion, le déplacement d'une partie du corps, d'un membre.

DISTRACTION signifie aussi l'inapplication aux choses dont on devrait s'occuper. Il se dit également des effets de cette disposition d'esprit, et en général de tout relâchement d'attention causé par quelque chose d'étranger à ce dont on devrait s'occuper. Il se dit encore de ce qui amuse, délasse ou distrait l'esprit.

DISTRACTION signifie séparation. Ainsi, quand un créancier a compris dans la saisie réelle d'autres biens que ceux qui appartiennent à son débiteur, les propriétaires peuvent en demander *distraction*. (V. Code de procéd., art. 727 et suivants.) — **DISTRACTION DES DÉPENS.** On entend par *demande en distraction de dépens* une demande formée par un avoué aux fins de toucher ses frais et salaires sur les dépens adjugés à sa partie, comme les ayant avancés pour elle. Les avoués peuvent demander la distraction des dépens à leur profit, en affirmant, lors de la prononciation du jugement, qu'ils ont fait la plus grande partie des avances. La distraction des dépens ne peut être prononcée que par le jugement qui en porte la condamnation. Dans ce cas la taxe est poursuivie et l'exécutoire délivré au nom de l'avoué, sans préjudice de l'action contre sa partie. (Cod. de procéd., art. 133. — **DISTRACTION DE JURIDICTION.** C'est l'action d'ôter à un juge la connaissance d'une affaire pour l'attribuer à un autre (V. **EXCEPTION DÉCLINATOIRE**).

DISTRAIRE, tirer, séparer une partie d'un tout, etc. Dans ce sens il n'est guère usité qu'en termes de pratique. *Opposition à fin de distraire*, opposition que l'on forme pour demander qu'un immeuble compris mal à propos dans une saisie immobilière en soit distrait, retiré. *Distraire quelqu'un de ses juges naturels*, l'obliger à comparaître devant d'autres juges que ceux qui lui sont donnés par la loi. — **DISTRAIRE** signifie figurément détourner de quelque application. Il signifie également éloigner l'esprit de ce qui le fatigue ou l'obsède, amuser, divertir. Il s'emploie souvent avec le pronom personnel dans les deux sens qui précèdent. — **DISTRAIRE** signifie encore détourner d'un dessein, d'une résolution. — **DISTRAIT** (*participe*). Il est aussi adjectif et signifie : qui n'a point d'attention à ce qu'il dit ou à ce qu'il fait, ou qui n'est point à ce qu'on lui dit. Il se dit également de ce qui dénote que l'on est distrait. Il se dit quelquefois substantivement en parlant des personnes.

DISTREPTE, *distreptus* (*bot.*). Ce genre de plantes, de la famille des synanthérées, appartient à la tribu des vernomées de Cassini, qui le place près de l'*elephantopus*, dont il diffère essentiellement par son aigrette plus longue que la cypsèle et plus courte que la corolle, et composée de six squamellules latérales ; les deux antérieures ont leur partie inférieure élargie, laminée, paléiforme, laciniée, et leur partie supérieure droite ; les deux postérieures demi-avortées. Le *distrepte en épi*, *D. spicatus*. (*eleph. spicatus*, Lam.), croît à Saint-Domingue, à la Jamaïque. Sa tige, haute d'un pied et demi et plus, est ramifiée et paniculée presque en corymbe ; ses feuilles sont lancéolées, étrécies aux deux bouts, rudes au toucher et amplexicaules ; les capitules sont sessiles, axillaires, disposés alternativement et en manière d'épi dans presque toute la longueur des derniers rameaux. J. P.

DISTRIBUER, départir, répartir, partager. En termes de palais, *distribuer un procès*, commettre un juge pour examiner les pièces, les écritures d'un procès, en faire son rapport. — **DISTRIBUER**, en termes d'imprimerie, replacer dans leurs cassetins les différentes lettres qui ont servi à faire une composition. — **DISTRIBUER** signifie aussi diviser ou disposer, ranger. *Distribuer un appartement*, *l'intérieur d'un édifice*, le partager en diverses pièces affectées chacune à un usage particulier.

DISTRIBUTEUR, TRICE, celui, celle qui distribue.

DISTRIBUTIF, IVE, qui distribue, qui répartit. Il se dit, en termes de grammaire et de logique, par opposition à collectif.

DISTRIBUTION, en rhétorique, est une figure convenable à la preuve et par laquelle on fait avec ordre la division et l'énumération des qualités d'un sujet. Les orateurs distribuent leurs discours en exorde, en narration, en confirmation et en péroraison. Un poète dramatique distribue son sujet en actes, les actes en scènes avant de les mettre en vers. — Dans les beaux-arts, le mot distribution a deux acceptions bien différentes, l'une relative à la peinture, et l'autre à l'architecture. La première est en quelque sorte le complément de la composition d'un tableau, puisque, lorsque le peintre a disposé ses groupes et ses figures, il doit encore chercher à s'assurer comme sera distribuée la lumière sur chacun d'eux, afin de produire un effet de clair-obscur à la fois juste et agréable. Le résultat fait dire que le peintre a adopté une bonne ou une mauvaise distribution de la lumière. — En architecture, on entend par distribution la manière dont sont disposées les pièces d'un appartement relativement au besoin du service ; et souvent un grand appartement mal distribué est bien moins commode qu'un petit dont la distribution est bien entendue. — On emploie aussi le mot *distribution* dans l'art de la formation d'un jardin ; elle consiste à savoir diriger les allées sur les points convenables, à établir des percées intéressantes, et surtout à ne point planter des arbres qui doivent devenir très grands dans des endroits où ils pourraient gêner la vue. — En hydraulique, on donne le nom de distribution au partage des eaux d'un réservoir par des tuyaux de diverses dimensions pour donner l'eau plus ou moins abondamment suivant le besoin de chaque partie. — En physiologie, c'est la filtration, pour ainsi dire, des sucs nutritifs dans toutes les parties du corps. — En fait de commerce, c'est la répartition d'une somme ou de toute autre chose entre plusieurs, suivant les raisons, les droits et actions que chacun peut y avoir. — En économie politique, on examine la *distribution de la richesse* dont on traitera avec détail au mot **RICHESSE**. — Dans la langue des imprimeries, le mot *distribution* a une signification technique. Il exprime l'action de replacer dans la casse, une à une, les lettres qui viennent de passer sous presse (Voy. **TYPOGRAPHIE**). — En jurisprudence, *distribuer la justice*, c'est la dispenser à chacun suivant son droit ; l'on connaît cet adage : *Suum cuique tribuere*, qui est celui de la *justice distributive*.

DISTRIBUTION. C'est la répartition qui se fait du prix des biens d'un débiteur entre ses créanciers. (Voy. Cod. de procéd., art. 656 et suiv. ; 749 et suiv.)

DISTRIBUTIVEMENT (*t. de logique*), dans un sens distributif.

DISTRICT, division territoriale que l'on avait introduite en

France et qui n'existe maintenant que dans quelques États du nord de l'Europe; en 1789, on avait divisé Paris en 60 districts pour l'élection des députés aux États généraux. La loi du 16 février 1790 divisa la France en 555 districts. Paris n'en eût plus que 48, appelé *sections*, et chaque département eut, terme moyen, de 6 à 7 districts d'environ 49 lieues carrées chacun. La loi de l'an VIII apporta des modifications importantes à cette division; le nombre des districts fut réduit, puis on en changea le nom, et l'on forma dans chaque département de 2 à 6 arrondissements. En Hongrie et en Pologne, les diocèses et les comitats sont subdivisés en districts. T. L.

DISTRON (*bot.*), nom du cassis en Suède. J. P.

DISTYLE (*bot.*), qui a deux styles (œillet, saponaire). J. P.

DIT, mot, propos, maxime, sentence. Il est peu usité, Prov., *Avoir son dit et son dédit*, être sujet à se dédire, à se rétracter, à changer aisément d'avis.

DIT (*bot.*), nom que donnaient les Maures d'Espagne au gatnier, ou arbre de Judée, *cercis*, suivant Clusius. J. P.

DITA (*bot.*). Suivant Camelli, c'est un arbre des Philippines, très élevé, rameux et couvert d'une écorce grise, tirant sur le roux; ses feuilles verticillées, au nombre de quatre au plus à chaque nœud, ont environ dix pouces de longueur sur un ou deux de largeur. Le même auteur prétend qu'il en découle un suc laiteux, très vénéneux, qui rend mortelles les blessures faites avec des flèches trempées dedans, que la racine est ellemême l'antidote de ce poison, et qu'on la fait mâcher pour produire cet effet. J. P.

DITHALASSUS (*géogr. anc.*), (δὶς, deux fois, θάλασσα, mer), isthme près de Malte, où échoua le vaisseau qui portait saint Paul à Rome, lorsqu'on l'y conduisit prisonnier.

DITHMAR (JUSTE-CHRISTOPHE), naquit en 1667 à Rohembourg dans la Hesse, acheva ses études à Marbourg, puis vint à Leyde où il s'acquit l'amitié du savant Perizonius. Il fut ensuite professeur d'histoire et de droit naturel à Francfort-sur-l'Oder. Il mourut en 1737, conseiller de l'ordre Saint-Jean et agrégé à la Société royale de Berlin.

DITHMARSCHEN (*géog.*), pays de Danemarck, sur la Baltique; il est renfermé entre l'Elbe et l'Eyder. Meldorf et Luden en sont les villes principales (Voy. HOLSTEIN.).

DITHYAMBRION (*bot.*), un des noms grecs de la jusquiame, cité par Ruellius. J. P.

DITHYRAMBE (διθύραμβος). Dès les premiers temps de la civilisation grecque, aux fêtes des vendanges, des chants furent inspirés en l'honneur de Bacchus : ces chants s'appelaient *dithyrambes*. Suivant Hérodote, Arion de Méthymne, qui enseignait à Corinthe, est le plus ancien compositeur de dithyrambes; et, au jugement de Xénophon, Mélanippe s'y est acquis une réputation égale à celle d'Homère dans l'épopée. Pindare dit que tour à tour le dithyrambe prit naissance à Naxos, à Thèbes et à Corinthe; Clément d'Alexandrie en fait honneur à Lassus d'Hermione, et Horace à un poète thébain nommé lui-même *Dithyrambe*. Cette dernière supposition mettrait fin à toute discussion sur l'origine du mot. Les caractères principaux de cette poésie étaient un enthousiasme élevé jusqu'à l'exaltation, la licence des expressions, le désordre des idées et le bouleversement de toute méthode de versification. Les Latins eurent le bon esprit de ne pas emprunter aux Grecs ce genre de poésie, qui du moins avait pour eux le mérite de la nationalité. Chez les modernes on a qualifié de dithyrambe l'ode poussée au plus haut degré d'exaltation : « Le dithyrambe, a dit un mauvais plaisant, c'est quelque chose d'un peu plus mauvais qu'une ode. » Cette défaveur, au reste, date de loin, car au siècle de Périclès les poètes dithyrambiques étaient déjà en butte aux railleries des Athéniens. Aristophane se plaît à parodier leur style boursouflé, et son *scoliaste* nous apprend que l'extravagance des poètes dithyrambiques était devenue proverbiale.

DITHYRAMBUS ou **DITHYRAMBOGENES**, surnom de Bacchus, soit, disent les étymologistes, de δύο, deux, et θύρα, porte, parce que ce dieu sortit successivement du sein de sa mère et de la cuisse de Jupiter, soit des deux mots λῦθι ῥάμμα déliez la ceinture, mots que l'on répétait à grands cris dans les fêtes de Bacchus, et qui faisaient allusion à son séjour dans la cuisse de son père. Par la suite on donna le nom de dithyrambes aux hymnes chantés en l'honneur de ce dieu.

DITI-AZOU (*bot.*), fruit de Madagascar, ayant la forme d'une petite poire, cité dans le voyage de Rochon. J. P.

DITIONES (*géogr. anc.*), un des peuples de la Dalmatie.

DITMAR DE MERSEBOURG, chroniqueur du moyen âge, issu de la famille des comtes de Walenbeck, naquit en 976, et entra comme moine au couvent de Bergen. En 1009 il fut appelé à l'évêché de Mersebourg, et tous ses efforts tendirent à réunir à cet évêché les parties que l'usurpation en avait détachées; mais cette prétention, contraire aux intérêts des margraves de Missnie, lui valut de longues querelles dans lesquelles il eut peu de succès. Il prit une part très active à la guerre contre le roi Bogislaf. Son *Chronicon* en 8 livres, d'un mérite fort inégal, renferme l'histoire des rois d'Allemagne depuis 908 jusqu'à 1018, racontée avec un peu trop de crédulité. Reineccius la publia pour la première fois en 1580. Wagner en a donné une édition en 1807, Nuremberg, in-4°. Ursinus, en 1790, en a donné une traduction allemande qui parut à Dresde.

DITMAR (THÉODORE-JACQUES), professeur d'histoire et de géographie à Berlin, naquit en cette ville en 1734; auteur de plusieurs ouvrages sur l'histoire.

DITMER ou **DITMAR** (JEAN), graveur au burin, né dans les Pays-Bas en 1538, a gravé d'après Martin de Voss et quelques autres maîtres flamands. Son style tient de celui de Corneille Cort.; mort en 1603.

DITO, mot invariable emprunté à l'italien. Il s'emploie dans les livres de commerce, dans les factures, etc., à peu près de la même manière que le mot latin *idem*, lorsqu'on ne veut pas répéter le nom d'une espèce de marchandise déjà désignée.

DITOCA (*bot.*). Gaertner nomme ainsi, d'après Banks, le *mniarum* de Forster, plante basse des terres Magellaniques. J. P.

DITOLA (*bot.*), nom que portent en Italie les clavaires rameuses qui sont comestibles. (*V.* CLAVAIRES.) J. P.

DITOMA (*ins.*), nom employé par Latreille pour remplacer le nom de *bitoma*, employé par Herbst pour désigner de petits insectes coléoptères tétramères de la famille des *amaloïdes*, décrits par Fabricius sous le nom de *lyctes*. J. P.

DITOME (*ditomus* (*ins.*). M. Bonelli désigne sous ce nom quelques espèces de *scarites* qui n'ont pas les tibias ou les jambes dentelées. C'est le genre *ariste* de Latreille, d'après M. Ziegler.

DITON (*t. de musique*), tierce majeure ou mineure, intervalle composé de deux tons, ou d'un ton et d'un semi-ton.

DITOXIA (*bot.*), genre de plantes établi par Schmaltz pour deux espèces de celsia (*C. certira* et *C. betonicifolia*), qui diffèrent du genre par un calice à cinq divisions inégales, dentées en scie; quatre étamines, les deux supérieures plus courtes; une capsule à double cloison (*V.* CELSIE). J. P.

DITRACHYCÈRE (*zooph. intest.*), genre d'intestinaux de l'ordre des parenchymateux, qui offre les caractères suivants : corps ovale, enveloppé d'une tunique lâche, à tête surmontée de deux prolongements en forme de cornes, recouverte de filaments. Ce ver intestinal se trouve fort rarement; son existence était même mise en doute par plusieurs naturalistes, lorsque le professeur Lesauvage le retrouva dans les selles d'un malade. J. P.

DITRIC, *ditrichum* (*bot.*), genre de la famille des synanthérées, de la tribu des hélianthées, section des hélianthées prototypes de Cassini, placé par lui auprès de *spilanthus*, dont il diffère par le clinanthe plane garni de squamelles supérieures aux fleurs, squamiformes, et terminées par un appendice subulé et membraneux. Le *ditric à grandes feuilles*, *D. macrophyllum*, plante herbacée, à tige épaisse cylindrique, striée et pubescente; les feuilles sont alternes, sessiles, longues d'un pied, larges de quatre pouces, oblongues, lancéolées, sinuées latéralement et irrégulièrement, de manière à former des lobes inégaux, longs, aigus; les calathides, composées de fleurs jaunes, sont nombreuses et disposées en une panicule corymbiforme qui termine la tige. J. P.

DITTERS DE DITTERSDORF (CHARLES), célèbre compositeur allemand, né à Vienne en 1739, montra dès l'âge de 7 ans un goût extraordinaire pour la musique. Il dut son éducation musicale à la générosité du prince de Hildburghausen. Ce fut à la cour de ce prince qu'il connut le poète Métastase. Il mit successivement en musique quatre oratorio de poètes célèbres (Isaac, David, Job, Esther). Dittersdorf avait beaucoup d'imagination, possédait plusieurs langues et passait pour excellent compositeur. Il composa un grand nombre d'opéras qui se firent distinguer par la richesse et la variété du style et par de grandes beautés d'harmonie. Il mourut le 1er octobre 1799, deux jours après avoir achevé de dicter à son fils l'histoire de sa vie, que ce dernier publia à Leipzig, 1801, in-8°.

DITTLIGER (JEAN), a laissé une chronique de Berne, sa patrie. Il vivait vers 1440.

DITTON (HUMPHRLY), habile géomètre anglais, né à Salysbury en 1675. Il avait annoncé dès l'enfance les plus heureuses dispositions pour l'étude des mathématiques, à laquelle il fut obligé de se livrer en secret, car son père força son inclination en le consacrant à la carrière ecclésiastique. Il exerçait les fonctions du ministère évangélique à Cambridge, dans le comté de Kent, lorsque les docteurs Harris et Wirthon purent apprécier ses talents et lui fournirent les moyens de se livrer exclusivement à son goût pour les mathématiques. Le grand Newton lui-même le prit sous sa protection, et lui fit obtenir la chaire de mathématiques de l'école instituée dans l'hôpital du Christ. Il ne jouit pas longtemps de cette faveur, qui comblait toutes les espérances de son honorable et studieuse ambition. Il paraît que, conjointement avec Wirthon, il avait proposé une méthode pour reconnaître la longitude en mer, et quoiqu'elle eût été approuvée par Newton, cette méthode n'eut aucun succès à l'expérience. Ditton en conçut un violent chagrin, et il mourut en 1715, âgé seulement de 40 ans. Parmi les nombreux ouvrages consacrés aux mathématiques, et qu'a publiés Ditton, nous citerons : 1° *Des tangentes des courbes* ; 2° *Traité de catoptrique sphérique* ; le premier de ces écrits a été imprimé dans le 23ᵉ vol. *des Transactions philosophiques* ; le second a été également publié dans ce recueil en 1705, et réimprimé en 1707 dans les *Acta eruditorum* ; 3° *Lois générales de la nature et du mouvement*, in-8°, 1705 ; 4° *Méthode des flexions*, in-8°, 1706 ; cet ouvrage a été de nouveau publié en 1726, avec des additions et des changements, par Clarke ; 5° *Traité de perspective*, 1712 ; 6° *La nouvelle loi des fluides*, 1714.

DIU, ou mieux **DIV** (*géogr.*), ville forte de l'Hindoustan, dans l'île du même nom, avec un port commode. Elle a soutenu plusieurs siéges célèbres. Elle appartient aux Portugais. Latitude N., 20° 46′ ; longitude E., 67° 25′.

DIUCA (*ois.*). Selon Molina, l'oiseau qui porte ce nom au Chili a la gorge blanche et le reste du plumage bleu; il fait entendre au point du jour un chant fort agréable. Cet auteur pense que le *diuca* est le même oiseau que le moineau bleu du Congo, dont parlent Merolla et Cavazzi, et l'oiseau de la Nouvelle-Zélande, qui, au rapport de Cook, chantait si harmonieusement au lever du soleil. Gmelin lui a conservé le nom de *fringilla diuca*. J. P.

DIUCA-LAGUEN (*bot.*), plante du Chili, espèce de verge d'or à feuilles longues et étroites, portant à leur aisselle de petits bouquets de fleurs blanches. Suivant Feuillée, c'est un excellent vulnéraire. J. P.

DIURÉTIQUE, DIURETICUS (du grec διουρέω, j'urine), adjectif, pris souvent substantivement; on donne ce nom aux médicaments qui ont la propriété de stimuler les reins et de favoriser la sécrétion de l'urine, tels que le nitrate de potasse, les asperges, la digitale, l'oseille, la racine de caïnça, les boissons acidules gazeuses, etc.

DIURIS (*bot.*), genre de plantes de la famille des orchidées, caractérisé par une corolle à six pétales étalés, irrégulière; la lèvre ou le sixième pétale trifide, point éperonné, une anthère parallèle au stigmate, accompagnée des deux lobes latéraux de la colonne en forme de pétale. *Diuris maculé, D. maculata*, Rob. Brown, plante de la Nouvelle-Hollande, à tiges simples, droites, glabres, dépourvues de feuilles, munies seulement de quelques stipules alternes en forme de gaînes. Les feuilles sont toutes radicales, glabres, linéaires, très étroites; les fleurs jaunes, pendantes, disposées à l'extrémité des tiges en une grappe peu garnie; la lèvre à double carène à sa base, ses deux divisions latérales presque égales à celle du milieu; les pétales intérieurs élargis, en ovale renversé. J. P.

DIURNAL, livre de prières qui contient l'office canonial de chaque jour, à l'exception des matines, et quelquefois des laudes.

DIURNE (*astr.*), ce qui a rapport au jour; par opposition à *nocturne*, ce qui a rapport à la nuit. *Arc diurne*. arc décrit par un astre sur la sphère céleste, depuis le moment de son lever jusqu'à celui de son coucher. On nomme arc *semi-diurne* l'arc décrit par un astre depuis son lever jusqu'à son passage au méridien, ou depuis son passage au méridien jusqu'à son coucher. Le cercle *diurne* est un cercle parallèle à l'équateur, sur lequel un astre paraît se mouvoir par son mouvement *diurne*. On nomme *mouvement diurne* d'une planète l'arc céleste qu'elle parcourt dans l'espace de 24 heures par son mouvement propre. Ainsi, pour connaître le mouvement diurne d'une planète, il faut préalablement connaître le temps qu'elle emploie pour sa révolution entière; par exemple, sachant que le soleil fait sa révolution entière en 365 jours et à peu près 6 heures, ou 8766 heures, on posera la proportion :

$$8766 : 24 :: 360° : x$$

d'où l'on trouvera :

$$\frac{360° \times 24}{8766} = 0° \; 59'.$$

Ainsi, le *mouvement diurne* du soleil est d'environ 59 minutes (divis. sexagésimale). Nous devons faire observer qu'une telle proportion ne donne que le mouvement diurne *moyen*, car le mouvement diurne réel est variable. (*V.* PLANÈTES.) Le *mouvement diurne* de la terre est sa rotation autour de son axe, qui s'effectue en 24 heures et forme le jour naturel.

DIURNE (*bot. et zool.*). En botanique, ce mot s'applique aux plantes qui s'épanouissent pendant le jour; en zoologie, on donne ce nom à l'une des grandes divisions des rapaces ou oiseaux de proie. Enfin, dans les insectes, on désigne ainsi une famille de l'ordre des lépidoptères, à laquelle Latreille assigne pour caractères : ailes toujours libres; point de frein ou de crin écailleux, raide et pointu, à la base du bord extérieur des ailes inférieures, pour retenir les supérieures dans le repos; antennes grossissant insensiblement de la base à la pointe, terminées en bouton dans les uns, plus grêles ou crochues au bout dans les autres. Les chenilles des lépidoptères diurnes ont toujours seize pieds et vivent à découvert sur les feuilles. Les chrysalides ordinairement anguleuses, souvent nues, attachées par la queue, et soutenues par un fil soyeux qui croise le milieu du corps en travers. Les papillons de cette famille ne volent que pendant le jour. J. P.

DIUS (*archéol.*), nom d'un mois de l'année chez les Macédoniens et dans l'Asie mineure. Il correspondait chez les premiers à janvier, et chez les autres à différents mois.

DIUS FIDIUS, ancien dieu des Sabins, c'est-à-dire le dieu de la bonne foi (*fides*), dont le culte passa à Rome. Les Romains le prenaient souvent à témoin dans leurs discours.

DIVAGATION (*t. de jurispr.*), action de laisser divaguer. — DIVAGATION, dans le langage ordinaire, signifie l'action de s'écarter de la question, du sujet sur lequel on parle ou on écrit. Dans cette acception, il s'emploie surtout au pluriel.

DIVAGUER (*t. de jurispr.*), errer çà et là. Il se dit des animaux féroces ou malfaisants, des fous et des furieux, livrés à eux-mêmes par l'imprudence ou la négligence de ceux qui devraient les surveiller. — DIVAGUER, dans le langage ordinaire, signifie s'écarter de la question, du sujet sur lequel on parle et on écrit.

DIVALES, fêtes célébrées à Rome le 12 décembre, en l'honneur de la déesse Angerona.

DIVAN. L'origine de ce mot n'est pas parfaitement connue; mais, chez les Arabes, les Persans et les Turcs, il sert à désigner un livre de comptes, un bureau d'administration, un tribunal où les pachas et les gouverneurs de provinces rendent la justice, et enfin le conseil du gouvernement en général. Sous les khalifes de Bagdad, le centre de l'administration portait le titre de *divan azyz*, ou divan auguste. A Constantinople, le divan, en général, est la réunion des ministres de l'empire au moment où ils délibèrent, sous la présidence du grand vizir, sur les affaires de l'État. Le mot *divan* désigne aussi certains recueils de poésie où les pièces sont disposées dans un ordre alphabétique. En effet, en arabe, en persan et en turc, les *gazelles*, morceaux de poésie qui ressemblent à nos odes et à nos chansons, terminent tous leurs vers par la même lettre de l'alphabet. En ne tenant compte ni de la date de la composition des morceaux, ni de la nature des sujets qui y sont traités, il est facile de classer ces pièces d'après leur lettre finale. C'est en ce sens qu'on dit le *divan de Sadi*, le *divan de Hafiz*, etc. Le mot *divan* est encore le nom d'un meuble garni de coussins et qui sert de siége à plusieurs personnes. Ce meuble diffère du sopha en ce que celui-ci a un dossier, tandis que celui-là n'a d'autre appui à offrir que les coussins placés contre la muraille.

DIVARIQUÉ (*bot.*). Lorsque les rameaux s'écartent beaucoup dès leur origine et se portent brusquement dans différents sens, on les dit divariqués; on les dit diffus lorsqu'ils sont étalés sans direction fixe. Le *prenanthes muralis*, le *juncus sylvaticus*, le *polygonum divaricatum*, offrent des exemples de panicules divariquées. J. P.

DIVE, vieux mot qui signifiait divine. Il se dit encore, substantivement, d'une sorte de déesse subalterne, dans la mythologie orientale.

DIVERGENCE. C'est la disposition de deux ou de plusieurs lignes, la direction suivie par deux ou plusieurs rayons, qui a pour effet de les écarter entre eux à mesure qu'ils s'éloignent de leur point de départ. Deux lignes sont *divergentes* du côté où elles vont en s'écartant, et convergentes du côté opposé : ici elle se rencontrent ou finiraient au moins par se rencontrer dans un point commun; là elles s'éloignent de plus en plus entre elles. En arithmétique, en géométrie, on appelle *série divergente* celle dont les termes vont toujours en augmentant, et *parabole divergente* celle dont les branches ont des directions contraires. Nous renvoyons au mot LENTILLE pour la divergence des rayons lumineux.

DIVERGENT. On nomme divergent tout ce qui partant d'un point s'écarte ensuite de plus en plus de manière à ne pouvoir plus se rencontrer. Ainsi deux lignes qui forment un angle sont *divergentes* du côté de l'ouverture de cet angle; elles sont au contraire *convergentes* du côté du sommet. On nomme série *divergente*, en algèbre, celle dont les termes croissent continuellement, de sorte que la somme d'un nombre quelconque de termes, loin d'approcher d'autant plus de la valeur totale de la série que ce nombre est plus grand, s'en éloigne au contraire davantage (*V.* CONVERGENT.)

DIVERGER (*t. de géom. et d'opt.*). Il se dit des lignes, des rayons qui vont en s'écartant l'un de l'autre.

DIVERGI-NERVÉE (feuille) (*bot.*). Les nervures des feuilles se dirigent en ligne droite, ou en décrivant des courbes. Dans le premier cas, tantôt elles conservent entre elles une distance à peu près égale (châtaignier); tantôt elles se portent en divergeant de la base au sommet (*viburnum opulus, alchimilla vulgaris,* etc.), et la feuille est alors divergi-nervée. J. P.

DIVERS, ERSE, différent, dissemblable, qui est de nature ou de qualité différente. Il signifie quelquefois, au pluriel, plusieurs.

DIVERS, ERSE, adj. (*v. lang.*), rude, cruel, méchant, fâcheux, contraire, Montaigne l'a employé dans le sens d'étrange.

DIVERSEMENT, en diverses manières, différemment.

DIVERSIFIER, varier, changer de plusieurs façons. Il est employé quelque fois avec le pronom personnel.

DIVERSIFLORE (ombelles) (*bot.*). Les fleurs dans une ombelle sont ordinairement toutes semblables (impératoire, fenouil); mais il est des cas où elles sont régulières au centre de l'ombelle et irrégulières à la circonférence (*tordilium officinale*, coriandre). Ces dernières ombelles sont dites diversiflores; on les dit aussi couronnées rayonnantes. J. P.

DIVERSISPORÉES, amphispori (*bot.*), famille des champignons, troisième série du deuxième ordre (*gastromyciens*). Elle comprend des champignons persistants. à réceptacles contenant de très petits globules (*sporidia*) de diverses formes. Un seul genre rentre dans cette série, c'est l'*amphisporium* de Link (*V.* DISPORIUM). J. P.

DIVERSION. On peut définir ce mot stratégiquement : l'action de porter la guerre ou de diriger une attaque sur un point où l'ennemi n'est pas préparé à la recevoir afin de l'engager ainsi à détourner ses forces d'un autre point où on ne peut pas lui résister; afin de lui donner des craintes sérieuses, soit sur ses derrières, soit sur un point éloigné et vulnérable. La diversion ne doit pas être confondue avec ce qu'on appelle en tactique militaire *démonstrations, fausses attaques*. La diversion est une attaque sérieuse faite par une armée ou par un corps d'armée nombreux avec l'intention de vaincre et d'amener l'ennemi à capituler. Toute diversion entreprise par une armée en campagne l'affaiblit. Il faut, avant de s'y déterminer, avoir la presque certitude de réussir.

DIVERSITÉ, variété, différence.

DIVERSOIRE, s. f. (*v. lang.*), hôtellerie, auberge, salle à manger.

DIVERTIR, détourner, distraire. En ce sens il vieillit. Il signifie plus ordinairement soustraire, dérober, s'approprier illégitimement. *Divertir des fonds, des deniers, une somme,* etc., signifie quelquefois simplement, les appliquer à un usage différent de celui auquel ils étaient destinés, les dilapider. — DIVERTIR, signifie encore désennuyer, amuser, récréer. Il s'emploie aussi avec le pronom personnel, dans le sens de se réjouir, prendre du plaisir, s'ébattre. Il signifie quelquefois plaisanter, se moquer.

DIVERTIR, v. a. (*v. lang.*), détourner, éloigner, écarter, tourner, convertir.

DIVERTISSANT, ANTE, qui divertit, qui réjouit, qui récrée.

DIVERTISSEMENT. Ce mot comprend tout ce qui est destiné à nous procurer des distractions agréables. Ainsi les bals, les spectacles, etc., sont des divertissements. — Chaque âge a ses divertissements : pour l'enfant ce sont les joujoux; pour l'écolier les jeux bruyants du collége; pour l'homme fait les divers plaisirs de l'esprit et des sens; pour le vieillard les calmes jouissances du repos et du coin du feu. — Parmi les objets rangés dans la classe des divertissements, il en est qui ne méritent guère ce nom. Telles sont les fêtes publiques, où l'on est bousculé, heurté et quelquefois étouffé par la foule; nos fêtes champêtres si monotones, et partant si ennuyeuses. Car l'uniformité des plaisirs est peut-être en effet la plus fatigante de toutes les uniformités.— Au théâtre, on a successivement désigné sous le nom de *divertissement*, 1° les danses et chants qui terminaient quelques comédies; 2° de petits ballets qui offraient plutôt des tableaux qu'une action intriguée; 3° enfin les divers pas et danses intercalés dans un opéra, genre de divertissement souvent fort peu divertissant pour le spectateur; c'est le seul cependant que la scène ait conservé.

DIVERTISSEMENT, s. m. Il a été employé par Montaigne dans le sens de diversion. *Divertissement* (*musique*), morceau d'un genre facile et léger composé pour un ou plusieurs instruments.

DIVERTISSEMENT, action par laquelle on détourne certains objets de leur destination, ou par laquelle on les applique à son profit. — Les héritiers qui ont diverti ou recélé des effets d'une succession sont déchus de la faculté d'y renoncer; ils demeurent héritiers purs et simples, nonobstant leur renonciation, sans pouvoir prétendre aucune part dans les objets divertis ou recélés. Cod. civ., art. 792. — La veuve qui a diverti ou recélé quelques effets de la communauté est déclarée commune, nonobstant sa renonciation; il en est de même à l'égard de ses héritiers. Ib., art. 1460. — Celui des époux qui a diverti ou recélé quelques effets de la communauté est privé de sa portion dans les dits effets. Ib., art. 1477.

DIVERTISSEUR, s. m. Il se disait autrefois de celui qui divertit, qui détourne. On lit dans Amyot : *divertisseur des maux*. Les DIVERTISSEURS (hist.). Il se dit absolument des jeunes seigneurs russes qu'on avait placés près du czar Pierre, pendant la régence de la princesse Sophie.

DIVI, nom générique des hommes divinisés après leur mort, tels que les guerriers, les héros, les empereurs; on le donnait aux lares et aux dieux domestiques.

DIVICON, chef des Helvétiens, défit le consul L. Cassius, qu'il tua lui-même, et fit passer tous ses soldats sous le joug. Lorsque Jules César entreprit la conquête des Gaules, Divicon fut député vers ce général pour lui demander son alliance. César ayant exigé des otages, il lui répondit que sa nation n'était pas accoutumée à en donner, mais à en recevoir.

DIVIDENDE (*arith.*), nombre sur lequel on veut opérer une division. *Voy.* DIVISION.

DIVIDENDE, en termes de commerce et de finances, la portion d'intérêt ou de bénéfice qui revient à chaque actionnaire d'une compagnie de commerce ou de finance, et qui se paie, soit à la fin de l'année, soit à d'autres époques convenues. Il se dit également de la portion afférente à chaque créancier sur la somme qui reste à partager après la liquidation d'une maison en faillite.

DIVIN, INE, qui est de Dieu, d'un Dieu; qui appartient à Dieu, à un Dieu. — *Un être divin*, un être dont la nature est divine. — *Les personnes divines*, les trois personnes de la Trinité. — *Le Verbe divin*, le Fils de Dieu. — DIVIN se dit également de ce qui est relatif à Dieu, à un Dieu. — DIVIN se dit figurément de ce qui semble être au-dessus des forces de la nature. Il se dit aussi de ce qui est excellent, parfait dans son genre.

DIVINATION, DEVINS. La divination est l'art de connaître l'avenir par des moyens superstitieux. Une singulière et infatigable curiosité a toujours poussé l'homme à jeter des regards inquiets sur l'avenir, à vouloir le pénétrer, d'abord peut-être par des réflexions sérieuses sur le passé, par la comparaison de ce passé avec le présent, par des inductions plus ou moins raisonnablement amenées sur ce qui devait ou pouvait arriver. Mais on ne s'arrêta pas là. Dès l'antiquité la plus reculée la divination devint une véritable science, un art muni de ses règles, de ses préceptes, établi sur des bases mystérieuses, étroitement lié avec la religion, plus ou moins perfectionné, plus ou moins adroit et ingénieux, selon le degré de civilisation du peuple chez lequel on l'exerçait. Certains hommes se prétendaient exclusifs possesseurs des secrets de la divination, liés aux puissances surnaturelles par des chaînes auxquelles il n'était pas possible au vulgaire de se soumettre. Parmi ces devins (qu'on les appelle *astrologues, augures* ou *sorciers*), il est douteux qu'il se soit trouvé des hommes de bonne foi; mais l'histoire prouve que, de tout temps, leurs dupes ont été nombreuses, et ne se sont pas rencontrées seulement dans les classes ignorantes et malheureuses. A la tête même de la société, combien ne trouve-t-on pas, dans tous les siècles, d'âmes faibles et crédules dominées par les devins et les faiseurs de prédictions? Combien de grands hommes même, ou du moins d'hommes à caractère prononcé, ne croyaient pas aux présages, à l'influence des astres, aux rapports mystérieux de certains individus avec un monde supérieur et invisible? Nous ne voulons pas remonter au crédule paganisme; mais dans des temps plus rapprochés de nous, et séparés entre eux par un intervalle de plus de trois siècles, n'y a-t-il pas eu deux hommes de caractère bien différent, mais d'une énergie peu commune, dont l'un, Louis XI, tremblait devant son astrologue non moins que devant son médecin; dont l'autre, Napoléon, croyait *à son étoile*, et, s'il faut en croire certains rapports, se faisait *faire les cartes* par la sibylle de la rue de Tournon? Il serait trop long de citer tous les cas où la science des devins a joué un rôle important. Des siècles entiers ont été dominés par cette folle superstition : le XVIe est peut-être celui de tous où elle a eu le plus d'empire; la colonne élevée comme observatoire dans l'ancien hôtel de Soissons à Paris, par Catherine de Médicis, et que l'on voit encore adossée au bâtiment circulaire de la halle aux blés, n'est pas le monument le moins significatif de cette déplorable erreur, que viennent révéler encore, au commencement du siècle suivant, les horoscopes du roi Louis XIII, le talisman de Wallenstein conservé dans le trésor impérial de Vienne, et les nombreuses publications cabalistiques auxquelles l'imprimerie s'est complaisamment prêtée. Nous nous vantons de nos lumières et de notre civilisation; et cependant, n'avons-nous pas dans toutes nos villes des tireuses de cartes, des personnes qui lisent l'avenir dans un œuf, dans le marc de café, dans les lignes de la main? Les annales des tribunaux ne nous présentent-elles pas fréquemment de ces *sorciers* qui, dans toutes nos campagnes, exercent leur maligne influence sur les hommes comme sur les troupeaux? — Le devin est celui qui fait métier de la divination. Partout les devins ont affecté un costume et des usages particuliers, propres à imposer aux hommes crédules et à saisir d'avance les esprits par une vraie préoccupation. Chez les Grecs, ils ornaient leurs têtes de couronnes de laurier. Le laurier était consacré à Apollon, qui exerçait le monopole de l'inspiration, et il avait reçu le nom d'arbre prophétique. Les devins en portaient une branche dans leur main; ils en mâchaient même, pour l'ordinaire, quelques feuilles. Leur nourriture ordinaire se composait des parties principales des animaux prophétiques, par exemple, des têtes de corbeaux, de vautours, de taupes. Ils pensaient recueillir ainsi les âmes de ces animaux et l'influence du dieu qui s'attachait à ces âmes. — Les devins du moyen âge étaient ou de saints personnages ou de vrais magiciens; de nos jours ce ne sont que des charlatans du plus bas étage. A. S.

DIVINATOIRE. Il se dit de la science prétendue des devins, et des choses qu'ils emploient pour mettre cette science en pratique.

DIVINEMENT, par la vertu divine, par la puissance de Dieu, d'un dieu. Il signifie, figurément et par exagération, excellemment, parfaitement.

DIVINISER, reconnaître pour divin, mettre au rang des dieux. Il signifie figurément exalter, préconiser outre mesure.

DIVINITÉ, essence divine, nature divine. (V. DIEU.) Il se prend aussi pour Dieu même. Il se dit également des dieux et des déesses du paganisme. Il s'emploie figurément et par exagération en poésie quand on parle d'une belle femme.

DIVINO (LOUIS DE MORALES), nommé vulgairement Divino, peintre, né à Badajoz en 1509, fut élève de Pierre Campana. Il fut surnommé le divin pour n'avoir peint, pendant toute sa vie, que des sujets tirés de l'Écriture sainte.

DIVION (JEANNE DE) naquit à Béthune d'une noble famille d'Artois, fut arrêtée comme faussaire au château de Conches, condamnée à la peine du feu, et exécutée sur la place publique d'Arras le 6 octobre 1331 (Hennebert, *Hist. d'Artois*).

DIVIPOTES, dieux des Samothraces, que l'on croit les mêmes que les Cabires.

DIVIS. Il est opposé à *indivis*. — *Posséder par divis*, posséder par suite d'un partage. Il est peu usité.

DIVISER, partager, séparer réellement ou fictivement une chose en deux ou plusieurs parties. Il si signifie particulièrement, en arithmétique, chercher combien de fois un nombre est contenu dans un autre. Il signifie, figurément, mettre en discorde, désunir. Il s'emploie aussi quelquefois avec le pronom personnel. — DIVISÉ (*participe*). Il se dit quelquefois adjectivement, surtout en botanique, de ce qui est naturellement fendu, partagé profondément en deux ou plusieurs parties.

DIVISER (machine à) (*arts mécaniques*). Les *bocards, moulins*, et autres machines propres à diviser les corps sont traités chacun à son article. Il ne sera question ici que des *plate-formes* dont on se sert pour marquer des divisions égales sur les limbes circulaires et sur les lignes droites. La première de ces machines a un plateau en cuivre de forme circulaire, d'un diamètre plus ou moins grand, monté sur un axe vertical en fer, tournant librement sur un pivot et dans un collet conique fixe. Sur la surface supérieure de ce plateau on trace plusieurs cercles concentriques, qu'on divise avec la plus exacte précision, en nombre tel qu'on puisse toujours trouver celui dont on a besoin, soit en se servant directement de ce nombre, soit en prenant ses sous-multiples. Chaque division est marquée d'un léger coup de pointeau, dans lequel s'engage la pointe d'une vis que porte une alidade ou pièce d'arrêt, au moyen de laquelle on fixe le plateau successivement sur tous les points de division qu'on doit parcourir. Le bout supérieur de l'arbre vertical reçoit, dans un trou percé à son centre dans le sens de l'axe, un tasseau (on en a plusieurs de rechange pour les différents cas qui se présentent) qui fait corps avec lui, et dont une tige qui s'élève reçoit à son retour et maintient, à l'aide d'un écran, la pièce ou la roue qu'on veut diviser ou refendre, de manière que cette pièce ou cette roue, dont le plan est parallèle à celui de la plate-forme, participe à tous les mouvements de celle-ci. — Quand il ne s'agit que de marquer, par de légères traces, la division en degrés, minutes et secondes d'un limbe d'instrument, elle s'exécute avec la pointe d'un burin assujéti à se mouvoir invariablement dans un même plan vertical, suivant la direction du rayon de l'instrument. Mais s'il est question de refendre des roues d'engrenage, ce travail s'opère au moyen d'une *fraise* ou d'un outil de forme convenable qu'on fait tourner rapidement sur son axe. Indépendamment de cette faculté qu'a la fraise de s'éloigner ou de s'approcher du centre de l'axe de la plate-forme, il faut qu'on puisse l'incliner de côté et d'autre pour refendre les dents obliques destinées à être menées par des vis sans fin à un ou plusieurs pas; qu'elle puisse s'élever et s'abaisser pour se prêter à tous les mouvements qu'exige le travail des engrenages d'angle, dont la mécanique fait actuellement des applications nombreuses. Ainsi, connaissant le nombre de divisions qu'on doit faire sur un cercle ou à une roue, on fixe l'alidade dans la division correspondante de la plate-forme, et, l'arrêtant successivement à chacun de ses points, on fait agir à chaque fois, soit le burin, soit la fraise, jusqu'à ce que la révolution soit complète. Les constructeurs d'instruments de mathématiques, d'astronomie, etc., ont besoin d'une machine à diviser, au moyen de laquelle ils puissent, tout en conservant une extrême précision, porter la division jusqu'aux secondes. A cet effet, au lieu de piquer ces divisions sur la plate-forme, on applique tangentiellement contre son bord une vis sans fin, à pas angulaires et fins, qui entrent dans des pas analogues formés sur tout le contour du plateau. Cette vis étant maintenue entre deux poupées fixes et tournant sur elle-même, toujours dans le même sens, imprime un mouvement de rotation continu à la plate-forme, qui se trouve avoir fait une révolution quand la vis en a fait autant que son pas est contenu de fois dans le contour du plateau. L'axe prolongé de la vis est muni d'un barillet à arrêt, qu'on fait agir avec une pédale, laquelle en descendant communique, au moyen d'une corde à boyau, un mouvement de rotation à la vis, mais qui en remontant la laisse en repos. Ainsi, par cette combinaison, on peut tracer sur le limbe d'un instrument, pourvu qu'il ait trois ou quatre décimètres de diamètre, des divisions correspondantes non-seulement aux degrés, mais encore aux minutes et secondes. L'instrument à diviser est placé bien concentriquement sur les rayons mêmes de la plate-forme, où il est fixé avec un écran et du mastic. Le burin se manœuvre à la main pour chaque division, comme nous l'avons déjà expliqué, en faisant mouvoir sa pointe dans le sens du rayon. Cette machine est due à Ramsden. Au lieu d'une seule vis sans fin pour conduire la plate-forme, M. Gambey en a mis quatre en face l'une de l'autre, qui se commandent par des roues d'engrenage. Cette disposition lui permet de supprimer, pendant le temps du travail, le collet supérieur de l'axe, qui se trouve remplacé par ces quatre vis, entre lesquelles la plate-forme est abandonnée. Cette disposition rend le mouvement de la machine plus léger. Alors, mastiquant sur ses rayons, le plus au centre possible, l'instrument à diviser, il place au-dessus une espèce de règle assujétie par un de ces bords au centre même de l'instrument, tandis qu'il la maintient par ses deux extrémités dans une position fixe, à l'aide de deux attaches de longueur égale, qui vont horizontalement aboutir à deux petites colonnes que des ressorts maintiennent dans une situation verticale. Le porte-burin se fixe sur un des bouts de la règle, et opère les divisions du limbe de l'instrument par le simple mouvement d'un petit levier qu'on soulève à chaque changement de division de la plate-forme, sans avoir à s'inquiéter de son travail, le mouvement du burin étant réglé par une espèce de compteur qui lui fait tracer quand il le faut les grandes, les moyennes et petites lignes correspondantes aux diverses sortes de divisions. La division *en ligne droite*, comme les mesures de longueur, peut se faire avec une plate-forme ordinaire, en transformant le mouvement de rotation en mouvement rectiligne, au moyen d'un pignon ou d'une crémaillère, ou de toute autre combinaison mécanique, pourvu que la transmission du mouvement de l'un à l'autre soit exacte; mais ordinairement cette division se fait par une vis sans fin, qui donne le mouvement progressif à la pièce à diviser, comme dans la machine de Ramsden, et la division s'exécute par un burin qui joue à chaque point de repos.

DIVISEUR (*arith.*), nombre par lequel on veut en diviser un autre. (V. DIVISION et COMMUN DIVISEUR.—DIVISEURS COMMENSURABLES. (*V.* RACINES COMMENSURABLES.)

DIVISIBILITÉ. La divisibilité est une des propriétés générales des corps; elle consiste en ce que leurs parties peuvent être séparées les unes des autres par des moyens mécaniques ou chimiques. Elle résulte de ce que tous les corps ne sont qu'une agrégation de molécules homogènes ou hétérogènes, et dès lors on conçoit que ce qui est assemblé par une force quelconque puisse être désuni par une autre force supérieure. Il est impossible de déterminer jusqu'à quel point la matière est divisible, et l'on dispute encore sur la question de savoir si elle l'est à l'infini ou s'il y a des atomes ou des molécules élémentaires insécables. Il y a deux moyens d'opérer la division des corps. Les moyens mécaniques sont connus de tout le monde; nul n'ignore l'emploie des scies, des coins, des haches, des couteaux, des râpes, des limes, la trituration, etc. Restent les agents chimiques qui poussent la division des corps à un point tel que nos sens ne peuvent plus en juger, et qu'il n'y a que des approximations de calcul qui puissent nous en donner l'idée. La fusion, la calcination, les dissolutions, les digestions, les infusions, les coctions, les fermentations, etc., servent à porter au plus haut degré la division des parties que l'on attaque. L'art du batteur d'or, fondé sur la ductilité du métal, peut donner aussi des exemples remarquables de divisibilité. (V. DUCTILITÉ.)

DIVISIBLE (*t. didactique*), qui peut être divisé.

DIVISEUR, *s. m.* (*v. lang.*), celui qui divise, celui qui partage. DIVISEUR (*ant. rom.*), se dit des agents qui distribuaient dans chaque tribu les largesses par lesquelles les candidats achetaient les suffrages du peuple.

DIVISION (*logique*). Voici le problème de la division : Étant donné un tout, en trouver les parties. Il y a deux sortes de divisions, soit qu'il s'agisse d'un tout physique, empirique, naturel, ou d'un tout idéal et rationnel. On distingue les divisions en *principales* et en *subordonnées*. Celles-ci sont appelées plus particulièrement *subdivisions* ou *sous-divisions*. Plusieurs divisions parallèles d'un même objet ou d'une même idée, mais découlant de points de vue différents, s'appellent *co-divisions*. Les règles de la division empirique sont d'être *naturelle* et *complète*; toutes règles qu'on pourrait établir reviennent à ces deux-là. La division sera naturelle si en l'exécutant on suit les indications de la nature. La division sera complète si aucun membre n'est omis. Les règles de la sous-division sont les mêmes que celles de la division, parce que la partie à diviser est considérée comme un tout. On pourrait sans doute appliquer aux divisions logiques ou rationnelles les règles que nous venons d'exposer pour les divisions empiriques; mais il en est une qui est plus sûre et qui a d'ailleurs un caractère logique qui manque aux précédentes : c'est que toute division logique soit *disjonctive*, et autant que possible contradictoire. Telle est par exemple cette division des angles rectilignes : tous les angles sont ou droits ou aigus, ou obtus; tous les angles sont droits ou ne sont pas droits. T.

DIVISION, se dit particulièrement, dans les assemblées délibérantes, de la séparation que l'on fait des propositions soutenues dans une motion, dans une question, dans un amendement, etc., pour les discuter séparément et les adopter ou les rejeter l'une après l'autre. DIVISION signifie encore, figurément, désunion, discorde. DIVISION se dit en outre de chacune des parties d'un tout divisé. DIVISION, en termes de marine, se dit également d'un certain nombre de vaisseaux d'une armée navale, qui sont ordinairement commandés par un officier général. DIVISION se dit encore, dans les grandes administrations d'un certain nombre de bureaux placés sous la direction d'un commis principal que lon nomme *chef de division*. DIVISION, en termes d'imprimerie, est synonyme de *tiret*, parce que le tiret sert à marquer à la fin des lignes qu'un mot est divisé.

DIVISION (*chimie*), opération par laquelle on réduit un corps solide en parties plus ou moins ténues. On opère la division dans des mortiers de marbre avec des pilons de bois, dans des mortiers de silex, d'acier, de laiton, avec des pilons de même matière: sur une table de porphyre, au moyen d'une molette, etc. On fait usage de râpes, de limes, etc., pour les matières ductiles. J. P.

DIVISION MÉCANIQUE (*min.*). On désigne sous ce nom, d'après M. Haüy, la propriété qu'ont un grand nombre de minéraux cristallisés de se laisser diviser mécaniquement dans des directions planes. M. Brochant de Villers désigne cette opération sous le nom de *clivage*. (*V.* CRISTALLISATION.) Cette propriété fournit le moyen le plus exact de déterminer le système cristallin de chaque substance, et, par suite, le meilleur caractère pour distinguer les espèces. J. P.

DIVISION. C'est l'action de partager, de séparer une chose en deux ou plusieurs parties. Parmi les obligations, il y en a qui peuvent se diviser et d'autres, qui ne sont pas susceptibles de division. L'obligation est *divisible* ou *indivisible* selon qu'elle a pour objet ou une chose qui dans sa livraison, ou un fait qui dans l'exécution, est ou n'est pas susceptible de division, soit matérielle, soit intellectuelle. Cod. civ., art. 1217. L'obligation est *indivisible*, quoique la chose ou le fait qui en est l'objet soit divisible par sa nature, si le rapport sous lequel elle est considérée dans l'obligation ne la rend pas susceptible d'exécution partielle. *Ib.*, art. 1218. L'obligation qui est susceptible de division doit être exécutée par le créancier et le débiteur comme si elle était indivisible. La divisibilité n'a d'application qu'à l'égard de leurs héritiers qui ne peuvent demander la dette ou qui ne sont tenus de la payer que pour les parts dont ils sont saisis ou dont ils sont tenus comme représentant le créancier ou le débiteur. *Ibid.*, art. 1220; *voy.* art. 1221, les exceptions au principe de l'art. 1220. Chacun de ceux qui ont contracté conjointement une dette indivisible en est tenu pour le total, encore que l'obligation n'a pas été contractée solidairement. Il en est de même à l'égard des héritiers de celui qui a contracté une pareille obligation. *Ib.*, art. 1222 et 1223. Chaque héritier du créancier peut exiger en totalité l'exécution de l'obligation indivisible. Il ne peut seul faire la remise de la totalité de la dette; il ne peut recevoir seul le prix au lieu de la chose. Si l'un des héritiers a seul remis la dette ou reçu le prix de la chose, son cohéritier ne peut demander la chose indivisible qu'en tenant compte de la portion du cohéritier qui a fait la remise ou qui a reçu le prix. L'héritier du débiteur assigné pour la totalité de l'obligation peut demander un délai pour mettre en cause ses cohéritiers, à moins que la dette ne soit de nature à ne pouvoir être acquittée que par l'héritier assigné, qui peut alors être condamné seul, sauf son recours en indemnité contre ses cohéritiers. *Ib.*, art. 1224 et 1225. — DIVISION (bénéfice de). (*V.* BÉNÉFICE DE DIVISION.)

DIVISION (*art milit.*). Au commencement du XVIIIe siècle, on appelait *division* une file d'infanterie; l'ordonnance du 19 juin 1771 considérait une section de trois escouades à l'égal d'une division; pour comble d'imbroglio, les règlements encore en vigueur classent les divisions d'un bataillon en colonne comme étant des subdivisions d'exercice d'infanterie; tandis qu'évidemment le mot *division* devrait être générateur du terme *subdivision*. Aujourd'hui, parler d'une division militaire, c'est, suivant les cas, mentionner ou une circonscription territoriale formant un généralat, ou pour la cavalerie un corps de quatre régiments ou deux brigades, et pour l'infanterie un corps composé de deux ou trois brigades, et celles-ci de deux ou trois régiments, selon la force à laquelle sont réduits les régiments. — DIVISION NAVALE. (*V.* FLOTTE.)

DIVISION (*arith. et algèbre*). Opération qui a pour but de trouver l'un des facteurs d'un nombre donné lorsqu'on connaît l'autre facteur. Cette définition générale de la division est susceptible de grandes modifications résultant de ce qu'on peut considérer le facteur cherché comme étant le multiplicande, ou comme étant le multiplicateur. Par exemple, 3 multiplié par 4 donne 12; ici 3 est le multiplicande et 4 le multiplicateur. Si l'on se proposait donc de déterminer 3 au moyen de 12 et de 4, ou, ce qui est la même chose, de diviser 12 par 4, il est évident que l'opération consisterait à chercher la quatrième partie de 12, puisqu'on sait que le nombre demandé à dû être pris 4 fois pour former 12. Si l'on connaissait, au contraire, 12, et le multiplicande 3, et qu'on voulût déterminer 4, on se proposerait de chercher combien 3 est contenu dans 12. Ces deux manières d'envisager la division se réunissent dans l'idée générale de cette opération, parce que, comme nous l'avons démontré (alg. 7), les deux facteurs entrent de la même manière dans la composition du produit et qu'il est, par conséquent, indifférent de prendre l'un quelconque de ces facteurs pour multiplicande. Ainsi nous pouvons également dire, dans tous les cas, que diviser un nombre par un autre c'est chercher combien de fois le premier contient le second. En prenant pour exemple les nombres 12 et 3 le moyen qui s'offre d'abord pour trouver le facteur demandé est de retrancher 3 de 12 autant qu'il y est contenu, et de cette manière on aurait...12—3 =9, 9—3=6, 6 — 3 = 3, 3 = 0. — D'où l'on pourrait conclure que 12 contient quatre fois 3, puisqu'il a fallu exécuter quatre soustractions pour ne plus trouver de reste. Mais ces soustractions deviendraient impraticables s'il s'agissait d'opérer sur de grands nombres, et l'on sent la nécessité d'un procédé particulier qui soit à leur égard ce qu'est la multiplication par rapport aux additions successives d'une quantité avec elle-même. Or, ce procédé ne peut être que l'inverse de celui de la multiplication, et c'est en partant de ce dernier que nous allons faire comprendre son mécanisme.— 1. Le nombre qu'on veut diviser prend le nom de ***dividende***, le facteur connu celui de ***diviseur***, et le facteur cherché celui de *quotient*. Ainsi dans la division

$$\frac{12}{3}=4$$

12 est le dividende, 3 le diviseur, et 4 le quotient. — 2. Pour diviser un nombre composé de deux chiffres par un nombre composé d'un seul chiffre, on se sert de la table des produits, nommée *table de Pythagore* (V. MULTIPLICATION). Par exemple, pour diviser 56 par 7, on cherche dans la septième colonne verticale le nombre 56, et l'ayant trouvé placé en face du 8 de la première colonne, on en conclut 56=7×8, et par conséquent que le facteur cherché ou le quotient est 8. — 3. Lorsque le dividende donné ne se trouve pas dans la table, c'est qu'il n'est point exactement le produit de deux facteurs; dans ce cas la division laisse un reste. Par exemple, 8 ne divise pas 50 exactement, car 8 × 6 = 48 et 8 × 7 = 56, on dit alors que 50 divisé par 8 est égal à 6, avec un reste 2, ce qui donne l'égalité 50=8×6+2. — 4. Pour effectuer la division des nombres composés de plus de deux chiffres, il faut préalablement l'habitude d'exécuter de mémoire celle des nombres de deux chiffres, comme il faut savoir former les produits pour pouvoir opérer une multiplication. Nous supposerons dorénavant qu'on sait trouver les quotients simples. — 5. Soit maintenant à diviser un nombre composé de deux chiffres par un diviseur d'un seul chiffre. Pour rendre le procédé plus sensible, multiplions un nombre quelconque par un seul chiffre; par exemple, 6548 par 8, et prenons 8 pour multiplicateur, afin de pouvoir mieux examiner la composition du produit, nous aurons

```
   6548
      8
   ----
     64
    32
   40
  48
  -----
  52384
```

Maintenant prenons 52384 pour dividende et 8 pour diviseur et faisons l'opération suivante :

```
52384 { 8
        6548
48
 43
 40
  38
  32
   64
   64
    0
```

Ayant écrit 8 à la droite de 52384, commençons par diviser les deux derniers chiffres à gauche 52 par 8; cette division nous donne 6 pour quotient, avec un reste 4, parce que 6×8=48. Or, ce nombre 6 ainsi trouvé est le chiffre des plus hautes dizaines du quotient demandé; car d'après la formation de 52384 il est évident que les deux derniers chiffres 52 contiennent le produit 48 du dernier chiffre du multiplicande par 8, plus les dizaines du produit précédent 40 ajoutées dans l'addition finale; donc 52 divisé par 8 doit donner pour quotient ce dernier chiffre du multiplicande, avec un reste égal aux dizaines ajoutées. Ayant retranché le produit de 6 par 8 ou 48 de 52 et écrit à côté du reste 5 le chiffre 3 du dividence, on voit que 43 est le produit de l'avant dernier chiffre 5 du multiplicande par 8, produit augmenté des dixaines 3 du produit précédent. Raisonnant comme pour 52, on trouvera que le diviseur 8 est contenu 5 fois dans 43, avec un reste 3; on écrira donc 5 au quotient, et à côté du reste 3 on abaissera le quatrième chiffre 8 du dividende. 38 étant par les mêmes raisons que ci-dessus le produit du second chiffre à gauche du multiplicande par le multiplicateur 8, augmenté des dizaines du premier produit, on trouvera ce second chiffre en divisant 38 par 8, ce qui donnera 4 pour quotient et 6 pour reste. En écrivant enfin à côté de ce dernier reste le dernier chiffre 4 du dividende, 64 sera le produit des unités du multiplicande, et divisant 64 par 8 on obtiendra ces unités 8, qu'on écrira au quotient. La division aura donc fait retrouver exactement le multiplicande 6548. — 6. Sans nous appesantir sur d'autres décompositions semblables, nous poserons la règle suivante : Pour diviser un nombre de plusieurs chiffres par un nombre d'un seul chiffre, il faut : 1° écrire le diviseur à côté du dividende en les séparant par un trait; 2° chercher combien le premier chiffre du dividende contient le diviseur, ou, si ce premier chiffre est plus petit que le diviseur, combien les deux premiers chiffres du dividende contiennent le diviseur, et écrire ce nombre au quotient; 3° retrancher de la partie employée du dividende le produit du chiffre trouvé; 4° écrire à côté du reste obtenu par cette soustraction le chiffre suivant du dividende pour former un nouveau dividende partiel, sur lequel on opère comme sur le premier; 5° écrire le second quotient partiel à la droite du premier, et retrancher son produit du second dividende partiel; 6° à côté du reste de cette dernière soustraction écrire le chiffre du dividende général qui suit le dernier employé pour former un troisième dividende partiel; 7° continuer enfin de la même manière jusqu'à ce qu'on ait employé tous les chiffres du dividende général. Quelques exemples suffiront pour rendre cette règle évidente. — 7. Soit à diviser 61605 par 9. Après avoir disposé comme il suit les nombres donnés

```
61605 { 9
        6845
 76
  40
   45
    0
```

On dira : en 61 combien de fois 9? 6 fois pour 54. On écrira 6 au quotient et on retranchera 6 fois 9 ou 54 de 61, ce qui donnera un reste de 7, à côté duquel on écrira le 6 du dividende; continuant l'opération, on dira : en 76 combien de fois 9? 8 fois pour 72; on écrira 8 au quotient et on retiendra 72 de 76, ce qui donnera 4 pour reste, à côté duquel on écrira le chiffre 0 du dividende; on dira de nouveau : en 40 combien de fois 9? 4 fois pour 36, on écrira 4 au quotient, et à côté du reste 4 obtenu en retranchant 36 de 40, on écrira le dernier chiffre 5 du dividende, et on dira enfin : en 45 combien de fois 9? 5 fois exactement, et l'on terminera l'opération en écrivant 5 au quotient et 0 pour dernier reste. Le quotient demandé est donc de 6845. — 8. Proposons-nous de diviser 8437 par 7. Ici il n'est pas besoin de prendre deux chiffres du dividende pour commencer l'opération, parce que le premier le contient déjà; on dira donc :

```
8437 { 7
       1205
14
 037
   2
```

en 8 combiné de fois 7? une fois avec un reste 1, abaissez le chiffre 4, on continuera en disant en 14 combien de fois 7? 2 fois sans reste; on écrira donc 0 pour reste, et l'on abaissera le chiffre 3 du dividende; ce qui dounera 03 ou seulement 3 pour troisième dividende partiel; on dira donc en 3 combien de fois 7; la division ne pourra s'effectuer, on écrira 0 au quotient, et, considérant 3 comme un reste, on écrira à côté le dernier chiffre 7 du dividende; on terminera enfin en disant, en 37 combien de fois 7? 5, avec un reste 2. Le quotient cherché est donc 1205; mais il y a un reste, ce qui prouve que 7 n'est pas facteur exact de 1837. 9. — Une décomposition semblable à celle du n° 5 va nous montrer la marche qu'il faut suivre lorsque le diviseur a plusieurs chiffres. Ayant multiplié 876 par 464, et trouvé, comme ci-dessous, 406464, proposons-nous le problème inverse de diviser 406464 par 876; le quotien sera nécessairement 464. Écrivons le diviseur à côté du dividende, et opérons comme il suit :

```
      876
      464
     ----
     3504
    5256
   3504
   ------
   4064,64,  { 464
   3504      { 876
   ----
    5606,4
    5256 0
    ------
     4504
     3504
     ----
        0
```

D'après la composition du dividende, on voit que le produit du diviseur par le dernier chiffre 4 du quotient est contenu dans les quatre derniers chiffres 4064 du dividende, plus les dizaines provenant des autres produits partiels. Ainsi, ayant séparé ces quatre chiffres par un point, il est évident que pour trouver le dernier chiffre 4 en question il ne faut que chercher combien les chiffres, ainsi séparés, contiennent de fois le diviseur. Nous dirons donc qu'en 4064 combien de fois 876? Mais comme ici la table de multiplication est insuffisante, nous remarquerons que 4064 étant le produit de 876 par le chiffre cherché, le premier chiffre 4, ou à son défaut les deux premiers chiffres 40 doivent contenir le produit du chiffre cherché par le dernier chiffre 8 de 876; la question se réduit donc à dire en 40 combien de fois 8? et comme il y est 4 fois nous en conclurons que 4064 contient 4 fois 876; cela posé 4, 064 contenant en outre les dizaines provenant des autres produits partiels, pour avoir ces dizaines il ne faut que multiplier 876 par 4 et en retranchant le produit de 4064, ayant donc écrit 4 au quotient, multiplions le diviseur par ce nombre, portons le produit 3504 sous 4064 et retranchons-le de ce nombre, nous aurons 560 pour reste. Si à côté de ce reste nous écrivons les deux autres chiffres 64 du dividende, il est bien évident que le nombre qui en résulte 56064 ne contient plus que les produits de 876 par les deux premiers chiffres 64 du quotient. Remarquons de nouveau que le produit de 876 par l'avant dernier chiffre 6 du quotient est contenu dans les quatre premiers chiffres 5606 de notre nouveau dividende, plus les dizaines reportées du premier produit partiel; ainsi, pour trouver ce chiffre 6, il faut encore chercher combien de fois 5606 contient 876, ou, comme ci-dessus, combien 56 contient 8? Mais ici 56 contient 8 sept fois, et non 6 fois. On pourrait donc croire qu'il y a erreur dans l'opération, si l'on ne se rappelait pas que non-seulement 56 contient le produit de 8 par le chiffre cherché, mais qu'il contient encore de plus les dizaines provenant des produits des autres chiffres de 876, et encore celles provenant du premier produit partiel 3504; il arrive donc souvent que la division des deux premiers chiffres du dividende par le premier chiffre du diviseur donne un nombre plus grand que celui qui est cherché, et l'on ne peut regarder ce procédé que comme un tâtonnement, puisque, pour être sûr que le chiffre trouvé n'est pas trop grand, il faut multiplier le diviseur entier pour savoir si le produit ne surpasse pas les chiffres séparés du dividende; car il ne faut pas perdre de vue que la véritable question est ici de savoir combien 5606 contient 876. Ainsi, ayant trouvé 7 en disant : en 56 combien de fois 8? Multiplions 876 par 7, et comme le produit 6132 est plus grand que 5606, concluons que 7 est trop fort; alors multiplions 876 par 6, et comme le produit 5256 est contenu dans 5606, écrivons 6 au quotient et retranchons 5256 de 5606, nous aurons 350 pour reste, à côté duquel nous écrirons le dernier chiffre 4 du dividende. Or, il est évident que puisque nous avons retranché successivement du dividende général les produits du diviseur par les centaines et les dizaines du quotient, le dernier reste, 3504, ne doit plus contenir que le produit du diviseur par le chiffre des unités du quotient, et qu'il doit être ce produit même, puisque le dividende proposé est exactement le produit du diviseur par le quotient. Ainsi, pour trouver ce chiffre des unités, nous dirons : en 3504 combien de fois 876? ou, plus simplement, en 35 combien de fois 8? 4 fois. Multiplions donc 876 par 4, pour savoir si ce chiffre n'est pas trop grand, et comme le produit est justement 3504, écrivons 4 au quotient et 0 pour dernier reste, ce qui devait être nécessairement, puisque nous n'avons fait que retrancher du dividende tous les produits partiels qui le composaient. 10. De là il est aisé de conclure la règle générale suivante : On prendra sur la gauche du dividende autant de chiffres qu'il est nécessaire pour contenir le diviseur. Cela posé, on cherchera combien la partie prise du dividende contient de fois le diviseur, ce qui se fait en cherchant seulement combien de fois le premier chiffre à gauche du diviseur est contenu dans le premier chiffre du dividende, ou dans les deux premiers si le premier ne suffit pas; on écrit le chiffre trouvé sous le diviseur. On multiplie tous les chiffres du diviseur par ce quotient partiel, on en porte à mesure les chiffres du produit sous les chiffres correspondants du dividende partiel. On fait la soustraction, et à côté du reste on abaisse le chiffre suivant du dividende général, ce qui donne un second dividende partiel. On opère sur ce second dividende partiel comme sur le premier, et on continue l'opération jusqu'à ce qu'on ait abaissé tous les chiffres du dividende général. Quelques exemples éclairciront les cas embarrassants. 11. Soit à diviser 3730438 par 7364 :

```
3730438 | 7364
36820   |-----
        | 506
 ------
  48438
  44184
  -----
   4254
```

Ayant séparé par un point les cinq derniers chiffres du dividende, parce que les quatre premiers sont insuffisants pour contenir le diviseur, je dis : en 37 combien de fois 7? 5 fois. J'écris 5 au quotient. Je multiplie 7564 par 5 et je porte le produit 36820 sous 37304, duquel je le retranche; à côté du reste, 484, j'abaisse le chiffre suivant 3 du dividende, et j'ai pour second dividende partiel 4843. Or, comme ce second dividende est plus petit que le diviseur, j'agis comme dans le n° 8, c'est-à-dire que j'écris 0 au quotient et que j'abaisse le dernier chiffre 8 du dividende. Je dis en 48438 combien de fois 7364? ou en 48 combien de fois 7? Je trouve 6, et j'écris le produit au quotient; je multiplie le diviseur par 6 et j'écris le produit 44184 sous le dividende 48438, duquel le retranchant j'ai 4254 pour reste. En effet, en multipliant le diviseur par le quotient, on trouve pour produit 3726184 qui diffère du dividende donné du nombre 42544. 12. Il s'agit de diviser 8988186 par 596.

```
8988186 | 596
596     |------
        | 15080
 3028
 2980
 ----
   4818
   4768
   ----
    506
```

Je prends seulement les trois premiers chiffres du dividende, parcequ'ils suffisent pour contenir le diviseur, et au lieu de dire en 898 combien de fois 596? je dis, en 8 combien de fois 5? Je trouve 1, que j'écris au quotient; je multiplie 596 par 1, et je porte le produit 596 sous 898; je fais la soustraction, et à côté du reste 302 j'abaisse le chiffre 8 du dividende, et je continue en disant, en 30 combien de fois 5? 6 fois; mais en multipliant le diviseur par 6 je trouve 3076 qui est plus grand que le dividende, je n'écris donc que 5 au quotient. Je multiplie le diviseur par 5, et j'écris le produit 2980 sous 3028, je fais la soustraction, et à côté du reste 48 j'abaisse le chiffre 1 du dividende; mais comme 481 ne peut contenir 596, je porte 0 et j'abaisse à côté de 481 le chiffre suivant du dividende, ce qui donne 4818; alors je dis : en 48 combien de fois 5? il y va 9 fois; mais, pour la même raison que ci-dessus, je ne pose que 8 au quotient. Je multiplie le diviseur par 8, et ayant retranché le produit 4768 de 4818 j'ai pour reste 50, à côté duquel j'abaisse le dernier chiffre 6 du dividende. Or, 506 étant plus petit que le diviseur, j'écris 0 au quotient, et comme je n'ai plus de chiffres à abaisser j'en conclus que 8988186 contient 15080 fois 596, plus un reste de 506. 13. Ces exemples suffisent pour montrer la marche qu'on doit suivre dans tous les cas. Il nous reste à montrer comment on peut abréger les multiplications qu'on est obligé de faire pour savoir si le chiffre obtenu par la division des deux premiers chiffres du dividende par le premier chiffre du diviseur n'est pas trop grand. Par exemple, dans l'exemple ci-dessus, au troisième dividende partiel nous avions : en 48 combien de fois 5? 9 fois, et nous n'avons mis que 8 au quotient, parce que le diviseur multiplié par 9 donne

5364, qui est plus grand que le dividende 4818. Or, nous aurions pu éviter cette multiplication en faisant la remarque suivante. Si 4818 contenait 9 fois 596, les derniers chiffres 48 devraient contenir 9 fois 5, plus un reste qui se composerait de dizaines provenant de la multiplication des autres chiffres du diviseur par 9, retranchant donc 5 fois 9 ou 45 de 48 le reste 3 devrait être les mêmes dizaines Or, 318 qui reste après avoir ôté 45 centaines de 4818 doit donc contenir les produits des deux autres chiffres, 96, du diviseur par 9, et particulièrement 31 doit contenir le produit du chiffre 9 des dizaines par 9; mais ce produit étant 81, et par conséquent plus grand que 31, il s'ensuit que 9 fois 596 est plus grand que 4818. Ainsi, sans être obligé de faire la multiplication et seulement à l'aide de la différence de 45 à 48, on reconnait que le chiffre 9 n'est point celui qu'on demande. Actuellement, pour savoir si 8 n'est pas aussi trop grand, car il se présente des cas où le premier chiffre trouvé surpasse le chiffre cherché de deux unités, on dira de même 8 fois 5 font 40, ôté de 48 reste 8; joignant 8 au troisième chiffre 1 de 4818, on dira 8 fois 9 font 72, qui, ôté de 81, donne un reste 9 auquel on joint le dernier chiffre 8 de 4818, et comme 98 qui en résulte est plus grand que 8 fois 6, il s'ensuit que 596 est contenu 8 fois dans 4818.

```
4818 | 596
40   |-----
     | 8
---
 81
 82
---
  98
  48
```

Avec l'habitude, on aperçoit facilement, dès le premier reste, si le chiffre n'est pas trop grand; mais, dans tous les cas, comme il est inutile d'écrire, ainsi que je l'ai fait ci-dessus, une opération que l'on exécute mentalement, on abrége considérablement l'opération générale. On doit aussi prendre l'habitude d'exécuter les soustractions des produits partiels, sans écrire ces produits à mesure qu'on les forme; c'est ce qu'on trouve expliqué dans tous les traités d'arithmétique.

14. **Division des fractions.** Diviser une fraction quelconque $\frac{5}{6}$ par une autre fraction $\frac{7}{9}$, c'est la même chose que multiplier $\frac{5}{6}$ par $\frac{7}{9}$ renversé ou par $\frac{9}{7}$, on a donc

$$\frac{5}{6}:\frac{7}{9}=\frac{5}{6}\times\frac{9}{7}=\frac{45}{42}$$

Les raisons de cette règle sont exposées à l'article **Algèbre**, n° 18. 15. S'il s'agissait des fractions décimales, l'opération se multiplierait beaucoup, en remarquant que le quotient de deux nombres ne change pas lorsqu'on multiptie ces deux nombres par un même facteur. En effet, soit 0,45 à diviser par 0,5; en multipliant ces deux fractions par 100, elles deviennent 45 et 50 dont le quotient est la fraction

$$\frac{45}{50}$$

qu'on peut réduire en fraction décimale par le procédé exposé au mot **Décimale.** On trouve ainsi

$$\frac{0,45}{0,5}=\frac{45}{50}=0,9.$$

16. Si les nombres proposés étaient composés de parties entières et de parties décimales, il faudrait les multiplier l'un par l'autre par un multiple de 10 capable de faire disparaître à la fois les deux parties décimales, et opérer ensuite la division sur les nombres entiers résultants. Ainsi, pour diviser 54, 35 par 7, 0025, il faut commencer par multiplier chaque nombre par 1000, ce qui les transforme en 543580, et 70025, dont le quotient est le même que celui des nombres proposés. — On peut aussi pour la règle générale de cette opération: *ayant complété par des zéros le nombre des décimales du dividende et du diviseur, on retranche la virgule de part et d'autre, et on opère comme si les nombres proposés étaient entiers.* Par exemple, pour diviser 154,05 par 3,2552, on écrira

154,0500 | 3,2552

et en retranchant la virgule, on aura

```
1540500 | 32552
 238420 |------
        | 47
  10556
```

Le quotient demandé est donc 47, plus un reste de 10556. Ce reste, qu'il faudra encore diviser par 32552, fournit la fraction $\frac{10556}{32552}$, et le quotient total est donc

$$47+\frac{10556}{32332}$$

Si l'on ne voulait avoir que des fractions décimales, il faudrait continuer la division ci-dessus en écrivant successivement 0 à côté de chaque reste, et l'on n'arrêterait l'opération qu'après avoir obtenu le degré d'approximation dont on aurait besoin. En supposant, dans l'exemple précédent, qu'on n'ait besoin de connaître le quotient qu'à un *millième* près, l'opération totale deviendrait

```
1540500 | 32552
 238420 |------
        | 47324
  105560
   79040
   109360
     9152
```

Le quotient de 154,05, divisé par 3,2552, est donc 47,324 à un millième près. 17. Lorsqu'on a exécuté une division, le moyen le plus direct qui se présente pour la vérification du calcul, ou pour faire ce que l'on nomme la **preuve** de l'opération, c'est de multiplier le diviseur par le quotient, puisque ces deux quantités sont les facteurs du dividende. Ainsi cette multiplication doit reproduire exactement le dividende, si la division n'a pas laissé de reste, et, s'il y a un reste, le produit augmenté de ce reste doit être égal au dividende. Il existe encore une preuve de la division qu'on nomme *preuve* par 9, elle est exposée au mot **Arithmétique**, dans le fragment d'Avicenne; nous verrons à l'article **Facteur** les principes sur lesquels elle est fondée.

18. **Division complexe.** On nomme division complexe celle qu'il s'agit d'effectuer sur des nombres composés d'entiers et de fractions. Il se présente trois cas: 1° le dividende seul est complexe; 2° le dividende et le diviseur sont tous deux complexes; 3° le diviseur seul est complexe. Nous allons les examiner successivement. 1° Soit à diviser 345 h. 20′ 30″ par 24: après avoir divisé 345 par 24, ce qui donne 14 pour quotient et 9 pour reste, on réduira ce reste 9 heures en *minutes*, en multipliant 9 par 60, puisqu'une heure équivaut à 60 minutes; on augmentera le produit de 540 des 20″ du dividende partiel 560, qui, divisé par 24, donnera 23 pour quotient et 8 pour reste, on réduira de nouveau ce second reste en *secondes*, en les multipliant par 60, et on ajoutera au produit 430 les 30″ du dividende général; ce qui donnera pour second dividende partiel 510; le nombre divisé enfin par 24 donnera pour quotient 51, et pour reste 6, le quotient général sera donc de 14 *heures*, 23 *minutes*, 21 *secondes*, plus $\frac{6}{24}$ de seconde. Voici les détails de l'opération:

```
                   345 h 20 30″ | 24
                   105          |------------
Reste d'heures..     9          | 14 h 33′ 21″
                    60
                   ---
                   540
                    20
                   ---
                   560
                    80
Reste de minutes..   8
                    60
                   ---
                   480
                    30
                   ---
                   510
                    30
Reste de secondes... 6
```

S'il s'agissait d'un dividende composé de fractions ordinaires, on ramènerait l'opération à une division simple en se débarrassant des fractions comme il suit: Soit $36+\frac{45}{57}$ à diviser par 49, réduisant tout le dividende en fractions, c'est-à-dire opérant l'addition

$$36+\frac{45}{57}=\frac{36\times57}{57}+\frac{45}{57}=\frac{36\times57+45}{57}=\frac{2097}{57}$$

L'opération sera ramenée à la division de $\frac{2097}{57}$ par 49, Mais en retranchant le dénominateur 57 on rend la fraction 57 fois plus grande ; ainsi le quotient de 2097 par le diviseur proposé 49 serait 57 fois trop grand ; il faut donc tout multiplier préalablement le diviseur par 57, et alors le quotient de 2097 par 49×57 ou par 2693 sera le quotient demandé. — La règle générale est donc de réduire le dividende en une seule fraction, de multiplier ensuite le diviseur par le dénominateur de cette fraction, et de diviser seulement le numérateur par ce dernier produit. 2° Si le dividende et le diviseur sont tous deux complexes, on pourra se servir de plusieurs opérations préparatoires, dont la plus simple est de rendre le diviseur incomplexe en le réduisant en unités de l'ordre le plus bas de celles qu'il contient ; soit par exemple : 48 livres sterlings 16 shellings 6 pences à diviser par 350 toises 5 pieds 10 pouces, on réduira le diviseur en pouces, ce qui s'exécutera en multipliant d'abord 350 par 5 pour avoir le nombre de pieds contenus dans 350 toises ; on ajoutera 5 à ce nombre 2100, puis on multipliera 2105 par 12 pour avoir le nombre de pouces contenus dans 2105, ajoutant 10 enfin à ce dernier nombre 25260, on saura que le diviseur proposé est équivalent à 25270 pouces. Or, une toise contenant 72 pouces, le nombre précédent, comparé à l'unité, est donc la fraction

$$\frac{25270}{72}$$

et c'est par cette fraction qu'il faut diviser 48 l. 16 s. 6 p. Pour faire disparaître le dénominateur 72, il ne s'agit donc plus que de multiplier le dividende et le diviseur par ce nombre, ce qui ne change pas le quotient ; le second devient alors simplement 25270, et le premier, en opérant la multiplication, devient (*V.* Multiplication) 3515 liv. 8 sous. Voici les détails de l'opération, pour laquelle il faut savoir que la livre sterling vaut 20 shellings et le shelling 12 pences :

	3515 l 8s	25270
	20	0 l 2s 9p
Schellings........	70300	
	8	
	70308	
Reste schellings.....	19768	
	12	
	39536	
	19768	
Pences.....	237216	
Reste....	9786	

Le quotient demandé est donc 2 sc. 9 p., plus $\frac{9786}{25270}$ de pence. Il faut observer dans toute division que le diviseur doit toujours être considéré comme un nombre abstrait, et que le quotient ne peut être d'une autre nature que le dividende. En effet, une division quelconque ayant pour but de trouver le nombre qui, ajouté à lui-même un nombre de fois donné, en produit un autre également donné, il est évident que le nombre cherché est de même nature que celui qu'on doit produire, ou que le dividende ; tandis que le diviseur, exprimant seulement le nombre de fois que le quotient est contenu dans le dividende, est essentiellemant un nombre abstrait. Si donc l'on divise des livres sterlings par des toises, c'est qu'une telle division est le résultat d'une question qui considère seulement le rapport des nombres entre eux, indépendamment de leur nature. Ainsi, par exemple, si l'on savait que 350 toises 5 pieds 10 pouces d'un certain ouvrage de maçonnerie ont coûté la somme de 48 livres 16 schellings 6 pences, et qu'on voulut connaître, à l'aide de ces nombres, quel est le prix de la toise, il s'agirait de savoir d'abord quel est le rapport entre une toise et le nombre en question, car si une toise est la centième, la deux centième, etc., partie de ce nombre, son prix sera la centième partie, la deux centième, etc., de la somme connue ; c'est-à-dire que pour obtenir ce prix il suffira de multiplier cette somme par 100 ou 200, ou etc. ; mais le rapport d'une toise à 350 toises 5 pieds 10 pouces est ce nombre lui-même, car en réduisant tout en pouces ce rapport est le même que celui de

72 pouces à 25270 pouces,

ou que le nombre abstrait

$$\frac{25270}{72}$$

C'est donc seulement pour abréger qu'on sous-entend la nature abstraite du diviseur et qu'on lui conserve les dénominations des nombres concrets dont il est le rapport. — 3° Lorsque le diviseur seul est complexe, on ramène l'opération à une division simple en opérant sur lui comme dans le cas précédent. — La division complexe, dans le cas des fractions décimales, a été déjà exposée ci-dessus n° 16.

19. Division algébrique. Nous avons vu Algèbre, n° 10, comment les signes du dividende et du diviseur déterminent ceux du quotient, nous rappelerons seulement ici, en désignant par A un dividende quelconque, par B le diviseur et par C le quotient, qu'on a en général :

$$\frac{+A}{+B} = +C \qquad \frac{+A}{-B} = C$$

$$\frac{-A}{B} = -C \qquad \frac{-A}{B} = +C$$

20. La division d'un polynome par un monome s'opère en divisant chaque terme du polynome en particulier. Il est évident que

$$\frac{A+B-C+D-\text{etc.}}{M} = \frac{A}{M} - \frac{B}{M}\frac{C}{M} + \frac{D}{M} - \text{etc.}$$

la raison de cette règle est évidente. Tant que les lettres du dividende et du diviseur sont différentes on ne peut opérer aucune réduction sur les résultats ; mais lorsqu'il y a des lettres semblables ou des coefficients numériques, ces résultats peuvent être simplifiés. Soit, par exemple $6a^2\,6 - 4\,ac^2 + 2b^2c$ à diviser par $2ac$, on a d'abord par la règle générale

$$\frac{6a^2b - 4ac^2 + 2b^2o}{2ac} = \frac{ca^2b}{2ac}\;\frac{4ae^2}{2ac} + \frac{26^2c}{2ac}$$

Mais en examinant chaque terme du quotient, on voit que les numérateurs et les dénominateurs ont des facteurs communs qui peuvent être conséquemment retranchés sans changer la valeur des termes ; ainsi :

$$\frac{6b^2b}{2ac} \text{ se réduit à } \frac{2ab}{c}$$

en divisant les deux termes de cette fraction par le facteur commun $2a$;

$$\frac{4ac^2}{2ac} \text{ se réduit à } 2\,c$$

en divisaut les deux termes par $2ac$; et enfin

$$\frac{2^2c}{2ac} \text{ se réduit à } \frac{b^2}{a}$$

en divisant les deux termes par $2ac$. Le quotient demandé est donc seulement

$$\frac{3ab}{c} - 2c + \frac{b^2}{a}$$

Second exemple. Le polynome $15a8b^3c^6 - 3a^3c'' + 5b^8c^7$, divisé par $15a^6b^7$ devient

$$\frac{15a^8b^3c^6}{15a^6b^7} - \frac{3a^3c''}{15a^6b^7} + \frac{5b^8c^7.}{15a^6b^7}$$

et se réduit à

$$\frac{a^2c^6}{b^4} - \frac{c''}{5a^3b^7} + \frac{bc^7}{3a^6}$$

après le retranchement des facteurs égaux des deux termes de chaque fraction, on peut encore donner à ce quotient la forme

$$a^2b^{-4}c^6 - \tfrac{1}{5}a^{-3}b^{-7}c'' + \tfrac{1}{3}a^{-6}bc^7$$

en se servant d'exposants négatifs, puisqu'on a en général $\frac{1}{A^m} = A^{-m}$ (*V.* Algèbre, n° 24). — 21. La méthode qu'on emploie pour diviser un polynome par un autre polynome est à peu près semblable à celle que nous avons donnée ci-dessus pour les nombres. On ordonne d'abord le dividende et le diviseur par rapport à une même lettre, commune à l'une et à l'autre, de manière que les puissances consécutives aillent en décroissant du premier terme au dernier. On divise ensuite le premier terme du dividende par le premier du diviseur, d'après les règles que nous venons d'exposer pour les monomes, le quotient qu'on obtient est le premier terme du quotient général demandé. Multipliant le diviseur par le premier terme trouvé, et retranchant le produit du dividende, on a un premier reste dont le premier terme, divisé par le premier terme du diviseur, donne pour résultat le second terme du quotient. Opérant ensuite comme ci-dessus, on obtient un second reste, lequel sert de la même manière à la détermination du troisième terme du quotient, et ainsi de suite, jusqu'à ce qu'on trouve 0 pour reste, ou un reste qui ne puisse plus être divisé.

Exemple Ier. On demande le quotient de la division de $3a^3\ 9a^2-5a-15$ par $3a^2-5$

$$\begin{array}{l|l} 3a^3+9a^2-5a-15 & 3a^2-5 \\ -3a^3 \quad +5a & a+3 \text{ quotient} \\ \hline \quad 9a^2-15 \text{ premier reste,} & \\ \quad -9a^2+15 & \\ \hline \quad 0 \text{ second reste} = 0 & \end{array}$$

Les produits de $3a^2-5$ par a et par 3 sont $3a^3-5a$ et $9a^2-15$; mais pour les soustraire il faut changer les signes et ils deviennent $-3a^3+5a$, $-9a^2+15$.

Exemple IIe. On veut diviser $4a^3-17a6^2+26^3$ par $a+26$.

$$\begin{array}{l|l} 4a^3-17ab^2+2b^3 & a-2b \\ -4a^3+8a^2b & 4a^2-8ab-b^2 \text{ quotient} \\ \hline +8a^2b-17ab^2 \text{ premier reste,} & \\ -8a^2b+16ab^2 & \\ \hline -ab^2+2b^3 \text{ second reste,} & \\ +ab^2-2b^3 & \\ \hline 0 \text{ troisième reste.} & \end{array}$$

Exemple IIIe. Divisez a^m-b^m par $a-b$

$$\begin{array}{l|l} a^m-b^m & a-b \\ -a^m+a^{m-1}b & a^{m-1}+a^{m-2}b+a^{m-3}b^2+a^{m-4}b^3+ \text{ etc.} \\ \hline +a^{m-1}b-b^m & \\ -a^{m-1}b+a^{m-2}b^2 & \\ \hline +a^{m-2}b^2-b^m & \\ -a^{m-2}b^2+a^{m-3}b^3 & \\ \hline +a^{m-3}b^3-b^m & \\ -a^{m-3}b^3+a^{m-4}b^4 & \\ \hline +a^{m-4}b^4-b^m & \\ \text{etc., etc.} & \end{array}$$

L'opération ne pourra se terminer tant que l'exposant m restera ainsi général, mais il est facile de saisir la loi des termes du quotient; en effet, on voit que les puissances de a décroissent à mesure que celles de b deviennent plus grandes, et on pourra conclure par analogie que le dernier terme de ce quotient général est a^0 et que ce quotient lui-même est

$$a^{m-1}+a^{m-2}b+a^{m-3}b^2+\text{ etc.}$$
$$+a^2b^{m-3}+ab^{m-2};$$

pour s'en assurer il ne faut que multiplier par $a-b$, ce qui donne

$$a^m+a^{m-1}b+a^{m-2}b^2+\text{ etc.}$$
$$+a^3b^{m-3}+a^2b^{m-2}+ab^{m-1}$$
$$-a^{m-1}b-a^{m-2}b^2-\text{ etc.}$$
$$-a^3b^{m-3}-a^2b^{m-2}-ab^{m-1}-b^m$$

dont la somme est effectivement a^m-b^m.

Exemple IVe. Diviser $a^3-ab^2+b^3$ par $a+b$.

$$\begin{array}{l|l} a^3-ab^2+b^3 & a+b \\ -a^3-a^2b & a^2-ab \\ \hline -a^2b-ab^2 & \\ +a^2b+ab^2 & \\ \hline +b^3 & \end{array}$$

Le quotient sera donc égal à a^2-ab, plus la fraction $\dfrac{b^3}{a+b}$, comme ici le numérateur ne contient plus la lettre a, on ne peut continuer la division sans trouver des termes fractionnaires, et alors, dans ce dernier cas, lorsqu'on veut continuer la division, on peut la pousser à l'infini, car il n'y a plus de raison pour s'arrêter à un terme plutôt qu'à un autre; le quotient, pris donc en général, est composé d'un nombre infini de termes, dont chacun peut être déterminé par une loi très simple au moyen de ceux qui le précèdent, comme nous allons le voir par le cas dont il est question.

$$\begin{array}{l|l} b^3 & a+b \\ -b^3\ \dfrac{b^4}{a} & \dfrac{b^3}{a}\ \ \dfrac{b^4}{a^2}+\dfrac{b^5}{a^3}-\dfrac{b^6}{a^4} \text{ etc.} \\ \hline -\dfrac{b^4}{a} \text{ premier reste,} & \\ +\dfrac{b^4}{a}+\dfrac{b^5}{a^2} & \\ \hline +\dfrac{b^5}{a^2} \text{ second reste,} & \\ -\dfrac{b^5}{a^2}-\dfrac{b^6}{a} \text{ troisième reste,} & \\ \text{etc.} & \end{array}$$

La loi des termes du quotient est facile à saisir, leur forme générale est $\dfrac{b^{m+2}}{a^m}$ et ils sont alternativement positifs et négatifs. On peut encore exprimer cette dernière circonstance en observant que $(-1)^{m+1}$ est positif toutes les fois que m est impair; c'est-à-dire que $m=1, 3, 5, 7$, etc., et négatif lorsqu'il est pair, c'est-à-dire que $m=2, 4, 6, 8$, etc. En effet, lorsque m est impair, $m+1$ est pair, et $(-1)^{m+1}=+1$; lorsque m est pair, $m+1$ est impair, et $(-1)^{m+1}=-1$; ainsi la forme absolument générale des termes de ce quotient est

$$(-1)^{m+1}\frac{b^{m+2}}{a^m}$$

Connaissant ainsi cette forme générale, pour trouver un terme quelconque, le quatrième par exemple, il faut y faire $m=4$ et on obtient

$$-\frac{a^6}{b^4}$$

pour ce terme, comme nous l'avons obtenu ci-dessus par la division. On appelle en général *suite* ou *série* une quantité composée, comme le quotient en question, d'un nombre indéfini de termes, et terme général de cette suite une expression telle que $(-1)^{m+1}\dfrac{b^{m-2}}{a^m}$, dont on peut tirer tous les termes qui la composent. Les restes successifs de cette division sont aussi liés par une loi très simple; en examinant leur génération

$$-\frac{b^4}{a}+\frac{b^5}{a^2},-\frac{b^6}{a^3},+\frac{b^7}{a^4}, \text{ etc.};$$

on voit avec facilité que leur forme générale est

$$(-1)^m.\frac{b^{m+3}}{a^m}$$

Si on voulait terminer l'opération au premier, second, troisième reste, etc., pour le quotient, il faudrait alors lui ajouter une fraction dont le dernier reste serait le numérateur et le diviseur le dénominateur: c'est ainsi qu'on pourrait avoir

$$\frac{b^3}{a+b}=\frac{b^3}{a}-\frac{b^4}{a(a+b}$$

$$\frac{b^3}{a+b}=\frac{b^3}{a}-\frac{b^4}{a^2}+\frac{b^5}{a^2(a+b)}$$

$$\frac{b^3}{a+b}=\frac{b^3}{a}-\frac{b^4}{a^2}+\frac{b^5}{a^3}-\frac{b^6}{(a^3+b)}$$

etc. etc.

Mais en considérant le quotient dans toute sa généralité, la fraction $\frac{a^3}{a+b}$ est exprimée par la suite indéfinie $\frac{b^3}{a+b} = \frac{b^3}{} - \frac{b^4}{a^2} + \frac{b^5}{a^3} - \frac{b^6}{a^4} - \frac{b^7}{a^5}$, etc.

22. Nous allons, avant de terminer cet article, examiner les différentes formes sous lesquelles les *suites* produites par la division peuvent se présenter. La division de a par $a-b$, donne, en suivant les principes exposés ci-dessus

$$\frac{a}{ab} = 1 + \frac{b}{a} + \frac{b^2}{a^2} + \frac{b^3}{a^3} + \frac{b^4}{a^4} + \text{etc.}$$

Si dans cette égalité on fait $a=b$, elle deviendra

$$\frac{a}{0} = 1+1+1+1+1+1+1+1+ \text{etc.}$$

Le second membre de cette égalité, pris dans sa généralité, est nécessairement *infiniment grand*; ainsi la division d'un nombre quelconque par 0 produit l'*infini*. Effectivement, si l'on considère ce que devient un quotient dont on diminue successivement le diviseur, on remarquera sa croissance rapide

$$\frac{a}{a}=1, \frac{a}{\frac{1}{2}a}=2a, \frac{a}{\frac{1}{4}a}=4a, \frac{a}{\frac{1}{8}a}=8a, \frac{a}{\frac{1}{160}a}=160\,a$$

Donc, lorsque le diviseur devient infiniment petit ou zéro, le quotient est infiniment grand; c'est ce qui donne l'égalité en question.

23. En faisant dans la même fraction... $\frac{a}{a-b}$, $a=1$ et $b=\frac{1}{2}$ on a

$$\frac{1}{1-\frac{1}{2}}$$

ou $$2=1+\frac{1}{2}+\frac{1}{4}+\frac{1}{8}+\frac{1}{16}+ \text{etc.}$$

Dans cette suite, les termes devenant de plus en plus petits, on voit facilement qu'on peut, en n'en prenant qu'une quantité déterminée, obtenir des valeurs rapprochées du nombre 2, qui est ici la valeur totale de la suite. En effet on a

$$1+\frac{1}{2}\frac{3}{2}, 1+\frac{1}{2}+\frac{1}{4}=\frac{7}{4}, 1+\frac{1}{2}+\frac{1}{4}+\frac{1}{8}=\frac{15}{8},$$
$$1+\frac{1}{2}+\frac{1}{4}+\frac{1}{8}+\frac{1}{60}=\frac{35}{16}, \text{ etc.}$$

et il est évident que les quantités 1, $\frac{3}{2}$, $\frac{7}{4}$, $\frac{15}{8}$ $\frac{31}{16}$ diffèrent d'autant moins de 2 qu'il entre dans leur composition un plus grand nombre de termes de la suite. Des suites dont les termes sont ainsi de plus en plus petits se nomment *convergentes* à cause de leur propriété de pouvoir donner, au moyen d'un nombre *limité* de leurs termes, des valeurs approchées de la valeur générale qu'elles expriment par la *totalité* de ces mêmes termes. L'usage de ces suites est d'un grand avantage dans l'algèbre, pour obtenir les valeurs approximatives des quantités qui ne peuvent s'exprimer exactement ni par des nombres entiers, ni par des nombres fractionnaires, tels que $\sqrt{3}$, etc.

24. Faisant actuellement $a=1$ et $b=-1$, nous aurons

$$\frac{1}{1+2} \text{ ou } \frac{1}{3} = 1-2+4-8+16-32+64- \text{etc.}$$

Cette suite diffère essentiellement de la précédente, car en additionnant successivement deux, trois, quatre, etc, de ces termes, on obtient des quantités

$$1, -1, +3, -5, +11, \text{ etc.}$$

qui s'éloignent de plus en plus de la fraction $\frac{1}{3}$, valeur générale de la suite: ici, quelque grand que soit le nombre des termes qu'on voudrait prendre, on ne pourrait rien conclure sur la valeur qu'exprime cette suite, à laquelle on donne pour cette raison le nom de *divergente*; ce n'est, comme nous le verrons en son lieu, qu'en les considérant dans le nombre *indéfini* de leurs termes que les *suites divergentes* ont une signification ou une valeur générale déterminée. Nous verrons aussi que les suites divergentes peuvent être, au moyen de certains procédés, transformées en suites convergentes (*V.* CONVERGENT et SÉRIE).

DIVISION (*géom.*). Diviser une ligne par une autre, c'est chercher combien de fois cette ligne contient l'autre, et alors on les compare toutes deux à une troisième ligne prise pour unité, ce qui donne le moyen de les exprimer par des nombres. Par exemple, soit à diviser la ligne A par la ligne B, et soit C l'unité de mesure; supposons de plus que A contienne m unités, et B n unités; le quotient de m par n exprimera le nombre d'unités C, que contient le quotient de la ligne A par la ligne B, mais sans avoir besoin de recourir aux nombres, ce dernier quotient, ou la ligne qui le représente, peut toujours être obtenu par une construction géométrique. En effet,

$$\frac{A}{B} = \frac{A \times 1}{B}$$

et $\frac{A \times 1}{B}$ se construit en prenant une quatrième proportionnelle aux trois lignes A, B, et 1 ou C (*V.* APPLICATION, n° 8). On obtiendra le quotient d'un produit de lignes droites a, b, c, d, etc., en nombre quelconque, par un autre produit d'autres lignes droites m, n, o, p, etc., en nombre également quelconque, par des constructions successives de quatrièmes proportionnelles, si l'on avait par exemple $a \times b \times c$ à diviser par $m \times n$, comme le quotient,

$$\frac{a.\ b.\ c.}{m.\ n} = \frac{a.\ b.}{m} \times \frac{c}{n},$$

on chercherait d'abord la quatrième proportionnelle aux trois lignes a, b, m, et en la désignant par x, on aurait

$$\frac{a.\ b.\ c}{m.\ n} = \frac{x.c.}{n}$$

construisant ensuite la quatrième proportionnelle aux trois lignes x, c, n, on aurait le quotient demandé. Tant que le nombre des dimensions du dividende surpasse d'une unité celui des dimensions du diviseur, on voit aisément qu'en agissant de la même manière, on parviendra à trouver une dernière quatrième proportionnelle, qui sera le quotient général. Dans tous les autres cas il faudra connaître l'unité de mesure et ajouter cette unité comme facteur, soit au dividende, soit au diviseur, de manière que le nombre des facteurs du dividende surpasse d'une unité celui des facteurs du diviseur. Par exemple, on donnera au quotient de

$$\frac{a.\ b.\ c.}{m.\ n.\ p.\ p}$$

la forme... $$\frac{a.b.c.1.1}{m.\ n\ p.\ b}$$

et au quotient de... $$\frac{a.\ b.\ c.\ d}{m.}$$

la forme.... $$\frac{a.\ b.\ c.\ d}{m.\ 1}$$

ce que l'on peut ensuite construire aisément par une suite des quatrièmes proportionnelles. — DIVISION DU CERCLE. (*V.* POLYGONE, CENTÉSIMALE et SEXAGÉSIMALE.

DIVISIONNAIRE, de division. Il ne s'emploie guère que dans ces dénominations: *Inspecteur divisionnaire*, celui qui est chargé d'une inspection dans une certaine étendue de territoire. *Capitaines divisionnaires*, ceux qui commandent les divisions quand elles marchent ou défilent de front, ou quand elles opèrent isolément.

DIVITIAC, chef des Éduens, membre du collége des Druides, fut ami de César et de Cicéron. Il reçut du Sénat le titre d'allié des Romains, auxquels il resta toujours fidèle. César accorda à Divitiac le pardon de Dunmorix, son frère, condamné à perdre la vie pour sa perfidie envers les Romains. — Un autre Divitiac, roi des Suessons et de la Grande-Bretagne, occupait le trône peu avant l'entrée de César dans les Gaules.

DIVO ou DIVUS (ANDRÉ), né à Capo d'Istria au commencement du XVIe siècle, fut puissamment protégé par le cardinal Al-Farnèse. Il a traduit en latin les œuvres d'Homère, les comédies d'Aristophane et celles de Théocrite. Ces diverses traductions sont fort peu estimées.

DIVOEUS, ou VAN DIEVE (PIERRE), né à Louvain en 1536, célèbre par son érudition historique. En 1575, il fut chargé de rechercher les chartes et les priviléges de la ville de Louvain, ce qui le mit à même de composer plusieurs excellents ouvrages sur les antiquités de cette ville en particulier et sur celles de toute la Belgique.

DIVORCE. Dieu est le type de tout ce qui existe: il a imprimé son nom et ses divins attributs dans toutes ses œuvres. Ainsi l'unité et la perpétuité qui caractérisent et constituent sa puissance et sa force se trouvent en tout et partout. Nous les voyons principalement dans le mariage, cette société formée par Dieu même entre l'homme et la femme pour s'entr'aider mutuellement, pour propager et conserver des êtres qui leur sont semblables. Les livres saints nous font connaître l'histoire si instructive de sa divine institution. Au commencement des temps après avoir créé l'homme, le seigneur dit aussi, il n'est pas bon que l'homme soit seul, faisons lui un aide semblable à lui; mais il ne le tire pas du néant comme l'homme, il oublie pour ainsi dire qu'il peut créer, il prend cet aide dans la propre substance de l'homme. Il envoie un sommeil profond à Adam, et lorsqu'il est endormi il tire une côte ou plutôt un côté de son corps et en forme la femme. Adam en la voyant, s'écrie : Voilà l'os de mes os et la chair de ma chair; et comme il avait donné un nom à tous les animaux en signe de sa supériorité, il imposa aussi à la femme le nom d'Ircha, qui signifie : qui vient de l'homme, qui lui est semblable, qui lui appartient, et dictant en même temps à toute sa postérité la loi fondamentale du mariage, il ajoute : *L'homme quittera son père et sa mère et s'attachera à sa femme, et ils seront deux dans une seule chair.* Ainsi le mariage, suivant sa divine institution, forme entre l'homme et la femme une union indissoluble de leur cœur et de leur corps, ils ne font plus qu'un, union par conséquent plus intime et plus étroite qu'entre les parents et leurs enfants, puisque ceux-ci quittent leurs pères et mères pour s'attacher à leurs époux, union encore indissoluble puisque Dieu en étant l'auteur et le lien, il ne peut être permis de le rompre. Le mariage conserva son caractère de perpétuité, soit dans les familles des patriarches, soit chez les premiers peuples dont l'histoire fasse mention. Ce ne fut que sur un ordre divin qu'Abraham renvoya Agar et son fils Ismaël, et encore même Dieu vint-il au secours de cette épouse infortunée pour nous montrer que le sort de la femme répudiée est digne de compassion. Les premières lois de Rome interdisaient le divorce, dit Denys d'Halicarnasse, et il régnait une admirable harmonie entre les époux. Chez les Romains des premiers siècles, dit Plutarque, les femmes qui allaient se marier étaient obligées de toucher l'eau et le feu, afin d'apprendre quelles ne devaient pas se séparer de leurs maris, lors même qu'ils n'auraient pas d'autres biens communs, que l'eau et le feu. Pour mettre la nouvelle mariée au lit on n'employait que des femmes mariées et qui n'avaient eu qu'un mari, afin de montrer que le mariage était perpétuel. Suivant Valère Maxime, les secondes noces étaient un aveu d'intempérance et étaient vues avec défaveur. Lorsque la discorde se glissait entre deux époux on les menait devant l'autel de Junon, qui présidait à l'union conjugale, et on les conjurait de se désister du malheureux dessein de séparer ce que le ciel, la terre, la nature et la société avaient uni. Chez les Grecs des premiers âges, l'union des époux n'avait pas d'autres limites que celle de la vie. Ce peuple n'a pas de plus beaux noms à offrir à notre admiration que ceux des Pénélope et des Artémise. Mais, égarés par leurs passions, les hommes méconnurent à la longue l'œuvre de Dieu, et altérèrent la sublime institution du mariage. La polygamie et la répudiation portèrent le trouble et le désordre dans la famille et dans la société. La polygamie dont nous n'avons pas d'ailleurs à nous occuper dans cet article, consiste dans la faculté d'avoir plusieurs femmes à la fois. Cette loi n'était pas sans doute contraire à l'institution du mariage, puisqu'elle ne méconnaissait pas le pouvoir domestique, et qu'elle laissait au mari toute l'autorité dans la famille, elle était même nécessaire à une époque où la terre était en grande partie déserte. Aussi son usage n'est-il pas condamné dans les patriarches, et fut toléré chez les juifs. Mais c'était une loi imparfaite, ne pouvant convenir à une époque où la population était parvenue à son accroissement normal. Plaçant plusieurs rivales dans la famille, elle en brisa à la longue l'unité et l'harmonie; elle y fit naître des intérêts opposés, elle y excita des divisions, des querelles, elle rendit tyrannique le pouvoir du mari, elle se montra enfin dans des siècles de corruption avec toute sa laideur, elle produisit la servitude de la femme et des enfants, ainsi que la mutilation d'un grand nombre d'hommes pour laisser à quelques riches de plus grandes jouissances. La répudiation qui était le droit donné au mari de renvoyer son épouse, appartenait aussi à l'état imparfait de la société, elle frappa d'une manière plus directe que la polygamie l'institution du mariage, en séparant deux existences qui n'en faisaient qu'une. C'était une loi dure qui faisait de l'aide, de la compagne de l'homme, son esclave, et la rendait, lorsqu'elle avait lieu pour cause de stérilité, victime d'un tort qui pouvait être aussi celui du mari. Toutefois la prééminence, l'autorité de l'homme n'étant pas méconnues dans la répudiation, qui ne pouvait jamais être exercée par la femme, l'ordre établi par le créateur ne fut pas renversé. D'un côté le droit de commander, d'un autre le devoir d'obéir, furent conservés. Moïse ayant établi la peine de mort contre l'épouse infidèle, permit la répudiation. Cependant il en prévint l'abus en prescrivant que celui qui accuserait légèrement une femme serait battu de verges et paierait une amende considérable. Nous lisons dans les livres saints que l'autel pleure sur celui qui a renvoyé sa jeune épouse, qu'il ne faut pas mépriser la femme de sa jeunesse, que Dieu est intervenu comme témoin entre elle et son mari, et que celui qui agit ainsi est couvert d'iniquités. La répudiation fut introduite dans les lois des Romains après l'expulsion des rois, du temps de la république; mais repoussée par les mœurs de ce peuple, il s'écoula beaucoup de temps sans que l'on en vit un seul exemple. Le premier fut donné, l'an de Rome cinq cent vingt-trois, par Corvelius Rugo qui, à la sollicitation des censeurs, renvoya sa femme pour cause de stérilité; son action fut blamée par le peuple qui, plus sage que ses magistrats, comprit mieux que le mariage n'a pas seulement pour but la procréation des enfants, mais qu'il oblige aussi les époux à une assistance, à une fidélité, qui ne prennent fin qu'avec la vie. Mais ce n'est pas en vain que l'on porte atteinte à une institution aussi sainte que le mariage : les mœurs s'étant affaiblies, l'exemple de Corvilius Rugo eut une triste influence, les répudiations devinrent nombreuses et les lois qui, chez les Romains, travaillaient incessamment à la corruption des familles, étendirent les cas de répudiation. Chez les juifs également, la corruption se développant, les répudiations devinrent communes, et leurs docteurs les plus accrédités enseignaient qu'un mari peut renvoyer sa femme pour en épouser une plus belle ou seulement parce quelle a laissé brûler le bouillon. Les mauvaises mœurs et les mauvaises doctrines qui les avaient produites, et qu'elle soutenaient à leur tour, gagnant toujours du terrain, les femmes usèrent aussi de la répudiation et renvoyèrent leurs maris. L'histoire nous en montre des exemples même chez les juifs. C'est alors que se montra le divorce. Les hommes et les femmes reçurent des lois chez plusieurs peuples la faculté de rompre leur liens. Athènes fut la première ville grecque où le divorce fut en usage; on sait qu'il y produisit ainsi que dans les autres villes grecques et à Rome des mœurs infâmes et des crimes monstrueux. La volonté de rompre les liens qui les unissait se rencontrait souvent dans les deux époux, les lois romaines admirent le divorce par consentement mutuel et pour incompatibilitée d'humeur, il n'y eut plus alors de mariage. L'adultère devint légal, l'état habituel. La dégradation des mœurs devint si profonde qu'Auguste fut obligé de forcer les patriciens de prendre des épouses et de porter la loi Papia pour empêcher les mauvaises mœurs de dépeupler l'empire, et d'abâtardir les races. L'effet de cette loi fut peu sensible ou de peu de durée, elle n'empêcha pas les divorces de se multiplier, ainsi que nous pouvons nous en convaincre par les éloquentes satires de Juvénal. Sénèque nous apprend que les femmes comptaient leur années par le nombre de leurs maris et non par les fastes des consuls. Saint Jérôme parle dans ses écrits d'une femme qui avait eu vingt-deux maris. Disons, toutefois, que malgré l'altération profonde que les passions et les fausses religions faisaient subir au mariage, les payens même dans le temps de leur plus profonde dégradation s'accordaient partout pour reconnaitre au mariage un caractère de perpétuité. La définition de la loi romaine que le mariage est *un contrat formé par le consentement des époux dans l'intention de s'unir pour la vie*, représente l'opinion de tous les peuples. On lit sur les monuments funéraires de l'époque la plus corrompue de l'empire romain l'éloge de l'unité, de l'indissolubilité du lien conjugal : *Conjugi piæ uniclitæ, univiri.* Lorsque Tacite peint les mœurs des Germains, il les met beaucoup au-dessus de celles des autres, peuples parce qu'ils n'ont qu'une femme, parce que la jeune fille qui reçoit le mari qu'on lui destine ne le reçoit pas comme mari seulement, mais comme le mariage tout entier. Les sophistes du dernier siècle et ceux du nôtre en ont donc imposés à la bonne foi de leurs lecteurs lorsqu'ils ont dit que le divorce a existé chez tous les peuples et à toutes les époques. Les nations de l'antiquité au temps de leur grandeur ne le connaissaient pas. Du temps de la force de l'empire, dit madame Necker, le divorce eût été regardé comme une loi de démence. Si on l'a trouvé établi dans le Mexique et chez diverses peuplades sauvages de l'Amérique, c'est parce que les habitants de ces contrées étaient livrés à une profonde corruption. L'ignorance et l'abrutissement des tribus américaines prouvent qu'elles ne formaient pas des peuples primitifs, mais bien des peuples dégénérés expiant quelque faute qui nous est inconnue. Ce qu'on aperçoit d'ailleurs des vestiges des mœurs asiatiques, dans les coutumes de ces peuples et les ruines dont le sol américain est couvert attestent en même temps et leur ancienne grandeur et le crime dont ils éprouvent le châtiment. Ce n'est pas, au surplus, par la vie sauvage que les peuples peuvent commencer, on ne la conçoit que comme une punition. Des peuples qui n'auraient aucune pensée civilisatrice, qui se mangeraient entre eux comme des tigres et des léopards, n'arriveraient jamais à un ordre régulier et stable. Ce n'est pas non plus par le divorce que la famille a pu commencer; il l'aurait au contraire empêché de se former, puisqu'il divise les époux et les éloignent l'un de l'autre. On ne le conçoit aussi, et on ne le voit naître en effet que dans des temps où les liens de la famille et de la société s'affaiblissent, qu'à des époques d'égoïsme et d'avilissement. C'est dans l'état de dégradation dont nous avons parlé plus haut que le fils de Dieu trouva la société. Il lui enseigna toute vérité et restitua au mariage ses véritables caractères, l'unité et l'indissolubilité, en l'élevant à la dignité de sacrement. On sait que les Pharisiens, bien qu'ils fussent toujours confondus par notre divin maître, ne cessaient de lui tendre de nouveaux piéges. La question du divorce étant alors très agitée parmi les docteurs juifs, ils lui demandèrent, dans le dessein perfide de lui faire prononcer une déclaration contraire à la loi, s'il était permis à un homme de répudier sa femme pour quelque cause que ce fût; l'affirmative était soutenue par l'école d'Hillel, et la négative par celle de Schammah, qui décidait que le divorce ne pouvait avoir lieu que pour cause d'adultère. Les deux écoles avaient la prétention de se fonder sur la loi, et il semblait aux Pharisiens que notre Seigneur ne pouvait s'élever contre le sentiment de l'une et de l'autre école, sans se mettre en opposition avec l'Écriture-Sainte. Mais Jésus-Christ remontant à la divine institution du mariage décida que le divorce ne pouvait avoir lieu pour aucune cause et il expliqua, que si Moïse avait dérogé à cette institution primitive, c'était à cause de la dureté du cœur des enfants d'Israël. Il est vrai que les protestants et les philosophes prétendent que la réponse du Sauveur, rapportée par saint Marc et saint Luc, ne s'accorde pas avec celle que saint Mathieu reproduit, et se fondant sur le texte de ce dernier, ils concluent que Jésus-Christ permet le divorce pour cause d'adultère. En vérité, l'Evangile de saint Mathieu ne peut se prêter à cette funeste interprétation. En combinant son texte avec celui des autres Évangiles, en bien pesant les termes dont-ils se servent, on reconnaît qu'ils s'accordent parfaitement, et que Jésus-Christ dans saint Mathieu, saint Marc et saint Luc, proscrit le divorce et proclame l'unité et l'indissolubilité du lien conjugal. Nous lisons d'abord au chapitre V de saint Mathieu, *que quiconque quitte sa femme si ce n'est pour cause d'adultère, la fait devenir adultère, et que celui qui épouse une femme que son mari a répudiée commet un adultère.* Au chapitre XIX, nous lisons que Jésus-Christ répondit aux Pharisiens, qui pour le tenter lui demandaient s'il était permis de renvoyer sa femme pour quelque cause que ce fut, *que Dieu créa au commencement un homme et une femme, et qu'il dit que l'homme quitterait son père et sa mère et s'attacherait à sa femme, qu'ainsi ils seraient deux dans une même chair. Ainsi ils ne sont plus deux mais une seule chair. Que l'homme ne sépare point ce que Dieu a uni, et comme les Pharisiens lui demandaient d'où venait que Moïse avait permis de répudier sa femme, il leur répondit, à cause de la dureté de votre cœur, mais il n'en était pas ainsi dans le commencement, quiconque renvoie sa femme, hors le cas d'adultère, et en épouse une autre commet un adultère, et celui qui épouse une femme répudiée commet un adultère.* Qu'on torture tant que l'on voudra les paroles du Sauveur, d'après saint Mathieu, jamais on n'en fera sortir la permission du divorce. S'il permet de renvoyer sa femme dans le cas de l'adultère, il n'entend parler évidemment que d'une séparation, mais il ne veut pas que les liens qui unissent le mari et la femme soient rompus, il ne veut pas que le mari puisse épouser une autre femme; ce qui prouve certainement que le Sauveur ne voulait pas autoriser le divorce, c'est qu'il dit que celui qui épousera une femme répudiée commettra un adultère. Si la femme était devenue libre par l'effet de la répudiation, il n'y aurait pas eu de mal à s'unir avec elle; mais si malgré la répudiation de son mari elle reste encore engagée vis-à-vis de lui, ce dernier ne peut se trouver dégagé envers elle. S'il avait d'ailleurs toléré le divorce pour cause d'adultère, il n'aurait pas dit que Moïse ne l'avait souffert qu'à cause de la dureté du cœur des juifs, mais qu'il n'en était pas ainsi dès le commencement, que le mari et la femme n'étaient plus deux mais une seule chair, et que l'homme ne pouvait briser une union que Dieu lui-même avait formée. Saint Marc, au chapitre X de son Évangile, rapporte à peu près dans les mêmes termes la question captieuse que les Pharisiens adressèrent au Sauveur, et la réponse qu'il leur fit; c'est dit Jésus, dans cet évangéliste, à cause de *la dureté de votre cœur*, que Moïse a permis de renvoyer sa femme, *mais dès le commencement du monde Dieu a formé un homme et une femme. C'est pourquoi l'homme quittera son père et sa mère et s'attachera à sa femme, et ils ne feront tous deux qu'une seule chair. Ainsi il ne seront plus deux, mais une seule chair : que l'homme ne sépare point ce que Dieu a joint.* Ses disciples, ajoute saint Marc, l'ayant interrogé sur le même sujet, il leur dit : *Quiconque renvoie sa femme et en épouse une autre commet un adultère à l'égard de la première, et si une femme quitte son mari et en épouse un autre, elle commet un adultère.* Nous trouvons aussi dans saint Luc, chapitre XVI, ces paroles du Sauveur : *Quiconque renvoie sa femme et en épouse une autre commet un adultère, et quiconque épouse celle que son mari a répudiée commet un adultère.* En quoi donc saint Marc et saint Luc diffèrent-ils de saint Mathieu. Dans l'Évangile de ce lui-ci, comme dans celui des deux autres, le Sauveur se montre également opposé au divorce. Dans tous les trois il autorise la séparation, mais il interdit un autre mariage, soit à la femme qui a été répudiée, soit à l'homme qui l'a répudiée. C'est du reste dans ce sens que l'Église catholique, seule dépositaire et interprète des enseignement du Sauveur, a expliqué les trois évangélistes. Aussi saint Paul l'apôtre des nations nous dit-il qu'une femme est liée par la loi du mariage à son époux tant qu'il vit, de sorte que si elle avait commerce avec un autre homme elle serait tenue pour adultère, mais que s'il vient à mourir elle est dégagée de la loi qui la liait et peut se marier à un autre homme sans être adultère. Le même apôtre nous dit dans son épître aux Corinthiens *que la femme ne doit pas se séparer de son mari, ni celui-ci de sa femme, ou que s'ils s'en séparent ils vivent sans se marier et se réconcilient, car ni l'un ni l'autre ne sont maîtres de leurs corps, le mari est maître du corps de sa femme, et celle-ci de celui de son mari.* Comparant aussi d'une manière merveilleuse l'union de l'homme et de la femme, à celle de Jésus-Christ et de son Église, il dit : *Que les femmes soient soumises à leurs maris comme au seigneur, parce que le mari est le chef de sa femme comme Jésus-Christ est le chef de l'Église, qui est son corps et dont il est aussi le sauveur. Comme donc l'Église est soumise à Jésus-Christ que les femmes soient soumises à leurs maris, et vous maris aimez vos femmes, comme Jésus-Christ aime l'Église, jusqu'à se livrer lui-même pour elle, afin de la sanctifier en la purifiant dans le baptême de l'eau par la parole de vie, pour la faire paraître devant lui n'ayant ni tache, ni ride, ni rien de semblable, mais étant sainte et sans aucun défaut. C'est ainsi que les maris doivent aimer leurs femmes comme son propre corps. Celui qui aime sa femme s'aime lui-même, et en a soin comme Jésus-Christ a soin de son Église, parce que nous sommes les membres de son corps, formés de sa chair et de ses os. C'est pourquoi l'homme quittera son père et sa mère et s'attachera à sa femme, et ils ne seront tous deux qu'une seule chair. Ce sacrement est grand en Jésus-Christ et en l'Église. Que chacun de vous aime donc sa femme et que la femme révère son mari.* Certes on ne saurait trouver des expressions plus formelles, plus magnifiques, pour préciser, pour caractériser l'unité, l'indissolubilité du lien conjugal, et pour proscrire le divorce. Aussi depuis dix-neuf siècles l'Église n'a pas eu d'autre doctrine. Ses docteurs, ses pontifes, disent unanimement que de même que Jésus-Christ n'a pas plusieurs Églises, l'homme ne peut avoir plusieurs femmes, et que de même que l'union de Jésus-Christ et de l'Église est éternelle, celle de l'homme et de la femme est perpétuelle. Tous nous disent que le mariage n'est pas un simple contrat civil, qu'il est essentiellement religieux, que c'est au nom du Dieu créateur du genre humain et pour le perpétuer que son ministre unit les époux, consacre leur union, que ce nœud prend une empreinte céleste dans la religion, et que chaque époux, comme le premier homme, reçoit de Dieu sa compagne, et qu'une union si auguste, dont la religion a fait un sacrement, ne peut être brisé par les hommes. Chose digne de remarque et qui prouve combien l'indissolubilité du lien conjugal est sacrée, c'est que le cathécumène qui est un homme nouveau aux yeux de l'Église n'est pas pour cela dégagé d'un mariage antérieur à sa conversion. Les passions luttèrent longtemps contre le dogme salutaire de l'indissolubilité du mariage, mais l'Église resta inébranlable, elle le maintint dans tous les siècles, dans tous les pays, et frappa de ses anathêmes ceux qui le violaient, soit qu'ils fussent placés au sommet de la société, soit qu'ils se trouvassent au dernier rang de l'échelle sociale. Grâce à cette persévérance du clergé, les erreurs de la philosophie et du paganisme se dissipant, les empereurs prescrivirent des bornes au divorce; les lois et les institutions se pénétrant peu-à-peu de l'esprit du catholicisme, l'indissolubilité du lien conjugal fut ordonnée dans toutes les nations catholiques. C'est bien faussement que quelques écrivains ont avancé que le divorce était admis en France sous les rois de la première race. L'Église de France n'a jamais cessé d'être catholique et elle ne l'aurait plus été cependant si elle avait reçu le divorce contrairement aux dogmes de l'Église universelle. Les princes mérovingiens ne portèrent non plus jamais aucune loi en sa faveur. Il est vrai que plusieurs d'entre eux essayèrent de rompre les liens qui les unissaient à leurs épouses légitimes, pour en contracter de nouveaux, mais leurs entreprises, considérées comme des attentats à la foi religieuse, furent constamment réprimées par les évêques. Ainsi, saint Germain de Paris retrancha de la communion des fidèles Caribert roi de Neustrie, pour avoir répudié son épouse légitime, et épousé une des femmes attachées à son service. Dagobert Ier, s'étant rendu coupable de la même faute, fût vivement réprimandé par saint Amand, qui subit diverses persécutions plutôt que de consentir à légitimer le scandale de ce prince. Sous les rois de la troisième race, les évêques s'élevèrent avec force, également, contre la répudiation qu'exerça le roi Philippe Ier contre la reine Berthe son épouse légitime. Le pape Urbain II, par deux sentences différentes, frappa le roi d'excommunication et mit le royaume en interdit. Par ces peines justement méritées, il ramena le roi au repentir, à l'ordre. Quelques années auparavant le saint pontife Grégoire VII avait adressé une lettre à Lanfranc archevêque de Cantorbéry, pour exciter sa sollicitude au sujet de la facilité avec laquelle les Écossais répudiaient leurs femmes. Les sectateurs du divorce ont voulu aussi se prévaloir des usages de la Pologne catholigne ; mais l'histoire aujourd'hui bien connue de ce pays nous apprend que les lois ecclésiastiques et civiles y reconnaissent et n'y consacrent, comme dans toute la catholicité, que l'indissolubilité du lien conjugal ; mais par suite d'abus déplorables on y admet les nullités des mariages avec beaucoup de facilité. L'on n'ignore pas du reste, la funeste influence de ces abus sur les mœurs, les institutions et l'existence de la nation polonaise. Si l'église de Rome avait admis le divorce dans quelques circonstances, elle ne se serait pas montrée aussi difficile pour le roi Henri VIII, à qui elle venait de décerner le titre de défenseur de la foi. Ne lui aurait-elle pas permis de répudier Catherine d'Aragon. Mais elle aima mieux perdre sa souveraineté sur l'Angleterre et les revenus considérables qu'elle en retirait, et la voir même se séparer du centre de l'unité que de prévariquer contre la loi de Jésus-Christ. Au lieu donc de blâmer, comme l'ont fait certains sophistes, la conduite des pontifes romains envers Henri VIII ; on aurait dû les louer de leur désintéressement. Ils ne furent mus que par un attachement profond à leurs devoirs. Ils se montrèrent pleins de prévoyance. Ils comprirent que s'ils cédaient sur un point ils seraient vaincus sur d'autres, que s'ils toléraient le mal dans les princes, ils ne pourraient les condamner dans les particuliers, qu'ils cesseraient ainsi d'être les gardiens, les défenseurs de la bergerie du Seigneur, pour en devenir les destructeurs. Les partisans du divorce tombent également dans une étrange et grave erreur lorsqu'ils nous disent que l'Église ne regarde pas comme absolu le principe de l'indissolubilité du mariage, puisqu'elle permet ou qu'elle a permis aux époux de se séparer pour embrasser la vie religieuse. Mais remarquez que les personnes mariées qui se séparent pour ce sublime motif ne brisent pas le lien qui les unissent, que leurs cœurs, leurs âmes, restent toujours étroitement unis, qu'elles ne se séparent que pour se priver des plaisirs permis, pour se livrer à une rude pénitence, que pour glorifier Dieu et le servir avec plus de liberté; mais les époux qui divorcent rompent tous les liens qui les unissent. Ils deviennent étrangers l'un à l'autre, ils ne se séparent que pour rechercher de nouveaux plaisirs, que pour former d'autres engagements. La séparation de deux époux qui entrent dans des cloîtres n'offre donc aucune analogie avec le divorce, l'Église a pu la permettre sans affaiblir le lien conjugal et sans que les défenseurs du divorce puissent en induire que ses doctrines ne leur sont pas défavorables. On voit donc quoiqu'on en dise que le concile de Trente n'a fait que produire la doctrine universelle de l'Église dans tous les âges en prononçant anathême contre celui qui dirait qu'elle se trompe lorsqu'elle a enseigné ou qu'elle enseigne que d'après la doctrine de l'Évangile et des apôtres le lien conjugal ne peut être dissous. *Si quis dixerit Ecclesiam errare cum docuit et docet evangelicam et apostolicam doctrinam matrimonii vinculum non posse dissolvi anathema sit.* On ne fait qu'ajouter l'audace à l'ignorance lorsqu'on dit que les décrets du concile de Trente ne sont pas reçus en France. Les décrets du saint concile sont reçus dans ce royaume comme dans toutes les Églises de la catholicité. — La famille et la société ne sauraient assez reconnaître les immenses bienfaits de l'indissolubilité du mariage, qui n'admet qu'une volonté dans la famille et qui oppose aux passions un obstacle qu'elles ne peuvent pas surmonter. Aux troubles, aux désordres, qui déshonoraient les familles païennes succédèrent l'ordre, la paix et l'harmonie, qui rapprochent tous les membres des familles chrétiennes, qui les confondent dans une seule existence, qui est celle du chef de la famille et qui fait que tous ensemble ils n'ont qu'un cœur, qu'un esprit, qu'une âme, qu'une volonté. Oh ! c'est dans les familles chrétiennes, vivifiées par l'esprit de Dieu, fondées sur des principes de religion et de vertu, qu'il est doux à des frères d'habiter ensemble. Mais l'ordre et le bonheur ne sont pas stables sur cette terre. Satan, jaloux de la félicité du premier homme, souffla l'esprit d'orgueil et de révolution qui le fit déchoir de son état d'innocence et de félicité. Il s'est rencontré aussi dans le cours des siècles chrétiens des hommes qui, remplis de l'esprit du prince des ténèbres, ont fait rétrograder la famille et la société jusque dans la barbarie en les égarant hors des voies de la religion, sous le prétexte de les rendre libres et de les égaler à Dieu. C'est ce que firent les réformateurs du XVIe siècle en rétablissant le divorce et même en autorisant la polygamie, afin d'affranchir, disaient-ils, les hommes du joug de l'Église romaine; ils ont ramené la famille, la société, aux mœurs infâmes et sanglantes du paganisme. Disons aussi, parce qu'il y a dans ce fait un grand enseignement pour ceux qui savent le comprendre, que partout où le divorce s'est établi il a précédé ou accompagné de grandes catastrophes. C'est au milieu des proscriptions de Marius, de Sylla, de Pompée et d'Antoine, qu'eurent lieu les premiers divorces à Rome. C'est aussi au milieu des sanglants déchirements de l'Europe que l'on vit reparaître le divorce dans le XVIe siècle. C'est aussi au commencement de nos discordes civiles et lorsqu'on renversait les églises et persécutait les prêtres que fut portée en France la première loi du divorce dont nous parlerons plus bas. On ne connaîtrait pas dans toute son étendue la funeste influence de la réforme si on se bornait à considérer son action sur les mœurs et les habitudes des familles protestantes dans les pays catholiques. Contenu par la présence des doctrines catholiques, par la force des exemples des catholiques, le protestantisme n'a pas produit dans ces pays ses plus mauvais fruits ; aussi les hommes légers ou prévenus font ils souvent honneur aux opinions protestantes d'une moralité qui n'est due qu'à l'ascendant du catholicisme. Mais c'est dans les contrées abandonnées à la réforme qu'il faut étudier et constater toute l'intensité, toute la profondeur du mal opéré par les opinions insensées des réformateurs du XVIe siècle sur le mariage. Par une étude sérieuse des faits et une appréciation consciencieuse des doctrines, on sera forcément conduit à reconnaître que quelle que grande que soit de nos jours la dégradation des nations catholiques, elles ne sont pas néanmoins descendues aussi bas dans le mal que les peuples séparés de l'Église de Rome. Voyez le mal qu'a fait et que fait encore tous les jours en Angleterre la loi du divorce. Quoiqu'elle ne l'autorise que pour le cas d'adultère et que la procédure en divorce soit très onéreuse par suite des frais énormes qu'elle exige, la corruption des mœurs et l'abondance de l'or y rendent les adultères et le divorce très fréquents ; comme chez les Romains des derniers siècles et dans tous les pays où l'adultère est le moyen du divorce, il arrive que le divorce est précisément une tentation d'adultère. Il n'est pas rare d'y voir une infâme connivence entre le mari, la femme et son séducteur, pour fournir à la justice des preuves de l'adultère et pour parvenir à un divorce ou lâchement vendu par le mari, ou honteusement convenu entre les passions. En 1779, un évêque s'étant plaint dans le parlement de ce que le divorce multipliait les adultères, il fut question de l'abolir ; mais on se contenta de mettre des entraves à son exercice. On défendit à l'homme et à la femme adultères de se marier pendant un an : l'expérience a prouvé que ce remède était illusoire, le scandale des divorces et des adultères va toujours croissant, et le parlement retentit souvent de plaintes à ce sujet. A Genève aussi où l'on admet également le divorce pour adultère, ainsi que pour abandon, les mariages n'y ont aucune consistance ; on suppose fréquemment pour parvenir au divorce l'existence de ces deux causes et l'on trouve des témoins complaisants qui les attestent. En France où le catholicisme, malgré la propagation des opinions protestantes, a été la religion dominante jusqu'à la révolution de 1789, le divorce était sévèrement défendu par les lois civiles qui, d'accord avec les lois religieuses, faisaient depuis la conversion de Clovis du mariage subsistant un empêchement à tout autre mariage. Mais lorsque les philosophes arrivèrent au pouvoir au commencement de nos troubles, ils n'eurent aucun égard à l'institution divine du mariage, ils ne tinrent aucun compte des préceptes de Jésus-Christ, des prohibitions de l'Église et de l'expérience des siècles passés, ils méconnurent tous les bienfaits de la monogamie. L'Assemblée nationale ayant dit en 1789 que la loi ne considérait le mariage que comme un contrat civil, porta le premier coup à cette institution divine. Dès lors le mariage fut regardé comme dissoluble, ainsi que les contrats les plus vulgaires, les baux à ferme. Assurément, de toutes les mauvaises lois que la révolution a faites la plus immorale est celle qui autorise le divorce. Sous l'empire d'une pareille loi vous n'avez plus de mariage, vous n'avez plus de famille; les époux se jouent de la foi qu'ils se sont jurée, ils ne prennent conseil que des fantaisies de leur imagination, que des passions de leur cœur. C'est le 20 septembre 1792 que l'Assemblée législative vota la première loi qui autorise le divorce en France. Pour en faciliter l'usage elle en multiplia les causes d'une manière scandaleuse; elle le permit pour l'adultère des époux, pour leur abandon réciproque pendant deux ans, leur absence pendant cinq ans, pour l'émigration, pour démence, folie, fureur, pour incompatibilité d'humeur. Ouvrant ainsi une large issue au divorce, elle livra le mariage comme une proie aux passions. Sous le prétexte d'une rigueur hypocrite, et n'étant mue en réalité que par sa haine contre la religion catholique, elle supprima la séparation de corps. Elle priva ainsi les catholiques du seul remède que leur religion avoue, dans le dessein évident de les opprimer ou de les forcer à apostasier, si dans une position extrême ils avaient le malheur d'accepter le divorce. Beaucoup d'hommes dissolus répondirent à cet appel fait aux passions, demandèrent et obtinrent le divorce. On en vit même divorcer et se remarier plusieurs fois de suite. Le nombre des mariages décroissait chaque année, tandis que celui des divorces allait dans une proportion croissante; en l'an IX de la République, il y eut à Paris quatre mille mariages et sept cents divorces; en l'an X, il y eut trois mille mariages et neuf cents divorces : ce qui prouve que le divorce, loin d'être un remède, est un mal, et qu'au lieu d'appeler les citoyens au mariage il les en éloigne. Certes, c'en était fait de la famille et de la société si, malgré les malheurs du temps, l'opinion publique encore influencée par les doctrines catholiques n'eut été meilleure que la loi. L'excès du mal fit sentir cependant la nécessité d'y remédier aux hommes chargés à cette époque des destinées de la France. Mais au lieu d'anéantir cette loi, opprobre de la nation, les rédacteurs du Code civil se bornèrent à la modifier. A la vérité ils la conservèrent pour la plupartt à contre cœur, ainsi que l'on peut s'en apercevoir dans les discussions du Conseil d'État; ils reconnaissaient que le mariage dans ses rapports naturels offre l'image d'un contrat perpétuel par sa destination; que le vœu de la perpétuité est celui de la nature; qu'il est contre l'ordre de fixer des limites à la durée du mariage; qu'il ne peut en avoir d'autres que celles de la vie. Bien plus, dans le titre V du Code, qui précède immédiatement celui du divorce, ils consignèrent des dispositions entièrement opposées à celles du titre relatif au divorce. D'après le titre V, la femme doit obéissance à son mari; elle est obligée d'habiter avec lui, de le suivre partout où il jugera à propos de se fixer. Dans les délibérations de famille, la voix prédominante est toujours celle du mari. Or, ces diverses dispositions sont identiques avec les principes religieux qui nous montrent dans l'homme la raison, le chef, le pouvoir de la femme : *Vir caput est mulieris.* Mais dans le titre VI du divorce toutes ces dispositions sont renversées, les auteurs du Code civil méconnaissent leurs propres principes; ils y font la femme égale à l'homme et lui donnent même juridiction sur son mari en lui concédant la faculté de réclamer contre lui la rupture du lien qui les unit. Est-ce que les législateurs de 1803 ne comprirent pas qu'avec le divorce la protection de la part du mari et l'obéissance de la part de la femme sont des non sens, et que la femme, comme tous les êtres faibles et subordonnés, se laissant aisément dominer par l'orgueil, trouverait un sujet continuel de querelles et de divisions et de causes de divorce dans l'empire que la loi du mariage autorisait son mari à exercer sur elle. Le divorce fut conservé dans le Code civil pour des causes déterminées et, lorsqu'il y avait lieu, par consentement mutuel. Le divorce pour des causes déterminées était motivé par une des trois causes suivantes : l'adultère de la femme, accompagné de scandale et prouvé par des écrits émanés d'elle, et celui du mari qui tient sa concubine dans la maison commune; les sévices, les attentats, les mauvais traitements habituels, qui rendent la vie insupportable à l'un des époux; enfin la diffamation. Le Code civil rétablit la séparation de corps. L'expérience prouva bientôt que les modifications apportées au divorce par les auteurs du Code n'avaient fait qu'atténuer le mal pour un instant seulement; le principe du divorce étant reconnu par la loi, et le droit de l'exercer étant conservé aux citoyens dans certains cas, les passions qui se trouvaient contenues sur certains points se portèrent avec plus de violence par les issues qui leur étaient laissées. Un législateur sage ne doit pas hésiter à supprimer toutes les lois qui peuvent exciter et exalter les mauvais penchants de l'homme. Le divorce pour adultère est une prime offerte aux mauvaises mœurs; la perspective du divorce rend aussi plus fréquents la dureté des procédés, les mauvais traitements; elle alimente les discussions, elle fait rechercher avec empressement tout ce qui peut les exciter. Souvent la femme refuse de condescendre aux désirs de son mari parce qu'elle est sûre que ce refus sera suivi de la part d'un homme dur et opiniâtre d'injures graves, et qu'ainsi elle aura une raison légale pour faire rompre un lien que l'inconstance de ses désirs et un attachement adultère lui rendent insupportable. Si elle est attachée au pays que son mari veut abandonner par une coupable séduction, elle trouvera dans les ressources que lui offre la loi du divorce le moyen de se soustraire aux exigences de son mari. Séduite et égarée par la plus entraînante des passions, elle saura tout ménager, les excès, les injures, les outrages, pour amener la rupture de son mariage. En permettant le divorce pour diffamation, vous engagez les époux à noircir leur vie, à la couvrir de boue; vous les excitez à livrer à la maligne dérision du public ce qu'il y a de plus intime dans la vie privée, dans la vie de famille. A quelles calomnies ne pourra-t-on pas se porter dans le délire des mauvaises passions; le divorce par consentement mutuel anéantit le mariage, il fait dépendre son existence des caprices et des mauvaises inclinations des parties. Une fête, une robe refusée peuvent devenir le sujet d'une querelle et l'origine d'un consentement mutuel. Le divorce par consentement mutel enlève donc au mariage son caractère de perpétuité; il le fait ressembler au concubinage, il établit parmi les hommes la promiscuité des brutes. Le divorce par consentement mutuel n'offre d'ailleurs qu'une apparence de liberté; un mari infidèle exercera sur sa compagne toutes sortes de vexations morales et physiques, et la forcera ainsi à consentir à la rupture du mariage : le consentement mutuel sera donc illusoire. Qu'on remarque d'ailleurs, ainsi que le disait l'un des rédacteurs les plus savants du Code civil (M. Portalis), que *le contrat de mariage ne ressemble à aucun autre. Dans les engagements ordinaires, on stipule pour des intérêts divers et privés comme arbitre de sa fortune; mais dans le mariage on ne stipule pas seulement pour soi, mais aussi pour autrui; on s'engage à devenir comme une seconde providence pour la nouvelle famille à laquelle on va donner l'existence; on stipule pour l'État, pour la société générale du genre humain; le public est donc toujours partie dans le contrat de mariage, et indépendamment du public, il y a des lois d'ordre dont on ne peut avoir ni la volonté, ni le droit de faire le préjudice.* Mais dans le divorce par consentement mutuel les époux s'arrangent au détriment des enfants; ceux-ci ne peuvent jamais donner leur adhésion à leur honte, à leur ruine, ils sont d'ailleurs toujours mineurs dans la famille, lors même qu'ils sont majeurs dans l'État. Restreindriez-vous le divorce par consentement mutuel au cas où il n'y aurait pas d'enfants; mais il peut en survenir. Vous savez d'ailleurs jusqu'où vont les passions; à quels dangers ne seraient pas exposés de faibles enfants dont l'existence serait un obstacle à la réalisation de coupables projets. Voyez encore que dans le divorce par consentement mutuel vous laissez les époux libres de fouler aux pieds le serment de fidélité qu'ils se sont fait mutuellement; vous les laissez libre de se jouer des lois les plus sacrées de la religion et de la société, dont ils ne peuvent cependant, comme le dit avec raison M. Portalis, *avoir ni la volonté, ni le droit de faire le préjudice.* Cette loi, qu'on ne saurait assez flétrir, subsista autant que l'Empire; le chef du gouvernement de cette époque avait cependant interdit le divorce pour les membres de sa famille, mais il donna lui-même l'exemple scandaleux du divorce, il se sépara de Joséphine dont il fit juger le mariage avec lui nul ou irrégulier, et épousa une archiduchesse d'Autriche. Le souverain pontife n'ayant pas voulu se prêter à toute cette intrigue, la fureur de Bonaparte contre lui n'eut plus de bornes. A l'époque de la Restauration les esprits, qui semblaient revenir à l'ordre, reconnurent la nécessité de faire disparaître entièrement la loi du divorce de notre législation. En 1816, un profond publiciste de notre siècle (M. de Bonald) fit une proposition dans ce sens à la Chambre des députés, dont il était membre. Dans la séance du 27 avril de la même année, un autre député (M. Try), qui occupait à Paris un poste important, s'écriait : *Le mal fait des progrès, je dois vous le déclarer; il y a des personnes abusées qu'une prolongation de délai pour le maintien de la loi du divorce ne peut que mettre dans une fausse position ; la loi qui l'abolira sera un véritable bienfait.* Le 8 mai suivant la Chambre vota son abolition, qui fut également votée par les pairs et sanctionnée par le roi. On ne peut calculer dans quels désordres la société et la famille seraient tombées sous la Restauration, si le divorce avait uni ses dangers à ceux qu'offraient pour les mœurs l'abondance du numéraire, l'indifférence en matière de religion et la recherche excessive des jouissances. Depuis la révolution de 1830, il a été fortement question de le rétablir ; la Chambre des députés a voté son adoption pendant deux semaines consécutives, en 1832 et 1833 ; mais heureusement la sagesse de la Chambre des pairs a su repousser cette loi malfaisante. Mais ce n'est pas seulement en France où le mariage éprouve de nos jours de graves atteintes, nous voyons aussi par une lettre encyclique de Grégoire XVI, du premier temps de son pontificat, qu'il existe dans d'autres pays de l'Europe des hommes passionnés, des sophistes, qui n'y respectent pas non plus son unité et son indissolubilité. D'après les longs développements dans lesquels nous venons d'entrer, nous pourrions sans doute terminer ici notre notice sur le divorce ; mais nous avons à cœur dans une matière aussi importante de ne laisser sans réponse aucune observation des sectateurs du divorce. Or, suivant eux, le divorce est dans le vœu de la nature ; dites donc dans le vœu des mauvaises passions. Il n'est pas dans la nature ; car il est opposé à la destination naturelle de l'homme et de la femme. Il fait de celle-ci l'égale de l'homme, tandis qu'elle n'est que son aide, sa compagne, ainsi que le démontrent sa faiblesse, ses goûts, son organisation, sa positon dans la famille. Il bouleverse tous les rapports naturels de commandement et de subordination, d'ordre et de paix, lorsque c'est la femme qui réclame le divorce contre son mari, et si c'est celui-ci qui le demande il opprime la femme qui ne sort de la société conjugale qu'après avoir perdu sa beauté, sa pureté, ses forces, sa considération, au lieu que l'homme s'en retire avec sa force et son indépendance. L'homme n'a fait aucun sacrifice, et il n'en reste plus à faire aucun à la femme. L'équité naturelle est donc blessée par le divorce, puisque, à considérer même le mariage comme un contrat ordinaire, il ne peut remettre ceux qui l'ont formé au même état où ils étaient alors. Le divorce est dans le vœu de la nature, et il brise une société que la nature n'avait formée que pour se perpétuer jusqu'à la mort ; il jette des semences de haine et de division dans des cœurs où devaient régner la plus tendre affection, le plus généreux dévouement ; il bannit de la société conjugale tout égard, toute condescendance pour n'y faire naître que des contrariétés et des dégoûts. Ce n'est pas tout, l'homme intelligent et libre a besoin d'une autorité qui le maintienne contre l'abus de sa propre liberté. L'indissolubilité fixe ses pensées, ses sentiments ; mais le divorce l'abandonne à tous les égarements du cœur, à toutes les erreurs de l'imagination : il n'est donc pas encore, sous ce rapport, approprié à la nature de l'homme. Mais le divorce, dit-on, favorise la propagation ; non, car en excitant les passions, en favorisant les mauvaises mœurs, il affaiblit les hommes, il diminue le nombre des naissances, il fait naître des enfants rachitiques, il abâtardit les races, il tue souvent physiquement des enfants qui seraient un obstacle à la satisfaction des désirs criminels ; il tue d'ailleurs moralement les enfants nés de mariage dissous et ceux qui naîtront des nouvelles unions, que les passions auront formées. Il enlève aux premiers l'affection, la protection de leurs pères et mères ; il n'y a pour eux ni éducation, ni honneur, ni traditions, ni vertus de famille ; et quels coupables exemples donnent aux seconds des parents dont l'union n'est qu'un concubinage et un adultère permanent aux yeux de la religion et un scandale pour la morale, et rappelle constamment la violation de leurs premiers serments ; la vue, le souvenir de leurs parents, ne se lient dans leur esprit qu'avec des idées d'irréligion et d'immoralité. Qu'on le sache bien, le mariage ne consiste pas seulement à avoir des enfants, il a aussi pour but de les conserver, de les élever, d'en faire de bons chrétiens et de bons citoyens, et de les rendre propres à devenir à leur tour des chefs de famille respectables ; le divorce qui détourne les parents de l'accomplissement de ces devoirs sacrés est donc nuisible à la propagation de la population ; laissant les enfants sans éducation religieuse et morale, il les abandonne à la corruption qui les décime ou les rend souvent impuissants pour se reproduire. L'histoire prouve, d'ailleurs, que ce n'est pas chez des peuples pervertis par le divorce qu'il faut chercher une population vigoureuse et abondante. S'il y naît plus d'enfants, il s'y en conserve moins en comparaison de ceux qui naissent. Cependant la société ne se forme que des enfants qui se conservent. De nos jours, les pays où il y a plus d'enfants légitimes, et qui fournissent les meilleurs soldats, sont ceux où les familles sont religieuses, et où les mariages sont respectés. D'ailleurs, la société est assez sûre de se propager, mais elle n'a jamais assez de garanties contre les passions qui la troublent. On a cité des républiques anciennes où l'on avait établi le divorce pour favoriser la population ; mais on n'a pas fait attention que, dans ces républiques, composées d'une multitude d'esclaves et d'un petit nombre de citoyens, on obviait, par toute sorte de voies, à une trop grande disproportion. Mais, dans nos sociétés modernes, où il n'y a que des hommes libres, où la population est si considérable, où les besoins même des sociétés condamnent, dans celles qui sont les plus florissantes, un grand nombre de personnes au célibat. Le divorce serait évidemment sans utilité, et même nuisible, puisque la population qu'il donnerait, ainsi que nous l'avons déjà dit, serait sans religion et corrompue, et que cette population est toujours dangereuse. Il ne faut pas croire ensuite que l'abondance dans la population soit le signe d'une grande prospérité ; s'il en était ainsi, la Chine, composée de trois cent millions d'habitants, serait la contrée la plus heureuse. C'est pourtant ce qui est démenti par les faits. Mais dans un pays dont les lois reconnaissent différents cultes, on doit admettre dit-on le divorce, afin que ceux dont les opinions religieuses ne le repoussent pas puissent en user. Mais remarquons d'abord que, dans un pays dont la majorité des habitants est catholique, les lois civiles doivent s'harmoniser avec les principes, les dogmes du catholicisme. Si on les écrivait dans un sens qui leur fût hostile, on porterait les citoyens à mépriser, à violer leur religion ; ce qui serait un grand malheur, à ne considérer même que les intérêts matériels, car l'ordre et la paix de la société reposent sur le respect et la soumission dus à la religion. Ce n'est pas, d'ailleurs, à la religion à céder aux lois humaines, qui sont par leur nature variables, tandis qu'elle appartient à un ordre de choses inflexible, immuable, élevé au-dessus du pouvoir des hommes. Que l'on veuille bien réfléchir ensuite que la famille étant la base de la société, et le mariage étant le principe de la famille, les lois qui régissent la famille et la société sont d'ordre public, qu'elles peuvent dès-lors régler, étendre ou restreindre les droits et prérogatives des citoyens, interdire ou permettre, en certains cas, la faculté de se marier sans porter, en aucune manière, atteinte à la liberté. « Outre les conditions, dit Montesquieu, » que demande la religion pour que le mariage soit valide, les » lois civiles en peuvent ajouter d'autres. Ce qui fait que les » lois civiles ont ce pouvoir, c'est que ce sont des caractères » ajoutés et non pas des caractères contradictoires. » Disons aussi qu'on prive les membres d'une religion de leur liberté, lors qu'on leur prescrit des actes contraires à leurs croyances, lorsqu'on leur impose des croyances qu'ils réprouvent, lorsque, pour ne pas sortir de l'objet qui nous occupe, comme on le fait à l'égard des catholiques par la loi du divorce, on sanctionne par une loi la violation d'une religion par ses propres disciples. Mais, ni pour les juifs, ni pour les protestants le divorce n'est un précepte ; au contraire, ils pensent que l'indissolubilité est l'état le plus parfait. Dès-lors, en déclarant dans le for extérieur, par la loi civile, le mariage indissoluble, on ne gêne pas leur liberté ; on ne contrarie pas leurs croyances ; ce n'est qu'un nouveau frein ajouté à leurs passions par la loi civile, comme la loi religieuse l'impose aux catholiques. M. Odilon Barrot, dans son rapport sur la proposition de M. de Schonen, avoue lui-même que la loi a pu et pourrait encore interdire le divorce aux protestants. La loi civile, dans l'intérêt des bonnes mœurs, de la famille et de la puissance paternelle, impose aussi aux catholiques des empêchements à leurs mariages que la religion ne comprend pas. Ainsi, par exemple, la loi civile prohibe les mariages entre beaux-frères et belles-sœurs, qui sont permis par la religion ; la loi civile défend le mariage des mineurs pubères qui n'ont pas obtenu le consentement de leurs pères ; mais la religion le permet. Cependant les catholiques ne se sont jamais plaint, et n'ont pu même se plaindre que la loi violât leurs croyances, puisqu'elle ne faisait qu'ajouter de nouvelles obligations à celles auxquelles la religion les soumet, tandis que la loi du divorce est la destruction la plus complète de toutes les obligations, de tous les devoirs des époux. D'ailleurs, si on veut admettre le divorce dans nos lois parce que certains cultes le permettent, il n'y aura pas non plus de raisons pour ne pas admettre la communauté des femmes, s'il se trouve parmi nous des hommes qui ne reconnaissent que le dieu des mahométans et les doctrines du Coran. Direz-vous que vous ne consultez que les vœux et les croyances des cultes reconnus ? Mais de quel droit imposeriez-vous à ces hommes des obligations qui ne leur seraient pas prescrites par leurs croyances ? Vous ne croyez pas, dites-vous, être en droit de prohiber aux protestants le divorce, parce que leur loi leur laisse la faculté d'en user, et vous croyez pouvoir le permettre aux catholiques, à qui la religion l'interdit ? Ainsi, l'on donnerait la préférence à la religion des protestants sur celle des catholiques. La sagesse, la justice, veulent qu'on laisse aux catholiques un frein que leur religion leur impose, et qu'on ne présente pas aux passions des non catholiques un aliment que leur religion ne leur demande pas. Avez-vous mesuré toute la portée qu'aurait la permission du divorce à l'égard des catholiques ? Elle les priverait de l'usage de leur liberté. Toute loi qui veut laisser au citoyen sa liberté religieuse, doit le laisser maître de conformer les actions de sa vie à ses croyances ; et s'il a le malheur de s'en écarter, la loi ne peut mettre un obstacle à son repentir. Or, avec la loi du divorce, nous ne retrouvons plus ces garanties sociales. La loi ajoute alors sa séduction à celle des passions, qui est déjà si puissante sur le cœur de l'homme. Il est des circonstances où un homme, n'ayant pu agir librement, l'on casse les dispositions qu'il a faites dans cet état de choses. La loi du divorce agit dans un sens contraire ; elle engage deux époux, qui se trouvent sous l'influence de funestes passions, à rompre les liens qui les unissent, et à en former de nouveaux ; mais ces deux époux ne trouveront pas dans une nouvelle union tout le bonheur qu'ils s'étaient promis. Les comparaisons ne seront pas toujours à l'avantage de leur existence actuelle : le voile des passions se déchirera ; la religion se fera entendre. Mais il n'est plus temps, le divorce a mis entre eux une barrière infranchissable ; toute voie de réunion leur est à jamais fermée. La loi du divorce punit aussi, de son attachement à la foi, l'époux dont on aura brisé les liens malgré lui ; elle le soumet à un célibat forcé ; elle viole aussi la liberté de conscience dans le magistrat, et l'expose à prévariquer contre la loi de Dieu, si, pour obéir à la loi des hommes, il ordonne la dissolution d'une union que Dieu avait formée pour la vie, et qu'il a défendu à l'homme de briser. Mais l'opinion publique réclame la loi du divorce. Je voudrais bien que l'on me fît connaître la manière dont on a constaté sur ce point les vœux et les besoins des peuples. Il s'agit ici d'une loi qui touche à la constitution de la famille. Eh bien, chaque famille a-t-elle exprimé son vœu et ses désirs ? Ah ! ce que vous appelez l'opinion publique n'est que l'expression de théories désordonnées et immorales. C'est le cri de quelques hommes entraînés par des passions ardentes ; ils veulent que la loi sanctionne le caprice et l'inconstance de leurs désirs. Au surplus, on ne peut supposer qu'un peuple dont la loi politique avoue que la majorité est catholique, puisse demander le divorce ; car, dès lors, ce peuple renoncerait à ses croyances, à ses mœurs, à ses coutumes héréditaires les plus vénérables, en un mot, à tout ce qui fait sa force et sa gloire. Or, ce peuple, en brisant ainsi tous les liens de son existence, commettrait un véritable suicide. Mais il est impossible qu'il existe un peuple qui veuille ainsi déchirer ses entrailles de ses propres mains et éteindre en lui-même toutes les sources de la vie. On confond ce peuple avec un certain nombre d'hommes égarés qui vivent à part au milieu de lui ; hommes que dévore le désir d'une vaine renommée, et qui, dans l'impuissance où ils sont de laisser un nom honorable, ne reculent pas devant une affreuse célébrité. Mais dans le cas même où un tel peuple existerait, il n'aurait pas plus qu'un simple particulier le droit de consommer son suicide La Providence a déterminé les jours qu'elle réserve à chaque homme et à chaque nation. Les peuples ne peuvent arrêter le cours de leur existence sans violer les grandes lois providentielles de la société. Mais nous dirons que, si un tel peuple existait, le droit et le devoir du législateur seraient de le retirer de son aveuglement ; de même que le droit et le devoir de chaque homme est d'arracher des mains de son semblable l'arme meurtrière dont il veut se frapper. Il y a sans doute, chez tous les peuples, des hommes qui demandent des lois impies et immorales ; il y en a d'autres aussi qui voudraient des lois qui permissent le vol et l'assassinat ; mais c'est précisément pour s'opposer aux désirs et aux volontés effrénés de ces hommes que les législateurs sont établis. S'il ne fallait que les satisfaire on n'aurait pas besoin de lois. Il est du reste inutile qu'un peuple qui veut se faire du mal à lui-même ait recours à des législateurs ; pourquoi veut-il donner le nom de lois aux actes de ses brutales passions ? Sa volonté n'est-elle pas la loi vivante ? Si ce qu'il demande est injuste, immoral, croit-il le légitimer par la voix du législateur ? Non, non, ses désirs, ses passions, ne seront pas légitimés parce qu'on les aura formulés dans des dispositions législatives. Le législateur est lui-même sans droit pour donner aux peuples des lois immorales et impies. Les lois doivent régler les mœurs, maintenir l'ordre et la stabilité dans les familles ; elles doivent enfin protéger la religion et non l'opprimer. Mais lorsque, ainsi que cela a lieu dans la loi du divorce, les lois se font un jeu de toutes les garanties sociales et domestiques, elles ne doivent pas être obéies. Le législateur ne doit toucher aux fondements de la famille et de la société que pour les environner de respect, et non pour les détruire. Tout ce qu'il fait contre la société est nul de soi et ne constitue que des actes d'usurpation et de violence ; mais on nous dit : nous ne prétendons pas que le divorce soit un bien, nous le proposons seulement comme un remède à un mal. Mais si le divorce n'est pas un bien il est un mal ; ou bien, aussi, y a-t-il un juste milieu entre le bien et le mal ? Sophistes, faites-nous part de cette grande découverte ; mais il n'en est pas ainsi que vos passions vous le disent. Une doctrine est vraie ou fausse, suivant qu'elle est l'une ou l'autre elle fait du bien ou du mal dans son application à l'ordre social. Il ne s'agit pas ici de difficultés qui peuvent s'élever entre deux parties, pour des intérêts matériels et sur lesquelles de mutuelles concessions peuvent avoir lieu ; la question du divorce est une des plus hautes questions de l'ordre social. S'il est un bien, introduisez-le dans les lois ; s'il est un mal, ayez soin de l'en tenir constamment éloigné. Reconnaissez ici l'impuissance de la philosophie : elle ne peut remédier à un mal que par un autre mal. La religion, les lois de la patrie, offrent dans la séparation le véritable remède à des cœurs aigris : l'absence, l'éloignement, la retraite, affaibliraient les motifs de division. Un jour ces époux, que le divorce éloigneraient pour toujours l'un de l'autre, reconnaîtront leurs torts mutuels et s'embrasseront de nouveau dans le foyer domestique ; ils y vivront en paix pour le bonheur de leurs enfants. Mais, dites-vous, il ne faut pas donner aux hommes des lois plus fortes que leur nature ne les *comporte* ; j'entends, vous ne voulez pas contrarier les penchants des hommes ; mais alors toutes vos lois doivent être modifiées ou échangées, ou mieux vaudra ne pas en donner. Nous saurons bien nous-même organiser nos fêtes et nos plaisirs sans le secours des faiseurs de lois. Si la législation s'accommode à quelques-uns de nos penchants, il n'y a pas de motifs pour qu'elle ne se prête à tous nos besoins, à toutes nos faiblesses. Si une passion adultère se glisse dans mon cœur, vous vous montrez accommodant pour mes désirs, et vous refuserez à ce malheureux qui a une nombreuse famille à entretenir quelques facilités pour s'emparer d'une petite partie du bien d'autrui. Mais si je puis enlever la femme de mon voisin, il peut enlever aussi sa propriété : il y a identité de raison ou de prétexte. Cet homme aura d'ailleurs pour excuse la misère et la faim, tandis que je ne pourrai me retrancher que derrière la honte de ne savoir pas résister à de honteux plaisirs. Ces conséquences sont terribles, dites-vous, elles arment tous les prolétaires ; sophistes, retirez-donc votre principe, il est vicieux : mes conséquences sont logiques. Oui, oui, ne cessons de le répéter, il faut que les lois soient des règles de conduite qui maintiennent l'homme dans le bien, des règles austères de vertu ; elles ne doivent pas se prêter à la corruption de nos cœurs, autrement il n'y a pas de vices, il n'y a pas de crimes qui puissent être punis. Tous ont leur racine dans la faiblesse de notre nature, et les lois faites sous l'influence des passions désordonnées qu'elles sanctionnent produisent des effets d'autant plus funestes que le mal se trouve dans ce qui en devrait être le remède. Vous insistez, vous craignez de rendre les hommes malheureux par des lois trop sévères. Vous voulez donc qu'elles soient complaisantes pour nos caprices et nos faiblesses ; qu'elles deviennent les instruments et les complices de nos passions ; mais ce n'est pas ce qu'ont pensé les plus sages législateurs, ils ont cru que les lois devaient régler les mœurs lorsqu'elles s'égaraient, les fortifier lorsqu'elles s'affaiblissaient, et ramener les hommes à la vertu lorsqu'ils s'en éloignaient. L'histoire atteste aussi que les lois fortes ont fait les peuples forts et heureux ; mais les lois faibles, en énervant les mœurs des nations, sont devenues pour elles la source inépuisable d'affreuses calamités ; qu'on ne dise donc pas qu'il faut donner aux peuples des lois faibles, et que des lois fortes les rendraient malheureux. Voyons à présent si, comme vous le dites, les hommes seront plus heureux sous l'empire de la loi du divorce. Ce n'est pas en abandonnant l'homme aux orages des passions, à l'inconstance de ses sentiments que vous le rendrez heureux ; sa vie n'en sera que plus tourmentée. Avez-vous jamais vu sur les mers, au milieu d'une grande tempête, un vaisseau dont l'ancre est brisée ? Comme il est en proie à la fureur des vents, il tourne longtemps sur lui-même, et disparait enfin dans les flots. Eh ! bien, ce n'est là qu'une image faible et décolorée de la vie de cet homme qui, après s'être affranchi d'une première réunion, s'enfonce chaque jour davantage dans l'abîme des passions. Ce n'est qu'en plaçant l'homme sous le joug de la vertu que vous rendrez sa vie paisible et heureuse. Demandez à ce sage, à ce chrétien dont vous admirez la tranquilité la cause de son bonheur ; il vous répondra qu'il n'est heureux que parce qu'il a dompté ses passions ; la pureté de ses désirs, le calme de son cœur, lui garantissent une félicité durable. Vous dites qu'un second hyménée rendra cet homme heureux. Vous croyez donc qu'il sympathisera mieux avec les goûts d'une seconde femme qu'avec ceux de la première? Croyez-vous que, séduits par les charmes criminels de l'amour, par les attraits d'une passion adultère, il ait mieux étudié le caractère de sa nouvelle épouse ? Le temps des illusions sera-t-il éternel? Que d'évènements imprévus peuvent troubler ce ménage! Vous ne connaissez donc pas le cœur humain, la mobilité de ses sentiments. Si cet homme veut briser cette nouvelle union, en contracter une troisième et successivement plusieurs autres, pourrez-vous vous y opposer, s'il le juge convenable à son bonheur. Il est passionné, il est malheureux, il n'a pas eu d'autres motifs à vous donner lorsqu'une première fois vous l'avez autorisé à se faire un jeu de la foi donnée et à violer ses serments. Si vous lui refusez maintenant, pour les mêmes motifs, la même faculté, vous n'aurez pour vous que la force, c'est-à-dire le droit absurde des tyrans. Mais vous atténuerez, dites-vous, ou même vous détruirez les mauvais effets du divorce en le prohibant aux époux qui ont vécu plusieurs années ensemble, vingt ans, par exemple. Mais où est la raison de cette prohibition? Je ne vois ici que de l'arbitraire. Si, après vingt années de vie commune, ces époux se trouvent malheureux, pourquoi leur enlevez-vous le plaisir d'une nouvelle union ? Ayez donc pitié d'eux ; malgré leur âge avancé, Épicure leur promet de nouveaux plaisirs. Si le divorce est un bien, vous devez l'accorder à tous les âges ; s'il vous parait un mal, vous ne devez le permettre à aucun. On ne concilie pas aussi facilement qu'on le croit l'arbitraire avec les passions. Si vous reconnaisez leur puissance dans une loi en faveur du divorce, elles renverseront tôt ou tard les faibles digues que vous opposerez à leurs cours dévastateur. Mais on ne peut croire que la loi du divorce soit immorale. Il y a donc beaucoup de moralité dans cette loi qui, assimilant le mariage au concubinage, lui ôte sa dignité et sa fixité. Elle est donc bien morale cette loi qui, en livrant les époux à toute la fureur des passions, facilite, autorise même de criminelles intrigues, et sème l'esprit de zizanie et de division dans les familles. Ne voyez-vous pas aussi que le divorce, en permettant aux époux de mettre un terme à leur union et en les laissant libres de devenir étrangers l'un à l'autre, aurait pour effet de diminuer le nombre des mariages ; la société conjugale perdrait tous les attraits, toutes les garanties d'une amitié pure et fidèle, et n'aurait plus que des charges et des contrariétés. Cet effet du divorce serait toujours désastreux, mais il le serait beaucoup plus dans ce siècle, où la religion a peu d'influence sur les esprits, et où l'accomplissement des devoirs devient chaque jour plus pénible. Le divorce ne présente aucun danger pour l'ordre moral. Est-ce de bonne foi que l'on tient ce langage ? est-il donc bien moral le divorce qui porte atteinte aux dogmes de la religion et qui convie les hommes à déserter leurs croyances pour se livrer à de funestes penchants? n'est-il pas dangereux pour les mœurs le divorce qui, après avoir facilité aux hommes l'abandon de leur religion et ouvert la digue à leurs passions, les empêche de suivre la voix de leur conscience, et leur enlève la consolation du repentir? La loi du divorce est donc bien appropriée aux doux sentiments de la nature, en élevant, par une erreur momentanée, un mur d'airain entre les deux époux? Oui, oui, vantez-nous, si vous l'osez, la moralité du divorce, qui punit par un abandon de tous les jours et par un célibat éternel la femme fidèle à sa religion et à ses serments, et qui récompense, par de nouveaux plaisirs, son mari parjure et adultère. Vous nous parlez des consolations qu'offre la loi du divorce; vous n'avez donc jamais songé aux derniers moments d'un homme qu'une passion délirante aura entrainé bien loin de ses devoirs : il appelle un prêtre ; la religion ne peut faire aucune concession avant de se réconcilier avec Dieu ; il faut que cet homme renvoie de sa maison la seconde femme que la loi du divorce lui a donnée, mais qui n'est qu'une concubine aux yeux de la religion. Une parole de pardon doit sortir de sa bouche pour celle qui n'a pas cessé un instant d'être sa femme, mais il est obsédé par les soins de sa concubine ; les parents et les enfants de son union adultère assiégent son lit ; le courage et la force lui manquent pour faire ce sacrifice ; cependant il voudrait se sauver ; il meurt dans son désespoir. Oh ! certes, elle n'est ni consolante ni morale cette loi qui met une si forte opposition entre les croyances et les actions de l'homme, et qui dans les derniers moments de la vie tourmente si vivement la conscience, jette le trouble dans l'esprit et le désespoir dans le cœur. Serait-elle encore bien conforme à la morale, cette loi qui obligerait le prêtre à refuser son ministère dans beaucoup de circonstances, qui porterait le magistrat à faciliter le parjure et le concubinage des époux, et à se rendre complice de la violation de la loi religieuse. Dites-nous s'il présente une bien grande garantie à la famille, le divorce qui déplace le pouvoir et qui donne à la femme une voix tantôt égale, tantôt supérieure à celle de son mari. Elle sera donc bien utile aux mœurs de la famille, cette loi qui mettra sous les yeux des enfants des exemples déplorablement scandaleux et qui souillera leurs oreilles par le récit impur de honteuses intrigues ; l'éducation des enfants sera donc bien morale lorsque les parents ne leur offriront pour exemple qu'une conduite opposée à la religion. Ces pauvres enfants, plus malheureux que des orphelins, n'auront ni parents, ni amis; isolés dans le monde, ils seront sans appui, sans conseil. Les mœurs publiques seront-elles aussi plus honorées de la loi du divorce ? Elle légalise l'infidélité, le parjure, les trahisons domestiques, et fait de l'adultère un vice permanent, qu'elle place sous la protection du législateur. Avez-vous bien mesuré toute la portée d'une pareille loi ? Écoutez ce que disait il y a quelques années, sur cette matière, un écrivain distingué : « Le mariage est le sceau de la société, le » divorce en est la plaie ; le mariage est une vertu, le divorce » est un vice ; le mariage est un nœud sublime, le divorce est » un vil contrat ; le mariage est un sentiment qui repose, le » divorce est une passion qui agite ; le mariage est un règne » d'amour, le divorce est un règne de haine. Tout le monde » va vouloir divorcer, ce sera une mode, ce sera une facilité » pour la débauche et un amusement pour les libertins. Si la » loi passe, la France est troublée jusque dans ses fonde- » ments. Ce n'était pas assez de la misère, voilà qu'on touche » aux affections et aux émotions profondes ; voilà qu'on dis- » perse et qu'on les envoie pleurer et mendier sans asile et sans » guides. Que m'importe le père, que me fait la mère, que » me font leurs querelles, que me fait leur humeur ? ce sont » les êtres malheureux qui sont nés de leur union, ce sont eux » qui m'inquiètent et qui m'intéressent. Parlez-vous de mé- » nages sans enfants ? eh bien qu'ils s'arrangent, qu'ils adop- » tent le fils du voisin, le fils du pauvre, et que pour de si » rares exceptions vous ne fassiez pas une loi générale. » Ah ! cessez de nous parler de la moralité du divorce, et que l'on redoute les scandales que son application produirait ; quelques soient vos efforts pour en atténuer les effets, les unions qui se formeraient sous son influence seraient toujours des adultères pour les catholiques ; mais les doctrines catholiques vous importent peu, je le sais. Cependant, de bonne foi, dites-nous s'il vous sera facile de créer une société stable sans religion et sans mœurs ; insensés, vous poussez la société dans les abîmes. Vous nous parlez sans cesse de la moralité du divorce, mais l'histoire donne un démenti formel à vos assertions ; nous voyons que toujours et partout il a amené ou développé la corruption des mœurs. Nous avons aussi éprouvé pendant plusieurs années sa triste influence sur les mœurs privées et publiques ; quels ravages ne causerait-il pas aujourd'hui, où les esprits ne se préoccupent que des choses de la terre, n'ont d'activité que pour les jouissances matérielles, et sont morts pour les choses du ciel. La loi qui l'abolit en 1816 fut une œuvre de raison nationale, celle qui le rétablirait serait un acte de folie. Quels sont donc les motifs de certains hommes pour désirer, pour demander le rétablissement du divorce ? pourquoi désirent-ils renverser l'antique législation du monde chrétien ; l'histoire ne leur a-t-elle donc pas appris, comme aux autres hommes, que l'indissolubilité du lien conjugal est une source de paix et de bonheur pour la société, mais que le divorce ne produit que des désordres et des calamités ; ou bien ces hommes qui se constituent les docteurs des nations, croient-ils avoir le droit de se mettre au-dessus des enseignements de l'histoire ? Peut-être qu'ils se croient plus sages et qu'ils s'imaginent mieux connaître le cœur humain et ses besoins que le divin législateur des chrétiens.

P. DE P.

DIVORCER, faire divorce. — DIVORCÉ (*participe*), *homme divorcé*, *femme divorcée*, homme, femme qui a fait divorce.

DIVRY (JEAN), né en 1472, fut médecin à Mantes. Il cultiva en même temps la littérature et la poésie, mais sans succès; il ne parvint jamais à se tirer de la misère où il languissait. Si on l'en croit il supportait son état avec résignation.

DIVULGATION, action de divulguer ou état d'une chose divulguée.

DIVULGUER, rendre public ce qui n'était pas su.

DIWIPAHURU et **DIWIPASSURU** (*bot.*), noms donnés dans l'île de Ceylan, suivant Hermann, à l'*ipomœa pes tigridis* et à l'*ipomœa hepaticifolia*.

DIWISCH (PROCOPE), né en Allemagne en 1696, d'abord de l'ordre des prémontrés, puis curé de Prendiz, s'occupa beaucoup de physique et de musique. Il inventa un paratonnerre en 1754. Il est aussi inventeur d'un instrument de musique appelé Denis d'or.

DIWOKY (*ois.*), nom illyrien du pigeon ramier, *columba palumbus*, Linné. J. P.

DIWUL (*bot.*). A Ceylan, suivant Hermann et Burmann, on nomme ainsi le *limania acidissima*, genre de la famille des aurantiacées J. P.

DIX, nombre pair qui se compose de deux fois cinq, et qui suit immédiatement le nombre neuf. — DIX s'emploie quelquefois pour dixième. Il est aussi substantif masculin dans le premier sens. — DIX, substantif, signifie encore une carte à jouer marquée de dix points.

DIX (CONSEIL DES). Après avoir déjoué la conjuration de Boemond Tiepolo (1309), le grand conseil de la république de Venise, encore épouvanté du danger qu'il venait de courir, crut qu'il ne pouvait jouir avec sécurité de sa nouvelle puissance qu'après qu'une commission aurait découvert et signalé tout ce qui restait d'ennemis secrets du gouvernement. Un conseil de dix membres fut nommé pour veiller à la sûreté de l'État; on l'arma de tous les moyens; on l'affranchit de toutes les formes, de toute responsabilité; on lui soumit toutes les têtes. Il est vrai que sa durée ne devait être que de dix jours, puis de dix encore, puis de vingt, puis de deux mois; mais il fut prorogé six fois de suite pour le même temps. Au bout d'un an d'existence, il se fit confirmer pour cinq ans; alors il se trouva assez fort pour se proroger lui-même pendant dix autres années. Tout ce qu'on put obtenir à l'expiration de ce terme, ce fut que la nouvelle prorogation serait prononcée par le grand conseil. Enfin, en 1325, cette terrible magistrature fut déclarée perpétuelle. Ce qu'elle avait fait pour prolonger sa durée, elle le fit pour étendre ses attributions. Institué seulement pour connaître des crimes d'État, ce tribunal s'était emparé de l'administration; sous prétexte de veiller à la sûreté de la republique, il s'immisça dans la paix et la guerre, disposa des finances, fit des traités avec l'étranger, et finit par s'arroger le pouvoir souverain, puisqu'il en vint jusqu'à casser même les délibérations du grand conseil, à en dégrader les membres de leur droit de souveraineté, à les faire rentrer à son gré dans la classe des sujets, à destituer un doge, à créer un autre tribunal plus terrible que lui-même. — Par une loi de 1463, on tenta de limiter les attributions du conseil des dix; mais on lui laissa celle qui était l'objet primitif de son institution, le soin de veiller au salut de la république; et cette mission offrait un prétexte pour envahir tous les autres pouvoirs. Afin d'y parvenir avec plus de facilité, ce conseil avait adopté la méthode de se faire adjoindre des membres pris dans les autres corps de l'État; ce furent d'abord les six conseillers du doge. Comme dans certaines circonstances les membres du conseil des dix ne pouvaient assister à toutes les assemblées, il fut réglé, en 1402, que les présidents de la garantie criminelle seraient leurs suppléants, sauf à n'avoir voix délibérative que lorsqu'ils rempliraient cette destination. Cette association déplut au redoutable tribunal. Pour se débarrasser de la présence des magistrats, il se fit autoriser par le grand conseil, en 1414, à choisir vingt praticiens qui remplaceraient les membres absents ou qui seraient obligés de se faire récuser. Ce choix, réservé au conseil des dix lui-même, devait être soumis, pour la forme, à l'approbation du grand conseil. C'était un pas immense fait vers l'autorité. Enfin le conseil des dix voulut, en 1539, étendre son droit d'adjonction jusqu'à 50 praticiens, toujours de son choix, de sorte qu'il y aurait eu un nouveau corps dans l'État, et ce corps aurait pu, au gré de ses chefs et suivant les occurrences, présenter la réunion imposante du doge, de ses six conseillers et des membres du conseil des dix, renforcés de 50 praticiens, ou, pour agir avec plus de célérité et de mystère, se réduire aux trois inquisiteurs d'État, création de ce même conseil. Ce corps, avec la faculté de s'étendre et de se resserrer à ce point, devenait le dominateur de tous les autres; le grand conseil sentit et rejeta cette proposition. En 1582, le grand conseil, sans abolir formellement l'usage de donner des adjoints au conseil des dix, le priva de ces auxiliaires en ne confirmant au scrutin aucun des choix proposés. Cet acte de vigueur fut suivi d'un autre : on renouvela la loi de 1468, et l'on restreignit les attributions des décemvirs à la répression des délits de trahison, de conspiration, d'émeutes publiques, au jugement des procès criminels intentés à des patriciens, à la police de la monnaie, des forêts et du clergé, de sorte qu'il lui fut interdit de s'immiscer dans les affaires politiques et dans les finances. Il fut proposé dans le conseil des dix de faire enlever et exécuter les trois ou quatre promoteurs de cette délibération; mais on n'osa pas tenter ce coup d'État. « Ainsi, dit Daru (*Histoire de Venise*, liv. XXVIII), ce corps qui depuis près de trois siècles tendait à concentrer à lui seul tous les pouvoirs, ne fut plus qu'un tribunal, si on peut donner ce nom à une assemblée qui juge sans formes, sans règles et sans publicité. » Les attributions de ce conseil variaient encore quelquefois. En dernier lieu enfin il se trouvait composé du doge, de ses six conseillers et de dix membres nommés par l'assemblée générale de l'ordre équestre, pour un an, et rééligibles seulement après deux ans d'intervalle. — Ce conseil était environné d'un appareil assez formidable; une fuste ou petite galère armée était toujours stationnée près du lieu où il tenait ses séances; il y avait constamment dans l'arsenal quelques galères prêtes à mettre à la voile, et qui portaient sur leurs poupes les lettres C. D. X., qui annonçaient qu'elles étaient aux ordres du conseil. Il connaissait de toutes les affaires qui intéressaient la sûreté de l'État, de toutes les accusations criminelles dans lesquelles étaient impliqués des patriciens, des ecclésiastiques ou des sectaires de la chancellerie ducale, de tous les délits de quelque importance commis hors l'enceinte de Venise et des lagunes, de tous les délits commis sur des barques, des offenses faites à des masques, des affaires des théâtres, de celles des fondations de charité, de celles des forêts et des mines, dans certains cas, de l'appel des sentences contre les blasphémateurs; il avait enfin la police de la librairie. — Quand ce conseil recevait une dénonciation, un de ses trois présidents recueillait les charges, entendait les témoins, faisait arrêter le prévenu, l'interrogeait et faisait écrire ses réponses. Cette information faite, il en rendait compte aux deux autres chefs, et tous les trois délibéraient pour savoir si l'affaire serait portée au conseil des dix. Dans le cas de la négative, l'accusé était élargi; dans le cas de l'affirmative, les trois présidents devenaient ses accusateurs sans cesser d'être ses juges; le prévenu n'avait ni le secours d'un défenseur, ni la consolation de voir ses parents, ses amis; il n'était jamais confronté avec les témoins, et, s'il était condamné, les juges pouvaient le faire pendre avec un voile sur la tête, ou le faire noyer dans un canal, ou le faire étrangler dans sa prison, selon qu'ils jugeaient à propos de permettre ou d'empêcher la publicité de l'affaire. Ce qui distinguait surtout la jurisprudence de ce tribunal, c'était son inflexibilité; et comme les délits qu'il avait à punir étaient plus fréquents dans la classe élevée que dans la classe inférieure, ce système de sévérité avait établi parmi le peuple cette opinion que le rang des coupables ne les sauvait jamais (Voir Daru, *Histoire de Venise*, liv. 7, 8, 17, 26, 28, 32, 35, 39, et les auteurs et documents cités par lui, mais surtout les pièces justificatives, liv. VII de la 2e édition, in-8°. A. S. r.

DIXAINE s. f. (*anc. terme milit.*), escouade de gens de pied au XIVe siècle.

DIXAINIER s. m. (*anc. terme milit.*), chef d'une dixaine (*V.* DIZENIER).

DIXAN (*géog.*), ville d'Abyssinie, dans le Tigré; elle est bâtie sur une montagne, et est le centre d'un grand commerce, entre le Darfour et Massouah, à 25 lieues nord-est d'Adoua, et 19 ouest d'Arkiko.

DIX-HUIT (*ois.*), nom vulgairement donné, d'après Sancri, au Vanneau commun, *Tringa, vanellus*, Linné.

DIX-HUITAIN, s. m., (*comm.*), nom que l'on donnait autrefois, dans le midi de la France, à une espèce de drap, dont la chaîne était formée de dix-huit cents fils; on les appelait aussi *Dix-huit cents*.

DIXIÈME, nombre ordinal de dix. — *La dixième partie*, ou substantivement *le dixième*, chaque partie d'un tout, qui est ou que l'on conçoit divisé en dix parties égales.

DIXIÈMEMENT, en dixième lieu.

DIX-LIVRES (*poiss.*). Quelques voyageurs donnent ce nom à un poisson fort commun sur la côte d'Afrique, et analogue au mulet. J. P.

DIXMÉRIE (NICOLAS BRICAIRE DE LA), né en 1731 à la Motte-d'Attencourt, en Champagne. Il vint de bonne heure à Paris, et y vécut longtemps parmi les savants et les gens de lettres. Il mourut subitement en 1791. Il a laissé un grand nombre d'ouvrages, parmi lesquels on remarque *Les deux âges du goût et du génie sous Louis XIV et sous Louis XV*. Les notes qui accompagnent cet ouvrage, sont au jugement de l'abbé Sabatier, judicieuses et instructives.

DIX MILLE (retraite des). On appelle ainsi la célèbre campagne dont Xénophon nous a transmis le récit, et dans laquelle il eut un commandement. — Les Grecs, à la mort de Cyrus le jeune (*Voy.*), se déclarèrent avec lui contre Artaxercès, et furent vainqueurs pendant qu'il périssait et que son armée était mise en déroute. Ils restèrent maîtres de leur position sur le champ de bataille de Cunaxa (*Voy.*), quoique durant l'action leur camp eût été pillé. Vainement Artaxercès leur ordonna le lendemain de poser les armes; ils résolurent de retourner dans leur patrie malgré les dangers qui les entouraient, malgré l'éloignement, la difficulté des lieux et le nombre de leurs ennemis. Le lacédémonien Cléarque commandait la marche et se préparait à combattre, quand le roi fit conduire ses gens dans des villages bien approvisionnés; mais cette précaution et les négociations de Tissapherne n'étaient qu'une ruse, ainsi que le prouva l'évènement. Sur les bords du fleuve Zabate, où l'on resta trois jours, Tissapherne et Cléarque eurent une conférence dans laquelle le satrape inspira la plus entière confiance au général grec. Il fut convenu que les chefs de cette nation se rendraient chez le premier pour instruire contre les auteurs des méchants bruits qui entretenaient la méfiance mutuelle. Cinq généraux et vingt lochages passèrent donc dans le camp barbare. Les généraux étaient Proxène de Béotie, Ménon de Thessalie, Agias d'Arcadie, Socrate d'Achaie, enfin Cléarque lui-même. On les arrêta sur-le-champ, et l'on fit main-basse sur tout ce qui se trouvait de Grecs au dehors; puis on envoya sommer le camp par Ariée, qui annonça la mort de Cléarque. Cléanor lui répondit avec une juste indignation. Les cinq généraux avaient la tête tranchée par ordre du roi. — Jusque-là, il a été peu question de Xénophon; (*Voy.*) l'historien de ces évènements, qui n'a parlé de lui que comme il l'eût fait de tout autre, et sans établir aucun rapport entre le personnage qu'il cite et lui-même, auteur des mémoires. Ce n'est qu'au commencement du troisième livre qu'il se met en scène: *Il y avait à l'armée un Athénien nommé Xénophon, qui ne la suivait ni comme général, ni comme lochage, ni comme soldat.* Les Grecs étaient plongés dans le découragement et dans le désespoir, lorsque Xénophon, tourmenté de cette situation pénible, alla trouver les lochages (ou chefs de bataillon) du corps de Proxène, auxquels il communiqua ses idées sur les moyens de sauver l'armée. Il parla avec tant de force et de raison dans l'assemblée, formée par ceux d'entre les chefs qui restaient encore, qu'on les choisit avec quatre autres pour remplacer les généraux qu'on avait perdus. Dès ce moment, il devint l'âme de toutes ces belles opérations militaires qui, en moins de huit mois, ramenèrent les Grecs à travers tant de difficultés et d'obstacles, des bords du Tigre jusqu'au Pont-Euxin. Dans ce long trajet, à travers des peuples ennemis ou inconnus, il lui fallut souvent combattre On eut d'abord à souffrir les escarmouches de Mithridate; ce qui fit comprendre à Xénophon le besoin d'avoir de la cavalerie et des frondeurs, qu'il organisa du mieux qu'il pût, et avec quelque succès. Tissapherne les attaqua ensuite avec des forces considérables, mais en vain; les Grecs eurent plus à souffrir, quelques jours après, en traversant les collines. Alors, comme plus tard, quand il fallut enlever une position, le génie et la valeur de Xénophon pourvurent à tout. Incertains du chemin qu'ils devaient tenir, les chefs se décidèrent pour le pays des Carduques, qui conduit en Arménie; ils éprouvèrent beaucoup de difficultés à passer le Centrites, fleuve large et profond; les Arméniens les attendaient à l'autre rive; heureusement on découvrit un gué. L'armée marcha ensuite plus tranquillement, franchit les sources du Tigre, et arriva à la petite rivière de Téléboé, où commence l'Arménie occidentale. Tiribaze, qui y commandait pour le roi, offrit de laisser prendre aux soldats tout ce dont ils auraient besoin, pourvu qu'on ne fit aucun dégât en passant; ce qui fut accepté et exécuté de part et d'autre; mais on apprit que ce satrape avait le projet d'attaquer les Grecs dans un défilé où il fallait nécessairement passer: ils le prévinrent et s'en emparèrent avant que l'ennemi s'en aperçût et le mettent en fuite. Après quelques jours de marche à travers les déserts, on passa l'Euphrate vers sa source: les soldats n'avaient de l'eau que jusqu'à la ceinture; mais on eut ensuite beaucoup à souffrir d'un vent de bise qui empêchait la respiration, et on marchait dans la neige haute de 4 à 5 cinq pieds. Beaucoup de bêtes de somme périrent; on perdit aussi des soldats. Enfin, on arriva dans un meilleur pays; mais les maisons étaient bâties sous terre, et on y descendait par une ouverture semblable à celle d'un puits. Après sept autres jours elle arriva au fleuve Araxe, appelé aussi le Phase. L'armée se refit pendant sept jours dans ces villages avant de reprendre son chemin. Deux jours après, les Grecs virent les Phasiens, les Chalybes, et les Toaques qui tenaient les passages des montagnes pour les empêcher de descendre dans la plaine. Xénophon en eut bon marché au moyen d'une fausse attaque, et en faisant, la nuit, occuper les hauteurs qui les dominaient. Il traversa ensuite le pays des Chalybes, les plus vaillants des barbares de ces contrées; ils fondaient à chaque instant sur l'arrière garde. Enfin, après quinze jours encore, on se trouva sur une fort haute montagne d'où la mer apparaissait dans le lointain. Jamais marin, après une longue course, ne poussa le cri de *terre* avec plus d'ivresse que les Grecs n'en éprouvèrent à la vue du Pont-Euxin. Ils s'embrassaient les uns les autres et formèrent un trophée d'armes brisées. Il leur fallut néanmoins combattre dans les montagnes de la Colchide. Ils en gravirent une à l'assaut, sur quatre-vingt files, chacune de cent hommes environ; l'ennemi ne put tenir. La santé de l'armée fut compromise par l'usage immodéré du miel. Les moins malades ressemblaient à des hommes ivres; les autres à des furieux ou à des moribonds. On voyait la terre jonchée de morts comme après une défaite. Cependant personne, ne fut atteint mortellement. Deux jours après on arriva à Trébisonde. Là il fut convenu qu'on retournerait en Grèce par mer; mais ce projet ne put être exécuté qu'en partie, parce que Christophe, qui avait promis de chercher des vaisseaux, ne revenait pas, et qu'il fallut se contenter de ceux qu'on devait à la prévoyance de Xénophon. On séjourna dix jours à Çérasunte, où l'on fit la revue des troupes, qui se trouvaient encore au nombre de 8,600 hommes; ce qui est énorme, si l'on tient compte de tout ce que l'ennemi, la faim, les fatigues, les maladies avaient du détruire. Dans cette retraite à jamais mémorable, Xénophon déploya une fermeté, un sang-froid, un courage toujours réglés par la raison, et souvent éclairés par le génie; elle le mit au rang des plus grands capitaines — L'armée s'embarqua à Chrysopolis en face de Bysance: Xénophon cherchait les moyens de se rendre dans sa patrie Après avoir refusé le commandement, il fut sollicité par Seuthès, roi de Thrace, de lui amener ses troupes pour le rétablir sur le trône; mais après que Seuthès eut obtenu le service qu'il désirait, il ne voulut point donner la somme dont on était convenu. A force de négociations, le général grec en obtint une partie. Ce fut alors que Thymbron, chargé par les Lacédémoniens de faire la guerre aux satrapes Pharnabases et Tissapherne, envoya solliciter les troupes, sous la conduite de Xénophon, de venir le joindre pour l'aider dans cette guerre moyennant un forte somme. Xénophon se disposait à retourner dans sa patrie; mais les Grecs le prièrent de ne pas les abandonner et de ne les quitter que lorqu'il aurait remis l'armée à Thymbron, qui était en Ionie; il y consentit. Xénophon compte, depuis le lieu de la bataille de Cunaxa jusqu'à Cotyore, sur le Pont Euxin, 630 parasanges et 122 jours de marche. Le livre qu'il a laissé, sous le nom d'*Anabase*, contient des détails précieux pour la géographie. C'est tout un traité pratique de stratégie; il y a élégance de diction, simplicité et vérité; car rien n'autorise à suspecter la sincérité des récits dans lesquels, d'ailleurs, ne se manifeste aucune tendance au merveilleux: on ne conçoit donc pas l'esprit de dénigrement qui a dicté à Voltaire l'article Xénophon dans son dictionnaire philosophique. Il ne regarde les Grecs que comme des voyageurs égarés, à qui la bonté de l'empereur laissait achever leur route comme ils pouvaient. On lira avec plus de profit l'excellente notice de M. Letronne sur Xénophon (Biographie universelle). Le savant auteur examine la force de l'argument qui dénie à Xénophon l'ouvrage dont nous parlons; argument d'après lequel Suidas l'attribue à Thémistagène le Syracusin, et qui a décidé aussi Ussérius, Kurter et Dadwel; et malheureusement ce n'est pas par la réponse que leur font Scheneider et Weiske qu'on peut les confondre, Contrairement à l'opinion de ceux-ci, M. Letronne établit irrévocablement que si Xénophon lui-même, *Helléniques*, renvoie à Thémistagène, ce ne peut être par la [illegible] Helléniques avant la retraite des dix mi[illegible] prouve qu'il travaillait encore à ses Helléniques à quatre-vingt-huit ans, tandis qu'il avait écrit et achevé la *Retraite* pendant son séjour à Seissonte. M. Letronne emprunte à cet ouvrage même les raisons qui lui font maintenir à Xénophon l'honneur de l'avoir produit. On voit trop que l'auteur, en nommant Xénophon parle de lui-même, et le fait avec complaisance. Il cite et relève ses moindres actions, ses moindres paroles, et jusqu'à ses pensées. Le doute n'est pas possible, et il faut admettre l'explication de M. Letronne.

DIZAIN, ce qui est composé de dix parties. Il se dit principalement des pièces de poésie et des stances ou strophes composées de dix vers. Il se dit aussi d'un chapelet composé de dix grains. *Un dizain de cartes*, dix jeux de cartes dans un paquet.

DIZAINE, total de choses ou de personnes composé de dix. Il se dit particulièrement, en arithmétique, d'une collection de dix unités.

DIZEAU. Il se dit d'un tas de dix gerbes, de dix bottes.

DIZENIER, chef d'une dizaine, ou qui a dix personnes sous sa charge. C'était autrefois le nom de certains officiers de la ville.

DIZÈS (**JEAN**), né vers 1750, fut d'abord avocat, puis syndic du département des Landes, puis député à l'Assemblée législative et ensuite à la Convention, où il vota la mort du roi; après le 18 brumaire, il fit partie du Sénat conservateur, et fut créé sous l'empire commandant de la Légion-d'Honneur et comte d'*Arène*. Il se retira dans son pays lors de la Restauration et y mourut oublié.

DJAAFAR-KAN, neveu du célèbre Kérim, souverain de la Perse. A la mort de l'usurpateur Aly-Mourad-Châh, arrivée en 1784, Djaafar prétendit au trône de Perse et se mit ouvertement en coucurrence avec l'ennuque, Aghâ-Mohammed. La Perse fut désolée par ces deux compétiteurs jusqu'en l'année 1788, époque à laquelle Djaafar fut assassiné à Chyraz. Son fils Louthf-Aly-Khan, qui lui succéda dans ses prétentions, périt en 1794, en combattant contre Aghâ-Mohammed. En lui finit la dynastie des Zends.

DJÂDMEL (*bot.*), Nom arabe du *stapelia dentata* de Forskaël. J. P.

DJAEMDE (*bot.*). Le *fagonia scabra* de Forskaël est ainsi nommé dans l'Arabie. M. Delile cite le nom de *gemdeh* sous le *fagonia arabica*. J. P.

DJAERDJIR (*bot.*), Nom égyptien de la roquette, *brassica eruca* suivant Forskaël. J. P.

DJAFAR, sizième iman de la race d'Ali, surnommé Alsadic, le Vrai, était fils de Mohammed-Baker et de Férouch, petite fille d'Abou-Bekr. Les musulmans, et particulièrement les chites, lui accordent une telle autorité, qu'ils regardent comme une tradition authentique ce qu'il avait coutume de dire. A sa mort, la transmission de son titre d'iman à ses héritiers, occasionna des dissensions qui donnèrent naissance à la secte des Assassins qui joua un si grand rôle dans l'histoire des Croisades.

DJAGGATAI, nom d'une tribu (*oulousse*) tatare située au sud de la tribu de Djontchifous-Timour, il servit à désigner un vaste empire, et il est resté attaché à une partie de la Tatarie indépendante (*V.* ce nom ainsi que **TURKESTAN** et **OUZBEKS**).

DJAHA (*bot.*), aux environs de Hadie, dans l'Arabie, on donne ce nom au *volutella* de Forskaël qui est la même plante que le *cassytha filiformis*. Cette plante qui a le port d'une cuscute, grimpe sur les arbres et s'entrelace dans leur feuillage.

DJAHEDH (yeux à fleur de tête), surnom d'Abou-Ostman-Amrou, célèbre docteur musulman. Selon le biographe Ebn-Khilcan, il a écrit sur toutes les matières, et dans toutes s'est distingué par l'étendue de sa science et de son esprit. Il mourut à Bassorah, en Moharrem 255. (Janv. 869 de J.-C.)

DJAHY (*bot.*), nom javanais du gingembre, suivant Rumph. Dans l'île de Baly il est nommé *djahé*. J. P.

DJAMMA (*bot.*), à Java ce nom est donné au *fucus natans* suivant Burmann. J. P.

DJAMONS (*mam.*) nom des buffles en arabe. Histoire des animaux d'Eldemiri. J. P.

DJAMY, surnom de Abdal-Rahman-Ben-Ahmed, poète très célèbre, le Pétrarque des Persans, naquit à Djam, village du Khoraçan, en l'an 817 de l'hégire (1414 de J.-C.), Recherché par les plus grands personnages pour son génie, vénéré pour ses vertus religieuses, il vécut longtemps à Hérat, estimé et respecté du sulthan Abou-Saïd et de son successeur, Hossein-Mirza. Le premier ministre d'Hossein-Mirza, le célèbre Aly-Chyr, était lié d'amitié avec Djamy. Ce fut Aty qui vingt jours après la mort du poète, arrivée en l'an 898 de l'hégire (1492 de J.-C.), prononça son éloge en présence des plus grands personnages de la Perse et d'un immense concours de peuple. Parmi ses nombreux ouvrages, on remarque: *Yousouf et Zuleïkha, ou l'Histoire des amours de Joseph et de Zuleïkha*, c'est un des plus agréables ouvrages de la langue persane; de courts fragments en ont été traduits et publiés par M. Th. Law, dans les *Asiaticla Miscellanies*.

DJANNABY, surnom commun à deux personnages orientaux, originaires ou natifs de Djannabeh ville de la province de Fars près du golfe Persique. Les noms de ces deux personnages sont Abou-Saïd-Hassan et Moustafa. — Abou-Saïd, chef de la secte des Carmothes, battit une armée envoyée contre lui par le khalife Motadhed, sous le commandement d'Abbas, en l'an 287 de l'hégère (900 de J.-C.). Il entra ensuite en Syrie et y exerça des cruautés de toute espèce.

DJANNABY (**MOUSTAFA**), auteur d'une histoire générale qui a pour titre: *Bahar-Alzokkar*.

DJANTAM (*poiss.*), nom du *chætodon cornutus* de Linné aux Indes Orientales. (*V.* **HENIOCHUS**). J. P.

DJARAK-GORITO (*bot.*). La plante euphorbiacée, ainsi nommée à Java est le *ricinus* speciosus de Burmann. J. P.

DJARMAL (*bot.*), nom égyptien donné suivant Forshaël à une espèce de fabagelle, *zygophyllum portulacoides*. J. P.

DJANZ (*bot.*), nom arabe du noyer suivant Forskaël. J. P.

DJARNA, **GARNA** (*bot.*), noms arabes du *geranium malaxoides*, selon Forskaël. Cette espèce fait partie du genre *erodium*. J. P.

DJAZAR (*bot.*), nom égyptien de la carotte, suivant Forskaël. Dans l'Arabie il se prononce *Djizar*. Il est écrit *dezar* par M. Delile. J. P.

DJEBEL, province d'Arabie au S. de Djof et du N. d'El-Kacim. Elle est habitée par des Wahabis.

DJEBEL-TURAS, montagne de l'état d'Alger, au S. de la province de Constantine.

DJEBEL-EL-CHECK, chaîne orientale du Liban. Elle sépare les paschâliks de Damas et d'Acre.

DJEBEL-EL-MOKATTEB, montagne située entre le mont Sinaï et Soueys. On y remarque des mines et des inscriptions hiéroglyphiques qui ont déjà été le sujet d'un grand nombre de discussions entre les savants.

DJEBEL-NOR ou **MONT DE LA LUMIÈRE**, près de la Mekke, avec une chapelle. C'est sur ce mont que les musulmans croient que l'ange Gabriel apporta à Mahommet le premier chapitre du Coran.

DJEDDAH, ville d'Arabie, dans la province de l'Hedjaz, dont elle est le port principal. Elle fait un grand commerce avec l'Égypte, l'Arabie, l'Inde, etc. 6,000 habitans. A dix-huit lieues O. de la Mekke.

DJELAL-DEDDIN-MANKBERNY, prince de la dynastie des Kharizmiens, était fils du célèbre Ala-Eddin Mohammed, et lui succéda l'an 615 de l'heg. (1218 de J.-C.). Djelal-Eddin fut un des plus grand princes de l'Orient. Il battit deux fois les armées de Djenguyz-Khan; mais le terrible conquérant le vainquit dans une troisième bataille, et fit massacrer tous ses enfants mâles. Plus tard, Djelal-Eddin se livra à tous les excès de débauches. Il prit la fuite à l'approche d'un corps de troupes mogholes et gagna les montagnes du Diarbekr, habitées par les Curdes. Il y fut tué l'an 628 de l'hég. (1331 de J.-C.), par un curde dont il avait fait périr le frère à Khélath.

DJELAL-EDDIN-ROUMY, l'un des plus célèbres poètes persans, naquit à Balhk, ville du Khoraçan. Il était fils du vertueux Boha-Eddin-Veled, qui se retira à Jeonium sous le règne de Mohammed-Kharisim-Chah, et emplit cette ville des disciples qu'il instruisait dans la doctrine des Sofys. A sa mort Djelal-Eddin devint chef de sa secte l'an 631 de l'hég. (1233 de J.-C.), mais il le surpassa par ses vertus et son génie poétique. Le livre où il a déposé les productions de son esprit porte le titre de *Kilat elmetsnévy*.

DJELEM (*Hydaspes*). Rivière de l'Hindoustan, sa source est au S. E. de Kachmyr; il se joint au Tchenab.

DJEMCHYD parvint au trône de Perse vers l'an 800 avant J.-C. Il acheva la ville d'Istakar ou Persepolis, bâtit une partie d'Ispahan, introduisit chez les Persans l'usage de l'année solaire, et bâtit sur le Tigre un pont superbe. Malheureux à la guerre, il fut détrôné par Zohak et mourut dans l'indigence.

DJEMLAH (l'émir Mohammed), né dans le village d'Ardestan près d'Ispahan Il fit d'abord le commerce de diamants, s'éleva par son mérite à la cour du royaume de Telingana qu'il quitta en 1652, pour s'attacher à la fortune d'Aureng-Zeyb.

Promu à la haute dignité de premier visir de l'empire mogol, il marcha contre le royaume de Visapour et s'en empara en 27 jours. On lui donna pour prix de ses services la vice-royauté du Bengale. En 1650 il pénétra dans le royaume d'Achem, dans la vue de le conquérir. Il fut heureux d'abord, mais ensuite surpris par les pluies et enfermé dans les montagnes par les torrents débordés, ce grand général parvint non-seulement à ramener son armée en entier, mais encore à rapporter tout le butin qu'il avait ramassé. Ce grand homme mourut en 1665. On peut voir sa vie, 1 vol., relation de Bernier.

DJEMNAH (*Jomanes*), grande rivière de l'Hindoustan; sa source est dans les montagnes Himalaïa; elle coule à travers les provinces de Sirinagor, Delhi, Agrah, et se joint au Gange à Allahbad; son cours est de 265 lieues.

DJEVANN (*bot.*), nom turc ou arabe du *serratula spinosa* de Forskaël, fréquent selon cet auteur dans les lieux secs de l'île de Ténédos. J. P.

DJEVHERY (ISMAÏL-BEN-HAMMAD), lexicographe arabe très célèbre, naquit à Farab en Transoxiane vers le milieu du IVe siècle de l'hégire, dixième de notre ère. Il publia à Nichapour en Khoraçan, l'an 390 de l'hég. (999 de J.-C.), sous le titre de *Sihah Alloghat*, le pur du langage, le dictionnaire le plus parfait qu'aient les Arabes. Golius l'a inséré en grande partie dans son *Lexicon arabicum*; Meninski a également traduit Djevhéry dans son Thesaurus, ling. orient.; Vancouli (*V.* ce nom) l'a traduit en turc. La première édition de cette traduction a paru à Constantinople en 1141 de l'hég. (1728 de J.-C.).

DJEYPOUR (*Jayapoura*). État radjpoute de l'Inde, dans l'Adjmir. Il est fertile en blé, coton, tabac, etc. Le territoire est généralement sablonneux; 900,000 habitants.

DJEYPOUR (*Jayapoura*), une des plus jolies villes de l'Inde, Adjmir, chef-lieu du gouvernement dont elle porte le nom: sur une belle place s'élève le palais du prince; son architecture représente la queue d'un paon au beau plumage dont les yeux sont figurés par les innombrables vitraux richement coloriés. Tout auprès s'élève une belle tour, ou minaret, de 100 pieds de hauteur. Les rues, en général spacieuses et régulières, sont bordées de maisons à trois ou quatre étages. Les murs en pierres de taille sont recouverts d'un beau stuc qui imite le marbre, et les façades de plusieurs d'entre elles sont peintes à fresques. On cite encore les *jardins*, qui sont vastes et bien entretenus, et le *Tchaouck*, ou marché principal, abondamment fourni. Djeypour à été fondée par le Râdja-Singh, célèbre dans toute l'Inde par ses vastes connaissances en astronomie et par les observatoires qu'il construisit dans cette ville. 62,000 habitants; à 20 lieues E. d'Adjmir.

DJEYPOUR ou **DIAYAPOURA** (*Gâts*), défilé remarquable dans la province d'Adjmir.

DJEZAIR (les îles). Par ce mot, on entend le gouvernement du capitan pacha, c'est-à-dire les îles de l'archipel grec qui restent au sultan des Osmanlis.

DJEZZAR, c'est-à-dire boucher, surnom sous lequel est principalement connu le fameux ACHMET, pacha d'Acre, et qui lui fut donné à cause de ses cruautés. Il naquit en Bosnie vers l'an 1720; il vint en Égypte dans l'année 1755 et se vendit, dit-on, lui-même comme esclave à Ali-Bey. Il fut successivement *tchagassy* (garde-du-corps) et mameluck; et bientôt, grâce à la bienveillance de son maître, il devint commandant du Caire. Devenu pacha d'Acre, il fut créé pacha à trois queues par la Porte qui récompensa ainsi ses services. Mais bientôt le sultan se défiant du caractère trop entreprenant d'Achmet, chercha à l'écarter; mais Djezzar ne s'en maintint pas moins dans son poste par la ruse et la violence, n'obéissant aux ordres qui lui venaient de Constantinople qu'autant que cela lui convenait. Dans l'invasion de Bonaparte en Syrie (1799), Djezzar, aidé par Phelippaux, ingénieur français, et par Sidney Smith, parvint à faire échouer les Français devant Saint-Jean d'Acre. Il soutint, après l'évacuation de Syrie, plusieurs luttes sanglantes contre le grand-visir et le pacha de Jaffa et se soutint dans son poste par d'atroces cruautés. Il mourut paisiblement en 1804.

DJIHAN-GUYR (AHOUL-MÂ-Z'AFFER-NOUR ED-DYN-MOHAMMED), son père, Akbar, prince de l'Indoustan, inconsolable d'avoir atteint sa vingt-neuvième année sans être père, obtint du ciel ce fils désiré en 977 de l'hég. (1569 de J.-C.) par les soins et les prières d'un pieux solitaire. A peine ce jeune prince avait-il atteint sa quinzième année que son père obtint pour lui la main de la fille d'un puissant radjah. Ce fils adoré, comblé de marques d'affection par son père, ne se conduisit pourtant pas en enfant soumis. Sans se révolter ouvertement, il fit cependant périr le savant et éloquent Aboul-Fazl (*V.* ce nom), premier ministre de son père; il commit encore plusieurs actes de cruauté qu'on attribua à l'état d'ivresse dans lequel il était continuellement plongé. Il succéda néanmoins à son père, et son inauguration eut lieu à Agrah, l'an 1014 de l'hég. (1605 de J.-C.). Après avoir vaincu un de ses fils qui s'était révolté, il épousa, en 1611, Mher-ul-Niça, veuve d'un officier de sa cour. Cette femme, d'une beauté extraordinaire, lui causa de violents chagrins par son humeur ambitieuse. Son caractère hautain causa plusieurs révoltes. Djihan-Guyr mourut auprès de Radjor en 1627, après un règne de 22 ans. Malgré ses vices, il était affable, généreux, et avait un amour extrême pour la justice.

DJIHOUN (aujourd'hui AMON-DERIA, le VEH ou VEH-ROUD des livres religieux des Parsis et l'Oxus des anciens), fleuve célèbre de l'Asie. Le Djihoun supérieur est appelé *Pendj* (cinq en persan). Il portait autrefois le nom de *Hharrat* ou *Hazyat*. Il a sa source dans le pays de Vakhan par les 38° 25′ de latitude N., et les 69° 30′ de longitude O. Il coule dans une vallée qui s'étend au pied de la montagne Pouchlikher, puis reçoit plusieurs torrents et plusieurs rivières qui le grossissent considérablement. La Koktcha, ou rivière de Badakshan, afflue à sa droite, puis ce sont le Kechma, l'Anderah, le Vakheh ou Vakheh-âb (*eau blanche*), nommée ensuite Soukh-âb, c'est-à-dire eau rouge; c'est le *bascatis* des anciens. Le fleuve quitte le nom de Rendj lors de son entrée dans le Khanât de Khiva. Là il coule du N. au S., se divise en deux bras, et va se jeter dans la mer ou lac d'Atral. Dans son cours de 450 lieues, il roule majestueusement ses flots en un lit de 1,200 à 1,800 pieds. Djihoun est le nom que Moïse donne à l'un des quatre fleuves qui arrosent son paradis; il dit aussi que ce fleuve faisait le tour de l'Éthiopie. Celui dont nous parlons a ses bords sablonneux et en grande partie couverts de forêts; ses eaux, distribuées par des canaux, servent à fertiliser le Khanât de Khiva.

DJINGHIS-KHAN (*V.* TCHINGHIZ-KHAN).

DJINGI, **DJINKA**, **TGINGI** (*bot.*), noms Malais cités par Rumph d'une plante cucurbitacée, qui est le *petola bengalensis* de cet auteur, et le *cucumis acutangulus* de Linné. J. P.

DJINNS. L'Orient, auquel sans doute nous avons emprunté nos lutins et nos fées, est riche en puissances fantastiques. De ce nombre sont les djinns, esprits malfaisants, auteurs de tous les maux, au dire des Orientaux. Ces esprits, selon eux, ne sont ni des anges, ni des diables, ni des hommes; le Coran nous apprend qu'ils avaient été formés d'un feu ardent et bouillonnant. Autrefois c'étaient des géants ou plutôt des génies mis par Dieu sur la terre avant le premier homme, et qui occupaient ce monde avec les *dives* et les *péris*, sous leur roi *Gian-ben-Gian*. D'après les chroniques persanes, ils habitaient les monts Elbrouz. Après un règne de 2000 ans, Gian-ben-Gian, leur roi, se révolta contre Dieu, qui suscita Eblis contre eux. Celui-ci les expulsa à l'extrémité du monde. Ce fut alors que Dieu créa le genre humain et leur ordonna de se soumettre à Adam; mais ils repoussèrent cet ordre comme indigne d'eux, et en punition ils furent frappés de malédiction. Dans le *Tahmourat Namèh*, on peut voir les hauts faits et les grandes choses faites par Gian; quelques traditions orientales lui attribuent même l'élevation des pyramides d'Égypte. Les djinns font leur résidence sur la terre et choisissent différents lieux pour leur habitation. Si le malheur veut qu'un homme s'approche par hasard de leur demeure, il est bientôt victime de leur vengeance. Ils savent tout ce qui se passe; ils sont les auteurs du mal; tous les évènements dépendent d'eux; la destinée des mortels est entre leurs mains. Tous les orientaux croient qu'il y a des djinns mâles et des djinns femelles (*V.* PÉRIS).

DJISSAB (*bot.*). Les Arabes nomment ainsi l'*orchis flava* de Forskaël, dont ils disent que le suc, appliqué sur les plaies faites avec des épines, les guérit promptement, en favorisant la sortie de l'épine. J. P.

DJIZAR-HENDI (*bot.*). Ce nom arabe, qui signifie carotte de l'Inde, est celui de l'espèce de concombre que Forskaël nomme *cucumis daucus indicus*, qui est originaire de l'Inde; apporté en Égypte sous le nom de *gadjer* ou *schekarkand*, et cultivé seulement dans quelques jardins. J. P.

DJOHOR, ville de la presqu'île de Malakka, ancienne capitale d'un royaume qui avait le même nom.

DJOKJOKARTA, ville de la Malaisie, dans l'île de Java, capitale des États et résidence d'un sultan, près de la rive droite du Matickan. Elle est grande et bien bâtie. On y remarque le palais du prince, renfermé dans une enceinte immense de hautes murailles et d'un fossé plein d'eau, et défendu par 100 pièces de canon, à 100 lieues E. S. E. de Batavia; sa population est de 100,000 habitants. L'état Djokjokarta, dépendant du gouvernement général hollandais de Batavia, est enclavé dans celui de Sourakarta, qui, à son tour, a une enclave dans le premier (V. JAVA).

DJOLIBA (V. NIGER).

DJONKSEYLON, île de l'empire birman. C'est la plus grande de l'archipel Merghi. Le sol en est uni, arrosé par des ruisseaux et bien boisé; il recèle des mines d'étain et produit du riz. Les seuls animaux domestiques sont le buffle, les chèvres, les pigeons et la volaille. L'agriculture et la pêche sont les seules occupations des habitants; ils font cependant quelque commerce avec les îles voisines. On exporte de cette île de l'étain, des nids d'oiseaux, de l'ivoire et du bois de sapin. Elle a 18 lieues de long, 6 de large et 85 lieues carrées de superficie. Le beau temps y règne depuis le mois de novembre jusqu'à celui de juillet.

DJORZ (*ois.*), nom persan de l'outarde, *otis tarda*, Linné, suivant Kazivini. J. P.

DJOUU (*ois.*). Nom donné par les habitants de la Nouvelle-Galles du sud à un moucherolle dont le chant imite le bruit éclatant d'un fouet de cocher; c'est le *muscicapa crepitans* de Latham.

DJOUBAN, chef de la tribu des Youldouz et des princes djoubaniens, était un officier distingué de l'armée des Mogols de Perse. Il fut tuteur du prince Béhadur-Khan, et épousa sa sœur. Le jeune souverain devint amoureux de la belle Khatoûn-Baghdâd, fille de son tuteur, et mariée à un émyr nommé Haçan. Cet amour coupable causa la mort de Djouban, qui s'y opposait. Béhadur finit par posséder Khatoûn-Baghdâd, répudiée par son mari. L'élévation de cette princesse au trône rendit à sa famille le crédit qu'elle avait perdu par la mort de Djouban.

DJUMMEIZ, GIMMEIZ (*bot.*), une espèce de figuier, *ficus sycomorus*, est ainsi nommée en Égypte, où elle est très cultivée; ses rameaux, qui s'étendent beaucoup, peuvent couvrir un espace de quarante pas de diamètre; il porte, comme le figuier caprifiguier, deux espèces de fruits: les uns sont mâles et n'offrent plus que des rudiments d'étamines; les autres contiennent beaucoup de graines. Suivant Pokoke, c'est le sycomore des anciens. J. P.

DJYL-DJYLAN (*bot.*), nom arabe de la jugeoline ou le sésame, *sesamum orientale*, qui est le *semsem* des Égyptiens.

DJYOUNDOU GYOUNDOU (*bot.*). Suivant M. Delile, on nomme ainsi dans la Nubie, l'*hibiscus præcox* de Forskaël, qu'il dit être une variété de l'*hibiscus esculentus*, et qui est, selon Forskaël, le *bamia næki* ou *bæledi* des Arabes. J. P.

D-LA-RE, ancien terme de musique par lequel on désignait le ton de *ré*.

DLUGOSZ (JEAN), historien polonais, né en 1415, dans la ville de Brzeznice, dont son père était commandant, eut toute la confiance du cardinal Zbignée, chancelier du royaume. Prit part aux plus importantes affaires du royaume sous le règne de Casimir IV, et fut chargé de l'éducation des enfants de ce monarque. Élu archevêque de Lemberg, il mourut à Cracovie, en 1480, avant d'avoir été consacré. On a de lui une histoire de Pologne, qui commence aux temps fabuleux et finit l'année même de sa mort.

DMITRI (ALEXANDROVITCH), était fils aîné d'Alexandre Newski, grand duc de Russie, qui voulut l'imposer comme chef aux Novogorodiens; ceux-ci l'acceptèrent d'abord, mais le chassèrent aussitôt après le départ de son père (1264). Ils choisirent alors Jaroslaf, frère d'Alexandre, et l'ayant chassé à son tour, ils choisirent Vasili, son frère; puis, las de ce dernier, ils rappelèrent Dmitri; mais ce prince, prévoyant la résistance de Vassili et les craintes que cette résistance inspirerait aux Novogorodiens, refusa leur offre, et ne reprit son titre qu'après la mort de Vassili, qui le fit en même temps grand duc de Russie (1276). Cependant il ne jouit pas longtemps de son pouvoir; son frère André, assisté par le Tatar Margou-Timour, marcha contre lui et le força à fuir. Dmitri, à son tour, l'attaqua avec le secours de Nogaï, autre khan indépendant de Tatars, et, vaincu une première fois, il finit pourtant par contraindre André à fuir à son tour. Celui-ci se retira à Novgorod et se prépara à se venger; mais ses projets furent déjoués et il n'échappa à la mort qu'en cédant à Dmitri la souveraineté de Novgorod (1285). Mais bientôt il reprit les armes, fut vainqueur et remplaça le vaincu, qui prit de nouveau les armes, fut battu (1285), fit une nouvelle tentative également inutile en 1291, et qui enfin remonta sur le trône, en 1293, sans combat, et seulement en proposant la paix à André s'il voulait lui céder la place, ce à quoi André consentit au grand étonnement de tous. Dmitri régna dès lors tranquillement jusqu'à sa mort, en 1294.

DMITROW, ville de Russie (*Moscou*). Elle fut bâtie par le grand duc George Wladimirovitch, et devint, à diverses époques, l'apanage des princes russes. Elle fut prise et reprise pendant les guerres que ces princes se firent entre eux. Le célèbre Batou-Khan la ravagea en 1237. Cette ville est située au confluent de la Zachroma et de la Vetcka; elle est le chef-lieu d'un district du même nom; elle est grande, mais mal bâtie. Elle renferme six églises, un couvent, une école normale. Son commerce consiste en draps, toiles, cuirs, comestibles, cire, chandelles, etc. A 20 lieues N. de Moscou.

DMOCHOVZKI (FRANÇOIS) eut une part active dans l'insurrection des Polonais, en 1794, et fut membre du gouvernement. Bon littérateur, il a laissé une version de l'Iliade, qu'on regarde comme une des meilleures qui existent dans les langues modernes.

DNIEPER, ou mieux DNIEPR (le Borysthène des anciens), appelé *Ousi* par les Tatares, fleuve de Russie. Il sort des marais de Godorodki (Smolensk), arrose les gouvernements de Mohilew, de Minsk, de Tchichakof, de Pottawa, d'Ekaterinoslaw, de Kherson, de la Krimée ou Tauride, et se jette dans la mer Noire par une vaste embouchure. Il reçoit à droite la Béresina et le Pripetz; à gauche la Lozna, la Dezna, le Psioul, et une foule de petites rivières. Il serpente entre des blocs de granit, des bancs de calcaire, et forme des cataractes qui disparaissent au printemps. Ses eaux manquent de limpidité et de douceur, ce qui vient de ce qu'elles passent par des bancs de craie et des marécages. Les poissons se plaisent dans ses flots troubles; on y trouve beaucoup de carpes, d'aloses, de brochets, d'esturgeons. Des îles nombreuses s'élèvent au milieu de son lit; celles que les hautes eaux ne couvrent pas sont remplies de serpents. Ce fleuve reste sous la glace, dans le gouvernement de Smolensk, depuis le mois de novembre jusqu'à celui d'avril; en général, il est large, profond, et a des rives bien encaissées. Il est navigable depuis Dorogobouye. Le défaut d'industrie et le manque de soins diminuent de beaucoup son importance commerciale. Maintenant le gouvernement russe s'occupe à lever les obstacles qu'il présente à la navigation. Le Dniepr n'a qu'un pont, celui de Kiew; c'est un pont de radeaux; il a 1638 pas de long, s'enlève vers la fin d'octobre et est rétabli au commencement du printemps. Le cours du fleuve est de 350 lieues.

DNIESTER ou mieux DNIESTR (l'ancien *Tyras*), fleuve qui sort d'un lac dans les montagnes Karpaths Gallicie, et coule de là vers le S. E. pour se jeter dans la mer Noire, après un cours d'environ 160 lieues. Il est peu profond; cependant les petits navires le remontent jusqu'à Tekerman et Ovidiopol. Ce fleuve est très poissonneux, et on y pêche beaucoup de sterlets. Il reçoit plus de douze rivières considérables, telles que la Stri, la Lomnica, la Lipa, la Stota-Lipa.

DO (JEAN), peintre napolitain du XVIIIe siècle, fut un des meilleures élèves de l'Espagnolet.

DOAM-SAMEC (*bot.*). Suivant Rauwolf, aux environs d'Alep, ce nom arabe est donné à la coque du Levant, *menispermum cocculus*. J. P.

DOARA (BUOSO DE), chef du parti gibelin à Crémone, vers le milieu du XIIIe siècle, exerça dans cette ville une sorte de souveraineté sous l'autorité de Frédéric II. A la mort de cet empereur, en 1250, les trois chefs gibelins qui gouvernaient la Lombardie, Eccelin III, Oberto Pelavicino et Doara, se firent une guerre intestine qui causa leur ruine commune. Buoso de Doara mourut dans l'exil et la pauvreté, en 1269.

DOBB, DHOBBA (*bot.*), noms arabes d'un acacie qui est le mimosa unguis cati de Forskaël. Vahl le nomme *mimosa mellifera*, parce que les abeilles tirent de ses fleurs un miel blanc très abondant: il est dans la section des acacies épineux. J. P.

DOBBELT SNEPPE (*ois.*), nom danois de la bécassine commune, *scolopax gallinago*, Linné. J. P.

DOBBERAN (eaux de). Dobberan est un bourg de 2200 habitants avec un château de chasse; ancien couvent des religieux de Citeaux; il est situé à une lieue de la mer Baltique dans le grand-duché de Mecklembourg-Schwerin, et il est connu surtout par ses bains de mer. L'église de ce bourg renferme les sépulcres des anciens ducs de Mecklembourg et d'autres personnages célèbres. A un quart de mille de Dobberan commence, pour s'étendre au loin dans la Baltique, une digue très élevée appelée *digue sacrée* et formée de pierres singulièrement colorées et rangées avec art. Selon la tradition, elle se serait formée de la terre soulevée par un tremblement de terre, et une nuit aurait suffi pour l'élever jusqu'au-dessus du niveau de la mer. Les bains de Dobberan, les plus anciens de l'Allemagne, furent établis par ordre du duc de Mecklembourg en 1793. On voit, non loin de la côte de la Baltique et entouré d'autres maisons plus petites, le grand hôtel des bains chauds et froids. On y trouve des douches, etc. Dans la mer même on se baigne au moyen de petits cabinets portatifs posés sur quatre roues, qui, pendant la saison des bains, restent dans la mer et du fond desquels on descend dans l'eau par un escalier. Le rivage est garanti de l'impétuosité des vagues par un mur. Une espèce de portique s'élève auprès et garantit de l'ardeur du soleil le baigneur qui va y chercher du repos. Depuis 1811 on a aussi construit une maison pour douze pauvres malades qui reçoivent les bains gratuitement. L'hôtel des bains ne peut loger qu'un petit nombre de baigneurs ; tous les autres vont s'établir dans le bourg. On a construit à Dobberan en 1805 une salle de spectacle; près du *camp*, grande place ombragée par des arbres, est une salle de concerts; le grand hôtel renferme une salle pour le jeu et la conversation, et les plaisirs plus bruyants sont relégués dans un autre édifice. Dans les environs de Dobberan on se procure le spectacle de la mer animée par de nombreuses voiles, du haut du Jungbernberg on découvre Rostock du côté de la terre. A une distance un peu plus grande, Diétrichshagen se présente sur une des collines les plus élevées du Mecklembourg; on y domine la plus grande partie du pays, la mer Baltique avec plusieurs îles jusqu'au Holstein; puis *Warnemunde* le lac Covent, où on se livre au plaisir de la chasse au cygne, etc.

DOB-CHICK (*ois.*), un des noms anglais du petit grèbe ou castagneux, *colymbus minor*, Linné, qu'on appelle aussi *doocker*, *didapses* et *dipper*. J. P.

DOBEILH (François), jésuite, né à Moulins en 1634, régenta les basses classes de différents colléges de la société, et fut aumonier d'un régiment. Il mourut en 1716. Il a traduit beaucoup d'ouvrages espagnols.

DOBELER (*poiss.*), nom que les habitants des bords de l'Elbe donnent au *dobule* ou *meunier* (*leuciscus* dobula). J. P.

DOBER (*bot.*), nom arabe du *tomex glabra* de Forskaël, que M. de Jussieu nomme *dobera*, parce qu'il existe déjà un genre *tomex*. J. P.

DOBERA (*bot.*). Genre de plantes de la tétrandrie monogynie de Linné. Son principal caractère consiste dans un calice urcéolé, à quatre dents; quatre pétales; quatre étamines; les filaments réunis à leur base en un tube tétragone; quatre petites écailles entre les pétales et les étamines; un ovaire supérieur; un style court; deux stigmates; un fruit charnu, ovale, tuberculeux, rempli d'un suc visqueux; une seule semence. Ce genre ne renferme qu'une espèce : *Dobera à feuilles glabres*, *D. glabra*, Jussieu, arbre qui croit dans l'Arabie; son tronc est fort élevé, ses rameaux cylindriques, garnis de feuilles opposées, pétiolées, planes, glabres, ovales, aiguës à leurs deux bouts; pétiole cylindrique, jaunâtre, renflé à sa base; les fleurs disposées en épis axillaires, nus, terminaux, paniculés. Fruit verdâtre, tuberculé, long d'un pouce; une semence ovale, oblongue, charnue. Le fruit est bon à manger. J. P.

DOBERT (Antoine), minime, a publié à Lyon un fort singulier ouvrage intitulé : *Récréations littérales et mystérieuses*. (in-8°, 1650.)

DOBNER (Gélase), historien bohémien, né à Prague en 1749, se consacra de bonne heure à l'instruction publique dans la congrégatton des écoles pies. Il a laissé sur l'histoire de Bohême et de Moravie des ouvrages précieux par l'étendue des recherches et par la critique judicieuse qui y règne. Ses monuments historiques de Bohême y tiennent la première place. Il y a publié un grand nombre de chroniques, de diplômes et de documents inédits. Il mourut à Prague en 1790, recteur de l'université de cette ville.

DOBOKA, comitat de Transilvanie. Il a 37 lieues de long sur 3 de large, et 150 lieues carrées. Son sol est montagneux ; toutefois il fournit un peu de grains et de vins, des bois et des bestiaux. On y trouve beaucoup de sel gemme et une multitude de sources salées.

DOBRAKI (Mathieu), gentilhomme polonais. Ruiné par la guerre, il enseigna le polonais à Breslau. Il devint ensuite notaire à Strasbourg dans la Prusse polonaise. Il a laissé plusieurs ouvrages polonais.

DOBRITZHOFFER (Martin), jésuite allemand, résida au Paraguay pendant 22 ans comme missionnaire. Il revint en Europe et y mourut en 1791. On a de lui : *Historia de Abiponibus, equestri bellicausâque Paraquariæ natione*, Vienne 1783-1784, 3 vol. in-8°. Ce livre assez intéressant pour l'histoire et la géographie est rédigé avec peu d'ordre. La carte qui accompagne cet ouvrage est mal dessinée et, d'après le témoignage de son auteur, elle n'est pas fondée sur des mesures géométriques.

DOBROWSKI (l'abbé Joseph), né à Jermet en Hongrie le 17 août 1753, fut le plus savant de ceux qui s'occupèrent des idiômes esclavons. Il venait de se faire jésuite à Brunn quand l'ordre fut supprimé; il se retira alors à Prague où il devint en 1789 recteur du séminaire. Il occupait tous ses loisirs à étudier la langue et la littérature des peuples Slaves et a cherché à débarrasser leur histoire de toutes les fables qui l'obstruaient. Dobrowski parcourut la Suède, la Russie et l'Italie avec le comte Joachim et le comte François Sternberg, afin de se livrer à des recherches sur son étude favorite. Il se rendait à Cracovie quand il mourut à Brunn le 6 janvier 1829. On a de ce savant un grand nombre d'ouvrages parmi lesquels on remarque une *Grammaire de la langue esclavonne* qui est devenue classique, une *Histoire de la langue et de la littérature bohémiennes*, et un *Traité de la formation de la langue esclavonne*.

DOBSON (Guillaume), peintre né à Londres en 1610. Il fit la connaissance de Vandyck, chercha à imiter la manière de ce peintre célèbre et y réussit. Il excellait surtout à peindre des portraits de femmes. Il avait le secret d'ajouter à leurs charmes sans nuire à la ressemblance. Il fut nommé premier peintre du roi Charles Ier. Il mourut en 1647, d'une maladie causée par sa conduite déréglée.

DOBULE (*poiss.*). On appelle ainsi un poisson de la famille des cyprins que l'on nomme aussi vulgairement *meunier* (*V.* Able.) J. P.

DOBUSESI, KIMPOGE, TAGARAS (*bot.*), la renoncule des jardins, *ranunculus asiaticus*, porte ces divers noms dans le Japon suivant Thunberg. J. P.

DOCAMPO (Florian), historiographe de Charles V. Il publia sous le titre de *Los cineo libros primeros de la chronica general d'Espana*, Alcala de Henarez, 1518 in-f°, un ouvrage où il expose avec pureté et élégance tout ce qu'on pouvait dire sur l'origine et les antiquittés de cette péninsule.

DOCAMPO (Gonzalve), archevêque de Lima, au Pérou en 1614, a écrit en espagnol sur le gouvernement du Pérou.

DOCAMPO (François-Antoine), mort en 1695, a traduit du latin en espagnol l'histoire de la vie et des faits du cardinal Gil de Alborno, par Sepulveda, 1612, in-4°.

DOCERIE, rivière du Brésil, qui a près de 100 lieues de cours. Elle sort de la province de Minas Geraes qu'elle traverse, et se jette dans l'Atlantique.

DOCÈTES, hérétiques du Ier et du IIe siècles de l'Église, qui enseignaient que le Fils de Dieu n'avait eu qu'une chair apparente; qu'il était né, avait souffert, était mort seulement en apparence. C'est ce que signifie leur nom dérivé du grec δοκέω, je *semble*, je *parais*. Ce nom général de docètes a été donné à plusieurs sectes : aux disciples de Simon, de Ménandre, de Saturnin, de Basilide, de Carpocrate, de Valentin, etc., parce que tous donnaient dans la même erreur, quoiqu'ils fussent divisés d'ailleurs sur plusieurs points de doctrine. Tous prenaient aussi le nom de *gnostiques*, savants ou illuminés, parce qu'ils se croyaient plus éclairés que le commun des fidèles. Ils se flattaient d'avoir trouvé un moyen de concilier ce qui est dit de Jésus-Christ par les Apôtres avec le respect dû à la divinité, en soutenant que les humiliations, les souffrances, la mort du Fils de Dieu, n'avaient été qu'apparentes. C'est pour les réfuter que saint Jean dans son Évangile et dansses Épîtres, saint Ignace et saint Polycarpe dans leurs lettres, établissent avec tant de soin la vérité du mystère de l'incarnation, la réalité de la chair et du sang de Jésus-Christ. « Nous vous annonçons, dit saint Jean aux fidèles, ce que nous avons vu et entendu ; ce que nous avons considéré attentivement, ce que nos mains ont touché au sujet du Verbe vivant. » (I Jean, c 1, v. 1.) Ce témoignage ne pouvait pas être suspect; ce n'était point une illusion. Saint Irénée les réfute de même par les termes de *corps*, de *chair*, de *sang*, dont les Apôtres se servent continuellement en parlant du Fils de Dieu fait homme; par sa généalogie, que saint Matthieu et saint Luc nous ont donnée, et parce que Jésus-Christ a été un homme semblable aux autres hommes en toutes choses, excepté le péché. Autrement, dit-il, Jésus-Christ ne pourrait être appelé *homme*, ni *fils de l'homme*; ce serait en vain, et pour nous tromper, qu'il aurait pris à l'extérieur tous les signes et les caractères de l'humanité; il ne serait pas vrai qu'il nous a rachetés, qu'il est notre Sauveur s'il n'avait pas réellement souffert; il ne serait pas celui qui a été prédit par les prophètes, mais un imposteur; nous ne pourrions plus espérer la résurrection de notre chair, nous ne recevrions pas dans l'eucharistie sa chair et son sang, etc. *Adv. hær.* t, III, c. 22, l. IV, c. 2, etc. — Cette erreur fut renouvelée dans le VIe siècle par quelques eutychéens ou mophysites, qui soutenaient que le corps de Jésus-Christ était incorruptible et inaccessible aux souffrances: on les nomme *docètes, aphtartodocètes*, *phantasiastes*, etc. Si l'on veut y faire attention, cette erreur, commune aux hérétiques les plus anciens, est une preuve invincible de la sincérité des apôtres, et de la certitude de leur témoignage. Aucun de ses sectaires n'a osé accuser les Apôtres d'en avoir imposé; ils sont convenus que ces témoins vénérables ont vu, entendu, touché Jésus-Christ, comme ils le disent, soit avant, soit après sa résurrection; mais ils prétendent que Dieu leur a fait illusion et a trompé leurs sens. Ils ont préféré de mettre la supercherie sur le compte de Dieu même, plutôt que de l'attribuer aux apôtres; et cela, pour n'être pas forcés d'admettre que le Fils de Dieu a pu se faire homme, naître d'une femme, souffrir et mourir. Les incrédules oseront-ils encore nous dire que les actions de Jésus-Christ n'ont été crues que par des ignorants séduits et prévenus? Tous ces hérétiques, qui se paraient du nom de *gnostiques* ou de docteurs éclairés, n'étaient pas séduits par les apôtres, puisqu'ils se prétendaient plus habiles et plus clairvoyants qu'eux; ils n'avaient aucun intérêt commun avec les apôtres, puisqu'ils leur étaient opposés, et que les apôtres les regardaient comme des *séducteurs* et des *antechrists.* Ces disputeurs étaient à portée de trouver, dans la Judée et ailleurs, des témoignages contraires à celui des apôtres, si ceux-ci en avaient imposé. L'aveu que les premiers ont fait de *l'apparence* des évènements publiés par les apôtres en prouve invinciblement la réalité. Nous sommes très bien fondés à juger que Dieu a permis cette multitude d'hérésies qui ont affligé l'Église naissante pour rendre plus incontestables les faits annoncés par les apôtres. Nous apprenons encore des anciens pères que les *docètes* avaient des mœurs très corrompues; leur doctrine même en est une preuve. Comme les souffrances du Fils de Dieu nous sont proposées pour modèle dans l'Évangile, il était naturel que des hommes qui voulaient se livrer à la volupté sans remords et sans scrupule enseignassent que le Fils de Dieu n'avait souffert qu'en apparence. Mais les apôtres ne l'ont pas entendu ainsi : « Jésus-Christ, dit saint Pierre aux fidèles, a souffert pour nous et nous a laissé un exemple, afin que vous suiviez ses traces. » Ainsi, de tout temps, la vraie source de l'incrédulité a été la corruption du cœur. Beausobre, dans son *Histoire du manichéisme*, l. II, c. 4, a beaucoup parlé des *Docètes*, et a voulu tirer de leurs erreurs plusieurs arguments contre la doctrine de l'Église. « Remarquons, dit-il, que ces anciens hérétiques défendaient leur erreur par les mêmes témoignages de l'Écriture, et par les mêmes raisons dont on s'est servi dans les siècles suivants pour défendre la présence réelle du corps de Jésus-Christ dans l'eucharistie. » En effet, pour prouver que le corps de Jésus-Christ n'était pas réel, mais apparent, les docètes alléguaient les passages de l'Évangile, dans lesquels il est dit que Jésus-Christ marchait sur les eaux, qu'il disparut aux yeux des deux disciples d'Emmaüs; qu'il se trouva au milieu de ses disciples assemblés, les portes de la maison étant fermées; et l'on se sert de ces mêmes passages pour prouver que le corps de Jésus-Christ peut être réellement dans l'eucharistie sans avoir la solidité, la pesanteur, l'impénétrabilité des autres corps. Si tel avait été, continue Beausobre, le sentiment de l'Église, les docètes auraient pu en tirer une objection invincible; ils auraient dit à leurs adversaires : « Tout ce qui subsiste sans aucune propriété du corps humain, ne peut pas être un corps humain. Or, vous convenez que le corps de Jésus-Christ est dans l'eucharistie sans aucune propriété du corps humain; donc ce n'est plus un corps humain. » Il nous paraît que les pères n'auraient pas été fort embarrassés de répondre à cet argument redoutable; ils auraient dit: Tout ce qui subsiste sans aucune propriété sensible ou insensible du corps humain n'est plus un corps humain, soit; or, le corps de Jésus-Christ, dépouillé des propriétés sensibles d'un corps humain dans l'eucharistie, en conserve néanmoins les propriétés insensibles; donc c'est un corps humain, sinon dans son état naturel, du moins dans un état surnaturel et miraculeux. Les docètes, dit encore Beausobre, auraient insisté : ils auraient représenté qu'il n'y a pas plus d'absurdité à supposer que Jésus-Christ, pendant le cours de son ministère, a paru être ce qu'il n'était pas, qu'à soutenir que dans l'eucharistie il a toutes les apparences du pain et du vin, sans être ni l'un ni l'autre. A quoi pensaient donc les pères? En cherchant dans l'eucharistie un argument contre les docètes, *ils se jetaient dans le feu pour éviter la fumée.* Nous répondons pour les pères que, si nous croyons la présence réelle de Jésus-Christ dans l'eucharistie, pendant que nous rejetons l'opinion des docètes, ce n'est pas parce que l'un est moins absurde ou moins impossible à Dieu que l'autre, mais c'est: 1° parce que la présence réelle est formellement enseignée dans l'Écriture sainte; au lieu que l'opinion des docètes y est formellement réprouvée; 2° parce que le dogme de la présence réelle n'entraîne point les conséquences fausses et impies qui s'ensuivraient de l'opinion des docètes touchant le corps apparent et fantastique de Jésus-Christ. Les Pères y pensaient donc très-bien lorsqu'ils disaient que si la chair de Jésus-Christ n'était qu'apparente nous ne recevrions pas dans l'eucharistie sa chair et son sang; et ils n'avaient pas peur des arguments de Beausobre. Mais n'est-ce pas lui qui se jette dans le feu pour éviter la fumée? Il voudrait nous persuader que, du temps des docètes, l'Église ne croyait pas la présence, et il allègue pour preuve un raisonnement des Pères, qui serait absurde si ce dogme n'avait pas été la croyance commune de l'Église. On ne peut pas pousser plus loin l'aveuglement systématique. B. R.

DOCH (*géogr. anc.*), forteresse de la Palestine, près de Jéricho, dans la tribu d'Ephraïm.

DOCHIER (**JEAN-BAPTISTE**), né à Romans le 2 décembre 1742, se fit recevoir avocat à Paris, et exerça cette profession dans sa ville natale. Il fut député à l'Assemblée législative en 1791; puis, après la session, il fut nommé juge au tribunal de cassation; et en 1800 il devint juge au tribunal de l'Isère. Dochier fut fait ensuite maire de sa ville natale; il y mourut le 18 décembre 1828. On a de lui divers ouvrages sur l'histoire des romans et des *Mémoires sur les corvées en Dauphiné*, qui sont le résultat de recherches faites par lui lorsqu'il eut à soutenir un procès de la ville de Romans contre les chanoines de Saint-Bernard, qui se prétendaient exempts de corvées.

DOCHME (*antiq.*), mesure grecque qui valait un demi-pied.

DOCHON (*bot.*), nom arabe du millet *panicum miliaceum* suivant Dalechamps. M. Delile rapporte le nom de *Dokhn* pour la même plante.

DOCILE, qui a de la disposition à se laisser conduire et diriger. Il se dit par extension des animaux.

DOCILEMENT, avec docilité.

DOCILITÉ, qualité par laquelle on est docile; disposition naturelle à se laisser diriger.

DOCIMASIE (la), qui vient du grec δοκιμάζω, *essayer*, *éprouver*, a pour objet de déterminer la nature et la proportion des principes qui constituent un corps. Pris dans un sens général, la docimasie est l'art qui donne les moyens de connaître la formation de tous les corps qui nous entourent; mais on est convenu d'en restreindre la signification et de l'appliquer particulièrement à l'analyse des minerais qu'on se propose d'étudier pour les imiter, ou pour savoir en quoi ils peuvent être utiles aux arts, ou bien pour connaître la proportion du métal que ces minerais contiennent, surtout lorsqu'on veut exploiter le terrain qui les renferme. — La docimasie emploie deux méthodes, la *voie sèche* et la *voie humide.* Bien souvent on n'emploie la seconde qu'après avoir essayé de la première. S'il s'agit, par exemple, d'un minerai on le concasse, on le met dans le creuset avec sa *gangue*, et on y ajoute un fondant pour en faire une pâte qu'on traite ensuite par la voie humide, en se servant de différents réactifs. C'est le choix et la recherche de ces réactifs, ainsi que leur emploi raisonné, qui constituent l'art de la docimasie, qui, de nos jours, a fait d'immenses progrès, grâce aux travaux de Klaproth, de Vauquelin, de Collet-Descotils, de Darcet, etc. Pour la voie sèche, on emploie tour à tour la *pulvérisation*, la *calcination*, la *précipitation*, l'*essai au chalumeau*, etc. Pour la voie humide, on emploie des réactifs dont l'emploie varie ainsi que l'action sur les métaux.

DOCIMASIE PULMONAIRE, expression empruntée à la métallurgie, et employée en médecine légale pour désigner une expérience tendant à déterminer si un enfant est né mort ou vivant. Elle consiste à placer dans un grand vase d'eau le cœur et les poumons d'un enfant nouveau-né; s'ils surnagent, il est probable que la respiration aura eu lieu, et, en conséquence, que l'enfant sera né vivant; s'ils gagnent le fond de l'eau, au contraire, on devra croire, toutes choses égales d'ailleurs, que l'enfant n'aura point vécu. En effet, le poumon d'un fœtus n'étant pas dilaté par l'air est spécifiquement plus pesant que l'eau. Il ne faut pourtant pas s'en rapporter à ce caractère unique, car la putréfaction, par exemple, pourrait développer dans les poumons des gaz capables de les faire surnager quand même il n'y aurait pas eu de respiration; d'un autre côté, la submersion de poumons incomplètement développés pourrait donner lieu à de justes soupçons d'infanticide. A l'examen du poumon il faut donc joindre celui des parois de la poitrine, du cœur et des gros vaisseaux, et même celui des organes de la digestion. Chacun de ces divers examens doit se faire avec une attention particulière, et l'on tiendra compte même de circonstances qui, minimes en apparence, ne laissent pas de jeter un grand jour sur les questions. Telles sont la situation et le volume des poumons, par exemple, leur tissu, leur couleur, en tenant compte en même temps de l'âge du fœtus, de son poids, de son volume, de sa longueur, etc. On voit que l'épreuve de surnatation, qui remonte jusqu'à Gallien, n'est plus que secondaire ; elle ne doit pas être rejetée cependant, et, lorsqu'elle est faite convenablement, elle peut concourir à faire découvrir la vérité.

DOCIMASTIQUE ou **DOCIMASIE** (*t. de métallurgie*). C'est d'essayer en petit les minerais, pour connaître la qualité et la quantité des métaux qu'ils contiennent.

DOCIMIN ou **DOCIMITE** (*min.*). Agricola donne ce nom, d'après Strabon, à un marbre qui se tirait de *Docimia*, bourg voisin de Synnada. Les Phrygiens l'appelaient pierre *docimite*, et les Romains *marbre synnadique*. Strabon le compare à l'*alabastrite*. (Voyez ce mot.) J. P.

DOCK. Ce mot germanique, sans doute dérivé de *decken*, couvrir, a été introduit récemment dans la langue française, et même, à proprement parler, il n'en fait point encore partie. C'est le nom que l'on donne en Angleterre aux établissements qui renferment les dépôts de denrées coloniales et étrangères, que les riches négociants de ce pays ont fait venir de toutes les contrées connues pour les expédier ensuite dans les pays où leur commerce s'étend. Ces établissements sont donc, dans la rigueur du mot français, de véritables entrepôts. Il était, en conséquence, naturel que le pays du monde où le commerce a pris le plus grand essor et s'exerce sur la plus grande échelle fût imité par les autres peuples civilisés, et que ceux-ci empruntassent le même nom et donnassent les mêmes formes aux établissements de même genre qu'ils ont élevés. Aussi n'est-ce que depuis qu'il est question d'entrepôts en France que le nom de dock est employé. Ce n'est pas, cependant, qu'il n'existât déjà depuis longtemps, non-seulement en plusieurs villes de France, mais encore en d'autres villes d'Europe, des établissements de ce genre spécialement consacrés aux produits du commerce; mais parce que ces divers bâtiments, construits le plus ordinairement en vue d'une branche particulière d'industrie, ne répondaient pas aux conditions nécessaires pour la réunion, dans un même local, des produits de diverses espèces. Les docks anglais forment un genre à part qu'il devient de jour en jour plus utile de connaître et d'appliquer, surtout depuis que le système des douanes paraît s'organiser à peu près de la même manière chez tous les peuples de l'Europe. Il existe à Londres plusieurs docks de première classe : les *London-Docks*, les *East-India-Docks* et les *Saint-Catharine-Docks*. Les entrepôts de Manchester et de Liverpool sont aussi de premier rang ; mais les plus renommés entre tous sont les Saint-Catharine-Docks de Londres, que les négociants regardent comme le modèle du genre. Une description succincte de cet établissement sera donc la meilleure explication que nous pourrons donner, tant du mot que de sa chose. On aura une idée de l'étendue des docks de Sainte-Catherine quand on saura que les magasins dont ils se composent couvrent une superficie de 31,860 mètres carrés, non compris un vaste bâtiment d'administration à leur proximité, mais isolé. Cet ensemble de bâtiments enferme trois bassins ou docks, d'où dérive le nom de l'établissement, et qui sont mis en communication avec la Tamise par une large écluse; une machine à vapeur règle le niveau constant de ces bassins, et élève par cinq minutes un cube d'eau de 4,800 mètres. Des cours de service entourent les magasins et forment une espèce d'enceinte extérieure où arrivent, se déchargent et se remballent les marchandises qui font le service de terre, tandis que celles qui s'expédient par la mer entrent dans les bassins et viennent se ranger à pied d'œuvre des bâtiments, précisément à plomb des magasins où elles doivent être reçues. Ce n'est pas absolument par la régularité de l'ordonnance des bâtiments que les docks sont remarquables, quoique déjà, sous ce rapport, le caractère qui résulte d'une disposition parfaitement appropriée donne à ces bâtiments un aspect imposant, et plus réellement monumental que si l'on eût cherché vaguement à le leur imprimer par des décorations architecturales. Presqu'au rebours, l'ensemble des bâtiments est loin d'être régulier ; on y trouve même des défauts de symétrie qu'on aurait sans doute évités si toutes ces constructions eussent daté de la même origine; mais ils sont le résultat de vingt-cinq années, et ce n'est que peu à peu, et par l'effet de la persévérance anglaise, qu'ils ont acquis l'extension qu'ils présentent aujourd'hui. Ce qui distingue particulièrement les docks, c'est le soin extrême que les fondateurs de l'établissement ont apporté à remplir le but principal de sa destination. Jusque-là on n'avait songé, dans la construction des magasins, tant en Angleterre qu'ailleurs, qu'à créer des espaces vastes et couverts pour y abriter les marchandises, mais en s'arrêtant peu à la nécessité de les classer par genre et par espèce, et encore moins à la considération des frais énormes qui résultent de la manutention journalière des denrées, soit à raison des soins qu'elles réclament pendant leur séjour dans l'établissement, soit pour en effectuer les simples déplacements, tant au chargement qu'au déchargement. C'est l'alliance de ces deux conditions qui donne à l'établissement un caractère spécial, et qui exige une disposition toute particulière qu'on ne trouve que dans les docks anglais, disposition qui, maintenant bien appréciées, devient d'absolue rigueur dans les édifices de ce genre. Malgré l'étendue de l'emplacement, la superficie n'aurait pas répondu aux besoins si l'on s'en fut tenu à l'usage ordinaire de ne pratiquer qu'un étage ou deux aux bâtiments destinés à l'emmagasinement : sur ce point le préjugé ou la routine ont été largement dépassés; car la plupart des magasins de Sainte-Catherine ne comportent pas moins de huit étages, de 3 à 4 mètres de hauteur chacun, ce qui porte environ à 240,000 mètres carrés la superficie disponible, ou à peu près l'équivalent d'une demie-lieue de France en longueur, sur 100 mètres de largeur. Les bâtiments ont de 30 à 40 mètres de profondeur ; un seul étage est voûté, c'est celui des caves ; les autres sont planchéiées. Le pourtour de ces énormes constructions sont en gros murs de 2 mètres et plus d'épaisseur ; mais, pour ménager les espaces intérieures et pour faciliter la circulation, les planchers ne sont supportés que par des piliers en fonte d'apparence légère, mais dont l'ingénieux ajustement assure la stabilité et la solidité de l'édifice, et permet d'y exécuter avec promptitude les réparations assez fréquentes que la rudesse du service y occasionne. Enfin les bâtiments, disposés en bordure immédiate des bassins, laissent aux navires la faculté de les approcher en contiguité, en sorte que, par un jeu de machines simple et expéditif on peut opérer à la fois le déchargement et l'emmagasinement. La disposition en étages multiples superposés n'est pas seulement une économie de terrain, elle est encore favorable à la conservation des denrées ; car telle substance se trouve parfaitement d'être placée au sec dans un étage élevé, et telle autre se maintient beaucoup mieux dans des lieux frais plus rapprochés du sol. On pourrait croire que la manutention se complique dans des étages d'une faible hauteur et pressés les uns sur les autres : on serait dans l'erreur, et c'est sur cette seconde condition que le génie anglais a réussi à vaincre les difficultés. Les machines destinées à opérer le déplacement des marchandises sont de deux sortes : celles d'intérieur ne sont que de roulage, elles conduisent les fardeaux depuis la baie d'introduction jusqu'à la place que les denrées doivent occuper : ce sont des chariots et des brouettes de différents modèles, selon la nature des marchandises. Les machines extérieures sont de transport : poulies, treuils, potences et grues de diverses formes, en raison du poids ou de la dimension des *colis* (on nomme ainsi les fardeaux que l'on transporte des navires dans les magasins et réciproquement). Rien n'était plus naturel, dira-t-on, que l'emploi de ces espèces de machines pour la fin qu'on avait à remplir. Si simple que cette idée paraisse, on accordera néanmoins que c'est encore beaucoup d'avoir approprié le service de manière à ce que la manœuvre simultanée des machines s'effectuât sans confusion et avec la plus grande force d'action possible. Ce problème a été parfaitement résolu dans les docks anglais. Plusieurs ingénieurs ont rapporté de Londres les plans et détails d'exécution des bâtiments et magasins des docks ; nous avons distingué entre autres ceux que M. Bringol, architecte, a fait graver en 1833, et qu'il a insérés dans une publication périodique intitulée : *l'Architecte*, qui paraissait à cette époque. Nous ne pouvons qu'inviter à y avoir recours les personnes à qui il importerait d'avoir des renseignements précis sur la disposition des docks. Nous n'avons examiné les docks anglais que sous le rapport de leur construction : ils n'offriraient pas moins, sous celui de leur organisation commerciale et administrative, des observations extrêmement intéressantes ; mais, sous ce point de vue, les détails dans lesquels il nous faudrait entrer se rapporteraient à ceux qu'on présentera en parlant des entrepôts. Nous ne terminerons point cet article sans annoncer qu'une application du système des docks vient d'être faite à Paris, dans les deux bâtiments d'entrepôts dont le conseil municipal a autorisé l'exécution, l'un en bordure du canal Saint-Martin, l'autre en face de la Seine, près de l'île des Cygnes. Ces deux constructions, l'une et l'autre habilement conçues, ne comprennent qu'une très faible partie de la totalité des bâtiments dont ils devront un jour se composer, si la question commerciale de l'utilité d'un entrepôt général, encore bien obscure jusqu'à présent, parvient à s'éclaircir à la satisfaction de tous les intéressés. A l'étranger, les villes d'Anvers, de Bruxelles, de Francfort et d'autres, depuis longtemps dotées d'établissements commerciaux du même genre et d'une très haute importance, y ont apporté néanmoins des améliorations qui tendent à les rapprocher du système anglais.

DOCMAC (*poiss.*), nom arabe d'un poisson du Nil, que Forskaël, Linné et Bonnaterre ont rangé parmi les silures. M. Lacépède en fait un pimélode. (*Bayad.*) . J. P.

DOCTE, savant, érudit. Il s'applique également aux choses. Il se prend quelquefois substantivement, surtout au pluriel.

DOCTEMENT, savamment, d'une manière docte.

DOCTEUR. C'est celui qui est promu dans une université au plus haut degré de quelque faculté, et qui a droit d'enseigner et de pratiquer la science ou l'art dont cette faculté fait profession. Les docteurs en médecine ou en chirurgie peuvent faire les déclarations de naissance (Cod. civ., art. 56). Dans le cas d'indice de mort violente, on ne peut faire l'inhumation qu'après qu'un officier de police, assisté d'un docteur en médecine ou en chirurgie, a dressé procès-verbal de l'état du cadavre, (*Ibid.*, art. 81). — Les docteurs en médecine ou en chirurgie qui ont traité une personne pendant la maladie dont elle meurt ne peuvent profiter des dispositions entre-vifs ou testamentaires qu'elle a faites en leur faveur pendant le cours de leur maladie. — Sont exceptés : 1° les dispositions rémunératoires faites à titre particulier, eu égard aux facultés du disposant et aux services rendus ; 2° les dispositions universelles, dans le cas de parenté jusqu'au quatrième degré inclusivement, pourvu toutefois que le décédé n'ait pas d'héritiers en ligne directe, à moins que celui au nom de qui la disposition a été faite ne soit lui-même du nombre de ces héritiers. (*Ibid.*, art. 909).

DOCTEUR (*doctor*, *qui docet*). On donne ce titre à celui qui est promu au plus haut degré dans une faculté universitaire. En France on crée des docteurs en théologie, en droit, en médecine, des docteurs *ès-lettres* et *ès-sciences* (*mathématiques* ou *physiques*). Dans d'autres pays ces deux derniers titres sont remplacés par celui de *docteur en philosophie*. Sous l'ancien régime, le doctorat était le premier des quatre degrés ou grades universitaires, qui étaient ceux de *maître ès-arts*, *bachelier*, *licencié* et *docteur*. Ce fut vers le milieu du XIIe siècle que furent institués et le doctorat et les degrés qui y conduisaient. La première installation solennelle de docteur se fit à Bologne, en la personne de Bulgarus, professeur en droit. Le savant Bolonais Irnérius, régénérateur du droit romain à cette époque, fit à cet égard un formulaire ou prospectus constamment suivi, et qui donnait une grande solennité aux réceptions doctorales. L'université de Paris se hâta d'adopter cet usage. La première réception de docteur y eut lieu en 1145, en faveur de Pierre Lombard et de Gilbert de la Porrée. Suivant une autre tradition, le titre de docteur avait commencé à être en usage dès l'an 1140, après la publication du livre des *Sentences* de Pierre Lombard, car alors on appela *docteurs* ceux qui expliquaient cet ouvrage à leurs écoliers. Ce titre remplaça alors celui de maître. Le titre et le degré de docteur ne furent d'usage en Angleterre que sous le roi Jean, vers 1207. En Allemagne, au moyen âge, un *docteur ès-lois* était investi de priviléges qui le mettaient sur la même ligne que les chevaliers et les prélats. — Dès 1139 la jurisprudence ayant pris place à côté de la théologie dans l'université de Paris, il y eut à la fois des docteurs en droit et en théologie. Plus tard la médecine y eut ses docteurs. Enfin, dès l'an 1340, les quatre facultés s'y trouvèrent organisées. En 1789 il y avait dans les universités des docteurs en théologie, en droit, en médecine, ès arts ; aujourd'hui le docteur ès-arts s'appelle docteur ès-lettres, et le décret impérial de 1800, en établissant le monopole universitaire, a institué des *docteurs ès-sciences* et des *docteurs en théologie protestante*. Il en coûtait environ 600 livres pour acquérir le doctorat en médecine dans l'université de Paris, 800 livres pour la faculté de droit, 850 livres en théologie, pour la maison des Cholets, et 1200 livres si l'on voulait être de la maison de Sorbonne ou de Navarre. Les réguliers ne payaient que 300 livres. Presque toutes les épreuves, devenues dérisoires jusqu'au grade de licencié (sauf à la faculté de théologie, où l'on se montra toujours plus sévère) devenaient plus rigides pour le doctorat. Dans la faculté de théologie il fallait sept années d'études, deux de philosophie, trois de théologie, qui conduisaient au grade de bachelier en théologie ; et deux de licence, pendant lesquelles les bacheliers étaient dans un exercice continuel de thèses et d'argumentations sur l'Écriture-Sainte, la théologie scolastique et l'histoire ecclésiastique. C'était avec la plus grande solennité qu'on procédait à la réception d'un docteur en théologie ; le bonnet doctoral lui était remis en grande pompe dans une des salles de l'archevêché. Les docteurs en théologie devaient toujours être prêtres. Dans l'université de Paris on appelait *docteur ubiquiste* tout docteur en théologie qui n'appartenait pas aux maisons de Sorbonne, de Navarre ou des Cholets. Aujourd'hui, dans les cinq facultés, le grade de licencié est nécessaire pour aspirer au doctorat ; en outre, 1° dans la faculté des lettres, le candidat doit soutenir deux thèses, l'une sur la rhétorique et la logique, l'autre sur la littérature ancienne : la première doit être écrite et soutenue en latin ; 2° dans la faculté des sciences, deux thèses sont nécessaires ; elles roulent soit sur la mécanique et l'astronomie, soit sur la physique et la chimie, soit sur les trois parties de l'histoire naturelle, suivant celle de ces sciences à laquelle se destine le récipiendaire ; 3° dans la faculté de théologie, une dernière thèse générale est la seule épreuve exigée ; 4° dans la faculté de droit, après trois ans d'études, après les deux examens et l'acte public imposés au bachelier pour obtenir la licence, une quatrième année d'études, deux examens sur toutes les matières enseignées et une thèse, donnent droit au diplôme de docteur ; 5° enfin, dans la faculté de médecine, après cinq années d'études, cinq examens et une thèse, le diplôme de docteur est accordé. La thèse qu'il faut soutenir pour arriver au doctorat s'appelle, en Allemagne, *thèse inaugurale*. — *Docteur de la loi* est un titre donné de temps immémorial chez les Juifs ; c'était à la fois un titre de science et de dignité. Les *docteurs de la loi* ou *rabbins* étaient reçus avec grand apparat ; on investissait du rabbinisme en remettant au récipiendaire une clé et des tablettes. La clé était le symbole de la science renfermée dans le cœur ; le docteur devait l'ouvrir pour en faire part à ses disciples. C'est dans ce sens que Jésus a dit : « Malheur à vous, docteurs de la loi, parce que vous avez pris la science, qui n'y êtes pas entrés vous-même, et que vous empêchez d'entrer ceux qui se présentent (Luc, chap. XI, v. 52). » Dans l'Église grecque, docteur est le titre d'une dignité ecclésiastique très respectée ; c'est celui qui interprète les Évangiles. Le nom de docteur a été donné à quelques-uns des SS. PP. dont la doctrine et les opinions ont été le plus généralement suivies et autorisées par l'Église. On compte ordinairement quatre docteurs grecs et quatre latins. Ce sont, pour les Grecs, saint Athanase, saint Basile, saint Grégoire de Nazianze et saint Chrysostome ; pour les Latins, saint Augustin, saint Jérôme, saint Grégoire-le-Grand et saint Ambroise. Depuis, le pape Pie V a assigné à saint Thomas d'Aquin le cinquième rang parmi les docteurs, et Sixte-Quint, le sixième à saint Bonaventure. On a appelé saint Paul le docteur des nations.

DOCTORAL, **ALE**, appartenant au docteur. Fig. et dans un sens de critique, *Ton doctoral*, *morgue doctorale*, se disent du ton tranchant, de la suffisance ridicule de certains savants.

DOCTORAT, degré, qualité de docteur.

DOCTORERIE, acte qu'on fait en théologie pour être reçu docteur.

DOCTRINAIRE, clerc régulier de la doctrine chrétienne. Il y eut deux congrégations de ce nom, l'une en Italie et l'autre en France. Celle d'Italie commença sous Pie IV, par Marc de Sadis Cusani, gentilhomme milanais, qui se joignit à quelques autres prêtres et laïques pour enseigner la doctrine chrétienne aux enfants et aux ignorants. L'un des principaux de cette espèce de confrérie fut le cardinal Baronius. Le père Jean-Baptiste-Seraphini d'Orviète étant général de cette confrérie en 1603 en dressa les constitutions, qui furent approuvées du cardinal vicaire, par ordre de Grégoire XIII. Cette congrégation eut un général ou prévôt général, qui en était le chef ; un vice-général ou vice-prévôt, trois définiteurs, un chancelier, deux visiteurs, etc. Les supérieurs et officiers subalternes étaient les recteurs des maisons, dépositaires, maîtres des novices, etc. On n'y disait l'office en commun que les principales fêtes, et l'on n'y faisait point d'autre vœu que celui de rester dans la congrégation, et dont le pape seul pouvait dispenser (le père Héliot, *Hist. des ordres relig*, , part. 3, chap. 35). La congrégation de la doctrine chrétienne en France fut présidée par le P. César de Bus, et confirmée par

Clément VIII. Du temps du P. César on ne fit point d'autre vœu que celui d'obéissance; mais le P. Vigier, son successeur, en 1614, fit ériger sa congrégation en vraie religion, sujette aux vœux solennels. En 1616, Paul V lui ayant ordonné de s'unir à quelque congrégation déjà établie, il s'unit aux Somasques; mais Innocent X cassa cette union en 1647; il rétablit la congrégation dans son premier état et la soumit aux ordinaires. Sur les derniers temps, cette congrégation a eu son général particulier, qui était toujours Français, et forma trois provinces en France, celles d'Avignon, de Paris et de Toulouse. Ces trois provinces étaient composées de trente-huit maisons, dont il y avait vingt-six colléges. Le général faisait sa résidence dans la maison de Paris, qu'on nommait *la maison de Saint-Charles*, parce que l'église était sous l'invocation de ce saint. Les doctrinaires portaient l'habit des prêtres, tel qu'il était au temps de son institution. (Le P. Hélyot, part. 3, chap 34).

DOCTRINAIRES, nom fameux depuis 20 ans dans l'histoire des dissensions intérieures de la France, et que l'esprit de parti a inventé pour désigner, non pas une coterie, mais une école politique très remarquable. Bien peu de ceux qui tous les jours poursuivent les doctrinaires de leurs critiques et de leurs sarcasmes savent ce que ce mot veut dire. Certes, au premier aspect, ce mot semble devoir impliquer une acception favorable. Doctrinaires, hommes de doctrine, qu'y a-t-il là de fâcheux? Cependant le mot doctrinaire n'est communément employé qu'en mal; c'est qu'il ne doit pas désigner seulement des hommes à doctrines, mais des hommes à doctrines raides, étroites, peu favorables à la liberté, entourées de nuages, et en partie basées sur des emprunts faits à l'étranger. Tous les ennemis des doctrinaires ont attaché ce sens au mot; ils leur reprochaient, quant au fond de leurs opinions constitutionnelles, une anglomanie poussée à l'excès, et quant à la forme sous laquelle ils la produisaient une gravité sentencieuse du langage, qui tenait trop du pédantisme. M. de Châteaubriand, l'un de nos plus grands écrivains, dans son *Essai sur la littérature anglaise*, t. 1, p. 203, se sert du mot de doctrinaire comme synonyme de subtil et pédant. Suivant lui, la réforme religieuse du XVIe siècle tenait à introduire quelque chose de froid, de sec, de *doctrinaire*, de pointilleux dans l'esprit. Ces accusations de logomachie, d'entêtement systématique, d'engouement pour les abstractions, de mépris pour les faits, étonnent, quand on les voit adressées à des hommes d'action, qui ont tenu avec rigueur et habileté le gouvernail de l'État au milieu des orages d'une époque de régénération; à des hommes qui ont constamment préconisé la puissance d'un fait, et qui lui ont opposé la faiblesse comparative d'une théorie. Voici au reste le portrait tracé par M. Édouard Alletz: «Le parti qui fait de la vie parlementaire une science, de la tribune une chaire constitutionnelle, du raisonnement une force, de la philosophie un moyen d'opposition; parti qui, vu le petit nombre de ses adhérents, ressemble lui-même à un principe abstrait de métaphysique et de morale, qui sont des armes dans ses mains, et qui, peu populaire à cause de l'austérité de son langage, mais fort par la considération qu'il obtient de l'élite des esprits éclairés, devient le moteur de l'action des autres, et agit par cela qu'il suggère les pensées qui remuent tout un empire.» (*Tableau de l'histoire générale de l'Europe*, t. III, p. 71.)

DOCTRINAL, ALE (*t. de théolog.*). Il se dit des avis, des sentiments que les docteurs, les universités, donnent en matière de doctrine, de morale, etc.

DOCTRINE signifie dans son acception primitive, science, savoir; ce qu'on a appris en lisant, en voyant le monde. Il se dit aussi des connaissances contenues dans un livre; ce terme du reste a vieilli dans cette acception. La doctrine d'une religion quelconque est ce qu'elle enseigne, tant sur le dogme que sur la morale. Les déistes, qui rejettent toutes les preuves historiques de la révélation, soutiennent que c'est par l'examen de la doctrine que l'on doit juger si une religion vient de Dieu ou des hommes, si elle est véritablement révélée ou forgée par des imposteurs. Ils en prennent droit de conclure que toute doctrine incompréhensible et qui semble renfermer contradiction ne vient pas de Dieu. Nous prétendons que cette méthode est fausse, vicieuse, impraticable pour la plupart des hommes, et nous le démontrons: 1° La religion est faite non-seulement pour les savants, mais pour les ignorants. Donc ses preuves doivent être à portée des uns et des autres. Or, l'examen de la doctrine est certainement impraticable aux ignorants; ce n'est donc pas par ce moyen qu'ils peuvent s'assurer de la vérité ou de la fausseté d'une religion qui leur est annoncée. Les preuves de faits, au contraire, sont à la portée des hommes les plus grossiers; il ne faut avoir que des sens pour les constater, et le moindre degré de raison suffit pour voir s'ils sont suffisamment prouvés. 2° Toute religion doit nous donner une idée de la divinité et de sa conduite; puisque Dieu est un être infini, il est impossible que ce qu'il daigne nous révéler soit assez clair, assez analogue à nos idées naturelles, pour que nous puissions juger s'il a pu et dû faire ou permettre telle chose, où s'il ne l'a pas pu. C'est en raisonnant à perte de vue que les hérétiques de toutes les sectes ont conclu que Dieu n'a pas pu révéler telle ou telle doctrine; les déistes, qu'il n'a pu rien révéler du tout; les athées, qu'il n'a pas pu permettre le mal, ni créer le monde tel qu'il est. Cette méthode est donc le fond la source de toutes les erreurs en fait de religion. 3° En raisonnant de même, les philosophes païens ont rejeté le christianisme, parce qu'il n'admet qu'un seul Dieu; en comparant cette doctrine avec celle du paganisme, ils ont préféré la dernière; ils ont donc réprouvé notre religion précisément à cause du dogme le plus évident, et qui aurait dû les persuader le plus efficacement. Tel a été le résultat de l'examen qu'ils ont fait de la doctrine. 4° Depuis la création jusqu'à nous, Dieu a voulu éclairer les hommes, non par l'examen de la doctrine qu'il a daigné révéler, mais par les caractères dont il a revêtu l'autorité qu'il lui a plu d'établir; il les a enseignées, non par des raisonnements, mais par des faits. Ainsi, sous les patriarches, la religion primitive s'est conservée par la tradition domestique des faits importants de la création, de la chute de l'homme, du déluge universel, des leçons données par Dieu à Noé, etc.; sous la loi juive par la tradition nationale des miracles de Moïse, preuves éclatantes de sa mission; sous l'Évangile par la tradition universelle des miracles opérés par J.-C. et par les apôtres, et les dogmes qu'ils ont enseignés. Une religion révélée ne peut se transmettre ni se perpétuer autrement. 5° Il serait absurde de vouloir enseigner au commun des hommes la religion d'une autre manière que les devoirs et les usages de la société, ils n'apprennent point ceux-ci par des raisonnements spéculatifs sur ce qu'ils ont de bon ou de mauvais, mais par l'éducation et par imitation. Tel est l'enseignement général du genre humain, le seul qui convienne à des êtres sociables. Si l'on faisait plus d'attention à la manière de discourir du peuple, on verrait qu'il ne se fonde presque jamais sur des raisonnements, mais sur des faits, sur des témoignages. Il répète ce qu'il a ouï dire à ses pères, aux vieillards, aux hommes pour lesquels il a conçu de l'estime et du respect; et, n'en déplaise aux philosophes de nos jours, cette conduite est plus sensée que la leur. A la vérité, la comparaison que nous faisons entre la doctrine révélée dans nos livres saints et celle des fausses religions est une preuve très forte de la divinité de la première et de l'imposture de toutes les autres; mais cette preuve ne peut avoir lieu qu'à l'égard de ceux qui sont déjà convaincus de la révélation par les preuves de fait, et qui sont d'ailleurs très instruits. La vraie manière d'y procéder n'est pas d'examiner d'abord spéculativement la vérité ou la fausseté de la doctrine en elle-même, mais de considérer l'influence qu'elle a sur les mœurs. C'est ainsi que nos anciens apologistes et les Pères de l'Église en ont agi, en disputant contre les philosophes païens; ils leur ont soutenu qu'une doctrine aussi sainte que celle du christianisme, aussi capable de rendre l'homme vertueux, ne pouvait pas être fausse, et jamais leurs adversaires n'ont pu rien répliquer de solide.

DOCTRINE CHRÉTIENNE, doctrine enseignée par Jésus-Christ et par ses apôtres. Que Jésus-Christ et ses apôtres aient enseigné tel ou tel point de doctrine, c'est un fait qui est susceptible des mêmes preuves et de la même certitude que tout autre fait quelconque. 1° C'est un fait sensible et public. La doctrine chrétienne n'a jamais été renfermée dans le secret d'une école, confiée à un petit nombre de disciples, ni borné à un seul lieu; elle a toujours été prêchée publiquement dans les assemblées des fidèles depuis les apôtres jusqu'à nous. Pour peu qu'un chrétien ait d'intelligence, il voit si on lui enseigne, dans l'âge mûr, les mêmes dogmes qui lui ont été inculqués dès l'enfance. Change-t-il de séjour? Il aperçoit d'abord si l'on prêche dans le lieu où il arrive la même doctrine que dans sa patrie. Plus les communications sont devenues fréquentes entre les divers peuples du monde, plus il a été aisé de se convaincre de la diversité ou de la conformité de doctrine entre les différentes églises de l'univers. 2° C'est un fait susceptible de la même certitude que tous les autres faits. Dans les tribunaux l'on interroge les témoins, non seulement sur ce qu'ils ont vu, mais encore sur ce qu'ils ont entendu, et on leur accorde la même croyance sur l'un et l'autre chef. Ils sont encore plus dignes de foi, lorsque ce sont des personnes publiques revêtues de caractère et de commission spéciale pour attester une chose. Tels sont les pasteurs de l'Église; ils ont caractère et mission pour enseigner aux autres ce qu'ils ont appris eux-mêmes, sans qu'il leur soit permis d'y ajouter ni d'en rien retrancher. 3° La chaîne de ces témoins n'a jamais été interrompue, leur succession a été constante depuis les apôtres. Leur enseignement public est surveillé par les fidèles mêmes qu'ils sont chargés d'instruire, et qui savent qu'il n'est pas permis d'innover. Ils ont à répondre de leur doctrine au corps dont ils sont les membres, tous se servent mutuellement d'inspecteurs et de garants. Il n'est jamais arrivé à un seul de se départir de la croyance commune, sans que cet écart ait fait du bruit et causé du scandale. 4° La doctrine chrétienne est consignée dans des monuments aussi anciens que le christianisme: dans les Évangiles, dans les lettres des apôtres, dans les écrits de leurs successeurs, dans les professions de foi, dans les décrets des conciles. C'est sur la conformité de ces monuments entre eux, et avec l'enseignement vivant des pasteurs que l'Église se repose, affirme et enseigne que sa doctrine est perpétuelle et inviolable. 5° Cette doctrine est intimement liée aux cérémonies de l'Église, aux pratiques du culte public; ces cérémonies sont dans le fond une profession de foi. Il est donc impossible que la doctrine change, sans que le culte extérieur s'en ressente, et celui-ci ne peut changer sans que l'on s'en aperçoive. Peut-on citer dans l'univers deux églises qui aient une foi différente et qui aient cependant conservé le même culte extérieur; ou qui, réunies par la même croyance aient cependant un culte extérieur tout différent? On n'a qu'à voir les retranchements énormes que les protestants ont été obligés de faire dans l'extérieur du culte, lorsqu'ils ont voulu établir une doctrine différente de celle de l'Église catholique. Voilà donc trois règles dont le concert parfait donne à toute Église particulière et à tout fidèle une certitude invincible de l'antiquité et de l'inimutabilité de la foi: les monuments écrits, le culte extérieur, l'enseignement public et uniforme des pasteurs. S'il y a, en matière de faits, une certitude morale poussée au plus haut degré, c'est assurément celle-là: elle est la même pour les faits évangéliques, pour le dogme, pour la morale. Que l'on compare cette méthode d'enseignement de l'Église catholique, avec celle que suivent les protestants et les autres sectes hérétiques, on pourra juger par là laquelle de ces différentes sociétés remplit le mieux les devoirs de mère à l'égard de ses enfants; laquelle mérite le mieux d'être regardée comme la véritable Église de Jésus-Christ. Les variations de ces sociétés dans la doctrine ont été mises dans le plus grand jour par Bossuet; et lorsqu'elles ont voulu reprocher à l'Église catholique qu'elle avait changé la doctrine reçue des apôtres, on leur a prouvé non seulement que cela n'est point, mais que cela ne peut pas être. Delà même, il s'ensuit que la doctrine chrétienne est nécessairement catholique ou universelle, et que toute doctrine qui n'a pas ce dernier caractère, quand même elle serait vraie d'ailleurs, n'appartient pas à la foi chrétienne. Par la même raison, cette doctrine est nécessairement apostolique, ou venue des apôtres; jamais l'Église n'a cru qu'il lui fut permis de changer ce que les apôtres ont enseigné. « Il ne nous est pas permis, dit Tertullien, de rien enseigner de notre propre choix, ni de recevoir ce qu'un autre a forgé de lui-même. Nous avons pour auteurs les apôtres du Seigneur; eux-mêmes n'ont rien imaginé, ni rien tiré de leur propre fonds, mais ils ont fidèlement transmis aux nations la doctrine qu'ils avaient reçu de J.-C. » *De præscript.*, c. 6. « Dans chaque ville, ils ont fondé des Églises, d'où les autres ont reçu, par tradition, leur croyance et leur foi; c'est ainsi qu'elles la reçoivent encore pour être de véritables Églises; par là elles sont apostoliques, puisqu'elles sont les filles des Églises fondées par les apôtres, c. 20. En un mot la vérité est la doctrine primitive, celle-ci est ce que les apôtres ont enseigné; nous devons donc recevoir comme venant des apôtres ce qui est sacré dans leurs églises.» *Adv. Marcion.*, liv. IV, c. 4. Au Ve siècle Vincent de Lerins donnait la même règle; il cite les paroles de saint Amboise qui regardait comme un sacrilège de changer quelque chose à la foi consacrée par le sang des martyrs, et celles du pape saint Étienne, qui répondait aux rebaptisants d'Afrique : *N'innovons rien, tenons nous en à la tradition.* « L'usage de l'Église a toujours été, dit-il, que plus un homme était religieux, plus il avait horreur de toute nouveauté. » *Commonit.*, c. 5 et 6. De là nous concluons que la doctrine chrétienne est inimuable et que toute doctrine nouvelle est une erreur; nous ne concevons pas comment les pasteurs de l'Église, en protestant toujours qu'il ne leur est pas permis de rien changer à la doctrine qu'ils ont reçue, pourraient cependant l'altérer, ou par surprise et sans s'en apercevoir, ou par un dessein prémédité. Avant les contestations des hérétiques, et avant la décision de l'Église, cette doctrine peut n'être pas enseignée aussi clairement, et d'une manière aussi propre à prévenir les erreurs, qu'elle l'est après; mais il ne s'ensuit pas qu'elle n'était ni crue, ni connue auparavant. C'est le sophisme que font continuellement les protestants. B. R.

DOCTRINE MÉDICALE. (*V.* MÉDECINE.)

DOCUMENT (du latin *docere*, instruire, enseigner). Ce mot s'emploie également dans la science du droit et dans la science historique. Dans le premier cas, on appelle *document* tous les titres, toutes les pièces qui peuvent servir à jeter quelque lumière sur les droits d'une partie ou dans une accusation criminelle. Dans le second cas, un *document* est toute pièce écrite, chronique, lettre, mémoire, etc., etc., qui donne les moyens de prouver un fait, soit dans sa généralité, soit dans ses détails; d'en apprécier le véritable caractère, d'en trouver les vraies causes, d'en déduire les résultats, de donner à un individu ou à une époque, etc., la physionomie qui lui appartient réellement; en un mot, l'expression *document* désigne les écrits dont se sert l'historien. A. S. r.

DOD-AERTS (*ois.*). Les voyageurs hollandais parlent du dronte sous ce nom *didus ineptus*, Linné, et que d'autres écrivent *dod-aersen.* J. P.

DODANE, DODENA, ou **DUODENA**, épouse de Bernard, duc de Septimanie, est célèbre par ses talents, ses vertus et son amour pour les enfants. Elle a laissé un Manuel composé pour l'usage de Guillaume, son fils aîné. Dodane mourut à Uzès, vers l'an 843.

DODART (DENIS), conseiller-médecin de Louis XV, fut reçu membre de l'Académie en 1673. Gui Patin fait l'éloge de ses talents, Fontenelle loue sa bienfaisance et sa piété éclairée. C'est lui qui composa la préface du livre publié par les soins de l'Académie, sous le titre de *Mémoires pour servir à l'histoire des plantes*; Paris, 1676, in-folio. Il travailla sur la transpiration insensible du corps humain, et composa une histoire de la musique. — Son fils, Claude-Jean-Baptiste DODART, fut nommé, en 1718, premier médecin de Louis XV.

DODART, *dodartia* (*bot.*). Genre de plantes dicotylédones, à fleurs complètes, monopétales, irrégulières, de la famille des *persaunées*, de la *didynamie angiospermæ* de Linné, offrant pour caractère essentiel : calice court, anguleux, campanulé, à cinq dents; une corolle tubulée, à deux lèvres, la supérieure échancrée, l'inférieure allongée, plus large, à trois découpures; quatre étamines didynames; un ovaire supérieur; un style; le stigmate bifide; une capsule globuleuse à deux loges, recouverte par le calice; dans chaque loge, des semences petites et nombreuses, attachées à un placenta convexe, adhérant à la cloison. Le *dodart oriental*, plante herbacée, dont les tiges, hautes d'un pied et demi, portent, à l'extrémité des rameaux, de petites grappes lâches de fleurs d'un pourpre noirâtre. Elle croît sur le mont Ararat, en Amérique et en Tartarie. J. P.

DODD (ROBERT), ingénieur anglais, né à Chelsenham vers 1775, se fit connaître par la construction de plusieurs ponts et édifices importants, et par plusieurs ouvrages sur son art. Il mourut le 11 avril 1822.

DODD (GUILLAUME), théologien anglais, né, en 1729, à Bourne, canton de Lincoln, fit, dès l'âge de dix-huit ans, quelques poésies où l'on remarque de la facilité. Il devint le chapelain de l'évêque Squire, évêque de Saint-Dizier, et ce prélat en mourant le recommanda au comte de Chesterfield, qui lui confia l'éducation du jeune Stanhope, son fils naturel. Les traitements des divers emplois que Dodd obtint par la protection de son élève, et le produit de ses ouvrages, notamment de ses sermons, auraient suffi à l'aisance d'un homme prudent et raisonnable; mais son goût pour l'ostentation et le luxe lui rendirent son revenu insuffisant, et lui firent commettre un crime qui le conduisit à l'échafaud. Il fut accusé et convaincu d'avoir signé du nom de lord Chesterfield une lettre de change de 4,200 liv. Condamné à mort, il fut exécuté à Tyburn le 27 juin 1777. Une circonstance particulière ayant retardé de quatre mois l'exécution de sa sentence, il employa ce délai à écrire *les Pensées en prison*, qui sont, sans contredit, le meilleur et le plus curieux de ses ouvrages.

DODDA MARE, PUNNKERE (*bot.*), Noms sous lesquels le chevalier Banks désignait le *glachidion* de Forster, que Gœrtner rapporte au *bradleia*, genre de la famille des euphorbiacées. J. P.

DODDRIDGE (PHILIPPE), théologien anglais, non conformiste, naquit à Londres en 1702. Orphelin de bonne heure, il dut au docteur Clarke les bienfaits de l'éducation. Il se voua à l'enseignement des jeunes gens qui se destinaient à l'exercice du ministère sacré. Il mourut à Lisbonne en 1751, avec la réputation d'un homme aussi respectable par ses talents que par sa piété.

DODÉCAÈDRE (*géom.*), un des cinq solides réguliers; il est terminé par douze pentagones réguliers égaux. (*V.* SOLIDES RÉGULIERS.)

DODÉCAÈDRE (*min. cristaux*). Ce nom désigne, en général, un solide polyédrique, terminé par douze faces. Néanmoins, on restreint cette acception en n'appelant ainsi que les solides dont les douze faces sont des polygones d'une même espèce, par le nombre de leurs côtés, et parallèles deux à deux. (*V.* CRISTALLISATION.) J. P.

DODÉCAÈDRES (*bot.*). La forme des grains du pollen varie dans les divers végétaux; ils sont globuleux, cylindriques, en forme de rein, hérissés de pointes, trilobés, taillés à facettes, etc.; ceux qui, comme dans le *geropogon*, sont à douze facettes, sont nommés dodécaèdres. J. P.

DODÉCAGONE (*math.*) (*V.* POLYGONE).

DODECANDRIE (*bot.*). C'est la onzième classe du système sexuel de Linné, comprenant les végétaux qui sont pourvus depuis douze jusqu'à vingt étamines, libres et distinctes entre elles. Cette classe se divise en six ordres, d'après le nombre des pistils, savoir : 1° La *dodécandrie monogynie*, qui n'a qu'un seul pistil; 2° la *D. digynie*, qui en a deux; 3° la *D. trigynie*, qui en a trois; 4° la *D. tetragynie;* 5° la *D. pentagynie*, et 6° la *D. polygynie*, qui comprend toutes les espèces qui en ont un nombre supérieur à cinq. J. P.

DODÉCATHÉON (*bot.*). Suivant Gesner et Camerarius, la plante que Pline nommait ainsi serait la grassette, *pinguicula vulgaris.* J. P.

DODELINER, v. a. (*v. lang.*), bercer, caresser, remuer doucement; il s'emploie encore aujourd'hui dans le langage familier.

DODERÈTE (THOMAS), né le 14 janvier 1751 à Rivières-les-Fossés près Langres, travailla longtemps chez un procureur à Paris. Il adopta avec exagération les principes de la révolution, et, nommé administrateur du district de Langres, il se fit remarquer comme un des plus grands terroristes de cette ville. Il mourut le 8 avril 1824.

DODÉCARCHIE (*hist. anc.*) (*V.* EGYPTE).

DODHAM-PANA (*bot.*), graines recueillies à Ceylan par Hermann et décrites par Gœrtner sous le nom de *pectinœa zeylanica.* J. P.

DODIEU (CLAUDE), sieur de Vély, maître des requêtes, fut ambassadeur de François Ier auprès du pape Paul III et de l'empereur Charles-Quint. Il était né à Lyon et mourut à Paris en 1558.

DODINER (SE), avoir beaucoup de soin de sa personne. Il est familier et peu usité.

DODO. Mot du langage familier dont on se sert en parlant aux enfants et qui n'est guère usité que dans ces phrases : *Faire dodo*, dormir, *aller à dodo*, aller dormir, aller se coucher.

DODO et **DONDON** (*ois.*), noms du dronte, *didus ineptus*, Linné.

DODON (*géogr. anc.*), fontaine d'Epire, auprès du temple de Jupiter dodonien, à qui elle était consacrée. L'eau de cette fontaine éteignait les flambeaux allumés qu'on y plongeait et rallumait ceux qui étaient éteints lorsqu'on les en approchait.

DODONE (*myth*.), fille de Jupiter et d'Europe.

DODONE (*myth. gr.*), une des Danaïdes.

DODONE (*Castritza*) (*géogr. anc.*), ville de l'Epire, dans la Chaonie, vers la partie septentrionale, au pied du mont Romarus. C'est là que se trouvaient le célèbre temple de Jupiter et l'oracle le plus ancien de la Grèce. Le temple du Dieu était environné d'une épaisse forêt, dont tous les arbres avaient le don de prophétie; les chênes sacrés et les colombes qui vivaient sous leur ombrage répondaient à intelligible voix aux questions des mortels. Hérodote fait disparaître le merveilleux de cette tradition en disant que des Phéniciens enlevèrent d'Egypte deux prêtressess, dont l'une s'établit à Dodone et y fonda l'oracle. On doit observer aussi que cette fable est fondée sur l'équivoque du mot πελεια, qui signifie *colombe* dans quelques endroits de la Grèce et *vieilles femmes* chez les Epirotes. L'oracle de Dodone éprouva plusieurs changements : dans les premiers temps on consultait une fontaine dont les ministres sacrés interprétaient le murmure; dans la suite on suspendit en l'air des vases d'airain, près d'une statue de même métal qui était armée d'un fouet d'airain, lorsque le vent faisait mouvoir cette figure, elle frappait les vases qui, venant à s'entrechoquer, rendaient un son discordant dont la force et la durée servaient aux prêtres pour annoncer l'avenir. De là l'expression proverbiale d'*airain de Dodone* pour un grand parleur. Quelquefois le bruit était occasionné par l'agitation des branches et des feuilles d'un vieux chêne, que le peuple consultait avec une crainte et une curiosité superstitieuses. Les prêtres se cachaient dans le creux des arbres et donnaient eux-mêmes les réponses, ce qui faisait croire que les chênes parlaient. Le navire Argo, qui avait été construit dans la forêt de Dodone, rendait des oracles et annonçait aux Argonautes les malheurs qui les menaçaient. Le temple de Dodone fut d'abord desservi par des hommes et ensuite par des femmes.

DODONE, *dodonœa* (*bot.*). Genre de plantes de l'octandrie monogynie, de la famille des sapindacées; dédié par Plumier au botaniste Dodoneus, qui vivait au XVIe siècle. Ce genre renferme des arbustes élégants, originaires des contrées équatoriales, dont les caractères essentiels sont : calice caduc, à quatre divisions profondes, sans corolle; cinq ou huit étamines, dont les filets très courts portent des anthères ovales; ovaire supère, triquètre; style dressé, partagé à son sommet en deux ou trois lobes; stigmate légèrement trifide. Leur fruit est une capsule de consistance membraneuse, renflée, avec trois ailes, à trois loges, renfermant chacune deux semences dures, sphéroïdes, comprimées. Ces plantes sont toujours vertes, munies de feuilles alternes, odorantes et visqueuses. Parmi les espèces de ce genre, on remarque : la *dodone à feuilles étroites*, *D. angustifolia*, que l'on nomme aussi *bois de reinette*, à cause de la forte odeur de pomme de reinette que répandent ses feuilles; les fleurs sont petites, de couleur herbacée, accompagnées de bractées souvent polygames, et disposées en grappes terminales et axillaires. On culive encore dans les jardins la *dodone visqueuse*, *D. viscosa*, à cause de son odeur agréable. J. P.

DODONÉE ou **DODOENS** (REMBERT), en latin *Dodonœus*, médecin habile et botaniste du XVIe siècle, né à Malines en 1518, mort à Leyde en 1585. Ayant été reçu médecin à Anvers, il commença à s'y faire connaître par un petit traité d'astronomie, qu'il publia en 1547; mais, à la sollicitation de l'imprimeur de Loë, qui était son ami, il dirigea ses recherches sur les plantes. Il publia d'abord les planches de Fuchs, et traduisit en flamand le texte de cet auteur. Dodone s'étant lié avec l'imprimeur Plantin, qui avait plus de goût que de Loë, et qui n'évitait aucune des dépenses qui tendaient à la perfection de son art, recommença une nouvelle suite de planches de format in-8°. Par l'intermédiaire de Plantin, il se forma une association qui fut très avantageuse à la science, et qui se composait de Dodonée, de Charles de l'Écluse et de Lebel de Lille. Ces trois célèbres botanistes se communiquèrent leurs travaux, et quoiqu'ils publiassent chacun de leur côté des ouvrages particuliers, cela ne formait qu'un seul tout. Dodonée ne consacrait pas tout son temps à la botanique; il en employait une partie à la pratique de son art. La réputation qu'il s'était acquise de ce côté s'étendit tellement que Maximilien II l'appela près de lui pour qu'il fût son premier médecin. Lassé du séjour de la cour, il fut se fixer à Anvers, puis à Leyde, et il occupa pendant le reste de sa vie la chaire de médecine à l'université de cette ville.

DODONIDES, prêtresses qui rendaient des oracles dans le temple de Jupiter à Dodone. Selon une ancienne tradition, ce temple fut d'abord habité par Ambrosie, Eudore, Pasithaé, Pytho, Plexaure, Corones, Tythé ou Tyché, toutes sept, filles d'Atlas et nourrices de Bacchus. Dans la suite, trois mille femmes (*V.* DODONE) eurent le droit de rendre des oracles à Dodone, les Béotiens étant le seul peuple de la Grèce qui pût y consulter des prêtres.

DODONIDES (*mythol.*). Nom donné aux nymphes qui élevèrent Bacchus.

DODONÆA (*bot.*), genre de plantes établi par Plumier, que Linné regarde comme une espèce de houx, *ilex*, et que Jussieu rapporte au *comocladia*, dans la famille des térébinthacées. J. P.

DODRANS (*archéol.*), monnaie romaine qui valait neuf onces, les trois quarts de l'as.

DODSLEY (ROBERT), littérateur et libraire anglais, né en 1703, à Mansfield. Né de parents pauvres, il passa sa première jeunesse dans la domesticité, et, dans cette humble situation, publia ses premières œuvres sous le titre de *la Muse en livrée.* Il écrivit ensuite une comédie satyrique, *la Boutique de bijoux*, que Pope fit représenter à Londres en 1735. Cette pièce eut beaucoup de succès, et l'argent que Dodsley en retira lui permit d'ouvrir une boutique de librairie, qui, par la protection de Pope et de lord Chesterfield, devint bientôt une des plus renommées de la capitale. Dodsley, devenu riche, se montra digne de sa fortune, et rendit à la littérature le bien qu'il en avait reçu, en protégeant le mérite timide. Il continua à travailler pour le théâtre et donna un assez grand nombre de pièces, dont la meilleure paraît être *le Roi et le meunier de Mansfield*, pièce composée sur le même plan que *la Partie de chasse de Henri IV*, et dont elle a peut-être même fourni le modèle. Dodsley mourut à Durham, en 1764.

DODSON (JAMES), professeur de mathématiques, à Londres, vivant dans le XVIIIe siècle. Il occupa la chaire de mathématiques de Christ-Church-Hospital. On a de lui plusieurs ouvrages de mathématique, dont le plus célèbre est intitulé : *the Calculator*, in-4°, 1747. C'est lui qui a donné la première idée de la fondation d'une société pour l'assurance de la vie.

DODSON (MICHEL), savant avocat anglais, né à Marlborough, dans le comté de Wilt, en 1732. Son étude favorite était celle des livres saints, et il a publié, en 1790, une traduction complète d'Isaïe, en un vol. in-8°.

DODSWORTH (ROGER), antiquaire anglais, né à Saint-Oswald, comté d'Yorck, en 1585. On a conservé 120 volumes in-folio écrits de sa main, sur les antiquités de son pays.

DODU, UE, gras, potelé, qui a beaucoup d'embonpoint. Il est familier.

DODWALL (HENRI), naquit, en 1641, à Dublin, de parents pauvres. Orphelin de bonne heure, son indigence fut telle que durant ses études il n'avait souvent pas d'argent pour acheter de l'encre, des plumes et du papier. Un de ses oncles, pasteur dans le comté de Suffolk, lui donna quelques secours; il passa de Dublin à Oxford, et se fit remarquer par son amour du travail. En 1688, il fut nommé professeur d'histoire à l'université d'Oxford; mais, trois ans après, il fut destitué pour avoir refusé de prêter serment de fidélité à Guillaume III. Il mourut en 1711. Bien qu'il eut de la répugnance à entrer dans l'église anglicane, il avait surtout dirigé ses études sur les matières ecclésiastiques et théologiques. Ses principaux ouvrages sont un traité curieux entre les non-conformistes, un autre plus célèbre sur le petit nombre des martyrs (*De Paucitate martyrum*), qui fut réfuté par D. Ruinart, dans ses *Actes sincères*; un troisième sur la manière d'étudier la théologie; ses autres ouvrages de controverse sont peu importants; mais ceux qui concernent la philosophie classique, et surtout la chronologie, sont encore consultés avec beaucoup de fruit. Nous en citerons les suivants : *Geographiæ veteris scriptores Græci minores; De veteribus cyclis; Annales Thucydidis et Xenophontis; De ætate Phalaridis et Pythagoræ*. H. Dodwall a donné aussi diverses éditions d'auteurs classiques avec des notes très savantes. Il avait un esprit bizarre et paradoxal, et comme, dans l'ardeur de la dispute, il avançait les opinions les plus hasardées, il se vit à la fois accuser d'hérésie et d'impiété. Deux de ses fils acquirent quelque réputation dans les lettres.

DODWELL (ÉDOUARD), antiquaire anglais, naquit en 1767. De 1801 à 1806 il parcourut la Grèce et décrivit les monuments. De là il visita l'Italie, et vécut alternativement à Rome ou à Naples. Il mourut à Rome en 1832. On a de lui : *A classical and topographical tour through Grece during the years* 1801, 1805, *and* 1806, Lond., 1819; 2 vol. in-4° avec un grand nombre de planches. Cet ouvrage a été traduit en plusieurs langues : *Vues et description de constructions cyclopéennes ou pélasgiques trouvées en Grèce et en Italie*, etc., avec 131 planches lithographiées, publiées, avec un texte français, par Treuttel et Wurtz, Paris, 1834, in-fol.

DOEBELN (JEAN-JACQUES DE), professeur de médecine à l'université de Lund, en Scanie. Naquit à Rostock, en 1674. On a de lui une description des eaux minérales de Ramloesa, en Scanie, qui a contribué à y attirer un grand nombre de personnes.

DOEBLER (JOACHIM), écrivain allemand du XVIIe siècle, auteur d'une chronologie en vers, publiée sous le titre de *Chronologica compendiosa latino et germanico idiomate versibus comprehensa*, Coln, 1679, in-4°.

DOEDERLEIN (JEAN-ALEXANDRE), historien et antiquaire allemand, naquit, en 1675, à Weissembourg, en Franconie. Il fut recteur de l'Université de Veissembourg, membre de la Société des curieux de la nature de Hesse-Cassel, de la Société royale de Londres, etc. Il a laissé un très grand nombre d'ouvrages pleins de recherches et d'érudition.

DOEDERLEIN (JEAN-CHRISTOPHE), professeur de théologie d'abord à Altdorf, et ensuite à Iéna, naquit à Windsheim, en Franconie, en 1746. Pendant vingt ans qu'il resta attaché à l'Université d'Altdorf, il a publié un grand nombre d'ouvrages, parmi lesquels on distingue sa traduction latine des prophéties d'Isaïe, une traduction allemande des proverbes de Salomon et un traité complet de dogmatique. Le ministère de la chaire l'occupait aussi, et il composa un grand nombre de sermons. En 1782 il quitta l'Université d'Altdorf, et vint occuper à Iéna la seconde chaire de théologie. Il continua ses travaux littéraires, et donna successivement au public, une traduction en allemand de l'*Ecclésiaste* et du *Cantique des cantiques*, sa bibliothèque théologique, écrite en allemand, publiée de 1780 à 1792, et qu'il continua sous le titre de *Journal théologique*. Doederlein mourut à Iéna, à l'âge de 47 ans, le 2 décembre 1792.

DOEDOEK (*bot.*). On nomme ainsi, à Java, le *ludwigia trifolia* de Burmann.

DOEHNE (JEAN-CHRISTOPHE), né à Zeitz, le 19 janvier 1776, de parents très pauvres et de très basse classe, fit néanmoins des études complètes à Zeitz et à Leipzig, où il donnait, pour s'entretenir, des leçons particulières. Il fut appelé, en qualité d'agrégé, au gymnase de sa ville natale, et fut, depuis 1815 jusqu'à sa mort, un des trois titulaires du gymnase. Il mourut le 16 novembre 1832. On a de lui quelques ouvrages à l'usage des classes.

DOGG, Iduméen qui, voulant parvenir à la cour de Saül, rapporta à ce prince que David, passant à Nobé, avait conspiré contre sa personne avec le grand-prêtre Archimelec. Saül, irrité, fit donner la mort au grand-pontife et à quatre-vingt-cinq prêtres, et chargea Dogg personnellement de cette barbare exécution, l'an 1061 avant Jésus-Christ. C'est à cette occasion que David composa les psaumes 51 et 108.

DOENHOFF (GASPARD), sénateur de Pologne, et waivode de Siradie, a joui de toute la confiance des deux rois de Pologne Sigismond III et Wladislas-Sigismond. — **DOENHOFF** (GÉRARD, comte de), palatin de Pomérélie, se distingua comme général habile contre les Turcs et contre les Suédois, sous les règnes de Sigismond III et Wadislas-Sigismond. Ses services furent récompensés par les dignités les plus éminentes.

DOEPKE (JEAN-CHRÉTIEN-CHARLES), né à Sait-Georges le 11 mars 1806, se consacra de bonne heure à la théologie, et se livra spécialement à son goût pour l'étude des langues orientales. Il était venu à Paris pour profiter des facilités qu'offre à cet égard le séjour de cette ville : mais à peine y fut-il arrivé qu'il y mourut, le 19 juin 1830. On doit quelques opuscules à ce jeune orientaliste.

DOEPOE (*bot.*). Suivant Rheede c'est le nombrame du *vateria indica*, pœnaë des Malabares. J. P.

DOERFEL (GEORGES-SAMUEL), pasteur luthérien à Plauen en Saxe, a suivi assidûment la fameuse comète de 1680, et a reconnu qu'on pouvait représenter son mouvement par une parabole dont le soleil occupait le foyer.

DARING (GEORGES-CHRÉTIEN-GUILLAUME-ASME), poète allemand né à Cassel le 11 décembre 1789, acheva ses études à Gœtingue, et s'occupa beaucoup de littérature et de musique. En 1815 il alla à Francfort-sur-le-Mein en qualité de hautbois du grand théâtre, et bientôt il s'y fit connaître comme littérateur. Il fut chargé de la rédaction de la *Gazette politique* de Francfort, et fonda peu après l'*Iris*, journal littéraire uni à la *Gazette*. En 1819 il abandonna ces deux feuilles, et fit paraître son drame de *Cervantes*, en vers, qui le plaça au rang des premiers poètes de l'Allemagne; puis, il accepta la place de précepteur du fils du prince Sayn-Wittgenstein. Il quitta ces fonctions en 1821 et fit représenter sa tragédie de *Posa*. En 1824 il fut appelé à la rédaction du *Correspondant pour l'Allemagne*, de Nuremberg. Il n'y resta que quelques mois, et, de retour à Francfort, il continua à partager son temps entre la littérature, la conversation de ses amis et les voyages. Il mourut le 10 octobre 1833. Ses principaux ouvrages sont : une traduction en vers de l'*Homme-des-Champs* de Delille, *Cervantes*, drame, *Zénobie*, tragédie, *Sonnenberg*, et la *Momie de Roterdam*, romans, et quelques autres drames et tragédies, des opéras, des romans, et une foule de contes et de nouvelles.

DOERLING (*ois.*), Les oiseleurs d'Allemagne appellent ainsi le rossignol, *motacila luscinia*, Linné. J. S.

DOERY (*bot.*). Deux espèces de *gmelina* portent ce nom à Java. L'une est le *dœry rookun* ou *gmelina indica* de Burmann; l'autre, le *dœr radaky* ou *gmelina asiatica*. J. P.

DOES (VANDER.) (*Voy.* DOUSA).

DOES (JACQUES-VANDER), peintre, naquit à Amsterdam; mais ses compositions se ressentaient de la tristesse habituelle de son esprit. Il eut deux fils, Simon et Jacques Vander Does, qui furent aussi peintres, et reçurent ses leçons.

DOFAN (*Malacoz*). Adanson donne ce nom à une espèce de vermet ou de vermiculaire de M. de Lamarck, que Gmelin et plusieurs auteurs ont placée sous le nom de *serpula goreensis*, dans le genre serpule (*Voy.* VERMET). J. P.

DOFIA (*bot.*), nom donné par Adanson au genre de plante plus connu sous celui de *dirca* dans la famille des thymélées.

DOFRINES (MONTS) (*géogr.*). On entend sous ce nom les

Alpes scandinaves, c'est-à-dire tout le système de montagnes qui traverse dans sa plus grande longueur la Laponie russe et le royaume uni de Suède et de Norwège. Ce système s'étend, en forme de croissant, depuis le Kattégat et le Skayer-Rack, entre la mer du Nord et la Baltique, jusqu'au cap Sviatoï (*Voy.* EUROPE, § OROGRAPHIE).

DOGARESSE, la femme d'un doge.

DOGE, DOGAT. Après deux siècles et demi de démocratie pure, Venise sentit le besoin de substituer aux tribuns, dont les élections annuelles étaient une occasion de troubles, un magistrat unique, élu à vie, qu'on appela *doge* ou *duc.* Le premier choix tomba sur Pauluccio-Anafesti (699). Le pouvoir du doge, d'abord assez étendu, et dont la formule, *par la grâce de Dieu*, semblait faire une véritable souveraineté, fut successivement restreint par les efforts réunis du peuple et de l'aristocratie; mais toujours au profit de cette dernière. Tout, dans ses attributions, jusqu'à la forme du bonnet ducal, qui rappelait celui de la liberté, ful calculé, pour l'avertir qu'il était l'homme de la république et rien de plus. Le droit de décider la guerre ou la paix, le commandement des armées. la nomination aux fonctions civiles et ecclésiastiques, et 12,000 ducats de liste civile, telles étaient ses principales prérogatives, sans parler du privilége de ne se découvrir devant personne, et de la cérémonie bizarre des fiançailles avec l'Adriatique. Mais il ne pouvait choisir une épouse ailleurs qu'à Venise; il lui fallait une permission pour en sortir et même pour rendre des visites. Tout ce qui l'entourait, depuis son fils jusqu'au dernier de ses serviteurs, était exclu des fonctions publiques. Les diplômes des ambassadeurs étaient délivrés par lui; mais il n'ouvrait leurs dépêches qu'en présence des conseils; la monnaie était frappée en son nom, mais non à ses armes, qui appendues au palais ducal, ne pouvaient, comme celles des autres patriciens, briller au front du manoir de famille. A sa mort on ne prenait point le deuil, et souvent les inquisiteurs d'État faisaient le procès à sa mémoire. D'abord tout le peuple concourut à son élection; puis, le conseil des Quarante profita des interrègnes pour prendre l'initiative d'une nomination provisoire, soumise à la ratification du peuple, dont on tâcha ensuite de se passer. Enfin, en 1215, on adopta un mode extrêmement compliqué, qui consistait en un circuit d'élections et de scrutins successifs, destinés à prévenir la brigue et la corruption. Les premières pages de l'histoire des doges sont sanglantes comme les annales des sultans. De quarante-trois qui se succédèrent pendant trois cents ans, on en vit à peine la moitié finir tranquillement leur carrière. Cinq furent forcés d'abdiquer, trois assassinés, un condamné à mort dans les formes légales, neuf déposés, exilés ou privés de la vue. Plus tard, les empiétements de l'oligarchie succédèrent aux violences populaires, et le dogat, vain simulacre de puissance, se traîna d'échec en échec jusqu'à l'époque où il tomba devant les bayonnettes françaises, pour ne plus se relever. Les noms les plus célèbres dans les annales du dogat sont ceux de Dandolo, de Faliéro, de Tiépolo, de Giadenigo. Le dernier doge fut Ludovico Manini. — A Gênes, l'institution des doges date du XIVe siècle. Mais déjà, vers le milieu du VIe siècle, les Goths faisaient gouverner cette ville par des ducs. Ce titre disparut en 774, lorsque Charlemagne réunit le duché de Gênes à l'empire d'Occident. A l'époque où les querelles des Guelfes et des Gibelins bouleversèrent l'Italie entière, Gênes fut en proie à une violente guerre intestine. Le peuple, las enfin d'une existence passée au milieu des crimes, des troubles, des angoisses de toute nature, saisit le moment où Venise, Milan et Pise étaient occupées chez elles par leurs propres affaires, pour se donner un gouverneur de son choix. Il jeta les yeux sur Simon Boccanégra, neveu de Guillaume, qui, en 1259, avait été capitaine de la ville. Un inconnu, soudoyé peut-être par Simon lui-même. s'écria : « Nous ne voulons plus de gouvernement des capitaines; il » nous faut un abbé du peuple, et c'est Simon Boccanégra que » nous choisissons. » Les Génois, d'abord étonnés, s'écrièrent bientôt : « Oui, oui, que Boccanégra soit notre abbé ! » Alors, avec une feinte modestie, Simon se leva et fit observer au peuple que nul dans sa famille n'avait porté le titre d'abbé, et que, quand à lui, il ne se sentait pas fait pour un pareil honneur. « Eh bien ! qu'il soit seigneur de la ville ! » Boccanégra ayant encore refusé cette dignité, la même voix lui décerna celle de *doge perpétuel*, que le peuple confirma par ses acclamations; Simon se rendit alors au vœu de ses compatriotes. Ainsi fut créé, l'an 1339 le gouvernement démocratique des *doges perpétuels*, qui dura jusqu'en 1528, époque de troubles et de guerres, pendant laquelle Gênes se donna tour à tour aux rois de France, aux ducs de Milan, aux rois d'Aragon et aux marquis de Montferrat; n'hésitant pas, quand l'occasion lui semblait favorable, à retourner à ses doges. Ceux-ci devaient appartenir exclusivement aux familles plébéiennes et à la faction gibeline. Le doge était élu ou renvoyé par acclamation dans les assemblées populaires. On lui donnait, dans les actes publics, les titres de *magnifique*, d'*illustre*, et d'*excellent*; mais dans la conversation on ne l'appelait que *messire le doge.* Des conseils et des magistratures diverses tempéraient son autorité. Parmi ces doges perpétuels, ceux du nom de Guarco, Montaldo, Frigoso et Adorne se firent principalement remarquer. Ces quatre familles jouaient, dans la faction populaire le même rôle que les Fiesqui, les Grimaldi, les Doria et les Spinola dans la faction de la noblesse. — En 1528, André Doria ayant abandonné le service de la France pour celui de l'empereur, expulse les Français qui occupaient Gênes, et s'occupa à réformer le gouvernement. Déjà, en 1527, il avait été question d'un semblable changement; et, à cet effet, plusieurs commissaires avaient été nommés. Doria convoqua les principaux habitants de la ville qui se réunirent au nombre de 1500 cents dans la grande salle du palais. Douze commissaires furent nommés pour présenter un plan de réforme; et ce plan, après avoir été longuement débattu, fut adopté par le peuple. Il consistait notamment à élire un doge tous les deux ans. Les familles Guelfes et les Gibelines pouvaient également aspirer à cette dignité. Mais le gouvernement, de démocratique qu'il était auparavant, devint aristocratique. Les nouveaux doges devant être choisis parmi les familles nobles, à l'exclusion des plébéiennes, il fut statué, en outre, que le corps de la noblesse, composé de vingt-huit familles, fournirait, chaque année, quatre cent personnes qui, sous la présidence du doge, formeraient le grand conseil chargé de délibérer sur les affaires d'État. Voici quelles étaient les règles observées pour l'élection du doge biennal : Tous les ans le grand conseil désignait parmi ses membres cent personnes qui formaient le *petit conseil*, chargé de délibérer sur les affaires d'une importance secondaire. Le petit conseil s'assemblait tous les deux ans, au 3 janvier, pour choisir un sujet dans chacune des vingt-huit familles nobles. Ces vingt-huit élus devaient s'en adjoindre eux-mêmes dix-huit autres, pris dans la même classe. Parvenu ainsi à un nombre de 46, ces candidats nommaient, par voie de scrutin, quatre de leurs membres, parmi lesquels le grand conseil choisissait enfin le doge. Ce chef de l'État agissait de concert avec huit gouverneurs qui formaient son conseil, et ils constituaient ensemble ce qu'on appelait la *seigneurie de Gênes.* Le doge revêtait les insignes de la royauté. Le gouvernement démocratique des doges perpétuels avait donné naissance aux dissensions intestines entre le peuple et la noblesse; le gouvernement aristocratique des doges biennaux enfanta les mêmes querelles entre les diverses familles nobles; l'État ne fut pas plus tranquille. Parmi les doges biennaux on distingue les Spinola, les Doria, les Grimaldi, les Centurion, Impériale, Durazzo, Balbi, de Maré, Pallavicino, Brignole, Lomellino, etc. — En 1685, aux termes d'un traité signé à Versailles le 12 février, Fr.-Marie Impériale-Lercaro, doge de Gênes. fut chargé de porter à Louis XIV les excuses de la république : « *L'accident le plus fatal, le plus funeste que ma ré-* » *publique pût jamais éprouver*, dit le doge au superbe monarque, » *a été d'avoir pu offenser votre Majesté*, etc. » Jamais la raison du plus fort n'avait été mieux démontrée. On sait que le doge, interrogé sur ce qu'il trouvait de plus surprenant à Versailles, répondit : *C'est de m'y voir.* — Cette forme de gouvernement cessa en 1797, époque de l'occupation de Gênes par les armées républicaines de la France.

DOGGER-BANK, ou **BANC DES CHIENS**, banc de sable très considérable dans la mer du Nord, entre la côte orientale de l'Angleterre et la Hollande. Les Anglais y furent battus complètement par les Hollandais dans la guerre d'Amérique. Les Anglais, les Hollandais et les Français y vont en grand nombre pêcher la morue.

DOGGET (THOMAS), acteur irlandais, né à Dublin, mort en 1711, a fait pendant longtemps les délices des amateurs du genre comique, sur les théâtres de Lincoln'sinefields et de Drurylane. Il fut ensuite un des direcseurs de ce dernier théâtre, et amassa une assez grande fortune.

DOGIEL (MATTHIEU), historien de Pologne, était de la congrégation des écoles pies de Lituanie. Il est auteur du grand ouvrage : *Codex diplomaticus regni Poloniæ, et magni ducatûs Lithuaniæ, in quo pacta, tractatus pacis, etc., exhibentur.* Cet ouvrage devait avoir huit volumes: le troisième a été publié en 1764; Il n'en a pas paru d'autres.

DOGLING, DOGLINGE (*mamm.*). On dit que c'est le nom d'une espèce de baleine des îles Féroë; mais on ne connaît pas les caractères qui la distinguent des autres espèces. J. P.

DOGLIONI (JEAN-NICOLAS), noble vénitien, mort dans le commencement du XVIIe siècle, est auteur d'ouvrages historiques très médiocres, au jugement des critiques italiens.

DOGMAK (*poiss.*). L'abbé Bonnaterre appelle silure dogmak le bayad-docmac de M. Cloquet (*V.* BAYAD et DOCMAC).

DOGMATIQUE, ce qui appartient au dogme, ce qui concerne le dogme. On dit un jugement dogmatique pour exprimer un jugement qui roule sur des dogmes ou sur les matières qui ont rapport au dogme; fait dogmatique, pour dire un fait qui tient au dogme, par exemple, pour savoir quel est le véritable sens de tel ou tel auteur. On a vivement disputé, le siècle dernier, à l'occasion du livre de Jansénius, sur l'infaillibilité de l'Église, quant aux faits dogmatiques. Les défenseurs de ce livre ont prétendu que l'Église ne peut porter des jugements infaillibles sur cette matière; qu'elle ne peut condamner telle proposition dans le sens de l'auteur, et qu'en ce cas le silence respectueux est toute l'obéissance que l'on doit à ces sortes de décisions. Il est clair que pour jeter de la poussière aux yeux des ignorants, ces théologiens ont joué sur une grossière équivoque. Lorsque l'Église condamne une proposition, *dans le sens de l'auteur*, elle ne prétend pas décider que l'auteur a véritablement eu tel sens dans l'esprit en écrivant; c'est-là un fait purement personnel, qui n'intéresse en rien les lecteurs; mais elle entend que la proposition a naturellement et littéralement tel sens. Cela s'appelle le *sens de l'auteur*, parce que l'on doit présumer qu'un écrivain a eu dans l'esprit le sens que ses expressions présentent d'abord à tout lecteur non prévenu. Quand on dit : *consultez tel auteur*, cela signifie, *consultez son livre*; si l'on ajoute *vous entendez mal cet auteur*, c'est comme si l'on disait, *vous ne prenez pas le sens naturel et littéral de ses termes.* Or, si l'Église pouvait se tromper sur le sens naturel et littéral d'une proposition ou d'un livre, elle pourrait proscrire comme hérétique, un livre qui est véritablement orthodoxe; elle pourrait mettre dans la main des fidèles un livre hérétique qu'elle aurait faussement jugé exempt d'erreur. Autant valait dire sans détour que l'Église peut enseigner aux fidèles l'hérésie et l'erreur. C'est dommage que les défenseurs des livres d'Origène, de Pélage, de Nestorius, de Théodoret, etc., ne se soient pas avisés de cet expédient pour esquiver l'excommunication, il en serait résulté que toute censure de livres faite par l'Église peut être bravée impunément. On ne doit pas être surpris si les souverains pontifes ont condamné ce subterfuge; il n'est aucun théologien catholique qui ne croie que l'Église a une autorité infaillible pour approuver et condamner les livres, et que tout fidèle doit à ce jugement non-seulement un silence respectueux, mais un acquiescement d'esprit et de cœur. Il est évident qu'une partie essentielle de l'enseignement est de donner aux fidèles les livres propres à les instruire, et de leur ôter ceux qui sont capables de les tromper et de les pervertir. Si donc l'Église pouvait se tromper elle-même dans le jugement qu'elle porte d'un livre quelconque, il serait impossible aux fidèles de s'en rapporter à elle pour savoir ce qu'ils doivent lire ou rejeter. Ce n'est pas au XVIIe siècle que l'Église a commencé de censurer ou d'approuver les livres, elle l'a fait depuis sa naissance et dans tous les temps, et il y a plus que de la témérité à penser qu'en cela elle a passé les bornes de son autorité. C'est en vertu de son jugement que nous distinguons encore aujourd'hui les livres canoniques de l'Écriture-Sainte d'avec ceux qui ne le sont pas. Si ce jugement était sujet à l'erreur, sur quoi serait fondée notre croyance? Il est étonnant que les théologiens qui ont contesté son infaillibilité sur ce point n'aient pas vu les conséquences énormes qui s'en suivaient de leur opinion, et il n'est que trop prouvé d'ailleurs qu'à la faveur de ce subterfuge, ces mêmes théologiens ne se sont fait aucun scrupule d'enseigner la doctrine erronée que l'Église avait voulu condamner. B...R.

DOGMATIQUEMENT, d'une manière dogmatique, selon les règles de l'école. Il signifie aussi d'un ton décisif et sentencieux.

DOGMATISER, enseigner une doctrine fausse ou dangereuse. Il se dit principalement en matière de religion. Il signifie aussi exprimer, débiter ses opinions, ses raisonnements, d'un ton décisif, sentencieux et tranchant, et en homme qui veut régenter.

DOGMATISEUR, celui qui a l'habitude de prendre un ton dogmatique. Il se dit toujours en mauvaise part.

DOGMATISME, mot formé du grec δόγμα (dogme), dérivé lui-même de δοκεῖν, croire, juger, désigne, d'après son étymologie même, une disposition de l'esprit à affirmer ou à croire par opposition au scepticisme, qui est l'inclination au doute. Ce mot implique encore une autre idée, il signifie encore la méthode généralement suivie par les philosophes qui ont eu confiance dans l'esprit humain antérieurement à toute recherche. Ainsi, croire, affirmer, poser d'une manière soit implicite, soit explicite, des principes qui bâtissent un système, voilà la méthode dogmatique. Ces principes, il est vrai, sont des hypothèses à l'égard desquels le philosophe commande impérieusement la croyance; ses idées ne sont pas des opinions, mais des dogmes, il ne les enseigne pas, il les impose despotiquement Si le dogmatisme a souvent produit toutes les extravagances dont les philosophes ne se sont jamais rendus coupables, il ne s'en suit pas que dans notre condition terrestre nous ne puissions rien affirmer; ce serait anéantir l'homme, le pétrifier en quelque sorte, que de lui donner un ensemble de dogmes, sans lui permettre autre chose que la foi absolue. Une seule fois, l'humanité se trouva en possession de dogmes seuls et entièrement vrais; mais alors, en vertu de circonstances connues de tout le monde, elle était dans un cas exceptionnel, elle avait besoin de faire une halte pour marcher ensuite d'ensemble dans la voie que lui a tracée la Providence (*V.* PHILOSOPHIE).

DOGMATISTE, celui qui établit des dogmes, qui dogmatise.

DOGME. du grec δόγμα, *maxime, sentiment*, proposition ou principe établi en matière de religion. Ainsi nous disons les dogmes de la foi, pour exprimer les vérités que Dieu a révélées, et que nous sommes obligés de croire; tel dogme a été décidé par tel concile, etc. L'Église ne peut pas créer de nouveaux dogmes; mais elle nous fait connaître avec une certitude infaillible, quels sont les dogmes que Dieu a révélés. Ce qui est dogme dans une société chrétienne est souvent regardé dans une autre comme une erreur; ainsi la consubstantialité du verbe et la présence réelle de Jésus-Christ dans l'Eucharistie, qui sont deux dogmes pour les catholiques, sont rejetés comme deux erreurs par les sociniens et par les sacramentaires. Un reproche ordinaire des incrédules est de dire que les dogmes spéculatifs qui n'obligent les hommes à rien, et ne les gênent en aucune manière, leur paraissent quelque fois plus essentiels à la religion que les vertus qu'elle prescrit, que souvent même ils se persuadent qu'il leur est permis de soutenir et de défendre les dogmes aux dépens de la probité et de la charité. Mais ils devraient nous dire quels sont les dogmes qui n'obligent les hommes à rien; nous ne connaissons aucun dogme enseigné par la vraie religion, duquel il ne s'ensuive des conséquences morales, et qui ne soit un motif de vertu. S'il en est un qui puisse paraître purement spéculatif, c'est celui de la Sainte-Trinité; mais sans ce mystère, celui de l'Incarnation et de la Rédemption du monde par le fils de Dieu, ne peuvent pas subsister. Soutiendra-t-on que le bienfait de la rédemption ne nous engage à rien, que ce n'est point un motif de reconnaissance envers Dieu, de zèle pour notre propre salut et pour celui du prochain? L'expérience prouve que ceux qui ne font aucun cas du dogme ne respectent pas davantage la morale; que l'affectation de donner la préférence à celle-ci n'est qu'un masque sous lequel on cache une indifférence égale pour l'un et pour l'autre En fait de probité, nous ne voyons pas que les incrédules soient plus scrupuleux que les croyants, sur le choix des moyens, pour défendre leurs opinions. Quelques-uns disent que la meilleure religion serait celle qui proposerait peu de dogmes; d'autres prétendent qu'il n'en faut point du tout, parce que les dogmes sont par eux-mêmes une source de disputes et de divisions parmi les hommes. S'il n'y avait point de dogmes à croire, sur quoi porterait la morale? On sait de quelle manière les athées ont réussi à forger une morale pour ceux qui ne croient pas en Dieu. Ce n'est point à nous, mais à Dieu, de fixer le nombre des dogmes nécessaires: dès qu'il en a révélé, il est absurde de juger qu'ils sont superflus, et que nous pouvons nous dispenser de les croire. On dispute sur la morale aussi bien que sur le dogme, et il n'y a pas moins d'erreurs sur l'un que sur l'autre de ces chefs dans les écrits des incrédules; une vérité spéculative ou pratique n'est jamais un sujet de dispute par elle-même, mais par l'indocilité et l'opiniâtreté de ceux qui la contestent; un incrédule même est convenu que si les hommes y avaient quelque intérêt, ils disputeraient sur les éléments d'Euclide. De tout temps les philosophes ont eu l'ambition d'ériger en dogmes leurs opinions les plus fausses; comme ils n'avaient enseigné aux hommes que des erreurs, il a fallu, pour réparer le mal qu'ils avaient fait, que Dieu révélât des dogmes vrais, et forçât les philosophes même à plier sous le joug de la foi. Saint Paul nous le fait remarquer. Il dit: « Parce que le monde, avec toute sa prétendue sagesse, n'avait pas connu Dieu, ni la sagesse de sa conduite, il a plu à Dieu de sauver les croyants par la folie de la prédication, » c'est-à-dire par la foi à ces mêmes dogmes que les incrédules regardent comme une folie. A quoi servent, disent les incrédules, les dogmes de la trinité, de la création, de la chûte de l'homme, de l'incarnation, de la satisfaction de Jésus-Christ, de sa présence dans l'eucharistie, de la nécessité de la grâce, etc. Ce sont des mystères, ces propositions incompréhensibles et révoltantes desquelles on a souvent tiré des conséquences pernicieuses qui n'aboutissent qu'à diviser les chrétiens en une infinité de sectes et à les rendre ennemis les uns des autres. Nous répondons d'abord que puisque Dieu a révélé ces vérités il est absurde de demander à quoi elles servent; si elles étaient inutiles ou pernicieuses, Dieu ne les aurait pas enseignées aux hommes. Il faut bien qu'elles soient utiles puisque la croyance de ces vérités a fait éclore des vertus dont la nature humaine ne paraissait pas capable, et des mœurs qui ne se trouvaient point ailleurs que chez les nations chrétiennes. Contre un fait aussi incontestable, il est ridicule d'alléguer de prétendus inconvénients. Voilà ce que nos anciens apologistes ont répondu aux philosophes ennemis du christianisme: il faut que ces dogmes soient utiles puisque, faute de les connaître, ces mêmes philosophes, si éclairés d'ailleurs, n'ont enseigné que des absurdités sur la nature divine, sur celle de l'homme et sur sa destinée, sur les règles de mœurs, etc. Ils sont non-seulement utiles, mais nécessaires, puisqu'en refusant de les croire nos philosophes retombent dans le chaos des anciennes erreurs. Enfin les dogmes mystérieux sont inévitables; Dieu, pour se faire connaître, ne peut se montrer que tel qu'il est, par conséquent comme incompréhensible. Parce que les anciens n'admettaient pas la création, ils n'ont pu démontrer l'unité, ni la spiritualité, ni la providence de Dieu, ils ont approuvé le polythéisme, l'idolâtrie et les superstitions populaires. En niant la sainte trinité, les sociniens ont réduit le christianisme à un pur déisme, et le déisme a conduit nos raisonneurs à l'athéisme; les protestants, en abjurant le mystère de l'eucharistie ont ébranlé la foi de tous les autres mystères, ont changé tout l'extérieur du christianisme, et ont frayé le chemin aux erreurs dont nous venons de parler. Ainsi tous nos dogmes forment une chaîne indissoluble; si l'on veut en rompre un seul anneau, l'on met à leur place une chaîne d'erreurs, dans laquelle on ne sait plus où s'arrêter. Dans ce système de religion, chef-d'œuvre de la sagesse divine, il n'y a pas une seule vérité qui ne contribue à nous faire comprendre la dignité de notre nature, le prix de notre âme, la volonté sincère que Dieu a de nous sauver, et ce que nous devons faire pour y correspondre. Quand on nous demande à quoi tout cela sert, c'est comme si l'on demandait à un noble de quoi lui servent ses titres et les droits de sa naissance. Quiconque les perd de vue est bientôt tenté de se confondre avec les plus vils animaux. Mais ces dogmes sont un sujet de disputes, de divisions, de haines et de préventions nationales; qui en doute? Il en est de même de toute autre vérité. Les hommes ne disputent pas seulement sur les dogmes que Dieu a révélés, mais encore sur ceux que la raison nous enseigne; ils disputent sur leurs propres rêveries et sur tous les objets de leurs passions. Si l'on voulait étouffer toutes les semences de disputes, il faudrait supprimer tous les droits, toutes les lois et prétentions, toutes les institutions civiles et sociales; il faudrait nous abrutir, et encore les brutes se disputent-elles leur proie C'est une question théologique de savoir comment l'on peut distinguer un dogme de foi que personne ne peut nier sans tomber dans l'hérésie d'avec une autre vérité quelconque. Melchior Canus, *De locis théol.*, lib. XII, c. 6, réduit les dogmes à deux espèces; savoir: ceux que Dieu a révélés expressément, et ceux qui s'en déduisent par une conséquence évidente et immédiate; parce que l'on ne peut pas nier cette conséquence sans donner atteinte au principe d'où elle s'ensuit. Or, Dieu nous a révélé des vérités qui nous sont connues, non-seulement par l'organe des auteurs sacrés qu'il a inspirés, mais encore par l'enseignement traditionnel de l'Église, et cette tradition nous est transmise par le témoignage unanime ou presque unanime des saints Pères, par les décrets des conciles généraux et reconnus pour tels, par les décisions des souverains pontifes, reçues dans toute l'Église, par le sentiment commun et général des théologiens, par les pratiques et les usages religieux universellement adoptés. Ainsi l'Église catholique soutient contre les protestants que l'on doit regarder comme dogme de foi, non-seulement les vérités clairement et formellement révélées dans l'Écriture sainte, mais encore celles que l'Église a toujours crues et croit encore, quand même on n'en trouverait pas l'expression claire et formelle dans l'Écriture. Elle soutient même que, comme l'on dispute tous les jours sur le sens des passages de l'Écriture, ces passages ne peuvent faire règle de foi qu'autant que le sens en est fixé et déterminé par la croyance commune et universelle de l'Église. Pour prouver que cette méthode de l'Église romaine est fautive, les protestants lui ont reproché d'avoir forgé de nouveaux dogmes de foi, qui n'étaient ni connus, ni professés par l'Église des premiers siècles; ils ont dit que la présence réelle de Jésus-Christ dans l'eucharistie n'était devenu un dogme qu'au VIIIe ou au IXe siècle, que la transsubstantiation avait été inventée par le pape Innocent III, dans le concile de Latran, au XIIIe siècle, etc. Nous prouverons la fausseté de cette accusation en traitant de chacun des articles que les protestants ont rejetés comme nouveaux. Nous ajoutons que, quand cela serait vrai, les protestants auraient encore tort d'objecter cet inconvénient, puisqu'il est le même parmi eux. En effet, ils tiennent aujourd'hui des dogmes que les premiers réformateurs n'avaient pas vus dans l'Écriture sainte, puisqu'ils avaient enseigné le contraire; vingt fois ils ont varié dans leurs professions de foi, et ils se sont réservé le pouvoir de varier encore toutes les fois qu'il leur semblera voir dans l'Écriture sainte un sens qu'ils n'y voyaient point auparavant. Nous voudrions savoir pourquoi il n'a pas été permis à l'Église romaine de faire de même dans tous les siècles. Nous avouons qu'elle a toujours renoncé à ce privilége, et qu'elle l'a laissé tout entier aux hérétiques; elle a été si peu tentée d'innover que, toutes les fois qu'elle a vu éclore dans son sein une doctrine nouvelle, elle n'a pas hésité de la condamner Dans tous les dogmes, dit le savant Bossuet, on marche toujours entre deux écueils, et on semble tomber dans l'un lorsqu'on s'efforce d'éviter l'autre, jusqu'à ce que les disputes et les jugements de l'Église, intervenus sur les questions, fixent le langage, déterminent l'attention, et assurent la marche des théologiens. Mais l'on se trompe beaucoup l'orsqu'on imagine que la doctrine ainsi déterminée et plus clairement expliquée est une doctrine nouvelle. C'est principalement aux Pères de l'Église des premiers siècles que les protestants attribuent la témérité de forger de nouveaux dogmes. Cela est venu, disent-ils, de plusieurs causes: 1° Les Pères n'entendaient pas l'hébreu; de là ils ont traduit le mot *schéol*, le tombeau des morts, par le grec ᾅδης, enfer le séjour, et par le latin *infernus*, qui ont une signification toute différente. Ainsi l'on a imaginé la descente de Jésus-Christ aux enfers dont on a fait un article de symbole. 2° Les Pères ont donné trop légèrement croyance à de fausses traditions apostoliques: ainsi l'on a prétendu que Jésus-Christ a vécu plus de quarante ans, qu'il reviendra régner sur la terre pendant mille ans; qu'il ne faut pas célébrer la pâque avec les juifs. 3° Par attachement à la philosophie de Platon, ils ont adapté à la trinité platonicienne ce qui est dit dans l'Écriture des trois personnes divines. 4° Pour se rapprocher des opinions païennes, ils ont attaché au mot *sacrement* la même idée que les païens avaient de leur mystères, etc. En examinant tous ces points de doctrine sous leur titre particulier nous ferons voir que ceux qui sont des dogmes sont fondés sur l'Écriture Sainte; que les autres n'ont été que des opinions particulières et passagères, ou des usages indifférents, qu'ainsi la prétention des protestants est fausse à tout égards. B. R.

DOGRE (*terme de marine emprunté du hollandais*), bâtiment de commerce qui sert ordinairement à la pêche du hareng et du maquereau, dans la Manche et dans les mers du Nord.

DOGUE (*mam.*), nom d'une variété de l'espèce du chien. (*V.* CHIEN.) J. P.

DOGUET (*poiss.*), nom que donnent les pêcheurs aux petites morues (*V.* MORUE). J. P.

DOGUIN, INE, mâle et femelle de petits dogues.

DOHLE (*ois.*), nom allemand du choucas, *corvus monedula*, Linné, qu'on écrit aussi *doel.* J. P.

DOHM (CHRÉTIEN-GUILLAUME DE), diplomate prussien, né à Lemgo, le 11 décembre 1751, prit d'abord, à Leipzig, quelques leçons de droit et de théologie, puis s'adonna aux lettres. Il composa alors quelques ouvrages, et, entre autres, des *Mémoires pour servir à l'histoire des derniers temps*, qui lui firent quelque réputation. Nommé d'abord instituteur des pages de Frédéric II, il obtint ensuite, par le crédit de Mauvillon, son ami, une chaire d'économie politique à Cassel. Plus tard, il fut employé par le fameux ministre Herzberg, qui le chargea, lors de la guerre de la succession de Bavière, de rédiger une espèce de mémoire justificatif des prétentions de la Prusse. Cet écrit eut beaucoup de succès, et dès lors Dohm se vit chargé de différentes missions importantes : en Westphalie, pour empêcher l'élection du frère de l'empereur comme coadjuteur de Cologne et de Munster; dans différentes cours d'Allemagne, pour rapprocher les princes allemands du cabinet prussien ; à Cologne, comme chargé des affaires de Prusse dans le Bas-Rhin ; à Aix-la-Chapelle, lors des troubles qui éclatèrent dans cette ville en 1787 ; en Hollande, pour soutenir le pouvoir du stabouder contre le parti populaire ; à Cologne, en 1793, lorsque l'armée prussienne se fût retirée des frontières de France, etc. Dohm fut ensuite envoyé, en 1797, au congrès de Rastadt, et on a remarqué que son crédit commençait dès lors à diminuer. Du reste, possesseur d'une grande fortune, que ses nombreux emplois et ses missions lui avaient procurés, il pouvait se passer de la faveur du gouvernement; mais l'ambition ne lui permettait pas de renoncer facilement aux honneurs auxquels il était habitué. Il continua à exercer des emplois inférieurs, et, lors des évènements de 1808, il fut un des premiers à abandonner la monarchie prussienne, et devint conseiller du nouveau roi de Westphalie, Jérôme, et son ambassadeur à Dresde. En 1810, sa santé le força à demander sa retraite qu'on lui accorda. En 1814, il essaya de nouveau de recouvrer un emploi ; mais ce fut en vain, et il fut forcé de vivre obscur jusqu'à sa mort, arrivée le 29 mai 1820. Dohm est auteur d'un assez grand nombre d'ouvrages, dont deux ont été traduits en français ; ce sont : *De la réforme politique des Juifs*, ouvrage traduit par Bunouilli, et *l'Alliance des princes de l'Empire germanique*, traduit par Renfener. Sa vie a été publiée par M. V. Gronau, son gendre, sous ce titre : *C. G. de Dohm peint d'après ses pensées et ses actions.*

DOHNA (COMTES DE), une des plus antiques et des plus puissantes familles de la Bohême. Son nom et son titre lui viennent du château de Dohna ou de Donye, qui est situé à quelques lieues de Dresde, vers le S.-E. La fondation de ce château remonte vraisemblablement au XIe siècle ; cependant la première mention authentique remonte à 1107 ; il est aussi question d'un bourgrave de Dohna en 1113. Quelque temps après les victoires du roi Henri, le bourg de Dohna, devenu fief allemand depuis 1182, releva de nouveau de la Bohême, et, depuis le XIIe siècle, il fut alternativement fief du margrave et de l'évêque de Missnie et de la Bohême. La soif des combats, qui dominait ses possesseurs, amena sa ruine en 1401. Guilllaume, margrave de Missnie, se vit contraint de prendre les armes contre le bourgrave de Dohna et sa famille, dont il avait vainement essayé de terminer la querelle avec un seigneur voisin, et dont les incursions infestaient ses propres domaines ; il s'empara du château le 19 juin 1401, le fit raser, et déclara la famille de Dohna déchue de ses possessions. Le bourgrave se réfugia successivement à Wesenstein, à Kœnigstein et en Hongrie, et finit par être décapité à Bade, comme perturbateur du repos public. En face de l'ancien château de Dohna, aujourd'hui en ruines, on voit encore sur une hauteur, au delà du Muglitz, les débris d'un fort (appelé Robisch ou Raubbusch dans les documents), élevé en 1206 par les bourgraves, mais démoli la même année par ordre de l'évêque de Missnie. Cet ancien fief est surtout remarquable par son siége d'échevins, dont il est fait mention dans un document de 1325, et qui fut réuni, en 1572, par l'électeur Auguste, à celui de Leipzig. Une autre branche de la maison de Dohna est possessionnée en Silésie. Parmi ses membres, nous citerons principalement Alexandre, premier ministre d'État, sous les règnes de Frédéric Ier et de Frédéricé-Guillaume II de Prusse, et mort en 1728 ; Christophe, né en 1702, et qui, devenu lieutenant-général prussien, se battit avec succès, dans la guerre de Sept-Ans, à la bataille de Zorndorf, vainquit depuis les Suédois et les Russes, chassa le général autrichien Haddik de Saxe, et mourut en 1762 ; enfin, le comte Frédéric-Ferdinand-Alexandre de Dohna-Schlobitten, bourgrave de l'empire, ministre d'État de Prusse, né le 29 mars 1771, au château de Finkenstein, dans la Prusse occidentale. Ce comte de Dohna fit ses premières études à l'école de commerce de Hambourg et aux universités de Francfort-sur-l'Oder et de Gœttingue. Entré en 1790 comme référendaire à la chambre de la Marche électorale, il montra, dès ses premiers débuts dans cette carrière, un talent si distingué qu'il fut nommé conseiller de guerre, dans le même collége en 1794, promu en 1798 au rang de conseiller de guerre au directoire général, et appelé en 1802 à la place de directeur de la chambre de Marienwerder. C'est dans cette dernière position qu'il eut surtout occasion, pendant les années 1806 et 1807, de déployer l'énergie et la fermeté de son caractè.e. Les troupes françaises ayant occupé Marienwerder, et sommé la chambre de cette ville de prêter serment de fidélité à Napoléon, Dohna, remplaçant le président malade, protesta avec force contre cette prétention, sans s'inquiéter des dangers personnels auxquels cet acte de courage l'exposa. Le ministre Stein, obligé en 1808 de donner sa démission, à la demande de Napoléon, décida le roi de Prusse à confier au comte de Donha le ministère de l'intérieur. Dans cette sphère élevée, il mérita une gloire durable, en fondant plusieurs institutions, il est vrai en partie préparées par Stein, telles que les règlements des villes et la nouvelle organisation des autorités publiques et des conseils des communes. Mais, en 1810, il se démit de ses fonctions et se retira à Schlobitten, une de ses terres, pour se livrer entièrement aux sciences. Puis, après les changements politiques produits par les évènements de 1812, il reparut sur la scène, et exerça une grande influence sur les assemblées des États provinciaux de la Prusse orientale, par l'éloquence de son ardent patriotisme. Ce fut lui qui, le premier, conçut l'idée de la *landwehr*, et il voulut lui-même faire partie de cette milice nationale, dans le bataillon du cercle dont Schlobitten dépend. Le roi sanctionna son idée patriotique, mais empêcha Dohna de marcher contre l'ennemi, en le nommant gouverneur civil des provinces entre la Vistule et la frontière russe. Après avoir surtout contribué à l'armement du pays, il revint à Schlobitten et y demeura depuis, sans interruption, jusqu'à sa mort, arrivée le 21 mars 1831. Encore, dans les dernières années de sa vie, il travailla au bien du pays, en prenant une part active aux assemblées des États provinciaux.

DOIGT, chacune des parties mobiles et distinctes qui terminent la main ou le pied de l'homme. Il se dit, dans un sens analogue, en parlant de quelques animaux. *Les doigts d'un gant*, les parties d'un gant dans lesquelles entrent les doigts. Fig. et fam., *A lèche-doigts*, se dit en parlant des choses à manger qui sont données en trop petite quantité. Fig., *Montrer quelqu'un au doigt*, s'en moquer publiquement, s'en moquer comme d'une personne décriée et ridicule. Fig. et fam., *Donner sur les doigts à quelqu'un*, le châtier, lui faire souffrir quelque peine, quelque dommage, quelque confusion. *Avoir sur les doigts*, recevoir la punition, le châtiment de quelque faute, de quelque imprudence. Prov. et fig., *S'en mordre les doigts*, se repentir de quelque chose. Prov. et fig., *C'est une bague au doigt*, se dit d'une chose de prix dont on peut toujours se défaire avec avantage. Il se dit aussi d'une place, d'un emploi qui donne un traitement et peu d'occupation. Fig., *Avoir des yeux au bout des doigts*, avoir le tact très fin, faire avec habileté des ouvrages de la main très délicats. Fig. et fam., *Avoir de l'esprit au bout des doigts*, être adroit aux ouvrages de la main. *Avoir de l'esprit jusqu'au bout des doigts*, avoir beaucoup d'esprit, faire paraître de l'esprit jusque dans les plus petites choses. Fam., *Il y met les quatre doigts et le pouce*, se dit d'un homme qui prend avidement et malproprement dans un plat ce qui est à sa portée. Cela se dit, par extension, en parlant de tout ce qu'un homme fait sans ménagement et sans délicatesse. Prov. et fig., *Ils sont comme les deux doigts de la main, ce sont les deux doigts de la main*, se dit de deux personnes extrêmement unies d'amitié. Prov. et fig., *Il ne faut pas mettre le doigt entre l'arbre et l'écorce*, ou *entre l'arbre et l'écorce il ne faut pas mettre le doigt*, il ne faut pas s'ingérer mal à propos dans les différends des personnes naturellement unies, comme frère et sœur, mari et femme. Fam., *Ne faire œuvre de ses dix doigts*, ne faire rien du tout, ne point travailler. Prov. et fig., *Savoir une chose sur le bout du doigt*, la savoir parfaitement de mémoire. Fig. et fam., *Toucher du bout du doigt*, toucher légèrement, ne pas trop appuyer. On dit aussi, figurément, en parlant d'une chose qui est sur le point d'arriver. Fig., *Faire toucher une chose au doigt, au doigt et à l'œil*, la démontrer clairement, en convaincre par des preuves indubitables, telles que sont ordinairement celles que l'on acquiert par la vue et par le toucher. Fig. et fam., *Mettre le doigt sur quelque chose*, deviner, découvrir une chose. Fig. et fam., *Être servi au doigt et à l'œil*, être servi ponctuellement, avec grande exactitude et au premier signe. Fam. et par plaisanterie, *Cette montre va au doigt et à l'œil*, elle est fort mauvaise et il faut toucher souvent à l'aiguille pour la mettre sur l'heure. Fig. et fam., *Il croit que, pour réussir, il ne faut que souffler et remuer les doigts*, c'est un homme avantageux qui croit que tout lui est facile. Fig. et fam., *Mon petit doigt me l'a dit*, phrase qu'on emploie quelquefois avec les enfants, pour leur faire croire que l'on sait la vérité de quelque chose qu'ils ne veulent pas avouer. Fig., *Le doigt de Dieu*, se dit, dans certaines phrases de style élevé, pour désigner ce qui est ou paraît être une manifestation de la volonté particulière de Dieu. — **DOIGT**, se dit aussi pour indiquer une petite mesure qui équivaut plus ou moins exactement à un travers de doigt. Par exagér., *Cette femme se met un doigt, deux doigts de rouge sur le visage*, elle se met beaucoup de rouge. Fig. et fam., *Faire un doigt de cour à une femme*, lui dire des galanteries, lui faire un moment la cour. *A deux doigts*, se dit quelquefois pour exprimer une très petite distance. Fig., *Être à deux doigts de sa ruine, de sa perte*, etc., en être fort proche. — DOIGT signifie, en termes d'astronomie, la douzième partie du diamètre apparent du soleil ou de la lune.

DOIGTS (*zool.*), en histoire naturelle on donne ce nom aux organes composés de phalanges qui terminent les membres des mammifères, des oiseaux et des reptiles. Les doigts ne sont jamais au nombre de plus de cinq ni au-dessous de trois chez les mammifères, et n'ont jamais plus de trois phalanges. Le naturaliste Klein fonde tous son système sur ces organes. Chez les oiseaux, l'extrémité des ailes offre trois doigts cachés sous la peau : une espèce de pouce composé d'un seul os, un second doigt formé de deux phalanges, et un troisième formé, comme le pouce, d'un seul os. Les doigts des pieds sont au nombre de deux jusqu'à quatre, et composés de deux à cinq phalanges. Ces organes fournissent, chez les oiseaux, des caractères importants, soit qu'ils soient libres, palmés, demi-palmés, lobés, ailés, etc. Chez les reptiles, les doigts sont jusqu'au nombre de cinq, mais quelques espèces en sont privées; le nombre des phalanges varie d'une à quatre. Chez quelques espèces, ces organes sont munis de disques, qui, comme des ventouses, leur permettent de marcher et de s'attacher aux corps polis qui ne peuvent donner prise aux ongles. Ils sont aussi libres, palmés, lobés, onguiculés, etc. J. P.

DOIGT (*conchyl.*), traduction du mot latin *dactylus*, employé pour désigner une espèce du genre *solen*. (*V.* ce mot.) J. P.

DOIGTÉ. Sur la plupart des instruments de musique les intonations se modifient au moyen des doigts, dont l'emploi varie selon la nature des instruments. Sur les instruments à vent qui ont des trous latéraux et des clés, comme la flûte, la clarinette et autres, les doigts servent à boucher ces trous et à faire agir ces clés. Sur les instruments à cordes, qui ont un manche, tels que le violon, le violoncelle, la guitare, etc., les doigts (de la main gauche) appuient sur les cordes pour les raccourcir ou leur donner la longueur voulue par tel ou tel son. Sur les instruments à clavier, tels que le piano, etc., les doigts font agir les touches du clavier. Savoir convenablement employer les doigts, les faire marcher méthodiquement en jouant d'un instrument de musique, c'est ce qu'on appelle l'art du *doigté*. Sur les instruments à vent, le doigté est moins arbitraire et par cette raison moins difficile, la position et la distance des trous et des clés assignant à chaque doigt son emploi fixe. Ainsi suffit-il de se familiariser avec la *tablature* (voyez) de ces instruments pour en connaître le doigté ; mais il n'en est pas ainsi des instruments à cordes. Sur ces derniers, une infinité de traits et de passages pouvant être joués de plusieurs manières, le doigté dépend du choix de l'exécutant et peut devenir embarrassant, non-seulement pour l'élève, mais quelquefois pour les personnes avancées. Sur les instruments à manches, la difficulté du doigté consiste dans le choix des diverses positions (voy.) et des cordes sur lesquelles on peut prendre les notes. Ce n'est qu'après un long travail qu'on parvient à passer rapidement et avec justesse par toutes les positions ; mais c'est surtout sur les instruments à clavier que le doigté est plus variable et plus difficile, ainsi fut-on longtemps à en fixer les principes et à composer en système des règles que la pratique avait fait trouver peu à peu. Le mérite d'avoir frayé la route appartient à Emmanuel Bach (voy.), qui publia en 1753 son *Essai sur la vraie manière de toucher du clavecin*. Cet ouvrage, où l'art du doigté était traité méthodiquement et à fond, servit de base à une foule de méthodes qu'on a écrites après lui. Toutefois les progrès de l'art, la virtuosité toujours croissante et devenue prodigieuse aujourd'hui, ont fait subir bien des modifications aux différents systèmes de doigté établis depuis cette époque. Nous ne pouvons entrer ici dans les détails qui nous mèneraient beaucoup trop loin. Les *méthodes* et les *études* et *exercices* abondent : c'est-là qu'il faut puiser tous les renseignements que l'on pourrait désirer à ce sujet. G. E. A.

DOIGTER (*t. de musique*), placer, pour faire agir les doigts selon une certaine méthode sur l'instrument dont on joue. Il se dit surtout en parlant des instruments à touches ou à manches, tels que le piano ou le violon. — DOIGTER est aussi substantif masculin, et signifie la méthode, la manière de doigter.

DOIGTIER, ce qui sert à couvrir un doigt.

DOIGTIER (*bot.*). Genre de champignons établi par Paulet, qui comprend les plantes fongueuses, digitées, dont la substance est filandreuse, un peu molle et compacte. Il ne comprend qu'une famille, celle dite des *digitées* ; c'est un démembrement du genre *clavaria*. J. P.

DOIGTIER (*bot.*), nom vulgaire de la digitale pourprée. J. P.

DOIRE ou **DORIA BATTEA** (*géogr.*), rivière des états Sardes (*Italie*), qui a sa source dans la vallée d'Aorte, et son embouchure dans le Pô, près de Chivasso.

DOISSIN (LOUIS), jésuite français, né en Amérique en 1721, avait un grand talent pour la poésie latine. Sa mort prématurée empêcha son talent d'acquérir le degré de perfection dont il était susceptible. Il mourut en 1753, âgé de 32 ans. Son principal ouvrage est un poëme sur la sculpture, en vers latins. Paris, 1752, in-12.

DOISY (PIERRE), mort à Paris en 1760, est auteur d'un ouvrage intitulé : *Le royaume de France et les États de Lorraine*, disposé en forme de dictionnaire. Paris, 1745, in-4°.

DOIT (*t. de commerce*). (*V.* DEVOIR.

DOITE, s. f. (*v. lang.*), dette, *date* (*technol.*), grosseur des écheveaux du tisserand,

DOKHAN (*bot*). Ce mot, qui signifie *fumée*, est celui que porte le tabac en Égypte, suivant M. Delile. J. P.

DOKHN (*bot.*). Suivant M. Delile, c'est le nom arabe du millet, que l'on donne en Égypte au vrai millet, *panicum miliaceum*, ou à l'*holcus spicatus* de Linné, que M. de Bauvais rapporte à son genre *penicillaria*, et M. Richard au *pennisetum*. On emploie aussi ce mot pour désigner le *sorghum saccharatum* (*holcus saccharatus* Linné, et l'*holcus dochna* de Forskaël. J. P.

DOL. On entend par *dol*, les artifices, fraudes, ruses, surprises, qu'on met en usage pour tromper quelqu'un. *Labeo definit dolum, omnem qualitatem, fallacium, machinationem, ad circonveniendum, fallendum, decipiendum alterum, adhibitam.* — Le majeur ne peut attaquer l'acceptation expresse ou tacite qu'il a faite d'une succession, que dans le cas où cette acceptation a été la suite d'un *dol* pratiqué envers lui. Cod. civ., art. 738. — Les partages de succession peuvent être rescindés pour cause de *dol*, *ibid*, art, 887. — Le consentement nécessaire pour la validité d'une obligation n'est point valable s'il a été surpris par *dol*, *ibid*, art. 1109. — Dans le cas d'inexécution d'une obligation, le débiteur n'est tenu que des dommages et intérêts qui ont été prévus ou qu'on a pu prévoir lors du contrat, lorsque ce n'est point par son *dol* que l'obligation n'est point exécutée, *ib.*, art. 1150. — Dans le cas même où l'inexécution d'une convention résulte du *dol* du débiteur, les dommages et intérêts ne doivent comprendre, à l'égard de la perte éprouvée par le créancier et du gain dont il a été privé, que ce qui est une suite immédiate et directe de l'inexécution de la convention, *ib.*, art. 1151. — L'action en nullité ou en rescision d'une convention dure dix ans, et ce temps ne court, dans le cas de *dol*, que du jour où il a été découvert, *ib.*, art. 1304. — La femme majeure qui a pris dans un acte la qualité de commune, ne peut plus y renoncer ni se faire restituer contre cette qualité, quand même elle l'aurait prise avant d'avoir fait inventaire, s'il n'y a eu *dol* de la part des héritiers du mari, *ib.*, art. 1455. — Le dol est une cause de nullité de la convention, lorsque les manœuvres pratiquées par l'une des parties sont telles qu'il est évident que, sans ces manœuvres, l'autre partie n'aurait pas contracté. — Il ne se présume pas et doit être prouvé, *ibid*, art. 1116. La convention contractée par *dol* n'est point nulle de plein droit ; elle donne seulement lieu à une action en nullité ou en rescision, *ibid.*, art. 1117. — Le mandataire répond du *dol* qu'il commet dans sa gestion, *ibid*, art. 1992. — Une transaction peut être rescindée pour cause de *dol*, *ibid.* 2053. — Les présomptions qui ne sont point établies par la loi, sont abandonnées à la prudence et aux lumières du magistrat, qui ne doit admettre que des présomptions graves, précises et concordantes, et dans les cas seulement où la loi admet les preuves testimoniales, à moins que l'acte ne soit attaqué pour cause de fraude ou de *dol*, *ibid.*, art 1353.

DOL (*géogr.*), petite ville de France, chef-lieu de canton (*Ille-et-Vilaine*). Belle cathédrale ; digues contre la mer ; 3,000 habitants ; poste aux lettres et aux chevaux ; à 5 lieues S.-O. de Saint-Malo (*V.* ILLE-ET VILAINE),

DOLABELLA, nom d'une des branches les plus illustres et les plus nombreuses de la famille Cornélia. Cependant on ne peut dire avec certitude si elle était patricienne ou plébéïenne. Les auteurs grecs écrivent Dolobella.

DOLABELLA (P. CORN.) consul l'an de Rome 469, 283 ans av. J. C., fut chargé de la guerre contre les Volormiens.

DOLABELLA (CN. CORN.), nommé roi des sacrifices à la place de M. Marcius, l'an 208 av. av. J. C.

DOLABELLA (L. CORN.), décemvir naval pendant les années 180 et 182 av. J. C.

DOLABELLA (CN. CORN.), prêteur l'an 79 av. J. C., proconsul en Cilicie l'an 80, fut condamné à Rome pour crime de concussion avec Verrès, qui était alors son lieutenant.

DOLABELLA, consul l'an de Rome 671, avant J. C. 81. Après son consulat il fut envoyé en Macédoine en qualité de proconsul, et obtint à son retour les honneurs du triomphe. César, qui n'avait encore que 21 ans, l'accusa de concussion, mais il fut déclaré innocent.

DOLABELLA (CORN.), sénateur qui proposa par flatterie, l'an de J. C. 21, de décerner l'ovation à Tibère, pour honorer son entrée dans Rome lorsqu'il reviendrait de Campanie.

DOLABELLA (P.), succéda à Julius Blésus dans le gouvernement d'Afrique, l'an de J. C. 24. Ce fut lui qui termina la guerre contre le numide Taefarinas Dolabella demanda les honneurs du triomphe, mais Tibère les lui refusa.

DOLABELLA (P.), se déclara contre Quinctius Varus, son proche parent, en faveur de Domitius Afer, fameux délateur, vers l'an 29 de J. C. Trois ans après Dolabella proposa dans le sénat que tous les ans on donnât au peuple un combat de gladiateurs, aux dépens de ceux qui serait élevés à la questure.

DOLABELLA (CORN.), fut relégué par Othon à Acquinium, l'an de J. C. 69. Après la mort de ce prince, Dolabella crut pouvoir revenir à Rome; mais un de ses amis, Plantius Varus, eut la lâcheté de l'accuser devant Vitellius, qui le fit assassiner.

DOLABELLE (*moll.*), genre de la famille des aplysiens, dans les aplysies proprement dites. Le corps de ces animaux est rétréci en avant et très large en arrière, où il est toujours tronqué obliquement; la fente dorsale est médiane et formée par le rapprochement des deux côtés du manteau, qui sont très étroits et impropres à la natation; leur coquille, toujours calcaire, est plus grande que dans les autres aplysies; c'est une pièce à peu près triangulaire, presque cachée par les expansions du manteau. Les dolabelles sont répandues dans les mers des Indes et une partie de l'Océanie; leur conformation ne leur permet pas de nager avec beaucoup de facilité, mais en revanche, leur pied leur permet la marche. Comme les aplysies en général, elles répandent une liqueur pourprée très abondante qui, troublant l'eau, leur permet de se dérober à la poursuite de leurs ennemis; quelques espèces atteignent jusqu'à quinze et dix-huit pouces, tel est: la *dolabelle callyse*, qui atteint quatorze pouces; son corps, de couleur verdâtre, est couvert de petites aspérités aiguës. — La *dolabelle géante*,, qui atteint jusqu'à dix-huit pouces, est la plus grande du genre Ces animaux vivent dans les endroits tranquilles ou s'enfoncent dans la vase, ne laissant passer que leur siphon, par lequel l'eau arrive à leurs branchies. J. P.

DOLABRE (*archéol.*), couteau employé dans les sacrifices à la dissection des victimes.

DOLABRIFORME (feuille) (*bot.*) en forme de doloire; feuille charnue, presque cylindrique à la base, plate au sommet, ayant deux bords, l'un épais et rectiligne, et l'autre circulaire et tranchant. On en a un exemple dans le *mesembrianthemum dolabriforme* J. P.

DOLARI (*bot.*), nom brame ou chunda des Malabares, qui est le *solanum undaturum* de M. de Lamarck. J. P.

DOLCE (*t. de musique emprunté à l'italien*). Il sert à indiquer une expression douce dans l'exécution.

DOLCE (LOUIS), né à Venise en 1508. Étant d'une des plus anciennes familles de cette république; un de ses ancêtres avait été, en 1268, membre du grand conseil. Mais cette famille était devenue pauvre, et Dolce ne reçut de son père qu'une excellente éducation. Il écrivit dans tous les genres, mais n'excella dans aucun. Il vécut toujours à Venise, et y mourut vers 1569. La bibliothèque italienne de Hayen cite de lui plus de 70 ouvrages.

DOLCI (CHARLES) ou **DOLCE**, célèbre peintre de portraits, né à Florence en 1616. L'empereur, qui avait vu de ses ouvrages, l'appela à la cour et le combla de bienfaits et d'honneurs. Il mourut à Florence en 1686.

DOLCI (L. P. SÉBASTIEN), né à Raguse en 1699, embrassa la règle de saint François à l'âge de quatorze ans, et se distingua par beaucoup d'érudition et un grand talent comme prédicateur. Il occupa, quarante ans, les principales chaires de l'Italie, et mourut vers 1770. Il est auteur d'une *Vie de saint Jérôme* et de quelques autres ouvrages.

DOLDER (JEAN-RODOLPHE), né à Meilen, village du canton Zurich, était fils d'un paysan. Quoique dépourvu d'instruction, il parvint par ses intrigues à jouer un rôle important dans le gouvernement de son pays. A la suite du changement du 28 octobre 1801, il fut nommé ministre des finances. Un nouveau changement survint; le sénat fut recomposé, et Dolder fut nommé landamman. Il est mort en 1806.

DOLE (LA), une des sommités du mont Jura, dans la Suisse (*canton de Vaud*). Elle offre des aspects magnifiques, et est riche en plantes. Elle s'élève à 824 toises au-dessus de la mer, à 640 toises au-dessus du lac de Genève.

DOLE (*Dola seynanorum*), ville de France (*Jura*), ancienne capitale de la Franche-Comté, sur le Doubs, à onze lieues nord de Lons-le-Saunier, chef-lieu de sous-préfecture, siége d'un tribunal de 1re instance et de commerce; elle a 10,139 habitants; elle possède une bibliothèque publique, un hôpital militaire, une belle église gothique; des fabriques de produits chimiques. Son commerce est considérable; on en exporte du bois, du charbon, du fer, du marbre, des pierres lithographiques. Cette ville fait de grands envois de fleurs, notamment de roses et de tulipes jusqu'en Russie.

DOLÉANCES, du latin *dolere*, souffrir, se plaindre. Ce mot, dit Dumarsais, n'a point de singulier, et *pour cause*. L'usage en est fort ancien, et date des États-généraux, dont la première assemblée qui ait réellement représenté la nation, date de Philippe-le-Bel, en 1304. Le tiers-état, c'est-à-dire ce qui n'appartenait ni à la noblssse ni au clergé y fut appelé pour la première fois. Le mandat parlementaire des députés de chaque localité était consigné dans ce qu'on appelait *cahier des doléances*. L'un des plus anciens monuments où ce mot se trouve employé dans ce sens, est un *cahier des plainctifs et doléances*, presenté au au roi Louis XI, vers l'époque des États de Tours. Depuis, presque toutes les lettres royales pour la convocation des États-généraux, portèrent que lesdits États étaient convoqués *pour entendre les remontrances, plaintes et doléances de toutes personnes*. Le premier mot s'appliquait plus spécialement au clergé ou à la magistrature, le second à la noblesse, et le troisième au tiers-état dont l'orateur présentait à genoux le *cédule*, le *cahier* qui les contenait. La grande collection des pièces justificatives des États-généraux en a recueili un grand nombre. Voici comment d'ordinaire ils étaient dressés: Les habitants d'une paroisse, réunis le dimanche au sortir de la grand'messe, se réunissaient, proposaient leurs observations, qui étaient recueillies par deux personnes élues à cet effet. C'est là, dans ces curieux procès-verbaux qu'on comprend la naïve expression des besoins du peuple bien mieux dans les épurations et remaniments successifs qu'ils éprouvaient lors de la refonte dans les cahiers du siége, du bailliage, de la province, de l'ordre. Dans ces tristes monuments des misères publiques, les plaintes qui reviennent le plus souvent sont relatives aux tailles qu'on voudrait voir réduites. « au taux où elles étaient du temps du bon roi Louis XII, » aux frais de justice, aux pilleries de gens de guerre et autres griefs dont l'éternelle répétition, à chaque nouvelle convocation d'État, prouve assez comment on y faisait droit. Parfois, une hardiesse de langage qui nous étonne même aujourd'hui, vient interrompre la monotonie de ces humbles supplications. — Le mot *doléances* n'appartient qu'à l'ancienne histoire de notre droit public.

DOLENDO (BARTHÉLEMI), graveur au burin, naquit à Leyde en 1566. Il a gravé avec beaucoup de finesse plusieurs pièces soit de sa composition, soit d'après d'autres maîtres.

DOLENDO (ZACHARIE) florissait à Leyde vers le même temps; son style ressemble beaucoup à celui de Barthélemi, mais son dessein est plus correct.

DOLENT, ENTE, triste, affligé, plaintif. On ne l'emploie guère que par moquerie. On le prend quelquefois substantivement.

DOLER, aplanir un morceau de bois, le rendre uni, ou le réduire à l'épaisseur convenable avec le doloire.

DOLERA (CLÉMENT), Évêque de Foligno, né dans le XVIe siècle à Monéglia, dans l'État de Gênes. On a de lui: *Compendium theologicarum institutionum*, Rome, 1565, in-8°

DOLERA, *dolerus* (*ins.*), genre d'insectes hyménoptères établi par M. Turine dans la famille des uropristes ou serricandes, correspondants aux *tenthrèdes* et aux *hylotomes* de Fabricius.

Ce genre renferme *tenthre deoglanteriæ, opaca, ganagra Germanica, tristis, nigra, cincta, rufa tibialis*, etc.

DOLERINE (*min.*). Ce nom a été donné par M. Jurine à une roche qu'on trouve abondamment sur le glacier de Miage, au pied du Mont-Blanc, et qui est composée d'une pâte felspathique non cristallisée, dans laquelle la chlorite est disséminée en petites lamelles et en petits grains microscopiques. Cette roche n'est pas assez distincte de la protogyne pour en adopter la spécification. J. P.

DOLÉRTIE (*min.*), Haüy, *mimose* de Brongniart, roche d'un gris noirâtre, composée de pyroxène et d'albite (variété de feldspath, à base de soude), et dans laquelle entrent aussi du mica, du péridot et de l'amphigène. On en distingue plusieurs variétés : la *dolérite porphyroïde*, où le pyroxène domine et enveloppe les cristaux d'albite. — La *dolérite granitoïde*, dans laquelle les deux éléments sont à proportions à peu près égales, et dont la texture représente celle du granit. — La *dolérite amygdalaire*, dont la masse présente, en grande quantité, des vacuités tapissées d'agates, de calcaires et de zéolithes, etc. — Enfin la *dolérite néphélinique*, où la dolérite porphyroïde forme une pâte qui enveloppe de nombreux cristaux de néphéline grisâtre. Cette dernière variété a de grands rapports avec les basaltes, et, comme elles, se présente souvent en masses prismatiques et en grands sphéroïdes irréguliers. — Les dolérites appartiennent presque exclusivement aux terrains basaltiques, où l'on trouve des passages graduels de la roche granitoïde à la roche compacte. — Les dolérites les mieux caractérisées, où le feldspath de soude albite et le pyroxène sont parfaitement distincts, se modifient petit à petit, et passent par toutes les nuances au basalte compacte. On rencontre la dolérite dans les terrains où les phénomènes ignés se sont manifestés par l'épanchement des basaltes. J. P.

DOLET (ÉTIENNE), né à Orléans, en 1509, d'une famille distinguée de cette ville, vint à Paris pour y recevoir des leçons de belles-lettres de Nicolas Bérauld. Il fit de rapides progrès, et devint bientôt un des hommes les plus savants de son temps dans la littérature latine. Il se laissa malheureusement trop dominer par son humeur satirique. Le cachot fut souvent la récompense de ses mordants écrits. Il fut condamné au feu et exécuté le 3 août 1546 ; on ne sait pas au juste si c'est comme athée ou comme hérétique qu'il subit cette terrible condamnation. Comme savant et comme imprimeur, Dolet fut un de ceux qui contribuèrent le plus à la résurrection des lettres sous le règne de François Ier. Voici la liste de ses ouvrages : I. *Dialogus de imitatione ciceronianâ, adversus Desiderium Erasmum*; Lyon, 1535, in-4°. II. *Commentariorum linguæ latinæ, libri duo*; 1536-38, 2 vol. in-folio. III. *De re navali*; Lyon, 1537, in-4°. IV. *Orationes duæ, in Tolosam; epistolarum libri duo ; carminum libri duo ; epistolarum amicorum ad ipsum Doletum liber*. 1533, in-4°. V. *Cato christianus id est Decalogi expositio* ; Lyon, 1538, in-8°. VI. *L'avant naissance de Claude Dolet, fils d'Estienne, premièrement composée en latin par le père et nouvellement traduit en français* ; Lyon, 1539, in-4°. VII. *Sommaire des faits et gestes de François Ier, tant contre Charles-Quint que contre autres nations étrangères ; la manière de bien traduire d'une langue en une autre ; de la ponctuation française, plus des accents d'icelle* ; Lyon, 1540, in-8°. IX. *De imitatione ciceronianâ, adversus Floridum Sabinum, confutatio maledictorum et varia epigrammata* ; Lyon, 1540, in-4°. X. *De officio legati, de immunitate legatorum, et de Joannis Lemovicencis episcopi legationibus* ; 1541, in-4°. XI. *L'Hyparchus* ; 1544. XII. *Traduction de plusieurs livres de l'Écriture sainte*. XIII. *Bref discours de la république française, désirant la lecture de la sainte Écriture lui être loisible en sa langue vulgaire*. XIV. *Second enfer d'Estienne Dolet, ou justification de son second emprisonnement de Lyon* ; 1544, in-12. XV. *Les questions tusculanes* ; Paris, 1544, in-16. XVI. *Les épîtres de Cicéron, père de l'éloquence latine* ; Lyon, 1542, in-8°.

DOLGOROUKI (IWAN PRINCE) d'une des premières familles de la Russie, avait un grand ascendant sur l'esprit du czar Pierre, fils de Pierre-le-Grand. Profitant de cet ascendant, il fit envoyer en Sibérie le puissant Menschicoff, et fiança sa sœur au jeune czar ; mais le jeune monarque mourut peu après, et la czarine Anne, nièce de Pierre Ier, lui succéda. Les Dolgorouki furent à leur tour envoyés en Sibérie, et ils ne furent rappelés de leur exil que pour périr dans les supplices.

DOLGOROUKI (JACQUES-FÉDOROWITCH), né en 1639, entra dans les affaires publiques en 1676, sous le règne d'Alexis, et ne sortit de l'obscurité où il avait été placé sous le règne de ce prince et sous celui de Fedor III que sous la régence de Sophie, époque à laquelle il se fit remarquer du ministre Galitzin. Celui-ci l'envoya, en 1687, en France et en Espagne, pour obtenir l'alliance de ces deux puissances avec la Russie contre les Turcs; Dolgorouki ne réussit point dans sa mission, et ne perdit pourtant rien de son crédit, qu'il conserva sous Pierre Ier. Ce prince le força d'accepter, en 1695, un grade dans l'armée, et le nomma général après les campagnes de 1693 et 1697, dans lesquelles il se distingua. Pierre Ier envoya ensuite Dolgorouki contre les Suédois, et il eut le malheur d'être fait prisonnier à la désastreuse journée de Karwa. Il resta dix années à Stockholm, et, au bout de ce temps, il recouvra sa liberté pendant qu'on le transportait par mer avec plusieurs de ses compagnons à Gothembourg. Le vaisseau qu'il montait était mal gardé ; il s'en empara et revint dans sa patrie. Il fut reçu avec le plus vif empressement par l'empereur, qui le fit sénateur. Le prince Dolgorouki se comporta dans ces fonctions avec une fermeté qui ne pliait même pas devant le czar, et mourut à Saint-Pétersbourg le 24 juin 1720.

DOLGOROUKI (VASSILI WLADIMIROVITCH) débuta dans la carrière des armes par les grades inférieurs, et devint, en 1715, général major. Il fut ensuite chargé par Pierre-le-Grand de missions diplomatiques dont il s'acquitta avec succès ; mais, ayant été compromis dans la catastrophe du czarewitch Alexis, il fut exilé. Catherine le rappela à son avènement, et Dolgorouki, général en chef de l'armée contre les Perses, se distingua beaucoup, et Pierre II le nomma feld-maréchal et membre du conseil suprême de la guerre. Il tomba encore en disgrâce et fut emprisonné; puis, rappelé par Élisabeth, il fut fait président du conseil de la guerre. Il mourut le 11 février 1746.

DOLGOROUKI (LE PRINCE JEAN), né en 1757, consacra sa vie au service de l'État, mais employa ses loisirs à la culture des lettres ; il s'est distingué dans l'épître et dans la satire. Il mourut à Moscou en 1823.

DOLGOROUKI (PIERRE-PETROVITCH), de la famille des précédents, fit la campagne de 1805 contre la France, et fut disgracié par suite de contestations avec le général Michelson. Il mourut en 1806. — MICHEL-PÉTROVITCH, son frère, fit les campagnes de 1805 contre la France, de 1806 en Moldavie, et de 1808 contre la Suède. Nommé lieutenant-général, il commandait un corps d'armée quand il fut tué par un boulet le 15 octobre de cette année.

DOLGOROUKI (LE PRINCE GEORGES), général major. Après avoir servi avec distinction dans l'armée, il fut nommé, en 1807, par Alexandre, après la paix de Tilsitt, ambassadeur près du roi de Hollande Louis Napoléon. Lors de la Restauration, il se fixa en France, et mourut à Courbevoie le 27 juin 1829.

DOLGOROUKI (IVAN-MIKHAÏLOWITCH), conseiller privé, naquit en 1764 et mourut en 1823. On lui doit des odes philosophiques et des épîtres d'une simplicité grave et d'un sentiment à la fois vrai et profond. Il était chevalier de différents ordres de l'empire et membre de plusieurs sociétés savantes.

DOLIANUS, Bulgare, se fit couronner roi des Bulgares, révoltés contre l'empereur de Constantinople, Michel-le-Paphlagonien, en 1037.

DOLIC, *Dolichos* (*bot.*). Genre de plantes de la diadelphie décandrie de Linné, famille des légumineuses. Les espèces de ce genre sont des plantes à feuilles ternées, munies de stipules, que l'on a divisées en deux sections bien distinctes : les dolics à tige grimpante, et ceux à tige droite ou couchée. Dans la première section on remarque : le *dolic bulbeux, D. bulbosus* ; cette espèce, originaire de l'Inde, vient assez facilement dans nos départements méridionaux ; sa racine arrondie, pivotante, ressemble, pour la forme et le volume, au navet; ses tiges menues, volubiles, sont garnies de feuilles anguleuses et dentées ; les fleurs, en grappes pédonculées, sont de couleur rougeâtre, les gousses oblongues, cylindriques, aigues, remplies de graines ovales de couleur foncée. A Java on mange sa racine cuite, coupée par tranches, avec du sucre ; les Malais réduisent sa graine en farine pour en faire une sorte de bouillie. Parmi les dolics non grimpants on distingue le *dolic du Japon, D. soja*. Sa tige monte droite à quarante centimètres; elle est chargée de poils roussâtres ; ses fleurs petites, purpurines, font place à des gousses d'environ quarante millimètres de longueur, pendantes, pointues, roussâtres, remplies de graines rondes d'un rouge foncé. Au Japon, on prépare avec ses graines une sauce renommée nommée *soopia*. Dans l'Inde et l'Amérique du Sud on fait une grande consommation du *dolic cattang*. J. P.

DOLICHÈNE (*géogr. anc.*), petite contrée de la Syrie septentrionale, aux environs de la ville de Doliche.

DOLICHLASIUM (*bot.*), genre de plantes établi par M. Lagasca, dans la famille des synanthérées, de la syngénésie polygamie égale de Linné, dont les caractères sont : calathide incouronnée, équaliflore, multiflore, androgyniflore. Les corolles sont labiées et ont la lèvre intérieure bipartie et roulée. Les anthères sont munies d'appendices basilaires sétacés extrêmement longs. La *dolichlase glandulifère*, *D. glanduliferum*, plante herbacée, couverte de glandes, et ressemblant pour le port aux *mutisia;* ses feuilles sont alternes, pinnées; les calathides grandes, solitaires et terminales. M. Decandolle place cette plante dans sa tribu des *labiatiflores*, entre le *chaptali* et le *perdicium*. J. P.

DOLICHOPE DOLICHOPUS (*ins.*), genre d'insectes diptères, dont le caractère essentiel est d'avoir le troisième article des antennes cylindrique, avec une soie insérée sur le côté, et les pieds velus. La tête des dolichopes est hémisphérique, bordée à sa partie postérieure de poils raides, leur corselet est arrondi, l'abdomen comprimé sur les côtés; les organes mâles se replient en dessous et atteignent la moitié de sa longueur. Ses pieds sont munis de deux rangées d'épines. Le *Dolichope à crochets, D. ungulatus* est d'un vert bronze doré, avec la tête et les pattes jaunâtres, les épines et l'organe sexuel du mâle sont noirs. J. P.

DOLICHOPODES (*ins.*), tribu d'insectes diptères, de la famille des tanistomes, qui présentent les caractères suivants : antennes terminées par un style, trompe courte, le deuxième article des palpes déprimé, abdomen allongé comprimé sur les côtés, organes mâles armés de lamelles très longues, recourbées en dessous du corps. Les ailes sont couchées sur le corps dans le repos; selon M. Marquart, « elles ont une cellule médiastine très petite, fermée; point de discoïdale; ordinairement trois postérieures, nervure externo-médiaire plus ou moins fléchie, cellule anale petite ; les pieds sont grêles. » J. P.

DOLICHURE (*ins.*), *dolichurus*, ce mot, tiré du grec, indique le prolongement du ventre formant une espèce de queue allongée, et a été appliqué, par M. Spinola, à une espèce d'insecte hyménoptère de la famille des fouisseurs ou oryctères, voisin des *sphèges*. Cet insecte vit en Italie, dans les vieux bois. J. P.

DOLICHUS (*archéol.*), grande mesure de longueur des Grecs, valait 112 stades, et de nos mesures 1139 toises, environ 2 kilomètres.

DOLICOLITE (*foss.*), quelques naturalistes ont désigné sous ce nom un assemblage d'articulations d'encrines fossiles. J. P.

DOLIOCARPE, *doliocarpus* (*bot.*). Genre de la famille des *dilleniacées*, de la polyandrie monogynie de Linné, offrant pour caractère : un calice persistant à cinq folioles concaves, inégales, trois à cinq pétales arrondis ; des étamines nombreuses, insérées sur le réceptacle; un ovaire supérieur, globuleux ; un style souvent recourbé; une baie indéhiscente, à une seule loge; deux semences arillées. Ce genre renferme quelques arbrisseaux de l'Amérique méridionale, à tige droite ou grimpante, à feuilles alternes ; les pédoncules très souvent latéraux, axillaires, chargés d'une ou de plusieurs fleurs. Le doliocarpe grimpant, *doliocarpus scandens*, arbrisseau de Surinam, dont les tiges sont grimpantes, les feuilles oblongues ou ovales, acuminées, dentées vers leur sommet; les pédoncules latéraux, uniflores; leur calice composé de cinq folioles inégales, concaves, oblongues arrondies; trois pétales; le fruit est une baie globuleuse. J. P.

DOLIONS (*géogr. anc.*), peuples de Mysie, au N. O., voisins de Cyzique, habitaient depuis le fleuve Ésèpe jusqu'aux frontières de la Bithynie.

DOLIQUE, *dolichus* (*ins.*), genre d'insectes coléoptères, de la famille des carabiques; établi par M. Bonelli, pour des carabes dont le troisième article des antennes est plus court que les deux premiers pris ensemble; les *caribus flanicornis* de Fabricius et *augusticollis* de Panzer rentrent dans ce genre. J. P.

DOLIUM (*métrol. anc.*). Ce n'était pas une mesure déterminée, mais le nom de tout grand vase pour les liquides.

DOLIUM (*conchyl.*), nom latin du genre *tonne* (voy. ce mot.) J. P.

DOLIVAR (JEAN), graveur à la pointe et au burin, né à Saragosse en 1641, a vécu à Paris. Le plus remarquable de ses ouvrages est l'étranglement du grand visir d'après d'Aigremont.

DOLLAND (JEAN), opticien anglais, né à Londres en 1706, mort en 1761, est célèbre par l'invention des télescopes achromatiques. Cette invention permit de donner à ces instruments une ouverture bien plus grande sans que ses bords en fussent irisés, comme cela avait lieu auparavant; à cet effet Dolland employa le *crown-glass* et le *flint-glass*. Il fit part lui-même au public de sa découverte, ainsi que des avantages qui en résultaient dans un article des *Philosophical transactions* (t. L.), intitulé *Account of some experiments concerning the different refrangibility of light*. — Son fils PIERRE DOLLAND marcha sur ses traces et introduisit dans la construction des télescopes de nouveaux perfectionnements. C. L.

DOLLAR, unité monétaire de la république des États-Unis. Le dollar se subdivise en 100 *cent* et le cent en 10 *millos*, d'après le système décimal. C'est la monnaie de compte et de change de toute la république. Il vaut environ 5 francs de notre monnaie.

DOLLART, golfe de la mer du nord entre la Frise orientale et la province hollandaise de Grœningue à l'embouchure de l'Ems. Il a plus de 4 lieues de longueur et provient d'un district de terre englouti par la mer. Suivant les renseignements anciens, l'eau y pénétra pour la première fois avec une force irrésistible en 1277, et les flots étant revenus les années suivantes, surtout en 1287, ils formèrent insensiblement le golfe actuel dont l'étendue était occupée autrefois par 50 bourgs plus ou moins grands. On trouve dans les cartes anciennes de la Frise orientale, publiées par Sanson, Allart, ainsi que dans celle des frères Homann, en 1730, la représentation assez incertaine du district englouti. Dans les derniers siècles, grâce au perfectionnement de l'art hydraulique, on a reconquis sur la mer, surtout aux bords plats de la Frise orientale, des bandes de terre considérables, et on les a garanties contre de pareils accidents par des digues solides. C. L.

DOLLE (CHARLES-ANTOINE), né en 1717, *dans le comté de* Schaumbourg, nous a laissé plusieurs ouvrages historiques sur son pays.

DOLMAN, **DOLIMAN** ou **DOULAMAN**, nom d'une partie de l'habillement des turcs, qui portent les chemises sur le pantalon, et le *dolman* par-dessus la chemise. C'est une sorte de veste, de robe qui descend jusqu'aux pieds et qui est fixée sur la poitrine avec des petits boutons de soie ou de métal, attachés par des ganses de soie au lieu de boutonnières. Les manches en sont étroites, serrées et boutonnées sur les poignets de la même manière et terminées par une pointe ou un rond qui couvre le dessus de la main. Le dolman est serré à la taille par une ceinture de soie de 3 à 4 mètres de long sur 50 centimètres de large, ou par un long châle de cachemire. La forme du dolman varie en raison des temps et des localités. Celui des Persans a toujours été moins long, moins ample, que celui des Turcs. Les mamloucks, les Tatars, les Maures l'ont porté ou le portent encore plus court. C'est celui-là qui semble avoir fourni en Europe la première idée de l'uniforme des hussards, des chasseurs à cheval et des lanciers, dont le costume évidemment oriental nous est venu par l'intermédiaire des états limitrophes de l'Asie. — Au surplus ni le dolman, ni les autres parties du costume asiatique n'entrent plus aujourd'hui dans la composition du vestiaire des Ottomans qui l'ont remplacé par la redingote européenne.

DOLOIR (*v. lang.*), affliger, regretter.

DOLOIRE, instrument de tonnelier à lame très large, qui sert à unir le bois ou à le réduire à l'épaisseur convenable.

DOLOMÈDE (*arachn.*). Genre de l'ordre des pulmonaires, famille des aranéides, tribu des citigrades, établi par Latreille qui lui donne les caractères suivants : yeux disposés sur trois lignes transverses, 4,22, représentant un quadrilatère un peu plus large que long, avec les deux postérieurs situés sur une éminence; la seconde paire de pieds plus longue ou égale à la première, ceux de la quatrième sont les plus longs; on a divisé ce genre en deux sections, la première comprend les espèces nommées *sylyvines* (*slvariæ*), qui présentent pour caractère ; les deux yeux latéraux de la première ligne, plus gros que les deux du milieu, et l'abdomen en ovale allongé terminé en pointe. On n'en connaît qu'une espèce, le *dolomède admirable, D. mirabilis*, Walk., ou *aranea obscura* de Fab. Les femelles se construisent sur les arbres chargés de feuilles, ou dans les buissons, un nid soyeux en forme de cloche, où elles font leur ponte; lorsqu'elles le quittent pour chercher leur proie, elle emportent leur cocon suspendu à la poitrine. Selon Clerk, qui a observé ces animaux, ils se jettent avec beaucoup de promptitude sur les mouches qui volent autour d'eux. Les dolomèdes de la deuxième section ont pour caractère : les quatre yeux antérieurs égaux et l'abdomen ovale, arrondi au bout. Cette section comprend les riverines, *ripariæ*, qui habitent le bord des eaux, courent à leur surface avec une grande rapidité, et y entrent même quelquefois sans se mouiller; les femelles font entre les branches des arbustes une grosse toile irrégulière, au milieu de laquelle elles déposent leur cocon, et ne l'abandonnent que quand les œufs sont éclos. Les espèces riverines sont : Le *dolomède bordé*, *D. marginatus*, et le *dolomède entouré*, *D. fimbriatus*, Linné, *aranea paludosa* de Clerck. J. P.

DOLOMIE (*min.*), calcaire lent, chaux carbonatée magnésifère. Cette substance joue un rôle important dans la structure des grandes masses minérales du globe ; considérée minéralogiquement la dolomie est un sel double composé de carbonate de chaux et de carbonate de magnésie dans les proportions de 54 de l'un et de 46 de l'autre. Ses cristaux diffèrent peu dans leurs formes de ceux du carbonate de chaux, ce sont des rhomboèdres ; leur éclat souvent nacré leur a valu le nom de spath perlé. Le caractère principal auquel on reconnaît la dolomie est la lenteur avec laquelle elle se dissout dans l'acide nitrique sans effervescence bien sensible. — On distingue dans les roches de cette nature trois variétés principales : 1° la *dolomie granulaire* en masses non stratifiées, en bancs puissants, en couches, le plus souvent au milieu de roches cristallines, dont elle renferme souvent des éléments, telles que de l'amphibole, de la trémolite, des pyroxènes, du talc, du mica, etc. ; elle est souvent très friable, en quelque sorte pulvérulente, et donne lieu à des montagnes coniques dont les flancs sont couverts de sables et de débris ; 2° la *dolomie lamellaire*, se rencontre moins fréquemment que la précédente, elle est surtout remarquable par sa blancheur éblouissante et son éclat nacré ; les anciens l'employaient en architecture, on peut en citer comme exemple quelques colonnes du temple de Sérapis près de Pouzzoles ; 3° la *dolomie compacte*, à cassure fine et conchoïde offre des caractères chimiques et minéralogiques très variés dans les nombreuses couches qu'elle constitue, au milieu des groupes secondaires inférieurs de toute l'Europe. Cette variété affecte diverses structures, elle est souvent incrustante, mamelonnée, semi-globuleuse, stalactitique, un de ses caractères généraux est la cellulosité qui la rend âpre et poreuse à petits pores angulaires. — La *rauwacke* n'est qu'une variété de dolomie grise ou noirâtre, fétide, et tellement criblée de cavités qu'elle s'écrase en craquant sous les pieds. Les dolomites ont en général deux modes de gisements indiquant deux origines différentes ; ainsi les calcaires magnésiens sont en couches régulières alternant avec des marnes et des argiles, et conservant les empreintes de nombreux fossiles. Les vraies dolomies se trouvent plus fréquemment en amas sans stratification. J. P.

DOLOMIEU (DÉODAT-GUI-SYLVAIN-TANCRÈDE DE GRATET-DE), géologiste et minéralogiste distingué, naquit en 1750 à Dolomieu près de la Tour-du-Pin en Dauphiné, d'une ancienne maison de cette province. Admis dès le berceau dans l'ordre de Malte, officier dans les carabiniers à quinze ans, commençant à 18 ans son noviciat dans son ordre, il ne paraissait pas devoir, comme il le fit, consacrer une grande partie de sa vie aux sciences. Une captivité de neuf mois qu'il fit à la suite d'un duel, dans lequel il eut le malheur de tuer son adversaire, le força à chercher des distractions qu'il trouva dans l'étude des sciences physiques. Son goût pour les sciences s'accrut à Metz par les leçons de l'habile physicien Thyrion. Il fit bientôt de rapides progrès et reçut de l'Académie des sciences un brevet de correspondent. En 1781, Dolomieu quitta le service et voyagea en Portugal et en Italie. Les îles voisines de la Sicile furent aussi l'objet de ce voyage, après lequel il en fit un à Naples et au Vésuve ; l'année suivante (1782), il parcourut pendant deux mois la chaîne des Pyrénées. Partout il fut accueilli avec distinction par les hommes célèbres. Il rentra en France en 1791, et vit assassiner presque sous ses yeux le duc de la Rochefoucauld, son ami. En 1797, il fut désigné pour faire partie de l'expédition d'Égypte. Sa qualité de chevalier de Malte servit à faciliter l'entrée en négociation avec le grand maître de cet ordre. Dolomieu ne tira pas un grand fruit de son voyage en Égypte. Il voulut revenir en France, mais après un naufrage il aborda sur les côtes de Naples. La cour de ce pays avait des griefs contre Dolomieu ; on le jeta dans un cachot infect ; il n'en sortit qu'en 1801, après vingt et un mois de captivité. Il fut emporté huit mois après par une fièvre maligne. Il est à regretter que les malheurs et la vie errante de ce savant l'aient empêché de rédiger l'ensemble de ses vues et des faits qu'il avait recueillis. Cependant la science doit beaucoup aux ouvrages particuliers et aux mémoires qu'il a fait paraître. Il a publié : I. *Voyage aux îles Lipari, suivi d'un mémoire sur une espèce de volcan d'air, et d'un autre sur la température du climat de Malte.* 1 vol. in-8°, Paris 1784. II. *Mémoire sur le tremblement de terre de la Calabre,* brochure in-8°, Rome, 1784. III. *Mémoire sur les îles Ponces, et Catalogue raisonné des produits de l'Etna* ; 1 vol. in-8°, Paris, 1788. Il a inséré sur les mêmes matières : 1° dans le *Voyage pittoresque de Naples et de Sicile*, par l'abbé de Saint-Non, en 1785 : *Mémoire sur les volcans éteints du Val di Noto* ; *Précis d'un voyage fait à l'Etna* en juin 1781 ; et *Description des îles Cyclopes ou de la Trizza* ; 2° dans l'*édition italienne des œuvres de Bergmann*, Florence, 1789 : *des notes sur la dissertation de cet auteur, relatives aux substances volcaniques* ; 3° *Trois morceaux dans le Journal de physique*, de 1790 à 1794, *et une lettre dans le Journal des mines*, en 1786. Dans toutes ces productions il décrit avec beaucoup de soin les diverses substances contenues dans les éruptions de volcans. Ses principaux mémoires sur des questions générales de géologie sont dans le Journal de physique de 1791 à 1794 ; il a aussi donné des descriptions particulières de certaines localités.

DOLOMIEU (*poiss.*), nom spécifique d'un poisson du genre microptère, dédié à la mémoire du célèbre minéralogiste Dolomieu (*V. Microptère*). J. P.

DOLON (*hist.*), Troyen, fils d'Eumède, célèbre par sa légèreté à la course. Hector l'ayant chargé, pendant la nuit, d'examiner le camp des Grecs, il fut pris par Diomède et par Ulysse, à qui il fit connaître les projets des Troyens, dans l'espérance de sauver sa vie ; mais Diomède le tua à cause de sa trahison.

DOLON, un des fils de Priam.

DOLONOT, HINDERAMAY, PEGAPEGA (*bot.*), noms donnés dans les Philippines, suivant Camelli, à un arbrisseau élevé, à écorce textile ; les feuilles presque semblables à celles de la grande ortie sont alternes, âpres au toucher, et s'attachent aux vêtements. Les fleurs sont très-petites, rassemblées sur la tige et aux aisselles des feuilles en petites têtes sphériques et sessiles. J. P.

DOLOPES (*géogr. anc.*), anciens peuples de Thessalie, dans le voisinage du Pinde. Pelée, leur roi, les envoya à la guerre de Troie, sous la conduite du Phœnix.

DOLOPIE (*géogr.*), contrée de Thessalie, vers le sud-est, sur les confins de l'Épire et de l'Étolie ; avait pour bornes, au nord, le mont Othrys, au sud, le Pinde, et, à l'ouest, l'Épérantie. Le fleuve Sperchius traversait cette contrée.

DOLOR (*douleur*), divinité allégorique, fille de l'Air et de la Terre, et sœur de la Fraude, de la Colère, de la Tristesse, du Mensonge et de la Vengeance.

DOLPHIN (*poiss.*), nom anglais (en allemand *delphin*) du *coriphæna hippurus* (*V. coryphène.*) J. P.

DOLSCIUS (PAUL), né à Plauen en 1526. Il fit ses études à l'université de Wittemberg, sous Mélanchton. Par le crédit de ce célèbre réformateur, il obtint une chaire au collége de Hall. Dolscius mourut dans cette ville en 1589. Il était bon helléniste.

DOLUK ou **HOTAM** (*bot.*). Ces noms sont donnés suivant Forskaël à l'alcali, que l'on retire par incinération d'un *suæda*, genre qui se confond avec la soude. Cet alcali sert aux mêmes usages que celui que fournit la soude. J. P.

DOLUS et **BUCOLUS**, tous deux de Bisaltie en Macédoine, tombèrent au pouvoir des Chalcidiens, qui les firent mourir après s'être emparés par leur moyen de la ville de Bisaltie. Cette injustice ayant excité la colère des dieux, les Chalcidiens élevèrent un tombeau à Dolus et Bucolus et leur rendirent des honneurs divins.

D. O. M. Ces trois sigles signifient *Deo optimo maximo*, à Dieu très bon et très grand. L'usage de cette dédicace est fort ancien. Chez les Romains, dans tout monument public qui n'avait pas une consécration spéciale, on plaçait une table de marbre ou de métal avec une inscription portant entre autres choses le nom du fondateur, l'année de la fondation et la destination du monument. Cette légende commençait par les trois lettres ponctuées D. O. M., qui se trouvent quelquefois aussi sur des médailles et des manuscrits. Le christianisme s'en est servi également, et la plupart des inscriptions lapidaires destinées aux églises, aux sépultures, et d'autres encore, portent la même invocation. F-N.

DOM et **DON**, titre d'honneur, vient du mot latin *dominus*, *domnus*, dont il n'est qu'une abréviation, et signifie *maître*, seigneur. Ce titre, primitivement, fut attribué aux papes ; des papes le *dom* passa aux évêques, aux abbés et autres dignitaires de l'Église, puis enfin descendit aux moines auxquels il resta. En France, les Chartreux, les Bénédictins, avaient popularisé cette dénomination, surtout ces derniers. Par leurs immenses travaux dans le champ de l'érudition, les *dom* Poirier, les *dom* Lobineau, les *dom* Bouquet et d'autres religieux du même ordre, ont rendu leur nom familier à tous ceux qui ont besoin de guides sûrs pour se diriger dans l'étude de l'histoire. — Dans toute l'Italie, les simples prêtres prennent le titre de *don*; en Espagne et en Portugal, c'est un privilége réservé au roi, à la haute noblesse et aux princes du sang. En ce cas, on joint le titre au nom de baptême et l'on dit don Pedro, don Carlos, et ainsi de suite. A Milan, à Naples, en Sicile, on donne également le titre de *don* aux personnes de qualité; c'est un reste de la domination espagnole dans ces contrées.

DOMAINE, possession, propriété d'une chose réputée bien.— Il se dit plus ordinairement pour bien, fonds, héritage. — *Etre dans le domaine public, tomber dans le domaine public*, se disent particulièrement des ouvrages littéraires et des autres productions de l'esprit ou de l'art, qui, après un certain temps déterminé par les lois, cessent d'être la propriété des auteurs ou de leurs héritiers. — *Le domaine privé*, les biens qui sont la propriété privée du souverain, à quelque titre que ce soit. — *Domaine extraordinaire*. On nommait ainsi, sous l'empire, le produit des biens de conquête qui ne figurait pas au budget de l'État. — *Le domaine* signifie aussi quelquefois l'administration des domaines, ou celle du domaine de la couronne.—DOMAINE, se dit figurément de tout ce qu'embrasse un art, une science, une faculté de l'intelligence, etc., de tout ce qui s'y rapporte ou en dépend. — *Cela n'est point de mon domaine*, cela n'est pas de ma compétence.

DOMAINE PUBLIC. Ce sont les biens qui appartiennent à l'État et dont les revenus se versent au Trésor. — Les chemins, routes et rues à la charge de l'Etat, les fleuves et rivières navigables ou flottables, les rivages, lais et relais de la mer, les ports, les havres, les rades, et généralement toutes les parties du territoire français qui ne sont pas susceptibles d'une propriété privée, tous les biens vacans et sans maîtres, et ceux des personnes qui décèdent sans héritiers ou dont les successions sont abandonnées, appartiennent au domaine public, *ibid*, art. 538 et 539.— Les portes, murs, fossés, remparts, des places de guerre et des forteresses, font aussi partie du domaine public, *ib.*, art. 540. Il en est de même des terrains des fortifications et remparts des places qui ne sont plus places de guerre; ils appartiennent à l'État, s'ils n'ont été valablement aliénés, ou si la propriété n'en a pas été prescrite contre lui, *ib.*, art. 541.—Les biens qui n'ont pas de maître appartiennent à l'Etat, *ib.*, art. 713. — A défaut de conjoint survivant, la succession est acquise à l'Etat, *ib.*, art. 768. —A défaut de parents, la succession d'un défunt appartient à l'Etat, *ib.*, art. 723. — Les demandes qui intéressent le domaine sont dispensées du préliminaire de conciliation, Cod. de procéd., art. 49.—L'Etat, lorsqu'il s'agit de domaines et droits domaniaux, doit être assigné en la personne ou au domicile du préfet du département où siége le tribunal devant lequel doit être portée la demande en première instance, art. 69. — Les causes qui concernent l'Etat et les domaines doivent être communiquées au ministère public, *ib.*, art. 83. — L'Etat est soumis aux mêmes prescriptions que les particuliers et peut également les opposer. Code civ., art. 2227.

DOMAINE DE LA COURONNE. C'est la portion du domaine public qui fait partie de la liste civile et dont les revenus se versent au trésor de la couronne.

DOMAINES ENGAGÉS ET ÉCHANGÉS. L'ancien usage des Francs était que les maris constituassent une dot à leurs femmes; les rois de la première et de la seconde race observèrent cette coutume et donnèrent aux femmes qu'ils épousèrent, en toute propriété, les villes, terres et seigneuries qu'ils leur assignaient à titre de dot; ils en usaient de même à l'égard de leurs filles à titre de partage et d'avancement d'hoirie. Au moyen de ces constitutions de dot ou de ces partages par avancement d'hoirie, dans lesquels les rois ne se réservaient que la souveraineté, les reines et les filles de France pouvaient librement disposer de ce qui leur était ainsi donné, elles en jouissaient *sub omni honore et dignitate*, c'est-à-dire à titre de duchesse ou de comtesse, selon que les terres avaient été précédemment régies par des ducs ou par des comtes. Cet usage fut aboli, en ce qui concernait les reines, au commencement de la troisième race, mais il continua à subsister pour les filles de France jusques et y compris le règne de Philippe-Auguste ; c'est ce que l'on appela le premier âge des apanages; la condition de retour à la couronne, à défaut d'hoirs, ce qui n'excluait pas la représentation par les filles, fut introduite par Louis VIII, lorsqu'il donna en apanage à Philippe de France, comte de Boulogne, son frère, le comté de Clermont en Beauvoisis : c'est le second âge des apanages; enfin la jouissance des apanages fut restreinte par Philippe-le-Bel aux hoirs mâles des princes apanagistes: c'est le troisième et dernier âge des apanages qui prit fin en 1789, lorsque l'Assemblée constituante, par son décret du 21 décembre 1790, 6 avril 1791, supprima les apanages réels tant pour le passé que pour l'avenir. Napoléon qui avait rétabli les titres et les fiefs auxquels il donnait le nom de majorats voulut rétablir aussi les apanages réels; c'est ce qu'il fit par le sénatus-consulte du 30 janvier 1810, qui constitua le nouveau domaine de la couronne; les évènements de 1814 ont détruit son ouvrage encore mal affermi, et la loi du 8 novembre 1814 a constitué de nouveau des rentes apanagères, mais seulement pour les princes de la famille régnante. La nouvelle liste civile créée depuis 1830 n'alloue également qu'une rente au prince royal. — Jusqu'à présent nous n'avons vu que des affectations du domaine public ou de la couronne faites en faveur des membres des familles qui ont été sur le trône, mais d'autres aliénations nombreuses ont eu lieu, et elles ont fini par absorber presque entièrement cet immense domaine dont le revenu avait suffi pendant longtemps à toutes les dépenses de l'État. Ces aliénations furent principalement de deux sortes : l'une au profit du clergé, l'autre au profit des grands du royaume. Plusieurs circonstances firent passer dans les mains des grandes familles une bonne partie du domaine public : les récompenses justement méritées, le besoin d'argent, l'obsession et la prodigalité inspirée par des sentiments de plusieurs natures. Le besoin d'argent, occasionné par les guerres et par les croisades, força souvent les rois à engager leurs terres ; c'étaient des espèces de ventes à réméré, c'est-à-dire avec faculté de rachat ; quelquefois le rachat avait lieu, plus souvent encore le même domaine était revendu pour le compte du roi sous la condition de rembourser les premiers prêteurs. Une grande quantité de domaines furent engagés avec simulation de finance, c'est-à-dire que l'engagiste recevait la quittance sans avoir versé dans le trésor royal le prix stipulé. — Charles VI, en 1401, fut le premier qui rendit un édit, tant pour la révocation des domaines que pour la révocation des aliénations qui en avaient été faites. Un grand nombre de ses successeurs, entre autres Charles VIII, imitèrent son exemple ; mais c'est à Charles IX, ou plutôt au chancelier l'Hopital, qu'on doit la célèbre ordonnance de 1566, qui a fixé d'une manière définitive le caractère du domaine public et le mérite des aliénations qui en avaient été faites. Depuis lors beaucoup d'édits de réunion ont été rendus, mais tous n'ont eu qu'une exécution incomplète: le plus rigoureux de tous ces édits est celui de Louis XIV (1667). Enfin la Convention révoqua toutes les aliénations par les décrets des 3 septembre 1792 et 10 frimaire an II, et s'occupa de régler le sort des engagistes et des échangistes de l'ancienne monarchie. Mais tant d'intérêts se trouvaient compromis, qu'elle ne put trancher toutes les difficultés ; enfin , la loi du 14 ventôse an VII consacra une sorte de transaction entre l'État et les engagistes et échangistes. Les détenteurs furent admis à devenir propriétaires incommutables, en payant le quart de la valeur, et, en outre, lorsqu'il s'agissait des forêts, la valeur entière de la futaie. Cette dernière mesure était d'accord avec les anciennes ordonnances, notamment celle de 1669, qui ne permettait pas aux engagistes de disposer des futaies. En 1820, une loi, en date du 12 mars, déclara qu'à l'expiration de 30 années, à compter du 30 ventôse an VII, les domaines provenant de l'État, cédés à titre d'engagement ou d'échange antérieurement à la loi du 1er décembre 1790, outre ceux pour lesquels auraient été faites ou seraient faites, jusqu'à l'expiration desdites 30 années, les significations et réserves réglées par les articles 7 et 8 du décret susdit, sont déclarées propriétés incommutables entre les mains des possesseurs actuels, sans distinction de ceux qui se seraient conformés ou non aux dispositions des lois du 14 ventôse an XII, du 28 avril 1816 et du 17 mai 1818. En 1829, à l'expiration des 30 années, le ministre des finances fit faire aux détenteurs d'anciens domaines engagés, pour interrompre la prescription, des significations dont le nombre peut être évalué à dix mille. Cependant, malgré le nombre de ces significations, il parait que les litiges sur cette matière sont à peu près épuisés. Tel est en peu de mots l'aperçu de cette branche de la législation, la plus compliquée, peut-être, et la plus importante du droit français.

DOMAIRON (LOUIS), né à Béziers le 25 août 1745. Il fut élevé par les jésuites et fit partie de leur société jusqu'à la suppression de leur ordre. Il vint après à Paris et travailla au Journal des beaux-arts. Après la révolution il fut nommé professeur de belles-lettres au collége de Dieppe. Il a occupé ensuite des emplois plus importants dans l'Université. On lui doit plusieurs ouvrages sur l'instruction.

DOMAIRY, ou plutôt **DEMIRI**, est connu sous ce nom Kemal-Eddin-Aboulbaca-Mohammed, naturaliste arabe et jurisconulte, auteur d'une histoire des animaux très connue en)rient. Demiri mourut l'an 808 de l'hég., 1405 de J. C.

DOMANIAL, ALE, qui est du domaine de l'État ou de la :ouronne.

DOMANITE (*min.*). M. Fischer emploie ce mot comme ynonyme du schiste bitumineux ou de l'*ampelite* (voyez :e mot). J. P.

DOMANITIDE (*kastamoni*) (*géogr.*), contrée de la Paphlago-iie, vers le centre, était arrosée par le fleuve Amnias. Germanicopolis en était la capitale.

DOMAT ou **DAUMAT** (JEAN), naquit à Clermont en Auvergne, en 1625. Il fut honoré de l'amitié de Pascal, qui était on compatriote. Domat, frappé du cahos qui règne dans le :orps du droit romain, dans lequel on trouve souvent les lois ıux titres auxquels elles n'appartiennent pas, entreprit d'y aire pénétrer l'ordre, c'est le but de son ouvrage intitulé: *:es lois civiles dans leur ordre naturel.* A la tête de chaque titre le son ouvrage, il mit des préfaces ou des analyses remar[uables par leur profondeur et leur clarté. Daguesseau faisait ;rand cas de cet ouvrage de Domat. Il admirait surtout le *Traité des lois* qui précède les *lois civiles*: « Personne, dit-il, » n'a mieux approfondi que Domat le véritable principe des » lois et ne l'a expliqué d'une manière plus digne d'un phi» losophe, d'un jurisconsulte et d'un chrétien.... C'est le plan » général de la société civile le mieux fait et le plus achevé » qui ait paru. » La première édition des lois civiles dans leur ordre naturel était en 5 vol. in-4°, le dernier parut en 1697. Domat était de Port-Royal; par une modestie assez ordinaire ıux écrivains de cette savante société, il ne mit pas son nom à :ette première édition de son ouvrage. Domat n'occupa jamais l'autre place que celle d'avocat du roi au présidial de Clermont. Vers la fin de sa vie, par les soins de ses protecteurs, il 'ut appelé à Paris, où le roi le gratifia d'une légère pen;ion. Il mourut pauvre dans cette ville, en 1695, à l'âge le 70 ans.

DOMBA et **DOMBAGEDY** (*bot.*), noms que l'on donne à Ceylan, le premier à l'*inophyllum* de Burmann (*calophyllum nophyllum* de Linné) dans la famille des guttifères, et le second à un arbre de la famille des légumineuses, voisin des *ndira* et *geoffræa*, et que Linné regarde comme le même que *'œmbarella* d'Hermann. J. P.

DOMBASLE (CHRISTOPHE-JOSEPH-ALEXANDRE-MATHIEU DE), mort à Nancy, sa ville natale, le 27 décembre 1843, âgé le 76 ans. C'est l'homme auquel l'agriculture française est redevable de ses plus grands progrès. Vulgarisateur habile, expérimentateur infatigable, sa vie tout entière n'a été qu'un long dévouement, une lutte perpétuelle contre les déplorables :outines de nos cultivateurs et contre le triste état d'infério·ité dans lequel les tendances trop exclusivement industrielles le notre époque ont fait descendre l'agriculture. Le succès a :ouronné de si dignes efforts, et l'on peut dire qu'il n'est pas éloigné le jour où nous verrons cet élément vital de la prospé·ité publique rendu à son ancienne splendeur. — D'abord milıtaire à une époque où toute la France était dans les camps, le Dombasle monta, près de Nancy, une fabrique de sucre le betteraves, et se ruina comme tous ceux qui, à la même époque, se jetèrent dans cette funeste entreprise. En rapport :ontinuel avec les agriculteurs, il avait toujours éprouvé un ;oût très vif pour l'agriculture: il s'y appliqua dès lors entiè:ement, et, comparant sans cesse ce qu'il voyait autour de ui avec les souvenirs qui lui restaient de la richesse agricole le la Flandre et de quelques autres contrées, il publia sur les pratiques rurales quelques écrits qui commencèrent sa haute éputation. Cependant il ne suffisait pas de répandre et publier les idées plus saines, il fallait généraliser l'instruction agri:ole, la mettre à la portée de tous, et faire comprendre à la eunesse, dont les *rangs serrés* obstruaient l'entrée de toutes es autres professions, que celle qui a pour objet la culture lu sol offrait la carrière la plus indépendante et la plus assu·ée. Chose singulière, et que peut à peine expliquer l'inaction le tous les gouvernements qui se sont succédés en France, ce pays, dont les quatre cinquièmes de la population sont compo·és de cultivateurs, ne possédait aucun établissement destiné à 'enseignement théorique ou pratique de l'agriculture. Aidé lu concours de quelques propriétaires de Nancy, en tête desquels figurait l'illustre général Drouot, M. de Dombasle combla cette lacune par la fondation, en 1824, de l'institut agri:ole de Roville, principalement destiné à l'enseignement et à 'application des méthodes perfectionnées. Là, entouré d'un petit nombre d'étudiants cultivateurs, livré à l'enseignement exclusif de la science à laquelle il s'était dévoué, il formait ces jeunes cultivateurs d'élite, qui dirigent aujourd'hui des domaines considérables, des fermes-modèles, des écoles d'agriculture, et auxquels est réservée la noble mission de régénérer l'agriculture française en la débarrassant des procédés lents, imparfaits et coûteux qui, au milieu du progrès universel, l'ont laissée inactive et stationnaire. Le but de M. de Dombasle en fondant l'établissement de Roville était moins de faire de l'industrie personnelle, que de faire de la science expérimentale pour ouvrir des voies plus larges à l'industrie et à la prospérité publique. Personne plus que lui n'était convaincu de cette vérité, qu'en agriculture le raisonnement, l'induction et la démonstration même, que la science, en un mot, ne doit autoriser que des essais, et que les faits positifs, constants, répétés, ont seuls une autorité suffisante pour déterminer l'application sur une grande échelle. Ses ouvrages les plus estimés sont les suivants: *Annales de Roville*, ou *Mélanges d'agriculture*, *d'économie rurale* et de *législation agricole.* Paris, 1824 à 1832, 8 vol. in-8°. — *Le Calendrier du bon cultivateur*, ou *Manuel de l'agriculteur praticien*, 1822, 1 vol. in-12. — *L'Agriculture pratique et raisonnée*, trad. de l'anglais de J. Sinclair, 1825. — *Dictionnaire des nouveaux instruments d'agriculture*, 1821, in-8°. — On doit encore à M. de Dombasle un assez grand nombre de publications économiques. Les principales sont: *Des droits d'entrée sur les bestiaux*, avec des *considérations sur les effets des droits de protection.* Paris 1834, in-8°. — *De l'avenir industriel de la France.* Paris, 1834. — *Études sur le commerce international dans ses rapports avec la richesse des peuples.* Paris, 1843. Croyant servir les intérêts de l'agriculture, M. de Dombasle s'était constitué le défenseur, en principe, du système protecteur ou plutôt prohibitif. Il a représenté le système de l'isolement commercial des nations comme un état parfaitement naturel, également favorable à la paix et à la prospérité universelle. On oublie facilement ce que de telles doctrines avaient de trop exclusif pour ne se souvenir que du grand agronome dont la main bienfaisante a conduit l'agriculture française à de meilleures destinées.

J. LOBET.

DOMBAY (FRANÇOIS DE), conseiller en la chancellerie secrète de cour et d'État, et interprète de cour de l'empereur d'Autriche, pour les langues orientales; né à Vienne en 1758, mort même ville en 1810, a laissé plusieurs ouvrages sur l'Orient.

DOMBES, *Dumbensis pagus*, ancienne principauté souveraine, entourée au N., au S. et à l'E. par la Bresse, au S. O. par le Franc-Lyonnais, et à l'O. par la Saône, qui la séparait du Beaujolais et du Maconnais. Sa superficie pouvait être évaluée à 36 lieues carrées. Sous Louis XV, lors du dernier recensement, la population montait à 23,000 âmes. Trévoux, aujourd'hui chef-lieu de sous-préfecture du département de l'Ain, en était la capitale. Au temps de la conquête des Gaules par César, ce pays était habité par les *Segusiani* et par les *Ambarri.* Sous Honorius, il fit partie de la première Lyonnaise; puis il fit successivement partie des deux royaumes de Bourgogne. Lors de la décadence du dernier et de sa réunion à l'empire, la plupart des grands feudataires s'étaient constitués indépendants, et le pays de Dombes passa sous la suzeraineté des seigneurs de Baugé (Bresse) et de Villars. Les premiers possédaient la partie septentrionale, comprise le long de la Saône, depuis Montmerle jusqu'aux rivières de Veyle et d'Ain, le reste était au pouvoir de la maison de Villars. Cette possession partielle occasionna de fréquentes guerres entre les deux maisons, guerres qui continuèrent lorsque les sires de Beaujeu eurent remplacé les sires de Baugé, et la maison de Thoiré celle de Villars, vers 1200, jusqu'à ce qu'en 1402 le pays de Dombes reprit son unité territoriale. Louis II, duc de Bourbon, donataire, en 1400, d'Édouard II, dernier sire de Beaujeu, réunit à cette portion de la Dombes celle que lui vendit, pour 30,000 francs d'or, Humbert VII, sire de Thoiré et de Villars. Cette souveraineté reçut dès lors une organisation régulière. Le prince eut son conseil souverain, ses tribunaux, sa chancellerie, un hôtel de monnaies. La confiscation de ce petit État sur le connétable de Bourbon ne lui fit pas perdre son caractère de franc alleu. Louise de Savoie, mère de François Ier, en eut la jouissance. Il fut rendu, avec le Beaujolais, en 1561 à Louis II de Bourbon, duc de Montpensier, et à sa mère, Louise de Bourbon, sœur du connétable. Le duc François, son fils, mort en 1592, fut père de Henri de Bourbon, duc de Montpensier, prince de Dombes, qui se rendit recommandable par son dévouement à Henri IV, et qui racheta par sa valeur et sa probité l'écart d'un moment échappé à son peu de pénétration des affaires politiques. Marie de Bourbon, sa fille unique, épousa, le 6 août

1626, Gaston, duc d'Orléans, frère de Louis XIII, et fut mère de la célèbre *Mademoiselle*, duchesse de Montpensier, princesse de Dombes, etc., etc., qui, le 2 février 1681, fit don de la principauté de Dombes à Louis-Auguste, duc du Maine, l'un des fils légitimés de Louis XIV, dans le but d'obtenir la mise en liberté du comte de Lauzun. Louis-Charles de Bourbon, comte d'Eu, second fils du duc du Maine et successeur, en 1755, de son frère Louis-Auguste, prince de Dombes, échangea cette principauté contre le duché de Gisors, le 28 mars 1762. Ce fut à partir de cette époque que la Dombes fut réunie à la couronne. Avant la révolution, elle était incorporée à la Bresse et faisait partie du gouvernement général de la Bourgogne, avec ressort au parlement de Dijon.

DOMBEY (JOSEPH), célèbre botaniste, aussi remarquable par sa générosité et son désintéressement que par son éminent savoir, naquit à Macon, en 1742. Le ministre Turgot le chargea d'aller étudier au Pérou les végétaux utiles qu'on pourrait naturaliser en France. Pendant sa longue mission, qui dura depuis 1776 jusqu'en 1785, il eut plus d'une fois l'occasion de montrer son caractère humain et généreux. Il rapporta une collection immense, renfermée dans soixante-douze caisses, qui coûtèrent seules 18,000 livres. En 1793 il reçut une autre mission du gouvernement républicain, mais il fut pris par des corsaires et succomba aux mauvais traitements dont ils l'accablèrent. Dombey, par son zèle et ses découvertes, doit être placé parmi les premiers botanistes du XVIIIe siècle. Son herbier, renfermé au Muséum d'histoire naturelle, renferme 1500 plantes, dans lesquelles il y a soixante genres nouveaux, et est accompagné de la description des végétaux du Pérou et du Chili, avec l'indication de leurs usages.

DOMBEYA (*bot.*). Genre de la famille des malvacées, dédié au voyageur Dombey, de la monadelphie dodécandrie de Linné. Ce genre renferme des arbres ou arbustes propres aux îles orientales de l'Afrique, à feuilles alternes pétiolées, munies à leur base de deux stipules; à fleurs groupées en corymbes axillaires et pédonculés. Ses caractères distinctifs sont : un calice à cinq divisions profondes, accompagné d'un involucre triphylle et unilatéral caduc; une corolle à cinq pétales étalés; quinze à vingt étamines soudées en un faisceau par la base de leurs filets; un ovaire libre à cinq côtes et cinq loges; une capsule globuleuse, déprimée, à cinq loges, se séparant en cinq coques dispermes à deux valves; les graines sont terminées en pointe et renferment des cotylédons condoubles et bifides. On distingue, parmi les espèces de ce genre, la *Dombeya palmée*, *D. palmata*, arbre de l'île Bourbon, appelé *mahot tantan* par les insulaires; ses feuilles sont palmées, divisées en sept lobes, dentées en scie et longuement pétiolées. Les fleurs, réunies en corymbes axillaires, sont de couleur jaunâtre. La *Dombeya à feuilles en cœur*, *D. cordifolia*, la seule espèce particulière à l'Inde. L'écorce souple et liante mais forte des dombeya est employée, à Bourbon et à Madagascar, à la fabrication des cordages. Lamarck donne le nom de *dombeya* à un arbre nommé par Jussieu *araucaria*. (Voyez ce mot.) J. P.

DOMBEYACÉES (*bot.*), l'une des divisions de la famille des malvacées, ayant pour type le genre *dombeya*, et pour caractères : un calice à cinq divisions persistantes, souvent accompagné de bractées, une corolle à cinq pétales libres persistants; environ vingt étamines, dont cinq sont stériles et alternent avec les pétales, elles sont souvent soudées en faisceau par leurs filets, d'autres fois libres; anthères biloculaires, sagittées; ovaire libre à cinq ou dix loges; cinq styles souvent réunis; capsule globuleuse à cinq côtes et autant de loges, s'ouvrant tantôt en cinq valves, tantôt se séparant en cinq coques; graines réniformes, parfois ailées. Les Dombeyacées sont généralement des arbres ou des arbustes; elles ont leurs feuilles alternes et simples munies de deux stipules, et leurs fleurs axillaires ou disposées en corymbes. Les principaux genres sont : *dombeia*, *trochetia*, *assonia*, *ruizia*, *astrapeja*, *pentapetes*, *pterospermum*, *melhania*. (Voyez ces mots.) J. P.

DOMBINEAU (PIERRE-VINCENT, baron de CROUZEILLES), né, le 19 juillet 1751, à Pau, fut destiné à l'état ecclésiastique, et devint l'un des grands vicaires de l'archevêque d'Aix, Boisgelin. Il émigra pendant la révolution, revint en France après le 18 brumaire, fut nommé évêque de Quimper, et devint un des prélats les plus dévoués à Napoléon. Il mourut le 29 juin 1823.

DOMBROWKA, fille de Boleslas Ier, duc de Bohême, fut accordée en mariage à Miécislas, duc de Pologne, à condition que lui et son peuple embrasseraient la religion chrétienne. Dombrowka est la mère de Boleslas-Chrobry, premier roi de Pologne. Elle mourut en 976, à Guesne.

DOMBROWSKI (JEAN-HENRI), général polonais au service de la France, naquit dans le palatinat de Cracovie, le 29 août 1755, prit une part des plus actives à la révolution de Pologne, et passa au service de la France dans la légion d'Italie, en 1797, à la tête de deux légions polonaises. Il se distingua beaucoup dans cette campagne et se couvrit surtout de gloire à la bataille de la Trebia. En 1806, il fut employé au siége de Dantzig et à toutes les expéditions qui suivirent. En 1812, il fit la campagne de Russie avec la plus grande distinction, et lorsqu'en 1815 le royaume de Pologne fut rétabli sous les auspices de la Russie, Dombrowski fut nommé colonel-général de la cavalerie et élevé à la dignité de sénateur palatin. Peu de temps après il se retira dans ses terres et mourut le 16 juillet 1818.

DOME. Il existe entre ce mot et COUPOLE une synonymie dans le langage des arts; en renvoyant à l'article COUPOLE nous n'ajouterons ici que peu de mots. En France, dans les XVIIe et XVIIIe siècles, le mot dôme était employé ordinairement pour désigner, non-seulement la construction élevée au-dessus de l'intersection des bras d'une église, mais encore tout comble composé de lignes courbes et formant un corps isolé. Ainsi les escaliers d'apparat, les grandes salles, étaient souvent couverts *en dôme*, comme l'on disait, et comme on dit encore quelquefois aujourd'hui fort mal à propos, puisque ces combles, sur des bâtiments carrés, ne sont pour la plupart que des voûtes en arc de cloître. Telles sont celles des pavillons du Louvre et des Tuileries. Les Italiens, par le mot *duomo* (dôme), ne se sont pas éloignés comme nous de l'étymologie du mot (*δῶμα*, *domus*), ils entendent par ce nom l'église principale d'une ville. On cite, par exemple, le dôme de Milan, d'Orviette, de Sienne. Laissons aux églises des Invalides, du Val-de-Grâce, le nom de dôme qui leur a été donné lors de leur construction; mais disons la coupole du Panthéon de Paris, monument de notre époque. Ce mot doit aussi être employé en parlant des églises d'Italie.

DOMEIER (JEAN-GABRIEL), né à Moringen, a laissé une histoire de sa ville natale et du bailliage, dont elle était le chef-lieu.

DOMENICHI (DOMENICO DE), l'un des plus illustres prélats du XVe siècle, naquit à Venise en 1416. Ayant pris l'habit ecclésiastique, il fit son cours de théologie à Bologne et alla ensuite à Rome où il occupa une chaire de théologie. En 1448, il fut fait évêque de Torcello. Domenichi accompagna Pie II au concile de Mantoue, puis, envoyé en Allemagne pour réunir les princes chrétiens contre les Turcs, il réussit dans sa mission et s'attira l'amitié de Frédéric III. Paul II l'institua son vicaire pour le spirituel et lui donna l'évêché de Brescia au lieu de celui de Torcello. Sixte IV lui donna le titre de son vicaire gouverneur de Rome, mais lui refusa le chapeau de cardinal. Ce prélat mourut en 1478. Le Père Degli Agnostini lui a consacré une *Notice* très détaillée dans les *Scrittori Veneziani*; elle est suivie d'une liste de ses ouvrages.

DOMENICHI (LOUIS), savant littérateur italien du XVIe siècle. Il abandonna en 1543 Plaisance sa patrie pour aller à Venise, voyagea ensuite dans différents États de l'Italie, et, toujours pauvre, fut exposé à beaucoup de peines et de dangers. Vers 1548 il fut condamné à la prison perpétuelle, par le tribunal de l'inquisition de Florence, pour une cause que l'on ignore. Le duc Cosme Ier lui accorda sa liberté sur les instances de l'historien Paul Jove, évêque de Nocera. Plus tard, ce prince accorda sa protection à Dominichi et l'entretint à sa cour. Il mourut en 1564 à Pise. Le plus grand nombre des ouvrages de Domenichi sont des traductions. Les plus remarquables sont les Vies des hommes illustres de Plutarque, l'Histoire de Polybe, l'Histoire naturelle de Pline le jeune, et enfin plusieurs ouvrages de Paul Jove.

DOMENICO DES CAMÉES, né à Milan, vers le commencement du XVe siècle. Il était très habile à graver en relief sur des pierres fines. Son chef-d'œuvre est un portrait du duc Ludovic Sforzee surnommé le More, qu'il avait gravé sur un rubis balay.

DOMERGUE (FRANÇOIS-URBAIN), né à Aubayne, en 1745, s'est occupé, pendant toute sa vie, d'études grammaticales. Il a rédigé à Lyon un Journal de la langue française. Ses autres ouvrages sont: 1° *Éléazar*, poème, 1771, in-8°; 2° *Grammaire française simplifiée*; 3° *Mémoire du jeune orthographiste*; 4° *La prononciation française déterminée par des signes invariables*; 5° *Exercices orthographiques*; 6° *Décisions révisées du journal la langue française*; 7° *Grammaire générale analytique*; 8° *Manuel des étrangers amateurs de la langue française*; 9° *Solutions grammaticales*.

DOMERIE. Titre que prenait quelques abbayes de France, et sur le sens duquel on n'est point d'accord. Quelques écrivains ont cru que ces abbayes étaient appelées ainsi par ce qu'elles étaient des espèces de *Maisons-Dieu* (*quasi domus Dei*), ou d'hôpitaux dans lesquels on exerçait plus particulièrement la charité. Selon d'autres, le nom de domerie viendrait du titre de *dom* (abréviatif de *dominus*) que portaient certains religieux, comme les bénédictins, et qu'ainsi domerie signifie *seigneurie* ou *maison du seigneur*. Cette dernière opinion est fondée sur ce qu'effectivement la plupart de ces domeries avaient la seigneurie temporelle de leur territoire. A. S.....r.

DOMESDAY-BOOK, ou livre du jugement, nom anglais du grand rôle des propriétés foncières, que Guillaume-le-Conquérant fit dresser environ 20 ans après la conquête de l'Angleterre, de 1080 à 1086, d'après les procès-verbaux des enquêtes que ses délégués avaient été obligés de faire dans tous les districts du royaume, ceux du Nord exceptés, en interrogeant les barons, les curés, les *reves* ou chefs de villages et un certain nombre de *vilains*; quelques-unes de ces enquêtes partielles existent encore. Ces délégués enregistrèrent, d'après les déclarations comparées des diverses classes de la société, les noms des terres, leurs propriétaires, leurs revenus, leurs droits et obligations qui y étaient affectés, etc., le tout à trois époques différentes, savoir : sous le roi anglo-saxon Édouard, immédiatement après la conquête de l'Angleterre par les Normands, et enfin à l'époque ou le rôle fut dressé. Ce grand livre de la propriété féodale devait servir et servit en effet, dans la cour de justice normande, à régler toutes les contestations au sujet des fiefs, des propriétés foncières quelconques, des coutumes et usages, etc. Aussi fut-il conservé précieusement aux archives de l'abbaye de Westminster, où il existe encore. C'est un document précieux et unique, on apprend une foule de détails curieux : d'abord tous les noms des Normands tenanciers ou sous-tenanciers qui avaient reçue une part de la conquête; ceux des Anglo-saxons qui, avant cette époque, possédaient la plus grande partie du sol anglais; ce que ce conquérant ou ses barons leur avaient laissé, ce que l'église avait obtenu, les divisions territoriales, la valeur des biens fonciers d'alors, la constitution des classes sociales, les coutumes des villes et bourgs, même quelque détails sur le commerce et l'industrie de cette époque. Vers 1767, la Chambre des lords demanda par une adresse au roi, que le *domesday-book* fut rendu public aux frais de l'État. En conséquence on fondit des caractères particuliers indiquant toutes les abréviations du manuscrit original. En 1773 l'impression fut commencée; elle ne finit qu'en 1783, année ou l'ouvrage fut publié en 2 vol. in-f°, sous le titre de *Domesday-book, seu liber sensualis, Wilhelmi I, regis Angliæ*. En 1816, on publia également en 2 vol. in-f° un complément de ce rôle sous le titre de *Additamenta et indices*. Des savants ont fait paraître aussi diverses parties séparées du grand rôle ainsi que les requêtes partielles sur lesquelles le domesday-book est fondé; pour l'intelligence de ce grand document on peut consulter Kelham, *Domesday-book illustrated*, 1788, et H. Ellis, *General introduction to the domesday-book*, Londres 1833, 2 vol. in-8°. Dans ce dernier ouvrage, imprimé aux frais de l'État par la commission des archives du royaume, on trouve des listes alphabétiques de tous les tenanciers et sous-tenanciers normands et autres, inscrits dans les rôles authentiques de Guillaume. D. C.

DOMESTICITÉ, de *domus*, maison, état de celui qui loue son temps et ses facultés à prix d'argent et est attaché au service personnel d'un autre. La domesticité était inconnue aux anciens; chez eux, il n'y avait que des esclaves, sans famille et sans nom, créatures vouées en naissant à l'avilissement d'une condition qui ne pouvait changer que par la volonté du maître. Le christianisme vint opposer sa pure et grande morale à la brutalité du paganisme. Il fit comprendre à l'esclave sa dignité d'homme, et ce fut déjà un pas immense vers son affranchissement que de lui enseigner qu'il était l'égal de son maître devant Dieu. On dut enfin accorder un rang quelconque dans la société à ceux qui, ayant aussi leur place marquée au ciel, se vouaient par état au service de leurs semblables. — Dans un temps ou tout faisait corps dans l'État, où les relations de famille étaient chose plus sacrée qu'aujourd'hui, la domesticité était moins un métier qu'un lien naturel. Le serviteur s'attachait à son maître comme le lierre à l'arbre, lui vouait une affection qui allait presque jusqu'au culte, entrait dans sa maison dès l'enfance et n'en sortait guère que par la mort. Mais aujourd'hui le Caleb de Walter Scott (*La fiancée de Lammermoor*) n'aura plus guère d'imitateurs. Et puis, comme l'humanité ne reste jamais dans de justes bornes, après ces bons et humbles serviteurs du moyen âge sont venus les valets effrontés, véritables types de friponnerie et de libertinage; grands chasseurs à panaches verts dont on gage la parure et la taille, grooms, jockeys et autres que l'on voit dormir la journée entière dans l'antichambre des grands. Dans nos opulentes maisons, chez nos banquiers somptueux, ces rois de l'époque, les valets ont tout l'égoïsme et toute la morgue insolente de leurs maîtres, car ils ne prennent de la civilisation que les vices et savent s'en parer avec une facilité, hélas ! trop désolante. *Tel maître, tel valet*, dit le proverbe, et le proverbe n'est que trop vrai. — Ne croyons pas cependant que la civilisation ait fait disparaître entièrement ce dévouement noble et touchant du domestique envers le maître. Dans les classes modestes où l'aisance est le fruit légitime d'une honnête industrie, où l'on ignore le faste insolent, il n'est pas rare de rencontrer encore des exemples d'attachement sincère et de fidélité sublime. Là, jamais la dignité d'homme n'est méconnue dans le serviteur; il est, comme un membre de la famille, admis à s'asseoir au foyer domestique, à partager la même table, initié souvent aux joies comme aux douleurs de ses maîtres. C'est en relevant ainsi ceux que la fortune abaisse, qu'on les rend plus sociables et meilleurs; et, sous ce rapport, les grandes richesses mal exploitées seront toujours un élément d'immoralité. — DOMESTICITÉ DE COUR. On appelle ainsi un genre de domesticité que le préjugé a autrefois érigée en titre d'honneur. Les Romains pour le service de leurs personnes avaient des esclaves; les princes francs se faisaient servir par des hommes d'une naissance illustre, par les fils de leurs *leudes* ou fidèles. Dans le moyen âge, la domesticité devint auprès des rois et des grands un privilège de noblesse. La révolution de 1789 proscrivit, comme on sait, la domesticité de cour. Napoléon, en entourant son trône de toute la pompe impériale, lui rendit le prestige qu'elle avait perdu, et les personnages les plus éminents briguèrent avec une fureur toute féodale l'honneur d'être les premiers valets du maître. Aujourd'hui la domesticité de palais a perdu à peu près toute son importance, et si l'on emploie quelquefois l'expression de *domesticité du château*, c'est pour désigner les personnes qui passent pour être le plus en crédit près du souverain.

DOMESTICITÉ DES ANIMAUX. C'est la domesticité qui semble la plus naturelle de toutes, puisqu'elle semble exister entre eux-mêmes; car, grâce aux belles recherches d'Huber de Genève, on sait aujourd'hui qu'il y a des espèces de fourmis condamnées à travailler pour d'autres fourmis, et que, parmi les abeilles, les unes ont été créées ouvrières et d'autres oisives, destinées seulement à la propagation. Mais cette domesticité des animaux existe surtout relativement à l'homme. L'asservissement des espèces animales semble être pour lui un élément indispensable des progrès, la première condition du développement qui le rend complet. L'animal domestique, en se chargeant de tout le poids de la besogne matérielle, laisse à l'homme la liberté d'esprit et le temps nécessaire à la culture de l'intelligence. Il serait inutile à notre sens de faire ici un article spécial, nous préférons renvoyer aux mots spéciaux qui traitent séparément cette question. (V. APPRIVOISEMENT, CHIEN, CHEVAL, etc.)

DOMESTIQUE se dit aussi des animaux qui vivent dans la demeure de l'homme, qui y sont élevés et nourris, par opposition à ceux qui vivent dans l'état sauvage. *État domestique*, état d'une personne qui sert, moyennant des gages, dans la maison d'un autre. Il signifie aussi l'état d'un animal domestique, ou rendu domestique. — DOMESTIQUE se dit encore par opposition à étranger. — DOMESTIQUE, qui est de la maison, qui appartient à la maison, ou qui a rapport au ménage, à l'intérieur de la famille. — DOMESTIQUE (substantif masculin, se dit collectivement de tous les serviteurs d'une maison. Il se dit encore pour l'intérieur de la maison du ménage.

DOMESTIQUE (grand), première dignité militaire de la cour de Constantinople pendant la seconde moitié du bas-empire. Le grand domestique fut d'abord le chef du corps d'élite qui remplissait auprès de la personne des empereurs les fonctions de gardes du corps, sous le titre de *domestici equites*, en grec, δομέστιχοι ou σχόλαι, mots si éloignés dans cette acception de nos mots *école domestique*, malgré l'identité d'étymologie. Le commandant de ces chevaliers, gardes du palais, eut naturellement le titre de μέγας δομέστιχος ou μεγαδομέστιχος, en bas latin *megas domesticus* ou *megadomesticus*. Un grade qui rapprochait continuellement celui qui en était revêtu de la personne de l'empereur, dont la conservation reposait sur sa fidélité, était de nature à prendre une grande extension d'importance. Aussi le grand domestique finit-il par occuper une place qui répondait presque entièrement à celle du connétable en Occident. C'est avec cette puissance qu'il paraît dans l'histoire, où Ducange signale, pour la première fois, sa présence sous le règne d'Héraclius. L'historien Codinus a consacré le XVIe chapitre de son traité des *Offices de la cour impériale* aux prérogatives du grand domestique. Il portait l'épée de l'empereur, portée en son absence par le *protostrator*; il était généralissime de toutes les troupes de l'empire, et tenait toujours à l'armée le premier rang aprè l'empereur, qu'il représentait en son absence. Il n'y avait pas d'exception pour les enfants de l'Empereur, quelles que fussent leurs dignités, ils ne venaient qu'après le grand domestique dans la hiérarchie militaire. Lorsqu'il se trouvait dans le même lieu que l'empereur, il avait des droits qui semblaient comporter une sorte d'égalité, comme celui de déployer sa bannière sans attendre que le signal en fût donné par la bannière impériale, et celui d'une part dans le butin égale à celle de l'empereur; car le butin devait toujours être divisé en cinq parts, dont l'empereur avait la première et le grand domestique la seconde. Des prérogatives aussi magnifiques dans le chef de l'armée lui donnaient nécessairement une influence redoutable au chef suprême de l'empire, dont l'élévation, dans un état sans cesse balotté par les révolutions, fut due souvent à la volonté du grand domestique. Jean Cantacuzène échangea, en 1345, l'épée de grand domestique contre le diadème impérial, et leur fit succéder, au bout de douze ans, la tonsure de moine du mont Athos. J. B. X.

DOMESTIQUE (*jurispr.*). On appelle ainsi quelqu'un qui reçoit des gages et habite la maison de celui qui le paie. Les domestiques majeurs ont le même domicile que la personne qu'ils servent (Code. civ., art. 109.). — Le legs au domestique n'est pas censé être fait en compensation de ses gages (*ib.*, art. 1023).— Les maîtres sont responsables du dommage causé par les domestiques (*ib.*, art. 1384). — La veuve, soit qu'elle accepte, soit qu'elle renonce à la communauté, a droit, pendant les trois mois et quarante jours qui lui sont accordés pour faire son inventaire et délibérer, de prendre sa nourriture et celle de ses *domestiques* sur les provisions existantes, et, à défaut, par emprunt au compte de la masse commune, à la charge d'en user modérément (*ib.*, art. 1465). — L'action des domestiques qui se louent à l'année pour le paiement de leur salaire, se prescrit par un an (*ib.*, art. 2101, n° 4). — Les témoins doivent déclarer s'ils sont domestiques des parties (Code de proc., art. 35 et 262.) (*Voy.* AFFIRMATION).

DOMESTIQUEMENT, en qualité de domestique, à la manière d'un domestique. Il signifie aussi quelquefois familièrement. Ce mot est peu usité.

DOM HERRE (*ois.*). Les Suédois appliquent ce nom, qui équivaut à celui de chanoine, au bouvreuil, *loxia pyrrhula*, que les Allemands nomment *dom-pfaff*, et les Danois *dom-pape*.

DOMICILE. C'est, dans l'acception ordinaire, le lieu où quelqu'un fait sa demeure, où il a fixé son établissement et où est le siége de sa fortune. — DOMICILE POLITIQUE est celui où l'on exerce ses droits de citoyen; il est indépendant du *domicile civil*. (*Voy.* art. 7 et 102 du Code civil, et le décret impérial du 17 janvier 1806. — DOMICILE CIVIL. Suivant l'art. 162 du Code civil, le domicile de tout Français, quant à l'exercice de ses droits civils, est le lieu où il a son principal établissement. Le changement de domicile s'opère par le fait d'une habitation réelle dans un autre lieu, joint à l'intention d'y fixer son principal établissement. La preuve de l'intention résulte d'une déclaration expresse faite tant à la municipalité du lieu abandonné qu'à celle du lieu où l'on transfère son domicile (Code civ., art. 103, 104). A défaut de déclaration expresse, la preuve de l'intention dépend des circonstances (*ib.*, art. 105). — DOMICILE DES FONCTIONNAIRES PUBLICS. Deux dispositions sur ce sujet : Si la fonction publique à laquelle un citoyen est appelé est temporaire ou révocable, il conserve le domicile qu'il avait auparavant, s'il ne manifeste pas d'intention contraire (Code civ., art. 106); mais l'acceptation de fonctions conférées à vie emporte translation immédiate du domicile du fonctionnaire dans le lieu où il doit exercer ses fonctions (*ib.*, art. 107). La femme mariée n'a point d'autre domicile que celui de son mari. Le mineur non émancipé a son domicile chez son père et mère ou tuteur. Le majeur interdit a le sien chez son tuteur (*ib.*, art. 108.)— DOMICILE ÉLU, c'est un domicile fictif qui, pour certains effets, suppose une personne domiciliée dans un lieu où elle ne l'est pas réellement. Lorsqu'un acte contient, de la part des parties ou de l'une d'elles, élection de domicile pour l'exécution de ce même acte dans un autre lieu que celui du domicile réel, les significations, demandes et poursuites relatives à cet acte, peuvent être faites au domicile convenu et devant le juge de ce domicile (Code civ., art. 111, et Code de proc., art 59.)— DOMICILE MATRIMONIAL.— Le mariage est célébré dans la commune où l'un des deux époux a son domicile. Ce domicile, quant au mariage, s'établit par six mois d'habitation continue dans la même commune (Code civ., art. 74).

A DOMICILE (*locut. adv.*), au domicile, à la demeure de la personne à laquelle ce dont on parle est adressé, destiné.

DOMICILIAIRE, qui concerne le domicile. On ne l'emploie guère que dans cette locution, *visite domiciliaire*, visite faite dans le domicile de quelqu'un par autorité de justice.

DOMICILIER (SE) (*t. de jurispr.*), prendre une habitation fixe dans un lieu. Ce verbe était autrefois d'usage à ses temps composés.

DOMICILIÉ, ÉE (*participe*), qui a un domicile, une demeure certaine.

DOMICIUS (*domi*, à la maison) (*myth.*), dieu qu'on invoquait à Rome dans la célébration des noces, afin que la femme demeurât assidûment dans la maison de son mari et y vécût en paix avec lui.

DOMIDUCUS (*domum ducere*, conduire au logis) (*myth.*), dieu qu'on invoquait lorsqu'on conduisait la nouvelle mariée dans la maison de son mari. On donnait à Junon le nom de Domiduca parce qu'elle présidait aussi au mariage.

DOMINANT, ANTE, qui domine, qui a la prépondérance, qui prévaut. Il se dit au propre et au figuré. En droit féodal, *fief dominant*, *seigneur dominant*, fief, seigneur de qui relève un autre fief ou un autre seigneur. En jurisprudence, *fonds dominant*, celui en faveur duquel une servitude est établie sur un fonds voisin; par opposition à *fonds servant*, celui sur lequel la servitude est établie.

DOMINANTE (*t. de musique*), la note qui fait la quinte au-dessus de la tonique.

DOMINANTE (SOUS), la note qui fait la quarte au-dessus de la tonique.

DOMINATEUR, TRICE, celui, celle qui domine, qui s'arroge une grande autorité, qui exerce un grand empire. Il s'emploie aussi adjectivement.

DOMINATION, puissance, empire, autorité souveraine. Il se dit tant au propre qu'au figuré.

DOMINATIONS, en latin *dominationes*. L'Église distingue neuf chœurs d'esprits bienheureux, qui assistent devant le trône de l'Éternel, ou qui exécutent ses ordres. Un de ces chœurs porte le nom de *dominations*. Dans la plupart des préfaces les *dominations* obtiennent le quatrième rang. L'Apôtre saint Paul (épître aux Éphésiens, 1, 20) dit que le Père de gloire a fait paraître sa force et sa puissance en ressuscitant Jésus-Christ d'entre les morts, et le faisant asseoir à sa droite dans le ciel, au-dessus de toutes les principautés, de toutes les puissances, de toutes les vertus, de toutes les *dominations*. Il dit aussi (épître aux Colossiens, 1. 16 : « Tout a été créé par *le Fils bien-aimé* dans le ciel et sur la terre, les choses visibles et invisibles, soit les *trônes*, soit les *dominations*, soit les principautés, soit les puissances. » On voit que l'apôtre ne garde pas toujours le même ordre dans le dénombrement des chœurs angéliques. Il n'a pas été mieux conservé par les Pères de l'Église et par les théologiens. On ignore pourquoi les dominations ont été ainsi nommées et à quel ministère elles sont destinées.

DOMINE (PIERRE DU) (*min.*). Cette pierre, qui est inconnue, est ainsi décrite dans le dictionnaire des fossiles de Bertrand : « C'est une pierre de la grosseur d'un œuf, tuberculeuse, lisse néanmoins, facile à polir, d'où sort une matière visqueuse. Elle a été trouvée par un pasteur hollandais » ou *domine*, dans une rivière de l'île d'Amboine, près la forteresse de Victoria. » J. P.

DOMINER, commander souverainement, avoir une puissance absolue. Il signifie aussi, tant au propre qu'au figuré, exercer de l'empire, de l'influence sur quelqu'un ou sur quelque chose, ou avoir de la prépondérance, prévaloir. Il se dit particulièrement de ce qui paraît le plus parmi d'autres choses, de ce qui se fait le plus remarquer, de ce qui est le plus fort. Il se dit encore, figurément, des choses plus élevées que d'autres, et surtout des lieux élevés d'où l'on découvre une plus ou moins grande étendue de pays, ou qui en tiennent d'autres en sujétion. Il s'emploie aussi comme verbe actif dans l'acception précédente. Il s'emploie également comme verbe actif dans le sens de maîtriser, gouverner, tant au propre qu'au figuré.

DOMINGUE (SAINT). (*V.* HAÏTI.)

DOMINICA ALBIA (*hist.*), femme de l'empereur Valens, excita son époux à persécuter les catholiques et à favoriser l'arianisme. Après la mort de Valens, l'an 378, elle soutint le siége de Constantinople contre les Goths, et les chassa de devant ses murailles.

DOMINICAIN, ordre religieux dont les membres étaient appelés en plusieurs endroits *frères prêcheurs*, et en France plus communément jacobins, parce que leur premier couvent de Paris fut bâti dans la rue Saint-Jacques. Les dominicains ont tiré leur nom de leur fondateur saint Dominique de Guzman, gentilhomme espagnol, né l'an 1170 à Calaruéga, bourg du diocèse d'Osma, dans la Vieille-Castille. Il fut d'abord chanoine et archidiacre d'Osma. Il vint en France pour combattre les Albigeois, qui faisaient beaucoup de bruit en Languedoc; il prêcha contre eux avec zèle et avec succès et en convertit un très grand nombre. Ce fut là qu'il jeta les fondements de son ordre, qui fut approuvé, l'an 1215, par Innocent III, et confirmé l'année suivante par Honoré III, sous la règle de saint Augustin, et sous des constitutions particulières; ce pontife le nomme l'ordre des frères prêcheurs. Plusieurs incrédules, copistes des protestants, ont déclamé contre saint Dominique de la manière la plus indécente. Ils l'ont peint comme un prédicateur fougueux et fanatique, qui préféra employer contre les hérétiques le bras séculier plutôt que la persuasion, qui fut l'auteur de la guerre que l'on fit aux Albigeois et des cruautés dont elle fut accompagnée; qui, pour perpétuer dans l'Église le zèle persécuteur, suggéra le tribunal de l'inquisition. La vérité est que saint Dominique n'employa jamais contre les Albigeois que les sermons, les conférences, la charité et la patience. En arrivant dans cette mission, il représenta aux abbés de Citeaux, qui y travaillaient, que le seul moyen d'y réussir était d'imiter la douceur, le zèle et la pauvreté des apôtres; il leur persuada de renvoyer leurs équipages et leurs domestiques, et leur donna l'exemple de la charité apostolique. Il n'eut aucune part à la guerre que l'on fit aux Albigeois. Ces hérétiques l'avaient eux-mêmes provoquée en prenant les armes sous la protection des comtes de Toulouse, de Foix, de Comminges et de Béarn, en chassant les évêques, les prêtres et les moines, en pillant et en détruisant les monastères et les églises, et en répandant le sang des catholiques. Saint Dominique prêcha contre les excès que commirent les croisés aussi bien que contre les cruautés des Albigeois. L'inquisition avait été résolue avant qu'il put y avoir part, puisque l'on en rapporte l'origine au concile de Vérone, tenu l'an 1184; elle fut rétablie, non pour forcer les hérétiques à quitter leurs erreurs, mais pour découvrir et punir leurs crimes. Jamais saint Dominique ni les autres missionnaires n'ont jugé qu'il fallait punir l'erreur comme un forfait; mais les séditions, le pillage, les meurtres commis par les hérétiques, ne sont pas des erreurs. Le premier couvent des dominicains, en France, fut fondé à Toulouse par l'évêque de cette ville et par le comte Simon de Montfort. Deux ans après, ces religieux eurent une maison à Paris, près de celle de l'évêque, et ensuite leur couvent de la rue Saint-Jacques. Ils furent reçus de bonne heure dans l'université de Paris. Saint Dominique ne donna d'abord à ses religieux que l'habit de chanoines réguliers, savoir : une soutane noire et un rochet; mais, en 1219, il le changea de la manière suivante : une robe, un scapulaire et un capuce blanc, pour l'intérieur de la maison, et une chape noire avec un chaperon de même couleur, pour sortir au dehors. Cet ordre est répandu par toute la terre; il a quarante provinces, sous un général qui réside à Rome, et douze congrégations particulières de réformés, gouvernées par des vicaires généraux. Il a donné à l'Église un grand nombre de saints, trois papes, plus de soixante cardinaux, plusieurs patriarches, six cents archevêques, plus de mille évêques, des légats, des nonces, des maîtres du sacré palais, à compter depuis saint Dominique, qui le premier a exercé cette fonction. La théologie, la chaire, les missions, la direction des consciences et la littérature ont assez fait connaître leurs talents. Ils tiennent pour la doctrine de saint Thomas, opposée à celle de Scot et de quelques autres théologiens plus modernes; ce qui leur a fait donner dans l'école le nom de *thomistes*. Ils ont été autrefois inquisiteurs en France, et il y a eu longtemps à Toulouse un de leurs religieux revêtu de ce titre, mais sans fonction; ils l'exercent dans différents pays où est établi le tribunal de l'inquisition. Les *dominicains* n'observent plus les constitutions de saint Dominique dans la grande rigueur; mais, en 1650, le père Le Quien, né à Paris en 1601, vint à bout, après beaucoup d'opposition de la part de son ordre, d'établir en Provence une congrégation de *dominicains* réformés, qui ont repris l'étroite observance de la règle de saint Dominique; elle ne possède que six couvents, situés en Provence et dans le comtat d'Avignon. Les pères Quetif et Echard ont donné, en 1719 et 1721, la bibliothèque des écrivains de leur ordre, en deux volumes *in-folio*. Cet ouvrage passe pour l'un des plus savants et des mieux faits qu'il y ait eu en ce genre. Jamais les protestants ne pardonneront à saint Dominique le zèle dont il fut animé pour la conversion des hérétiques, ni à ses religieux les fonctions d'inquisiteurs et leur attachement au saint siége. Ils disent que les *dominicains* et les franciscains contribuèrent, plus que personne, à entretenir les peuples dans une superstition grossière et dans une foi implicite à l'autorité des papes; que par reconnaissance ceux-ci les comblèrent de priviléges contraires à la discipline ecclésiastique et à la juridiction des évêques; que cet abus causa dans l'Église du trouble et des désordres. En affectant de rappeler le souvenir des contestations que les *dominicains* soutinrent, en 1228, contre l'université de Paris, au sujet des chaires de théologie, et qui exercèrent la plume de Guillaume de Saint-Amour : contre les franciscains, touchant la prééminence de leur ordre; contre les évêques, à cause de l'abus qu'ils faisaient de leurs priviléges; contre l'université, en 1384, au sujet de l'immaculée conception; enfin contre les jésuites, en 1602 et les années suivantes, touchant l'efficacité de la grâce. Les incrédules de notre siècle, plagiaires serviles, ont répété les invectives des protestants; on dirait, à les entendre, que ces moines ont mis l'Église en combustion. La vérité est que ce furent des guerres de plume, renfermées dans la poussière des écoles, et qui se terminèrent à faire des livres; que le bruit n'en était pas entendu chez les autres nations. Nous convenons que les moines ont souvent poussé trop loin leurs prétentions contre le clergé séculier, et que c'était une atteinte donnée à la discipline; mais cet abus n'a pas duré, et il ne subsiste plus nulle part. Les protestants exagérèrent le mal, afin de persuader aux ignorants la nécessité qu'il y avait, au seizième siècle, de réformer l'Église; mais leur prétendue réforme, loin d'apaiser les disputes, en a fait naître de beaucoup plus sanglantes. Les apôtres du nouvel évangile se sont encore moins accordés que les moines et ont porté beaucoup plus loin la révolte contre les pasteurs de l'Église. Ils ont publié et répété plus d'une fois l'histoire d'une fourberie qu'ils prétendent avoir été commise en 1509 par les *dominicains* de Berne. C'est un mélange de profanation, d'impiété, de cruauté et de malice diabolique; mais la multitude de circonstances incroyables dont on charge cette narration fait présumer que c'est une des fables inventées par les ennemis des moines pour les rendre odieux. Ils en ont tant forgé de semblables que l'on ne peut plus ajouter foi à aucune. Quand le fait dont nous parlons serait vrai, il s'ensuivrait seulement que, l'an 1509, il s'est trouvé quatre scélérats parmi les *dominicains* de Berne; ils portèrent la peine de leurs forfaits, puisque, selon la même histoire, ils furent brûlés vifs. On punissait donc les moines coupables et déréglés avant que les réformateurs eussent paru. C'est encore une injustice de donner à conclure de là que l'ordre entier de ces religieux était composé en grande partie de pareils sujets. B.....r.

DOMINICAIN (*ois.*). M. Dazara a ainsi nommé la première espèce de ses suiriris, n° 175, qui a été rapportée par Sonnini au gillit ou gobe-mouche-pic de Cayenne, de Buffon, *muscicapa bicolor*. Gmel. J. P.

DOMINICAL, ALE, qui appartient au Seigneur. On l'emploie surtout dans ces deux locutions : *L'Oraison dominicale*, le *Pater*, prière que Notre-Seigneur enseigna à ses disciples; *Lettre dominicale*, la lettre qui marque, dans le calendrier, le jour du Seigneur, c'est-à-dire le dimanche.

DOMINICALE est le nom que l'on a donné anciennement dans l'Église aux leçons qui étaient lues et expliquées tous les dimanches, et que l'on tirait tant de l'ancien que du nouveau Testament, particulièrement des Évangiles et des Épîtres des Apôtres : ces explications étaient autrement nommées *homélies*. Dans les premiers siècles de l'Église, on commença d'y lire publiquement, et par ordre, les livres entiers de l'Écriture sainte, comme nous l'apprenons de saint Justin, martyr; d'Origène, dans l'*homélie* 13, sur Josué; de Socrate, liv. 5; de l'*Hist. ecclésiast.*, et d'Isidore, de l'*Office ecclés.*; ce qui a duré longtemps, comme on peut le voir aussi dans le décret de Gratien, dist. 15, canon *Sanctæ rom. Eccles.* Depuis, on prit peu à peu la coutume de tirer de l'Écriture des textes et des passages particuliers, pour les expliquer aux fêtes de Noël, de Pâques, de l'Ascension et de la Pentecôte, parce qu'ils s'accommodaient mieux au sujet de ces grands mystères que la lecture ordinaire, dont on interrompait la suite durant ces jours-là; ce qui se voit dans saint Augustin, *sur la première* *épître de saint Jean*, au commencement. Dans la suite, on en fit autant les jours des fêtes des saints, et enfin tous les dimanches de l'année, auxquels, selon les temps, on appliquait ces textes ou leçons, qui, pour cette raison, furent appelés *dominicales*. Cet ordre des leçons dominicales, tel qu'on le voit aujourd'hui, est attribué par quelques-uns à Alcuin, précepteur de Charlemagne, et, par d'autres, à Paul, diacre; mais sans autre fondement que parce qu'il a accommodé certaines *homélies* des Pères à ces passages qu'on avait tirés de l'Écriture; d'où l'on peut juger que cette distribution est plus ancienne. — De là il a passé en usage de dire qu'un prédicateur prêche la dominicale quand il fait chaque dimanche un sermon dans une église ou paroisse. On appelle aussi dominicale un recueil de sermons sur les évangiles de tous les dimanches de l'année. — Dans plusieurs chapitres, où il y a un théologal, celui-ci est chargé de prêcher ou de faire prêcher tous les dimanches.

B. r.

DOMINICI (DOMINIQUE-PAUL), médecin et physicien, né à Foligno en Ombrie, en 1524, a fait quelques commentaires sur Aristote et Galien.

DOMINICI (AUGUSTIN), fils du précédent, fut un fameux médecin à Padoue.

DOMINICY (MARC-ANTOINE), jurisconsulte et historien, né à Cahors, dans le XVIe siècle, mourut à Paris en 1650. Il a écrit plusieurs ouvrages pour prouver que Hugues Capet descend directement de Childebrand, frère de Charles Martel, et qu'en conséquence ses droits à la couronne de France étaient légitimes.

DOMINIKUS (JACQUES), né le 10 novembre 1764 à Rheinbergen, fut d'abord professeur de philosophie à Erfurt, depuis 1790 jusqu'en 1810. Il devint alors conseiller des domaines royaux de Prusse et directeur de la chambre des finances de Coblentz. Il mourut le 17 janvier 1819. On a de lui des ouvrages historiques et biographiques en allemand et très remarquables.

DOMINIQUE (SAINT), fervent solitaire. Il habita quelque temps dans l'ermitage de Luccolo, puis dans le désert de Montfeltre, et se rendit, en 1042, dans l'ermitage de Fontavellano, situé dans l'Ombrie, au pied de l'Apennin. Dominique se flagellait pour expier les iniquités des autres. Sa peau, à force d'être frappée, était devenue plus noire que celle d'un Éthiopien. Ce saint homme mourut en 1060.

DOMINIQUE (SAINT), fondateur de l'ordre des Frères prêcheurs. (*V.* DOMINICAINS.)

DOMINIQUE (DE PISTOIE) et **PIERRE** (DE PISE), tous deux dominicains, exercèrent l'art de l'imprimerie à Florence. Un des livres sortis de leurs presses est extraordinairement recherché, c'est la *Legenda della mirabile vergine beata Caterina da Sienna, suore della penitentia di Santo Domenicho*. Florence, 1477, in-4°.

DOMINIQUE DEL BARBIERE ou **DE LA BARRIÈRE**, peintre, sculpteur et graveur, naquit à Florence vers 1506. On le croit élève du fameux Primatice. Domenico, passant par Troyes, y fit la connaissance de Gentil, auquel il s'attacha; ces deux artistes travaillèrent ensemble; leurs ouvrages excitèrent l'admiration du chevalier Bernin.

DOMINIQUE BARBIERE, né à Marseille en 1622, se fixa à Rome, où il publia un grand nombre d'estampes. Le portrait de Jean de la Valette, grand-maître de Malte, est la plus rare des gravures de Dominique.

DOMINIQUE (ALEXIS), peintre, appelé le Grec, parce qu'il était né, vers 1547, dans une des îles de l'Archipel. Il avait si bien saisi la manière de son maître Titien, qu'on confondait souvent leurs ouvrages. Dominique habita longtemps Venise. Il quitta cette ville pour venir se fixer en Espagne, où l'attendaient les plus beaux succès. Il mourut à Tolède en 1625.

DOMINIQUE (DE JÉRUSALEM), naquit dans cette ville en 1550 de J.-C., fut d'abord rabbin et professeur de droit talmudique en Galilée, puis médecin du Grand-Seigneur à Constantinople; enfin, à cinquante ans, après s'être converti au christianisme, il devint professeur de langue hébraïque dans le collége des Néophytes à Rome.

DOMINIQUE LE PÈRE (JOSEPH-DOMINIQUE BIANCOLELLI connu sous le nom de), né à Bologne, en 1640, a rempli pendant longtemps le rôle d'arlequin à la comédie italienne de Paris, avec le plus grand succès. C'est pour Dominique que Santeuil a fait la fameuse devise : Castigat ridendo mores. Louis Biancolelli, son fils, eut pour parrain Louis XIV. Il devint chevalier de Saint-Louis et directeur des fortifications au département de Provence.

DOMINIQUE (JACQUES DE SAINT), religieux dominicain, naquit à Langres, en 1617. Il fut nommé vicaire général de la province de France, en 1668. Il mourut à Rouen, en 1704. Ce religieux a laissé un grand nombre d'ouvrages qui roulent, pour la plupart, sur des disputes théologiques qui occupaient alors les écoles.

DOMINIQUE (LA), île de l'Océan atlantique, qui fait partie du groupe des petites Antilles, ou *Iles du Vent*, est située sous les 15° 25′ de latitude nord, et les 63° 30′ de longitude occidentale. Elle a 29 milles de longueur sur 16 milles de largeur, et 275 milles carrés de superficie. Cette île fut la première terre découverte par Christophe Colomb à son second voyage; il y aborda le 3 novembre 1493, et lui donna le nom qu'elle a conservé depuis. Plus tard, l'Angleterre, la France et l'Espagne s'en disputèrent la possession. La question resta indécise, et, malgré les droits d'antériorité de la France, qui s'y était la première établie, la Dominique fut considérée par les trois puissances comme île neutre jusqu'en 1759, époque à laquelle elle fut conquise par la Grande-Bretagne. Cette conquête fut confirmée par le traité de Paris de février 1763. Dès ce moment, l'île fut occupée par des colons anglais, auxquels la couronne vendit des lots de terre sous la condition de certaines redevances, et sa prospérité s'accrut rapidement. En 1778 elle fut prise par les Français, sous la conduite du marquis de Bouillé. Elle fut rendue à l'Angleterre par la paix de 1783. En 1805, une escadre française formidable y fit de nouveau une descente; mais, malgré l'incendie de sa capitale, la colonie fut conservée à l'Angleterre, et, depuis cette époque, elle est toujours demeurée en son pouvoir. La Dominique est une île volcanique; elle est couverte de montagnes élevées et rocheuses, entremêlées de vallées fertiles arrosées par près de trente belles rivières; de nombreux ruisseaux, qui descendent des collines avec une grande impétuosité, y forment une multitude de cascades, à l'ombre de forêts magnifiques. Les principales montagnes sont: le *Morne-Diablotin* ou *Tronc-Ferme*, dont le sommet est à 5314 pieds anglais au-dessus du niveau de la mer; le *Morne-Laroche*, qui a 4150 pieds d'élévation, et le *Morne-Coulisboune*, qui en a 3379. Au centre de l'île, sur un mont très élevé, entouré de collines d'une moindre hauteur, se trouve un grand lac d'eau douce dont il n'est pas possible de mesurer la profondeur en quelques endroits. *Roseau*, la capitale de l'île, est située dans la partie sud-ouest, sur une pointe de terre qui forme deux baies: *Woodbridge* au nord, et *Charlotteville* au sud. Ses rues sont longues, spacieuses, et coupées à angles droits. On y trouve un *square* ou promenade; l'aspect de cette ville rappelle celui des belles villes de France. Le sol de la Dominique est, en général, beau, profond, noir, et particulièrement convenable à la culture des denrées tropicales. Plusieurs de ses montagnes contiennent du soufre en incandescence, qu'elles rejettent fréquemment en grande quantité. Il y a aussi des sources d'eau minérale; ces sources ont la réputation d'être propres à la guérison d'un grand nombre de maladies: quelques-unes sourdent de terre à une température plus élevée que celle de l'eau bouillante. Leurs exhalaisons sulfureuses sont parfois suffocantes. Le sol qui entoure les soufrières est brûlant; c'est à peine si l'on peut y marcher. On dit qu'il existe dans l'île des mines d'or et d'argent, et qu'autrefois ce dernier métal surtout s'y trouvait en abondance. Il n'y est plus exploité aujourd'hui. La population de la Dominique se composait, en 1692, de 938 Caraïbes indigènes, de 349 Français et 338 esclaves noirs. Elle est maintenant de 800 blancs et 1,8000 noirs. Ses principales productions, comme celles de toute les Antilles, sont le sucre, le café, le rhum, la mélasse, le cacao, etc. Son mouvement commercial atteint le chiffre de 4,500,000 francs.

VICTOR DE NOUVION.

DOMINIQUIN (DOMENICO ZAMPIERI, dit le), peintre, naquit d'un cordonnier à Bologne, en 1581. Il fut élève de Denis Calvart; puis il reçut les leçons d'Augustin Carrache et de son frère Annibal, qui acheva de l'instruire. Zampieri peignit à Rome son beau saint André à saint Grégoire. Le Guide reçut l'ordre de peindre le même sujet, Annibal Carrache et tous les connaisseurs donnent la préférence à l'ouvrage du Dominiquin; mais le plus bel ouvrage de cet artiste fut sa communion de saint Jérôme, que Poussin met au nombre des trois plus beaux tableaux de Rome. Dominiquin alla ensuite à Bologne, où il peignit sa Vierge au rosaire et son Martyr de saint Agnès. De là il revint à Rome pour peindre les quatre pendentifs aux angles de la coupole de saint André della valle, et, plus loin, dans les tribunes et dans les intervalles des fenêtres, toute l'histoire de saint André. Cet artiste mourut en 1641, à Naples. On prétend qu'il y fut empoisonné. Cela est croyable, car il avait beaucoup d'ennemis, et fut pendant toute sa vie en butte à leurs attaques et à leurs injustes critiques; mais aujourd'hui ses persécuteurs ne sont plus, et le jugement impartial de la postérité a placé Dominiquin au premier rang, après Raphaël, Corrège et le Titien.

DOMINIS (MARC-ANTOINE DE), célèbre pour avoir le premier abordé la véritable théorie de l'arc-en-ciel, naquit, en 1566, à Arbe, capitale de l'île de ce nom, située sur la côte de Dalmatie. Sa famille était ancienne et d'une grande illustration dans l'Église, à laquelle elle avait donné un pape et plusieurs prélats recommandables par leurs lumières et leurs vertus. Il montra dès l'enfance une grande aptitude pour les sciences, et particulièrement pour les mathématiques. Les jésuites, ses maîtres, qui dirigeaient les colléges des Illyriens, à Lorette, où il faisait ses études, furent frappés de ses dispositions et de ses jeunes talents; ils ne négligèrent rien pour l'attacher à leur ordre; Dominis y consentit, et il alla achever ses études à la célèbre université de Padoue. Durant son noviciat, il professa avec le plus grand succès l'éloquence, la philosophie et les mathématiques. Dominis était né avec un esprit inquiet et remuant, et les éloges que son zèle et ses travaux lui attirèrent de la part de ses supérieurs, développèrent dans son âme les germes d'une ambition ardente, qui fut la cause de ses malheurs. La vie paisible du cloître, les honorables mais obscures travaux du professorat, ne convenaient point à son caractère, il sollicita et obtint sa sécularisation, en même temps qu'à la recommandation de l'empereur Rodolphe il fut promu à l'évêché de Segni, et, deux ans après, à l'archevêché de Spolatro. Lorsque Dominis professait les mathématiques, il avait composé un ouvrage sur les propriétés de la lumière, qui est aujourd'hui son plus beau titre de gloire, et dont nous devons spécialement nous occuper. Les causes de l'arc-en-ciel avaient été entrevues, à cette époque de progrès scientifiques, par Maurolic, Porta et Kleper; Dominis les approfondit et les développa avec un talent remarquable. On sait dans quelles circonstances se manifeste ce phénomène. Déjà on avait comparé les gouttes de pluie à de petites sphères de verre, et l'on avait cru que les sphères renvoyaient par la réflexion les rayons solaires vers l'œil du spectateur; mais cela n'expliquait point les couleurs de l'arc-en-ciel, car les rayons de lumière ne ne se séparent les uns des autres que par la réfraction. Dominis employa tout à la fois la réflexion et la réfraction, et parvint à rendre assez exactement raison de l'arc-en-ciel intérieur; il fut moins heureux pour l'arc-en-ciel extérieur, mais ses erreurs à ce sujet viennent de l'ignorance générale où l'on était alors sur la diverse réfrangibilité des rayons et des lois de ce phénomène. L'illustre Newton, dans son traité d'optique, a donné les plus grands éloges à la méthode de Dominis; peut-être existe-t-il dans ces éloges assez d'affectation pour qu'on ait pu croire qu'ils aient été conçus dans le but de rabaisser notre Descartes. Boscowich et Tiraboschi, juges éclairés dans cette cause, n'hésitent pas à dire que Dominis, au talent duquel ils rendent hommage, a pu mettre Descartes sur la voie de sa découverte, mais que c'est lui qui doit en être regardé comme le véritable auteur. Quoi qu'il en soit, en lisant le traité de Dominis, on regrette que cet ingénieux auteur n'ait pas consacré toute sa vie à la science pour laquelle il paraissait avoir un si véritable talent. L'archevêque de Spalatro entreprit de réformer les mœurs du clergé; mais il avança des opinions peu conformes à celles de l'Église; il fut obligé de résigner son siége, et il se réfugia en Angleterre, auprès de Jacques Ier, qui, en sa qualité de théologien, lui fit un accueil honorable et empressé. Sans adopter entièrement les principes de la réforme, Dominis combattit plusieurs prétentions du pape et accepta un bénéfice du roi d'Angleterre. Cependant, tourmenté par sa conscience, suivant quelques historiens, mécontent des théologiens protestants, suivant d'autres, Dominis tourna de nouveau ses regards vers Rome; le pape Grégoire XV le reçut en grâce, et il abjura publiquement, dans un temple de Londres, les opinions qui l'avaient séparé de l'Église. Il jouit pendant deux ans de quelque tranquillité; mais, son protecteur étant mort, et les disputes théologiques auxquelles il se livra de nouveau offrant un prétexte à l'inquisition qui le surveillait, il fut arrêté par ordre du pape Urbain VIII, et enfermé au château Saint-Ange, où il mourut peu de temps après, en septembre 1624. L'inquisition continua son procès; il fut déclaré hérétique, son corps fut exhumé, pendu et brulé avec ses écrits. Nous ne citerons ici que celui qui intéresse la science : *De radiis visus et lucis in vitris perspectivis et iride*, Venise, 1611, in-8°. Cet écrit, qui est devenu fort rare, fut publié par Jean Bartole, l'un de élèves de Dominis, longtemps après l'époque où il a été composé.

DOMINO. Cet ornement mondain inventé dans le siècle dernier pour cacher les traits du visage et la forme du corps, au milieu des intrigues du bal masqué, est emprunté, le croira-t-on, à l'un des accessoires du costume ecclésiastique. Le camail (voy.), qui sert à protéger les prêtres contre le froid des grands édifices, reçut le nom de *domino*, sans doute de quelque passage de la liturgie. La ressemblance que l'on remarque entre ce costume et celui qu'adoptèrent plus tard les amateurs de bal masqué lui fit conserver son nom, quoique pour un usage bien éloigné de son origine. — Dans le principe, la mode affecta à l'un et à l'autre sexe ce déguisement; mais il est principalement réservé de nos jours aux dames; elles se couvrent de ce manteau quand elles fréquentent le bal de l'Opéra. Nul doute que sa forme peu gracieuse ne le fasse bientôt entièrement disparaître. D. A. D.

DOMINO (jeu de). L'origine de ce jeu, que l'on a essayé de faire remonter jusqu'aux temps anciens des Grecs, des Hébreux et même des Chinois, n'est pas très reculée, du moins chez nous, où pourtant il se trouve aujourd'hui extrêmement répandu. Il consiste, comme on sait, en un certain nombre de petits corps aplatis, en os, noirs sur le dos, et offrant sur l'autre côté, sur un fond blanc, des points divisés en deux compartiments et formant plusieurs combinaisons. Un jeu ordinaire est composé de 28 dominos; chaque domino contient un nombre depuis 1 jusqu'à 6, accolé à un nombre différend ou pareil, et quelque fois à un blanc, représentant du zéro. Chaque joueur prend dans le jeu même du côté noir une quantité égale de dominos; l'un deux pose le premier un domino, auquel le joueur opposé est forcé d'adjoindre un nombre semblable à l'un des deux que représente le domino posé; la partie continue ainsi jusqu'à ce que l'un des joueurs ait placé tous ses dominos ou qu'il n'existe pas dans les deux jeux un nombre qui puisse s'allier avec ceux qui sont posés. Le gagnant est celui qui compte le plus de points, par suite de plusieurs parties où son adversaire n'a pu parvenir à poser les dominos qu'il avait en main. Les combinaisons de ce jeu ne sont ni très variées ni très savantes, puisqu'on a vu des chiens et des chats gagner, en public, de bons bourgeois de la capitale; cependant, on cite, dans nos cafés qui regorgent de joueurs de dominos, des experts dont la force est devenue proverbiale; mais la plupart ne voient qu'un moyen de se disputer la dépense qu'ils ont faite dans ces sortes d'établissements. D. A. D.

DOMINO (*ois.*), nom que l'on donne à de petites espèces de gros becs de l'île de Bourbon, des Moluques, de Java, etc., à cause de la distribution des couleurs, blanche, noire et brune, de leur plumage; il a été particulièrement appliqué par M. Vieillot au *loxia punctularia* de Linné. J. P.

DOMINOTERIE, nom que l'on donnait autrefois à toutes sortes de papiers marbrés et autres papiers colorés, et que l'on donne encore aux papiers imprimés de diverses couleurs, qui servent à différents jeux, tels que le loto, le jeu de l'oie, etc.

DOMINOTIER, marchand de dominoterie.

DOMINUS VOBISCUM, manière de saluer très ancienne, et qui est en usage aujourd'hui à la messe et aux autres offices divins (*V.* MESSE).

DOMITE (*géol.*), *trachyte terreux* de Beudant. Le domite, ainsi nommé par M. de Buch savant géologiste allemand, est une roche d'origine ignée, qui compose toute la masse de la montagne du Puy-de-Dôme; elle est composée d'une pâte d'argile endurcie qui forme la roche nommée *argilolithe*, sa texture est terreuse et sa structure grenue. Avant M. de Buch, M. Beudant avait nommé cette roche *trachyte terreux*, parce qu'elle passait par différentes nuances au trachyte. On en connaît plusieurs variétés, qui se distinguent par leur couleur; ainsi : Le domite *blanchâtre*, *jaunâtre*, *grisâtre*, *brunâtre* ou *rougeâtre*. On trouve disséminés dans cette roche comme principaux minéraux : du feldspath, du mica, du ferolígiste, les autres sont l'amphibole, le pyroxène, le quartz hyalite, le titane calcaire siliceux, le fer titane et le soufre; on y remarque aussi de l'acide hydrochlorique. Le domite constitue non-seulement le Puy-de-Dôme mais encore une partie du Cantal, on le retrouve aux environs de Popayan, dans l'Amérique méridionale, on y rencontre souvent des fragments d'autres roches, telles que des scories, du basalte, du trachyte et de la ponce, ce qui fait penser qu'il n'a pas coulé à la manière des laves, mais qu'il est plutôt sorti du sein de la terre par des crevasses et dans un état pâteux. La forme arrondie des flancs et du sommet des montagnes formées par le dolomite tient en grande spartie au peu de solidité qui distingue cette roche. De nos jours, on ne tire aucune utilité du dolomite, mais les Romains tiraient d'une montagne de l'Auvergne des blocs de cette roche pour en faire des sarcophages, d'où la montagne a conservé le nom de *Sarconi*. Cette roche tendre, poreuse et inaltérable à l'humidité, jouissait de la faculté de conserver pendant fort longtemps les corps que l'on y renfermait.

J. P.

DOMITIA (*numism.*), famille romaine qui fut d'abord plébéienne comme l'indiquent les fonctions de tribuns du peuple qu'exercèrent plusieurs de ses membres, et qui fut élevée ensuite au rang des familles patriciennes. Les surnoms de cette famille sont : *Ahenobarbus*, *Calvinus* et *Corbulo*. La médaille d'or avec la tête d'Ahenobarbus, qui porte au revers le temple de Neptune, est dans le cabinet de M. le duc de Blacas, et vaut 600 fr. — Celle où ce nom se trouve au revers de la tête de Marc-Antoine, avec une proue de vaisseau et un astre, est estimée 200 fr. — Ces médailles appartiennent à Ch. Domitius, qui osa résister à César après le passage du Rubicon ; condamné à mort comme complice de la mort de César, il se réfugia près de Brutus, se rangea ensuite du parti d'Antoine, fut rétabli dans ses honneurs, puis après la bataille d'Actium passa dans le parti d'Auguste. Il fut trisaïeul de Néron. — La tête d'Ahénobarbus est une de ces restitutions par lesquelles les familles romaines illustraient le souvenir de leurs aïeux. Ce surnom, qui signifie *Barbe rousse*, avait été donné à un Domitius qui du temps des Tarquins avait annoncé au sénat une victoire sur ces ennemis du peuple romain. Sa famille et ses descendants tinrent ce surnom à grand honneur. — On trouve un Ch. Domitius proconsul sur les médailles de la colonie de Pannonie. — Domitius Calvinus, sur les médailles d'Osca dans l'Espagne tarragonaise. — Domitius Corbulo sur les médailles de Dioshieron de Lydie, c'est le Corbulon qui fut général sous Néron. Les deniers d'argent de la famille Domitia valent de 3 à 40 fr. selon leur rareté. En bronze, les soucis et les quadrans, divisions de l'as sont assez communs.

DU MERSAN.

DOMITIA (*numis.*), fille du célèbre général Corbulon, fut mariée d'abord au sénateur Lucius Aelius Lancia. Domitien, épris de sa grande beauté, la mit sur le trône, la répudia, et la reprit ensuite. Ses médailles la représentent avec le titre de mère de César, ayant près d'elle le fils qu'elle donna à Domitien et qui mourut fort jeune. Cet enfant lui-même est représenté comme Jupiter sur le globe du monde. On voit aussi le portrait de Domitia au revers de la tête de Domitien. Ses médailles sont rares et d'un prix très élevé. L'or, l'argent et le moyen bronze, de 100 à 200 liv. et le grand bronze de 500 francs. On connait une très belle statue de Domitia, conservée dans la collection du roi de Naples, et mentionnée dans l'iconographie de Visconti (partie II, p. 333, pl. 35).

DU MERSAN.

DOMITIA LEX (*archéol.*), loi qui transféra au peuple le droit d'élire les prêtres, les sacrificateurs et les féciales, qui l'étaient précédemment par les colléges de prêtres. Cette loi fut portée par le tribun Domitius Ahénobarbus, 104 av. J.-C.

DOMITIANUS (LUCIUS DOMITIUS). On connait deux personnages de ce nom, l'un, suivant Pollion, était général d'Auréole, qui se fit associer à l'empire par Gallien ; il prétendait tirer son origine de l'empereur Domitien. L'autre, suivant Zozime, était un des chefs qui se révoltèrent sous Aurélien, et dont celui-ci se débarrassa promptement.

DOMITIEN (TITUS-FLAVIUS-SABINUS), second fils de l'empereur Vespasien et de Flavia Domitilla, naquit l'an 803 de Rome, ou 51 de l'ère chrétienne. Il fut le digne émule des Néron, des Caligula et des Héliogabale. Les commencements de son règne s'annoncèrent assez bien, mais dès la seconde année il donna des preuves de son caractère sanguinaire. Flavius-Sabinus, son proche parent, fut sa première victime. Domitien avait l'ambition des victoires et des triomphes, et, quoique vaincu presque toujours, il ne se faisait pas moins décerner à chaque fois les honneurs du triomphe par le sénat. Il se montra bientôt le plus vil, le plus cruel et le plus avide des tyrans. Il s'amusait à tuer des esclaves à coups de flèches ou des mouches avec un poinçon d'or. Un jour, il convoqua le sénat pour le faire juge d'une sauce de turbot ; une autre fois, il fit dîner les sénateurs dans une salle tendue de noir où se trouvaient autant de bières que de convives, autant de glaives que de têtes. Jaloux de tout mérite et de toute vertu, il rappela J. Agricola qui venait de soumettre la Grande-Bretagne (76, 86). Domitien périt l'an 96, assassiné par sa femme Domitia et ses principaux officiers, au moment où il se disposait à les immoler. C'est le dernier des douze Césars dont Suétone, contemporain de l'empereur Adrien, a écrit la vie. Ce mauvais prince était frère du vertueux Titus.

DOMITIEN (*numismatique*). Les médailles de cet empereur sont nombreuses et d'un beau style comme exécution de l'art. Il y en a en or qui valent de 30 à 60 francs. Celle où on voit au revers de sa tête celle de Domitia, son épouse, vont à 200 francs. On remarque parmi les revers rares en or et en argent ceux qui représentent un prêtre salien debout, un casque sur une chaise curule, le temple de Vesta, et une chèvre dans une couronne de lauriers avec la légende PRINCEPS JUVENTUTIS, les jeux séculaires, sous le 14e consulat de Domitien. — Dans le grand bronze, la médaille qui représente l'amphithéâtre Flavien, vaut 60 fr. Les plus rares ensuite, sont celles où l'on voit l'empereur dans un temple, l'empereur entouré de soldats et offrant un sacrifice, deux quadriges d'éléphants sur un arc triomphal, une femme dans un temple, avec un soldat de chaque côté. — En moyen bronze, celle où l'on voit au revers de la tête, celle de son père Vespasien. — Les médailles de Domitien, frappées dans les villes de la Grèce soumises à la domination romaine, sont en très grand nombre. Les statues et les bustes de cet empereur sont très rares, parce que le sénat, qui voulait flétrir sa mémoire, fit détruire ses images. Le musée de France possède une belle statue de Domitien qui fut déterrée en 1758 dans le territoire de la Colonna, l'antique *Lubicum*, à 6 lieues de Rome (Visconti, Iconogr. rom., partie II, p. 238, pl. 34).

DU MERSAN.

DOMITILLE (FLAVIA-DOMITILLA), femme de l'empereur Vespasien, lui donna deux fils, Titus et Domitien, et une fille nommée Domitille. — DOMITILLE, fille de la précédente et de l'empereur Vespasien, fut mariée à Titus-Flavius-Clemens, que Domitien fit périr. Elle eut de son mari deux fils, auxquels elle donna les noms de Vespasien et de Domitien. Cette princesse était chrétienne.

DOMITILLA. Les médailles de cette princesse, femme de Vespasien et mère de Titus, furent frappées par l'ordre de son fils au commencement de son règne, lorsque après avoir succédé à l'empire, il fit mettre sa mère au rang des divinités. Elle y porte le titre d'*Augusta*, quoiqu'elle fut morte avant l'élévation de son époux à l'empire. Ses médailles sont rares. Celle en or, où on la voit au revers de Vespasien, vaut 600 fr. Celle en argent, où Titus s'est fait représenter enfant auprès de sa mère avec la légende PIETAS AUGUSTA, vaut 125 fr. — La médaille de grand bronze avec la légende MEMORIÆ DOMITI et le *Carpentum* (V. ce mot), ou char traîné par deux mules, est probablement consacrée à la mémoire de cette princesse plutôt qu'à celle de sa fille (V. Trésor de numismatique).

DU MERSAN.

DOMITIUS AHENOBARBUS (CENCIUS), de la noble maison Domitia, fut consul l'an 630. Il eut en cette qualité de grands succès dans la Gaule Transalpine, contre les Allobroges, puis les années suivantes, en qualité de proconsul, il vainquit les Allobroges et les Arverniens réunis. Il reçut pour ses exploits les honneurs du triomphe.

DOMITIUS DOMITIANUS, qui commandait les légions romaines en Égypte, se fit proclamer empereur à Alexandrie, vers le temps de l'abdication de Dioclétien. L'époque de sa mort est ignorée. On connait de ce tyran, une médaille en moyen bronze, avec la légende GENIO POPULO ROMANI. Elle porte à l'exergue les lettres ALE, qui font supposer qu'elle a été frappée à Alexandrie.

D. M.

DOMMAGE, perte, détriment, préjudice. — Tout fait quelconque de l'homme qui cause à autrui un dommage, oblige celui par la faute duquel il est arrivé à le réparer. Cod. civ., art. 1382. — Chacun est responsable du dommage qu'il a causé, non-seulement par son fait, mais encore par sa négligence ou par son imprudence, Ib. art. 1383. — On est responsable non-seulement du dommage que l'on cause par son propre fait, mais encore de celui qui est causé par le fait des personnes dont on doit répondre, ou des choses que l'on a sous sa garde. (Voy. art. 1384, 1385 et 1386). — *C'est dommage, c'est grand dommage, c'est bien dommage, c'est un grand dommage*, etc. ; c'est une chose fâcheuse, désagréable, affligeante, c'est un grand malheur, une grande perte. — *C'est dommage, c'est vraiment dommage*, se disent quelquefois familièrement, dans un sens ironique. On dit aussi ironiquement et comme par une espèce de défi : *C'est dommage qu'il ne fasse cela, c'est dommage qu'il ne se joue à moi*, s'il osait faire cela, s'il osait se jouer à moi, il s'en repentirait.

DOMMAGEABLE, qui cause, qui apporte du dommage.

DOMMAGES ET INTÉRÊTS. On appelle, en général, *dommages-intérêts*, la compensation de la perte qu'une personne a faite, et du gain dont elle a été privée (Code civ., art. 1149.). — Quand on dit que le débiteur est tenu des dommages et intérêts du créancier, on entend qu'il doit l'indemniser de la perte ou du défaut de gain qu'il lui a occasionné, soit par l'inexécution de l'obligation, soit par une mauvaise exécution, soit même par le simple retard dans l'exécution. — Les dommages et intérêts ne sont dus que lorsque le débiteur est en demeure de remplir son obligation, excepté néanmoins lorsque la chose que le débiteur s'était obligé de donner ou de faire ne pouvait être donnée ou faite que dans un *certain temps* qu'il a laissé passer (Cod. civ., art. 1146). — Le débiteur est condamné, s'il y a lieu, au paiement des dommages et intérêts, soit à raison de l'inexécution de l'obligation, soit à raison du retard dans l'exécution, toutes les fois qu'il ne justifie pas que l'inexécution provient d'une cause étrangère qui ne peut lui être imputée, encore qu'il n'y ait aucune mauvaise foi de sa part, (*ib.*, art. 1147). Il n'y a lieu à aucuns dommages et intérêts, lorsque par suite d'une force majeure, ou d'un cas fortuit, le débiteur a été empêché de donner ou de faire ce à quoi il était obligé, ou a fait ce qui lui a été interdit (*ib.*, art. 1148.) — Le débiteur n'est tenu que des dommages et intérêts qui ont été prévus ou qu'on a pu prévoir lors du contrat, lorsque ce n'est point par son dol que l'obligation n'est point exécutée; dans le cas même où l'inexécution de la convention résulte du dol du débiteur, les dommages et intérêts ne doivent comprendre, à l'égard de la perte éprouvée par le créancier et du gain dont il a été privé, que ce qui est une suite immédiate et directe de l'inexécution de la convention (*ib.*, art. 1150 et 1151.) — Lorsque la convention porte que celui qui manquera de l'exécuter paiera une certaine somme à titre de dommages et intérêts, il ne peut être alloué à l'autre partie une somme plus forte ni moindre (*ib.*, art. 1152.) Dans les obligations qui se bornent au paiement d'une certaine *somme*, les *dommages* et intérêts résultant du retard dans l'inexécution, ne consistent jamais que dans la condamnation aux intérêts fixés par la loi (*ib.*, art. 1153.) — Voy. sur la liquidation des dommages et intérêts, Code de procéd., art. 323, 324 et 325.

DOMMARTIN, abbaye de l'ordre de Prémontré, nommée aussi Saint-Josse-au-Bois, située sur la rivière d'Authie et à l'extrême limite de l'ancienne province d'Artois, vers Montreuil-sur-Mer. Saint Josse, prêtre et solitaire du VIIe siècle, avait établi près de ce lieu un ermitage, et ce fut là que Milon, disciple de saint Norbert, depuis évêque de Térouanne, fonda, en 1220, un monastère, à l'aide des libéralités des seigneurs de cette contrée. Il fut dirigé par des abbés réguliers jusqu'en 1792. Les prélats de Dommartin siégeaient aux États d'Artois. Ils ont laissé dans ce canton de pieux souvenirs, car tous se rendirent remarquables par leurs bonnes œuvres et la régularité de leur vie monastique. Le dernier abbé, Dom Oblin, mourut vicaire général d'Arras en 1824. Il ne reste de cette abbaye que l'ancien enclos, qui comprenait quarante journaux de terre. Le marteau révolutionnaire n'a épargné que quelques pans de muraille, et on ne trouve plus que des ruines à la place de l'église, monument à trois nefs, orné de deux tours jumelles. L'abbé PARENTY.

DOMMERICH (JEAN-CHRISTOPHE), théologien et littérateur allemand, né en 1723 à Buckebourg, fut recteur des écoles à Wolfenbuttel et professeur de philosophie à Helmstadt. On a de lui un grand nombre d'ouvrages relatifs à l'enseignement.

DOMNA (JULIA (*numismatique*). Un règne de quarante années a dû laisser de nombreux monuments de cette impératrice, dont les médailles nous révèlent la beauté vantée par les historiens. On connaît plus de trente revers différents de médailles en or de Julia Domna, et le double au moins en argent. Toutes les déesses y sont représentées par flatterie pour cette princesse; on y voit Vénus, Cybèle, Cérès, Diane, la Fortune, l'Abondance. La piété elle-même n'a pas été oubliée, malgré les penchants funestes, les désordres et les débauches dont l'épouse de Septime Sevère souilla sa vie. Les médailles d'or, dont le catalogue serait ici trop nombreux, sont estimées de 72 à 150 francs; il y en a en argent qui valent jusqu'à 60 francs, et en grand bronze qui n'ont pas un moindre prix. Sa tête se trouve souvent associée à celle de Septime Sevère, son époux, et à celles de ses deux fils Caracalla et Geta. Un superbe camée du cabinet de France la représente avec eux; il a été publié par Millin (Mon. inéd., tom. I, pl. 19). Plusieurs beaux bustes de cette impératrice se trouvent au musée royal.

DU MERSAN.

DOMNIZO ou **DONIZO**, moine du monastère de Canossa, sur le territoire de Reggio, vivait au commencement du XIIe siècle. Il a écrit une vie de Mathilde, comtesse de Toscane, en vers latins hexamètres.

DOMP, s. m. (*v. lang.*). Il se disait quelquefois pour seigneur.

DOMPTABLE, qu'on peut dompter, qu'on peut adoucir. Il s'emploie plus ordinairement avec la négation.

DOMPTER, subjuguer, réduire sous son obéissance, vaincre, surmonter. Il se dit aussi en parlant des animaux, et signifie les assujétir, leur faire perdre le naturel indépendant qu'ils avaient dans l'état sauvage. Il s'emploie aussi figurément. Il se met quelquefois avec le pronom personnel.

DOMPTEUR, celui qui dompte. Il ne se dit point absolument.

DOMPTE-VENIN (*bot.*). On a donné ce nom à l'*asclépiade blanche*, *asclepias vincetoxicum*, parce qu'on l'a cru pendant plusieurs siècles un antidote contre le venin des serpents et la morsure des chiens enragés; mais non-seulement ces prétendues qualités sont fausses, mais encore cette plante est elle-même un poison dangereux; il faut surtout se défier de ses racines tuberculeuses. Quelques botanistes rangent cette plante parmi les cynanques (*V.* CYNANQUE et ASCLÉPIADE).

DOMSELAAR (TOBIE VAN), a fait des compilations sur les annales de la ville d'Amsterdam.

DON, présent, gratification qu'on a fait à quelqu'un, et qui devient ainsi la matière d'une *donation* (*Voy.*). Dans un sens particulier, le mot *don* se disait autrefois de certaines grâces utiles accordées par le prince. — DON GRATUIT. Cette expression signifie, en général, ce qui est donné volontairement et sans nulle contrainte, par simple libéralité, et sans intérêt ni profit pour le donateur. Mais, dans un sens plus particulier, on donnait en France, avant la révolution, le nom de *don gratuit* aux subventions que le clergé et quelques-uns des pays d'États payaient au roi. On a dit que, pour les pays d'États, l'usage des dons gratuits pouvait remonter aux dons ou présents que les Francs faisaient à leur roi ou chefs militaires dans les premiers temps de leur établissement dans les Gaules; mais rien ne prouve la justesse de cette opinion. Le don gratuit était ce que l'on payait par province pour tenir lieu des *impositions*. Il y avait, dans les pays d'États, un don gratuit ordinaire qui était d'une somme fixe par an, et un don gratuit extraordinaire dont l'intendant faisait la demande dans le temps de l'assemblée des États, et que l'on réglait à une certaine somme. La province payait de plus au roi des subsides extraordinaires dans les temps de guerre et dans des circonstances graves. Quant aux dons gratuits du clergé, c'est ici le lieu d'entrer dans quelques détails sur les impositions auxquelles cet ordre était soumis. Tant que la religion chrétienne ne fut pas reconnue dans l'empire romain, ses ministres, qui possédaient peu d'immeubles, étaient sans doute soumis à l'impôt comme tous les autres citoyens. Mais après que Constantin se fut converti à l'Évangile, les prêtres chrétiens obtinrent des priviléges et des immunités personnelles, et les églises furent richement dotées. Au milieu des faveurs qui leurs furent alors prodiguées, on ne voit pas que leurs biens aient reçu d'exemption de contribuer aux charges de l'État; et si l'on trouve quelques exceptions à cette obligation, elles ne s'étendent ni à tous les temps ni même à la totalité de l'impôt. Quand les Francs s'établirent dans les Gaules, et que Clovis embrassa le christianisme, il dut nécessairement favoriser tout particulièrement un clergé dont l'appui faisait sa principale force. Pourtant, ce clergé fut soumis au *droit de gîte et de procuration*; c'est-à-dire qu'il dut défrayer les rois dans leurs voyages. Les monuments des époques mérovingienne et carlovingienne prouvent que les prêtres payaient leur part des tributs ordinaires et extraordinaires. Clotaire Ier ordonna que les ecclésiastiques paieraient le tiers de leurs revenus; et ce n'est pas la seule injonction de cette nature que nous présente l'histoire. Sous les Carlovingiens surtout, dans le *temps même où le clergé devint réellement un corps de l'État*, il fut traité comme tout ce qui relevait de la couronne, assujéti non-seulement au paiement de l'impôt, mais au service militaire même; en un mot, à mesure que la féodalité s'établit, les biens de l'Église prirent tous les caractères de tenures féodales. Il est pourtant juste d'ajouter que quelques auteurs supposent, non sans apparence de quelque raison, que, sous les princes de la famille de Charlemagne, chaque église avait une certaine quantité de terre (*unum mansum*), libre de toute charge et de tout service. Mais le clergé surtout, après la propagation des fausses décrétales, voulant s'affranchir de tributs qu'il croyait ne pas devoir, prétendait rendre sacrés des biens qui, suivant lui, appartenaient, sinon au saint-siége, du moins à l'Église en général, et dont il ne se considérait que comme le dépositaire. En France, comme ailleurs, on fit retentir ces maximes. Alexandre III, dans le concile de Latran de 1179, défendit aux consuls et aux recteurs des villes, sous peine d'excommunication, d'obliger les clercs à contribuer aux charges publiques. Dans le concile de Latran de 1215, Innocent III renouvela ces mêmes prohibitions sous les mêmes peines, et ajouta que le clergé ne pourrait accorder de contribution, même volontaire, sans consulter le pape. Les rois crurent devoir céder à ces injonctions. Néanmoins, les croisades fournirent quelques occasions d'imposer des taxes sur le clergé; on s'y accoutuma insensiblement, et on ne tarda pas, en France surtout, à lever des *décimes* pour les besoins de l'État, nonobstant les réclamations quelquefois menaçantes du clergé et des papes eux-mêmes. Malgré sa résistance, Boniface fut obligé, dans les modifications que Philippe-le-Bel le contraignit d'introduire dans sa bulle *Clericis laicos*, de reconnaître formellement que, si le roi ou ses successeurs, pour la défense générale ou particulière du royaume, se trouvaient dans une nécessité urgente, la précédente bulle ne s'étendrait point à ce cas de nécessité, que même le roi et ses successeurs pourraient demander aux prélats et autres personnes ecclésiastiques et recevoir d'eux, pour la défense du royaume, un subside ou contribution; que les prélats et autres ecclésiastiques seraient tenus de le donner au roi et à ses successeurs, soit par forme de quotité ou autrement, même sans consulter le saint-siége: nonobstant, toute exemption ou privilége, tel qu'il fut, si le roi ou ses successeurs recevaient quelque chose au delà de ce qui serait nécessaire, il en chargeait leur conscience. Mais ces dispositions faisaient toujours subsister une foule de difficultés; et du conflit de l'autorité des papes aves celle des rois, il arriva que, dans les XIIIe et XIVe siècles surtout, les ecclésiastiques payèrent bien cher l'exemption prétendue de ne pas contribuer aux charges ordinaires de l'État; également pressés par les papes et par les princes, ils fournissaient souvent des décimes aux uns et aux autres. Ce tribut, d'ailleurs, n'était point fixe: tantôt c'était une portion du tribut annuel, tantôt c'était une portion même de la valeur intrinsèque des fonds. On appelait *décimes entières* celles qui étaient réellement le dixième des revenus ecclésiastiques. Les subventions que le clergé fournissait aux rois de France, étaient jadis toutes qualifiées *d'aides, dixièmes*, ou *décimes*. Depuis 1516, temps auquel les décimes devinrent ordinaires et annuelles, le clergé commença à les qualifier de *dons* et de *présents* ou de *dons gratuits* et *charitatifs*. Il voulait faire naître par-là l'idée que c'était une subvention offerte volontairement par lui au roi, et non une imposition faite par celui-ci. Mais si quelquefois le clergé prévint, par des offres volontaires, les demandes de l'autorité royale, il est réellement incontestable que, souvent, ces sommes furent imposées sur le clergé en vertu seulement de lettres patentes du roi ou d'arrêts du conseil. Du reste, les dons gratuits, proprement dits, n'ont commencé à être distingués des décimes que depuis le contrat passé entre le roi et le clergé, le 11 octobre 1561, et appelé *contrat de Poissy*. Le clergé, par ce contrat, prit deux engagements: 1° Il s'obligea d'acquitter et racheter, dans les dix années suivantes, le sort principal des rentes alors constituées sur la ville de Paris, montant à 7,560,057 livres, 16 sous, 8 deniers, et cependant d'en payer les arrérages en l'acquit du roi, à compter du 1er janvier 1568. Ce fut l'origine des rentes assignées sur le clergé qui furent depuis plusieurs fois augmentées, et dont le contrat se renouvelait avec le clergé tous les dix ans. Ce que le clergé payait pour cet objet, retint le nom de *décimes*; on les appela aussi *anciennes décimes* ou *décimes ordinaires*, pour les distinguer des *dons gratuits* et autres subventions désignées parfois sous le nom de *décimes extraordinaires*. 2° Le clergé s'engagea à payer au roi, pendant six ans, la somme de 1,600,000 livres par an. C'est l'origine des dons gratuits proprement dits. Il y eut depuis ce temps de pareilles subventions fournies par le clergé, à peu près tous les cinq ans. Il y avait encore, de temps en temps, d'autres dons gratuits ou subventions extraordinaires, qui se payaient dans les besoins extraordinaires de l'État. — Depuis 1789, le nom a été supprimé avec la chose: en général, les dons gratuits n'étaient onéreux qu'au petit clergé.

DON MUTUEL, donation mutuelle que se font le mari et la femme de l'usufruit de leur bien, pour que le survivant en jouisse. Prov., *il n'y a pas de plus bel acquêt, il n'y a si bel acquêt que le don*, il n'y a point de bien plus agréablement, plus aisément acquis que celui qui nous est donné. Fig., *les dons de la terre*, les productions de la terre. Poétiq. et fig., *les dons de Cérès*, les moissons, les blés; *les dons de Flore*, les fleurs; *les dons de Bacchus*, les raisins, la vendange, le vin, etc. — DON, se dit figurément des biens, des qualités physiques ou morales, des avantages qu'on reçoit de la divinité, de la nature, du sort, etc. Il se dit pareillement des biens spirituels que l'on tient de Dieu, de la grâce, du Saint-Esprit, etc. *Les dons de la fortune*, la richesse, l'opulence. — DON se dit aussi particulièrement d'une certaine aptitude que l'on a à quelque chose. Par plaisanterie, *avoir le don des larmes*, pleurer à volonté.

DON, titre d'honneur particulier aux nobles d'Espagne et de Portugal, et qui se met ordinairement devant le nom de baptême de celui à qui on le donne.

DON (LE), anciennement *Tanaïs Longoul*, en Kalmouk, fleuve de la Russie d'Europe. Il sort du lac Ivan-Ozero, dans le gouvernement de Toula; il reçoit la Sosna, non loin de Novopawlofsk. Dans son cours de 360 lieues environ, il forme beaucoup de sinuosités; il se partage en trois bras près de Tcherkark et débouche dans la mer d'Azof, au-dessous de Lutik et d'Azof. A son embouchure il est embarrassé de sables; ses eaux sont malsaines et troubles; elles sont fort basses en été. Le poisson y abonde. Les affluents les plus considérables du Don sont, à droite: la Metcha, la Tzimsia et le petit Don; à gauche, le Veronèje, la Toulouschiva, le Khoper, la Medvéditska et le Manitche. Le czar Pierre III avait projeté de creuser un canal qui unirait le Don au Volga, mais il ne put exécuter son dessein.

DONACE, *donax* (*moll.*). Genre de la classe des mollusques bivalves, rangé parmi les cardiacées de Cuvier, auprès des bucardes et des capses. Ce genre renferme un grand nombre d'espèces remarquables par l'élégance de leurs coquilles: on les rencontre à l'état fossile. Parmi les premières, plusieurs sont propres à nos côtes, et quelques-unes des secondes se rencontrent communément en France. M. Deshayes en compte sept espèces dans les terrains des environs de Paris. La *donace émoussée*, la plus grande d'entre elles, se trouve principalement à Parnes. J. P.

DONACIE (*ins.*), genre de coléoptères de la section des tétramères, famille des eupodes, tribu des criocérides; ce genre diffère des autres voisins par les caractères suivants: antennes à articles allongés, un peu renflés à leur extrémité; mandibules allant en pointe, et ayant à leur extrémité deux ou trois dents; yeux entiers; cuisses postérieures renflées; dernier article des tarses presque entièrement caché dans une échancrure du précédent. Les donacies sont des insectes de petite taille, à couleurs métalliques brillantes; leurs antennes, de la moitié de la longueur du corps environ, sont rapprochées à leur base, insérées entre les yeux; ceux-ci sont globuleux très saillants, et séparés par un sillon profond; le corselet est en carré long, un peu plus large antérieurement; les élytres sont plus larges que le corselet, et vont en se rétrécissant; elles sont finement ponctuées. Ces insectes vivent sur les plantes aquatiques, dans la racine desquelles vit leur larve. Une des espèces les plus communes aux environs de Paris, est la *donacie à grosses cuisses*, *D. crassipes*, sa couleur est un vert doré; les élytres ont de fortes stries ponctuées; les pattes sont fauves et les antennes brunes. J. P.

DONACILLE, *donacilla* (*conchyl.*). nom donné par M. Lamarck à une coquille bivalve, ayant l'aspect d'une donace, qu'il a fait depuis entrer dans le genre qu'il a depuis nommé *amphidesme*. J. P.

DONADO (HERNAND-ADRIEN), peintre et carme déchaussé. Pacheco, dans l'histoire des peintres, le place au rang des plus fameux artistes. Donado ignorait ses propres talents. Sans ses amis, il eut détruit tous ses ouvrages.

DONALD Ier, roi d'Écosse, prince vertueux, fut le premier roi d'Écosse qui embrassa la religion d'Écosse, l'an 187. Il conclut un traité de paix avec Septime-Sévère, et mourut l'an 216. — DONALD II, dans le IIIe siècle, mourut la première année de son règne. — DONALD III succéda à Donald II, il régna en tyran, et fut tué la cinquième année de son règne, en 260. — DONALD IV, prince pieux, mourut vers 647. — DONALD V battit les Anglais, fut vaincu à son tour, et mourut en 858. — DONALD VI, prince pacifique, mais brave, secourut Alfred contre les Danois. Il mourut en 703. — DONALD VII, ou Duncan Ier, fut fidèle aux Anglais contre les Danois, qu'il battit en plusieurs rencontres. Il fut tué par Macbeth en 1040. — DONALD VIII, le Blanc, fils de Donald VII et frère de Malcolm III, s'empara du trône au préjudice des enfants de Malcolm. Il ne régna que trois ans et fut détrôné deux fois. Il mourut en 1098.

DONARIA, offrandes que l'on suspendait dans le temple des dieux pour les remercier de leurs bienfaits, ou pour en obtenir de nouveaux.

DONAT et DONATISTES. Dans les premières années du IVe siècle, l'Afrique romaine était agitée par des querelles religieuses. Elles avaient pris leur origine dans une double élection faite dans l'Église de Carthage : on y avait nommé deux primats d'Afrique, Cécilien et Majorin. Depuis la mort de ce dernier, Donat, évêque des Cases-Noires (*Casæ Nigræ*), en Numidie, était, par ses talents supérieurs et ses vertus apparentes, le plus ferme appui de son parti. Des deux côtés il y avait quelques raisons spécieuses à faire valoir; en droit peut-être l'avantage que Cécilien aurait pu tirer de la priorité de son ordination, disparaissait par la précipitation avec laquelle on l'avait élu, sans attendre l'arrivée des évêques de Numidie. Les évêques des deux factions se reprochaient mutuellement, avec une singulière fureur, d'avoir perdu tous leurs droits en livrant jadis les saintes Écritures aux officiers de Dioclétien. On discuta successivement la cause dans cinq tribunaux formés par le choix de l'empereur Constantin, et l'affaire dura plus de trois ans depuis le premier appel jusqu'au jugement définitif. On décida en faveur de Cécilien, et ce ne fut pas sans peine que Constantin se borna à exiler les chefs de la faction des donatistes. Cet événement, en apparence insignifiant, fut la source d'un schisme qui désola durant plus de trois siècles la province d'Afrique, et n'y fut anéanti qu'avec le christianisme même. Les donatistes refusèrent d'obéir à Cécilien et à ses partisans, qu'ils traitaient d'usurpateurs; exilés, excommuniés, ils excommunièrent hardiment leurs adversaires et ceux qui les soutenaient. A leurs yeux la succession apostolique était interrompue; tous les évêques d'Europe et d'Asie étaient schismatiques; les seuls Africains donatistes avaient conservé les prérogatives de l'Église catholique, en conservant la pureté de leurs préceptes et de leur discipline. Ils soumettaient à un nouveau baptême et à une nouvelle ordination les prosélytes qui leur venaient même des provinces reculées de l'Orient. Ils regardaient les sacrements comme nuls lorsqu'ils avaient été administrés par des hérétiques; ils assujétissaient les évêques, les jeunes filles et même les enfants à une pénitence publique, avant de les admettre à leur communion. S'ils obtenaient une église occupée précédemment par les catholiques, ils la purifiaient comme si elle avait été souillée par le culte des idoles. Malgré leur double proscription civile et religieuse, les donatistes se maintinrent en nombre supérieur dans quelques provinces, surtout en Numidie, et 400 prélats reconnaissaient l'autorité de leur primat. Toutefois la secte même se divisait; le quart des évêques donatistes suivait la doctrine indépendante des *maximianistes*; une autre petite secte, celle des *rogatiens*, affirmait que si le Christ descendait du ciel pour juger les humains, il ne reconnaîtrait la pureté de sa doctrine que dans quelques villages obscurs de la Mauritanie Césaréenne. Au reste, Donat avait donné le signal du schisme avant même le temps où Cécilien fut élu évêque de Carthage. Le prétexte qu'il prit fut que Mensurius, alors évêque de cette ville, avait reçu à la communion et rétabli dans leurs fonctions des prêtres et évêques qui, durant la persécution de Dioclétien, avaient livré les saintes Écritures. Plus tard Donat fut l'adversaire le plus acharné de Cécilien. En 313, il se rendit à Rome avec dix évêques du parti de Majorin; il suivait Cécilien, également parti avec dix évêques de sa faction. Alors commença la série des assemblées ecclésiastiques, des condamnations et des protestations énergiques que nous avons indiquées. Donat, partout opiniâtre, fut, par le pape Miltiade, déposé et excommunié. On ne sait pas quand il mourut. Il ne le faut pas confondre avec un autre DONAT, élu évêque de Carthage par les schismatiques, après la mort de Majorin, en 316. Son autorité et sa plume furent également consacrées à soutenir la secte dont il était devenu le chef et le plus ardent promoteur. Il mourut en 355, en exil. C'est alors que commencèrent les persécutions de Constantin contre ces hommes que l'on accusait de méconnaître l'autorité impériale, aussi bien que la légitime autorité ecclésiastique. Les donatistes, furieux, chassèrent les catholiques de leurs églises et prirent les armes pour soutenir et défendre leur parti. Le nom de *circoncessiens* ou *scotapites* fut donné aux donatistes, parce qu'ils rôdaient autour des maisons; sous prétexte de venger les injures, de réparer les injustices, de rétablir l'égalité parmi les hommes. Ils mettaient en liberté les esclaves sans le consentement de leurs patrons, déclaraient quittes les débiteurs, et commettaient des désordres de toute espèce. Ils portèrent d'abord des bâtons qu'ils nommaient *bâtons d'Israël*, par allusion à ceux que les Israélites devaient avoir à la main en mangeant l'agneau pascal; ils prirent ensuite les armes pour opprimer les catholiques. Un faux zèle de martyr porta les circoncessiens à se donner la mort; les uns se précipitèrent du haut des rochers ou se jetèrent dans les flammes; d'autres se coupèrent la gorge. Les évêques recoururent aux magistrats pour arrêter tant de fureur. On envoya des soldats dans les lieux où ils se rassemblaient les jours de marché. Plusieurs furent tués et honorés par les leurs comme des martyrs. Julien favorisa les donatistes. Sous cet empereur, ils furent tout-puissants et remplirent l'Afrique de massacres; mais eux-mêmes ne tardèrent pas à se faire une guerre cruelle entre eux. Les édits sévères portés contre eux par Honorius redoublèrent leur fureur. En 412, le fils de Théodose exila leurs évêques; mais ils ne connurent plus de frein, et ce ne fut pas sans peine que le comte Marcellin parvint à les réprimer. Théodose-le-Jeune renouvela les lois d'Honorius contre les donatistes. Leur parti était devenu bien faible, lorsque les Vandales, après la conquête de l'Afrique, persécutèrent également les catholiques et les donatistes. Ceux-ci s'éteignirent dans l'indifférence publique, après avoir fait encore des tentatives inutiles sous l'empereur Maurice. Ils disparurent sous la domination des Arabes. Leurs principaux adversaires, au plus fort de leurs attaques, avaient été saint Augustin et saint Optat.

DONAT (SAINT), évêque de Besançon, était fils de Waldeline, duc de la Haute-Bourgogne, et de Flavie, dont les anciennes chroniques louent la vertu. Sa mère avait fait vœu, pendant sa grossesse, si elle avait un fils, de le consacrer à Dieu dans un monastère. Donat fut aussi remarquable par sa piété que par sa science. Il mourut en 660.

DONATAIRE (*t. de jurispr.*), celui ou celle à qui on fait une donation.

DONATELLO (DONATO, plus connu sous le nom de), naquit à Florence en 1383. Ses premiers ouvrages, une annonciation en pierre, et un crucifix en bois, étonnèrent ses compatriotes. Les statues en bronze de saint Pierre, saint George et saint Marc, firent une plus grande sensation. La république de Venise, celle de Gênes, plusieurs princes de l'Europe en offrirent à l'envi des sommes considérables. La réputation de cet artiste n'était pas renfermée dans son pays. Il fut mandé par le sénat de Venise qui lui fit exécuter plusieurs beaux ouvrages, et lui donna le titre de citoyen de la république. Donatello mettait son argent dans un panier attaché au mur de sa chambre. Ses amis et ses ouvriers y puisaient à discrétion. Il mourut en 1466, âgé de 83 ans.

DONATEUR, TRICE (*t. de juripr.*), celui, celle qui a fait une donation.

DONATH OU DONETH (M. SAMUEL-THÉOPHILE), savant théologien protestant, né en 1724 à Grana dans la Haute-Lusace, a laissé plusieurs ouvrages théologiques.

DONATI (CORSO), chef du parti des Blancs à Florence, au commencement du XIVe siècle, fit triompher sa faction dans cette ville par la protection du pape Boniface VIII et de Charles de Valois. Il ne posséda pas longtemps la puissance. Ses partisans, jaloux de son élévation, ne voulurent plus lui obéir. Bientôt après, accusé d'avoir aspiré à la tyrannie, il n'échappa au supplice qu'en se donnant la mort.

DONATI (BINDO), gentilhomme florentin, doit être placé au nombre des écrivains du XIIIe siècle qui contribuèrent à répandre sur la poésie vulgaire cet éclat dont elle brilla pendant le XIVe siècle.

DONATI (FORESE), poète florentin, contemporain de Bindo, était ennemi du Dante. Ses ouvrages sont restés manuscrits.

DONATI (ANTOINE), pharmacien de Venise sur la fin du XVIIe siècle, a publié : *Trattato de' semplici, pietre e pesci marini che nascono nel lito di Venezia.* — Venise, 1651, in-4°.

DONATI (MARCELLUS), a publié, à Mantoue, sa patrie, *de Mechoacanâ liber*, souvent réimprimé.

DONATI (ALEXANDRE), jésuite, né à Sienne en 1585, professa longtemps la réthorique à Rome. Il a laissé plusieurs ouvrages, dont le plus estimé a pour titre : *Roma vetus ac recens, utriusque ædificiis ad eruditam cognitionem expositis.* Rome, 1633, 1639, , in-4°.

DONATI (VITALIEN), médecin et célèbre naturaliste, né à Padoue en 1713, fut chargé par Benoît XIV de parcourir le royaume de Naples et la Sicile pour recueillir ce que ces contrées offraient de remarquable sous le rapport de l'histoire naturelle. Donati commença à remplir sa mission; mais la peste de Messine lui fit changer son itinéraire, et il parcourut l'Illyrie, l'Albanie et la Bosnie. Il obtint ensuite une pension du roi de Sardaigne, pour étudier l'Orient, et il parcourut la Syrie et l'Égypte. Il méditait de passer aux Indes orientales; mais la mort le surprit en 1763, et l'empêcha de mettre ce dessein à exécution. Donati voyageait et observait sans cesse. Il se reposait sur d'autres du soin de ses publications. Les observations qu'il fit en Illyrie sur la mer Adriatique, ont été publiées à Venise en 1750 par Carlé-Rubi, sous le titre de : *Della Storia naturale dell'Adriatico, saggio*; in-4° avec fig.

DONATIA de **MAGELLAN** (*bot.*), *donatia magellanica*, plante du détroit de Magellan, réunie d'abord aux *polycarpon*, et dont M. Lamarck a fait depuis un genre particulier de la famille des caryophillées, caractérisé par un calice à trois folioles courtes, subulées; neuf pétales entiers; trois étamines; un ovaire fort petit, surmonté de trois styles : le fruit inconnu; ses tiges, hautes de deux pouces, sont réunies en gazons serrés et touffus; les feuilles petites, nombreuses, imbriquées, sessiles lancéolées ou linéaires, obtuses, entières; les fleurs solitaires et terminales. J. P.

DONATION. C'est, en général, une libéralité qu'une personne fait volontairement à une autre. On ne peut disposer de ses biens, à titre gratuit, que par donation entre-vifs, ou par testament. — **DONATION ENTRE-VIFS.** C'est un acte par lequel le donateur se dépouille actuellement et irrévocablement de la chose donnée, en faveur du donataire qui l'accepte. (Cod. civ., art. 894.). L'acte formant donation entre-vifs doit être passé devant notaire, dans la forme ordinaire des contrats; et il doit en rester minute, sous peine de nullité. (Cod. civ., art. 931). La donation entre-vifs n'engage le donateur et ne produit aucun effet que du jour où elle a été acceptée en termes exprès. L'acceptation peut être faite du vivant du donateur par un acte postérieur et authentique dont il reste minute; mais alors la donation n'a d'effet, à l'égard du donateur, que du jour où l'acte qui constate cette acceptation lui est notifié (*ib.*, art. 932, La donation entre-vifs ne peut comprendre que les biens présents du donateur; si elle comprend les biens à venir, elle est nulle à cet égard. (*ib.*, art. 943). Toute donation entre-vifs faite sous des conditions dont l'exécution dépend de la seule volonté du donateur, est nulle (*ib*,, art. 944). Tout acte de donation d'effets mobiliers n'est valable que pour les effets dont un état estimatif, signé du donateur et du donataire, ou de ceux qui acceptent pour lui, est annexé à la minute de la donation (*ib.*, art 948). La donation entre-vifs ne peut-être révoquée que pour cause d'inexécution des conditions sous lesquelles elle a été faite, pour cause d'ingratitude ou pour cause de survenance d'enfants (*ib.*, art. 953. — **DONATION PAR TESTAMENT** (*Voyez* **TESTAMENT**). — **DONATION MUTUELLE.** C'est une convention faite entre deux époux depuis le mariage, en vertu de laquelle le survivant jouit ordinairement, par usufruit, sa vie durant, de la moitié des biens de la communauté appartenant aux héritiers du prédécédé. L'époux peut, soit par contrat de mariage, soit pendant le mariage, pour le cas où il ne laisserait point d'enfants ni descendants, disposer en faveur de l'autre époux, en propriété de tout ce dont il pourrait disposer en faveur d'un étranger, et en outre de l'usufruit de la totalité de la portion dont la loi prohibe la disposition au préjudice des héritiers. Et pour le cas où l'époux donateur laisserait des enfants ou descendents, il peut donner à l'autre époux ou un quart en propriété et un quart en usufruit, ou la moitié de tous ses biens en usufruit seulement (*ib.*, art. 1094). Toutes donations faites entre époux pendant le mariage, quoique qualifiées entre-vifs, sont toujours révocables (*ib.*, art 1097). L'homme ou la femme qui, ayant des enfants d'un autre lit, contracte un second ou subséquent mariage, ne peut donner à son nouvel époux qu'un quart d'enfant légitime, le moins prenant, et sans que, dans aucun cas, ces donations puissent exéder le quart des biens (*ib.*, art. 1098).

DONATO (**FRANÇOIS**), doge de Venise de 1545 à 1553, pendant un règne de 7 ans et demie, il fit respecter par Charles-Quint et Henri II la neutralité de la république.

DONATO (**LÉONARD**), doge de Venise, de 1606 à 1613, sut résister avec fermeté au pape Paul V, lorsque celui-ci voulut priver la république de sa juridiction sur les ecclésiastiques.

DONATO (**NICOLAS**), doge en 1618, ne régna que trois semaines.

DONATIUS VALENS, centurion mis à mort par ordre de Vitellius, pour s'être déclaré en faveur de Galba.

DONATIVUM et ensuite **AUGUSTATICUM**, gratification que les empereurs donnaient aux soldats à leur avènement à l'empire. Elles étaient dans l'origine d'un congé, ce qui les fit nommer *congiaritum*. Par le nom de *donatirum*, on désignait particulièrement les gratifications faites aux soldats. Ces largesses, déjà onéreuses en elles-mêmes, devinrent, vers la fin du IIe siècle, fatales à l'empire. En effet, les armées pour en obtenir plus souvent, faisaient et défaisaient à leur gré les empereurs. De là la foule des tyrans et l'anarchie militaire qui caractérise le siècle de Pertinax et de Dioclétien.

DONATUS (**ÆLIUS**), enseignait l'an 354 de J.-C. la grammaire à Rome, où il compta saint Jérome parmi ses auditeurs. Il a laissé deux ouvrages, l'un intitulé : *Ars sive editio prima de litteris syllabisque, pedibus et tonis*; l'autre, *editio secunda de octo partibus orationis*. Ces deux parties réunies forment une grammaire complète, et la première grammaire systématique de la langue latine qui ait existé. Elle a été la base de tous les livres élémentaires de ce genre anciens et modernes. Ælius Donatus a aussi laissé un ouvrage intitulé : *De barbarismo, solecismo, schematibus et tropis*, et un commentaire sur cinq comédies de Térence; ce dernier travail, comme presque tous les commentaires anciens qui nous restent, paraît n'être qu'un abrégé de celui que Donat a fait. On lit dans le troisième volume de la bibliothèque latine de Fabricius, une *vie de Donat*, que Pierre Daniel a trouvée dans un manuscrit de la bibliothèque du roi. C'est un chef-d'œuvre d'absurdité de quelque écrivain de la basse latinité. **TIBÉRIUS**, **CLAUDIUS**, **DONATUS**, était également grammairien, mais on ne sait à qu'elle époque se rapporte son existence. Il a laissé une vie de Virgile, qui, à ce qu'il parait servait d'introduction à son commentaire sur les Bucoliques, qui s'est perdu, et des scholies (*Interpretationes*) sur l'Énéide, qui ont pour but principal d'expliquer les beautés de la poésie. Elles parurent pour la première fois en 1535, à Naples, in-fol., et depuis dans différentes éditions de Virgile. La vie du poète se trouve aussi dans plusieurs de ces dernières, et notamment dans le t. V de celle de Heyne. Ce même Donat est aussi l'auteur des arguments des métamorphoses d'Ovide.

DONAUWORTH (*Danubii Insula*), ville forte de Bavière. Elle est située au confluent du Danube et de la Wernitz, à 10 lieues N. d'Ausbourg. Elle est bâtie en forme d'amphitéâtre sur une colline, et entourée de bonnes murailles; elle possède une cour de justice, une chambre de finances, quatre églises trois hôpitaux et un couvent remarquable. Louis-le-Fort y fit trancher la tête à son épouse, Marie de Brabant; ses environs sont célèbres par la victoire que Malborough remporta sur les Bavarois en 1704. On a élevé à Oberhausen, près de Donauworth, un monument à Latour-d'Auvergne, le premier grenadier français.

DONAX (*bot.*), genre de plantes de la famille des graminées qui a pour type, l'*arundo donax* de Linné. Cette graminée croît dans nos provinces méridionales; on la cultive aussi dans nos jardins, où ses tiges dures et légères, dépassent quelquefois une hauteur de huit pieds. En Provence, on la cultive en haies de clôture. Cette plante a pour caractères distinctifs; ses fleurs en panicules composées; l'épicène membraneuse, contenant de trois à sept fleurs, glume inférieure à trois soies, dont la moyenne est la plus longue, glume supérieure tronquée, échancrée ou bidentée; ovaire à sommet glabre ou velu; style à deux branches, stigmate plumeux; graine entière, ou marquée de deux cornes. Ce genre comprend diverses espèces d'*arundo*, de *poa* et de *festuca*. J. P.

DONC. Conjonction qui sert à marquer la conclusion d'un raisonnement. On l'emploie également pour marquer toute autre espèce d'induction, pour exprimer qu'une chose est ou doit être la conséquence, le résultat d'une autre, qu'elle a lieu en conséquence d'une autre. Cette conjonction sert encore à marquer une sorte d'étonnement, la surprise que l'on éprouve d'une chose à laquelle on ne s'attendait point, etc. Elle sert aussi quelquefois à rendre plus pressante une demande par injonction, etc.

DONDERPAD (*ichthyol.*). En Hollande on donne ce nom au cotte-scorpion, *cottus scorpins* (*V.* **COTTE**).

DONDEY-DUPRÉ (**PROSPER**), né à Paris, en 1794, s'associa avec son père, et appliqua heureusement la typographie à la propagation des sciences et de la littérature de l'orient. — Il était membre de la Société asiatique, collaborateur de la *Revue britannique*, et fut auteur de quelques opuscules, entre autres l'*Imprimerie*, ode française et latine. Il mourut en août 1834.

DONDI (**JACQUES**), né à Padoue au commencement du XIVe siècle, fut philosophe, médecin, littérateur et mathématicien. Il est l'inventeur de la fameuse horloge de Padoue, qui marquait, indépendamment des heures, les révolutions des planètes, les phases de la lune, les mois et même les fêtes de l'année. — Jean **DONDI**, mort en 1380, était fils du précédent. Il inventa et exécuta une autre horloge encore plus fameuse, qui fut placée à Paris dans la bibliothèque de Jean Galeaz Visconti. Ce travail lui valut, et à tous ses descendants, le surnom de Horologius. — On cite encore : Gabriel **DONDI**, médecin à Venise, mort en 1388. — Joseph-Horologi de **DONDI**, historien.

DONDI DALL' OROLOGIO (le marquis CHARLES-ANTOINE), savant naturaliste, né vers 1750. La science à laquelle il s'était livré l'occupa toute sa vie. Il a publié divers ouvrages sur les différentes branches. Il mourut en mai 1801.

DONDI DALL' OROLOGIO (FRANÇOIS SCIPION), frère puîné du précédent, né à Padoue le 6 janvier 1756, embrassa l'état ecclésiastique après avoir fait ses études de droit, devint chanoine dans sa ville natale, puis vicaire capitulaire, puis évêque *in partibus* de Tinitré, et enfin évêque de Padoue. Il déploya dans ces fonctions un grand dévouement à son ministère et des lumières très remarquables. Il mourut à Padoue le 6 octobre 1829.

***DONDIA** (*bot.*). Adanson désigne sous ce nom le *lechea* de Kalm et de Linné, que Gronovius nomme *menandra*.

DONDINI (GUILLAUME), Bolonais, né en 1606, professa l'éloquence à Rome pendant dix-sept ans, et expliqua l'Écriture sainte pendant douze ans dans le Collége romain. On a de lui une histoire très estimée, intitulée : *Historia de rebus in Galliâ gestis ab Alexandro Farnesio, Parmæ et Placentiæ duce III, supremo Belgii præfecto.* Rome, 1673, in-f°.

DONDISIA (*bot.*). Tournefort distinguait du *raphanus* le *raphanistrum*, à raison de sa silique uniloculaire. Necker a adopté ce genre sous le nom de *dondisia*. J. P.

DONDON, femme ou fille qui a beaucoup d'embonpoint et de fraîcheur.

DONDONI (ANTOINE), célèbre graveur en pierres fines, né en 1528 à Busseto, petite ville de l'État de Parme. Le duc de Devonshire conserve les plus précieux de ses ouvrages, qui sont tous très rares, dans son riche cabinet de pierres gravées.

DONDUCCI (JEAN-ANDRÉ), surnommé IL MASTELLETTA. Ce peintre avait une imagination vaste et brillante. Ses contemporains préféraient sa manière de peindre à celle du Guide, dont il fut le rival. Donducci mourut à Bologne en 1637.

DONE, s. f., ancien mot qui signifiait demoiselle, femme de bourgeoisie.

DONEAU (HUGUES), jurisconsulte, né à Châlon-sur-Saône en 1527, professa le droit à Bourges, où il eut Cujas pour collègue. Comme il était protestant, il fut obligé de sortir de France après la Saint-Barthélemy. Il professa le droit successivement dans les Universités de Heidelberg, de Leyde et d'Altorf, et mourut dans cette dernière ville en 1591.

DONEC, particule latine qui signifie ordinairement *jusqu'à ce que*, ou *tandis que*, et qui marque qu'une chose finit en un certain temps et ne dure que jusqu'à ce temps. Mais dans l'Écriture *donec* se prend quelquefois autrement, et signifie simplement ce qui s'est fait ou ce qui se fera jusqu'alors, sans qu'on en puisse conclure qu'il ne se fera pas plus longtemps. C'est ainsi que Dieu le Père dit à Jésus-Christ son fils : *Asseyez-vous à ma droite, jusqu'à ce que je mette tous vos ennemis à vos pieds* (Psal. 109, v. 1). La particule *donec* ne veut pas dire que Jésus-Christ cessera d'être assis à la droite de son Père lorsque tous ses ennemis seront abattus à ses pieds. C'est ainsi encore que saint Matthieu dit que saint Joseph ne connaissait pas la Sainte-Vierge jusqu'à ce qu'elle eût enfanté son premier-né, sans qu'il s'ensuive qu'il l'ait connue après la naissance du Sauveur (*Matth.*, 1, 25).

DONEGALL ou **DUNNEGALL**, comté d'Irlande. Il est borné au N. et à l'O. par le comté de Londonderry et de Tyronne; au S. par celui de Fermanagh et la baie de Donegall. Sa superficie est de 200 lieues carrées. Ce pays, marécageux en quelques endroits, couvert de montagnes en certains autres, est pourtant généralement fertile; il a de riches vallées; il renferme aussi plusieurs lacs, tels que ceux de Swilly, Fine et Derg. Le Fine, la Dale, l'Erne et la Guibarra, sont les rivières qui l'arrosent. Il a 23,531 maisons, et 248,300 habitants. Le chef-lieu du comté est : DONEGALL, ville d'Irlande, chef-lieu du comté du même nom, sur une baie à l'embouchure de l'Esk. Elle a un port excellent; néanmoins son commerce est peu étendu; la pêche du hareng en constitue la principale branche. Elle est à 43 lieues N.-O. de Dublin, et a 4,000 habitants.

DONGA ou **DINKA**, pays d'Afrique (*Nigritie*), sur le versant N. des monts de Doneja, dits aussi El-Kamar. On croit que le Barh-el-Abiad y a sa source. Cette contrée nous est du reste peu connue.

DONGAL, roi d'Écosse, régna pendant six ans avec une grande sévérité. Il se noya en passant la Spey, en 880.

DONGARD, roi d'Écosse en 452, prince sage et habile, sut préserver son royaume de la guerre qui désolait alors le monde entier.

DONGELBERGE ou **DONGHELBERGE** (HENRI-CHARLES DE), descendant des souverains du Brabant par un fils naturel de don Juan Ier, naquit à ce qu'on croit à Bruxelles le 18 août 1598. Il fut plusieurs fois échevin de cette ville, et remplit les fonctions de conseiller au conseil souverain de Brabant. Il mourut le 5 avril 1660. Il a imité, en vers latins, un poème flamand où on célèbre la victoire de Voeringen, remportée en 1288 par le duc Jean Ier sur le duc de Luxembourg.

DONGOLAH, État d'Afrique, borné au N. par la Nubie turque, à l'E. par le pays des Bedjah, au S. par le Sennaar, à l'O. par la Nigritie et le désert de Libye. Des déserts et des plaines sablonneuses forment la plus grande partie de ce royaume. Les bords de Tacazzé sont moins stériles, et ceux du Nil sont très fertiles. Le Dongolah produit des chevaux très estimés. Ses habitants professent l'islamisme et parlent l'arabe. Les mamelouks échappés à la proscription de Mohammed-Ali se réfugièrent dans ce pays, qui paya cher la protection qu'il leur accorda. Ismaël-Paschâ, son fils, y fit une expédition et soumit à sa puissance les rois de la vallée du Nil; mais il y périt. Ce pays, qui a environ 200 lieues de long et 165 de large, est compris entre les 16° 20' et 21° 50' de latitude N., 25° 40' et 35° de longitude E.

DONI (ANTOINE FRANÇOIS), Florentin, né vers 1503, d'une famille noble et ancienne, prit dans sa jeunesse l'habit des frères Servites; peu après il fut sécularisé, resta simple prêtre, sans autre état que celui d'auteur. Il fut souvent réduit à vivre de ses messes. Il quitta Florence, sa patrie, et visita successivement Gênes, Alexandrie, Pavie, Milan, Plaisance et Venise, sans trouver la fortune qu'il cherchait. Ce fut dans cette dernière ville qu'il publia ses ouvrages. Il y fut un des fondateurs de l'académie qui prit le titre de Peregrina. Doni mourut en 1574, à Monselice, village situé dans les monts Eccyanées, près de Padoue. Peu de ses nombreux ouvrages lui ont survécu. Ceux qui sont le plus connus ont un caractère libre, satirique et original; mais le fond en est peu de chose. On voit aussi que la gaîté de l'auteur n'est pas véritable, et que c'est souvent à contre-cœur qu'il joue le rôle de bouffon.

DONI (JEAN-BAPTISTE), patricien de Florence, naquit en 1593. Il fit ses premières études à Bologne, et alla les terminer à Rome, sous les jésuites. Il eut les plus grands succès et dépassa bientôt tous ses condisciples. Après avoir étudié les langues orientales à Pise, il vint à Bourges étudier le droit sous Cujas. Le pape Urbain VIII, Barberini, ayant été élu en 1623, le cardinal neveu, Barberini (François), appela Doni à Rome, et le logea dans son palais. Depuis il fut toujours protégé par ce prélat, qu'il suivit dans plusieurs ambassades, en France et en Espagne. Doni accepta une chaire d'éloquence qui lui fut offerte à Florence, et il mourut dans cette ville d'une fièvre putride, à l'âge de 53 ans. Ses ouvrages sont principalement de savantes recherches sur l'antiquité et plus particulièrement sur la musique antique. Il avait cru retrouver entièrement la forme, les proportions et l'organisation de la lyre antique. Il fit construire une lyre qu'il monta, et sur laquelle il exécutait des morceaux composés dans le genre antique. Il dédia cette lyre au pape Urbain VIII, et l'appela de son nom : *Lyra Barberina*.

DONI D'ATTICHI (LOUIS), originaire de Florence, naquit en France. Il fut nommé évêque de Riez, puis transféré à l'évêché d'Autun. On a de lui : *Flores historiæ sacri collegii cardinalium;* Paris, 1660, 2 vol. in-f°; ouvrage regardé comme le plus complet qui ait paru sur cette matière.

DONIA (*bot.*), genre de plantes de la famille des synanthérées. C'est le genre *aurelia* de M. N. Cassini, que M. Brown avait avant lui nommé *donia*. Ce genre diffère du *grindelia* de Wildenow, en ce que dans le *donia* les squamellules de l'aigrette sont barbellulées, tandis que dans le *grindelia* les squamellules sont inappendiculées; dans le premier aussi, les anthères sont dépourvues d'appendices basilaires, tandis que celles des *grindelia* sont appendiculées à leur base (*V.* AURELIA). J. P.

DONINI (JÉRÔME), peintre, né à Correggio en 1681, reçut des leçons de Jean-Joseph dal Sole et du célèbre Charles Cignani. Cet artiste devint en peu de temps le peintre à la mode. Ses ouvrages n'ont rien perdu, et on les recherche encore aujourd'hui. Le dessin en est ferme et le coloris séduisant.

DONIS (NICOLAS), moine bénédictin du monastère de Rechenbach, en Allemagne, florissait vers le milieu du XVe siècle. Il est principalement connu par son travail sur la géographie de Ptolémée et les cartes dont il l'a accompagnée. Il y joignit, en outre, un *Traité sur les merveilles et les lieux célèbres du monde.* Donis envoya le premier manuscrit de cet ouvrage au duc Borso d'Este, et en présenta au pape Paul II une copie plus correcte en 1471. Cet ouvrage fut imprimé pour la première fois à Ulm, par Léonard Hol, en 1482, avec la dédicace au pape Paul II.

DONJON, partie la plus forte et la plus élevée d'un château, et qui est ordinairement en forme de tour. Il se dit, par extension, d'une tourelle en forme de guérite, élevée sur la plate-forme d'une tour. Il se dit aussi d'un petit pavillon élevé au-dessus du comble d'une maison, et dont la vue s'étend au loin.

DONJONNÉ (*t. de blason*). Il se dit des tours ou châteaux qui ont des tourelles.

DONNANT, ANTE, qui aime à donner. On l'emploie surtout avec la négation. Il est familier. Prov., *donnant donnant*, se dit pour exprimer qu'on ne veut donner une chose qu'en recevant une autre chose.

DONNE, action de distribuer les cartes au jeu.

DONNE (JEAN), né à Londres en 1573. Il étudia à Oxford, puis à Cambridge; ses succès furent si grands dans cette dernière université, qu'on disait de lui, comme de Pic de la Mirandole : « qu'il était né savant plutôt qu'il ne l'était devenu par l'étude. » Les succès de Donne dans le monde ne furent pas aussi grands que ceux qu'il avait obtenus à l'université. Les poésies de sa jeunesse le firent remarquer par un certain esprit alambiqué, très à la mode de son temps, mais peu estimé aujourd'hui. Il fut plus heureux comme théologien et surtout comme prédicateur. Il prêchait d'un cœur si pénétré, qu'il versait souvent des larmes et en faisait verser à son auditoire. Cependant il n'est guère connu aujourd'hui que par ses poésies. On remarque parmi les productions de sa jeunesse un ouvrage singulier, destiné à prouver « que le suicide n'est pas si naturellement un péché qu'il ne puisse être vu autrement. » 1644, 1648, etc., in-4°. Donne, devenu théologien, ne pouvait approuver cet ouvrage, mais il ne pouvait se résoudre à le condamner.

DONNE (JEAN), fils du précédent, fut docteur en droit civil, agrégé, en cette qualité, à l'Université d'Oxford. Il mourut en 1622.

DONNE (ABRAHAM), mathématicien anglais, né en 1718, mourut dans sa vingt-huitième année. Il a laissé, entre autres choses, le résultat de ses calculs sur les éclipses du soleil et de la lune, avec les passages de Mercure pour plus de dix années, avec leurs figures.

DONNE (BENJAMIN), frère du précédent, naquit, en 1729, dans le comté de Devon. Il a laissé une *Description du comté de Devon*, un *Essai de mathématiques*, un *Abrégé de physique expérimentale*, et un *Guide du marin anglais*.

DONNÉ, terme général par lequel on désigne, en mathématiques, toute espèce de grandeur qu'on suppose connue. Ainsi on dit un nombre *donné*, une ligne *donnée*, etc. En général, les *données* d'un problème sont les quantités connues au moyen desquelles il faut construire les quantités inconnues ou cherchées. Lorsque la position d'une figure géométrique est connue, on dit encore que cette figure est *donnée de position*. Par exemple, lorsqu'un cercle est réellement décrit sur un plan, son centre est *donné de position*, sa circonférence est *donnée* de grandeur, et le cercle est *donné* de position, est *donné* de grandeur.

DONNER, faire don à quelqu'un de quelque chose, l'en gratifier, lui en transmettre gratuitement la propriété ou la jouissance. En jurispr., *Donner et retenir ne vaut*, celui qui fait une donation ne peut, sous peine de nullité de l'acte, y ajouter une clause qui en détruira l'effet. Cela a passé en proverbe, pour dire qu'on ne peut retenir ce que l'on donne. *Donner l'aumône*, donner de l'argent ou quelque autre chose par aumône, par charité. Fam., et par exagér. : *Il donnerait jusqu'à sa chemise*, se dit d'un homme extrêmement charitable et libéral. Prov., *On ne donne rien pour rien*. Prov., *A donner donner, à vendre vendre* : quand on vend, il n'est point question d'user de libéralité; et quand on donne, il ne faut point faire acheter ce qu'on donne. Prov., *Qui donne tôt, donne deux fois*, c'est ajouter au prix d'une grâce que de l'accorder promptement. Prov. et fig., *Il n'en donnerait pas sa part aux chiens*, se dit d'un homme qui se croit bien fondé dans les prétentions qu'il a sur quelque chose. Fig. et fam., *Donner au diable*, et *se donner au diable*. (Voy. DIABLE.) *Donner sa vie, ses jours, son sang pour quelqu'un, pour quelque chose*, sacrifier sa vie, répandre son sang par dévouement pour quelqu'un, pour quelque chose. Fig., *Donner un précepteur, un gouverneur à un enfant; lui donner un maître de dessin, de danse, etc; donner un chef, un général à des soldats; donner un roi à une nation*, etc., Mettre un enfant sous la direction d'un précepteur, d'un gouverneur; lui faire prendre des leçons de dessin, de danse, etc; nommer un chef, un général à des soldats; désigner celui qui règnera sur un peuple, etc. *Donner une fille en mariage à quelqu'un*, la lui accorder pour femme. Avec le pron. pers., *Se donner à quelqu'un*, s'attacher, se dévouer à lui. Il signifie aussi, se mettre sous la domination de quelqu'un. Il signifie encore, vouer à quelqu'un toute son affection. Il signifie quelquefois, en parlant d'une femme, accorder les dernières faveurs. — DONNER signifie encore simplement, livrer, mettre entre les mains, remettre, confier. *Donner une chose à l'essai, à l'épreuve*, la donner à quelqu'un pour qu'il l'essaie, pour qu'il l'éprouve avant que de l'acheter. Prov. et fig., *Donner du fil à retordre*, causer bien de la peine à quelqu'un, lui susciter bien des embarras. Par exagér. et fam., *Je donnerais ma tête à couper que cela est ainsi*, se dit pour exprimer une vive persuasion, une grande conviction, pour assurer fortement. Fig. et fam., *En donner à garder à quelqu'un*, vouloir lui en faire accroire. Fig. et fam., *En donner à quelqu'un*, signifie, le tromper, et quelquefois le battre. Fam., *Le donner au plus habile à mieux faire*, défier le plus habile de mieux faire. On dit de même, *Donner quelque chose à deviner*, défier de le deviner. On dit aussi, *Donner en dix, en vingt, en cent*, etc., à faire une certaine chose; défier de la faire une fois sur dix, sur vingt, etc. En termes de chasse, *Donner le cerf aux chiens*, lancer le cerf. — DONNER, signifie aussi céder, transmettre, payer en échange, en retour de quelque chose, de quelque service. Par exag. et famil., *Je n'en donnerais pas une obole, un fétu*, etc., je ne fais aucun cas de cela, je n'en donnerais pas le moindre prix. Par exagér., *Je donnerais tout au monde, je donnerais je ne sais combien, je ne sais quoi*, etc., *pour que cela fût, pour que cela ne fût pas*, se dit quand on veut exprimer que l'on serait disposé à faire de grands sacrifices pour qu'une chose fût ou ne fût pas. — DONNER signifie quelquefois fournir, surtout en parlant de garanties, de gages, de preuves, etc. *Donner assurance*, assurer quelqu'un de quelque chose. *Donner des preuves, des marques*, manifester, faire connaître par les effets. *Donner des signes d'embarras, d'inquiétude*, etc., paraître inquiet, troublé, etc. — *Donner signe de vie, des signes de vie*, etc., se dit d'une personne qui vit, qui respire encore, bien qu'elle soit presque inanimée, ou qu'on ait pu d'abord croire qu'elle était morte. Fig., *Ne pas donner signe de vie, le moindre signe de vie, ne donner aucun signe de vie*, se dit d'une personne absente qui n'écrit point, qui ne donne aucune marque de son souvenir dans les occasions où elle pourrait le faire. DONNER se prend aussi pour apporter, présenter, offrir. Prov. et fig., *Donner des verges pour se fouetter, pour se faire fouetter*, fournir des armes contre soi-même. Aux jeux de cartes, *Donner les cartes*, ou simplement, *Donner*, distribuer aux joueurs le nombre de cartes qu'il faut à chacun d'eux. On dit aussi : *Donner beau jeu*, donner des cartes qui font un jeu favorable; et dans le sens contraire, *Donner vilain jeu*. Fig. et fam., *Donner beau jeu à quelqu'un*, lui présenter une occasion favorable de faire ce qu'il souhaite. Elliptiq., au jeu de paume, *Donner beau*, jouer la balle de manière qu'elle soit facile à prendre. *Donner beau sur les deux toits*, envoyer la balle à son adversaire, de manière qu'elle porte sur les deux toits, ce qui la rend aisée à prendre. Fig., fam., *Donner beau*, ou *la donner belle à quelqu'un*, donner à quelqu'un une occasion de dire, de faire quelque chose. *Donner beau*, ou *la donner belle à ses ennemis*, leur donner des moyens, des occasions de nuire. Ironiquement, *Vous me la donnez belle*, vous me trompez, vous vous moquez, etc. On dit dans le même sens, *Vous me la donnez bonne*. — *Donner la main*, tendre la main. On dit dans un sens analogue, en parlant d'un animal, *Donner la patte*. *Donner la main à une femme*, lui aider à marcher en la tenant par la main. On dit aussi, *Se donner la main, se donner le bras*, se tenir l'un l'autre par la main, etc. Fam., *Donner une poignée de main*, serrer affectueusement la main à quelqu'un, Fig., *Donner la main, sa main à quelqu'un*, l'épouser. *Donner la main* signifie aussi céder le pas, la place d'honneur. On dit aussi dans le même sens, et plus ordinairement, *Donner le pas*. Fig., *Donner les mains à quelque chose*, y acquiescer, y consentir. *Donner à téter, donner le sein à un enfant*, le faire téter. *Donner à boire et à manger*, signifie quelquefois, tenir auberge. *Donner un festin, une collation, une fête, un bal, un concert, la comédie, des jeux*, etc., régaler d'un festin, d'une collation, d'une fête, d'un bal, etc. *Donner une pièce de théâtre*, la représenter devant le public. *Donner une pièce de théâtre*, signifie aussi, la faire représenter. *Donner un livre, un ouvrage au public*, le publier, le faire imprimer. Fam., *Donner le bonjour, le bonsoir*, souhaiter le bonjour, le bonsoir, Fig. et fam., *Donner une cassade, des cassades*, faire accroire quelque chose de faux. Fig. et fam., *Donner une baie, des baies*, faire accroire à quelqu'un une chose absurde pour se moquer de lui. Avec le pronom personnel, *Se donner en spectacle*, s'offrir, s'exposer à tous les regards. Fig., *Donner une personne* ou *une chose pour telle ou telle, comme telle ou telle*; l'annoncer, la présenter comme telle. On dit de même, avec le pronom personnel, *se donner pour riche, pour savant*, etc., se faire passer pour riche, etc. — DONNER, se dit aussi dans un sens particulier pour : administrer quelque chose. Il se dit également dans le sens d'infliger, en parlant de supplices, de châtiments, de mauvais traitements. Fig. et fam., *En donner du long et du large à quelqu'un, lui en donner tout du long de l'aune*, le battre violemment, ou se moquer beaucoup de lui. *Donner la chasse*, poursuivre. En termes de marine, *Donner chasse*, poursuivre un navire, un vaisseau qu'on veut reconnaître ou dont on veut s'emparer. *Donner un assaut, une bataille, un combat*, livrer un assaut, une bataille, etc. — DONNER signifie encore diriger, appliquer l'action, l'impression, l'effet de quelque chose sur un objet. Fam., *Donner un coup de pied jusqu'à tel endroit*, aller jusqu'à cet endroit; cela ne se dit guère qu'en parlant d'un endroit peu éloigné. *Donner un coup de rabot, un coup de lime, un coup de balai, un coup de peigne*, etc., passer plus ou moins légèrement le rabot, la lime, le balai, etc., une ou plusieurs fois sur quelque chose. Fig. et fam., *Donner un coup de collier*, faire un effort pour réussir dans quelque entreprise. Fig. et fam., *Donner un coup d'épaule*, aider à quelque chose, venir au secours de quelqu'un. *Donner une couche*, appliquer, étendre une couche de couleur sur un objet. *Donner le feu trop chaud, trop ardent à la viande*, la faire rôtir à trop grand feu. — DONNER signifie en outre accorder, octroyer : *Donner un arrêt, une sentence*, etc., rendre un arrêt, porter une sentence, les prononcer. — DONNER se dit aussi en parlant de ce qu'on impose ou qu'on prescrit, de ce qu'on établit ou qu'on indique. *Donner ordre à quelque chose*, y pourvoir. *Donner des bornes à ses désirs, à son ambition*, etc., borner ses désirs, son ambition. *Se donner de garde, se donner garde*, se défier, se précautionner, éviter. *Donner exemple, donner l'exemple*, être le premier à faire quelque chose que d'autres font ensuite. Cela se dit en bien et en mal. *Donner bon exemple, le bon exemple*, avoir une conduite exemplaire. *Donner le nom à un enfant*, le tenir sur les fonts baptismaux. *Donner jour, donner heure*, assigner, marquer un certain jour, une certaine heure. En termes de procédure, *Donner assignation*, assigner par un exploit à comparaître par devant le juge. — DONNER signifie aussi attribuer. *Quel âge donnez-vous à cette personne?* quel âge croyez-vous qu'elle ait? — DONNER signifie encore causer, prouver, faire avoir. Il se dit particulièrement, dans le même sens, en parlant de la situation, de la forme, de la dimension, de l'apparence, des qualités qu'on fait prendre à une chose par un travail, par une action, par un moyen quelconque. *Donner la peste, la gale, la petite vérole*, etc., communiquer à quelqu'un la peste, la gale, etc., dont on est soi-même attaqué. *Donner ses goûts, ses inclinations, son humeur*, etc., *à quelqu'un*, lui faire contracter les goûts, les inclinations, etc., que l'on a soi-même. *Donner la vie*, signifie quelquefois, rendre la santé; et fréquemment, causer une vive joie à une personne qui était inquiète, abattue. *Donner la mort*, signifie quelquefois causer une douleur poignante. Fam., *Se donner patience*, patienter. *Donner l'alarme*, avertir de l'approche de l'ennemi; et figurément, avertir de quelque danger, ou alarmer, inspirer quelque crainte. *Donner bien de l'exercice*, susciter des embarras, des affaires. *Donner à courir, à travailler*, etc., mettre dans la faire beaucoup de démarches, de courses, travailler beaucoup, etc. *Donner à penser, à songer*, donner à quelqu'un sujet de penser. *Donner à rire*, donner sujet de rire par quelque chose de ridicule. *Donner à discourir, donner à parler*, etc., donner sujet de discourir, de parler. Cela se prend toujours en mauvaise part. *Donner à entendre*, faire entendre, faire comprendre, insinuer. *Donner cours à une nouvelle, à une opinion*, la divulguer, la faire courir. Fig. et fam., *Donner le branle*, mettre en mouvement, donner l'impulsion. *Donner jour à une affaire*, faire naître l'idée ou l'occasion d'une affaire, d'une entreprise. Fam., *Donner un bon tour à quelque chose*, l'exprimer, l'expliquer heureusement, l'exposer d'une manière favorable. *Se donner l'air gai, l'air triste, l'air humble*, etc., affecter, prendre un air gai, un air triste, un air humble, etc. Fam., *Se donner des airs, de grands airs*, affecter un ton, des manières au-dessus de son état, de sa condition, de sa fortune. *Se donner des airs de maître, de savant, de bel esprit*, etc., vouloir s'attribuer sans raison une autorité de maître, affecter de passer pour savant, pour bel esprit, quoiqu'on ne le soit pas. — DONNER, se dit encore, dans un sens particulier qui est analogue au précédent, en parlant de tout ce qu'une chose fournit, pousse, jette au dehors par son action ou son développement naturel, et, en général, de tout ce qu'une chose quelconque rend, produit ou rapporte. Dans ce sens, on l'emploie souvent absolument. Abs. en chirurgie, *Sa plaie, son vésicatoire donne, ne donne pas, ne donne plus*, sa plaie, son vésicatoire suppure, ne suppure pas, etc. — DONNER, se dit également pour enfanter, procréer. Il s'emploie aussi figurément dans cette dernière acception. — DONNER, s'emploie souvent comme verbe neutre; et alors il signifie, heurter, frapper, toucher. Fig., *Donner au but*, rencontrer juste, trouver la difficulté d'une affaire, deviner l'intention de quelqu'un. Prov. et fig., *C'est vouloir donner de la tête contre les murs*, c'est tenter une entreprise où il est impossible de réussir. Fig. et fam., *Ne savoir où donner de la tête*, ne savoir que faire, que devenir, ne voir aucun remède à ses affaires. Fig. et pop., *Donner de cul et de tête*, employer toutes ses forces, toute son industrie, tous ses moyens. Fam., *Donner du nez en terre*, tomber la face contre terre, et, figurément, échouer dans une entreprise. Prov., fig. et pop., *Se donner des talons, du talon dans le derrière*, donner de grandes marques de joie, se moquer de tout ce qui peut arriver, ou vivre en toute liberté, perdre son temps en promenades en parties de plaisir. *Donner des éperons à un cheval, donner des deux*, piquer son cheval des deux éperons à la fois. *Donner de l'épée dans le ventre*, percer quelqu'un d'un coup d'épée dans le ventre. Prov. et fig., *Donner de l'encensoir par le nez*, donner en face des louanges outrées. *Donner de l'altesse, de l'excellence, du monseigneur à quelqu'un*, etc., traiter quelqu'un d'altesse, d'excellence, de monseigneur, etc., lui attribuer ces titres. *Donner du respect à quelqu'un*, terminer la lettre qu'on lui écrit par des formules qui expriment le respect. *Le vent donne dans les voiles*, il souffle dans les voiles. *Le soleil donne à plomb*, il darde ses rayons à plomb. On dit dans un sens analogue : *Le soleil lui donne dans les yeux*. Fig., *Donner dans les yeux de quelqu'un, à quelqu'un*, l'éblouir, le tenter, le séduire par un certain éclat. Fig. et fam., *Donner dans l'œil à quelqu'un*, faire une impression vive sur lui par des agréments extérieurs. *Donner dans la tête*, porter à la tête. Fig. et fam., *Donner sur les oreilles à quelqu'un*, le frapper, le maltraiter. *Donner sur les doigts à quelqu'un*, le châtier, lui faire souffrir quelque dommage, quelque confusion. On dit à peu près de même : *Donner sur le nez à quelqu'un*. En termes de musique, *Donner du cor*, jouer, sonner du cor. — DONNER, neutre, signifie aussi, tomber, se jeter, se porter dans ou vers. Fig. et fam., *Donner dans le piége, dans le panneau*, se laisser attraper, tromper. En termes de guerre, *Donner sur les ennemis*, ou absolument et plus ordinairement, *Donner*, aller à la charge contre l'ennemi. Fig. et fam., *Donner sur un plat, sur un mets*, y revenir à plusieurs fois, en manger. Fig. et fam., *Donner tête baissée dans quelque chose*, s'y porter avec ardeur, sans rien examiner, sans rien craindre. Cela se dit aussi d'une personne qui donne complètement dans un piége. *Donner à tout*, entreprendre indifféremment toutes choses. On le dit aussi d'une personne qui dépense en toutes sortes de curiosités. Cette façon de parler est peu usitée. Fig., *Donner à pleines voiles dans un parti*, etc., y entrer, l'embrasser avec chaleur. *Donner dans le sens de quelqu'un*, se rencontrer de son sentiment, ou s'y conformer. Fig., *Donner dans un ridicule*, y tomber. *Donner dans le ridicule*, se rendre ridicule. *Donner dans le libertinage, dans la crapule, dans le jeu, dans le luxe, dans la dépense*, etc., se livrer au libertinage, à la crapule, au goût du jeu, du luxe, etc. On dit de même, *Donner dans la dévotion*. — DONNER, neutre, signifie encore, avoir vue sur. Il signifie également, avoir issue. — DONNÉ (*participe*). Prov. et fig., *A cheval donné on ne regarde point à la bouche, à la bride* : quand on reçoit un présent, il ne faut pas le déprécier. Prov. et fig., *C'est un marché donné, c'est marché donné*, se dit d'une chose qui a été vendue à très bas prix. *Dans un temps donné, dans un espace donné*, etc., pendant une certaine durée, dans un certain espace, etc., que l'on fixe, que l'on détermine. En mathémat., *Quantités données*, ou simplement, *données*, quantités connues, dont on se sert, dans la solution d'un problème, pour trouver les quantités inconnues. — DONNÉE, pris substantivement, se dit aussi, en général, des suppositions, des notions, des probabilités, etc., qui servent de base à une recherche, à un examen quelconque.

DONNER (RAPHAEL), sculpteur, né en Autriche vers 1680. Son principal ouvrage est la statue de Charles VI à Breitenfort.

DONNER-KROTE (*ichthyol*). Ce nom est celui que porte le cotte-scorpion dans la Livonie. (*Voy.* COTTE.)

DONNÉS ou **OBLATS** (*dati, donati, oblati*). Les Donnés étaient des séculiers qui, par dévotion, se donnaient aux monastères avec leurs biens, pour obéir aux supérieurs et servir les religieux, sans être religieux eux-mêmes. Ils ne faisaient point profession de la règle, et portaient un habit peu différent de celui des gens du monde. Les Donnés s'engageaient en se mettant la corde de la cloche du monastère autour du cou, ou des deniers sur la tête, ou en posant leur tête sur l'autel. (Ducange, au mot OBLATI.)

DONNEUR, EUSE, celui, celle qui donne. Il ne s'emploie que dans quelques locutions, et il est presque toujours familier. En termes de commerce, *donneur d'aval*, celui qui donne son aval au bas d'une lettre de change, d'un billet à ordre. *Donneur à la grosse*, celui qui fait un prêt à la grosse.

DONNISSAN (le marquis de) eut pour gendres Larochejacquelein et Lescure. Il suivit ces deux chefs vendéens lors de la guerre de Vendée en 1783 ; se distingua dans plusieurs occasions par sa prudence et son courage, et mourut sur l'échafaud à Angers.

DONON (*géogr.*). (*Voy.* VOSGES.)

DONORATICO, famille puissante de l'État de Pise. Les Donoratico furent, dans le moyen âge, les chefs du parti gibelin à Pise. Ils prirent les armes en faveur du malheureux Conradin. La peste de 1348 fut fatale à leur puissance en enlevant un grand nombre de leurs membres.

DONOSO (JOSEPH), peintre et architecte, naquit en 1628 à Consuegra, dans la Nouvelle-Castille. Sa manière a, selon Palomino Velasco, beaucoup de rapport avec celle de Paul Véronèse. On cite parmi ses ouvrages les portraits de tous les supérieurs et de tous les principaux religieux du couvent de N.-D. de la Victoire, à Madrid.

DONOUGHMORE (RICHARD-HELY-HUTCHINSON, comte de), né à Dublin le 29 janvier 1756, représenta en 1779, à la Chambre des communes du parlement irlandais, la ville de Cork, et s'occupa surtout de la défense des droits des catholiques. Sa mère étant morte, il prit le titre de baron de Danoughmore, et fut fait peu de temps après lieutenant-colonel, devint colonel en janvier 1800, et fut nommé cette même année comte de Donoughmore et l'un des trente pairs représentant l'Irlande. En 1805 il obtint le grade de major-général, et continua jusqu'à sa mort à soutenir les intérêts des catholiques. Il mourut à Londres le 25 août 1825.

DONOUGHMORE (JOHN-HELY-HUTCHINSON, comte de), frère puîné du précédent, né le 15 mai 1757, entra au service en 1774, fut élu membre du parlement pour Cork en 1777 ; il était alors capitaine ; il fut nommé major en 1781, lieutenant-colonel en 1783, colonel en 1794, major-général en 1796, et commanda comme général en second, en 1800, dans l'expédition d'Égypte, sous les ordres d'Abercromby, dont il avait été aide-de-camp pendant la campagne de Flandres. Pendant la campagne d'Égypte, et après la mort d'Abercromby, il obtint des avantages que, malgré la timidité qu'il montra, il ne pouvait manquer d'obtenir sur la faiblesse de l'armée française ; et, de retour dans sa patrie, il sembla renoncer aux armes, et fut alors chargé de diverses missions diplomatiques, dans lesquelles il ne fut pas heureux, et siégea alors exclusivement au parlement, parmi les membres de l'opposition et parmi les plus zélés défenseurs des catholiques. Il mourut en 1832.

DON PATMA (*bot.*), nom donné, dans l'île de Java, suivant Burmann, à une espèce de dentelaire de l'Inde, *plumbago rosea*. J. P.

DONS DU SAINT-ESPRIT. On appelle dons du Saint-Esprit certaines habitudes infuses et surnaturelles qui disposent l'âme à suivre plus facilement et plus promptement les inspirations et les mouvements du Saint-Esprit. Ils sont au nombre de sept : les dons de sagesse, d'entendement, de science, de conseil, de piété, de force et de crainte. Les quatre premiers perfectionnent l'entendement; le don de piété, la volonté; le don de force, la partie qu'on appelle irascible; celui de crainte, la partie concupiscible. — Le don de sagesse est une habitude surnaturelle, infuse dans l'âme par le Saint-Esprit, qui nous fait connaître et aimer Dieu avec suavité, et le goûter avec une certaine douceur expérimentale. Par la lumière de ce don, l'entendement est élevé à une connaissance également sublime et délicieuse de toutes les choses divines et éternelles par lesquelles on peut s'unir étroitement à Dieu. Il juge de tout par les principes élevés de la foi, et fait goûter avec une onction particulière les vérités révélées; en sorte que par ce don l'esprit est éclairé des plus pures lumières et le cœur doucement touché, pénétré, animé et consolé. Le don de sagesse dessille les yeux; il délivre de la fascination des sens, des préjugés, des passions, des ténèbres, et de la fausse sagesse du monde pervers dont il découvre le mensonge, l'illusion, la folie. Le monde estime tout ce qui brille aux yeux de la chair; il ne juge que par les sens, les passions, les vues basses et étroites d'un bonheur fragile et passager. Le faste l'éblouit, les honneurs le flattent, les plaisirs l'entraînent, les richesses piquent ses désirs, la fortune est son idole; il l'adore, ne croyant rien au-dessus d'elle et y mettant son souverain bien. Le don de sagesse apprend à juger de tous ces objets par les principes supérieurs de la révélation divine, et celui qui le possède ne fait aucun cas de ces frivoles avantages; il les méprise souverainement; il efface du nombre des heureux ceux qui ne le sont que par ces endroits; et, loin d'applaudir à leur erreur, il en gémit; il plaint leur séduction; et, portant toutes ses affections vers les objets solides et immuables, selon les célestes maximes de l'éternelle vérité, il ne connaît, n'aime, ne goûte que Jésus-Christ et ses mystères, cachés dans l'obscurité de la foi, qui le ravissent hors de lui-même, et qui remplissent son âme d'une douceur inexplicable, à la faveur de la lumière, de ce don sublime et savoureux de sagesse. — Le don d'entendement renferme la connaissance de toutes les choses qu'on peut connaître de Dieu, et de toutes les vérités nécessaires au salut qui sont comme cachées dans les choses sensibles, dans les saintes Écritures, dans les sacrements et dans les figures. Par la lumière de ce don, on a des connaissances plus claires et plus pénétrantes de la Divinité et de tous les mystères de la religion. On contemple les vérités qui n'ont ni image, ni figure; on pénètre les voiles de la vérité incréée et incarnée; on aperçoit des raisons et des convenances admirables de la crédibilité de tous les mystères que la foi nous propose, sans en excepter le mystère ineffable de la très sainte Trinité. Le don d'entendement diffère du don de sagesse en ce que par le don d'entendement on connaît clairement et l'on pénètre à fond les vérités éternelles, autant qu'il est permis en cette vie, et que par le don de sagesse on ne connaît pas seulement les choses divines, mais on en juge aussi en s'y unissant et en les goûtant. — Le don de science apprend ce qu'il faut croire, pratiquer ou éviter, pour marcher sûrement dans les voies du salut. Par la lumière de ce don on distingue la vérité de l'erreur, de l'illusion et du mensonge. On conçoit une haute idée de la perfection de l'Évangile; on connaît le degré le plus parfait de chaque vertu, leurs actes, et on forme le désir sincère de les mettre en pratique et de les demander à Dieu. On connaît aussi ce que l'on doit penser des choses créées selon la loi divine et les règles de la foi, c'est-à-dire que l'on comprend que l'on n'en doit tenir aucun compte que par rapport à Dieu et en tant qu'elles servent de degrés pour parvenir à lui. On voit que la jouissance des créatures ne laisse dans le cœur que le vide, l'inquiétude, le remords, et qu'elle conduit à la damnation ceux qui les aiment par préférence aux biens éternels, seuls capables de nous rendre heureux. — Le don de conseil guide sûrement dans la conduite que l'on doit tenir, en faisant toujours prendre le bon parti avec prudence au milieu des doutes et des perplexités qui se présentent souvent, et en dictant les moyens les plus propres pour remplir ses devoirs et arriver à la perfection. On voit ceux qui l'ont reçu; se comporter en toutes les occasions avec une prudence plus céleste qu'humaine, savoir se décider à propos dans les difficultés qui se rencontrent, choisir ce qui convient mieux à la gloire de Dieu et à leur propre perfection, n'agir jamais inconsidérément ni avec précipitation ou par l'instinct des passions aveugles; ne point se livrer aux excès qui sont des extrémités vicieuses, même en matière de vertu, mais se conduire par la discrétion qui écarte les faux pas et les illusions. — Par le don de piété on se porte vers Dieu et à tout ce qui concerne son saint culte, avec un singulier respect et une dévotion tout affectueuse. On se consacre au service divin et l'on embrasse sans réserve et avec une vive ardeur tout ce qui peut y avoir rapport : postures respectueuses, humiliations, adorations profondes, cérémonies, pratiques, rien ne paraît petit ou minutieux de tout ce que l'Église ordonne ou permet comme propre à honorer Dieu, à augmenter son culte, à contribuer à la décence ou à la majesté de son service, quand on a reçu le précieux don de piété. — Le don de force élève l'âme et lui inspire un courage héroïque pour surmonter les difficultés qui se rencontrent dans la pratique de la vertu, et pour soutenir les combats qu'il y a à soutenir contre soi-même ou contre les autres. C'est par ce don que l'on méprise généreusement toutes les répugnances de la nature, que l'on résiste avec fermeté aux plus violentes tentations, que l'on se rend supérieur à toutes les considérations humaines, quand il s'agit de souffrir pour les intérêts de Dieu ou d'en soutenir les droits sacrés. C'est ce don qui fait trouver des délices et de la joie dans les travaux les plus pénibles et les pénitences les plus austères, dans les opprobres et les humiliations, dans les persécutions et les souffrances, dans les actes de toutes les vertus les plus contraires à la chair et aux sens. — Le don de crainte consiste dans une appréhension filiale d'offenser Dieu, ce père si bon, si tendre, et en même temps si puissant et si saint. On craint de lui déplaire, parce qu'on l'aime; on veille attentivement sur soi-même, pour ne rien faire qui puisse blesser ses yeux divins; on s'applique à se purifier de plus en plus par la chaste crainte d'offenser la jalouse délicatesse de l'époux céleste; on évite avec soin les moindres fautes et l'on ne manque pas de réparer aussitôt celles qu'on a eu le malheur de commettre. Telle est la nature du don de crainte et tels sont ses salutaires effets.

DONS (*saints dons*). C'est ainsi que les Grecs appellent les symboles du corps et du sang de Jésus-Christ, devant et après la consécration.

DONSEUL (*ois.*), nom que porte, dans la vallée de Lanzo, en Piémont, le scops ou petit duc, *strix scops*, Linné.

DONT, pronom des deux nombres et des deux genres. Il se dit des personnes et des choses, et s'emploie, dans une foule de cas, au lieu des pronoms de qui, duquel, de laquelle, de quoi, desquels, desquelles.

DONTFOE (*erpét.*). Lachenaye-des-Bois donne ce nom à une sorte de caméléon qui se trouve au pays des nègres, et que ceux-ci regardent comme un animal de mauvais augure, et selon eux sa présence annonce toujours la mort d'un ami ou d'un parent. J. P.

DONTONS (PAUL), né en 1600, à Valence en Espagne, fut regardé comme un des meilleurs peintres de son temps. On ignore qui fut son maître; mais sa manière fait supposer qu'il a étudié en Italie.

DONUS ou **DOMNUS**, élu pape en 677, succéda à Dieudonné II. Il ne régna qu'un an et quelques jours.

DONUS II ou **DOMNUS**, élu en 974, mourut en 975. On croit qu'il succéda à Benoît VI.

DONUSA ou **DONYSA** (*Donussa*) (*géogr.*), île de la mer Égée, au sud d'Icaros, à l'ouest de Pathmos, où l'on réléguait les criminels.

DONUSA, île de la Méditerranée sur les côtes de Lycie.

DONUSSA, ville de l'Achaïe, entre Égyre et Pallène.

DONZELLA, docteur en droit civil et en droit canon, cultiva avec succès les lettres italiennes et latines à Terra-Nova en Sicile. Il vivait vers 1640. — Un autre DONZELLA (Pierre), de Palerme, a composé quelques ouvrages de dévotion en italien. Il était né en 1650.

DONZELLA (*poiss.*). A Palerme, on nomme ainsi le *labrus donzella* de Rafinesque. Ce poisson, long de trois pouces au plus, a la queue entière, la ligne latérale droite, la tête rousse avec quelques lignes bleues; le corps rougeâtre avec trois raies longitudinales vertes et cinq bandes transversales bleues; une tache noire de chaque côté du dos. J. P.

DONZELLAS (*bot.*). A Curaçao, on donne ce nom espagnol, qui signifie *vierge*, à un frangipanier, *plumeria pudica*, dont les fleurs, d'une odeur agréable, restent toujours à moitié fermées. J. P.

DONZELLE, mot emprunté à l'italien, où sans doute il a dû être un diminutif de *dona*, et dont on se sert en français, dans le langage vulgaire et familier, pour désigner une jeune fille sur le compte de laquelle on veut plaisanter. Autrefois le mot paraît avoir eu une signification plus relevée, même en français. X.

DONZELLE (*poiss.*), *ophidium*. Ce genre a de grands rapports avec les anguilles, surtout par la forme de leur corps et la disposition des nageoires anale et dorsale, qui se joignent à celle de la queue pour terminer le corps en pointe; mais les caractères remarquables qu'il présente l'ont fait comprendre dans un genre différent. Ces caractères sont : branchies bien ouvertes, munies d'un opercule très apparent; deux barbillons sous la gorge, adhérents à la pointe de l'os hyoïde. C'est dans la mer Méditerranée que l'on trouve l'espèce la plus connue, *donzelle commune ou barbue, ophidium barbatum*. Cette espèce a de grands rapports, ainsi que les autres, avec les murènes, par son œil tapissé d'une membrane demi-transparente. Le corps et la queue de ce poisson sont couleur de chair; les nageoires sont brunes, celles du dos et de l'anus liserées de noir. Sa chair est assez délicate; sa longueur ne dépasse pas dix pouces. J. P.

DONZELLI (JOSEPH, baron) de Degliola, dans le royaume de Naples, a publié plusieurs ouvrages de chimie et de médecine au milieu du XVIIIe siècle.

DONZELLINI (JÉROME), savant médecin de Brescia, fut obligé de quitter cette ville après une polémique trop virulente contre un de ses adversaires. Il vint s'établir à Venise, où il s'acquit d'abord une grande réputation; mais, accusé de s'être rendu coupable d'horribles sacriléges, il fut condamné à être noyé secrètement, et périt en 1660 de cette mort tragique.

DONZELLO (PIERRE-HIPPOLYTE DEL), né à Naples en 1404, se distingua également comme peintre et comme architecte.

DOODIA (*bot., fougères*), fructifications en petites lignes droites ou arquées, disposées en séries parallèlement à la nervure du milieu de la fronde, et recouvertes chacune d'une membrane ou tégument qui est fixé par le côté extérieur aux veines anastomosées de la fronde, et ouvert par le côté intérieur, celui qui regarde la nervure. Ce genre renferme des espèces qui croissent en touffes à la Nouvelle-Hollande. Il diffère peu du genre *woodwordia, doodia rude, D. aspera*, R. Brown; frondes lancéolées, à découpures linéaires, ensiformes, acuminées, à dentelures épineuses; lignes fructifères courbées, distinctes çà et là sur deux rangs; stipes et rachis rudes et âpres au toucher. Ce genre, établi par R. Brown, a été consacré à la mémoire de Samuel Doody, botaniste anglais. J. P.

DOODTKIST (*poiss.*), un des noms hollandais du coffre tigré, *ostracion cubicus*. (*V.* COFFRE.) J. P.

DOOR HAVOK (*ois.*), nom anglais de l'engoulevent, *caprimulgus europæus*, Linné. J. P.

DOPPEL-FLECK (*poiss.*). On donne ce nom, en Allemagne, au characin double-mouche de M. de Lacépède, *salmo bimaculatus* de Linné. (*V.* PIABUQUE.) J. P.

DOPPELMAYER (JEAN-GABRIEL), mathématicien allemand, né à Nuremberg en 1671. Il fut pendant 46 ans professeur de mathématiques à l'Université de cette ville. Ses travaux, dans cette place, lui valurent l'honneur d'être admis dans les principales sociétés savantes de l'Europe. Ses principaux ouvrages sont : *Introduction à la géographie*, pour accompagner l'atlas de Homann, 1714; *Notice des mathématiciens et artistes de Nuremberg*, 1730, in-folio; *Phénomènes historiques nouvellement découverts*, in-4°.

DOPPERT (JEAN), né à Francfort-sur-le-Mein, en 1671, fut en 1703 recteur du collége de Schneberg, en Saxe. Il connaissait à fond les langues anciennes et modernes, et il a laissé un grand nombre de savantes dissertations sur des sujets intéressants.

DOPPET (FRANÇOIS-AMÉDÉE), né à Chambéry en 1753. Engagé d'abord dans les gardes françaises, puis médecin, il se fit connaître à Grenoble par plusieurs écrits démocratiques. Il vint à Paris en 1792, s'affilia aux sociétés politiques et prit une part active à la journée du 10 août. Il fit partie de l'assemblée nationale de la Savoie et provoqua la réunion à la France. (*V.* HÉRAUT DE SÉCHELLES ET SIMOND.) Nommé général en chef de l'armée des Alpes, il dirigea le siége de Lyon et entra dans cette malheureuse ville le 9 octobre 1793. Il fut ensuite chargé de reprendre Toulon. Il passa de là à l'armée des Pyrénées orientales et eut d'assez beaux succès sur les Espagnols, sur lesquels il prit en sept jours Dory, Tores, Ribbes, Campredon, Saint-Jean-des-Abadessas et Ripoll. Il quitta le commandement en 1794. Là se termine à peu près sa carrière politique. Il mourut comme oublié en Savoie, vers 1800. Il a laissé plusieurs ouvrages; son meilleur est sans contredit celui qui contient ses mémoires; Carouge, 1797, in-8°. Il contient des faits intéressants.

DOPPING (*ois.*). On nomme ainsi en Suède, dans la province de Sarnie, le canard garrot, *anas clangula*, Linné.

DORADA (*poiss.*), nom espagnol du *coryphæna hyppurus*. (*Voy.* CORYPHÈNE.)

DORADA (*ois.*), nom catalan du pluvier doré, *charadrius pluvialis*, Linné.

DORADE (*bot.*), nom vulgaire de l'*orange franche*. (*Voy.* ce mot et AMANITE.)

DORADE (*poiss.*) (*voy.* DAURADE), nom du *coryphæna hippurus*, que l'on nomme aussi *dorade d'Amérique*. — DORADE CHINOISE, carpe dorée de la Chine. — DORADE DE BAHAMA; c'est le *labrus chrysops* de Linné, *lutjanus chrysops* de Blach. — DORADE DE PLUMIER, nom donné par Blach au somacanthe doré. J. P.

DORADE (*astr.*), nom d'un poisson qu'on a donné à une constellation méridionale, nommée aussi *xepscias*, et située entre l'*éridan* et le *navire*. La plus belle étoile de cette constellation, marquée *a*, est de la troisième grandeur.

DORADILLA (*poiss.*), nom espagnol de la dorade. (*V.* CORYPHÈNE.)

DORADILLA et **PULMONARIA DORATA** (*bot.*). Les Espagnols désignent sous ces noms le *cétérach*. Le premier a été francisé, *doradille*, et a été donné au genre *asplenium* ; mais on ne peut plus lui donner ce nom, puisque le cétérach ne fait plus partie de ce genre.

DORADON (*poiss.*), nom que l'on donne, en Portugal et dans les Indes, au *coryphæna hippurus*. (*V.* CORYPHÈNE.)

DORANGE (JACQUES-NICOLAS-PIERRE), né à Marseille en 1786. Il a laissé une traduction des *Bucoliques* de Virgile, en vers français, 1810, in-8°, et plusieurs *Odes* de circonstance.

DORAS (*poiss.*), nom que donne Lacépède à un petit groupe de poissons du genre silure, et qui contient les espèces à deuxième dorsale adipeuse, où la ligne latérale est cuirassée par une rangée de pièces osseuses, relevées chacune d'une épine ou d'une carène saillante. Leurs épines dorsales et pectorales sont très fortes et fortement dentelées; Cuvier le partage en deux sections : dans la première il range les espèces dont le vomer est armé de dents; dans cette division, se remarque le *doras costatus*, dont la tête est revêtue d'une enveloppe osseuse qui s'étend vers la nageoire dorsale. La seconde division renferme les espèces à museau pointu et à dents nulles ou peu sensibles; l'espèce la plus remarquable de cette division est le *doras oxyrhynchus*, ou à *museau allongé*, que l'on reconnaît facilement à la longueur de son museau. On trouve cette espèce à Surinam.

DORAT (LE) (*Doratum*), ancienne abbaye de l'ordre de saint Augustin, située dans la petite ville du même nom, et qu'on appelait aussi autrefois Scotorie, *Scotorium*, dans la Marche, sur la Sèvre, à dix lieues de Limoges. On ignore précisément dans quel temps et par qui elle a été fondée. Les uns attribuent cette fondation à Hugues-Capet, en 987; les autres à Boson, comte de la Marche, et d'autres enfin au grand Clovis, après la victoire que ce prince remporta sur Alaric, roi des Goths. L'église du Dorat fut desservie d'abord par des chanoines qui embrassèrent la règle de saint Augustin, et qui furent ensuite sécularisés, leur chef ayant conservé le nom d'abbé. Ce chapitre était composé d'un abbé, d'un doyen, d'un chantre, de douze chanoines, et de sept ou huit titulaires du bas-chœur; il avait sa justice particulière, dont les appellations ne ressortissaient point à la sénéchaussée de la ville, mais, par un privilége particulier, étaient portées directement au parlement de Paris et au présidial de Guéret, pour les matières qui étaient au-dessous du premier et du second cas de l'édit; le Dorat dépendait de Limoges pour le spirituel (La Martinière, *Dictionn géogr.*, *Gallia christ.*, t. 2, col. 549).

DORAT ou **DAURAT** (JEAN), poète célèbre au XVIe siècle, natif du Limousin. Il vint à Paris, où il se fit connaître d'abord par quelques pièces de vers. François Ier le nomma précepteur de ses pages. En 1560 il fut nommé professeur de langue grecque au Collége royal. Charles IX lui donna le titre de poète royal. En lisant les œuvres de ce poète, on est surpris de la réputation dont il a joui pendant sa vie. Il mourut en 1588, âgé de plus de quatre-vingts ans. — DORAT (MADELEINE), fille de Jean, épousa Nicolas Goulu, célèbre professeur en grec (*V.* GOULU).

DORAT (JACQUES), neveu de Jean Dorat. On a de lui un petit poème intitulé : *la Nymphe rémoise au roi*, Reims, 1610, in-8°.

DORAT (CLAUDE-JOSEPH), naquit à Paris le 31 décembre 1734, de parents fort connus dans la robe. Dorat étudia d'abord le droit et suivit la carrière du barreau. Dégoûté bientôt de la profession d'avocat, il jeta la robe aux orties pour endosser l'uniforme de mousquetaire; et, d'après une de ses lettres, il renonça lui-même à cette dernière carrière par complaisance pour une vieille tante, janséniste, qui tremblait pour le salut d'un neveu mousquetaire. Libre alors, et jouissant d'une assez belle fortune, Dorat se voua alors tout entier au *culte des Muses*. Les œuvres de Dorat ne sont plus lues de nos jours. Elles ne pouvaient avoir de l'importance que dans le milieu où vivait le poète. Il était comme le gazetier de tout ce monde élégant, poli, de bonne maison et de belles manières, qui finit avec lui; comme le chroniqueur des faits et gestes de cette société galante qui fit ses délices des petits riens en toutes choses, en attendant 1789. Au reste, Dorat ne se montra jamais au-dessous de ses sujets : toujours facile, léger, il a une allure franche, de peu d'haleine, mais bien mesurée et bien dépensée; il était véritablement poète. Ce titre, donné aujourd'hui au chantre de mille futilités, peut offenser quelques esprits; mais, si nous ne nous trompons, nous croyons trouver dans Dorat toutes les qualités du poète. C'est un élégant compositeur de petits riens insignifiants, un versificateur assez correct, coulant, d'une imagination gracieuse et tempérée. Tant qu'il ne sort pas du cercle de ces frivolités, auxquelles il sait donner toute leur valeur, ses écrits, sans importance, sont agréables à lire, et il aurait pris sa place au milieu des poètes du XVIIe et du XVIIIe siècle; lorsque, enhardi par ses premiers succès, il eut sacrifié à l'amour-propre, et se fut cru appelé à parcourir toutes les routes de la poésie, comédie, tragédie, poème épique, il vit ses dernières années aussi tristes et mécontentes que les premières avaient été fêtées et glorieuses. Dorat passa ces dernières années dans le chagrin, en dispute avec les comédiens, en procès avec les libraires, qu'il avait ruinés par le luxe des planches dont il avait la manie de décorer ses moindres productions, harcelé par ses créanciers et plus encore par quelques journalistes acharnés contre lui. Cependant, au milieu de toutes ces tempêtes, il continua d'affecter ce stoïcisme, quelque peu épicurien, qui avait été le mobile de toute sa vie, et de mener de front ses plaisirs et ses travaux. Imbu des idées philosophiques du XVIIIe siècle, il refusa les secours de la religion, et mourut dans son fauteuil, bien coiffé et bien poudré. — Les différents ouvrages de Dorat ont été recueillis en 20 vol. in-8°, à la date de 1792. Sautereau de Marsy a réduit ce volumineux recueil à 3 petits vol. in-12, 1786. — Au milieu du fatras de ses innombrables mélanges, on doit distinguer son poème sur la *Déclamation*, sa comédie de la *Feinte par amour*, qui manque d'intrigue, mais dont la versification est facile, abandonnée et spirituelle. On a de lui six tragédies : *Zulica*, en 5 actes et en vers, 1760; *Théagène et Chariclée*, 3 actes; *Regulus*, 1773; *Adélaïde*, 1774; *Zoramis*, 1780; *Alceste*; 7 comédies : la *Feinte par amour*, 1773; le *Célibataire*, 1775; le *Malheureux imaginaire*, 1776; le *Chevalier français à Londres*, 1778; le *Chevalier français à Turin*; *Roséide*, 1779; les *Prôneurs*. Ajoutez à ce répertoire nombre d'héroïdes, ce genre de poésie bâtard qu'il affectionnait; des idylles, des poèmes érotiques, des fables, des odes, des contes, des discours préliminaires; 5 romans : *Volcidor et Zulménie*, les *Malheurs de l'inconstance*, ou *Lettres de la marquise de Syrcé et du comte de Mirbelle*, *Floricourt*, *Point de lendemain*, l'*Abailard supposé*, en société avec madame de Beauharnais, les *Sacrifices de l'amour*, ou *Lettres de la vicomtesse de Senanges et du chevalier de Versenay*, titre que Grimm voulait changer en celui-ci : *Sacrifices du bon sens de l'auteur à la pauvreté de son imagination*. Dorat fut aussi le fondateur, et, pendant plusieurs années, le rédacteur du *Journal des dames*, qui passa de ses mains dans celles de Mercier.

DORAT (*poiss.*). (*V.* DAURAT.)

DORAT DE LA MER DU SUD (*poiss.*). Commerson a désigné sous ce nom le *coryphæna chrysurus* de Lacépède. (*V.* CORYPHÈNE.)

DORATIUM (*bot.*). Solander donnait ce nom au genre que l'on nomme dans Gmelin sous ceux de *junghansia* et de *relhamia*, et qui est maintenant le *curtisia* de Aitone et de Schreber. On le place dans la famille des rhamnées, près du *myginda*.

DORBAY (FRANÇOIS), architecte, né à Paris, y mourut en 1697, élève de Lavau; il conduisit, d'après les dessins de son maître, les travaux de l'église et du collége des Quatre-Nations. On lui doit les dessins du portail de la Trinité, rue Saint-Denis.

DORCADION (*bot.*), espèce de mousse citée par Dioscoride et Oribase, et qui nous est demeurée inconnue. Adanson a employé ce mot pour désigner un genre de mousses qui est le même que le genre *orthotrichum*.

DORCADION EMINION (*bot.*), noms anciens donnés à la serpentaire, *arum dracunculus*, suivant Apulée. J. P.

DORCAS, DORCADE (*mamm.*). Élien parle, sous ce nom, d'une espèce de gazelle très légère à la course, dont le ventre blanc était séparé des parties supérieures fauves par une bande noire. Ses yeux sont noirs et ses oreilles assez grandes. Les auteurs ne sont pas d'accord sur l'animal auquel se rapportent ces caractères, qui semblent être ceux du kével de M. Fréd. Cuvier. J. P.

DORCHESTER (*Darnovaria*), ville d'Angleterre, chef-lieu du comté de Dorset, à 40 lieues S.-O. de Londres. Latit. N. 50° 42′ 57″; long. O. 4° 45′. Commerce de serges très fines, de bêtes à laine; bière renommée. On voit aux environs les restes d'une chaussée romaine.

DORDION (*mythol.*), divinité obscène, à laquelle les femmes lascives offraient des présents.

DORDOGNE (*Duranius*), rivière de France. Elle tire sa source du Mont-d'Or (*Puy-de-Dôme*), traverse les départements de la Corrèze, du Lot, de la Dordogne, et se joint à la Garonne au Bec-d'Ambez pour former la Gironde. Son cours est de 85 lieues. Elle est navigable depuis Maronne (*Lot*). La Dordogne, dans le département de la Gironde, est celle de nos rivières de France où se présente avec le plus d'intensité le phénomène nommé *mascaret*. Lorsque l'instant est venu où le courant descendant doit s'arrêter, on aperçoit une grande ondulation qui remonte la rivière ; elle se compose d'un, de deux, de trois et quelquefois de quatre vagues consécutives, hautes, courtes et rapides, qui s'étendent d'une rive à l'autre et élèvent subitement le niveau des eaux : c'est là le mascaret. Quoique le mascaret de la Dordogne soit le plus remarquable d'Europe par son élévation, qui peut être de cinq à six pieds, le phénomène n'offre généralement rien de bien redoutable, sauf aux équinoxes. Toutefois, pourvu qu'à son approche les embarcations se conforment à quelques précautions connues des marins, on a rarement des accidents à craindre. Dans la rivière des Amazones, en Amérique, et sur l'Hougly, branche occidentale du Gange sur laquelle est située Calcutta, le mascaret s'élève à douze ou quinze pieds ; les vagues qui barrent le fleuve et remontent son cours brisent souvent à leur sommet et font entendre des gémissements qui les annoncent à plus de deux lieues.

DORDOGNE, département de France, formé d'une partie du Périgord, de l'Agénois, du Limousin et de l'Angoumois, et situé entre les départements de la Haute-Vienne, de la Charente, de la Charente-Inférieure, de la Gironde, de Lot-et-Garonne, du Lot, de la Corrèze. Il a 449 lieues carrées (941,406 hectares), et 453,136 habitants. La Dordogne, la Vézère, la Dronne sont les principales rivières qui l'arrosent. Des montagnes, des landes incultes, voilà ce que présente ce département. Le sol en est peu fertile ; ce n'est qu'aux bords de l'Isle et de la Dordogne que l'on trouve une belle végétation. On y récolte du maïs, des pommes de terre, des châtaignes, des noix, des truffes (les meilleures de France), peu de grains et de vin. On y compte 67,040 hectares de forêts (chênes et châtaigniers). Le gibier y abonde ; les étangs sont en général poissonneux, ainsi que les rivières. Ce département a des mines de fer d'une qualité supérieure. On y trouve manganèse, grès, marbre, granit, albâtre, plâtre, craie, terre à foulon, pierres meulières et ardoises. Il y a des eaux minérales. Le commerce y est très actif ; il consiste en vins, eaux-de-vie, huile de noix, fruits et bois de châtaignier, truffes, volaille, bestiaux, et surtout en jambons. Il y a des forges, des papeteries, des tanneries et des fabriques de coutellerie. Ce département forme le diocèse de Périgueux, fait partie de la 20e division militaire et du 11e arrondissement forestier, ressortit à la Cour royale de Bordeaux, et envoie sept députés à la législature. Il comprend 4 arrondissements, 47 cantons et 643 communes. Revenu territorial 2,122,700 fr.

DORDRECHT (synode ou concile de), célèbre assemblée de théologiens protestants au commencement du XVIIe siècle. Calvin, Bèze, Zanchius, etc., avaient établi des dogmes trop sévères sur le libre arbitre, la prédestination, la justification, la persévérance et la grâce ; Arminius, célèbre ministre d'Amsterdam, et depuis professeur en théologie dans l'Académie de Leyde, et ses sectateurs ont pris sur tous ces points des sentiments plus modérés et approchant à quelques égards de ceux de l'Église romaine. Gomar, professeur en théologie dans l'Académie de Groningue, et calviniste rigide, s'éleva contre la doctrine d'Arminius. Après bien des disputes commencées dès 1609, et qui menaçaient les Provinces-Unies d'une guerre civile, la matière fut discutée et décidée en faveur des gomaristes par le synode de Dordrecht, tenu en 1618 et 1619. Outre les théologiens de Hollande, ce synode fut composé de toutes les Églises réformées, excepté des Français, qui en furent empêchés pour des raisons d'État. Pour bien comprendre l'état de la question qui était à décider, il faut savoir que les théologiens attachés aux sentiments de Calvin sur la prédestination ne s'accordaient pas : les uns soutenaient, comme leur maître, que Dieu, de toute éternité, et avant même de prévoir le péché d'Adam, avait prédestiné une partie du genre humain au bonheur éternel et une autre partie aux tourments de l'enfer ; qu'en conséquence Dieu avait tellement résolu la chute d'Adam, et avait disposé les évènements de telle manière, que nos premiers parents ne pouvaient pas s'abstenir de pécher. Ces théologiens furent nommés *supralapsaires*, parce qu'ils supposaient une prédestination et une réprobation absolue, *ante lapsum* ou *supra lapsum*, sentiment horrible, qui peint Dieu comme le plus injuste et le plus cruel de tous les tyrans. D'autres disaient que Dieu n'a pas prédéterminé positivement la chute d'Adam, qu'il l'a seulement permise ; que, par cette chute, le genre humain tout entier étant devenu une masse de perdition et de damnation, Dieu a résolu d'en tirer un certain nombre d'hommes, et de les conduire par ses grâces au royaume éternel, pendant qu'il laisse les autres dans cette masse et leur refuse les grâces nécessaires pour se sauver. Ainsi, selon ces théologiens, la prédestination et la réprobation se font *sub lapsum* ou *infra lapsum* ; c'est pour cela qu'ils furent nommés *sublapsaires* ou *infralapsaires*. Ces deux partis se réunirent, sous le nom de *gomaristes*, pour condamner les arminiens. La dispute pour lors se réduisait à cinq chefs : le premier regardait la prédestination ; le second, l'universalité de la rédemption ; le troisième et le quatrième, qu'on traitait toujours ensemble, regardaient la corruption de l'homme et sa conversion ; le cinquième concernait la persévérance. Sur la prédestination, les arminiens disaient : « qu'il ne faut reconnaître en Dieu aucun décret *absolu* par lequel il ait résolu de donner Jésus-Christ aux seuls élus, ni de donner non plus à eux seuls, par une vocation efficace, la foi, la justification, la persévérance et la gloire ; mais qu'il a donné Jésus-Christ pour rédempteur commun à tout le monde, et résolu par ce décret de justifier et de sauver tous ceux qui croiront en lui, et en même temps de leur donner à tous les moyens suffisants pour être sauvés ; que personne ne périt pour n'avoir point ces moyens, mais pour en avoir abusé ; que l'élection absolue et précise des particuliers se fait en vue de leur foi et de leur persévérance future ; qu'il n'y a d'élection que conditionnelle ; que la réprobation se fait de même, en vue de l'infidélité et de la persévérance dans le mal. » Ce système était directement opposé tant à celui des *supralapsaires* qu'à celui des *infralapsaires*. Sur l'universalité de la rédemption, les arminiens enseignaient « que le prix payé par le Fils de Dieu n'est pas seulement suffisant à tous, mais actuellement offert pour tous et un chacun ; qu'aucun n'est exclu du fruit de la rédemption par un décret absolu, ni autrement que par sa faute. » Doctrine toute différente de celle de Calvin et des gomaristes, qui posent pour dogme indubitable que Jésus-Christ n'est mort en aucune sorte que pour les prédestinés, et nullement pour les réprouvés. Sur les troisième et quatrième chefs, après avoir dit que la grâce n'est pas irrésistible, c'est-à-dire qu'on peut y résister, ils soutenaient qu'encore que la grâce soit donnée inégalement, « Dieu en donne ou en offre une suffisante à tous ceux à qui l'Évangile est annoncé, même à ceux qui ne se convertissent pas, et l'offre avec un désir sincère et sérieux de les sauver tous. Il est indigne de Dieu, disaient-ils, de faire semblant de vouloir sauver, et au fond de ne le vouloir pas ; de pousser secrètement les hommes aux péchés qu'il défend publiquement ; » deux opinions monstrueuses qu'avaient introduites les premiers réformateurs. Sur le cinquième, c'est-à-dire sur la persévérance, ils décidaient que « Dieu donne aux vrais fidèles, régénérés par sa grâce, des moyens pour se conserver dans cet état ; qu'ils peuvent perdre la vraie foi justifiante, et tomber dans des péchés incompatibles avec la justification, même dans les crimes atroces, y persévérer, y mourir même, s'en relever par la pénitence, sans néanmoins que la grâce les contraigne à le faire. » Par ce sentiment ils déterminent celui des calvinistes rigides, savoir : que l'homme une fois justifié ne peut plus perdre la grâce, ni totalement, ni finalement, ni tout-à-fait pour un certain temps, ni pour jamais et sans retour. Les arminiens sont aussi appelés *remontrants*, par rapport à une requête ou remontrance qu'ils adressèrent aux états-généraux des Provinces-Unies, en 1611, et dans laquelle ils exposaient les principaux articles de leur croyance. Leurs cinq articles de doctrine furent solennellement condamnés par le synode de Dordrecht ; eux-mêmes furent privés de leurs places de ministres et de leurs chaires ; il fut décidé qu'à l'avenir personne ne serait admis à la fonction d'enseigner sans avoir souscrit à cette condamnation. Les *gomaristes supralapsaires* firent tous leurs efforts pour faire approuver par le synode leur sentiment touchant la prédestination, mais ils ne purent pas en venir à bout ; les théologiens anglais et d'autres s'y opposèrent : ainsi la doctrine établie à Dordrecht est celle des *infralapsaires*. Les décrets de l'assemblée de Dordrecht furent reçus et adoptés par les calvinistes de France dans un synode national tenu à Charenton en 1623. Nous verrons dans un moment quels en furent les fruits. Depuis leur condamnation, les arminiens ont poussé leur système beaucoup plus loin que n'avait fait Arminius lui-même ; ils sont tombés dans le pélagianisme, et se sont fort approchés des sociniens, surtout lorsqu'ils avaient pour chef Simon Episcopius. Quand les calvinistes les accusent de renouveler une ancienne hérésie, déjà condamnée dans les pélagiens et les semi-pélagiens, ils répliquent que la simple autorité des hommes ne peut passer pour une preuve légitime que dans l'Église romaine ; que les calvinistes eux-mêmes ont introduit dans la religion une tout autre manière d'en décider les différends ; qu'il ne suffit pas de faire voir qu'une opinion a été condamnée à juste titre. Sur ce principe, que les calvinistes ne sont pas en état de réfuter, les arminiens retranchent un assez grand nombre d'articles de religion, que les premiers appellent *fondamentaux*, parce qu'on ne les trouve point assez clairement expliqués dans l'Écriture. Ils rejettent avec mépris les catéchismes et les confessions de foi, auxquels les calvinistes veulent qu'on s'en tienne. C'est pourquoi ceux-ci, dans le synode de Dordrecht, s'attachèrent beaucoup à établir la nécessité de décider les différends de religion par voie d'autorité; et revinrent ainsi aux principes des catholiques, contre lesquels ils ont tant déclamé. Les arminiens furent d'abord proscrits en Hollande, où on les tolère cependant aujourd'hui. Ils ont abandonné la doctrine de leur premier maître sur la prédestination et l'élection faite de toute éternité, en conséquence de la prévision des mérites: Episcopius a imaginé que Dieu n'élit les fidèles que dans le temps, et lorsqu'ils croient actuellement. Ils pensent que la doctrine de la Trinité n'est point nécessaire au salut, et qu'il n'y a dans l'Écriture aucun précepte qui nous commande d'adorer le Saint-Esprit. Enfin, leur grand principe est qu'on doit tolérer toutes les sectes chrétiennes; parce que, disent-ils, il n'a point été décidé jusqu'ici qui sont ceux d'entre les chrétiens qui ont embrassé la religion la plus véritable et la plus conforme à la parole de Dieu. On a distingué les arminiens en deux branches, par rapport au gouvernement et par rapport à la religion. Les premiers ont été nommés *arminiens politiques*, et l'on a compris sous ce titre tous les Hollandais qui se sont opposés en quelque chose aux desseins des princes d'Orange, tels que MM. Barnewelt et de Witt, et plusieurs autres réformés, qui ont été victimes de leur zèle pour leur patrie. Les *arminiens ecclésiastiques* sont ceux qui, professant les sentiments des remontrants, n'ont point de part dans l'administration de l'État: ils ont d'abord été vivement persécutés par le prince Maurice; mais on les a ensuite laissés en paix, sans toutefois les admettre au ministère ni aux chaires de théologie, à moins qu'ils n'aient accepté les actes du synode de Dordrecht. Outre Simon Episcopius, les plus célèbres entre ces derniers ont été Etienne de Courcelles et Philippe de Limborch, qui ont beaucoup écrit pour exposer et soutenir les sentiments de leur parti. Le célèbre Jean Leclerc l'avait aussi embrassé. Il est fort douteux, dit Mosheim, si la victoire remportée sur les arminiens par les gomaristes fut avantageuse à l'Église réformée en général. Pour nous, il nous paraît qu'elle a couvert la prétendue réforme d'un opprobre éternel. 1° Après avoir posé pour maxime fondamentale de cette réforme que l'Écriture sainte est la seule règle de foi, le seul juge des contestations en fait de doctrine, il était bien absurde de juger et de condamner les arminiens, non par le texte seul de l'Écriture sainte, mais par les gloses, les commentaires, les explications qu'il plaisait aux gomaristes d'y donner. Quand on jette les yeux sur les passages allégués par ces derniers dans le synode de Dordrecht, on voit qu'il n'y en a presque pas un seul à la lettre duquel ils n'ajoutent quelque chose, et que la plupart peuvent avoir un sens tout différent de celui qu'y donnent les gomaristes. Les arminiens en alléguaient de leur côté auxquels leurs adversaires ne répondent point; de quel front peut-on dire qu'ici c'est l'Écriture sainte qui décide la contestation, pendant que c'est le fonds même sur lequel on dispute? 2° L'on a peine à retenir son indignation quand on voit le synode de Dordrecht se fonder sur la promesse que Jésus-Christ a faite à son Église d'être avec elle jusqu'à la consommation des siècles, pendant que tous les protestants font profession de croire que ce divin Sauveur a abandonné cette même Église immédiatement après la mort des apôtres; que, pendant quinze cents ans, il a laissé introduire les erreurs les plus monstrueuses et les superstitions les plus grossières, de manière que cette Église n'était plus l'épouse de Jésus-Christ, mais la prostituée de Babylone, de laquelle il a fallu se séparer au XVIe siècle pour pouvoir faire son salut. Que penser encore quand on voit les docteurs de Dordrecht rappeler l'exemple et la méthode des anciens conciles, de condamner les erreurs, et que l'on se souvient des déclamations fougueuses que les protestants se sont permises contre tous les conciles? Pour comble de ridicule, ils citent la conduite des princes et des souverains qui ont protégé l'Église contre les attaques des hérétiques, après avoir cent fois blâmé les empereurs qui se sont mêlés des disputes de religion; ils félicitent l'Église belgique d'être délivrée de la tyrannie de l'antechrist romain et de l'horrible idolâtrie du papisme, pendant qu'eux-mêmes exercent contre leurs frères un des principaux actes de cette prétendue tyrannie, en se rendant juges et arbitres de la croyance, etc. 3° Aussi les arminiens ne manquèrent pas de faire à leurs adversaires tous les reproches que les protestants ont faits contre le concile de Trente qui les a condamnés. Ils dirent que ceux qui s'arrogeaient le droit de les juger étaient leurs accusateurs et leurs parties; qu'un synode devait être libre; que les accusés devaient y être admis à se défendre et à se justifier; que leurs prétendus juges se rendaient arbitres de la parole de Dieu, etc. On n'eut aucun égard à leurs plaintes ni à leurs clameurs. Il est constant aujourd'hui que le synode de Dordrecht ne fut autre chose qu'une farce politique jouée par Maurice de Nassau, prince d'Orange, pour se défaire de quelques républicains qui lui faisaient ombrage. (*V.* GOMARISTES.) 4° Mosheim nous fait observer que les décrets de Dordrecht, loin de détruire la doctrine d'Arminius, ne servirent qu'à la répandre davantage et à indisposer les esprits contre les opinions rigides de Calvin. Les arminiens, dit-il, attaquèrent leurs adversaires avec tant d'esprit, de courage et d'éloquence, qu'une multitude de gens fut persuadée de la justice de leur cause. Quatre provinces de Hollande refusèrent de souscrire au synode de Dordrecht; ce synode fut reçu en Angleterre avec mépris, parce que les anglicans témoignaient du respect pour les anciens Pères, dont aucun n'a osé mettre des bornes à la miséricorde divine. Dans les églises de Brandebourg et de Brême, à Genève même, l'arminianisme a prévalu. Mosheim ajoute que les calvinistes de France s'en rapprochèrent aussi, afin de ne pas donner trop d'avantage aux théologiens catholiques contre eux; mais il oublie l'acceptation formelle des décrets de Dordrecht faite dans le synode de Charenton en 1623. Ou cette acceptation ne fut pas sincère, ou les calvinistes ont rougi dans la suite de l'aveuglement de leurs docteurs. Nous ne finirions pas si nous suivions en détail toutes les absurdités, les erreurs, les traits de duplicité et de passion que l'on voit dans ces mêmes décrets. Ils se trouvent dans le recueil des confessions de foi des églises protestantes. Les luthériens, non plus que les anglicans, n'ont pu se dissimuler que la censure portée à Dordrecht contre l'arminianisme retombait directement sur eux. Mosheim a fait une dissertation dans laquelle il prouve : 1° que les cinq articles de doctrine condamnés par ce synode sont le sentiment commun des luthériens et de la plupart des théologiens anglicans; 2° que le synode, loin de condamner la conduite abominable de Calvin, qui représente Dieu comme auteur du péché, l'a plutôt adoptée et confirmée; 3° que les décrets de Dordrecht ont été exprès conçus en termes ambigus, pour laisser la liberté de les entendre comme on voudra; 4° il réfute les sophismes et les subterfuges par lesquels plusieurs théologiens calvinistes ont voulu prouver que la censure de ce synode n'intéressait point les luthériens; 5° il montre le ridicule des éloges outrés qu'ils ont faits de cette assemblée et de ses décrets, et l'opprobre dont les calvinistes se sont couverts en usant de violence envers les arminiens parce qu'ils les ont regardés comme hérétiques; 6° il conclut que cette conduite est le plus grand obstacle que les calvinistes aient pu mettre à leur réunion avec les protestants, et le plus sûr moyen qu'ils aient pu trouver de rendre la division éternelle.

DORÉ (JACOB), dominicain, naquit à Orléans vers la fin du XVe siècle. Après avoir prêché dans les principales villes de France, il vint à Paris où il obtint, par la protection des Guises, les bonnes grâces de Henri II. Il se servit de la protection du monarque pour fonder et enrichir la bibliothèque des dominicains de Châlons. Ce religieux a laissé un grand nombre de Traités remarquables par la singularité de leurs titres.

DORÉ de ROUERGUE (*bot.*), petit agaric qui se trouve dans le Bas-Languedoc, où on le mange sans inconvénient. Ce champignon est d'une belle couleur d'or, et n'a que deux pouces de hauteur. — DORÉ DE SOUFRE, agaric de taille moyenne, qui croît aux environs de Paris; sa couleur est un roux clair en dessus, avec ses feuillets d'un jaune de soufre ou de citron. — DORÉ PLUCHÉ (*bot.*). Paulet donne ce nom, dans son Histoire des champignons, à une variété de l'*agaricus granulosus*, Pers., et de l'*agaricus ochraceus* de Bulliard. Il est de couleur dorée, mamelonné et pluché par petits flocons. C'est l'*agaricus flavo-floccosus* de Batsch. J. P.

DORÉE (*zeus*) (*poiss.*), genre de la famille des scombéroïdes, voisin des capros, dont il se distingue par ses épines accompagnées de longs lambeaux de la membrane, et par une série d'épines fourchues situées le long des bases de l'anale et de la dorsale; cette dernière est dure et échancrée comme dans le genre capros. Ce genre renferme deux espèces qui habitent la Méditerranée : la *dorée, zeus faber* (zée forgeron). Ce poisson, que l'on nomme vulgairement rondelle, à cause de sa forme assez semblable à un disque si l'on en retranchait le museau et la caudale, habite la Méditerranée et l'Atlantique. La mâchoire inférieure est plus avancée que la supérieure, les yeux gros et rapprochés, et les narines à grands orifices. Sa couleur jaunâtre mêlée d'un peu de vert d'or lui a mérité son nom de *dorée*. Son dos, la dorsale, le museau, quelques portions de la tête et de l'anus, sont marqués de teintes noirâtres qui lui ont fait donner le nom de forgeron; les flancs sont marqués d'une tache ronde et noire. Ce poisson était connu des anciens; Columelle et Pline en parlent, et le désignent sous le nom de *zée forgeron* (*zeus faber*). Une légende populaire prétend que ce poisson est le même que prit Pierre, premier apôtre de Jésus-Christ, par ordre de son maître; et que les deux taches noires de ses flancs marquent l'endroit des doigts de ce saint. Comme tout ce qui est merveilleux, cette tradition fut très accréditée, et l'on trouve encore plusieurs endroits du littoral de la Méditerranée, où ce poisson est nommé poisson de saint Pierre. Le zée atteint une longueur de quatre à cinq décimètres, et pèse alors cinq à six kilogr.; sa voracité est très grande, il se nourrit de petits poissons, et se jette indistinctement sur toute espèce d'appât; de chaque côté de la dorsale et de l'anale règne une rangée de piquants, qui réunis au nombre et à la force de ses dents, en font un des poissons les mieux armés. La seconde espèce est le *zeus pungio*, remarquable par la forte épine fourchue de son épaule. J. P.

DORELLA (*bot.*). Ce nom est cité par Césalpin pour la caméline, genre de crucifères rétabli sous le nom de *camelina*, et nommé auparavant *myagrum sativum*, par C. Bauhin et Linné.

DORELLE (*bot.*), nom vulgaire du *chrysocoma linosyris*, Linné. J. P.

DORENAVANT, désormais, à l'avenir.

DORÉMIEUX (CLAUDE), d'Arras, vivait à la fin du XVIe siècle et dans la première partie du XVIIe. Il est auteur : 1° d'un Catalogue des ouvrages imprimés en 1640 dans les provinces du Pays-Bas soumis alors à l'Espagne; Lille, 1641, chez Toussaint-Leclercq, in-4°; et Bruxelles, chez Jean Mommart, aussi in-4°; 2° on lui attribue un fragment d'histoire d'Artois resté manuscrit. Ce document renferme des détails sur le pays des attributs pendant la domination romaine et sous les premiers rois de France jusqu'au règne de Clotaire II.

DORÈNE du **JAPON** (*bot.*). *Doræna japonica*, Thunberg, — genre établi par Thunberg sur un arbrisseau du Japon, de la pentandrie monogynie de Linné, offrant pour caractères : un calice à cinq divisions, une corolle monopétale, à cinq découpures; cinq étamines insérées sur le tube de la corolle; les anthères oblongues, presque sessiles, non saillantes; un ovaire supérieur; un style; le stigmate échancré; une capsule ovale, petite, uniloculaire, univalve, polysperme. Sa tige s'élève à une hauteur de cinq à six pieds, se divise en rameaux alternes, cylindriques, divergents; les feuilles sont alternes, pétiolées, glabres, oblongues, aiguës; les fleurs petites, blanchâtres, disposées sur des grappes axillaires; la capsule est glabre, ovale, aiguë, de la grosseur d'un grain de poivre. J. P.

DORENLOT, s. m. (*v. lang.*), rond, cercle, parure de femme.

DORER, appliquer de l'or moulu ou des feuilles d'or sur quelque chose. Fig. et fam. *Dorer la pilule*, employer des paroles flatteuses pour déterminer une personne à faire quelque chose qui excite sa répugnance. Il signifie aussi consoler d'une disgrâce, d'un refus, en l'accompagnant de promesses et de paroles bienveillantes. Poétiq. et fig., *Le soleil dore la cime des montagnes, des arbres, etc.* Il l'éclaire de ses rayons. Cela se dit surtout lorsque la cime des montagnes, etc, est éclairée, tandis que le reste ne l'est pas encore ou ne l'est plus. On dit aussi, *Le soleil dore les moissons*, etc. Le soleil jaunit les moissons, etc., en les faisant mûrir; et, dans un sens analogue, avec le pronom personnel, *Les moissons commencent à se dorer*. DORER, en termes de patissier, signifie, mettre, étendre sur de la pâtisserie du jaune d'œuf délayé. DORÉ (*participe*). Prov., *Bonne renommée vaut mieux que ceinture dorée*. Il vaut mieux avoir l'estime publique que d'être riche. Prov., *Être doré comme un calice*, avoir des habits chargés de galons ou de broderie d'or. Fig. et fam., *Il a la langue dorée, c'est une langue dorée*, se dit de quelqu'un qui tient des discours faciles, élégants, propres à séduire. — DORÉ se dit adjectivement des choses qui sont d'un jaune brillant. On dit de même, *Un jaune doré*. En termes de vénerie, *Fumées dorées*, fumées de cerf qui sont jaunes.

DORESMIEUX (FRANÇOIS), issu, comme le précédent, d'une noble famille d'Artois, se fit religieux au Mont-Saint-Éloi vers la fin du XVIe siècle et en fut élu abbé en 1625. Il est auteur d'une vie de saint Vindicien, évêque de Cambrai et d'Arras. On la trouve imprimée au 11 mars dans l'œuvre des Bollandistes. Il a, de plus, composé une Chronique des abbés et hommes remarquables de son monastère : elle comprend les prieurés qui en dépendaient. Ce dernier ouvrage, qui est le fruit de longues et patientes recherches, est resté manuscrit. L'auteur y travailla pendant environ 25 ans. L'abbé Doresmieux mourut le 26 octobre 1639. (V. Mém. de Paquot.)

DOREUR. Dorer, c'est appliquer de l'or sur une matière quelconque. Le procédé d'application diffère d'après les matières.

Dorure à l'huile. — Le reste des couleurs broyées et détrempées à l'huile, déposé par l'ouvrier dans le pincelier ou vase à nettoyer les pinceaux, sert de fond à la dorure, et prend le nom d'*or couleur*, après avoir été de nouveau broyé et passé au linge fin. 1° On donne d'abord une couche d'impression avec du blanc de céruse broyé, lithargiré et détrempé à l'huile de lin, et étendu d'un peu d'huile grasse et d'un peu d'essence de térébenthine. 2° On donne trois ou quatre couches de *teinte dure* dans les ornements et les parties que l'on veut bien dorer; on se sert pour cela de céruse broyée avec l'huile grasse, qu'on détrempe à l'essence à mesure que l'on s'en sert. 3° On couche ensuite l'or couleur avec une brosse douce uniment et à sec, et l'on retire avec soin les poils qui pourraient se détacher. 4° Quand l'or couleur est assez sec pour happer seulement l'or en feuille, on applique celui-ci coupé en morceaux, et l'on dore à fond avec la palette. Dans les fonds on ramende avec l'or coupé en morceaux, et l'on applique avec un pinceau de poils de putois. 5° On vernit à l'esprit de vin, on applique la couche également, en ayant soin de chauffer à mesure et avant l'application avec un réchaud de doreur. On ne vernit jamais les objets placés au dehors. Pour dorer le marbre on ne met point de couche d'impression, on lessive, on applique un vernis gras à polir, puis l'or couleur, et enfin on dore. On dore à l'huile les dômes, les figures de plâtre et de plomb, les rampes d'escaliers, les balcons, etc. Pour les équipages et les meubles, la dorure à l'huile se fait d'une manière un peu différente : la voici : on ajoute à l'enduit destiné à la couche d'impression un peu d'ocre jaune et de litharge; après on donne, à un jour de distance, dix à douze couches de teinte dure, et l'on fait sécher en lieu chaud ou au soleil, puis on polit d'abord à la pierre ponce et à l'eau, puis avec la serge et la ponce en poudre. On donne ensuite dix à douze couches d'un beau vernis à la laque. On polit à la prêle le fond des panneaux et les sculptures; et enfin la totalité avec de la *potée d'étain* et du tripoli. L'ouvrage poli comme une glace, et porté en lieu chaud et à l'abri de la poussière, reçoit une légère couche d'or couleur; puis on *pose* l'or au *livret*, c'est-à-dire qu'ouvrant un livret d'or on applique la feuille entière sans aucun pli. On dore les petites parties comme *plus haut*. On époussette l'or avec un pinceau très doux; on laisse sécher plusieurs jours, et l'on vernit à l'esprit de vin. Quand ce vernis est sec, on donne par-dessus deux couches de vernis blanc au copal, en laissant deux jours d'intervalle entre chaque couche. Enfin on polit les panneaux avec une serge imbibée d'eau et de tripoli, et on lustre avec la paume de la main couverte d'un peu d'huile d'olive le plus également possible. M. Monteloux-Lavilleneuve applique la dorure à l'huile sur des métaux par le procédé suivant : avec un petit bâton effilé en crayon, il place de distance en distance des mouches d'un mordant composé de parties égales d'or couleur et d'huile cuite; il l'étend ensuite avec un tampon de taffetas d'abord, et ensuite avec du velours, puis il met l'or. Le second procédé consiste à faire un mordant composé de deux parties de cire et d'une de vernis au mastic; l'on applique l'or à la chaleur d'une étuve. Dans le troisième procédé, on étend avec un pinceau le mordant, composé d'une partie de vernis au carabé blanc ou noir, et de deux d'huile grasse. On essuie ensuite avec un velours; et quand le mordant est suffisamment sec on met l'or. Dans ces diverses opérations on applique l'or avec la *palette à dorer* ou le *bilboquet*; ensuite on appuie dessus avec une peau bien propre; on repasse au velours; on laisse sécher à une étuve douce, et on lui donne une ou plusieurs couches de vernis gras.

Dorure en détrempe. — Pour cette industrie, il faut des ateliers exempts d'une trop grande chaleur solaire, d'humidité, et surtout d'exhalaisons sulfurées et ammoniacales; elle exige dix-sept opérations subséquentes.

1° *Encollage.* — Pour dégraisser le bois, empêcher que les vers ne s'y mettent et tuer ceux qui existent, on frotte avec une brosse rude de sanglier imbibée de la composition suivante; feuille d'absinthe, une bonne poignée; deux ou trois têtes d'ail par litre d'eau, on réduit à moitié par l'ébullition, et l'on ajoute une demi-poignée de sel marin et deux décilitres de vinaigre; on mélange pour l'emploi une partie égale de colle bouillante. Pour les marbres et les plâtres on supprime le sel. On donne deux encollages, le premier faible, le deuxième plus fort. 2° *Apprêtage de blanc.* — On encolle le bois de blanc d'Espagne, de huit à douze couches, ayant soin de mieux garnir les parties qui doivent être brunies. On prend pour cela un litre de colle de parchemin étendue d'un quart de litre d'eau; on ajoute peu à peu deux bonnes poignées de blanc passé au tamis de soie; on laisse pendant une demi-heure, et l'on agite fortement pour délayer. On donne la première couche très chaude, en *tapant* finement avec la brosse, pour effacer les épaisseurs, et l'on couvre si bien qu'on ne voie plus le bois. On répète cette opération pour toutes les couches : le tapage est nécessaire pour mélanger intimement les différentes couches; et l'on n'applique l'une que quand la précédente est bien sèche. 3° Après la première couche de blanc on doit boucher les trous au mastic de colle et de blanc, et polir avec la peau de chien de mer. 4° Ensuite on *ponce et l'on adoucit*, en mouillant d'eau très froide et par petites parties, les apprêts de blanc avec la brosse qui a servi pour les appliquer. On lisse à la pierre ponce et on lave à mesure qu'on adoucit; on ôte l'eau avec une éponge et les grains avec le doigt; on passe une toile rude pour nettoyer le tout, en ayant soin d'unir les tranches le mieux possible. 5° L'ouvrage adouci, poncé et séché, on répare, c'est-à-dire qu'on donne à la sculpture son fini. Cette opération demande un ouvrier spécial. 6° On rend au blanc sa propreté; on dégraisse en passant un linge mouillé sur les parties qui doivent être mates ou brunies; on passe une brosse douce et mouillée sur les réparures, et on lave le tout à l'éponge douce. 7° On prêle, en ayant soin de ne pas user le blanc. 8° On jaunit, c'est-à-dire qu'on met une teinture jaune sur l'ouvrage apprêté. On prend un quart de litre de colle de parchemin limpide, on fait chauffer et l'on y délaie deux onces d'ocre jaune broyée très fin; on laisse reposer, on décante, et l'on applique à chaud avec une brosse douce et bien nette. 9° Le jaune posé et sec, on *égrène*, c'est-à-dire qu'on repolit à la prêle.

10° *On couche d'assiette.* On appelle *assiette* la composition suivante : bol d'arménie, une livre; sanguine, deux onces; mine de plomb d'Angleterre, deux onces; le tout broyé séparément. On mélange et l'on rebroie dans une cuillerée d'huile d'olive, ensuite on détrempe l'assiette dans la colle de parchemin légère, on fait un peu chauffer, et l'on donne trois couches, en évitant de laisser pénétrer dans le fonds. Cette opération fait la beauté de la dorure. 11° Frotter avec un linge neuf et sec dans les endroits destinés au mat, pour rendre l'or qu'on ne doit pas brunir, brillant et empêcher l'eau d'y faire tache; placer deux couches d'assiette sur les parties à brunir, constituent cette opération.

12° *Dorage.* — On coupe sur le coussin les feuilles d'or; on applique avec des pinceaux de différentes grosseurs, on mouille l'ouvrage avec de l'eau à zéro, et par place, à mesure qu'on veut poser l'or. On commence toujours par les fonds; on fait passer l'eau derrière la feuille d'or, afin de l'étendre. On halette légèrement; on retire l'eau avec le bout du pinceau. 13° Et enfin on brunit avec le brunissoir. 14° Pour empêcher l'or de s'écorcher, on mate, c'est-à-dire qu'on passe une colle légère sur les parties qui ne doivent pas être brunies.

15° *Ramender.* — C'est rétablir l'or sur les endroits oubliés et dépouillés par l'opération subséquente au dorage. 16° Le vermeil est un composé de rocou, 2 onces; gomme gutte, 1 once; vermillon, 1 once; sang-dragon, 1/2 once; cendres gravelées, 2 onces; safran, 18 grains. On fait bouillir le tout dans un litre d'eau, jusqu'à réduction d'un quart, et on passe au tamis de soie. On trempe un petit pinceau dans le vermeil, et l'on applique sur les refends et les petites épaisseurs le plus légèrement possible. 17° Enfin on repasse une couche de colle sur tous les mats, mais plus chaude que la première, et l'ouvrage est terminé.

Dorure sur bronze. — Cette branche d'industrie, singulièrement améliorée par M. Darcet, consiste à appliquer l'or sur le bronze au moyen d'un dissolvant qui est le mercure. Il faut que tous les deux soient parfaitement purs. L'or est d'abord chauffé au rouge sombre dans un creuset; c'est à cette température que l'ouvrier ajoute huit parties de mercure. Il agite le mélange avec une baguette de fer courbée en crochet, la retire du feu après quelques minutes, et verse l'amalgame dans une petite terrine qui contient de l'eau, lave et en exprime, en comprimant avec les deux pouces, tout le mercure coulant; on passe à travers une peau de chamois, et l'amalgame pâteux qui reste dans la peau sert à dorer le bronze. Il contient : or, 67; mercure, 33, pour 100 parties. Pour appliquer l'amalgame, on se sert d'une dissolution mercurielle, composée avec acide nitrique pur à 36°, 110 grammes; mercure, 100 grammes, qu'on étend de 5 litres 1/2 d'eau distillée. Ces prépartions faites, on procède à la dorure.

Dorure. — L'ouvrier recuit la pièce de bronze à dorer en la chauffant également. Il l'entoure pour cela de charbon et de mottes à brûler. Quand la température est au rouge cerise, il la retire et la laisse refroidir lentement à l'air. Cette opération se fait dans un lieu obscur.

Dérochage ou décapage. — Cette opération a pour but d'enlever de la surface de la pièce de bronze recuite la couche d'oxyde qui la recouvre. On trempe la pièce dans un baquet rempli d'acide sulfurique très étendu; on l'y laisse quelque temps, puis on frotte avec une brosse rude. Ceci fait, on retrempe dans l'acide nitrique à 36°, auquel on a ajouté un peu de sucre et de sel marin. M. Darcet propose d'employer, au lieu de ce mélange, un autre d'acide sulfurique et d'acide muriatique, qui n'ont point l'inconvénient d'attaquer le métal. On lave à grande eau la pièce, que l'on roule, pour la sécher, dans de la tannée ou du son. Après ces préparations, on procède à l'application de l'amalgame. On trempe la *gratte-brosse à dorer*, ou pinceau de fil de laiton, dans la dissolution nitrique; on appuie avec la gratte-brosse sur l'amalgame posé sur la paroi inclinée d'un plat de terre; on la charge, et on porte de suite sur la pièce à dorer. On étend avec soin, et également ou inégalement, suivant que les parties doivent être plus ou moins dorées. On lave à grande eau, et l'on porte au feu pour faire volatiliser le mercure : on recommeuce cette opération jusqu'à ce qu'on soit content de l'ouvrage. On donne le *bruni* à la pièce en la frottant avec des brunissoirs d'hématite ou de sanguine imprégnés de vinaigre. On lave ensuite et on fait sécher à une douce chaleur. La dorure sur le fer et l'acier s'exécute d'une manière fort simple : on chauffe très légèrement l'objet que l'on veut dorer, et, au moyen d'un pinceau, on y applique une couche d'une solution éthérée de chlorure d'or. Ce métal est précipité à l'instant sur la pièce, qu'il ne s'agit plus que de polir avec le brunissoir. Pour les procédés de dorure inventés dans ces derniers temps, voyez l'article GALVANOPLASTIE.

DORFEUILLE (P.-P.), comédien et auteur dramatique, né vers 1745, débuta en province et obtint une certaine célébrité. Il fit représenter quelques pièces de théâtre qui eurent peu de succès, et devint directeur du théâtre de Bordeaux; puis, s'étant associé avec Gaillard, directeur du théâtre de Lyon, ils prirent la gestion de l'Ambigu-Comique à Paris, et des Variétés-Amusantes, rue de Bondy. Bientôt ils établirent ce dernier théâtre au Palais-Royal, et quelques années après ils firent construire la salle où sont actuellement les Français. C'est là que se réunirent en 1791 les dissidents de l'ancienne comédie Dugay ou Grandmesnil-Talma. En 1792, Dorfeuille se sépara de Gaillard et se fit professeur de déclamation et fonda en 1798 le théâtre des Jeunes-Elèves et de la rue Dauphine. On ignore l'époque de sa mort.

DORFEUILLE (ANTOINE), né vers 1750, quitta l'état de comédien auquel il s'était d'abord voué, pour embrasser les excès de la révolution. Il se fit connaître par des pamphlets, et, s'étant lié avec Dubois-Crancé, ce dernier l'emmena à Lyon, où Dorfeuille fut nommé plus tard président du tribunal révolutionnaire. Il se livra dans ce poste à de déplorables cruautés; et, mis en jugement après le 9 thermidor, il fut massacré par le peuple le 4 mai 1795, au moment où on le ramenait du tribunal dans sa prison.

DORFLING (GEORGES, baron de), né en 1606, fils d'un paysan de Dorf, petit village de Bohême, apprit d'abord l'état de tailleur, puis il s'engagea dans les troupes suédoises et y devint général-major en 1642. A la paix de Westphalie, en 1648, il entra au service de l'électeur de Brandebourg, et se signala, de 1657 à 1695, dans toutes les campagnes de l'électeur Frédéric-Guillaume, contre les Polonais, les Suédois, les Français. Il fut aussi employé dans plusieurs ambassades importantes et mourut le 4 février 1695, général, feld-maréchal des armées brandebourgeoises.

DORIA, une des plus anciennes et des plus puissantes familles de Gênes, était attachée au parti gibelin, ainsi que celle des Spinola; les Grimaldi et les Fieschi suivaient le parti guelfe. Ces quatre familles constamment rivales remplirent la république de dissensions. Le peuple de Gênes, las des querelles de ces familles qui épuisaient les forces de la république, les exila toutes quatre en 1339. La noblesse fut exclue du gouvernement de 1339 à 1528. Cette période fut la plus glorieuse pour la famille Doria.

DORIA (OBERTO), amiral des Génois, anéantit la marine des Pisans par la fameuse victoire navale de Meloria qu'il remporta sur eux le 6 août 1284. Cette victoire mit fin à la longue rivalité entre Pise et Gênes.

DORIA (LAMBA), amiral génois; le 8 septembre 1298, il remporta une grande victoire navale sur l'amiral vénitien André Dandolo, devant l'île de Cozzola ou Corcyre-la-Noire. Les Génois, dans cette bataille, tuèrent 9,000 hommes, firent 7,400 prisonniers et prirent 85 galères sur 97 qui formaient la flotte vénitienne. Une paix glorieuse fut la conséquence de cette victoire.

DORIA (PAGANINO), amiral des Génois; en 1352, il battit les Vénitiens devant Constantinople, ainsi que les Grecs et les Catalans leurs alliés; mais cette victoire lui coûta 13 galères et la moitié de ses matelots. En 1354, à Porto-Longo, il fit prisonnier l'amiral vénitien Pisani et s'empara de sa flotte composée de 35 galères. Cette victoire signalée mit les Vénitiens dans la nécessité de consentir à une paix humiliante.

DORIA (LUCIEN), amiral des Génois dans leur quatrième guerre avec les Vénitiens, livra bataille à Vettor Pisan, devant Pola, le 29 mai 1379, et fut tué dans le commencement du combat. Mais les sages dispositions qu'il avait prises, fidèlement exécutées par Ambroise Doria, son frère, valurent la victoire aux Génois.

DORIA (PIERRE), amiral des Génois, se rendit maître de Chiozza, le 13 août 1379. Les Vénitiens, effrayés, implorèrent la paix et Pierre Doria la leur refusa avec dureté. Mais Vettor Pisani l'enferma dans les lagunes où il fut tué le 22 janvier 1380. Sa flotte se rendit prisonnière le 21 juin de la même année.

DORIA (ANDRÉ), naquit à Oneille en 1468. Après avoir quitté sa patrie, déchirée par des dissensions intestines, il entra, à l'âge de 19 ans, dans les gardes du pape Innocent VIII, dont son oncle, Dominique Doria, était capitaine. Il offrit ensuite son épée à différents souverains. Il quitta à l'âge de 24 ans le service de terre pour la marine, où il devait acquérir tant de gloire. Il combattit les corsaires barbaresques sur des galères armées à ses frais. Il entra ensuite au service de François Ier, qui lui confia une flotte avec laquelle il battit celle de Charles-Quint. Il dispersa aussi celle avec laquelle le connétable de Bourbon assiégeait Marseille. Doria, mécontent des ministres de François Ier, quitta le service de la France pour celui de Charles-Quint, obtint de cet empereur l'indépendance de sa patrie, et refusa la souveraineté. C'est alors qu'il établit la constitution qui a duré presque sans changements jusqu'à nos jours. Doria ne voulut même pas être doge, et il continua à servir l'empereur sur des flottes qu'il commanda en personne jusqu'à l'âge de 90 ans. Ce grand homme mourut couvert de gloire, à l'âge de 93 ans.

DORIA (GIANETTINO), neveu du précédent, le seconda dans ses dernières années: c'est ce Jeannetin qui par son arrogance excita Jean-Louis de Fiesque à conspirer contre lui, et qui périt frappé par les partisans de ce dernier, au moment où Fiesque lui-même se noyait au milieu de ses galères.

DORIA (JEAN-ANDRÉ), fils du précédent, continua cette race illustre, et elle s'est perpétuée jusqu'à nos jours, ainsi que nous l'avons dit. Elle se divisa en un grand nombre de branches qui portent divers titres, comme ceux de princes de Melfi, de Val de Luro, de ducs d'Avello, de Tursi, de marquis d'Origlia (oreille), etc. Plusieurs se sont distingués comme princes de l'Église romaine, d'autres à la tête des armées impériales, espagnoles ou napolitaines, et quelques-uns ont marqué comme hommes d'État.

DORIA (*bot.*), nom donné d'abord par Gesner à la verge d'or, *solidago* de Linné. Une jacobée, nommée par C. Bauhin *virga aurea* ou *doria*, a reçu de Linné le nom de *senecio doria*. Dillen, voulant distinguer les jacobées qui ont beaucoup de demi-fleurons de celles qui n'en ont que cinq ou six, a désigné celles-ci sous le nom de *doria*.. Linné, rejetant ce caractère, les a réunies aux précédentes, dans les genres *senecio* et *othonna*. J. P.

DORIDE (*géogr.*), petite contrée de la Grèce propre, plus anciennement nommée DRYAPIDE. Elle était bornée au nord par la chaîne du mont Œta, à l'E. par la Phocide, au S. par la Locride et l'Etolie, et à l'O. aussi par l'Etolie; on la comprend quelquefois dans l'Etolie: du reste ses bornes ont varié. Le Céphise y prenait sa source. La Doride prit son nom de Dorus, fils de Deucalion, qui vint habiter le Parnasse. C'est probablement une des contrées le plus anciennement habitées de la Grèce.

DORIDE (*géogr.*), contrée maritime de l'Asie mineure, située à l'extrémité S.-O. Ce pays appartenait aux Cariens avant qu'une colonie dorienne vînt s'y établir. Ce qu'on appelait Doride se composait à peu près de six villes: Jalyse, Camyus, Lindus, dans l'île de Rhodes; Cos, située dans l'île du même nom; et Cnide et Halicarnasse, sur le continent. C'est ce qui la fit appeler *Hexapole*. Lorsque Halicarnasse eut été exclue de l'association, on l'appela *Pentapole*. Elle forme la presqu'île située entre les golfes actuels de Stanco et de Smia.

DORIDES (*mythol.*), nom qu'on donne aux Néréides, à cause de Doris leur mère.

DORIDIUM (*malacoz.*), nom proposé par Meckel pour désigner les mollusques de l'ordre des monopleurobranches, que Cuvier a depuis nommés acères, et que Müller nommait avant eux *lobaria*. Nous adoptons le nom de Müller pour désigner ces animaux, en conservant celui d'*acères* pour dénomination de la seconde famille des *monopleurobranches* (*V.* LOBAIRE). J. P.

DORIENS, peuplade de Pélasges (*voy.*). « Les Doriens, dit Hérodote, habitèrent la Phthiotide sous le règne de Deucalion et sous celui de Dorus, fils d'Hélien, le pays appelé Histiéotide, au pied des monts Ossa et Olympe. Chassés de l'Histiéotide par les Cadmiens, ils allèrent s'établir à Pindus, et furent appelés Macédones. De là ils passèrent dans la Dryopide, et de la Dryopide dans le Péloponnèse, où ils ont été appelés Doriens. » (L. 1, c. 56; l. VIII, c. 53.) Hérodote ici semble avoir été dans l'erreur en disant que les Pélasges ne furent appelés Doriens qu'après leur établissement dans le Péloponnèse; comme les Pélasges, sous le règne de Dorus, ont habité l'Hestiéotide, qui, selon Strabon, n'est pas différente de la Doride (car avant que de prendre le nom d'Hestiéotis, elle s'appelait *Doris*), il y a apparence qu'ils portèrent dès lors le nom de Doriens. Il y en a même qui prétendent qu'ils prirent ce nom de celui de leur chef, et la chose n'est pas hors de vraisemblance. Au temps d'Hercule, les Doriens étaient gouvernés par le roi Ægimius; ils eurent alors guerre avec les Lapithes, habitants du mont Parnasse. Comme ceux-ci étaient beaucoup plus nombreux que les Doriens, ces derniers eurent recours à Hercule, et lui offrirent le tiers de leur pays s'il les aidait dans cette guerre. Avec l'aide d'Hercule, les Doriens furent vainqueurs, et le héros leur remit le tiers qui lui avait été promis, à condition qu'ils le rendraient à ceux de ses héritiers qui viendraient le réclamer. — Les Doriens furent fidèles à leur promesse. Les Héraclides, chassés du Péloponnèse, vinrent chercher un asile chez eux, et, près d'un siècle après la prise de Troie, un grand nombre de Doriens les accompagna dans l'expédition qu'ils entreprirent pour reconquérir leur ancienne patrie; c'est pourquoi Hérodote donne le nom de *Doriens* aux habitants des trois royaumes d'Argos, de Messène et de Lacédémone, et c'est aussi pour cette raison que les colonies qui allèrent ensuite s'établir dans les îles et dans l'Asie mineure, en sa partie méridionale, sur la mer Egée, donnèrent le nom de Doride au pays qu'elles occupèrent. Les Doriens, ceux de la Doride proprement dite, furent attaqués par les Thébains, qui, les ayant vaincus, les chassèrent de leur patrie et s'y établirent eux-mêmes. Mais au bout de quelque temps une grande partie des Thébains revinrent à Thèbes, sous la conduite de Créon, fils de Ménœcé. Les Doriens rentrèrent aussi vers ce temps-là dans leur patrie, dont ils avaient été chassés. — L'an 458 avant J.-C., les Phocéens déclarèrent la guerre aux Doriens, qui, selon Diodore de Sicile, tiraient leur origine des Spartiates, et qui habitaient les villes de Cytineum, de Borium et d'Erineum. Les premiers, après une victoire remportée sur les Doriens, se rendirent maîtres de ces villes. Alors les Lacédémoniens envoyèrent Nicomède, fils de Cléombrote, porter des secours aux vaincus, en considération de l'alliance qui était entre eux. Ce secours consistait en 1,500 Spartiates, accompagnés de 10,000 hommes des autres provinces du Péloponnèse. Le fruit d'une victoire remportée sur les Phocéens fut de reprendre sur eux les villes des Doriens et de faire la paix entre les deux peuples. — Entre autres colonies que les Doriens envoyèrent en différents lieux, on compte la ville de Chalcédoine, à l'entrée du Pont-Euxin. Un interprète de Pindare leur attribue la fondation de Syracuse et de quelques autres villes de Sicile, et Thucydide veut qu'ils aient habité la ville de Dyrrachium. Leurs diverses colonies furent cause qu'il y eut divers pays qui portèrent le nom de Doride, et divers peuples nommés Doriens, quoique en des lieux fort éloignés les uns des autres. — La Doride était un pays montagneux, et cependant ils parlaient très élégamment, et leur langue était la seule qui fût propre à être accompagnée par la lyre, c'est-à-dire celle qui convenait le mieux à la poésie lyrique. Le dialecte dorien, comme on sait, un des quatre qui a été en usage parmi les Grecs, fut d'abord employé par les Lacédémoniens et par les Argiens puis dans l'Epire, dans la Carie, dans la Sicile, à Rhodes et en Crète; c'est celui dont se sont servis Archimède, Pindare, Théocrite, Bion et Moschus (*V.* GRÈCE et PELASGES). **R.**

DORIGNY (MICHEL), peintre et graveur, né à Saint-Quentin en 1617, fut gendre et élève de Simon Vouet, et chercha toujours à imiter son beau-père dans ses ouvrages.

DORIGNY (LOUIS), fils du précédent, peintre et graveur, naquit à Paris en 1634. Il fut élève de Lebrun. Ayant concouru et n'ayant obtenu que le second prix, il quitta la France et voyagea en Italie. Il fut appelé à Vienne en 1711 pour décorer le palais du prince Eugène; il l'orna de plusieurs peintures qui sont estimées. Mais l'ouvrage qui fait le plus d'honneur à Dorigny, est sans contredit la coupole qu'il a peinte à fresque dans la cathédrale de la ville de Trente.

DORIGNY (NICOLAS), fils et frère des précédents, peintre et graveur, naquit à Paris en 1657. Après avoir suivi le barreau et cultivé la peinture, il se livra entièrement à la gravure. En 1711 il fut fut appelé en Angleterre pour graver les célèbres cartons de Raphaël, et fut revêtu, par le roi George Ier, de la dignité de chevalier. En 1725 l'académie de peinture de Paris lui ouvrit ses portes et le reçut professeur.

DORIMAQUE ou **DORYMAQUE** (*hist.*), général des Étoliens, vers l'an 219 avant Jésus-Christ, pilla le temple de Diane en Épire.

DORIMON (. . . . .), comédien de la troupe de Mademoiselle, est le seul auteur de ce théâtre dont les œuvres soient parvenues jusqu'à nous. Il nous a laissé deux volumes de pièces de théâtre.

DORIN (*ois.*), nom piémontais du Jaseur, *ampolis garrulus*, Linné.

DORINE (*bot.*) *chrysosplenium*, Linné. Genre de plantes de la famille des *saxifragées* de Jussieu, dont les principaux caractères sont : calice monophylle, à quatre ou cinq découpures, coloré intérieurement; point de corolle; huit à dix étamines insérés à sa partie inférieure, et portant des anthères arrondies; un ovaire inférieur surmonté de deux styles à stigmates obtus; une capsule terminée par deux pointes, formée d'une seule loge, s'ouvrant aux deux values, et contenant plusieurs graines insérées au fond de la capsule. — *Dorine à feuilles opposées*, vulgairement *saxifrage dorée*, *chrysosplenium oppositifolium*, Linné. Ses tiges sont menues, hautes de deux à trois pouces, garnies de feuilles opposées, pétiolées, arrondies, crénelées en leurs bords, et terminées à leur sommet par plusieurs petites fleurs jaunâtres; ces fleurs n'ont, le plus souvent, que qutre étamines. Cette plante croit dans les lieux humides et ombragés; elle passe pour apéritive et diurétique.

DORING (MATHIEU), né en Thuringe, dans le XIVe siècle, fut un théologien distingué. Il professa la théologie à Erfurt et ensuite à Magdebourg. Devenu franciscain, il assista au concile de Bâle, et fut élu, par ses confrères, député au même concile, supérieur général de l'ordre, en 1443. On ignore l'époque de sa mort.

DORIOLE (PIERRE), naquit vers le commencement du XVe siècle à la Rochelle. Il succéda à Juvénal des Ursins dans l'importante charge de chancelier, et occupa cette haute fonction de 1472 à 1483.

DORION (CL. AUG.), né à Nantes vers 1770, fut dabord employé dans les bureaux du ministère des affaires étrangères, et passa les temps de la révolution sans être inquiété, quoique ses opinions royalistes, qu'il eut le courage de publier dans une héroïde intitulée : *Marie-Thérèse à François, empereur d'Allemagne*, eussent pu lui attirer des persécutions. En 1800 il lut, au comité du théâtre Français, *Héromède*, *reine de Ségeste*, qui fut refusée, et renonça dès lors au genre dramatique. Il a publié divers poëmes : *Chant de Seclusala*, la *Bataille d'Hasting* ou l'*Angleterre conquise* (1809), *Palmyre conquise* (1815), *Ode sur les montagnes, Cantate d'Amphion*, *Ode sur le mariage du duc de Berry* (1816). Là il échoua deux fois, en 1817 et 1821, dans la candidature à l'Académie, et mourut le 29 mai 1829.

DORION (*myth.*), Denaïde épouse de Cerceste.

DORION (*hist.*), musicien égyptien, voyagea dans la Grèce, et s'établit à la cour de Nicocréon, tyran de Cypre, d'où ensuite il passa à celle de Philippe de Macédoine. Il jouait parfaitement de la flûte, et inventa le mode appelé *dorionien*.

DORION (*géogr.*), ville de Thessalie, ou, selon d'autres, l'Argolide, près de Mycènes, où le musicien Thamyris disputa aux Muses le prix du chant.

DORIPPE (*crust.*). Genre de l'ordre des décapodes, famille les brachyures, section des homochèles tribu des notopodes. Ses caractères sont : test en forme de cœur renversé aplati, largement tronqué en devant, yeux très écartés entre eux, et situés aux angles latéraux et antérieurs du test; second article des pieds mâchoires extérieurs, étroit, allongé, allant en pointe, les deux pinces courbes, les quatre pieds suivants longs, étendus, comprimés, terminés par un tarse allongé et pointu; ceux de la troisième paire les plus longs de tous, les quatre derniers insérés sur le dos, petits, rejetés sur les côtés, et terminés par deux articles plus courts que les précédents, et dont le dernier crochet forme avec l'autre, une espèce de pince; antennes latérales assez longues, rétrécies, insérées au-dessus des intermédiaires, celles-ci sont pliées, mais ne se logent pas entièrement dans les cavités propres à les recevoir. Les dorippes offrent ainsi que tous les notopodes, une singularité remarquable, qui est que la carapace tronquée postérieurement, ne recouvre plus les dernières pates, ce qui leur permet de se recourber à la partie supérieure, comme si elles étaient insérées sur le dos. Un caractère qui les distingue encore, consiste, comme l'a observé Desmarest, en ce qu'il sont au-dessus de la naissances des serres, une fente en forme de boutonnière, oblique, coupée par un diaphragme, ciliée ainsi que lui sur les bords, communiquant avec les branchies et servant d'issue à l'eau qui les abreuve. Les mœurs de ces crustacés sont peu connues; on sait qu'ils se tiennent à de grandes profondeurs dans la mer; et l'on a avancé que leurs pattes postérieures se recourbant sur le dos, leur servaient à y maintenir des objets étrangers, qui leur servaient de bouclier, et les faisait ainsi échapper à la vue et à la voracité de leurs ennemis. L'espèce que l'on a prise pour type de ce genre, est la *dorippe laineuse, D. lanata*, qui se trouve dans la Méditerranée. On en connait une espèce fossile, *dorippe quadridens*, Fab. **J. P.**

DORIQUE. Dorien. Il se dit d'un des cinq ordres d'architecture, et de ce qui appartient à cet ordre. Il se dit aussi du dialecte dorien, et surtout de ce qui appartient à ce dialecte. — DORIQUE, se dit substantivement et absolument, au masculin, de l'ordre dorique. (*V.* ORDRE D'ARCHITECTURE.)

DORIS (*myth.*), une des déesses de la mer, fille de l'Océan et de Thétys, épousa son frère Nérée dont elle eut cinquante filles appelées Néréides.

DORIS (*myth.*), une des Néréides.

DORIS (*hist.*), femme de Locres, fille de Xénétus, que Denys l'Ancien, tyran de Sicile, épousa en même temps qu'Aristomaque.

DORIS (*hist.*), première femme d'Hérode-le-Grand et mère d'Antipater, conspira avec ce dernier contre son mari, et fut chassée du palais.

DORIS (*moll.*). Genre de mollusques de l'ordre des gastéropodes nudibranches de Cuvier, et des cyclobranches de Blainville qui les place avec les onchidies, et dont les caractères sont : branchies ou organes de la respiration disposés en arbuscules plus ou moins développés et rassemblés symétriquement auprès de l'anus, lequel est situé sur la ligne médiane de la partie

Doris.

postérieure du corps. Leur peau est nue, et plus ou moins tuberculeuse. Les doris ont le corps de forme ovalaire, plus ou moins déprimé, leurs dos est presque toujours couvert de tubercules, on y voit deux cavités plus ou moins profondes, au milieu desquelles existe un tentacule que l'animal développe dans l'état de tranquillité, et qui est entièrement, caché à la moindre apparence de crainte. Deux autres tentacules existent en avant du corps, ils sont inférieurs aux précédents; la bouche est ouverte à l'extrémité d'une petite trompe, l'estomac est un sac membraneux, au fond duquel la bile arrive par une multitude de petits trous Les organes de la respiration sont placés comme chez tous les Cyclobranches; ils sont réunis autour de l'anus, celui-ci est situé un peu en arrière. Les doris sont hermaphrodites, l'orifice des organes existe sous le rebord droit du manteau; elles sont herbivores; leur forme se rapproche de celle des limaces. On distingue parmi les espèces de ce genre; la *doris étoilée*, *D. stellata*, qui se rencontre dans les mers d'Europe, est longue d'un pouce, son corps est couvert de petits tubercules arrondis, sa couleur est un gris clair, les tentacules supérieurs sont roux à leur sommet; les branchies formées de sept feuilles occupent le tiers postérieur de l'animal. La *doris à bords noirs*, *D. atromarginata* a été rapportée de Timor par le naturaliste Péron. Le corps terminé postérieurement en pointe aiguë, est de couleur blanchâtre avec une ligne étroite d'un très beau noir sur l'arête qui sépare le dos des flancs. J. P.

DORIS, ENCHUSA (*bot.*), noms cités par Dodoens d'une borraginée qui est l'*onosma echioides*. Les noms de *doris* et *doricteuis* sont cités par Ruellius et Mentzel comme ayant été donnés au *leontopetalon* de Dioscoride et de Pline, qui est le *leontice leontopetalam* de Linné. J. P.

DORISQUE (*géog.*), plaine de la Thrace méridionale sur le bord de la mer Égée, vers les embouchures de l'Hèbre. C'est là que Xercès assembla son armée.

DORISQUE (*géogr.*), forteresse de la plaine de même nom.

DORISQUE (*géogr.*), promontoire de l'Attique.

DORISQUES (*géogr.*), peuple de la Perse orientale, habitait sur les confins de l'Asie, de la Carmanie et de la Drangiane.

DORIUS (*géog.*), montagne de l'Éolide, près de Cnide, auprès de laquelle Conon vainquit les Lacédémoniens.

DORIVAL (CLAUDE-FRANÇOIS), jurisconsulte célèbre, né à Besançon en 1656. Se distingua comme avocat dans sa ville natale, et se fit surtout connaître par un ouvrage intitulé : *Usages et coutumes de Besançon*, qui servit longtemps de règle aux tribunaux. Il mourut le 4 septembre 1733.

DORLAND (PIERRE), chartreux, né à Diest en 1449, dans le diocèse de Liége. Mort en 1507, est principalement connu pour son *Chronicum chartasianum*.

DORLÉANS (LOUIS), né à Paris en 1542. Fit ses études sous Jean Dorat et prit ensuite ses degrés en droit. Ses débuts dans le barreau ne furent pas brillants, mais comme il s'était déclaré l'ennemi des protestants, il fut poussé par la faction de la ligue et devint avocat-général pendant la puissance de Mayenne. Après l'abjuration de Henri IV, Dorléans publia un pamphlet qui a pour titre le *Bouquet du comte d'Arête*, et qui a pour but de prouver que la conversion de Henri était simulée. Henri parvenu au trône pardonna à Dorléans comme à tant d'autres. Il mourut en 1629 presque oublié.

DORLÉANS (PIERRE JOSEPH), jésuite, né à Bourges en 1641. Après avoir professé les belles-lettres, il fut destiné par ses supérieurs au ministère de la chaire. S'étant depuis consacré à l'histoire, il travailla en ce genre jusqu'à sa mort, arrivée à Paris, le 31 mars 1698. Ses ouvrages principaux sont : *Histoire des révolutions d'Angleterre*, Paris, 1693, 3 vol. in-4°, et 4 vol. in-12. Cet ouvrage est aussi estimé pour l'exactitude que pour la manière de l'auteur. Ceux qui lui ont reproché de n'avoir pas supprimé ou déguisé les scènes sanglantes qui ont suivi le schisme de Henri VIII, et les diverses persécutions que les catholiques ont essuyées depuis cette époque, ont sans doute projeté de sacrifier l'histoire au fanatisme de la philosophie ; 2° *Histoire des révolutions d'Espagne*, Paris, 1734, en 3 vol. in-4° et 5 vol. in-12, avec la continuation des Pères Rouillé et Brumoi; 3° Une *Histoire des deux conquérants Tartares, Chunchi* et *Canchi*, qui ont subjugué la Chine, in-8° ; ouvrage curieux; 4° la *Vie du père Coton, jésuite*, in-4°; 5° les *Vies des bienheureux Louis de Gonzague et Stanislas Kostka*, in-12; 6° la *Vie de Constance*, premier ministre du roi de Siam, in-12; préférable à celle publiée par Deslandes en 1755; 7° deux volumes de *Sermons*, in-12, non sans mérite et sans éloquence ; 8° *Méthode courte et facile pour discerner la véritable religion chretienne d'avec les fausses*, excellent petit traité de controverse, écrit avec simplicité et avec logique, et qui exclut toute pensée de préjugés de la part de l'auteur.

DORLÉANS (LOUIS-FRANÇOIS-GABRIEL-DE-LA MOTTE), évêque d'Amiens, né à Carpentras en 1683, il était d'une famille originaire de Vicence. Il fit ses études sous les jésuites de Carpentras, puis il étudia la théologie à Avignon. Partout il se fit remarquer par la vivacité de son esprit et surtout par sa piété. Nommé d'abord coadjuteur du chapitre de Carpentras, il passa de là chez l'archevêque d'Arles, qui l'avait demandé pour administrer son diocèse. Il fut enfin nommé à l'évêché d'Amiens, qu'il occupa pendant 41 ans. Pendant toute la durée de ce long épiscopat, il donna l'exemple de toutes les vertus chrétiennes.

DORLOTER. Traiter délicatement, avec complaisance. On l'emploie aussi avec le pronom personnel.

DORMANS (JEAN DE), natif du bourg de ce nom, situé en Champagne; Charles, duc de Normandie, fils du roi Jean, le fit son chancelier et lui procura l'évêché de Beauvais. Ce prince, devenu roi, après la mort de Jean son père, le fit chancelier et garde des sceaux de France. Le pape Urbain V le créa cardinal en l'année 1338. Cet homme remarquable mourut à Paris en 1373. Il avait fondé le collége de Beauvais, le 16 mai 1370.

DORMANT, ANTE, qui dort. Il s'emploie surtout au figuré, et se dit des choses qui sont de nature à se mouvoir, à être mues, et qui cependant restent arrêtées ou fixées en quelque endroit. Ainsi on appelle *Eau dormante*, une eau qui ne coule point, comme celle des fossés, des marais, des étangs; *Verre dormant*, *chassis dormant*, un carreau de vitre, un chassis qui ne s'ouvre point; *Pont dormant*, un pont levis qui ne se lève point; *Pêne dormant*, un pène qui ne peut s'ouvrir ou se fermer qu'avec la clef; *Ligne dormante*, une ligne qui demeure fixée dans l'eau, sans que le pêcheur la tienne; *Manœuvres dormantes*, les manœuvres d'un navire qui ne sont jamais dérangées, telles que les haubans. Il se dit substantivement du chassis fixe et immobile auquel il tient, et dans lequel vient s'emboiter une porte ou le châssis mobile d'une croisée. Il se dit pareillement d'une espèce de plateau garni de cristaux, de fleurs, etc., autour duquel on range les plats, et qu'on n'enlève qu'à la fin du repas.

DORMAY (CLAUDE), chanoine de Soissons, auteur d'une Histoire de cette ville, et de ses rois, comtes et gouverneurs, 2 vol. in-4°. Il naquit vers le commencement du XVIIe siècle, et mourut en 1674.

DORMENTONE (*bot.*). Nom que l'on donne à Florence, d'après Micheli, à un agaric en forme d'éteignoir, brun à feuillets pourpres. Il paraît voisin de l'*agaricus fimetarius* de Linné. Ses qualités sont suspectes. J. P.

DORMEUR, EUSE, celui, celle qui dort, ou qui aime à dormir. Il est familier.

DORMEUR (*bot.*), espèce de champignon du genre agaric. (Voyez au mot *Marzuolo*.

DORMEUR (*pois.*). Plumier a figuré sous ce nom, un poisson de la Martinique que M. de Lacépède a rangé dans le genre gobiomore, et dont M. Schneider a fait le *platycephalus dormitator*. (Voyez *gobiomore* et *platycephale*.

DORMEUSE. Sorte de voiture de voyage construite de manière qu'on peut s'y étendre comme dans un lit, et y dormir à son aise.

DORMEUSE (*bot.*). Nom vulgaire des *hyoseris* et *hedipnors*. J. P.

DORMIDERAS (*bot.*). Nom espagnol du pavot, tiré de sa vertu narcotique. (Voyez *Cascall*.) J. P.

DORMIGLIONA (*pois.*). Dans le patois de Nice, suivant M. Risso, c'est le nom de la torpille à une tache, et de la torpille galvani. (Voyez *Torpille*.) J. P.

DORMILLE (*ichthyol.*). (Voyez *Loche*).

DORMILLÉOSE (*ichtyol.*). Un des noms vulgaires de la torpille. (Voyez ce mot).

DORMIR. Reposer, être dans le sommeil. *Dormir d'un bon somme, de bon somme*, dormir d'un sommeil tranquille; et, *Dormir un bon somme*, dormir longtemps. Dans cette dernière phrase, *dormir* s'emploie activement. Fam., *Dormir la grasse matinée*, dormir bien avant dans le jour, se lever fort tard. Par exagér., *Dormir debout*, *tout debout*, éprouver le besoin du sommeil au point de s'assoupir même sans être couché ou assis. Fig. et fam., *Conte à dormir debout*, récit ennuyeux, ou qui ne mérite aucune attention. Fig. et fam., *Dormir sur une affaire*, prendre du temps pour en délibérer. Prov. et fig., *Qui dort dîne*, le sommeil tient lieu de nourriture. Prov. et fig., *Le bien, la fortune lui vient en dormant*, se dit en parlant d'une personne qui devient riche sans rien faire. Prov. et fam., *Éveiller le chat qui dort*, réveiller une mauvaise affaire qui était assoupie, ou chercher un danger qu'on pouvait éviter. Fig. et fam., *Cette toupie, ce sabot dort*, se dit d'une toupie, d'un sabot qui tourne si vite que le mouvement en est imperceptible. Prov. et pop., *Dormir comme un sabot*, dormir profondément et sans aucun mouvement. Fam., *Dormir comme une marmotte*, dormir longtemps et profondément. Fig. et fam., *Dormir sur les deux oreilles*, *sur l'une et l'autre oreille*, être en pleine sécurité. Fig., *Laisser dormir ses capitaux*, *ses fonds*, ne pas les faire valoir. Fig., *Laisser dormir un ouvrage*, le garder pendant quelque temps, pour en juger mieux quand l'imagination sera refroidie. Fig., *Laisser dormir une affaire*, ne pas y donner suite, ne pas la réveiller. Fig., *Laisser dormir noblesse*, se disait autrefois lorsqu'un gentilhomme qui voulait faire le commerce, déclarait, pour ne point perdre sa noblesse, qu'il n'entendait faire le commerce que durant un certain temps. — **DORMIR**, se dit encore, figurément, des eaux qui n'ont point de mouvement, ou dont le mouvement est imperceptible. Prov. et fig., *Il n'y a point de pire eau que l'eau qui dort*, les gens sournois et taciturnes sont ceux dont il faut le plus se défier. — DORMIR, signifie aussi, figurément, ne point agir quand on le devrait, agir négligemment. En matière féodale, on disait, *Quand le vassal dort, le seigneur veille*, et *le vassal veille quand le seigneur dort*, pour exprimer que, quand l'un négligeait d'user de ses droits, l'autre en profitait. Fam., *Cet homme ne dort pas*, non-seulement il ne néglige pas ses intérêts, mais encore il cherche à profiter de toutes les occasions qui peuvent le servir. — DORMIR, s'emploie quelquefois, substantivement, dans le sens propre. J. P.

DORMOUSE (*mamm.*), nom anglais du loir; *myoxus glis*. J. P.

DORMY (CLAUDE-ANDRÉ), premier évêque de Boulogne-sur-mer. Après la ruine de Térouanne, en 1553, le cardinal de Lorraine, archevêque de Reims, autorisa une partie des chanoines de cet ancien évêché à se retirer à Boulogne, par suite des ordres du roi de France, Henri II. L'intention de ce prince était d'y former un chapitre, en le dotant des biens de l'abbaye de Notre-Dame-de-Boulogne, après la mort de l'abbé Jean de Rebinghes, qui en était titulaire. Par suite du traité de Cateau-Cambrésis (3 avril 1559), il fut réglé que le territoire de l'évêché de Térouanne serait partagé. Par une bulle du 3 mai 1566, le pape Pie V confirma le partage opéré à Aire sur la Lys, approuva la translation du chapitre à Boulogne, et érigea cette ville en évêché. Appelé l'année suivante à prendre possession de ce nouveau siége, Mgr Dormy ne put faire son entrée à Boulogne qu'en 1570, à cause des troubles causés alors dans le Boulonnais par les protestants. Ce prélat, ayant suivi le parti des Guise, ne prêta serment à Henri IV qu'après l'abjuration de ce prince en 1593. Il mourut à Boulogne le 15 février 1599, et fut inhumé dans le chœur de sa cathédrale. (*V. Gallia christiana, t. X*; *Histoire de Notre-Dame-de-Boulogne*, par Leroy, et *Annales de Calais*, par Bomard.)

L'abbé PARENTY.

DORN (*poiss.*), nom anglais du poisson Saint-Pierre, *zeus faber*. (*V.* DORÉE.) J. P.

DORN DREHER (*ois.*), nom allemand de l'écorcheur, *lanius collurio*, Linné. J. P.

DORN ROCHE (*poiss.*), nom allemand de la raie-ronce, *raia rubus*. (*V.* RAIE.) J. P.

DORN (GÉRARD.), chimiste allemand, qui vivait au XVIe siècle, fut disciple de Paracelse, et commenta les ouvrages de ce philosophe.

DORN (JEAN-CHRISTOPHE), savant théologien allemand, fut nommé, en 1752, second bibliothécaire à Wolfenbuttel; il était auparavant recteur du collége de Blakenbourg. Son principal ouvrage a pour titre : *Biblioteca theologico critica*; Iéna, 1721, 1723, 2 vol. in-8°. Cette bibliographie est estimée pour l'ordre méthodique qui y règne.

DORNAU (GASPARD), médecin et littérateur saxon, naquit, en 1577, à Ziegenrueck, dans le Voigtland. Il fut recteur du collége de Gorlitz, puis de celui de Benthen, en Silésie. Son principal ouvrage, *Amphitheatrum sapientiæ Socraticæ joco-seriæ*, est un recueil de facéties, éloges ridicules, etc., ou plus d'un auteur comique ont puisé depuis.

DORNIER (CLAUDE-PIERRE), né à Dampierre-sur-Saloy, près Gray, en 1744, exerça le commerce, et fut nommé, lors de la révolution, administrateur du département de la Haute-Saône, et député à la Convention, en 1792. Il y vota la mort du roi, rendit des services par ses lumières en fait de finances et d'administration, fut ensuite membre du conseil des Cinq-Cents; et, retiré des affaires publiques après le 18 brumaire, il revint se mettre à la tête de son commerce, et mourut le 2 novembre 1807.

DORNMEYER (ANDRÉ-JULES), savant critique et littérateur hanovrien, mort en 1717, est principalement connu par sa philologia sacra; Leipzig, 1699, in-8°.

DORON ou **DOR**, **DORA** (*Tartoura*) (*géogr.*), ville de Phénicie, dans une espèce de presqu'île, au pied du mont Carmel, à 28 kilom. O. d'Aphague, existait avant que les Israélites entrassent dans la terre de Chanaan; elle échut alors à la tribu de Manassé, et passa successivement dans la domination des Perses, des rois d'Égypte et des Romains. Ce mot DOR se trouve après plusieurs noms de villes, comme Amath-Dor.

DORON (*archéol.*), ancien nom de la mesure grecque, nommée depuis *palme*. (Voyez ce mot.)

DORONIC, *doronicum* (*bot.*). Genre de plantes de la famille des corymbifères de Jussieu, appartenant à la syngénésie polygamie. Ce sont des plantes herbacées à fleurs radiées, assez grandes, d'un beau jaune. La France en possède quatre espèces, dont une, le *doronic à feuilles de plantain*, croît dans les bois montueux de l'intérieur, et principalement aux environs de Paris; le *D. plantagineum* a sa tige simple, terminée par un seul capitule de fleurs d'un jaune pâle, et présentant à sa base des feuilles ovales dentées, tandis que les caulinaires sont sessiles, et les supérieures lancéolées. Les trois autres espèces, parmi lesquelles on remarque le *doronic à feuilles en cœur*, *D. pardalianches*, vivent sur les Alpes et les Pyrénées. Cette plante, appelée vulgairement *mort aux panthères*, a sa racine aromatique, nuisible selon les uns, bienfaisante selon les autres; cependant, on ne l'emploie plus en pharmaceutique. Ses fleurs sont d'un jaune éclatant. J. P.

DORONIGI, **DURUNGI** (*bot.*), Noms arabes desquels dérive celui de *doronicum*, donné en latin à la même plante. Dalechamps, qui les cite, dit qu'on la nomme encore *haronigi*. Ce dernier nom est attribué à Sérapion, et celui de *durungi* ou *durunegi* à Avicenne, par Rauwolf, qui ajoute que c'est encore le *hakinrigi* ou *hakenribi* des Arabes. J. P.

DOROS (*ins.*). M. Meigen a décrit sous ce nom de genre des espèces de diptères, et en particulier l'insecte que Réaumur a fait connaître dans le tome IV de ses mémoires. C'est la *musca conopsoïdes* de Linné, le *syrphus coarctatus* de Pauzer et la *milesia conopsea* de Fabricius. J. P.

DOROTHÉE (*hist.*), intendant du palais de Ptolémée Philadelphe, roi d'Égypte, chargé de bien recevoir les soixante-douze interprètes de la Bible.

DOROTHÉE, fils de Nathanaël, fut député par les Juifs vers l'empereur Claude.

DOROTHÉE (*hist.*), surnommé le PROPHÈTE, supérieur d'un monastère en Palestine, vers l'an 560. On a de lui des *Sermons* ou *Instructions pour les moines*, traduits en français par l'abbé de Rancé, 1686, in-8°; et des *Lettres en grec et en latin*. Ces ouvrages se trouvent dans l'*Auctuarium* de la bibliothèque des Pères, 1623.

DOROTHÉE (SAINTE), vierge martyre, est célèbre par le refus constant qu'elle fit de se marier et d'adorer les idoles, malgré les plus horribles tourments que Fabricius, gouverneur de Césarée, lui faisait souffrir. Elle convertit deux femmes apostates, qu'on avait chargées de la séduire. Rien n'étant capable d'ébranler sa constance, le juge la condamna à perdre la tête. Comme on la menait au supplice, un jeune homme, nommé Théophile, qui lui entendait dire qu'elle allait trouver son divin époux, lui demanda, en raillant, des fruits et des fleurs du jardin de son époux. La sainte, par un effet de la toute puissance divine, lui en envoya réellement. Le prodige frappa tellement Théophile qu'il se convertit. On croit que le martyr de cette sainte arriva sous Dioclétien. Son corps est dans la célèbre église qui porte son nom, à Rome, et qui est au delà du Tibre. Elle est nommée dans l'ancien martyrologe, attribué à saint Jérôme. Il ne faut pas la confondre avec une autre sainte du même nom, et d'une des plus illustres maisons d'Alexandrie, qui, ayant constamment refusé de satisfaire la passion brutale de Maximin, fut dépouillée par cet empereur de tous ses biens, et condamnée à l'exil, en 308.

DOROTÉE (*ins.*). Nom vulgaire sous lequel Geoffroy a décrit une espèce de libelle dans son *Histoire des insectes des environs de Paris*. C'est la variété B. de l'espèce d'*agrion*, nommée *puella* ou fillette. J. P.

DORPAT ou **DERPT**, anciennement *Dourief*, ville de la Livonie, qui éprouva toutes les vicissitudes du sort par lequel passa cette province. Fondée par les Russes en 1030, sur les bords de la rivière d'Embach, sous les 28° 22' de latitude, et 24° 25' longitude, elle tomba ensuite au pouvoir des chevaliers porte-glaive, unis à celui des Polonais, qui en firent le chef-lieu du palatinat. Elle fut même quelque temps une ville anséatique assez considérable. Les Suédois s'étant emparé de la Livonie, Gustave-Adolphe fonda à Dorpat, en 1632, une université qui fut transportée à Dernau, en 1695. Les Russes ont détruit cette ville de fond en comble, en 1707; quelques années après, elle fut rebâtie en bois, devint plusieurs fois la proie de l'incendie, et elle compte aujourd'hui environ 700 maisons et 8,000 habitants. La foire qui s'y tient tous les ans est assez importante; son commerce est encore considérable, quoiqu'il soit loin d'être aussi florissant et renommé que dans le temps de sa prospérité. L'empereur Alexandre Ier, par un ukase du 7 janvier 1803, y rétablit l'université allemande, qu'il dota d'un revenu de 126,000 roubles, et du ressort de laquelle dépendait la Livonie, l'Esthonie et la Courlande. En 1827, cette université comptait 390 élèves : elle possède une bibliothèque riche de 30,000 volumes, un jardin botanique et plusieurs collections scientifiques.

DORPIUS (MARTIN), né à Naeldwyck, en Hollande, vers la fin du XVe siècle. Il fut créé docteur en théologie en 1515. Il pouvait espérer, à cause de son mérite, une glorieuse carrière, mais il mourut en 1425 à la fleur de son âge. Érasme faisait un cas particulier de Dorpius. Ils eurent ensemble un court démêlé qui fut suivi d'une prompte et sincère réconciliation.

DORSAL, *Dorsalis* (*anat.*) qui a rapport au dos; ainsi on nomme *grand dorsal*, le muscle aplati, mince, large et quadrilatère placé sur la région postérieure latérale et inférieure du tronc. Ce muscle porte le bras en arrière en l'abaissant, et en le faisant tourner sur son axe de dehors en dedans; il tire aussi en bas et en arrière le mognon de l'épaule. On nomme aussi *long dorsal* un muscle qui remplit en partie les gouttières verticales; il contient la colonne vertébrale dans sa rectitude, peut la redresser et même la renverser en arrière. On dit aussi *vertèbres dorsales* (*V.* VERTÈBRES).

DORSALE (*poiss.*) Les zoologistes nomment ainsi la nageoire située sur le dos des poissons, et qui, par sa forme, sa grandeur, ou sa position, présente des caractères importants pour la classification de différents genres. Cette nageoire peut manquer dans quelques-uns (*gymnotes*), être simple (*anguilles*), double (*saumons*), triple (*morues*); régner tout le long du dos (*coryphènes*, *anarrhiques*), ou n'en occuper que le milieu (*carpes*); être haute (*callionymes*), ou basse (*exocets*); échancrée (*perches*), ou squameuse (*chétodons*). Cette dorsale, est une membrane soutenue généralement par des rayons plus ou moins forts et nombreux.

DORSANE (*mythol.*), nom donné à Hercule par les Indiens.

DORSANNE (ANTOINE), docteur en Sorbonne et grand vicaire de Paris sous le cardinal de Noailles, naquit à Issoudun. En 1695, Gaston de Noailles, alors archevêque de Paris, donna à l'abbé Dorsanne un canonicat dans son église, et successivement l'archidiaconé de Josas, la place d'official, et la dignité de grand-chantre; puis il en fit son confident, et son conseil, et l'employa dans ses fréquentes négociations. Ces négociations mirent Dorsanne en relation avec les personnages les plus marquants de ce temps-là. Cet ecclésiastique est auteur d'un journal qui porte son nom, et qui rapporte tout ce qui s'est passé à Rome et en France au sujet de la bulle *Unigenitus*. Ce journal, qui contient quelques détails intéressants, n'est pas à l'abri du reproche de partialité. Il fut publié en 1753, Dorsanne mourut presque subitement le 13 novembre 1728.

DORSCH (CHRISTOPHE), graveur en pierres fines, naquit à Nuremberg en 1676, a peut-être un peu trop multiplié ses ouvrages. Il a laissé un grand nombre de portraits de papes, d'empereurs et de rois de France; mais malheureusement un grand nombre de ces portraits sont faits d'imagination. Cet artiste eut deux filles, auxquelles il enseigna son art. Il mourut en 1752.

DORSCH (*poiss*). On nomme ainsi, sur les bords de la mer Baltique, le *gadus callarias*, Linné (*V.* GADE et MARNE).

DORSCHE (JEAN-GEORGE), auteur protestant, né à Strasbourg en 1597, professeur de théologie à Strasbourg en 1627, et à Rostock en 1654, mourut dans cette dernière ville en 1659. Dorschi a laissé un nombre considérable d'ouvrages théologiques; la plupart sont écrits en latin. Dans un de ses ouvrages il suit la bible verset par verset, et cite, sur chaque passage, sur chaque mot sujet à controverse, tous les auteurs qui ont écrit pour l'éclaircir. Ce livre suppose un travail immense.

DORSENNE (le général, comte), né en Picardie, s'engagea comme volontaire en 1791, fit partie de l'armée d'Égypte en qualité de chef de bataillon; commanda, en 1805 le 61ᵉ de ligne; il obtint en 1811 le commandement de l'armée d'observation du Nord en Espagne, et mourut en 1812.

DORSET (COMTES ET DUCS DE). Le premier nom de cette famille fut Sackville, laquelle descend de Nildebrand Sackville, d'un des chefs normands qui envahirent la Grande-Bretagne à la suite de Guillaume-le-Conquérant. — Le premier comte de DORSET fut *Thomas Sackville*, né en 1536 à Vitham, dans le comté de Sussex. Il voyagea en France et en Italie, et s'y perfectionna dans l'histoire, dans les langues et dans la politique; à son retour en Angleterre, il prit possession des grands biens que son père, mort en 1566 lui avait laissés. Il en dissipa en peu de temps la plus grande partie. Créé baron de Buckhurst, dans le comté de Dorset, et pair d'Angleterre, il fut envoyé ambassadeur en France vers Charles IX, l'an 1571 et vers les Provinces-Unies en 1587. Les succès avec lesquels il s'acquitta de ces différentes commissions, le firent créer chevalier de l'ordre de la jarretière, en 1589 et chancelier de l'université d'Oxford en 1591; enfin, en 1598, grand trésorier d'Angleterre, à la mort de Burleigh. — Lord Buckhurst fut l'un des juges qui condamnèrent Marie Stuart; et le parlement, après avoir confirmé la sentence, le chargea d'en porter la triste nouvelle à l'infortunée princesse. Il présida aussi la commission qui jugea le comte d'Essex. Il mourut lui-même à la table du grand conseil en 1608. Il s'était fait au collège une réputation assez grande par son talent pour la poésie, et a laissé *Ferrox et Rorrex* la première tragédie régulière qui ait été représentée en Angleterre et qui précéda de plusieurs années les chefs-d'œuvre de Schakespeare, 1571 et 1579, réimprimée dans la collection des anciennes pièces anglaises de Dosley. En 1563 il avait paru une édition sous le titre de *Gordobuc*. Le comte de Dorset a été encore l'un des principaux collaborateurs du *Miroir des magistrats* auquel il ajouta une *Introduction* en vers, Londres, 1559 et 1563. On a de lui quelques *Lettres* imprimées dans différents ouvrages, qui prouvent que c'était un homme instruit. — Son fils, ROBERT DORSET était un savant distingué dont l'éloquence brilla dans plusieurs parlements; il mourut à Witham en 1609 et laissa plusieurs enfants, dont l'un RICHARD, comte de Dorset, né à Londres en 1589, et surtout connu pour avoir été l'époux de la célèbre Anne Clifford, successivement comtesse de Dorset, de Pembroke et de Montgommery. A sa mort, ses titres passèrent à son frère ÉDOUARD LACKVILLE, né en 1590. Il fut employé sous le règne du roi Jacques Iᵉʳ aux plus importantes négociations. Il est surtout célèbre pour avoir défendu le chancelier Bacon de Verulam, accusé du crime de faux par la chambre des communes. Lorsqu'en 1640 le roi Charles Iᵉʳ, dans l'esprit duquel il jouissait de la plus grande considération, à cause de ses profondes connaissances en jurisprudence, partit pour l'Écosse, ce prince le nomma membre du conseil de régence. Dans la lutte qui s'engagea bientôt entre le roi et son peuple, le comte de Dorset s'efforça d'abord de jouer le rôle de conciliateur; plus tard, il figura au nombre des défenseurs les plus dévoués du trône, menacé par les factions. L'exécution de Charles Iᵉʳ lui porta un coup tel qu'il en mourut peu de temps après (1602). — Son fils RICHARD, comte de Dorset naquit en 1622. Membre du long parlement, il fut emprisonné par ordre de ses collègues comme partisan du comte de Strafford. Sous la restauration, il fut membre de la commission qui eut à juger les régicides. Il fut ensuite nommé lord-lieutenant de Sussex et mourut en 1677. — CHARLES SACKVILLE, comte de Dorset, célèbre comme poète et comme homme d'État, né le 24 janvier 1637, jouit d'une grande considération à la cour de Charles II, sans cependant y occuper d'emploi officiel. En 1665, il accompagna le duc d'York dans sa campagne contre les Hollandais. C'est avant la grande bataille navale, livrée en cette occurence, qu'il composa la chanson *To cell you ladies now at land*, demeurée populaire dans la marine anglaise. Sous Jacques II, il s'occupa avec ardeur des affaires publiques, mais à la cour de Guillaume III il ne brilla que comme bel esprit. Il mourut à Bath, en 1705. Les poésies ont été réunies dans la collection des poètes anglais de Johnson (Londres, 1794). LIONEL CHOMFIELD, fils du précédent, fut créé *duc de Dorset*, par le roi George Iᵉʳ en 1720. — JEAN-GEORGES-FRÉDÉRIC, duc de Dorset, mort en 1815, transmit ses biens et ses titres à son cousin, CHARLES-GERMAIN, vicomte de Sackville et baron Buckhurst, né en 1767, grand écuyer sous les règnes de Georges IV et de Guillaume IV, est mort le 29 juillet, sans héritiers directs, de sorte que le titre de *duc de Dorset* s'est éteint avec lui.

DORSEY (JEAN), médecin américain, né à Philadelphie le 23 décembre 1783, reçut le grade de docteur en 1802, et fut nommé, en 1807, professeur adjoint à l'université de Pensylvanie; peu de temps après, la chaire de matière médicale lui fut confiée. Il venait d'être choisi professeur d'anatomie lorsqu'il mourut le 12 novembre 1818. On a de lui un ouvrage intitulé: *Elements of surgery for the use of students*.

DORSIBRANCHES (*entomol.*). M. G. Cuvier, règne animal, donne ce nom d'ordre aux espèces de chétopodes ou vers à sang rouge, qui ont les branchies à nu sur une partie quelconque du dos. M. Duméril désigne la même division sous la dénomination de branchiodèles. J. P.

DORSO (C. FABIUS) (*hist.*), romain qui, lorsque Rome fut au pouvoir des Gaulois, sortit du Capitole pour aller offrir un sacrifice sur le mont Quirinal. Il traversa les postes ennemis sans témoigner la moindre crainte, revêtu des habits sacerdotaux, et portant les statues des dieux sur ses épaules. Après avoir achevé le sacrifice, il reprit le chemin du Capitole. Les Gaulois, étonnés de sa hardiesse, le laissèrent passer librement.

DORSTEN (THIERRY), médecin allemand, mort à Cassel en 1551, a donné une nouvelle forme à l'*hortus sanitatis*.

DORSTEN (JEAN-DANIEL), né en 1643, a publié une thèse de tabaco.

DORSTÉNIE, *Dorstenia* (*bot.*). Genre de plantes de la famille des *urticées*, de la *tetrandrie monogynie* de Linné. Ce genre est dédié par Plumier à Thierrry Dorsten, aussi habile médecin que savant botaniste, qui nous a laissé le *Botanicon sanitatis*. Les caractères sont : réceptacle concave, ouvert en coupe, rond ou anguleux, chargé intérieurement de fleurs nombreuses, sessiles, monoïques ; chaque fleur présente un calice simple, quatre étamines ; l'ovaire surmonté d'un style court et d'un stigmate simple, obtus, auquel succède un fruit consistant en plusieurs semences solitaires, plongées dans le réceptacle commun. L'espèce la plus remarquable est la *dorstenia contrayerva*, dont la racine, composée de petits troncs noueux et tuberculés, longue de huit à dix centimètres, garnie de filets rameux, fibreux, de couleur rouge brunâtre en dehors et blanche en dedans, d'une saveur âcre et brûlante lorsqu'elle est fraîche, mais d'une saveur très aromatique, astringente, lorsqu'elle est desséchée; réduite en poudre et prise en extrait, elle offre un tonique puissant pour le traitement des fièvres adynamiques; du collet de la racine sortent cinq ou six feuilles pinnatifides à découpures ovales, pointues, entremêlées de hampes nues, portant chacune un réceptacle à quatre angles, couvert de petites fleurs sessiles. J. P.

DORTHES (JACQUES-ANSELME), correspondant de la société royale et d'agriculture de Paris, et membre de la société royale des sciences de Montpellier, etc., etc., naquit à Nîmes en 1759. Il était passionné pour l'histoire naturelle et il en cultiva toutes les branches avec autant de succès que d'ardeur. Il périt en 1794 aux armées, où il servait volontairement en qualité de médecin.

DORTHÉSIE, *Dorthesia* (*ins.*). Genre d'insectes hémiptères, de la famille des gallinsectes, établi par Rosc. (*V.* COCHENILLE.)

DORTMANNA (*bot*,). Genre de plantes établi par Rudbeck, et que Linné a réuni au *lobelia*, avec lequel il trouvait une trop grande affinité pour l'en séparer. Plumier a subdivisé ce genre en deux, et a nommé *laurentia* les espèces à fruit biloculaire, et *dortmanna* celles dont le fruit est à trois loges. J. P.

DORTOMAN (NICOLAS), né à Arnheim en Hollande au commencement du XVIe siècle, étudia la médecine à Montpellier, y fut fait docteur, et y devint ensuite professeur. Henri IV le nomma son médecin ordinaire et lui donna toujours des marques de confiance. Il mourut à Montpellier en 1596.

DORTOIR. Il se dit dans les communautés religieuses, dans les maisons d'éducation, et dans certains hospices, d'une grande salle où l'on couche et où il y a plusieurs lits.

DORULACUS (*hist.*), chef des Boïens, fit prendre les armes aux Insubriens contre les Romains. 194 ans avant J.-C.

DORURE. Or fort mince appliqué sur la superficie de quelque ouvrage. Il se prend aussi pour l'art ou l'action de dorer. (*V.* DOREUR ET GALVANOPLASTIE.)

DORUS (*myth.*), fils d'Hellen et d'Orséis, ou de Deucalion, quitta la Phthiotide, ou régnait son père, et vint fonder au pied du mont Ossa une colonie qui prit de lui le nom de Doride.

DORUS (*géog.*), petite ville d'Asie sur les côtes de la Phénicie.

DORVIGNY, né vers 1734, acteur et auteur dramatique à fait une centaine de pièces pour les petits théâtres. Celles de ses pièces qui ont eu le plus de succès sont : *Jeannot ou les Battus paient l'amende* (1779) et le *Désespoir de Jocrisse*. Dorvigny mourut dans une profonde misère, suite de son ivrognerie et de son inconduite.

DORYANTHE *doryanthes* (*bot.*). Genre de plantes de la famille des amaryllidées, de l'hexandrie monogynie de Linné; très voisin de l'agave et présentant pour caractères : calice coloré, infundibuliforme, caduc, partagé en six divisions profondes; six étamines à filets subulés et adnés par la base aux divisions du périanthe; anthères dressées; style à stigmate trigone; capsule à trois loges et trois valves; graines réniformes disposées sur deux rangs. L'unique espèce connue croît à la Nouvelle-Hollande, à la hauteur de douze à quinze pieds, garnie à sa base de feuilles larges, ensiformes, et sur sa tige de feuilles plus petites. Les fleurs presque enveloppées par des bractées colorées sont disposées en un capitule d'épis pourpre foncé. J. P.

DORYCNIER *dorycnium*. Tournefort, (*bot.*). Genre de plantes de la famille des légumineuses et de la *diadelphie decandrie*, Linné, et réuni par lui à son genre *lotus*. Ses caractères sont un calice monophylle, à cinq dents disposées en deux lèvres; une corolle papillonacée; dix étamines à filaments subulés; un ovaire supérieur à stigmate en tête; un légume renflé, et contenant une ou deux graines. Les doryenіers sont des plantes herbacées ou des arbustes à feuilles alternes, ternées, presque sessiles, munies de stipules qui se confondent avec les folioles; à fleurs petites ramassées en têtes axillaires. — *Dorycnier ligneux*, *D. suffruticosum*, ses tiges sont ligneuses, grêles, très rameuses, hautes de six à dix pouces, garnies de petites feuilles blanchâtres, paraissant digitées cinq ensemble. Les fleurs sont blanchâtres ou rougeâtres, mêlées de rouge foncé réunies dix à quinze en petites têtes portées au sommet de longs pédoncules axillaires. Cet arbrisseau croît dans les lieux stériles de l'Europe méridionale. J. P.

DORYCNIUM (*bot.*), plante dont parle Dioscoride, et que Ch. Bauhin rapporte près des jacées, ou plutôt des xéranthèmes. Ce mot était indiqué par Pline comme étant celui d'un poison violent que Dodœus pense être fourni par le *solanum manicum* auquel il rapportait le *dorcynium*. J. P.

DORYCUS (*hist.*). Athénien que ses compatriotes envoyèrent pour s'emparer de l'Érycie en Sicile. Il fut massacré par les habitants d'Égeste.

DORYDREPANA, espèce de lances dont une des deux extrémités se recourbait en forme de faux.

DORYLAS (*myth.*), un des centaures, tué par Thésée.

DORYLAS (*myth.*), l'un de ceux qui se déclarèrent en faveur de Persée à la cour de Céphée. Il était le plus riche en terres et en grains qui fût parmi les Nasomones, peuple de Libye. Dorylas fut tué par Alcyonée.

DORYLAS (*hist.*), capitaine et favori de Mithridate Evergète, commanda les Cnossiens, vers l'an 125 avant J.-C. Après la mort de son maître, il se retira à Cnosse avec sa femme et ses enfants.

DORYLAS (*hist.*), frère du précédent et favori de Mithridate Eupator, fit la guerre dans la Béotie contre les Romains. Soupçonné d'entretenir des intelligences avec eux, il fut disgracié par Eupator.

DORYLAS (*hist.*), l'un des ambassadeurs que Déjotare envoya auprès de César.

DORYLE *dorylus* (*ins.*). Genre d'insectes hyménoptères établi par Fabricius, pour y ranger des espèces voisines des fourmis, de la famille des myrméges de M. Duméril. Ces insectes sont originaires d'Afrique, et diffèrent des fourmis parce que le pédicule de leur abdomen ne porte pas d'écaille, et qu'il est presque sessile, ce qui les distingue des mutilles. J. P.

DORYLÉE (*géogr.*), ville de la Phrygie, vers l'O., près des sources de l'Hermus.

DORYPETRON, LEUCEORUM, THORYBETRON (*bot.*), Pline cite ces trois noms comme synonymes de son *leontopodium*, dont il indique seulement la vertu purgative. Le *leontopodium* de Dioscoride paraît être le même que le *flago leontopodium* de Linné, mais on ne peut assurer que celui de Pline soit le même. Dalechamps cite les noms de Pline pour le *pseudo-leontopodium* de Matthiole que C. Bauhin rapporte à un de ses *gnaphalium*. J. P.

DORYPHORE *doryphora* (*ins.*). Genre d'insectes coléoptères établi aux dépend des chrysomèles dont il diffère par le mesostrenum dilaté en une longue pointe courbe, s'avançant jusqu'au-dessous de la tête, celle-ci est large, les yeux oblongs posés obliquement, le corselet transversal, fortement échancré antérieurement pour recevoir la tête, l'écusson est très petit, tout le corps est très bombé au milieu, plus ou moins arrondi. Ce sont de beaux insectes tous propres à l'Amérique méridionale, nous citerons le *doryphore à pustules*, *D. pustulata*, Oliv. Cette espèce à huit lignes de longueur, sa couleur est noire, avec quatre lignes transverses de gros points orangés sur chaque élytre, les deux premières lignes ont cinq points, la troisième quatre et les dernières trois; outre ces points, il existe trois taches longitudinales de chaque côté de l'extrémité de la suture. J. P.

DORYPHORE, affranchi de Néron, empoisonné par ce prince pour s'être opposé à son mariage avec Poppée, 62 ans avant J.-C.

DORYPHORES (*hist.*), corps de troupes chez les Perses, escortaient à la guerre le char du prince. Leur costumes était de pourpre et d'or, et ils étaient nourris des mets servis sur la table du roi.

DORYPHORES (*hist*), nom donné à un corps de prétoriens sous l'empire, à l'imitation des doryphores perses. Ce poste conduisait aux premières dignités.

DORYSUS (*hist.*), roi de Lacédémone (986-957 av. J.-C.), fils de Sabotas, fut tué dans une émeute après un règne de 29 ans.

DOS, partie du corps de l'homme ou de l'animal, depuis le cou jusqu'aux reins. Par exagérat., *N'avoir pas une chemise à mettre sur son dos*, être extrêmement pauvre. Fig. et fam., *Avoir le dos au feu et le ventre à table*, ou *être le dos au feu, le ventre à table*, se dit de quelqu'un qui prend toutes ses aises en mangeant. Fam., *Faire le gros dos*, se dit des chats lorsqu'ils relèvent leur dos en bosse. Prov. et fig., *Faire le gros dos, faire gros dos*, faire l'homme important, le capable. Prov. et fig., *Se laisser manger la laine sur le dos*, se laisser maltraiter, souffrir tout, ne pas savoir se défendre. Fig. et pop., *Mettre tout sur le dos de quelqu'un*, se décharger sur lui de tout le faix, de tout le blâme, rejeter sur lui tous les torts. On dit dans un sens analogue : *Avoir quelque chose sur le dos, cela est sur son dos*. Prov., *Battre quelqu'un dos et ventre*, le battre avec excès. Fam., *Tourner le dos à quelqu'un*, tourner le dos du côté où il a le visage, lui présenter le dos. Il se dit figurément et familièrement lorsqu'on quitte quelqu'un et qu'on le laisse là par mépris, par indignation, ou lorqu'on abandonne ses intérêts. On dit de même, *La fortune lui a tourné le dos*, la fortune lui est devenue contraire. *Tourner le dos aux ennemis, à l'ennemi*, ou simplement, *tourner le dos*, fuir. Prov., fig., et pop., *Tourner le dos à la mangeoire*, se mettre dans une situation contraire à celle que demande la chose qu'on veut faire. Fam., *Il tourne le dos où il veut aller*, se dit d'un homme qui, au lieu d'aller où il veut, prend un chemin tout opposé. Fam., *Tourner le dos*, signifie encore s'en aller. Fig. et fam., *Porter quelqu'un sur son dos*, en être importuné, fatigué. *Avoir toujours quelqu'un sur le dos*, en être sans cesse obsédé, poursuivi. Fig. et fam., *Avoir bon dos*, être en état de supporter une perte, une dépense considérable sans se trouver gêné ; ou être insensible aux railleries, aux mortifications. Fig. et fam., *Avoir quelqu'un à dos, se mettre quelqu'un à dos*, l'avoir pour ennemi, s'en faire un ennemi. Fig. et fam., *Mettre des gens dos à dos*, renvoyer chacune de leur côté deux personnes qui sont en différend, sans donner à l'une aucun avantage sur l'autre. Fig. et fam., *Le dos lui démange*, se dit d'une personne qui fait tout ce qu'il faut pour qu'on en vienne à la battre. *En dos d'âne*, se dit en parlant de certaines choses qui sont ou qui semblent formées de deux parties réunies ensemble de manière à présenter une pente, un talus de chaque côté. *Pont en dos d'âne*, pont extrêmement arqué.— Dos, désigne aussi, par analogie, la partie de certaines choses qui, par sa destination, par sa position ou par sa forme, offre quelque rapport avec le dos de l'homme ou de l'animal. Ainsi on dit : *Le dos d'un habit, d'une robe*, etc. ; la partie d'un habit, d'une robe, etc., qui sert à couvrir le dos. *Le dos d'une chaise, d'un fauteuil*, etc., la partie d'une chaise, etc., contre laquelle on s'appuie le dos. *Le dos d'un couteau*, la partie opposée au tranchant. *Le dos d'un livre*, la partie opposée à la tranche, et sur laquelle on met ordinairement le titre. *Le dos d'un papier, d'un billet, d'un acte*, etc., le revers. *Le dos de la main*, le côté extérieur de la main, la partie opposée à la paume de la main.

DOS BLEU (*ois.*), nom vulgaire de la *sittelle* (*voy.* ce mot).

DOS OU VENTRE DE CRAPAUD (*bot.*), nom vulgaire de l'*agaricus maculatus* ; *agaricus pustulatus*, de Scopoli.

DOS D'ANE (*erpét.*), un des noms de la tortue à trois carènes (*V.* ÉMYDE).

DOS ROUGE (*ois.*). Les créoles de Cayenne nomment ainsi le tangara septilicor, *tangara tatao*, Linné.

DOS TACHETÉ (*ois.*), nom par lequel Sonnini a traduit l'espèce de *queues aiguës* que M. d'Azara a décrite dans ses oiseaux du Paraguay. J. P.

DOSA (GEORGES), proclamé roi de Hongrie en 1513 par les paysans de ce royaume, révoltés contre la noblesse et le clergé, fut battu et pris en 1514 par Jean, vayvode de Transylvanie. On le fit mourir dans les plus affreux supplices. Ses compagnons partagèrent son sort.

DOSCIENS (*géogr.*), peuples de la Sarmatie asiatique, voisins du Pont-Euxin.

DOSE (*t. de méd.*), quantité et proportion déterminée des ingrédients qui entrent dans la composition d'un remède. Il signifie plus ordinairement la quantité de chacun des ingrédients qui entrent dans un remède. Il se dit également en parlant des choses qui entrent dans un composé quelconque. — **DOSE** se dit encore de chaque prise d'un remède, de la quantité qu'on en doit prendre en une fois. Il se dit même familièrement d'une quantité déterminée de quelque chose que ce soit, des aliments par exemple. Il se dit aussi en parlant des choses morales.

DOSER (*t. de méd.*), régler, indiquer la quantité et la proportion des ingrédients qui entrent dans une composition médicinale.

DOSI (JÉRÔME), célèbre architecte, naquit en 1695 à Carpi, dans le duché de Modène. Sa vocation vers les arts lui fit quitter furtivement sa famille, et il vint à Rome, où il trouva heureusement des protecteurs qui favorisèrent ses goûts. Il entra chez le célèbre architecte Fontana, devint architecte de la chambre apostolique, et le pape Clément XII le nomma son architecte. Il exerça ses talents sous ce pontife et ses successeurs, et la villa Cibo, le lazaret d'Ancône, le jardin botanique de Rome, le château de Civita Castellana, les cathédrales d'Albano et de Velletri sont autant de monuments de son génie. Il mourut le 23 novembre 1775.

DOSIADE (*hist.*), poète grec, antérieur à Théocrite, auteur d'une pièce de vers intitulée l'*Autel*, parce que les vers y sont disposés de façon à donner à l'ouvrage tout entier la forme d'un autel.

DOSIO (JEAN-ANTOINE), sculpteur, naquit à Florence en 1533. A l'âge de 15 ans il vint à Rome et travailla d'abord à l'orfévrerie, puis il se livra à la sculpture et devint bientôt un des artistes les plus célèbres en ce genre.

DOSITHÉENS, disciples d'un certain Dosithée, chef d'une faction parmi les Samaritains. Il traitait injurieusement les patriarches et les prophètes, et voulait se faire passer pour le Messie prédit par Moïse. Il corrompit plusieurs exemplaires du Pentateuque hébreu-samaritain, et composa plusieurs livres contraires à la loi de Dieu. Saint Jérôme dans son dialogue contre les lucifériens, et quelques autres, font vivre Dosithée avant Jésus-Christ. Origène, et Scaliger après lui, prétendent qu'il n'a vécu qu'au temps des apôtres. Les dosithéens s'abstenaient de manger de tout ce qui était animé, et observaient le sabbat avec tant de superstition qu'ils demeuraient dans la place et dans la posture où ce jour les surprenait, sans remuer jusqu'au lendemain. Ils ne se mariaient qu'une fois, et plusieurs d'entre eux gardaient le célibat toute leur vie. Tous les historiens parlent assez brièvement de Dosithée, et saint Epiphane est celui qui en parle le plus au long, *Hæres.*, 14. Mais tout ce qu'on a dit de lui et de sa secte ne paraît pas bien certain aux critiques (Dupin, *Bibliothèque des aut. eccl. des trois premiers siècles*).

DOSMA DELGADO (RODERIC), chanoine de Badajoz, y naquit le 21 juillet 1533. Il avait beaucoup voyagé et connaissait, outre plusieurs langues vivantes de l'Europe, l'hébreu, le chaldéen, le syriaque, le latin et le grec. Il mourut vers 1607. Il fut historiographe de Philippe II. Il a laissé plusieurs ouvrages en latin et en espagnol, entre autres : *De auctoritate S. Scripturæ*.

DOSO, DUSU (*bot.*). Suivant Camelli, on nomme ainsi aux Philippines une plante qui est le *kœmpferia galanga*, ou une espèce voisine. C'est, selon lui, le *doso* de Samar, l'une des Philippines, et le *samlay* des Chinois, et le *scabulchau* de la province de Yucatan, dans le Mexique. M. de Jussieu pense que ces noms conviennent au contrayerva. J. P.

DOSSENUS (FABIUS) ou **DORSENNUS**, poète comique, composa des Atellanes auxquelles Horace reprochait beaucoup de défauts. On ignore à quelle époque précise il vivait.

DOSSERET, s. m. (*v. lang.*), dais, dossier. — DOSSERET (*architect.*), petit jambage dans l'épaisseur d'un mur, pour former le pied droit d'une porte ou d'une croisée ; espèce de pilastre sur le sommet duquel un arc doubleau prend naissance ; pièce de fer que l'on adapte au dos d'une scie pour la rendre plus solide ; plaques de fer réunies qui renferment et soutiennent une lime fort mince.

DOSSI. Les frères Dossi, ainsi nommés du bourg de Dosso, dans le Ferrarais, où ils prirent naissance dans les dernières décades du XVe siècle, ne jouissent pas hors de leur patrie de la réputation que l'Arioste, dans ses vers, se plut à propager. On a même été injuste envers eux, fait qu'il faut expliquer par la rareté de leurs ouvrages, même en Italie, et par l'opiniâtreté de détracteurs jaloux de leur mérite qui parvinrent à en imposer à ceux qui ne pouvaient les juger d'après leurs œuvres. Les Dossi (on dit aussi en français *les Dosses*) furent les chefs influents, on pourrait dire les fondateurs de cette école ferraraise, devenue célèbre en Italie vers le milieu du XVIe siècle. A ce titre ils tiennent un rang distingué dans la hiérarchie des grands peintres. Après avoir reçu les premières leçons de Lorenzo Costa, les Dossi allèrent à Rome, où ils firent un long séjour. Alors l'école de Raphaël était en grande faveur. Ils se rendirent ensuite à Venise, dont ils passèrent cinq ans à étudier les coloristes, concurremment avec la nature, et revinrent à Ferrare, où les libéralités des ducs Alphonse et Hercule d'Este parvinrent à les fixer. L'aîné, Dosso Dossi, excellait dans le genre noble de l'histoire. Le plus jeune, **JEAN-BAPTISTE**, réussissait principalement dans les grotesques et le paysage, et, bien qu'il eût la prétention de traiter aussi l'histoire, il ne parvint jamais à rien produire de passable. Envieux, présomptueux, difforme, d'une physionomie ingrate où se lisait la méchanceté de son esprit, Jean-Baptiste fut constamment en opposition avec son frère. Forcé par les ducs de travailler avec lui, il refusait de lui parler; fallait-il s'entendre pour l'exécution de quelque partie de leur ouvrage, il lui écrivait. Le plus grand sujet de leur mésintelligence était l'envie que Jean-Baptiste montrait de disposer, dessiner et peindre les figures de leurs compositions, au lieu de s'en tenir au paysage, dans lequel il a égalé les plus habiles peintres de son temps. Trop souvent Dosso céda à ses importunités, faiblesse qui lui attira des critiques méritées de rivaux passionnés et vindicatifs. Le duc d'Urbin fut même obligé de faire recommencer les peintures qu'il leur avait confiées dans sa maison de plaisance de Pessaro, dont les figures étaient de la main de Jean-Baptiste. Cet échec, qui réjouit les détracteurs de Dosso, fut bientôt réparé par le célèbre tableau de *Jésus au milieu des docteurs*, qu'il peignit pour les dominicains de Faenza, chef-d'œuvre affreusement outragé par le temps, mais dont une copie, passablement exacte, donne encore aujourd'hui une bien haute idée. Pour rendre à ces frères rivaux la justice qui leur est due, il suffit d'appeler en témoignage de leur rare mérite quelques-uns de leurs chefs-d'œuvre, notamment ce celèbre tableau de la galerie de Dresde, où les *quatre docteurs de l'Église* sont en méditation sur la conception immaculée de la Vierge, ayant avec eux saint Bernard de Sienne, ouvrage bien conçu, riche d'ordonnance et de couleur, et dont l'exécution est digne du Titien. Le *saint Jean de Patmos*, aux latéraniens de Ferrare, est un prodige d'expression, au dire de tous les voyageurs amis des arts. Enfin le tableau de la *Circoncision* est l'un des plus agréables du Musée du Louvre, dit Landon, par la naïveté de l'expression, le gracieux des têtes, le bel ajustement des draperies, l'harmonie et la vigueur du coloris. Le style des figures décèle l'étude des meilleurs maîtres. On doit au pinceau de Dosso deux portraits précieux : celui de l'Arioste, qui l'affectionna et le choisit pour dessiner les sujets de son Roland Furieux, et celui de Corrége, le seul qui existe, et que, sur la description donnée par Mengs, le chevalier d'Azara a reconnu dans la *villa* de la reine à Turin. Dosso Dossi termina sa carrière vers 1560, dans un âge très avancé; il signait ses ouvrages d'un os de mort enlacé dans un D. Son frère Jean-Baptiste mourut 15 ans avant lui, vers 1545.

DOSSIE (ROBERT), écrivain anglais, mort en 1777, était pharmacien à Londres. Il a publié plusieurs écrits relatifs à sa profession et à l'agriculture.

DOSSIER, la partie d'un siége contre laquelle on s'appuie le dos. *Le dossier d'un lit*, la traverse ou la planche qui soutient le chevet de certains lit. Il se dit également de la pièce d'étoffe qui sert à couvrir cette planche.

DOSSIER. C'est la liasse, la collection des pièces qui regardent une même affaire.

DOSSIÈRE, s. f. (*v. lang.*), dossier, partie du dos d'une cuirasse.—**DOSSIÈRE** (*techn.*), pièce de cuir qu'on place en double sur la sellette du cheval pour soutenir les limons d'une voiture.

DOSSONVILLE (JEAN-BAPTISTE), né, en 1753, à Auneau, près de Chartres. Il tenait un café à Paris avant la révolution, devint, en 1791, officier de paix, et fut chargé de la surveillance des Tuileries. Il fut ensuite chargé de quelques missions par Louis XVI, auquel il rendit des services, et, arrêté bientôt après, il eut le bonheur de se faire absoudre; puis il fit partie du comité de sûreté générale, et se rendit, dans ce poste, utile à quelques royalistes en danger. Après le 9 thermidor, il fut de nouveau employé dans la police, et ce fut lui qui, en 1796, arrêta Babœuf, Javogue et autres démagogues. Cette ligne de conduite l'entraîna vers le parti royaliste, et quelque temps avant la révolution du 18 fructidor il était un des chefs de la police qu'avaient créée les inspecteurs de la salle des conseils Pichegru et Willot. Il fut enveloppé dans leur disgrâce, exilé avec eux, et ils s'échappèrent ensemble. En Allemagne il fut arrêté, et recouvra la liberté lors du traité de Lunéville, en promettant ses services au gouvernement consulaire, et servit alors d'agent au premier consul. Exilé lors de l'arrestation de Pichegru en 1804, il resta dans l'obscurité jusqu'en 1814, époque à laquelle il offrit ses services à Louis XVIII, qui ne lui donna qu'un modeste emploi de commissaire de police dans l'île Saint-Louis. Dossonville fut obligé de fuir pendant les Cent-Jours. En 1815 il reprit son poste, y resta jusqu'à la révolution de 1830, et mourut aux Batignolles le 10 janvier 1833.

DOT. C'est ce que la femme apporte en mariage. Ce mot est aussi employé dans les décrétales et quelques anciennes coutumes pour exprimer le douaire que le mari constitue à sa femme. L'usage de doter les filles ne s'est introduit chez la plupart des peuples qu'avec les richesses et le luxe, et Montesquieu fait remarquer qu'elles ont dû être plus considérables dans les monarchies, afin que les maris pussent mieux soutenir leur rang. L'usage finit par passer dans les lois; Justinien le consacra dans les *Novelles* (*V.*); Charlemagne, dans ses *Capitulaires* (*V.*), imposa l'obligation de doter la femme, et le concile d'Arles défendit, par un décret formel, de célébrer un mariage sans dot. On conçoit toutefois qu'au milieu des variations politiques du moyen âge cette matière a dû subir bien des changements; l'esprit du temps et des localités exerça sur elle sa double influence; chaque coutume eut à cet égard ses dispositions particulières. Il serait trop long de suivre ce principe à travers toutes les modifications qu'il a éprouvées; nous nous bornerons à indiquer les dispositions générales de notre législation sur cet important sujet. La dot est définie par la loi française : « Le bien que la femme apporte au mari pour soutenir les charges du mariage. » On voit, d'après cette définition, que la dot a un caractère plus général que celui que les anciennes coutumes lui attribuaient, car la loi prend soin de déclarer que la définition qu'elle en donne s'applique aussi bien au régime de la communauté qu'au régime dotal. D'un autre côté, la loi ne fait pas aux père et mère une obligation de doter leurs enfants; il n'existe à cet égard qu'une obligation naturelle, pour l'exécution de laquelle ces derniers n'ont pas d'action. Cependant, quoique le législateur ne prescrive pas aux parents de doter leurs enfants, il n'a pas laissé ignorer que la nature leur en imposait le devoir; aussi a-t-il supposé que celui qu'une cause quelconque a fait placer dans les liens de l'interdiction, et qui, pour ce motif, ne peut légalement exprimer sa volonté, ne manquerait pas, s'il était libre, de concourir à l'établissement de ses enfants. En conséquence, il autorise dans ce cas le conseil de famille à fixer, avec les autres conditions du mariage, la dot ou l'avancement d'hoirie convenable. Lorsque les parents dotent un enfant, voici les principes suivant lesquels les sommes ou valeurs constituées en dot se répartissent entre eux. Si le contrat de mariage n'exprime pas la partie pour laquelle ils entendent y contribuer, ils sont censés avoir donné chacun pour moitié, soit que la dot ait été fournie ou promise en effets de la communauté, soit qu'elle l'ait été en biens personnels à l'un des deux époux. Dans ce dernier cas, l'époux dont l'immeuble ou l'effet personnel a été constitué en dot a sur les biens de l'autre une action en indemnité pour la moitié de la dot. La dot constituée par le mari seul en effets de la communauté est à la charge de la communauté, car il en est l'administrateur et il peut en disposer gratuitement pour l'établissement des enfants communs. La dot ne peut être ni constituée ni augmentée pendant le mariage, car la loi déclare les conventions immuables de leur nature; de pareils changements en effet pourraient souvent devenir funestes aux tiers, qui, dans l'ignorance des modifications survenues, croiraient que tel bien est encore leur gage, tandis qu'une constitution nouvelle ou une augmentation de dot les aurait frappés d'inaliénabilité : cette disposition, toutefois, ne s'applique qu'au *régime dotal*, sous lequel la dot est inaliénable, car sous le régime de la communauté la loi n'a pas établi la même prohibition. Le principe d'inaliénabilité du fonds dotal reçoit cependant quelques exceptions qui seront mieux placées sous le mot **RÉGIME DOTAL**. Il ne faut pas oublier que la dot n'est qu'une condition du mariage, et qu'elle n'est due qu'autant qu'il se réalise; ce n'est donc qu'après la célébration que le mari peut l'exiger. Mais, après la célébration, il doit en poursuivre le recouvrement, car la loi le déclare responsable de sa négligence, et, à la dissolution du mariage, la femme ou les héritiers auraient le droit de la réclamer contre lui sans être obligés de prouver qu'il l'a reçue, à moins qu'il ne justifie que ses démarches ont été inutiles pour s'en procurer la remise. Le mari est l'administrateur des biens dotaux de sa femme; il en perçoit les revenus, mais, d'un autre côté, le droit que lui accorde la loi a dû faire exiger de lui des garanties suffisantes pour le remboursement de la dot en cas de dissolution du mariage. C'est pourquoi une hypothèque légale est accordée à la femme sur tous les biens du mari, à raison de la dot et des conventions matrimoniales, à compter du jour du mariage. (*V.* CONTRAT DE MARIAGE.) E. C.

DOT se dit aussi de ce qu'une fille apporte au couvent où elle se fait religieuse.

DOTAL, ALE (*t. de jurispr.*), qui est relatif ou qui appartient à la dot. Il ne se dit guère qu'en parlant d'une dot qui reste le propriété de la femme. — *Régime dotal*, le régime d'association conjugale où la dot de la femme ne devient pas la propriété commune des époux, quoique le mari en partage la jouissance et en ait l'administration.

DOTATION. On nomme ainsi le *don fait à un établissement public pour supporter les charges qu'impose sa destination*. On donne encore cette dénomination à la masse mobilière et immobilière des biens qui composent la liste civile, et qui est déterminée par une loi au commencement de chaque règne, sous le nom de *dotation de la couronne*. Le *douaire* (*V.*), attribué à la reine survivante, en cas de décès du roi, et les pensions annuelles accordées, soit à l'héritier de la couronne, soit aux fils puînés du roi, prennent aussi le nom de *dotation*. Tout ce qui concerne cette matière étant, d'après les dispositions de notre droit public, réglé au commencement de chaque règne par la loi sur la *liste civile*, nous renvoyons à ce mot pour l'intelligence complète des détails. Enfin, on nomme aussi *dotation* les biens de l'ancien domaine extraordinaire, avec lesquels on récompensait les services civils et militaires. Il convient à cet égard d'entrer dans quelques détails. Cette institution ne remonte pas plus haut que l'année 1805. A cette époque l'empereur établit un domaine extraordinaire, qu'il forma de biens réservés dans les pays conquis et de la portion des contributions extraordinaires qui n'avait pas été employée aux dépenses de ses conquêtes. Dès l'année 1806, ce domaine, d'abord réservé en Italie, fut distribué en dotations aux soldats, officiers et généraux qui avaient combattu à Ulm, Austerlitz, Iéna et Friedland. Ces dotations furent déclarées être la propriété des donataires et de leur descendance directe masculine et légitime. Plus tard, de nouvelles dotations furent constituées dans d'autres pays, à mesure que de nouvelles conquêtes vinrent accroître le fonds du domaine extraordinaire. Ces dotations, auxquelles le domaine extraordinaire était spécialement affecté, étaient irrévocables, et la réversion des biens qui les composaient devait revenir à ce domaine en cas d'extinction de la descendance masculine du donataire. Aujourd'hui, le domaine extraordinaire est supprimé et se trouve réuni au domaine de l'État; mais il laisse après lui deux sortes de donataires, dont les droits sont réglés par des lois spéciales. Les uns sont les donataires dont les dotations se trouvent composées de biens situés en France, et qui en conservent la jouissance héréditaire, conformément aux lois qui les régissent. Les autres sont des donataires dont les dotations avaient été formées de biens situés en pays étrangers, et qui en ont été privés par l'effet des traités de paix. Les donataires, leurs veuves et leurs enfants sont appelés par la loi à jouir d'une pension sur l'État, en indemnité de la perte de leur dotation. Le fonds de ces pensions est formé des débris du domaine extraordinaire qui ont été réunis en domaine de l'État. Depuis 1814, un grand nombre de dotations ont fait retour au domaine de l'État, et leur masse diminue tous les jours; et cette partie de la législation n'aura bientôt peut-être qu'une valeur historique. E. L.

DOTER, donner à une fille un bien, un revenu, une somme, lorsqu'elle se marie. Il se dit aussi en parlant des filles qui se font religieuses. Il signifie encore assigner, assurer un certain revenu à un établissement d'utilité publique, à un corps, etc. Il signifie quelquefois, dans le style élevé, favoriser, gratifier de quelque chose d'avantageux.

DOTHAÏM ou **DOTHAIN** (*géogr.*), ville de Palestine, dans la tribu de Zabulon, près de laquelle Joseph fut vendu par ses frères.

DOTHIDEA (*bot.*), genre de plantes cryptogames, microscopiques, sans forme déterminée, tuberculeuses, ridées, point d'ouverture ou ostiole pour la sortie des séminales. Ce genre, établi par Fries, a des rapports avec les *sphæria*, *sclerotium*, *arthonia* et *limbaria*; mais il en diffère essentiellement par le défaut d'une ouverture quelconque, et par l'absence de toute expansion ou thallus. — *Dothidea en touffe*, *D. cæspitosa*, tubercules agglomérés, allongés, cylindriques, presque lobés, noirs, saupoudrés de blanc; se trouve sur les rameaux desséchés du sorbier. Fries décrit encore quatre espèces de *dothidea*, *Obs. mycol*, 1818, p. 348, qui se trouvent sur le peuplier, le pin, le bois écorcé, etc. J. P.

DOTHINENTÉRITE (*V.* FIÈVRE TYPHOÏDE).

DOTI MOGARI (*bot.*), nom brame du *kudda mulla* des Malabares, qui est une variété du sambac, *mogarium sambac*.

DOTIENS (*géogr.*), petite nation de la Thessalie.

DOTION (*géogr.*), plaine de la Thessalie, entre Larisse et Phérès, près de la plaine Pélasgique, avait jadis été habitée par les Athamanes.

DOTION (*géogr.*), ville de Thessalie, au milieu de la plaine du même nom.

DOTIS, petite ville de Hongrie, dans le comitat, et à cinq lieues sud-est de Komorn. Elle est bâtie sur un roc de marbre rouge jaspé; fabrique de gros draps pour les troupes. On y a trouvé un grand nombre d'antiquités romaines; 8,600 habitants.

DOTO (*malacoz.*), genre de mollusques nus, polybranches, à corps étroit, presque linéaire, comme les éolides, les cavolines, etc., établi par M. Ocken, pour quelques espèces de *doris*. Les caractères de ce genre sont : deux tentacules et une pointe dans le calice des branchies, qui sont placées sur le dos et ne peuvent être cachées. J. P.

DOTRENGE (THÉODORE), né à Bruxelles en 1761, fut d'abord avocat, et, lors de la révolution de Belgique, il se prononça pour le parti des *Vonckistes*. Sous le Directoire il plaida avec force la cause des *absents*. A la formation du royaume des Pays-Bas, il fut un des citoyens chargés de rédiger la loi fondamentale; il fut un des premiers nommés à la seconde chambre des États généraux, où il siégea parmi les membres de l'opposition. En 1828, craignant que cette opposition ne fût favorable au clergé, dont était ennemi, il cessa de parler, accepta une place au conseil d'État et donna sa démission de député. La révolution belge de 1830 était contraire à ses idées, puisqu'il voyait l'influence théocratique s'augmenter; il fit la guerre à cette influence par des articles sarcastiques insérés dans plusieurs journaux. Dotrenge mourut le 15 juin 1836.

DOTTI (le chevalier BARTHÉLEMI), poète italien né en 1642, auteur de vers satiriques qui, après lui avoir causé une foule de désagréments pendant sa vie, amenèrent sa mort. Il mourut en janvier 1712, assassiné à Venise par un meurtrier, sans doute aposté par un des ennemis que lui avaient faits ses vers.

DOTTREL (*ois.*), nom anglais du pluvier guignard, *charadrius morinellus*, Linné, qui est écrit dans divers ouvrages *dotterel*, *dotterelle*, *dotrale*; c'est le même qui, par corruption, aura produit *dorale*. Le tourne-pierre, *tringa interpres*, Linné, est nommé dans la même langue *sea dotterel*. J. P.

DOTTU ou **ADOTTO** (*poiss.*). Suivant M. Rafinesque, on nomme ainsi, en Sicile, un poisson qu'il rapporte au genre spare sous la dénomination de *sparus adottus*, et dont la chair est fort estimée. Ses couleurs sont très vives. Sa taille s'élève jusqu'à quatre pieds. J. P.

DOTUS (*hist.*), général des Paphlagoniens dans l'armée de Xerxès.

DOTUS ou **DORTUS** (*hist. relig.*), Juif du bourg de Lydda, ayant engagé ses compatriotes à se révolter contre les Romains, fut mis à mort par le proconsul Numidius Quadratus.

DOU (*ois.*), on nomme ainsi en Piémont, dans les environs du lac d'Avellane, le blongios, *ardea minuta*, Linné.

DOU-PARVATI (*bot.*), nom brame de l'*erimatadi* des Malabares. (Voy. ce mot.)

DOU-TIRINGOUSSI (*bot.*), membrane du *guilaudina axillaris*, *bankaretti* des Malabares.

DOUADEKE-GOLI (*bot.*), membrane du *ficus punctata* de M. de Lamarck, *itti-arealou* des Malabares. J. P.

DOUAB, pays de l'Hindoustan, entre le Gange et la Djemnah.

DOUAI, en latin *Duacum*, *Duwaicum*, *Doacum*, et quelquefois *Duagium*; en vieux français, *Doai*, *Duay*; grande ville bien bâtie sur la Scarpe, à 230 kilomètres (46 lieues) de Paris, 90 kilomètres de Saint-Omer, chef-lieu judiciaire du Pas-de-Calais; 33 de Lille, siége de la préfecture du Nord; 26 de Cambrai, siége de l'archevêché; place forte de la 16e division militaire, siége d'une académie universitaire et d'une cour royale, dont le ressort s'étend sur les départements du Nord et du Pas-de-Calais, chef-lieu d'un arrondissement du département du Nord, de trois cantons. Quelques auteurs ont prétendu que *Duacum* devait être la capitale des Aduatiques, peuple belge qui se ligua contre César. Mais c'est une grave erreur, car il n'est question nulle part du *Duacum castrum* avant le VIIIe siècle, et il est probable qu'à cette époque ce n'était qu'une forteresse destinée à protéger Lombres, résidence royale. On trouve dans des titres du XIe siècle les noms de quelques châtelains de Douai.

En 1195 Philippe-Auguste remet au comte de Flandre ses serments au sujet des *tours* de Douai ; en 1209 la *vieille tour* de Douai est mentionnée comme faisant partie du douaire d'Agnès, fille du châtelain de Bapaume; elle est en outre investie de la châtellenie de cette ville ; lequel office de châtelain fut vendu en 1464 aux échevins de Douai par Philippe d'Inchy. A l'époque de la bataille de Bouvines, Douai était renommé déjà pour son opulence, la force de ses armes et l'illustration de ses citoyens. Au xe siècle ils résistèrent avec leurs seules ressources aux attaques combinées du roi de France, du comte de Bourgogne, du comte de Vermandois. — Les bourgeois de Douai obtinrent, en 1175, la première institution de leur commune, et, à cette occasion, ils prirent des armoiries qui consistaient en un *écu de gueules, surmonté d'un D. gothique d'or*. Après la bataille de Mons-en-Puelle, où ils se signalèrent en 1304, ils ajoutèrent à leur blason une *flèche d'or, qui, partant de l'angle dextre, venait frapper le cœur de l'écu d'or d'où découlaient six gouttes de sang*, en mémoire de 600 hommes perdus dans cette journée et dans celle de Pont-à-Vendin.—Robert de Béthune, comte de Flandre, qui devait à Philippe-le-Bel 10,000 livres de rente pour sa rançon, s'acquitta le 11 juillet 1312 en cédant les villes de Lille, Béthune et Douai. —Au XVIe siècle, les calvinistes tentèrent vainement de pénétrer à Douai ; mais ils firent beaucoup de dégâts dans le pays. Pour opposer une digue à ce torrent de la réforme, on institua de nouveaux évêchés dans les Pays-Bas, et la création d'une seconde université fut considérée comme une mesure très propre à assurer les mêmes résultats. Ce corps enseignant, installé par Philippe II d'Espagne le 5 octobre 1562, jouit pendant deux siècles d'une haute renommée, et a contribué à entretenir dans la ville de Douai le goût des études fortes et à lui donner une sorte de physionomie littéraire qu'elle a gardée même à une époque où le savoir et le bon goût avaient cessé d'être appréciés. Au reste, longtemps avant l'université, Douai avait eu sa *Confrérie des clercs parisiens*, son *Banc poétique du seigneur de Cuincy*, les conférences littéraires de Michel d'Esné, évêque de Tournai. — Un autre corps, plus illustre peut-être que l'université, siégeait aussi à Douai : c'était le parlement de Flandre qui fut transféré à Douai en 1714 par Louis XIV, qui fut supprimé une première fois en 1771, et enfin en 1774. En 1788, 89 et 90, ce grand corps judiciaire reçut les derniers coups et périt avec la plupart de nos bonnes et vieilles institutions. Les établissements religieux étaient nombreux à Douai. On y comptait deux églises collégiales, Saint-Amé, fondé vers 674 à Merville, transféré à Douai deux siècles plus tard ; Saint-Pierre, dont on fait remonter l'origine au commencement du XIe siècle. Les six paroisses étaient Saint-Pierre, Saint-Jacques, Saint-Nicolas, Notre-Dame, Saint-Amé et Saint-Albin. Ces paroisses furent réduites à trois par suite de la loi du 27 avril 1791. Le concordat maintint le même nombre et en régla la circonscription d'après celle des justices de paix. On a compté en cette ville 15 monastères d'hommes et 16 de filles. La ville possédait une trentaine d'hospices, hôpitaux ou fondations charitables, qui sont aujourd'hui fondues, soit dans l'Hôtel-Dieu, soit dans l'hospice et quelques annexes.—Sous le rapport militaire, Douai est une des plus importantes places du royaume. Louis XIV y fit exécuter de grands travaux sous la direction de Vauban. Un arsenal, une fonderie de canons, une école d'artillerie, plusieurs belles casernes, une grande et belle citadelle, appelée *fort de Scarpe*, tels sont les principaux établissements militaires disséminés sur une superficie de 245 hectares. Douai est bien bâti ; les rues en général y sont percées très régulièrement; les constructions particulières sont faites avec goût; la ville offre partout un aspect agréable. Douai a un musée pour les tableaux et les antiquités des sociétés d'agriculture, d'art et d'industrie; un jardin botanique, une école de dessin, une de musique, une salle de spectacle, etc. Il paraît à Douai plusieurs journaux. Dans l'arrondissement, on file et on tisse beaucoup de lin et de coton. La population de la ville est de 19,000 âmes. — Le *canal de Douai* met la ville en communication avec Béthune et Saint-Omer.

DOUAIRE. Le douaire était une espèce de pension alimentaire pour la femme qui survivait à son mari, et, dans la plupart des anciennes coutumes de France, c'était aussi une sorte de *légitime* pour les enfants qui survivaient à leurs père et mère et n'étaient pas héritiers de leur père. Nous n'entrerons pas dans la distinction établie par les anciens jurisconsultes entre le *præmium defloratæ virginitatis* et le *præmium delibatæ pudicitiæ* ; il nous suffira de dire que, dans le plus grand nombre des coutumes, le douaire était acquis à la femme du moment de la bénédiction nuptiale, quand même le mariage n'aurait pas été consommé. Ce droit était qualifié de *dot* dans quelques-unes de ces coutumes, et dans la basse latinité il est appelé *dotarium, doarium*, *dotalitium*, *vitalitium*. Il sera, d'après ces indications, très facile de remonter à l'étymologie du mot français. — Le douaire n'était usité que dans les pays coutumiers ; on ne le connaissait pas dans les pays de droit écrit, à moins qu'il ne fût établi dans le contrat de mariage par une stipulation expresse. Les Romains ignoraient complètement cet usage, du moins jusqu'au temps du Bas-Empire ; aussi, ni le Code Théodosien, ni les différents recueils législatifs de Justinien, n'en font-ils mention. On a prétendu dériver l'usage du douaire de celui des peuples germaniques connu sous le nom de *Morgengabe*, don du matin (qui suivait la noce) ; mais cette opinion n'est pas appuyée sur des preuves concluantes. D'autres ont cru que l'usage du douaire venait des Gaulois ; ils se fondaient, soit sur des indications fournies par César, soit sur ce passage de Tacite : *Dotem non uxor marito, sed uxori maritus offert* ; ce qui, en réalité, s'applique, non aux Gaulois, mais aux Germains. La loi gombette, la loi salique, une charte de Lothaire Ier, et surtout les formules de Marculfe, nous prouvent qu'avant le VIIe siècle le douaire ou un usage analogue était en vigueur. On ne saurait contester que, jusqu'à la fin du XIIe siècle, il était d'usage de donner un douaire à la femme ; mais la quotité n'en était pas réglée. Philippe-Auguste, par une ordonnance ou un édit de 1214, le fixa à la jouissance de la moitié des biens que le mari avait au jour du mariage. Henri II, roi d'Angleterre, maître d'une partie de la France, règle le douaire à la jouissance du tiers des biens, et cette disposition fut confirmée par les établissements de saint Louis. Lorsqu'au XVe siècle on commença à rédiger les coutumes par écrit, on y adopta l'usage du douaire qui était déjà établi par l'ordonnance de Philippe-Auguste ; mais cette ordonnance ne fut pas suivie ponctuellement partout pour la quotité du douaire, que les coutumes réglèrent différemment. Dans certains cas, la femme était privée de son douaire, par exemple, lorsqu'elle supposait un enfant à son mari, lorsqu'elle se remariait dans l'année de deuil, avant du moins qu'il y eût neuf mois révolus, lorsqu'enfin elle était condamnée à quelque peine qui emportait mort civile et confiscation. La profession religieuse de la femme entraînait aussi l'extinction du douaire, à moins qu'elle ne l'eût réservé par forme de pension alimentaire. — On distinguait le *douaire préfix* du *douaire coutumier*. Le premier était fixé par le contrat de mariage à une certaine somme de rente ou la jouissance déterminée de quelque héritage. Le second, aussi appelé *douaire légal*, était fondé uniquement sur la disposition de la coutume. On donnait le nom de demi-douaire ou mi-douaire à une pension alimentaire accordée en certains cas à la femme, pour lui tenir lieu de douaire, lorsque le mari était encore vivant. Par la coutume de Lorraine, le mari, en quelques lieux, prenait douaire sur les biens de sa femme. Quant au douaire des enfants, dont il est question dans quelques *coutumes*, il n'était autre chose que la nue-propriété des biens dont l'usufruit formait le douaire de la femme. — La loi relative à la liste civile du roi Louis-Philippe prévoit le cas où un douaire pourra être voté par les Chambres au profit de la reine, après la mort de son époux. Ces mêmes Chambres ont fixé depuis (avril 1837) le douaire de la duchesse d'Orléans, devenue veuve depuis lors. A. S. r.

DOUAIRIER (*t. de droit ancien*). Il se disait d'un enfant qui se tenait au douaire de sa mère, en renonçant à la succession de son père.

DOUAIRIÈRE, veuve qui jouit d'un douaire. Il ne se dit que des personnes d'un rang distingué. Il s'emploie aussi substantivement.

DOUANES. Les douanes sont des barrières élevées à la frontière de chaque pays, soit pour percevoir des tributs sur l'importation des produits exotiques, soit pour protéger l'industrie nationale contre la concurrence de l'industrie étrangère. Ce n'est pas là même sans doute l'origine des douanes; mais, peu importe, c'est là leur destination actuelle. — Comme fiscales, les douanes forment une branche des contributions publiques, et, sous ce rapport, elles sont étrangères à mon sujet et ne doivent pas trouver place ici. — Comme protection des produits indigènes, les douanes se rattachent à la question de l'influence des relations commerciales des peuples sur leur prospérité particulière et sur la richesse générale, question que j'ai traitée au mot *Commerce* (voy. ce mot). — Une seule difficulté reste encore sur ce sujet important, c'est de savoir si la protection des douanes doit être prohibitive ou seulement restrictive de l'importation des produits du travail étranger. Cette difficulté est d'une grande importance et mérite bien qu'on s'y arrête. —

La prohibition des produits étrangers établit un monopole au profit des produits indigènes, et tout monopole prive le pays qui le subit des avantages de la concurrence, ce mobile de toute *industrie*, de tout perfectionnement, et surtout du bon marché; il le condamne à toutes les calamités de l'ignorance, de la paresse et de la maladresse de l'ouvrier, réduit les grandes masses de la population à la misère, à l'indigence, et concentre les richesses dans le petit nombre des favoris de la fortune. (*V.* MONOPOLE.) — Lorsqu'un pays en est réduit à redouter la concurrence des produits étrangers dans ses marchés, bien loin de les en exclure, il doit les y appeler en les assujétissant à des taxes calculées de manière à en élever le prix assez haut pour que les classes riches et opulentes soient seules en état de concourir à leur consommation. — Quand les choses en restent là, les produits étrangers n'opposent pas un obstacle dangereux au progrès du travail du pays. Partout les classes riches et opulentes sont en petit nombre, ont peu d'influence par leurs consommations sur les productions indigènes, ou du moins leurs consommations des produits étrangers n'opèrent qu'une faible réduction des consommations nationales. — Dans ce cas, les produits exotiques ne paraissent dans le marché national que pour y exciter une émulation salutaire, une rivalité généreuse de louables et de profitables efforts. Tous les travaux, toutes les industries s'efforcent de se surpasser, et cette lutte est le plus sûr garant de leur perfectionnement indéfini et de toutes les prospérités sociales. — Il importe surtout que la taxe protectrice ne soit que temporaire et finisse au moment où l'industrie nationale est en état de soutenir la concurrence de l'industrie étrangère, ou a perdu l'espoir d'y parvenir; l'intérêt du consommateur doit être l'objet et le but de la prohibition publique, parce qu'il sympathise avec tous les intérêts et n'est jamais en opposition avec aucun. Quand le producteur national n'est pas et ne peut pas être aussi favorable au consommateur que le producteur étranger, il faut préférer celui-là à celui-ci; et c'est alors qu'il est vrai de dire qu'on doit acheter de l'étranger tout ce qu'on ne peut faire aussi bien ni à aussi bon marché que lui; tout ce que le consommateur économise par le bon marché des produits étrangers seconde d'autres branches du travail national et multiplie les moyens d'aisance, de prospérité et de richesse. — Longtemps consacrées par la science, ces vérités ont été constamment repoussées par le pouvoir, et ce qu'il y avait de plus fâcheux, c'est que le système prohibitif avait obtenu, parmi les peuples les plus célèbres par leurs richesses, des succès qui semblaient devoir opposer un obstacle insurmontable à l'adoption du système libéral. — Mais, à mesure que le système prohibitif s'est introduit, par la force de l'exemple, chez tous les peubles industrieux et commerciaux, on a compris qu'il se détruit en se généralisant, s'énerve par sa progression et s'épuise par ses propres efforts. S'il convient, en effet, à un pays d'approvisionner les marchés d'un autre peuple et de le repousser de ses marchés, ces autres peuples ont les mêmes intérêts et les mêmes droits, et doivent, par leur exclusion mutuelle et réciproque, se restreindre au marché national. — Réduit à ces termes, le système prohibitif éloigne les peuples, resserre leurs relations commerciales dans d'étroites limites, rend inutiles leurs progrès et leur supériorité dans tous les genres de production, et les prive de tous les avantages qu'ils auraient recueillis de leurs échanges. L'Angleterre, qui avait si longtemps suivi le système prohibitif, et qui lui doit ses immenses richesses, a, la première, aperçu la crise qu'allait opérer dans son commerce la généralisation du système prohibitif, et elle a pu craindre qu'il ne lui fût aussi funeste qu'il lui avait été propice. Dans cette position difficile et délicate, elle a fait de nécessité vertu; elle paraît disposée à l'abandonner, et, ce qui doit paraître assez singulier, elle essaie de s'en faire un mérite aux yeux des autres peuples; peu s'en faut qu'elle ne se flatte de leur persuader qu'elle leur fait un sacrifice de ses intérêts. Mais on peut lui prédire qu'elle n'abusera personne; le tardif hommage qu'elle rend à la liberté du commerce des peuples change son système sans lui faire rien perdre de ses avantages. L'incontestable supériorité de son industrie et de son commerce sur toutes les industries et sur tous les commerces lui permet d'ouvrir ses marchés à la concurrence étrangère, sans en avoir rien à redouter; et si les autres peuples étaient assez imprudents pour l'imiter et lever les barrières qui lui ferment les marchés, elle tirerait de la liberté qu'elle proclame d'aussi grands et peut-être de plus grands avantages que de la prohibition; mais on est maintenant trop instruit dans le monde commerçant pour ne pas savoir que si tous les peuples doivent aspirer à la liberté du commerce, et si elle doit être le but et le terme de leurs efforts et de leur ambition, ils ne doivent s'engager dans sa poursuite que lorsqu'ils auront essayé leurs forces avec le bouclier du système restrictif, et qu'ils pourront se flatter d'égaler leurs concurrents. Jusque-là leur témérité les condamnerait à une éternelle infériorité, et leur fermerait la route des richesses qu'ils sont appelés à parcourir avec un succès dont ils ne doivent jamais désespérer. — En un mot, les douanes prohibitives sont essentiellement pernicieuses, les douanes restrictives sont temporairement utiles, et la liberté est la loi générale du commerce. (*V.* ZOLLVEREIN.)

DOUANIER, celui qui est préposé pour visiter les marchandises importées ou exportées, et pour recevoir les droits qu'elles doivent payer.

DOUBLAGE DES NAVIRES. Cette opération s'exécute de la manière suivante. Après avoir mis le navire à sec et l'avoir abattu en carène, on le chauffe avec des bouchons de paille enflammés ou avec des copeaux; on étend ensuite sur le franc-bord une couche épaisse de brai gras et de brai sec mêlés ensemble par portions égales. Sur cet enduit qui sert de colle on applique un gros papier commun, ou une espèce de toile qu'on nomme *serpillière*, et l'on goudronne par-dessus, après quoi l'on cloue le *doublage en bois* dans le sens de la longueur, en commençant près de la quille, remontant jusqu'à la ligne de flottaison; on a soin de calfater et de caréner ce doublage comme à l'ordinaire. Les clous doivent être multipliés surtout dans les bouts ou écarts, et dans toutes les parties ou le doublage est forcé de changer un peu brusquement de direction, de manière à le faire exactement appliquer contre la surface du bordage. Les clous sont de fer, et leur longueur doit être telle qu'on ne puisse pas craindre qu'ils forment des voies d'eau. Le doublage en bois, quoique mince, a l'inconvénient de grossir le volume de la carène des vaisseaux, et d'en changer par conséquent les lignes de flottaison. Sa surface ne pouvant pas être aussi lisse que celle du franc-bord, les plantes marines, les coquillages s'y attachent et rendent la marche du vaisseau lourde. Ajoutons que le doublage en bois dure peu. Toutes ces raisons ont fait recourir au doublage en cuivre. Aujourd'hui tous les bâtiments de la marine royale, et même un grand nombre de ceux du commerce, sont doublés de cette manière. A cet égard l'expérience a montré que pour la conservation du doublage il faut: 1° mettre le plus grand soin à ne point plier ses feuilles de cuivre, soit dans le transport, soit dans le moment de leur application; 2° ne rien épargner pour que le cuivre touche immédiatement et partout le franc-bord et que les clous ne correspondent pas aux têtes des chevilles du bordage. Si la serpillière n'est pas bien collée par le mélange de brai et de suif, et qu'elle fasse des soufflures dans quelques endroits, on la coupe alors pour faire échapper l'air contenu entre elle et le bordage. Ensuite, en y introduisant du même mélange, on la recolle en rapprochant les bords près l'un de l'autre, et faisant en sorte qu'il n'en résulte pas de bosse. 3° Veiller avec soin qu'aucune tache d'huile, de graisse ou d'autres corps étrangers, ne s'attache sur le doublage. Le poids du doublage en cuivre est fort peu de chose en raison de celui du vaisseau. On diminue d'ailleurs le lest dans le même rapport. Alors le centre de gravité du bâtiment n'est pas sensiblement déplacé. Le poids du doublage en cuivre peut, dans tous les cas, être estimé au centième du port du vaisseau, les cinq-sixièmes en feuilles, et un sixième en clous. Ainsi pour un vaisseau de 110 canons, dont le port est de 2400 tonneaux, le poids du doublage est de 24 tonneaux; et pour une frégate, dont le port est de 750 tonneaux, le doublage est de 7 tonneaux 1/2. Cette proportion suffit pour les gros bâtiments. Mais la surface de la carène étant relativement plus grande dans les petits, on augmente cette proportion. Voici une instruction sur la manière d'appliquer le doublage en cuivre et le choix des matières; je prends pour exemple un navire de 600 tonneaux; son cuivre pèsera 6 tonneaux, c'est-à-dire 12000 livres dont 10000 en feuilles et 2000 en clous. Les clous doivent avoir au plus 15 lignes de longueur totale, la tête ronde 7 à 8 lignes de diamètre; la surface supérieure doit être plane et le dessous arrondi comme un segment sphérique; la tige est carrée et porte deux lignes carrées à l'endroit de sa naissance; ces clous sont coulés en sable, et sont faits de 2 de cuivre rouge et de 1 de cuivre jaune; il y en a 66 à 70 par livre. Les planches de cuivre doivent toutes être égales et porter 60 pouces sur 16 à 18 pouces de large. On trace à la ligne, avec du blanc de céruse, deux parallèles au pourtour, l'une à 9 lignes et l'autre à 18 du bord de la feuille; ensuite deux diagonales et des parallèles à ces diagonales à 3 pouces de distance, comme nous l'avons déjà dit. A cet effet on donne aux ouvriers des petits morceaux de bois qu'on nomme *buquettes*, qui leur servent à régler successivement ces distances avec précision. Le navire étant bien calfaté, mis sur sa carène, garni de sa frise, de sa peinture, etc., on applique le premier rang de feuilles sur la quille; le bord inférieur de ces feuilles doit être à deux pouces du bord inférieur de la quille; on ne double pas le dessous. Le second rang ou la deuxième virure des feuilles doit descendre de dix-huit lignes sous le premier; il faudra en conséquence ne pas clouer les joints verticaux de la première virure trop près du bord supérieur, afin de laisser la facilité d'introduire la seconde; ainsi de suite jusqu'à la ligne de flottaison, qui se trouve recouverte du *liston* ou *boudin* qu'on y cloue avec des clous en cuivre de trois pouces. Le principal effet du doublage en cuivre, celui qui mérite le plus d'attention, c'est d'augmenter dans un très grand rapport la vitesse du sillage. On doit cet avantage à une carène toujours parfaitement lisse, qui glisse sans obstacle dans les eaux. La principale cause de destruction du doublage en cuivre vient de la corrosion des eaux de la mer. H. Davy a montré qu'on pouvait affaiblir cette action par l'effet électrique qui résulte de l'emploi combiné du zinc et du cuivre. Mais ces détails ne peuvent trouver place ici, d'autant plus que l'expérience ne semble pas avoir confirmé les déductions de la théorie.

DOUBDAN (JEAN), prêtre et chanoine de Saint-Denis, entreprit en 1651 un voyage en Terre-Sainte, dont il nous a laissé une relation indigeste. Il mourut vers 1670.

DOUBLE, adj. des deux genres, opposé à simple. Qui veut, qui pèse, qui contient une fois autant. En mathém., *Raison double*, rapport de deux quantités dont l'une est double de l'autre. — DOUBLE, se dit également d'une chose composée de deux autres choses pareilles ou analogues entre elles, ou seulement de même nature, de même espèce. *Mot, phrase à double entente, à double sens*, mot, phrase qui a deux sens, qui est susceptible de deux interprétations. Au domino, *Double as, double deux, double trois*, etc., dé sur lequel l'as, le point deux, etc., est répété. *Acte double*, celui dont on fait deux originaux semblables pour en laisser un entre les mains de chacune des parties intéressées. On met à la fin de pareils actes : *Fait double entre nous*. En termes de commerce et de banque, *Tenue de livres en partie double*, ou *à partie double*, manière de tenir les livres qui consiste à reconnaître à la fois un débiteur et un créancier dans la rédaction d'un article quelconque, soit de recette, soit de dépense. En termes de comptabilité, *Double emploi*, ce qui a été employé, porté deux fois en recette ou en dépense dans un compte. Il se dit également, dans le langage ordinaire, de tout ce qui fait inutilement répétition. Au trictrac, *Gagner partie double*, prendre douze points de suite. En jurispr., *Double lien*, se dit de la parenté entre enfants d'un même père et d'une même mère, c'est-à-dire entre frères et sœurs germains. En botanique, *Fleur double*, celle qui a acquis par la culture un plus grand nombre de pétales qu'elle n'en aurait eu dans l'état naturel. En médec., *Fièvre double*, fièvre intermittente dont les accès deviennent deux fois aussi nombreux qu'ils l'étaient dans un temps donné. *Fièvre double-quarte*, celle dont les accès prennent successivement deux jours de suite et ne paraissent pas le troisième, l'accès du quatrième jour étant différent de celui du second; et semblable à celui du premier. *Fièvre double-tierce*, celle dont les accès reviennent tous les jours, de manière que le troisième est semblable au premier et le quatrième au second. En musiq., *Double croche*, note qui ne vaut que la moitié d'une croche, et dont la queue porte deux barres ou crochets. *Intervalle double*, intervalle qui excède l'étendue de l'octave. *Double fugue* désigne ce qu'on nomme plus exactement *fugue à deux sujets*. — DOUBLE, se dit figurément des choses plus fortes, de qualité supérieure, de vertu plus efficace que les autres choses de même nature. *Double bidet*, bidet qui est de plus haute taille que les bidets ordinaires. *Fêtes doubles*, se dit dans les rubriques ecclésiastiques de certaines fêtes dont les offices sont plus solennels que ceux des autres; et on appelle *fêtes semi-doubles* celles qui tiennent le milieu entre les fêtes doubles et les simples. Fam., *Double coquin, double fripon*, etc., grand coquin, grand fripon. — DOUBLE signifie quelquefois qui a de la duplicité. — DOUBLE est aussi substantif masculin, et signifie toute chose qui équivaut à deux fois une autre chose. *Jouer à quitte ou à double, à quitte ou double*, et plus ordinairement, *Jouer quitte ou double*, jouer une dernière partie qui doit acquitter celui qui a déjà perdu, ou doubler le gain de celui qui a déjà gagné. *Jouons à quitte ou double*, ou elliptiquement, *Quitte ou double*, cela signifie aussi, figurément et familièrement, risquer, hasarder tout pour se tirer d'une mauvaise affaire. *Parier double contre simple*, parier deux contre un. *Le double d'un corps de logis*, une des moitiés d'un corps de logis dans son épaisseur. *Le double d'un acte, d'un traité, d'une note*, etc., l'un des originaux, ou seulement la copie d'un acte, d'un traité, etc. *Double de compte*, celui des originaux de compte que le comptable garde entre ses mains. En peinture, *Le double d'un tableau*, la copie d'un tableau faite par l'auteur même du tableau. *Avoir des doubles dans sa bibliothèque, dans son herbier*, etc.; avoir deux ou plusieurs exemplaires du même ouvrage, deux ou plusieurs échantillons d'une même plante, etc. En musique, *Le double d'un air*, le même air qu'on figure sur le simple par l'addition de plusieurs notes qui varient et ornent le chant. Cette locution a vieilli. On dit maintenant *variations*. *Mettre une chose en double, en plusieurs doubles*, la replier sur elle-même une ou plusieurs fois. Fig. et fam., *Mettre les morceaux en double*, manger à la hâte. — DOUBLE, substantif, se dit, au théâtre, des auteurs et actrices qui remplacent dans les rôles ceux qui en sont chargés en premier. — DOUBLE, se dit en outre d'une espèce de monnaie ancienne qui valait deux deniers, et dont les six faisaient un sou. Il s'emploie figurément, dans certaines phrases familières, pour exprimer une très petite valeur. — DOUBLE s'emploie aussi quelquefois adverbialement, comme dans ces phrases : *Voir double*, voir les objets comme s'ils étaient doubles; *Payer double*, payer deux fois la valeur. — AU DOUBLE (*locut. adv.*), une fois plus. On l'emploie aussi figurément.

DOUBLE SENS. (*V.* EQUIVOQUE.)

DOUBLE (*poiss.*). Suivant Cuvier, on donne ce nom aux pleuronectes qui sont également colorés des deux côtés. Le plus souvent c'est le côté brun qui se répète, mais cela arrive aussi au côté blanc. La *rose coloured flounder* de Schaw est un flet dont le côté blanc est double. — DOUBLE (CALICE), *calix duplex, calix calyculatus* (*bot.*). On dit qu'un calice est double, ou plutôt caliculé, lorsqu'il est muni d'une espèce d'involucre qui ressemble à un second calice (*erica vulgaris*, *hibiscus*, *hypericum ægyptiacum*). — DOUBLE (FLEUR), *flos multiplicatus*. La fleur est simple lorsqu'elle n'a que le nombre de parties qu'elle doit avoir; elle est double, triple ou quadruple, lorsqu'il y a deux ou trois corolles l'une dans l'autre; lorsque les pétales sont très nombreux, les étamines ont disparu et la fleur est inféconde : elle est alors pleine ou *double*. — DOUBLE-AIGUILLON (*poiss.*). (*V.* DEUX-AIGUILLONS et PREMNADE.) Plusieurs auteurs désignent sous cette dénomination le *balistes biaculeatus* de Bloch (*V.* TRIACANTHE). — DOUBLE-BOSSE (*poiss.*). M. de Lacépède donne ce nom, d'après Commerson, à une espèce de chironecte, *antennarius bigibbus*. Elle est très peu connue. — DOUBLE-BOUCHE (*conchyl.*), nom vulgaire employé dans le commerce pour désigner le *trochus labio* de Linné. Type du genre monodonte de M. de Lamarck, parce que la dent qui se trouve à l'ouverture ou bouche de la coquille semble la partager en deux. — DOUBLE-BULBE (*bot.*), nom vulgaire de l'*iris sisyrinchium*, Linné. — DOUBLE C. (*ins.*). C'est le *papilio C. album*, ou le gamma. — DOUBLE-CEINTURE (*ins.*). Geoffroy a donné ce nom à une phalène, *phalena bicincta*, qui porte deux bandes brunes en travers sous la partie inférieure des ailes. — DOUBLE-CIL (*bot.*), *diplocamium* (voyez ce mot.) — DOUBLE-CLOCHE (*bot.*), nom donné par les jardiniers à une variété de la primevère élevée, dont le calice se colore et dont la corolle est double. — DOUBLE-FEUILLE (*bot.*), nom vulgaire de l'*ophrys ovata*, L. — DOUBLE-FLEUR (*bot.*). Les jardiniers nomment ainsi une variété de poirier dont les fleurs sont semi-doubles. — DOUBLE-FOLLICULE, *bifolliculus* (*bot.*). Parmi les fruits composés, il en est qui proviennent d'ovaires qui ne portent pas le style (*V.* CENOBION), et d'autres dont les ovaires portent le style; l'*étairion* et le double-follicule sont du nombre de ces derniers. Dans le double-follicule, l'ovaire, d'abord simple, se partage jusqu'à la base en deux parties, qui deviennent deux follicules; boîtes péricarpiennes formées chacune d'une seule valve pliée dans sa longueur et soudée sur les bords. Les graines contenues dans chaque follicule sont attachées le long de la suture sur un placentaire qui se détache ordinairement dans la maturité. Le double-follicule n'a été jusqu'à présent observé que dans la famille des apocynées. — DOUBLE-LANGUE (*bot.*), nom vulgaire du *ruscus hypoglossum*, espèce de *fragon*. — DOUBLE MACREUSE (*ois.*), *anas fusca* de Linné, dont la taille est plus forte que celle de la macreuse ordinaire. — DOUBLE-MARCHEUR (*rept.*) (*V.* AMPHISBÈNE). — DOUBLE-MOUCHE (*poiss.*), nom d'une espèce de piabuque que M. de Lacépède a rangée parmi les characins (*V.* PIABUQUE). — DOUBLE-OMÉGA, — DOUBLE-POINT, — DOUBLE-TACHE, — DOUBLE-W. (*ins.*), noms de différentes espèces de phalènes dans l'ouvrage de Geoffroy sur les insectes des environs de Paris. — DOUBLE-SCIE (*bot.*), nom vulgaire du *biserrula pelecinus*, Linné. — DOUBLE-SOURCIL (*ois.*), nom donné par Levaillant à une fauvette dont le mâle a deux bandes noires qui partent du bec, passant l'une au-dessus de l'œil et l'autre au-dessous. — DOUBLE-TACHE (*poiss.*), nom d'un labre, *labrus bimaculatus*. — DOUBLE-VESSIE (*bot.*) (*V.* DIPHISCIUM). — DOUBLÉE (*erpét.*). On désigne sous ce nom au Bengale, suivant Russel, la couleuvre ombrée, *coluber umbratus* (*V.* COULEUVRE). — DOUBLES-MARCHEURS (*erpét.*). Cuvier donne ce nom à la première tribu de la seconde famille de ses reptiles ophidiens; leur tête, toute d'une venue avec le corps, leur permet de marcher également bien dans les deux sens. J. P.

DOUBLE-ÉCRIT. C'est un acte sous seing privé dont il y a copie fidèlement transcrite, avec les mêmes signatures sur cette copie que sur l'autre écrit qui a servi d'original. — Les actes sous seing privé qui contiennent des conventions synallagmatiques ne sont valables qu'autant qu'ils ont été faits en autant d'originaux qu'il y a de parties ayant un intérêt distinct. Il suffit d'un original pour toutes les personnes ayant le même intérêt. — Chaque original doit contenir la mention du nombre des originaux qui ont été faits. Néanmoins le défaut de mention que les originaux ont été faits doubles, triples, etc., ne peut être opposé par celui qui a exécuté de sa part la convention portée dans l'acte. (Code civ., art. 1325.)

DOUBLE LIEN. C'est la double relation que la nature a mise entre ceux qui sont tout à la fois parents du côté du père et de la mère, ou entre leurs descendants, tels que sont les frères *germains* et leurs enfants. Voy. quels sont les priviléges du double lien. (Cod. civ., art. 733, 751 et 752.)

DOUBLÉ (*arith.*). La raison ou le rapport *doublé* de deux quantités est le rapport de leurs carrés; ainsi le rapport *doublé* de a à b est le rapport de a^2 à b^2 ou du carré de a au carré de b. Le rapport *sous-doublé* est celui des racines carrées; lors donc qu'on dit qu'une quantité est égale au rapport sous-doublé de a et de b, on entend que cette quantité est égale à $\sqrt{a} : \sqrt{b}$. Il ne faut pas confondre *double* et *doublé*.

DOUBLEAU (*t. de charpentier*). Il se dit de certaines solives d'un plancher qui sont plus fortes que les autres, telles que les solives d'enchevêtrure. En archit., *arc-doubleau*, espèce d'arcade formant une saillie ou plate-bande sur la courbure intérieure d'une voûte, qu'elle semble fortifier et soutenir. Dans cette locution, *doubleau* est adjectif.

DOUBLEMENT, adv., pour deux raisons, en deux manières. — DOUBLEMENT, terme de pratique ancienne, qui était principalement usité dans les affaires de finances, et dont on se servait dans les enchères pour dire une fois autant. — DOUBLEMENT se disait aussi, en termes de guerre, de l'augmentation des rangs et des files d'un bataillon.

DOUBLER, v. a., mettre le double, augmenter du double, d'une fois autant. En termes de guerre, *Doubler les rangs*, *doubler les files*, y mettre le double de ce qui a coutume d'y être. Cette espèce de manœuvre a depuis longtemps cessé d'être usitée. *Doubler le pas*, marcher plus vite. En termes de marine, *Doubler le sillage*, faire plus de chemin. *Doubler les manœuvres*, en augmenter le nombre, afin que, si l'une est rompue, une autre puisse la remplacer. *Doubler un cap*, *une pointe*, etc., passer au delà d'un cap, d'une pointe de terre, etc. *Doubler un autre bâtiment*, le surpasser en vitesse, le devancer. *Doubler une ligne de vaisseaux ennemis*, la mettre entre deux feux. — DOUBLER signifie aussi appliquer une étoffe contre l'envers d'une autre. En termes de marine, *Doubler des voiles*, les fortifier par de nouveaux lés de toile cousus sur ceux dont elles sont déjà composées. *Doubler un navire*, lui faire un doublage de feuilles de cuivre ou de planches. *Doubler un corps de logis*, joindre un autre corps de logis à la face de derrière de celui qui est déjà fait. Au théâtre, *Doubler un rôle*, *un acteur*, jouer un rôle au défaut de l'acteur qui en est chargé en premier. — DOUBLER signifie quelquefois mettre double et mettre en double. Au jeu de billard, *Doubler une bille*, la faire frapper contre une des bandes du billard pour qu'elle revienne au côté opposé. On l'emploie absolument dans le même sens au jeu de paume, *La balle a doublé*, elle a touché deux fois la terre. Dans cette phrase, le verbe est neutre. — DOUBLER s'emploie aussi neutralement dans le sens de devenir double. — DOUBLÉ, ÉE (*participe*). En mathémat., *Raison doublée*, raison de carrés. En médec., *Fièvre doublée*, fièvre intermittente dont les accès, après avoir été uniques, ont lieu deux fois dans le même jour. — DOUBLÉ, au jeu de billard, se dit substantivement de l'action de doubler, et de toute disposition des billes qui permet de doubler.

DOUBLETTE (*t. de musiq.*), un des jeux de l'orgue, qui sonne l'octave au-dessus du prestant.

DOUBLEUR, EUSE, celui, celle qui, dans les fabriques, double la laine, la soie sur le rouet.

DOUBLON. Monnaie d'or espagnole qui a différentes valeurs. On dit aussi *pistole*. — DOUBLON, en termes d'imprimerie, faute qui consiste à composer deux fois de suite un ou plusieurs mots.

DOUBLURE, s. f., étoffe dont une autre est doublée. Prov. et fig., *Fin contre fin n'est pas bon à faire doublure*, *ne vaut rien pour doublure*, il ne faut pas entreprendre de tromper aussi fin que soi, ou, si on le tente, on n'y réussit point. — DOUBLURE, au théâtre, se dit dans le même sens que double. — DOUBLURE BRUNE (*ins.*), nom donné par Fourcroy à une phalène qu'il nomme *hispana*, n° 191 (Entomologie parisienne). — DOUBLURE JAUNE (*ins.*). Geoffroy a donné ce nom à une espèce de noctuelle, *noctua glyphica*. J. P.

DOUBNITZA, ville de la Turquie d'Europe (*Roum-Ili*), sur la rive gauche de la Djerma. Mines de fer dans les environs. 7,400 habitants. A 9 lieues 1/4 de Ghioustenil.

DOUBNO, ville de la Russie d'Europe (*Volhynie*), fait un commerce assez considérable en bétail et en bois. 6,000 habitants. A 60 lieues O.-N.-O. de Schitomnir.

DOUBS, *Dubis*, rivière qui prend sa source dans le mont Jura, au sud-est de Pontarlier, et remonte au pied des montagnes vers le nord-est, arrose cette ville, sort de France, y rentre, puis passe à Clerval, Besançon, Dôle, et se jette dans la Saône à Verdun. Elle est navigable sur certains points, notamment sur ceux où elle reçoit le canal de jonction du Rhin au Rhône, canal dont le cours est de 88 kil., et qui a commencé à être navigable en 1833.

DOUBS (dép. du), est formé de l'ancien comté de Montbéliard et d'une partie de la Franche-Comté, et doit son nom à la rivière qui le parcourt dans toute son étendue. Au nord, il est borné par les départements de la Haute-Saône et du Haut-Rhin; à l'est, par la Suisse et par la principauté de Neufchâtel; au sud, par la Suisse et par le département du Jura; et, à l'ouest, par la Haute-Saône. Il se divise en 4 sous-préfectures ou arrondissements communaux, *Besançon*, *Baume-les-Dames*, *Montbéliard*, *Pontarlier*. Ces arrondissements forment eux-mêmes 27 cantons, 639 communes, et réunissent 265,540 habitants. Le département du Doubs fait partie de la 6e division militaire, dont Besançon est le quartier général, et compose la 12e conservation forestière, qui a son chef-lieu dans la même ville. Dans le département on trouve un tribunal de commerce et quatre tribunaux de 1re instance, à Besançon, Baume, Montbéliard et Pontarlier. La cour royale de Besançon comprend dans son ressort tous les tribunaux du Doubs, ceux du Jura et de la Haute-Saône. Le chef-lieu de préfecture possède encore un archevêché, qui a pour suffragants les évêques de Strasbourg, Metz, Verdun, Belley, Saint-Dié et Nancy. Le département paie à l'État 2,810,423 fr. de contributions directes, sur un revenu territorial évalué à 13 millions, et envoie cinq députés à la Chambre des députés. — *Aspect et disposition du sol.* — On peut naturellement diviser le sol de ce département en trois régions distinctes : la *plaine*, partie la plus fertile, riche en céréales de toute espèce et en nombreux vignobles; la *moyenne montagne*, élevée à plus de 300 mètres au-dessus de cette dernière, et où l'on trouve de belles vallées, et des plaines assez étendues, propres à la culture du froment; enfin, la *haute montagne*, placée à environ 400 mètres au-dessus des plateaux de la moyenne montagne, occupée, en grande partie, par des forêts de sapins, couverte de neiges et de glaces pendant six mois de l'année, et fournissant, dans la belle saison, d'excellents pâturages. Quatre des chaînes du Jura, disposées en chaînes parallèles à la ligne des Alpes, et dont la dégradation successive va de l'est à l'ouest, traversent le département. Le département est arrosé par 10 rivières, plus 250 ruisseaux et près de 8000 sources. Les rivières sont le *Doubs*, la *Loue*, l'*Ognon*, le *Dessoubre*, le *Lison*, le *Drugeon*, le *Cusancin*, l'*Allan*, la *Lusine* et la *Savoureuse*. De nombreuses cascades et chutes d'eau, dont la plus remarquable est celle qu'on appelle *Saut du Doubs*, coupent le Doubs en plusieurs points. Il est navigable dans plusieurs endroits, et entre autres dans ceux où vient se jeter le canal du Rhône au Rhin. Les lacs sont plus multipliés; on en rencontre qui séparent les deux chaînes les plus élevées du Jura; les quatre principaux sont : le lac de *Remoray*, le lac de *Saint-Point*, le lac de *Chaillexon*, le lac dit le *Grand-Sas*, remarquable par un phénomène singulier ; ses eaux portent une petite île flottante. Deux canaux, le canal de jonction du Rhône au Rhin, et le canal de dérivation de la rivière d'Oselle, traversent le département. De fréquents défrichements ont diminué le nombre des forêts; il en reste cependant encore de fort belles, formées de sapins, de hêtres, de charmes et de chênes. — *Productions naturelles.* — *Règne minéral.* — Les mines de fer sont une des principales richesses de ce département. On exploite aussi plusieurs carrières de gypse, de marne, de pierres à bâtir, de tuf et de marbres de différentes qualités, une mine de houille et un grand nombre de tourbières. Les spaths, les quartz cristallisés et les pétrifications de productions marines se rencontrent très communément dans les montagnes. Plusieurs cantons fournissent des cours d'eau minérales. Les plus fréquentées sont les eaux sulfureuses de Guillon près Baume. — *Règne végétal.* — Les espèces d'arbres qui composent les forêts sont très multipliées et acquièrent une très grande hauteur. Le sol de la plaine convient parfaitement aux arbres fruitiers, qui y viennent en abondance. Les végétaux qui croissent sur les montagnes sont presque tous aromatiques, et servent à composer ces vulnéraires dont il se fait un si grand débit. La flore du département est aussi fort riche.— *Règne animal.*— Parmi les animaux domestiques, le bœuf est celui auquel on donne le plus de soins. On s'occupe aussi beaucoup des chevaux. Les rivières et les lacs sont ordinairement très poissonneux. — *Agriculture.* — Les céréales fournissent à peine à la consommation du département; et l'agriculture est loin d'avoir acquis toute l'extension dont elle serait susceptible. La vigne est très peu cultivée et donne des produits médiocres. Une des ressources du pays est la fabrication du fromage (façon gruyère) des environs de Pontarlier.— *Villes.* — *Besançon*, chef-lieu du département (*V.*); *Quingey*, sur la Loue, chef-lieu de canton; *Baume-les-Dames*, près du Doubs, chef-lieu d'arrondissement; *Clerval*, chef-lieu de Canton; *Montbéliard*, sur l'Allan et la Lusine, chef-lieu d'arrondissement; *Pontarlier*, sur le Doubs, *la clef de la France* au temps de l'ancienne Franche-Comté, et que domine le *château de Joux*, , construit sur la cime d'un rocher presque inaccessible. On exploite particulièrement, dans le département, les fers forgés, les fers blancs, la fonte de fer, l'acier, le cuivre, etc. On y trouve aussi des filatures de coton, des bonneteries, des papeteries, des tanneries, des distilleries, des chapelleries, des faïenceries, des huileries, des crasseries, et surtout des fabriques de pièces d'horlogerie, Ce département a donné naissance à un grand nombre d'hommes distingués. Nous nous bornerons à citer Guillaume de Saint-Amour, mort en 1272; Jean-Jacques, Jules et Pierre-François Chifflet; Millot, de l'Académie française; le cardinal de Granville; le médecin Tissot; et, parmi les contemporains, Cuvier, Ch. Fourier, Ch. Nodier, V. Hugo et le maréchal Moncey.

DOUC (*mamm.*), nom spécifique d'une guenon, à la Cochinchine (*V.* GUENON). J P.

DOUCE (FRANCOIS), savant antiquaire anglais, montra de bonne heure une vocation marquée pour la littérature et les antiquités. Cette vocation fut contrariée jusqu'à la mort de son père; mais il s'y livra ensuite avec ardeur .Il forma de très belles collections, et mourut le 30 mars 1834. Il était membre de la Société des antiquaires de Normandie, de l'Académie des sciences de Caen et de plusieurs autres sociétés. Il est auteur de quelques ouvrages, et, entre autres, les *Illustrations de Shakespeare et de son époque*,

DOUCE-AMÈRE (*bot.*), *dulcamara, morelle* (*Voy.* ces mots).

DOUCEATRE, adj. des deux genres, qui est d'une douceur fade.

DOUCEMENT, adv, d'une manière douce. Cet adverbe a des acceptions très variées, dont voici les principales et les plus usitées : lentement; il faut rapporter à cette acception la phrase familière, *aller doucement en besogne*, travailler mollement, ne pas avancer son ouvrage autant qu'on le pourrait, ou mener une affaire sagement, sans rien précipiter, avec ménagement, délicatement, légèrement, faiblement, sans bruit, avec peu de bruit, à voix basse, sourdement, sans éclat, sans éprouver d'agitation, avec calme, paisiblement, sans qu'il y ait du trouble, avec humanité, avec bonté, sans sévérité, sans aigreur, sans emportement, dans une certaine aisance, commodément, agréablement, médiocrement bien.— DOUCEMENT s'emploie d'une façon particulière, lorsqu'on veut contenir ou réprimer la pétulance, l'impatience, l'emportement, etc., de quelqu'un. Cet emploi est familier.

DOUCEREUX, EUSE, adj., qui est doux sans être agréable, qui est d'une douceur fade. Il signifie, figurément et familièrement, qui paraît doux, complaisant, poli, bienveillant, soumis, mais avec affectation. Il s'emploie aussi comme substantif, en parlant des personnes.

DOUCET, ETTE, adj. et s., diminutif de *doux*. Il ne se dit que des personnes. Il est familier.

DOUCETTE (*bot.*), nom vulgaire du *campanula speculum Veneris*, nommé aussi miroir de Vénus, que l'on mange en salade. Cette plante fait maintenant partie du genre *prismatocarpus*, détaché de la campanule. J. P.

DOUCETTEMENT, adv. Il s'emploie populairement dans le même sens que doucement.

DOUCEUR, s. f., qualité de ce qui est doux; et quelquefois la chose même qui a cette qualité. Il s'emploie au propre et au figuré dans la plupart des sens de *doux*. Il se prend plus particulièrement, et d'une manière absolue, pour façon d'agir douce et éloignée de toute sorte de violence. — DOUCEURS, au pluriel, signifie quelquefois les choses flatteuses et galantes qu'un homme dit à une femme pour tâcher de lui plaire, de s'en faire aimer. — DOUCEUR signifie encore profit, gratification, dédommagement. — EN DOUCEUR, loc. adv. et fam., doucement, lentement, avec ménagement, avec précaution. *Prendre les choses en douceur*, ne point se formaliser de ce qu'il peut y avoir de désobligeant dans les procédés ou les discours d'autrui.

DOUCHE, opération qui consiste à faire tomber, d'une certaine hauteur, une colonne d'eau plus ou moins volumineuse sur une partie du corps dans un but de traitement. L'eau employée à cet usage peut être ou froide ou chaude, pure ou tenant en dissolution des substances de diverse nature, comme les eaux minérales, naturelles ou artificielles. Elle est ordinairement contenue dans un réservoir assez élevé pour lui donner une certaine impulsion, et conduite par un tuyau d'un diamètre variable, à l'extrémité duquel se placent des ajutages de diverses formes, telles que têtes d'arrosoir, jets, etc. La douche peut être dirigée perpendiculairement, latéralement ou de bas en haut; le malade est ordinairement dans une baignoire, ou posé de manière à ce que l'action de l'eau puisse être limitée à la partie qu'on veut y soumettre. Quelques lignes suffiront pour montrer les ressources qu'on peut tirer de ce moyen thérapeutique. Les douches descendantes sont le plus ordinairement employées dans le traitement des aliénations mentales. On les dirige sur le sommet de la tête, où elles déterminent une excitation qu'on croit propre à éteindre l'affection cérébrale qui cause la maladie. C'est le remède banal de la folie; on n'en retire pas cependant autant d'avantages qu'on le croit publiquement. La médication est néanmoins rationnelle, et elle pourra être plus profitable quand l'étude du trouble des fonctions du cerveau sera moins distraite de l'anatomie et de la physiologie. L'excitation produite ainsi sur la tête sert encore à remédier à la cécité appelée *goutte sereine* (voy.); elle cause un effet analogue aux cautérisations qu'on pratique quelquefois avec avantage sur cette partie. Les douches ascendantes sont employées très communément pour les affections de divers organes contenus dans l'abdomen, et on a rivalisé de zèle en ces derniers temps pour varier et perfectionner les instruments propre à les administrer. Les douches de vapeur sont plus ou moins actives, non-seulement sous le rapport de la chaleur, mais encore sous celui des substances volatiles qu'on y associe, telles que le soufre, le camphre, etc.... On s'en sert avec avantage dans diverses affections chroniques, telles que les névroses, les rhumatismes; des appareils ingénieux ont été aussi inventés en grand nombre pour pratiquer cette médication. On ne se sert plus guère des douches aujourd'hui dans le traitement des maladies mentales que comme d'un moyen de correction pour dompter les aliénés indociles; souvent oncore a-t-on plutôt recours à la menace qu'au fait. Les médicaments, dissous dans l'eau des douches, ne sauraient avoir un effet bien remarquable, puisque l'absorption loin de s'accroître est au contraire plutôt diminuée par l'astriction que produit le choc du liquide.

DOUCHER, v. a., donner la douche.

DOUCIN (LOUIS), jésuite, défenseur zélé de la bulle Unigenitus, est auteur d'un mémorial abrégé touchant l'état et les progrès du jansénisme en Hollande; d'une Histoire du nestorianisme, in-4°, ouvrage intéressant et curieux, et d'une Histoire de l'origénisme, un vol. in-4°. Doucin mourut à Orléans en 1726.

DOUCIN (*bot.*), nom que donnent les jardiniers à une variété de pommier qui sert communément de sujet pour recevoir les greffes des autres espèces, lorsqu'on ne veut pas des arbres d'une très grande force. J. P.

DOUCINE, s. f. (*t. d'architect.*), moulure ondoyante, concave par le haut et convexe par le bas.

DOUCIR, v. a. (*terme employé dans les manufactures de glaces*), donner le poli à une glace.

DOUCKER (*ois.*), nom anglais et générique des plongeons, que, dans la même langue, on nomme aussi *diver*. J. P.

DOUDALAQUI (*bot.*), nom brame d'une espèce de coqueret, *physalis flexuosa*.

DOUDA-SAILO (*bot.*). Les Brames nomment ainsi le *tsjerou thaca* des Malabares. (V. ce mot.) J. P.

DOUDEAUVILLE (AMBROISE-POLYCARPE DE LA ROCHEFOUCAULD, DUC DE), naquit à Paris le 22 avril de l'année 1765. Issu d'une maison qui prit sa place dans notre histoire nationale il y a neuf cents ans, avec les fondateurs de la troisième dynastie, d'une maison qui compte parmi ses ancêtres les rois de Chypre et de Jérusalem, fils d'un lieutenant général et petit-fils d'un chancelier de France, la fortune l'avait dès le berceau comblé de tels présents qu'il eût pu s'abstenir, comme tant d'autres seigneurs, de rien mériter par lui-même, sans éviter par-là d'arriver à tout. Mais il avait reçu de la nature, avec les dons de l'esprit, l'amour du travail, qui, dans le bonheur, justifie les prospérités, et qui, dans le malheur, sert à la fois de refuge, de remède et de consolation. Ses études furent précoces et brillantes. Dans un des meilleurs colléges de Paris, il achevait, dès l'âge de douze ans, l'étude de la langue latine; il acquérait l'élégance et la facilité d'un style qui, chez lui, resta toujours naturel, et fut remarquable par l'expression gracieuse des sentiments doux et généreux. A quatorze ans, lorsqu'il abordait à peine des études spéciales qui convinssent à sa carrière, suivant l'usage des grandes maisons, ses parents le fiancèrent, en attendant qu'il atteignît la virilité. Il obtint pour épouse la descendante et l'héritière de Letellier et de Louvois, ces ministres de Louis XIV, dont les noms sont immortalisés, l'un par Bossuet, l'autre par l'histoire. A cette riche alliance le jeune La Rochefoucauld dut le titre de duc de Doudeauville et la grandesse d'Espagne, digne héritage des hommes d'État qui firent asseoir le petit-fils de Louis XIV sur le trône de Charles-Quint. Le duc de Doudeauville émigra comme toutes les grandes familles nobiliaires; mais il ne voulut point porter les armes contre sa patrie. Il employa ses loisirs à visiter les États les plus policés de l'Europe, l'Allemagne, l'Angleterre, la Suisse et l'Italie. Il habitait cette dernière contrée, en 1798, au moment où l'armée française révolutionnait l'Helvétie, avant de faire oublier par une victoire immortelle, à Zurich, la violence des mesures qu'elle avait ordre d'imposer, en comprimant la volonté des enfants de Guillaume Tell, au nom de la liberté. Le duc de Doudeauville se trouvait au voisinage, sur le territoire contigu du Piémont, où le général Grouchy conduisait une armée d'occupation. Sous un nom modeste, qui convient au malheur, l'exilé dérobait aux yeux de l'étranger le souvenir de sa maison. Mais, aussitôt que les couleurs républicaines planèrent sur le lieu de son refuge, sa fierté pensa qu'il serait lâche à lui, proscrit, fugitif, de vivre protégé par le mensonge d'un surnom jusqu'alors innocent et sans honte. Il fit savoir au commandant français qu'un La Rochefoucauld, un Doudeauville, un duc, habitait sur le territoire où la république apportait, avec ses armes, la proscription et la mort des bannis. Jaloux de sa propre gloire, le général, plus tard maréchal de France, prit sur lui de violer la loi barbare qui commandait de passer par les armes tout émigré, même désarmé, que saisiraient les soldats de la république. Il remit au duc un sauf-conduit pour gagner des pays où l'application du supplice cessât d'être le droit, que dis-je, le crime le plus fort contre le malheur, même inoffensif. Le Consulat rouvrit aux proscrits les portes de la France; sous ce régime et sous l'Empire, il refusa tout emploi politique. En 1814, son titre d'ancien duc et pair le place de droit dans les rangs de la nouvelle pairie. Il n'en continue pas moins de consacrer la plus grande partie de ses jours à des fonctions de bienfaisance. S'il accepte la décoration de simple membre dans l'ordre de Saint-Louis, c'est pour se mettre à la tête de l'institution charitable qui prendra sous sa tutelle les veuves et les orphelins des chevaliers. Loin d'épouser les haines funestes de la restauration contre les institutions admirables sorties des précédents régimes, il vient au devant des plus utiles, il se dévoue aux plus illustres. Il accepte de présider le conseil de perfectionnement de l'École polytechnique; il défend cette École avec fermeté contre les énergumènes qui voulaient la détruire comme une digne conséquence de leurs réactions de 1815. Il apporte des soins plus empressés encore et plus actifs aux plus humbles degrés de l'instruction populaire. Il repousse à la fois, comme antichrétien et comme antinational, ce calcul intéressé des esprits rétrogrades qui se prononçaient pour qu'on replongeât dans l'ignorance les enfants de l'ouvrier et du pauvre. Il s'honore d'accepter la direction du conseil d'enseignement primaire créé pour le département de la Seine par le comte Chabrol de Volvic. Dans cette position, il protége avec un zèle éclairé les méthodes qui rendent plus faciles et plus promptes les notions de la lecture, de l'écriture et du calcul. Il se place au nombre des fondateurs d'une société peu favorisée d'abord, et bientôt après traversée par un pouvoir ombrageux et jaloux, *la Société de l'instruction élémentaire*, où la liberté des suffrages l'élève à la présidence, au milieu des concurrents les plus populaires et les plus illustres. Il prend place parmi les administrateurs des Sourds-Muets, sous la direction de son ami Matthieu de Montmorency, que trop tôt, hélas! il remplacera, quand une mort prématurée aura fait perdre aux malheureux cet illustre protecteur. Tous deux siégent au conseil général des hôpitaux et des hospices de Paris; pour sa part de surveillance, Doudeauville accepte l'hôpital de la Pitié, l'hôpital Necker et l'hospice de La Rochefoucauld, fondation touchante de sa mère en faveur des indigents et des infirmiers vieillis au service des malades pauvres. Il veut aussi prendre soin de l'hospice des Enfants, comme s'il eût été dans sa destinée qu'il servît tour à tour la vieillesse, l'enfance et l'adolescence, dans leurs besoins, leurs infirmités et leurs souffrances, dans leurs plus humbles écoles et leurs plus hautes études. C'est encore Montmorency qu'il remplacera dans la direction de la Société philanthropique, société qui méritait de porter un nom que le charlatanisme et l'hypocrisie n'eussent jamais prostitué. En effet, dans cette admirable Société, l'on donne aux pauvres des secours au lieu de paroles, et l'on prodigue aux malades, avec des exhortations à bien vivre, des aliments et des remèdes. Il fut un des fondateurs de la Société royale des prisons, société qui, la première, porta le flambeau de l'humanité dans ces déplorables geôles que la révolution n'avait su que multiplier au lieu de les assainir; dans ces cachots héritage du moyen âge, lieux méphitiques, humides, infects, privés à la fois d'air, de lumière et de propreté. C'est là qu'il s'employa de toute son âme à faire cesser des souffrances que la loi ne saurait connaître ni la justice prononcer. Il visita souvent, avec un zèle à toute épreuve, les prisons spéciales confiées à son inspection, et des améliorations importantes furent le prix qui paya de ce côté son zèle et sa charité. D'autres soins populaires le consolaient de ces lugubres et douloureuses fonctions; il aimait à suivre les travaux, à prendre part aux examens, à proposer des sujets de concours, à décerner des prix si généreusement accordés à l'enfance par l'*École royale et gratuite de mathématiques et de dessin*; à l'âge mûr, par la *Société d'encouragement pour l'industrie nationale*. Les discours qu'il prononçait dans les réunions générales respiraient cette aménité, cette bonté douce, et je dirais presque cette humanité bienveillante et délicate qui donne un nouveau prix aux récompenses, un nouveau charme à l'honneur. Nommé membre du jury central qui devait juger l'exposition des produits de l'industrie en 1823, ce jury, composé des savants et des artistes les plus célèbres, le choisit à l'unanimité pour le présider. Après avoir été directeur général des postes, le duc de Doudeauville devint, sous Charles X, ministre de la maison du roi. Lorsqu'en 1827, la garde nationale de Paris fut dissoute, il donna sans hésiter sa démission. Voici la lettre qu'il écrivit alors à Charles X, et qui honore à la fois ses sentiments et son esprit en quelque sorte prophétique. Nous croyons devoir la citer ici. « Sire, moi aussi j'aime la force et la fermeté, mais il ne suffit pas de frapper fort, il faut frapper juste; or, la mesure que vos ministres viennent de prendre est aussi fausse qu'elle est *violente*; d'ailleurs, elle en annonce et en amènera *d'autres de même nature* qui pourront être funestes, et auxquelles je ne veux pas prendre part. N'est-il pas impolitique de faire perdre à Votre Majesté l'affection de la ville de Paris, qui, depuis quarante ans, a toujours décidé du sort du royaume? N'est-il pas imprudent de faire quarante mille mécontents auxquels on est obligé de laisser quarante mille fusils? N'est-il pas maladroit et coupable de faire croire à la France, à l'Europe, que Charles X, qui mérite si bien l'amour de ses sujets et qui en a reçu hier tant de témoignages, n'en est point aimé? Pour moi, je lui suis trop dévoué pour vouloir partager une telle faute, pour vouloir y contribuer, et, quoiqu'il m'en coûte de m'éloigner d'un si bon roi, je le prie d'accepter ma démission; j'espère qu'il verra dans ce sacrifice une preuve de plus de mon zèle, de mon attachement et de mon respect. » Après la révolution de 1830, le duc de Doudeauville continua de siéger à la Chambre des pairs. Lorsque la question de l'hérédité fut mise en discussion, il défendit ce grand principe, si favorable à la vraie liberté; ensuite il donna sa démission, qu'il avait annoncée d'avance, par cela même qu'il voulait défendre l'hérédité sans intérêt personnel. En 1841, le duc de Doudeauville termina sa carrière, regretté par tous les gens de bien, pleuré par les pauvres qu'il soulageait avec une bienfaisance inépuisable. Son fils, le duc Sosthène de La Rochefoucauld, héritier de son titre, est connu par ses écrits très spirituels et par son caractère élevé; il a rempli des emplois éminents sous la Restauration.

DOUDYNS (GUILLAUME), peintre, né à La Haye en 1630, voyagea en Italie et séjourna pendant douze ans à Rome. Une étude assidue des grands maîtres le rendit habile. Il revint dans son pays et contribua beaucoup à faire fonder une académie de peinture. Les tableaux de cet artiste sont peu connus en France.

DOUE, commune de France (Seine-et-Marne), à 5 lieues N. de Rebais. Elle est située au pied d'une colline, sur le sommet de laquelle est une ancienne église qui a appartenu aux Templiers. On voit près de là les restes d'un monument taillé dans le roc. Commerce de toiles, fer, blé et bestiaux. 1,028 habitants.

DOUÉ, ville de France, chef-lieu de canton (Maine-et-Loire), 2,490 habitants; poste aux lettres et aux chevaux. A 4 lieues S.-O. de Saumur.

DOUELLE, s. f. (*t. d'archit.*), le parement intérieur ou extérieur d'un voussoir. Il signifie aussi la courbure d'une voûte.

DOUELLE, s. f. (*v. lang.*), bande, ceinturon. — DOUELLE (*technol.*), nom que l'on donne quelquefois aux douves d'un tonneau.

DOUER, v. a. (*t. de droit*), donner, assigner un douaire. — DOUER, dans le langage ordinaire, signifie avantager, favoriser, pourvoir, orner. Il ne se dit qu'en parlant des avantages, des grâces qu'on reçoit du ciel, de la nature. — DOUÉ (*participe*). *C'est un homme heureusement doué*, c'est un homme pourvu de certains avantages naturels qu'il est rare de posséder.

DOUGALL (JEAN), écrivain anglais, né à Kirkaldy, se voua à la carrière de l'enseignement et fit plusieurs voyages sur le continent avec quelques élèves dont il avait fait l'éducation. Outre les langues classiques, il possédait l'italien, le français, l'espagnol et plusieurs langues du Nord. Malgré ses travaux et son mérite, il ne put sortir d'une position médiocre, et mourut dans la misère en 1822. On lui doit plusieurs ouvrages, et entre autres: *Le Précepteur moderne*, ou *Cours général d'éducation polie*.

DOUGLAS, petite ville d'Angleterre, dans l'île de Man. Latitude N., 54° 7'; longitude O., 6° 49'. Elle est mal bâtie. Un fort la rend imprenable du côté de la mer; son port est excellent. 6,000 habitants.

DOUGLAS (LES), noble et ancienne famille d'Écosse, qui contracta plusieurs alliances avec les Stuarts et les Tudors, et se signala, soit dans la lutte de l'Écosse contre l'Angleterre, soit dans les guerres civiles de l'Écosse. Elle tire son nom du château de Douglas, situé dans le comté de Lanarck, sur une petite rivière de Douglas, affluent de la Clyde. — Sir James DOUGLAS, célèbre par sa bravoure, commença l'illustration de cette maison; il seconda Robert Bruce dans toutes ses expéditions, contribua puissamment à la victoire de Bannockburn, remportée sur Édouard II d'Angleterre (1314); réussit, dans une autre bataille, à pénétrer jusque dans la tente d'Édouard III (1327), et fut sur le point de tuer ce prince. Quand la paix fut faite, il alla combattre les Maures en Espagne, et périt après avoir fait des prodiges de valeur (1328). — Son frère, Archibald DOUGLAS, nommé, en 1333, général en chef des armées écossaises, repoussa le prétendant Baliol, que les Anglais portaient au trône d'Écosse, au préjudice de David Bruce, défendit Berwick avec succès contre le roi d'Angleterre, Édouard III; mais, surpris par ce prince, il fut vaincu par une armée supérieure, à Halidon-Hill; il y périt avec la fleur de la chevalerie écossaise. — DOUGLAS (Archibald, comte de), naquit à Douglasdale, en Écosse, vers l'année 1374; commandait le secours envoyé par la régence d'Écosse à Charles VII, roi de France, et battit entièrement les Anglais à la bataille de Baugé, en 1421. Charles VII, pour s'attacher Douglas, lui donna le duché de Touraine; mais ce brave général fut tué, en 1425, dans une bataille livrée contre Bedford et qui fut fatale aux Français par la faute du téméraire comte de Narbonne. La famille de Douglas resta en France; un de ses descendants suivit Charles Édouard et fut tué à Culloden.

DOUGLAS (GAWIN), évêque et poète écossais, troisième fils d'Archibald, comte d'Angus. Il naquit à Brechin en 1474. La reine-mère, alors régente d'Ecosse, lui donna l'abbaye d'Aberbrothick. Sous la régence du duc d'Albany, il fut emprisonné. Rendu à la liberté, il fut sacré évêque de Dunkeld. Les troubles de l'Écosse le forcèrent à s'expatrier. Il se réfugia auprès de Henri VIII, qui lui accorda une pension. Son ouvrage le plus considérable est une traduction de l'*Enéide* en vers. On y remarque une grande fidélité, et néanmoins beaucoup de verve; c'était la première traduction d'un auteur classique qui fût publiée dans la Grande-Bretagne.

DOUGLAS (JACQUES), célèbre médecin anglais, membre du collége des médecins de Londres et de la Société royale de Londres, naquit en Écosse à la fin du XVIIe siècle. Il était excellent accoucheur et fort bon anatomiste. Il a laissé un ouvrage important sur l'histoire de la chirurgie, et s'occupa particulièrement de l'opération de la taille. Le roi d'Angleterre lui fit une pension de 500 guinées. Il mourut à Londres en 1742, laissant une réputation que le temps a consacrée.

DOUGLAS (JEAN), frère du précédent, chirurgien de Londres et membre de la Société royale de cette ville, pratiqua, en 1719, la taille par le haut appareil, méthode conseillée par son frère. Douglas obtint la place de lithorismiste du fameux collége de Westminster. — DOUGLAS (Robert), de la famille des précédents, a écrit un *Traité sur la génération de la chaleur dans les animaux*. Paris, 1755, in-12.

DOUGLAS (GUILLAUME), médecin, né à Boston, est auteur d'un *Summary of the present state of the British settlements in North America*. Boston, 1755. — DOUGLAS (Sylvestre), a publié plusieurs mémoires dans les transactions de la Société royale de Londres de l'année 1768.

DOUGLAS (JEAN), évêque anglais, né en 1721, était aumônier d'un régiment à la bataille de Fontenoy, fut nommé ministre de Tilehurst en 1747, et évêque de Carlisle en 1787. Ses principaux ouvrages sont: *Milton vengé de l'accusation de plagiat*, et le *Criterium des miracles*, publié en 1753, pour réfuter l'ouvrage de Hume. Jean Douglas mourut en 1806, âgé de 86 ans.

DOUGLAS (SYLVESTRE), d'une des plus illustres familles de l'Écosse, naquit le 24 mai 1743 à Ellon, comté d'Aberdeen. Sa jeunesse fut très dissipée, et à 30 ans il avait mangé toute sa fortune; mais alors il réforma entièrement ses habitudes, et au bout de peu d'années il était un des premiers jurisconsultes de Londres et sa fortune était rétablie. Il siégea d'abord dans le parlement irlandais, puis dans le parlement anglais, et fut promu en 1800 à la pairie avec le titre de baron Glenbervic de Kincardine. Son alliance avec lord Noth, dont il avait épousé la fille en 1789, le poussa à divers emplois publics dont il s'acquitta très bien. Ayant, en 1819, perdu un fils unique de la plus belle espérance, il fut longtemps inconsolable, et ne trouva quelque soulagement à sa douleur que dans la culture des lettres. Il traduisit en anglais le premier chant du poème de Forteguerri intitulé: *Ricciardetto*. Il mourut le 2 mai 1823.

DOUGLASSIA (*bot.*), nom donné d'abord par Houstaun, et ensuite par Adanson, au *volkameria*, genre de la famille des verbénacées. Schreber emploie ce mot pour désigner l'*ajovea* d'Aublet, dans la famille des laurinées, qui a encore été nommée *ehrhardia* par Scopoli et *colomandra* par Necker. J. P.

DOUILLE (*arts mécaniques*). C'est un cylindre creux en métal, destiné à recevoir un cylindre plein du même calibre. Son extrémité est bouchée, ce qui constitue la différence entre la *douille* et la *virole*.

DOUILLET, ETTE, adj., doux et mollet, tendre et délicat. Il se dit aussi d'une personne trop délicate, qu'un rien incommode, qui est sensible à la plus légère douleur. *Il a encore le pied douillet*, se dit d'un homme qui a éprouvé des douleurs de goutte au pied, et qui y sent encore de la faiblesse. DOUILLET est aussi substantif dans la seconde acception.

DOUILLETTE, s. f., vêtement de soie ouaté, qu'on met pardessus les autres, en hiver.

DOUILLETTEMENT, adv., d'une manière douillette.

DOUILLON (CLAUDE-ANTOINE), littérateur, né à Dôle le 21 février 1786. Après avoir étudié la littérature ancienne sans maître, puis après avoir suivi un cours de droit, il acquit une charge de notaire à Vellenon, près Gray, et fut nommé maire de cette commune. Plus tard, il abandonna cet emploi public, et se livra avec plus de liberté aux lettres. On lui doit diverses productions, entre autres: *Juliette*, ou *le Saut de la pucelle*, nouvelle dont le fond est tiré d'une tradition du pays. Il mourut le 1er novembre 1825.

DOUJAT (JEAN), né à Toulouse vers l'an 1606, fut reçu à l'Académie française en 1650. Doujat fut nommé historiographe de France, et on le chargea de faire, à l'usage du dauphin, un Abrégé de l'histoire universelle, ce que fit peu après Bossuet dans son admirable *Discours*. Selon Chapelain, Doujat était très fort dans les langues latine, grecque, italienne et espagnole. Ses principaux ouvrages sont: 1° un *Dictionnaire* *de la langue toulousaine*, Toulouse, 1638, in-8°; 2° *Prænotionum canonicarum libri V*, Paris, 1687, in-4°.

DOUKHOBORTSES, mot russe qui signifie lutteur d'âme, de *doukha*, âme, et *borotsia*, lutter. Au singulier, et suivant son exacte prononciation, le mot s'écrit *doukhoboretz*. Les doukhobortses forment une des nombreuses sectes qui se sont élevées au sein de l'Église russe. On les vit paraître sous le règne d'Anne Ivanovna, à Moscou et dans d'autres villes : mais avant l'année 1788 on les appelait *iconobartses*, dénomination à peu près synonyme d'iconoclastes. En effet, ils rejettent toutes les images et n'en souffrent pas la présence dans les lieux qu'ils habitent. Ils n'ont point d'églises et point de prêtres ; quoiqu'ils suspendent leurs travaux aux fêtes chômées par l'Église russe, ils ne reconnaissaient ni lieux ni jours privilégiés pour l'exercice du culte ; en faisant leur prière, ils ne se signent pas comme les fidèles de cette Église. Leur oraison unique est le *Notre Père*; ils n'admettent de la Bible que les quatre Évangiles. La croyance des doukhobortses leur interdit, comme aux quakers, de porter les armes et de répandre le sang; elle ne leur permet pas non plus de prêter serment. Ils ont une doctrine particulière sur la Trinité, dont ils comparent la nature à la hauteur, à la largeur et à la profondeur qui appartiennent aux objets matériels. Ces sectaires, au reste, pieux et fort paisibles, furent persécutés en Russie jusqu'en 1802; mais l'empereur Alexandre mit fin aux mesures acerbes qui avaient été prises contre eux et annonça ses résolutions par un rescrit adressé en 1817 au gouverneur militaire de Kherson, et qui, modèle d'une sage et charitable tolérance, a reçu une juste publicité et se trouve reproduit dans l'*Histoire des sectes religieuses* de l'évêque Grégoire (t. IV, p. 182). Aujourd'hui, les doukhobortses habitent vers l'embouchure du Don dans la mer d'Azof, sur la Molotchna, où ils se sont fait déporter en 1803 de leur propre gré, et sur quelques autres points de la Nouvelle-Russie. Leur principal établissement est Boydanoska où ils forment environ 1150 familles. Un programme latin de M. Lentz, jeune professeur prématurément enlevé à la science, traite des doukhobortses (Dorpat, 1829, 35 pages in-4°) et peut servir à débrouiller la confusion qui règne dans le chapitre consacré à cette secte par l'auteur de l'*Histoire des sectes religieuses*.

DOULCINE, s. f. (*v. lang.*), flûte douce, ancien instrument de musique.

DOULCET (Louis), naquit à Paris en 1716, et fit ses études au collége des jésuites ; célèbre jurisconsulte, était tellement estimé que le jour de sa mort le parlement suspendit toutes ses audiences.

DOULES, *dules* (*poiss.*), genre de poissons de la famille des percoïdes, ayant de grands rapports avec les centropristes, dont ils se distinguent surtout par le nombre des rayons de leur membrane branchiostége, qui est toujours de six. Ils se rapprochent aussi des thérapons. Les espèces les plus remarquables sont : le *doule cocher*, *dules auriga*, ainsi nommé à cause de sa troisième épine dorsale allongée et terminée par une longue soie qui lui donne la forme d'un fouet; le *doule de roche*, *D. rupestris*, vulgairement nommé poisson de roche. Cette espèce a les opercules tachés de noir, les nageoires brunes et les écailles du dessous de la poitrine noires à la base seulement. Ce poisson, que Commerson a surtout observé à l'île Bourbon, est de petite taille, ainsi que l'espèce précédente, et, comme elle, habite dans les eaux douces auprès des embouchures des rivières. J. P.

DOULEUR (*physiol.*) « Dans le langage ordinaire, *douleur* se dit également des sensations désagréables du corps et des peines de l'esprit ou du cœur. La *douleur* est toujours l'opposé du *plaisir*, comme le *mal* l'est du *bien*. Mais les mots *douleur* et *mal* ne sont synonymes que dans le sens où ils marquent une sorte de sensation disgracieuse qui fait souffrir, et alors la *douleur* dit quelque chose de plus vif, qui s'adresse précisément à la sensibilité; le *mal* dit quelque chose de plus générique, qui s'adresse également à la sensibilité et à la santé. » Cette distinction fort judicieuse, faite par l'abbé Girard (*Dict. synon.*), doit être mise en saillie, puisqu'elle nous conduit à différencier les douleurs passagères, plus ou moins fortes, qui sont inévitables pendant l'exercice régulier de nos fonctions ou la santé, de celles qui constituent des maladies ou qui sont l'un de leurs symptômes caractéristiques. La douleur paraît être inhérente à l'organisation animale considérée dans la partie supérieure de l'échelle des êtres, ou du moins les manifestations n'en sont sensibles pour nous que jusqu'à un certain point de la chaîne. Les végétaux et les animaux qui leur ressemblent passent pour en être exempts, comme si un système nerveux complet, c'est-à-dire avec un centre unique, en était la condition indispensable. Les expériences des physiologistes pour constater le mode de production et de transmission de la douleur ont montré que la substance cérébrale, si apte à percevoir la sensation douloureuse, est elle-même insensible à ses propres lésions. Cependant l'intégrité des nerfs et du cerveau est nécessaire pour que la perception ait lieu, et si l'on isole une partie du centre commun en coupant les nerfs qui s'y distribuent, on peut impunément la soumettre à l'action des agents les plus propres à produire la douleur. Même chose se présente lorsqu'une violente contraction de la pensée, le délire, l'extase, etc., isolent en quelque sorte l'âme de tous les objets terrestres. On pourrait dire alors qu'il n'y a pas de douleur, puisqu'elle n'est pas perçue par le sujet, mais analogiquement supposée par l'observateur. Il est utile de tenir compte en hygiologie, ou science de la santé, de toutes les affections agréables ou pénibles qui nous obligent à veiller à l'exercice régulier de nos fonctions. Ces douleurs ou sentiments pénibles peuvent se diviser ainsi, savoir : celles produites par les impressions irritantes sur les organes des sens; celles déterminées par le retard à satisfaire les appétits d'incrétion ou d'excrétion, et celles enfin causées par les besoins non satisfaits de repos ou d'activité de tous les organes et appareils, envisagés dans les deux sexes, dans la série des âges, des tempéraments et des conditions sociales. Quant aux douleurs produites par le trouble de nos fonctions, et qui ont reçu le nom de maladies, elles pourraient être étudiées dans tout le cadre nosologique qui comprend les maladies locales, les maladies générales et celles qui résultent de la combinaison de ces deux états morbides; mais toutes ces variétés de douleurs sont décrites à l'occasion de chacune de ces maladies. Les secours de la médecine s'adressent plutôt aux causes de la douleur qu'à la douleur elle-même, qui est un phénomène secondaire, et souvent même sympathique, c'est-à-dire ayant sa source loin du lieu où il se manifeste. Néanmoins, dans l'impossibilité où l'on a été trop souvent de constater et d'atteindre la source du mal, on a cherché d'autres moyens de soulagement, et l'on a trouvé que la douleur, même ayant une cause permanente, pouvait se calmer cependant, soit par quelques agents qui diminuent la sensibilité générale, comme les bains, les saignées, etc., soit par quelques remèdes qui agissent sur le système nerveux, et qu'on a désignés, d'après leur effet, par les noms d'*anodins*, *calmants*, *narcotiques* ou *somnifères* (voy.); car un des principaux résultats de la douleur est d'occasionner la perte du sommeil. Les sensations douloureuses produisent en général les affections morales tristes. Dans les maladies de poitrine, les douleurs n'empêchent point les malades de rêver encore le bonheur et le retour à la santé ; les douleurs abdominales donnent toujours à nos idées une teinte sombre; une très grande susceptibilité nerveuse fait sentir très vivement les douleurs physiques les plus légères; une grande force morale ou l'exaltation du dévouement à la patrie et à la religion, ainsi que le fanatisme, enchaînent la douleur physique.

DOULLENS ou **DOULENS**, ville forte de France (Somme), chef-lieu d'arrondissement, à 6 lieues N. d'Amiens. Elle est célèbre dans les annales de la guerre. 3,912 habitants. Sa citadelle sert de prison, principalement pour les condamnés politiques.

DOULOUREUSEMENT, adv., avec douleur, d'un ton douloureux.

DOULOUREUX, EUSE, adj., qui cause de la douleur, ou qui marque de la douleur. Il se dit aussi des parties du corps, lorsqu'elles deviennent tellement sensibles qu'on n'y saurait toucher sans causer de la douleur. — DOULOUREUX signifie également qui cause de la peine, du chagrin, de l'affliction.

DOUM DE LA THÉBAÏDE (*bot.*). Ce bel arbre, naturel à l'Égypte, forme un genre particulier parmi les palmiers; il fait partie de la *dioécie hexandrie* de Linné, caractérisé par des fleurs dioïques ; un calice à six divisions ; point de corolle ; six étamines ; trois ovaires ; autant de styles ; trois baies (deux avortent très souvent) à une seule loge monosperme; l'embryon placé au sommet du périsperme. Le douma mentionné dans Théophraste a été retrouvé par les botanistes de l'expédition d'Égypte dans le Saïd. Son tronc s'élève à une hauteur de trente pieds et plus, sur à peu près trois de circonférence ; il est divisé en anneaux parallèles peu saillants, formés par l'impression de la base des pétioles ; son sommet se divise en deux branches ; chaque branche se bifurque graduellement jusqu'à trois ou quatre fois, et chacune des dernières ramifications est couronnée d'une touffe de vingt-quatre ou trente feuilles palmées, divisées jusqu'aux deux tiers, longues de six pieds; le pétiole est à demi cylindrique, de moitié plus court que les feuilles formant une gaine autour du tronc. Les fleurs sont disposées en grappes sur un spadice partagé en longs rameaux. Le fruit est une baie ovale, de la grosseur d'une poire, contenant une pulpe jaune, d'une saveur mielleuse aromatique. Cet arbre est très utile; son bois est employé en menuiserie; ses feuilles servent à faire des tapis, des paniers, etc. J. P.

Doum.

DOURAH, DORAH ou **DORA** (*bot.*), noms arabes et égyptiens du sorgho, *holcus sorghum* de Linné, maintenant *sorghum vulgare*, auquel il faut rapporter, d'après Vahl, l'*holcus durra* de Forskaël, qui est selon lui la plante céréale la plus cultivée dans l'Égypte, et dont on fait trois récoltes chaque année. Le maïs, ou blé de Turquie, *zea maïs*, est aussi nommé dans l'Égypte *dourah* et *dourah kysan*, suivant M. Delile; *durra*, suivant Forskaël. J. P.

DOURIEZ, ancien bourg, situé sur la rivière d'Authie qui sépare, au sud-ouest, le département du Pas-de-Calais de celui de la Somme. La carte de Peutinger indique que *Duroïcoregum*, aujourd'hui Douriez, était une station romaine sur la route de Reims à Boulogne par Amiens. Il se tenait en ce lieu, qui a joui du titre de comté, des foires et des marchés. C'était un bailliage du ressort de celui d'Hesdin et il y avait un représentant aux États d'Artois. François de Créquy, seigneur de Douriez, y fonda une collégiale en 1503 pour sept chanoines. De la maison de Créquy, cette terre passa en 1772 dans celle de Lameth qui y a conservé des propriétés. Ce bourg fut incendié par les troupes de Charles-Quint en 1554. Son château, dont il ne reste plus que de faibles vestiges, pris et repris plusieurs fois, fut détruit en 1634 par les troupes françaises commandées par le comte de Rambures. A la suite de ce désastre, Douriez et tout le canton qui l'avoisine entre Montreuil et Hesdin furent inhabités pendant plus de dix ans. On remarque encore dans ce village, aujourd'hui peu peuplé, l'ancienne église collégiale bâtie au commencement du XVIe siècle par François de Créquy. C'est un monument à trois nefs de la dernière période du style ogival. Il mérite de fixer l'attention des archéologues. l'abbé PARENTY.

DOURMILLOUZE (*poiss.*). Les Provençaux appellent ainsi la *torpille* (voyez ce mot). J. P.

DOURO, en espagnol *duero*, un des principaux fleuves de la Péninsule Hispanique. Il a sa source au haut des montagnes de la Vieille-Castille, un peu au-dessus de l'emplacement de l'ancienne Numance. Dans cette province il arrose Soria, Almazàn et Aranda; puis il entre dans l'ancien royaume de Léon, et y baigne les murs de Valladolid, Tardesillas, Tora et Zamora. Coulant toujours vers l'ouest, il atteint à Miranda, les frontières du Portugal, prend une direction méridionale, en séparant les deux royaumes de Portugal et d'Espagne; puis, reprenant la direction de l'ouest, il traverse le premier dans sa largeur, en limitant au sud les provinces portugaises de Tras-os-Montès et Entre-Douro-et-Minho, et il se jette dans l'Océan au-dessous de Porto, dont il remplit le beau port. Ce fleuve reçoit un grand nombre de rivières, parmi lesquelles on remarque le Carrion, l'Elza, le Torne en Espagne, le Sabor et la Tamega en Portugal. La navigation trouve dans ce fleuve de deux royaumes de grandes facilités pour les communications entre le nord de l'Espagne et l'Océan.

DOUROUCOULI (*mamm.*). Ce nom, au rapport de M. de Humboldt, est donné par les Indiens Maravitains à un singe dormeur des forêts de la Guyane, qui a des caractères très particuliers. (*V.* SAPAJOU.) J. P.

DOUSA ou **VANDER DOES** (JEAN), seigneur de Noordwyck, naquit dans ce village, situé en Hollande, en 1545. Il étudia successivement à Delft, à Louvain et à Douai. Il voyagea en France et se lia avec les hommes les plus célèbres de ce pays. De retour en Hollande, Dousa y épousa, en 1565, Élisabeth de Zuylen, dont il eut douze enfants. En 1572, il fut chargé d'une ambassade en Angleterre. En 1574, on lui confia la défense de la ville de Leyde assiégée par les Espagnols. Il lutta avec courage et était à bout de ses ressources quand les Espagnols levèrent le siége. Après l'assassinat de Guillaume Ier, pénétrant toute l'étendue de ce malheur, Pierre Dousa fit secrètement un voyage auprès de la reine Élisabeth, pour engager cette princesse à donner son appui à la liberté de la Hollande. De 1585 à 1588, le gouvernement du comte de Leicester, favori de la reine d'Angleterre, pesa singulièrement sur la Hollande, et Dousa, malgré son penchant avoué pour l'Angleterre, se conduisit avec beaucoup de mesure dans ces jours difficiles. La vieillesse de ce grand homme fut attristée par la mort de deux de ses fils: l'aîné, James Dousa, était l'orgueil et l'espoir de son nom, il mourut à la fleur de son âge, et son frère Georges le suivit de près. Dousa a également illustré son nom comme magistrat, comme philologue, comme historien, comme poète. Il unissait à beaucoup de grandeur d'âme beaucoup de fermeté. Doué dans son intérieur de toutes les vertus privées, il était ferme, loyal, courageux et incorruptible dans les affaires publiques. Les principaux ouvrages historiques de Dousa sont ses annales en vers élégiaques, qui retracent l'histoire de Hollande de 898 jusqu'en 1218. Puis une histoire en prose, qui remonte aux temps les plus reculés et descend jusqu'à la mort du comte Florent II, en 1122 Dousa mourut à Noordwyck en 1604.

DOUSA (JEAN), fils aîné du précédent, né en 1571, suivit les leçons de Juste-Lipse. Il marcha sur les traces de son illustre père. A l'âge de 20 ans il publia un livre sur l'astronomie. Il mourut dans sa 26e année. Joseph-Jules Scaliger, qui l'avait connu, le pleura comme un tendre ami.

DOUSA (GEORGE), frère puîné du précédent, né vers 1574, s'appliqua de bonne heure à l'étude des langues grecque et latine. Il traduisit en latin les œuvres de Georges Cadinus sur les *Origines de Constantinople;* Heidelberg, 1596, in-8°. Voulant connaître par lui-même cette capitale de l'Orient, il y fut en 1597. Pendant son séjour il se lia avec plusieurs savants grecs. Georges Dousa mourut en 1597.

DOUSA (PIERRE), quatrième fils du seigneur de Noodwick, naquit en 1577. Il étudia sous Scaliger et Juste-Lipse, voyagea en France et en Angleterre, et, à son retour dans sa patrie, devint chanoine (laïc et protestant) de la cathédrale sécularisée d'Utrecht.

DOUSA (DIDERIC ou THÉODORE), né le 25 février 1580, frère des précédents, fut militaire pendant quelque temps, puis entra dans la magistrature. Il eut comme ses frères une grande passion pour les lettres. Son père lui légua sa bibliothèque.

DOUTE. Le doute, c'est cet état de l'esprit qui consiste pour lui à différer de donner son adhésion à un jugement conçu ou énoncé, à ne point prononcer qu'il est vrai ou qu'il est faux, à rester à son égard suspendu, pour ainsi dire, entre l'affirmation et la négation. Or, l'esprit peut se trouver dans cet état pour plusieurs raisons. Si pour nous il n'y a pas assez d'évidence dans la proposition soumise à notre examen, nous doutons, et il faut qu'une plus vive lumière vienne nous éclairer. C'est là le doute du sage, de l'ami de la vérité, qui ne se rend qu'à l'évidence, et qui veut, avant de rendre hommage à la vérité, qu'elle se soit manifestée à ses yeux. L'esprit, engagé par un autre motif, peut encore rester dans le doute. Pour arriver à la vérité, il faut à l'esprit du travail, de la persévérance pour franchir les difficultés, les obstacles qui l'arrêtent à chaque pas, et quelquefois il aime mieux, pour ne point faire d'efforts, regarder le vrai comme insaisissable; le doute n'est plus pour lui qu'un palliatif sous lequel il cache sa pusillanimité. — Le doute, au reste, qui consiste à suspendre son assentiment jusqu'à ce que l'esprit soit éclairé suffisamment est appelé *doute méthodique*, *doute philosophique*, proprement dit, parce que, pour le philosophe, c'est un moyen plus sûr, une méthode plus rigoureuse de parvenir à la vérité. Le doute bien compris, bien appliqué, le doute qui n'est point absolu (*V.* SCEPTICISME), définitif, le doute qui espère, qui appelle la lumière, est donc le propre d'un esprit sage et une arme puissante entre ses mains; car il provoque l'examen, et l'examen conduit à la vérité. — Descartes, le premier, aperçut l'influence éminemment bienfaitrice que pouvait avoir le doute sur la science, jusqu'alors obscure, encombrée d'erreurs et cependant si présomptueuse et si vaine; et ce qui était pour l'esprit une cause d'égarement et de chute, il en fit un élément de progrès et de conquête. C'est de ce doute qu'il s'arma et dont il fit une méthode, et, partant de cette maxime fondamentale, que « pour atteindre à la vérité, il faut, une fois dans sa vie, se défaire de toutes les opinions qu'on a reçues, et reconstruire de nouveau et dès le fondement tout le système de ses connaissances, » il se dépouilla donc de toutes ses croyances, les regarda pour un moment comme des préjugés, des opinions mal formées qui occupaient son esprit et ne méritaient aucune confiance; mais ce doute était loin d'être définitif et réel comme celui du sceptique; il n'était que provisoire et *fictif*, pour me servir de l'expression reçue. Descartes, en détruisant chez lui toute certitude, savait bien, au moment même où il doutait de tout, qu'il existe pour l'homme des connaissances certaines, qu'il peut les multiplier et en agrandir sans cesse la sphère; mais à la condition de porter une sévère investigation sur ses idées, de les soumettre au contrôle du doute et de l'examen, afin de n'admettre que celles qui seraient démontrées incontestables par l'expérience et la raison, et qui seraient marquées au sceau brillant de l'évidence. Tel est le doute qu'on a si justement appelé *méthodique* ou *philosophique*, et qui ne ressemble pas plus au doute du véritable sceptique que la lumière aux ténèbres. (*V.* PHILOSOPHIE, SCEPTICISME.)

DOUTE, en fait de religion. Un homme peut douter de la religion, parce que, par légèreté, par dissipation ou autrement, il n'a pas cherché à s'instruire. S'il est de bonne foi, et qu'il veuille examiner les preuves de la religion, son doute ne durera pas longtemps. Pour ceux qui ont cherché des *doutes*, qui, par une curiosité téméraire, ont voulu lire les livres des incrédules, sans avoir fait les études nécessaires pour démêler le faux de leurs sophismes, ils sont bien plus coupables. A plus forte raison doit-on condamner ceux qui demeurent, par choix et de propos délibéré, dans le *doute* ou dans le scepticisme touchant la religion, sous prétexte que si elle a ses preuves, elle a aussi ses difficultés, et qu'il faut attendre que toutes les objections soient résolues avant de prendre parti. Ce *doute* est une irréligion formelle et réfléchie. 1° Il est absurde de regarder la religion comme un procès entre Dieu et l'homme, comme un combat dans lequel celui-ci a droit de résister tant qu'il peut, de défendre sa liberté, c'est-à-dire le privilége de suivre sans remords l'instinct des passions. Quiconque n'envisage point la religion comme un bienfait, la déteste déjà; il ne la trouvera jamais suffisamment prouvée; il sera toujours plus affecté par les objections que par les preuves, parce que son cœur se tient en garde contre ces dernières. 2° C'est une absurdité de vouloir que la religion soit aussi invincib ement *démontrée* que les vérités de géométrie et de calcul. Celles-ci ne seraient pas à l'abri des objections, si l'on avait intérêt de les contester. Il est faux que le degré de certitude doive être proportionné à l'importance de la question C'est justement parce que la vérité de la religion est très importante que l'on fait contre elle tant d'objections et que des sophistes très subtils déploient contre elle toutes les forces de leur génie. S'il y a dans l'ordre civil une question de la dernière importance, c'est la légitimité de notre naissance; quelle démonstration en avons-nous? C'est à Dieu seul de nous prescrire la manière dont il veut être adoré; donc il faut que la religion soit révélée : on le fait par des preuves morales, par des témoignages, et non par des démonstrations géométriques ou métaphysiques 3° Jamais un sceptique n'a cherché les preuves de la religion avec autant d'ardeur que les objections. C'est assez qu'un livre soit fait pour la défendre, pour exciter le dédain et le dégoût de tous ceux qui veulent *douter*, ils le condamnent et le décrient même sans l'avoir lu; et, selon leur jugement, tout livre qui attaque la religion est un chef-d'œuvre de sagesse et de bon sens. 4° Ceux qui aiment la religion et la pratiquent en trouvent les preuves au fond de leur cœur; ils n'ont besoin ni de livres, ni de disputes, ni de démonstrations. La foi est tranquille et paisible; l'incrédulité est pointilleuse, n'est jamais satisfaite. Mettrons-nous en question, pendant toute la vie, un devoir qui naît avec nous, et qui doit décider de notre sort éternel? Si nous mourons avant d'avoir vidé la *dispute*, en serons-nous quittes pour dire que nous n'avons pas vécu assez longtemps pour la terminer? 5° La religion est faite pour les ignorants aussi bien que pour les philosophes; si c'était une affaire de discussion, d'érudition, de critique, les premiers seraient condamnés à n'avoir jamais de religion. Il est absurde de penser que Dieu a dû pourvoir au salut des savants autrement qu'à celui du peuple. Lorsqu'il est question d'intérêt temporel, les philosophes prennent leur parti sur les mêmes raisons, par les mêmes motifs, avec le même degré de certitude que les autres hommes; la religion est la seule chose sur laquelle ils sont disputeurs et opiniâtres. 6° Depuis dix-sept siècles la religion n'a pas cessé d'être attaquée; malgré les volumes immenses d'objections et de sophismes que l'on a faits contre elle dans tous les temps, elle a cependant été crue et pratiquée. Osera-t-on soutenir que, parmi ceux qui tiennent pour elle, il n'y a pas un seul homme éclairé, instruit, de bon sens et de bonne foi, pas un seul qui ait pesé les objections et les preuves? S'il y en a pour le moins autant que d'incrédules, donc toute la différence qu'il y a entre eux, c'est que les premiers aiment la religion, au lieu que les seconds la redoutent et la détestent. 7° Il y a des siècles remarquables par la multitude de ceux qui s'occupent de la religion, et qui s'occupent à rassembler des nuages pour en obscurcir les preuves. Le nôtre est dans ce cas. Est-ce parce qu'il y a plus de pénétration, de droiture, de zèle pour s'instruire, de crainte de tomber dans l'erreur, que dans les siècles précédents? Mais lorsque le luxe, la fureur du plaisir, les fortunes suspectes, les banqueroutes frauduleuses, les sophismes de la friponnerie, le mépris des bienséances sont portés à leur comble, ce ton général des mœurs n'est pas fort propre à inspirer l'amour de la vérité. Elle aurait beau se montrer, lorsque l'on est disposé d'avance à la méconnaître et à l'éconduire. 8° Si ceux qui *doutent* étaient sincèrement fâchés de n'être pas persuadés, chercheraient-ils à inspirer aux autres la maladie de laquelle ils sont atteints? Ce trait de malice serait détestable. Leur zèle à faire des prosélytes démontre qu'ils aiment leur incertitude, qu'ils seraient fâchés de penser autrement. Ils tâchent de se faire un nouvel appui dans la multitude de ceux qu'ils auront séduits; leur dernière réponse sera de dire : *Il faut bien que j'aie raison, puisque tant d'autres pensent comme moi.* (*V.* SCEPTICISME.) B. R.

DOUTER, v. n., être dans l'incertitude, n'être pas sûr. Fam., *Ne douter de rien*, être hardi à décider sur des matières de doctrine ou sur des affaires importantes; ou faire avec confiance des entreprises hasardeuses. — DOUTER, avec le pronom personnel, signifie, croire sur quelque apparence, conjecturer, soupçonner. Fam., *Il se dit fort habile dans cet art, mais il ne s'en doute pas*, il ne le connaît que fort imparfaitement.

DOUTEUSEMENT, adv., avec doute, ce mot est peu usité.

DOUTEUX, EUSE, adj., incertain, dont il y a lieu de douter. Il se dit aussi des personnes sur qui l'on ne peut pas trop compter, dont on n'est pas trop sûr. Il se prend aussi pour équivoque, ambigu. *Pièce d'or ou d'argent douteuse*, celle qu'on peut soupçonner d'être fausse ou de bas aloi. *Jour douteux*, jour faible, ce degré de lumière qui forme le passage du jour à la nuit ou de la nuit au jour. En gramm., *Noms douteux*, ceux que les uns mettent au masculin, et d'autres au féminin. Dans la prosodie, *Voyelle douteuse, syllabe douteuse*, celle qui est longue ou brève dans les vers, à la volonté du poète. — DOUTEUX se prend quelquefois substantiellement dans le premier sens.

DOUVAIN, s. m., bois propre à faire des douves.

DOUVE, s. m., planche qui entre dans la construction d'un tonneau ou de quelque autre ouvrage de tonnellerie.

DOUVE, s. f, (*v. lang.*). fossé, canal. *Douve-le-fossé* (*fortif.*), paroi des fossés, de la fortification ancienne. *Douve* (*const.*), caverne que les habitants des bords de la Loire creusent dans le roc pour s'y loger. Fossé d'un château, mur d'un bassin quand il n'est que d'une assise ou de deux.

DOUVE (*bot.*), nom vulgaire de deux espèces de renoncules, l'une grande, *ranunculus lingua*, qui est le *lingua* de Pline et de Dalechamps; l'autre, petite, *ranunculus flammula*, qui est le *flammula ranunculus* de Dodoëns. C. Bauhin dit que quelques-uns regardent celle-ci comme l'*enneaphyllon* de Pline, d'autres comme l'*ægolethron* du même. Cependant Tournefort parle d'un autre *ægolethron*, plus certainement celui de Pline, et rapporté à l'*azalea pontica*.

DOUVE (*entoz.*). C'est le nom employé communément pour désigner les vers que l'on trouve en abondance dans le foie des moutons qui ont été nourris quelque temps dans les lieux marécageux, et que les zoologistes nomment fasciole, *fasciola* (voyez ce mot).

DOUVEN (JEAN-FRANÇOIS), peintre né à Roermont, duché de Clèves, en 1656, devint le premier peintre de l'empereur Léopold. Il était en grande réputation de son temps pour les portraits. On compte que trois empereurs, trois impératrices, cinq rois, sept reines et plusieurs illustres princes souverains furent peints de sa main.

DOUVRE (THOMAS DE), né à Bayeux en 1037. Guillaume-le Conquérant, après s'être emparé de l'Angleterre, en 1066, l'appela au siége archiépiscopal d'York. Il fit reconstruire la cathédrale qui tombait en ruines. — Thomas de Douvre, frère du précédent, lui succéda et mourut en 1114.

DOUVRES, en anglais *Dover*, ville maritime du comté de Kent, à 72 milles anglais de Londres, située sur le Pas-de-Calais, et la plus voisine de France. Elle est surtout remarquable par son port, aujourd'hui accessible à des bâtiments de 4 à 500 tonneaux, et qui fait partie des *cinq ports*. Il offre souvent un refuge aux vaisseaux pendant les tempêtes. La ville, située sur un rocher calcaire de 570 pieds de hauteur, se compose de trois rues principales qui viennent se joindre à l'extrémité, et compte 20,000 habitants. Il s'y trouve deux églises, celle de Saint-Jacques, le patron des marins, grand édifice élevé en 1216, et l'église de Sainte-Marie, fondée par les Normands. Tous les dissidents anglais y ont des oratoires ou des chapelles. Il croît toujours le long des rochers, comme au temps de Shakspeare, le grand fenouil marin, excellent assaisonnement pour les sauces. Parmi les édifices publics on distingue surtout le superbe hôpital militaire, la halle de la ville ou marché, le théâtre d'été et le casino. Douvres est d'abord connu comme lieu de passage, et ensuite par ses bains de mer froids et chauds. Ce n'est que depuis la dernière paix que la ville s'est véritablement élevée; comme l'entrée du port est très étroite et dangereuse pendant le mauvais temps, des côtiers adroits viennent prendre les passagers dans de petites barques en rade, lorsque le bateau à vapeur n'arrive pas assez tôt pour entrer dans le port avec la marée. Toute l'année un bateau part journellement de Douvres pour aller à Calais, et un autre se rend à Boulogne. En outre, deux navires français croisent régulièrement entre Calais et Douvres. Le passage en bateau à vapeur dure trois à quatre heures. Depuis la descente dont la France menaçait l'Angleterre, Douvres a été fortifié du côté de la mer par des batteries et des bastions. Il est protégé par des tours et par un fort placé sur le rivage, à 330 pieds au-dessus de la surface de la mer. Ce fort, d'une étendue de 25 acres, a des casemates à l'épreuve des bombes pour 2,000 hommes, et un puits de 370 pieds de profondeur qui le garantit du manque d'eau; 300 gros canons et 60 mortiers sont distribués sur les hauteurs. Des mines de poudre rendent dangereux tout essai de prendre le fort d'assaut. Dans les édifices et autour de ce beau fort on montre des antiquités que l'on dit remonter aux Romains, et il est au moins certain que le revêtement d'une redoute près du fort est le débris d'une ancienne tour romaine. Quant aux tours du fort, elles portent les noms des fondateurs. On voit, sur la pointe du rocher la plus élevée, le château; il a 92 pieds de haut, et sert actuellement d'arsenal et de magasin. Le port de *Dover* ne doit pas être confondu avec d'autres villes anglaises du même nom, notamment avec le chef-lieu du comté de Strafford.

DOUVRIER (LOUIS), gentilhomme languedocien, s'était fait, vers la fin du XVIIe siècle, une réputation d'esprit et d'érudition. Il passe pour être l'auteur de la fameuse devise « *Nec pluribus impar*, » au-dessus d'un soleil, emblème favori de Louis XIV.

DOUWING BATARD D'HAROKE (*poiss.*), nom donné par Renard à l'*holacanthus dux*. (V. HOLACANTHE.) — DOUWING FORMOSE (*poiss.*). Renard, I, pl V, f. 34, a désigné sous ce nom l'holacanthe géométrique. (V. HOLACANTHE.) — DOUWING HERTOGIN (*poiss.*). Les Hollandais nomment ainsi le chétodon vagabond, *chætodon vagabundus*. (V. CHÉTODON.) — DOUWING MARQUIS (*poiss.*), nom hollandais de l'holacanthe anneau (V. HOLACANTHE.) — DOUWING-PRINZ (*poiss.*), nom hollandais du chétodon vagabond. (V. CHÉTODON.) J. P.

DOUX, OUCE, adj., dont la saveur est ordinairement agréable au goût, et n'a rien d'aigre, d'amer, d'âpre ou de salé. On le prend quelquefois substantivement. *Vin doux*, se dit aussi du vin qui n'a pas encore cuvé. *Mets trop doux*, mets trop sucré. On dit aussi d'un potage, d'une sauce où il n'y a pas assez de sel, d'épices, qu'*il est trop doux*, qu'*elle est trop douce*. *Sauce douce*, sauce faite avec du sucre et du vinaigre. *Eau douce*, se dit de l'eau des rivières, des lacs, des étangs et des fontaines, par opposition à l'eau de la mer, qui est salée. Fam., *Marin d'eau douce*, se dit par raillerie d'un homme qui a navigué seulement sur les rivières, ou qui a peu navigué sur mer. Fig. et fam., *Médecin d'eau douce*, médecin qui ne donne que des remèdes faibles, inefficaces. Il s'est dit aussi d'un médecin qui donne peu de remèdes. Prov., *Ce qui est amer à la bouche est doux au cœur*. — DOUX, se dit, par extension, de tout ce qui fait une impression agréable sur les autres sens, et qui n'a rien de rude, d'aigre, de piquant ou de brusque, de trop vif, de trop éclatant, etc. En médec., *Purgation, médecine douce*, purgation, médecine peu active, qui agit sans causer des tranchées. On dit dans le même sens, *Purgatif doux*. *Lime douce*, celle dont les aspérités sont douces et peu saillantes. *Gravure en taille-douce*, ou simplement *taille-douce*, gravure qui se fait sur des planches de cuivre avec le burin et l'eau forte; l'art de faire ce genre de gravure. On le dit également des gravures tirées sur ces sortes de planches. *Vue douce*, vue où il y a d'agréables repos, comme des prairies, de petits bois qui sont à une médiocre distance. *Cheval doux*, *monture douce*, cheval, monture qui ne fatigue point le cavalier. *Cheval doux*, se dit aussi d'un cheval qui n'est pas fringant ni ombrageux. *Voiture douce*, voiture qui ne fatigue point, qui ne fait pas éprouver de secousses, de cahots *Escalier doux, pente, montée douce*, etc., escalier, pente, etc., qui ne sont pas rudes, qu'il est facile de monter, de gravir. On dit, dans un sens analogue, *Descente douce, style doux*, style qui n'a rien de rude, qui est aisé et coulant. *Une éloquence douce*, une éloquence où il y a peu de grands mouvements, mais qui plaît à l'esprit et qui s'insinue dans le cœur. On dit encore, *Une douce onction*. En grammaire grecque, *Esprit doux*, signe en forme de virgule ('), qui se place au-dessus d'une lettre pour indiquer l'absence d'aspiration, comme dans ἐστί (il est). — DOUX, en parlant de l'état de l'atmosphère, signifie qui est d'une température agréable, qui n'est ni trop chaud, ni trop froid, et qui est calme. *Un doux zéphyr*, un petit vent frais et agréable. On dit poétiquement, dans le même sens, *La douce haleine des vents, du zéphyr*. *Pluie douce*, pluie menue, plus chaude que froide, qui tombe sans orage. *Chaleur douce*, chaleur modérée; cela se dit en parlant de la température d'un corps quelconque. On dit dans le même sens, en chimie, *Un feu doux*. *Douce influence*, influence agréable, salutaire, etc., qui agit avec quelque lenteur. — DOUX, se prend quelquefois pour calme, tranquille. — DOUX signifie aussi, figurément, humain, traitable, affable, bénin, clément; et alors il est opposé à rude, cruel, farouche, fâcheux, sévère, violent. Il se dit également de ce qui est peu pénible, peu difficile à supporter, à endurer, à observer, de ce qui n'est pas imposé ou infligé avec trop de rigueur. Il se dit encore de ce qui dénote ou semble exprimer une disposition bienveillante, affectueuse, ou la candeur, la sérénité, la bonté habituelle de l'âme. Fam., *Faire les yeux doux*, *les doux yeux*, regarder en donnant à nos yeux une expression de tendresse. Fam., *Entre doux et hagard*, moitié rude et moitié doux. Cela signifie aussi ni bien ni mal, et plus souvent encore avec un mécontentement déguisé sous un air de douceur. Cette locution vieillit. *De douces paroles*, des paroles obligeantes, flatteuses, ou des propos tendres, galants. Dans ce dernier sens, on dit aussi *De doux propos*. *Billet doux*, billet d'amour, de galanterie. — DOUX, se dit encore, au figuré, de tout ce qui émeut agréablement, de tout ce qui flatte ou qui touche agréablement l'esprit, le cœur, l'imagination. *Passer du grave au doux*. Dans cette dernière phrase, doux est employé substantivement. — DOUX, se dit aussi des métaux dont les parties sont bien liées, et qui se plient aisément sans se casser. — DOUX, s'emploie adverbialement dans les deux phrases familières et figurées qui suivent: *Filer doux*, demeurer dans la retenue, dans la soumission à l'égard de quelqu'un que l'on craint; souffrir patiemment une injure. *Il avale cela doux comme lait*, se dit d'un homme à qui l'on a fait quelque offense et qui n'en témoigne aucun ressentiment. On le dit aussi d'un homme vain qui ajoute aisément foi aux flatteries, et d'un homme simple à qui l'on fait accroire les choses les plus éloignées de la vérité. — TOUT DOUX (*locut. adv.*). On s'en sert familièrement pour reprendre quelqu'un qui s'emporte, qui s'échauffe trop, etc.

DOUZAINE, s. f. coll., nombre de douze, assemblage de choses de même nature au nombre de douze. Il se prend quelquefois pour un nombre indéterminé, mais qui n'est pas considérable. Ce sens est familier. Fig. et fam., *A la douzaine*, se dit en parlant d'une chose, d'une personne commune, de peu de considération. Fig. et fam., *Il ne s'en trouve pas à la douzaine*, ou *il n'y en a pas treize à la douzaine*, il ne s'en trouve pas communément.

DOUZE, adj. numéral des deux genres. Dix et douze. Il se dit quelquefois pour douzième. Il s'emploie aussi comme substantif masculin. *Le douze du mois*, le douzième jour du mois. — IN-DOUZE. (V ce mot à son ordre alphabétique.)

DOUZIÈME, adj. des deux genres, nombre d'ordre, qui est immédiatement après le onzième. *La douzième partie*, ou, absolument, *le douzième*, chaque partie d'un tout qui est ou que l'on conçoit divisé en douze parties égales.

DOUZIÈMEMENT, adv., en douzième lieu.

DOVALLE (CHARLES), poète, né à Montreuil-Bellay le

23 juin 1807, montra de bonne heure de très grandes dispositions pour la poésie. Destiné au barreau, il allia aux études sérieuses des productions littéraires qui furent très remarquées, entre autres des chansons, telles que *la Liberté* et *le Curé de Meudon*. Il fut tué en duel le 30 novembre 1829, par M. Mira, l'un des administrateurs du théâtre des Variétés. On a publié ses *Poésies* en 1830.

DOVE (*ois.*), nom générique du pigeon en anglais.

DOVER (*poiss.*), nom que l'on donne dans le Holstein au dobule ou meunier. (*V.* ABLE.)

DOVER (GEORGES-JACQUES, WELBORE-AGAR-ELLIS, baron et lord), d'une des premières familles anglaises, naquit le 14 janvier 1797. Dès 1818 il fit partie de la chambre des communes, et y siégea jusqu'en 1830. Zélé protecteur et amateur éclairé des arts, il se montra toujours leur partisan chaque fois qu'une question s'élevait à se sujet. A partir de 1830 il se livra entièrement à son goût pour les arts et la littérature, et composa plusieurs ouvrages, dont le principal est : *Histoire véritable du prisonnier d'État nommé communément le Masque de fer, faite sur des documents tirés des archives françaises.* Lord Dover mourut le 10 juillet 1833.

DOVIZI ou **DOVIZIO** (BERNARD), cardinal, naquit de parents pauvres à Bibbiena, petite ville de Toscane, en 1470. Il était lié, par conformité de goût pour les lettres, avec Jean de Médicis, cardinal, qui devint depuis le célèbre Léon X. Dovizio posséda toute la confiance de ce prince, qui l'employa en plusieurs circonstances difficiles en qualité de légat. Il profita de son crédit auprès de Léon X pour protéger les artistes et les gens de lettres. Raphaël, Paleotti, Sanga et Sadolet eurent particulièrement part à ses faveurs. Le seul titre de ce prélat, comme littérateur, est sa comédie intitulée *Calendria*, la première pièce composée en italien à l'imitation et selon les règles des anciens. Dovizio mourut, jeune encore, en 1520.

DOW ou **DOUW** (GÉRARD), célèbre peintre de l'école hollandaise, naquit à Leyde en 1613. Il fut élève de Rembrandt, et prit de son maître la couleur et le clair-obscur; mais il n'imita pas sa manière heurtée. Ce qui distingue particulièrement la manière de Gérard Dow, c'est d'avoir donné des effets rembrunesques à des objets dont le fini va jusqu'à l'excès. On rapporte qu'il soignait ses tableaux avec une telle exigence, qu'il mit cinq jours à peindre une main dans un portrait. Il donnait au détail des objets accessoires le même soin qu'aux figures principales. Le portrait d'un meuble devait être aussi ressemblant que celui d'une tête. L'œuvre la plus estimée de Gérard Dow est la *Femme hydropique* : c'est un véritable chef-d'œuvre; il a fait longtemps l'ornement du cabinet du roi de Sardaigne, qui l'a payé 30,000 liv. — On a pu graver d'après ce grand peintre; mais les cabinets de Flandres et de Hollande sont riches de ses productions.

DOW (ALEXANDRE), né en Écosse. Ses parents le destinaient au commerce; mais, obligé de s'expatrier par suite d'un duel, il s'enrôla comme simple matelot sur un bâtiment de la compagnie des Indes, et parvint rapidement jusqu'au grade de lieutenant-colonel. Il devint dans la suite un officier aussi recommandable par ses travaux littéraires que par ses services militaires. Dow a publié une histoire de l'Indoustan, traduite du persan, 3 vol. in-4°, 1770. Cet ouvrage était précédé d'une dissertation sur la nature et l'origine du despotisme dans l'Inde. — Il a publié beaucoup d'autres ouvrages sur les mœurs et les usages de l'Orient; la plupart sont des traductions, Il mourut dans l'Inde en 1779.

DOWALL (GUILLAUME-MAC), savant écossais, né en 1590 a enseigné la philosophie à Saint-André et à Groningue; fut député par les états-généraux de Hollande à la cour de Charles Ier, en 1629 et en 1635. On ignore l'époque précise de sa mort.

DOWDALE (GEORGE), archevêque d'Armagh et primat d'Irlande. Il refusa de recevoir la nouvelle liturgie proposée à l'assemblée de Dublin, sous Édouard VI. Pour éviter la persécution, il se retira en Brabant. Mais, Marie Tudor étant montée sur le trône en 1553, il fut réinstallé sur son siége avec toutes ses prérogatives. Il mourut le 15 août 1558.

DOWN, comté d'Irlande, borné au nord par celui d'Antrim; à l'est et au sud par la mer d'Irlande; à l'ouest par le comté d'Armagh. Sa superficie est de 386 lieues carrées; le sol est en général fertile, et présente des paysages délicieux. Ce comté fournit beaucoup de lin, de l'orge, des eaux-de-vie recherchées et surtout du poisson. 272,000 habitants. Chef-lieu, Downpatrick.

DOWNES (ANDRÉ), né en Angleterre, en 1550, prit part à la traduction anglaise de la Bible. Son travail fut récompensé par une prébende dans l'église de Wells.

DOXAT (NICOLAS), né à Yverdun, en 1682, était lieutenant-colonel à la journée de Belgrade, en 1717. En 1722, il fut nommé directeur des fortifications du royaume de Servie, avec des pouvoirs très étendus. En 1737, chargé de la défense de Belgrade, il fut assiégé dans cette ville par des forces très supérieures, et capitula pour sauver la garnison. Cette affaire, envenimée par des envieux, fut présentée au conseil de l'empereur comme une trahison. Doxat, condamné à mort, mourut avec courage en 1738.

DOXOLOGIE. Ce terme veut dire glorification, et l'on appelle doxologie le verset *Gloria Patri*, etc., que l'on récite à la fin de chaque psaume, et par lequel on rend gloire à la très sainte Trinité. Les Grecs distinguent deux doxologies : la grande, qui est notre *Gloria in excelsis*; parce qu'il commence en grec par le mot δόξα, c'est-à-dire gloire ; et la petite, qui est notre *Gloria Patri*, etc. Saint Basile, dans le livre du Saint-Esprit, cap. 27 et 29, dit que c'était un usage très ancien dans l'Église de chanter, à la fin du jour, *Gloire au Père, et au Fils, et au Saint-Esprit*. On trouve des vestiges de la doxologie dans les actes du martyre de saint Ignace, où ceux qui les écrivirent ajoutent à la fin : « Nous vous avons marqué le jour et le temps » de sa mort, afin que nous puissions nous assembler (*tous les* » *ans*) pour honorer son martyre, au temps où il a souffert, » dans l'espérance de participer à la victoire de ce généreux » athlète de Jésus-Christ, par lequel et avec lequel la gloire et » la puissance est au Père avec le Saint-Esprit, dans tous les » siècles des siècles. » Les fidèles de Smyrne, dans la lettre qu'ils écrivirent à ceux de la ville de Philomèle, touchant le martyre de saint Polycarpe, rendent gloire aux trois personnes de la Sainte-Trinité en ces termes : « Unissons-nous aux Apôtres et à tous les justes de l'Église du ciel et de celle de la terre, et bénissons tout d'une voix Dieu le père tout-puissant; bénissons Jésus-Christ Notre-Seigneur, le sauveur de nos âmes, le maître de nos corps et le pasteur de l'Église universelle; bénissons le Saint-Esprit, par qui toutes choses nous ont été révélées. » Les Ariens inventèrent dès l'an 341 trois autres doxologies favorables à leurs erreurs : 1° Gloire soit au Père par le Fils dans le Saint-Esprit; 2° Gloire soit au Père dans le Fils et le Saint-Esprit; 3° Gloire soit au Père et Fils dans le Saint-Esprit. (Théodoret, *Hist.*, lib. 2, c. 14; Philostorge, lib. 3, cap. 13; Goar in *Euchololog.*; Du Cange, *Glossar. græcit.*; Dom Cellier, *Hist. des ant. sacr. et ecclés.*, tom. I, pag. 667 et 697.)

DOYAT (JEAN DE), né en 1445, à Doyat, en Auvergne, fut nommé, en 1479, gouverneur de la ville de Cusset. Le duc de Bourbon ayant commis quelques excès, Jean de Doyat fut nommé commissaire, en 1480, pour examiner la conduite de ce prince. Son rapport fut peu favorable, aussi le duc en eut beaucoup de ressentiment. Ce ressentiment fut encore augmenté par les faveurs dont le roi Louis XI combla Doyat. Après la mort du roi Louis XI, son fils, Charles VIII, cédant aux instances des ducs d'Orléans et de Bourbon, ordonna que Doyat aurait les oreilles coupées et qu'il serait banni du royaume. Mais ce prince, après sa majorité, reconnut son erreur, et Doyat fut réhabilité. Il mourut vers 1499.

DOYEN. Ce mot vient du latin *decanus*, chef de dix hommes, d'où les Francs avaient fait *dizainier*, titre qui se conserva jusque dans les derniers temps parmi les officiers de l'ancienne municipalité de Paris. Quelquefois aussi, chez les Romains, ce mot *decanus* désignait un juge inférieur qui rendait la justice à dix villages. Dans le palais des empereurs de Constantinople il y avait aussi des *decani* préposés sur dix officiers inférieurs. Le gouvernement de l'Église ayant adopté la division de l'administration civile, l'Église, et surtout l'Église grecque, eut aussi ses doyens. Ils étaient d'abord laïques ; on en établit ensuite d'ecclésiastiques dans les cathédrales et les collégiales. Les compagnies séculières, et particulièrement les corps judiciaires ou savants, établirent aussi des doyens. — Le *doyen d'âge* est celui qui se trouve le plus âgé du corps dont il fait partie. Cette qualité donnait autrefois quelques pouvoirs dans les assemblées d'habitants ; mais il y a longtemps qu'elle ne donna plus droit qu'à des déférences. Le doyen *en ancienneté* est le plus ancien en réception de tous les membres d'un corps ; ainsi le *doyen des avocats* est le premier inscrit dans la matricule ; il n'a aucune autorité; seulement, dans les réunions, il siége après le bâtonnier. A Verdun, le *doyen des bourgeois* était le premier officier du corps de ville. Le *doyen des cardinaux*, ou du sacré collége, est le plus ancien en promotion des cardinaux. Le prêtre placé à la tête du chapitre d'une cathédrale s'appelle aussi doyen ; il y a aussi des *doyens en dignité* au bénéfice desquels ce titre est attaché : ils ont rang au-dessus de tous les chanoines. Le doyen en assemblée, c'est-à-dire le plus ancien des chanoines, n'a rang qu'après le doyen en dignité. On appelait *doyen en charge* un des membres d'une compagnie séculière, qui faisait ordinairement pendant un an les fonctions de doyen, veillait au maintien de la discipline et administrait les affaires de la compagnie. Jadis on donnait le titre de *doyen des doyens* au plus ancien maître des requêtes. Le *doyen d'une faculté universitaire* est celui qui est à la tête de cette faculté, soit par ancienneté, soit par charge. Il est choisi parmi les professeurs de la faculté, et souvent élu par eux-mêmes, sans intervention du gouvernement. (*V.* FACULTÉ.) Le *doyen d'un monastère* était un religieux établi sous l'abbé, pour le soulager et avoir inspection sur dix moines. Le *doyen rural* était un curé de la campagne qui avait droit d'inspection et de visite dans un certain district du diocèse, qu'on appelait *doyenné rural*, et qui était composé de plusieurs cures. C'est ainsi que dans l'église protestante on pourrait encore nommer et qu'on nomme effectivement *doyens* en Angleterre les pasteurs auxquels on donne ailleurs le titre de *præpositus* (prévôt), en allemand *probst*. — Le mot *doyenné* désigne, soit la dignité même de *doyen*, soit, comme dans les cas que nous avons cités, l'étendue de la juridiction du doyen, soit enfin sa demeure. (Voy. l'art. DÉCANAT.) A. S. R.

DOYEN (GABRIEL-FRANÇOIS), peintre, naquit à Paris en 1726. Son père avait une charge de valet de chambre tapissier à la cour. Doyen étudia d'abord sous Vanloo, puis il vint en Italie. Il se passionna d'abord pour les œuvres d'Annibal Carrache. Les peintres qui avaient brillé par une forte expression, Jules Romain, Polydore et Michel-Ange surtout, furent tour à tour l'objet de son étude et de son enthousiasme. Doyen revint à Paris à l'âge de 29 ans, avec un talent formé par une longue suite d'études et d'observations. Ses principales œuvres sont : *la Mort de Virginie*, tableau dont le succès fut complet, et qui fit agréer Doyen à l'Académie de peinture, en 1758; le tableau de *la Peste des Ardents*, que l'on regarde comme son chef-d'œuvre, et qui orne aujourd'hui l'église de Saint-Roch. Doyen peignit encore le grand tableau de *la Mort de Saint-Louis* pour l'autel de la chapelle de l'École militaire. Poursuivi depuis longtemps par les offres bienveillantes de la czarine, qui désirait le voir en Russie, Doyen se rendit dans ce pays, y séjourna 16 ans, et y mourut en 1806.

DOYEN (GUILLAUME), historien, né à Chartres vers 1740, exerça la profession d'avocat, concurremment avec celle d'arpenteur. On a de lui : *Géométrie des arpenteurs ; Recherches et observations sur les lois féodales, sur les conditions des habitants des villes et des campagnes, leurs possessions et leurs droits* ; et *Histoire de la ville de Chartres, du pays Chartrain et de la Beauce*.

DOYENNÉ, s. m., dignité de doyen dans une église. Il s'est dit par extension, en quelques endroits, de la demeure du doyen.

DOYENNÉ (*bot.*), nom d'une variété de poire.

DOYLE (JEAN), général anglais, né à Dublin, fut d'abord destiné au barreau, mais embrassa la carrière des armes en 1771 ; il n'avait alors que 15 ans. En 1775 il fit partie, comme lieutenant, de l'expédition anglaise contre les colonies insurgées, et se distingua dans la plupart des combats qui eurent lieu. A son retour en Europe il siégea au parlement irlandais, et défendit avec zèle toutes les questions relatives à l'affranchissement de l'Irlande de l'espèce d'esclavage où la tenait l'Angleterre. Quelque temps après le prince de Galles nomma Doyle son secrétaire particulier. En 1793 il fut nommé lieutenant-colonel et fit la campagne de 1794 contre la France, puis, en 1796, il devint colonel du 17e régiment, et fut chargé d'une expédition contre le Texel. En 1799 il se rendit comme brigadier général à Gibraltar, et de là à Minorque, à Malte et en Égypte, où il se fit beaucoup remarquer. A son retour il alla à Naples pour rétablir sa santé, gravement altérée par les fatigues et les blessures, puis reprit son poste de secrétaire du prince de Galles, puis enfin fut nommé gouverneur de Guernesey, où il parvint à se faire aimer et respecter. Il occupa ce poste jusqu'en 1819, époque à laquelle il passa au gouvernement de Charlemont. Il mourut le 8 août 1834.

DOYLE (JACQUES), controversiste anglais, fit ses études et prit les ordres en Portugal, puis occupa la chaire de théologie à Carlow, qu'il quitta en 1819 pour l'évêché de Kildare et Leighlin. Il remplit ses fonctions avec un zèle des plus louables, et déploya des lumières très grandes. On lui doit la construction de la cathédrale de Kildare. Il mourut à Carlow le 15 juin 1824. On a de lui, entre autres ouvrages : 1° *Lettre à l'archevêque de Dublin* ; 2° *Lettre à O'Connell* ; 3° plusieurs autres *Lettres* et des *Adresses pastorales*. Dans ces différentes lettres, Doyle déploie une puissance de raisonnement et une érudition extrêmement remarquables.

DRAADOR (*poiss.*), nom hollandais du doradon, espèce de coryphène. (Voyez ce mot.) J. P.

DRAAT et **KELBE** (*bot.*), nom du *stapelia variegata* et du *stapelia dentata* dans l'Arabie, suivant Forskaël. J. P.

DRABA (*bot.*). La plante crucifère à laquelle Dioscoride donnait ce nom l'a conservé parmi les modernes ; c'est notre *draba muralis*. Mathiole Lœbel et d'autres le donnaient aussi à l'*arabis alpina* et à un *cochlearia* que Linné a, pour cette raison, nommé *cochlearia draba*. J. P.

DRABESQUE (*géogr. anc.*), ville de la Macédoine, sur les frontières de la Thrace, près du Stymon et du mont Pangée, à l'O. de Philippes.

DRABRICUIS (NICOLAS), ministre protestant et fils du bourguemestre de Strassnitz, en Moravie, naquit dans cette ville en 1597. Forcé de se retirer à Lednitz, en Hongrie, par suite des persécutions exercées contre ses coreligionnaires, il contrefit l'inspiré et feignit d'avoir des révélations. La première date du 23 février 1638. Il prédisait la ruine de la maison d'Autriche, le retour triomphant de ses frères dans leur patrie, et désignait pour les venger le prince Tagotski. Cependant celui-ci resta dans l'inaction, sans s'inquiéter de la colère du prophète, qui le menaçait des foudres du ciel. Les impériaux continuaient leurs succès, et la maison d'Autriche résolut de se délivrer du soi-disant illuminé. Il fut arrêté en mai 1671, et décapité à Presbourg le 17 juillet. Ses *Révélations* ont été traduites en latin par Comenius, autre fanatique, son adepte.

DRACHME, poids et monnaie des Grecs et des Juifs. Chez les Grecs, la drachme poids valait dix grains un septième, ou 4 grammes 363 millièmes. — La drachme monnaie valait d'abord un peu plus de 92 centimes, environ dix-huit sous et demi, puis, vers le IIe siècle av. J.-C., elle ne valait plus que 87 centimes, dix-sept sous et demi. Chez les Juifs, la drachme poids est évaluée par Paneton à 43 grains, et la drachme monnaie à 50 centimes.

DRACO (*bot.*). Ruellius et Dodoens donnaient ce nom à l'estragon, qui est le *dracunculus hortensis* de C. Bauhin, le *dragone* de Césalpin, le *tarchon* d'Avicenne, le *tragum* de Clusius, l'*artemisia dracunculus* de Linné. Un autre *draco* de Dodoens est la ptarmique ou herbe à éternuer, *dracunculus pratensis* de C. Bauhin, *achillea ptarmica* de Linné. Un troisième, nommé ainsi par Clusius, est le sang-dragon, *dracœna* de Linné. Commelin et Lœffling citent encore un autre *draco*, qui est le *pterocarpus draco*, qui fournit, comme le précédent, le suc concret nommé sang-dragon. J. P.

DRACOCÉPHALE, *dracocephalum* (*bot.*), genre de plantes de la famille des labiées, de la didynamie gymnospermie de Linné. Une singularité remarquable dans la forme de la corolle, dont l'orifice enflé lui donne de la ressemblance avec la tête du dragon, lui a mérité son nom. Ce genre renferme des plantes herbacées, munies de feuilles opposées, tantôt entières, tantôt trifides ou pinnatifides, et ornées de fleurs bleues ou violacées, quelquefois uniflores, d'autres fois ramifiées en épis. On remarque quelques espèces, parmi lesquelles nous citerons : le *dracocéphale de Virginie, D. virginianum*, appelé vulgairement *cataleptique*, à cause de la propriété qu'ont les fleurs d'obéir à la main qui les fait aller et venir ; elles prennent la position qu'on veut leur donner, et y demeurent jusqu'à ce qu'on leur en impose une nouvelle. Cette espèce ressemble assez, pour la forme, à la digitale, *digitalis purpurea* ; ses fleurs ont la couleur purpurine de cette dernière, et sont disposées en épi terminal muni de très petites bractées. La tige est haute d'un mètre environ, droite, garnie de feuilles opposées, dentelées, lancéolées, glabres, et de fleurs violacées exhalant une odeur douce. Le *dracocéphale des Canaries, D. canariense*, dont les fleurs sont blanches teintées de rougeâtre ; ses pétioles soutiennent de trois à cinq folioles lancéolées et ridées. Cette espèce est très remarquable par l'odeur camphrée qu'elle répand ; en médecine, on emploie ses feuilles en infusion dans les maladies de langueur et dans les flatuosités. J. P.

DRACON (*hist.*), archonte et législateur d'Athènes, l'an 624 av. J. C. C'était un homme recommandable par son austère vertu autant que par ses lumières, mais les lois qu'il fit pour la réforme des Athéniens respiraient une sévérité cruelle : aussi disait-on qu'elles étaient écrites avec du sang. Dracon n'avait établi aucune gradation entre les peines. Il punissait la paresse aussi rigoureusement que l'assassinat, et la mort était le châtiment qu'il infligeait à l'une et à l'autre. Un Athénien lui ayant demandé pourquoi il était si sévère pour les fautes légères, Dracon lui répondit qu'il ne connaissait pas de supplice plus grand pour les plus grands crimes, ni de moindre pour la plus petite transgression. La rigueur de ses lois les fit souvent négliger, et Solon les abolit, à l'exception de celle qui punissait de mort les assassins. Dracon jouissait à Athènes d'une grande popularité; mais la reconnaissance de ses compatriotes lui fut fatale. Lorsqu'il se montrait au théâtre, les Athéniens lui témoignaient par de vifs applaudissements le plaisir qu'ils avaient de le voir, et, suivant leur coutume, jetaient, par respect, sur lui des coussins et des tuniques : ils lui en jetèrent un jour un si grand nombre qu'il fut étouffé sous le poids. On a recueilli ce qui reste des lois de Dracon dans un ouvrage imprimé à Lyon en 1558, sous ce titre : *Jurisprudentia vetus Draconis, Pradelpho Prateco collectore interpreti, Plut. sol.*

DRACON, fils d'Eunome de Samos, avait, dit-on, la vue si perçante qu'il discernait les objets à 20 stades de distance. Xerxès, roi de Perse, se l'attacha lors de son expédition contre la Grèce, et lui donna une récompense de mille talents.

DRACON, poëte et grammairien grec, natif de Stratonicée. Il ne reste qu'un seul de ses ouvrages, conservé à la Bibliothèque royale, *sur les différentes sortes de vers*.

DRACON, enseigna la musique à Platon.

DRACON, médecin célèbre, fils ou petit-fils d'Hippocrate.

DRACON, officier, natif de la ville de Pellène et gouverneur d'Atarnée.

DRACONCULE, *dracunculus* (*pois*). Quelques naturalistes ont donné ce nom au *calliomymus dracunculus* de Blach. (*V.* CALLIONYME.) J. P.

DRACONITES (*foss.*). Les auteurs anciens ont donné ce nom aux pierres dont les formes leur paraissaient singulières et en ont dit beaucoup de choses fausses. (*V.* Pline, *Hist. nat.*, lib. 37, cap. 1.) J. P.

DRACONTE (*bot.*), genre de plantes de la famille des aroïdées, et de l'heptandrie monogynie de Linné. Ces plantes sont herbacées, et présentent pour caractères : spathe cymbiforme, placée à la base d'un spadice cylindrique court, chargé de fleurs, ayant chacune un calice composé de cinq folioles colorées; point de corolle, sept étamines, soutenant des anthères quadrangulaires; un ovaire supérieur, un style, un stigmate trigone. Ces fleurs font place à une baie ronde polysperme. Les feuilles sont simples, pourvues d'un pétiole amplexicaule à sa base. Les espèces les mieux connues, sont : le *draconte à feuilles percées*, *D. pertusum*, plante grimpante de l'Amérique méridionale, qui s'attache, comme le lierre, aux arbres par une quantité de racines latérales; ses feuilles, assez grandes, ovales, lancéolées, d'un beau vert, sont remarquables par des ouvertures oblongues placées entre les nervures; la spathe est axillaire, d'un blanc jaunâtre, avec un chaton gros, cylindrique, jaune. Les tiges couvertes d'écailles, restes de la base des pétioles tombés, semblent couvertes d'une peau de serpent. C'est sans doute à cause de cette conformité que les indigènes lui attribuent la propriété d'éloigner les serpents, et pour cette raison en portent toujours un fragment sur eux lorsqu'ils entreprennent un voyage. Une seconde espèce, nommée au Japon *kanjaku*, suivant Thunberg, sort d'un tubercule arrondi en une feuille unique, se divisant en trois folioles, qui se divisent chacune en deux ou trois ramifications; cette feuille fanée, il s'élève du tubercule une hampe supportant une fleur dont la spathe d'un violet foncé, surtout en dedans, a son sommet terminé en pointe aiguë et renferme un petit chaton à fleurs jaunes d'une odeur fétide. Ce tubercule est employé au Japon comme un puissant emménagogue, il a des propriétés purgatives. J. P.

DRACONTIQUE (*astr.*). Mois dracontique; expression qui n'est plus en usage et par laquelle les anciens astronomes désignaient l'espace de temps employé par la lune pour revenir dans son nœud ascendant appelé *caput draconis*, tête du dragon, au même point; ou la révolution entière de la lune, par rapport à son nœud.

DRACONTIUS, auteur espagnol du ve siècle, dont on a un poëme en style dur et presque barbare sur la création, et une élégie adressée à l'empereur Théodose-le-Jeune. La meilleure édition de Dracontius est celle de *Carpezow*, *Helmstadt*, 1754.

DRACOPHYLLE, *dracophyllum* (*bot.*), genre de plantes dicotylédones, à fleurs complètes, monopétalées, régulières, de la famille des *épacridées* de la pentandrie monogynie de Linné, très voisin des *épacris*, dont il ne diffère essentiellement que par le calice dépourvu de bractées, ou muni seulement de deux bractées, beaucoup plus nombreuses dans les épacris : la corolle est infundibuliforme; son limbe divisé en cinq lobes; cinq étamines; un ovaire supérieur, entouré de cinq petites écailles; un style, un stigmate; une capsule à cinq loges, à cinq valves polyspermes; les semences libres et pendantes au sommet d'un réceptacle central. — *Dracophylle unilatéral*, *D. secundum*, Brown, arbrisseau de la Nouvelle-Hollande à tiges rameuses, glabres, munies d'anneaux après la chute des feuilles; celles-ci sont sessiles, imbriquées en forme de capuchon, les fleurs disposées en une grappe unilatérale. J. P.

DRACUNCULOIDES (*bot.*). Boerhaave désignait sous ce nom le genre *hæmanthus* de la famille des narcissées. J. P.

DRACUNCULUS (*bot.*), nom donné anciennement à l'estragon à deux ptarmiques. (*V.* DRACO.) Bransfels l'appliquait à la bistorte, *polygonum bistorta*; C. Bauhin à quelques *arum* et à un *calla*; Plumier à un *pothos*. On ne l'emploie plus que comme nom spécifique pour l'estragon et pour la serpentaire, *arum dracunculus*. J. P.

DRADE (*Draw*), rivière d'Autriche, qui prend sa source dans le Tyrol (Pusterthal), traverse la Carinthie et la Basse-Styrie, sépare la Hongrie de la Kroatie et de l'Esclavonie, et se jette dans le Danube au-dessous d'Erzech, après un cours d'environ 160 lieues. Elle commence à être navigable dans la Styrie. Ses inondations vers son embouchure sont souvent funestes. Elle a de nombreux affluents, dont les plus remarquables sont, à droite, le Dran, la Plitvicza, la Bisztra; à gauche, l'Ile, le Levant, la Mühr, etc.

DRAGAU, s. m. (*anc. marine*), extrémité de la poupe d'une galère, dont le gouvernail, selon Ducange, s'appelait quelquefois *dracène*. C'est sur le *dragau* qu'on inscrivait la devise de la galère.

DRAGÉE, s. f., amande, pistache, aveline ou tout autre petit fruit couvert de sucre très dur et ordinairement très blanc. *Dragées d'attrape*, dragées dans lesquelles on a mis quelque chose d'un goût désagréable pour attraper ceux à qui on les offre. Fig. et fam., *La dragée est amère*, cela est dur à supporter. *Avaler la dragée*, se résigner à quelque chose de fâcheux. Fig. et fam., *Tenir la dragée haute à quelqu'un*, lui faire attendre longtemps ce qu'il désire, ce qu'on lui a promis, ou lui faire acheter cher quelque avantage, quelque plaisir. — DRAGÉE, se dit aussi du menu plomb dont on se sert pour tirer aux oiseaux. *Ce fusil écarte la dragée*, il ne porte pas, il ne lance pas son plomb bien serré et bien ensemble. — DRAGÉE, en agriculture, se dit d'un mélange de divers grains, tels que pois, vesces, lentilles, qu'on laisse croître en herbe pour les donner aux chevaux.

DRAGÉES DE CHEVAL (*bot.*), nom vulgaire du sarrasin, espèce de *polygonum*.

DRAGÉES DE TIVOLI (*min.*). On donne ce nom au calcaire concrétioné sphéroïdal qui se forme dans le lit d'un petit ruisseau sortant d'un lac voisin de Tivoli, dont l'eau tient en dissolution du gaz hydrogène sulfuré, et qu'on appelle *lago di Bagni*. (*V.* CHAUX CARBONATÉE.)

DRAGEOIR, espèce de soucoupe à rebords élevés, et ordinairement d'argent, dans laquelle on servait autrefois des dragées sur la fin du repas.

DRAGEONNER, v. n. (*t. de bot. et d'agr.*), pousser des drageons.

DRAGEONS (*bot.*). On nomme ainsi les branches enracinées qui accompagnent le pied de l'arbrisseau ou le tronc de l'arbre qui les a produits, et que l'on peut détacher pour les replanter ailleurs : on leur donne aussi parfois le nom de *rejets enracinés*; mais il ne faut pas confondre avec eux, sous ce nom, les *stolons*, ou petites tiges nues, stériles, traçantes, qui poussent de la racine de distance en distance, comme dans le fraisier. (*V.* RACINE et STOLON.)

DRAGON (*mythol.*). Le dragon, tel qu'on se le représente vulgairement, n'est qu'un être fictif. C'est l'imagination, impressionnée par l'ignorance et la terreur, qui a attribué à un être idéal cette intelligence surhumaine qui valut aux dragons d'être choisis par les dieux pour ministres de leurs volontés et de leur colère, comme gardiens de leurs trésors; c'est elle qui leur prêta la férocité de mœurs et de caractère à laquelle on imputa tous les fléaux qui pesaient sur l'espèce humaine... De tout temps le dragon ailé n'a été qu'un hiéroglyphe, un emblème cachant un fait historique, et le plus souvent une calamité publique. C'est ainsi que lorsqu'un des fleuves qui traversent la France a menacé d'inonder quelqu'une de nos cités, il a fallu, pour mettre un terme à ce fléau, l'intervention d'un être influent pour combattre et détruire ce dragon formidable. La ville de Rouen, inondée dans le VIIe siècle, a conservé la mémoire du puissant vainqueur de la *gargouille*. Paris, au XVIe siècle, dut son salut à une pieuse intercession. On s'est encore servi de cet emblème pour figurer le triomphe du bien sur le mal moral, de la lumière sur les ténèbres : cette allégorie du paganisme s'est conservée. Dans presque toutes les légendes figurent trois objets accessoires qui se groupent autour de l'objet principal : une vierge, un abîme, une caverne, la mer ou une rivière, ou un puits. — L'héroïsme et toutes les merveilles qu'il a pu produire ont été figurés aussi par des combats livrés à des dragons. Roland tue un immense monstre marin; saint Georges triomphe d'un énorme dragon, etc. — Consacré à Minerve pour marquer, dit-on, que la véritable sagesse ne dort jamais, le dragon, suivant Plutarque, servait d'emblème aux héros; et emblème d'un ennemi prudent et dangereux, d'une destruction rapide et presque magique, le dragon figura tous les empereurs de Rome et de Bysance sur les bannières militaires.

DRAGON (*rept.*), *draco*. Ce nom sert à désigner aujourd'hui, non pas le terrible animal dont l'antiquité nous a légué la description fabuleuse, mais un petit genre de sauriens, de la taille de nos lézards, dont ils ont les mœurs et le caractère inoffensif. Ils se distinguent de tous les autres sauriens par la conformation singulière de leur squelette : les six premières fausses côtes, au lieu de contourner l'abdomen, s'étendent directement en dehors, et sont recouvertes par la peau des flancs, de manière à former le long du corps une membrane, non plus, comme les ailes des chauve-souris, propre au vol, mais qui les soutient en l'air et leur permet de s'élancer d'une branche à une autre à d'assez grandes distances; pendant le repos, cette membrane se replie le long des flancs. Leur tête est pyramidale, quadrangulaire, à museau obtus, mousse à sa pointe, les yeux ont deux paupières inégales, dont l'inférieure plus grande; la bouche est petite, la langue étroite et bifurquée à son extrémité; de chaque coté des mâchoires il y a deux incisives petites, une lamaire longue, conique, saillante, suivie de douze à seize molaires comprimées, triangulaires et trilobées; un fanon triangulaire se replie sous la mâchoire; il est long de six à huit lignes; la nuque offre une légère dentelure : le corps est un peu renflé, couvert d'écailles rhomboïdales, imbriquées en réseau, un peu plus développées sur le rachis, et plus encore sur les membres et autour de la queue; celle-ci a deux fois la longueur du corps, elle est grêle et grande; les pieds sont terminés par cinq doigts grêles, cylindriques, de grandeur inégale, armés de petits angles crochus; ils n'ont point de pores aux cuisses ou au devant de l'anus. L'espèce la plus remarquable est le *dragon frangé*, *draco fimbriatus*, ainsi nommé à cause des écailles du bord de ses cuisses, qui sont un peu plus prononcées que dans les autres espèces; sur le dos sont de grandes taches blanchâtres, pupillées de vert noirâtre. C'est le plus grand du genre; il vient, ainsi que ses congénères, des îles et du littoral de l'Océan indien.
J.P.

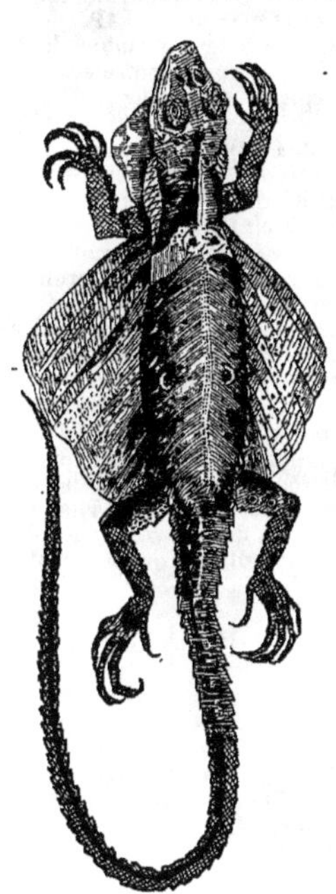
Dragon frangé.

DRAGON (*poiss.*), nom d'une espèce de poisson du genre *pégase*. (Voyez ce mot.)

DRAGON (*ois.*), nom donné par d'Azara à un oiseau qu'il a placé parmi les troupiales.

DRAGON DE MER (*poiss.*) (V. VIVE.)

DRAGON DE MURAILLE (*rept.*), lézard de la Chine, dont parle Navarette; il est connu dans le pays sous le nom de *garde du palais* ou *des dames de la cour*. On en prépare, au dire de cet auteur, un onguent avec lequel les empereurs chinois font oindre le poignet de leurs favorites, et dont les traces subsistent tant que dure leur fidélité. On ne sait à quel genre rapporter l'animal auquel on a supposé des propriétés aussi fabuleuses.
J. P.

DRAGON (*astr.*), constellation boréale composée de quatre-vingts étoiles dans le catalogue britannique; les anciens la nommaient encore : *Serpens, Anguis, Hesperidum custos, Coluber arborum concendens, Sidus Minervæ et Bacchi, Esculapius, Python.*

DRAGON (*astr.*). La tête et la queue du dragon, *caput et cauda draconis*, sont les nœuds ou les points d'intersection de l'orbite de la lune avec l'écliptique. On les marque ordinairement par ces caractères : ☊, *tête du dragon*, et ☋, *queue du dragon*. Les astronomes ont abandonné ces dénominations, et ils nomment simplement *nœud ascendant* celui par lequel la lune passe pour aller au nord de l'écliptique, dans la partie septentrionale de son orbite, et *nœud descendant* celui par lequel elle rentre dans la partie méridionale de son orbite. Le nœud ascendant est la tête du dragon, et le nœud descendant est la queue du dragon.

DRAGON, se dit, figurément et familièrement, d'une femme vive, turbulente, acariâtre, ou d'un enfant mutin et déterminé. Fig. et fam., *Un dragon de vertu*, une femme dont la vertu est austère et farouche. — DRAGON, se dit encore des soldats d'un corps de cavalerie qui combat quelquefois à pied, et dont l'uniforme, en France, est ordinairement de drap vert. — DRAGON, se dit aussi d'une tache qui vient dans la prunelle des hommes et des chevaux.

DRAGON RENVERSÉ, ordre de chevalerie institué environ vers l'an 1418, par l'empereur Sigismond, après la célébration du concile de Constance. Le sujet de cette institution était la condamnation de Jean Hus et de Jérôme de Prague, que Sigismond représentait comme un dragon défait. Les chevaliers portaient ordinairement une croix fleurdelisée de vert. Aux jours solennels, ils se paraient d'un manteau d'écarlate, et, sur un mantelet de soie verte, ils portaient une double chaîne d'or, au bout de laquelle pendait un dragon renversé, aux ailes abattues, émaillées de diverses couleurs, qui pouvaient signifier les différents appâts que l'hérésie emploie pour tromper les fidèles. Cet ordre fleurit en Allemagne et en Italie. (Bonfin, *Hist. Hung.*; Favin, *Théâtre d'honneur et de chevalerie.*)

DRAGON (*art. milit.*) On s'est beaucoup exercé pour trouver l'étymologie de ce mot : les uns le font venir du mot *dragonaris*, qui chez les Romains désignait une troupe d'élite, portant des figures de dragons sur ses enseignes; d'autres ont prétendu qu'il tirait son origine du mot allemand *tragen* ou *draghen*, qui veut dire *infanterie portée*. Quoi qu'il en soit, les dragons sont d'origine française, et on les doit au maréchal de Brissac, qui, sous le règne de Henri II (1554), exerça plusieurs compagnies d'arquebusiers à cheval à combattre également et comme cavaliers et comme fantassins; et, pour exciter la valeur de ces soldats, il leur donna le nom de *dragons*, exprimant un être courageux et entreprenant. Toutes les compagnies de dragons créées de 1554 à 1588 furent enrégimentées par Henri IV, qui en forma plusieurs corps. Licenciés après le siége de la Rochelle (1628), ils furent recréés en 1635. Après la signature du traité des Pyrénées de 1659, on les réduisit à deux régiments, celui du *Roi* et celui de la *Ferté*. Douze nouveaux corps furent formés en 1668, et en 1698 on en comptait 43. Après la paix de Riswich (1698), il en fut licencié 28, ce qui en réduisit le nombre à 15. De nouvelles créations faites de 1701 à 1710 augmentèrent encore ce chiffre de 20. Il a très peu varié depuis. Au commencement de la révolution de 1789, on comptait en France 18 régiments de dragons; sous la République, le Consulat et l'Empire, il y en eut de 24 à 31; depuis la Restauration jusqu'à nos jours 8, 10 et 12. En 1762, les dragons prirent l'habit vert et le chapeau à cornes, que l'on remplaça un peu plus tard par le casque à crinière surmonté d'une houppe en crin. La Restauration avait remplacé le casque à crinière par le casque à chenille; la Révolution de 1830 leur rendit la crinière et la houppe qui paraît mieux les caractériser.

DRAGONE (*bot.*), un des noms de l'*artemisia dracunculus* cités par Césalpin.

DRAGONIER, *dracæna* (*bot.*), genre de plantes monocotylédones de la famille des asparaginées, appartenant à l'hexandrie monogynie. Ce genre singulier a le port et l'organisation des palmiers, dont il se rapproche par sa fructification, mais dont il se distingue par ses rameaux terminés par une touffe de feuilles ensiformes. La corolle est à six pétales adhérant à leur base, point de calice; six étamines soudées ensemble à leur partie inférieure; ovaire supère, libre; style et stigmate simples, baie globuleuse, à trois loges monospermes dont deux avortent quelquefois. Une des espèces les plus connues, le *dragonier gigantesque*, ou à feuilles d'Yucca, *dracœna draco*, offre, à son premier âge, l'aspect d'un fût de colonne surmonté d'une gerbe de feuilles; il se divise ensuite en plusieurs branches, formées d'articulations semblables à celles du *cactus en raquettes, C. opuntia*, qui se couronnent d'une touffe de feuilles planes, à bords tranchants, longues d'environ quarante centimètres, attachées par une gaîne courte et rougeâtre; le stipe se recouvre d'une écorce coriace divisée par plaques unies les unes aux autres; les fleurs paraissent en très grand nombre : elles sont verdâtres, avec une ligne rouge, réunies en verticilles quatre à quatre ou cinq à cinq, le long d'une panicule terminale et rameuse; ces fleurs demeurent fermées tout le jour, et ne s'ouvrent qu'au coucher du soleil, pour se refermer aux premiers rayons du jour. A ces fleurs succède une baie jaunâtre, charnue, succulente, de la grosseur d'une cerise des bois et d'une saveur agréable, dont les merles sont très friands. A cette époque, il découle en abondance de son stipe un suc gommeux qui devient sec et friable, d'un rouge foncé comme le sang. On le nomme *sang de dragon*; il entre dans la composition de la couleur de ce nom et du vernis de la Chine. Les Guanches s'en servaient pour embaumer leurs morts. On s'en sert aussi, en médecine, contre les dysenteries intérieurement, et à l'extérieur pour cicatriser les plaies et dessécher les ulcères. Broussonnet a mesuré, aux îles Canaries, un dragonier dont l'âge est inconnu; la base de son pied avait quinze mètres de circonférence, sur une hauteur de vingt-quatre mètres un tiers.

J. P.

DRAGONNADE. Il se dit des persécutions exercées sous Louis XIV contre les protestants pour les forcer à embrasser la religion catholique, et qui furent ainsi nommées parce qu'on y employait des dragons. Il n'est guère usité qu'au pluriel.

DRAGONNE, cordon ou galon d'or, d'argent, de laine, etc., qui est ordinairement terminé par un gland, et dont on garnit la poignée d'un épée ou d'un sabre.

DRAGONNE (*rept.*), genre de sauriens, présentant pour caractères : tête pyramidale, quadrangulaire, recouverte en dessus de plaques polygones, larges; dents solides, confondues avec les maxillaires, coniques, légèrement comprimées à leur base et un peu recourbées en arrière, alternantes; au nombre de vingt environ sur chaque côté des mâchoires; langue écailleuse à sa surface, bifurquée; œil muni de deux paupières dont l'inférieure plus grande; corps cylindrique; pieds courts à cinq doigts allongés, munis chacun d'un ongle court, légèrement crochu; la queue est comprimée, et relevée comme chez les crocodiles de deux grandes carènes en scie, formée de grandes écailles anguleuses, sur deux rangées; cuisses garnies, au côté interne, de follicules poreux. Les écussons cornés, assez petits sur le dos, sont surmontés d'une carène tranchante plus ou moins prononcée surtout en arrière, entremêlés d'écussons plus grands et à carènes saillantes en aiguillon, disposés sur sept lignes longitudinales au milieu des bandes transverses d'écussons plus petits. Ecussons plus allongés et égaux sur le ventre; on ne connaît qu'une espèce, *la dragonne de la Guyane*, dont la taille ordinaire est de quatre pieds, mais qui atteint jusqu'à six pieds; la queue constitue environ les deux tiers de la longueur; sa couleur est d'un vert brunâtre en dessus, jaune en dessous. Leurs habitudes sont les mêmes que celles des monitors. On a distingué sous le nom de *crocodilures* les espèces dont les écussons sont quadrilatères, égaux, disposés en gemme, assez semblables à ceux des monitors, peu saillants sur le cou et les membres, plus grands et relevés d'un léger conoïde sur le dos où ils sont disposés en verticilles, enfin allongés et carénés sur la queue où ils constituent des anneaux transverses plus ou moins prononcés. La seule espèce est le *crocodilure lézardet* de la Guyane, vert brunâtre en dessus, marqué de petites taches plus foncées; en dessous d'un jaune clair. Sa taille, moindre que celle de l'espèce précédente, ne dépasse pas deux pieds et demi.

J. P.

DRAGONNEAU, VER DE GUINÉE, FILAIRE (*zooph. intest.*). Ce singulier entozoaire est cylindrique, filiforme, d'une grosseur à peu près égale dans toute son étendue, si ce n'est à la queue, qui est plus amincie et recourbée; sa grosseur varie depuis celle d'un fil assez ténu jusqu'à celle d'une ficelle; sa longueur varie depuis quelques centimètres jusqu'à plusieurs mètres. Il se rencontre ordinairement sous le tissu cellulaire sous-tégumentaire des jambes et des cuisses, et quelquefois aux bras, au cou, au tronc et même sous la langue. On a attribué sa présence à plusieurs causes extérieures, telles que le climat, la nature des eaux, des aliments; on a aussi supposé qu'il s'introduisait sous la peau lorsqu'il était encore imperceptible; on pense aujourd'hui qu'il s'y développe à la suite de certaines circonstances morbides, et qu'il y prend naissance à la manière des cysticerques et des acéphalocystes. Le climat, toutefois, influe sur les circonstances maladives qui contribuent à produire le dragonneau; on ne l'observe que dans l'Arabie Pétrée, les bords du golfe Persique, de la mer Caspienne, du Gange, dans l'Abyssinie et la Guinée.

J. P.

DRAGONNEAU (*conchyl.*). Les marchands d'histoire naturelle donnent quelquefois ce nom à une coquille du genre porcelaine, *conus stolida* de Linné.

J. P.

DRAGONNEAU (*poiss.*), nom d'une espèce de callionyme, *callionymus dracunculus* de Linné. (*V.* CALLIONYME.) J. P.

DRAGONNER, v. n. (*anc. t. milit.*), se conduire comme les dragons, ou comme on se conduisait dans les dragonnades. *Se dragonner*, v. pers., se dit familièrement, et signifie se créer des tourments.

DRAGONETTI (HYACINTHE, MARQUIS DE), jurisconsulte, né en 1738, exerça la profession d'avocat, fut ensuite pourvu de la chaire de droit public à l'Université de Naples, et mourut président de la cour royale de cette ville en 1818. Son principal ouvrage est : *Il Trattato delle virtù e de' premii, per seguire il trattato dei delitti et delle pene*, traduit en français par Pingeron.

DRAGONNIER (*t. de botanique*), genre de plantes exotiques. La principale espèce est un grand et gros arbre qui a le port des palmiers, et d'où découle, pendant les fortes chaleurs, une substance résineuse appelée *sang-de-dragon* ou *sang-dragon*.

DRAGUE (*arts mécaniques*). Les instruments dont on se sert pour curer les mares, le fond des ports, retirer le sable du lit des rivières, etc., sont si simples, qu'il est inutile d'en indiquer ici la forme et l'usage. Nous ne traiterons donc que des grandes machines à mouvement continu, mues par des manivelles à bras ou avec des machines à vapeur. Ces *dragues* sont placées sur des bateaux plats d'une forme particulière, qui prennent

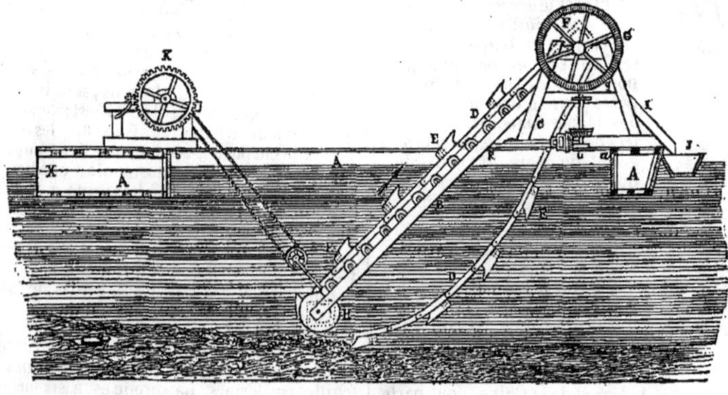

Drague.

alors le nom de *bateaux dragueurs*. Elles se composent d'un système de chaînes sans fin, à longues mailles pleines, égales et articulées, à peu près comme une échelle flexible; sur leurs traverses on fixe un certain nombre de *louchets* ou *hottes*, en forte tôle de fer, à des intervalles égaux. Cette chaîne, et par conséquent les *louchets* qui y sont attachés, passent sur un tambour qui les fait circuler le long d'un plan, qu'on est maître d'incliner plus ou moins; ils viennent tour à tour se charger de terre ou de vase en passant près du fond, et se vident ensuite à la partie supérieure dans un couloir, qui les dirige dans une marie-salope placée au-dessous. Dans le *bateau dragueur* simple, la drague est placée au milieu du bateau, dans une ouverture dont l'étendue est suffisante pour le jeu du plan incliné et de la drague. Dans le dragueur double il y a deux dragues placées en dehors du bateau, suivant des plans verticaux parallèles aux bordages. Dans ce cas, on peut draguer au pied d'un mur de revêtissement, et aussi près du rivage qu'on voudra; mais alors, pour que le bateau ne dérive pas, il faut que chaque drague éprouve à peu près la même résistance, ce qui est bien difficile à obtenir. Nous décrirons le bateau dragueur simple, qui est d'un service plus facile et d'un usage plus général que le double. Notre figure est une coupe verticale suivant la longueur du bateau, qu'on suppose placé sur une rivière, un canal, etc., dont on veut approfondir ou unir le lit. AA, bateau plat sur lequel est placée la drague, ainsi que la machine à vapeur qui la fait mouvoir; la première sur la poupe, et la seconde vers la proue du bateau. Une ouverture *ab*, d'une largeur de 30 pouces et d'une longueur suffisante pour le jeu du plan incliné B, de la drague C, est ménagée dans le milieu du bateau, comme nous l'avons déjà dit. B, chaîne double sans fin, formée de mailles pleines et articulées, d'une longueur parfaitement égale. E, *louchets* en forte tôle de fer fixés avec des boulons sur les traverses de la chaîne; leur contour est percé d'un grand nombre de trous de 6 lignes, pour donner issue à l'eau qu'ils puisent en même temps que le gravier. F, arbre carré qui, en tournant sur son axe, fait circuler la chaîne, dont les maillons sont d'une longueur égale aux côtés du cylindre. G, roue d'engrenage d'angle, montée en dehors du bâti, sur l'axe de l'arbre F; le mouvement lui est communiqué par les pignons coniques *g*, portés par un arbre vertical, et par le pignon *i* monté sur l'arbre horizontal *k*, auquel la machine à vapeur, placée en X, imprime le mouvement de rotation. Le diamètre de ces rouages est tel, que la machine à vapeur, qui doit être de la force de huit à dix chevaux, faisant environ trente tours par minute, en fasse faire six à l'arbre F pendant le même temps. Comme les louchets, en travaillant dans le fond de la rivière, sont dans le cas de rencontrer des obstacles invincibles, le pignon *i* n'est entraîné dans son mouvement que par un frein qui, cédant à un effort excessif, garantit la machine de tout accident. H, arbre carré placé au bas du plan incliné B, servant de renvoi à la chaîne D. Les bouts de cet arbre portent des disques d'un diamètre tel que la chaîne supposée tendue en dessous ne puisse pas se jeter de côté quand on vient à faire rétrograder la machine. *I*, couloir dans lequel les louchets viennent se vider. J, *marie-salope* qui reçoit les graviers ou les terres. *K*, petit treuil pour gouverner le plan incliné B, et faire mordre les louchets plus ou moins dans le fond. On remarquera que la distance des deux cylindres sur lesquels circule la chaîne étant moindre que la moitié de cette même chaîne, la partie inférieure de celle-ci forme une courbure qui fait plonger et traîner dans le fond chaque louchet avant qu'il se redresse, et lui donne ainsi le temps de se remplir. Le bateau a aussi dans le même sens un mouvement progressif, qui lui est donné au moyen d'un cabestan à deux rouleaux que la machine à vapeur fait tourner, et d'une corde de touage fixée à une ancre ou sur le rivage. On sillonne ainsi le fond à la profondeur qu'on désire, en remontant contre le cours de l'eau et ayant soin de maintenir le bateau à chaque voyage dans des directions parallèles.

DRAGUE, signifie aussi l'orge ou tout autre grain qui a servi à faire de la bière.

DRAGUER, v. a., nettoyer le fond d'une rivière, d'un canal, etc., avec l'instrument appelé *drague*, ou avec un bateau dragueur.

DRAGUEUR, adj. et s. m. Il se dit d'un bateau d'une construction particulière, qui porte une machine propre à tirer le sable du fond des rivières, des canaux, etc.

DRAGUIGNAN, ville de France, préfecture, chef-lieu du département du Var, siége de tribunaux de première instance et de commerce, avec une chambre consultative des manufactures, une bibliothèque publique, un cabinet de minéralogie, etc. Elle est bien bâtie; sa situation, au centre de nombreux coteaux couverts de vignobles, est des plus romantiques. Elle a des fabriques de gros draps, bas et cuirs, et commerce surtout en huile d'olives. A 198 lieues de Paris. 9,774 habitants.

DRAGUT, amiral ottoman, naquit dans un village de la Natolie. Il se mit à la suite d'un corsaire de sa nation, Barberousse le distingua et lui donna le commandement d'un petit bâtiment. Son audace rassembla bientôt autour de lui de hardis aventuriers, et il se trouva à la tête d'une petite flottille, avec laquelle il désola les côtes d'Espagne, de Sicile et d'Italie; c'était dans l'île des Gerbes, près de Tripoli, qu'il se retirait avec ses prises. André Doria voulut purger la mer d'un si habile flibustier; il le poursuivit sans relâche et le prit dans un port de l'île de Corse, où il avait été obligé de se réfugier à la suite d'un combat de mer. Les cupides Génois relâchèrent bientôt, moyennant une rançon de 3,000 écus, un si redoutable ennemi. Il reprit ses courses et ses pirateries, et prit d'assaut la ville d'Africa, qui devint sa place d'armes. Jusque-là il avait guerroyé pour son compte. Soliman-le-Grand, lui pardonnant ses crimes en faveur de son courage et de sa haine contre les chrétiens, l'enrôla dans sa flotte. Il se distingua bientôt par son courage, et, dans un combat où il était à l'avant-garde, il força la flotte d'André Doria à se retirer devant lui. Ce fut lui qui, plus tard, valut aux Ottomans la victoire de Gerbes, si humiliante pour Philippe II. Cinq ans après (1565), il eut la tête emportée par un boulet de canon au siége de Malte.

DRAHOMIRE, femme de Wratislas Ier, duc de Bohême, fit étrangler, après la mort de son mari (en 929), sa mère Ludwille, parce que, suivant les vœux du défunt duc, elle avait élevé ses enfants dans la religion chrétienne. Wenceslas, l'aîné de ses fils, ayant voulu persister dans cette croyance, Drahomire le fit assassiner par Boleslas, son frère; puis elle chassa tous les chrétiens de ses États. Irrité par ses crimes, l'empereur Othon l'attaqua, la vainquit et lui imposa de dures conditions. Suivant Æneas Sylvius, elle mourut engloutie dans un abîme qui s'ouvrit sous ses pas à peu de distance de Prague.

DRAINE (*ois.*), nom que porte une espèce de grive, *turdus viscivorus*, Linné. J. P.

DRAIS (le baron) (CHARLES-GUILLAUME-FRANÇOIS-LOUIS), né à Anspach le 23 septembre 1755, entra dans la carrière judiciaire sous les auspices du margrave de Bade, Charles-Frédéric, auquel il fut présenté en 1777, et devint son chambellan. En 1787 il entra dans le cabinet en qualité de membre du comité de police; mais il résilia cet emploi et fut grand bailli de Kirchberg jusqu'en 1794, époque à laquelle il vécut quelque temps dans la retraite jusqu'au congrès de Rastadt, où il fut envoyé par son souverain. En 1803, lorsque celui-ci fut élevé à la dignité électorale, il fut président du tribunal aulique, résidant à Rastadt. L'électeur lui témoigna sa satisfaction de la manière dont il avait rempli cet emploi, en le nommant, après la paix de Presbourg, premier commissaire pour l'occupation du Brisgaw et de l'Ortenau. Le souverain et ses sujets eurent également à témoigner dans ces circonstances leur reconnaissance à Drais, pour les services qu'il rendit dans ce poste. Après un court séjour à la cour du grand-duc, il alla présider la haute cour d'appel de Bruchsal, qui fut transférée à Manheim en 1808. Ce fut Drais que Charles-Frédéric chargea, en 1810, de conclure avec le ministre français, Narbonne, les arrangements relatifs à la cession de quelques portions de la principauté de Leiningen à la Hesse, en échange du comté de Nellembourg, dont se dessaisissait le Wurtemberg. Ce fut le dernier acte politique de Drais. Il mourut dans la retraite, le 3 février 1830. Il est auteur de plusieurs ouvrages d'histoire, de politique et d'administration, et de *Poésies* publiées en 1811.

DRAISINES, petites voitures à deux roues et à une seule ornière, et aussi à trois roues, formant alors trois ornières. En français on les a aussi appelées *vélocipèdes*. Elles servent à une locomotion assez rapide, surtout dans le premier cas, où l'homme placé sur le siége n'a besoin, pour faire marcher le char, que de ses mains ou de ses pieds, ou aussi des uns et des autres en même temps. Car le cheval de bois, monté sur trois roues, que l'on voit dans les Champs-Élysées de Paris, avec son lourd mécanisme et les deux leviers par lesquels le cavalier fait agir ce mécanisme sur les roues, ne constitue pas la véritable *draisine*, telle qu'on l'a vue à Bade et à Carlsruhe. Celle-ci, composée seulement d'un banc monté sur deux roues placées l'une à la suite de l'autre, et n'ayant qu'une seule ornière, est tenue en équilibre par la personne placée à califourchon sur ce banc, laquelle se pousse en avant du mouvement alternatif de ses deux pieds, et tourne en même temps la roue d'avant-train dans la direction qu'on veut suivre, en appuyant sur un mécanisme adapté à la roue. Au reste, les draisines ne sont guère qu'un jouet; mais leur inventeur, le baron de Drais, maître des forêts dans le grand-duché de Bade, s'en servait avec une agilité étonnante. Cette invention a été perfectionnée en Angleterre par Knight.

DRAKE (FRANÇOIS), célèbre navigateur anglais, né à Tavistock, dans le Devonshire, en 1545, servit dès son enfance à bord d'un bateau pêcheur. Plus tard, sir John Hawkins, son parent, lui fit donner de l'éducation; à dix-huit ans, il s'engagea à bord d'un navire qui faisait le commerce de Biscaye; à vingt-deux ans, il obtint le commandement d'un vaisseau, et se conduisit avec courage dans la collision que John Hawkins eut avec les Espagnols dans le port de Vera-Cruz. Il y perdit tout ce qu'il possédait. Il jura de se venger des Espagnols, et rassembla une troupe d'aventuriers, avec lesquels il effectua deux entreprises aux Indes orientales. Il en rapporta un riche butin, qui lui permit d'équiper deux vaisseaux, avec lesquels il alla, en 1572, prendre les villes de *Nombre de Dios* et de *Ventacruz*, situées sur la côte orientale de l'isthme de Panama. A son retour, il équipa trois frégates, avec lesquelles il servit, comme volontaire, en Irlande, sous les ordres du comte d'Essex. Bientôt il proposa à la reine Elisabeth d'aller attaquer les Espagnols dans la mer du Sud. Cinq vaisseaux furent mis sous ses ordres. Drake, parti de Plymouth le 13 novembre 1577, entra dans le détroit de Magellan le 20 août 1578. Poussé par une tempête, il reconnut le cap Horn. Sa flotte était dispersée : il l'attendit vainement dans l'île de Mochaan, au sud du Chili. Il continua sa route le long des côtes du Chili, du Pérou et de l'Amérique septentrionale, jusqu'au 48e degré de latitude nord, saisissant toutes les occasions de s'emparer des navires espagnols. Il vogua ensuite vers l'Océanie, toucha aux Moluques, manqua de périr près des Célèbes, toucha à Sumatra, doubla le cap de Bonne-Espérance, et débarqua à Plymouth le 3 novembre 1580, après une absence de trois ans Il avait fait le tour du monde, découvert plusieurs terres inconnues, et rapportait d'immenses richesses. Elisabeth l'arma chevalier le 9 avril 1581. En 1585, Drake fit une expédition aux îles du Cap-Vert et dans les Indes occidentales, contre les Espagnols. En 1587, il brûla, dans le port de Cadix, une division de la fameuse *armada*, lorsqu'en 1588 cette flotte, que les Espagnols avaient surnommée l'*invincible*, fit voile pour l'Angleterre. Drake fut nommé vice-amiral sous lord Effingham. L'année suivante il obtint le commandement de la flotte chargée de rétablir Don Antoine sur le trône de Portugal; expédition qui échoua par la mésintelligence de Drake et du général des troupes de terre. Drake fut mis à la tête d'une nouvelle entreprise contre les Espagnols dans les Indes occidentales. Après avoir échoué dans une attaque contre les Canaries, il alla se ravitailler à la Dominique. Après un combat acharné, mais sans résultat, contre la flotte espagnole, devant Porto-Rico, il alla brûler *Rio de la Hacha* et *Nombre de Dios*. Quelques jours après, une expédition qu'il avait envoyée contre Panama ayant échoué, il en conçut tant de chagrin qu'il fut saisi d'une fièvre lente dont il mourut le 30 décembre 1596. — Il existe un grand nombre de relations de son voyage autour du monde, On peut lire une vie de Drake dans les œuvres de Samuel Johnson.

DRAKE (JACQUES), médecin anglais, né en 1667, prit ses grades à l'université de Cambridge. Malheureusement pour lui il ne se borna pas à l'exercice de son art; il se mit à écrire, et principalement dans les journaux. Ayant fait paraître un ouvrage intitulé, *Histoire du dernier Parlement* (Londres, 1702, in-8o), on vit dans un passage de cet écrit une insulte à la mémoire du roi Guillaume. Cité devant la Chambre des lords, Drake fut acquitté. Un ouvrage qu'il publia sous ce titre : *Mémorial de l'Eglise d'Angleterre* (Londres, 1704, in-8o), fut brûlé par la main du bourreau. Enfin, en 1706, il fut traduit devant le banc de la reine pour un journal qu'il faisait paraître sous ce titre : *Mercurius politicus*. Quoiqu'il fût renvoyé absous, l'animosité de ces poursuites, jointes à l'abandon de son parti, lui causa une fièvre dont il mourut à Westminster en 1707. On a de lui une traduction anglaise d'Hérodote et plusieurs ouvrages de médecine.

DRAKE (FRANÇOIS), antiquaire et médecin anglais, mort en 1770. Il est l'auteur d'un ouvrage intitulé : *Eboracum*, ou *Histoire et Antiquités de la cité d'York*.

DRAKENBERG (CHRISTIAN-JACQUES), Norwégien, né à Stavanger en Norwége, l'an 1684, et mort à Aarhus en Danemarck, en 1770, n'est célèbre que pour la prodigieuse longévité dont il a donné l'exemple.

DRAKENBORCH (ARNOLD), né à Utrech en décembre 1684, y devint professeur d'éloquence le 15 mai 1716. L'Université de Leyde lui fit des offres très brillantes en 1740, mais il préféra rester dans sa patrie, où l'on créa pour lui la place de garde de la bibliothèque publique. Il mourut le 16 décembre 1747. Ses véritables titres à la célébrité sont l'excellente édition de Silius Italicus qu'il donna en 1717, et celle de Tite-Live qui parut de 1738 à 1746, en sept volumes in-4o.

DRAMALI (MÉHÉMET), fut choisi par la Porte Ottomane pour combattre Ali-Pacha, qui avait levé l'étendard de la révolte. Nommé visir de Larisse, il trompa toutes les espérances qu'on avait fondées sur lui, et, montrant une impéritie et une cruauté sans égales, il fut vaincu, dans toutes les rencontres, par les Grecs, et enveloppé dans la disgrâce de Khourschid. Il mourut empoisonné par un émissaire du Grand-Seigneur.

DRAMATIQUE, adj. des deux genres. Il se dit des ouvrages faits pour le théâtre et qui représentent une action tragique ou comique. Il se dit également de ce qui a rapport ou de ce qui est propre aux ouvrages dramatiques. On l'applique dans un sens analogue aux personnes. *Forme dramatique*, celle d'un ouvrage autre qu'une pièce de théâtre, dans lequel l'auteur, au lieu de raconter ou de décrire, met en scène et fait parler entre eux les personnages mêmes qu'il introduit. — **DRAMATIQUE** se dit encore, dans un sens particulier, de ce qui intéresse ou émeut vivement le spectateur. Il se dit, par extension, lorsqu'on parle d'un poëme épique, d'une histoire, d'un discours, etc., et signifie : qui offre une peinture vive et animée de l'action, des évènements, soit que l'auteur ait ou n'ait pas fait usage des formes dramatiques. Il s'applique dans le même sens aux poëtes épiques, aux orateurs, aux historiens, etc., dont les ouvrages ont ce genre de mérite. — **DRAMATIQUE** est quelquefois substantif masculin, et signifie alors le genre dramatique, *la forme dramatique*. Il désigne quelquefois ce qui excite particulièrement l'émotion dans une pièce de théâtre, dans un récit, etc.

DRAMATIQUE (*art*). Tous les arts ont leurs règles; mais les règles ont été devancées par les arts. Les premiers pas dans l'art dramatique ont été faits par des hommes de génie dont les inspirations furent comme une source qui coule d'abord faiblement, s'agrandit peu à peu, s'augmente du mélange des ruisseaux qu'elle rencontre, puis, étant parvenue à son plus haut degré de force et de puissance, change sa marche simple et timide en une course impétueuse, et s'embellit des aspects variés de tous les sites qu'elle traverse dans son cours. Quelles limites oserait-on donner à l'art? Les seules qu'on doive lui prescrire sont celles de la nature même dont l'art est une imitation. L'art dramatique est la peinture des scènes de la vie, des actions des hommes, de leurs caractères, de leurs mœurs, de leurs folies, de leurs ridicules, de leur héroïsme, de leurs crimes. La vraisemblance qu'il faut donner à cette peinture est donc la première loi imposée au talent du peintre. Vient ensuite le goût qui adoucit les teintes, prépare les nuances, ménage les transitions et jette sur l'ensemble l'harmonie qui embellit toutes les compositions. Les règles du théâtre ne doivent donc pas être fondées sur des autorités, mais sur la raison. Nous devons convenir que les trois unités d'action, de temps et de lieu, ajoutent beaucoup à la vraisemblance des poëmes dramatiques, quoique la dernière ait été depuis longtemps beaucoup moins observée, et qu'en effet elle soit la plus gênante et la moins utile. Quelques vers de l'*Art poétique* de Boileau suffiront pour résumer ce que beaucoup d'autres ont délayé dans de longs chapitres.

Le secret est d'abord de plaire et de toucher.
Inventez des ressorts qui puissent m'attacher;
Que dès les premiers vers l'action préparée
Sans peine du sujet aplanisse l'entrée.
Le sujet n'est jamais assez tôt expliqué.
Que le lieu de la scène y soit fixe et marqué.

. . . .

Qu'en un lieu, qu'en un jour, un seul fait accompli,
Tienne jusqu'à la fin le théâtre rempli.
Jamais au spectateur n'offrez rien d'incroyable;
Le vrai peut quelquefois n'être pas vraisemblable.

. . . .

Que le trouble, toujours croissant de scène en scène,
A son comble arrivé se débrouille sans peine.

Il suffit de méditer ce peu de principes pour concevoir ce qu'il est nécessaire d'observer dans un poëme dramatique; mais c'est en vain qu'on les saurait par cœur et qu'on étudierait ensuite *le Discours du poëme dramatique*, par Corneille; *la Pratique du théâtre*, par l'abbé d'Aubignac, et toutes les poétiques de La Harpe, de Marmontel, etc., etc., si l'on n'a été doué de ce sentiment particulier qui fait le poète dramatique. Écoutons Molière, ce grand maître de la scène, qui s'exprime sur ce sujet avec une liberté contre laquelle les pédants seraient bien embarrassés de trouver de bons arguments. C'est dans son petit chef-d'œuvre de *la Critique de l'École des femmes* qu'il fait parler ainsi son homme raisonnable :

DORANTE.

« Vous êtes de plaisantes gens avec vos règles, dont vous embarrassez les ignorants et nous étourdissez tous les jours. Il semble, à vous entendre parler, que ces règles de l'art soient les plus grands mystères du monde, et cependant ce ne sont que quelques observations aisées que le bon sens a fait faire sur ce qui peut ôter le plaisir que l'on prend à ces sortes de poèmes; et le même bon sens qui a fait autrefois ces observations les fait fort aisément tous les jours, sans le secours d'Horace et d'Aristote. Je voudrais bien savoir si la grande règle de toutes les règles n'est pas de plaire, et si une pièce de théâtre qui a attrapé son but n'a pas suivi un bon chemin! Veut-on que tout un public s'abuse sur ces sortes de choses, et que chacun n'y soit pas juge du plaisir qu'il y prend ?

URANIE.

» J'ai remarqué une chose de ces messieurs-là : c'est que ceux qui parlent le plus des règles et qui les savent mieux que les autres font des comédies que personne ne trouve belles.

DORANTE.

» Et c'est ce qui marque comme on doit s'arrêter peu à leurs disputes embarrassantes; car enfin, si les pièces qui sont selon les règles ne plaisent pas, et que celles qui plaisent ne soient pas selon les règles, il faudrait de nécessité que les règles eussent été mal faites. »

Le raisonnement que Molière prête à Uranie rappelle le mot du prince de Condé sur la tragédie de *Zénobie*, que l'abbé d'Aubignac se vantait d'avoir composée *suivant les règles prescrites dans la pratique du théâtre*. Elle fut sifflée, et jamais pièce n'ennuya plus méthodiquement. Le prince de Condé dit en sortant du spectacle : « Je sais bon gré à l'abbé d'Aubignac d'avoir si bien suivi les règles d'Aristote, mais je ne pardonne point aux règles d'Aristote d'avoir fait faire à l'abbé d'Aubignac une si méchante tragédie. » — C'est que les règles ne sont rien sans le génie; qu'un grand homme n'a pas besoin de les apprendre, et qu'un esprit étroit a beau les étudier, il ne produira jamais rien de beau et de grand. — Je ne prétends pas par-là que le poète dramatique puisse se livrer à toutes les extravagances et à toutes les aberrations que lui suggérerait sa fantaisie; le bon sens public en ferait justice. La querelle récente des classiques et des romantiques a tranché la question. Ceux-ci, en voulant renverser toutes les barrières, ont détruit tous les appuis. Les autres, en se renfermant dans la *stricte observance*, voulaient rendre l'art stationnaire. Les romantiques exagérés rétrogradaient au lieu d'avancer, puisqu'ils n'étaient que les imitateurs de ceux qui avaient composé des ouvrages marqués au sceau de la barbarie de leur époque. Les classiques s'enfermaient dans un autre cercle d'imitation; ils imitaient les formes, mais non le génie de ceux dont ils suivaient la bannière. — Les règles adoptées par le premier écrivain de talent qui ait illustré la scène française, par Corneille, furent suivies par ses successeurs, et ce fut la principale différence qui exista longtemps entre le drame de France et les théâtres d'Espagne, d'Angleterre et de l'Allemagne moderne, où ces maximes de critique ont été un sujet de controverse. Les formes arbitraires auxquelles les Français avaient assujéti leur théâtre étaient cependant, en général, fondées sur les règles d'une saine critique; mais, considérée littérairement et avec impartialité, l'interprétation donnée aux trois unités par les critiques français devait imposer à l'auteur dramatique une contrainte dont la sévérité n'ajoutait rien au mérite de son ouvrage. La première unité, celle d'action, est évidemment la plus importante, et on doit encore penser comme pensait Aristote lorsqu'il a dit : « Un tout est ce qui a un commencement, un milieu, une fin. Un intérêt concentré, duquel dépendent tous les évènements subordonnés, et auquel ils contribuent, doit se faire sentir dans tous les actes; il doit commencer avec la pièce, se développer et en suivre la marche; il doit continuellement être présent et jamais stationnaire, jusqu'à ce qu'enfin il se termine par une catastrophe. Dans cette règle il n'y a rien qui ne soit conforme au bon sens et à la saine critique. Si l'on introduit un intérêt séparé et distinct de l'action principale, on diminue l'effet général, en divisant l'attention des spectateurs. Cependant, les auteurs dramatiques modernes ne sont plus tenus de se renfermer dans l'uniformité et la simplicité du drame de la première époque, qui se bornait à un seul évènement développé par l'intervention de quatre ou cinq personnages et par les réflexions morales du chœur. Le goût moderne a ouvert au théâtre un plus vaste champ; les actions sont plus fortes, les intrigues mieux nouées; le jeu des passions, le développement des caractères, amènent des scènes plus compliquées de détails; et du concours d'un plus grand nombre de personnages il résulte une plus grande succession d'évènements. Cependant ces drames n'en ont pas moins une unité d'action qui doit dominer et absorber toutes les autres. Quant à l'unité de temps, sur laquelle les critiques de diverses nations ont été divisés d'opinion, si on la prend dans son acception rigoureuse, le temps pendant lequel l'action représentée est censée durer ne doit pas excéder le temps pendant lequel la représentation a lieu. Aristote lui accordait une révolution du soleil, et Corneille l'étendait à trente heures. Il faut convenir que si des évènements importants sont ainsi resserrés et pressés les uns sur les autres, cela détruit la probabilité que cette loi a pour but de conserver; ou bien il faut mettre en récit une grande partie de l'exposition, ou même des incidents qui gagneraient beaucoup à être mis en action. Les Espagnols ont divisé plusieurs de leurs pièces en journées. D'autres auteurs, comme ceux de l'enfance de l'art, ont compris dans une pièce plusieurs années, et l'on a vu, comme le dit Boileau, leur héros

Enfant au premier acte et barbon au dernier.

Il est évident qu'alors toute illusion est détruite, qu'il est difficile qu'un poète ait le pouvoir de fixer l'esprit des spectateurs sur une série d'évènements ainsi accumulés, et que le temps puisse sembler s'écouler sous leurs yeux avec une pareille rapidité. Nous avons dit qu'on observait moins sévèrement la troisième unité, celle de lieu; cette modification de doctrine prouve que l'on peut prendre pour les autres unités un terme moyen, qui, sans détruire tout-à-fait les principes, les fasse s'accommoder à des lois moins rigoureuses. Quant à l'illusion que doit produire l'art dramatique, il s'en faut de beaucoup qu'elle puisse jamais être complète, et le spectateur cherche lui-même à la détruire, en ne voyant dans les personnages du théâtre que les acteurs dont il chérit le talent. On admire les décorations, les costumes, le jeu de l'acteur, et on ne dit jamais : Sosie est bien amusant! Hermione m'a fait frémir! Mais : Samson est bien amusant dans Sosie, et mademoiselle Rachel m'a fait frémir dans Hermione. Si la représentation dramatique ne produit pas l'impression de la réalité, en quoi donc consiste son effet? Dans les émotions qu'elle fait éprouver à l'âme des spectateurs; et l'auteur dramatique a plus que tous les autres les moyens de toucher et de séduire, puisque son art réunit à lui seul ceux du poète, de l'orateur et du peintre, en s'adressant à l'imagination par les yeux et les oreilles à la fois. Quelque plaisir que puisse faire un drame à la lecture, il doit produire une impression bien plus vive à la représentation où le tableau est animé, et pour ainsi dire vivant, avec les avantages des décorations, des costumes, avec la magie de la pompe théâtrale, et avec la physionomie imprimée aux personnages par les acteurs qui, ayant approfondi les secrets de la diction théâtrale, font pénétrer leurs accents jusque dans le fond des cœurs. L'art dramatique est-il en progrès ou en décadence? Nous croyons pouvoir répondre qu'il est ce qu'il a toujours été, et que, depuis Eschyle, son éclat, sa décadence, sa renaissance, ont moins tenu à l'art lui-même qu'aux mœurs des temps et des pays où il apparaissait, et au génie particulier des poètes qui l'ont cultivé. L'enfance même de l'art dramatique a produit des chefs-d'œuvre, puisque nous admirons encore les tragédies de Sophocle et d'Euripide, les comédies d'Aristophane, de Plaute ou de Térence, malgré la différence des mœurs, des croyances et du langage. C'est que le génie est de tous les temps et de tous les lieux, que les passions des hommes ont toujours été les mêmes, et que ceux qui ont su les peindre ont des droits immortels sur tous les esprits capables de sentir le beau en tout genre. Nous admirons les ouvrages de ces poètes anciens, comme les œuvres de sculpture et d'architecture de leurs contemporains, qui servent encore de modèles, parce qu'il n'y a dans le fond de l'art que deux choses, l'imitation de la nature, et le choix du beau. Quand la révolution et le bouleversement des empires eurent entraîné tous les arts dans leur chute, l'art dramatique ne s'était conservé que sous une forme barbare et grossière, et on dut sa renaissance aux Italiens, comme on leur doit la renaissance de tous les arts. Ils commencèrent, dès le XIIIe siècle, par des farces tirées de l'Ancien et du Nouveau-Testament ; ils furent imités en Espagne et en France. Nous avons parlé, dans notre article COMÉDIE, de ces pieuses momeries où nos dévots aïeux, comme le dit Boileau,

Jouaient les saints, la Vierge et Dieu par piété.

C'était une imitation vicieuse des essais que, dans le IVe siècle, saint Grégoire de Nazianze avait faits en ce genre, pour opposer un théâtre chrétien au théâtre païen. Mais saint Grégoire avait mis dans ses pièces quelque éloquence et quelque dignité ; les Italiens et leurs imitateurs, dans un siècle où les lettres étaient perdues, où la langue était aussi grossière que les mœurs, ne mirent sur leurs tréteaux que des bouffonneries et des platitudes. (V. MYSTÈRES, NOVALITÉS, SOTTIES.) Nous ne répéterons pas ce que nous avons dit des essais de Jodelle, des nombreuses et naïves compositions de Hardy, et des pièces informes de Tristan, Mairet, Théophile, enfin de tout ce qui précéda le véritable art dramatique, qui reparut tout-à-coup sous l'influence de Corneille et de Molière : cet art n'était pas mort, il sommeillait, et s'éveilla avec un éclat que l'on ne surpassera jamais, si on peut l'égaler. Ce fut en France que l'art dramatique s'éleva au plus haut degré de gloire, et les nations voisines n'ont pu le lui contester, puisqu'elles ne se sont enrichies et ne s'enrichissent encore que des emprunts faits à notre théâtre. (V. THÉATRE ESPAGNOL, ANGLAIS, ALLEMAND, etc.) Non, l'art dramatique n'est point en décadence, il a varié de forme, il est approprié à l'état de notre société, il peint les mœurs actuelles, et le restreindre dans de trop anciennes limites, ce serait exercer une tyrannie semblable à celle des Égyptiens qui défendaient à leurs peintres et à leurs sculpteurs de donner de la vie et du mouvement à leurs figures, et qui les condamnaient à une immobilité perpétuelle. On en admire les formes gigantesques : mais on est glacé par leur monotonie. Qu'il vienne un poète dramatique d'un génie puissant, un auteur comique observateur et vrai, et notre siècle n'enviera rien à celui de Louis XIV. — Mais, il faut le dire, l'art dramatique est malheureusement livré à la spéculation. L'époque est peu littéraire. Le public, à quelques exceptions près, aime mieux les excentricités et les émotions fortes que les choses sages et régulières ; aussi les auteurs qui veulent des succès s'attachent plutôt à frapper fort que juste. Parlerons-nous de la multiplicité des théâtres? Mêlerons-nous à l'art dramatique cette profusion d'opuscules sans nom qui attirent la foule illettrée, éclosent et meurent rapidement, et se succèdent avec une abondance qui en décèle la stérilité? Ce serait profaner l'art que de l'assimiler au métier. Remarquons avec chagrin qu'on ne dit plus d'une pièce : elle est belle, bonne, bien faite ; mais : *elle fait de l'argent*. Nous nous arrêterons sur ce mot funeste qui éteint tout sentiment de noblesse et qui détruit cet amour de la gloire sans lequel il n'y a point de vrai succès dans les arts. Cependant le feu sacré brûle encore dans quelques âmes, et il est possible que le prix décennal proposé pour l'œuvre qui aura illustré la scène encourage quelques esprits, dignes de l'apprécier, à travailler dans le seul et véritable intérêt de l'art dramatique.

DU MERSAN.

DRAMATISTE, s. des deux genres, celui ou celle qui compose des ouvrages de théâtre. Il est peu usité.

DRAMATURGE, s. des deux genres, auteur de drames, de pièces qui tiennent à la fois de la comédie et de la tragédie. Il ne s'emploie guère que par dénigrement.

DRAMATURGIE. Ce mot n'est point admis par le dictionnaire de l'Académie, où cependant on trouve celui de *dramaturge*. Voici comment il explique ce dernier : « Auteurs de drames, de pièces qui tiennent à la fois de la comédie et de la tragédie. Il ne s'emploie guère que par dénigrement. » A l'étranger, les mots de *dramaturge, dramaturgie*, ne rappellent point une idée fâcheuse que ne justifie point non plus leur étymologie. Les Allemands, les Anglais, entendent par *dramaturgie* la science des règles qui doivent présider à la composition d'une pièce de théâtre et à sa mise en scène ; c'est à la fois la poétique du drame et la théorie de l'art théâtral. C'est ainsi que le mot a été pris par Lessing, lorsqu'il a publié sa *Dramaturgie*, et c'est ainsi qu'après lui l'ont entendu Bode, Claudius, Schink, Zimmermann, et surtout M. Tieck, dont les *Feuilles dramaturgiques* méritent une mention particulière. M. de Schlegel aurait pu donner le même titre à son excellent *Cours d'art et de littérature dramatiques*, bien que l'art du théâtre en soit exclu.

DRAME, MÉLODRAME, MIMODRAME, DRAME INTIME. Le mot *drame* devrait désigner toute espèce de pièces de théâtre, si l'on s'en rapporte à son étymologie grecque, car δρᾶμα signifie action ; mais nous avons restreint son application aux pièces qui ne sont ni des tragédies ni des comédies. Les drames sont, pour nous, des pièces tirées de la vie commune, mêlées d'aventures plus ou moins naturelles, plus ou moins romanesques, et de scènes tantôt pathétiques, tantôt amusantes, comme la société en offre le mélange. Avant que le mot drame fût adopté, il y avait cependant des pièces auxquelles les auteurs ne donnaient ni le simple titre de comédie, ni celui de tragédie. Corneille a intitulé *Don Sanche d'Aragon* comédie héroïque, comme Molière a intitulé aussi *Don Garcie de Navarre*. La *Psyché* de Molière porte le titre de tragédie-ballet. Saurin a donné à son *Beverley* celui de tragédie bourgeoise. On donne, par dérision, au genre mixte, le nom de *comédie larmoyante*. Le premier qui ait mis en crédit sur la scène la comédie où l'intérêt dominait est Lachaussée. Tout le monde connaît l'épigramme de Piron sur ce poète qu'il appelait le *Révérend père*, et lui-même avait fait cependant la comédie des *Fils ingrats*. Lorsque Lachaussée aborda le théâtre, voyant qu'on avait saisi les grands caractères et les grands ridicules, il tâcha de joindre une morale douce et utile à des situations touchantes. La peinture de la vie humaine, dit à ce sujet La Harpe, doit nous présenter les passions comme elle nous montre des travers et des ridicules. Nous nous sommes longtemps persuadés que la comédie ne devait que faire rire, et c'est avec ces préjugés étroits que l'on circonscrit l'étendue des arts et le vol du génie. La Harpe joignit l'exemple au précepte, et donna son drame de *Mélanie*, qui obtint quelque succès dû aux circonstances et aux *réclames* de la secte philosophique. Mercier, Baculard d'Arnaud et Diderot ont suivi la même route, et traité ce genre que, dans son origine, on nomme bâtard. Beaumarchais, avant de lancer sur la scène son amusant *Figaro*, larmoya dans les *Deux amis* et dans *Eugénie*. Des critiques routiniers attaquèrent ce genre, en disant : « Le drame tient de la comédie, puisqu'il est la peinture des » mœurs des simples citoyens ; il en diffère, puisqu'au lieu d'y » peindre les ridicules on y montre des vices avec les malheurs » qui en sont la suite. Il ressemble à la tragédie, puisque le but » qu'on s'y propose est d'attendrir ; il en diffère, puisqu'au lieu » d'y mettre en action des personnages puissants, on n'y représente que des particuliers. Définir cette espèce de pièces de » théâtre, c'est assez faire sentir que le bon goût doit la réprouver. » Nous ne sommes pas plus de l'avis de ces critiques que n'en était Voltaire lui-même, qui ne craignit pas de donner sous le titre de comédie le drame attendrissant de *Nanine*. Il nous semble qu'il y a un milieu entre le genre héroïque de la tragédie et la comédie proprement dite ; que ce genre intermédiaire est fort bien nommé *drame, action*, et que c'est à tort que ses antagonistes ont trouvé *le nom aussi ridicule que la chose*. Ne serait-il pas permis de peindre la société avec des couleurs naturelles et vraies, d'intéresser les spectateurs à des scènes de famille, de lui retracer les passions des hommes de toutes les classes? Faudrait-il toujours se guinder sur des échasses avec des héros auxquels on prête un langage ampoulé qu'ils n'ont jamais connu, et donner à la comédie une fausse allure de ridicule qui lui ôte toute sa vérité? Si nous voulons remonter à l'antiquité, est-ce que l'*Andrienne* de Térence n'est pas un drame? Mais si les anciens n'avaient pas connu le drame, serait-ce une raison pour nous traîner sur les traces de l'art dans l'enfance, et pour ne pas inventer un genre qui leur aurait été étranger? Molière n'a-t-il pas fait dans *Tartufe* un drame magnifique? Destouches n'a-t-il pas mis de l'intérêt dans la plupart de ses comédies? Ce que d'autres n'ont pas fait, est-il donc défendu de le faire? L'art doit-il être plus stationnaire que la civilisation? Autant vaudrait dire que nous devons agir, parler et nous vêtir comme nos aïeux ; qu'il faut aujourd'hui bâtir des maisons comme les premiers hommes qui se faisaient des cahutes ; que nous devons peindre comme ces anciens artistes qui ne connaissaient ni le clair-obscur ni la perspective, et composer de la musique comme on la faisait lorsqu'on ne connaissait encore que le plain-chant. Quoi qu'il en soit, le drame prit droit de bourgeoisie au théâtre, et la parodie ne manqua pas de protester contre ses succès. Mercier, qu'on surnomma *le Dramaturge*, prit en main la défense du drame, et lui consacra d'assez bons plaidoyers, dans son ouvrage intitulé : *De l'art dramatique*. Il se brouilla à ce sujet avec le Théâtre-Français, et ses drames furent joués d'abord à la Comédie italienne, puis en province, où ils eurent beaucoup de succès, puis au Théâtre du Marais, qui fut fondé vers l'époque de la Révolution. C'est à ce théâtre que parut le drame de *la Mère coupable*, de Beaumarchais, et qu'on joua ensuite le *Robert, chef de brigands*, imité, par Lamartellière, de Schiller, dont on a depuis importé en France beaucoup d'autres productions. L'époque révolutionnaire fut éminemment favorable au drame; celui des *Victimes cloîtrées* fut un de ceux qui produisirent le plus grand effet. Nous ne saurions dire le nombre des autres pièces qui succédèrent à cette sombre composition. La liberté des théâtres, proclamée en 1792, fit éclore une grande quantité de spectacles; il leur fallait un aliment, et le drame en fut un des principaux. La terreur qui régnait alors étendit son empire sur le théâtre. Les idées sanguinaires, qui étaient à l'ordre du jour, inspirèrent des pièces atroces; l'une d'elles, *la Forêt périlleuse*, ou *les Brigands de la Calabre*, jouée à la Cité, inspira tant d'horreur, que l'auteur fut obligé de changer son dénoûment, où il exposait à la vue des spectateurs un cadavre sanglant et mutilé. C'est la première pièce de ce genre qui fut intitulée *mélodrame*. Le même auteur fit représenter au théâtre Molière *le Château du diable*, pièce à machines, à laquelle on donna le même titre, mais qui avait été jouée d'abord sous celui de *comédie héroïque*. Avant que le titre de mélodrame eût été adapté aux pièces du boulevard, on y avait donné d'abord des pantomimes. Cuvelier, auteur fécond et habile dans ce genre, imagina d'entremêler ces pantomimes de scènes parlées; on les intitula *pantomimes dialoguées*, et ensuite on leur donna le titre de *mimodrames*. Ce fut vers 1800 que Guilbert de Pixérécourt, qui avait donné à beaucoup de ses pièces le titre de drame, leur donna celui de *mélodrame* qui prévalut, et que ce genre d'ouvrages devint le partage exclusif des théâtres du boulevard, où son invasion fut rapide et son règne brillant. Comme toutes les puissances nouvelles, il eut ses ennemis; on l'attaqua de toutes les manières. Le titre de mélodrame devint synonyme d'ouvrage ridicule. Lorsque, dans une tragédie, il y avait beaucoup d'intérêt et de mouvement, qu'elle sortait de la règle froide et compassée de l'ancien monde, on criait au mélodrame, ce qui arriva pour *Ninus* et pour *Artaxerce*. A ce compte, la *Sémiramis* de Voltaire eût été un mélodrame Les journaux joignirent leur voix au cri général de proscription; les vaudevilles ne manquèrent pas d'aiguiser leurs pointes; les parodies se mirent de la partie. On vit paraître successivement : *A bas les diables*, *à bas les bêtes! Colombine dans la tour de l'Est; le Retour du Croisé; la Femme innocente, malheureuse et persécutée; le Tyran peu délicat*, ou *l'Enfant de cinq ans muet et courageux*. Des brochures accusatrices parurent en grand nombre. L'une était intitulée: *Plus de mélodrames! leurs dangers, considérés sous le rapport de la religion, des mœurs, de l'instruction publique et de l'art dramatique*; 1814. Une autre s'annonçait sous le titre ironique de : *Traité du mélodrame*, par M. A! A! A! 1817. Pixérécourt répondit sérieusement à ces attaques par une brochure publiée en 1818, et intitulée: *Guerre au mélodrame!!!* Il y avait répondu d'avance par trente succès populaires, et il y a répondu depuis par trente autres succès. On a plus parlé de *Cœlina*, de *la Femme à deux maris*, de *l'Homme à trois visages* et du *Chien de Montargis* que de vingt tragédies mort-nées, et d'autant de comédies avortées qui portaient noblement l'ennui sur les scènes supérieures. Pixérécourt prouva que le drame lyrique avait été la première expression du mélodrame, et que Sedaine, Bouilly et d'autres n'avaient pas fait autre chose dans *Richard Cœur-de-Lion*, *les Deux journées*, *Lodoïska*, et vingt autres pièces. Il prouva que l'introduction de la musique à certains endroits, aux entrées, aux sorties, et dans les grands mouvements, remplaçait les chœurs, les morceaux d'ensemble, et était plus naturelle que son emploi dans certaines ariettes. C'est en vain qu'on lui reprocha l'abus du tyran et du niais, la perpétuité de l'innocence persécutée, du crime puni et de la vertu triomphante, les erreurs d'un style tantôt plat, tantôt boursouflé, rarement correct et souvent inintelligible. Le brave écrivain sembla par son impénitence avouer le vers où un satirique lui faisait dire :

Je n'écris que pour ceux qui ne savent pas lire.

Il serait cependant difficile de croire à la réalité des phrases suivantes que M. A! A! A! prétend avoir recueillies dans divers mélodrames :

« L'oreiller du remords est rembourré d'épines.
» La mélancolie est une rose qui s'effeuille.
» Qu'un malheureux est à plaindre quand il est infortuné!
» Le soleil est un éternel réverbère.
» Le sentiment est la soupape de l'âme. »

Du reste, nous avons vu dans certaines tragédies des vers aussi burlesques que cette prose. Dédaignant les vaines clameurs, le mélodrame éleva sa tête superbe, marcha à pas de géant à travers ses ennemis, et il poursuit encore sa marche triomphale depuis bientôt un demi-siècle. Cependant tout change de forme. Le mélodrame, qui d'abord ne dépassa point les limites de trois actes, et qui, sauf de rares exceptions, respecta les règles établies, et même les trois unités, se trouva arriéré lorsque le genre *romantique* apparut. Le mélodrame, vers 1830, agrandit sa sphère, et ne craignit pas d'aborder les cinq actes. Bientôt cette division ne lui suffit plus : les actes furent partagés en tableaux, qui s'élevèrent successivement jusqu'au nombre de quinze ou dix-huit. Les unités disparurent; Victor Ducange inaugura fièrement *Trente ans ou la vie d'un joueur*. Le *romantique* ou *romantisme* est dans la seconde phase du mélodrame et la troisième du drame; mais il ne s'arrêta pas aux scènes subalternes. Une grande révolution dramatique plaça dans le palais des rois tragiques détrônés cet usurpateur né dans la tourbe plébéienne des théâtres. Le drame romantique invoqua en vain d'illustres aïeux, et prétendit descendre en ligne directe de Shakespeare et de Schiller; les généalogistes trouvèrent une barre dans son écusson, et prouvèrent qu'il avait dérogé par des alliances roturières, et qu'il était fils naturel du mélodrame. Quelle gloire y avait-il à tirer son origine d'une souche anglaise ou germanique? Quel mérite pouvait lui donner sa ressemblance littéraire avec des œuvres écloses dans l'enfance de l'art? Quoi qu'il en soit, un hourrah d'admiration accueillit les premiers pas des hardis novateurs, ou plutôt des *résurrectionistes*, comme aurait dit Mercier. En effet ce fut le vrai mélodrame, le mélodrame pur sang qui prit possession de la scène française, du théâtre de l'Odéon et de celui de la Porte-Saint-Martin, qui devint momentanément la succursale du *temple de Melpomène*. Mais un homme de talent avait déjà essayé de naturaliser ce genre d'ouvrage sur la scène française. Népomucène Lemercier y avait risqué *Pinto*, que les routiniers proscrivirent dès sa naissance; et il avait lancé sur le théâtre de l'Odéon *Christophe Colomb*, qu'une jeunesse classique réprouva, et que Napoléon défendit vigoureusement contre l'École polytechnique. Ici la question deviendrait épineuse si on ne la renfermait dans les limites d'une discussion d'art; ce furent des littérateurs, des hommes de génie et de talent qui se donnèrent toutes leurs franchises. En renversant toutes les barrières, ils ne respectèrent pas celle du goût; les spectateurs du boulevard n'en demandaient pas, et les curieux qui couraient s'y mêler faisaient abnégation de doctrines littéraires et de toute espèce de purisme pour se laisser impressionner par les situations fortes, les incidents romanesques, et par cette naïveté d'extravagance dont l'étrangeté n'était pas sans quelque charme. Le mélange du terrible et du bouffon faisait naître en même temps une larme et un éclat de rire : le niais obligé venait à propos essuyer les larmes que faisaient répandre les infortunes des amants persécutés. Mais quand le mélodrame se fit gentilhomme, quand il revêtit sévèrement le costume historique, quand les dagues de Tolède en voulurent aux têtes couronnées, la chose devint sérieuse; le peuple ne s'y accusa plus, et la société se plaignit qu'on lui donnait la tragédie en robe de chambre. Lors de l'apparition du mélodrame, les rigoristes avaient crié à l'immoralité, au scandale; on avait dénoncé aux rigueurs de la censure les empoisonnements, les assassinats, les cavernes, les brigands, les bourreaux, et surtout la représentation des scènes religieuses. La nouvelle école ne se fit faute d'aucun de ces ingrédients: elle y joignit une forte dose d'enterrements, et saupoudra le tout d'un style de vieilles chroniques ou de poésie ronsardisée, dont l'allure pédantesque détruisit cette bonhomie qui faisait que le mélodrame était l'ami de tout le monde. Le vieux mélodrame avait vécu trente ans; le nouveau n'atteignit pas le tiers de cette carrière. Alors apparut le *drame intime*, que l'on donna comme une nouveauté. Cependant c'étaient bien des drames intimes que le *Père de famille*, *Eugénie*, le *Philosophe sans le savoir*, et le fameux drame de *Misanthropie et Repentir*. Mais les prétendus novateurs assurèrent qu'ils perfectionnaient le genre en peignant d'une manière plus vraie, pour ne pas dire plus crue, les scènes d'intérieur dans lesquelles ils dévoilèrent jusqu'aux mystères de l'alcôve. La scène ne fut pas longtemps à changer. Le mélodrame s'était fait gentilhomme, puis roué, il se fit peuple. Il quitta alors son nom, et reprit encore celui de drame. Toute pièce, au boulevard, est maintenant intitulée drame, et quelquefois *drame populaire*. Le public était las des rois et des reines, des chevaliers du moyen âge, des adultères de princesses, et des crimes brodés sur toutes les coutures. La transition fut brusque. Au lieu de brigands poétisés, parurent tout-à-coup des voleurs déguenillés et des héros en veste et en blouse. Le mélodrame endossa le frac et le paletot. Au lieu de cavernes et de châteaux, on montra les bagnes, la correctionnelle et la cour d'assises. C'est à cette époque que parut ce héros grotesque devenu type, symbole de la démoralisation, et qui eut le tort d'appeler le rire sur ce qui ne devait inspirer que l'horreur et le dégoût. Robert Macaire et Bertrand sont bien plus dangereux que Faust et Méphistophélès. Cette personification du crime vil et effronté, jetée à la face de notre siècle, est la plus sanglante injure qu'on ait pu lui faire, et il l'a accueillie comme une excellente plaisanterie, au rebours de cet homme à qui l'on donnait un coup de pied et qui demandait si c'était tout de bon ou pour rire : — C'est très sérieusement, lui dit le provocateur. — A la bonne heure, répondit-il; je n'aime pas qu'on plaisante avec moi. Mais le peuple n'aime pas un miroir trop fidèle. Il ne s'est pas amusé longtemps à voir ses guenilles et à entendre préconiser les vertus de la borne et le mérite du ruisseau. Il a vu qu'on le donnait en spectale aux gens comme *il faut*, qui souriaient avec dédain quand il s'applaudissait lui-même. Le règne du drame populaire a été de courte durée. Cependant une révolution est faite. Le drame est triomphant; il faut que la tragédie et la comédie soient *dramatisées*. On n'y veut plus de personnages de convention. Dorante, Valère, Araminte, Mascarille, Frontin et Lisette sont comme les vieux tableaux qu'on va voir dans une galerie, mais qu'on ne permet plus aux peintres modernes. Il en est de même des héros tragiques. On les admire encore dans les vieux chefs-d'œuvre comme on respecte au Musée les ouvrages des anciens maîtres, mais on a assez de statues et de peintures antiques, et on demande aux artistes d'aujourd'hui de ne plus les copier. Au moment de la réaction dramatique, un poète savait faire une sorte de fusion des deux genres. Casimir Delavigne, soit par système, soit par timidité, n'imita pas les grands écarts des novateurs, et ne resta pas tout-à-fait dans la route battue. Quoique son *Louis XI* soit une tragédie, et qu'il y ait placé des scènes de terreur, il y mêla aussi des détails de naturel qui appartiennent au genre comique. Il prit le même parti dans *les Enfants d'Edouard*. Dans *Don Juan d'Autriche*, il ne craignit pas d'introduire l'acte des moines et le personnage du jeune novice, qui n'ont rien de la majesté tragique ou de la noblesse du genre héroïque. Mais ce qu'il a toujours respecté, c'est la langue française, c'est le purisme de la poésie; et c'est en cela qu'il mérite d'être imité.

Auteurs de nos jours, faites donc des drames tragiques, comiques, bouffons même ! Intéressez, amusez, faites pleurer, faites rire : mais songez que s'il n'est retenu par le goût, le génie est souvent prêt à s'égarer. Repoussez le hideux, le grotesque, et ne prenez point le trivial pour le naturel. La nature a des écarts, elle produit des monstres ; ce ne sont point ses aberrations, mais ses lois qu'il faut suivre, car le comble de l'art c'est l'imitation de la belle nature. Cependant le théâtre a besoin de contrastes, comme il faut des ombres dans un tableau. Le drame ne doit donc pas exclure les figures basses et grossières, mais c'est en faire abus que de les placer au premier rang, ou de les faire triompher. Dans ce combat des anges et des démons, les anges sont vainqueurs. Ce serait insulter la société que de prétendre la représenter en retraçant d'affreuses exceptions, qui heureusement ne sont pas plus ses véritables éléments qu'elles ne doivent être les éléments du drame. DU MERSAN.

DRANCE (SAINT), était un prêtre du diocèse de Reims, qui fut envoyé dans la Morinie vers 662, pour aider saint Omer dans ses fonctions épiscopales quand il eut perdu la vue et que saint Mommelin eut été nommé à l'évêché de Noyon. Saint Drance, ayant été sacré évêque avec le titre de coadjuteur déploya tant de zèle dans l'administration du diocèse de Térouanne, que saint Omer lui abandonna les droits et les biens de son évêché. Il mourut, d'après la chronique de saint Bertin, citée par Malbrancq, le 23 août 681, et fut inhumé dans l'église de Térouanne.

DRANGIANE ou **ZARANGIANE** (*géog. anc.*), province de l'Asie, bornée à l'E. par l'Arachosie, au sud par la Gédrosie, au nord par l'Asie.

DRANSFELD (JUSTE DE), professeur et recteur de l'Université de Gœttingue, né en 1633 et mort en 1714, est l'auteur d'une édition du traité d'Érasme intitulé : *Conscribendarum epistolarum ratio* et de quelques autres ouvrages estimables.

DRAP, sorte d'étoffe de laine. *Drap d'or, drap de soie*, étoffe dont le tissu est d'or ou de soie. Quand le mot *drap* est employé seul, il s'entend presque toujours du drap de laine. Prov. et fig., *Il peut tailler en plein drap, il a de quoi tailler en plein drap*, il a amplement et abondamment tout ce qui peut servir à l'exécution de son dessein. *Il a taillé en plein drap*, il a été en pouvoir de faire tout ce qu'il a voulu. Prov. et fig., *La lisière est pire que le drap*, se dit pour exprimer que les habitants des fontières d'une province à laquelle on attribue certains défauts sont encore pires que ceux de l'intérieur du pays. Prov. et fig., *Au bout de l'aune faut le drap*, toutes choses ont leur fin; il ne faut ni s'étonner ni s'affliger de voir qu'elles viennent à manquer quand on en a usé autant qu'on le pouvait. Prov. et fig., *Il veut avoir le drap et l'argent*, se dit d'un homme qui ne paie pas une chose qu'il a achetée, ou qui retient une chose qu'il a vendue. *Drap de pied*, pièce de drap, de velours, etc, qu'on étend sur le prie-Dieu des personnes du premier rang, et qui déborde en avant, de manière à leur servir de marchepied. *Drap mortuaire*, pièce de drap, ou de velours noir, etc., dont on couvre la bière ou le cénotaphe au service des morts. — **DRAP** signifie aussi une grande pièce de toile qu'on met dans le lit pour y coucher. Fam., *Se mettre entre deux draps*, se coucher, se mettre au lit. Prov. et fig., *Mettre quelqu'un en de beaux draps blancs*, dire beaucoup de mal de lui; et, dans un sens plus général, le mettre dans une situation embarrassante, lui susciter des affaires. Fig. et fam., *Ce malade, cet enfant ne se soutient non plus qu'un drap mouillé*, il ne peut se soutenir.

DRAPS (*arts mécaniques*). Quand le fabricant a fait choix de la laine qui lui convient, il procède à l'*épluchage* ou *détrichage*, qui a pour objet de séparer la matière en tas de 3 à 4 qualités; au *dégraissage* qui lui enlève le reste de suint ou de saletés qu'elle contient. La laine est alors portée au *diable* ou *loup*. Cette machine consiste en un tambour de trois pieds de diamètre et autant de longueur, tournant sur son axe avec une vitesse de 100 tours environ par minute. Son contour est armé de pointes de fer, qui se croisent avec d'autres pointes semblables fixées à l'intérieur d'une surface cylindrique au milieu de laquelle est placé le tambour. La laine, étant jetée sur une toile sans fin le plus uniformément possible, est amenée à la machine par des cylindres nourrisseurs comme dans une *carde*; elle sort par le côté opposé après avoir reçu l'action vive et répétée des pointes du tambour en mouvement. Cette machine, qui exige la force d'un cheval, peut ouvrer 3 ou 400 livres de laine par jour. Après cette opération vient le *draussage* ou *cardage* en gros. La laine, en sortant de cette machine, se roule sur un tambour et forme un manchon d'un poids donné qu'on ouvre et qu'on place ensuite sur la *carde à loquettes*; c'est une carde analogue à celle dont on fait usage pour le coton, mais avec cette différence dans les résultats que, pour le coton, toutes les opérations successives qu'on lui fait subir ont pour objet d'amener à une direction parallèle tous les filaments élémentaires, afin d'avoir un fil uni et sans barbe, tandis que c'est le contraire qu'on cherche dans la filature de la laine. C'est pour cette raison que les loquettes sont prises en travers sur le tambour, mais on en forme des boudins d'une longueur indéterminée, en les soudant les uns au bout des autres. Ces boudins, placés dans des paniers, des pots de ferblanc ou de tôle, sont portés aux métiers à filer. (Voyez FILATURE.) C'est ainsi que se prépare la laine destinée à la fabrication des draperies fortes et feutrées; mais celle qui est destinée aux étoffes légères est peignée au lieu d'être cardée. (Voyez PEIGNAGE.) Nous réserverons la *teinture* pour un article spécial : on la fait en laine, en fil ou en drap, selon l'espèce de fabrication. *Tissage*. — L'opération du foulage, rétrécissant le drap d'environ la moitié, il faut en tisser la toile d'une largeur double de celle qu'on veut avoir en définitive. Les beaux draps fins portant $\frac{6}{4}$ de large ont été tissés à $\frac{12}{4}$ en trois aunes; ce travail se fait avec un *métier à tisser*. Les fils d'une chaîne étant très tendres, quoique *parés*, se cassent aisément ; un bon ouvrier s'en aperçoit de suite et les rétablit; il garantit ainsi les étoffes des défauts qu'on nomme *fourlançure, bordure, pas de chat*, etc., qui proviennent des fils de la chaîne qui manquent, qui sont en trop, ou trop peu étendus, qui se marient et ne croisent plus. Un des moyens d'empêcher la rupture des fils de la chaîne, c'est de l'huiler de temps en temps entre les tissus et le peigne. A mesure que les pièces sont reçues, elles sont marquées par l'une des *nopeuses*, qui y brode en caractères lisibles à l'envers en tête et en queue, avec du fil de couleur différente de celle de l'étoffe, le nom même du drap, celui du fabricant et sa demeure. On choisit pour faire l'*endroit* du drap le côté de la toile qui présente le moins de défauts ou de nœuds. Les pièces étant ainsi marquées, on leur fait subir l'opération du *nopage*, de l'*épincetage* et de l'*épontissage*, qui consiste à dédoubler les fils qui seraient doubles, à rapprocher les fils dans les *clairures*, à détruire les nœuds à l'aide de petites pinces pointues qu'on appelle *brucelles*, à retirer les ordures, les pailles qui seraient prises dans le tissu, qu'on fait tomber ensuite à l'aide d'un petit balai de bouleau sec. Cette opération a lieu pour les draps fins au moins trois fois en différentes circonstances : la première sur le drap en toile, et s'appelle *nopage en gras* ou en *écru*; la seconde, après le lavage du drap, s'appelle *nopage* en maigre; la troisième à la sortie des apprêts, et prend le nom de *nopage en apprêt*. — *Foulage des draps.* — C'est le feutrage d'une étoffe de laine qui en fait du drap. On feutre les draps en les foulant, au moyen de *maillets*, à la manière de France et d'Angleterre, ou de *pilons*, comme les Flamands et les Hollandais, dans des auges de bois qu'on appelle *piles* ou *pots*, d'une forme qui sera expliquée au mot *moulin à foulon*. Ce travail se divise en trois temps, le *lavage*, le *dégraissage*, et enfin le *feutrage*, qui se font avec de l'urine, de la terre glaise ou argile et du savon. Le lavage a pour objet de purger le *drap* des huiles et de la colle qui ont été employées lors du cardage et du tissage. Ce lavage se fait dans les piles des foulons, à l'urine ou à la terre glaise, en faisant battre les maillets ou pilons très lentement, pour ne pas donner à l'étoffe un commencement de feutrage. Lorsqu'on lave à la glaise, on mouille d'abord l'étoffe pour ramollir la colle et la disposer à se bien enduire de cette terre. A cet effet, on la roule sur elle-même et on la porte dans la pile, où on la fait battre en y faisant arriver de l'eau pendant une demi-heure; alors on la retire, on la laisse égoutter un peu, et puis on la remet en rond, en répandant la terre par dessus. Cette pièce, replacée dans la pile, y est de nouveau battue pendant trois quarts d'heure, en versant en même temps deux seaux de glaise bien épurée et bien délayée; on la fait ensuite dégorger, en continuant le battage pendant une heure, à grandes eaux qu'on fait arriver par des robinets, et qu'on laisse sortir par des trous pratiqués au fond des piles. Le *lavage* à l'urine est moins long. Il suffit de mettre la pièce de drap roulée dans la pile, et d'y verser assez d'urine pour la tremper entièrement. Le reste se fait de même que dans le lavage a la terre. Le *drap*, ainsi lavé et sec, subit le *nopage en maigre*. Pour le *dégraissage* on fait battre le drap après l'avoir placé en rond dans la pile avec de la terre délayée, en quantité suffisante, et y faisant tomber un léger filet d'eau pendant un quart d'heure. Alors, arrêtant le cours de ce filet d'eau, on laisse battre pendant six heures environ, jusqu'à ce qu'enfin toute la graisse du *drap* soit absorbée par la glaise, ce qui se manifeste par beaucoup d'écume sous les pilons. On fait dégorger en laissant battre pendant quelque temps à grande eau. Pendant cette opération il y a une manœuvre à faire qui exige deux personnes : elle consiste à tirer d'heure en heure le drap de la pile et à le *détirer* de main en main par les lisières, afin de lui faire prendre l'air et d'empêcher les faux plis de se former. Tout le travail du *lavage* et du *dégraissage*, que nous venons d'indiquer, n'est que le préparatoire à celui du *foulage au savon*. Dégorgé, parfaitement net, égoutté au point de n'être plus que légèrement humide, le *drap* est placé dans la pile du foulon. Ayant fait dissoudre dans l'eau et sur le feu 7 à 8 livres de savon blanc, plus ou moins, suivant la dimension de la pièce d'étoffe, on partage cette dissolution savonneuse en deux portions égales, et l'on ajoute à une de ces moitiés une quantité d'eau tiède, de manière à en avoir deux seaux. On lui donne le nom d'*eau blanche*. Cette dissolution étant refroidie, on en arrose le drap à mesure qu'on le range en rond dans la pile, et puis on fait battre d'abord lentement, et puis précipitamment, pendant 10, 12, 15, 20, 25, 30 heures, et même plus, suivant que le drap est, par sa qualité et sa préparation, plus ou moins disposé au foulage, et qu'il a peu ou beaucoup à perdre de sa dimension. Il est de règle qu'un *drap* de cinq quarts, première qualité, doit avoir acquis la force et l'épaisseur convenables, quand il se trouve réduit, après le foulage, savoir : sur la longueur, de 63 aunes à 42; et sur la largeur de 2 aunes un quart à cinq quarts. Ainsi le *foulage*, d'où dépendent le corps, le moelleux et la beauté des *draps*, ne leur procure ces importantes qualités qu'aux dépens de leur longueur et de leur largeur. Le drap étant foulé, on le fait *dégorger* dans la machine à l'eau claire, en le faisant battre à plat pendant une heure et plus; puis on le porte au trempoir, pour le bien rincer au courant de l'eau en le houant, et on le fait sécher. Les draps sortant des moulins à foulons subissent successivement diverses opérations qu'on nomme *apprêts*. L'apprêtage se compose du *lainage*, du *tondage*, du *ramage*, *épantissage*, *couchage*, *pressage* et *entoilage*. Le lainage des draps est une façon qu'on leur donne alternativement avec la tonte, en les tirant en longueur du côté de l'endroit, soit avec des brosses dures, des cardes, soit avec des têtes de *chardon*. L'objet de cette façon est de recouvrir, de garnir d'un duvet très serré la surface du drap, et de donner en même temps aux poils une direction déterminée. La machine appelée *laineuse* consiste en un tambour formé de cercles de fonte, sur le contour desquels sont fixées 10 ou 12 barres de bois armées de têtes de chardons dont les piquants sont tous dirigés dans le même sens. Ce tambour, tournant très rapidement sur son axe, dans le sens des piquants, produit sur la pièce de drap qu'on lui présente successivement, tantôt en montant, tantôt en descendant, un brossage très uniforme. Le *tondage* se fait avec une machine qui tond par mouvement continu de rotation, soit dans le sens de la longueur, soit dans le sens de la largeur de l'étoffe. (*V.* TONDEUSE.) L'objet de la tonture est de découvrir le tissu ou la corde du drap, pour que les chardons l'atteignent, le pénètrent, en démêlent les poils et les amènent à la surface. — *Des ramages des draps.* — Les draps, ayant subi les opérations du *lainage* et du *tondage*, sont mis à la *rame* pour en effacer les plis et les mettre à une largeur uniforme dans toute leur longueur. La *rame* est composée de poteaux plantés en terre et de plusieurs traverses dont la supérieure est mobile. Les traverses du bas et du haut portent des crochets en fer très rapprochés, auxquels on accroche le drap par les lisières, après l'avoir suffisamment mouillé; alors, élevant la traverse supérieure à l'aide de leviers ou de vis, on la fixe partout à la même hauteur; quand on juge que l'étirage du drap est suffisant, on peut de cette manière lui rendre de la largeur qu'il aurait perdue par une rentrée trop considérable au foulage. On laisse sécher la pièce sur la rame, et puis elle est remise aux *épousseteuses*, qui l'examinent avec la plus grande attention et en retirent la poussière, etc. — *Du couchage du poil des draps.* — Cette opération a pour objet de donner une seule et même direction aux poils d'une étoffe, dans toute sa longueur du côté de l'endroit. Ce travail, qui termine les façons du drap fin, s'exécute à une machine de rotation analogue à la machine à lainer, mais dont la moitié des barres du tambour sont des brosses raides de poils de sanglier, au lieu d'être des chardons, et l'autre moitié, des planches garnies de la substance avec laquelle on compose les *tuiles à lustrer*, qui est un mélange de résine, de grès pilé et de limaille de fonte tamisée, en égale quantité, le tout mêlé et broyé à chaud, de manière qu'étant refroidi il a la consistance d'une pierre. Le drap doit être légèrement arrosé. Le couchage étant terminé, on plie la pièce en deux, dans le sens de la longueur, l'endroit en dedans, les lisières l'une contre l'autre, et puis, la repliant sur elle-même en zigzag, on en fait un rouleau enveloppé de la tête, qu'on porte ainsi à la presse.

DRAP D'ARGENT (*conchyl.*), nom marchand d'une espèce de cône, le *conus textilis*. Il paraît qu'on le donne aussi quelquefois au *C. stercus muscarum* ou cône piqûre de mouche, et même au *buccinum flammeum*. J. P.

DRAP D'OR (*bot.*). On donne ce nom à une variété de pommes et de prunes. J. P.

DRAP D'OR (*conchyl.*), nom donné par les marchands à plusieurs espèces de cônes à cause de leur couleur jaune, souvent fort belle, et surtout de la décussation des sillons longitudinaux et transversaux qui les font ressembler un peu au tissu de l'étoffe appelée drap d'or. Tel est le *drap d'or proprement dit*, qui est le *conus textilis*. Le *drap d'or à fond bleu*, *C. textilis*, var. Le *drap d'or piqueté de la Chine*, *C. granulatus*. J. P.

DRAP DE SOIE (*conchyl.*), nom marchand du cône géographe *C. geographus*. J. P.

DRAP MARIN (*conchyl.*). Tous les conchyliologistes anciens donnent ce nom à tout ce qui peut cacher le fond de la couleur d'une coquille univalve ou bivalve, c'est-à-dire à l'espèce de pluche ou de laine qui peut se trouver naturellement à la surface d'une coquille, de même qu'à l'encroutement accidentel qui peut s'y rencontrer parmi les coquilles bivalves. L'arche velue, *arca pilosa*, et la turbinelle râpe, *turbinella rapa*, parmi les univalves, offrent un exemple de véritable drap marin. J. P

DRAP MORTUAIRE (*conchyl.*), *voluta oliva*, var., ou l'olive à funérailles. J. P.

DRAP MORTUAIRE (*ins.*), nom donné par Geoffroy à une petite cétaine, *cetonia stictica*. (*V.* CÉTAINE.) J. P.

DRAP MORTUAIRE (*rept.*). Daudin donne ce nom, en latin *coluber mortuarius*, à une couleuvre de Ganjam dans le Bengale, où elle est nommée par les Indiens *naugealled keaka*. J. P.

DRAP ORANGÉ (*conchyl.*), *conus permanens*, Born. J. P.

DRAPARNALDIA (*bot.*), *algues*, plantes aquatiques capillacées, articulées, rameuses, sans axe central, à rameaux terminés par un prolongement transparent ciliforme. Ces plantes ont des tiges principales cylindriques, à entre-nœuds égaux presque carrés; ces tiges sont chargées de petits rameaux également cylindriques, quelquefois simples et épars; mais dans la plus grande partie de la plante ils sont réunis en faisceaux irréguliers, très rameux, semblables à de petits pinceaux. Ce genre diffère du *batrachospermum*, aux dépens duquel il est formé, en ce que ses rameaux ne sont jamais verticillés, et en ce que ses articulations ne sont point ovoïdes et n'ont point un axe central. Draparnaldia changeant, *D. mutabilis*, gélatineux, d'un beau vert tendre; rameaux presque pennés, obtus; pinceaux ramifères très courts, compliqués. Ces algues croissent dans les eaux douces, profondes et tranquilles, et forment un tapis d'un beau vert sur les pierres et les herbes. J. P.

DRAPARNAUD (JACQUES-PHILIPPE-RAYMOND), polyglotte, professeur à l'Académie de médecine de Montpellier, conservateur du cabinet d'histoire naturelle de la même ville et naturaliste distingué, naquit le 3 juin 1772. Plusieurs ouvrages faisaient présager en lui l'un des plus grand écrivains dont la science pût s'honorer, lorsqu'il mourut d'une phthisie pulmonaire, le 1er février 1805.

DRAPARNAUD (VICTOR-MARC-XAVIER), frère du naturaliste, né à Montpellier le 3 décembre 1773, eut une jeunesse orageuse et finit par se marier. Atteint par la réquisition, il servit de secrétaire au quartier maître, et, ennuyé de la vie des bureaux, il se fabriqua un faux brevet d'adjudant général, et servit à Nice en cette qualité; mais, ayant été découvert, il fut condamné aux travaux forcés. Il s'échappa du bagne de Toulon et se retira en Espagne. Étant à Barcelone, il découvrit et fit échouer, en 1808, la conspiration qui avait pour but d'empoisonner la garnison française avec des farines mêlées d'arsenic. Ce service ne lui fit pas obtenir remise de sa peine et, ramené en France, il y fut détenu jusqu'en 1813. En 1820 il se fixa à Paris, et dès lors fit jouer des drames, des tragédies et des comédies qui n'eurent aucun succès, et publia des odes qui ne réussirent pas davantage. Il mourut le 4 octobre 1833.

DRAPEAU, s. m., haillon, vieux morceau de linge ou d'étoffe. Ce sens vieillit. On dit *chiffon*. — DRAPEAUX, au pluriel, se dit de ce qui sert à emmaillotter un enfant. On dit plus communément *les langes*. — DRAPEAU signifie, en outre, étendard, bannière, pièce d'étoffe qu'on attache à une espèce de lance, de manière qu'elle puisse se déployer et flotter, et qui sert à donner un signal, à indiquer un point de ralliement, à distinguer la nation qui l'arbore, etc. En terme de marine, on dit *pavillon*. Il se dit particulièrement de l'enseigne d'une troupe, d'un régiment d'infanterie. Il se disait également, autrefois, de l'enseigne de chaque compagnie, et de l'emploi de celui qui le portait. Ainsi, les *drapeaux d'un régiment* signifiait le drapeau de tout le régiment et les enseignes des diverses compagnies dont le régiment était composé. *Il obtint, on lui donna un drapeau*, c'est-à-dire un emploi d'enseigne dans l'infanterie. *Etre sous les drapeaux*, être en activité de service, être à son régiment, à son corps. *Se ranger, servir, combattre sous les drapeaux d'un prince*, servir dans ses troupes. On dit, figurément, *Se ranger sous les drapeaux de quelqu'un*, prendre, embrasser son parti.

DRAPEAU, du latin *drapellum*, diminutif de *drapum*, et dont les Italiens ont fait *drapello*, *haillon*, vieux morceau d'étoffe. La chose exprimée par ce mot est de toute antiquité, tandis que le mot est nouveau. Les *enseignes* tirent leur origine de la nécessité de distinguer à une certaine distance le corps auquel appartient une troupe, et aussi de donner à chaque individu qui la compose la facilité de se rallier à elle lorsqu'elle a pu être dispersée. Ce signe fut d'abord une petite botte de foin portée au bout d'une pique, puis des animaux empaillés; plus tard on remplaça ces enseignes par des peintures fort grossières. Dans cette espèce d'enseigne, on pouvait reconnaître encore le but de leur institution; mais le secret de leur origine dut se perdre lorsqu'on les orna d'emblèmes peu sensibles, et qu'ensuite on y substitua l'image d'un saint ou d'un guerrier. L'histoire sainte nous a conservé le souvenir des enseignes affectées aux douze tribus d'Israël; chacune d'elles avait une couleur et un signe symbolique particuliers. La tribu de Juda avait un lion, celle de Zabulon un navire, celle d'Issachar un firmament parsemé d'étoiles, celles de Ruben, de Dan et d'Éphraïm des figures d'hommes, d'aigles, d'animaux. Après la captivité de Babylone, les drapeaux des Juifs ne furent plus chargés que de quelques lettres ou signes conventionnels à la gloire de Dieu. Chez les Égyptiens, les enseignes portaient l'image de leurs dieux ou des symboles de leurs princes. Ainsi, le taureau, le crocodile, le serpent, le lézard y figuraient. Chez les Chaldéens, le drapeau représentait une colombe, les pattes appuyées sur la lame d'un glaive nu. Les Grecs portèrent, au milieu de leurs enseignes, différentes lettres de l'alphabet ou différents animaux. Les Lacédémoniens avaient l'A, les Messéniens l'M, les Athéniens une chouette, oiseau consacré à Minerve, les Corinthiens un cheval ailé,... etc. A Rome, il y avait deux sortes d'enseignes: le *signum militare* pour l'infanterie, et le *regillum* pour la cavalerie. Avant Marius on représentait sur ces enseignes l'aigle, le loup, le cheval, le minotaure, etc. Ce général ne conserva que l'aigle aux ailes déployées tenant la foudre dans ses serres, et dès lors l'aigle devint le drapeau de toutes les légions. Chaque cohorte, chaque manipule, chaque centurie avait aussi son enseigne. Pour la cohorte, c'était une bannière d'étoffe de pourpre, sur laquelle était peint ou brodé un dragon, ou d'autres animaux; pour la manipule et la centurie, c'était une étoffe de même couleur, sur laquelle étaient tissues des lettres de l'alphabet servant à les distinguer. Le vexillum, pièce d'étoffe précieuse attachée au bout d'une pique, avait environ un pied carré. Les bannières des premiers Francs furent faites à l'imitation de celles des Romains. Les *Francs Saliens* ou *Sicambres* avaient pour symbole une tête de bœuf; les *Francs ripuaires* une épée, la pointe en haut, et entourée de branches de chêne. Lorsqu'en 498 la chape de saint Martin devint l'enseigne et le symbole de la nation française, il n'y eut plus de distinction que parmi les bannières des feudataires de la couronne. Cette chape était la seule enseigne royale; elle était faite d'un voile de taffetas bleu de ciel, sur lequel on voyait peinte l'image de saint Martin. De Clovis à Louis VI, on nomma pennon, bassinet, gonfalon ou gonfanon les espèces d'étendards sous lesquels se rangeaient les soldats du roi ou les sujets d'un seigneur. Le chevalier banneret avait seul le droit de porter bannière. Le pennon consistait en un étendard allongé, terminé en pointe et formant une espèce de flamme. La bannière était carrée comme un mouchoir et à peu près semblable aux étendards de nos jours. Sous le règne de Louis VI, de 1124 à 1128, on vit paraître avec éclat, sous le nom d'oriflamme, l'étendard de saint Denis, si connu dans l'histoire de nos guerres, dont on fait remonter l'origine à Dagobert Ier, l'an 630 (*V.* ORIFLAMME). Sous Philippe-Auguste, l'étendard royal était blanc, parsemé de fleurs de lis d'or; Charles VI lui donna la couleur bleue et le partagea, par le milieu, d'une croix blanche. Le blanc fut repris sous Charles IX, Henri III et Henri IV. La dénomination de *cornette* blanche fut alors substituée à celle d'étendard ou de pennon. Lorsque, sous Louis XIII, les milices se formèrent en régiments, bataillons et escadrons, les drapeaux devinrent les enseignes de l'infanterie, et les étendards celles de la cavalerie. Depuis Louis XIV jusqu'aux premières années de l'Empire, il y eut un drapeau par bataillon et un étendard par escadron, excepté dans les régiments de dragons, qui n'en eurent jamais qu'un. Avant la révolution de 1789, le drapeau du premier bataillon d'un régiment était de taffetas blanc et portait l'écusson aux armes de France. Dans quelques corps il était parsemé de fleurs de lis, de couronnes ou de chiffres; celui des seconds bataillons était formé de plusieurs pièces de la même étoffe et de diverses couleurs; il en était de même de l'étendard. Ces différents signes étaient garnis de riches cravates ou crépines de taffetas blanc, brodées en or ou en argent. Les drapeaux et étendards devinrent tricolores à la Révolution. D'un côté était écrit: *Discipline et obéissance à la loi*; de l'autre le numéro du régiment. Sous l'Empire (1804), la première inscription fut remplacée par ces mots: *l'Empereur à tel régiment*, entourés de feuilles de chênes. A la Restauration, les drapeaux reprirent la couleur blanche et furent de nouveau ornés de l'écusson aux armes de France. En 1830 reparurent les trois couleurs. Avant 1789, la hampe était surmontée d'un fer de six pouces de longueur, terminé en pointe, comme le fer d'une hallebarde. Sous l'Empire, ce fer fut remplacé par une aigle aux ailes déployées, et depuis la révolution de juillet par un coq gaulois. La dimension de l'étoffe du drapeau est de cinq pieds six pouces de longueur sur une largeur égale; celle de l'étendard d'environ deux pieds. Ce dernier est plus orné en broderie. Ce que nous avons dit des anciennes bannières ou enseignes françaises s'applique également, à quelques légers changements près, aux différentes nations de l'Europe. De nos jours, l'Autriche et l'Espagne ont le drapeau rouge et blanc; la Prusse, les Deux-Siciles et le Portugal, blanc, ce dernier avec un carré rouge; la Russie, rouge, à croix bleue, prise des quatre coins du drapeau; la Grande-Bretagne, rouge, avec une triple croix bleue et rouge; la Bavière, bleu, avec un carré blanc, coupé d'une croix bleue; la Saxe, bleu et blanc, à bandes verticales; la Suède, bleu, avec une croix jaune; le Danemarck, rouge, avec une croix blanche; la Sardaigne, blanc, avec une croix rouge; la Hollande, orange, blanc et bleu à bandes verticales, etc. On sait quelle influence morale le drapeau exerce sur le soldat. Le drapeau, c'est l'honneur du régiment; c'est non-seulement un signe de ralliement, mais un objet de vénération. La perte d'un drapeau faite par un régiment, au milieu d'une bataille, est pour lui une flétrissure.

DRAPEAUX (BÉNÉDICTION DES). Cette cérémonie se fait avec beaucoup d'éclat, au bruit des tambours, des trompettes et même de la mousqueterie des troupes qui sont sous les armes. Si la bénédiction a lieu dans une ville, elles se rendent en corps dans l'église principale; là, l'évêque ou quelque ecclésiastique de marque bénit et consacre les *drapeaux*, qui y ont été portés pliés, par des prières, des signes de croix et l'aspersion de l'eau bénite: alors on les déploie, et les troupes les remportent en cérémonie. Quelques incrédules ont conclu de là que l'Église approuve la guerre et l'effusion du sang. Il n'en est rien; mais par cette cérémonie elle fait souvenir les militaires que c'est Dieu qui accorde la victoire, ou punit les armées par des défaites; qu'il faut bannir des armées les désordres capables d'attirer sa colère; s'abstenir de tout acte de cruauté qui n'est pas absolument nécessaire pour vaincre l'ennemi; respecter le droit des gens, même au milieu des camps. — « Les soldats, dit le maréchal de Saxe, doivent se » faire une religion de ne jamais abandonner leur *drapeau*, il » doit leur être sacré; et l'on ne saurait y attacher trop de » cérémonies pour le rendre respectable et précieux. Si l'on » peut y parvenir, on peut aussi compter sur toutes sortes de » bons succès; la fermeté des soldats, leur valeur en seront les » suites. Un homme déterminé, qui prendra en sa main leur » *drapeau*, leur fera braver les plus grands dangers. » Cela est prouvé par l'exemple des Romains; ils rendaient aux enseignes militaires un culte idolâtre et superstitieux, et cet excès leur a été reproché par nos anciens apologistes. « La religion des » Romains est toute militaire, disait Tertullien; elle adore les » enseignes, jure par elles, et les met à la tête de tous ses » dieux. » Le christianisme, en détruisant le culte idolâtre attaché aux *drapeaux*, n'a pas voulu détruire une vénération si utile au service militaire; l'usage de les bénir est fort ancien. Sur la fin du IXe siècle, l'empereur Léon-le-Philosophe recommande aux capitaines de faire bénir leurs enseignes par des prêtres, un ou deux jours avant de partir pour une expédition. —Comme les images des dieux étaient peintes ou sculptées sur les enseignes des Romains, que les soldats croyaient combattre sous la protection de ces fausses divinités, et leur rendaient un culte idolâtre, les premiers chrétiens eurent pendant quelque temps de la répugnance à exercer la profession des armes; ils craignirent de paraître prendre part à cette superstition. C'est à cause de ce danger que Tertullien décida, dans son livre *de Corona militis*, qu'il n'était pas permis à un chrétien d'être soldat. Mais il faut qu'il ait jugé lui-même cette décision trop sevère, puisque, dans son *Apologétique*, c. 37, il atteste que les camps étaient remplis de chrétiens, et il ne les désapprouve point.

DRAPER, v. a., couvrir de drap. Il ne se dit guère qu'en parlant des voitures, des chaises à porteurs, etc., qu'on couvre de drap noir ou de quelque autre couleur sombre, en signe de deuil. On l'emploie quelquefois absolument. — DRAPER, en termes de peinture et de sculpture, signifie habiller une figure ou en représenter les vêtements; mais il ne se dit qu'en parlant de vêtements amples et formant des plis. Il s'emploie dans le sens analogue, avec le pronom personnel; en parlant de la manière dont un acteur arrange ses vêtements lorsqu'il est habillé à la grecque ou à la romaine. — DRAPER, signifie encore, figurément et familièrement, censurer, railler fortement quelqu'un, en dire du mal. — DRAPÉ (*participe*). *Bas drapés*, bas de laine préparés de manière à ce qu'ils ressemblent à du drap. — DRAPÉ, en termes de botanique, se dit quelquefois, adjectivement, des parties couvertes de poils courts et tellement serrés, qu'ils forment un tissu plus ou moins semblable à celui du drap.

DRAPER (GUILLAUME), colonel au service de la Compagnie des Indes en 1760, brigadier dans l'expédition de Belle-Ile, fit preuve d'habileté dans l'attaque de Manille, en 1765, où il commandait les troupes de terre. En 1769, il parcourut une partie de l'Amérique septentrionale. Parvenu au grade de lieutenant-général, il fut nommé sous-gouverneur de Minorque en 1779. Après que cette forteresse fut tombée au pouvoir de la France et de l'Espagne, en 1782, Draper présenta vingt-neuf chefs d'accusation contre le gouverneur Murray. La cour martiale blâma Murray sur deux de ces chefs, mais décida en même temps que Draper lui ferait des excuses pour avoir intenté le procès. Celui-ci obéit et vécut dès lors dans la retraite. Il mourut à Bath le 8 janvier 1777.

DRAPERIE, s. f., manufacture de draps; le métier de celui qui fabrique du drap. Il se dit également des diverses sortes de draps, et du commerce des draps. — DRAPERIE, en termes de peinture et de sculpture, signifie la représentation d'une étoffe, d'un vêtement ample et formant des plis. Il se dit aussi des ornements de tapisserie qui ont une certaine ampleur et qui forment des plis.

DRAPERIE (*beaux-arts*). Raphaël, dit Mengs, découvrit, par les principes des anciens, que le nu est la partie principale; que les *draperies* doivent être seulement regardées comme une partie accessoire, et qu'elles sont destinées à la couvrir, et non à la cacher; qu'elles doivent être nécessaires, et non de caprice; que par conséquent le vêtement ne doit être ni trop étroit, parce qu'il gênerait les membres, ni trop ample, parce qu'il les embarrasserait; mais que l'artiste doit le conformer à la grandeur et à l'attitude de la figure qui doit le porter. Il comprit que les grands plis doivent être placés sur les grandes parties du corps, et ne doivent pas être hachés par de petits plis subordonnés; que quand la nature du vêtement exige ces petits plis, il faut leur donner peu de saillie, afin qu'ils cèdent toujours à ceux qui indiquent les parties principales. Il fit donc des draperies amples sans plis inutiles, avec des courbures à l'endroit des articulations. Ce fut la forme du nu qui lui indiqua celle des plis de la draperie; et, sur de grands muscles, il formait de grandes masses. Quand une partie s'offrait en raccourci, il la couvrait du même nombre de plis qu'elle eût eu s'il elle avait été droite; mais il présentait ces plis en raccourci comme la partie qu'il couvrait. Il se garda bien de donner à une draperie volante, et qui ne couvrait rien, la forme ou la grandeur de quelque partie du corps; il y établissait des yeux grands et profonds, et donnait aux plis des formes qui ne pouvaient faire d'équivoques avec celles d'aucun membre. Il ne cherchait pas à placer des plis élégants, mais des plis nécessaires à bien représenter la partie qu'ils couvraient. Les formes de ces plis sont aussi différentes que le sont entre elles celles des muscles; jamais elles ne sont ni rondes ni carrées. Il a donné aux parties saillantes de plus grands plis qu'à celles qui fuient, et n'a jamais placé de grands plis sur une partie raccourcie, ni de petits plis sur une partie développée. C'était sur les inflexions qu'il plaçait les grands yeux et les coupes profondes. Il évitait que deux plis d'une même forme, d'une même grandeur, se trouvassent à côté l'un de l'autre. On voit que l'air est la cause générale de ces *draperies* volantes; elles ne sont pas, comme les autres *draperies*, tirées et aplaties par leur poids. Il a laissé apercevoir quelquefois les bords de ses *draperies*, pour montrer que ses figures ne sont pas habillées d'un simple sac. La forme des parties principales et le poids spécifique de l'air sont les causes de ses plis. On reconnait pour les plis de ses *draperies* quelle était, l'instant d'auparavant, l'attitude de la figure; et si, par exemple, un bras était étendu ou replié avant l'action actuelle, c'est une expression qu'il a toujours cherché à rendre, parce qu'elle est dans la nature; c'est aussi dans la nature qu'il faut l'étudier; on ne le trouverait pas dans le repos parfait du mannequin. Quand les *draperies* ne couvrent les membres qu'à demi, et qu'elles ne couvrent, par exemple, qu'imparfaitement une jambe ou un bras, il a eu soin qu'elles coupassent obliquement le membre qu'elles laissent en partie découvert. Ses plis sont de forme triangulaire. La cause de cette forme est dans la nature: toute *draperie* tend à s'élargir et s'étendre; et comme en même temps son propre poids l'oblige à se replier sur elle-même, elle s'étend d'un autre côté, ce qui forme des triangles. Il a reconnu que les mouvements du corps et de ses membres sont les causes de la situation actuelle de la draperie et de la formation de ses plis. Toute sa pratique n'est qu'un développement et une démonstration de cette théorie, et toute manière de draper contraire à cette observation sera vicieuse.

DRAPÈS, Gaulois Sénonais, un des chefs de la révolte générale des Gaules contre les Romains, soutint assez longtemps la guerre avec quelques avantages; mais, voyant enfin la révolte étouffée, il alla joindre Lutérius, et se renferma dans Uxellodunum, où il soutint un long siége. Vaincu et mis en prison par César, il se laissa mourir de faim, l'an 15 avant J.-C., pour échapper au supplice réservé à tous les révoltés, auxquels on fit couper une main.

DRAPÈTE MUSCOIDE (*bot.*), *drapetes muscoïdes*, Lamarck, petite plante découverte par Commerson au détroit de Magellan, qui forme un genre particulier de la famille des thymélées, de la *tétrandrie monogynie* de Linné, offrant pour caractère essentiel des fleurs ramassées en faisceau; point de calice; une corolle infundibuliforme; le limbe partagé en quatre lobes;

quatre étamines; un ovaire adhérent à la base de la corolle; un style simple; une semence recouverte par la partie inférieure de la corolle. Cette plante se rapproche des *passerina* par son port, et des *dais* par les caractères de sa fructification. Ses tiges sont courtes, filiformes, rameuses, réunies en touffes, longues de trois à quatre pouces, garnies à leur partie supérieure de feuilles sessiles, opposées en croix, ovales, obtuses, longues de deux lignes; les feuilles sont fort petites, terminales, réunies en fascicules sessiles, environnées à leur base par les feuilles supérieures. J. P.

DRAPIER, s. m., marchand ou fabricant de draps.

DRAPIER (GUI), né en 1624 à Beauvais, et curé de Saint-Sauveur en cette ville pendant 59 ans, y mourut le 3 décembre 1716. Il est l'auteur d'un *Traité du gouvernement de l'Église en commun par les évêques et les curés*, et d'un grand nombre d'ouvrages sur les mêmes matières.

DRAPIER (ROCH), avocat au parlement de Paris, né à Verdun en 1685, mort à Paris le 20 juin 1734, est l'auteur de plusieurs ouvrages estimables, dont le plus connu est intitulé : *Accurata Institutionum, seu primorum juris elementorum Justiniani, explanatio.*

DRAPIER ou **GARDE-BOUTIQUE** (*ois.*). On donne ce nom au martin-pêcheur d'Europe (*alcedo ispida*, Linné), parce qu'on croit vulgairement que sa dépouille éloigne les larves et les teignes.

DRASSE, *drassus* (*arachn.*), genre de l'ordre des pulmonaires, famille des aranéides, dont les caractères sont : mâchoires arquées au côté extérieur, formant un cintre autour de la lèvre, qui est allongée et presque ovale; huit yeux placés très près du bord antérieur du corselet, disséminés quatre par quatre sur deux lignes transverses; la quatrième paire de pieds, et ensuite la première, plus longues que les autres. Les jambes et le premier article des tarses munis de piquants. Ces aranéides, de la section des tubitèles, vivent sous les pierres, dans les fentes des murs et l'intérieur des feuilles, s'y construisent des cellules d'une soie très blanche. Le type de l'espèce est le *drasse vert, D. viridissimus*, Walck. Une autre espèce fort jolie est le *drasse reluisant, D. refulgens*, Latr., que l'on rencontre souvent courant à terre; elle est petite, cylindrique; son thorax est recouvert d'un duvet soyeux et pourpre; l'abdomen mélangé de bleu, de rouge, de vert, avec des reflets métalliques et deux lignes transverses d'un jaune d'or; on y voit aussi quelquefois quatre points dorés. J. P.

DRASTIQUE, adj. des deux genres (*t. de méd.*). Il se dit des purgatifs qui agissent avec violence. On l'emploie aussi comme substantif masculin (V. PURGATIFS).

DRAUD (GEORGES), l'un des premiers bibliographes du XVIIe siècle, naquit à Danernheim, dans la Hesse, le 9 janvier 1573. Il était ministre luthérien, et résida en cette qualité quinze ans à Gros-Carben, onze ans à Ortemberg, et dix ans à Danernheim. Il mourut en 1630 ou 1635 à Butzbach. Son ouvrage capital est sa *Bibliotheca classica* (Francfort, 1611, in-4°), qui était à cette époque la bibliographie la plus complète qui eût encore paru.

DRAUT (GEORGES-CLÉMENT), né en 1686 à Danernheim, près de Darmstadt, et mort le 12 avril 1765, fut professeur de langues orientales à Giessen, et philologue distingué. On a de lui une *Histoire de la Nativité de Jésus-Christ*, et plusieurs autres ouvrages estimés.

DRAVE ou **DRAU** (*Dravus*), l'un des grands fleuves de la monarchie autrichienne. La Drave a sa source dans le Tyrol, qu'elle sépare de la Carinthie avant d'entrer dans cette dernière, où son cours, surtout près de Villach, est très pittoresque, et, comme dans le Tyrol, impétueux et dévastateur. Elle devient navigable près de Greifenbourg, mais seulement pour les bateaux plats; elle entre ensuite dans la Styrie, et un instant dans la Hongrie, qu'elle sépare de la frontière militaire croate et de l'Esclavonie. Après un cours de près de 80 milles d'Allemagne, la Drave se réunit au Danube. M. Schrimer en a donné une description détaillée à l'article *Drau* de l'Encyclopédie allemande d'Ersch et Gruberg.

DRAVE, *draba*, (*bot.*), genre de la famille des crucifères, tétradynamie siliculeuse de Linné, tribu des alyssinées de Decandolle, qui le place près des genres *alyssum* et *cochlearia*, et lui assigne les caractères suivants : calice à base non gibbeuse; pétales entiers, obtus ou un peu échancrés; étamines non dentelées; fruit ovale ou oblong, entier, à valves planes ou convexes, semences disposées sur deux rangs, non bordées. Ce genre diffère fort peu des *arabis*, et surtout des *turritis*, lorsque son fruit est siliqueux. Les draves sont des plantes annuelles ou vivaces, ordinairement couvertes de poils mous et veloutés, tantôt rassemblées en touffes courtes, comme des gazons, tantôt allongées et solitaires, d'un aspect gracieux. Decandolle les divise en cinq sections : I. *Aisopsis*, qui contient des espèces propres aux montagnes de la Sibérie; plantes vivaces, à scapenne, feuilles raides et ciliées, fleurs jaunes. *Draba aizoides*, dont les fleurs, d'un jaune d'or, se détachent sur les touffes vert sombre des feuilles. — II. *Chrysodraba*, à racines vivaces, feuilles molles et fleurs jaunes, style très court, parfois presque nul; espèces propres aux montagnes élevées de l'Europe et de l'Asie septentrionales. — III. *Leucodraba*, plantes des Alpes et des Pyrénées, à racines vivaces, feuilles molles, fleurs blanches, à pétales obtus ou légèrement échancrés. Quelques-unes croissent au milieu des neiges; tel est le *Draba nivalis*. — IV. *Holarges*, espèces à fleurs ordinairement blanches, à style court, des contrées septentrionales. — V. *Drabella*, espèces au nombre de quatre, dont deux indigènes en France, à racines annuelles ou vivaces, à fleurs très petites, jaunes ou blanches, sans style. *Draba muralis*; cette espèce croît aux environs de Paris sur les murs ou les terrains sablonneux.

DRAWBACK. On a pu voir, au mot DOUANES, que les gouvernements frappent de droits d'entrée dans leurs États, pour cela seul qu'ils proviennent de l'étranger, non-seulement les produits fabriqués, mais aussi les matières premières. Les économistes ont vivement réclamé contre l'imposition de ces matières. Ils ont soutenu que les soumettre aux droits de douane, c'est contrarier le développement de l'industrie manufacturière indigène. Il est vrai que l'on a réclamé le maintien des taxes sur les matières premières au nom de l'industrie agricole nationale, et qu'on a prétendu, d'ailleurs, qu'il était fort difficile de bien distinguer ce qu'on doit entendre par matières premières, attendu que, pour certaines industries, la matière première est un produit qui a déjà subi des préparations. Quoi qu'il en soit de ces théories, il est certain que les gouvernements ont cherché à mettre l'industrie nationale en mesure de soutenir, au moins sur le marché étranger, la concurrence des industries étrangères. Dans ce but, il a été établi qu'à l'exportation des produits nationaux, fabriqués avec des matières venues de l'étranger et frappées à leur entrée d'un droit de douanes, il serait accordé une restitution des droits perçus à l'entrée. Les Anglais appellent cette restitution *drawback* (de *draw*, tirer, et *back*, en arrière). Ce mot a passé de leur langue dans le vocabulaire commercial et administratif de la France et de quelques autres nations. Le *drawback* est donc une espèce de prime à l'exportation; mais il diffère de la prime proprement dite en ce sens que cette dernière est une faveur accordée pour l'exportation d'objets qui n'ont pas été frappés de droits d'entrée, ou qu'elle excède le montant de ces droits. Les économistes qui ont attaqué le système des primes reconnaissent que celui des *drawback* leur est préférable; mais ils reprochent à ces derniers de n'être encore qu'une faveur établie au profit de l'étranger, et dont les nationaux sont privés. Les objets qui jouissent, en France, de *drawback*, sont les sucres raffinés, les cotons filés, les tissus de coton, les soufres raffinés, les meubles en acajou et feuille de placage, le plomb ouvré, etc., etc.

DRAYTON (MICHEL), poète anglais, né en 1563, à Harthull ou Hartschill, village du comté de Warwik, mourut en 1631, et fut enterré à l'abbaye de Westminster. Il fut assez en faveur auprès d'Elisabeth, et eut à cette époque une réputation que ne justifient pas ses ouvrages. Le plus connu est *la Poly-Albion*, sortes de descriptions topographiques et historiques de l'Angleterre.

DREBBEL (CORNEILLE VAN), né à Alckmaer en Hollande, à la fin du XVIe siècle, célèbre par l'invention du microscope, qui lui est généralement attribuée. Cet instrument a été pour la physique ce que le télescope a été pour l'astronomie, et il n'est pas étonnant que l'honneur d'une telle découverte ait été vivement disputé. Un grand nombre d'écrivains représentent Drebbel comme un charlatan, qui sut se faire une réputation à l'aide d'un microscope dont il exagérait l'importance, suivant l'usage des gens de cette profession. Ces critiques ajoutent que c'était un paysan de North-Hollande, sans éducation, et par conséquent sans aucune connaissance scientifique. La chronique d'Alckmaer, patrie de Drebbel, s'exprime autrement sur son compte. Suivant ce document, dont on n'a aucune raison de révoquer en doute la sincérité, Drebbel, au contraire, né de parents distingués, aurait reçu une brillante éducation; il aurait manifesté de bonne heure une aptitude remarquable pour les sciences; il aimait le merveilleux et se livrait volontiers à la recherche des secrets naturels. Jeune encore, il alla en Angleterre, où il fut accueilli avec distinction par le roi

Jacques Ier, prince assez éclairé et assez instruit pour n'être pas la dupe d'un paysan ignorant et d'un bateleur. Tout porte donc à croire que Corneille Drebbel a été la victime d'une étrange calomnie; et il est d'ailleurs certain qu'il exposa à Londres, vers 1617, le premier microscope qui eût paru. Il n'y a aucune raison de penser qu'il n'en était pas l'auteur. Néanmoins, Pierre Borel, auteur de recherches fort curieuses sur l'invention du télescope, rapporte dans son ouvrage (*De vero telescopii inventore*) diverses circonstances qui tendent à priver Drebbel d'une grande partie de l'honneur que lui mériterait la découverte du microscope. Cet écrivain cite une lettre de l'envoyé des États-Unis en Angleterre, Guillaume Borel, dans laquelle ce diplomate, qui s'occupait de science, cite Zacharie Jans, lunetier de Middelberg, comme le véritable inventeur du microscope. Il ajoute qu'il a vu entre les mains de Corneille Drebbel, son ami, le microscope que Zacharie et son père avaient présenté à l'archiduc Albert, et que ce prince avait donné à Drebbel. Ainsi, qu'il soit ou non l'inventeur de cet ingénieux instrument, il est du moins hors de doute que Drebbel est le premier qui l'ait fait connaître, et que cet homme, à qui l'on attribue aussi l'invention du thermomètre, honoré de l'intérêt des souverains et de l'amitié d'un grand personnage de son pays, n'a pu être un aventurier. Drebbel est mort à Londres en 1634. Il n'a laissé que deux ouvrages, mais ils sont étrangers à l'objet pour lequel il figure dans ce dictionnaire. (*V.* MICROSCOPE et THERMOMÈTRE.)

DRÊCHE (*écon. rur.*). On nomme ainsi un résidu de graines céréales, et principalement d'orge germée, que l'on a réduites en farine pour les employer à la fabrication de la bière et des liqueurs alcooliques. Comme elle retient encore quelques parties nutritives, on la donne aux bœufs, aux vaches et aux porcs pour les engraisser. Les chevaux la mangent aussi volontiers. On s'en sert en Angleterre pour l'engrais des terres.

DRECHSLER (WOLFGAND), a publié, dans le XVIe siècle, un ouvrage intitulé: *Chronicon rerum saracenicarum, seu de Saracenis et Turcis.* — DRECHSLER (JEAN-GABRIEL), professeur au gymnase de Malte, né à Wolkenstein en Misnie, et mort en 1677, est regardé comme l'auteur de l'ouvrage, *De larvis natalitiis christianorum.* — DRECHSLER (THÉODORIC), recteur du gymnase Saint-Nicolas à Leipzig, en 1733, était né à Wittemberg en 1701. Il a laissé: *Confucii vitæ et doctrinæ de beatitudine morali compendium.*

DREG-DOLFIN (*poiss.*), nom que les Hollandais des Indes orientales donnent au callicthe. (*V.* CATAPHRACTE.) J. P.

DREHHALS (*ois.*), nom allemand du tarcol, *yunx torquilla*, Linn., que les Danois écrivent *dreyhals.* J. P.

DREISSÈNE (*moll.*). M. Vanbeneden a établi sous ce nom un nouveau genre de mollusques bivalves, fondé sur l'espèce des moules d'eau douce connue sous les différents noms de *mytilus polymorphus*, *M. Volgæ*, *M. Chemnitzii*, *M. lineatus*, et *M. arca.* Il a pour caractère principal son manteau fermé et représentant trois ouvertures distinctes pour le passage des excréments, du byssus, de la languette et du siphon, au lieu d'être entièrement ouvert, comme cela se voit chez les moules marines. Cette disposition remarquable semble éloigner les dreissènes des mytilacées, et les rapprocher des camacées. M. Vanbeneden en a observé une seconde espèce, qu'il a nommée *D. africanus*, et qui vit dans les eaux douces du Sénégal. J. P.

DRELIGNE, **DRELIGNY** (*poiss.*). On nomme ainsi dans plusieurs de nos départements une espèce de perche de mer, *perca labrax*. (*V.* PERSÈGUE.)

DRELINCOURT (CHARLES), célèbre ministre de la religion réformée, né à Sédan en 1595, et mort en 1669, prêcha avec succès à Paris en 1620. Il a laissé plusieurs ouvrages fort estimés de ses coreligionnaires. — DRELINCOURT (LAURENT), fils du précédent, né à Paris en 1626, fut ministre à la Rochelle et à Niort. Il perdit la vue en 1660, et mourut 6 mois après. Il a mérité la réputation d'un bon théologien. On a de lui des *Sermons* et quatre livres de *Sonnets chrétiens.* — DRELINCOURT (HENRI), frère de Laurent, avocat, puis ministre à Gien et à Fontainebleau, a également laissé des sermons. — DRELINCOURT (CHARLES), frère des précédents, né à Paris en 1633, fut médecin particulier de Turenne. Celui-ci lui fit donner la place de médecin militaire. A 26 ans il fut nommé médecin ordinaire du roi; enfin en 1688 il obtint la chaire de professeur de médecine à Leyde. Il mourut le 31 mai 1697. Ses ouvrages ont une grande réputation; on en trouve la liste dans le tome XV des *Mémoires de Nicéron.*

DREMOTHERIUM (*mam.*). Ce nom, qui signifie *animal bon coureur*, a été donné par M. Geoffroy à un nouveau genre de mammifères fossiles, dont on ne connaît encore qu'une espèce: c'est le *dremotherium de Feignoux*, *D. Feignoui.* C'est un ruminant voisin des chevrotins, dont il se rapproche par l'absence de bois, mais qui n'a pas comme eux de longues canines à la mâchoire supérieure. M. Geoffroy a trouvé les débris de ce mammifère dans les brèches à ossements de Saint-Gérand-le-Puy, département de l'Allier. J. P.

DRENGOT, gentilhomme normand, ayant éprouvé quelques vexations dans sa patrie, la quitta en 1016, avec ses quatre frères et une centaine d'aventuriers, avec lesquels il s'engagea au service de Melo de Bari, seigneur apulien qui nourrissait un profond ressentiment contre la cour de Constantinople. Drengot remporta trois grandes victoires sur les Grecs, malgré leur immense supériorité numérique; mais il fut battu et tué à Cannes, le 1er octobre 1019.

DRENTHE, province du royaume de Hollande. Ses bornes sont: au N.-O., la province de Frise; au N.-E., celle de Groningue; au S.-E., le Hanovre; au S. et à l'O., la province d'Over-Yssel. Elle compte 46,500 habitants. Le pays est uni, couvert de bruyères et peu fertile; il ne produit qu'à force d'engrais; il renferme beaucoup de pâturages et de prés; les bêtes à cornes et à laine font sa principale richesse. Vingt-quatre membres composent les États de cette province. Elle envoie un député à la deuxième chambre des États généraux.

DREPANANDRUM (*bot.*), nom donné par Necker au *topobea* d'Aublet, genre de la famille des *melastomées.* J. P.

DRÉPANE (*poiss.*), genre de poissons établi par Cuvier aux dépens des chétodons de Linné; il offre pour caractères: trois épines à l'anale, jointes à des pectorales longues et pointues. C'est ce dernier caractère qui leur a mérité le nom de drépane (δρεπάνη). On connaît deux espèces de ce genre, toutes deux propres à la mer des Indes: la *drépane ponctuée*, *D. punctata*, remarquable par ses pectorales en forme de faux, et son corps argenté, parsemé de nombreuses taches et de points bruns; la seconde, la *drépane peigne*, ou à *longs bras*, *D. longimana*, qui se distingue de la précédente seulement par la longueur de ses pectorales, se rencontre à Java et à Pondichéry. J. P.

DRÉPANIE, *drepania* (*bot.*), genre de plantes de la famille des synanthérées et de la tribu des lactucées; il est voisin des *hieracium*. L'espèce qui sert de type à ce genre est la *drépanie barbue*, *D. barbata*; c'est une plante herbacée, annuelle; sa tige, haute de douze à quinze pouces, est divisée en rameaux très nombreux, grêles et flasques, presque opposés. Ses feuilles sont oblongues lancéolées, dentées, presque glabres, mais rudes au toucher; les calathides sont solitaires et terminales sur des rameaux pédonculiformes, épaissis et creux vers le sommet qui est garni de quelques bractées subulées; elle sont composées à la circonférence de fleurs d'un jaune-soufre, et au centre de fleurs d'un pourpre brun. Cette jolie plante habite diverses contrées au midi de l'Europe; on la trouve au bord des champs et dans les lieux sablonneux de nos provinces méridionales. J. P.

DREPANIS (*ois.*). L'oiseau désigné sous ce nom par Aristote est l'hirondelle des rivages, *hirundo riparia*, Linné, que, suivant Cetti, l'on nomme en Sardaigne *drepane.* J. P.

DREPANIUS (LATINUS-PACATUS), poète et orateur, né dans le IVe siècle à Bordeaux ou à Agen, fut ami d'Ausone. Il fut député à Rome en 388 pour féliciter Théodose de la victoire qu'il venait de remporter sur le tyran Manina. Il prononça à cette occasion le panégyrique de l'empereur, qui pour récompense le nomma proconsul d'une province d'Afrique en 390, et intendant des domaines en 393. De ses nombreux ouvrages, son panégyrique de Théodose est le seul qui nous soit parvenu.

DREPANUM (*Trapani*) (*géogr. anc.*), ville et promontoire de Sicile, dans la partie occidentale de l'île, au N. de Dilybée, au pied du mont Eryx, ainsi nommée parce que, dit-on, Saturne ou le Temps, chassé des cieux par son fils Jupiter, y avait laissé tomber sa faux. Anchise y mourut et y fut enterré. Cette place est célèbre par la bataille navale à laquelle elle a donné son nom, et dans laquelle Adherbal défit le consul Claudius, l'an de Rome 504. Dans la suite, elle fut soumise aux Romains.

DREPANUM (*géogr.*), ville de Bithynie sur le golfe de Nicomédie. Elle reçut de Constantin-le-Grand le nom d'Hélénopolis en l'honneur d'Hélène, sa mère.

DREPANUM ou **RHIUM** (*géogr.*), promontoire de l'Achaïe propre, sur le golfe de Corinthe, près du Bolineus.

DREPANUM (*mont Ezzeil ou bas Zafrâne*) (*géogr.*), promontoire d'Égypte, situé sur le golfe Arabique.

DREPANUM (*géogr.*), promontoire de l'île de Chypre, à la pointe S.-O., au N.-O. de Paphos.

DREPANUM (*la Punta di Drapano*) (*géogr.*), promontoire de l'île de Crète.

DREPANUM (*géogr.*), promontoire de la Cyrénaïque.

DREPANUM (*géogr.*), promontoire de l'île d'Icaros à l'opposite du promontoire Ampélos dans l'île de Samos.

DRESDE, ville d'Allemagne, capitale du royaume de Saxe, chef-lieu du cercle de Misnie, sur l'Elbe, qui la divise en deux parties; à 114 lieues N.-N.-O. de Vienne, par 51° 2' 50" de latitude N., et 11° 22' 22" de longitude E. Elle est très bien bâtie; ses rues sont larges, droites et bien tenues; son pont sur l'Elbe est une merveille. Elle est remplie d'édifices remarquables, dont l'un, la nouvelle église catholique, surpasse peut-être tout ce que l'Allemagne possède en ce genre; rien de plus riche et de plus imposant que le palais royal, dont la tour s'élève à 355 pieds. Les établissements d'utilité générale y sont multipliés. La bibliothèque royale, le palais Japonnais, est de 25,000 volumes, de 5,000 manuscrits et 20,000 cartes géographiques; ce même palais renferme un musée de tableaux, la collection de porcelaines la plus riche de l'Europe. Dresde a beaucoup de fabriques de draps fins, de rubans, de papiers peints, de lustres, de glaces, etc. La broderie des manchettes occupe seule plus de 800 personnes. C'est dans ses environs que Moreau fut blessé à mort en 1813. On lui a élevé un monument sur la place même. 70,000 habitants. (*V.* SAXE.)

DRESGLEN (*ois.*), nom gallois de la draine, *turdus viscidorus*, Linné. Le manvis, *turdus iliacus*, Linné, est désigné dans la même langue par la dénomination de *dresg.en-gach.* J. P.

DRÉSIG (SIGISMOND-FRÉDÉRIC), né le 1er octobre 1700, à Vorberg, village de la Basse-Lusace, fut nommé en 1734 second professeur du gymnase de Saint-Thomas à Leipzig. Le 11 janvier 1742, il s'étrangla à la suite d'un accès d'humeur noire, résultat d'une maladie causée par l'excès de travail. Il a laissé beaucoup de dissertations philologiques, une entre autres intitulée : *De Socrate justè damnato.*

DRESSA (*ois.*), un des noms italiens de la grive draine, *turdus viscivorus*, qu'on appelle aussi *dressano.* J. P.

DRESSÉ, *erectus* (*bot.*). Il ne faut pas confondre *dressé* avec *droit* : ce dernier mot signifie rectiligne. Une tige, des branches, des rameaux, etc., sont dressés lorsqu'ils s'élèvent perpendiculairement ou presque perpendiculairement à l'horizon comme dans le peuplier d'Italie. Une graine est dressée lorsque le hile, situé immédiatement au-dessus du placenta, est la partie la plus basse de la graine dans la loge du péricarpe (*berberis*). J. P.

DRESSER, v. a., lever, tenir droit, faire tenir droit. Il s'emploie aussi avec le pronom personnel. Fig. et fam., *Cela fait dresser les cheveux à la tête*, ou simplement, *Cela fait dresser les cheveux*, cela fait horreur. On dit de même neutralement, *Les cheveux me dressent à la tête.* Dans les deux premières phrases, il y a seulement ellipse du pronom. En termes de marine, *Dresser un navire, un bateau*, lui donner une situation droite, faire qu'il ne soit pas plus incliné d'un côté que de l'autre; *Dresser les vergues*, leur donner la position horizontale, lorsque le bâtiment est à l'ancre; *Dresser la barre du gouvernail*, la mettre ou la ramener parallèlement à la quille du bâtiment. — DRESSER signifie aussi, ériger, élever. Il signifie encore, monter, tendre, construire. — DRESSER signifie, par extension, préparer, arranger, mettre en état. *Dresser du linge*, le repasser en lui donnant la forme qu'il doit garder. Les chapeliers disent, dans un sens analogue, *Dresser un chapeau*, *Dresser un buffet*, l'arranger, le garnir de sa vaisselle. Fig. et fam., *Dresser une batterie, ses batteries*, prendre des mesures pour faire réussir un projet. On dit aussi, *Dresser de bonnes batteries*, employer de puissants moyens pour réussir dans une affaire. Fig., *Dresser un piége à une personne*, faire ou dire quelque chose pour tâcher de faire tomber cette personne dans quelque embarras. On dit, dans le même sens, *Dresser des embûches.* — DRESSER se dit quelquefois dans le sens de faire, surtout en parlant de choses qui exigent du soin, de l'exactitude. Il signifie particulièrement, rédiger dans la forme prescrite ou ordinaire. — DRESSER signifie en outre dans plusieurs arts, unir, aplanir, rendre droit. En termes de jardinage, *Dresser une allée, une terrasse, un parterre*, etc., les aplanir, les mettre de niveau. *Dresser une palissade, une haie*, les tondre avec le croissant. — DRESSER signifie aussi, tourner, diriger. Ce sens vieillit. Fig., *Dresser son intention*, diriger son intention, la tourner vers une bonne fin. — DRESSER signifie encore, instruire, former, façonner. Ce sens n'est plus guère usité qu'en parlant des animaux. — DRESSÉ (participe). Il s'emploie souvent comme adjectif, en termes de botanique; ainsi on nomme *tige dressée* celle qui s'élève verticalement, *feuilles dressées, rameaux dressés*, les feuilles, les rameaux qui forment un angle très aigu avec la tige, etc.

DRESSER (MATHIEU), savant luthérien, élève de Mélanchton, de Luther et de Maurice Sidenam, né à Erfurt en 1536, fut appelé à la chaire d'histoire de Iéna en 1574. Il occupa la place de principal du collége de Meissen, et abandonna cette position en 1581 pour la chaire d'humanités à l'Université de Leipzig Il parvint à y faire enseigner publiquement la confession d'Augsbourg. Il mourut le 5 octobre 1607, laissant un grand nombre d'ouvrages parmi lesquels nous citerons son *Histoire de Luther* et une *Chronique de la Saxe.*

DREUILLET (ÉLISABETH THOMAS MONTLAUR de), épouse de Dreuillet, président aux enquêtes du parlement de Toulouse, naquit en cette ville en 1646. Elle est auteur de plusieurs pièces de vers remarquables; elle remporta à l'Académie des Jeux floraux le prix de l'églogue en 1706 et en 1710. Elle vint à Paris après la mort de son mari et se fixa à la cour de la duchesse du Maine. Elle mourut à Sceaux en juillet 1730.

DREUX (comtes de). L'ancien comté de Dreux, situé au nord du pays Chartrain, sur les confins de la Normandie et de l'Ile-de-France, tire son nom de sa capitale, appelée, dans l'itinéraire d'Antonin, *Durocasis*, dans la table théodosienne *Durocassis*, dans des monuments postérieurs *Durocasses* et *Durcasa*, dont on a fait *Drocæ* ou *Drogæ*. Ce pays a toujours été séparé du comté de Chartres, et était originairement compris dans le duché de Normandie. Vers le milieu du Xe siècle, le comté de Dreux était possédé par LANDRI, dont la fille EVE le porta en dot à GAUTHIER Ier, comte de Vexin, qui eut pour successeur à Dreux, Geoffroy, son troisième fils; ensuite RICHARD Ier, duc de Normandie, devint maître de ce comté. En mariant sa fille Mahaut à EUDES II, comte de Chartres, Richard lui donna la moitié du château de Dreux; mais Eudes s'empara du tout et refusa de le rendre jusqu'en 1017. Sa femme mourut sans enfants : de là une guerre entre lui et le duc Richard II. Robert, roi de France, finit par interposer son autorité, et Eudes ne tarda pas à lui céder le château de Dreux, qui fut réuni à la couronne. Louis-le-Gros donna, dit-on, en 1132, le comté de Dreux à Robert Ier, dit le Grand, le troisième des fils qui lui survécurent, en 1147. Ce Robert accompagna son frère le roi Louis VII à la croisade; il refusa l'hommage que l'empereur grec Manuel demandait aux seigneurs français pour les terres dont ils feraient la conquête en Palestine. Brouillé avec le roi à l'occasion de la malheureuse expédition de Damas, il fut des premiers à retourner en France lorsque le siége de cette ville syrienne eut été levé. Il voulait enlever la régence à l'abbé Suger, mais il échoua dans l'assemblée de Soissons. Vers 1153, il fonda la ville de Brie-Comte-Robert, prit part à quelques petites guerres féodales, fut excommunié, puis absous, et, en 1159, accorda à la ville de Dreux une charte de commune et franchise. Il fut le fondateur de l'église Saint-Thomas-du-Louvre, à Paris. Il avait abdiqué depuis quelques années le comté de Dreux en faveur de son fils aîné lorsqu'il mourut, en 1188. « L'usage n'étant pas alors que les cadets de la maison de France employassent les fleurs de lis dans leurs armoiries, Robert prit pour les siennes l'échiquier d'or et d'azur, ce qui fut suivi par ses successeurs. » (*Art de vérifier les dates.*) — ROBERT II, fils de Robert Ier, suivit Philippe-Auguste en Palestine l'an 1190. On prétend que, lors du siége de Saint-Jean-d'Acre, il s'était laissé gagner par Saladin et avait promis de trahir les Croisés; mais cette assertion, d'un auteur anglais, a été contredite. Quoi qu'il en soit, il est prouvé par d'autres faits qu'il n'était pas très scrupuleux. En 1204, Philippe-Auguste servit avec zèle et avec succès au siége de Rouen; il prit part aussi à la guerre contre les Albigeois, et se distingua à la bataille de Bouvines. Son frère, Philippe de Dreux, évêque de Beauvais, est renommé pour son ardeur belliqueuse et pour ses exploits guerriers à la croisade et à Bouvines. Son second fils, Pierre de Dreux, fut la tige de la dernière branche des ducs de Bretagne. Une de ses filles, Alix, épousa en secondes noces Raynard III, sire de Choiseul, de qui descend toute la maison de Choiseul. Cette Alix de Dreux est l'héroïne d'un nouveau roman où l'on suppose qu'elle se battit en duel, déguisée en homme, pendant l'absence de son mari, contre Valeran de Corbie, qui, désespéré de n'avoir pu obtenir sa main, l'avait accusée d'adultère, et, renversé par elle, l'avait frappée mortellement d'une dague comme elle se jetait sur lui pour le forcer à faire l'aveu de sa calomnie. — Le fils aîné de Robert II, Robert III, surnommé Gâte-Blé, parce que dans sa jeunesse il avait fortuitement gâté quelques moissons, devint en 1218 comte de Dreux et de Braine; déjà par mariage il était seigneur de Saint-Valery. Il eut quelque réputation à la guerre, fut quelque temps prisonnier du roi Jean d'Angleterre, et accompagna, en 1216, Louis, fils de Philippe-Auguste, dans l'expédition entreprise de l'autre côté du détroit contre Jean-sans-Terre. Dix ans après il participa à la prise d'Avignon; il ne fut pas étranger aux troubles qui agitèrent la régence de Blanche de Castille durant la minorité de saint Louis, et mourut en 1234. Son fils, Jean Ier, lui succéda en bas âge, sous la tutelle de sa mère, puis sous celle de Henri de Sully, son beau-père; il accompagna saint Louis dans sa première croisade et mourut en 1248 à Nicosie, en Chypre. Robert IV, son fils aîné, encore enfant, devint en conséquence comte de Dreux et de Braine; en 1259 il épousa Béatrix, fille unique de Jean, comte de Montfort-l'Amaury, et par ce mariage il joignit à ses domaines le comté de Montfort. Il accompagna Philippe-le-Hardi dans la guerre du Languedoc, et mourut en 1282. Il fut remplacé par *Jean II, le Bon*, son fils, qui devint grand chambrier de France, prit une part éclatante aux guerres soutenues par Philippe-le-Bel, et mourut en 1309. Son fils, Robert V, mort en 1329, disposa du comté de Braine en faveur de Jean de Bouci, son cousin, qui le transmit à ses descendants. Jean III remplaça Robert V, son père, et mourut en 1331. Pierre, frère des deux précédents, devint alors comte de Dreux; il sesignala dans les guerres de Philippe de Valois contre les Anglais. A sa mort, arrivée en 1345, il ne laissait qu'une fille, JEANNE, née cette même année, comtesse de Dreux et dame de Montpensier, sous la tutelle de sa mère Isabelle de Melun et de Tancarville; elle avait à peine un an lorsqu'elle mourut, en 1346. JEANNE II, seconde fille de Jean II, et tante de Jeanne Ire, succéda au comté de Dreux à sa nièce, avec Louis, vicomte de Dreux, son mari. Lorsqu'elle mourut, en 1355, son fils SIMON devint comte; il épousa Jeanne d'Artois, fille de Jean d'Artois, comte d'Eu, et fut tué dans un tournoi le jour de ses noces, l'an 1365. Ses deux sœurs, Peronelle et Marguerite, vendirent leurs droits à Charles V, et tout le comté de Dreux se trouva réuni à la couronne. En 1382, Charles VI le donna à ARNAUD AMANIEN; sire d'Albret le reprit à la mort de celui-ci; en 1401 et en 1407, en gratifia son frère Louis, duc d'Orléans; le comté de Dreux retourna alors dans la maison d'Albret; on a prétendu qu'il appartint dans la première moitié du XVe siècle au connétable Stuart: mais ceci n'est pas prouvé. En 1559 il fit partie du domaine de Catherine de Médicis; en 1569 il fut érigé en duché-pairie, et donné en apanage à FRANÇOIS de France, duc d'Alençon, puis d'Anjou, mort en 1584. Par une suite d'héritages, il passa aux ducs d'Orléans. Il y avait aussi des vicomtes de Dreux dont l'histoire est peu connue et était probablement peu intéressante. — DREUX, anciennement célèbre comme siége du culte des druides, est aujourd'hui un chef-lieu de sous-préfecture du département d'Eure-et-Loir, et renferme un tribunal de première instance, un tribunal de commerce, etc. La ville est située dans une belle et fertile contrée, sur les bords de la Blaise; elle est peuplée de 6,249 habitants. Les caveaux de l'église collégiale servent de tombeaux à la famille d'Orléans. On voit encore sur un coteau les ruines de l'ancienne forteresse des comtes de Dreux. En 1562, sous le règne de Charles IX, il se donna près de cette ville une bataille sanglante, dans laquelle le premier Louis de Condé, chef des réformés, fut fait prisonnier. Henri IV la prit d'assaut en 1593. Elle est la patrie de Rotrou et du musicien Philidor. A. S.....r.

DREUX (PIERRE-LUCIEN-JACQUES), littérateur, né à Tours en 1756, se vit, après la mort de son père, qu'on croyait riche, mais qui réellement était sans fortune, obligé de chercher des ressources dans la culture des lettres, qui jusque-là n'avaient été pour lui qu'un délassement; il s'y livra avec succès. En 1820, il succéda dans la place de bibliothécaire à Chalmel, remplit cette place avec un zèle éclairé, et mourut le 14 février 1827. Il a laissé plusieurs ouvrages qui se distinguent par la facilité avec laquelle ils ont été écrits.

DREUX-BRÉZÉ (famille de), originaire de Bretagne; elle est d'une noblesse reconnue lors de la réformation de 1669. Son nom primitif était DREUX, auquel la branche cadette a ajouté le nom de BRÉZÉ, pour se distinguer de ses aînés, les marquis de Pancré. BRÉZÉ (*Thomas de Dreux*, marquis de), lieutenant général des armées du roi, gouverneur de Loudun et des îles Sainte-Marguerite, acheta, en 1701, de Blainville, frère de Seignelay, ministre et secrétaire d'État, la charge de grand-maître des cérémonies de France, créée par le roi Henri III pour M. de Rhodes, et qui semble depuis devenir héréditaire dans la famille de DREUX-BRÉZÉ. — *Henri-Édouard*, marquis de DREUX BRÉZÉ), petit-fils du précédent, né en 1762, succéda, à l'âge de dix-neuf-ans, à son père, dans la charge de grand-maître des cérémonies de France. Envoyé par la cour à l'assemblée du tiers-état pour lui ordonner de se dissoudre, il reçut de Mirabeau cette réponse si connue: « *Allez dire*, etc. », dont on a dénaturé le sens et les expressions pour lui donner plus d'énergie. Le marquis de Brézé se retira dans ses terres du Maine au commencement de la révolution, et ne prit aucune part aux évènements politiques jusqu'à la restauration. Il rentra alors dans l'exercice de ses fonctions de grand-maître des cérémonies de France: il fut élevé à la pairie le 17 août 1815, et se montra toujours dévoué à la monarchie absolue.

DREUX DU RADIER (JEAN-FRANÇOIS), né à Châteauneuf-en-Timerais le 10 mai 1714, fut avocat médiocre. Il fut ensuite lieutenant civil et criminel dans sa ville natale; mais il quitta cette place pour s'adonner aux lettres. Il mourut le 1er mars 1780. Naillet de Couronne a fait imprimer le catalogue de ses ouvrage. Les plus remarquables sont: *Bibliothèque historique et critique du Poitou*; *l'Europe illustrée*; *une Vie de Mithridate*; *Tablettes historiques des rois de France, depuis Pharamond jusqu'à Louis XV*; et enfin une *Traduction des satires de Perse*.

DREVET (PIERRE), célèbre graveur, né à Lyon en 1664 et mort à Paris en 1739, se livra exclusivement au genre des portraits. On a de lui un beau portrait en pied de Louis XIV, ceux du cardinal de Fleury, de la duchesse de Nemours, du Dauphin, de Boileau, de Rigaud, du maréchal de Villars, et une multitude d'autres. S'il n'eût pas eu un fils, qui l'a encore surpassé, il serait, sans contredit, le premier dans son genre.

DREVET (PIERRE), fils et élève du précédent, membre de l'Académie de peinture, né à Paris en 1697, et mort en 1739, surpassa de beaucoup son maître. Il a laissé des portraits qui sont tous des chefs-d'œuvre, et dont le plus remarquable est, sans contredit, celui de Bossuet. Il a gravé aussi plusieurs sujets d'histoire, également estimés, parmi lesquels nous citerons, *Adam et Ève*, *Rebecca*, *Louis XV dans sa jeunesse*, d'après Coypel; *Jésus-Christ au jardin des Oliviers*, d'après Restout, et la *Présentation au temple*, d'après Boulongue.

DREVET (CLAUDE), cousin du précédent, membre de l'Académie de peinture, né à Lyon en 1710, et mort à Paris en 1782, a suivi les traces de sa famille et s'est distingué dans le même genre.

DREVIN (GUILLAUME), poète obscur du XVIe siècle, est auteur des deux ouvrages suivants: *les Erreurs des luthériens*; *de l'Exercice de guerre, ou instruction des chevaliers et gentilshommes*.

DREW (SAMUEL), historien du pays de Cornouailles, né dans les environs de Saint-Austel, le 3 mars 1765, d'une famille très pauvre. Il fut mis en apprentissage chez un cordonnier et prit un établissement en cette qualité dans son pays natal. Passionné pour l'étude, Drew fit seul son éducation; et il travailla avec une persévérance telle, que bientôt il put écrire avec une rare pureté différents ouvrages qu'il publia. C'est en 1799 que parut le premier. En 1818 il quitta sa ville natale pour aller remplir les fonctions de rédacteur en chef de l'*Imperial Magazine*; il resta dans cette place jusqu'à sa mort, arrivée au mois de mars 1833. Il a laissé un assez grand nombre d'ouvrages de philosophie, et une *Histoire du comté de Cornouailles*.

DREXELIUS (JÉRÉMIE), célèbre auteur ascétique, naquit à Augsbourg dans l'année 1581. A l'âge de 17 ans, après son cours d'humanités, il entra dans la compagnie de Jésus, y continua ses études, et le talent qu'il avait pour la prédication le fit choisir par l'électeur de Bavière pour être son prédicateur ordinaire; emploi qu'il remplit pendant 23 ans, quoiqu'il fût d'une faible santé. Il mourut à Munich, le 19 avril 1638, dans sa 57e année. Malgré ses fonctions de prédicateur, Drexelius trouva le temps de composer plusieurs ouvrages remplis d'onction et d'intérêt. Ils furent d'abord imprimés en petit format, avec de jolies figures, et réunis plus tard en deux volumes in-folio. Ils parurent d'abord à Anvers, en 1643. Une nouvelle édition eut lieu à Lyon en 1675. On peut, sans exagération, considérer Drexelius comme un des auteurs ascétiques les plus remarquables, et il est bien éloigné de jouir de toute la réputation qu'il mérite. Cependant Leibnitz, dans ses *Essais de théodicée*, l'a cité avec honneur, et ce grand philosophe l'allègue sur un des dogmes qui offrent le plus de difficultés à la raison, celui de la damnation éternelle. Leibnitz en cite deux passages, l'un tiré de l'ouvrage intitulé: *Nicetas*, ou *l'Incontinence combattue victorieusement*. Drexelius a énuméré d'abord tous les maux qu'entraîne ce vice si commun, et en vient aux remèdes, et il indique comme l'antidote le plus puissant la pensée des supplices éternels. Après avoir fait un tableau effrayant de ces supplices, il justifie la sévérité de Dieu, d'abord par la considération de la grandeur du péché, et ensuite par la permanence de ce péché, et c'est cette dernière considération qui est citée par Leibnitz : « Nec mirum damnatos » semper torqueri ; continuè blasphemant, et sic quasi pec- » cant, semper ergò plectuntur. » Leibnitz allègue encore un passage, tiré non, comme il le dit, du livre de l'Eternité, mais de celui sur l'Enfer, chap. 15. Sur ce dogme de l'éternité, Drexelius indique les différentes réponses des théologiens. C'est là que se trouvent ces paroles alléguées par Leibnitz : « Sunt qui dicant, nec displicet responsum, scelerati in locis » inferni semper peccant, ideò semper puniuntur. » Après avoir rapporté les deux passages cités par un homme tel que Leibnitz, nous ajouterons que, soit dans ses Considérations sur l'éternité, soit dans son livre sur l'Enfer, soit dans le *Nicetas*, Drexelius abonde en réflexions profondes, en pensées touchantes, et qu'il semble d'abord impossible qu'un croyant, après avoir lu avec attention ces ouvrages, reste un moment dans le désordre, dans l'état d'inimitié avec Dieu. Pour donner une idée, quoique bien faible, de ce mystère profond de l'éternité, Drexelius s'exprime ainsi dans la quatrième considération : « Qu'est-ce que l'éternité? quelle est sa grandeur? Songez à cent mille années ; vous n'avez songé à rien, en comparaison avec l'éternité. Songez à dix fois cent mille ans, ou plutôt cent mille siècles, vous n'avez rien encore retranché de l'éternité. Songez à mille millions d'années, et l'éternité reste encore tout entière. Songez à mille cubes de mille millions d'années, 100,000,000,000,000,000,000,000,000,000, ce qui fait mille, mille, mille, mille, mille, mille, mille, mille, milliers d'années (ce qui est aussi terrible à penser qu'il en coûte peu pour l'exprimer); songez que cet espace de temps, quoique doublé, quoique triplé, quoique centuplé, n'est pas encore le commencement de l'éternité. Songez à autant de millions de cubes qu'il y a de gouttes d'eau dans la mer, vous n'êtes pas encore parvenu au commencement de l'éternité, et l'éternité reste tout entière, pour le bonheur des saints et pour le tourment des réprouvés. O mon Dieu, ayez pitié de moi ! » « Si Dieu disait aux réprouvés, ajoute Drexelius : « Que la terre soit couverte du sable le plus fin, de manière que tout le globe soit rempli de cette poussière depuis la terre jusqu'à la voûte des cieux, et qu'au bout de mille ans, un ange vienne et enlève un seul grain de sable de cette masse immense, jusqu'à ce qu'il l'ait épuisée, en en prenant seulement chaque fois un grain au bout de mille ans, alors je vous délivrerai de l'enfer ; » oh ! combien les réprouvés se réjouiraient ! ils ne se regarderaient pas comme réprouvés. Mais, après tous ces millénaires, il reste encore des millénaires, et encore d'autres millénaires, et ainsi à l'infini dans l'éternité, et au delà de l'éternité, comme parle l'Ecriture ; tel est le poids de l'éternité qui accable les réprouvés. Songes-y, ô pécheur ! songe que ce poids te menace si tu ne reviens pas à la vertu. » Drexelius a bien raison d'ajouter : « qu'à moins d'être transformé en pierre, et pour peu que l'homme conserve quelque sentiment humain, il doit nécessairement faire effort pour changer entièrement de conduite, et s'attacher uniquement à Dieu, dont il est si terrible d'être séparé. » (*Cogitavi dies antiquos, et annos æternos in mente habui*,, psalm. 76, V.) (Voir l'article *Eternité*.) Il serait à désirer qu'une personne instruite, une plume exercée, pour rendre la lecture des ouvrages de Drexelius beaucoup plus commune, les traduisît en français. Dans aucun livre peut-être ce grand dogme de l'éternité n'est présenté d'une manière plus propre à faire impression sur le lecteur que dans ces *Considerationes de æternitate*. Il est vrai qu'il a été déjà traduit en français par le père Colomme ; mais cette traduction est devenue presque impossible à trouver. Après les trois ouvrages principaux que nous venons d'indiquer, il en est beaucoup d'autres dont la traduction serait également fort utile. Nous signalerons en particulier le livre intitulé : *Heliotropum*, ou *de la Conformité de la volonté humaine avec la volonté divine* ; celui sur *la droiture d'intention* ; le livre qui porte pour titre : *Gymnasium patientiæ*, et celui intitulé : *Antigrapheus*, ou *De la conscience* ; les écrits intitulés : *Job et Salomon*. En indiquant de préférence ces ouvrages, nous ne craignons qu'une chose : c'est d'être injuste envers ceux que nous ne nommons pas, car tous les écrits de Drexelius sont d'une lecture attachante et instructive. Il est rempli d'onction ; il sait alléguer à propos l'Ecriture, les Pères, et même les auteurs profanes, et triompher des volontés les plus rebelles par cette considération des années éternelles. Pour faire sentir, surtout dans son *Heliotropum*, tous les avantages intrinsèques attachés à la vertu, il expose de la manière la plus touchante que l'union de la volonté humaine avec celle de Dieu est un paradis commencé, et que le ciel n'est que la perfection de cet état. On trouve dans cet excellent livre quelques passages qui sembleraient d'abord se rapprocher du quiétisme, mais il est juste de les prendre dans un sens orthodoxe qu'il comporte très bien, et de n'y voir que la doctrine de l'amour pur, doctrine qui est loin d'avoir été condamnée, et que l'on peut même considérer comme la seule rigoureusement exacte. Nous ne saurions trop exhorter toutes sortes de personnes à la lecture des ouvrages du Père Drexelius. Ils sont remplis d'instruction, d'intérêt, et animés de cet esprit d'onction sur lequel on ne peut guère se tromper. Aussi, de son vivant, fut-il l'objet de l'estime universelle, du respect et de la vénération. L'électeur de Bavière regarda sa perte comme une grande calamité. Le prince Albert s'approcha du lit du mourant avec ses fils, et, en versant des larmes, il lui demanda son intercession auprès de ce Dieu qu'il allait rejoindre. La lecture des écrits de Drexelius, utile à tout le monde, serait particulièrement avantageuse à ceux dont la mission est d'instruire les autres, et les prédicateurs peuvent les considérer comme un trésor de vérités morales. Ses écrits ont été traduits en italien et en allemand. Il composa aussi en allemand la *Vie d'Elisabeth de Lorraine*, électrice de Bavière. Isidore DE MONTMEYAN.

DREYHAUPT (JEAN-CHRISTOPHE), agrégé à l'Académie des sciences de Berlin, conseiller et avocat fiscal du duché de Magdebourg, né à Halle en 1699, est l'auteur d'un ouvrage intitulé : *Description du cercle de la Saale*, et que l'on regarde comme un modèle pour l'exactitude. Il mourut en 1768.

DREYSSIG (GUILLAUME-FRÉDÉRIC), né en 1771, fut médecin de la garnison de Konigstein, en Saxe, puis professeur à l'Université de Charkow, en Russie, et laissa plusieurs ouvrages écrits en allemand.

DRIADE, *dryas*, Linné (*bot.*), genre de plantes de la famille des rosacées, de l'icosandrie polygynie de Linné, dont les principaux caractères sont : calice monophylle, à huit découpures égales ; corolle de huit pétales attachés à la base du calice ; étamines nombreuses, à filaments insérés sur le calice ; ovaires nombreux, surmontés de styles capillaires, à stigmates simples ; plusieurs graines ramassées en tête et chargées chacune d'une longue barbe plumeuse formée par le style persistant. Les driades sont de petites plantes vivaces, à feuilles alternes, munies de stipules ; à fleurs terminales d'un joli aspect. — *Driade à feuilles de chamædris*, *D. chamædrifolia*. Les tiges sont divisées dès leur base en rameaux rougeâtres, étalés, garnis, surtout en leur partie supérieure, de feuilles ovales oblongues, profondément crénelées en leurs bords, d'un vert foncé en dessus, cotonneuses et blanchâtres en dessous ; fleurs blanches portées sur un long pédoncule à l'extrémité de chaque rameau. Cette plante croît dans les Alpes, les Pyrénées. J. P.

DRIEDO ou **DRIDOENS** (JEAN), célèbre théologien du XVIe siècle, né à Turnhout, en Brabant, fut d'abord professeur de philosophie, puis curé de l'église de Saint-Jacques à Louvain. Il écrivit beaucoup contre les luthériens, et mourut en 1535. Le plus estimé de ses ouvrages est intitulé : *De scripturis et dogmatibus ecclesiasticis*.

DRILE, *drilus* (*ins.*), genre d'insectes coléoptères, pentamères, famille des serricornes, tribu des lampyrides. Ses caractères sont : tête non prolongée en forme de museau ; antennes écartées entre elles à leur naissance, fortement pectinées dans les mâles au côté interne, seulement dentées en scie dans les femelles ; celles-ci sont aptères. Le mâle de l'espèce type (*D. flavescens*, Oliv.) est bien connu ; mais on ignorait comment était la femelle, lorsque M. Mielzinski trouva une larve assez semblable aux femelles des lampyres, qui attaquait les colimaçons, et, après les avoir dévorés, s'établissait dans leur coquille où elle subissait ses métamorphoses. Cet auteur, n'ayant obtenu de ces larves que des femelles aptères, ne put reconnaître l'espèce, et en fit un genre voisin des lampyres, sous le nom de *cochléoctone* ; mais de nouvelles observations firent connaître que c'était la femelle du *drilus*, dont la métamorphose s'opérait au printemps, et qui bouchait l'entrée de sa coquille avec sa dépouille de larve. Le *drile jaunâtre*, que l'on rencontre aux environs de Paris ; le mâle est long de trois lignes, noir, avec les élytres jaunâtres, très velues ; la femelle, trois fois plus grande, d'un jaune orangé, ressemble à celle des lampyres. J. P.

DRILL (*mam.*). C'est le nom d'une espèce de singe du genre *cynocephalus*. Cet animal se rapproche beaucoup du mandrill, et prend place à côté de lui. (*V.* CYNOCÉPHALE.) J. P.

DRILLE, s. m., vieux mot qui signifiait soldat, et qui ne s'emploie aujourd'hui que dans certaines locutions très familières, telles que les suivantes : *Un bon drille*, un bon compagnon, un homme jovial ; *Un pauvre drille*, un pauvre diable, un pauvre malheureux ; *Un vieux drille*, un soldat qui a de l'expérience, qui a vieilli dans le service. Cette dernière locution se dit aussi en parlant d'un vieux libertin, et quelquefois d'un homme vieux et rusé.

DRILLEMBOURG (GUILLAUME VAN), peintre, né à Utrecht en 1625, fut élève d'Abraham Bloëmaërt, puis de Jean Both. Ses tableaux sont fort recherchés des amateurs qui les paient fort cher.

DRILLES, s. m. pl., vieux chiffons de toile qui servent à faire du papier.

DRILO (*Drin*) (*géogr. anc.*), fleuve de l'Illyrie, prenait sa source au lac Lychnide, dans la Dassarétie, coulait au N., puis à l'O., et se jetait dans l'Adriatique, un peu au-dessous de Lissus.

DRIMAQUE, fameux voleur de l'île de Chio. Les habitants ayant mis sa tête à prix, il ordonna à un jeune homme de la lui couper et de la porter à la ville pour demander la récompense promise. Les insulaires, charmés de la générosité de Drimaque, élevèrent un temple à sa mémoire et l'honorèrent comme un dieu.

DRIMIA (*bot.*)., genre établi par Jacquin aux dépens des jacinthes, dont il diffère par une corolle un peu plus évasée, et par l'insertion des étamines presque à la base du tube de la corolle. Le *drimia altissima* de Curtis est un *ornithogalum* (*V.* JACINTHE ORNITHOGALE). J. P.

DRIMMIA (*bot.*). Quelques auteurs désignent sous ce nom générique le *hyacinthus revolutus*, qu'ils distinguent par un calice tubulé, portant les étamines vers son milieu et non à sa base. Ce motif ne paraît pas suffisant pour le séparer. J. P.

DRINGUE (*ois.*). Salerne dit que les gens de la campagne donnent les noms de *dringue noire* et de *dringue jaune* ou *petite dringue* à deux oiseaux dont il parle à l'article de la fauvette à tête noire ; mais qu'il ne désigne pas avec assez de précision pour mettre à portée de les bien connaître. J. P.

DRIPÉTINE, fille de Mithridate-le-Grand et de Laodice, suivit son père après qu'il eut été battu par Pompée, l'an 66 av. J.-C. ; mais, étant tombée malade, elle se fit donner la mort par un esclave, qui se tua lui-même de douleur.

DRISSE, s. f. (*t. de marine*)., cordage qui sert à élever, à hisser une voile, un pavillon, une flamme, etc., à la hauteur où ces objets doivent être placés.

DRIVÈRE (JÉRÉMIE), né au village de Braeckel en Flandre l'an 1504, fut à la fois professeur de médecine et de philosophie dans la ville de Louvain. A une connaissance approfondie de ces deux sciences, que peu d'intelligences ont pu embrasser toutes deux en même temps, il joignait une élocution facile et brillante, qui lui acquit rapidement une très grande réputation. Il mourut d'un excès de travail, en décembre 1554. Il a laissé un grand nombre d'ouvrages.

DRIZ, IANTUM (*bot.*), noms arabes du *thapsia*, selon Daléchamps. J. P.

DROFA (*ois.*), nom illyrien de l'outarde, *otis tarda*, Linné. J. P.

DRÓGHEDA, ville forte d'Irlande (*Linster*), à une lieue de Dublin. Latitude N., 53° 43' ; longitude O., 9° 71'. Elle a un port très commerçant sur la Boyne. Elle est célèbre par la bataille qui se livra sous ses murs, en 1690, entre le prince d'Orange et Jacques II. 118,000 habitants.

DROGMAN ou **DRAGOMAN** (de l'italien *dragomano*, corruption du turc et de l'arabe). C'est le nom qu'on donne aux interprètes attachés officiellement aux légations et aux consulats des nations chrétiennes dans le Levant et la Barbarie. On les appelait encore autrefois *truchements*, de l'italien *turcimano*, dont la racine est le mot *turco* (turc). D'après le système consulaire adopté par la France, ces officiers tiennent leur nomination du roi, et sont choisis parmi les élèves drogmans employés dans le Levant. Ces derniers sont nommés, par arrêté du ministre des affaires étrangères, parmi les élèves de l'école des langues orientales dite *de jeunes de langues*. Le nombre des élèves drogmans employés au Levant, et des jeunes de langues entretenus à Paris, ne peut excéder celui de douze. La réussite des affaires dépend, en grande partie, de la fidélité, de la discrétion et du courage de ces interprètes ; aussi étaient-ils soumis jadis à des règlements d'une excessive sévérité. L'ordonnance du 20 août 1838 se borne à leur interdire le droit de visiter les autorités du pays sans les ordres ou la permission de leurs chefs, et leur défend de prêter leur ministère dans les affaires des particuliers sans la même autorisation. Le titre IV de l'ordonnance précitée résume, à leur égard, les dispositions des arrêtés et ordonnances de 1670, 1688, 1771 et 1781. Toutes les grandes puissances européennes ont leurs drogmans à Constantinople et dans les Echelles du Levant ; souvent elles les choisissent parmi leurs sujets ou dans d'autres familles franques établies à Péra, et cet emploi était fréquemment héréditaire dans la même famille.

DROGON, passe pour être fils naturel de Charlemagne. Il fut abbé de Luxeuil en 820, puis évêque de Metz en 829. L'empereur le nomma son archichapelain en 832. De retour dans son diocèse, il voulut, d'après des lettres qu'il avait obtenues du pape Sergius II, se faire reconnaître pour vicaire apostolique dans les États de Charles-le-Chauve. Cette prétention ayant été rejetée par le Concile de Verdun en 844, il y renonça plutôt que de fomenter des troubles. Il se noya par accident dans la petite rivière de l'Ognon, vers l'an 855 ou 857.

DROGON, évêque d'Ostie et cardinal, naquit en Champagne vers 1100. Son éloquence et ses écrits lui attirèrent une grande réputation ; on en trouve plusieurs dans le tome II de la Bibliothèque des Pères.

DROGON, fils de Charles-le-Chauve, fut envoyé dans l'abbaye de Saint-Amand pour y apprendre les lettres sous le savant moine Milan. Il y mourut à la fleur de l'âge.

DROGON, évêque de Beauvais depuis 1030 jusqu'en 1047. Il fonda plusieurs monastères dans lesquels il établit des écoles d'où il sortit des élèves distingués.

DROGON, second fils de Tancrède de Hauteville, seconda en 1042 son frère Guillaume Bras-de-Fer.

DROGON (*conchyl.*). Les marchands donnent quelquefois ce nom au *murex lotorium*, ou la baignoire, dont M. Denys de Monfort a fait un genre sous ce nom. J. P.

DROGUE, nom générique de diverses marchandises qui s'emploient surtout en médecine et pour la teinture, et qui se vendent chez les pharmaciens et les épiciers. Fig. et fam., *Il fait bien valoir sa drogue, il débite bien ses drogues*, il sait bien faire valoir ce qu'il dit, ce qu'il fait, ce qu'il vend. — DROGUE, se dit encore, figurément et familièrement, de ce qui est mauvais en son espèce. Fig. et ironiq., *Voilà de bonne drogue*, se dit pour exprimer que ce qu'on veut nous donner pour bon ne vaut rien. — DROGUE, se dit en outre d'une sorte de jeu de cartes en usage parmi les soldats et les matelots ; à ce jeu le perdant est obligé de se mettre sur le nez un morceau de bois fourchu, qu'on appelle également *drogue*, et de le garder jusqu'à ce qu'il soit parvenu à gagner.

DROGUER, v. a., médicamenter, donner beaucoup de remèdes, purger avec des drogues. Ce verbe s'emploie aussi avec le pronom personnel. Il est familier.

DROGUERIE, s. f. Il se dit collectivement de diverses sortes de drogues. Il se dit aussi du commerce des drogues.

DROGUES, DROGUISTE. Le mot *drogue*, quelquefois pris en mauvaise part, sert à désigner des substances tant minérales que végétales et animales, qui sont employées dans la médecine, dans l'industrie et dans les arts. Les drogues sont tantôt des corps simples, tantôt des oxydes métalliques, des acides, des sels, ou bien encore des produits végétaux ou animaux, tels que des extraits, des gommes, des résines, des baumes, etc. Les uns sont indigènes, et les autres nous sont apportés par le commerce, qui souvent les dénature et les falsifie à un tel point qu'une des difficultés les plus grandes pour le droguiste consiste à distinguer les matières premières franches et pures de celles qui ont été sophistiquées. Le droguiste, d'ailleurs, ne fait point subir de préparations aux drogues ; tout au plus les fait-il nettoyer des impuretés qu'elles renferment ou quelquefois diviser en parties plus ou moins ténues. Souvent même le droguiste ne s'attache qu'à un petit nombre de substances dont il s'occupe exclusivement. Pour se livrer à ce genre de commerce, il faut être familier avec l'histoire naturelle, avec la chimie, et surtout être pourvu d'une sagacité peu commune pour déjouer les combinaisons très adroites des fraudeurs. (Voyez ÉPICERIE, TINCTORIALES (*substances*), SOPHISTICATION, etc.) On appelle *droguier* une collection d'échantillon des substances médicinales simples destinée à l'étude de la pharmacologie. Ces échantillons, bien choisis et convenablement conservés dans des bocaux qui permettent d'en apprécier les propriétés, sont rangés suivant un ordre naturel ou systématique. Les pharmaciens et les médecins sont les personnes qui font ordinairement des collections de ce genre. (Voy. MÉDICAMENTS, MATIÈRE MÉDICALE, PHARMACOLOGIE, PHARMACIE, etc.)

DROGUET, espèce d'étoffe faite ordinairement de laine et de fil, et quelquefois de soie.

DROIT, OITE, adj., qui n'est pas courbe, qui va d'un point à un autre par le plus court chemin. Fam., *Être droit comme un jonc*, avoir la taille fort droite. Fig., *La droite voie*, en termes de dévotion, la voie du salut. — DROIT, signifie aussi perpendiculaire à l'horizon, qui ne penche d'aucun côté. Fam., *Être droit comme un cierge, comme un I, comme une statue*, se tenir extrêmement droit. En géom., *Angle droit*, angle formé par deux lignes perpendiculaires l'une à l'autre. En astron., *Sphère droite*, celle où l'équateur et ses parallèles coupent l'horizon à angle droit. — DROIT signifie quelquefois, qui n'est pas couché, qui est debout. Il signifie figurément, juste, équitable, sincère. Il signifie aussi, sain, judicieux. — DROIT, se dit en outre par opposition à gauche, pour indiquer la position relative d'un objet. Fig., *Être le bras droit de quelqu'un*, être son principal agent. — DROITE, s'emploie souvent comme substantif féminin, pour désigner le côté droit, la main droite, la partie, l'aile ou l'extrémité droite. L'Évangile dit : *Quand on fait l'aumône, il ne faut pas que la main gauche sache ce que fait la droite*, ou simplement : *Que votre gauche ne sache point ce que fait votre droite*, dans les bonnes œuvres il faut éviter l'ostentation. *Donner la droite à quelqu'un*, le mettre à sa droite pour lui faire honneur. Fig., en termes de l'Écriture sainte : *Jésus-Christ est assis à la droite de Dieu son père*, Dieu son père l'a glorifié et lui a communiqué tout son pouvoir. — DROIT, s'emploie souvent comme adverbe, et signifie alors, en droite ligne, directement, par le plus court chemin. Il se dit aussi figurément. Fig., *Marcher droit*, se bien conduire, agir comme l'on doit, s'acquitter de son devoir. — À DROITE (*locut. adv.*), du côté droit, à main droite. *A droite et à gauche*, de tous côtés, de côté et d'autre. Fam., *Prendre à droite et à gauche*, recevoir de toutes mains; prendre, tirer de l'argent de l'un et de l'autre.

DROIT, s. m., faculté de faire quelque chose, d'en jouir, d'en disposer, d'y prétendre, de l'exiger, soit que cette faculté résulte naturellement des rapports qui s'établissent entre les personnes, soit qu'on la tienne seulement du pacte social, des lois positives, des conventions particulières. Abusivement, *Le droit du plus fort*, le pouvoir oppressif que procure la force. On dit dans un sens analogue, *Droit de conquête*. Prov., *Bon droit a besoin d'aide*, quelque bonne que soit une affaire, quelque titre qu'on ait pour obtenir une place, une récompense, il ne faut pas négliger de se faire recommander. Prov., en jurispr., *Abondance, surabondance de droit ne nuit pas*. En termes de pratique, *Chacun en droit soi*, chacun pour ce qui le concerne et selon les droits qu'il a. *Une fille usante et jouissante de ses droits*, qui est majeure et qui a la disposition de son bien. Prov. et fig., *Où il n'y a rien le roi perd ses droits*, il est inutile de demander à des gens insolvables le paiement de ce qu'ils doivent. Prov. et fig., *C'est le droit du jeu*, c'est l'ordre, c'est l'usage. — DROIT, se dit quelquefois, dans une acception moins rigoureuse, de ce qui fait qu'une personne peut moralement exiger quelque chose d'une autre, ou se permettre quelque chose envers elle. — DROIT, se dit aussi dans le sens d'imposition. Il se dit également d'un salaire alloué à quelqu'un par la taxe, par un règlement, etc. *Droit d'avis*, ce que l'on donne à une personne qu a fourni des instructions utiles pour faire une chose. Cette locution a vieilli. — DROIT, signifie en outre ce qui est juste. Il signifie aussi justice. *Donner droit à quelqu'un*, lui donner raison. — DROIT, se dit encore de l'ensemble de certaines lois écrites ou non écrites, d'une législation, de la loi en général. *Cela est de droit écrit*, cela doit être observé à la rigueur. — DE DROIT, DE PLEIN DROIT (*locut. adv.*), sans qu'il puisse y avoir matière à contestation, sans qu'il soit nécessaire de recourir à la justice, à l'autorité, etc. *A qui de droit, par qui de droit*, à qui on doit s'adresser, recourir, par qui a le droit de décider, d'ordonner. — À BON DROIT (*locut. adv.*), avec raison, avec justice. — À TORT ET À DROIT (*locut. adv.*), sans examiner si la chose est juste ou injuste. — À TORT OU À DROIT (*locut. adv.*), avec droit ou sans droit.

DROIT (*géom.*). C'est en général l'opposé du *courbe*, c'est-à-dire tout ce qui ne fléchit pas ou ne s'incline pas; ainsi l'on nomme *ligne droite* celle dont toutes les parties indéfiniment petites ont une seule et même direction. L'angle *droit* est celui qui est formé par une ligne perpendiculaire sur une autre, et qui, par conséquent, ne s'*incline* d'aucun côté. Cône droit. (*V.* CÔNE.) Sinus *droit*. (*V.* SINUS.) L'adjectif *droit* ne s'emploie ici que pour distinguer le *sinus droit* du *sinus verse*; et toutes les fois qu'on parle de sinus sans y ajouter le mot *verse*, on entend le sinus droit.

DROIT. On entend par-là un ensemble de lois, positives ou absolues, écrites ou non écrites, auxquelles s'appliquent des qualifications diverses suivant leur objet. Le *droit naturel* est la collection des règles qui sont imposées aux hommes par leur propre nature, pour les diriger dans leur conduite, antécédemment à toute loi positive ou promulguée par une autorité humaine. Le droit naturel offre avec la morale beaucoup d'analogie; mais il en diffère en ce qu'il n'a guère pour objet que les actions des hommes, tandis que la morale a pour but immédiat la direction du cœur humain et de ses affections. Le *droit positif*, au contraire, est celui qui n'est fondé que sur la volonté du législateur. Établi par une certaine autorité, il peut être modifié, changé, abrogé par cette même autorité. Le *droit des gens* se prend dans deux acceptions distinctes: il désigne l'ensemble des règles qui garantissent les rapports de peuple à peuple, et alors on le nomme plus spécialement *droit international*; dans un autre sens, il indique une collection de maximes et de principes, une sorte de jurisprudence admise sur certaines matières par tous les hommes et toutes les nations; c'est cette dernière signification seule qu'adoptaient les Romains. Ils distinguaient deux sortes de droit des gens: celui qu'ils appelaient droit des gens *primaire* ou *primitif*, qui n'est autre chose que ce que nous avons nommé plus haut droit naturel; et le droit des gens *secondaire*, qui, sans découler d'une manière aussi directe de la raison naturelle et de la conscience générale, se composait de règles en usage chez toutes ou à peu près toutes les nations : *jus gentium*. On rangeait parmi les principes du droit des gens secondaire le droit pour chaque peuple de réduire en esclavage les prisonniers de guerre. Le *droit public* est celui qui règle les rapports des gouvernants aux gouvernés; on l'appelle aussi droit politique. Toute loi qui établit les fondements de la société, qui s'occupe de constituer et de maintenir la police nécessaire au bon ordre et à la tranquillité de l'État, qui organise l'administration de la justice civile ou criminelle, dépend du droit public. Le *droit privé* est celui qui règle et détermine les rapports des citoyens entre eux; toutes les lois civiles proprement dites, comme celles qui s'occupent des contrats, de l'état des personnes, toutes les lois commerciales, etc., font partie du droit privé. Le *droit romain*, dans sa signification la plus étendue, se prend pour toutes les lois civiles et criminelles faites pour le peuple romain; mais le plus souvent on ne désigne sous cette dénomination que les dernières lois qui furent en vigueur chez les Romains, et qui ont encore aujourd'hui une autorité plus ou moins étendue chez la plupart des nations de l'Europe; en un mot, le droit de Justinien. (*V.* CODE, DIGESTE, INSTITUTES, NOVELLES.) Le *droit écrit* est composé des différentes lois qu'a promulguées le législateur, non pour sanctionner un usage déjà reçu et exerçant déjà son influence, mais uniquement pour satisfaire par une règle nouvelle un besoin social. Le *droit non écrit*, au contraire, est celui que l'usage a insinué dans les mœurs, qu'il a introduit peu à peu dans la société, et qui, sans une sanction expresse du législateur, est accepté tacitement par lui; on peut en donner pour exemple tout ce qui concerne, tant à Paris qu'en province, les règles sur le mode de location des maisons et des fermes, les délais pour donner et recevoir congé, etc. Le *droit coutumier* n'est autre chose qu'une sorte de droit non écrit, rédigé d'après les usages. Le droit coutumier français était composé d'environ trois cents coutumes différentes, tant générales que locales, dont la plupart n'ont été rédigées par écrit que vers le XVe siècle. Le *droit français* se compose des coutumes ou usages acceptés par le législateur, et qui forment ce que nous avons appelé le droit non écrit, et des lois françaises non abrogées, c'est-à-dire de toutes les règles obligatoires émanées des autorités compétentes, d'après la constitution en vigueur à l'époque où elles ont été posées. Quoique les lois rendues depuis l'établissement du Consulat forment la partie la plus importante du droit français actuellement en vigueur, il n'en est pas moins vrai que ce droit comprend un grand nombre d'autres dispositions législatives. Les principales sources du droit français actuel sont: 1° les lois, c'est-à-dire, suivant la Charte de 1830, les dispositions proposées par l'une des trois branches du pouvoir législatif, adoptées librement par la majorité de chacune des deux Chambres après discussion publique, et sanctionnées par le roi; 2° les ordonnances royales, qui, étant l'œuvre du roi, seul investi du pouvoir exécutif, ne peuvent avoir pour objet que l'exécution des lois. Sous l'Empire, les décrets impériaux, qui n'eussent dû être, ainsi que les ordonnances royales, que des règlements pour l'exécution des lois, furent souvent de véritables actes législatifs; cependant la jurisprudence les admet comme en vigueur, et déclare qu'ils doivent être observés, attendu que le sénat, seule autorité compétente pour annuler de tels actes et les priver de toute efficacité, n'usa jamais du droit de les déclarer inconstitutionnels, comme le lui permettait l'article 21 de la constitution du 22 frimaire an VIII. Outre ces deux sources du droit français, on trouve des actes d'une importance secondaire : les avis du conseil d'État, ayant pour but de développer et d'interpréter les lois obscures, interprétation qui est aujourd'hui réservée au pouvoir législatif; les sénatusconsultes, ou résolutions du sénat, dont l'objet était de statuer sur les points qui tenaient à l'organisation du corps politique; enfin les circulaires ministérielles, obligatoires seulement pour les employés du gouvernement, mais qui ne lient pas les tribunaux lorsqu'elles décident des questions de droit civil.

DROIT ADMINISTRATIF. Le droit administratif est l'ensemble des règles qui déterminent les rapports réciproques de l'administration et des administrés. En France on entend par administration cette partie de la puissance publique qui est chargée de pourvoir à tous les besoins communs, dont l'ensemble forme les services publics. Il tient pour ainsi dire le milieu entre le *droit politique*, qui embrasse les lois constitutives du corps de la nation, la forme du gouvernement, les attributions des grands pouvoirs de l'État, et le *droit civil*, qui se renferme dans les relations privées des citoyens : il participe du premier par les liens qui l'unissent à l'organisation politique, et du second par l'action qu'il exerce sur les droits et les intérêts privés. Dans un pays où 34 millions d'habitants se pressant sur 26 mille lieues carrées de territoire sont soumis aux mêmes lois, aux mêmes formes de gouvernement, l'administration publique est nécessairement investie d'un pouvoir étendu et d'attributions nombreuses. Chaque jour les nécessités du gouvernement appellent le concours actif de l'administration, et la mettent en rapport avec les administrés. La hiérarchie des organes de l'administration active, sous la forme unitaire, embrasse le roi, les ministres, les sous-secrétaires d'État, les préfets, les secrétaires généraux de préfecture, les sous-préfets, les maires et adjoints et les commissaires de police. A ces fonctionnaires, qui représentent ce qu'on appelle souvent l'administration civile, il faut ajouter les intendants militaires et les préfets maritimes, chargés des intérêts spéciaux de l'administration militaire et maritime. Ici nous n'avons à considérer le roi que comme chef de l'administration. A ce titre, des actes nombreux lui sont réservés; actes dont il ne peut jamais être responsable, dont la responsabilité appartient aux ministres, et que cependant ils ne pourraient faire sans excès de pouvoir. Ces actes de l'autorité royale se font ou sur le rapport d'un ministre seulement, ou après délibération en conseil d'État ou en conseil de ministres. Sur le seul rapport d'un ministre, le roi fait deux espèces d'actes. « Les uns, par leur nature même, appartiennent à une autorité purement discrétionnaire et gracieuse, et ne reçoivent ordinairement aussi qu'une application individuelle à des personnes désignées : telles sont la nomination, l'institution, la révocation des fonctionnaires administratifs, la distribution des récompenses et des honneurs. Les autres sont des mesures par lesquelles l'autorité royale, hors de la présence du public et dans le service intérieur des différents ministères, prescrit les dispositions relatives à la marche de ce service dans la sphère de la simple administration active. » (De Gérando, *Institutes du droit administratif français*, I, 119.) Mais il y a des actes que le roi doit faire après délibération du conseil d'État. Ces actes ont pour objet ou une généralité d'intérêts ou une explication individuelle. Dans tous les cas, une instruction méthodique et régulière les précède, et ils sont insérés au Bulletin officiel, au moins par extrait. Les actes qui ne sont pas des mesures individuelles sont connus, dans la langue du droit administratif français, sous le nom de *règlements d'administration publique*. Ce sont, en quelque sorte, des lois secondaires. Les actes de l'autorité royale sur délibération du conseil d'État, qui n'ont pour objet que des mesures individuelles, sont connus sous le nom d'*ordonnances royales rendues dans la forme des règlements d'administration publique*. Divers recours sont ouverts aux parties intéressées contre les actes d'administration faits par le roi. D'abord, si la matière est contentieuse, il y a recours au conseil d'État par la voix contentieuse. En matière purement administrative, il y a recours au roi, mieux informé par la voie ministérielle. Enfin, on peut toujours réclamer devant les Chambres législatives par le moyen de pétitions. — Les *ministres* sont, au centre de l'empire, sous l'autorité du roi, les chefs de l'administration active pour les services qui sont du département qui leur est confié. Leur autorité s'exerce sur toute l'étendue du royaume. Chaque ministre, outre ses attributions spéciales, en a encore de générales. Ainsi, ils sont les ordonnateurs de toutes les dépenses, chacun dans son département, et, à ce titre, ils doivent rendre compte aux Chambres; ils ont la direction de tous les agents qui ressortissent à leur ministère, ils confirment ou révoquent leurs actes; ils peuvent déférer au conseil d'État, dans l'intérêt de la loi, les décisions des juridictions administratives; enfin, ils ont action sur les citoyens dans les limites tracées par la loi pour l'exécution des services qui leur sont confiés. Leur autorité s'exerce par des mesures règlementaires ou individuelles. Les voies de recours contre les actes des ministres varient d'abord selon le genre de réparation que les réclamants veulent obtenir, et aussi suivant la matière à laquelle l'acte attaqué se rapporte. — Le *préfet* est, sous les ordres des ministres, le représentant de la loi et du roi pour la gestion des intérêts généraux dans son département : il est aussi le représentant des intérêts spéciaux du département, considéré comme unité politique. Représentant de l'intérêt général dans le département, le préfet est tantôt simple organe de transmission, de notification, d'information, de surveillance; tantôt il procède par voie de nomination ou d'institution, de suspension ou de révocation; tantôt il agit avec autorité de commandement sur les personnes et sur les choses, sur les agents subordonnés de l'administration ou sur les citoyens; il prescrit de faire ou de ne pas faire. Le préfet agit seul ou en conseil de préfecture. Représentant des intérêts spéciaux du département, le préfet est l'ordonnateur des dépenses votées par le conseil général, auquel il rend compte. Les actes des préfets peuvent être réformés par l'administration centrale. Quant aux *secrétaires généraux* de préfecture, ils ont la garde des archives de la préfecture — Les *sous-préfets* sont des agents intermédiaires entre les préfets et les maires. — Les *maires*, en France, appartiennent à l'ordre judiciaire et à l'ordre administratif. Ainsi, ils sont officiers de police judiciaire, et quelquefois juges de simple police, ou officiers du ministère public près les tribunaux de simple police. D'un autre côté, ils sont les représentants de la loi et du roi pour l'accomplissement des services publics dans la commune, et les représentants des intérêts spéciaux de la commune considérée comme établissement public. Enfin, les maires remplissent les fonctions d'officiers de l'état civil. — Les *adjoints au maire* sont destinés à le remplacer en cas d'empêchement et aussi à l'assister dans ses fonctions. — Les *commissaires de police*, officiers de police judiciaire pour la constatation des contraventions, des délits et des crimes, et officiers du ministère public près les tribunaux de simple police, appartiennent aussi à l'ordre administratif, en ce qu'ils sont appelés à seconder le maire dans l'exercice de la police municipale. Ils agissent sous son autorité; ils sont rétribués par la commune, mais nommés par le roi : car ce ne sont pas des agents municipaux; leur mission est une mission d'intérêt général appliquée à une localité. — La guerre a deux parties bien distinctes, la partie stratégique et la partie administrative. Chacune d'elles exige des connaissances spéciales; de là l'institution d'un corps spécial d'administrateurs pour l'armée, l'*intendance militaire*. Les fonctionnaires de ce corps sont placés sous l'autorité du ministre de la guerre. Subordonnés au chef militaire au corps duquel ils sont attachés pour procurer aux troupes telles fournitures dans le lieu et au moment déterminés, les intendants ou sous-intendants sont indépendants de ce chef quant au mode d'exécution du service qui leur est demandé et quant à la comptabilité. Les intérêts maritimes sont trop étendus pour être sous la direction des fonctionnaires civils; aussi on a créé cinq grands arrondissements ou préfectures maritimes, dont le chef-lieu est dans chacun de nos cinq grands ports. Le *préfet maritime* est le chef de tout le service de la marine dans l'arrondissement de sa préfecture. Telle est en France la hiérarchie des organes de l'administration active constituée sous la forme unitaire. D'après l'esquisse qui précède, on a pu se convaincre que cette organisation est destinée à suffire à tous les développements de l'action administrative. Cependant, pour quelques services spéciaux qui exigeaient un concours de lumières ou d'efforts où le partage de la responsabilité offrait des avantages plutôt que des inconvénients, des agences collectives ont été instituées : ainsi, à Paris, la commission des monnaies; les commissions administratives des hôpitaux et les bureaux de charité et de bienfaisance; les conseils de fabrique des paroisses; les intendances et les commissions sanitaires. Ainsi, dans toutes les occasions où le gouvernement se trouve en cause, l'administration intervient au nom de la société, pourvoit aux diverses nécessités, aplanit les obstacles et brise les résistances. C'est là son droit et souvent son devoir. Le gouvernement qui n'aurait pas en lui-même les moyens de subvenir à ses besoins, à ses services, à l'ordre et à la sûreté publique, manquerait de tous les éléments de force et de durée. Pour l'accomplissement de son mandat, l'administration a ses formes propres ; nos lois de liberté et de garanties ont dû, tout en reconnaissant ses droits, lui imposer des règles, lui prescrire des limites, subordonner son action à certaines conditions. A côté de ces lois écrites seront placées d'autres règles que la nature des choses a introduites, que la tradition des précédents a couvertes de l'autorité de l'expérience. L'ensemble des formes, des principes, des bases de toutes les juridictions, dont nous avons tracé un rapide tableau, constitue le *droit administratif*, et l'on peut juger de son importance. Les garanties politiques écrites dans les chartes excitent à juste titre l'attention et les sollicitudes des citoyens; elles sont la base de notre organisation constitutionnelle et la source de nos droits. Le pouvoir administratif touche à nos plus chers intérêts ; nous nous trouvons chaque jour en contact avec lui; nous le rencontrons dans presque tous les accidents de la vie sociale. Il atteint nos personnes quand il procède à l'application des lois qui prescrivent certains services publics, le recrutement, la garde nationale, les prestations en nature; il atteint nos biens quand il prononce sur le règlement des cours d'eau, des dessèchements, des défrichements, sur les plantations voisines des routes ; il atteint le produit de notre industrie, les revenus de nos terres, quand il procède à l'assiette et au recouvrement de l'impôt. De telles attributions valent bien que l'on s'en occupe. Que l'administration soit forte et son action libre et respectée, nous le voulons bien, non dans son intérêt, mais dans celui du pays qui ne peut en différer. Mais que les pouvoirs soient clairement définis, les excès fermement réprimés, que les droits des citoyens qui font aussi partie de la chose publique obtiennent les garanties auxquelles ils sont fondés à prétendre, et que le *droit administratif* présente enfin la solution du grand problème de la conciliation de l'intérêt public avec l'intérêt privé. C'est là un digne sujet d'étude pour le législateur ; aucun n'a plus de droits aux méditations des hommes publics et aux travaux des jeunes gens qui se préparent à contribuer à leur tour à l'amélioration de nos lois, et à apporter leur pierre à l'édifice de nos institutions publiques avec l'intention de perfections nouvelles et sages à y introduire.

DROIT ALLEMAND (*jus germanicum*). Les tribus germaniques dont la fusion forma, au bout d'un certain temps, la nation allemande, entrèrent dans cette communauté politique au milieu de circonstances très différentes, à différents intervalles, avec de très grandes variétés de civilisation et des notions de droit très diverses. Le midi de l'Allemagne et sa partie la plus occidentale se trouvaient depuis longtemps réduits à l'état de provinces romaines et la civilisation romaine y avait naturellement exercé une influence prépondérante. Les tribus slavonnes qui s'établirent au nord furent au contraire longtemps sans adopter les mœurs et la langue des Allemands. Mais, en embrassant le christianisme, elles firent le premier pas vers l'établissement d'un ordre légal. C'est avec la conversion des Allemands à la foi nouvelle que coïncide l'établissement de leurs premières lois, qu'on a mal à propos regardées comme la rédaction en quelque sorte officielle de règles de droit préexistantes, puisque la majeure partie de ces lois se composait de règles qui furent alors établies pour la première fois. Ces lois anciennes datent du Ve au IXe siècle : on peut les considérer jusqu'à un certain point comme un pacte entre les vainqueurs et les vaincus, comme une espèce de compromis entre le paganisme et l'antique licence d'une part, et la religion chrétienne et les notions de droit qu'elle suppose d'autre part ; comme un essai de conciliation entre la liberté populaire et la souveraineté des princes, enfin, comme autant de traités entre un chef et les hommes qui se ralliaient autour de lui, entre des communes et les officiers du prince. Nous citerons les principaux de ces antiques monuments du droit germanique, en renvoyant le lecteur aux articles spéciaux qui leur sont consacrés dans notre ouvrage. Ce sont : la loi des Visigoths, rendue par le roi Eric de 466 à 484 ; celle des Francs Saliens vers la fin du Ve siècle; celle des Bourguignons vers 517 ; des Francs Ripuaires de 511 à 534, des Bavarois et des Allemands (*Allemanni*) de 603 à 638, des Frisons, des Saxons, des Angles, à l'époque de Charlemagne; des Lombards de 643 à 724, des Anglo-Saxons, d'Albert de Kent (501-604) jusqu'à la conquête des Normands. Ces lois se ressemblent à bien des égards, mais cependant on s'exposerait à de graves erreurs en jugeant de la législation d'un de ces peuples sur un point de droit quelconque par une induction tirée de celle d'un autre de ces peuples sur le même point. (Voy. sur cette matière l'ouvrage allemand de Philipps, *Histoire du droit anglo-saxon*, Gœtt., 1825, in-8°.) Les capitulaires rendus par les princes dans les temps postérieurs, alors que le pouvoir royal avait déjà acquis plus de force et d'indépendance, forment la seconde partie de l'histoire du droit allemand ; mais il est difficile de déterminer si ces capitulaires s'étendent à toutes les parties de l'Allemagne, ou s'il y en eut auxquelles *ils* ne furent point applicables. A partir du Xe siècle, la féodalité devint presque partout la base de la propriété territoriale (*V.* DROIT FÉODAL), et même du droit public, mais les progrès de l'agriculture, ceux de l'industrie et du commerce, firent bientôt naître dans l'Europe occidentale le besoin d'un système de droit plus régulier, plus complet, et cela d'autant plus que le droit romain, dont l'enseignement ne tarda pas à être repris dans la haute Italie, attirait de toutes parts les étudiants et s'infiltrait plus ou moins dans toutes les législations. Ce fut tantôt l'esprit d'émulation et tantôt celui d'opposition qui conduisit à rédiger dans une forme systématique les vieux droits nationaux, et la compilation d'Ekkard de Repkow, qui devint fameux dans la suite sous le titre de *Miroir des Saxons* (*Sachsen Spiegel*), fit naître en Allemagne (1215 à 1235), une longue suite d'imitations, d'abréviations, d'additions, etc., pendant qu'il s'opérait dans tous les États européens, depuis Naples (*Code de l'empereur Frédéric II*, par Pierre Desvignes, 1231) jusque dans le nord (*Droit jutlandais du roi Waldemar II*, 1240), un mouvement analogue, et qu'une quantité de villes se constituaient par un droit particulier, par des lois expresses ou par des usages et coutumes. Néanmoins l'éclat dont brillait le droit romain, auquel on donne en quelque sorte pour appendice le droit féodal lombard, ne fit qu'augmenter dans tous les pays, et il finit par exercer la plus grande influence sur les affaires publiques. La législation commune du Saint-Empire fut de plus en plus restreinte dans son action par l'autorité particulière des princes qui croissait de jour en jour. Les coutumes de droit propres à l'Allemagne, différentes dans leurs détails, mais qui avaient beaucoup de bases communes entre elles, continuèrent cependant à être en vigueur dans les tribunaux, jusqu'à ce qu'enfin, surtout à partir de XVe siècle, il se manifestât dans la législation particulière de chaque État une activité toujours plus grande. Alors chaque État eut sa législation particulière, et l'ordonnance criminelle de Charles-Quint dut faire place à des codes nouveaux. Vers l'époque de la guerre de trente ans, on commença à abandonner le droit romain et à étudier le droit national dans ses sources historiques, et cela surtout quant au droit public. Aujourd'hui, lorsqu'on se sert de l'expression de *droit allemand*, c'est du droit privé qu'on entend parler, en tant que les sources du droit en vigueur en Allemagne ne dérivent pas de la législation romaine ou papale, non plus que des législations particulières de chaque État. Pour le droit public, on emploie plus volontiers la dénomination de *droit germanique*. Quant à la méthode aujourd'hui suivie en Allemagne pour l'enseignement du droit en général, on en a déjà dit quelques mots à l'article ALLEMAGNE, et il en sera question ci-dessous à l'art. DROIT NATUREL.

DROIT CANON, DROIT CANONIQUE, ECCLÉSIASTIQUE, PONTIFICAL, SACRÉ (*théol.*). Dans toute science il faut commencer par un vocabulaire, quand on veut être bien compris. Qu'est-ce que le droit? Ce mot a plusieurs significations. (*V.* DROIT.) On le prend d'ordinaire, dans un sens restreint, pour la loi même et pour l'ensemble des règles de conduite imposées à l'homme ou à une société particulière. S'il est révélé d'en haut, on l'appelle droit divin. Considéré comme la résultante logique et la conséquence évidente de l'essence divine et de la nature des êtres intelligents, c'est le droit naturel. S'il n'apparaît pas à la raison humaine comme l'expression claire de ces rapports immuables, on le nomme droit positif. Appliqué aux relations internationales, c'est le droit des gens. En tant qu'il pose les fondements généraux de la société humaine, et qu'il détermine les relations qui unissent les sujets au pouvoir social et le pouvoir aux sujets, c'est le droit public ou politique. S'il a pour objet seulement de formuler les rapports des citoyens entre eux, et de garantir leurs intérêts temporels et respectifs, on le nomme droit privé ou civil. Enfin, si on le considère comme le principe et l'ensemble des lois qui régissent la société religieuse, c'est le droit ecclésiastique. — La législation de l'Église se nomme : 1° *discipline*, du mot latin *disciplina*, qui signifie l'état des disciples à l'égard de leur maître. Or, dit Bergier, « comme Jésus-Christ a établi ses apôtres pasteurs et docteurs des fidèles, ceux-ci leur doivent docilité et obéissance; et comme, d'autre côté, les maîtres doivent l'exemple à leurs disciples, ils doivent aussi observer des règles pour le succès de leur ministère. » (*Dictionn.*, art. *Discipline*.)

Ces règles sont donc des lois qu'on peut appeler disciplinaires. 2° *Droit canon*, *droit canonique*, du mot grec κανών (*ordre, règle*), parce que les lois d'une société divinement instituée et gouvernée par l'Esprit saint, ne pouvant être que l'expression de la volonté souverainement droite de Dieu, méritent, à ce titre, le nom de règle par excellence. 3° *Droit ecclésiastique*, *droit pontifical* (*jus pontificium*), parce qu'il émane des premiers pasteurs de l'Église et qu'il régit les membres qui la composent. 4° *Droit sacré*, tant parce qu'il tire son origine de la puissance spirituelle immédiatement établie de Dieu que parce qu'il a pour objet principal de régler ce qui regarde l'enseignement de la religion, le culte divin, le bon gouvernement de l'Église et le salut des fidèles, en un mot, tout ce qui se rapporte à l'œuvre de la rédemption du monde, commencée par Jésus-Christ, pour se continuer jusqu'à la fin des temps par le ministère de ses pasteurs. — « Dans l'Occident, dit Walter, le mot *canon* fut conservé pour désigner les statuts de l'Église, et, de là, l'ensemble de la discipline ecclésiastique prit, à partir du XIIe siècle, le nom de *droit canonique*. Vers cette époque apparait, avec le même sens, l'expression *droit ecclésiastique*. » (*Man. de droit ecclés.*, § I.) Selon le même auteur, les mots *jus canonicum*, *jus ecclesiasticum*, ne s'introduisirent avec cette signification nouvelle qu'après que la législation de l'Église eut commencé à former un corps de doctrine scientifique (1). Quoi qu'il en soit, ces dénominations diverses se prennent généralement dans le même sens; elles désignent aujourd'hui, tantôt la science des canons et des lois ecclésiastiques en général, tantôt le corps même ou le recueil de ces canons et de ces lois. (*V.* Durand de Maillane, *Dictionn.*, art. *Droit canon.*) Cependant les plus habiles canonistes sont partagés sur l'exacte signification des deux termes *droit canonique* et *droit canon* : *droit canonique* est plus régulier, dit le savant Doujat; *droit canon* semble avoir prévalu dans l'usage. « Je me suis toutefois imaginé, ajoute cet auteur, qu'on y pourrait apporter quelque différence, et dire *droit canonique* lorsque l'on parlait de la science en soi, et *droit canon* quand on parlait du livre ou du corps des canons, qu'on appelle communément *Cours canon.* » Cette distinction nous paraît bien fondée. — Avant d'entrer en matière, il importe de prévenir nos lecteurs que cet article, formant la première partie d'un *Manuel de droit ecclésiastique*, renfermera seulement les questions préliminaires et générales qui doivent remplir le plan d'une introduction à la jurisprudence canonique. La seconde partie sera traitée sous les mots HIÉRARCHIE et JURIDICTION. Cette distribution présente le double avantage d'être plus conforme à la nature de ce recueil, et d'épargner aux lecteurs de l'*Encyclopédie* les recherches que nécessite la multiplicité inutile et toujours fastidieuse de renvois qui peuvent être supprimés ou évités sans le moindre inconvénient. Du reste, il suffira de lire, dans l'ordre même de l'alphabet, les articles indiqués, pour saisir l'ensemble et l'enchaînement logique des matières qui rentrent dans le cadre d'un *Cours élémentaire de droit canonique.* — Notre première partie ne traite que du droit ecclésiastique en général : 1° la nature de ce droit considéré en lui-même, le point de vue sous lequel il faut l'envisager pour connaître l'idée qui domine l'ensemble et l'esprit qui pénètre les détails de la législation de l'Église, l'indication sommaire des principaux ouvrages à consulter sur les diverses parties de la jurisprudence canonique; 2° les doctrines qui servent de base à l'autorité législative de l'Église et qui en fixent l'étendue, les sources du droit canon, et les règles générales relatives à l'interprétation des lois qu'il renferme; 3° enfin, l'histoire de ses origines, de ses développements et de l'influence qu'il a exercée, dans la suite des temps, sur l'Église et sur la civilisation des différentes sociétés temporelles qui ont embrassé le christianisme. Telles sont les principales questions à examiner, et tel est l'ordre que nous suivrons dans cet article, divisé ainsi en trois chapitres.

CHAPITRE PREMIER.

NOTIONS PRÉLIMINAIRES.

Nous commencerons par donner une idée générale de notre sujet; ensuite, partant de la nature de l'homme et de la pensée divine qui a présidé à l'institution de l'Église, nous essaierons de caractériser le droit ecclésiastique, et, après l'avoir défini en lui-même, nous en préciserons l'objet et le but, en le comparant à la théologie, au droit divin naturel et positif et au droit civil; enfin, après avoir montré combien il importe, surtout aujourd'hui, de revenir à l'étude sérieuse et approfondie d'une science qui traite de la plus admirable des législations, nous terminerons ce premier chapitre par une courte bibliographie, dans laquelle nous ferons connaître les principaux ouvrages publiés par le droit canon.

§ Ier. — *Idée générale du sujet.*

Le christianisme est la loi religieuse universelle et parfaite, qui durera éternellement, parce qu'elle est la parole même de Dieu et l'expression de son immuable volonté. Lorsque le temps marqué dans les desseins de la divine Providence fut arrivé, « Dieu, qui avait parlé autrefois à nos pères, en diverses occasions et de différentes manières, par les prophètes, nous parla par son fils, qu'il a fait héritier de toutes choses, et par lequel il a créé les siècles. » C'est par lui que le monde a reçu « la doctrine salutaire, qui, annoncée d'abord par le Seigneur même, nous a été confirmée par ceux qui l'avaient appris de lui; Dieu attestant leur témoignage par les miracles, par les prodiges, par les différents effets de sa puissance, et par les dons du Saint-Esprit. » Et il est écrit de cet envoyé céleste : « Vous lui avez donné l'empire sur les ouvrages de vos mains; vous avez mis toutes choses sous ses pieds. Or, continue l'apôtre, dès que Dieu lui a soumis toutes choses, il n'a rien laissé qui ne lui soit assujéti. » (*Ad Hebr.*, *c.* 1 *et* 2.) Voilà les titres magnifiques avec lesquels le divin législateur descendit sur la terre pour confirmer, étendre et compléter la loi publiée par Moïse. Il parut dans la Galilée et la Judée, conversant avec les hommes pour les instruire, les purifier, les guérir et les réhabiliter dans tous leurs droits. Paroles, actions, miracles, bienfaits, tout, dans la vie de cet Homme-Dieu, a été prédication, exemple et règle : il se manifesta comme la loi vivante des hommes qu'il était venu racheter. Mais, après avoir expié les péchés du monde et ouvert à l'humanité la source d'une nouvelle vie morale, il est retourné à son Père, et maintenant « il est assis au plus haut des cieux, à la droite de la souveraine majesté. » (*Ibid.*, *c.* 1.) Cependant la terre ignorait encore son salut, et le salut ne pouvait lui être appliqué que par une participation réelle au mystère qui venait de l'opérer. La rédemption ne devait donc pas être un fait local et temporaire, car elle s'était accomplie pour tous les temps et pour tous les lieux. Aussi le Sauveur, remontant au ciel, voulut-il continuer son œuvre et agir dans le monde et pour le monde. « Il n'était pas venu lui apporter seulement un livre nouveau, dit M. Ch. de Riancey, un texte froid et mort, dont le sens pourrait librement être mis en lambeaux par toutes les interprétations arbitraires. Il ne se contenta pas non plus de lui laisser une simple philosophie, une théorie plus ou moins rationnelle, un système sans réalité pratique. Le but de sa mission, si longtemps et si ardemment attendue, ne se réduisait pas à de pareils bienfaits; mais, pendant son séjour ici-bas, il avait fondé la vraie religion, c'est-à-dire qu'il avait révélé la vérité, qu'il y avait appelé les hommes, qu'enfin il l'avait mise en action sous sa surveillance infaillible; et quand il quitta la terre, bénie et régénérée sous ses pas, il lui légua dans son auguste Testament mieux qu'un livre, mieux qu'une philosophie, mieux qu'une loi écrite, parce que livre, philosophie, loi, il lui léguait tout en instituant l'Église pour héritière de sa science, de ses droits et de son autorité. » (*Cours d'études sur l'hist. législat. de l'Eglise; Univ. cathol.*, *t.* IX, *p.* 426.) De quoi s'agissait-il en effet? De rétablir les rapports légitimes qui unissent l'homme à Dieu, l'harmonie entre le ciel et la terre, l'ordre primitif renversé par le démon et enseveli sous les ruines entassées par quarante siècles d'erreurs, de crimes et de bouleversements; c'était tout un monde nouveau à créer :

(1) Dans les actes des premiers conciles généraux, le mot *canan* désigne toujours les règles qui ont pour objet la réforme des mœurs. Le 8e concile œcuménique tenu à Constantinople en 870 distingue encore par des titres différents l'exposition de la foi et les canons purement disciplinaires. Au 4e concile de Latran, 12e général (1215), cette distinction disparaît; les définitions de foi et les règles de la discipline sont comprises sous un même titre, celui de *capitula*. Au concile de Trente, le mot *canon* est pris dans un tout autre sens. « Ce qui regarde les mœurs s'appelle *decretum de reformatione*; ce qui concerne la foi est divisé en deux ordres; le premier est le décret de la foi qui contient ce qu'il faut croire, et le deuxième sont les *canons* qui marquent ce qu'il ne faut pas croire, ce qu'il faut rejeter sous peine d'anathème, et qui dans les anciens conciles s'appelaient *anathematismi.* » (V. la *Discipline de l'Eglise*, par le P. Quesnel, t. II, in-4°, p. 37.)

Instaurare omnia in Christo. (*Ad. Ephes.*, *c.* 1.) Œuvre immense comme la rédemption elle-même, œuvre surhumaine sans laquelle la rédemption serait inutile. Or, rien de grand ne peut naître et se développer sur la terre que par l'association. De même donc que Moïse constitua un peuple à part en promulguant la loi de crainte aux enfants d'Israël, ainsi le Sauveur, en publiant la loi d'amour, posa les fondements d'une société nouvelle, d'une Eglise au sein de laquelle il voulut continuer de vivre, de parler, de commander et d'agir, pour appliquer à l'homme, à la famille, aux nations et à l'humanité tout entière les inappréciables bienfaits de l'incarnation. Après avoir parlé à son peuple de la grande époque du merveilleux renouvellement qui était sur le point de s'opérer, « il s'attacha, parmi ceux qui croyaient en lui, douze disciples intimes (*Joan.*, *c.* 1); il les chargea, avec soixante-douze autres (*Luc*, *c.* 10), d'aller, riches de dons surnaturels, annoncer aux hommes le règne de Dieu qui arrivait. Dans ses entretiens avec ses disciples, il leur révéla sa mission de Christ, fils de Dieu (*Matth.*, *c.* 16). Il leur signala cette croyance comme la base de l'Eglise, société visible qu'il fondait en eux (*ibid.*), et dont le pouvoir devait s'étendre au royaume invisible du ciel (*ibid.* et c. 18). La veille de sa Passion, qu'il avait lui-même souvent prédite, faisant la cène avec ses disciples, il bénit le pain et le vin, les leur distribua comme son corps et son sang, et leur commanda de célébrer ce mystère en mémoire de lui (*ibid.*, *c.* 26). Après sa résurrection il apparut encore aux siens pendant quarante jours, et, dévoilant aux onze disciples restés fidèles leur vocation sublime (*Luc*, *c.* 24), il leur confia, avec le pouvoir de remettre les péchés (*Joan.*, *c.* 20), la grande mission d'ouvrir à tous les peuples, par le baptême et la prédication de sa doctrine, le royaume des béatitudes (*Matth.*, *c.* 28). Enfin il les quitta, après une nouvelle promesse de la descente du Saint-Esprit sur eux (*Joan.*, *c.* 14), et de sa propre assistance jusqu'à la fin des temps. (*Matth.*, *c.* 28. *V. Walter*, § 9.) C'est dans ce langage simple et sublime que les écrivains sacrés racontent le prodige de la création de l'Eglise. Les douze sont d'abord choisis comme des pierres disposées qui attendent la pierre fondamentale sur laquelle portera tout l'édifice; bientôt cette base inébranlable est posée par le divin architecte, et l'Eglise est formée. Ensuite il s'identifie en quelque sorte avec son œuvre, et il en fait son corps, il l'anime de son propre souffle et communique aux futurs pasteurs les pouvoirs nécessaires pour répandre sur l'humanité l'esprit nouveau qui doit la régénérer. C'est ainsi que l'Eglise est la *plénitude de celui qui opère tout en tous*, c'est-à-dire la continuation, et, en un sens, l'extension du Verbe incarné uni en elle et par elle avec les hommes, non pas en unité de nature ou de personne, mais en unité de vie et d'action : « *Quæ est corpus ipsius*, *et plenitudo ejus qui omnia in omnibus adimpletur.* » (Eph. 1.) Telle fut l'idée que les premiers disciples, instruits par le Sauveur, se formèrent de l'Eglise. Bien que divisés, après leur dispersion, en plusieurs assemblées locales (ἐκκλησίαις, *Act.*, *c.* 13), ils se regardaient comme ne formant tous qu'une seule Eglise (Ἐκκλησία, *Ephes.*, *c.* 1); et parce qu'elle était essentiellement une, ils la nommaient simplement l'Eglise, ou l'Eglise du Christ. Le nom d'Eglise chrétienne est plus moderne. Comme toute société, cette Eglise, qui devait se développer en elle-même et s'étendre dans tout l'univers, se créa, dès le principe et d'après ses lois fondamentales, un certain ordre, une discipline particulière, un code de lois qu'elle étendit et modifia par des canons ou règles ultérieures, selon les exigences de temps, de lieux, d'intérêts, de besoins et de passions qu'il a fallu satisfaire, concilier ou dominer. Mais, quels que soient les changements dictés par les circonstances, une société bien organisée n'a qu'un même droit, une même législation commune à tous ses membres. Dans l'Eglise primitive, une et indivisée comme la foi chrétienne, il n'y avait donc à l'origine qu'un seul droit ecclésiastique, une même discipline générale. « Dans la suite des temps, dit Walter, quelques parties se détachèrent de cette unité pour se faire une existence individuelle. C'est ainsi que d'assez bonne heure l'église d'Orient s'est, du moins quant à la constitution, séparée de celle d'Occident; plus tard elle vit elle-même dans son sein l'église russe, et maintenant aussi celle du nouveau royaume de Grèce, se créer indépendantes. Dans l'Occident, lors du grand schisme du XVIe siècle, les protestants se détachèrent de l'Eglise catholique romaine, et se divisèrent, selon la différence des pays et des confessions, en une foule de sectes et d'églises particulières. Bien que, de toutes les doctrines chrétiennes en présence, une seule soit dans le vrai, et qu'ainsi une seule église puisse être la véritable, tous ces partis religieux ont acquis de fait et politiquement une consistance extérieure, et jouissent plus ou moins d'une existence légale. Le droit ecclésiastique se divise dès lors en autant de branches qu'il y a de communions chrétiennes légalement reconnues. » (*Manuel*, § 2.) Nous ne parlerons que du droit de l'Eglise catholique. Toutefois, dans la partie historique de notre travail, nous le mettrons en regard des législations diverses qui régissent les principales sociétés chrétiennes séparées de l'unité. Cette comparaison fera justice de plusieurs préjugés, elle vengera l'Eglise romaine de bien des accusations mensongères; elle nous la montrera toutefois immuable au milieu des révolutions sociales, alors même que, pour se faire toute à tous les peuples et à tous les siècles, elle fait subir de nombreux changements à sa discipline, toujours animée et dirigée par l'esprit du Sauveur, toujours grande, féconde et forte en face de ses rivales impuissantes, avilies, dégénérées; en un mot, toujours semblable à elle-même, seule divine, seule fidèle à remplir la sublime mission que J.-C. avait reçue du ciel, et qu'il a confiée à ses apôtres en leur disant : « *Comme mon Père m'a envoyé, je vous envoie : allez donc, instruisez toutes les nations.... leur apprenant à observer tout ce que je vous ai commandé; et voici que je suis avec vous jusqu'à la fin du monde.* » (*Matth.*, *c.* 28.)

§ II. — *Nature du droit ecclésiastique considéré en lui-même et dans ses rapports avec la théologie, le droit divin*, etc., etc.

Qu'est-ce que le droit? Pris dans un sens très général, c'est l'ensemble des règles qui régissent les relations des hommes avec Dieu, avec leurs semblables et avec les autres êtres. Le droit, pris dans un sens propre, est le pouvoir de faire ou d'exiger, même par la force, ce qui est conforme à l'ordre établi de Dieu et reconnu par la raison, la conscience, les traditions et la révélation; il suppose une loi divine supérieure d'où il tire toute sa force. Quelle loi purement humaine, en effet, serait véritablement obligatoire pour l'homme, si l'homme ne voyait pas en elle l'expression de la volonté souverainement droite de Dieu? Dieu est donc le législateur suprême, puisqu'il crée seul les êtres et leurs rapports. L'homme, par conséquent, ne peut que reconnaître la volonté de Dieu, et il ne crée pas plus les lois du monde moral ou social que le physicien ne crée celles du monde physique; il les découvre et les constate, il les accepte et les formule, il les développe et les applique : voilà tout son rôle. La législation humaine suppose donc le droit qui en est indépendant; celui-ci précède celle-là, et la loi divine, éternelle, précède le droit lui-même, comme la pensée préexiste à la parole. Ainsi les lois ne doivent être que l'expression plus ou moins complète et fidèle du droit; elles le constatent et le promulgent, elles le sanctionnent et en régularisent l'application, mais elles ne le constituent pas. On distingue dans toute législation l'autorité d'où elle émane, l'objet et les sujets soumis à son empire, l'obligation ou le lien moral qui constitue, avec la sanction, le rapport de la loi avec la fin que le législateur se propose d'atteindre. Tels sont les éléments essentiels renfermés dans l'idée de loi : étudions ces éléments et développons en peu de mots cette idée générale avant de l'appliquer à notre sujet. Un seul principe éclaire et domine la notion de la loi en général et des lois ecclésiastiques en particulier. Ce principe, le voici : l'homme a une destinée, il existe pour une fin, et il n'y a, au fond, qu'un seul devoir pour l'homme, celui d'accomplir sa destinée et d'aller à sa fin. Que sont, en effet, les lois de l'homme? « Rien autre chose, répond Domat, que les règles de sa conduite, et cette conduite n'est autre chose que les démarches de l'homme vers sa fin. » (*Traité des lois*, ch. 1, § 3.) D'où il suit que la fin de l'homme étant donnée, la règle générale et suprême de sa conduite l'est également. Or, la fin d'un être lui est imposée par sa nature, elle en résulte comme la conséquence du principe, comme l'effet de la cause : la nature d'un être est à sa destination comme le moyen est à la fin. Qu'est-ce que l'homme? Un être composé d'un corps et d'une âme formée à l'image de Dieu et douée par-là même d'une intelligence pour connaître, et d'une volonté libre pour aimer et pour agir. Dieu a donc fait l'homme pour connaître et pour aimer, par conséquent pour s'unir à un objet dans la connaissance et l'amour duquel il trouvera, s'il le veut, son repos, son bonheur, sa perfection ou sa fin dernière. Quel est cet objet? La foi, la raison, l'expérience, les traditions et l'histoire attestent de concert que Dieu seul peut remplir le vide infini de l'intelligence et du cœur de l'homme. C'est donc pour connaître et pour aimer Dieu, c'est pour s'unir à lui que l'homme existe, et sa ressemblance avec Dieu, c'est-à-dire sa grandeur et sa félicité, consistent dans cette union. Telle est la première loi de l'homme, loi fondamentale qui est le principe de toutes les autres. « Car, dit encore Domat, cette loi qui commande à l'homme la recherche et l'amour du souverain bien, étant commune à tous les hommes, elle en renferme une seconde qui les oblige à s'unir et à s'aimer entre eux, parce qu'étant destinés pour être unis dans la possession d'un bien unique qui doit faire leur commune félicité, et pour y être unis si étroitement qu'il est dit qu'ils ne seront qu'un : *ut omnes unum sint sicut ego et tu, Pater, unum sumus* (*Joan.*, c. 17), ils ne peuvent être dignes de cette unité dans la possession de leur fin commune s'ils ne commencent leur union en se liant d'un amour mutuel dans la voie qui les y conduit.... C'est par l'esprit de ces deux premières lois que Dieu destinant les hommes à l'union dans la possession de leur fin commune, il a commencé de lier entre eux une première union dans l'usage des moyens qui les y conduisent. Et il a fait dépendre cette dernière union, qui doit faire leur béatitude, du bon usage de cette première qui doit former leur société. » (*Traité des lois*, ch. Ier, § 7.) L'homme est donc fait pour la société, et il serait superflu de démontrer qu'il ne peut vivre, se conserver, et bien moins encore se développer physiquement ou moralement, hors de son sein : du moins est-il évident que l'état social est pour l'homme, tel qu'il nous est connu, la condition indispensable de tout développement intellectuel, et par-là même le moyen nécessaire sans lequel il ne pourrait ni connaître ni accomplir sa destinée. Or, une société n'est pas une simple réunion d'hommes, ou une juxtaposition de familles plus ou moins nombreuses : c'est un être moral, un corps, un organisme dont les membres vivent de la même vie et se meuvent par une même volonté ; ce qui suppose une certaine communauté de pensées et de croyances, de dispositions, de tendances et de convictions pratiques exprimées par des lois, et, par suite, le pouvoir d'une autorité publique chargée de formuler, de promulguer, d'appliquer ces lois, d'en assurer l'exécution, en un mot, de représenter aux yeux de chaque individu la société tout entière. Point de sociétés sans lois qui règlent et réunissent les volontés particulières en les dirigeant vers un but commun ; point de lois efficaces sans un pouvoir assez auguste pour les imposer, assez fort pour les faire respecter de tous, assez prévoyant et assez sage pour les mettre constamment en rapport avec les mœurs, les sentiments, les besoins et les intérêts généraux de la société. Dieu, en destinant l'homme à l'état social, lui a donc communiqué le pouvoir de régir les volontés, de créer des lois obligatoires et de les sanctionner par des peines qui en garantissent l'accomplissement. Méconnaître la source divine de l'autorité, ce serait usurper le droit de Dieu et lui ôter sa providence ; car Dieu seul possède l'empire, et seul il peut le donner. Quel que soit donc le mode selon lequel le pouvoir se transmet et s'exerce, tous ceux qui en sont les dépositaires le tiennent véritablement de Dieu : *Non est potestas nisi à Deo* (*Rom.*, c. 13). C'est par Dieu que règnent les rois, et tout législateur commande justement en son nom : *Per me reges regnant, et legum conditores justa decernunt* (*Prov.*, c. 8). Ces principes généraux qui s'appliquent à toute société, sans distinction de sociétés religieuses et de sociétés politiques, répandent un grand jour sur l'origine, la nécessité, l'obligation, le sujet et le but de la loi en général. Essayons d'en déterminer l'objet et la fin immédiate, avant d'appliquer ces notions aux lois ecclésiastiques. L'objet de la loi dépend de la nature même du pouvoir législatif, ou plutôt de la sphère d'action dans laquelle il est circonscrit ; or, le pouvoir législatif doit correspondre au but immédiat de la société qu'il est appelé à régir, et ce but est précisément la mission spéciale que Dieu confie à une société en l'établissant ; car c'est Dieu qui crée les sociétés, et il ne les crée pas sans se proposer un but particulier. Quel est, dans les vues de la Providence, le but immédiat de toute société, sinon de pourvoir au développement légitime de la vie humaine, de régler l'usage que les hommes doivent faire de leur liberté pour atteindre la fin commune, et, par conséquent, de consacrer, de formuler et de maintenir les droits qui protégent et facilitent l'accomplissement des devoirs dont l'ensemble renferme toute l'économie de notre perfection morale, c'est-à-dire l'ensemble des moyens qu'il faut mettre en œuvre pour conserver, réparer et embellir en nous l'image divine ? Empruntons ici le langage si profond et si vrai du professeur de droit à l'Université de Wurzbourg : « Tout ce qu'exige le droit, c'est que la similitude avec Dieu, telle qu'elle nous a été conservée, du moins quant à la forme extérieure, ainsi que l'expression de notre relation avec Dieu, soit respectée, maintenue, exploitée, cultivée. Les exigences du droit sont donc restreintes et bornées par la raideur de la nature extérieure, matérialisée depuis la chute, et dépendent de cette dernière et de ses rapports avec la vie intellectuelle et morale de l'humanité en général et du degré de liberté et d'empire que l'homme a obtenu sur la nature. Les préceptes de la morale, au contraire, de la loi intérieure de conformité avec Dieu, s'adressant à l'esprit et à la volonté seule, sont infinis, et ne dépendent nullement de l'état de la nature qu'ils tendent sans cesse à combattre et à vaincre. C'est pour cela que le précepte de la morale va beaucoup plus loin que celui du droit, quoiqu'ils aient tous deux la même origine et le même but. » Ainsi, « le droit sert à la morale d'instrument et d'appui, pour l'empêcher de s'abîmer et de s'évanouir ; mais elle en est l'âme, qui, animée par l'esprit de la religion, s'élève vers Dieu, et réunit la terre avec le ciel. » « Notre droit, cependant, en conservant au milieu des désastres de la chute les traits distinctifs de notre être primitif, répond par-là même aux conditions essentielles de notre réhabilitation. Celle-ci dépend de trois points, savoir : que, dominés dans notre état déchu par la loi de conformité ou du moins de similitude avec Dieu, commandant à la nature et disposant d'elle librement pour la manifestation de notre volonté, nous opérions par cette volonté libre, mais excitée et soutenue par la grâce, notre union et celle de toute la création avec Dieu. Pour l'accomplissement de ces trois conditions, notre vie, et avec elle notre droit, se divise en autant de sphères différentes ; et tout ce qui, dans chacune de ces sphères, répond à notre fin est juste, tandis que ce qui s'y oppose est injuste. »

« L'accomplissement de la dernière des trois conditions énoncées forme la tâche de l'Église, et les institutions et les lois destinées à y servir composent le droit ecclésiastique. La seconde, qui établit la liberté individuelle de l'homme dans la nature et son pouvoir sur les choses de ce monde, constitue la sphère du droit civil. La troisième, enfin, qui veut que l'homme soit dominé par la loi de similitude avec Dieu dans tous les rapports de son existence terrestre, mais surtout relativement à la communauté de la vie, qui doit subsister en même temps que la distinction des personnes et de leurs fonctions, est celle qui constitue la sphère de l'Etat et du droit politique. » « Le droit est spécifiquement différent dans chacune de ces trois sphères ; mais son caractère général, qui reste le même dans toutes les trois, c'est qu'il représente le moment extérieur, corporel ou naturel dans la vie morale des nations, lequel, joint aux mœurs et à la religion, forme véritablement leur âme, le foyer de la vie qui se manifeste dans leurs institutions et leur histoire. » (*Ernest de Moï, Cours de philos. du droit*, 3e *leçon; Univ. catholiq*, *t.* II, *p.* 249.) Ce droit n'est pas notre ouvrage ; il nous est donné d'en haut comme notre vie même, et les préceptes divers qu'il renferme ne sont que les développements de l'institution primitive et immédiate de Dieu. C'est Dieu qui a établi le droit civil en accordant à l'homme, avec la liberté, l'empire de la terre, et en lui imposant le précepte du travail. Il créa le droit politique en fondant la société par l'institution du mariage et de la famille. Enfin, par l'espérance du Rédempteur, commune à tous les hommes, il forma le lien qui unit l'humanité au Créateur ; il posa la base de la société religieuse, et lui octroya un droit qui est le fondement et la sanction principale de tous les autres préceptes, parce que toutes les relations des hommes entre eux et avec les autres ne reposent que sur nos rapports avec Dieu, et qu'elles sont nécessairement subordonnées à notre fin dernière. « C'est ainsi, continue le même écrivain, que, par l'institution immédiate de Dieu, notre droit se partage en trois sphères différentes, dont l'une embrasse les rapports des hommes relatifs à la possession et à l'empire de la terre, l'autre les liens de la société terrestre, maintenus par l'autorité et la force matérielle, et la troisième, la société spirituelle et les lois dont dépend notre union avec Dieu et la communauté de la vie éternelle. Ces trois sphères du droit, dans lesquelles se meuvent la vie et la liberté des hommes, ne sauraient pas plus se confondre que la terre, les eaux et le ciel, et les bornes prescrites aux éléments. Elles répondent aux conditions de notre réhabilitation, qui exigent que, dominés par la loi de similitude avec Dieu qui gît principalement dans la communauté de la vie avec distinction des personnes et des fonctions que maintient le pouvoir politique, nous soyons maîtres de la terre et en disposions librement, afin que, par cette liberté, que règle et garantit le droit civil, nous opérions, selon les lois que nous prescrit l'Église, notre union et celle du monde entier avec le Créateur. » Ces trois sphères se soutiennent et se pénètrent réciproquement ; toutefois, selon qu'il est renfermé dans l'une d'elles, le droit, qui est un de son essence, revêt des caractères spécifiquement différents, qu'il importe de signaler ici : « Dans la sphère de la société civile, son caractère dominant, correspondant au pouvoir sur la terre, donné à tous les hommes sans distinction, c'est l'égalité, et par conséquent l'exclusion de l'un par l'autre; plusieurs volontés coordonnées, mais divisées entre elles, ne pouvant que s'exclure réciproquement. Dans la sphère de la vie politique, son caractère dominant est la subordination, parce que plusieurs volontés contradictoires de leur nature ne sauraient être unies qu'en les subordonnant et les soumettant les unes aux autres. Dans la sphère de l'Église, enfin, son caractère dominant c'est la liberté, qui est la base et le faîte de tout l'édifice, et qui réunit admirablement l'égalité et la subordination des deux autres sphères, en les transformant en fraternité et autorité. Dans les sphères de la vie civile et de la vie politique, la base essentielle de tous les droits, c'est la nécessité matérielle, et ces deux sphères se soutiennent réciproquement, et se pénètrent tellement, que le pouvoir de la volonté individuelle et la force du droit dans la vie privée et le droit civil reposent presque entièrement sur les institutions de l'état politique, tandis que la force publique et le pouvoir dans l'État sont à leur tour matériellement établis sur le droit civil et les rapports de la vie privée; de sorte que l'ordre, dans chacune de ces sphères, tire de l'autre les éléments de sa force et de sa stabilité. Ici, la liberté résulte de la nécessité Dans l'Église, c'est tout le contraire; en elle la communauté et l'indépendance individuelle des membres se supportent et s'appuient l'une l'autre moralement et de droit, comme cela a lieu matériellement et par le fait dans les deux autres sphères; et ici ce n'est point la nécessité qui engendre la liberté, c'est, au contraire, la liberté seule qui produit la nécessité; car toute loi, toute règle quelconque dans l'Église suppose toujours la foi et le libre assentiment de ceux à qui elle s'adresse, de sorte que la contrainte même n'est qu'un appui prêté à l'esprit et à la volonté de l'individu contre la force entraînante de ses passions; c'est pour cela aussi que les lois de l'Église sont appelées canons ou règles. » (*Id.*, *ibid.*, *pages* 256 *et* 257.) Le droit civil et le droit politique n'ont donc pas un rapport immédiat avec la fin dernière de l'homme; ils n'ont pas d'autre objet direct que les conditions de son existence terrestre : le premier règle et sanctionne l'emploi légitime de notre liberté personnelle relativement à l'acquisition et à la jouissance des biens de la terre; il protége le domaine particulier dans lequel nous devons payer le temps de notre épreuve et travailler à l'œuvre de notre réhabilitation; le second maintient parmi les membres du corps social l'ordre sans lequel nulle société ne peut subsister, ni pourvoir au développement des individus qui la composent, ni les placer dans les conditions requises pour l'accomplissement de leurs destinées; il sanctionne le droit de chacun, et, pour le défendre, il s'arme, au besoin, de toutes les forces dont la société peut disposer. Le droit ecclésiastique embrasse tout ce qui se rapporte plus ou moins directement et immédiatement à l'acquisition et à la jouissance des biens du ciel, c'est-à-dire à la fin dernière de l'homme et aux moyens d'y parvenir. En effet, le droit des sociétés correspond nécessairement à leur fin; or, par suite de l'union intime que Jésus-Christ a formée entre lui et son Église, la mission de celle-ci est identique à la fin que le Sauveur s'est proposée en venant sur la terre Pourquoi le Sauveur est-il venu? Pour donner aux hommes une vie nouvelle par la grâce, pour leur donner la connaissance et l'amour de Dieu, pour les transformer en les sanctifiant. « Manifester la divinité et son action dans l'humanité et par des organes humains, et les manifester sciemment et par l'union d'intention avec Dieu, voilà donc le but essentiel de l'Église. Elle est donc nécessairement une société extérieure et visible, et déterminée dans ses formes par les notions qu'elle a de Dieu et des rapports de l'homme avec lui, ainsi que par les forces et les motifs qu'elle met en action pour remplir la tâche qui lui est imposée. Elle a donc nécessairement un droit qui lui est propre, et dont les préceptes doivent correspondre au but qu'elle a de produire dans l'humanité, selon les révélations et les forces qui lui furent confiées à cet effet, une vie conforme à la vie divine, et une conduite extérieure de l'homme, dans son culte et dans ses relations avec ses semblables et avec la nature, qui corresponde aux rapports dans lesquels il se trouve placé avec Dieu. » (*Id.*, *ibid.*, t. III, p. 103.) « Et comme il est venu pour sauver l'humanité tout entière, c'est-à-dire pour communiquer à tous les hommes, par le moyen de l'Église, les biens surnaturels dont il est la source, l'Église de la nouvelle alliance, conclut le même auteur, c'est donc l'humanité qui puise en Jésus-Christ une vie nouvelle et qui aspire par lui à la véritable vie en Dieu. » (*Ibid.*) Quelle est cette vie? C'est l'union des hommes avec Dieu, opérée par Jésus-Christ sous le triple point de vue de l'intelligence, de la volonté, et, en un sens, de la nature même. Connaître par l'enseignement la vérité révélée d'en haut, aimer le bien suprême d'un amour effectif manifesté par la pratique des vertus, participer à la nature divine par les sacrements, source inépuisable de la grâce qui commence par la foi, qui resserre par l'espérance et qui consomme dans la charité cette union merveilleuse, telle est la fin de l'homme régénéré. Répandre, conserver, alimenter et fortifier cette vie surnaturelle au sein de l'humanité déchue, en lui appliquant les moyens de sanctification institués par le Sauveur, telle est la mission de l'Église, la sphère de son droit, l'objet sur lequel s'exerce son pouvoir. Il suit de là que l'Église est : 1° Une *société visible, universelle et indéfectible*, organisée par Dieu lui-même sur un plan qui répond à l'idée et au but de son institution; elle a donc sa constitution propre et immuable à conserver, à développer et à maintenir pour étendre son action à tous les lieux et à tous les siècles : « *Tu es Petrus, et super hanc petram ædificabo ecclesiam meam, et portæ inferi non prævalebunt adversus eam.* » (*Matth.*, *c.* 16.) 2° Une *société enseignante*, organe de Dieu, et par-là même dépositaire fidèle, et infaillible interprète des révélations divines. C'est donc pour l'Église un droit et un devoir d'enseigner, d'expliquer et de développer la parole de Dieu : « *Comme mon Père m'a envoyé, et moi aussi je vous envoie; allez donc, instruisez toutes les nations.* » A ce droit correspond le pouvoir d'en régler l'exercice et de prendre des mesures efficaces pour dissiper l'ignorance, pour détruire l'erreur, propager la saine doctrine et faire triompher la vérité. 3° Une *société sainte et sanctifiante*, chargée de dispenser les mystères de Dieu, de garder et d'ouvrir aux hommes le trésor des biens surnaturels qui sont le prix des mérites de Jésus-Christ : « *Allez, instruisez toutes les nations, les baptisant au nom du Père...*, etc. » Il appartient donc à l'Église de garantir l'observation des lois divines relatives au culte public qui forme un des liens de la société religieuse, et par conséquent de tracer à ses ministres et à ses enfants les règles qu'ils doivent suivre dans l'application des moyens extérieurs de réhabilitation, et spécialement dans l'administration et la réception des sacrements par lesquels l'homme reçoit la grâce et participe à la vie divine. 4° Une *société parfaitement ordonné*, puisqu'elle est destinée à fonder et à étendre le royaume de Dieu sur la terre, c'est-à-dire à faire que l'humanité devienne une d'esprit, de volonté et d'action avec le Sauveur. L'Église doit donc établir dans la société des fidèles un ordre parfait, image visible et forme extérieure de la vie religieuse qui circule dans les membres du corps mystique de Jésus-Christ Mais telle est la nature de l'homme que l'ordre ne peut pas subsister, même dans un État peu nombreux, sans un gouvernement souverain, indépendant de ceux qu'il régit, et revêtu des droits et des pouvoirs nécessaires pour retenir les sujets dans les limites du devoir, pour diriger leurs actions vers une même fin, pour prévenir et réprimer efficacement les abus contraires au bien commun de la société. Aussi le Sauveur a-t-il donné à son Église une autorité suprême de gouvernement : « *Tout ce que vous lierez sur la terre sera lié dans le ciel*, dit-il aux premiers pasteurs, *et tout ce que vous délierez sur la terre sera délié dans le ciel.* » (*Matth.*, *c.* 18.) Cette autorité renferme nécessairement un triple pouvoir : celui *de créer des lois*, d'établir une discipline propre à conserver, à renouveler et à augmenter la vie des membres de l'Église; *le pouvoir judiciaire*, car sans tribunaux les lois sont impuissantes et inutiles; *le pouvoir coercitif*, ou le droit d'imposer des peines aux infracteurs des lois et de retrancher de la société religieuse les rebelles qui méconnaissent et bravent son autorité. Il est facile de montrer maintenant en quoi consiste le droit ecclésiastique : il a son *principe* dans l'autorité divine de l'Église et des premiers pasteurs qui tiennent de Jésus-Christ le pouvoir de la gouverner; son *objet* embrasse toutes les lois relatives à la conservation et au développement de la constitution de l'Église, à l'enseignement des vérités saintes, au culte divin et à l'administration des sacrements, à la fixation et au maintien de la discipline, à l'établissement, aux attributions et aux formes de la procédure des tribunaux ecclésiastiques, aux peines à décerner contre les coupables; il régit comme *sujets* tous ceux qui doivent soumission et obéissance à l'Église elle-même; *il étend son empire sur les consciences* parce qu'il est, plus encore que toute autre loi humaine, l'expression au moins médiate de la volonté de Dieu et la forme multiple de la loi première qui oblige l'homme à tendre vers sa fin; il porte avec lui-même une *sanction* qui dérive de la nature de toute loi; car, sans des peines et des récompenses, le code le plus parfait n'est qu'une vaine théorie dont les prescriptions les plus sages sont toujours impuissantes contre les écarts de l'orgueil et la lutte opiniâtre des passions. Enfin, le but immédiat de la législation de l'Église est identique à la fin de l'Église elle-même, ou plutôt elle est un des moyens indispensables que l'Église doit mettre en œuvre pour remplir sa mission, qui est de former des élus, c'est-à-dire de travailler à unir l'humanité avec Dieu et en elle-même, de sanctifier l'homme par l'application légitime des moyens de salut qui conservent, réparent ou embellissent en lui l'image divine, en le faisant vivre de la vie surnaturelle de la grâce pour le rendre digne de la vie éternelle de la gloire.

On peut résumer tous ces principes dans cette définition : « Le droit canon est l'ensemble des lois que les premiers pasteurs de l'Eglise ont faites ou approuvées et promulguées en différentes occasions, afin de pourvoir efficacement au maintien de la constitution et au développement de l'action de l'Eglise, à la conservation et à la diffusion de la vraie foi, à la décence du culte divin, à la pureté des mœurs, en un mot, à la sanctification et au salut des âmes. » Cette définition revient à celle-ci de Zallinger : « *Ex dictis patet jam definitio juris canonici : Est enim systema juris sani, nempè ad Dei cultum, Ecclesiæ gubernationem et sempiternam hominum salutem pertinentis ; sive est jus positivum quod ex verbo divino et regulis patrum de rebus ad Dei cultum et religionem pertinentibus à summis pontificibus Ecclesiæ catholicæ traditum, constitutum vel approbatum fuit ad rectam fidei morumque inter christianos constitutionem.* » (*Instit. juris. ecclesiast, lib. subsid., cap.* 1, n° 10°.) Plusieurs conséquences découlent de cette définition :

Ire conséquence.—Le droit ecclésiastique diffère de la théologie, du droit divin naturel et positif et du droit civil : 1° *De la théologie*, dont l'objet propre est d'exposer, de prouver, de défendre et de réunir en un corps de science les vérités et les lois révélées : l'Eglise en est seulement la dépositaire et l'interprète, mais non pas le principe. La dogmatique nous apprend à connaître Dieu et les moyens de réhabilitation qu'il a institués ; elle nous présente les motifs qui nous portent à l'aimer, et elle pose ainsi le fondement de nos devoirs religieux : la morale règle cet amour et formule ces devoirs, en nous enseignant l'usage que nous devons faire de notre liberté pour la conformer à celle de Dieu par l'obéissance aux lois qu'il nous impose ; l'un et l'autre ont pour but commun de conserver ou de rétablir dans l'intérieur de l'homme l'image et la ressemblance divine. Le dogme et la morale sont immuables par le fond. Le droit ecclésiastique, au contraire, n'est, du moins en grande partie, qu'un ensemble de lois humaines plus ou moins variables ; il prescrit les formes selon lesquelles l'Eglise applique à ses enfants les moyens de sanctification, et il détermine les limites dans lesquelles nous devons circonscrire nos actes religieux pour accomplir jusque dans le mode extérieur de notre vie surnaturelle la loi suprême et générale de ressemblance avec Dieu. — 2° *Le droit divin naturel* est promulgué non-seulement par Dieu, mais encore par la raison et la conscience ; il n'embrasse que les règles de conduite évidemment fondées sur l'essence des choses, d'où il suit qu'il est immuable et qu'il oblige tous les êtres libres, et spécialement l'homme, à conserver la ressemblance divine dans toutes les relations nécessaires qu'il supporte avec Dieu, avec lui-même, avec les autres hommes, et enfin avec la nature. Dieu, la raison et la conscience approuvent et sanctionnent le droit ecclésiastique, mais l'Eglise seule le promulgue ; il n'est pas immuable ni universel dans toutes ses parties ; son domaine est plus vaste que celui du droit naturel, puisqu'il embrasse les mêmes relations dans la double sphère de l'ordre de la nature et de celui de la grâce.—3° *Le droit divin positif*, promulgué par la révélation, a Dieu même pour auteur immédiat ; dérive-t-il ou non, du moins en partie, de la nature des choses ? La raison ne le perçoit pas évidemment ; nous savons néanmoins qu'il est conforme à notre nature et que Dieu seul peut le modifier ; l'Eglise n'en est que la gardienne et l'interprète. Plus explicite, et par-là même plus étendu, quant à son objet, que le droit naturel, il l'est moins que le droit ecclésiastique, bien que son objet principal soit le même et son but semblable. Les lois canoniques n'obligent que les hommes soumis à l'Eglise et à sa juridiction, tandis que la loi divine est obligatoire pour tous ceux à qui Dieu promulgue la révélation par lui-même ou par ses envoyés. — 4° *Le droit civil* diffère du droit canonique par *son origine* ; le premier dérive immédiatement de l'autorité des pouvoirs temporels, et le second repose sur l'autorité spirituelle de l'Eglise que dirige l'esprit de Dieu ; par *son objet et son but immédiat*, le droit civil embrasse tout ce qui se rapporte à la possession des biens terrestres et au maintien de l'ordre extérieur dans la société, et le droit ecclésiastique règle tout ce qui a rapport à la possession des biens célestes et au bon ordre de la société religieuse, en un mot, à la sanctification de l'homme ; par *la nature des sanctions*, le pouvoir civil et social est armé du glaive pour châtier les perturbateurs de l'ordre matériel et purement temporel ; il impose aux infracteurs de ses lois des peines afflictives et infamantes, la privation de la liberté, l'exil, la confiscation des biens, et même la mort ; s'il frappe, c'est moins pour améliorer le coupable que pour venger la société ; l'Église, au contraire, ne possède pas, en tant que société spirituelle, le droit du glaive matériel, et sa puissance coercitive, qui ne frappe et ne punit que pour guérir et réconcilier, se réduit au droit d'imposer des pénitences dans le for intérieur, et au droit d'excommunication dans le for extérieur. » (*Lacordaire, t.* 1, 7e *conf.*) Les peines canoniques sont donc toujours purement, ou du moins principalement spirituelles. Gratien signale ainsi ces différences : « *Sed notandum est quòd duæ sunt personæ quibus mundus iste regitur, regalis videlicet et sacerdotalis. Sicut reges præsunt in causis seculi, ità sacerdotes in causis Dei ; regum est corporalem irrogare pœnam, sacerdotum spiritualem inferre vindictam... Sicut enim non sine causâ judex gladium portat, ità non sine causâ claves Ecclesiæ sacerdotes accipiunt. Ille portat gladium ad vindictam malefactorum, laudem verò bonorum, isti habent claves ad exclusionem excommunicandorum, et reconciliationem pœnitentium.* » (*Decret.,* 2e *pars ; post can.* 41, *Nos, si incompetenter ; quæst.* 7, *causâ* 2e.)

IIe conséquence. — Cependant le droit canon est intimement lié à la théologie, au droit divin et au droit civil : 1° *A la théologie*. Le droit canon est l'objet même de la théologie, considéré sous un autre point de vue et réduit en pratique, c'est-à-dire formulé en règles applicables aux diverses circonstances au milieu desquelles la société religieuse doit remplir sa mission. Aussi le théologien a-t-il souvent recours aux saints canons et à la discipline pour éclaircir et pour appuyer les décisions de l'Eglise touchant la foi et les mœurs. Le canoniste, à son tour, puise dans la connaissance des principes de la théologie les lumières dont il a besoin pour bien interpréter les lois ecclésiastiques, et surtout pour en saisir le véritable esprit, pour en apercevoir les rapports et pour montrer comment elles s'harmonisent dans leur ensemble et dans leurs détails avec les vérités révélées et les institutions divines. Le savant Gerson ne craint pas d'affirmer que ces deux sciences sont tellement inséparables que l'une est incomplète sans l'autre : « *Concludimus quòd theologiam à canonibus excludere nihil aliud est quàm suos sibi oculos evellere : similiter canones velle destruere, est corpus proprium ecclesiasticæ politiæ deformiter habituare. Quærere qualis scientia plùs expediat, evangelica vel canonica, est quærere quòd in corpore membrum ad directionem suam plùs exponitur, vel oculus, vel aliquod aliorum.* » (*Op., t.* 4, *p.* 891.) — 2° *Au droit divin naturel et positif.* La plupart des règles établies par l'Eglise n'ont pas d'autre objet ni d'autre but que de garantir ou de faciliter l'accomplissement des lois promulguées par la raison, la conscience et la révélation. En quoi consiste proprement la législation ecclésiastique ? Elle fait connaître en détail, elle précise les circonstances de temps et de lieu dans lesquelles nous sommes obligés de remplir les devoirs que la morale et la religion nous imposent ; elle détermine la force extérieure des actes prescrits ; elle défend ce qui pourrait nous exposer au péril d'enfreindre et de mépriser les divins commandements qu'elle sanctionne par des peines spirituelles décernées contre les grands coupables, et spécialement contre les pécheurs scandaleux qui violent avec plus d'audace les lois conservatrices de l'ordre établi par le législateur suprême. — 3° *Au droit civil enfin.* La société spirituelle et la société temporelle se touchent de si près et par tant de points, que la législation de l'Eglise a des rapports aussi nombreux que nécessaires avec celle de l'État ; elles ont quelquefois les mêmes objets, souvent elles poursuivent un but commun et s'appuient sur les mêmes principes ; ainsi le droit canonique a consacré, en les adoptant, plusieurs axiomes du droit romain, plusieurs édits des empereurs ; plus tard, les capitulaires de Charlemagne, et, dans ces derniers temps, les concordats passés entre le chef de l'Eglise et les souverains temporels, régirent en même temps la société religieuse et l'Etat. D'un autre côté, les règles les plus pures, les dispositions les plus remarquables de notre droit public, civil et criminel, les formes de la procédure, en un mot, les bases et l'esprit de notre système législatif actuel, ne sont le plus souvent, de l'aveu même des jurisconsultes, que des emprunts faits à l'Église. (*V. Gibert, Corpus juris, Prolegom.*, *p.* 369.)

IIIe conséquence. — Le droit canonique peut, comme toute législation, se formuler en une discipline scientifique ayant ses principes et son objet distincts, sa méthode et l'ensemble des procédés qui constituent une science proprement dite. Cette science existe sous le nom de jurisprudence ecclésiastique ; elle envisage diversement son objet; car, dit Walter, « elle agit dans une triple direction. D'abord elle réunit les dispositions qui, dans l'Église, ont réellement force de loi; ensuite elle expose comment le droit régnant a pris naissance ; enfin elle prouve que ce droit est rationnel, c'est-à-dire qu'il répond à l'idée et au but de l'Eglise. Ces trois modes d'action font distinguer trois modes de traiter scientifiquement le droit ecclésiastique, les méthodes pratique, historique et philosophique. Bien que distinctes, toutes trois doivent être employées concurremment; la dégénération et le mauvais goût de l'ancienne méthode purement pratique ne sont pas moins à fuir que l'abus de l'histoire et de la philosophie que les derniers temps se sont permis dans cette science. » (*Manuel*, § 3.) Expliquons la pensée de Walter. La méthode pratique ne consiste pas simplement à exposer et à commenter les dispositions du droit, mais elle les met en ordre et les systématise en établissant des classifications naturelles, propres à faire ressortir la liaison des diverses parties dont il se compose. Cette méthode est utile, nécessaire, mais incomplète, si on l'emploie exclusivement; elle laisse ignorer ce qu'il y a de plus intime et de plus vivant dans une législation, l'esprit qui la caractérise et la raison qui l'a dictée, c'est-à-dire les rapports de la loi avec le but de la société qu'elle régit et avec les évènements dont elle subit l'influence. Tout système législatif est l'intermédiaire naturel et nécessaire entre les idées et les faits qui constituent la vie d'une société. La loi est faite par une idée dominante, et cette idée est la conscience plus ou moins réfléchie que la société a d'elle-même et du but qu'elle poursuit. La loi existe pour les faits; elle les prescrit, les régularise ou les condamne; elle aspire à les dominer en les coordonnant à la fin sociale; elle agit donc sur des faits, elle en tient compte; et les faits réagissent sur elle et la modifient; il y a plus encore, les faits, quand ils sont passés en coutume, interprètent la loi, et quelquefois même ils l'abrogent. Pour bien connaître la législation ecclésiastique, pour en apprécier la valeur absolue, il faut donc la mettre en regard de la doctrine immuable de l'Église, de l'esprit qui la dirige, de la mission qu'elle doit remplir et du but qu'elle se propose d'atteindre : c'est ce que fait la méthode philosophique. Mais, quand nous parlons d'appliquer la philosophie à la science canonique, nous entendons la philosophie chrétienne, celle qui prend dans les vérités révélées le point de départ de ses théories et la règle de ses appréciations. La raison seule ne peut s'élever à la conception adéquate et vraie de l'Église, à la connaissance complète d'une société divine, d'une institution tellement surnaturelle dans son origine, sa constitution, ses développements, ses moyens d'action, ses résultats et sa fin, que presque toute son histoire semble être une dérogation aux lois générales des sociétés, ou du moins un prodige qui s'accomplit en dehors de ces lois (1). De même, on ne pourra juger sainement de la valeur relative des lois canoniques si on ne connaît pas les circonstances dans lesquelles l'Église les a portées. Le monde a beaucoup changé dans le cours des siècles; bien des révolutions religieuses et sociales se sont accomplies. Mille peuples divers, les uns civilisés et les autre barbares, apparaissent tour à tour ou simultanément sur la scène; il faut que l'Église soit en contact avec les sociétés naissantes comme avec les nations vieillies et décrépites, que toujours elle puisse les toucher et les saisir par quelque point. Or, l'Église doit, comme Dieu, traiter les hommes et les peuples avec beaucoup de condescendance, et nous pourrions dire avec un grand respect. Sa législation disciplinaire a donc subi de nombreux changements; et pour en voir la raison, pour en admirer la sagesse, il est nécessaire d'étudier les évènements, la vie intellectuelle, morale et politique des peuples, leur civilisation, en un mot, les innombrables vicissitudes qui expliquent d'autant mieux ces changements, qu'elles en font toujours ressortir l'utilité, et quelquefois même la nécessité : c'est ce que doit faire la méthode historique (1). Mais il faut apporter beaucoup de discernement et une sage critique dans l'emploi et la combinaison de ces différentes méthodes qui s'éclairent, s'appuient et se complètent mutuellement. On comprend assez par ce qui précède que le droit canonique se rattache à tant d'objets divers, et par des liens si nombreux, qu'on ne peut le traiter à fond sans y joindre plusieurs autres sciences auxiliaires. « De ce nombre, dit Walter, sont, parmi les sciences ecclésiastiques, la dogmatique et l'exégèse, source de maints statuts, l'histoire, les antiquités, la géographie, la statistique, la chronologie et la diplomatique de l'Église. Parmi les sciences profanes, la connaissance exacte de l'état civil des peuples où s'est développé le droit canon est indispensable pour le traiter historiquement : on doit dès lors être versé dans le droit romain (et plus encore dans le droit particulier actuellement en vigueur chez les principales nations chrétiennes, et tout spécialement dans le droit français). Le droit mosaïque même contient le germe de plusieurs institutions ecclésiastiques. Pour l'interprétation des sources du droit et des diplômes, il y a grand avantage à consulter les glossaires des langues grecque et latine au temps de leur décadence. (On estime beaucoup les glossaires de Ducange et de Carpentier.) Enfin, la numismatique même offre de l'utilité à certains égards. » (*Manuel*, § 4.)

IVe conséquence. — C'est dans la nature même du droit canon que se trouvent les titres les plus incontestables qui le recommandent à l'étude et aux sérieuses méditations de l'historien, du publiciste, du jurisconsulte, et surtout du théologien. Depuis que la haine du passé a commencé de se calmer, les préjugés s'effacent, les injustes préventions tombent, et les esprits élevés comprennent l'importance, l'actualité et même la nécessité d'un enseignement dont l'objet touche depuis tant de siècles aux intérêts les plus graves de la société chrétienne et aux besoins les plus réels et les plus intimes, non-seulement d'une grande nation, mais encore de l'humanité tout entière. Il suffit, pour mettre cette vérité dans tout son jour, de considérer un instant le droit ecclésiastique, 1° en lui-même et relativement à l'Église et à son histoire; 2° dans ses rapports avec la civilisation chrétienne et ses développements; 3° en regard des grandes questions qui s'agitent aujourd'hui sur les droits et les devoirs respectifs des deux puissances. — 1° On ne peut bien apprécier un homme si l'on ne connaît pas le caractère de son esprit, les idées qui le dirigent, la pensée intime et dominante sur laquelle reposent ses convictions, le but qu'il poursuit, les répugnances et les attraits qui meuvent sa volonté, les actes extérieurs de sa vie dans leurs relations avec les idées qui les règlent et avec la volonté qui les produit.

(1) Plusieurs écrivains modernes, des historiens, des publicistes, des jurisconsultes, entre autres MM. Simonde de Sismondi, Guizot, Portalis, Benjamin Constant, Dupin aîné, etc., apprécient mal les caractères, les développements et les résultats de la législation ecclésiastique; ils se trompent, les uns parce qu'ils méconnaissent et les autres parce qu'ils ne comprennent pas assez bien la constitution divine et la mission surnaturelle de la société fondée par J.-C. Ils ignorent ou ils oublient que « l'élément essentiel de l'Eglise chrétienne est la révélation; par conséquent, quelque chose de positif; le philosophisme doit donc être exclu du droit ecclésiastique. Néanmoins, dans les derniers temps, on ne s'est pas fait faute de philosopher sur ce terrain. Faisant abstraction totale du christianisme, on a tenté de formuler par les seules conceptions de la raison, sous le nom de droit ecclésiastique naturel, un système sur l'Eglise et l'autorité ecclésiastique. Un tel système est d'une part inadmissible dans le droit de l'Église chrétienne, parce qu'il adopte un point de départ contre lequel celui-ci doit protester à l'avance; d'autre part, pernicieux, en ce qu'il détourne du droit chemin le regard et l'intérêt. Quelques-uns ont prétendu appliquer leur droit ecclésiastique naturel à l'Eglise chrétienne, au moins comme règle de ses rapports extérieurs vis-à-vis de l'État et des autres partis religieux; mais ici encore c'est à l'Eglise même qu'il appartient de se tracer les règles d'après sa nature et sa destination positive, et les principes régulateurs de l'Etat dans cette matière doivent, s'il veut être chrétien, se modeler sur ce point de vue positif, sinon ils rentrent dans la théorie de la législation civile. » (Walter, *Manuel*, § 3, note.)

(1) Walter signale ainsi une des erreurs que les protestants, les jansénistes et quelques gallicans ont essayé d'accréditer en faisant une mauvaise application de la méthode historique : « Ce fut entre autres un abus de l'histoire d'isoler une certaine période de la vie de l'Eglise, notamment les trois premiers siècles, et de présenter les formes qui se sont développées alors comme l'idéal et la règle d'après lesquels doivent être jugées les dispositions du temps présent. Une telle méthode, malgré l'apparente érudition dont on l'appuie, est contraire aux principes historiques; elle se réduit en effet à nier le progrès organique dans le développement ultérieur, comme si la raison de l'Eglise s'était épuisée dans cette période, et à considérer ce développement comme une dégénération ou une série d'accidents. Par une contradiction étrange, ce sont précisément ceux qui d'ailleurs affectent tant d'indifférence à l'égard des formes qui veulent ici lier inflexiblement aux formes la vie de l'Eglise. Le vrai historien, au contraire, suivant son sujet de siècle en siècle, reconnaîtra à l'enchaînement des faits et au caractère propre de chaque époque la nécessité intérieure qui a déterminé sa forme, et c'est sur cette mesure, non sur un faux idéal historique, qu'il règlera son jugement. (*Id., ibid.*)

Or, toute société ressemble à l'homme; elle a comme lui son esprit et ses idées, sa volonté ou ses lois, et les faits ou les évènements de son histoire. Donc, « si l'on veut connaître une société, on peut l'envisager sous trois faces : les *faits*, les *idées* et les *lois* racontent également son histoire. Les *faits* sont de brillantes apparitions qui réveillent et émeuvent l'esprit; leur science a une utilité certaine, car ils dénotent et manifestent le mouvement et la vie. Toutefois, quelque curieuse et variée que soit la succession de ces phénomènes sensibles, l'intelligence s'en fatiguerait bientôt s'ils ne lui présentaient aussi le signe apparent des secrets principes qui les produisent. Alors elle arrive à ces principes; elle parvient aux *idées*; elle scrute leur origine, leur nature, leurs développements; car elle ne veut pas s'en tenir à la matière, mais pénétrer jusqu'à l'âme. Voilà déjà deux études entre lesquelles existe une connexion intime qui explique l'une par l'autre. Qu'il naisse immédiatement de leur comparaison des contrastes, des rapprochements, des rapports sans nombre, il est impossible de le nier; mais ce n'est pas encore assez : il y a une troisième et dernière étude qui éclaire tout, qui résume tout, qui achève tout, l'étude de la *législation*. La législation, en effet, est l'intermédiaire naturel et ordinaire entre les faits et les idées; elle est produite de leur réunion; elle combine en soi leur double nature; elle agit sur les uns et sur les autres, et elle reçoit également leur influence. Et de là vient qu'elle est réellement le moule où ces deux ordres de choses contraires se confondent, le miroir qui les reflète à la fois, le type qui leur donne une forme particulière; enfin, même leur expression vraie, saisissable, écrite, comme l'écriture est l'expression de la pensée et de la parole.... Elle est à la fois une idée et un fait. Elle est une idée, une volonté manifestée, qui a une existence propre, indépendante de son auteur, car elle doit lui survivre. Elle est un fait aussi; car cette idée se réalise; elle parle et on lui obéit: elle dirige les évènements ou les condamne. C'est une autorité qui a ses interprètes et ses ministres, ses exécuteurs et ses soldats, ses sujets et son empire.... La législation est (donc) à la société ce que la forme est au corps; le corps a sa forme et se révèle par elle; la forme suit invinciblement le corps, changeant et se modifiant suivant qu'il change et se modifie; elle existe par lui, se perpétue avec lui et ne périt que comme lui. La société de l'Église a également dans son histoire ses actes ou sa manifestation extérieure, sa doctrine ou l'esprit qui la dirige, et sa législation ou l'expression fixe et déterminée de ce qu'elle est. » (*Cours sur l'histoire législative de l'Église, par M. Ch. de Riancey*; *Univ. cathol.*, *t. IX*, *p.* 166.) Étudier la législation ecclésiastique, c'est donc étudier l'Église elle-même, non-seulement dans l'esprit qui l'anime et la gouverne, dans sa vie intime, mais encore dans sa vie publique, dans l'action extérieure, dans l'influence qu'elle exerce sur les membres qui la composent; c'est donc étudier l'action même de la Providence sur l'élite de l'humanité, c'est entrer dans la profondeur des desseins de Dieu pour en saisir la merveilleuse économie, pour en admirer la réalisation successive au sein de l'humanité régénérée et des sociétés enfantées par la foi en Jésus-Christ. Car, il faut le remarquer, l'Église n'est pas une société ordinaire; « elle n'est pas une société purement humaine, une société qui ne vive que sur la terre. Les sociétés terrestres végètent au jour le jour, sans passé souvent et presque toujours sans avenir lointain; aussi leurs actes et leurs idées sont insaisissables comme des ombres, et leurs lois sont des caractères à peine tracés sur le sable et que le moindre souffle efface. L'Église, sous ce rapport, ne leur ressemble pas. Sans doute, elle est placée sur la terre et pour unir les hommes; elle tient au sol et elle y adhère; elle fait acception de tout ce qui l'environne, des temps, des lieux, des climats; elle se soumet à toutes les variations de second ordre, à toutes les conditions indispensables, à toutes les nécessités d'une société humaine; mais elle est aussi une société divine. Elle a planté sa tente ici-bas; elle y séjourne et n'y demeure point; elle y est dans l'exil et non dans sa patrie; par son origine comme par sa foi, elle s'élève plus haut que cette région Elle sait son principe et son but, et son action constante n'est que le rapprochement perpétuel et le rapport direct entre ses deux termes. Dans les faits de son antiquité radieuse, dans sa doctrine qu'elle conserve comme un inaliénable dépôt, dans sa législation enfin, qui procède du Créateur, Dieu intervient sans cesse; il est l'auteur de cette société; il en est le rédempteur; il en est le consommateur. Remplissant l'espace et le temps, elle est en perpétuelle communication avec l'immatériel et l'infini, et elle poursuit cette sublime et mystérieuse union que le Médiateur, que le Verbe fait chair, que l'Homme-Dieu a accomplie dans le sein d'une Vierge. Voilà le double caractère qui marque sa grandeur, sa puissance et sa perpétuité, et ce caractère doit apparaître aussi comme un sceau ineffaçable dans toute sa législation. » (*Id.*, *ibid.*, p. 167.) Nous pouvons donc le dire sans craindre un démenti, la science approfondie des saints canons répandrait les plus vives lumières sur toute l'histoire de l'Église; elle nous aiderait d'autant mieux à pénétrer la signification cachée des principaux évènements, leurs causes, leur raison providentielle, leurs résultats, que la plupart des lois même purement disciplinaires nous révèlent simultanément et l'esprit qui dirige toujours la société chrétienne, et les tendances diverses, les besoins variables, les vertus et les vices des temps et des lieux pour lesquels ces lois ont été promulguées. Et si nous considérons l'ensemble de la discipline ecclésiastique dans sa source, dans son objet et dans ses développements successifs, quoi de plus intéressant et de plus propre à élever l'âme que l'étude de ces règles saintes, consacrées par la vénération de tant de siècles (1) et dans lesquelles semblent revivre pour nous les Pères de la primitive Église; de ces règles que les apôtres et leurs successeurs ont tracées par le mouvement et l'inspiration de l'Esprit saint, pour la conduite et le perfectionnement moral de l'homme dans la sphère la plus élevée, celle de l'ordre surnaturel, pour le bon gouvernement de l'Église de Dieu, qui est l'épouse et le corps même de Jésus-Christ? Non, pouvons-nous dire avec le père Quesnel, « rien ne doit être si agréable à ceux qui aiment la beauté de la maison de Dieu que de voir ce grand édifice de toute son économie s'élever sur un fondement si solide. Rien de plus saintement curieux que de voir ces germes sacrés et ces semences divines du gouvernement apostolique se développer, s'étendre et devenir comme un grand arbre chargé de feuilles, de fleurs et de fruits, qui remplissent l'Église de la bonne odeur de Jésus-Christ et nourrissent la piété de ses enfants et de ses ministres Rien enfin de plus charmant que de voir sortir, de cette source si pure et si féconde de la discipline des temps apostoliques, ce grand fleuve de la tradition qui s'enfle et se grossit d'âge en âge, qui se forme un lit et un canal de la bouche et de la plume des évêques, des pères et des docteurs de l'Église, et qui, roulant partout les eaux vives et salutaires des règles de la foi, des mœurs et de la discipline, en arrose l'Église de tous les lieux et de tous les siècles, et, en la rendant féconde en bonnes œuvres et en sainteté, remplit de joie cette cité de Dieu : *Fluminis impetus lœtificat civitatem Dei.* (*Ps.* 45.) Une des lumières de l'Église gallicane, Pierre de Celles (*Petrus Cellensis*), contemporain de saint Bernard, résume en peu de mots tout ce que l'on peut dire sur l'excellence du droit ecclésiastique et sur la nécessité d'en étudier les dispositions : il ne craint pas d'avancer que les saints canons ont été révélés de Dieu aux évêques; qu'ils suppléent, par leur étendue et leurs explications, à la brièveté des évangiles, des épîtres des apôtres et des écrits des prophètes; et enfin qu'il s'en faut peu qu'on ne les doive maintenir et observer avec autant de vénération et de fidélité religieuse que l'Évangile même. *Quibus sanctis et antiquis sua tàm familiariter revelavit Deus consilia, ut ad supplementum evangeliorum, epistolarum et prophetarum perpetuâ stabilitate canones et decreta statuerint pari penè observantiâ tenenda cum Evangelio.* (*Lib. VI*, *epist.* 25.)—2° Pour peu que l'on connaisse les opinions dominantes de notre époque, on conviendra sans peine qu'il n'y en a pas de plus universellement accréditée que celle de la supériorité immense, incontestable de la civilisation moderne sur les civilisations anciennes. Le genre humain est sorti de sa longue enfance surtout en Europe, et la France, en particulier, marche dans la voie du progrès à la tête des nations ; notre civilisation est parfaite, ou peu s'en faut : qui oserait le nier ? n'est-ce pas là un fait hautement proclamé par la plupart des écrivains qui se donnent pour les organes du siècle ? Un autre fait généralement reconnu aujourd'hui, et souvent confessé par ceux même qui ne voient dans

(1) Saint Léon, en parlant des canons du concile de Nicée, les nomme *statuta Spiritûs sancti*, *regulas spiritu Dei instruente conditas*, *per Spiritum verè sanctum ordinatas*, *canones spiritu Dei conditos*, *et totius mundi reverentiâ consecratos.* (Epist. 78.) Il en dit autant des canons disciplinaires du concile de Chalcédoine: il les considère comme l'ouvrage du Saint-Esprit comme des règles que Dieu a données à l'Eglise par la bouche des hommes. Les autres papes ont tenu le même langage et ne parlent des canons qu'en les appelant divins : *divinos canones*. *Divinos canones*, disent les Pères du 2e concile de Nicée, *amplectabiliter in pectore recondimus* ; et, après avoir désigné les six premiers conciles généraux et les conciles même particuliers, ils ajoutent : *Ab uno enim eodemque spiritu illustrati definierunt quæ expediunt.* Le 8e concile œcuménique et le concile de Trente s'expriment à peu près de la même manière.

la venue du Rédempteur qu'un événement humain, et dans l'Évangile qu'une belle philosophie, c'est que le christianisme représenté par l'Église a exercé une influence constamment salutaire et toute-puissante sur le développement de la civilisation européenne. Il suffit d'une connaissance même superficielle de l'histoire pour constater cette influence et pour en apprécier les principaux résultats. Il n'est plus permis d'ignorer que le catholicisme a travaillé avec une infatigable persévérance à la régénération de l'homme, à l'amélioration sociale des peuples, et que pendant de longs siècles il a travaillé absolument seul à ce grand ouvrage. Il y a plus : on peut se convaincre, par la seule comparaison de l'Occident et de l'Orient, que les nations vivent et se civilisent, ou retombent dans la barbarie et meurent selon qu'elles acceptent ou qu'elles repoussent plus ou moins énergiquement le principe catholique et ses applications aux divers éléments constitutifs de la société. Mais si la civilisation moderne est l'œuvre de l'Église, comme l'Église agit surtout par sa législation, il faut en conclure que la civilisation déposée en germe dans l'Évangile s'est ensuite développée, étendue et conservée principalement par le moyen du droit ecclésiastique. La civilisation, en effet, n'est pas précisément la prospérité matérielle d'un peuple ; si on la prend dans son sens adéquat et le plus élevé, elle implique l'idée de progrès, d'amélioration dans l'individu, la famille et la société, sous le triple point de vue des idées, des mœurs et des lois qui règlent les devoirs de l'homme considéré dans l'ensemble de ses relations avec ses semblables. Où en était la civilisation ainsi entendue, à l'époque de l'avènement de Jésus-Christ ? L'histoire nous l'apprend ; les esprits flottaient à tout vent de doctrines, il n'y avait plus de croyances, la morale était sans base comme sans règles, les mœurs sans pudeur, les lois sans équité ni sanction suffisante, la religion sans Dieu et l'homme sans dignité morale en ce monde, et, dans l'autre, sans avenir. L'Église s'adressa d'abord aux individus et leur prêcha la doctrine évangélique ; elle changea l'homme intérieur, et, en lui imposant des croyances et des préceptes, elle régénéra l'homme intellectuel et l'homme moral jusque dans la sphère de l'ordre purement temporel. Elle avait encore une autre mission à remplir pour assurer le succès de la première ; elle ne se borna donc point à enseigner le vrai qu'il faut croire et le bien qu'il faut faire ; elle établit aussi des règles pour déterminer jusque dans les moindres détails les moyens d'arriver à croire le vrai et à pratiquer le bien : dogme, morale, discipline, elle embrassa tout dans sa législation ; et, après avoir donné une vie nouvelle aux individus, elle descendit sur le terrain des faits extérieurs pour travailler lentement à la réorganisation de la famille et de la société. « Suivant un système plein de sagesse et de prudence, dit l'abbé Balmes, elle fit de telle sorte que l'humanité pût goûter le fruit précieux que les doctrines de Jésus-Christ font porter même aux choses de la terre. L'Église ne fut pas seulement *une grande et féconde école, elle fut une association régénératrice ;* elle ne répandit pas ses doctrines générales en les jetant comme au hasard, avec la seule espérance que le temps les ferait fructifier ; elle les développa dans tous leurs rapports, les appliqua à tous les objets, fit en sorte de les inoculer aux mœurs et aux lois, et de les réaliser dans des institutions qui fussent pour les générations futures un enseignement silencieux, mais plein d'éloquence. » (*Le Protestantisme comparé au catholicisme*, etc., t. I, ch. XV, p. 234.) On comprend qu'il dut s'opérer en peu d'années une de ces grandes révolutions morales qui transforment inévitablement les éléments constitutifs de la sociabilité humaine : les hommes régénérés se réunirent ; les familles renouvelées par l'esprit chrétien formèrent à la longue comme un peuple nouveau dont les croyances religieuses, les idées, les mœurs, les habitudes furent en désaccord profond avec des lois faites par la sagesse païenne pour des sociétés idolâtres, corrompues, usées par le despotisme et par l'anarchie. On sentit le besoin de reconstruire l'édifice social sur une base nouvelle et sur un plan nouveau ; on comprit la nécessité de créer une législation politique et civile qui fût en rapport avec le christianisme, devenu en quelques siècles, par sa double victoire sur le paganisme et la barbarie, la religion dominante en Europe. Sans autre appui que Dieu et la vérité, sans autres armes que la supériorité intellectuelle et morale du clergé, sans autre moyen de séduction que les immenses services qu'elle avait rendus au monde, l'Église sut attirer à elle les souverains et les peuples, et, en convertissant les législateurs, préparer, si l'on peut s'exprimer ainsi, la conversion des lois anciennes. Restée seule debout au milieu des ruines entassées par les invasions des barbares, l'Église demeura longtemps la seule société organisée et dirigée par un code de lois bien plus parfait que toutes les législations connues (1). Son droit se rattachait à l'ancien monde par les emprunts faits à la législation des empereurs chrétiens, au monde nouveau par son origine, par sa nature et son esprit, à tout l'univers par la diffusion du christianisme ; dans son ensemble et dans toutes ses parties, il y avait accord, unité, justice et sagesse, tandis que partout ailleurs on ne trouvait le plus souvent que subtilités obscures, contradictions évidentes et violences déraisonnables ; il semblait donc réunir tous les caractères de cette loi divine, universelle et immuable, que Cicéron appelait autrefois de ses vœux et saluait de ses espérances (2). Ce droit était donc seul appelé à gouverner les nations chrétiennes, ou du moins à diriger l'enfance des peuples qui pressentaient leurs destinées futures. Il en a été ainsi. Nous suivrons, l'histoire à la main, les progrès insensibles du christianisme dans la société civile, et la route, tantôt directe et lumineuse, tantôt obscure et détournée, par laquelle le droit ecclésiastique a pénétré dans les anciennes législations pour les modifier N'est-ce pas une étude aussi utile qu'intéressante que de chercher à saisir dans les institutions de l'Église, dans les canons trop oubliés des conciles et dans les décrets des papes, non-seulement l'esprit qui les a dictés, mais encore l'origine toute chrétienne de ces lois, de ces institutions, en un mot, de cette civilisation qui fait la gloire et le bonheur des peuples formés par le catholicisme ? Nous en sommes profondément convaincus, et notre troisième chapitre ne sera que le développement et la preuve de ce que nous avançons ici. — 3° La guerre entre le rationalisme et la foi est aussi ancienne que le monde ; on peut en dire autant de la lutte engagée aujourd'hui presque partout entre la puissance spirituelle et la puissance temporelle. L'Église a ses droits inaliénables, et l'État les siens ; ces droits peuvent et doivent se concilier ; mais ils peuvent donner lieu à des prétentions contradictoires ; car l'Église et l'État se touchent de si près et par tant de points, que les deux sociétés se rencontrent souvent dans la même sphère d'action, et qu'ainsi l'une peut facilement empiéter sur les droits de l'autre. L'Église sait tout ce qu'elle doit aux puissances de la terre ; mais elle veut être indépendante et libre dans l'accomplissement de l'œuvre que Dieu lui a confiée ; elle réclame la souveraineté dans l'ordre spirituel comme la condition nécessaire de son existence. Proscrite ou accueillie et protégée par les gouvernements de ce monde, elle doit être indépendante et libre dans son enseignement, dans la dispensation des sacrements, dans ses rapports indispensables avec son chef visible, dans l'execice de son pouvoir législatif, et même dans l'établissement des ordres religieux, qui ne sont que le développement naturel et le complément du christianisme. Or, voilà, comme nous l'avons déjà dit, les grands objets que règle le droit ecclésiastique, et voilà précisément aussi le terrain sur lequel nous rencontrons la plupart des adversaires de l'Église. Dans ce siècle d'indifférence et de *positivisme*, les esprits ne se passionnent plus guère pour les erreurs purement spéculatives du philosophisme ou de l'hérésie ; on tourne plus rarement contre l'Église les armes un peu vieillies et rouillées du sophisme ; le fort du combat n'est plus dans les hautes régions de l'intelligence, mais dans le domaine des faits et principalement de la législation. Partant de ces deux maximes rationalistes pratiquées par Joseph II, que *rien n'est au-dessus de la loi civile*, et que *l'Église est dans l'État*, ce qui veut dire que l'État est en toutes choses supérieur à l'Église, on essaie de « forger, dans les opérations mystérieuses de la bureaucratie, des chaînes appelées légales et prétendues protectrices, dont on enveloppe silencieusement l'Église, afin de pouvoir un jour opprimer les consciences (3). » Le

(1) Nul écrivain de bonne foi ne nie cette supériorité. Des philosophes, Montesquieu, Hume et Voltaire même ; des protestants, Robertson, M. Guizot et plusieurs autres, lui ont rendu hommage.

(2) Nec erit alia lex Romæ, alia Athenis, alia nunc, alia posthàc ; sed et omnes gentes, et omni tempore, una lex, et sempiterna, et immutabilis continebit ; unusque erit communis quasi magister et imperator omnium Deus ; ille hujus legis inventor, disceptator, lator, cui qui non parebit ipse se fugiet, ac naturam hominis aspernatus, hoc ipso luet maximas pœnas, etiamsi cœtera supplicia, quæ putantur, effugerit. (Cicer., *apud Lactant. Instit. divin*, lib. VI, cap. 8.)

(3) IIe EXAMEN : *Des tendances, par Mgr Parisis*, 2e partie. — L'illustre prélat résume ainsi ce système joséphiste que l'on voudrait faire prévaloir en France : « A part quelques faveurs de détail accordées avec éclat pour donner le change à l'opinion, ou pour obéir à des circonstances particulières, presque tous les actes officiels du gouvernement en rapport avec les affaires ecclésiastiques, tous ceux surtout de ces actes qui ont un caractère d'universalité, de perpétuité, et qui de la

droit de l'Église est souvent méconnu et quelquefois attaqué ouvertement ; il faut donc l'étudier et le bien connaître pour le défendre. Considéré dans ses rapports avec les gouvernements qui repoussent le catholicisme, le droit ecclésiastique offre encore, de nos jours, un intérêt tout spécial, dit le traducteur du *Manuel de Walter*. « C'est dans son domaine que s'agitent et s'agiteront longtemps les principales questions du droit public de la plupart des nations de l'Europe. Né au nom de la liberté, le protestantisme n'avait produit que la licence. Les réformateurs eux-mêmes sentirent bientôt le besoin d'une autorité ; ils interposèrent la leur ; mais cette autorité d'un jour et sans mission était impuissante. A défaut de la hiérarchie qu'ils avaient détruite, ils invoquèrent le pouvoir temporel et prostituèrent la religion aux souverains. De là un vaste système de despotisme organisé dans les pays protestants contre les confessions dissidentes, et surtout contre le catholicisme ennemi de toutes ; de là une oppression d'autant plus lourde de nos jours qu'elle est plus contraire aux idées existantes et au besoin des peuples qui tendent à rentrer dans la majestueuse unité du catholicisme. Les luttes engagées à ce sujet entre les gouvernements et la conscience des peuples sont, sans contredit, une des phases les plus curieuses de l'histoire moderne. Or, comment les apprécier, sans connaître le terrain sur lequel elles s'agitent ? » (*Manuel..., Préf. du traduct.*) Concluons avec le même écrivain que la jurisprudence canonique doit intéresser le laïque, le législateur et le urisconsulte, le prêtre et l'historien. *Le simple laïque* : « Le droit ecclésiastique, dit M. de Roquemont, est le droit de la grande société chrétienne. Quel membre de cette société peut rester indifférent au droit qui la régit ? » *Le jurisconsulte et le législateur* : « Ce droit a pénétré nos institutions et nos lois. Comment, dans leur étude, peut-on négliger une des sources dont elles émanent ? On étudie le droit romain pour y puiser des leçons de sagesse et de prudence. Le droit ecclésiastique n'offre-t-il pas aussi de riches et féconds enseignements au législateur et au jurisconsulte ? Quelle législation plus noble dans son objet, plus élevée dans ses vues, plus fine dans ses détails ? Où trouver plus de modération et de circonspection, plus de respect des droits, plus de douceur et de charité ? Dans le droit public, dans le droit civil, dans la procédure, dans le droit pénal, elle a servi de précurseur et de modèle aux législations modernes. Qui nierait qu'elle puisse encore leur fournir d'utiles et de nombreux préceptes ? L'esprit qui la dirige et l'éclaire, n'est-ce pas cet esprit chrétien qui seul peut donner la vie aux institutions et aux lois et leur imprimer le cachet de la durée ? Où donc le législateur et le jurisconsulte peuvent-ils puiser de plus heureuses inspirations ? » *Le théologien et le prêtre* : « Le clergé, dépositaire du pouvoir dans l'Église, peut-il ignorer (sans péril) la nature, l'étendue et l'exercice de ce pouvoir, la constitution de l'Église, la suprématie, le culte, la discipline, en un mot les institutions de la société qu'il est appelé à gouverner ? Peut-il se borner à un aperçu pratique de ce qui existe, sans en puiser la raison dans l'étude des lois présentes et passées ? Élite de la milice chrétienne, ne doit-il pas être en état de repousser toutes les attaques dirigées contre elle ? Et la plupart ne portent-elles pas sur son organisme, sa hiérarchie et les diverses branches de son droit (1) ? » *L'historien* : « Le droit ecclésiastique n'est pas moins nécessaire pour étudier le moyen âge et la civilisation de l'Europe. C'est par l'Église, et en grande partie par ses lois et ses tribunaux, que l'élément civilisateur a pénétré dans le monde. Dans l'ignorance de ce droit, la papauté a jusqu'ici presque toujours été calomniée, le moyen âge mal compris, les bienfaits de l'Église méconnus. » (*Id., ibid.*) Nous ne pouvons mieux terminer ce paragraphe qu'en citant ce passage d'un livre justement condamné par la plupart des évêques de France : « Depuis longtemps je conseille aux jurisconsultes, aux magistrats, à tous les hommes publics, de reprendre une étude jadis fort cultivée et qui depuis a malheureusement cessé de faire partie de l'enseignement dans les Facultés de droit : je veux parler du *droit canonique*. Sans doute il ne s'agit plus des *matières bénéficiales*, dont la connaissance serait aujourd'hui sans utilité ; mais ce qu'aucun jurisconsulte, aucun homme éminent dans l'État (nous pouvons ajouter aucun prêtre) ne peut ignorer, ce qu'il ne lui suffirait pas de savoir imparfaitement, ce sont les principes sur la nature, le gouvernement, la hiérarchie de l'Église et sa discipline, *l'histoire des usurpations incessamment renouvelées et toujours croissantes* (nous renversons les termes de cette proposition pour rester dans le vrai) *du pouvoir civil sur l'ordre spirituel, et l'histoire corrélative des obstacles et des barrières que nos pères* (dans la foi, les papes et les évêques) *y ont apportés*. Il faut qu'*il* (c'est-à-dire, non-seulement le jurisconsulte, mais aussi et surtout le prêtre) connaisse avec précision ce que la loi politique ne saurait entreprendre sans porter atteinte à la liberté religieuse ; et réciproquement, qu'il sache bien ce qu'un roi, eût-il la piété de saint Louis, s'il a en même temps sa sagesse et sa fermeté, ne saurait négliger ni souffrir sans manquer à sa propre dignité, à l'indépendance de sa couronne, à la protection qu'il doit aux citoyens. (Il faut, ajouterons-nous encore pour compléter l'expression de notre pensée, que le clergé sache bien ce qu'un pape, fût-il le prisonnier du plus puissant monarque du monde, s'il a en même temps la sagesse et la fermeté apostoliques, ne saurait négliger ni souffrir sans manquer à son devoir, à sa propre dignité, à l'indépendance de l'Église dans l'ordre spirituel, à la protection qu'il doit aux chrétiens et aux droits imprescriptibles de la conscience.) Ces principes importants, souvent controversés, rarement bien connus, doivent être étudiés, médités, à l'égal (au moins) de nos lois politiques, sur lesquelles ils exercent tant d'influence. Une connaissance exacte du *droit* sera toujours le meilleur moyen de confondre l'*usurpation* et d'y résister avec succès..... Je ne cesse donc de le redire à mes contemporains : Entrez dans cette étude, je vous y convie : elle est d'ailleurs pleine d'attraits, puisqu'elle se lie aux faits les plus curieux de notre histoire, aux questions les plus élevées de notre droit public, à celles qui influent le plus puissamment sur la marche politique des affaires et sur la constitution de l'État. » (*Manuel du droit public ecclésiastiq. français*, par M. Dupin, député, 2e édit., 1844, *Introd.*, § 1.)

§ III. — *Division du droit ecclésiastique.*

Pour comprendre les auteurs qui ont écrit sur la jurisprudence canonique, il est utile et même nécessaire de fixer le sens de plusieurs termes que l'on rencontre souvent dans leurs ouvrages. (V. *Durand de Maillane, Diction., art. Droit canon.*) Ils distinguent d'abord, comme nous l'avons déjà fait nous-même, le *droit divin naturel et positif du droit humain*. (*Dist.* I, c. 1 et 7.) Le droit humain, le seul dont il soit ici question, se divise en *droit ecclésiastique* et en *droit civil*. Nous ne parlons que du droit canonique ; et, pour en marquer les grandes divisions générales, nous le considérons sous les divers points de vue suivants : — 1° Si on l'envisage *dans ses rapports avec les principales communions chrétiennes*, on distingue le *droit occidental* ou catholique selon lequel l'Église romaine est gouvernée ; le *droit oriental* qui est en vigueur dans les églises d'Orient séparées de Rome ; le *droit protestant* qui régit les sectes ou sociétés protestantes légalement reconnues. — 2° Considéré *dans les formes sous lesquelles il existe et se perpétue*, le droit canon se divise en *droit écrit* et *non écrit* : le droit écrit se nomme constitution ; il comprend les canons des conciles, les décrets des papes et des évêques, les règles des ordres religieux et les autres lois ecclésiastiques, tant générales que particulières ; les règles non écrites et qui ne sont fondées que sur l'usage approuvé par un consentement tacite s'appellent coutumes, et elles ont force de loi quand elles n'ont rien de contraire au droit divin et aux constitutions universelles. — 3° Considéré *dans son objet*, le droit canon est *dogmatique*, *moral* et *politique*, selon qu'il règle la foi, ou les mœurs ou la discipline ; il est *public* ou *privé* : public, quand il touche immédiatement aux intérêts généraux de l'Église, et qu'il n'a qu'un rapport médiat ou indirect avec l'intérêt des individus. On peut citer par exemple les canons qui traitent de la constitution de l'Église, des droits et des devoirs des pasteurs, etc. On nomme droit privé celui qui a un rapport direct et immédiat avec les intérêts des par-

sorte forment à la longue une jurisprudence pratique sur chaque matière, tous ces actes, par leur nature et malgré les bonnes intentions que peut avoir quelquefois le ministre qui les ordonne, tendent directement à l'asservissement total, c'est-à-dire à la destruction de l'Église catholique en France. (*Ibid.*)

(1) Les papes et les conciles recommandent instamment l'étude des saints canons au clergé. Sans parler des conciles de Bâle et de Constance, ni des prescriptions si formelles des Pères du concile de Trente (*sess.* 22, c. 2, et *sess.* 24, c. 8, 12 et 16), contentons-nous de rappeler ces maximes si connues : « Statuta sedis apostolicæ, vel canonum venerabilia definita, nulli sacerdotum Domini ignorare sit liberum. » (*Siric. P., epist.* I.) « Ecclesiasticorum canonum norma nulli esse debet incognita sacerdotum. » (*Innoc.* I, *epist.* XXXVIII.) « Convenit sacerdotali ministerio scire formam evangelicam, documenta apostolica, canonum instituta. » (*Concil. quis Agrau.*) « Sciant igitur sacerdotes scripturas sacras et canones... ut ædificent cunctos tàm fidei scientiâ, quàm operum disciplinâ. » (*Concil. Tolet.* IV, can. 25.)

ticuliers considérés comme membres de l'Église, et un rapport indirect ou éloigné avec le bien général de l'Église : ainsi les canons ou les décrets relatifs à telles affaires purement locales, à telles circonstances particulières et transitoires, à telles personnes. Cette distinction, dit Gibert, est principalement nécessaire en matière de dispense, parce que plus la loi dont on veut être dispensé est importante, plus la cause qui doit servir de motif à la dispense doit être grande. — 4° *Relativement aux sujets qu'il oblige*, le droit se divise en *droit commun* et en *droit particulier*; le droit commun régit l'Église universelle; du moins, il est regardé comme étant partout en vigueur : il oblige tous les membres de l'Église qui ne jouissent pas d'un privilége particulier relatif à quelques dispositions de la loi commune. Le droit particulier, au contraire, ne régit qu'une portion de l'Église, ou une Église particulière ; l'Église gallicane, par exemple, revendique certaines immunités, certaines libertés. Souvent l'Église d'un royaume a son droit commun qui est reçu dans tous les diocèses, quoiqu'il se rencontre dans plusieurs des usages et des coutumes qui ont force de loi et qui constituent ainsi un nouveau droit particulier. « Cette division est remarquable en ce que le droit commun reçoit une interprétation favorable et mérite extension, au lieu que le droit particulier doit être restreint. » (*Dict. de Durand de Maillane, art. Droit canonique.*) De là cette règle : *Quæ à jure communi exorbitant nequaquàm ad consequentias sunt trahenda.* (*Reg.* 28 *in* VI.) — 5° Enfin, le droit se divise en *droit ancien* et en *droit nouveau*, selon les diverses époques où il a commencé à être en vigueur dans l'Église. Mais les canonistes ne s'accordent pas entre eux quand il s'agit de fixer exactement ces époques. Les uns, avec Fleury, font commencer le droit nouveau sous le règne de Charlemagne, au IXe siècle ; d'autres, par exemple Durand de Maillane, nomment ancien droit celui qui a précédé la collection de Gratien, faite vers 1150, et droit nouveau celui que contient le *corps de droit canon* (*corpus juris canonici*), composé du décret de Gratien, des décrétales de Grégoire IX, le Sexte de Boniface VIII, les Clémentines, les Extravagantes de Jean XXII, et les Extravagantes communes; plusieurs appellent *droit moyen* tout ce qui est contenu dans ces six collections, et droit nouveau celui qui est en vigueur depuis le concile de Trente. — Quant à la classification des matières qui forment le domaine du droit ecclésiastique, la plupart des canonistes ont adopté la division des Institutes de Justinien : 1° les *personnes*, leurs offices, leurs droits et leurs obligations; 2° les *choses*, c'est-à-dire, les actions sacrées ou les actes religieux qui ne sont point purement intérieurs, par exemple, les sacrements, le sacrifice, la liturgie, les bénédictions, les fêtes, etc., les biens temporels qui appartiennent à l'Église et leur administration ; 3° les *jugements*, l'établissement des tribunaux, leur compétence et les formes de la procédure, les délits dont la répression appartient à l'Église, les peines qu'elle a le droit d'infliger. Walter fait observer que cette division, admissible dans le droit privé des Romains, ne s'adapte que forcément au droit canonique; aussi en a-t-il adopté une autre dans son Manuel. Nous la reproduisons en substance, parce qu'elle nous paraît plus naturelle et plus complète. Le manuel est divisé en huit livres : les deux premiers traitent des principes généraux et des sources du droit ecclésiastique ; les quatre suivants comprennent le droit public de l'Église, sa constitution ; les branches diverses de l'administration, c'est-à-dire les sacrements, l'enseignement et la discipline ; le clergé et les bénéfices ; les biens de l'Église considérés comme moyens de subvenir à ses besoins extérieurs ; le septième traite de la vie... la vie dans le sein de l'Église et les rapports des individus ; le huitième présente le tableau de l'influence que l'esprit et la vie de l'Église ont exercée sur le droit profane, et des changements heureux qui en sont résultés. (*Voy. Manuel*, § 6.)

§ IV. — ***Bibliographie**, ou indication des principaux ouvrages à consulter sur les diverses parties du droit ecclésiastique.*

Les savantes recherches de Walter ne laissent rien à désirer sur ce point; nous les reproduirons donc à peu près textuellement; nous nous bornerons à citer quelques auteurs nouveaux et à retrancher plusieurs indications d'ouvrages peu connus en France, ou du moins peu utiles pour nous. Indépendamment des sources du droit canonique dont nous parlerons dans le chapitre suivant, on trouve d'abondantes richesses dans les nombreux travaux scientifiques publiés sur cette matière sous les formes et les points de vue les plus variés. Nous ne citerons qu'à l'occasion ceux qui se réfèrent uniquement à des collections de droit ou à des doctrines particulières. Les écrits plus généraux rentrent dans une des classes suivantes : 1° *Ouvrages bibliographiques indiquant les travaux édités sur le droit canonique* : *Institution au droit ecclésiastique*, par Fleury ; nouv. édit. publiée par Boucher d'Argis, t. II ; *Traité de l'étude des conciles*, par Salmon ; Riegger, *Bibliotheca juris canonici* ; les catalogues généraux de *Lipenius, Fontana, Camus et Ersch*. — 2° *Écrits servant d'introduction générale à la science, et traitant des notions générales préliminaires, des sources et de l'histoire littéraire de ce droit*; parmi les nombreux ouvrages de cette sorte se distinguent ceux de Doujat, *Prænotionum canonicarum libri quinque*; Paris, 1687 ; de Glück, *Præcognita uberiora universæ jurisprud. ecclesiasticæ Germanorum* ; Halæ, 1786 ; de Riegger, *Prolegomena ad jus ecclesiasticum*; Vind., 1764; de Lakics, *Præcognita juris ecclesiast. universi* ; Viennæ, 1775.—3° *Travaux historiques*; la carrière a été ouverte par le savant évêque Antoine Augustin, *Epitome juris pontificii veteris* ; Paris, 1641 ; mais il n'y a pas encore d'ouvrage qui embrasse toute l'histoire du droit canonique: celle de la constitution de l'Église est traitée par Thomassin avec une érudition profonde et le véritable esprit de l'histoire: *Vetus et nova Ecclesiæ disciplina* ; Paris, 1688. D'autres ouvrages de l'école française sur cette matière doivent être consultés avec quelques précautions, à cause du gallicanisme outré des doctrines ou des appréciations qu'ils renferment : ainsi P. de Marca, *De concordiâ sacerdotii et imperii* ; Paris, 1641 ; L. Ellies Dupin, *De antiquâ Ecclesiæ disciplinâ dissertationes historicæ* ; Paris, 1686. L'histoire des sources a été le sujet de plusieurs essais, mais incomplets et devenus presque inutiles par les résultats de nouvelles recherches. Doujat a composé une *Histoire du droit canonique*; Paris, 1677 ; mais on regrette l'extrême brièveté. Voir aussi le chap. Ier des *Institutions de Fleury*; Dannenmayer, *Historia juris ecclesiastici*; Vindob., 1806. L'histoire littéraire du droit canonique n'est encore traitée dans aucun ouvrage spécial, mais seulement dans les introductions. On trouve néanmoins beaucoup de documents sur cette matière dans les écrits sur l'histoire des auteurs ecclésiastiques et des jésuites ; nous citerons seulement Ellies Dupin, *Nouvelle bibliothèque des auteurs ecclésiastiques* ; Paris, 1693; dom Cellier, *Histoire générale des auteurs ecclésiastiques* ; Paris, 1730 et suiv.; Panziroli, *De claris legum interpretibus libri quatuor*; Venet., 1637 ; l'ouvrage précieux de l'abbé Maur Sarti et de son continuateur Fattorini, *De claris archigymnasii bononiensis professoribus à seculo XI usque ad seculum XIV*; Bononiæ, 1769. Nous recommandons aussi spécialement l'excellent ouvrage de Savigny, *Histoire du droit romain au moyen âge*; le chapitre 17e du 3e vol. traite en détail des ouvrages sur l'histoire littéraire du droit. Nous renvoyons aussi à Walter, liv. II, ch. 2. Peu d'auteurs ont fait des recherches aussi nombreuses et aussi savantes, des indications aussi précieuses sur l'histoire des sources du droit ecclésiastique. — 4° *Grands commentaires sur le droit canonique en vigueur*. Les anciens ouvrages, composés suivant l'ordre des décrétales, ne sont bons qu'à être compulsés dans l'étude de questions spéciales sur lesquelles, du reste, ils fournissent les renseignements les plus solides. Nous citerons Engel, *Collegium universi jur. canon.* ; nov. edit. ; Salisb., 1770 ; A. Reiffenstuel, *Jus canon. universum juxta titulos lib V Decretalium* ; Venet., 1704 ; Wiestner, *Instit. canon... lib. quinque* ; F. Schmier, *Jurisprudentio-canonico-civilis...* ; Avenion., 1738; P. Bockhn, *Commentarium in jus canon. universum* ; nov. edit.; Paris, 1776. Parmi les ouvrages systématiques, Barbosa, *Juris ecclesiastici universi libri tres de personis, locis et rebus ecclesiasticis*; Lugd., 1699 ; Cabassutius, *Theoria et praxis juris canonici*; Venet., 1757 ; Gibert, *Corpus juris canonici per regulas naturali ordine digestas* ; Colon. Allobr., 1725 ; Zallinger, *Institutionum juris naturalis et ecclesiastici publici lib. VI*, edit. nov.; Paris, 1839. Cette édition contient l'histoire des sources du droit, par Walter. M. Lequeux, *Manuale compendium juris canonici ad usum seminariorum*; Paris, 1839; Van Espen, *Jus ecclesiasticum universum hodiernæ disciplinæ præsertim Belgii, Galliæ, Germaniæ... accommodatum* ; Lovanii, 1753. Cet auteur, à raison de son tact historique et de la noblesse de son style, jouit encore d'une estime et d'une vogue méritées. Il faut néanmoins se défier de certaines appréciations qui rappellent trop souvent au lecteur les sympathies de Van Espen pour les jansénistes. Nous en dirons autant des savantes dissertations canoniques de Duguet, *Conférences ecclésiastiques* ; Cologne, 1742. L'ouvrage du bénédictin Zallvein, quoique borné à la constitution de l'Église et à ses rapports avec l'État, mérite aussi une mention particulière tant à cause de sa profondeur et de la circonspection de son jugement que parce qu'il prend en considération les rapports particuliers de l'Allemagne et même le droit protestant. Cet ouvrage est intitulé : *Principia juris ecclesiastici universalis et particularis Germaniæ*; August., 1781. Les travaux modernes des Italiens sont principalement remarquables par l'exactitude avec laquelle ils traitent les questions de droit pratique ; nous plaçons au premier rang les ouvrages de Benoît XIV : *De synodo diœcesanâ libri tredecim*, réimprimé dans le *Cursus completus theologiæ* de M. Migne ; *Quæstiones canonicæ et morales* ; ces questions, qui supposent une érudition immense et une connaissance approfondie du droit civil et du droit canonique, sont renfermées dans les quatre derniers volumes des œuvres complètes du savant pontife ; Ubaldi Giraldi *Expositio juris pontificii universi juxta recentiorem Ecclesiæ disciplinam* ; Rome, 1769 ; Berardi *Commentaria in jus ecclesiasticum universum* ; Venet., 1778. — Un commentaire de A. Frey, continué par Scheill, a été publié en Allemagne, à Kitzingen, 1823 ; il est conçu dans un bon esprit, mais l'exécution en est défectueuse, et il ne présente guère qu'une compilation d'autres auteurs. Parmi les écrivains protestants, Carpzow se distingue par son influence sur la pratique de son Eglise : *Jurisprud. ecclesiastica seu consistorialis* ; Dresd., 1718 ; le Hollandais Gisb. Voët, par la discussion profonde des principes fondamentaux : *Politica ecclesiastica* ; Amstelod., 1663 ; Böhmer, par l'érudition historique : *Jus ecclesiast. protestantium usum hodiernum juris canonici juxta seriem decretalium ostendens* ; Halæ, 1714. Le Manuel de Wiese, Leipz., 1799, est encore souvent cité ; mais son inexactitude, sa platitude et la bassesse de sa polémique devaient depuis longtemps le condamner à l'oubli. — 5° *Traités moins étendus.* Depuis les *Institutiones canonicæ* de Lancelotti, Venet., 1704, de nombreux ouvrages ont paru et sont tombés dans l'oubli. Ceux qui ont été publiés en France et en Allemagne ont égard ordinairement à la situation particulière du pays. Nous citerons pour la France : — De Roye, *Institutionum juris canonici lib. tres ad ecclesiarum Galliarum statum accommodati* ; Paris, 1681. — Fleury, *Institution au droit ecclésiastique* ; Paris, 1767. — Lequeux, *Manuale compendium juris canonici* ; Paris, 1839. — Le *Manuel du droit public ecclésiastique français*, publié par M. Dupin (Paris, 1844), n'est, du moins en grande partie, qu'une compilation et un commentaire des doctrines et des actes de ce gallicanisme des anciens parlements, contre lequel le pape et les évêques de France ont toujours protesté d'une voix unanime. Le cardinal archevêque de Lyon, Mgr de Bonald, a condamné ce livre « comme contenant des doctrines propres à ruiner les véritables libertés de l'Eglise, pour mettre à leur place de honteuses servitudes ; à accréditer des maximes opposées aux anciens canons et aux maximes reçues dans l'Eglise de France ; à affaiblir le respect dû au Siége apostolique ; à introduire dans l'Eglise le presbytérianisme ; à entraver l'exercice légitime de la juridiction ecclésiastique ; à favoriser le schisme et l'hérésie ; comme contenant des propositions respectivement fausses, hérétiques, et renouvelant les erreurs condamnées par la bulle dogmatique *Auctorem fidei* de notre Saint-Père le pape, de glorieuse mémoire, Pie VI, du 28 août 1794. » (Voy. *Mandement du 21 novembre 1844.*) Ce jugement a été confirmé par plus de soixante évêques de France et par la congrégation de l'*Index*, décret du 5 avril 1845, approuvé le 7 du même mois. Parmi les ouvrages publiés en Allemagne, nous n'indiquerons que ceux qui ont été écrits en latin. — Schmidt, *Institutiones juris ecclesiastici Germaniæ accommodatæ* ; Hamb., 1778. — Hedderich, *Elementa juris canonici ad statum ecclesiarum Germaniæ, præcipuè eccles. Coloniensis, accommodata* ; Bonnæ, 1791. — Sauter, *Fundamenta juris ecclesiastici catholicorum* ; Frib., 1825. — Schenkl, *Institutiones juris ecclesiastici statui Germaniæ, maximè Bavariæ, accommodatæ* ; Landish, 1830. — En Italie, en Espagne et en Belgique, le Traité de Devoti, *Institutionum canonicarum*, lib. IV, Gandæ, 1830, est justement estimé à raison de la savante exploitation des sources. Les traités des écrivains protestants considèrent, les uns, le droit ecclésiastique catholique, conjointement avec celui des protestants ; les autres, le dernier seul ; Böhmer, *Principia juris canonici* ; Göetling, 1802. — Wiese, Th. Schmaltz, Fr. Eichorn et Grolman appartiennent à la première classe, et il faut ranger dans la seconde Pfaff, *Juris ecclesiastici*, lib. V ; Francof., 1732. — Hommel, *Principia juris ecclesiastici protestantium* ; Witt., 1770. — Von Mosheim, H. Stephani et Pahl. — 6° *Traités sur le droit canonique de tel ou tel pays en particulier.* Il en existe sur l'ancien droit pratique d'Espagne : Gundisalvus Suarez de Paz, *Praxis ecclesiastica et secularis cum actionum formulis et actis processuum hispano sermone compositis* ; Francof., 1661. — De France : *Maximes du droit canonique de France*, par L. Dubois ; Paris, 1703. — *Histoire du droit public ecclésiastique français*, par M. D. B. (du Boullay, gallican parlementaire) ; Paris, 1740. — *Lois ecclésiastiques de France*, par L. de Héricourt ; Paris, 1771. — *Institutiones disciplinæ ecclesiasticæ præsertim gallicanæ.....* auctore P.-F. Delort ; Paris, F. Didot, 1819. — *Code ecclésiastique français, d'après les lois ecclésiastiques de Héricourt*, par M. Henrion ; Paris, 1829. — *Cours alphabétique et méthodique de droit canon, mis en rapport avec le droit civil ecclésiastique ancien et moderne*, par l'abbé André, publié par l'abbé Migne ; Paris, 1844. Cet ouvrage reproduit en substance le *Dictionn. de droit canonique* de Durand de Maillane, moins les principes du gallicanisme des parlements. L'auteur a beaucoup emprunté aux canonistes anciens et modernes pour compléter son travail et lui donner une certaine actualité pratique. On peut voir dans Walter une longue énumération d'ouvrages, écrits presque tous en langue allemande, sur le droit pratique d'Autriche et de Prusse ; sur le droit protestant de la plupart des pays de l'Allemagne, et sur l'état de ce même droit en Autriche, en Transylvanie, en Pologne, en Lithuanie et en France ; voir pour ce dernier pays *la Discipline des églises réformées en France* ; Saumur, 1675. — *Annuaire ou répertoire ecclésiastique à l'usage des églises réformées et protestantes de l'empire français*, par M. Rabaut le jeune ; Paris, 1807. Un ouvrage particulièrement remarquable est celui qui a paru à Utrecht en 1834 sur le droit actuel des églises réformées dans les Pays-Bas. Il y a aussi de bons travaux sur le droit ecclésiastique de la Suède, et on peut consulter sur celui de l'Angleterre l'ouvrage de Gibson, qui a pour titre : *Codex juris ecclesiastici anglicani.* — 7° *Répertoires.* Cette classe d'ouvrages n'est à recommander que pour l'usage ordinaire, et non pour des travaux scientifiques. Nous citerons seulement Ferraris, *Prompta bibliotheca canonica, juridica....* etc. ; Romæ, 1766 et 1784-90. — *Recueil de jurisprudence canonique*, par Guy du Rousseau de la Combe ; Paris, 1771. — *Dictionnaire canonique*, par Durand de Maillane ; Lyon, 1786. — Le *Cours de droit canon* de M. l'abbé André, dont nous avons parlé plus haut. — 8° *Collections de traités et de dissertations sur le droit canonique.* — On peut consulter avec fruit les ouvrages suivants : *De vetustis canonum collectionibus sylloge....* Collegit Andr. Gallandius ; Venet., 1778. Cet ouvrage renferme les dissertations de Quesnel, Marca, Constant, Berardi, celles des frères Ballerini et autres. — *Tractatus ex variis juris interpretibus collecti* ; Lugd., 1549. — *Tractatus universi juris* ; Venet., 1584. — J. Th. de Rocaberti, *Bibliotheca maxima pontificia* ; Romæ, 1695. — Meermann, *Novus thesaurus juris civilis et canonici* ; Hagæ, 1751. — A. Schmidt, *Thesaurus juris ecclesiastici* ; Heidelb., 1772. — 9° *Ecrits périodiques.* Ils donnent de l'élan à la science par la communication rapide des opinions. Nous signalerons, pour la France, le *Correspondant*, l'*Auxiliaire catholique* et la plupart des publications faites par le *Comité électoral pour la défense de la liberté religieuse*, spécialement les *Examens* de Mgr Parisis, évêque de Langres. Nous pourrions encore indiquer un grand nombre d'excellents ouvrages qui traitent certaines parties du droit ecclésiastique ; mais comme la liste en serait trop longue, nous en ferons connaître les titres à mesure que l'occasion s'en présentera, c'est-à-dire lorsque nous aurons à traiter nous-même les questions. — Nous ne terminerons pas cette bibliographie sans recommander d'une manière toute spéciale l'ouvrage auquel nous l'avons empruntée presque entièrement. Huit éditions, rapidement épuisées en Allemagne, attestent le mérite du *Manuel* que M. de Roquemont a traduit sur la dernière avec la coopération de l'auteur, M. Ferdinand Walter, professeur de droit à l'Université de Bonn, ville située à quelques lieues de Cologne. « Dans l'imperfection et l'insuffisance de nos auteurs, dit M. de Roquemont dans la préface qu'il a mise en tête du *Manuel du droit ecclésiastique de toutes les confessions chrétiennes*, il fallait qu'un ouvrage étranger vînt nous communiquer la sève qui nous manque, et rétablir la science sur ses bases ; l'ouvrage de M. Walter, qui, même en Allemagne, a donné une impulsion nouvelle à l'étude du droit ecclésiastique, m'a paru merveilleusement propre à ce but. » En effet, il indique scrupuleusement les ouvrages utiles à consulter dans cette étude ; par un exposé méthodique des sources de ce droit dans tous les temps et tous les pays, il met à même d'en embrasser la science dans toute son étendue, et d'entreprendre sur chacune de ces parties les travaux les plus complets et les plus solides. Il prend les institutions à leur origine et les suit dans tous les temps et partout, de telle sorte que chacun en voit la raison première, et, comparant leurs modifications diverses, s'élève au-dessus des préjugés de son époque et de son pays. En chaque matière, les principes sont posés avec une clarté et une précision qui ne laissent aucun refuge à l'ignorance ou à la mauvaise foi. Nul ouvrage, en un mot, n'offre un guide plus sûr pour des études élémentaires ou approfondies. » Ajoutons que cette publication importante a mérité à son auteur d'éclatants suffrages, confirmés par l'approbation du père commun des fidèles. Le savant professeur a reçu du souverain pontife la décoration de Saint-Grégoire-le-Grand et un bref conçu dans des termes remplis de bienveillance.

CHAPITRE II.

PRINCIPES GÉNÉRAUX.

Voici l'ordre que nous suivrons pour donner une idée sinon complète, du moins juste et suffisante, de ces principes généraux : nous exposerons brièvement les doctrines qui servent de base à l'autorité législative de l'église et qui règlent l'exercice du pouvoir spirituel; 2° nous ferons connaître les sources du droit ecclésiastique catholique et leur autorité plus ou moins grande ; 3° nous tracerons les règles générales relatives à l'interprétation des lois canoniques et qui sont consacrées par le droit lui-même; 4° enfin, nous jetterons un coup d'œil rapide sur les principes généraux du droit ecclésiastique en vigueur au sein des principales sociétés chrétiennes séparées de l'Église catholique.

§. Ier. — *Doctrines qui servent de base et de règle à l'autorité législative de l'Église catholique et à l'exercice de son pouvoir.*

Il faut avant tout pour un principe clair et inattaquable, un principe trop souvent oublié depuis Luther, et qui ne peut être méconnu, ignoré, altéré ou nié, sans que l'on tombe ou que l'on s'expose à tomber à peu près inévitablement dans une foule d'erreurs sur le point que nous traitons : ce principe, le voici : la raison humaine est radicalement impuissante à découvrir et plus encore à déterminer par elle-même la nature, les caractères et l'étendue de l'autorité qui appartient essentiellement à l'Église; elle ignore le mode selon lequel il convient que cette autorité se communique, se perpétue et s'exerce ; elle ne sait pas davantage quels en doivent être les dépositaires; Dieu peut seul l'enseigner à l'homme par une révélation expresse. Qu'est-ce que l'Église, en effet? C'est une institution, une société divine établie sur la terre pour travailler à la sanctification et au salut des âmes. Voilà sa mission propre, son but immédiat, sa fin nécessaire. Cela posé (car ce n'est pas ici le lieu de le démontrer), il est évident que l'Église est sortie des mains de son divin auteur avec tous ses éléments essentiels d'existence et de durée, pourvue de tous les moyens de sanctification, revêtue de tous les pouvoirs dont elle avait besoin pour s'étendre et se perpétuer, pour accomplir le grand dessein de Dieu. Or, qui ne le voit ? Ces éléments, ces moyens, ces pouvoirs, tout, dans l'Église, se rapportant à l'œuvre du salut des hommes, tout est surnaturel, ou du moins, touche au surnaturel ; et parconséquent, tout ce qui est de l'essence de cette société divine sort de l'ordre commun des choses et des idées de la raison humaine : car il ne faut pas l'oublier, l'Église est subordonnée à l'œuvre du salut des âmes, comme le moyen à la fin ; et cette œuvre aussi bien que le mode de son accomplissement ne se conçoit pas *à priori*, c'est un fait qui ne peut dépendre que de la libre volonté de Dieu; or, cette volonté, quelle qu'elle soit, reste pour nous un secret impénétrable, jusqu'à ce que Dieu nous le manifeste par une révélation positive, consignée dans les monuments authentiques de l'écriture ou de la tradition. C'est en s'appuyant sur ce principe que Bossuet renversait autrefois les vaines théories moitié chrétiennes et moitié politiques du protestantisme de son temps sur la constitution et le gouvernement de l'Église : « Le royaume de Jésus-Christ, disait-il, n'est pas de ce monde, et la comparaison que vous pouvez faire entre ce royaume et ceux de la terre est caduque; en un mot, la nature ne vous donne rien qui ait rapport avec Jésus-Christ et son royaume.... Prenez y garde, ô peuples..., pour se faire un maître de la terre il suffit de le reconnaître pour tel, et chacun porte ce pouvoir dans sa volonté. Mais il n'en est pas de même pour se faire un Christ, un sauveur, un roi céleste, ni pour lui donner ses officiers... Jésus-Christ qui est votre roi vient de plus haut. Vous n'avez non plus naturellement de droit de lui donner des ministres, que de l'instituer lui-même votre prince. Ainsi ses ministres qui sont vos pasteurs viennent de plus haut comme lui, et il faut qu'ils viennent par un ordre qu'il ait établi.» (*Hist. des var. l. XV.*) C'est donc la pensée de Dieu même, c'est sa volonté manifestée par la révélation qu'il est nécessaire de bien connaître; c'est une révélation positive, certaine et légitimement interprétée que nous devons interroger pour nous former une juste idée de l'Église : ce n'est pas dans les conceptions de Puffendorff et de Grotius ou des autres publicistes qu'il faut en chercher le plan et le modèle, mais seulement dans les paroles de Jésus-Christ, son divin fondateur. Les comparaisons que l'on peut établir entre le gouvernement ecclésiastique et les gouvernements humains son toutes défectueuses, ou du moins incertaines; car, dit un écrivain schismatique, Tamburini, ce qui vaut le mieux pour l'Église, c'est non pas ce que nous imaginons, mais ce que Jésus-Christ a voulu et institué. » (*Vera Idea sopra la SS., part. II, c.* 2, § 24. — Un autre principe non moins incontestable, et dont les conséquences éclairent et dominent le sujet que nous traitons, c'est que la véritable Église a reçu de Jésus-Christ même, dès le principe, tout ce qui la constitue essentiellement, c'est-à-dire la forme extérieure et ses propriétés intrinsèques; d'où il suit qu'elle est, par le fait même de son institution divine, nécessairement immuable dans son essence. L'Église serait-elle une société divine, surnaturelle, et pourrions-nous la nommer avec raison l'Église de Jésus-Christ, la société chrétienne qui est l'ouvrage de l'Homme-Dieu, si elle tenait d'un autre que du Sauveur quelques-uns des éléments essentiels, constitutifs et caractéristiques, sans lesquels il serait impossible de la concevoir existante ou de reconnaître en elle l'œuvre propre de Jésus-Christ? Non, elle ne serait pas divine si elle n'était point sortie parfaite des mains de Dieu, si elle avait eu besoin pour exister ou pour remplir sa mission d'emprunter quelque chose au génie ou à la puissance de l'homme; de même elle cesserait d'être l'ouvrage de Dieu si elle subissait, ou si elle pouvait seulement subir un changement essentiel. Sans doute, Dieu veut, parce qu'il est infiniment sage, conserver aux formes extérieures de l'Église leur fécondité naturelle, afin que, se développant, s'étendant et se transformant sans cesse, elles demeurent toujours appropriées au temps et aux besoins variables de l'humanité; mais il a voulu aussi, et nous pouvons le dire, il veut nécessairement que son Église reste immuable dans son essence, c'est-à-dire dans sa constitution, dans sa hiérarchie, ses dogmes, sa morale, son esprit, ses droits, son but, en un mot dans tout ce qui lui a été donné d'en haut comme moyen indispensable de remplir sa mission sur la terre. Ne fallait-il pas d'ailleurs que tout ce qui change pût trouver en elle, toujours et partout, un point d'arrêt et de fixité? N'est-elle pas, dans les desseins de Dieu, le centre immobile autour duquel la providence fait mouvoir les peuples et les siècles? Demander si le temps ou les hommes peuvent ajouter ou enlever quelque chose à ce que l'Église tient de Dieu même, n'est-ce pas demander si la suprême sagesse, armée de la toute puissance, a besoin du temps ou des hommes pour perfectionner son œuvre par excellence, et si cette œuvre peut être détruite par un bras de chair, tout affermie qu'elle est sur les promesses les plus formelles de J.-C., engageant sa parole et sa puissance comme une double garantie de l'immortalité de son épouse? Écoutons sur ce point le savant Maur Capellari, le pape Grégoire XVI, que l'Église vient de perdre : « Quand on demande si un gouvernement (et il faut en dire autant d'une société, surtout d'une société divine comme l'Église) peut subir des changements essentiels, c'est comme si l'on demandait si les lois fondamentales qui forment le plan sur lequel il est établi sont susceptibles d'être altérées et détruites : et comme de ces lois dépend essentiellement la nature diverse des gouvernements, dire que tel gouvernement peut recevoir des modifications essentielles, c'est dire qu'il peut dégénérer en un autre. De telles révolutions se voient, en effet, dans les gouvernements politiques, quelle que soit l'origine et la source des droits de la souveraineté. » (*Triomphe du Saint-Siége, disc. prélim.*, § 1.) Mais, poursuit le même auteur, « rien de semblable ne peut arriver dans le gouvernement ecclésiastique (ni dans l'Église par-là même), qui, de sa nature, est immuable dans sa constitution essentielle, et auquel on ne pourra jamais rien changer, malgré tous les efforts de l'insubordination, parce qu'il a son fondement dans l'institution de Jésus-Christ, qui s'est engagé par serment à assister son Église dans tous les siècles. C'est là une vérité avouée et soutenue énergiquement par Tamburini lui même. *Car*, dit-il, *en changeant la forme essentielle on détruirait tout l'ordre sur lequel Jésus-Christ a fondé son Eglise; et, en ce point, il ne lui a laissé aucun pouvoir. La forme qu'il a établie doit être permanente et perpétuelle. Le gouvernement des hommes est sujet parfois à des changements de cette sorte; et la forme nouvelle qu'on y introduit acquiert, avec le temps, le droit de la paisible possession : mais Jésus-Christ a constitué son Église pour qu'elle reste telle qu'il l'a faite jusqu'à la consommation des siècles.* » (*Vera Idea sopr. la SS., part. II, c.* 1, § 1.) — Plusieurs conséquences découlent de ce principe : 1° « De l'immutabilité du gouvernement ecclésiastique et de sa liaison intime et nécessaire avec l'existence de l'Église, il suit naturellement que, la *perpétuité* étant asssurée à l'Église par les promesses divines, son gouvernement ne changera jamais, et qu'il n'a jamais changé essentiellement.... En effet, s'il pouvait, dans la suite des temps, éprouver des changements essentiels selon la diversité des caractères, la nature des lieux, la multitude des fidèles et autres circonstances accidentelles, il faudrait dire ou que la Sagesse incarnée n'a pas su, ou que la Toute-puissance n'a pas pu, ou que la divine volonté n'a pas voulu faire une institution qui, par l'inaltérable solidité de toutes ses parties, et malgré les assauts imprévus et les plus violents, attestât l'action de son divin et immuable auteur, et qu'on ne pût jamais confondre avec le *gouvernement des hommes*, gouvernement essentiellement variable, précisément parce que l'exercice de la souveraineté, l'exécution des lois constitutives, tout, en un mot, dépend de la volonté inconstante de l'homme, sur laquelle tout repose. Celui qui admettrait de pareilles absurdités ne se rangerait-il pas par là même parmi ceux qui, dans leurs rêves impies, se figurent la divinité impuissante, afin de se persuader à eux-mêmes qu'ils peuvent impunément l'insulter dans l'ouvrage de ses mains, et qu'il tombera aux premiers coups de l'audace des hommes. » (*Triomphe du Saint-Siége, disc. prélim.*, § 5.) Il y a donc contradiction évidente ou impiété à prétendre que la constitution de l'Église n'est pas immuable et au-dessus de toutes les atteintes et de toutes les révolutions humaines; car, s'il pouvait en être autrement, il faudrait affirmer, ou bien que Jésus-Christ est, et n'est pas le fondateur de l'Église, puisque, d'une part, il l'aurait instituée, et que, de l'autre, tout ce qui la constitue essentiellement ne serait pas son ouvrage; ou que le même Jésus-Christ l'ayant fondée pour durer autant que le monde, il n'aurait point été assez sage ou assez puissant pour la conserver. — 2° L'Église elle-même n'a pas le *droit d'introduire des changements* essentiels dans sa constitution, ni même dans son gouvernement; car il est impossible de supposer qu'une société qui doit subsister jusqu'à la fin des temps, et par suite demeurer toujours identique à elle-même, au moins dans son essence, ait reçu de son auteur le droit de se modifier essentiellement, ou plutôt le pouvoir de se détruire en renversant l'ordre établi de Dieu. Cet ordre, du reste, ce plan divin de l'Église et la nature de son gouvernement appartiennent au dogme et sont immuables comme lui. Dieu se contredirait donc en permettant que son œuvre subît des modifications essentielles, des changements qui seraient un éclatant démenti donné aux promesses les plus formelles du Sauveur. — 3° il suit encore de ce qui précède « que l'Eglise ne consentira jamais et qu'elle s'opposera toujours victorieusement à toute innovation qui pourrait amener un changement essentiel dans la forme de son gouvernement. Il est bien clair, en effet, que si Dieu ne peut absolument permettre ce changement essentiel, il aura donné à son Église cette force invincible dont elle a besoin pour conserver sa forme primitive : or, si l'Église a reçu cette force, elle devra en faire et en fera certainement usage; sans quoi, et par là même qu'elle manquerait à un de ses devoirs essentiels envers Dieu, elle ne serait plus son Église; cette force ne serait plus indépendante de l'homme, puisqu'elle ne pourrait vaincre l'inertie et la faiblesse des pasteurs représentant l'Église. Dieu ne voudrait plus efficacement la conservation de son plan; le fidèle ne trouverait plus dans l'Église l'enseignement infaillible des dogmes catholiques, dont fait partie le dépôt même des droits que Dieu lui a donnés, droits qui constituent la hiérarchie et le gouvernement ecclésiastiques, et qu'elle ne peut perdre : car le fidèle ne peut les connaître ces droits, qu'autant qu'ils influent sur le gouvernement et se fondent nécessairement en lui pour ne former qu'un tout. Ainsi l'Église, en ce point, serait aussi peu infaillible que si elle embrassait, même par ignorance et involontairement, une hérésie formelle; puisque, dans les deux cas, il serait toujours vrai de dire qu'elle n'enseignerait pas, comme Église, la foi catholique : autant de blasphèmes et d'hérésies. » (*Ibid.*, § 12.) « 4° Donc, pour connaître le plan essentiel tracé par Jésus-Christ, il n'est pas nécessaire de suivre l'histoire dans tous ses détours et de remonter dans l'antiquité jusqu'aux temps apostoliques; il suffit de jeter un coup-d'œil sur le gouvernement actuel de l'Église; car, étant *un* et *perpétuel*, il se lie nécessairement avec le présent aussi bien qu'avec les siècles passés et futurs sans la moindre interruption; par où l'on voit combien sont versées à pure perte les larmes de Tamburini (celles des jansénistes et de quelques gallicans) sur le changement essentiel imaginaire qui, selon *eux*, aurait fait *succéder une nouvelle forme d'administration à l'ancienne*. Un tel changement est impossible. Cette conséquence est d'une portée et d'une étendue qui, véritablement, doit être fort peu du goût des modernes zélateurs de l'institution *primitive;* car ils sont forcés de convenir tout à la fois qu'ils ont étalé sans fruit et mal à propos leurs fastueuses recherches sur la *vénérable antiquité*, et que leurs déclamations contre le gouvernement actuel de l'Église sont aussi gratuites qu'injustes. C'est cependant à cette conséquence qu'ils devront se résigner jusqu'à ce qu'ils parviennent à nous faire adopter de nouveaux principes pour les connaissances humaines et qu'ils imposent de nouvelles règles au sens commun, c'est-à-dire jusqu'à ce qu'ils nous donnent une raison d'une nouvelle trempe et autrement dirigée. » (*Ib.*, § 14.) Il y a donc deux choses à distinguer avec soin dans l'Église : ce qui tient à son essence, à sa constitution, ce qui est de droit divin, et par conséquent immuable; et ce qui vient seulement de l'institution de l'Église, ce qui est de droit ecclésiastique et ne tient qu'à la discipline librement établie par les premiers pasteurs. Ignorer ou nier cette distinction, c'est s'exposer à tomber dans de graves erreurs et à condamner, par suite d'appréciations fausses ou inconsidérées, les changements les plus légitimes et quelques fois nécessaires que l'Église a introduits dans ses règlements disciplinaires. Nous pourrions citer des exemples nombreux à l'appui de cette assertion (1). 5° Une dernière conséquence aussi importante qu'elle est légitime, c'est que la forme extérieure de la constitution et du gouvernement de l'Église est perpétuelle, immuable et facile à reconnaître. Nous ne parlons ici que de la forme extérieure qui représente la nature même de l'Église, ou qui exprime les droits et les devoirs essentiels de l'épouse de Jésus-Christ. Notre proposition ainsi entendue est moins un corollaire qu'une explication de ce qui précède. N'est-il pas évident, en effet, que le sauveur voulait, en instituant l'Église, fonder un gouvernement auquel l'homme doit obéir pour glorifier Dieu, en reconnaissant par sa conduite l'autorité absolue qu'il exerce en souverain sur toutes les puissances humaines; or, Dieu veut cette fin *absolument*, puisqu'il condamne quiconque refuse d'obéir.. Mais le moyen de pratiquer l'obéissance c'est, avant tout, de connaître en qui réside l'autorité de gouvernement. Dieu manifeste donc cette autorité, et, puisqu'il veut que tous s'y soumettent, il doit la manifester clairement pour tous. Or, l'autorité de gouvernement ne se manifeste que par son *activité*, c'est-à-dire par l'exercice même des droits qu'elle s'attribue. Cependant l'homme aussi peut fonder un gouvernement *actif*; *l'activité* seule ne suffirait donc pas pour distinguer le gouvernement divin de celui que l'homme aurait établi, si cette *activité* n'est marquée d'un sceau qui ne permette pas de confondre l'œuvre de Dieu avec celles de l'homme. Et comme le caractère propre des institutions humaines c'est d'être variables, destructibles et de courte durée, nous devons conclure que *l'activité perpétuelle et invariable du gouvernement ecclésiastique* est le moyen infaillible de reconnaître l'institution divine; elle est donc aussi une propriété intrinsèque et *constitutive* de ce gouvernement, immuable et indestructible comme lui. Elle se manifeste au dehors, car elle est ordonnée pour un objet extérieur dont elle est inséparable, c'est-à-dire pour la direction des fidèles : d'où il suit qu'elle a un *signe caractéristique, perpétuellement inaltérable*, et auquel tous les membres de l'église peuvent toujours la reconnaître facilement. « Mais, ajoute l'auteur à qui nous avons emprunté le fond de cet argument, pour trouver le signe qui, dans l'opinion commune, représente un gouvernement actif, il ne doit certainement pas être nécessaire d'aller le chercher dans les lois constitutives ni dans la théorie des droits, où il resterait à bien distinguer ce qui est légitime de ce qui ne l'est pas, ni dans des recherches

(1) Dans l'ouvrage publié par les frères Allignol sous ce titre : *De l'état actuel du clergé en France*, il se rencontre souvent des phrases comme celles-ci : « *On a abandonné, oublié peut-être la constitution de l'Eglise avant* 1802, *et quelle est-elle encore dans tous les autres Etats catholiques? — L'inamovibilité des pasteurs à charge d'âme était un point de la constitution de l'Eglise, et cette constitution n'existe plus pour nous.....*, etc. Ces expressions, prises dans leur sens naturel, signifient que l'Eglise de France est séparée de l'Eglise universelle par l'hérésie ou tout au moins par le schisme.

minutieuses sur l'antiquité, pour savoir quel il devrait être : car une *activité actuelle* demande un *signe actuel*, et tel ne serait pas le résultat d'un examen de choses si éloignées. Et d'ailleurs il y aurait contradiction : on supposerait le même gouvernement actif et non actif sur les mêmes objets : actif dans l'hypothèse où nous discutons, et non actif puisqu'il ne ferait pas sentir son activité. Ce signe donc qui doit être présent et *visible* à tous, consistera formellement dans l'*exercice actuel* de l'autorité, telle que l'expliquent les commandements divins, telle que la détermine l'essence même du *plan* de l'Église. Si donc l'activité du gouvernement ecclésiastique doit être perpétuelle, l'*exercice* que l'Église fait de ses droits conformément à l'institution divine doit l'être aussi, et Dieu ne permettra jamais qu'il y ait un seul jour d'interruption. Or, c'est dans cet exercice que consiste précisément la forme extrinsèque du gouvernement; il est donc absurde de dire que Dieu ne doive pas le maintenir essentiellement immuable et perpétuel tant que l'Église subsistera. » (*Ibid.*, § 21.) Que l'on médite bien ces vérités si étroitement enchaînées et si évidentes en elles-mêmes et l'on comprendra sans peine « que le gouvernement de l'Église est inséparable de l'Église même; que Dieu le conservera toujours le même dans ce qui est de sa forme intrinsèque et extrinsèque; qu'il ne permettra jamais que l'Église se laisse surprendre, qu'elle se maintiendra toujours non-seulement dans la *possession*, mais encore dans l'*exercice de ses droits*, et qu'ainsi le gouvernement de la véritable Église doit rester *visible, perpétuel et immuable dans l'Église et par l'Église*.... Enfin, que le moyen établi de Dieu pour distinguer le gouvernement qu'il a fondé ne peut être que dans son immuable activité, et non dans les longues et laborieuses recherches sur les usages de l'antiquité même la plus vénérable. » (*Ibid.*, § 23.) Il est facile de conclure, de là, ce que l'on doit penser des gémissements et des réclamations que certains auteurs jansénistes et quelques canonistes ultrà-gallicans ont fait entendre sur les prétendus changements introduits, selon eux, par les fausses décrétales et les concordats, dans la constitution de l'Église, dans l'exercice de la juridiction qui lui est essentielle, dans les rapports de la subordination qui unissent les divers membres de la hiérarchie, et notamment les simples prêtres aux évêques, et les évêques au souverain pontife. Leurs plaintes, si elles étaient fondées, ne prouveraient qu'une seule chose, c'est que, l'Église ayant changé dans son essence, l'œuvre de Jésus-Christ est anéantie. Puisque la véritable Église doit nécessairement subsister jusqu'à la fin *telle que le Sauveur l'a établie*, interrogeons les monuments qui renferment, avec la parole, l'expression fidèle de la pensée qu'il voulut réaliser en fondant cette société divine. Quels sont les caractères esssentiels et distinctifs de cette société? Quel est sa constitution? En quoi consiste son pouvoir? Trois questions que nous allons résoudre en peu de mots puisés dans les enseignements de l'écriture sainte et de la tradition.

I°. *Caractères essentiels de l'Église.* — Le théologien ne traite des notes distinctives de l'Église que pour en expliquer la nature, que pour en prouver la nécessité et en faire l'application à celle des sociétés chrétiennes qui est seule l'ouvrage de Jésus-Christ. Le canoniste, prenant son point de départ dans les principes posés par le théologien, considère les propriétés caractéristiques de l'Église, comme la base et la règle de l'autorité gouvernementale qui réside en elle; car, pour bien juger de la nature et de l'étendue d'un pouvoir social, pour déterminer le mode légitime de son exercice, il faut connaître non-seulement la fin générale de la société, mais encore sa nature intime et toutes les conditions nécessaires de son existence. Or, la révélation enseigne clairement et la théologie demontre que Jésus-Christ a institué son Église comme une société essentiellement et perpétuellement *visible*, *une sainte*, *catholique* ou universelle, *apostolique*, *nécessaire au salut*, et par conséquent *infaillible*.

I. *Elle est essentiellement et éminemment visible*, parce qu'elle est une société destinée à réunir dans son sein non pas des anges, non pas seulement des âmes, mais des hommes, mais tous les peuples de la terre (*Isaïe*, II, 2. *Dan.*, II, 34, 35, 44. *Matth.*, XVI, 15. — XXVIII, 18, 20); parce qu'elle repose sur une base et un centre visibles (*Matth.*, XVI, 18, 19. *Ephes.*, IV, 11, 14), et, enfin, parce que la doctrine et les sacrements qu'elle tient de Jésus-Christ sont des signes visibles. — II. *Elle est une*, dans sa foi, dans son culte et dans son gouvernement : dans sa *foi*, elle reconnait pour loi fondamentale une doctrine révélée, et par conséquent divine, immuable et indivisible (II *Cor.*, XI, 4. *Galat.*, I, 7, 8, 9, 11. *Ephes.*, IV, 5, 13, 14); dans son *culte*, en tout ce qui est d'institution divine, car le culte n'est que l'expression de la foi, et les sacrements sont les mêmes pour toute l'Église et pour tous les siècles, parce qu'ils ont Jésus-Christ pour auteur; dans son *gouvernement*, partout la révélation nous représente l'Église comme une société parfaite et indivisible, régie par un même apostolat, sous l'autorité d'un seul chef ou pasteur suprême (*Joan.*, X, 16. *Matth.*, XVI, 18. *Ephes.*, II, 2, 21). Ailleurs, l'Église est appelée un *corps*, un *troupeau*, un *bercail*, une *maison*, une *cité*, un *royaume*. Les liens visibles et nécessaires de cette triple unité sont la profession extérieure d'une même foi, la participation effective, ou du moins le droit de participer aux mêmes sacrements, aux mêmes biens spirituels, la soumission aux mêmes pasteurs, et principalement au chef suprême de l'apostolat; d'où il suit que les infidèles, les apostats et les hérétiques, les excommuniés, les schismatiques n'appartiennent point au corps de l'Église; les pécheurs, au contraire, peuvent lui rester extérieurement unis, et, par suite, faire partie de l'Église considérée comme société visible. Mais comme l'Église est un corps vivant, animé de l'esprit de Dieu, les membres qui la composent doivent, pour vivre de la vie surnaturelle, s'unir entre eux et avec Dieu par les liens invisibles de la foi, de l'espérance et de la charité. Cette union peut s'opérer quelquefois hors de la société chrétienne visible, et par conséquent il peut se rencontrer hors de son sein des membres vivants de l'Église invisible. — III. *L'Église est sainte*, dans son *origine*, parce qu'elle est l'ouvrage de celui qui est la source de toute sainteté; dans ses *premiers fondateurs*, les apôtres, dont les vertus et les miracles brillèrent du plus vif éclat; dans sa *doctrine*, c'est-à-dire dans ses dogmes, sa morale, son culte, ses sacrements et sa discipline, parce que Jésus-Christ est avec elle tous les jours, jusqu'à la consommation des siècles, et qu'il lui a promis et accordé l'assistance permanente de l'Esprit saint, qui travaille en elle et par elle à l'œuvre de la sanctification des âmes; dans ses *membres*, parce qu'ils sont tous appelés à la sainteté, et que l'épouse toujours féconde du Sauveur lui donne à toutes les époques des enfants dont l'éminente sainteté est souvent attestée par des prodiges (*Coloss.*, I, 18. *Ephes.*, I, 22, 23. — II, 19 *et seq.* V, 23 *et seq.* IV, 11). — *Elle est catholique ou universelle*, parce que les oracles des prophètes promettent au Messie un royaume aussi grand que le monde (*Genes.*, XII, 3, 18. — XXV, 4. — XXXVIII, 14. *Ps.*, II, 8. — XXI, 18. *Is.*, XLIX, 6. — LII, 10. *Mal.*, I, 10, 11); parce que la mission qu'elle a reçue de Jésus-Christ embrasse tous les hommes et tous les siècles, et qu'ainsi elle doit, pour la remplir, se répandre dans tout l'univers (*Matth.*, XXIV, 14. — XXVIII, 19, 20). — *Elle est apostolique*, dans sa *doctrine*, parce que les apôtres seuls ont été choisis pour transmettre aux hommes les enseignements du Sauveur, et que seuls ils ont reçu pour eux-mêmes et pour leurs successeurs légitimes le privilége de l'infaillibilité (*Matth.*, XVI, 18, 19. *Luc.*, XXII, 31, 32. *Joan.*, XIV, 16, 26. *Luc.*, X, 16. *Ephes.*, II, 20. *Galat.*, I, 7, 8); dans son *ministère*, parce qu'elle doit conserver et perpétuer, dans la suite non interrompue des évêques, successeurs des apôtres, la double puissance d'ordre et de juridiction que ceux-ci tiennent de Jésus-Christ, afin que toujours et partout elle puisse, en vertu de cette succession bien constatée, prouver la légitimité de son existence et de son autorité (*Joan.*, XX, 21, 23. *Matth.*, XXVIII, 18, 20. *Ephes.*, IV, 11, 14). — *Elle est nécessaire au salut*, parce que la mission de Jésus-Christ a principalement pour objet la rédemption et la sanctification de l'homme, et que la religion, expressément fondée par lui dans ce but, ne se rencontre et ne peut se conserver pure et complète que dans la véritable Église; cette Église est donc nécessaire au salut comme la religion même, et ceux qui restent volontairement hors de son sein ne sont pas moins coupables que ceux qui refusent de croire à l'Évangile (*Matth.*, XVIII, 17. *Marc.*, XVI, 15, 16. *Act.*, IV, 12). Toutefois, cette maxime : *Hors de l'Église point de salut*, signifie simplement que celui qui transgresse volontairement un précepte formel du Sauveur, et qui veut mourir dans le mépris de Dieu, ne sera point sauvé; car, c'est Walter qui l'explique ainsi, « en se proclamant ainsi, l'Église n'exprime que la conviction intime de sa vérité et du but que lui a imposé le Christ. Lorsque dans cette conviction elle condamne comme une désertion de l'étendard du Christ l'erreur qui se dresse contre elle, elle ne prononce pas sur l'individu; mais, de même qu'auprès du baptême de l'eau elle reconnait un baptême de désir, elle laisse au jugement de Dieu à admettre dans la communion des saints ou dans l'Église triomphante ceux qui, dans la mesure de leurs forces, ont aspiré vers la vérité et sont restés innocemment dans l'erreur. » (*Manuel*, § XI.)

— Tout esprit non prévenu reconnaîtra sans peine, dans ces propriétés de l'Église, non-seulement les caractères mêmes de la vérité qui est essentiellement une, universelle et perpétuellement immuable comme Dieu, mais encore tous les signes évidents et caractéristiques de la plus haute autorité qui puisse exister sur la terre, c'est-à-dire l'unanimité parfaite de témoins innombrables, leur probité attestée par le ciel même, l'universalité, l'antiquité et la perpétuité de leur immuable témoignage. — Il est facile de conclure que le privilége de l'infaillibilité est absolument inséparable de la réunion permanente des propriétés distinctives de la véritable Église, parce que, d'une part, l'infaillibilité seule explique d'une manière satisfaisante le fait évidemment divin de cette réunion, et que, de l'autre, il y aurait contradiction et absurdité, disons mieux, il faudrait nier toute providence dans l'ordre moral et rejeter tout principe de certitude, si une société marquée du sceau de l'autorité la plus irréfragable, une société manifestement divine pouvait se proclamer infaillible sans l'être réellement.

2° *Constitution de l'Eglise.* — Toute société formée d'une réunion d'hommes ou de membres visibles, doit être constituée d'une manière appropriée au but de son institution et à la nature de l'homme, c'est-à-dire *ordonnée* en elle-même par la détermination exacte, claire et précise des rapports de subordination qui unissent les sujets au pouvoir social, et *gouvernée* par des moyens extérieurs et visibles dont l'action puisse conserver et faire ressortir les caractères essentiels de cette même société. La constitution est pour la société ce que le plan et la base sont pour un édifice. Il y a donc dans l'Église, selon la loi fondamentale de toute société, une organisation particulière de l'autorité qui lui est propre; un état spécial où le pouvoir ecclésiastique se maintient, s'exerce et se continue dans une succession légitime et non interrompue; un corps choisi par le Sauveur, pour être jusqu'à la fin des temps le dépositaire de cette autorité et le ministre chargé d'exercer ce pouvoir; enfin, dans ce corps formé de membres divers, qui se partagent inégalement l'exercice des fonctions sacrées, il y a un chef suprême, un centre commun qui doit tout ramener à l'unité. Voilà, selon nous, l'idée générale que la saine raison se forme de la constitution d'une société parfaite. — Rien de plus facile que d'en faire l'application à la société fondée par Jésus-Christ. — *Distinction essentielle établie par Dieu même entre les clercs et les laïcs.* — *Existence d'une hiérarchie sacrée au sein de l'ordre clérical.* — *Primauté d'honneur et de juridiction accordée par Jésus-Christ à saint Pierre et à ses successeurs.* — Tels sont les éléments de la constitution de l'Église. — Nous nous bornerons à exposer la doctrine de l'Église, et en particulier celle du concile de Trente, sur ces trois points; nous renvoyons les développements et les preuves au chapitre suivant. — I. *Distinction des clercs et des laïcs.* — *Rapports des uns aux autres.* — La société des fidèles se divise en Église qui enseigne et commande, et en Église qui doit écouter, croire et obéir. Cette distinction fondamentale est d'institution divine; car Jésus-Christ, en donnant les pouvoirs spirituels à son Église, ne les a pas confiés au corps entier, mais seulement à ceux qu'il avait lui-même choisis et appelés pour leur conférer le droit d'exercer, en son nom et par son autorité, les fonctions sacrées. (*Joan.*, XV, 16. I. *Cor.*, IV, 1. *Ephes.*, IV, 2. *Act.*, XV, 41.). Les dépositaires de cette autorité forment dans l'Eglise, sous le nom de clergé (1), un ordre à part. « Cet état, dit Walter, n'est pourtant ni exclusif, ni héréditaire; il est accessible à tous ceux qu'y appelle une vocation reconnue. La vocation se révèle par la voix intérieure, se confirme par le témoignage des supérieurs et de la commune, et s'accomplit par l'ordination. Les personnes honorées de cette vocation spéciale ont été, dès les premiers temps, comprises sous le nom de *clercs*, dont l'origine est diversement expliquée (2). » (*Manuel*, § XVIII.) — Les autres membres de l'Eglise, quelque soit le rang qu'ils occupent dans la société civile ou politique, sont tous désignés par le nom de *laïcs*, ou bien on les appelle simplement *fidèles*, *peuple chrétien* (1). Quoique les laïcs n'aient, de droit divin, absolument aucune autorité dans l'Eglise, ils peuvent néanmoins exercer sur elle une puissante influence, et cela principalement de trois manières : 1° sanctifiés par la grâce et membres vivants du Sauveur, ils sont, sous ces rapports, revêtus, comme parle l'Ecriture, d'une certaine dignité sacerdotale; ils peuvent donc, par la prière et les bonnes œuvres, pénétrer jusque dans la vie intime du corps de Jésus-Christ, et coopérer efficacement aux divers actes extérieurs que le prêtre seul a droit d'accomplir pour sanctifier les âmes; 2° en ce qui concerne le ministère de l'enseignement, ils peuvent et ils doivent, à titre de pères de famille, de maîtres, d'instituteurs, de publicistes, de législateurs et même de simples citoyens, prêcher, au moins par le précepte et par l'exemple, les vérités de la foi; 3° enfin, ils peuvent prendre, du consentement des pasteurs et de concert avec eux; une part plus ou moins grande dans l'administration des biens temporels de l'Eglise et le maintien de la discipline extérieure; ils peuvent même porter des lois obligatoires, particulièrement en ce qui touche aux rapports de la société civile avec l'Eglise. — II. *Hiérarchie sacrée.* — Jésus-Christ a confié à son Eglise les prérogatives et les pouvoirs de son sacerdoce éternel, et ce fut pour les organiser qu'il institua lui-même la hiérarchie (ἱερὰ ἀρχή) ou puissance sacrée. En effet, non-seulement il classa en différents ordres ceux qui sont revêtus des fonctions saintes, assignant à chaque ordre une certaine mesure d'autorité; mais encore il voulut former de l'ensemble de tous ces ordres une suite continue et comme une progression descendente et ascendante, dont chaque degré fût comme l'anneau d'une même chaîne destinée à rattacher étroitement les uns aux autres tous les dépositaires de la puissance spirituelle. Or, il y a dans l'Eglise deux pouvoirs distincts qui se prêtent néanmoins, par leur union intime, un mutuel appui; l'un a pour objet l'enseignement de la doctrine et l'administration des sacrements, qui ont tous l'eucharistie pour centre; l'autre a pour objet et pour fin le bon gouvernement de l'Eglise; le premier se nomme *pouvoir de l'ordre*, et s'exerce d'une manière toute spéciale sur le corps réel de Jésus-Christ, et l'autre est le *pouvoir de juridiction*, qui s'exerce immédiatement sur les fidèles ou sur le corps mystique du Sauveur. A ces deux pouvoirs correspond une double hiérarchie, celle de *l'ordre* et celle de la *juridiction*. Parmi les degrés de cette double hiérarchie, les uns sont stables par Dieu même, et les autres par l'Eglise seulement; ceux-ci peuvent être supprimés ou changés, parce qu'ils ne sont pas de l'essence de l'Eglise; ceux-là sont immuables comme le droit divin en vertu duquel ils existent : — 1° La *hiérarchie de l'ordre*, instituée par Jésus-Christ, se compose essentiellement des évêques, des prêtres et des diacres (2). Le privilége de l'infaillibilité et la dispensation des sacrements de la Confirmation et de l'Ordre n'appartiennent qu'à l'épiscopat (3). Les prêtres sont chargés d'enseigner sous l'autorité des évêques, de régir la portion du troupeau confiée à leur sollicitude, d'administrer les sacrements dont la dispensation n'est pas réservée à l'épiscopat, et en particulier de consacrer le corps et le sang de Jésus-Christ. Les diacres, institués principalement pour assister à l'autel l'évêque et le prêtre, ont le pouvoir d'annoncer l'évangile, de baptiser et de distribuer la sainte Eucharistie. Les offices inférieurs sont conférés aux sous-diacres, aux acolythes, aux exorcistes, aux lecteurs et aux portiers, par des ordinations plus ou moins solennelles, considérées par l'Eglise comme autant de préparations au sacerdoce, auquel on parvient ainsi par sept ordinations qui forment avec l'épiscopat la hiérarchie de

(1) Le concile de Trente exprime ainsi cette vérité : « Quòd si quis omnes christianos promiscui Novi Testamenti sacerdotes esse, aut omnes pari inter se potestate spirituali præditos affirmet, nihil aliud facere videtur, quàm ecclesiasticam hierarchiam, quæ est ut castrorum acies ordinata, confundere; perindè ac si contrà B. Pauli doctrinam, omnes apostoli, omnes prophetæ, omnes evangelistæ, omnes pastores, omnes sint doctores. » (*Ss.* XXIII, cap. 4, *de Ordine.*)

(2) « Les uns, s'appuyant sur ce que Matthias, le premier institué par les apôtres, fut désigné par le sort (κλῆρος), pensent que ce nom a passé de là aux personnes revêtues de l'ordre. (S. Aug., *in Ps.* LXVII) D'autres le font dériver de la tribu sacerdotale de Lévi chez les Juifs. Dans le partage du pays de Chanaan, aucun lot de terrain (κλῆρος) ne lui avait été assigné, et elle vivait de la dîme que lui payaient les autres tribus De là elle se disait celle qui s'était réservé Dieu comme lot (κλῆρος); et ce nom serait passé plus tard au sacerdoce chrétien; c'est le sentiment de saint Jérôme. » (Walter, *Manuel*, § XVIII.)

(1) Quelques auteurs distinguent avec Bellarmin un troisième ordre, celui des *religieux*, qui comprend toutes les classes diverses des personnes spécialement consacrées à Dieu et vouées solennellement à la pratique des conseils évangéliques : *Quidam etiam tùm ex clericis, tùm ex laicis, qui certis symbolis ac functione ab utrisque distincti, tertium ordinem faciunt, ac regulares, sive monachi nominantur* (*De Membris Eccl. militantis; præfatio*).

(2) « Si quis dixerit, in Ecclesiâ catholicâ non esse hierarchiam divinâ ordinatione institutam, quæ constat ex episcopis, presbyteris, et ministris, anathema sit. » (*Trid. conc*, *Ss.* XXIII, *can.* 6.)

(3) « Si quis dixerit, episcopos non esse presbyteris superiores; vel non habere potestatem confirmandi et ordinandi; vel eam quam habent, illis esse cum presbyteris communem..., anathema sit. » (*Can.* 7.)

l'ordre (1). — 2° La primauté d'honneur et de juridiction accordée à saint Pierre sur toute l'Église et perpétuée dans ses successeurs légitimes, cette double supériorité accordée par Jésus-Christ aux évêques sur la portion du troupeau qu'ils sont chargés de conduire, et en particulier sur les prêtres de leurs diocèses; enfin, une prééminence analogue dans les simples prêtres relativement aux fidèles confiés à leurs soins; tels sont les divers degrés de l'échelle du pouvoir qui appartient à la *hiérarchie de juridiction* (2). Jésus-Christ a donc voulu que chaque Eglise ait son chef, et un chef auquel tous les membres de cette Eglise doivent l'obéissance comme à Dieu même; puis il a voulu qu'un chef unique et suprême tienne constamment sous son autorité l'Eglise universelle et les pasteurs des Eglises particulières, afin que tous soient unis en lui comme dans un centre commun, et qu'ils ne forment avec lui qu'un seul corps admirablement lié dans toutes ses parties. C'est ainsi que le divin architecte de la *maison de Dieu* a imprimé à son ouvrage le sceau de son infinie sagesse. La constitution de l'Eglise est donc *aristocratico-monarchique*; *monarchique*, en ce sens que l'Eglise entière est soumise à la juridicttion d'un chef uprême; nous le prouverons en établissant la primauté du pontife romain; *aristocratique*, en ce que le pouvoir ayant été donné en même temps à tous les apôtres, il se perpétue dans leurs successeurs, et qu'ainsi les évêques ne gouvernent pas les Eglises particulières en qualité de vicaires ou de simples délégués du souverain pontife, mais comme propres pasteurs et avec une autorité souveraine; bien que subordonnée en plusieurs points à une autorité supérieure. — Voilà ce qui est d'institution divine dans la hiérarchie de juridiction. — « En outre, dit Walter, le désir de resserrer les liens et de faciliter l'administration, fit naître peu à peu entre le p mat du siége de Rome et les évêques plusieurs degrés intermédiaires, auxquels furent départis des droits déterminés dans le gouvernement de l'Eglise. De même les évêques, pour satisfaire à toutes les exigences de leur charge, s'attachèrent des fonctionnaires, *les uns permanents et les autres révocables*. Cette chaîne de pouvoirs est autrement nommée hiérarchie de juridiction. Elle comprend les évêques avec leurs assistants et délégués, les archevêques métropolitains, les primats, les exarques et patriarches, en tant qu'il en existe encore, et enfin le pape. » (*Manuel*, §17.)

III. *Primauté du pontife romain.* — Un fait bien digne d'être remarqué, c'est que Jésus-Christ, en fondant la hiérarchie, ne créa pas lui-même les divers ordres qui la composent; il donna seulement aux Apôtres un pouvoir qui comprenait tout ce qui constitue le ministère, le gouvernement et l'administration de son Église, et il leur confia la mission d'instituer les évêques, les prêtres et les diacres. Mais il voulut se réserver à lui-même l'institution immédiate de la primauté, afin, sans doute, de faire bien entendre que, dans son Église, la souveraine autorité ne dérive pas du pouvoir conféré au collége apostolique; aussi, en désignant lui-même celui qu'il avait choisi pour être le premier entre les Apôtres et qui devait transmettre à ses successeurs son rang et son autorité, il posa de ses propres mains le fondement sur lequel il éleva ensuite l'édifice de l'Église. Suivons les développements de sa pensée. Il fait d'abord pressentir son choix en imposant le nom de Pierre au fils de Jona. (*Joan.*, I, 42.) Un peu plus tard il explique son dessein et promet formellement à Pierre la prééminence sur tous les Apôtres et sur l'Église elle-même. (*Matth.*, XVI, 13 et suiv.) Puis, à la veille du jour où il doit consommer son grand sacrifice, il prie avec une sollicitude toute spéciale pour le pasteur futur de tout le troupeau, et demande que la foi de celui sur qui il va établir le fondement de tout l'édifice demeure constamment inébranlable (*Luc.*, XXII, 24-31); enfin, le mystère de la Rédemption étant accompli, au moment de quitter le monde où l'Église va succéder à son divin époux, Jésus-Christ réalise sa promesse, et Pierre, le pontife *nommé*, reçoit *l'investiture* par ces paroles mémorables : *Paissez mes agneaux; paissez mes brebis.* (*Joan.*, XXI, 15 et suiv.) Voilà donc l'Église constituée dans l'*unité* en la personne de Pierre; car Pierre est *un* avec Jésus-Christ, par la charité et par l'autorité suprême dont il est revêtu, comme Jésus-Christ lui-même est *un* avec son Père, par l'amour et par la puissance qu'il a reçue d'en haut (1). La primauté de Pierre est donc une partie essentielle de la constitution primitive et divine de l'Église; d'où il suit qu'elle passera nécessairement à ses successeurs au même titre qui transmet à l'épiscopat le pouvoir des Apôtres, et qu'elle se perpétuera jusqu'à la fin des temps, parce que l'Église est immuable dans son essence. « Qu'on ne pense point, dit Bossuet, que ce ministère de saint Pierre finisse avec lui : ce qui doit servir de soutien à une Église éternelle ne peut jamais avoir de fin. Pierre vivra dans ses successeurs; Pierre parlera toujours dans sa chaire. » (*Sermon sur l'unité.*) Or, le pontife romain est seul légitime successeur de Pierre; seul donc il possède tous les droits de la primauté instituée par Jésus-Christ. Quels sont ces droits? On distingue la primauté d'*honneur*, d'*autorité* et de *juridiction*. La primauté d'*honneur* est un simple titre auquel sons attachés quelques droits purement honorifiques, par exemple, celui de tenir le premier rang dans les assemblées. La primauté d'*autorité*, s elle diffère de celle de *juridiction*, est un certain pouvoir directorial, comme le droit de préparer les affaires à traiter, de proposer les matières dans les assemblées délibératives, de recueillir les suffrages, de publier les décisions, etc. La primauté de *juridiction* consiste dans l'exercice d'un pouvoir réel, d'une autorité à laquelle tous sont soumis comme sujets; elle implique le pouvoir de faire des lois, de créer des tribunaux, de décerner des peines pour faire respecter ses jugements. Or, les paroles mêmes de Jésus-Christ et le but qu'il s'est proposé, démontrent et les théologiens prouvent que Pierre a été revêtu d'une véritable primauté d'*honneur*, d'*autorité* et de *juridiction*, comprenant le pouvoir de gouverner l'Église universelle. « Le Fils de Dieu, c'est Bossuet qui parle, ayant voulu que son Église fut une, et solidement bâtie sur l'unité, a établi et institué la primauté de saint Pierre, pour l'entretenir et la cimenter. C'est pourquoi nous reconnaissons cette même primauté de saint Pierre dans les successeurs du prince des Apôtres, *auxquels on doit pour cette raison la soumission et l'obéissance que les saints conciles et les saints Pères ont toujours enseignée à tous les fidèles.* » (*Exposit. de la doctrine de l'Eglise cathol.*, n° 21.) Quels sont les droits essentiels divinement annexés à la chaire de Pierre, et reconnus comme tels par toute l'Église? Les voici : 1° Le pape est le centre commun, nécessaire de l'unité catholique; c'est par lui que les églises particulières ne font qu'un même corps dont il est le chef; aussi, quiconque refuse l'obéissance à ce chef ou s'en sépare tombe dans le schisme. 2° Principal dépositaire de la foi et des préceptes de la morale évangélique, le pape a la plus grande part dans toutes les affaires de la religion; il est tout spécialement chargé de pourvoir à la propagation, à la conservation des vérités révélées et aux besoins extraordinaires des églises. Son droit, comme son devoir, c'est de porter et de publier des décrets qui *regardent toutes les églises, et chaque église en particulier* (*Décl. du clergé de France*, art. IV), pour confirmer ou annuler ceux des évêques, pour veiller à la pureté de la doctrine, etc. 3° « Conservateur et vengeur des saints canons,

(1) Cùm autem divina res sit tàm sancti sacerdotii ministerium, consentaneum fuit, quò digniùs et majori cum veneratione exerceri posset, ut in Ecclesiæ ordinatissimâ dispositione plures et diversi essent ministrorum ordines, qui sacerdotio ex officio deservirent, ità distributi, ut *qui jàm clericali tonsurâ inquisiti essent*, per minores ad majores ascenderent : nam non solùm de sacerdotibus, sed et de diaconis sacræ litteræ apertam mentionem faciunt, et quæ maximè in illorum ordinatione attendenda sunt, gravissimis verbis docent, et ab ipso Ecclesiæ initio sequentium ordinum nomina, atque uniuscujusque eorum propria ministeria, Subdiaconi scilicet, Acolythi, Exorcistæ, Lectoris et Ostiarii in usu fuisse cognoscuntur, quamvis non pari gradu, nam subdiaconatus ad majores ordines à Patribus et sacris conciliis repertur, in quibus et de aliis inferioribus frequentissimè legimus. » (Cap. 2.)

(2) Voyez tout le chap. 4, et le 8e canon de la Ss. XXIII. Le concile de Trente condamna toutes les erreurs que les ennemis de la hiérarchie ont essayé de faire prévaloir dans le but plus ou moins franchement avoué d'abaisser le pape au niveau des évêques, ceux-ci au niveau des prêtres, les prêtres eux-mêmes au niveau de la multitude, et d'asservir enfin l'Eglise à la puissance séculière.

(1) « C'était donc manifestement le dessein de Jésus-Christ, conclut Bossuet, de mettre premièrement dans un seul ce que dans la suite il voulait mettre dans plusieurs; mais la suite ne renverse pas le commencement, et le premier ne perd pas sa place. Cette première parole, *tout ce que tu lieras*, dite à un seul, a déjà rangé sous sa puissance chacun de ceux à qui on dira, *tout ce que vous remettrez*, etc. ; car les promesses de Jésus-Christ, aussi bien que ses dons, sont sans repentance; et ce qui est une fois donné indéfiniment et universellement, est irrévocable; outre que la puissance donnée à plusieurs porte sa restriction dans son partage, au lieu que la puissance donnée à un seul et sur tous, et sans exception, emporte la plénitude; et n'ayant à se partager avec aucun autre, elle n'a de bornes que celles que donne la règle. — Ainsi le mystère est entendu : tous reçoivent la même puissance et tous de la même source, mais non pas tous au même degré, ni avec la même étendue; car Jésus-Christ se communique en telle mesure qu'il lui plaît, et toujours de la manière la plus convenable à établir l'unité de son Eglise. » (*Sermon sur l'unité*).

dit M. de Frayssinous, il doit les maintenir dans leur vigueur, ou, pour un grand bien, la tempérer par de sages ménagements; il peut en dispenser, non arbitrairement, mais pour des causes légitimes. L'exercice de ce dernier pouvoir est nécessaire au gouvernement de l'Église; et celle-ci étant rarement assemblée, ce pouvoir doit résider au moins dans les mains de son chef. Telle est la règle générale. » (*Les vrais principes de l'Église gallicane; De la Papauté.*) 4° C'est au pape qu'appartient, *dans les circonstances ordinaires*, le droit de convoquer, de présider les conciles œcuméniques, d'en confirmer et d'en promulguer les décisions. 5° Pasteur des brebis et des agneaux, chef de l'épiscopat aussi bien que des simples fidèles, il peut reprendre et corriger les pasteurs, évoquer à son tribunal les causes majeures de la foi et de la discipline générale, et recevoir les appels des évêques, en matières ecclésiastiques. 6° Pontife suprême, il tient seul de Jésus-Christ le droit d'instituer des évêques dans tout l'univers, et d'assigner à chacun la portion du troupeau qu'il doit conduire. 7° Père commun des fidèles, il peut exercer immédiatement sa juridiction sur toutes les églises du monde chrétien. Telle est, d'après les Gallicans eux-mêmes, la puissance des successeurs de Pierre; telles sont les prérogatives essentielles et par conséquent inaliénables de « cette chaire romaine, tant célébrée par les Pères, où ils ont exalté, comme à l'envi, *la principauté de la chaire apostolique*, la source de l'unité, et dans la place de Pierre l'éminent degré de la chaire sacerdotale; l'Église mère, qui tient en sa main la conduite de toutes les autres églises; le chef de l'épiscopat, d'où part le rayon du gouvernement; la chaire principale, la chaire unique, en laquelle seule tous gardent l'unité. » (*Sermon sur l'unité de l'Église.* Ire partie.) 3° *Pouvoir de l'Église.* — Sauver les hommes en les amenant à la connaissance des vérités révélées et à la profession d'une même foi, en les faisant participer aux sacrements institués par le Rédempteur, et en les soumettant à l'autorité des pasteurs légitimes, tel est le but et telle est l'essence de l'Église. D'où il suit qu'une triple attribution dérive de sa nature, savoir : la prédication de la doctrine de Jésus-Christ, la dispensation des moyens de salut, et en particulier des sacrements qu'il a institués, enfin, l'établissement et le maintien d'une législation disciplinaire appropriée aux besoins de la société chrétienne. Ces attributions constituent essentiellement l'autorité divine de l'Église; nous l'avons suffisamment démontré. L'Église possède donc trois pouvoirs distincts : celui d'enseigner les dogmes de la foi et les préceptes de la morale évangélique, celui de régler le culte et d'administrer les sacrements, celui de régir la société chrétienne ou l'autorité de gouvernement, qui comprend à son tour les pouvoirs *législatif, judiciaire* et *coercitif*. Comme nous avons déjà fait connaître l'organisation et l'objet de la puissance ecclésiastique, en prouvant que Jésus-Christ l'a confiée toute entière à la hiérarchie et dans une mesure proportionnée à la dignité des différents ordres qui la composent, il ne nous reste plus qu'à l'examiner dans ses rapports avec la puissance temporelle. Ce n'est pas ici le lieu de traiter à fond cette question difficile et si vivement débattue, surtout dans ces derniers temps : nous nous bornerons donc à poser les principes généraux et incontestables qui sont universellement admis par les catholiques de toutes les opinions, et à les appuyer sur les témoignages formels des Gallicans, dont l'autorité doit paraître d'autant plus grave en ce point qu'ils se sont toujours montrés plus jaloux de soutenir les droits de l'empire contre les empiétements réels ou imaginaires du sacerdoce. Ces principes les voici :

I° *Il existe, de droit divin, deux puissances essentiellement distinctes sur la terre.* — Dieu a établi deux sociétés distinctes, l'Église et l'État, et deux pouvoirs pour les régir, le pouvoir spirituel et le pouvoir temporel; il avait le droit de les garder et de les exercer tous deux, parce que tous deux viennent de lui seul : *omnis potestas à Deo;* il pouvait donc gouverner directement, par lui-même ou par ses ministres, les sociétés purement humaines, et il l'a fait une fois pour le peuple juif; mais il ne l'a fait que cette seule fois. Comme il avait doué l'homme de la liberté morale, il a donné aux nations la liberté politique, c'est-à-dire le droit de se créer des chefs et une constitution sociale, le droit de se régir chacune par ses lois et ses magistrats : *Reddite ergò quæ sunt Cæsaris Cæsari, et quæ sunt Dei Deo.* On connaît ces paroles de Justinien : « Dieu a confié aux hommes le sacerdoce et l'empire; le sacerdoce pour administrer les choses spirituelles, et l'empire pour présider au gouvernement civil; l'un et l'autre procédant de la même source, honorent la nature humaine. » (*V. Novell. VI, præf.*) II° *Chacune des deux puissances est indépendante de l'autre, et, dans la sphère d'activité qui lui est propre, elle possède une autorité suprême.* — Cette assertion est une conséquence de la distinction essentielle des deux pouvoirs établis par Dieu même; car si, dans sa propre sphère, l'un des deux pouvoirs dépendait de l'autre, le premier serait absorbé par le second, et la distinction deviendrait purement nominale, au moins en droit, sinon en fait; et si chacune des deux puissances n'était pas suprême dans sa sphère, elle manquerait de l'autorité indispensablement nécessaire au maintien de l'ordre social. Écoutons sur ce point le pape Gélase; ses paroles sont remarquables : « *Duo quippè sunt, imperator Auguste, quibus principaliter mundus hic regitur, auctoritas sacra pontificum, et regalis potestas* (1). ..... *Nosti etenim, fili clementissime, quod licet præsideas humano generi dignitate, rerum tamen præsulibus divinarum devotus colla submittis, atque ab eis causas tuæ salutis expetis, inque sumendis cœlestibus sacramentis, eisque, ut competit, disponendis subdi te debere cognoscis religionis ordine potiùs quàm præesse. Nosti itaque inter hæc, ex illorum te pendere judicio, non illos ad tuam velle redigi voluntatem. Si enim, quantùm ad ordinem pertinet publicæ disciplinæ, cognoscentes imperium tibi supremâ dispositione collatum, legibus tuis ipsi quoque parent religionis antistites, ne vel in rebus mundanis exclusæ videantur obviare sententiæ; quo, rogo, te decet affectu eis obedire qui pro erogandis venerabilibus sunt attributi mysteriis?* » (*Gelas., epist. ad Anast. I, imperat.*) Dieu, selon le même pape, a distingué et séparé les deux puissances; il a subordonné le sacerdoce à l'empire dans l'ordre temporel, et l'empire au sacerdoce dans l'ordre spirituel, de peur que l'homme ne fût séduit par l'orgueil en se voyant investi de la majesté du temps et de celle de l'éternité (2). Plusieurs conséquences découlent de ces deux principes : 1° Les droits de la puissance spirituelle sont inaltérables comme ceux de la puissance civile, puisque l'une et l'autre sont d'institution divine. 2° Les actes juridictionnels que fait l'une des deux puissances, hors des limites de son domaine propre, ne peuvent être valides que par le consentement de l'autre. 3° Les deux puissances ne dépendent l'une de l'autre que pour les priviléges qu'elles se communiquent, parce que la juridiction qui émane du privilége ne peut s'exercer qu'avec subordination à l'autorité du souverain qui en a fait la concession. 4° La puissance temporelle ne possède, par sa nature et son institution, *aucun pouvoir de juridiction sur les membres de l'Église dans l'ordre spirituel*, aucun droit de donner, d'ôter, d'étendre ou de restreindre le pouvoir spirituel, qui réside dans les divers membres de la hiérarchie sacrée. 5° De même, la puissance spirituelle ne possède, par sa nature et son institution, *aucun pouvoir juridictionnel sur les princes dans l'ordre purement temporel*, aucun droit de leur donner ou de leur ôter le pouvoir temporel. 6° Le pouvoir d'élire ou de présenter des évêques, celui de porter des lois de discipline ecclésiastique, etc., exercés quelquefois par les princes temporels, n'est fondé sur aucun principe de droit divin, naturel ou positif, qui attribue aux princes une autorité juridictionnelle sur les membres de l'Église dans l'ordre de la religion, mais uniquement sur un usage inconnu dans les premiers siècles, et qui s'est introduit peu à peu, sur une concession tacite ou expresse, que l'Église a toujours le droit de révoquer si elle le juge utile et nécessaire. 7° Le pouvoir de déposer les princes, de délier les peuples du serment de fidélité, de faire des lois en matière civile, exercé autrefois par l'Église et spécialement par quelques souverains pontifes, n'était fondé sur aucun point de *la doctrine catholique*, sur aucun principe de droit divin, naturel ou positif, qui attribue à la

(1) Nous ignorons le motif qui a déterminé un canoniste gallican, Delort, à insérer cette phrase dans le texte cité : « *Utraque (potestas) principalis, suprema utraque, neque in officio suo alteri obnoxia est* : Elle ne se trouve point dans Labbe, dont le volume et la page sont néanmoins indiqués et cités exactement. Que cette interprétation soit volontaire ou non, elle ne s'explique guères mieux dans un cas que dans l'autre; du reste elle ne change rien au sens du texte.

(2) « *Christus, memor fragilitatis humanæ, quod suorum saluti congrueret, dispositione magnificâ temperans, sic actionibus propriis, dignitatibusque distinctis, officia potestatis utriusque discrevit, suos volens medicinali humilitate salvari, non humanâ superbiâ rursùs intercipi, ut et christiani imperatores pro vitâ æternâ pontificibus indigerent, et pontifices pro temporalium cursu rerum imperialibus dispositionibus uterentur, quatenùs spiritualis actio à carnalibus distaret incursibus, et ideò militans Deo minimè se negotiis secularibus implicaret, ac vicissim, non ille rebus divinis præsidere videretur, qui esset negotiis secularibus implicatus; ut et modestiâ utriusque ordinis curaretur, ne extolleretur utroque suffultus et competens qualitatibus actionum specialiter professio aptaretur.* » (*Gelas. pap., Tract. I.*)

puissance spirituelle un pouvoir de juridiction sur les princes dans l'ordre purement temporel, mais uniquement sur une *maxime* de droit public, sur un *usage*, reçus en Europe, ou du moins dans quelques états européens au moyen âge; ce droit public et cet usage, qui s'étaient peu à peu introduits parmi certains peuples catholiques, ne remontaient pas aux premiers siècles de l'Église, et les sociétés temporelles ont toujours conservé le droit de les abolir, le pouvoir de défendre leur indépendance et leur autorité suprême dans l'ordre purement temporel. Nous ne parlons ici que d'un *pouvoir juridictionnel* et non d'un *pouvoir directif*, qu'il ne faut pas confondre avec le *pouvoir indirect* que les ultramontains attribuent communément à l'Église et au souverain pontife sur le temporel des princes et des sociétés; en effet, ce *pouvoir indirect* serait un véritable pouvoir de juridiction, fondé sur l'institution divine, et en vertu duquel l'Église pourrait donner ou ôter aux souverains leur autorité, et dispenser les sujets de l'obligation d'obéir à un prince qui abuserait de sa puissance pour opprimer son peuple, pour violer le droit divin, naturel ou positif. Le *pouvoir simplement directif*, au contraire, n'est pas un *pouvoir de juridiction* dans l'ordre temporel, mais un pouvoir tout spirituel, dont l'exercice se borne à diriger la conscience des peuples. L'Église ne peut, en vertu de ce pouvoir, disposer des empires, ni dispenser les peuples de la soumission envers les princes, quels qu'ils soient; elle n'a que le droit d'éclairer les peuples et de leur apprendre quelle est l'étendue et quelles sont les limites de leurs obligations à l'égard des souverains; en un mot, elle décide, comme docteur, les cas de conscience sociale. Ce pouvoir directif ne réside donc pas exclusivement dans les papes et les conciles, dans l'Église, mais il appartient à tout homme dont les lumières et les vertus inspirent à ceux qui le consultent une confiance entière dans ses décisions; or, une telle décision n'a rien de commun avec un *acte de juridiction* proprement dit sur le temporel des princes (1). 8° Ce n'est pas d'après quelques faits épars et isolés dans l'histoire, et c'est bien moins encore d'après des usurpations qui ne peuvent jamais constituer un droit, qu'il faut déterminer les rapports des deux puissances, leurs attributions, leur compétence juridictionnelle ou les limites de leurs domaines respectifs, mais d'après les principes fixes et immuables que fournit la nature propre de chacune d'elles, et qui ressortent du but que Dieu s'est proposé en les instituant. Telle est la règle sûre, clairement formulée par Domat, et à laquelle il faut toujours revenir si l'on ne veut pas s'égarer: « Tous les États où l'on professe la véritable religion sont gouvernés par deux puissances, par la spirituelle et par la temporelle, que Dieu a établies pour en régler l'ordre. Et comme l'une et l'autre ont leurs fonctions distinguées, et qu'elles tiennent immédiatement de Dieu leur autorité, elles sont indépendantes l'une de l'autre; mais de telle sorte qu'encore que ceux qui ont le ministère de l'une puissent l'exercer indépendamment de l'autre, ils doivent cependant être réciproquement soumis au ministère les uns des autres en ce qui en dépend (2).

(1) Quelques ultramontains modérés, Bianchi (*Della podestà e polizia della Chiesa*; tratt. I, lib. I, § 8, n. 1.; Muzzarelli (*Il buon uso della logica*; op. XXXI, Gregorio VII), semblent au premier abord expliquer le *pouvoir indirect* sur le temporel, de manière à le réduire à un simple *pouvoir directif*; s'ils l'entendaient en ce sens, on pourrait dire que toute la dispute est finie sur ce point entre eux et les Gallicans. En effet, ce *pouvoir directif* est admis par les plus célèbres théologiens français, tels que Gerson (*Sermo de pace et unione Græcorum*; Consid. V, tom. II, p. 147). Fénélon (*Dissert. de auctorit. sum. Pontificis*, cap. XXVII), et Bossuet lui-même (*Defens. declarat.*, part. I, lib. II, cap. XXXIII, XXXIV, XXXV).

(2) Mgr Droste de Vischering, archevêque de Cologne, conclut de la notion même de la communauté chrétienne et de la communauté politique que « la subordinaion de l'Église envers l'Etat, *du royaume des cieux envers les royaumes de la terre*, est bien plus absurde que ne le serait la théorie de la subordination de l'Etat envers l'Eglise; théorie qui, dans les Etats monarchiques, serait assimilée au crime de lèse-majesté! » Les pasteurs de l'Eglise ne perdent pas le droit commun à tous les hommes de conquérir et d'exercer légitimement l'autorité dans l'ordre temporel; tandis que Dieu n'a confié qu'aux apôtres et à leurs successeurs le pouvoir spirituel, inaliénable de sa nature et incommunicable autrement que par l'ordination: *Posuit episcopos regere ecclesiam Dei.* « Il y aurait lieu de s'étonner, dit le même prélat, de la différence que, sous ce rapport, on fait entre l'Etat et l'Eglise, si l'on était moins accoutumé à voir préférer ce qui est temporel à ce qui est éternel,.... à voir la force prédominer le droit, et à faire plus de cas de la puissance physique, c'est-à-dire militaire, que de la puissance morale. » (*De la paix entre l'Eglise et l'Etat.*)

Ainsi les princes temporels doivent être soumis aux puissances spirituelles en ce qui regarde le spirituel, et les ministres de l'Église doivent être aussi, de leur part, soumis à la puissance des princes, en ce qui regarde le temporel. » (*Droit public*, liv. I, tit. XIX, sect. III, n°s 1 et 2.) 3° Pour fixer les limites de l'autorité respective des deux puissances, il faut d'abord distinguer la juridiction propre, essentielle à l'Eglise de celle qui lui est étrangère, et préciser ensuite la nature des matières qui sont du ressort de l'un ou de l'autre pouvoir, ou même de tous deux à la fois. 1° Il est un moyen facile de savoir avec précision jusqu'où s'étend la puissance ecclésiastique, c'est de remonter à cette époque primitive où rien d'étranger ne pouvait être mêlé à l'autorité spirituelle de la société chrétienne, parce que l'Eglise, alors persécutée par les empereurs païens, ne déployait que les seuls pouvoirs qu'elle avait reçus de Jésus-Christ, et qui sont par là même essentiellement inaltérables; or, à cette époque la plus glorieuse de son histoire, nous la voyons prononcer avec une autorité souveraine sur la foi et les mœurs, porter des lois de discipline même extérieure, en dispenser ou les abroger, établir des pasteurs et des ministres dans les divers rangs de la hiérarchie d'ordre et de juridiction, créer des tribunaux et des juges, déposer et punir les prêtres et les évêques indignes, reprendre et corriger les fidèles, et même retrancher extérieurement de sa communion quelques-uns de ses membres les plus corrompus. Donc, pouvons-nous conclure avec Fleury, gallican dont le témoignage est irrécusable en ce point, « l'Église a *par elle-même* le droit de décider toutes les questions de doctrine, soit sur la foi, soit sur la règle des mœurs. Elle a droit d'établir des canons de discipline pour sa conduite intérieure, d'en dispenser en quelques occasions particulières, et de les abroger quand le bien de la religion le demande. Elle a droit d'établir des pasteurs et des ministres pour continuer l'œuvre de Dieu jusqu'à la fin des siècles, et pour exercer toute cette juridiction; et elle peut les destituer, s'il est nécessaire. Elle a droit de corriger *tous* ses enfants, leur imposant des pénitences salutaires, soit pour les péchés secrets qu'ils confessent, soit pour les péchés publics dont ils sont convaincus. Enfin, l'Eglise a droit de retrancher de son corps les membres corrompus, c'est-à-dire les pécheurs incorrigibles qui pourraient corrompre les autres. Voilà *les droits essentiels à l'Eglise* dont elle a joui sous les empereurs païens, et qui ne peuvent lui être ôtés par aucune puissance humaine, quoique l'on puisse quelquefois, par voie de fait et par force majeure, en empêcher l'exercice. » (*Instit. au droit ecclésiast.*, p. 3, chap. 1). (1) 2° On divise en trois classes les divers objets qui sont du domaine de la juridiction en général: *les choses purement spirituelles*, que l'Église seule a droit de régir; *les choses purement temporelles*, dont le gouvernement appartient au pouvoir civil; et *les matières mixtes*, que les deux pouvoirs doivent régler de concert, chacun en ce qui est de sa compétence. Tout ce qui ne se rapporte à la vie présente que d'une manière indirecte ou accidentelle, et qui a pour fin directe, pour but immédiat la vie éternelle, et l'emploi des moyens, soit intérieurs, *soit extérieurs*, nécessaires pour y parvenir, est de l'ordre purement spirituel. On comprend sous la dénomination de choses purement temporelles tous les objets extérieurs et même *les choses invisibles* qui n'ont, de leur nature, pour fin directe et pour but immédiat que l'ordre public, la sécurité des citoyens, l'établissement et le maintien des institutions nécessaires ou utiles à la société civile et politique, en un mot le bonheur matériel, ou plutôt le bien-être de l'homme dans la vie présente, et son développement légitime dans l'ordre naturel. Ainsi la constitution sociale, la forme du gouvernement, la législation qui règle les droits et les devoirs civils des membres de la société, la répartition et la levée des impôts, le choix des magistrats, la création des tribunaux et leurs attributions, les règles de la procédure, la détermination des peines même afflictives à infliger aux transgresseurs des lois et aux perturbateurs de l'ordre, etc., sont des matières purement temporelles de leur nature, parce qu'elles n'influent que d'une manière indirecte ou purement accidentelle sur la fin surnaturelle de l'homme, et qu'elles n'intéressent pas essentiellement le bien de la société religieuse. Au contraire, « les livres saints

(1) C'est après avoir cité ce passage que Gabriel de Voisius disait de Fleury: « Ce digne interprète de la doctrine et des maximes de la France semble avoir rassemblé dans cet endroit tout ce qu'on trouve avec plus d'étendue, soit dans nos auteurs les plus éclairés, soit dans les canons et les autres monuments de la plus vénérable antiquité. » (*Réquisit.*, 1731.)

et leur interprétation, c'est M. de Frayssinous qui parle, les décisions sur la doctrine et la force qu'elles ont de lier les consciences; les sacrements et les dispositions qu'ils exigent pour ne pas être profanés; la juridiction spirituelle des pasteurs et la manière de la transmettre, limiter ou révoquer; les censures canoniques; les règles de discipline pour le bien de la religion, telles que l'Eglise en a toujours fait depuis son origine; la liturgie et les cérémonies sacrées: tout cela est de l'ordre spirituel, et par conséquent du ressort de la puissance spirituelle; et toute jurisprudence qui, sur ces matières, dépouillerait l'Eglise de ses droits, serait abusive. » (*Les vrais princip. de l'Eglise gallicane*, p. 185.) Ce n'est donc point parce que les objets sont *intérieurs* ou *extérieurs*, ni même à raison de l'influence indirecte qu'ils peuvent exercer sur l'une ou l'autre des deux sociétés, qu'on doit déterminer la nature des matières spirituelles, et fixer la compétence des deux pouvoirs. Une semblable règle ne serait fondée que sur un sophisme dont la dernière conséquence aboutit à la confusion des deux pouvoirs, et légitime les empiètements de l'un sur la juridiction essentielle de l'autre. Car, dit encore M. de Frayssinous, « l'Eglise n'a pas à gouverner de purs esprits, mais des hommes (1); elle est essentiellement une société extérieure et visible : s'il fallait placer hors de sa compétence tout ce qui est extérieur, sa puissance tout entière se trouverait anéantie. En effet, l'enseignement de la doctrine et des préceptes des mœurs, l'administration des sacrements, la liturgie, les cérémonies du culte, ces choses, et bien d'autres semblables, ne sont pas spirituelles de la même manière que la pensée; elles sont extérieures, elles se manifestent aux sens sous des formes visibles et palpables; et, toutefois, qui oserait dire, s'il est catholique, que le prince en est l'arbitre suprême? Qu'un objet ait quelque chose d'extérieur ou non, dès qu'il se rapporte directement à une fin spirituelle, comme la sanctification des âmes, on doit le regarder comme un objet spirituel, qui est du ressort de la puissance spirituelle; il n'est pas plus donné au magistrat de régler la discipline ecclésiastique, parce qu'elle est extérieure, qu'il n'est donné au pontife de régler les contrats civils, sous prétexte que la morale et la conscience y sont intéressées. » (*Ibid.*, p. 9 et 10 (2).) Cette règle, du reste, ne favoriserait pas moins les systèmes insoutenables de l'ultramontanisme le plus exagéré que les prétentions tyranniques et oppressives du gallicanisme parlementaire. Plusieurs ultramontains ont donné à la puissance pontificale une étendue sans bornes, et ils ont appuyé leur système sur ce raisonnement: Dieu a subordonné toutes choses à la sanctification de l'homme, et l'Eglise seule est chargée de travailler à ce grand ouvrage; la sanctification de l'homme dépend des croyances et des mœurs; en un mot, de la soumission aux *lois divines*; le pape est le dépositaire, l'interprète et le gardien en chef de ces lois; il doit donc connaître de toutes les atteintes portées contre elles, et réprimer les abus que la religion condamne; or, le choix des princes, l'administration temporelle et la législation civile influent en bien ou en mal sur les croyances, sur les mœurs, sur le gouvernement ecclésiastique; d'un autre côté, la soumission au pouvoir, l'obéissance aux lois, la justice, sont du domaine de la morale et de la conscience; l'Eglise possède donc, à ce double titre, le droit d'inspecter et même de régler avec une autorité suprême presque tout ce qui regarde le gouvernement temporel. La société civile doit donc être subordonnée à l'Eglise, comme le corps est subordonné à l'âme, le temps à l'éternité et l'humain au divin, puisque l'Eglise, société surnaturelle, est la manifestation perpétuelle, évidente, immédiate, d'un acte continu de la volonté divine à laquelle tout doit être soumis. En fait de preuve, ce sophisme vaut au moins celui-ci de M. Portalis : « C'est un principe certain que l'intérêt public, dont le gouvernement tient la balance, doit prévaloir dans tout ce qui n'est pas de l'essence de la religion; aussi le magistrat politique *peut et doit* intervenir dans *tout* ce qui concerne l'administration extérieure des choses sacrées. Il est, par exemple, de l'essence de la religion que sa doctrine soit annoncée; mais il n'est pas de l'essence de la religion qu'elle le soit par tel prédicateur ou tel autre, et il est nécessaire à la tranquillité publique qu'elle le soit *par des hommes qui aient la confiance de la patrie.* » D'où il suivrait naturellement, selon nous, qu'il faut absoudre les persécuteurs et les bourreaux des premiers prédicateurs de l'Évangile, car les apôtres *n'avaient pas*, que nous sachions, *la confiance des Juifs, des Romains ou des peuples barbares qu'ils évangélisèrent* (1). « Il est quelquefois même nécessaire à la tranquillité publique, ajoute M. Portalis, que les matières de *l'instruction* et de la *prédication solennelle soient circonscrites par le magistrat.* » C'était la prétention des magistrats juifs; mais les apôtres, emprisonnés et battus de verges pour avoir prêché au nom de Jésus-Christ, se contentèrent de répondre qu'il *vaut mieux obéir à Dieu qu'aux hommes.* Un de leurs successeurs, le grand Bossuet, un gallican, n'a pas craint de renouveler en ces termes la même protestation : « Il est bien extraordinaire que pour exercer nos fonctions il nous faille prendre l'attache de M. le chancelier, et achever de mettre l'Eglise sous le joug. Pour moi, *j'y mettrais ma tête*: je ne relâcherai rien de ce côté-là, ni ne déshonorerai pas le ministère. » (*Lett. du 1er novembre* 1702.) — *Les choses mixtes* sont celles qui, envisagées sous différents points de vue, se rapportent, par leur nature même, d'une manière également directe et immédiate aux intérêts de la vie présente et à ceux de la vie future, ou bien de la société civile comme à celui de la société religieuse; tels sont les *ordres religieux*, du moins quand ils forment aux yeux de la loi civile une personne morale investie du droit de propriété, possédant certains privilèges temporels, et liée par des obligations spéciales dont l'État se porte garant; le *mariage*, contrat naturel, qui est à la fois la base du contrat civil et la matière d'un sacrement; les *bénéfices*, les *établissements publics de bienfaisance fondés par l'Eglise*, les *fêtes d'obligation*, la *circonscription* des diocèses et des paroisses, etc. (2). En tous ces points, les deux puissances doivent agir de concert, principalement lorsque le spirituel et le temporel sont inséparables; il leur appartient de régler par des lois les affaires mixtes, mais de les régler de telle sorte que chacun des deux pouvoirs se renferme dans les limites de sa compétence. Il serait superflu de démontrer cette assertion dont la preuve résulte évidemment des principes que nous avons posés plus haut. Déduisons plusieurs conséquences importantes qui vont jeter un grand jour sur des questions depuis longtemps débattues, et maintenant encore vivement agitées, surtout en France. — 1° L'une des deux puissances ne peut, sans dépasser les limites de sa juridiction, porter, sur une matière

(1) Il faut avouer aussi que l'Etat n'a pas à gouverner seulement des corps, mais des êtres raisonnables, et que s'il fallait restreindre son pouvoir à ce qui est purement extérieur, ce serait lui enlever le droit essentiel de faire des lois qui obligent en conscience; ce serait renverser l'édifice social dont ce droit est la pierre angulaire et le plus solide fondement.

(2) « Dans les affaires, non-seulement de la foi, dit Bossuet, mais encore dans tout ce qui concerne *la discipline ecclésiastique* aux princes la protection, la défense, l'exécution des canons et des règles ecclésiastiques, à l'Eglise la décision. » (V. *Politiq. sacrée*, liv. VIII, art. V, prop. 11.). Or, Bossuet n'ignorait pas que la discipline est une chose extérieure.

(1) *V. Rapport de M. Portalis sur le concordat et les art. organiq.*, publié de nouveau par M. Dupin (*Manuel, p.* 164.) M. Portalis dit encore un peu plus loin : « En France, le gouvernement a toujours présidé d'une manière plus ou moins directe à la conduite des affaires ecclésiastiques. (M. Dupin souligne cette phrase déjà fort insignifiante par elle-même.) Aucun particulier ne pouvait autrefois être promu à la cléricature sans une *permission expresse* du souverain. C'est la raison d'Etat qui dans ce moment commandait plus que jamais les mesures qui ont été concertées pour placer, non l'Etat dans l'Eglise, *mais l'Eglise dans l'Etat;* pour faire reconnaître dans le gouvernement *le droit essentiel de nommer les ministres du culte.* » Ceci n'a besoin ni de réfutation ni de commentaire.

(2) Le savant évêque de Langres semble rejeter cette dénomination de *matières mixtes:* mais d'abord il ne parle que des choses réglées par le concordat de 1801; et ensuite il définit les matières mixtes tout autrement que nous : voici ses paroles : « Mais pour les points qui sont la matière du concordat, n'y a-t-il pas un terrain neutre, et ces points ne forment-ils pas ce que nos canonistes gallicans ont appelé les *matières mixtes*? Nous n'admettons pas *ici* cette dénomination, qui n'est propre qu'à jeter la confusion et à produire les guerres. Par le concordat de 1801, l'Eglise et l'Etat se sont mutuellement concédé la jouissance de certains avantages, mais ils ne les ont ni confondus ni aliénés; ce qui est spirituel et divin vient toujours de l'Eglise, même quand l'Etat y agit, par exemple la nomination des évêques : ce qui est purement civil vient toujours de l'Etat, même quand l'Eglise en jouit, par exemple les arrêtés de police en faveur de la publicité du culte. Des *matières mixtes* seraient celles dans lesquelles les deux puissances auraient également droit, *sous le même rapport*, comme sur une propriété indivise. Or, il n'y a rien, absolument rien d'indivis dans le concordat qui nous occupe; partout, même dans les articles 9 et 10, on voit distinctement et séparément la part de chacun; donc il ne reste pas de matière mixte entre l'Eglise et l'Etat; il ne reste que des droits échangés et des pouvoirs toujours distincts. » (*Des empiétements*, I P. C. II.)

mixte, des lois qui restreignent ou qui entravent l'exercice des droits inaliénables de l'autre puissance sur le même objet. De telles lois sont oppressives et injustes; elles cessent d'obliger là où commence l'usurpation. — 2° Toutefois, les deux puissances ont le droit de se faire validement des concessions réciproques; on a même vu les deux sociétés mettre en commun presque tous leurs intérêts et une partie de leur juridiction respective. Ainsi, au moyen âge, le sacerdoce et l'empire, étroitement unis et comme fondus ensemble, ne formaient plus, sous le règne de Charlemagne, qu'une seule famille animée du même esprit et régie par les mêmes lois. Mais si l'État peut abdiquer ses droits pour remettre tout le soin du gouvernement temporel entre les mains de l'Église, celle-ci tient de Dieu certains pouvoirs essentiellement incommunicables autrement que par l'ordination et la hiérarchie, et des droits dont la concession exposerait sa foi, sa morale, son unité, sa constitution immuable, en un mot, son existence même, aux plus grands dangers. Par exemple, si les gouvernements temporels pouvaient porter des lois de discipline ecclésiastique, l'unité catholique serait bientôt brisée, la foi même et la morale seraient comme nécessairement altérées par ces milliers de règlements peu durables, toujours très divers et souvent même contradictoires. — 3° Dans tout conflit de juridiction sur les matières mixtes, les deux puissances sont également juges, et l'une n'a pas le droit de décider sans l'autre, bien moins encore de lui imposer ses décisions. Mais si l'Eglise, en vertu de son autorité divine, prononçait un jugement dogmatique légitime, c'est-à-dire un jugement selon toutes les formes et les conditions requises, la cause serait finie et la question décidée, parce qu'étant infaillible, ce jugement ne permet pas même de soupçonner que l'erreur, l'ignorance, la passion ou l'intérêt particulier aient fait pencher, entre les mains du pouvoir spirituel, la balance de la justice (1). — 4° Les deux puissances reposent sur des principes tellement indivisibles qu'on ne peut attaquer les droits juridictionnels de l'une sans ébranler ceux de l'autre. En effet, elles ont pour titre commun et pour base première la volonté divine manifestée par une loi. Or, si on méprise cette loi à l'égard de l'une, pourquoi la respecterait-on à l'égard de l'autre? si l'on s'arroge le droit de se révolter contre l'une, pourquoi la rebellion ne serait-elle pas également permise contre l'autre? L'exercice de l'autorité au sein de l'une et de l'autre société, suppose nécessairement la subordination. Si donc la révolte, qui a son principe dans un esprit d'orgueil et d'anarchie, essentiellement ennemi de toute subordination, est permise, provoquée ou justifiée contre l'une des deux puissances, elle l'est également contre l'autre. Enfin, la rébellion et l'anarchie, qu'il ne faut pas confondre avec la simple résistance aux injustes prétentions d'un tyran ou d'un usurpateur, ne trouveront jamais, quelque part qu'elles se produisent, ni motifs, ni prétextes, ni excuse, excepté dans des principes qui tendent à la fois au renversement de l'un et de l'autre gouvernement, parce que ces principes sont destructifs de l'autorité même. — Citons seulement un petit nombre d'exemples à l'appui de ces assertions. — On a dit : Tout ce qui est extérieur intéresse par là même la société civile et doit être réglé par elle; or, la prédication de la doctrine, le choix des ministres du culte, la dispensation des sacrements, la discipline, etc., etc., sont des choses extérieures; donc, conclut M. Portalis, « le magistrat politique *peut et doit intervenir dans tout ce qui concerne l'administration extérieure des choses sacrées.* » (*Rapp. sur les articles organiques.*) On a répondu à ce sophisme par celui-ci : Tout ce qui lie intérieurement la conscience intéresse la société spirituelle et doit être soumis à sa juridiction; or, les lois constitutives des sociétés temporelles, l'autorité des princes et des magistrats, les lois civiles, etc., sont autant de liens de conscience qui intéressent au plus haut point les membres de la société spirituelle et son gouvernement; donc l'Eglise, interprète et gardienne de la morale, peut et doit intervenir dans tout ce qui concerne l'administration des choses temporelles. On a prétendu que deux sociétés distinctes, indépendantes et suprêmes, chacune dans la sphère de son activité et dans tout ce qui est de sa compétence, ne peuvent exister à côté l'une de l'autre dans un même État, et qu'ainsi l'une doit être en tout subordonnée à l'autre, parce que « l'unité de la puissance publique et son universalité sont une conséquence nécessaire de son indépendance. » D'où il suit que « la puissance publique doit se suffire à elle-même, » et qu'elle « *n'est rien si elle n'est tout.* » (*Portalis, ibid.*) Or, quelques ultramontains s'étaient déjà emparés de ce paradoxe pour en conclure que la puissance temporelle doit être subordonnée en tout à la puissance spirituelle; celle-ci ayant seule le droit de commander avec une autorité suprême et universelle, non-seulement parce qu'elle est divine, et par conséquent plus noble dans son origine, son objet, sa mission, ses destinées, mais encore et surtout parce qu'elle est seule infaillible dans ses décisions. — Richer a dévolu à la communauté des fidèles, sinon l'exercice, du moins la propriété de la puissance spirituelle avec le droit de la conférer et par suite de la retirer aux pasteurs; et Jurieu, J. J. Rousseau, etc., ont proclamé en politique que le pouvoir suprême appartenant toujours au peuple seul, les princes ne sont que les mandataires de la société, et que le peuple n'ayant jamais besoin de raisons pour valider ses actes, l'insurrection est toujours un droit, et souvent même le plus saint des devoirs. Des gallicans parlementaires n'ont pas craint d'affirmer que l'Eglise ne peut frapper de ses censures le magistrat dans l'exercice de ses fonctions, pas même lorsqu'il en abuserait pour opprimer le peuple ou pour tyranniser les consciences; et des ultramontains ont soutenu, avec autant de raison, que la société civile n'a pas le droit de réprimer et de punir les pontifes qui abuseraient de leur ministère pour usurper les droits du souverain temporel ou pour troubler l'ordre public. On a souvent allégué de part et d'autre des faits à l'appui de ces deux thèses contraires, dont chacune est, à sa manière, la négation d'une vérité incontestable; toutes deux suppriment la distinction essentielle des deux puissances; du moins elles tendent à confondre le spirituel et le temporel, à absorber l'Eglise dans l'Etat ou l'Etat dans l'Eglise, et enfin à autoriser les empiètements, les usurpations réciproques et les excès de pouvoir. — On a dit, et de nos jours les gallicans rationalistes à la manière de M. Cousin, les gallicans politiques à la façon de M. Thiers, les gallicans légistes, toujours fidèles, même sous l'empire de la Charte de 1830, aux anciennes maximes des parlements, les derniers fils de Pithou, MM. Isambert et Dupin, répètent, avec une confiance que rien ne peut ébranler : *Dans un Etat il n'y a rien au-dessus de la loi civile; or l'Eglise est dans l'Etat; donc l'Etat est, en toutes choses, supérieur à l'Eglise* (1). Mais les ultramon-

(1) Tel est l'enseignement de la foi catholique et telle fut toujours la doctrine des évêques de France les plus zélés pour la défense des libertés de l'Eglise gallicane. Or, il y a loin de cette doctrine, professée par Bossuet, Fénélon, Fleury, Frayssinous, etc., aux théories schismatiques des gallicans parlementaires résumées dans ce passage du rapport de M. Portalis sur les articles organiques : « Lorsqu'en examinant les bornes naturelles du ministère ecclésiastique, on attribue exclusivement à la puissance publique la disposition des choses temporelles, en réservant aux pasteurs les matières spirituelles, on n'entend pas sans doute laisser comme vacant entre ces limites le vaste territoire des matières qui ont à la fois des rapports et avec la religion et avec la police de l'Etat, et qui sont appelées *mixtes* par les jurisconsultes, et permettre indifféremment aux ministres du culte d'y faire des incursions arbitraires, et d'ouvrir des conflits journaliers avec le magistrat politique. Un tel état de choses entraînerait une confusion dangereuse, et rendrait souvent le devoir de l'obéissance incertain. — Il faut nécessairement qu'il y ait *une puissance supérieure qui ait droit, dans cette espèce de territoire, de lever tous les doutes et de franchir toutes les difficultés; cette puissance est celle à qui il est donné de peser tous les intérêts; celle de qui dépend l'ordre public en général, et à qui seule il appartient de prendre le nom de puissance dans le sens propre.* » Ce système a le triple défaut de manquer de preuves, de nier en principe la distinction et l'indépendance des deux pouvoirs, et d'anéantir la juridiction spirituelle.

(1) Voici l'énergique protestation qu'un *confesseur* de la liberté de l'Eglise, l'illustre archevêque de Cologne, rédigeait dans sa prison contre le servage politique de l'épouse du Sauveur : « L'on nous dit que *l'Eglise est une société dans l'Etat*, semblable sans doute à des compagnies de chemin de fer ou de navigation à la vapeur, qui, pour arriver à l'existence légale, ont besoin de faire agréer et confirmer leurs statuts par le pouvoir politique!..... *L'Eglise dans l'Etat!* elle qui, quant à l'étendue, n'en connaît d'autre que la surface du monde! elle qui, quant au temps, n'a de limites que la durée de l'univers! elle qui eut pour destin d'embrasser, comme une tendre mère, tous les hommes, les souverains à l'égal de leurs sujets, de sanctifier grands et petits, et de bénir également tous les rapports qui peuvent exister entre les individus comme entre les sociétés! L'Eglise catholique une société dans l'Etat! elle qui d'abord, à l'insu des maîtres de l'univers, et plus tard, en dépit de leur tyrannique opposition, et n'ayant pour appui que celui qui a dit : *Toute puissance m'a été donnée au ciel et en la terre*, s'est étendue et propagée en tous lieux! Cette Eglise catholique ne serait qu'une société dans l'Etat! Dans ces Etats, sans doute, qui n'ont surgi que bien des siècles après que l'Eglise eut commencé à fleurir et à fructifier pour le ciel! ou dans ces Etats peut-être qui, circonscrits dans d'étroites

tains répondent, non sans quelque apparence de raison : « Ni dans l'Église, ni dans le monde, il n'y a rien au-dessus de la loi divine, dont les pasteurs sont les dépositaires et les interprètes, et cette loi embrasse tout l'homme et les innombrables rapports qui l'unissent avec les différents êtres ; or, toutes les sociétés temporelles sont dans l'Eglise, du moins est-il incontestable que Dieu leur impose le précepte d'y entrer et de se soumettre à l'autorité des pasteurs qu'il a lui-même établis; donc l'Eglise est, en toutes choses, supérieure à l'Etat, et l'Etat lui doit l'obéissance au même titre qu'il la doit à Dieu même. — Prétendre que *l'Eglise est dans l'État*, ou que *l'Etat est dans l'Eglise*, pour conclure à *l'omnipotence* de l'une ou de l'autre société, et asservir l'Eglise à l'Etat, ou l'Etat à l'Eglise, ce n'est là qu'un jeu de mots auquel on ne peut attacher aucun sens raisonnable. « Il est manifeste, dit avec raison M. Frayssinous, que l'Etat est dans l'Eglise de la même manière que l'Eglise est dans l'Etat. Oui, *l'Eglise est dans l'Etat*, c'est-à-dire que tous ses membres, les évêques, les prêtres, comme les simples fidèles, sont soumis au magistrat dans les choses civiles et politiques ; oui, *l'Etat est dans l'Eglise*, en ce sens que les magistrats, comme le peuple, sont soumis à l'Eglise dans les choses de la religion. » (*Les vrais principes de l'Eglise gallicane, p.* 10.) Bossuet n'a pas craint de proclamer cette doctrine du haut de la chaire; et il s'est écrié sous le règne du monarque le plus absolu : « Humble sujet du roi partout ailleurs, dans la religion le prince n'est que mon second. » (*Serm. pour le samedi de la* 3ᵉ *semaine de Carême.*) Fénélon s'exprime ainsi dans son admirable *Discours pour le sacre de l'archevêque de Cologne* : « En vain quelqu'un dira que l'Eglise est dans l'Etat; l'Église, il est vrai, est dans l'État pour obéir au prince dans tout ce qui est temporel ; mais quoiqu'elle se trouve dans l'Etat, elle n'en dépend jamais pour aucune fonction spirituelle. Elle est en ce monde, mais c'est pour le convertir; elle est en ce monde, mais c'est pour le gouverner par rapport au salut.... Le monde, en se soumettant à l'Eglise, n'a point acquis le droit de l'assujétir : les princes, en devenant les enfants de l'Eglise, ne soint point devenus ses maîtres; ils doivent la *servir* et non la dominer; *baiser la poussière de ses pieds* (Isaïe, XLIX, 23), et non lui imposer le joug. L'empereur, disait saint Ambroise, « est au dedans de l'Eglise; mais il n'est pas au-dessus d'elle (1). » L'Eglise demeura, sous les empereurs convertis, aussi libre qu'elle l'avait été sous les empereurs idolâtres et persécuteurs. Elle continua de dire au milieu de la plus profonde paix ce que Tertullien disait pour elle pendant les persécutions : « *Non te terremus, qui nec timemus.* » (*Ad Scapulam*, c. IV.) « Nous ne sommes point à craindre pour vous, et nous ne vous craignons point. » « Mais prenez garde, ajoute-t-il, de ne pas combattre contre Dieu. » En effet, qu'y a-t-il de plus funeste à une puissance humaine, qui n'est que faiblesse, que d'attaquer le Tout-puissant ? *Celui sur qui cette pierre tombe sera écrasé, et celui qui tombe sur elle se brisera.* » (*Matth.*, XXI, 44.) Cette menace n'est point vaine : bien des puissances se sont brisées en voulant essayer leurs forces contre ce rocher que Dieu semble avoir placé dans la route des tyrans pour écraser leur orgueil toutes les fois qu'ils entreprennent d'asservir l'Eglise et d'enchaîner les consciences au nom de la politique. Dieu a engagé sa promesse; là violence et la ruse n'y peuvent rien : la puissance sera ôtée à quiconque osera s'élever contre l'Eglise pour lui ravir son indépendance. Et on le comprendra facilement, pour peu que l'on veuille réfléchir sur les principes et sur les conséquences du système que nous combattons. Prétendre, en effet, que *l'Eglise est dans l'Etat* et qu' *il n'y a rien au-dessus de la loi civile*, c'est détruire la notion même de l'Eglise : réaliser cette théorie, ce serait anéantir l'Eglise elle-même. Laissons parler ici le savant évêque de Langres : « Il nous serait facile de faire voir que ces deux maximes combinées sont issues du rationalisme le plus impie (1). Nous nous contenterons de montrer qu'elles nous mènent directement et invinciblement au schisme. Pour cela, nous n'avons besoin que d'un raisonnement très simple et très court. Nous demandons si un peuple aux yeux de qui l'Eglise ne serait plus qu'une société soumise à l'Etat et dans ses lois (comme sont, en France, les articles organiques), et dans ses liens (comme l'inamovibilité purement civile des titulaires ecclésiastiques), et dans ses rapports (par exemple, s'il existait des lois restrictives pour tous les rapports et du souverain pontife avec les évêques, et des évêques entre eux, et des évêques avec les fidèles), et dans sa hiérarchie suprême, puisque le ministère des cultes serait son chef, nous demandons si un tel peuple pourrait encore réciter cet article du symbole : « Je crois en l'Eglise qui est *une*, sainte, *catholique* et apostolique ? » Evidemment il ne le pouvait plus, puisque, si l'Eglise est *une* et *catholique*, c'est dans ce sens qu'elle n'a, dans le monde entier, qu'un seul chef invisible, qui est Jésus-Christ; un chef visible, qui est le pape. En la fractionnant en autant de parties qu'il y a de royaumes sur la terre, on briserait son unité et on la détruirait elle-même dans chacun d'eux (2). Donc ce peuple, en supposant même qu'il eût conservé toutes les pratiques que l'Eglise lui impose, aurait cependant cessé d'être catholique. Donc, tout gouvernement qui, par l'ensemble de ses lois, de son enseignement, de son administration, tend directement et formellement *à mettre l'Eglise dans l'Etat*, tend aussi, par cela même, à jeter la nation hors du catholicisme, et, dès l'instant où il aurait réussi à rendre universelle et populaire la croyance de cette suprématie totale de l'Etat sur l'Eglise et de la loi civile sur la loi de Dieu, le schisme serait consommé. — Ces raisonnements, qui nous semblent sans réplique, vont devenir plus frappants et plus effrayants encore par des faits qui ne sont que trop connus. Qu'est-ce qui soutient, qu'est-ce qui rend si terrible, si implacable, si destructeur, le schisme de Russie, sinon le principe que nous combattons, porté à son plus haut degré, c'est-à-dire conduit à ses dernières conséquences ? Comment se fait-il que la voix maternelle et plaintive de la vraie Eglise, en traversant les immenses Etats du czar, n'éveille pas un seul remords dans tous ces millions d'âmes sorties, sans savoir pourquoi, de l'unité catholique, sinon par la puissance de cette opinion, universellement reçue, que la religion, comme tout le reste, dépend de la volonté du chef de l'État, et que cette volonté impériale est la suprême loi ? Pourquoi, au mois de février 1839, les populations catholiques de la Lithuanie et de la Russie Blanche, ayant à leur tête leurs prêtres, hélas ! limites, se sont séparés d'elle, quant à la religion des souverains et d'une partie de leurs sujets, qui ont ainsi fui la maison maternelle, prétendant qu'ils n'avaient jamais eu de mère ! Et cette unique Eglise catholique serait une société dans l'Etat ? — Le royaume des cieux sur la terre, ce royaume qui n'est pas de ce monde, serait renfermé dans des royaumes qui ne sont que de ce monde et pour ce monde ? L'impérissable dans le périssable, l'immuable dans ce qui, sous mille formes, en mille circonstances différentes, est sujet aux changements ! L'Eglise gardienne et conservatrice des vérités les plus sublimes et des intérêts éternels, confinée entre les étroites limites d'Etats qui n'ont à conserver que ce qui est de cette terre ! » (*De la paix entre l'Eglise et les Etats*, par monseigneur Droste de Vischering.)

(1) Les premiers empereurs chrétiens ont presque tous professé sur ce point la même doctrine que saint Ambroise : « Ils étaient, dit Gœrres, tout aussi peu que les princes d'aujourd'hui, disposés à se laisser troubler par l'Eglise dans l'exercice de leurs devoirs et dans la possession de leurs droits; mais quand ils demandaient que leur majesté et leur dignité fussent reconnues par tous, même par les membres de l'Eglise, avant tout alors ils rendaient hommage à cette puissance supérieure de laquelle ils tenaient leur majesté et leur dignité, et qui avait circonscrit leurs devoirs et leurs priviléges. Ils reconnaissaient que l'Eglise, cet établissement de salut que Dieu a bâti pour les mortels, n'a pas été introduite ici-bas de mémoire d'homme; mais que sa profonde racine part du commencement même des choses, et qu'ainsi, par sa nature, elle est plus ancienne que toute organisation politique, dont elle est elle-même le premier fondement. Ils reconnaissaient que, comme Dieu est avant le monde et dans le monde, de même aussi le monde est par lui et en lui ; mais que Dieu se donne au monde de plein gré, tandis que le monde est en Dieu par nécessité et en vertu de son origine qu'il tient de lui. Ils jugeaient d'après cela qu'il existe un même rapport entre les établissements divins et les établissements humains ; et qu'ainsi, sans contredit, les premiers entrent dans les seconds, mais seulement par ceux de leurs éléments qui sont tournés vers la terre; et que ceux-ci, à leur tour, par leurs régions supérieures, s'élèvent jusqu'aux autres, de manière que là l'élément divin embrasse l'élément humain et s'en empare, comme celui-ci, à son tour, enveloppe l'autre par en bas. Les empereurs reconnaissaient donc des devoirs envers l'Eglise dans les choses supérieures comme dans les choses inférieures; ils prétendaient avoir des droits sur elle. Quant à la doctrine de l'omnipotence de l'Etat, ils la laissaient aux insensés et aux tyrans que la justice de Dieu inflige au genre humain quand elle vient le visiter. » (*Athan.*)

(1) Le rationaliste nie la révélation proprement dite, ou du moins il subordonne la parole divine à la raison humaine, et par conséquent Dieu à l'homme; il est donc logiquement conduit à nier toute autorité suprême dans l'ordre spirituel, ou du moins à subordonner l'autorité divine de l'Eglise à l'autorité purement humaine de l'Etat. C'est la conséquence nécessaire, ou plutôt c'est une des applications les plus évidentes du principe qui sert de base à son système.

(2) « L'expérience de toutes les sectes a fait voir que, dès que l'on a perdu l'unité du chef visible, on perd bientôt l'unité de foi, l'unité de discipline, etc. » (*Des tendances*, IIᵉ part., § 2, note.)

et surtout leurs évêques, passèrent-elles presque sans résistance sous les drapeaux du schisme, sinon par l'habitude d'entendre dire sans contradiction et de croire sans répugnance qu'il n'est rien qui ne doive céder au gouvernement de l'empereur ? L'empereur ! « *Il dit, et tout est fait ; il ignore la contradiction, et tout en lui semble juste, comme la divinité ; car les Russes sont persuadés que le grand prince est l'exécuteur des célestes décrets. Ainsi l'ont voulu Dieu et le prince ; Dieu et le prince le savent ; telles sont les locutions ordinaires parmi eux* (1). » Voilà ce qui a naturalisé le schisme sur les vastes terres de la Russie, et avec le schisme l'avilissement, osons le dire, l'abrutissement du sacerdoce chrétien, la dégradation de toutes les consciences, l'esclavage universel du peuple, la dépendance servile des grands, et le règne de la plus odieuse, de la plus complète, de la plus facile des tyrannies (2). Voilà où en sont les Russes !..... Dès lors que le même principe (de la suprématie de l'Etat sur l'Eglise) est admis, dès lors que la puissance matérielle domine en toutes choses l'autorité religieuse, dès lors que l'on ne reconnaît rien au-dessus de la loi humaine, c'est toujours la déification de l'Etat, c'est toujours la destruction de toute religion révélée, c'est toujours la dégradation de la conscience. On trouvera donc que nous avons été bien modérés en nous bornant à dire que c'est la voie du schisme.» (IIe exam. *Des tendances*, IIe partie, § 2.) Il n'y a rien à répondre à une argumentation si bien appuyée sur les principes et sur les faits. — V° Les principes que nous avons posés font voir assez clairement à quelles conditions l'Eglise peut faire alliance avec l'Etat. Il n'est pas nécessaire de prouver que la bonne harmonie entre la société spirituelle et la société temporelle intéresse au plus haut point le bonheur de l'une et de l'autre, que leurs dissensions et leurs combats ébranlent les sociétés jusque dans leurs fondements, attaquent leur principe de vie, paralysent l'action des forces sociales, ruinent les institutions les plus utiles et finissent ordinairement par précipiter les peuples dans un abîme de maux où disparaissent à la fois, au moins pour un temps, la liberté politique, la liberté religieuse et la civilisation. « *Novit paternitas vestra*, écrivait le pieux et savant Yves de Chartres au pape Paschal, *quia cùm regnum et sacerdotium inter se conveniunt, benè regitur mundus, floret et fructificat Ecclesia. Cùm verò inter se discordant, non tantùm parvæ res non crescunt, sed etiam magnæ res miserabiliter dilabuntur.* » (Epist. 238.) L'histoire est un commentaire éloquent et une preuve irréfragable de ces paroles. — Il nous reste à parler de la protection que se doivent les deux puissances. Divinement établie pour réunir dans une même foi, un même culte et sous l'autorité d'un même chef tous les hommes dispersés sur la terre, afin de les sanctifier et de les conduire au ciel, l'Eglise catholique est par-là même destinée à recueillir dans son sein les nations les plus diverses de tous les temps et de tous les lieux ; elle est donc nécessairement et à toutes les époques en contact immédiat avec tous les gouvernements humains qui, sous des formes politiques variées à l'indéfini, régissent les différents peuples de l'univers. Ces formes sociales n'étant point par elles-mêmes un obstacle à l'accomplissement de l'œuvre de la rédemption, elles peuvent se concilier toutes avec la fin surnaturelle que poursuit la société fondée par Jésus-Christ. Aussi l'Eglise ne s'en inquiète point et elle s'en occupe fort peu ; elle les voit du même œil et les accueille toutes avec la même bienveillance (3). Que les Etats soient monarchiques, oligarchiques ou démocratiques, que le pouvoir civil soit absolu ou constitutionnel, héréditaire ou électif, peu lui importe, pourvu que l'ordre règne et qu'on lui laisse à elle-même la liberté de travailler en paix à la sanctification des âmes, et, secondairement, au bonheur temporel des citoyens. Elle prête loyalement un concours égal à tous les gouvernements qui réclament ou qui tolèrent son appui ; elle se soumet religieusement à leurs lois les plus diverses en tout ce qui ne blesse ni la justice ni la conscience ; elle inspire le même respect et la même soumission à ses enfants, et elle ne demande pour ceux-ci ni faveurs, ni priviléges, mais seulement la jouissance paisible des droits essentiels communs à tous les citoyens. A l'exemple de son divin fondateur, elle ne réclame rien de plus, mais aussi rien de moins que le droit de remplir sa mission, de se dévouer aux hommes, et de *passer sur la terre en faisant du bien à tous.* Mais si l'Eglise est indifférente aux formes si diverses des sociétés politiques, si elle embrasse tous les peuples dans un même amour, les gouvernements terrestres ne la voient pas tous et toujours du même œil, et quand elle vient à eux ils ne la reçoivent pas tous de la même manière : les uns s'en défient, la redoutent, la haïssent, et ils la repoussent et la persécutent ; les autres la méprisent, du moins ils ne la regardent que comme une institution purement humaine qui ne leur inspire ni crainte ni confiance, et ils lui demeurent complètement étrangers ; d'autres enfin la considèrent comme une œuvre divine, comme une envoyée du ciel, et ils la reçoivent avec foi et amour, ils se soumettent à son autorité, sollicitent son alliance et lui accordent en retour la protection, les faveurs, les priviléges temporels qui peuvent l'aider à remplir sa céleste mission. Il est évident que les droits et les devoirs respectifs de l'Eglise et de l'Etat ne sont pas tous les mêmes dans des hypothèses si différentes : essayons de répandre quelque lumière sur ces questions si délicates. — 1° Dans les Etats qui la repoussent et la persécutent l'Eglise n'a d'autres titres à la tolérance et à la soumission des peuples que ceux qu'elle tient d'en haut depuis le jour où le Sauveur dit à ses apôtres : « *Allez, instruisez toutes les nations.* » — « *Celui qui vous écoute m'écoute, et celui qui vous méprise me méprise.* » — « *Celui qui croira et qui recevra le baptême sera sauvé, et celui qui ne croira point sera condamné.* » — « *Tu es Pierre, et sur cette pierre je bâtirai mon Eglise, et les portes de l'enfer ne prévaudront point contre elle.* » — « *Pais mes agneaux, pais mes brebis.* » Voilà les titres de l'épouse de Jésus-Christ à la conquête de l'univers, et elle en prouve l'authentique vérité par ses œuvres. « L'Eglise chrétienne, dit Walter, instituée directement par Dieu et pour la parole divine est par-là même obligée de maintenir sa mission contre la résistance des institutions et des mœurs et de les pénétrer de son esprit. En vertu de ce devoir, elle conquiert parmi les peuples par la force de sa doctrine et le courage de ses martyrs la reconnaissance de son droit à une libre existence. Ce droit, elle le fonde, vis-à-vis de l'autorité publique qui n'adopte pas le point de vue du christianisme, sur la liberté de la vie religieuse dérivant de la nature spirituelle de l'homme, sur la différence des sphères d'activité des deux puissances, sur la reconnaissance et l'enseignement formels de l'obéissance due au pouvoir temporel, sur la nécessité de la religion pour l'Etat, et l'élan qu'elle donne à toutes les vertus civiles. » (*Manuel*, § 40.) Tels sont les principes sur lesquels les premiers apologistes chrétiens appuyaient les droits de l'Eglise à la tolérance civile ; c'est à la lumière de ces doctrines qu'ils faisaient voir clairement aux empereurs l'injustice flagrante et l'odieuse tyrannie de leurs sanglants édits contre les chrétiens. L'Eglise persécutée n'était pas moins fidèle à remplir tous ses devoirs envers l'Etat ; elle prêchait l'obéissance religieuse envers les puissances établies de Dieu, elle priait pour ses bourreaux, elle proscrivait la révolte et commandait à ses enfants et à ses martyrs de se soumettre aux lois en tout ce qui n'était point contraire aux droits inaliénables de Dieu et aux imprescriptibles devoirs de la conscience ; et ce qu'elle faisait alors elle l'a fait toujours vis-à-vis de ses oppresseurs. D'un autre côté, méprisant les lois injustes et les menaces des Césars, appuyée sur les divines promesses et résignée au martyre, elle maintenait courageusement ses droits méconnus et poursuivait avec une infatigable ardeur le but de sa mission divine. « Dans les Etats où elle souffre une persécution ouverte, dit fort bien l'évêque de Langres, l'Eglise continue toujours son œuvre, mais elle la fait dans l'ombre et le mystère ; et comme les fidèles n'entendent plus aussi facilement sa voix, ne voient plus aussi distinctement ses traces, ne reçoivent plus aussi librement sa direction, il en résulte un grand détriment pour les âmes, à moins que Dieu, comme il arrive souvent alors, ne supplée à la disette des secours extérieurs

(1) *La Russie en* 1839, par M. de Custine, t. I, p. 240. Voir aussi *Persécution et souffrance de l'Eglise catholique en Russie*, par un ancien conseiller d'Etat, 1842 ; *Vicissitudes de l'Eglise catholique des deux rites en Pologne et en Russie*, 1843.

(2) « Il est bien à remarquer que, surtout depuis les ukases du 29 et du 31 décembre 1839, publiés sous le titre séduisant de *Propositions*, les apostasies des catholiques se consomment en Russie sans aucune abjuration, sans aucune profession de foi, et seulement par un acte de soumission formelle, absolue et illimitée au pouvoir impérial. » (*Des tendances, ibid.*, note.)

(3) Cette doctrine n'est point nouvelle ; saint Augustin l'enseignait déjà au commencement du v° siècle : voici ses paroles, trop souvent oubliées ou ignorées par certains adversaires de l'Eglise : « Cœlestis civitas dùm peregrinatur in terrâ, ex omnibus gentibus cives evocat, atque in omnibus linguis peregrinam colligit societatem : non curans quidquid in omnibus legibus institutisve diversum est, quibus pax terrena vel conquiritur, vel tenetur : nihil eorum rescindens, nec destruens, imò servans ac sequens quod, licèt diversum in nationibus diversis, ad unum tamen eumdemque finem terrenæ pacis intenditur, si religionem, quâ unus summus et verus Deus colendus docetur, non impedit. »

par la surabondance de ses grâces. » (IIe examen, *Des tendances*, 1re p., § 2.) Mais le plus souvent Dieu abrége ces jours d'épreuve et d'angoisses qui sont ordinairement des jours de gloire pour son Eglise et l'annonce presque certaine d'un triomphe définitif. Quand la société chrétienne est garrottée, foulée aux pieds par un peuple; quand elle est jetée toute sanglante dans une confusion qui paraît sans remède, il semble que l'enfer soit arrivé au moment de donner un démenti solennel à la promesse du Sauveur. Mais là, à la dernière limite, Dieu, qui a patiemment contemplé la rage insensée de ses audacieux ennemis, les attend jusqu'à ce qu'ils soient mûrs pour la vengeance; alors la foudre éclate et brise la puissance orgueilleuse, et l'Eglise apparaît seule sur ces ruines pour chanter le cantique de sa délivrance et recueillir en paix l'héritage de ses cruels oppresseurs. Dieu se charge lui-même de diriger tous les évènements et de les faire aboutir par les voies les plus diverses à la glorification de son Eglise; tous les peuples sont dans sa main et ils deviennent à leur insu les dociles instruments de ses justes vengeances. « O hommes qui n'êtes qu'hommes, s'écrie Fénélon, quoique la flatterie vous tente d'oublier l'humanité et de vous élever au-dessus d'elle, souvenez-vous que Dieu peut tout sur vous, et que vous ne pouvez rien contre lui. Troubler l'Eglise dans ses fonctions, c'est attaquer le Très-Haut dans ce qu'il a de plus cher, qui est son épouse; c'est blasphémer contre les promesses; c'est oser l'impossible; c'est vouloir renverser le *règne éternel*. Rois de la terre, vous vous liguerez en vain *contre le Seigneur et contre son Christ* (*Ps.* II); en vain vous renouvelleriez les persécutions: en les renouvelant vous ne feriez que purifier l'Eglise et que ramener pour elle la beauté de ses anciens jours. En vain vous diriez: *Rompons ses liens et rejetons son joug;* celui qui habite dans les cieux rirait de vos desseins. Le Seigneur a donné à son fils *toutes les nations comme son héritage, et les extrémités de la terre comme ce qu'il doit posséder en propre* (*ibid.*). Si vous ne vous humiliez sous sa puissante main, il vous *brisera comme des vases d'argile* (*ibid.*). La puissance sera enlevée à quiconque osera s'élever contre l'Eglise. Ce n'est pas elle qui l'enlèvera, car elle ne fait que souffrir et prier. Si les princes voulaient l'asservir, elle ouvrirait son sein; elle dirait: Frappez; elle ajouterait, comme les apôtres: *Jugez vous-mêmes devant Dieu s'il est juste de vous obéir plutôt qu'à lui* (*Act.*, IV, 19). » — 2° Dans les Etats qui, par leur constitution, demeurent à peu près complètement étrangers à l'Eglise, soit parce que le gouvernement ne reconnaît aucune religion de l'Etat à l'exclusion de toute autre, soit parce que, tout en professant une croyance particulière différente du catholicisme, il tolère néanmoins les autres cultes et leur promet une égale protection, la position de l'Eglise vis-à-vis de l'Etat et celle de l'Etat vis-à-vis de l'Eglise se dessinent d'elles-mêmes. Que l'Eglise soit protégée ou seulement libre et livrée à ses propres forces, elle ne peut, ni ne doit, ni ne veut rester indifférente au bien de l'Etat; elle réprime et combat les doctrines subversives de la morale et du bon ordre; elle rend plus efficace et plus facile l'action gouvernementale, en rendant les sujets meilleurs et plus soumis. Elle donne aux lois une sanction qui intéresse la conscience de ses enfants, elle recommande à ceux-ci d'honorer ceux qui leur sont préposés, de porter en paix et fidèlement leur part des charges publiques, et de remplir en toutes choses avec amour et dévouement les devoirs d'un bon citoyen envers la commune patrie. Du reste, quand l'Eglise est traitée en étrangère et qu'elle ne reçoit rien des puissances terrestres, elle ne leur doit rien que ses prières et ses bénédictions; mais elle les leur doit selon ces paroles de saint Paul à Timothée: « *Obsecro igitur primùm omnium fieri obsecrationes, orationes, postulationes, gratiarum actiones, pro omnibus hominibus: pro regibus, et omnibus qui in sublimitate sunt, ut quietam et tranquillam vitam agamus.* » (*I Timoth.*, II, 1, 2.) Si l'État proclame la liberté de conscience, et cette liberté est un droit inaliénable de l'homme, s'il reconnaît à l'Eglise le droit non moins sacré d'exister et d'agir librement, s'il lui promet sa protection, alors, dit Walter, « la reconnaissance de ce droit comprend essentiellement la promesse de l'Etat de ne point entraver la foi et l'exercice de la religion en tant qu'il reste dans les limites du domaine intérieur de l'Eglise, de ne rien demander de contraire aux devoirs de conscience qui en découlent, et d'accorder aux personnes, aux institutions et à la propriété de l'Église la protection légale. De son côté l'Eglise est obligée d'exposer ouvertement et de bonne volonté sur la demande de l'Etat sa doctrine et sa discipline, de graver en ses membres respect et fidélité envers l'autorité temporelle et d'ordonner des prières pour la prospérité de celle-ci (*Roman.*, XIII, 1, 2 et suiv.). Mais dans cette situation l'Eglise n'a pas droit de prétendre à l'appui positif du bras séculier; elle n'a pour le maintien de ses lois d'autre garantie contre ses membres que leur conscience et la force de sa parole. » (*Manuel*, § 40.) Toutes ces règles dérivent du droit divin naturel et positif, de la raison et de la révélation, et, quoiqu'on puisse y ajouter des dispositions particulières, elles sont éternelles et immuables. — 3° Comme le christianisme ne peut être accepté par un peuple sans changer en peu de temps les croyances des masses et par suite les mœurs des citoyens et des magistrats, il est de son essence de pénétrer insensiblement la vie civile et publique, et de transformer le corps social en un Etat chrétien, en un Etat où règnent bientôt l'esprit et les lois de l'Evangile. Or, les sociétés qui, voyant dans l'Eglise une institution divine, se soumettent à son autorité et font alliance avec elle, l'invitent presque toujours à s'ingérer plus ou moins dans leurs affaires temporelles. Les unes, comme la plupart des peuples du moyen âge, lui confient la direction suprême du gouvernement civil, et le droit de décider souverainement toutes les questions sociales; les autres se contentent de solliciter quelques faveurs, comme le privilége de siéger dans les conciles, de nommer à des charges ecclésiastiques, et lui concèdent en retour des honneurs civils, des richesses, des immunités pour ses ministres, de la pompe pour son culte, et une protection efficace pour faire respecter et observer ses lois. Telle fut la condition de l'Eglise sous les premiers empereurs romains convertis, et tels ont été, particulièrement en France, les rapports que les concordats ont établis entre l'Etat et l'Eglise. Au moyen âge, à l'époque du rétablissement de l'empire romain sous Charlemagne, la royauté était inféodée à l'empereur, et l'empereur était comme le bras de l'Eglise universelle; le sacerdoce et l'empire étaient comme l'âme et le corps de la société chrétienne; le royaume terrestre ou l'Etat était subordonné au royaume céleste ou à l'Eglise comme le corps l'est à l'âme (1). Cette prééminence de l'Eglise sur l'Etat fut pendant plusieurs siècles un point de droit public, communément, on peut même dire unanimement admis par les peuples et les rois de l'Occident. « Le sacerdoce et la royauté, dit encore Walter, leur furent présentés comme les deux membres du corps vaste et sacré de la chrétienté (2), comme deux glaives qui la régissaient et protégeaient en commun (*Gregor.* VII, *epist.* VII, 25; VIII, 21), comme le soleil et la lune qui éclairaient le firmament de l'Église (*ibid.*), de telle sorte que le spirituel dirigé vers la région la plus élevée des choses du ciel devait répandre ses rayons sur le temporel (*Innoc.* III, *in c.* 6, X, *de major. et obedient.*), le diriger et l'ennoblir (*Greg.* VII, *epist.* VIII, 21). Dans toutes les affaires de la vie, dans les mœurs et les lois, les sciences et les arts, même dans les questions embarrassées du droit public et de la politique (*Innocent* III, *in c.* 13, X, *de judiciis*), le christianisme se trouva par suite adopté comme régulateur et devint le grand intérêt qui dominait tous les autres.

(1) C'est le langage que le pape saint Grégoire-le-Grand tenait déjà à l'empereur Maurice: « Ad hoc potestas dominorum meorum pietati cœlitus data est, super omnes homines, ut qui bona appetunt, adjuventur, ut cœlorum via largiùs pateat, *ut terrestre regnum cœlesti regno famuletur.* » (*Epist.* 62.) — Le *Miroir de Souabe*, rédaction authentique et légale des coutumes allemandes au XIIIe siècle, s'exprime ainsi: « Dieu, qui est le prince de la paix, en montant au ciel, a laissé deux glaives sur la terre pour la défense de la chrétienté: celui de la juridiction séculière et celui de la juridiction ecclésiastique. Tous deux furent remis à saint Pierre, et le pape à son tour remet à l'empereur le glaive séculier. Pour lui, il garde le glaive ecclésiastique afin de faire justice selon le besoin des temps. Il monte un blanc palefroi, et l'empereur lui doit tenir l'étrier, de peur que la selle ne remue; signifiant ainsi que si quelqu'un résiste au pape, les princes temporels le doivent contraindre. » (V. le savant ouvrage de M. Gosselin, *Pouvoir du pape.*)

(2) Le 6e concile de Paris tenu en 829 formule ainsi cette doctrine: « Principaliter totius sanctæ Dei Ecclesiæ corpus in duas eximias personas, in sacerdotalem videlicet et regalem, sicut à sanctis Patribus traditum accessimus, divisum esse novimus. » D'où il conclut: « Principes seculi, nonnunquam *intra ecclesiam* potestatis adeptæ culmina tenent, ut per eumdem potestatem disciplinam ecclesiasticam muniant. Cæterùm intra Ecclesiam potestates necessariæ non essent, nisi ut, quod non prævalet sacerdos efficere per doctrinæ sermonem, potestas hoc impleat per disciplinæ terrorem. Sæpè per regnum terrenum cœleste regnum proficit, ut qui intrà Ecclesiam contrà fidem Ecclesiæ agunt, rigore principum conterantur; ipsamque disciplinam, quam Ecclesiæ humilitas exercere non prævalet, cervicibus superborum potestas principalis imponat. Cognoscant principes seculi, *Deo debere se rationem, propter Ecclesiam quam à Christo tuendam recipiunt*: nam sive augeatur pax et disciplina Ecclesiæ per fideles principes, sive solvatur, ille ab eis rationem exiget qui eorum potestati Ecclesiam suam credidit. » (Can., *Principes*, c. 23, q. 5.)

Imbus de ce sentiment, les papes et évêques regardèrent comme leur devoir le plus sacré de s'élever contre les violations du droit divin dans l'administration des choses de la terre, et, gardiens de la loi chrétienne, d'en défendre l'empire contre grands et petits avec l'autorité de leur saint caractère. » (*Manuel*, § 42.) Voici le tableau que le savant Hurter, encore protestant, a tracé de cette constitution de la république chrétienne, dont un autre protestant, l'illustre Leibnitz, ne craignait pas de faire l'apologie (1) : « Le christianisme possédait pour tous ceux qui le professaient une force de conciliation et d'union. Les droits de tous étaient mis sous sa garde, les devoirs de tous fixés, consacrés par lui ; celui qui siégeait à la tête de la grande société chrétienne devait protéger les premiers, faire souvenir des seconds Par-là s'établit sur le monde un gouvernement qui respectait chaque pouvoir légitime dans le cercle de ses attributions, laissait au prince, dans ses rapports avec ses sujets, liberté d'administration, mais, là où il s'agissait uniquement de l'homme, le replaçait au niveau de tous, ou bien sauvait sa considération en substituant à l'autorité de ses sujets, dans ses affaires personnelles, une autorité supérieure dont la propre conservation était liée à une double révélation, savoir : celle qui, comme un souvenir confus des rapports primitifs de Dieu et de la créature, s'est conservée dans le cœur de tout homme, et celle qui, parvenue à l'homme comme manifestation de la volonté de Dieu, retrace clairement à l'âme humblement soumise ce qu'avec la première elle ne sentait que vaguement. Pape et rois devaient se reconnaître comme serviteurs de Dieu dans la vérité et la justice. Mais comme la justice est l'application de la vérité à tous les rapports de la vie, et la vérité la reconnaissance de la justice éternelle comme base, source et racine de toute volonté et action humaine, le pape, en tant qu'il en demeurait observateur, était habile à rappeler aux rois que, sur cette seule base, ils pourraient bâtir sûrement, à cette seule source puiser avec droit la régle de leurs actions, par la sève de cette seule racine porter de dignes fruits. » (*Hist. du pape Innocent III*, liv. XX.) — Dans cette fusion de la société spirituelle avec la société temporelle, l'Église n'avait rien à craindre pour son indépendance; elle était la lumière de l'État, la tête de la nation, sa partie intelligente; l'État n'était que la force matérielle de l'Église, sa partie agissante, et pour ainsi dire son bras. Toutefois, on le comprend sans peine, dans cette communauté d'intérêts, dans cette vie de famille, les droits des deux puissances se trouvèrent nécessairement mêlés et confondus, parce que l'ordre spirituel et l'ordre civil marchaient presque toujours ensemble. Ainsi, les rois convoquaient les conciles, mais parce qu'on y traitait souvent des affaires de l'État. Ils faisaient des lois sur des matières ecclésiastiques; mais alors les évêques les sollicitaient, et le plus souvent les rédigeaient eux-mêmes. Du reste, si les lois de l'État devenaient lois de l'Église, en retour, toute loi de l'Église, tout jugement ecclésiastique formel devenait, à l'instant même, une loi de l'État; et il en était ainsi, non pas seulement par l'effet du bon plaisir d'un prince volontairement soumis à l'Église, mais par une suite nécessaire de la constitution politique en vigueur à cette époque. La foi catholique ne soumettait pas seulement les individus, mais encore elle pénétrait les institutions; elle en était l'âme, elle faisait partie de leurs règlements constitutifs, et elle tenait, pour ainsi dire, à leur substance même; or, cette foi légalement reconnue, mettait des bornes infranchissables aux empiètements du pouvoir civil sur le domaine de l'Église. — Mais ces rapports changèrent, et l'Église descendit peu à peu de cette haute position où l'avaient élevée ses bienfaits, ses lumières, la reconnaissance des peuples, la sainteté de ses pasteurs, la marche et les besoins de la civilisation chrétienne. L'affaiblissement de la foi, le relâchement de la discipline, l'*ignorance du clergé*, la *simonie* dans les élections des évêques, l'abus que ceux-ci faisaient trop souvent de leur puissance et de leurs richesses les trop fréquentes collisions avec l'autorité temporelle, les schismes dans les élections des papes, les grands désordres qui en furent la suite, la prédominance des intérêts temporels sur ceux de l'éternité, le trop fréquent usage et quelquefois l'abus que l'on fit des peines ecclésiastiques dans un temps où la foule y devenait de plus en plus indifférente, l'apparition des légistes, tout semblait se réunir pour travailler de concert à l'agrandissement du pouvoir monarchique et à l'affaiblissement de l'autorité papale. Trop souvent le clergé, séduit par les avantages temporels et momentanés qu'il recevait de la faveur des princes, crut trouver dans ceux-ci des protecteurs de sa liberté contre ce que l'on était convenu d'appeler les empiètements de la cour romaine et ses prétentions tyranniques; il aida puissamment l'autorité temporelle à rentrer peu à peu dans les concessions qu'elle avait faites à l'Église; les *appels comme d'abus* se multiplièrent et resserrèrent de plus en plus les limites de la juridiction ecclésiastique. Le protestantisme survint et déposa dans les esprits un ferment de discorde, et dans les volontés des principes d'indépendance, ou plutôt d'insubordination et d'anarchie qui devaient bouleverser plus tard l'Église et la société civile. « Dès ce moment, dit encore Walter, la hiérarchie vit naître dans les cabinets des rois, dans les partisans du nouvel et avide système de domination, dans la jalousie des parlements et la licence de la pensée, des adversaires toujours plus puissants (1); enfin vinrent ceux qui visaient à abattre et à étouffer avec l'Église le principe de l'autorité en général. Ainsi, de toutes parts, l'Église fut refoulée, comprimée, mise en surveillance par des hommes d'État aux vues étroites et erronées; et vis-à-vis du pouvoir temporel elle devint en proportion plus méfiante, plus renfermée en elle-même. En Allemagne tout cela eut libre cours, notamment depuis les violentes réformes de Joseph II, bien que des amis de l'ordre et de la liberté antiques dépeignissent le danger de ces mesures qui ne leur présageaient que de nouveaux bouleversements. Enfin éclata la révolution française. Promenant comme une ironie la proclamation des droits de l'homme, elle ne se contenta pas de dépouiller l'Église de sa propriété et de ses priviléges civils : pour la courber sous le despotisme de sa volonté, elle l'accabla des persécutions les plus cruelles. Plus tard, il est vrai, l'Église recouvra la paix et une existence légale; mais en France, comme partout ailleurs, sa constitution resta, pendant et après la transition à un nouvel ordre de choses, ébranlée, inquiétée, menacée; c'était le fait des partisans ouverts et cachés des révolutions qui avaient espéré sa destruction complète puis, de la masse de ceux qui, bien qu'indifférents eux-mêmes à la religion, la haïssent secrètement chez les autres, enfin des défenseurs de cette politique qui tend à fondre la hiérarchie, les corporations et tout dans l'ensemble d'un culte et d'une administration prescrits par l'État (*Manuel*, § 43). Il y a donc quatre époques à distinguer dans l'histoire de l'alliance que l'Église a faite avec l'État. Depuis le IVe siècle jusqu'au IXe, cette alliance ne fait que commencer; l'union, il est vrai, se resserre de jour en jour, mais elle n'est encore *ni consommée*, *ni consacrée* par le droit public européen. Du IXe siècle jusqu'au XIVe, les deux sociétés se fondent en une seule, et cette belle harmonie, qui laisse subsister la distinction des pouvoirs tout en concentrant les forces sociales, non pas dans les mains, mais sous la sage direction de l'Église, enfante la civilisation du règne glorieux de Charlemagne, sauve, par les croisades, l'Europe entière de la barbarie, et prépare, en établissant une législation chrétienne, les éléments d'une civilisation nouvelle et plus parfaite. Au XIVe siècle commence le long et pénible travail de la séparation des deux sociétés; la lutte s'engage, se poursuit et devient de plus en plus vive, sous le double point de vue de la théorie et de la pratique; enfin la séparation est consommée à la fin du XVIIIe siècle. Alors s'ouvre une ère nouvelle, du moins pour la France, une persécution ouverte menace d'anéantir l'Église gallicane. Elle survit néanmoins, et l'Église constitutionnelle disparaît en naissant. Un concordat passé entre l'Église et un gouvernement qui lui était devenu légalement étranger a fait à la société religieuse une position nouvelle que nous allons esquisser en peu de mots. — Quand il s'agit de déterminer les conditions de l'alliance de l'Eglise avec l'Etat, les jurisconsultes et les hommes d'Etat sont loin de s'entendre avec les canonistes catholiques. Les premiers, dans leurs assertions plus que hasardées, élèvent fort haut les prétentions de la puissance temporelle, et lui reconnaissent des droits le plus souvent incompatibles avec les principes de la foi sur la constitution et les divines prérogatives de la société fondée par Jésus-Christ. Ils se forment rarement une idée de la liberté essentiellement inhérente à l'idée même de l'Eglise; plus rarement encore ils s'élèvent à la conception d'un état chrétien intimement uni à l'Eglise et dirigé par elle; ils renvoient orgueil-

(1) V. l'excellent ouvrage de M. Gosselin : *Pouvoir du pape sur le temporel des rois au moyen âge*.

(1) En France le protestantisme enfanta les jansénistes rebelles à l'Église. Ceux-ci furent soutenus par les théories schismatiques de Richer et de Febronius et par les prétentions des parlements : les philosophes parurent ensuite; et la révolution française se chargea d'appliquer en même temps les systèmes de ceux-ci à l'Etat politique, et les théories de ceux-là à l'Eglise; elle renversa la monarchie et décréta la constitution civile du clergé.

leusement, et comme une utopie ultramontaine, aux siècles d'ignorance et de barbarie, cette ruine du moyen âge, cette théorie qui consacre, selon eux, l'esclavage de l'État, et qui pourrait convenir tout au plus à l'enfance des sociétés. Ils ne veulent pas même que le gouvernement traite avec l'Église de puissance à puissance, ou bien, s'ils y consentent, c'est à la condition que l'Église sera traitée en puissance ennemie et vaincue dont il faut restreindre la liberté et gêner l'action en formant autour d'elle, et malgré ses réclamations, un réseau compliqué de lois oppressives, d'ordonnances arbitraires et de mesures trompeuses, à l'aide desquelles, sous prétexte *d'organiser*, de régulariser, voire même de protéger, on égare, on divise, on déchaîne, on prépare un schisme, sinon à l'apostasie des populations qui s'habituent peu à peu à placer, en fait et en droit, le code au-dessus de l'Evangile, le ministre des cultes au-dessus du pape, le conseil d'Etat au-dessus des évêques et des conciles, enfin la raison au-dessus de la foi. Quoi qu'il en puisse être de l'avenir, voici, pour le présent, les doctrines courantes sur les droits de la puissance temporelle envers l'Eglise : on attribue communément aux magistrats politiques le *jus reformandi Ecclesiam*, le *jus defensoris Ecclesiæ*, le *jus cavendi*, le *jus appellationis ab abusu*, le *placet regium*; quelques-uns ajoutent encore le *jus alti dominii in bona Ecclesiæ*. 1° Par cette expression technique, mais inexacte, de *jus reformandi*, on entend le droit que posséderait l'État de décider si et sous quelles conditions l'Église sera tolérée et admise légalement dans le pays. On tire ensuite pour conséquence de ce principe que les souverains peuvent modifier, quand ils le jugent utile ou nécessaire au bien de l'Etat, la discipline extérieure de l'Eglise dans ses points de contact avec la vie civile. Cette théorie, si on la prend à la lettre, a le double défaut de nier la mission divine de l'Eglise et son droit de s'établir dans tout l'univers; en outre, elle enchaîne son pouvoir législatif, qui est de sa nature indépendant et suprême, aussi bien dans les choses extérieures de la religion que dans les choses purement intérieures. Sans doute l'Église sera toujours disposée à régler sa discipline de concert avec les souverains, et à l'approprier aux besoins des peuples, autant que le permet l'inflexibilité de ses dogmes et l'immutabilité des principes de sa constitution et de sa morale; mais, toujours libre de se *coordonner* et jamais de se *subordonner* à l'Etat pour les choses spirituelles, l'Eglise ne peut, sans altérer sa constitution et trahir son devoir le plus sacré, concéder aux gouvernements temporels le droit unilatéral de réformer sa législation; car ce ne sont pas les magistrats, ce sont les évêques et les évêques seuls que l'Esprit saint *a établis pour gouverner l'Eglise de Dieu* (*Act.*, XX, 28). Du reste, nous avons déjà fait observer que ce ne fut presque jamais sous le bon plaisir des gouvernements, mais le plus souvent malgré eux et au milieu des persécutions, que l'Eglise s'établit dans l'univers. — 2° Un second droit de souveraineté que l'Etat revendique vis-à-vis de l'Eglise, c'est la suprématie de défense et de protection, *jus defensoris Ecclesiæ*. Dans les Etats catholiques alliés à l'Église, ce *droit de patronage*, qu'il serait mieux d'appeler *devoir de protection*, est réciproque; car, d'une part, l'Église est tenue de protéger l'Etat, non-seulement par la répression des doctrines pernicieuses qui menaceraient sa sûreté, mais encore par le secours efficace de ses prières, par ses institutions et par son zèle à rendre les citoyens meilleurs et plus soumis aux lois. D'un autre côté l'Etat doit protection à l'Église contre toute atteinte portée à ses droits essentiels, et en particulier à ceux de son indépendance souveraine dans l'exercice de l'autorité spirituelle, contre ses adversaires extérieurs, et même contre ceux de ses fils rebelles qui troublent son gouvernement, mais seulement dans l'hypothèse où l'Église invoquerait le secours du bras séculier, ce qui ne peut arriver qu'en des cas de nécessité extrême, et jamais pour forcer les chrétiens à des actes purement religieux. « Partout, dit Walter, où cette suprématie est loyalement conçue et exercée, l'Église l'accepte avec reconnaissance, sans beaucoup discuter sur le mot, et là même où la protection est moins complète qu'autrefois elle ne la refuse pas; mais il faut se garder de confondre la protection avec la tutelle (*Manuel*, § 44). » En quoi donc consiste proprement cette protection de l'État? Fénelon va nous l'apprendre : « Les princes, dit-il, en devenant les enfants de l'Église ne sont point devenus ses maîtres; ils doivent la servir et non la dominer, baiser la poussière de ses pieds et non lui imposer le joug... Non-seulement les princes ne peuvent rien contre l'Église, mais encore ils ne peuvent rien pour elle, touchant le spirituel, qu'en lui obéissant. Il est vrai que le prince pieux et zélé est nommé l'*évêque du dehors* et le *protecteur des canons* (Euseb., *De vitâ Constantini*, l. IV, c. XXIV); expressions que nous répéterons sans cesse avec joie, dans le sens modéré des anciens qui s'en sont servis. Mais l'évêque du dehors ne doit jamais entreprendre la fonction de celui du dedans. Il se tient, le glaive en main, à la porte du sanctuaire; mais il prend garde de n'y entrer pas. En même temps qu'il protége, il obéit; il protége les décisions, mais il n'en fait aucune. Voici les deux fonctions auxquelles il se borne : la première est de maintenir l'Église en pleine liberté contre tous ses ennemis du dehors, afin qu'elle puisse au dedans, sans aucune gêne, prononcer, décider, approuver, corriger, enfin abattre toute hauteur qui s'élève contre la science de Dieu; la seconde est d'appuyer ces mêmes décisions dès qu'elles sont faites (1), sans se permettre jamais, sous aucun prétexte, de les interpréter. Cette protection des canons se tourne donc uniquement contre les ennemis de l'Église, c'est-à-dire contre les novateurs, contre les esprits indociles et contagieux, contre tous ceux qui refusent la correction. A Dieu ne plaise que le protecteur gouverne, ni prévienne jamais en rien ce que l'Église réglera! Il attend, il écoute humblement, il croit sans hésiter, il obéit lui-même et fait autant obéir par l'autorité de son exemple que par la puissance qu'il tient dans ses mains. Mais enfin le protecteur de la liberté ne la diminue jamais. Sa protection ne serait plus un secours, mais un joug déguisé, s'il voulait déterminer l'Église au lieu de se laisser déterminer par elle. C'est par cet excès funeste que l'Angleterre a rompu le sacré lien de l'unité en voulant faire chef de l'Église le prince qui n'en est que le protecteur. Quelque besoin que l'Église ait d'un prompt secours contre les hérésies et contre les abus, elle a encore plus besoin de conserver sa liberté. Quelque appui qu'elle reçoive des meilleurs princes, elle ne cesse jamais de dire avec l'apôtre : *Je travaille jusqu'à souffrir les liens comme si j'étais coupable; mais la parole de Dieu* que nous annonçons *n'est liée* par aucune puissance humaine (*Discours pour le sacre de l'électeur de Cologne*, Ire partie). » 3° *Le jus cavendi*, ou le droit de surveillance et d'inspection consiste en ce que l'autorité temporelle prenne connaissance de ce qui se passe dans l'Église, de son enseignement, de sa législation disciplinaire et de son application, du nombre de ses ministres, en ce qu'elle surveille ceux-ci dans les fonctions extérieures qu'ils remplissent vis-à-vis des fidèles, etc. Ce droit est fondé sur la nature des choses, car il importe au bien public et à la tranquillité des peuples que l'État puisse être averti de tout ce qui pourrait, sous le prétexte de la religion, devenir une cause de troubles ou une occasion de désordre dans la société civile. Les gouvernements ont le droit de veiller à ce que les pasteurs n'empiètent point sur les fonctions du magistrat civil et n'exercent point leurs droits même réels de manière à blesser les droits d'autrui. Ce droit est encore justifié par l'histoire des plus beaux siècles de l'Église : témoin les plus sages empereurs et les monarques les plus dévoués à l'Église, Théodose, Marcien, Charlemagne et saint Louis; religieusement soumis à l'Eglise et respectant sa constitution divine, sa hiérarchie qui possède en elle-même tout ce qui est nécessaire à la conservation du corps mystique de Jésus-Christ, ils invoquaient l'intervention de quelques-uns de ses membres contre les autres, pour ramener ceux-ci dans la voie du devoir quand ils s'en écartaient. L'exercice de ce droit de surveillance n'avait rien alors qui pût alarmer l'Eglise ou compromettre son indépendance. Du reste, ce droit est encore réciproque, puisque l'Etat peut aussi bien empiéter sur la juridiction ecclésiastique que l'Eglise pourrait elle-même blesser les intérêts de l'Etat. Et comme les rapports essentiels des deux sociétés doivent être ceux d'une *souveraine indépendance* et d'une *mutuelle amitié*, il ne faut pas qu'un gouvernement ambitieux et jaloux transforme ce droit en un système de défiance malveillante, de surveillance odieuse et de contrôle habituel de tous les actes de l'Eglise, ce qui arrive toujours quand l'autorité temporelle redoute l'Eglise comme une rivale ou une ennemie : alors on l'environne de gardiens, on gêne ou même on empêche ses communications, ses assemblées, on entrave le développement de ses institutions, et, sous le prétexte de veiller aux intérêts de l'État, on s'empare en réalité de presque toute l'administration intérieure de l'Eglise (2). N'est-il pas évident

(1) Serviant reges terræ Christo, etiam leges ferendo pro Christo. (S. Aug., *epist.* XCIII, *ad Vincent.*, n° 19.)

(2) Nous lisons dans un rapport sur l'état religieux de la France, présenté au conseil des Cinq-Cents en 1797, ces passages remarquables : « Les lois qui accompagnèrent ou suivirent la constitution anarchique de 1793 ne respirent que la haine prononcée d'un culte et le mépris de tous, en parlant sans cesse de la liberté de tous. Ce principe ne fut

qu'il suffirait de connaître la société chrétienne pour bannir à jamais ces craintes imaginaires et ces injustes défiances? Or, voilà dix-huit siècles que l'Eglise existe et qu'elle agit en plein soleil; et sa constitution, sa doctrine, son culte, ses pratiques religieuses, au dehors comme au dedans de ses temples, ses lois disciplinaires, son droit canonique, etc., on connaît tout, et nous portons le défi que l'on trouve rien en tout cela qui puisse nuire à la société temporelle, rien qui soit ou qui doive être l'objet de l'exercice du *jus cavendi* raisonnablement expliqué; rien par conséquent qui puisse justifier les mesures exceptionnelles de surveillance qui trahissent trop souvent le secret dessein de placer l'Eglise sous la main et dans le servage du gouvernement. — 4° *Le jus appellationis ab abusu*, ou le droit qui défère au souverain, sur le recours de ses sujets, les appels comme d'abus, n'est fondé que dans le seul cas de violation des lois justes de l'ordre civil, ou d'atteinte manifeste aux droits de l'Etat. En effet, dit M. de Frayssinous, « il n'est pas permis à l'évêque, dans l'exercice de ses fonctions spirituelles, d'en passer les limites; et ici toute entreprise de sa part donnerait justement lieu à l'appel comme d'abus. Ainsi je suppose que pour se faire obéir il voulût décerner des peines *afflictives*, qu'il voulût par la crainte des *censures* forcer, dans un différend *temporel*, les parties en litige à se soumettre à son jugement; qu'il mêlât aux fonctions sacrées des *accessoires* qui formeraient un délit *civil*, comme s'il mêlait des discours *injurieux* à un refus légitime de sacrements; il est incontestable que ce sont là des écarts qui doivent ressortir naturellement des tribunaux séculiers. » (*Les vrais principes de l'Eglise gallicane*, p. 183.) Les parlements travaillèrent constamment à étendre ce droit, au grand préjudice de la juridiciton ecclésiastique; sous le prétexte de protéger le clergé national contre les envahissements de la cour romaine, et de défendre les clercs inférieurs contre les évêques, ils s'érigèrent de fait en juges suprêmes dans les choses spirituelles; ils saisirent avec empressement toutes les occasions d'annuler les jugements des évêques, et même de faire fléchir sous leurs interprétations arbitraires et quelquefois schismatiques les bulles et les décrets des souverains pontifes. Il fallait que ce joug fût devenu bien pesant, puisque Fleury crut pouvoir s'en plaindre en ces termes vers 1693: « Les appellations comme d'abus ont achevé de ruiner la juridiction ecclésiastique. Suivant les *ordonnances*, les appels ne devraient avoir lieu qu'en *matières très graves*, lorsque le juge ecclésiastique excède *notoirement* son pouvoir, ou qu'il y a entreprise *manifeste* contre les libertés de l'Eglise gallicane. Mais dans l'exécution l'appel comme d'abus a passé en style: on appelle d'un jugement interlocutoire, d'une simple ordonnance, souvent en des affaires de néant. C'est le moyen ordinaire dont se servent les mauvais prêtres pour se maintenir dans leurs bénéfices malgré les évêques, ou du moins les fatiguer par des procès sans fin; car les parlements reçoivent toujours les appellations: sous ce prétexte, ils examinent les affaires *dans le fond*, et ôtent à la juridiction ecclésiastique ce qu'ils ne peuvent lui ôter directement. Il y a quelques parlements dont on se plaint qu'ils font rarement justice aux évêques. D'ailleurs le remède n'est pas réciproque; si les juges laïques entreprennent sur l'Eglise, il n'y a point d'autre recours qu'au conseil du roi, composé encore de juges laïques, nourris dans les mêmes maximes que les parlements. Aussi, quelque mauvais Français, réfugié hors du royaume, pourrait faire un *Traité des servitudes de l'Eglise gallicane*, comme on en a fait des libertés, et il ne manquerait pas de preuves. » (*Discours sur les libertés de l'Eglise gallicane.*) Dès 1614, le clergé, dans l'article XXIII de ses Remontrances, disait à Louis XIII: « Les appellations comme d'abus, qui ne doivent avoir lieu qu'au *seul cas de transport et entreprise de juridiction*, s'étendent à tant de cas, au préjudice de la juridiction ecclésiastique, que la doctrine, la discipline, les sacrements, et toutes matières desquelles la connaissance est spirituelle, sont différemment traduites parmi vos juridictions; d'où viennent le mépris de l'Eglise, la désobéissance et le scandale parmi vos sujets. » (*Mémoires du clergé*, *t.* 6, *col.* 58, *n°* 5.) Ce fut pour mettre un terme à ces envahissements et pour faire droit à ces justes plaintes que le plus absolu comme le plus gallican de nos rois, Louis XIV, porta le célèbre édit du mois d'avril 1695 (*v. dans cet édit les articles* 25, 26 *et* 27). Ce fut à l'époque même où les maximes gallicanes étaient le plus en crédit que le monarque le plus jaloux de conserver et d'étendre la prérogative royale déclara qu'il ne voulait attribuer aux magistrats séculiers que *l'examen des formes*, en leur prescrivant de renvoyer *le fond* au jugement du supérieur ecclésiastique. Mais on n'a point respecté ces limites infranchissables, et, sous le prétexte d'abus, on a réellement subordonné à l'Etat l'exercice du pouvoir de l'Eglise, lors même que celle-ci prononce sur des matières purement spirituelles (1). Or, pour quiconque n'est pas absolument étranger à la notion de l'Eglise considérée en elle-même et dans ses rapports avec l'État, rien n'est plus contradictoire en soi que l'appel d'un jugement purement ecclésiastique à un tribunal séculier; aussi l'Église a-t-elle constamment protesté contre cette servitude incompatible avec son droit, contre ce désordre d'origine toute laïque, qui répugne au simple bon sens, comme l'a si bien démontré M. de Cormenin, avec cette logique implacable et mordante qui n'appartient qu'à lui. (*V. Appel comme d'abus*). — 5° Le *placet* du souverain ne peut constituer un droit qu'autant qu'il est pris dans un sens tellement restreint qu'il n'entrave jamais le légitime exercice d'aucun des pouvoirs essentiels de l'Église. La société spirituelle soumettra toujours volontiers au *placet* de l'État ses mandements, ses ordonnances, ses brefs et ses bulles, quand il s'agira de choses qui touchent par quelques points à l'ordre temporel, à la législation civile; mais, par cela seul qu'elle est essentiellement une puissance souveraine et indépendante dans la sphère propre de son activité, elle doit, sous peine d'être infidèle à sa mission divine, refuser énergiquement, absolument, de se soumettre à cette formalité quand il est question d'objets purement spirituels, et que le *placet* a la prétention d'être autre chose qu'une formule, bien superflue d'ailleurs, constatant que l'État, après avoir examiné, n'a rien trouvé dans les actes des pasteurs, dans leurs prescriptions, leurs règlements disciplinaires, qui pût porter atteinte aux droits du gouvernement ou compromettre les intérêts de la société civile. Ainsi, qu'une bulle pontificale, portant décision d'un point de foi et acceptée par l'épiscopat, soit ou non examinée et reçue par l'État, elle n'en est pas moins une règle infaillible, à laquelle tout chrétien doit soumettre sa croyance, sous peine de tomber dans l'hérésie. De même, c'est un principe incontesté que toute Église particulière est soumise au pape et au concile œcuménique; si donc le pape ou l'Église universelle *pressait*, *exigeait rigoureusement* l'exécution d'un décret même purement disci-

parmi nous qu'une amère dérision jointe à une cruelle tyrannie. — La loi ne punit pas d'avance; elle ne persécute pas par précaution. Toute mesure qui tend à gêner l'exercice d'un culte, et qui n'est pas expressément exigée par la tranquillité publique, est une vexation. » Rien de plus juste que cette règle.

(1) Voici comment l'évêque de Langres caractérise la législation civile actuellement en vigueur parmi nous sur les appels comme d'abus: « Ce n'est plus seulement la *forme*, c'est tout le *fond* des affaires de l'Eglise, dont on attribue *et l'examen et le jugement* aux magistrats séculiers: ce n'est plus seulement de l'indépendance du pouvoir temporel, comme au temps de Philippe de Valois, que l'on traite aujourd'hui, par suite d'appel comme d'abus au conseil d'Etat, c'est de tout ce qu'il y a de plus spirituel dans le gouvernement de l'Eglise: c'est des prières pour les morts, de l'administration et du refus des sacrements, de l'exercice ou de la suspense des fonctions sacerdotales, que l'on disserte et que l'on tranche souverainement dans ce tribunal tout séculier, et qui peut très bien même ne pas être tout catholique. — Ainsi, qu'un évêque fasse refuser la sépulture à un pécheur public, ou les sacrements à un indigne; qu'il frappe d'interdit un mauvais prêtre, ou que, par lettre pastorale, il prémunisse ses ouailles contre des maisons d'éducation dangereuses, on veut qu'il devienne pour tous ces actes justiciable d'un conseil de laïques; on veut que des mesures prises par lui dans des affaires qui sont uniquement de son ressort, des mesures tout ecclésiastiques et toutes spirituelles, soient jugées, condamnées, révoquées par des hommes sans mission, sans caractère, presque toujours sans aucune instruction, ni canonique ni théologique, et surtout sans aucune pratique du saint ministère, et sans aucune connaissance de l'intérêt spirituel des âmes! On veut donc que d'un côté les membres du conseil d'Etat, qui peuvent être protestants, juifs, athées, soient cependant érigés en prélats du premier ordre et en souverains pontifes de l'Eglise catholique, et que, de l'autre, les vrais pasteurs de cette Eglise, les évêques, divinement établis pour la gouverner, soient plus que ne sont des fonctionnaires sécularisés, sous la main toute-puissante de l'Etat! Non, non, ce ne sont plus là de simples *empiétements*, ce sont des renversements, ce sont des bouleversements, c'est de l'anarchie: cependant, c'est là légalement la part que l'Etat s'est faite. » (*V. Des empiétements*, IIIe partie, ch. II, sect. I, § 3.) Ne pourrions-nous pas appliquer, à bon droit, aux ultra-gallicans et à leur doctrine sur les appels comme d'abus, ces paroles de Zallinger: « *Abhorrent ab indirectâ Ecclesiæ in resciviles potestate; neque in eo me dissentientem habent. At jus circa sacra, quemadmodùm id hodierni tractant scriptores non pauci, quale est, nisi indirecta circa res sacras potestas?* (*Instit. jur. natur. et ecclesiast.*, lib. v, § 366.)

plinaire, alors la soumission ne serait pas seulement une convenance, mais un devoir, et la résistance une révolte. Dans ce cas, le refus du *placet regium* ne dispenserait pas de l'obéissance, à moins toutefois que le concile ou le pape ne fût censé consentir, par respect pour des coutumes légitimement établies et maintenues, à laisser à l'État l'exercice d'un privilége librement accordé par l'Église et que l'Église pourrait modifier et même révoquer si elle le jugeait convenable. Ce privilége n'est donc pas un droit inhérent à l'exercice du pouvoir civil, et l'on ne peut admettre sur ce point la doctrine des jurisconsultes qui font dépendre, non-seulement la législation disciplinaire, mais encore l'administration toute spirituelle de l'Église, du bon plaisir des autorités temporelles. N'est-il pas évident, en effet, que tout le gouvernement ecclésiastique passerait des mains de l'Église en celles de l'État si l'exercice de la juridiction spirituelle avait besoin de la sanction du pouvoir civil pour ne pas constituer un acte illicite? Cette théorie parlementaire est la négation formelle de la distinction et de l'indépendance souveraine des deux puissances dans leurs sphères respectives ; elle confisque au profit de l'État les droits inaliénables de l'Église (1). Ne semble-t-il pas évident que les jurisconsultes qui revendiquent avec tant de zèle le droit de *placet* pour le souverain devraient, s'ils étaient conséquents avec eux-mêmes, accorder la même prérogative à l'Église vis-à-vis de l'État? Car, une fois la distinction et l'indépendance des deux pouvoirs admise, comme l'Église est au moins contemporaine des sociétés temporelles, comme elle est la mère du plus grand nombre des peuples européens et la civilisatrice des nations modernes, si le *placet regium* est un droit, le *placet* du chef suprême de la chrétienté en serait également un, au moins vis-à-vis des gouvernements qui professent la foi catholique et qui font alliance avec l'Église : tout ce que l'on pourrait alléguer pour justifier, sur le point qui nous occupe, les prétentions de l'État, militerait de même en faveur du pape et de l'Église universelle. S'il importe aux chefs de la société civile de connaître et d'examiner les mandements d'un évêque, les bulles et les rescrits des papes, les décrets des conciles, de savoir qui se destine à l'état ecclésiastique, qui doit être promu à l'épiscopat, etc., il n'importe pas moins à l'Église de connaître les ordonnances des souverains, et d'examiner si elles ne sont pas contraires à l'intérêt spirituel des âmes; de savoir à qui seront confiés les emplois et les charges importantes du gouvernement civil. C'est le raisonnement d'un illustre confesseur des libertés de l'Eglise, l'archevêque de Cologne, et nous ne voyons pas ce que l'on pourrait y répondre. — 6° Le droit de *haut domaine* attribué à l'Etat sur les biens de l'Eglise n'est plus admis que par un petit nombre de légistes et de gallicans parlementaires ; mais, de fait, il a été exercé en France et en Allemagne dans ces jours de délire et de fureur où des législateurs égarés confisquèrent les biens et les fondations ecclésiastiques au profit de l'Etat, sans même consulter les représentants de l'Eglise. Cependant la violence n'établit pas le droit, et les sophismes invoqués à l'appui de cette mesure par l'évêque d'Autun, dans son discours à l'Assemblée constituante, et maintenant encore répétés à la tribune, rassurent beaucoup moins les consciences des possesseurs de ces biens que l'article 7 du Concordat, où il est dit : « *Sa Sainteté déclare que ni elle ni ses successeurs ne troubleront en aucune manière les acquéreurs des biens ecclésiastiques aliénés...* » L'Etat reconnaissait donc que les biens ecclésiastiques qui n'avaient pas eu d'*acquéreurs*, et qui, par cela même, n'étaient pas *aliénés*, restaient dans le domaine de l'Eglise (1). Ce qui le prouve encore, c'est que, par arrêté du 26 juillet 1803 (7 thermidor an XI), le gouvernement décréta : « Art 1er. Les biens des fabriques non aliénés, les rentes dont elles jouissaient, et dont le transfert n'a pas été fait, sont rendus à leur destination. » La propriété des biens ecclésiastiques, dit Walter, appartient, d'après la nature des choses, aux diverses communes religieuses; et cette idée sert déjà de base au plus ancien édit, qui accorde aux chrétiens liberté et tolérance (2)..... Que si la propriété des biens ecclésiastiques est attribuée à la commune civile au lieu de l'être à la communauté religieuse, il y a usurpation de pouvoir civil et violation du droit naturel des sociétés religieuses. La paroisse et la commune civile sont, en effet, deux choses totalement distinctes (3). Bien loin de reconnaître le haut domaine ou la propriété supérieure de l'État sur les biens ecclésiastiques, l'archevêque de Cologne en réclame énergiquement, pour l'Église seule, *la libre administration.* Voici en quels termes il s'efforce de prouver ce droit; son argumentation ne manque ni de force ni de justesse : « Le même droit qu'a l'État de requérir de ses sujets les prestations de toute espèce qu'exigent les besoins publics, l'Église en jouit vis-à-vis de ses fidèles, avec cette importante différence, que l'État exige des *impôts*, et que l'Église ne reçoit que des *aumônes*, c'est-à-dire les volontaires offrandes de ses enfants. Nous ne prétendons point tirer de ce parallèle des avantages qui militeraient évidemment en faveur de l'Église, mais nous en inférons un droit, tout au moins égal pour les deux pouvoirs, d'administrer, indépendamment l'un de l'autre, ce que l'un tient de la contrainte et l'autre de la charité. Si l'on remonte aux premiers siècles de l'Église, on voit que, dès les temps apostoliques, elle recevait, sans contrôle extérieur, ce que lui départissait la charité des fidèles, soit par donations, soit par legs testamentaires, en biens territoriaux, en capitaux ou en rentes, et qu'elle pouvait même acquérir des propriétés, les administrer et disposer de leurs fruits. Comment donc faire cadrer avec cette indépendance naturelle de l'Église cette maxime si commune de nos jours : qu'il ne lui est permis d'accepter des dons que jusqu'à concurrence d'une valeur fixe, à moins d'autorisation spéciale de la part du pouvoir politique, dont toute la prérogative ne devrait consister qu'à reconnaître que l'Église possède des propriétés légitimes, et qu'il est tenu d'en protéger, d'en défendre la possession, à l'aide des lois et de la même manière qu'il protége et défend toute autre propriété légitime? C'est à la réforme protestante qu'est due cette autre maxime, dont l'exécution est

(1) En France, l'Etat a fait de son propre chef, et malgré les réclamations de la cour romaine, une loi organique dont le premier article porte : « Aucune bulle, bref, rescrit, décret, mandat..... ni autres expéditions de la cour de Rome, même ne concernant que les particuliers, ne pourront être reçus, publiés, imprimés, ni autrement mis à exécution, sans l'autorisation du gouvernement. » Et, pour ne laisser aucun doute sur l'extension donnée à cette loi, son rapporteur ajoutait : « Quand on dit que les bulles et les rescrits de Rome doivent être vérifiés avant leur exécution, on ne doit faire aucune distinction entre ceux qui ne sont relatifs qu'à la discipline et *ceux qui peuvent tenir au dogme.* » Le Saint-Siége protesta contre les articles organiques, d'abord le 12 mai 1802, ensuite le 24 du même mois par une allocution du pape, communiquée à la France, et enfin par une note officielle du cardinal légat Caprara, qui portait fort loin, comme on le sait, son dévouement obséquieux pour Napoléon. Voici un passage de cette note sur la disposition qui vient d'être citée : « Cette disposition, prise dans toute son étendue, ne blesse-t-elle pas évidemment la liberté de l'enseignement ecclésiastique? Ne soumet-elle pas la publication des vérités chrétiennes à des formalités gênantes? Ne met-elle pas les décisions concernant la foi et la discipline sous la dépendance absolue du pouvoir temporel? Ne donne-t-elle pas à la puissance qui serait tentée d'en abuser les droits et les facilités d'arrêter, de suspendre, d'étouffer même le langage de la vérité, qu'un pontife fidèle à ses devoirs voudrait adresser aux peuples confiés à sa sollicitude? — Telle ne fut jamais la dépendance de l'Eglise, même dans les premiers siècles du christianisme. Nulle puissance n'exigeait alors la vérification de ses décrets. Cependant elle n'a pas perdu de ses prérogatives en recevant les empereurs dans son sein : « *Elle doit jouir de la même juridiction dont elle jouissait sous les empereurs païens. Il n'est jamais permis d'y donner atteinte, parce qu'elle la tient de Jésus-Christ.* » (Lois ecclésiastiques.) Avec quelle peine le Saint-Siége ne doit-il donc pas voir les entraves qu'on veut mettre à ses droits? »

(1) « Nos jurisconsultes gallicans, dit l'évêque de Langres, n'ont pas rougi d'avancer que la loi toute seule, en déclarant les biens ecclésiastiques propriétés de l'Etat, les avait *aliénés.* Heureusement que cette interprétation inouïe, sanctionnée pourtant par le conseil d'Etat (Avis du 12 juin 1829), est formellement démentie par le concordat, qui ne parle que des aliénations consommées par un contrat, puisqu'il n'entend faire d'abandon qu'à des *acquéreurs.* » (*Des empiétements*, IIe part., ch. IV.) M. Dupin prétend que le gouvernement ne demanda au pape cette déclaration que pour le bien de la paix et le repos des consciences, « *et non en vue d'une ratification jugée absolument nécessaire.* » C'est ce qu'il faudrait prouver Du reste, le savant jurisconsulte déclare qu'il *n'approuve en aucune façon l'emparement total, effectué en 1791, de la dotation immobilière du clergé.* (*Manuel*, p. 45.)

(2) Edit de Licinius en 313. Lactance le rapporte ainsi : « Et quoniam iidem christiani non ea loca tantùm, ad quæ convenire consueverunt, sed alia etiam habuisse noscuntur, ad jus *corporis eorum*, id est ecclesiarum, non hominum singulorum pertinentia, ea omnia lege, quâ superius comprehendimus, citra ullam prorsùs ambiguitatem vel controversiam, hisdem Christianis, id est corpori et conventiculis eorum reddi jubebis. » (*Lact.*, *De mort. persecut.*, c. 48.)

(3) C'est donc contre toute espèce de droit qu'en France les églises et presbytères restitués ont été déclarés propriétés communales. (Avis du conseil d'Etat 2 pluv. an XIII, 22 janv. 1805.)

réclamée et maintenue par l'État : qu'à lui appartient la surveillance de l'administration des biens de l'Église, tandis qu'il a soin de s'abstenir de toute surveillance semblable à l'égard des particuliers, à moins, toutefois, que l'un d'eux ne se montre notoirement prodigue. Or, ce reproche n'a jamais pu être adressé à l'Église (*De la paix entre l'Église et les Etats*). » Il y a loin de ces principes aux théories admises et à la pratique suivie par les gouvernements modernes. Pour nous, sans nous prononcer sur le fond de la doctrine soutenue par l'archevêque de Cologne, nous nous contenterons de faire observer qu'elle paraît appuyée sur la nature même des choses, qu'elle a été consacrée par l'ancien droit canonique et par la coutume, qu'elle a été longtemps reconnue par les sociétés temporelles, enfin qu'elle est une conséquence naturelle, sinon absolument nécessaire, des principes que nous avons posés sur la distinction et l'indépendance des deux puissances. C'est donc en vain que l'on voudrait contester à l'Église le droit de parfait domaine et d'administration ; la capacité d'acquérir, de posséder et d'administrer, même des immeubles, est fondée sur le droit naturel, pour les corps aussi bien que pour les individus ; cette capacité pour l'Église est indépendante de la loi, et la loi ne pourrait la lui ravir sans injustice; l'acquisition, la transmission, l'échange, l'administration des biens ecclésiastiques, sont autant de points qui peuvent être réglés par la loi civile, mais toujours de manière à ne blesser en rien le droit de l'Église. Nous renvoyons, pour les développements et les preuves, au *Traité de la propriété des biens ecclésiastiques*, de monseigneur Affre; cet ouvrage ne laisse rien à désirer sur cette question. (*V.* ch. I, § 3 et 4.) Il nous reste à examiner dans quelle condition l'Église de France se trouve aujourd'hui vis-à-vis de l'État. Nous ne pouvons mieux la faire connaître qu'en reproduisant ici quelques passages du 2e *Examen* de l'évêque de Langres : « Le gouvernement ayant été déclaré constitutionnel, et toute religion d'Etat ayant été supprimée, il s'ensuit que l'État n'est plus catholique, qu'il n'est plus en aucune manière soumis à l'Église, même pour la foi, que ses chefs, quels qu'ils soient, pourraient, *sans manquer* à la Charte, se faire *non-seulement* juifs ou protestants, mais ariens ou musulmans, que tout le conseil d'État pourrait prendre ce parti sans que l'Église eût légalement rien à y voir; qu'ainsi l'État est constitutionnellement incapable de donner à l'Église aucune espèce de garantie, et que, les garanties étant indispensables à toute alliance, il s'ensuit que l'Église est immensément généreuse et confiante en maintenant son alliance avec l'État. On a dit qu'il en était de même sous l'Empire et la Restauration. C'est une énorme erreur. Il est bien vrai que sous ces deux gouvernements l'union de l'Église avec l'État se trouvait moins parfaite que sous l'ancien régime, mais sous l'un et sous l'autre il restait à cette alliance une garantie évidente et sacrée. Sous l'Empire, la religion catholique n'était, il est vrai, comme aujourd'hui, que la religion de la majorité des Français, mais le prince avait un pouvoir absolu, et ce monarque absolu était catholique; il devait l'être d'après l'art 17 du Concordat, et c'est avec lui seul que l'Église avait contracté. Or, quand le monarque est absolu..... le prince peut dire: l'État, c'est moi. La religion catholique, était donc véritablement, de ce côté, la religion de l'État. Aujourd'hui, au contraire, qu'importe l'orthodoxie personnelle du prince, puisque, en vertu de la constitution, ce n'est pas lui qui gouverne, ou, ce qui revient au même, ce n'est pas lui qui est censé gouverner, puisqu'il n'est aucunement responsable des actes de son gouvernement, puisque ces actes appartiennent de droit à des ministres qui peuvent ne pas être catholiques?... Donc, on ne peut pas assimiler la position qu'avait l'Église respectivement à l'État sous l'Empire, avec celle qu'elle a maintenant. Sous la Restauration, le roi était, à la vérité, comme aujourd'hui, constitutionnel, et il ne pouvait plus y avoir de garantie de son côté; mais il y en avait une très forte du côté de l'État lui-même, qui, en vertu de l'article 6 de la Charte de **1814**, était déclaré catholique, puisque la religion catholique était la religion de l'État. Les ministres responsables pouvaient alors, il est vrai, pour leur propre compte, professer comme aujourd'hui des cultes dissidents; mais, dans leurs actes publics avec l'Église, agissant comme ministres, ils étaient forcés par la constitution d'agir catholiquement. Aujourd'hui, au contraire, ceux qui exercent le pouvoir ne peuvent, quand il s'agit de religion, être resserrés dans les limites d'un culte, ni par leur orthodoxie personnelle, ni par les lois de l'État. Donc, une des parties contractantes est dans l'impossibilité d'offrir des garanties; donc, le contrat qui les suppose et les exige (le Concordat) n'a plus de bases de ce côté (1).... Cependant, que fait l'État?... Peu content de s'attribuer des droits qui furent très souvent contestés, même au gouvernement catholique de l'ancien régime, il les exagère, il les dépasse. Or, qu'arrive-t-il de là? que le gouvernement, agissant avec l'Église comme s'il était uniquement son allié, quand, en fait, il lui est devenu légalement étranger, et quand il peut impunément se faire son ennemi, prend tour à tour avec elle ces positions contradictoires pour s'autoriser à gêner son action dans tous les sens. Que l'Église lui dise : Puisque vous êtes mon allié, prêtez à mes préceptes le secours de votre bras; aidez moi, par exemple, à faire respecter le saint repos de mes jours de fêtes; l'État lui répondra : Tous les cultes sont libres, je vis étranger à ces matières, je ne puis rien pour vous. Que l'Église lui réplique : Si vous êtes étranger aux cultes, pourquoi donc voulez-vous réglementer le mien? l'État lui répondra : C'est que je suis identifié depuis plusieurs siècles avec l'Église gallicane, dont je dois défendre les libertés, qui sont passées dans mes lois. Que l'Église insiste encore, et dise : Mais l'Église gallicane, c'est moi, car cette église s'est toujours déclarée catholique; si l'État est identifié avec elle, il est donc catholique; mais alors pourquoi ne l'est-il pas en tout, pourquoi ne repousse-t-il pas de ses enseignements et de ses lois tout ce qui est contraire aux doctrines ou aux intérêts catholiques? L'État lui répondra : c'est que notre système constitutionnel exige que l'on ménage tous les esprits, même ceux qui sont les plus hostiles à la religion. Voilà ce que le gouvernement répondra, sinon en paroles, du moins par ses actes, d'où il suit que l'Etat est en même temps et pour l'Église et contre elle ! » Ces considérations sont fort justes, et cette logique est puissante, inexorable dans ses déductions; malheureusement elle passe tous les jours dans les faits, dans les lois, je dirais presque dans les mœurs, non-seulement de nos hommes d'Etat, mais encore du peuple, qui s'habitue peu à peu aux empiètements consacrés par les ordonnances et les prohibitions administratives de la bureaucratie du ministère des cultes. On ne se fait pas une idée assez juste des rapports que notre constitution politique actuelle a dû établir entre l'Église et l'Etat; on prend pour règle les traditions et les faits de l'ancien régime qui a disparu pour faire place à un autre, et celui-ci n'a rien de commun avec le premier, pas même le nom. « Il importe extrêmement, poursuit le savant prélat, de considérer ce qu'il y a d'inouï, de déplorable et d'effrayant dans cet état de choses. Nous avons vu comment un gouvernement temporel pouvait être ou hostile, ou allié, ou étranger au pouvoir spirituel. Or, si nous demandons dans laquelle de ces trois conditions la France se trouve aujourd'hui vis-à-vis de l'Église catholique, nous sommes forcés de reconnaître qu'elle est placée en même temps à la fois dans ces trois conditions, et que, par un phénomène monstrueux, elle réunit en elle ces trois manières d'être essentiellement incompatibles et contradictoires. Ainsi le gouvernement est étranger à l'Eglise par l'article 5 de la Charte de **1830**. — Le gouvernement est allié à l'Eglise en vertu du concordat de l'an IX. — Enfin le gouvernement est hostile à l'Eglise, et par plusieurs de ses lois, et par tout ce qu'il se dit obligé d'autoriser contre elle. Et toutefois, par un stratagème que nous n'osons pas qualifier, quand le gouvernement le veut, il n'est plus rien de tout cela. Si on lui demande d'exécuter son alliance avec l'Eglise, il dit que la Charte le lui défend; si on l'invite, au nom de la Charte, à ne pas se mêler du spirituel, il dit que le Concordat l'y autorise. Si on le conjure de faire fermer des cours scandaleux, il dit qu'à ses yeux toutes les croyances sont libres, et qu'il a pour toutes la même indifférence. Enfin, si on lui dit qu'avec cette indifférence pour toutes les croyances il ne peut pas diriger souverainement l'éducation, il dit que c'est son droit..... Voilà où en est l'Eglise avec

(1) M. le comte de Montalembert, dans la brochure qu'il vient de publier : *Du devoir des catholiques dans les prochaines élections*, signale ainsi la différence qui existe entre notre constitution politique et celles des temps qui nous ont précédé : «Quand on cite le texte si souvent et si maladroitement invoqué contre l'Eglise : *Rendez à César ce qui est à César*, on ne se demande pas assez ce que c'est aujourd'hui que le *César* de l'Evangile..... *César*, c'est la souveraine puissance, c'est l'*Etat*. Or, aujourd'hui... la souveraineté ne réside plus dans la royauté, mais dans la nation; c'est la nation qui est *César*; chaque citoyen est une portion de ce *César*, et on doit à ses droits le même respect qu'à ceux de César. » Or, pouvons-nous ajouter, tout catholique est citoyen, et les catholiques forment la majorité de la nation; les droits des citoyens catholiques, les droits de l'Eglise, sont donc sacrés comme ceux de César.

la France, telle que l'ont faite les révolutions. — Est-il nécessaire d'être un homme d'Etat pour comprendre que c'est là un mal profond, que c'est une cause de ruine inévitable, puisque c'est un état de choses impossible? N'est-il pas évident que si, par un aveuglement insensé, on conservait quelque temps encore au cœur de la France ces éléments qui se détruisent réciproquement par leur nature, les plus habiles politiques seraient impuissants à prévenir une dissolution sociale? Est-il possible de ne pas sentir que toutes nos souffrances, tous nos débats, tous nos dangers, viennent de cette position triplement fausse? Et, pour rentrer plus intimement dans notre sujet, est-il possible que, dans une position si fausse et si cruelle, l'Eglise, pour continuer son œuvre de sanctification, ne se heurte pas sans cesse contre l'État, puisqu'elle se trouve en rapports continuels avec lui, sans pouvoir se dire si elle traite et si elle vit avec un étranger ou avec un allié, ou avec un ennemi, ayant à le ménager à tous ces titres, ayant à souffrir de lui sous tous ces rapports? — L'État, comme étranger à l'Eglise, croit être en droit de lui apporter son indifférence; comme allié, ses chaînes; comme ennemi, ses persécutions: c'est-à-dire que, par la combinaison perfide et la complication inextricable de ces trois titres, l'Etat peut trouver à son gré, dans son organisation et dans ses lois, des prétextes pour ne lui faire aucun bien, des raisons et des moyens pour lui faire tout le mal possible. » (*Des tendances*, 1re part , § 4.) Ce langage de l'un des membres les plus illustres de l'épiscopat français a une autorité d'autant plus grande que le savant prélat n'a pas avancé, dans sa vigoureuse polémique en faveur de la liberté de l'Eglise et de ses droits, une seule proposition qui puisse le faire soupçonner d'ultramontanisme; aussi, les plus ardents comme les plus habiles adversaires de l'indépendance ecclésiastique ont tous gardé un silence absolu et, selon nous, fort prudent sur les *Examens* de monseigneur de Langres; personne n'a essayé de répondre à son argumentation victorieuse, toujours appuyée, d'une part, sur les droits immuables de l'Eglise, et, de l'autre, sur les principes les plus évidents de notre droit public consacré par la Charte de 1830. — Ce silence est un aveu de l'impuissance où l'on est réduit de donner une réponse satisfaisante. — Puisse cet aveu présager à l'Église et à son indépendance des jours meilleurs en préparant nos hommes d'État à faire droit aux justes réclamations des catholiques. Ce que l'Église demande au gouvernement, ce n'est pas le privilége ou la faveur, mais le droit commun; ce ne sont pas des honneurs ou des richesses, c'est la liberté pure et simple due à tous et garantie à tous par la loi fondamentale qui régit la France; et cette liberté, elle la réclame uniquement pour travailler au salut des âmes par le pacifique usage des moyens d'action qui lui sont propres et qu'elle tient de Dieu même; elle revendique le droit de remplir sa mission sans entrave, parce que tel est son devoir devant Dieu, parce que cette liberté lui est due, même devant les hommes. Si l'État consent à la protéger, elle ne s'y oppose point; loin de là, elle lui promet sa reconnaissance et ses services. « Ah ! certes (c'est à une des gloires de l'épiscopat français que nous empruntons ces belles paroles qui résument si bien les droits et les désirs des catholiques) nous ne refusons pas pour l'Église la protection de l'État, nous l'invoquons, au contraire, comme un droit sacré. Mais ou la Charte est un vain mot, ou l'État ne peut plus être aujourd'hui que le *protecteur de sa liberté*. Voilà la seule protection que nous demandions pour elle, la seule que l'État puisse constitutionnellement et raisonnablement lui accorder (Mgr. l'évêque de Digne, *Institutions diocésaines*, pag. 339, édit. de 1844). »

§ II. — *Des sources du droit ecclésiastique considérées en elles-mêmes, dans leur autorité et dans leur application actuelle.*

Nous examinerons successivement les sources du droit ecclésiastique catholique; — celles du droit de l'Église d'Orient; — celles du droit ecclésiastique protestant; — nous poserons ensuite quelques principes sur l'usage que l'on doit faire aujourd'hui des sources du droit catholique.—Nous ne pouvons mieux faire que de reproduire ici l'excellent travail de Walter; nous lui emprunterons à peu près textuellement nos réponses aux trois premières questions que nous venons d'indiquer; nous ajouterons seulement quelques explications nécessaires pour nous faire comprendre de ceux des lecteurs de l'*Encyclopédie* qui sont peu familiarisés avec le langage des canonistes; nous nous bornerons à une rapide analyse du même auteur en traitant la dernière.

I° *Sources du droit ecclésiastique catholique.*— La source première du droit catholique c'est la puissance législative exercée d'abord par Dieu même, puis confiée par J.-C. aux pasteurs de son Église, puissance indépendante et suprême dans la sphère de l'ordre spirituel, puissance dont la plénitude réside dans la hiérarchie, comme nous l'avons suffisamment expliqué, et qui se manifeste en diverses manières, se partage inégalement entre les différents ordres qui composent la hiérarchie de juridiction, et enfin demeure toujours constituée dans l'unité en la personne du chef suprême de l'Église universelle. Dans quels monuments sont consignés les actes de cette puissance législative? telle est la question à résoudre.

I° *Préceptes de J.-C. et des apôtres.* — « Envisagé dans ses sources, c'est Walter qui parle, le droit ecclésiastique se compose d'éléments très divers. Le premier de tous, ce sont les préceptes que J.-C. même a posés comme base de la constitution et de la discipline de l'Église; lois fondamentales émanées de Dieu même, ils ne peuvent être modifiés ou abrogés dans leur substance par des dispositions humaines. Une partie en est consignée dans l'Écriture sainte, l'autre s'est transmise par la tradition orale. A ces préceptes se joignent ceux que les apôtres et les communes ont établis de leur propre mouvement.» L'Écriture elle-même nous apprend que les apôtres ont usé de leur pouvoir législatif ordinaire, et qu'ils ont tracé des règles de discipline qui ne leur étaient pas immédiatement dictées par l'Esprit-Saint : *Cæteris ego dico, non Dominus* (I. *Cor.* VII, 12). « Ces maximes et traditions des apôtres et des premiers temps de l'Église doivent sans doute, à raison de leurs auteurs et de leur haute antiquité, être traitées aussi avec un grand respect; mais elles diffèrent des autres en ce que émanées d'une autorité purement humaine, elles ne sont pas essentiellement immuables. » (*Manuel*, § 53.) Il ne serait donc pas entièrement exact de dire que l'Écriture sainte et les traditions ne sont pas, à proprement parler, des sources du droit canon; plusieurs canonistes le prétendent, et ils se fondent sur ce que l'Écriture et la tradition sont les monuments et comme les canaux qui nous transmettent directement le droit divin, tout le monde l'avoue; mais il faut reconnaître aussi que plusieurs dispositions importantes du droit ecclésiastique découlent de ces deux sources sacrées.

II° *Sources ultérieures.* — On en distingue de deux sortes: les sources *écrites* et les *coutumes*. — *Des sources écrites*. 1° Canons des conciles : « Pour le maintien et le développement de sa discipline, l'Église a fréquemment réuni ses supérieurs en assemblées où se fixaient les règles nécessaires; ces assemblées peuvent être générales ou particulières, et leurs décisions porter tant sur le dogme et la morale que sur la discipline. Les canons des conciles forment une source très importante et très riche du droit canonique (1). On en a composé des collections, tantôt générales (2), tantôt particulières à l'usage de certains pays (3). » Ce n'est pas ici le lieu de discuter sur l'autorité des conciles, sur la promulgation et l'acceptation de leurs décrets (*V.* CONCILE), ni de rechercher quels sont les conciles reçus en France, et dont les lois disciplinaires sont obligatoires dans ce pays. (*V.* sur ce point notre réponse à la quatrième question.) — 2° *Constitutions des papes.* — Gregor. I, 2. Sext. I, 2. *De constitutionibus;* Gregor. I, 3. Sext. I, 3. Clement. I, 2. *De rescriptis* : — « Les constitutions des papes forment également une source importante; elles sont, du reste, très différentes dans leur contenu et leur étendue. Le plus petit nombre contient des dispositions générales pour toute l'Église, et encore celles-ci ont-elles été ordinairement arrêtées dans un concile œcuménique ou dans un concile provincial romain, et publiées seulement sous le nom du pape. La plupart sont des lettres décrétales, c'est-à-dire des dispositions rendues à la sollicitation

(1) Les ouvrages à consulter pour l'étude des conciles sont nombreux : nous indiquerons seulement le *Traité de l'étude des conciles et de leurs collections*, par Salmon. — Cabassutii, *Notitia conciliorum sanctæ Ecclesiæ.*

(2) On a publié un grand nombre de ces collections générales : les plus pratiques sont : *Sacrosancta concilia à Ph. Labbeo et Gabr. Cossartio cum duobus apparatibus*, 18 vol. in-fol. — *Acta conciliorum et epistolæ decretales ac constitutiones summ. pontificum, curâ J. Harduini*, 12 vol. in-fol. — *Sacrosancta concilia ad regiam edition. exacta curante N. Coleti*, xxv vol. in-fol.; et comme suite J. Dom. Mansi, *Supplementum ad collect. concil.*, vi vol. in-fol.

(3) Nous indiquerons pour la France : *Concilia antiqua Galliæ, stud. Jac. Sirmundi*, III vol. in-fol., Paris, 1629. — *Eorumdem supplementum, ed. P. de La Lande*, in-fol., Paris, 1666. — *Concilia novissima Galliæ, ed. Lud. Odespun*, Paris, 1646, in-fol.

des évêques; en outre, des décisions sur les difficultés de droit soumises au Saint-Siége, des délégations et des exhortations, des instructions pour des ministres de l'Église, des rescrits sur des matières d'administration, et des mesures règlementaires pour tels royaumes ou évêchés en particulier. Dans les matières importantes, elles s'expédient sous forme de bulles, autrement sous forme de brefs (1). Au moyen âge, où le Saint-Siége était assailli de consultations et de requêtes, on avait donné à la doctrine des rescrits en particulier, pour éviter les abus ou falsifications, des développements très précis, relatifs aux conditions intrinsèques et extrinsèques de ces décisions, et imités en partie du droit romain (Théod. a. 426 — C. 15, c. XXV, q. 2. — C. 2, 20, 22, X, h. t. — c. 8, h. t. in VI. — c. 6, X. *De fid. instrum.* (2, 22.) — C. 5, 6, X. *De crimin. falsific.* (5, 20.); mais maintenant cela n'a plus, à beaucoup près, la même importance pratique. Jusque dans les derniers temps, les constitutions des papes ont été réunies en collections (2). » — 3° *Concordats et lois séculières.* « Les rapports civils de l'Église dans les divers royaumes sont en outre réglés partout par des sources spéciales. Ces sources sont les traités avec le pape, les lois fondamentales et les ordonnances du souverain. Les traités ont reçu depuis le XVe siècle le nom de concordats; on en a fait une collection (pour l'Allemagne); il existe aussi des recueils bien digérés des lois fondamentales. (*V. Collection des constitutions et lois fondamentales des peuples de l'Europe et des deux Amériques*; par MM. Dufau, Duvergier et Guadet. Paris, 1821-1830. 7 vol. in-8°.) Les concordats et lois concernant l'empire germanique avaient été plusieurs fois éditées en corps de droit (par Riegger, Schmans, Gartner, etc.); ceux qui régissent les États de la confédération germanique l'ont été également (par Weiss). Il y a enfin des collections des ordonnances modernes rendues par les souverains dans le domaine du droit ecclésiastique catholique, pour l'Autriche, la Bavière, le Wurtemberg, et la partie prussienne de la rive gauche du Rhin. » — En France, on peut consulter les *Lois ecclésiastiques*, par d'Héricourt; le *Code ecclésiastique français*, par Henrion; le *Dictionnaire de droit canonique*, par M. André; enfin, le *Manuel du droit public ecclésiastique français*, par M. Dupin; ce dernier ouvrage, condamné par les évêques de France et par le pape, est une compilation qui renferme les *Libertés de l'Eglise gallicane*, la *Déclaration du clergé*, de 1682, le *Concordat*, les *Articles organiques*, les *Rapports de M. Portalis*, et le *texte des principales lois et ordonnances relatives à la police et au régime des cultes*; c'est un véritable arsenal du gallicanisme parlementaire et politique. — 4° *Sources propres aux divers diocèses et Eglises.* — Gregor. I, 2. *De constitutionibus.* « Enfin, les divers diocèses et Églises peuvent avoir leurs sources particulières: ce sont les statuts des synodes diocésains, les mandements des évêques, les priviléges des papes, empereurs et princes; les concordats particuliers des évêques avec le souverain, et les statuts des chapitres et autres corporations ecclésiastiques. Anciennement, les capitules délibérés par les évêques avec leurs chapitres avaient aussi beaucoup d'importance. » Nous ferons connaître, à l'article JURIDICTION, les droits des évêques et des chapitres en matière de législation ecclésiastique, l'étendue et les limites de leur pouvoir, les règles qui en doivent accompagner l'exercice, etc.

II° *Sources non écrites.* — *Les coutumes.* — Gregor. I, 4. *De consuetudine.* — « La législation ne peut jamais épuiser le droit; elle laisse nécessairement beaucoup au sentiment individuel, et ce sentiment se traduit en fait quand le cas s'en présente. Une série de faits uniformes de cette sorte devient, comme expression du sentiment dominant, une autorité pour l'avenir, un droit coutumier (C. 4, 5. D. I, *ex Isidor*). C'est là un complément excessivement important et indispensable du droit civil, et l'Église le reconnaît expressément comme tel. » (C. 7, D. XI, *ex Augustin.*) Voici les remarquables paroles de saint Augustin, consignées dans le décret: « *In his rebus, de quibus nihil certi statuit divina Scriptura, mos populi Dei, et instituta majorum pro lege tenenda sunt. Et sicut prævaricatores divinarum legum, ità contemptores ecclesiasticarum consuetudinum coercendi sunt.* » (*Ad Casulan., epist.* 86.) *Diuturni mores*, est-il dit dans les Institutes de l'empereur Justinien, *consensu utentium approbati legem imitantur.* (*Lib. I, tit.* 2.) Ce complément du droit écrit a donc la même autorité que la loi elle-même. — « Seulement, il ne doit pas léser le droit divin, la raison et les bonnes mœurs, l'ordre public, l'esprit et les droits de l'Église. (C. 8, 9. D. VIII, *ex Cyprian.* — C. 4, 6, 7, *ex Augustin.*) Un autre complément d'une non moindre importance est l'autorité de la doctrine, c'est-à-dire des opinions de ceux qui, en qualité d'instituteurs et d'écrivains, s'occupent scientifiquement du droit. Cette autorité agit d'une manière moins formelle il est vrai, mais en réalité aussi puissante que la législation même; car elle lie les dispositions isolées en un tout homogène, en complète les lacunes, élague le suranné, dirige l'esprit du juge, et même est la source où se puisent les nouvelles lois. L'Église a toujours reconnu ce digne attribut de la science; ainsi on l'a vue signaler comme pères et docteurs de l'Église les hommes éminents par l'érudition et la vertu, consulter leurs écrits avec une confiance particulière, et admettre tacitement au nombre des sources des travaux privés utilement conçus. Si quelque coutume ou doctrine se produit dans une série de décisions judiciaires identiques, elle en tire une force particulière, et de là naît l'autorité de la jurisprudenc ou de la pratique. »

II. *Sources du droit ecclésiastique d'Orient.* — Nous ne parlons point des Grecs unis; leur droit ecclésiastique est le droit même de l'Eglise universelle; à part quelques traditions particulières, quelques coutumes relatives à la discipline, les catholiques grecs sont régis par le droit commun, et les sources de ce droit sont les mêmes pour l'Orient que pour l'Occident. « L'Eglise grecque (schismatique) compte parmi ses sources les dispositions du Christ transmises tant par l'Ecriture que par la parole, les anciennes traditions (plus ou moins altérées), les canons des conciles reconnus par elle, les écrits des saints-pères (principalement des pères grecs) et la coutume. Au lieu des constitutions des papes, on révère les règlements et circulaires des patriarches et autres supérieurs. En somme il se fait peu de lois nouvelles; on y supplée tant bien que mal à l'aide du droit existant. Dans l'Eglise russe, au contraire, les décrets des empereurs et du synode dirigeant ont depuis cent ans acquis beaucoup d'importance. » Nous entrerons dans de plus amples détails sur l'état présent de la législation ecclésiastique des églises orientales séparées de l'unité quand nous traiterons l'histoire législative de l'Eglise. (V. ce mot).

III. *Sources du droit ecclésiastique protestant.* — « Dans l'état actuel, le droit ecclésiastique protestant repose principalement et avant tout sur les règlements ecclésiastiques et les lois des divers pays. Ces monuments se trouvent en partie dans les collections de lois, en partie dans des recueils spéciaux (1). Parmi les sources plus éloignées figure l'Ecriture sainte, parce qu'en définitive la parole divine n'offre pas seulement, ainsi que le prétendent quelques-uns, une instruction pour la foi et la sanctification intérieure, mais aussi une règle obligatoire de la vie extérieure de l'Eglise. Plusieurs institutions des Eglises protestantes se fondent aussi sur le respect de l'antiquité ecclésiastique. Ces églises ont en outre conservé beaucoup de débris du droit canonique. Enfin les principes généraux sur l'Eglise, par opposition surtout au droit catholique, se rencontrent principalement dans les différentes confessions de foi (2). Il existe des recueils de ces confessions tant pour les luthériens (3) que pour les réformés (4). » L'Angleterre protestante a aussi son droit

(1) On appelle *constitutions* les édits qui promulguent une loi stable; *décrets*, les décisions des conciles de l'Eglise romaine et les réponses du Siége apostolique aux consultations des évêques; ces dernières sont aussi nommées *décrétales*; les *rescrits* contiennent les concessions des papes en réponse aux suppliques qui leur sont adressées; on les nomme aussi *diplômes* parce qu'ils sont pliés en deux. Les *bulles* sont écrites sur parchemin avec les anciens caractères gaulois, et munies d'un sceau de plomb, représentant l'image de saint Pierre et de saint Paul. Un *bref* est simplement scellé sur cire rouge avec l'anneau du pêcheur. La simple *signature* est un écrit non scellé contenant la supplique et la concession du pape ou de l'un de ses délégués.

(2) La principale est le *Bullarium magnum Romanum à Leone M. ad Bened. XIV*, et ses continuations jusqu'au pontificat de Léon XII.

(1) Nous renvoyons à Walter, pour l'indication de ces recueils tous composés en allemand, excepté le *Corpus juris ecclesiastici saxonici* (V. *Manuel*, § 60, note c.)

(2) Les ouvrages qui en facilitent l'étude sont: Walch, *Introductio in libros Ecclesiæ lutheranæ symbolicos*, Ienæ, 1732. — Augusti, *Dissertatio historica et litteraria de libris Ecclesiæ reformatæ symbolicis* (dans sa collection).

(3) J.-A.-H. Tittmann, *Libri symbolici Ecclesiæ evangelicæ ad fidem optim. exemplar.*, Misn., 1327. — C.-A.-Hase, *Libri symbolici Ecclesiæ evangelicæ sive concordia*, Lips., 1827.

(4) *Harmonia confessionum fidei orthodoxarum et reformatarum Ecclesiarum*, Genève, 1581. — *Corpus et syntagma confessionum fidei*, Genève, 1654. — *Corpus librorum symbolicorum qui in Ecclesiâ reformatorum auctoritatem publicam obtinuerunt*, ed. J. Chr. G. Augusti, Elberf., 1827.

particulier, et les sources en sont nombreuses et fort variées. Comme les changements les plus importants de la constitution de l'Eglise furent opérés par les bills des parlements et par les ordonnances royales, c'est dans ces ordonnances et dans les actes des parlements qu'il faut puiser la connaissance de ces modifications; mais les édits concernant l'Eglise n'ayant pas été réunis en un reccueil complet, on doit les chercher dans les recueils généraux où on les trouve sous le titre de statuts, ordinairement divisés en plusieurs chapitres, dont il est fait un recueil à la fin de chaque parlement. Malgré tous ces changements, il fut décidé sous Henri VIII que l'ancien droit canonique et les décrets des conciles d'Angleterre (1) demeureraient en vigueur dans tout ce qui ne serait pas contraire au nouvel état de choses, aux lois et coutumes du royaume ou aux priviléges de la couronne. « De plus, différents synodes émirent des dispositions sur la discipline : tels sont le livre des canons sur la discipline ecclésiastique de 1571, les chapitres ou constitutions ecclésiastiques de 1597, les 141 importants canons du synode de Londres de 1603, les constitutions d'une assemblée tenue à Dublin en 1634 et les canons de 1630 dirigés spécialement contre les catholiques (2). En Ecosse le premier livre de discipline fut celui rédigé par Jean Knox en 1560 et approuvé par les Etats. » (§ 113.)

IV. *Des sources dans leur application actuelle.* — *Règles générales.* — 1° Du *corpus juris canonici.* — Ce n'est pas ici le lieu de faire l'histoire de ce recueil important et des modifications successives qu'il a subies, nous nous bornerons à faire connaître l'*autorité* dont il jouit dans l'Eglise et l'*usage* que le canoniste et le théologien peuvent en faire aujourd'hui. — 1° *Son autorité.* — Le *corpus juris* contient le décret de Gratien, les Décrétales de Grégoire IX, le Sexte de Boniface VIII, les Clémentines de Clément V et les deux recueils des Extravagantes de Jean XXII, mises en ordre par Vital de Thèbes et Jean Chapuis, à la fin du XVe siècle. Ces divers recueils furent successivement reçus, enseignés et commentés dans les écoles; puis volontairement acceptés en pratique, ils se répandirent par tout l'Occident où ils obtinrent peu à peu l'autorité de codes universels du droit commun. A partir du XVIe siècle, par exemple, les deux recueils d'extravagantes publiés par Chapuis, furent cités devant les tribunaux et par les théologiens comme les autres parties du *Corpus juris;* leur autorité fut reconnue partout, et même en France, au témoignage de Doujat. (*Prænotion. canon.* lib. IV, c. XXIV, § 7.) «Du reste, dit Walter, l'autorité dévolue à tous ces recueils dans l'opinion du temps ne se bornait point à la sphère de la juridiction ecclésiastique. Au contraire, ils furent en tous pays considérés comme règle près des tribunaux séculiers, chaque fois qu'on pouvait y puiser une décision résultant du texte même ou de l'analogie et par suite comptés, en Allemagne notamment, à l'exemple des recueils du droit romain, parmi les sources du droit commun de l'empire. » (*Manuel*, §. 116.) Mais il n'en est plus ainsi depuis longtemps. La plupart des dispositions contenues dans les diverses parties du *Corpus juris* sont purement locales et transitoires; elles ne sont pas sans intérêt pour l'historien, elles peuvent même être d'un grand secours pour le jurisconsulte et le théologien, et cependant elles sont devenues généralement inapplicables par suite du changement des rapports entre l'Eglise et l'Etat, ou bien encore elles sont remplacées par des lois et des traités ultérieurs qui formulent plus nettement la discipline ecclésiastique et les rapports des deux puissances; d'où il suit qu'elles peuvent à peine dans quelques cas servir de base à une argumentation par analogie. — 2° *De l'usage actuel du Corpus juris canonici.* — Dans le principe le Décret de Gratien était un code éminemment pratique, mais les lois nouvelles et les changements qu'elles ont fait subir à la discipline, les coutumes introduites ont fait que ce code n'est plus immédiatement applicable au droit actuel. Sous un autre point de vue, cette riche collection forme une compilation historique renfermant presque tous les matériaux nécessaires pour l'histoire de chaque partie importante de la discipline. Le théologien peut y puiser de précieux renseignements sur la pratique de l'Eglise, et sur la doctrine des anciens pères dont il lui est facile de vérifier les textes en les comparant aux ouvrages originaux. — Les Décrétales, les Clémentines et les Extravagantes ont une plus grande valeur pratique relativement au droit actuel; toutefois comme elles n'étaient point destinées à régir exclusivement l'Eglise, les lois qu'elles contiennent remontant à une haute antiquité, ne sont plus applicables qu'autant que les choses n'ont pas changé pour le fond; la science doit donc en élaguer le suranné, en adoucir, en restreindre ou en étendre la lettre par l'esprit, afin d'en donner une interprétation légitime de quelque valeur aux yeux du théologien et du canoniste. — L'usage des recueils des dispositions de l'ancien droit est naturellement encore plus borné chez les protestants ennemis des traditions et des pratiques de l'ancienne Eglise et tourmentés sans cesse du besoin d'accomoder l'antique législation à leurs nouvelles croyances touchant la vie chrétienne et la constitution ecclésiastique. Aussi, cette législation devint-elle bientôt inapplicable excepté en Angleterre. Dans la sphère de l'ordre civil, l'ancien droit canonique n'exerce plus la même influence qu'autrefois; nos codes modernes l'emportent, ou plutôt ils règlent seuls les matières du droit civil. Cependant la législation ecclésiastique serait d'un grand secours pour l'interprétation de nos lois parce qu'elle est la source d'où découle en grande partie le droit qui régit maintenant la plupart des sociétés européennes. — II° *Des décrets du concile de Trente.* — Ils forment à proprement parler tout le droit nouveau actuellement en vigueur dans l'Eglise universelle. Portés par un concile œcuménique et approuvés par plusieurs papes, ils émanent de la plus haute autorité législative; promulgués régulièrement dans presque tous les pays de la catholicité et reçus solennellement dans le plus grand nombre des églises unies de communion avec celle de Rome, ils sont aujourd'hui la source la plus importante du droit pour les catholiques. « Ils sont classés d'après les vingt-cinq sessions où ils furent rendus, et se composent en partie de canons succincts, exposés de doctrine contre les erreurs que le concile avait pour objet de combattre, en partie de développemen s divisés en chapitre sur le dogme; enfin de décerts sur diverses parties de la discipline, aussi divisés d'ordinaire en chapitres. Dans la plupart des sessions se trouve entre autres un décret sur la réformation, s'occupant des abus les plust choquants de la discipline à cette époque. Pour l'exécution et l'interprétation des décrets, le pape devait ou prendre l'avis d'hommes éclairés de la province intéressée, ou, s'il le jugeait nécessaire, assembler un nouveau concile, ou mettre en usage tout autre moyen convenable. A cette fin Pie IV institua en 1564 une congrégation de cardinaux. Sixte V a investi cette congrégation du droit de délivrer dans les cas douteux des déclarations authentiques,. mais seulement en matière de discipline et après en avoir référé au pape (1). En France les décrets sur la discipline n'ont pas été à la vérité acceptés en masse; mais à l'aide des conciles provinciaux et des ordonnances royales, ils ont pénétré isolément dans la pratique. » (*Walter*, *Manuel*, §. 188.) L'Eglise de France ayant reçu le concile de Trente en ce qui regarde la foi et les mœurs, elle a reçu aussi, du moins implicitement, tous les décrets de discipline essentiellement liés avec la foi et les mœurs; par exemple, la pluparts des lois relatives aux devoirs des clercs et des pasteurs, à l'administration des sacrements, à la célébration du saint sacrifice, etc. etc.; ce qui prouve cette assertion, c'est que les évêques allèguent ordinairement les décisions du concile à l'appui des règles qu'ils tracent et des lois qu'ils promulguent dans leurs rituels et leurs statuts. Dix conciles provinciaux tenus à Reims, à Toulouse, à Bordeaux, etc., etc., reçurent et publièrent en leur nom une partie plus ou moins notable des lois disciplinaires de Trente; Henri III, Henri IV et Louis XIV, en firent autant dans leurs édits, mais en affectant de ne pas mentionner une seule fois le concile. — V. *Des règles de la chancellerie romaine.* — Ce sont de simples instructions des papes sur la procédure à suivre dans certaines affaires, par exemple dans la collation des bénéfices, dans les appels, les concessions de priviléges ou de dispenses, dans l'expédition des bulles, etc. Ces règles toujours révocables en droit, sont le plus souvent maintenues de fait Les plus anciennes sont de Jean XXIII (1410) et de Martin V (1418). Celles-ci furent pu-

(1) Cette décision portait qu'il serait fait un code nouveau des dispositions encore applicables de l'ancien droit canonique. Mais ce code étant encore à faire, la décision provisoire subsiste encore aujourd'hui. Aussi les constitutions des légats du Saint-Siége et de plusieurs conciles provinciaux tenus avant Henry VIII jouissent encore maintenant d'une autorité toute spéciale sous le titre de *Legatine and provincial constitutions.*

(2) Ces cinq pièces se trouvent réunies dans les Concil. Britann, de Wilkins, t. IV.

(1) Depuis que Lambertini, devenu ensuite pape sous le nom de Benoît XIV, a été secrétaire de cette congrégation, les décisions en sont publiées dans un recueil spécial sous ce titre : *Thesaurus resolutionum sacræ congregationis concilii*, Romæ, 85 vol. — Il existe en outre un abrégé alphabétique de ces résolutions : *Collectio resolutionum S. Congreg. cardin. S. Concil. Trid*, op. J. Fortunati.

bliées au concile de Constance. Nicolas V, fit, en 1455, un recueil de toutes ces règles; et sauf quelques additions et modifications, elles sont encore en vigueur : on en compte 71 ou 72 que la chancellerie apostolique applique diversement parce qu'elle a égard aux changements survenus dans les divers pays.

§ III. *Des règles relatives à l'interprétation des lois canoniques, et consacrées par le droit.*

Toutes les lois, sans en excepter celle que l'homme porte gravée dans son cœur en caractères ineffaçables, la loi naturelle, ont besoin d'interprétation. Car, si claires qu'elles soient en elles-mêmes et dans leurs premiers principes, elles sont souvent très obscures dans les conséquences éloignées qui en découlent, et dans leur application aux cas innombrables dont l'étonnante variété appelle tous les jours l'attention, et défie quelquefois la sagacité des canonistes les plus habiles, des jurisconsultes les plus profonds. Qui oserait se flatter d'en mesurer d'un seul coup d'œil toute l'étendue, d'en pénétrer l'esprit, d'en saisir tous les motifs et le véritable sens? De plus, comme les lois sont le moyen conservateur de l'ordre universel, le lien qui unit tous les membres de la société et fixe tous leurs rapports, elles doivent elles-même revêtir une forme générale, exprimer tous les devoirs avec un petit nombre de signes ou caractères qui les réduisent, pour ainsi dire, à la proportion de notre intelligence et les lui représentent sommairement, en abrégé, sans les restreindre. Or, rien de si difficile que de trouver de semblables formules qui unissent l'universalité à la simplicité, qui, en traçant des règles de conduite, signalent en même temps toutes les circonstances auxquelles elles s'appliquent et toutes les exceptions qu'elles admettent. La difficulté, ou plutôt l'impossibilité, sur ce point, dit le comte de Maistre, résulte également et de l'imperfection du langage, qui ne peut tout exprimer en quelques mots, et de la faiblesse de l'esprit humain, qui ne saurait tout prévoir, et de la nature même des choses, dont les unes varient au point de sortir par leur propre mouvement du cercle de la loi, et dont les autres, disposées par gradations insensibles, sous des genres communs, ne peuvent être saisies par un nom général qui ne soit pas faux dans les nuances; de là cette maxime du droit romain : que toute définition, si précise et si mesurée qu'elle soit, a ses dangers, *omnis definitio in jure periculosa est* (L. 202, ff. de reg. jur.). Il faut donc que l'interprétation vienne en aide à la loi pour l'appliquer avec discernement, avec fidélité; pour juger suivant ses dispositions et non pour la juger elle-même. *Meminisse debet judex ne aliter judicet quàm legibus proditum est* (Inst. de off. jud. in princip.). Or il y a deux sortes d'interprétations, l'une par voie d'autorité et l'autre par voie de doctrine. L'interprétation par voie d'autorité ou l'interprétation authentique consiste à résoudre les doutes et à fixer le sens d'une loi par forme de disposition générale, obligatoire pour tous les sujets ou pour tous les membres de la société. Il est évident qu'une pareille disposition ne diffère en rien de la loi, et par conséquent que l'interprétation authentique appartient exclusivement au pouvoir législatif. C'est une maxime universellement reçue : *Ejus est interpretari legem, cujus est condere* (Vien., quæst. select., lib. 1, cap. 2). L'interprétation doctrinale consiste à saisir le véritable sens d'une loi dans son application aux cas particuliers; elle appartient proprement à la logique qui nous apprend à diriger notre esprit dans la recherche de la vérité, à découvrir, à l'aide de moyens offerts par la raison, le véritable sens des textes obscurs et ambigus. L'interprétation doctrinale est nécessaire surtout au moraliste, au canoniste, au jurisconsulte; elle n'a de poids qu'autant qu'elle est fondée en raisons, appuyée sur des pensées solides, sinon irréfragables. Aussi diffère-t-elle de celle du législateur qui imprime à sa décision le sceau de l'autorité publique dont il est revêtu. Elle ne peut que déterminer, fixer le sens de la loi, en signaler les limites sans l'étendre ni la restreindre. Elle est donc, par sa nature, soumise à certaines règles dont nous exposerons rapidement les plus importantes. — 1.° Quand la loi est claire, il ne faut pas en éluder la lettre, sous prétexte d'en pénétrer l'esprit; et, dans l'interprétation d'une loi obscure, il faut toujours préférer le sens propre et naturel, celui qui est fixé par l'usage. Cette règle est tracée par le bon sens et la raison; car les lois sont des règles que tous les membres de la société sont tenus de suivre; elles doivent donc être présentées en termes faciles à saisir, intelligibles à tous : un sage législateur ne les détourne point arbitrairement de leur signification commune et ordinaire; donc les entendre autrement ce n'est pas interpréter la loi, mais la dénaturer, l'anéantir. *Non opinionibus singulorum, sed ex communi non usu nomina exaudiri debere Servius ait* (L. 7 § 2. ff. de suppellect.). *Leges sacratissimæ quæ constringunt hominum vitas, ab omnibus intelligi debent, ut universi præscripto earum cognito vel inhibita declinent vel permissa sectentur* (L. g. c. de legib.). Remarquons cependant que tous les arts, toutes les sciences ont leur langage; le droit, soit civil, soit canonique, a aussi le sien; il a ses expressions sacramentelles, ses termes consacrés, dont la signification commune est déterminée par les jurisconsultes. De la règle que nous venons d'établir, il suit que les expressions générales doivent être prises habituellement dans toute leur étendue. C'est une maxime de jurisprudence universellement reçue, que là où la loi ne distingue pas et n'excepte rien, il ne faut faire ni distinction ni exception. *Ubi jus non distinguit, nec nos distinguere debemus* Ex. l. 11, ff. qui et à quibus, etc.). *Verba generalia generaliter accipienda sunt* (Ex. l, § 1, ff. de legat. pæstena). — 2.° Un moyen sûr de découvrir le sens d'une loi qui souffrirait des interprétations différentes, c'est d'en subordonner la lettre à l'esprit, et d'interroger l'intention du législateur; car c'est la volonté du législateur, suffisamment manifestée, qui constitue la loi, lui donne sa force obligatoire. *Non debet aliquis verba considerare, sed intentionem, cùm non intentio verbis, sed verba intentioni debeant deservire* (cap. 15, de verb. sign.). *Scire leges, non est verba earum tenere, sed vim ac potestatem* (L. 17, ff. de legib.). Or on connaît l'entention du législateur, soit en s'arrêtant attentivement au préambule destiné à indiquer le but qu'il se propose, soit en considérant la loi dans son ensemble, dans chacune de ses parties, en les combinant, en les rapprochant des autres dispositions relatives au même objet. Deux points séparés par un long intervalle, mis en regard l'un de l'autre, s'éclaircissent mutuellement. *Incivile est, nisi totâ lege perspectâ, unâ aliquâ ejus particulâ propositâ, judicare vel respondere* (L. 24, ff. de legib.). Ajoutons qu'il n'est pas inutile de se reporter aux circonstances dans lesquelles une loi a été portée. Combien de précautions odieuses qui sont commandées dans les temps de trouble, de dissension, et dont des jours plus calmes adoucissent insensiblement la rigueur? — De tous les principes et les conseils qui peuvent diriger sûrement, dans l'interprétation des lois, le plus général et le plus indispensable, c'est celui de l'équité. On l'a dit souvent, l'équité est le retour à la loi naturelle et le supplément des lois positives. En repousser toutes les inspirations pour s'attacher aveuglément aux prescriptions du droit, c'est s'exposer à commettre des injustices révoltantes, tout en traçant des règles de justice, de morale et de discipline. *Summum jus, summa injuria. Placuit in omnibus rebus præcipuam esse justitiæ æquitatisque, quàm stricti juris rationem* (L. 8, c. de judic.). Mais l'amour de l'équité doit toujours être dirigé par la science, sans laquelle le juge et le canoniste ne feraient que s'égarer dans la recherche d'un fantôme purement imaginaire. *Si est tibi intellectus, responde proximo; sin autem, sit manus tua super os tuum, ne capiaris in verbo indisciplinato et confundaris* (Ecclesiastic., cap. 5, v. 14). — 4.° Quelques docteurs ont regardé comme abusive (1) la distinction des lois odieuses et des lois favorables, ne croyant pas qu'elle fût établie sur un fondement solide. Il est facile cependant, avec un peu d'attention, de reconnaître qu'elle n'est pas une vaine subtilité, qu'elle a sa raison, son principe, dans la nature même des choses. Car on ne peut nier que toute loi qui accorde une grâce, un avantage dont il ne résulte rien de contraire à l'ordre général, ne diffère essentiellement de celle qui décerne une pénalité, qui impose une charge, en dehors du droit commun. Ainsi est-il impossible de confondre deux dispositions législatives, dont l'une restreint la liberté naturelle jusqu'à réduire l'homme en servitude, de celle qui tend directement à l'en affranchir. Les lois favorables et les lois odieuses sont donc essentiellement distinctes; elles diffèrent par leur nature, comme la récompense diffère du châtiment, et l'opinion commune sur ce point est si tranchée, si fortement établie, qu'on est rarement exposé à s'y méprendre. Or, les lois, dans le premier cas, s'interprètent toujours suivant la signification la plus étendue qu'on puisse leur donner, sans faire violence au texte qui les exprime, tandis que dans le second elles se prennent à la rigueur avec toutes les restrictions dont la lettre est susceptible. *Odia restringi, favoras convenit ampliari* (Reg. 15, in sext.) *quæ à*

(1) Ainsi, après Barbeyrac, Toullier, *Droit civil français*, tom. 1, page 110.

jure communi exorbitant, nequaquàm ad consequentias sunt trahenda (Reg. 28, in sext.). — 5° Est-il nécessaire d'ajouter que c'est surtout dans le corps du droit et dans les savants écrits des commentateurs qu'on trouvera des guides sûrs et des règles de décisions infaillibles? Ce livre seul, le *corpus juris canonici*, développe facilement, admirablement, les premiers principes et les dernières conséquences de la loi naturelle et divine. Malheur au docteur qui ne craindrait point de préférer sa raison privée à celle de tant de grands hommes, et qui, sans autre guide que la hardiesse de son génie, se flatterait de découvrir d'un simple regard et de percer du premier coup d'œil la vaste étendue du droit! Sa témérité ne demeurerait pas impunie; elle le précipiterait infailliblement dans l'erreur.

§ IV. *Coup d'œil sur les principes généraux du droit ecclésiastique des principales sociétés chrétiennes séparées de l'Église catholique.*

Nous passerons sous silence une foule de petites sectes répandues et comme perdues dans presque toutes les parties du monde; nous ne parlerons que des grecs schismatiques et des protestants.

I° *Des Grecs schismatiques.* — Le schisme des Grecs, qui a séparé du siége de Rome la plupart des Églises d'Orient, fut préparé par les prétentions orgueilleuses de plusieurs patriarches de Constantinople; il commença par l'intrusion de Photius, en 857, et se consomma au XIe siècle par la révolte de Michel Cérulaire. On fit, à diverses époques, des tentatives de réunion et de paix, surtout dans les conciles de Lyon (1274) et de Florence (1439). Mais la mauvaise foi des Grecs et leur obstination détruisirent bientôt les belles espérances que l'Église romaine avait conçues. Peu de temps après la rupture du traité d'union juré à Florence, Constantinople, et avec elle la plus grande partie de l'Église grecque, subit le joug des Ottomans (1453), mais elle ne fit alors que changer de maître, et il serait difficile de décider si elle eut plus à gémir de l'oppression des sultans que de la tyrannie des empereurs. Dès le neuvième siècle des missionnaires grecs avaient répandu le christianisme chez les Russes. Le patriarche de Constantinople leur donna, en 1035, un métropolitain qui demeura soumis à sa juridiction jusqu'en 1447. Cette union enveloppa l'épiscopat russe dans le schisme grec, et toutes les tentatives de réunion effectuées par Innocent III (1208), Honorius III (1227), Innocent IV (1248), et renouvelées au XVIe siècle, échouèrent toujours contre les préjugés et la haine aveugle d'un clergé ignorant façonné à l'esclavage politique. Le grand-duc Wasile III s'empara de la suprématie religieuse (1447), que le despote Iwan III exerça en conférant lui-même l'investiture au métropolitain. Celui-ci fut élevé à la dignité patriarcale par Fédor Ier (1589); Pierre Ier la supprima et mit à la place un exarque et un concile (1700); bientôt après il institua le saint synode (1721), collége permanent soumis à l'autorité du czar, reconnu par le patriarche de Constantinople (1723) et dépositaire de toute la puissance ecclésiastique, mais à la condition de n'en user que sous le bon plaisir de l'autocrate qui tient ainsi dans sa main les biens, la vie et la conscience de tous ses sujets. Une déclaration royale de 1833 appliqua au nouveau royaume de Grèce la constitution ecclésiastique de l'Église russe, et les évêques s'empressèrent de consacrer par leur adhésion ce système de servage politique. Il ne reste plus en Turquie, en Russie et en Grèce qu'un petit nombre de paroisses ou églises qui reconnaissent le concile de Florence et la suprématie du siége de Rome.

1° *Doctrine.* — Les Grecs schismatiques professent la même foi que nous; seulement ils ne reconnaissent pas la suprématie du pape, et ils croient que le Saint-Esprit procède du Père seul et non du Fils. L'Église russe a reçu de l'Église grecque sa doctrine, sa liturgie et ses rites, et jusqu'alors elle n'a rien innové, comme on peut s'en convaincre par la lecture du fameux *statut canonique ou ecclésiastique* de Pierre-le-Grand.

2° *Notion de l'Église en elle-même.* — Pour les Grecs comme pour nous l'Église est essentiellement une société visible composée des fidèles réunis par la profession d'une même foi, la participation aux mêmes sacrements sous l'autorité des pasteurs institués par le Saint-Esprit pour représenter le Sauveur, chef suprême et invisible de la société, qui est son corps mystique. Elle est essentiellement *une*, même dans ses rites, quoiqu'ils ne soient pas tous absolument nécessaires au salut, ni également utiles; elle est *sainte*, *catholique*, *apostolique*; par conséquent elle est seule vraie, seule moyen indispensable de sanctification et de salut pour tous les hommes.

3° *Constitution de l'Église, sa hiérarchie.* — La distinction de la hiérarchie d'ordre et de juridiction n'est pas aussi explicitement formulée dans le droit ecclésiastique de l'Église grecque et russe que dans celui de l'Église romaine; elle ressort néanmoins de ses dispositions généralement conçues d'une manière moins systématique. Au-dessus des clercs inférieurs on distingue le diaconat, la prêtrise et l'épiscopat; ces trois ordres, essentiellement différents en eux-mêmes, confèrent des pouvoirs analogues à ceux que l'Église catholique reconnaît être attachés de droit divin aux divers degrés de sa hiérarchie d'ordre. Quant à la hiérarchie de juridiction, les évêques schismatiques sont sous l'autorité des métropolitains et des exarques, soumis eux-mêmes, sinon de fait au moins en droit, aux patriarches. On accorde au patriarcat de Jérusalem une prééminence historique et une sorte de primauté d'honneur, et au patriarche de la nouvelle Rome une prééminence politique résultant des concessions des empereurs (1). Le même privilége appartient au même titre à l'Église de l'ancienne Rome. Mais comme le patriarche de Constantinople pouvait seul, à cause du schisme, exercer les droits de cette primauté, il devint en quelque sorte le centre visible de l'Église grecque.

4° *Du pouvoir ecclésiastique.* — Ce pouvoir consiste dans le triple droit d'enseigner les vérités révélées et de décider infailliblement les questions de foi, de morale et de discipline universelle (Orthod., *Conf.*, p. I, q. 72 96; voy. aussi Hardouin, *Collect. des concil.*, t. XI, p. 235), d'administrer les sacrements et de présider aux cérémonies du culte public (Platon, *Doctrine orthodoxe*, p. II, § 29), enfin de régler la discipline par des lois, de sanctionner ces lois par des peines spirituelles et spécialement par la peine de l'excommunication (*ibid.*). Le pouvoir spirituel communiqué aux apôtres se continue dans les évêques, leurs successeurs, se transmet par leur ministère à ceux qui sont revêtus du sacerdoce sacramentel et nullement aux chrétiens sanctifiés seulement par la grâce du baptême.

5° *Rapports des deux puissances.*—L'Église grecque proclame sur ce point les principes de l'Église romaine; mais ces principes, relégués depuis longtemps dans le domaine de la spéculation, ont fait place, dans la pratique, à l'application des théories qui subordonnent l'Église à l'État, même en ce qui touche l'exercice du pouvoir spirituel dans la sphère qui lui est propre. En Turquie, le patriarche de Constantinople achète le plus souvent avec son élection le droit d'être l'esclave mitré du sultan et des sultanes favorites, et il subit le joug sans se plaindre. En Russie et dans le nouveau royaume de Grèce, tous les dépositaires du pouvoir spirituel sont soumis au saint synode, et le saint synode n'est que l'instrument aveugle et docile de la puissance temporelle. Ainsi l'organisation exclusivement gouvernementale de l'enseignement théologique et par suite de la foi elle-même, l'immixtion permanente de l'autorité civile dans l'administration des sacrements et dans tous les actes qui confèrent, qui étendent ou qui restreignent l'exercice de la juridiction ecclésiastique, la prééminence universellement reconnue du pouvoir de l'État en cas de conflit avec l'Église; tels sont les faits consacrés par la coutume et sanctionnés par la loi, du consentement tacite, sinon formel, du clergé schismatique condamné par la Providence à expier, dans cet esclavage humiliant, l'orgueil de sa révolte contre l'Église romaine.

II° *Bases du droit canonique protestant.* — L'œuvre de la prétendue réforme commence avec Luther à Wittemberg (1517) pour se répandre en peu d'années dans une grande partie de l'Allemagne, d'où elle pénètre bientôt en Suède, en Danemarck et en Norwége. Zwingle (1519) et Calvin (1535) se séparent de Luther et prêchent une nouvelle doctrine dans la Suisse et à Genève. Bientôt ils ont en France un petit nombre de sectateurs dont les assemblées, d'abord secrètes, sont ensuite autorisées, puis simplement tolérées, et enfin protégées comme les autres cultes par l'État. La réforme pénètre d'abord assez difficilement dans les provinces du nord de l'Allemagne, mais au bout de quelques années elle devient la religion dominante des Pays-Bas unis. Henri VIII, roi d'Angleterre, combat le luthéranisme (1533) avec un zèle qui lui fait décerner par Léon X le titre glorieux de *défenseur de la foi*; mais le monarque voluptueux cherche bientôt dans le schisme un prétexte légal pour

(1) Inter particulares ecclesias illa mater reliquarum dicatur, quæ prima omnium præsentiâ Christi ornata fuit. — Est itaque haud dubie mater et princeps Ecclesiarum omnium Ecclesia Hierosolymitana, quoniam ex illâ in omnes orbis terminos diffundi cœpit Evangelicum; quamvis posteà imperatores primos dignitatis gradus *antiquæ* novæque Romæ tribuerint, ob majestatem imperii, quæ iis locis domicilium habebat. (*Orthod. confess.*, p. I, q. 84.)

colorer son divorce et un nouveau mariage adultère, il se sépare de Rome et se déclare chef suprême de l'Eglise anglicane, tout en professant les doctrines catholiques, à l'exception du dogme de la suprématie du pape. Néanmoins, sous le règne d'Édouard VI (1547-1553), l'Angleterre tombe du schisme dans l'hérésie des réformés, entraîne bientôt l'Ecosse dans la même erreur, en même temps qu'elle rencontre en Irlande, dans la fidélité du peuple à l'antique foi, des obstacles et une résistance invincibles aux persévérants efforts qu'elle ne cesse de tenter pour séparer cette nation généreuse de l'unité catholique. Il n'entre pas dans notre plan de passer en revue les sectes innombrables enfantées par le protestantisme sur tous les points du globe et notamment dans le Nouveau-Monde; nous nous bornerons à exposer brièvement les principes généraux qui servent de base commune aux législations diverses qui les régissent.

1° *De la doctrine.* — Il serait trop long et bien difficile d'énumérer tous les points de doctrine sur lesquels les sectes protestantes sont en opposition avec l'Eglise catholique et entre elles. Comme il n'en est aucune qui soit restée fidèle à son premier symbole, ce serait un grand travail que de signaler leurs variations dans la foi. Le mépris de l'autorité légitime de l'Eglise, colonne et fondement de la vérité, le droit accordé à chacun d'interpréter l'Ecriture à son gré, et par conséquent d'innover et de réformer sans cesse en matière de croyance et de principes moraux, la liberté de rejeter les *confessions* de foi qui contiennent la doctrine des anciens maîtres et de mettre à la place le doute, et même les erreurs les plus monstrueuses, tels sont les principes universellement admis par les sociétés protestantes pendant près de trois siècles. Mais dès l'origine, les sociniens, et de nos jours la plupart des docteurs de la réforme, sont tombés dans le *rationalisme* absolu : après avoir traversé rapidement le *naturalisme* qui réduit le miracle aux simples proportions d'un fait naturel plus ou moins embelli par la légende et la poésie, ils ont professé le *mythologisme* et renversé par la base tout l'édifice historique de l'Ancien et du Nouveau-Testament. Ce n'est plus de l'autorité divine que les sociniens et les protestants modernes font dériver l'obligation de croire; ils défèrent tout, la doctrine et les faits, au tribunal suprême de la raison, dont les jugements n'ont plus pour base et pour règle l'autorité de la parole révélée, mais l'évidence et la certitude qui résultent de la nature même des choses et des perceptions intimes de l'homme.

2° *De l'Eglise en elle-même.* — Walter expose ainsi la nouvelle constitution ecclésiastique protestante des prétendus réformés : « Luther et les autres réformateurs ne se présentaient pas comme fondateurs d'une nouvelle secte différente de l'Eglise du Christ; ils prétendaient seulement vouloir rétablir l'Eglise dans sa pureté primitive. Imbus de cette idée, ils esquissèrent des confessions dans lesquelles, affectant d'ignorer ou rejetant formellement l'Eglise catholique, ils s'appropriaient son caractère de véritable Eglise du Christ (art. *Smalc.*, p. III, art. XII, *De Ecclesia.* — *Gallic. conf.*, art. XXVIII). Premièrement, dirent-ils, l'Eglise du Christ est visible et reconnaissable à certains signes extérieurs, tels que la véritable doctrine de l'Evangile et la pratique des vrais sacrements (*August. conf.*, art. VII.—*Belg. conf.*, art. XXIX.—*Angl. conf.*, art. XIX, etc.). Sous le point de vue humain, elle comprend donc les méchants même, tant qu'ils restent extérieurement attachés à la communauté (*Helvet. conf.*, cap. XVII. V. aussi les autres confessions de foi). Devant Dieu, il est vrai, elle ne comprend que des hommes d'une piété réelle; et sous ce rapport elle est invisible et connue de Dieu seul (*Ibid.*). Du reste, il suffit de la connaître sous sa forme visible, car les méchants même sont efficaces dispensateurs de la parole divine et des sacrements (*Conf. August.*, art. VIII. — *Angl.*, art. XXVI). En second lieu, l'Eglise du Christ doit présenter accord et unité dans la doctrine évangélique et les sacrements; ses ministres veiller sans relâche au maintien de cet accord (*Aug. conf.*, art. VII, *Art. Smalc.*, p. II, art. IV). Les moyens d'y parvenir, on ne les indique pas; on se borne à rejeter la nécessité d'un centre et d'un chef visibles, et, par une fausse allusion à l'Eglise catholique, à déclarer non essentielles l'unité du rite et autres choses secondaires; c'est la seule voie de la béatitude (*Apolog. conf.* IV, *de Ecclesia.* — *Conf. Helvet.*, art. XVII. — *Belg.*, art. XXVIII). Par la suite, il est vrai, le protestantisme a de plus en plus étendu l'idée de l'Eglise invisible et appliqué à celle-ci ce que les anciennes Confessions entendaient évidemment de l'Eglise visible. Dès lors la prétention de l'Eglise protestante de posséder seule avec la vérité les conditions de salut ne fut plus aussi ouvertement prononcée; mais de fait et par la force des choses elle est demeurée la base du système. C'est ce que prouve le zèle remarquable des protestants à répandre leurs convictions religieuses par leurs missions et leurs sociétés bibliques, etc. » (*Manuel*, § 32.)

3° *Constitution de l'Église.* — Les protestants réprouvent tous d'un commun accord l'organisation que l'Eglise catholique fait remonter jusqu'à J.-C.; ils nient tous un point essentiel de la doctrine révélée sur la hiérarchie de juridiction, puisqu'ils refusent de reconnaître que les souverains pontifes, successeurs légitimes de saint Pierre, possèdent à ce titre et de droit divin une véritable primauté de juridiction sur l'Eglise universelle. Mais unis pour détruire ils se divisent quand il s'agit d'édifier. — Les anglicans ont conservé la hiérarchie composée, comme dans l'Église romaine, des évêques, des prêtres et des diacres, et ils la défendent comme une institution divine, comme un des éléments essentiels de la société fondée par J.-C. Aux degrés divers de cette hiérarchie correspondent des pouvoirs d'ordre essentiellement distincts. La hiérarchie de juridiction est organisée sur le même plan que celle de l'Eglise catholique; seulement le roi y tient la place du pape, et la plénitude du pouvoir ecclésiastique réside en lui et dans les deux chambres législatives. Au-dessous du roi, mais à une grande distance, l'archevêque de Cantorbéry, les métropolitains, les évêques et les pasteurs du second ordre exercent les différentes fonctions du pouvoir juridictionnel inégalement réparti entre les divers membres de la hiérarchie (1). — La plupart des sectes protestantes n'admettant, surtout aujourd'hui, entre le clergé et le peuple aucune différence fondée sur l'institution divine, nient par là même que J.-C. soit l'auteur d'une hiérarchie quelconque. Ils prétendent que le droit divin ne donne aux évêques aucune supériorité sur les simples prêtres, que ces deux noms ne désignent qu'un seul et même ordre, celui des *anciens* choisis par le peuple et investis par la communauté du droit d'enseigner, de présider au culte et de faire des lois de discipline. Les quakers et quelques autres sectes d'illuminés et de fanatiques rejettent absolument toute distinction d'ordres et de juridiction; ils refusent à la communauté elle-même le droit d'en établir aucune. Toute autorité dérive de l'inspiration du Saint-Esprit, et tout fidèle, homme ou femme, enfant ou vieillard, qui se croit inspiré d'en haut est revêtu par là même du pouvoir d'exercer légitimement le ministère de la parole et d'imposer des lois à l'Église. C'est l'*indépendantisme* le plus absolu et l'*individualisme* le plus complet; c'est la négation de toute société religieuse et le renversement de la notion même du droit ecclésiastique.

4° *Du pouvoir ecclésiastique.* — Voici, selon Walter, les principes généraux des protestants sur ce point. « Les réformateurs, dit-il, se prononcèrent d'une manière très positive contre le pouvoir exercé alors par les évêques sous la forme d'une juridiction ordinaire pourvue de moyens de contrainte (*August. conf.*, tit. VII. — Art. *Smalc.*, *De potestate et jurisdictione episcoporum*); ils en attribuaient l'origine, ce que les catholiques étaient loin de contester, à des concessions et privilèges du pouvoir temporel. Mais dans le but de fixer d'après l'Evangile le pouvoir de l'Eglise dans sa pureté, ils ne faisaient que reproduire au fond les doctrines de l'Eglise catholique sur ce point. Ainsi ils attribuaient à l'Eglise une triple autorité : la dispensation des sacrements, la prédication de l'Evangile, le droit de publier des règles de discipline et de les appuyer du secours de la parole et de l'excommunication (*Helvet.*, *conf.* I, cap. XVIII.). On revenait même à l'ancienne distinction de pouvoir, d'ordre et de juridiction. Relativement au pouvoir d'ordre, l'abolition du divin sacrifice avait enlevé au sacerdoce son principal caractère. Du reste on estimait nécessaires, conformément à l'institution émanée du Christ, des charges spéciales pour la dispensation des sacrements et l'enseignement de l'Evangile, et le ministère de la parole ne devait pas appartenir à chacun, mais seulement à celui qui en aurait la mission légale. La dignité et la sainteté de ce ministère firent admettre la nécessité d'une consécration solennelle ou ordination (*Apolog. conf.*, tit. VII. — *Helvet.*, *conf.* II, art. XVII), et sous ce rapport on

(1) Pour se former une idée juste du gouvernement ecclésiastique en Angleterre, ou plutôt dans l'Eglise anglicane reconnue par l'Etat, on peut lire la 2e partie du *Plan de religion* ou l'organisation de la hiérarchie est exposé en seize tables : la 1re attribue au roi l'autorité suprême dans toutes les matières ecclésiastiques, et un pouvoir plus étendu, plus absolu que celui que nous reconnaissons au pape. La 2e et les suivantes fixent les limites du pouvoir, déterminent les fonctions et règlent la juridiction des archevêques et des évêques.

reconnut un sacerdoce spécial, intermédiaire entre Dieu et la commune (*Ibid.*) » *Manuel*, § 33. — Toutefois cette consécration et cette mission légale diffèrent essentiellement du sacrement de l'ordre et de l'institution canonique dont l'Eglise romaine enseigne la nécessité en se fondant sur les paroles de J.-C. L'ordre et l'institution canonique sont, de droit divin, le moyen par lequel Dieu confère lui-même aux pasteurs les pouvoirs spirituels confiés dès l'origine, non à la société chrétienne, mais aux apôtres seuls. Les protestants prétendent au contraire que le pouvoir et la juridiction ecclésiastiques résident essentiellement dans le peuple; que ceux qui en sont revêtus ne peuvent agir et les exercer validement que par le consentement et au nom des fidèles ou de la communauté, et qu'enfin rien ne distingue plus les pasteurs des autres membres de l'Eglise, si l'Eglise, c'est-à-dire le peuple, prononce leur déchéance et les prive de leur emploi (1). — Quant aux formes du gouvernement ecclésiastique, elles ne furent réglées, au moins dans l'origine, par aucune disposition générale; mais elles se dessinèrent plus tard et se modifièrent diversement pour s'harmoniser avec les nouvelles doctrines et s'adapter aux circonstances de temps et de lieu, aux besoins des peuples et surtout aux exigences de la politique; car c'est un fait incontestable et bien instructif que les protestants, soulevés contre Rome au nom des principes de l'indépendance la plus absolue, s'empressèrent de placer leurs sectes non pas seulement sous la protection, mais encore sous la puissance des princes temporels: par un juste châtiment de leur révolte contre l'autorité légitime établie de Dieu, ils se soumirent d'eux-mêmes, comme les Grecs schismatiques, au joug pesant du pouvoir civil: ils réclamaient seulement la liberté, l'indépendance, et, pour échapper à l'anarchie religieuse, ils se réfugièrent dans l'esclavage politique. En Allemagne, les premiers réformateurs invoquèrent l'appui de l'autorité séculière, et celle-ci prit bientôt une part active aux innovations dans la doctrine, dans la constitution et la discipline de l'Eglise; elle organisa des surintendants pour surveiller le clergé au nom de l'Etat: elle laissa *provisoirement* aux évêques le pouvoir de conférer l'ordination et d'excommunier, mais en les dépouillant, à son profit, de tous les droits et priviléges fondés uniquement, pensait-elle, sur les concessions du souverain temporel. Elle institua des consistoires ou conseils ecclésiastiques, des comités d'administration dont elle choisissait elle-même les membres et déterminait les attributions. Les théologiens protestants réunis à Naumbourg (1554) érigèrent en droit toutes ces usurpations consacrées déjà par le fait, et, l'année suivante, à la diète d'Augsbourg, une loi de l'empire dépouilla les évêques de toute juridiction, même spirituelle, sur les adhérents de la confession luthérienne dressée dans la même ville. Cette organisation nouvelle fut appliquée aux réformés, et le pouvoir de l'Etat en matière ecclésiastique, même en ce qui touche à la foi, ne fit que s'étendre et s'affermir de plus en plus. En Suède, où se maintint la constitution épiscopale, en Danemark et en Norwége, où elle fut abolie; en Suisse la suprématie de l'Etat fut acceptée par les églises nationales. Calvin affranchit sa secte du pouvoir temporel et de l'épiscopat, et la soumit à des assemblées presbytérales et synodales. Malgré les efforts des diverses sectes puritaines, la constitution épiscopale prévalut en Angleterre et en Irlande. En Ecosse, au contraire, le presbytérianisme pur, longtemps combattu par les rois, finit par triompher, et la domination lui fut assurée par Guillaume III, après la révolution de 1690, et au moment de la réunion des deux royaumes sous un seul parlement (1707), il fut compté au nombre des lois fondamentales de l'acte d'union.

5° *Rapports de l'Église avec l'État*. — On comprend assez par ce qui précède que la plupart des Églises protestantes ayant accepté et même recherché la protection des princes et la domination de l'autorité temporelle, les rapports de l'Église avec l'État se résumaient tous dans la suprématie religieuse de la société civile sur la société spirituelle: celle-ci devait être absolument subordonnée à celle-là, comme la foi était elle-même subordonnée à la raison. Cette subordination existait de fait dès l'origine; elle fut ensuite érigée en principe, puis consacrée par le droit ecclésiastique et civil des sociétés protestantes; bientôt le besoin de justifier scientifiquement cet état de choses enfanta divers systèmes; nous indiquerons seulement les principaux. — En Allemagne, les uns prétendirent que la juridiction spirituelle de l'épiscopat catholique ayant été suspendue par le décret de l'empire en 1555, elle fut par ce fait même provisoirement dévolue aux souverains; mais cette théorie est sans valeur, car la suspension d'un droit n'emporte pas sa dévolution, surtout quand il est, comme dans le cas présent, inaliénable de sa nature. D'autres soutinrent, avec Reinking, que par le fait de cette suspension l'autorité épiscopale, autrefois concédée à l'Église par l'État, dut naturellement retourner aux princes comme à la source d'où elle émanait originairement. Ce système contredit formellement l'Écriture: ce ne fut point aux princes temporels, mais aux apôtres seuls que J.-C. confia l'autorité dans son Église, avec le droit de la perpétuer par l'ordination et la mission légitime. — En Hollande, Gomar et Arminius ayant soulevé la question des droits de l'État sur les matières spirituelles, le savant Grotius composa son ouvrage *De imperis summarum potestatum circa sacra* pour démontrer que la plupart des droits de l'Eglise appartiennent essentiellement au chef de l'Etat comme souverain temporel. Hobbes et Spinosa, Thomasius et Bohmer, incorporèrent l'Eglise à la société civile, attribuant à celle-ci toute l'autorité spirituelle et ne réservant à celle-là que le rôle d'une esclave parfaitement soumise en toutes choses. Le publiciste Moser absorbe aussi l'Eglise dans l'Etat en posant comme un principe incontestable que la souveraineté politique est la base de l'autorité spirituelle dans les contrées qui professent le culte *évangélique* (voy. ses *Dissertations sur le droit ecclésiastique allemand*, num. I). Ce système ne soutient pas l'examen; il est en opposition évidente avec les doctrines révélées par cela seul qu'il nie la distinction fondamentale des deux puissances. C'est en vain qu'on essaie de lui donner pour base les lois de l'empire, une loi injuste peut bien créer et organiser une usurpation, mais elle ne fonde pas un droit, mais elle ne pourra jamais confondre et identifier légitimement des choses essentiellement distinctes de leur nature. — Selon un autre système qui compte maintenant encore beaucoup de partisans, l'Eglise doit être considérée comme une société distincte de l'Etat, indépendante et libre dans sa sphère; comme une société dont tous les membres primitivement égaux en droits et en puissance se sont réunis et organisés contractuellement: c'est la théorie du contrat social appliquée à la formation de la société spirituelle. Les presbytériens d'Angleterre, Gisb. Voet en Hollande, Pfaff en Allemagne, Mosheim, etc., ont été les principaux défenseurs de ce système. Partant de cette erreur que l'autorité spirituelle réside tout entière dans les fidèles, ils prétendirent que l'Eglise, originairement constituée et régie par le principe de l'égalité parfaite, fut successivement dépouillée de ses droits par la hiérarchie, mais qu'elle les a reconquis à l'époque de la réforme pour les conférer au souverain; celui-ci possède donc, outre les droits de suzeraineté qui découlent essentiellement de l'autorité suprême, les droits que l'Eglise lui a concédés sur son propre gouvernement. Nous avons déjà renversé la base de ce système en prouvant que le pouvoir spirituel réside dans le corps du clergé et non de la commune, et qu'en vertu de l'institution divine ce pouvoir inaliénable ne peut être transmis qu'aux divers ordres de la hiérarchie sacrée; celle-ci n'a donc point usurpé la juridiction spirituelle et elle n'a pas le droit de s'en dessaisir au profit de l'autorité temporelle. Quelques protestants n'ont pas craint de faire remonter jusqu'au temps des apôtres cette usurpation prétendue et d'avouer par-là même que J.-C. a manqué de sagesse en choisissant pour organiser son Église des ambitieux qui devaient détruire son œuvre naissante, puisqu'ils ont changé la constitution essentiellement immuable de la société chrétienne. Or, ce blasphème n'est pas moins contraire à l'histoire et à l'Ecriture qu'à la raison. — Il est facile de conclure, d'après ce court exposé, que le droit ecclésiastique protestant consacre, en théorie comme en pratique, la suprématie de l'Etat dans les choses de la religion et par conséquent l'esclavage politique de l'Eglise. Est-il besoin de démontrer que ce principe une fois admis, la société religieuse n'existe plus que de nom, puisqu'elle manque de l'élément le plus essentiel à toute société, c'est-à-dire de l'autorité souveraine et du pouvoir législatif? Vainement le protestantisme a tenté de reconquérir la liberté religieuse et de conserver quelque chose des institutions de ses premiers fondateurs, toute sa législation dépend du bon plaisir des souverains temporels; ce n'est plus qu'une branche de l'administration temporelle. Vainement les sectes ennemies de l'Eglise catholique lui ont emprunté, cette année même, l'une de ses plus véné-

(1) Les plus savants théologiens protestants, Mosheim, Saumaise, Blondel, Basnage, etc., ont vivement soutenu cette doctrine: ils ont fait d'immenses recherches pour appuyer les sophismes par lesquels Aérius, les Vaudois, les Albigeois, Wicleff, Luther et Calvin s'étaient efforcés de prouver que la hiérarchie de l'Eglise catholique n'est pas l'œuvre de la sagesse divine, mais bien celui de l'ambition cléricale et d'une politique toute humaine.

rables institutions, celle des conciles généraux, pour essayer de reconstruire sur de plus solides fondements un édifice religieux qui menace ruine de toutes parts, pour ramener à l'unité de doctrine, de liturgie et de gouvernement des sociétés divisées par le rationalisme et l'anarchie sur les points les plus essentiels qui touchent à la foi, au culte et à l'organisation de l'Eglise; le concile général du protestantisme allemand tenu à Berlin a été réduit à confesser son impuissance et à se séparer en faisant l'aveu que, déjoué dans son plan de reconstruction universelle, il n'avait fait qu'un ouvrage de *marqueterie* (1). Terminons par les belles paroles que cette parodie des conciles de l'Eglise catholique a inspirées au comte d'Horrer : « Le plus grand et le plus ingénieux des poètes d'Allemagne (Klopstock, *Messiade*, chant II) avait conçu le caractère d'un démon incessamment occupé à imiter l'œuvre de Dieu en faisant éclore tous les charmes de la nature terrestre dans les landes stériles et désolées de son exil. C'est en vain que depuis de longs siècles il se consume en travaux infructueux ; messagère du divin courroux, l'épouvantable tempête parcourt le sol infernal et y verse le désordre et la stérilité. Il n'en est pas autrement du démon de l'erreur : à côté de lui brille, inébranlable, le plus magnifique édifice sorti des mains de Dieu. Il en examine les indestructibles fondements et les admirables proportions qu'il hait en les admirant; mais éternellement ses efforts seront impuissants pour imiter la divine architecture, et éternellement aussi il se verra condamné à se traîner parmi les ruines qu'il a faites (Correspondant, tom. XIV, 25 mai 1846).

UN PROFESSEUR DE THÉOLOGIE.

DROIT CIVIL. Ce mot civil, qui, ajouté au mot DROIT, lui donne une signification particulière, dérive lui-même du mot *civitas* (cité), parce qu'à la différence du DROIT INTERNATIONAL (*V.*), comme à tous les peuples, le droit civil est propre à telle nation ; dans cette acception, le *droit civil* embrasse toutes les lois qu'un peuple s'est données, et il comprend, par suite, comme l'observe fort bien un de nos plus illustres jurisconsultes, le docte Domat, « plusieurs matières du droit public, du droit des gens, et même du droit ecclésiastique, puisqu'il arrive souvent des affaires et des différends entre les particuliers dans des matières du droit public, comme, par exemple, dans les fonctions des charges, dans la levée des deniers publics et en d'autres semblables; et qu'il en arrive aussi dans des matières du droit des gens, par suites des guerres, des représailles, des traités de paix, et même dans des matières ecclésiastiques, comme pour les benéfices et autres. Et enfin, la distribution de la justice aux particuliers renferme l'usage de plusieurs lois qui sont des règlements généraux de l'ordre public, comme celles qui établissent les peines des crimes, celles qui règlent l'ordre judiciaire, les devoirs des juges et leurs différentes juridictions. » Considéré de cette manière, le droit civil remonte au berceau de chaque peuple : rude et sauvage chez ces peuplades grossières, à peine échappées de leurs forêts, on voit bientôt le droit civil s'adoucir et même s'amollir à mesure que les mœurs deviennent elles-mêmes plus douces et plus faciles. Composé d'un petit nombre de préceptes et d'usages pour les peuples nouveaux dont les besoins sont peu nombreux, il se grossit successivement à mesure que les relations se multiplient, que les besoins réels ou factices s'accroissent, et que le luxe grandit. Au reste, il faut dire du droit civil ce que Montesquieu dit des lois civiles : « Il doit être tellement propre au peuple pour lequel il est fait, que c'est un très grand hasard si le droit civil d'une nation peut convenir à une autre ; il faut qu'il se rapporte à la nature et au principe du gouvernement qui est établi ou qu'on veut établir. Il doit être relatif au physique du pays, au climat glacé, brûlant ou tempéré; à la qualité du terrain, à sa situation, à sa grandeur, au genre de vie des peuples laboureurs, chasseurs ou pasteurs. Il doit se rapporter au degré de liberté que la constitution peut souffrir, à la religion des habitants, à leurs inclinations, à leurs richesses, à leur nombre, à leur commerce, à leurs mœurs, à leurs manières, etc. » Le même auteur donne pour cause de l'établissement du droit civil la *guerre*. « Sitôt, dit-il, que les hommes sont en société, ils perdent le sentiment de leur faiblesse; l'égalité qui était entre eux cesse et l'état de guerre commence. Chaque société particulière vient à sentir sa force ; ce qui produit un état de guerre de nation à nation. Les particuliers, dans chaque société, commencent à sentir leur force; ils cherchent à tourner en leur faveur les principaux avantages de cette société; ce qui fait entre eux un état de guerre. Ces deux sortes d'état de guerre font établir les lois parmi les hommes. Considérés comme habitants d'une si grande planète qu'il est nécessaire qu'il y ait différents peuples, ils ont des lois dans le rapport que ces peuples ont entre eux ; et c'est le *droit des gens*. Considérés comme vivant dans une société qui doit être maintenue, ils ont des lois dans le rapport qu'ont ceux qui gouvernent avec ceux qui sont gouvernés; et c'est le *droit politique*; ils en ont encore dans le rapport que tous citoyens ont entre eux ; et c'est le *droit civil*. » Le *droit civil français* se composait autrefois du *droit romain* et des *coutumes* : ces deux droits se partageaient la France. Comme dans l'origine, le droit romain était la seule loi écrite qu'il y eut dans le royaume, l'on appelait *pays de droit écrit* les provinces où le droit romain était observé comme loi, et *pays de droit coutumier* les provinces qui obéissaient aux coutumes. Il n'est pas inutile de dire ici quelques mots sur l'origine de ce droit. Les coutumes de France qui sont opposées aux lois proprement dites, c'est-à-dire au droit romain et aux ordonnances, édits et déclarations de nos rois, étaient, dans l'origine, des usages non écrits, lesquels, par succession de temps, ont été rédigés par écrit. « Lorsque les nations germaines conquirent l'empire romain, dit l'illustre auteur de l'*Esprit des lois*, elles y trouvèrent l'usage de l'écriture, et, à l'imitation des Romains, elles rédigèrent leurs usages par écrit, et en firent des codes. Les règnes malheureux qui suivirent celui de Charlemagne, les invasions des Normands, les guerres intestines, replongèrent les nations victorieuses dans les ténèbres dont elles étaient sorties; on ne sut plus lire ni écrire ; cela fit oublier en France et en Allemagne les lois barbares écrites, le droit romain et les capitulaires. L'usage de l'écriture se conserva mieux en Italie, où régnaient les papes et les empereurs grecs, et où il y avait des villes florissantes, et presque le seul commerce qui se fit pour lors. Ce voisinage d'Italie fit que le droit romain se conserva mieux dans les contrées de la Gaule autrefois soumises aux Goths et aux Bourguignons, d'autant plus que ce droit y était une loi territoriale et une espèce de privilége. Il y a apparence que c'est l'ignorance de l'écriture qui fit tomber en Espagne les lois visigothes; et par la chute de tant de lois, il se forma des coutumes. » Le *droit coutumier* (*V.*) du royaume était composé d'environ 300 coutumes différentes, tant générales que locales, dont la plupart n'ont été rédigées par écrit que vers le XVe siècle. Le droit traitait de plusieurs matières dont s'occupait aussi le droit romain, telles que les successions, les testaments, etc.; mais il y avait des objets qui étaient propres au droit coutumier, tels que la communauté, le douaire, etc. Le *droit civil*, pris dans une acception moins générale, s'entend des lois qui règlent les matières civiles seulement, c'est-à-dire les intérêts respectifs des particuliers entre eux, relativement à leurs personnes, à leurs biens et à leurs conventions. Il se distingue ainsi des autres branches du droit qui règlent les matières criminelles, commerciales, etc. Il est aussi en ce sens opposé au *droit public* (qui règle les rapports des gouvernements avec ceux qui sont gouvernés), et il prend alors le nom de *droit privé*. Ce droit se retrouvait tout entier parmi d'autres matières étrangères dans le droit romain et dans les coutumes dont nous venons de parler. C'était une calamité pour la justice que cette diversité, qui existait, non seulement entre les lois romaines et les coutumes, mais encore entre les coutumes elles-mêmes. Cependant, quelque besoin qu'on éprouvât d'une législation uniforme, il est certain qu'on l'attendrait encore sans la révolution de 1789, parce que cette législation ne pouvait sortir que des ruines de toutes nos vieilles institutions, dont cette révolution immense couvrit le sol de la France. Cette législation, qui est la même pour toutes les provinces, est aujourd'hui recueillie dans plusieurs codes consacrés à chaque branche spéciale du droit. Le *droit civil* ou *privé* fait l'objet du premier et du plus important de ces recueils de lois. Il reçut d'abord le nom du génie puissant sous les auspices duquel il fut publié ; et peut-être était-ce justice et non une lâche adulation. Il porte aujourd'hui le titre de *Code civil*. Observons en finissant qu'il faut distinguer le droit civil des droits civils. Les droits civils sont de certains avantages que garantit le droit civil : tels sont le droit de se marier, de tester, de succéder, etc.

DROIT COMMERCIAL. Le droit commercial, dans lequel on comprend aujourd'hui toutes les règles qui concernent spécialement les commerçants, la société de commerce, les courtage, les lettres de change, les armements et affrétements de

(1) Un fait bien remarquable et qui prouve mieux que tous les raisonnements en qui réside aujourd'hui la puissance ecclésiastique parmi les sectes protestantes et jusqu'à quel point l'Eglise est absorbée par l'Etat, c'est que les membres du congrès de Berlin n'avaient d'autorité que comme *représentants du pouvoir politique*.

navires, les assurances de terre et de mer, les faillites, la juridiction consulaire, etc., est un droit essentiellement coutumier, dont les origines se retrouvent toutes dans la société civile du moyen âge. Quoique le commerce ait fleuri de bonne heure dans les Gaules, et que les villes d'Arles, Narbonne et Marseille aient entretenu, dès les premiers temps de notre histoire, d'actives relations avec le Liban, il est difficile de retrouver, dans les monuments de la législation romaine ou dans les lois des Barbares, l'origine des règles établies plus tard en faveur du commerce et de l'industrie. Ce n'est pas, en effet, à une époque où la richesse reposait entièrement sur la propriété territoriale qu'on pouvait voir prospérer le commerce, qui n'opère que sur des matières essentiellement mobiliaires. Les seuls commerçants de cette époque c'étaient les Juifs, hommes sans nation, sans patrie, mais doués d'un admirable génie industriel, qui allaient de ville en ville, colportant des masses immenses de numéraire, fournissant aux nobles et au clergé les produits de l'Orient, dont ils répandaient le goût et l'usage. Après les Juifs vinrent les Lombards et les Caorsins, qui firent aussi le commerce d'argent, et qui se rendirent également célèbres par leurs usures et par leur mauvaise foi. Mais, pour ces trois espèces d'hommes, le droit ne fut jamais qu'un privilége, qu'une concession qui leur était enlevée presque aussitôt qu'elle leur avait été accordée; l'industrie était d'ailleurs soumise encore à une foule d'exactions. Ce ne fut véritablement qu'à l'époque des croisades, et à l'aide des corporations, que se fit la première organisation du travail. Réunis alors en saintes confréries, les bourgeois, les gens de métier achetèrent non-seulement le droit de travailler et de commercer librement, mais, en outre, le privilége de se régir entre eux par des règles toutes spéciales. Etienne Boileau, prévôt des marchands sous saint Louis, nous trace, dans le préambule du livre des métiers de Paris, un tableau intéressant de l'industrie à cette époque. Il nous fait connaître les règles auxquelles elle était soumise. Dès le XIe siècle, les coutumes commerciales de l'Italie avaient pénétré en France par les foires de Brie et de Champagne, espèces de rendez-vous à lieu et à jour fixes, où les marchands se réunissaient pour traiter de leurs affaires, pour faire leurs achats ou leurs commandes, pour arrêter et régler leurs comptes. C'est de cette époque que datent chez nous toutes les grandes institutions commerciales, telles que les bourses de commerce, les banques, les contrats propres au commerce, et surtout les lettres de change. Les banques avaient pour but, en substituant aux monnaies d'or ou d'argent une valeur nominale, que l'on nommait monnaie de banque, de prévenir des altérations que les souverains ne se faisaient point scrupule de faire subir aux espèces monétaires; les lettres de change étaient un moyen de circulation rapide, qui alimentait le crédit et permettait de transporter à volonté les sommes les plus considérables sur les marchés les plus éloignés, sans aucun déplacement de numéraire. — En même temps il s'était établi dans les villes des principes de droit tout-à-fait distincts du droit romain, consacrés par la pratique et par l'usage, et usités surtout parmi les commerçants. C'est ainsi que l'on attribuait l'autorité de la preuve aux livres de commerce, que l'on distinguait entre le débiteur malheureux et le débiteur de mauvaise foi (*Voy.* FAILLITE). Mais c'était surtout dans la procédure que l'on s'était éloigné du droit commun, en établissant, pour le jugement des affaires commerciales, une marche plus prompte et plus expéditive; partout enfin il s'était fondé une coutume des commerçants, assemblage de traditions de bonne foi et d'équité, qui se transmettait de maison en maison, qui passait de famille en famille, et dont les règles surpassaient souvent en sagesse les prescriptions légales ou les décisions des jurisconsultes; coutume qui, pour varier quelquefois dans les détails, de ville en ville, n'en était pas moins la même pour tous les commerçants, à quelques pays d'ailleurs qu'ils appartinssent, à quelque loi qu'ils fussent soumis. Ce sont encore ces mêmes usages que nous retrouvons dans les coutumiers que le moyen âge nous a légués, et qui ont servi de fondement et de base à la législation moderne. Les coutumiers les plus importants de cette époque se réfèrent surtout au droit maritime : tels sont le *consulato del mare*, espèce de droit commun à toute la Méditerranée; les *roales d'Oleron*, ancien recueil d'usages usités sur les bords de l'Océan, et le *Guidon de la mer*, composé par les jurisconsultes français vers le milieu du XVIe siècle. — Chose remarquable! les changements que la force et le pouvoir féodal avaient amenés dans la législation et dans le système judiciaire, où le combat servait presque toujours de preuve, n'avaient exercé aucune influence sur la division des affaires commerciales. Le jugement de ces affaires était soumis à des jurés, à des arbitres, à des juges spéciaux, le plus souvent nommés par les commerçants eux-mêmes. Le préambule de l'ordonnance de 1344, pour la réformation des foires de Champagne, nous montre combien ces institutions étaient favorablement accueillies par toutes les classes de la société. Les plaids des comtes préposés à la garde des rivages et à l'administration de la justice, les amirautés, les consuls de mer, les prud'hommes, les arbitres, qui tenaient souvent lieu de juridiction volontaire, admettaient également les preuves écrites et testimoniales, et ne faisaient point dépendre leurs décisions du combat judiciaire. Telle fut la coutume jusqu'au XVIe siècle; le droit commercial ne pouvait rester en dehors du mouvement général imprimé à la civilisation par la découverte de l'imprimerie et par les grandes expéditions maritimes qui ouvrirent alors au commerce des routes encore inconnues. Toutefois, l'étude du droit romain, si favorable au droit civil, ne produisit pas d'aussi heureux résultats pour la jurisprudence commerciale. Les légistes et les docteurs avaient bien remarqué certaines institutions, certains contrats propres au commerce, mais ils en ignoraient la nature et l'essence, et commettaient de singulières erreurs dans l'application de la pratique. Déjà Balde et Bartole avaient soumis aux textes du Digeste des questions de change et de société commerciale; leurs disciples et leurs successeurs voulurent également accommoder aux mêmes principes les théories nouvelles des contrats à la grosse et des assurances; s'obstinant aveuglément à vouloir retrouver toute la science du droit dans la volumineuse compilation de Justinien, ils s'efforçaient, bon gré mal gré, de faire sortir des textes de simples questions de bon sens et d'équité. Ainsi, l'esprit de commentaire menaçait d'étouffer les anciennes traditions commerciales; mais heureusement ces traditions étaient vivaces; elles n'étaient pas entièrement tombées en oubli, quand au XVIIe siècle les esprits les plus avancés sentirent la nécessité de codifier cette partie de la science du droit, un homme du plus haut mérite, non pas seulement un jurisconsulte, mais un négociant, un homme nourri des anciennes maximes de bonne foi et d'équité, Savary, éleva alors la voix en faveur de ces anciens usages qu'on voulait méconnaître, et contribua à leur assurer, dans notre législation nationale, la place importante qui leur était due. Tous les efforts de Sully avaient eu pour but de faire prospérer la richesse agricole de la France. Colbert, cet autre ministre dont le génie était également sûr, mais plus entreprenant, développa les immenses ressources du pays sur une plus vaste échelle; il encouragea les arts et les manufactures; il créa de grandes compagnies de commerce; mais surtout, reprenant et continuant la pensée de Henri IV et de Richelieu, il dirigea l'activité de la nation vers les expéditions maritimes et les grandes spéculations commerciales dont l'Angleterre et la Hollande semblaient avoir jusque-là usurpé le monopole; ce n'était pas assez néanmoins d'avoir éveillé dans ce pays le sentiment de la puissance commerciale, il était encore nécessaire de créer des règles pour les transactions, de consacrer les vrais principes du droit commercial, d'en déduire les conséquences, et de les faire passer dans l'usage et dans la pratique. Tel fut le but que l'on se proposa en publiant les deux célèbres ordonnances de 1673 et de 1681. — La première de ces deux ordonnances, *l'ordonnance du commerce*, donnée à Saint-Germain-en-Laye, au mois de mars 1673, fut le résultat des travaux des plus habiles négociants de Paris, que l'on réunit en 1670, sous la dénomination de *Conseil de la réforme*. Savary y prit une part active, non qu'il fît directement partie du conseil, mais il fut appelé à toutes ses délibérations; et presque tous les articles furent arrêtés sur ses mémoires ou sur ses représentations; à tel point que, plus tard, l'ordonnance fut quelquefois désignée sous la dénomination de *Code Savary*. Presque toutes les matières qui composent aujourd'hui notre Code de commerce avaient leur place dans cette ordonnance, dont le dernier titre, sur la *juridiction consulaire*, déclarait commun, pour tous les siéges des *juges et consuls*, établis dans le royaume, l'édit publié par ordre de Charles IX, pour leur rétablissement à Paris, au mois de novembre 1563, et tous les autres édits et déclarations enregistrés dans les cours de parlement. Une réforme n'était pas moins nécessaire à l'égard du commerce de la mer. Malgré le mérite incontestable du droit coutumier qui régissait ce commerce, les relations maritimes de la France ne pouvaient, après l'extention qu'elles venaient de recevoir, rester soumises à des usages quelquefois surannés, souvent incomplets, dont il devenait de jour en jour plus difficile de saisir l'esprit. A cette époque surtout l'on sentait le besoin d'une législation claire et précise. C'est à ce besoin que vint repondre, de la manière la plus complète, la célèbre ordonnance de 1681 *sur la marine*. Non-seulement le droit fut fixé dans ces deux célèbres ordonnances, mais des hommes d'un mérite incontestable, et surtout des hommes instruits des pratiques commerciales, vivifièrent la science, et l'enrichirent de travaux qui, aujourd'hui même, sont encore des modèles. Savary, qu'il faut toujours citer quand il s'agit de jurisprudence commerciale, composa dans ce but une foule d'écrits. Ses *Parères*, ou *Avis et conseils sur les plus importantes matières de commerce*, sont d'admirables solutions des difficultés qui peuvent survenir; son *Parfait négociant*, si souvent réimprimé, traduit dans presque toutes les langues, base de tout ce qui a été écrit depuis sur la science du commerce, serait encore le guide à cet égard le plus sûr du magistrat et du jurisconsulte. Valin, commentateur érudit de l'ordonnance de 1681, non-seulement expliqua les textes en leur restituant leur sens historique, mais il agrandit encore la sphère du droit français, en y faisant entrer la législation étrangère. Enfin, Emerigon, habile praticien que l'on consultait de tous les pays de l'Europe, parvint, en feuilletant avec une admirable patience les recueils des arrêts rendus par les amirautés, à en recueillir les principes dans ses deux beaux *Traités sur le contrat à la grosse et sur les assurances*. Cependant une nouvelle réforme était devenue nécessaire à la fin du XVIIIe siècle. Le gouvernement de l'ancien régime en avait lui-même senti le besoin et avait songé à l'exécuter. Ce fut la révolution qui se chargea de cette tâche. Les amirautés furent supprimées et remplacées par des tribunaux de commerce institués par le décret de 1790, et qui devaient connaître à l'avenir des affaires de commerce, tant de terre que de mer, sans distinction. Quand à la confection d'un code de commerce elle fut ajournée. Ce fut seulement le 3 avril 1801 qu'un arrêté des consuls nomma une commission chargée de rédiger un projet dont la discussion ne commença qu'en 1806. La confection du nouveau code de commerce était une œuvre de la plus haute importance. De grands changements s'étaient opérés dans l'économie politique de la France, depuis la promulgation des deux ordonnances de Louis XIV; la superficie du territoire s'était considérablement agrandie; des pays nouvellement conquis avaient ajouté à l'étendue des frontières maritimes, au nombre des fleuves ou canaux navigables, à l'immense variété des produits agricoles, à la diversité toujours croissante de l'industrie nationale; les mœurs commerciales elles-mêmes s'étaient modifiées. Il était important de saisir ces changements, de les fixer, de les diriger, et de fondre dans un système commun tous les usages; de faire disparaître enfin l'influence des arrêts de règlement, et d'effacer les traces de coutumes seulement locales et municipales. Il fallait approprier la nouvelle législation commerciale à tous les genres de commerce, la mettre en harmonie avec sa législation civile, rendre enfin au droit commercial le véritable caractère d'universalité qu'il avait autrefois avec la coutume. « Il est, disait-on dans l'exposé des motifs, il est d'une haute importance que le Code de commerce de l'empire français soit rédigé dans des principes qui soient adoptés par toutes les nations commerçantes, dans des principes qui soient en harmonie avec les grandes habitudes commerciales, et qui soumettent les deux mondes. Nous ne referons pas ici l'histoire du code de commerce, nous ne rappellerons pas les noms des hommes qui participèrent à sa rédaction, cette histoire a sa place ailleurs; nous terminerons seulement par quelques observations sur l'influence qu'il a exercée dans la législation de l'Europe, et sur les réformes que le droit commercial sollicite aujourd'hui. Le nouveau code avait, sur l'ancienne législation, l'avantage de contenir l'ensemble du droit commercial; on y avait inséré presque textuellement les ordonnances de 1673 et de 1681, dont on n'avait retranché que les dispositions qui étaient de droit civil, d'administration ou de droit public; on y avait établi, sur de nouvelles bases, la juridiction consulaire; enfin ce code résumait si bien l'ancienne coutume commerciale, qu'aussitôt son apparition, il fut adopté par la plupart des États de l'Europe; l'Italie, la Suisse, la Hollande, la plupart des États de l'Allemagne, la Pologne, acceptèrent avec reconnaissance cette législation à la fois simple, précise et savante. Sans doute les victoires de nos armées furent pour quelque chose dans l'adoption que firent de nos codes les nations étrangères; mais la législation dont ils étaient le résumé était à l'abri des chances de la guerre; et même après nos désastres, au moment où toutes les haines nationales de l'étranger étaient soulevées contre la France, les gouvernements furent obligés de reconnaître la supériorité de cette législation. Le Code de commerce fut un de ceux qui résistèrent le plus à la réaction de cette époque; il continua de subsister là même où l'on n'avait pas cru devoir conserver la législation civile. A l'heure qu'il est, le Code de commerce régit encore toute l'Italie, la Pologne, plusieurs cantons de la Suisse, la Belgique, la Grèce et différents Etats de l'Allemagne. Dans d'autres pays, de nouveaux codes ont été rédigés sous l'influence des nôtres. Ainsi, l'Espagne et la Hollande qui, depuis 1815, ont réformé leur législation, ont adopté les principes du code français, en y ajoutant quelquefois, comme autant d'améliorations, les opinions de nos jurisconsultes ou les décisions de notre jurisprudence. Tout récemment, l'un des Etats de l'Allemagne ayant confié à l'un de ses jurisconsultes la rédaction d'un code de commerce, ce jurisconsulte, tout en signalant l'importance des différents codes publiés après le nôtre, a voulu prendre le code de commerce pour base de son travail; enfin, nous croyons pouvoir le dire, partout où notre Code de commerce n'a pas été sanctionné publiquement, là où il n'a pas reçu de promulgation officielle en Europe et par delà les mers, il est encore un guide sûr pour les commerçants et pour les juges, il a acquis force de loi, et on lui reconnaît l'autorité du droit commun et de la raison écrite. Cependant, malgré le mérite incontestable de notre code de commerce, de graves lacunes, d'importantes omissions s'y font encore remarquer. L'attention, dans ces derniers temps, a été appelée sur quelques-unes de ses parties qui sont véritablement défectueuses; mais il serait possible, sans renverser ce beau monument du droit national, de suppléer à *son insuffisance en* y ajoutant certaines dispositions que les progrès du commerce ont rendues nécessaires. Enfin, la science du droit commercial s'enrichissant tous les jours des décisions sages et équitables de nos tribunaux de commerce, malgré l'espèce d'opposition systématique que les cours royales semblent vouloir élever contre ces tribunaux, il est permis de croire que le droit commercial Français continuera toujours d'occuper le rang que chez toutes les nations il a toujours obtenu dans la pratique et dans la science.

DROIT CONSTITUTIONNEL. On appelle droit constitutionnel le droit qui règle l'organisation intérieure et l'exercice des pouvoirs de la souveraineté dans chaque État. Que ce soit un acte écrit, une *charte* ou une *constitution* qui lui serve de base, ou que ce soient des coutumes ou des traditions, il n'en existe pas moins. Mais le droit constitutionnel implique nécessairement qu'il existe au moins une certaine équité dans la distribution et dans l'exercice des pouvoirs sociaux. Le nom de droit ne peut pas s'appliquer au système qui reconnaît et organise le pouvoir absolu, qui établit la puissance d'un seul au détriment de tous; ce n'est pas là un droit constitutionnel, c'est plutôt la violation du droit naturel des populations et des particuliers. — Dans le droit constitutionnel, tel qu'il existait au moyen âge (*V.* MUNICIPALITÉ), il n'y avait pas ce principe reconnu dans le droit constitutionnel moderne, ce principe sans lequel aucune constitution juste et libérale est impossible; je veux dire le principe d'égalité devant la loi. Au moyen âge, en effet, partout était l'inégalité, dans les hommes, dans les pouvoirs, dans les villes, dans les universités, dans les corporations, séparées en diverses classes, réclamant chacune leurs priviléges, leurs franchises, leurs immunités, de façon que ce qui était privilége pour les uns devenait une charge pour les autres. Les corporations d'arts et de métiers tuaient la liberté du commerce et de l'industrie. La liberté individuelle n'existait pas, ou, si elle existait, elle existait sans moyen efficace de garantie. Depuis 1789, les priviléges se sont effacés; le niveau a passé sur les hommes et les choses, et le principe de l'égalité devant la loi a constitué le droit constitutionnel moderne, qui paraît s'arrêter à la forme du gouvernement représentatif, à la monarchie héréditaire et à deux chambres. (*V.* CHARTE.)

DROIT COUTUMIER. (*V.* COUTUME.)

DROIT CRIMINEL. Le droit criminel est la science du droit de punir; c'est l'ensemble des lois qui définissent les infractions contre la paix et la sécurité du pays et des habitants, en règlent la poursuite, en prescrivent le châtiment, en fixent les peines. Le droit criminel s'occupe de la sûreté des personnes et de la protection matérielle des choses. Le droit criminel se compose, en France, du Code d'instruction criminelle, du Code pénal, de lois diverses, qui prévoient et punissent des délits dont la loi pénale générale ne s'est pas occupée. (*V.* CRIME, DÉLIT, PÉNALITÉ.)

DROIT FÉODAL. Le droit féodal est l'ensemble des lois relatives aux fiefs. Dans l'ancienne jurisprudence, rien n'était plus vaste, plus compliqué, plus intéressant peut-être que le droit féodal; mais il ne pourra être étudié avec fruit et d'une manière complète, dans cet ouvrage, que lorsque le lecteur aura puisé dans les articles FIEFS et FÉODALITÉ toutes les notions préliminaires dont il n'apporte pas peut-être la connaissance à la lecture de celui-ci ; en attendant, on nous permettra de nous y référer. — Il fût un temps où l'on prétendait trouver dans les lois romaines l'origine du gouvernement féodal ; c'est qu'alors on ne connaissait, en fait de droit, que le droit romain. Plus tard, et avec plus de raison, quoique d'une manière trop absolue peut-être, on a remarqué que ce système fut apporté dans nos contrées par les barbares du Nord. On ne trouve pas sans doute chez ces peuples le gouvernement féodal tel qu'on l'a vu depuis ; mais on en aperçoit le germe dans leur caractère, dans leurs manières, dans leurs usages ; et c'est ce germe qui, développé par la conquête, par les circonstances qui la préparèrent, par les événements qui la suivirent, a donné naissance à ce singulier système, système tellement lié aux institutions et au fond du caractère de ces peuples qui l'ont établi partout d'une manière presque uniforme, malgré toutes les causes physiques, politiques et morales qui les séparaient les uns des autres. Depuis l'origine des fiefs jusqu'au XVe siècle, le droit féodal éprouva une infinité de révolutions. Pour bien en connaître l'histoire, durant cette longue période d'environ onze cents ans, il faut, indépendamment de l'étude des historiens et des chroniqueurs, recueillir mille faits épars dans les capitulaires, dans les coutumes, dans les chartes ignorées aujourd'hui ; il faut suivre pas à pas la marche irrégulière de notre gouvernement. Au XVe siècle seulement, on commença à rédiger les coutumes, à donner une sanction plus solennelle à des droits usurpés ; un grand nombre d'écrivains ont entrepris de porter la lumière dans ce chaos, mais leurs opinions sont singulièrement contradictoires ; chacun a bâti son système contre des faits et des raisonnements qui ont été combattus par des faits et des raisonnements contraires, capables de décourager ceux qui veulent étudier la législation et la jurisprudence féodale. — Par le droit commun féodal, toutes les fois que le *fief servant* passait d'un propriétaire à un autre, il était dû au *seigneur dominant* de ce fief quelque droit utile ; seulement, lorsque la transmission se faisait du père au fils, ou au petit-fils, il n'était dû au seigneur que *la bouche et les mains*, c'est-à-dire la foi et hommage. Quelques coutumes locales admettaient une exception à cette dernière règle. (*V.* FOI ET HOMMAGE.) L'acte de foi et hommage était la promesse de fidélité faite solennellement par les vassaux à leurs seigneurs, avec les marques de soumission et de respect prescrites par les coutumes ou réglées par les usages locaux. La fidélité, la foi, c'est-à-dire le lien même de la féodalité était la seule chose qui fût de l'essence de la tenure féodale, tandis que les marques extérieures de ce lien ne sont que de la nature de la chose ; en sorte qu'un fief pouvait exister sans obligation de porter la foi au seigneur dominant. C'était, comme dit d'Argentré (préface sur le titre des fiefs), *feudum injuratum ;* mais ce n'en était pas moins un fief. La foi que le vassal portait à son seigneur ne préjudiciait en rien à celle qu'il devait au roi et aux autres seigneurs dont il pouvait relever à raison d'autres fiefs. Cette foi imposait à celui qui la rendait six devoirs principaux envers son seigneur : il devait veiller sur son honneur, sa santé, sa conservation, ses intérêts, ses desseins pour en faciliter l'exécution, ses entreprises pour en éloigner les obstacles. Ces obligations, du reste, étaient réciproques entre le seigneur et le vassal. Le serment de fidélité était dû à toute mutation ; quand même le vassal avait rendu la foi pour lui et ses successeurs, ceux-ci n'en étaient pas moins tenus de la présenter eux-mêmes. Réciproquement, lors même que le vassal avait fait le serment de fidélité à son seigneur, pour lui et ses héritiers, il était également obligé de renouveler la foi à chaque mutation du fief dominant. Quand il y avait plusieurs seigneurs propriétaires du fief dominant, la foi faite pour l'un valait pour tous ; mais il fallait qu'il fût dit dans l'acte qu'on l'avait faite à tous, et qu'ils y fussent tous nommés, ou par indivis ou par quelque autre terme général (Duplessis, *Des fiefs*, l. 1, ch. 2.). Dans certaines localités, quelques seigneurs, en inféodant, exigeaient le *relief* à toute mutation du vassal ; aussi le fils même succédant à son père, devait payer le relief, comme s'il le prenait dans la succession du dernier de ses collatéraux. Cet usage, si dur, si exorbitant, formait autrefois le droit commun de l'Europe. Nous lisons effectivement dans le livre des fiefs : *Filii non habeat beneficium patris, nisi à domino redemerit* (l. 1, ch. 24.). On ne distinguait point alors les successions directes des successions collatérales ; toutes donnaient également ouverture au relief. Lorsqu'il était dû relief à toute mutation, ce relief était le seul droit que le seigneur pût exiger, même dans les mutations par vente. — Dans la règle générale, une femme propriétaire d'un fief devait, en se mariant, relief au seigneur direct, parce qu'il se faisait en quelque sorte une transmission de propriété en la personne du mari, qui devenait l'administrateur et le propriétaire des fruits de ce fief. Ce droit était fort ancien ; il existait du temps de saint Louis ; nous en trouvons la preuve dans ses *Établissements.* Autrefois, les femmes propriétaires de fiefs ne pouvaient se marier sans le consentement de leur seigneur dominant ; si elles le faisaient, le seigneur avait la jouissance de leur fief pendant toute la durée de leur mariage (*Assises de Jérusalem*, ch. 246). Les lois d'Angleterre allèrent encore plus loin ; on voit par les statuts de Merton, que si le vassal refusait la femme que lui indiquait son seigneur, il était obligé de lui payer une somme égale à celle qu'il apportait en mariage. Le même usage avait lieu en Écosse. Le temps ayant adouci la rigueur des lois féodales, les seigneurs permirent à leurs vassales de se marier à leur gré ; et, comme par là ils se privaient d'un droit souvent utile, ils exigèrent en compensation le relief dont il s'agit ici. Toutefois, la coutume de Paris affranchit les femmes de ce relief dans certaines circonstances prévues. Voilà, selon quelques feudistes, l'origine de cet affranchissement. Les *Établissements* de saint Louis sont une preuve très certaine que, de son temps, le *parage* était observé à Paris. Anciennement, dans cette coutume, le frère portait la foi comme seul et unique héritier du fief échu en ligne directe, et il garantissait, sous la foi comme en parage, ses sœurs majeures ou mineures et leurs premiers maris : il suffisait alors qu'il y eût un frère vivant pour que les filles et leurs premiers maris fussent garantis, quoique le frère n'eût point encore porté la foi. Mais quand on rédigea la coutume, en 1510, on décida que le frère n'acquitterait les filles qu'en portant la foi. Le seigneur, comme le vassal, ne pouvaient exercer les droits féodaux qu'à l'âge de vingt ans accomplis ; pour les filles, la majorité était acquise à quinze ans ; les feudistes ne sont pas d'accord sur les limites dans lesquelles devait être restreinte cette majorité. — La *souffrance* légale consistait dans le délai de quarante jours que la coutume accordait au vassal pour porter la foi à son seigneur dans les cas prévus. La souffrance conventionnelle, distinguée en nécessaire et libre, procédait de la volonté des parties : il ne faut pas la confondre avec la simple tolérance. Le seigneur qui, sans avoir été servi de ses droits, tolérait la jouissance de son vassal, pouvait, à chaque instant, saisir avec perte de fruit. S'il avait donné souffrance, il ne pouvait rien exiger qu'après l'expiration du délai qu'il avait accordé. — Lorsque d'amovibles les fiefs deviennent héréditaires, les seigneurs se réservent à chaque mutation des droits de différentes espèces. Mais, comme cette indemnité ne fut point alors fixée à une quotité certaine, elle donna lieu aux plus étranges vexations. On voit, par les anciens monuments de l'histoire d'Angleterre, que la plupart des vassaux abandonnaient leurs fiefs plutôt que de payer les sommes auxquelles ils étaient taxés. En France, la conduite des seigneurs produisit à peu près les mêmes effets. Le temps fit sentir la nécessité de fixer ces droits d'une manière invariable ; on les réduisit à deux principaux : le *quint* pour les mutations qui arrivaient par vente, et le *relief* pour celles qui arrivaient par succession. Ce droit s'appelait *relief*, parce qu'on relevait en quelque sorte le fief tombé en caducité par la réversion qui s'en était faite au profit du seigneur. En Dauphiné, en Poitou, ce droit s'appelait *plait*, du mot latin *placitum* ou *placitamentum*, parce que cette composition était d'abord à la discrétion des seigneurs et dépendait de leur bon plaisir. Enfin, dans d'autres provinces, ce droit s'appelait *muage* ou *muance*, et dans la basse latinité *mutagium*, parce qu'il était dû par la mutation des vassaux. Par la coutume de Paris, quand un fief changeait de main autrement que par vente, mort, échange, succession, etc., il y avait droit de relief, excepté en succession ou donation, en avancement d'hoirie en ligne directe. Les actes de partage entre associés ou entre cohéritiers ne donnaient en général ouverture à aucun droit féodal, sauf quelques exceptions. — Quant à la question de savoir s'il était dû quelque droit au seigneur lorsque le fief changeait de main en vertu d'une convention, d'une substitution, on la pouvait résoudre de trois manières, suivant le cas qui se présentait : 1° si le seigneur, dans l'acte d'investiture, appelait lui-même tel ou tel à recueillir le fief, il ne paraît pas que le relief eût été dû ; 2° si le vassal disposait de son fief en faveur d'un de ses enfants, au préjudice des autres, le relief n'était pas dû non plus ; mais il devait être payé si le fief passait d'un fils du substituant à l'un de ses autres fils ; 3° à plus forte raison était-il dû si le vassal substituait le fief à un étranger. Quand une femme, à laquelle appartenait un fief, se mariait, il était dû rachat ou relief au seigneur féodal. Le droit du relief était d'une année du revenu du fief, ou bien on le fixait par arbitres, ou bien encore il consistait en une somme une fois payée par le vassal, au choix du seigneur. L'exercice de ce droit de relief pouvait entraîner, du seigneur au vassal, les mesures les plus vexatoires. Le seigneur qui avait choisi pour son droit de relief le revenu d'un an du fief mouvant de lui, pouvait, si bon lui semblait, prendre ce revenu, et le vassal était tenu de lui communiquer les papiers de ses recettes; on lui laissait la faculté de lui en faire la déclaration par extrait, aux dépens du seigneur. Le seigneur qui jouissait du fief de son vassal n'était pas tenu de payer les rentes, hypothèques ou autres charges imposées sur le fief par son vassal, à moins que lesdites charges n'eussent été inféodées; il n'était pas tenu non plus à la charge du ban (voy.) et de l'arrière-ban, il avait le droit, selon quelques feudistes, de présenter aux bénéfices pendant l'an du relief; mais ce dernier avantage fut contesté par d'habiles jurisconsultes. On a quelquefois prétendu qu'il pouvait, dans la même circonstance, changer tous les officiers et faire exercer par les officiers de sa justice celle de son vassal.—Quand un fief était vendu et aliéné à prix d'argent, le vendeur devait payer le *quint-denier* du prix. Voilà la plus ancienne disposition de la coutume; mais plus tard le paiement du quint fut mis à la charge de l'acquéreur, à moins de convention contraire. Le quint était dû au seigneur pour tous les contrats équivalents à la vente, quand même le prix n'était pas en argent, mais en meubles ou en autres choses dont la valeur fut fixée par le contrat. Lorsque la vente était nulle ou anéantie par une cause quelconque, le seigneur ne pouvait exiger aucun droit, et même il était obligé de rendre ceux qu'il avait reçus. En général le quint n'était point dû au seigneur lorsque ce n'était point le fief qui était vendu, mais seulement une action tendant au fief; la vente des droits successifs donnait lieu au quint pour les fiefs qui se trouvaient dans la succession. Sur la question de savoir si les lods et ventes étaient dûs dans le cas d'échange, il y eut longtemps une grande variété dans les dispositions des coutumes et dans la jurisprudence des arrêts. En 1096, Louis XIV, par un édit, ordonna que les mêmes droits établis et réglés par les coutumes pour les mutations qui se faisaient par contrat de vente, lui seraient à l'avenir payés à la mutation qui se ferait par contrat d'échange, non-seulement dans l'étendue de ses *directes*, mais encore dans les directes des seigneurs particuliers; non-seulement dans les coutumes où il n'était dû auparavant aucuns droits pour les échanges, mais encore dans celles qui attribuaient aux seigneurs un droit moindre que celui qui se trouvait établi pour les contrats de vente; le roi voulait, qu'en ce dernier cas, le surplus lui fut payé. Plus tard, et plus particulièrement en 1740, ces dispositions, fondées sur les besoins du moment, et non sur les principes de la matière, furent encore aggravées; pourtant beaucoup de provinces surent se soustraire, sous différents prétextes, à ce qu'elles avaient de trop onéreux. Sur les fiefs se trouvaient souvent constituées des rentes foncières, rachetables et non rachetables, des rentes par dons ou legs, des rentes constituées, etc. Lorsque le fief était vendu à condition que l'acquéreur paierait les droits féodaux, il est certain que le prix de la vente était moins élevé; dans ce cas, le *quint* du seigneur était plus faible; pour indemniser le seigneur en pareille circonstance, la coutume lui donnait, outre le *quint*, ce qu'on appelait le *requint*, c'est-à-dire la cinquième partie du quint. Le quint ne se payait pas en raison de tout ce que l'acquéreur avait été obligé de débourser pour les proxénètes, pour les frais du contrat, pour les vins du marché, mais seulement en raison de la somme qui avait été convenue pour le prix du fief. Quelques coutumes pourtant ne faisaient point cette distinction. — Une partie importante du droit féodal, quoiqu'elle soit pour ainsi dire toute de forme, est celle des offres. Le vassal devait présenter lui-même les droits que la féodalité lui imposait; le seigneur n'était pas même tenu d'en faire la demande, et, aux termes de la coutume, le vassal devait faire ces offres *au lieu du principal manoir ou autre lieu dont est tenu et mouvant le fief.* Des exceptions de forces majeures seules étaient admises; des inimitiés même entre le seigneur et le vassal n'étaient pas pour ce dernier un motif suffisant pour le dispenser de se rendre en personne au chef-lieu du fief dominant. Les dispositions à cet égard, longtemps vexatoires et trop fiscales dans la plupart des coutumes, furent adoucies par la suite dans plusieurs coutumes. Il n'était pas nécessaire que les offres fussent réelles; cependant elles étaient nulles si, à l'instant où le seigneur offrait de donner l'investiture, le vassal n'était pas en mesure de les réaliser. « Le seigneur, disait la coutume de Paris, n'est » tenu, si bon ne lui semble, de recevoir la foi et hommage de son » vassal, s'il n'est en personne, si ledit vassal n'a exoine ou *excusation suffisante.* » On ne devait pas entendre un empêchement tel qu'il mit le vassal dans une impossibilité absolue de porter la foi en personne; les meilleurs feudistes pensaient qu'il suffisait que le vassal se trouvât dans des circonstances qui l'empêchassent de se transporter commodément au domicile du seigneur; le vassal pouvait faire porter sa foi par procureur dans des circonstances et des formes déterminées: le seigneur la pouvait recevoir de même. — Le seigneur, à défaut d'hommes, droits et devoirs non faits et non payés, pouvait saisir féodalement, et les fruits du fief lui appartenaient jusqu'à la prestation effective des services qui lui étaient dûs. Lorsque le vassal était réclamé par un seigneur autre que le sien, il était autorisé à déposer son hommage entre les mains du roi, qui le recevait et le conservait pour le seigneur à qui la mouvance serait définitivement adjugée. C'est ce qu'on appelait *réception par main souveraine.* Les règles qui régissaient cette matière n'étaient pas moins chargées de contradictions et de subtilités que le reste du droit féodal. Nous ne fatiguerons pas nos lecteurs de tous ces détails, aujourd'hui sans application réelle. On voit le germe du droit de *main souveraine* dans les établissements de Saint-Louis. On lit au chapitre 3 du livre II: *Li roi par débat prenra la chose en sa main, et si ès établissement gardera droit à lui et à autrui.* Il a déjà été question dans cet ouvrage de *l'aveu et dénombrement* (voy.), mais seulement pour en donner la définition. En effet, c'est ici qu'il devrait en être parlé plus amplement. — A chaque mutation du fief servant, le vassal, outre la loi, était obligé de donner à son seigneur une description, un état de tous les objets qu'il tenait de lui à titre de fief. Cet état se nommait dénombrement, et la nécessité de le présenter paraît avoir été imposée aux vassaux dès l'origine des fiefs. Le dénombrement pouvait être présenté pour le même acte que la foi: pour l'ordinaire on le rédigeait séparément. Il devait contenir: 1° la description du principal manoir du fief avec toutes ses dépendances et l'étendue du terrain qu'elles occupaient; 2° le détail de tous les héritages composant le fief, leur quantité, qualité et situation; 3° pareil détail de tous les cens et héritages qui en étaient chargés, avec la situation de ces héritages, le nom de ceux qui en étaient propriétaires, et le terme des paiements; 4° l'énumération des servitudes et des droits dus au vassal à cause de son fief; enfin 5° le détail des arrière-fiefs qui en relevaient. Par les objets qui composaient le dénombrement, on voit de quelle importance il était tant pour le vassal que pour le seigneur; c'était lui qui leur apprenait quels étaient leurs droits respectifs; c'était lui qui déterminait quelles étaient les choses que le vassal tenait en fief, et quelles étaient celles qu'il possédait librement; c'est pourquoi il fallait à chaque mutation un nouvel acte de cette espèce. Lorsque le vassal ne donnait pas son dénombrement dans le terme de quarante jours, après avoir été reçu en foi et hommage, le seigneur pouvait saisir le fief et y placer des commissaires jusqu'à ce que le dénombrement lui eût été présenté; mais il ne jouissait pas des fruits, dont le commissaire devait rendre compte après la présentation du dénombrement. A cette règle générale il y avait des exceptions que l'on trouve indiquées par les feudistes. Lorsque le vassal avait remis son dénombrement, le seigneur, s'il y trouvait quelque chose à reprendre, devait le déclarer dans quarante jours, sinon le dénombrement était considéré comme reçu et approuvé. Toutefois le vassal était tenu d'aller ou d'envoyer chercher le *blâme* au lieu du principal manoir où mouvait son fief. — D'après la coutume de la ville, prévôté et vicomté de Paris, le seigneur féodal, par faute d'hommes, droits et devoirs non faits et non payés, pouvait mettre en sa main le fief mouvant de lui, exploiter ce fief à son profit, s'emparer des fruits pendant la main mise, à la charge d'en user par lui comme un bon père de famille. *Cette saisie féodale*, qui paraissait si dure aux feudistes du XVIIIe siècle, et si ruineuse pour les vassaux, n'était pourtant qu'un adoucissement, une dérogation aux anciennes lois féodales. Dans l'origine, et même dans des temps assez modernes, le seigneur confisquait irrévocablement dans les cas où plus tard il se contenta de saisir. On voit par les *Etablissements* de Saint-Louis (ch. 65), qu'alors si le vassal ne présentait pas les devoirs après la sommation de droit, *li sire li puet bien regarder par jugement qu'il a li fié perdu, et ainsi remaint li fié au seigneur.* Avant la révolution de 1789, il y avait quelques coutumes appelées *coutumes de dangers*, où ces anciennes lois vivaient encore. — A la mort d'un vassal, le seigneur ne pouvait saisir le fief mouvant de lui, ni l'exploiter en pure perte.

que quarante jours après le décès de ce vassal. Durant la saisie faite par faute d'hommes, droits et devoirs non faits, le seigneur n'était pas tenu de payer et acquitter les rentes, charges ou hypothèques non inféodées, constituées sur le fief par le vassal. Le seigneur féodal qui mettait en sa main un fief, par faute d'hommes, droits et devoirs non faits, pouvait également saisir tous les arrière-fiefs ouverts, dépendants du fief saisi. En ce cas, les propriétaires ou seigneurs de ces arrière-fiefs pouvaient prêter foi et hommage au seigneur qui, toutes les conditions accomplies, était tenu de leur donner main-levée. Les fiefs d'abord inaliénables, purent ensuite être aliénés avec le consentement du seigneur duquel ils relevaient; pour prix de cette condescendance, les seigneurs se réservèrent le droit de retrait sur les fiefs vendus : telle est l'origine du *retrait féodal*; il n'est pas facile de déterminer l'époque à laquelle on doit rapporter cette innovation. Les *fiefs* n'avaient rien de commun avec les *bénéfices* de la première race. On ne peut en rapporter l'établissement qu'au temps de Charles Martel, et ce ne fut qu'en 877 que ces fiefs furent déclarés héréditaires; mais les Capitulaires de Charles-le-Chauve ne statuèrent que sur les fiefs mouvants immédiatement de la couronne. Les arrière-vassaux demeurèrent encore longtemps soumis à toute la rigueur des lois féodales; ce ne fut donc que vers le commencement de la troisième race que les fiefs passèrent dans le commerce d'une manière absolue. C'est donc à cette époque que l'on peut fixer l'origine du retrait féodal; l'usage l'introduisit comme presque toutes les lois coutumières, en sorte qu'il est impossible d'indiquer précisément la date de son établissement. On ne connaît pas de monument qui en fasse mention avant les *assises de Jérusalem*. Une charte de Thibault, comte de Champagne, de l'an 1198, en parle cependant comme d'un usage existant; on le retrouve ensuite dans les *Etablissements* de Saint-Louis, dans les écrits de Jean des Mares, qui mourut en 1382, et depuis dans tous les auteurs qui ont écrit sur cette matière. — Le vassal ne pouvait démembrer son fief au préjudice et sans le consentement de son seigneur (*V.* Démembrement). Il y avait une différence essentielle entre le démembrement et le *jeu de fief*; le démembrement faisait d'un fief plusieurs fiefs; le jeu transformait en roture une partie du fief; le démembrement multipliait les vassaux; après le jeu il n'y avait toujours qu'un vassal comme auparavant; le démembrement formait plusieurs tenures qui pouvaient obéir à des conditions différentes; la partie dont on s'était joué continuait d'être grevée envers le dominant des mêmes devoirs et des mêmes charges : le démembrement attaquait le titre d'investiture, le jeu n'avait rien de contraire à cette loi primitive. — La *commise* est l'un des points les plus intéressants de la matière féodale; elle était une suite naturelle de l'origine des fiefs. La concession de ceux-ci était gratuite, on leur appliqua les lois relatives à la révocation des donations pour cause d'ingratitude. Le seigneur s'étant dépouillé de son domaine pour avoir tel vassal, si le vassal se rendait indigne de posséder un fief pour quelque cause que ce fût, il paraissait juste que ce fief retournât au donateur. Enfin, l'obligation de reconnaître son seigneur étant la première et la principale cause de l'investiture, le refus de remplir cette condition devait pareillement entraîner la perte du fief. Sur ces principes se fondait la commise, qui était de trois sortes : celle pour ingratitude, celle pour délit public, et celle pour désaveu. Il y avait entre la confiscation et la commise cette différence que la confiscation avait lieu pour tous les délits publics, et la commise uniquement pour les délits privés et personnels au seigneur. En Écosse, en Angleterre, en Allemagne, en France, l'usage et la jurisprudence n'étaient pas les mêmes sur cette matière. En France, les cas de commise étaient plus nombreux, et la félonie plus rigoureusement punie que dans aucun autre pays de l'Europe. On trouve tous les cas qui donnaient lieu à la commise très bien détaillés dans les assises de Jérusalem et dans les Etablissements de Saint-Louis. Du reste, comme le vassal perdait son fief par félonie commise contre le seigneur, le seigneur perdait aussi sa supériorité féodale, s'il faisait outrage à son vassal, et le fief était attribué et dévolu au seigneur supérieur immédiat du seigneur féodal. La prescription fut longtemps inconnue dans la matière féodale; cette manière d'acquérir ne pouvait s'appliquer à des propriétés amovibles telles qu'étaient les fiefs dans leur origine. Lorsqu'ils devinrent héréditaires, vers le milieu de la seconde race, lorsqu'ils passèrent absolument dans le commerce, au commencement de la troisième, on aurait pu sans inconvénient les soumettre aux lois ordinaires de la prescription. Cependant on ne le fit pas; au contraire, il s'établit une règle tout opposée : le lien féodal fut regardé comme inaltérable, et toute prescription fut interdite entre le seigneur et le vassal. Ce ne fut qu'à la renaissance du droit romain (aux XIIIe et XIVe siècles) que les légistes appliquèrent à la matière féodale les lois concernant la prescription; encore ne le firent-ils que timidement et par degrés, tant ils respectaient toujours, en apparence du moins, les anciens usages et les vieux préjugés. Quant à la *succession*, le fils aîné prenait en France, pour son droit d'aînesse, le principal manoir avec le jardin, selon sa clôture, tenu en fief; et, s'il n'y avait point de jardin, un arpent de terre (ou le *vol d'un chapon*), tenu en fief, au joignant de la maison, mais cette prérogative de l'aîné n'était pas fort ancienne; elle était inconnue sous les deux premières races; l'aîné partageait alors également avec ses frères, dans les possessions féodales comme dans les alleux. Cet usage n'était point particulier à la France, on en trouve ailleurs des traces manifestes, entre autres dans les lois d'Edouard-le-Confesseur. Après la révolution qui porta les Capétiens sur le trône, les propriétaires des grands fiefs crurent que le moment était arrivé de secouer le joug de l'autorité royale. A leur exemple, tous les seigneurs voulurent donner de l'extension à leurs droits et en établir de nouveaux. De là les guerres privées qui déchirèrent si longtemps la France; de là le droit d'aînesse. Il fallut réunir dans une même main toute la puissance du père, pour soutenir l'ouvrage de son injustice, ou pour repousser celle de ses voisins; et l'usage s'établit peu à peu de donner toutes les possessions féodales à l'aîné des enfants mâles. Cependant, l'injustice de déshériter totalement les cadets était trop criante; on y pourvut par ce qu'on appela le *frarage*, dans quelques endroits, et le *parage*, dans d'autres. Sous le règne de Philippe-Auguste, un nouvel usage était déjà universellement répandu; les seigneurs s'en plaignirent. Ils en souffraient effectivement, puisque les tenures en frarages, relevant des aînés, ne donnaient plus ouverture à aucun droit en faveur des dominants. Une ordonnance de Philippe-Auguste, rendue en mai 1260, abolit le frarage dans la coutume de Paris et dans diverses provinces du royaume; mais comme elle n'avait pas été concertée avec les vassaux, elle n'eut pas d'abord un effet universel. La plupart des propriétaires de fiefs refusèrent de s'y soumettre; toutefois, cette ordonnance ne priva l'aîné que de l'honorifique de l'hommage et des droits en résultant. A l'égard de sa portion avantageuse dans les fiefs, elle continua d'être à peu près la même qu'auparavant. (*V.* Ainesse.) D'après la coutume de Paris, en ligne collatérale, les héritages tenus et mouvants en fiefs se divisaient entre les cohéritiers sans droit d'aînesse. Quelques coutumes pourtant établissaient aussi ce droit, dans la ligne collatérale, entre filles, et quant il n'y avait que filles venant à succession de père et de mère, le droit d'aînesse n'avait pas lieu; mais toutes venaient et partageaient également les biens et succession de leur père et mère, en fiefs et héritages tenus noblement ou autrement. Cette égalité entre les filles n'est pas fort ancienne; on voit, par les Etablissements de saint Louis, que du temps de ce prince la fille aînée avait une espèce de préciput. Lorsque la succession d'un fief passait à la ligne collatérale, les femmes n'héritaient point avec les mâles au pareil degré. En vertu du droit commun du royaume de France, les fiefs se partageaient sans droits d'aînesse en ligne collatérale. Cette règle s'appliquait même aux grands fiefs, entre les filles, soit en succession de ligne directe, soit en succession de ligne collatérale, il n'y avait pas de droit d'aînesse. Ce dernier point était néanmoins controversé par quelques feudistes. Le franc-alleu, où il y avait justice, censive ou fief mouvant de lui, se partageait comme fief noble; mais celui où il n'y avait ni fief mouvant, ni justice ou censive, se partageait roturièrement. Nous venons de parcourir les points essentiels du droit féodal, sans doute nous n'avons eu ni l'espace ni la volonté de faire un traité complet sur cette matière; mais nous croyons avoir présenté d'une manière assez complète l'ensemble d'une partie de la science historique et législative trop négligée, et dont la connaissance est pourtant si nécessaire pour l'intelligence des monuments du moyen âge. A. S. R.

DROIT FRANÇAIS. On appelle ainsi la réunion des lois qui ont régi la France depuis qu'elle est constituée en nation. L'origine du droit français est très controversée. Le droit romain a été importé dans la Gaule et a exercé une grande et puissante influence en France, où il est devenu pour une grande partie de la France le droit français. Tout le corps du droit romain, cependant, ne fut pas indifféremment adopté. Le Code Théodosien, les Institutes de Caius, les fragments d'Ulpien et les sentences de Paul furent les premières lois empruntées à Rome; viennent ensuite les Institutes et le Digeste de Justinien. Le Code eut peu d'autorité et les Novelles ne furent point admises.

A ces lois, les Barbares, qui se fixent sur le territoire, ajoutent leur législation particulière aux lois romaines, et les lois particulières des Bourguignons, des Francs, des Wisigoths, des Normands prennent tour-à-tour place dans le droit français. Vers le xe siècle, du besoin commun de tous les habitants du même territoire, quelle que soit leur origine, naît le droit coutumier. Aux lois personnelles succèdent des coutumes réelles et territoriales, nées de la fusion des diverses lois personnelles et des conditions générales ou locales de la société féodale. La différence entre le moyen âge et les temps modernes, jusqu'à la révolution française, pour être moins frappante sous le rapport du droit privé que sous celui du droit public, n'en est pas moins réelle. La féodalité, qui avait tout pénétré de son influence, cesse de dominer l'ensemble des coutumes pour n'en former plus que quelques chapitres particuliers (des fiefs, des droits seigneuriaux, des banalités). Les légistes, en se servant du droit romain pour combattre la féodalité, en abusent et altèrent l'esprit des coutumes. Depuis la révolution, le droit français a pris un nouveau caractère, et il n'est resté de l'ancienne législation que quelques ordonnances éparses, relatives à des matières spéciales. Un nouveau droit a été créé. Les lois déjà rendues en témoignent. Mais ce qui constitue surtout le droit français actuel, c'est nos cinq Codes, entre lesquels le Code civil seul mérite peut-être de survivre comme un monument impérissable. Les monuments du droit français comprennent les monuments du droit lui-même, et les monuments de la science du droit ou de la jurisprudence. Les principaux monuments de l'époque barbare sont: la compilation de Papinien et le bréviaire d'Alaric, les lois barbares, les capitulaires, etc.; pour l'époque féodale, ce sont les établissements ou statuts des rois, barons, etc., les chartes, les coutumiers; qu'on ajoute à cela les arrêts de règlements, que les parlements avaient droit de rendre pour compléter la législation, on aura l'ensemble du droit français avant 1789.

DROIT GERMANIQUE. (*V.* DROIT ALLEMAND.)

DROIT INTERNATIONAL ou **DROIT DES GENS.** Les Romains appelaient *jus gentium* le droit naturel, tel qu'il résulte de l'usage uniforme de toutes les nations civilisées, *quasi quo jure omnes gentes retuntur*. Lorsque les états de l'Europe, après les événements mémorables qui terminèrent l'époque du moyen âge, commencèrent à se trouver dans des relations plus fréquentes et plus intimes, les jurisconsultes, entre les mains desquels tombèrent dans ce temps presque toutes les affaires internationales, et qui cherchaient les bases et les appuis de leurs déductions dans le droit romain, qui était devenu celui de tous les peuples, devaient naturellement s'attacher de préférence aux principes de ce droit, qui se trouvent disséminés dans les compilations de Justinien. De là le nom de *droit des gens*, donné à l'ensemble des pratiques qui règlent les rapports de nation à nation, nom certainement très mal appliqué, parce que, comme on vient de le voir, les Romains désignaient par *jus gentium* tout autre chose que les modernes par les mots *droit des gens*, qui ont une valeur bien différente. Comme cependant la conservation des noms, une fois reçus, offre des avantages très réels, les essais qu'on a faits, de substituer à cette dénomination une autre plus appropriée, ont eu peu de succès; le terme même de *droit international*, qui est en usage chez les Anglais, et que plusieurs auteurs du continent auraient voulu voir adopter, paraît recevoir, dans l'usage des jurisconsultes modernes, la destination plus spéciale de désigner les règles qui servent à décider les conflits des lois *civiles* de plusieurs nations, et surtout l'application de la législation d'un état sur le territoire d'un autre, par rapport à des conventions conclues ou à des droits personnels acquis sous l'empire de cette législation étrangère. Les questions de ce genre sont tout-à-fait semblables à celles que la différence des coutumes territoriales faisait autrefois si souvent naître en France. Elles seront de plus en plus fréquentes, à mesure que les relations entre les différents peuples de l'Europe deviennent plus nombreuses; et si l'on ne peut parvenir à fixer par des traités quelques principes généraux, il est au moins désirable que tous les états acceptent une réciprocité équitable, telle qu'elle est prescrite par l'article 2 du Code civil. Le *droit international public* règle les relations des nations entre elles. Comme tout ce qui est humain, il est dominé par les grands principes de morale que la Providence a gravés dans le cœur de l'homme. Pour lui, ces grands êtres collectifs, qu'on appelle des nations, sont soumis aux mêmes devoirs que les individus. Ce que chaque homme doit à ses semblables, chaque peuple le doit aux autres peuples. Sous ce rapport, le droit des gens a pour base la religion, la philosophie et la nature. Jamais il ne fut aussi largement compris que pendant la révolution française. « L'intérêt particulier d'un peuple, disait un conventionnel célèbre, l'abbé Grégoire, est subordonné à l'intérêt général de la famille humaine; » et il ajoutait: « Un peuple doit agir à l'égard des autres peuples comme il désire qu'on agisse à son égard. » On le voit, cette formule du droit des gens n'est autre chose qu'une application sociale de cette maxime de l'Évangile: Ne fais pas à autrui ce que tu ne voudrais pas qu'on te fît à toi-même. Aussi bien que tous les hommes, tous les peuples sont membres d'une même famille, et, par conséquent, ils doivent vivre entre eux comme des frères. Cependant, quoique les peuples soient soumis aux mêmes règles de morale que les individus, il y a entre les uns et les autres des différences qui jettent sur le droit des gens quelque chose d'indécis qui ne se trouve pas dans le droit ordinaire. L'existence de ces êtres collectifs est essentiellement variable: une nation s'accroît ou diminue, suivant telles ou telles circonstances, telles ou telles affinités ou inimitiés de race; l'individu, au contraire, reste toujours le même dans ses éléments; en un mot, les hommes sortent tout créés des mains de la nature; les nations se font elles-mêmes. De là une foule de complications dans le droit des gens. Une autre différence non moins importante, c'est qu'au-dessus des individus il y a la société pour les rappeler à l'ordre, au nom de la loi, quand ils enfreignent les prescriptions de l'équité, tandis qu'il n'existe au-dessus des nations aucun autre supérieur que Dieu même. Expression du plus haut degré de force où s'élève la puissance humaine, un grand peuple échappe par sa force même aux moyens ordinaires de répression, et souvent il se croit tout permis quand il a les moyens d'agir à sa volonté. Dans chaque société, il y a un pouvoir distinct: le pouvoir judiciaire, devant lequel chacun est obligé de rendre compte de ses actions; parmi les peuples, il n'existe aucun pouvoir semblable: ils ne sont justiciables que d'eux-mêmes ou d'arbitres qu'ils ont librement choisis. Le seul recours contre eux, s'ils sont injustes, c'est un appel aux armes. Il résulte de là que, dans les relations internationales, le droit du plus fort joue un beaucoup plus grand rôle que dans les relations civiles; et comme les peuples sont leurs propres juges où qu'ils peuvent se soustraire au jugement des autres, la guerre est quelquefois pour eux la sanction du droit des gens et comme un jugement de Dieu. Ce sont ces différences, sans doute, qui ont fait croire à plusieurs publicistes que la morale n'avait rien à faire dans le domaine de la diplomatie, et que son empire ne pouvait s'exercer que sur les relations privées. Grâce à Dieu, c'est une erreur: de ce qu'il y a quelques distinctions à établir entre la morale privée et la morale publique, il ne faut nullement conclure que les destinées de la famille humaine soient livrées au hasard, à la violence ou à la ruse. Il est des principes d'équité qu'une nation, si puissante qu'elle soit, ne viole jamais impunément, parce que la violation de ces principes soulève aussitôt contre elle tous les autres peuples. Pour se garantir contre les usurpations du plus fort, les faibles ont la ressource des coalitions; en diplomatie, comme partout ailleurs, à côté du mal la nature à placé le remède. Le plus grand danger, c'est que les forts ne se coalisent entre eux pour écraser les faibles et s'en partager les dépouilles; mais, là encore, le plan de la Providence est venu en aide à ces derniers. D'abord, une pareille coalition entre les plus forts est à peu près irréalisable, à cause des difficultés que soulève le règlement des partages; ensuite, il est à peu près impossible que, parmi toutes les nations de premier ordre, il ne s'en trouve pas une pour comprendre qu'en prenant en main la défense des petits peuples et en se mettant à leur tête elle aura beaucoup plus à gagner qu'en s'associant aux mauvais desseins des conjurés. Ne fût-ce que par ambition, elle a intérêt à se ranger du côté des faibles, dont le nombre est toujours plus considérable que celui des puissants, et qui, par cela seul qu'ils se trouvent réunis, deviennent à leur tour les plus forts. Ainsi, les ambitions se font contre-poids à elles-mêmes. Soit en temps de guerre, soit en temps de paix, la véritable habileté consiste à se faire le plus de clients possible. Or, le meilleur moyen d'augmenter le nombre de ses amis, ce n'est pas d'adopter une politique de violence ou de machiavélisme, c'est de vouloir sincèrement le bien des peuples. Le peuple, dont la politique est la plus noble, la plus désintéressée, la plus conforme à la morale, est certain d'avoir toujours la majorité et d'exercer la prépondérance. En ce sens, il est facile de mettre la force du côté de l'équité; en ce sens, on peut dire que le droit des gens, quoique n'ayant pas de tribunaux comme le droit ordinaire, ne manque cependant pas d'une certaine sanction, et que les peuples qui se croient autorisés à mépriser ses prescriptions, finissent toujours par être punis. La Providence a marqué un noble but au genre humain; quoi qu'on casse, il faut qu'il y arrive, et tous ceux qui s'opposent à sa marche risquent de se voir foulés aux pieds. De tous les peuples modernes, aucun n'a aussi bien compris ces principes que le peuple français. Relativement à celle des autres cabinets, la politique du cabinet des Tuileries fut toujours généreuse et favorable au progrès général. La révolution s'est montrée plus largement sociale que la monarchie; mais il faut rendre cette justice à cette dernière qu'elle a souvent eu de nobles tendances. Là est le secret de la supériorité de la France sur toutes ses rivales. — Quelquefois, oubliant nos propres principes, nous avons entrepris sur la liberté des autres; mais ces écarts n'ont eu lieu que rarement, ou plutôt ils ne se sont produits que deux fois, sous Louis XIV et sous Napoléon. Encore est-il vrai de dire qu'alors même la France était le représentant de la civilisation. Malheureusement, comme Louis XIV et Napoléon paraissaient dominés par des pensées ambitieuses, les autres peuples, excités par l'Angleterre, qui met à profit toutes les divisions du continent, ont pu croire leur indépendance menacée, et ils se sont ligués contre la France. Mais, de son côté, la France a résisté à toutes les coalitions qui ont été montées contre elle par les ennemis de la civilisation. Aujourd'hui encore, malgré les traités de 1815 qui l'ont morcelée, toutes les intrigues, toutes les ligues de l'aristocratie anglaise et des cabinets absolus n'empêchent pas la France d'être la puissance du monde la plus redoutable, parce que le jour où, revenant à sa politique nationale, elle prendra de nouveau la défense des peuples que ses ennemis oppriment, il lui sera facile de ramener la victoire sous ses drapeaux. Toutes les coalitions ne prouvent qu'une chose, c'est qu'elle paraît si forte aux cabinets étrangers qu'ils sentent le besoin de se tenir toujours unis contre elle. Les phalanges révolutionnaires les ont déjà trop de fois vaincus pour que leurs menaces nous effraient. L'Angleterre ne sera pas aussi tranquille le jour où les peuples maritimes se décideront enfin à s'entendre entre eux pour mettre un terme à la tyrannie qu'elle exerce sur les mers. Une seule coalition suffirait peut-être pour ruiner à jamais les marchands de Londres, tandis que toutes les puissances de l'Europe se sont je ne sais combien de fois coalisées en vain pour anéantir la France. Cette différence vient de ce que l'Angleterre n'a d'autre mobile que l'intérêt, au lieu que le peuple français, sans être exempt quelquefois d'un peu d'ambition, qui, d'ailleurs, trouve son excuse dans la nécessité de répondre aux attaques et aux envahissements sans fin de l'Angleterre, est connu pour le protecteur naturel des peuples et le représentant de la civilisation moderne. Ceux qui ne voient que les traités de 1815 sont tentés de se demander si la France ne gagnerait pas davantage à être moins généreuse; mais, lorsqu'on tourne les yeux vers l'avenir, lorsqu'on voit combien de peuples ont intérêt à se ranger de son côté, par cela seul qu'elle veut leur bien, alors on comprend que son ancienne prépondérance lui reviendra bientôt et que la supériorité politique appartiendra toujours au peuple qui sera le moins égoïste. Il n'est donc pas vrai de dire que le droit des gens n'est qu'une belle philosophie dont l'application est impossible, puisque la victoire est évidemment réservée aux peuples dont la politique est la plus conforme au droit des gens. Cela est si vrai, que, pendant leur lutte contre Napoléon, les rois coalisés ont toujours invoqué en leur faveur les principes du droit des gens, et qu'après leur triomphe ils ont voulu sanctifier leur alliance en la plaçant sous l'égide de la religion. Au moment où ils allaient enchaîner les peuples, et pour mieux y réussir, ils leur ont fait les plus belles promesses; l'art. 2 de la sainte alliance déclare « que le seul principe en vigueur, soit » entre lesdits gouvernements, soit entre leurs sujets, sera celui » de se rendre réciproquement service, de se témoigner, par » une bienveillance inaltérable, l'affection mutuelle dont ils » doivent être animés, de ne se considérer tous que comme » membres d'une même nation chrétienne, etc. » On sait comment ils ont tenu parole; mais enfin ils ont pris des engagements que les nations de l'Europe sauront bien leur faire remplir un jour, surtout si elles ont à leur tête cette France contre laquelle elles étaient coalisées alors. On peut tromper les peuples, mais la fraude finit toujours par se découvrir, et alors ils reconnaissent des amis dans ceux qu'on leur présentait comme des ennemis. Or, les amis sont ceux qui respectent le droit des gens et les ennemis sont ceux qui les violent. Ainsi donc, non-seulement le droit des gens est soumis aux mêmes principes de morale que le droit ordinaire, mais encore il a les moyens de faire respecter ses principes. Supposez en présence deux ambitieux de même génie et de même force, voulant tous les deux conquérir la domination universelle, mais dont l'un foulera aux pieds la morale, et dont l'autre saura cacher son égoïsme sous des dehors généreux : lequel parviendra, non pas à réaliser la monarchie universelle, car c'est chose impossible, mais à renverser son rival? Ce sera évidemment celui dont le système sera conforme au droit des gens, parce que l'immense majorité des peuples aura intérêt à se prononcer en sa faveur. Dans ce fait se trouve la sanction du droit des gens. Or, si le machiavélisme moral (qu'on nous passe l'expression) est supérieur au machiavélisme immoral, combien une politique franchement généreuse ne sera-t-elle pas supérieure à une politique mercantile? Loin d'être du *don quichotisme*, la générosité de la France est donc son premier gage de succès pour l'avenir; et tout l'égoïsme savant de l'Angleterre, tous les triomphes passagers qu'il lui assure, ne l'empêcheront pas d'avoir bientôt un terrible compte à régler avec tous les peuples dont elle a ruiné la marine et dont elle cherche à ruiner le commerce. Il nous reste, pour rendre cet aperçu moins incomplet, à tâcher de préciser un peu les grands principes de morale sur lesquels repose le droit des gens. Ne pas abuser du droit du plus fort, ne pas faire à une autre nation ce qu'on ne voudrait pas qu'elle vous fît à vous-même, en un mot, traiter tous les autres peuples comme des frères, et leur faire tout le bien qu'on peut attendre d'eux, voilà en quoi consiste la morale du droit des gens. S'il accepte le recours aux armes comme un appel au jugement de Dieu, son but véritable n'en est pas moins de diminuer les motifs de division et de rendre la guerre de jour en jour plus rare, sinon tout-à-fait impossible. Mais ce serait mal l'interpréter que de croire qu'il s'oppose à tout changement dans le monde politique, et qu'il se propose d'éterniser le *statu quo*. Bien loin de là, il conseille une foule de changements qui sont nécessaires pour mieux asseoir l'indépendance nationale des peuples vraiment dignes de ce nom; seulement, il proscrit l'emploi de la violence pour effectuer ces changements, ou il exige au moins qu'avant d'avoir recours aux armes, on ait épuisé toutes les voies de persuasion et de conciliation. Il est favorable à l'indépendance des peuples, mais il est contraire à cet esprit d'individualisme qui tendrait à faire de chacun d'eux quelque chose de semblable à l'empire chinois qui s'enferme chez lui comme un solitaire, et, s'abritant derrière d'épaisses murailles, refuse de se mêler au reste du monde. S'il n'admet pas que l'Angleterre dise aux Chinois : *Achetez mon opium qui vous empoisonne, ou je vous tue*, il autorise toutes les nations, et l'Angleterre aussi bien qu'elles, à entrer en relation avec les peuples de la Chine et à faire avec eux un équitable échange d'idées et de marchandises. Pour ne pas approuver les projets de conquête universelle, il ne blâme nullement les grands peuples ou les grands hommes qui veulent initier la famille humaine aux bienfaits de l'unité; au contraire, il est l'auxiliaire de tous ceux qui veulent établir cette unité bienfaisante; mais il prescrit de l'établir par l'association et non par la violence. L'indépendance et l'association des peuples, tel est son but final : l'indépendance, parce que sans elle ils se développeraient moins vite et moins complétement; l'association, parce que l'isolement de l'égoïsme les rendrait étrangers les uns aux autres et les condamnerait à des inimitiés, d'où naîtraient des guerres éternelles. A ses yeux, la famille humaine n'est qu'une grande république; mais cette république est si vaste, si puissante, que nul homme, si parfait qu'il soit, ne saurait en être le chef, et qu'elle ne peut avoir que Dieu pour maître. Voilà sans doute pourquoi la Providence, tout en mettant dans le cœur des hommes des sentiments d'union et de fraternité, a élevé entre les empires des barrières infranchissables qui rendent la domination d'un seul homme impossible. En politique, comme en toute autre chose, Dieu a voulu rappeler à l'humanité qu'elle ne relève que de lui-même.

B.

DROIT MARITIME (*V.* DROIT COMMERCIAL).

DROIT MUNICIPAL (*V.* MUNICIPALITÉ).

DROIT NATUREL, c'est le système ou la collection des règles qui sont imposées aux hommes par leur propre nature, pour les diriger dans leur conduite, antécédentes à toute loi positive ou promulguée parmi les hommes. Le droit naturel est la raison humaine, en tant qu'elle gouverne tous les hommes. Si nous envisageons le droit naturel dans son principe, nous verrons qu'il a la même origine que le devoir et qu'il s'appuie sur les mêmes fondements. En effet, si la raison nous commande au nom de celui dont elle nous manifeste la pensée, de nous conformer à cette pensée et d'exécuter la loi qu'il nous impose, c'est encore la raison qui nous autorise à tous les actes nécessaires pour assurer l'exécution de cette loi. Le droit naturel est imprescriptible et inaliénable, c'est-à-dire qu'il n'est au pouvoir de personne de nous en dépouiller. Nous serions aussi coupables d'en faire lâchement l'abandon que nous le serions de mépriser ceux de nos semblables; ce serait manquer formellement aux intentions manifestes de Dieu qui nous en a investis, et livrer à la merci des méchants sa créature qu'il appelle à de plus nobles destinées.

DROIT PÉNAL (*V.* PÉNALITÉ).

DROIT PUBLIC, est celui qui est établi pour l'utilité commune des peuples, considérés comme corps politique, à la différence du droit privé qui est fait pour l'utilité de chaque personne considérée en particulier, et indépendamment des autres hommes. Le droit public est général ou particulier. Le droit public général est celui qui règle les fondements de la société civile, commune à la plupart des Etats, et les intérêts que ces états ont les uns avec les autres. Le droit public est celui qui règle les fondements de chaque Etat; en quoi il diffère du droit public général, qui concerne les liaisons que les différents Etats peuvent avoir entre eux, et du droit privé ou particulier simplement, qui concerne chacun des membres d'un état séparément.

DROIT ROMAIN. L'histoire du droit romain peut se diviser en cinq périodes: la première depuis la fondation de Rome jusqu'à l'expulsion des rois; la deuxième, depuis la république jusqu'aux lois des XII tables; la troisième, jusqu'à l'empire; la quatrième, depuis l'établissement de l'empire jusqu'à Constantin; enfin, la cinquième, depuis Constantin jusqu'à la chûte de l'empire: — 1° Les documents sur le droit privé de cette époque nous manquent entièrement. L'histoire, il est vrai, attribue à quelques rois de Rome des lois importantes rendues dans les comices, sur le mariage, sur la puissance paternelle, sur les droits des créanciers quant à leurs débiteurs; mais la science précise du droit ne saurait s'appuyer sur des rapports aussi incertains. L'existence de ces lois inconnues est controversée, et l'on peut dire en général que le droit privé de cette époque gît principalement dans les mœurs et dans les coutumes. Tout semble attester, du reste, que les coutumes juridiques, les règlements de la famille, de la propriété et des obligations sont différents dans les deux castes séparées qui forment le peuple romain. Mais l'idée commune sur laquelle repose pour les personnes comme pour les choses le droit privé des uns et des autres, c'est le *manus*, la puissance dans son symbole le plus expressif et le plus vigoureux. Les biens, les esclaves, les enfants, la femme et les hommes libres asservis au chef, tout est sous la main de ce chef, *in manu*. La lance, la force guerrière, est pour le quirite le moyen par excellence d'acquérir cette puissance (*manu cœpere*); aussi la propriété se nomma-t-elle à cette époque *mancipium*, désignation qui s'applique également à l'objet de la puissance et à la puissance elle-même. Mais le tableau qui frappe le plus est celui que présente la famille romaine. Elle forme dans la société générale une société particulière soumise au régime du *pater familias*, chef despotique et absolu. Lui seul forme dans la société, dans l'Etat, une personne civile et légale; lui seul est considéré par la loi comme s'obligeant valablement envers les autres et comme obligeant les autres envers lui. Tous ses subordonnés ne sont que ses représentants. Propriétaire de tous les biens de la famille, autour de lui se rangent ses enfants, sa femme, ses esclaves, tous en sa puissance absolue, et quoique tenus à une soumission moindre, ses affranchis; puis, lorsqu'il est patricien, ses clients. — 2° Sur les personnes, sur les choses, sur la propriété, sur les testaments, sur les successions, sur les contrats, sur les actions, tout prend un caractère particulier au seul peuple romain. Sur les personnes, on distingue les hommes chefs de famille, maîtres d'eux-mêmes (*sui juris*), et les hommes soumis au pouvoir d'autrui (*alieni juris*); la puissance dominicale, la puissance paternelle, la puissance maritale, continuent de subsister dans toute leur rigueur; on admet un lien civil de parenté (*agnatio*) qui résulte de l'existence dans la même famille, et auprès duquel le lien du sang n'est rien. Quant aux choses, on les distingue en deux classes, suivant qu'elles sont ou non susceptibles de *mancipation* (*res mancipi vel nec mancipi*). Quant aux testaments, le chef a la liberté la plus absolue de disposer à volonté de ses biens, même de ceux que lui ont acquis les membres de sa famille, sans que ceux-ci puissent se plaindre qu'ils ont été dépouillés; la forme du testament est une vente fictive de l'hérédité. Quant aux successions, les droits d'hérédités sont accordés, non pas au lien du sang, à la simple parenté ou cognation, mais au seul lien civil, à l'agnation. Quant aux contrats, c'est la nécessité d'une *pesée*, d'une formalité unique pour toutes les conventions, sauf à modifier par des paroles l'obligation de donner, résultant de la mancipation. Quant aux actions, enfin, nécessité de pantomimes symboliques, d'actes sacramentels et de formules consacrées, auxquels doit se soumettre ponctuellement et littéralement le plaideur, sous peine de perdre son procès. Tels sont les principaux caractères de la législation romaine à cette époque, où la première énergie de Rome existe encore dans toute son âpreté, mais où pourtant elle tend déjà à disparaître sous l'influence des communications avec les autres peuples, de l'introduction des lois naturelles et des innovations successives tentées par le droit prétorien. — 3° Il était impossible que Rome, vaste, riche et polie, conservât les lois de Rome petite, pauvre et grossière. Aussi, dans la troisième période, voyons-nous le droit civil fléchir, mais de cette époque apparaît un contraste digne d'attention. Tandis que les édits des prêteurs, les réponses des prudents, les ouvrages des jurisconsultes se dirigent sans cesse vers l'équité, le droit primitif fondé sur le mépris de cette équité et des usages naturels, est toujours proclamé comme base fondamentale de la science, et l'on voit surgir ses principes les plus rigoureux et les plus extraordinaires au milieu des mots, des distinctions et des suppositions qui servent à l'éluder. Les diverses puissances sur les personnes commencent à se modifier considérablement. La puissance sur les esclaves est la même quoique leur position de fait soit bien améliorée; mais la puissance paternelle s'est affaiblie, la puissance maritale a presque entièrement disparu. La parenté du sang commence à être prise par le prêteur en quelque considération. Le chef de famille continue de jouir d'une personnalité individuelle et exclusive; mais les enfants soumis à son pouvoir, qui ne peuvent rien avoir en propre, sont en quelque sorte copropriétaires avec lui; on reconnaît la propriété comme une chose de communauté dans la maison; aussi à son ancien nom de *mancipium* lui en substitue-t-on un nouveau celui de *dominium*. Par suite de cette sorte de communauté, le père, s'il veut exclure ses enfants de sa succession, est tenu de le déclarer, sans quoi, en leur qualité de copropriétaires, ils la recueilleront. Le nombre des conventions obligatoires est augmenté; on s'écarte de plus en plus des formes rigoureuses et exclusives suivant lesquelles les contrats devaient s'établir. Il en est de même des actions. Les actions de la loi sont conservées; mais dans une infinité de cas où le droit strict ne donne pas d'action, quoique l'équité ou l'utilité sociale paraissent l'exiger, le prêteur en donne que l'on nomme actions prétoriennes; et à l'inverse, dans les cas où le droit strict donne des actions contraires à l'équité, le prêteur accorde pour les repousser des moyens que l'on nomme *exceptions*, et qui ne sont autre choses que des restrictions mises par lui, dans la formule adressée au juge, au pouvoir de condamner. — 4° Cette période est l'âge le plus brillant de la jurisprudence romaine. Pendant une longue suite d'années paraissent ces jurisconsultes célèbres dont les écrits nombreux passent encore chez tous les peuples pour la raison écrite. La révolution commencée dans la période précédente s'est entièrement développée pendant celle-ci; le droit primitif laconique, rude et sauvage, a été la base sur laquelle on a élevé une science vaste, rattachée à l'équité naturelle, et propre à la civilisation commune des hommes. On ne refait point les lois, on cherche à les corriger en les conservant; les principes fondamentaux des douze tables et du droit civil sont toujours proclamés; mais la contradiction entre les vieilles institutions et les institutions nouvelles est manifeste. Les affranchis sont divisés en trois classes. La puissance sur les esclaves est modérée; le droit de mort est retiré au maître, l'esclave auquel on fait subir de mauvais traitements peut se plaindre au magistrat. La puissance paternelle s'adoucit de plus en plus; le père ne peut plus ni vendre ses enfants, ni les donner, ni les livrer en gage. Le fils commence à avoir une personnalité à lui, à être considéré comme susceptible d'avoir des droits qui lui soient propres. La puissance maritale n'existe presque plus. La parenté naturelle produit aux yeux du prêteur des effets de plus en plus considérables. Quant aux choses et à la propriété, quoique la vieille distinction des choses en *mancipi* et *nec mancipi* continue de subsister, le droit de propriété devient moins quiritaire et plus conforme aux usages des autres peuples. Le fils de famille peut avoir certaines choses en propre comme le père de famille; il peut disposer de ces objets par donation ou par testament. Les testaments, d'ailleurs, outre l'ancienne forme d'une vente fictive, peuvent être faits d'après le droit prétorien, sans cette formalité désormais inutile, pourvu que sept témoins soient présents. Enfin, les *pactes* ou simples conventions autrefois non obligatoires, sont honorés du titre de contrats, au moins pour un grand nombre, et reconnus comme formant des engagements valables à des titres divers. La procédure formulaire est tombée définitivement; elle cède la place à une procédure plus simple. — 5° Le droit des Douze Tables conserva toute l'énergie républicaine jusqu'au moment où l'Italie entière fut soumise. Il n'existait déjà plus quand la république tomba. La nouvelle législation entée sur la première, fut dirigée, nous l'avons déjà dit, vers le droit naturel et l'équité. Mais les principes de l'ancien droit continuent encore à être proclamés; ils forment un contraste saillant avec les institutions nouvelles auxquelles on n'arrive qu'à l'aide de subtilités ingénieuses; les constitutions impériales y portent plusieurs atteintes; le changement de capitale, la translation du siége de l'empire à Constantinople, le dépayse; dès ce moment on voit chaque jour disparaître quelques-unes de ces institutions; et celles qui restent sont toujours de moins en moins en harmonie avec les mœurs. Enfin paraît Justinien, qui publie un corps entier de jurisprudence (le Code, le Digeste, les Institutes et les Novelles); il détruit une grande partie des subtilités et des rigueurs qui subsistaient encore, ne laisse plus que de faibles traces de la législation primitive, et, dans une novelle, finit même par détruire ce qu'il y avait jadis de plus remarquable, la composition civile des familles et les droits attachés à cette composition. Il favorise les affranchissements, considère comme citoyen tous les affranchis, sans leur donner moins de droits qu'aux ingénus; plus de puissance maritale, et quant à la puissance paternelle, elle s'est rapprochée entièrement de la nature; le fils a une personnalité de plus en plus étendue; il est propriétaire de plusieurs sortes de biens qui n'appartiennent pas à son père. La propriété est unique. Plus de propriété *quiritaire* et de propriété *bonitaire;* plus de distinction entre les choses *mancipi* et les choses *nec mancipi*, entre les biens d'Italie et ceux des provinces. Les actes testamentaires, comme les actes entre vifs ne sont plus assujétis qu'à des formalités très simples; et les successions légitimes sont entièrement fondées sur la parenté naturelle. En un mot, les lois comme les mœurs de Rome, tout s'est évanoui; de nouvelles idées, de nouveaux usages se sont implantés dans le peuple romain au contact des nations soumises. — L'empire d'Orient vécut près de 900 ans après Justinien. Les ouvrages législatifs de ce prince, modifiés par les novelles de ses successeurs, continuèrent à former le droit de l'Etat jusqu'en 867, époque à laquelle l'empereur Basile-le-Macédonien fit commencer en langue grecque un nouveau recueil extrait du Digeste, des Institutes, du Code, des Novelles de Justinien, ainsi que de toutes les constitutions postérieures. Cet ouvrage, achevé pendant le règne de son fils Léon-le-Philosophe, fut publié en 887 sous le titre de *Basiliques*. Les Basiliques conservèrent leur autorité jusqu'à la prise de Constantinople par Mahomet II. Alors le Koran remplaça les Basiliques, qui cependant restèrent comme la loi particulière des Grecs, laissée par le vainqueur au peuple vaincu, et qui ont continué ainsi jusqu'à nos jours, à constituer l'élément principal et la base du droit civil grec. — En Occident, les conquêtes des généraux de Justinien furent de peu de durée; cependant Justinien s'était hâté d'y mettre en vigueur, dans les tribunaux comme dans les écoles, son recueil de droit; et dans toutes ces nations qui se formèrent de la superposition des Barbares, le droit fut personnel; les vainqueurs suivirent la loi barbare; les sujets d'origine romaine et tous les ecclésiastiques continuèrent à être régis par le droit romain. Ce fut ainsi que le droit romain survécut à la conquête, et que même dans l'obscurité et le déchirement de l'enfantement féodal, il se perpétua sinon comme science, au moins comme pratique. Enfin, au XIIe siècle, au sortir du travail de génération auquel l'Europe venait d'être livrée, l'étude du droit romain, sur les compilations de Justinien, se réveilla en Italie. L'école de Bologne se mit à la tête du mouvement; Irnérius fut le chef de cette école et forma de nombreux jurisconsultes qui répandirent dans toute l'Europe la passion de la science, et qui firent admettre dans tous les pays de l'Europe le droit romain comme raison écrite, comme loi générale. En France, il fut accueilli à des titres divers, dans les pays de droit écrit et dans les pays de coutume, jusqu'au moment où parut une législation uniforme mise en harmonie avec le nouvel état social, et qui soumet aux mêmes conditions tous les membres de la même société.

DROIT SOCIAL, droit qui règle les devoirs réciproques des hommes réunis en société, et des différentes sociétés ou Etats entre eux (*V.* SOCIÉTÉ).

DROITEMENT, adv., équitablement, avec droiture. Il signifie aussi judicieusement.

DROITIER, IÈRE, adj., qui se sert de la main droite. Il est opposé à *gaucher*.

DROITS FÉODAUX OU SEIGNEURIAUX. « Les droits seigneuriaux, dit M. de Châteaubriand (*Etude sur l'histoire de France*), ont été puisés dans les entrailles même du fief. » Dans l'origine ils étaient appelés, *honneurs, faveurs,* comme reconnaissance faites au seigneur par le vassal, des aliénations ou transmissions des fiefs d'une personne à l'autre; c'est ce que veut dire l'expression *lods* (*laudirnia, laudæ, laudationes, lausus*, se louer, complaire, agréer) et *ventes*. Ces droits étaient ou militaires, ou fiscaux, ou honorifiques. Non-seulement le roi, grand chef féodal, qui se sustensait du revenu de ses domaines, levait encore des taxes, mais tous les seigneurs suzerains et non suzerains, ecclésiastiques ou laïcs, enlevaient aussi de leur côté les droits de quint et requint, de lods et ventes, de mi-lods, de ventrolles, de reventes, de reventons, de sixièmes, huitièmes, treizièmes, de resixièmes, de rachats et reliefs de plaids, de mortemain, de rettiers, de pellage, de couletage, d'affouage, de cambage, de cottage de péage, de vilainage, de chevage, d'aubain, d'ortize, de champart, de mouture, de fours bannaux, s'étaient venus joindre aux droits de justice, au casuel ecclésiastique, aux cottisations de jurandes, maîtrises et confréries, et aux anciennes taxes romaines. Quant aux droits *honorifiques*, ils servaient de marques à la souveraineté locale; tels fiefs, par exemple, allouaient la faculté de prendre le cheval du roi lorsque le roi passait sur les terres du possesseur de ces fiefs. D'autres droits étaient plus bizarres : ici on apportait un œuf garotté dans une charette traînée par quatre bœufs, ou bien les poissonniers, en l'honneur de la dame du lieu, sautaient dans un vivier à la Saint-Jean; là on courait la quintaine avec une lance de bois; ailleurs, pour l'investiture d'un fief, il fallait venir baiser la serrure, le cliquet ou le verrou du manoir, marcher comme un ivrogne, faire trois cabrioles, etc., etc.; quelquefois les serfs étaient obligés de battre l'eau des étangs quand la châtelaine était en couches; le châtelain se réservait le droit de markette (*cullagium marcheta*): des curés mêmes réclamaient ce droit, et des évêques le convertissaient en argent, etc., etc. Partout des prérogatives à l'Eglise et dans les cérémonies publiques complétaient l'ensemble des *droits honorifiques*; mais le droit le plus remarquable et le plus important était celui de justice. *Voy.* JUSTICE et DROIT FÉODAL. A. S-R.

DROITS FÉODAUX (*philos. de l'histoire*). On a beaucoup réclamé contre les droits féodaux. Sans doute il y a eu arbitraire, usurpation et tyrannie, c'est-à-dire abus; mais ces droits en général furent une conséquence naturelle, non-seulement de la conquête qui avait fait de chaque seigneur une espèce de roi dans ses terres; mais encore une conséquence nécessaire des lois successives et progressives que subit la souveraineté qui s'essaie comme toutes les choses de l'homme. A la première époque, c'est le peuple et surtout le soldat armé qui a la principale part d'influence; l'armée faisait les rois. A la seconde époque, c'est la bourgeoisie qui domine moralement et surtout les hommes d'art. Alcuin, sous le nom de *Scolasticus*, était le second du royaume après Charlemagne. A la troisième époque, ce devait être l'aristocratie; et comme c'est par ses travaux qu'elle est puissante, il fallait donc que sa richesse s'accrut des revenus de tous les propriétaires qui lui devaient hommage. Prolétaires ou hommes d'armes, lettrés ou hommes d'art, grands ou hommes d'avoir héritèrent donc successivement de la domination sociale, jusqu'à ce que les hommes de raison et de foi eurent conçu le droit divin des princes pour faire régner un seul sur tous; on passe alors à l'âge mûr ou à l'âge des principes, après laquelle époque vient celle d'un concours ou de la souveraineté mixte et constitutionnelle. Ce serait donc bien plus sage de rechercher le bien que la France retire de la féodalité à l'ombre de laquelle se sont élevées tant d'institutions religieuses et bienfaisantes, que d'énumérer tous les excès d'autorité qui étaient comme inévitables. LL....

DROITS ROYAUX OU RÉGALIENS. On désignait sous ce nom les droits dépendants de la souveraineté. Plusieurs d'entre eux dérivaient plutôt de la constitution féodale que de la nature de la royauté; la plupart même furent très souvent concédés à des seigneurs : de là vinrent les distinctions des *grandes* et des *petites régales* (*majora et minora regalia*). Les premières étaient tellement considérables, comme un attribut essentiel de la souveraineté, qu'on les regardait comme incommunicables. Tels étaient les droits de faire des lois, de rendre ou faire rendre la justice en dernier ressort, de créer de nouveaux offices, de faire la guerre ou la paix, de traiter par des ambassadeurs, de donner des sauf-conduits ou des lettres de marques ou représailles; de battre monnaie, d'établir des impôts, de donner des grâces ou des lettres d'abolition pour crime, et généralement de dispenser de la rigueur des lois, de naturaliser des étrangers, d'anoblir, de légitimer des bâtards, d'amortir des héritages tombés en main-morte, de fonder des corporations, d'ériger des foires et marchés. Les petites régales étaient communicables : tels étaient les grands chemins, les bords de la mer, les grandes rivières, les péages, les droits de Leyde, les salines, les trésors, les confiscations, le droit d'avoir château avec crénaux, forteresses et divers autres attributs des juridictions, etc., mais ces distinctions ont varié, même dans les pays ou l'autorité royale était la mieux affermie. (*Voy.* ROI, ROYAUTÉ.) A. S-R.

DROITURE, s. f., équité, justice, rectitude. — **EN DROITURE** (*locut. adv.*), directement, sans intermédiaire, par la voie la plus prompte.

DROLE, adj. des deux genres, gaillard, plaisant, original. — DROLE, s'emploie aussi comme substantif masculin, et se dit d'un homme, d'un enfant, lorsqu'on leur attribue quelque qualité dont il faut plus ou moins se défier, lorsqu'ils font ou qu'on leur impute quelque chose dont on est contrarié, mécontent, etc. Il se dit dans un sens tout-à-fait injurieux, d'un polisson, d'un mauvais sujet, d'un homme qu'on méprise. Ce mot est familier dans ses trois acceptions.

DROLEMENT, d'une manière drôle. Il est familier.

DROLERIE, s. f., trait de gaillardise, de bouffonnerie. Il est familier.

DROLESSE, fille ou femme méprisable. Il est très familier.

DROLINGER (CHARLES-FRÉDÉRIC), littérateur et poète allemand, né à Durlach le 29 décembre 1688. Le margrave de Bade le nomma successivement régistrateur aux archives de Dorlach, conservateur de la bibliothèque, du cabinet des monnaies et de la galerie des tableaux, au château de la résidence et enfin premier archiviste. Il suivit à Bâle le margrave, lorsque ce prince fut obligé de quitter ses Etats pendant la guerre. Il mourut dans cette ville le 1er juin 1742. On a de lui plusieurs ouvrages, entre autres : *Un glossaire sur la langue du moyen-âge, depuis les temps de Rodolphe de Habsbourg, jusqu'à l'époque où il vivait.* Les pièces qui ont fait sa réputation sont ses trois odes intitulées : *Louange de la Divinité, l'Immortalité de l'âme et la Providence divine.* Bâle, 1743, in-8°.

DROLLING (MARTIN), peintre, né en 1752 à Oberbergheim, département du Haut-Rhin, mort à Paris en 1817, parvint, à force de travail et de persévérance, à une réputation méritée. Ses principaux ouvrages sont : *Maison à vendre, le Messager, le Petit commissionnaire, le Marchand forain, la Marchande d'oranges, la Laitière, la Marchande de pommes, la Cuisine, la Salle à manger et la Maîtresse d'école de village.*

DROMADAIRE (*mam.*) ou chameau à une bosse, *camelus dromædarius.* Il se distingue du chameau ordinaire ou à deux bosses par son museau moins renflé, sa tête moins pyramidale, son cou proportionnellement plus court et surtout par sa bosse unique, arrondie et jamais tombante; son poil est doux, laineux, médiocrement long; sa couleur d'un gris blanchâtre devient roussâtre avec l'âge. Le dromadaire est plus répandu que le chameau. Il se trouve fort communément dans la partie septentrionale de l'Afrique, au Sénégal, en Abyssinie; on le rencontre aussi en Asie, dans la Perse et la Tartarie méridionale. Il s'est aussi parfaitement acclimaté en Grèce où il a été transporté accidentellement. J. P.

DROMADAIRE (*ins.*). On a donné ce nom trivial à différentes espèces d'insectes : à un hyménoptère de la famille des uropristes qui est un *sirèce*, à un lépidoptère de la famille des nématocères qui est un bombyce. Ces insectes ont le corcelet comme bossu, ce qui leur a valu ce nom.

DROMADAIRE (*poiss.*), nom d'un poisson de la mer des Indes orientales, dont la chair est sèche et rarement mangée. Ruysch en parle dans sa collection des poissons d'Amboine, page 75, tab. 18, n° 8. J. P.

DROMAINS (*ois.*). M. Vieillot forme deux genres distincts du casoar des Grandes-Indes et de celui de la Nouvelle-Hollande dont le premier porte une espèce de casque sur la tête, et le second a la tête couverte de plumes effilées; c'est à ce dernier qu'il a donné le nom de *dromaïns*, en latin; *emau*, en français. J. P.

DROMILLA (*poiss.*). Les Italiens donnent ce nom à notre chabot, *cottus gobio.* (*Voy.* COTTE) J. P.

DROME (*druma*), rivière de France qui prend sa source près de Valdrôme sur les limites du département des Hautes-Alpes, et débouche dans le Rhône, près Livron, après un cours d'environ 25 lieues, dont 17 flottables. Elle donne son nom au département.

DROME, département de la France, formé d'une partie du Bas-Dauphiné, et borné par les départements de l'Isère au N., des Hautes-Alpes à l'E., des Basses-Alpes et de Vaucluse au S., de l'Ardèche à l'O. Il a 337 lieues carrées (675,591 hectares, dont 91,980 hectares en forêts. Ses principales rivières sont le Rhône, la Drôme, l'Isère et l'Ouvèze. Le sol est montagneux et riche en mines non encore exploitées. Il produit du seigle, du sarrasin, de la garance, des olives, et tous les fruits du Midi; des vins excellents, parmi lesquels on remarque les vins rouges de l'Ermitage, de Tain, de l'Etoile, et les vins blancs de la Clairette, de Die. On y cultive avec succès les amandiers, les châtaigniers, les noyers; il y a de très beaux pâturages. Les chamois, les bouquetins, les ours peuplent les montagnes : le gibier est abondant; il y a quantité de perdrix rouges, beaucoup de lièvres et de lapins. On élève en grand le ver à soie; l'industrie des habitants a pour objet la fabrication d'étoffes de laine, de ratines, de toiles, de coton, de bonnets; il y a des métiers à bas, des papeteries, des verreries, des tanneries; le commerce consiste en laines, soie, huile d'olive et de noix. Ce département fait partie de la 7e division militaire et du 17e arrondissement forestier : il forme le diocèse de Valence, ressortit à la cour royale de Grenoble et envoie 3 députés à la législature. Il se divise en 4 arrondissements, qui comprennent 28 cantons et 351 communes. Revenu territorial : 12,813,000 fr. 273,511 habitants, dont 34,000 protestants.

DROME, s. f. (*t. de marine*), faisceau, assemblage flottant de plusieurs pièces de bois, telles que mâts, vergues, bouts-dehors, etc. Il se dit particulièrement de la réunion des mots, vergues, bouts-dehors, etc., qui sont embarqués pour servir de rechange sur un bâtiment.

DROMGOLD (JEAN), né à Paris en 1720, d'une noble famille irlandaise, fit ses études au collége de Navarre, où le cardinal de Fleury lui fit obtenir une bourse, et devint professeur de rhétorique dans ce même collége. Mécontent de ce que Voltaire dans son poème : *la Bataille de Fontenoy*, n'eût pas rendu plus de justice au courage irlandais, il publia sur ce poème des *réflexions critiques* qui le firent connaître et le mirent en relation avec le comte de Clermont qui, charmé de son mérite, se l'attacha comme secrétaire de ses commandements, gentilhomme de sa chambre, et plus tard le fit son aide-de-camp. Dromgold fit, sous les ordres de ce prince, une partie des campagnes de la guerre de sept ans et fut nommé mestre de camp de cavalerie. En 1762, il accompagna le duc de Nivernais dans son ambassade en Angleterre. Après la mort du comte de Clermont, il fut fait commandant de l'école militaire et mourut à Paris le 1er février 1781. Il a laissé quelques ouvrages.

DROMICHÈTE (*hist.*), roi de Thrace, du temps d'Alexandre-le-Grand et de Lysimaque. Il battit ce dernier à diverses reprises, et même selon quelques auteurs le fit prisonnier. Quoi qu'il en soit, Lysimaque lui céda tout le pays au delà de l'Ister et lui donna sa fille en mariage.

DROMIE, *dromia* (*crust.*), genre de l'ordre des décapodes, famille des brachyures, section des homochèles, dont les caractères sont : pieds propres à la course et à la préhension : les quatre derniers insérés sur le dos et terminés par un double crochet; test ovoïde, court et presque globuleux, bombé, laineux ou très velu. Ces crustacés se rapprochent des crabes proprement dits, par la forme de leurs antennes, les parties de la bouche et la composition de leurs pieds; mais les pieds postérieurs insérés sur le dos comme chez les dorippes, suffisent pour les en distinguer. Ces crustacés ont la démarche lente, et vivent dans les lieux ou la mer est peu profonde; on les trouve presque toujours recouverts d'une espèce d'alcyon ou de coquilles qu'ils retiennent au moyen de leurs pattes dorsales et dont ils se servent comme d'un bouclier contre les attaques de leurs ennemis. L'espèce la plus connue, répandue dans tout l'Océan, excepté celui du nord, est couverte d'un duvet brun, avec cinq dents à chaque bord latéral et trois au front. C'est le *cancer dromia*, Linné.

DROMISCOS (*géogr.*), lieu de l'Asie mineure, près de Milet. Pline assure que Dromiscos avait longtemps été une île.

DROMOS (*géogr.*), plaine voisine de Lacédémone où le tyran Nabir assembla et harangua ses troupes.

DROMOS (*archéol.*), grande et large avenue pavée qui conduisait aux temples égyptiens. Elle était de chaque côté bordée d'un grand nombre de sphinx.

DRONGO, *edolius* (*ois.*), genre de passereaux à bec denté. Ce sont des oiseaux vivant en grande partie dans l'Inde et dans les îles voisines du continent; leur plumage est généralement noir, leur queue fouchue; leurs tarses assez forts, mais courts, et leurs narines cachées par de longues soies. Ils sont insectivores, et quelques espèces ont un chant comparable à celui du rossignol. Parmi les espèces les plus remarquables nous citerons : le *drongo huppé*, *edolius cristatus*, décrit par Buffon sous le nom de *grand gobe-mouche noir*. Cet oiseau habite le Cap et la Cafrerie; son plumage est entièrement noir; sa taille est celle d'un merle; il fait entendre dans la saison des amours un chant très harmonieux. — Le *drongo à raquettes*, *E. platurus*. Cette espèce vient de la côte de Malabar, son plumage est noir, et les deux rectrices externes de sa queue se terminent par deux longs brins sans barbules et terminées par des barbules formant deux raquettes. J. P.

DRONONIE (*géog.*), plus communément DURONIA (*V.* ce mot).

DRONTE (*ois.*). Cet oiseau singulier est inconnu aujourd'hui, quoiqu'il soit décrit et figuré dans plusieurs auteurs. Voici du reste ce que l'on connaît de son histoire : « En 1598 une flotte hollandaise, commandée par l'amiral Cornelisz van Neck, aborda à l'Ile-de-France, alors connue sous le nom d'île Maurice. Ils y trouvèrent des oiseaux gros comme des oies, qui portaient sur leur tête une sorte de capuchon de peau, et n'avaient que trois ou quatre plumes noires à la place des ailes et quatre ou cinq petites plumes grisâtres et frisées au lieu de queue; ils nommèrent ces oiseaux *waly-vogels* (oiseaux de dégoût), tant à cause de la dureté de leur chair que parce qu'il y avait dans la même île des tourterelles excellentes. Une autre expédition aborda en 1618 à l'île Bourbon, et y trouva les mêmes oiseaux, que les Hollandais nommèrent *dod-aers* ou *dod-aersen*. Clusius l'a décrit sous le nom de *cygnus cucullatus* ou cygne encapuchonné. Cet oiseau a été nommé par Linné *didus ineptus* et semble se rapprocher des pingouins pour le port.

DRONTHEIM (*Thronium*), province de Norwége (Nordenfield), bornée au N. par celle de Nordland, à l'E. par la Suède, au S. par les provinces d'Aggerhuns et de Bergen, à l'O. par l'océan Atlantique. Elle a 4,393 mètres carrés et 23,800 habitants. Elle se divise en 4 baillages : Drontheim, Romstals, Nordland et Finmark.

DRONTHEIM, ville de Norvége, chef-lieu de la province ci-dessus, siége du gouverneur, d'un administrateur des mines et d'un évêque, sur un golfe, avec un port et 8,840 habitants. Elle possède plusieurs établissements scientifiques et d'industrie. Le cuivre, les planches, le poisson sec ou salé, le beurre et le suif alimentent son commerce. Le roi de Suède, Charles-Jean, s'y est fait couronner roi de Norwége en 1818. A 100 lieues de Stockholm.

DROPE (JEAN), médecin anglais, exerça son art à Bourrough, où il mourut en 1670. On a de lui quelques ouvrages de poésie et un traité sur la manière de planter les arbres fruitiers, qu'il publia sous ce titre : *Of fruit trees being a short and sure guide in practice of raising and ordering them*, 1661, in-8°.

DROPIQUES, nation persane qu'Hérodote range parmi les peuples pasteurs.

DROSCHKI, nom russe d'une petite voiture ouverte dont l'usage est fréquent sur le pavé de Saint-Pétersbourg et de Moscou. Entre quatre roues très basses et surmontées de *paracrottes* est suspendu, dans des ressorts, un petit banc avec un dossier au bout et sur l'extrémité antérieure duquel s'assied le cocher, s'il n'a pas son siége séparé en avant du banc. Ce dernier peut servir à deux personnes, dont l'une occupe le fond du dossier assise à califourchon, et dont l'autre s'assied devant elle de manière à lui présenter le côté et à poser ses deux pieds sur le point d'appui où la première personne ne pose que le pied droit ou le gauche. On voit dans les deux capitales de la Russie des milliers de ces voitures parcourir la ville avec une grande rapidité. On paie la course très bon marché, et suivant le prix qu'on fait d'avance avec l'izvoschtchik. — DROSCHKI, en russe, est un pluriel. En Allemagne on emploie ce mot au singulier pour une espèce de cabriolet de place; il est employé de même dans les provinces baltiques pour une voiture légère et ouverte.

DROSERA (*bot*), genre de la pentandrie trigynie de Linné, pris par Decandolle comme type de la famille des droséracées, et offrant pour caractères : calice monosépale persistant, partagé en cinq divisions régulières; corolle de cinq pétales étalés, égaux ; cinq étamines alternant avec les pétales, attachées, ainsi qu'eux, à la partie inférieure du tube calicinal, et par conséquent périgynes, ovaire libre à une loge; trois à cinq styles allongés et bipartis; capsule ovoïde enveloppée dans le calice, s'ouvrant par sa moitié supérieure en trois ou cinq valves incomplètes. Ce genre renferme de petites herbes assez élégantes toujours humides et spongieuses, d'où leur vient leur nom de *drosera*, tiré du grec et signifiant couvert de rosée ; leurs feuilles alternes, quelquefois toutes radicales, sont couvertes de poils glanduleux ; leurs fleurs blanches en épis. Deux espèces se rencontrent aux environs de Paris : la *drosera à feuilles rondes*, *D rotundifolia*, que l'on nomme aussi *rossolis* (rosée du soleil) assez commune dans les marais ; ses feuilles petites, arrondies, sont portées sur de longs pétioles velus, et sont couvertes de poils glanduleux ; elles offrent la même irritabilité que les *dianéa* et rend captifs les insectes qui se posent sur ses feuilles. Ses fleurs sont blanches, en épi simple ou bifurqué au sommet d'une hampe de quatre à cinq pouces. — La seconde espèce, le *D. longifolia*, en diffère par ses feuilles allongées, ses pétioles glabres et sa hampe toujours simple.

DROSERACÉES, *droseraceæ* (*bot.*), famille de plantes de la classe des dicotylédonées, à corolle polypétale, et qui a pour type le genre *drosera*. Decandolle, qui en est l'auteur, lui assigne les caractères suivants : calice monosépale à cinq divisions régulières, persistantes; corolle de cinq pétales égaux, alternant avec les divisions du calice ; cinq, quelquefois dix étamines hypogynes, à filets libres à anthères biloculaires; ovaire libre ordinairement à une loge ; trois à cinq stygmates en général sessiles, courts et épais ou allongés et étalés en rosace; capsule ovoïde, à une ou plusieurs loges, s'ouvrant en plusieurs valves, graines recouvertes d'un tissu aréolaire contenant un embryon dressé. Cette famille renferme généralement des herbes annuelles ou vivaces, à feuilles pétiolées alternes, souvent garnies de poils glanduleux plus ou moins irritables au toucher; les genres qui la composent sont : les *drosera*, L. ; *parnasia*, L. ; *drosophyllum*, Linck ; *aldruvanda*, Monti ; *Romanzowia*, Cham. ; *Byblis*, Salysb. ; *rovidula*, Linn. ; et *dionæa*, Ellis (voy. ces mots). J. P.

DROSIUM (*bot.*). Suivant Daléchamps et Bauhin, ce nom et celui de *drosera* étaient donnés par Cordus à l'alchimille en pied de lion. On trouve aussi dans Mentzel ce nom comme synonyme de *rossolis*, auquel Linné a substitué celui de *drosera*. J. P.

DROSOMELI (*bot.*). D'après Cordus, C. Bauhin cite ce nom pour la manne. J. P.

DROSOPHYLLE, *drosophyllum* (*bot.*), genre de plantes de la famille des droséracées, de la décandrie pentagynie de Linné, créé par Link pour le *drosera Lusitanica* de Linné, qui diffère de ses congénères par ses dix étamines, ses cinq styles filiformes et sa capsule à cinq valves, paraissant à cinq loges à cause des replis intérieurs des valves. Le *drosophyllum* croît en Espagne, en Portugal et dans les îles occidentales d'Afrique ; sa tige est frutescente, et porte des feuilles linéaires, entières, couvertes de glandes stipitées ; ses fleurs d'un jaune de soufre, sont disposées en corymbes. J. P.

DROSSANDER (ANDRÉ), professeur de médecine à Upsal, né en 1648, se rendit à Paris, où il acheta des instruments de physique qui lui permirent de faire des expériences dont on n'avait encore eu aucune idée dans le nord. Il mourut en 1696.

DROSSEL (*ois.*), un des noms allemands de la grive proprement dite, *turdus musicus*, Linné, que l'on nomme aussi *drostel*, mots qui paraissent correspondre aux mots polonais *droz* ou *drozd*. J. P.

DROST-HULSHOFF (CLÉMENT-AUGUSTE-MARIE-ANTOINE-ALOYS-PAUL DE), juriste allemand, né à Cœsfeld, en Westphalie, le 2 février 1793, fut d'abord destiné à l'état ecclésiastique, et fit de très fortes études en théologie et en droit. Il eut pour professeur le fameux théologien Hermès, qui devint son ami. Il l'accompagna dans les voyages, et à Bonn il fit sur le droit naturel, le droit canonique et le droit criminel des leçons particulières qui lui donnèrent une réputation dont le résultat fut sa promotion à la chaire de droit. Il ne survécut qu'une année à son maître, dont il n'avait guère fait, dans ses cours, que développer les principes, et mourut le 13 août 1832. On a de lui plusieurs ouvrages de droit.

DROUAIS (JEAN-GERMAIN), peintre distingué, né à Paris en 1763. Henri Drouais, son père, et Aubert Drouais, son grand-père (mort en 1767), s'étaient distingués tous deux dans l'art de peindre le portrait. Le premier chef-d'œuvre de Drouais fut *la Cananéenne aux pieds du Christ*. C'était le sujet donné par l'Académie. L'admiration fut telle que ses condisciples le portèrent en triomphe. Il ne songea plus qu'à perfectionner son talent. Arrivé à Rome, Drouais embrassa d'un regard la manière de faire des grands maîtres, et bientôt il envoya à sa mère le tableau de *Marius à Minturne*. Un *Philoctète* fut son dernier ouvrage. Il mourut le 13 février 1788, à l'âge de vingt-cinq ans. Ses amis lui élevèrent un monument dans l'église de Sainte-Marie *in via latâ* à Rome.

DROUE (*bot.*), nom vulgaire de quelques espèces de brome, genre de graminées.

DROUET DE MAUPERTUY (JEAN-BAPTISTE), né à Paris en 1650, fut tour-à-tour avocat, littérateur, ecclésiastique. En 1692, il fit un séminaire de cinq ans, et se retira dans l'abbaye de Sept-Fonts. Il obtint, en 1702, un canonicat à Bourges, le quitta, voyagea à Vienne en Dauphiné, revint à Paris, et se fixa à Saint-Germain-en-Laye. Il y mourut en 1730, âgé de quatre-vingts ans. Ses principaux ouvrages sont : 1° *Histoire de la réforme de l'abbaye de Sept-Fonts*, Paris, 1702, in-12; 2° *Histoire générale des Goths*, trad. de Jornandès, Paris, 1703, in-12, etc.

DROUET (ETIENNE-FRANÇOIS), né à Paris en 1715, y mourut le 11 septembre 1779. Il fut avocat au parlement de Paris et bibliothécaire de son corps. Il fut reçu à l'académie d'Auxerre et dans la société littéraire de Besançon. On lui doit plusieurs ouvrages : la dernière et la meilleure édition du *Dictionnaire de Moréri*, Paris, 1759, 10 volumes in-folio ; une édition fort augmentée de la *Méthode pour étudier l'histoire*, de Lenglet-Dufresnoy, Paris, Debure, 1772, 15 volumes in-12.

DROUET (JEAN-BAPTISTE), né en 1763, maître de poste de Sainte-Menehould, reconnut Louis XVI, lors du voyage de Varennes en 1791, et le fit arrêter dans cette ville. Il fut ensuite membre de la Convention. Fait prisonnier par les Autrichiens et enfermé au Spielberg, il fut échangé en 1795, prit part à la conspiration de Babœuf, se réfugia en Suisse, puis, ayant été acquitté, revint en France et occupa la sous-préfecture de Montmédy sous l'empire. Proscrit sous la Restauration, il vécut caché sous le nom de Meiger à Mâcon, où il mourut en 1824.

DROUHET (JEAN), apothicaire, né à Saint-Maixent, vers le milieu du XVIIe siècle, fit imprimer à Poitiers en 1660, in-8°, une comédie poitevine en cinq actes et en vers, intitulée : *la Mizaille à Zauni, toute bizolée de nouvea, et freschement emmolée* (la Gageure de Zauny, nouvellement composée et imprimée), avec les arguments en Français, et l'explication des mots poitevins les plus difficiles. On a encore de Drouhet plusieurs ouvrages du même genre.

DROUILLER (*bot.*). Suivant M. Ganan, on nomme ainsi dans le Languedoc l'alisier *cratægus aria*. J. P.

DROUILLES, s. f. plur. (*féod.*), petits présents que l'on faisait au seigneur en sus des lods et ventes; étrennes que l'on donnait aux officiers du seigneur en sus du prix de la vente, épingles, pot-de-vin.

DROUIN (VINCENT-DENIS), chirurgien, né à Saint-Paul-trois-Châteaux en 1660, obtint le grade de chirurgien major et ensuite celui de chirurgien en chef de l'hôpital général des Petites-Maisons de Paris. Il mourut le 14 avril 1722. On a de lui : *Description du cerveau*, Paris, in-12.

DROUIN, sculpteur, né à Nanci au commencement du XVIIe siècle, vint à Paris pour étudier son art chez les meilleurs maîtres. De retour dans sa patrie il fit le mausolée du cardinal Charles de Lorraine, celui de la famille de Bassompierre. Le nombre des statues exécutées par Drouin est fort considérable. Il fit le voyage de Rome pour prendre le modèle de l'église des Incurables sur le plan de laquelle il voulait construire, par ordre du prince Henri de Lorraine, l'église des Bénédictins de Nanci, mais la mort du prince fut cause qu'elle ne fut pas achevée. Drouin mourut à Nanci en 1647.

DROUIN (RENÉ), savant docteur en Sorbonne, de l'ordre de Saint-Dominique, neveu du fameux *Sivry*, était syndic de l'université de Caen, lorsque les jésuites trouvèrent dans ses sermons des prétextes pour obtenir contre lui une lettre de cachet. Il se réfugia à Chambéri où il professa la théologie. Il mourut à Ivrée en Piémont en 1742, âgé de soixante ans. On a de lui un ouvrage de théologie.

DROUYN (DANIEL), sieur de Belendroit, naquit à Loudun vers 1550, suivit dans sa jeunesse la carrière militaire et resta toujours loyalement attaché à la personne du roi pendant les troubles qui désolaient la France. Il mourut vers 1610. On a de lui quelques ouvrages, entre autres : *Le revers de fortune, traitant de l'instabilité des choses mondaines*, Paris, 1587, in-8°.

DROYN (JEAN), né à Amiens dans le XVe siècle, et mort après 1507, prit la qualité de bachelier ès droits et en décret. Son nom se trouve attaché à plusieurs ouvrages singuliers et curieux. On trouvera des détails sur quelques-uns de ses ouvrages dans le *Dictionnaire* de Prosper Marchand, art. DROYN. — DROYN (Gabriel) est auteur d'un livre de morale et de facéties, intitulée : *Le royal sirop de pommes, antidote des passions mélancoliques*, Paris, 1515, in-8°.

DROZ (FRANÇOIS-NICOLAS-EUGÈNE), né à Pontarlier le 4 février 1735, parut bientôt au barreau où il se fit remarquer par son talent. Devenu membre du parlement de Besançon, il employa ses loisirs à des recherches historiques. Il fut chargé par le ministre Bertin de coopérer à la formation du dépôt des chartes établi à Paris, et s'occupa de la continuation de la *Gallia christiana*. La révolution le força d'interrompre ses travaux. Il mourut à Saint-Claude des suites d'une paralysie, le 13 octobre 1805. Il était membre des académies de Dijon, d'Arras, secrétaire perpétuel de celle de Besançon, et de la société d'agriculture du département du Doubs. On trouvera la liste des manuscrits laissés par Droz à la suite de son *Éloge* par M. Coste, Besançon, 1807, in-8°.

DROZ (PIERRE-JACQUES), habile mécanicien, né le 28 juillet 1721, à la Chaux-de-Fond, dans le comté de Neufchâtel, fut le premier qui adapta aux horloges un carillon et des jeux de flûtes. Il fit aussi une pendule d'un travail curieux et admirable qui mérita l'attention de Milord Maréchal, alors gouverneur de Neufchâtel. Ce dernier engagea Droz à faire le voyage de Madrid, pour présenter cette pendule au roi d'Espagne. Il emporta avec lui plusieurs autres mécaniques, dont on trouvera la description dans l'*Encyclopédie*, édition d'Yverdun, au mot *Automate*. Ce fut à son retour d'Espagne qu'il exécuta l'automate écrivain. Son dernier ouvrage fut une pendule astronomique. Il mourut à Bienne le 28 novembre 1790.

DROZ (HENRI-LOUIS-JACQUET), fils du précédent, naquit à la Chaux-de-Fond, le 13 octobre 1753. Habile horloger mécanicien, comme son père, il vint à Paris avec deux *automates* dont l'un dessinait et l'autre jouait du clavecin. Pendant son séjour dans cette ville il fit exécuter par Leschot, ouvrier distingué, deux mains artificielles pour le fils de M. de la Reynière, fermier général. Il vint habiter Genève en 1784, mais sa santé l'obligea bientôt de quitter cette ville. Il partit pour Naples et y mourut le 18 novembre 1791 d'une maladie de poitrine et à peine âgé de 39 ans. On a quelquefois confondu Henri-Louis-Jacquet Droz avec un autre mécanicien, M. Jean-Pierre Droz, qui dès 1783 s'occupait à perfectionner les procédés de la monétation. Il fit pour la monnaie de Paris un balancier, le plus parfait que l'on eût encore vu. (Voy. le rapport fait à l'Institut sur diverses inventions de J.-P. Droz, Paris, an XI (1802, in-4°).)

DRU, UE. Il se dit des petits oiseaux qui sont prêts à s'envoler du nid. Il signifie, figurément et familièrement, gaillard, vif, gai. — DRU, se dit encore des choses dont les parties sont en grande quantité et près à près. Il se prend quelquefois adverbialement dans le même sens.

DRUE (*ois.*). Suivant quelques ornithologistes, on appelle ainsi dans certains cantons de la France le prayer, *emberiza miliaria*. J. P.

DRUENTIA et **DRUENTIUS** (*la Durance*) (*géogr.*), rivière de la Gaule, prend sa source dans la province des Alpes maritimes, traverse la Narbonnaise et la Viennaise, et se jette dans le Rhône à Avenir.

DRUIDE, DRUIDESSE, DRUIDIQUES (monuments), **DRUIDISME**, etc. (*V.* FRANCE, 1re section.)

DRUMMOND (SIR GUILLAUME), antiquaire et diplomate anglais, siégea à la chambre des communes, puis fut envoyé, en 1799, à la cour de Naples, dont il s'agissait de réveiller les dispositions hostiles contre la France. Il fut ensuite nommé dans le même but, en 1801, ambassadeur près de la Porte-Ottomane. Sir Drummond mourut à Rome le 29 mars 1823. On a de lui plusieurs ouvrages touchant diverses questions relatives aux antiquités de différents peuples.

DRUMMOND (MAURICE), petit-fils d'André, roi de Hongrie, vint s'établir en Angleterre. Il commanda le vaisseau sur lequel fuyait Edgar Atheline, héritier légitime du trône, pour éviter les persécutions de Guillaume-le-Conquérant. Marguerite, sœur d'Edgar, devenue reine d'Écosse par son mariage avec Milcolombe III, roi de ce pays, récompensa Maurice Drummond, qu'elle maria et combla de biens, lui donnant entre autres la charge de sénéchal de Lenox. — DRUMMOND (JEAN), septième sénéchal d'Écosse, maria sa fille, Anna-Bella, à Robert Stuart, IIIe du nom, roi d'Écosse, mort en 1406. — DRUMMOND (JEAN), l'un des descendants de Maurice, devint grand justicier d'Écosse, et rendit d'importants services à Jacques IV, roi de ce pays. Il fut envoyé en Angleterre pour conclure un traité de paix. Marguerite, l'une de ses filles, épousa secrètement Jacques IV; mais elle fut bientôt empoisonnée par les ennemis de la famille de Drummond. Jean Drummond mourut en 1519. — DRUMMOND (JACQUES), IIIe comte de Perth, l'un des descendants du précédent, chevalier de la jarretière et de saint André, fut fait conseiller d'État en 1670, grand justicier d'Écosse en 1680 et grand chancelier de ce royaume en 1684. Son grand attachement au roi le fit emprisonner plusieurs fois; il fut gouverneur de Jacques III, connu sous le nom de chevalier de Saint-Georges, et grand chambellan de la reine sa mère. Cet homme respectable par son amour pour la famille de son souverain, mourut à Saint-Germain-en-Laye, le 10 mai 1716, à l'âge de 68 ans.

DRUMMOND (GUILLAUME), de la même famille que les précédents, naquit en 1585. Après avoir étudié les lois civiles à Bourges pendant plusieurs années, il se livra entièrement à la culture des lettres et à son talent pour la poésie. Son attachement à la cause royale était tel, qu'on suppose que la mort de Charles Ier contribua à abréger ses jours. Il mourut à la fin de 1649. Son caractère et le genre de son talent lui ont fait donner le surnom de *Pétrarque écossais*. Il était lié avec Drayton, ainsi qu'avec Ben Jonson. Ses ouvrages ont été imprimés à Édimbourg en un volume in-folio, en 1711.

DRUMMOND (ALEXANDRE), de la même famille, né en Écosse, fut nommé consul d'Angleterre à Alep, en 1744. Il voyagea en Hollande, vit l'intérieur de l'Allemagne, le Tyrol et le nord de l'Italie. Il séjourna plusieurs années à Alep, fit des excursions fréquentes dans le pays voisin, une entre autres jusqu'à l'Euphrate, et parcourut toute la côte de l'île de Cypre. Drummond mourut en Angleterre le 17 août 1769. La relation de ses voyages se trouve dans le recueil qui a pour titre : *Les voyageurs modernes*, traduit de l'anglais par Puisieux. Paris, 1760.

DRUMMOND DE MELFORT (LOUIS-HECTOR, comte de), 20e descendant de Maurice Drummond, né en 1726, fut colonel de plusieurs régiments, inspecteur-général des troupes légères, lieutenant-général et commandeur de l'ordre de saint Louis. Il profita de la protection de son oncle, mylord maréchal (d'Écosse), pour obtenir la permission d'aller, pendant la paix, étudier la tactique prussienne. A son retour il fit un *Traité sur la cavalerie*, imprimé en 1776, in-fol., avec un atlas. Il mourut en Berry, dans sa terre d'Yvoy-le-Pré, en novembre 1788.

DRUNA (la Drôme) (*géogr.*), rivière de la Gaule dans la Viennoise, traverse le pays des Voconces et des Tricastins, et se jette dans le Rhône, sur la gauche.

DRUNNEFIA (*ois.*). Muller donne ce nom à l'*alca deleta* de Brunnich, et tous deux s'accordent à dire qu'il ne diffère de l'*alca arctica*, Linné, ou macareux de Buffon qu'en ce que ce son bec n'a qu'un sillon. J. P.

DRUON ou **DROGON**. Les auteurs belges le font religieux de Saint-Bertin et réformateur du monastère de Bergues; saint Winoc et les frères de sainte Marthe le disent disciple d'Angelramme, abbé de Saint-Riquier et prêtre du diocèse d'Amiens. Quoi qu'il en soit, il était curé de Ghistelles, près Bruges, quand sa réputation le fit tirer de ce bénéfice, en 1030, pour occuper le siége épiscopal de Térouanne. Son mérite ne put le mettre à l'abri de la disgrâce de Baudouin, comte de Flandre, qui le poursuivit avec si peu de ménagement que le prélat se vit contraint de quitter son diocèse. On ignore la cause qui suscita une querelle si animée. Gérard, évêque de Cambrai, écrivit en faveur de Druon à Foulques, évêque d'Amiens, tout puissant alors auprès du roi Henri Ier, pour qu'il engageât ce prince à prendre l'évêque de Térouanne sous sa protection. Il ne put cependant administrer librement son diocèse, qu'en 1036, qui est l'année de la mort de Baudouin, ce qui prouve que Térouanne était alors sous la dépendance du comte de Flandre. Druon assista au concile de Reims, tenu en 1049, par le pape Léon IX, et fit la dédicace de l'église collégiale de Saint-Pierre, à Aire, en 1064. On trouve plusieurs chartes données par cet évêque, qui mourut le 21 août 1078, après 50 années d'épiscopat. Il est auteur de plusieurs ouvrages, notamment de la vie de sainte Godeline ou Godelive, née à Wierre-Effroy, dans son diocèse, et morte à Ghistelles, en 1070, par suite des persécutions de son mari Bertulphe, seigneur de ce lieu. Voyez cette vie dans Surius, Colvener, la bibliothèque des Pères et les Bollandistes au 6 juillet. Druon composa, en outre, la vie de sainte Liévine, qui est éditée dans Mabillon ; celle de saint Owald, roi de Northumberland. L'abbé PARENTY.

DRUON ou **DROGON** (saint), vint au monde l'an 1102, à Épinoy, aujourd'hui commune de Carvin, diocèse d'Arras. Il perdit son père avant de naître et sa mère en naissant. Outre la noblesse de son origine, il se vit encore comblé de richesses. Le jeune orphelin ne fut baptisé qu'après avoir été instruit des principes de la religion. Le récit qu'on lui fit de sa naissance le toucha au point que, se regardant comme le meurtrier de sa mère, il tomba dans un chagrin qui le dégoûta entièrement du monde. A l'âge de vingt ans il donna aux pauvres une partie de ses biens et céda le reste à ses proches pour se vouer entièrement au service de Dieu. S'étant revêtu d'un cilice et d'un habit fort simple, il se mit, dès 1122, à visiter divers lieux de piété, et s'arrêta à Sibourg, dans le Hainaut, à 2 lieues de Valenciennes. Ce fut là qu'en 1124 il entra au service d'une dame nommée Élisabeth de la Haire ; il voulut garder ses troupeaux, considérant cet état comme le plus propre à lui fournir les moyens de pratiquer l'obéissance, l'humilité et la mortification. Vers 1130, il quitta Sibourg et entreprit de longs pèlerinages. Il fit neuf fois le voyage de Rome pour y vénérer les reliques des saints apôtres et visita plusieurs autres lieux de piété. Par intervalles il revenait auprès de son ancienne maîtresse à Sibourg, et elle le recevait comme s'il eût été son fils. L'accablement occasionné par ces voyages, joint à une rupture d'intestins que lui causèrent ses fatigues, le forcèrent de demeurer à Sibourg et de s'y fixer pour le reste de ses jours. Il fit construire en 1141, une cellule contre l'un des murs latéraux de l'église, afin que de là il pût assister à l'office divin. Il demeura ainsi renfermé pendant l'espace de 45 ans, ne vivant que de pain d'orge pétri à la lessive et ne buvant que de l'eau tiède. Saint Druon mourut le mardi, troisième fête de pâques, 16 avril 1186. Ses proches vinrent d'Épinoy et des autres villages voisins de la Flandre pour enlever son corps ; mais ils ne purent y parvenir. On l'inhuma dans l'église de Saint-Martin de Sibourg, où il est invoqué principalement pour la pierre et la rupture d'intestins. — Ferdinand, comte de Flandre et de Hainaut, enleva, en 1214, les riches offrandes que les peuples avaient déposées autour de son tombeau. Les États du Hainaut firent transporter à Binch le corps de saint Druon en 1263 ; mais il fut rapporté à Sibourg neuf ans après. Ce saint est encore aujourd'hui en grande vénération à Carvin-Épinoy, lieu de sa naissance. Une partie de la maison de ses aïeux à longtemps servi de chapelle et devint un pèlerinage célèbre. On reconstruisit cet oratoire en 1719. Il est desservi par un chapelain qui y réside et qui est, en même temps, vicaire de la paroisse. On trouve la vie de saint Druon dans Papebroch, Le Mire et Guillaume Gazet. L'abbé PARENTY.

DRUPACÉ (*bot.*). Linné donne le nom de plantes drupacées à toutes celles dont les fruits ont des noyaux, comme l'amandier, le prunier, etc. Le fruit des cycadées a de l'affinité avec le drupe, ainsi que celui de l'umari de la Jamaïque, *Geoffrea inermis*, placé à la fin des légumineuses.

DRUPARIA (*bot.*), genre de plantes de la famille des champignons, qui paraît avoir de grands rapports avec les *lycogala* et les *scleraderma* ; ses caractères sont : peridium ovale ou globuleux, cartilagineux, rempli d'une substance mucilagineuse ou gélatineuse, dans laquelle sont renfermées les séminules. Les espèces qui composent ce genre ressemblent à de petits fruits ou drupes, et croissent aux Etats-Unis : *druparia violacée*, *D. violacea* ; il ressemble pour la forme à une petite prune violette. Se trouve près de Philadelphie. *Druparia rose*, *D. rosea*, demi-ovale et d'un rose pâle. *Druparia globuleuse*, *D. globosa*, semblable à une cerise rougeâtre. Ces trois espèces ont été observées par M. Rafinesque. J. P.

DRUPATRIS DE LA COCHINCHINE (*bot.*), *D. cochinchinensis*, grand arbre découvert par Loureiro à la Cochinchine, et qui forme un genre particulier voisin de la famille des *ébénacées* de l'*icosandrie monogynie*, de Linné, offrant pour caractère : un calice campanulé à cinq découpures ; quatre pétales ; les étamines nombreuses ; un ovaire supérieur, un style, un drupe contenant une noix à trois loges. Cet arbre a des rameaux ascendants peu nombreux, garnis de feuilles glabres, alternes, fort grandes, ovales, lancéolées, dentées en scie; les fleurs blanches, petites, disposées en plusieurs épis terminaux. J. P.

DRUPE (*bot.*), fruit charnu ou pulpeux renfermant un seul noyau, comme les pêches, les prunes, etc. Il est pulpeux dans le prunier et charnu dans l'abricotier. Les drupes varient beaucoup de nature et de forme. On nomme drupes fausses capsules ceux qui comme les capsules s'ouvrent spontanément à l'époque de la maturité, mais s'en distinguent par leur double péricarpe, et l'affinité de leur pulpe avec celle des vrais drupes. J. P.

DRUPÉOLÉ, *drupeolatus* (*bot.*), ayant l'apparence d'un petit drupe. Plusieurs petits fruits, d'organisation différente, ont, comme le drupe, la substance extérieure du péricarpe succulente ; tels sont, par exemple, la silicule du *crambe maritima*, la camare de l'actea, la cypsèle du clibadium, le cenobion du *prasium majus*. Les graines de l'*ixia chinensis*, du grenadier, du magnolia, ont également l'apparence de petits drupes et sont dites *drupéolées*. J. P.

DRURY (ROBERY), voyageur anglais, naquit à Londres en 1687. Dès l'âge de quatorze ans il s'embarqua pour aller aux Indes. Le bâtiment revenait de ce pays en 1702, mais il donna sur un banc de sable et fut brisé; l'équipage fut sauvé. Menés devant le roi du pays ils apprirent qu'ils devaient l'aider à combatre ses ennemis; Drury et trois autres malheureux furent esclaves dans l'intérieur du pays. Robery eut beaucoup à souffrir; ses aventures sont nombreuses. Il parvint enfin à s'évader et arriva en Angleterre en 1717. Il devint portier de la Compagnie des Indes, et se mit à écrire ses aventures qui parurent sous ce titre: *Madagascar, ou Journal de Robery Drury, pendant une captivité de quinze ans dans cette île, écrit par lui-même, mis en ordre et publié à la demande de ses amis*, Londres, 1729, in-8° (en anglais). — Un autre DRURY a publié un ouvrage intitulé: *Illustrations of natural history*, en anglais et en français, Londres, 1770, 3 volumes, in-4°.

DRURY-LANE, un des principaux et des plus anciens théâtres de Londres (*V.* LONDRES).

DRUSA (*bot.*). Ce genre est le même que le *bawlesia* de la flore du Pérou, quant à son caractère générique. Son port lui donne l'apparence d'un *sicyos*; ses tiges sont grêles, très faibles, grimpantes, hérissées de poils épars, glanduleux à leur sommet; les feuilles sont distantes, opposées, caractère bien rare parmi les ombellifères, en cœur, vertes en dessus, blanchâtres et pileuses en dessous, divisées en trois lobes principaux, chaque lobe à trois divisions et plus. Les fleurs sont blanches, petites, disposées en petites grappes axillaires; les pédoncules sont velus, glanduleux, contenant quelques fleurs sessiles sans involucre. J. P.

DRUSE (*min.*). On donne ce nom aux cavités que l'on rencontre dans certaines roches et qui sont tapissées et comme hérissées de cristaux ordinairement prismatiques. Ce nom vient d'un mot allemand qui veut dire cavité. J. P.

DRUSES, peuple du mont Liban et de l'Anti-Liban. Quelle est l'origine de ce peuple? Descendent-ils comme on le croit de ces fameux *Ituris* dont les Grecs et les Romains préconisèrent l'indomptable valeur, et dont parle la Bible sous le nom d'Itur? ou descendent-ils des Français qui suivirent Godefroi de Bouillon dans la première croisade, et qui, lorsque les Mahométans reprirent Jérusalem, cherchèrent un refuge dans les montagnes? Quoiqu'il en soit, les Druses, suivant tous les voyageurs qui les ont visités, nous offrent un spectacle presque unique dans l'histoire des nations; au milieu des Turcs et de leur despotisme abrutissant, ils ont su maintenir leur indépendance et une parfaite égalité entre eux dans leur vie privée. L'hakem ou grand émir ne peut rien sans le consentement d'une assemblée générale ou chaque Druse a le droit de voter. L'hakem n'a que ses revenus propres. Il répartit et prélève avec équité le tribut qu'il doit annuellement payer à la Porte. L'hospitalité des Druses est célèbre dans tout l'Orient, et ils ont une fidélité inviolable à leur parole. Chez eux la moindre injure est punie d'un coup de poignard; la terrible loi du talion y est, plus que partout ailleurs, en vigueur; le meurtrier a tout à craindre de la famille de sa victime; et, comme parmi les Arabes la vengeance passe en héritage. Ils s'allient entre eux, et, comme chez les Hébreux, le frère épouse la sœur de son frère. Leur jalousie est passée en proverbe; leurs femmes ne se montrent en public que couvertes de voiles impénétrables; et à leur coiffure elles ont une pyramide horizontale richement ornée de bijoux et de pièces d'or; les femmes mariées ont cette pointe à droite et les jeunes filles à gauche. Jusqu'ici les Druses sont restés spectateurs presque impassibles des luttes de l'empire ottoman et d'une puissance voisine d'eux; mais il est probable que si les destinées qui depuis longtemps menacent le croissant s'accomplissent, il est probable que les Druses ne resteront pas inactifs et qu'ils joueront quelque rôle dans la lutte.

DRUSIA. La famille Drusia, quoique plébéienne, fut huit fois honorée du consulat, deux fois de la censure et une fois de la dictature. Elle portait originairement le nom de Livia; mais un de ses membres ayant tué, dit-on, un chef gaulois appelé Druons (472 de Rome), elle en prit le nom. Virgile met cette famille au rang des plus anciennes, sans doute pour faire sa cour à Livie qui en sortait.

DRUSILLA, la seconde des trois filles de Germanicus et d'Aggripine, naquit l'an 16 de l'ère vulgaire, et épousa L.-C. Longinus, petit-fils de l'assassin de Jules-César, selon Tacite et Suétone. Caligula, frère de Drusilla, poussé par une passion incestueuse, l'enleva à son époux, l'institua héritière de ses biens, et même de l'empire. Elle mourut âgée de 22 ans. Caligula prononça son éloge, la plaça au rang des divinités, et récompensa un sénateur assez lâche pour jurer qu'il l'avait vue monter au ciel et converser avec les dieux. L'atroce bizarrerie du caractère de ce monstre couronné fit que personne ne trouva grâce à ses yeux pendant le deuil qu'il exigea. On était puni si l'on ne pleurait pas son épouse, on l'était aussi si l'on pleurait une mortelle placée dans l'olympe. Une médaille d'or représente les têtes associées de Caligula et de Drusilla. Une médaille de grand bronze de Caligula porte au revers les figures en pied de ses trois sœurs, au milieu desquelles est Drusilla. De même que sur un camée du cab. de France (n° 187.), on voit encore les têtes de Caligula et de Drusilla sur un beau camée du cabinet des médailles (n° 186, et Iconogr. rom., pl. 25, n° 8.). La tête de cette princesse se trouve sur les médailles grecques de la domination romaine. DU MERSAN.

DRUSILLE, fille d'Agrippa-le-Grand, roi de Judée. Arize, roi d'Émèse, se soumit à la circoncision pour devenir son époux; mais la jalousie de sa sœur Bérénice la força de quitter son mari, et elle renonça elle-même à la religion de ses pères. Elle épousa Antonius Félix, affranchi de l'empereur Claude et frère de Pallas, l'affranchi de Néron. Félix était gouverneur de la Judée. Les actes des apôtres font mention de Drusille, qui était à Césarée avec Félix lorsque saint Paul parut devant lui. Elle eut de son second mari un fils nommé Agrippa, qui périt avec elle dans l'embrâsement du Vésuve, sous le règne de Titus.

DRUSIUS (JEAN), dont le vrai nom est *Van den Driesche*, naquit à Oudenarde le 28 juin 1550, apprit le grec, le latin et fit sa philosophie. Il alla en 1567 rejoindre son père en Angleterre et y apprit l'hébreu sous Ant.-Rod. Le Chevalier. Il professa les langues orientales à Cambridge et à Oxford, puis dans sa patrie où il était retourné. En 1585, il passa à Frencker pour occuper la chaire d'hébreu, qu'il garda jusqu'à sa mort, arrivée le 12 février 1516. Paquet porte à quarante-huit le nombre des ouvrages ou traités de Drusius qui ont été imprimés; un grand nombre d'entre eux ont été reproduits dans les *Critici sacri sive annotata doctissimorum virorum in vetus et novum*, Amsterdam, 1698, 9 vol. in-folio, ou Londres, 1660, 10 vol. in-folio. Leur admission dans ce recueil indique assez sur quel sujet ils roulent.

DRUSIUS (JEAN), fils du précédent, naquit à Leyde le 26 juin 1588. A sept ans il expliquait le pseautier hébreu avec la plus parfaite exactitude; à dix-sept ans il harangua en latin le roi de la Grande-Bretagne (Jacques Ier), au milieu de toute sa cour. Il mourut de la pierre en 1609 à l'âge de 21 ans. On a de lui: *Nomenclator Eliæ Levitæ juxta ordinem alphabeticum vocum latinarum disgestus, et græcis dictionibus auctus à Joanne Drusio juniore*, 1652, in-8°. Un troisième personnage a porté en latin le nom de Drusius: c'est Jean Druys, né en 1568 à Cumplich, et mort en 1634. Il avait été abbé du Parc, ordre de Prémontrés.

DRUSUS (MARCUS-LIVIUS), était fils de Caïus Livius Drusus, orateur et jurisconsulte romain, vers l'an 630 de Rome. En l'année 640, Drusus fut porté au consulat; il fit la guerre dans la Thrace, et eut de nombreux succès contre les scordisques, qu'il repoussa au-delà du Danube; il obtint les honneurs du triomphe. L'histoire ne nous apprend plus rien de lui.

DRUSUS (MARCUS-LIVIUS), fils du précédent, eut une jeunesse marquée par la sagesse et la sévérité de ses principes. Doué de beaucoup d'esprit, d'éloquence et de courage, il voulut faire revivre les lois des Gracques sur le partage des terres, et le droit de citoyen romain donné aux Latins, mais sa mort prématurée, en ôtant toute espérances aux alliés, fut le signal de la guerre sociale qui fut si longue et si funeste. Il mourut assassiné par un certain Varius, l'an 90 avant J.-C.

DRUSUS, frère de l'empereur Tibère, était le second fils de Tibère Claude Néron et de Livie, qui était enceinte lorsqu'Auguste engagea ce pontife à lui céder son épouse, dont il était violemment épris. Drusus fut élevé par les soins d'Auguste qui le mit dans les mains des meilleurs maîtres, et il devint l'homme le plus accompli de son temps. Les vertus lui étaient naturelles, sa sagesse fut précoce, et il acquit dès sa jeunesse une grande habileté dans l'art de la guerre. A l'âge de 23 ans, il fut vainqueur des Rhétiens auprès de Trente dans une bataille rangée, obtint la préture et fut nommé général des armées de la Germanie. A son retour à Rome, il obtint l'ovation et le consulat, l'an 740 de Rome, 13 ans avant J.-C. Cinq ans après, étant retourné dans ce pays, il vainquit plusieurs nations et étendit la domination des Romains jusqu'aux bords de l'Elbe. Ce héros avait conçu le projet de rétablir la république romaine comme elle était avant César. Tibère, son frère, à qui il se confia, montra sa lettre à Auguste, et la mort de Drusus, arrivée peu de temps après, fit soupçonner qu'il avait été empoisonné. Il avait trente ans lorsqu'il mourut. Si Auguste fut coupable de sa mort, comme il en fut accusé par plusieurs historiens, il sut dissimuler son crime politique, assista aux funérailles de Drusus et prononça lui-même son oraison funèbre. Ses cendres furent déposées dans le tombeau qu'Auguste lui avait fait bâtir. Le sénat lui fit ériger des statues et un arc de triomphe, et lui donna le surnom de Germanicus qui passa à ses enfants. Les médailles de ce prince sont rares. Celle en or avec la légende DE GERMANIS vaut 48 fr.; en argent, 20 fr. Celles en grand bronze ont été frappées sous Claude et *restituées* par Titus et par Domitien. Ces restitutions valent 80 et 100 fr. Celles des colonies romaines, avec le titre de César, sont estimées 40 francs.

Du Mersan.

DRUSUS, fils de Tibère et d'Agrippine, naquit quatorze ans avant l'ère chrétienne. Il eut dès sa jeunesse un goût effréné pour les combats de gladiateurs et pour les plaisirs de la table. Il se livrait aux plus violents accès de colère. Auguste l'honora de la préture. A l'âge de 23 ans, à la mort de cet empereur, Tibère le créa prêtre d'Auguste déifié, il l'envoya en Pannonie arrêter la révolte des légions. Il fut fait consul à son retour, et fut nommé à 29 ans général de l'armée de la Germanie. Il obtint les honneurs de l'ovation ou petit triomphe. Il fut chargé de la régence de l'empire, pendant le voyage que fit Tibère dans la Campanie, et sa sagesse lui gagna l'affection des Romains. Il fut ensuite déclaré tribun ; mais peu de temps après, livré à ses passions, il perdit l'estime publique, et fut enfin empoisonné par Livilla son épouse, qui s'était associée pour ce crime à Séjan et à un médecin grec nommé Eudemus auxquels elle avait abandonné ses faveurs. Il mourut à 35 ans laissant deux fils dont un seul vécut, fut nommé Tibère Drusus, et fut associé à l'empire conjointement avec Caligula. Celui-ci l'adopta et l'obligea ensuite à se priver de la vie à l'âge de 18 ans. Les médailles de Drusus, en argent, le représentent au revers de Tibère; ainsi que celles de grand bronze, elles valent 200 fr. Elles ont été restituées en moyen bronze par Titus et Domitien. Une médaille de grand bronze, sans sa tête, représente celles de ses deux fils sur des cornes d'abondance. — Le Musée royal possède une statue du jeune Drusus (Visconti, *Iconogr. rom.*, pl. 23, page 117). Plusieurs beaux camées du cabinet des médailles de France représentent Drusus (N[os] de l'*Hist. du cab.*, 174, 175, 176).

Du Mersan.

DRUTHMAR (CHRISTIAN), grammairien du IXe siècle, était né dans l'Aquitaine. Il fit profession à l'abbaye de Corbie. On a de lui un *Commentaire sur l'Evangile de saint Mathieu*, imprimé à Strasbourg en 1514, in-fol., par Jacques Winpheling, et ensuite à Haguenau, en 1530, in-8°.

DRUYNE (*ins.*). Latreille et Fabricius ont écrit *dryine* (voy. ce mot), pour désigner deux genres différents d'insectes hyménoptères. J. P.

DRYADE, s. f. (*t. de mythologie*), nymphe des bois.

DRYADE, en botanique, est le nom d'une petite plante des Alpes, remarquable par l'élégance de ses fleurs et de son feuillage.

DRYANDER (FRANÇOIS ENCINAS ou ENZINAS, plus connu sous le nom de), né à Burgos, embrassa les principes de Mélancthon, et fit une version espagnole du Nouveau-Testament, qu'il dédia à Charles-Quint et fit imprimer sous ce titre : *El Nuevo-Testamento de nuestro demptor y Salvador Jesu-Cristo, traducido de griego en lengua castellana, dedicado a la Cesarea majestad.* Anvers, 1543, in-8°. Cette dédicace n'empêcha pas l'inquisition de l'emprisonner le 13 décembre 1543. Il s'échappa le 1er février 1545, se rendit à Anvers, puis en Allemagne et en Angleterre. On le retrouve à Genève en 1552. On ignore l'époque de sa mort. Il a encore laissé une *Histoire des Pays-Bas et de la religion d'Espagne* et quelques opuscules. — Son frère JEAN également né à Burgos, et comme lui de la religion réformée, fut brûlé vif par l'inquisition en l'an 1545.

DRYANDER (JEAN), dont le véritable nom était Eichmann, naquit à Wetteren, dans la Hesse, vers la fin du XVe siècle, et mourut le 20 décembre 1560. Il étudia les mathématiques, l'astronomie, et fut reçu docteur à Mayence. Il se rendit à Marpurg pour occuper à l'université de cette ville la double chaire de mathématiques et de médecine. Il a publié plusieurs traités sur l'astronomie et quelques ouvrages de médecine. Il était contemporain de l'illustre Vésale.

DRYANDER (JONAS), naturaliste suédois, disciple de Linné, né en 1748, se fit recevoir maître ès-arts à Lund, en 1776. Joseph Bancks, connaissant tout son mérite, l'engagea à se fixer à Londres, et le mit à la tête de sa bibliothèque. Dryander ne crut pouvoir mieux répondre aux vues de ce protecteur des sciences qu'en facilitant les recherches de ceux qui venaient puiser dans cet immense trésor; pour cela il publia un catalogue très étendu : *Catalogus bibliothecæ historico-naturalis Josephi Bancks*, 5 volumes in-8°. Ils ont paru de 1796 à 1800. Il mourut en 1810. On a de lui quelques dissertations dans les transactions de la société linnéenne de Londres, dont il était membre, et un mémoire sur l'arbre qui produit le benjoin.

DRYANDRE, *dryandra* (*bot.*), genre de plantes dicotylédones, à fleurs incomplètes, de la famille des *euphorbiacées*, de la *diœcie monadelphie* de Linné, caractérisé par des fleurs dioïques; un calice à deux ou trois folioles ; une corolle à cinq pétales onguiculés ; neuf étamines inégales; les filamens soudés à leur partie inférieure ; dans les fleurs femelles, un ovaire supérieur; trois styles fort courts; les stygmates bifides; une capsule ligneuse, à trois ou cinq loges manospermes.— *Dryandre oleifère*, *D. oleifera*, vulgairement *arbre à l'huile*. Cet arbre croît au Japon, et s'élève à six pieds de hauteur et plus, et soutient une cime touffue dont les rameaux sont glabres, cylindriques, ridés, pleins de moelle, parsemé de points tuberculeux. Les feuilles sont grandes, rapprochées en ombelle au sommet des rameaux et comme verticillées aux nœuds, en cœur, aiguës; les inférieures presque pendantes, terminées par trois pointes ; les fleurs mâles disposées en une panicule terminale; les fleurs femelles portées sur des pédoncules simples et très courts. Le fruit est une capsule ligneuse, ovale, terminée par une pointe aiguë; divisée intérieurement en trois, quatre et même cinq loges, renfermant chacune une grosse amande huileuse dont on retire de l'huile bonne à brûler.

DRYANTILLA, princesse qui n'est nommée par aucun historien, et qui n'est connue que par une médaille du musée de Vienne. On y voit d'un côté une tête de femme diadémée, et au revers Junon debout, avec la légende IVNONI REDINE pour REGINAE. Eckhel (D. N., t. VII, p. 463) a pensé qu'elle était la femme de Régalien, général de Gallien, et proclamé empereur par l'armée de la Mœsie, vers l'an 263, D. M.

DRYAX (*ois.*). Ces noms, et ceux de *dryacha* et *dariachys*, paraissent n'être qu'une corruption du mot *drepanis*, qui désigne l'hirondelle de rivage, *hirundo riparia*, Linné. J. P.

DRYDEN (JEAN), né à Aldwincle, dans le comté de Northampton, l'an 1631, est l'un des plus grands poètes que l'Angleterre ait produit. Sa vie ne fut pas heureuse et il fut toujours obligé de lutter contre le besoin. Cependant, en 1668, il avait été nommé poète lauréat et historiographe de Charles II, places qui, avec le produit de ses pièces de théâtre, auraient pu suffire à ses besoins; mais il paraît que dans le désordre des finances les traitements n'étaient pas toujours payés. Du reste il perdit cette place lors de la révolution pour s'être converti à la religion catholique, six mois auparavant, sous le règne de Jacques II. Il ne fut pas heureux dans ses satires, car deux grands seigneurs qu'il avait attaqués le firent rudement bâtonner. Dryden mourut le 1er mai 1707, à l'âge de 70 ans. Il avait pendant 30 ans tenu la première place sur le théâtre anglais, auquel il avait donné 28 pièces, tant tragédies que comédies. Ses comédies offrent beaucoup de science et peu de comique. Dryden avouait lui-même qu'il n'était pas destiné à réussir dans ce genre, manquant de gaîté dans le caractère et de trait dans l'esprit. *Don Sébastien* et *La conquête de Grenade* sont les plus célèbres de ses tragédies. On trouve dans les ouvrages de Dryden une grande inégalité : il est quelquefois sublime, d'autres fois trivial et rempli d'hyperbole. Du reste ses défauts étaient de son siècle, et ses qualités lui étaient propres. Il est peu glorieux pour l'Angleterre d'avoir laissé un homme d'un aussi grand talent languir dans la misère et descendre quelquefois pour vivre aux plus tristes expédients : « Je n'ai » guère lieu, disait-il, de remercier mon étoile pour être né » Anglais. C'est assez pour un siècle d'avoir négligé Cowley et » vu Butler mourir de faim ! » Il fut enterré à Westminster. Sa traduction de Virgile, imprimée en 1697, est regardée comme l'une des plus belles traductions en vers qui ait été faite des poètes classiques.

DRYDEN (CHARLES), fils du précédent, fut officier du palais du pape Clément XI, vint en Angleterre, et se noya en 1704, en traversant la Tamise. Il a traduit la sixième satire de Juvénal. — DRYDEN (JEAN), frère du précédent, traduisit la quatrième satire du même poète, et composa une comédie intitulée : *The husband his own cuckold*. Il voyagea en Sicile et à Malte, et mourut à Rome en 1701. — HENRI, troisième fils de Dryden, entra dans un ordre religieux.

DRYIN (*pois.*). Suivant M. Bosc, on donne ce nom sur quelques côtes à l'ammodyte appât (*V.* AMMODYTE).

DRYINE, *dryinus* (*ins.*). Fabricius a décrit sous ce nom un genre d'insectes hyménoptères de la famille des *oryctères*, voisin des sphèges. M. Latreille donne le même nom à un autre genre d'insectes hyménoptères de la famille des *néottocryptes*. Ce sont de très petits insectes, dont le caractère principal réside dans les crochets des tarses des pattes antérieures, qui sont fort longs et dont l'un se replie sous le tarse pour former une sorte de pince comme dans les mantes. J. P.

DRYINUS (*rept.*). Plusieurs anciens auteurs ont parlé sous ce nom et sous celui de *dryinos*, d'un serpent venimeux fort redouté. Linné a décrit, sous le nom de *crotalus dryinos*, un serpent d'Amérique qui paraît être notre *crotale bruyant* (V. CROTALE).

DRYITE (*foss.*). Quelques auteurs anciens, notamment Schenchzer, Wolckman, Helwing, ont donné ce nom au bois prétrifié qu'ils ont cru reconnaître pour être du bois de chêne. J. P.

DRYME ou **DRYMES** (*géogr.*), contrée orientale de la Palestine dans la demi-tribu de Manassé, en deçà du Jourdain, aux environs de Césarée et près du Mont-Carmel.

DRYMÉE (*géogr.*), ville de la Phocide septentrionale, à l'E., et près de Tithronium, ou Tithorée, à peu de distance de Céphise. Elle s'était primitivement appelée Naubole.

DRYMIDE *drymis* (*bot.*), genre de magnoliacées, de la polyandrie polygynie de Linné, et offrant pour caractères : calice entier à deux ou trois sépales, corolle composée de six à vingt quatre pétales formant une ou deux séries ; étamines en grand nombre, à filets courts et épaissis au sommet, couronnés d'anthères à deux loges écartées l'une de l'autre, pistils au nombre de quatre à huit ayant chacun un ovaire à une seule loge polysperme, surmonté d'un stigmate punctiforme, baies uniloculaires polyspermes. C'est le genre *wintera* de Murray ; il contient des arbres ou arbrisseaux a feuillage toujours vert, à écorce âcre et aromatique, à feuilles pétiolées ovales oblongues ; à fleurs pédonculées, latérales ou axillaires. L'espèce la plus intéressante est la drymide de Winter, *drymis winteri*, *wintera aromatica*, Murray. Cette plante croît sur les côteaux escarpés du détroit de Magellan, c'est tantôt un arbuste d'un mètre de hauteur, et d'autrefois un arbre s'élevant à treize mètres d'élévation ; à feuilles alternes, allongées, obtuses ; fleurs petites parfois solitaires, ou bien réunies au nombre de trois ou quatre au sommet du pédoncule commun ; celui-ci est simple ou divisé en autant de pédicelles qu'il y a de fleurs. Son écorce a des qualités stimulantes et toniques. J. P.

DRYMNIUS (*myth.*), surnom commun à Apollon qui avait erré dans les bois, et à Jupiter à qui le chêne était consacré.

DRYMOPHILE, *drymophila* (*ois.*). Genre de passereaux dentirostres, voisin des gobe-mouches. Les espèces sont propres aux parties chaudes de l'Afrique, de l'Asie et de l'Amérique. On distingue le *drymophile voilé*, *D. velata*, ainsi nommé à cause d'une bande noire qui recouvre le front, la gorge et les joues comme une espèce de voile. Le devant du cou et de la poitrine présente un plastron d'un roux cannelle ; le reste du corps est d'un bleu d'ardoise. Cet oiseau habite Timor et Java ; sa longueur totale est de sept pouces. J. P.

DRYMOPHILE A FRUITS AZURÉS (*bot.*). Plante de la Nouvelle-Hollande qui forme un genre particulier de la famille des asparaginées à racines noueuses et rampantes, à tiges simples à leur base; droites, dépourvues de feuilles, garnies seulement de stipules distantes disposées sur deux rangs ; les pédoncules axillaires, ou terminaux, uniflores, les fleurs blanches ; les baies pendantes d'un bleu d'azur. J. P.

DRYOBALANOPS (*bot.*). (V. DIPTEROCARPUS.)

DRYOBALANOPS AROMATIQUE (*bot.*), *D. aromatica*, Gærtn. Fruit d'un arbre de l'île de Ceylan, dont l'écorce est très aromatique et ressemble à celle du cannelier. Ce fruit est une capsule ovale, supérieure, au moins de la grosseur d'un œuf de pigeon, enfoncée à sa partie inférieure dans la cupule du calice épaissi, à une seule loge, à trois valves ; une seule semence. J. P.

DRYOCOLAPTES (*ois.*). L'oiseau désigné sous ce nom dans Aristote, et sous celui de Dryops dans Gesner, d'après Aristophane, appartient à la famille des pies, mais on ne sait à quelle espèce ces noms se rapportent. J. P.

DRYOPE (*myth.*), fille d'Euryte et sœur d'Iole, femme d'Hercule, fut aimée d'Apollon, et épousa ensuite Andrémon, dont elle eut un fils nommé Amphise. Un jour qu'elle se promenait près d'un lac bordé de myrtes et de lotos, tenant son fils entre ses bras, elle cueillit une fleur de lotos, qu'elle lui donna pour l'amuser ; mais dans le moment elle s'apercut qu'il sortait de cette fleur des gouttes de sang ; elle voulut fuir, mais ses pieds s'attachèrent à la terre, et elle fut à l'instant même changée en lotos.

DRYOPE (*myth.*), habitante de Lemnos, dont Vénus prit les traits pour engager les femmes de l'île à se défaire de leurs maris.

DRYOPE (*myth.*), nymphe d'Arcadie, eut de Mercure le dieu Pan.

DRYOPE (*myth.*), nymphe de la petite Mysie. Val. Faccus feint que Junon lui inspira un tendre amour pour Hylas et que ce jeune homme, ayant aperçu un cerf privé, que la déesse avait fait paraître, le poursuivit jusqu'à la fontaine habitée par Dryope, qui l'enleva lorsqu'il se baissait pour boire.

DRYOPE (*myth.*), nymphe que Faune rendit mère de Tarquitus.

DRYOPES (*géogr.*), peuple originaire de l'Arcadie, vint dans la Thessalie à la suite de Dryope, fils de Dia, et s'établit le long des rives du Sperchius ; là ils se livrèrent à toutes sortes de brigandages. Ils eurent même l'audace d'attaquer Hercule, qui passait par leur pays avec Déjanire, son épouse. Celui-ci les battit, tua Phylas, leur roi, et pour les mettre dans l'impossibilité de continuer leurs attaques sur les voyageurs, les transporta un peu plus au midi, vers le mont OEta, où Céyx, roi de Trachine, pouvait les surveiller aisément. Bientôt pourtant les Dryopes recommencèrent leur brigandages, et même tentèrent de piller le temple de Delphes. Hercule les attaqua et les vainquit de nouveau, et, après avoir tué leur roi Laogoras, les chassa entièrement de la Thessalie. Les Dryopes alors se réfugièrent en grande partie dans l'Argolide, où ils bâtirent la ville d'Asines, d'où ils prirent le nom d'Asinéens. Quelques-uns passèrent dans l'île d'Eubée, où ils fondèrent Caryste, et quelques autres dans l'île de Cypre. Longtemps après une partie des Dryopes d'Argolide s'expatrièrent avec les Athéniens et les Ioniens, pour occuper les plaines occidentales de l'Asie mineure, que la chûte de Troie avait laissé presque sans habitants. Ils se fixèrent vers le N., dans les environs de Cyzic, et reprirent le nom de Dryopes. Ceux qui restèrent dans le Péloponèse gardèrent celui d'Asinéens.

DRYOPHANON (*bot.*), cette plante de Pline est selon quelques auteurs le redoux ou redoul, *coriaria myrtifolia*, au rapport de C. Bauhin. Dalechamps prétend que cordus regardait l'ibéride ou thlaspi des jardins, *iberis umbellata* comme le *dryophanon* de Pline, espèce de fougère. J. P.

DRYOPIDE (*géogr.*). Nom qui fut donné aux diverses contrées habitées successivement par les Dryopes, c'est-à-dire à la Thessalie, à l'Argolide, à l'Eubée, à l'île de Cypre et à l'Ionie ; mais qu'on réserve plus spécialement pour la partie méridionale de la Thessalie, située entre le Sperchius et le mont OEta. Elle fut habitée après l'exclusion des Dryopes par les Maliens de Trachine.

DRYOPIES, fêtes qui se célébraient tous les ans chez les Asinéens en Argolide, en l'honneur de Dryops qui avait été leur guide en Thessalie.

DRYOPS (*myth.*), fils d'Apollon et de Dia, conduisit d'Arcadie en Thessalie, sur les bords du Sperchius, un peuple, qui prit de lui le nom de Dryopes. Il fut leur premier roi, et laissa le trône à son fils Phylas. On lui rendit après sa mort les honneurs héroïques.

DRYOPS, capitaine Troyen tué par Achille. On croit qu'il était fils de Priam.

DRYOPS, un des compagnons d'Énée, tué en Italie par Clausus.

DRYOPS (*ins.*). Genre d'insectes coléoptères de la section des pentamères, famille des clavicornes, tribu des macrodactyles ; c'est le genre *parnus* de Fabricius. Ses caractères sont : antennes pouvant s'insérer dans une cavité située sous les yeux, recouvertes en grande partie par le second article qui a la forme d'une palette, dépassant en manière d'oreilles, palpes peu apparents ; les tarses sont de cinq articles, dont le dernier plus grand, muni de deux forts crochets. Ce sont des insectes de petite taille, vivant presque toujours dans l'eau, couverts d'un duvet fin assez long. Le *dryops à oreilles*, *D. aurita*, Geoffroy. Cette espèce est longue de deux lignes, le dessus du corps est brun, rougeâtre inférieurement. J. P.

DRYOPTERIS (*bot.-fougères*). Cette fougère mentionnée par Dioscoride, croissait sur le chêne comme l'indique son nom ; elle ressemblait au *filix* (voyez ce mot). Selon toute probabilité, cette fougère rentre dans les *polypodium* de Linné. L'on a avancé que ce pouvait être le *polypodium dyopteris*, Linné.

DRYPÈTES (*bot.*). Genre de plantes dicotylédones, à fleurs incomplètes, dioïques, très voisin de la famille des *rhamnées*, de la *diœcie tétrandrie* de Linné. Offrant pour caractère essentiel, dans les fleurs mâles un calice à quatre ou six folioles inégales; point de corolle; quatre ou six étamines saillantes, quelquefois huit insérées sur un disque central et velu. Dans les fleurs femelles point d'étamines; un ovaire supérieur, velu, entouré à sa base par un disque annulaire; un drupe presque ovale, soyeux, charnu en dehors, à une, quelquefois à deux loges monospermes. J. P.

DRYPÈTES *glauque*, *D. glauca.* Arbre de Porto-Ricco, dont les rameaux sont cylindriques, les feuilles grandes, pétiolées, alternes, ovales elliptiques, un peu crénelées, les fleurs petites, légèrement pédonculées, réunies par petits paquets axillaires, en forme d'ombelle. J. P.

DRYPÉTIS (*hist.*), seconde fille de Darius. Alexandre la donna en mariage à Ephestion. Roxane la fit périr après la mort du conquérant.

DRYPIS (*bot.*). Théophraste donnait ce nom à une plante épineuse. Dalechamps figure sous ce nom un chardon qu'il dit à fleurs rouges ou blanches et commun dans les blés, lequel paraît être le chardon hémorrhoïdal, *carduus arvensis.*

DRYPTE, *drypta* (*ins.*), genre de coléoptères pentamères, famille des carnassiers, tribu des carabiques, dont les caractères sont: menton en forme de croissant, sans dentelure au milieu, languette saillante, terminée par trois épines; premier article des antennes long et rétréci à sa base, pénultième article de ses torses bilobé, avec le dessous garni de duvet. Ce sont des insectes de petite taille, ornés de couleur bleue ou verte; leur tête est triangulaire avancée, le corselet allongé, moins large que la tête, les élytres ont deux fois sa largeur et sont presque tronquées à l'extrémité. L'espèce la plus connue, le *drypte échancré*, *D. emarginata*, a trois ou quatre lignes de longueur; sa couleur et un beau vert bleu soyeux, avec les pates rouges. On le trouve aux environs de Paris, mais plus communément dans le midi de la France.

DRYS (*bot.*), nom grec du chêne, d'où dérivent ceux des dryades, divinités des forêts; des anciens druides, de *chamædrys*, petit chêne; de *dryopteris*, ou fougère, croissant sur des chênes, etc. J. P.

DRYSELIUS (ERLAND), archidiacre de Norkoping, en Suède, naquit en 1647 en Liungby en Smolend. Charles XI lui accorda plusieurs bénéfices. Il défendit les intérêts de ce prince à la diète de 1687, contre les prétentions de la noblesse. Il mourut en 1708, et laissa plusieurs ouvrages, entre autres: *le Miroir des princes*, *l'Histoire du Vieux et du Nouveau-Testament*, et des *Sermons en suédois.*

DRZEMLIK (*ois.*). Les Polonais appellent ainsi l'émerillon, *aleo æsalon*, Linné. J. P.

DSILENG (*bot.*). Les habitants de Maïncatschin, ville limitrophe de l'empire russe et de la Chine, donnent ce nom au *fucus muricatus* de Gmelin, qu'ils mangent cuit avec du riz, ou bien cru après l'avoir fait tremper dans l'eau; *delesseria comestible.* (V. DELESSERIA.) J. P.

DSIN (*bot.*). Au Japon, suivant Kœmpfer, on donne ce nom et ceux de *karrias*, *kakkina*, *arai*, à une graminée qui est le *phalaris arundinacea* selon M. Thunberg. J. P.

DSINDSOM (*bot.*). Un des noms Japonnais suivant Kœmpfer du ninsi de la Chine *sium ninsi*, dont la racine regardée comme un excellent cordial, importée au Japon, y est vendue très cher. J. P.

DSJEDABA (*poiss.*), nom que l'on donne à Dsjidda, port d'Arabie sur la mer rouge, au *scomber dsjedaba* de Forskaël, que M. de Lacépède rapporte au genre caranx, sous la dénomination de *caranx albus.* C'est le *scombre sufnok* de Bonnaterre. (V. CARANX.) J. P.

DSJERENANG (*bot.*). Nom distinctif d'un rotang de l'Inde, *calamus*, dont le fruit donne un suc rouge et astringent regardé comme une espèce de sang-dragon. Suivant Rumph, les Malais le nomment *djerennang* ou *djernang.* Cette espèce a les fruits très petits, recouverts d'écailles en losange comme tous les rotangs. (V. ROTANG.) J. P.

DU, mot qui tient lieu de la préposition *de* et de l'article *le.*

DU, s. m., ce qui est dû. Il signifie aussi devoir, ce à quoi on est obligé. Ce sens vieillit.

DUALISME (de δύω, deux), signifie toute doctrine admettant la coexistance de deux principes, et a pour contraire le mot *unitarisme*, qui s'explique de lui-même. (V. DIEU.)

DUAREN (FRANÇOIS, natif de Saint-Brieuc, en Bretagne, après avoir exercé quelque temps une charge de magistrature, se rendit à Paris en 1536, y donna des leçons sur le Digeste, professa le droit à Bourges, et revint, en 1548, suivre le barreau de la capitale. Mais bientôt, sur l'invitation de la duchesse de Berry, qui le fit son maître des requêtes, il retourna prendre une chaire à Bourges, où il mourut en 1559, âgé de cinquante ans. On a plusieurs éditions de ses ouvrages.

DUB (*rept.*). Dapper et Marmal parlent sous ce nom d'un saurien d'Afrique, ou d'une espèce de lézard de dix-huit pouces de longueur, qui habite en particulier les déserts de la Lybie, et ne boit jamais. Selon ces auteurs, il est sans venin et sert de nourriture aux Arabes. J. P.

DUBBEAH, *dubah*, *dabba*, *dabuth*, *dabuh*, *dabach* (*mamm.*). Tous ces noms sont ceux de la hyène, dans les parties septentrionales de l'Afrique. J. P.

DUBELLAY (*V.* BELLAY (DU)).

DUBERRIA (*rept.*). Séba désigne sous ce nom un serpent d'eau de l'île de Ceylan, nommé par Klein et Nandin *coluber duberria*, et dont M. Schneider a fait un élaps (*Voy. couleuvre*).

DUBERRIA MARIN (*rept.*). Louis de Capiné (Voyage de l'Amérique espagnole) dit qu'on donne ce nom à un très grand serpent. J. P.

DUBITATIF, **IVE**, adj., qui sert à exprimer le doute.

DUBITATION, s. f., figure de rhétorique, par laquelle l'orateur feint de douter de la proposition qu'il veut prouver, afin d'aller au devant des objections qu'on pourrait lui faire.

DUBLIN, comté d'Irlande (Leinster), borné au N. par celui d'East-Meath, à l'E. par la mer d'Irlande, au S. par le comté de Vicklow, à l'O. par ceux d'East-Meath et Kildare; il a douze lieues de long sur huit de large, et trente-sept lieues carrées. Il est traversé par le canal Royal et le canal d'Irlande. Ses principales rivières sont le Liffey et le Dodder. On remarque le promontoire d'Horrh ou Horrsth-Head, au N.-E. de la superbe baie de Dublin C'est une presqu'île dont les rivages offrent des rochers très escarpés. Autrefois, couverte de chênes, elle fut un des séjours des druides; quelques ruines de leurs temples existent encore. On voit dans une allée solitaire, sur la côte orientale de la colline, quelques-uns de leurs autels. La partie méridionale de ce comté est hérissée de montagnes, et la côte est coupée par des havres et des baies, dont plusieurs sont fort commodes pour y prendre des bains. Ce comté se subdivise en 107 paroisses, et compte 320,000 habitants. Il envoie cinq membres au parlement.

DUBLIN, capitale de ce comté et de toute l'Irlande, siége de deux archevêques, l'un catholique et l'autre protestant. Elle est située au fond d'une vaste et superbe baie, fermée au N. par un cap d'un aspect pittoresque, où s'élève un phare, et divisée en deux parties par un môle de 4,880 toises de long sur 5 de large, terminé aussi par un phare, et construit pour rendre plus sûre la baie, qui est exposée, l'hiver, aux vents d'E. et du N.-E. Le Liffey sépare la ville en deux parties, qui s'étendent de trois quarts de lieues sur ses bords, en forme de carré. Elles communiquent entre elles par six ponts, dont un en fer, d'une seule arche, et deux de construction ancienne; les formes grossières de ceux-ci présentent un contraste frappant avec l'architecture élégante et moderne des autres. Le Liffey est bordé, dans toute la longueur de la ville, de quais très spacieux, où les vaisseaux sont chargés et déchargés devant les magasins des marchands. La ville, bâtie en briques, offre des rues anciennes et étroites; mais les nouvelles sont aussi élégantes que celles de Londres. Une d'entre elles est bordée, dans toute sa longueur, de promenades bien sablées. On y remarque les deux cathédrales, Saint-Patrick et Christ-Church, de nombreux établissements d'utilité publique, et l'Université, où l'on enseigne les belles-lettres, les langues anciennes et vivantes, et les sciences, avec une bibliothèque de 70,000 volumes. Ce bâtiment, noble et spacieux, consiste en deux carrés, et présente une face de 300 pieds sur 600 de profondeur. On a fondé, en 1712, une Société d'agriculture, des manufactures et des beaux-arts, à laquelle sont attachés une vaste bibliothèque, un cabinet de minéraux et de sculpture. Le château, autrefois forteresse, sert de résidence au gouvernement. On a fait depuis peu dans cette ville de grands embellissements. Il y a des places magnifiques, bâties tout à neuf; celle de Saint-Stephen est une des plus vastes de l'Europe. On admire la façade du collége de la Trinité, qui a 3,000 pieds de longueur, et est entièrement bâtie en pierre de Portland; la Douane, superbe édifice; le Phare, de forme circulaire, à neuf étages; le

Phœnix-Park ; le pont d'Essex, sur le Liffey; le Parliament-House, la Bourse royale, les quatre cours du Palais de justice, la Halle aux toiles, les casernes, qui passent pour les plus grandes de l'Europe; les théâtres, l'Hôtel de Ville, l'Hôpital royal de Kilmainham pour les invalides; les Colléges de médecine et de chirurgie, l'Académie des sciences, de la haute littérature et des antiquités; une colonne nouvellement élevée en l'honneur de Nelson. L'industrie de cette ville s'exerce principalement dans les manufactures de toiles, coton, soierie, lainage, amidon, tabac, les raffineries de sucre et les draperies. Cette capitale, entrepôt de l'Irlande, fait un commerce très considérable, qui occupe les trois cinquièmes de la population. En 1817, il rapporta à la douane 93,625,000 fr. Les autres ports de l'île n'avaient produit, la même année, qu'un total de 28,575,000 fr. Les principaux articles d'exportation sont les blés et les toiles. Beaucoup de maisons de plaisance rendent les environs de cette ville agréables; à un tiers de lieue est le Jardin botanique établi par la Société royale, où l'on cultive un grand nombre de plantes. On remarque une source thermale récemment découverte, au S.-O., et trois verreries. Dublin envoie trois membres au parlement, deux pour la ville et un pour l'Université. Elle a donné naissance à l'évêque Uperius ou Usher, Swift, Parnell, Stècle et Sheridan, Wellington, Canning, Thomas Moore et O'Connel. A 150 lieues N.-O. de Londres, et à 90 lieues S.-O. d'Édimbourg. Latitude N., 53° 21' 11"; longitude O., 8° 39' 0'. 227,335 habitants.

DUBOCAGE (GEORGES-BOISSAYE), ingénieur et professeur d'hydrographie au Havre, né en 1626, exécuta le canal qui va de cette ville à Harfleur, acheva le bassin du port, et publia quelques cartes marines et divers livres d'hydrographie. Il mourut en 1696. — DUBOCAGE (Georges-Boissaye), fils et successeur du précédent, fit, sur le flux et le reflux, des observations insérées dans les *Mémoires de l'Académie des sciences*, de 1710. Il mourut en 1717, âgé de cinquante-six ans.

DUBOCAGE DE BLEVILLE (MICHEL-JOSEPH), né au Havre en 1676, obtint le grade de lieutenant de frégate et une épée du roi. Chargé par le gouvernement d'une mission aux côtes du Pérou, il partit du Havre en octobre 1707, et ne revint qu'en 1716, après avoir fait le tour du monde. Il avait découvert plusieurs îlots et avait trafiqué avantageusement avec les pays qu'il avait abordés. Il mourut en 1728, sans laisser aucune relation de son voyage. — DUBOCAGE DE BLEVILLE (Michel-Joseph), négociant, fils du précédent, né au Havre en 1707, cultiva en même temps les lettres et les sciences, et envoya plusieurs mémoires aux Académies de Paris et de Rouen. Il mourut en 1756.

DUBOIS (JACQUES, del BOÉ ou SYLVIUS), savant médecin, né à Amiens, en 1478, fit des progrès remarquables dans la langue latine, apprit aussi le grec et l'hébreu, et s'appliqua ensuite à l'étude de la médecine. A peine eut-il achevé ses cours, qu'il commença à donner des leçons publiques sur les ouvrages d'Hippocrate et de Galien. Il donnait ses leçons au collége de Trégnier, en 1535, et en 1550 il devint professeur de médecine au collége royal; il occupa cette chaire avec distinction jusqu'à sa mort, arrivée le 13 janvier 1555. On a de lui plusieurs ouvrages de médecine dont on peut voir la liste dans Micéron et une grammaire latine et française peu estimée.

DUBOIS (ANDRÉ), prieur de l'abbaye de Marchiennes, près Douai, vivait au XIIe siècle. Il est auteur d'une histoire latine des rois de France de la première race, qui fut publiée par dom Raphaël de Beauchamp, Douai, 1633, avec des notes. André Dubois mourut en 1194. Il est cité dans la Bibliothèque de Belgique de Foppens sous le nom de Sylvius.

DUBOIS (JEAN), né à Arras, en 1543, seigneur de Sapigny, près Bapaume. Ce savant helléniste composa des notes sur le texte grec de saint Jean-Chrysostôme, qui furent imprimées à Anvers par Chrystophe Plantin. Il est auteur d'une œuvre qui a pour titre : *Cathemerinon ex precatoriis græcorum libellis congestum*. De plus, il fit imprimer à Arras, en 1608, l'anti-hérésie de Richard Bristow. Aucun document n'a été recueilli sur la vie privée de cet Artésien (*Manuscrit de l'académie d'Arras*).

DUBOIS (FRANÇOIS), plus connu sous le nom de Sylvius, naquit en 1581, à Braine-le-Comte, entre Bruxelles et Mons. Il enseigna d'abord à Louvain, puis à Douai, et devint, en 1618, supérieur du séminaire de Cambrai, et successivement chanoine de la collégiale de Saint-Amé, à Douai, doyen de ce chapitre et vice-chancelier de l'Université. Il mourut, selon Morery, le 22 février 1649. Les œuvres complètes de Sylvius furent imprimées à Anvers en 1698, en 6 vol. in-f°, et à Paris en 1724. On trouve dans ces éditions un grand nombre de décisions données par ce savant sur des difficultés pour lesquelles on l'avait consulté. On y ajouta aussi plusieurs traités particuliers qui n'avaient point jusqu'alors été imprimés. Sylvius est une autorité parmi les théologiens. On estime ses Commentaires sur la Génèse et sur la Somme de saint Thomas (Voy. Valère-André, dans sa Bibliothèque Belgique, et Le Mire, dans ses écrivains du XVIIe siècle).

DUBOIS (JEAN), docteur en médecine, naquit à Lille au commencement du XVIe siècle, occupa la place de principal du collége de Valenciennes, et peu de temps après fut nommé professeur de médecine à l'université de Douai en 1562. On a de lui quelques ouvrages, parmi lesquels nous remarquerons : *De lue venereâ declaratio; De curatione morbi articularis tractatus quatuor*, Anvers, 1557, in-8°, etc., etc.

DUBOIS (SIMÉON), en latin Bosius, né à Limoges au XVIe siècle, étudia le grec et le latin sous J. Dorat et la jurisprudence sous F. Duaren. On a de lui une édition estimée de *Ciceronis epistolæ ad T. Pomponium Atticum ex fide vetustissimorum codicum emendatæ, studio et operâ Simeonis Bosii, prætoris Lemovicensis curâ ejusdem animadversionibus*. Limoges, Barbou, 1580, in-8°, etc., etc. Il mourut en 1580, âgé de 45 ans.

DUBOIS (JEAN), né à Paris au milieu du XVIe siècle, se distingua dans l'ordre des Célestins par son savoir et son talent pour la chaire. Il obtint bientôt, par la protection du cardinal Olivier, le titre de prédicateur du roi et l'abbaye de Beaulieu, en Argonne. Pendant les guerres civiles il prit le parti des armes et s'y distingua. Henri III l'appelait *le général des moines*. Lorsque la paix fut rétablie il reprit le froc, comme on peut le voir dans sa *Bibliothèque de Fleury*, publiée en 1605, où il s'intitule *Celestinus Lugdunensis*. Après la mort de Henri III, il prêcha à Saint-Eustache contre les jésuites. Ces pères s'en plaignirent à la reine, qui crut le débarrasser de la poursuite de ses adversaires en l'envoyant à Rome, en 1611. A peine Dubois y fut-il arrivé que les sbires de l'inquisition l'arrêtèrent et l'enfermèrent au château Saint-Ange, sous prétexte qu'il avait quitté l'ordre sans rendre compte de sa gestion dans les emplois qu'il avait occupés. Toutes les démarches de ses amis furent inutiles; il y mourut le 28 août 1828, après 15 ans de détention. On a de lui : *Floria censis vetus bibliotheca benedictina*, Lyon, 1605, in-8°, etc.

DUBOIS (NOEL-PIGARD, surnommé), aventurier, naquit à Coulommiers au XVIIe siècle et professa la chirurgie en cette ville, qu'il quitta pour suivre au Levant un nommé Dufay. De retour à Paris après quatre ans d'absence, il entra chez les capucins de la rue Saint-Honoré, prit la fuite, et trois ans après rentra dans l'ordre Séraphique, prononça ses vœux et fut ordonné prêtre. Il prit alors le nom de père Simon. Il passa dix ans dans cet état, se sauva en Allemagne et embrassa la religion luthérienne. Il revint de nouveau à Paris, fit abjuration, se maria et se fit appeler *sieur de la Maillerie*. Les étonnants secrets dont il se disait possesseur lui procurèrent la connaissance de l'abbé Blondeau et du fameux père Joseph qui le présenta au cardinal de Richelieu comme un adepte pouvant être utile à l'Etat. Il prétendait avoir trouvé le moyen de faire de l'or et il fut convenu que Dubois ferait la grande œuvre en présence du roi, de la reine et de toute la cour. L'expérience se fait, se réitère et réussit. Le roi, dans son délire, l'embrasse, l'anoblit et le fait président des trésoreries de France. Le cardinal, dupe comme les autres, demande six cent mille livres par semaine. Dubois exige un délai, ne fait rien, en demande un autre au bout duquel il ne fait pas davantage. Les soupçons viennent, il est enfermé à la Bastille; une commission est nommée pour faire son procès. Il est condamné à mort pour crime de magie et mené au supplice le 25 juin 1637.

DUBOIS (JEAN), habile sculpteur, né à Dijon en 1626, était âgé de soixante ans, lorsqu'il se rendit à Paris pour exécuter le buste du chancelier Boucherat. Il mourut à Dijon le 29 novembre 1694. On lui doit plusieurs ouvrages. Les principaux sont : *Les statues de saint Etienne et de saint Médard, le tombeau en marbre de Pierre Odebert*, qu'on voyait au portail de la cathédrale de Dijon, etc., etc. C'est sur les dessins de Dubois qu'avait été élevé à Plombières, près de Dijon, un obélisque de cinquante pieds de hauteur à la gloire de Louis XIV.

DUBOIS (PHILIPPE-GOIBAUD), né à Poitiers en 1626, vint à Paris sans autre talent que celui de maître de danse. Il donna des leçons à *Louis-Joseph de Guise*, qui prit pour lui tant d'attachement qu'il ne voulut pas d'autre gouverneur. Dubois, à l'âge de trente ans, se mit à apprendre les éléments de la langue latine. Son élève mourut en 1671; il continua ses travaux, traduisit *Cicéron* et *saint Augustin* et fut reçu à l'Académie française le 13 novembre 1693. Il mourut le 1er juillet 1694. On attribue à Dubois les *Lettres de Cicéron à ses amis, traduites sur l'édition latine de Grævius, avec les notes et le texte à côté de la version.* Paris, 1704, 4 vol. in-12.

DUBOIS (**GIRARD**), né à Orléans en 1628, entra dans la congrégation de l'Oratoire, y professa la rhétorique et l'histoire, et fut chargé des conférences particulières sur l'histoire ecclésiastique, dans la maison Saint-Honoré. L'archevêque *Harlay de Chanvalon*, lui fit avoir une pension sur le clergé, et le P. Lecointe lui donna une preuve d'estime en lui léguant sa bibliothèque, qui devint une portion de celle de l'Oratoire. Dubois mourut le 15 juillet 1696. On lui doit *l'Histoire de l'Eglise de Paris*, qui finit à la huitième année du XIIe siècle.

DUBOIS DE LE BOE (**FRANÇOIS**), célèbre médecin, né à Hanau en 1614, fut reçu docteur à Bâle à l'âge de vingt-trois. Il parcourut l'Allemagne, la France, la Hollande, et s'arrêta à Leyde, puis à Amsterdam, où il pratiqua, pendant quinze ans, avec le plus grand succès. L'université de Leyde l'appela pour remplacer Albert-Kiper dans la chaire de médecin-pratique. Dubois, accablé par des études continuelles, mourut à Leyde en 1672, dans un âge peu avancé. On a de lui : *Disputationum medicarum decas, primarias corporis humani functiones naturales ex anatomicis, practicis et chimicis experimentis deductas complectens*; Amsterdam 1663, in-12; *de Affectûs epidemici* 1669 *Leydensem civitatem depopulantis, causis naturalibus, oratio*; Leyde 1672, in-12.

DUBOIS (**PHILIPPE**), naquit à Chouain, dans le diocèse de Caen, vers l'an 1636. Il fut reçu docteur de Sorbonne, devint par la suite bibliothécaire de l'archevêque de Rheims (Letellier), et obtint un canonicat à Saint-Etienne-des-Grez, où il se retira. Il y mourut le 17 février 1703. On lui doit une édition de Catulle, Tibulle et Properce, et un catalogue de la bibliothèque confiée à ses soins. — Un autre Philippe **DUBOIS**, né à Coulommiers, était professeur de grec au collége de France, dès 1647. Il mourut en 1675. On a de lui deux pièces en vers grecs qui se trouvent dans les œuvres de *Siméon de Muis*, publiées sous le titre de *Simeonis Marotte vulgò de Muis opera omnia*, 1650, in-fol.

DUBOIS DE RIAUCOURT (**NICOLAS**), conseiller d'Etat du duc de Lorraine, et intendant de ses armées, fut envoyé en Espagne en 1655, avec le marquis du Châtelet, pour solliciter la liberté du duc Charles IV. (*V.* **CHARLES IV.**) Dubois a publié l'*Histoire de l'emprisonnement de Charles IV, duc de Lorraine*; Cologne, 1688; in-12, etc.

DUBOIS (**GUILLAUME**), abbé, puis cardinal, naquit le 6 septembre 1656, à Brives-la-Gaillarde, en Limousin. Arrivé à Paris à l'âge de douze ans, il fit ses études au collége de Saint-Michel, et remplissait, près du principal, les fonctions de domestique. Il entra comme précepteur chez le marquis de Pluvant, qui lui procura la connaissance de M. de Saint-Laurent, sous-gouverneur du duc de Chartres. A la mort de M. de Saint-Laurent, il obtint la place de précepteur du duc, grâce à la protection du chevalier de Lorraine et du marquis d'Effiat. Peu de temps après, Louis XIV lui donna l'abbaye de Saint-Juste, en Picardie. Le duc d'Orléans étant devenu régent, le protégea, au point qu'il devint archevêque de Cambrai, puis cardinal, et enfin principal ministre en 1722. Il mourut l'année suivante âgé de soixante-six ans. On sait à quel point ses mœurs étaient dissolues et son caractère méprisable; il ne manquait point cependant d'une certaine habileté dans les affaires; ce qu'il prouva surtout par la négociation de la triple alliance de 1717, entre la France, l'Angleterre et la Hollande. Il avait été reçu à l'Académie française, et il était membre honoraire de l'Académie des sciences et de celle des inscriptions et belles-lettres. Il fut lié avec plusieurs écrivains distingués, et notamment avec Fontenelle. Le cardinal Dubois fut enterré dans l'église Saint-Honoré, à Paris, où l'on voyait son mausolée, qui est un des bons ouvrages de Coustou.

DUBOIS, voyageur français, parti de Port-Louis le 13 avril 1669, arriva à Madagascar le 2 octobre après avoir touché à Rufisque, sur la côte d'Afrique, et à l'île de Bourbon. Il devint le secrétaire de Chamargout au mois d'avril 1671. Il partit le 4 septembre 1672 pour retourner en France; sa santé ne lui permettant pas de demeurer dans ces climats, il débarqua à la Rochelle le 20 janvier 1673. On a de lui les *Voyages faits par le sieur D. B. aux îles Dauphines, ou Madagascar, et Bourbon ou Mascarenne, ès années 1669, 70, 71, 72, dans laquelle il est curieusement traité du Cap-Vert, de la ville de Surate, des îles de Sainte-Hélène et de l'Ascension, ensemble les mœurs, religions, forces, gouvernement et coutumes des habitants desdites îles, avec l'histoire naturelle du pays*, Paris, 1674, in-12. — **DUBOIS** (**J. P, J.**), est connu par plusieurs ouvrages estimables; le plus connu est : *Vies des gouverneurs généraux (hollandais) des Indes orientales, avec l'abrégé de l'histoire des établissements hollandais*; la Haie, 1763, in-4°. Dubois avait été secrétaire privé de l'ambassade du roi de Pologne en Hollande. On ignore l'époque de sa mort.

DUBOIS DE CRANCÉ (**EDMOND-LOUIS-ALEXIS**), né à Charleville en 1747, se jeta dans le parti révolutionnaire par calcul et par vengeance contre la noblesse, dont il croyait avoir à se plaindre. Il entra dans les mousquetaires à l'aide de titres qui furent par la suite jugés insuffisants, se retira, et obtint cependant une place de lieutenant des maréchaux de France. Il en remplissait les fonctions lors de la convocation des états-généraux de 1789, où il fut député par le tiers-état du bailliage de Vitri. Dubois se lança parmi les plus ardents révolutionnaires, qu'on appelait le parti du Palais-Royal. Mais, malgré toutes les peines qu'il prit pour se faire une réputation, il n'en obtint qu'une très médiocre. Après la cession il fut fait maréchal-de-camp, et refusa de servir sous le général Lafayette, dont il était jaloux. Il entra dans la garde nationale parisienne en qualité d'officier, pendant l'année 1792. Appelé à la Convention par le département des Ardennes, il se rangea du parti de Danton, fut nommé commissaire dans les départements, et chargé d'aller examiner la conduite du général Montesquiou, qu'il fit destituer, et contre lequel il réclama un décret d'accusation. Il vota pour la mort du roi, et se prononça contre l'appel au peuple. Bientôt après il fut nommé président de l'assemblée et membre du comité de salut public. On l'envoya ensuite pour comprimer l'insurrection de la ville de Lyon; mais, n'ayant rien pu obtenir des habitants de cette ville, il résolut d'en faire le siége. Il fit venir le général Kellerman, qui commandait une armée en Savoie; mais cet officier ayant prétexté que sa présence était indispensable pour repousser l'ennemi, Dubois fut obligé d'agir avec les troupes qui lui restaient. Il réduisit en cendres la plus grande partie de cette belle cité. C'est cependant pour sa conduite dans cette occasion qu'il fut, plus tard, accusé de modérantisme. Le Directoire, dont il avait défendu la cause, le nomma inspecteur général de la guerre peu de temps avant le 18 brumaire. Il avait pris parti contre Buonaparte, et formé un complot pour le perdre. Cela ne l'empêcha pas de se présenter pour prendre ses ordres. Le nouveau consul se contenta de lui répondre : *Je croyais que vous m'apportiez votre portefeuille*, et il le renvoya. Dubois de Crancé écrivit aussi dans les journaux, et fut rédacteur de celui qui portait pour titre : *l'Ami des lois*. Après la révolution du 18 brumaire, il retourna dans ses propriétés, en Champagne, et mourut à Rhétel le 29 juin 1814. On a de lui quelques brochures : les plus remarquables sont : *Observations sur la constitution militaire, ou bases de travail proposées au comité militaire*, 1789, in-8°. — *Examen du mémoire du premier ministre des finances, lu à l'assemblée nationale le 6 mars 1790*, in-8°.

DUBOIS (**JEAN-BAPTISTE**), naquit à Jancigny, en Bourgogne, le 22 mai 1753. Il acheva ses études à Paris, et publia presque immédiatement son *Tableau des progrès de la physique, de l'histoire naturelle et des arts*. 1771, in-8°. Il professa, à Varsovie, le droit public, dans l'École royale des Cadets. Stanislas-Auguste le fit conseiller de sa cour et bibliothécaire de l'École militaire. Dubois publia son *Essai sur l'Histoire littéraire de Pologne*. Berlin, 1778, in-8°; et, la même année, une *Réponse aux critiques de cet ouvrage*, in-8°. Il fut admis à l'Académie de Berlin, à celle de Florence, et fut membre de vingt autres sociétés savantes ou économiques. De retour à Paris, il se chargea de la rédaction du *Journal de littérature, des sciences et des arts*. Malesherbes lui confia l'éducation de Lepeltier de Rosambo, son petit-fils. Il fut appelé, par le comité de salut public de la Convention nationale, à la commission d'agriculture, avant qu'on eût mis à exécution le mandat d'arrêt décerné contre lui par le comité de sûreté générale. Bientôt arrêté et jeté dans les prisons, il obtint pourtant sa liberté. Il fut alors nommé agent de la commission d'agriculture, plus tard chef de division au ministère de l'intérieur, et enfin directeur des droits réunis du département de l'Allier. Il mourut à Moulins en 1808.

DUBOIS (**LE CHEVALIER**), commandant du guet en 1787, fut chargé de dissiper les attroupements qui se formaient dans les différentes parties de la capitale. L'archevêque de Brienne, principal ministre, venait d'être congédié. Le 28 août 1787, jour où son renvoi fut connu, les jeunes gens qui suivaient le barreau traînèrent son effigie dans la boue et en firent ensuite un autodafé. Le chevalier Dubois voulut s'opposer à ce scandale et ordonna de faire feu; il y eut près de deux cents personnes de tuées et un grand nombre de blessées. Le parlement reprocha ce désastre à Dubois; mais il exhiba les ordres supérieurs qu'il avait reçus et l'affaire ne fut pas suivie. Mais, dès les premières insurrections de 1789, on voulut incendier sa maison. Il passa à l'étranger, fit la guerre dans l'armée du prince de Condé, et mourut à Londres en 1803.

DUBOIS (**JEAN-BAPTISTE**), médecin, né à Saint-Lô, à la fin du XVIIe siècle, fit ses études au collége d'Harcourt, à Paris. Parmi les thèses que Dubois soutint, il y en avait une entièrement consacrée à des matières chirurgicales; ce fut le premier exemple de ce genre parmi les médecins de Paris. Il fut nommé premier médecin de la princesse douairière de Conti. Successivement professeur de chirurgie latine et de chirurgie française aux écoles, il obtint une chaire de professeur au Collége royal de France. Il se retira à Saint-Lô en 1744, et y mourut en 1759. L'ouvrage le plus important de ce médecin est un manuscrit où sont renfermées ses leçons au Collége royal. On a de lui deux thèses imprimées. — DUBOIS (Godefroi), médecin zélandais, pratiquait à Harlem, et professa la philosophie, en 1729, à l'Université de Francker; il y fut nommé professeur de médecine et d'anatomie en 1738, et de botanique en 1744. Il a publié quelques discours, *De utilitate et necessitate matheseos in physicis*, etc. Il mourut le 18janvier 1747.

DUBOISA D'ANNEMETS (**DANIEL**), gentilhomme normand, devint premier maréchal-des-logis du duc d'Orléans. Il fut disgracié pour s'être rendu, sans son ordre, au siége de la Rochelle. Il passa en Italie, s'arrêta à Venise, et fut tué en duel par un nommé Ruvigny. On a de lui les *Mémoires d'un favori de Son Altesse royale M. le duc d'Orléans*, 1667, in-12, etc., etc.

DUBOISIA MYOPORE (*bot.*). *Duboisia myoporoides*, arbrisseau de la Nouvelle-Hollande, formant un genre de la famille des *solanées*. Ses rameaux sont garnis de feuilles alternes, simples, entières; les fleurs disposées en panicules axillaires, accompagnées de bractées caduques; le calice court, à deux lèvres; la corolle campanulée, son limbe partagé en cinq lobes presque égaux; les étamines insérées au fond de la corolle; le stigmate en tête, échancré; une baie biloculaire, contenant plusieurs semences noires. J. P.

DUBOS (**JEAN-BAPTISTE**), né à Beauvais, en 1670, fit ses premières études dans sa patrie, et vint les achever à Paris. Après avoir été reçu bachelier de Sorbonne, en 1691, il entra dans le bureau des affaires étrangères sous Torcy. Ce ministre, juste appréciateur du mérite, reconnut et employa celui de l'abbé Dubos. Il fut chargé d'affaires importantes dans différentes cours de l'Europe, en Allemagne, en Italie, en Angleterre, en Hollande, et il s'en acquitta en homme consommé dans les négociations. On sait la part qu'il eut aux traités conclus à Utrecht, à Bade et à Rastadt. Ses travaux furent récompensés par des bénéfices et des pensions, et enfin par l'abbaye de Notre-Dame-de-Ressons, près de sa patrie. Il mourut subitement à Paris, en 1742, secrétaire perpétuel de l'Académie française. Ses ouvrages sont une preuve de la variété et de l'étendue de ses connaissances. Les principaux sont: 1° *Réflexions sur la poésie, la peinture, la musique*, etc., 1719, in-12, 2 vol.; 1755, 3 vol., petit in-4°, et 3 vol. in-12. C'est un des livres les plus utiles en ce genre qu'on ait jamais écrits sur ces matières chez aucune des nations de l'Europe. Ce qui fait la bonté de cet ouvrage, dit l'auteur de *Siècle de Louis XIV*, c'est qu'il n'y a que peu d'erreurs, et beaucoup de réflexions vraies, nouvelles et profondes. Il manque cependant d'ordre et surtout de précision; mais l'écrivain pense et fait penser. Il ne savait pourtant pas la musique, il n'avait jamais pu faire des vers et n'avait pas un tableau; mais il avait beaucoup lu, vu, entendu et réfléchi. La littérature ancienne lui était aussi connue que la moderne, et les langues savantes et étrangères autant que la sienne propre. 2° L'*Histoire des quatre Gordiens, prouvée et illustrée par les médailles*, Paris, 1695, in-12. On n'en admet ordinairement que trois; l'auteur soutient avec beaucoup de modestie qu'il y en a quatre. Son sentiment ne paraît pas avoir été adopté. 3° *Histoire critique de l'établissement de la monarchie française dans les Gaules*, 1733, 3 vol. in-4°, réimprimés en 1743, avec des augmentations et des corrections, en 2 vol, in-4° et 4 vol. in-12. L'opinion de l'abbé Dubos est que les peuples des Gaules *ont appelé* les Francs pour les gouverner. Il fait de Clovis un politique plutôt qu'un conquérant; et, suivant de meilleurs écrivains, ce prince était encore plus conquérant que politique. Il faut avouer cependant, avec le président Hénault, que l'on trouve dans cet ouvrage des éclaircissements satisfaisants sur plusieurs points obscurs, touchant l'origine de la nation française. 4° *Histoire de la ligue de Cambrai*, faite en 1708, contre la république de Venise, dont les meilleures éditions sont de 1728 et de 1785, 2 vol. in-12, ouvrage profond et d'une politique intéressante. Elle fait connaître les usages et les mœurs du temps, dit un écrivain, et est un modèle en ce genre. 5° *Les intérêts de l'Angleterre mal entendus dans la guerre présente.* Amsterdam, 1794, in-12, livre qui, suivant l'abbé Lenglet, fut fort goûté en France, mais qui ne fit pas beaucoup d'impression sur les Anglais.

DUBOS (**MARIE-JEANNE RENARD**), graveur, née à Paris vers 1700, grava plusieurs sujets dans l'ouvrage intitulé: *Versailles immortalisé*, qui parut en 1720, 2 vol. in-4°.

DUBOS (**CHARLES-FRANÇOIS**), né à Saint-Flour en 1661, termina ses études à Paris, et prit ensuite ses degrés en sorbonne. L'évêque de Luçon le nomma grand-vicaire et grand-archidiacre. Il fut élu doyen à Luçon où il mourut le 3 octobre 1724 à 73 ans. On lui doit la continuation du recueil des *Conférences de Luçon* et un *Abrégé de la vie de M. de Barillan, évêque de Luçon*. Delft (Rouen), 1700, in-12.

DUBOSC-MONTANDRÉ, né au commencement du XVIIe siècle, se fit connaître par des libelles où le prince de Condé était insulté avec une effronterie incroyable. Le prince le fit châtier par ses domestiques. Montandré jura de se venger, on l'appaisa par quelques présents. Dès ce moment il devint admirateur zélé du prince et le suivit en Flandre en 1653. Au commencement de la guerre, en 1667, ses satires lui valurent deux ans d'emprisonnement à la Bastille. Il publia vingt-huit écrits, pendant les troubles de la Fronde. On a de lui: *La vie de saint Lambert, évêque de Liége, ou le courtisan chrétien, immolé en victime d'Etat à la passion de la cour*, Liége, 1657, in-4°. Il mourut en 1690, âgé de plus de 80 ans.

DUBOURDIEU (**JEAN-ARMAND**), né à Montpellier en 1652, était pasteur de la religion réformée, et exerçait son ministère en Languedoc. Il s'attacha au duc de Schomberg, le suivit dans ses campagnes d'Italie et se retira à Londres, après la mort de son protecteur. Il fut nommé pasteur de l'église de Savoie. Bossuet lui adressa une *Lettre sur le culte que l'Eglise catholique rend à la sainte Vierge*, et Dubourdieu la fit réimprimer, avec la réponse et un sermon sur le même sujet, en 1682. On a encore de lui d'autres écrits de controverse et des discours imprimés. Il mourut à Londres en 1720, âgé de 72 ans.

DUBOURG (**ANNE**). Voy. BOURG (DU).

DUBOURY (**LOUIS-FABRICE**), peintre et graveur, né à Amsterdam en 1691, peignit des sujets galants et des plafonds. Ses gravures sont dans le goût de Bernard Picart. Elles consistent en jolies vignettes pleines de grâce et de goût.

DUBOURG (**LOUIS-GUILLAUME-VALENTIN**), archevêque de Besançon, naquit le 10 février 1766 à Saint-Domingue, où des intérêts de commerce avaient fixé son père qui était français. Celui-ci s'étant vu obligé, en 1768, d'abandonner cette île, envoya une partie de sa famille à Bordeaux, sa ville natale, et Louis-Guillaume avait deux ans lorsqu'il y arriva. Sa première éducation fut confiée à un prêtre distingué par sa piété, qui le forma de bonne heure aux habitudes de la vie apostolique; à peine âgé de seize ans, le jeune Dubourg s'exerçait déjà à la prédication, en instruisant les pauvres et les ignorants. Après avoir terminé ses humanités, il alla faire ses études ecclésiastiques à Paris, au petit séminaire de Saint-Sulpice, dirigé par M. Nagot, qui le prit en affection, à cause de ses succès et de sa piété exemplaire, et le chargea de la direction d'un établissement qu'on venait de former à Issy, pour servir de succursale au séminaire Cet établissement, destiné pour de jeunes enfants, dura peu, et les élèves en furent dispersés à l'époque du 10 août 1792. M. Dubourg, obligé de fuir, ne put suivre son cours de licence comme il se l'était proposé, et se retira à Bordeaux, dans le sein de sa famille. Le danger continuel qui menaçait sa vie le détermina à passer en Espagne, où il resta dix-huit mois. De là il se rendit en Amérique. Son goût le portait alors à se livrer à l'enseignement, et il voulut former un collége à Baltimore; mais cet essai ne réussit point. M. Dubourg, qui n'avait point trouvé occasion de se faire connaître, n'était pas encore attaché à la congrégation de Saint-Sulpice. Les jésuites l'ayant prié de les aider de son concours dans le collége qu'ils venaient d'établir à George-Town, il resta seulement un an avec eux, et entreprit ensuite d'en aller former un autre à la Havane. Il fut accompagné dans ce voyage par M. Flaget, depuis évêque de Kentuckey. Les débuts furent assez heureux, mais des contradictions qui tenaient à des jalousies de localité, contraignirent bientôt les ecclesiastiques de renoncer à leur entreprise, et ils retournèrent à Baltimore. L'auteur d'une notice qui parut sur M. Dubourg, après sa mort, à Besançon, avance à tort qu'*il créa le fameux collége de New-York*, erreur qui a été répétée ailleurs; M. Dubourg n'a jamais créé ni dirigé de collége dans cette ville. De retour à Baltimore, il retrouva dans cette ville M. Nagot, qui le mit à la tête du collége que l'on formait à Baltimore, et il conserva pendant plusieurs années la direction de cette maison. De jeunes Espagnols qu'il avait amenés de la Havane servirent de noyau à l'établissement. En même temps M. Dubourg rendit des services dans l'exercice du ministère. Il avait ouvert un catéchisme pour les nègres et les négresses qui manquaient en général d'instruction, et son zèle fut couronné d'un succès consolant, dû principalement à sa douceur, à son activité, à son éloquence. Après la cession de la Louisiane aux Etats-Unis, en 1803, l'évêque espagnol s'était retiré, et M. Carrol, évêque de Baltimore, avait été nommé par le Saint-Siége administrateur du diocèse de la Nouvelle-Orléans. M. Carrol, ne pouvant à une aussi grande distance veiller aux intérêts de la religion, proposa à M. Dubourg de le remplacer, et celui-ci se rendit en effet dans la Louisiane. Mais sa mission y rencontrait de grands obstacles. Un prêtre espagnol refusait de reconnaître sa juridiction; M. Dubourg crut devoir informer le souverain pontife, Pie VII, de l'état des choses; il vint en Europe en 1815, et ce fut à cette époque qu'il eut occasion pour la première fois de connaître à Rome le prince de Rohan, qui n'était pas encore ecclésiastique, et qu'il devait un jour remplacer sur le siége archiépiscopal de Besançon. Nommé évêque de la Louisiane le 18 septembre de la même année, et sacré le 24 du même mois, dans la capitale du monde chrétien, il obtint, attendu le schisme qui régnait à la Nouvelle-Orléans, de fixer sa résidence à Saint-Louis, ville située tout-à-fait au nord de son diocèse, et il y demeura en effet dans les premières années de son épiscopat. Des désagréments qui lui furent suscités l'engagèrent dans la suite à retourner à la Nouvelle-Orléans, où ses efforts parvinrent à éteindre le schisme. Les travaux auxquels il continuait de se dévouer attestent l'ardeur et la persévérance de son zèle. Il commença plusieurs établissements pour le bien du diocèse, et s'il ne lui fut pas donné de les conduire tous à fin, on n'en doit pas moins des éloges à l'esprit qui le dirigeait. C'est lui qui y a organisé des paroisses, qui y a appelé les Jésuites, les Lazaristes, les Ursulines, les dames du Sacré-Cœur, les Lorettaines, etc.; c'est à lui qu'est dû l'établissement du séminaire des Barrens, et par conséquent l'espérance de voir le clergé se recruter parmi les indigènes, et le ministère pastoral se perpétuer dans le pays. Avant lui, il n'y avait pas de collége dans le Missouri; il y en a maintenant deux où la jeunesse peut aller puiser, avec l'instruction, une éducation solide et chrétienne. Les sauvages chérissaient M. Dubourg, et ne l'appelaient que *le grand-père des Blancs*. Un intrigant, nommé Inglesi, qu'il avait ordonné prêtre, et qui depuis a fait une fin malheureuse, abusa indignement de sa confiance. Ce misérable ayant été envoyé en Europe pour recueillir des dons se les appropria. Cette circonstance causa beaucoup de chagrins à l'évêque de la Louisiane, qui comptait sur les ressources qu'Inglesi devait lui procurer, et peut-être cette affaire contribua-t-elle à lui faire désirer de quitter son diocèse. En 1826, il donna sa démission et retourna en France, laissant trois diocèses formés par ses soins et gouvernés chacun par un digne évêque animé du même zèle que lui. L'un de ses premiers soins à son arrivée en Europe fut d'intéresser les âmes pieuses au succès de la mission de la Louisiane. On lit dans le t. 48 de l'*Ami de la religion*, n° 1217, une lettre qu'il adressait à ce sujet au rédacteur de cet estimable recueil. M. Dubourg se rendit à Paris avec le projet de finir sa vie dans une sainte retraite. Mais Mgr. Frayssinous, qui savait tous les servicee qu'il pouvait encore rendre à l'Eglise, le décida à accepter l'és vêché de Montauban. Il en occupait le siége, lorsque les Osages, qui vinrent en France, voulurent aller le voir dans cette ville. Le prélat, dans l'intention de s'assurer s'ils l'avaient vu réellement en Amérique, les fit recevoir par un de ses prêtres, qui feignait d'être celui qu'ils demandaient. Mais les Osages donnèrent les signes de la plus vive douleur en ne reconnaissant pas *le grand père des blancs* qu'ils venaient chercher. Leur tristesse fit place à de grands transports de joie, dès qu'ils virent paraître M. Dubourg, et qu'ils reconnurent dans sa chambre le Christ en ivoire et plusieurs autres objets qu'il avait rapportés d'Amérique. De Montauban, M. Dubourg passa à l'archevêché de Besançon. Le mandement d'installation qu'il donna le 6 octobre 1833, à l'occasion de la prise de possession du siége de cette dernière ville, a été regardé comme un chef-d'œuvre en ce genre. On y trouve le langage de la piété la plus douce et la plus vraie, énoncé avec la noble simplicité des pères de l'Eglise, et sa belle âme s'y révélait toute entière. On ne lira pas sans doute sans attendrissement l'expression de ses regrets touchants pour les troupeaux dont il avait été le pasteur: « O Eglise de la Louisiane et de Montauban! Elle est dissoute cette sainte alliance, qui successivement identifia mon existence avec la vôtre! Mais les liens de la paternité ne se relâchent jamais; toujours il sera vrai que je fus votre époux et que vos enfants sont les miens; toujours donc votre prospérité et la leur seront l'objet de mes vœux les plus ardents, et pour mon cœur une source intarissable joie. Louisiane, Montauban, noms chéris, je ne vous sépare pas dans cette effusion, parce que vous ne fûtes jamais séparés dans ma tendresse En passant de l'une à l'autre, je sentis que rien n'était changé dans mes affections premières; seulement la sphère en était agrandie; et je compris comment un père peut encore retrouver toute la vivacité de l'amour pour les derniers rejetons de sa vieillesse, sans détriment de celui qu'il porte à ses premiers nés. C'est, mes frères, que le cœur de l'homme, créé à l'image de Dieu, participe en quelque sorte à son immensité, et acquiert une expansion proportionnée au nombre des objets sur lesquels il est appelé à exercer son activité. Telle la flamme, qui en est le symbole, redouble d'ardeur en se propageant. » Plus bas sa paternelle sollicitude adressait à la mère du Sauveur de tous les hommes cette éloquente invocation: « Ah! daignez vous souvenir qu'il est au milieu de nous un nombre de brebis que ce divin fils revendique comme siennes, quoiqu'elles n'appartiennent pas à cette bergerie; obtenez-leur le bonheur d'y rentrer, pour qu'il n'y ait bientôt plus qu'un bercail et qu'un pasteur. Abaissez vos regards sur un nombre plus grand encore d'enfants ingrats, qui ne le sont pour la plupart que par faiblesse et par découragement. Rappelez-leur les jours de leur innocence, réveillez dans leurs cœurs la confiance qu'ils vous doivent, faites-y renaître la douce espérance qui nous sauve. Cette jeunesse avide de dangereuses nouveautés, égarée par l'ardeur de l'âge, qui s'épuise en vains désirs, et qui, lancée sans boussole au milieu des écueils, est à chaque moment exposée à y périr, faites briller à ses yeux l'étoile lumineuse qui lui montre le port, où, après tant d'agitations, elle puisse enfin trouver le repos et le salut. Réchauffez, maintenez la piété dans les cœurs; mais dirigez-la pour en empêcher les écarts, plus funestes quelquefois que la tiédeur même. » M. Dubourg n'eut pas le temps d'accomplir dans son nouveau diocèse tous les projets d'établissements ou d'améliorations qu'il s'était proposé de réaliser avec le concours d'un clergé dont il avait apprécié déjà les lumières et le zèle. Il arriva malade à Besançon et il mourut, dans cette ville, de la mort des justes, le jeudi 12 décembre 1833, à l'âge de 68 ans. Cette même année avait vu descendre dans la tombe son illustre prédécesseur, le cardinal de Rohan, mort le 8 février. Le 28 janvier 1834 un service fut célébré pour le dernier archevêque dans l'église métropolitaine de Saint-Jean, et M. l'abbé Domet, chanoine et vicaire capitulaire y prononça son oraison funèbre. L'orateur avait pris pour texte ces paroles des Actes des Apôtres: *Pertransiit benefaciendo.* Voici comment il s'exprimait en rappelant la charité qui animait ce prélat: « Ce touchant éloge que l'apôtre saint Pierre faisait de la charité qui avait marqué tous les pas de Jésus-Christ pendant sa vie mortelle, ne pouvons-nous pas, avec une juste proportion, l'appliquer à ses fidèles serviteurs? Ne convient-il pas, en particulier, à l'illustre pontife, qui n'a paru parmi nous que pour nous faire sentir la grandeur ne notre perte? Tous ses pas, en effet, dans sa carrière apostolique, n'ont-ils pas été marqués par autant d'œuvres de charité? » Plusieurs notices ont été composées sur M. Dubourg. Nous citerons celle qui a paru à Besançon peu après la mort de l'archevêque: « Mais, dit l'*Ami de la religion*, elle n'est pas exempte d'une certaine exagération, que le sage prélat eût certainement désavouée... Il ne fit point six fois, comme on le dit, le voyage d'Amérique. Les Américains seraient fort étonnés d'apprendre que c'est à lui que les villes de Baltimore, de la Nouvelle-Orléans, de Saint-Louis et de Mobile, doivent leur prospérité; nous ne croyons même pas que M. Dubourg soit allé à Mobile, qui d'ailleurs est une ville très peu considérable. Enfin, ce n'est point M. Dubourg qui établit à Lyon l'Association pour la propagation de la foi; il n'était point en France à l'époque où l'association fut formée. Ce prélat a fait assez de choses honorables pour qu'il ne soit pas nécessaire de lui en attribuer auxquelles il n'a point eu de part. »

FR. PÉRENNÈS.

DUBOY DE LAVERNE (PHILIPPE DANIEL), né aux environs de Dijon en 1755, fut chargé par l'Académie des inscriptions de rédiger la table des tomes XXXIV à XLIII des Mémoires de cette société, formant le 44e volume de la collection. L'impression de cette table mit Duboy en relation avec le directeur de l'imprimerie royale du Louvre, Anisson-Duperron, qui lui accorda une confiance sans bornes. Bientôt directeur de cet établissement, il sut lui donner un grand degré de splendeur et le conserver dans les temps les plus difficiles. Il tira de la poussière la typographie orientale, et ce fut d'après les instructions qu'il envoya à Rome, que la magnifique collection de caractères exotiques de la congrégation *De propagandâ fide* fut conservée et réunie à celle de l'imprimerie du Louvre. On trouve dans le *Magasin encyclopédique* (8e année, tome IV, pages 183 et 192) une notice sur Duboy de Laverne, par M. Silvestre de Sacy. Duboy mourut le 13 novembre 1802.

DUBRAN (JEAN), historien, né à Pilsen, en Bohême, dans le XVIe siècle. Son nom était Skala; il prit celui de Dabrausky, parce qu'il descendait de cette ancienne famille de Moravie. L'évêque d'Olmutz le nomma son conseiller. Il se distingua par son courage en plusieurs occasions, surtout lorsqu'il conduisit les troupes de l'évêque Stanislas Theuson au secours de Vienne, assiégée par les Turcs. Il succéda à son protecteur, et fut nommé évêque d'Olmutz. Il fut président, en Silésie et en Bohême, de la chambre créée pour juger les rebelles de Smalcalde. Il mourut en 1553. On a de lui plusieurs ouvrages; le plus estimé est son Histoire de Bohême. *Historia regni Bohemiæ ab initio Bohemorum*, libri XXXIII, Gunther, 1552, in-fol.

DUBREUIL (PIERRE), Français d'origine et ministre protestant, propagea, avec l'indiscrétion d'un enthousiaste, sa nouvelle doctrine à Strasbourg et à Tournay. Les magistrats de cette ville le firent arrêter, mettre en prison, et le condamnèrent à être brûlé vif; ce qui eut lieu le 19 février 1563. — Un autre DUBREUIL (Pierre), bachelier de Sorbonne, a publié une *Histoire ample des peuples habitants des trois bourgs de Ricey* (en Bourgogne). Paris, 1654, in-12.

DUBREUIL (JACQUES), naquit à Paris le 17 septembre 1538, se fit religieux dans l'abbaye de Saint-Germain-des-Prés; fut nommé prieur, en 1572, à l'abbaye de Brantôme, en Périgord, et ensuite abbé de Saint-Allire de Clermont. Il mourut à Paris le 17 juillet 1614. On lui doit une édition *des OEuvres de Saint-Isidore de Séville*; Paris, 1601, in-fol. *Une édition de d'Aimoin*: Paris, 1603, in-fol., et plusieurs autres éditions et ouvrages estimés.

DUBREUIL (JEAN). jésuite, né à Paris en 1602, fut envoyé à Rome, et à son retour, nommé directeur du noviciat de Dijon. Il mourut en cette ville le 27 avril 1670. On a de lui plusieurs ouvrages, entre autres: *La perspective pratique, nécessaire à tous peintres, graveurs*, etc., etc., et *l'Art universel des fortifications*; Paris, 1665, in-4°.

DUBRIS (Douvres) (*géogr.*), ville de la Bretagne Ire, dans le continent, à l'E., entre Lemanis et Rutupies, sur le Fretum Gallicum.

DUBUISSON (PAUL-ULRIC), né à Laval en 1753, vint à Paris et embrassa avec ardeur la cause de la révolution. Il se prononça en Belgique contre le parti de Van der Noot; fut incarcéré. Mis en liberté en 1790, il revint à Paris, et fut envoyé, vers la fin de 1792, à l'armée du Nord, comme commissaire du pouvoir exécutif. Il fut dénoncé par Robespierre comme ayant voulu semer le désordre parmi les jacobins, qui l'exclurent de leur société. Traduit au tribunal révolutionnaire, comme complice d'Hébert, il fut condamné à mort, et conduit au supplice le 24 mars 1794. Dubuisson s'était adonné à la littérature. On a de lui plusieurs ouvrages, entre autres: *Le Vieux garçon*, comédie en cinq actes et en vers, 1784; *Albert et Emilie*, tragédie tirée du théâtre allemand, 1785, etc., etc.

DUBY (PIERRE-ANCHER-TOBIESEN), naquit à Housseau en 1721, fit ses études à Copenhague, entra dans un régiment suisse au service de France, et se trouva à la campagne de Fontenoy. Il fut nommé interprète à la bibliothèque du roi, et mourut le 19 octobre 1782. On a de lui: *Recueil général de pièces obsidionales et de nécessité, gravées d'après l'ordre chronologique des évènements*; Paris, 1786, in-f°, avec 31 planches. On lui doit encore le *Traité des monnaies des barons, pairs, évêques, abbés, villes et autres seigneurs de France*; Paris, 1790, 2 vol. grand in-4°, avec 122 planches, publié par son fils.

DUC (*dux*), titre qui, lors de la décadence de l'empire, se donnait au commandant militaire d'une grande province. Le premier qui porta le titre de duc fut le gouverneur de la Rhétique. Dans la suite, les autres commandants des diocèses principaux le prirent aussi; et on compte vingt-cinq ducs dans l'empire, treize en Orient, douze en Occident.

DUC, *bubo* (*ois.*), genre d'oiseaux de proie nocturnes, appartenant à la section des strigidés à disque incomplet, et à tête surmontée d'une huppe ou de plumes érectiles; leurs ouvertures auriculaires sont de grandeur moyenne, et leur bec est courbé dès sa base. Ce genre renferme trois espèces, qui sont: le *grand duc barré*, strix virginiana, Gmel., et *strix pinicola*, de Vieillot: de la Caroline et des Etats-Unis. — Le *duc sultan, rubo sultanus* Less., et le *grand duc d'Europe*, *strix rubo*. Cette dernière espèce, la plus connue, est la plus grande de tous les oiseaux nocturnes; son plumage, entièrement fauve, est tacheté d'innombrables raies longitudinales, brunes, et de plus petites transversales: il vit dans les forêts d'une grande partie de l'Europe et en Afrique. Cet oiseau est solitaire et par paires; il est d'un naturel très défiant, et se laisse difficilement approcher. Il se nourrit de mulots, de souris, de petits mammifères et aussi d'oiseaux et de reptiles. J. P.

Grand-duc.

DUC (*poiss.*), nom vulgaire d'un *holacanthe*. (*Voyez* ce mot.)

DUC-DUC (*bot.*), nom donné dans l'île de Baly au *caduc-duc* de Java. (*Voyez* ce mot.) J. P.

DUC (PHILIPPINE), jeune piémontaise, maîtresse de Henri II. En 1538 elle accoucha de Diane, légitimée de France, et se fit religieuse aussitôt après ses couches.

DUC (FRONTON du), en latin *Ducæus*, jésuite, né à Bordeaux, en 1558, professa la rhétorique et la théologie positive à Pont-à-Mousson, à Bordeaux, au collège de Clermont et à Paris, où il fut nommé bibliothécaire en 1604. Il prépara aussi des éditions des ouvrages des SS. Pères grecs, sur les manuscrits de la bibliothèque royale, et mourut à Paris le 25 septembre 1624. On lui doit, en outre, des éditions très estimées des *Ouvrages de saint Jean Chrysostôme, de saint Paulin, de saint Jean Damascène et de l'histoire ecclésiastique de Nicéphore Caliste, etc.*

DUCAL, ALE, adj., qui appartient, qui est propre à un duc, à une duchesse.

DUCANDA (CHARLES), né à Saint-Omer vers le milieu du XVIe siècle, religieux prémontré de l'abbaye de Dommartin, a publié: 1° une *Vie de Saint Thomas de Cantorbéry*, Saint-Omer, 1615 (1); 2° *Vies de saint Charles Borromée*, et de *sainte Françoise de Buxis*, traduites de l'italien, 1614 et 1617; ouvrage devenu très rare (Hist. de Saint-Omer, par J. Derheims).

(1) L'abbaye de Dommartin possédait le rochet que portait Thomas Becket au moment où il subit le martyre dans son église métropolitaine. Cet objet précieux fait maintenant partie du trésor de la cathédrale d'Arras.

DUCANGE (*V.* CANGE (DU)).

DUCANGE (VICTOR-HENRI-JOSEH-BRAHAM), né à la Haye en 1783. Envoyé dès ses premières années à Paris, où il fit ses études, suivit d'abord la carrière des emplois, et fut jeté, en 1814, dans celle des lettres par la perte de sa place. Il avait alors 31 ans; il est mort à 50, et, dans cet espace de 19 années, ce fécond écrivain a publié plus de 60 volumes de romans, et donné au théâtre une quarantaine d'ouvrages; entre autres : *Il y a seize ans*; *Trente ans ou la vie d'un joueur*, etc.

DUCAREL, (ANDRÉ-COLTÉE), savant antiquaire, né à Caen en Normandie, en 1713, et élevé en Angleterre à l'école d'Eton, fit un voyage en Normandie en 1757. Il se livra à des recherches dont il publia le résultat deux ans après, dans un ouvrage qui a été réimprimé in-folio en 1767, sous le titre d'*Antiquités anglo-normandes*. Il fut nommé en 1755 commissaire ou official de la juridiction privilégiée de l'église collégiale de Sainte-Catherine, bibliothécaire du palais de Lambeth en 1757, et, l'année suivante, commissaire et official de Cantorbéry. Il fut nommé membre de la société des antiquaires en 1737, et de la société royale en 1762. Il mourut en 1785, âgé de 72 ans. Outre l'ouvrage ci-dessus mentionné, on a de lui une série de plus de deux cent médailles anglo-galliques, ou normandes et aquiniques, des anciens rois d'Angleterre, représentées sur seize planches gravées et éclaircies dans douze lettres, 1757, in-4°, etc.

DUCART (ISAAC), né à Amsterdam en 1630, eut le mérite d'être, en Hollande, un excellent peintre de fleurs. Ses ouvrages sont encore aujourd'hui fort recherchés; il mourut à Amsterdam en 1694.

DUCAS, famille grecque, qui a fourni plusieurs empereurs à Constantinople, entre autres Alexis V (1204), surnommé Murzuphle (sourcils épais); Constantin XI (1058-1067); Jean III (1222-1255), et son fils Théodore Lascaris, et dont le dernier rejeton fut témoin de la triste catastrophe qui mit un terme à la durée de l'empire grec.

DUCAS (MICHEL), historien grec, était issu de l'illustre famille des Ducas qui avait donné plusieurs empereurs à Constantinople. Il était à Ephèse lorsque Mahomet II s'empara de la capitale de l'empire, et fut chargé de quelques négociations près de ce dernier, par le commandant de l'île de Lesbos, où il s'était réfugié. Ducas fut témoin de la chute de l'empire de Constantin, et on a de lui l'histoire de sa décadence; elle fait partie de la collection connue sous le nom de l'*Histoire bisantine*.

DUCASSE (FRANÇOIS), docteur en théologie et canoniste célèbre, né à Lectoure, fut grand-vicaire et official de Carcassonne, et passa dans le diocèse de Condom avec les mêmes titres. On a de lui deux traités, savoir : 1° *De la juridiction ecclésiastique contentieuse*, 1 vol. in-4°, Agen, 1695; 2° *De la juridiction volontaire*, 1 vol. in-4°, Agen 1697. Il mourut en 1706.

DUCASSE (JEAN-BAPTISTE). Célèbre marin français, né dans le Béarn, fut employé comme directeur dans la compagnie du Sénégal et envoyé à Saint-Domingue en cette qualité pour y établir un bureau pour la traite des noirs. Il fit plusieurs voyages qui eurent un plein succès, le dernier surtout qui contribua à le tirer de sa condition de capitaine-marchand. En revenant en France il attaqua une grosse flûte hollandaise, sauta lui vingtième à l'abordage, et s'en rendit maître. Louis XIV, instruit de cette aventure, le fit entrer dans le corps de la marine royale. Peu de temps après il parvint au grade de capitaine de vaisseau. Son audace était telle que les flibustiers le suivirent dans plusieurs entreprises contre les colonies hollandaises et à la côte d'Afrique. Nommé, en 1691, gouverneur de Saint-Domingue, il eut à repousser une attaque des Espagnols qui s'étaient avancés jusqu'à 15 lieues du Cap. Bientôt même il fit une descente à la Jamaïque et en remporta un butin considérable. Quelque temps après, les Espagnols et les Anglais vinrent l'attaquer avec des forces supérieures, il sut néanmoins conserver la colonie et mérita la croix de Saint-Louis. En 1700 il fut rappelé en Europe et envoyé en Espagne avec une mission. Il se signala de nouveau dans la guerre de la succession. A la tête de 4 vaisseaux il battit la flotte anglaise qui en comptait 7, au combat de Sainte-Marthe, qui dura 5 jours. Il fut nommé chef d'escadre, puis lieutenant-général des armées navales et continua à donner des preuves de bravoure et d'habileté. Il commandait en 1714 la flotte qui envahit Barcelonne, mais ses infirmités le forcèrent de quitter son commandement. Il mourut à Bourbon-l'Archambault en juillet 1715.

DUCAT, s. m. Pièce d'or dont la valeur diffère suivant les différents pays. Il y a aussi des ducats d'argent. Adjectiv., *or ducat*, l'or qui est au titre des ducats.

DUCATON, s. m. Espèce de monnaie d'argent.

DUCCINI (JOSEPH), professa la médecine à Pise au commencement du XVIIIe siècle. On a de lui un traité assez estimé: *De bagni di Lucca*, Lucques, 1711, in-8°.

DUCÉNAIRE (*duceni*, deux cents). Officier qui avait deux cents hommes sous son commandement.

DUCÉNAIRES. Employés qui, sous le gouvernement impérial, étaient préposés à la taxe d'un tribut nommé le deux-centième denier.

DUCENNIUS-GEMINUS (*hist.*). Consulaire qui eut l'intendance suprême de la levée des impôts sous Néron, et qui ensuite fut préfet de Rome.

DUCHAL (JACQUES), ecclésiastique irlandais non conformiste, né à Antrim, en 1697, exerça la prêtrise dans sa ville natale en 1730 et à Dublin en 1740. On lui doit un grand nombre de sermons et de discours qui ne manquent pas d'éloquence. Il mourut à Dublin en 1761.

DUCHANGE (GASPARD), graveur, né à Paris en 1662, fut élève de Jean Audran. Aussi est-il celui des graveurs qui a le mieux rendu les tableaux du Corrége. On en peut juger par ses estampes d'après ce maître, *Jupiter* et *Io*, sa *Léda* et sa *Danaé*. On lui doit encore *Les vendeurs chassés du Temple*, et *Le repas chez le Pharisien*, gravés d'après les tableaux de Jouvenet, beaucoup d'autres estampes d'après Véronèse, Bertin, Noël, Coypel, Lesueur et autres. Il fut nommé conseiller de l'Académie de peinture et mourut en 1756.

DUCHOSAL (MARIE-EMILIE-GUILLAUME), né à Paris le 18 août 1763, exerçait la profession d'avocat. Il fut chef de bureau dans le ministère de la police et membre de la Commission des émigrés. Il mourut le 6 novembre 1806. On a de lui les *Exilés du Parnasse*, poëme, 1782, in-8°. Il a travaillé au *Journal des Deux-Ponts*, avec Duport-Dutertre, en 1786; au *Journal des Théâtres*. Il a fait en outre plusieurs brochures sur la révolution.

DUCHAT (JACOB LE), savant philologue, né à Metz le 23 février 1658, exerça la profession d'avocat dans cette ville; mais étant protestant, la révocation de l'édit de Nantes le priva de son état. Il se rendit à Berlin en 1700 et fut nommé conseiller à la justice supérieure française de Prusse. Il mourut le 23 juillet 1735. Il était depuis 1715 membre de la Société royale de Berlin. On a de lui plusieurs ouvrages, entre autres: La *Satire Ménippée*, 1709, 3 vol. in-8°. *Les œuvres de Rabelais*, Amsterdam, 1711, 6 vol. in-8°, etc., etc.

DUCHAT (LOUIS-FRANÇOIS LE), poète latin et français, né à Troyes dans le XVIe siècle: On cite de lui un recueil de poésies françaises qui parut en 1561, in-4° *Lucrèce et Tarquin*, poème imité d'Ovide, et une idylle de Théocrite. — DUCHAT (YVES), de la même famille, publia une *Histoire de la guerre entreprise par les Français pour la conquête de la Terre-Sainte, sous Godefroy-de-Bouillon*, Paris, 1620, in-8°.

DUCHATEAU (AUGUSTE-RAPHAEL-PACIFIQUE), né à Merville en 1787, docteur de la faculté de Strasbourg, membre de l'Académie d'Arras et professeur à l'école de médecine de cette ville. Cet habile médecin acquit des titres à la reconnaissance publique par un zèle qui ne s'est jamais démenti et qui abrégea sa carrière. Il mourut en 1844. On lui doit : 1° des observations sur un cancer volumineux ;—sur une métastase dans l'œil. 2° Trois mémoires sur des monstruosités humaines. 3° Des notes sur l'emploi de la salicine dans certaines fièvres et sur le choléra. 4° Un mémoire sur l'influence de la lune sur la parturition. Le docteur Duchâteau était membre des sociétés médicales de Metz et de Douai (*Mémoires de l'Académie d'Arras*).

DUCHATEL (PIERRE), né sur la fin du XVe siècle, à Arc, en Barrois, fit de brillantes études, et s'appliqua particulièrement à la langue grecque. Attiré à Bâle par la grande réputation d'Érasme, il étonna celui-ci par ses connaissances et lui fut très utile pour les éditions grecques et latines dont il était occupé. C'est ainsi qu'il devint correcteur d'imprimerie, place fort honorable alors et qui ne se donnait qu'à des savants. Duchatel alla ensuite étudier le droit à Bourges, sous le célèbre Alciat. Très désireux de connaître l'Italie, il partit à la suite de Dainteville, évêque d'Auxerre, envoyé comme ambassadeur auprès du Saint-Siége. De là il se rendit à Venise, puis dans l'île de Chypre. Il visita ensuite l'Égypte, la Palestine, la Syrie et Constantinople. A son retour, le cardinal Dubelley le présenta à François Ier. Le roi se l'attacha pour s'entretenir avec lui pendant ses repas. Il gagna la faveur de ce monarque, et devint successivement évêque de Tulle, de Mâcon, d'Orléans et grand aumônier de France. Il mourut le 2 février 1552, d'une attaque d'apoplexie, dans la cathédrale d'Orléans, où il officiait. On n'a de Duchatel que le *Trépas, obsèques et enterrement de François Ier*. Galland a publié l'histoire de ce prélat.

DUCHATEL (GASPARD), cultivateur des environs de Thouars, dans le département des Deux-Sèvres, était député à la Convention en 1792. Lors du procès de Louis XVI, quoique atteint d'une maladie grave, il se fit transporter à l'assemblée et vota pour la peine la plus douce, sans se laisser intimider par les vociférations des tribunes. Cette conduite courageuse lui coûta la vie quelque temps après. Traduit devant le tribunal révolutionnaire, il fut condamné à mort le 31 octobre 1793 et exécuté à l'âge de 27 ans. Peu de temps avant sa mort il avait été nommé par l'assemblée commissaire près l'armée du Nord.

DU CHATELET (GABRIELLE-ÉMILIE LE TONNELIER DE BRETEUIL), naquit à Paris, en 1706. Son père, le baron de Breteuil, était introducteur des ambassadeurs; elle épousa fort jeune le marquis Du Chatelet-Lomont, lieutenant-général et officier de mérite. De bonne heure elle s'était adonnée à l'étude de l'anglais, de l'italien et du latin, et elle avait commencé une traduction de Virgile, dont on conserve quelques fragments manuscrits. L'étude des sciences la captiva ensuite, et elle parvint à acquérir des connaissances étendues en astronomie, en physique et en géométrie. Elle concourut, en 1738, pour le prix de l'Académie des sciences sur une question relative à la nature du feu. Deux ans après elle fit paraître ses *Institutions de physique*, auxquelles elle joignit une analyse de la philosophie de Leibnitz. Elle s'occupait en même temps d'un autre ouvrage qui devait ajouter à sa réputation parmi les savants : c'était la traduction du *Livre des principes de Newton*. Elle est encore auteur d'un *Traité sur le bonheur*, et on a publié d'elle plusieurs lettres au comte d'Argental. Elle mourut en couches, à Lunéville, en 1749, à l'âge de 43 ans. Madame Du Chatelet serait sans doute oubliée aujourd'hui si elle n'avait eu d'autre titre au souvenir de la postérité que son goût pour les travaux scientifiques. Ce sont les éloges de Voltaire, dont elle fut publiquement la maîtresse, qui ont assuré à son nom l'immortalité. Cet écrivain, qui, dans ses lettres, la désigne par le nom de *belle et bonne*, a composé en son honneur un grand nombre de pièces, où il lui attribue tous les dons et toutes les qualités. — Madame du Deffand l'a jugée avec moins d'indulgence : « Émilie, dit-elle, travaille avec tant de soin à paraître ce qu'elle n'est pas, qu'on ne sait plus ce qu'elle est en effet. Elle est née avec assez d'esprit; le désir de paraître en avoir d'avantage lui a fait préférer l'étude des sciences abstraites aux connaissances agréables. Elle croit, par cette singularité, parvenir à une plus grande réputation et à une supériorité décidée sur toutes les femmes. » Sans être aussi sévère que madame du Deffand, on peut penser que madame Du Chatelet ne fut pas exempte de sécheresse et même de pédantisme, et que la femme préférée par Voltaire devait avoir moins de sensibilité que d'esprit.

DUCHÉ, s. m., terre, seigneurie, principauté à laquelle le titre de duc est attaché. L'expression de *duché-pairie* est ordinairement employée comme substantif masculin; quelques-uns l'emploient comme substantif féminin. — *Duché femelle*, duché que les femmes peuvent posséder et qui se transmet par elles.

DUCHÉ DE VANCY (JOSEPH-FRANÇOIS), né à Paris le 29 octobre 1668, et mort en 1704, à l'âge de trente-sept ans. On a de lui des ballets, des tragédies saintes, *Jonathas*, *Débora*, *Absalon*, et autres pièces qu'il composa pour Saint-Cyr. Il était valet de chambre du roi, et membre de l'Académie des inscriptions. Il était très lié avec Rousseau, qui lui adressa quelques vers. Il possédait le talent de la déclamation.

DUCHEMIN (NICOLAS), né à Provins, vers le commencement du XVIe siècle, se distingua dans la gravure, la fonte des caractères et l'impression de la musique. Il mourut en 1565. On a de lui : *L'Art, science et pratique de la plaine musique, et de l'institution musicale; très utile, profitable et familière, nouvellement composée en français*, in-12, sans date.

DUCHESNE (LÉGER), philologue et humaniste, né à Paris, dans le XVIe siècle. Il expliquait Martial au collége de Bourgogne en 1556; en 1557 il professa les humanités au collége de Sainte-Barbe, et donna des leçons publiques sur les Institutes de Justinien. En 1558 il fut nommé professeur au collége royal. Duchesne fut l'un des apologistes de la Saint-Barthélemi. Il mourut en 1588. Goujet a publié une notice sur ce professeur, dans son *Histoire du Collége royal*.

DUCHESNE (SIMON), naquit à Dôle en Franche-Comté, vers le milieu du XVIe siècle, embrassa la réforme de Calvin, et se retira en Hollande. Il enseigna les mathématiques à Delft, et publia sa prétendue découverte de la quadrature du cercle, dans un ouvrage intitulé : *Quadrature du cercle*, ou *Manière de trouver un quarré égal au cercle donné*. Delft, 1584, in-4°. Il mourut vers 1600, dans un âge peu avancé.

DUCHESNE (JOSEPH), sieur de la Violette, né à l'Esture, dans la province d'Armagnac, vers 1554, habita l'Allemagne, et s'y appliqua à l'étude des sciences naturelles, et particulièrement à la chimie. Il se fit recevoir docteur en médecine à l'Université de Bâle, vers 1573, vint à Genève, y reçut la bourgeoisie; entra au conseil des Deux-Cents, et fut député auprès des États de Berne, pour leur demander des secours contre le duc de Savoie. Il vint à Paris en 1593, et fut nommé médecin ordinaire du roi Henri IV. Duchesne était protestant. Il mourut à Paris en 1609. Ses principaux ouvrages sont : *Ad Jacob Auberti* (V. JACQUES AUBERT), *de ortu et causis metallorum contra chymicam explicationem, brevis responsio*, etc. Lyon, 1575, in-8°; *Traité de la cure générale et particulière des arquebusades*, en latin. Lyon, 1576, in-8°. Les ouvrages de médecine de Duchesne ont été recueillis à Francfort en 1648, 3 vol. in-4°, sous le titre de *Quercetanus redivivus*.

DUCHESNE (CHARLES), médecin de Henri IV, a laissé des mémoires sur le règne de ce monarque, qui ont été imprimés à la suite du *Journal de l'Etoile*, dans l'édition donnée par Lenglet et Dufresnoy (t. IV, pag. 283-313).

DUCHESNE (ANDRÉ), naquit à l'île Bouchard, en Touraine, au mois de mai 1584, commença ses études à Loudun et vint les achever à Paris. Il devint successivement géographe et historiographe du roi. Il se maria en 1608, n'eut qu'un fils, et périt bien malheureusement, car il fut écrasé par une charette le 30 mai 1640; il était alors âgé de 54 ans. On a de lui de nombreux ouvrages et plus de cent volumes in-folio, tous écrits de sa main. Ils contiennent des recueils de pièces, des extraits de titres, des observations, remarques, généalogies, etc.

DUCHESNE (FRANÇOIS), fils du précédent, né à Paris en 1616, obtint le titre d'historiographe de France, et mourut en 1693. On lui doit deux éditions des *Antiquités des villes, châteaux et places remarquables de toute la France*; Paris, 1647, in-8°; et l'édition de l'*Histoire des papes*; Paris, 1653, 2 vol. in-fol., etc.

DUCHESNE (VINCENT), religieux bénédictin, né à Besançon dans le XVIIe siècle. Les arts mécaniques lui doivent plusieurs procédés ingénieux, un entre autres pour scier le marbre. Il fut admis à expliquer à Louis XV une méthode de son invention, au moyen de laquelle on pourrait apprendre à écrire dans trois heures. On a de lui des mémoires sur la Franche-Comté.

DUCHESNE (JEAN-BAPTISTE-PHLIPOTOT), jésuite, né à Chesne, dit le *Pouilleux*, en Champagne, professa plusieurs années les humanités et la rhétorique, et mourut à Dijon le 24 janvier 1555, à 63 ans. On a de lui : *Hispania partim suorum fide, partim Philippi virtute, ex clade suâ triumphans, oratio*; 1711, in-8°; *Le prédestinianisme, ou les hérésies sur la prédestination et la réprobation*; Paris, 1724, in-4°; *La science de la jeune noblesse*; Paris, 1729-30, 3 vol. in-12, etc., etc.

DUCHESNEA FRAISIER (*bot.*), *duchesnea fragiformis*, Smith. Cette plante a une grande affinité avec les potentilles par son calice et sa corolle; mais elle se rapproche des fraisiers par son fruit. Ses racines sont fibreuses, ses tiges rampantes, pileuses, filiformes; les feuilles radicales, assez nombreuses; celles des tiges solitaires longuement pétiolées, ternées, inégalement incisées, pileuses en dessous. Les fleurs jaunes assez semblables à celle du *potentilla reptans*, le calice pileux; le fruit d'un rouge foncé, inodore et insipide. Cette plante croît dans les Indes orientales sur les hautes montagnes.

DUCHESNIA (*bot.*), nouveau genre de plantes de la famille des synanthérées, dans laquelle M. Cassini le place auprès de l'*inula*, dont il diffère principalement par l'aigrette plumeuse. La *duchesnia crépue*, *D. crispa*, plante herbacée, annuelle, qui croît en Égypte dans les fentes des murailles. Ses tiges sont nombreuses, longues d'environ un pied et demi, couchées, diffuses, rameuses, cylindriques, couvertes d'un coton blanc; les feuilles sont alternes, sessiles, linéaires, colonneuses, à bords dentés, sinués, crépus; les calathides, composées de fleurs jaunes, sont solitaires au sommet de rameaux pédonculiformes, garnis de quelques bractées.

DUCHESNOIS (JOSÉPHINE-RAFIN), célèbre tragédienne, née en 1777 à Saint-Saulve, près de Valenciennes, fut élevée à Paris. A l'âge de huit ans, ayant assisté à une représentation de *Médée*, elle résolut de monter sur la scène, et s'y prépara dès ce moment en secret. Elle n'avait que treize ans quand elle joua sur le théâtre de Valenciennes le rôle de Palmyre, dans *Mahomet*. Legouvé lui donna des conseils, et, en 1800, elle débuta au

Théâtre-Français, avec le plus grand succès, par le rôle de Phèdre, et fit preuve d'un talent remarquable par le sentiment plus encore que par l'énergie. Elle quitta le théâtre en 1830, et mourut en 1835.

DUCHESSE, s. f. Il se dit de la femme d'un duc. On le dit également de celle qui a un duché, ou la même dignité que si elle était la femme d'un duc. — **DUCHESSE**, signifie en outre une espèce de lit de repos qui a un dossier.

DUCHESSE (*poiss.*), nom vulgaire d'une holacanthe, *holacanthus dux.* (V. HOLACANTHE.)

DUCHI (CÉSAR), né à Brescia, dans le XVIe siècle, exerçait la profession d'avocat. Il se livra à la poésie et passait pour un des principaux ornements de l'Académie des *Occulti*. — **DUCHI** (GRÉGOIRE), de Brescia, a publié un poème divisé par octaves, intitulé : *La Scaccheide*; Vicence, 1586 et 1607, in-4°. — **DUCHI** ou **DUCCI** (LAURENT), né à Pistoie, est auteur de plusieurs ouvrages estimés. *Trattato della nobiltà, dell' infamia e della precedenza*; Ferrare, 1603, in-4°; *De elocutione libri duo*; Ferrare, 1600, in-8°, etc., etc.

DUCHON (*conchyl.*), nom vulgaire donné par Adanson à une coquille que M. de Blainville regarde comme un jeune individu d'une espèce de cyprée. Ce n'est certainement pas le *buccinum subulatum* de Gmelin, qui est le faval d'Adanson.

DUCHOUL (GUILLAUME), célèbre antiquaire, né à Lyon, dans le XVIe siècle, fut nommé bailli des montagnes du Dauphiné. Il fit un voyage en Italie, se mit en relation avec les antiquaires les plus instruits, et publia un ouvrage intitulé : *Discours sur la castramétation et discipline militaire des anciens Romains*, Lyon, 1555, in-fol.; *Epître consolatrice à madame de Chevrière*; Lyon, 1555, in-4°.

DUCHOUL (JEAN), fils du précédent, se livra à l'étude de l'histoire naturelle. Il est auteur de plusieurs ouvrages, entre autres : *Varia quercûs historia accessit Pilati montis descriptio*; Lyon, 1555, in-8° de 120 pages, avec quelques figures en bois.

DUCIS (JEAN-FRANÇOIS), poète tragique français, naquit en 1733, à Versailles, d'une famille originaire de Savoie. Il fut attaché à Monsieur, depuis Louis XVIII, en qualité de secrétaire de ses commandements, et fidèle à l'attachement qu'il avait juré à ce prince, il refusa, en 1800, le titre de sénateur, avec les émoluments qui y sont attachés, quoiqu'il fut alors dans le besoin. Il refusa aussi la décoration de la Légion-d'Honneur, en disant : *J'ai refusé pis que cela.* Lorsque Bonaparte se fit donner le titre d'empereur, il quitta Paris et se fixa à Versailles. Il applaudit au retour des Bourbons; son entrevue avec Louis XVIII, dont il avait été secrétaire, entrevue dans laquelle ce prince lui cita quelques vers de son Œdipe, qu'il appliqua à la duchesse d'Angoulême, qu'il appela son Antigone, lui causa un moment de bonheur, dont il aimait à rappeler à ses amis les détails les plus minutieux. Il accepta cette fois la décoration de la Légion-d'Honneur. Après avoir joui, dans une vieillesse avancée, du libre exercice de toutes ses facultés physiques et morales, Ducis s'éteignit presque sans douleur, le 30 mars 1817, dans des sentiments religieux qu'il professait depuis longtemps. Ducis a donné successivement un grand nombre de tragédies dont les sujets sont tirés pour la plupart des théâtres anglais : *Ameline*, tragédie en cinq actes, qui n'a laissé d'autre souvenir que celui de sa chute; *Hamlet*, tragédie en cinq actes, imité de l'anglais, la Haye, 1770, in-8°: elle eut du succès; *Roméo et Juliette*, tragédie en cinq actes et en vers libres, imité aussi de l'anglais, 1772, nouvelle édition, 1778, in-8°. Malgré ses défauts, cette pièce est restée au théâtre. *OEdipe chez Admète*, 1780, in-8°, où il y a des scènes d'une grande beauté; *le roi Lear*, tragédie imitée de l'anglais, 1783, une des plus mauvaises pièces de l'auteur : *Macbeth*, tragédie aussi imitée de l'anglais, aussi faible que la précédente; *Othello*, ou le *Maure de Venise*, tragédie aussi imitée de Schakespeare, qui doit son succès au rôle principal, et qui est restée au théâtre; *Jean-Sans-Terre*, ou *la mort d'Arthur*, tragédie en trois actes et en vers, 1792, in-8°; *Abufar*, ou *la famille Arabe*, en cinq actes et en vers, 1794, in-8°, une de ses meilleures pièces. On y trouve, ainsi que dans toutes celles qui ont eu quelque succès, de beaux mouvements, des idées heureuses qui séduisent et empêchent de faire attention à la versification, qui n'y répond pas toujours. En général, Ducis est supérieur, par la vigueur et le pathétique, à la plupart des poëtes dramatiques de son temps. Ses œuvres ont été imprimées par Didot, 1810, 3 vol. in-8°, fig., et vol. in-18.

DUCK (*ois.*), nom générique des canards en anglais.

DUCK (ARTHUR), jurisconsulte anglais, né en 1580, fut successivement chancelier du diocèse de Bath et Wells, chancelier de Londres, et maître des requêtes, et en 1640 membre de la chambre des communes. Il mourut à Chiswick, près de Londres, en 1649. On a de lui : I. *Vita Henrici Chichele*; II. *De usu et authoritate juris civilis romanorum in dominiis principum christianorum*, Londres, 1653, in-8°.

DUCK (ETIENNE), poëte anglais, naquit dans le voisinage de Kew, vers le commencement du XVIII siècle. Il entra dans les ordres, fut nommé chapelain d'un régiment de dragons, puis ministre de Byfleet, dans le comté de Surrey. Au retour d'un voyage dans son pays natal, il se précipita dans la Tamise, du haut d'un pont, près de Reading, en 1736. Ses poésies se composent principalement de fables et de pièces fugitives.

DUCKET (JEAN), naquit en Angleterre, au comté d'Yorck, vers 1616. Amené fort jeune en France, il s'y forma à la science et à la piété dans le collége des Anglais, à Douai, où il demeura jusqu'en 1640. Devenu prêtre, il se rendit dans la communauté des ecclésiastiques du collége de Tournay, à Paris, et n'en sortit que pour retourner en Angleterre, dans le but de travailler à y propager, en qualité de missionnaire, la foi catholique. Ducket fut le premier de sa nation qu'on envoya de ce collége pour remplir une semblable mission. Saisi, en 1614, par la milice du parlement, au moment où il se disposait à conférer le baptême à deux enfants, selon le rit de l'Eglise catholique, on l'enferma dans une étroite prison. Dans l'interrogatoire qu'on lui fit subir, il avoua qu'il était prêtre de la communion romaine et missionnaire. Condamné à la peine de mort, il la subit le 7 octobre 1644. Les ambassadeurs catholiques et tous les étrangers de distinction qui assistèrent à son supplice, furent témoins de la foi vive qu'il fit paraître jusqu'au dernier soupir. On a de lui deux lettres de piété, écrites de Londres la veille de son martyre, l'une à l'évêque de Chalcédoine, l'autre au principal du collége de Tournay, à Paris. Clifford a composé la vie de Jean Ducket.

DUCLERQ (JACQUES), seigneur de Beauvoir, dans l'ancien Ternois, près de Saint-Pol; naquit en 1434, devint gentilhomme de la cour de Philippe-le-Bon, duc de Bourgogne, et conseiller de ce prince dans la châtellenie de Lille, Douai et Orchia. Il est auteur de mémoires qui ont pour titre : *Cy commenchent les faits advenus tant au royaume de Franche comme ailleurs, et par espécial ès pays de Philippe, duc de Bourgogne, commenchant en l'an de grâce et incarnation de Nostre Seigneur, 1448, et finant en 1466, que icelluy duc mourut.* Les comparaisons qui furent faites des récits de Duclercq avec ceux des historiens de son temps, déposent en faveur de sa véracité. On y remarque un ton de bonne foi et un air de franchise qui gagnent la confiance du lecteur. M. le baron de Reiffenberg publia, en 1823, l'œuvre de Jacques Duclercq, dans la collection des mémoires relatifs à l'histoire des Pays-Bas.

L'abbé P.

DUCLOS (CHARLES-SIMON), historiographe de France, membre de l'Académie des inscriptions et belles-lettres, et de l'Académie française, dont il devint le secrétaire perpétuel en 1755, était né à Dinant en 1704, et mourut à Paris le 26 mars 1772. Il a composé un grand nombre d'ouvrages, et le plus estimé est son *Histoire de Louis XI*. Ses *Considérations sur les mœurs* sont remplies d'idées neuves et d'aperçus ingénieux, mais le style est quelquefois obscur, à force de vouloir être concis. La Harpe a porté un jugement favorable sur cet ouvrage. Parmi les autres écrits de Duclos, nous citerons : le roman *d'Acajou et de Zirphile*; *la baronne de Luz*; les *Confessions du comte de ****; *les Mémoires secrets des règnes de Louis XIV et de Louis XV*, et des *Considérations sur l'Italie*. On cite de Duclos un grand nombre de mots heureux. D'Alembert disait de lui : « De tous les hommes que je connais, c'est celui qui a le » plus d'esprit dans un temps donné. »

DUCLOS (ANNE-MARIE-CHATEAUNEUF), connue sous le nom de), comédienne, née à Paris, en 1664, qui débuta sans succès à l'Opéra, joua avec succès sur la scène de la comédie française, et sut se faire aimer du public jusqu'à être applaudie pour des écarts tels que celui-ci : elle jouait dans la tragédie d'Inès, et quelques rires se firent entendre au moment où les enfants de la malheureuse Inès apparaissent tout-à-coup sur la scène : « Ris donc, sot de parterre, à l'endroit le plus touchant de la tragédie, s'écria mademoiselle Duclos. » Cette audacieuse apostrophe fut couverte d'applaudissements. Elle quitta le théâtre à l'âge de soixante-douze ans et mourut en 1748, à l'âge de quatre-vingt-trois ans.

DUCLOS (SAMUEL-COTREAU), né à Paris, médecin ordinaire du roi, fut nommé membre de l'Académie des sciences en 1666, et fut adjoint à Claude Bourdelin, pour l'examen de diverses eaux minérales de la France. Il a fait imprimer les ouvrages suivants : *Observations sur les eaux minérales de plusieurs provinces de France*, Paris, 1675, in-12. *Dissertation sur les principes des mixtes naturels*, Amsterdam, 1680, in-12. Duclos mourut en 1685, il était protestant mais il se convertit à la foi catholique.

DUCLOS-DUFRESNOY (CHARLES-NICOLAS), député suppléant de la ville de Paris, aux État-Généraux de 1789, naquit à Moncornet en 1734, et se distingua dans l'état de notaire qu'il avait embrassé. Il fit prêter six millions au roi par la compagnie des notaires, dont il était syndic gérant. Bientôt après il discuta la grande question de la représentation nationale dans un écrit intitulé : *Jugement impartial sur les questions principales qui intéressent le Tiers-Etat*, in-4; il proposait de laisser le clergé, la noblesse et le tiers-état, se former en assemblées séparées, et de compter leurs votes par ordres; mais de leur faire nommer des commissaires en nombre égal pour accorder ou refuser les subsides. Ce conseil ne fut pas suivi. Il publia aussi : *Encore quelques mots sur la question de savoir si le Tiers-Etat peut-être représenté par des ordres privilégiés.* L'embarras des finances augmentant de jour en jour, on parla de créer un papier-monnaie. Dufresnoy prévit tous les maux qui seraient la suite d'une pareille mesure, et mit au jour : *Observations sur l'état des finances*, in-8°, 1790. Il périt sur l'échafaud révolutionnaire, le 2 février 1794.

DUCOS (JEAN-FRANÇOIS), né à Bordeaux, fut député en 1791 à l'assemblé législative, et en 1792 à la Convention, par le département de la Gironde. Il vota dans le procès de Louis XVI, rejeta l'appel au peuple et opina pour la mort du roi. Ducos était plutôt un homme d'esprit qu'un profond politique, et se fit assez peu remarquer dans le chaos conventionnel. Il défendit trois de ses collègues avec courage, et se montra leur ami au péril même de sa vie. Marat avait obtenu que Ducos ne fût pas compris dans la proscription du 31 mai 1793. Il continua de siéger quelque temps dans la Convention après cette journée; mais comme dans presque toutes les séances il ne parlait que de l'innocence de ses amis et réclamait leur mise en liberté, il fut saisi, mis en accusation, livré au tribunal révolutionnaire; et condamné à mort le 31 octobre 1793. Il était âgé de 28 ans.

DUCOS (ROGER), avocat, député à la Convention par le département des Landes en 1792. Il vota la mort du roi, et ne se fit plus remarquer ensuite dans le sein de l'assemblée; en 1799, il fut appelé aux fonctions de directeur, et se réunit bientôt après à Bonaparte, en acceptant la troisième place dans le consulat. Il fut membre du sénat conservateur et pair des cent-jours, fut condamné à l'exil en 1816, et périt la même année près d'Ulm, écrasé sous une voiture qui versa.

DUCOUEDIC, lieutenant de marine, né en Bretagne, s'illustra par le combat acharné que la frégate la *Surveillante* soutint, le 7 octobre 1779, contre le *Ouibec* frégate anglaise, et dont elle sortit victorieuse. Louis XIV le nomma en récompense, capitaine de vaisseau, mais il mourut des suites de ses blessures quelques jours après cette promotion. Une pension de 2,000 livres fut accordée à ses enfants et à sa veuve.

DUCQ JEAN LE), peintre et graveur, né à la Haye en 1636, fut d'abord enseigne puis capitaine de vaisseau; mais bientôt il s'adonna exclusivement aux arts et fut directeur de l'Académie de peinture de la Haye en 1671. On ignore l'époque de sa mort. Ses tableaux sont forts estimés et imitent la manière de Paul Potter, qui avait été l'un de ses maîtres.

DUCQUET (*ois.*). On appelle ainsi dans quelques départements de la France, le moyen duc, *strixotus*, Linné. J.P.

DUCREUX (FRANÇOIS), jésuite, né à Saintes en 1596, et mort à Bordeaux en 1666, professa longtemps la rhétorique, et laissa plusieurs ouvrages peu estimés.

DUCREUX (GABRIEL-MARIN), né à Orléans le 27 juin 1743, et mort dans la même ville le 24 août 1790, fut successivement secrétaire aux chapitres des Carmes, vicaire général de l'évêque de Corse, chapelain de *Monsieur* (plus tard Louis XVIII), chanoine d'Auxerre et chanoine de Sainte-Croix, à Orléans. Son premier ouvrage, qui est fort estimé, a pour titre : *Les siècles chrétiens*, ou *Histoire du christianisme dans son établissement et ses progrès, depuis Jésus-Christ jusqu'à nos jours.* Paris, 1775-1777, 10 vol. in-12, traduit en espagnol, Madrid, 1788. On lui doit encore une collection complète des œuvres de Fléchier et quelques autres ouvrages.

DUCREUX (JOSEPH), peintre, né à Nanci en 1737, fut envoyé à Vienne, par le duc de Choiseul, en 1769, pour y faire le portrait de la jeune archiduchesse Marie-Antoinette. Il devint premier peintre de cette princesse, et membre de l'Académie impériale de Vienne. Il mourut en 1802.

DUCROISI (PHILBERT-GASPARD), comédien de la troupe de Molière. Ce fut lui qui joua originairement le rôle du Tartufe. Il se retira du théâtre à l'âge de cinquante ans, pour aller vivre dans une campagne qu'il avait à Conflans-Sainte-Honorine, près Paris. Il y mourut en 1695. Ducroisi était fils d'un gentilhomme de la Beauce. Sa femme, *Marie Claveau*, qui ne fut jamais qu'une actrice médiocre, était aussi d'une famille noble.

DUCROISY (OLIVIER SAUVAGEOT, plus connu sous le nom de), né à Chassy, près Ervi, le 1er jenvier 1752, fut secrétaire-rédacteur du Tribunat, et s'occupa de littérature. Il était ami de M.-J. Chénier, et fut éditeur d'un de ses opuscules. Il mourut en juillet 1808. On a de lui plusieurs ouvrages, entre autres : I. *Le triomphe de la Raison*, opéra comique; II. *La partie trahie par son conseil*, comédie en deux actes et en prose; III. *Aurore et Azur*, comédie en un acte et en vers, mêlée d'ariettes.

DUCROS (ANDRÉ), médecin, né à Saint-Bonnet-le-Châtel en Forez, dans le XVIe siècle. On a de lui un *Discours en vers sur les misères du temps*, et plusieurs autres ouvrages latins et français.

DUCROS (SIMON), écrivain peu connu, né à Pézénas, dans le XVIIe siècle, est auteur d'une *Traduction en vers de la Philis de Scire.* On lui doit encore l'*Histoire de Henri, dernier duc de Montmorency.*

DUCROS (JACQUES), avocat à Agen, a publié des *Réflexions singulières sur l'ancienne coutume de cette ville.*

DUCROS (PIERRE), peintre et graveur, né en Suisse en 1745, vint s'établir à Rome, et fut lié d'une étroite amitié avec le célèbre Volpata. Nous ne connaissons rien de plus habilement rendu que la *Vue générale de Palerme*, prise de Montréal; de plus imposant que la *Vue du théâtre de Taurominum et de l'Etna.* Ses ouvrages sont en grand nombre et sont fort recherchés en Suisse, en Allemagne et en Angleterre. Ducros mourut à Lausanne le 18 février 1810.

DUCTILE, adj. des deux genres (*t. didactique*), qui peut être battu, tiré, allongé, sans se rompre.

DUCTILITÉ (*chimie*). C'est la propriété qu'ont certains corps de s'étendre par une force de pression ou de traction, et de conserver leur nouvelle forme lorsque cette force cesse d'agir.

DUDAÏM (*bot.*), genre de cucurbitacées, troisième coupe du genre cucumis, dont les caractères sont : feuilles inférieures arrondies, les supérieures anguleuses et dentées; fleurs axillaires, jaunes, donnant naissance à des fruits globuleux de la force d'une orange, exhalant une odeur suave, et d'une couleur verte-jaune. Les fruits sont ombiliqués légèrement du côté du pédoncule. Le *dudaïm cultivé*, *D. sativus*, nous vient de la Perse. Suivant Forskaël, ce serait le fameux daudaïme des Hébreux; suivant les rabbins et les Septante, le daudaïme est la mandragore, *atropa mandragora*, Linné. Bruckmann y rapporte la truffe, *tuber cibarium.* Enfin, M. Virey prétend qu'il s'agit du salep des Orientaux, formé, comme on sait, de bulbes desséchées de divers orchis. D'autres enfin prétendent qu'il est question de l'artichaut.

DUDA-SALI (*bot.*). Clusius dit que ce nom était donné au bois de couleuvre, *lignum colubrinum*, chez les Canariens. Il en distingue deux espèces, dont la description ne se rapporte ni au *rhamnus colubrinus*, ni au *strychnos colubrina*, qui sont les deux bois de couleuvre connus. La description qui attribue à l'une des espèces des feuilles de bryane qui ont des trous, se rapporterait plutôt à quelque *dracontium.*

DUDE, DUDES ou **DUDON**, né à Paris, entra dans les ordres et fut nommé chanoine de la cathédrale. Ses connaissances en médecine le firent estimer du roi saint Louis, qui le nomma son médecin. Maître Dude exerça son emploi auprès de Louis IX et de ses deux successeurs : car, en 1285, il avait pour second maître Fouques de la Charité. Dude suivit Louis IX à la seconde croisade, et assista à la mort de ce prince, dont il accompagna le corps en France.

DU DEFFANT (Voy. DEFFANT).

DUDEK (*ois.*) Nom polonais de la Hupe *upupa epops*, Linné.

DUDI (*ois*). Nom générique des perroquets en Turquie.

DUDINCK (JOSSE), chanoine de Ressen, dans le duché de Gueldres, au XVIIe siècle, passa pour être auteur de deux ouvrages bibliographiques dont voici les titres : I. *Bibliothecariographia, hoc est, enumeratio omnium auctorum, operumque, sub titulo bibliothecæ, catalogi, indicis, nomenclatoris, athenarum, etc., prodiderunt.* II. *Palatium Apollinis ac Palladis, hoc est, designatio præcipuarum bibliothecarum veteris novique sæculi.* Valère André (bibli-belgica) a indiqué le premier ces deux ouvrages comme ayant été imprimés à Cologne en 1643, in-8°.

DUDITH (ANDRÉ), né à Bude, le 6 février 1533, fit ses études en Allemagne et en plusieurs universités d'Italie. Il parcourut la France, l'Angleterre, les Pays-Bas et l'Allemagne. Il se rendit en 1560, à la cour de Vienne, où l'empereur Ferdinand II le fit entrer dans son conseil et lui donna l'évêché de Tina. Peu de temps après il fut envoyé au concile de Trente, au nom de l'empereur et de tout le clergé de Hongrie; il y arriva le 7 janvier 1562 et y prononça des discours très éloquents, mais s'étant expliqué avec trop de liberté sur la résidence des évêques, et en faveur du mariage des ecclésiastiques, le pape fit solliciter l'empereur de le rappeler. Ferdinand loin de blâmer sa conduite, lui donna pour récompense l'évêché de Chonad en Hongrie, et bientôt après celui de Cinq-églises. Après la mort de ce prince, arrivée en 1564, Dudith fut envoyé en Pologne par Maximilien II, et s'y maria. Il se démit de son évêché et conserva ses autres emplois. Mais Rome le cita, l'excommunia, et le condamna à être brûlé vif comme héritique. Sa femme étant morte, il se remaria et embrassa la religion réformée. Il mourut à Breslau en Silésie le 23 février 1589. Il laissa un grand nombre d'ouvrages, dont on peut voir la liste dans *Nicéron.*

DUDLEY, ville d'Angleterre, dans le comté, et à 9 lieues N.-N.-E. de Worcester, au pied d'une montagne, et près du canal de son nom. Fabriques de quincaillerie et de fayence. Son commerce favorisé par le canal, est d'une grande importance. Sa population est de 18,200 habitants; à 3 lieues O. de Birmingham.

DUDLEY (EDMOND), ministre de Henri VII, roi d'Angleterre, naquit en 1462, et fut nommé par ce monarque membre de son conseil privé. Il fut du nombre de ceux qui conseillèrent à Henri VII, alors campé près de Boulogne, de faire la paix avec la France. Il prit une part active aux négociations, et fut un de ceux qui en signèrent en 1499 la ratification, par le parlement. De retour en Angleterre, il travailla assidûment à remplir ses coffres par les moyens les plus odieux, inventant des prétextes pour des saisies, dont il faisait payer bien cher la main-levée, des emprisonnements dont on n'était relaché qu'en payant, et des crimes dont il fallait acheter le pardon. Nommé en 1504 orateur du parlement, il y fit passer plusieurs lois. Mais il devint tellement odieux à la nation qu'aussitôt après la mort de Henri VII, en 1509, son fils Henri VIII fut obligé de le mettre en jugement ainsi que son collègue sir Richard Empson. Ils furent accusés et déclarés convaincus de haute trahison. Henri VIII, qui désirait les sauver, ne put y parvenir; ils furent exécutés le 18 août 1510. Dudley, pendant sa captivité, composa un ouvrage intitulé : *l'Arbre de la république*, etc.

DUDLEY (JEAN), fils du précédent, naquit en 1502, et se distingua dans la guerre de France par des traits de courage qui lui méritèrent l'honneur de la chevalerie. Henri VIII le nomma gouverneur de Boulogne, qu'il défendit avec succès; l'éleva, en 1542 à la dignité de vicomte de l'Isle, et le nomma grand-amiral d'Angleterre. Après la mort du roi, il fut nommé comte de Warwick. Il soumit les rebelles rassemblés dans le comté de Norfolk, sous le commandement d'un tanneur nommé Robert Ket. Il fut en grande faveur auprès d'Édouard VI, qui le fit grand-maréchal d'Angleterre, et le créa duc de Northumberland. Mais un projet aussi absurde qu'ambitieux, hâta sa ruine; il osa concevoir l'espérance de placer la couronne dans sa famille. Édouard, malade, presque mourant, se laissa persuader, et éloigna de sa succession ses sœurs Marie et Elisabeth, et sa tante Marie d'Écosse en faveur de Jeanne Grey, fille de la marquise de Dorset. Marie d'Écosse s'était retirée dans le comté de Norfolk, où quarante mille hommes étaient armés pour défendre ses droits. Dudley ouvrit les yeux sur sa témérité et prit le parti de crier publiquement, en agitant son chapeau en l'air : *Vive la reine Marie.* Il fut mis en jugement, condamné à mort, et exécuté le 22 août 1553.

DUDLEY (AMBROISE), fils du précédent, né vers 1530, mérita, par le courage qu'il déploya contre les rebelles du comté de Norfolk, l'honneur de la chevalerie. La part qu'il prit dans la cause de Jeanne Grey faillit lui coûter la vie; il en fut quitte pour demeurer en prison jusqu'au 18 octobre 1554. Il se distingua en 1567 devant Saint-Quentin. Sous le règne d'Elisabeth il fut créé baron de l'Isle, et plus tard comte de Warwick. En 1562, en défendant Newhaven contre les Français, il reçut une blessure grave, à la jambe, dont il mourut en 1589.

DUDLEY (ROBERT), comte de Leicester, était fils de Jean Dudley, et naquit en 1531. Il fut créé chevalier étant encore fort jeune, et attaché à la maison d'Edouard VI. Ayant été enveloppé dans la sentence prononcée contre son père, il passa quelque temps en prison; mais il obtint sa liberté en 1554, fut réintégré dans ses droits, et devint maître de l'artillerie. Il fut le favori d'Elisabeth presque à son avènement au trône. Il fut fait écuyer, chevalier de la Jarretière, conseiller privé, et reçut en don les seigneuries de Kenilvworth, de Denbigh et de Elrirk. Chaque jour ajoutait à sa faveur. Il fut premier intendant de l'université de Cambridge. En 1564, il fut créé baron de Denbigh, comte de Leicester, et fut fait chancelier de l'université d'Oxford. Charles IX, roi de France, lui envoya l'ordre de Saint-Michel. Il s'était mis à la tête des puritains, à qui il donnait tous les emplois de l'état. En 1585, les Pays-Bas protestants, révoltés contre la domination de Philippe II, implorèrent le secours d'Élisabeth; elle leur envoya quelques troupes sous les ordres de Leicester. Son entrée en Hollande fut une espèce de marche triomphale. On était seulement convenu qu'il aurait place dans le conseil d'État; mais les États eux-mêmes le nommèrent gouverneur et commandant général des provinces unies. Son zèle pour la religion protestante lui avait acquis dans le pays une grande popularité, que diminuèrent bientôt les divers échecs qu'éprouvèrent les troupes anglaises qu'il commandait. Elisabeth lui demanda conseil sur la résolution qu'elle devait prendre au sujet de la reine Marie; mais il ne savait qu'exécuter et conseiller des empoisonnements. On lui attribue plusieurs crimes odieux : l'empoisonnement de Gautier-Dévereux, comte d'Essex, de Nicolas Throgmorton, du comte de Sussex, du cardinal de Chastillon et de plusieurs de ses domestiques. On voit avec indignation que ce fut à lui que fut confié le commandement en chef d'une armée anglaise rassemblée à Tilbury en 1588, et destinée à défendre la capitale contre la fameuse *Armada.* Il mourut en 1688, dans sa terre de Cornbury.

DUDLEY (SIR ROBERT), comte de Warwick et duc de Northumberland, naquit en 1573 à Sheen, dans le comté de Surray. Il était fils du précédent, et de lady Douglas Sheffield, mariée, dit-on, sécrètement au comte de Leicester, qui, voulant ensuite épouser la comtesse d'Essex, força lady Douglas à garder le silence sur son mariage, et même à épouser Edouard Strafford. Le succès d'une petite expédition navale que Dudley exécuta, à ses frais, en 1694, annonça sa réputation militaire, qui s'accrut ensuite par la valeur qu'il déploya, en 1696, à la prise de Cadix, où il fut fait chevalier. Encouragé par ce succès, il espéra faire reconnaître la légitimité de sa naissance et rentrer dans les titres de son père; mais ayant échoué dans ce projet, il quitta l'Angleterre avec une permission de voyager pendant trois ans. Ses ennemis trouvèrent le moyen de le faire rappeler; il n'obéit pas, et ses biens furent confisqués. Ce fut alors que, pour rentrer en grâce, il envoya au roi Jacques un projet pour augmenter le revenu de la couronne sans le secours du parlement. Mais toutes ses démarches furent inutiles; il se fixa à Florence, et fut nommé par le grand-duc, Cosme II, chambellan de la grande duchesse, auprès de laquelle il jouit d'une grande faveur : il fut, par sa protection, créé, en 1620, duc du Saint-Empire, sous le titre de duc de Northumberland, et, dix ans après, agrégé par le pape Urbin VIII à la noblesse romaine Il employa utilement ses connaissances dans le nouveau pays qu'il avait adopté. Le plus connu de ses ouvrages est un traité italien, intitulé : *Dell'arcano del mare.* Robert Dudley mourut en septembre 1539.

DUDLEY (THOMAS), graveur à l'eau forte, né en Angleterre vers 1658, fut élève du fameux Hollar. L'ouvrage le plus considérable de cet artiste est une suite de vingt-sept gravures pour la vie d'Esope, qui ornent la belle édition de ce fabuliste, donnée à Londres par F. Barlowen, 1678.

DUDLEY (PAUL), naturaliste anglais, qui paraît avoir voyagé d'ans l'Amérique septentrionale, était membre de la société royale de Londres. On a de lui : 1° *Description de l'élan d'Amérique;* 2° *Essai sur l'histoire naturelle des baleines, et en particulier sur de l'ambre gris trouvé dans le corps des cachalots*, etc.

DUDLEY AND WARD (JOHN-WILLIAM-WARD. comte de), né le 9 août 1781, mort le 6 mars 1833 à Norwood, dans le comté de Surrey, avait à peine atteint, en 1802, l'âge d'éligibilité, lorsque des élections générales l'appelèrent à siéger au parlement comme représentant de Dowton; et, l'année d'après, il se soumit volontairement à une réélection pour pouvoir se faire élire par le comté de Worcester, où se trouvait située la plus grande partie de ses propriétés. — La chambre des communes le compta jusqu'en 1823, au nombre de ses membres les plus influents; mais, à cette époque, la mort de son père l'appela à la chambre haute. Quand M. Canning fut libre de composer un cabinet (avril 1827), il appela lord Dudley and Ward à y remplir les fonctions de ministre des affaires étrangères; poste que celui-ci continua de remplir sous l'administration de lord Goderich, et pendant une partie de celle de Wellington. Mais il le résigna en mai 1828, contraint par le déplorable état de sa santé, et notamment par les symptômes d'une affection mentale, depuis longtemps prévue, de renoncer prématurément aux affaires publiques. Son intelligence s'éteignit, rapidement, et, pendant les quelques années qu'il vécut encore, il ne fit que végéter dans un état complet d'imbécilité. Il n'avait jamais été marié, quoique, dans sa folie, il s'imaginât le contraire.

DUDLEY FOSSILE (*foss.*). On donne ce nom, en Angleterre, au genre de crustacés que Blumenbach avait appelé *antomalithus paradoxus*, et auquel M. Brongniart a donné celui de *calimène*. Les Allemands l'ont aussi appelé *tribolite* (*V*, TRIBOLITE).

DUDON, chanoine de la collégiale de Saint-Quentin, au XIe siècle, fut envoyé par Albert, comte de Vermandois, près de Richard Ier, duc de Normandie, pour engager ce prince à une réconciliation avec Hugues-Capet. Dudon a écrit l'histoire des premiers ducs de Normandie; Duchesne l'a inséré dans ses *Historiæ Normanorum scriptores antiqui*. On ignore l'époque de la mort de Dudon.

DUDON (PIERRE-JULES), né à Bordeaux en 1717, avocat général au parlement de cette ville, et devint procureur général. Il mourut le 25 novembre 1800, laissant en manuscrit des *Conférences sur la coutume de Bordeaux*.

DUDOYER (GÉARD), né à Chartres, en 1731, et mort à Paris le 18 avril 1798, a laissé: 1° *Laurette*, comédie en deux actes et en vers libres, 2° *Le Vindicatif*, drame en cinq actes et en vers libres; 3° *Adélaïde ou l'antipathie contre l'amour*, comédie en deux actes et en vers de dix syllabes.

DUDU-VALLI, KUDICI-KODI (*bot.*), noms malabares, suivant Rheede, d'une plante apacinée, dont le fruit et les graines sont comme dans l'*asclépias*.

DUÈGNE, s. f., mot emprunté de l'espagnol; gouvernante ou vieille femme chargée de veiller sur la conduite d'une jeune personne.

DUEIL OU DUEL, s. m. (*v. lang.*), deuil, chagrin, douleur.

DUEL, s, m., en termes de grammaire grecque et sancrite; nombre qui, dans les déclinaisons et les conjugaisons, sert à désigner deux personnes, deux choses.

DUEL. On a lieu de s'étonner quand on vient à examiner la question du duel en rapport avec les mœurs et l'esprit de ce siècle, qu'un si funeste préjugé subiste encore de nos jours, malgré tant d'attaques dirigées contre lui. Les meilleurs esprits ont abordé et creusé cette difficulté, et ils n'ont rien changé à l'état des choses. La religion, la philosophie, le sens commun n'ont pu lutter contre la coutume; la mode, la plus funeste de toutes les tyrannies, a prévalu, et le duel a subsisté. Les lois ont été impuissantes à le réprimer; depuis l'origine de notre histoire, nous voyons se succéder les édits, les ordonnances, et toujours le duel les déjoue et se montre en chaque endroit de nos annales. Aujourd'hui que l'amour le plus vif de la liberté semble s'être répandu dans toutes les classes, on se soumet sans murmurer à l'empire d'une tyrannie absurde, au nom de laquelle, sous le prétexte spécieux de défendre son honneur, un homme dispose à son gré de la vie de son semblable, et peut l'obliger à venir s'offrir de lui-même à la mort comme une victime résignée. Que faire en présence de faits si déplorables? Appeler de nouveau toutes les lumières, celles de la raison et du sens commun surtout, et exposer la vérité tant de fois répétée, car, à force de la reproduire sous une face nouvelle, on rencontre une nouvelle chance de la faire pénétrer dans les esprits.

Le duel fondé sur le sentiment d'un faux honneur et sur la crainte de l'opinion. — Et pour cela, osons être vrai. Que celui qui lira ces lignes y voie l'expression des sentiments d'un homme qui aime ardemment l'humanité et qui exposera sincèrement ce qu'il sent et ce qu'il pense. Osons pénétrer au cœur de la question avec la rigoureuse exactitude de l'analyse. Dégagé de tout préjugé, de tout esprit de parti, nous y verrons mieux. E d'abord voyons sur quoi repose aujourd'hui le préjugé qui soutient le duel? Sur le sentiment de l'honneur, sur la crainte de l'opinion. L'un nous porte à venger une injure en versant le sang de notre semblable; l'autre nous fait braver le danger et la mort, en nous rendant l'opinion plus terrible que le combat lui-même. Mais, avant tout, constatons ce que c'est que l'honneur. Nous le définirons le juste sentiment de notre dignité personnelle fondée sur l'estime de nous-même et sur la vertu. Suivant le monde, l'honneur consiste dans le sentiment de la dignité personnelle fondée sur l'estime d'autrui. Il y a donc deux honneurs: oui sans doute; il y a celui dont chacun jouit au nom de la société et celui qu'il possède au nom de sa conscience. Allons plus loin. L'honneur, suivant le monde, n'est pas toujours la vertu; l'honneur, suivant le monde, consiste dans une estime acquise, dans une considération apparente qui ne vous donne pas toujours le vrai mérite aux yeux de la conscience; tandis que le véritable honneur, c'est le règne paisible et habituel de la conscience qui jouit en paix de son calme et de l'empire des passions. Dans ce sens, l'honneur est le prix et l'accompagnement inséparable de la vertu; l'homme d'honneur est celui dont la moralité ne souffre aucune atteinte, dont le remords n'inquiète point l'âme; un tel homme peut souffrir dans sa dignité et dans sa considération apparente, il trouvera toujours quelqu'un qui le comprendra et l'estimera; suivant la société, l'homme d'honneur, loin de repousser la calomnie par des actions, par des faits qui mettent sa vertu dans un plus grand jour, croit devoir racheter par la vie de son semblable l'outrage qui lui a ôté un moment l'estime du monde; il ne doit pas supporter un instant l'injure, il la venge immédiatement et à tout prix. Dans ce sens, Aristide, qui aimait mieux être juste que de le paraître, aurait été un homme déshonoré, parce qu'une injuste condamnation avait terni un instant sa réputation, tandis qu'un accusé, sorti avec succès d'un procès douteux, a reconquis l'honneur. Voilà, suivant nous, le mobile qui fait agir bien des gens. On se bat pour ne pas être déshonoré, et l'on s'inquiète moins de répandre avec préméditation le sang de son semblable, et de courir à la mort, que de heurter l'opinion des hommes du monde.

Crainte de l'opinion. — L'autre mobile, la crainte de l'opinion, n'est pas moins puissant. C'est, en d'autres termes, le respect humain. On craint d'avoir eu l'air de manquer de courage si on a évité de pousser aux dernières extrémités une querelle ou un débat fâcheux; on ne veut pas reculer; on ne veut pas faire d'excuses d'une parole dite mal à propos, d'un mot piquant échappé à la vivacité d'une discussion. Pourtant, quoi de plus simple, on a été trop loin, on a offensé quelqu'un, on ne le voulait pas, on estimait même cette personne. Un poëte a dit d'une manière ingénieuse: convenir qu'on a eu tort, c'est reconnaître que l'on est aujourd'hui plus sage qu'hier. Ainsi rien ne serait plus juste que de rétracter avec la simplicité de l'honnête homme cette parole qui a fait naître une blessure; mais on s'y refuse, parce que l'on craint d'avoir reculé devant les conséquences d'un premier égarement; et, pour effacer l'erreur d'un instant, on ne redoute point de commettre un crime. Pourtant, rien ne paraît plus simple et plus juste que d'avouer un tort quand on s'est trompé. Rien de plus beau et de plus honorable que de ne pas craindre un abaissement d'un instant pour se relever plus haut dans l'estime d'autrui et dans la sienne propre. L'homme qui a ce courage ne perdra jamais de sa valeur aux yeux de personne, ou du moins de personne dont la considération puisse avoir quelque prix.

Autorités contre le duel. — Ce qui prouve combien le duel est hostile à la raison et au bon sens comme à l'humanité, c'est qu'il a contre lui la réunion de toutes les autorités. La loi chrétienne le condamne formellement, et il suffit d'être chrétien pour reculer à tout jamais devant l'idée de porter de sang froid une main homicide sur son semblable; mais, de plus, tous les philosophes et tous les hommes dignes de ce nom l'ont universellement condamné et l'ont jugé incompatible avec l'exercice des vertus sociales et humaines. Bacon le réprouve positivement et propose plusieurs moyens de répression; Puffendorf tient le même langage et attaque sévèrement le préjugé du point d'honneur dans plusieurs chapitres du *Droit de la nature et des gens*. Grotius fait entendre cette noble sentence: « L'honneur n'étant autre chose que l'opinion qu'on a des qualités distinguées de quelqu'un, celui qui souffre patiemment une injure s'élève au-dessus du vulgaire et signale ainsi son honneur au lieu de le compromettre (1). » Rousseau a bien mérité

(1) Grotius, act. XVI, 37.

aussi de l'humanité quand il a écrit cette belle lettre, que tout le monde sait par cœur, s'il est vrai, toutefois, qu'il ne l'ait point contredite par une fin tragique. De Maistre dit quelque part : Que deux hommes se précipitent l'un sur l'autre à coups de couteau, vous les arrêtez et vous les conduisez en prison comme des criminels; mais, allongez leur arme de quelques pouces; que ces hommes, au lieu de couteaux, aient en main des épées, et qu'ils se tuent avec réflexion au lieu d'être aveuglés par la colère, et vous en ferez des hommes d'honneur. » On sera peut-être étonné que les lignes qui suivent, pleines de vérité et d'une éloquence naturelle, soient sorties de la plume du comte de Tilly, qui a écrit d'assez célèbres mémoires et qui n'a jamais passé pour moraliste. « La France, dit-il, est la patrie des duels. J'ai parcouru la plus grande partie de l'Europe; j'ai voyagé dans le Nouveau-Monde; j'ai vécu parmi des militaires et des courtisans, et je n'ai rencontré nulle part ailleurs cette funeste *susceptibilité*, qui, à chaque pas, crée des offenses, des insultes et des provocations. D'où vient donc cette disposition particulière aux Français, dont le caractère est trop noble pour être vindicatif, de se battre en duel pour des sujets la plupart du temps si peu sérieux? C'est l'éducation, c'est elle seule..... Vous avez eu une discussion avec un ami intime. Quoiqu'elle n'ait pas excédé les bornes d'une certaine chaleur, les femmes y ont aperçu des *nuances injurieuses*; vous aimerez mieux tuer un ami ou vous faire tuer par lui que d'être soupçonné de manquer de courage par les femmes qui s'y connaissent si bien. Au jeu, il est survenu un coup douteux; il y a eu mal entendu. Un particulier de la galerie a souri sardoniquement, il a parlé tout bas avec sa sœur, qui a chuchoté avec sa cousine; faites-vous tuer, car vous pourriez passer pour un fripon au jeu, et rien n'éclaircit mieux une telle question qu'un coup d'épée. Votre femme est-elle une coquette fieffée, faites-vous tuer par son amant, cela lui rendra l'honneur. Vous avez vous-même séduit la femme d'un honnête homme qui vous témoigne quelque méfiance ou quelque humeur, tuez-le : car, lui ayant ravi le bonheur et la paix, ce n'est guère la peine de marchander sa vie (1). » — M. Charma, dans son abrégé de morale (*Réponses aux questions de la philosophie, morale sociale*, n° 27) va trop loin, suivant nous, en condamnant formellement l'homicide, dans tous les cas, et notamment dans celui du duel; il étend cette règle jusqu'au point de nier le droit de défense légitime quand la vie se trouve en péril. Ici nous croyons que l'écrivain, dans la pureté de ses intentions, a dépassé le but. Hobbes est le seul philosophe que nous connaissions qui ait approuvé le duel : c'est là une philosophie bien digne de celui qui fondait le droit sur la force. Néanmoins tous ces témoignages réunis nous prouvent qu'aucun esprit éclairé n'a jamais pu admettre la raison ni l'existence d'un préjugé aussi hostile au progrès des lumières, et que, quand la religion ne le condamnerait pas, la philosophie s'armerait contre lui.

Le duel ne nécessite ni ne prouve le véritable courage. — Convenons aussi que le duel ne prouve pas le véritable courage; car bien que des hommes braves sur le champ de bataille aient vidé souvent leur querelle les armes à la main, beaucoup d'autres non moins braves n'en ont pas moins su terminer une fâcheuse discussion, sans ce moyen anti-social; combien de militaires, véritablement courageux, ont mieux aimé s'exposer aux plus grands périls dans les postes les plus dangereux qu'ils avaient sollicités, que de jouer la vie de leurs compagnons d'armes et la leur après un moment de colère. Notre bon La Fontaine lui aussi, le bonhomme, qui le croirait? s'était laissé persuader qu'il devait se battre avec Poignant, parce que Poignant avait fréquenté sa maison; eh bien! la bravoure de La Fontaine est-elle aussi bien constatée par ce trait de folie que sa merveilleuse naïveté; et que diriez-vous, si par malheur Poignant n'eût pas été aussi un bon homme, si Poignant eût tué La Fontaine? Ne voyez-vous pas qu'il n'y a guère de bravoure à un homme exercé au maniement des armes à viser de sang froid, un malheureux qui tirera au hazard, lui qui a passé sa vie dans un bureau ou dans une administration ; qui des deux est le brave, qui a le mieux vaincu la crainte de la mort? Le plus souvent, il y a, chez le duelliste, une triste habitude qui remplace pour lui la valeur, et il y aurait un véritable héroïsme chez celui qui, bravant les affronts, saurait se mettre au-dessus d'un funeste préjugé. Mais la crainte du ridicule et de la raillerie nous fait fermer les yeux à toute autre considération, et nous rend aveugles au danger et sourds à la voix de notre conscience.

Le duel ne prouve rien et ne peut servir de rien. — Le duel ne prouve donc pas la véritable valeur, et ne peut dans aucun cas rendre l'honneur à celui qui l'a réellement perdu; mais en outre, il ne peut, le plus souvent, rien prouver de ce qu'on veut qu'il prouve. Un jeune extravagant, un fou, exalté par les fumées du vin ou du punch, vous regardera insolemment ou vous insultera par manière de défi; vous laissez passer cette injure; ce jeune fou en aura-t-il une meilleure réputation, ou bien vous, perdrez-vous de la vôtre? Et si, moins sage, vous vous hasardez à une rencontre ou sans doute il se montrera plus exercé que vous, et qu'il vous tue, la partie aura-t-elle été égale; et peut-il être acceptable pour le sens commun, vous, homme grave et rangé, de jouer votre vie contre celle d'un homme inutile, peut-être dangereux?

Cas où l'on peut concevoir le duel, mais où il n'est pas moins coupable. — Nous le savons pourtant, il est des cas rares, des occasions fatales, uniques, où la force du préjugé, l'entraînement de la passion, peut vous amener à un dénouement de cette espèce. Nous voulons parler de ceux où l'insulte a été tellement publique, l'affront tellement sanglant, que vous vous trouvez atteint dans tout ce que vous avez de plus cher et de plus sacré. Ainsi, un perfide, se jouant de toutes les lois divines et humaines, est venu, armé de la séduction et de la flatterie, porter le trouble dans votre foyer. Il a entraîné dans le déshonneur une épouse aimée et jusque là pure, il a jeté la honte sur votre famille entière. Là, nous l'avouons, toutes les passions, les plus justes comme les plus violentes, viennent vous assaillir à la fois, et l'on se sent porté à se faire soi-même justice. Car, vous le savez, les tribunaux par cela même qu'ils le rendent public, sont impuissants à effacer l'affront, si toute fois ils peuvent le punir; vous voulez vous même laver votre outrage et atteindre au cœur du coupable, au risque de votre propre vie. Nous en convenons, dans un pareil cas, tout ce qu'il y a d'humain et d'instinctif semble nous diriger vers un seul et unique but : la vengeance. Toutefois, si la passion dans certains cas et dans celui-là en particulier est excusable, si la loi peut absoudre celui qui ôte la vie à un de ses semblables, dans une occasion aussi exceptionnelle, la religion et la morale lui parlent encore un langage plus sévère. Chrétien, il doit pardonner et laisser à Dieu le soin de la veangeance; il doit s'efforcer de se résigner à la plus cruelle des épreuves qui lui est envoyée pour purifier une vie entière, pour le rendre digne du Dieu qui sait punir et récompenser tôt ou tard; éclairé par sa raison, il abandonnera à leurs remords deux coupables; et la société qui au fond est équitable, se chargera de lui rendre bientôt une estime que rien ne peut ôter à l'homme qui a tout sacrifié à la vertu. Mais, hâtons-nous de détourner les yeux du seul cas peut-être où le duel est je ne dis pas moral, mais excusable devant la loi humaine. Ce cas est heureusement rare, disons-même qu'il est impossible dans une famille où règnent la moralité et la dignité domestiques; aucun séducteur ne s'approchera de celle-là, car, il y a dans la vertu quelque chose de répulsif pour le vice.

Le duel peut servir, suivant quelques-uns, à entretenir la politesse des manières. — Réfutation de cette opinion. — Passons à un argument spécieux, aux yeux de quelques-uns, en faveur du duel. C'est, disent-ils, que le duel entretient la politesse des mœurs; sans ce moyen de répression, la société ne serait plus fondée sur des rapports de mutuels égards. Il y aurait peut-être là quelque chose de vrai, si la politesse ne prenait sa source réelle dans la bonté du cœur qui nous invite à traiter nos semblables en frères et en amis. Perfectionnez l'éducation des jeunes gens, rendez-les bons, religieux, doux, effacez de leur cœur l'égoïsme et le faux amour propre, et vous n'aurez pas besoin de pareils moyens qui ne sont que de dangereux palliatifs. Pour que la société soit polie et aimable, il faut d'abord que les jeunes gens s'accoutument à respecter les femmes; en les respectant, ils sauront leur rendre les égards et le culte civil qui sont dus au mères de famille.

Il faut attaquer le duel par l'éducation. — Mais pour cela il faudrait dans nos collèges quelque chose de plus qu'une instruction plus ou moins littéraire; nous nous occupons avant tout de faire des savants de nos enfants; il vaudrait bien mieux en faire des hommes : en soignant davantage l'éducation de leur cœur nous y mettrions le véritable amour de l'humanité qui va de pair avec le sentiment de sa dignité personnelle, car celui qui aime les autres veut en eux ce qu'il veut en soi; il ne blâmera personne par un mot offensant, il ne hasardera pas un trait mordant qui ira peut-être frapper au cœur d'un ami; celui qui estime ses semblables se grandira lui-même pour s'en faire estimer; on obtiendra ainsi des jeunes gens qui sortent des écoles l'usage de la véritable politesse qui, les pre-

(1) *Hist. des duels*, p. 306, 307. — Tilly, *Mém.*, ch. 8, t. Ier.

nant à l'âge le plus tendre, et où se forment toutes les habitudes bonnes et mauvaises, n'aura pas besoin, pour se perfectionner, du maintien d'un préjugé aussi hostile au bon sens qu'à la morale. Quant on vient à songer aux funestes effets du duel on ne peut hésiter à invoquer, pour les détruire tous les moyens dont peut disposer la société. Indiquons seulement quelques-uns de ses plus affreux résultats. Nous ne parlons pas des victimes immolées par les duellistes. Celles-là sont trop nombreuses, nous rappellerons simplement celles qui, à la suite de querelles parlementaires ou autres, ont succombé pour obéir à ce préjugé contre lequel elles n'ont pas su se défendre, et sans nous appesantir sur les exemples que nous pourrions en donner, nous ferons seulement apercevoir combien de pareils drames sont hostiles au bon ordre de la société, et injustes dans leur dénouement, puisque, le plus souvent, le provocateur est celui qui triomphe, et l'homme provoqué celui qui succombe.

La société doit prévenir et punir le duel. — D'aussi monstrueux résultats ont de tout temps frappé le législateur et ont été l'objet des méditations des plus grands jurisconsultes, et cependant la législation de tous les pays et la nôtre en particulier est encore bien imparfaite sur cette matière. Bacon estimait que des lois sévères devaient être établies pour réprimer le duel.

Difficulté toutefois de faire une bonne loi pour le réprimer. — M. Dupin, dans un éloquent réquisitoire prononcé il y a quelques années, a étudié admirablement cette question d'un intérêt immense pour l'humanité, et cependant tout le monde sait combien il a été difficile jusqu'ici de faire une bonne loi. Aux États-Unis, on a imposé d'énormes amendes à celui qui tue son ennemi dans un duel. Ce moyen, sans être excellent, ne nous paraît pas à rejeter dans un nouveau projet de loi, du moins combiné avec d'autres clauses pénales, parce qu'il irrite moins l'amour propre que des peines afflictives; d'ailleurs, il arrête par des considérations d'un grand poids qui existent pour tous, l'intérêt. En Belgique, la loi punit les témoins et distingue entre l'agresseur et l'attaqué, de plus elle établit des différences entre la gravité des blessures, mais sans entrer dans l'examen de cette loi compliquée, nous ferons observer que punir les témoins est dangereux dans l'esprit même de la loi, car bien souvent les témoins n'acceptent ce rôle pénible que dans le but d'empêcher le combat ou du moins d'en adoucir les conditions. Si donc, vous les punissez, vous courez grand risque de provoquer des combats sans témoins, et ces sortes de rencontres sont tout ce qu'il y a de plus hostile à la société. Il ne faut donc pas punir ceux qui le plus souvent s'efforcent de prévenir les suites funestes d'une querelle. Il vaudrait mieux charger l'auteur du meurtre des conséquences de la mort de celui qui succombe, soit en l'obligeant de subvenir aux frais d'une pension, soit en le condamnant à une amende. Cette pénalité fondée sur l'intérêt n'est pas propre à faire beaucoup d'honneur à la dignité humaine, mais du moins elle peut servir à arrêter dans plusieurs cas qui ne seraient pas excessivement graves, car dans les autres il ne faut pas se flatter de les prévenir ni de les empêcher. Il nous semble encore qu'il est injuste de considérer le duel comme homicide et de ne pas le rechercher et le punir sous son véritable nom; bien au contraire il nous semble qu'il importe de le désigner comme tel à la vindicte publique, et de diriger toutes les lumières de la législation vers les meilleurs moyens de répression; car dans ce cas qui ne voit que lorsqu'il n'y a pas eu meurtre, il semble que le cas de duel cesse d'exister? Et cependant il est bien le même puisque l'intention formelle y préside. Un autre genre de pénalité existe dans l'état de Virginie aux États-Unis; dans cette contrée, le législateur a frappé le coupable dans ce qu'il a de plus cher, l'honneur, la dignité personnelle. La loi a considéré qu'un homme qui, pour des sujets frivoles, ou pour des différences d'opinion souvent puériles, s'expose à périr pour tuer son semblable, est tombé dans une véritable et dangereuse folie. En conséquence la loi actuelle déclare insensés et assimile aux *mineurs* les *duellistes* et leurs *témoins*, les destitue des fonctions publiques dont ils auraient été revêtus, les met dans l'incapacité d'en occuper de nouvelles, et ordonne qu'il leur sera nommé *deux tuteurs* qui prendront l'administration de tous leurs biens, qui décideront de l'argent qu'on peut leur confier, et sans le consentement desquels ils ne pourront faire aucune dépense. Il paraît que ces dispositions pénales ont eu une grande efficacité (1).

(1) *Hist. des duels*, par Fougereux de Champigneulles, t. 2, p. 431. — *Biblioth. universelle*, 1816, t. 1, p. 429.

Les tribunaux doivent prendre la défense de l'honneur des citoyens. — Mais, pour qu'une loi sur le duel puisse être véritablement bonne, il faudrait qu'elle pût, ce qui est difficile dans l'application, réhabiliter aux yeux de la société la réputation d'un homme attaqué; alors il ne pourrait plus exister de prétexte pour que chacun prît sa propre défense quand la communauté tout entière se préoccuperait de l'honneur d'un de ses citoyens.

Opinion de Sully. — C'est ce que le grave Sully, l'ami de Henri IV, comprenait bien quand il écrivait à son maître : « Je priais le roi, dit-il, dans la lettre que je lui écrivais sur la nécessité de renouveler l'édit contre les duels, de défendre qu'on poursuivît autrement que juridiquement toute parole d'injure et d'offense, mais aussi de faire en sorte que la justice qu'on obtiendrait fût assez prompte et assez bonne pour apaiser le complaignant et faire repentir l'agresseur. » Cette opinion est celle d'un homme profondément sage et qui comprend admirablement les vrais principes de l'honneur. Cependant ce vœu, si plein d'humanité et de raison, non-seulement celui-là, mais celui de beaucoup d'autres, n'a pu être exaucé et les lois présentes sont encore bien loin d'arriver à la solution de cette difficulté. Nous croyons que tout autre projet que celui qui est fondé sur un pareil principe pourra peut-être pallier le mal, mais non y remédier définitivement.

Opinion de Gans. — « Pour moi, dit le savant publiciste Gans dans ses lettres (19 juin 1833), en parlant des lois sur le duel en France, je ne le punirais pas; c'est peut-être le seul moyen de le faire cesser, car rien n'est plus misérable que des peines dont on se moque en ne les appliquant pas, et une impunité qui est la conséquence nécessaire du mensonge de la loi. » Que dire d'un pays où les lois mentent?

Opinion de ceux qui proposent d'autoriser le duel légalement. — Des publicistes, éclairés d'ailleurs, ont proposé un moyen de diminuer et même d'anéantir par la suite le duel, qui consisterait dans l'établissement d'un jury spécial composé d'hommes d'une réputation intacte, de citoyens respectés par leur mérite et leur vertu, et qui, proscrivant le duel dans la plupart des cas où l'offense n'est pas grave, déféreraient l'injure aux tribunaux, en l'appuyant de leur témoignage, et dans le cas seulement où l'offense serait tellement grave que, suivant les coutumes reçues, le duel serait inévitable, l'autoriseraient en l'entourant de certaines précautions. On ne peut refuser aux auteurs de ce projet une louable intention. Voyant que la loi ne peut supprimer d'un seul coup le duel, ils aiment mieux l'autoriser franchement que de le tolérer tacitement. Mais ce mal n'est pas de ceux sur lesquels la société peut fermer les yeux; il l'intéresse bien trop pour cela. Il faut, au contraire, nonobstant les difficultés, que la loi se prononce ouvertement, car sans cela elle pactiserait volontairement avec le crime, et avouerait hautement son impuissance. Les lois ont un double objet : 1° de réprimer le mal; 2° de le prévenir. Or, pour réprimer le duel, il faut qu'on fasse subir aux duellistes plus de mal qu'ils n'en avaient voulu éviter; c'est ce qu'on a eu en vue aux États-Unis; et pour prévenir ce mal il faudrait que la loi offrît à l'offensé une satisfaction contre l'offenseur du genre de celles qu'il cherche dans le duel.

Résumé. — Nous l'avouons avec peine, tout ce que nous venons de dire ne sert qu'à répéter ce qu'on savait déjà parfaitement sur les terribles effets d'un préjugé fatal que des siècles de civilisation et de lumière n'ont pu parvenir à déraciner; mais, parce que la vérité a été dite bien des fois, faut-il cesser de la reproduire si, malgré tant d'efforts, elle ne peut être mise en pratique. Terminons par deux conclusions : 1° l'une sur la nécessité d'appeler le concours de tous les publicistes éclairés, de tous les hommes vertueux et religieux pour faire une nouvelle loi *propre à garantir l'honneur des citoyens dans les cas d'injure personnelle, loi protectrice de la paix des familles, propre à prévenir le duel et à punir les duellistes.* — 2° L'autre sur la direction de l'éducation privée et publique vers cette partie de la morale qui conduise l'homme au respect de sa dignité personnelle dans lui-même et dans les autres, respect fondé sur une meilleure interprétation de la loi de l'Évangile, de la vraie sociabilité et de l'honneur bien entendu. — Avec ces deux réformes, qui demandent, il est vrai, la sanction du temps et le concours de plusieurs générations, nous obtiendrons, n'en doutons pas, la destruction complète d'un préjugé qui n'est souvent qu'une mode et une habitude, que l'on est étonné de voir si longtemps résister au progrès universel de la civilisation.

D. DE C.

DUELLI (**RAYMOND**), chanoine régulier de Saint-Augustin et conservateur de la bibliothèque de la maison de son ordre, à Vienne, obtint un bénéfice pour prix de ses utiles travaux. Il mourut en 1740. Ses principaux ouvrages sont : 1° *Biga librorum variorum*, *Geographia Austria Wolfgangi Lazii*; 2° *Historia gothica Æneæ Sylvii Piccolomini*, etc., etc.

DUERO, en espagnol, et DOURO en portugais (*Durius*), fleuve d'Espagne. Il a sa source dans la province de Socia, près de Hortezuela, traverse la vieille Castille, le royaume de Léon et le Portugal. Il se jette dans l'océan Atlantique, près de Porto; son cours est de 125 lieues; il a pour affluents le Tormes, la Pisburga, l'Esla, l'Adaja, l'Erennia, le Valderaduai, l'Yertes, l'Agueda, l'Ezula, la Tamega. Ce fleuve coule généralement entre des montagnes et de profondes vallées; ses rives sont hérissées de rochers escarpés, dès son entrée en Portugal. Son lit est ordinairement large; il n'est navigable qu'à Torre de Mornowo, c'est-à-dire à 30 lieues de la mer. Ce n'est même qu'à force de longs travaux qu'on a pu lever les obstacles qui s'opposaient à cette navigation. Ce fleuve est très poissonneux; ses aloses surtout sont très recherchées.

DUESSE, s. f. (*v. lang.*), déesse.

DUEZ (**NATHANAEL**), maître de langues, né en Hollande au commencement du XVIIe siècle. Il publia pour l'étude des langues plusieurs ouvrages, entre autres : I. *Nova nomenclatura quatuor linguarum Gallicæ*, *Germanicæ*, *Italicæ et Latinæ*; II. *Epitome dictionum quarumdam æquivocarum et ambiguarum in linguâ Gallicâ*; III. *Eclaircissements de quelques différends en la langue italienne*, etc.

DUFAIL (**NOEL**), seigneur de la Hérissaye et gentilhomme breton, vivait vers la fin du XVIe siècle. Il fut conseiller du roi au parlement de Rennes, et publia des *Mémoires*, *recueils*, *ou extraits des plus notables et solennels arrêts du parlement de Bretagne*, etc., etc.

DUFAY (**JEAN**), abbé de saint Bavon, à Gand, ordre de saint Benoît, docteur de l'Université de Paris, naquit à Saint-Amand, et mourut en 1394, d'après Sanderus. Il est auteur; 1° d'un livre sur l'usage de manger de la viande, fort loué par Trithème; 2° de plusieurs explications sur la règle de saint Benoît; 3° d'un recueil d'exemples. Ce dernier ouvrage fut imprimé à Douai en 1614. (*Bibliothèque Belgique.*)

DUFAY (**PIERRE**), dominicain et docteur de l'Université de Douai, né à Bruges, enseigna la philosophie et la théologie dans les maisons de son ordre, au commencement du XVIIe siècle, notamment à Louvain et à Arras. Son mérite lui valut, dans cette dernière ville, la protection de l'évêque Herman Ottembergh. Dufay est auteur : 1° *de questions théologiques sur la pénitence comme vertu et comme sacrement*, *selon le texte de saint Thomas.* Douai, 1626, in-4°; 2° *Traité théologique et historique du précieux sang de Notre-Seigneur Jésus-Christ*, *conservé à Bruges.* Bruges, 1633, in-4°; 3° *Dissertation sur la perpétuité des approbations accordées aux réguliers pour entendre les confessions et prêcher la parole de Dieu*, œuvre traduite de l'espagnol, à laquelle Dufay a ajouté un *Traité sur la juridiction des réguliers quant aux fonctions de la parole de Dieu.* Gand, 1636, et Cologne, 1631, in-8°.

DUFAY (**CHARLES-JÉRÔME DE CISTERNAY**), naquit à Paris le 2 juillet 1662, suivit la carrière militaire et fut nommé lieutenant aux gardes. Il obtint le grade de capitaine en 1705; mais il fut obligé d'y renoncer à cause de ses infirmités. Il mourut le 24 juillet 1723.

DUFAY (**CHARLES-FRANÇOIS DE CISTERNAY**), fils du précédent, naquit à Paris le 14 septembre 1698. Il entra, à l'âge de 14 ans, comme lieutenant au régiment de Picardie, fit la campagne de 1718, en Espagne, et accompagna le cardinal de Rohan à Rome. Les sciences étaient par dessus tout l'objet de ses études; ce fut comme chimiste qu'il fut reçu à l'Académie des sciences. Il fut nommé intendant du Jardin-des-Plantes, et fit un voyage en Angleterre et en Hollande, pour prendre des exemples dont il profita pour l'embellissement de ce jardin. Il mourut le 16 juillet 1739.

DUFAY (**JEAN-GASPARD**), jésuite, enseigna les humanités, prit l'ordre de prêtrise et se livra à la prédication. Il mourut en 1774. On a de lui des sermons qui forment 9 volumes in-12.

DUFF, roi d'Ecosse, ayant voulu réprimer les brigandages que quelques nobles exerçaient contre les habitants des Hébrides, eut à soutenir une guerre contre ces pillards. Il les fit prisonniers et les fit enfermer au château de Foiresse; mais le gouverneur de cette place, qui était le complice des conjurés, assassina le roi pendant la nuit, l'an 973.

DUFF, groupe de onze îles du grand Océan, découvert par Wilson. Latitude N., 9°38'; longitude E. 64°30'

DUFIEU (**JEAN-FERAPIED**), docteur en médecine, né à Tence, petite ville du Velay, fut correspondant de la Société royale des sciences de Montpellier et chirurgien au grand Hôtel-Dieu de Lyon. Il mourut en 1769, au Mont-d'Or, âgé de 32 ans. On a de lui : *Manuel physique pour expliquer les phénomènes de la nature*, etc.

DUFLET OU DAUFFEIT (**GÉRARD**), peintre d'histoire et de portraits, naquit à Liége en 1594, et mourut l'an 1660. Une tradition rapporte que Rubens étant allé à Liége pour voir les tableaux de Duflet, parut surpris de leur mérite, et conseilla à l'auteur de venir s'établir à Anvers, où il lui procurerait des travaux. Duflet, pauvre, mais rempli d'orgueil, lui répondit : « Vous-même, que ne vous fixez-vous à Liége, je vous occuperais près de moi. » La superbe galerie de Duscaldorfl renferme deux grandes compositions de Gérard Duflet. L'une, connue sous le nom de *l'Invention de la sainte Croix*; l'autre, représentant le pape Nicolas V visitant le caveau de saint François d'Assise.

DUFLOS (**CLAUDE**), graveur en bois, né à Paris en 1678, fut le rival le plus redoutable de François Poilly. Duflos mourut à Paris en 1747, laissant une œuvre fort considérable, recherchée des amateurs, mais difficile à rassembler. — Claude-Augustin DUFLOS, son fils, mort à Paris en 1785, a beaucoup gravé d'après Boucher, Natoire et autres, qui ne méritent aucune réputation.

DUFOT (**ANNE-AMABLE-AUGIER**), docteur en médecine, né à Aubusson en 1735, acheva ses études médicales à Paris, et alla s'établir à Soissons, où il enseigna l'art des accouchements. Il a publié plusieurs ouvrages; les principaux sont : I. *De morbis ex aeris intemperiis*; II. *Mémoire sur les maladies épidémiques du pays Laonnois*; III. *Catéchisme sur l'art des accouchements*, etc.

DUFOUART (**PIERRE**), naquit à Castelnau-Rivière-Basse, dans les Hautes-Pyrénées, le 9 juin 1732, fit ses études à Paris, et fut nommé membre du collége et de l'Académie de chirurgie, à Paris. Il obtint, à l'âge de vingt-deux ans, la place de chirurgien aide-major à l'armée d'Allemagne. Les talents qu'il montra dans la guerre de Sept-Ans lui valurent, en 1763, la survivance de son oncle, M. Faget, pour la place de chirurgien-major des gardes-françaises. En 1791, Pierre Dufouart fut créé inspecteur général des hôpitaux de Paris, et chirurgien-major général des troupes parisiennes. Son grand âge ne lui permettant plus de vaquer aux exercices de sa place, il obtint la décoration de la Légion-d'Honneur et le titre de chirurgien en chef, honoraire et consultant de l'hôpital du Val-de-Grâce. Il mourut à Sceaux, près Paris, le 21 octobre 1813. On a de lui un ouvrage intitulé : *Analyse des blessures d'armes à feu et de leur traitement.*

DUFOUR (**ANTOINE**), évêque de Marseille, prit l'habit de saint Dominique dans le couvent d'Orléans, sa patrie, fut élève et professeur de la maison de la rue Saint-Jacques, à Paris, et devint confesseur de Louis XII, qu'il suivit en Italie. Il mourut à Lodi, au mois de juin 1509. On a de lui : 1° *Paraphrase sur les psaumes pénitentiaux*; 2° *La diète du salut*, *contenant cinquante méditations sur la passion de Notre Seigneur.*

DUFOUR (**LOUIS-THOMAS**), né à Fécamp le 27 janvier 1613, s'adonna avec succès à l'étude du syriaque, du chaldéen et de l'hébreu. Il se présenta au noviciat de Jumiéges, ordre de Saint-Benoît, et fit profession le 10 août 1637. Il mourut le 22 février 1647. On a de lui : *Linguæ hebraicæ opus grammaticum*, *cum hortulo sacrarum radicum.* Il avait composé une *Paraphrase sur le cantique des cantiques*, etc.

DUFOUR (**CHARLES**), curé de Saint-Maclou de Rouen, pourvu ensuite de l'abbaye d'Aulnay, ordre de Cîteaux, dans le diocèse de Bayeux, fut aussi chanoine et trésorier de l'église de Rouen. Il avait été député aux Etats de Normandie en 1647. Il mourut à Rouen le 16 juin 1679. On a de lui : 1° *Requête des curés de Rouen à M. l'archevêque de Rouen*; 2° *Lettres des curés de Rouen au même pour lui demander la censure de l'apologie des casuistes*, *par le P. Pirot*, *jésuite*; 3° *Mémoire pour faire connaître l'esprit et la conduite de la compagnie établie en la ville de Caen.*

DUFOUR (**PHILIPPE-SYLVESTRE**, plus connu sous le nom de), né à Manosque en 1622, se livra au commerce des drogues, ce qui ne l'empêcha pas de s'adonner à la littérature et aux sciences. Il avait des correspondants en Perse, au Japon et en Syrie. Son attachement aux doctrines de Calvin l'obligea de sortir de France en 1387, et ses biens furent confisqués. Il se réfugia à Genève, puis à Vévay, où il voulait se fixer lorsque la mort le surprit, cette même année 1687. Il a laissé plusieurs ouvrages, entre autres : *De l'usage du café, du thé et du chocolat ; Instructions morales d'un père à son fils qui part pour un long voyage, ou manière aisée de former un jeune homme à toutes sortes de vertus.*

DUFOUR DE LA CRESPELIÈRE, médecin du XVIIe siècle, fut en outre poète médiocre. Il a laissé un assez grand nombre de vers.

DUFOURÉE (*bot.*), genre de plantes se rapprochant des restiacées et des joncées, et offrant les caractères suivants : fleurs hermaphrodites, solitaires, pédonculées; calice membraneux à trois divisions profondes, persistantes ; corolle nulle ; une seule étamine hypogyne, à filet capillaire et plane, à anthère biloculaire ; ovaire libre, à trois loges, surmonté de trois styles et stigmates ; capsules oblongues, à trois loges ; graines très menues. Ce genre, créé par M. Bory de Saint-Vincent, a été dédié par lui à M. Léon Dufour, naturaliste distingué ; il renferme de petites herbes croissant sur les pierres au fond des eaux courantes. La *dufourea trifaria*, qui croît en touffes épaisses dans les torrents de l'île Maurice ; sa tige flexible pousse des rameaux plus ou moins allongés, suivant le courant des eaux, et garnis de très petites feuilles embrassantes, de forme elliptiques réunies deux par deux ou trois par trois. Cette plante est le genre *tristicha* de Dupetit-Thouars.

DUFRENOY (Mme ADÉLAÏDE-GILLETTE-BILLET), née à Paris en 1765, fille d'un riche bijoutier, puisa le goût des lettres dans la société des amis de son père. Son mariage avec un procureur du Châtelet ne lui enleva pas les loisirs qu'elle consacrait à la poésie. Pendant la révolution, sa maison de campagne fut l'asile de Fontanes, qui lui donna ses conseils. Elle fut ruinée, et s'assujétit à servir de secrétaire à son mari ; ensuite elle composa des ouvrages d'éducation qui furent bien accueillis. Une pension lui fut accordée par l'empereur, et son poème sur la *Mort de Bayard* fut couronné en 1814 par l'Académie. Elle mourut en 1825. On a recueilli ses œuvres poétiques en 1827.

DUFRESNE (JEAN), seigneur de Préault, né à Amiens vers la fin du XVIe siècle, fut l'un des avocats les plus distingués du barreau de Paris. Il mourut en 1675. On a de lui un *Commentaire de la coutume d'Amiens*, et un recueil intitulé : *Journal des audiences.*

DUFRESNE (BERTRAND), né en 1736, à Navarreins, en Béarn, travailla jusqu'à l'âge de 24 ans chez des négociants de Bordeaux. Il vint à Versailles et fut successivement commis des affaires étrangères, commis de la banque de la cour, premier commis de la caisse d'escompte, premier commis du trésor royal, premier commis des finances sous Necker, intendant-général des fonds de la marine et des colonies, intendant, puis directeur du trésor public, receveur-général des finances de Rouen et conseiller d'Etat par brevet avant la révolution. Dénoncé comme aristocrate par un misérable nommé Néron, il fut jeté dans les prisons pendant la *terreur*, et ne dut sa liberté qu'à la recommandation d'un acteur de l'Opéra-Comique, M. Chenard. Nommé député de Paris au conseil des Cinq-Cents, il fut compris dans la proscription du 18 fructidor (septembre 1797) et vécut dans la retraite à sa campagne du Plessis-Piquet jusqu'au 18 brumaire an VIII. Il fut alors rappelé à l'administration par le consul Bonaparte, qui le fit de nouveau conseiller d'Etat et directeur-général du trésor public. Il fit preuve dans ce poste de la plus grande capacité, et introduisit dans cette administration l'ordre et la régularité qu'on y retrouve aujourd'hui, mais qui y étaient inconnus jusqu'alors. Bertrand Dufresne mourut le 22 février 1801.

DUFRESNOY (CHARLES-ALPHONSE), né à Paris en 1611, fut d'abord dirigé vers la profession de médecin, mais un goût irrésistible l'entraina vers la peinture. Après avoir reçu les leçons de Perrier et de Vouet, il partit pour Rome, à l'âge de 21 ans. En 1653, il alla à Venise, où il étudia surtout le Titien, de même qu'à Rome il avait donné la préférence à Raphaël. Il revint en France en 1656, et produisit plusieurs tableaux estimés. Mais ce qui a surtout fait sa réputation, c'est un poème latin sur la peinture intitulé : *De arte graphicâ*. Il contient d'excellents principes et a été traduit en italien et en anglais. La seconde de ces traductions est due au célèbre Dryden. Dufresnoy, frappé de paralysie, mourut à Villiers-le-Bel, près Paris, en 1665, à l'âge de 54 ans.

DUFRESNOY (ANDRÉ-IGNACE-JOSEPH), né à Valenciennes, le 16 juin 1733, fut nommé médecin de l'hôpital militaire de sa ville natale en 1757 et médecin en chef de l'armée du Nord en 1793. Destitué comme suspect, il obtint quelque temps après la place de médecin en chef de l'hôpital de Saint-Omer, puis de celui de Valenciennes. Il mourut dans cette ville le 14 avril 1801 (24 germinal an 9). Dufresnoy s'était créé une foule de systèmes qu'il a développés dans plusieurs ouvrages, mais dont on a depuis démontré la fausseté et les dangers.

DUFRESNY (CHARLES RIVIÈRE), né à Paris en 1648, avait un talent particulier pour l'embellissement des jardins. Il travaillait à l'anglaise, et plus le terrain qu'on lui abandonnait était inégal, irrégulier, plus il était content. On a connu de lui les jardins de l'abbé Pajot, ceux de Mignaux, et ceux du faubourg Saint-Antoine. Ce talent lui fit obtenir de Louis XIV le brevet de contrôleur de ses jardins. Mais il est plus connu par ses pièces de théâtre, qui l'ont placé au second rang des auteurs dramatiques. *L'Esprit de contradiction*, *le Double veuvage*, *le Mariage fait et rompu*, *la Noce interrompue*, *le Faux honnête homme*, sont les meilleures de ses pièces. Il mourut à Paris le 6 octobre 1724. On a publié ses œuvres choisies en deux volumes in-18.

DUFWA (*ois.*), nom suédois du pigeon domestique, *columba domestica*, Linné, dont le mâle est appelé par les Flamands *duffer* ou *doffer*.

DUGALD STEWART (*V.* STEWART).

DUGARD (GUILLAUME), savant instituteur anglais, né en 1606, à Bromsgrave, dans le comté de Worcester. Après avoir été successivement maître d'école à Stamford, dans le comté de Lincoln, et à Colchester, il fut nommé, en 1637, chef de l'école des marchands tailleurs de Londres. Mais son attachement à la cause royale lui fit perdre sa place. Il fut enfermé quelque temps à Newgate. On juge de ses sentiments politiques par la traduction de deux vers grecs qu'il avait composés sur le meurtre de Charles Ier : *Charles, le meilleur des rois, est tombé sous les coups d'hommes corrompus et cruels, martyr des lois de Dieu et de son pays*, et par l'épitaphe suivante de la mère d'Olivier Cromwell, enterrée dans l'abbaye de Westminster : « Ci-gît la mère d'un fils maudit, qui a causé la ruine de deux rois et de trois royaumes. » Dugard mourut en 1662. On a de lui quelques ouvrages : I. une *Grammaire grecque ;* II. *Lexicon græci testamenti alphabeticum*, etc.

DUGAZON (JEAN-BAPTISTE-HENRI GOURGAULT, DIT), comédien français, mort près d'Orléans en octobre 1809, à l'âge de soixante-huit ans, fut l'un des meilleurs acteurs comiques de la scène française, quoiqu'il tombât souvent dans le genre trivial.

DUGDALE (GUILLAUME), antiquaire et historien anglais, né à Shustock en 1605, devint héraut d'armes, et mourut, le 10 février 1686, âgé de quatre-vingt-un ans. On a de lui un grand nombre d'ouvrages; les principaux sont : 1° *Monasticon anglicanum ;* 2° *les Antiquités du comté de Warwick ;* 3° *l'Histoire de l'église de Saint-Paul de Londres*, etc.

DUGHET, DIT POUSSIN (GUASPRE), peintre, naquit à Rome en 1613, d'une famille originaire de Paris. Le Guaspre était un des peintres les plus expéditifs dont l'histoire des arts fasse mention. Il mourut à Rome en 1675. On voit quatre de ses tableaux au musée du Louvre.

DUGHET (JEAN), frère du précédent, graveur à la pointe et au burin, naquit à Rome vers 1614, et mourut dans la même ville à la fin du XVIIe siècle. Il eut, comme son frère aîné, le célèbre Poussin pour maître.

DUGO (*ois.*), un des noms italiens du grand-duc, *strix bubo*, Linné, que dans quelques départements de la France on appelle *dugon*.

DUGOMMIER (JEAN-FRANÇOIS-COQUILLE), général français, naquit à la Basse-Terre, dans l'île de la Guadeloupe, en 1736, et entra au service à l'âge de treize ans. Il mérita bientôt la croix de Saint-Louis, et parvint plus tard aux plus hauts grades. Il se distingua comme général de brigade à l'armée d'Italie et comme général en chef de l'armée des Pyrénées-Orientales. Au mois d'avril 1794, il repoussa les Espagnols qui s'étaient avancés jusqu'aux portes de Perpignan. Il fut tué par un éclat d'obus près de Saint-Sébastien, le 17 novembre de la même année.

DUGONG, *halicore* (*mam.*). L'ordre des cétacés a été divisé par Cuvier en deux grandes familles. La première, celle des souffleurs, se distingue de la seconde par la présence d'évents ; cette dernière division renferme des cétacés herbivores, manquant d'évents ; les dugongs prennent place parmi eux. Leurs caractères distinctifs sont : leur queue échancrée, leurs nageoires pectorales sans ongles, et leurs dents à couronne plate et comme formée de deux cônes accolés, variant pour le nombre, mais à l'état complet au nombre de trente-deux : molaires $\frac{5\cdot5}{5\cdot5}$;

incisives ; dont les deux externes supérieures représentent de longues défenses recouvertes par un museau semblable à celui des hippopotames; la plupart de ces dents tombent souvent, à l'exception des deux longues incisives. On ne connaît qu'une seule espèce de dugong, c'est le *dugong Indes*, *halicore indicus*, Illig., qui vit aux Moluques, aux Philippines, et dans le détroit de Sincapour, ainsi que sur les côtes de la Nouvelle-Hollande. Sa taille est de dix à douze pieds. — Les dugongs sont des herbivores et ont la faculté de sortir de l'eau pour ramper sur le rivage, où ils recherchent les plantes, qu'ils arrachent avec leurs défenses; leurs lèvres sont très grosses, surtout la supérieure, et leur tête vue de profil représente à peu près celle du lion; leurs yeux sont petits, à paupière supérieure garnie de cils, et le dessus du corps garni de poils peu nombreux. MM. Quoy et Gaimard (Voyage de l'Astrolabe) ont disséqué un dugong, long de six pieds, qui avait l'intestin long de quarante-cinq pieds; l'estomac, en forme d'outre, présentait, du côté du duodénum, deux sortes d'estomacs plus petits, assez semblables à des cœcums Suivant M. J. Christol, il existerait des dugongs à l'état fossile; une espèce se trouve dans la France méridionale, c'est l'*hippopotamus dubius* de Cuvier.

DUGORTIA (*bot.*), nom substitué par Scopoli, pour le parinari de Cayenne, parinarium décrit par Aublet. Schreber le nomme *petrocarya*.

DUGUA (CHARLES-FRANÇOIS-JOSEPH), naquit à Valenciennes en 1744. Dès l'âge de 16 ans il entra dans le régiment de Bourbon, infanterie, et, de simple cadet, il devint bientôt capitaine. Nommé en 1790 lieutenant de gendarmerie à Toulouse, il partit en qualité de colonel de ce corps pour l'armée des Pyrénées-Orientales, et devint, un an après, général de brigade. Se trouvant, en 1793, au siége de Toulon, il monta des premiers à l'assaut, et fut proclamé, sur la brèche, général de division. Il passa à l'armée d'Italie, commandée par Buonaparte, qui le mit à la tête de la cavalerie. Dugua se signala dans les combats de Rivoli, de la Corona, de Saint-Antoine, et au passage du Tagliamento. De retour en France, il fut nommé, en 1800, préfet du Calvados, et rétablit l'académie de Caen. Il fut bientôt nommé chef d'état-major de l'armée de Saint-Domingue, et mourut au Cap-Français le 16 octobre 1802.

DUGUAY-TROUIN (René), célèbre marin, naquit à Saint-Malo le 10 juin 1673. Entraîné par une inclination irrésistible pour la mer, il servit comme volontaire dès l'âge de quinze ans sur un corsaire. Il obtint quelque temps après le commandement d'un vaisseau et se signala par des prises considérables. En 1709, époque où le roi lui accorda des lettres de noblesse, il avait déjà pris plus de trois cents navires marchands et vingt vaisseaux de guerre. En 1711 il s'empara de la ville et de la forteresse de Rio-Janeiro aux Brésil. Cette expédition est célèbre par son hardiesse, par le talent avec lequel elle fut conduite et par l'importance de ses résultats. En 1731, Louis XV voulant envoyer une escadre dans le Levant, en donna le commandement à Duguay-Trouin, qui alla successivement à Alger, à Tunis, à Tripoli, à Smyrne, soutint dans la Méditerranée l'éclat de la marine française, et régla les intérêts du commerce à l'avantage de la nation. Enfin, après s'être acquis sur mer une gloire immortelle, il mourut à Paris le 27 septembre 1736.

DUGUERNIER (LOUIS), peintre français, naquit vers le milieu du XIVe siècle, et se rendit célèbre dans la miniature. Cet artiste, né protestant, laissa plusieurs enfants qui suivirent, comme lui, la carrière des arts. Alexandre, l'aîné, se trouva, à la fondation de l'académie de peinture, être un des anciens; mais il se vit contraint, à la révocation de l'édit de Nantes, de porter son industrie en pays étranger. Alexandre Duguernier eut trois fils, qui furent aussi des peintres estimables.

DUGUESCLIN (BERTRAND), l'un des plus grand guerriers qui ait honoré le nom français, naquit en Bretagne en 1311, d'une famille noble. Il donna dès sa première jeunesse des preuves éclatantes de son courage, et remporta, à l'âge d'environ 16 ans, le prix dans un tournois où il était allé inconnu, et contre la volonté de son père. Après avoir pris plusieurs places sur les Anglais, avoir délivré la France des *grandes compagnies* qui la désolaient, et affermi la couronne de Castille sur la tête de Henri, contre Pierre-le-Cruel, il fut créé connétable par Charles V, roi de France, en 1370. Duguesclin prit part à toutes les guerres contre les Anglais; il gagna sur eux plusieurs batailles, battit en combats réguliers leurs plus redoutables champions; leur enleva le Poitou, le Rouergue, le Limousin, avec diverses places en Normandie et en Bretagne. Il fut cependant fait prisonnier deux fois, à la bataille d'Aurai, en 1464, et à la bataille de Navaret, en 1367. Les rois de France et de Castille s'empressèrent de payer la rançon de ce grand capitaine. Il mourut le 13 juillet 1380, à l'âge de 66 ans, en faisant le siége de Château-Neuf-de-Randon dans le Gévaudan. L'armée poussa de cris des désespoir; chaque soldat semblait avoir perdu son père. Charles V voulut qu'on lui donnât, à Saint-Denis, la sépulture des rois; honneur jusqu'alors sans exemple. Nous citerons en terminant les principales histoires de Duguesclin : 1° *Le Triomphe des neuf preux*, ou *Histoire de Bertrand Duguesclin, duc de Molines*; 2° *Histoire des prouesses de Bertrand Duguesclin*, Lyon 1529, in-4°; 3° *le Livre des faits d'armes de Bertrand Duguesclin*, in-fol. gothique; 4° *Histoire de messire Bertrand Duguesclin, connétable de France, duc de Molines, comte de Longueville et de Burgos, escrite en vers, l'an 1387, et mise en lumière par Claude Menard*, Paris 1618, in-4°, etc., etc.

DUGUESCLIN (JULIENNE), sœur du connétable, était religieuse à Pontorson quand les Anglais tentèrent de s'emparer de cette place par surprise. Eveillée par le bruit, elle se saisit d'une épée, renversa trois des assaillants, donne l'alarme par ses cris et sauva la garnison. Plus tard, elle fut abbesse de Saint-Georges à Rennes, et mourut en 1405 dans un âge avancé.

DUGUET (JACQUES-JOSEPH), savant prêtre de l'Oratoire, naquit à Montbrison dans le Forez, le 9 décembre 1649, et mourut à Paris, le 25 octobre 1733. On a de lui un grand nombre d'ouvrages; les principaux sont : des *Lettres de piété et de morale*; *la Conduite d'une dame chrétienne*; *Traité de la prière publique et des saints mystères*.

DUHALDE (JEAN-BAPTISTE), jésuite, naquit à Paris le 1er février 1674. Il fut chargé de recueillir et de classer les lettres écrites des divers pays par les missionnaires de la Compagnie, et fut quelque temps secrétaire du fameux P. Letellier, confesseur de Louis XIV. Il mourut le 18 août 1643. On a de lui : I. *Lettres édifiantes et curieuses écrites des missions étrangeres*. II. *Description géographique, historique, chronologique, politique et physique de l'empire de la Chine et de la Tartarie chinoise*.

DUHAMEL (JACQUES), avocat, naquit à Rouen et mourut au commencement du XVIIe siècle. On a de lui : *Acoubar, ou la loyauté trahie*, tragédie.

DUHAMEL (JEAN-BAPTISTE), né en 1624 à Vire en Normandie, fut membre de l'Académie de sciences, et entra, en 1643 à l'Oratoire, où il passa dix années; nommé ensuite curé de Neuilly-sur-Marne, il en remplit les devoirs avec zèle et charité. En 1656, Duhamel avait été nommé aumônier du roi; il obtint, en 1663, la dignité de chancelier de l'église de Bayeux. Il mourut le 6 août 1706. Ses principaux ouvrages sont : I. *Astronomia physica*; II. *De meteoris et fossilibus*, ibid; III. *De consensu veteris et novæ philosophiæ*, lib. IV. Paris, 1663.

DUHAMEL (ROBERT-JOSEPH), né à Lille en 1700 et mort en 1769. On a de lui : I. *L'Auteur malgré lui à l'Auteur volontaire*; II. *Lettre d'un docteur à un philosophe sur les explications de M. Buffon*, etc., etc.

DUHAMEL DU MONCEAU (HENRI-LOUIS), un des savants les plus remarquables qui aient illustré la France, naquit à Paris en 1700, fut membre de l'Académie des sciences, et mourut en 1782. Il a laissé un grand nombre d'ouvrages très estimés, dont voici les principaux : *Traité de la culture des terres*, 6 vol. in-12, dont l'auteur donna un abrégé sous le titre d'*Eléments d'agriculture*, 2 vol. in-12; *Traité de la conservation des grains*; *Traité des arbres et arbustes qui se cultivent en France en pleine terre*, ouvrage important; la *Physique des arbres*, qui forme en quelque sorte la suite du précédent, etc., etc.

DUHAMELIA (*bot.*). Dombey avait ainsi nommé une plante qui est le *manglilla* de Jussieu. M. Persoon a substitué le nom de *duhamelia* à celui de *hamellia*, Linné. (*V.* HAMELLIA.)

DUHAN (LAURENT), docteur en Sorbonne, né à Chartres vers 1656, professa la philosophie au collége du Plessis, devint grand-vicaire de l'évêque d'Autun, et obtint un canonicat de l'église de Verdun. Il mourut dans cette ville en 1726. On a de lui : *Philosophus in utramque partem*.

DUHAN (CHARLES-GILLES), né à Jandan, en Champagne, le 14 mars 1685, assista comme volontaire au siége de Stralsund : fut choisi pour veiller à l'éducation du prince royal (Frédéric II), obtint la place de conseiller de la justice allemande, et quelque temps après celle de conseiller privé au département des affaires étrangères. Il accompagna Frédéric II dans la campagne de 1841. Les fatigues qu'il essuya affaiblirent tellement sa santé qu'il mourut le 3 janvier 1746. Duhan était membre de l'Académie de Berlin.

DUHAUPAS, médecin, né en Artois. La science lui est redevable d'une traduction des aphorismes d'Hippocrate avec des notes très estimées. Douai, 1563 (*Bibliothèque belgique*).

DUHL (*ois.*), nom allemand du choucas, *corvus monedula*, Linné.

DUHOUX D'HAUTRIVE, l'un des chefs des royalistes vendéens, en 1793. Il était chevalier de Saint-Louis, avait été capitaine au régiment de Cambresis, infanterie, et rendit de grands services aux Vendéens par ses talents. Il fut membre du conseil royal, gouverneur en second du pays insurgé, sous M. de Donnisson, et commandait à Beaupréau, où il vint à bout d'établir une fabrique de poudre. Il fut tué à Noirmoutier, à l'âge de 50 ans. — DUHOUX (le chevalier), parent du précédent, se distingua par sa valeur dans les rangs vendéens, et fut tué en combattant à l'arrière-garde, après la défaite du Mans.

DUIFFOPRUGEAR (GASPARD), l'un des plus célèbres luthiers de son temps, naquit dans le Tyrol italien vers la fin du XVe siècle. Il voyagea en Allemagne pour se perfectionner dans son art, et revint se fixer à Bologne. François Ier, passant par cette ville, entendit parler de ses talents et l'emmena avec lui à Paris. Gaspard mourut à Lyon vers l'an 1520.

DUIKER (*mamm.*). Les Hollandais donnent ce nom à une espèce d'antilope du Cap, entièrement brun et peu connu. Ce mot signifie plongeur, et lui a été donné à cause des bonds qu'il fait lorsqu'il veut se cacher dans les buissons.

DUILIA (LOI) ou **DUILLIA**, loi portée l'an de Rome 304 (av. J.-C. 450), par le tribun Duilius. Elle qualifiait de crime capital la suppression ou suspension des tribuns et la création de magistratures nouvelles sans nécessité.

DUILIA, autre loi qui mettait de même au nombre des délits capitaux la convocation des comices à certaine distance de la ville.

DUILIA, autre loi qui fixait les intérêts pécuniaires à 1 p. 100, elle fut portée l'an de Rome 302 (av. J.-C. 362.)

DUILIUS ou **DUILLIUS** (*hist.*), tribun du peuple, l'an de Rome 286 (468 av. J.-C.), empêcha que ses neuf collègues, qui voulaient se faire continuer dans leur magistrature, ne fussent réélus.

DUILIUS, tribun du peuple, l'an 450 av. J.-C., auteur de la première loi Duilia.

DUILIUS (CESON), consul l'an 450 av. J.-C.

DUILIUS (NEPOS), consul l'an de Rome 494 (av. J.-C. 260), fut le premier des Romains qui remporta une victoire navale sur les Carthaginois; il leur prit 58 vaisseaux. Après cet avantage décisif, Duilius leur fit lever le siége de Ségeste en Sicile, et emporta d'assaut Macelle en Calabre. Le sénat lui accorda l'honneur du premier triomphe naval et la permission d'avoir une musique et des flambeaux aux dépens du public à l'heure de son souper. Deux ans après il fut nommé censeur.

DUIRE, v. n., convenir, plaire, être à la convenance de quelqu'un. Il est familier et vieux.

DUISANT, ANTE, adj. Il se disait autrefois de ce qui duit, de ce qui plaît.

DUISBOURG ou **DUSBOURG** (PIERRE DE), ainsi nommé du lieu de sa naissance, dans le duché de Clèves, vivait au XIVe siècle. Il était prêtre, chevalier de l'ordre teutonique, et a écrit une *Chronique de Prusse*, en latin.

DUISING (JUSTIN-GÉRARD), originaire du Brabant, naquit le 4 mai 1705, à Berlebourg, et fut nommé professeur ordinaire de médecine à l'Université de Marbourg. En 1759 il devint doyen de la Faculté et mourut le 13 février 1761. Il a laissé un grand nombre d'opuscules.

DUIT (*v. lang.*) (*V.* DOUIT.)

DUIVEN (JEAN), peintre, né à Gouda, en 1610, fut élève de Vautier Crabeth. Il mourut en 1640, âgé seulement de 30 ans.

DUJARDIN (CARLE), peintre, né à Amsterdam vers 1740, reçut des leçons de Berghem, et alla fort jeune à Rome, où il acquit bientôt une grande réputation. Il revint alors dans sa patrie, où il reçut le meilleur accueil. On s'arrachait ses productions et il les vendait des prix considérables; mais il avait un goût effréné pour la dépense et contracta de nombreuses dettes. Peut-être est-ce cela qui le détermina à voyager. Il retourna à Rome et alla de là à Venise, où il mourut d'indigestion le 20 novembre 1678. Tous ses tableaux sont très recherchés, et plusieurs sont des chefs-d'œuvre. Parmi ces derniers nous citerons celui du *Charlatan*, que possède le Musée du Louvre.

DUJARDIN, membre du collége et de l'Académie de chirurgie de Paris, né à Neuilly-Saint-Front, dans le Soissonnais, le 3 janvier 1738, mort le 5 février 1773, avait entrepris d'écrire l'*Histoire de la chirurgie*, depuis son origine jusqu'à nos jours. La mort l'a enlevé avant qu'il ait pu terminer ce précieux travail.

DUKE (RICHARD), poète anglais, né vers le milieu du XVIIe siècle, était l'ami intime d'Otway, et fut lié avec les beaux esprits de son temps. Il fut successivement prébendier de Glocester, chapelain de la reine Anne et vicaire de Witney, dans le comté d'Oxford. Il fut trouvé mort dans son lit en 1711, le lendemain d'un festin. Ses poésies, qui forment un très petit volume, se composent de pièces fugitives et de traductions de Théocrite, Ovide, Juvénal et Horace.

DUKER (CHARLES-GUSTAVE, comte de), général suédois, se distingua dans les guerres de Charles XII. Après la bataille de Frauenstadt, en 1706, il accompagna le roi en Saxe, avec un régiment de dragons dont il était colonel. Il assista aux batailles de Lerno et de Pultava, fut blessé au combat de Gadebusch, obtint le grade de général-feld-maréchal, fut nommé sénateur après la mort du roi, et ensuite élevé au rang de comte. Il eut part au traité de paix signé à Stockholm, le 21 janvier 1720, avec la Prusse. Il mourut le 14 juillet 1732.

DUKER (CHARLES-ANDRÉ), savant philologue du XVIIIe siècle, né en 1670 à Unna, dans le comté de la Marck. Il accepta la chaire d'histoire et d'éloquence dans le Gymnase de Herborn, et la quitta, en 1704, pour une place de sous-recteur dans l'école de La Haye On a de lui : *Opuscula varia de latinitate jurisconsultorum veterum*, etc. Duker mourut le 5 novembae 1752, à Meyderic.

DUKER (ALEXANDRE), frère du précédent, naquit dans la même ville, cultiva les lettres, mais sans célébrité. On lui doit : *L'Histoire de la ville de Come.* Il a traduit de l'italien en latin les recueils de tombeaux et de lampes antiques, publiés par Bellori.

DUKIPHAT (*ois.*), nom hébreu de la huppe, *upupa epops*. Linné.

DULAC (JOSEPH), capitaine dans le régiment d'artillerie du roi de Sardaigne, naquit à Chambéry, vers l'an 1706. Il est le premier de ceux qui ont commencé à introduire la science de l'artillerie en Piémont, et publia à cet effet un ouvrage intitulé : *Théorie nouvelle sur le mécanisme de l'artillerie.* Il obtint le commandement d'Yvrée, avec le rang de colonel dans l'armée sarde, et mourut à Alexandrie en 1757.

DULAC (JEAN-BAPTISTE-SONYER), naquit à Saint-Didier en Velai, le 17 mai 1728. Il fut avocat du roi près le baillage et sénéchaussée de Forez, séant à Montbrison; et, en 1788, conseil du roi. On a de lui : *Mémoires sur les droits seigneuriaux de la province du Forez*, etc. Il mourut le 2 août 1792.

DULAGUE (VINCENT-FRANÇOIS-JEAN-NOEL), né à Dieppe le 24 décembre 1729, fut professeur d'hydrographie au Collége royal de Rouen, et membre de l'Académie de cette ville. On a de lui des *Leçons de navigation, des principes de navigation*, ou *Abrégé de la théorie et de la pratique du pilotage.* Il mourut à Rouen le 9 septembre 1805.

DULARD (PAUL-ALEXANDRE), poète français, né à Marseille en 1696, a laissé un *Poème de la grandeur de Dieu dans les merveilles de la Nature.* Dulard était secrétaire de l'Académie de Marseille. Il mourut le 7 décembre 1760.

DULAU (JEAN-MARIE), archevêque d'Arles, fut membre de l'Assemblée constituante; mais il ne prit aucune part à ce qu'elle fit contre l'Église et la monarchie. Il combattit avec un courage admirable tous les décrets qui lui parurent blesser le dogme, et fut incarcéré dans le couvent des Carmes; il fut l'une des plus illustres victimes des massacres du 2 septembre, et mourut avec le courage et la résignation d'un martyr de la foi.

DULAURE (JACQUES-ANTOINE), né en 1775, à Clermont-Ferrand; après avoir été membre de la Convention, du conseil des Cinq-Cents et du Corps législatif, jusqu'au Consulat, se livra tout entier à des études historiques, et publia divers ouvrages intéressants, entre autres une *Histoire civile, physique et morale de Paris;* des *Esquisses historiques sur les principaux évènements de la Révolution française.* Malheureusement la plupart des écrits de Dulaure ont été faits avec un esprit de dénigrement injuste. Il mourut en 1835.

DULAURENS (André), naquit à Arles, vers le milieu du XVIe siècle. Il fut nommé successivement médecin de la reine Marie de Médicis, chancelier de la Faculté de Montpellier, et, en 1606, prémier médecin de Henri IV. Il mourut le 16 août

1609. Il avait deux frères. — DULAURENS (Honoré), l'un d'eux, obtint de Henri IV l'archevêché d'Embrun ; l'autre, nommé Gaspard, eut celui d'Arles, auquel le roi ajouta l'abbaye de Saint-André de Vienne. Dulaurens (André), nous a laissé plusieurs ouvrages, entre autres : *Historia anatomica humani corporis.* — *Discours de l'excellence et de la conservation de la vue.*

DULAURENS (HENRI-JOSEPH), naquit à Douai le 27 mars 1719, entra, à l'âge de seize ans, chez les chanoines réguliers de la Trinité, et fut admis à la profession le 12 novembre 1737. Mais la vivacité de son esprit lui fit des jaloux, et les désagréments qu'on lui faisait éprouver le déterminèrent à demander sa translation dans l'ordre de Cluni. Ayant été refusé dans une maison de cet ordre, il se rendit à Paris. Le parlement de cette ville venait de lancer le célèbre arrêt contre les jésuites. Dulaurens composa contre eux une satire qui parut sous le titre de *Jésuitiques*, et partit à pied, le jour même, pour la Hollande. Ayant été dénoncé à la chambre ecclésiastique de Mayence comme auteur d'ouvrages antireligieux, il fut jugé et condamné, par sentence du 30 août 1767, à une prison perpétuelle. Il fut détenu dans une maison de pauvres prêtres, qui était appelée *Mariabom*, et située près de Mayence. Il y mourut vers l'année 1797. On a de lui beaucoup d'ouvrages, entre autres : *le Balai ; la Chandelle d'Arras*, poème héroïque ; *l'Arétin moderne ; les Abus dans les cérémonies religieuses*, etc.

DULAURENS, frère puîné du précédent, naquit à Douai, devint médecin de la marine royale, et fut nommé maire de la ville de Rochefort. Il est auteur de plusieurs ouvrages sur l'administration des hôpitaux. Il est mort à Paris le 3 mai 1789.

DULB (*bot.*), nom arabe du platane du Levant, suivant Dalechamps ; on le nomme *schinar* aux environs du Caire, au dire de Forskaël.

DULCAMARA (*bot.*). Dodoëns et Dalechamps donnent ce nom à la douce-amère, *solanum dulcamara.* Césalpin croit que c'est le *solicastrum* de Pline ; d'autres, que c'est la seconde espèce de *cyclaminus* de Dioscoride, et le *melotron* de Théophraste. Medicus et Mœnch font un genre à part de cette espèce, sous le nom de *dulcamara*, à cause de quelques taches dans l'intérieur de la corolle, et d'une baie de forme ovoïde.

DULCICHINUM (*bot.*), nom que Gesner et d'autres donnaient au souchet, dont les racines sont de petits tubercules bons à manger, *cyperus esculentus*. C. Bauhin dit que c'est le *malinathalla* de Théophraste et des Égyptiens, l'*anthalium* de Pline, le *trasi* de Matthiole, Clusius et des Véronais, l'*habel-assis* ou *granum alzeelen* des Arabes, l'*holoconitis* d'Hippocrate, les *margaritæ ægyptiæ* d'Aristote. Il ne faut pas confondre ce souchet avec celui de Rumph. (*V.* CHABAZIZI.)

DULCIDIUS, prêtre de Tolède, fut député en 883, par Alphonse, roi de Castille, près d'Abub-Alith, chef des Sarrasins, et nommé à l'évêché de Salamanque en récompense de ses services.

DULCIFICATION, s. f. (*t. de chimie*), action de dulcifier, ou le résultat de cette action.

DULCIFIER, v. a. (*t. de chimie*), tempérer par quelque mélange la violence d'un acide.

DULCINÉE, s. f. Il se dit familièrement de la maîtresse d'un homme sur la passion duquel on plaisante ; par allusion à la dame de don Quichotte.

DULCINISTES, sectateurs d'un hérétique nommé Dulcin, qui vivait à la fin du XIIIe ou au commencement du XIVe siècle. Il était de Novarre, en Lombardie, fils d'un prêtre d'Ossula et disciple de Ségarel, dont il suivit les erreurs. Il disait que la loi du Père, qui avait duré jusqu'à Moïse, était une loi toute de rigueur et de justice ; que celle du Fils avait été une loi de grâce et de sagesse ; mais que celle du Saint-Esprit, qui commençait avec lui en 1307, était une loi toute d'amour et de charité qui ne finirait qu'avec le monde. Il prétendait que tout était commun, jusqu'au mélange des deux sexes ; que le pape et tous les autres ministres de l'Église romaine avaient perdu leur autorité dont sa secte était la seule dépositaire. Dulcin fut pris l'an 1308 et brûlé à Verceil avec une femme nommée Marguerite, complice de son libertinage, et ses disciples se confondirent avec les Vaudois. Dulcin avait écrit trois lettres *ad universos christianos*. Louis-Antoine Muratori a donné deux histoires de cet hérésiarque, écrites par des auteurs contemporains ; elles se trouvent dans le neuvième tome de son Recueil des écrivains de l'histoire d'Italie. On peut voir aussi Platine dans la vie de Clément V, Bernard de Luxembourg. (Pratéole, tit. *Dulc.* ; Sandère, *hæres*, 150 ; Sponde, à l'an 1307, nos 16, 17.)

DULCIS (CATHUIN), né en 1540 à Cruseille, en Savoie, fut gouverneur du comte Ernest d'Ortembourg, fit avec lui le voyage d'Allemagne, et fut attaché à la cour des princes de Bade. Il se livra avec ardeur à sa passion pour les voyages lointains, et visita l'Égypte, la Palestine, la Syrie et l'île de Chypre. Il parcourut aussi la Grèce, donnant partout des leçons. On ignore l'époque précise de sa mort, mais on sait qu'il publia un ouvrage en 1605. De ses nombreux écrits, nous citerons seulement : *Institutiones linguæ italicæ* ; Cologne, 1700, in-8° ; et *Schola italica* ; Francfort, 1605.

DULCO ou **DUCLO** (GASTON), né dans le Nivernais vers l'an 1530, fut avocat au barreau de Nevers, et plus tard lieutenant général du présidial de la même ville. On a de lui un ouvrage, intitulé : *Apologia argyropœiæ et chrysopœiæ.*

DULGIBINS ou **DULGUMNIENS**, nation germanique que l'on croit avoir été une colonie des Chérusques, et s'être fixée sur les bords de l'Amisie (*Emo*). Ascalingium (*Linhen*) était leur ville principale.

DULICHIUM (*Thiaki*) (*géogr.*), une des îles qui formaient le royaume d'Ulysse. Les anciens eux-mêmes étaient incertains sur sa position. Quelques géographes soutenaient que c'était l'île de Céphalénie, qui est en effet très voisine d'Ithaque ; d'autres, et c'était le plus grand nombre, la plaçaient parmi les îles Échinodes, près de l'embouchure de l'Achéloüs. Du temps de Strabon, on appelait cette île Dolicha.

DULICHIUM (*géogr.*), cap de l'île du même nom.

DULICHIUM (*bot.*), genre de plantes établi par Persoon dans la famille des *cypéracées*, de la *triandrie monogynie* de Linné, offrant pour caractère essentiel : des épis presque en grappes axillaires ; les épillets linéaires lancéolés, un peu comprimés, composés d'écailles serrées, embrassantes, disposées presque sur deux rangs ; trois étamines ; un ovaire environné de soies rudes, surmonté d'un style très long et bifide ; une semence linéaire. Ce genre ne renferme qu'une espèce, le *Dulichium spathacé, D. spathaceum*, à tiges droites, cylindriques, entièrement couvertes par les gaînes des feuilles ; celles-ci nombreuses, rapprochées, très lisses, longues de deux pouces, graduellement plus courtes ; les pédoncules solitaires, filiformes, un peu denticulés, situés alternativement dans les gaînes des feuilles ; ils supportent des petites grappes composées d'épis sessiles, alternes, contenant environ six fleurs. Elle croît dans l'Amérique septentrionale.

DULIE, s. f. Il n'est usité que dans cette locution : *Le culte de dulie*, le culte de respect et d'honneur que l'on rend aux saints, par opposition au *culte de latrie*, le culte d'adoration que l'on rend à Dieu seul.

DULIN (PIERRE), peintre, né à Paris en 1670, se forma sur les ouvrages de Lebrun. On a de lui *saint Claude qui ressuscite un enfant mort que sa mère lui apporte.* Ce tableau est regardé comme un de ses bons ouvrages. Dulin était de l'Académie de peinture. Il mourut à Paris, le 28 janvier 1748.

DULLAERT (HYMAN), peintre, né à Rotterdam en 1636, était élève de Rembrandt, et l'imitait si bien que ses ouvrages trompaient même les connaisseurs. Bon musicien et possédant une très belle voix, il faisait aussi des vers, et l'on a de lui une traduction de la Jérusalem du Tasse. Il mourut le 6 mai 1684.

DULLAHA (*bot.*). Serapion nommait ainsi le melon d'eau *cucurbita citrullus*, suivant Ranwolf.

DULOIR, voyageur français, partit de Marseille en 1659 et visita les côtes de l'Asie mineure, la Grèce et Constantinople. Son voyage dura trois ans. Il a publié une relation sous ce titre : *Voyages du sieur Duloir, contenus en plusieurs lettres écrites du Levant, avec la relation du siége de Babylone en 1629, par le sultan Mourat.* Il a paru une traduction italienne de cet ouvrage en 1671, in-12.

DULORENS (JACQUES), poète satirique, né vers 1583 à Châteauroux, en Thymerais, exerça la profession d'avocat à Paris et à Chartres. Il acquit, en 1613, la charge de baillif-vicomte de Châteauneuf, et, lors de l'érection de cette terre au baillage, il en fut nommé premier lieutenant général. Il mourut en 1655. On a de lui : *les Embarras de Paris, le Mariage, la Noblesse*, etc.

DULOT, poète ridicule, naquit au VIIe siècle, et passa pour l'inventeur des bouts rimés. Ses contemporains n'ont daigné conserver aucun détail sur sa vie ni sur les ouvrages qu'il peut avoir composés.

DULUS (*ois.*). M. Vieillot forme, sous ce nom, un genre qui renferme le *tangara esclave, tangara dominica*, Linné.

DULWILLY (*ois.*), un des noms anglais du petit pluvier à collier *charadrius hyaticula*, Linné.

DUMAREST (RAMBERT), graveur en médailles et membre de l'Institut, né en 1750 à Saint-Etienne, en Forez, et mort à Paris en 1806, est l'un des artistes les plus habiles en son genre. Ses ouvrages les plus estimés sont: *La tête de J.-J. Rousseau, le buste du premier des Brutus*, deux médailles du *Poussin*, celle du Conservatoire de musique, qui porte la figure en pied d'*Apollon*; celle que l'Institut délivre à chacun de ses membres, représentant *Minerve*; la médaille d'*Esculape* pour l'Ecole de médecine, et enfin celle de *la paix d'Amiens*.

DUMARSAIS (CÉSAR-CHESNEAU), grammairien philosophe, né à Marseille le 17 juillet 1676. Ses contemporains le méconnurent; il vécut obscur et mourut presque ignoré. La postérité a su mieux apprécier Dumarsais; son *Traité des tropes* est considéré comme un chef-d'œuvre de logique, de clarté et de précision; sa *Grammaire française*, sa *Grammaire latine et sa logique* sont très estimées. Il expira à 80 ans, le 11 juin 1756

DUMAS (HILAIRE), professeur de théologie de la Faculté de Paris et docteur en Sorbonne. On a de lui: *Histoire des cinq propositions de Jansénius; Défense de l'histoire des cinq propositions de Jansénius*, ou *Deux vérités capitales de cette histoire, défendues contre un libelle intitulé: La paix de Clément IX*, ou *Démonstration de deux faussetés capitales*. L'abbé Dumas mourut en 1742.

DUMAS (LOUIS), né à Nîmes en 1676, mourut près de Paris le 19 janvier 1744. On lui doit: *l'Art de composer toute sorte de musique, sans être obligé de connaître le ton ni le mode; les Mémoires d'Ecosse sous la reine Marie Stuart, tradnit de l'anglais de Crawfurd; la Bibliothèque des enfants ou les premiers éléments*, etc.

DUMAS (ALEXANDRE), né à Saint-Domingue en 1762, fils d'un riche colon appelé la Pailleterie, et d'une négresse son esclave, s'engagea à 14 ans dans les dragons de la reine. Il dut son avancement à sa rare intrépidité, et arriva au grade de général de division. Il subit une captivité de 28 mois dans les prisons de Naples, et mourut à Villers-Coterets en 1806.

DUMAS (le comte MATTHIEU), né en 1753, à Montpellier, fils d'un trésorier de France, sous-lieutenant à 15 ans, suivit Rochambeau en Amérique; fut envoyé à Saint-Domingue, dans l'Archipel et en Hollande. A la création de la garde nationale, aide-de-camp de Lafayette, il protégea la rentrée du roi dans Paris, après la fuite de Varennes. Membre de l'Assemblée législative, il fut toujours du parti modéré, et se tint à l'écart aussitôt que la violence domina. Il entra au conseil des Anciens, échappa à la proscription de fructidor, et, rentré dans les rangs de l'armée, fut nommé général de division en 1805. Il fut ministre de la guerre à Naples sous Joseph, assista à la bataille de Wagram, et fut fait prisonnier à Leipzig. Sous la Restauration il fut envoyé à la chambre, et vota avec l'opposition. Elevé à la pairie après 1830, il mourut en 1837. On lui doit un des ouvrages les plus importants sur les guerres de Napoléon, intitulé: *Précis des évènements militaires de 1799 à 1807*.

DUMAS (R.-F.), né en Franche-Comté, était avocat au commencement de la révolution. Lors de la formation des administrations départementales, il fut nommé membre de celle du Jura. Après le 10 août il alla à Paris et fut nommé président d'une des sections du tribunal révolutionnaire. Il fut un des plus fougueux partisans de Robespierre, fut mis hors la loi avec lui, et exécuté le 10 thermidor 1794, à l'âge de trente-sept ans.

DUMAS (JEAN-FRANÇOIS), frère aîné du précédent, exerça la profession d'avocat à Lons-le-Saulnier. Dans les premiers mois de 1793, il s'opposa avec courage à l'exécution des mesures proposées par les commissaires de la Convention. Un décret l'ayant déclaré rebelle, il fut obligé de fuir pour échapper à une mort inévitable. Il mourut à Trévoux en 1794, à l'âge de trente-huit ans. On a de lui: *Adresse aux états généraux et particuliers sur l'origine de l'impôt, etc.*

DUMAS (CHARLES-LOUIS), doyen de la Faculté de Médecine de Montpellier, professeur de médecine, recteur de l'Académie, conseiller de l'Université, membre de la Légion d'Honneur, correspondant de l'Institut national de France, etc. Naquit à Lyon en 1765. On a de lui un grand nombre d'ouvrages; les principaux sont: *Essai sur la vie; Observations sur une imperforation de l'anus; Observations sur une plaie de tête; Aperçu sur les maladies qui ont régné à l'armée*. Il mourut le 3 avril 1813.

DUMAY (PAUL), né à Toulouse en 1585, fut reçu conseiller au Parlement de Dijon en 1611. Il cultiva la poésie latine, et fut estimé de plusieurs savants. On n'a de lui aucun ouvrage important. Il mourut à Dijon le 29 décembre 1645.

DUMAY (LOUIS), publiciste du XVIIᵉ siècle, né en France, voyagea en Amérique et à son retour se fixa en Allemagne. Il fut successivement secrétaire de l'électeur de Mayence et conseiller du duc de Wurtemberg. Sur la fin de sa vie il professa la langue française au collége de Tubingue, et mourut dans cette ville le 22 septembre 1681. On a de lui: *Etat de l'empire ou Abrégé du droit public d'Allemagne. Discours historiques et politiques sur la guerre de Hongrie, etc.*

DUMBARTON, comté d'Ecosse, borné par ceux d'Argyle et de Perth à l'O. et au N., de Stirling à l'E., de Renfrew au S. Il a 15 lieues de long sur 2 de large. Le nombre de ses habitants s'élève à 24,200. La partie O. est marécageuse; le reste est fertile en blé et paturages.

DUMBARTON, ville d'Ecosse, chef-lieu du comté ci-dessus, avec un château très fortifié, au confluent du Leven et de la Clyde, à 4 lieues N. O. de Glascow et à 5 lieues N. O. d'Edimbourg. Latitude N., 55° 58', longitude O., 6° 50'. Ses habitants au nombre de 2,000 se livrent à la pêche du saumon, dont ils font un objet de commerce.

DUMÉE (JEANNE), dame, chez qui le goût de l'étude et de la science se développa dès son bas âge, naquit à Paris dans le XVIIᵉ siècle. Elle se livra entièrement à l'astronomie, et composa un ouvrage intitulé: *Entretiens sur l'opinion de Copernic touchant la mobilité de la terre*, Paris, 1680.

DUMÉES (ANTOINE-FRANÇOIS-JOSEPH), avocat au parlement de Flandre et lieutenant du roi au bailliage d'Avesne, né à Esclaibes, près de Valenciennes, en 1722. On a de lui: *Jurisprudence du Hainaut français, etc.* Il mourut à Avesne le 27 février 1765.

DUMÉNI ou **DUMESNIL**, acteur de l'Opéra français, débuta en 1677 dans le rôle d'Atys. Il joua longtemps avec succès tant en France qu'à l'étranger; mais en revenant d'Angleterre il gagna une extinction de voix et dut renoncer au théâtre. Il mourut en 1715.

DUMESNIL (MARIE-FRANÇOISE), célèbre actrice, née à Paris en 1713, et morte en 1803, fut la rivale de Clairon et s'éleva jusqu'au sublime de la déclamation. Elle débuta à la Comédie-Française, le 6 août 1737, par le rôle de Clytemnestre, d'Iphigénie en Aulide, et elle y fut reçue le 8 octobre de la même année.

DUMENT, adv., d'une manière convenable, selon la raison, selon les formes. Il s'emploie surtout en termes de pratique.

DUMERIL SHARK (*poiss.*). M. A. Lesueur a décrit sous ce nom (*Journ. of the acad. of that sciences of Philadelphia*, mai 1818) une espèce d'ange de mer ou de squatine, très différente des animaux du même genre que nous voyons dans nos mers. Il l'a dédiée à M. le professeur Duméril (*V.* SQUATINE.)

DUMERILIE (*bot.*), genre de plantes de la famille de lynanthérées, placé par M. Cassini dans sa tribu des nassiauvées. Ce sont des plantes ligneuses ou herbacées, à feuilles alternes, pétiolées; à calathides disposées ordinairement en corymbe et composées de fleurs jaunes. Ce genre, établi par M. Lagasca, a été dédié par lui à M. Duméril.

DUMFRIES, comté d'Ecosse, borné à l'O. par le comté d'Ayr; au S., par le golfe de Solway; à l'E., par le comté de Rosburg; au N., par ceux de Selkirk et de Lanark. Ce comté est divisé en trois parties: Nithisdale, Annansdale et Eskdale. Sa superficie est de 422 lieues carrées. Il est arrosé par l'Esk, l'Annau, le Nith, le Menoch. Le sol est marécageux, mais du reste fertile. On en exporte des grains, des patates, des jambons, des bas de laine, de la toile de lin, etc.

DUMFRIES, ville d'Ecosse, chef-lieu du comté ci-dessus, sur la rive gauche du Nith, avec 11,000 habitants. Elle fait un grand commerce en fer, ardoises, chaux et liége. A 29 lieues S.-S.-O. d'Edimbourg.

DUMMEIRI (*bot.*), nom arabe du melon, selon Forskaël. M. Delille le nomme *domeyri*.

DUMNACUS (*hist.*), chef des Andecaves, assiégea dans Limonum Duratius, allié des Romains; mais étant poursuivi par Caninius et Fabius, il se retira derrière la Loire où il fut battu, et forcé de fuir seul aux extrémités de la Gaule.

DUMNORIX, prince gaulois, frère de Divitiac chef des Eduens, n'est connu que par les *Commentaires de César*. Il épousa la fille d'Orgétorix, roi des Helvétiens, et s'engagea à favoriser le projet qu'avait formé ce peuple de venir s'établir dans la Gaule. César apprenant l'arrivée des belliqueux Helvétiens accourut et les battit; mais dans un second combat Dumnorix qui se trouvait parmi les alliés de César se retira au plus fort de l'action et entraîna la défection des Gaulois auxiliaires. Quelque temps après, César ayant voulu l'emmener dans son expédition en Grande-Bretagne, Dumnorix refusa et tenta de s'échapper du camp pendant la nuit. Il fut tué par ceux que César avait envoyés à sa poursuite.

DUMONIN (JEAN-EDOUARD), né à Gy vers 1557, connaissait les langues latine, grecque, hébraïque, italienne et espagnole, et cultiva la théologie, la philosophie, les belles-lettres, etc. Il vint à Paris fort jeune, et y fut assassiné le 5 novembre 1586, à l'âge de 29 ans. Ce crime fut attribué à la jalousie de ses rivaux. Ses ouvrages fort médiocres donnent peu de créance à cette opinion.

DUMONT (HENRI), naquit près de Liége en 1610, apprit à jouer de l'orgue, et vint à Paris, où il trouva à employer ses talents. Il devint maître de la musique du roi. La reine lui fit obtenir la même place dans sa maison et le fit nommer abbé de Silly. Dumont mourut à Paris en 1674.

DUMONT (JEAN), publiciste, né en France dans le XVIIe siècle, suivit pendant quelque temps la carrière des armes, qu'il quitta pour parcourir les différentes parties de l'Europe. Il s'arrêta en Hollande et y ouvrit un cours de droit public. Quelques compilations utiles qu'il publia à la même époque le firent connaître avantageusement dans les pays étrangers. L'empereur d'Allemagne le nomma son historiographe et lui donna le titre de baron de Carlscroon. Il mourut à Vienne en 1726. On a de lui un grand nombre d'ouvrages : *Nouveau voyage au Levant*; *Mémoires politiques pour servir à la parfaite intelligence de l'histoire de la paix de Ryswick.*

DUMONT (FRANÇOIS), sculpteur, né à Paris en 1688, fut admis à l'Académie à l'âge de 23 ans, et donna pour morceau de réception une figure représentant un *Titan foudroyé*. Le duc de Lorraine l'appela à Nancy et lui donna le titre de son premier sculpteur. Dumont mourut en 1726, à l'âge de 38 ans, des suites des blessures qu'il s'était faites en tombant d'un échafaud.

DUMONT (JEAN), dit *le Romain*, peintre estimé, naquit à Paris en 1700. Son morceau de réception à l'Académie de peinture représente *Hercule et Omphale*. On a encore de lui : *la Mère savoyarde* et *la charmante Catin*, qui furent regardés comme de petits chefs-d'œuvre.

DUMONT (GEORGES-LOUIS-MARIE), baron de Courset, né en 1746 au château de Courset, près Desvres (Haut-Boulonnais). Le baron de Courset suivit d'abord la carrière des armes et obtint en quelques années le grade de capitaine au régiment de Bourgogne-cavalerie. Il prit goût à l'étude de la botanique au pied des Pyrénées, où il s'était rendu avec sa compagnie au sujet d'une épizootie qui désolait cette contrée. Il abandonna donc à 31 ans la carrière militaire et vint à Courset créer d'immenses jardins dans lesquels il fit croître des plantes de presque toutes les parties du monde. « Ces jardins n'eurent point d'égaux en Europe, dit un écrivain boulonnais, et fixèrent l'attention de toutes les nations. M. de Courset a publié en 1784 d'excellents mémoires sur la culture du Boulonnais et des cantons maritimes. Membre de la Société d'agriculture de Paris, il fit insérer dans les Annales de cette compagnie des observations météorologiques. En 1789, il passa la mer pour étudier les secrets des agronomes anglais. Il s'occupait d'un ouvrage sur la botanique lorsqu'il fut mis en prison avec d'autres victimes de la révolution française. Quelques savants, entre autres, M. Thouin, obtinrent sa liberté du comité de salut public. Depuis il continua son œuvre du *Botaniste-cultivateur*, imprimé à Paris en 1798, 1802, 1805, en 5 vol. in-8°. Une quatrième édition publiée en 1811 contient de plus la description de 8,700 plantes. En 1814, l'auteur y joignit un volume supplémentaire contenant une sorte de vocabulaire des noms français et étrangers renfermés dans le corps de l'ouvrage. Dumont de Courset mourut en 1824, à l'âge de 78 ans. (*Hist. de Boulogne* par Bertrand.)

DUMONT (PIERRE-ETIENNE-LOUIS), savant publiciste, naquit à Genève le 18 juillet 1759, se réfugia en Russie en 1782, après le triomphe du parti aristocratique dans sa patrie. Il revint en France en 1789, où il travailla avec Mirabeau, et passa bientôt en Angleterre, où il aida Bentham dans la publication de ses ouvrages. De retour à Genève en 1814, et membre du conseil souverain, il mit en pratique les principes de son ami, et mourut à Milan en 1829. On a de lui plusieurs ouvrages sur la législation. Après sa mort, en 1831, parurent les *Souvenirs sur Mirabeau et sur les deux premières assemblées législatives*, 1 vol. in-8°.

DUMONT D'URVILLE (JULES-SÉBASTIEN-CÉSAR), capitaine de vaisseau, aussi célèbre par ses découvertes maritimes que par sa fin cruelle, naquit en 1790, à Condé-sur-Noireau, département du Calvados. Il montra dès son enfance un goût prononcé pour tout ce qui se rattache aux voyages et aux expéditions maritimes. Il fit de bonnes études à Caen, et au sortir de l'école il fut attaché au port de Toulon, où il consacra ses loisirs à acquérir des connaissances en entomologie et en botanique. Il prit part, en 1819 et 1820, à l'expédition qui, ayant relevé les côtes de l'Archipel et de la Mer-Noire, rapporta la Vénus de Milo. Dumont d'Urville rédigea la relation de ce voyage. En 1822 il accompagna M. Duperré sur la *Coquille*, dont on lui confia le commandement en second. Cette corvette visita le Pérou, la Chine, l'Océanie, les îles de la Sonde, etc. D'Urville rapporta de ce voyage de riches matériaux pour l'histoire naturelle, et une immense collection pour le Muséum. Il eut ensuite le commandement de *l'Astrolabe*, chargée de relever les îles de la mer du Sud, et de rechercher encore une fois les traces du malheureux la Pérouse. Plus heureux que ses devanciers, il parvint à constater que le naufrage de l'Astrolabe et *de la Boussole* a eu lieu sur les côtes de Vanikoro, une des îles situées au nord-est de Santa-Cruz. Il recueillit des débris de l'armement de ces deux vaisseaux, et éleva un cénotaphe à ses compatriotes. Dumont d'Urville revint de ce voyage, riche d'observations d'histoire naturelle, et heureux d'avoir fait, dans la Polynésie particulièrement, une foule de découvertes géographiques de la plus haute importance. Il publia, en 1830, le récit de l'expédition de *l'Astrolabe*, et le fit suivre, en 1834, de son *Voyage pittoresque autour du monde.* Une autre mission lui fut confiée en 1835, celle de reconnaître plusieurs points inexplorés de l'Océanie, et de s'approcher aussi près que possible du pôle austral. Il s'en acquitta avec le même succès que des précédentes, découvrit, à une latitude très avancée, une terre qu'il nomma la *terre Adélie*, du nom de sa femme. Ce souvenir conjugal prend quelque chose de plus touchant quand on songe comment les deux époux, alors séparés par tant de mers, devaient être bientôt réunis pour toujours. En effet, à peine de retour en France, Dumont d'Urville voulut conduire sa famille à Versailles par le chemin de fer : c'était le 8 mai 1842. Il trouva la mort dans la funeste catastrophe de Meudon, avec sa femme et son fils unique, enfant plein d'espoir et d'avenir.

DUMONTIE, *dumontia* (*bot.*), *hydrophytes*, genre établi par Lamouroux dans la classe des floridées, et présentant pour caractères : substance presque gélatineuse ; fructifications isolées, éparses, innées ou ne formant jamais de saillie sur la surface de la plante : couleurs brillantes : point de feuilles proprement dites ; frondes fistuleuses, divisées tantôt en dichotomies régulières, tantôt en rameaux épars, ayant l'apparence des feuilles cylindriques et charnues de quelques liliacées. Les dumonties naissent, croissent et meurent dans l'espace d'une saison ; leur taille varie entre un mètre et plus, et deux ou trois centimètres. Ce genre a été dédié à M. Charles Dumont, et se compose de fucus et d'ulves de Linné. Tels sont les *D. fastuosa*, *Calvadosii*, *incrassata*, *ventricosa*, *interrupta*, etc.

DUMOUCHEL (JEAN-BAPTISTE), ancien recteur de l'Université de Paris, naquit, vers 1747, d'un paysan des environs de Rouen, et suivant d'autres de la Picardie. Il obtint une bourse au collége de Sainte-Barbe de Paris, y fit ses études, prit les ordres sacrés, entra ensuite comme maître d'études au collége Louis-le-Grand, et alla quelque temps après à Rodez comme professeur de rhétorique. Rappelé à Paris, il occupa une chaire au collége de la Marche ; plus tard il devint recteur de l'Université. En 1788 il remplit les fonctions de secrétaire de l'assemblée électorale du clergé de ce diocèse. En 1789 il fut élu député de son ordre aux États généraux, se réunit aux tiers-état dès les premières séances, et se lia bientôt avec le parti constitutionnel. Il prêta le serment et devint, en 1791, évêque de Nîmes. Il s'y conduisit suivant les nouveaux principes qu'il avait adoptés, donna sa démission et se maria lors de la suppression politique du culte. Alors il fut employé dans les bureaux du ministère de l'intérieur, d'où Lucien Bonaparte l'exclut, dit-on, pour *discours déplacés*. Il y rentra sous le ministère de Chaptal, comme chef du bureau de l'instruction publique, et passa ensuite dans les bureaux de l'Université, quand ce corps fut reconstitué.. Il prit sa retraite en 1814 et mourut en 1820. On a de lui : *Narrationes excerptæ ex latinis scriptoribus* ; Paris, 1810, in-12. M. Goffaux en a donné une seconde édition.

DUMOULIN (*V.* MOULIN.)

DUMOURIEZ. Le premier par ordre de date qui se soit illustré à la tête des armées pendant la révolution française, où se développèrent si rapidement tant de talents jusqu'alors ignorés,

Charles-François Dumouriez naquit à Cambrai le 25 janvier 1739. Il dit dans ses mémoires que son nom de famille était Dupérier, et que c'est seulement du côté maternel que venait le nom de Moriez ou Mouriez, qui, par corruption parisienne, a été changé en Dumouriez. Le jeune Dumouriez, dont le père, attaché à l'administration de la guerre, s'est distingué dans les lettres, et a publiée une imitation abrégée du Ricciardetto, reçut une éducation très soignée, et suivit de fort bonne heure la carrière des armes, ce qui ne l'empêcha pas d'y porter un degré d'instruction peu commun. Il fit ses premières armes dans la guerre de sept ans. Dans cette guerre les troupes étaient braves et pleines de bonne volonté, et l'armée comptait un grand nombre d'officiers remplis de talens; si le succès ne répondit point à ce qu'on devait attendre de tels éléments, Dumouriez en indique la véritable cause : dans le défaut d'ensemble, dans le manque d'une volonté unique et persévérante. Blessé et fait prisonnier la veille du combat de Clostercamp, son amour pour les lettres, dit-il, lui sauva la vie. Il avait dans la poche gauche de sa redingote les *Lettres provinciales* de Pascal. Cette poche couvrait sa hanche; une balle de carabine frappa le livre, en perça la moitié et s'y arrêta. En offrant ce même livre au père de Latour, jésuite, homme d'esprit, qui avait été principal du collége de Louis-le-Grand, Dumouriez ajouta gaîment : « Que c'était là un des miracles de Port-Royal. » Il obtint la croix de saint Louis avant 24 ans. Il s'était fait, dit-il, une *petite bibliothèque qui l'a toujours suivi* à la guerre, composée de la *Bible*, des *Essais* de Montaigne, d'Horace, des *Commentaires de César*, de Montécuculli, du *Parfait capitaine* du duc de Rohan, des *Mémoires* de Feuquières et de la *Géométrie* de Leblond. Pour perfectionner son instruction, à la lecture Dumouriez joignit les voyages, et parcourut successivement l'Italie, la Corse, l'Espagne et le Portugal. Il fit dans cette même Corse les campagnes de 1768 et 1769. Ce fut pour lui une occasion de se trouver en rivalité de gloire avec le tacticien Guibert, dont il porte le jugement suivant : « Guibert, très jeune encore dans la guerre de Corse, conduisait M. de Veaux, et le laissait trop apercevoir; Dumouriez exécutait les ordres de son général et n'a pas même usé de sa confiance. Guibert a ambitionné les honneurs de l'Académie. Dumouriez n'a jamais regardé l'art d'écrire et de parler que comme la *voiture* des idées, ce qui l'a empêché de courir après la gloire littéraire. Guibert a fait un livre sur la guerre dont la préface est un hors-d'œuvre sublime qu'on pourrait mettre à la tête de tel autre ouvrage qu'on voudrait. Sa tactique a été fort critiquée. La première partie est négligée; la seconde est sublime. Il n'est pas donné à tous les militaires de la saisir. » — Après la guerre de Corse, Dumouriez ne tarda pas à être envoyé en Pologne avec une mission secrète, et pour se joindre aux confédérés polonais. Il faut avouer que, soit par sa faute, soit qu'il ait été mal secondé, il ne réussit pas dans son entreprise. Employé quelquefois à l'insu des ministres et entre autres dans une occasion où il s'agissait de porter du secours à Gustave III après la révolution de 1772, il se trouva compromis, et fut envoyé à la Bastille, où il passa six mois, traité du reste fort doucement. Envoyé ensuite au château de Caen, il se maria quelque temps après avec une de ses cousines, dont il avait été fort épris quelques années avant. Cette union ne fut pas heureuse : Dumouriez lui-même, dans ses Mémoires, est obligé de reconnaître les vertus de cette cousine à laquelle il avait uni son sort. Il attribue à la différence d'opinions les chagrins domestiques qu'il éprouvait, et qui finirent par une séparation. Sa femme était une chrétienne sincère; lui un philosophe du XVIIIe siècle, c'est-à-dire indifférent en fait de religion. Le déisme dans l'ordre religieux, la souveraineté du peuple en principe politique, telles furent les principales causes des torts de Dumouriez, et en lisant ses mémoires on ne peut pas s'empêcher de penser qu'il avait plus d'esprit et de talent qu'il n'en fallait pour réussir lorsqu'après avoir servi la révolution il voulut, plus tard, détruire la puissance des jacobins; mais il lui manqua toujours des idées bien arrêtées et une détermination rapide. La constitution de 1791 était sa règle en politique, et cet homme qui avait été très lié avec le célèbre Fabvier, avec le comte de Broglie et d'autres personnes très versées dans les affaires, semble ne pas se douter que cette constitution de 1791 renfermait des principes de mort et ne pouvait avoir qu'une existence très passagère. Occupé à Cherbourg, Dumouriez contribua aux travaux qui ont fait de ce port un des plus importants de la France. Porté par le flot de la révolution, au ministère des affaires étrangères, il faut avouer que, comme ministre, sa conduite fut exposée à de justes reproches. Après n'avoir fait que passer au ministère de la guerre, il fut chargé du commandement de l'armée, que venait d'abandonner Lafayette et qui était réunie sur les frontières de la Champagne. C'est de cette époque que date sa gloire militaire. Sa retraite concentrique devant les Prussiens et le choix habile du camp de Gampré et du poste des Islètes, dénotent un stratégiste consommé et un homme savant en topographie. La conquête de la Belgique, qui suivit cette campagne défensive, a eu plus d'éclat, mais elle était bien plus facile, et aux yeux de la postérité, la véritable gloire de Dumouriez est dans sa défensive en Champagne. Le combat peu important de Valmy, auquel se rattache le nom de Kellermann, eut l'avantage d'inspirer de la confiance à l'armée française, et de lui donner, pour ainsi dire, le secret de sa force. Sans doute les fautes du duc de Brunswick servirent puissamment Dumouriez. On a même supposé que la trahison s'en était mêlée. Mais le premier tort du duc de Brunswick fut, en exécutant son invasion en France, de n'avoir pas opéré avec des forces assez considérables. Le point d'attaque était bien choisi; mais toutes les considérations stratégiques et politiques se réunissant pour donner à la guerre une direction active, c'est avec des forces doubles de celles qu'il avait que le duc de Brunswick aurait dû marcher sur Paris, en laissant un corps pour masquer les places de cette frontière. Sans doute Dumouriez lui-même ne fut pas exempt de faute dans cette campagne, et il en convient dans ses Mémoires. Mais il est beaucoup trop indulgent pour le général qui lui était opposé, quoiqu'il ait la franchise de convenir que les choses se seraient passées bien différemment s'il avait eu en face le grand Frédéric. L'invasion en Belgique qui suivit la retraite des Prussiens, et la bataille de Jemmapes gagnée sur le duc de Saxe-Techens, ajoutèrent à la gloire de Dumouriez. Les places de la Belgique avaient été démantelées par l'ordre de Joseph II. Aussi la conquête du pays fut-elle très rapide. D'ailleurs le mécontentement régnait dans ces contrées depuis les folles innovations de ce même empereur, et si l'armée française, ou plutôt les gouvernants de cette époque, n'avaient pas abusé de la victoire de toutes les manières, les Belges auraient reçu les Français comme des libérateurs. Après la conquête de la Belgique, Dumouriez commit une faute grave en tournant ses projets vers la Hollande, au lieu de s'occuper surtout à rejeter les Autrichiens au delà du Rhin; et quoiqu'il ait cherché à faire peser sur le général Miranda le reproche d'avoir amené la défaite de Nerwinde, sans vouloir justifier ce général, il nous semble évident que la première cause des revers de l'année suivante est dans cette négligence de Dumouriez à n'avoir pas complété ses succès en concentrant ses principales forces du côté du Rhin; mais c'est injustement que l'on a attribué à la trahison cette manière d'agir; et, comme le remarque fort bien Dumouriez lui-même, un général qui tente un mouvement politique a besoin pour réussir d'être victorieux. On lui a vivement reproché cette tentative, son traité avec le prince de Cobourg, et l'accusation de trahison ne lui a pas été épargnée. Mais était-ce trahir son pays que de vouloir le délivrer des brigands qui le gouvernaient alors? On peut, selon nous, adresser au général Dumouriez un reproche bien différent, de n'avoir pas agi plutôt; c'était après sa défensive en Champagne, ou lorsqu'il venait de conquérir la Belgique, qu'il aurait dû tenter de sauver le malheureux Louis XVI. Mais Dumouriez a été accusé, non sans quelque vraisemblance, d'avoir songé à placer le duc d'Orléans sur le trône; et si ses connaissances et ses talents militaires nous semblent incontestables, ses idées politiques étaient bien éloignées d'avoir la même étendue. Quand il voulut tenter ce mouvement d'insurrection, et qu'il fit arrêter les commissaires de la Convention, Dumouriez n'avait déjà plus le même ascendant sur son armée. Aussi échoua-t-il complétement, et parvint-il avec peine à se sauver, en se rendant auprès du prince de Cobourg, suivi d'un petit nombre d'officiers, parmi lesquels on remarquait le fils du duc d'Orléans. Il ne tarda pas à s'apercevoir que toutes ses espérances seraient déjouées, le prince de Cobourg n'ayant pas suivi la convention établie entre eux et par laquelle l'armée autrichienne ne devait pas agir pour son propre compte, mais uniquement comme troupe auxiliaire, convention qui reposait, il est vrai, sur la supposition qu'une partie au moins de l'armée française suivrait la direction que voulait lui donner son général. Depuis lors, Dumouriez n'a plus figuré dans la vie publique. Mais, quoiqu'il n'ait plus eu la direction des affaires politiques et militaires, il n'a pas cessé de s'en occuper. Il publia d'abord un volume de mémoires sur sa conduite à la tête des armées françaises, et le fit réimprimer, l'année suivante, avec l'histoire complète de sa vie. C'est dans ces mémoires que nous avons surtout puisé les principaux évènements de cette existence si agitée.—La plume de Dumouriez était très féconde, et il fit paraître successivement plusieurs écrits, entre autres : le Tableau spéculatif de l'Europe, et le jugement sur Buonaparte adressé par un militaire à la nation française et à l'Europe. Ami sincère, quoique peu éclairé, des idées de liberté, après avoir exhorté le général Buonaparte à rendre le trône aux Bourbons, en voyant son despotisme toujours croissant, Dumouriez se plaça au rang de ses adversaires les plus prononcés; et, comme il en a convenu plus tard, ce sentiment honorable le rendit injuste dans son jugement sur les qualités militaires de ce grand capitaine.— L'histoire de l'art militaire chez les modernes offre surtout trois époques particulièrement instructives : le siècle de Louis XIV, le XVIIIe siècle, époque à laquelle s'attache surtout le nom de Frédéric, et la révolution française, qui donna l'essor à un grand nombre de talents faits pour étonner l'Europe. Parmi les généraux de cette dernière époque, Dumouriez a droit à une place distinguée. Dans les grandes combinaisons militaires, peut-être ne fut-il inférieur qu'au seul Napoléon, et peut-il, sans désavantage, soutenir la comparaison avec les Pichegru, les Moreau, les Hoche, les Kléber, les Desaix, les Masséna, car ce n'est pas le nombre des campagnes ni la quantité des batailles livrées qui fixent le rang entre les généraux ; et dès qu'on est parvenu, par son habileté, au premier rang, la postérité suppose que la carrière militaire d'un général se prolongeant, cette même habileté qu'il a montrée dans une campagne, il l'aurait fait connaître dans plusieurs. C'est ainsi, si je puis employer cette comparaison, que l'auteur d'un seul ouvrage du premier ordre, que des raisons quelconques ont empêché de multiplier ses productions, n'en est pas moins placé, par ce seul livre, au premier rang des écrivains. Maintenant, Turenne, Condé, Créqui, Luxembourg, Catinat, Vendôme, Berwick, Villars, les plus illustres généraux de Louis XIV, ont-ils été supérieurs à ceux que nous venons de nommer? C'est là ce qu'il était difficile de décider, car il est juste, dans ce parallèle, de tenir compte de la différence des époques et des progrès de l'art militaire. Mais si, sous le point de vue de l'habileté, la comparaison est difficile, nous ne croyons pas être injuste envers notre siècle, en établissant que, sous le point de vue moral, il n'y a point de comparaison à faire. Sans doute la bravoure était égale aux deux époques. C'est une qualité qu'il faut à peine remarquer chez les Français. Mais, malgré les torts réels de quelques-uns des guerriers du siècle de Louis XIV, torts que nous sommes loin de vouloir pallier, combien le sentiment moral se montre-t-il davantage dans l'ensemble de leur conduite! Le général Dumouriez, ennemi pourtant des excès de la révolution, ne fut pas exempt de reproches graves. Après avoir erré dans une partie de l'Europe et offert ses conseils à différents souverains, entre autres à Paul Ier, il revint en Allemagne, à l'époque de la campagne d'Austerlitz, pour aider la coalition de son habileté dans les plans de campagne, et finit par se fixer en Angleterre. Toujours actif et fécond, il entretint une correspondance avec Wellington, et ne fut pas étranger, dit-on, à plusieurs de ses opérations, entre autres, au système de défensive en Portugal, et au choix de la position de Torre-Vedras. Dumouriez atteignit un âge avancé, et mourut en 1823 à Turvill-Parck, à l'extrémité du comté de Buckingham. Jusqu'à la fin de sa vie il ne cessa de s'occuper de combinaisons politiques et militaires, et fit tour à tour des plans de campagne pour les insurgés espagnols et napolitains. C'est au milieu de ces occupations, et après avoir cependant reçu les secours de la religion, que s'éteignit un homme à qui nous croyons qu'il n'a manqué que d'avoir des idées plus justes en religion et en politique pour jouer un rôle éclatant et dominer cette révolution par laquelle il fut emporté, et qui ne lui laissa presque que la réputation d'un illustre aventurier. Les Mémoires du général Dumouriez offrent une lecture attachante et instructive. M. Ledieu, auteur de l'ouvrage intitulé : *le Général Dumouriez et la Révolution française*, en célébrant son héros, en cherchant à le défendre de toute espèce de reproches, a trop sacrifié la partie historique de son livre aux théories et aux déclamations. Il annonce, à la fin de ce livre, qu'il reprendra plus tard la continuation des Mémoires de Dumouriez, et qu'il la joindra à une édition complète de ses œuvres. Nous ignorons ce que ce projet est devenu; mais ce travail, fait avec discernement, eût mérité l'attention du public : Dumouriez, soit comme général, soit comme écrivain, n'est pas indigne des regards de la postérité, et si la défense de la Champagne n'est pas, comme le dit son historien, le chef-d'œuvre de la stratégie, elle mérite du moins de justes éloges, et a ouvert cette carrière dans laquelle les armées françaises, pendant la révolution, se sont illustrées. ISIDORE DE MONTMEYAN.

DUMOUTIER (DANIEL), peintre de portraits, né à Paris vers le milieu du XVIe siècle, a laissé une suite de cinquante-six portraits des nés aux trois crayons, qui ont un caractère d'originalité particulier. Il est mort à Paris en 1631.

DUN (DAVID, lord), jurisconsulte écossais, dont le vrai nom était David Erskine, naquit en 1670 à Dun, dans le comté d'Angus, et fut avocat, puis juge à la cour de session. Il fut nommé plus tard commissaire à la cour de justice. Il mourut en 1755, et laissa un ouvrage fort estimé qui a pour titre : *Lord Dun's advice* (Conseils de lord Dun).

DUNALE SOLANÉE (*bot.*), *dunalia solanacea*, Kunth, genre de plantes dicotylédones, monopétalées, régulières, de la famille des *solanées*, *pentandrie monogynie*, Linné. Arbrisseau de la Nouvelle-Grenade, à rameaux glabres, lisses, cylindriques, flexueux, chargés d'un duvet floconneux, les feuilles alternes, pétiolées, ovales-oblongues, longues d'environ dix pouces; les fleurs disposées en ombelles touffues, latérales; le fruit consiste en une baie lisse, globuleuse, à deux loges, contenant des semences nombreuses. J. P.

DUNAR (*conchyl.*). La coquille qu'Adanson nomme ainsi est le *nerita senegalensis* de Gmelin. (*V.* NÉRITE.) J. P.

DUNBAR, ville d'Écosse (Haddigton), à dix lieues d'Édimbourg; latitude N. 55° 58'; longitude O. 4° 42'. C'est un grand port, renommé par la pêche des harengs et des saumons. Au S.-O. de cette ville s'est livrée une bataille célèbre entre Cromwel et Charles Ier.

DUNBAR (GUILLAUME), poète écossais, naquit vers 1465, à Salton, dans l'Est-Lothian, et fut, dans sa jeunesse, novice voyageur dans l'ordre de saint François. On a de lui : *le Chardon et la Rose*, etc.

DUNCAN, roi d'Ecosse, était fils naturel de Malcom III. Les nobles écossais l'opposèrent à l'usurpateur Donald VIII; mais Duncan les mécontenta bientôt par sa sévérité. Son rival, profitant de ces dispositions, le fit assassiner à Menteith en 1095.

DUNCAN (GUILLAUME), savant écossais, naquit à Aberdeen en 1707, vint à Londres en 1739, et se mit, en quelque sorte, aux gages des libraires. On présume qu'il eut une part considérable à la traduction en prose d'Horace, publiée sous le nom de Watson. Duncan fut nommé, en 1752, professeur de philosophie naturelle et expérimentale à l'Université d'Aberdeen. Il mourut en 1760. On a de lui des oraisons choisies de Cicéron. On lui doit aussi une traduction des *Commentaires de César*, etc.

DUNCOMBE (JEAN), littérateur anglais, naquit en 1730. Il embrassa l'état ecclésiastique, et fut successivement pourvu des cures de Sundridgo dans le comté de Kent, de Saint-André et de Sainte-Marie-Bredman à Cantorbéry, et de celle de Hern, à six milles de cette ville. Il fut d'ailleurs chapelain du docteur Squire, prédicateur de l'église métropolitaine de Cantorbéry, et directeur des hospices de Harbledown et de Saint-Jean. Il mourut en 1786. Il avait acquis une grande réputation comme prédicateur, et on lui doit un grand nombre de petits poèmes agréables, parmi lesquels nous citerons : *la Féminéade*, *la Contemplation du soir*, et la traduction en vers de plusieurs *Odes*, de toutes les *Epodes* et du premier livre des *Epîtres d'Horace*. — DUNCOMBE (MISTRISS), sa femme, fille d'un peintre et littérateur nommé Highmore, a laissé quelques tableaux et quelques poésies assez goûtées. Elle est morte en 1812.

DUNES, nom commun à toutes les collines de sable qui bordent quelques côtes de l'Océan et garantissent le pays des inondations : on l'applique particulièrement aux côtes de Flandre, entre Dunkerque et Niewport.

DUNES, grande rade d'Angleterre (Kent), au nord de Douvres; latitude N., 51° 7' 47"; longitude O., 1° 0' 56". Elle est souvent le rendez-vous des armées navales; elle est défendue par les châteaux de Sandow, Déal, Walmer.

DUNETTE, s. f. (*t. de marine*), demi-gaillard qui forme la partie la plus élevée de l'arrière d'un vaisseau, et sous lequel se trouvent les logements des officiers et la chambre du conseil.

DUNGAL, né en Irlande vers le milieu du VIIIe siècle, fut amené en France fort jeune, et s'adonna à l'étude de l'astronomie et des belles-lettres. Il se retira à l'abbaye de Saint-Denis, et y mourut en 829. Charlemagne le consulta au sujet de deux éclipses de soleil, qu'on disait être arrivées en 810. Dungal répondit aux questions du monarque par une lettre dans laquelle il prouve que de semblables phénomènes n'ont rien d'effrayant. On a de lui un traité, en réponse à *l'Apologéticus de cultu imaginum et sanctorum*, etc.

DUNG-BIRD (*ois.*), nom anglais de la huppe, *upupa epops*, Linné. J. P.

DUNI (EGIDIO RONNEAD), compositeur célèbre, naquit à Matira, dans le royaume de Naples, le 9 février 1709, et mourut en 1775. Il fit la musique d'un grand nombre d'opéras; on estime surtout : *les Chasseurs et la Laitière; la Fée Urgèle, les Moissonneurs*, etc.

DUNKER (BALTHASAR-ANTOINE), peintre et graveur à l'eau forte, naquit à Saal, près de Stralsund, en 1746, eut pour maître le célèbre Hackert, et fit avec lui le voyage de Paris en 1765. Wille, Vien et Hallé l'accueillirent avec bonté, dirigèrent et encouragèrent ses travaux; mais ayant perdu un temps précieux à un travail long, qui ne lui fut pas payé, il quitta Paris et se fixa à Berne, s'y maria en 1775, et acquit le droit de bourgeoisie dans le canton. On a de lui les *Mémoires de sa vie*, qui vont jusqu'en 1780.

DUNKERQUE, nom formé de deux mots flamands qui signifient *église des dunes*. C'est une ville du pays qu'on appelait autrefois *Flandre flamigante*. Elle faisait jadis partie du diocèse d'Ypres, était du ressort du parlement de Paris et de l'intendance de Lille. Elle est située sur la côte de la mer d'Allemagne, sur un terrain un peu élevé et fort sablonneux, à la jonction des canaux de Bergues, de Bourbourg et de Furnes. Grande, bien bâtie, possédant un port commode que précède une des plus belles rades de l'Europe, elle compte aujourd'hui 24,937 habitants, et est une des sous-préfectures du département du Nord. La pauvre chapelle, bâtie sur le bord de la mer, qui a donné son nom à cette ville, fut construite, suivant la tradition, par saint Eloi, vers l'an 646. Un havre naturel y ayant attiré des pêcheurs, Beaudoin le jeune, comte de Flandre, la fortifia vers 960. Il est certain que, vers le XIIe siècle, on y construisait des navires. Les comtes de Flandres lui accordèrent de beaux priviléges, entre autres celui de port franc. Les Dunkerquois se firent de bonne heure une réputation comme marins. Des comtes de Flandre cette ville passa à la maison de Bardou, puis à celle de Luxembourg et de Bourbon. L'empereur Charles-Quint, en ayant toujours conservé le haut domaine en sa qualité de comte de Flandre, y établit, en 1535, l'amirauté de cette province. Cette ville fut prise par les Français en 1648, puis reprise par les Espagnols en 1652. Les Français la reconquirent en 1658, après la défaite des Espagnols au combat des Dunes (voy.). Ils la remirent aux Anglais, dont la flotte avait soutenu le siége; mais Louis XIV la racheta en 1660, au prix de cinq millions de livres. Il y fit faire des fortifications très importantes, et la rendit presque imprenable. Malheureusement tous ces beaux ouvrages furent détruits et rasés par suite de la paix d'Utrecht. La ville resta à la France, mais le port fut comblé, les belles jetées en mer, le fameux Risban et beaucoup d'autres ouvrages qui avaient coûté des sommes prodigieuses furent démolis. En 1793 Dunkerque fut assiégée, sans succès, par les Anglais. Le gouvernement de la restauration a consacré des sommes considérables au rétablissement du port de Dunkerque. — Le *canal de Dunkerque* à Furnes, ouvert en 1635, est très fréquenté, parce qu'il facilite les relations avec la Belgique; sa longueur, de Dunkerque à la frontière, est de 14,090 mètres, et, depuis la frontière jusqu'à Furnes, de 7,000 mètres environs. Le *Dunkerquois* était un petit pays de Flandres et un gouvernement général, séparé et indépendant de celui de la Picardie; il ne renfermait que six villages, et n'avait d'importance qu'à cause de la ville de Dunkerque, si cruellement maltraitée sous Louis XIV. — Nous ajouterons quelque mots sur le commerce de Dunkerque, surtout de transit, et qui atteindrait un bien plus haut degré de prospérité si les capitaux dont les habitants disposent, étaient en rapport avec leur esprit entreprenant, avec la hardiesse et l'habileté des marins de cette ville. On n'y fait plus guère d'armements pour la pêche de la baleine, ni même pour celle du hareng; mais la pêche à la morue est la principale branche de commerce de Dunkerque. On expédie d'ailleurs de ce port, auquel appartiennent plus de 200 navires, beaucoup de houille, d'huile d'œillette, de lin et de colza, du blé, du vin et des objets fabriqués. C'est avec l'Angleterre que se fait le principal commerce de Dunkerque; mais on y fait aussi des affaires considérables avec la Norwége, la Russie et d'autres contrées du Nord.

DUNLIN (*ois.*), nom anglais de l'alouette de mer à collier, suivant Cuvier, brunette de Buffon, *tringa cinclus*, Linné.

DUNLOP (ALEXANDRE), helléniste écossais, né en Amérique en 1684, passa en Écosse au moment de la révolution, et fut nommé, en 1720, professeur de grec de l'Université de Glascow. Il mourut dans cette ville en 1742. On a de lui une *Grammaire grecque*, encore en usage dans les universités écossaises.

DUNLOP (GUILLAUME), frère du précédent, théologien irlandais, né en 1692, mourut en 1720, après avoir occupé avec distinction la chaire royale de théologie et d'histoire ecclésiastique au collége d'Edimbourg. On a de lui des *Sermons* et un *Essai sur les confessions de foi.*

DUNN (SAMUEL), géomètre anglais du XVIIIe siècle, natif du comté de Devon, enseigna les mathématiques et l'astronomie à Crediton, à Chelsea, puis à Londres, fut chargé de l'examen des aspirants de marine, et fonda une chaire de mathématiques à Tiverton. On a de lui quelques ouvrages, entre autres : *Leçons sur l'astronomie et la philosophie des comètes.*

DUNNING (JEAN), lord Ashburton, célèbre jurisconsulte anglais, né en 1731, à Ashburton, dans le Devonshire, fut regardé comme le premier avocat de son temps. Elu membre de la chambre des communes, il se plaça dans les rangs de l'opposition et fut l'un de ses plus brillants orateurs. Il fut nommé successivement *recorder* (greffier ou assesseur) de Bristol, solliciteur général, chancelier du duché de Lancaster. Il fut créé lord en 1780 et mourut le 18 août 1783. A des talents supérieurs Dunning joignait un caractère mâle et indépendant.

DUNNOCK (*ois.*), nom anglais de la fauvette d'hiver ou traîne-buisson, *motacilla modularis*, Linné, qu'on nomme aussi dans la même langue *titling.*

DUNOD (PIERRE-JOSEPH), jésuite, né à Moirans, près de Saint-Claude, en 1657, se distingua dans son ordre par sa piété, sa charité envers les pauvres, et par son application aux recherches historiques. Il mourut à Besançon en 1725. On a de lui : 1° *la Découverte de la ville d'Antre en Franche-Comté, avec des questions curieuses pour éclaircir l'histoire de cette province*, Paris, 1697, in-12, réimprimée avec de nombreuses additions et une seconde partie, intitulée : *Méprise des auteurs de la critique d'Antre*, Amsterdam (Besançon), 1709, 2 vol. in-12; 2° *Lettres à M. l'abbé de B. sur les découvertes qu'on a faites sur le Rhin*, 1716, in-12; il y en a une nouvelle édition de Porentruy, 1796, in-12, avec des notes et des additions. On lui attribue en outre : 1° *Projet de la charité de la ville de Dôle*, 1698, in-12; 2° *Vie de saint Simon de Crespy*, Besançon, 1728, in-12.

DUNOD DE CHARNAGE (FRANÇOIS-IGNACE), d'une très ancienne famille de robe, naquit à Saint-Claude le 30 octobre 1679. Il fit ses premières études sous la direction du P. Dunod, jésuite, son oncle, et suivit les cours de l'Université de Besançon. Après avoir pris ses degrés en droit, il se fit recevoir avocat au Parlement et parut avec éclat dans plusieurs causes importantes En 1720, il obtint au concours une chaire de professeur à l'Université, et sa réputation y attira un grand nombre d'élèves tant français qu'étrangers. Député à Paris par sa compagnie, il eut l'occasion d'entretenir le garde des sceaux qui l'engagea à travailler sur la coutume de Franche-Comté. Dunod s'acquitta de cette tâche avec honneur et talent, et il sut, malgré tous les travaux qui l'accablaient, travailler à une histoire de la Franche-Comté qui est la plus complète qu'on ait sur cette province. Il mourut à Besançon en 1752. Ses principaux ouvrages sont : 1° *Traité des prescriptions*, Dijon, 1734, in-4°; Paris, 1753, 1786, in-4°; M. J.-B. Delaporte en a donné une édition sous le titre de *Nouveau Dunod*, Paris, 1810, in-8°; 2° *Traité de la mainmorte et du retrait*, Dijon, 1733; Paris, 1760, in-4°; 3° *Observations sur la coutume du comté de Bourgogne*, Besançon, 1736; 4° *Histoire du comté de Bourgogne*, Dijon, 1735, 1737, et Besançon, 1740, 3 vol. in-4°; 5° *Histoire de l'église, ville et diocèse de Besançon*, Besançon, 1750, 2 vol. in-4°. — DUNOD (FRANÇOIS-JOSEPH), fils du précédent, avocat membre de l'académie de Besançon, maire de cette ville, fut nommé, en 1763, chevalier de l'ordre de Saint-Michel. Il mourut 2 ans après dans un âge peu avancé. Il a édité les *Observations sur la coutume du comté de Bourgogne*, ouvrage posthume de son père; et il a laissé des manuscrits intéressants, entre autres une *Histoire des Gaules*, une *Dissertation sur le gouvernement municipal des Romains*, et une *sur la maison des ducs de Méranie, et particulièrement sur la branche qui a régné en Franche-Comté depuis* 1208 *jusqu'en* 1279.

DUNOIS (comté de), petit pays de l'Orléanais qui faisait partie de la Beauce, entre le pays Chartrain et le Vendômois, et au couchant de l'Orléanais proprement dit. Cette contrée avait environ 12 lieues dans sa plus grande longueur, et 9 dans la plus grande largeur. Elle était arrosée par le Loir, l'Ière, la Connie et la Connie-Palue. Ses villes étaient Châteaudun, capitale; Fréteval, Cloye, Marchenoir; on y comptait un pareil nombre de bourgs. Cette contrée appartenait tout entière à la généralité d'Orléans. Ses forêts étaient considérables. La plupart des hautes justices de ce comté avaient leurs coutumes particulières. Le Dunois est maintenant compris dans le département d'Eure-et-Loir.

DUNOIS (JEAN, comte d'Orléans et de Longueville), grand chambellan de France, était fils de Louis, duc d'Orléans, assassiné dans la rue Barbette, à Paris, et de Mariette d'Enghien, femme d'Aubert de Cany-Dunois; il naquit à Paris en 1402, et montra dès ses premières années ce qu'il devait être un jour. Envoyé en otage avec le sire d'Albret au comte de Richemond, il se concilia bientôt l'estime et la bienveillance de ce seigneur. Dunois s'était trouvé à plusieurs affaires dont il était sorti avec avantage; mais la levée du siége de Montargis, celle du siége d'Orléans, où il partagea les lauriers cueillis par la fameuse Pucelle, la victoire de Patay, 1429, prouvèrent son courage et ses talents militaires. En 1432, il réduisit à l'obéissance la ville de Chartres, dont Charles VII lui donna le commandement. Puis il fit lever le siége de Lagny, et, malgré un échec éprouvé sous les murs de Saint-Denis, il entra à Paris avec le connétable de Richemont, le 13 avril 1436, et fut un des négociateurs de la paix avec les Anglais. Charles le remercia de ses services par le titre de comte de Dunois. Notre héros eut un instant de faiblesse et entra dans la conspiration tramée par la Trémouille et en faisant révolter le Dauphin contre son père; mais son erreur fut de courte durée, il en demanda pardon au roi et jaloux de faire oublier sa conduite, il se distingua aux siéges d'Harfleur, de Gallardon et de Dieppe. Envoyé à Londres en 1444, pour faire signer la paix, il obtint une trêve de deux ans. Puis, par ses bons avis, il fit rentrer le Maine sous l'obéissance de Charles VII, et le roi pour le récompenser le décora du titre de son lieutenant-général. A peine était-il décoré de ce nouveau titre, qu'il chassa en moins de deux ans les Anglais de la Normandie. Le roi lui donna le comté de Longueville, qui avait appartenu à Duguesclin, et l'envoya en 1450 pour réduire la Guyenne, et il entra bientôt en vainqueur à Bordeaux. Charles VII étant mort en 1461, Dunois se lia à tous les seigneurs mécontents de Louis XI et fit partie de cette ligue appelée *du bien public* : mais elle fut bientôt dissipée, et Dunois rentré en faveur négocia le traité de Conflans. Il mourut en 1468.

DUNOYER (ANNE-MARGUERITE PETIT, dame), née à Nîmes vers 1663, était protestante et fit abjuration pour épouser M. Dunoyer, capitaine du régiment de Toulouse. Par suite de torts réciproques, elle le quitta au bout de 10 ans de mariage, et passa en Angleterre avec ses deux filles. Elle alla ensuite en Hollande où elle retourna à la religion protestante. Ayant épuisé ses ressources, elle se mit aux gages des libraires et travailla au *Lardon* et à la *Quintescence* , sortes de libelles périodiques. Ce fut de sa seconde fille, nommée *Pimpette*, que Voltaire fut fort épris lors de son voyage dans ce pays en 1713. Madame Dunoyer a publié dans ses œuvres les lettres que Voltaire écrivit alors à sa fille. Elle jouissait de si peu de considération en Hollande, qu'elle ne put empêcher, en 1713, la représentation à Utrecht d'une comédie intitulée le *Mariage précipité*, ou elle était jouée ainsi que son mari. Elle mourut en 1720. Les œuvres et mémoires de madame Dunoyer ont paru sous ce titre : *Lettres historiques et galantes contenant différentes histoires, aventures, anecdotes curieuses et singulières*, 1757.

DUNS SCOT. Jean Duns Scot appartient à un des points les plus remarquables de l'histoire de la philosophie du moyen âge par son antagonisme avec le grand saint Thomas d'Aquin et parce qu'il fut un des derniers interprètes de la philosophie scholastique aux subtilités de laquelle il prêta l'appui d'un véritable talent. Déjà au nominalisme de l'Ange de l'école avaient succédé de nombreux contradicteurs; Henri de Gand, Henricus Gandavensis, avait exposé une théorie sur la certitude complètement opposée à celle de saint Thomas. Duns Scot vint raviver la querelle et fit naître un parti nouveau qui divisa l'école en deux camps opposés, les Scotistes et les Thomistes.

Biographie de J. Duns Scot. Duns Scot, chef des premiers, est ainsi nommé du lieu de son origine en Écosse, à trois lieues de Berwick, non loin des frontières de l'Angleterre; on ne connaît point précisément l'année qui le vit naître ni l'époque de son arrivée à Paris; on sait seulement qu'il étudia à Oxford la philosophie et la théologie; il entra ensuite dans l'ordre des cordeliers dont l'illustration rivalisait alors avec celui des Dominicains; parmi les premiers brillaient saint Bonaventure et Alexandre de Hales; parmi les seconds, saint Thomas d'Aquin et Albert-le-Grand. Duns Scot ne tarda pas à s'élever au premier rang par son savoir parmi les cordeliers. Il vint à Paris vers 1304, et suivant le désir du général de son ordre, il y fut promu d'abord au grade de bachelier, puis à celui de docteur. On sait que, dans l'histoire des lettres du temps, il est connu sous le nom de *docteur subtil*. Ses talents pour la dialectique rendirent sa renommée bientôt populaire; il eut des discussions animées au sein de l'université, et se sépara de l'opinion de saint Thomas d'Aquin sur la question de la grâce et du libre arbitre. Il se distingua aussi en ce qu'il fut le premier qui affirma et défendit le dogme de l'immaculée conception de la Vierge, dogme qu'il soutint par une longue série de raisonnements. Le reste de sa vie n'est qu'imparfaitement connu. En 1308 on croit qu'il fut envoyé à Cologne pour y enseigner la théologie; mais cette ville ne put jouir longtemps de la présence de cet illustre docteur qui fut enlevé promptement par une attaque d'apoplexie, ou, suivant d'autres, d'épilepsie. On a débité à ce sujet des fables pour lesquelles nous renverrons aux auteurs qui ont approfondi cette matière et particulièrement à Brucker (tom. III, p. 827). Quoique Duns Scot soit mort fort jeune, c'est-à-dire à 34 ans suivant les uns, ou suivant d'autres à 42, il n'en a pas moins écrit beaucoup; car l'édition qui a été donnée de ses ouvrages par le père Wardding à Lyon, forme 12 volumes in-fol. Le même éditeur, Wardding a également donné une vie de Duns Scot, 1644, in-8°. On trouve dans les ouvrages de Duns Scot un mélange confus d'érudition et de mauvais goût propre à prouver que l'on n'était point encore sorti des voies de la scholastique dont le *docteur subtil*, qui n'avait que trop bien mérité son titre, avait contribué à prolonger le règne. Duns Scot, dans la grande querelle du nominalisme et du réalisme, embrassa le parti réaliste et poussa cette opinion jusqu'à ses dernières conséquences. Depuis longtemps ce système avait perdu le secours de partisans dévoués à le soutenir; depuis Abélard il s'était transformé en un autre système connu sous le nom de *conceptualisme* (*V.* ce nom; *V.* aussi l'article SCHOLASTIQUE). Albert-le-Grand et saint Thomas d'Aquin, en effet, se rapprochent de cette dernière doctrine, et le seul Henri de Gand, en sa qualité de platonicien, peut passer pour un véritable réaliste. Duns Scot professa le réalisme dans ses écrits et particulièrement dans ses *Quodlibeta* et dans ses commentaires sur le maître des sentences. On voit dans ces ouvrages, au travers du style obscur et embrouillé de Duns Scot, qu'il admettait un universel ontologique comme principe fondamental, et c'est en cela particulièrement qu'il se trouve en guerre avec les Thomistes qui, en leur qualité de conceptualistes, répugnaient à l'unité de substance, tandis que le principe de Duns Scot n'est pas autre chose. Cette manière de voir pouvait entraîner Scot vers une espèce de panthéisme; aussi le *docteur subtil* s'attacha-t-il soigneusement à se défendre de ce reproche en plaçant l'universel dans la forme et non pas dans la substance. Relativement au problème célèbre dans le moyen âge, presque autant que celui des universaux, savoir, celui de l'individuation, qui consistait à déterminer la nature ontologique de l'homme, ce qui constituait son individualité et la distinction de sa personne d'avec les autres êtres de la création, Duns Scot s'écarte également des solutions qui avaient été adoptées jusqu'à lui. Il n'est pas aisé de deviner la véritable science à travers le langage obscur de la scholastique, qui chez le *docteur subtil* est encore plus difficile à pénétrer que chez tout autre; mais on y découvre que Duns Scot entend par individualité une unité marquée d'une valeur propre, spécifique et qui reste indivisible; cette unité, il la nomme entité. Il regarde l'âme comme une autre individualité, et sur ce chapitre il y a encore division marquée entre les Scotistes et les Thomistes. L'opinion de Duns Scot est que l'âme intellective tire d'elle-même son individuation, qu'ainsi elle est par elle-même et non par la matière et la quantité. Pour lui, l'âme est une force, un des éléments de la création, elle vit par elle-même et en conséquence elle est quelque chose avant son union avec le corps. Cette doctrine a, comme on le voit, quelques rapports avec celle de Leibnitz dont le génie perçant avait su comprendre qu'il y avait au fond de ces obscurités de la scholastique quelque chose de vrai sur l'essence des facultés de l'âme. Il avait vu aussi, comme Duns Scot, que la substance ne pouvait être comprise sans activité, et dans l'âme il trouvait une force active et active par elle-même. Ce fut aussi sur cette théorie de l'âme, non moins que sur celle de l'individuation et de la logique, qu'il y eut scission entre les Thomistes et les Scotistes; car saint Thomas ne voulait point accorder à l'âme sa qualité d'entéléchie comme l'avait fait Scot, et comme le fit plus tard Leibnitz; il ne concevait l'âme intellectuelle individualisée que dans ses rapports avec le corps ; ainsi, chez lui, c'est l'union au corps qui donne le caractère à l'âme. Nous renverrons pour le développement de toutes ces questions épineuses, mais instructives pour quiconque aime à se rendre compte des progrès de l'esprit humain, aux grands historiens de la philosophie, et nous recommandons à ceux qu'intéresse l'étude de la scholastique de ne point négliger la philosophie de Duns Scot qui éclaire sur la plupart des difficultés de la métaphysique du moyen âge; nous dirons seulement ici que la lutte entre les scotistes et les thomistes s'alimente principalement des querelles sur la prédestination, la liberté, la grâce et d'autres sujets également relatifs à la théologie. On pense bien qu'un docteur aussi célèbre ne dut point manquer de disciples; parmi eux on compte Jean Vassalis, Antoine André, Pierre Tartaret et surtout François de Mayronis qui précisa et éclaircit la doctrine de son maître; on lui donna le surnom de *docteur des abstractions*. On consultera avec fruit, sur Duns Scot, Fabricus, (*Bibl. med., atque inf. latinit.*, tom. II, p. 39, édition de Venise, 1754; Wadding, *invitâ Scoti ejusdem oper. præfixa; Histoire comp. des systèmes de philosophie*, par M. de Gérando, t. IV, p. 518; Brucker, *Hist. critica phil.*, t. III; Tiedemann, *Histoire de la philosophie spéculative*, t. IV, chap. 16, et M. Rousselot, *Etudes sur la philosophie dans le moyen âge*, t. III. (*V.* aussi l'article SCHOLASTIQUE de ce dictionnaire.) D. DE C.

DUNSTAN (SAINT), né en 924, sous le règne d'Aldestan, roi d'Angletterre, dont il était parent, parut d'abord à la cour, et les courtisans l'ayant desservi auprès du prince, il se bâtit une cellule, et se consola avec le Créateur des perfidies des créatures. Edmond, successeur d'Aldestan, tira le saint homme de sa retraite, et se servit utilement de ses conseils pour gouverner son royaume. Dunstan avait rassemblé depuis quelque temps un grand nombre de moines dans un monastère qu'il avait fait bâtir à Glaston. Les vertus et les lumières qui y brillèrent sous ce saint abbé firent de cette maison le séminaire des abbés et des évêques. Les sujets qui en sortirent contribuèrent beaucoup, par leur piété et leur doctrine, au rétablissement de la religion en Angleterre. Dunstan recueillit le fruit de ses travaux. Il fut fait évêque de Worchester, ensuite archevêque de Cantorbéry, reçut le *pallium* du pape, et fut légat du Saint-Siége dans toute l'Angleterre. Edwig étant monté sur le trône, et scandalisant ses sujets par ses dérèglements, Dunstan lui parla plusieurs fois avec la liberté d'un homme apostolique. Il poussa un jour la fermeté jusqu'à entrer dans une chambre où le roi s'était enfermé avec une de ses concubines, et l'arracha de ses bras. Le roi, excité par cette malheureuse, envoya en exil le saint archevêque, qui passa en Flandre. Cet exil ne fut pas de longue durée; il mourut dans son archevêché en 988. Il fut restaurateur des lettres en Angleterre, ainsi que de la vie monastique. On a de lui quelques écrits, entre autres: *la Concorde des règles, canons publiés sous le roi Edgar.*

DUNTON (JEAN), imprimeur-libraire et auteur anglais, naquit en 1659, à Graffham, dans le comté de Huntington. Il fut maître de la compagnie des libraires, édita plus de six cents ouvrages et en composa lui-même un grand nombre. Le seul qui mérite d'être cité est: *la Vie et les erreurs de Dunton, écrites par lui-même dans la solitude.* Il mourut en 1733.

DUNUS ou **DUNI** (THADÉE), médecin, né en 1523, à Locarno, fut banni de sa patrie en 1555, avec sa famille, pour avoir professé publiquement les principes de la réforme. Il se réfugia à Zurich, et y mourut en 1613. On a de lui plusieurs ouvrages; les principaux sont: *De calendis, nonis et idibus. — De arte supputandi. — Muliebrium morborum omnis generis remedia, ex Dioscoride, Galeno, Plinio, Barbarisque et Arabibus studiosè collecta et disposita.*

DUNZ (JEAN), peintre, né à Berne le 17 janvier 1645, peignit de préférence les fleurs et le portrait. Il possédait une grande fortune, et n'exerçait son art que pour son plaisir. Il mourut le 10 octobre 1736.

DUO, s. m. (*t. de musique*), morceau de musique fait pour être chanté par deux voix ou exécuté par deux instruments. — Fig. et fam., *duo d'injures, de compliments*, etc., conversation où deux personnes se disent des injures, se font des compliments, etc.

DUODÉCIMAL (SYSTÈME). C'est le système de numération qui a pour base le nombre 12. Il exige deux caractères de plus que le système vulgaire. On a l'habitude de représenter les nombres 10 et 11 par les deux premières lettres de l'alphabet grec α et β. Pour écrire un nombre dans le système duodécimal, on le divise par 12; le reste de la division représente les unités du premier ordre; on fait subir au quotient la même opération, et le nouveau reste que l'on obtient représente les unités du second ordre; on continue ainsi jusqu'à ce qu'on arrive à un quotient plus petit que 12; ce quotient peut être considéré comme le reste qu'on obtiendrait en essayant une nouvelle division; il donne les unités de l'ordre le plus élevé. Il ne reste plus ensuite qu'à écrire, les uns à la gauche des autres, les caractères qui représentent, dans ce système, les différents restes successifs fournis par cette série d'opérations. En appliquant cette méthode au nombre 4290 (syst. déc.), on trouvera qu'il est représenté par 2596 dans le système duodécimal. Pour repasser de ce dernier nombre au premier, il suffirait d'ajouter tous ces chiffres, après avoir multiplié le premier par 1 (12^0), le second par 12 (12^0), le troisième par 144 (12^2), le quatrième enfin par 1728 (12^3). — Dans le système duodécimal, les nombres 2 et 3 jouissent des propriétés correspondantes à celles des nombres 2 et 5 dans le système décimal, comme étant les seuls facteurs premiers de la base. Les caractères de la divisibilité par les nombres 11 et 13, entre lesquels la base est comprise, sont les mêmes que ceux des nombres 9 et 11 dans le système ordinaire; ainsi, le nombre 2596 (syst. duod.) est divisible par 11, parce que la somme de ces chiffres est divisible par 11; il est divisible par 13, parce que la différence entre la somme des chiffres de rangs pairs et celle des chiffres de rangs impairs est égale à zéro. Il faut bien remarquer que les propriétés qui tiennent aux rapports de grandeurs des nombres ne changent pas avec les systèmes; un nombre qui est divisible par 11, ou qui est un carré parfait dans un système, sera divisible par 11, ou carré parfait, dans tous les systèmes possibles; seulement, les caractères au moyen desquels on pourra méconnaître immédiatement l'existence de ces propriétés varieront d'un système à l'autre.

DUODENUM, s. m. (*t. d'anat. emprunté du latin*), la première portion des intestins grêles, ainsi nommée parce que sa longueur est ordinairement de douze travers de doigt. (*V.* INTESTINS.)

DUODI, s. m., le deuxième jour de la décade, dans le calendrier républicain.

DUPARC (JEAN LENOIR-), jésuite, né à Pont-Audemer le 15 novembre 1702, fut professeur de rhétorique au collége de Louis-le-Grand, et mourut à Paris vers 1789. On a de lui: *Observations sur les trois siècles de la littérature française*, à M. P***; *Examen impartial de plusieurs observations sur la littérature*, etc., etc.

DUPARQUET (JACQUES-DIEL), neveu d'Enambuc, le fondateur des colonies françaises dans les Antilles, fut mis par celui-ci à la tête de l'établissement de la Martinique, en 1637. Il sut y maintenir l'ordre et la protéger contre les ennemis extérieurs, fonda le premier établissement français dans l'île de Grenade, et s'établit à Sainte-Lucie, d'où les Anglais avaient été chassés. Il vint ensuite en France pour acheter la propriété de ces trois îles. Le roi lui accorda en outre le titre de son gouverneur général dans ces établissements. Duparquet se montra humain envers les peuplades indigènes, conduite alors fort rare, et mourut de la goutte en 1658.

DUPATY (LOUIS-MARIE-CHARLES-HENRI-MERCIER), naquit à Bordeaux en 1771. Destiné par sa famille à la magistrature, il fit de brillantes études et fut reçu avocat en 1790. Mais, entraîné par un penchant naturel vers la culture des arts, il quitta bientôt après le barreau pour aller étudier *le paysage* dans l'atelier du célèbre Valencienne. C'est là que la réquisition vint le prendre pour le conduire à la frontière. Il servit dans un régiment de dragons jusqu'en 1795, et fut envoyé alors comme dessinateur-géographe dans le département du Mont-Terrible, d'où un arrêté du Directoire le rappela, le 7 nivôse an IV, pour le faire entrer à l'école nationale des Beaux-Arts. Il fréquenta alors l'atelier du peintre Vincent; mais, reconnaissant que la peinture n'était point sa véritable vocation, il quitta bientôt cet atelier pour celui du sculpteur Lemot, où il fit de si rapides progrès, qu'il remporta, en 1799, le grand prix de sculpture. Le sujet était *Périclès visitant Anaxagore.* — L'administration de l'école des Beaux-Arts était alors si mal rétribuée, qu'elle n'avait point de fonds pour envoyer à Rome les élèves qui avaient obtenu les grands prix. Dupaty resta donc à Paris, et, privé du patrimoine de sa famille, dont toute la fortune consistait en plantations situées à Saint-Domingue, il fut forcé de chercher des ressources dans les productions de son ciseau. Le prix d'un *buste de Desaix*, que le gouvernement lui avait commandé, fut employé au modèle de sa première figure: c'était *l'Amour présentant des fleurs et cachant des chaînes.* Ce morceau, où l'on remarquait tous les défauts de la mauvaise école du règne de Louis XV, fut montré à David, qui en fit une juste critique. Dupaty se rendit aux conseils du grand peintre et brisa son ouvrage. Bientôt après il partit pour l'Italie, et, pendant un séjour de huit années, s'y livra avec ardeur à l'étude des chefs-d'œuvre de l'art antique. Il fut nommé membre de l'Institut en 1816, professeur à l'école des Beaux-Arts, et conservateur adjoint de la galerie du Luxembourg. Il mourut en 1825. Ses principaux ouvrages sont : *Philoctète blessé ; Venus genitrix* (dans l'une des galeries du Muséum) ; *Cadmus terrassant le serpent de Castalie* (au jardin des Tuileries) ; *Biblis mourante ; une tête de Pomone* (dans la galerie du Luxembourg) ; *Ajax poursuivi par la colère de Neptune* (ce morceau passe pour un chef-d'œuvre) ; *Oreste poursuivi par les Furies*, groupe colossal ; la *statue équestre de Louis XIII* (sur la place Royale ; il n'en avait fait que le modèle : elle fut, après sa mort, exécutée en marbre par M. Cortot) ; enfin, *Vénus se découvrant à Pâris.* Il avait été chargé, par M. Cartelier, de l'exécution du monument que la Restauration voulait consacrer au duc de Berry.

DUPE, s. f. Il se dit d'une personne qui a été trompée, jouée, ou qui est facile à tromper. On le met ordinairement au singulier lorsqu'il se rapporte à un nom ou pronom au pluriel qui désigne plusieurs personnes trompées en même temps par le même moyen, ou qui est employé dans un sens générique et collectif ; mais quand il s'agit de plusieurs personnes trompées successivement, il est mieux de lui donner le pluriel. Il s'emploie quelquefois adjectivement : *Être la dupe d'une affaire, d'un marché*, n'y pas trouver son compte. — DUPE, se dit encore d'une sorte de jeu de cartes appelé quelquefois *jeu du Florentin.*

DUPER, v. a., tromper ou faire accroire.

DUPERAC (ÉTIENNE), architecte, né à Paris au commencement du XVIe siècle, et mort dans la même ville en 1601, voyagea en Italie, dessina l'église du Vatican et les antiquités romaines, qu'il grava ensuite. Henri IV le nomma son architecte. On a de lui, à Fontainebleau, dans la salle des bains, cinq sujets de Dieux marins et les amours de Jupiter et Calisto.

DUPERIE, s. f., tromperie, fourberie, ce qui fait que l'on est dupe.

DUPÉRIER (CHARLES), poète latin, né à Aix, en Provence, dans le XVIIe siècle, vint habiter Paris, où il se lia avec Ménage, Rapin, Bouhours, et les autres écrivains qui cultivaient alors le même genre de littérature. Il composa d'abord des vers français, et il remporta même les prix de l'Académie, en 1681, pour une églogue sur ce sujet : « On voit toujours le roi tranquille, quoique dans un mouvement continuel. » Dupérier mourut à Paris le 28 mars 1692. Ses vers latins, épars dans les recueils du temps, mériteraient bien d'être réunis. Il était au nombre des auteurs qui formaient la pléiade parisienne.

DUPERRET (CLAUDE-ROMAIN-LOUIS), député du département des Bouches-du-Rhône à l'Assemblée législative, et ensuite à la Convention, vota pour l'appel au peuple et pour le bannissement dans le procès de Louis XVI. Il était girondin ; mais comme il n'était pas orateur et n'était point en évidence, il ne fut pas enveloppé dans la proscription de son parti. Sur une lettre de recommandation de Barbaroux, il conduisit Charlotte Corday chez le ministre de l'intérieur. Après la mort de Marat, cette circonstance, dénoncée par Chabot, le fit mettre en accusation. Il parvint à éviter pour le moment les suites de cette mesure ; mais, ayant été arrêté plus tard comme rédacteur de la protestation de 73 de ses collègues contre les violences du 31 mai, il fut livré au tribunal révolutionnaire, condamné à mort, et exécuté le 31 octobre 1793.

DUPERRON (JACQUES-DAVY), cardinal, né dans le canton de Berne le 25 novembre 1556, descendait d'une ancienne famille de Basse-Normandie, réfugiée en Suisse pour cause de religion. Versé dans la connaissance des mathématiques et des langues grecque, latine et hébraïque, et de la philosophie, il vint à Paris, où il utilisa ses talents en donnant des leçons. Bientôt la protection de Philippe Desportes lui valut la place de lecteur d'Henri III, avec une pension de 1,200 écus. Après la mort de ce prince, il se jeta dans le parti du cardinal de Bourbon, puis dans celui d'Henri IV. Il obtint, en 1591, l'évêché d'Evreux, et, après la conversion du roi, fut envoyé à Rome pour obtenir la levée de l'interdit lancé sur la France. Il réussit dans cette mission. De retour dans son diocèse, il se distingua dans la prédication, et combattit dans deux conférences le calvinisme défendu par Mornay et d'Aubigné. Vainqueur dans la première, il fut moins heureux dans la seconde. En 1604, il obtint le chapeau de cardinal, et la même année fut envoyé à Rome avec le titre de chargé des affaires de France. Il contribua à rétablir la paix entre le Saint-Siége et les Vénitiens et obtint en récompense le diocèse de Sens. Il assista aux Etats généraux de 1614, et mourut à Paris le 5 septembre 1618. La passion dominante chez ce prélat était l'ambition. Ses ouvrages ont été recueillis, Paris, 1622, 3 vol. in-folio. On peut consulter, pour de plus amples renseignements, *la Vie de Duperron*, par Burigny.

DUPERRON (JEAN-DAVY), frère du cardinal, lui succéda dans l'archevêché de Sens et mourut en 1621. On lui attribue une Apologie pour les jésuites, au sujet du livre de Suarez. — DUPERRON (Jacques-Davy), neveu du précédent, évêque d'Angoulême en 1630, d'Evreux en 1646, grand aumônier d'Henriette-Marie, reine d'Angleterre, mourut le 14 février 1649. On conserve un recueil manuscrit de ses *Lettres*, indiqué dans la bibliothèque historique de France.

DUPES (journée des). C'est ainsi qu'on appelle dans l'histoire le 11 novembre 1630. Marie de Médicis et Gaston d'Orléans avaient arraché à Louis XIII, malade à Lyon, tandis que le cardinal de Richelieu était devant Casal, la promesse de destituer le ministre de toutes ses places ; le cardinal, instruit de ces intrigues, vole à Versailles auprès du roi, et le décide sans peine à lui livrer ses ennemis. Ces derniers, qui avaient compté au moins sur la discrétion du roi, furent ainsi *dupes*. Richelieu se vengea sur la mère et le frère du roi, et sur leurs adhérents, avec une excessive rigueur.

DUPETIT-THOUARS (ARISTIDE), né en 1760 au château de Bonnois près de Saumur, eut dès sa jeunesse un goût décidé pour la marine et voulut s'engager comme mousse. Ses parents s'opposèrent à cette résolution et il entra à l'école militaire de la Flèche, et bientôt à celle de Paris. En 1778, il fut reçu garde-marine, et se trouva au combat d'Ouessant, à la prise du fort Saint-Louis du Sénégal, au combat de la Grenade et à beaucoup d'autres actions. Pendant la paix il fut employé à des croisières, qu'il mit à profit pour perfectionner ses connaissances nautiques. Son caractère hardi et aventureux lui fit concevoir le projet d'aller à la recherche de la Pérouse. Une souscription fut ouverte pour cet objet ; mais, comme elle ne fournit pas les fonds suffisants, il vendit sa légitime pour faire face aux frais de l'expédition. Il partit le 2 août 1792. Les vivres venant à manquer, il prit le parti de gagner l'île de Fernand de Noronha qui était la terre la plus proche. Les Portugais, rendus défiants par les évènements qui se passaient alors en France, l'arrêtent et saisissent son bâtiment qui échoue en entrant à Fernambouc. On le conduit, malgré ses justes réclamations, prisonnier à Lisbonne. Relâché après une assez longue captivité, il part pour l'Amérique septentrionale après avoir distribué à son équipage 6,000 francs que le gouvernement portugais lui avait remis pour le produit de la vente des débris de son navire. Après un séjour de quelque temps dans le Nouveau-Monde, il se décida à revenir en France. Le Directoire, sur sa réputation de bon marin lui donna le commandement du *Tonnant*, vaisseau de 80 canons, à bord duquel il partit pour l'expédition d'Egypte. Il fit preuve de la plus grande valeur à la désastreuse journée d'Aboukir, dans laquelle il périt (le 1er août 1798), après avoir excité l'admiration de ses ennemis par son héroïque résistance.

DUPEUR, s. m., trompeur. Il est peu usité. Fam., *C'est un dupeur d'oreilles*, se dit d'un écrivain, mais surtout d'un poète ou d'un orateur, dont le style ou le langage flatte l'oreille de manière à empêcher de juger ce qui manque à ses pensées.

DUPHOT, général français, naquit à Lyon en 1770. Il partit comme volontaire en 1791 et devint rapidement chef de bataillon, adjudant-général et enfin général de brigade en 1795. Il se distingua à l'armée d'Italie dans la campagne de 1796, et fut chargé d'organiser une partie des troupes de la république cisalpine. Il allait épouser la belle-sœur de Joseph Bonaparte, lorsqu'il fut tué dans une émeute, à Rome, en décembre 1797.

DUPIN (LOUIS-ELLIES), né le 17 juin 1657, en Normandie, eut son père pour premier maître. Après avoir achevé ses humanités au collége d'Harcourt, il se décida à embrasser l'état ecclésiastique et fit son cours de Sorbonne. Bachelier en 1680, docteur en 1684, professeur de philosophie au collége royal, Louis Ellies Dupin fut un des auteurs les plus laborieux et les plus féconds. Son érudition était immense. Sa plume féconde, dit de lui Nicéron, embrassait tous les genres de littérature. Il a été en même temps interprète, théologien, canoniste, historien sacré et profane, critique, philosophe, et tout cela avec la même facilité. » Son traité de la puissance ecclésiastique et temporelle est fort estimé. Toutefois son principal ouvrage est sa *Bibliothèque des auteurs ecclésiastiques, contenant l'histoire de leur vie, le catalogue, la critique, la chronologie de leurs ouvrages* ; 58 vol. in-8°. Cet ouvrage lui valut d'amères critiques. Dupin fut l'ami du grand Arnauld, dont il partagea les opinions ; de Racine et de Rollin. Il mourut à Paris le 6 juin 1719, âgé de 62 ans.

DUPIN (PIERRE), avocat au Parlement de Bordeaux, mourut en cette ville le 22 novembre 1745. On lui doit une nouvelle édition du *Commentaire d'Automne sur les Coutumes générales de Bordeaux*, *etc.*, *etc.*, et plusieurs autres ouvrages.

DUPIN (CLAUDE), né à Châteauroux vers la fin du XVIIe siècle, capitaine dans le régiment d'Anjou, et ensuite fermier-général, avait la réputation d'un homme instruit. Il mourut à Paris le 25 février 1769. On a de lui plusieurs ouvrages, parmi lesquels nous citerons ses *Observations sur un livre intitulé de l'Esprit des lois*.

DUPIN (madame), épouse du précédent, mourut dans sa terre de Chenonceaux en 1800, âgée de près de cent ans. L'éducation de son fils avait été confiée à J.-J. Rousseau. Madame Dupin a composé quelques écrits de morale et traduit plusieurs morceaux de Pétrarque.

DUPIN-PAGER (ROMAIN), poète latin et français, né à Fontenai-le-Comte vers la fin du XVIe siècle, était lié d'amitié avec Besly, Colardeau et Colletet, qui ont donné à ses vers des louanges peu méritées.

DUPIN (CHARLES-ANDRÉ), est né à Clamecy, en Nivernais, le 20 juin 1758. Après avoir fait d'excellentes études, il prit ses degrés en droit et le titre d'avocat en 1789. Il fut élu membre de la première législature en 1791, et exerça ces fonctions jusqu'au 21 septembre 1792, époque où il se retira pour cause de surdité contractée dès l'enfance. Cependant, après la tourmente révolutionnaire, il fut élu de nouveau membre du corps législatif; il y siégea depuis le 1er prairial an VII jusqu'en 1804. Pendant le cours de la législature, il fut successivement appelé aux fonctions de président du tribunal criminel de Paris, de secrétaire général du ministère de la police et d'avocat général en cassation. Mais il refusa tous ces emplois et préféra s'en tenir à sa qualité de député. Lorsqu'il sortit du corps législatif, il revint à Clamecy, sa ville natale, avec le titre de procureur impérial, et en exerça les fonctions jusqu'au 22 août 1815, où il fut appelé alors aux fonctions de sous-préfet. Depuis il fut nommé successivement chevalier et officier de la Légion-d'Honneur, et fait conseiller d'Etat, charge qu'il a conservée jusqu'à sa mort, arrivée en 1843. Simple dans ses goûts, ami de l'étude, André Dupin se fit remarquer par l'étendue de ses connaissances qu'il sut employer si utilement à l'éducation de ses enfants. Il a laissé trois fils, André, Charles et Philippe. P. D.

DUPIN (PHILIPPE-SIMON), troisième fils d'André est né à Varzy, chef-lieu de canton du département de la Nièvre, le 7 octobre 1795. Il commença et termina avec distinction ses études sous la direction de son père, qui, après lui avoir donné les premiers éléments du droit, l'envoya terminer ses cours à Paris avec cette seule recommandation adressée à son fils aîné : « Je te le confie ; fais pour lui ce que j'ai fait pour toi.» Il retrouva chez son frère la maison paternelle et cette émulation surtout qui développa cette intelligence privilégiée. Dès ce moment et pendant tout le cours de sa vie, il s'établit entre les deux frères une affection si vive et si intime, malgré la différence d'âge, qu'aucun nuage ne vint jamais l'obscurcir. Les progrès de Philippe furent si rapides, qu'il fut promptement en état de prendre ses grades de licencié et de docteur à la Faculté de droit. Inscrit en 1816 au tableau des avocats, il parut au barreau sous les auspices de son frère et ne tarda pas à s'y faire remarquer par une instruction solide, une grande précision d'idées, et du nerf uni à la grâce dans la diction. Sa réputation s'accrut rapidement, et en 1830 il était déjà l'un des avocats les plus influents du barreau, quand la retraite de M. Dupin aîné, devenu procureur général, fit passer son immense clientèle entre ses mains. Philippe se montra à la hauteur de son emploi et dès lors son nom devint aussi célèbre que son talent. Nommé à plusieurs reprises bâtonnier de l'ordre des avocats de Paris, chevalier, puis officier de la Légion-d'Honneur, avocat du roi, membre de son conseil privé, conseil de la ville de Paris, de la compagnie des notaires, du commerce, etc., etc. Il fut chargé de plaider les causes les plus importantes, et il s'en acquitta toujours avec le plus grand succès. Son seul regret alors était de n'avoir pu encore payer son tribut aux affaires publiques, obligé par ce surcroît de besogne de donner, en 1830, sa démission de député de la Nièvre. Il crut donc pouvoir, en 1842, accepter la députation de l'arrondissement d'Avallon. Ces nouvelles fonctions, qu'il remplit avec un énergique dévouement, jointes à tant d'autres travaux, finirent par altérer sa santé quoique robuste. Il éprouva tout-à-coup un épuisement, une fatigue dont il ne se rendit pas bien compte tout d'abord et qui le forcèrent à suspendre toute affaire sérieuse. Les médecins lui conseillèrent un voyage en Italie, qu'il n'entreprit qu'à regret, car il avait déjà le pressentiment de son mal dont les symptômes indiquaient toute la gravité. Il succomba à une attaque complète de paralysie à Pise, le 14 février 1846. Philippe Dupin se faisait remarquer par un caractère ferme, auquel se joignaient une grande affabilité et beaucoup d'obligeance. Sa modestie égalait son talent. Parmi ses qualités on distinguait sa bienveillance pour ses rivaux et ses émules, et un parfait désintéressement dans l'exercice de sa profession. Aussi les regrets de ses collègues ont-ils été unanimes. Philippe Dupin laisse une veuve et deux enfants. P. D.

DUPLE (*v. lang.*). (*V.* DOBLANTIN).

DUPLEIX (SCIPION), conseiller d'État et historiographe de France, naquit à Condom en 1569, et vint à Paris en 1605, avec la reine Marguerite. On a de lui une *Histoire de France* et une *Histoire romaine*, 3 vol. in-folio. Son meilleur ouvrage est : *Mémoires des Gaules*. Il mourut à Condom en mars 1661, âgé de quatre-vingt-douze ans. C'était un écrivain laborieux et infatigable, qui conserva jusqu'à la fin, et sans la moindre incommodité, les facultés de l'esprit et du corps.

DUPLEIX (SCIPION), frère aîné du précédent, était lieutenant général du bailliage du Condomois. On lui attribue les *Lois militaires touchant le duel*. — Le second frère de Dupleix se nommait François, et on a de lui : *Partitiones juris methodicæ heroico versu conscriptæ*.

DUPLEIX (CÉSAR), seigneur de l'Ormoi et de Chilly en Orléanais, fut avocat au barreau de Paris, et mourut en 1641. Il est l'auteur de la satire intitulée l'*Anti-Cotton*, dans laquelle il bafoue, avec un adroit mélange de sarcasme et de raisonnement, le père Cotton et sa fameuse lettre déclaratoire, et l'ordre des jésuites tout entier. Il avait gardé l'anonyme, et son ouvrage a été attribué, par erreur, à plusieurs des auteurs ses contemporains.

DUPLEIX (JOSEPH, marquis), négociant, administrateur, guerrier, qui, né sur les bords de la Seine, voulut être, et fut quelque temps, souverain près des rives du Gange, avait été envoyé dans l'Inde en 1750 pour y diriger la colonie de Chandernagor; il étendit le commerce de cette colonie dans toutes les provinces du Mogol et jusqu'au Tibet; il expédiait des vaisseaux pour la mer Rouge, pour le golfe Persique, pour Surate, Goa, les îles Maldives et Manille. La Compagnie des Indes le fit passer, en 1752, au gouvernement de Pondichéri; sa mésintelligence avec La Bourdonnaye fit prendre aux Anglais le dessus. Dupleix fut rappelé en 1755; il eut à soutenir à Paris un procès contre la Compagnie, et mourut en 1763, sans avoir pu même obtenir un jugement sollicité depuis 1754.

DUPLESSIS (CLAUDE), naquit d'une famille noble du Perche, et exerça à Paris la profession d'avocat avec beaucoup de distinction. Il fut le conseil de Colbert, et publia sur la coutume de Paris un commentaire fort estimé. Paris, 1699.

DUPLESSIS (JOSEPH-SIFRÈDE), peintre, naquit à Carpentras en 1725, et montra dès son enfance un goût irrésistible pour son art. Il eut pour premier maître Imbert, et partit en 1745 pour l'Italie, où il entra à l'école de Subleyras. Après quatre ans de séjour à Rome, il revint dans le comtat d'Avignon, passa quelques années à Lyon, et partit pour Paris à l'âge de vingt-sept ans. Il acquit une grande réputation dans le genre du portrait. Ses productions les plus remarquables sont les portraits de Franklin, de Thomas, de Marmontel, de l'abbé Bossut, de Glück, et de M. et Mme Necker. Il fut reçu membre de l'Académie de peinture en 1774. La révolution ayant détruit la fortune qu'il s'était acquise par ses travaux, il accepta une place de conservateur du Musée de Versailles. Il occupait encore ce poste lorsqu'il mourut en 1802.

DUPLESSIS-MORNAY. (*V.* MORNAY.)

DUPLICAIRES, soldats romains à qui on donnait double paie (*duplex*, double).

DUPLICATA. C'est le double d'une dépêche, d'un brevet, d'un arrêt, etc.

DUPLICATION DU CUBE (*hist.*). Ce problème est célèbre dans l'histoire de la science, et il se rattache d'ailleurs à ses premiers développements. Il s'agissait de construire un cube double d'un cube donné en volume, et de faire cette construction sans employer d'autres instruments que la règle et le compas. On sait que les anciens géomètres ne regardaient, en effet, comme *géométriques* que les opérations exécutées au moyen de ces instruments, et qu'ils appelaient *mécaniques* celles qui exigeaient l'emploi d'autres moyens. Ainsi posé, le problème de la duplication du cube, dont la solution est en effet impossible par le seul secours de la géométrie ordinaire, dut exercer longtemps la patience et la sagacité des géomètres. Ce fut surtout au temp de Platon qu'on s'occupa avec plus d'ardeur des recherches dont ce problème était l'objet, et c'est peut-être la difficulté dont sa solution est entourée qui fit attribuer dans la suite son origine à des circonstances aussi étranges qu'elles paraissent peu probables. — Suivant Philopponus, ce savant célèbre qui s'efforça vainement de sauver la bibliothèque d'Alexandrie de la fureur des Arabes, voici la tradition qui existait dans la Grèce au sujet de ce problème : une peste ravageait l'Attique, et l'oracle de Délos consulté sur les moyens d'apaiser Apollon, à la colère duquel les Athéniens attribuaient le fléau dont ils étaient tourmentés, répondit : *Doublez l'autel*. On dut supposer que l'autel désigné par l'oracle était celui qu'Apollon avait à Athènes, et il était d'une forme exactement cubique. Il parut d'abord facile de satisfaire le dieu ; on se borna à construire un nouvel autel et à doubler les côtés de celui qui existait ; mais on obtint ainsi un cube non pas double, mais octuple. Le fléau ne cessa pas, et l'oracle, consulté de nouveau, répondit qu'on avait mal interprété sa réponse. On soupçonna dès lors qu'il s'agissait de la duplication géométrique de l'autel, et tous les géomètres de la Grèce furent appelés à trouver la solution d'un problème que les moyens pratiques n'avaient pu donner. Valère Maxime ajoute à cette histoire merveilleuse une circonstance encore plus invraisemblable : cet écrivain prétend que Platon, consulté sur cette importante question, désigna Euclide comme le seul géomètre en état d'y répondre d'une manière à satisfaire le mystérieux oracle de Délos. Mais cette assertion est dénuée de fondement : le géomètre Euclide est postérieur à Platon de près d'un siècle, et Euclide de Mégare, contemporain de ce grand homme, n'était qu'un sophiste sans talent et entièrement dépourvu de connaissances géométriques, que Platon, au contraire, possédait au plus haut degré. D'ailleurs, même en admettant qu'il y ait quelque réalité au fond de cette histoire merveilleuse, il est certain que le problème de la duplication du cube avait déjà occupé les géomètres, et que sa solution avait été presque aussitôt trouvée que cherchée. Hippocrate de Chio l'avait réduit à la recherche de deux moyennes proportionnelles contenues, c'est-à-dire à l'insertion de deux lignes moyennes proportionnelles géométriques entre le côté du cube donné et le double de ce côté, la première de ces deux lignes étant le côté du cube cherché. Ce fut en se plaçant dans ce point de vue qu'on conserva l'espérance d'achever sa solution par la règle et le compas ; car c'est en ce sens seulement que se révélait la difficulté du problème et qu'elle occupa les géomètres, et particulièrement l'école platonicienne. Platon lui-même en donna, sous ce rapport, une solution ingénieuse, mais où la difficulté n'était encore qu'éludée. Il y employa un instrument composé de deux règles dont l'une s'éloigne parallèlement de l'autre en glissant entre les rainures des deux montants perpendiculaires à la première. Architas imagina une courbe décrite par un mouvement particulier sur la surface d'un cylindre droit, et qui étant, rencontrée par la surface d'un cône situé d'une certaine manière, déterminait l'une des moyennes. Cette solution ne pouvait être utile dans la pratique. Eudoxe en proposa une autre, qu'il obtint au moyen de courbes de son invention. Ménechme, Aristée, Dinostrate, s'exercèrent également sur ce problème, qu'ils abordèrent par des moyens que leur présenta la théorie des sections coniques nouvellement découvertes. Les deux solutions proposées par Ménechme sont surtout remarquables ; la quadratrice de Dinostrate et la conchoïde de Nicomède sont également dues aux recherches qu'occasionna ce problème de la duplication du cube. Enfin Pappus, dans ses *Collections mathématiques*, proposa une ingénieuse méthode pour trouver les deux moyennes proportionnelles ; méthode que perfectionna encore Dioclès au moyen de la cissoïde, courbe qui porte son nom. — Le problème de la duplication du cube, comme celui de la trisection de l'angle et de la quadrature du cercle, a beaucoup préoccupé les géomètres anciens. La solution des difficultés qu'ils présentent est impossible par la règle et le compas, et il ne faut pas oublier que c'était surtout à obtenir ce résultat que tendaient tous les efforts de la géométrie ancienne ; mais les recherches dont ces problèmes ont été l'objet ont du moins donné naissance à d'importantes découvertes, et c'est sous ce rapport surtout qu'elles intéressent vivement encore l'histoire de la science (*V.* **CUBIQUE, HEXAÈDRE ET MOYENNES PROPORTIONNELLES**).

DUPLICIPENNES, ou **PTÉRODIPLES** (*ins.*), nom de la famille qui comprend les guêpes, et dont les ailes, à l'état de repos, sont comme doublées sur leur longueur. (*V.* **PTÉRODIPLES**.)

DUPLICITÉ, s. f. Il se dit en parlant des choses qui sont doubles, et qui devraient être uniques. Il s'emploie plus ordinairement au figuré, dans le sens de mauvaise foi.

DUPLIQUER, v. n. (*t. de pratique ancienne*), fournir des dupliques. Il n'était d'usage qu'avec le verbe *répliquer*.

DUPLIQUES, étaient des écritures en réponse à des répliques, L'usage en a été aboli par l'ordonnance de 1667.

DUPONDIUM (*duo*, deux ; *pondus as*, livre), poids et monnaie, valait deux livres ou deux as.

DUPONT dit **DE NEMOURS** (PIERRE-SAMUEL), né à Paris en décembre 1739, étudia d'abord la médecine, puis se livra tout entier aux spéculations philosophiques. Fort jeune il commença une série de publications sur les points les plus importants de la science sociale. Ses *Réflexions sur l'écrit intitulé : Richesses de l'Etat*, qu'il fit paraître à Londres en 1763, le firent admettre dans le sein de la célèbre société des *économistes*. Dupont embrassa avec ardeur les vues de Quesnay, et les exposa avec autant de clarté que d'exactitude dans un ouvrage auquel il donna le titre de *Physiocratie ou constitution naturelle du gouvernement le plus avantageux au genre humain*. — Vers le même temps il publia divers écrits sur le commerce, l'agriculture, et d'autres questions d'administration et de finances, et prit la direction des *Éphémérides du citoyen*, commencées par l'abbé Baudeau. Mais les principes qu'il y développa déplurent au ministre Choiseul, et il fut contraint de s'expatrier. Il fut bien accueilli par le roi de Suède Gustave III, par le margrave de Bade, et par le roi de Pologne Poniatowski. Il exerçait les fonctions de secrétaire du conseil d'instruction publique dans les Etats de ce dernier lorsque Turgot arriva aux affaires. Dupont, qui avait précédemment eu occasion de se lier avec lui, accourut à son appel, l'assista dans ses travaux, et le suivit ensuite dans sa disgrâce. Retiré en Gâtinais, près de la ville qui lui a donné son surnom, il partagea son temps entre les travaux de l'agriculture et ceux des lettres. Tandis qu'il introduisait dans cette province les prairies artificielles, il composait des *Mémoires sur la vie de Turgot*, et, dans ses loisirs, traduisait en vers français le poème de l'Arioste. Rappelé par Vergennes, il prépara, avec l'agent anglais, le docteur Button, les bases de la reconnaissance des Etats-Unis, et celles du traité de commerce entre la France et la Grande-Bretagne. Calonne le fit entrer au conseil d'Etat, et le nomma commissaire général du commerce. Membre de l'assemblée des notables, Dupont en fut un des deux secrétaires. Il fut envoyé aux Etats-généraux par le bailliage de Nemours, vota la liberté du commerce des grains, l'établissement d'une banque nationale, le *véto suspensif* et l'organisation de deux chambres, mais repoussa la motion qui avait pour but de faire déclarer le catholicisme religion de l'Etat. Ayant acheté une imprimerie en 1792, il publia un journal consacré à la propagation de ses doctrines, s'y éleva contre la journée du 20 juin et contre le 10 août. Le parti du mouvement crut voir dans la conduite de Dupont une tendance contre-révolutionnaire. Devenu suspect, il se cacha d'abord dans l'observatoire du collége Mazarin, puis à la campagne, où il composa, sous la forme d'une lettre à Lavoisier, sa *Philosophie de l'univers*. Découvert dans sa dernière retraite, il fut mis à la Force, pour n'en sortir qu'après le 10 thermidor. En 1798, il fit partie du conseil des Anciens, attira sur lui une nouvelle défaveur pour la chaleur avec laquelle il prit les intérêts des parents d'emigrés, et fut sur le point d'être déporté. Il s'éloigna alors des affaires, et, en l'an VII, s'embarqua pour les Etats-Unis, où il s'occupa de physique et d'histoire naturelle. A son retour, en 1802, il refusa toutes les fonctions publiques que lui offrit Napoléon. C'est à cette époque qu'il communiqua à l'Institut, dont il etait membre, entre autres travaux curieux, un *Mémoire sur les sciences, les institutions sociales et le langage des animaux*. En 1814, il reparut dans le monde politique, et fut nommé secrétaire du gouvernement provisoire. Louis XVIII le rappela au conseil d'Etat, et lui donna la croix de la Légion-d'Honneur. Quand Napoléon reparut, Dupont quitta de nouveau la France, et cette fois pour ne plus la revoir. Il alla retrouver ses deux fils qui s'étaient établis dans la Pensylvanie, et mourut auprès d'eux au mois d'août 1817. Il avait épousé, en secondes noces, la veuve de Poivre. Les ouvrages sortis de sa plume sont trop nombreux pour que nous puissions les énumérer tous. Ils portent l'empreinte d'une imagination vive, d'une sensibilité profonde, d'une philosophie éminemment religieuse. Aimer et connaître fut sa devise. La passion de faire le bien devint son mobile, et une physique raisonnée, comme il le dit lui-même, composa sa métaphysique. Dans sa *Philosophie de l'univers*, qu'il écrivit l'échafaud devant les yeux, il termine un éloquent morceau contre le suicide par ce noble argument : « Sur la charrette fatale, n'ayant de libre que la voix, je puis encore crier *gare* à un enfant qui serait trop près de la roue... »

DUPORT (JACQUES), théologien et savant helléniste anglais, né au commencement du XVIIe siècle, fut professeur de grec, principal du collége de la Madeleine, à Cambridge, et doyen de Péterborough. On a de lui : *Gnomologia Homeri cum duplici parallelismo, ex sacrâ Scripturâ et gentium scriptoribus.* Il mourut en 1680.

DUPORT (GILLES), docteur en droit civil et canon, et protonotaire apostolique, né à Arles en 1625, entra dans la congrégation de l'Oratoire. Il enseigna les humanités au Mans, à Avignon, et sortit de la congrégation en 1660. Ses ouvrages sont : l'*Histoire de l'église d'Arles, de ses évêques et de ses monastères;* la *Rhétorique française, contenant les principales règles de la chaire,* etc., etc. Il mourut en 1690.

DUPORT (JEAN-LOUIS), célèbre violoncelliste, naquit à Paris le 4 octobre 1749. Il se fit entendre plusieurs fois à Paris, et toujours admirer. Il mourut en 1819. On a de lui : un *Essai sur le doigté du violoncelle et sur la conduite de l'archet*, suivi d'*Exercices dans tous les temps.*

DUPORT (ADRIEN), conseiller au parlement, se distingua en 1787 et 1788 dans la lutte qui s'établit entre son corps et le gouvernement de Louis XVI. Député aux Etats généraux en 1789, il fut l'un des premiers de son ordre à se réunir au tiers-état et se lia intiment avec Barnave. Il se montra zélé partisan des idées nouvelles et déploya le plus grand talent lorsqu'on discuta l'établissement de la procédure par jurés. Il est l'un de ceux auxquels nous devons principalement l'institution du jury. Il devint président du tribunal criminel de Paris, et en remplit les fonctions jusqu'au 10 août. A cette époque il se retira à 4 lieues de Montargis, au château du Rignon, le berceau du grand Mirabeau. Il y fut arrêté comme accusé de modérantisme et conduit à Melun. Il se sauva des prisons de cette ville à l'époque du 2 septembre 1792, resta quelque temps caché et revint à Paris avant la journée du 18 fructidor. Les évènements le forcèrent de s'exiler de nouveau, et il mourut sous un nom supposé à Appenzell en Suisse, au mois d'août 1798.

DUPORT-DUTERTRE (FRANÇOIS-JOACHIM), écrivain français, né à Saint-Malo en 1715, fut membre de l'Académie d'Angers et de la Société littéraire de Besançon. On a de lui : *Abrégé de l'Histoire d'Angleterre*, *Almanach des beaux-arts*, *Mémoires du marquis de Chouppes*, etc., etc. Il mourut le 17 avril 1759.

DUPORT-DUTERTRE (MARGUERITE-LOUIS-FRANÇOIS), né à Paris le 6 mai 1754, et fils du précédent, embrassa la carrière du barreau en 1777 et y acquit une grande réputation. Membre du corps électoral de Paris en 1789, il fut nommé lieutenant du maire lors de la première municipalité. Enfin il fut nommé ministre de la justice le 20 novembre 1790. Renversé dans l'hiver de 1792, il fut décrété d'accusation après la révolution du 10 août. Il fut condamné à mort le 28 novembre et exécuté le lendemain en même temps que Barnave. On le regarde comme l'un des auteurs de l'*Histoire de la révolution par deux amis de la liberté*; 1790-1802, 20 vol. in-8°.

DUPORTAIL, alla servir en Amérique avec Lafayette, et, de retour en France, obtint le grade de brigadier des armées du roi. Il fut alors envoyé dans le royaume de Naples, dont le souverain avait demandé à Louis XVI des officiers français pour l'instruction de ses troupes. Il revint bientôt en France, reprit son service et fut fait maréchal-de-camp. La protection de Lafayette le fit nommer ministre de la guerre en 1790; mais il partagea la disgrâce de celui auquel il devait son élévation, et dut donner sa démission le 3 décembre 1791. Décrété d'accusation après le 10 août 1792, il resta caché à Paris pendant près de deux ans et parvint enfin à passer en Amérique. Il s'embarqua en 1802 pour revenir en France, mais il n'eut pas la joie de revoir sa patrie, et mourut dans la traversée.

DUPPE, s. f., selon Rabelais, synonyme de huppe, oiseau fort niais.

DUPPA (BRYAN), naquit en 1589 à Lewisham, dans le comté de Kent, et fut chapelain du prince palatin, puis du comte de Dorset, par la protection duquel il obtint plusieurs bénéfices. Le roi Charles Ier le nomma en 1634 son chapelain, et, en 1638, précepteur de son fils et évêque de Chichester. Après la mort de Charles Ier, il se retira à Richemond, dans le comté de Surrey. A la restauration il fut nommé évêque de Winchester et grand aumônier. Il mourut le 25 mars 1662. On a de lui quelques sermons et d'autres écrits de dévotion.

DUPRAT (ANTOINE), né à Issoire en Auvergne le 17 janvier 1463, fut successivement lieutenant général au bailliage de Montferrand, avocat général au parlement de Toulouse, président à mortier, et enfin premier président au parlement de Paris. Vers la fin du règne de Louis XII, il se dévoua sans réserve au comte d'Angoulême, depuis François Ier, et surtout à sa mère, Louise de Savoie. Dès l'avènement de François Ier, il fut fait chancelier de France. Pour donner plus d'activité et de promptitude à la justice, il crut devoir suggérer au roi de créer une nouvelle chambre au parlement de Paris. Cette chambre, composée de vingt conseillers, forma ce qu'on appelait *la Tournelle.* François Ier ayant toujours besoin d'argent, le chancelier fut obligé de se prêter à des moyens qui répugnaient à son caractère. Les tailles furent augmentées, et de nouveaux impôts établis sans attendre l'octroi des Etats, contre l'ordre ancien du royaume. Ayant suivi en Italie François Ier, il persuada à ce prince d'abolir la pragmatique sanction et de faire le concordat, par lequel le pape remit au roi le droit de nommer aux bénéfices de France, et le roi accorda au pape les annates des grands bénéfices sur le pied du revenu courant. Ce concordat finit heureusement les longues contestations qui avaient subsisté entre les papes et les rois de France. Ayant embrassé l'état ecclésiastique, Duprat fut élevé successivement aux évêchés de Meaux, d'Albi, de Valence, de Die, de Gap, à l'archevêché de Sens, enfin à la pourpre en 1527. Nommé légat *à latere* en France, il couronna la reine Eléonore d'Autriche. Un auteur italien prétend qu'il voulut se faire pape en 1524, après la mort de Clément VII, et ajoute qu'il le proposa au roi, auquel il promit de contribuer jusqu'à 400,000 écus, mais que ce monarqua se moqua de son ambition et retint son argent. Ce fait n'a aucune vraisemblance; car, outre que Paul III obtint la tiare 28 jours après la mort de Clément VII, il n'est point apparent que Duprat, qui était âgé et incommodé, songeât à quitter la tranquillité de sa maison pour les agitations du trône pontifical. Il se retira sur la fin de ses jours au château de Nantouillet, où il mourut en 1539, à 70 ans. On accuse ce ministre d'avoir suggéré au roi l'idée de vendre les charges de judicature. M. le marquis d'Argenson, ministre d'Etat, prétend, dans ses Loisirs, le justifier de ce reproche; il dit que ce fut d'Amboise qui commença à rendre les charges vénales; mais cette assertion paraît moins bien prouvée que la première.

DUPRAT (GUILLAUME), fils du précédent, évêque de Clermont, fonda à Paris le collége de Clermont, connu depuis sous le nom de collége de Louis-le-Grand. Il brilla par son éloquence au concile de Trente, d'où il amena en France des jésuites, qu'il établit dans plusieurs endroits de son diocèse. Il mourut le 22 octobre 1560. — Pierre DUPRAT, cardinal et archevêque d'Aix, mort en 1361, était de la même famille qu'Antoine Duprat. Il travailla en qualité de légat à la paix entre Philippe de Valois et Edouard III, et est auteur d'un livre intitulé : *De laudibus beatæ Mariæ virginis.*

DUPRAT LE JEUNE (JEAN), marchand à Avignon, embrassa avec fureur le parti de la révolution, et fut de ceux qui s'intitulèrent *les braves brigands d'Avignon*. Il mérita par ses richesses d'être maire de la ville et fut nommé député à la Convention par le département des Bouches-du-Rhône, après les évènements du 10 août. Il vota la mort sans sursis dans le procès de Louis XVI; mais s'étant rangé, malgré ses antécédents, dans le parti de Barbaroux, il fut décrété d'accusation le 3 octobre 1793, condamné à mort le 29, exécuté le lendemain. Il était âgé de 36 ans.

DUPRÉ (CHRISTOPHE), sieur de Passy, né à Paris vers le milieu du XVIe siècle, est auteur d'un ouvrage intitulé : *Larmes funèbres*, et se trouve au nombre des poètes qui ont fait des vers sur le tableau où Pasquier était représenté sans mains.

DUPRÉ (MARIE), nièce de Roland Desmarets, humaniste du XVIIe siècle, apprit, sous la direction de son oncle, le latin, le grec, l'italien, la rhétorique et la philosophie. Elle se passionna tellement pour les ouvrages de Descartes et marqua si ouvertement sa prédilection qu'elle reçut le surnom de *Cartésienne.* Elle fut en commerce d'amitié et de littérature avec mesdemoiselles Scudéry et de La Vigne, et a composé des poésies agréables.

DUPRÉ D'AULNAY (LOUIS), né à Paris vers 1670, fut commissaire des guerres et directeur général de l'administration des vivres. Il avait été décoré de l'ordre du Christ de Portugal, et était membre des académies de Châlons et d'Arras. On a de lui : *Dissertation sur la cause physique de l'électricité*; *Réception du docteur Hecquet aux enfers*, etc. Il mourut en 1758.

DUPRÉ DE SAINT-MAUR (NICOLAS-FRANÇOIS), maître des comptes, né à Paris vers 1695. Le succès de sa traduction du *Paradis perdu* de Milton lui ouvrit les portes de l'Académie en

1733. On a encore de lui : *Essai sur les monnaies*, *ou Réflexions sur le rapport entre l'argent et les denrées*. Dupré mourut le 1er décembre 1743.

DUPUGET (EDME-JEAN-ANTOINE), né à Joinville en 1743 et mort le 14 avril 1801, fut inspecteur général des colonies pour la partie militaire. Il fournit quelques bons mémoires au *Journal des mines*, fut associé à l'Institut national et membre de la Société d'agriculture de Paris.

DUPUIS (CHARLES), graveur, né à Paris en 1685, eut pour maître Duchange; ses talents le firent recevoir à l'Académie; sa meilleure estampe est son *Mariage de la Vierge*, d'après Vanloo. Dupuis est mort à Paris en 1742.

DUPUIS (CHARLES-FRANÇOIS), membre de l'Institut de France, né le 26 octobre 1742, à Trye, château entre Gisors et Chaumont, de parents pauvres, fut protégé par le duc de la Rochefoucault, qui lui procura une bourse au collége d'Harcourt. Il fit en peu de temps les progrès les plus rapides, et fut nommé à 24 ans professeur de rhétorique au collége de Lisieux à Paris. Un discours latin prononcé en 1775 pour la distribution des prix de l'Université, et l'oraison funèbre, qu'il fit dans la même langue, de l'impératrice Marie-Thérèse d'Autriche, commencèrent la réputation de Dupuis. Les mathématiques, qui avaient été l'objet de ses premières études, devinrent pour lui le sujet d'une plus sérieuse application. Il suivit pendant plusieurs années le cours d'astronomie de Lalande, avec lequel il se lia intimement. En 1778, il exécuta un télégraphe d'après l'idée qu'en avait donnée Amontons, et il s'en servit pendant plusieurs années pour correspondre, depuis Belleville où il logeait, avec Fortin, son ami, qui habitait le village de Bagneux; c'est cette invention que Chappe a perfectionnée plus tard. Il le détruisit au commencement de la révolution, de crainte que cette machine ne le rendit suspect. L'obscurité de la mythologie, l'origine des fables qui la composent et celle des noms et des figures des constellations, appelèrent particulièrement les recherches de Dupuis, et bientôt il crut avoir trouvé dans le ciel l'origine de toutes les erreurs de la terre, la clef des mystères de l'antiquité et de toutes les difficultés du premier âge de l'histoire. Il publia plusieurs parties de son système dans le *Journal des savants*, et les réunit plus tard en un seul corps d'ouvrage inséré d'abord dans l'*Astronomie de Lalande*, et imprimé ensuite séparément. En 1787 il fut nommé professeur d'éloquence latine au collége de France. L'Académie des inscriptions le reçut au nombre de ses membres en 1788. Les orages de la révolution l'obligèrent de se retirer à Evreux, où il résidait lorsqu'il fut élu en 1792 député à la Convention. Il s'y fit remarquer par la modération de ses discours et de sa conduite, notamment dans le procès de l'infortuné Louis XVI, dont il vota la détention, comme mesure de sûreté générale. Il passa ensuite au conseil des Cinq-Cents (1796), puis au Corps-Législatif, et mourut à Issur-Til (Haute-Marne), le 29 septembre 1809. On a de lui : 1° *Mémoire sur l'origine des constellations, et sur l'explication de la fable par l'astronomie*. Cet ouvrage fut réfuté par Bailly dans le 5e volume de son *Histoire de l'astronomie*. — 2° *Origine de tous les cultes, ou la religion universelle*, 1794, 3 vol. in-4° et atlas, ou 12 vol. in-8°. C'est une des productions les plus impies de ces derniers temps, digne du plus profond oubli, par l'érudition indigeste qui y règne, et par le vague, l'incohérence, l'arbitraire et l'absurdité de son système. On en trouve un exposé lumineux et détaillé dans le *Parallèle des religions*, par le père Brunet. La critique soutint un moment cet ouvrage; mais il tomba bientôt, faute d'éloges et de partisans. Il a été solidement réfuté dans un écrit intitulé : *La vérité et la sainteté du Christianisme vengées contre les blasphèmes et les folles erreurs d'un livre intitulé* : Origine de tous les cultes (*V.* le *Spectateur français au XIXe siècle*, tom. 10, p. 14). — 3° *Abrégé de l'origine de tous les cultes*, 1798, in-8°; souvent réimprimé. C'est moins l'analyse de l'ouvrage que la copie de quelques pages prises comme au hasard dans le 12e volume. M. Destutt de Tracy a publié un autre *Abrégé de l'origine des cultes*, beaucoup plus méthodique, et dégagé de cet échafaudage d'érudition, ramassée à si grands frais ; mais il n'a pas eu plus de succès que le premier. — 4° Deux mémoires sur les *Partages*, insérés dans les mémoires de la collection de l'Institut. — 5° *Mémoire explicatif du zodiaque chronologique et mythologique* et *Mémoire sur le zodiaque de Tentyra ou Denderah*, inséré dans la *Revue philosophique* de 1806, in-4°, fig. Il a laissé des manuscrits sur les *Cosmogonies et Théogonies*, sur les *Hiéroglyphes égyptiens*, des *Lettres sur la mythologie* et une *Traduction des discours choisis de Cicéron*. Son éloge a été prononcé à la troisième classe de l'Institut par M. Dacier. Sa veuve a publié une *Notice sur sa vie et sur ses écrits*.

DUPUY (HENRI), né à Venlo, dans la Gueldre, le 4 novembre 1574, étudia le droit à Louvain. Attiré ensuite en Italie par la réputation des professeurs dont elle s'honorait alors, il s'arrêta à Milan et à Padoue. En 1601 il accepta une chaire d'éloquence à Milan, et fut nommé historiographe du roi d'Espagne. Deux ans après il reçut le diplôme de citoyen romain, et fut agrégé docteur à la Faculté de droit. La chaire de belles-lettres à Louvain lui ayant été offerte en 1606, il saisit avec empressement cette occasion de retourner dans sa patrie. Il l'occupa pendant 40 ans, devint conseiller de l'archiduc Charles-Albert et gouverneur du château de Louvain. Il mourut en cette ville le 17 septembre 1646. Il a laissé un nombre considérable d'opuscules dont on trouve la liste dans le tome XVII des Mémoires de Nicéron, mais pas un seul ouvrage de longue haleine.

DUPUY (CLAUDE), fils de Clément, avocat au parlement de Paris, naquit dans cette ville en 1545. Il fut reçu conseiller au parlement en 1576, et fut un des quatorze juges envoyés dans la Guienne, à la suite du traité de Fleix, en 1580. Il mourut en 1594.

DUPUY (CHRISTOPHE), fils du précédent, naquit à Paris vers l'année 1580. Le cardinal de Joyeuse, qui l'avait nommé son protonotaire, l'emmena à Rome. A son retour il se fit recevoir chartreux de Bourg-Fontaine. Il fut plus tard appelé à Rome par le pape Urbain VIII, y resta avec les charges du procureur général de son ordre et de prieur *in urbe*, et y mourut le 28 juin 1654. Il est l'auteur du *Peronniana*.

DUPUY (PIERRE), frère puîné du précédent, naquit à Agen le 27 novembre 1582. Il étudia le droit et l'histoire, et fut successivement conseiller du roi en ses conseils et garde de sa bibliothèque. Cette position lui permit de composer un grand nombre d'ouvrages dont on trouve les titres dans la bibliothèque historique de Fontette. Il mourut le 14 décembre 1651. Sa vie a été écrite par Nicolas Rigault. — Jacques DUPUY, son frère, fut prieur de Saint-Sauveur, et comme lui garde de la bibliothèque du roi. Il fut le collaborateur assidu de Pierre et publia lui-même quelques ouvrages. Il mourut le 17 novembre 1656 en léguant à la bibliothèque les livres rassemblés par son frère et lui, au nombre de 9,000 volumes imprimés et d'environ 300 volumes manuscrits.

DUPUY-DU-GREZ (BERNARD), avocat au parlement de Toulouse et fondateur de l'Académie royale de peinture de cette ville, naquit au XVIIe siècle, et s'appliqua particulièrement à l'étude de l'histoire et des arts. Il publia en 1699 un *Traité de la peinture*, et mourut le 18 août 1720.

DUPUYTREN (GUILLAUME), né en 1778, à Pierre-Buffière, fit ses humanités aux colléges de Magnac-Laval et de la Marche, et commença très jeune encore l'étude de l'anatomie et de la chirurgie. Il fut nommé au concours, à l'âge de 17 ans, prosecteur à l'école de santé de Paris. Il devint, en 1802, troisième chirurgien de l'Hôtel-Dieu, fut reçu docteur en chirurgie en 1803, et concourut la même année, avec M. Duméril, pour la place de chef des travaux anatomiques, vaincu d'une seule voix, il obtint cette place quelque temps après, lorsque son compétiteur passa à la chaire d'anatomie de l'Ecole. Il devint bientôt après chirurgien en second de l'Hôtel-Dieu, membre du conseil de salubrité établi près de la préfecture de police, et enfin, en 1808, inspecteur général de l'Université. Il succéda, en 1815, au chirurgien en chef de l'Hôtel-Dieu, Pelletan, évincé de ses fonctions par la Restauration, fut nommé baron et chevalier de Saint-Michel en 1816, et entra, en 1820, à l'Académie des sciences, en remplacement du baron Percy. Il occupait, depuis 1812, la chaire laissée vacante à la Faculté de médecine par la mort de Sabatier. Ce grand chirurgien mourut en 1835, des suites d'une longue maladie. Il avait laissé, par son testament, une somme de 200,000 francs pour la création d'une chaire d'anatomie pathologique à la Faculté de médecine. Le doyen de la Faculté profita de cette circonstance pour solliciter du gouvernement l'établissement d'un musée d'anatomie pathologique, auquel on a donné le nom de *Museum Dupuytren*.

DUQUESNE (ABRAHAM), l'un des plus célèbres marins que la France ait produits, naquit à Dieppe en 1610. Il eut pour premier instituteur son père, qui, par son seul mérite, était parvenu au grade de capitaine de vaisseau. Il s'embarqua à l'âge de 17 ans, fit plusieurs voyages sur des bâtiments marchands, et se fit bientôt connaître comme un homme auquel un grand avenir était réservé. Aussi eut-il, en 1637, le commandement d'une galère faisant partie de l'expédition navale qui fit rentrer les îles de Lérins sous la domination française; il commandait un brûlot à l'attaque de la flotte espagnole rassemblée dans le havre de Gattari en 1638, et ce fut lui qui engagea le combat. Il se dirigea sur le vaisseau amiral de l'ennemi, et l'incendia. Ce succès décida la victoire. Nommé capitaine de vaisseau la même année, à l'attaque de la flotte espagnole mouillée dans la baie de la Corogne, il commanda l'avant-garde, soutint un combat très vif malgré l'inégalité de ses forces, et effectua ensuite quelques descentes sur la côte. Après cette expédition, il rencontra trois vaisseaux espagnols qu'il enleva à l'abordage. Puis il se distingua de nouveau aux différentes batailles navales qui furent livrées dans la baie de Roses, devant le port d'Alfaques, devant Tarragone, et sous le cap de Gates (1643). Durant les premières années de la minorité de Louis XIV, la marine fut entièrement négligée; Duquesne, qui ne pouvait rester inactif, sollicita et obtint la permission d'aller servir en Suède. La reine Christine était alors en guerre avec le Danemark. Duquesne, à son arrivée (1644), fut nommé vice-amiral de la flotte suédoise; il attaqua avec tant de vigueur la flotte danoise sur les côtes de Holstein, qu'après deux jours de combat elle fut dispersée complètement. La paix fut ensuite conclue entre les deux parties belligérantes, et Duquesne fut forcé de revenir en France. Il fut chargé, l'année suivante, du commandement de l'escadre destinée à replacer le duc de Guise sur le trône de Naples; mais cette expédition n'eut pas lieu. En 1650, lors de la révolte de Bordeaux, les Espagnols armèrent une escadre pour soutenir les insurgés. La France, dont la marine était anéantie, ne pouvait s'opposer à ces armements; mais Duquesne, armant à ses frais quelques bâtiments de guerre, devança les Espagnols et leur ferma l'entrée de la Gironde. Il avait, en se rendant à cette destination, rencontré une escadre anglaise, dont le commandant lui fit dire de baisser pavillon. « Le pavillon français ne sera jamais déshonoré tant que je l'aurai à ma garde, » répondit l'intrépide marin; « le canon en décidera, et la fierté » anglaise pourra bien aujourd'hui le céder à la valeur fran» çaise. » Après un combat meurtrier, les Anglais furent mis en fuite. Pour le récompenser de ce double succès, l'armée d'Autriche l'éleva au grade de chef d'escadre, et lui fit don de l'île et du château d'Indret, près de Nantes. Ce fut surtout dans la guerre que la France eut à soutenir contre la Hollande que Duquesne se couvrit de gloire. Il eut alors pour adversaires les deux plus grands hommes de mer de son époque, Tromp et Ruyter, et il sut se montrer au moins leur égal. Après s'être distingué aux deux combats que le comte d'Estrées livra les 7 et 14 juin 1673 aux amiraux hollandais, après avoir débloqué Messine assiégée par les Espagnols, il fut envoyé à Versailles par le duc de Vivonne pour demander du secours. Lorsqu'il eut rempli cette mission, il partit de Toulon à la tête de vingt vaisseaux, et Ruyter se porta à sa rencontre avec vingt-quatre vaisseaux. Les deux flottes se trouvèrent en présence près de Stromboli, le 7 janvier 1676; le lendemain la bataille s'engagea. La flotte hollandaise fut bientôt horriblement maltraitée, et elle eût totalement été perdue, si un calme qui survint n'eût empêché les Français de poursuivre leurs avantages, et n'eût permis aux galères espagnoles mouillées à Liguri de venir remorquer les bâtiments ennemis à moitié désemparés. Le lendemain Duquesne, rejoint par des vaisseaux que lui envoyait le duc de Vivonne, partit pour aller ravitailler Messine, de nouveau bloquée; il fit le tour de la Sicile et entra par le sud dans le port. A la nouvelle de ces exploits, Louis XIV écrivit de sa main à Duquesne pour lui exprimer toute sa satisfaction. Les alliés avaient formé le projet d'assiéger Augusta, Duquesne sortit de Messine avec trente voiles, il se porta à la rencontre de leur flotte. Dans le conseil de guerre tenu par le duc de Vivonne, Duquesne et Tourville avaient décidé ce départ, et le premier avait déclaré qu'il se chargeait de l'opération et répondait du succès. Il rencontra la flotte alliée le 22 avril 1676, à la hauteur de Catane; elle se composait de 29 vaisseaux, de 9 frégates et de quelques brûlots; l'engagement eut lieu immédiatement. Ruyter, qui commandait l'avant-garde, attaqua les Français, qui lui opposèrent la plus opiniâtre résistance. Quatre de ses vaisseaux furent bientôt mis hors de combat, et il se vit forcé de manœuvrer pour se rapprocher de son corps de bataille. Duquesne dirigea alors sur lui le feu le plus terrible, et, malgré l'habileté des manœuvres de son adversaire, il remporta une victoire complète. Les Hollandais y perdirent plus que leur flotte, ils perdirent Ruyter, qui, blessé mortellement, expira sept jours après. Le 2 juin suivant, un autre combat vint encore ajouter à la gloire de Duquesne; les alliés y perdirent 12 vaisseaux, 6 galères et 4 brûlots, et ces victoires donnèrent aux Français l'empire de la Méditerranée pour toute la durée de la guerre. A la paix de 1678, Duquesne se rendit à Versailles, et ce fut alors que Louis XIV lui adressa ces paroles si connues; « Je voudrais bien, monsieur, que vous ne » m'empêchassiez pas de récompenser les services que vous » m'avez rendus comme ils méritent de l'être; mais vous êtes » protestant, et vous savez mes intentions là-dessus. » Duquesne sacrifia son avancement à ses convictions religieuses, et resta toujours calviniste. Le roi lui donna cependant la terre de Bauchet, qu'il érigea en marquisat en sa faveur, sous le nom de Duquesne. Il eut, en 1681, le commandement de la flotte chargée d'aller châtier les pirates de Tripoli, et les deux années suivantes il alla bombarder Alger. Mais en 1683, le manque de munitions et l'approche de la mauvaise saison le forcèrent de revenir en France avant d'avoir anéanti complètement ce nid de pirates, qu'il avait cependant mis hors d'état de nuire à la chrétienté. Enfin, le bombardement de Gênes (1684), qu'il *écrasa dans ses palais de marbre*, fut le dernier acte de sa glorieuse carrière. Il se retira ensuite dans le sein de sa famille, et mourut à Paris le 2 février 1688. Son second fils, Abraham, se signala aussi sur mer en plusieurs occasions, et commanda, en 1660, une expédition dans les Indes.

DUQUESNOY (**François**), né à Bruxelles en 1594, et plus connu sous le nom de François Flamand, était fils d'un sculpteur, et obtint, par quelques ouvrages exécutés sous la direction de son père, une pension de l'archiduc Albert, pour faire le voyage d'Italie. A peine y était-il arrivé que son protecteur mourut et qu'il resta dans la misère. Il vécut d'abord péniblement des produits de son art; mais bientôt il acquit une grande réputation pour sculpter les enfants. Ses ennemis ayant dit qu'il ne saurait pas traiter de grands sujets, et que s'il le tentait il *ne ferait que de gros enfants*, il répondit victorieusement à ce défi par ses deux figures de la *Sainte-Suzanne* et de *Saint-André*. Le soin excessif qu'il apportait à ses ouvrages fit qu'il en produisit peu; aussi resta-t-il toujours dans un état voisin de la misère. Il allait passer, avec le Poussin, son ami, en France, où une place honorable lui était assurée, lorsqu'il mourut, en 1646, empoisonné, dit-on, par son frère.

DUQUESNOY (**Anselme**), plus connu sous le nom de Flamand ou Flaming, naquit à Saint-Omer en 1647, et devint un sculpteur habile. L'église de Sainte-Gudule de Bruxelles, celle de Saint-Nicolas de la même ville; les églises d'Auderlecht, de Saint-Jacques de Louvain, possèdent divers morceaux dus au ciseau de cet artiste. Il est de plus l'auteur du bas relief en bois représentant l'apothéose d'Elie, qui se voit au Musée du Louvre, n° 261. On lui attribue aussi plusieurs objets d'un grand mérite, qui se trouvent dans diverses églises, et notamment un ange colossal en bronze qui est à Notre-Dame de Paris. (Hist. de Saint-Omer, par Derheime.)

DUQUESNOY (**Adrien**), député aux États généraux en 1789, par le tiers-état du bailliage de Bar-le-Duc, était avocat et syndic de Lorraine et Barrois avant la révolution. Il se jeta avec ardeur dans le parti des patriotes, et parla plusieurs fois avec talent. Bientôt, effrayé des déclamations des jacobins, il se rangea du parti de la cour, et rédigea, jusqu'au 10 août 1793, en ce sens, un journal intitulé : *L'Ami des patriotes*. Il devint maire de Nancy; mais son nom ayant été trouvé dans l'*Armoire de fer*, il fut décrété d'accusation le 5 décembre 1792. Il échappa aux suites de cette mesure; mais ayant fait fermer le club révolutionnaire de Nancy, il fut de nouveau décrété, et cette fois incarcéré. Heureusement pour lui il ne parut devant le tribunal révolutionnaire qu'après la révolution du 9 thermidor, et fut acquitté. Il resta dans l'ombre jusqu'après le 18 brumaire. A cette époque, le jeune Lucien Bonaparte ayant été placé au ministère de l'intérieur, Duquesnoy fut mis pendant quelque temps auprès de lui pour l'aider de ses conseils. Il fut ensuite nommé membre du conseil de commerce et maire du 10e arrondissement de Paris. Il mourut à Rouen en janvier 1808. On lui doit des mémoires sur les établissements d'humanité et sur les hospices. Il a traduit de l'allemand l'*Aperçu statistique des Etats de l'Allemagne*, par Hoeck, et de l'anglais l'*Histoire des pauvres, de leurs droits et de leurs devoirs*, par Th. Ruggles, etc.

DUQUESNOY (**E.-D.-F.-J.**), député à l'assemblée nationale législative, en 1791, et à la Convention en 1792, par le département du Pas-de-Calais, était né en 1748, et avait été moine. Révolutionnaire forcené, il demanda le premier une loi des suspects, refusa des défenseurs à Louis XVI, et vota la mort sans appel ni sursis. Nommé représentant du peuple près l'armée du Nord, il s'y souilla des plus abominables cruautés. Il assomma un jour et laissa pour morte une de ses cousines, qui s'était hasardée à lui demander la liberté de quelques détenus. Après le 9 thermidor il désavoua d'abord Robespierre; mais ayant pris part à l'insurrection du 1er prairial, il fut condamné à mort le 16 juin 1795, et se poignarda dans sa prison. — Son frère, général de la révolution, fut d'abord employé à l'armée de Sambre-et-Meuse, puis dans la Vendée. Il s'intitula *le boucher de la Convention*, et fit massacrer jusqu'aux femmes et aux enfants. Il déshonora ainsi son nom, qu'il avait su illustrer par une rare intrépidité. Destitué après le 9 thermidor, il mourut aux Invalides en 1796.

DUR, URE, adj., ferme, solide, difficile à pénétrer, à entamer. Il est quelquefois simplement opposé à tendre, mou. — **DUR**, signifie aussi rude, insensible, inhumain, très sévère. Il se dit, dans un sens analogue, des dehors, des manières, des discours, etc. Il se dit encore de ce qui est fâcheux, affligeant, difficile à supporter. Il signifie également pénible, austère. *Le temps est dur*, il fait extrêmement froid. Cela se dit aussi, et plus ordinairement, des temps où le peuple a de la peine à vivre, soit à raison de la chèreté des denrées, soit par le défaut de travail. — **DUR**, signifie en outre rude et désagréable à l'oreille, sans harmonie. Il se dit, dans les arts de dessin et en calligraphie, de ce qui est marqué trop fortement, de ce qui est raide ou heurté. Il s'emploie quelquefois substantivement dans ce dernier sens. *Tableau dur*, tableau dont le dessin est dur, ou dans lequel les ombres et les lumières contrastent beaucoup trop fortement. — **DUR**, se prend quelquefois dans le sens de difficile. — **DUR** s'emploie aussi adverbialement.

DURA (*bot.*). Forskaël dit qu'en Egypte on nomme ainsi le maïs, *zea*, qui n'y est pas très abondant. J. P.

DURABLE, adj. des deux genres; qui est de nature ou fait de manière à durer longtemps,

DURACINA (*bot.*). On lit dans Dalechamps, que suivant quelques-uns ce mot est dérivé de celui de *rhodacena*, qui avait été donné au pêcher; *amygdalus persica*, parce qu'il avait été apporté de la Perse en Egypte, et de là dans l'île de Rhodes, où il avait prospéré. Dodœns Tabernamontanum et C. Bauhin citent le *duracina* comme un pêcher dont la chair du fruit ne se détache pas du noyau.

DURAM (ANTOINE-FIGUEIRA), naquit à Lisbonne, et fut envoyé au Brésil en qualité d'auditeur. Sa santé ne résista pas à ce nouveau climat; il mourut en 1642, dans la ville de Saint-Louis de Maragnan, à peine âgé de 25 ans. On lui doit *l'Ignatiade*, poème épique en trois livres, dont saint Ignace est le héros, et qui fut publié à Lisbonne en 1635.

DURANCE, (*Dumontia*), rivière de France qui a sa source dans les Alpes et se jette dans le Rhône, au-dessous d'Avignon, après un cours d'environ 80 lieues. Ses inondations sont terribles et dévastatrices.

DURAND, évêque de Liége en 1021, auteur d'un écrit contre Bérenger, intitulé: *Epistola de corpore et sanguine Domini.* Baronius inséra cette lettre dans ses Annales; on la trouve aussi dans la *Bibliothèque des Pères.*

DURAND (GUILLAUME), poète français du XVIe siècle, était né à Montpellier, d'une famille noble. Il s'appliqua à l'étude de la jurisprudence et de la poésie, et mourut en 1172.

DURAND (GUILLAUME), surnommé le *Spéculateur*, naquit à Puy-Moisson, diocèse de Riez, vers 1232, d'une famille distinguée. Il étudia le droit à Lyon, puis à Bologne, où il professa bientôt avec une telle distinction que le pape le fit venir à Rome et le nomma chapelain et auditeur de *Rote.* Il obtint bientôt le poste de gouverneur du patrimoine de saint Pierre. Ayant été contraint d'employer la force pour soumettre les habitants de Forli et des provinces voisines qui s'étaient révoltés, il devint l'objet de la haine publique. Pour s'y soustraire, il passa en France, où il fut successivement doyen de l'église de Chartres et évêque de Mende en 1287. Il revint à Rome en 1295, fut chargé d'une mission pour l'île de Chypre, et mourut à son retour le 1er novembre 1296. Il avait composé plusieurs ouvrages estimés dans son temps, mais aujourd'hui sans intérêt.

DURAND (GUILLAUME), neveu du précédent, lui succéda dans l'évêché de Mende en 1296, assista au concile œcuménique de Vienne en 1311, fut l'un des prélats chargés d'examiner la conduite des templiers, et mourut en 1328. On lui doit: *Tractatus de modo generalis concilii celebrandi*, etc.

DURAND (GUILLAUME), conseiller du roi au présidial de Senlis, sa patrie, mort en 1585, a paraphrasé en vers français les *Satires de Perse.* On lui attribue une *Elégie* adressée à Henri de Lorraine, duc de Guise.

DURAND (BERNARD), né à Châlons-sur-Saône, vers 1560, fut reçu avocat au parlement de Bourgogne en 1584. Après quelques années de séjour à Dijon, il revint dans sa patrie, où il exerça sa profession avec succès. Il fut nommé maire en 1616, et mourut le 21 janvier 1621. On a de lui: *Présentation des lettres octroyées aux PP. Mineurs pour l'établissement d'un couvent à Chalons-sur-Saône*, etc. — **DURAND** (Bernard), son petit-fils, receveur du clergé, né à Chalons en 1631, est mort en 1726.

DURAND (JOSEPH), autre petit-fils de Bernard, maire de Châlons, naquit en cette ville en 1643. Il fut pourvu de la charge d'avocat général au parlement, et obtint des lettres de conseiller d'honneur en 1709. Il mourut en 1710. On a de lui quelques ouvrages.

DURAND (LAURENT), né à Ollioules, près Toulon, en 1708, fut aumônier des religieuses bernardines de La Ciotat. On lui doit: *les Cantiques de l'âme dévote*, divisés en douze livres, etc.

DURAND (CATHERINE BÉDACIER, née), remporta le prix de poésie à l'Académie française en 1701, pour une ode sur ce sujet: *Le roi n'est pas moins distingué par les vertus qui font l'honnête homme que par celles qui font les grands rois.* On a encore de cette dame: *la Comtesse de Mortone; les Petits soupers d'été; Mémoires secrets de la cour de Charles VII*, etc., etc. Madame Durand mourut à Paris en 1736.

DURAND (LÉOPOLD), bénédictin, né à Saint-Mihiel en Lorraine, le 29 novembre 1666, exerça la profession d'avocat à Metz, puis à Paris; mais il quitta bientôt cette ville, se rendit à l'abbaye de Munster en Alsace, et y prit l'habit de Saint-Benoît le 11 février 1701. Il mourut à Saint-Avold le 5 novembre 1749. On a de lui un *Traité des bains et des eaux de Plombières.*

DURAND (JACQUES), peintre, né à Nancy en 1699, alla étudier huit ans à Rome, et revint se fixer dans sa ville natale, où il mourut en 1767. On lui doit quelques peintures estimées.

DURAND (DAVID), ministre protestant et membre de la Société de Londres, naquit, vers 1681, à Saint-Pargoire en Languedoc. Nommé ministre à Bâle, à l'âge de vingt-deux ans, il devint chapelain d'un régiment, avec lequel il alla en Espagne. Il faillit y être brûlé comme hérétique. Il se sauva à Montpellier, puis à Genève et à Rotterdam. Vers 1714, il se rendit à Londres et fut nommé ministre de l'église française de Savoie. Il mourut en cette ville le 16 janvier 1763, laissant un assez grand nombre d'ouvrages aujourd'hui peu estimés.

DURAND (JEAN-BAPTISTE-LÉOPOLD), né à Limoges, fut d'abord consul de France à Cagliari, et attaché au ministère de la marine. La compagnie du Sénégal le choisit pour administrateur en 1785, mais trouvant qu'il mettait peu d'économie dans sa gestion, elle le révoqua en 1786. Il fit naufrage sur les côtes du pays de Galles en revenant en France. Il remplit encore dans sa patrie diverses fonctions administratives, puis alla rejoindre un général de ses amis, en Espagne, où il mourut vers la fin de 1812. On a de lui: *Voyage au Sénégal dans les années 1785 et 1786.* Cet ouvrage est peu estimé.

DURANT DE SAINT-POURÇAIN (GUILLAUME), de l'ordre des frères prêcheurs, né en Auvergne, fut maître du Sacré-Palais, évêque du Puy en 1318, et de Meaux en 1326, il mourut en 1333. On lui doit plusieurs ouvrages, entre autre: *In sententias theologicas Petri Lombardi commentariorum libri quatuor, etc., etc.*

DURAND-DURANDELLO, neveu de Durand de Saint-Pourçain, était son contemporain et son confrère dans l'ordre de Saint-Dominique. Il naquit à Aurillac, et a défendu la doctrine de saint Thomas contre les attaques de son oncle. Son ouvrage commençait ainsi: *Sedens adversus fratrem tuum loquebaris*, et était intitulé: *Durandellus super quatuor libros sententiarum contra corruptorem Thomæ.*

DURANDE (JEAN-FRANÇOIS), médecin français, naquit à Dijon, fut membre de l'Académie de cette ville et professeur de botanique. Durande est aussi auteur (en société avec MM. Maret et Guyton de Morveau) des *Eléments de chimie rédigés dans un nouvel ordre.* Il a publié un *Mémoire sur l'abus de l'ensevelissement des morts*, et trois mémoires sur la *Coralline articulée, sur les plantes astringentes indigènes*, et sur un nouveau *Moyen de multiplier les arbres étrangers.* Durande mourut le 23 janvier 1794.

DURANGO, l'un des Etats-Unis du Mexique, sur lequel on ne peut rien préciser, vu les changements rapides que subit cette république. Chef-lieu.

DURANGO, ville du Mexique, dans la *Sierra-Madre*, à 135 lieues de Mexico. Latitude N., 24° 25'; longitude O., 105°55'. 12,000 habitants. Elle est le siége d'un évêque, et fait un grand commerce de bestiaux et de cuirs.

DURANT, poète français, naquit vers l'année 1300, et est auteur d'un conte, intitulé *les Trois Bossus.*

DURANT (GILLES), sieur de la Bergerie, avocat au parlement de Paris, naquit à Clermont vers 1550, et était un des meilleurs poètes qui aient écrit avant Malherbe. Il a fait des odes, des sonnets des élégies, etc., et il a traduit ou imité une partie des pièces latines de Jean Bonnefons. Durand mourut, en 1615, âgé d'environ 65 ans.

DURANT (JACQUES), né à Riom en 1560, composa des poésies latines dans le genre érotique. On cite entre autres une pièce intitulée : *De amoris imperio.* Il mourut en 1603, dans un âge peu avancé.

DURANT (DOM-MARC), chartreux, né à Aix, dans le XVIe siècle, est auteur d'un poëme intitulé : *La Magdaliade ou Esguillon spirituel pour exciter les âmes pécheresses à quitter leurs vanités et faire pénitence à l'exemple de la très sainte pénitente Magdelaine.*

DURANT, préposition servant à marquer la durée du temps. Il se met quelquefois après le nom qu'il régit.

DURANTE (CASTOR), né à Gualdo, fut médecin du pape Sixte V, et publia quelques ouvrages qui eurent une certaine réputation, mais qui maintenant sont totalement oubliés. Il mourut à Viterbe en 1590.

DURANTE (FRANÇOIS), un des plus grands compositeurs de l'Italie, naquit à Naples en 1693, et fut élève du célèbre Alexandre Scarlatti. Durante fit le voyage de Rome pour se perfectionner dans la science du contre-point. Il mourut à Naples en 1755. Le Conservatoire de Paris possède une copie de ses œuvres.

DURANTE, *duranta*, (*bot.*), genre de plantes dicotylédones à fleurs complètes, monopétalées, de la famille des *verbénacées*, de la *didynamie angiospermie* de Linné. Ce genre renferme des arbrisseaux, tous indigènes de l'Amérique; quelquefois épineux, à feuilles simples, opposées, quelquefois ternées ; les fleurs disposées en épis ou en grappes lâches, axillaires ou terminales, souvent paniculées, accompagnées de bractées ; la corolle d'un bleu violet.

DURANTE DE PLUMIER, *D. plumieri*, Jacq., arbrisseau de Saint-Domingue, qui s'élève à la hauteur de douze ou quinze pieds, et se divise en rameaux nombreux, alternes, quelquefois munis d'épines axillaires, garnis de feuilles glabres, ovales, membraneuses, dentées en scie; les fleurs sont bleues, petites, terminales, disposées en grappes longues de quatre à cinq pouces, paniculées, droites ou un peu renversées.

DURANTI (JEAN-ÉTIENNE), fils d'un conseiller au parlement de Toulouse, fut avocat, capitoul en 1563, avocat général, et enfin président du parlement de sa ville natale en 1581. — Les ligueurs n'ayant pu l'entraîner dans leur parti, excitèrent contre lui une émeute qui dura plusieurs jours, et dans laquelle il fut assassiné le 10 février 1589. — Le principal ouvrage de Duranti est : *de Ritibus ecclesiæ catholicæ, libri III.* Camus en a porté le jugement suivant : « Un peu d'érudition, un peu de morale, en tout peu de chose. »

DURANTI (LE COMTE DURANTE), orateur et poète distingué, naquit à Brescia en 1718, y obtint la suprême magistrature, et y mourut le 24 novembre 1780. On lui doit un grand nombre de poésies agréables, parmi lesquelles nous citerons l'*Uso*.

DURANTI DE BON-RECUEIL (JOSEPH), naquit à Aix le 8 juillet 1662, entra dans la congrégation de l'Oratoire, et y professa les humanités. Il mourut à Paris le 10 mai 1756, au séminaire de Saint-Magloire. On cite de lui les *Œuvres de saint Ambroise sur la virginité*, etc.

DURANTON, né à Massidon en 1736, fut avocat à Bordeaux avant la révolution, procureur syndic du département de la Gironde lors de la formation des premières municipalités, et enfin ministre de la justice en 1792. Cet honneur lui fut fatal et le fit condamner à mort le 20 décembre 1793.

DURAS (famille DURFORT DE). Cette famille, considérée comme une des plus anciennes de France, est originaire des provinces de Guienne et de Foix. Arnaud de Durfort, qui mourut vers 1324, avait épousé une marquise de Goth, nièce du pape Clément V, et avait alors reçu, comme apport de sa femme, la terre de Duras. Aimery, son fils, servit le roi en Gascogne, et reçut en récompense diverses juridictions et les terres de Villaudran et de Blancafort; mais les héritiers d'Aimery embrassèrent la cause de l'Angleterre. L'un deux, Gaillard, figure comme signataire principal de la capitulation qui, en 1451, ouvrit à Dunois les portes de Bordeaux. L'année suivante il fit hommage à Charles VII de sa terre de Duras. Mais, peu de mois après, il se rangea de nouveau sous les bannières anglaises, et, après la seconde réduction de la Guienne, en 1453, il fut mis au nombre des seigneurs gascons exceptés de l'amnistie et exilés. Réfugié à Londres, il y vivait dans la misère, quand le duc d'York lui accorda (le 21 avril 1454), une pension de cent livres pour lui et douze de ses serviteurs. Plus tard il fut nommé gouverneur de Calais et agrégé à l'ordre de la Jarretière. Il rentra enfin en grâce auprès de Louis XI, en 1476, après le traité de Pecquigny, et fut tué en combattant contre le duc de Bourgogne, en 1487. — JEAN DE DURFORT, maire de Bordeaux en 1487, suivit Charles VII en Italie, et se comporta vaillamment à Naples. François, son fils, mourut en Italie deux jours avant la bataille de Pavie. Symphorien, colonel des légionnaires de Guienne, embrassa le parti huguenot, et mourut à Orléans en 1563 pendant les guerres civiles. — JACQUES-HENRI, né en 1626, mort en 1704, doyen des maréchaux de France, avait commencé sa carrière militaire, en qualité de capitaine, dans le régiment du maréchal de Turenne, son oncle. Il se distingua aux batailles de Marienthal et de Nordlingen, à la prise de Landau et à celle de Trèves. En 1651 il abandonna la cause royale pour suivre le prince de Condé, qui le créa lieutenant-général; titre qui lui fut conservé lorsqu'il fit sa paix avec la cour, en 1657. Il servit avec distinction en Italie, en Flandre; accompagna Louis XIV dans les Pays-Bas, et fut nommé gouverneur de la Franche-Comté et de la Bourgogne, maréchal de France, et enfin duc et pair en 1689. — GUI-ALPHONSE, duc de Lorges, frère du précédent, servait en qualité de lieutenant-général dans l'armée de Turenne, et il la sauva par sa présence d'esprit et son courage, lors de la mort de ce grand homme. Il montra également des talents remarquables à Alteinheim, gagna la bataille de Pfortzhim, où il fit prisonnier le duc de Wurtemberg, força les impériaux à lever le siége d'Ebersbourg, et garantit l'Alsace de l'invasion de Montécuculli. Louis XIV, pour reconaître ses services, l'avait nommé maréchal de France, et enfin duc et pair. Il mourut en 1703, Saint-Simon et Hume en font un grand éloge. — LOUIS, comte de Feversham, frère du précédent, quitta le service de Louis XIV pour passer à celui de Charles II, qui l'envoya en France en qualité d'ambassadeur, lors de la paix de Nimègue. De retour en Angleterre, il fut nommé vice-roi d'Irlande, premier écuyer de la reine douairière, chevalier de la Jarretière, et généralissime des armées de Jacques II. Il battit complètement le duc de Monmouth à la bataille de Sedgemare, le fit prisonnier, et forma à l'art de la guerre le fameux Churchill, depuis duc de Malborough. — JEAN-BAPTISTE, fils de Jacques-Henri, né en 1684, devint colonel en 1697, lors de la mort de son frère aîné; se signala successivement en Allemagne, en Flandre et en Espagne; fut nommé lieutenant-général en 1720, et gouverneur de la Guienne deux ans après. En 1744, il se trouva au siége de Kel, de Philisbourg, de Worms, et contribua puissamment à la prise de ces trois places; fut créé maréchal de France en 1751, gouverneur général de la Franche-Comté en 1755, et mourut à Paris en 1770. — EMMANUEL-FÉLICITÉ, son fils, né en 1715, fit ses premières armes en Italie, comme aide-de-camp de Villars, et prit part à toutes les guerres du règne de Louis XV. Il fut ambassadeur en Espagne en 1752, et fut choisi pour commander en Bretagne lors des troubles qu'y avaient fait naître la malheureuse affaire de la Chalotais. Il passait pour un courtisan accompli. Il mourut à Versailles en 1789, pair et maréchal de France, gouverneur général de la Franche-Comté et membre de l'Académie française. — EMMANUEL-CÉLESTE-AUGUSTIN, frère du précédent, fut nommé comme lui duc et pair. Nommé général en chef des gardes nationales de Guienne, en 1790, il fit tous ses efforts pour s'opposer, dans cette province, aux progrès du parti révolutionnaire, émigra, fit partie de l'armée de Condé, et mourut en Angleterre en 1800.

DURAZ (*ois.*). L'oiseau auquel les Arabes donnent ce nom est l'*atagos* ou *lagopède*, *tetras lagopus*, Linné; ils lui donnent aussi le nom d'*alduragi*. J. P.

DURAZZO (*Epidamnus*, et plus tard *Dyrrachium*), ville et port de la Turquie d'Europe (Roum-Ili), sur la mer Adriatique, à 25 lieues S.-O. de Scutari et 24 N.-E. de Bimdisi, latitude N. 41°36' longitude E. 17°30'. 60,000 habitants. Elle fait un grand commerce et est un siége d'archevêque grec et d'un évêque catholique.

DURAZZO, famille illustre de Gênes, a donné à la république plusieurs doges, dont le plus connu est Jacques de Durazzo, qui parvint en 1573 à cette suprême magistrature.

DURBACH (ANNE-LOUISE), plus connue sous le nom de *Karschin*, naquit le 1er décembre 1722 dans un village de Silésie. Elle était fille d'un cabaretier, qui l'employa aux plus vils travaux; mais une vocation irrésistible triompha de tous les obstacles, et elle parvint à se faire un nom dans la poésie. Elle mourut à Berlin le 12 octobre 1791. Toutes ses compositions sont empreintes d'un cachet original, mais elles pèchent trop souvent contre les règles du bon goût et ne passeront probablement pas à la postérité.

DURBÉ (*ois.*). Suivant Desmarest, les Languedociens désignaient sous ce nom le gros bec, *loxia coccothraustes*, Linné. Ce mot n'est probablement qu'une mauvaise prononciation du mot durbec, qu'on applique dans plusieurs départements au même oiseau, mais que des naturalistes réservent maintenant à d'autres *loxia*, dont ils font un genre particulier. J. P.

DURBEC, *strobiliphaga* (*ois.*), *corythus*, Cuv., genre de passereaux conirostres, distingué par son bec très fort et bombé, recourbé supérieurement, à peu près comme chez les perroquets, les narines sont arrondies et cachées par de petites plumes dirigées en avant; la langue est épaisse, émoussée à sa pointe. La seule espèce connue est le *durbec ordinaire*, *laxia mucleator*, Linné. Sa taille est d'environ huit pouces, son plumage est varié de brun, de rose et de gris. Les durbecs habitent le nord de l'Europe de l'Asie et de l'Amérique; ils font leur nid sur les arbres et pondent quatre œufs blancs, qui éclosent vers la fin du mois de juin. J. P.

DURCIR, v. a., rendre dur. Il s'emploie souvent avec le pronom personnel dans le sens de devenir dur, plus dur. Il est aussi neutre dans le même sens.

DURCISSEMENT, s. m., action de durcir, ou état de ce qui est durci.

DURDO (*poiss.*). Quelques auteurs ont donné ce nom à la sciène-umbre. (*V.* SCIÈNE.)

DURDULLA (*ois.*), Barrère dit que l'on nomme ainsi en Catalogne un oiseau qu'il place dans son genre alouette, on le nomme aussi *santa Catharina*, c'est le Prayer, *emboriza miliaria*. J. P.

DUREAU DE LAMALLE (JEAN-BAPTISTE-JOSEPH-RÉNÉ), membre de l'Institut et du Corps législatif, naquit le 21 novembre 1742 à Saint-Domingue, dont son grand-père avait été nommé gouverneur en récompense de ses services militaires pendant la guerre de la succession. Dureau publia une traduction de *Tacite*, supérieure à toutes celles qui l'ont précédée; il en est de même de sa traduction de *Salluste*; il avait commencé une traduction de *Tite-Live*, que la mort l'empêcha d'achever. Mais heureusement pour Tite-Live, et pour l'honneur des lettres, Dureau trouva dans M. Noël un continuateur digne d'associer ses travaux aux siens.

DUREAU DE LAMALLE, fils du précédent, est auteur d'une traduction en vers de l'*Argonautique* de Valérius Flaccus, commencée par son père. Il fut successivement nommé membre du Corps législatif en 1802, et de l'Institut en 1804. Il mourut dans sa terre du Perche le 19 septembre 1807.

DURÉE, l'espace de temps pendant lequel une chose dure. Il se dit quelquefois absolument du temps, de la succession non interrompue des moments. (*V.* TEMPS.)

DURELL (JEAN), naquit en 1626 à Saint-Hélien, dans l'île de Jersey, fit ses études à Oxford et alla les achever en France à Caen, puis à Saumur en 1642. De retour à Jersey en 1647, il se montra fidèle partisan des Stuarts, et fut par suite obligé de s'expatrier en 1651. Lors de la restauration de Charles II il obtint de riches bénéfices, et serait probablement parvenu à l'épiscopat s'il ne fut mort à 57 ans, l'an 1683. Il a laissé plusieurs ouvrages.

DUREMENT, adv., d'une manière dure, avec dureté.

DURE-MÈRE, s. f. (*t. d'anat.*), membrane forte et épaisse qui tapisse la cavité intérieure du crâne et enveloppe le cerveau. (*V.* MÉNINGES)

DUREN ou **DEUREN** (*Marcodunum*), ville des Etats Prussiens (Bas-Rhin), à 7 lieues E. d'Aix-la-Chapelle), dans une position agréable, sur la rive droite de la Roër. Elle a des fabriques diverses. 5,000 habitants.

DURER (ALBERT), célèbre peintre de l'école allemende, naquit à Nuremberg le 20 mai 1491, et mourut le 6 avril 1528. On a de lui de belles estampes et de précieux tableaux. On admire surtout son estampe de la *Mélancolie*. Il composa plusieurs ouvrages sur la perspective, la géométrie et l'architecture, et laissa un *Traité des proportions du corps humain*. (*V.* PEINTURE (histoire de la).)

DURER, v. n., continuer d'être. Il signifie absolument durer longtemps. *Le temps lui dure*, se dit d'une personne à qui l'impatience, l'ennui, ou quelque autre cause fait paraître le temps long. — Prov., *il sait faire vie qui dure*, ou figur., *faire feu qui dure*, il faut ménager son bien, ne pas faire trop de dépense. Cela se dit, dans un sens analogue, en parlant de la santé. — Fam., *ne pouvoir durer en place*, être si inquiet, si tourmenté, qu'on ne peut demeurer dans le même lieu, dans la même situation. — Fam., *ne pouvoir durer dans sa peau*, être inquiet, agité, tourmenté par quelque désir. — Fam., *ne pouvoir durer de chaud, de froid*, ou *au chaud, au froid*, etc., être extrêmement incommodé du chaud, du froid, etc. — Fam., *ne pouvoir durer avec quelqu'un*, ne pouvoir vivre avec lui, ne pouvoir le supporter.

DURET, ETTE, adj., diminutif de dur. Il est familier et peu usité.

DURET (LOUIS), né en 1527, à Bagé, petite ville de la Bresse, vint à Paris étudier la médecine, qu'il professa bientôt lui-même dans la même ville; il fut en outre médecin ordinaire du roi et l'un des plus célèbres praticiens de son temps. Il mourut d'excès de travail le 22 janvier 1586. Il a composé plusieurs ouvrages. Le plus considérable et le plus important est intitulé : *Interpretationes et enarrationes in magni Hippocratis coanas prænotiones.*

DURET (JEAN), fils du précédent, né à Paris en 1563, succéda à son père dans la chaire de médecine au Collége royal en 1586. Il s'en démit 14 ans après pour se livrer entièrement à la pratique de son art. Ligueur fougueux, il entra dans un complot qui avait pour but de s'emparer de la personne d'Henri IV. Aussi ne put-il jamais obtenir la charge de médecin du roi. Il devint médecin de la reine en 1610, et mourut à Paris d'une attaque d'apoplexie, le 31 août 1629.—Il n'a laissé aucun ouvrage important.

DURET (CLAUDE), né à Moulins, avocat, puis président au présidial de cette ville. Il mourut le 17 septembre 1611, laissant plusieurs ouvrages aujourd'hui sans valeur.

DURET (JEAN), naquit vers 1540, à Moulins, fut pourvu de la charge d'avocat du roi au présidial, et mérita la réputation d'un savant jurisconsulte. Il mourut à Paris le 28 juin 1605. On a de lui plusieurs ouvrages de droit et de pratique devenus inutiles aujourd'hui. — Un autre Jean DURET a publié des *Commentaires sur la coutume de l'Orléanois.*

DURET (NOEL), astronome, né à Montbrisson en 1590, était cousin du précédent. Il professa les mathématiques à Paris, obtint le titre de cosmographe du roi, et fut pensionné par le cardinal de Richelieu. On a de lui : *Nouvelle théorie des planètes*, conforme aux observations de Ptolémée, Copernic, Tycho, Lansberge, et autres excellents astronomes, etc., etc. Jean Duret mourut à Paris vers 1650. — Noël DURET, de la même famille, cordelier, professeur de théologie à Paris, est auteur de *l'Admiranda opera ordinum religiosorum in universâ ecclesiâ Deo militantium.*

DURET (JEAN), carme déchaussé, sous le nom de *Michel-Ange de Sainte-Françoise*, né à Lyon le 24 janvier 1641, et mort le 29 janvier 1725. On a de lui la *Vie de sœur Françoise de Saint-Joseph, carmélite.* — DURET (Pierre-Claude), petit-neveu du précédent, mort le 13 juin 1729. On a de lui quelques livres de dévotion et une *Histoire des Voyages aux Indes Orientales*, etc.

DURET (EDME-JEAN-BAPTISTE), religieux bénédictin de la congrégation de Saint-Maur, né à Paris le 18 novembre 1671, fut associé aux travaux littéraires de dom Mabillon, et réviseur des principaux ouvrages de piété de dom Morel. Nous lui devons aussi l'édition du *Traité de la prière publique*, etc. Il mourut dans l'abbaye de Saint-Riquier, le 23 mars 1758.

DURETÉ, s. f., qualité de ce qui est dur, ferme, solide, difficile à entamer, à pénétrer. Il se dit quelquefois simplement par opposition à la qualité de ce qui est tendre, mou. Il se dit aussi d'une tumeur dure qui se forme en quelque partie du corps. Cette acception et la suivante ne sont point usitées dans le langage médical. *Dureté d'oreille*, difficulté d'entendre, commencement de surdité. — DURETÉ se dit encore, figurément, du défaut de ce qui est rude et désagréable à l'oreille. Il se dit dans les arts du dessin et en calligraphie, de ce qui est marqué trop fortement ou de ce qui a une grande raideur. Il se dit particulièrement en peinture de la crudité des tons. — DURETÉ se dit en outre, figurément, pour rudesse, insensibilité, inhumanité, extrême sévérité. Il se dit, dans un sens analogue, en parlant des dehors, des manières, des discours, etc. Il se dit également des discours durs, offensants, etc., et s'emploie surtout au pluriel.

DUREY DE NOINVILLE (JACQUES-BERNARD), naquit à Dijon le 3 décembre 1683, fut reçu conseiller au parlement de Metz.

en 1726, président au grand conseil en 1631, et associé libre à l'Académie des inscriptions et belles-lettres. On a de lui: *Histoire du théâtre de l'Académie royale de musique en France, depuis son établissement jusqu'à présent; Histoire du conseil et des maîtres des requêtes de l'hôtel du roi, depuis le commencement de la monarchie française jusqu'à présent* (1753), *insérée dans les Mémoires de l'Académie des inscriptions.* Durey mourut le 20 juillet 1768.

DUREY-D'HARNONCOURT (PIERRE), frère du précédent, et receveur-général, mort le 27 juin 1765, a laissé: *Dissertation sur l'usage de boire à la glace*, etc., etc. — Son fils, DUREY DE MORSAN (Joseph-Marie), né en 1711, dérangea sa fortune à un tel point qu'il fut obligé de s'expatrier. Il se réfugia à Neuchâtel, puis à Madrid, où il ramassa beaucoup de matériaux et un grand nombre d'anecdotes sur la vie privée du cardinal Alberoni. Il les refondit et leur donna le titre de *Testament politique du cardinal Alberoni.* On a encore de lui: *le Voyage de l'Amour, la Statue animée, les amours du docteur Lanternon*, etc. Durey de Morsan mourut à Genève en 1795.

DUREY DE MEINIÈRES (JEAN-BAPTISTE-FRANÇOIS), était fils de J.-B. Durey de Viencourt, président au grand conseil, et frère de Durey de Noinville. Il fut président de la deuxième chambre des enquêtes au parlement de Paris, et mourut le 27 septembre 1787. Il coopérait aux *Mémoires secrets* et y fournissait les articles concernant le parlement, la magistrature et ses lois. — DUREY DE SAUVOY (Joseph), marquis du Terrail, maréchal de camp et fils d'un troisième frère de Durey de Noinville, est auteur de plusieurs ouvrages, entre autres: la *Princesse de Gonzague*; *Lagus*, tragédie imprimée, mais non représentée, etc.

D'URFEY (THOMAS), auteur dramatique anglais, naquit vers le milieu du XVIIe siècle, fut attaché à la cause royale, et composa contre le parti opposé des odes et des satires qui lui gagnèrent la faveur de Charles II. Il mourut en 1723, après avoir fait l'amusement des sociétés les plus brillantes, depuis le commencement du règne de Charles II, jusque vers la fin du règne de Georges Ier. On a de lui trente-une pièces de théâtre, tant tragédies que comédies.

DURFORT (HECTOR DE), comte de Romagne et général de l'Église au milieu du XIV siècle, fut chargé par Clément VI, en 1530, de soumettre quelques petits princes qui méconnaissaient l'autorité du Saint-Siége. Il ne sut employer que la trahison et attira à l'église l'inimitié des Visconti.

DURFORT (GALHARD DE), baron français, abandonna Charles VII, son souverain légitime, pour passer au service des rois d'Angleterre, Henri VI et Edouard IV, qui récompensèrent richement sa trahison. Cependant il revint en France en 1476, et resta fidèle à Louis XI jusqu'à sa mort, arrivée l'an 1487.

DURFORT (GEORGES DE), fils du précédent, se distingua aux batailles d'Aignadel et de Ravenne, fut gouverneur de Henri d'Albret, roi de Navarre, et mourut sans postérité l'an 1525.

DURHAM, comté d'Angleterre, borné au N. par celui de Northumberland, à l'E. par la mer du Nord, au S.-O. par le comté d'Yorck, et à l'O. par ceux de Westmoreland et de Cumberland. Sa superficie est de 45 milles carrés; il renferme 17,805 habitants; montueux et stérile à l'O., il est assez uni et fertile à l'E.; il est arrosé par la Tees, la Wear, la Tine, la Derwent. Ses productions consistent en graines, patates, lin, moutarde, houille, plomb, fer, poissons, laine, etc.

DURHAM, ville d'Angleterre, chef-lieu du comté ci-dessus, sur la Wear, à 108 lieues N.-E. de Londres. Sa population est de 9,000 âmes. Elle a des fabriques de tapis. On y voit les tombeaux de Beda et de saint Cuthbert. Siége d'un évêque.

DURHOM (JACQUES), théologien écossais, né en 1620, dans le Lothian oriental, mort à Glascow, en 1658. On a de lui un *Traité sur le scandale, un Commentaire sur les révélations, des sermons et d'autres écrits de théologie.*

DURIAON (*bot.*). Nom malais du fruit du durion, suivant Clusius. Sa fleur est nommée *buaa*, et l'arbre lui-même *batan.* Cet auteur prétend que les feuilles du poivrier bétel mises en contact avec ces fruits, les corrompent tous sans exception.

DURICH (FORTUNAT), savant barnabite, docteur en théologie, naquit à Turnau en Bohême, en 1730. Il fut professeur de théologie et de langue hébraïque à l'université de Prague, et co-recteur dans son monastère. Il mourut à Turnau le 30 août 1802. On a de lui: *Eutychii Benjamin Transalbini Dis. philologica de vocibus Hhartymmim et Belathem*, exod. VII, II. s. l. etc.

DURILLON, sorte de petit calus, dureté qui se forme principalement aux pieds et aux mains, par l'épaississement de la peau.

DURION (*bot.*). *Duris zibethinus*, Linné. Arbre des Indes, remarquable par la grosseur de ses fruits, formant un genre particulier de la famille des *capparidées.* Cet arbre nommé aussi *durian* et *durioan*, a le port d'un de nos grands arbres fruitiers; il porte une cime un peu lâche, étalée, peu feuillée; ses feuilles sont alternes, ovales, oblongues, acuminées, les fleurs sont d'un blanc jaunâtre disposées en faisceau, sur les branches ou sur le tronc même. Le fruit est une baie de la grosseur de la tête d'un homme, toute couverte de pointes à plusieurs faces. Il est couvert d'une écorce verte qui jaunit en mûrissant.

DURIS, historien grec, natif de Samos, qui vivait vers l'an 257 avant J.-C. Il écrivit un traité de la tragédie, une histoire de Macédoine et la vie de plusieurs grands hommes.

DURIT (MICHEL), avocat au présidial d'Orléans, sa patrie, mort en 1598. On a de lui: *Michaelis Bitii optimus Francus, sive de fide gallicâ, ad Franciscum Balzacum Antracium.*

DURIUSCULE, adj. des deux genres, un peu dur. Il ne se dit plus guère que par plaisanterie.

DURIVAL (NICOLAS-LUTON), secrétaire de l'intendance de Lorraine, greffier du Conseil d'état du roi Stanislas, et lieutenant de police à Nancy, était né à Commercy, le 12 novembre 1723. Il fut membre de l'Académie de Nancy, et administrateur municipal. Il mourut le 21 décembre 1795, à Heillecourt. On a de lui plusieurs ouvrages, entre autres: la *Description de la Lorraine et du Barrois; Mémoire sur la clôture des héritages, le vain paturage et le parcours en Lorraine, etc.*

DURIVAL (JEAN), frère du précédent, fut secrétaire des conseils d'état et des finances de Stanislas, duc de Lorraine; en 1766, il devint premier secrétaire des affaires étrangères, et en 1777 fut envoyé en Hollande en qualité de ministre de France. Il était né à Saint-Aubin, le 4 juillet 1725, et mourut à Heillecourt, le 4 février 1818. On a de lui quelques ouvrages: un *Essai sur l'infanterie française, Détails militaires, Point d'honneur, etc., etc.*

DURIVAL (CLAUDE), frère des précédents, naquit à Saint-Aubin, en 1728, mourut à Heillecourt, le 2 mars 1805, et fut comme ses frères, secrétaire des conseils d'état et des finances de Stanislas. On a de lui *mémoires et tarifs sur les grains, etc., etc.*

DURIVER (JEAN), graveur en médailles, né à Liége en 1687, vint à Paris, fut nommé graveur du roi, et fut reçu à l'académie de peinture et de sculpture. Il mourut à Paris en 1761.

DUROC (GÉRARD-CHRISTOPHE-MICHEL), duc de Frioul, naquit à Pont-à-Mousson en 1772. Nommé lieutenant en 1792, il émigra et passa plusieurs mois en Allemagne. Il revint bientôt, devint aide-de-camp du général Lespinasse, et fit en cette qualité les premières campagnes de la révolution. Devenu aide-de-camp de Bonaparte en 1796, il l'accompagna en Italie, se distingua au passage de l'Ilonzo, passa avec son général en chef en Égypte, et fut blessé au siége de Saint-Jean-d'Acre. Dès que Napoléon se fut emparé du pouvoir, il confia à Duroc plusieurs missions importantes, et l'envoya successivement à la cour de Berlin, à celles de Stockholm, de Vienne et de Pétersbourg; celui-ci s'en acquitta toujours avec bonheur. En 1805 il remplaça le général Oudinot en Allemagne dans le commandement des grenadiers. Il fut tué par un boulet à Wurtschen, le 22 mai 1813. Il fut pendant quinze ans le favori de Napoléon, qui le fit grand-officier de l'empire, grand-maréchal du palais, duc de Frioul, etc., etc.

DUROCASSES, ensuite DROCAS (Dreux) (*géogr.*), ville des Gaules dans la quatrième Lyonnaise, au N.-E. d'Autricum, sur l'Ebura, chez les Carseutes. Elle était la principale résidence des druides.

DUROIA (*bot.*), genre de la famille des *rubiacées*, de l'*hexandrie monogynie* de Linné. Ce genre, établi par Linné fils, diffère très peu des genres *genipa* et *gardenia*; Richard et plusieurs botanistes après lui ont réuni ces genres en un seul. La seule espèce renfermée dans le genre *duroia* de Linné fils, était le *dursia à fruits velus, D. erispila*, vulgairement marmolier. Arbre de Surinam dont les rameaux épais, velus au sommet sont garnis de feuilles nombreuses, opposées, pétiolées, très rapprochées à l'extrémité des branches, ovales, entières, longues de sept pouces, à nervures saillantes, leur pétiole court et velu; les fleurs sessiles réunies plusieurs ensemble à l'extrémité des rameaux, dont un grand nombre avortent; la corolle blanche semblable à celle du *nyctanthes sambac*; le fruit est une baie ou une grosse pomme sphérique de la grosseur d'un œuf de dindon, couverte de poils droits, très abondants, de couleur brune, renfermant beaucoup de semences planes, ovales, disposées sur un double rang et nichées dans la pulpe. Ce fruit est d'une saveur agréable; on le sert à Surinam sur les tables.

DURROLLET (le bailli, et suivant d'autres le marquis), auteur dramatique du XVIIIe siècle et commandeur de l'ordre de Malte, mourut en 1786. On a de lui : *les Effets du caractère, Iphigénie en Aulide*, opéra, et *Alceste*, opéra.

DUROSOI (BARNABÉ FARMAIN DE ROSOI, connu sous le nom de), naquit à Paris en 1745, et s'adonna aux lettres avec des talents au-dessous du médiocre. Le 12 mai 1770, il fut mis à la Bastille pour deux ouvrages, qui étaient, dit-on, *Les Jours* (dont l'auteur est l'abbé Rémy), et *le Nouvel ami des hommes*. Il y resta jusqu'au 21 juillet de la même année. La révolution arriva, et Durosoi se mit dans les rangs des royalistes. Il rédigeait la *Gazette de Paris*. Lorsque Louis XVI, ramené de Varennes, fut retenu dans le château des Tuileries, Durosoi eut la généreuse idée d'engager les partisans du roi de s'offrir pour ses otages. Il fut arrêté après le 10 août 1792, traduit au tribunal criminel, condamné à mort le 29 août 1792, et exécuté le même jour aux flambeaux. On a de lui : *Mes dix-neuf ans, ouvrage de mon cœur; Lettres de Cécile à Julie; Clairval philosophe*, ou *la force des passions*, etc., etc.

DUROSOY (JEAN-BAPTISTE), docteur et professeur en théologie au collège royal de Colmar, conseiller ecclésiastique du prince évêque de Bâle, né à Béfort le 10 février 1726, a laissé : *la Philosophie sociale*, ou *Essai sur les devoirs de l'homme et du citoyen*.

DUROY, ou **DEROY**, ou **REGIUS** (HENRI), docteur, naquit à Utrecht le 29 juillet 1598, exerça sa profession dans sa ville natale, où son habileté lui valut une chaire qu'il remplit jusqu'à sa mort, arrivée le 10 février 1679. On a de lui : *Spongia pro eluendis sordibus animadversionem Jacobi Primerosii in theses ipsius de circulatione sanguinis*, etc., etc.

DUROY, homme de loi, fut nommé juge au tribunal du district de Bernay, département de l'Eure, lors de la formation de l'ordre constitutionnel judiciaire, député suppléant à l'Assemblée législative, et membre de la Convention. Il se mit à la tête des révoltés du 1er prairial an III (mai 1795), et fut désigné par eux pour faire partie du comité de salut public qu'ils établirent, mais qui ne dura que quelques heures. Duroy fut arrêté et traduit devant une commission militaire qui le condamna à mort.

DURRAKA, GARRU (*bot.*), nom égyptien du chêne, suivant Forskael.

DURRIUS (JEAN-CONRAD), célèbre professeur allemand, était né à Nuremberg en 1625, et fut nommé inspecteur des pauvres étudiants à Altdorf. En 1654, il fut chargé d'enseigner la morale, et, l'année suivante, il ouvrit un cours de poésie; enfin, en 1657, il fut nommé professeur de théologie, et mourut en 1677. On a de lui : *De reconditâ veterum sapientiâ in poetis; Notæ in Isagogen Piccarti; dissertationes de eversione christianismi per hypotheses et dogmata Socinianorum animadversiones in libros normales*, et d'autres écrits moins importants.

DURST, roi d'Écosse, s'abandonna à tous les excès de la dépravation, répudia sa femme, après l'avoir fait servir à assouvir les désirs de ses compagnons de débauches, et fit massacrer tous ses ennemis rassemblés dans la salle d'un banquet. Il fut tué dans un combat, vers l'an 95 avant J.-C., après neuf ans de règne.

DURVAL (JEAN-GILBERT), poète du XVIIe siècle, qui nous a laissé *Agarithe* et *Panthée* et les *Travaux d'Ulysse*, traji-comédies en 5 actes. L'auteur a placé à la suite trois odes intitulées : l'*Automne*, la *Matinée* et le *Parfait ami*.

DURIER (ANDRÉ), né à Marcigny en Bourgogne, gentilhomme ordinaire de la chambre du roi; occupa la place de consul de France à Alexandrie d'Egypte. Il vivait vers le milieu du XVIIe siècle, et habita longtemps en Orient. Il a laissé plusieurs ouvrages, entre autres : *Rudimenta grammaticus linguæ turcicæ*.

DURVI (JEAN-PHILIPPE), médecin de Brunswick, né en 1741 et mort en 1786. On a de lui un ouvrage estimé intitulé : *Die Harbkesche wilde Baumzucht*.

DURYER (PIERRE), né à Paris en 1605, fut, en 1626, pourvu d'une charge de secrétaire du roi, et obtint, dans les derniers temps de sa vie le titre d'historiographe du roi. Il était membre de l'Académie française, et mourut le 6 novembre 1658. On a de Duryer dix-huit pièces de théâtre, dont sept tragédies; on lui doit aussi beaucoup de traductions. — ISAAC DURYER, père de Pierre, fut secrétaire de Roger de Bellegarde, et auteur de quelques ouvrages, qui sont le *Mariage d'Amour*, les *Amours contraires*, et *Vengeance des Satyres*.

DUSART (CORNEILLE), peintre, né à Harlem en 1665, est regardé comme celui des élèves d'Adrien Van-Ostade, qui a le plus approché de sa manière. Il mourut en 1704 Ses tableaux sont recherchés et très estimés.

DUSKY-SHARK (*poiss.*). M. Lesueur décrit sous ce nom un poisson, qu'il a nommé en latin *squalus obscurus*, et qui paraît avoir des rapports avec le *squalus glaucus* de M. Schneider, ou le *squalus platirynchus* de Vallamm. (*V.* CARCHARIAS.).

DUSODYLE (*min.*), combustible fossile assez rare, ainsi nommé par M. Cordier, et dont les caractères sont : masses feuilletées, très élastiques, et comme papyracées, d'un gris verdâtre ou jaune sale; ses couches, repliées sur elles-mêmes, représentent absolument du carton plié. Dans l'eau les feuillets se séparent et deviennent translucides et très flexibles; il brûle facilement et répand une odeur d'ail et de bitume, assez analogue à celle de l'*assa fœtida*, et qui lui a valu le nom de *merda di diavolo* que lui donnent les Siciliens. La combustion laisse un résidu terreux assez abondant. Selon Dolomieu, cette substance forme à Mélili, près de Syracuse, des couches minces entre les bancs de calcaire tertiaire, et renferme entre ses feuillets des empreintes de piossons et de feuilles : on la retrouve près Lintz sur les bord du Rhin, et en Auvergne près de Saint Saturnin.

DUSOU (*ois.*). On nomme ainsi dans les Alpes le moyen-duc, *strix otus*, Linné.

DUSSAULT (JEAN-JOSEPH), naquit à Paris le 1er juillet 1769. Il fit ses études au collège de Sainte-Barbe, et il fut assurément un des hommes les plus distingués qu'ait produits cet établissement justement célèbre. Il prit un goût si vif pour les chefs-d'œuvre de la Grèce et de Rome, qu'il ne parlait qu'avec indifférence, pour ne pas dire avec mépris, des productions littéraires, si éminentes sous tant de rapports, qui parurent de son temps en Angleterre, en Allemagne et en Italie. Suivant lui, les ouvrages de l'antiquité étaient les seuls que l'on dût lire et étudier, et la mission de l'écrivain moderne, à son sens, consistait uniquement dans l'imitation des Grecs et des Latins. La vie de Dussault ne fut pas vouée tout entière aux occupations littéraires, il se jeta dans la politique. Après le 9 thermidor, il rédigea, sous Fréron, l'*Orateur du peuple*, et il parla contre les vaincus de la Convention avec plus de violence que de logique. Il fit, à la même époque, plusieurs brochures, qui toutes avaient rapport à la politique. L'ouvrage de Dussault, intitulé : *Fragments pour servir à l'histoire de la Convention nationale*, contient des renseignements qu'il est bon quelquefois de consulter. — Il rédigeait le *Véridique*, lorsque le 18 fructidor vint le frapper lui et ses collaborateurs; il échappa néanmoins à la proscription. Après le 18 brumaire, il fit partie de la rédaction du *Journal des débats*. Ses articles de critique ne fixèrent pas l'attention publique aussi vivement que ceux de Geoffroy; cependant ils sont comptés au nombre des meilleurs que cette feuille ait publiés. En littérature, comme en politique, Dussault montra beaucoup d'exagération. Toujours animé par l'enthousiasme de sa jeunesse pour les ouvrages de la Grèce et de Rome, il ne vit pas assez le mérite de certains ouvrages bien pensés et bien écrits, quoique s'écartant essentiellement des données de l'art antique. Ainsi il attaqua Atala et René avec autant de vivacité et de dédain que Chénier, avec lequel cependant il n'était pas d'accord sur tous les points, puisqu'il engagea avec lui une discussion littéraire assez animée en 1807. A partir de 1816, il ne fournit que peu d'articles au *Journal des débats*, qui, pour le récompenser de son ancienne et active coopération, lui fit une pension sur sa caisse. En 1818 Dussault reçut la croix de la Légion-d'Honneur, et fut nommé, presque en même temps, conservateur à la bibliothèque de Sainte-Geneviève. — Dussault a publié un assez grand nombre de brochures. Ses articles, qui étaient signés dans le *Journal des débats* de la lettre Y, ont été réunis en 5 vol. in-8°. Nous devons encore signaler son édition de Quintilien, revue sur les manuscrits, qui se compose de 4 vol. in-8°. — Dussault mourut le 14 juillet 1824, à l'âge de 55 ans..

DUSSAULX (JEAN), littérateur français, membre de l'Académie des inscriptions et belles-lettres, et ensuite de l'Institut national, naquit à Chartres le 28 décembre 1728, fut commissaire de la gendarmerie, et fit les campagnes de Hanovre dans la guerre de Sept ans sous le maréchal de Richelieu. Il mourut le 16 mars 1779. On a de lui beaucoup d'ouvrages, entre autres: *Satires de Juvénal, traduites en français; Mémoires sur les satiriques latins*, etc., etc.

DUSSEK (JEAN-LOUIS), compositeur de musique instrumentale et fameux pianiste, né à Czaslau, en Bohême, en 1760. Il comptait à peine vingt ans lorsqu'il se fit entendre à La Haye, où il resta pendant quelques années; il partit ensuite pour le nord de l'Europe, et se fixa pendant deux ans près du prince Charles Radziwil, en Lithuanie. Il vint à Paris et ne quitta cette ville qu'au commencement de la révolution; il en partit pour aller en Angleterre, et revint enfin se fixer en France près du prince de Bénévent, auquel il a été attaché jusqu'à sa mort, arrivée dans le courant de 1812. On a de lui soixante *œuvres*, qui consistent en concertos, symphonies, sonates, duos fantaisies, etc.

DUSSELDORFF, régence des Etats prussiens (Juliers-Clèves-Berg). Ell s'étend sur les deux rives du Rhin, entre la régence de Clèves au N., la province de Westphalie à l'E., la régence de Cologne au S. et la province du Bas-Rhin à l'O. Elle est divisée en 12 cercles, contenant 25 villages et 623,000 habitants.

DUSSELDORFF, ville des Etats prussiens, chef-lieu de la régence du même nom, au confluent de la Dussel et du Rhin, avec 27,000 habitants, y compris ceux des faubourgs. Elle a plusieurs établissements d'instruction et d'observations astronomiques. On y fabrique des papiers peints, des glaces; le sucre, le tabac, le drap, le coton, les cuirs y sont les objets principaux du commerce. C'est une place d'entrepôt pour l'Allemagne, la Hollande et la Suisse. Latitude N. 51°13', longitude E. 4°26'.

DUSSELDORF, chef-lieu de la régence prussienne du même nom dans la province de Juliers, Clèves et Berg, qui est la plus peuplée de la Prusse, et compte 710,000 habitants sur 97 milles carrés géogr., c'est-à-dire plus de 7,200 par mille carré. Dusseldorf, l'ancienne capitale du duché de Berg, est située dans une belle plaine, sur la rive droite du Rhin et au confluent de la Dussel avec ce fleuve. On y compte plus de 30,000 habitants, parmi lesquels se trouvent 400 juifs. Bombardée en 1794 par les Français, cette jolie ville eut ses principaux édifices ruinés, ainsi que le château, qui est encore aujourd'hui en ruine; les rues sont en partie régulières et les maisons construites généralement en briques. Dusseldorf se divise en *Altstadt* (ancienne ville), *Neustadt* (ville neuve), et *Karlsstadt* (ville de Charles). La ville neuve, riche en palais, fut élevée en 1690 à 1716, par l'électeur palatin Jean Guillaume; la ville de Charles, commencée en 1787, doit son origine et son nom à l'électeur Charles Théodose, et a été considérablement agrandie dans les derniers temps; elle se compose de plusieurs carrés qui en forment une grande place. Parmi les monuments publics, il faut distinguer la cathédrale avec les tombeaux des anciens ducs de Juliers, de Clèves et de Berg, et surtout le mausolée en marbre du duc Jean; l'église des jésuites, qui est cependant trop chargée d'ornements; deux statues équestres de l'électeur palatin Jean Guillaume, par Crepello; celle qui est sur le marché est en bronze, celle qui se trouve au milieu de la cour du château est en marbre; l'observatoire et le cabinet de physique dans l'ancien collége des jésuites; la célèbre galerie des tableaux, fondée en 1690, et qui était riche surtout en productions de l'école flamande, au milieu desquels on remarquait le Jugement dernier de Rubens, fut transférée en 1805 à Munich. La collection précieuse, d'environ 14,300 dessins originaux et de 23,500 gravures et plâtres, a seule été conservée à l'Académie des arts de Dusseldorf. Cette ville a une école d'arts et d'architecture, un gymnase et beaucoup d'établissements de bienfaisance; depuis 1828 il y existe une société des arts de Prusse rhénane. Dusseldorf est une ville très industrielle et très commerçante: il y a des teintureries importantes, des fabriques de tabacs, de vinaigre, de savon, de voitures, des filatures de coton, des manufactures de draps et de cotonades; la fabrication des tissus de soie et de laine a pris depuis quelques années un accroissement considérable dans la régence de Dusseldorf. On y cultive beaucoup de légumes, et la moutarde qu'on envoie en beaucoup de pays jouit d'une grande réputation. La ville fait un commerce considérable sur le Rhin; son port, libre depuis 1829, en est le plus fréquenté. La navigation fait une espèce de monopole auquel neuf bateliers prennent part; cinq bateliers transportent les marchandises à Amsterdam et quatre autres vont à Dordrecht. — Sur l'école de peinture de Dusseldorf, *V.* les articles CORNÉLIUS, OVERBECK, etc.

DUSSON (JEAN), marquis de Bezac et vicomte de Saint-Martin, entra comme capitaine dans le régiment de Turenne, en 1672, et, après avoir été major du régiment royal de dragons, passa, en 1680, comme colonel, dans le régiment de Touraine, infanterie, et fut nommé successivement inspecteur-général des troupes françaises, gouverneur de Furnes, et maréchal des camps. Après avoir eu plusieurs commandements, il obtint le brevet de lieutenant-général en 1696, et la grand'croix de l'ordre de Saint-Louis en 1699. Le roi lui donna le commandement de la ville de Nice, d'où il se fit transporter à Marseille, où il mourut au mois de septembre 1750. — DUSSON (François), entra dans la marine française en 1671, passa par différents grades, et fut fait, en 1683, intendant-général des armées navales, avec le rang de chef d'escadre. Il se trouva en cette qualité au bombardement de Gênes en 1684, et fut nommé lecteur de la chambre du roi et envoyé extraordinaire en Angleterre. Il mourut le 12 août 1719.

DUTEMS (JEAN-FRANÇOIS HUGUES, plus connu sous le nom de), docteur de Sorbonne, naquit à Rengney en Franche-Comté le 6 août 1735. Il se rendit à Paris, fit ses cours de théologie en Sorbonne, et fut admis dans cette maison en qualité de membre de la société qui la composait. Le prince Ferdinand de Rohan, archevêque de Bordeaux, le nomma l'un de ses vicaires-généraux et lui donna un canonicat dans son église. L'abbé Dutems obtint, en 1782, la chaire d'histoire au Collége royal. La révolution l'exila en Italie; il revint à Paris à la fin de 1801, et mourut le 19 juillet 1811. On a de lui: *Eloge de Pierre du Terrail, appelé le Chevalier sans peur et sans reproche. — Panégyrique de saint Louis, prononcé devant les membres de l'Académie française. — Le clergé de France*, ou *Tableau historique et chronologique des archevêques, évêques, abbés et abbesses du royaume*, etc., etc.

DUTENS (LOUIS), né à Tours le 15 janvier 1730, vient à Paris en 1748, et y composa une tragédie *le Retour d'Ulysse*; quoiqu'elle eût eu du succès il renonça au théâtre et passa en Angleterre où il obtint la place de précepteur d'un jeune homme d'une riche famille. Il partit en qualité de secrétaire à la suite de Stuart de Mackensie ministre d'Angleterre à Turin. En 1760, il obtint le titre de chargé d'affaire à la même résidence. A son retour en Angleterre, il obtint une pension de 2,000 écus et un prieuré. Il retourna deux fois comme chargé d'affaires à Turin, fit deux voyages à Paris, fut nommé académicien libre de l'Académie des inscriptions, membre de la société royale de Londres et historiographe du roi de la Grande-Bretagne. Il mourut le 23 mai 1812. La science lui doit une édition complète des *Œuvres de Leibnitz*.

DUTERTRE (JEAN-BAPTISTE), religieux dominicain, naquit à Calais en 1610, et reçut au baptême le nom de Jacques. Il fut missionnaire dans les Antilles, et publia une *Histoire générale des Antilles françaises*, en 4 vol. Il mourut à Paris, à la maison de la rue Saint-Jacques, en 1687.

DUTILLET (JEAN), sieur de la Bussière, greffier du parlement de Paris, proto-notaire et secrétaire du roi, passe pour l'un des écrivains les plus judicieux de son temps. Il est le premier auteur, en France, qui ait écrit l'histoire d'après les chartes et les monuments authentiques. Ses principaux ouvrages sont: *Sommaire de la guerre contre les Albigeois*; *Mémoires et avis sur les libertés de l'Église gallicane; Recueil des guerres et traités de paix, de trêves, alliances, etc., entre les rois de France et d'Angleterre, depuis Philippe Ier, jusqu'à Henri II*; *Recueil des rois de France, leur couronne et maison, ensemble le rang des grands, etc.* Dutillet est mort à Paris en 1570.

DUTILLET (JEAN), évêque de Meaux, frère du précédent, est l'auteur d'un grand nombre d'ouvrages de controverse et d'histoire, parmi lesquels nous citerons: *Chronicon de regibus Francorum à Pharamundo ad Henricum II*; *Parallelos de vitiis ac moribus paparum cum præcipuis Ethnicis, etc.* Il mourut à Meaux en 1570.

DUTROA (*bot.*), nom indien de la stramoine ou pomme épineuse, *datura*, cité par Linscot et d'autres voyageurs.

DUTRONCHET (ÉTIENNE), trésorier du domaine, naquit à Montbrison au commencement du XVIe siècle. Il s'adonna à la littérature, et mourut à Rome en 1585. Parmi ses ouvrages nous citerons ses *Lettres missives et familières* dont on a plusieurs éditions, et ses *Discours florentins appropriés à la langue française*, etc.

DUTRONE DE LA COUTURE (JACQUES-FRANÇOIS), médecin français, exerça son art avec distinction, et mourut à Paris en 1814. Il a laissé les ouvrages suivants: *Précis sur la canne et sur les moyens d'en extraire le sel essentiel, suivi de plusieurs mémoires sur le sucre, sur le vin de la canne, sur l'indigo et sur l'état actuel de Saint-Domingue*, Paris, 1790-1791, in-8°; *Vues généra-*

s sur l'importance des colonies, 1790 ; *Lettre à M. Grégoire*, 1814, n-8°.

DUTTEHEN, monnaie de billon prussienne de la valeur d'environ trois gros et très en usage encore dans les villes de Dantzik, Elbingen et Thorn. Autrefois, des monnaies de ce nom avaient cours dans tout le nord-est de l'Allemagne, dans la partie adjacente de la Pologne et dans la Lithuanie, avec une valeur variable suivant les lieux, autre à Brême et à Lubeck, autre à Thorn et à Dantzik.

DUUMVIRS, (*dus*, deux: *viri*, hommes), magistrats patriciens créés au nombre de deux par Tarquin l'ancien, qui les préposa à la garde des livres sybilins. Ces livres sacrés étaient déposés au Capitole dans un coffre de bois, que l'on cachait sous terre. Le Sénat seul avait droit de les faire consulter, ce qu'il faisait rarement, et dans les grandes calamités; les duumvirs exercèrent les fonctions de leur charge jusqu'en l'an de Rome 388, époque à laquelle les tribuns du peuple firent décréter qu'on nommerait à l'avenir dix gardes des livres sybillins, choisis également parmi les patriciens et les plébéiens, pour empêcher le Sénat de faire lire seulement les oracles qui leur étaient favorables. Ces nouveaux officiers prirent alors le nom de *décemvirs*, et deux siècles et demi après celui de *quindécemvirs*, parce que Sylla porta leur nombre à quinze.

DUUMVIRS, autres magistrats que l'on distinguait des précédents en les nommant, *duumviri perduellionis sive capitales*. Ils avaient été établis par Tullus Hostilius, d'abord pour juger le jeune Horace, et dans la suite, ils prononcèrent sur les crimes de trahison. Leur tribunal fut aboli comme inutile ; mais Cicéron se plaint de ce qu'il fut rétabli par le tribun Labie.

DUUMVIRS. Nom qu'on donnait aux capitaines de vaisseaux lorsqu'ils étaient deux sur le même bord. Leur création remonte à l'an de Rome, 542.

DUUMVIRS. On appelait encore ainsi les principaux magistrats des villes municipales. Ces officiers qui étaient choisis parmis les centumvirs, avaient à peu près les mêmes attributions que les consuls romains. Ils marchèrent quelquefois précédés des hacheset des faisceaux. Ils étaient cinq ans en charge, ce qui les fit appeler *magistratus quinquennales*.

DUUMVIRAT, s. m. (*t. d'Hist. rom.*), dignité, charge de duumvir. Il signifie également l'exercice des fonctions de duumvir.

DUVAIR (GUILLAUME), naquit à Paris en 1556, et se distingua d'abord dans la carrière du barreau. Plus tard il devint successivement conseiller au parlement, maître des requêtes, premier président au parlement de Provence, et enfin garde-des-sceaux en 1618. Il quitta cette haute position pour embrasser la prêtrise. Ses talents lui valurent bientôt l'évêché de Lisieux, et il exerça avec distinction ses fonctions épiscopales. Il mourut à Tonneins l'an 1621. Il a laissé plusieurs ouvrages : le plus estimé est son *Traité de l'éloquence française*.

DUVAL (PIERRE), né à Paris au commencement du XVIe siècle, fut chargé par François Ier de surveiller l'éducation du dauphin. Ce prince le récompensa de son zèle en le nommant à l'évêché de Séez, vers 1539. Il assista au concile de Trente, et mourut à Vincennes en 1564. On a de ce prélat : I. *le Triomphe de Vérité, où sont montrés infinis maux commis sous la tyrannie de l'ante-Christ, tiré de Mapheus Vegeus, et mis en vers* ; II. *de la grandeur de Dieu et de la cognoissance qu'on peut avoir de lui par ses œuvres*, etc.

DUVAL (PIERRE), poète du XVIe siècle, n'est connu que par un ouvrage intitulé : *le Puy d'Amour, tenu par la déesse Pallas, avec l'ordre du lict nuptial.*

DUVAL (JEAN-BAPTISE), orientaliste et antiquaire, était natif d'Auxerre. Ayant voyagé en Italie et en Syrie, le roi lui accorda le titre de secrétaire-interprète de son cabinet pour les langues orientales. Il mourut à Paris en novembre 1632. On lui doit une édition de Cassiodore, et plusieurs ouvrages dont on trouve le détail dans la *Gallia orientalis* de Colomiez et dans Papillon.

DUVAL (ANDRÉ), de la maison et société de Sorbonne, né à Pontoise le 15 janvier 1564, fut reçu docteur de la faculté de théologie de Paris, en 1593. Il était un des plus grands adversaires du syndic Richer, qui défendait courageusement les libertés de l'église gallicane, et que son caractère ardent fit aller trop loin. Duval mourut le 9 septembre 1638, senieur de Sorbonne et doyen de la Faculté de théologie. Il est auteur de plusieurs ouvrages, entre autres : *Commentaires sur la Somme de saint Thomas* ; divers écrits contre Richer, et notamment *Elenchus libelli de ecclesiasticâ et politicâ potestate.*

DUVAL (GUILLAUME), cousin du précédent, né à Pontoise fut reçu lecteur et professeur de philosophie au collège royal. Cette nomination éprouva de grandes contradictions, et on le priva de son traitement ; mais le cardinal Duperron le fit pourvoir d'une nouvelle chaire. Louis XIII voulut que les deux chaires fussent réunies en faveur de Duval, et qu'il jouit des doubles droits et traitements qui y étaient attachés. Malgré ses travaux sur la philosophie, il cultiva la médecine et se fit recevoir docteur à la faculté de Paris, en 1612 ; il en devint doyen en 1640, et mourut à Paris le 22 septembre 1646. On a de ce savant : *Speluncа Mercurii, sive panegyricus DD. J. Davy Duperron*, etc. ; *Aurea catena sapientiæ. Schediasma iatrologicum de voce.*

DUVAL (JEAN), docteur en médecine, né à Issoudun vers le milieu du XVIe siècle, a traduit en français le *Dispensaire de Jean-Jacques Wecher*. Il est l'auteur de quelques autres ouvrages.

DUVAL (JEAN), évêque de Babylone, naquit à Clamecy en Nivernais, l'an 1597, vint à Paris, entra dans l'ordre des Carmes déchaussés, et prononça ses vœux sous le nom de Bernard de Sainte-Thérèse. Il apprit le turc, le persan et l'arabe, et se rendit à Bagdad, siége auquel il fut élevé en 1658. Il mourut à Paris le 10 avril 1669. On a de lui un grand nombre de sermons.

DUVAL (ROBERT), chanoine de Chartres, naquit à Rugles, vers la fin du XVe siècle. Il est auteur d'un abrégé de Pline, dédié à René, évêque de Chartres, et d'un autre ouvrage intitulé : *De veritate et antiquitate artis chemicæ*. Il mourut à Rugles en 1567.

DUVAL (PIERRE), naquit en 1730, à Bréauté, village de Normandie, au pays de Caux, obtint, à l'âge de 22 ans, la chaire de philosophie au collége d'Harcourt, et fut nommé successivement bibliothécaire du collége de Louis-le-Grand, proviseur du collége d'Harcourt, et recteur de l'Université; il eut même deux fois le rectorat (1777 et 1786). Il mourut à Caux le 20 mai 1797. On a de lui un ouvrage intitulé : *Essai sur différents sujets de philosophie*.

DUVAL (VALENTIN JAMERAY, connu sous le nom de), conservateur des livres et médailles du cabinet impérial de Vienne, était né en 1695, à Artenay, village de Champagne. Fils d'un pauvre paysan, il s'éleva, par son mérite et par un concours de circonstances heureuses, à la place de bibliothécaire de l'empereur François. Cet homme respectable mourut le 3 septembre 1775, à 82 ans. Il donna, par son testament, 11,000 florins, dont le revenu devait être employé à doter, chaque année, trois filles pauvres de la ville de Vienne, et fit d'autres dispositions bienfaisantes. On a de lui plusieurs ouvrages : un *Traité sur les médailles*, *et les aventures de l'Etourdie*, roman philosophique, etc., etc.

DUVAL (PIERRE-JEAN), négociant au Havre, naquit en cette ville en 1731. L'Académie d'Amiens ayant proposé, en 1758, cette question à résoudre : « Quels sont les moyens de naviguer dans les mers du Nord avec le même avantage que les peuples voisins, et par-là augmenter le commerce? » Duval obtint le prix, et publia le résultat de ses recherches, sous ce titre : *Mémoire sur le commerce et la navigation du Nord*. La petite ville d'Harfleur est redevable à Duval de l'établissement d'une raffinerie de sucre. Il fut, en 1790, porté, par le suffrage de ses concitoyens, à la place de maire, dont ses principes religieux l'engagèrent à se démettre vers la fin de la même année. Il mourut le 22 janvier 1800.

DUVAURE (N.), né à Crest, en Dauphiné, est l'auteur des deux pièces suivantes : *le Faux savant ou l'Amour précepteur*, comédie en cinq actes, jouée au Théâtre-Français en 1728 ; *L'Imagination*, comédie en vers et en prose, représentée au Théâtre Italien, en 1756. Il mourut en Dauphiné l'an 1770.

DUVE (*ois.*), nom saxon et flamand du pigeon domestique, *columba domestica*, Linné, que les Suédois appellent *duwa*, et les anglais *dove*. (*V.* DUYF.)

DUVENÈDE (MARC-VAN), né à Bruges en 1673, s'adonna à la peinture et s'acquit bientôt une grande réputation par ses tableaux religieux. Ses deux plus belles créations sont le *martyre de saint Laurent* et une *sainte Claire entourée de jeunes filles qui lui demandent l'habit de son ordre*. Duvenède mourut en 1729, dans sa ville natale.

DUVERDIER (ANTOINE), seigneur de Vaupiras, né à Montbrison l'an 1544, et mort à Vuerne en 1600, est l'auteur d'un grand nombre d'ouvrages fort peu estimés.

DUVERDIER (CLAUDE), fils du précédent, né en 1564, et

mort en 1649, a composé quelques poésies et quelques morceaux de critique d'une grande médiocrité.

DUVERDIER (GILBERT-SAULNIER), auteur malheureux d'un grand nombre d'ouvrages sans valeur, mourut en 1686, à l'hôpital. Il avait composé un *Abrégé de l'histoire de France*, des romans et quelques poésies.

DUVERNEY (JOSEPH-GUIGHARD), célèbre anatomiste, né à Feurs en Forez l'an 1648, et mort en 1730, consacra toute sa vie à l'étude des sciences naturelles. Ses travaux lui valurent une place à l'Académie des sciences en 1676, et le titre de professeur d'anatomie au Jardin-Royal en 1679. Aussi éloquent que laborieux, il sut donner un tel charme aux matières qu'il traitait, que les gens du monde affluèrent à son cours. Il a composé les ouvrages suivants : *Traité de l'organe de l'ouïe*; *Traité des maladies des os*, et un recueil sur différentes matières, intitulé : *OEuvres anatomiques*.

DUVET (*ois.*). Le duvet se compose de plumes fines, à barbes déliées et barbules lâches, que l'on trouve sur le corps d'un très grand nombre d'oiseaux, placées immédiatement au-dessous des plumes ordinaires. Il est surtout abondant chez les oiseaux de nuit et les palmipèdes; il est enduit, chez ces derniers, d'une matière huileuse qui empêche l'eau de le pénétrer et protége ainsi l'animal (*V.* PLUMES). On recherche le duvet dans le commerce pour la confection des oreillers et des couchettes (*V.* LIDER, CANARD). Les botanistes nomment aussi *duvet* une sorte de coton plus ou moins épais qui recouvre les feuilles et les tiges de certaines plantes. J. P.

DUVET, se dit par extension, surtout en poésie, du premier poil qui vient au menton et aux joues des jeunes gens. Il se dit également d'une espèce de coton qui vient sur certains fruits.

DUVET (JEAN), l'un des patriarches de la gravure française, naquit en 1485. Son œuvre se compose de 45 pièces toutes plus bizarres les unes que les autres. On le désigne quelquefois sous le nom du *Maître a la licorne*, parce que la figure de ce mollusque entre dans la plupart de ses compositions.

DUVETEUX, EUSE, adj., qui a beaucoup de duvet. Il se dit surtout des oiseaux et des fruits. Il est peu usité.

DUVIEUGET (N.), né dans le XVIIe siècle, a publié des odes, des sonnets, des épîtres et une tragédie intitulée : *les Aventures de Policandre et de Bazolie*.

DUVIVIER (HIPPOLYTE), né à Mons en 1752, étudia avec succès la philosophie et la théologie à Louvain et y prit ses licences en droit canonique. Il publia en 1785 l'*Apologie du mariage chrétien*, pour réfuter un ouvrage imprimé à Bruxelles dans lequel on paraissait considérer le mariage comme un simple contrat civil. Ce coup d'essai fit du bruit en Belgique. Le cardinal Frankemberg, archevêque de Malines, qui lut l'*Apologie*, voulut en connaître l'auteur, l'appela près de lui, se l'attacha comme secrétaire et lui conféra dans la suite un canonicat dans sa métropole. L'abbé Duvivier rédigea en 1788 le jugement doctrinal du primat des Pays-Bas sur l'enseignement des professeurs de théologie dans l'Université de Louvain. Depuis il partagea avec le cardinal de Frankemberg la persécution et l'exil. Il fut longtemps rédacteur du Journal ecclésiastique des Pays-Bas. On a de lui plusieurs écrits sur le serment fructidorien; trois lettres au premier consul sous le nom de dom Anselme: elles sont remarquables par la profondeur des vues qu'avait l'auteur sur les affaires de cette époque. Après que M. Hirn, devenu évêque de Tournay, eut rétabli le chapitre (16 octobre 1803), il pourvut Duvivier d'un canonicat et le nomma, l'année suivante, archidiacre du diocèse. Il venait de publier *le Préservatif contre la suite du sophisme dévoilé*, ouvrage d'un mérite reconnu et qui lui fit alors beaucoup d'honneur. En 1811, l'évêque de Tournay se l'associa au concile national en qualité de théologien. Tous deux furent écroués à Vincennes. En 1812, Duvivier passa à Vervins où il demeura sous la surveillance de la haute police de l'empire. Il y fut visité par le maire de Tournay qui le pressa vivement de rentrer dans le diocèse, pour aider de ses conseils le nouvel évêque intrus, l'abbé de Saint-Médard. Cette démarche ne put le déterminer à déserter la cause qu'il avait si généreusement embrassée. En 1814 Mgr Hirn le nomma grand vicaire, en reconnaissance de son zèle et de tant de preuves d'orthodoxie et de dévouement qu'il avait données à l'Eglise entière pendant les dernières années de l'empire. Nommé vicaire général capitulaire en 1819, il se fit remarquer par la sagesse de son administration pendant les dix années de vacance qui suivirent la mort de M. Hirn. M. Delplanck, étant venu occuper l'évêché de Tournay en 1829, le confirma dans la même dignité qu'il conserva jusqu'à sa mort, 25 janvier 1834. L'abbé PARENTY.

DUVOISIN (JEAN-BAPTISTE), évêque de Nantes, né à Langres le 16 octobre 1744, fit de brillantes études, fut agrégé docteur à la maison de Sorbonne, et fut nommé professeur, quoique encore jeune. Il devint successivement promoteur de l'officialité de Paris, censeur royal, chanoine d'Auxerre, chanoine et grand vicaire de Laon. Il était dans cette dernière ville au commencement de la révolution, et fut déporté, avec un grand nombre d'autres ecclésiastiques, dans les premiers jours de septembre 1792. Il passa en Angleterre, vint rejoindre son évêque à Bruxelles et se fixa ensuite à Brunswick, où il ouvrit un cours de littérature et de mathématiques. De retour en France en 1801, après le concordat, il fut nommé à l'évêché de Nantes, obtint la confiance de Bonaparte qui le créa baron et le décora de la Légion-d'Honneur. Il fut du nombre des quatre évêques appelés pour résider auprès du pape à Savone, puis à Fontainebleau. Il fit aussi partie d'une commission composée de cardinaux et d'évêques chargés de donner leur avis sur plusieurs points, et y tint la plume, au moins pour les réponses qui furent publiées. Il montra, dit-on, dans cette affaire, une extrême condescendance, et fut accusé par plusieurs d'avoir trahi les intérêts de la religion. On se fonda, pour justifier cette accusation, sur les honneurs dont il fut comblé par Bonaparte. Cependant quelques écrivains ont cherché à le justifier en disant que le désir d'éviter de plus grands maux à l'Eglise avait dirigé sa conduite dans ces temps désastreux et qu'il avait fait plusieurs fois des représentations inutiles. Il mourut le 19 juillet 1813. On a de lui : 1° *Dissertation critique sur la vision de Constantin*, 1774, in-12; 2° *l'Autorité des livres du Nouveau-Testament contre les incrédules*, Paris, 1775, in-12; 3° *l'Autorité des livres de Moïse établie et défendue contre les incrédules*, Paris, 1778, in-12; 4° *Essai polémique sur la religion naturelle*, Paris, 1780, in-12; 5° *De verâ religione*, Paris, 1785, 2 vol. in-12; 6° *Examen des principes de la Révolution française*, 1799, in-8°; 7° *Défense de l'ordre social contre les principes de la Révolution française*, Londres, 1798, in-8°. Ce livre est très rare en France; l'auteur y discute avec autant d'impartialité que de sagacité les principes qui ont amené la révolution; 8° *Démonstration évangélique*, Brunswick, 1800, et Paris, 1802, 1805.

DUYF (*ois.*). Martens a désigné sous ce nom l'oiseau que d'autres auteurs appellent colombe du Groënland. Les marins appliquent cette dénomination au petit guillemot, *columbus grylle*, Linné, à cause de la ressemblance qu'ils ont cru remarquer dans son plumage avec celui du pigeon domestique; les Flamands appliquent le nom de *duyf* ou *duve* à ce dernier, et surtout à sa femelle.

DUYON (*poiss.*). On nomme ainsi, aux Indes, selon La Chesnaye des Bois, un poisson de figure humaine, appelé aussi *anthropomorphos*. Nous ne savons quel animal est ainsi désigné.

DWINA OCCIDENTALE, fleuve de la Russie d'Europe, qui naît dans un marais du gouvernement de Tver, traverse ceux de Vitebsk et de Pskof, sépare la Livonie de la Courlande, et se jette, non loin de Dunomunde, dans le golfe de Riga, après un cours d'environ 140 lieues, pendant lequel il a reçu un grand nombre de rivières, la Toropa, le Pers, l'Illant, etc. La navigation en est dangereuse après la baisse des eaux.

DWINA SEPTENTRIONALE, fleuve de la Russie d'Europe, qui se forme, dans le gouvernement de Vologda, de la réunion de la Soukhona et de l'Youg, traverse le gouvernement d'Arkhangel, et se décharge dans la mer Blanche par deux embouchures. Son cours, qui se prête aisément à la navigation, est de 160 lieues.

DYADIQUE (SYSTÈME), c'est le nom dérivé du grec (ἡ δυάς, gén. δυάδος, le nombre deux, le nombre binaire, et δυαδικός qui concerne le nombre *deux*) d'un système de numération. Leibnitz, ayant étudié la plus simple et la plus courte de toutes les progressions possibles, qui est celle qui se termine à deux, la trouva si riche en propriétés accidentelles, qu'il fonda sur cette progression un nouveau système d'arithmétique. Il le communiqua à l'Académie des siences en 1702. Il prétendit que ce système serait d'un grand secours pour les sciences; cependant il ne voulut pas en donner la clef, et pria même qu'il ne fût pas parlé de cette découverte dans l'histoire annuelle de cette compagnie, attendant, pour lui donner de la publicité, qu'elle fût accompagnée de quelques cas remarquables d'application. Leibnitz fit part de son système au père Bouvet, célèbre missionnaire à la Chine, qui écrivit de Pékin à son auteur qu'à l'aide de cette progression il avait deviné la fameuse énigme appelée *Cava*, donnée par l'empereur Fo-Hi, qui est, selon les Chinois, le fondateur de leur empire et des sciences. Fier de ce résultat, Leibnitz, en 1703, décrivit son nouveau système dans un mémoire adressé à l'Académie des sciences. Au lieu des dix signes usités dans l'arithmétique ordinaire, Leibnitz n'employait que deux signes, le *un* et le *zéro*, qui avait la puissance de multiplier tout par *deux*, comme dans le système vulgaire il multiplie tout par *dix*; et, au lieu d'une progression de 10 en 10, il n'admettait qu'une progression de 2 en 2. Ainsi, 1 est *un*, 10 est *deux*, 11 est *trois*, 100 *quatre*, 101 *cinq*, 110 *six*, 111 *sept*, 1000 *huit*, 1001 *neuf*, 1010 *dix*, et ainsi de suite, cette progression étant basée sur les mêmes principes que ceux de l'arithmétique ordinaire. Cette manière d'exprimer les quantités une fois bien établie, toutes les opérations sont aisées. Dans la multiplication, par exemple, on n'a pas besoin de table.

Pour l'addition.

110	6	101	5	1110	14
111	7	1011	11	10001	17
1101	13	10000	16	11111	31

Pour la soustraction.

1101	13	10000	16	11111	31
111	7	1011	11	10001	17
110	6	101	5	1110	14

Pour la multiplication.

11	3	101	5	101	5
11	3	11	3	101	5
11		101		101	
11		101		1010	
1001	9	1111	15	11001	25

Pour la division.

15	1111	101	5
3	1111		
	11		

Mais Leibnitz reconnaît lui-même combien le système dyadique serait embarrassant dans l'emploi habituel, à cause de la grande quantité de caractères dont on a besoin pour exprimer un nombre, quand l'arithmétique ordinaire n'emploie que deux signes; aussi n'en conseille-t-il l'emploi que pour les calculs scientifiques. Ce qu'il y a de plus remarquable dans le système dyadique, c'est qu'il paraît prouvé, d'après le père Bouvet, qu'il a été en usage pendant quatre mille ans parmi les Chinois, et qu'il y a plus de deux mille ans qu'il est perdu. Avant Leibnitz, Jean Caramuel, évêque de Campagna, avait imaginé le système binaire ou dyadique; il en parle dans sa *Mathesis biceps* de 1670. Joseph Pélican, de Prague, a expliqué avec beaucoup d'étendue les principes et l'emploi de l'arithmétique dyadique dans un ouvrage intulé : *Arithmeticus perfectus, qui tria numerare nescit*; 1712. M. Lagny, professeur d'hydrographie, a proposé un nouveau système de logarithmes sur le plan du système dyadique; il croit sa découverte plus courte, plus facile et plus naturelle que la méthode que l'on suit ordinairement.

DYABÆRALYA (*bot.*), espèce d'ornithogale de Ceylan, selon Hermann.

DYAHABARALA (*bot.*). A Ceylan, suivant Hermann, on nomme ainsi le *pontederia hastata*.

DYAHYABALA et **DYAHYAMBALA** (*bot.*), nom d'une espèce de casse, *cassia mimosoïdes*, dans l'île de Ceylan, suivant Hermann et Linné. Le premier de ces noms est aussi donné au sesban, dont on a fait le genre *sesbania*.

DYANELLI (*bot.*), nom donné dans l'île de Ceylan, suivant Hermann, au *tragia chamelæa*. Linné croit que le *pittaghædigos* de cette île est la même plante.

DYASARÈS ou **DYSARIS**, dieu des Arabes, que l'on croit être le même que l'Osiris des Égyptiens et le Bacchus des Grecs.

DYCES (*poiss.*). Les Cyrénéens, au rapport de Clitarque, donnaient le nom de *eruthrinos* au poisson appelé dukès. (V. ATHÉNÉE.) Nous ne savons quelle est l'espèce ainsi désignée.

DYCK (PHILIPPE VAN), peintre célèbre, né à Amsterdam en 1680, fut modeste autant qu'habile. Il ne manquait à son talent que le sentiment de sa supériorité. Il se retira à Middelbourg en 1721, mais bientôt, encouragé par de nombreux succès, il vint s'établir à la Haye, et fit différents voyages dans les principales villes de la Hollande. Le nombre des portraits et des tableaux de cabinet de Van Dyck est fort considérable. Il fut nommé deux fois diacre de l'Eglise réformée, emploi qu'il remplit avec exactitude jusqu'à sa mort, arrivée le 15 février 1752.

DYCK (FLORIS VAN), peintre, naquit à Harlem en 1577. L'extrême rareté de ses ouvrages l'a fait tomber en oubli, il n'existe en France que deux tableaux de cet habile maître; on voit dans l'un *Agar présentée à Abraham*, et dans l'autre *Agar chassée*; ils font tous deux partie de la collection du musée du Louvre.

DYCK (ANTOINE VAN), célèbre peintre de l'école flamande, naquit à Anvers en 1599, fut disciple de Rubens. Ses tableaux et ses portraits sont admirables, son dessein n'est pas toujours d'une correction parfaite, mais ses têtes et ses mains sont irréprochables. C'est le plus grand peintre qui ait existé pour le portrait.

DYCK-GRAVE, s. m. (*hist.*), ancien titre des inspecteurs des digues et des écluses en Hollande.

DYER (SIR JAMES), jurisconsulte anglais, né vers 1511 à Roundhill, dans le comte de Sommerset, se distingua comme avocat, fut nommé orateur de la chambre des communes dans le parlement rassemblé au mois de mars 1552, et en 1556 l'un des juges du tribunal des plaids-communs, d'où il passa l'année suivante au tribunal du banc-du-roi. Sous le règne d'Elisabeth il fut élevé, en 1560, à la place de premier juge de la cour des plaids-communs. Il mourut à Stanton, dans le comté de Huntingdon, en 1581. On a de lui : *Rapports de diverses matières et décisions choisies des révérends juges et sages de la loi, etc.*

DYER (JEAN), poète anglais, né en 1700 à Aberglasney, dans le comté de Caer-Marthen, prit les ordres, et obtint quelques bénéfices dans les comtes de Leicester et de Lincoln. Il publia en 1757 son poème de *la Toison*, en quatre chants, *la Colline de Grongar*, et *les Ruines de Rome*, ouvrage dont la plus grande partie fut composée à Rome même, et qu'il fit imprimer à son retour en Angleterre en 1740. Dyer mourut en 1758.

DYKE (*géol.*). Ce mot, emprunté aux géologistes anglais, sert à désigner une masse de roches aplatie en forme de muraille qui remplit l'intervalle entre les deux parois d'une fracture, et qui, se prolongeant presque toujours en ligne droite, interrompt ainsi la continuité des couches de part et d'autre. Ces dykes sont toujours formés par des matières d'origine ignée; les Anglais désignent sous le nom générique de trapps toutes les roches qui entrent dans la composition des dykes, qui se trouvent très fréquemment dans leurs bassins houillers. Les roches qui s'y trouvent le plus communément, sont les basaltes, les porphyres et les grunsteins. Ces substances étant plus dures que les roches qu'elles traversent, résistent à la décomposition, et forment dans plusieurs parties de l'Ecosse, du pays de Galles et de la Saxe, des murailles qui se prolongent quelquefois à plusieurs milles à la surface du sol. On les nomme en Allemagne *murs du diable*. On voit dans les cratères des volcans de nombreux exemples de dykes remplis de lave compacte. J. P.

DYKKER (*ois.*). Les Danois, suivant Fréd. Müller, appellent ainsi l'*anas glaucion*, Linné, que l'on regarde comme appartenant à l'espèce du canard garrot, et le mot *dykere* est placé, par le même auteur, au nombre des synonymes de l'*anas hyemalis*.

DYKMAN (PIERRE), savant antiquaire suédois, mort à Stockholm en 1718. Il a laissé quelques ouvrages écrits dans la langue de son pays, entre autres : *De la manière de compter des anciens Suédois et Goths*.

DYLE, rivière de la Belgique, qui naît dans le Brabant méridional, et, après un cours de vingt lieues, se joint à la Nèthe pour former la Rupel.

DYMPNE, vierge et martyre à Ghèle en Brabant, était fille d'un petit prince ou seigneur idolâtre de quelque coin des Iles-Britanniques. Ayant été instruite des mystères de notre religion par quelques femmes chrétiennes, elle fut baptisée, et se sauva dans le pays de Brabant pour éviter les poursuites infâmes de son propre père qui voulait l'épouser. Elle menait une vie religieuse avec une ou deux de ses filles qui l'avaient accompagnée dans sa fuite, sous la direction du prêtre Gerbern, qui s'était aussi rendu le conducteur et le compagnon de son exil volontaire, lorsque son père, l'ayant découverte, la tua de sa propre main avec le saint prêtre Gerbern, en haine de Jésus-Christ. Son corps fut enterré dans une bourgade du Brabant appelée Ghèle. On bâtit depuis sur son tombeau une église de son nom, dont on fit un chapitre de chanoines dans le XVIIe siècle. Ses reliques, que Dieu honora de plusieurs miracles, furent visitées publiquement l'an 623, et, quatre ans après, on les transféra pour la seconde fois, et on les mit dans une châsse neuve. La principale fête de sainte Dympne se célèbre le 15 mai, que l'on prend pour le jour de la translation de son corps. La seconde fête se fait le 30 du même mois, que l'on dit avoir été le jour de son martyre, arrivé dans le VIIe ou VIIIe siècle. C'est ce que les savants regardent comme plus plausible dans l'histoire de sainte Dympne, qui leur paraît d'ailleurs fort suspecte, parce qu'elle renferme des faussetés visibles. Elle est dans le recueil de Bollandus, avec les remarques de Henschenius. (Baillet, tom. 2, 15 mai.)

DYNAME, patrice, était d'Arles, à ce que semble dire saint Grégoire de Tours, lib. 10, c. 2. Après s'être rendu habile dans les lettres humaines, il épousa Euquérie, dont il eut deux fils; et, dès l'an 581, il fut fait gouverneur de la Provence, avec la dignité de patrice, qui était affectée alors aux gouverneurs de Bourgogne et à ceux de Provence. Il abusa d'abord de son autorité pour mettre le trouble dans les églises d'Uzès et de Marseille; mais il changea depuis de conduite, jusqu'au point de quitter le monde pour ne s'occuper, avec Aurèle, dans la retraite, que des merveilles de Dieu dans ses saints, et du soin de les transmettre à la postérité. Ce fut dans ces pieux exercices qu'il mourut en 601, n'étant âgé que de 50 ans. Il fut enterré dans l'église de Saint-Hippolyte de Marseille, auprès d'Euquérie son épouse. Pendant sa retraite, Dyname composa la vie de saint Mari ou Marius, abbé de Bodane ou Benon, au diocèse de Sisteron en Provence, mort vers le milieu du VIe siècle. Nous n'en avons plus aujourd'hui qu'un abrégé donné par les Bollandistes au 27 janvier, et par dom Mabillon dans le tome 1er des fêtes de l'ordre de Saint-Benoît. Dyname écrivit aussi la vie de Maxime, abbé de Lérins, et ensuite évêque de Riez. Surius l'a rapportée au 27 de novembre. Fréhérus et Du Chesne nous ont encore donné deux lettres de Dyname. Etant jeune, il se mêlait de faire des vers; il ne nous en reste aucun; mais Fortunat, à qui il en envoya, nous apprend qu'il les trouva de son goût. Les auteurs du *Gallia christiana* se sont trompés, dans le catalogue des évêques d'Avignon, en disant que Dyname fut prêtre de Marseille, puis évêque d'Avignon, où il mourut en 627, après vingt-deux ans d'épiscopat. Son épitaphe, composée par le jeune Dyname, son petit-fils, ne lui donne que cinquante ans de vie; elle ne dit rien de sa prêtrise ni de son épiscopat; et la lettre que saint Grégoire, pape, écrivit à Aurèle sur la mort de Dyname, ne permet pas de la mettre plus tard qu'en 600 ou 601, puisque cette lettre est de ce temps-là. Ce saint pape y prie Dieu de consoler Aurèle, qu'on croit avoir été le frère de Dyname, et de le protéger contre les malins esprits et contre la malice des hommes. (Saint Grégoire, lib. 9, épist. 70; l'*Histoire littéraire de la France*, tom. 3, pag. 457 et suivantes; dom Ceillier, *Hist. des textes sacrés et ecclés.*, t. 17, p. 80 et suiv.)

DYNAME (*système métrique*), nom qu'on a récemment proposé de donner à *l'unité* de mesure des forces motrices. L'effet produit par une force motrice peut toujours se rapporter à un certain poids élevé à une hauteur donnée dans un temps également donné. (*V.* EFFET.) Ainsi, en prenant le *mètre* pour unité de hauteur et la *seconde sexagésimale* pour unité de temps, une force capable d'élever 80 kilog. à 1 mètre en une seconde, sera *double* de celle qui ne peut élever que 40 kilog. à un mètre dans le même temps, et *moitié* de celle qui peut élever 160 kilog. à la même hauteur dans le même temps. L'habitude de comparer la force motrice de l'eau et de la vapeur à celles des chevaux fait encore journellement désigner par un nombre de chevaux la force présumée d'une machine; mais, pour rendre le terme de comparaison exactement déterminé, on est convenu de nommer *cheval vapeur* la force capable d'élever 75 kilog. à 1 mètre en une seconde: c'est, à très peu de chose près, la force moyenne d'un cheval, de sorte qu'on a l'avantage de ne pas s'écarter des anciennes évaluations et de remplacer le vague qui résultait de leur emploi par une détermination exacte et précise. C'est donc à ce *cheval vapeur* qu'on voudrait appliquer le nom de DYNAME, qui nous paraît beaucoup plus convenable pour indiquer une unité abstraite.

DYNAMÈNE (*crust.*). (*V.* GAMMARIDÉS.)

DYNAMÈNE, *dynamena* (*polyp.*), genre de polypiers de la famille des sertulaires, établi par Lamouroux pour les espèces dont les cellules, répandues sur toute la longueur de la tige et des branches du polypier, sont distiques ou opposées fort régulièrement deux à deux. Ce sont en général de fort petites espèces, dont quelquefois les cellules sont si transparentes que le polype semble être à nu. Parmi les espèces de ce genre, on remarque la *dynamène operculée*, *D. operculata*; Lam. — Cette espèce forme des touffes souvent assez considérables de tiges à rameaux alternes, dont les cellules sont presque droites, acuminées et fermées par un opercule terminé en pointe aiguë; se trouve dans les mers d'Europe et d'Amérique.

DYNAMIQUE (de δύναμις, force), partie de la mécanique qui a pour objet les lois du mouvement des corps, ou les lois de l'action des forces motrices. (*V.* MÉCANIQUE.)

DYNAMIQUE, UNITÉ DYNAMIQUE (*syst. métr.*). Outre le *dyname* ou le *cheval vapeur* adopté comme terme de comparaison dans les effets de la force motrice, les mécaniciens ont fait choix d'une unité particulière pour évaluer le *travail* des moteurs. C'est l'effort développé pour transporter un mètre cube d'eau, ou le poids de 1000 kilog. élevés à 10 mètres ou 22000 kilog. d'eau dans une journée de huit heures de travail; 22000 kilog. élevés à 10 mètres ou 2200 kilog. élevés à 1 mètre étant la même chose, son travail sera représenté en unités dynamiques par

$$\frac{220000}{1000} = 220 \text{ dynamiques.}$$

En général, P étant le poids en kilog. transporté dans une journée de travail, et H la distance en mètres où il a été conduit, le produit

$$P^{10} + H^{m} \text{ ou } PH^{km}$$

exprime le nombre de kilog. transportés à 1 mètre, et

$$\frac{PH^{10m}}{1060}$$

le nombre d'*unités dynamiques* qui mesure le travail ou l'effet utile du moteur. L'exposant *Km* indique ici que la quantité P H est un nombre de kilog. élevés à *un mètre*. — Cette manière de comparer l'effet utile des moteurs est indépendante du temps. Le produit P H se nomme la *quantité d'action* développée pendant toute la durée du travail. (*V.* EFFET.)

DYNAMIUS, né à Bordeaux dans le IVe siècle, professeur célèbre de l'école de cette ville, fut obligé de s'expatrier sur une accusation d'adultère. Il se retira en Espagne en 360, et donna des leçons d'éloquence à Lérida, où il mourut vers 370. Dans la crainte d'être poursuivi, il avait changé son nom en celui de Flavinius.

DYNAMIUS, naquit à Arles vers le milieu du VIe siècle, fut pourvu, à l'âge de 30 ans, de la charge de gouverneur de la province de Marseille, et reçut le titre de patrice. Sur la fin de ses jours il se démit de ses emplois et entra dans un monastère, où il mourut en 601. Il nous reste de lui les *Vies de saint Marius*, abbé de Bodane ou Benon, et de *saint Maxime*, évêque de Riez.

DYNAMOGÉNÉSIE, s. f. (*méd.*). Il se dit, selon quelques dictionnaires, d'un traitement propre à raffermir les constitutions débiles.

DYNAMOMÈTRE (*arts mécan.*), instrument destiné à donner la mesure de l'intensité des forces. Nous ne parlerons ici que de celui de Régnier, le seul qui soit en usage. La force y est mesurée par le degré de flexion qu'elle est capable de faire subir à une lame épaisse de ressort en acier. La difficulté se réduit à disposer cette lame dans un appareil qui permette d'estimer commodément les effets des forces, et qui puisse s'étendre entre les limites des puissances qu'on emploie dans les cas ordinaires. — La pièce principale du dynamomètre est un ressort d'acier trempé QQ, formé de deux arcs égaux qui se regardent par leurs concavités, et dont les bouts sont réunis par deux coudes ou demi anneaux; le tout est d'une seule pièce. Au milieu de l'un des arcs de l'ovale on ajuste solidement à vis une patte B destiné à porter et maintenir un quart de cercle GI en cuivre jaune; l'arc est gradué, et chaque division représente un poids déterminé, comme on le verra ci-après. A la branche opposée du ressort est un petit support d'acier D, ajusté comme le premier, et taillé en fourchette à son extrémité pour recevoir une pièce d'acier E; cette pièce est un repoussoir qui y est maintenu par une goupille à vis. — Sur la plaque du quart de cercle est en F une aiguille d'acier très fine et très légère, fixée à vis en O au centre du cadran; cette aiguille porte vers l'extrémité une petite rondelle de peau ou de drap collée sur la patte K, afin que le frottement de l'aiguille sur la limbe soit doux et uniforme et que l'aiguille reste à la position où on l'a poussée, comme il va être dit. Lorsque la puissance fléchira le ressort ovale, on ne doit pas s'attendre qu'elle se conservera constamment la même dans toute la durée des épreuves ; elle aura des accès de faiblesse qui feraient trembler l'index et empêcheraient d'en lire les indications. Cet inconvénient sera évité par cette disposition de l'aiguille. — Le repoussoir E presse, par son extrémité, la petite branche *b* du levier coudé *b*HC, dont la plus longue branche HC est terminée par un index sous lequel se trouve soudée une goupille perpendiculaire au plan du cadran ; cette goupille sert de pied à l'index lorsqu'il se meut parallèlement au plan du cadran, et

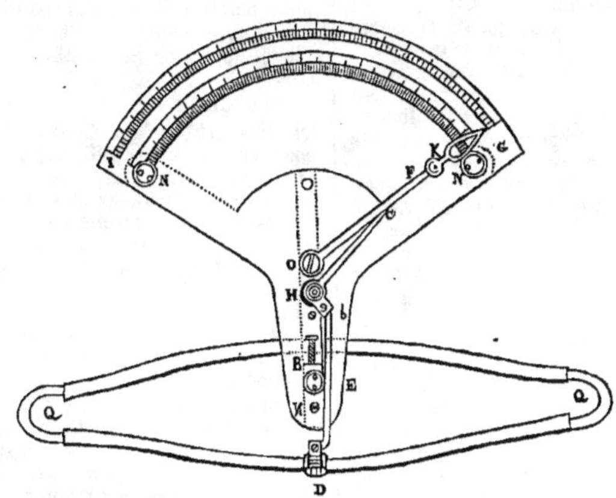

Dynamomètre.

pousse devant elle l'aiguille d'acier F. — Il est facile maintenant de comprendre le mécanisme du dynamomètre. Lorsqu'en exerçant une forte pression tendant à déprimer les arcs des branches d'acier du ressort ovale ; on fait rapprocher les supports B et D l'un de l'autre, le repoussoir E agit sur le bout *b* du levier coudé *b*HC et le chasse devant lui, ce qui force l'index C à se mouvoir. Cet index pousse donc l'aiguille F et l'amène à une position qui dépend de la force avec laquelle le ressort a été comprimé. L'aiguille F reste alors dans la situation où elle s'est trouvée amenée par cet effort, et on lit ensuite sur le cadran la graduation qu'elle indique ; on évalue ainsi le *maximum* de puissance développée par l'action motrice. — Il y a une autre manière d'agir sur le ressort : c'est en tirant en sens contraire les deux coudes Q ou demi-anneaux qui terminent ses arcs ; l'écart détermine un rapprochement dans les arcs, et ce mouvement est pareillement indiqué par l'aiguille F ; mais comme ce mode d'action produit des effets bien moindres que le premier, on termine l'aiguille indicatrice par deux pointes, et le cadran porte deux arcs diversement gradués sur les divisions desquels ces pointes se présentent. L'une des graduations convient au cas où la puissance presse les deux arcs du ressort pour les rapprocher l'un de l'autre : c'est l'*échelle e pression* ; l'autre est l'*échelle de tirage*. Quant à la manière de régler le dynamomètre, afin d'apprécier à quels poids correspondent les divisions du cadran, il faut soumettre l'instrument à une épreuve qui donne le résultat d'un effort connu. Par exemple, on charge l'arc supérieur du ressort d'un poids suffisant pour pousser l'aiguille indicatrice jusqu'à l'extrémité de l'arc ; si l'on trouve que ce poids est de 130 kilogrammes, on divisera l'arc d'excursion en 130 parties égales, dont chacune représentera le poids d'un kilogramme. Cela résulte de ce que l'expérience et la théorie s'accordent à prouver que l'élasticité des ressorts d'acier produit dans les deux arcs des déplacements qui varient proportionnellement à la force qui les presse.

DYNAPOUR, ville de l'Hindoustan (Bengale), sur la rive droite du Gange, avec une garnison anglaise. La compagnie y entretient une fabrique de draps. 18,000 habitants. A 4 lieues 1/2 O. de Patna.

DYNASTE, s. m. (*t. d'hist. anc.*), petit souverain, c'est-à-dire prince dont les Etats étaient peu considérables, ou qui ne régnait qu'à titre précaire ou sous le bon plaisir des grandes puissances, telles que les Romains, les Parthes, etc.

DYNASTIE, s. f., descendance, succession des souverains d'une même famille qui ont régné dans un pays.

DYRRACHIUM (*Durazzo*), autrefois **EPIDAMNE**, ville maritime d'Illyrie, sur la côte orientale de la mer Adriatique au S., chez les Taulantiens, entre Nymphacum et Pétra, à l'opposite de Brundusium en Italie. Les Romains en y envoyant une colonie changèrent son ancien nom d'Epidamne en celui de Dyrrachium.

DYSCHIRIE (*ins.*). Ce nom a été donné par Bonelli à un genre de coléoptères créophages qui comprend quelques espèces de scarites dont les tibias ou jambes antérieures se terminent par deux pointes en forme de doigts. Le *scarite bossu*, d'Olivier, est dans ce cas. Latreille les avait rangés parmi les clivines.

DYSCOLE, du grec δύσκολος, signifie *difficile*, *rude*, *fâcheux*, *incommode*. Saint Pierre veut que les serviteurs chrétiens soient soumis à leurs maîtres, même dyscoles. (1 Petr., II, 18.)

DYSDÈRE *disdera* (*ins.*), genre d'araignées établi par MM. Latreille et Walckenaër, de la division des tapissières ou tubitèles, qui n'ont que six yeux disposés en parabole ou en fer à cheval ouvert en avant : telle est l'*aranea rufipes* de Fabricius.

DYSENTERIE (δύς, et ἔντερον, *difficultas intestinorum*), affection qui reconnaît pour cause l'inflammation de la partie inférieure du gros intestin, et qui a pour signes principaux : un besoin pressant et continu d'aller à la selle, le plus souvent sans évacuation, le malade ne rendant que des mucosités mêlées de sang ou du sang pur, avec tortillements douloureux dans les intestins, le plus souvent sans fièvre. Les autres symptômes qui peuvent accompagner la dyssenterie varient tellement, que tantôt c'est une affection légère, qui se termine au bout d'un septénaire, tantôt une maladie des plus graves, et qui passe assez souvent à l'état chronique, quand elle n'emporte pas le malade après deux ou trois semaines de durée. A l'état *sporadique*, c'est-à-dire lorsqu'elle n'atteint que certains individus isolés, on lui attribue ordinairement pour cause une alimentation insalubre, des fruits non mûrs, l'abus de certaines boissons non suffisamment fermentées (cidre, bière, etc.), l'ingestion d'une eau corrompue ou glacée, le corps étant en sueur ; l'emploi inopportun de purgatifs violents, etc. Ces cas individuels, il faut le reconnaître, sont les plus rares ; presque toujours nous voyons la dysenterie atteindre un nombre plus ou moins considérable d'individus à la fois ; aussi pensons-nous qu'il faut attribuer, dans la plupart des cas, son développement à des causes plus générales que celles dont nous venons de faire mention. Comme c'est surtout à l'automne que cette affection se propage, on ne manque jamais de l'imputer à l'usage des fruits, du raisin qui n'a pas suffisamment mûri, etc. ; ces choses n'ont, à mon avis, qu'une très petite part dans le développement de la dysenterie, dont la véritable cause est dans la constitution atmosphérique régnante; dans la prédisposition aux affections intestinales que développent les chaleurs de l'été d'abord ; ensuite dans le contraste brusque en automne des froids brouillards du matin et du soir avec le soleil encore chaud du milieu du jour. C'est ce que j'ai maintes fois observé, par exemple, à l'époque des camps de cavalerie, sur les hommes qui, revenant en sueur du champ de manœuvres, jettent habit bas et boivent de l'eau froide à la caserne. Il est des années pluvieuses où l'action de l'humidité paraît se combiner, pour produire la dysenterie, à la mauvaise qualité des aliments. Quant à la dysenterie contagieuse qu'on a observé souvent dans les armées mal nourries, fatiguées, campant au milieu de terrains marécageux, elle me paraît dépendre d'un véritable empoisonnement miasmatique, et participer beaucoup de la nature du typhus (*V.*). Les annales de la médecine font mention d'une foule d'épidémies dysentériques qui ont ravagé des provinces entières. C'est une des causes les plus fréquentes de mortalité chez les Européens qui vont habiter les régions équatoriales. C'est une maladie grave si les tranchées sont très répétées et très douloureuses, le ventre sensible, s'il y a fièvre, prostration, soif ardente. On portera un fâcheux pronostic si l'on observe le ballonnement du ventre, la fétidité extrême des selles, la petitesse et la fréquence du pouls, le hoquet, et cette altération des traits que l'on ne retrouve guère que dans le choléra. Le traitement de la dysenterie légère consiste simplement dans l'emploi d'une eau de riz légère, gommée, en boisson et en demi-lavements ; ceux-ci contiendront en outre une tête ou deux de pavots en décoction; la diète est de rigueur. Dans une forme plus grave, si les ténesmes sont très douloureux, on prescrit l'opium en lavements et par la bouche. S'il y a sensibilité du ventre à la pression, fièvre, on applique des sangsues à l'anus, une ou plusieurs fois; on couvre le ventre de cataplasmes. C'est en semblable circonstance que je me suis parfaitement trouvé, comme je l'ai publié dans le compte-rendu de mon service nosocomial (1840), de l'albumine en boissons et en lavements; dissolution que l'on prépare en délayant six blancs d'œufs dans une pinte d'eau, que l'on édulcore ensuite à volonté. Les mêmes moyens conviennent, en général, dans la dysenterie grave, sauf l'énergie plus grande que l'on apporte dans leur emploi, et les auxiliaires suivants auxquels on a recours en cas d'insuffisance : 1° la saignée générale, si le sujet est jeune, fort, s'il y a réaction, sans prostration ; 2° les vésicatoires aux jambes, et même sur le ventre, quand il y a adynamie, absence de réaction; 3° les astringents unis aux narcotiques, et même les toniques, suivant les indications, lorsque la prostration fait des progrès, que le malade est épuisé par la fréquence des selles et l'intensité des douleurs. Je me suis bien trouvé de l'ipécacuanha, à dose vomitive, dans certaines dysenteries qui menaçaient de passer à l'état chronique et qui s'accompagnaient des symptômes d'un embarras bilieux ou muqueux des premières voies. C'est une méthode trop négligée, selon nous, de nos jours dans les flux intestinaux, dysentériques ou simplement diarrhéiques. On oublie trop souvent que le trouble des fonctions intestinales n'est souvent que consécutif à un dérangement de l'estomac. Dans la dysenterie chronique, c'est aux astrigents unis aux narcotiques (diascordium, cachou, alun) que l'on aura le plus souvent recours; ici la persistance dans un régime convenable est une condition absolue de guérison. Des aliments substantiels sous un petit volume, la proscription des substances lourdes, indigestes, des épices, du café, des spiritueux, en feront la base essentielle. Il importe beaucoup, dans cette forme, d'entretenir avec soin les fonctions de la peau par des vêtements de flanelle, des chaussures imperméables, etc. Dr SAUCEROTTE.

DYSENTÉRIQUE, adj. des deux genres (*t. de médec.*), qui appartient à la dysenterie.

DYSER, s. f. (*myth. scand.*), selon le dict. de M. Noël, nom de plusieurs déesses des anciens Goths, qui conduisaient les âmes au palais d'Odin.

DYSNOMIE, MIA, (δυσνομία, anarchie, violation des lois), fille d'Éris ou de la Dispute.

DYSODA (*bot.*), genre de plantes de la Cochinchine, publié par Loureiro; c'est le même que le *serissa* de Commerson, qui fait partie de la famille des rubiacées.

DYSODES (*min.*). Gerhard a donné ce nom à la chaux carbonatée ou calcaire fétide. (V. CHAUX CARBONATÉE, 21e variété.)

DYSODES (*ois.*), nom tiré du grec δυσωδής (*fetidus*) et déjà appliqué par Persoon, à un genre de plantes corymbifères; ce mot a été substitué par M. Vieillot au mot *ophiophages*, qui servait à désigner la 28e famille de son ordre des sylvains, devenue depuis la 32e. (*V.* SASA.)

DYSODIUM (*bot.*), genre de plantes établi par Richard dans la famille des synanthérées. M. R. Brown le réunit au *melampodium*. La seule espèce de ce genre est le *dysodion étalé, D. divaricatum*; c'est une plante herbacée, annuelle, haute d'environ deux pieds, à tige divisée en branches divergentes; à feuilles opposées, rhomboïdes ovales, un peu dentées; à calathides portées sur des pédoncules situés dans la dichotomie des rameaux, et composées de fleurs jaunes. Cette plante a été trouvée auprès de Sainte-Marthe, dans l'Amérique méridionale.

DYSPEPSIE, s. f. (*t. de médec.*), difficulté de digérer.

DYSPHAGIE (de δὺς, difficilement, et φαγεῖν, manger), mot par lequel on exprime la difficulté d'avaler. Les parties qui servent à la déglutition peuvent être affectées d'un engorgement inflammatoire squirrheux ou cancéreux; elles peuvent être gênées dans leurs mouvements par des tumeurs de diverse nature développées dans leur voisinage; enfin, et c'est le cas qui a reçu particulièrement le nom de dysphagie, elles sont quelquefois atteintes d'un spasme nerveux, sans lésion locale. Ce phénomène est très commun et se manifeste, tantôt isolément, tantôt comme symptôme d'une autre maladie. Il n'a pas de gravité et cède ordinairement aux bains et à quelques antispasmodiques.

DYSPHANIA DES RIVAGES (*bot.*), *dysphania littoralis*, Rob. Brown, plante herbacée de la Nouvelle-Hollande, formant un genre particulier de la *polygamie monoécie* de Linné, très voisin de la famille des *atriplicées*, dont il s'éloigne par le péricarpe adhérent avec la semence. Son caractère essentiel consiste dans des fleurs polygames monoïques, offrant dans les hermaphrodites un calice coloré, à trois folioles creusées en cuiller; deux étamines distinctes placées au fond du calice; un seul style; un stigmate simple. Dans les fleurs femelles, le calice et le pistil comme dans les hermaphrodites; un péricarpe turbiné, faisant corps avec la semence, entouré par le calice agrandi; une semence pourvue d'un périsperme. Ses tiges sont glabres, très courtes, couchées sur la terre ; ses feuilles glabres, alternes; ses fleurs blanches, très petites, pédicellées, dépourvues de bractées, réunies en petits paquets axillaires; la fleur du haut hermaphrodite, toutes les autres femelles.

DYSPNÉE (de δὺς et πνέω, je souffle, je respire), gêne de la respiration, maladie, ou plutôt phénomène morbide qui peut tenir à des causes très différentes. Tantôt, en effet, une lésion des voies aériennes, tantôt une altération du cœur, des gros vaisseaux ou des poumons, un épanchement dans les cavités séreuses, peuvent rendre la respiration difficile, ou bien une névrose (asthme) produit le même résultat, sans que rien apparaisse aux regards de l'observateur. Suivant les causes qui la suscitent, la dyspnée est permanente ou intermittente; elle offre également des degrés divers, suivant qu'il existe seulement gêne de la respiration, ou bien que le sujet est menacé de suffocation et même d'asphyxie. On appelle *orthopnée* l'état d'une personne qui ne peut respirer que dans la position verticale. C'est l'extrême de la dyspnée. Aucun traitement absolu ne peut remédier à un accident dont l'origine est si variable; il faut donc chercher d'abord cette origine. Quelquefois la saignée et les révulsifs font cesser pour quelque temps la dyspnée, quoique la cause en soit permanente.

DYSPORUS (*ois.*). Illiger a employé ce mot tiré du grec δύσπορος (*inops, scævus*), pour désigner les fous, *sula* de Brisson.

DYSSODIA (*bot.*). Cavanilles a nommé ainsi le genre que Willdenow appelle *bæbera.* (*V.* ce mot.)

DYSURIE, s. f., (*terme de méd.*), difficulté d'uriner. (*V.* RÉTENTION D'URINE.)

DYTIQUE, *dytiscus* (*ins.*), genre d'insectes coléoptères pentamères, famille des carnassiers, tribu des hydrocanthares. Ce genre, établi par Geoffroy, renfermait autrefois tous les carabiques vivant dans l'eau; mais il a, depuis, subi de nombreux changements, et, tel qu'il est restreint aujourd'hui, il offre les caractères suivants : antennes de onze articles, diminuant graduellement jusqu'à l'extrémité, palpes maxillaires externes filiformes, palpes labiaux obtus à leur extrémité, base des pieds découverte, tarses de cinq articles distincts, dont les trois premiers dilatés dans les mâles, pour former une palette. Les dytiques sont des insectes d'assez grande taille, la forme de leur corps appropriée à la natation est légèrement bombée en dessus, formant la carène vers la poitrine et amincie sur les cotés. Leur tête est large: leur corselet, trois fois plus large que haut, est échancré sur toute sa largeur pour recevoir la tête; le présternum offre une pointe courte, dirigée en bas, qui va s'emboiter dans une échancrure de la carène du mésosternum, ce qui lui permet, lorsqu'il est sur le dos, de se remettre sur ses jambes en faisant ressort, comme le font les taupins. Dans quelques femelles, les élytres sont fortement striées, pour aider le mâle dans l'accouplement, les tarses antérieurs de ceux-ci offrent aussi une conformation propre à cet usage; ils sont en effet dilatés en forme de palette, et garnis en dessous de soies raides, de papilles et d'enfoncements faisant ventouse et les aidant à se maintenir sur la femelle; les tarses intermédiaires ont, sans changer de forme, la même disposition; les postérieurs sont allongés, comprimés, munis de cils raides sur les bords, et faisant les fonctions de rames, n'ayant qu'un mouvement horizontal. Ces insectes, essentiellement nageurs, vivent dans l'eau, de proie qu'ils attaquent; ils sont d'une grande voracité et combattent souvent des animaux plus gros qu'eux, mais dont ils viennent pourtant à bout à l'aide leurs fortes mâchoires. L'espèce la plus commune est le *dytique bordé, D. marginalis.* Cette espèce est longue de quatorze lignes. Les élytres de la femelle sont régulièrement striées jusqu'aux deux tiers de leur longueur, d'un brun de poix, avec le chaperon, le pourtour du corselet et le bord externe des élytres et pattes fauves.

DZAISSANG, grand lac de Chine, dans la province de Dzoungarie, ou mieux, *Thian-Chan-Pelou*. Il a 27 lieues de long de l'E. à l'O., sur 10 de large, et reçoit plusieurs rivières considérables, entre les 47° et 48° de latitude N., et les 81° et 83' de longitude E.

DZÉHÉBY (**MOHAMMED-BEN-AHMED**), docteur célèbre et écrivain fécond, naquit à Damas le 3 de rebi 2e 673 (octobre 1274); il était Turcoman d'origine. Il visita Balbek, l'Egypte, Naplouse, Haleb et la Mekke. Dzéhéby occupa la place de khatib, ou prédicateur, de Kafer Bathnâ, enseigna les Hadits au tombeau d'Alsalih, à Damas. Il quitta cet emploi pour diriger l'école de traditions fondée par Thaher, et se livra à la composition, à la lecture et à l'enseignement. Ses ouvrages sont nombreux, et ont pour sujet l'histoire, les traditions, ou la philologie. Ce docteur mourut à Damas en 748 (1347).

DZENELLIE (*bot.*), nom de la clavaire coralloïde dans quelques cantons.

DZIECIOL (*ois.*). Ce nom, que l'on écrit aussi *dzieziol* et *dziekiol*, désigne en polonais des pics ou grimpereaux.

DZIERBZA (*ois.*), nom que porte en Pologne la pie-grièche grise, *lanius excubitor*, Linné.

DZIERLATKA (*ois.*), nom polonais de l'alouette cochevis, *alauda cristata*, Linné.

DZIKA (*ois.*), nom polonais de la foulgueou morelle, *folica atra*, Linné.

DZOUNGARIE, appelé *Thian-Chan-Pelou*, en chinois, vaste contrée de l'Asie australe. Son nom lui vient de la tribu éleuthe des Dzoungars. La rivière Balas la sépare des Kara-Kirghiz et des Kirghizkaïssacs à l'O. A l'E., elle est bornée par la province occidentale des Kalkhas; au S., elle a pour limites les départements de Tschen-Si-Fou et de Ly-Houatchou et la petite Bouckarie; au N. la rivière Nazym et la Boucktourma supérieure. Cette contrée (*V.* ELEUTHES) fait partie de l'empire chinois depuis l'année 1760 environ. Elle comprend trois divisions militaires, celle de Tarbagutaï, celle de Kourkhara-Ousecou et celle d'I-li.

DZWONIEC (*ois.*), nom polonais du verdier, *laxia chloris*, Linné.

E.

E, s. m., la cinquième lettre de notre alphabet et la seconde des voyelles. On distingue trois sortes d'E : l'E *ouvert*, l'E *fermé*, l'E *muet*. Ainsi, dans *sévère* le premier *e* est fermé, le second est ouvert, et le troisième est muet. L'E ouvert est long ou bref : par exemple, il est long dans *fête* et bref dans *trompette*. L'E muet final s'élide ordinairement dans la prononciation quand il est suivi d'une voyelle ou d'une *h* muette. E marqué d'un tréma (*ë*) doit, dans la prononciation, se séparer de la voyelle qui le précède.

E (*philol.*), la cinquième lettre et la deuxième voyelle de l'alphabet latin, adopté pour toutes les langues gréco-latines et germaniques. Dans l'alphabet slave, l'E occupe le sixième rang. — E *féminin* (*gramm.*) se dit quelquefois de l'E muet, comme E *masculin* se dit de l'E fermé. — E, dans la latinité antique, se confond souvent avec *i* : *amecus, amicus; Deana, Diana; here, heri; quase, quasi*, s'écrivaient indifféremment. — Dans la flexion et la dérivation, E se permute en *a* ou en *o* : de *reor* on dérive *ratus*; de *tigo, toga*. — Dans le vieux langage, E se mettait pour A, et réciproquement A pour E. Ainsi, *le, me*, se disaient pour *la, ma*, et *auls* pour *eux*. — E des Grecs (*V.* EPSILON et ETA.)

E (*antiq.*), valait cinq chez les Grecs, et servait, chez les Romains, d'abréviation pour les mots *Ædilis, Ætas, erexit, est*, etc. — E. M. était mis pour *equitum magister*, maître de la cavalerie.

E (*abrév.*), dans la chimie moderne, désigne *l'éthérine*. — E, sur la boussole, indique le vent d'est ou d'orient; E, *est*; E.-S.-E., *est-sud-est*, etc. — E. (*hist.*), signifie excellence ou éminence. — E, comme signe d'ordre, indique le cinquième objet d'une série, la cinquième place ou la cinquième partie d'un tout. — E ou *E-si-mi* (*musique*), pour *mi-sol-si-mi*, indique le ton de *mi* (*V.* TON.) — Dans les chiffres employés au moyen âge, E est le signe numérique de 250. — E était la cinquième des lettres nundinales; c'est encore la cinquième des dominicales. — Dans le calendrier du livre d'office de l'ancien rituel, E marque le jeudi. — E, sur les anciennes monnaies de France, indique qu'elles ont été frappées à Tours. — E, s. m. (*philol.*), une des diphthongues de l'alphabet sanscrit.

EA (*V.* ÆA). Cherchez par Æ tous les noms qui n'ont pas été francisés.

EA (*ois.*). Dans le vocabulaire de la langue des îles de la Société qui termine le second voyage de Cook, ce mot exprime le nom que donnent les habitants de ces îles à un perroquet vert à front rouge. On appelle dans le même pays un autre perroquet de petite taille, qui est fort beau, *eveenec.*

EACÉES (*antiq. gr.*), fêtes célébrées en l'honneur d'Eaque à Egine, où ce prince avait régné.

EACHARD (**JEAN**), théologien anglais, né vers 1636, est auteur de plusieurs ouvrages pleins d'originalité, d'esprit et de gaîté : 1° *Recherches sur les motifs et les occasions du mépris pour le clergé et la religion*, ou *Lettre à R. L.*, 1670; 2° *Examen de l'état de nature de Hobbes*, en un dialogue entre Philante et Timothée, 1671; et peu de temps après : *Quelques opinions de M. Hobbes*, considérées dans un second dialogue entre Philante et Timothée. Eachard, en 1676, était docteur en théologie. Il mourut en 1697. Une édition de ses œuvres, en 3 vol. in-12, parut en 1774.

EACIDE (*hist.*), roi d'Epire, fils d'Arymbas, frère d'Olympias, mère d'Alexandre. Il fut longtemps privé de son royaume par les intrigues de Philippe Ier, roi de Macédoine. Ayant dans la suite recouvré ses Etats, il accueillit favorablement à sa cour Aridée, frère naturel d'Alexandre-le-Grand, qui ne se croyait pas en sûreté dans la Macédoine. Philippe, frère et général de Cassandre, ayant pris de là occasion de lui déclarer la guerre, le vainquit dans un combat, après lequel il mourut de ses blessures.

EACIDES, nom patronymique (*temps héroïques.*) Il se dit des descendants d'Eaque : Pélée, Achille, Néoptolème, etc.

EADBERT (**SAINT**), évêque de Lindisfarne en Angleterre. C'était un saint homme qui excellait dans la connaissance des divines Ecritures, et qui donnait chaque année aux pauvres la dixième partie de ses biens. Après la mort de saint Cuthbert, évêque de Lindisfarne, saint Wilfrid, évêque d'York, fut chargé de l'administration de son diocèse; mais comme il gérait déjà celui de Hagustald, on éleva sur le siége épiscopal Eadbert, dont la réputation était fort grande. Il justifia la bonne opinion qu'on avait de lui : jamais ouvrier plus fervent ne travailla dans la vigne du Seigneur. Il s'était fait une loi de passer le carême et les quarante jours qui précèdent la fête de Noël dans un lieu solitaire, où son prédécesseur avait servi Dieu avant de venir dans l'île de Farne. Eloigné pendant tout ce temps de la compagnie des hommes, il gardait une abstinence rigoureuse et ne s'occupait que des exercices de la prière et de la contemplation. Onze ans après la mort de saint Cuthbert, les moines de Lindisfarne ayant trouvé son corps entier et sans aucune marque de corruption, ainsi que les vêtements dont il était enveloppé, demandèrent à leur évêque la permission de transférer ses précieuses reliques. Ils lui apportèrent, dans sa solitude où il était alors, une partie des vêtements dont le saint avait été enveloppé. Eadbert les baisa religieusement, puis il ordonna que les restes de son saint prédécesseur, renfermés dans un coffre tout neuf, fussent placés dans le sanctuaire, au-dessus du niveau du pavé. « Le tombeau, ajouta-t-il, sanctifié par un tel miracle, ne restera pas longtemps vide. » Par-là il désignait sa mort prochaine. En effet, il tomba dangereusement malade, et mourut le 6 mai suivant. Il fut enterré dans le tombeau de saint Cuthbert, et il s'opéra plusieurs miracles par son intercession. Il est nommé en ce jour dans le martyrologe romain.

EADBURGE OU EDBURGE (SAINTE), abbesse de Meustrey, dans l'île de Thanet, est honorée le 12 décembre. Il y a trois saintes de ce nom ; mais celle dont il s'agit est la plus célèbre. Elle bâtit une nouvelle église sous l'invocation de saint Pierre et saint Paul, et y fit transporter le corps de sainte Mildrède, qui avait gouverné immédiatement avant elle l'abbaye de Meustrey. On met sa mort vers l'année 751. Il paraît que c'est à cette sainte abbesse que saint Boniface écrivait quelquefois. Capgrave la confond avec sainte Ethelburge, surnommée Tata. Mais celle-ci était fille de Ethelbert, roi de Kent, et elle épousa le roi Edwin. Devenue veuve, elle se consacra à Dieu, et mourut abbesse de Lyming, dans le royaume de Kent, vers la fin du VIIe siècle. Elle fit bâtir un monastère sur un emplacement qui lui avait été donné par le roi Tadbald, son frère. Les reliques de sainte Eadburge et de sainte Mildrède furent transférées à Cantorbéry en 1055, et l'archevêque Lanfranc les déposa dans l'église de saint Grégoire.

EADMER OU EDMER, Anglais, bénédictin de la congrégation de Clugny, dans le monastère de Saint-Sauveur de Cantorbéry, fut abbé de Saint-Alban, et ensuite évêque de Saint-André en Ecosse. Il avait été disciple de saint Anselme, et l'on croit qu'il mourut en 1121. On a de lui : 1° un *Traité de la liberté de l'Eglise*, où il parle du différend qui s'éleva entre Guillaume, dit le Roux, roi d'Angleterre, et saint Anselme; 2° La *Vie de saint Anselme*, archevêque de Cantorbéry, depuis l'an 1093 jusqu'à l'an 1109, en trois livres. Ces deux ouvrages sont vraiment d'Edmer, quoique Henri-le-Grand les attribue à Edmond, parce que ces trois noms *Eadmer*, *Edmond* et *Edmer*, ont été donnés au même auteur, ainsi que le prouve Selden qui fit imprimer, l'an 1623, l'histoire de cet Edmer dont nous parlons. 3° On a encore de lui, selon la conjecture de Fabricius, le poème *De sancti Anselmi miraculis*, qui se trouve au tome VI de la grande collection du père Martenne. 4° *Historia novorum*, en six livres : c'est une histoire des affaires de son temps, depuis l'an 1066 jusqu'à l'année 1122, imprimée à Londres, in-fol., avec des notes de Selden, en 1623. 5° *Liber de excellentiâ Virginis Mariæ ; et de quatuor virtutibus quæ fuere in B. Mariâ.* 6° *De beatitudine cœlestis patriæ*, qui avait paru sous le nom de saint Anselme en 1639, in-12, sous ce titre : *Sancti Anselmi Cantuariensis archiepiscopi de felicitate sanctorum dissertatio, ex scriptore Eadmero Anglo, canonico regulari, editore Joanne Baptistâ de Machault Parisino, societatis Jesu*, à Paris. 7° Un recueil de similitudes tirées des œuvres de saint Anselme. 8° La *Vie de saint Wilfride*, archevêque d'York, qui est dans les Bollandistes au 24 de juin, et dans les actes bénédictins du père Mabillon, siècle troisième, part. 1. 9° La *Vie du bienheureux Bregwin*, archevêque de Cantorbéry, dans le second tome de l'*Anglia sacra*, de Warthon. 10° La *Vie de saint Oswald*, archevêque d'York, ibid. 11° La *Vie de saint Dunstan*, archevêque de Cantorbéry, ibid., avec une lettre ad Glastonienses. 12° *Epistola ad monachos Vigornienses de electione episcopi*, ibid. 13° La *Vie de saint Odon*, archevêque de Cantorbéry, ibid., et dans le cinquième siècle bénédictin. 14° Un *Livre des miracles de saint Dunstan*, dont l'abrégé est dans Surius, au 19 de mai, etc. Il ne faut pas confondre cet auteur avec un autre écrivain nommé aussi Eadmer ou Ealmer, prieur du monastère de Saint-Alban à Cantorbéry, mort l'an 980, à qui Leland attribue un traité des exercices de la vie spirituelle, en cinq livres ; un livre d'épîtres ; un recueil d'homélies. Jean-Albert Fabricius, dans sa Bibliothèque de la basse latinité, tom. 2, 1, 5, page 210 et suivantes. (Le père Gerberon, dans son édition des ouvrages de saint Anselme. Trithème. Dupin, Biblioth. des auteurs ecclésiastiques du XIe siècle.)

EAGLE (*ois.*), nom générique des aigles en anglais.

EAHEINO-MAUWE (*géogr.*), la plus septentrionale des deux grandes îles qui forment la Nouvelle-Zélande ; elle est séparée de Tavaï-Poénammou, la seconde de ces deux îles, par le détroit de Cook. Cette île offre une belle végétation et est très propre à la culture. Les sauvages qui l'habitent sont très superstitieux ; ils passent pour anthropophages.

EAIGE, s. f. (*v. lang.*), âge.

EALE (*mamm.*). Sous ce nom Pline parle d'un animal d'Ethiopie, dans les traits duquel on peut reconnaître un rhinocéros bicorne. C'est, dit-il, un animal grand comme un cheval de rivière à queue d'éléphant, de couleur foncée, dont les mâchoires présentent l'aspect de celles du sanglier, qui a des cornes d'une coudée de hauteur, mobiles, et qu'il fait reposer alternativement en couchant sur son dos, lorsqu'il se bat, celle dont il ne fait pas usage.

EALLANG-HEIRIG (*géog.*), petite île d'Ecosse, comté d'Argyle, à l'entrée du lac Riddon. En 1685, le duc d'Argyle y rassembla une armée dans le but de détrôner Jacques II ; mais l'armée capitula, et le duc fut mis à mort.

EANDI (JOSEPH-ANTOINE-FRANÇOIS), savant prédicateur piémontais, né à Saluces en 1735, mort en 1799, se forma à l'étude des sciences physiques et mathématiques, sous le célèbre Beccaria qui l'associa ensuite à ses travaux. Il professa la physique expérimentale à Turin, et devint membre de l'Académie des sciences de cette ville, de la Société d'agriculture, qui y était aussi établie, et de plusieurs corps savants d'Italie et de Piémont. Outre les sermons qu'il prononça et qui lui firent la plus grande réputation, il a fait plusieurs ouvrages scientifiques et religieux. Les *Mémoires de l'Académie de Turin* contiennent de lui plusieurs mémoires intéressants.

EANI, nom des prêtres Saliens, pris de Janus, surnommé Eanus par les anciens Latins.

EANTÉES (*antiq. gr.*), fêtes instituées à Salamine en l'honneur d'Ajax Télamonien.

EANUS, surnom de Janus chez les anciens Latins.

EAQUE, fils de Jupiter et d'Egine, fille du fleuve Asope, régna dans l'île d'Enopie, à laquelle il donna le nom d'Egine, en l'honneur d'Egine, sa mère. Une famine, suivie d'une peste cruelle, ayant ravagé ses Etats, il pria son père de repeupler son royaume. Jupiter exauça sa prière, et changea toutes les fourmis d'un vieux chêne en hommes. Eaque les appela pour cette raison Myrmidons (μύρμηξ, fourmi). Eaque épousa Endeis, dont il eut Télamon et Pélée. Il eut aussi Phocus de Psamathe, une des Néréides. Ce prince, le plus équitable des rois de son temps, gouverna ses sujets avec tant de justice qu'il mérita après sa mort une place parmi les juges en enfer où il fut chargé de juger les Européens. Hor., 2, ode 13, l. 14, v. 8. Métam. 7, fab. 25, chap. 25. Properce, 4, él. 21. Apollod, 3, ode 4.

EARL, degré de noblesse anglaise entre le marquis et le vicomte ; c'est le *comte* ou *graf* du continent européen. On donne le titre d'*earl-marshal* d'Angleterre au grand officier de la maison du roi qui avait autrefois plusieurs cours de justice sous sa juridiction, comme la cour de chevalerie et la cour d'honneur. Il préside le collége des hérauts d'armes. Il occupe aussi une place distinguée parmi les juges de la cour de *Marshalsea*, où il peut siéger dans les jugements requis contre ceux dont les délits ont été commis dans l'enceinte de la cour du roi.

EARL (JEAN), théologien anglais, né à York en 1630, fut d'abord chapelain et précepteur de Charles V. Il fut successivement doyen de l'église de Westminster, évêque de Worcester et enfin de Salisbury, et mourut le 12 novembre 1695. On a de lui, en anglais, sous le nom d'Edouard Blount, un livre intitulé : *Microcosmographia*, Londres, 1628, in-8°, et une traduction latine du livre anglais intitulé : ΕΙΚΩΝ ΒΑΣΙΛΙΚΗ, *Icon regia*, La Haye, 1649, in-12.

EARLOM (RICHARD), dessinateur et graveur anglais, né dans le comté de Sommerset vers 1718, mort à la fin du XVIIIe siècle, gravait à la manière noire. Son *œuvre*, très considérable, est recherchée des amateurs, surtout les épreuves avant la lettre. Ses gravures sont remarquables par le moëlleux, le fondu et le velouté de ses tons. Les principales sont : *L'Académie de Londres, l'Exposition du salon, la Sorcière, Agrippine abordant à Brindes, Angélique et Médor, la Forge, la Vierge au lapin, le Sacrifice d'Abraham, la Madeleine chez le Pharisien, une Sainte* *famille, Silène ivre et la femme de Rubens, les deux Avares, le roi d'Angleterre et sa famille, la Vierge dite la Zingarina.* On lui a attribué mal à propos un recueil de deux cents paysages d'après les dessins de Claude Lorrain. Ce recueil est de Robert Earlom.

EARNE (*géogr.*), lac d'Ecosse, comté de Perth. Il décharge ses eaux dans la rivière qui porte le même nom, et dans un canal qui se jette dans le Tay.

EASMER, v. a. (*v. lang.*), estimer, faire cas. On lit dans les sermons de saint Bernard : easmer la gloire.

EASTER, n. pr. f. (*myth. germ.*), selon Brochard, déesse saxonne dont les fêtes se célébraient au printemps. Les Saxons appellent *easter-monta*, le mois d'avril. *Easter*, en anglais, veut dire la Pâque.

EAST-LOTHIAN, comté d'Ecosse, un des plus fertiles, borné au N. et à l'E. par le golfe de Forth, au S. par le comté de Berwich, à l'O. par celui d'Edimburgh. Sa population est de 32,150 habitants. Huddingthon en est le chef-lieu.

EAST-MAIN, s. m. (*géogr.*), contrée de la Nouvelle-Bretagne, dans le Labrador, le long des côtes orientales de la mer d'Hudson et de la baie de James : elle a 300 lieues du N. au S. Factorerie de l'ancienne compagnie de la baie d'Hudson dans le Labrador. East-Main fait le commerce de fourrures avec les Indiens.

EATONIE, s. f. (*bot.*), plante graminée de la Pensylvanie.

EATUA, s. m. et f. (*relation*), selon Cook, nom de certains dieux subalternes des Otahitiens. Les *eatuas*, fils du dieu suprême Taroataihetoomoo et du rocher Tepapa, engendrèrent la race humaine. Les hommes adorent les *eatuas* mâles, et les femmes les *eatuas* femelles.

EATUS, descendant d'Hercule, fils de Philippe et frère de Polyclée. L'oracle ayant déclaré que celui des deux frères qui mettrait pied à terre le premier après avoir traversé le fleuve Achélaüs obtiendrait le royaume, Polyclée, feignant d'être boiteuse, se fit porter par son frère ; mais, lorsqu'ils arrivèrent près de l'autre rive, elle s'élança de dessus les épaules d'Eatus en s'écriant que le royaume lui appartenait. Eatus l'épousa et régna conjointement avec elle. Thessalius, leur fils, donna son nom à la Thessalie.

EAU, s. f., substance liquide, transparente, sans saveur et sans odeur, qui se durcit par le froid et se vaporise par la chaleur. Fam., *Buveur d'eau*, celui qui ne boit que de l'eau, ou du vin fort trempé. *Jeûner au pain et à l'eau*, ne manger que du pain et ne boire que de l'eau. On dit, dans un sens analogue, *Mettre un prisonnier au pain et à l'eau. Rompre l'eau à un cheval*, interrompre un cheval quand il boit, l'obliger à boire à différentes reprises. Prov., *Il ne vaut pas l'eau qu'il boit*, se dit d'un homme qui ne vaut guère, et principalement d'un valet qui manque d'intelligence et d'activité. Fig. et fam., *Il n'y a pas de l'eau à boire*, se dit d'un marché, d'un travail où il n'y a rien à gagner. Fig. et fam., *Mettre de l'eau dans son vin*, se modérer sur quelque affaire, sur quelques prétentions, montrer moins de chaleur, d'animosité, etc. Prov. et fig., *Il se noierait dans un verre d'eau*, il est si malheureux ou si malhabile que le moindre accident est capable de le perdre. Prov. et fig., *Il n'est pire eau que l'eau qui dort*, les gens sournois et taciturnes sont ceux dont il faut le plus se défier. Prov., *Ces deux personnes se ressemblent comme deux gouttes d'eau*, elles se ressemblent parfaitement. Prov. et fig., *C'est le feu et l'eau*, se dit de deux choses tout-à-fait contraires, de deux personnes qui ont de l'aversion l'une pour l'autre, ou qui sont d'opinions, de caractères fort opposés. En termes de marine, *Faire de l'eau*, se pourvoir d'eau bonne à boire. Dans le même langage, on dit *Faire eau*, en parlant d'un navire où l'eau entre par quelque ouverture faite à la carène. *Voie d'eau*, les deux seaux que porte un homme. En termes de marine, *Voie d'eau* signifie une ouverture accidentelle faite à la carène d'un bâtiment et par laquelle l'eau entre. *Eau douce*, se dit de l'eau des rivières, des lacs, des étangs et des fontaines, par opposition à l'eau de la mer. Fam., *Marin d'eau douce*, se dit, par plaisanterie, d'un homme qui a navigué seulement sur les rivières, ou qui a peu navigué sur mer. Prov. et fig., *Médecin d'eau douce*, médecin qui ne donne que des remèdes faibles, inefficaces. Il s'est dit aussi d'un médecin qui donnait peu de remèdes. *Eau ferrée*, eau dans laquelle on a éteint un fer rouge, ou dans laquelle on a mis en dissolution des matières ferrugineuses. *Eau panée*, eau dans laquelle on a fait tremper du pain grillé pour en ôter la crudité et pour la rendre plus nourrissante. *Eau battue*, eau que l'on a versée plusieurs fois d'un vase dans un autre. *Eau blanche*, eau dans laquelle on a jeté du son pour la faire boire aux chevaux. Il se dit, en médecine, d'une liqueur blanchâtre et styptique, formée d'un mélange d'eau et d'extrait de Saturne. *Eau de savon*, eau dans laquelle on a fait dissoudre du savon. *Eau d'empois*, eau dans laquelle on a mis de l'empois. *Eau lustrale*, eau dont les païens se servaient pour faire des lustrations ou des ablutions, et qui n'était autre chose que de l'eau commune dans laquelle on avait plongé un tison ardent pris au foyer des sacrifices. *Eau baptismale*, eau dont on se sert en donnant le sacrement du baptême. *Eau bénite*, eau qui se bénit dans l'église, les dimanches, avec des cérémonies particulières, et plus solennellement à Pâques et à la Pentecôte. *Faire l'eau bénite*, faire la cérémonie de la bénédiction de l'eau. Prov. et fig., *De l'eau bénite de cour*, de vaines protestations de service et d'amitié. Prov. et fig., *Porter de l'eau à la mer, à la rivière*, ou *porter l'eau à la mer*, etc., porter des choses en un lieu où il y en a déjà une grande abondance. On dit aussi, *C'est une goutte d'eau dans la mer*, c'est ajouter fort peu à une grande abondance. Prov. et fig., *Il ne trouverait pas de l'eau à la rivière*, se dit d'une personne malhabile qui ne trouve pas les choses les plus faciles à trouver. Fig., *Ce fruit, ce ragoût ne sent que l'eau*, il ne sent rien, il est insipide. — EAU, se dit particulièrement de la pluie. Il signifie en outre mer, rivière, lac, étang. *Eaux et forêts*, se dit des forêts, des rivières, des étangs, etc., en tant qu'ils sont l'objet d'une surveillance exercée au nom du gouvernement. *Eaux et forêts*, se disait spécialement autrefois d'une juridiction qui connaissait de la chasse, de la pêche, des bois et des rivières tant au civil qu'au criminel. *Poisson de bonne eau*, poisson qui ne sent point la bourbe, la vase. *A fleur d'eau*, au niveau de la superficie de l'eau. Prov. et fig., *Revenir sur l'eau*, rétablir sa fortune, recouvrer du crédit, rentrer en faveur. On dit, dans le même sens, *Revenir à fleur d'eau, les eaux sont grandes, grosses, hautes*, etc., les eaux des rivières sont grandes, etc. *Les eaux sont basses*, il y a peu d'eau dans les rivières. Par extension et fam., *Les eaux sont basses*, il reste peu de vin, de liqueur dans le tonneau, dans la bouteille. Fig. et fam., *Les eaux sont basses chez un tel*, l'argent commence à lui manquer. Prov. et fig., *Battre l'eau avec un bâton*, se donner beaucoup de peine sans espoir raisonnable de succès. On dit de même, *C'est battre l'eau*, c'est prendre une peine inutile. Fig. et fam., *C'est un coup dans l'eau, un coup d'épée dans l'eau*, se dit d'un effort inutile, d'une tentative qui n'a point de suite, d'effet. Fig. et fam., *Nager entre deux eaux*, se dit d'une personne qui, entre deux factions, entre deux partis, se conduit de manière à les ménager l'un et l'autre. Fig. et fam., *Tomber dans l'eau*, manquer, n'avoir pas lieu. Prov. et fig., *L'entreprise, l'affaire est allée à vau-l'eau, est à vau-l'eau*, elle n'a pas réussi, on n'en espère plus rien. Fig. et fam., *Nager en grande eau, en pleine eau*, être dans l'abondance, jouir d'une grande fortune, se trouver dans de grandes occasions d'avancer ses affaires. Prov. et fig., *Il faut laisser couler l'eau*, il faut laisser aller les choses comme elles vont, et ne point s'en mettre en peine. Prov., *Il passera bien de l'eau sous les ponts entre ci et là*, ou *d'ici à ce temps-là*, se dit en parlant d'une chose qu'on croit ne devoir pas arriver sitôt. Prov. et fig., *Faire venir l'eau au moulin*, procurer à soi ou aux siens des avantages, du profit par son industrie, par son adresse. Prov. et fig., *Pêcher en eau trouble*, se prévaloir du désordre des affaires publiques ou particulières pour en tirer son profit, son avantage ; *Être comme le poisson dans l'eau*, se trouver bien, être à son aise dans quelque lieu ; *Être comme le poisson hors de l'eau*, être hors du lieu où l'on voudrait être. Prov. et par exagérat., *Il jouerait les pieds dans l'eau*, se dit de quelqu'un qui a la passion du jeu. Fig. et fam., *On dirait qu'il ne sait pas troubler l'eau, qu'il ne sait pas l'eau troubler*, se dit d'un homme qui paraît simple et qui ne l'est pas. Prov. et fig., *Tenir quelqu'un le bec dans l'eau*, le laisser toujours dans l'attente de quelque chose qu'on lui fait espérer, le tenir dans l'incertitude en ne lui donnant pas de réponse positive. Prov. et fig., *Tant va la cruche à l'eau qu'à la fin elle se casse, qu'enfin elle se brise* ; quand on retombe souvent dans la même faute on finit par s'en trouver mal ; ou, quand on s'expose trop souvent à un péril, on finit par y succomber. En termes de marine, *Les eaux d'un navire*, la trace qu'un navire laisse après lui à mesure qu'il avance. On dit qu'*un bâtiment est, se tient, se met dans les eaux d'un autre*, lorsqu'il gouverne ou qu'il entre dans le même sillage. — EAU, se dit aussi de certaines eaux qui, en passant au travers des minéraux, contractent quelque vertu médicinale, et dont on fait usage, soit en se baignant, soit en les prenant comme boisson. Il se dit par extension, mais au pluriel seulement, du lieu où l'on va prendre les eaux. *Eau minérale artificielle*, eau commune à laquelle on a donné les propriétés d'une eau minérale naturelle, en y faisant dissoudre quelque substance. — EAU, se dit encore vulgairement de certaines humeurs ou sérosités qui se trouvent, qui se forment dans le corps de l'homme ou de l'animal. Prov. *L'eau vient à la bouche, cela fait venir l'eau à la bouche*, se dit d'une chose agréable au goût, et dont l'idée excite l'appétit quand on en parle ou qu'on en entend parler; cela se dit aussi figurément de tout ce qui peut exciter les désirs. Par exagérat., *Fondre en eau*, verser des larmes en abondance. En médecine, *Les eaux de l'amnios*, liquide qui est exhalé par l'amnios, et qui environne le fœtus pendant toute la durée de la gestation. En termes d'art vétérinaire, *Eaux aux jambes*, maladie qui attaque les pieds des chevaux, et qui consiste en un suintement de sérosités à travers la peau de ces parties. — EAU, se prend quelquefois dans le sens de sueur. Fig. et fam., *Suer sang et eau*, faire de grands efforts, se donner beaucoup de peine, ou souffrir beaucoup, éprouver un grand déplaisir de quelque chose. — EAU, se dit particulièrement de l'urine. Ce sens est très familier. Prov. et fig., *Il n'y fera que de l'eau claire, que de l'eau toute claire*, se dit d'un homme qui entreprend quelque chose où l'on croit qu'il ne réussira pas. — EAU, se dit encore d'une liqueur artificielle, obtenue, extraite de quelque substance par expression, distillation ou décoction, ou composée de différents sucs. Il se dit également de certains produits, de certaines préparations chimiques: *graver à l'eau-forte*, graver sur une planche de cuivre avec le seul secours de l'eau-forte. On appelle, par extension, *eau-forte*, une estampe tirée sur une planche qui a été préparée à l'eau-forte, pour être ensuite terminée au burin, ou sur une planche entièrement gravée à l'eau-forte. — EAU, signifie aussi suc, en parlant de quelques fruits, particulièrement de la pêche et de la poire. — EAU se dit en outre du lustre, du brillant qu'ont les perles, les diamants et quelques autres pierreries. *Donner eau à un drap, à un chapeau*, lui donner du lustre; *couleur d'eau*, couleur bleuâtre qu'on donne au fer poli; *vert d'eau*, couleur vert-clair.

EAU, s. f. (*exp. prov.*), *il faut qu'il fasse voir de son eau*; il faut qu'il montre ce qu'il sait faire. *Gens de là l'eau*, se dit de gens grossiers ou mal instruits des affaires du temps. *L'eau est entrée dans ses souliers par le collet de son pourpoint*, se dit d'un homme qui s'est noyé. *Se jeter à l'eau ou dans l'eau*, se dit quelquefois de celui qui descend dans la rivière ou qui y saute, afin de prendre l'exercice de la natation, ou de sauver une personne qui se noie. *Se jeter à l'eau*, se dit plus spécialement de celui qui fait cette action par désespoir et dans l'intention de se noyer. *Il y a de quoi se jeter à l'eau*, c'est une chose désespérante. *Malin comme Gribouille, qui se jette à l'eau peur de la pluie*, se dit populairement de celui qui, pour éviter un petit inconvénient, en subit un beaucoup plus grave. *Rompre l'eau à quelqu'un*, se disait autrefois, fig., et signifiait: apporter quelque obstacle à sa fortune, à ses affaires. *Il est allé à la bonne eau*, se dit quelquefois d'un valet qui est longtemps à revenir d'un message. *Boire un verre d'eau*, s'emploie comme terme de comparaison, en parlant de choses qui sont faciles ou dont on ne se fait pas scrupule. *Eau grégorienne* (*hist. ecclés.*), nom donné par les canonistes à l'eau bénite, mêlée de vin et de cendres, avec laquelle on purifie les églises polluées. *Marchands de l'eau* (*hist.*), commerçants par eau, ainsi appelés de ce qu'ils faisaient leur principal commerce par la Seine. Les marchands de l'eau, qui existaient, dit-on, à Paris même avant l'invasion des Francs, furent particulièrement protégés par Charles V. Les diverses corporations de commerçants ayant été successivement agrégées à celles des marchands de l'eau, le prévôt et les échevins de ceux-ci devinrent peu à peu les officiers municipaux de Paris. *Donner les eaux*, signifiait autrefois faire jouer les eaux de Versailles en l'honneur d'un prince étranger, d'un ambassadeur. *Etre en grande eau* (*marine*), voguer en pleine mer, loin des écueils. *Ligne d'eau*, celle que le niveau de la mer trace sur la carène d'un bâtiment chargé. *Chef d'eau*, se disait autrefois de la marée haute. *Percé à l'eau*, se dit d'un navire qui a reçu un boulet au-dessous de sa ligne de flottaison. *Eaux fermées*, se dit quelquefois des eaux prises par la glace; les autres endroits s'appellent, par opposition, *eaux ouvertes*. *Eau plate et courtoise*, mer calme. *Eau maigre*, endroit peu profond. *Eaux mortes*, se dit des petites marées qui arrivent dans les quadratures de la lune. *Eaux vives*, les grandes marées des syzygies. *Pleine eau* (*natation*), se dit de la rivière, par comparaison avec les bassins fermés où l'on apprend à nager; *faire une pleine eau*, se livrer à l'exercice de la natation dans une rivière. *Abattre l'eau* (*manége*), essuyer avec la main ou le couteau dit de chaleur le corps d'un cheval qui vient de sortir de l'eau ou qui est en sueur. *Battre l'eau* (*vénerie*), se dit de la bête que l'on chasse, quand elle s'est jetée dans la rivière ou dans un étang. *Eau de la reine de Hongrie* (*pharm.*), liqueur aromatique distillée que l'on emploie comme cordial. *Eau de Luce*, dissolution alcoolique d'ammoniaque et d'huile de succin.

EAU, *aqua* (*chim.*). Les anciens plaçaient l'eau parmi les substances simples, comme élément ou principe commun à un grand nombre de composés; mais les physiciens modernes ont reconnu que ce corps, ordinairement liquide, était composé de deux gaz invisibles: l'oxygène et l'hydrogène. Réduite en vapeurs, elle forme les nuages et devient l'origine des rosées, des pluies et des fleuves; elle a enfin la propriété de se durcir et de se changer en glace. — L'eau prise à la surface ou dans le sein de la terre n'est jamais pure; contenant en solution ou en suspension une quantité plus ou moins grande de substances terreuses, alcalines ou métalliques, quelques gaz, du soufre ou des matières végétales ou animales, elle se purifie par la distillation. — On range parmi les eaux ordinaires celles que l'on prend dans les sources, les puits, les rivières, les marais, les étangs, l'eau de pluie, de neige et de la glace fondue. Ces eaux ne sont pas toutes potables: les eaux des sources et des puits, que l'on nomme *eaux crues*, contiennent beaucoup trop de sulfate de chaux; on les purifie en y ajoutant du carbonate de potasse qui précipite la chaux. Les eaux des marais et des étangs et toutes les eaux stagnantes en général sont chargées de matières organiques plus ou moins corrompues; c'est par l'ébullition et l'agitation qu'on les purifie. Les eaux de neige et de glace, qui ne sont pas assez chargées de l'air nécessaire à leur digestibilité, se purifient simplement par l'agitation. — Plusieurs moyens sont employés pour éprouver la pureté de l'eau ordinaire et constater qu'elle peut servir dans les besoins économiques: l'un de ces moyens est l'évaporation, après laquelle elle ne doit donner qu'un résidu à peine sensible; le savon doit s'y dissoudre complétement; si celui-ci s'y caillebote sur-le-champ on peut-être certain qu'elle contient des sels terreux en grande quantité; on enlève ces sels à l'aide d'une lessive de cendres. Ce sont ces mêmes sels qui sont un obstacle à la cuisson des légumes secs. Cet effet est dû, selon quelques-uns, au dépôt des sels terreux à la surface des légumes pendant l'évaporation du liquide, qui obstrue les pores des légumes et empêche l'eau de les pénétrer. — On connaît les effets laxatifs des eaux de Paris sur les étrangers, effets qui tiennent à la quantité de matières étrangères dues aux immondices des égouts de Paris; on les combat en ayant soin de faire bouillir l'eau avant d'en faire usage, ou d'y mêler une ou deux cuillerées à café d'eau-de-vie par tasse. Le moyen le plus en usage dans la capitale c'est d'enlever à l'aide de filtres en pierre poreuse les corps étrangers que l'eau retient en solution ou en suspension. Les eaux de pluie sont les plus pures de toutes si on a soin de les recueillir dans des réservoirs pratiqués exprès, et si l'on a mis de côté les premières tombées. — A l'état liquide et pure, l'eau, *oxyde d'hydrogène* des chimistes modernes, est transparente, incolore, inodore, d'une sapidité agréable, élastique, légèrement compressible et 850 fois plus lourde que l'air. Distillée, l'eau prise à son *maximum* de densité, c'est-à-dire à la température de 4 degrés 5/0 du thermomètre centigrade, pèse pour un centimètre cube 1 gramme ou 18 grains 841 millièmes de l'ancien poids de marc de Paris; cette pesanteur sert de mesure comparative pour tous les autres corps. Exposée à l'air, l'eau s'évapore, se réduit peu à peu et d'autant plus rapidement qu'elle est plus chaude (*V.* ÉVAPORATION). — L'eau est la boisson la plus commune de l'homme et des animaux; la pharmacie en fait le véhicule des tisanes, des sirops, des potions, des bains, etc.; la médecine et la chirurgie lui reconnaissent enfin des propriétés qui varient selon la température à laquelle elle est employée. Ainsi l'eau chaude excite, l'eau tiède relâche et l'eau fraîche désaltère; l'eau très froide donne du ton de l'énergie. — Comme nous l'avons déjà vu, l'eau n'est pas un élément, mais bien un corps composé de deux autres corps, l'oxygène et l'hydrogène; elle est formée en poids de 88,94 parties d'oxygène et 11,06 parties d'hydrogène; en volume de 1 d'oxygène et 2 d'hydrogène.

Eau à l'état solide ou glace. — La glace se présente sous une forme cristalline quelquefois assez nette pour être déterminée. Romé de Lisle, Bosc et Haüy ont avancé que sa figure primitive était l'octaèdre régulier; Hassenfratz et Cordier l'ont trouvée en prismes héxaédriques, enfin on en voit tantôt en longues aiguilles droites, tantôt en plumes, tantôt en feuilles brillantes et écailleuses. La structure de la glace souvent compacte et vitreuse, d'autrefois grenue comme on le voit dans les glaciers ou bien saccharoïde comme on l'observe dans les masses de neige accumulées et endurcies, a été comparée à celle du quartz. Sa formation, qui est le point de départ des thermomètres les plus usités, est accompagnée d'une augmentation de volume que l'on a comparée à un quatorzième de la masse totale de l'eau qui se congèle. C'est à cette dilatation que l'on doit attribuer pendant les grands froids le brisement des tubes et des flacons qui renferment de l'eau à l'état liquide, le déchirement des arbres, l'éboulement de certaines roches, etc., phénomènes que l'on attribuait à la présence de l'air atmosphérique dans l'eau; mais que l'on attribue à son mode particulier de cristallisation, maintenant que l'expérience a prouvé que l'eau qui a été soumise à l'ébullition et qui par conséquent est privée d'air augmentait également de volume en se solidifiant. L'eau se congèle toujours à zéro à moins qu'elle ne soit très pure, qu'on l'ait fait bouillir ou qu'elle soit placée dans un lieu de repos, circonstances qui peuvent retarder sa solidification de quelques degrés (2-3 et quelquefois 5°-0). A l'état de pureté, la glace est transparente, incolore, très sapide, très élastique, très dure, très tenace et plus légère que l'eau. Cette légèreté doit être attribuée à un arrangement particulier de ses molécules; elle réfracte fortement la lumière, c'est au point qu'on en peut faire des lentilles ardentes; elle conduit la chaleur pour tous les degrés au-dessous de zéro, mais elle est mauvais conducteur du calorique; au-dessus de zéro, elle absorbe ce dernier et se réduit en eau; au-dessous (15 à 16° par exemple), on peut l'amener à l'état de poudre impalpable. Elle est électrique par le frottement. Les usages de la glace sont très étendus: la médecine, la chirurgie l'appliquent soit sur la tête des frénétiques, soit sur les inflammations, les bubons pestilentiels, etc. L'art gastronomique en consomme une très grande quantité dans la préparation de tous les mets glacés, connus sous les noms de *glaces*, *sorbets*, *fromages*, *etc.*

Glace artificielle. — On sait que toutes les fois qu'un sel se dissout dans l'eau, il devient liquide; que pour devenir liquide il absorbe du calorique, et que cette absorption du calorique donne du froid. On sait encore qu'un mélange de neige et d'un sel sec, mais très avide d'humidité, donne un soluté salin qui enlève aux corps environnants la plus grande partie de leur calorique. C'est sur ce fait chimique que repose la préparation des glaces et l'expérience qui consiste à faire geler une assiette dans une chambre chaude; il suffit pour obtenir cette congélation, de disposer une certaine quantité du mélange ci-dessus dans une assiette placée sur un peu d'eau. Il existe encore plusieurs autres mélanges frigorifiques à l'aide desquels on peut en été, et sans le secours de la glace ou de la neige, obtenir de l'eau solide. Nous en citerons quelques-uns: 1° Cinq parties de sel ammoniac réduit en poudre fine; cinq parties de salpêtre également pulvérisé; seize parties d'eau de puits à 10° au-dessus de 0, donnent un froid de 12°. 2° Neuf parties de phosphate de soude cristalisé et pulvérisé; quatre parties d'eau forte donnent un froid de 24°. On produit aussi un abaissement de température très considérable, par l'évaporation des corps volatils et sous le vide de la machine pneumatique.

Eau à l'état de fluide élastique ou vapeur. — Quelles que soient les influences sous lesquelles l'eau s'est réduite en vapeur, celle-ci se mêle toujours à l'air atmosphérique dans des proportions qui sont directes avec le degré de température de l'espace dans lequel on opère. Ainsi plus l'air est chaud, plus il est chargé de vapeur d'eau; tandis que plus il est froid, plus il est sec. L'air chargé de vapeur d'eau est invariable; il en est ainsi tant que la quantité de vapeur ne dépasse pas sa capacité de saturation. Mais aussitôt que le plus léger refroidissement a lieu, on voit diminuer la capacité de saturation. De là les phénomènes qui varient selon la hauteur de l'atmosphère dans laquelle l'abaissement de température a été produit, selon la quantité de vapeurs condensées, et selon la pesanteur spécifique de ces mêmes vapeurs. Ces phénomènes sont la formation des nuages, de la pluie, de la neige, de la grêle, du brouillard et de la rosée, etc. On mesure la quantité relative d'eau tenue à l'état de vapeur dans l'atmosphère à l'aide d'instruments de physique appelés *hygromètres* (*V.* ce mot); quant à la quantité absolue, on la connaît de la manière suivante: dans une cloche de verre contenant une quantité donnée d'air chargé de vapeur invisible, on place un corps très avide d'humidité, comme de l'acide sulfurique concentré, de la potasse caustique, du chlorure de calcium calciné, etc., dont on a pris le poids exact. Au bout de quelques jours de contact, on pèse l'air et le corps hygrométrique; la diminution du poids de l'une comparée à l'augmentation du poids de l'autre est justement la quantité de vapeur d'eau contenue. La vapeur d'eau n'a ni couleur, ni odeur, ni saveur; sa légèreté est plus grande que celle de l'air. Légèrement refroidie et condensée, elle constitue les nuages ou amas de vésicules, dont le diamètre varie entre $\frac{1}{4300}$ de pouce et $\frac{1}{280}$. Quand ces vésicules viennent à se heurter, elles crèvent et forment une petite goutte. On concevra facilement l'origine des nuages et de la pluie si l'on pense: 1° que ces deux phénomènes ont lieu dans un espace uniformément échauffé, et au milieu d'un repos parfait dans les couches supérieures et inférieures de l'atmosphère; 2° que l'eau des lacs, des fleuves, des rivières et du sol humide s'évapore avec une tension proportionnée à la température de l'air; 3° que cet air qui reçoit le gaz aqueux devient plus léger, tant à cause de son mélange avec le gaz qu'en raison de son échauffement par la lumière solaire, qu'il s'élève, et fait place à de l'air moins humide. De cette manière, il monte peu à peu jusqu'à ce qu'il parvienne à une hauteur où il éprouve un refroidissement tel, que l'eau dont il est chargé ne peut plus demeurer à l'état gazeux, et se précipite sous la forme de vapeur. Cette vapeur s'amoncèle peu à peu et constitue les nuages, lesquels sont plus ou moins visibles, plus ou moins colorés, plus ou moins transparents, selon leur volume, leur hauteur et la manière dont le soleil est placé par rapport à eux. Peu à peu on voit les nuages augmenter et flotter quelque temps dans les hautes régions de l'air; cela tient à ce que les petites vésicules de la vapeur aqueuse qui les constitue ont une pesanteur spécifique à peu près égale à celle de l'air; mais on ignore encore comment il se fait qu'elles se maintiennent des jours entiers suspendues dans l'air. Lorsque les nuages ont atteint une certaine densité, on les voit descendre peu à peu, et, une fois que les vapeurs sont arrivées dans une couche d'air plus chaude, elles se redissolvent par degrés jusqu'à ce que l'air ait atteint son maximum d'humidité; c'est ainsi que des nuages entiers peuvent s'abaisser sans qu'il tombe encore une seule goutte de pluie; mais lorsqu'ils ont atteint ce maximum, que l'atmosphère éprouve un léger refroidissement, la pluie commence à tomber. La *neige* se produit dans des circonstances qui sont à peu près les mêmes que celles de la pluie; seulement, il faut que les nuages soient à une température au-dessous de zéro. Les cristaux de vapeur aqueuse qui la constituent s'accroissent dans leur chute, comme cela a lieu pour les gouttes d'eau, et forment souvent des flocons en s'accumulant. (*V.* NEIGE.) La *grêle* est également produite par un abaissement subit de température dans l'atmosphère, mais dans des circonstances tout-à-fait différentes de celles qui donnent lieu à la pluie et à la neige. Elle ne se voit que pendant l'été, ou dans les pays chauds, lorsque le soleil est sur l'horizon. Elle consiste en grains arrondis et non en cristaux comme la neige; sa grosseur, qui varie à l'infini, n'est pas, lors de sa formation, ce qu'elle peut être après sa chute; elle augmente en traversant les différentes couches d'air qui la séparent de la terre, et cela en entraînant la vapeur aqueuse qu'elle rencontre et qui se solidifie autour d'elle; son augmentation de volume est encore due à la réunion de plusieurs petits grains les uns avec les autres. La grêle est très souvent accompagnée de tonnerre, et constamment de phénomènes électriques; on ne connaît pas encore bien la cause du froid subit qui la produit. Le *brouillard* est produit par les mêmes causes qui produisent les nuages; on peut même le considérer comme un nuage très léger placé près de terre. On le voit naître aussitôt que la température de l'air ambiant tombe de quelques degrés au-dessous de la température du sol. Pour concevoir sa formation, il faut par la pensée, et cela est exact, voir l'eau des mers, des rivières, des prairies marécageuses, etc., s'évaporer avec une tension correspondante à la chaleur du sol, former un gaz aqueux qui se refroidit, se condense dans l'air, monte plus ou moins haut, ou descend selon les mouvements qui se passent à la surface de la terre, ou bien retombe en pluie quand il n'a pu être dissous par l'air échauffé par le soleil. Le brouillard s'observe aussi bien en hiver qu'en été, et l'on voit souvent dans les journées froides d'hiver s'élever une vapeur plus ou moins forte des courants d'eau non gelés: cela est dû à ce que la température de ces courants est un peu plus élevée que celle de l'air atmosphérique. Lorsque le brouillard tombe par un froid vif, et que dans sa chute il rencontre des arbres ou tout autre autre corps, il y est retenu sous forme de cristallisation et constitue alors ce qu'on appelle *givre*. La *rosée* est encore le produit de la condensation de la vapeur d'eau contenue dans l'air atmosphérique. Le refroidissement, qui en est la cause et qui a lieu ordinairement la nuit, se fait dans les corps qui existent à la surface de la terre, et non dans l'atmosphère comme nous l'avons vu pour les brouillards, la pluie, etc. Considérées sous le rapport des corps étrangers qu'elles contiennent, les eaux liquides qui existent libres sur le globe sont divisées en *eaux douces*, *eaux salées* et *eaux miné-*

rales. Les eaux douces dont la température est égale à celle de l'atmosphère sont courantes ou stagnantes; elles constituent les lacs, les rivières, les marais, les étangs, etc., et nourrissent souvent dans leur sein des végétaux et des animaux dits *fluviatiles*, pour les distinguer des autres corps organisés que l'on trouve dans les eaux salées. Les eaux salées qui recouvrent près des trois quarts de la surface du globe ont une saveur d'abord salée, puis amère et nauséabonde, qui ne peut manquer de les bien caractériser, et de les distinguer des eaux minérales proprement dites, dont nous parlerons dans un article particulier. Leur température est à peu près égale à celle de l'atmosphère, surtout dans leurs couches supérieures,; enfin dans leur intérieur vivent des plantes et des animaux dont il sera question à l'article MER.

EAU, s. f. (*marine*). Ce fluide ayant la propriété de dissoudre un très grand nombre de corps, il est difficile de conserver l'eau douce à bord des bâtiments où elle est un objet de première nécessité. Longtemps on la renferma dans des futailles, mais on sait que si l'on met du bois infuser dans l'eau elle en extrait les principes salins, savonneux, mucilagineux, et en général tous les principes extractifs. Elle extrait donc des futailles ces différents principes, et son action est favorisée par la chaleur de la cale et les mouvements du navire; alors la fermentation s'établit et elle arrive à la putréfaction; dans cet état elle est dangereuse pour les hommes et peut procurer des maladies. Après divers essais qui ne répondirent point aux besoins de la navigation au long cours, on abandonna complètement les futailles pour les remplacer par des caisses en tôle, celles-ci, outre qu'elles ont l'avantage d'occuper comparativement moins de place que les futailles, conservent l'eau beaucoup plus claire. Un vernis qui les recouvre à l'intérieur s'oppose à la décomposition de la tôle. Cependant on n'a pu encore empêcher un sédiment de se former dans le fond des caisses. (*V.* CALE A L'EAU au mot ARRIMAGE.) *Faire son eau*, c'est faire sa provision d'eau douce, tandis que *faire eau* signifie que l'eau sur laquelle flotte un navire s'introduit dans sa cale. *Mettre à l'eau*, c'est lancer du chantier pour le faire flotter, un bâtiment ou une pièce de bois quelconque. On dit, *même eau*, lorsque dans le brassiage la sonde ne donne pas de changement. *Les eaux d'un bâtiment* sont celles qui remplissent la trace qu'il laisse au loin après lui dans sa route, ainsi *un bâtiment est dans les eaux* d'un autre, lorsqu'il se trouve placé sur un des points de la direction prolongée de la quille de ce dernier. On dit de même qu'il se met dans ses eaux, qu'il prend ses eaux, et quand il s'éloigne de cette situation, qu'il dépasse ses eaux, on dit encore par extension qu'un bâtiment est dans les eaux d'un autre lorsqu'il reste à l'aire de vent opposé à celui où ce dernier gouverne, en serait-il éloigné de plusieurs milles. On donne le nom d'*eaux mortes* aux marées les plus faibles qui correspondent aux quadratures de la lune, et par opposition le nom d'eaux vives, aux grandes marées qui ont lieu pendant les syzygies.

EAU. Presque tous les anciens peuples ont fait une divinité de cet élément, qui, suivant quelques philosophes, était le principe de toutes choses. (*V.* AMPHITRITE, THETYS.)

EAU ACIDULE (*chim.*). On donne généralement ce nom à toute eau dans laquelle il y a assez d'un acide pour lui imprimer une légère saveur aigre, cependant on l'applique plus spécialement à l'eau qui est naturellement ou qui a été artificiellement chargée d'acide carbonique.

EAU ACIDULÉE (*chim.*). Cette expression semble être synonyme de la précédente; cependant on l'applique particulièrement à l'eau qui contient assez de vinaigre, de jus de citron ou même d'acide sulfurique, d'acide nitrique ou hydrochlorique pour avoir une saveur aigre. L'eau acidulée s'emploie en médecine et dans le blanchiment.

EAU AÉRÉE (*chim.*). C'était le nom que l'on donnait à l'eau qui contient de l'acide carbonique, avant que la nature de cet acide fût connue.

EAU BÉNITE. De l'origine et de l'usage de l'eau bénite. Plusieurs catholiques rapportent l'origine de l'eau bénite au pape Alexandre Ier; mais Antoine Marcile Colonne, archevêque de Salerne, et Baronius, la rapportent aux apôtres mêmes. En effet, Alexandre Ier, *Juxta cap., aquam de consacr., dist.* 4, ne dit pas, nous ordonnons qu'on bénira l'eau, mais, nous bénissons l'eau, *Aquam sale conspersam populis benedicimus*; ce qui suppose une coutume ancienne. *Anton.-Marsilius Columna, archiep. Salern., lib. de aquâ bened., sect.* 2, n. 43 et 44. *Baronius, adan.* 131 et 132. Voyez aussi l'ordonnance de M. de Montchal, archevêque de Toulouse, publiée en 1639, dans laquelle on trouve de savantes recherches sur l'établissement de la cérémonie de l'eau bénite, et sur la manière de la distribuer aux fidèles. L'usage ordinaire de l'eau bénite est d'en mettre à l'entrée des églises, pour en prendre en entrant et en sortant, d'en prendre aussi en se levant, ainsi qu'en se couchant; avant de commencer ses prières, quand on est tenté, quand il faut quelque usage. On en jette aussi dans les lieux où l'on craint la malignité des démons, sur les malades, sur les morts, sur les tombeaux et dans les cimetières, pour obtenir de Dieu qu'ayant égard aux prières que l'Eglise a faites sur cette eau, il daigne purifier et soulager les âmes des fidèles qui reposent en paix. En Orient on boit l'eau bénite dans l'église deux fois l'année; savoir, à la fin de la messe de minuit, après avoir mangé le pain béni, et la veille de l'épiphanie, le soir. (Moléon, *Voyage liturg.*, p. 453.) On asperge aussi d'eau bénite l'autel et les fidèles; l'autel, pour demander à Dieu que les démons n'en approchent pas, pour y troubler, par leurs suggestions, les ministres du Seigneur; les fidèles, pour demander à Dieu de les purifier et de les préserver des piéges du tentateur. (*Catéchisme de Montpellier*, in-4°, p. 657.)

Des effets de l'eau bénite. — On attribue sept principaux effets à l'eau bénite: 1° elle contribue à la guérison des maladies de l'âme et du corps; 2° elle préserve ou elle délivre des illusions, des embûches, des infestations du démon et de ses ministres; 3° elle calme les agitations de l'esprit; 4° elle le dispose à la prière et aux sacrements, et c'est pour cela que l'on en met à l'entrée des églises, afin que les fidèles, en y entrant, puissent se préparer à mieux prier en demandant à Dieu la grâce de les purifier de leurs péchés; 5° elle rend fertiles les terres sur lesquelles on en fait l'aspersion, de stériles qu'elles étaient; 6° elle chasse la peste, elle dissipe le tonnerre, les orages, etc.; 7° elle remet les péchés véniels, non *ex opere operato*, comme les sacrements, mais *ex opere operantis*, et par manière de mérite, c'est-à-dire, comme l'explique Sylvestre de Prierio, « qu'elle élève et excite l'esprit et le cœur à » une certaine dévotion actuelle, qui renferme virtuellement » la contrition des péchés véniels; » ou bien, comme l'expliquent d'autres théologiens, en tant qu'elle obtient, par l'institution et la vertu des prières de l'Église, des grâces actuelles qui excitent à la contrition nécessaire pour la rémission même des péchés véniels. (*Sylvester, in Sum.*, au mot *Aqua bened. Le Catéchisme de Montpellier*, pag. 158, in-4°. *Catechism. ordin.*, pag. 113.)

De la manière de faire de l'eau bénite, et de celui à qui il appartient de la faire et de la distribuer. — L'eau bénite doit se faire avec de l'eau froide, pure et naturelle, dans le temps, les lieux et les cérémonies marquées dans chaque rituel. On la fait, pour l'ordinaire, chaque dimanche à l'église. On y met du sel béni, et ce mélange peut marquer, dans le sens allégorique, l'union des deux natures en Jésus-Christ, comme le sel est le symbole de la prudence, et l'eau celui de la pureté; on peut dire aussi, dans le sens tropologique, que l'Église fait ce mélange pour demander à Dieu la pureté, la simplicité de la colombe et la prudence du serpent, pour ceux qui prendront de l'eau bénite avec foi. On peut mêler de l'eau commune avec la bénite, pourvu que la première soit en moindre quantité. Il n'appartient qu'au prêtre, avec la permission du curé, de bénir l'eau et le sel, selon l'usage universel de l'Église, parce que cette bénédiction donne à ces choses la vertu de purifier et de sanctifier les fidèles dans le sens qu'on a expliqué; ce qui ne convient qu'aux prêtres, qui ont seuls le pouvoir de purifier et de sanctifier les fidèles. (*Pontas*, au mot *Exorciser*, cas 1.) Au reste, il faut remarquer que, quoiqu'il soit bon et salutaire de prendre de l'eau bénite, il n'y a point d'obligation de le faire, parce que cet usage n'a pas force de loi, et que ceux qui l'observent n'ont pas intention de s'y obliger, sous peine de péché. (*Pontas*, au mot *Coutume*, cas 1.) Quant à la manière de distribuer l'eau bénite, on ne peut nier que l'usage de la donner par aspersion ne soit plus convenable et plus conforme à l'antiquité de l'Église, et à la décence de la cérémonie, tant en ce qui concerne l'honneur dû au ministre, que par rapport à ceux qui la reçoivent; ce qui fait que nos rois eux-mêmes voulaient bien se soumettre à ces règles, et ne recevaient l'eau bénite que par aspersion, disent les *Mémoires du clergé*. Cependant, lorsque les seigneurs prétendaient avoir le droit de recevoir l'eau bénite par la présentation du goupillon, et qu'ils portaient ces questions devant les cours du royaume, elles y étaient ordinairement décidées par la possession. Au reste, on ne contestait point, suivant les maximes des cours séculières, que les patrons fondateurs, aussi bien que les seigneurs haut-justiciers, ne fussent fondés à prétendre comme un droit honorifique, dans leurs églises, que l'eau bénite et le pain béni leur fussent donnés, après le clergé, d'une manière convenable et avec quelque distinction, avant les autres laïcs et habitants de la paroisse, non cependant avant les laïcs revêtus de surplis et autres habits d'église.

EAU-BÉNITER (S'), v. pers., s'asperger d'eau bénite. Mot burlesque forgé par Scarron.

EAUBURON (*bot.*). On donne ce nom dans les campagnes, et celui de *prevat* à des champignons du genre agaric de Linné, à cause de leur saveur piquante et de la disposition de leur chapeau propre à retenir la pluie. Le premier de ces noms est un composé des deux mots *eau*, *boirant*, et le second signifie *poivre*. Ces champignons forment la famille des *poivrés laiteux* de Paulet. (*V.* POIVRÉS).

EAU CÉLESTE (*chim.*), eau colorée en bleu par l'ammoniure de peroxyde de cuivre, ou bien encore par un sel cuivreux dissous dans l'ammoniaque. L'eau céleste renfermée dans une bouteille sphérique de verre blanc, est employée par les ouvriers qui travaillent le soir à des objets qui doivent être bien éclairés. La forme sphérique du vase rassemble les rayons lumineux, et l'eau, par sa couleur, absorbe les rayons rouges qui fatigueraient la vue s'ils arrivaient à l'œil de l'ouvrier.

EAU DE BARYTE, DE CHAUX, DE STRONTIANE (*chim.*). Ces dénominations s'appliquent aux dissolutions de la baryte, de la chaux et de la strontiane dans l'eau.

EAU DE MER (*chim.*). L'eau de mer, dont la saveur est salée, un peu amère, d'une odeur assez désagréable, contient en dissolution des sels dont la quantité varie entre 3 8/5 et 4 pour cent; le sel commun y est pour 2 2/3 pour cent; les autres sels sont: des chlorures de chaux, de magnésie et du sulfate de soude. Tous ces composés salins paraissent provenir des mines de sel gemme que la mer baigne et dissout continuellement. L'eau de mer est composée, suivant Marcet, pour 1,000 parties d'eau de mer, de chlorure de soude ou sel marin 26,6; sulfate de soude, 4,66; chlorure de chaux, 1,232; chlorure de magnésie, 5,154. Elle dépose, quand on la soumet à l'évaporation, une assez grande quantité de carbonate de chaux; sel qui sert à la formation des coquilles. On y trouve encore du brôme et de l'iode combinés avec la soude et la magnésie. La salure de la mer n'est pas la même dans toutes ses parties; les eaux douces qui y sont charriées en plus ou moins grande quantité, contribuent évidemment à ces différences. L'eau de la mer est conseillée à l'intérieur par les médecins, dans une foule d'affections chroniques. On l'emploie aussi beaucoup en bains. De tous les moyens proposés pour purifier l'eau de mer et la rendre potable, c'est la distillation et la congélation à qui l'on doit donner la préférence.

EAU DE CRISTALLISATION (*chim.*), c'est l'eau qui est en combinaison dans une substance cristallisée. M. Berzelius distingue cette eau de l'eau qui suivant lui est mécaniquement interposée dans quelques substances, et qui produit un phénomène de décrépitation lorsqu'on expose ces substances à la chaleur.

EAU DE GOULARD (*chim.*). Pour la préparer, on met dans une bouteille deux livres d'eau, une demi-once de sous-acétate de plomb réduit en sirop clair, et deux onces d'eau-de-vie; on agite bien les matières. Il se produit un liquide qui est rendu laiteux par un peu de sous-carbonate de plomb, provenant du transport de l'acide carbonique contenu dans l'eau distillée sur la base du sous-acétate. On s'en sert pour laver les dartres.

EAU DE L'AMNIOS (*chim.*). Deux savants chimistes, MM. Vauquelin et Buniva, ont fait l'analyse de l'eau de l'amnios. Dans un beau travail, dont nous allons donner un précis, ils ont examiné l'eau de l'amnios de la femme comparativement à l'eau de l'amnios de la vache. L'eau de l'amnios de la femme contient de l'albumine de la soude, du chlorure de sodium et du phosphate de chaux. Elle a une forte odeur spermatique, une saveur salée, et tient en suspension une matière caséiforme qui la rend laiteuse. Elle reprend sa transparence lorsqu'on la filtre. En la faisant évaporer, elle se recouvre de pellicules transparentes, et laisse un résidu qui cède à l'eau de chlorure, de sodium et du sous-carbonate de soude; ce qui n'est pas dissous est de l'albumine contenant un peu de phosphate de chaux. La potasse y fait un léger précipité; les acides, au contraire, l'éclaircissent quand elle n'est pas limpide, et la noix de galle en précipite une matière azotée. L'eau de l'amnios de la femme est acide au tournesol et alcaline à la teinture de violette. L'eau de l'amnios de la vache offre une composition toute différente; on en retire: un acide particulier, que ces chimistes ont nommé *acide amniotique* (*V.* ACIDE), une matière extractiforme azotée; du sulfate de soude, un peu de phosphate de magnésie, très peu de phosphate de chaux, et enfin de l'eau qui tient ces substances en dissolution; elle est rougeâtre, de saveur acide, et rougit fortement le tournesol. Lorsqu'on la fait évaporer, il se produit une écume épaisse qui, en refroidissant, présente des cristaux d'acide amniotique, sous la forme de belles aiguilles blanches de plusieurs centimètres de longueur.

EAU DES HYDROPIQUES (*chim.*). Suivant M. Berzelius, le liquide sécrété par les membranes séreuses dans les cas d'hydropisie, peut être considéré comme du serum du sang dépouillé d'une partie de son albumine, partie qui peut aller des 2/3 aux 4/5. Exposé au feu il ne se coagule point; seulement il se trouble graduellement, et par l'évaporation la matière opaque se réunit. Un liquide d'hydrocéphale a donné à M. Berzelius:

Eau	988 30
Albumine	1 66
Chlorures de potassium et de sodium	7 09
Lactate de soude avec une matière animale	2 32
Soude	0 28
Matière animale soluble dans l'eau, avec quelque trace de phosphate	0 35
	1,000 00

EAU DISTILLÉE (*chim.*). Il ne faut pas confondre l'eau distillée des chimistes, avec les *eaux distillées* des pharmaciens. Les premiers désignent sous ce nom l'eau ordinaire, privée de tous les corps étrangers qu'elle renferme, tandis que les seconds appellent *eaux distillées de plantes* l'eau ordinaire chargée de principes médicamenteux, à l'aide de la distillation. L'eau distillée est transparente, incolore, inodore insipide; elle n'a aucune action sur les teintures de tournesol ou de violette, ni sur les solutes de nitrate d'argent et de baryte, d'oxalate d'ammoniaque de sous-acétate de plomb. On l'emploie en chimie comme dissolvant. Il faut, dans sa préparation, enlever les premières portions qui renferment les corps volatils dont l'eau ordinaire est chargée; puis on suspend l'opération lorsqu'elle est arrivée aux trois quarts, afin de ne pas décomposer les corps étrangers fixes qui sont dans l'eau. Les eaux distillées sont inodores ou aromatiques, suivant qu'elles sont privées ou chargées d'huile volatile provenant des substances qui ont été soumises à la distillation (*V.* DISTILLATION.)

EAU-FORTE, s. f. (*grav.*), épreuve d'une planche qui n'a été encore que préparée à l'eau-forte, pour être *ensuite* terminée au burin, ou qui a été exécutée à l'eau-forte, et où le burin n'a pas dû repasser. Les eaux-fortes de la première de ces deux espèces, sont, pour les collections d'estampes, ce que sont les ébauches dans les collections de tableaux. Rembrant a laissé un grand nombre de planches toutes exécutées à l'eau-forte. Quelques graveurs, de nos jours, ont fait des eaux-fortes d'une netteté et d'un fini qui égalent le travail du burin. Nous reportons à l'article gravure ce qui concerne la manière d'opérer à l'eau-forte, et le mérite particulier à ce genre de travail.

EAU LUSTRALE, eau commune, dans laquelle on éteignait un tison ardent tiré du foyer des sacrifices. Cette eau était contenue dans un vase placé à la porte ou dans le vestibule des temples, et ceux qui entraient s'en lavaient eux-mêmes ou s'en faisaient laver par les prêtres. Quand il y avait un mort dans une maison, on mettait à la porte un grand vaisseau rempli d'eau lustrale, apporté de quelque autre maison où il n'y avait point de morts. Tous ceux qui venaient à la maison de deuil s'aspergeaient de cette eau en sortant: on s'en servait aussi pour laver les corps. (*V.* NÉOCORES.)

EAU MOTRICE (*hydraul.*). L'eau courante, comme tous les corps matériels en mouvemement, est animée d'une *quantité d'action* (*Voy.* ce mot) dont elle peut transmettre une partie plus ou moins grande aux mobiles qu'elle rencontre, suivant les diverses circonstances du choc. Ces circonstances ne sont jamais les mêmes que celles du choc de deux corps solides; car celui-ci modifie, dans un instant inappréciable, au moment même du contact, le mouvement relatif des corps, tandis que la percussion d'un courant d'eau ne produit son effet total que par une suite de contacts de la part des molécules fluides qui se succèdent sans interruption. L'effet de ces contacts successifs a été justement comparé à celui d'un ressort qui agirait contre un obstacle en conservant toujours la même tension; et une expérience très simple a prouvé que la force impulsive d'un courant d'eau n'était qu'une force de pression, qu'on a nommée *pression hydraulique*, pour la distinguer de la *pression hydrostatique*, que l'on peut exercer en vertu de son seul poids. Cette expérience est la suivante: on fixe une plaque à l'extrémité du fléau d'une balance, et on dirige sur elle un filet d'eau tombant d'un vase entretenu constamment plein. Quelle que soit la force motrice du filet, due à sa masse et à sa vitesse, on peut toujours trouver un poids qui, placé à l'autre extrémité du fléau, maintienne la balance en équilibre pendant toute la durée de l'écoulement. Le poids est donc égal à l'action du

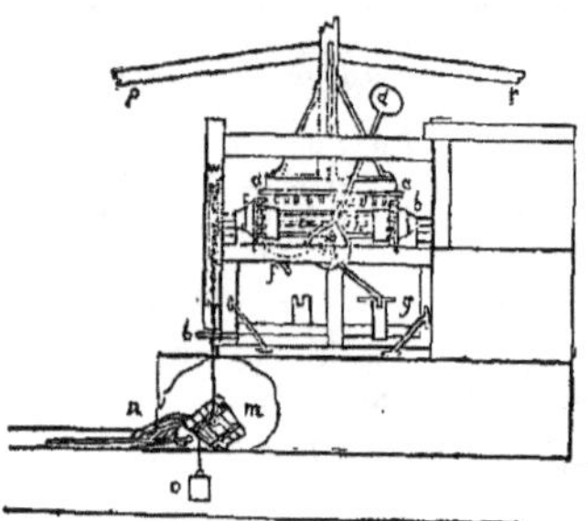

choc, et peut par conséquent la représenter. — 1. D'après les expériences de Bossut, les poids nécessaires pour maintenir l'équilibre dans de semblables expériences, varient dans le même rapport que les *charges* sous lesquelles s'effectue le mouvement de la veine choquante. Ainsi, comme il est prouvé que le rapport des hauteurs dues aux vitesses des sorties, pour un même orifice, est égal au rapport des charges, on peut en conclure *que la force du choc d'une veine fluide, est proportionnelle à la hauteur due à la vitesse de la veine.* — V étant la vitesse, la hauteur correspondante est $\frac{22}{2g}$, et il en résulte *que la force du choc est proportionnelle au carré de la vitesse.* Mais cette force doit être encore proportionnelle au nombre des molécules choquantes ou à la section de la veine fluide à sa sortie de l'orifice. Donc en désignant par P le poids qui fait l'équilibre au choc ou qui représente son action, par S la section de la veine fluide, et par H la hauteur due à la vitesse, on a

$$P = nsh,$$

n étant un coefficient a déterminer par expérience. — 2. En observant que sh exprime le volume d'un prisme dont la base est s et la hauteur h, et que, lorsqu'il s'agit de l'eau, le poids d'un tel prisme est égal à autant de fois 1,000 kilog. que son volume contient de mètres cubes, on peut mettre l'expression précédente sous la forme.

$$P = 1000\, nsh;$$

alors P exprime un nombre de kilog., s un nombre de mètres carrés et h un nombre de mètres. — 3. La valeur du coefficient n dépend de la grandeur de la surface choquée et de son éloignement de l'orifice de sortie. Si l'on appliquait immédiatement la surface contre l'orifice, il n'y aurait plus qu'une simple pression hydrostatique due au poids du prisme sh, et l'on aurait $P = 1000\ sh$; dans ce cas $n = 1$. Dans tous les autres cas, le choc ne peut produire tout son effet qu'autant que la surface choquée a une étendue assez grande pour recevoir tous les filets fluides de la veine, et anéantir leur vitesse primitive; avec ces conditions, l'expérience et la théorie donnent, à très peu près $n = 2$, et c'est pour cela qu'il est admis que *l'effort du choc exercé par une veine fluide sur une surface plane* en repos et exposée perpendiculairement à son action, est égal au poids *d'un prisme de ce fluide ayant pour base la section de la veine et pour hauteur deux fois la hauteur due à sa vitesse.* Cependant toutes les expériences ne sont pas d'accord pour fixer au coefficient n les limites 1 et 2 qui résultent de ce principe. — 4. Dans le cas d'un échec oblique, on peut décomposer l'effort de la veine en deux composantes, l'une perpendiculaire à la surface choquée, et l'autre parallèle : cette dernière, ne pouvant produire aucun effet, la première seule représente l'action du choc; ainsi, en nommant i, l'angle d'inclinaison de la veine fluide avec la surface, la composante perpendiculaire étant 1,000 nsh, sin i, on aura

$$P = 1000\, nsh. \sin i.$$

5. En adoptant la valeur $n=2$ qui a lieu lorsque la surface choquée détruit complètement la vitesse de la veine fluide, on a pour le choc direct

$$P = 2000\, sh,$$

expression que nous allons mettre sous une forme plus commode pour les cas particuliers du choc qui nous restent à examiner. Substituons à la place de h sa valeur $\frac{v}{2g}$ il viendra

$$P = \frac{1000}{g} sv^2$$

Or, s étant la section de la veine fluide et v sa vitesse, sv exprime la quantité d'eau écoulée dans l'unité de temps, et $1000sv$ le poids de cette quantité en kilogrammes. $\frac{100sv}{g}$ est donc la *masse* d'eau écoulée en une seconde, car la masse est égale au poids divisé par g (*V.* POIDS); ainsi, désignant cette masse par Q, nous aurons :

$$P = Qv$$

Mais Qv est la quantité du mouvement de la masse Q, dont l'effet du choc est égal à la quantité de mouvement que possède la masse de fluide écoulée dans l'unité de temps, ce qu'il est d'ailleurs facile de conclure à priori. 6. Examinons maintenant le cas ou la surface choquée est elle-même en mouvement, et supposons d'abord que le choc est direct, c'est-à-dire que le fluide et la surface se meuvent dans la même direction, et que la surface est frappée perpendiculairement par la veine. Pour déterminer les effets du choc, observons qu'après ce choc la surface ne pourrait continuer à se mouvoir avec la même vitesse u, qu'elle avait avant, que si on lui appliquait une force égale et opposée au choc : mais alors le fluide qui l'accompagne dans son mouvement se mouverait également avec cette même vitesse v, il aurait donc perdu la vitesse $v-u$, et sa quantité d'action, qui, avant le choc, était Qv ne serait plus que Qu; le choc lui aurait donc fait perdre une quantité d'action représentée par $Q\,(v-u)$, et par conséquent c'est cette quantité d'action perdue qui mesure l'effet du choc; on a donc généralement :

$$P = Q\,(v \mp u),$$

le signe — se rapportant au cas où la direction des mouvements est la même, et le signe + celui ou les directions sont opposées. En remplaçant Q par sa valeur $\frac{100sv}{g}$, on a encore

$$P = 102sv\,(v \mp u).$$

7. On ramène le choc oblique au choc direct, en le décomposant, comme nous l'avons fait ci-dessus, en deux forces, l'une paralèlle et l'autre perpendiculaire à la surface choquée; mais il faut tenir compte ici de la direction du mouvement de cette dernière. Soit, par exemble, A E (Pl. 11, fig. 6), la direction d'une veine fluide qui frappe obliquement une surface CD assujettie à se mouvoir dans la direction BK, représentons les vitesses respectives v et u par les parties BE u BF de leurs directions, nommons i l'angle ABC et i' l'angle CBK; la composant de BE perpendiculaire à CD sera BC=BE $isin\ i = v \sin i$, et celle de BF, également perpendiculaire à CD, sera BH=BF $\sin i = usini'$; la vitesse perdue dans la direction B C aura dont pour expression BG—BH$=v \sin i - u \sin i'$, et la perte de vetesse dans le sens B K du mouvement sera ID=GH. $\sin i' = (v \sin i - u \sin i') \sin i'$, l'effort du choc reçu par la surface CD sera donc définitivement

$$102sv\,(v \sin i - u \sin i) \sin i'.$$

ce cas se présente dans le mouvement des palettes des roues hydrauliques horizontales. 8. Le choc d'un courant d'eau conduit par un coursier sur les palettes d'une roue hydraulique étant à peu près la même que celui d'une veine fluide isolée, on peut l'évaluer au moyen des formules précédentes, et déterminer ainsi l'effort exercé sur ses palettes et qu'elles peuvent exercer à leur tour. Il n'en est plus de même lorsque la section du fluide en mouvement est plus grande que la surface choquée, ou que cette surface est entièrement plongée dans le fluide; le choc est alors modifié par les pressions latérales et postérieures du fluide, et l'évaluation de son effet se complique d'une foule de circonstances pour lesquelles nous devons renvoyer aux traités d'hydraulique, cités au mot courant. Quant à la résistance que les fluides opposent au mouvement des corps qui y sont plongés, elle fut l'objet d'un article spécial. (*V.* Résistance des fluides). 9. L'usage adopté par les mécaniciens modernes étant de comparer la force d'un moteur quelconque au poids qui, en descendant d'une certaine hauteur, produirait le même effet sur la résistance (*V.* FORCE), et de l'exprimer par le produit PH de ce poids et de cette hauteur, la force d'un courant d'eau s'exprime également par PH, P étant le poids de l'eau menée par le courant en une seconde de temps, et H la hauteur de la chute ou plus généralement la hauteur due à la vitesse dont le courant est animé. Cette quantité P H peut être ensuite facilement ramenée à l'unité dynamique dont on veut faire choix; car, s'agit-il d'exprimer la force du courant en *chevaux vapeur* ou en *dynamie* (*V.* ce mot), on a pour le nombre de ces chevaux :

$$\frac{PH}{75}$$

S'agit-il de l'exprimer en *unités dynamiques* proprement dites de 1000 kilogrammes élevés à un mètre, on a (*V.* DYNAMIQUE) par le nombre de ces unités,

$$\frac{PH}{1000}$$

Proposons nous, par exemple, d'estimer la force d'un courant d'eau dont la dépense est $1^c,800$ par seconde et dont la section a pour superficie $1^c\,9,5$; la vitesse étant égale à la dépense divisée par la section, nous aurons :

$$v=\frac{1,800}{1,5}1^m\,2;$$

et comme la hauteur due à cette vitesse est :

$$\frac{v^2}{2g}=\frac{(1,2)^2}{2(9,8088)}=0^m,0734$$

Il ne nous reste plus à évaluer que le poids de la dépense, ce qui se réduit à la multiplier sur 1000, puisqu'un mètre cube d'eau pèse 1000 kil. Nous avons donc :

$$P=1000\times1,800=1800^k.$$

Ainsi la force du courant est égale à

$$PH=1800^k\times0^m,0734=132^{km},12,$$

En divisant cette quantité par 75, nous avons pour quotient à peu près 1,8; ce qui nous apprend que la force en question n'est pas tout-à-fait équivalente à celle de deux chevaux-vapeur. Pour évaluer la force du courant en *unités dynamiques*, il faut observer que puisqu'elle est capable d'élever un poids de 132 kil., 22 à un mètre dans une seconde, elle peut élever 360 fois ce poids ou 42563 kil. à la même hauteur dans une heure. Divisant 41563 par 1000, nous voyons que le courant peut produire 41 unités dynamiques et environ 1/2 dans une heure.

10. Dans toutes les questions hydrauliques, il est beaucoup plus commode de considérer la force *vive* (voy, ce mot) de l'eau motrice, que sa force dynamique, ou sa quantité d'action, exprimée par PA. La force vive d'un courant étant immédiatement égale à la masse d'eau écoulée dans l'unité de temps multiplier par le carré de sa vitesse, si nous désignons par M la masse, et par V la vitesse, l'expression de la force vive sera

$$MV^2$$

Or, pour passer de la force vive à la force dynamique, et réciproquement, observons que $P=gM, H=\frac{V^2}{2g}$,

et par conséquent que

$$PH=\frac{1}{2}MV^2.$$

Donc la force vive d'un courant d'eau est le double de sa quantité d'action ou de sa force dynamique. (voy. force et quantité d'action.)

EAU DE RABEL (*chim.*). C'est un mélange d'ne partie d'acide sulfurique concentré et de trois d'alcool. Il est d'abord incolore; mais, peu à peu, les corps réagissant, il se produit de l'eau et il se développe une couleur rougeâtre. L'eau de Rabel est employée à l'extérieur comme styptique, à l'intérieur comme astringent.

EAU DES PIERRERIES. On entend par cette expression le genre de transparence et de limpidité que présentent les pierres gemmes. Ainsi on dit d'un diamant ou de toute autre pierre précieuse dont le caractère essentiel est la tranparence, qu'il a une belle eau, lorsqu'aucun nuage, aucune glaçure, aucune fissure, aucune strie de couleurs n'altère sa limpidité (*V.* GEMMES.)

EAU DE VIE (*chim.*). C'est de l'alcool très aqueux, contenant un peu d'acide acétique. (*V.* ESPRIT DE VIN.)

EAU FORTE (*chim.*). On donne communément ce nom à l'acide nitrique du commerce. Dans les fabriques de savon on l'applique aussi aux lessives alcalines les plus concentrées.

EAU GAZEUSE (*chim.*). On pourrait croire cette expression applicable à l'eau qui contient un gaz quelconque; on se tromperait, puisqu'un grand nombre de savants s'en sont servis pour désigner seulement l'eau qui est naturellement ou artificiellement chargée d'acide carbonique.

EAU HÉPATIQUE (*chim.*). C'est la dénomination que Bergmann a donnée à la solution aqueuse de l'acide hydrosulfurique qu'on en dégageait par les acides.

EAUCOURT (Abbaye de l'ordre de Saint-Augustin). Elle était située à l'extrémité de la province d'Artois, près de la route royale de Bapaume à Amiens, dans la commune de Warlencourt. Lambert de Guines, évêque d'Arras, fonda ce monastère en 1101, et en confia la direction à un saint prêtre nommé Odon, qui s'était créé une solitude dans la forêt d'Arronaise. Ce bois, qui couvrait autrefois les territoires de Bapaume et des villages environnants, est connu dans l'histoire sous le nom d'*Arida gamantia*. Il s'étendait depuis Encre-Albert en Picardie jusqu'en Belgique, et fut défriché en partie, au VIIIe siècle, par les moines de Saint-Wast, de Corbie, de Saint-Quentin et de Honnecourt. Odon mourut en odeur de sainteté en 1142. Anthelme, seigneur d'Houdain, dota son monastère par la cession qu'il lui fit des fiefs de Courcelles-le-Comte et de Baillencourt; un seigneur de Gomicourt vint ajouter à ces libéralités, et fut inhumé par Odon dans l'église abbatiale. Les chanoines réguliers d'Eaucourt s'étaient placés sous la juridiction des évêques d'Arras. Leurs abbés siégeaient aux États provinciaux d'Artois. Le dernier de ces prélats mourut à Arras le 12 août 1821. Monseigneur de la Tour d'Auvergne-Lauraguais l'avait agrégé à son chapitre, avec le titre d'archidiacre de Boulogne. L'enclos du monastère contenait environ cinq hectares de terrain. On y trouve encore les fondations de l'église et le tracé des bâtiments claustraux. Il ne reste que le quartier abbatial et la ferme, dans laquelle on a établi une fabrique de sucre indigène. A un kilomètre de ce lieu est une butte de terre de dix mètres de hauteur, et qui recouvre près d'un hectare de terrain. On pense que ce tertre, évidemment fait de main d'homme, est un tumulus gallo-romain. Au siècle dernier, on découvrit en cet endroit des briques romaines et des monnaies frappées au coin de l'empereur Marc-Aurèle.

L'abbé PARENTY.

EBERARD OU EVERARD, naquit à Béthune, et vivait en 1124 ou 1212. Il reçut le titre de *gréciste*, à cause du titre de l'un de ses ouvrages. Valère André, Foppens et Paquot n'ont rien pu découvrir sur la vie de ce savant. Il a laissé : 1° *Græcismus de figuris et octo partibus orationis, sive grammaticæ regulæ versibus latinis explicatæ.* On se servait autrefois de cet ouvrage, qui est une espèce de grammaire, dans la plupart des écoles de France. Il en existe une édition de Paris de 1487, in-fol., et une de Lyon, 1493. 2° *Antihæresis*, œuvre de controverse contre les Vaudois des Pays-Bas. 3° Plusieurs ouvrages manuscrits qui furent conservés dans différentes bibliothèques.

L'abbé PARENTY.

EAU MERCURIELLE (*chim.*). On donnait jadis ce nom à la dissolution nitrique de mercure. J. P.

EAU PHAGÉDÉNIQUE (*chim.*). C'est de l'eau de chaux dans laquelle on a mis 1/300 de son poids de perchlorure de mercure; quand les corps ont obéi à leur action chimique la liqueur présente de l'hydrochlorate de chaux et de la chaux en solution et du peroxyde de mercure précipité. Lorsqu'on veut faire usage de cette liqueur à l'extérieur, il faut l'agiter afin de suspendre le peroxyde. J. P.

EAU PUTRIDE (*chim.*). On a donné ce nom à des eaux qui contiennent des matières animales en décomposition putride.

EAUSE, petite ville de France (Gers), sur la Gelise, chef-lieu de canton, sur l'emplacement de l'ancienne Elusa. Les distilleries d'eaux-de-vie dites d'Armagnac sont l'objet d'un grand commerce; 3,534 habitants; à 6 lieues S.-O. de Condom.

EAU SECONDE (*chim.*). Dans les arts on applique ce nom à de l'acide nitrique plus ou moins étendu d'eau, que l'on emploie pour nettoyer les boiseries peintes à l'huile, les pierres dures, pour décaper certains métaux. J. P.

EAUTOGNOSIE, s. f. (*phil.*), connaissance de soi-même.

EAUTOLOGIE, s. f. (*phil.*), traité de la connaissance de soi-même, de l'être moral, étudié au moyen de l'observation interne. C'est un synonyme de *psychologie*.

EAUX (*phys.*). Leurs propriétés physiques se trouveront au mot *fluide*. Les eaux répandues à la surface de la terre sont ou courantes ou stagnantes : pour les premières qui sont le produit immédiat des pluies et de la fonte des neiges. (*V.* FLEUVE, et pour les autres MER.) J. P.

EAUX ALCALINES (*chim.*). On a souvent donné ce nom aux eaux naturelles qui contiennent assez de sous-carbonate de soude ou de soude, pour avoir une saveur alcaline et la propriété de verdir le sirop de violette. J. P.

EAUX AROMATIQUES (*chim.*). Ce sont des eaux distillées qui tiennent en dissolution des principes aromatiques de nature végétale. On les obtient ou en distillant au bain marie des plantes vertes hachées, pourvues de leur eau de végétation, ou bien encore en distillant les végétaux avec de l'eau. Elles sont employées en médecine. J. P.

EAUX CRUES ou *Eaux dures* (*chim.*), eaux qui contiennent naturellement plus de sels calcaires que les eaux de rivière en général, et qui ne peuvent cuire les légumes ni dissoudre le savon, sans produire préalablement un caillé blanc. Les sels contenus dans ces eaux sont ordinairement le sulfate et le sous-carbonate de chaux. J. P.

EAUX-BONNES (*géogr.*), établissement thermal de France très fréquenté, dép. des Basses-Pyrénées. 250 habitants.

EAUX-CHAUDES (*géogr.*), établissement thermal de France, dép. des Basses-Pyrénées. *Eaux-Chaudes* n'est plus fréquenté que par les habitants du département. On l'appelle aussi *Aigues-Caudes*.

EAUX DE L'ABYME, dans l'Écriture, sont les eaux de la mer et des rivières, qu'on appelle aussi *eaux inférieures*, pour les distinguer des eaux du ciel, des nues, des pluies, etc. (*Genèse*, 1, 6, 7.) Les eaux vives sont les eaux de source, les eaux coulantes, les eaux de fontaine, par opposition aux eaux de citerne, d'étang, de lac, et à toutes les eaux mortes. Les eaux fidèles sont les eaux qui ne manquent jamais, par opposition aux eaux menteuses. (*Isaïe*, 33, 16; *Jérém.*, 15, 18.) Les eaux étrangères, les eaux furtives et dérobées marquent les plaisirs illicites avec des femmes étrangères. Les grandes eaux désignent souvent les peuples nombreux. (*Apoc.*, 17, 15.) Eaux désignent aussi la postérité; (*Isaïe*, 48, 1.) elles marquent aussi les larmes, la sueur, les afflictions et les calamités. (*Ps.*, 68, 1; *Jérémie*, 9, 1; *Thern.*, 5, 54.)

EAUX DE SENTEUR (*chim.*). Dans la parfumerie on applique ce nom à l'eau ou à l'alcool qui contient des principes odorants de nature organique. J. P.

EAUX DE MÉROM, étang ou lac de Palestine, que les uns placent avec assez de probabilité dans la partie septentrionale de la demi-tribu de Manassé en deçà du Jourdain, à 12 milles N.-E. de Samarie, mais que les autres confondent avec le lac Siméchon, sur les confins de Nephtalie et de la demi-tribu de Manassé au-delà du Jourdain. (*Jos.*, 11, v. 5 et 7.)

EAUX ESSENTIELLES (*chim.*), nom donné par plusieurs personnes aux eaux aromatiques. J. P.

EAUX FERRUGINEUSES (*chim.*). Les eaux qui contiennent naturellement assez de carbonate de protoxyde de fer ou de sulfate de fer pour avoir une saveur styptique. (*V.* EAUX NATURELLES.) J. P.

EAUX MARTIALES (*chim.*). Les anciens chimistes qui appelaient le fer Mars appelaient eaux martiales les eaux ferrugineuses. (*V.* ce mot.) J. P.

EAUR MÉDICINALES (*chim.*). Ce sont les eaux qui ont sur l'économie animale une action que l'on n'observe pas dans l'usage ordinaire des eaux potables. Les effets qu'elles produisent ayant presque toujours pour cause des corps inorganiques étrangers à la composition de l'eau, on a souvent employé l'expression d'eaux médicinales pour synonyme d'eaux minérales. (*V.* EAUX MINÉRALES ET NATURELLES.) J. P.

EAUX MÈRES (*chim.*). On donne ce nom en général aux eaux qui restent après la cristallisation d'une ou plusieurs substances qui y étaient en dissolution, et on l'applique en particulier à des liquides qui ayant déjà donné des cristaux ne peuvent plus en fournir dans les mêmes circonstances où ils avaient produits les premiers, et qui dans ce cas sont dits *incristallisables*; mais cette incristallisabilité tient presque toujours à ce que le sel ou les sels qui s'y trouvent sont déliquescents et exercent par conséquent sur l'eau beaucoup plus d'action que ceux qui sont cristallisé d'abord. J. P.

EAUX MÈRES DU NITRE (*chim.*). C'est le liquide qu'obtient le salpêtrier après qu'il a séparé des lessives de platras concentrées tout le nitre qu'elles sont susceptibles de donner par la cristallisation. Elles contiennent un peu de nitrate de potasse, des nitrates de chaux et de magnésie, et des hydrochlorates de ces mêmes bases. Elles contiennent aussi quelquefois du nitrate d'ammoniaque. J. P.

EAUX MÈRES DU SEL MARIN (*chim.*). Le liquide incristallisable obtenu des eaux de la mer ou des eaux salées, qui ont donné tout ou presque tout de leur chlorure de sodium, est principalement formé d'une solution aqueuse d'hydrochlorate de magnésie. Les eaux-mères du sel marin peuvent être employées avec un grand avantage dans la fabrication du sel ammoniac.

EAUX MINÉRALES (*chim.*). Cette expression désigne les eaux qui contiennent assez de matières inorganiques pour avoir des propriétés particulières. On a souvent confondu ensemble les dénominations d'*eaux minérales*, et d'*eaux médicinales*. Mais les premières sont celles qui contiennent une quantité notable de substances minérales, et les secondes sont celles dont on fait usage en médecine. Nous ferons observer qu'il existe des eaux médicinales qui n'appartiennent point à la classe des eaux minérales. (*V.* EAUX NATURELLES.)

EAUX MINÉLALES (*chim.*) On donne ce nom aux eaux de sources tenant en solution ou en suspension des substances minérales dans des proportions telles que leurs propriétés physiques et chimiques sont changées et remplacées par d'autres dites médicamenteuses. Ce fut dit-on au hasard que l'on dut la révélation des vertus des eaux minérales. — Examinées sous le rapport des principes qui font la base de leur composition, les eaux minérales sont divisées en cinq classes principales: Les *eaux salines*, les *eaux gazeuses*, les *eaux ferrugineuses*, les *eaux sulfureuses* et les *eaux iodurées*. Cette classification n'est pas rigoureuse, et nous ne nous en servons ici que pour faciliter l'étude de ces produits naturels, car on trouve journellement des sources, qui sont tout à la fois salines et acidules, d'autres qui sont ferrugineuses et sulfureuses, etc. Sous le rapport de leur température, les eaux minérales sont *froides* ou *tempérées*, *chaudes* ou *thermales*. Tous les auteurs s'accordent à penser que dans la formation des sources minérales, l'électricité, le voisinage des volcans, l'affinité des corps les uns pour les autres jouent un rôle qu'on ne peut encore expliquer. Nous citerons celles dont les propriétés sont le mieux connues.

A. — EAUX MINÉRALES SALINES.

On donne ce nom aux sources qui, outre quelques autres principes minéralisateurs, tels que des traces d'acide carbonique et d'acide hydrosulfurique, de l'hydrochlorate de chaux, du carbonate de chaux ou de magnésie, etc., tiennent en solution une grande quantité de matières salines auxquelles elles doivent leurs propriétés purgatives ou excitantes, selon qu'on les administre à petites ou hautes doses. Ces eaux sont chaudes ou froides, et peu altérables; leur saveur est amère, quelquefois piquante et nauséeuse suivant, la quantité et la nature des sels qu'elles renferment.

EAUX SALINES THERMALES.

Eau de Plombières. Plombières, petite ville située dans les Vosges à 24 lieues de Nancy, possède sept bains désignés sous les noms de *Bains des dames*, *Source du crucifix*, *Grand bain*, *Bain tempéré*, *Petit bain*, *Bain neuf* et *Sources de Bassompiere*.— Les eaux de Plombières sont incolores, presque insipides, un peu onctueuses; d'une température de 56 à 74° centigrades. Suivant Vauquelin, elles sont composées de : sous-carbonate de soude, sulfate de soude, chlorure de sodium, sous carbonate de chaux, silice et matière animale, c'est à cette dernière matière que l'on doit attribuer l'aspect onctueux de ces eaux. Elles sont peu purgatives, et s'administrent en bain ou en boisson dans le traitement de la chlorose, des entérites chroniques, des scrofules, etc.

Eau de Luxeuil. Luxeuil, petite ville de la Haute-Saône, à 12 lieues de Besançon, possède cinq bains, dont les eaux ont beaucoup d'analogie avec celles de Plombières. Leur température est de 23 à 32° centigrades.

Eau de Bourbonne-les-Bains. Petite ville de la Haute-Marne, à 10 lieues de Langres et 72 de Paris. Les eaux, d'une odeur légèrement sulfureuse, d'une saveur légèrement salée et amère, sont claires et limpides; leur température varie de 46 à 69° centigrades. Elles sont composées de : hydrochlorate de soude, hydrochlorate de chaux, hydrochlorate de magnésie, acide carbonique libre, sulfate de chaux, sulfate de magnésie, carbonate de fer. Ces eaux conviennent dans les fièvres quartes, dans les maladies du système lymphatique, les tumeurs blanches, les paralysies, les vieilles entorses, les accidents de la congélation, etc., etç. On les administre en bains et en douches, rarement à l'intérieur.

Eau de Chaudes-Aigues. Chaudes-Aigues, dans le Cantal, à 15 lieues d'Aurillac, possède deux sources principales; ces eaux sont incolores, inodores, d'une saveur fade ou très légèrement astringente et styptique, susceptibles de se conserver longtemps hermétiquement fermées; acquérant un peu de fétidité par leur exposition à l'air, douces, onctueuses au toucher, déposant à la longue une grande quantité de carbonate de chaux, d'une température de 50 à 88° centigrades. M. Berthier y a trouvé: hydrochlorate de soude, sous-carbonate de soude, carbonate de chaux, carbonate de fer, silice.

Eau d'Aix en Provence. Les eaux d'Aix en Provence, ville capitale des Bouches-du-Rhône, à 16 lieues d'Avignon, sont limpides, transparentes, inodores, légèrement amères et styptiques, très légères, d'une température de 32 à 34° centigrades. M. Laurent y a trouvé: carbonate de chaux, carbonate de magnésie, sulfate de chaux, oxygène, et une matière végéto-animale à laquelle elles doivent leur aspect onctueux. Les eaux d'Aix conviennent pour combattre les affections cutanées, les leucorrhées, l'ictère, les rhumatisme, les dartres; on les donne ordinairement en bains.

Eau de Bagnères-Bigorre. Petite ville des Hautes-Pyrénées, sur l'Adour, à 4 lieues de Barrégcs, compte jusqu'à 22 sources minérales dont les eaux limpides, diaphanes, inodores (excepté celles de *Lasserre*, qui ont une odeur hépatique), ont une saveur piquante, saline et un peu styptique; leur température varie de 20 à 40° Réaumur. Les eaux de Bagnères-Bigorre sont composées de: hydrochlorate de magnésie, hydrochlorate de potasse, chlorure de sodium, sulfate de soude, silice, sulfate de chaux, carbonate de chaux, carbonate de potasse, carbonate de magnésie, carbonate de fer, etc. On vante beaucoup l'usage de ces eaux dans le traitement des affections mélancoliques, atoniques, les flux immodérés, etc. On les donne en boissons, en bains, en douches, en fomentations, etc.

Eau de Néris. Néris, gros bourg du département de l'Allier, à une lieue et demie de Montluçon, à 80 lieues de Paris, possède quatre sources minérales. Les eaux de Néris sont pétillantes: Un gaz s'en dégage sans cesse, surtout dans les temps d'orage; leur limpidité est parfaite, leur saveur particulière devient fade et désagréable par le refroidissement, leur odeur nulle à la source acquiert de la fétidité par le repos, leur onctuosité est très marquée, leur température varie de 40 à 41° Réaumur. D'après Vauquelin, elles renferment: carbonate de soude, sulfate de soude, hydrochlorate de soude, carbonate de chaux, silice, gaz encore inconnu, etc. Les eaux de Néris conviennent dans toutes les phlegmasies chroniques, quelques névroses, etc. On les administre en bains, en fumigations, en douches et à l'intérieur.

Eau de Lucques. — Lucques, grande et belle ville d'Italie, à trois lieues de Florence, possède dix sources d'eaux minérales, dont la température varie de 30 à 45° Réaumur, dont la limpidité est parfaite, l'odeur nulle. Ces eaux sont composées de: acide carbonique libre, sulfate de chaux, sulfate de magnésie, alun, hydrochlorate de soude, hydrochlorate de magnésie, carbonate de chaux, carbonate de magnésie, silice, alumine, oxyde de fer. Elles conviennent dans la goutte, les rhumatismes, la dyspepsie, la chlorose, la leucorrhée, les dégénérescences viscérales, les scrofules, etc On les prend intérieurement et extérieurement.

EAUX SALINES FROIDES.

Eau de Sedlitz. — La source de Sedlitz, dans le village de ce nom, en Bohême, près de Prague, dont les eaux sont limpides, transparentes, pétillantes, d'une odeur particulière, d'une saveur salée et amère. — Hoffmann y a trouvé: sulfate de magnésie, sulfate de soude, sulfate de chaux, carbonate de chaux, carbonate de magnésie, acide carbonique, matière résineuse. — On les emploie comme cathartiques chez toutes les personnes lymphatiques et hypochondriaques, et celles tourmentées par des constipations opiniâtres.

Eau de Seydchutz. — En Bohême, ces eaux ont les mêmes propriétés que les précédentes; elles sont composées, suivant Bergmam, de: carbonate de chaux, carbonate de soude, sulfate de chaux, hydrochlorate de magnésie, sulfate de magnésie.

Eau d'Epsom. — Epsom, village d'Angleterre, à sept lieues de la capitale, possède une source minérale dont les eaux sont limpides, inodores, amères et salées. Ces eaux d'Epsom sont principalement minéralisées par le sulfate de magnésie; elles en contiennent 0,03. On emploie de préférence les sels qu'elles contiennent.

B. — *Eaux minérales gazeuses.* — On désigne sous ce nom les eaux qui ont pour principe minéralisateur l'acide carbonique. Ces eaux sont limpides, incolores, d'une odeur légèrement piquante, d'une saveur fraîche acidule ou alcaline, rougissant la teinture de tournesol, et formant un précipité blanc avec l'eau de chaux. C'est à l'abondance des acides qu'elles contiennent que quelques-uns des carbonates des hydrochlorates et des sulfates de chaux que l'on rencontre dans ces eaux y sont tenus en dissolution, mais ce gaz venant à se dégager, les eaux se troublent, et une partie des sels se précipitent.

Les eaux gazeuses sont tantôt thermales, tantôt froides. Les plus importantes sont: pour les eaux thermales, celles du Mont-d'Or, de Clermond-Ferrand, de Vichy, de Bourbon-l'Archambault, de Dax, etc.; pour les eaux froides, celles de Pongues, de Bar, de Montbrison, de Langeac, de Seltz ou de Selters, etc.

EAUX THERMALES.

Eaux du Mont-d'Or. — Le village du Mont-d'Or, situé dans le Puy-de-Dôme, au pied de la montagne de l'Angle; à huit lieues de Clermont-Ferrand, possède sept sources minérales très rapprochées les unes des autres, et dont les températures varient de 10 à 45°. Leur composition est, selon M. Bertrand, de l'acide carbonique, du carbonate de soude, du carbonate de chaux, du carbonate de magnésie, hydrochlorate de soude, sulfate de soude, alumine, oxyde de fer, ou plutôt carbonate de fer. Ces eaux conviennent surtout dans les maladies chroniques du poumon, aux fièvres colliquatives, dans l'atonie et la flaccidité de tous les organes, la goutte, les rhumatismes, etc.

Eau de Clermont-Ferrand. — Deux sources d'eau minérale existent dans la capitale du Puy-de-Dôme: l'une appelée *Fontaine de Jande*, coule tantôt d'une manière paisible, tantôt avec des bouillonnements rapides; la seconde, celle de *Saint-Alyre*, serpente au travers des jardins potagers, et y dépose un sédiment compacte dont les habitants se servent pour faire pétrifier ou mieux incruster des fruits, des oiseaux ou d'autres objets qu'ils vendent aux voyageurs. (*V.* PÉTRIFICATIONS.) Les eaux de Clermont sont claires et limpides, d'une saveur agréable et vineuse, légèrement astringente; leur température est de 25° centigrades; elles se composent de: acide carbonique, carbonate de chaux, carbonate de magnésie, carbonate de soude, hydrochlorate de soude, sulfate de soude, oxyde de fer. On les emploie dans l'aménorrhée, les flueurs blanches, les fièvres intermittentes légères, etc,

Eau de Vichy. — Vichy, dans le département de l'Allier, possède sept sources minérales, dont une seule, nommée *Grande Grille*, mérite d'être citée.» Sa température varie de 22 à 46° centigrades. L'eau de cette source est limpide et incolore, d'une saveur acidule, peu alcaline. M. Longchamps y a trouvé: acide carbonique libre, carbonate de soude saturé, carbonate de chaux, carbonate de magnésie, carbonate de fer, hydrochlorate de soude, sulfate de soude, silice, matière végéto-animale. Les eaux de Vichy conviennent dans toutes les maladies qui sont sous la dépendance de l'état de souffrance des viscères du bas-ventre, dans l'hypochondrie, l'aménorrhée, etc.

Eau de Bourbon-l'Archambault. — Cette petite ville du département de l'Allier possède des sources dont les qualités sont diverses. Parmi les principales, on en remarque deux froides, connues sous les noms de *fontaine de Jonas*, et *fontaine de Saint-Pardoux.* Mais la plus célèbre est celle *d'eau minérale thermale*, dont la température varie de 58 à 60° centigrades. Son eau pétille, bouillonne sans cesse; phénomènes dus au dégagement du gaz acide carbonique qu'elle renferme en très grande quantité, et à sa température très élevée; sa couleur est verdâtre au fond des bassins et blanchâtre à la surface; son odeur, d'hydrogène sulfuré, devient quelquefois très forte et dangereuse; sa saveur, qui est acidule, est alcaline dans les eaux froides, etc. Selon M. Faye, elles sont composées de: hydrochlorate de chaux, hydrochlorate de magnésie, hydrochlorate de soude, sulfate de chaux, hydrogène sulfuré, carbonate de fer, silice, gélatine, gaz acide carbonique, azote. — Ces eaux s'emploient spécialement pour les paralysies, les rhumatismes, les maladies des os, les vieilles plaies, etc.

Eau de Dax. — Dax, dans les Landes, située sur l'Adour, possède plusieurs sources dont les eaux sont limpides, inodores, d'une saveur aigrelette, d'une température qui varie de 25 à 66° centigrades. Ces eaux ont les mêmes propriétés que celles de Bourbon-l'Archambault.

EAUX FROIDES.

Eau de Pougues. — Bourg du département de la Nièvre, qui possède une source minérale dont les eaux sont froides (10 à 11°), d'une saveur aigrelette d'abord, piquante, puis douceâtre. Elles sont composées de sulfate de chaux, de carbonate de chaux, de carbonate de soude, carbonate de magnésie, hydrochlorate de soude, acide carbonique. — De plus, elles contiennent en suspension une matière floconneuse, composée d'oxyde de fer, d'alumine et de carbonate de chaux, que l'on peut facilement séparer par la filtration. — Les eaux de Pougues sont essentiellement toniques et purgatives.

Eau de Montbrison. — Montbrison, ville du département de la Loire, sur la petite rivière de Recize, possède trois sources dont les eaux froides et acidules, composées de carbonate de soude et de magnésie, d'un peu de carbonate de fer, sont employées contre les engorgements chroniques des viscères abdominaux, et dans les affections scrofuleuses.

Eau de Seltz ou de *Selters.* — Petite ville du Bas-Rhin, à quelques lieues de Strasbourg, possède une fontaine dont l'eau claire et transparente, acidule, est composée, d'après Bergmann, de : acide carbonique, hydrochlorate de soude, carbonate de soude, carbonate de magnésie, sulfate de soude, carbonate de chaux, oxyde de fer, silice. Cette eau, dont l'usage est très répandu aujourd'hui, convient dans les fièvres adynamiques, le scorbut, les leucorrhées, les affections calculeuses, etc.

C. — EAUX MINÉRALES FERRUGINEUSES.

Ces eaux, que l'on nomme encore *eaux martiales* ou *chalibées*, sont à la source généralement limpides, inodores, d'une saveur styptique et métallique. Lorsqu'elles sont exposées au contact de l'air elles se recouvrent d'une pellicule de couleur irisée ou rougeâtre et déposent, sous forme de flocons jaunes, une certaine quantité de protoxyde de fer. — Outre le métal qui leur donne leur nom, les eaux ferrugineuses contiennent des sels de soude, de chaux, de magnésie et même de manganèse. Les plus connues sont, pour les eaux ferrugineuses thermales, celles de Carlsbad et Téplitz; elles sont plutôt purgatives que toniques. Pour les froides, celles de Spa, de Forges, de Passy près Paris, etc.

Eau de Carlsbad. — Petite ville de Bohême, sur le Toppel, possède plusieurs sources d'eau chaude, dont la principale est appelée *Sprudel*. Ses eaux, claires, incolores et inodores, ont un goût alcalin et quelque peu nauséabond. Suivant Berzelius elles se composent de sulfate de soude, carbonate de soude, chlorure de sodium, carbonate de chaux, hydrofluate de chaux, phosphate de chaux, carbonate de strontiane, magnésie pure, sous-phosphate d'alumine, oxyde de fer, oxyde de manganèse, silice, acide carbonique. — On les emploie contre la goutte, l'hypochondrie, l'hystérie, etc.

Eau de Téplitz. — Petite ville de Bohême, possède plusieurs sources ou *bains*, dont le principal est appelé *Bain des hommes*. — Ces eaux ont la plus grande ressemblance avec celles de Carlsbad, et conviennent dans les mêmes cas. Elles sont claires, inodores, d'une saveur salée et d'une température très élevée (117° Farenheit).

EAUX FERRUGINEUSES FROIDES.

Eaux de Spa. — Spa, en Allemagne, à dix lieues d'Aix-la-Chapelle, possède sept sources minérales, dont la plus célèbre, située au centre de la ville, est connue sous le nom de *Pouhon*. Les eaux sont claires, transparentes, pétillantes et mousseuses, d'une saveur piquante, aigrelette et ferrugineuse. — D'après Bergman elles sont composées de carbonate de chaux, carbonate de magnésie, carbonate de soude, hydrochlorate de soude, carbonate de fer, gaz acide carbonique. Ces eaux, qui sont nuisibles aux tempéraments irritables, conviennent dans presque toutes les affections chroniques.

Eaux de Forges. — Bourg situé dans la vallée de Bray (Seine-Inférieure), à 9 lieues de Rouen, possède trois sources d'eau minérale qui doivent leurs noms aux trois personnages célèbres qui les visitèrent. La première nommée *Reinette*, en l'honneur de l'infante d'Autriche; la seconde *Royale*, en l'honneur de Louis XIII, et la troisième *Cardinale*, en l'honneur du cardinal de Richelieu. — Ces eaux, claires, limpides, d'une saveur astringente et métallique, s'administrent comme excellent tonique. Elles sont composées, suivant M. Robert, de Rouen, d'acide carbonique, carbonate de chaux, carbonate de fer, hydrochlorate de soude, sulfate de chaux, hydrochlorate de magnésie, sulfate de magnésie, silice.

Eau de Passy. — Passy, sur la rive droite de la Seine, près de Paris, possède cinq sources minérales, dont deux, nommées *anciennes*, sont presque abandonnées aujourd'hui; les trois autres ont reçu le nom de *nouvelles*; leurs eaux claires et limpides ont une saveur ferrugineuse, un peu acide, et plutôt astringente que tonique. Elles sont composées, suivant MM. Deyeux et Barruel, de sulfate de chaux, proto-sulfate de fer, sulfate de magnésie, hydrochlorate de soude, alun, carbonate de fer, acide carbonique, matière bitumineuse. Ces eaux ont besoin d'être épurées pour être supportées par les malades; on les prend à l'intérieur épurées, et à l'extérieur non épurées, comme astringentes.

Eau de Pyrmont. Petite ville de la basse Allemagne, à l'ouest du Weser, possède plusieurs sources minérales, les unes salines et purgatives, les autres simplement acidules. La principale, nommée *Puits-Saint*, était autrefois regardée comme pouvant guérir toutes les maladies, et l'on accourait de tous côtés pour boire ses eaux. Aujourd'hui on les regarde simplement comme un excellent tonique. Leur température est de 13°; elles se composent, d'après Bergmann, de chlorure de sodium hydraté, hydrochlorate de magnésie, sulfate de soude, sulfate de magnésie, carbonate de chaux, carbonate de fer, carbonate de magnésie, acide carbonique.

EAUX MINÉRALES SULFUREUSES.

Les *eaux sulfureuses* ou *hépatiques* sont des liquides très fétides, limpides, d'une saveur salée très désagréable; leur température varie de 22° à 75° centigrades. Leurs principes minéralisateurs sont l'hydrogène sulfuré, les hydrosulfates simples et les hydrosulfates sulfurés. Les *eaux sulfureuses thermales* sont :

Eau de Baréges. Village près de Tarbes dans les Hautes-Pyrénées, possède trois sources minérales, *chaude*, *tempérée* et *tiède* (de 30 à 45°). Ces eaux ont une odeur d'œufs pourris, une saveur fade et nauséabonde, un aspect onctueux. Elles sont composées, suivant M. Longchamp, de : soude caustique, hydrosulfate sulfuré de soude, sous-carbonate de chaux, sous-carbonate de magnésie, silice, azote, matière animale. On les donne en bains, en injections, en boisson, etc., dans les affections cutanées, la goutte, les rhumatismes, les engorgements scrofuleux, etc. Les *Eaux de Saint-Sauveur*, de *Cauterets*, de *Bagnères*, de *Luchon*, de *Bonnes*, de *Saint-Amand*, d'*Aix-la-Chapelle*, de *Bade*, etc., etc., présentent les propriétés physiques des eaux sulfureuses en général, et les vertus médicinales des *Eaux de Baréges*.

EAU SULFUREUSE FROIDE.

Eau d'Enghien. — Enghien-les-Bains, village près de Montmorency, à quatre lieues de Paris, possède deux sources connues, l'une sous le nom de *Fontaine de la pêcherie*, l'autre sous celui de *Ruisseau puant*. Les eaux d'Enghien ont une odeur fétide, une saveur d'œufs couvés, puis amère et astringente, une limpidité parfaite, et une température de 14° centigrades. Elles se composent, suivant M. Longchamp, de : azote, hydrogène sulfuré, acide carbonique, sulfate de potasse, sulfate de chaux, sulfate de magnésie, hydrochlorate de potasse, hydrochlorate de magnésie, hydrosulfate de potasse, hydrosulfate de chaux, carbonate de chaux, carbonate de magnésie, silice, alumine, matière végétale.

EAUX MINÉRALES IODURÉES.

L'analogie frappante des propriétés de quelques eaux minérales sulfureuses avec celles de l'iode dans le traitement des affections scrofuleuses, des goîtres et des engorgements des viscères abdominaux, fit soupçonner l'existence d'un spécifique dans ces liquides. Des recherches furent faites, et l'analyse ne tarda pas à réaliser ce que l'expérience thérapeutique avait sanctionné sans le savoir. M. Angelini constata la présence de l'iode dans les eaux minérales de *Voghera* et dans celles de *Sale*. M. Cantu, professeur de chimie à Turin, fit la même observation dans les eaux de *Castel-Novo-d'Asti* en Piémont, dans les eaux d'Aix en Savoie. Enfin, M. Balard de Montpellier en trouva dans les eaux de la Méditerranée, et le naturaliste Boussingault dans l'eau d'une saline de la province d'Antioquia, dans l'Amérique du sud. On fait prendre les eaux iodurées en boisson, en lotions, en bains, etc.

EAUX MINÉRALES (*médec.*). Nous avons ici à rechercher quel est le mode d'action des eaux minérales, en général, sur notre organisme, et ce qu'on peut en attendre pour la guérison des maladies contre lesquelles on les recommande particulièrement. Si l'antiquité d'une méthode curative dépose en faveur de son utilité, nulle ne doit inspirer plus de confiance que celle dont nous allons parler. L'usage des eaux minérales remonte, en effet, à un temps immémorial. On sait quelle magnificence les Romains déployèrent dans la construction de leurs thermes. (*V.* VICHY, NÉRIS, Aix, etc.) Les barbares, en détruisant les monuments de cette grande civilisation, ne purent faire disparaître complètement l'usage des eaux minérales, qui, placées dans le moyen âge sous la protection d'une sainte chapelle ou d'un saint révéré, devinrent le but de pieux pèlerinages, dans lesquels on allait demander la guérison des maladies regardées comme au-dessus des ressources de l'art humain. A mesure que les voyages devinrent plus sûrs, les déplacements plus faciles, l'usage des eaux thermales dut devenir aussi plus populaire. Malheureusement la foi en leurs vertus surnaturelles se perdait plus tard dans le naufrage général des croyances, et les controverses élevées entre les hommes du métier sur l'efficacité réelle de ce mode de traitement n'étaient pas de nature à raffermir la confiance publique. Peu s'en fallut même, je crois, qu'on n'en vînt, sous le règne des doctrines broussaisiennes, à fermer les établissements thermaux, tant était grande à cette époque la terreur de la gastrite! A peine permettait-on aux malades d'aller s'y baigner, à condition qu'ils ne boiraient pas.... Revenus aujourd'hui à des idées moins exagérées, les médecins s'accordent généralement à regarder l'usage des eaux thermales comme d'une utilité incontestable, non-seulement dans un grand nombre de maladies externes, mais aussi dans beaucoup d'affections internes de nature chronique. Nous ne sommes pas de ceux qui ne voient dans l'usage des eaux qu'une de ces médications empiriques que l'on prescrit *de confiance*, sans se rendre compte de leur mode d'action sur l'organisme. Pour nous, les effets de cette médication toute rationnelle, toute physiologique, résultent de la stimulation générale exercée sur tous les tissus par l'introduction dans le courant circulatoire des substances minérales auxquelles les eaux doivent leur activité. De cette excitation générale, de ce *coup de fouet* donné à l'organisme, résulte non-seulement un accroissement de l'absorption interstitielle dans les tissus épaissis, indurés, mais une vaste et puissante révulsion de tous les appareils d'organes, par suite de laquelle les forces vitales inégalement pondérées naguère, et toujours prêtes à converger vers la partie malade, siége et centre attractif d'un travail désorganisateur, vont se répartir et s'équilibrer dans l'organisme tout entier. Si nous joignons à cette action générale l'action *spécifique* qu'ont les eaux sulfureuses sur les affections de la peau, les eaux alcalines sur les affections graveleuses, etc., etc., nous serons bien forcés de reconnaître aux eaux minérales une efficacité propre et parfaitement indépendante du changement d'habitudes, du voyage, des promenades, des distractions de toute sorte qu'on trouve aux eaux; circonstances qui ne sont pas sans doute indifférentes au succès du traitement, mais qui ne le constituent pas tout entier, sauf les cas où l'on a affaire à des hypochondriaques ou à des individus dont le moral est plus affecté que le physique. Nier l'action puissante de ces modificateurs sur les malades qu'on envoie aux eaux serait nier l'hygiène elle-même, c'est-à-dire l'influence de l'air, du régime, des habitudes, de l'exercice et du repos sur notre organisation. Aussi, loin de la révoquer en doute, je suis tellement disposé à la reconnaître, que l'insuccès des *eaux artificielles*, dans le cas où les eaux naturelles réussissent bien, tient en partie, à mon avis, à la différence du milieu dans lequel vit le malade. Je suis loin de penser que l'art puisse imiter parfaitement les eaux minérales; cependant je suis persuadé que si l'on obtenait d'un malade le même renoncement à ses habitudes, si on lui imposait avec la même rigueur le genre de vie adopté dans les établissements thermaux, on guérirait souvent aussi bien dans sa propre campagne, aux portes même de Paris, qu'au Mont-d'Or ou à Plombières. Il faudrait passer en revue la pathologie entière pour pouvoir faire l'énumération de toutes les maladies contre lesquelles on a préconisé avec plus ou moins de succès l'emploi des diverses eaux minérales, et nous ne trouverions même pas dans les ouvrages publiés jusqu'ici, sous l'inspiration trop évidente des intérêts particuliers de localité, les éléments d'une bonne solution. Nous ne croyons donc pouvoir mieux faire que de renvoyer les malades aux praticiens les plus expérimentés en même temps que les plus désintéressés dans la question, les propriétés principales de chaque source étant d'ailleurs indiquées dans l'*Encyclopédie catholique*, à chacun des articles qui les concernent. Nous serons plus utiles à nos lecteurs en leur indiquant les précautions à prendre lorsque l'on veut se soumettre à cette indication. 1° Faire choix, d'après l'avis d'un médecin, des eaux les plus appropriées, non-seulement à la maladie, mais aussi au tempérament, à la susceptibilité relative de nos organes, et ne pas attendre, comme on le fait si souvent, pour se décider, que la maladie soit devenue incurable. 2° Emporter en partant l'histoire détaillée de sa maladie de la main du médecin, des moyens qui ont été mis en usage, etc. 3° Ne pas se contenter des indications fournies par le médecin ordinaire sur la manière de prendre les eaux, mais se faire renseigner à cet égard par le médecin le plus expérimenté de la localité, et ne pas se départir des préceptes qu'il donnera, quant au choix de la source, à la quantité de verres à boire, à la durée et à la température des bains, au régime alimentaire, etc. 4° Ne pas contrarier l'action des eaux par des veilles, des occupations mentales, des écarts de régime, des promenades à la fraîcheur, etc. Nous ferons remarquer qu'en général les tables d'hôte sont beaucoup trop recherchées et copieuses dans les établissements thermaux. Il est quelquefois nécessaire de couper l'eau minérale que l'on prend en boisson avec divers liquides. C'est ce que l'on apprendra du médecin-inspecteur, qui renseignera aussi sur une foule de choses dont le détail approprié à chaque source, à chaque malade, ne peut trouver place ici. Bornons-nous à prévenir nos lecteurs qu'il est des phénomènes particuliers résultant de l'administration des eaux thermales, et desquels il est bon d'être prévenu pour n'en être pas inquiet; telles sont, par exemple, la diarrhée ou la constipation, les éruptions cutanées, vulgairement désignées sous le nom de *poussée des eaux*, etc. Quant au développement de la fièvre, elle indique généralement que les organes malades sont le siége d'un travail aigü, dont les eaux ne faisaient qu'aggraver les conséquences. La saison à laquelle il faut les prendre, le temps pendant lequel il faut y rester, ne peuvent être fixés que par le médecin ordinaire du malade, d'accord avec celui des eaux. Un mot sur les eaux minérales *artificielles*. Les premières tentatives en ce genre datent de 1775. Depuis, cette fabrication a pris un tel développement, que l'on compte ajourd'hui plus de 20 établissements rivaux. Les progrès de la chimie lui ont, en effet, donné une perfection à laquelle elle n'avait jamais pu atteindre. Toutefois toutes les eaux ne présentent pas les mêmes difficultés dans leur imitation. Il en est qu'il est impossible d'imiter complètement, soit par l'impossibilité d'opérer certaines combinaisons stables entre certains corps, soit par la difficulté de déterminer la nature de ce principe. Il en est d'autres, au contraire, qui non-seulement peuvent être facilement imitées, mais même présenter des qualités supérieures aux eaux naturelles, surtout quand celles-ci ont subi un transport. Telles sont les eaux ferrugineuses et acidules gazeuses: ce sont donc celles auxquelles on peut avoir recours avec le plus de confiance. Sous le rapport administratif, nos établissements thermaux sont placés sous la protection du gouvernement. Ceux mêmes qui appartiennent à des villes ou à des particuliers sont soumis au contrôle de l'administration, qui y délègue un médecin inspecteur chargé d'en diriger l'emploi, de veiller à leur conservation, et d'adresser au ministre des rapports annuels, qui sont transmis ensuite à l'Académie royale de médecine. Voyez le *Traité des eaux minérales*, par le docteur Patissier, et le *Guide aux eaux*, par M. Isidore Bourdon. Dr SAUCEROTTE.

EAUX MINÉRALES ARTIFICIELLES ou **FACTICES** (*chim.*). On imite une eau minérale en dissolvant dans de l'eau pure les substances qui se trouvent dans l'eau qu'on veut imiter, et en faisant la dissolution dans la proportion que la nature a suivie.

EAUX NATURELLES (*chim.*). Nous comprenons sous cette dénomination toutes les eaux que la nature nous offre à l'état liquide. (*V.* EAU.)

EAUX SALÉES (*chim.*), toutes les eaux naturelles qui ont une composition analogue à l'eau de mer, c'est-à-dire dans lesquelles le chlorure de sodium domine.

EAUX SALEINS (*chim.*). Ce nom a été donné à toutes les eaux naturelles qui contiennent une quantité notable de sels dont la nature n'est ni ferrugineuse ni sulfureuse. Elles comprennent les eaux dures, les eaux salées, les eaux alcalines.

EAUX SULFUREUSES (*chim.*), eaux naturelles qui contiennent de l'acide hydrosulfurique ou du soufre en dissolution. (*V.* EAU.)

EAUX THERMALES (*chim.*), les eaux qui ont naturellement une température plus élevée que celle de l'atmosphère du lieu où elles se trouvent. (*V.* EAU.)

EAUX (*droit*). Les eaux, suivant la nature et le volume de leur cours, prennent différentes dénominations; et c'est de cette substance liquide que sont formés la mer, les fleuves, les rivières, les ruisseaux, les sources et les fontaines. Elles se rattachent à la prospérité de l'agriculture, au développement de l'industrie et du commerce, et à la liberté de la navigation. Les eaux, en si petite quantité qu'elles soient, peuvent être utilisées, et souvent un simple filet d'eau, habilement dirigé, peut suffire à l'exploitation d'une usine, d'une manufacture. Sous tous ces rapports, les eaux forment donc une des parties les plus importantes de la législation. Nous en donnerons ailleurs (*V.* EAUX ET FORÊTS) un exposé historique, qui trouvera mieux sa place qu'ici. L'ordonnance de 1669 ne comprenait pas dans ses dispositions tout ce qui se rapportait aux eaux; les eaux pluviales, vicinales, les sources, n'y étaient pas rappelées, et ces matières étaient restées sous l'empire des coutumes locales qui régissaient autrefois chaque province. Nous allons les présenter dans leur ensemble, et nous parlerons des eaux sous leurs différents points de vue.

EAUX PLUVIALES ET VICINALES. — Les eaux pluviales sont celles qui tombent du ciel, ou ne coulent sur la terre que par l'effet particulier de la température de l'air; ce sont les pluies ou les eaux qui proviennent de la fonte momentanée des neiges et des glaces. Ces eaux appartiennent au premier occupant, et par droit de nature et par les dispositions du droit civil. Dès qu'elles sont rassemblées sur un héritage, elles en deviennent l'accessoire; le propriétaire supérieur peut en disposer arbitrairement; et, d'un autre côté, le propriétaire inférieur est obligé de les recevoir lorsqu'elles s'écoulent sur l'héritage voisin par la disposition naturelle des lieux. Le premier en a la possession pleine et entière; il peut en faire ce qu'il lui plaît, et n'en perd pas la jouissance par la prescription. Le second n'a aucune réclamation à faire à raison des eaux qui découlent sur son fonds par suite de la disposition des lieux; il n'a pas non plus le droit de se plaindre si le propriétaire supérieur les absorbait entièrement; il faudrait un titre qui établisse, au profit du propriétaire inférieur, le droit de les prendre à la sortie du fonds supérieur. Il en est de même des eaux d'un chemin public qu'on aurait recueillies sur sa propriété en creusant des bassins pour les recevoir. On peut les détourner et les prendre exclusivement, encore que le propriétaire inférieur en ait usé de tout temps, parce que celui-ci est censé n'en avoir joui que sauf la faculté qu'avait le propriétaire supérieur d'en user. On ne saurait, en effet, assimiler ces cours d'eau accidentels aux cours d'eau permanents, sur lesquels les propriétaires ont dû naturellement fonder des espérances.

EAUX DE SOURCE. — L'eau d'une source est celle qui commence à sortir de terre pour continuer son cours. Elle fait partie de la propriété sur laquelle elle est établie, et par conséquent elle appartient au propriétaire du fonds au même titre que le fonds lui-même. Il pourra donc en user à sa volonté, retenir toutes les eaux, même pour des usages purement voluptuaires, et les empêcher de s'écouler sur les fonds inférieurs, en creusant des bassins ou des réservoirs qui les retiennent. De même, le propriétaire supérieur qui aurait coupé les veines de la source n'aurait fait qu'user du droit inhérent à l'exercice de la propriété. La loi, toutefois, reconnaît deux circonstances dans lesquelles les droits du propriétaire d'une source peuvent être restreints : la première lorsqu'un tiers a acquis un droit à la source, soit en vertu d'un titre, soit par une jouissance non interrompue pendant trente ans à compter du moment où le propriétaire inférieur a fait et terminé des ouvrages *apparents* destinés à faciliter la chute et le cours de l'eau dans sa propriété; la seconde lorsque la source fournit aux habitants d'une commune, d'un village ou d'un hameau, l'eau qui leur est nécessaire, car l'intérêt général vient ici absorber l'intérêt particulier. Mais, d'un autre côté, comme c'est un principe d'ordre public que l'on ne peut être dépouillé de sa propriété sans indemnité, le propriétaire de l'héritage asservi peut en réclamer une.

EAUX MINÉRALES. — Les eaux de source ont quelquefois des propriétés médicales, et, dans ce cas, elles peuvent présenter de grands avantages à celui sur le terrain duquel elles jaillissent, comme aussi l'intérêt de la salubrité publique a dû imposer aux propriétaires l'accomplissement de certaines formalités. Ainsi, celui qui découvre dans son terrain une source d'eau minérale est tenu d'en instruire le gouvernement, qui en fait faire l'examen, et qui juge si la distribution doit en être permise ou prohibée; l'exploitation même ne peut s'en faire que d'après des règlements de police émanés de l'administration.

EAUX SALÉES. — La propriété des eaux salées est aussi soumise à certaines formalités, surtout sous le rapport des taxes et des contributions indirectes. Ces formalités seront plus convenablement indiquées au mot SEL.

LACS, ÉTANGS ET RÉSERVOIRS. — Les lacs sont des réservoirs qui, étant alimentés par des sources ou quelques courants, conservent perpétuellement leur masse d'eau. Ceux d'une grande étendue appartiennent au domaine public. Les petits lacs, tels qu'on en trouve dans le pays de montagnes, peuvent être dans le domaine des particuliers ou des communes, et ils sont soumis aux mêmes règles que les étangs. Les étangs et réservoirs sont des amas d'eaux retenues dans une espace de terrain plus ou moins étendu par des travaux pratiqués de main d'homme; les eaux qui alimentent ces réservoirs proviennent, soit des eaux pluviales, soit des infiltrations des terres, soit des sources, soit enfin des cours d'eaux vives. Chacun peut, de son autorité privée, faire des étangs sur ses héritages, pourvu qu'il ne nuise pas aux droits d'autrui, et que les propriétés qui avoisinent l'étang soient garanties de tout dommage. L'étang est formé dans un terrain en pente, dont la partie inférieure est fermée par une digue ou chaussée; une ou plusieurs ouvertures, qu'on appele *bondes*, faites ordinairement dans le point le plus bas, servent à mettre l'étang à sec pour le pêcher ou y faire les réparations nécessaires. Les propriétés inférieures sont soumises à l'obligation de recevoir les eaux d'un étang lorsqu'on le met à sec pour le pêcher : c'est là une servitude imposée par la situation naturelle des lieux; mais, de son côté, le propriétaire de l'étang ne peut rien faire pour aggraver cette servitude, sans s'exposer à des indemnités; son droit ne va pas jusqu'à nuire à autrui. Ainsi, il ne peut, en changeant le système primitif de la chaussée de l'étang ou du déversoir, inonder les héritages inférieurs ou supérieurs, sans être passible de certaines peines et de dommages-intérêts.

EAUX COURANTES. — Ce sont celles qui ont un courant continu et permanent, comme les ruisseaux et les rivières, qui ne sont point une dépendance du domaine public; les eaux de sources deviennent aussi des eaux courantes dès l'instant qu'elles ne sont plus dans les fonds où elles ont pris naissance, et qu'elles ont un cours régulier. Les droits des propriétaires sur ces eaux se déterminent suivant qu'elles *traversent* ou *bordent* un héritage. Lorsqu'elles le *traversent*, l'eau fait, en quelque sorte, partie du fonds, et le propriétaire peut en user en maître dans l'intervalle qu'elle parcourt; il peut la détourner, la faire serpenter, et lui donner une direction utile à ses intérêts; mais si loi lui permet l'*usage*, elle n'autorise pas l'*abus*; car les intérêts des propriétés inférieures ne doivent pas être méconnus : aussi impose-t-elle à ce propriétaire l'obligation de rendre à son cours naturel ce qui reste de l'eau après s'en être servi Si l'eau courante, au contraire, *borde* un héritage, le propriétaire peut bien s'en servir à son passage pour l'irrigation de ses propriétés, mais il ne doit pas oublier que son droit se borne à un simple usage, et que l'autre copropriétaire riverain a, de son côté, les mêmes droits que lui. Tels sont les deux principes fondamentaux qui dominent les eaux courantes.

CANAUX. — Les canaux sont des cours d'eau pour lesquels un lit artificiel a été créé par la main de l'homme; ils ont différentes dénominations, suivant l'objet de leur destination.

EAUX DÉPENDANT DU DOMAINE PUBLIC. — Les eaux qui sont des dépendances du domaine public sont la mer, les fleuves et les rivières. La *mer*, qui est comme la source et le réservoir de toutes les eaux répandues sur le globe, est essentiellement destinée à rester commune à tous : sa nature met obstacle à ce qu'elle puisse devenir l'objet d'une propriété exclusive. Néanmoins, suivant les principes du droit des gens, toute puissance dont l'Etat touche à la mer, est considérée comme étendant son empire jusqu'à la plus grande portée du canon au delà de la terre, et cet espace forme ce que l'on appelle la *mer territoriale*, de cette puissance. Il est regardé comme un asile inviolable pour toute puissance avec laquelle l'Etat n'est point en guerre. Le littoral de la mer est une dépendance du domaine public; ses limites sont fixées par l'étendue du sol vers lequel s'élèvent les plus hautes marées. Les grands cours d'eau qui appartiennent à l'Etat, ou sur lesquels il a un droit de surveillance, se rangent en deux classes : la première comprend les fleuves et rivières navigables; et la seconde, les fleuves et rivières qui ne sont que flottables. Les premières appartiennent au domaine public, et l'Etat a certains droits sur les secondes. Les fleuves et rivières sont assimilés aux grandes routes, puisqu'ils servent à la circulation (*V.* NAVIGATION), et l'on sait combien il importe sous ce rapport de maintenir intacte leur masse d'eau : aussi les particuliers ne pourraient-ils y faire des prises d'eau qui pourraient être préjudiciables à la navigation. Néanmoins, il n'est défendu à personne d'y faire des prises d'eau nécessaires à son usage personnel, ou d'y envoyer abreuver ses bestiaux. Les rivières navigables ou flottables ne sont telles que dans les parties où la navigation, ou la flottaison peut avoir lieu, et dès lors elles ne font partie du domaine public que dans ces endroits; les riverains, dans les endroits de ces mêmes rivières qui sont considérés comme parties du domaine privé, peuvent se servir des eaux à leur convenance, sauf les droits que l'autorité a toujours d'empêcher une trop grande déperdition de leur volume. Tel est, dans son ensemble, le résumé de la législation en matière d'eaux. Elle sera nécessairement complétée par les dispositions relatives à la pêche, dont les principes varient suivant qu'elle a lieu dans les propriétés privées ou dans les eaux dépendant du domaine public. (*V.* l'art. PÊCHE.)

EAUX ET FORÊTS. Ces deux mots, joints ensemble, semblaient autrefois n'en former qu'un seul, et ce n'était pas sans motifs que l'on avait réuni dans une même législation les dispositions qui se rapportaient aux eaux et forêts. On a fait observer qu'il y a entre les unes et les autres des rapports intimes et une dépendance réciproque : les forêts, en effet, alimentent les cours d'eau, et la présence des eaux favorise la végétation des arbres; les unes et les autres ont une grande influence sur la température, la salubrité de l'air, la navigation, l'agriculture et le commerce. Voilà pourquoi dans les anciennes ordonnances ces deux matières ont été soumises à une juridiction commune, qui, sous les noms de *grueries, maîtrise et table de marbre*, jugeaient à différents degrés, sauf dans certains cas l'appel aux parlements, toutes les causes qui concernaient les eaux et forêts tant au civil qu'au criminel. Ces juridictions spéciales ont été supprimées par la loi du 29 septembre 1791, et les matières dont elles connaissaient sont naturellement tombées dans le domaine des juridictions nouvelles, suivant les règles qui régissent chacune d'elles. Les plus belles ordonnances sur les eaux et forêts sont dues à Charles V, à François Ier, à Henri IV, et enfin à Louis XIV, qui résuma et compléta, dans la célèbre ordonnance du mois d'août 1669, toutes les dispositions antérieures. Cette dernière ordonnance, qui contenait un système complet, n'a pas cessé, dans ces deux parties, de rester en vigueur jusqu'à ces derniers temps. Mais maintenant la double législation qu'elle avait établie se trouve divisée en deux parties bien distinctes. Depuis 1789, des règlements particuliers avaient fixé différents points relatifs aux *eaux*, et, par conséquent, rendu inutiles certaines dispositions de l'ordonnance de 1669; d'un autre côté, la législation forestière a été refondue d'après les besoins nouveaux de l'époque. Une loi, connue sous le nom de *Code forestier*, est venue remplacer cette même ordonnance pour tout ce qui concerne les *forêts*. Enfin, en 1829, un *Code de la pêche fluviale* a complété l'abrogation déjà commencée de l'ancienne législation sur les eaux. Nous terminerons ici cet exposé historique sur les eaux et forêts, et nous diviserons nous-même ce que la loi a divisé. Nous renvoyons donc aux articles divers EAUX (législation des) et FORÊTS. C.

ÉBADIEN, IENNE, adj. et s. (*hist. or.*). Il se dit des membres d'une tribu de chrétiens arabes établis dans l'Irak-Arabi. — ÉBADIEN se dit aussi des membres d'une dynastie arabe, qui a régné en Espagne après les Ommiades jusqu'en l'an 1091.

ÉBAHIR (S'), v. pron., s'étonner, être surpris. Il est familier.

ÉBAHISSEMENT, s. m., étonnement, surprise. Il est familier.

ÉBAL, huitième fils de Jectan. Il peupla une partie de l'Arabie, où l'on trouvait un canton nommé de lui Abalite ou Avalite. (*Gen.*, 10.)

ÉBALAÇON (*manége*), espèce de ruade.

ÉBALIE, s. f. (*zool.*), genre de crustacés.

ÉBANOS (*bot.*). Joseph Acosta dit que l'on apporte de la Havane, sous ce nom, un bois très précieux, et C. Bauhin le classe à la suite du bois de santal. J. P.

ÉBARBER, v. a., ôter les parties excédantes et superflues de certaines choses; il signifie particulièrement, dans l'art de la gravure en taille-douce, enlever avec un outil ce qui reste au bord de la taille, afin que le trait paraisse net.

ÉBARBER, v. a. (*agricult.*), couper le chevelu des plantes ou des arbres qu'on met en terre; tondre une haie, une charmille, couper les racines que les ceps de vigne poussent à fleur de terre.

ÉBARBOIR, s. m. (*t. d'arts*), outil qui sert à ébarber.

ÉBARBULÉ, ÉE, adj. (*zool.*), qui est dépourvu de barbes ou de barbules.

ÉBARBURE, s. f. (*technol.*), ce qui se détache d'une chose qu'on ébarbe. — Petite élévation qui se forme sur la planche du graveur à chaque coup de burin.

ÉBARDOIR, s. m. (*technol.*), sorte de grattoir à trois côtés, dont se servent les menuisiers.

ÉBAROUIR, v. a. et n. (*marine*). Il se dit de l'action du soleil sur les navires lorsque la sécheresse disjoint les bordages.

ÉBAROUISSAGE, s. f., résultat de l'action par laquelle une barrique, un canot, des bordages sont ébarouis (*V.* ÉBAROUIR).

ÉBAT, s. m., passe-temps, divertissement. Il est familier et ne s'emploie guère qu'au pluriel.

ÉBAT, s. m. *Mener les chiens à l'ébat* (*chasse*), faire promener les chiens.

ÉBATTEMENT, s. m. Il est synonyme d'ébat, et ne se dit qu'en plaisantant. Il est vieux. En termes de carrossier, *l'ébattement d'une voiture*, le jeu qu'elle a dans ses balancements entre les brancards.

ÉBATTRE (S'), v. pron., se réjouir, se divertir. Il est familier.

ÉBAUBI, IE, adj., étonné surpris. Il est familier et ne s'emploie guère qu'en plaisantant.

ÉBAUCHAGE, s. m. (*technol.*), action d'ébaucher. En termes de potier, action de donner, avec les mains seulement, sans moule, ni appui, une forme quelconque à la terre molle.

ÉBAUCHE, s. f. (*peint.*, *sculpt.*), première préparation, première couche de peinture d'un tableau. Le plus souvent l'ébauche présente les diverses couleurs, aussi bien que les masses d'ombre du tableau; quelques peintres cependant se contentent, pour ébauche, d'un simple clair-obscur au bistre, d'un ton plus ou moins chaud. L'ébauche est plus ou moins avancée, plus ou moins arrêtée dans ses contours, selon l'habitude et le caractère particulier du talent de l'artiste. Quelquefois on fait une ébauche sans avoir l'intention d'achever le tableau, et seulement pour fixer une composition sur la toile. Ces sortes d'ébauches, ordinairement plus avancées que les autres, sont celles qui se trouvent en assez grand nombre dans les cabinets des amateurs. L'ébauche du sculpteur est le modèle en terre plus ou moins avancé, ou le marbre plus ou moins dégrossi. Toutefois, on entend plus ordinairement par ébauche l'ouvrage en terre. Ces ébauches en terre cuite, les seules que le sculpteur fasse sans intention de les terminer, sont aussi les seules qui se trouvent dans le commerce. Il ne faut pas confondre, comme font quelques lexiques, l'ébauche avec l'esquisse. (*V.* ESQUISSE.)

ÉBAUCHE (*technol.*), première forme donnée à un objet. Mouvement de montre dégrossi et prêt à passer dans les mains de l'ouvrier qui doit le perfectionner. *Faire l'ébauche*, action de préparer et de mettre par masse les ouvrages de gravure au premier trait de burin.

ÉBAUCHER, v. a. (*peint.*, *sculpt.*, *grav.*), faire l'ébauche d'un tableau, d'un bas-relief, d'une statue. L'ébauche du sculpteur n'est jamais rien que le tout ensemble de l'ouvrage plus ou moins modelé. Quelques peintres ébauchent par partie et incontinent terminent, ou à peu près, chacune de ces parties, en sorte que leur toile ne présente jamais l'ensemble d'une ébauche et n'est entièrement couverte qu'à l'instant où l'ouvrage est tout près d'être terminé et n'a plus besoin que de quelques accords. On ne saurait voir ni posséder d'ouvrages de ces artistes en état d'ébauche. D'autres peignent ce qu'on appelle au premier coup, et pour eux l'action d'ébaucher se confond en quelque sorte avec celle de terminer. De tels ouvrages tiennent le milieu entre l'ébauche et le tableau soigneusement terminé. On dit aussi, en termes de graveur, ébaucher, pour préparer la planche, y tracer les contours principaux et les principales masses d'ombre. L'eau-forte est, comme on l'a déjà dit, le procédé le plus ordinaire pour ébaucher la gravure.

ÉBAUCHER, v. a. (*technol.*), passer le chanvre dans l'ébauchoir.

ÉBAUCHOIR, s. m, outil de bois ou d'ivoire dont les sculpteurs se servent pour ébaucher, pour modeler.

EBAUCHOIR, s. m. (*technol.*), grand peigne à dents droites et grosses, pour donner la première façon au chanvre. Ciseau avec lequel le charpentier ébauche les mortaises.

ÉBAUDIR (s'), v. pron, se réjouir avec excès, et témoigner sa joie en dansant, en sautant, ou de quelque autre manière semblable. Il est vieux et ne s'emploie qu'en plaisantant.

ÉBAUDISSEMENT, s. m., action de s'ébaudir. Il est vieux.

EBB. (*ois.*), nom anglais du proyer, *emberiza miliaria*. Linn

EBBES, EBBON, et quelquefois **EBOBE** (St.), naquit à Tonnerre dans l'ancien duché de Bourgogne, des comtes de ce nom. A peine avait-il cessé d'étudier qu'il fut fait gouverneur de ce pays, et cela au grand contentement du peuple qui admirait en lui une grande douceur et de vifs sentiments de justice. Cependant ces honneurs ne le séduisirent pas, et ils ne servirent qu'à lui prouver que tout est stérile sans Jésus-Christ; et, toujours porté à de tels sentiments, il finit par entrer dans le monastère de Saint-Pierre-le-Vif, où on admira bientôt sa sainte conduite. Virailbord venait de mourir (704) et Ebbes fut élu à l'unanimité pour lui succéder. Il accepta avec peine cette charge; mais ce fut bien pis quand il apprit que les habitants de Sens l'avaient nommé évêque de leur ville en remplacement de son oncle saint Geric ou Guerri, qui venait de mourir. Il ne fallut rien moins que l'ordre du roi Childebert III pour le décider, et aussi conservait-il toujours son humilité et son incomparable charité envers les pauvres. Après avoir établi le bon ordre dans son diocèse, il se retira dans un ermitage à Arce, à six lieues de Sens, sans toutefois abandonner son diocèse; il venait dire la messe tous les dimanches dans sa cathédrale. Toutefois, en 745, époque de sa mort, il n'était plus évêque. A. B.

EBBESEN (NIELS ou NICOLAS), surnommé le *Brutus danois*, vivait au XIVe siècle, et était seigneur de Tœrreriis dans le Jutland. A cette époque, le royaume de Danemarck, presque tout démembré, avait perdu son existence politique. Plusieurs de ses provinces étaient tombées au pouvoir des Suédois, des seigneurs voisins et des vassaux ambitieux. Après la mort de l'infortuné Christophe II, il ne restait à la famille royale que quelques châteaux dans l'île de Lotland, l'Esthonie, qui menaçait aussi de secouer le joug. Il semblait que l'excommunication lancée par le pape Jean XXII, à l'occasion de l'emprisonnement d'un évêque par le roi, eût excité contre ce royaume la colère divine. Quelques-unes des provinces danoises étaient hypothéquées: le comte Gérard de Holstein avait en gage le Jutland et la Fionie, où il régnait comme souverain, et tenait prisonnier le fils aîné de Christophe II, qui avait en vain essayé de reprendre le pouvoir suprême. A ces petits tyrans vinrent bientôt se réunir d'autres fléaux non moins terribles, la disette et la peste. Au milieu de cette complète anarchie, il existait un homme, Niels Ebbesen, plein de sentiments généreux et attaché à la dynastie de ses maîtres légitimes. Le plus terrible, le plus cruel des tyrans du Danemarck, celui qui visait à une plus grande domination, était le comte Gérard: ce fut contre lui qu'Ebbesen dirigea ses attaques. Il se mit à la tête des nobles et des paysans, qui souffraient à regret les vexations d'un gouvernement insatiable et despotique. Les insurgés, après avoir refusé de payer le tribut, mirent le siége devant les châteaux du comte Gérard. Celui-ci, ayant réuni une armée de 10,000 combattants, parcourt la province, répand partout l'effroi, saccage, brûle les maisons, les églises, les couvents, ne respecte ni l'âge, ni le sexe, ni le caractère sacré des prêtres; il se repose de ces sanglants exploits à Randers, ville centrale de la province. Le comte mande alors Ebbesen, en lui accordant un sauf-conduit. Il se présente, et Gérard lui ordonne de lui prêter foi et hommage; Ebbesen s'y refuse, et déclare qu'il ne peut reconnaître pour son souverain un usufruitier, un tyran. — « Jurez, lui dit Gérard, ou exilez-vous; ou plutôt attendez-vous à être pendu. » — « Je ne vous crains pas, lui répond Ebbesen; je vous déclare la guerre, et je vous jure que je vous combattrai personnellement partout où je vous trouverai. » Le comte, tout étonné de ce courage, et craignant de plus sinistres résultats, laissa partir libre Ebbesen. Il chercha ensuite à le gagner par de séduisantes promesses; mais Ebbesen fut inébranlable. Peu de temps après son entrevue avec le comte Gérard, il revient, pendant la nuit, à la tête de 60 hommes, trompe la vigilance des gardes et s'introduit seul dans son appartement. Le comte, éveillé en sursaut, reconnaît son ennemi, dont l'épée menaçante brille devant ses yeux. Il appelle au ecours, ses gardes accourent; au même instant Ebbesen lui plonge son épée dans le cœur; le tyran expire. Ses gardes se jettent sur le meurtrier; il les combat, les repousse. Ses hommes d'armes, qui gardaient les avenues, volent auprès d'Ebbesen; assaillis par des centaines d'hommes, ils se fraient un passage et sortent du château. Le peuple, ayant appris la mort du comte Gérard, se range du côté d'Ebbesen, et immole tous les satellites de l'usurpateur. Ebbesen ne perd pas de temps: il court assiéger Skanderborg, un des plus forts châteaux de Gérard; les fils de celui-ci viennent le défendre avec une puissante armée. Ils sont vaincus, tués par Ebbesen; mais lui-même périt dans le combat. Cependant il avait frayé à Waldemar, fils de Christophe II, le chemin au pouvoir suprême, et, en immolant Gérard et ses fils, il l'avait délivré de ses ennemis les plus redoutables. Il ne fut donc pas difficile à ce prince d'achever l'expulsion des autres tyrans. Il régna sous le nom de Waldemar IV, dit le *Restaurateur*.

EBBON, 31e archevêque de Reims, né d'une famille obscure, devint frère de lait et condisciple de Louis-le-Débonnaire, qui le fit son bibliothécaire et le plaça sur le siége de Reims. Ebbon conçut le dessein de travailler à la conversion des peuples du Nord, et fit approuver sa résolution du pape Pascal, qui le nomma son légat. Sa mission ayant été infructueuse, il revint en France et se mit à la tête des factieux qui déposèrent Louis-le-Débonnaire. Il fut lui-même au concile de Thionville en 835, et y condamna sa conduite envers l'empereur. Il fut rétabli sur son siége par le crédit de Lothaire; mais, ayant été cité au concile de Paris l'an 847, et ayant refusé d'y comparaître, il encourut l'indignation de ce prince, et fut obligé de se retirer auprès de Louis, roi de Bavière, qui lui donna l'évêché de Hildesheim, où il mourut l'an 851. C'était un prélat difficile à définir par ses qualités opposées. Il fut successivement courtisan assidu, missionnaire zélé, et enfin chef de parti. On a de lui une *Apologie* qu'il composa pour se justifier d'avoir repris ses fonctions épiscopales avant d'avoir obtenu une nouvelle institution.

EBBON, moine allemand, mort en 1139, a écrit la *Vie de saint Othon*, évêque de Bamberg et apôtre de la Poméranie, insérée dans les *Acta sanctorum*, mois de juillet, tome Ier.

EBB ou **EBBE**, s. m., reflux de la mer. *Ebbe*, conforme à l'orthographe des langues germaniques, paraît préférable. *Ce qui vient de flot s'en retourne d'ebbe*, prov., se dit en Normandie d'un bien mal acquis.

ÉBED-JÉSU, auteur de plusieurs ouvrages en syriaque, est le même qu'Abdissi. (V. ce nom.)

EBEHER (*ois.*). On nomme ainsi, en Saxe, la cigogne blanche, *ardea ciconia*, Linné.

EBELING, littérateur allemand, né à Carmissen en 1741, est auteur d'une *Histoire de la poésie allemande*, d'une *Histoire et géographie de l'Amérique*, d'une *Description du royaume de Majorque*, de plusieurs *Essais de poésie* insérés dans différents écrits périodiques, et de plusieurs *traductions* de voyages. Il est mort à Hambourg en 1817.

ÉBÉNACÉES *ebenaceæ* (*bot.*), famille naturelle d'arbres ou d'arbrisseaux étrangers à l'Europe, dont le bois noir et dur est employé, sous le nom d'ébène, à la fabrication de divers meubles et ustensiles. On lui assigne pour caractères: des tiges non lactescentes, des feuilles alternes, très entières, souvent coriaces et luisantes; des fleurs tantôt solitaires, tantôt réunies à l'aisselle des feuilles, et le plus souvent unisexuées; un calice monophylle à trois ou six divisions égales, persistantes; une corolle monopétale régulière, assez épaisse, fréquemment pubescente en dehors, glabre à sa face interne, portée sur le fond ou au sommet du calice, caduque; étamines en nombre généralement défini, égal à celui des divisions de la corolle, ou double, plus rarement en nombre indéfini, réunies alors par le bas de leurs filets en un seul tube ou en plusieurs paquets; anthères lancéolées, fixées par la base à deux loges s'ouvrant en un sillon longitudinal; ovaire libre, sessile, à plusieurs loges; style unique; stigmate simple ou divisé. Le fruit est une baie globuleuse ou ovoïde, dont les loges s'ouvrent quelquefois très régulièrement; chacune contient une seule graine, par suite d'avortement, attachée au sommet de la loge et pendante, recouverte d'un tégument propre, mince, membraneux. De Jussieu donne à cette famille le nom de *plaqueminiers*, qui constitue aujourd'hui un genre des *ébénacées*. Ce genre, avec celui des *alibousiers*, sont les plus intéressants de cette famille. (V. ces mots.)

ÉBÈNE, s. f., bois de l'ébénier. Fig., *Des cheveux d'ébène*, des cheveux très noirs. Poétiq., l'*Ebène de ses cheveux*.

ÉBÈNE (*bot.*), le bois qui porte ce nom et qui est employé pour la fabrication de divers meubles et ustensiles; il est d'une couleur noire foncée, et l'on sait aujourd'hui qu'il est fourni par une espèce de plaqueminier, *diospyros*. (V. BOIS D'ÉBÈNE, EBENUS.)

ÉBÈNE FOSSILE (*min.*). C'est le nom trivial, qu'on donne quelquefois au lignite jayet, à cause de sa couleur d'un noir pur et d'un reste d'indication de son tissu ligneux. (*V.* LIGNITE JAYET.)

ÉBÈNE VERTE ou **JAUNE** (*bot.*). On donne ces noms, dans les Antilles, à des espèces de *bignonia* de Linné, particulièrement au *bignonia leucoxylon*.

ÉBÉNER, v. ac., donner à du bois la couleur de l'ébène.

ÉBÉNIER, s. m., (*t. de bot.*), arbre des Indes, dont le bois est fort dur et ordinairement noir.

ÉBÉNIER FAUX (*bot.*)., nom vulgaire du cytise aubours.

ÉBÉNIER DES ALPES, *faux ébénier*. (*V.* EBENUS.)

ÉBÉNISTE, **ÉBÉNISTERIE**. On désigne sous le nom d'ébéniste l'industriel qui fabrique, avec des bois précieux, les meubles de parade, tels que bureaux, secrétaires, commodes, lits, consoles, toilettes, tables, etc.; celui qui emploie l'olivier, l'écaille, et autres matières, à des ouvrages de rapport, marqueterie, mosaïque et placage. Ce nom provient de ce que, primitivement, l'ébène était la seule matière employée dans les ameublements de luxe, ou plutôt de ce qu'on confondait sous le nom d'ébène une grande variété de bois remarquables par leur beauté et leurs propriétés diverses. Ainsi, par exemple, indépendamment de l'ébène noire, on reconnaissait encore la rouge, la jaune, la verte, la violette et la blanche. Une connaissance indispensable à l'ébéniste, et, on peut le dire, la plus importante de toutes, est celle des matériaux nécessaires à l'exploitation de son industrie. Ces matériaux se divisent en deux classes : les uns (ce sont certains bois de nos pays) entrent dans la construction des *bâtis* ou charpentes des meubles; les autres sont exclusivement affectés au revêtissement ou placage qui en fait l'ornement. Ce sont d'abord, parmi les bois indigènes, ceux qui tiennent de la nature ou sont susceptibles de recevoir sous la main de l'art les nuances les plus variées, les plus riches couleurs, tels que le noyer, le frêne, l'orme, l'amandier, le bois de Sainte-Lucie; et, en second lieu, les bois qui croissent dans les Indes, en première ligne desquels il faut ranger l'acajou, l'aloès, les bois de rose et d'amaranthe, le gaïac, le sandal rouge, le citron, les bois violets et satinés, les bois marbrés et le bois de fer, les ébènes, etc. Autrefois on sciait tous ces bois à la main; mais, outre que ce travail était très pénible et donnait des feuilles inégales, il occasionnait encore un déchet considérable. Aujourd'hui on se sert de grandes scies circulaires, mues par des chevaux ou par la vapeur, et l'on se trouve d'autant mieux de ce procédé mécanique, qu'il réunit l'économie du temps, des matériaux et de la fatigue, à la précision mathématique du travail. Ainsi, par exemple, il suffit d'un ouvrier qui se tienne là pour placer les billes sur le chariot de la machine et les retirer à mesure qu'elles sont détachées. Par ce procédé on parvient à extraire de 30 à 40, quelquefois jusqu'à 64 feuilles, d'une planche d'un pouce d'épaisseur. On découpe ensuite ces feuilles avec une pointe ou lame, afin de leur donner des formes appropriées à la carcasse des meubles qu'elles doivent recouvrir. Il faut que l'ébéniste soit avant tout menuisier, parce que la qualité de son travail, sous le double rapport de la solidité et de la propreté, dépend surtout de la confection des corps ou bâtis. On les construit de la même façon que pour les meubles ordinaires, mais en ayant soin de n'y faire entrer que du bois dur et très sec, peu sujet à se tourmenter, sans quoi le placage ne manquerait pas de se lever ou de se fendre. Lorsqu'à la suite de la découverte des deux Indes, les bois précieux de ces contrées vinrent enrichir le domaine de l'industrie, on se mit d'abord à faire les meubles de luxe en bois des Indes massif. Cette profusion, comme on peut le penser, en élevait le prix à un taux exorbitant, et ce ne fut guère que vers la fin du XVIIIe siècle que le placage vint mettre à la portée de toutes les fortunes des meubles qui ne le cédaient en rien aux premiers pour l'éclat et le fini du travail. Le placage est la pierre de touche du talent de l'ouvrier; c'est lui qui élève véritablement le travail de l'ébéniste à la hauteur des œuvres d'art. En effet, le nombre des diverses espèces de bois employés par les ébénistes est assez borné, et leurs ouvrages finiraient par devenir très monotones, s'ils ne savaient pas varier à l'infini les marbrures de leurs bois par des coupures faites dans tous les sens, employer les uns dans leurs couleurs naturelles, en donner d'artificielles à certains autres en les faisant bouillir avec des matières colorantes, enfin combiner leurs plaqués et mêler les nuances de manière à produire les dessins les plus agréables à l'œil. Voici maintenant la manière d'opérer : on chauffe d'abord à un feu clair les bâtis des meubles, afin de les rendre plus pénétrables à la colle, et de faciliter l'adhérence des feuilles; la pièce est ensuite *moulée*, c'est-à-dire battue sur un madrier de chêne, du côté qui doit recevoir la colle, qu'on n'applique qu'après l'avoir chauffée au bain-marie, jusqu'à ce qu'elle soit liquéfiée, mais non cependant bouillante. La colle posée, on présente la pièce au feu, du côté qui en est enduit; on colle également le bâtis, sur lequel on applique la feuille, et lorsqu'on s'est bien assuré qu'il n'y a pas de *grumelots* qui fassent corps sous le placage, on appuie fortement sur la pièce la paume du marteau dit à *plaquer*, en la poussant en avant et l'agitant en tout sens. De cette façon l'adhérence devient parfaite entre les deux faces, et l'excédant de celle qui n'a pas encore perdu sa liquidité s'échappe par les bords. Pour savoir si l'adhérence est complète, on frappe légèrement, avec la tête du marteau, sur tous les points de la pièce, et la différence du son suffit pour faire distinguer les parties défectueuses des parties saines. C'est ce qu'on appelle *souder la pièce*. Si par hasard la colle s'était refroidie au point de ne pouvoir plus se prêter à l'adhésion, on lui rendrait sa liquidité en passant sur la pièce le fer à chauffer. Cette opération terminée, on laisse les feuilles sur l'établi, où on les tient en presse au moyen de *goberges* ou perches coupées de longueur, dont un bout porte au plancher, et dont l'autre est fortement appuyé sur le placage, avec un coin interposé entre l'ouvrage et la goberge. On affecte encore au même usage une espèce de presse terminée à chaque extrémité par une vis dont le jeu abaisse un châssis qui comprime fortement sur tous les points la besogne. Ces appareils ne s'enlèvent que lorsque la colle est parfaitement sèche, et le placage, à l'abri des dérangements que pouvaient lui occasionner les surfaces courbes, se pratique de la même manière; seulement, comme il présente plus de difficultés, les ébénistes emploient à cet effet un tour appelé *mécanique à plaquer*. A la suite du placage vient le *replanissage*. Son effet est de donner au bois une surface unie, mais qui demeure terne et obscure, jusqu'à ce qu'on la recouvre d'un enduit transparent qui en fasse ressortir la beauté. On n'employa longtemps à cet usage que la cire seule ou la cire dissoute dans l'essence de térébenthine; mais enfin on découvrit les vernis transparents, exclusivement employés aujourd'hui, parce qu'ils réunissent à un éclat presque métallique l'avantage de prolonger la durée des meubles en durcissant leurs surfaces, qu'ils mettent à l'abri des taches et de la poussière, en empêchant aussi les insectes rongeurs de pénétrer dans l'intérieur du bois. Dans l'intérêt de la conservation des meubles, il est urgent de renouveler de temps à autre ces vernis. Le replanissage s'effectue de la manière suivante : vous avez un rabot à lame dentée, très peu saillante, afin de ne pas faire éclater le bois, et vous le conduisez dans une direction oblique au fil du bois, ainsi qu'aux joints des lames de placage. A mesure que vous voyez la surface se nettoyer, vous rentrez graduellement le fer du rabot, jusqu'à ce qu'il ne morde presque plus, et vous prenez successivement plusieurs rabots à dentures de plus en plus fines et tellement échelonnées que le fer du dernier n'agisse plus que comme une sorte de racloir. Vient ensuite le polissage, qui consiste : 1° à unir le placage en passant le racloir dans tous les sens, et en terminant par un dernier coup donné légèrement dans le sens du fil du bois; 2° à enlever avec le papier de verre, c'est-à-dire du papier couvert de colle et de verre pulvérisé, les inégalités que le racloir peut avoir omises; on emploie successivement du verre de plus en plus fin, jusqu'à ce que la surface, vue au jour, ne présente plus d'aspérités; 3° à polir avec la pierre-ponce et à l'huile, en frottant encore dans tous les sens et polissant à bois de fil; 4° enfin, à finir et à polir avec de la poudre de tripoli très fine, qu'on répand sur la surface du bois, après quoi on frotte jusqu'à ce que cette poudre ait absorbé toute l'huile et desséché presque entièrement la surface du bois. Il ne reste plus qu'à essuyer avec un linge, pour enlever l'espèce de limon qui s'est formé, et, ce dernier coup donné au polissage, le meuble se trouve disposé à recevoir le vernis. Les principaux outils des ébénistes, qui diffèrent, du reste, très peu des outils ordinaires, sont : la *goberge*, le *racloir*, la *presse*, la *scie*, l'*outil à onde*, pour les *moulures*, l'*asne* ou *esteau*, pour contourner les pièces, les *pointes* pour tracer, les *couteaux à trancher*, les *tourne-vis*, les *tire-fonds*, les *polissoirs*, le *rabot* avec des fers posés selon mille inclinaisons diverses, etc. Seulement, comme les ébénistes ont ordinairement à traiter des bois très durs qu'ils appellent *bois rustiques*, leurs rabots sont autrement disposés que pour la menuiserie ordinaire, et ils les arrangent eux-mêmes, selon les besoins qui se présentent. Après avoir dégrossi la besogne avec ces outils, ils en prennent d'autres connus sous le nom de racloirs, qui s'affûtent sur une pierre à huile. Ils servent, comme on le sait, à enlever les brettures que les rabots de bout et à dents ont laissées, et à donner la dernière main à l'ouvrage. A l'époque où les ornements métalliques étaient en grande faveur dans les ameublements, les ébénistes n'étaient pas chargés de les fondre, réparer ni dorer ; ils se contentaient de les poser ; ils ne préparaient et taillaient eux-mêmes que les ornements d'étain et de cuivre, qui formaient ce qu'ils appelaient la *partie* et la *contre-partie*. Aujourd'hui la mode a proscrit toute espèce de métal dans les meubles, où l'on aime à trouver avant tout une grande simplicité. La manufacture royale des Gobelins a produit autrefois dans l'ébénisterie des artistes célèbres, parmi lesquels Boule se distinguait par la beauté de la marqueterie et le goût exquis qui présidait au choix de ses bronzes. Du reste, les ouvriers français semblent avoir monopolisé le génie de l'ébénisterie, et les ouvrages sortis de leurs mains, surtout dans les ateliers de Paris, ont conquis dans l'Europe une célébrité qu'aucun peuple ne leur dispute. Cependant les ouvriers allemands sont aussi très renommés. Les ébénistes n'ont jamais constitué à Paris une communauté particulière ; ils appartenaient au corps des maîtres menuisiers ; seulement, pour les distinguer de ceux qu'on nommait *menuisiers* d'*assemblage*, on les appelait *menuisiers* de *placage* ou de *marqueterie*.—L'art de l'ébénisterie paraît remonter à une haute antiquité. Transporté par Alexandre de l'Asie, qui fut son berceau, en Grèce, il passa bientôt à Rome, où il fut accueilli avec la plus grande faveur, ainsi que la marqueterie et les mosaïques en marbres et métaux. Au XVe siècle, Jean de Vérone, contemporain de Raphaël, découvrit le secret de teindre le bois de diverses couleurs et de l'ombrer, au moyen du feu et des acides. Le pape Jules II utilisa le talent de cet artiste dans les embellissements du Vatican. Ses successeurs furent Philippe Brunelleschi et Benoît de Majano ; et cependant nous n'avions encore en France que des meubles informes, lorsque les deux reines Catherine et Marie de Médicis appelèrent chez nous cet art, qui, dans le XVIIIe siècle, arriva presque à son apogée entre les mains de Jean-Marie de Blois., André-Charles Boule et son fils, etc., auxquels ont succédé de nos jours les Kolping, les Werner et tant d'autres.

ÉBÉNOXYLE, s. m. (*bot.*), arbre de la Cochinchine.

EBENOXYLUM (*bot.*). Le genre de la Cochinchine établi sous ce nom par Loureiro paraît devoir être réuni au plaqueminier *diospyros*,, quoique l'auteur le dise dioïque ; ayant trois étamines, une corolle composée de trois pétales et un fruit à trois loges. Cette diminution dans le nombre des parties peut être le résultat d'un avortement. L'auteur n'aura pas tenu compte des organes sexuels existants, mais stériles.

ÉBER (PAUL), né à Retzingen, en Franconie, le 8 novembre 1511, fut l'ami de Mélancthon. Il remplaça, en 1556, Jean Forster dans sa chaire d'hébreu à Worms. En 1558 il fut premier pasteur de l'église de Wittemberg. Il mourut en 1569. C'était un homme savant qui nous a laissé : 1° *Expositio evangeliorum dominicalium* ; 2° *Calendarium historicum*, Wittemberg, 1551, in-4° ; 3° *Historia populi judæi à reditu babylonico ad Hierosolymæ excidium*, ouvrage traduit en français, Genève 1561, in-8° ; *ibid.*, 1563, in-8° ; 4° des hymnes sacrés en allemand.

ÉBERARD, moine de Saint-Mathias de Trèves, avait inspection sur les écoles de cette abbaye. Il a ajouté plusieurs choses à l'histoire de Trèves, et a composé les vies de saint Eucaire, Valère et Materne, premiers évêques de cette métropole, en prose et en vers. Il mourut en 909, après avoir gouverné pendant 24 ans les écoles de Saint-Mathias de Trèves.

ÉBERARD ou **ÉVRARD**, archevêque de Saltzbourg, en Bavière, naquit vers l'an 1085, d'une des plus nobles maisons du pays. On l'envoya étudier à Bamberg, dans la communauté des clercs de cette église, où il fit paraître les plus heureuses dispositions de l'esprit et du cœur, joignant à un naturel doux et affable une sagesse qui lui conciliait le respect et l'amour de tout le monde. Il s'accoutuma de bonne heure à modérer ses passions, et demeura victorieux dans le combat qu'il eut à soutenir contre plusieurs tentatives dangereues. S'étant consacré à Dieu dans l'état ecclésiastique, il fut d'abord chanoine de Bamberg ; mais, se sentant touché du désir d'une vie plus parfaite encore, il prit l'habit religieux dans le monastère de Saint-Michel. Le prévôt du chapitre de Bamberg l'ayant redemandé avec menace, il fut obligé de quitter l'état monastique, et il le reprit ensuite à l'âge de 40 ans. Des frères qu'il avait dans le monde ayant eu la dévotion de fonder un monastère à Bibourg, le demandèrent pour abbé ; mais personne ne put vaincre son humilité sur ce point ; et il aurait constamment résisté à toutes les sollicitations, si le pape Innocent II, instruit de son rare mérite, ne l'avait fait lui-même abbé de Bibourg, dans un voyage qu'il fit à Rome avec l'évêque de Bamberg, l'an 1132. Il gouverna son monastère avec une sagesse consommée. Sa charité était sans bornes, recevant avec une douceur et une bonté admirables toutes sortes d'étrangers, de pauvres, de malades dont il pansait les maux, lavait les pieds, soulageait tous les besoins. Il était à la 14e année d'un si sage gouvernement, lorqu'il fut élevé sur le siége de l'église de Saltzbourg, l'an 1146 ; et son élévation, sans rien changer à son premier genre de vie, ne servit qu'à faire briller davantage son humilité, sa douceur, sa pénitence, son désintéressement et sa charité pour les pauvres. L'empereur Frédéric Barberousse ayant fait mettre sur le Saint-Siége l'antipape Octavius, sous le nom de Victor III, à la place du pape Alexandre III, Evrard, sans manquer à ce qu'il devait à son prince, demeura toujours fidèle au pape légitime, et mourut dans ces sentiments la nuit du dimanche au lundi 22 juin de l'an 1164, après 79 ans de vie et 18 d'épiscopat. Dieu fit plusieurs miracles à son tombeau. Sa vie, écrite par un de ses disciples, témoin d'une partie de ses actions, a été publiée par Canisius, et ensuite par les continuateurs de Surius.

ÉBERARD ou **ÉVRARD**, de Béthune, dans l'Artois, surnommé *Græcista*, à cause du titre d'un de ses livres, vivait en 1124 ou 1212 ; voilà tout ce qu'on sait de lui. Il a laissé 1° *Græcismus, de figuris et octo partibus orationis ; sive grammaticæ regulæ versibus latinis explicatæ*, Lyon, 1483, in-4° ; 2° *Antihæresis*, ouvrage de controverse contre les Vaudois des Pays-Bas.

ÉBERHARD-LE-BARBU, premier duc de Wurtemberg. (*V.* WURTEMBERG.)

ÉBERHARD (JEAN-PIERRE), docteur en médecine, naquit dans la ville d'Altona en 1727, et mourut à Halle en 1779. Ce savant nous a légué : 1° *Traité sur l'origine des perles*, Halle, 1750, in-8° ; 2° *Principes élémentaires de physique*, ibid., 1753, in-8° ; 3° *Mélanges d'histoire naturelle, de médecine et de morale*, ibid., 1759, 3 vol. in-8° ; 4° *Divers traités de mathématiques appliquées*, 1786, in-8°.

ÉBERHARD (JEAN-HENRI), jurisconsulte allemand et bibliothécaire au gymnase de Cobourg, naquit en 1743 à Hochstædt, comté de Hanau. Il enseigna d'abord le droit public et féodal à Herborn, et fut nommé conseiller et professeur à Cœthen, où il mourut en 1772. Outre plusieurs dissertations et opuscules, il nous a laissé : 1° *Mélanges d'Herborn*, Herborn, 1767, in-8° ; 2° *Dictionnaire critique de jurisprudence*, Francfort 1769-71, in-8° ; 3° *Notices hebdomadaires de Cœthen*, in-4° ; 4° *Trois dissertations pour l'éclaircissement du droit germanique*, Francfort, 1755, in-8°.

ÉBERHARD (CHRISTOPHE), aumônier général des armées russes, sous le général Werde, dans l'expédition sur la Moldau, mourut à Halle en 1730. On a de lui : 1° *Specimen theoriæ magneticæ, quo ex certis principiis magneticis ostenditur vera et universalis methodus inveinendi longitudinem et latitudinem*, Leipzig, 1720, in-4°, fig. ; 2° *Etat des prisonniers suédois en Russie*, (en allemand). — ÉBERHARD (JEAN-PAUL), fils du précédent, habile architecte et professeur de mathématiques à Gœttingue, né à Altona le 25 janvier 1723, et mort en 1795 ; il nous a laissé : 1° *Description d'une nouvelle planchette*, etc. (en allemand), Halle, 1753, in-8°, avec 4 pl. ; 2° *De transportatore novoque ejusdem usu*, Gœttingue, 1754, in-4° ; 3° *Essai sur l'art de la guerre, et recherches sur les causes de la grande supériorité de l'attaque sur la défense*, traduit du français, *ibid.*, 1757, in-8, avec 8 planches ; 4° *Description des environs de Gœttingue*, avec deux cartes, 1760, in-8°.

EBERHARD (JEAN-AUGUSTE), théologien et philosophe distingué, né le 31 août 1739 à Halberstadt, fit ses études à l'Université de Halle, et embrassa l'état ecclésiastique. Son avancement dans cette carrière fut retardé par la publication de quelques écrits théologiques ; il fit paraître son *Apologie de Socrate*, Amsterdam, 1773, in-8°, qui eut une influence aussi décisive sur les destinées de son auteur que sur les études néologiques en Allemagne, et qui le plaça au premier rang des écrivains protestants de son pays. Cette *Défense de Socrate*, qui fut suivie d'une *Nouvelle apologie de Socrate* ou *Nouvel examen de la doctrine touchant le salut des païens*, en allemand, Berlin, 1774, in-8° (traduit en français par Dumas), n'est qu'un cadre dans lequel l'auteur a fait entrer l'examen de la doctrine chrétienne sur la corruption de l'homme, sur la grâce, sur la rédemption, sur les conditions du salut : sur tous ces points il ébranle l'enseignement de la religion. Lorsqu'il vit l'extension qu'on donnait à sa doctrine, il essaya, par un nouvel ouvrage, intitulé *Amyn-*

tor, Berlin, 1782, in-8°, de faire aimer la morale évangélique; mais Eberhard en méconnaissait le divin auteur, dans lequel il ne voit rien qu'un homme. C'est ainsi qu'une première erreur conduit à une seconde, et que celui qui ne veut suivre que son imagination tombe toujours dans de nouvelles erreurs. Il donna ensuite l'*Esprit du christianisme primitif*, 3 vol. in-8°, 1807, où il prétend que cette religion est née du choc, du concours et d'une fusion de la culture intellectuelle des Grecs avec la culture morale des peuples de l'Asie, paradoxe que l'histoire, la réflexion et la critique repoussent également. Il fut un des adversaires de Kant, et publia, de 1787 jusqu'en 1795, un *journal* uniquement destiné à combattre le kantisme. Cependant cette doctrine prévalut. Eberhard, soit lassitude, soit dépit de voir que ses efforts étaient infructueux, chercha un délassement utile dans d'autres travaux. Il s'occupa d'un recueil de synonymes, qu'il publia sous ce titre : *Essai d'un dictionnaire universel des synonymes de la langue allemande*, Halle, 1795-1802, 6 vol. in-8°, où il montre un esprit aussi pénétrant que juste ; et lorsqu'il eut terminé, avec le plus grand succès, ce long travail, il entreprit de faire la revue des richesses de la langue allemande, dans un cours de rhétorique et de poétique, joint à la théorie générale des beaux-arts. Cet ouvrage, devenu classique en Allemagne, parut sous le titre de : *Manuel d'esthétique pour les lecteurs d'un esprit cultivé dans toutes les classes de la société*, 1803-1805, 4 vol. On a encore de lui plusieurs autres ouvrages et un grand nombre d'articles dans presque tous les journaux littéraires d'Allemagne, et surtout dans la *Bibliothèque universelle allemande*, de Nicolaï. Eberhard n'avait obtenu qu'après 6 années de fonctions pénibles dans deux petites cures voisines de Berlin la place de prédicateur à Charlottenbourg. Il mourut le 7 janvier 1809. Nicolaï a donné en allemand une *Notice sur la vie d'Eberhard*.

EBERLIN (**Denis**), aventurier allemand, était né à Nuremberg. Il fut dans sa jeunesse capitaine dans un régiment que le pape envoya en Morée contre les Turcs. La campagne finie, il revint dans sa ville natale, et y exerça les fonctions de bibliothécaire. Son humeur inconstante l'entraîna à Cassel, où son talent pour la musique le fit choisir pour maître de chapelle de la cour. Il quitta, en 1676, cette ville pour Eisenach, où il fut gouverneur des pages, maître de chapelle, secrétaire intime, inspecteur général de la monnaie, administrateur d'un district. Ennuyé de ce séjour, il alla s'établir banquier à Hambourg et à Altona ; mais au bout de quelque temps il revint à Cassel, et y mourut capitaine des milices. Ses trios de violon, imprimés à Nuremberg en 1675, prouvent qu'il était d'une grande force sur cet instrument, et très habile dans le contrepoint.

EBERMANN (**Vile**), jésuite, né à Rentweisdorff, dans l'évêché de Bamberg, en 1597, enseigna avec réputation les belles-lettres, la philosophie et la théologie à Mayence et à Wurtzbourg ; fut recteur du séminaire de Fulde, et mourut à Mayence le 8 avril 1675. Il a publié : *Bellarmini controversiæ vindicatæ*, Wurtzbourg, 1661, in-4°. Il y montre que la manière des hérétiques en répondant à Bellarmin est de tronquer les preuves de ce célèbre controversiste, et d'isoler des propositions pour pouvoir les combattre avec une espèce d'avantage. Ebermann a encore publié d'excellents ouvrages de *controverse* contre George Calixte, Herman Coringius, Jean Musæus, professeur d'Iéna, etc.

EBERSBACH (*géogr.*), ville du royaume de Saxe ; une des plus grandes manufactures de toile de la Lusace. 5,000 âmes.

EBERT (**Jean-Arnoldt**), professeur à l'institut du Carolineum à Brunswick, né à Hambourg en 1723, est auteur de plusieurs traductions allemandes qui partagent avec les ouvrages de Gartner, Geller, Klopstock, etc., l'honneur d'avoir restauré la littérature allemande. Il a donné : 1° une traduction des *Nuits d'Young*, extrêmement estimée, avec des *notes*, Leipzig, 1790-1793, 5 vol. in-8° ; 2° une traduction de la tragédie anglaise de *Léonidas* de Glover, Hambourg, 1778, in-8° ; 3° quelques morceaux de *poésie lyrique*, et quelques *épîtres*, parmi lesquelles on distingue celle à Conrad Arnold Schmidt, imprimée séparément, Brunswick, 1772, in-8°. Ebert mourut le 19 mars 1795.

EBERT (**Jean-Jacques**), professeur très distingué de philosophie et de mathématiques à Wittemberg, né à Breslau en 1737, a publié les ouvrages suivants : 1° *Leçons de philosophie et de mathématiques pour les hautes classes*, Francfort, 1773, in-8°, 4e édit., 1790 ; 2° *Abrégé des principes de logique*, 5e édit., 1790 ; 3° *Abrégé des principes de physique*, 4e édit., 1803 ; 4° *Leçons de physique pour la jeunesse*, Leipzig, 1793, 2e édit., 3 vol. in-8° ; 5° *Eléments des principales parties de la philosophie pratique*, Leipzig, 1784, in-8° ; 6° *Entretiens sur les principales merveilles de la nature*, 1 vol., Leipzig, 1784, in-8° ; 7° *Loisirs d'un père, consacrés à l'instruction de sa fille*, Leipzig, 1795, in-8° ; 8° *Journal pour l'instruction des jeunes dames*, 1794 à 1801. Ces deux ouvrages ont eu le plus grand succès. Ebert est mort le 18 mars 1805. Son enseignement et ses ouvrages, tous consacrés à la jeunesse, ont eu une grande influence en Allemagne.

EBERT (**Frédéric-Adolphe**), l'un des plus célèbres bibliographes contemporains, naquit le 7 juillet 1791 à Taucha, près de Leipzig, où son père, Samuel Ebert, également connu comme auteur, et qui, en dernier lieu, remplissait les fonctions de prédicateur à la fondation de Saint-Georges, lui donna la première instruction. Lorsque le jeune Ebert quitta les bancs de l'école, son amour pour les connaissances littéraires et bibliographiques, de bonne heure éveillé dans la maison paternelle, trouva un nouvel aliment dans la place d'aide-sous-bibliothécaire à l'Hôtel-de-Ville de Leipzig (1806), dont il remplit pendant plusieurs années les fonctions. Depuis 1808 il étudia la théologie à Leipzig et à Wittemberg ; mais ensuite, cédant aux conseils de Dippoldt, il se livra de préférence aux études historiques. Son début dans la carrière des lettres fut marqué par deux petits écrits sur les *Bibliothèques publiques, surtout celles des universités allemandes* (Freiberg, 1811), et *Hierarchiæ in religionem et litteras commoda* (Leipzig, 1812). En 1813, il concourut à la nouvelle organisation de la Bibliothèque académique de Leipzig, et fut attaché en 1814 comme *secrétaire* à la Bibliothèque royale de Dresde. Dans cette position, Ebert travailla avec beaucoup de zèle et avec une rare persévérance ; les recherches qu'il fit dans l'intérêt de ses études particulières tournèrent en grande partie au profit de la bibliothèque. Il publia la *Vie et les mérites de Frédéric Taubmann* (Eisenb., 1814) ; *Torquato Tasso d'après Ginguené* (Leipzig, 1819) ; *l'Education d'un bibliothécaire* (3e édit., Leipzig, 1820), et *Histoire et description de la Bibliothèque royale de Dresde* (Leipzig, 1822). Les richesses de la Bibliothèque de Dresde, qui ouvrait un vaste champ à son goût pour la connaissance des livres, lui inspira le courage d'entreprendre un dictionnaire bibliographique général, dans lequel il essaya d'élever à la hauteur d'une véritable science, en Allemagne, une étude qui, dans les pays étrangers, ne méritait encore que le nom de *bibliophilie*. Sous le pseudonyme de Gunther, il écrivit à la même époque son *Tableau de la grande bataille de Leipzig* (Eisenb., 1814), son *Histoire de la guerre des Russes et des Allemands contre les Français* (Eisenb., 1815), et sa *Vie de Napoléon Bonaparte* (Eisenb., 1817). Bientôt ses excellents travaux bibliographiques le firent appeler en même temps (1822) à Breslau comme bibliothécaire en chef et professeur, et à Wolfenbuttel en qualité de conservateur de la célèbre bibliothèque des ducs de Brunswick. Ebert opta pour cette dernière place. Mais, rappelé à la bibliothèque de Dresde dès l'année 1825, il y remplit les fonctions de directeur ; il fut placé en outre à la tête de la bibliothèque particulière du roi (1826), et nommé conseiller aulique. En 1828, la direction supérieure de la première de ces vastes collections lui fut nominalement confiée. Infatigable à ce poste, Ebert fut un des bibliographes les plus érudits, et il enrichit la science du bibliothécaire d'un grand nombre de bons ouvrages. Nous citerons la *Connaissance des manuscrits* (2 vol., Leipzig, 1825-1827), dont le premier volume forme le second de l'ouvrage intitulé *l'Art du bibliothécaire* ; le second volume porte aussi le titre particulier de *Bibliothecæ Guelferbytanæ codices græc. et lat. classici*. Il donna en outre les *Périodes du développement intellectuel dans la Haute-Saxe au moyen âge* (Dresde, 1825), et les *Traditions relatives à l'histoire, à la littérature et à l'art des temps passés et présents* (1825-1827), ouvrage non achevé. Mais il termina son *Dictionnaire bibliographique général* (Leipzig, 1821-1830, 2 vol. in-4°), ouvrage fondamental qui est son principal titre à l'estime des savants et qui, sans être complet, offre, dans l'ordre alphabétique des auteurs ou des titres, une foule de renseignements curieux sur les livres rares et sur les différentes éditions des ouvrages surtout classiques. Suivant nous, ce dictionnaire devra servir de modèle à tous ceux qu'on voudra entreprendre sur la même branche ; il forme un excellent cadre pour un dictionnaire bibliographique universel. Nous ajouterons enfin que M. Ebert a pris part à la rédaction de plusieurs journaux et recueils, par exemple de la grande Encyclopédie allemande d'Ersch et Gruber, à laquelle nous avons nous-mêmes emprunté en grande partie son article Catalogue. M. Ebert devint victime de son zèle à remplir ses fonctions : il mourut, en novembre 1834, des suites de contusions qu'il avait reçues en tombant d'une échelle.

ÉBERTAUDER, v. a. (*technol.*), tondre un drap en première coupe.

EBERTUS ou **EBERT** (THÉODORE), professeur à Francfort-sur-l'Oder dans le XVIIe siècle, s'est fait un nom par ses ouvrages. Les principaux sont: 1° *Chronologia sanctioris linguæ doctorum*; 2° *Elogia jurisconsultorum et politicorum centum illustrium, qui sanctam hebræam linguam propagarunt*; Leipzig, 1628, in-8°; 3° *Poetica hebraica*; ibid., 1628, in-8°. Ces livres renferment beaucoup de choses savantes et peu agréables, excepté pour les hébraïsants.

ÉBERVIN ou **ÉVERVIN**, abbé de Saint-Martin, monastère de bénédictins près la porte de la ville de Trèves, selon la vraie leçon, les plus anciens manuscrits, quoique d'autres lisent abbé de Saint-Maurice de Thelye. On écrit son nom diversement: Éberuvin, Éveruvin, Évrin, Ebroin, Vuerberon, Ebreuvin. Il vivait sous l'épiscopat de Poppon, archevêque de Trèves, qui a gouverné cette église depuis 1016 jusqu'à 1047. Ébervin a écrit la vie de saint Siméon de Syracuse, reclus de Trèves, mort en 1035. Elle est dans Surius et dans les Bollandistes au 1er de juin. On dit aussi qu'il a écrit la vie de saint Margueric, archevêque de Trèves et fondateur de l'abbaye de Saint-Martin. Trithème dit qu'il écrivit aussi les actes de Poppon, archevêque de Trèves, un livre du Jeûne et de la Puissance, en divers sermons.

ÉBION, philosophe stoïcien, disciple de Cérinthe, et auteur de la secte des *ébionites*, commença à débiter ses rêveries vers l'an 72 de J.-C. Il soutenait que le Sauveur était un pur homme, né par le concours ordinaire des deux sexes. Il ajoutait que Dieu avait donné l'empire de ce monde au Diable, et celui du monde futur au Christ. Ses disciples mêlaient les préceptes de la religion chrétienne avec le judaïsme. Ils observaient également le samedi et le dimanche. Ils célébraient tous les ans leurs mystères avec du pain azyme. Ils se baignaient tous les jours comme les Juifs, et révéraient Jérusalem comme la maison de Dieu. Ces hérétiques ne connaissaient point d'autre évangile que celui de saint Matthieu, qu'ils avaient en hébreu, mais corrompu et mutilé. Ils rejetaient le reste du nouveau Testament, et surtout les épîtres de saint Paul, regardant cet apôtre comme un apostat de la loi. Ils honoraient les anciens patriarches, mais ils méprisaient les prophètes. La vie des premiers ébionites fut, dit-on, assez sage; celle des derniers fort déréglée. Ceux-ci permettaient la dissolution du mariage et la pluralité des femmes. Quoique juifs opiniâtres, les ébionistes reconnaissaient J.-C. pour le Messie; ils voyaient donc en lui les principaux caractères sous lesquels il avait été annoncé par les prophètes. On ne les accuse point d'avoir révoqué en doute les miracles de Jésus-Christ, ni sa mort, ni sa résurrection. Saint Epiphane atteste, au contraire, qu'ils admettaient tous ces faits essentiels. Ils étaient cependant nés dans la Judée, avant la destruction de Jérusalem; plusieurs avaient été sur le lieu où ces faits s'étaient passés; ils avaient eu la facilité de les vérifier. (C'est contre Ébion et contre Cérinthe que saint Jean composa son évangile.)

ÉBIONITES, secte religieuse. (*V.* ÉBION.)

ÉBISÈLEMENT, s. m. (*technol.*), action d'ébiseler.

ÉBISELER, v. a. (*technol.*), donner une forme conique à un trou.

ÉBISELURE, s. f. (*technol.*), résultat de l'action d'ébiseler.

EBKO, ECCO ou plutôt **EYKE DE REPKOW**, dynaste saxon du pays d'Anhalt, vivait dans la première moitié du XIIIe siècle. On ne connaît ni la date de sa naissance, ni celle de sa mort, ni rien de particulier sur sa vie. Il rédigea le Code des Saxons, monument précieux pour l'histoire du moyen âge. Ce code fut introduit dans tout le nord de l'Allemagne, et même par plusieurs nations de race slave, telles que les Lusaciens, les Bohémiens et les Polonais; il a été le modèle des autres recueils du même genre qui ont été faits en Allemagne, nommément du *Schwabenspiegel*, ou droit souabe, sous l'empire duquel l'Allemagne méridionale a longtemps vécu. Le *Schawabenspiegel* a été souvent imprimé. La plus ancienne édition est de Bâle, 1474. L'édition la plus complète a été donnée à Leipzig par Gærtner, en 1732; 1 vol. in-fol. Repkow est aussi l'auteur du *Droit féodal saxon*, dont un manuscrit existe dans la bibliothèque de Leipzig. Schelter en a donné une édition à Strasbourg en 1696.

ÉBLÉ (JEAN-BAPTISTE), général d'artillerie, né en 1759, à Saint-Jean-de-Rorbach (Moselle), entra au service comme simple canonnier, et devint officier en 1785. Capitaine en second dans le 6e régiment d'artillerie en mai 1792, il servit dans l'armée de Dumouriez jusqu'au mois de juillet 1793. Il fut alors chargé, en qualité de chef de bataillon, du commandement de l'artillerie d'une des divisions de l'armée du Nord, et se trouva à la bataille d'Hondschoote et au déblocus de Dunkerque. Nommé général de brigade le 27 septembre 1793, il commanda l'artillerie de la même armée pendant la conquête des Pays-Bas de la Hollande. Il fut ensuite appelé au commandement en chef de l'artillerie de l'armée de Rhin-et-Moselle, et ouvrit, avec le général Moreau, la campagne de l'an IV. Il passa, en l'an VII, à l'armée de Rome, sous Championnet, puis à celle des Alpes; retourna ensuite à l'armée du Rhin, où il fit les campagnes des années VIII et IX; il y dirigea le passage du Rhin, celui de l'Inn et celui de la Salza, et déploya dans toutes ces circonstances une activité infatigable; fit, avec une égale distinction, les campagnes d'Allemagne de 1803 à 1805, celle d'Espagne en 1809, celles de Portugal en 1810 et 1811; il se signala sous les murs de Ciudad-Rodrigo et au siége d'Almeida, et fit ensuite partie de la malheureuse expédition de Russie. Il mourut à Magdebourg le 30 décembre 1812.

ÉBLOUIR, v. a., frapper les yeux par un éclat très vif qu'ils ne peuvent soutenir. Fig., *Une beauté qui éblouit*, une femme d'une éclatante beauté. — ÉBLOUIR, signifie, figurément, surprendre l'esprit par quelque chose de vif, de brillant, de spécieux. Il signifie aussi tenter, séduire. *Être ébloui de quelque chose*, signifie quelquefois en être ridiculement fier, orgueilleux.

ÉBLOUISSANT, ANTE, adj. Il a des significations analogues à celles du verbe *éblouir*, tant au propre qu'au figuré.

ÉBLOUISSEMENT, trouble momentané de la vue, occasionné par l'impression subite d'une lumière vive et éclatante, par le passage brusque d'une profonde obscurité au grand jour, ou par le fait d'une cause interne, telle qu'un afflux subit du sang vers la tête, un coup de sang, une défaillance, ou bien enfin par un coup violent reçu sur la tête, dans le voisinage de l'orbite, ou sur le globe oculaire lui-même. — Lorsqu'une lumière éclatante vient à frapper l'œil inopinément, la rétine, péniblement affectée par cette vive lueur, ne perçoit pas momentanément les objets à sa portée que cette lumière éclaire; la pupille se contracte aussitôt pour soustraire l'organe à cette sensation pénible. Cette sensation persiste quelquefois assez longtemps pour que l'on croie encore voir la lumière, alors que toute communication des rayons lumineux avec la rétine est interceptée; et si, dans cette condition, l'œil se rouvre et se dirige sur un objet moins éclairé, il conserve encore l'impression première, au point de ne pouvoir distinguer nettement l'objet qu'il regarde qu'au bout de quelques instants d'attention. — L'éblouissement qui survient spontanément, sans être produit ni par l'impression d'une vive lumière, ni par l'effet d'une chute ou d'un coup sur la tête, dénote un trouble momentané ou permanent des fonctions cérébrales, qui doit appeler l'attention du médecin.

EBN. *V.* IBN.

EBNÉH (*géogr.*), village de la Turquie d'Asie, en Syrie, près de Jaffa et de la Méditerranée. On trouve dans les environs d'Ebnéh les ruines d'Ezdoud, l'ancien Azot.

EBNER (ERASME), naquit à Nuremberg en 1511. Mélancthon, ami de son père, le mena aux diètes de Spire et d'Augsbourg, en 1529 et 1530, et par ses entretiens développa en lui le goût des belles-lettres. Ebner, au retour de ses voyages en France et en Italie, devint sénateur de Nuremberg. Il représenta cette ville à la convention de Smalkalde, et lui forma une bibliothèque publique avec les livres retirés des couvents supprimés. Il servit utilement sa patrie et la cause des réformés, tant dans les diètes d'empire et celles de cercles que dans les conférences relatives à la religion. Il consentit, en 1554, à entrer au service de Philippe II, roi d'Espagne; mais, en 1569, il fut nommé conseiller aulique du duc Jules de Brunswick, par le père duquel il avait été précédemment employé. Il chercha vainement à se retirer pour se livrer entièrement à l'étude; il fut obligé de rester à la cour, et mourut en 1577. On lui doit la fondation de l'Université de Helmstaedt, et une découverte précieuse en minéralogie qu'il fit dans le Hartz en 1553: c'est que la cadmie mêlée avec le cuivre donnait du laiton, jusqu'alors on la jetait comme une scorie inutile. On trouve des épigrammes latines d'Ebner parmi celles de Mélancthon.

EBNER (JEAN-PAUL), surnommé d'*Eschenbach*, né à Nuremberg le 13 juillet 1611, étudia la jurisprudence à Tubinge et accompagna, en qualité de secrétaire, dans divers légations en Italie le comte de Windischgraetz, envoyé impérial. De retour dans sa ville natale, il fut nommé sénateur et curateur de l'Université d'Altorf. Il mourut le 14 juillet 1691. Dans ses voyages il recueillit un cabinet de médailles antiques, qui a été un des premiers qu'on ait formés en Allemagne. Il a aussi laissé divers écrits en latin, tels que *Zelus Galliæ*, *Cenotaphium legionis franconicæ pedestris*; *sol Tirolis oriens et occidens*, etc.

ÉBOES (*bot.*), nom arabe d'un millepertuis en arbre qui est le *hypericum kalmii* de Forskaël, *hypericum revolutum* de Vahl.

EBOITEMENT, s. m., action de rentre boiteux. Il se trouve dans Montaigne.

EBOLI (*Ebure*), ville du royaume de Naples (principauté citérieure), sur le Salaro, avec 5,500 habitants; à 7 l. E.-S.-E. de Salerne.

EBOLI (ANNE DE MENDOZA, princesse D'), épouse de Rui de Gomez de Silva, favori de Philippe II, inspira, en 1570, à ce monarque une passion violente. Son mari était trop bon courtisan pour mettre obstacle aux inclinations de son souverain. Cette belle épouse influa sur les affaires politiques. Antoine Perez, secrétaire d'État, fut en même temps le rival et le confident du roi; Philippe, dans la suite, découvrit le mystère, et voulut envelopper dans la même vengeance une maîtresse infidèle et un ami ingrat. Perez n'évita l'échafaud qu'en se sauvant en France, et la princesse d'Eboli perdit sa liberté.

ÉBORGNER, v. a., rendre borgne, priver d'un œil. On l'emploie aussi avec le pronom personnel. Par exagérat. et fam., *Eborgner quelqu'un*, lui faire grand mal à l'œil.

ÉBORGNER, v. a. (*agricult.*), enlever avec l'ongle les boutons ligneux qui, lors de l'ascension de la sève, produiraient des bourgeons inutiles ou nuisibles.

ÉBOTTER, v. a. (*technol.*), couper la tête d'un arbre, d'un clou, d'une épingle.

ÉBOUFFER, v. n. *Ébouffer* ou *s'ébouffer de rire*, se disait quelquefois pour pouffer de rire. On le trouve dans Scarron.

ÉBOUILLANTER, v. a. (*technol.*), tremper les cocons de vers à soie dans l'eau bouillante pour tuer les chrysalides.

ÉBOUILLIR, v. n., diminuer à force de bouillir. On ne l'emploie guère qu'à l'infinitif et au participe.

ÉBOULEMENT, s. m., chute de la chose qui s'éboule, ou état de la chose éboulée.

ÉBOULER, v. n., tomber en ruine. Il se dit des amas de terre de certaines constructions, etc., qui tombent, qui se dérangent, qui se renversent. Il s'emploie aussi avec le pronom personnel.

ÉBOULIS, s. m., amas de matières éboulées.

ÉBOUQUEUR, EURE, s. (*technol.*). (*V.* ÉPINCETTEUR.)

ÉBOURGEONNEAU, ÉBOURGEONNEUR, ÉBOURGEONNEUX, s. m., (*zool.*), noms vulgaires du bouvreuil, du gros-bec et du pinson des Ardennes.

ÉBOURGEONNEMENT, s. m. (*t. d'agricult.*), retranchement de bourgeons superflus des arbres fruitiers pour les soulager, les conserver et leur faire porter de plus beaux fruits.

ÉBOURGEONNER, v. a. (*t. d'agricult.*), ôter les bourgeons ou les nouveaux jets superflus.

ÉBOURGEONNEUR (*ois.*). Ce nom et celui d'*ébourgeonneau* et *ébourgeonneux* sont donnés, dans plusieurs départements, à divers oiseaux qui coupent les bourgeons des arbres, tels que le gros-bec, *laxia coccothraustes*, Linné; le bouvreuil, *loxia pyrrhula*, Linné; le pinson des Ardennes, *fringilla montifringilla*, Linné.

ÉBOURGEONNOIR, s. m. (*agricult.*), instrument propre à couper, hors de la portée de la main, les bourgeons et les rameaux qui croissent sur les troncs des arbres.

ÉBOURIFFANT, ANTE, adj. (*néol.*). Il se dit, dans le style comique, d'une chose extraordinaire et tout-à-fait imprévue.

ÉBOURIFFÉ, ÉE, adj. Il se dit des personnes dont le vent ou quelque autre cause a mis en désordre les cheveux ou la perruque, la coiffure. Il est familier. Il s'applique dans un sens analogue aux cheveux, à la coiffure même. Il se dit figurément d'une personne agitée, troublée, et qui laisse voir son trouble, son agitation.

ÉBOURIFFER, v. a. (*néol.*), surprendre extrêmement, rendre interdit.

ÉBOURRER, v. a. (*technol.*), en termes de corroyeur ôter, la bourre des peaux.

ÉBOUS (*bot.*), nom languedocien de l'hièble, *sambucus ebulus*.

ÉBOUSINER, v. a. (*t. de maçonnerie*), ôter le bousin d'une pierre, c'est-à-dire, cette croûte tendre qui tient autant de la terre que de la pierre.

ÉBOUTER, v. a., couper le bout d'une pièce de bois quelconque pour juger de l'état de ses fibres et de leur force.

ÉBRANCHEMENT. Ébrancher c'est couper les branches d'un arbre. L'ordonnance des eaux et forêts veut que l'on condamne ceux qui ont ébranché ou dégradé des arbres dans une forêt aux mêmes amendes que s'ils les avaient abattus. Toute amputation considérable faite à un arbre lorsqu'il commence à entrer ou qu'il est en pleine sève, lui est toujours préjudiciable et souvent funeste. C'est la raison pour laquelle, en concluant du grand au petit, les chèvres, les moutons, etc., causent un si grand dégât lorsqu'à cette époque ils broutent les jeunes pousses des bois. — L'ébranchement a lieu ou par la malice ou l'ignorance de celui qui ébranche, ou par l'effet des météores. La foudre frappe un arbre, il s'ébranche, et souvent il meurt. On connaît l'effet terrible de ces trombes de vent qui fracassent tout ce qui s'oppose à leur impétuosité et se rencontre sur leur passage, tandis que l'arbre voisin est respecté; on doit aussitôt après faire monter des hommes sur ces arbres, armés de haches et de serpes, pour abattre toutes les branches cassées ou tordues, afin que les arbres déshonorés puissent encore profiter de la sève et pousser de nouveaux bourgeons. —Si on veut réparer le mal fait à un arbre précieux et que ses branches soient simplement éclatées et sa tête défigurée, il est possible de rejoindre les parties, de les envelopper après leur réunion avec l'onguent de saint Fiacre, de recouvrir le tout avec des éclisses et de les retenir au moyen de ligatures; alors, donnant deux ou plusieurs tuteurs à cet arbre ou à ses branches, leur plaie se cicatrisera, peu à peu l'écorce se réunira, enfin la branche, conservée dans sa forme et dans la direction de ses rameaux, conservera à la tête de cet arbre précieux la même forme qu'il avait auparavant. — On ébranche aussi les vieux arbres dont les branches, dégarnies du bas, appauvrissent la sève qui les traverse, pour ne donner à leur extrémité qu'une végétation sans grâce et souvent sans fruit. On scie les branches qu'on veut supprimer à quelques pouces du tronc pour ne pas exposer ce dernier à se carier par la plaie qui doit être la suite de cette opération. C'est un mauvais moyen que d'ébrancher les arbres pour les faire croître en hauteur: on les prive par ce moyen d'une grande quantité de feuilles, ce qui doit nécessairement nuire à leur croissance, car on sait que les feuilles sont pour les végétaux des espèces de racines aériennes qui leur sont aussi utiles que leurs véritables racines; ce ne sont que les jeunes arbres qu'il faut se permettre d'ébrancher pour les faire croître en hauteur, et encore faut-il le faire avec beaucoup de réserve. On ébranche aussi en automne, en hiver, et même au printemps, certains arbres pour en recueillir les branches tous les trois ans: tels sont les saules, les peupliers, etc. (voy. ces mots).

ÉBRANCHER, v. a., dépouiller un arbre d'une partie de ses branches en les coupant ou en les rompant.

ÉBRANCHOIR, s. m. (*agricult.*), un des noms de l'instrument appelé aussi sécateur.

ÉBRANLEMENT, s. m., secousse, action par laquelle une chose est ébranlée. Il se dit aussi figurément.

ÉBRANLER, v. a., donner des secousses à une chose, en sorte qu'elle ne soit plus dans une ferme assiette. Il s'emploie figurément dans le même sens. Il se dit aussi figurément en parlant des personnes, et signifie émouvoir quelqu'un, l'étonner, faire qu'il soit moins ferme dans la situation d'esprit où il était, dans ses opinions, dans ses révolutions. — ÉBRANLER s'emploie souvent avec le pronom personnel. Il signifie particulièrement, en termes de guerre, se mettre en mouvement. Il se dit également de troupes qui commencent à faire quelque mouvement pour prendre la fuite.

ÉBRASEMENT, s. m. (*t. d'archit.*), action d'ébraser, ou le résultat de cette action.

ÉBRASER (*t. d'archit.*), élargir une baie de porte ou de fenêtre du côté du parement intérieur du mur, suivant un plan oblique jusqu'au parement extérieur, tellement que les écoinçons présentent, en dedans, le sommet d'angles plus ou moins obtus.

ÉBRE (l'ancien *Iberus*), fleuve d'Espagne, qui sort des montagnes de la province de Toro, à 1 lieue de Reynosa, coule dans la direction du S.-E., et a son embouchure dans la Méditerranée, au port des Alfaques (Catalogne), après avoir parcouru 130 lieues d'étendue; aux environs de Logrono, il devient navigable; mais son embouchure est obstruée par d'énormes bancs de sable. Il a pour affluents principaux la Sègre, la Guadalupe, la Galoga, le Xiloca, l'Aragon, et 25 autres rivières environ.

ÉBRÉCHER, v. a., faire une brèche à un instrument tranchant. *S'ébrécher une dent*, se casser une partie d'une dent. —

ÉBRÉCHER se dit quelquefois, figurément et familièrement, en parlant de la fortune d'une personne.

ÉBRÉNER, v. a., ôter les matières fécales d'un enfant.

ÉBREUIL, *Eboralium*, *Eborolæcum*, et plus anciennement *Prædium Apollinaris Sidonii*, petite ville de l'Auvergne, aujourd'hui chef-lieu de canton de l'Allier. C'est dans les murs de cette cité que la tradition place l'un des quatre palais que Charlemagne avait choisis pour résidences à son fils Louis, roi d'Aquitaine. Ce bâtiment fut donné, à ce qu'il paraît, en 974, par Lothaire, au monastère de l'ordre de Saint-Benoît que Louis-le-Débonnaire y avait fondé en 806. Charles VII s'empara d'Ebreuil en 1440, lors de la révolte de la Praguerie. On compte aujourd'hui dans cette ville environ 3,000 habitants.

ÉBRIÉTÉ, s. f. (*néol.*), ivresse.

ÉBRILLADE, s. f. (*manége*), coup de bride que le cavalier donne au cheval qui refuse de tourner.

ÉBROIN, maire du palais de Clotaire III et de Thierri I, homme ambitieux, fier, entreprenant, parvint à ce poste par ses intrigues et par son hypocrisie. Les espérances que ses vertus apparentes avaient données se démentirent bientôt. Demeuré seul maître, par la retraite de la reine Bathilde, il ne contraignit plus son orgueil, son avarice, sa perfidie. Il ravissait les biens, il ôtait les charges, il chassait les grands qui étaient à la cour, et défendait aux autres d'y venir sans sa permission. Après la mort de Clotaire, en 670, il mit Thierri sur le trône; mais la haine que les seigneurs avaient pour le ministre rejaillit sur le roi. Ils donnèrent la couronne à Childéric II, firent tondre Thierri et Ébroin, et les enfermèrent dans des monastères. On eût fait mourir Ébroin sans la puissante médiation de saint Léger, qui ne se souvint plus de l'inimitié qu'il ne s'était attirée de la part de ce méchant homme qu'en blâmant ses injustices. Childéric étant mort en 673, Thierri fut replacé sur le trône, et prit Leudèse pour maire du palais. Ébroin s'étant échappé de son monastère fit assassiner Leudèse, supposa un Clovis, qu'il disait être fils de Clotaire III, força les peuples de lui prêter serment de fidélité, et ravagea les terres de ceux qui lui résistèrent. La ville d'Autun fut assiégée. L'évêque Léger eut les yeux crevés par ordre d'Ébroïn, à qui il avait sauvé la vie, et fut mis dans un monastère. Ébroin contraignit ensuite, les armes à la main, Thierri à le recevoir de nouveau pour son maire du palais. Il gagna les grands de Neustrie et de Bourgogne, et renvoya son faux Clovis, dont il n'avait plus besoin. Sa tyrannie n'eut plus de bornes; tous les gens de bien en furent les victimes. Enfin un seigneur nommé Hermenfroi, qu'il menaçait de la mort après l'avoir dépouillé de ses biens, tua le tyran en 681, les uns disent dans son lit, les autres à la sortie de son palais. Ce fut sous ce ministre que commença l'usage ou plutôt le monstrueux abus de donner, à titre de précaire, les biens ecclésiastiques à des seigneurs laïques, sous l'obligation du service militaire.

ÉBROUAGE, s. f. (*technol.*), opération qui consiste à tenir les laines plongées dans de l'eau de son.

ÉBROUDAGE, s. f. (*technol.*), action de passer un fil métallique dans la filière.

ÉBROUDEUR, s. m. (*technol.*), ouvrier qui est chargé de l'ébroudage.

ÉBROUDIN, s. m. (*technol.*), fil métaillique qui a subi l'ébroudage.

ÉBROUDIR, v. a. (*technol.*), passer un fil métalique à travers la filière.

ÉBROUEMENT, s. m. (*t. d'art vétérin.*). Il se dit de l'éternument de certains animaux domestiques. Il se dit aussi, en termes de manége, du ronflement d'un cheval à la vue des objets qui le surprennent ou qui l'effrayent.

ÉBROUER, v. a., laver, passer dans l'eau, en parlant des toiles, des étoffes. — ÉBROUER, s'emploie aussi avec le pronom personnel, en termes d'art vétérinaire, et se dit des animaux domestiques lorsqu'ils font une espèce d'éternument, comme pour dégager leurs naseaux de ce qui y cause de la gêne ou de l'irritation. Il se dit aussi, en termes de manége, d'un cheval qui fait un ronflement à la vue des objets qui le surprennent ou l'effrayent.

ÉBROUSSER, v. a. (*agricult.*), effeuiller un arbre, ébourgeonner la vigne.

ÉBRUITER, v. a., divulguer, rendre public. Il s'emploie aussi avec le pronom personnel.

ÉBRUN (*bot.*). Suivant M. Bosc, le blé ergoté est ainsi nommé dans quelques cantons.

ÉBUARD, s. m., coin de bois fort dur, qui sert à fendre des bûches.

ÉBULLITION, s. f., mouvement d'un liquide qui bout sur le feu. Il se dit aussi, en chimie, d'un dégagement de bulles d'air qui a lieu quand on mélange certaines substances; toutefois ce dernier phénomène est plus ordinairement désigné par le nom d'effervescence. — ÉBULLITION, en médecine, se dit de toute espèce d'éruption passagère qui survient à la peau.

ÉBULLITION DES LIQUIDES (*chim.*). Lorsqu'on chauffe par la partie inférieure un liquide contenu dans un vase, il arrive un moment où la température ne s'élève plus, quoique le liquide continue à recevoir le calorique. A cette époque, ses particules ont une force expansive égale à la pression de l'atmosphère, et commencent à prendre l'état aériforme; et comme la partie du liquide qui touche le fond du vase reçoit le plus immédiatement la chaleur, c'est dans cette partie que se produit la vapeur. Dès que celle-ci est formée, à cause de sa grande légèreté elle soulève les couches de liquide et se dégage en bouillonnant: c'est ce dégagement qui est appelé *ébullition.*

EBULO (PIERRE D'), poète latin et chroniqueur sicilien de la fin du XIIe siècle, nous laisse, en assez mauvais vers latins, une relation des affaires de cette île sous Tancrède et l'empereur Henri VI. Cette pièce, curieuse pour l'histoire de ce temps, était restée inédite jusqu'en 1746, que Samuel Engel, bailli d'Echalens, la publia avec de savantes notes critiques et historiques, d'après un manuscrit de la bibliothèque de Berne, sous ce titre : *Petri d'Ebulo, carmen de motibus siculis*, Bâle, 1746, in-8°, fig.

EBURNE, *Eburna* (*moll.*). Ce genre institué par Lamarck, et admis comme sous-genre par Cuvier, a pour caractères : une coquille ovale ou allongée, à bord droit très simple; une ouverture longitudinale, échancrée à sa base; une columelle ombiliquée dans la partie supérieure et canaliculée sous l'ombilic. L'animal est encore inconnu. Parmi les espèces peu nombreuses du genre éburne, nous citerons : *L'éburne allongée*, *eburna glabrata* de Lamarck; coquille lisse, allongée, d'un jaune orangé clair, à sutures couvertes, et qui vient de l'Océan américain. *L'éburne de Ceylan*, *eburna ceylanica*, de Lamarck, qui est allongée, ovale, lisse, blanche, et tachetée de brun fauve, dont la suture est visible, l'ombilic ouvert, violet, et de la longueur de huit centimètres.

ÉBURNÉ, ÉE, adj. (*hist. nat.*), qui ressemble à de l'ivoire, qui s'est converti en ivoire.

ÉBURNÉEN, ÉENNE, adj. (*hist. nat.*), qui a les caractères de l'ivoire.

ÉBURNIFICATION, s. f. (*méd.*), transformation d'un os ou d'un cartilage en une substance analogue à l'ivoire.

ÉBURNIFIÉ, ÉE, adj. (*médec.*), qui s'est converti en ivoire.

EBURONES (Liégeois), ancienne nation de la Gaule belgique, à l'E. de la Meuse et à l'O. du Rhin. Ayant, du temps de César, massacré, malgré la foi des traités, une légion et cinq cohortes romaines, il furent entièrement exterminés par le général romain. Depuis ce temps leur nom ne se retrouve plus dans l'histoire. Les Tongres occupèrent le pays qui avait été leur domicile.

ÉBUSCHETER, v. n., mot de Rabelais, ramasser des brins de bois pour en faire des fagots.

ÉCAB (*bot.*). Suivant Shaw, c'est le nom arabe de l'*azedarach*. (*V.* ce mot.)

ÉCACHEMENT, s. m. (*technol.*), action d'écacher; état de ce qui est écaché; écrasement; meurtrissure. Il s'employait autrefois dans la chirurgie.

ÉCACHER, v. a., écraser, froisser. Il est familier. Fam., *Un nez écaché*, un nez camus et aplati.

ÉCACHER, v. a. (*technol.*), froisser ou briser par une action violente. Chez les lamineurs, aplatir le fil, en le faisant passer entre deux cylindres d'acier. Comprimer en tous sens, entre les mains, les feuilles de papier qui viennent d'être achevées, afin de faire sortir l'air interposé entre elles. Pétrir la cire pour la rendre molle. Dresser une faux sur la meule.

ÉCACHEUR, s. m. (*technol.*), ouvrier qui écache; celui qui aplatit le fil de métal, en le faisant passer entre deux meules; celui qui pétrit la cire pour la rendre maniable; celui qui dresse les limes ou les croissants sur la meule.

ÉBACOALT (*erpétol.*), nom mexicain du *boïquira*. (*V.* CROTALE.)

ECAFFER, v. a. (*technol.*), en termes de vannier, partager l'osier en deux dans le sens de son épaisseur.

ECAFIGNON, s. m. Il se dit populairement de la mauvaise odeur d'un corps malpropre. On le trouve dans Saint-Amand.

ÉCAGE, petit pays de Normandie, dont les principales localités étaient les *Anthieux-Papillon* ou *Anthieux en Ecage* et *Ecajeul* (Calvados).

ÉCAGNE, s. f. (*technol.*), portion d'un écheveau qu'on a divisé.

ÉCAILLAGE, s. m. (*technol.*), défaut d'une poterie, d'une peinture qui s'écaille. Action de détacher par écailles le sel qui est demeuré adhérent à une chaudière. Action d'écailler les huîtres, de les ouvrir.

ÉCAILLAIRE (*bot.*), nom donné par Decandolle au genre de la famille des lichens plus connu sous la dénomination latine de *squamaria*. (*V.* ce mot.)

ÉCAILLE, *squama* (*zool.*). Dans les animaux, l'écaille est une substance dure et cependant flexible, d'une nature analogue à celle de la corne ou à celle des poils et des cheveux; elle est disposée par plaques plus ou moins solides, dont les molécules se groupent en tubercules, en aiguillons, en piquants, et la matière qui les constitue est à peu près identique dans toutes les espèces d'animaux; elle se compose, d'après l'analyse chimique, de: albumine coagulé, phosphate de chaux, phosphate de soude, oxyde de fer, et un corps huileux auquel elle doit sa flexibilité. Chez les *mammifères*, les phatagins et les pangolins sont seuls entièrement couverts d'écailles; celles des tatous adhèrent à la peau et deviennent osseuses; elles sont juxtaposées. La queue des rats, des capromys, des castors, des sarigues et de plusieurs singes présente des écailles en lames écailleuses. Chez les *oiseaux*, on ne trouve d'écailles que sur les pattes; les manchots en ont aussi sur leurs rudiments d'ailes. Dans la classe des *reptiles*, les batraciens seuls sont complètement dépourvus d'écailles; celle de la tortue est formée de plaques assez larges, épaisses, imbriquées les unes sur les autres, et se présentant jaspée, sur un fond de couleur blonde, brune ou noirâtre. Chez les ophidiens et les sauriens, les écailles sont disposées par petites lames, et souvent sous la forme de tubercules; elles sont osseuses et rangées par bandes chez les crocodiles; de forme ovale sur les jeunes individus, et devenant des carrés parfaits avec l'âge. Chez les lézards, elles sont petites, plates, et le plus ordinairement pentagonales; elles se terminent en pointe épineuse sur la queue des cordyles; en crête dentée ou pectinée sur le dos des iguanes; en lames cornées continues sur la tête des couleuvres et des boas; et qui se changent en tubercules miliaires, durs et résistants sur la peau des acrochordes, en anneaux circulaires sur les amphisbènes, etc. Chez les *poissons*, les écailles sont une partie essentielle: elles recouvrent la peau, s'étendent en lames minces, transparentes, et sont unies aux téguments par des petits vaisseaux nourriciers; elles se crispent, se roulent sur elles-mêmes par l'action du feu. Très rarement elles adhèrent entre elles, si ce n'est lorsqu'elles doivent former revêtement osseux. Quelques poissons semblent privés d'écailles, parce que leur corps est couvert d'écailles microscopiques; quelques-uns, comme les anguilles, les ont recouvertes par la peau, ou même cachées dans son épaisseur. Cette position des écailles dépend de la forme de chaque espèce et de sa manière de vivre. Elles sont imbriquées dans les perches, les spares, la carpe; éloignées ou répandues sur le corps dans l'anarrhique; contiguës, mais n'empiétant point les unes sur les autres, dans les vrais balistes; rares dans les donzelles; multipliées dans le labre; très grandes dans les muges; en plaques dans les hippocampes; petites dans la loche; presque insensibles dans les gymnotes; molles dans le hareng; osseuses dans les polyptères; cornées dans la girelle macrolépidote; et presque toujours enrichies des couleurs métalliques les plus variées, tant que le poisson est dans l'eau. Les *invertébrés* sont généralement couverts d'écailles, dont la forme, la grandeur et la couleur diffèrent selon les parties qu'elles sont chargées d'abriter; quant à leur structure, elle n'est point aussi simple qu'elle le paraît au premier coup d'œil. Elles sont composées des trois lames, dont les deux extérieures sont écailleuses, cannelées, et l'intermédiaire membraneuse. Le jeu de la lumière sur cette triple lame est la cause déterminante de l'éclat des papillons. Quelques coléoptères doivent aussi leurs couleurs à des écailles semblables.

ÉCAILLE DE TORTUE (*chim.*). M. Hatchett la regarde comme analogue à la corne, aux ongles, c'est-à-dire, suivant lui, comme étant formée d'albumine coagulée. Mille parties lui ont donné cinq de cendre, composée de phosphate de chaux, de phosphate de soude et d'un peu d'oxyde de fer. M. Vauquelin pense, au contraire, qu'elle est formée de mucus durci et d'une substance huileuse, à laquelle elle doit sa flexibilité, la propriété de se ramollir, de se fondre par la chaleur, et de dégager en brûlant une flamme volumineuse.

ÉCAILLE DE POISSON (*chim.*). M. Hatchett la regarde comme étant formée de couches alternatives d'une membrane et de phosphate de chaux.

ÉCAILLE (*conch.*), nom marchand de la coquille du *patella testitudinaria* quand elle a été polie, parce qu'alors elle ressemble à de l'écaille de tortue.

ÉCAILLE OU GRANDE ÉCAILLE (*ichthyol.*). On a donné ce nom à plusieurs espèces de poissons remarquables par les dimensions des écailles qui recouvrent leur corps, entre autres à un *heniochus*, à un *flétan* et à une *girelle*. (*V.* ces différents noms.)

ÉCAILLE (*entomol.*). Geoffroy a décrit sous ce nom plusieurs espèces de lépidoptères, et en particulier diverses espèces de bombyces: Écaille brune.—(*V.* BOMBYCE AULIQUE.)— Écaille couleur de rose. (*V.* BOMBYCE HÉBÉ.) — Écaille marbrée. (*V.* BOMBYCE MARBRÉ.) — Écaille martre. (*V.* BOMBYCE CAÏA.) — Écaille mouchetée. (*V.* BOMBYCE DU PLANTAIN.) — M. Duméril indique le nom d'écaille comme celui du troisième sous-genre parmi les bombyces qui ont les ailes vivement colorées avec des taches plus claires ou plus foncées.

ÉCAILLE, *squama* (*bot.*). Dans les plantes, les écailles paraissent n'être que des feuilles avortées et demeurées à l'état rudimentaire. Elles varient à l'infini par la forme, la grandeur et le nombre, et se trouvent sur différentes parties des végétaux. Ainsi, dans la grande orobanche, *orobanche major*, le nid d'oiseau, *ophrys nidus avis*, et le tussilage commun, *tussilago farfara*, elles tiennent lieu de feuilles et sont disposées le long de la tige. Dans la lauréole, *daphne mezereum*, le lilas, *lilas vulgaris*, le marronier, *æsculus hippocastanum*, le pommier, *malus communis*, les écailles recouvrent si exactement la jeune pousse, enfermée dans le bouton, que l'on peut conserver intacts, sous l'eau, pendant des années, des boutons détachés de l'arbre, en ayant l'attention de les enduire de résine à leur base. On en remarque aussi à l'extérieur des racines de la surelle blanche, *oxalis acetosella*, de la clandestine écailleuse, *lathrœa squamaria*, des bulbes du lis, *lilium candidum*, et de la plupart des polypodes, *polypodium*; elles sont appliquées en recouvrement les unes sur les autres, à la manière des tuiles d'un toit. — On donne quelquefois le nom d'écailles: 1° aux bractées imbriquées qui composent l'involucre ou calice commun des composées, telles que l'immortelle, *xeranthemum annuum*; 2° aux bractées florifères des chatons du saule, *salix alba*, du coudrier, *corylus avellana*, etc.; 3° aux bractées qui accompagnent les organes sexuels des graminées; enfin 4°, à la glande nectarifère placée à l'onglet de chacun des pétales de la renoncule blonde, *ranonculus auricomus*, et de toutes les espèces qui appartiennent au même genre.

ÉCAILLE, se dit, par analogie, de tout ce qui se détache des corps en petites parties minces et légères. Fig. et fam., *Les écailles lui sont tombées des yeux*, ses yeux se sont dessillés.

ÉCAILLE, s. f., *ordre de l'Ecaille* (*hist.*), ordre militaire établi en Espagne au XIIIe siècle, ou au commencement du XIVe. Les chevaliers de *l'ordre de l'Ecaille* portaient, sur un habit blanc, une croix rouge écaillée; ils faisaient vœu de combattre les Maures.

ÉCAILLES (*archit.*), petits ornements en forme de demi-cercles contigus, que l'on sculpte sur des moulures rondes, ou sur un toit, un dôme, etc.

ÉCAILLE (*dessin*), se dit de tous les ornements en forme d'écaille de poisson, que l'on emploie dans la menuiserie, la broderie, la tapisserie, etc.

ÉCAILLE DE BERGAME, nom d'une espèce de tapisserie que l'on fabriquait à Bergame, et qui était ainsi nommée à cause de la forme de son dessin.

ÉCAILLES, se dit, chez les sculpteurs, des éclats de marbre qu'ils détachent du bloc. Il se dit quelquefois des mailles d'une armure.

ÉCAILLE (*technol.*), croûte de pain quand elle est soulevée; croûte mince qui se forme à la surface du fer que l'on échauffe. Tesson sur lequel le savonnier fait couler un peu de savon pour juger s'il est assez cuit.

ÉCAILLE OU ÉCAILLE DE MER, pierre dont on se sert pour broyer les couleurs.

ÉCAILLE, s. f. (*peint.*), petites parties de peinture qui se détachent ou menacent de se détacher d'un tableau dont l'enduit s'est gercé. On dit d'un tableau dans cet état qu'il tombe en écailles. Le premier soin de celui qui restaure un tableau est d'en fixer les écailles.

ÉCAILLÉ, ÉE, adj. (*bot.*), Il se dit d'une surface qui se détache successivement par plaques qu'on dirait obtenues à l'aide d'un emporte-pièce.

ÉCAILLÉ (*blason*), se dit d'un animal dont les écailles sont dessinées d'un autre émail que le corps.

ÉCAILLER, v. a. (*technol.*), gratter le plomb jusqu'au vif pour le mettre en état de recevoir la soudure. Donner la couleur de l'écaille à certains ouvrages. Les couvrir de dessins ou de ciselures en forme d'écailles.

ÉCAILLER, v. a., ôter, enlever les écailles d'un poisson. Il s'emploie aussi avec le pronom personnel, et signifie alors se lever, se détacher par écailles, par plaques minces.

ÉCAILLÉ, ÉE (*participe*). Il s'emploie aussi dans un sens contraire, pour dire : qui est couvert d'écailles.

ÉCAILLER, ÈRE, s., celui, celle qui vend et qui ouvre des huîtres à l'écaille.

ÉCAILLES DES SERPENTS (*chim.*). Elles paraissent tout-à-fait analogues à la corne.

ÉCAILLES D'HUITRE (*chim.*). (*V.* COQUILLES DES MOLLUSQUES.)

ÉCAILLEUX, EUSE, adj., qui se lève par écailles, par plaques minces. Il signifie aussi, en histoire naturelle et en botanique, qui est couvert, garni ou formé d'écailles.

ÉCAILLEUX, *squamosus* (*bot.*), accompagné, revêtu d'écailles. Les arbres des climats chauds ont rarement des boutons revêtus d'écailles. Au contraire, les arbres des contrées froides ou tempérées ont des boutons écailleux.

ÉCAILLEUX (*ichthyol.*). On a désigné sous ce nom spécifique un poisson du grand genre des squales de Linné. (*V.* CENTRINE.)

ÉCAILLEUX JAUNE ET VERT (*bot.*). Paulet donne ce nom à l'*agaricus crustatus* de Scopoli, parce que son chapeau est écailleux, jaune ou roux, avec ses feuillets verts.

ÉCAILLEUX VIOLET (*entomol.*). Geoffroy nomme ainsi une jolie espèce de mélolonthe dont les élytres et le corselet sont, en dessus, d'une belle couleur bleue ou violette, avec des reflets nacrés, et le dessous argenté. C'est la mélolonthe farineuse.

ÉCAILLEUX, EUSE, adj. (*anat.*). Il se dit d'une portion de l'os temporal, et de la suture qui l'unit à l'os pariétal.

ÉCAILLON, s. m. (*art vétérin.*), ancien nom des dents canines du cheval.

ÉCAILLON (*technol.*), principal ouvrier d'une ardoisière.

ÉCAILLURE, s. f. (*technol.*), pellicule qu'on enlève de la surface du plomb avec le grattoir.

ÉCALE, s. f., enveloppe extérieure qui renferme la coque dure de certains fruits, comme les noix. Il se dit aussi des coquilles d'œufs, et de la peau des pois qui se lève quand ils cuisent.

ÉCALE, s. f. (*technol.*), trou dans lequel se place l'ouvrier monnayeur qui met les flans sur le carré. Il se dit, dans les manufactures de blondes, d'une portion de soie dont les fils sont contenus par une gomme légère. *Faire écale* (*marine*). (*V.* ESCALE.)

ÉCALÉ, ÉE (*participe*) (*écon. rur.*). Il se dit, dans certains cantons, d'une terre qui, ne faisant partie d'aucune ferme, se loue isolément, sans bâtiments.

ÉCALER, v. a., ôter l'écale. Il s'emploie aussi avec le pronom personnel.

ÉCALER (S'), v. pron. (*technol.*), se séparer par lames. On l'emploie en parlant d'une pièce de bois.

ÉCALOT, s. m. (*hist. nat.*). Un des noms vulgaires du hanneton. Il se dit populairement, en certains cantons, pour noix.

ÉCALURE, s. f. (*comm.*), pellicule dure de certains fruits.

ÉCALYPTRÉ, ÉE., adj. (*bot.*), qui est privé de coiffe.

ÉCALYPTROCARPE, adj. des 2 genres (*bot.*), dont le fruit n'est pas couvert d'une coiffe.

ÉCANG, s. m. (*écon. rur.*), instrument dont on se sert pour écanguer.

ÉCANGUER, v. a. (*écon. rur.*), broyer le chanvre ou le lin pour en détacher la paille.

ÉCANGUEUR, s. m. (*écon. rur.*), ouvrier qui écangue le lin ou le chanvre.

ÉCAPATLIS (*bot.*). La plante du Mexique citée sous ce nom par Hernandez paraît être une espèce de casse voisine du *cassia occidentalis*.

ECAGUEUR, s. m. (*pêche*), celui qui est chargé de caquer le hareng.

ÉCARBOUILLER, v. a., écacher, écraser. Il est populaire.

ÉCARDONNEUX ou **ÉCARDOREUX** (*ornith.*). On nomme ainsi dans le département de la Somme le chardonneret, *fringilla carduelis*, Linné.

ÉCARLATE, s. f., couleur rouge et fort vive. On l'emploie souvent comme adjectif des deux genres. Il signifie aussi l'étoffe même teinte de cette couleur. Fig. et fam., *avoir les yeux bordés d'écarlate*, avoir le bord des paupières très rouge.

ÉCARLATE, s. f. Ce mot, comme le mot *cramoisi*, désignait moins autrefois une couleur quelconque que la perfection de la teinture. Il y avait de l'écarlate *verte*, *bleue*, *noire*. Il se disait, fig., de ce qu'il y a de mieux dans une classe d'hommes, comme on dit aujourd'hui *la fleur*.

ÉCARLATE DE GRAINE (*bot.*). On trouve dans quelques livres, sous ce nom mal appliqué, le kermès, insecte qui vit sur une espèce basse de chêne, lequel a été pris anciennement pour une graine ou une galle de cet arbre et dont on peut tirer une belle couleur écarlate.

ÉCARLATE, *graines d'écarlate* (*entomol.*). On a cru longtemps que les cochenilles du commerce étaient une production végétale, une sorte de baie ou de fruit desséché d'une espèce de chêne. Lorsqu'on les reconnut pour une production animale, on les attribua à une sorte de petits vers (*vermiculi*), d'où l'on a fait vermillon. Le nom d'écarlate est d'origine arabe, il a passé en espagnol et dans la plupart des langues vivantes avec quelques légères altérations. (*V.* COCHENILLE DU NOPAL.)

ÉCARLATE (*chim.*). La couleur écarlate que l'on donne à la laine au moyen de la cochenille est, suivant MM. Thénard et Roard, une combinaison de la laine avec la couleur de la cochenille, l'acide tartarique, l'acide hydrochlorique et le peroxyde d'étain. Le drap teint en écarlate, bouilli avec de l'eau distillée, devient d'abord cramoisie, puis couleur de chair.

ÉCARLATE (*erpetol.*). On a donné ce nom spécifique à une couleuvre de la Caroline, *coluber coccineus*. (*V.* COULEUVRE.)

ÉCARLATE JAUNE (*bot.*). Deux espèces de champignons du genre *agaricus*, remarquables par leur chapeau couleur de feu et par leur feuillet d'un jaune orangé, sont ainsi nommés par le docteur Paulet. Ils croissent en Italie et ne sont connus que par la description qu'en a donnée Micheli. Il ne faut pas les confondre avec le *jaune écarlate*, qui est l'*agaricus aurantiacus* de Jacquin.

ÉCARLATIN, s. m. (*comm.*), sorte d'étoffe de laine rouge. Espèce de cidre.

ÉCARLATINE, adj. f. (*V.* SCARLATINE.)

ÉCARNER, v. a, briser, détacher les carnes, les angles extérieurs d'un objet.

ÉCARQUILLEMENT, s. m., action d'écarquiller. Il est familier.

ÉCARQUILLER, v. a., écarter, ouvrir. Il ne se dit guère que dans ces phrases familières, *écarquiller les jambes*, *écarquiller les yeux*.

ÉCARRURE, s. m. (*cost. milit.*). Il se disait autrefois de la carre d'un habit.

ÉCART, s. m., action de s'écarter. En termes de danse, *faire un écart*, porter le pied de côté. — ÉCART, signifie figurément, l'action de s'écarter du sujet que l'on traite ; et, dans une acception plus étendue, toute action par laquelle on s'écarte de la raison, de la morale, des bienséances, etc. — ÉCART, à certains jeux de cartes, signifie les cartes qui ont été écartées. — À L'ÉCART (*locut. adv.*), en un lieu détourné, en un lieu écarté. Il signifie aussi : à part. *Mettre à l'écart*, réserver. Fig., *Mettre à l'écart*, faire abstraction. Fig., *Mettre quelqu'un à l'écart*, ne pas le faire participer à quelque avantage.

ÉCART, s. m. (*blason*). Il se dit de chaque quartier de l'écu, quand celui-ci est divisé en quatre parties. Les armes principales de la maison se mettent au *premier* et au *quatrième écart*, c'est-à-dire à ceux de la partie supérieure de l'écu ; on place au *deuxième* et au *troisième écart* les armes des alliances ou de la ligne maternelle.

ÉCART (*anc. jurisp.*), droit que plusieurs villes et certains seigneurs levaient sur les biens qui passaient des mains d'un bourgeois dans celles d'un forain.

ÉCART (*marine*), jonction de deux pièces de bois ou de deux bordages entaillés.

ÉCART, effort violent auquel les animaux et surtout le cheval sont sujets ; ce n'est autre chose que l'écartement de la tête de l'humérus de la cavité où elle s'articule. Les causes de l'écart sont les chutes lourdes, les faux pas, les coups violents dans l'endroit qu'on appelle la poitrine de l'épaule, les efforts que le cheval fait en se levant. On reconnait l'écart lorsqu'on s'est aperçu que le cheval a fait un effort, ou lorsqu'il éprouve de la douleur quand on le touche au bras ; il n'y a pas d'écart sans gonflement apparent et sensible. Les soins que réclame l'écart sont à peu près les mêmes que ceux de la mémarchure : il faut laisser le cheval en repos, afin de laisser reprendre peu à peu aux fibres leur ressort ; si l'on s'aperçoit d'abord de l'écart, il faut conduire sur-le-champ le cheval à l'eau, et l'y laisser plongé jusqu'au-dessus de l'épaule pendant au moins une demi-heure, le saigner ensuite à la jugulaire pour prévenir l'inflammation, et, lorsqu'elle existe, avoir recours aux émollients, afin de remédier à la tension et à la douleur. Lorsque l'inflammation diminue et que la résolution commence à se faire, il faut la favoriser par les toniques et les résolutifs, comme dans la mémarchure. Si les engorgements surviennent par les progrès de la maladie, il faut avoir recours aux maturatifs tels que l'onguent basilicon ; un séton peut quelquefois produire de bons effets. Les écarts mal traités ne guérissent jamais parfaitement ; il vaudrait donc mieux abandonner le cheval dans un pâturage que de le confier à un vétérinaire ignorant.

ÉCART, ÉCAS, ou **ISSUE** (droit d'). On appelait ainsi, dans les pays de coutumes, et principalement en Flandre, dans les villes ayant droit de bourgeoisie, une redevance prélevée, par la cité ou par le seigneur, sur les biens qui passaient des mains d'un bourgeois en celles d'un non-bourgeois, et réciproquement, et même par fois sur ceux qui passaient d'un non-bourgeois à un autre non-bourgeois. Le droit d'écart était réglé très diversement, suivant les coutumes diverses. Merlin en a fait l'objet d'une dissertation savante dans son *Répertoire universel de jurisprudence.*

ÉCARTABLE, adj. des deux genres (*fauconn.*). Il se dit des oiseaux qui sont le mieux vêtus, et qui montent en essor quand la chaleur les presse.

ÉCARTÉ, s. m., jeu de cartes analogue à la triomphe, et qui se joue à deux (*V.* Jeu).

ÉCARTELÉ, ÉE, adj. (*blason*). Il se dit surtout de l'écu partagé en quatre par une ligne horizontale et une perpendiculaire. Si les lignes sont diagonales ou en sautoir, on dit plutôt, *tranché et taillé* ou *flanqué.*

ÉCARTÈLEMENT. C'est le nom de l'un des plus horribles supplices qui aient jamais été inventés. Fort usité jadis en France, il consistait à attacher un cheval vigoureux à chaque pied et à chaque bras du patient ; on faisait ensuite tirer ces animaux jusqu'à ce que les membres fussent séparés du tronc. Cet atroce supplice pouvait durer plusieurs heures, et la plupart du temps le bourreau était obligé de couper les muscles du patient à coups de hache. Bien qu'il fût réservé spécialement aux crimes de lèse-majesté, cependant il fut quelquefois employé contre d'autres criminels ; ainsi, il fut infligé à Poltrot, assassin du duc de Guise, en 1563 ; à Châtel, à Ravaillac ; Damiens est le dernier criminel qui ait subi ce supplice, aboli par le Code pénal.

ÉCARTÈLEMENT, en termes de blason, signifie le partage de l'écu en quatre quartiers. On écartelle de deux manières, en *croix* et en *sautoir*. L'écartèlement en croix se fait au moyen de deux lignes qui se coupent à angle droit ; l'écartèlement en sautoir par deux diagonales.

ÉCARTELER, en termes de blason, signifie partager l'écu en quatre.

ÉCARTELURE, supplice, s. f. (*t. de blason*), division de l'écu en quatre quartiers.

ÉCARTEMENT, s. m., action d'écarter, de séparer, de s'écarter, de se séparer, ou le résultat de cette action. Il signifie particulièrement disjonction, séparation de choses qui doivent être jointes.

ÉCARTER, v. a., séparer, éloigner. Il signifie aussi disperser. *Ce fusil écarte le plomb, la dragée,* ou simplement, *ce fusil écarte,* il ne porte pas, il ne lance pas son plomb bien serré et bien ensemble. — Écarter, signifie encore détourner. Il s'emploie aussi figurément. Il s'emploie souvent avec le pronom personnel, tant au propre qu'au figuré. Fam., *Ne vous écartez pas,* restez ici près. — Écarter, à certains jeux de cartes, mettre à part, rejeter des cartes dont ne veut point se servir, s'en défaire.

ÉCARVER, v. a, (*marine*), joindre ensemble deux pièces de bois ou deux bordages entaillés.

ÉCASTAPHYLLE, adj. de deux g. (*bot.*), qui a des feuilles simples.

ÉCASTAPHYLLE, s. m. (*bot.*), genre de plantes légumineuses.

ÉCASTOR, interj. (*ant. rom.*), formule de serment, d'admiration ou d'exclamation, par laquelle on prenait Castor à témoin. On disait aussi *mécastor.*

ÉCATIR, v. a. (*technol.*), donner aux draps un apprêt, un lustre.

ÉCATISSAGE, s. m. (*technol.*), action d'écatir les draps.

ÉCATISSEUR, s. m., (*technol.*), ouvrier qui est chargé de l'écatissage.

ÉCATOIR, s. m. (*technol.*), ciselet dont le fourbisseur se sert pour sortir les pièces séparées d'une garde d'épée, et les faire tenir dans la monture.

ÉCATOTOTL (*ornith.*). Hernandez a décrit dans ses Oiseaux du Mexique, chap. 46 et 47, sous le nom d'*ecatototl* ou *avis venti,* et *ecatototl altera,* le mâle et la femelle du harle huppé de Virginie, de Buffon, *mergus cucullatus,* Linné.

ÉCAUDATI (*erpetol.*). C'est le nom collectif par lequel la famille des reptiles batraciens anoures est désignée en latin. Ce nom correspond au grec ἄουρος, et, comme lui, signifie *privé de queue.* (*V.* Anoures.)

ÉCAUDE, adj. des deux g. (*littér. anc.*). Il se dit des vers à la fin desquels il manque un ou plusieurs mots.

ÉCAUDÉ, ÉE (*zool.*), qui n'a pas de queue, qui a perdu la queue, qui en a une très courte.

ÉCAUDÉS, s. m. pl., famille de reptiles batraciens.

ÉCAVEÇADE, s. f. (*manége*), secousse que l'on donne à la tête du cheval avec le caveçon.

ECBALLION, *ecballium* (*bot.*). Une plante très commune dans les lieux incultes de nos contrées méridionales, où on l'appelle vulgairement *concombre d'âne,* est le type du nouveau genre fondé par Richard sous le nom d'*ecballion.* Linné l'avait comprise avec les momordiques ; elle en diffère par l'indéhiscence de son fruit, qui, au lieu de se rompre en plusieurs valves, ne donne passage aux graines qu'en quittant le pédoncule. — L'*ecballion, elaterium,* Richard, ou *momordica elaterium,* Linné, a une tige charnue couchée sur le sol, chargée de poils, et par conséquent de la poussière des chemins ; elle n'a point de vrilles ; ses feuilles sont alternes, à peu près cordiformes et ondulées sur les bords. Les fleurs, de couleur jaunâtre, forment des épis axillaires. Les caractères du genre, si l'on en trouve une seconde espèce, sont conformes à ceux des momordiques quant à la corolle et au calice ; les étamines et les pistils sont disposés comme dans les autres cucurbitacées ; le fruit est ovoïde allongé, semblable au concombre, ou, plus exactement, au cornichon ; sa surface est très hispide. Comme nous l'avons dit, ce fruit ne s'ouvre point ; mais à l'époque de la maturité, si on le détache du pédoncule, ou s'il en tombe naturellement, les graines s'élancent avec impétuosité par le trou qui se forme et se projettent à une assez grande distance. On cultive l'ecballion dans les jardins d'agrément.

ECBASE, s. f. (*rhét.*), nom grec de la figure qu'on appelle plus ordinairement *digression.*

ECBASIUS, adj. m. (*myth. gr.*), surnom d'Apollon. Les Grecs offraient un sacrifice à *Appollon Ecbasisus* quand, après une navigation heureuse, ils mettaient le pied sur le rivage.

ECBATANE (*Hamudan*), ville capitale de la Médie, vers le centre de ce pays, au S.-O. de la mer Caspienne. Cette ville, bâtie par Déjocès (vers 708 av. J.-C.), au S. du mont Oronte, avait 250 stades de tour et sept enceintes, dont la première renfermait le palais du roi. Ce palais, dit-on, avait 700 toises de tour et était couvert de tuiles d'argent. Les rois de Perse venaient toujours passer l'été à Ecbatane, à cause de la fraîcheur de la température. Alexandre fit rendre dans cette ville de grands honneurs à la mémoire d'Ephestion, son ami, qui y mourut. C'est aussi à Ecbatane qu'Alexandre fit mettre à mort Parménion, un de ses lieutenants, qu'il croyait complice de la conspiration de Philotas. *Hérod.*, 1, c. 98. — *Strab.*, 11. — *Q. Curt.*, 4, c. 5, c. 8 ; l. 7, c. 10. — *Diod.*, 17.

ECBATANE DES MAGES, ville de la Perside, bâtie par Darius pour être la résidence des mages. On croit que c'est aujourd'hui Guerden.

ECBATANE, ville de Syrie, au pied du mont Carmel. C'est là que Cambyse se fit la blessure dont il mourut.

ECBOLÉ (*musique anc.*), altération du genre enharmonique, dans laquelle une corde était élevée accidentellement de cinq dièzes au-dessus de son accord ordinaire.

ECBOLIQUE, adj. des 2 g, (*méd.*), qui est propre à accélérer l'accouchement ou à provoquer l'avortement. On l'emploie quelquefois substantivement.

ECBOLIUM (*bot.*). Rivin nommait ainsi l'*adhatoda* de Ceylan, qui est le type du genre *justicia* de Linné, et qu'il nomme *justicia adhatoda*. Il a donné à une autre espèce du même pays le nom de *justicia ecbolium*. Il ne faut pas confondre ces plantes avec *l'ecbolium*, genre nouveau de M. Richard, qui était auparavant le *momordica elaterium*.

ECBYRSOMIE, s. m. (*méd.*), saillie d'un os ou d'une articulation à travers les parties molles.

ECCARD ou **ECKHART** (JEAN-GEORGES D'), né en 1674 à Duingen, dans le duché de Brunswick, fut ami de Leibnitz. Il devint, par le crédit de cet homme célèbre, professeur en histoire à Helmstadt. Après la mort de ce philosophe, il eut une chaire à Hanovre; mais les dettes qu'il contracta dans ce nouveau séjour l'obligèrent de le quitter en 1723. L'année d'après, il embrassa la religion catholique à Cologne, et se retira à Wurtzbourg (le pape Innocent XIII lui avait offert une place dans cette ville, ou bien à Passau ou à Vienne, Eccard préféra Wurtzbourg), où il remplit avec distinction les charges de conseiller épiscopal, d'historiographe, d'archiviste et de bibliothécaire. Il y mourut en 1750, à 60 ans, après avoir été anobli par l'empereur. On doit à Eccard : 1° *Corpus historicum medii ævi, à temporibus Caroli magni imperatoris ad finem seculi XV*, Leipzig, 1719, 2 vol. in-fol. « Cette collection, qui » vient, dit l'abbé Langlet, d'un des plus habiles et des plus » honnêtes hommes qu'il y ait dans l'empire, est très curieuse » et bien dirigée, chose rare dans les écrivains allemands; et » ce qui est encore plus rare, il ne répète point ce qui est » dans les autres. » 2° *Leges Francorum et Ripuariorum*, Leipzig, 1720, in-fol.; recueil non moins estimé que le précédent. 3° *De origine Germanorum libri duo*, publiés à Gottingen en 1750, in-4°, par les soins de Sheridius. 4° *Historia studii etymologici linguæ germanicæ*, etc., in-8°; estimé. 5° *Origines austriacæ*, Leipzig, 1721, in-fol. Ce savant a abandonné les anciennes idées sur l'origine de la maison d'Autriche; il s'est attaché à prouver que les maisons de Lorraine et d'Autriche viennent de la même souche. 6° *De rebus Franciæ orientalis et episcopatûs Wirceburgensis, in quibus regum et imperatorum Franciæ Germaniæque gesta exponantur*, Wurtzbourg, 1729, 2 vol. in-fol. 7° *Animadversiones historiæ et criticæ in Schanati diæcesim et hierarchiam Fuldensem*, 1727, in-fol. 8° *Historia genealogica principum Saxoniæ superioris*, Leipzig, 1722, in fol., etc.

ECCART. (*V.* ECHARD, ECKART ou ECKHART.)

ECCATHARTIQUE, adj. des 2 g. (*méd.*), purgatif, diaphorétique, sudorifique. On dit quelquefois substantivement, *les eccathartiques*.

ECCE HOMO, s. m., expression tirée du latin : tableau ou statue du Christ couronné d'épines. Fig. et fam., *C'est un ecce homo*, se dit d'un homme pâle et fort maigre.

ECCHANTIS, s. f. (*méd.*), caroncule qui vient au coin de l'œil.

ECCHELLENSIS (ABRAHAM), savant maronite, professeur des langues syriaque et arabe au Collége royal à Paris, où le célèbre Lejay l'avait appelé. Cet homme illustre lui donnait par an 600 écus d'or pour présider à l'impression de sa grande Bible polyglotte. La congrégation *de propagandâ fide* l'agrégea, vers l'an 1636, aux traductions de la Bible en arabe. Ecchellensis passa de Paris à Rome, après avoir obtenu en cette ville une chaire de langues orientales. Il y mourut en 1664. Ce savant était profondément versé dans la connaissance des livres écrits en syriaque et en arabe; et quoiqu'il ait eu des supérieurs dans la connaissance de ces deux langues, il faut avouer qu'il les possédait très bien. On a de lui, 1° la *traduction*, d'arabe en latin, des 5ᵉ, 6ᵉ et 7ᵉ *livres des Coniques* d'Appollonius. Ce fut par ordre du grand-duc Ferdinand II qu'il entreprit cet ouvrage, dans lequel il fut aidé par Jean-Alphonse Borelli, mathématicien célèbre, qui l'orna de commentaires. Cette version fut imprimée à Florence avec le livre d'Archimède, *De assumptis*, en 1661, in-fol. 2° *Institutio linguæ syriacæ*, Rome, 1628, in-12. 3° *Synopsis philosophiæ Orientalium*, Paris, 1641, in-4°. 4° *Versio Durrhamani de medicis virtutibus animalium, plantarum et gommarum*, Paris, 1647, in-8°; 5° Des ouvrages de *controverse* contre les protestants, imprimés à Rome. 6° *Eutichius vindicatus*, contre Selden et contre Hottinger, auteur d'une histoire orientale, 1661, in-4°. 7° Des *Remarques sur le catalogue des écrivains chaldéens, composé par Ebad-Jésu*, et publié à Rome en 1653. Elles sont précieuses aux amateurs de la littérature orientale. 8° Une édition des *OEuvres de saint Antoine, abbé*. 9.° *Concordia nationum christianarum orientalium in fidei catholicæ dogmatibus*, Mayence, 1655. Il tâche de concilier les sentiments des Orientaux avec ceux de l'Eglise romaine, et il y réussit ordinairement très bien. Léon Allatius a travaillé de concert avec Ecchellensis à cet ouvrage.

ECCHYMOSE (*médecine*). On désigne ainsi une extravasation plus ou moins abondante de sang dans les tissus, ordinairement produite par une contusion, une forte compression, ou toute violence extérieure capable de déterminer la rupture des petits vaisseaux sanguins sans altérer la peau. On a aussi donné ce nom, mais à tort, aux petites taches rougeâtres circonscrites qui paraissent spontanément sur la peau dans les fièvres graves, et qui sont le résultat d'une exhalation morbide du sang par les orifices des vaisseaux capillaires. Ces taches, plus connues sous le nom de pétéchies, se produisent par un mécanisme tout différent, qui ne permet pas de les confondre avec l'ecchymose. — Lorsque la violence extérieure a été légère, l'ecchymose ne consiste qu'en une simple infiltration d'une petite quantité de sang dans les mailles ou les intestins des tissus; mais lorsque la puissance contondante a agi avec une grande intensité, il y a alors un véritable épanchement de sang au milieu des tissus mortifiés. Dans le premier cas, l'effusion du sang a lieu sans changer d'une manière sensible le volume de la partie, ou n'y forme qu'une tumeur diffuse, très peu saillante; dans le second cas, au contraire, le sang s'accumule en foyer, et forme une tumeur plus ou moins considérable, fluctuante ou rénitente et compacte, suivant que le sang conserve sa fluidité ou qu'il s'est coagulé. Suivant la force du coup, la nature des tissus sous-jacents à la partie frappée, la situation plus ou moins profonde des organes sur lesquels le coup a retenti, l'ecchymose se montre tantôt au moment même de l'accident, tantôt, au contraire, elle ne devient apparente qu'après vingt-quatre heures, et quelquefois même après plusieurs jours. Dans tous les cas, l'ecchymose se présente ordinairement sous l'apparence d'une tache d'un rouge bleuâtre, qui prend bientôt une teinte livide, plombée, d'un bleu noirâtre; à dater du second jour, elle change successivement de couleur, passant graduellement à des teintes de plus en plus claires, du noir au violet, du violet au jaune, du jaune à la couleur citrine, après quoi elle disparaît entièrement dans le plus grand nombre des cas. A mesure que l'ecchymose subit ces transformations de couleur, elle s'étend de plus en plus, et sa circonférence a toujours une teinte plus claire que son centre. Tel est le mode de terminaison le plus ordinaire de l'ecchymose lorsqu'elle est légère. Dans les cas plus rares, où la contusion a été tellement violente que le sang s'est épanché en quantité considérable sous la peau, les signes de l'ecchymose subsistent beaucoup plus longtemps, et la collection sanguine se transforme quelquefois en un véritable abcès. L'ecchymose ne se produit pas toujours dans la partie du corps qui a été contuse; on la voit quelquefois apparaître dans des points plus ou moins distants. Ainsi, dans le cas de contusion exercée sur la région de l'aine, l'ecchymose se produit plus bas, tandis que, dans le bas-ventre ou dans les régions iliaques, elle s'étend de bas en haut. Dans la contusion du mollet, l'ecchymose se propage vers le bas de la jambe. Aux lombes, au dos, aux parties latérales de la poitrine, elle s'étend vers les flancs; à la mamelle elle reste circulaire. Sur les parties latérales du cou, elle s'étend en avant et en bas; au front, elle gagne la paupière. La considération des phénomènes que présente l'ecchymose peut être d'une grande utilité en médecine légale, lorsqu'il s'agit, par exemple, de déterminer approximativement, d'après les seules traces d'une contusion, à quelle époque remonte la violence qui l'a produite, quelle a pu être la violence du coup, la gravité probable de la contusion, etc. Pour se livrer à de pareilles appréciations, il est utile de savoir que le degré et l'étendue de l'ecchymose ne traduisent pas toujours exactement le degré et l'étendue de la lésion qui a été produite dans les parties profondes. Il arrive quelquefois qu'un coup violent produit des désordres considérables dans les parties charnues ou dans les viscères, sans qu'il y ait aucune altération sensible à la peau. C'est ce qui a lieu, par exemple, lorsque le coup a porté sur des régions pourvues de muscles forts, épais, charnus, recouverts de membranes d'enveloppe épaisses et résistantes, surtout lorsque c'est sur la face profonde des masses musculaires qu'a eu lieu la dilacération. Dans ce cas on ne voit aucune ecchymose sur la peau qui recouvre ces muscles; mais quelquefois il survient, au bout de 8, 10, 15 jours, ou même plus longtemps, des taches ecchymotiques jaunâtres larges et disséminées dans des points plus ou moins distants de la région contuse. Enfin l'absence complète d'ecchymose ne devrait, dans aucun cas, être considérée comme un signe négatif absolu, car il arrive assez souvent qu'à la suite d'une chute, d'une pression, d'une percussion ou toute autre violence quelconque, les viscères contenus soit dans la poitrine ou dans le ventre, présentent à l'examen cadavérique des ecchymoses, des épanchements considérables, sans qu'aucune trace extérieure ait indiqué d'aussi graves désordres. Il importe autant pour l'art que pour les rapports juridiques que le médecin, appelé à constater des contusions, ait présents à l'esprit les caractères distinctifs des ecchymoses, qui, faute d'une attention suffisante, pourraient quelquefois être confondues avec des taches gangréneuses de la peau, avec des taches congéniales ou les lividités produites par d'anciennes plaies, par des varices ou des exanthèmes chroniques. Après la mort les ecchymoses peuvent encore être confondues avec les lividités, les sugillations cadavériques; il importe également d'éviter cette cause d'erreur qui, en matière juridique, pourrait avoir de graves conséquences. La variété des nuances et la dégradation successive de couleur permettront presque toujours de distinguer l'ecchymose avec toutes les taches et colorations qui auraient avec elles quelque ressemblance. Peut-on faire des contusions sur un cadavre? peut-il survenir spontanément des ecchymoses après la mort? L'énoncé seul de ces deux questions en fera suffisamment sentir l'importance au point de vue juridique. Il est donc indispensable de savoir que, quelles que soient les violences que l'on exerce sur un cadavre, il ne se produit jamais ni tuméfaction, ni infiltration de sang dans les aréoles des tissus, ni caillots sanguins, ni ecchymoses; quant aux taches qui se produisent spontanément sur les cadavres et qui résultent de l'accumulation passive du sang dans les parties déclives, outre l'absence des caractères assignés aux ecchymoses, leur situation et la circonstance de la putréfaction commençante du cadavre suffisent dans la plupart des cas pour empêcher de les confondre avec les ecchymoses proprement dites, qui ne sont compatibles qu'avec la vie.

ECCLES (AMBROISE), critique irlandais, élevé au collége de Dublin, se distingua parmi les commentateurs de Shakespeare par son goût et son savoir. Il ne se proposait pas moins que de transposer en plusieurs endroits les scènes des pièces de Shakespeare de l'ordre dans lequel les avaient transmises ses prédécesseurs; mais il a justifié la hardiesse de cette entreprise par le succès qui a couronné son travail. Il donna successivement, sous le voile de l'anonyme, des éditions du *Roi Léar* et de *Cymbeline*, 1795, et du *Marchand de Venise*, 1805. Il a consacré un volume séparé à chacune de ses pièces, qui est accompagné de notes et des éclaircissements des autres commentateurs, des remarques d'Eccles, d'essais critiques et historiques par divers auteurs, etc. La mort interrompit ses travaux à Cronroe, en Irlande, en 1808.

ECCLÉSIARQUE, s. m. (*hist. eccl.*), titre d'un officier de l'ancienne Église grecque, qui était chargé d'assembler le peuple à l'église.

ECCLÉSIASTE, nom grec qui signifie *prédicateur*. C'est le titre d'un des livres de l'Écriture sainte, parce que l'auteur y prêche contre la vanité et la fragilité des choses de ce monde. — Le plus grand nombre des savants l'attribue à Salomon, parce que l'auteur se dit fils de David et roi de Jérusalem, et parce que plusieurs passages de ce livre ne peuvent être appliqués qu'à ce prince. Grotius pense qu'il a été fait par des écrivains postérieurs qui le lui ont attribué: « On y trouve, dit-il, des » termes qui ne se rencontrent que dans Daniel, dans Esdras, » et dans les *Paraphrases chaldaïques*.» Allégations frivoles. Salomon, prince très instruit, a pu avoir connaissance du chaldéen. Dans le livre de Job, il y a plusieurs mots dérivés de l'arabe, du chaldéen et du syriaque; il ne s'ensuit rien. Selon d'autres, Grotius jugeait que, pour le temps de Salomon, l'auteur de l'*Ecclésiaste* parle trop clairement du jugement de Dieu, de la vie à venir et des peines de l'enfer; mais ces mêmes vérités se trouvent aussi clairement énoncées dans le livre de Job, dans les psaumes, dans le Pentateuque, livres certainement antérieurs à Salomon. — Quelques anciens hérétiques ont cru au contraire que l'*Ecclésiaste* avait été composé par un impie, par un saducéen, par un épicurien, ou par un pyrrhonien, qui ne croyait point d'autre vie; c'est aussi l'opinion de plusieurs incrédules: soupçon très mal fondé. — Après avoir fait l'énumération des biens et des plaisirs de ce monde, l'*Ecclésiaste* conclut que tout est vanité pure et affliction d'esprit; ce n'est point là le langage des épicuriens anciens ni modernes. — Parce qu'un écrivain raisonne avec lui-même et propose des doutes, il n'est pas pour cela pyrrhonien, surtout lorsqu'il en donne la solution; c'est ce que fait l'Ecclésiaste. Il rapporte les différentes idées qui lui sont venues à l'esprit, sur le cours bizarre des évènements, sur la conduite inconcevable de la Providence, sur le sort des bons et des méchants dans ce monde; il conclut que Dieu jugera le juste et l'impie, et qu'alors tout sera dans l'ordre. Si ses réflexions semblent souvent se contredire, si quelquefois il semble préférer le vice à la vertu et la folie à la sagesse, il enseigne bientôt après qu'il vaut mieux entrer dans une maison où règne le deuil que dans la salle d'un festin. Dans la première, dit-il, l'homme apprend à penser à la destinée qui l'attend, et, quoique plein de santé, il envisage sa fin dernière. — Plus loin, il conseille à un jeune homme de se livrer à la joie et aux plaisirs de son âge; mais à l'instant même il l'avertit que Dieu entrera en jugement avec lui et lui en demandera compte: il lui représente que la jeunesse et la volupté sont une pure illusion. Il l'exhorte, dans le chapitre suivant, à se souvenir de son Créateur dans sa jeunesse, avant qu'il soit courbé sous le poids des années. Parlant de la mort, il dit: « L'homme ira dans la maison de son éternité, la pous- » sière rentrera dans la terre d'où elle a été tirée, et l'esprit re- » tournera à Dieu qui l'a donné. » La conclusion du livre est surtout remarquable: « Craignez Dieu et gardez ses comman- » dements, c'est la perfection de l'homme. Dieu jugera toutes » nos actions bonnes ou mauvaises. » Un épicurien, un homme qui ne croit point d'autre vie, un pyrrhonien, qui affecte d'être indécis et indifférent sur le présent et sur l'avenir, n'ont jamais parlé de cette manière. B. R.

ECCLÉSIASTE, s. m. (*hist.*), titre que prit Luther lorsqu'il commença ses attaques contre l'épiscopat.

ECCLÉSIASTIQUE, adj. des deux genres, qui appartient à l'Eglise, au clergé, ou qui concerne l'Eglise, le clergé. Il se dit substantivement, au masculin, d'un homme attaché à l'Eglise.

ECCLÉSIASTIQUE, s. m., nom d'un des livres sapientiaux de l'Ancien-Testament.

ECCLÉSIASTIQUE, adj. des deux genres (*diplom.*). Il s'est dit, au moyen âge, des lettres onciales, parce que les ecclésiastiques s'en servaient exclusivement pour écrire la copie des actes passés devant eux. *Comput ecclésiastique*. (V. COMPUT.) *Division ecclésiastique* (*statist.*), celle d'après laquelle un pays est partagé, suivant la juridiction des ministres du culte, en évêchés, archevêchés, patriarcats, synodes, consistoires, etc., selon le rit ou la religion.

ECCLÉSIASTIQUEMENT, adv., en ecclésiastique.

ECCLÉSIE, s. f. (*ant. gr.*), assemblée de citoyens d'Athènes qui se tenait dans l'Agora, le Pnyx ou le théâtre de Bacchus. Il y avait deux sortes d'*ecclésies*: l'une s'appelait *curie*, et l'autre *synclète*.—ECCLÉSIE (*hist. eccl.*), assemblée générale de certains sectaires grecs.

ECCLÉSIEN, s. m. (*hist.*). Il se disait, par dénigrement, durant les démêlés des empereurs avec les papes, de ceux qui embrassaient le parti du Saint-Siége.

ECCLISSA (*polyp.*). Ocken, dans son Système général d'histoire naturelle, désigne sous ce nom une petite division de vorticelles qui ont la forme de petites cloches et deux rangs de fins tentacules en forme de roues, mais le rang de l'ouverture de la bouche large et frangé. Il y place deux espèces: le *vorticella viridis* et le *nasuta*. (V. VORTICELLE.)

ECCOBRIGA (*géogr. et hist. anc.*), ville de Galatie, près de l'Halys. Le consul Cn. Manlius Vulso défit les Gallogrus et les Tectosages près d'*Eccobriga*, l'an 189 av. J.-C.

ECCOPE, s. f. (*chirurg.*). Il se dit d'une plaie du crâne quand elle est oblique et sans perte de substance.

ECCOPEUR, s. m. (*chirurg.*), instrument lithotriteur modifié qu'on a proposé pour opérer la communication des fragments de calculs urinaires.

ECCOPROTIQUE, adj. des deux genres (*t. de méd.*). Il se dit des purgatifs doux et légers. On l'emploie quelquefois substantivement au masculin.

ECCOPTE, s. m. (*zool.*), genre d'insectes coléoptères.

ECCORTHATIQUE, adj. des deux genres (*méd.*), purgatif: qui désobstrue. On dirait mieux *eccorthunique*.

ECCRÉMOCARPE, s. m. (*bot.*), genre de plantes de l'Amérique méridionale.

ECCRINOLOGIE, s. f., partie de la médecine qui traite des sécrétions.

ECDELUS, philosophe arcadien, disciple d'Arcésilas l'académicien. Il fut ami d'Aratus et l'un des maîtres de Philopémen.

ECDIQUE, s. m. (*antiq. rom.*), titre de certains magistrats qui, dans les municipes, remplissaient des fonctions analogues à celles des tribuns du peuple. — ECDIQUE (*hist. ecclés.*), titre d'un officier de l'Eglise de Constantinople.

ECDYSIES, fêtes que les Crétois célébraient en l'honneur de Latone. On les institua par reconnaissance pour cette déesse, qui changea en garçon une jeune fille que son père destinait à la mort, parce qu'il ne pouvait lui donner une dot convenable à sa naissance. (V. LEUCIPPE.) Cette fête prit le nom d'Ecdysies (ἐκδύσις, dépouillement), parce que Leucippe avait quitté les habits de son premier sexe pour prendre ceux de l'autre.

ÉCÉBOLE, sophiste de Constantinople, maître de rhétorique de l'empereur Julien, fut toujours de la religion du souverain. Sous Constance, il se mit à la mode par ses invectives contre les dieux des païens; il déclama depuis pour les mêmes dieux sous Julien, son disciple. A la première nouvelle de la mort de ce prince, il joua le rôle de pénitent. Enfin il mourut sans reconnaître d'autre religion que l'intérêt présent : digne maître du prince hypocrite et apostat qui, sous les mêmes rapports, fut un très digne disciple.

ÉCERVELÉ, ÉE, adj., qui a l'esprit léger, évaporé, qui est sans jugement. Il se prend quelquefois substantivement.

ÉCHAFAUD, assemblage de pièces de bois, qui forme une espèce de plancher, sur lequel les ouvriers montent pour travailler aux lieux où ils ne peuvent atteindre autrement. Il se prend aussi pour des ouvrages de charpenterie, élevés ordinairement par dégrés, en forme d'amphithéâtre, pour voir plus commodément des cérémonies publiques ou d'autres spectacles. Il se dit également d'une espèce de plancher qu'on élève pour l'exposition ou l'exécution des criminels.

ÉCHAFAUD (*marine*), grand treillis de bois sur lequel on fait sécher la morue à Terre-Neuve. Beaucoup de marins disent *chafaud*.

ÉCHAFAUDAGE, s. m. (*archit.*), appareil de charpente destiné à élever les matériaux et à servir de plancher aux ouvriers à mesure que l'édifice s'élève. L'échafaudage, qui n'est communément qu'une œuvre du métier du maçon, requiert aussi quelquefois, dans les grandes constructions, l'application de l'art et de la science non-seulement du charpentier, mais même de l'architecte. On a regardé comme une œuvre de génie l'échafaudage construit par Ponce Cliquin, sous la conduite de Perrault, pour élever sur le fronton de la colonnade du Louvre les deux pierres qui en forment elles seules la cymaise. Depuis lors l'art de former les échafaudages a participé au progrès des sciences mathématiques. De nos jours, on a vu dans ce genre des choses fort belles par la hardiesse et la simplicité des procédés.

ÉCHAFAUDAGE, s'emploie aussi figurément, et se dit de grands préparatifs qu'on fait pour peu de chose. Il signifie encore, figurément, grand raisonnement inutile ou vain, grand étalage de sentiments, de maximes sur un sujet de peu d'importance.

ÉCHAFAUDER, v. n., dresser des échafauds. Il ne se dit guère que de ce qui regarde la construction ou la décoration des bâtiments. Il s'emploie quelquefois au figuré, avec le pronom personnel; et alors il signifie : faire de grands préparatifs pour peu de chose. Ce sens est familier.

ÉCHAFAUDER, v. a. (*anc. législ.*), faire monter, par sentence du juge, un criminel sur un échafaud, et l'exposer avec un habillement ridicule à la risée du public.

ÉCHALAS, support qu'on donne à la vigne pour la tenir droite et empêcher le plus souvent que le raisin ne pourrisse par le contact immédiat de la terre humide. Ils varient en longueur suivant les localités, ainsi qu'en diamètre. Les meilleurs sont faits avec des branches ou des éclats de chêne et de châtaignier; ceux de frêne, de noisetier et de saule sont d'une qualité trop inférieure pour que nous en puissions recommander l'usage. En général les meilleurs échalas sont ceux qui proviennent d'arbres vigoureux, refendus et dont le bois peut longtemps supporter, sans se pourrir, les alternatives du sec et de l'humidité, du froid et du chaud. On doit, autant que possible, placer les échalas au nord du cep, afin que leur ombre n'arrête pas l'effet du soleil, et ne les enfoncer en terre qu'autant qu'il est nécessaire pour que le vent ne puisse les arracher. Il serait avantageux pour la conservation des échalas de pouvoir les rentrer en hiver, mais ce moyen n'est praticable que par les petits propriétaires.

ÉCHALASSEMENT, s. m., action d'échalasser une vigne.

ÉCHALASSER, garnir une vigne d'échalas.

ÉCHALIER, s. m., clôture d'un champ faite avec des branches d'arbre pour en fermer l'entrée aux bestiaux.

ÉCHALIS, s. m. (*écon. rur.*), passage au-dessus d'une haie sèche.

ÉCHALOTE, s. f. (*technol.*). Il se dit, en termes de facteur d'orgues, d'une petite lame de laiton demi-cylindrique, qui sert de languette aux tuyaux d'anche.

ÉCHALOTE (*bot.*), nom vulgaire d'une espèce d'ognon, *allium ascalonicum*, cultivée dans les jardins potagers.

ÉCHALOTE D'ESPAGNE (*bot.*), nom vulgaire de l'ail rocambole.

ÉCHAMPEAU, s. m. (*marine*), bout d'une ligne sur lequel l'hameçon est étalingué, pour la pêche de la morue.

ÉCHAMPELÉ, ÉE, adj. (*agricult.*). Il se dit de la vigne, lorsqu'elle n'a pas formé ses boutons avant les chaleurs.

ÉCHAMPIRRE ou **ÉCHAMPIR**, v. a. (*peinture*), détacher les objets du fond sur lequel on peint, soit en traçant les contours, soit par l'apposition des couleurs. Il ne s'emploie guère cependant qu'en parlant de la peinture d'ornement et de bâtiment, comme dans ces phrases : Moulures d'acajou échampies en or, panneaux bleus rechampis en noir, c'est-à-dire se détachant sur un fond d'or, se détachant sur un fond noir.

ÉCHANCRER, v. a., tailler, évider, couper en dedans en forme de croissant, de portion de cercle. Il se dit en parlant des étoffes, de la toile, du cuir, du bois, etc.

ÉCHANCRÉ, ÉE (*participe*). Il se dit adjectivement, surtout en botanique, des objets dont les bords sont entamés comme si on en avait emporté une pièce avec des ciseaux.

ÉCHANCRURE (*anatom.*), sorte d'entaille de forme assez peu régulière, le plus souvent demi-circulaire, que l'on remarque sur le bord de certains os. Ces échancrures sont destinées à recevoir une portion d'os voisin, en manière d'engrenage, comme cela a lieu entre l'os frontal et l'ethmoïde, ou à livrer passage à des vaisseaux et à des nerfs, comme l'échancrure de la branche horizontale de l'os coxal, ou celle qui existe au bord inférieur de l'occipital. L'échancrure résulte quelquefois de la réunion de deux os, comme la grande échancrure ischiatique du bassin, qui est formée, d'un côté par le sacrum, de l'autre par l'os coxal. Parfois une bande fibreuse, s'étendant d'une des pointes de l'échancrure à l'autre, la convertit en trou; d'autres fois le trou résulte de l'opposition de deux échancrures osseuses, ainsi que cela a lieu par la juxtaposition des lames vertébrales pour former les trous invertébraux, etc. (Voir les mots, OS, OSTÉOLOGIE, SQUELETTE.)

ÉCHANDOLE, s. f. (*technol.*), petit ais de merrain dont on couvre les maisons en certains lieux.

ÉCHANGE, s. m., troc que l'on fait d'une chose pour une autre. *Commerce d'échange* ou *par échange*, commerce où l'on fait seulement échange de marchandises, sans employer la monnaie. *Echange des prisonniers*, remise réciproque des prisonniers faits de part et d'autre à la guerre. — ÉCHANGE, signifie encore remise, communication ou envoi réciproque, surtout dans le langage diplomatique. Il prend quelquefois, dans le langage ordinaire, une acception figurée analogue à celle qui précède.

ÉCHANGE, s. m. (*technol.*), action d'échanger le linge.

ÉCHANGEABLE, adj. des 2 genres, qui peut être échangé.

ÉCHANGEAGE, s. m. (*technol.*), action d'échanger le linge.

ÉCHANGER, v. a., faire un échange. Il signifie particulièrement, dans le langage diplomatique, se remettre, se communiquer ou s'envoyer réciproquement des pouvoirs, un acte, etc. Il se dit quelquefois figurément dans ce dernier sens.

ÉCHANGER, v. a. (*technol.*). En termes de blanchisseur, laver le linge à l'eau pour lui enlever tout ce qu'il est possible de dissoudre sans le secours des alcalis. — En termes de papetier, soumettre le papier aux manipulations de l'échange.

ÉCHANGES. Les échanges sont une opération permanente de la vie industrielle des peuples. Dans l'enfance des sociétés comme au sein de la civilisation, la plupart des transactions roulent sur des échanges, les uns de produits contre des produits, les autres de produits contre de l'argent. Mais, de quelque manière que les choses se passent, on arrive à cette conclusion que chacun vit du produit de son travail, en échange duquel il peut avoir sa part du travail d'autrui. La monnaie ne paraît dans l'échange qu'en qualité d'intermédiaire; elle ne se consomme point; elle n'est utile à rien; on ne peut ni s'en nourrir, ni s'en vêtir, et cependant elle rend seule les échanges faciles. Sans la monnaie chacun serait obligé de trouver à acheter pour vendre, et à vendre pour acheter. En échange du produit qu'on demande, on serait toujours forcé d'offrir un produit demandé, et encore faudrait-il le subdiviser en fractions tellement multipliées que souvent les affaires deviendraient impossibles. La monnaie a permis de triompher de ces difficultés. Par elle on peut se procurer cent produits en échange d'un seul, et se livrer à une seule industrie sans rester tributaire des autres. La perfection de l'échange, c'est l'extrême division du travail, en vertu de laquelle un simple ouvrier employé à faire des têtes d'épingles est maître de choisir parmi tous les produits du monde celui qu'il lui plaît d'échanger contre le prix d'une journée. Il semble donc naturel de penser que la société n'aura pas mis d'entraves à une opération aussi vitale et aussi nécessaire que l'échange. Chacun devrait pouvoir se fournir où bon lui semble des articles qui lui sont nécessaires, à la seule condition de fournir à son tour les articles qui lui sont demandés. Un ouvrier aura le droit d'acheter en Amérique, aussi bien qu'en Europe, les objets de sa consommation; il s'établira ainsi un équilibre de production entre les différents peuples, et chacun d'eux se livrera de préférence au genre de culture ou de fabrication pour lequel il aura le plus d'aptitude. Malheureusement une doctrine contraire a prévalu dans le monde commercial, et les échanges sont aujourd'hui subordonnés, en tous pays, aux lois de douanes, qui élèvent artificiellement le prix des choses, et forcent ainsi les consommateurs de payer tribut aux producteurs des denrées ou des marchandises protégées par des tarifs. (*V.* DOUANES.) Les lois naturelles de l'échange ont été bouleversées. On peut faire sortir presque tout ce qu'on veut vendre; mais il n'est pas permis de faire entrer tout ce qu'on voudrait acheter. Il y a des produits sur lesquels on a établi des droits de 10 pour cent, et d'autres qui supportent des taxes de 30, 40 et même de 80 pour cent. Cette singulière anomalie a tellement modifié les relations naturelles des peuples que le mécanisme des échanges en a subi les plus graves altérations. Chaque nation a voulu se suffire à elle-même, et restreindre au commerce intérieur le mouvement de la circulation des produits. Le crédit venant en aide à cette prétention, la production s'est trouvée poussée au delà des limites du marché national, et nous n'avons créé que la faculté de nous encombrer en essayant de vouloir nous suffire. On a perdu de vue que les peuples, comme les individus, n'achètent des produits qu'avec des produits, et qu'en refusant les produits étrangers, nous fermons le débouché de l'étranger aux nôtres. L'échange est désormais soumis à toutes les chances de hasard, au lieu d'obéir aux règles éternelles qui maintiendraient dans de justes rapports la production et la consommation; car tout homme qui consomme est associé à une opération d'échange. Dès qu'on élève le prix d'une marchandise par l'établissement d'une taxe, on change les conditions de son marché, on lui accorde moins et on lui demande davantage, et si les produits dont il a besoin sont nécessaires à la fabrication, on en complique les procédés par la cherté factice des matières premières. On a peine à comprendre les contradictions qui se remarquent dans la conduite des gouvernements au sujet des échanges; partout ils s'efforcent de faciliter les communications, d'ouvrir des routes, d'encourager les industries naissantes, et ils défont leur propre ouvrage par une législation funeste au travail. A quoi servent, en effet, les grands chemins, les canaux, si ce n'est pour conduire les marchandises vers leurs débouchés naturels, et qu'y a-t-il de plus étrange que de multiplier toutes les voies publiques pour aboutir à des impasses? Chacun sait que, par représailles, nos voisins repoussent nos marchandises, et que souvent deux villes situées sur le même fleuve, vis-à-vis l'une de l'autre, ont moins de relations que si l'Océan les séparait. Un simple bras de mer s'étend entre la France et l'Angleterre, riches et puissants pays qui auraient tant d'échanges utiles à faire, et qui n'en font presque point, tandis que nos navires vont en Amérique courir de nombreux hasards à une distance centuple. Un jour nous rentrerons dans la loi naturelle et éternelle des échanges, qui est la liberté absolue; nous y serons conduits par la force des choses; et, après avoir essayé de tous les systèmes, nous reviendrons au plus simple de tous. L'expérience a prouvé que le commerce accourait de tous les points du monde partout où les gouvernements bien avisés lui ouvraient des ports francs: témoin la situation de Singapore, devenue en peu d'années une brillante colonie sans monopole, sans compagnie privilégiée, sans droit de douanes, et destinée à servir de modèle à tous les peuples qui sauront apprécier l'importance de la liberté des échanges.

ÉCHANGE. L'échange est un contrat par lequel les parties se donnent réciproquement une chose pour une autre. C'est sans aucun doute le plus ancien contrat qui ait été en usage parmi les hommes; nul ne pouvant en effet produire tout ce qui est nécessaire à son existence et à ses besoins, une chose était donnée pour en avoir une autre, ainsi que cela se fait encore chez certains peuples à demi sauvages, où la monnaie est inconnue. « La multiplicité toujours croissante des échanges, dit » Bigot de Préameneu, a fait rechercher les moyens de les » rendre plus faciles; telle a été l'origine des monnaies, que » tous les peuples ont pris pour un signe représentatif de la » valeur de tous les travaux et de toutes les choses qui peu» vent être dans le commerce. » — Chez les Romains, la simple convention d'échanger n'était qu'un *pacte*, c'est-à-dire une convention non obligatoire, et livrée, quant à son exécution, à la bonne foi des parties. Mais lorsqu'il avait été exécuté par l'une des parties, lorsque la délivrance de l'une des choses qu'on était convenu d'échanger avait eu lieu, il y avait contrat, obligation de la part de l'autre partie, et une action était accordée contre lui. — Chez nous, au contraire, qui reconnaissons toutes conventions licites comme également obligatoires, et qui n'avons pas admis la division des conventions en *contrats* et en *pactes*, le contrat d'échange se forme régulièrement par le seul consentement, de même que la vente, avec laquelle au reste il a la plus étroite affinité. En effet, comme dans la vente, chacun des contractants ne se dessaisit de la chose que pour en recevoir une autre considérée comme équivalente. Mais cependant dans la vente il y a un vendeur et un acheteur, lesquels sont soumis à des obligations spéciales et distinctes, tandis que dans l'échange chacune des parties est vis-à-vis de l'autre dans une situation identique, et, conséquemment, se trouve soumise aux mêmes obligations.—Dans l'échange, comme dans la vente, l'échangiste est tenu de transférer la propriété de la chose par lui donnée en échange. Ainsi, si l'un des copermutants a déjà reçu la chose à lui donnée en échange, et qu'il prouve ensuite que l'autre contractant n'était pas propriétaire de cette chose, il ne peut être forcé à livrer celle qu'il a promise en contre-échange, mais seulement à rendre celle qu'il a reçue; et s'il avait lui-même livré sa chose, nul doute qu'en pareil cas il pût la réclamer du co-échangiste, en offrant de lui rendre celle qu'il aurait reçue de lui. — Au surplus, le copermutant évincé de la chose qu'il a reçue en échange a contre l'autre partie une action pour réclamer ou sa propre chose, ou la valeur de celle dont il est privé par l'éviction, et, dans l'un et l'autre cas, des dommages-intérêts s'il y a lieu. — Le copermutant évincé de la chose qu'il a reçue en échange a-t-il une action contre les tiers auxquels l'autre copermutant aurait transmis l'immeuble qui lui avait été donné en contre-échange? La question, nonobstant une jurisprudence incertaine, nous paraît devoir être résolue affirmativement, par ces motifs que l'échangiste ne pouvait transmettre à des tiers plus de droits qu'il n'en avait lui-même, et que ce serait souvent un moyen facile de fraude, puisqu'en transmettant à un tiers de bonne foi un immeuble en échange d'un autre, on se mettrait aisément en dehors de toute responsabilité. D'ailleurs, les tiers dépossédés par l'échangiste auront toujours leur recours contre le vendeur de l'immeuble; mais c'est tout ce qu'ils ont le droit de prétendre. — Dans l'ancienne jurisprudence, certains auteurs admettaient, pour l'échange comme pour la vente, l'action en rescision pour lésion d'*outre-moitié*, c'est-à-dire de plus des sept douzièmes. Cette opinion, qui n'était point universelle, a été rejetée par l'article 1706 du Code civil, qui porte: « La » rescision pour cause de lésion n'a pas lieu dans le contrat » d'échange. » C'est qu'en effet « l'échange, comme le faisait » remarquer le tribun Faure, n'est jamais le résultat de la » détresse. Si celui qui dispose à ce titre était dans le besoin, il » vendrait et n'échangerait pas. — Le motif qui a fait admettre » en faveur du vendeur la rescision pour cause de lésion n'est » nullement applicable à ceux qui disposent à titre d'échange. » Souvent le vendeur n'a disposé de sa chose à vil prix que par » l'effet d'un besoin urgent qui l'a forcé de s'immoler à la » cupidité d'un acheteur impitoyable. Alors l'humanité de la » loi vient le consoler de l'insensibilité de l'homme..... » — Toutes les autres règles du contrat de vente étant applicables à l'échange, suivant l'article 1707 du Code civil, il en résulte que chacun des copermutants, considéré à *la fois* comme vendeur et comme acheteur, a les actions du vendeur et se trouve être soumis aux actions dont est tenu l'acheteur; il en résulte encore que le réméré peut être convenu dans les échanges comme dans les ventes, soit au profit des deux contractants ou de l'un seulement, sans que le délai du rachat puisse excéder cinq années; il en résulte enfin que les parties courent, relativement aux choses promises, les mêmes risques que le vendeur. (*V.* VENTE.) — Le droit d'enregistrement pour les objets mobiliers est de 2 fr. pour cent sur la plus forte part; pour les échanges d'immeubles, il est de 2 fr. 50 c. pour cent sur la valeur d'une des parts, et de 5 fr. 50 c. sur le montant de la soulte ou plus-value.

ÉCHANSON. Ménage dérive ce mot du latin *scansio*, qui se trouve dans les vieux glossaires pour *pincerna*, et qu'il dit avoir été fait de l'Allemagne, *schinken*, *schinker*, *pocillator*, qui verse à boire; d'autres rapportent son étymologie à l'hébreu *chakab*, qui signifie *propinavit*; d'autres enfin à *cantharus*. La charge de verser à boire aux dieux et aux rois était une des plus honorables fonctions de la cour dès la haute antiquité. On se rappelle en effet Ganymède (*V.*), ravi par Jupiter pour être son échanson, et cet échanson que la Bible donne aux Pharaons d'Egypte et dont Joseph interpréta le songe dans la prison. On ne sait pas bien positivement s'il y avait à la cour des empereurs romains un *grand échanson*; mais à celle de Charlemagne on trouve un *magister pincernarum*, sans que l'on puisse dire si cette fonction était connue sous les rois mérovingiens. Le grand échanson n'a pas succédé au *grand bouteiller*, et les charges de ces deux grands officiers de la couronne étaient distinctes. Tous deux, au commencement de la race capétienne, signaient toutes les lettres-patentes et ordonnances données par le roi. En effet, depuis Hugues-Capet jusqu'à saint Louis, l'échanson et le bouteiller sont nommés dans les actes. Il y eut, à certaines époques, jusqu'à sept échansons à la cour de France. On donne au plus élevé d'entre eux tantôt le titre de premier échanson, tantôt celui de grand échanson. Cette dernière qualification prévalait dans le monde. Le grand échanson se trouvait aux grandes cérémonies, avec le même rang que le grand panetier et le premier écuyer tranchant. Les cérémonies où ces trois officiers assistaient étaient celles du sacre du roi, des entrées des rois et des reines, des repas de cérémonie, et à la cène le jeudi-saint. La place de grand échanson ne fut pas toujours remplie: Louis XVIII la rétablit après la restauration; mais depuis la révolution de 1830 elle a de nouveau cessé d'exister. L'*archi-échanson* était un des gr nds officiers de l'empire germanique, et cette diginité appartenait au roi de Bohême, qui avait pour vicaire l'échanson héréditaire de Limpurg. Sa fonction était de présenter à l'empereur la première coupe lorsqu'il tenait la cour impériale. Il n'exerçait point cette fonction avec la couronne royale, à moins qu'il ne le voulut lui-même. Il l'accomplissait après que tous les autres électeurs avaient rempli les leurs; cependant dans les processions ou marches solennelles il suivait immédiatement l'empereur, et, dans les séances, il était à son côté droit, après les électeurs de Mayence et de Cologne. Dans l'élection de l'empereur, il donnait sa voix le troisième, mais il n'avait point de part aux capitulations ni aux autres assemblées des électeurs. A. S.

ÉCHANSONNERIE, s. f., corps des officiers qui servent à boire à un roi, à un prince, etc.; et le lieu où l'on tient les boissons dans le palais d'un roi, d'un prince.

ÉCHANT, s. m. (*agricult.*), intervalle entre deux rangées de vigne qu'on ensemence ou qu'on plante.

ÉCHANTIGNOLLE, s. f. (*technol.*), morceau de bois qui, dans un comble, soutient le tasseau d'une panne; morceau de bois emmortaisé pour recevoir en dessous l'essieu d'une charrette

ÉCHANTILLER, v. a. Il s'est dit autrefois pour échantillonner, confronter une mesure avec l'étalon. On le trouve dans les anciens règlements de la monnaie de Lyon.

ÉCHANTILLON, s. m., petit morceau d'étoffe, de toile ou d'autres choses semblables, qui sert de montre pour faire connaître la pièce. Prov. et fig., *Juger de la pièce par l'échantillon*, juger de quelqu'un ou de quelque chose par le peu qu'on en sait ou qu'on en a vu. — ÉCHANTILLON, en termes de marine, désigne la force, la dimension des pièces de bois qui servent aux constructions navales. — ÉCHANTILLON, se dit figurément des choses d'esprit comme lorsqu'on montre un fragment de poème, quelques pages de prose, pour donner une idée de l'ouvrage dont ils font partie. Fig. et fam., *Donner un échantillon de son savoir faire*, montrer ce que l'on sait faire. On dit de même, *Ce n'est là qu'un échantillon de son savoir faire*, son habileté ne se borne pas à cela.

ÉCHANTILLON, s. m. (*comm.*), contre-partie de la taille sur laquelle les débitants marquent la quantité de marchandises qu'ils vendent à crédit. — ÉCHANTILLON (*technol.*), outil dont l'horloger se sert pour égaliser les roues de montre. Chez les fondeurs, outil qui sert à former les moulures d'un canon sur la terre molle dont on couvre le trousseau. Outil de charpentier et de menuisier qui sert à donner aux pièces l'épaisseur convenable Marque qu'on prend pour preuve d'un coup adroit tiré à l'arquebuse.

ÉCHANTILLON, s. m. (*archit.*), forme, dimensions d'usage général et déterminées par des règlements pour certaines espèces de matériaux, afin que le constructeur soit assuré de les trouver toujours les mêmes, quelque part et à quelque intervalle de temps qu'il veuille s'en pourvoir; brique d'échantillon, tuile d'échantillon, pavé d'échantillon, sont les pavés, tuiles ou briques façonnés conformément à ces usages et règlements.

ÉCHANTILLONNER, v. a., confronter un poids, une mesure avec sa matière originale.

ÉCHANTILLONNER, v. a. (*comm.*), couper des échantillons d'une pièce d'étoffe. — ÉCHANTILLONNER (*technol.*), en termes de corroyeur, couper les issues des peaux.

ÉCHANVRER, v. a. (*écon. rur.*), enlever les plus grosses chénevottes de la filasse.

ÉCHANVROIR, s. m. (*écon. rur.*), un des noms du sérançoir.

ÉCHAPPADE, s. f. (*t. de gravure en bois*), accident qui arrive lorsque, en forçant la résistance du bois, l'outil échappe et va tracer un sillon sur une partie déjà gravée.

ÉCHAPPADE, s. f. (*technol.*), séparation verticale ménagée entre des poteries qu'on fait cuire au four.

ÉCHAPPATOIRE, s. f., défaite subterfuge, moyen adroit et subtil pour se tirer d'embarras. Il est familier.

ÉCHAPPE, s. f. (*fauconn.*). Il n'est usité que dans cette expression: *Oiseau d'échappe*, oiseau qui s'est développé de lui-même et sans qu'on ait pris aucuns soins pour l'élever.

ÉCHAPPÉE, s. f., action imprudente par laquelle on s'écarte de son devoir. Il est familier. *Faire quelque chose par échappées*, faire quelque chose par intervalles et comme à la dérobée. — ÉCHAPPÉE, en termes d'architecture, se dit de l'espace ménagé pour le tournant des voitures à leur entrée dans une cour ou dans une remise, et de celui qu'on laisse entre un escalier et la voûte ou le plafond. Dans ce sens, on dit aussi *échappement*. En termes de peinture, *Echappée de lumière*, lumière qu'on suppose passer entre deux corps très proches l'un de l'autre, et qui éclaire quelque partie du tableau. *Echappée de vue*, vue resserrée entre des collines, des bois, des maisons.

ÉCHAPPÉE, s. f. Il se dit quelquefois familièrement d'un instant de beau temps, d'un moment pendant lequel le ciel s'éclaircit. — ÉCHAPPÉE (*marine*), rétrécissement sensible dans les façons de l'arrière d'un navire.

ÉCHAPPÉE, sf. f. (*peint.*, *architect.*), échappée de lumière, lumière qu'on suppose venir entre deux corps très rapprochés l'un de l'autre, pour former un accident de lumière sur quelque point du tableau, qui serait, sans cela, dans l'ombre portée par ces corps; telle est la lumière qui pénètre dans un intérieur à murs épais, par l'embrâsure d'une fenêtre étroite. En architecture on appelle échappée, et aussi échappement, l'espace qu'on a ménagé pour le tournant des voitures à leur entrée dans une cour ou dans une remise, et encore la hauteur de la voûte d'une descente de cave, l'espace entre deux rampes d'escalier, qu'il faut tenir suffisant pour qu'on puisse monter et descendre sans être obligé de se courber, et sans même que la vue et l'imagination soient désagréablement affectées par le trop grand rapprochement du plafond, au-dessus de la tête.

ÉCHAPPEMENT. On appelle ainsi le système mécanique qui sert à régulariser et à modérer en même temps un mouvement donné. Quand un moteur quelconque agit sur un rouage, chaque partie en reçoit une vitesse qui est en raison directe du plus ou moins de dents qui garnissent les divers engrenages. Si l'on veut apporter un frein à l'action motrice et à son développement instantané, il faut introduire alors une résistance qui permette le mouvement nécessaire et qui le force à ne pas dépasser les limites données. Comme c'est la dernière roue, celle qu'on appelle *dernier mobile*, dans tout système d'engrenage, qui est la plus rapide, c'est elle qui reçoit le régulateur; on nomme échappement les pièces qui forment ce mécanisme et le système entier. Quand un poids ou un ressort agit sur un rouage, les roues entrent en mouvement avec rapidité et variation de vitesse; mais si l'on dispose un *dernier mobile* un obstacle qui permet et défend alternativement et régulièrement la rotation, les mouvements des rouages pourront devenir propres à mesurer des durées égales. C'est en horlogerie surtout et dans toutes les machines qui ont besoin d'une grande précision de mouvement que s'adapte le système des échappements. Le régulateur est ou un *pendule* qu'on fait osciller, ou un balancier mis en mouvement par un ressort en spirale qui se meut en va-et-vient. Mais le frottement et la résistance de l'air diminueraient et anéantiraient à la longue le mouvement donné à ce régulateur, si la force motrice ne le rétablissait sans cesse. L'échappement est la pièce qui communique à ce régulateur la force propre à réparer ses pertes. L'échappement, dans l'horlogerie, est la pièce la plus délicate et la plus importante de la machine : aussi les recherches des horlogers se sont spécialement dirigées vers sa construction. On reconnait deux sortes d'échappement : les uns dits *à recul* et les autres *à repos*. Dans les premiers, la roue, mise en mouvement par le moteur, pousse le régulateur de manière à lui imprimer un mouvement trop étendu, mais elle est ensuite forcée à céder lorsque le régulateur revient à sa position primitive; elle retourne en arrière avant que de pouvoir à son tour imprimer un mouvement; il y a un temps de recul à chaque vibration et par suite perte de force et de durée; il y a frottement sans utilité. Dans l'échappement *à repos*, le régulateur en revenant à sa première position, au lieu de trouver une résistance comme dans le cas précédent, ne rencontre qu'un arc concentrique à ses excursions, sur lequel il se meut jusqu'à ce qu'il ait rencontré la dent de la roue qui doit lui imprimer une nouvelle force réparatrice de ses pertes. Les échappements à repos sont les meilleurs et les plus coûteux par les difficultés qu'on éprouve dans leur exécution. L'échappement *à cylindre en pierre*, en suivant la construction de Bréguet, est surtout applicable à des montres d'un usage général. L'échappement *libre à ancre*, inventé par Graham, corrigé par ce même horloger, présente de très grands avantages et paraît préférable à tout autre échappement pour les chronomètres. L'échappement libre *à ressort* ou *à cercle*, dont l'invention est due à Berthaud, est employé dans les montres marines, il a été simplifié en Angleterre. Cet échappement plaît par la grande simplicité et par la solidité de ses principes. On voit par la construction de cet échappement qu'*il s'arrête au doigt*, et cela est si exact qu'un mouvement extérieur dans le même plan que celui du balancier peut faire arrêter l'horloge. Quoique peu propre aux horloges portatives, on en fait usage dans les montres; mais alors elles ne doivent pas être exposées à des mouvements circulaires dans le plan du balancier, ce qui pourrait pour un moment anéantir le mouvement, et, une fois en repos, la roue d'échappement ne pourrait plus donner les impulsions nécessaires pour remettre le balancier en mouvement. L'échappement *à virgule* est très difficile à exécuter, et peu d'ouvriers le font dans les règles. Cet échappement ne doit pas être envisagé comme parfait, mais on l'emploie avec succès dans des montres d'un genre simple et surtout en prenant les mesures nécessaires pour que l'huile puisse s'y tenir. L'échappement *à force constante* de Bréguet, réunit tous les avantages et contribue puissamment à la précision et à la marche. Après les impulsions, le balancier achève librement sa vibration ; les impulsions sont, suivant la nature de cet échappement, toujours d'égale force ou de force constante, malgré que l'action du rouage augmente ou diminue, de sorte que le balancier décrit constamment des arcs d'égale étendue. L'échappement libre *à remontoir d'égalité* fut inventé par l'horloger anglais Thomas Mudge. L'action du rouage dans cet échappement influe, en quelque sorte, sur les arcs de vibrations du balancier; et la difficulté que l'on éprouve dans l'exécution et dans la pose des différents spiraux et à rendre concentrique ses pivots, qui doivent rigoureusement être placés dans une même ligne, lui fait préférer celui de Bréguet. Dans l'échappement libre *à détente* de Ferdinand Berthoud, les vibrations ne sont pas troublées par la roue d'échappement, qui n'agit sur le pendule qu'au moment de l'impulsion; il est préférable à l'échappement *à ancre* et généralement à tous les échappements à repos dont on a fait usage. Jurgensen, horloger à Copenhague, a donné la description d'un échappement de son invention qu'il nomme *à force constante*, mais ce n'est qu'un projet. L'échappement d'Arnold *à vibration libre* est employé dans les garde-temps, et ceux de Bréguet construits selon ce système ne battent que 5 vibrations en 2" ou 216,000 oscillations par 24 heures. Il y a encore l'échappement *de Dupleix*, fréquemment employé dans les montres anglaises; il est peu coûteux et facile à exécuter, mais on en fait rarement usage en France; l'échappement *à deux balanciers dentés* ou *non dentés*, l'échappement *à pirouettes d'Huygens*, l'échappement *à chevilles*, inventé par Amant. On doit citer également l'échappement de l'horloger Caron, qui offrit à madame de Pompadour une montre sur ce système; elle n'avait que quatre lignes et demie de diamètre et une ligne moins un tiers de hauteur, et marchait trente heures.

ÉCHAPPER, v. n., s'évader, s'esquiver, se sauver des mains de quelqu'un, d'une prison, de quelque péril, etc. Il s'emploie ordinairement avec la préposition *de*, quand il signifie cesser d'être où l'on était, sortir de, etc. Il s'emploie au contraire avec la préposition *à*, quand il signifie se soustraire, se dérober à, être préservé de, etc. Il s'emploie aussi figurément, surtout avec la préposition *à*. Il signifie plus particulièrement, tant au sens physique qu'au sens moral, n'être pas saisi, aperçu, découvert, ou seulement remarqué; et alors il se conjugue toujours avec l'auxiliaire *avoir*. Il se dit encore, figurément, des choses dont on est frustré, ou que l'on ne saurait conserver, fixer, qui se perdent, s'évanouissent, se dissipent. *La patience lui échappe, lui a échappé*, il commence à perdre patience, il a témoigné de l'impatience; ou il s'emporte, il s'est emporté, après s'être longtemps contenu. *Echapper de la mémoire*, se dit des choses dont on perd le souvenir, que l'on oublie. *Echapper de la main, des mains*, se dit des choses qu'on laisse aller ou tomber involontairement. On dit dans un sens analogue, *laisser échapper ce que l'on tient. Laisser échapper un cri, un soupir*, etc., pousser un cri, un soupir, etc. Cela se dit surtout quand les actions sont involontaires, et quand on a fait quelque effort pour s'en abstenir. — ÉCHAPPER, s'applique particulièrement à ce qu'on dit, à ce qu'on fait par imprudence, par indiscrétion, par mégarde, par négligence, etc. ; et alors il se conjugue toujours avec l'auxiliaire *être*. Il s'emploie souvent dans le même sens, comme verbe impersonnel. —ÉCHAPPER est quelquefois verbe actif, et signifie alors éviter. Prov., *l'échapper belle*, éviter heureusement un péril dont on était menacé. — ÉCHAPPER, avec le pronom personnel, signifie s'évader, s'enfuir, s'esquiver, et alors il ne peut jamais être suivi que de la préposition *de*. Il signifie, figurément, s'emporter inconsidérément à dire ou à faire quelque chose contre la raison ou la bienséance. Il se dit encore, par extension, d'une chose qui d'elle-même sort d'un lieu, d'un endroit, d'une autre chose où elle était retenue, enfermée, contenue. Il se dit quelquefois figurément, au sens moral, pour se dissiper, s'évanouir.

ÉCHAPPÉ, ÉE (*participe*). Fig. et fam., *c'est un cheval échappé*, se dit d'un jeune homme vif, emporté, qui se soustrait à l'obéissance, à la discipline. — ÉCHAPPÉ s'emploie quelquefois substantivement, *un échappé de barbe*, un cheval engendré d'un barbe et d'une cavale du pays.

ÉCHAPPER, v. n. (*technol.*), se découdre, en parlant d'une étoffe.

ÉCHAPPER ou **S'ÉCHAPPER** (*horticult.*), pousser de grandes et belles branches qui ne fructifient pas.

ÉCHAPPER (*manége*), s'employait autrefois activement, et signifiait pousser un cheval à toute bride, le faire échapper ou partir de la main.

ÉCHAPPÉ, ÉE (*participe*). *N'est pas échappé qui traîne son lien*, on n'est point délivré d'une passion tant qu'on est tourmenté par son souvenir.

ÉCHAPPÉ (*manége*), se dit adj. et subst., de tout poulain engendré d'un cheval et d'une jument de races différentes. Par analogie et fig., il se dit d'un homme que l'on soupçonne appartenir à telle ou telle race. Il se dit même quelquefois d'un homme qui a de la ressemblance avec quelque type connu.

ÉCHAPPÉ (*fauconn.*), se dit d'un gibier que l'on tient en main, et que l'on lâche dans la campagne pour le faire voler aux oiseaux de proie.

ÉCHAQUETTE, s. f. (*architect.*). Il se trouve dans le dictionnaire de M. Quatremère de Quincy pour *échauguette* (*V.* ce mot.)

ÉCHARBOT (*bot.*), un des noms vulgaires de la mâcre ou châtaigne d'eau, *trapa natans*. Dans un livre elle est nommée *échardon*, sans doute par erreur.

ÉCHARD (JACQUES), dominicain, né à Rouen le 22 septembre 1644, de Robert Echard, secrétaire du roi, et de Marie de Cavelier, fille d'un maître des comptes, fit profession de l'ordre de Saint-Dominique, dans le couvent de la rue Saint-Honoré, à Paris, le 15 novembre 1680, et y mourut le 15 mars 1724, âgé environ de 80 ans. Nous avons de ce savant et laborieux écrivain un grand ouvrage en deux volumes in-fol., intitulé : *Scriptores ordinis prædicatorum recensiti, notisque historicis et criticis illustrati*. Le premier volume parut à Paris en 1719, et le second en 1721. Cet ouvrage est un chef-d'œuvre et un modèle en ce genre; l'auteur y donne une connaissance suffisante des actions des écrivains de l'ordre de Saint-Dominique ; il marque quels sont les écrits qu'ils ont composés ; en quel temps et dans quels lieux ils ont été imprimés, ou dans quelle bibliothèque on les garde manuscrits. Il avertit, dans sa préface, que le père Jacques Quitif, son confrère, mort en 1698, avait travaillé à cet ouvrage avant lui, et qu'il en avait fait un quart. On a encore du père Echard une lettre datée du 9 décembre 1723, adressée à M. l'abbé Leclerc, sulpicien, pour prouver que John Hermayer, évêque de Lisieux, n'a point été religieux de l'ordre de Saint-Dominique. Cette lettre se trouve au tome V des Mémoires de M. l'abbé d'Attigny. Enfin le père Echard est encore auteur d'une dissertation intitulée : *Sancti Thomæ summa suo auctori vindicata*, qui parut à Paris en 1707.

ÉCHARD (LAURENT), historien anglais, né à Bassam, dans le comté de Suffolk, exerça successivement le pastorat dans diverses églises. Sa santé était très faible ; les eaux de Scarborougk lui ayant été ordonnées pour le rétablir, il résolut de s'y transporter; mais il mourut en chemin, à Lincoln, en 1730. Il était membre de la société des antiquaires de Londres. Ses ouvrages, tous écrits en anglais, sont : 1° *Histoire d'Angleterre jusqu'à la mort de Jacques Ier*, Londres, 1707, 1718, 3 vol. in-fol., très estimée en Angleterre. 2° *Histoire romaine, depuis la fondation de Rome, jusqu'à la translation de l'empire par Constantin*, traduite en français par Daniel de la Roque, revue pour le style, corrigée et publiée par l'abbé des Fontaines, Paris, 1728 et 1729, 6 vol. in-12. Cet abrégé n'est pas sans défaut, mais la disette de bons ouvrages en ce genre lui a donné beaucoup de cours en France et en Angleterre. L'ouvrage d'Echard fit connaître son auteur au ministère d'Angleterre, qui l'employa dans plusieurs affaires. 3° *Histoire générale de l'église, avec des tables chronologiques*, Londres, 1702, in-fol. Les ecclésiastiques d'Angleterre font autant de cas de cet abrégé que les gens du monde en font de son histoire romaine. 4° *L'interprète des nouvellistes et des liseurs de gazettes*, ouvrage superficiel. Echard composa aussi un *Dictionnaire historique*, qui n'est qu'un squelette décharné. 5° *Traduction anglaise des comédies de Plaute et de Térence*, etc.

ÉCHARDE. On donne le nom d'écharde à ces petits éclats de bois minces et pointus qui pénètrent dans les chairs et y déterminent des piqûres qui ont quelquefois des conséquences assez graves.

ÉCHARDE (*ichtyol.*), un des noms vulgaires de l'épinoche. (*V.* GASTÉROSTÉE.)

ÉCHARDONNAGE, s. m. (*agricult.*), action d'enlever les chardons qui couvrent un terrain.

ÉCHARDONNER, v. a., ôter, couper, arracher les chardons d'un champ, d'un jardin, etc.

ÉCHARDONNET ou **ÉCHARDONNOIR**, s. m. (*agricult.*), espèce de houlette tranchante qui sert à couper les chardons.

ÉCHARGUET, s. m. (*anc. t. milit.*), celui qui fait le guet, sentinelle.

ÉCHARGUETTE, s. f. (*anc. t. milit.*), échanguette.

ÉCHARNEMENT, s. m. (*technol.*), en termes de mégissier, action d'enlever toutes les parties charnues que le boucher a laissées adhérentes à une peau en dépouillant l'animal.

ÉCHARNER, v. a. (*t. de corroyeur*), ôter d'une peau de bête, d'un cuir, la chair qui y est restée.

ÉCHARNOIR, s. m. (*t. de corroyeur*), instrument avec lequel on écharne.

ECHARNURE, s. f. (*t. de corroyeur*), reste de chair qui s'ôte d'un cuir que l'on prépare, ou façon qu'on donne en écharnant.

ÉCHARPE, s. f., large bande de taffetas, de mousseline, de dentelle, ou de quelque autre tissu, que l'on portait autrefois de la droite à la gauche, en forme de baudrier, et qu'on a portée depuis en forme de ceinture. Fig. et fam., *changer d'écharpe*, changer de parti. — ECHARPE, se dit aussi d'une bande de quelque étoffe, qu'on porte passée au cou pour soutenir un bras blessé ou malade. Prov. et fig., *le lit est l'écharpe de la jambe*, il faut qu'une personne qui a la jambe malade se tienne au lit. — ÉCHARPE, se dit encore d'une sorte de vêtement que portent les femmes. — EN ÉCHARPE (*locut. adv.*), obliquement, de biais, de travers. On l'emploie rarement.

ÉCHARPE, s. f. Expr. prov., *Avoir l'esprit en écharpe*, être distrait.

ÉCHARPE (*marine*), pièce de bois contournée, partant du dessus des bossoirs, tribord et babord, et se terminant par une courbe, derrière la tête de la figure à l'extrémité de l'étrave.

ÉCHARPE (*const.*), bourrelet ou exhaussement établi suivant la ligne de plus grande pente d'une route inclinée, pour arrêter les eaux pluviales et les forcer à s'écouler dans les fossés. Tranchée, en forme de croissant, faite dans les terres, pour ramasser les eaux dispersées d'une montagne. Tiran de fer fixé, d'un bout, à la partie supérieure du poteau tourillon, et de l'autre, au bas du poteau busqué d'une porte d'écluse, pour empêcher les assemblages de céder sous l'action continue du poids de cette porte. Pièce de bois, au bout de laquelle est attachée une poulie, et qui fait l'office d'une demi-chèvre.

ÉCHARPE (*technol.*), pièce placée diagonalement dans un bâtis de menuiserie. Pièce du bâtis d'un parquet. Cordage qui retient un fardeau qu'on monte avec une grue.

ÉCHARPE (*zool.*), espèce de poisson.

ÉCHARPE (*chirurg. bandages*), bandage formé par une serviette ou un mouchoir ployé en triangle, que l'on emploie pour soutenir l'avant bras et la main, dans le traitement des fractures de la clavicule, de l'avant-bras ou du bras, des plaies ou autres affections du bras ou de la main, qui exigent une attitude immobile du membre.

ÉCHARPE, s. f. (*archit.*), petite moulure qui marque le milieu et forme comme le lien du balustre de la volute du chapiteau ionique.

ÉCHARPE, ordre de l'Écharpe. Les Anglais ayant assiégé Placentia, ville d'Espagne, l'an 1338, les femmes de cette ville prirent les armes, et mirent en fuite les assiégeants. Le roi de Castille, pour récompenser ces généreuses guerrières, leur permit de porter sur leurs habits une écharpe d'or, et leur accorda les mêmes privilèges dont jouissaient les chevaliers de la bande, qui avaient été institués par le roi Alphonse son aïeul.

ÉCHARPE (*ichthyol.*). Ce nom a été donné à divers poissons. M. de Lacépède l'a appliqué à un baliste, *balistes rectangulus*, découvert par Commerson, dans le voisinage de l'île de France; une espèce de chétodon, s'appelle aussi écharpe et quelquefois le genre entier est désigné par cette expression, qui semble alors synonyme de bandoulière. (*V.* BALISTE et CHÉTODON.)

ÉCHARPEMENT, s. m. (*art. milit.*), marche d'une troupe qui écharpe, c'est-à-dire, qui s'avance diagonalement.

ÉCHARPER, v. a., faire une grande blessure avec un coutelas, un sabre, etc. Il se dit quelquefois au figuré, en parlant d'une troupe qui est fort maltraitée, presque entièrement détruite dans un combat.

ÉCHARPER (*technol.*), diviser certaines matière en les battant ou les cardant.

ÉCHARPER, v. n. (*art. milit.*), marcher diagonalement ou en écharpe.

ECHARS, ARSE, adj. Il se disait autrefois pour, avare, chiche, mesquin.

ÉCHARS (*anc. t. de marine*), se disait d'un vent faible, inconstant. Il se dit encore d'une monnaie qui est au-dessous du titre légal.

ÉCHARSEMENT, adv. il se disait autrefois pour chichement, avaricieusement.

ÉCHARSER, v. a. (*anc. t. de marine*). Il se disait du vent qui devient faible, et qui saute incessamment d'un rumb à l'autre.

ÉCHARSETÉ, s. f. (*v. lang.*), avarice.

ÉCHARSETÉ (*anc. admin.*), défaut d'une pièce de monnaie qui n'a pas le poids ou le titre requis.

ÉCHARSELER, v. a. (*anc. admin.*), abaisser l'aloi prescrit pour les pièces de monnaie.

ÉCHASSE, s. f. Il n'est guère usité qu'au pluriel, et se dit de deux longs bâtons, à chacun desquels il y a une espèce d'étrier attaché, ou un fourchon du bois même, dans lequel on met les pieds, soit pour marcher dans les marais, dans les sables, comme font les pâtres des landes, soit pour paraître plus grand et divertir le peuple, comme font les bateleurs. Fam., *Il semble être sur des échasses*, se dit de quelqu'un qui a de trop longues jambes. Prov. et fig., *Etre toujours monté sur des échasses*, avoir l'esprit guindé, parler d'une manière emphatique, et employer de grands mots, ou affecter de grands airs pour se faire remarquer.

ECHASSE, s. f. (*architect.*). Il se dit presque toujours au pluriel, de deux régles de bois dont on se sert pour jauger la hauteur des voussures et des pierres en général. *Echarpes d'échafaud*, perches entées les unes au bout des autres pour former des échafauds de maçon.

ÉCHASSE (*zool.*), genre d'oiseaux à jambes très longues.

ÉCHASSE *himantopus* (*ois.*), genre de la famille des échassiers longirostres, Ils se distinguent par leur bec cylindrique, effilé, présentant de chaque côté de la mandibule supérieure un sillon longitudinal dans la rainure duquel sont percées les narines; les tarses sont très élevés et proportionnellement à la taille de ces petits animaux, beaucoup plus grands que chez aucun autre échassier; les doigts sont petits, sans pouce et réunis à la base par une membrane; les ailes sont longues, à première remige dépassant les autres. Les échasses dont on connaît plusieurs espèces, sont des oiseaux voyageurs, que l'on rencontre dans presque tout l'ancien et le nouveau continent. Elles se tiennent dans les lieux humides, les prairies inondées et le bord de la mer, ou leur longues jambes leur permettent de marcher avec facilité sans mouiller leur plumage. Leur nourriture consiste en vers, en larves et insectes aquatiques et en petits mollusques. *L'échasse à manteau noir*, *himantopus melanopterus*. Cette espèce est la mieux connue, elle se rencontre en Europe, dans quelques parties de l'Asie, en Afrique, en Egypte et au Sénégal. Elle a dix neuf pouces de longueur, toutes les parties supérieures de son corps sont noires, à reflets verdâtres, les inférieures blanches, légèrement tachées de rosé; le col est blanc, l'occiput noir ainsi que le bec, et les rectrices cendrées. *L'échasse à cou noir*, *himantopus ingricollis*, appartient à l'Amérique méridionale; les différences qui existent entre cette espèce et la précédente sont très peu sensibles, ce qui l'a fait regarder par plusieurs auteurs comme une simple variété.

ÉCHASSERIE, s. f. (*horticult.*), variété de poire.

ÉCHASSES. La nécessité, cette mère féconde des inventions utiles, dut inspirer de bonne heure aux habitants des terrains marécageux ou souvent inondés, l idée de remédier à cet inconvénient à l'aide des échasses. Toutefois, nous ignorons à quelle contrée il faut en attribuer l'emploi primitif. En France, c'est chez nos paysans du Bas-Poitou, obligés de traverser souvent les marais pour vaquer à leurs travaux, que nous trouvons les traces de leur usage le plus ancien. Tout le monde connaît cette espèce de perches, d'une grosseur moyenne, longues de 5 à 6 pieds, et munies, à une certaine hauteur, d'une sorte d'appui ou de tasseau, sur chacun desquels se portent les pieds de celui qui veut se servir de ce moyen économique de locomotion. Ce moyen exige, du reste, ou de l'adresse naturelle, ou une habitude contractée dès l'enfance; nos citadins, hissés sur des échasses, risqueraient de faire des chutes assez périlleuses, et qui rappelleraient ces vers d'un poète ancien :

> .... Tolluntur in altum,
> Ut lapsu graviore ruant....

Mais dans la province que nous avons cité plus haut, ainsi que dans les landes voisines de Bordeaux, où un sol très sablonneux rend aussi leur usage nécessaire, les villageois, et surtout les bergers de ces cantons, savent manier leurs échasses avec beaucoup d'aisance et de dextérité. Grâce à ce secours, on les voit traverser une vaste plaine avec une rapidité surprenante, et qui rappelle involontairement l'antique fable des géants, ou le conte, plus moderne, des *Bottes de sept lieues*. Les enfants même de ce pays courent sur ces légers véhicules, et se font un jeu de cet exercice. Les saltimbanques en firent un spectacle pour les habitants de nos cités, et surtout pour les Parisiens. La danse sur les échasses fut une de ces curiosités foraines dont on amusa leurs loisirs. De nos jours, un amateur du théâtre des Variétés, dans la pièce des *Habitants des Landes*, à su tirer de cet emploi des traits assez plaisants. Les échasses jouent aussi un certain rôle dans le langage métaphorique. On dit des gens qui veulent affecter de grands airs, qu'ils semblent toujours guindés sur des échasses. Montaigne, qui avait vu celles des villageois de son pays natal, en tire, dans son style naïf et énergique, une leçon de morale pour l'homme qui ne sait pas s'aider lui-même : « Si avons-nous beau, dit ce » philosophe, pour monter sur des échasses, encore faut-il » marcher avec nos jambes. » Boileau, à son tour, leur emprunte une comparaison pittoresque, quand il dit d'un poète boursoufflé :

> ... Ses vers et sans force et sans grâces,
> Montés sur des grands mots comme sur des échasses.

Aujourd'hui ce n'est pas seulement à la poésie prétentieuse qu'on pourrait appliquer cette expression, et nous savons, par maint exemple, que la prose moderne, soit oratoire, soit historique, ou même romancière, a aussi son emphase et ses échasses.

ÉCHASSIERS, *grallatores* (*ois.*). Les ornithologistes désignent sous ce nom un ordre fort nombreux de la classe des oiseaux, dans lequel viennent se ranger tous les oiseaux de rivage dont le caractère principal est d'avoir les tarses fort allongés, et les jambes dénudées à leur partie inférieure. Ce caractère n'est cependant pas rigoureux, puisqu'il appartient à des oiseaux tout-à-fait différents, tels que l'autruche et le casoar, qui sont granivores, et se tiennent dans l'intérieur des terres; tous ont d'ailleurs des caractères d'ailes, de bec et de queue fort différents; et il convient plutôt d'en faire, comme Blainville et Vieillot, un ordre distinct, qui paraît conduire des grallatores aux gallinacés. —Les caractères que présentent les pieds et le bec des échassiers, ont permis de les subdiviser assez facilement. Ce sont, pour la plupart, des oiseaux bons voiliers, aimant les longs voyages. Ils vivent solitaires ou en troupes plus ou moins nombreuses. Les uns font leur nid sur les rochers, d'autres sur les arbres et les vieux édifices; quelques-uns sur le sol, dans les herbes, ou même, au milieu des eaux, dans les joncs et les herbes aquatiques. Les échassiers prennent souvent, et surtout pendant le repos, une attitude singulière; ils se tiennent perchés sur une seule jambe, et restent ainsi fixés pendant des heures entières. Cette faculté dépend de la forme singulière de leur articulation femoro-tibiale ou du genou, laquelle présente, par l'engagement de la petite tête du péroné, dans une échancrure externe du fémur, une sorte d'engrènement à peu prés semblable à celui du ressort d'un couteau. — On a partagé les échassiers en quatre familles: 1° Les *pressirostres*, qui ont le pouce nul ou très court, et ne touchant pas à terre; leur bec est médiocre et un peu variable. Les genres qui viennent se ranger dans cette famille sont les *outardes*, *pluvier*, *œdicnème*, *vanneau*, *huitrier*, *court-vite*, *cariama*. 2° Les *cultrirostres*, dont le bec est gras, long, fort, souvent même tranchant, et représente assez, dans chacune de ses mandibules, la lame d'un couteau. Les genres sont : les *grues*, *agami*, *oourlan*, *savacou*, *héron*, *cigogne*, *narabau*, *jabiru*, *ambrette*, *bec-ouvert*, *drome*, *tantale* et *patule*. 3° Les *longirostres* à bec souvent beaucoup plus long que la tête, subulé, droit ou courbé. Les *ibis*, *courlis*, , *bécassines*, *rhynchées*, *barges*, *maubèches*, *sanderlings*, *falcinelles*, *camballnas*, *phalaropos*, *tourne-pierres*, *chevaliers*, *échasses*, *avocettes*, font partie de cette division. 4° Les *macrodactyles* à doigts fort longs, ainsi que l'indique leur nom, et propres à marcher dans les herbes des marais, et quelquefois à nager. Les genres de cette famille sont : *jacana*, *kamichi*, *mégapode*, *rale*, *poule-d'eau*, *talène*, *foulque*. — Cuvier place à la suite des macrodactyles les *becs-ouverts*, les *glaréoles* et les *flammants*, comme étant d'une place douteuse. (*V.* ces différents mots.)

ÉCHAUBOULÉ, ÉE, adj., qui a des échauboulures.

ÉCHAUBOULURES (*méd.*), petites élevures de la peau, sans coloration marquée, ayant la forme et l'aspect de pustules, souvent sèches, mais formées quelquefois d'une pellicule remplie d'une eau limpide. Cette éruption, ordinairement passagère, et qui ne constitue pas une maladie à proprement parler, se manifeste ordinairement pendant l'été; elle est produite par l'action continue de la chaleur. Elle détermine des picotements et quelquefois même une démangeaison assez vive. Les parties du corps sur lesquelles on l'observe le plus fréquemment sont le bas du visage, la poitrine, le dos, les épaules, les avant-bras et la face dorsale des mains. — Il suffit de quelque bains, de lotions froides fréquemment répétées, et de boissons rafraîchissantes pour dissiper cette légère incommodité.

ÉCHAUBOULURE ou **ÉBULLITION**, maladie des bestiaux, dans laquelle toute l'habitude du corps se trouve tout d'un coup couverte de petits boutons plus ou moins nombreux et plus ou moins élevés; ces boutons sont superficiels; ils surviennent ordinairement après les grandes fatigues et les grandes sueurs : c'est l'humeur de la transpiration qui s'accumule dans les glandes de la peau. Ces boutons sont ordinairement sans danger, et disparaissent bientôt par le moyen de la saignée et de quelque sudorifique, et quelquefois même le sudorifique simple suffit, tel qu'un breuvage composé d'une bouteille de vin, une noix muscade râpée que l'on fait bouillir dans un petit verre d'eau, et administré à chaud.

ÉCHAUDAGE, s. m. (*technol.*), opération qui consiste à faire macérer dans un lait de chaux les matières destinées à la préparation de la colle forte. Lait de chaux qui sert à blanchir les murs.

ÉCHAUDÉ, s. m., sorte de pâtisserie très légère, faite de pâte échaudée.

ÉCHAUDÉ, s. m. Il se disait autrefois de trois rues disposées en triangle. Cela venait de ce que la pâtisserie nommée *échaudé* avait habituellement cette forme. — **ÉCHAUDÉ** (*horticult.*), se dit d'une plate-bande de forme triangulaire. — ÉCHAUDÉ, sorte de petit siége pliant. — ÉCHAUDÉ, ÉE, adj. (*agricult.*). Il se dit du blé dont le grain, maigre et flétri, contient peu de farine. Il se dit aussi des graines qu'on a semées sur une couche très chaude, et dont le germe périt pour cette cause.

ÉCHAUDER, v. a., laver avec de l'eau très chaude, bouillante. Il signifie également tremper dans l'eau bouillante. Il signifie aussi jeter de l'eau chaude sur quelque chose. Il signifie encore endommager quelque partie du corps par l'action d'un liquide très chaud, bouillant. On l'emploie aussi avec le pronom personnel. Fig. et fam., *Être échaudé*, ou, avec le pronom personnel, *s'échauder*, être attrapé, éprouver quelque dommage, quelque mal dans une affaire. — ÉCHAUDÉ, ÉE (*participe*), Prov. et fig., *Chat échaudé craint l'eau froide*, quand une chose nous a causé une vive douleur, nous a été fort nuisible, nous en craignons même l'apparence.

ÉCHAUDEURS, espèce de pâtissiers fort appréciés par nos pères. Il est fait mention, dans une charte de l'église cathédrale de Paris, en 1202, des *panes qui dicuntur eschaudati*. Ces échaudés étaient plus gros que les nôtres, puisque l'on voit, en 1231, les religieux de Saint-Denis accorder à une veuve le droit de venir prendre dans leur boulangerie, tous les jours de fêtes, une miche de pain et un échaudé. Saint Louis avait permis aux échaudeurs de vendre leurs produits tous les jours de la semaine. A Paris, ils étaient aux halles, le samedi, près de la rue de la Tonnellerie, ou bien ils parcouraient les rues en criant : Galettes chaudes, échaudez !

ÉCHAUDILLON, s. m. (*technol.*), lopin de fer que l'on présente au feu, afin de le souder quand il est chaud.

ÉCHAUDIS, s. m. (*marine*), boucles de fer de forme triangulaire. Il y a des *échaudis* sur la courbe de capucine de certains bâtiments pour le passage et le maintien de la liure de beaupré. Il y en a aussi, en général, sur les hiloires des ponts pour servir de point d'appui aux cordages qui assujettissent les embarcations à bord.

ÉCHAUDOIR, s. m., lieu où l'on échaude. Il se dit aussi de vaisseaux qui servent à cet usage.

ÉCHAUDOIR, s. m. (*archit.*), lieu pavé, dans les abattoirs, où les bouchers préparent les bêtes qu'ils ont tuées.

ÉCHAUDOIR (*technol.*), vaisseau dans lequel les teinturiers dégraissent leurs laines.

ÉCHAUFFAISON, s. f., indisposition qui se manifeste par quelque éruption à la peau.

ÉCHAUFFANT, ANTE, adj., qui échauffe. Il ne se dit que des aliments, des remèdes, etc., qui augmentent trop ou qui peuvent trop augmenter la chaleur animale.

ÉCHAUFFE, s. f. (*technol.*), étuve dans laquelle le tanneur met les peaux pour les disposer à lâcher les poils dont elles sont couvertes.

ÉCHAUFFÉE, s. f. (*technol.*), première opération des sauniers pour réparer le feu des fourneaux.

ÉCHAUFFÉ, ÉE (*part.*). Il s'emploie quelquefois substantivement; mais alors il n'est guère usité que dans cette phrase : *Sentir l'échauffé*, exhaler une certaine odeur causée par une chaleur excessive ou par un commencement de fermentation.

ÉCHAUFFEMENT, s. m., action d'échauffer, ou le résultat de cette action. Il se dit surtout en parlant d'un excès de chaleur animale.

ÉCHAUFFEMENT (*pathol.*), expression commune et vulgaire que l'on a en vain cherché à bannir du langage médical, et qui doit y rester, parce qu'il exprime mieux qu'aucune autre, malgré sa vulgarité, un état de l'organisme parfaitement défini, et que l'on ne pourrait, sous peine de confusion, négliger de désigner par une dénomination particulière. L'échauffement est un état voisin de la fièvre, caractérisé par un sentiment général de chaleur, la sécheresse de la peau avec une coloration ordinairement assez vive de la face, une soif vive, de fréquents besoins d'uriner, de la constipation, de l'agitation pendant le sommeil ou même une insomnie complète, une sensation de picottement à la peau et d'ardeur dans les reins, une certaine propension aux plaisirs de l'amour. Il se joint quelquefois à ces symptômes de l'accablement, de la douleur de tête, une chaleur intérieure incommode qui se manifeste rarement à l'extérieur par une élévation réelle de la température du corps. L'échauffement est moins une maladie qu'une incommodité, une sorte d'éréthisme nerveux dans lequel il semble qu'il y ait exaltation des forces vitales. Cet état est le plus ordinairement de courte durée. Chez quelques personnes cependant l'échauffement est un état habituel, ce qui fait dire de ces personnes qu'elles ont le tempérament *échauffé*. Bien que l'échauffement ne constitue pas une maladie, à proprement parler, il prédispose à certaines affections avec lesquelles il a de l'analogie et dont il n'est en quelque sorte qu'un premier degré ; telles les inflammations en général, les fièvres aiguës, les hémorrhagies. A ce titre, l'échauffement réclame des soins et un régime approprié. Pour combattre cet état, il faut surtout s'adresser aux causes qui le produisent et l'entretiennent. L'échauffement est souvent le résultat d'exercices immodérés, allant jusqu'à la fatigue, de veilles prolongées, d'excès dans les plaisirs de l'amour ou ceux de la table, des travaux excessifs de l'esprit, de l'habitude des méditations profondes et des études opiniâtres, surtout lorsque à ces diverses causes se joignent les circonstances prédisposantes de la jeunesse ou de l'âge adulte, du tempérament bilieux ou nervoso-sanguin. Parmi les causes les plus communes de l'échauffement, nous devons surtout signaler le régime alimentaire : le vin, les liqueurs, le café, le thé passent, à juste titre, pour des substances échauffantes; il en est de même des viandes salées et faisandées, des ragoûts fortement épicés, de tous les aliments de haut goût et des substances dans lesquelles la fermentation développe des principes âcres et stimulants. Il suffit de signaler ces causes pour indiquer la nature des soins qui conviennent aux personnes sujettes à l'échauffement : le premier de ces soins devra être l'abstinence de toute alimentation échauffante et la modération dans les habitudes privées dont nous avons signalé les abus; l'usage fréquent des bains tièdes, des boissons aqueuses abondantes légèrement acidulées, du laitage, des aliments principalement puisés parmi les légumes aqueux, les fruits acidules et les farineux, tel est en général le régime qui convient aux personnes habituellement échauffées. La médecine fait quelquefois usage, dans un but thérapeutique, de substances échauffantes ou dont les propriétés sont de produire un état organique analogue à l'échauffement. Cette médication et ces agents sont plus particulièrement désignés en thérapeutique sous les titres de médication *excitante*, agents *excitants*. (*V.* ces mots.)

ÉCHAUFFER, v. a., donner de la chaleur, rendre chaud. Il se dit particulièrement de ce qui cause un excès de chaleur animale. Fig., *échauffer le sang*, *la bile à quelqu'un*, le mettre en colère, l'impatienter. On dit dans un sens analogue, *s'échauffer la bile*. Fig. et fam., *échauffer les oreilles à quelqu'un*, le mettre en colère par quelque discours. — ÉCHAUFFER, s'emploie aussi avec le pronom personnel. Fig. et par plaisanterie, *s'échauffer en son harnois*, parler de quelque chose avec beaucoup de véhémence et d'émotion. En terme de chasse, *s'échauffer sur la voie*, se dit des chiens qui suivent la voie avec trop d'ardeur. — ÉCHAUFFER s'emploie aussi figurément, avec le pronom personnel, pour dire se mettre en colère, s'emporter ou se passionner, s'animer beaucoup. *Le jeu s'échauffe*, *commence à s'échauffer*, on commence à jouer avec chaleur et plus gros jeu. *La querelle*, *la dispute*, *la conversation*, *la guerre s'échauffe*, *est fort échauffée*, elle s'anime de plus en plus, elle est très animée.

ÉCHAUFFER, v. a., échauffer la voie (*vénerie*), se dit comme *s'échauffer sur la voie* pour la suivre avec ardeur.

ÉCHAUFFOURÉE, s. f., entreprise mal concertée, téméraire, malheureuse. Il se dit aussi de certaines rencontres imprévues à la guerre : il est familier dans les deux sens.

ÉCHAUFFURE, s. f., petite rougeur, petite élevure qui vient sur la peau dans une échauffaison.

ÉCHAUGUETTE, s. f. (*archit.*), espèce de guérite ou de tourelle élevée sur une terrasse ou sur une tour pour faire le guet.

ÉCHAUX, s. m. (*écon. rur.*). Il se dit des rigoles destinées à favoriser l'écoulement des eaux ou l'irrigation des prairies.

ÉCHE, s. f. (*pêche*), mot employé par les pêcheurs des environs de Paris comme synonyme d'*amorce*.

ÉCHÉABLE, adj. des deux genres (*comm.*), qui peut, qui doit échoir.

ÉCHÉANCE. On entend par échéance l'époque à laquelle une dette devient exigible. L'échéance dans les obligations pures et simples a lieu immédiatement, comme il est aisé de le comprendre; toutefois le paiement ne peut être rigoureusement exigé qu'après le temps moralement nécessaire au débiteur. Dans les obligations conditionnelles, l'échéance ne peut arriver qu'après l'événement de la condition, puisque l'obligation elle-même n'existe point avant cette époque. Dans les obligations à terme, l'échéance arrive au terme fixé. L'échéance d'un billet à ordre a lieu au jour désigné dans le billet. Celles des lettres de change varie suivant certaines distinctions : ainsi une lettre de change peut être tirée à vue, et alors l'échéance a lieu par la présentation ; à un ou plusieurs jours de vue, à un ou plusieurs mois de vue, à une ou plusieurs usances de vue; et alors l'échéance est fixée par la date de l'acceptation ; à un ou plusieurs jours de date, à un ou plusieurs mois de date, à une ou plusieurs usance de date ; à jour fixe, ou à jour déterminé, ou en foire. L'usance est de trente jours, qui courent du lendemain de l'acceptation de la lettre de change ou du lendemain de la date, suivant que la lettre de change est tirée à une ou plusieurs usances de vue ou de date. Les mois sont tels qu'ils sont fixés par le calendrier grégorien. Lorsqu'il s'agit de supporter l'époque de l'échéance d'un effet de commerce payable à plusieurs mois de date, le délai doit être compté date par date, d'un quantième à un autre quantième, sans distinction de mois qui ont plus ou moins de 30 jours. Ainsi une lettre de change, tirée le 28 février à dix mois de date, est toujours payable le 28 décembre, que l'année soit ou non bissextile. Une lettre de change payable en foire est échue la veille du jour fixé pour la clôture de la foire, ou le jour de la foire si elle ne dure qu'un jour. Si l'échéance d'une lettre de change ou d'un billet à ordre est à un jour férié légal, ils sont payables la veille. Lorsqu'il aura été rendu un jugement sur une demande en reconnaissance d'obligation sous seing-privé formée avant l'échéance de la dette, il ne pourra être pris aucune inscription hypothécaire en vertu de ce jugement qu'à défaut de paiement de l'obligation, après son échéance, à moins qu'il n'y ait eu stipulation contraire. Les frais relatifs à ce jugement ne pourront être répétés contre le débiteur que dans le cas où il aurait dénié sa signature. Les frais d'enregistrement ne seront à la charge du débiteur, tant dans le cas dont il vient d'être parlé que lorsqu'il aura refusé de se libérer après l'échéance ou l'exigibilité de la dette. (Loi du 4 septembre 1807.) Le terme étant toujours présumé stipulé en faveur du débiteur, le créancier ne pourrait, en général, refuser le paiement offert avant l'échéance, à moins qu'il ne résultât de la stipulation ou des circonstances que le terme a été convenu en faveur du créancier. Au surplus, nonosbtant le terme fixé dans l'intérêt du débiteur, la dette deviendrait exigible si ce débiteur faisait faillite ou tombait en déconfiture, ou s'il diminuait par son fait les sûretés qu'il avait données par le contrat à son créancier. Ainsi, pour donner un exemple de ce dernier cas, si un débiteur vend une partie de l'immeuble hypothéqué, de telle sorte que cette portion puisse être purgée de l'hypothèque, il change la condition du créancier, divise le gage sur lequel portait l'hypothèque, contraint ainsi ce créancier à morceler sa créance pour conserver ses sûretés entières, et diminue bien certainement de cette façon l'intégrité des sûretés accordées ; aussi pourrait-il être dès lors tenu du remboursement de la créance, alors même que le jour de l'échéance ne serait point arrivé.

ÉCHEANDIA (*bot*,), genre créé par Decandolle réuni au *conanthera*. (*V.* CONANTHÈRE.)

ÉCHEBANNA (*bot.*). Surian, dans son herbier, cite ce nom caraïbe pour le *besleria mellitifolia* de Linné.

ÉCHEC, s. m., terme qui s'emploie au jeu des échecs lorsqu'on attaque le roi, en sorte qu'il est obligé de se retirer ou de se couvrir. *Échec et mat*, se dit quand le roi, étant attaqué par quelque pièce, ne peut plus se couvrir ni se retirer. Fig., *Tenir des troupes, une armée en échec*, empêcher des troupes, une armée d'agir, de rien entreprendre. Fig., *Tenir une place en échec*, la tenir en crainte d'être assiégée. Fig., *Tenir quelqu'un en échec*, l'empêcher d'agir, de se déterminer. — ÉCHEC, se dit figurément d'une perte considérable que fait une armée, un corps de troupes dans un combat, dans une attaque, dans une retraite. Il se dit également d'une atteinte, d'un dommage, d'un désappointement, d'un mauvais succès quelconque.

ÉCHEC, s. m. Expr. prov., *Être échec et mat*, au fig., être perdu sans ressource. *Il donne échec et mat à tous les plats*, se dit trivialement d'un gourmand qui mange copieusement de tous les plats.

ÉCHECS. Il existe au jeu des échecs un problème curieux qui a occupé les mathématiciens, et que le célèbre Euler n'a pas trouvé indigne de son attention ; il consiste à faire parcourir successivement au cavalier les 64 cases de l'échiquier, sans passer plus d'une fois sur la même case. Le cavalier est, comme chacun le sait, une pièce dont la marche oblique s'effectue de trois cases en trois cases, en sautant d'une case blanche sur une case noire. Nous allons rapporter ici la solution de ce problème, telle qu'elle a été donnée par Euler dans les Mémoires de l'Académie de Berlin, pour l'année 1759. — En partant d'un des coins de l'échiquier, donnons à chaque case un numéro d'ordre pour les distinguer ; nous aurons ainsi

57	58	59	60	61	62	63	64
49	50	51	52	53	54	55	56
41	42	43	44	45	46	47	48
33	34	35	36	37	38	39	40
25	26	27	28	29	30	31	32
17	18	19	20	21	22	23	24
9	10	11	12	13	14	15	16
1	2	3	4	5	6	7	8

Les cases blanches auront les numéros impairs, et les cases noires les numéros pairs. Ceci posé, si nous supposons que le cavalier est posé sur la case 1, et qu'on le fasse partir de cette case, on pourra d'abord le faire sauter indifféremment sur 11 ou sur 18 ; mais arrivé à l'une de ces deux cases l'embarras commence, puisque de chacune d'elle on peut le faire sauter sur trois autres. Voici l'ordre des cases à parcourir en partant de 1 sur 11 :

1, 11, 5, 15, 32, 47, 64, 54,
60, 50, 35, 41, 26, 9, 3, 13,
7, 24, 39, 56, 62, 45, 30, 20,
37, 22, 28, 38, 21, 36, 19, 25,
10, 4, 14, 8, 23, 45, 55, 61,
51, 57, 42, 59, 53, 63, 48, 31,
16, 6, 12, 18, 33, 27, 44, 29,
46, 52, 58, 43, 49, 34, 17, 2,

Si, au lieu de numéroter les cases de l'échiquier comme nous l'avons fait, nous les numérotons dans l'ordre où elles sont parcourues, nous aurons donc la route suivante, où le cavalier part de 1 pour aller à 2, ensuite à 3, etc., de manière qu'en arrivant à 64, il a parcouru toutes les cases

42	59	44	9	40	21	46	7
61	10	41	58	45	8	39	20
12	43	60	55	22	57	6	47
53	62	11	30	25	28	19	38
32	13	54	27	56	23	48	5
63	52	31	24	29	26	37	18
14	33	2	51	16	35	4	49
1	64	15	34	3	50	17	36

On voit aisément qu'en prenant une marche symétrique à celle-ci, on peut faire partir le cavalier des autres angles. Si l'on voulait partir de la case numérotée 64, en marchant dans l'ordre inverse des numéros, on irait à 63, de là à 61, et on parviendrait à 1. Mais cette route n'est plus d'aucune utilité lorsqu'il s'agit de commencer par toute autre case, et le problème général consiste précisément à prendre un point de départ arbitraire. Euler fait observer qu'il s'agit seulement de trouver une route où la dernière case marquée 64 soit éloignée de la première d'un saut du cavalier, de manière qu'il puisse sauter de la dernière sur la première ; car cette route étant déterminée, on pourra partir d'une case quelconque, et suivre l'ordre des numéros jusqu'à 64, de là sauter sur 1, et continuer la route jusqu'à celle dont on est parti. Une telle route, qu'Euler nomme route rentrante en elle-même, est beaucoup plus difficile à trouver que celle que nous avons donnée ci-dessus ; mais nous ne pouvons que renvoyer au mémoire déjà cité ceux de nos lecteurs qui voudraient connaître la méthode ingénieuse employée par l'illustre géomètre. Voici une autre route rentrante ; elle suffit pour obtenir la solution complète du problème.

42	57	44	9	40	21	46	7
55	10	41	58	45	8	39	20
12	43	56	61	22	59	6	47
63	54	11	30	25	28	19	38
32	13	62	27	60	23	48	5
53	64	31	24	29	26	37	18
14	33	2	51	16	35	4	49
1	52	15	34	3	50	17	36

Cette route étant bien fixée dans la mémoire, on pourra faire partir le cavalier d'une case quelconque. S'agit-il, par exemple, de partir de la case 30, on le fera passer par les cases 31, 32, 33, etc., jusqu'à 64, d'où en passant ensuite par 1, 2, 3, etc., on lui fera poursuivre sa route jusqu'à la case 29. Vandermonde s'est aussi occupé de ce problème dans les Mémoires de l'Académie des sciences, pour 1771.

ÉCHÉDORE, s. m. (*géogr. anc.*), fleuve de la Macédoine, qui traverse la Mygdonis, et se jette, avec l'Axius, dans le golfe Thermaïque. Selon Hérodote, l'armée de Xerxès épuisa les ondes de l'*Echédore*.

ÉCHÉE, s. f. (*technol.*), quantité de fil que l'on place à la fois sur le dévidoir.

ÉCHÉES, s. f. plur. (*antiq. rom.*). Il se dit des vases d'airain qui, selon Vitruve, étaient placés sous les dégrés des théâtres, pour repercuter la voix des acteurs. L'existence et la disposition des échées est encore un problème archéologique.

ÉCHEIA ou **ÉCHEA**, s. m. (*archit.*), est, selon Vitruve, version de Perrault, le nom de l'espèce de vases d'airain ou de terre, que les anciens faisaient entrer dans la construction de leur théâtres, pour prêter à la voix de l'acteur plus de force et d'éclat, suivant la consonnance et le rapport que le ton de la voix avait avec quelqu'un de ces vases. Les échéia accordés à la tierce, à la quarte, à l'octave les uns des autres, étaient isolés dans de petites niches pratiquées sous les siéges des spectateurs. Nous ne comprenons guère aujourd'hui quel pouvait être l'effet, et surtout l'effet agréable de ces vases. Vitruve convient qu'ils n'étaient pas en usage à Rome, de son temps; il en donne pour raison qu'il n'y avait alors en Italie que des théâtres de charpente assez retentissants d'eux-mêmes. Mais, depuis, Rome et toutes les grandes villes du vaste empire, ont eu des théâtres en pierre dont les restes sont venus jusqu'à nous, et dans aucun on ne remarque qu'il ait été fait usage d'échéia. Quelques personnes ont donc pensé que l'écheia était moins un instrument d'acoustique qu'un instrument harmonique propre à servir d'un accompagnement agréable à la mélodie tant harmonieuse des grecs, mais qui ne pouvait avoir son application au langage et à l'organe des peuples barbares. (*V.* VASE.)

ÉCHELAGE, s. m. (*dr. cout.*), droit de poser une échelle sur l'héritage d'autrui, afin de reconstruire ou de réparer un bâtiment ou un mur.

ÉCHELAGE (*technol.*), partie du fourneau des grosses forges.

ÉCHELER, v. a. et n. (*anc. t. milit.*), escalader.

ÉCHELET *climacteris* (*ois.*). Le vrai genre des échelets dans lequel l'oiseau qui porte ordinairement ce nom n'est plus placé, appartient au sous-ordre des passereaux tenuirostres de Cuvier, et prend place parmi les tichodromes, les picucules, les grimpereaux et les dicées, dans la famille des certhiadiées ou *grimpereaux*. (Voyez ce mot.)

ÉCHELETTE (*ois.*), c'est un des noms vulgaires du grimpereau des murailles, qui est devenu pour Cuvier celui d'un sous-genre.

ÉCHELETTE, s. f., sorte de petite échelle que l'on attache à côté du bât d'une bête de somme pour y placer, y accrocher ce qu'on veut transporter, comme gerbes, des bottes de foin, de paille, etc. Il se dit aussi de cette espèce de ridelle qu'on met sur le devant d'une charette, et qui sert à retenir le foin, la paille, etc., dont la charrette est chargée.

ÉCHELETTE, s. f. (*technol.*), outil du passementier.

ÉCHELETTE (*zool.*), nom vulgaire du grimpereau de muraille.

ÉCHELEUR, s. m. (*anc. t. milit.*), soldat d'un corps organisé spécialement pour monter à l'escalade. Charles VIII avait une compagnie d'*écheleurs*.

ÉCHELIER, s. m. (*construct.*), pièce de bois traversée par des échelons de bois ou de fer, et ordinairement posée verticalement pour descendre dans une carrière, monter à un engin, etc.

ÉCHELLE, s. f., machine composée de deux longues pièces de bois traversées, d'espace en espace, par des bâtons disposés de manière qu'on peut s'en servir pour monter et pour descendre. Il se dit également, dans les vaisseaux, de tout degré, de tout escalier fixe ou volant. — *Échelle de corde*, sorte d'échelle qui est formée de cordes, et qui s'attache avec un crochet de fer à l'endroit où l'on veut monter. En terme de marine, *échelle de corde* se dit d'une échelle dont les deux montants sont de corde, et dont les échelons sont faits de rouleaux de bois. On la nomme autrement *échelle de poupe*, parce qu'il y en a toujours une de ce genre pendue à l'arrière des bâtiments. — Prov. et fam., *Après lui il faut tirer l'échelle*, se dit d'un homme qui a si bien fait en quelque chose, que personne ne peut faire mieux. *Faire la courte échelle*, se dit de plusieurs personnes qui montent les unes sur les autres, pour aider quelqu'un à escalader un mur, à atteindre un point élevé. — Fig. et fam., *Faire à quelqu'un la courte échelle*, lui faciliter les moyens d'arriver au but qu'il se propose. Fam., *escalader un mur à la courte échelle*, escalader un mur en s'aidant de plusieurs personnes qui font la courte échelle. Fig., *L'échelle sociale*, la hiérarchie sociale, l'ensemble des diverses conditions sociales. On dit, dans un sens analogue, *L'échelle des êtres*. — ÉCHELLE, en termes de géographie, d'architecture, etc., ligne divisée en parties qui représentent des kilomètres, des mètres, des lieues, des milles, des toises, des pieds, etc, et placée dans une carte, dans un plan, dans un dessin, pour servir de commune mesure à toute les distances, à toutes les dimensions, pour indiquer le rapport des distances ou des dimensions marquées sur la carte, sur le plan, etc., avec les distances et les dimensions réelles. *Échelle d'une ligne pour toise, d'un centimètre pour mètre*, etc., échelle où chaque division d'une ligne, d'un centimètre, représente une longueur d'une toise, d'un mèttre, etc. L'étendue, la distance y sont représentées sur une grande, une moyenne ou une petite proportion. — Fig., *Faire quelque chose, opérer, travailler sur une grande échelle*, en embrassant un grand nombre d'objets, en appliquant l'action dont il s'agit à des choses considérables, importantes, à de grandes masses. On dit, dans le sens contraire, opérer, travailler sur une petite échelle. — *L'échelle d'un thermomètre, d'un baromètre*, la série des divisions ou degrés qu'on trace sur ces instruments pour mesurer les dilatations ou les mouvements éprouvés par les liquides qu'ils contiennent. — *Échelle de proportion*, tableau graphique ou numérique, indiquant par des divisions linéaires, ou par des nombres, les variations successives de hausse et de baisse éprouvées par des valeurs commerciales. — ÉCHELLE, se dit également, en musique, de la succession des sons dans l'ordre diatonique, ou dans l'ordre harmonique — ÉCHELLE, signifie encore une place de commerce sur les côtes, dans les mers du Levant. — *Faire échelle*, se dit d'un bâtiment qui relâche dans quelque port du Levant. On dit plus ordinairement *faire escale*.

ÉCHELLE, s. f. (*expres. prov.*). *Après lui il faut tirer l'échelle*, signifiait primitivement, c'est un grand coquin; par allusion à la coutume en vertu de laquelle le plus scélérat de tous les condamnés que l'on exécutait ensemble, devait être pendu le dernier. — *Sentir l'échelle*, se disait autrefois pour, sentir la potence, en parlant d'un malhonnête homme. — *Echelle* (*avec légist.*). Le gibet. Insigne de haute justice. — *Echelle tactique*, évolution ou disposition de l'ancienne tactique. Ce mot, qui s'appliquait surtout à la cavalerie, répondait à escadron, ou à subdivision de colonne. — *Echelle des dixmes* (*mathém.*), se dit de l'échelle d'un plan ou d'une carte quand elle est divisée en proportions décimales. — *Echelle des logarithmes*, espèces de règle à coulisses, portant d'un côté les nombres, de l'autre leur logarithmes, et servant à effectuer facilement des calculs compliqués. — *Echelle diatonique ou naturelle* (*musique*), série des sept intervalles, de cinq tons et de deux demi-tons, dont se compose la gamme. — *Echelle chromatique*, série des douze demi-tons que l'on trouve dans une octave, en divisant chaque tons entier en deux parties censées égales. — *Echelle enharmonique*, se dit d'une série d'intervalles, moindres qu'un demi-ton, et communément appelés quarts de ton ou commus, sur la considération desquels est fondé le genre dit *enharmonique*.— *Echelle de front* (*dessin*), se dit, dans le tracé de la perspective, d'une ligne horizontale partagée en parties égales. — *Échelle fuyante*, se dit, au contraire, d'une ligne verticale, passant par le point de vue, et divisée en parties de plus en plus petites, à mesure qu'elles approchent de ce point; ce qui représente exactement des parties égales vues en perspective. — *Echelle des ponts* (*navig.*), divisions arbitraires, ou véritables mesures linéaires, indiquées sur les piles des ponts, pour faire connaître la hauteur des eaux au-dessus d'un point qui est le zéro de l'échelle. Ce zéro est placé, dans quelques lieux, au niveau des plus basses eaux; dans d'autres, il est établi au niveau des points les moins profonds du lit. — *Echelle companaire* (*technol.*), instrument à l'aide duquel les fondeurs donnent aux cloches les dimensions convenables.—*Echelle à incendie*, échelle de fer, portée sur un chariot, et se repliant sur elle-même, qui est destinée à porter du secours dans les incendies. — *Echelle de jardin* ou *de tapissier*, échelle double, réunion de deux échelles qui se tiennent par le haut et que l'on écarte à la base en les assurant au moyen d'un crochet. — *Echelle de meunier*, espèce d'escalier droit et à jour.

ÉCHELLE, s. f. (*peint.*), mesure proportionnelle applicable à toutes les parties d'un plan. Elle consiste en une ligne divisée en parties égales, dont chacune représente un pied, une toise, un mètre ou un module, ce qui détermine l'exacte mesure qu'aurait, dans l'exécution, chaque partie du plan, égale à l'une de ces divisions. On appelle échelle d'une ligue pour pied, d'un pouce pour toise, d'un centimètre pour mètre, celle dont chaque division d'une ligne, d'un pouce ou d'un centimètre, représente une étendue d'un pied, d'une toise ou d'un mètre. Le même procédé, convenablement modifié, s'emploie pour déterminer la mesure qu'aurait dans l'exécution un dessin figuré en perspective. Dans ce cas l'échelle est de deux sortes: l'une appelée échelle de front, dont les divisions égales, sont tracées sur une ligne horizontale, sert à mesurer le premier plan, la base en quelque sorte, du dessin en perspective; l'autre, appelée échelle fuyante est tracée sur une ligne perpendiculaire à la première dont les divisions, inégales selon les règles de la perspective, déterminent l'étendue réelle des parties du dessin fuyantes et raccourcies en apparence suivant ces mêmes règles.

ÉCHELLE (*scala*), espèce d'escalier mobile formé de deux montants réunis entre eux par des bâtons placés à distance les uns des autres en guise de gradins et qu'on appelle *échelons*. Il y a des échelles en bois, en fer, des échelles de cordes, etc. Tel est le sens propre du mot; mais on l'emploie beaucoup aussi dans le sens figuré. Il arrive souvent en mathématiques que l'on a besoin de réduire les dimensions d'une épure de machine, c'est-à-dire de la reproduire de telle sorte que toutes les nouvelles lignes fassent entre elles les mêmes angles que les anciennes, et que les côtés homologués soient entre eux dans les mêmes rapports que ceux de la première : on dit alors que l'on veut représenter la machine sur une plus petite *échelle*. Pour effectuer ce changement, voici comment on opère : on emploie un compas dit *compas de réduction* ; il consiste en deux branches qui, au lieu de se terminer, comme cela a lieu ordinairement, à l'axe de rotation, se prolongent au delà pour se terminer en pointes : ainsi, ce compas ressemble assez à la lettre X. Il est formé de deux compas réunis par leur sommet, de telle façon que l'un s'ouvre en même temps et fait le même angle que l'autre. Ce n'est pas tout : les deux branches du compas supérieur sont susceptibles de s'allonger ou de se racourcir à volonté, de façon que la distance des deux pointes du compas, de la longueur variable, peut être à celle des deux pointes du compas de longueur fixe dans un rapport très variable, qui peut être celui de deux à un, de trois à un et beaucoup plus compliqué. Veut-on réduire un dessin de machine à moitié, on dispose le compas de telle sorte que les deux distances des pointes indiquent le rapport de deux à un ; ensuite on transporte successivement les distances des différents points de la première, on opère en les mesurant avec le compas à tige fixe et en appliquant au contraire sur la nouvelle les distances correspondantes des pointes mobiles. En opérant ainsi, on obtient un dessin dont toutes les distances sont doubles, ou la moitié des distances sont doubles, ou la moitié des distances correspondantes sur l'ancien ; doubles, si le rapport de deux à un est celui des distances des pointes des tiges mobiles aux distances des pointes des tiges fixes, et moitié si c'est le contraire qui a lieu. Quand on dresse une carte topographique d'une ville ou d'une localité quelconque, on représente sur une très petite surface des objets situés à de grandes distances les uns des autres. Pour former cette carte, on mesure d'abord les distances réelles des objets, et ces distances sont évaluées au moyen de l'unité linéaire adoptée généralement, le mètre, et on le remplace sur le papier par le millimètre ; on dit alors qu'on a pris le millimètre par mètre. Au bas du dessin on trace ordinairement une ligne droite d'une longueur de plusieurs millimètres, et l'on écrit au-dessous de cette ligne : échelle de vingt mètres si la longueur de cette ligne est égale à vingt millimètres; échelle de cent mètres si la longueur réelle de cette longueur est de cent millimètres. Voici à quoi peut servir cette échelle : on peut avoir besoin de connaître la distance réelle de deux points tracés sur la carte ; on prend alors un compas ordinaire, on fait coïncider les deux pointes sur ces deux pointes ; on rapporte ensuite le compas sur l'échelle, et à l'inspection du nombre de millimètres compris dans l'ouverture du compas on en conclut la distance cherchée, car cette distance, exprimée en millimètres, est égale en réalité au même nombre de mètres.

ÉCHELLES BARBARESQUES (*comm.*), se dit quelquefois pour distinguer les places de commerce situées sur les côtes de la Barbarie, des échelles du Levant proprement dites, qui se trouvent en Grèce, en Syrie et en Turquie.

ÉCHELLES (les), bourg des Etats sardes, province de Savoie, sur le Guier. Son nom vient des échelles au moyen desquelles les voyageurs escaladaient le rocher qui se trouve sur l'ancienne route de Chambéry ; 1,200 habitants.

ÉCHELLE. Ce terme, souvent confondu avec celui de *pilori*, désignait une espèce de carcan, marque de haute ou moyenne justice, dressée dans un carrefour ou dans un autre lieu public. Il y avait jadis plusieurs de ces échelles dans la ville de Paris; l'évêque avait la sienne au Parvis. C'était là que le condamné faisait amende honorable, était *prêché* et *mitré*. Elle fut détruite au commencement du XVIIe siècle. On y substitua, en 1767, un carcan fixé à un poteau qui portait toutes les distances itinéraires de la France. On l'abattit en 1790 Celle du chapitre de Notre-Dame était près du pont Saint-Landri ; celle du prieuré de Saint-Martin-des-Champs entre la porte de l'église et la rue Aumaire, etc. Au XVIIIe siècle on en voyait encore une dans la rue de l'Échelle-du-Temple. Les Petits-maîtres l'avaient brûlée pendant la minorité de Louis XIV ; mais elle avait été aussitôt rétablie.

ÉCHELLES DU LEVANT. On entend par le mot *échelles*, dans le Levant, les ports de la Méditerranée soumis à la domination turque, où les marchands européens possèdent des magasins, tiennent des comptoirs, et envoient des vaisseaux. Les principales échelles sont Constantinople, Salonique, Smyrne, Alep, Seyde, Chypre, Alexandrie et les plus grandes îles de l'Archipel. Sur la côte d'Afrique, ces étapes sont plus spécialement désignées sous le nom de *comptoirs*, et en Égypte sous celui d'*okelles* ; cependant les Marseillais se servent aussi des mots *échelles de la Barbarie* en parlant des ports de la côte septentrionale d'Afrique. Tripoli, Tunis, Alger, Oran, Tanger, etc. Le mot *échelles* vient du provençal *escale*, dérivé lui-même du mot scala (σκάλα). Faire escale, en terme de marine, signifie qu'un navire marchand s'avance vers le lieu de sa destination, en touchant successivement les points principaux qui se trouvent sur sa route, quand il pense pouvoir y faire de bonnes opérations de commerce; il monte, en quelque sorte, par échelons, jusqu'à ce qu'il ait atteint son but. Il est tellement probable que cette étymologie est la seule exacte, que l'expression *faire échelle* se dit aussi, même hors de la Méditerranée, de tout navire qui interrompt son voyage pour relâcher dans un port étranger. Il nous paraît que c'est sans motif raisonnable qu'on a voulu chercher au mot *échelles* une origine turque, ou tout autre non moins extraordinaire, tandis qu'il est si naturel d'admettre que les marins provençaux, qui, depuis les croisades, sont en possession de faire dans le Levant un commerce d'une grande importance, ont fini par laisser aux divers ports du Levant, qu'ils ont coutume de visiter successivement dans le cours d'un voyage, le nom d'échelles ou d'*escale*, qui, dans le principe, ne désignait que la nature de cette navigation. Il est à remarquer, en outre, que les républiques italiennes, en tête desquelles on voit figurer Venise et Gênes, qui ont porté tour à tour dans les mers du Levant l'instinct guerrier et le génie commercial, ont adopté la même expression.

ÉCHELLES (les), bourg de la Savoie propre, situé à 16 kil. S. O. de Chambéry, sur la rive droite du Guier, qui la sépare d'un autre bourg de même nom, appartenant au département de l'Isère : la population n'est que de 1,100 habitants.

Il ne pouvait communiquer jadis avec Chambéry qu'en gravissant la montagne de la Grotte à l'aide d'*échelles* qui lui ont donné leur nom. Le duc de Savoie, Charles-Emmanuel II, y fit pratiquer, en 1670, à travers les rochers, un passage que l'abbé Fesauro, de Turin, orna d'une inscription pompeuse qu'on lit encore à l'entrée méridionale du défilé. Comme ce passage avait une pente trop rapide, Napoléon commença et acheva presque une galerie nouvelle, qui fut livrée au public en 1820. Creusée au nord et à côté de l'ancienne voie, elle a 300 mètres de long, 8 de haut et autant de large. — Le bourg était autrefois dominé par un château mentionné dans les annales savoisiennes, et qui fut détruit par le camp volant de Lesdiguières. B, T.

ÉCHELLER, v. a. (*anc. législ.*), exposer un criminel sur une échelle pour lui faire faire amende honorable.

ÉCHELLENSIS (ABRAHAM), savant maronite, natif d'Eckel, ainsi que l'indique le surnom sous lequel il est connu, vint étudier à Rome, y prit les degrés de docteur en théologie et en philosophie, y professa le syriaque et l'arabe, sa langue naturelle, et vint à Paris vers 1630 pour concourir à l'édition de la Polyglotte de Lejay. Il retourna à Rome en 1642, revint à Paris en 1645, revint à Rome en 1653. Il y mourut en 1664. Voici quelques-uns de ses ouvrages: 1° *Linguæ syriacæ sinè chaldaicæ per brevis institutio*, Rome, 1628, in-24; 2° *Synopsis propositorum sapientiæ arabum inscripta speculum repræsentans, ex arabico sermone latini juris facta*, Paris, 1641, in-4°; 3° S. *Antonii magni epistolæ vigenti*; Paris, 1641, in-8°; 4° *Concilii nicæni præfatio, una cum titulis et argumentis canon. et constit. ejus dem, quæ hactenus apud orientales nationes exstant nunc prim. ex arab. in lat. versi et notis illustr.*; ibid., 1645, in-8°; 5° *Cronicon orientale, nunc premium latinitate donatum; cui accessit supplementum historiæ orientalis*; Paris, 1658, in-fol.; 6° *Catalogus librorum chaldæorum tam ecclesiast. quam profanatum auctore Hebed. Jesu, latinitate donatus et notis illustratus*, etc.; Rome, 1653, in-8°.

ÉCHELON, s. m., petite pièce de bois qui traverse l'échelle et sert de degré pour monter. Il se dit, figurément et familièrement, de ce qui sert à mener d'un rang, d'un grade à un autre plus haut, c'est-à-dire en passant successivement par tous les grades qui sont au-dessous. *Descendre d'un échelon, descendre un échelon*, descendre d'un rang, d'un grade quelconque au rang, au grade immédiatement inférieur. En termes d'art militaire, *Disposer des troupes par échelons, les ranger en échelons*, les disposer sur divers plans, de façon que les uns puissent soutenir et remplacer successivement les autres. On dit dans un sens analogue, *Marcher en échelons*.

ÉCHELONNER. *Echelonner* des troupes, ou les ranger, les faire marcher en échelons, c'est les partager en petites divisions qui se suivent à des distances égales. On emploie cette manœuvre pour l'attaque, lorsqu'on ne veut engager qu'une partie de ses troupes et ménager le reste. Ainsi l'on fait avancer contre l'ennemi l'aile qui doit attaquer, et au contraire on arrête les autres. Lorsque, par exemple, une brigade de six bataillons qui marche en bataille doit attaquer en échelons, les deux bataillons de l'aile droite, nous le supposons ainsi, se portent en avant de cent ou de deux cents pas; après quoi les deux bataillons suivants se mettent en mouvement, de manière à ce que l'aile droite de cette seconde division suive une perpendiculaire touchant à l'aile gauche de la première, et que la troisième, formée des deux derniers bataillons, se comporte de la même façon relativement à la seconde.

ÉCHELOUTS (LES), tribu indienne des États-Unis, qui peuple les bords de la Columbia et de la Kirshowe.

ÉCHÉMUS, Arcadien, fils d'Esope, roi de Tégée en Thessalie. Ce prince vainquit les Doriens lorsqu'ils passèrent dans le Péloponnèse. Il tua Hyllus, leur roi, dans un combat singulier, et força les Héraclides à renoncer pour cinquante ans à la conquête du Péloponnèse.

ÉCHENAL, s. m. (*anc. législat.*), gouttière de bois au bord des toits pour empêcher l'eau de dégrader le mur ou de tomber sur le fonds voisin. — ÉCHENAL (*technol.*), rigole servant de conduite au métal fondu pour couler une cloche, un canon.

ÉCHÈNE ou **ÉCHÉNÉIDE**, *écheneis* (*poiss.*). Cette famille, qui appartient, dans la classification ichthyologique de Blainville, à la division des malacoptérygiens subbranchiens, est détachée des discoboles de Cuvier, avec lesquels elle a les plus grands rapports. Cette famille présente pour caractères la tête supportant un disque aplati, grand, composé de lames dentelées ou épineuses à leur bord postérieur et mobiles, de manière qu'en faisant le vide ou en accrochant leurs épines, ces poissons se fixent facilement aux différents corps, aux rochers, à la carène ou même aux ancres des vaisseaux, ce qui a donné lieu au préjugé que l'échénéis pouvait arrêter subitement la course d'un vaisseau la plus rapide. (*V.* ÉCHÉNÉÏS.)

ÉCHÉNÉÏS, *écheneis* (*poiss.*). Ce genre est rapporté par Cuvier à sa petite division des discoboles; mais les caractères qu'il présente ne le rapportent avec certitude à aucune des familles déjà établies. Son corps allongé est revêtu de petites écailles, une seule nageoire sur le dos; la tête tout-à-fait plate en dessus, les yeux sur le côté, la bouche fendue horizontalement, arrondie, la mâchoire inférieure plus avancée que la supérieure, garnie de petites dents en cardes. Les échenéïs sont surtout remarquables par le disque aplati qu'ils portent sur la tête, et qui se compose d'un certain nombre de lames cartilagineuses transversales, obliquement dirigées en arrière, dentelées ou épineuses à leur bord postérieur et mobiles, de manière que le poisson, soit en faisant le vide entre elles, soit en accrochant les épines de leurs bords, se fixe aux différents corps, tels que rochers, vaisseaux, poissons, etc. Cuvier indique quatre espèces: la première, la plus connue de la Méditerranée, est célèbre sous le nom de *remora, écheneis remora*, Lin. Sa longueur totale ne dépasse pas trois décimètres; son corps et sa queue sont couverts d'une peau molle et visqueuse, revêtue de petites écailles; son museau arrondi; les lames du disque sont disposées par paires, et sont au nombre de dix-huit; sa couleur est noirâtre et sans taches. Ce poisson a été de tous temps l'objet de l'attention particulière des savants; on lui attribuait autrefois les propriétés les plus merveilleuses. Voici ce que dit Pline au sujet du rémora. L'échénéïs est un petit poisson accoutumé à vivre au milieu des rochers; on croit que lorsqu'il s'attache à la carène des vaisseaux, il en arrête la marche, et de là vient le nom qu'il porte, et qui est formé de deux mots grecs, dont l'un signifie je retiens et l'autre *navire*. Il sert à composer les poisons capable d'éteindre les feux de l'amour. Doué d'une puissance bien plus étonnante, agissant par une faculté morale, il arrête l'action de la justice et la marche des tribunaux: compensant cependant ces qualités funestes par des propriétés utiles; il délivre les femmes enceintes des accidents qui pourraient trop hâter la naissance de leurs enfants; et lorsqu'on le conserve dans le sel, son approche seule suffit pour retirer du fond des puits les plus profonds l'or qui peut y être tombé. Comme on le voit, on attribuait à ce poisson dans l'antiquité des propriétés vraiment extraordinaires; nous allons maintenant faire connaître celles qui ont été reconnues véritables. D'après les observations de Commerson, ce poisson s'attache aux cétacés et aux poissons de grande taille, tels que les squales; il y adhère très fortement par le moyen des lames de son bouclier, dont les petites dents lui servent comme autant de crochets pour se cramponner. Ces dents, qui hérissent le bord de toutes les lames, sont si nombreuses et multiplient à un tel degré les points de contacts et d'adhésion du rémora, que toute la force d'un homme vigoureux ne peut suffire à arracher ce poisson de l'objet sur lequel il s'est attaché. Commerson ajoute que, ayant voulu approcher son pouce du bouclier ou disque d'un remora vivant qu'il observait, il éprouva une force de cohésion si grande, qu'une sorte de paralysie saisit son doigt, et ne se dissipa que longtemps après qu'il eut cessé de toucher l'échénéïs. Les remoras s'attachent au requin, pour profiter des restes de sa proie, comme s'accordent à le dire tous les marins; et il demeure attaché à son conducteur avec tant de force, que lorsque le requin est pris et jeté sur le pont, le remora ne cherche pas à s'échapper, et il demeure cramponné au corps du squale jusqu'à sa mort. Cette habitude de suivre ou de précéder le requin a fait croire que le remora guidait le squale vers sa proie, d'où le nom de *pilote* qu'on lui donne quelquefois. Lorsque ce poisson est privé de soutien et de corps étranger auquel il puisse adhérer, il se tient renversé sur le dos, et nage dans cette position. Dans certains parages, les remoras nagent en troupes nombreuses et entourent les vaisseaux pour recueillir les matières animales que l'on jette hors du bâtiment; ils s'accrochent alors souvent à la carène du vaisseau, et dans l'instant où cette carène est hérissée d'un grand nombre d'échénéïs, elle éprouve en cinglant au milieu des eaux une résistance semblable à celle que feraient naître des animaux à coquilles très nombreux, également attachés à sa surface. On a souvent vu des rochers hérissés d'échénéïs, surtout lorsque l'orage avait bouleversé la mer, qu'ils craignaient de se livrer à la fureur des ondes qui avaient déjà brisé leurs forces — L'*échénéis naucrate*. Cette espèce ressemble beaucoup à la précédente, dont elle diffère cependant par sa taille et le nombre de plaques de son bouclier, qui est de vingt-deux paires transversales et dentelées. Le nom de naucrate signifie en grec conducteur de vaisseau. Ce poisson atteint jusqu'à vingt-trois décimètres. Sa nageoire caudale est arrondie, au lieu d'être fourchue comme celle du remora. Le naucrate offre des habitudes très analogues à celles du remora. Suivant Commerson, on emploie ce poisson sur la côte de Mozambique pour la pêche des tortues marines, et voici comment: on attache à la queue de ce poisson un anneau assez étroit pour être retenu par la nageoire caudale; une corde très longue tient à cet anneau. Les pêcheurs tiennent le poisson dans un vase rempli d'eau salée, qu'ils renouvellent souvent, et voguent vers les parages fréquentés par les tortues marines. Ces animaux ont l'habitude de dormir à la surface de l'eau, sur laquelle elles flottent; mais leur sommeil est si léger, que l'approche du bateau suffirait pour les réveiller et les faire fuir. On remet alors le naucrate dans la mer, garni de sa longue corde; l'animal cherche à s'échapper en nageant de tous côtés; on lui lâche à mesure la corde, et lorsqu'elle est assez longue pour arriver jusqu'à la tortue, le naucrate, voyant que ses efforts pour se dégager sont inutiles, et, trouvant un point d'appui, s'attache fortement sous le plastron de la tortue, et donne ainsi aux pêcheurs auxquels il sert de crampon le moyen de tirer à eux la tortue en retirant la corde. Les deux autres espèces sont l'*échénéïs rayé*, dont les lames de son disque ne sont composées que de dix paires de stries transversales, sa nageoire caudale, au lieu d'être fourchue comme chez le remora, ou arrondie comme celle du naucrate, se termine en pointe. Sa couleur générale est brune, relevée de chaque côté par deux raies blanches, qui s'étendent depuis les yeux jusque vers le haut de la queue. L'*échénéïs osteochir* de Cuvier a les rayons des pectorales osseux, comprimés et terminés par une palette légèrement crénelée.

ÉCHENEIS (*ichthyol.*). Il paraît qu'Oppien dans le livre premier de ses halientiques, a décrit la lamproie sous le nom d'ἐχενηΐς, et Rondelet attribue à cet animal, tout ce que les anciens ont dit du *remora*, confirmant son témoignage de celui de Guillaume Pélicier, évêque de Montpellier, et assurant avoir vu le vaisseau qu'il montait être arrêté par une lamproie dans un voyage qu'il faisait à Rome, avec le cardinal de Tournon. (*V.* ÉCHÉNÉIDE et LAMPROIE.)

ÉCHENILLAGE, s. m. (*t. d'agricult.*), action d'écheniller.

ÉCHENILLAGE. Des réglements anciens et notamment un arrêt du parlement de Paris, du 4 février 1732 (Fournel, t. 1er, p. 367), prescrivaient l'échenillage sous de certaines peines pécuniaires. L'article 471, § 8, du code pénal a renouvellé ces prescriptions: « Seront punis d'amande depuis un franc jus- » qu'à cinq francs exclusivement.... Ceux qui auront négligé » d'écheniller dans les campagnes ou jardins, où ce soin est » prescrit par la loi ou les réglements. » La contravention ne peut être excusée sous aucun prétexte. Ainsi, celui qui néglige ses arbres, nonobstant l'arrêté de l'autorité municipale, ne peut être acquitté sous le prétexte que la rigueur de la saison aurait retardé l'exécution de ce travail. Lorsque les propriétaires ou fermiers auront négligé de faire l'échenillage dans les délais fixés par les réglements locaux, les maires et adjoints sont autorisés à le faire exécuter à leurs dépens, dont il sera délivré exécutoire par le juge de paix, sur les quittances des ouvriers, contre les propriétaires et locataires, sans que ces paiements puissent les dispenser de l'amende.

ÉCHENILLER, v. a. (*t. d'agricult.*), ôter les chenilles.

ÉCHENILLEUR *ceblepyris* (*ois.*). Les échenilleurs sont des oiseaux de l'ancien continent propres à l'Afrique et aux îles indiennes. Le célèbre voyageur Levaillant, qui le premier a étudié ces oiseaux, dit qu'ils se nourrissent principalement de chenilles, ce qui leur a valu leur nom. Cuvier leur a donné le nom latin de *ceblepyris*, et voici les caractères qu'il leur assigne: Bec gros, échancré à sa pointe, élargi à sa base et un peu bombé, narines basales, latérales, ovoïdes, cachées par les plumes du front; pieds faibles et courts; ailes médiocres à première rémige courte, et la quatrième ou la cinquième seulement les plus longues; queue large; croupion garni de plumes à baguette raides, souvent terminées de pointes aiguës. L'*échenilleur gris, campephaga cana*, Vieill. *Ceblepyris Levaillantii*, Temm. Les parties supérieures sont d'un gris bleu d'ardoise, les inférieures plus pâles; le tour du bec, le front et les joues noires. Longueur 22 centimètres. Il se troupe à Madagascar et au cap de Bonne-Espérance. L'*échenilleur noir, campephaga nigra*, Vieill. Des mêmes contrées; sa longueur est de vingt centimètres; il est entièrement d'un beau noir luisant, avec les couvertures inférieures de la queue vertes. On connaît encore: L'*échenilleur oranga, ceblepyris aurens*, Temm., d'un beau bleu pourpré bordé de blanc. L *échenilleur à barbillons, ceblep. lobatus*, Temm., de la Sierra Leone, qui a le bec couvert d'un large appendice charnu. L'*échenilleur à épaulettes rouges, ceblepyrus phœnicopterus*, F. G., d'un beau noir à reflets violets avec les petites couvertures des ailes rouge vif, etc.

ÉCHENILLEUR, s. m. (*agricult.*), ouvrier qui échenille les arbres.

ÉCHENILLOIR, instrument destiné à couper les branches couvertes de chenilles; il est composé de deux pièces dont les lames tranchantes sont réunies comme celles d'une paire de ciseaux. L'une, plus longue, au lieu de se terminer en pointe, s'élargit à son extrémité, elle est ployée à angle droit: cette branche mobile s'écarte de l'autre en retombant par son poids, et se rapproche pour couper lorsqu'on tire une corde attachée à son extrémité inférieure; l'autre branche est terminée par une douille pour y adapter le manche en bois. Un autre échenilloir ne diffère du précédent, qu'en ce que les deux lames sont semblables et s'ouvrent par un ressort. Un troisième est composé d'une lame d'acier, dont un côté représente une lame de serpette, et l'autre un crochet pour abaisser les branches et rompre celles qui sont mortes.

ÉCHÉNO, s. m. (*sculpture*), petit bassin de brique et d'argile, que le statuaire pratique au-dessus du moule, et où sont réunis les orifices des tuyaux par lesquels la matière en fusion doit se distribuer à la fois dans toutes les cavités.

ÉCHÉNOIDE, adj. des 2 g. (*zool.*), qui ressemble à une échénéide.

ÉCHEONYMOS (*bot.*), ancien nom grec d'une plante qui paraît être le *menta arvensis*. (*V.* POLYCNEMON.)

ÉCHET, s. m. (*anc. jurisp.*), redevance; ce qui est échu.

ÉCHÉTROSIS, s. f. (*bot.*), nom grec de la bryone.

ÉCHETLÉE, lius ἐχέτλη, manche d'une charrue. Athénien auquel l'oracle ordonna de rendre un culte après la bataille de Marathon, parce que dans ce combat il avait tué un grand nombre d'ennemis avec le manche de sa charrue.

ÉCHETTE, ÉCHÈTE ou ÉCHEUTE, s. f. Il se disait autrefois d'une succession, d'un legs, de tout ce qui échoit par héritage.

ÉCHEVEAU, s. m. (*anc. t. milit.*), assemblage de cheveux, de crins, ou de nerfs tordus, qui composait le ressort jaculateur des anciennes armes névrobalistiques.

ÉCHEVEAU (*comm.*), assemblage de dix échevettes.

ÉCHEVEAU, s. m., assemblage de fils de chanvre, de soie, de laine, repliés en plusieurs tours, afin qu'ils ne se mêlent point.

ÉCHEVELÉ, ÉE, adj., qui a les cheveux épars et en désordre.

ÉCHEVETTE, s. f. (*comm.*), petit écheveau. En vertu d'une ordonnance du 26 mai 1819, une *échevette* de coton est un fil de cent mètre de long; et dix *échevettes* forment un *écheveau*.

ÉCHEVINS. Nous ne chercherons pas, avec quelques étymologistes, dans le syriaque, l'hébreu ou le chaldéen, l'étymologie du mot *échevins*; ce mot est d'origine germanique; il s'écrit aujourd'hui *schœffo* ou *schœppo*, mais on le rencontre anciennement sous la forme de *schabin*, ou *schebin*, d'où l'on a fait dans la basse latinité *scabinus*, c'est-à-dire *juge* ou *savant*. Dans l'origine, lorsque les barbares établis dans les Gaules essayèrent d'imposer au pays des divisions territoriales régulières, les *scabins* ou échevins furent les assesseurs donnés aux comités. On a prétendu quelquefois retrouver dans leurs fonctions des attributions analogues à celles de ces magistrats municipaux que les Romains choisissaient entre les *décurions* ou *curiales*, ou à celles des édiles et des *défenseurs* des *cités*; mais ici le rapport est loin d'être complet, car les attributions des échevins furent assurément plus étendues que celles des officiers principaux des diverses municipalités sujettes de l'empire romain. Dans les actes latins, les échevins sont désignés sous les noms divers de *scabinii* ou *scabinei*; quelquefois *scabini*, *scabiniones*, *scabiones* ou *scapienes*, *racinburgi* ou *rachinburgi*. Ce dernier nom fut usité dans la Gaule pendant tout le temps de la domination mérovingienne, et en quelques lieux jusqu'à la fin de la domination carlovingienne. On donnait aussi quelquefois à ces officiers les noms de *pagi*, *barones* ou *viri sagi*, et de *senatores*. Le moine Marculfe, qui écrivait sous le règne de Clovis II, vers l'an 660, fait mention, dans ses formules, des échevins qui assistaient le comte ou son viguier (*vicarius*), c'est-à-dire son lieutenant, pour le jugement des causes. Aigulfe, comte du palais sous le même roi, avait pour conseillers des gens d'épée comme lui, qu'on nommait échevins du palais, *scabini palatii*. Il est aussi fait mention de ces échevins du palais dans une chronique du temps de Louis-le-Débonnaire, et dans une charte de Charles-le-Chauve. Les capitulaires de l'an 788 à l'an 867, font aussi mention des échevins en général, sous le nom de *scabini*. Il paraît que les échevins étaient choisis par le magistrat, de concert avec les principaux citoyens de la circonscription territoriale où le scabin ou l'échevin devait être nommé. En principe, on devait toujours choisir ceux qui avaient le plus de probité et de réputation; et, comme ils étaient pris dans la ville même pour juger leurs concitoyens, on les appelait *judices proprii*, c'est-à-dire *juges municipaux*. Ils faisaient serment, à leur réception, entre les mains des magistrats, de ne jamais commettre sciemment aucune injustice. Les noms des échevins nouvellement élus étaient aussitôt envoyés au roi, Les commissaires royaux (*missi dominici*) avaient le droit de destituer les échevins sans consulter le peuple, lorsqu'ils étaient incapables ou indignes de remplir leurs fonctions. Celles-ci consistaient à donner conseil au magistrat dans ses jugements et à le représenter dans les circonstances urgentes; alors, M. le comte, ni son lieutenant, ne pouvaient faire grâce de la vie à un voleur, si les échevins l'avaient condamné. Les échevins assistaient ordinairement au nombre de sept, ou au moins de deux ou trois, à chaque plaid ou assemblée, appelée *mallum publicum*. Quelquefois on en rassemblait jusqu'à douze, selon l'importance des affaires; et lorsqu'il ne s'en trouvait pas assez aux sièges pour remplir ce nombre, le magistrat devait le compléter par d'autres citoyens. Vers la fin de la domination carlovingienne et dans les premiers temps de la troisième race, les ducs et les comtes s'étant rendus propriétaires de leurs gouvernements, se déchargèrent du soin de rendre la justice sur des officiers qui furent appelés *baillis*, *vicomtes*, *prévôts* et *châtelains*. Dans quelques endroits, les échevins conservèrent leurs fonctions de juges, ou, pour mieux dire, de conseillers du juge. Jusqu'à la révolution de 1789, cette juridiction leur resta avec plus ou moins d'étendue, selon les titres et la possession ou l'usage des lieux. Dans d'autres endroits, au contraire, le bailli, prévôt ou autre officier, jugeait seul les causes ordinaires; et s'il prenait quelquefois des assesseurs pour l'aider dans ses fonctions, il ne leur donnait qu'une commission passagère. Dans la plupart des endroits où la justice fut ainsi administrée, les échevins demeurèrent réduits à la simple fonction d'officiers municipaux, c'est-à-dire d'administrateurs des affaires de la ville ou communauté; dans d'autres ils conservèrent quelques portions de la police. Les municipaux de Rouen et de Falaise sont désignés sous ce nom dans les statuts originaux de ces communes, publiés par Duchesne dans son Recueil des Ecrivains de l'histoire de Normandie, avec la chronique d'Orderic Vital. Les échevins composaient le corps des officiers municipaux; c'étaient les conseillers du maire, chef de cette magistrature; mais ils n'étaient pas seulement consultés, ils avaient voix délibérative, comme administrateurs et comme juges; ils ont même participé pendant longtemps au pouvoir d'action, qui est devenu depuis le partage exclusif du maire. A Rouen, à Falaise, et dans plusieurs autres villes, ils avaient au-dessous d'eux des conseillers qui n'avaient ni le titre, ni le pouvoir propres aux échevins. L'échevinage de Tours faisait exception à la règle commune, en ce que les membres de ce corps étaient élus à vie, et qu'ils ne pouvaient être changés que pour des causes extraordinaires. Ils tenaient cette insigne prérogative du propre mouvement de Louis XI, qui, par lettres données à Saint-Jean-d'Angely, en février 1461, les déclara anoblis avec leur maire et toute leur postérité, sans être tenus de payer aucun droit, en reconnaissance de ce que Charles VII, son père, s'était marié dans leur ville avec Marie d'Anjou, et que lui-même y avait épousé Marguerite d'Ecosse, sa première femme. Le corps municipal de Saint-Jean-d'Angely était aussi perpétuel. A Paris, les échevins étaient les assesseurs du prévôt des marchands; ils siégeaient avec lui au bureau de l'Hôtel-de-Ville, où ils rendaient la justice; mais ils ne connaissaient guère que des affaires relatives à la subsistance, à l'approvisionnement de la ville et aux polices des corps. Ainsi que le prévôt des marchands, ils étaient anoblis par leur magistrature. Ce privilége, que Charles V avait étendu aux bourgeois de Paris, a été successivement restreint, supprimé, rétabli, modifié, et enfin conservé aux seuls magistrats municipaux, qui en jouissaient encore avant la révolution. Les échevins de Dieppe obtinrent un privilége semblable; ceux de Lyon furent aussi déclarés nobles dans le siècle dernier. Cette distinction, quoique fort ambitionnée par les corps de ville, n'était cependant pas ce qui les recommandait le plus à la confiance et à l'estime publiques. Un nom honorable, une réputation sans tache, la capacité personnelle, voilà les qualités que les villes recherchaient dans leurs mandataires, et qui justifiaient assez généralement leur choix. Le nombre des échevins et la durée de leurs fonctions variaient dans les différentes villes. Au mois de janvier 1704, il y eut un édit portant création de deux échevins perpétuels dans chacune des villes du royaume; mais, par une déclaration du 15 avril 1704, Paris et Lyon furent exceptés, et il fut dit qu'il ne serait rien innové à la forme en laquelle les élections des échevins avaient été faites jusqu'alors. Dans les Pays-Bas français, la qualité d'échevin n'était pas bornée aux officiers municipaux des villes, qui jouissaient du droit de loi des villages, c'est-à-dire aux officiers que les seigneurs établissaient dans leurs terres pour rendre la justice à leurs vassaux. Aussi en Artois, en Flandre, et dans tous les Pays-Bas, le mot *échevinage* signifiait la seigneurie et justice qui appartenaient à certaines villes, bourgs et autres lieux, par concession des seigneurs, qui leur avaient accordé, sinon le droit de commune dans tout son développement, du moins le droit de bourgeoisie, avec une assez grande extension. En général, le mot échevinage désigne, d'une part, la réunion ou le corps des échevins (en allemand *schœffenstuhl*); d'autre part, la durée de leurs fonctions. On se sert quelquefois du mot *échevinat*. Quoique ce dernier terme n'ait pas été consacré par l'Académie, il exprime plus exactement peut-être l'idée abstraite de l'institution. Pour avoir une connaissance complète de tout ce qui concerne les échevins, il est nécessaire de savoir ce qu'étaient dans nos villes les *capitouls*, les *jurats*, les *consuls*, les *gouverneurs*, les *pairs*, et plus généralement les *municipalités*, durant le moyen âge et dans les premiers siècles de l'histoire moderne. On reviendra sur la plupart de ces mots. A.

ECHI OU AHIRAM, sixième fils de Benjamin. (*Gen.*, 46, c. 21.)

ÉCHIDE, s. m. (*zool.*), genre de serpents.

ECHIDNA, monstre, né de Chrysnos et de Callirhoé. La moitié supérieure de son corps offrait la forme d'une belle femme, et l'autre celle d'un affreux serpent. Echidna fut mère de Tryphon, d'Orthus, de Géryon, de Cerbère, de l'ydre de Lerne, de la Chimère, du Sphynx, et du lion de la forêt de Némée.

ECHIDNA, princesse hyperboréenne, difforme comme la précédente, est sans doute la même. Quoiqu'elle eût enlevé les cavales d'Hercule, elle fut aimée de ce héros, qui la rendit mère d'Agathyrse, de Gélone et de Scytha.

ÉCHIDNE, *echidnis* (*conch.*). C'est un de ces corps très probablement organisés, que l'on trouve fossiles en très grande abondance. M. Denis de Montfort le caractérise ainsi: coquille libre, univalve, cloisonnée, droite, conique, fistuleuse, à bouche arrondie, horizontale, souvent aiguë; syphon continu et central. Corps fossiles, presque cylindriques, comme annelés fort régulièrement dans toute leur longueur, entièrement solides, qui se sont trouvés en grande abondance dans un marbre gris, spathique, venant de la vallée d'Os, dans les Pyrénées. Il lui donne le nom d'*échidne diluvien*, *echidnis diluvianus*.

ÉCHIDNÉ, *echidna* (*ichthyol.*). On a proposé de faire sous ce nom un genre de poissons dans la famille des ophicthyctes, en lui donnant pour type le *gymnothorax echidna* de Bloch. (*V.* ce mot et MURÉNOPHIS.)

ÉCHIDNÉ, *echidna* (*mamm.*), genre de la famille des *édentés monotrèmes* de Cuvier, et des *ornithodelphes* de Blainville. Ces animaux sont très voisins des ornithorhynques, dont ils ont la disposition des organes sexuels et le même habitat. Shan avait rangé cet animal parmi les ornithorhynques, sous le nom de *ornithorhynchus aculeatus*; Cuvier reconnut le premier qu'il devait former un genre à part, et lui donna le nom d'échidné qu'il porte aujourd'hui. Ses caractères principaux sont les suivants: tête mince et allongée, terminée par une très petite bouche; narines placées dans un sillon en croissant; langue très extensible; mâchoires entièrement dépourvues de dents; corps ramassé, couvert de piquants dont le nombre varie avec l'âge; pieds à cinq doigts robustes et armés d'ongles fouisseurs; un ergot au membre postérieur des mâles; queue fort courte. — Les mâchoires sont toujours privées de dents, et le palais hérissé de lames cornées, beaucoup plus dures que chez les oiseaux. — Les échidnés appartiennent à la Nouvelle-Hollande, dont les productions sont si singulières; ils paraissent représenter à la fois les hérissons et les fourmilliers. Cuvier en a distingué deux espèces, l'*echidna histrix* et le *setosus*; mais le second n'est que le jeune âge du premier. M. Lesson a proposé de changer ces deux noms en celui d'*echidna australiensis*. Sa taille dépasse de beaucoup celle du hérisson; ses piquants, blanchâtres dans les deux premiers tiers, sont noirs à l'extrémité, longs d'un pouce. Il vit dans des terriers, dont il ne sort pas pendant la sécheresse, et se nourrit d'insectes, et principalement de fourmis. (*V.* MONOTRÈMES.)

ÉCHIDNÉS, *echidna* (*mamm.*), nom d'un genre d'animaux très extraordinaires, qui forment, avec les ornithorhynques, une tribu particulière qu'on a réunie aux édentés; mais les animaux de cette tribu présentent tant d'anomalies, lorsqu'on les compare aux autres mammifères, que nous croyons devoir en parler sous leur nom commun de monotrèmes, qui leur a été donné par M. Geoffroy.

ÉCHINDITÉ, s. f. (*minér. anc.*), pierre dont parlent les anciens, et qu'on croit être une agate.

ÉCHIF, IVE, adj. (*fauconn et vener,*), vorace, gourmand.

ÉCHIFFE, ou **ÉCHIFFRE**, s. m. (*archit.*), mur qui sert à supporter l'extrémité des marches d'un escalier. L'échiffre se termine ordinairement en limon, dans lequel les abouts des marches sont encastrés.

ÉCHIGNOLE, s. f. (*technol.*), bobine qui sert à dévider et à disposer les soies que le passementier emploie dans ses ouvrages.

ECHIK-AGASSI-BACHI, s. m. (*relation.*), titre du grand-maître des cérémonies à la cour de Perse.

ÈCHILLON, s. m. (*marine*), nom par lequel on désigne, dans le Levant, un nuage noir dont la queue forme une trombe ou un syphon.

ÉCHIMYS, *échimys* (*mam.*), genre de mammifères de l'ordre des rongeurs, de la famille des murins ou fouisseurs. M. Geoffray leur a donné ce nom, qui signifie rat à piquants, pour rappeler la forme de leurs poils, qui sont durs et presque changés en épines. Leur système dentaire les rapproche des campagnols; leurs molaires, au nombre de quatre de chaque côté, à chaque mâchoire, sont simples, à couronne, offrant des lames transverses, réunies deux par deux ou isolées; les écihmys ont cinq doigts aux membres postérieurs, et quatre seulement avec un rudiment de pouce aux antérieurs; leur corps est allongé comme celui des rats, et garni, surtout à ses parties supérieures, de poils très durs, courbés, représentant des espèces de piquants; la queue est arrondie, tantôt nue, tantôt écailleuse, couverte de poils dans une seule espèce. Les échimys sont des animaux fouisseurs, qui se nourrissent de fruits et de racines. — L'*échimys huppé*, *ech. cristatus*, de Surinam, est une des plus jolies espèces; c'est le *rat à queue dorée*, de Buffon; elle est, en effet de la taille du rat; sa couleur est d'un marron pourpré, plus foncé sur le dos, plus clair sous l'abdomen. Cette couleur s'étend sur la base de la queue, dont le milieu est noir et l'extrémité d'un jaune doré; une longue tache jaune marque le front. — L'*échimys dactylin*, *ech dactylinus*, ainsi nommé parce que deux de ses doits antérieurs sont plus longs que les autres, a le corps brun, mêlé de jaunâtre; sa queue est écailleuse, et a plus d'un pied de long : l'Amérique méridionale est sa patrie. — L'*échimys spinosus* ou *rat épineux*, l'*echimys hispidus*, et l'*echimys cayennensis*, habitent également l'Amérique méridionale.

ÉCHIN, s. m. (*relation*). Il se dit des médecins du sérail. C'est une altération du mot arabe *hakim*, qui signie précisément médecin.

ÉCHINACEA (*bot.*). Sous ce nom Mœnch sépare du *rudbeckia* le *rudbeckia purpurea*, différent des autres espèces par ses demi-fleurons, non jaunes, mais purpurins, longs et réfléchis; son calice commun ou périanthe, à trois rangs d'écailles; ses paillettes plus longues que les fleurons, et ses graines couronnées d'un rebord membraneux et multifide. Si l'on en excepte la couleur des demi-fleurons, les caractères indiqués ne paraissent pas suffisants pour motiver la séparation.

ÉCHINADES, (*myth.*), nymphes qui invitèrent à un sacrifice toutes les divinités champêtres, à l'exception du fleuve Achéloüs. Le dieu, irrité de ce mépris, fit déborder les eaux, et entraîna ces nymphes dans la mer, où Neptune les métamorphosa en îles.

ÉCHINADES, *curzolaires* (*geogr.*), îles de la mer Ionienne, situées à l'entrée du golfe de Corinthe, vis-à-vis de l'embouchure de l'Achéloüs et du promontoire Araxe. Ces îles sont au nombre de neuf, savoir : Egialée, Coronis, Thyatire, Gécéris, Dionysie, Cyrne, Chalcis, Pinace et Mystus. Quelques auteurs y joignent, en outre, les Taphiennes et les Téléboïdes.

ÉCHINANTITÆ, (*foss.*). Nom qu'on a donné autrefois aux genres fossiles dépendant de la famille des échinides, dont les ambulacres bornés forment en-dessus une fleur à cinq pétales. Ce caractère appartient aux carridules, aux spatanguers et aux clypéastres

ÉCHINARACNIUS, (*échinod*). C'est, pour Klein, le nom d'une petite division générique dans l'ordre des oursins, et qui comprend les espèces dont le test, peu épais, presque plat, est subanguleux dans sa circonférence, dont la bouche est médiane, l'anus latéral, les ambulacres incomplets, non pétaliformes. Le type de ce genre l'*echinus placenta* de Linné, espèce de clypéastre pour M. de Lamarck.

ÉCHINARIACÉ, ÉE, adj. (*bot.*). Qui ressemble à une échinaire. — ÉCHINARIACÉS. s. f. pl., famille de plantes graminées.

ÉCHINASTRUM (*bot.*). Suivant Dodoens, ce nom est un de ceux qui ont été donnés au *geranium tuberosum*.

ÉCHINE, s. f., l'épine du dos, la partie de l'homme ou de l'animal, qui prend depuis la nuque jusqu'au croupion. Pop., *Longue échine*, *maigre échine*, se dit d'une personne fort maigre. — ÉCHINE se dit, en outre, d'un membre d'architecture convexe, taillé en quart de cercle, et que l'on nomme aussi *ove*.

ÉCHINE, s. f. (*architect.*), moulure qui forme un quart de rond ou une autre portion de courbe, et qui est placée au-dessus du tailloir, dans le chapiteau dorique. Le chapiteau dorique grec a une *échine* très amples taillée en biseau, accompagnée de trois ou de cinq petits filets ou bislets.

ÉCHINÉE, s. f., morceau du dos d'un cochon.

ÉCHINÉ, ÉE, adj. (*hist. nat.*), qui est hérissé de poils raides et piquants.

ÉCHINÉEN, ENNE, adj., (*zool.*), qui ressemble au hérisson.

ÉCHINELLA (*bot.*), genre de plantes de la famille des algues, voisin des *nostacs* et des *rivularia*. C'est une masse gélatineuse, uniforme, nue, et qui au lieu de filaments contient de petits corps subcylindroïdes, claviformes et excentriques, regardés comme les conceptacles par Acharius qui a établi ce genre. Ce naturaliste n'en a connu qu'une seule espèce, l'*échinella radicosa* qu'il a trouvée sur les tiges des plantes aquatiques dans le lac Boren en Suède. A. Agardh pense qu'il s'agit ici du *vorticella versatile* de Muller, qui rentre dans la classe des infusoires.

ÉCHINELLE, s. f (*bot.*), genre d'algues d'eau douce.

ÉCHINELLÉ, ÉE, adj. (*bot.*), qui ressemble à une échinelle.

ECHINER, v. a., rompre l'échine. On l'emploie aussi avec le pronom personnel. Il signifie figurément, tuer, assommer dans une mêlée, dans un combat, dans une déroute. — *Echiner de coups*, battre outrageusement. — ECHINER, signifie encore figurément, avec le pronom personnel, s'excéder de fatigue, se donner beaucoup de peine. Ce verbe est familier dans toutes ses acceptions.

ÉCHINIDE, adj. des 2 genres, (*zool*)., qui ressemble à un oursin.

ÉCHINIDES, s. m. pl., famille de radiaires-

ÉCHINIPÈDE, adj. des 2 genres (*zool.*), qui a les pattes hérissées de poils raides ou de piquants.

ÉCHINITES (*échinod.*). Van Phelsum a employé ce mot pour désigner les oursins à peu près arrondis ou en quelque sorte pentagones, et dont les ambulacres sont doubles et larges. Il correspond au genre *canulus*, de Klein.

ÉCHINO-AGARICUS, (*bot.*). C'est le nom que Haller avait d'abord donné aux espèces d'hydnes qui semblent pédiculées et que depuis il a réunies à son *echinus*, même genre que l'*hydnum* de Linné.

ÉCHINOBRISSUS (*échinod*). Breynius nomme ainsi les espèces d'oursins dont la bouche occupe presque le milieu de la face inférieure, et dont l'anus, un peu éloigné du sommet, se trouve dans une espèce de sinus opposé obliquement à la bouche. Ce genre correspond aux genres *brissus* et *brissoïdes* de Klein.

ÉCHINOCANUS (*echinod*). Breynius donne ce nom aux espèces d'oursins dont les deux ouvertures sont inférieures; la bouche au centre et l'anus dans le bord au près du bord. C'est le genre *fibula* de Klein.

ÉCHINOCARDIUM (*échinod.*). C'est le nom que Van Phelsum donne aux genres *spatangus* et *spatagaides* de Klein.

ÉCHINOCARPE, adj. des deux g. (*bot.*), qui a le fruit hérissé de pointes roides.

ÉCHINOCHLOÉ, s. m. (*bot.*), genre de plantes graminées.

ÉCHINOCONE, s. m. (*zool.*), genre d'oursins.

ÉCHINOCOQUES, *echinococcus* (*intest.*), genre d'entozoaires de l'ordre des vésiculaires, très voisin des acéphalocystes. Ils représentent des espèces de vésicules doubles ou simples qui renferment dans leur intérieur de très-petits animaux à corps ovalaire et dont la tête est armée d'une couronne de crochets, ainsi que de suçoirs. C'est surtout par ces derniers caractères qu'ils diffèrent des acéphalocystes. On les trouve d'ailleurs dans les mêmes parties que ces derniers, mais ils sont plus rares et fort peu connus. On en connaît trois espèces, d'après Rudolphi : l'*Echinocoque de l'homme*, *echin. hominis*, trouvé une seule fois par Meckel, qui n'indique pas l'organe dans lequel il les a trouvés. — L'*Echinocoque du singe*, *echin. simiæ*, qui vit dans les organes thoraciques et abdominaux de plusieurs quadrumanes, du magot, de certains macaques, etc. — L'*Echinocoque ordinaire*, *echin. veterinorum*. Cette espèce est la plus répandue et la mieux connue ; on la trouve dans le bœuf, le mouton, le cochon, le chameau, etc. Gmelin en fait une hydatide et Goëze un tænia. (*V.* VÉSICULAIRES.)

ÉHCINOCORYS (*échinod.*). C'est le nom que Breynius donne aux oursins dont les deux ouvertures sont inférieures, la bouche entre le bord et le milieu, et l'anus très éloigné et dans l'autre bord. C'est le genre *cassis* de Klein.

ÉCHINOCORYTE (*foss.*). Ce nom a été donné par Leske à ceux des échinides qui dépendent du genre ananchite.

ÉCHINOCYAMOS (*échinod.*). Van Phelsum réunit sous ce nom les espèces d'oursins dont la bouche et l'anus sont inférieurs et extrêmement voisins, et dont les ambulacres bornés sont pétaliformes. Ce sont encore des clypéastres pour M. de Lamarck.

ÉCHINODACTYLES (*foss.*). On a ainsi nommé les pointes d'oursins fossiles.

ECHINODERMA (*conchyl.*). C'est le nom que Soli emploie dans sa dénomination des testacés pour indiquer la coquille de son genre échion.

ÉCHINODERMAIRES (*échinod.*). Dans son prodrome d'une classification générale des animaux, M. de Blainville ayant eu l'idée d'aider la mémoire en imaginant des dénominations propres à chaque espèce de subdivision, a employé pour les animaux actinomorphes la terminaison en aires, et a donné en conséquence le nom d'échinodermaires aux échinodermes.

ÉCHINODERMES ou CIRRHODERMAIRES (*zooph.*). Ces animaux forment une classe distincte des rayonnés ou actinozoaires, non par les piquants dont leur corps est couvert, mais par la présence de suçoirs ou cirrhes exsertiles épars sur tout le corps, ou disposés en séries longitudinales. C'est ce qui a porté M. de Blainville à remplacer leur nom d'échinodermes par celui de *cirrhodermaires*. Tous ces animaux sont marins, et beaucoup plus nombreux dans les mers des contrées chaudes que dans celles des latitudes froides ou tempérées. On les connaît sous les noms d'astéries, d'étoiles de mer, d'holoturies, etc. La peau chez les cirrhodermaires est le plus souvent encroûtée de pièces calcaires qui lui donnent l'aspect d'un véritable test ; d'autres fois, comme dans les holoturies, le derme, quoique très épais, ne présente aucune incrustation ; on voit au-dessous de lui un pigmentum coloré, mais point de couche vasculaire ; quant à l'épiderme, il paraît être entièrement nul. Mais un caractère commun à tous ces animaux est celui qui leur a fait donner le nom de cirrhodermaires ; c'est que de la peau il sort une multitude de petits organes très singuliers, des espèces de *cirrhes* rangés dans une disposition radiaire, et que l'on ne peut comparer qu'à de petits tentacules qui bordent le manteau des mollusques acéphales ; ce sont, en effet, de petits cylindres creux très extensibles, renflés à leur extrémité en un petit disque formant ventouse, et contractiles dans toutes leurs parties ; c'est en allongeant ces tentacules, qu'ils ont en grande quantité, que les cirrhodermaires exécutent leurs mouvements progressifs. Outre ces cirrhes, quelques uns de ces animaux ont des sortes de poils ou de petites épines distribuées sur toute la surface de leur corps ; ils pourraient conserver en propre le nom d'échinodermes. C'est surtout de la considération de ces parties, ainsi que de la forme générale tantôt allongée, globuleuse, discoïde, étoilée, ou même arborescente de ces animaux, que l'on a tiré les caractères qui servent à les distinguer entre eux. Le système nerveux consiste le plus souvent en une série de ganglions qui forment un collier autour de la bouche. L'organe digestif constitue tantôt un véritable cana à deux orifices, bouche et anus, tantôt seulement un simple sac à une ouverture, fontionnant à la fois comme orifice d'entrée et de sortie. Dans ce dernier cas, l'estomac se prolonge quelquefois dans l'intérieur du corps par des espèces d'appendices cœcaux. On ne sait pas encore si tous les échinodermes possèdent l'organe mâle et l'organe femelle ; mais, ce qui est certain, c'est que leurs ovaires sont très développés et qu'ils peuvent engendrer sans le secours d'un autre individu. Les cirrhodermaires jouissent à un haut degré de la faculté de reproduire certaines parties de leur être ; c'est ainsi que dans les astéries une seule des branches qui les composent suffit pour reproduire des individus entiers. Cuvier les partage en deux ordres : les uns, qu'il nomme *pédicellis* (ce sont les holoturies, les oursins, les astéries), forment le premier ordre ; ils sont munis de cirrhes et souvent d'épines ; les autres, qu'il appelle échinodermes sans pieds (c. sont les priapules, les spinoncles, les bonellies, etc.), manquent des cirrhes caractéristiques de la classe et aussi d'épines. M. Blainville reporte ces derniers parmi les vers, et il partage les vrais cirrhodermes ou échinodermaires en trois ordes, qu'il nomme *holoturides*, *échinides*, *stellérides*.

I. Les *holoturides* sont des animaux à corps plus ou moins allongé, quelquefois subvermiforme, mou ou flexible, à suçoirs très nombreux. La bouche est placée au fond d'une sorte d'entonnoir, et soutenue par un cercle de pièces calcaires ; l'anus, à l'extrémité postérieure du corps, s'ouvre par un véritable orifice disposé en cloaque. — Les holoturides se partagent en plusieurs genres. (*V.* HOLOTURIE.)

II. Les *échinides*, connus sous le nom d'*oursins*, présentent les dispositions organiques les plus bizarres. Leur corps est ovale ou circulaire, revêtu d'un test composé de pièces anguleuses, et percé d'une quantité innombrable de petits trous par lesquelles passent les cirrhes. La surface de cette croûte est armée de petites pointes mobiles, qui forment avec les cirrhes les organes locomoteurs. La bouche est percée dans une échancrure du test, l'anus est distinct.

III. Les *stellérides* comprennent les *astéries* de Linné et les *encrines* dont ce naturaliste faisait des isis et des pennatules. Ils ont le corps généralement déprimé, large, régulièrement disposé à sa circonférence en angles plus égaux, souvent allongés en lobes ou rayons, ce qui leur donne l'aspect d'étoiles dont on leur a imposé le nom. Le canal intestinal est pourvu d'un seul orifice non armé, mais entouré de suçoirs tentaculiformes. (*V.* les mots ENCRINE, ASTÉRIE, OURSIN, HOLOTURIE, etc.)

ECHINODISCUS (*échinod.*). Breynius comprend sous cette dénomination générique les espèces d'oursins qui sont fort comprimées, dont la bouche est à peu près au centre de la face inférieure, et l'anus entre le milieu et le bord ou dans le bord. Ce genre correspond aux genres *placenta* et *arachnoïdes* de Klein. Van Phelsum le borne au *laganum* de Klein.

ECHINOGLYCUS (*échinod.*). Van Phelsum donne ce nom aux espèces d'oursins dont le test est extrêmement comprimé et percé, d'outre en outre, de trous ovales plus ou moins nombreux. C'est le genre *echinodiscus* de Leske et de Breynius, le genre *mellita* de Klein, et le genre *scutelle* de M. de Lamarck.

ÉCHINOÏDE, adj. des 2 genres (*zool.*), qui ressemble à un oursin.

ÉCHINOLÈNE, s. f. (*bot.*), genre de plantes graminées.

ÉCHINOLYTRE, s. m. (*bot.*), genre de plantes.

ECHINOMELOCACTUS (*bot.*). Ce nom a été donné par Clusius, et ensuite par Hermann et Bradley, à deux espèces de cactes très basses, chargées d'épines, mamelonnées ou à côtes, dont l'une est nommée melon épineux, parce qu'elle a un peu la forme d'un melon dont les côtes seraient chargées d'épines.

ÉCHINOMÈTRE (*écinod.*). Breynius, dans ses *Schediama de echinis*, s'est beaucoup occupé de la classification des oursins, a suivi une méthode que nous croyons utile pour aider à la mémoire des noms, et qui consiste à composer ses noms de genres, dans une famille bien naturelle, du nom de celle-ci, auquel on joint un second qualificatif pour un certain nombre d'espèces. Ainsi il nomme *echinometra* les espèces pour ainsi dire normales, qui ont la bouche et l'anus opposés verticalement : ce sont les *cidaris* de Klein.

ECHINOMITRA (*échinod.*). Pour Van Phelsum, ce sont les espèces d'oursins qui peuvent avoir la bouche médiane, l'anus marginal et dirigé en haut, et des ambulacres étroits et complets. Il n'y range qu'une seule espèce, figurée dans Klein, tab. 14, fig. *e*, *f*, *l*, *m*.

ÉCHINOMYE, *échinomya* (*ins.*), genre de diptères de la famille des athéricères, tribu des muscides, établi aux dépens du genre tachine de Fabricius par Duméril, et ayant pour caractères propres : antennes ayant leur second article plus long que les autres, terminées par une soie nue ; épistome non prolongé en manière de bec ; ailes écartées dans le repos, avec deux cellules terminales du limbe postérieur fermées par une nervure transverse ; deux très grands cuillerons recouvrant les balanciers. Les larves de ce genre vivent dans les bouses de vache; leur bouche n'est munie que d'un seul crochet; la terminaison de leur abdomen est tronquée carrément; il offre un polygone à neuf pans un peu concaves; au milieu on remarque deux mamelons qui sont l'origine des stigmates. L'insecte parfait a le corps court, ramassé et très garni de soies raides, longues; les yeux n'occupent dans les deux sexes qu'une partie de la tête; la face est un peu concave. — *L'échinomye géante*, *éch. grossa*, Fab. Cette espèce, assez commune aux environs de Paris, est longue de sept à huit lignes; elle est assez semblable à un bourdon. Son corps est d'un noir bleuâtre; sa tête, la base des ailes, la membrane des crochets, et les tarses sont jaunâtres avec les poils noirs. Les pattes sont plus claires que le corps et couvertes de poils noirs qui les font paraître de cette couleur.

ÉCHINON, s. m. (*écon. rur.*), boîte cylindrique dans laquelle on met le caillé, dont on veut faire du fromage.

ÉCHINONÉE, s. f. (*zool.*), genre d'oursins.

ÉCHINOPE (*bot.*), genre de plantes à fleurs composées.

ÉCHINOPÉ, ÉE, adj. (*bot.*), qui ressemble à un échinope.

ÉCHINOPÉES, s. f. pl., famille de plantes à fleurs composées.

ÉCHINOPÉES (*bot.*). M. Decandolle a divisé les cinarocéphales en *échinopées*, *gundéliacées*, *carduacées*, *centaurées*. Le caractère qu'il assigne à ses échinopées, est d'avoir les calathides uniflores et réunies en capitules. Les genres qu'il attribue à ce groupe sont les *boopis*, *rolandra*, *échinops*. Selon M. Cassini, le *boopis* est le type d'une famille particulière; le *rolandra* appartient à la tribu des vernoniées dont l'*échinops* ne peut faire partie. Le caractère des *échinopées* de M. Decandolle, est aussi artificiel que la composition de ce groupe.

ÉCHINOPES (*bot*). Ce groupe artificiel est la seconde des dix sections formées par Adanson dans la famille des synanthérées. Les trois genres dont il les compose appartiennent à trois tribus naturelles très différentes, car l'*echinopus* est une *échinopsée*, le *gundelia* une vernoniée et le *sphæranthus* une inulée. Cette réunion contre nature n'est point étonnante, puisque l'unique caractère du groupe est d'avoir les calathides rassemblées en capitule, et que ce caractère n'est pas même suffisant pour former un bon genre.

ÉCHINOPHILE, adj. Il se dit de quelques champignons qui croissent sur la coque épineuse des châtaignes.

ÉCHINOPHORA (*bot.*). Ce nom qui signifie partie chargée de piquants, a d'abord été donnée par Columna et Rivin, à quelques espèces de *caucalis* et de *daucus* dont les fruits sont couverts d'aspérités. Plukenet par le même motif nommait de même l'*osbeckia chinensis*, dont les caractères sont d'ailleurs très différents. Une autre plante que Columna nommait *pastinaca echinophora*, a été établie en genre par Tournefort, sous ce dernier nom qui lui a été conservé.

ÉCHINOPHORE (*conchyl.*), c'est le nom vulgaire d'une espèce de buccin, le *buccinum echinophorum* de Linné.

ÉCHINOPHORE, adj. des 2 genres (*hist. nat.*), qui porte des épines.

ÉCHINOPHORE, *échinophora* (*bot.*), genre de plantes de la famille des ombellifères, son nom qui signifie *porte épine*, lui vient des pointes nombreuses qui hérissent son fruit et terminent ses feuilles. Les caractères principaux sont: ombelles de cinq à quinze rayons, à collerette de trois ou quatre folioles; ombellule à collerette monophylle divisée en six segmens inégaux, étalés, fleur centrale femelle, sessile, à pétales échancrés; ovaire enfoncé dans la base de la corolle; fruit recouvert par la collerette partielle et par les pédicelles des fleurs mâles, qui deviennent épineux, l'un des deux akènes avorte souvent. Ce genre se compose de deux espèces de plantes particulières aux bords de la Méditerranée. La première, qui sert de type au genre, est l'*échinophore épineuse*, *échinophora spinosa*, L., plante à tige forte, haute de trente centimètres, cannelée, ses feuilles presque bipinnées, sont découpées en segments étroits, aigus et spinescens. L'autre espèce l'*échinophora tenuifolia*, se distingue par sa tige un peu plus haute, dure, pleine, ramifiée en panicule, et légèrement striée; ses feuilles radicales sont très grandes et trois fois ailées. On la trouve sur les côtes de la Pouille.

ÉCHINOPHTALMIE, s. f. (*méd.*), inflammation des paupières, dans laquelle les cils sont droits et hérissés.

ÉCHINOPHTALMIQUE, adj. des 2 g. (*méd.*), qui a rapport à l'échinophtalmie.

ÉCHINOPLACOS (*échinod*), nom de genre employé par Van Phelsum, pour désigner les espèces d'oursins dont la bouche est au centre, dont la circonférence est irrégulière, arrondie ou anguleuse et les ambulacres bornés pétaliformes. C'est le genre *mellita*, de Klein, et le genre *clypeastre*, de M. de Lamarck.

ÉCHINOPODA (*bot.*). Belli, médecin de l'île de Crète, cité par Clusius, nomme ainsi une plante de cette île qu'il croit être le *chenopoda* de Pline, et que C. Bauhin place à la suite des asperges épineuses, en observant que ses épines sont toujours rassemblées trois à trois. Le même caractère se trouve dans l'*asparagus capensis*, qui étant originaire du cap de Bonne-Espérance, doit cependant être une plante différente. C. Baudin cite encore la plante de Belli comme étant une espèce de genêt épineux, *genista spartium*, dont les auteurs plus récens ne font aucune mention et qui pourrait avoir quelque affinité avec l'*erinacea* de Clusius, *anthyllis erinacea*.

ÉCHINOPOGON, s. m. (*bot.*), genre de plantes graminées.

ÉCHINOPORE, s. m. (*zool.*), genre de polypiers.

ÉCHINOPSÉES (*bot.*). Cassini n'a point adopté le groupe du professeur Richard, des échinopsidées. Cet auteur fait une section à part de l'*échinops* sous le nom d'*échinopsées*; il reporte les genres *rolandra*, *lagasca* et *gundeliæ* dans sa tribu des *vernoniées*. (*V.* ce mot.

ÉCHINOPSIDÉES, *échinopsideæ* (*bot.*), groupe établi par Richard à la suite des cardnacées, et composé de genres de cette famille qui ont leurs fleurons accompagnés chacun d'un involucre particulier, et réuni en capitule avec ou sans involucre commun. Tels sont les genres *échinops*, *rolandra*, *lagasca* et *gundelia*. Ils ont pour caractères communs des fleurons hermaphrodites réguliers, accompagnés chacun d'un involucelle particulier; un style dont le sommet est renflé et velu; un fruit couronné par une aigrette marginale et fimbriée. Le genre échinope, *échinopes*, L., a servi de type à ce petit groupe; cependant si on détaille chacun des organes floraux, on trouvera quelques variations entre les plantes que Richard lui associe; ainsi l'involucelle particulier est tantôt tubuleux et irrégulièrement divisé en cinq parties, tantôt il est formé d'écailles inégales, imbriquées et soudées. Les fleurons distincts dans l'échinope sont soudés par quatre ou cinq dans le *gundelia*. Enfin le fruit de ce dernier genre est enflé à sa partie moyenne, et simplement cylindracé dans les autres genres.

ÉCHINOPUS (*bot.*). Linné a changé la terminaison de ce nom générique employé par Tournefort et les anciens botanistes, de sorte que l'*échinopus* est devenu l'échinops.

ÉCHINORHIN (*échinorhinus*) (*ichthyol.*). M. de Blainville a proposé de faire aux dépens du grand genre de squales de Linné un sous-genre de ce nom: le squale bouclé Brants. *squalus spinosus*. Schneider lui servirait de type. (*V.* LEICHE.)

ÉCHINORYNQUE, *échinorhynchus* (*int.*). Les échinorhynques sont des vers intestinaux ou entozooaires, qui se distinguent des animaux de la même classe par un prolongement antérieur, rétractile, garni de crochets, et que l'on a nommé trompe; leur corps est en général allongé, quelquefois ridé, ce qui les a fait confondre avec les tœnias; tous se tiennent dans les intestins d'un grand nombre d'animaux vertébrés et de plusieurs invertébrés, particulièrement les crustacés et les mollusques, etc. Mais on ne les a pas encore trouvés chez l'homme. Ces animaux se composent d'un corps, d'un cou et d'une trompe. La trompe, qui termine antérieurement l'animal, lui sert à se fixer aux membranes sur lesquelles il se trouve, et probablement aussi à se mouvoir; sa forme varie singulièrement suivant les espèces; elle est ovale, oblongue, fusiforme, en conque ou bien encore en massue, et présente à sa surface externe une multitude de petits crochets disposés régulièrement, mais variant pour le nombre et la grosseur; le nombre des rangs formés par ces crochets peut s'élever de trois ou quatre à soixante, et plus encore. Lorsqu'un échinorhynque veut se fixer sur un point quelconque de l'intestin, il enfonce sa trompe dans la membrane muqueuse, en la déroulant comme un doigt de gant; par ce mécanisme il pénètre assez avant, et la traverse même quelquefois. Le cou de ces animaux est placé entre le corps et la trompe; il manque quelquefois, mais ordinairement il se distingue des autres parties par une rainure plus ou moins prononcée; il est toujours inerme, c'est-à-dire sans épine, et suit les mouvements de la trompe. Le corps comprend tout le reste de l'animal, la trompe et le cou ayant été mis à part; il est presque toujours ridé, aplati et plus ou moins allongé; sa surface est lisse dans la plupart des espèces, quelquefois cependant elle est hérissée. Les parties internes ne sont pas encore bien déterminées. Les sexes sont portés sur des individus différents, et l'on remarque que les échinorhynques mâles sont plus petits et moins nombreux que la femelle. On ignore comment se fait la fécondation; toutefois il est probable qu'il n'y a pas d'accouplement réel, mais que la liqueur séminale est répandue par le mâle au milieu des mucosités intestinales, et que les œufs déposés par la femelle sur quelque surface voisine sont fécondés par leur contact avec les mucosités. Parmi les espèces les plus remarquables de ce genre nombreux en espèces, nous citerons : l'*échinorhynque géant*, *ech. gigas*, Bloch, qui a jusqu'à treize et quinze pouces de longueur et deux ou trois lignes de diamètre; il est surtout commun dans les intestins des cochons. L'*échinorhynque de la baleine*, *ech. balænæ*, dont le corps, long d'un pouce, a près de deux lignes dans sa partie la plus large, et représente assez bien une massue très finement annelée. Il vit dans les intestins de la baleine. On cite encore l'*échinorhynque des cygnes*, *E. stricatus*, celui de la grenouille, *echinorhynchus hæruca*, etc.

ÉCHINORODUM (*échinod.*). Van Phelsum désigne sous ce nom le genre *scutum* de Klein, que M. Lamarck a nommé nouvellement *scutella*.

ECHINOSINUS (*echinod.*), Van Phelsum, dans sa disposition méthodique des oursins, donne ce nom aux espèces dont le test est en quelque sorte irrégulier et cependant à peu près circulaire. C'est le genre *clipeus* de Klein.

ECHINOSPATAGUS (*échinod.*). Dans la classification de Breynius, ce sont les oursins dont la bouche inférieure est placée entre le centre et le bord, et dont l'anus est au bord de la partie supérieure et à l'autre extrémité, en sorte que les deux ouvertures sont obliquement opposées. Cette division correspond aux genres *spatangus* et *spatagoides* de Klein.

ECHINUS (*bot.*). Barrère, dans sa France équinoxiale, désignait sous ce nom un arbrisseau de la famille des apocynées, à fruits hérissés de pointes, qu'Aublet a nommé *orelia*, et Allamand *galatips*, et qui est maintenant l'*allamanda* de Linné, adopté plus généralement. On trouve encore parmi les plantes exotiques de Prosper Alpin un *echinus* qui est une espèce de *statice*.

ECHINUS (*bot.*). Haller donne ce nom au genre *hydnum* de Linné. (*V.* HYDNE.)

ECHINUS (*mamm.*), nom formé d'ἐχῖνος, que les Grecs donnaient à notre hérisson, et que les modernes ont encore appliqué à d'autres animaux. Columma et Aldrovande le donnent à des tatous.

ECHINUS (*bot.*). (*V.* ECHINIER.)

ECHINUS (*actinoz.*). Nom latin du genre *oursin*. (Voy. ce mot.)

ECHION, peintre célèbre. Pline vante l'expression de ses tableaux. Il était aussi sculpteur.

ÉCHION (*malacoz.*). Poli (testac. des Deux-Siciles) donne ce nom à l'animal des coquilles connues sous le nom d'anomie, *anomia*. Les caractères qu'il assigne à ce genre sont de n'avoir point de trachée, c'est-à-dire que les bords du manteau sont entièrement ouverts, sans aucune trace de pied, et d'avoir au contraire l'abdomen ovale et comprimé; la coquille attachée à une sorte de dent calcaire adhérente. Il en distingue cinq à six espèces. (*V.* ANOMIE.)

ÉCHIONIDE, n. patr. (*ant. gr.*). Il se dit de Penthée, fils d'Echion. Il se dit aussi des Thébains, parce que ce même Echion aida Cadmus à bâtir la ville de Thèbes.

ÉCHIQUETÉ, ÉE, adj. (*didact.*). Il se dit quelquefois d'objets rangés comme les cases d'un échiquier.

ÉCHIQUETÉ (*blason*), se dit de l'écu ou des pièces de l'écu qui sont divisées en anneaux alternatifs de métal et de couleur. On spécifie le nombre de lignes ou de *traits* que forment ces carreaux. On dit dans le même sens, *en échiquier*.

ÉCHIQUIER, s. m., tableau sur lequel on joue aux échecs, et qui est divisé en plusieurs carrés ou cases de deux couleurs. *Planter des arbres en échiquier*, les planter de manière que leur disposition offre plusieurs carrés rangés comme ceux d'un échiquier. — ÉCHIQUIER, se dit aussi d'un certain ordre de marche des armées navales. — ÉCHIQUIER, se disait autrefois en Normandie d'une juridiction où l'on décidait souverainement de différends importants entre les particuliers. Il se dit encore d'une juridiction anglaise qui règle toutes les affaires de finances. — L'ÉCHIQUIER, en termes de pêche, filet carré soutenu par deux demi-cerceaux qui se croisent au milieu, auquel est attachée une perche, et dont on se sert à Paris pour pêcher de petits poissons.

ÉCHIQUIER, s. m. (*archéol.*). On disait autrefois d'une espèce d'abaque, ou de table à compter, dont on se servait pour la perception des impôts.

ÉCHIQUIER (*anc. jurispr.*), assemblée de commissaires délégués par le roi pour réformer les sentences des juges inférieurs dans l'étendue d'une province.

ÉCHIQUIER (*art milit.*), se dit d'une position de troupes qui a quelques rapports de formes avec les cases de la table du jeu d'échecs.

ÉCHIQUIER (COUR DE L'). C'est une cour de justice en Angleterre. Dans la hiérarchie judiciaire, son rang est au-dessous des trois autres hautes cours de justice; mais ses pouvoirs sont tout aussi étendus. On donne pour étymologie au nom de cette cour le tapis bariolé de carrés qui couvrait autrefois la table de travail. Ses principales attributions sont d'administrer les revenus de l'État et de veiller au recouvrement de ce qui est dû au roi. Elle se divise en deux sections : 1° celle qui a pour objet l'administration des revenus royaux; 2° et la section judiciaire, qui elle-même se subdivise en cour *d'équité* et en cour de *loi commune*. Du tribunal d'équité il n'y a qu'un appel, l'appel à la chambre des lords. Du tribunal de loi commune on peut appeler à la chambre de l'échiquier, espèce de cour de cassation formée des juges de toutes les cours de justice dans le royaume. — La section d'équité se compose du lord trésorier, du chef baron et des trois barons de l'échiquier. A présent il n'y a pas de trésorier, son emploi est en *commission*, c'est-à-dire que les ministres en remplissent les devoirs. La section de loi commune n'est composée que du chef baron et des trois barons. Les appels de la cour de l'échiquier sont, dans certains cas, portés immédiatement devant la cour des pairs, et dans d'autres devant la chambre de l'échiquier.

ÉCHIQUIER, *saccarium*, c'est le nom que l'on donnait en Normandie à certaines assemblées de commissaires délégués pour réformer la sentence des juges inférieurs et *juger en dernier* ressort. Le nom était venu de ce que le premier échiquier, qui fut celui de Normandie, se tenait dans une salle dont le pavé était formé de dalles carrées, alternativement noires et blanches, comme le damier d'un jeu d'échecs. — *L'échiquier de Normandie*, institué, selon la tradition, au commencement du XIIe siècle, par le duc Rollon, fut pendant plusieurs siècles ambulatoire, comme le parlement de Paris. Philippe-le-Bel ordonna, en 1302, qu'il se tiendrait chaque année à Rouen deux échiquiers; mais cette ordonnance ne fut pas toujours exécutée à la lettre, puisque la cour de l'échiquier s'assembla souvent, surtout dans les temps de troubles et de guerres civiles, à Falaise et à Caen. Les États généraux de Normandie, réunis en 1498, reconnurent la nécessité perpétuelle; ils demandèrent instamment à Louis XII de l'ériger en cour sédentaire dans la ville de Rouen. Ce prince fit droit à leur requête, et, par un édit du mois d'avril 1499, il établit dans la ville de Rouen une cour souveraine, sédentaire et perpétuelle, composée de quatre présidents, dont le premier et le troisième devaient être clercs, et le second et le quatrième laïques, de treize conseillers clercs et de quinze laïques, deux greffiers, etc., etc. François Ier, à son avènement au trône, confirma, par lettres-patentes, la cour de l'échiquier dans tous les priviléges que son prédécesseur lui avait concédés; mais il voulut que le nom d'échiquier fût changé en celui de parlement. (*V.* PARLEMENT.) Les autres cours souveraines, connues sous le nom d'échiquier, étaient : 1° l'*échiquier de l'archevêque de Rouen*, c'était un tribunal particulier que les prélats de cette ville prétendaient avoir le droit de posséder, et qui était, suivant eux, indépendant de l'échiquier général de Normandie. Cette prétention donna lieu à de longues discussions, qui ne furent terminées que le 2 juillet 1515, époque où le parlement de Rouen ordonna aux officiers que l'archevêque commettait pour tenir la juridiction temporelle de son archevêché de qualifier cette juridiction du titre de *hauts jours*, et non de celui d'échiquier. 2° Les *échiquiers des apanages*. On appelait ainsi les *grands jours* des princes, auxquels avaient été concédées, à titre d'apanages, des terres situées en Normandie. Chacun de ces échiquiers avait son nom particulier : tels étaient les échiquiers des comtés d'Évreux, de Beaumont-le-Roger, etc. Ces échiquiers étaient indépendants du grand échiquier de Normandie. 3° L'*échiquier d'Alençon* était aussi indépendant de l'échiquier de Normandie; il avait sans doute été établi lorsque le comté d'Alençon avait été donné à un prince de la maison de France. Des lettres-patentes de Henri II ordonnèrent, en 1550, malgré l'opposition du parlement de Paris et celle des habitants d'Alençon, que toutes les causes du bailliage de cette ville seraient renvoyées au parlement de Rouen, pour y être jugées souverainement. Les choses furent rétablies dans leur état primitif vers 1525, et enfin, après plusieurs tentatives faites par le parlement de Paris pour s'emparer de cette juridiction, l'échiquier d'Alençon fut supprimé par des lettres-patentes du mois de juin 1584, et, jusqu'à la révolution, le bailliage d'Alençon ressortit au parlement de Rouen. Les juges ou conseillers siégeant dans ces divers échiquiers prenaient le nom de *maîtres de l'échiquier*.

ÉCHIQUIER (*géog.*), groupes d'environ 30 petites îles de la Mélanésie, qui sont séparées par des récifs très dangereux pour les navigateurs. C'est Bougainville qui les a découvertes en 1768 et qui leur a donné le nom d'*îles basses*, la plus méridionale est par 1° 40 de latitude S, et 143° de long. E.

ÉCHIQUIER (*entomol.*), nom vulgaire d'une espèce de lépidoptères diurnes voisine des papillons de la division dite les estropiés par Geoffroy. C'est l'hespérie panisque qu'on appelle aussi Palémon et Sylvain.

ÉCHIS ou **ÉCHIDNA** (*erpétol.*). Sous ce nom Belon parle d'un serpent de l'île de Lemnos qu'il dit être une vipère, et Seba (Thes. II, tab. 36, n° 1.) l'applique à une vipère également, mais de l'île de Sainte-Eustache en Amérique.

ÉCHISACHYS (*bot.*). Necker nomme ainsi le *tragus* de Haller et de Desfontaines, genre de plante graminée qui est le *nazia* d'Adanson, le *lappago* de Schreber et de Willdenow.

ÉCHITE, *echites* (*bot.*), genre de plantes de la famille des apocynées, de la pentandrie monogynie de Linné. Il se compose d'arbustes volubiles, à feuilles opposées, entières, munies à leur base de poils simulant des stipules. Les fleurs en sont grandes et éclatantes, de couleur blanche, rose, jaune ou pourpre, pédonculées, formant tantôt des sertules ou ombelles simples, tantôt des grappes plus ou moins ramifiées. Le calice est court, à cinq divisions profondes et étroites; la corolle est monopétale, régulière, tubuleuse, infundibuliforme ou hypocratériforme; son limbe est à cinq lobes inéquilatéraux étroits et aigus, ou larges et arrondis. Les étamines, au nombre de cinq, sont tantôt incluses, tantôt saillantes hors de la corolle. Les anthères sont sagittées, à deux loges ; l'ovaire est double, surmonté d'un seul style filiforme que couronne un stigmate discoïde, bilobé; cet ovaire est environné d'un disque hypogine qui se compose de cinq lames glanduleuses, redressées. Le fruit est un double follicule, très rarement un follicule simple, allongé, très grêle, et quelquefois filiforme. Les graines ont une sorte d'aigrette à leur extrémité inférieure. Nous citerons: *L'échite à deux fleurs*, *echites biflora*, Jacq., arbuste sarmenteux de l'Amérique méridionale, qui s'élève en se roulant en spirale autour des arbres voisins à cinq ou sept mètres. Ses feuilles sont courtement pétiolées, oblongues, aigües, coriaces; ses fleurs sont blanches, très grandes et au nombre de une à trois sur un pédoncule axillaire; la corolle est infundibuliforme; à lobes très larges, les fruits sont longs de huit à dix centimètres, dressés, et de la grosseur d'une plume. *L'échite à corymbe*, *echites corymbosa*, est une belle plante grimpante à fleurs rouges de Saint-Domingue.

ECHITÉ, ÉE, adj. (*bot.*), qui ressemble à un échite.

ECHIUM, (*bot.*), nom latin du genre vipérine.

ÉCHIME ou **ÉCHIMÈDE**, adj. des deux g. (*zool.*), qui a la queue hérissée d'épines.

ÉCHIUS ou **ECKIUS** (**JEAN**), né en Souabe l'an 1486, professeur de théologie dans l'université d'Ingolstad, signala son savoir et son zèle dans ces conférences contre Luther, Carlostad, Mélanchthon, etc. Il se trouva, en 1538, à la diète d'Augsbourg, et, en 1541, à la conférence de Ratisbonne, et brilla dans l'une et dans l'autre. Il joua le rôle principal dans toutes les disputes publiques des catholiques avec les luthériens. Il avait de l'érudition, de la mémoire, de la facilité, de la pénétration, une logique précise et victorieuse. Ce savant théologien mourut à Ingolstad en 1543, à 57 ans. On a de lui deux traités sur le *Sacrifice de la messe*, un *Commentaire sur le prophète Aggé*, 1638, in-8°; *des homélies*, 4 vol in-8°, et des ouvrages de *controverse*, entre autres son *Manuel de controverse* et son *Traité sur la prédestination*. On conserve avec une sorte de respect, dans le muséum du collége d'Ingolstad, la chaise où il était assis en donnant ses leçons. Il ne faut point le confondre avec Léonard Eckius, jurisconsulte célèbre, mort à Munich en 1550. Ce dernier jouissait d'une si grande réputation et était si aimé de Charles-Quint, que ce prince disait que « ce qui était conclu sans l'avis d'Eckius était conclu en vain.

ÉCHKENDJI, s. m. (*hist. ott.*), littéral., *nouvelle levée*. Il se disait des janissaires en état de service.

ÉCHO (*acoust.*), phénomène produit par la réflexion du son. — Lorsqu'un son rencontre un corps solide suivant certaines conditions, il est réfléchi ou renvoyé de manière qu'il se répète à l'oreille. Pour rendre raison de cet effet, il faut rappeler ici (*V.* SON) que le son est le résultat d'un mouvement de vibration excité dans les corps sonores, et qui se communique à l'air environnant en déterminant des ondulations, lesquelles, de proche en proche, parviennent jusqu'à l'air renfermé dans l'oreille et produisent la sensation du son. — Les ondes sonores, lorsqu'elles passent d'un milieu dans un autre, éprouvent une reflexion partielle qui devient totale quand elles *rencontrent un obstacle fixe*. Cette réflexion, qu'elle soit partielle ou totale, s'accomplit toujours dans une direction telle que l'angle de réflexion est égal à l'angle d'incidence. Ainsi, lorsqu'un observateur, placé de manière à pouvoir entendre un son, se trouve de plus dans la direction de la réflexion, il entend successivement deux sons semblables, dont le second n'est que la répétition du premier. Si les ondes sonores vont tomber perpendiculairement sur la surface réfléchissante, le son est renvoyé dans la même direction, et alors la personne qui le produit reçoit à la même place la sensation du son et celle de l'écho. Pour que le son soit réfléchi dans la même direction, il faut donc que la surface réfléchissante, si elle est plane, soit perpendiculaire à la direction, où, si elle est sphérique, que son centre soit le point même de départ. Si la surface réfléchissante est placée à 170 mètres de distance de celui qui parle, le temps qui s'écoule entre le premier son et le son réfléchi, est d'une seconde, parce que le son fait environ 340 mètres par seconde. Ainsi, l'écho répètera toutes les syllabes qui auront été prononcées dans le temps d'une seconde, de manière que, lorsque celui qui parle aura cessé de parler, l'écho paraîtra répéter toutes les paroles qu'on aura prononcées, et la première reviendra à l'observateur après une seconde, c'est-à-dire à l'instant où la dernière sera prononcée. A la distance de 340 mètres un écho peut répéter 7 à 8 syllabes. Si la surface réfléchissante se trouve trop proche, l'écho ne répètera qu'une syllabe. On en cite qui répètent jusqu'à 15 syllabes. Les échos se reproduisent avec diverses circonstances. Par exemple, une surface plane, réfléchissante, renvoie le son avec toute son intensité, et il n'éprouve de diminution que celle produite par la distance. Une surface convexe réfléchit le son avec moins d'intensité et de vitesse qu'une surface plane, tandis qu'une surface concave renvoie un son plus fort que le son primitif. Il en est à peu près du son comme de la lumière : les miroirs plans rendent l'objet tel qu'il est, les convexes le diminuent, et les concaves le grossissent. Comme un son réfléchi peut se réfléchir de nouveau en rencontrant un second obstacle dans sa direction, il existe des échos doubles, triples, quadruples, etc. Ces échos, qu'on nomme en général échos multipliés, se produisent ordinairement dans les lieux où se trouvent des murs parallèles et éloignés. Il en existait jadis un célèbre, près de Verdun, qui répétait 12 à 13 fois le même mot; il était formé par deux tours éloignés l'une de l'autre de 50 mètres. — Dans la théorie des échos, on nomme centre phonique le point où le son est produit, et centre phonocamptique celui où il est réfléchi. Lorsque la réflexion du son se produit dans les directions différentes de celle de son incidence, il peut arriver que celui qui le produit n'ait pas la sensation de l'écho, tandis qu'un autre observateur entende l'écho sans avoir entendu l'écho primitif. Ce phénomène s'observe fréquemment sous les voûtes plus ou moins hautes, et il est une suite des propriétés de l'ellipse. En effet, si nous supposons que la section d'une voûte par un plan soit une ellipse, les sons qui partiront d'un des foyers pour frapper la courbe, iront tous se réfléchir à l'autre foyer; de sorte que deux personnes placées chacune à l'un des foyers, pourront s'entendre à la distance de 15 mètres, et même de 30, en parlant à voix basse, tandis que des spectateurs intermédiaires ne pourront saisir aucun mot. Les arches de plusieurs ponts présentent ce phénomène, qu'on peut observer dans une grande salle carrée du Conservatoire des arts et métiers. C'est d'après la propriété des surfaces réfléchissantes qu'on a construit le cornet acoustique, dont la destination est de renforcer le son. On donne à cet instrument une forme parabolique, parce que le son, en frappant sa paroi interne, est réfléchi de toutes parts en un seul point ou foyer situé à l'extrémité qu'on place dans l'oreille. Le porte-voix (*V.* ce mot), est construit d'après les mêmes propriétés.

ÉCHO, s. m., répétition du son lorsqu'il frappe contre un corps qui le renvoie plus ou moins distinctement, ou ce qui produit cette répétition, le lieu où elle se fait. Il se dit figurément d'une personne qui répète ce qu'une autre a dit. — **ECHO** se dit quelquefois par analogie, en termes de musique, de la répétition adoucie ou affaiblie d'une ou de plusieurs notes. Il y a dans l'orgue un jeu qu'on nomme le *jeu d'écho*. — **VERS**

en écho, sorte de vers dont la dernière syllabe, ou les deux ou trois dernières étant répétées, font un mot qui, ajouté aux paroles précédentes, en achève le sens ou leur sert de réponse; les exemples en sont fréquents dans les anciennes pastorales. En peinture, *échos de lumière*, *rappels de lumière à des plans différents*. — **Echo** se dit, dans la mythologie, d'une nymphe, fille de l'Air, qui, étant devenue éperdument amoureuse de Narcisse, dont elle ne put se faire aimer, fut métamorphosée en rocher et ne conserva que la voix. Dans ce sens il est féminin.

ÉCHO, fille de l'Air et de la Terre, faisait sa résidence sur les bords du Céphise. Elle était ordinairement à la suite de Junon, qu'elle amusait par des discours agréables, tandis que Jupiter courtisait les nymphes de la déesse. Junon s'en étant aperçu la punit en la privant de la parole, et la condamna à ne plus répéter que la dernière syllabe de ceux qui l'interrogeaient. Echo fut aimée du dieu Pan, mais elle refusa constamment de répondre à son amour. Eprise à son tour du beau Narcisse, elle n'en éprouva que des mépris. Alors elle se laissa consumer de douleur, et les dieux la changèrent en un rocher, auquel il ne resta plus que la voix. Métam., 2, v. 358.

ÉCHO, s m. (*peint.*). Echos de lumière, masses secondaires de lumière subordonnées à la lumière principale, et distribuée dans le tableau de manière à appeler successivement la vue, autant qu'il se peut dans un ordre conforme à l'importance des objets, sans disputer d'éclat et d'étendue à la lumière principale, ni rompre l'unité d'effet; ainsi appelés échos par similitude à la voix de l'écho, répétant, à divers intervalles, avec plus ou moins d'éclat et de précision, un son principal.

ÉCHO, prov. *Adore l'écho dans la tempête.* Prov. anc., Pendant les commotions politiques le sage doit vivre dans la retraite.

ÉCHOISELER. v. a. (*agricult.*), donner un labour aux vignes pendant l'hiver.

ÉCHOIQUE, adj. des 2 genres (*litt. anc.*). Il se dit des vers dont les deux dernières syllabes sont pareilles. Il se dit encore de deux vers dont le deuxième se termine par les mêmes mots qui commencent le premier.

ÉCHOIR, v. n. (au présent de l'indicatif, il n'est guère usité qu'à la troisième personne du singulier). Il se dlt ordinairement des choses qui sont dévolues pas le sort ou qui arrivent par cas fortuit. En termes de pratique, *si le cas g échoit*, *y échet*, *le cas échéant*, ou simplement, *s'il y échet*, si l'occasion arrive, si l'occasion s'en présente, s'il y a lieu. Ces locutions s'emploient également dans le langage familier. — **Echoir**, se dit aussi du temps préfix auquel on doit faire certaines choses, et des choses mêmes qui doivent se faire à des temps préfix. Il s'est dit autrefois, en termes de palais, des peines imposées à ceux qui contrevenaient aux lois, et alors il ne s'employait guère qu'impersonnellement. Il se construit quelquefois avec les adverbes *bien* ou *mal*, alors il se dit particulièrement des personnes, et signifie, rencontrer fortuitement. Ce sens est familier et il a vieilli.

ÉCHOITE, s. f. (*dr. cout.*), succession collatérale.

ÉCHOME, s. m. (*anc. t. de mar.*). Il se disait autrefois pour tolet. On écrivait aussi *écheome*.

ÉCHOMÈTRE, s. m. (*phys.*). Règle contenant des divisions qui servent à mesurer la durée, les intervalles et les rapports des sons. L'*échomètre*, dont M. Sauveur a parlé dans ses principes d'acoustiques n'est plus en usage aujourd'hui.

ÉCHOMÉTRIE, s. f. (*didact.*). Il s'est dit, selon plusieurs dictionnaires, de l'art de construire des bâtiments et surtout des voûtes qui produisent des échos. Art de se servir de l'échomètre.

ÉCHONELER, v. a. (*agricult.*), ramasser l'avoine avec des rateaux, après qu'elle a été coupée.

ÉCHOPPAGE, s. m. (*technol.*), action d'échopper.

ÉCHOPPE, s. f., petite boutique ordinairement en appentis et adossée contre une muraille.

ÉCHOPPE, s. f., pointe dont se servent plusieurs artistes et ouvriers.

ÉCHOPPER, v. a., travailler avec l'échoppe.

ÉCHOUAGE, s. m. (*t. de mar.*), situation d'un bâtiment qui, n'ayant pas assez d'eau pour flotter, porte sur le fond. *Lieu d'échouage*, celui où un bâtiment peut être échoué sans danger, tel qu'une plage unie, un fond de sable.

ÉCHOUEMENT, s. m., action d'échouer un bâtiment. On l'emploie surtout en termes de jurisprudence commerciale.

ÉCHOUER, v. n., être porté, poussé dans un endroit de la mer où il n'y a pas assez d'eau pour flotter; donner sur le sable, sur un écueil, etc; il se dit proprement des vaisseaux, des navires, etc. Il se dit aussi des baleines. Il est quelquefois actif; on l'emploie même avec le pronom personnel. **Echouer**, signifie figurément ne pas réussir dans ce qu'on entreprend. Il se dit également des affaires, des entreprises, des tentatives qui ne réussissent point.

ÉCHREF ou **ACHAF**, ville de Perse (Mazendran), bâtie au pied de montagnes boisées et verdoyantes. Jadis elle était très considérable, mais aujourd'hui elle a perdu son antique splendeur, néanmoins elle renferme encore de 12 à 15,000 habitants, à 1 quart de lieue de la mer Caspienne et 49 lieues de Téhéran, lat. nord, 36, 50; long. E., 50, 15.

ECHRÉFITE, s. m. (*hist. ott.*), membre d'un ordre monastique turc.

ECHTRUS (*bot.*), genre que Loureiro a établi pour une plante de la Cochinchine, qui paraît très voisine de l'*argemone americana*. Il est vrai que Loureiro dit qu'il n'y a pas de calice, mais on sait qu'il est très caduc dans l'*argemone*, et comme tous les autres caractères de l'*échtrus* sont exactement les mêmes que ceux des argemones, on peut soupçonner que le calice aura échappé à Loureiro.

ÉCHUTE MAINMORTABLE. On appelait ainsi un droit en vertu duquel tous les biens du sujet mainmortable, décédé sans communier, retournaient au seigneur, qui n'était pas même tenu de payer les dettes de celui dont il héritait ainsi. Les héritages mainmortables de l'homme franc décédé sans laisser de descendants ou d'autres parents en communion avec lui étaient soumis au même droit. L'art. 6 de l'édit du mois d'août 1779 abolit ce reste odieux de la servitude personnelle.

ECISA (l'ancienne *Astingis ou Colonia augusta*), ancienne ville murée d'Espagne (Séville), sur le Xénil. On y trouve de beaux vestiges de l'antiquité qui proclament sa splendeur passée; il y fait tellement chaud en été qu'on l'appelle le poêle de l'Espagne. On y entretient beaucoup de bétail; son territoire est très fertile en chanvre et en coton, elle a 34,730 habitants, à 10 lieues S.-O. de Cordoue par 37°, 31 de latitude Nord et 7°, 24 de longitude Ouest, 28,000 habitants.

ÉCIMABLE, adj. des 2 g. (*agricult.*). Il se dit d'un arbre que l'on peut écimer ou étêter.

ÉCIMAGE, s. m. (*agricult.*), sorte de labour qui consiste à laisser intacte une largeur de terrain égale à celle qu'on retourne, et à rejeter sur la première la terre tirée du sillon voisin. — **Ecimage**, action d'écimer ou d'étêter les arbres.

ÉCIMAGE, v. a. (*agricult.*), pratiquer l'écimage, espèce de labour.

ÉCIMÉ, ÉE (*participe*), *chevron écimé* (*blason*), se dit d'un chevron dont la pointe est emportée.

ÉCIMER, v. a. (*t. d'agricult.*), couper la cime des arbres. On dit aussi et plus communément *étêter*.

ECKARD, premier abbé du monastère d'Urangen, dans le diocèse de Dirtzbourg en Franconie, vivait vers l'an 1130. Il a laissé une chronique, des épîtres, des sermons, et un traité intitulé: Le Flambeau, ou la Lanterne des Moines. Ces ouvrages se trouvent dans les bibliothèques des Pères, excepté le dernier qui est perdu.

ECKARD, OU AICARD, ou **PAICARD**, dominicain saxon, florissait dans le quatorzième siècle. Tristhême, Possevin et Altamura lui attribuent un commentaire sur les quatre livres des sentences, des commentaires sur la Genèse, sur l'Exode, sur le Cantique des Cantiques, sur la Sagesse, sur l'Evangile de saint Jean, sur l'Oraison dominicale; un discours tenu dans le chapitre des Frères-Prêcheurs, des thèses et des sermons. Il est encore aueeur de quelques ouvrages ascétiques qui sont parmi ceux de Thaulère. Eckard, quoique habile théologien, avança vingt-huit propositions qui furent condamnées par le pape Jean XXII, l'an 1329.

ECKARD (TOBIE), auteur allemand, a donné un livre intitulé: *Non christianorum de Christo testimonia, ex antiquis monumentis proposita et dejudicata*, 1936, in-4°, à Quedlinbourg, nouvelle édition corrigée et augmentée. Cet ouvrage est divisé en six chapitres, dans le premier desquels l'auteur recherche l'origine et la raison du nom de *chrétien*; dans le second, il parle du témoignage des sibylles et des auteurs qui ont parlé de Jésus-Christ avant sa naissance. Il discute dans le troisième ce qu'on doit entendre par le juste dont Platon fait le portrait dans le livre second de sa république. Il rapporte dans le quatrième les témoignages des païens dont il est fait mention dans le Nouveau-

Testament. Dans le cinquième, il examine le fameux passage de Joseph concernant Jésus-Christ, et il expose dans le sixième chapitre tout ce qu'ont dit de Jésus-Christ tous les païens, les empereurs et autres, depuis l'établissement du christianisme.

ECKOARD (LE FIDÈLE). A ce nom se rattachent, en Allemagne, diverses légendes qui nous parlent d'un vieillard restant en sentinelle, à la même place, jusqu'au jour du dernier jugement, pour avertir les passants d'un danger qui les menace, danger au sujet duquel ces mêmes traditions varient. Dans le *Heldenbuch*, poème héroïque du moyen âge, Eckhard de Brisach, de la race des Harlingen, fait, avec Théodoric de Bern (Vérone), la guerre à l'empereur Ermrich, qui avait osé faire pendre les deux derniers rejetons de cette même race, et finit par le tuer. Le fidèle Eckhard a été confondu avec le premier des deux margraves de Misnie qui ont porté le même nom ; mais la légende relative au bon vieillard est plus ancienne que le règne d'Eckhard Ier, qui fut investi, en 985, par Othon III, dont il était le favori, du margraviat de Misnie, et qui ensuite fut élu duc de Thuringe.

ECKHARD (JEAN-FRÉDÉRIC), savant philologue saxon, né en 1723 à Quedlinbourg, mort en 1794, devint recteur du collége de Frankehausen en 1748, puis bibliothécaire de celui d'Eisenach (1758-1793). Sa vie tout entière fut consacrée à l'étude et à l'enseignement. Le *Dictionnaire de Mensel* cite de cet auteur 92 ouvrages ou programmes académiques et dissertations philologiques et littéraires ; ils sont tous écrits en latin et en allemand. Eckhard a fourni des articles à quelques journaux littéraires de l'Allemagne.

ECKARTSHAUSEN (CHARLES D'), né au château de Haimbhausen, en Bavière, le 28 juin 1752, dut le jour à la passion désordonnée du comte Charles de Haimbhausen pour Marie-Anne Eckart, fille de l'intendant de son père. Rien ne fut négligé pour son éducation. Elevé d'abord à Munich, il suivit plus tard à Ingolstadt un cours de philosophie et de droit, et devint par l'appui de son père conseiller aulique. En 1780, il obtint la place de censeur de la librairie, qui lui valut beaucoup d'ennemis ; mais la protection de l'électeur Charles-Théodore le soutint contre toutes les cabales, et lui valut la place de conservateur des archives de la maison électorale en 1784. Il a publié près de 80 ouvrages qui roulent sur toutes sortes de matières : Sciences, beaux-arts, histoire, jurisprudence, religion, politique, etc. Le seul titre véritable d'Eckartshausen à une réputation durable est un admirable petit volume intitulé : *Dieu est l'amour le plus pur*, traduit dans presque toutes les langues connues. Après une vie passée tout entière dans la pratique des vertus, il mourut à Munich en 1803.

ECKEBERT ou **ECQEBERT**, (*ekbertus scaunogiensis*), chanoine de Bonn, diocèse de Cologne, devint abbé de Saint-Florin de Schonau, au diocèse de Trèves. Il était frère de sainte Elisabeth, abbesse d'un monastère du même nom, à quelque distance de celui des hommes. Il mourut en 1145, la même année que sa sœur, nommée dans le martyrologe romain au 18 juin. On a d'Eckebert : 1° *De laude crucis* ; 2° *Soliloquium sive meditationes et stimulus amoris*, dans le tome VII de la bibliothèque ascétique de Molk ; 3° *Sermones XIII adversus errores catharorum, hæresim manichæorum renovantes* ; 4° trois livres des *Révélations de sa sœur*, et un *Recueil de lettres de la même sainte*.

ECKER (JEAN-ALEXANDRE), médecin, né à Trinitzen Bohême, en 1766, fut d'abord chirurgien dans les armées autrichiennes, et devint ensuite professeur à l'université de Fribourg en Brisgau. Il mourut en 1829. On a de lui, 1° *Mémoire sur les causes qui peuvent rendre dangereuses ou mortelles des plaies légères faites par des instruments tranchants ou contondants*, Leipsig, 1794, in-4° ; 2° *Description et usage d'une nouvelle carte du monde en deux émisphères*, Vienne, 1794, in-8°. Il a traduit en allemand avec des notes, la *Nosographie*, du professeur Pinel.

ECKOEL (JOSEPH-HILAIRE), célèbre numismate, né le 15 janvier 1737 à Enzesfeld, dans l'Autriche supérieure. Il entra chez les jésuites, enseigna le latin à Vienne dans le collége Thérésien, la rhétorique à Steyer, et fut ensuite nommé professeur d'éloquence à l'université de Vienne. Cédant à son goût pour l'étude de l'antiquité, et particulièrement pour celle de la numismatique, il obtint, en 1772, de ses supérieurs la permission de faire le voyage d'Italie pour examiner les nombreux cabinets qui s'y trouvent épars. Le grand duc de Toscane le chargea de ranger le cabinet de Médicis. Pendant son absence, l'impératrice Marie-Thérèse l'avait nommé directeur du cabinet des médailles et professeur d'antiquités à Vienne (1778). La suppression de son ordre ayant eu lieu dans le même temps, il se livra entièrement à ses études favorites. Ses principaux ouvrages sont : 1° *Nummi veteres anecdoti*, Vienne, 1775, 2 part. in-4°, où il a fait connaître plus de 400 médailles inédites, la plupart autonomes ; elles sont rangées suivant une nouvelle méthode que sa simplicité et sa clarté ont fait adopter dans la suite ; 2° une nouvelle édition du catalogue du cabinet numismatique de Vienne, 1779, 2 vol. in-fol, en latin ; 3° *Choix des pierres gravées du cabinet impérial des antiques* à Vienne, 1788, petit in-fol. ; 4° *De doctrinâ nummorum*, ou *De la science des médailles*, Vienne, 1792-1798, 8 vol. in-4°. Ce bel ouvrage, qui embrasse la numismatique tout entière, est remarquable par la précision des idées, la clarté du style et l'éloignement de tout esprit de système, et surtout par une étude approfondie de la science ; elle lui assigne dans ce genre le même rang qu'à Linné en botanique. Cet ouvrage mit le comble à sa gloire ; mais il n'eut pas le temps d'en jouir : il mourut peu de jours après la publication du dernier volume, le 16 mai 1798.

ECKIGTE NATTER (*erpétol.*). Merrem a donné ce nom à la couleuvre anguleuse, *coluber angulatus*, Linné. (*V.* COULEUVRE.)

ECKIUS (JEAN), professeur en théologie et prédicateur à Ingolstad, l'un des plus grands adversaires de Luther et des autres novateurs, vint au monde en Souabe l'an 1483, ou, selon d'autres, en 1486. Il se trouva, l'an 1538, à la diète d'Augsbourg, et l'an 1541 à la conférence de Ratisbonne, où il ne fut pas de l'avis de Pffug et Gropper ses collègues, touchant les articles proposés par l'empereur pour parvenir à l'union. Il mourut à Ingolstad en 1543. Eckius fut le principal acteur dans toutes les disputes publiques des catholiques avec les hérétiques de son temps, et composa un grand nombre d'ouvrages de controverses : 1° le *Manuel des controverses*, imprimé pour la septième fois à Ingolstad en 1535, dans lequel il traite de la plupart des questions controversées de son temps, telles que le sacrifice de la messe, la présence réelle, la transubstantiation, etc. ; 2° un traité intitulé : *Chrysophrase*, ou *Six centuries sur la prédestination*, imprimé à Augsbourg en 1514 ; 3° un *Commentaire sur Aggée* imprimé à Cologne en 1538 ; 4° des *Postilles* ou des *Homélies* sur les évangiles du temps et des saints, imprimées à Ingolstad en 3 tomes, en 1531, et en latin avec des discours sur les sept sacrements en 1566 et 1580 ; 5° une *Apologie contre Bacon*, imprimée à Paris en 1543, dans laquelle il réfute les articles présentés à la diète de Ratisbonne, et défend la conduite des princes de l'empire et du légat qui ne voulurent point les recevoir ; 6° deux *Traités du sacrifice de la messe*, l'un adressé à Sigismond, roi de Pologne, divisé en deux livres, imprimé en 1626, et l'autre, plus ample, en trois livres, imprimé depuis à Cologne ; 7° un *Traité sur la pénitence* imprimé à Venise en 1535 ; 8° une *Lettre à Mélancthon* sur la dispute de Leipzig, sur les jurements, sur la célébration de la Pâque, sur la primauté de saint Pierre et du pape, et une autre lettre écrite en allemand aux cantons suisses, contre l'hérésie de Luther et de Zwingle ; 9° une *Lettre touchant les études*, à Ingoltad, en 1543. D. Calmet assure qu'il avait entre les mains une lettre d'Eckius, écrite en très mauvais français au duc Antoine, en 1530, après sa victoire remportée sur les luthériens, en Alsace, en 1525. Eckius avait beaucoup de lecture, de savoir, de zèle et de pénétration.

ECKLESTON ou **ECLESON**, religieux anglais de l'ordre de Saint-François, dans le XIVe siècle, en 1340, écrivit l'histoire de son ordre.

ECKMUL, petite ville de Bavière (Regen), célèbre par la bataille qui eut lieu sous ses murs et que Napoléon gagna sur les Autrichiens, le 28 août 1809.

ECKSTEIN (FRANÇOIS D'), médecin hongrois, né vers 1769, fut professeur de chirurgie et d'accouchements à Pesth, premier chirurgien des hôpitaux de l'insurrection hongroise noble, en 1809 et 1810, puis, en 1825, professeur titulaire et directeur de l'Institut pratique de chirurgie, il mourut en 1834. On a de lui, 1° *Casus chirurgici tres in publicum artis suæ specimen descripti*, Pesth, 1803 ; 2° *Relatio officiosa generalis de nou comiis pro nobili insurgente militiâ Hungariæ anno* 1809 *erectis et administratis*, Bade, 1810 ; *Akologie*, 16 tableaux en allemand, Bade 1822, et Leipzig 1823, sous le titre : *Exposition descriptive des instruments, ligatures et machines qui ont été ou sont le plus fréquemment en usage dans la chirurgie tant ancienne que moderne.*

ÉCLABOUSSEMENT, s. m., action d'éclabousser.

ÉCLABOUSSER, v. a., faire rejaillir de la boue sur quelqu'un ou sur quelque chose.

ÉCLABOUSSURE, s. f., boue qui a rejailli sur quelqu'un ou sur quelque chose.

ÉCLACTISME, s. m. (*ant. gr.*), tour de force des sauteurs, qui consistait à lever une des deux jambes en arrière, assez haut pour qu'on la vît par-dessus l'épaule du danseur. C'est à tort que plusieurs dictionnaires ont écrit *Ecclatisme*, et qu'ils en ont fait un terme de médecine.

ÉCLADOUÈRE, s. f. (*chasse*), sorte de filet à prendre les oiseaux.

ÉCLADOUÈRE (*aviceptol.*). On donnait ce nom et celui de *carrelet* à une sorte de filet dont on se servait pour prendre les oiseaux, mais dont l'usage a été reconnu bien moins avantageux que celui du *rafle*. (*V.* ce mot.)

ÉCLAFFER, v. n., vieux mot encore en usage dans quelques provinces, il signifie éclater. On le trouve plusieurs fois dans Rabelais avec le pronom personnel.

ÉCLAIR (*phys.*). L'éclair est l'étincelle vive et subite qui sillonne les nuages pendant les temps d'orage; qui précède toujours le bruit du tonnerre, et qui n'est, selon les uns, qu'une modification de l'électricité, selon les autres, un effet de la forte compression de l'air par l'explosion électrique, ou bien encore le résultat de deux électricités opposées. — Le feu électrique ressemble tout à fait à celui qui se dégage pendant les combinaisons chimiques, et il jouit ainsi que ce dernier de la propriété d'enflammer l'hydrogène, l'éther et tous les corps combustibles. Sa force et son état sont en raison directe de la quantité d'électricité produite et de la sécheresse de l'air atmosphérique; sa couleur, qui varie beaucoup, est ordinairement violâtre; son odeur, celle de l'ail ou du phosphore, et la sensation qu'on en éprouve sur la peau a été comparée à celle que causerait le contact d'une toile d'araignée.

ÉCLAIR, s. m., lumière vive et soudaine, qui brille entre les nuages au moment de l'explosion électrique, et qui précède le bruit du tonnerre. Il se dit, dans un sens plus général, de toute apparition de lumière qui ne dure presque qu'un instant. *Prompt, rapide comme un éclair, comme l'éclair*, très prompt, très rapide. *Passer comme un éclair*, passer vite, ne durer guère. On dit figurément, dans le même sens, *c'est un éclair, ce n'est qu'un éclair*, mais seulement en parlant des choses. Fig. et poétiq., *Les éclairs de ses yeux*, l'éclat de ses yeux, la vivacité de ses regards. — ÉCLAIR se dit en chimie d'une lumière étincelante et mobile qui paraît à la surface du bouton d'or ou d'argent qui reste sur la coupelle.

ÉCLAIR, s. m., fig. et poétiq. Il se dit des éclats de lumière qui jaillissent des armes blanches, agitées et frappées d'une lumière quelconque. — ÉCLAIR (*pêche*), se dit d'un éclat de lumière qui est pareil à celui des éclairs de l'orage, et que l'on voit sur la mer lorsque les harengs passent en troupe.

ÉCLAIRAGE. Dans tous les temps l'homme a senti le besoin de suppléer par une lumière artificielle à celle que lui refusait, pendant une partie de la révolution journalière, l'astre destiné à l'éclairer de ses rayons. L'obscurité attristait ses yeux et abrégeait son existence en la condamnant à de longues heures d'inertie. Les moyens qu'il employa d'abord pour échapper à ces inconvénients furent aussi grossiers que l'était son intelligence. De simples éclats de bois, des débris de plantes sèches, des rameaux détachés de quelques arbres, composèrent seuls, sans doute, ses premiers flambeaux. L'expérience vint à son secours: bientôt les corps onctueux et inflammables, les résines, les huiles, furent soumises à d'heureux essais, et l'homme connut une des jouissances les plus nécessaires à son bien-être. Tout le monde sait qu'en Egypte, en Judée et en Grèce, l'usage des lampes remontait à la plus haute antiquité, et l'histoire nous apprend que les habitants de l'Inde et de la Haute-Asie possédèrent, de temps immémorial, le secret de transformer la cire en substance combustible. Alfred-le-Grand inventa, dit-on, vers la fin du IXe siècle, les lanternes de corne. Plus tard, vers 1280, commença, en Angleterre, l'usage des chandelles, qui ne s'introduisit en France que peu d'années avant le règne de Charles V. Ces nouvelles acquisitions de l'industrie suffisaient aux besoins des particuliers, mais elles n'offraient que de faibles ressources comme moyens d'utilité publique. Aussi l'éclairage de nos villes demeura-t-il longtemps imparfait. Ce fut seulement en 1669, lors de la création d'un lieutenant-général de police, dit M. Lebrun, que l'administration conçut le projet d'éclairer Paris avec quelque régularité. Jusque-là, on s'était contenté de prescrire à chaque propriétaire de maison, de placer, après neuf heures du soir, sur la fenêtre du premier étage, une lanterne garnie d'une chandelle allumée; de plus, tous les individus qui, pendant la nuit, parcouraient les rues de la ville, portaient habituellement des lanternes. On suspendit d'abord un de ces fanaux à chaque extrémité de la rue et un autre au milieu. Cet éclairage n'eut lieu que pendant neuf mois de l'année, encore les huit jours de lune en furent-il exceptés. En 1729, grâce à La Reynie et à d'Argenson, lieutenants de police, Paris compta 5,772 de ces lanternes. Le lieutenant Lenoir proposa, en 1780, une récompense à celui qui trouverait le meilleur mode d'éclairage pour la capitale. Alors les lanternes à réverbère, inventées par un nommé Bailly, subirent d'importantes améliorations. En 1769, Bourgeois de Château-Blanc, qui avait perfectionné l'invention de Bailly, fut chargé pour 20 ans de l'éclairage des rues de Paris. Le nombre des réverbères augmenta successivement. En 1769 on comptait 7,000 becs, en 1809, 11,050, en 1821, 12,672. A cette époque la dépense de l'éclairage montait à 646,023 fr. 83 c. Deux ans plus tard, M. Bordier-Marcet exposa sur la place du Carrousel six appareils, qui, par la grâce de leurs formes et l'intensité de leur rayonnement, effacèrent tout ce qu'on avait vu jusqu'alors. Deux de ces appareils suffisaient pour éclairer une longueur de 180 toises au moins, tandis que la puissance des réverbères ne s'étend guère au-delà de 25 à 30 toises. Ce fut le dernier pas que l'ancien système fit vers la perfection. Toutefois le mode proposé par M. Bordier ne donna lieu qu'à des applications assez restreintes. De l'éclat et de la disposition des surfaces réfléchissantes ainsi que du choix des huiles dépend la force de l'éclairage ordinaire. Mais quelques améliorations que l'ancien système eût subies sous ce rapport, il devait bientôt s'éclipser à l'apparition d'un procédé tout différent. En 1812, Lebon, ingénieur français, sentit qu'il était possible d'obtenir une clarté plus pure et plus brillante que la lumière développée par la combustion immédiate des huiles. Il parvint à réaliser cette heureuse idée par l'emploi du gaz hydrogène carboné, qu'il fabriquait en distillant le bois au moyen du *thermolampe*, invention assez grossière que fit bientôt oublier l'ingénieux appareil de M. Poncelet de Liége. La découverte de Lebon avait fixé l'attention des Anglais: les premiers, ils en avaient fait d'importantes applications, et déjà en 1816, MM. Winsor et Preuss étaient parvenus à modifier les nouveaux procédés avec le plus rare bonheur. Frappé du développement que prenait en Angleterre cette branche d'industrie, M. Chabrol de Volvic, alors préfet de la Seine, fit construire à Paris des appareils destinés à l'éclairage de plusieurs hôpitaux; le succès dépassa son attente; nos artistes se piquèrent d'émulation et de nombreuses usines s'élevèrent quelque temps après sur le plan des travaux exécutés par l'administration municipale. Le gaz hydrogène carboné, dont l'emploie constitue le nouveau mode d'éclairage, peut s'obtenir par la distillation d'une foule de substances; cependant la houille, les résines, les huiles et quelques autres matières grasses sont les seules bases usitées aujourd'hui dans cette fabrication. Le produit qu'on en retire, dégagé des éléments hétérogènes qu'il contient à l'état naturel, porte en Angleterre le nom de *gaz light*. Son éclat et sa densité sont toujours proportionnels à la quantité de carbone qu'il renferme; mais ils dépendent aussi de la perfection des appareils qui servent à produire le gaz, appareils dont la structure est assez intéressante pour qu'il nous soit permis d'en présenter une courte description.

Sur des fourneaux construits en briques et fortement chauffés, se trouvent placées de distance en distance plusieurs cornues ou cylindres elliptiques en fonte, où s'opère la distillation des substances qu'on se propose de vaporiser. Aussitôt que la température est élevée jusqu'au rouge-cerise, degré le plus favorable à la confection du gaz, la houille renfermée dans les cornues se décompose, les produits se dégagent, traversent plusieurs tuyaux de fonte et vont subir une condensation partielle dans le *barillet*, réservoir rempli d'eau et munie à sa partie inférieure d'un tube qui fait écouler l'excédant des produits liquéfiés. Un autre tube adapté au barillet porte le gaz au premier épurateur, espèce de récipient en fonte, rempli aux deux tiers d'un lait de chaux tenu en suspension par un agitateur à moulinet ou de chaux hydratée mêlée de foin humide. La chaux mise ainsi en contact avec le gaz s'empare de l'azote, du sulfure de fer, de l'acide hydrosulfurique qu'il contient, et le gaz, délivré de cet alliage impur, se rend par un tuyau dans la partie supérieure du *gazomètre*, sorte de couvercle suspendu à la charpente de l'usine par une forte chaîne et formé de plaques en tôle et recouvertes de goudron. Ce récipient plonge dans une large cuve dont l'eau occupe toute la capacité. La pression que le gaz y détermine le lève par degrés, et le fluide finit par le remplir entièrement. Alors on ferme le robinet qui communique avec la source du gaz et l'on ouvre une autre issue qui le laisse passer dans les tuyaux de conduite et delà dans ceux de distribution dont les embranchements souterrains le conduisent aux but d'éclairage. Nous avons dit que la houille n'était pas la seule substance qui se prêtât avantageusement à la confection du gaz hydrogène carboné. L'expérience prouve en effet que plusieurs matières grasses peuvent fournir un produit beaucoup plus riche en carbone, et dont le pouvoir éclairant, est trois fois plus considérable. Cette vérité n'avait pas échappé à M. Taylor, de Londres, qui le premier essaya ce mode de préparation simple par lui-même, et surtout fort économique, puisqu'il n'exige que l'emploi des substances les moins coûteuses. Indépendamment des corps gras, on a proposé l'emploi de la résine ordinaire et de la thérébentine, matières dont l'usage serait d'autant plus convenable qu'elles joignent à la modicité du prix, l'avantage de contenir une très grande quantité de carbone. Les eaux de savon qui ont servi au dégraissage des laines en fournissent une grande quantité. Tels sont les procédés généralement suivis dans la fabrication du *gaz light*. Tant d'essais et de recherches pour obtenir ces résultats, prouvent combien l'industrie avait à cœur de populariser ce nouveau mode d'éclairage; mais un obstacle assez grave en retardait la propagation. Les propriétaires des établissements éclairés par les nouvelles usines, étaient tenus de solder le prix intégral de leur abonnement, lors même qu'ils ne consommaient qu'une partie du gaz fourni par les tuyaux de conduite. Cet abus était trop marqué pour subsister longtemps. Il disparut enfin, grâce aux *compteurs* ou *gazomètres*, appareils hydro-pneumatiques, dont l'inventeur, M. Sauvage, parvint à concilier les intérêts des fabricants et des consommateurs, en fournissant un moyen aussi simple qu'ingénieux, de mesurer avec précision la quantité de gaz utilisée. Malgré ce perfectionnement, le vœu public appelait encore une nouvelle modification. Quelques manufacturiers, jaloux de satisfaire cette exigeance, ont conçu l'idée de réduire le *gaz light* à un petit volume, afin d'en concentrer une quantité suffisante dans des lampes portatives, ou même dans des réservoirs plus considérables, mais susceptibles d'être voiturés sur les points les plus éloignés des lieux de distribution, pour y fournir aux besoins de l'éclairage pendant un espace de temps déterminé. Le gaz condensé s'extrait des substances grasses et résineuses. Les récipients destinés à le contenir, sont munis de compteurs et de soupapes de sûreté, dont l'ingénieur-mécanicien tend à prévenir les accidents que pourrait causer la force expansive du gaz soumis à la pression de plusieurs atmosphères. Grâce à ces sages dispositions, le nouveau procédé offre maintenant toutes les garanties désirables; et quelques chimistes pensent qu'on pourrait en faire l'application la plus heureuse à l'éclairage des rues de nos villes. La moindre attention suffit pour se convaincre que le gaz light donne une lumière beaucoup plus vive que celle que produit l'éclairage ordinaire; le calcul vient encore à l'appui de cette observation. En effet, d'après M. Bérard, la lumière d'un bec de gaz est à celle d'un quinquet, comme 1, 68 est à 1; mais elle est aussi beaucoup plus économique. L'éclairage de l'hôpital Saint-Louis en offrait une preuve irrécusable. En 1821 il coûtait 8,000 fr.; et depuis que ce vaste établissement a adopté l'usage du gaz, les frais ne montent plus qu'à 3,084 fr. A Paris, le prix du gaz fourni pour un seul bec, est de 6 cent. par heure : c'est beaucoup peut-être, dit M. Payen. Les consommateurs obtiennent pour ce prix une quantité de lumière égale à celle qu'ils paieraient 10 cent. en s'éclairant avec de l'huile. Cette supériorité du gaz est bien plus sensible encore à l'égard des chandelles. On prouve, en effet, que pour 30 c. un seul bec donne autant de lumière que 20 chandelles, dont le prix est de 1 fr. 70 cent. Parmi les établissements consacrés à l'exploitation du nouveau système d'éclairage, il nous suffira de citer l'usine royale de Paris, située près de l'abattoir Montmartre; celles du jardin du Luxembourg, de la barrière de Courcelles, de la rue des Fossés-Montmartre, etc. Paris en possède déjà un assez grand nombre; déjà nos provinces commencent à suivre l'exemple de la capitale, et tout porte à croire que l'emploi du gaz, comme moyen d'éclairage, deviendra bientôt, sur les points les plus civilisés de la France, une source d'économie publique, et même un objet de première nécessité. *Voir Péclet, Traité de l'éclairage par le gaz.* 1 vol. in-8°, 1816.

ÉCLAIRAGE. Aux termes de l'article 471 du Coda pénal, §§ 3 et 4, « seront punis d'une amende de 1 fr. à 5 fr inclusivement.... les aubergistes et autres qui, obligés à l'éclairage, l'auront négligé;... tous ceux qui, en contravention aux lois et règlements auront négligé d'éclairer les matériaux par eux entreposés, ou les excavations par eux faites dans les rues et places. » — Et, suivant plusieurs arrêts de la Cour de cassation, le défaut d'éclairage des matériaux déposés sur la voie publique, ne peut être excusé sous aucun prétexte; il ne saurait l'être en conséquence, par le motif que le mauvais temps ou un charivari ont pu amener la suppression de la lumière.

ÉCLAIRCIE, s. f. (*t. de marine*), endroit clair qui paraît au ciel en temps de brume ou entre des nuages. — ÉCLAIRCIE, se dit aussi des espaces découverts dans un bois. En se sens, on dit plus ordinairement éclairière.

ÉCLAIRCIR, v. a. Il s'emploie familièrement en parlant de la diminution de la fortune d'un individu ou du nombre des membres d'une famille.

ÉCLAIRCIR (*horticult.*), arracher une partie de ce que l'on a semé ou planté.

ÉCLAIRCIR (*technol.*), polir les clous d'épingle en les remuant dans un sac avec du son. Repasser légèrement les bas au chardon; lustrer une peau du côté de la fleur avec le suc de l'épine-vinette.

ÉCLAIRCIR, v. a., rendre clair, rendre plus clair. *Eclaircir la voix*, la rendre plus nette, plus pure. *Eclaircir de la vaisselle, des armes*, etc., les rendre luisantes, plus brillantes. *Eclaircir le teint*, le rendre plus net et plus pur. — ÉCLAIRCIR, signifie aussi rendre moins épais, et se dit en parlant des choses liquides. Il signifie également, en termes de teinturier, rendre la couleur d'une étoffe moins foncée. Il signifie encore diminuer le nombre. — ÉCLAIRCIR, signifie aussi figurément rendre évident, intelligible, débrouiller. *Eclaircir un doute, une difficulté*, résoudre, un doute, mettre une difficulté dans tout son jour, ou quelquefois la faire disparaître. *Eclaircir quelqu'un de quelque chose*, l'instruire d'une vérité, d'une chose dont il doutait. — ÉCLAIRCIR s'emploie souvent avec le pronom personnel dans la plupart des sens indiqués. Fig., *L'horizon s'éclaircit, commence à s'éclaircir, semble s'éclaircir*, l'avenir ne semble plus aussi menaçant, aussi inquiétant. Cela se dit surtout en parlant des évènements politiques. — ÉCLAIRCI, IE (*participe*). *Il y eut un peu d'éclairci*, le ciel s'éclaircit pendant quelques moments.

ÉCLAIRCIR. Lorsqu'un semis est trop épais, les plants ont moins de substance alimentaire; ils se dérobent réciproquement les influences de l'air et de la lumière; ils s'étiolent, périssent pour la plupart, et le peu qui reste végète avec moins de vigueur. Le moyen de prévenir cet état de langueur est d'éclaircir le semis, c'est-à-dire d'arracher les pieds les plus maigres et ceux qui sont les plus près les uns des autres, afin de régulariser l'espace qu'ils doivent occuper, et de les empêcher de se nuire mutuellement. Il est toujours plus avantageux de semer clair, que d'être obligé d'éclaircir, et il vaut mieux éclaircir à différentes reprises, et à mesure du besoin, qu'en une seule fois. On éclaircit également les branches et les fruits d'un arbre qui en est trop chargé.

ÉCLAIRCISSEMENT, s. m., explication d'une chose obscure, mal connue. Il signifie aussi une explication que l'on demande à quelqu'un pour savoir s'il a dit ou fait telle chose, ou si en la disant, en la faisant, il a eu intention d'offenser.

ÉCLAIRCISSEUR, (*technol*), ouvrier qui décrasse et éclaircit le fil de laiton.

ÉCLAIRE (*bot.*), nom vulgaire de deux plantes de différents genres; l'une, grande, est la chélidoine ordinaire, *chelidonium majus*, de la famille des papavéracées; l'autre, petite, est la ficaire *ramusculus ficaria* de Linné; maintenant *ficaria*, genre distinct de la famille des renonculacées.

ÉCLAIRE, s. f. (*technol*), ouverture par laquelle le pêcheur de morue fait tomber le poisson dans la cale du vaisseau.

ÉCLAIRE (*entomol.*). Geoffroy a désigné sous le nom de Phalène de l'éclaire un insecte qui n'est pas un lépidoptère, mais un hémiptère de la famille des pucerons. On en a fait le genre aleyrodes.

ÉCLAIRER, v. a., illuminer, jeter, répandre de la clarté. On l'emploie souvent absolument. Il signifie aussi marcher, se tenir auprès de quelqu'un avec de la lumière, afin qu'il y voie clair. On l'emploie quelquefois absolument. On disait autrefois, dans le même sens, *éclairer à quelqu'un*. Il signifie encore, figurément, donner de l'intelligence, instruire, ou faire voir clair en quelque chose. On l'emploie souvent dans ce sens avec le pronom personnel. Il signifie, en outre, surveiller, épier, observer. En termes d'art militaire, *éclairer sa marche*, faire visiter et bien observer les endroits où l'on veut se porter. — ÉCLAIRER, en terme de peinture, signifie distribuer les lumières d'un tableau, y répandre des clairs avec intelligence. — ÉCLAIRER, est quelquefois neutre, et alors il signifie étinceler, jeter une lueur. Il s'emploie impersonnellement dans le sens de faire des éclairs.

ÉCLAIRÉ, ÉE, (*participe*), Cet appartement, cet escalier est bien éclairé, n'est pas suffisamment éclairé, est mal éclairé, le jour y pénètre bien, n'y pénètre pas assez, n'y entre pas dans la direction convenable. *Cette maison, ce jardin sont trop éclairés*, on y est exposé à la vue de trop de monde. *Etre logé, nourri, éclairé*, etc. Avoir le logement, la nourriture, la chandelle, etc. — ÉCLAIRÉ signifie particulièrement au figuré, qui a de grandes lumières, beaucoup de connaissances, beaucoup d'expérience.

ÉCLAIRER, v. a., *éclairer le tapis* (*jeux*), mettre devant soi la somme que l'on veut jouer.

ÉCLAIRETTE (*bot.*), nom vulgaire de la ficaire.

ÉCLAIREUR. s. m. (*t. de guerre*), celui qui va à la découverte. Il s'emploie ordinairement au pluriel, et se dit de petits détachements qu'on envoie pour visiter le pays dans lequel on veut s'avancer.

ÉCLAIREUR, s. m. (*marine*), bâtiment de guerre détaché d'une escadre pour reconnaître les dangers dont elle pourrait être menacée.

ÉCLAIREURS. On désigne par ce nom des troupes d'infanterie ou de cavalerie, spécialement chargées d'explorer le pays, afin de connaître la position de l'ennemi et d'éviter les embuscades. Jusqu'à la fin du XVIIe siècle, le service d'éclaireurs fut rempli par des compagnies spéciales, appelées, dans la cavalerie, *carabins*, et, dans l'infanterie, *enfants perdus*. Ces derniers ont pris plus tard le nom de *découvreurs*. Pendant la campagne d'Italie, le général Bonaparte avait créé un corps de guides destinés à marcher à la tête des colonnes, à suivre le général en chef dans les reconnaissances, et à lui tenir lieu de garde. De nos jours, les fonctions d'éclaireurs à pied sont remplies par les compagnies de *voltigeurs*. Les éclaireurs à cheval sont pris dans la cavalerie légère. Les dix bataillons de chasseurs d'Afrique, indépendamment des services qu'ils sont appelés à rendre contre les Arabes, seront pour l'armée une pépinière d'excellents éclaireurs. Leur armement, la variété de leurs manœuvres, la couleur même de leur costume, sont combinés pour ce genre de service. Quant à la cavalerie, une ordonnance du 8 septembre 1841 porte qu'en cas de guerre, il sera formé, pour le service des états-majors, deux régiments de *chasseurs à cheval guides*, de six escadrons chacun.

ÉCLAMÉ, ÉE (*oisellerie*). Il se dit d'un oiseau qui a la patte ou l'aile cassée.

ÉCLAMPSIE. L'éclampsie est une maladie convulsive exclusivement propre aux femmes enceintes. Elle a d'assez grandes ressemblances, par ses symptômes, avec l'épilepsie; elle s'en distingue toutefois en ce que son existence n'est que temporaire, et que sa durée ne dépasse pas le terme de la grossesse, pendant le cours de laquelle elle s'est déclarée. Elle se manifeste rarement avant le sixième mois, le plus souvent au huitième et au neuvième. Elle peut quelquefois aussi, mais exceptionnellement, ne se déclarer que quelques jours après l'accouchement; mais le plus souvent c'est pendant ou immédiatement avant le travail qu'on l'observe. — L'éclampsie consiste en des accès convulsifs, accompagnés de perte complète de connaissance et l'abolition momentanée des sens. Elle est annoncée quelquefois par des signes précurseurs, qui sont un état de malaise particulier, caractérisé par de la douleur de tête, de légers frissons, des vertiges, des éblouissements, des nausées suivies parfois de vomissements. Dans quelques cas, son invasion est subite; les contractions convulsives éclatent alors brusquement, et ne cessent que pour faire place à un abattement profond et à cet état de profonde somnolence que les pathologistes désignent sous le nom de *coma*. Pendant toute la durée de l'accès, la respiration est totalement suspendue. Ces accès durent depuis une jusqu'à cinq minutes. Ils se répètent quelquefois coup sur coup; d'autrefois ils ne se reproduisent qu'à de longs intervalles. Leur nombre varie indéfiniment, depuis un seul accès jusqu'à trente, quarante et même davantage. Lorsque la malade revient à elle, elle n'a ordinairement aucun souvenir de ce qui s'est passé pendant l'accès; si l'accouchement a eu lieu dans cette circonstance, ce qui arrive quelquefois, elle n'en a nullement la conscience. — L'éclampsie est une affection grave, heureusement très rare, qui n'atteint que des femmes dont la constitution pléthorique, jointe à une excessive sensibilité, les prédispose naturellement aux affections convulsives; encore faut-il pour que l'éclampsie se déclare, que ces causes prédisposantes soient mises en jeu par un travail pénible et très douloureux. On ne l'observe, en général, qu'à l'occasion d'un premier accouchement. Elle fait périr communément la moitié des femmes qui en sont atteintes. Son pronostic est d'autant plus grave qu'elle se manifeste à une époque plus éloignée du terme de la grossesse, car elle ne se termine ordinairement qu'avec et par l'accouchement. Elle est presque toujours mortelle pour l'enfant. La saignée et l'accouchement artificiel, lorsqu'il est possible, sont les seuls moyens efficaces de mettre un terme aux accès éclampsiques. — On donne aussi le nom d'éclampsie aux convulsions des enfants nouveaux-nés. Ces convulsions ne sont autre chose que les symptômes d'une affection de l'encéphale, d'une véritable apoplexie, à laquelle les nouveaux-nés sont quelquefois exposés. Lorsque cette apoplexie ne détermine pas immédiatement la mort des petits malades, les accès éclampsiques laissent souvent après eux une paralysie ordinairement incurable, ou dégénèrent en épilepsie. La présence des vers dans les organes digestifs, une dentition difficile et laborieuse donnent quelquefois lieu à des accès éclampsiques beaucoup moins graves que les précédents, et qui cessent avec la cause qui les a produits.

ÉCLANCHE, s. f. (*terme de boucherie et de cuisine*), épaule de mouton séparée du corps de l'animal.

ÉCLAT, s. m., partie d'un morceau de bois qui est brisé, rompu en long. Il se dit aussi en parlant des pierres, de la brique, des bombes, des grenades, etc. — ÉCLAT, se dit également d'un son, d'un bruit plus ou moins violent qui se fait entendre tout-à-coup. Il signifie aussi figurément, bruit, rumeur, scandale. *En venir à un éclat*, en venir à une mesure violente, à un parti extrême. — ÉCLAT, se dit en outre d'une lueur brillante, de l'effet d'une vive lumière, et en général de ce qui produit sur la vue, par une apparence brillante, un effet analogue à celui de la lumière. Il s'applique figurément, dans un sens analogue, au style, aux pensées. Il se dit encore figurément, de la gloire, de l'illustration, de la splendeur, de la magnificence.

ÉCLAT, s. m. (*peint.*), éclat, en parlant de l'effet des tableaux, s'applique particulièrement à ceux où la lumière répandue presque partout, brille néanmoins sans le secours du contraste de fortes ombres.

ÉCLAT, s. m. (*horticult.*), variété de pomme.

ÉCLATANT, ANTE, adj., qui a de l'éclat. Il signifie aussi, qui fait un bruit perçant. Il se dit figurément de certaines choses qui se font remarquer, entre toutes les autres choses semblables, par leur importance, leur grandeur, leur célébrité, leur publicité, etc. *Eclatant de gloire*, qui s'est acquis une grande gloire.

ÉCLATANT (*ornith.*). On a décrit sous cette dénomination employée substantivement plusieurs oiseaux distribués ensuite dans plusieurs genres, tels que le merle éclatant, *sturnus splendens*, Dand., et *turdus splendens*, Vieill. Le souïmanga éclatant, figuré pl. 2, de l'histoire des grimpereaux d'Audebert et de M. Vieillot.

ÉCLATANT, s. m. (*technol.*). Il se disait autrefois, chez les bijoutiers, d'une pierre de composition fort tendre, mais douée de beaucoup d'éclat.

ÉCLATANTE, s. f. (*technol.*), fusée qui donne un feu très brillant.

ÉCLATER, v. n., se rompre, se briser par éclats. Il s'emploie aussi avec le pronom personnel. Il signifie encore, faire entendre tout-à-coup un bruit violent ou perçant. Il se dit figurément de ce qui se manifeste tout-à-coup, après avoir été quelque temps caché. Il se dit figurément des personnes, et signifie, montrer son ressentiment à découvert et avec force, après s'être contenu quelque temps. *Eclater en injures, en invectives, en reproches*, s'emporter jusqu'à des injures, des invectives, des reproches. *Eclater contre une injustice*, la blâmer avec force. — ÉCLATER, signifie aussi avoir de l'éclat, briller, frapper les yeux. Il se dit figurément dans ce sens, en parlant de l'esprit, de la gloire, etc.

ÉCLATER, v. a. (*technol.*), en termes d'orfèvre, enlever l'émail de la surface d'une pièce d'or qui en était ornée.

ÉCLATÉ, ÉE, partic. et adj. (*blason*). Il se dit de l'écu dont les divisions ne sont pas tracées en ligne droite, mais en zigzags, comme s'il avait été rompu violemment. Il se dit aussi des lances et des chevrons qui sont rompus.

ÉCLÈCHE, s. m. (*féod.*), démembrement d'un fief.

ÉCLECTIQUE, adj. des deux genres. Il se dit de la doctrine des philosophes qui, sans adopter de système particulier, choisissent dans les divers systèmes, les opinions qui leur paraissont les plus vraisemblables. Il se dit également de ceux qui professent cette doctrine. On dit aussi substantivement, *Un éclectique, les éclectiques.*

ÉCLECTIQUEMENT, adv. (*néol.*), d'une manière éclectique; comme les éclectiques.

ÉCLECTISME, s. m. (*phil.*). Il se dit particulièrement, dans l'histoire de la philosophie, du système éclectique des néoplatoniciens d'Alexandrie, dont le principal objet fut de fondre l'aristotélisme et quelques doctrines orientales dans le platonisme. On attribue la fondation de l'*éclectisme* d'Alexandrie à Potamos, qui vivait dans le IIIe siècle avant J.-C. Dans la philosophie moderne, *éclectisme* se dit du mélange que plusieurs écrivains ont fait des doctrines de l'école écossaise, avec quelques idées de Platon et de Kant. On a aussi présenté l'*éclectisme* comme une tentative de conciliation entre le *sensualisme* et *l'idéalisme; mais il* est bien loin jusqu'ici, d'avoir atteint ce but. (*V.* PHILOSOPHIE) (*histoire de la*).

ÉCLECTISME (*phil. méd.*). L'éclectisme en médecine joue, par rapport aux systèmes physiologiques à l'aide desquels on cherche à se rendre compte de la vie, de la santé et de la maladie, le même rôle que l'éclectisme philosophique par rapport aux divers systèmes psychologiques. L'éclectisme médical toutefois a cet avantage sur l'éclectisme philosophique, qu'il ne s'exerce pas seulement sur des faits abstraits, mais sur des objets perceptibles aux sens, sur des faits d'observation et des résultats de l'expérience, et qu'entre les théories diverses au moyen desquelles on cherche à expliquer ces faits, et en l'absence d'une doctrine absolue qui les embrasse tous, il y a réellement lieu de *choisir*. Pour comprendre le rôle et l'influence de l'éclectisme en médecine, il est nécessaire de l'apprécier en lui-même et par rapport aux divers systèmes qui se disputent la prééminence. Cette appréciation ne serait elle-même qu'incomplètement comprise si nous n'établissions préalablement le véritable caractère de la médecine comme art et comme science. La médecine repose sur l'observation, sur l'expérience et le raisonnement. Les faits en forment la base principale; l'expérience a consacré la plupart des pratiques de l'art. Cependant la médecine, comme science, est loin d'avoir acquis le degré de certitude auquel sont parvenues plusieurs branches des sciences physiques; comme art, ses procédés n'ont ni la précision, ni la rigueur, ni la fécondité dont quelques arts mécaniques s'enorgueillissent avec raison. Cette incertitude dans les principes, cette absence de précision dans les applications tiennent essentiellement à la nature même des faits sur lesquels porte l'observation des médecins et des physiologistes. Un acte de l'économie, quelque simple qu'il soit, implique presque toujours une série de phénomènes multiples dont les uns sont sous la dépendance des lois vitales, les autres semblent appartenir plus particulièrement à l'ordre des lois physiques, d'autres enfin se font avec la participation de l'âme. L'analyse ne parvient souvent qu'avec peine à discerner au milieu de ce concours de phénomènes de divers ordres, leurs rapports respectifs et leurs relations de causalité. Lorsque des causes morbides interviennent, les difficultés s'accroissent en raison de l'obscurcité de ces causes et de la multiplicité des éléments nouveaux qu'elles engendrent; ce n'est plus alors à des fonctions régulières qu'on a affaire, mais à des fonctions perturbées qui semblent se soustraire à leurs lois naturelles, pour obéir à des lois nouvelles. Si cette perturbation des fonctions éclaire quelquefois sur les conditions de leur normalité, le plus souvent il en résulte une confusion telle que le médecin est obligé de renoncer à en chercher l'explication dans les lois connues de l'organisme et que son rôle se borne à suivre et à constater la succession des phénomènes qu'il observe, à en tracer le plus fidèlement possible les caractère, sans en connaître la véritable signification, et à se conformer dans la pratique à ce que la tradition et l'expérience lui ont enseigné. C'est pour échapper à cet empirisme auquel l'ignorance où nous sommes des causes premières de la vie et des maladies semblait condamner à jamais l'étude de la physiologie et l'exercice de la médecine, que les médecins ont cherché de tout temps à suppléer par leur imagination la connaissance des causes dont le créateur semble s'être réservé le secret. Ne pouvant soulever le voile qui cache les profonds mystères de la vie, ils ont imaginé, soit pour coordonner les faits, soit pour les interpréter, des méthodes et des hypothèses qu'ils ont empruntées, tantôt aux sciences physiques, tantôt à la psychologie et aux doctrines philosophiques, ou puisées exclusivement dans les faits mêmes de l'organisation; en un mot ils ont créé des systèmes. Ces systèmes (dont on trouvera l'histoire, du moins pour les principaux, à chacun des mots qui les concerne (*V.* ANIMISME, VITALISME, ORGANICISME, IATRO-CHIMISME, etc.)), selon qu'ils ont plus particulièrement envisagé celle des faces de la question, qu'ils se sont appuyés sur tel ordre spécial de faits, ont contribué chacun à éclairer quelques points de la philosophie et de la médecine. Mais, par cela même qu'ils ont presque toujours été exclusifs, ils sont restés en deçà ou ont été au delà de la vérité, et il en est résulté des théories nécessairement incomplètes; et pour quelques vérités partielles un grand nombre d'erreurs qui se sont introduites avec elles dans la science. De là l'intervention de l'éclectisme, qui, repoussant toute hypothèse, faisant abstraction de toute explication qui ne ressort pas immédiatement de l'examen des faits, s'est posé comme une sorte de médiateur entre les systèmes, non pour les concilier et les rapprocher, mais pour les juger et pour apprécier, constater et s'approprier la part de vérités et d'acquisitions utiles dont la science est redevable à chacun d'eux. L'histoire de la médecine nous montre en effet l'éclectisme naissant des premières luttes qui se sont élevées entre les dogmatiques des diverses sectes. A la suite du vitalisme d'Hippocrate, du solidisme de Thémison, de l'humorisme de Galien et de son école, on voit l'éclectisme commencer à s'établir dans la science; et toutes les fois que des circonstances historiques analogues se reproduisent, l'éclectisme surgit de nouveau chaque fois, se développant et s'enrichissant en quelque sorte aux dépens des systèmes dont il contribue à déterminer la chute. L'éclectisme médidical n'est donc point, comme beaucoup de personnes semblent encore le croire, un système mixte, une sorte de théorie bâtarde, résultant d'une association ou d'une fusion monstrueuse de tous les systèmes, ainsi qu'un ancien médecin d'Alexandrie avait tenté de le faire; l'éclectisme ne constitue point une théorie, mais une méthode fondée sur l'indépendance de l'esprit, sur le droit d'examen et de critique, qui ne s'attache qu'à ce qui est démontré ou susceptible de démonstration, restant dans le doute sur le reste, et qui, à l'inverse de la plupart des systèmes, procède du doute à la probabilité, de la probabilité à la certitude. — Tel est en peu de mots le rôle de l'éclectisme en médecine. Quant à son influence sur les progrès de cette science, elle est aisée à déduire de son caractère même. L'éclectisme n'a jamais engendré aucune découverte; il est infécond de sa nature; mais il rend des services incontestables à la médecine, en s'opposant d'une part aux envahissements des systèmes et de leurs fausses applications; d'autre part, aux funestes effets du scepticisme, qui est la conséquence habituelle de la lutte des systèmes.

H. BROCHIN.

ECLECTUS, Égyptien affranchi de l'empereur Vérus et chambellan de Commode, contribua avec le préfet du prétoire Létus à faire mourir ce dernier, et fit élire Pertinax empereur. Une conjuration s'étant peu de temps après formée contre ce dernier, Eclectus se fit tuer en le défendant.

ÉCLEFIN, s. m. (*zool.*), nom que l'on donne, dans les départements du nord de la France, à une petite espèce de morue, appelée ailleurs *daguet*.

ÉCLI, s. m. (*marine*), éclat qui se sépare d'une pièce de bois dans le sens de sa longueur; quelquefois c'est un diminutif d'éclat.

ÉCLIÉ, part. (*marine*). Un mât ou une vergue *sont écliés* lorsque, par suite d'une flexion considérable, ils ont éclaté ou se sont rompus en partie sans éprouver une rupture totale.

ÉCLIMÈTRE (*topograph.*), petit instrument de cuivre composé d'un arc de cercle gradué, d'une lunette avec réticulon d'un niveau à bulle d'air. Il est employé par les ingénieurs géographes français pour mesure l'inclinaison, les rayons visuels dirigés sur les objets qui environnent la station et dont on veut connaître les différences de niveau. On l'adapte ordinairement à la boussole, afin de relever en même temps les angles que les rayons visuels font avec le méridien magnétique. Cet instrument, qui sert principalement aux opérations topographiques de la nouvelle carte de France, procure autant des côtes de hauteur du terrain, comptées à partir du niveau de la mer, qu'il est nécessaire pour connaître les inflexions du sol et en exprimer le relief. Donnant immédiatement les distances zénithales des objets obscurcis, on a recours à la formule

$$dE=k \cot S+qK^2,$$

dans laquelle k est en mètres la distance horizontale d'un objet à la station, δ la distance zénithale observée, q un coefficient numérique dont le log. = 2,81869, enfin dE la différence de niveau cherchée, qu'on ajoute *algébriquement* à la hauteur absolue de la station, pour avoir celle de l'objet observé.

ÉCLIPSE, s. f. (*t. d'astronomie*), fig. et fam., *faire une éclipse*, s'absenter tout d'un coup, disparaître. ÉCLIPSE, s'emploie figurément en parlant de l'intelligence, de la gloire, etc.

ÉCLIPSE (*astron.*), disposition momentanée d'un astre en tout ou en partie. Les éclipses, si longtemps l'objet de la frayeur des hommes, n'excitent plus aujourd'hui que leur intérêt et leur curiosité ; et ce qui paraît le plus étonnant dans les phénomènes qu'elles présentent pour les personnes étrangères aux principes de l'astronomie, c'est la certitude avec laquelle elles peuvent être prédites. Dans les temps les plus reculés de l'antiquité, avant que la science eût répandu sa lumière sur le monde, les apparences de cette espèce étaient regardées comme une alarmante déviation des lois éternelles de la nature ; les philosophes eux-mêmes partageaient, en grande partie, les idées superstitieuses du vulgaire ; et ce ne fut qu'après de longues observations et lorsque les mouvements des corps célestes commencèrent à être mieux connus qu'on osa supposer que ces phénomènes effrayants dépendaient d'une cause régulière. — Anaxagore, contemporain de Périclès, paraît être le premier qui ait écrit sans déguisement sur les diverses phases de la lune et sur les éclipses ; mais avant Hipparque les astronomes n'étaient guère en état de prédire les éclipses ; et s'il est vrai, comme le rapporte Hérodote, que Thalès ait annoncé une éclipse de soleil, ce ne peut être qu'à l'aide de la période de 18 ans et 11 jours, dont nous parlerons plus loin, période qui ramène les éclipses à peu près à la même époque, et qui pouvait être connue de cet illustre fondateur de l'école ionienne. Néanmoins les tentatives de l'astronomie pour expliquer ce phénomène et en prédire le retour remontent à une époque fort antérieure dans l'histoire du monde. Mais il n'est pas inutile de remarquer que partout la découverte des véritables causes des éclipses de soleil paraît avoir précédé la connaissance de celles de lune. La marche de ce corps céleste est, en effet, facile à observer, et son passage entre le soleil et la terre a dû de bonne heure être regardé comme la cause de l'obscurcissement momentané de la lumière solaire. Il n'était pas aussi facile d'attribuer les éclipses de lune à l'ombre de la terre, et cette observation exigeait une connaissance plus approfondie de la forme et des mouvements des astres ; aussi dut-elle être l'œuvre d'une science plus avancée. La cause réelle des phénomènes ayant pu être trouvée par la simple observation, il restait à la science à compléter cette découverte en démontrant sa réalité par le calcul rigoureux des époques, où les mêmes faits devaient se reproduire. C'est sous ce point de vue qu'il faut surtout admirer les ingénieuses méthodes qu'employèrent les premiers astronomes pour arriver à ce but ; nous jouissons des travaux de l'intelligence des siècles passés sans reporter notre esprit vers les difficultés presque insurmontables qui gênèrent les premiers pas de la science. Les préjugés d'une religion toute matérielle, dont le vulgaire du moins prenait au sérieux le sens figuré ou allégorique, arrêtèrent longtemps, dans la Grèce surtout, la production de la vérité. Ce fut sans doute pour tromper l'aveugle instinct de la multitude et le ravir aux persécutions qui ont frappé les auteurs des plus belles découvertes que l'école pythagoricienne cacha ses nobles leçons sous le voile d'une poésie mystérieuse. — Anaxagore tint longtemps secret son écrit sur les éclipses ; mais la haine de l'ignorance s'attacha à lui dès le moment où il osa professer ses opinions, et il expia dans les fers le tort d'avoir expliqué l'un des grands phénomènes de la nature. Un acte de sévérité occasionné par des raisons tout-à-fait opposées, se rattache à la tradition d'une éclipse de soleil, qui serait arrivé à la Chine vers l'an 2155 avant notre ère. Suivant les historiens, au moins fort suspects, de ce pays, il y eût en cette année, aux approches de l'équinoxe d'automne, sous le règne de l'empereur Tchong-Kang, une éclipse de soleil, et les astronomes Ho et Hi furent condamnés à mort pour ne l'avoir point prévue, comme la loi leur en fesait un devoir. Ainsi, d'après cette histoire, non-seulement les éclipses étaient observées à la Chine plus de 2000 ans avant notre ère, mais encore les astronomes pouvaient en calculer le retour avec assez de précision pour qu'on y fît mourir ceux qui négligeaient d'annoncer le prochain accomplissement de ce phénomène. On sait que les missionnaires versés dans l'astronomie et que d'autres astronomes ont prétendu vérifier par des calculs l'existence réelle de cette éclipse. Il est en effet possible qu'elle ait eu lieu ; mais il est complètement impossible que l'observation scientifique en ait été faite à la Chine à l'époque reculée où on la place, époque antérieure à toutes les certitudes historiques, et par conséquent à la civilisation avancée que suppose un pareil travail. En ne le citant que pour ce qu'il vaut réellement, c'est-à-dire pour une audacieuse interpollation des astronomes chinois entreprise dans le but de flatter l'orgueil d'une antiquité fabuleuse qui domine leur nation, on doit convenir qu'il en résulte au moins la preuve que la connaissance de la cause des éclipses est fort ancienne dans l'astronomie chinoise ; mais on ignore entièrement d'après qu'elle méthode elle pouvait les calculer. — Les plus anciennes observations d'éclipses, rapportées par Ptolémée, sont trois éclipses de lune observées à Babylone dans les années 719 et 720 avant notre ère, et dont ce grand astronome a fait usage pour déterminer les mouvements de la lune. Les observations antérieures à cette époque, et dont se vantaient les Chaldéens, ayant été rejetées par Hipparque et Ptolémée, probablement parce qu'elles manquaient de précision et d'exactitude, on aurait tort de les invoquer en garantie de la science des Chinois. Les observations d'éclipses des Indiens et des Persans offrent encore moins de certitudes ; mais, comme nous l'avons dit plus haut, quelque exagérées que soient les prétentions astronomiques des anciens peuples, on peut du moins en tirer cette conséquence que la connaissance des causes des éclipses a toujours vivement excité l'attention des hommes, et que c'est le premier problème que l'astronomie ait eu à résoudre. Mais la connaissance de ces causes et la méthode pour calculer d'avance la production des phénomènes qui les accompagnent furent longtemps encore regardées comme une des combinaisons les plus élevées de la science, et n'ont été par conséquent le partage que d'un petit nombre d'hommes supérieurs. Les peuples regardaient les prédictions des astronomes relativement aux éclipses comme des opérations qui tenaient du prodige. Plutarque rapporte qu'Hélicon de Cynique ayant annoncé une éclipse de soleil à Denys, tyran de Syracuse, et ce phénomène ayant eu lieu au jour et à l'heure qu'il avait fixé, reçut de ce prince un talent ou 5,000 fr. de notre monnaie, en récompense de son habileté, récompense dont l'importance prouve assez que les connaissances d'Hélicon n'étaient pas communes (3 septembre, an 401 avant J.-C.). — Le peuple romain, longtemps après, suivant Tite-Live (lib. 44), regarda encore comme un prodige inouï l'annonce d'une éclipse de lune qui fut faite par Caïus-Sulpitius Gallus, le premier géomètre de cette nation qui ait quelque connaissance étendue en astronomie. Ce phénomène devait avoir lieu durant la nuit qui précéda le jour où Paul-Émile défit Persée. Gallus l'annonça aux soldats romains, et leur en ayant expliqué les causes, il dissipa la frayeur que cet évènement imprévu aurait jetée dans leur esprit. Suivant les calculs de Riccioli cette éclipse arriva le matin du 4 septembre de l'an 168 avant J.-C. — Après la destruction de l'école d'Alexandrie, et durant le moyen âge, on sait que la science fut à peu près exilée de l'Occident, et jusqu'à l'époque où elle lui fut rendue par les Arabes, on ne trouve quelques observations fort incomplètes d'éclipses de soleil et de lune que dans les annales du règne de Louis-le-Débonnaire, écrites par un moine anonyme. Ces observations comprennent le temps qui s'est écoulé depuis l'an 807 jusqu'en 842. Les éclipses sont divisées par rapport aux objets éclipsés en lunaires et solaires. Il y a aussi les éclipses des planètes secondaires ou satellites et celles des étoiles et des planètes ; ces dernières se nomment plus particulièrement occultations. Nous allons les examiner successivement.

Eclipses lunaires. — La terre, étant un corps opaque éclairé par le soleil, projette au loin derrière elle une ombre dans l'espace. Quand la lune traverse cette ombre, ce qui arrive dans certaines circonstances, elle ne reçoit plus la lumière du soleil, et doit par conséquent disparaître pendant tout le temps qu'elle y demeure ; car la lune, ainsi que toutes les planètes, est aussi un corps opaque qui n'apparaît à nos yeux que lorsqu'elle est

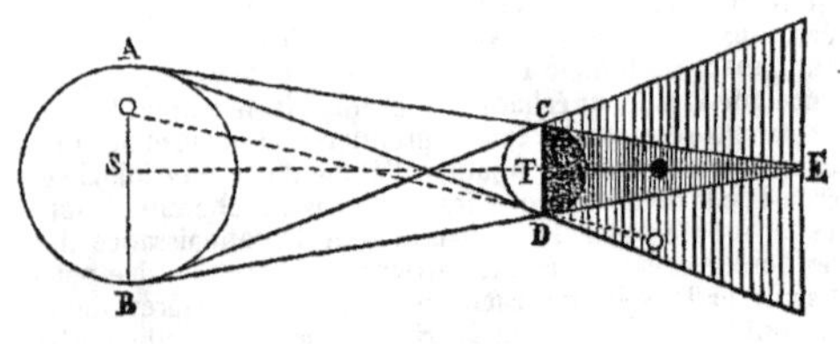

Fig. 1.

éclairée par les rayons du soleil. La figure suivante fera concevoir aisément ce phénomène. Soit S le soleil et T la terre ; si par les bords opposés du disque du soleil on conçoit des lignes droites AE et BE qui rasent la surface terrestre, ces lignes détermineront les limites de l'ombre, et comme le soleil est beaucoup plus gros que la terre; elles se croiseront derrière la terre en un point E, de sorte que l'ombre aura la figure d'un cône circulaire ou elliptique, selon que la terre est une sphère ou un ellipsoïde. Ainsi lorsque la lune entre dans cette ombre, elle commence peu à peu à disparaître à mesure qu'elle s'y engage; cesse entièrement d'être visible lorsqu'elle y est plongée toute entière, et reparaît dès qu'elle en sort de l'autre côté. Dans son passage à travers cette ombre la lune présente donc une suite de phases décroissantes depuis l'instant où elle la touche jusqu'à celui où elle disparaît, et une suite de phases croissantes depuis l'instant où elle commence à sortir de l'ombre jusqu'à celui où elle est entièrement dégagée. La lune ne s'éclipse pas subitement : lorsqu'elle approche de l'ombre terrestre sa lumière commence d'abord à s'affaiblir, et ce n'est qu'après avoir passé par plusieurs dégradations successives que l'obscurité est la plus intense. Pour concevoir ce phénomène il faut observer qu'un corps opaque placé entre un objet et le soleil peut ne lui cacher cet astre qu'en partie, et qu'alors l'objet est moins éclairé que s'il recevait toute la lumière du soleil, mais plus cependant que s'il en était entièrement privé. Il existe donc une limite intermédiaire entre la lumière et l'ombre pure; cette teinte se nomme le pénombre. Pour en trouver les limites on conçoit deux droites AD et BC, qui rasent aussi la surface du soleil et celle de la terre, mais qui se croisent entre ces deux corps. Les angles CBD et DAC déterminent l'espace compris par le pénombre; car d'un point situé au delà de ces limites on apercevrait le soleil tout entier, tandis que d'un point L qui leur serait intérieur on ne verrait que la partie OB du disque de cet astre. Cette portion visible diminuant à mesure qu'on approche de l'ombre l'intensité de la pénombre va en croissant depuis la première limite, où elle commence, jusqu'à l'endroit où elle se confond avec l'ombre pure. De là la progression d'obscurité que présente le disque de la lune lorsqu'elle s'éclipse. Si l'orbite de la lune était parallèle à l'écliptique, il y aurait éclipse complète toutes les fois que la lune est pleine, car au moment de cette phase la terre se trouve exactement entre le soleil et la lune; mais l'orbite lunaire est inclinée d'un peu plus de 5° sur le plan de l'écliptique, et conséquemment la lune se trouve tantôt élevée au-dessus de ce plan et tantôt abaissée au-dessous; il peut donc arriver, lorsqu'elle est pleine, qu'elle passe tout-à-fait en dehors de l'ombre de la terre, ou qu'elle s'effleure seulement par son bord, ou qu'enfin elle n'entre qu'en partie dans cette ombre. De ces deux derniers cas, le premier se nomme appulse et le second éclipse partielle. On appelle éclipses totales celles où la lune se plonge tout entière dans l'ombre, et éclipses centrales celles où son centre coïncide avec l'axe même du cône de l'ombre. Ainsi pour qu'une éclipse de lune puisse avoir lieu il faut qu'au moment de l'opposition ou de la pleine lune cet astre se trouve, sinon dans le plan de l'écliptique, du moins près de ce plan. Or, comme dans sa révolution autour de la terre la lune, en décrivant son orbite, passe deux fois dans le plan de l'écliptique, en des points diamétralement opposés qu'on nomme les nœuds; ce n'est donc que lorsqu'elle est dans ces nœuds ou aux environs qu'elle peut être éclipsée. A l'aide de ces notions élémentaires il est facile de comprendre comment on peut calculer approximativement les éclipses lunaires d'une année proposée; car le problème se réduit à trouver les pleines lunes de cette année, et à choisir celles qui arrivent lorsque la lune est près de ces nœuds. Si au moment de l'opposition la lune se trouve sur le nœud même, il y aura éclipse totale; si elle se trouve plus ou moins près, il y aura éclipse partielle, et si son éloignement du nœud passe certaine limite, on est sûr qu'il n'y aura point d'éclipse. Si nous supposons le cône d'ombre coupé par un plan suivant la ligne où il est traversé par la lune, sa section par ce plan sera un cercle, et alors, au commencement de l'éclipse, la distance entre le centre de la lune et celui de l'ombre sera égale à la somme des derniers diamètres de la lune et de l'ombre; cette distance diminuera jusqu'au milieu de l'éclipse et recommencera ensuite à croître, de manière que la lune sera entièrement dégagée de l'ombre lorsque la distance des deux centres sera redevenue plus grande que la somme des demi-diamètres. On appelle temps de l'immersion celui que la lune emploie à entrer dans l'ombre, et temps de l'émersion celui qu'elle emploie à s'en dégager entièrement.

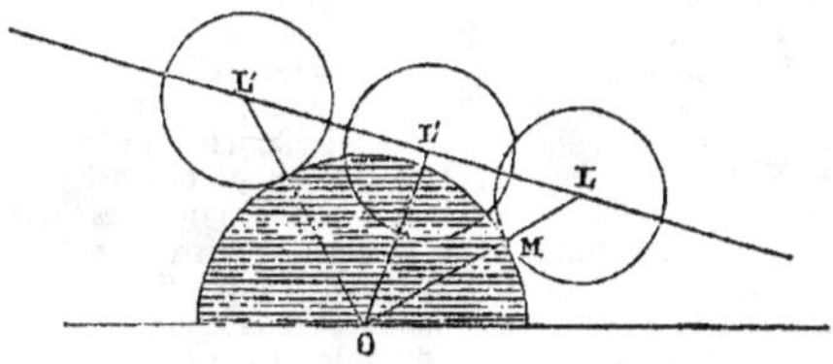

Fig. 2.

Si nous représentons par O l'ombre de la terre et par L, L', L', diverses positions de la lune sur son orbite inclinée, on voit effectivement qu'au commencement et à la fin de l'éclipse la distance des centres OL ou OL″ est égale à la somme des demi-diamètres, et qu'entre ces distances extrêmes il existe une distance OL' perpendiculaire à l'orbite de la lune, et conséquemment la plus courte de toutes; c'est cette dernière qui détermine le milieu de l'éclipse. Au moment de la conjonction la

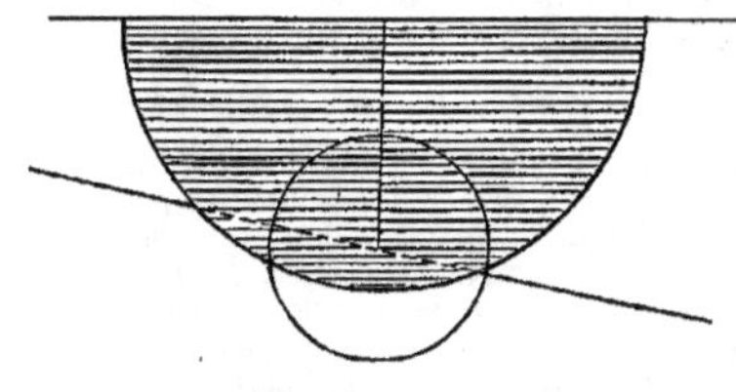

Fig. 3.

distance des centres est perpendiculaire à l'écliptique, et conséquemment égale à la latitude de la lune. Ainsi lorsqu'au moment de l'opposition ou de la pleine lune la distance du centre de la lune à l'écliptique, c'est-à-dire sa latitude, sera plus grande que la somme de son demi-diamètre et du demi-diamètre de l'ombre, il ne pourra y avoir d'éclipse; dans le cas contraire

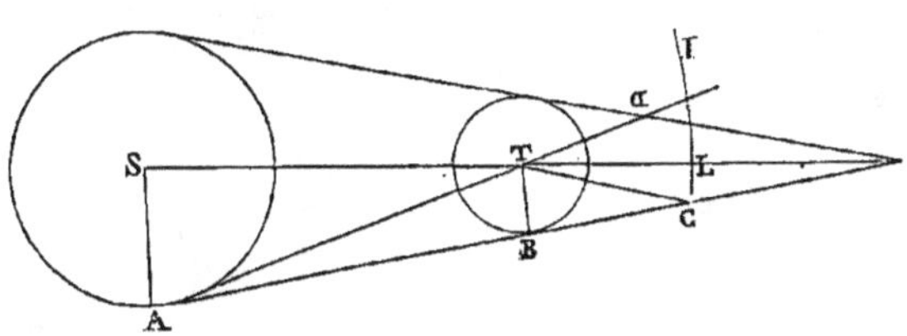

Fig. 1

la lune sera nécessairement éclipsée, et l'éclipse sera totale lorsque sa latitude sera plus petite que l'excès du demi-diamètre de l'ombre sur le demi-diamètre de la lune. Il s'agit donc avant tout de calculer le demi-diamètre du cône d'ombre à l'endroit où la lune le traverse, ce qui ne représente aucune difficulté; car soit SA le demi-diamètre du soleil S, vu de la terre T sous l'angle ATS; soit CI un arc de l'orbite de la lune, le centre de l'ombre est en L, et l'arc CL, qui est sensiblement une ligne droite, est le demi-diamètre de l'ombre. L'angle BAT est la parallaxe horizontale du soleil, l'angle BCT est la parallaxe horizontale de la lune, et l'angle CTD, extérieur par rapport au triangle CAT, est égal à la somme des deux angles intérieurs opposés, ou à la somme des deux parallaxes; mais l'angle CTD est aussi égal à la somme des deux angles CLT et LTD, on a donc

$$\text{CTD}=\text{CTD}-\text{LTD}$$

ou

$$\text{CTL}=\text{CTD}-\text{ATS}$$

à cause de LTD=ATS. Or, lorsqu'on connaît l'angle CTL on connaît l'arc CL qui lui sert de mesure et qui est en même temps le demi-diamètre de l'ombre. Ainsi le demi-diamètre du cône de l'ombre est égal à la somme des parallaxes horizontales du soleil et de la lune, diminué du demi-diamètre apparent du soleil. — Nous allons éclaircir l'application de ces principes par un exemple : en cherchant dans la connaissance des temps les pleines lunes de l'année 1835, si nous choisissons celle du mois de juin, nous voyons que l'instant de l'opposition a lieu le 10, à 10 heures 54′ 37″ du soir. Nous trouvons également qu'à cette époque le demi-diamètre du soleil est égal à 15′ 47″, celui de la lune à 16′ 34″, et que la latitude de la lune est de 1° 0′ 30″. De plus la parallaxe horizontale du soleil est de 8″,5 et celle de la lune de 60′ 16″, nous aurons donc pour ce demi-diamètre de l'ombre

$$8'',5+60'\,16-15'\,47''=44'\,37'',\,5$$

et pour la somme des demi-diamètres de l'ombre et de la lune

$$44'\,37'',\,5+16'\,34''=1^\circ\,1\,11''\,5.$$

Cette somme étant plus grande que la latitude de la lune 1° 0′ 30″, nous en conclurons qu'il y aura éclipse de lune le 10 juin 1835, à 10 h. 55′ du soir. Cette éclipse ne sera pas totale, car l'excès du demi-diamètre de l'ombre sur le demi-diamètre de la lune ou

$$44'\,37'',\,5-16'\,34''=28'\,3'',\,5$$

est plus petit que la latitude 1° 0′ 30″. Les données dont nous venons de faire usage sont encore suffisantes pour trouver la grandeur de l'éclipse au moment de la conjonction. Alors le centre de la lune est éloigné de l'axe du cône d'ombre d'une quantité égale à la latitude de cet astre, et par conséquent le bord supérieur de son disque est distant de cet axe de la somme de la latitude et du rayon lunaire; si donc on retranche de cette somme le demi-diamètre du cône de l'ombre, le reste sera la grandeur de la partie non éclipsée de la lune, et il suffira de trancher ce reste du diamètre lunaire pour connaître la grandeur de la partie éclipsée. Ainsi cette partie éclipsée sera

$$33'\,8''-[1^\circ\,0'\,30''+16'\,34''-44'\,37'',\,5]=41'$$

en ne tenant pas compte des dixièmes de secondes. On évalue ordinairement la grandeur des éclipses en divisant le diamètre lunaire en douze parties qu'on nomme doigts, et en subdivisant chaque doigt en soixante minutes. Pour ramener à ces mesures la quantité que nous venons de trouver, réduisons en secondes cette quantité, ainsi que le diamètre lunaire : nous trouverons le diamètre égal à 1988″ et la partie éclipsée égale à 41″. Ainsi le rapport de cette partie au diamètre est $\frac{41}{1988}$. Pour réduire cette fraction en une autre dont le dénominateur soit 12, posons

$$\frac{41}{1988}=\frac{x}{12}$$

et nous trouverons $x=\frac{12\times41}{1988}=$ 0 degré 15′ pour la grandeur de l'éclipse au moment de l'opposition. Lorsqu'on parle de la grandeur d'une éclipse sans spécifier l'instant du phénomène, on entend toujours la grandeur totale, c'est-à-dire celle qui a lieu lorsque la distance des centres est la plus petite. Procédons maintenant à l'exposition des moyens rigoureux que possède la science pour déterminer toutes les circonstances d'une éclipse de lune.

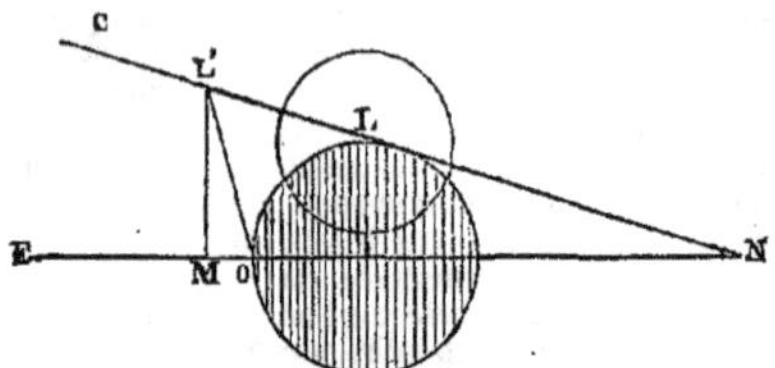

Fig. 5.

Représentons par la droite EN l'écliptique, et par la droite CN l'orbite de la lune inclinée à l'écliptique. Supposons qu'au moment de la conjonction O soit le centre de l'ombre terrestre et L le centre de la lune; OL représentera la latitude de la lune.

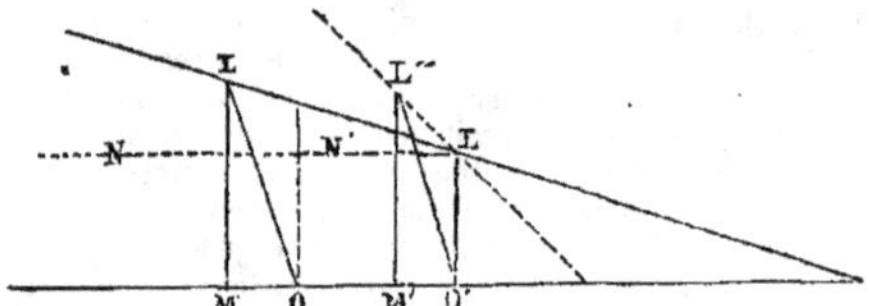

Fig. 6.

En vertu du mouvement apparent du soleil dans l'écliptique le centre de l'ombre, qui lui est toujours diamétralement opposé, se meut comme lui, et avec la même vitesse, d'orient en occident. Dans le même temps le centre de la lune se meut aussi d'orient en occident, et les vitesses de ces deux mouvements sont données par les tables astronomiques. Il s'agit donc de déterminer l'instant où la lune et l'ombre se rencontrent. Le mouvement propre de la lune faisant varier sa longitude et sa latitude, on nomme mouvement horaire en longitude la variation qui arrive dans la longitude en une heure de temps par l'effet du mouvement propre, et mouvement horaire en latitude la variation correspondante pour la latitude. Le mouvement horaire du soleil est toujours en longitude, puisque cet astre paraît se mouvoir sur l'écliptique et que sa latitude est toujours nulle. Désignons par m le mouvement horaire du soleil, et par μ et ν ceux de la lune en longitude et en latitude. Si nous exprimons par un T un temps quelconque compté en heures et pendant lequel nous supposerons que le centre de l'ombre soit parvenu de O en O′, et celui de la lune de L en L′, la distance OO′ sera égale à $m\times T$, ou au mouvement du soleil en longitude pendant le temps T. Dans le même temps la longitude de la lune aura varié de la quantité OM, déterminée par la perpendiculaire L′M à EN, et sa latitude de la différence entre L′M et LO. Nous aurons pour les valeurs de ces variations les expressions $\mu\times T$ et $\nu\times T$. Ceci posé, si nous représentions par D la distance O′L′, des centres O′ et L, cette distance sera l'hypothénuse d'un triangle rectangle dont l'un des côtés MO′ est égal à $OM-OO'=\mu T-mT$, et dont l'autre côté $LM=LO+\nu T$ ou $\lambda+\nu T$, en désignant par λ la latitude LO au moment de l'opposition. Nous aurons donc

$$D^2=[\mu T-mT]^2+[\lambda+\nu T]^2.$$

Si, pour simplifier cette expression, nous prenons un angle auxiliaire α, déterminé par la relation

$$\text{tang}\,\alpha=\frac{\nu}{\mu-m}$$

elle deviendra, en éliminant $\mu-m$,

$$\nu^2 T^2 + 2\lambda\nu \sin^2 \alpha . T = (D^2 - \lambda^2) \sin^2 \alpha$$

équation du second degré, qui, résolue en regardant T comme l'inconnue (m)

$$T = -\frac{\lambda}{\nu} . \sin^2 \alpha \pm \frac{1}{\nu} . \sin \alpha . \sqrt{[D^2 - \lambda^2 \cos^2 . \alpha]},$$

Substituant dans cette expression les différentes valeurs de D qui conviennent au commencement ou à la fin ou à toute autre phase de l'éclipse, on trouvera toujours, si cette phase est possible, deux époques où elle aura lieu. Les valeurs négatives de T se rapporteront aux époques antérieures à la conjonction, laquelle est le point de départ. Il nous reste donc à déterminer les valeurs de D pour les différentes phases de l'éclipse. Nommons R le demi-diamètre apparent du soleil, r celui de la lune, P la parallaxe horizontale du soleil, et p celle de la lune. Quand le disque de la lune entrera dans l'ombre et l'en dégagera, la distance des centres sera égale à la somme des demi-diamètres de la lune et de l'ombre; ce dernier étant égal à $P+p-R$, comme nous l'avons vu ci-dessus, on aura donc (n)

$$D = p + P + p - R.$$

C'est l'instant du commencement ou de la fin de l'éclipse. En substituant cette valeur dans (m) on obtient deux valeurs de T, dont la première répond au commencement et la seconde à la fin de l'éclipse. Pour déterminer le milieu de l'éclipse il suffit de remarquer que l'expression (m) ne doit donner dans ce cas qu'une seule valeur de T, ce qui ne peut arriver que lorsque le radical s'évanouit, ainsi pour le milieu de l'éclipse nous avons

$$T = -\frac{\lambda}{\nu} . \sin^2 \alpha$$

et la distance des centres est alors

$$D = \lambda . \cos \alpha .$$

Connaissant la plus courte distance des centres, il est facile de trouver l'étendue de la partie éclipsée à cet instant, étendue qu'on nomme la grandeur de l'éclipse; car si à cette plus courte distance, $\lambda . \cos \alpha$, on ajoute le demi-diamètre r de la lune, on aura la distance du bord extérieur de la lune au centre de l'ombre, et si de cette dernière on retranche le demi-diamètre de l'ombre, le reste sera la portion du diamètre de la lune non éclipsée; les opérations à faire ici sont les mêmes que celles dont nous avons donné un exemple plus haut en prenant pour distance des centres la latitude de la lune. Ainsi la portion non éclipsée est égale à

$$R + r + \lambda . \cos \alpha \pm P \pm p$$

Si cette quantité est positive, en la retranchant du diamètre apparent rr, nous aurons

$$r - R - \lambda . \cos \alpha + P + p$$

pour la partie éclipsée du disque; si elle est nulle, cela indique que l'éclipse est totale au moment de la plus grande phase; et si enfin cette expression est négative, cela indique que l'éclipse est plus que totale, c'est-à-dire que lors même que le rayon de la lune serait plus grand, cet astre n'en serait pas moins plongé dans l'ombre. Pour faciliter les calculs les astronomes sont dans l'usage de supposer l'ombre terrestre fixe ou sans mouvement, et pour cet effet il suffit d'imaginer que la lune se meut dans une orbite relative avec un mouvement horaire en longitude égale à la différence des mouvements réels du soleil et de la lune, car dans cette hypothèse les distances des centres sont toujours les mêmes qu'en réalité. Ainsi (fig. 6) O étant dans le centre de l'ombre et L celui de la lune au moment de la conjonction, si après un temps quelconque T, par l'effet des mouvements réels, le centre de l'ombre est en O' et celui de la lune en L', le mouvement en longitude du soleil aura été OO' celui de la lune OM, et la différence de ces mouvements MO'. Or, en supposant O immobile et L affecté de deux mouvements, l'un en longitude capable de lui faire parcourir O'M dans le temps T, et l'autre en latitude capable de lui faire parcourir NL' dans le même temps, il est évident qu'en prenant OM' = MO' et M'L‴ = ML', la distance entre O et L″ sera la même que celle entre O' et L', et qu'ainsi les phénomènes seront exactement les mêmes, soit qu'on tienne compte du mouvement de l'ombre sur l'écliptique OE, en considérant le mouvement de la lune sur son orbite réel LE, soit qu'on suppose l'ombre fixe en O, et qu'on ne tienne compte que du mouvement relatif de la lune sur son orbite relative L'L. La position de l'orbite relative ou son inclinaison sur l'écliptique est donnée par les mouvements relatifs de la lune; en effet cette inclinaison est l'angle L″LN', dont la tangente dépend de la proportion (*V.* TRIGONOMÉTRIE).

$$1 : \text{tang. } L''LN' :: LN' : N'L'',$$

Mais LN' = OM' est le mouvement relatif de la lune en longitude, et N'L″ est son mouvement en latitude; désignant donc le premier de ces mouvements par m' et le second par ν, nous aurons

$$\text{tang } L''LN' = \frac{\nu}{m'},$$

d'où nous voyons que L″LN est la même chose que l'angle auxiliaire que nous avons désigné ci-dessus par α, puisque $m' - \mu - m$. Nous continuerons à exprimer l'inclinaison de l'orbite par la même lettre. Soit $OL = \lambda$, la latitude de la lune en conjonction (fig. 7), en abaissant une perpendiculaire OL' sur l'orbite relative EL, on aura un triangle LL'O, dans lequel l'angle LOL' sera égal à l'angle d'inclinaison E ou α, ce qui donnera

$$OL' = OL . \cos \alpha$$

ou

$$OL' = \lambda . \cos \alpha$$

Cette valeur est la plus petite distance des centres. Nous l'avons obtenu plus haut (14) par un procédé bien différent. Le même triangle nous donne.

$$LL' = \lambda . \sin \alpha .$$

C'est la portion de l'orbite relative parcourue depuis le moment de la conjonction jusqu'à celui du milieu de l'éclipse. Pour trouver le temps T pendant lequel cette portion d'orbite est parcourue, si nous désignons, comme ci-dessus, par m' le mouvement horaire relatif en longitude, nous aurons

$$NL' = m' \times T.$$

Or, le triangle LNL' donne

$$1 : \cos LL'N :: LL' : NL',$$

c'est-à-dire

$$1 : \cos \alpha :: \lambda \sin \alpha : m T,$$

on tire de cette proportion

$$T = \frac{\lambda . \sin \alpha \cos \alpha}{m'}$$

Ce temps T, qui exprime des heures ou des fractions d'heures, étant la différence entre le temps de la conjonction et celui du milieu de l'éclipse, fera connaître ce dernier. Pour avoir le temps du commencement et celui du milieu de l'éclipse, remarquons, ainsi que nous l'avons fait plus haut, que le commencement a lieu lorsque la lune est en L sur l'orbite relative (fig 9), de manière que la distance des centres O et L est égale à la somme des demi-diamètres de l'ombre et de la lune, ou lorsqu'on a

$$OL = p + P - R + r$$

p, P, R, et r conservant les désignations ci-dessus. Mais le triangle L'OL donne

$$(L'L)^2 = (LO)^2 - (LO)^2 = (LO - L'O)\,(LO + L'O).$$

ou

$$(L'L)^2 = (p + P - R + r - \lambda \cos \alpha)\,(p + P - R + \lambda . \cos \alpha)$$

Connaissant d'après cette expression la valeur de LL', on aura le temps T' pendant lequel cette portion d'orbite aura été parcourue par la relation

$$T' = LL' : \frac{m'}{\cos \alpha} = \frac{LL' . \cos \alpha}{m'}$$

Ce temps T', retranché du milieu de l'éclipse donnera le commencement; ajouté, il donnera la fin.

Nous allons montrer l'application de ces formules en prenant pour exemple l'éclipse du 10 juin 1835, dont nous nous sommes déjà occupés.

Voici les éléments du calcul :

Opposition, 10 juin 1835, à 10h 54' 37" du soir.
Latitude de la lune au moment de l'opposition. . . . . λ=1°0'30" austr.
Mouvement horaire relatif de la lune en longitude. . . . . m'=34'56"
Mouvement horaire de la lune en latitude. n = 3'23"
Parallaxe horizontale de la lune. . . . p=60'16"
Demi-diamètre apparent de la lune. . . r=16'34"
Parallaxe horizontale du soleil. . . . . P= 8",5
Demi-diamètre apparent du soleil. . . . R=15'47"

Déterminons d'abord l'inclinaison α de l'orbite relative par la formule (16).

$$\text{tang}\,\alpha=\frac{n}{m'}=\frac{3'23''}{34'56''}=\frac{203''}{2096''}$$

Nous trouverons, à l'aide des tables trigonométriques,

$$\alpha=5°31'54''8$$

Substituant cette valeur dans la formule du numéro 17, qui donne le temps entre la conjonction et le milieu de l'éclipse, en observant que la latitude, étant australe, doit être négativement, nous aurons

$$T=\frac{60'30''\sin(5°\,31'\,54'',8).\cos)5°\,31'\,54'',8)}{34'56''}$$

Réduisant les facteurs numériques en secondes et opérant par logarithmes, nous aurons

L. sin (5°31'54",8) = 8,9840758
L. cos (5°31'54",8) = 9,9979746
L3630 = 3,5599066
Compl. L2096 = 6,6786087
―――――
9,2205657

d'où T=—0h, 166175. Réduisant la fraction décimale en minutes et en secondes, nous trouverons

T=—9'58"

T étant négatif, il faut le retrancher du temps de l'opposition, 10h54'37", pour avoir le temps du milieu de l'éclipse, et nous aurons

milieu de l'éclipse à..... 10h44'39" du soir.

Pour trouver maintenant le commencement et la fin de l'éclipse, prenons la formule du N° 18.

$$(LL')^2=(p+P-R+p-\lambda.\cos\alpha)\,(p+P-R+r+\lambda\cos\alpha)$$

nous trouverons d'abord pour $\lambda\cos\alpha$, la valeur 3613"; et comme nous avons, en réduisant tout en secondes

$$p+P-R+r=3671'',5$$

nous en conclurons

$$LL'=\sqrt{[58'',5\times7284'',5]}$$

et réalisant le calcul,

L 58",5=1,7671559
L7284 ,5=3,8623997
―――――
L (LL')² =5,6295556
L (LL') =2,8147778

Substituant cette valeur de LL' dans la formule

$$T'=\frac{LL'.\cos\alpha}{m'}$$

nous aurons, en achevant le calcul,

L (LL') = 2,8147778
L cos α = 9,9979476
compl. L m' = 5,6786087
―――――
LT' = 9,4313441

ce qui donne T'=0h, 30999=0h18'35".

Ajoutant cette quantité au temps du milieu de l'éclipse, et la retranchant, nous trouverons

Commencement de l'éclipse 10h26' 4"
Fin de l'éclipse. . . . . . . 10h 3'14"

En remarquant que T' est la demi-durée de l'éclipse, nous aurons immédiatement

Durée de l'éclipse 37'10"

Il nous reste à déterminer la grandeur de l'éclipse; observons pour cet effet que, quelle que soit la position de la lune dans l'ombre, sa distance entre le centre de l'ombre, et le bord supérieur de la lune, est égale à la distance des centres, plus le demi-diamètre de l'ombre, on aura pour reste la partie non éclipsée de la lune; ainsi, pour connaître la partie éclipsée, il faudra retrancher cette dernière du diamètre de la lune. Nous avons donc en général, en désignant par ρ le demi-diamètre de l'ombre

Partie éclipsée=$2r$ [distance actuelle des centres $+r-\rho$]

Lorsque le calcul donne une valeur plus grande de $2r$, c'est qu'alors la lune est entièrement dans l'ombre; l'excédant de $2r$ exprime la distance du bord de la lune au bord de l'ombre.

Pour calculer la grandeur de l'éclipse du 10 juin prenons pour distance des centres celles du milieu, c'est-à-dire la quantité $\lambda\cos\alpha$ (n° 17) dont nous venons de trouver la valeur égale à 3613", et comme

$$\rho=p+P-R=2677'',$$

nous aurons

partie éclipsée = 1988" — [3613"+904"—2677"]
= 58"

quantité qu'on exprimera en doigts en la multipliant par $\frac{12}{1988}$ ce qui donne

$$58''\times\frac{12}{1988}=0 \text{ doigts } 21'$$

On trouvera de la même manière toutes les autres circonstances de l'éclipse comprises d'ailleurs dans la formule générale du n° 12. Les mouvements horaires du soleil et de la lune ne sont pas constants; et si l'éclipse est de longue durée on ne peut regarder que comme une première approximation les calculs faits en partant du mouvement horaire relatif à l'époque de la conjonction. Mais tous ces détails de calculs ne peuvent trouver place ici, et nous faisons seulement observer qu'on ne pousse ordinairement l'exactitude qu'à $\frac{1}{4}$ de minute près; ainsi nos résultats sont :

Commencement, 10 juin 1814, à 10h 26' du soir.
Milieu. . . . . 10 44$\frac{2}{3}$
Fin. . . . . 10 3$\frac{1}{4}$

On est obligé aussi dans ces calculs d'augmenter le rayon de l'ombre terrestre d'environ $\frac{1}{60}$, ou de faire subir une augmentation correspondante à la parallaxe de la lune; sans cela les durées observées seraient plus longues que celles données par le calcul, car l'atmosphère de la terre fait autour de ce corps une enveloppe assez épaisse pour empêcher la lumière de passer en quantité suffisante, et de produire l'effet d'une augmentation dans le rayon de la terre. L'atmosphère terrestre produit encore une autre apparence remarquable : lorsque la lune est complètement éclipsée, on ne la perd cependant pas tout-à-fait de vue; son disque est encore éclairé d'une lumière rougeâtre très faible, produite par les rayons solaires réfractés par notre atmosphère et infléchis derrière la terre. Sans l'absorption de ces rayons, dont la plus grande partie se trouve éteinte en traversant l'atmosphère, l'effet de la lumière ainsi projetée vers la lune serait assez considérable pour l'éclairer entièrement.

Eclipses solaires. —Les éclipses du soleil, étant produites par l'interposition de la lune entre ces astres et la terre, doivent se concevoir à peu près de la même manière que les éclipses de lune, c'est-à-dire que lorsque la terre entre dans le cône d'ombre projeté par la lune, les points de sa surface qui sont plongés

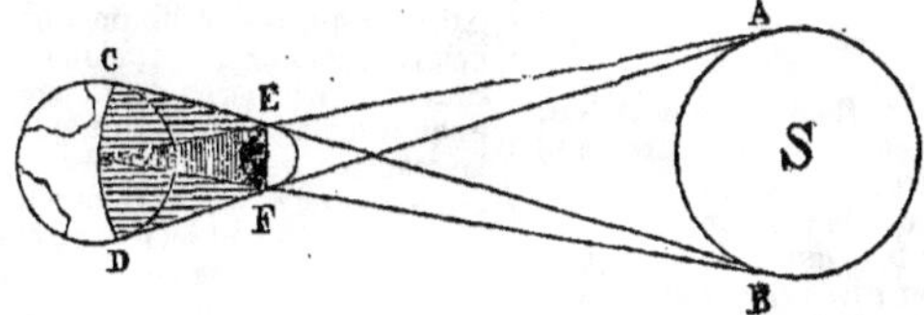

Fig. 7.

dans cette ombre ne reçoivent plus les rayons du soleil et se trouvent dans une obscurité complète; ce que la figure ci-dessus rendra sensible : S est le soleil, EF la lune, et CD la terre. Cependant il existe une différence essentielle que nous devons signaler : c'est que le soleil, ne perdant pas réellement sa lumière, reste visible pour un observateur placé hors des limites de l'ombre et qui a le soleil au-dessus de son horizon, tandis que la lune devient réellement absente et disparaît pour tout l'hémisphère au-dessus duquel elle se trouve au moment de l'éclipse. Si l'on imagine un observateur placé dans la lune, du côté qui fait face à la terre, l'éclipse solaire sera pour lui une véritable éclipse de terre, et toutes les considérations relatives aux éclipses de lune, vues de la terre, pourront s'y appliquer également. La première recherche à faire est donc celle de la longueur du cône d'ombre projeté par la lune, pour savoir si ce cône s'étend toujours jusqu'à la terre et s'il est capable de la couvrir entièrement.

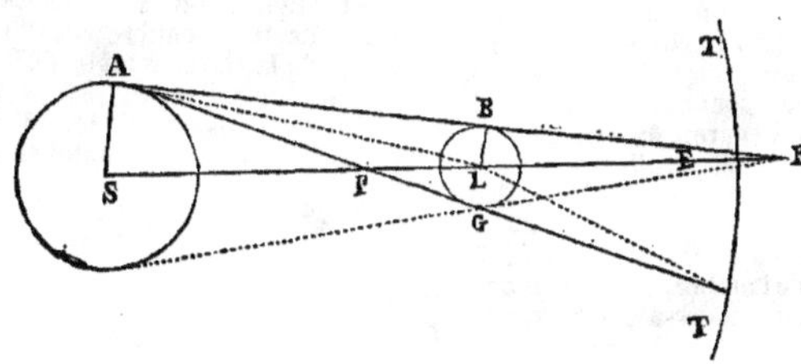

Fig. 8.

Soit S le centre du soleil, L celui de la lune, AB la tengente au soleil et à la lune qui ferme la limite de l'ombre pure et LE la longueur du cône d'ombre. Pour déterminer cette longueur il suffit de connaître l'angle LEB au sommet du cône; or, en menant la droite AL, ou à l'angle ALS extérieur par rapport au triangle AEL égal à la somme des deux angles intérieurs opposés LAE, LEA ou LEB, d'où l'on tire

$$LEB = ALS - LAE,$$

mais ALS est le demi-diamètre apparent du soleil vu du centre de la lune et LAE est la parallaxe horizontale du soleil par rapport à la lune. Désignant donc par R ce demi-diamètre et par P' la parallaxe nous aurons

$$LE = R' - P'.$$

Maintenant si nous considérons le triangle rectangle ELB, nous trouverons

$$1 : E :: \sin LEB : BL$$

ou

$$1 : CL :: \sin(R' - P) : \rho$$

ρ étant le rayon BL de la lune. Cette dernière portion donne

$$CL = \frac{\rho}{\sin(R' - P'}.$$

Pour avoir les valeurs de R' et P' il faut observer : 1° Que le demi-diamètre apparent du soleil, vu de la lune, est égal au demi-diamètre apparent de cet astre vu de la terre et augmenté dans le rapport des distances de la terre et de la lune au soleil; 2° que la parallaxe du soleil pour la terre augmentée dans le rapport des distances et diminuée dans le rapport des rayons de la terre et de la lune. Ainsi désignant par D et d les distances de la terre au soleil et à la lune, par R le rayon apparent du soleil pour la terre, par r le rayon de la terre, et par P la parallaxe du soleil pour la terre, nous aurons

$$R' = \frac{D.R}{D - d}, P' = P. \frac{\rho D}{r D - d}$$

et par conséquent

$$R'' - = \left\{ R - P. \rho r \right\} \frac{D}{D - d}$$

Mais P étant la parallaxe horizontale du soleil pour la terre, on a (*V.* PARALLAXE)

$$\sin P = \frac{r}{D}, \text{ d'où } D \frac{r}{\sin P}$$

De même, en désignant par p la parallaxe horizontale de la lune, on a

$$d = \frac{r}{\sin p}$$

Et par suite,

$$\frac{D}{D - d} = \frac{\sin p}{\sin p - \sin P}.$$

ou simplement

$$\frac{D}{D - d} = \frac{p}{p - P}$$

En substituant les arcs aux sinus, ce qui n'entraine pas d'erreur sensible pour de si petits angles; nous aurons donc définitivement pour la longueur d'un cône d'ombre, l'expression

$$CL=\frac{\rho}{\sin\left[R-P\frac{\rho}{r}\right]\frac{p}{p-P}}$$

Cette longueur variant avec la distance de la lune au soleil, calculons seulement les deux cas extrêmes; c'est-à-dire celui dans lequel la lune se trouve le plus loin du soleil et le plus près de la terre, et celui où elle se trouve le plus près du soleil et le plus loin de la terre. En prenant le rayon de la terre pour unité et donnant aux quantités R, P et p les valeurs correspondantes à chacune de ces hypothèses, nous trouverons :

	Long. du cône.	Dist. de la lune à la terre.
Soleil apogée. Parallaxe maximum,	59,730	55,902
Soleil périgée. Parallaxe minimum,	57,760	63,862

Dans le premier cas l'ombre atteindra et même dépassera le centre de la terre; dans le second, elle n'atteindra même pas sa surface. Ainsi, lors même que la lune se mouverait sans le plan de l'eccliptique, elle ne produirait pas toujours, en passant devant le soleil, une obscurité totale sur quelque point de la surface de la terre. Nous avons vu (n° 7) que le demi-diamètre du cône d'ombre terrestre, à l'endroit où il est traversé par la lune, est égal à la somme des parrallaxes du soleil et de la lune diminuée du demi-diamètre apparent du soleil. Ainsi les données relatives étant les mêmes pour un observateur placé dans la lune, nous pouvons en conclure que, pour cet observateur, le demi-diamètre de l'ombre lunaire, à l'endroit où elle est rencontrée par la terre, est égal à la somme des parallaxes du soleil et de la terre, diminuée du demi-diamètre apparent du soleil vu de la lune. Or, la parallaxe de la terre est la même chose que le demi-diamètre apparent de la lune vu de la terre; ainsi, en désignant par O le demi-diamètre de l'ombre, par s celui de la lune, et en conservant les désignations ci-dessus, nous aurons

$$O=S+P'-R'$$

ou

$$O=S+P.\frac{\rho}{r}\cdot\frac{D}{D-d}-\frac{D.R}{D-d}$$

ce qui se réduit à

$$O=S+P.\frac{p}{r}.\frac{p}{p-P}-R.\frac{p}{p-P}$$

à cause de

$$\frac{D}{D-d}=\frac{p}{p-P}$$

Mais en divisant le demi-diamètre apparent d'un astre par sa parallaxe horizontale, on a le rapport de son rayon au rayon de la terre; nous avons donc (*V.* Parallaxe.)

$$\frac{\delta}{P}=\frac{\rho}{r}$$

Substituant cette valeur dans la dernière expression, et réduisant, on trouve définitivement

$$O=(\delta-R).\frac{p}{p-P}.$$

En négligeant la parallaxe P du soleil, ce qui ne produit pas une différence d'une demi-seconde dans les résultats, on peut poser : Le demi-diamètre de l'ombre humaine est égal à l'excès du demi-diamètre apparent de la lune sur le demi-diamètre du soleil. Si l'on veut connaître quelle est la largeur de l'ombre dans les circonstances les plus favorables à l'éclipse, c'est-à-dire lorsque le soleil est apogée et la lune périgée, il faut dans l'expression précédente donner aux quantités δ, p et P les valeurs qui conviennent à ces situations: ainsi, à moins d'une seconde près, ces valeurs étant

$$\delta=1005'' \quad R=945''$$
$$p=3689'' \quad P=\ 8''$$

nous trouverons O=60''. Mais le demi-diamètre apparent de la terre, vu de la lune, est la même chose que la parallaxe de la lune, vu de la terre, 3689 , ainsi la grandeur de l'ombre lunaire est à celle du disque de la terre comme 60 : 3689, vu à peu près comme 1 : 61; d'où il suit que cette ombre ne peut pas couvrir la 60e partie de la largeur de l'hémisphère terrestre, et qu'il n'y a jamais, dans toutes les autres circonstances moins favorables, qu'une très petite portion de cet hémisphère plongée dans une obscurité complète. Lorsque $\delta=R$, la pointe seule du cône atteint l'observateur, et lorsque $\delta<R$, cette pointe est plus ou moins éloignée de la surface de la terre; ainsi il ne peut y avoir d'éclipse avec obscurité complète, si le demi-diamètre apparent de la lune ne surpasse pas celui du soleil. L'ombre lunaire est accompagnée d'une pénombre, ainsi que l'ombre terrestre, et il est essentiel d'en démontrer les dimensions, car ici il ne s'agit plus d'une simple diminution de lumière pour l'observateur placé dans cette pénombre, mais bien de la disparition d'une partie du disque solaire. L'éclipse commençant pour cet observateur au moment où le lieu qu'il occupe entre en contact avec une des limites de la pénombre, et se terminant lorsque le contact s'effectue avec la limite opposée, ce lieu ne devient entièrement obscur que lorsque le cône d'ombre lunaire est assez grand pour l'atteindre; ce qui produit alors pour lui une éclipse totale. Menons donc une droite AC tangente aux bords opposés du soleil S et de la lune L (figure ci-dessus), cette droite déterminera une des limites de la pénombre; et si TT représente une portion de l'orbite de la terre, l'angle TLE sera la distance angulaire de la pénombre à l'axe SE, ou le demi-diamètre de cette pénombre. Si nous traçons les autres lignes de la figure, nous aurons les relations suivantes entre les angles,

$$TLE=TPD+PTL$$
$$TPL=PAL+ALP$$

d'où

$$TLE=PAL+ALP+PTL.$$

Or PAL est la parallaxe du soleil pour la lune, ALP le demi-diamètre apparent du soleil pour le même astre, et PTL la parallaxe de la terre; ainsi, en consacrant les désignations ci-dessus, nous avons,

$$TL==P'+R'+\delta,$$

exprimant P' et R en valeur de la parallaxe et du rayon du soleil, vus de la terre, cette égalité devient

$$TLE=\delta+P.\rho\frac{O}{rD-d}+\frac{D.R}{D-d}$$

et, en opérant comme dans le numéro précédent,

$$TLE=(\delta+R).\frac{p}{p-P},$$

ou simplement

$$TLE=\delta+R$$

en négligeant l'influence presque insensible de P, c'est-à-dire que le demi-diamètre de la pénombre, vu de la lune, est égal à la somme des demi-diamètres apparents du soleil et de la lune, vus de la terre. Si nous donnons à δ et à R les valeurs $\delta=1005''$; $R=945''$, qui répondent aux circonstances les plus favorables pour l'objet, nous trouvons

Demi-diamètre pénombre = 1950''

Dans les mêmes circonstances, le demi-diamètre apparent de la terre, vu de la lune, était 3689''; ces demi-diamètres sont donc entre eux comme 1950 : 3689, ou à peu près comme 1:1,9; d'où il suit que dans ce cas la pénombre embrasse un peu plus de la moitié du disque de la terre. Les dimensions de l'ombre et de la pénombre étant connues, toutes les circonstances d'une éclipse de soleil peuvent se déterminer sans aucune difficulté, en la considérant comme une éclipse de terre par rapport à un observateur placé dans la lune; car à l'aide de cette hypothèse on obtient des formules semblables à celles que nous avons données pour les éclipses lunaires. Soit en effet (fig. 1) S, L et T, les lieux du soleil, de la terre et de la lune; SO sera l'axe du cône de l'ombre lunaire, et l'angle TLO la distance angulaire apparente des centres de la terre et de l'ombre, vue de la lune; cet angle étant égal à la somme des deux angles STL et TSL, si nous le désignons par γ, et si nous nommons simplement STL, T et TSL, etc., nous aurons

$$\gamma = S + T.$$

Du point T menons TO perpendiculaire à l'axe de l'ombre, le triangle TSO nous donnera

$$1 : \sin S :: ST : TO,$$

d'où

$$TO = ST.\sin S, \text{ ou } TO = D.\sin S$$

en désignant par D la distance de la terre au soleil. Le triangle TLO nous donnera également

$$1 : \sin TLO :: TL : TO$$

ou

$$1 : \sin\gamma :: d : TO$$

en désignant par d la distance de la terre à la lune. De cette dernière portion on tire

$$To = d.\sin\gamma$$

et en égalant les deux valeurs de TO,

$$D.\sin S = d.\sin\gamma, \text{ ou } D.\sin(\gamma - T) = d : \sin\gamma$$

à cause de $R = \gamma - T$. En substituant au rapport des distances $\frac{d}{D}$ le rapport inverse des parallaxes $\frac{\sin P}{\sin p}$ qui leur est égal, on aura (m)

$$\sin P.\sin(\gamma - T) = \sin p \sin\gamma.$$

Au moment de l'éclipse, l'angle T, qui mesure la distance apparente du soleil et de la lune, est toujours très petit, et l'on peut évaluer cette distance en la regardant comme l'hypothénuse d'un triangle rectangle, dont les deux autres côtés sont les différences de longitude et de latitude des deux astres. Désignons donc, comme nous l'avons fait (n° 16), par μ le mouvement horaire de la lune en longitude, par ν son mouvement horaire en latitude, par m le mouvement horaire du soleil, par λ la latitude de la lune au moment de la conjonction, et par t le temps compté en heures à partir de cet instant. Or, à l'époque de la conjonction les longitudes étant les mêmes, après le temps t leur différence sera $\mu t - mt$; et la différence des latitudes sera visiblement $\lambda + \nu t$; nous aurons donc (n)

$$T^2 = (\mu - m)^2.t^2 + (\lambda + \nu t)^2$$

Si, pour nous contenter d'une approximation suffisante, nous remplaçons dans l'équation (m) les sinus par leurs arcs, cette équation deviendra

$$P(\gamma - T) = p.\gamma$$

et nous donnera

$$T = \gamma\frac{p - P}{p}$$

substituant cette valeur, dans l'équation (n), elle deviendra

$$(\mu - m)^2.t^2 + (\lambda + \nu t)^2 = \gamma^2.\left[\frac{p - P}{p}\right]^2$$

En faisant entrer dans cette dernière un angle auxiliaire α, déterminé par la relation

$$\text{tang}\,\alpha = \frac{\nu}{\mu - m}$$

c'est-à-dire l'inclinaison de l'orbite relative, et la résolvant ensuite par rapport à t, on obtient (p)

$$t = \frac{\lambda.\sin^2\alpha}{\nu} + \frac{\sin\alpha}{\nu}.\sqrt{\left[\gamma^2\left(\frac{p - P}{p}\right)^2 - \lambda^2\cos^2\alpha\right]}$$

Il ne s'agit plus que de mettre dans cette expression, pour γ, ou pour la distance des centres, les valeurs qui conviennent aux phases, et les valeurs correspondantes de t feront connaître les époques où ces phases auront lieu. Pour le moment du milieu de l'éclipse, comme on ne doit trouver qu'une seule valeur de t, le radical s'évanouit, et l'on a seulement

$$t = \frac{\lambda.\sin^2\alpha}{\nu}$$

La distance des centres est alors

$$\gamma - \left[\frac{p}{p - P}\right]\lambda\cos\alpha.$$

Lorsque cette distance est égale à la somme des demi-diamètres de la pénombre et du rayon apparent de la terre, vus de la lune, ou ce qui est la même chose, à la somme du demi-diamètre de la pénombre et de la parallaxe horizontale de la lune, c'est-à-dire quand on a

$$\gamma = (\delta + R).\frac{p}{p - p} + p$$

on trouve deux valeurs pour t, dont l'une répond au commencement et l'autre à la fin de l'éclipse. Toutes les circonstances générales d'une éclipse de soleil peuvent donc être déterminées aussi facilement que celles d'une éclipse lunaire, en supposant l'observateur placé dans la lune; mais le problème se complique singulièrement si l'on veut déterminer les circonstances particulières de cette éclipse pour un lieu donné de la terre; car alors l'influence du pouvoir réfringent de l'atmosphère terrestre, qui se borne, pour le spectateur lunaire, à modifier les dimensions du cône d'ombre, et dont il est facile de tenir compte, apporte de grands changements dans les distances apparentes du soleil et de la lune, distances qui sont en outre affectées par les parallaxes de hauteurs. Ces modifications exigeant des calculs dont l'exposition n'entre point dans le plan de notre dictionnaire, nous devons renvoyer nos lecteurs aux ouvrages spéciaux sur la théorie des éclipses; le traité d'astronomie de Delambre renferme ce qu'il y a de plus complet en ce genre. Il nous reste à faire connaître quelques particularités des éclipses tant lunaires que solaires. Les éclipses solaires se distinguent, ainsi que les lunaires, en partielles et totales. Les premières ont lieu lorsque la lune cache seulement une partie du disque du soleil; les secondes, lorsque le disque entier est caché. On comprend facilement qu'une éclipse de soleil peut être partielle pour un lieu terrestre, et en même temps totale pour un autre; comme aussi elle peut être totale pour plusieurs lieux successivement. On nomme éclipses annulaires celles dans lesquelles le disque du soleil déborde de toutes parts celui de la lune, et apparaît comme un anneau lumineux; ce phénomène se remarque sur les lieux terrestres situés sous le cône d'ombre, lorsque ce cône est trop petit pour atteindre la surface de la terre. Enfin on nomme éclipses centrales celles où l'observateur se trouve placé au centre de l'ombre, sur la droite qui joint les centres du soleil et de la lune. Les éclipses centrales sont totales ou annulaires, selon que l'ombre lunaire atteint ou n'atteint pas la surface terrestre. Quand les disques du soleil ne font que se toucher dans leur passage, il n'y a point à proprement parler d'éclipse, mais bien une appulse. En comparant le temps des révolutions périodiques de la lune et du soleil, on peut trouver un moyen très simple de prévoir, sinon rigoureusement, du moins approximativement, les époques où les éclipses auront lieu; car il suffit évidemment, pour cet effet, de connaître une période de temps après laquelle le soleil et la lune se trouvent, à très peu près, dans les mêmes positions par rapport aux nœuds de l'orbite lunaire. Les mouvements de ces astres recommençant de la même manière, les éclipses qui auront eu lieu pendant le cours de cette période se reproduiront successivement et dans le même ordre; il ne pourra se trouver d'autres différences que celles résultant des inégalités auxquelles les mouvements du soleil et de la lune sont assujétis. On sait (*V.* RÉVOLUTION) que la révolution synodique de la lune s'effectue en $29^j\ 12^h\ 44'\ 2''\ 50^m.9$, ou $29^j, 530588$, en considérant simplement les fractions décimales du jour, et que la révolution synodique des nœuds de l'orbite lunaire s'effectue en 346 jours, 61963 ; ces nombres étant à très peu près dans le rapport de 19 à 223, il s'ensuit qu'après 223 révolutions synodiques de la lune, le nœud est revenu 19 fois à la même position par rapport au soleil. Mais 223 mois lunaires font 6585 j., 321124, ou 18 ans et 10 jours. Ainsi, après cet intervalle de temps, toutes les éclipses, soit de soleil, soit de lune, doivent reparaître dans le même ordre; il suffit donc de connaître celles qui ont eu lieu dans une période de 18 ans 10 jours pour annoncer toutes celles qui arriveront dans les périodes suivantes. Cependant, comme 19 révolutions du nœud surpassent de 0 j., 45185 les 223 mois lunaires, à la fin de chaque période la longitude du nœud lunaire se trouve un peu plus grande qu'au commencement, et par conséquent l'ordre observé doit s'altérer à la longue. Cette période si remarquable paraît avoir été connue des plus anciens astronomes chaldéens, qui l'avaient sans doute remarquée en observant le retour constant des mêmes éclipses Ils lui avaient donné le nom de *Saros*. Aujourd'hui on possède des moyens beaucoup plus sûrs de prédire les éclipses; on calcule au moyen des épactes astronomiques (V. ce mot) les époques des conjonctions moyennes ou des nouvelles lunes. Ces époques étant connues, on trouve celles des oppositions ou des pleines lunes, en retranchant des premières une demi-révolution synodique, c'est-à-dire 14 j. 18h 22'. Quand on a ainsi déterminé les instants des conjonctions et des oppositions, on calcule pour ces instants la distance du soleil ou nœud de la lune, et on voit si cette distance tombe dans les limites où il peut y avoir éclipse. Ces limites sont :

Éclipses solaires.

Si la distance du soleil au nœud est	plus petite que 13° 33'	l'éclipse est	sûre.
	plus grande que 19° 44'		impossible.

Éclipses lunaires.

Si la distance du soleil au nœud est	plus petite que 7° 47'	l'éclipse est	sûre.
	plus grande que 18° 31		impossible.

Entre ces valeurs extrêmes, qu'on nomme limites écliptiques, l'éclipse est possible, mais douteuse, et il faut alors un calcul plus exact des syzygies. A l'inspection de ces limites on voit que les éclipses de soleil doivent être plus fréquentes que celles de lune; mais elles ne sont visibles que d'un petit nombre de lieux terrestres, tandis que les éclipses de lune sont visibles de tous les lieux de l'hémisphère qui a la lune sur l'horizon pendant la durée de l'éclipse. Les éclipses sont des phénomènes d'un grand intérêt pour l'astronomie et la physique; elles nous ont appris que la lune est un corps opaque, et que la forme de la terre est sphérique. Dans la géographie, on s'en sert pour déterminer les longitudes des lieux terrestres, et la chronologie en fait un grand usage pour fixer avec exactitude la date des évènements passés Nous aurons plus d'une fois l'occasion, dans le cours de cet ouvrage, de revenir sur les nombreuses applications dont elles sont l'objet. O. P.

ÉCLIPSES DES SATELLITES. (*V.* SATELLITES DE JUPITER.)

ÉCLIPSES DES ÉTOILES. (*V.* OCCULTATION.)

ÉCLIPSES DU SOLEIL PAR LES PLANÈTES INFÉRIEURES. (*V.* PASSAGE.)

ÉCLIPSEMENT, s. m. Il s'est dit autrefois pour disposition, suppression.

ÉCLIPSER, v. a., cacher, couvrir en tout ou en partie. Il se dit au propre d'un astre qui, par son interposition, en cache un autre, en intercepte la lumière. Il se dit, figurément, en parlant du mérite, des talents, de la gloire, etc. Il s'emploie aussi avec le pronom personnel, et se dit d'un astre qui souffre éclipse. Il signifie, figurément, s'absenter, disparaître, s'évanouir. Il se dit particulièrement de certaines choses qui viennent comme à disparaître tout d'un coup.

ÉCLIPTÉ, ÉE, adj. (*bot.*), qui ressemble à une éclipte.

ÉCLIPTIQUE (*astr.*), grand cercle de la sphère céleste. (*V.* ARMILLAIRE.) C'est celui que le soleil paraît parcourir en une année, et que la terre décrit réellement dans cet espace de temps. Ce cercle a été nommé écliptique, parce que toutes les éclipses de soleil et de lune arrivent quand la lune se trouve dans les points où son orbite le rencontre, ou au moins très près de ces points. (*V.* ÉCLIPSES.) L'écliptique partage le zodiaque en deux parties égales; c'est sur ce cercle que sont marqués les douze signes célestes : le Bélier, le Taureau, etc.; de sorte qu'en le divisant en 360°, chacun de ces signes en comprend 30. On nomme axe de l'écliptique une droite perpendiculaire à son plan et passant par son centre. Les extrémités de cette droite sur la voûte céleste sont les pôles de l'écliptique. L'écliptique est située obliquement par rapport à l'équateur qu'elle coupe en deux points diamétralement opposés, qu'on nomme les points équinoxiaux; ces points sont le commencement des signes du Bélier et de la Balance, de sorte que le soleil se trouve chaque année deux fois sur l'équateur, et le reste du temps tantôt dans l'hémisphère boréal et tantôt dans l'hémisphère austral. On nomme *points solsticiaux* les deux points de l'écliptique les plus éloignés de l'équateur. On désigne par le nom d'obliquité de l'écliptique l'angle qu'elle fait avec l'équateur. Cette obliquité se trouve de la manière suivante : vers l'époque où le soleil est le plus éloigné de l'équateur, c'est-à-dire quelques jours avant le solstice d'été, observez avec le plus grand soin la hauteur du soleil au-dessus de l'horizon au moment de son passage au méridien; faites chaque jour cette opération jusqu'à ce que les hauteurs mesurées aillent en décroissant, ce qui vous indiquera que le moment du solstice est passé; prenez alors la plus grande des hauteurs observées et retranchez-en la hauteur de l'équateur au-dessus de l'horizon, la différence sera l'arc du méridien compris entre l'équateur et le point solsticial, lequel arc est précisément la mesure de l'obliquité cherchée. Cette obliquité, qui est en ce moment d'à peu près 30°27'50", est variable. Selon les observations de Pytheas, faites à Marseille plus de 300 ans avant l'ère chrétienne, l'obliquité était alors de 23°49' 1/2. Albaténius, vers l'année 880, la trouva de 23°35', ce qui revient à 23°35'40" en corrigeant ce résultat des effets de la parallaxe et de la réfraction. Les Arabes, en 1140, la fixèrent à 23°33'30"; Tycho-Brahé, en 1587, la trouva de 23°29'30"; Flamsteed, en 1689, de 23°28'58"; La Condamine à Quito, en 1736, de 23°28'24"; Maskeline, en 1769, 23°28'10". Enfin d'après Delambre, cette obliquité, qui, outre sa diminution progressive, est affectée chaque année de variations en plus et moins (*V.* NUTATION), avait, en 1810, pour valeur moyenne 23°27'57". Le même astronome fixe à 48" par siècle la diminution progressive. Cette diminution d'obliquité de l'écliptique est due à l'action des planètes sur la terre, et principalement aux attractions de Vénus et de Jupiter. D'après Lagrange, elle ne peut dépasser une certaine période, à la fin de laquelle elle doit se changer en augmentation. La Place donne pour limite à ces variations une grandeur de 2°42'. Les points équinoxiaux ne sont pas fixes; ils rétrogradent de 50",1 par année. C'est ce phénomène que l'on nomme la précession des équinoxes. (*V.* ce mot.)

ÉCLISSE, s. f., petite plaque de bois ou de carton que l'on applique le long d'un membre fracturé pour contenir les os dans une situation fixe. Il se dit aussi du bois de fente qui sert à faire des seaux, des tambours, etc. Il se dit encore d'un petit rond d'osier ou de jonc sur lequel on met égoutter le lait caillé pour en faire des fromages.

ÉCLISSE, s. f. (*technol.*), second rang des tronçons de bois disposés dans un fourneau pour faire du charbon. Il se disait autrefois des disques d'osier que l'on met sur la table pour y poser les plats. — ELISSE ou ECLISSOIRE, s'est dit autrefois d'une espèce de seringue. — ECLISSE, bois plat et mince dont on fait les côtes d'un luth, les parois d'un violon. Petit ais de bois qui soutient les plis d'un soufflet.

ÉCLISSER, v. a., mettre des éclisses à un membre fracturé.

ÉCLISSER, v. a. Il se disait autrefois dans le sens de faire jaillir de l'eau sur quelqu'un. On *éclisse* les oiseaux de proie en leur jetant quelques gouttes d'eau avec le doigt.

ÉCLOGITE (*minér.*). M. Haüy a donné ce nom à une roche mélangée qui est essentiellement composée de disthène et de diallage. On dit qu'on ne l'a reconnue encore que dans un seul endroit, dans le Sau-Alpe en Styrie. Est-ce d'après cela une association assez constante, assez importante, pour constituer une espèce de roche mélangée?

ÉCLOPES (*bot*). Gaertner, d'après Banks, nomme ainsi le *relhania* de Lhéritier, qui paraît congénère du *leysera*.

ÉCLOPPÉ, ÉE (*style familier*), participe du verbe ECLOPPER, inusité. Boiteux, estropié, dont la marche est pénible à cause de quelque incommodité.

ÉCLOPPÉ, ÉE, adj. (*blason*). Il se disait d'un écu taillé et tranché inégalement. Quelques auteurs pensent que l'*écu écloppé* est propre aux bâtards.

ÉCLORE, v. n. (Ce verbe n'est guère usité qu'à l'infinitif, et aux troisièmes personnes de quelques temps. On le conjugue avec l'auxiliaire *être*.) Il se dit de quelques animaux qui naissent d'un œuf. Il se dit aussi des fleurs qui commencent à s'ouvrir. Par analogie, *Le jour est près d'éclore, vient d'éclore, com-*

mence à éclore. Le jour va paraître, vient de paraître, commence à paraître. ÉCLORE, se dit figurément de tout ce qui naît, est produit, se développe, se manifeste.

ÉCLORE, v. a. (*anc. t. de technol.*). Il se disait autrefois pour: retenir l'eau qui fait tourner un moulin.

ÉCLOSION, s. f., action d'éclore. Peu usité.

ÉCLUSE, s. f., clôture, barrière faite de terre, de pierre, de bois, sur une rivière, sur un canal, etc., ayant une ou plusieurs portes qui se lèvent et se baissent, ou qui s'ouvrent et se ferment, pour retenir et pour lâcher l'eau. Il se dit particulièrement de la porte qui se hausse et se baisse ou qui s'ouvre et se ferme dans ces sortes de constructions. (*V.* CANAL et COMMUNICATION) (VOIES DE).

ÉCLUSE, s. f. (*archit. hydraul.*). Il se dit en général de tout ouvrage qui soutient les eaux d'une rivière, d'un canal ou d'un étang au-dessus de leur niveau naturel, et que l'on peut ouvrir et fermer à volonté. La fermeture peut être faite avec des vannes, des poutrelles, des portes simples, busquées ou tournantes, etc. *Ecluses à sas*, ouvrage composé de deux écluses séparées l'une de l'autre par un espace qu'on nomme *sas*, et dans lequel se place le bateau qui veut monter ou descendre la chute que soutient l'écluse. *Ecluse simple*, celle qui ne peut soutenir les eaux qu'à un seul niveau à la fois. *Ecluse double*, celle qui peut les retenir à deux hauteurs. *Ecluse à tambour*, celle où l'on pratique, dans le massif des bajoyers, un petit canal voûté dont l'entrée est au delà des portes. *Ecluse en éperon*, celles dont les portes sont busquées et forment un angle. *Ecluse carrée*, celle qui n'a qu'un seul vantail qu'on élève et qu'on abaisse à volonté. *Ecluse de chasse*, écluse dont les orifices d'écoulement peuvent être ouverts rapidement, de manière à laisser échapper assez d'eau pour *faire chasse*, c'est-à-dire pour entraîner les matières qui encombrent un port, un canal, etc. *Ecluse de chasse (fortific.)*, retenue d'eau destinée à nettoyer ou à raviver un fossé de forteresse. *Ecluse de fuite*, celle qui est destinée à vider le trop plein donné par une *écluse de chasse*. *Ecluse provisionnelle*, réservoir destiné à inonder au besoin un fossé de forteresse.

ÉCLUSE (*pêche*), nom sous lequel on désigne les parcs de pierre.

ÉCLUSE (L') (*géogr.*), fort de France, département de l'Ain; construit sur un rocher, à 40 mètres au-dessus du Rhône, il commande la route de Genève à Lyon.

ÉCLUSE (fort l'), ou de la *Cluse*, ancienne forteresse du département de l'Ain, arrondissement de Gex, située dans le défilé qui commence au sortir de Bellegarde. C'était un des plus anciens boulevards de la Savoie. Les Autrichiens l'ont détruit lors de l'invasion de 1814; il n'a pas été relevé depuis.

ÉCLUSE (CHARLES DE L'), *Clusius*, né à Arras le 18 février 1525, parcourut une grande partie de l'Europe en herborisant. Il s'était fait une loi de ne se fier qu'à ses propres yeux pour les descriptions des plantes; aussi l'exactitude la plus scrupuleuse règne dans ses descriptions et dans ses figures. Les empereurs Maximilien II et Rodolphe II, lui confièrent leur jardin des simples. Les assujétissements de la vie de courtisan l'ayant dégoûté, il se retira à Francfort-sur-le-Mein, ensuite à Leyde, où il mourut en 1609, à 84 ans, professeur de botanique. Ses *ouvrages* ont été recueillis en 3 vol. in-fol., à Anvers, 1601, 1605 et 1611, avec fig. Ils roulent sur la science qu'il avait cultivée.

ÉCLUSE DES LOGES (PIERRE-MATHURIN DE L'), docteur de Sorbonne, né à Falaise en 1715, et mort à Paris vers l'an 1783, est particulièrement connu par son édition des *Mémoires de Sully*, Londres, 1745, 3 vol. in-4° ou 8 vol. in-12, réimprimé à Londres, 1778, 10 vol. in-12, et à Paris, 1814, 6 vol. in-8°. On reprochait à ces mémoires de manquer d'ordre; le style d'ailleurs en avait vieilli; il était en général lent, surchargé de parenthèses ou de phrases incidentes et quelquefois obscures. L'abbé de l'Ecluse les a mis en meilleur français et en meilleur ordre, et il redresse, toutes les fois que l'occasion s'en présente, les erreurs dans lesquelles Sully a été entraîné par l'esprit de parti.

ÉCLUSEAU (*bot.*), synonyme de *couamelle*, dans l'ouvrage du docteur Paulet sur les champignons. Ce nom est donné, spécialement dans les ci-devant provinces du Berry et du Poitou, ainsi que ceux d'*éclusiau cluseau* et *potiron*, à la grande *coulemelle* ou agaric élevé, *agaricus procerus*, Pers., excellente espèce de champignon commune partout. Elle fait partie des *couamelles* de Paulet.

ÉCLUSÉE, s. f., la quantité d'eau qui coule depuis qu'on a lâché l'écluse jusqu'à ce qu'on l'ait refermée.

ÉCLUSÉE, s. f. (*comm.*), demi-train de bois qui n'a qu'une largeur modique, de manière à passer par les écluses.

ÉCLUSER, v. a. (*navigat.*), faire passer un bateau par une écluse.

ÉCLUSER (*constr.*), garnir, munir d'écluses.

ÉCLUSETTE (*bot.*). Dans le département de la Vienne, on donne ce nom à un champignon auquel on attribue des propriétés malfaisantes; il paraît être le même que la *coulemelle d'eau*. (*V.* COULEMELLE.)

ÉCLUSIER, s. m., celui qui gouverne une écluse.

ÉCLYSE, s. f. (*musique anc.*), altération qui avait lieu, dans le genre enharmonique, lorsqu'une corde était accidentellement baissée de trois dièses au-dessous de son accord ordinaire. L'*éclyse* est le contraire du *spondéasme*.

ECMARTURIE, s. f. (*ant. gr.*), dans les tribunaux d'Athènes, déposition de témoins absents, transmise par d'autres témoins qui la tenaient de la bouche des premiers. Il s'emploie par opposition à *marturie*, déposition directe.

ECMÈLE, adj. des 2 g. (*musique anc.*), qui ne peut fournir de mélodie. On appelait *sons ecmèles* ceux de la parole, par opposition aux *sons emmèles* ou musicaux.

ECNÉPHIAS, s. m. (*météorol.*), vent violent qui semble s'élancer des nuages.

ECNOME, s. m. (*géogr. anc.*), montagne de la Sicile, sur la côte méridionale. Près du mont Ecnome, les consuls Régulus et Manlius défirent la flotte carthaginoise, en 257 av. J.-C.

ÉCOBUAGE. L'opération que l'on désigne par ce nom consiste dans la combustion de la croûte supérieure du sol. Elle a pour but de rendre propres à la culture les terrains qui, par différentes causes que nous allons examiner, se refusent à la végétation. On emploie également cette pratique pour mettre en céréales un sol en friche ou qui est resté longtemps en bruyère ou en prairie naturelle ou artificielle. Pour écobuer un terrain on commence par enlever, soit à la charrue, soit à l'aide de *l'écobue*, la croûte supérieure du sol de toute la profondeur que les racines ont pénétrée; on divise ensuite les tranches carrément, et après les avoir laissées sécher au soleil pendant quelques jours, on les place les unes sur les autres et on en forme de petits fours ronds ou carrés, en ayant soin que l'herbe se trouve, autant que possible, en dedans et la racine en dehors. L'intérieur du fourneau est ensuite rempli d'herbes, de feuilles et de broussailles sèches auxquelles on met le feu. Il est nécessaire avant d'allumer le fourneau d'en enduire de terre humide toute la surface extérieure pour boucher toutes les issues qui pourraient s'y trouver. Lorsque le feu est bien pris, on ferme presque entièrement l'ouverture qui sert de porte, et l'on conduit la combustion aussi lentement que possible, en ayant soin de visiter souvent les fourneaux et de boucher les trous qui peuvent s'y former. En un mot, l'on dirige le feu comme celui des fours à charbon. Lorsque le fourneau ne laisse plus échapper de fumée, c'est-à-dire plusieurs jours après, on débouche l'entrée, on s'assure que l'intérieur est refroidi, et après avoir examiné si le feu ne s'est pas éteint avant que cette espèce de calcination fût complète, on démolit le four, on en bat les débris et on les répand également sur toute la surface du champ. — Pour se rendre compte des effets de l'écobuage, il est nécessaire de rechercher de quelle manière le feu agit sur les terres qui sont soumises à son action. Les sols ordinaires sont généralement composés d'un petit nombre de substances diversement combinées, et dont la réunion, dans des proportions différentes, forme les diverses sortes de terres labourables. Ces substances sont la silice ou sable, la chaux, l'alumine ou argile, quelques oxydes, des matières animales et végétales en décomposition, et des sels. L'action du feu dans l'écobuage n'est pas sensible sur la silice; elle dégage de la chaux une petite quantité d'acide carbonique; elle vaporise une partie de l'eau de cohésion de l'argile; elle détruit les matières animales et végétales; elle n'altère que légèrement les oxydes, et elle augmente la quantité des sels par la combustion des parties fibreuses et ligneuses des végétaux qui se trouvent dans la terre. Il en résulte que si l'écobuage a lieu sur un terrain sablonneux mêlé de calcaire, il détruit toutes les parties animales et végétales qui s'y trouvent, et appauvrit la terre pour longtemps. — Si, outre le sable et le calcaire, le terrain contient une petite quantité d'argile, elle perd sa ténacité et se transforme en une matière plus ou moins analogue au sable, selon que la chaleur a été plus ou moins forte, et le sol se trouve encore privé de celui de ses éléments qui était le plus nécessaire à la végétation. Les inconvénients sont à peu près les mêmes si le calcaire domine; dans ces différents cas, on détruit l'humus, et la quantité de sels que l'écobuage introduit dans le sol est plutôt nuisible qu'utile. — Lorsque le terrain qu'on veut écobuer est formé d'argile pure, l'écobuage en transforme une certaine quantité en matière pulvérulente et maigre, qui, ayant perdu la faculté de s'agglutiner à la manière de l'argile, agit comme amendement, divise le sol et le rend perméable à l'eau. Voilà donc un avantage, mais on peut remarquer qu'il est acheté par le sacrifice de la quantité d'humus, en répandant sur le sol quelques tombereaux de sable. Restent donc les terrains dans lesquels les matières végétales sont en surabondance et repoussent la culture; ce sont les tourbes. Ici tout est avantage dans la pratique dont nous nous occupons. Enlevez quatre ou cinq pouces de la surface, brûlez-les, répandez-en les cendres sur le terrain même, et vous aurez produit une amélioration notable. On voit par ces explications que la pratique de l'écobuage, dont on a souvent discuté la théorie, est aussi utile et aussi nuisible qu'on l'a prétendu de part et d'autre; utile pour les terrains marneux, argileux ou tourbeux; nuisible pour les sols riches où les bases ordinaires se trouvent dans des proportions favorables à la végétation; nuisible pour les terres sablonneuses ou calcaires, et, en général, pour les terrains maigres. On a nié l'avantage de la combustion dans les fonds argileux, parce qu'on n'a vu que la perte de la substance végétale qui est détruite par cette opération; mais on n'a pas assez considéré que cette perte est plus que compensée par la perméabilité que le sol acquiert et qui est une amélioration durable. — La question à résoudre dans les terrains de cette nature est celle-ci : Y a-t-il économie à produire cette amélioration par l'écobuage ou par l'addition d'une quantité de sable équivalente à la masse des cendres que l'incinération aurait produites? La réponse dépend des localités. Quant aux prétendus avantages accessoires qu'on a cru trouver dans l'écobuage, tels que la destruction des larves et des œufs d'insectes, et celle des graines des mauvaises herbes et des plantes parasites, on en a beaucoup exagéré l'importance, et l'on n'a pas considéré que les insectes, comme les mauvaises graines, ne sont pas détruits dans les champs voisins, d'où il leur faut peu de temps pour se répandre dans la terre la mieux nettoyée. Concluons de ces observations que l'écobuage, comme la plupart des pratiques agricoles, a des avantages et des inconvénients; qu'il ne doit être entrepris qu'après s'être assuré que le sol n'a point à y perdre et que l'amélioration qui peut en résulter mérite la dépense qu'on se propose de faire; que cette opération peut presque toujours être suppléée par l'emploi de la chaux ou du sable, et qu'on doit examiner s'il n'y a pas économie à préférer ce dernier moyen; enfin que les sols argileux et humides ou tourbeux sont à peu près les seuls où l'écobuage soit constamment avantageux s'il peut être fait sans une grande dépense.

ÉCOBUE, s. f. (*agricult.*), espèce de pioche qui sert pour l'écobuage.

ÉCOBUER, v. a. (*agricult.*), enlever de la surface d'un terrain couvert d'herbes des parties de plusieurs pouces d'épaisseur, qu'on fait sécher, puis brûler, et dont on répand ensuite les cendres sur le champ.

ÉCOCHELAGE, s. m. (*agricult.*), action d'écocheler.

ÉCOCHELER, v. a. (*agricult.*), ramasser avec deux râteaux les tiges céréales que la faux a étendues en les coupant.

ÉCOFRAI ou **ÉCOFROI**, s. m., grosse table dont se servent plusieurs artisans pour tailler et préparer leurs ouvrages.

ÉCOINÇON ou **ÉCOINSON**, s. m., pièce de maçonnerie ou de menuiserie qui cache et dissimule les angles que forment les parois d'une chambre. Il se dit aussi d'une pierre qui fait l'encoignure de l'embrasure d'une porte, d'une fenêtre.

ÉCOISSON, s. m. (*agricult.*), sillon plus court que les autres.

ÉCOLAGE, s. m. Il se disait autrefois de l'état de l'enfant qui va à l'école. Il se dit quelquefois aujourd'hui des frais d'école, du droit que paie chaque écolier.

ÉCOLAMPADE. (V. **ŒCOLAMPADE**.)

ÉCOLATRE (*scholasticus*). Le concile de Latran de l'an 1179, sous le pape Alexandre III, ordonna qu'il y aurait dans chaque église cathédrale un précepteur, qui serait pourvu d'un bénéfice pour enseigner gratuitement la philosophie et la théologie aux ecclésiastiques et aux pauvres écoliers. Ce règlement fut renouvelé dans un autre concile de Latran tenu en 1215, sous le pape Innocent III. Voilà l'origine des écolâtres, selon quelques-uns; dans la suite, on appela *écolâtre* celui qui n'enseignait que la philosophie, et *théologal* celui qui enseignait la théologie. Avant nos troubles, et en quelques cathédrales, l'écolâtre était un chanoine qui jouissait d'une prébende pour enseigner gratuitement la philosophie et les lettres humaines à ses confrères et aux pauvres écoliers du diocèse. En d'autres cathédrales, la place d'écolâtre était une dignité, la même à peu près que celle de chancelier qui donnait intendance sur les écoles du diocèse, avec le droit d'instituer et de destituer les maîtres et les maîtresses d'écoles, excepté ceux qui, sous les ordres des curés, exerçaient leur art dans les écoles de charité des paroisses. C'est ce qui avait été jugé au parlement de Paris le 23 janvier 1680 pour l'écolâtre d'Amiens contre les échevins de cette ville, et contre le même écolâtre en faveur des curés d'Amiens. L'institution des écolâtres, prise en ce sens pour les directeurs des écoles, est plus ancienne que celle des écolâtres qui tenaient des prébendes préceptoriales pour enseigner eux-mêmes, selon M. Joly dans son Traité des écoles. Ces *écolâtres*, ou *scholastiques*, ou *chanceliers*, intendants des écoles publiques, étaient connus dès le VIIIe siècle, et leur charge était comme un degré pour parvenir plus haut, et souvent aux évêchés. Alcuin, précepteur de Charlemagne, qui vivait dans le VIIIe siècle, fut écolâtre, et ensuite abbé de Saint-Martin de Tours. Gerbert, précepteur d'Othon III, empereur, fut écolâtre, et depuis archevêque de Reims et de Ravenne. On voit même des traces de la dignité d'écolâtre dans le deuxième concile de Tolède et dans celui de Mérida de l'an 666. L'écolâtre devait accorder *gratis* les lettres de permission qu'il donnait pour tenir école. (Voyez M. Joly, chantre et chanoine de la cathédrale de Paris, dans son *Traité historique des écoles épiscopales et ecclésiastiques*, p. 166 et suiv.; voyez aussi les *Mémoires du clergé*, tome Ier, p. 999 et suiv.)

ÉCOLE, s. f., lieu, établissement où l'on enseigne une ou plusieurs sciences, un ou plusieurs arts. Il se dit particulièrement des écoles où l'on montre à lire, à écrire, où l'on enseigne la grammaire et le calcul, et qui sont désignées aussi sous le nom de *petites écoles* ou d'*écoles primaires*. Prov. et fig., *Faire l'école buissonnière*, se dit d'un écolier qui manque à aller en classe. On le dit aussi, dans une acception plus figurée, d'une personne qui manque à des exercices, à des fonctions qu'elle doit remplir avec d'autres personnes. Prov. et fig., *Prendre le chemin de l'école*, prendre le chemin le plus long. On dit plus ordinairement, *Prendre le chemin des écoliers*. Prov. et fig., *Renvoyer quelqu'un à l'école*, lui faire sentir son manque d'instruction, son ignorance. — **ÉCOLE**, désigne quelquefois tous les élèves d'une école, ou les professeurs et les employés d'une école. Il se dit aussi d'un vaisseau armé pour l'instruction des élèves de marine. — **ÉCOLE**, se dit souvent au figuré, tant en bonne qu'en mauvaise part, de ce qui est propre à former, à donner de l'expérience en quelque chose, à instruire. Fam., *Il faut aller à votre école pour apprendre cela*, il faut apprendre cela de vous. Fam., *Être en bonne école, à bonne école*, être avec des gens capables de bien instruire sur certaines choses. Au jeu de trictrac, *Faire une école*, oublier de marquer les points qu'on gagne, ou en marquer mal à propos. *Marquer l'école, mettre à l'école*, marquer pour soi autant de points que l'adversaire a oublié d'en marquer, ou qu'il en a marqué de trop. Fig. et fam., *Faire une école*, faire une faute, une sottise par ignorance, par méprise, par étourderie. En termes de manége, *Ce cheval a de l'école*, il a été dressé au manége. — **ÉCOLE**, signifie encore, absolument, l'enseignement de la théologie et de la philosophie suivant la méthode et les principes reçus dans la plupart des anciennes universités. Il se dit aussi de la secte ou doctrine de quelque philosophe ou docteur célèbre. Il se dit également, dans les beaux-arts, et surtout en peinture, d'une classe d'artistes qui travaillent ou qui ont travaillé selon les principes à l'imitation d'un même maître, ou suivant les habitudes propres à certaines époques de l'art, à certains lieux. Il se dit dans un sens analogue, en littérature, des imitateurs d'un écrivain, prosateur ou poëte, et des partisans d'un certain style, d'un certain genre d'écrire. *Faire école*, se dit d'un artiste ou d'un écrivain qui trouve beaucoup d'imitateurs.

ÉCOLE, s. f., expr. prov., *Révéler les secrets de l'école*, se dit aujourd'hui plus fréquemment que, *Dire les secrets de l'école*, pour signifier révéler à des étrangers ce dont les membres d'une société ont seuls le droit d'être instruits. — **ÉCOLE ANGÉLIQUE** (*hist. ecclés.*), celle des thomistes, dont le chef, saint Thomas, est surnommé l'*ange de l'école* ou *le docteur angélique*. — **ÉCOLE SÉRAPHIQUE**, celle des frères mineurs ou cordeliers, instituée par saint François d'Assise, surnommé *le Séraphique*. — **ÉCOLE CHRÉTIENNE**, se dit particulièrement des congrégations religieuses qui ont pour objet l'instruction élémentaire gratuite des garçons et des filles. Les *écoles chrétiennes* ont été instituées au commencement du XVIIe siècle par le minime Barré. Les membres de cette congrégation sont encore appelés *frères de Saint-Yon* pour les hommes, et *sœurs d'Ernemont* pour les femmes. — ÉCOLE (*hist.*), nom des corps de troupes dont se composait la garde de l'empereur depuis Constantin. Les sept *écoles* formaient un effectif de 3,500 hommes. — ÉCOLE, s'est dit, sous le Bas-Empire, d'une réunion de fonctionnaires chargés d'une partie de l'administration publique.— ÉCOLE DU PALAIS ou ÉCOLE PALATINE, école fondée par Charlemagne dans l'intérieur même de son palais, et dirigée par Alcuin. L'*école du palais* suivait Charlemagne partout où il se transportait, et ses conseillers habituels assistaient avec lui aux leçons qu'y donnait Alcuin. — ÉCOLE MILITAIRE, établissement fondé à Paris par Louis XV en faveur de la jeune noblesse qui se destinait à la carrière militaire. On y admet aujourd'hui, sans distinction de naissance, les jeunes gens qui possèdent les connaissances requises; ils en sortent avec le grade de sous-lieutenant. — ÉCOLE CENTRALE, nom qui fut donné aux écoles publiques créées dans chaque département, d'après le rapport de Fourcroy, par un décret de la Convention du 3 brumaire an IV (25 octobre 1795). Les *écoles centrales* furent remplacées en 1804 par les *lycées*. — ÉCOLE CENTRALE DES TRAVAUX PUBLICS, titre sous lequel on créa, en 1794, la célèbre école qui, en 1795, prit le titre d'*Ecole polytechnique*. (V. POLYTECHNIQUE.) — ÉCOLE NORMALE, école destinée à former des maîtres pour l'enseignement public, qui fut établie par un décret de la Convention porté le 4e jour complémentaire de l'an II (20 septembre 1794), sur le rapport de Lindet. L'*école normale*, supprimée en 1821, et rétablie en 1827 sous le titre d'*école préparatoire*, a été définitivement réorganisée à la révolution de juillet. — ÉCOLE PRIMAIRE, nom des écoles qui furent créées en 1795 par la Convention, et dans lesquelles le peuple apprend les éléments de la grammaire, le calcul, les principes de l'arpentage, etc. Les *écoles primaires* destinées au peuple; les *écoles centrales* ouvertes aux classes plus élevées; et l'*école normale* où devaient se former des professeurs, complètent le système d'éducation fondé par la Convention. — ÉCOLE NORMALE PRIMAIRE, se dit d'écoles destinées à former des instituteurs primaires.—ÉCOLE DES CHARTES, école établie à Paris, où l'on enseigne la diplomatique et la paléographie. — ÉCOLE RÉGIMENTAIRE (*art milit.*), se dit d'institutions créées dans les régiments français pour l'instruction des officiers, sous-officiers et soldats. La France possédait en 1831 cinq *écoles spéciales*, en y comprenant l'*école polytechnique*, qui n'est point exclusivement militaire. — ÉCOLE VÉTÉRINAIRE. (*V.* ALFORT.)— ÉCOLE DE CAVALERIE. (*V.* SAUMUR.) Les autres dénominations d'établissements d'instruction publique, appelés *écoles*, sont suffisamment intelligibles par elles-mêmes; ou bien elles se trouvent expliquées à l'article du mot caractéristique. — ÉCOLE (*peinture*), se dit, non-seulement d'une classe d'artistes appartenant à un pays, mais encore des subdivisions de cette classe, suivant les différentes parties de ce pays dans lesquelles la peinture a été cultivée d'après une tendance spéciale. — ÉCOLE (*musique*), se dit de la réunion des maîtres d'un pays. — ÉCOLE, est synonyme de facture. — HAUTE ÉCOLE (*manége*), se dit des travaux de deux pistes, au pas, au trot ou au galop, y compris les changements de pieds, du tact au tact, sur les lignes rétrécies, etc.

ÉCOLE, s. f. (*peint.*, *sculpt.*, *architect.*), lieu destiné à l'enseignement des arts, des sciences, des lettres, etc., et pourvu des hommes et des choses nécessaires à cet effet. En France, l'enseignement des arts du dessin est, comme celui des lettres, d'institution publique. Paris a une école royale de dessin où l'on enseigne la peinture et la sculpture, et une école royale d'architecture. Ces écoles de Paris, fondées par Louis XIV, faisaient autrefois partie de l'Académie de peinture et de sculpture et de l'Académie d'architecture (*V.* ACADÉMIE.) Elles-mêmes étaient désignées sous le nom d'Académie. On disait d'un élève qu'il dessinait à l'Académie, qu'il avait remporté le prix à l'Académie, etc., et, bien que les leçons de l'Académie fussent gratuites, on appelait particulièrement et l'on appelle encore école gratuite de dessin un autre établissement, ce dernier, fondé en 1765, d'après les idées et par les soins assidus de J.-J. Bachelier, membre de l'Académie royale de peinture, au grade de professeur, est destiné à l'enseignement du dessin d'ornement, tel qu'il importe aux artisans de presque toutes les professions de le savoir. Les leçons, auxquelles sont admis les apprentis de toutes sortes de métiers, se donnent aux heures de repos des ouvriers. On doit, sans contredit, à cette belle institution les premiers degrés du goût dans tous les ouvrages d'industrie dont nous sommes témoins depuis cinquante ans, et l'excellence de nos ouvriers dans les arts mécaniques, tels que la menuiserie, la serrurerie, la maçonnerie, le travail de l'appareilleur et celui de l'ébéniste, l'orfévrerie, la poterie, etc. Depuis quelques années, l'école gratuite a ajouté à ses leçons de dessin l'enseignement du trait et des mathématiques élémentaires. On appelle aussi école dans les beaux arts, particulièrement en parlant des peintres, une classe d'artistes travaillant d'après les principes ou à l'imitation d'un même maître dont ils ont reçu les leçons, ou dont ils ont étudié particulièrement les ouvrages, ou bien encore qui opèrent selon certaines habitudes propres à certaines époques de l'art et à certains lieux où il a été exercé avec plus ou moins d'éclat. La plus célèbre école de peinture, depuis la renaissance de l'art, a été l'école d'Italie, qui a reconnu pour chefs, à Rome, le grand Raphaël; à Florence, Léonard de Vinci et le formidable Michel-Ange; à Venise, le Titien; à Parme, le Corrége, et plus tard, à Bologne, les Carrache. De là est venue la division de l'école d'Italie en écoles romaine, florentine, vénitienne et lombarde. Quelques-uns des grands maîtres de ces écoles nationales ont eux-mêmes fait école dans le cercle plus étroit de leur atelier, et par-là ont donné lieu à de nouvelles subdivisions. Ainsi on appelle tableaux de l'école d'André del Sarte, du Baroche, du Tintoret, du Caravage, du Dominiquin, etc., des tableaux exécutés par des élèves, ou à la manière de ces maîtres. De même on a compris d'abord sous le titre général d'école flamande, les peintres flamands, hollandais et allemands; puis on a distingué les trois écoles allemande, hollandaise et flamande; et, dans ces trois écoles, diverses écoles particulières, telles que celles de Holbein, de Rembrandt, de Gérard Dow, de Rubens, de Van-Dyck, etc. L'école française qui n'a jamais eu d'autre siége que Paris, nous a donné les écoles de Vouet, de Le Brun, de Mignard, de Vanloo, de Boucher, et, dans ces derniers temps, l'admirable école de David. Depuis quelques années on ne fait plus de difficulté de tenir compte de l'école espagnole, dont même on établit la division en écoles de Madrid, de Séville et de Valence, lesquelles reconnaissent pour chefs Velasquez, Murillo et Vincent Joanes. A l'époque où nous écrivons, on commence à faire état aussi d'une école anglaise. En effet, une Académie de peinture a été établie à Londres en 1768, et depuis lors l'Angleterre a produit quelques peintres habiles, particulièrement dans le genre du portrait. Jusqu'à présent, cependant, l'école anglaise n'a été dans le reste de l'Europe reconnue que par un petit nombre d'écrivains. Il n'en est pas encore question pour la classification des catalogues et des collections.

ÉCOLE. Les principales écoles de philosophie sont: celle d'Ionie, fondée par Thalès; d'Italie, fondée par Pythagore; d'Elée, fondée par Xénophon; puis, après la révolution opérée par Socrate, l'Académie fondée par Platon, le Lycée par Aristote, le Portique par Zénon, les écoles de Pyrrhon et d'Epicure. Voyez les noms propres des différentes écoles philosophiques et des philosophes qui les ont fondées.

ÉCOLE D'ARTILLERIE NAVALE. Dans chacun des ports de Brest et de Toulon, il y a, depuis l'année 1837, une école d'artillerie ayant pour but de répandre parmi les officiers, les élèves et les officiers mariniers, les connaissances théoriques et pratiques relatives à l'artillerie de mer, et d'assurer aux équipages de ligne un nombre suffisant de canonniers pour le service de la flotte. Chaque école attachée à la division des équipages de ligne est placée sous l'autorité du major général de la marine, et sous les ordres immédiats du commandant de la division. L'instruction est théorique et pratique; elle est donnée en partie à terre, et en partie à la mer.

ÉCOLE ROYALE GRATUITE DE DESSIN. L'Académie de peinture ne pouvait être destinée à enseigner l'art du dessin aux ouvriers; un peintre, Bachelier, essaya de fonder dans ce but une école que Louis XV autorisa en 1767. Depuis, cet établissement n'a cessé de prospérer. Aujourd'hui huit professeurs y enseignent le dessin de la figure, des fleurs, des animaux, des ornements, la sculpture d'ornements, les mathématiques appliquées à l'architecture, à la coupe des pierres, à la charpente, à la théorie des ombres et la perspective, les principes de la construction. Cinq cents élèves suivent ces cours.

ÉCOLE CENTRALE DE PYROTECHNIE. Cette école a été établie à Toulon en 1840 pour le service de la marine; elle est dirigée par un chef de bataillon ou par un capitaine d'artillerie, sous les ordres du colonel directeur de l'artillerie. Elle reçoit chaque année trois hommes par compagnie du régiment d'artillerie, et les maîtres, seconds maîtres, matelots canonniers, qui sont jugés par les commandants de division susceptibles de suivre les cours. La durée de l'instruction est de deux ans, après lesquels les hommes détachés rentrent à leurs corps respectifs. — La marine compte encore une école d'application du génie maritime et des écoles de médecine.

ÉCOLES DE DROIT. Il y a neuf facultés de droit, savoir : Paris, Rennes, Caen, Strasbourg, Poitiers, Aix, Dijon, Grenoble et Toulouse. Aux termes de la loi du 22 ventôse an XII, pour être admis dans une école de droit il faut être âgé de seize ans au moins. Chaque étudiant doit prendre inscription tous les trois mois, c'est-à-dire inscrire sur un registre tenu au secrétariat de la faculté ses prénoms, nom, âge, le lieu de sa naissance et de son département, et signer cette inscription. Les frais de chaque inscription sont de 15 francs. Quatre inscriptions sont nécessaires pour être admis au premier examen de baccalauréat, huit pour être admis au second examen de baccalauréat, dix pour être admis au premier examen de licence, et douze pour être admis au second examen de licence. Il en faut quatorze pour pouvoir subir le premier examen de doctorat, et seize pour subir le deuxième. Quant à l'examen sur la législation criminelle et sur la procédure, tendant à conférer au candidat un *certificat de capacité*, il suffit de quatre inscriptions. Chaque année, aux termes de l'ordonnance du 17 mars 1840, il est distribué dans les facultés de droit des prix et des mentions honorables, d'après le résultat du concours qui a lieu, 1° entre les élèves de troisième année; 2° entre les élèves de quatrième année aspirant au doctorat, et les docteurs reçus par chaque faculté, soit dans le courant de l'année, soit l'année précédente. Les élèves de troisième année qui ont obtenu un premier ou un second prix sont dispensés des frais d'inscriptions, d'examens et de diplôme pour l'admission au doctorat. D'après un arrêté du ministre des finances, les étudiants qui ont obtenu des prix sont admis, préférablement à tous autres aspirants, en qualité de surnuméraires dans l'administration de l'enregistrement et des domaines, et sont dispensés de la justification d'une année d'étude chez un notaire, ou un avoué, ou un avocat, et de l'inscription préalable sur la liste des aspirants au surnumérariat.

ÉCOLES DE MÉDECINE. Il y a trois écoles de médecine seulement en France, savoir : Paris, Montpellier et Strasbourg. Suivant la loi du 19 ventôse an XI, nul ne peut embrasser la profession de médecin, chirurgien, officier de santé, sans avoir été examiné et reçu par l'une de ces facultés. Seize inscriptions sont nécessaires pour obtenir le grade de docteur en médecine ou en chirurgie; chacune de ces inscriptions coûte cinquante francs. Le gouvernement peut accorder à un médecin ou chirurgien étranger et gradué dans les universités étrangères le droit d'exercer la médecine ou la chirurgie en France.

ÉCOLES DE PHARMACIE. D'après l'ordonnance du 27 septembre 1840, les écoles de pharmacie font partie de l'Université et sont soumises au régime du corps enseignant. Leurs recettes et leurs dépenses sont portées au budget général de l'Etat.

ÉCOLES PRIMAIRES. L'instruction primaire est ou privée, ou publique. On appelle écoles primaires privées celles qui sont dirigées par un simple particulier. Tout individu âgé de 18 ans accomplis pourra exercer la profession d'instituteur primaire et diriger tout établissement quelconque d'instruction primaire, sans autres conditions que de présenter préalablement au maire de la commune où il voudra avoir école, 1° un brevet de capacité obtenu, après examen, selon le degré de l'école qu'il veut établir; 2° un certificat constatant que l'impétrant est digne, par sa moralité, de se livrer à l'enseignement. Ce certificat sera délivré, sur l'attestation de trois conseillers municipaux, par le maire de la commune ou de chacune des communes où il aura résidé depuis trois ans. Sont incapables de tenir écoles : 1° les condamnés à des peines afflictives ou infamantes; 2° les condamnés pour vol, escroquerie, banqueroute, abus de confiance ou attentat aux mœurs, et les individus qui auront été privés, par jugement, de tout ou partie des droits mentionnés aux paragraphes 5 et 6 de l'article 42 du Code pénal; 3° les individus auxquels ce droit aura été formellement interdit. Quiconque aura ouvert une école sans avoir satisfait aux conditions prescrites sera poursuivi devant le tribunal correctionnel du lieu du délit, et condamné à une amende de 50 à 200 francs. L'école sera fermée. En cas de récidive, le délinquant sera condamné à un emprisonnement de 15 à 30 jours et à une amende de 100 à 400 francs. Les écoles primaires publiques sont entretenues par les communes, les départements ou l'Etat. Toute commune est tenue, soit par elle-même, soit en se réunissant à une ou plusieurs communes voisines, d'entretenir au moins une école primaire élémentaire. Dans le cas où les circonstances locales le permettraient, le ministre de l'instruction publique pourra, après avoir entendu le conseil municipal, autoriser, à titre d'écoles communales, des écoles plus particulièrement affectées à l'un des cultes reconnus par l'Etat. Les communes chefs-lieux de département, et celles dont la population excède 6000 âmes, devront avoir en outre une école primaire supérieure. Tout département sera tenu d'entretenir une école normale primaire, soit par lui-même, soit en se réunissant à un ou plusieurs départements voisins. Les conseils généraux doivent délibérer sur les moyens d'assurer l'entretien des écoles normales primaires. Ils doivent également délibérer sur la réunion de plusieurs départements pour l'entretien d'une seule école normale. Cette délibération doit être autorisée par ordonnance royale. Il doit être fourni à tout instituteur communal : 1° un local convenablement disposé, tant pour lui servir d'habitation que pour recevoir les élèves; 2° un traitement fixe qui ne pourra être moindre de 200 francs pour une école primaire élémentaire, et de 400 francs pour une école primaire supérieure. En sus de ce traitement, l'instituteur recevra une rétribution mensuelle, dont le taux sera réglé par le conseil municipal, et qui sera perçue dans la même forme et selon les mêmes règles que les contributions publiques directes. Le rôle en sera recouvrable, mois par mois, sur un état des élèves certifié par l'instituteur, visé par le maire, et rendu exécutoire par le sous-préfet. Seront admis gratuitement dans l'école communale élémentaire ceux des élèves de la commune ou des communes réunies que les conseils municipaux auront désignés comme ne pouvant payer aucune rétribution. Dans les écoles primaires supérieures, un nombre de places gratuites, déterminé par le conseil municipal, pourra être réservé pour les enfants qui, après concours, auront été désignés par le comité d'instruction primaire, dans les familles qui seront hors d'état de payer la rétribution. Il y a près de chaque école communale un *comité local* de surveillance, composé du maire ou adjoint, président, du curé ou pasteur, et d'un ou plusieurs habitants notables, désignés par le comité d'arrondissement. Dans les communes dont la population est répartie entre différents cultes reconnus par l'Etat, le curé ou le plus ancien des curés, et un des ministres de chacun des autres cultes désigné par son consistoire, doivent faire partie du comité communal de surveillance. Plusieurs écoles de la même commune peuvent être réunies sous la surveillance du même comité; et si plusieurs communes se sont réunies pour entretenir une école, le comité d'arrondissement désigne, dans chaque commune, un ou plusieurs habitants notables pour faire partie du comité; et en outre le maire de chaque commune en fait nécessairement partie. Il y a dans chaque arrondissement un comité, dit *comité d'arrondissement*, spécialement chargé de surveiller et d'encourager l'instruction primaire. Le ministre de l'instruction publique pourrait même, suivant la population et les besoins des localités, établir dans le même arrondissement plusieurs comités dont il détermine la circonscription par cantons isolés ou agglomérés. Sont membres du comité d'arrondissement : le maire du chef-lieu ou le plus ancien des maires du chef-lieu de la circonscription, le juge de paix ou le plus ancien des juges de paix de la circonscription, le curé ou le plus ancien des curés de la circonscription; un ministre de chacun des autres cultes reconnus par la loi, qui exerce dans la circonscription; un proviseur, principal de collége, professeur, régent, chef d'institution ou maître de pension, désigné par le ministre de l'instruction publique, lorsqu'il existera des colléges, institutions ou pensions dans la circonscription du comité; un instituteur primaire, résidant dans la circonscription du comité, et désigné par le ministre de l'instruction publique; trois membres du conseil d'arrondissement, ou habitants notables désignés par ledit conseil; les membres du conseil général du département qui auront leur domicile réel dans la circonscription du comité. Le préfet préside de droit tous les comités du département, et le sous-préfet tous ceux de l'arrondissement. Le procureur du roi est membre de droit de tous les comités de l'arrondissement. (*V.* ENSEIGNEMENT.)

ÉCOLE DES PONTS ET CHAUSSÉES. (*V.* PONTS ET CHAUSSÉES.)

ÉCOLE POLYTECHNIQUE Cette institution, dont la France s'honore à si juste titre, a pour but de verser des sujets instruits dans de nombreuses branches du service public, telles que les mines, les constructions maritimes, les ponts et chaussées, la marine, l'artillerie, l'état-major, le génie militaire, les tabacs, et les poudres et salpêtres. Elle fut fondée, sous le nom d'*école des travaux publics*, par une loi de la Convention du 28 septembre 1794, loi proposée à l'instigation de Lamblardie, directeur de l'école des ponts et chaussées d'alors, du savant Monge, et de deux membres du comité de salut public, Carnot et Prieur de la Côte-d'Or, et rendue sur un rapport de Fourcroy. Lors de sa fondation, la nouvelle école ne devait alimenter que le corps des ingénieurs civils et celui des ingénieurs militaires. Le gouvernement confia à Lamblardie le soin de la diriger, et le Palais-Bourbon fut le premier local qu'elle occupa. Dès l'origine, les élèves durent être âgés de 16 ans au moins, de 20 ans au plus; depuis, cependant, on a étendu le maximum de l'âge jusqu'à 25 ans pour les militaires de tout grade, mais ils ne concourent que pour les services de l'armée. Le nombre des élèves allait d'abord jusqu'à 400. Ils touchaient une indemnité annuelle, et étaient, séparément ou par petites escouades, mis en pension chez de bons citoyens, chargés de surveiller leur conduite et d'en rendre compte à l'administration de l'École, qui, de son côté, réglait les prix et conditions des pensions et logements. Pour leur voyage des départements à Paris, les élèves avaient la solde des canonniers de première classe: 15 sous par jour en assignats; et, à partir de leur arrivée, leur traitement courait sur le pied de 1,200 livres par an. Le nombre des élèves admis à la suite des premiers examens fut de 349. Tous reçurent un enseignement commun, dont les mathématiques et la physique formèrent la base. Cette instruction comprenait une période de trois années, pendant lesquelles il y avait neuf heures de travail par jour. Le choix des premiers professeurs de l'Ecole rassembla l'élite des savants que la France possédait alors: Lagrange et Prony pour l'analyse et la mécanique; Monge et Hachette pour la géométrie descriptive et la stéréotomie; Delorme et Baltard pour l'architecture; Dobenheim et Martin de Campredon, puis Catoire et Say, pour l'architecture; Hassenfratz et Barruel pour la physique; Fourcroy, Vauquelin, Berthollet, Chaptal, Guyton-Morveau et Pelletier pour la chimie; enfin Neveu, Mérimée, Lemire jeune et Bosio pour le dessein. — Une loi du 1er septembre 1795 changea le nom de l'Ecole des travaux publics en celui d'Ecole polytecnique. Une autre loi du 22 octobre, même année, régla les rapports qui devaient exister entre les écoles spéciales ou d'application, et l'école préparatoire, plaça celle-ci dans les attributions du ministre de l'intérieur, ajouta aux services pour lesquels elle formait des élèves celui de l'artillerie, réduisit leur nombre à trois cents, proportionna la durée de leur séjour à l'étude ou à la profession à laquelle ils se destinaient, enfin prescrivit qu'aucun élève ne serait admis aux écoles particulières du génie, des ponts et chaussées, des mines, etc., qu'après avoir passé par l'Ecole polytechnique. — De 1795 à 1797, la dotation annuelle de l'Ecole fut réduite à 300,000 fr., et le nombre des élèves à 300. Le 16 octobre 1798, une nouvelle loi, rédigée sous les auspices de Laplace, alors ministre de l'intérieur, ajouta aux services de l'Ecole l'artillerie de la marine, et retrancha *l'aérostation*. Elle accordait aux élèves le titre de sergent d'artillerie et le traitement de ce grade. De 1798 à 1799, le conseil des Cinq-Cents décréta que le nombre des élèves serait encore diminué d'un tiers, qu'ils ne resteraient plus que deux ans à l'Ecole, et qu'ils porteraient un uniforme. Vers cette époque se préparait l'audacieuse expédition d'Egypte: l'Ecole polytechnique ne voulut pas demeurer étrangère à une entreprise qui intéressait tant les sciences et les arts. Les professeurs Fourrier, Berthollet, Monge, et 39 élèves, allèrent partager les périls et la gloire de l'armée d'Orient. Huit d'entre eux y périrent victimes de la guerre ou du climat; dix-sept furent les coopérateurs de cette commission scientifique et artistique qui s'efforça de reconquérir l'Egypte ancienne sur l'ignorance et l'oubli, et eurent l'honneur d'inscrire leur nom dans ce beau monument que la voix publique a coutume d'appeler le grand ouvrage d'Égypte. — Sous le Consulat, un conseil de perfectionnement, institué près l'Ecole, ajouta au programme de l'examen d'admission « que les candidats seraient tenus d'écrire, sous la dictée de l'examinateur, quelques phrases françaises, pour constater qu'ils savaient correctement leur langue. » Pendant le court intervalle de paix qui succéda au traité de Lunéville, d'illustres étrangers, entre autres Volta, Brugnatelli, Rumford, Humboldt, la visitèrent; mais un fait à noter, c'est qu'elle ne reçut jamais qu'une fois (ce fut pendant les Cent-Jours) la visite de Napoléon, qui, pourtant, mieux que personne, appréciait toute l'utilité de l'institution. Etait-ce, comme on l'a dit, parce qu'il n'ignorait pas que les idées républicaines comptaient de nombreux partisans dans l'Ecole? Quoi qu'il en soit, les élèves ne laissèrent pas de lui donner plusieurs fois des preuves de leur devouement patriotique: ainsi, en mai 1803, après la rupture de la paix d'Amiens et la notification du renouvellement des hostilités entre la France et l'Angleterre, ils versèrent au trésor public une somme de 4,00) fr., pour les frais d'equipement de ces immenses flottilles qui devaient porter une armée française au sein de la Grande-Bretagne. De plus, ils construisirent eux-mêmes, sous les murs de l'école, un bateau-canonnier de premier ordre; enfin trente d'entre eux présidèrent à la construction des embarcations modèles mises sur le chantier devant l'Hôtel-des-Invalides, pour être envoyées et copiées dans les départements de l'intérieur. Par un décret du 16 juillet 1804, Napoléon, devenu empereur, changea radicalement l'organisation de l'École; les élèves étaient formés en corps militaire et casernés. Le général Lacuée en devint gouverneur, et les cours furent transféré du Palais-Bourbon à l'ancien collége de Navarre. Pendant qu'on adaptait les bâtiments du collége à leur nouvelle destination, l'empereur modifia son décret en deux points capitaux: l'un fut la réunion de la caserne et de l'école dans le même emplacement; l'autre l'obligation imposée aux élèves de payer une pension à l'Eta . Elle fut portée à 800 fr.: L'élève devait, en outre, se pourvoir d'un trousseau, et se fournir les livres et les instruments nécessaires. « Nous nous réservons, disait le dernier article, de créer des bourses et des demi-bourses en faveur des sujets distingués à qui la modicité de leur fortune ne permettrait pas d'acquitter la pension intégralement ou en partie. » La translation de l'Ecole dans les bâtiments du collége de Navarre eut lieu le 11 novembre 1805. On y ouvrit les cours de la douzième année, et tout présenta dès lors un appareil militaire. Chaque élève reçut avec l'uniforme un fusil d'ordonnance et une giberne, et tous firent l'exercice sous un drapeau portant cette inscription: *Pour la patrie, les sciences et les arts*. — Pendant les neuf années qui suivirent, l'histoire de l'Ecole n'offre rien d'important à consigner ici; mais, dès les premiers jours de 1814, les élèves offrirent, pour leur part du tribut volontaire que la France s'imposa, huit chevaux d'escadron tout équipés pour l'artillerie à cheval. Cette offre fut bientôt suivie de la demande, faite au nom des élèves, d'aller immédiatement combattre dans les rangs de l'armée. La réponse de Napoléon fut, dit-on, qu'il n'en était pas réduit *à tuer sa poule aux œufs d'or*. Néanmoins, vers le milieu de janvier, il fit dire au gouverneur de l'Ecole qu'il désirait placer des élèves dans l'infanterie de sa garde. Le gouverneur lui exposa que les 300 élèves seconderaient plus utilement la garde nationale de Paris, surtout si l'on voulait leur confier quelques bouches à feu, et l'empereur se rendit à ce conseil. Un décret impérial ordonna la formation d'un corps d'artillerie de la garde nationale, et trois des douze compagnies de ce corps furent composées des élèves de l'Ecole polytechnique. L'entrée de douze canons dans l'Ecole fut saluée par les acclamations de tous, et chaque jour, dès lors, ceux qui n'étaient pas de services aux batteries défendant les abords de la capitale, s'exercèrent sans relâche à la manœuvre des pièces. Ainsi s'écoulèrent février et presque tout mars. Cependant, le 28 de ce mois, les maréchaux Marmont et Mortier, poussés par des forces supérieures, n'étaient plus qu'à une ou deux marches de Paris, et tout annonçait qu'une action aurait lieu sous ses murs. On se hâta de créer une réserve de 28 bouches à feu, qui fut servie par les élèves, et, le 29, cette réserve fut placée à la barrière du Trône. Le 30, pendant que les deux maréchaux, avec une poignée de soldats, disputaient aux nombreuses divisions russes et prussiennes les hauteurs qui dominent Paris du nord à l'est, l'artillerie de réserve se porta, vers onze heures du matin, sur la route de Vincennes, d'où elle commença, contre la gauche de la ligne ennemie, un feu vif qui la tint en échec jusqu'au moment de la capitulation. — Dans le courant d'avril, les élèves, qui les uns avaient suivi le mouvement de la garde jusqu'à Fontainebleau, et avaient été ensuite dirigés sur Orléans, puis sur Blois, tandis que les autres étaient restés dans la capitale chez des parents ou amis, reçurent la permission de rentrer à l'Ecole s'ils le souhaitaient; et le 18 l'enseignement reprit son cours ordinaire. Mais il n'en était revenu qu'un peu plus de deux cents, et ce fut encore trop, puisque le gouvernement n'eut que cinquante-trois emplois à distribuer au 87 élèves de deuxième année. Lorsque Napoléon revint de l'île d'Elbe, et que le sol français fut encore envahi par un million de soldats étrangers, les élèves furent de nouveau formés en compagnies d'artillerie, exercés à la manœuvre et au tir des bouches à feu, et enfin obligés à un serv ce militaire sous les murs de Paris, jusqu'au 3 juillet, jour où Louis XVIII y rentra. Les études reprirent, et 70 élèves furent admis aux écoles spéciales. On supprima dans le programme d'admission l'article relatif aux qualités physiques exigées des candidats, et l'effectif de l'Ecole fut porté à 220 sujets. Le 13 avril 1816, elle fut licenciée pour fait d'insubordination, puis réorganisée le 4 septembre 1817, et les élèves qui se trouvaient à l'Ecole lors du licenciement purent concourir pour les école d'application. L'ordonnance réorganisatrice plaçait l'Ecole sous la protection du duc d'Angoulême, supprimait tout appareil guerrier, portait la pension à 1,000 fr., et créait 24 bourses. En 1822, on revint, après avoir longuement débattu la mesure, au casernement et aux formes rigoureuses du régime militaire. Depuis, l'Ecole n'a interrompu le calme de ses fortes études que pendant les trois jours..... On devine que nous voulons parler de la révolution de juillet 1830, à laquelle les élèves prirent une part aussi active que glorieuse.

ÉCOLES D'ARTS ET MÉTIERS. Vers la fin de l'année 1803, Chaptal, ministre de l'intérieur, conçut l'idée de transformer en école d'arts et métiers le prytanée de Compiègne. L'arrêté consulaire qui ordonnait ce changement créait deux écoles pareilles à Beaupréau et à Trèves. Cette dernière ne fut pas instituée ; l'établissement de Beaupréau fut, au bout de quelque temps, transféré à Angers, où il s'est maintenu depuis. En 1806, celui de Compiègne fut à son tour transféré à Châlons-sur-Marne. L'existence de ces écoles, destinées à propager les connaissances relatives à l'exercice des arts industriels, et à former des ouvriers instruits et habiles, par un enseignement à la fois théorique et pratique, a été confirmée par une ordonnance en date du 26 février 1817. Une place dans chacune de leurs divisions intérieures est affectée à chaque département du royaume.

ÉCOLES DES BEAUX-ARTS. 1° *Ecole spéciale des beaux-arts.* — Cette école fut fondée en 1648 sous le nom d'*Académie de peinture et de sculpture*. L'Académie était composée d'un nombre illimité de membres et d'un nombre limité de professeurs et autres officiers chargés spécialement de l'enseignement et de l'administration. Le 8 août 1793 l'Académie fut supprimée en tant que corporation privilégiée; mais le 28 septembre de la même année un décret maintint provisoirement les écoles de l'ancienne académie, et les chargea de continuer l'enseignement des beaux-arts, sous l'administration de la commission exécutive de l'instruction publique. En conséquence de cette loi, les professeurs s'assemblèrent le 30 novembre 1794 et procédèrent au classement des élèves d'après les figures dessinées et modelées sur le modèle vivant. Soixante-dix-huit élèves peintres et trois sculpteurs avaient concouru. L'administration du ministre de l'intérieur Bénézech, qui a tant fait pour le développement des arts en France, fut favorable à l'École. Les concours pour les grands prix de peinture, de sculpture et d'architecture furent rétablis d'après les anciens usages, et le plan arrêté par l'Institut national dans sa séance du 15 ventôse an V. Les concours devaient être jugés par les membres de la classe des beaux-arts de l'Institut. La loi du 11 floréal an X sur l'organisation de l'instruction publique, ne modifia en rien l'état de l'Ecole. Ces vicissitudes et quelques modifications postérieures altérèrent peu la constitution primitive. Il suffira donc de présenter l'état actuel de l'Ecole tel qu'il résulte du règlement arrêté le 22 juillet 1819 par Louis XVIII. — L'Ecole des beaux-arts est sous la protection immédiate du roi. L'enseignement est divisé en deux sections : l'une comprend la peinture et la sculpture, l'autre l'architecture. Les professeurs attachés à l'enseignement journalier qui arrivent à l'âge de 70 ans, prennent le titre de recteurs; il ne peut jamais y avoir plus de quatre recteurs. Les professeurs de l'une et de l'autre section se réunissent en assemblée générale pour les affaires qui intéressent l'École et pour les élections aux places vacantes. Chaque section s'assemble séparément toutes les fois que l'exige le service de la branche de l'enseignement qui lui est confiée. Un président administrateur, et en son absence un vice président, règlent les délibérations. Leurs fonctions ne durent qu'un an. Le vice-président de l'année écoulée passe immédiatement à la présidence. — Les nationaux et les étrangers sont admis jusqu'à l'âge de 30 ans dans les deux sections. Chaque année également l'École décerne des grands prix qui donnent droit à la pension de Rome, aux architectes, aux peintres et aux sculpteurs; tous les deux ans aux graveurs en taille-douce; tous les quatre ans aux graveurs en médaille et en pierre fine et aux peintres de paysage hystorique. (*V.* GRANDS PRIX.)

ÉCOLE NAVALE. Une loi du 20 avril 1832 a autorisé l'ouverture d'un cours public, à l'effet d'admettre, en qualité d'élèves de l'Ecole navale, les jeunes gens qui se destinent à la marine. Cette école est établie sur un vaisseau en rade de Brest. Une corvette est mise à la disposition des élèves pour les exercices nautiques. Divers cours de mathématiques, des études littéraires et géographiques, la langue anglaise, le dessin, la construction navale, le canonage, la pratique des instruments, des observations et des calculs nautiques, le gréement, le matelotage et la manœuvre, constituent le programme des leçons que les élèves reçoivent pendant deux années, soit sur le *vaisseau-école* (*Voy.* ce mot.), soit sur la corvette d'instruction.

ÉCOLES MILITAIRES. *École de Saint-Cyr.* La première idée d'une école de ce genre dont notre histoire offre la trace ne remonte qu'à la fin du XVIe siècle : on la doit à un auteur appelé Delanoue Bras-de-Fer, qui écrivait en 1587. La première tentative d'exécution ne fut faite qu'à la fin du XVIIe. Le collége Mazarin, fondé en 1688, par une disposition testamentaire du cardinal, devait, suivant son vœu, être constitué militairement. De là vient que d'abord on y enseigna les mathématiques, qui n'avaient de chaire nulle part, et quelques exercices, plutôt gymnastiques que militaires toutefois, car le rudiment de l'art militaire n'existait pas encore. Mais bientôt l'Université réussit à en faire un collége comme un autre, si ce n'est que l'enseignement des mathématiquesy subsista, pour être peu après introduit dans les autres colléges. Louvois eut aussi l'intention de fonder une école militaire, qui aurait été établie aux Invalides. On ignore quelles causes empêchèrent la réalisation de ce projet, dont néanmoins l'établissement des *Cadets gentilshommes* fut une suite. En 1724, le fameux financier Pâris-Duverney conçut le vaste projet d'une école qui eût été plus semblable à l'École polytechnique actuelle qu'aux écoles militaires proprement dites, car toutes les sciences devaient y être enseignées, même la jurisprudence et la théologie. Les mémoires sur l'organisation de cet établissement étaient rédigés, le plan de l'édifice à construire était adopté, et la plaine de Billancourt choisie pour emplacement, lorsque le projet avorta. Un frère de Pâris-Duverney le reprit, en 1751, sur une échelle moins vaste. Il le fit goûter à madame de Pompadour, qui le mit sous les yeux de Louis XV, et provoqua l'édit de 1751, qui institua la première école militaire que la France ait possédée. Pendant la construction du somptueux édifice destiné à la recevoir, et que l'on voit encore sur la rive gauche de la Seine, au delà des Invalides, à l'extrémité du Champ-de-Mars, les élèves furent placés à Vincennes. Ils revinrent à Paris dès que l'édifice fut achevé. L'École comptait alors 500 élèves. C'étaient des orphelins d'officiers, ou des enfants de famille dont les parents avaient peu de fortune; on admettait aussi ceux dont les aïeux, sinon le père, avaient porté les armes; mais de tous on exigeait quatre générations de noblesse. A 18 ou 20 ans, les élèves passaient officiers; toutefois, l'âge militaire légal datait de l'entrée à l'École. Vers la même époque, une annexe à l'École militaire fut fondée à la Flèche: c'était un pensionnat préparatoire, admettant 250 élèves, d'où ceux qui paraissaient avoir des dispositions pour le métier des armes étaient appelés à l'établissement de Paris. En 1776, le nombre des élèves de l'École militaire s'élevait à 600; mais, au mois de février, l'État, dont les finances étaient fort obérées, projetant, pour se créer des ressources, de vendre l'hôtel où Louis XV l'avait établie, ils furent répartis dans douze colléges de provinces. Ces colléges, qui étaient ceux d'Auxerre, Beaumont, Brienne, Dôle, Effiat, Pont-à-Mousson, Pont-le-Voy, Rebais, Sorrèze, Tournon, Tyron et Vendôme, prirent dès lors le titre d'écoles militaires; mais les élèves qui en sortaient ne devaient entrer que comme cadets gentilshommes dans les régiments. Cependant l'hôtel de Paris ne se vendit pas, et, en juillet 1777, un corps de *cadets* y fut établi de nouveau : il se recrutait, annuellement et par voie de concours, des sujets les plus distingués des écoles militaires provinciales. Les *cadets* payaient 2,000 livres de pension, et sortaient avec le grade d'officier. En 1787, les motifs qui avaient déterminé la suppression de 1776 se reproduisirent : les élèves, au nombre de 700, furent de nouveau répartis dans les 12 colléges de province. Enfin, par deux décrets de 1793, tous les biens de l'hôtel et des colléges ou prytanées furent vendus, et les écoles militaires elles-mêmes supprimées. L'École de Mars, établie l'année suivante, subsista peu de temps; mais, en 1802, Napoléon, premier consul, reconstitua l'École militaire sur des bases nouvelles, la plaça à Fontainebleau, et, lorsqu'il fut devenu empereur, la transféra à Saint-Cyr. Elle y est encore, et, depuis, son régime intérieur a peu varié. Seulement, à la restauration, Louis XVIII, par une ordonnance du 28 juillet 1814, remit en vigueur le règlement de Louis XV relatif aux titres de noblesse; mais cette partie de l'ordonnance tarda peu à être rapportée. L'École de Saint-Cyr est sous la direction du ministre de la guerre; elle compte ordinairement 300 élèves dont le séjour y est de deux ans. L'âge d'admission est de 18 ans au moins et de 20 ans au plus; toutefois, les militaires qui ont passé deux ans dans un régiment y sont admis jusqu'à 25 ans. Tous les élèves, en entrant à l'École, signent un engagement volontaire pour un des corps de l'armée. Le programme de l'examen d'admission exige des candidats, outre les mathématiques élémentaires, la connaissance du français, du latin, des principes de l'allemand et de l'histoire ancienne. Après l'examen qui termine les deux années d'études, une liste des élèves est dressée par ordre de mérite : les quinze ou vingt premiers numéros sont aptes à entrer à l'École d'état-major, mais après avoir subi un nouvel examen en concurrence avec tous les sous-lieutenants de l'armée qui se présentent; les dix ou douze numéros suivants sont placés dans la cavalerie, et vont passer deux ans à l'École de Saumur; les autres reçoivent des sous-lieutenances dans l'infanterie. Des trois Écoles militaires dont il nous reste à parler, l'École de Saumur, l'École de Metz et l'École d'état-major sont des écoles d'application, c'est-à-dire que les élèves qui y sont admis sortent de l'École polytechnique, de Saint-Cyr ou d'un régiment, et, ne possédant encore que des connaissances théoriques et générales, y vont étudier la théorie spéciale et la pratique des différentes parties de l'art militaire. Avant d'exposer l'état actuel de ces trois écoles, nous allons tracer pour chacune, comme nous l'avons fait pour Saint-Cyr, une courte esquisse de leur histoire.

I. *École de Saumur.* — L'institution des premières écoles de cavalerie est due en France au duc de Choiseul. Il fit signer à Louis XV, le 21 août 1764, une ordonnance portant création de quatre écoles d'équitation, qui furent placées à Metz, Douai, Besançon et Angers. Une école centrale, placée à Paris, devait recevoir, après un temps déterminé d'instruction, les meilleurs élèves des quatre établissements secondaires. Les premiers essais furent si malheureux que, dès l'année 1767, ces écoles avaient presque cessé d'exister. En 1771 on fit une nouvelle tentative, et l'on créa l'école de Saumur, qui reçut les débris de celles qui avaient été établies sept ans auparavant. Chaque colonel de cavalerie y envoyait quatre officiers et quatre sous-officiers. Mais, en 1790, les fonds destinés annuellement à l'entretien de l'école furent supprimés, et cet utile établissement sombra encore. — Une nouvelle école d'équitation fut instituée à Versailles le 2 septembre 1796, sous le titre d'*École nationale d'instruction des troupes à cheval*, et un arrêté du 9 septembre 1799 créa, sous la même dénomination, deux autres écoles à Lunéville et à Angers. La seule école de Versailles subsistait encore en 1809 ; un décret impérial du 8 mars vint, en la supprimant, créer sur ses débris l'École spéciale de cavalerie de Saint-Germain-en-Laye; mais on n'admit dans cette dernière que les élèves sortant de l'École militaire de Saint-Cyr; les officiers et sous-officiers des régiments s'en virent exclus. L'École de Saint-Germain subsista jusqu'à la restauration ; supprimée à son tour par une ordonnance du 30 juillet 1814, elle fut remplacée par l'École de Saumur, qui, sous le titre d'École d'instruction des troupes à cheval, fut destinée, comme la première, à recevoir les officiers et sous-officiers appartenant aux divers corps de cavalerie. Cette école obtenait de brillants succès, lorsque la conspiration bonapartiste qui éclata à Saumur en 1822 en fit prononcer la dissolution. Rétablie de nouveau à Versailles, le 5 novembre 1823, dans le bâtiment des écuries d'Artois, elle n'admit plus, comme celle de Saint-Germain sous l'empire, que ceux des élèves sortant de Saint-Cyr qui se destinaient au service des troupes à cheval. Mais cette nouvelle organisation n'était pas en harmonie avec les besoins de l'armée; l'expérience démontrait combien la formation de bons sous-officiers était indispensable; aussi on donna bientôt plus d'extension à l'établissement, et on l'organisa sur des bases beaucoup plus larges. Transféré de Versailles à Saumur par ordonnance du 11 novembre 1824, il prit, le 10 mars 1825, le nom d'*École royale de cavalerie*, et eut dès lors la destination de former pour cette arme : 1° des officiers; 2° des officiers et sous-officiers instructeurs. En conséquence l'École de Saumur admet aujourd'hui trois catégories d'élèves : 1° les jeunes gens sortis de Saint-Cyr qui se destinent à l'arme de la cavalerie; 2° un lieutenant ou un sous-lieutenant par chaque régiment de cavalerie; *idem*, d'artillerie, et par chaque escadron du train et des équipages militaires; 3° de jeunes soldats enrôlés volontaires ou appelés. Les élèves de ces deux dernières catégories ont un examen d'admission à subir. Tous passent deux ans à l'école. Ceux de la première y ont le titre d'*officiers élèves de cavalerie*, et sortent officiers de l'arme; ceux de la seconde le titre de *lieutenants d'instruction*, et sortent officiers instructeurs; ceux de la troisième le titre de *cavaliers élèves instructeurs*, et sortent sous-officiers d'instruction. A l'établissement de Saumur sont annexées une École de maréchalerie et une École de trompettes. Dans l'une sont admis des enrôlés volontaires et des appelés; dans l'autre des jeunes gens de 14 à 18 ans, et plus spécialement des enfants de troupe.

II. *École de Metz.* — L'institution d'une école d'artillerie à Châlons en 1790, et d'une école de génie à Mézières en 1791, fut une des œuvres de l'Assemblé constituante. Les admissions n'avaient lieu tous les ans qu'à la suite d'examens qui servaient à déterminer le numéro de classement des élèves. Pour passer de ces écoles dans les deux corps d'artillerie et du génie, les élèves subissaient un nouvel examen, qu'on appelait examen de sortie. Avant la création de ces écoles, les officiers de ces deux armes se recrutaient par la promotion des sous-officiers et par les admissions annuelles des aspirants qui avaient satisfait aux examens. — En 1794, l'École du génie fut transférée de Mézières à Metz, et le nombre des élèves en fut fixé à 30. Réorganisée en 1799, elle ne reçut plus que 20 élèves. En 1802, un arrêté des consuls prescrivit la réunion de l'École d'artillerie de Châlons à celle du génie de Metz, pour former l'École d'application de l'artillerie et du génie. Les ordonnances postérieures de 1821, 1823 et 1831, n'ont apporté que de légères modifications à l'organisation première de cet utile établissement. Les élèves de l'École polytechnique qui se destinent à l'artillerie ou au génie sont seuls admis à l'école de Metz. Le nombre en est actuellement fixé par le ministre de la guerre, d'après les besoins présumés du service. Les élèves reçoivent le brevet de sous-lieutenant lors de leur classement dans leurs armes respectives, après avoir satisfait aux examens de sortie. La durée des études est de deux ans. Les élèves sont classés en deux divisions, dont une est renouvelée chaque année par les élèves qui arrivent de l'École polytechnique.

III. *École d'état-major.* — Avant que tous les officiers attachés aux états-majors de l'armée, et remplissant les fonctions d'aides-de-camp, eussent été réunis en un corps spécial, sous le nom de *Corps royal d'état-major*, ces officiers étaient choisis parmi ceux des troupes, et rentraient souvent à leurs corps après la campagne, ou bien après la mort ou la retraite des généraux auxquels ils servaient d'aides-de-camp. La création du corps royal d'état-major devait nécessairement entraîner la formation d'une école spéciale. En effet, une ordonnance du 6 mai 1818 créa à Paris l'École d'application du corps royal d'état-major. Les élèves sont au nombre de 50, dont 25 sont remplacés annuellement, et pris, 3 parmi les élèves sortant de l'École polytechnique, 22 parmi les 30 premiers élèves de l'École de Saint-Cyr, et parmi 30 sous-lieutenants en activité, qui ont au moins un an de grade, mais qui ne dépassent pas 25 ans d'âge. Ces 60 officiers concourent ensemble, par voie d'examen, pour l'admission à l'École; ils sont ensuite classés par ordre de mérite, et les 22 premiers sont admis avec les 3 élèves de l'École polytechnique. — Les élèves qui, après deux ans d'études sont reconnus admissibles au corps royal d'état-major, y vont remplir, dans l'ordre de leur numéro de sortie, l'emploi de lieutenant, et reçoivent le brevet de ce grade. A leur sortie de l'école, les lieutenants d'état-major sont détachés pendant deux ans dans un régiment de cavalerie. Ils servent dans les compagnies ou escadrons pendant la première moitié du temps qu'ils doivent passer dans chacune de ces armes, et concourent pendant la seconde au service des adjudants-majors. Une partie de ces officiers, suivant les besoins du service, est attachée immédiatement aux travaux de confection de la carte de France. — La création du corps royal d'état-major a comblé une lacune importante; on en jugera par le sommaire des connaissances théoriques et pratiques enseignées à l'école d'application : la géométrie descriptive, l'astronomie, la topographie et la géodésie, la statistique, la fortification, l'artillerie, les manœuvres; enfin l'administration, la législation et la justice militaire. — Une loi de vendémiaire an IV avait institué une *École d'application pour les ingénieurs géographes* Les élèves, au nombre de 20, sortaient de l'École polytechnique. Elle subsista jusqu'en 1831, et fut alors confondue avec l'École d'état-major. — *Écoles normales primaires et Écoles primaires.* (V. INSTRUCTION PRIMAIRE.)

Écoles régimentaires. — On donne ce nom à des écoles établies près des différents corps de l'armée, ou dans les corps eux-mêmes, pour commencer ou développer l'instruction des hommes qui appartiennent à ces corps. Toutes n'ont pas une destination semblable; aussi les range-t-on en trois classes : *École d'artillerie*, *École du génie et Écoles primaires.* — Sous

Louis XIV, l'artillerie française ne se composait que du régiment royal d'artillerie. Ce régiment fut porté, en 1720, à cinq bataillons qui furent placés à la Fère, Metz, Perpignan, Grenoble et Strasbourg. En même temps on institua dans chacune de ces villes des Écoles de théorie et de pratique. L'instruction théorique était donnée aux capitaines en second, aux lieutenants, sous-lieutenants, cadets, et à un grand nombre d'officiers d'artillerie entretenus à chacune des cinq écoles. Les sous-officiers canonniers et bombardiers ne recevaient que l'instruction pratique. Depuis cette époque, l'organisation de l'artillerie française a pris des développements successifs qui ont dû modifier le nombre et la constitution des Écoles régimentaires. L'école de Perpignan fut transférée à Rennes, et celle de Besançon à Douai. Une ordonnance royale du 12 mai 1814 supprima l'École de la Fère, et en rétablit une à Besançon. Ainsi, lors de la première restauration, le nombre des Écoles régimentaires d'artillerie était de huit. — Après les Cent-Jours, les Écoles de Besançon et de Grenoble furent transférées à la Fère et à Valence, et l'on en créa une à Vincennes pour l'artillerie de la garde royale. Enfin, le nouveau remplacement de l'École d'Auxonne par celle de Besançon, la suppression de celle de Valence, et en dernier lieu la création de celle de Lyon, portèrent le nombre des Écoles régimentaires d'artillerie à neuf, qui sont établies à Besançon, Douai, la Fère, Lyon, Metz, Rennes, Strasbourg, Toulouse et Vincennes. — Une ordonnance royale du 19 mai 1824 prescrivit la création, près de l'École régimentaire de Metz, d'une École de pyrotechnie, destinée à former des artificiers militaires. Chaque année les divers régiments d'artillerie envoient à l'École pyrotechnique trois élèves choisis parmi les canonniers intelligents, les artificiers ou brigadiers, et les maréchaux de logis nouvellement promus. L'instruction théorique comprend dans cette École l'écriture et l'arithmétique, la pyrotechnie proprement dite et les éléments de la chimie. En fait d'instruction pratique, les élèves sont successivement exercés à la confection de toutes les espèces d'artifice de guerre. Après deux ans d'études, ils retournent à leurs régiments respectifs. — Lorsque les troupes du génie faisaient partie du corps de l'artillerie, elles recevaient dans les Écoles régimentaires de cette arme l'instruction spéciale qui leur était nécessaire; mais, lors de la séparation des deux armes et de la création des bataillons de sapeurs, trois Écoles régimentaires furent établies à Arras, Metz, Montpellier; elles subsistent encore. Les sous-officiers sapeurs ou mineurs peuvent recevoir à ces écoles le degré d'instruction nécessaire pour subir les examens d'admission à l'École polytechnique, où ils peuvent se présenter jusqu'à 25 ans. — L'article 62 de la loi du 5 septembre 1798 prescrivait la formation, dans tous les corps de l'armée, dès que les circonstances le permettraient, d'Écoles d'instruction pour les officiers, sous-officiers, soldats et enfants de troupe. L'organisation de ces Écoles devait être réglée par une loi spéciale; mais ni le directoire, ni le consulat, ni l'empire ne s'en occupèrent. Ce ne fut qu'en 1818 que le maréchal Gouvion-Saint-Cyr, ministre de la guerre, mû par cette sollicitude dont il a donné tant de preuves à l'armée, organisa les Écoles primaires. Lecture, écriture, arithmétique, tel y est le programme de l'enseignement. (*V.* UNIVERSITÉ.)

ÉCOLES VÉTÉRINAIRES. Ces établissements, destinés à former des vétérinaires, sont en France au nombre de trois; ils sont situés à Alfort, à Lyon et à Toulouse. Le premier, beaucoup plus ancien et plus important que les deux autres, fut fondé en 1767, d'après le plan de Bourgelot. Tous les sujets de 16 à 25 ans peuvent être admis dans les trois écoles; mais les uns y sont entretenus aux frais de leurs parents, les autres, en totalité ou en partie, aux frais de l'État. La pension est de 350 francs, payables d'avance. Les élèves sont tous soumis au même régime, habillés de même, et ils reçoivent la même instruction. Nul ne peut suivre les cours que d'après une autorisation du ministre de l'agriculture et du commerce; les sujets autorisés à se présenter ne prennent même définitivement rang parmi les élèves que lorsqu'ils ont prouvé, devant un jury d'examen, qu'ils savent lire et écrire d'une façon correcte, et qu'ils sont en état de forger en deux chaudes un fer de cheval ou de bœuf. Le gouvernement fait les frais de 120 bourses, dont une par département, à la nomination du ministre, sur la présentation du préfet, et trente-quatre à la nomination du ministre seul. Ces bourses sont toutes divisées en demi-bourses. On doit avoir étudié au moins pendant six mois comme élève payant, et s'être fait remarquer par la régularité de sa conduite et le succès de ses études. Le titulaire d'une demi-bourse peut ensuite en obtenir une seconde, mais toujours comme récompense de sa conduite et de ses succès. Le ministre de la guerre entretient à l'école d'Alfort quarante élèves militaires pour le service des troupes à cheval. Les élèves qui, après quatre ans d'études, sont reconnus en état d'exercer l'art vétérinaire, reçoivent un diplôme dont le prix est fixé à 100 francs. Enfin les écoles vétérinaires ont des hôpitaux où sont reçus et traités les animaux malades, moyennant une modique rétribution payée par les propriétaires. L'école d'Alfort, qui tire son nom d'un ancien château où elle fut établie dès l'origine, est située dans le département de la Seine, à deux lieues de Paris, presque au confluent de la Seine et de la Marne, entre la route de Champagne et la route de Bourgogne. Elle a compté d'illustres professeurs, tels que Vicq-d'Azyr, Daubenton, Fourcroy, Flandrin, Girard, Dupuis. Considérablement agrandie depuis plusieurs années, elle possède aujourd'hui un jardin botanique, qui est un des plus beaux d'Europe, une collection d'histoire naturelle, un théâtre zoologique, et un cabinet d'anatomie et de pathologie comparées. Une machine hydraulique de Perrier fournit à l'établissement toute l'eau dont il a besoin. On y admire en outre un superbe troupeau de moutons mérinos et de chèvres de Cachemyre.

ÉCOLIER, IÈRE, s., celui, celle qui va, qui est à l'école, au collége. Il signifie aussi celui, celle qui prend des leçons d'un maître. Fig. et fam. *ce n'est qu'un écolier, il est encore écolier*, se dit d'un homme peu habile, peu avancé dans une profession, dans un art. Fam., *faire une faute d'écolier*, faire une faute qui marque une faute d'incapacité ou d'inexpérience. Fig. et fam., *tour d'écolier, malice d'écolier*, espièglerie du genre de celles que font les écoliers.

ÉCOLIER, IÈRE, s. *Congrégation des écoliers* (*hist. ecclés.*), ordre religieux de chanoines réguliers, qui a existé en Italie près de Bologne. *Val des écoliers*. (*V.* VAL.)

ÉCOLIÈRE (*com. relig.*), nom que prennent les chanoinesses de Mons, deux ans après leur réception. — ÉCOLIER est adj. masc. dans cette locution, *papier écolier* (*comm.*), qui se dit d'un papier de qualité inférieure.

ÉCOLIERS. C'était le nom que l'on donnait aux étudiants qui fréquentaient les écoles au moyen âge. Lorsque les écoles des principales villes eurent pris le nom d'*universités*, les évêques conservèrent sur ces établissements l'autorité qu'ils avaient eue sur les écoles annexées à leurs églises. Les désordres des étudiants étaient punis par des peines ecclésiastiques, et même par l'excomunication. Ils allaient se faire absoudre à Rome. Mais comme ces fréquents pèlerinages donnaient lieu à de nouveaux dérèglements, Innocent III conféra à l'abbé de Saint-Victor le pouvoir de prononcer ces absolutions, mais seulement pour les écoliers de Paris. Jacques de Vitry, dans son *Histoire occidentale*, a tracé un tableau énergique des désordres auxquels se livraient les écoliers, et dont ils semblaient se faire un point d'honneur: ivrognerie, libertinage, rapines, querelles, batailles, et quelquefois homicides, étaient pour eux de simples jeux. « Dans la maison, dit-il, se trouve à l'étage supérieur une » école, et à l'étage inférieur un lieu de prostitution. En haut, » le maître fait la lecture, et en bas des filles de mauvaise vie » exercent leur honteux métier..... Peu de clercs étudiants » s'instruisent; à cause de la diversité de leurs opinions et » de leurs pays, ils ne cessent de se quereller..... Les Anglais » sont ivrognes et poltrons; les Français fiers, mous et efféminés; les Allemands furibonds et obscènes dans leurs propos de table; les Normands vains et orgueilleux; les Poitevins » traîtres et avares; les Bourguignons des brutaux et des sots; » les Bretons légers et inconstants; les Lombards avares, méchants et lâches; les Romains séditieux, violents, et se rongeant les mains; les Siciliens tyrans et cruels; les Brabançons hommes de sang, incendiaires, routiers et voleurs; » quant aux Flamands, ils sont prodigues, aiment le luxe, la » bonne chère et la débauche, et ont des mœurs très relâchées.» Mais le scandale le plus criant était celui qui provenait de la rivalité des maîtres et des doctrines enseignées. Ces désordres prenaient en général un caractère fort grave, à cause de l'âge avancé des écoliers. En effet, on n'étudiait guère le droit canon ou civil que de vingt-cinq à trente ans; et, dans les autres facultés, on comptait parmi les étudiants beaucoup de clercs, de bénéficiers. Les bénéficiers, qui recevaient dans les écoles particulières de leurs diocèses des leçons de théologie, avaient d'abord seuls été dispensés de la résidence; mais ce privilége fut bientôt étendu à tous les élèves des universités, même à ceux qui n'étudiaient que la jurisprudence. Souvent les supérieurs des couvents envoyaient dans les grandes écoles quelques-uns de leurs religieux qu'ils entretenaient à leurs frais. Ainsi des bulles de Nicolas et de Boniface VIII permettent à plusieurs communautés religieuses d'acquérir des maisons dans la ville ou dans les faubourgs de Paris pour y loger les religieux qu'on y envoyait étudier la théologie et les arts libéraux. Telle fut l'origine de plusieurs colléges. Les écoliers qui venaient du même pays conservaient entre eux, à l'Université, des relations très étroites; souvent ils mettaient leurs intérêts en commun. De là vint la division des étudiants par nations ou provinces. On en comptait quatre à l'Université de Paris: c'étaient celles de *France*, de *Picardie*, de *Normandie* et d'*Angleterre*. Cette dernière nation ne fut remplacée qu'au XVe siècle par celle d'*Allemagne*. Chaque nation était représentée, et, à certains égards, gouvernée par un *syndic* ou *procureur*: ces officiers tenaient des registres où ils inscrivaient, moyennant rétribution, les noms des étudiants dont ils devaient défendre les intérêts, surveiller la conduite. C'est à partir de l'établissement de ces registres que l'on commence à voir apparaître les grades de *bachelier*, de licenciés, de *maître* ou *docteur*. C'était surtout à Paris que les écoliers se rendaient en foule. « Jamais, dit un chroniqueur du douzième siècle, on n'avait vu ni dans Athènes, ni en Egypte, ni dans aucun lieu du monde une telle affluence d'étudiants ! Ils sont attirés, non-seulement par les charmes du séjour et par les biens de toute nature qui y surabondent, mais surtout par la liberté et les immunités dont ils jouissent. » En effet, on avait à leur égard porté la faveur jusqu'à modifier le prix des logements par des taxes au delà desquelles les propriétaires ou les bourgeois ne pouvaient rien leur demander. Philippe-Auguste leur avait en outre accordé des priviléges par lesquels ils étaient soustraits aux autorités civiles, priviléges qui furent bientôt la cause de tels désordres, qu'on fut forcé de leur défendre le port d'armes; ils passaient leur temps dans des luttes continuelles avec les bourgeois et l'autorité civile. C'est ainsi qu'ils eurent, en 1163, une violente querelle avec l'abbaye de Saint-Germain-des-Prés; en 1192, ils en eurent une autre avec les habitants du bourg du même nom; en 1200, une rixe s'éleva entre les écoliers et les bourgeois: le prévôt se mit à la tête des bourgeois; un combat sanglant s'engagea, et quelques étudiants furent tués, entre autres Henri, archidiacre de Liége. Le roi condamna le prévôt à une prison perpétuelle, défendit aux juges laïques d'instruire désormais aucun procès criminel contre les écoliers, et ordonna qu'à l'avenir chaque nouveau prévôt jurerait de respecter les droits et les immunités des écoles. Ce privilége fut depuis confirmé par Louis IX, et les prévôts en effet prêtèrent ce serment jusqu'en 1592. En 1203, les écoles se donnèrent un syndic ou agent chargé de les représenter dans toutes les affaires. L'année 1227 vit éclater de nouveaux désordres: une querelle s'était élevée l'un des jours gras entre un cabaretier et des étudiants de la nation de *Picardie*, lesquels ne voulaient pas payer les frais de leur orgie. Le peuple s'attroupa, secourut le cabaretier et mit en fuite les étudiants, qui revinrent plus nombreux le lendemain, et se livrèrent aux excès les plus coupables. L'évêque de Paris et le prévôt saisirent cette occasion de reprendre quelque empire sur cette jeunesse turbulente. La reine Blanche, alors régente, donna ordre au prévôt d'employer la force des armes pour la contenir, et l'on exécuta cet ordre avec tant de zèle, que plusieurs écoliers furent tués ou blessés; les maîtres s'en plaignirent, discontinuèrent leurs leçons, et l'Université se dispersa. La nation anglaise se retira à Angers, d'autres nations à Orléans, et n'effectuèrent leur retour qu'en 1231. De semblables désordres se renouvelèrent en 1251; mais on en ignore les détails. On sait seulement que la reine Blanche fit prêter serment aux étudiants et professeurs et aux bourgeois, de vivre en paix, et de dénoncer ceux qui troubleraient à l'avenir la tranquillité publique. En 1251, quatre écoliers clercs et un laïque, leur serviteur, furent arrêtés pendant la nuit dans les rues de Paris par les archers du prévôt. Comme ils opposèrent quelque résistance, ils furent dépouillés, battus et emprisonnés; l'un d'eux en mourut. Le lendemain on fit relâcher les autres; mais l'Université ne fut pas satisfaite, et fit fermer les écoles. Tout exercice fut suspendu pendant sept semaines, jusqu'à ce qu'Alphonse, frère de saint Louis, eut fait condamner ceux dont l'Université avait à se plaindre, les uns au bannissement, les autres au supplice de la potence. Le caractère turbulent des écoliers ne cessa, pendant tout le moyen âge, de se manifester par des scènes immorales et scandaleuses. On doit bien penser qu'ils prenaient la plus grande part aux fêtes des fous, de l'âne, etc., etc., et à toutes les émeutes populaires. Dans un règlement que fit à Paris, au mois de décembre 1176, Simon de Brie, légat du Saint-Siége, on lit que les écoliers, au lieu de célébrer les fêtes de l'Eglise par des exercices de piété, s'adonnaient aux excès du vin et à toutes sortes de dissolutions; qu'ils prenaient les armes et couraient par troupes dans les rues de la ville pendant la nuit, troublaient le repos des habitants, et se portaient eux-mêmes à plusieurs dangers. Il ajoute qu'il se trouvait des écoliers qui poussaient l'impiété jusqu'à jouer aux dés sur les autels, en blasphémant le nom de Dieu. En 1278, Gérard de Moret, abbé de Saint-Germain-des-Prés, voulant se garantir des attaques des écoliers qui prenaient le Pré-au-Clercs pour théâtre de leurs ébats et de leurs querelles, fit bâtir quelques murs sur le chemin qui conduisait à ce Pré; les écoliers trouvèrent que ces constructions rétrécissaient leur chemin, ils les démolirent. L'abbé fit sonner le tocsin et charger les étudiants par les domestiques de l'abbaye et les habitants du faubourg. Plusieurs écoliers furent pris et conduits dans les prisons du monastère, d'autres blessés mortellement; mais l'Université déclara que, si elle n'obtenait pas dans l'espace de quinze jours une réparation éclatante, elle suspendrait tous ses exercices. On fut obligé de lui céder, et l'abbé, les religieux et leur prévôt furent condamnés à différentes peines. Ce n'était pas seulement qu'à Paris qu'éclataient ces désordres; ils se reproduisaient aussi dans toutes les grandes villes qui possédaient des universités. Les écoliers jouèrent un grand rôle dans les émeutes populaires du règne de Charles VI, dans les troubles de la Ligue et de la Fronde. L'existence des écoliers était en général fort dure et fort misérable. Jean de Hauteville, dans son Architrénius, lib. III, cap. 1, intitulé: de *Miseriis scholasticorum*, fait un tableau effrayant de la misère et des supplices auxquels quelques-uns de ces malheureux étaient quelquefois exposés. Il les dépeint comme des êtres en proie à toutes les tortures du froid et de la faim, dont le visage, pâle, livide, décharné, présentait l'image de la mort; à moitié nus, couchant sur la paille et vivant dans la plus horrible malpropreté. Dans plusieurs universités, les pauvres écoliers portaient le nom de *bons enfants*; aujourd'hui encore on lit au-dessus de la porte du collége royal de Reims, édifice construit à la fin du moyen âge pour servir d'asile à ces malheureux, une inscription ainsi conçue: *Collegium bonorum puerorum urbis Remorum.* (*V.* UNIVERSITÉS, ÉCOLES et ÉTUDIANTS.)

ÉCOLIERS ÉTRANGERS. On appelait ainsi des écoliers qui venaient, ou de province ou de pays étrangers, étudier dans les diverses universités du royaume. Ils s'organisèrent de bonne heure en corporations particulières auxquelles on concéda certains priviléges, tels que celui de n'être point soumis au droit d'aubaine, etc., etc. (*V.* ECOLES, ECOLIERS, UNIVERSITÉ.)

ÉCOLIERS JURÉS. C'était le nom que l'on donnait à ceux qui possédaient des *lettres d'écolier*, lesquelles ne s'obtenaient qu'après six mois d'études dans l'université, et sur le témoignage du régent dont on suivait les leçons. Ces lettres conféraient le privilége de *scolarité*, privilége très important, en vertu duquel l'écolier, soit comme demandeur ou comme défendeur, ne pouvait être distrait de la juridiction des juges conservateurs des priviléges de l'Université, que pour des actes passés avec des personnes domiciliées à une distance de soixante lieues. Une interruption de six mois dans les études entraînait la perte de ces lettres.

ÉCOLLAGE, s. m. (*technol.*) Il se dit, dans quelques tanneries, de l'écharnement des peaux, parce que les débris servent à faire de la colle-forte.

ÉCOLLETER, v. a. (*technol.*), élargir au marteau une pièce dont le haut a la forme et le profil d'un vase.

ECOMMOY, bourg de France (Sarthe), chef-lieu de canton. Il y a des fabriques de toiles et de faïence. 3,580 habitants, à 5 lieues un quart S.-E. du Mans.

ÉCONDUISEMENT, s. m. Il se disait autrefois de l'action d'éconduire. On le trouve dans le Glossaire des poésies du roi de Navarre.

ÉCONDUISEUR, s. m., celui qui éconduit, qui possède l'art d'éconduire les solliciteurs. Il a été employé par le duc de Saint-Simon.

ÉCONDUITE, s. f. (*néol.*), action d'éconduire.

ÉCONDUIRE, v. a., conduire dehors, éloigner avec ménagement quelqu'un de chez soi, d'une maison ou d'une société. Il signifie, par extension, refuser à quelqu'un avec ménagement ce qu'il demande. Prov.: *vous ne serez pas battu et éconduit tout à la fois*, se dit pour exciter une personne à faire une demande.

ÉCONOMAT, s. m., charge, emploi, office d'économie, et le lieu où se tient l'économe, où il a ses bureaux.

ÉCONOMATS. On appelait ainsi, sous l'ancienne monarchie, les droits dont le roi jouissait en vertu de la régale. Ces droits provenaient des revenus des bénéfices consistoriaux pendant leur vacance, et la perception en était confiée à un économe laïque. Les principaux édits concernant la création et la régie de cet office sont des années 1578 et 1691. En 1714, les économes établis dans chaque diocèses furent supprimés et remplacés par des préposés soumis à un économe général, et quelquefois à deux économes généraux associés.

ÉCONOME, adj. des 2 genres, ménager, ménagère, qui sait épargner la dépense. Fig., *être économe de louanges, de paroles*, ne pas prodiguer les louanges, parler peu, etc. — ÉCONOME, s'emploie aussi comme substantif, et alors il signifie celui ou celle qui a soin de la conduite d'un ménage, de la dépense d'une maison. Il signifie particulièrement, dans les hospices, dans les colléges, etc., celui qui est chargé de la recette et de la dépense, et en général de tout ce qui concerne l'administration du matériel. On dit de même adjectivement, dans les communautés religieuses, *le père économe, la mère économe*. Il s'est dit autrefois de celui qui était nommé par le roi pour administrer les revenus d'un évêché, d'une abbaye, etc., pendant la vacance. *Econome séquestre*, celui entre les mains duquel on mettait des biens en séquestre.

ÉCONOME (*mamm.*). Pallas a donné ce nom, pris substantivement, à une espèce de RAT. (*V.* ce mot.)

ÉCONOMIE, s. f. (*économie polit.*). Outre le sens indiqué par l'Académie, sens qu'ont adopté les Anglais et les Français, se définit, dans l'école allemande, une science qui embrasse les moyens par lesquels les hommes se procurent le bien-être] et la prospérité matérielle; l'administration intérieure d'un pays en fait essentiellement partie. En ce sens, on dit plus ordinairement, *économie publique*.

ÉCONOMIE, s. f., ordre, règle qu'on apporte dans la conduite d'un ménage, dans la dépense d'une maison, dans l'administration d'un bien. Il signifie plus ordinairement, épargne dans la dépense. Il s'emploie quelquefois au pluriel, et alors on l'applique surtout à la chose même qui est épargnée, mise en réserve. — *Economie domestique*, se dit aussi quelquefois des usages domestiques en général. — *Economie rurale*, administration des propriétés rurales. — *Economie politique*, science qui traite de la formation, de la distribution et de la consommation des richesses. — ÉCONOMIE, se dit figurément de l'harmonie qui existe entre les différentes parties, les différentes qualités d'un corps organisé. Il signifie encore figurément, la disposition des parties d'un dessin, d'un tableau, la distribution ou le plan d'un ouvrage d'esprit, et en général toute coordination de parties, quel que soit l'ensemble qu'elles contribuent à former.

ÉCONOMIE POLITIQUE. L'économie politique est la science de la production et de la distribution des richesses, ou, comme l'ont définie quelques économistes, la science des intérêts matériels. Comment se crée régulièrement la richesse sociale et comment doit-elle régulièrement se partager? Tel est l'objet des investigations de la science économique. La grande œuvre qui doit préoccuper les gouvernements et les hommes de bien, c'est sans contredit l'élévation physique, morale et intellectuelle de la classe la plus nombreuse et la plus pauvre. Dans cette entreprise, le rôle de l'économie politique est de déterminer les mesures propres à accroître rapidement la production, d'en découvrir les lois régulatrices, et de fixer scientifiquement les justes bases de la répartition des produits. En effet les intérêts matériels sont étroitement liés aux destinées de la civilisation tout entière; la liberté et l'industrie sont solidaires, et c'est agrandir la vie même de l'homme que de contribuer à ses progrès industriels et à son bien-être. Comment la richesse est-elle produite? — Par le travail. — Tout travail humain dont le résultat est d'une utilité plus ou moins réelle, plus ou moins immédiate pour la société, crée un produit; la somme des produits constitue la richesse sociale. Suivant que la richesse sociale se trouve être dans une proportion plus ou moins considérable avec le nombre des consommateurs, la nation est plus ou moins bien pourvue de toutes les choses nécessaires ou commodes dont elle éprouve le besoin; mais il peut arriver que la richesse soit concentrée dans les mains d'un petit nombre des membres de la société; en ce cas, quel que soit le degré de prospérité industrielle auquel ait pu atteindre la nation, la misère et l'abrutissement la dévorent. Deux éléments concourent à élever la production, savoir: 1° le grand nombre des membres de la société qui s'occupent à un travail utile; 2° l'intelligence nationale, intelligence qui se développe principalement par la division du travail dont les conséquences sont un accroissement d'habileté dans l'ouvrier, et l'invention de machines propres à simplifier et à diminuer ses efforts. Cette partie de la science a été cultivée avec succès; l'industrie a acquis une puissance sans bornes; les progrès qu'elle accomplit tous les jours dépassent ce que pouvaient opérer il y a quelques siècles les imaginations les plus hardies. Après avoir dompté les animaux, après en avoir fait des agents industriels soumis à sa volonté, l'homme a courbé les éléments eux-mêmes, et les a contraints de travailler à sa place avec leurs puissances infinies; il a transformé en dociles ouvriers d'une inépuisable vigueur, l'eau, dans les mécanismes hydrauliques, le feu dans les mécanismes à vapeur. Il a régularisé ces diverses forces jusqu'à leur communiquer une adresse et une précision inouïes. Restent encore des réservoirs immenses de forces naturelles, que la science saura, dans un avenir prochain, appliquer de même au profit de la production; et alors le bien-être et l'aisance pénétrant jusqu'aux dernières couches de la société, y apporteront l'éducation, la moralité, la dignité: animés par la conviction réfléchie de leurs droits, les travailleurs, qui aujourd'hui subissent par ignorance, par préjugé, par abrutissement, le joug et les spoliations des oisifs, ramèneront la société à cette égalité religieuse prêchée par le Christ, et hors laquelle il est impossible de concevoir la justice. Quelques exemples suffiront pour faire apprécier la différence de la jouissance productive des sociétés passées et des sociétés modernes. On sait que chez les peuples anciens les moulins étaient inconnus; le travail de la mouture était dévolu à des esclaves, qui tournaient une meule à force de bras. Il y avait, suivant Homère, dans la maison de Pénélope, douze femmes occupées à moudre le grain nécessaire à la subsistance de la maison; or, en estimant à 300 le nombre de personnes qu'alimentait le grain moulu par ces douze esclaves (ce qui vraisemblablement est au-dessus de la vérité), on trouve qu'il fallait une esclave pour 25 personnes. Aujourd'hui il y a à Saint-Maur, près Paris, un moulin immense, broyant en vingt-quatre heures 720 hectolitres de blé, et dont le mécanisme est tellement perfectionné, qu'il suffit de vingt hommes pour le faire aller nuit et jour. Que la consommation d'une personne soit, comme on l'admet généralement, d'une livre et demie de pain par jour, on trouve que le moulin de Saint-Maur peut moudre le blé nécessaire à l'alimentation de 72,000 hommes. Vingt personnes suffisant au travail de la mouture nécessaire pour l'alimentation de 72,000 hommes, une suffit pour 3600, et puisqu'il en fallait autrefois une pour 25, la proportion est de 1 à 144. L'industrie cotonnière offre un exemple plus prodigieux encore. Avant Richard Arkwright, l'industrie des cotons était exercée par de pauvres fileuses de l'Inde ou d'Europe, et ne produisait point de résultats importants; la fabrication était bornée, la consommation était faible. Richard Arkwright parut: c'était le treizième enfant de parents pauvres; il ne reçut aucune éducation et ne savait même pas dessiner; jusqu'à 36 ans il exerça la modeste profession de barbier; ce fut en 1769 qu'il prit son premier brevet d'invention pour son métier à tisser. Depuis lors, et surtout depuis 1774, époque à laquelle Watt appliqua la machine à vapeur aux métiers d'Arkwright, cette branche d'industrie et de commerce a acquis des proportions colossales; on calcule qu'un ouvrier exécute aujourd'hui dans la filature du coton l'ouvrage qui exigeait, avant 1769, le travail de 320, et la longueur des étoffes qui furent exportées d'Angleterre en 1833 (la somme des exportations s'est considérablement accrue depuis cette époque), était suffisante pour faire dix fois et demi le tour de la terre. Les progrès accomplis par l'industrie, ceux qu'elle est en voie de réaliser encore sont donc immenses et promettent une grande amélioration dans le sort matériel de tous les hommes; cette amélioration est infaillible. Lorsque l'agriculture aura suivi ce mouvement du progrès de l'industrie manufacturière; lorsque, par de sages lois sur le crédit, les capitaux trouveront dans l'industrie agricole les mêmes avantages et les mêmes garanties que dans les autres industries; lorsque les meilleures méthodes de culture et d'élevage auront été popularisées, lorsque les machines auront été appliquées à un grand nombre de travaux d'exploitation agricole, et que par le développement de la puissance productive de cette industrie, nous aurons plus de céréales, plus de vins, plus de viande; il y aura, en dépit des résistances, un immense accroissement de bien-être pour tous. Mais alors resteront encore non résolus deux grands problèmes, celui de l'organisation du travail, et celui du droit des travailleurs, problèmes qui aujourd'hui sont étudiés par les économistes, mais dont la solution est peu avancée. Dans une société fonctionnant régulièrement, il semble qu'une administration supérieure doit être chargée de surveiller et de diriger la production, et de la proportionner aux besoins. Unité de vues, d'intérêts, concours harmonieux des forces du pays, centralisation savante, tel est l'idéal de l'ordre dans les sociétés humaines; tout cela paraît à nos antiques préjugés un rêve, une chimère sans réalisation possible; le désordre est partout; ici surabondance de vie et de capitaux, là pénurie et stagnation, tel produit, qui ne suffit pas aux besoins de la consommation, atteint une valeur de marché énorme; tel autre, par suite de la concurrence et de l'encombrement, ne se vend pas assez cher pour couvrir les frais de production; antagonisme perpétuel, combat sans fin, dans lequel périt infailliblement le faible; chaos presqu'inextricable, mais que l'économie politique n'est pas impuissante à débrouiller, quoiqu'en puissent dire certains économistes; car si cela était, si les principes de l'économie politique étaient variables, si la science n'était qu'une collection de remarques plus ou moins ingénieuses, qu'une analyse plus ou moins délicate des faits présents; si elle était incapable de découvrir les lois absolues de l'ordre, ce serait une science stérile, inutile au progrès et à la civilisation. Il n'en est point ainsi; l'économie politique a presque épuisé sa première période, période de statistiques et d'observations; il fallait bien connaître ce qui est pour en constater les vices et pouvoir redresser ces erreurs. Reste maintenant à appliquer par un immense travail de combinaisons transitoires, les grandes lois économiques, et à conduire sans secousses la société par de savantes et successives transformations, à un ordre inconnu jusqu'ici, et que des symptômes nombreux annoncent dès à présent. Toute société est une association plus ou moins vaste; chacun de ses membres concourt ou doit concourir, par son travail, au bien-être, à la richesse de ses co-associés, et par une admirable simultanéité, en concourant à la richesse sociale, il fonde sa propre existence et sa propre fortune. Le salaire du travailleur doit faire équation à son produit, car le droit de jouir intégralement du fruit de son travail est le plus incontestable de tous les droits, et la société n'étant qu'une association naturelle fondée sur le besoin de s'entraider mutuellement, ne doit point méconnaître et renverser cette éternelle loi de la justice. Quiconque ne travaille pas est un fléau social; car ne travaillant pas, il ne produit rien et n'augmente pas le fonds commun; bien plus, il faut qu'il vive; mais s'il ne produit rien, comment vivra-t-il? En se faisant nourrir par la société, en appliquant à son profit un produit social, ainsi détourné des producteurs. Les associations de plusieurs hommes qui mettent en commun leur industrie, multiplie leurs moyens dans une telle progression, que le dividende de chacun d'eux s'en accroît d'une manière prodigieuse. D'où il résulte que les plus beaux talents n'étant que des conséquences, que des résultats de la force collective ou de la force d'association, ils sont beaucoup plus redevables à la société que les travailleurs appliqués à des fonctions d'un ordre inférieur, puisque sans l'association ils eussent misérablement langui dans des travaux manuels nécessaires à soutenir leur existence. Parmi les travaux intellectuels et scientifiques, et les travaux manuels, les premiers sont destinés à la nourriture de l'esprit, qui, à la rigueur, peut s'en passer si le prix en est exagéré, tandis que les autres sont accomplis dans un but de satisfaction indispensable des besoins matériels. Telles sont, suivant nous, les observations principales qui dominent la science. Reste à en tirer des conséquences pratiques et applicables. Respecter toujours et partout l'initiative et la personnalité du travailleur, mais subordonner l'intérêt privé à l'intérêt de tous, centraliser le commerce et l'industrie au moyen d'un comité administratif supérieur, qui réglemente le travail, surveille l'emploi et la distribution des capitaux, protège les échanges; le problème est immense, mais nous marchons presque à notre insu, et malgré nous, à sa solution; une multitude de faits, qui passent inaperçus, annoncent le progrès de la société à cette solennelle période de régularité et de justice.

ÉCONOMIE RURALE. (*V.* INDUSTRIE AGRICOLE.)

ÉCONOMIE ANIMALE, (*Physiol.*). Le mot économie s'emploie en physiologie pour exprimer l'ensemble des lois et des phénomènes propres à l'organisme vivant, considéré dans son universalité, c'est-à-dire dans tout le règne animal. Le mot économie implique l'idée de lois, de fonctions et d'actes organiques envisagées en ce qu'elles ont de commun dans tous les êtres et non point dans ce qu'elles ont de particulier à telle classe ou à tel individu. L'étude de l'économie appliquée à l'homme comme aux animaux n'envisage en outre les actes émanés de l'organisme que dans leur rapport immédiat avec l'entretien de la vie, différente en cela de la physiologie proprement dite dont l'objet beaucoup plus vaste embrasse l'ensemble de tous les phénomènes par lesquels la vie se manifeste.

Tous les actes de l'économie se rattachent à un petit nombre de causes que l'on désigne sous le nom de *propriétés* ou *forces vitales;* ce sont la sensibilité, la contractilité et la force d'affinité organique, communs à tous les êtres vivants. Considérés dans les végétaux (V. ÉCONOMIE VÉGÉTALE), les phénomènes économiques se bornent à quatre fonctions principales qui suffisent à leur existence, la génération, l'absorption, la sécrétion et la nutrition, fonctions qui y sont réduites à l'état de plus grande simplicité possible. L'économie animale s'éloigne peu de cette simplicité dans les animaux les plus inférieurs de l'échelle. Dans les derniers zoophytes la vie consiste uniquement comme dans les végétaux, dans la génération qui s'y effectue par bourgeons, dans la nutrition qui n'est chez ces êtres qu'une simple pénétration de la masse pulpeuse du corps de l'animal, par la matière réparatrice qu'il puise au dehors, et la sécrétion par laquelle l'animal rejette au dehors une sorte d'enduit muqueux, trop plein de la nutrition et dont le but semble être de prévenir son accroissement illimité. Dans les zoophytes d'un ordre plus élevé vient s'ajouter à ces phénomènes les plus simples de l'organisation, une fonction qui n'y est encore qu'à l'état rudimentaire, la digestion. Un simple sac intestinal creusé dans toute la longeur de la masse pulpeuse suffit à cette fonction. Tandis que dans les plus simples des zoophytes, les polypes agglomérés par exemple, la nutrition ne se fait que par une simple absorption des matières environnantes; dans les zoophytes plus compliqués tels que les oursins, les méduses les étoiles de mer, l'aliment ayant déjà besoin pour être assimilé d'un premier degré d'élaboration, il se fait à la surface interne de l'animal une sécrétion d'humeur gastrique propre à opérer cette élaboration. Dans les insectes les phénomènes de l'économie animale se compliquent. Une nouvelle fonction complémentaire de la digestion devient nécessaire; c'est la respiration, fonction qui consiste dans une action intense de l'air sur les liquides nourriciers et dont l'objet est d'imprimer au produit de la digestion une élaboration secondaire, sans laquelle il serait impropre à la nutrition. La respiration est aussi rudimentaire chez les insectes que l'était la digestion chez les zoophytes. Elle s'opère indistinctement par tous les points de la surface du corps de l'animal, à l'aide d'une innombrable quantité de petites trachées qui pénètrent tout le corps, transportent l'air jusque dans les parties les plus intérieures, où ce fluide est mis en contact avec les produits de la digestion sur les quels il doit opérer la transformation nécessaire à leur assimilation. En s'élevant d'un degré plus haut dans l'échelle animale, on voit que le produit de la digestion, le chyle, en nature, ne suffit plus pour la nutrition des organes; il doit désormais subir avant cette opération une transformation importante qui nécessite un nouvel ensemble d'organes. Le chyle doit être transformé en sang liquide animalisé, vivant, et qui n'est, suivant l'heureuse expression d'un ancien physiologiste, que de la chair coulante. De là une nouvelle fonction, la circulation, qui dans son état le plus simple s'effectue à l'aide d'un double courant de canaux reliés entre eux par un centre commun de communication, dont les uns, vaisseaux lymphatiques et veineux, apportent de la périphérie au centre les produits élaborés de la digestion et de l'absorption interstitielle des organes; les autres vaisseaux artériels, animés d'un mouvement excentrique, transportent vers toutes les parties du corps le liquide vivificateur qui doit à la fois les nourrir et y entretenir la vie. A cette fonction s'en annexe une autre qui en est le complément indispensable, l'hématose ou sanguification artérielle, c'est-à-dire, un perfectionnement d'une fonction, la respiration, que nous avons vu s'établir à l'état rudimentaire dans la classe des insectes. La respiration ne consiste plus ici seulement, comme dans le cas précédent, à mettre en rapport d'une manière directe l'air ambiant avec le produit immédiat de la digestion, à l'aide d'un simple système de trachées; pour que le sang noir contenu dans les veines, mélange de chyle et des produits de la résorption résultant du travail incessant de composition et de décomposition qui se passe dans tous les organes, acquière les qualités nécessaires à la nutrition, il faut qu'il subisse une sorte d'épuration ou de combustion, suivant le langage des physiologistes modernes, *en passant à travers* les organes branchiaux ou pulmonaires, espèce de crible où le sang est momentanément mis en contact avec l'air atmosphérique, agent principal de l'hématose.

Les premiers animaux chez lesquels on observe un système circulatoire régulier, sont les mollusques, les crustacés et les vers à sang rouge. L'appareil organique destiné à l'accomplissement de cette fonction consiste en un cœur formé d'un ventricule et d'une ou deux oreillettes, d'artères et de veines. Quelques zoophytes offrent un rudiment d'appareil circulatoire qui n'a rien de constant. Il en est de même des annélides dont quelques-uns ont un systéme de vaisseaux très compliqué, mais dont l'appareil circulatoire varie d'un annélide à l'autre. Il existe aussi une circulation chez les insectes, mais elle n'est pas régulière; le liquide nourricier ne parcourt pas un cercle continu de manière à revenir à son point de départ, comme chez les animaux des classes supérieures; la plupart n'ont qu'un vaisseau dorsal longitudinal d'où partent quelques embranchements, mais sans centre commun.

Les organes respiratoires subissent aussi dans les différentes classes des modifications relatives au degré d'importance qu'acquiert la fonction qu'ils sont destinés à accomplir. Ce sont des tubes aérifères pénétrant dans toutes les parties du corps chez les insectes qui consomment, proportion gardée, une quantité considérable d'air, des branchies ou sortes d'arcs osseux fixés à la base du crâne ou d'où partent une multitude de lamelles allongées, à la surface des quelles se fait l'hématose au moyen de l'air dissous dans l'eau chez les animaux aquatiques ou amphibies; ce sont enfin des poumons ou grandes poches multiloculaires qui reçoivent l'air dans leur intérieur et dont les parois sont traversées par les vaisseaux contenant le sang qui doit être soumis à l'action vivifiante de l'air, comme chez les oiseaux, les mammifères et généralement tous les animaux des classes supérieures.

A mesure que ces deux grandes fonctions destinées à pourvoir à la réparation journalière et à l'accroissement des animaux se compliquent et deviennent de plus en plus régulières, la nutrition elle-même dont elles ne sont en quelque sorte que les auxiliaires, et que nous avons vue si simple chez les animaux inférieurs, se complique à son tour et nécessite un plus grand nombre d'organes et des instruments plus parfaits. Ainsi tandis que chez les animaux les plus simples, la nutrition n'est guère qu'une pénétration de l'animal par la matière réparatrice empruntée aux corps ambians dans un état voisin de son assimilation, cette fonction devient très compliquée chez les animaux supérieurs. En effet, elle n'implique plus seulement un travail perpétuel de décomposition et de recomposition, opéré par voie d'absorption et d'exhalation dans la trame des tissus de chaque organe, mais les matériaux que la digestion, après un premier départ, a introduits dans le système circulatoire par la voie des vaisseaux absorbants, contenant des produits inassimilables, il faut que le sang, qui en est le véhicule, avant de s'identifier avec les tissus qu'il doit réparer, soit préalablement dépouillé de ce que ces produits contiennent de superflu ou de nuisible pour l'organisme. Cette espèce de triage du sang nécessite un nouveau système d'organes; tel est l'objet des divers organes glanduleux dont les uns, tel que le foie, les glandes salivaires, empruntent aux éléments inassimilables du sang, des produits organiques nouveaux qui concourent à l'accomplissement des fonctions digestives, tandis que d'autres, commes les reins, bornent leur action à une véritable élimination de produits désormais étrangers à l'organisme. Les organes digestifs, comme on le pense bien, ont dû, à mesure que la fonction à laquelle ils sont dévolus a acquis un développement plus considérable, se compliquer de plus en plus. Réduits chez quelques animaux de la classe la plus inférieure à une simple poche communiquant au dehors par une seule ouverture destinée en même temps à l'entrée des aliments et à la sortie de leurs résidus, l'appareil digestif consiste chez la plupart des animaux, en un long tube membraneux ouvert à ses deux extrémités, s'étendant dans toute la longueur du corps, présentant divers renflements, dont le plus important, l'estomac, est le siége de l'acte principal de la digestion. A cette partie essentielle de l'appareil digestif sont annexés des appareils de préhension, de mastication, de déglutition et enfin des organes sécrétoires qui découlent dans le canal alimentaire les liquides nécessaires au travail de la digestion. Les matières que l'animal a puisées au dehors pour sa nutrition et qui ont été introduites dans son organisme par l'absorption dont les différents points de la surface du corps, mais plus particulièrement ceux du tube digestif, sont le siége, sont soumis dans le sein de l'économie à une action moléculaire intime d'où résulte le double travail de composition et de décomposition nutritive. Le dépôt des molécules nouvelles dans la profondeur de la substance des parties, et leur transformation en matière organique et leur incorporation à la substance de l'animal, constituent le phénomène de l'assimilation, phénomène qui en implique un second en sens inverse, c'est-à-dire un mouvement de décomposition ou de séparation d'une partie des molécules constituantes des tissus organiques qui s'opère à l'aide des organes d'excrétion. C'est à ce double phénomène de composition et de décomposition nutritive à la faveur duquel l'animal se renouvelle en quelque sorte incessamment en conservant toujours les mêmes formes et les mêmes proportions, que les physiologistes attribuent la faculté dont tous les animaux jouissent à des degrés divers, de produire de la chaleur et de maintenir constamment leur corps à une température à peu près fixe, capable de résister pendant toute la durée de la vie, aux plus grandes variations de la température atmosphérique. Mais cette propriété de calorification varie beaucoup dans les différentes classes animales, ce qui a fait distinguer des animaux à sang froid et des animaux à sang chaud. L'accomplissement de quelques-unes des fonctions que nous venons d'énumérer, exige des mouvements, soit partiels, soit de totalité ou de locomotion. Mais c'est surtout pour l'accomplissement des fonctions de relation que ces mouvements sont nécessaires. La nature y a pourvu par un vaste système d'organes recouvrant en grande partie la charpente osseuse, ou contenue dans le squelette comme chez quelques-uns des êtres inférieurs, et constituant la masse charnue de l'animal. Mais avant de parler du système musculaire et des appareils de locomotion, nous devons vous entretenir d'une fonction plus générale, sous la dépendance immédiate de laquelle est placée la locomotion, fonction commune à tout le règne animal, la plus importante sans contredit, en ce qu'elle préside à la fois à toutes les fonctions organiques qui constituent la vie végétative, et aux fonctions de relation qui constituent la vie animale proprement dite : nous voulons parler de la sensibilité et du système nerveux qui en est le siége et l'instrument. La sensibilité est, à divers degrés, commune à tous les animaux, elle constitue un des caractères essentiels, sinon le caractère absolu, de l'animalité. Dans les êtres les plus inférieurs de l'échelle, la structure du système nerveux est très simple et toutes les parties dont il se compose paraissent remplir les mêmes fonctions. Chez les mollusques, par exemple, le système nerveux consiste en un certain nombre de paires de ganglions réunis par des cordons, sans centre commun. Chez quelques annélides, c'est un simple cordon noueux, étendu dans la longueur du corps et dont toutes les parties possèdent les mêmes propriétés. Dans les êtres dont l'organisation est plus compliquée et les facultés plus parfaites, l'appareil nerveux se compose de plusieurs parties auxquelles sont dévolues des fonctions différentes et spéciales. Un système nerveux, dit organique ou ganglionnaire, placé dans les profondeurs des cavités splanchniques, composé d'une série de ganglions reliés entre eux par des filets nerveux, disposés sans symétrie, et se distribuant dans les principaux viscères, préside aux fonctions intimes de ces organes, aux actions dites organiques ou végétatives; c'est l'analogue ou plutôt la reproduction réelle dans les animaux supérieurs, du système nerveux unique des êtres inférieurs de l'échelle. A ce système ce suc ajoute chez les premiers un grand système nerveux symétrique, composé d'une partie centrale, l'axe cérébro-spinal, tenu dans toute la longueur du canal vertébral, et dans la boîte osseuse du crâne, et de parties périphériques, cordons nerveux disposés par paires symétriques, les uns destinés à transmettre au cerveau les impressions reçues du dehors, les autres ayant pour fonction de déterminer, sous l'influence de la volonté, la contraction des muscles dans lesquels ils se rendent et par suite les mouvements; d'autres enfin affectés spécialement aux organes des sens. Les organes de la locomotion considérés dans la série des êtres suivent dans leur développement une marche entièrement parallèle à celle du système nerveux, à l'existence duquel ils sont intimement liés. De même que chez les êtres les plus inférieurs la sensibilité est en quelque sorte à l'état de diffusion, de même chez certains de ces êtres, les hydres, par exemple, la contraction n'a point d'instruments particuliers; toutes les parties du corps paraissent également susceptibles de se contracter. Mais, pour peu que l'on s'élève dans la série, on voit des organes particuliers, les muscles, exclusivement affectés à la contraction et au mouvement. Il y a deux systèmes musculaires comme il y a deux systèmes nerveux, l'un affecté aux mouvements involontaires dont l'animal n'a le plus souvent pas conscience, c'est le système musculaire des viscères qui, placé sous l'influence du système nerveux ganglionnaire, est comme lui asymétrique; l'autre beaucoup plus considérable et formant la masse charnue du corps, affecté aux mouvements volontaires, soit partiels, soit de totalité du corps, est placée sous la dépendance du système nerveux cérébro-spinal. Un troisième système, qui n'est qu'une dépendance ou un annexe de ce dernier, appartient aux organes des sens et de la phonation. (*V.* les mots ORGANES DES SENS, VOIX, PAROLE.) — Chez les animaux les plus inférieurs dépourvus de squelette, les muscles s'insèrent à la membrane tégumentaire; mais chez les animaux supérieurs le squelette, en même temps qu'il constitue la charpente solide du corps dont il détermine la forme générale, fournit un point d'appui solide aux muscles et concourt avec eux à l'exécution des mouvements auxquels il imprime par la disposition de ses brisures, la force, l'étendue et la précision qu'on leur connaît. — Jusqu'à présent on n'a considéré l'économie qu'au point de vue de l'individu et eu égard seulement à son accroissement, à sa nutrition et à l'ensemble des fonctions qui concourent à sa conservation. La conservation de l'espèce ou la reproduction réclame un nouvel ordre de fonctions communes à tous les êtres vivants, la génération. — Tel est l'ensemble des fonctions dont se compose l'économie animale. On voit qu'elles se divisent naturellement en deux classes, les unes relatives à l'individu, les autres relatives à l'espèce. Les fonctions individuelles peuvent se subdiviser elles-mêmes en deux ordres : celles qui ont pour objet l'accroissement et la réparation du corps et qui comprennent l'absorption, la digestion, la circulation et la respiration, les sécrétions et les exhalations, enfin la nutrition interstitielle, et celles dont le but est d'établir les relations de l'animal avec le monde extérieur, les sensations et la locomotion. — Il nous reste à énumérer quelques-unes des lois principales qui président à l'exécution de ces fonctions et qui établissent entre elles les rapports d'harmonie nécessaires à leur accomplissement. — La première de toutes ces lois est celle qui constitue l'*individualité* ou l'*unité* de l'être vivant. Si dans quelques animaux dont les facultés sont les plus bornées et la vie la plus simple, les parties qui les composent offrent entre elles une telle identité d'organisation et d'action, qu'on peut les diviser impunément sans que la vie générale de l'individu soit détruite, chaque fragment constituant en quelque sorte un individu nouveau qui continue à vivre et à fonctionner comme le tronc primitif dont il a été détaché; il n'en est pas de même de la généralité des animaux dans lesquels la vie est une, indivisible, et nécessite l'intégrité des organes et des fonctions qui concourent à son entretien. Cette unité de la vie implique l'idée d'un principe unique qui préside à l'ensemble de toutes les fonctions, qui établit entre elles ce *consensus* synergique en vertu duquel elles concourent toutes vers un but commun, principe abstrait, inconnu dans son essence, appréciable seulement, comme toutes les causes primordiales de la nature, par les effets et les phénomènes par lesquels il se manifeste et auquel les physiologistes ont donné le nom de *principe vital*. C'est à ce principe qu'on rapporte toutes les facultés et les actions qui caractérisent les êtres vivants et les distinguent de la matière brute ou inorganique. Les facultés que nous avons désignées au commencement de cet article sous les noms de propriétés ou forces vitales ne sont que les attributs de ce principe. Ses caractères essentiels sont l'activité et la spontanéité, c'est-à-dire cette faculté dont jouissent les animaux de produire des actes spontanément et en vertu de leur activité propre, sans y être provoqués par des causes physiques extérieures, ou sous l'influence et à l'incitation de ces causes. Enfin un dernier caractère de la vie est d'avoir une durée déterminée et proportionnée en général au temps que met l'animal à atteindre son entier accroissement. A côté de cette grande loi de l'unité vitale, nous devons signaler une loi de l'économie non moins générale, et qui, loin d'infirmer la première, ainsi que son énoncé semblerait l'indiquer au premier aperçu, n'en est au contraire qu'un corollaire, c'est la loi de *la localisation des fonctions* et *de la division du travail physiologique*. Dans les animaux dont l'organisation est la moins complexe, chez lesquels la vie, réduite à sa plus simple expression, ne nécessite qu'un très petit nombre de fonctions, on n'aperçoit point encore l'application de cette loi. Leur corps présente partout la même structure, toutes les parties dont il se compose sont semblables entre elles, et chacune de ces parties remplit les mêmes fonctions que les parties voisines et que le tout lui-même, ce qui explique le phénomène singulier dont nous parlions tout à l'heure, de la permanence de la vie dans chacune des parties dans lesquelles on a divisé l'animal. Mais il n'en est pas de même chez les animaux dont l'organisation est plus complète. Si l'on compare entre eux des animaux placés à des degrés différents de l'échelle, en raison de la différence dans le nombre et l'étendue de leurs facultés, on est frappé de la coïncidence qui existe entre leur degré de perfectionnement et la localisation de plus en plus considérable de leurs fonctions. Le résultat des fonctions est d'autant plus parfait, qu'à chacune d'elles est affecté un système d'organes particuliers. Aussi peut-on juger du nombre, de la variété et de l'étendue des actes et facultés dont un animal est doué, par la plus grande dissemblance des parties dont il est composé, par le nombre et la complexité de ses organes; en un mot, par la plus grande complication matérielle de son organisme. En effet, l'uniformité de structure n'est propre qu'à un très petit nombre des êtres les plus inférieurs. A mesure que l'on s'élève dans la série, on voit l'organisation se compliquer davantage; tandis qu'un seul organe suffisait chez les premiers à la sensation, au mouvement et à l'absorption nutritive, la division du travail fait des progrès de plus en plus sensibles, à mesure que les besoins de la vie se multiplient. Bientôt chaque fonction, puis chaque acte de cette fonction, nécessite un instrument particulier, et la vie devient d'autant plus parfaite, que l'individu est composé d'un nombre plus considérable d'organes, fonctionnant d'une manière spéciale, non point isolément, mais sous la condition de ce *consensus*, qui, à côté de la multiplicité des moyens, rappelle incessamment l'unité de but vers lequel convergent toutes les fonctions de l'économie et l'unité de principe, d'où découlent et où viennent se relier tous ses actes. Toutefois, la division des fonctions physiologiques et la multiplicité des instruments qu'elle suppose, n'implique pas une aussi grande variété dans leur composition et dans la nature des tissus dont ils sont formés, que leur nombre semblerait le faire croire. Toujours simple et fécond dans ses moyens, le Créateur semble avoir voulu obtenir la plus grande variété possible dans ses productions, en n'y employant que le moins de matériaux essentiellement différents. — Quelque compliquée que soit l'organisation des êtres supérieurs, leur structure se réduit en définitive à un petit nombre d'éléments primitifs, communs, dont les combinaisons infiniment variées, suffisent à la multiplicité des organes dont ils sont formés. Bien que chaque espèce animale ait des formes et une organisation déterminées conformément au type indélébile qui lui a été imprimé par la création, l'œil du naturaliste saisit aisément, à travers les gradations successives de complication des animaux, le plan commun d'après lequel leur organisation a été conçue. Sans doute, si l'on considère deux êtres placés à une grande distance l'un de l'autre dans l'échelle animale, on est beaucoup plus frappé des dissemblances de leur organisation que de ses analogies; mais si, prenant pour point de départ un des animaux les plus compliqués, on suit graduellement la marche décroissante de l'organisation jusqu'aux derniers degrés de l'échelle, on ne peut méconnaître l'uniformité de plan qui a présidé à la formation des individus de toute la série. Rarement voit-on des systèmes d'organes entièrement nouveaux et comme formés de toute pièce; ces organes nouveaux, que des fonctions nouvelles ont nécessités, se retrouvent presque toujours plus ou moins ébauchés et à l'état rudimentaire, ou au moins à un certain degré d'analogie dans les êtres inférieurs. C'est en quelque sorte par une gradation successive et par une *série* de transformations graduelles que l'on voit se former et se développer dans le sein de l'organisme les instruments nouveaux que sa complication réclame. C'est en raison de ces faits que les naturalistes ont formulé ces lois de l'économie animale qu'ils appellent *loi des transformations organiques, loi d'uniformité de composition organique, loi d'analogie de structure*. Enfin, si cessant d'envisager l'animalité dans sa vaste généralité, on restreint le champ d'observation à l'ensemble des parties dont chaque être en particulier est composé, on découvre sans peine, dans la concordance des diverses fonctions, dans la dépendance mutuelle dans laquelle sont vis-à-vis les uns des autres tous les organes de l'économie, un accord constant entre leur conformation particulière et l'ensemble de l'organisme; c'est *la loi des harmonies organiques*. On conçoit que dans ce rapide aperçu d'un ensemble aussi vaste, nous n'avons pu qu'esquisser à grands traits et d'une manière extrêmement sommaire, les bases principales de l'organisation. On trouvera le complément naturel de cette article aux mots VIE, ORGANISME, ANIMAL, ainsi qu'à tous les mots qui ont pour objet l'anatomie et la physiologie.

H. BROCHIN.

ÉCONOMIQUE, adj. des 2 genres, qui concerne l'économie, le gouvernement d'un ménage, d'une maison, etc. Il signifie plus ordinairement qui diminue les frais, la dépense.—ÉCONOMIQUE est aussi substantif féminin, et signifie cette partie de la philosophie morale qui concerne le gouvernement d'une famille, d'un État, etc.

ÉCONOMIQUE, adj. des 2 genres. *Les économiques (philol.)*, titre d'un traité d'Aristote qui, outre son principal sujet, à savoir, l'économie domestique, renferme en même temps tout ce que les anciens nous ont laissé sur la science que nous appelons aujourd'hui *économie politique*. *L'Economique* ou *de l'Économie*, titre d'un dialogue de Xénophon, où l'écrivain grec fait l'éloge de l'économie rurale et domestique, et où il donne quelques détails instructifs sur l'état de l'agriculture chez les Grecs. Virgile a fait, dans ses *Géorgiques*, quelques emprunts à l'*Économique* de Xénophon.

ÉCONOMIQUE, s. m. (*législ.*), exécuteur testamentaire.

ÉCONOMIQUEMENT, adv., avec économie.

ÉCONOMISER, v. *a.*, gouverner, administrer avec économie. Il signifie plus ordinairement épargner. On l'emploie aussi neutralement. Il s'emploie figurément dans le même sens.

ÉCONOMISTE, s. m., écrivain qui s'occupe spécialement d'économie politique.

ÉCONOMISTE, s. m. (*hist.*). Il s'est dit spécialement des écrivains qui, au milieu du XVIIIe siècle, abordèrent les premiers les questions de l'impôt et du revenu des terres, et formèrent une espèce de secte ou de coterie.

ÉCONOMISTIFICATION, s. f., mot burlesque inventé par Galiani pour désigner les principes des économistes.

ÉCOPE, s. f. (*t. de marine*). *V.* ESCOPE.

ÉCOPERCHE, s. m. (*construct.*), pièce de bois placée dans une position à peu près verticale, et maintenue par des haubans ou par deux autres pièces de bois semblables. Cet appareil, qui porte une poulie à son extrémité supérieure, sert soit à lever des fardeaux, soit à dresser d'autres pièces de charpente.

ÉCORCE, s. f. Expression proverbiale, *juger du bois par l'écorce*, juger d'une chose par la seule apparence. — *Quand on a pressé l'orange, on jette l'écorce*, on dédaigne souvent l'homme de qui on a tiré tous les services qu'il pouvait rendre.

ÉCORCE (*architect.*), se dit de la partie latérale des volutes du chapiteau ionique, parce que l'origine de ce chapiteau paraît être l'imitation d'une bande d'écorce de bouleau posée sur le fût et roulée des deux côtés.

ÉCORCE, s. f. (*archit.*), l'une des parties du chapiteau ionique (*V.* CHAPITEAU IONIQUE).

ÉCORCE, s. f., enveloppe d'un arbre ou d'une plante ligneuse. Prov. et fig., *il ne faut point mettre le doigt entre l'arbre et l'écorce*, il ne faut pas s'ingérer mal à propos dans les différends des personnes naturellement unies, comme frère et sœur, mari et femme. — ÉCORCE se dit également de l'enveloppe de certains fruits quand elle est épaisse. — En géologie, *l'écorce du globe terrestre*, l'espèce d'enveloppe que forment les couches et les amas de matières minérales dont le globe terrestre est recouvert extérieurement. — ÉCORCE signifie figurément superficie, apparence.

ÉCORCE, *cortex* (*bot.*). La véritable écorce n'appartient qu'aux plantes dicotylédonées qui sont munies d'un tronc ligneux. Les plantes acotylédonées et monocotylédonées n'en ont point; parmi les végétaux hydrophytes ou marins les fucacées sont les seules plantes qui offrent visiblement cet organe; mais l'écorce des fucacées a une organisation particulière. L'écorce est composée de plusieurs parties superposées que l'on désigne par des noms particuliers : la cuticule, improprement appelée épiderme, est l'enveloppe herbacée; les couches verticales qui forment la véritable écorce, et le liber. — 1° La cuticule est cette membrane très mince et lisse qui recouvre extérieurement toutes les parties des végétaux depuis et y compris la racine jusqu'aux ramilles les plus faibles; elle les défend du contact immédiat de l'air; quand l'arbre devient vieux, elle se déchire, se crevasse et devient raboteuse. Chaque année elle se détache par feuillets plus ou moins larges sur les bouleaux, les platanes, et se régénère promptement. — 2° L'enveloppe herbacée a beaucoup d'analogie avec la moelle (*V.* ce mot) dans son organisation et ses fonctions. Matière résineuse humide, molle, spongieuse; verte chez presque tous les végétaux, elle prend un très grand développement dans quelques-uns sous le nom de *liége* (*V.* ce mot) et est le foyer de la décomposition du gaz acide carbonique absorbé dans l'atmosphère par les extrémités aériennes de la plante. Le carbone va de ce foyer pénétrant à l'intérieur, tandis que l'oxygène mis à nu est rejeté à l'extérieur. — 3° Après l'enveloppe herbacée viennent les couches corticales; elles sont composées de mailles allongées, superposées les unes aux autres; les plus extérieures sont courtes et ouvertes; les plus intérieures sont, au contraire, allongées et serrées. Elles forment un étui fibreux, n'ayant qu'une seule couche sur les tiges de l'année, mais dont le nombre augmente à mesure que l'arbre avance en âge. Les couches corticales ont pour fonctions essentielles d'élaborer la substance gélatineuse qui n'est autre que la substance organisatrice, elles se fendent, se criblent de gerçures, de crevasses, de rugosités, et deviennent l'asile d'une foule de cryptogames et d'insectes. — 4° Enfin vient le *liber* (*V.* ce mot), qui se change en bois, et est appelé à augmenter la masse du corps ligneux au moyen d'un suc visco-so-gélatineux, connu sous le nom de *cambium* (*V.* ce mot). — L'écorce est pour la végétation la partie la plus importante des plantes, puisqu'elle contient tous les principes nécessaires à l'entretien de leur existence; elle renferme les éléments reproducteurs, et c'est encore dans les vaisseaux de l'écorce que les sucs s'élaborent et que s'opèrent les sécrétions. L'écorce du chêne, *quercus robur*, du Redoul, *coriaria myrtifolia* et de deux espèces de sumac, fournissent le tan que l'on emploie dans la préparation des cuirs. L'écorce du mûrier, *morus alba*, donne des fils soyeux très beau; celle du bouleau, *betula ingra*, sert à faire d'excellents canots dans le nord de l'Amérique. Enfin un grand nombre d'écorces servent d'assaisonnements, de parfums et de matières tinctoriales. Nous en parlerons à leurs différents noms (*V.* CANNELLE, SASSAFRAS, BENJOIN, ENCENS, QUINQUINA, etc., etc.).

ÉCORCE DE WINTER (*bot.*). Elle est ainsi nommée, parce que c'est le navigateur Winter qui, le premier, l'a fait connaître en Angleterre en 1579. L'arbre qui la fournit croît dans la Terre-de-Feu et dans les lieux qui bordent le détroit de Magellan, ce qui l'a encore fait nommer *écorce magellanique*. Cet arbre est le *drymis Winteri* des botanistes.

ÉCORCE DES JÉSUITES (*bot.*). (*V.* ÉCORCE DU PÉROU.)

ÉCORCE DE POCGEREBA (*bot.*). Murrai dit, d'après Vogel, que, antérieurement à 1758, cette écorce a été apportée d'Amérique; qu'elle n'a aucune saveur marquée; que les Américains l'employaient pour arrêter les cours de ventre; que cette vertu a été confirmée à Paris pour les diarrhées, dyssenteries et flux hépathiques, et qu'une dose de trois onces suffisait pour faire cesser la maladie. Cependant, à Paris, cette écorce n'a point de célébrité et n'est point usitée.

ÉCORCE DE MAGELLAN (*bot.*). (*V.* ÉCORCE DE WINTER.)

ÉCORCE DE MASSOY (*bot.*). C'est encore Murrai qui parle de cette écorce, apportée de la Nouvelle-Guinée et envoyée d'Amboine. Elle a un peu l'aromate de la cannelle. Il est dit que les naturels du pays, après l'avoir réduite en pâte et mêlée avec de l'eau, s'en servent pour se frotter le corps dans la saison froide et pluvieuse; elle passe pour échauffante et bonne pour les coliques.

ÉCORCE DE LAVOLA (*bot.*). C'est dans le troisième volume de la *Matière médicale* de Murrai que cette écorce est citée, et nommée aussi écorce d'anis étoilé; mais il est incertain si elle est fournie par l'*illicium* dont le fruit est l'anis étoilé. Elle a la même saveur et la même odeur.

ÉCORCE DE JUBABA (*bot.*). Elle est citée dans le troisième volume de la *Matière médicale* de Murrai, qui dit qu'elle est apportée de l'Inde. On l'annonçait comme amère et bonne pour les maladies nerveuses; mais on ne connaît pas son origine.

ÉCORCE DE CITRON (*conch.*), espèce du genre *cône*, le *conus citreus*.

ÉCORCE DE GIROFLÉE (*bot.*). C'est la *cannelle giroflée*. (*V.* ce mot.)

ÉCORCE DE CHINA ou de **CHINCHINA** (*bot.*). Ce n'est que dans le sixième volume de la *Matière médicale* de Murrai qu'il est fait mention de deux écorces de ce nom, dont la première écorce du *china jaune* lui a été communiquée par un pharmacien de Francfort-sur-le-Mein. Il a vu à La Haye la seconde apportée de Surinam, et qu'il nomma pour cette raison écorce de china de Surinam. Il n'a obtenu aucune notion sur les végétaux qui ont fourni ces écorces. Elles sont amères. On annonçait la première comme supérieure en vertu au quinquina, et la seconde comme lui étant très inférieure.

ÉCORCE D'ANGELINA (*bot.*). (*V.* ANGELINA.)

ÉCORCE D'ANGUSTURA (*bot.*). On a donné ce nom à une écorce d'un arbre qui croît dans les environs de la ville d'Angustura, dans l'Amérique méridionale, où il est nommé *cusparé*. Cet arbre, auquel on attribue de grandes vertus, forme un genre nouveau voisin du *ticorea* d'Aublet, dans la famille des méliacées. M. de Humboldt lui avait d'abord donné le nom de *bonplandia*, en l'honneur du voyageur Bonpland; mais ce nom, déjà employé par Cavanilles, a été remplacé par celui de *cusparia*, tiré de celui qu'il porte dans le pays. (*V.* BONPLANDIE.)

ÉCORCE CARIOCOSTINE (*bot.*). Elle est la même que la *cannelle blanche* (*V.* ce mot.)

ÉCORCEMENT, s. m. Selon plusieurs dictionnaires, il s'est dit de l'action d'écorcer.

ÉCORCER, v. a., ôter l'écorce. On l'emploie aussi avec le pronom personnel.

ÉCORCHÉ, s. m. (*peint.*, *sculpt.*). Le sujet, homme ou animal, dépouillé de la peau, dont on voit et l'on étudie les muscles à découvert. L'étude de l'écorché est une des plus importantes qu'ait à faire le dessinateur. Pour faciliter cette étude, qui ne se peut faire d'après nature que bien difficilement, et jamais que sur la nature morte, on fit d'abord, à l'aide de la science de la myologie, des statues représentant la nature vivante, abstraction faite de la peau qui recouvre les muscles. Tels sont l'écorché de Michel-Ange, et celui de Houdan en usage dans les écoles de France. Cette fiction de la vie dans le modèle de l'écorché est peut-être ce qu'il y a de mieux pour les études du peintre dont l'objet principal est la figure de l'homme vivant et en action. Toutefois, l'art du moulage s'étant beaucoup perfectionné de nos jours, on moule à présent avec facilité sur le cadavre, des fragments d'écorchés, que les élèves préfèrent aux statues dont il est parlé plus haut. C'est aux professeurs à veiller à ce que ces études, bonnes sans doute sous quelques rapports, mais faites d'après la nature en état de mort, n'acquièrent pas une influence fâcheuse sur le caractère du dessin et sur les habitudes des jeunes dessinateurs.

ÉCORCHÉE, s. f., nom vulgaire d'un coquillage fort élégant.

ÉCORCHELER, v. a. (*agricult.*), mettre en tas les andains ou javelles d'avoine. (*V.* ECHONELER et ECOCHELER.)

ÉCORCHEMENT. C'est comme l'*écartellement*, un supplice inventé par la justice des hommes pour punir les coupables. Ce supplice est célèbre par l'application qu'en a faite le roi Cambyse au juge prévaricateur; mais une telle cruauté, bien qu'elle fût, en quelque sorte, motivée par la sentence que le juge lui-même avait prononcée, était indigne de la sagesse de ce prince. La prévarication dans le juge est une honte, mais faire écorcher un homme vivant, c'est une honte plus grande encore. On pouvait espérer qu'un châtiment aussi barbare n'aurait pas été pratiqué en France; mais un arrêt du Parlement de Paris, de l'année 1314, témoigne du contraire: par cet arrêt, deux gentilshommes normands, nommé Philippe et Gautier Launay, furent condamnés à être écorchés vifs, comme coupables d'adultère avec les femmes des trois fils de Philippe-le-Bel. Les historiens ont soin de faire remarquer que ce n'était point là le supplice ordinaire appliqué au crime d'adultère, mais que dans cette circonstance on eut égard à la qualité des personnes qui avaient reçu l'injure: c'était un raffinement de barbarie inventé pour complaire aux princes. Ce ne fut pas malheureusement la seule fois que le parlement se fit courtisan.

ÉCORCHER, v. a., dépouiller un animal de sa peau. Prov. et fig., *il faut tondre les brebis, et non pas les écorcher*. On ne doit pas trop charger le peuple d'impôts. Fam., *il crie comme si on l'écorchait*, il jette de grands cris. Cela se dit aussi d'une personne qui se plaint beaucoup pour peu de chose.—Prov. et fig., *il ressemble aux anguilles de Melun, il crie avant qu'on l'écorche*, il a peur sans sujet; ou il se plaint avant de sentir le mal. Prov. et fam., *écorcher l'anguille par la queue*, souvent dans les affaires, c'est au moment de les terminer que se présentent les plus grandes difficultés.—Prov. et fig., *autant vaut, autant fait celui qui tient que celui qui écorche*, le complice d'un crime est aussi coupable que celui qui en est l'auteur. — ÉCORCHER signifie aussi emporter, déchirer, enlever une partie de la peau d'une personne, d'un animal ou de l'écorce d'un arbre. On l'emploie quelquefois dans ce sens avec le pronom personnel, régime direct. —Fig. et fam., *écorcher une langue*, la parler mal, en prononcer mal les mots. On dit de même, *écorcher un mot*, *le nom de quelqu'un*. — ÉCORCHER se dit, par analogie, d'un aliment, d'une boisson, etc., qui est rude au palais, à la gorge. — Prov. et fig., *jamais beau parleur n'écorcha la langue*, il est toujours bon de parler honnêtement. — Fig. et fam., *écorcher l'oreille, les oreilles*, se dit de l'impression désagréable que font sur l'ouïe les sons rudes, aigres ou discordants. — ÉCORCHER, en termes de sculpture, signifie ôter du noyau d'une figure qu'on se propose de couler en plâtre, en bronze, etc., autant d'épaisseur qu'on veut en donner au plâtre, etc. — ÉCORCHER signifie figurém. et fam. exiger beaucoup plus qu'il ne faut pour des droits, des salaires, des vacations, pour des marchandises, des fournitures, etc. — A ÉCORCHE-CUL, loc. adv. et fam., en glissant, en se traînant sur le derrière. Il signifie figurément et bassement, par force, de mauvaise grâce, avec répugnance. — ÉCORCHÉ, ÉE, part. Il se dit substantivement, en termes de peinture et de sculpture, d'une figure sans peau, dont on voit les muscles.

ÉCORCHER, v. a. (*art milit.*). *Écorcher une fortification*, l'endommager extérieurement, mais peu profondément. — ÉCORCHÉ, ÉE, part. Expr. prov., *brave comme un lapin écorché*, très poltron. — ÉCORCHÉ (*blason*), se dit des animaux qui sont peints tout entiers de gueules, c'est-à-dire de couleur rouge.

ÉCORCHER, v., a., *sculpt.* Enlever une certaine épaisseur à la surface d'une figure, modèle en terre ou en plâtre, après qu'on a levé un moule de dessus, pour faire de cette figure, ainsi amoindrie, le noyau de la figure en bronze que l'on se propose de couler dans le moule. Ce procédé, qui était, à ce qu'il paraît, celui des statuaires anciens, n'est plus en usage, du moins pour les grands ouvrages d'art que l'on fond en cire. On l'emploie encore pour les petits ouvrages fondus en sable. Les stucateurs écorchent aussi quelquefois, pour leur servir de noyau, un modèle en plâtre des figures ou des ornements qu'ils ont à reproduire en stuc.

ÉCORCHERIE, s. f., lieu où l'on écorche les bêtes. Il se dit figurément et familièrement d'une hôtellerie où l'on fait payer plus cher qu'il ne faut. Ce sens est peu usité.

ÉCORCHEURS, bande de brigands enrégimentés qui désolèren la France sous le règne malheureux de Charles VII. Tous les mémoires du temps parlent des brigandages affreux qui, depuis l'année 1435 environ, leur valurent l'horrible nom sous lequel ils sont connus dans l'histoire. Leurs troupes, souvent composées de plusieurs milliers d'hommes, et formées en grande partie de cadets et de bâtards de familles nobles, suivis de leurs serviteurs, et commandées par de puissants seigneurs, ne servaient aucun parti, à moins qu'on ne les prît à gages. Elles se répandaient dans les campagnes et s'emparaient des villes, pillant et incendiant, torturant les habitants, faisant rôtir hommes et enfants quand ils ne pouvaient payer leur rançon. Les résultats de ces épouvantables exploits furent une grande famine, puis une peste non moins affreuse, qui, selon Mézeray, fit périr, en moins de six semaines, 50,000 hommes, à Paris seulement. — On cite parmi les chefs de ces brigands le bâtard de Bourbon, un fils du comte d'Armagnac, Rodrigue de Villandras, Guillaume et Antoine de Chabannes, et même Xaintrailles et Lahire. Les auteurs contemporains donnent souvent aux écorcheurs les noms d'*Armagnacs*, *Grandes-compagnies*, *Routiers*, *Trente-mille-diables*, *Quinze-mille-diables*, etc. Ces brigands disparurent peu à peu vers la fin du règne de Charles VII, après l'expulsion des Anglais, à laquelle ils contribuèrent puissamment. Le plus grand nombre de ces dangereux défenseurs de la royauté furent, après trente ans de brigandages en France, envoyés contre les Suisses, sous les ordres du Dauphin, depuis Louis XI (1444). C'était une occasion précieuse pour faire tirer, comme le disait Charles VII lui-même, du mauvais sang à l'armée française. Après une guerre malheureuse, signalée par des cruautés et des dévastations inouïes, ces terribles bandes rentrèrent dans le royaume, humiliées, affaiblies et plus disposées à l'obéissance. Alors le roi les désorganisa complètement en créant les compagnies d'ordonnance (*Voy.* ce mot.), où les plus braves d'entre eux s'enrôlèrent; les autres se hâtèrent de se disperser. On désigne encore spécialement sous le nom d'écorcheurs les écorcheurs de bêtes, les plus exaltés de la faction des bouchers, pendant le règne de Charles VI.

ÉCORCHEUR, (*ois.*). Ce nom, appliqué par Albin à plusieurs espèces de pies grièches, désigne d'une manière particulière le *sanius collurio*, Linné. L'écorcheur de Madagascar est un *vanga*.

ÉCORCHURE, plaie superficielle produite par un frottement violent qui a enlevé l'épiderme et mis la peau à nu. (*V.* EXCORIATION.

ÉCORCIER, s. m. (*comm.*), magasin où le tanneur tient ses écorces.

ÉCORE, s. f. (*marine*), escarpement d'une côte. Bords d'un banc de sable.

ÉCORE (*construc. nav.*), pièce de bois servant d'étai à un vaisseau sur le chantier.

ÉCORER, v. a. (*construc. nav.*), soutenir au moyen d'écores.

ÉCORNE, s. f. Il s'est dit autrefois pour affront, tort, dommage.

ÉCORNER, v. a., rompre une corne, les cornes à un animal. On l'emploie quelquefois avec le pronom personnel. Prov. et par exagération, *Il fait un vent à écorner les bœufs*, le vent souffle avec violence. — **ÉCORNER** signifie, par extension, casser, abattre, émousser un angle, des angles. Fig. et fam., *Écorner quelque chose*, le diminuer, en ôter quelque partie.

ÉCORNER, v. a. (*art. milit.*), *écorner un convoi*, en détruire ou surprendre une des extrémités.

ÉCORNIFLER, v. a., chercher à manger aux dépens d'autrui, prendre part à un repas auquel on n'est pas invité. Style familier.

ÉCORNIFLERIE, s. f., action d'écornifler. Familier et peu usité.

ÉCORNIFLEUR, EUSE, s., celui, celle qui écornifle, parasite. Style familier.

ÉCORNURE, s. f., éclat emporté de l'angle d'une pierre, d'un marbre, etc.

ÉCOSSAIN, adj. m. (*agricult.*). Il se dit des grains de froment auxquels la balle reste attachée lors du battage.

ÉCOSSAIS (gens-d'armes et gardes-du-corps). L'Angleterre ne déclara pas une fois la guerre à la France pendant les règnes désastreux des rois Jean, Charles V, Charles VI et Charles VII, sans que la nation écossaise nous envoyât sur le continent des secours nombreux contre un ennemi commun. On prétend même que Louis IX, quelque temps après sa délivrance, réunit autour de lui vingt-quatre Écossais qui l'avaient suivis dans son expédition. Ce fut Charles VII qui, par reconnaissance pour les services que les soldats de cette nation lui avaient rendus sous les ordres des comtes de Buchan et de Douglas, institua, vers 1445, la compagnie des gens-d'armes écossais. Dans la suite (1453), il leur donna une nouvelle preuve de son estime, en choisissant parmi eux une centaine d'archers, pour en former, dit l'évêque Lesley dans son *Histoire d'Ecosse*, une garde qui serait la plus proche de sa personne. Cent autres de leurs compatriotes formaient une compagnie d'ordonnance que l'on avait placée à la tête des quinze compagnies de gendarmerie, comme un modèle de courage et de dévouement. Longtemps commandée par des seigneurs d'Ecosse de la plus haute distinction, ce dernier corps eut enfin pour chefs des fils de rois eux-mêmes. Jacques VI, sur la demande de Marie-Stuart, sa mère, en fut nommé capitaine en 1584. Henri, son fils et père de Charles Ier, fut également pourvu de cette charge par Henri IV. Après sa mort, Charles lui-même lui succéda dans son emploi. Le duc d'York, depuis Jacques II, fut aussi capitaine de cette compagnie. Louis XIV voulut qu'elle eût toujours la préférence sur tous les autres, et même, en certaines occasions, sur les mousquetaires de sa garde. La compagnie des gardes-du-corps écossais était, comme nous l'avons dit, composée de cent hommes; mais, en outre, elle avait à sa tête vingt-quatre garde de la même nation, appelés *archers du corps ou gardes de la manche*, « parce que, dit le Père Daniel, pendant que le roi est à la messe, il y a deux de ces gardes qui sont debout avec leur pertuisane à côté de lui, l'un à droite, l'autre à gauche. » Ces archers, qui jusqu'à la révolution gardèrent leur hoqueton blanc brodé d'or, leur pertuisane à clous d'or et à frange, avaient encore le privilége de se tenir à côté du cénotaphe le jour des funérailles du roi, de déposer le corps dans le cercueil, et le cercueil dans le caveau. La compagnie écossaise était d'abord entièrement composée d'hommes, écossais de nation; mais peu à peu on dérogea à cet usage et François Ier lui donna pour capitaine Jacques de Lorge, comte de Montgommery. Cette nomination ne déplut pas trop à la compagnie, parce que Montgommery se prétendait issu d'une maison d'Ecosse; mais, aux termes d'une plainte des gardes écossaises, adressée au roi Louis XIII en 1612, quand Gabriel de Montgommery, successeur de Jacques, son père, eut été dépossédé après la mort malheureuse de Henri II, « on donna sa charge à des Français, lesquels ouvrirent la porte à d'autres et empêchèrent les Écossais d'avoir des places dans sa compagnie, encore qu'eux-mêmes n'y exerçassent pas leurs fonctions. Le privilége de garder les clef du logis du roy et de toutes les villes où il fait son entrée, la garde du chœur de l'église, celle des batteaux quand le roy passe des rivières, le rang de la compagnie aux cérémonies, tous les priviléges enfin furent rognés et pervertis. Les places et l'avancement ne s'y obtinrent qu'à prix d'argent, etc. » L'histoire justifie d'ailleurs entièrement les plaintes des Écossais, tant des gendarmes que des gardes-du-corps au sujet des innovations introduites principalement sous François II, Charles IX, Henri III et Henri IV, plaintes souvent appuyées ou précédées de négociations diplomatiques entre les deux cours d'Écosse et de France. Les opinions religieuses des Écossais, puis leur réunion à l'Angleterre, furent sans doute les causes qui contribuèrent le plus à amener ce refroidissement. Henri IV ne partageant pas l'hostilité de ses prédécesseurs contre l'hérésie, s'était empressé de donner une nouvelle sanction aux prérogatives de cette garde dans un espèce de règlement publié après la prise de Vervins. Cependant, sous son règne même, le capitaine était Français, et le lieutenant seul Écossais. Cette coutume se maintint sous Louis XIII et Louis XIV; mais ce dernier ayant, par une ordonnance du 1er juin 1656, institué deux lieutenants dans chaque compagnie des gardes-du-corps, il fut décidé que, dans la compagnie écossaise, l'un des deux serait toujours Français. En 1661, cette décision fut même étendue à tous les officiers. Bientôt les simples gardes furent aussi pris dans les rangs de l'armée. Depuis, la 1re compagnie des gardes-du-corps ne fut plus écossaise que de nom; seulement, elle conserva jusqu'en 1789 l'usage de répondre à l'appel du guet: *flamint*, mot corrompu, pour l'écossais *si hay ham ier*, correspondant à l'anglais *i am here*, me voilà. Une ordonnance du 23 mai 1814, qui rétablissait les gardes-du-corps, rendait à la 1re compagnie son ancienne dénomination de *compagnie écossaise*; une autre, du 9 octobre, lui donnait encore le blanc comme couleur distinctive, de même que jadis elle portait sur ses armes « la frange et crépine d'argent et soie blanche, qui représentait le blason royal et marque de l'État, en signe d'honneur et mémoire perpétuelle de l'union des deux royaumes. » (*V.* GARDE-DU-CORPS et MAISON MILITAIRE.)

ÉCOSSAIS, AISE, adj. et s. (*géogr.*), habitant de l'Écosse, qui appartient à l'Écosse ou à ses habitants.

ÉCOSSAIS (*ethnogr. et linguist.*), se dit de deux populations toutes différentes: les *Ecossais des basses terres* ou *des Lowlands*, qui appartiennent à la race anglo-saxonne, et qui parlent l'anglais; les *Ecossais des montagnes* ou *des Highlands*, qui sont de race celtique et parlent un dialecte particulier. *Fier comme un Ecossais*, expr. prov., se dit d'un homme très orgueilleux. *Ecole* ou *philosophie écossaise* (*phil.*), école de philosophie fondée en Ecosse, au XVIIIe siècle, par Reid. L'*Ecole écossaise* se distingue par une analyse exacte des facultés de l'esprit humain, et par la méthode de l'observation interne; elle considère le sens commun comme un principe de certitude, et le sens moral comme la base du dernier. (*V.* REID, PHILOSOPHIE MODERNE (HIST. DE LA.) *Garde écossaise*, se disait, avant 1789, de la première compagnie des gardes du corps du roi de France. Cette compagnie avait été formée, par Charles VII, des Ecossais qui étaient venus prendre part à la guerre contre les Anglais. Quoique la garde écossaise ne fut plus composée que de Français, ses sentinelles avaient conservé l'usage de répondre en anglais, *jam here* (j'y suis), lorsqu'un clerc du guet venait les appeler. Les soldats de cette compagnie s'appelaient *les écossais*, ou *les gardes écossaises*.

ÉCOSSAIS, AISE (*comm.*), se dit des étoffes à carreaux et à lignes croisées carrément de diverses couleurs, comme le tartan des montagnards d'Ecosse.

ÉCOSSAIS (*langue et littérature*). Les Ecossais font usage de trois idiomes différents: l'anglais, l'écossais et le gaëlique. L'anglais est parlé dans toute l'Ecosse par les personnes bien élevées; les actes publics, les ouvrages en prose, s'écrivent en anglais; et quoique l'accent et quelques particularités de dialecte décèlent en général ceux qui sont natifs d'Ecosse, c'est un fait bien connu que quelques-uns des meilleurs écrivains et des orateurs les plus éloquents dans la langue anglaise, depuis 70 ans, ont été Ecossais. L'idiome indigène, dont se servent le bas peuple du plat-pays et quelques personnes âgées d'un rang plus élevé, s'emploie encore aujourd'hui dans la poésie nationale. Partout, dans les hautes terres, on parle le gaëlique; mais beaucoup de montagnards savent l'anglais, que l'on enseigne dans leurs écoles. L'écossais a été généralement regardé comme un dialecte corrompu de l'anglais; mais le docteur Jannisson a prouvé que c'est un langage distinct, d'origine teutonique, avec un mélange de français et de gaëlique. Ce savant considère les Pictes comme une race teutonique, et le fait que les noms topographiques du nord de l'Ecosse et des îles Ockney sont d'origine gothique, confirme son opinion. D'ailleurs l'écossais n'était pas seulement le dialecte du bas peuple, c'était autrefois le langage d'une cour polie et d'une nation civilisée, et les premiers écrits écossais sont très supérieurs en délicatesse à ceux des temps modernes. L'étude des belles-lettres était, il y a plusieurs siècles, dans un état plus avancé en Ecosse que dans d'autres pays, qui dépassèrent ensuite celui-ci. Barbour, historien et poète écossais antérieur à

Chaucer, avait un style aussi pur et une versification aussi harmonieuse que ce dernier. Les essais poétiques de Jacques Ier, les préceptes de Jacques VI pour écrire la poésie écossaise, et une foule d'autres ouvrages encore estimés, prouvent combien la cour et les personnes bien élevées s'intéressaient à la langue nationale. L'étroite amitié qui régnait entre les cours d'Ecosse et de France, introduisit dans la première beaucoup de termes usités dans celle-ci. L'idiome écossais est remarquable pour sa richesse ; il possède beaucoup de mots expressifs et pittoresques, dont on ne pourrait rendre le sens complet dans une autre langue, sans employer de circonlocution ; ce sont des formes chéries auxquelles les Ecossais s'attachent d'autant plus que l'anglais les enveloppe et les gagne, et qu'ils conservent soigneusement à cause des souvenirs qu'elles perpétuent, de l'originalité qu'elles acquièrent en vieillissant, et de la nationalité qu'elles attestent ; ces mots expriment en général des idées de la vie patriarchale et pastorale. Ainsi l'écossais est, plus qu'aucun autre idiome, une langue attachée au sol ; il se prête particulièrement à la jovialité spirituelle et aux tons plaintifs et tendres ; le jeu de ses terminaisons est très varié, et sa simplicité l'a fait comparer au dorique des Grecs. Il supprime souvent les consonnes finales et se plaît au concours des voyelles ; mais au lieu du caractère libre et sonore des voyelles italiennes, il y a dans la prononciation nationale des Ecossais quelque chose de nasal qui nuit singulièrement à la franchise du son. La littérature écossaise, outre ce qui lui appartient en propre, comme les poésies déjà citées de Jacques Ier, celles de Douglas, de Barbour, de Ramsay, de Burns, etc., a fourni un riche contingent à la littérature et à la science de l'Angleterre. Dans les mathématiques et dans la physique, on distingue Gregory, Maclaurin, Simpson, Black, Hulton, Playfair ; dans les arts pratiques, Wast, Remire, Telford ; en histoire, les grands noms de Robertson et de Hume, et, à côté, ceux de Ferguson et de Makintosch ; en philosophie et en critique, Reid, Adam, Smith, Campbell, Kamer, Blair, Stewart. et beaucoup d'autres du premier mérite, montrent que l'Ecosse n'a pas manqué d'hommes à grandes vues, à esprit hardi et original, à sagacité pénétrante, habiles à saisir et à peindre les caractères qu'offre la société, les *mouvements secrets du cœur et les opérations les plus subtiles* de l'intelligence. Dans les ouvrages d'imagination, il suffit de mentionner Smollett, Mackenzie, Thompson, Armstrong et sir W. Scott. Les poèmes d'Ossian et les romans de l'auteur de Wawerley ont donné à l'Ecosse un intérêt romantique aux yeux des autres nations, chez lesquelles les plaintes du barde aveugle et les aventures des héros jacobites ou caméroniens sont presque aussi connues que sur le sol même auquel elles appartiennent.

ÉCOSSE (*Calédonia*), en anglais *Scotland*, contrée qui forme la partie septentrionale de la Grande-Bretagne. Elle est située entre les 54°39' et 58°37' de latitude nord et entre les 4°9' et 8°27' de longitude ouest. Elle est bornée au nord par l'Océan atlantique, à l'est par la mer du Nord, au sud-est par l'Angleterre, au sud par le golfe de Solway et les collines de Cheviot, et au sud-ouest par le canal du Nord. Elle s'étend du nord au sud sur une longueur de 120 lieues ; sa largeur varie de 20 à 60 ; elle a environ 15,034 lieues carrées de superficie et 2,370,000 habitants. Sa forme est irrégulière, et les échancrures de ses côtes forment une foule de golfes, qu'on nomme dans le pays *friths*, *détroits*, d'anses, de baies et de mouillages. Elle se divise naturellement en trois parties : septentrionale, centrale et méridionale. Une ceinture de lacs, qui s'étendent depuis le golfe de Murray jusqu'au *Loch-Liurtz* (lac Hiuhhe), sépare les deux premières, et les golfes de Forth et de Clyde et le grand canal forment une barrière entre la seconde et la dernière. La partie septentrionale se présente sous un aspect bien différent de la partie méridionale : la première est coupée de hautes montagnes, qui offrent au voyageur des aspects éminemment pittoresques, leurs flancs arides et presque stériles, se couvrent çà et là de quelques maigres pâturages, où viennent paître les troupeaux du pays ; ce que la région méridionale perd en variété et en sites pittoresques elle le gagne en fertilité. L'Ecosse possède un grand nombre de montagnes que l'on appelle collines (*hills*) : les principales sont celles de Grampian, dont la hauteur varie de 1500 à 4000 pieds au-dessus du niveau de la mer ; celles de Léad, de Cheviot, d'Ochill et de Pertland. Les sommets les plus élevés du Grampian sont : le Ben-Névis, dont la hauteur est de 4080 pieds, et le Ben-Macduie ; les forêts, nombreuses autrefois, sont fort rares aujourd'hui. Les golfes d'Ecosse les plus remarquables sont ceux de Forth, Tay, Solway, Murray, Kromarty, Dornock et Clyde. Les rivières principales sont : le Forth, la Clyde, le Tay, le Twed, etc. La navigation intérieure se fait à l'aide d'un beau canal, qui communique du golfe de Forth à celui de Clyde. On trouve en Ecosse le lac Lomond, le plus étendu de toute la Grande-Bretagne. Le climat de l'Ecosse est très variable. La côte orientale est exposée pendant la plus grande partie de l'année à un vent d'est très piquant, tandis que la côte occidentale est inondée par des pluies presque continuelles. L'hiver il y tombe d'énormes quantités de neige ; la température moyenne est de 7° à 8° de Réaumur au-dessus de zéro ; en été elle ne monte guère au-dessus de 13°. La zoologie de l'Ecosse n'offre pas assez d'intérêt pour que nous devions en parler ici ; nous dirons seulement que les moutons fournissent une laine d'une grande finesse. En fait d'animaux sauvages, on y voit des cerfs et des chevreuils ; on y trouve des aigles, des faucons, des carpercachies ou coqs des bois, oiseau magnifique, des ptarmagnus, espèce de faisan, des coqs de bruyère ; les côtes et les îles abondent d'oiseaux aquatiques, et les baies et les lacs de poissons de toute espèce. La pêche principale est celle des harengs, des merluches et des turbots. On prend les saumons à l'embouchure des rivières ; les veaux marins sont communs sur les côtes ; on y voit même quelquefois des baleines et des requins. Il y existait autrefois des minéraux précieux. On trouve aujourd'hui une grande quantité de fossiles curieux, des mines de plomb, de fer, d'antimoine, de houille, de riches carrières de marbre, des pierres à ardoises, du cobalt, du bismuth, du manganèse, des agates, du cristal de roche, des topazes, etc. On y recueille beaucoup de tourbe. Il y a des sources minérales, dont les plus fréquentées sont celles de Mofat, de Saint-Bernard, près d'Edimburg, de Petershead, de Danse et de Pitkeathly. Le sol de l'Ecosse présente de l'argile jusqu'au sable le plus fin. Le terrain des vallées et des plaines est en général fertile, et celui des collines et des montagnes ne se couvre que de maigres pâturages ; l'agriculture y est très avancée ; on y récolte du froment, de l'orge, des navets en abondance, etc. Les montagnards s'adonnent à la vie de pâtres. On y fabrique des soiries, des tissus de coton, des mousselines, des tapis, des toiles ; il y a des usines à fer très importantes, des verreries, des raffineries de sucre, des faïenceries, des papeteries, etc. La pêche fait la fortune d'une grande partie de la population. On en exporte les produits des fabriques et beaucoup de gros bétail ; on y importe des vins, des denrées coloniales, des farines, du chanvre, des toiles d'Irlande, etc. L'Ecosse possède quatre universités très renommées : celle de Glasgow, de Saint-André, d'Aberdeen et d'Edimburgh ; un grand nombre d'institutions particulières et une école publique dans chaque paroisse. La religion dominante est la religion presbytérienne. L'Ecosse s'honore d'avoir produit plusieurs hommes distingués dans les lettres, les arts et les sciences, parmi lesquels nous citerons *Hume*, *Robertson*, *Fergusson*, *Smolett*, *Campbell*, *Adam Smith*, *Playfair*, *Beatly*, *Blair*, *Burns*, *Napier*, *Reid*, *Dugald-Stewart*, *Walter-Scott*, *Makintosch*, etc. En Ecose on parle deux langues tout-à-fait différentes ; les habitants des plaines parlent l'ancien scandinave, mêlé à l'anglo-saxon, qui a beaucoup de rapport avec l'anglais ; les montagnards parlent un dialecte du celtique qu'on nomme erse ou gallique, et qui a un grand rapport avec l'irlandais. La même différence existe dans les mœurs et le caractère. Ils sont de petite taille, robustes et bien faits ; les habitants des campagnes et de la classe moyenne sont sobres, industrieux, hospitaliers, braves et intelligents ; les classes élevées ont à peu près les mêmes habitudes que celles d'Angleterre, seulement elles ont plus de franchise, de laisser-aller, plus d'ordre et de sociabilité. Les habitants des plaines ont les goûts cosmopolites : ils vont chercher dans d'autres pays une fortune qu'ils ne peuvent trouver chez eux. On trouve dans l'Ecosse une foule d'antiquités druidiques, romaines, pictes, anglo-saxones et danoises ; on y admire les cataractes de la Clyde, la chute de Fyres et l'île de Stoffa, entièrement formée de colonnes basaltiques. Les îles et les îlots qui parsèment les côtes se divisent en trois groupes principaux : les Hébrides ou îles Occidentales, les Orkneys et les îles Shetland. L'Ecosse a eu ses rois particuliers jusqu'au commencement du XVIIe siècle (1603) ; à cette époque, Jacques VI ayant succédé à Elisabeth, reine d'Angleterre, réunit les deux royaumes sous le nom de Jacques Ier. L'Ecosse formait néanmoins un royaume distinct, et avait un parlement. La réunion ne fut définitive que sous la reine Anne, en 1707 ; ce fut alors que l'Ecosse et l'Angleterre reçurent le nom de royaume de la Grande-Bretagne.

ÉCOSSE (NOUVELLE), ou *Acadie*, en anglais *Nev Holland*, Péninsule de l'Amérique septentrionale, dans la Nouvelle-Bretagne, située à l'O. du Nouveau-Brunswick, entre les 40° 30 et 45° 54′ de latitude N., et les 63° 10′ et 68° 30′ de longitude O. Elle est jointe au continent par un isthme étroit, à l'extrémité N.-E de la baie de Fundy. Elle a environ 98 lieues dans sa plus grande largeur du N.-O. au N.-E., mais seulement 12 à 24 lieues de large. Quoique placée sous la zone tempérée, l'hiver y est d'une longueur et d'une sévérité extraordinaires. A cette saison rigoureuse succède sans aucune interruption une chaleur étouffante, qui toutefois n'est pas d'une longue durée, attendu qu'il s'élève partout d'épais brouillards longtemps avant le commencement de l'été. La partie septentrionale est montagneuse, tandis que la partie méridionale n'est traversée que par quelques chaînes de collines. Elle renferme plusieurs lacs assez considérables, et est arrosée par un grand nombre de rivières, mais peu importantes. Les plus remarquables sont : la Schuben-Acadie, l'Annapolis, le Pigaquid et le Liverpool ; elles sont très poissonneuses. Ses côtes, au S.-E. et au S.-O., offrent de nombreuses baies, des anses, et des ports, où la marée s'élève à la hauteur extraordinaire de 24, 60 et 70 pieds. Le sol presque partout maigre et aride, ne produit que des céréales d'une médiocre qualité. La pêche est très abondande sur les côtes, et forme la principale branche de richesses du pays. On en exporte aussi des bois de construction et de charpente, des peaux, du goudron, de la potasse, etc. Les principaux articles d'importation consistent en denrées coloniales objets manufacturés d'Angleterre et farine des États-Unis. On évalue sa population à 110,000 individus, tant indigènes (en petit nombre) qu'Anglais, Irlandais, Écossais, Français, Hollandais et Américains royalistes, qui se réfugièrent pendant la guerre de l'indépendance. Cette colonie, longtemps assez florissante, semble déchoir depuis la paix, par suite des avantages plus grands que les États-Unis offrent aux émigrants. Elle a un gouverneur-général nommé par le roi, un conseil de 12 personnes, qui remplace différentes fonctions législatives et judiciaires, et une assemblée de 40 membres élus par les comtés. Sébatien Cabot, qui visita toute la côte orientale de l'Amérique septentrionale, la découvrit en 1497. Ce fut en 1598 que les Français s'y établirent. Les Anglais la leur prirent et la leur rendirent. Le traité d'Utrecht en assura la possession à l'Angleterre. Elle est divisée en 9 comtés : Annapolis, Cumberland, Halifax, Hants, Lunebourg, ceux du roi et de la reine, Sherburn et Sidney, et a pour chef-lieu Halifax. Halifax est situé vers le milieu de la côte orientale de ce comté. C'est une jolie ville, régulièrement bâtie, mais les maisons y sont presque toutes en bois. La *Province Building* (le Bâtiment-de-la-Province) est un grand et bel édifice en pierre de taille ; on y a établi des tribunaux, les bureaux de l'administration, la bibliothèque publique ; le conseil et l'assemblée législative de la province y ont des salles où ils tiennent leurs séances. On doit aussi mentionner la nouvelle église catholique, son port, sur l'Atlantique. Sa situation a rendu cette ville un des points principaux entre l'Europe et l'Amérique. Les autres villes et lieux les plus remarquables sont : Lunebourg, avec un port, et environ 1,200 habitants, presque tous Allemands ; Liverpool, petite ville florissante par son commerce et par sa nombreuse marine marchande : Son beau port ne gèle presque jamais entièrement. Shelburn, dont les beaux édifices, déserts et tombant en ruines, rappellent la splendeur éphémère : sa population, qui, l'année même de sa fondation, en 1783, s'était élevée à près de 12,000 âmes, est réduite aujourd'hui, y compris même celle de ses environs, à près de 500; Yarmouth et Clare, villes importantes par leur population; Annapolis, par son port superbe, sa population n'est pourtant que de 1,200 âmes; Windsor, par son université connue sous le titre de *King's College*, fondée en 1802 : On la regarde comme le meilleur établissement de ce genre que possède l'Amérique anglaise ; une assez riche bibliothèque en dépend ; Truro, très jolie bourgade, située à l'extrémité de l'enfoncement de la baie Fundy, nommée Basson-of-Minas ; Picton, très petite ville de 1,600 âmes, importante par son beau port et par l'activité commerciale de ses habitants : elle possède une bonne *école latine* (grammar school) et une académie sous le titre de *picton-college*, avec une bibliothèque, un laboratoire, un cabinet de physique et un musée zoologique, riche surtout en objets d'ornithologie. Dans ses environs se trouve New-Glasgow, village remarquable par le voisinage des riches mines de houille d'Albion, exploitées par la compagnie des mines, formée à Londres en 1826. Les mineurs travaillent déjà à la profondeur de 300 pieds anglais, et des machines à vapeur sont appliquées pour en tirer les eaux. Ces mines fournissent du fer aussi bon que le meilleur de Suède. Dans l'île de Cap-Breton, qui depuis 1820 fait partie de la Nouvelle-Écosse, quoique toutes les géographies les plus récentes la représentent comme constituant une province à part, dans cette île si remarquable par ses profondes et nombreuses découpures, qui y forment une foule de beaux ports, et si importante par ses pêcheries et surtout par ses inépuisables mines d'exellente houille, nous nommerons au moins Sidney, très petite ville, chef-lieu de l'île. M. Mac' Grégor réduit à 500 âmes les milliers d'habitants que des géographes lui accordent. Louis-Bourg, que des géographies très récentes représentent encore comme la ville municipale du Cap-Breton, et dont elles estiment à 10,000 le nombre des habitants, n'offre depuis bien des années que quelques cabanes, humbles demeures d'une cinquantaine de pauvres pêcheurs; mais son port superbe et les imposantes ruines de ses vastes édifices, de ses formidables fortifications, rappellent la splendeur et la prospérité de cette place, dont la France avait fait le centre de ses pêcheries et le rendez-vous ordinaire de ses forces navales. Prise en 1758 par les Anglais, après un siége mémorable, ses bastions furent détruits et ses habitants dispersés. Arichat, que les géographes et les carthographes ne daignent pas seulement nommer, est la ville la plus importante de l'île sous tous les rapports : elle est située sur la petite île de Madame, et compte près de 2,000 habitants, presque tous adonnés au commerce et à la pêche. Ship-Harbour, très petite ville, située sur le détroit de Canseau (*Gut of Canso*), qui sépare l'île de Cap-Breton de la côte de la Nouvelle-Écosse. C'est le passage le plus sûr et le plus fréquenté pour aller de l'Atlantique dans le golfe de Saint-Laurent, et *vice versâ* ; on pourrait appeler cet important détroit l'*Euripe américain*, tant ses marées sont irrégulières et se jouent de tous les calculs des physiciens.

ÉCOSSER, v. a., tirer de la cosse.

ÉCOSSEUR, EUSE, s., celui, celle qui écosse.

ÉCOSSONNEUX, s. m. (*zool.*), un des noms vulgaires du bouvreuil.

ÉCOT, s. m. Quote part que doit chaque personne pour un repas commun. — Fig. et fam., *Il a bien payé son écot*, se dit de quelqu'un qui, dans un repas, a diverti les convives. Il s'emploie aussi en d'autres occasions. — ÉCOT, signifie aussi la totalité de la dépense que l'on fait pour un repas chez un traiteur, ou dans une auberge, dans un cabaret. Il se dit encore d'une compagnie de gens qui mangent ensemble dans une auberge, dans un cabaret. — Prov. et fam., *Parlez à votre écot*, se dit à une personne qui se mêle de parler à des gens qui ne lui adressent pas la parole. — ÉCOT, en termes d'eaux et forêts, signifie un tronc d'arbre où il reste encore des bouts de branches coupées.

ÉCOT, s. m. Prov., *A beau se taire de l'écot qui rien ne paie*, il n'appartient pas à celui qui n'acquitte point l'écot d'élever des contestations au sujet de la dépense ; et, fig., *Il est bien aisé de ne se plaindre pas d'un mal qui tombe sur autrui*. — ÉCOT (*blason*), représentation d'un tronc d'arbre garni de quelques branches rompues. — ÉCOT (*technol.*), petit bloc d'ardoise qui reste adhérent aux foncées

ÉCOTAGE, s. m. (*technol.*), action d'enlever les côtes du tabac. — Opération à laquelle la tréfilure soumet le fil de fer, en le faisant passer dans la seconde machine, pour lui enlever les côtes que la première a laissées.

ÉCOTARD, s. m. (*anc. t. de marine*). Synonyme de PORTE-HAUBAN.

ÉCOTÉ, ÉE (*blason*). Il se dit des pièces qui, comme un écot, sont garnies de branches rompues. Les armes de Bourgogne étaient une *croix de gueules écotées*, qui se voit encore sur les drapeaux des confréries d'arbalétriers du nord de la France.

ÉCOTER, v. a. (*technol.*), enlever la côte longitudinale des feuilles de tabac.

ÉCOTEUR, s. m. (*technol.*), ouvrier qui travaille à l'écôtage du fer ; celui qui enlève la côte longitudinale des feuilles de tabac.

ÉCOUAGE, s. m. (*droit coutum.*), visite judiciaire du cadavre d'une personne dont la mort n'a pas été naturelle. — Visite d'un chemin, d'une rivière.

ÉCOUAILLES, s. f. pl. (*écon. rur.*), laine que l'on coupe sous la cuisse des moutons.

ÉCOUANE OU ÉCOUENNE, s. f. (*technol.*), sorte de lime plate à larges sillons, perpendiculaires au côté de l'instrument.

ÉCOUANER, v. a. (*technol.*), limer avec une écouane. Dans les hôtels des monnaies, on *écouane* les espèces d'or et d'argent pour les réduire au poids légal.

ÉCOUANETTE, s. f. (*technol.*), petite écouane.

ÉCOUCHE, s. m. (*technol.*), espade dont les ouvriers se servent pour préparer le lin et le chanvre.

ÉCOUCHIR, v. a. (*technol.*), préparer le lin et le chanvre avec l'écouche.

ÉCOUEN, joli bourg du département de Seine-et-Oise, qui doit son illustration au château qui le domine. Ce manoir appartenait à la famille de Montmorency; il était très ancien; mais, au XVe siècle, on éleva sur l'emplacement qu'il occupait, un nouveau château semblable pour la forme à ceux de Chantilly et de Saint-Germain-en-Laye. Le connétable Anne de Montmorency le fit reconstruire au XVIe siècle, et confia à l'architecte Bullant la direction des travaux qu'il y fit exécuter. Ce magnifique édifice fut confisqué, pendant le règne de Louis XIII, sur Henri II de Montmorency. Il fut donné en 1633 à la maison de Condé, qui le garda jusqu'à la révolution. Alors il devint propriété nationale, et ses trésors allèrent enrichir diverses collections, entre autres le Musée des monuments français. — Plusieurs déclarations et édits de François Ier et de son successeur sont datés de ce lieu, entre autre le fameux édit par lequel Henri II, au mois de juin 1559, prononça la peine de mort contre tous les réformés. — Sous l'empire, le château renfermait une maison d'éducation pour 300 filles d'officiers appartenant à la Légion-d'Honneur; cette maison était dirigée par madame Campan. — Le dernier des Condé, redevenu propriétaire d'Ecouen, avait manifesté dans son testament l'intention d'y placer une maison d'éducation pour des enfants dont les parents auraient servi dans l'armée des princes; mais ce vœu n'a point été réalisé.

ÉCOUER, v. a., il se dit, dans quelques provinces pour, couper la queue à un animal.

ÉCOUET, s. m. (*anc. t. de marine*). Il se disait des amures de la grande voile et de la misaine.

ÉCOULEMENT, s. m., flux, mouvement de ce qui s'écoule. Il s'emploie quelquefois au figuré, et se dit surtout de l'exportation de la vente, du débit des marchandises, des produits de l'agriculture ou des fabriques.

ÉCOULEMENT DES FLUIDES, (*hydrod.*). (V. FLUIDES.)

ÉCOULEMENT (*médéc.*). Le mot écoulement s'applique également à une fonction ou à une maladie. Les flux menstruels, les lochies, sont des écoulements naturels qui entrent dans l'accomplissement de fonctions physiologiques. Nous citerons comme exemples d'écoulements morbides, les hémorrhagies en général, le flux blennorrhagique, les flueurs blanches, etc. On dit qu'un écoulement est aigü lorsqu'il s'accompagne d'un appareil de symptômes dépendant de la nature de la maladie dont cet écoulement lui-même n'est qu'un résultat. L'écoulement qui se prolonge au delà de la durée de ces symptômes, est appelé chronique. On conçoit très bien qu'il n'y a rien d'absolu à cet égard. Les écoulements n'étant d'ailleurs que des symptômes ou des accidents relatifs à des maladies ou des lésions traumatiques déterminées, tout ce qui les concerne se trouvera plus naturellement placé à l'histoire de ces maladies ou de ces accidents.

ÉCOULER (S'), v. pron., couler de quelque endroit. — ECOULER, se dit par analogie d'une foule qui se retire. Il signifie figurément diminuer, passer, se dissiper, et s'applique surtout aux richesses et aux temps. Il se dit encore figurément des marchandises, des produits agricoles, etc., et signifie se débiter, se vendre, être exporté. — ECOULÉ, ÉE, (*participe*). *Le temps est écoulé*, le temps préfix est expiré.

ÉCOULER, v. a, (*technol.*), faire égoutter.

ÉCOUPE, s. f. (*agricult.*), sorte de large pelle de fer.

ÉCOURGEON, s. m., orge carré qu'on appelle aussi orge d'automne ou de prime.

ÉCOURTER, v. a., rogner, couper trop court. *Cet habit est écourté, bien écourté.* Il est un peu court, trop court. *Ecourter un chien, un cheval*, leur couper la queue et les oreilles. — ECOURTER se dit figurément en parlant des ouvrages d'esprit, où l'on ne met pas où dont on retranche les développements nécessaires.

ÉCOUSSAGE, s. m. (*technol*). Il se dit de certaines taches que l'on trouve sur la faïence, et qui sont produites par la fumée ou par les doigts sales des ouvriers.

ÉCOUTANT, ANTE, adj., qui écoute. Il ne s'emploie guère que dans cette locution, *avocat écoutant*, avocat qui ne plaide point; et cela ne se dit que par plaisanterie. — ÉCOUTANTS, au pluriel, se dit quelquefois substantivement pour auditeurs, surtout dans la poésie badine.

ÉCOUTANT, s. m. (*hist. eccl.*). Il se disait des pénitents admis aux instructions religieuses avec les cathécumènes, mais obligés de se retirer de la nef pendant les prières. — ÉCOUTANT, se disait chez les manichéens et les Bulgares, des disciples dont l'instruction était peu avancée.

ÉCOUTE, s. f., lieu où l'on écoute sans être vu. Il s'emploie ordinairement au pluriel. Fig. et fam., *Être aux écoutes*, être attentif à remarquer, à recueillir ce qui se dit ou ce qui se passe dans une affaire, afin d'en tirer avantage. *Sœur écoute*, religieuse qui accompagne au parloir une autre religieuse ou une pensionnaire.

ÉCOUTE, s. f. (*terme de marine*), cordage attaché au coin inférieur d'une voile pour servir à la déployer et à la tendre, de manière qu'elle reçoive l'impulsion du vent.

ÉCOUTE, s. f. (*art milit.*), puits de mine, ou galerie de mineur, d'où l'on peut entendre si le mineur ennemi travaille et chemine.

ÉCOUTER, v. a., ouïr avec attention, prêter l'oreille pour ouïr. *Ecoute, écoutez*, à l'impératif, s'emploient souvent pour appeler quelqu'un, ou pour éveiller fortement son attention. *Un écoute s'il pleut*, se dit d'un moulin qui ne va que par des écluses. Prov. et fig., *C'est un écoute s'il pleut*, se dit d'un homme faible qui se laisse arrêter par les moindres obstacles. On le dit aussi d'une promesse illusoire, d'une mauvaise défaite, d'une espérance très incertaine. Fig. et fam., *N'écouter que d'une oreille*, ne prêter qu'une faible attention aux choses qu'on nous dit. — ÉCOUTER, signifie aussi donner audience à quelqu'un. — ÉCOUTER, signifie encore donner quelque croyance ou quelque consentement à ce qu'une personne propose, ou prendre plaisir à l'entendre. Il signifie quelquefois obtempérer, obéir à quelqu'un, suivre ses avis, s'y conformer. Il s'emploie figurément dans ce dernier sens, en parlant de choses morales, comme la raison, les sentiments, les possessions, l'intérêt. *N'écoutez que vous-même*, ne consultez que vos propres inspirations. — ÉCOUTER, s'emploie avec le pronom personnel dans les phrases familières qui suivent: *Il s'écoute parler*, ou absolument *Il s'écoute*, se dit d'un homme qui parle lentement, et qui croit bien dire. *Il s'écoute trop*, il s'inquiète trop de sa santé. On dit dans le même sens, *Il écoute trop son mal*. — ÉCOUTÉ, ÉE (*participe*). En termes de manége, *Des mouvements écoutés*, des mouvements faits avec justesse et précision.

ÉCOUTER, v. a. Expr. prov., *Sonne comme il écoute*, se dit par plaisanterie quand une personne s'imagine mal à propos entendre un bruit; c'est un renversement de la phrase: *Ecoute comme il sonne*. — ÉCOUTER SON CHEVAL (*manége*), être attentif à ne point le déranger de ses airs quand il manie bien. — ÉCOUTÉ, ÉE (*participe*) (*manége*), se dit du pas d'un cheval qui se balance entre les talons sans se jeter ni sur l'un, ni sur l'autre.

ÉCOUTEUR, s. m., celui qui a l'habitude d'écouter par une curiosité indiscrète ce qu'on ne veut pas lui faire connaître. Il ne s'emploie guère que dans cette phrase familière: *C'est un écouteur aux portes*.

ÉCOUTEUSE, s. f., celle qui écoute aux portes par curiosité, féminin d'écouteur.

ÉCOUTEUX, adj. m. (*manége*). Il se dit d'un cheval qui est retenu, qui ne part pas de la main franchement, qui saute en avant et ne fournit pas tout ce qu'on lui demande.

ÉCOUTILLE, s. f. (*t. de marine*), sorte de trappe, ouverture carrée pratiquée au pont d'un bâtiment pour descendre dans l'intérieur.

ÉCOUTILLON, s. m. (*marine*), petite trappe pratiquée dans le panneau d'une écoutille ou contre les mâts, dans les ponts supérieurs, pour recevoir le pied d'un mât de hune.

ÉCOUTOIR, s. m. Il s'est dit quelquefois du cornet acoustique.

ÉCOUVETTE, s. f. (*technol.*), petit balai dont le maréchal se sert pour ramasser le charbon dans le foyer et pour l'humecter d'eau. — Longue brosse à manche dont l'apprêteur se sert pour asperger d'eau les plaques employées à chauffer les étoffes pendant le pressage.

ÉCOUVILLON, s. m., vieux linge attaché à un long bâton, avec lequel on nétoie le four lorsqu'on veut enfourner le pain. — Il se dit aussi d'un instrument à peu près semblable avec lequel on nétoie le canon après qu'il a tiré et qu'on veut le recharger ou le rafraîchir.

ÉCOUVILLONNER, v. a., nétoyer avec l'écouvillon.

ÉCPÉRISPASME, s. m. (*ant. milit.*), évolution des troupes grecques qui équivalait à trois quarts de conversion.

ECPHIMOTE, *ecphimotes* (*rept.*), genre de sauriens voisin des marbrés ou polychres; ils ont comme eux la tête couverte de plaques; des écailles imbriquées, rhomboïdales, petites, carénées sur tout le corps; des pores au côté interne des cuisses; des dents comprimées aux mâchoires et au palais; la langue épaisse, entière, fongueuse à sa surface, libre et légèrement extensible; le tympan visible à l'extérieur; mais la forme générale de leur corps est moins comprimée que dans ces genres, et elle se rapproche davantage de celle du corps des agames; la queue, également grêle, est plus courte, et les écailles qui les revêtent sont plus dilatées. Le type de ce groupe est l'*ecphimote à collier, tropidurus torquata*, cendré en dessus, avec des gouttelettes blanchâtres, irrégulièrement dispersées sur les parties supérieures, une tache noire en forme de demi-collier sur la nuque. Cette espèce atteint la taille de nos geckos, c'est-à-dire 4 à 5 pouces de longueur pour le corps et autant pour la queue. Cette espèce se trouve au Brésil. Ses habitudes sont peu connues. Comme celle de tous les sauriens sa morsure est innocente.

ECPHRACTIQUE, adj. des 2 g. (*méd.*), désobstruant. Il s'emploie comme subs. m.

ECPHRASTE, s. m. (*ant.*). Il s'est dit quelquefois de celui qui interprète, qui traduit d'une langue dans une autre.

ECPHYSÉE, s. f. (*anat.*), appendice d'une partie quelconque du corps.

ECPHYSÈSE, s. f. (*méd.*), essoufflement, expiration rapide et bruyante.

ECPIESME, s. f. (*chirurg.*), sorte de fracture du crâne; sortie de l'œil hors de son orbite.

ECPLECTIQUE, adj. des 2 g. (*méd.*), qui a rapport à l'ecplexie.

ECPLÉROME, s. m. *chirurg.*), coussinet qui sert de remplissage dans le pansement d'une fracture.

ECPLEXIE, s. f. (*méd.*), stupeur occasionnée par une grande surprise.

ECPTOME, s. m. (*chirurg.*), déplacement des os luxés ou des parties d'une fracture.

ECPYÈME, s. m. (*méd.*), abcès, suppuration.

ECPYÉTIQUE, adj. des 2 g. (*méd.*), suppuratif.

ECQUEVILLY (FAMILLE D'). La terre d'Ecquevilly, près Meulan, fut érigée en marquisat en faveur d'André Hennequin, seigneur de Fresne et d'Ecquevilly, baron de Hez, capitaine général de la vénerie, des toiles de chasse, tentes et pavillons du roi, et équipage du sanglier, etc. Ce gentilhomme appartenait à une famille noble, originaire de Champagne, qui a exercé de hautes fonctions dans la magistrature, au parlement et à la cour des comptes de Paris. Il épousa, en 1682, la petite nièce de Louis de Marillac, maréchal de France, et l'une des filles issues de ce mariage donna sa main à Louis Gigault, marquis de Bellefonds et de la Boulaye, gouverneur de Vincennes, qui avait pour aïeul le maréchal de Bellefonds. — ECQUEVILLY (Armand-François HENNEQUIN, marquis d'), lieutenant-général, pair de France, né en 1747, était l'arrière petit-fils d'André Hennequin. Il embrassa fort jeune la profession des armes, devint, en 1774, mestre de camp du régiment royal-cavalerie, qu'il commanda dix-sept ans, et fut, en 1788, promu au grade de maréchal-de-camp. Il émigra à Bruxelles au commencement de 1791, et alla, l'année suivante, offrir ses services au prince de Condé, qui lui confia le commandement d'un escadron formé des débris de son ancien régiment. Il se distingua dans les diverses campagnes de l'armée des princes, et suivit, en 1797, ses compagnons d'armes dans la Volhynie, où l'empereur de Russie leur avait assigné un asile. De retour en France, après la Restauration, il fut créé lieutenant-général et pair du royaume, avec le titre de comte. Dans la session de 1817, il prit, comme directeur général du dépôt de la guerre, la défense du ministère, obligé de concilier avec les mesures de la plus stricte économie le respect pour les droits acquis sur les champs de bataille. Quelques mois après, la direction générale du dépôt de la guerre ayant été supprimée, il fut nommé président du comité qui la remplaçait, et inspecteur général du corps des ingénieurs géographes. — Le marquis d'Ecquevilly a publié un ouvrage en 3 vol., ayant pour titre : *Campagnes sous les ordres de S. A. R. le prince de Condé.* — Il est mort le 19 septembre 1830.

ÉCRAI, s. m. (*agricult.*), milieu de la raie faite par la charrue.

ÉCRAIGNE, s. f. Il se disait, en Bourgogne, et dans plusieurs autres provinces, des huttes, des chaumières que les paysans se construisaient. Il s'est dit par suite des veillées qui avaient lieu dans ces huttes ou dans tout autre lieu du village.

ÉCRAN, s. m., sorte de meuble dont on se sert pour se garantir de l'ardeur du feu.

ÉCRAN, s. m. Ce meuble était orné autrefois d'armoiries et d'inscriptions. De là vient qu'on disait : *C'est un homme qui n'a jamais appris le blason que sur les écrans. Il n'a jamais fait de vers que pour les écrans.*

ÉCRANCHER, v. a. (*technol.*), effacer les faux plis d'une étoffe.

ÉCRASANT, ANTE, adj., qui écrase. Fig., qui étourdit, qui humilie.

ÉCRASEMENT, s. m., action d'écraser. Etat de ce qui est écrasé, au propre et au figuré.

ÉCRASER, v. a., aplatir, briser quelque chose par un grand poids, par une forte compression, par un coup violent. On l'emploie aussi avec le pronom personnel. Il signifie, par exagération fatiguer beaucoup. Il s'emploie au figuré dans le sens d'importuner extrêmement. *Ecraser d'impôts*, surcharger d'impôts. Ecraser signifie encore figurément perdre quelqu'un, détruire entièrement ses moyens de fortune, de considération, etc. *Ecraser quelqu'un dans une discussion, dans un débat*, etc., avoir un grand avantage sur lui. — ÉCRASER, se dit aussi figurément pour détruire, anéantir, réduire à rien. — ÉCRASÉ, ÉE (*participe*). Il signifie figurément trop aplati, trop bas, trop court. *Taille écrasée*, taille trop courte et engoncée.

ÉCRASER (S') v. person. (*escrime*). Il se dit de celui qui, après le coup tiré, pousse le genou droit en avant, laisse tomber le corps et lève le pied gauche.

ÉCRECELLE (*ois.*). On donne vulgairement ce nom à la cresserelle, *falco timunculus*, Linné.

ÉCRELET, s. m. (*écon. rur.*), sorte de laitage suisse mentionné par J. J. Rousseau.

ÉCRÉMAGE, s. m. (*écon. rur.*), action d'écrémer le lait. — ÉCRÉMAGE (*technol.*), action d'écrémer le verre fondu.

ÉCRÉMER, v. a., ôter la crème de dessus le lait. Il se dit figurément et familièrement en parlant des choses dont on tire ce qu'il y a de meilleur.

ÉCRÉMER, v. a. (*technol.*), enlever la surface du verre fondu pour retirer les ordures qui pourraient y être tombées.

ÉCRÉMOIRE, s. f. (*technol.*), instrument dont les artificiers se servent pour rassembler les matières broyées, ou pour les prendre dans les boîtes. — Ustensile du verrier.

ÉCRÉNAGE, s. m. (*technol.*), façon que le fondeur en caractères donne à certaines lettres longues.

ÉCRÉNER, v. a. (*technol.*). Il se dit chez les fondeurs, et signifie, dégager légèrement la partie supérieure ou inférieure de certaines lettres d'un peu de matière qui environne cette partie et la fait porter à faux.

ÉCRÉNEUR, s. m. (*technol*), ouvrier qui pratique l'écrenage

ÉCRENNE, s. f. (*V.* ECRAIGNE.)

ÉCRÉNOIR, s. m. (*technol.*), outil d'acier tranchant qui sert à écréner.

ÉCRÊTEMENT, s. m. (*agricult.*), réparation qu'on fait au printemps sur les côtés des fossés. Opération qui se fait au printemps, et qui consiste à gratter les côtés des trous que l'on a creusés avant l'hiver pour y planter des arbres.

ÉCRÊTER, v. a. (*t. de guerre*), enlever à coups de canon la crête, le sommet d'un ouvrage de fortification, tel qu'une muraille, un bastion, une palissade, etc.

ÉCRÊTER, v. a. (*agricult.*), couper les sommités du blé de Turquie.

ÉCREVISSE, s. f., animal de la classe des crustacés, qui vit dans l'eau, et qui, selon l'opinion vulgaire, va presque toujours à reculons. *Buisson d'écrevisses*, plat d'écrevisses arrangées en forme de buisson. *Yeux d'écrevisses*, petites concrétions blanches et pierreuses qu'on trouve sous le corselet des écrevisses, et dont on fait quelquefois usage en médecine. Fam., *Aller à reculons comme les écrevisses*, ou simplement, *aller comme les écrevisses*, se dit de quelqu'un dont les affaires reculent au lieu d'avancer. Pop., *Etre rouge comme une écrvisse*, avoir le visage trop haut en couleur, ou rougir beaucoup. En astronomie *le signe de l'écrevisse*, un des signes du zodiaque, dont le commencement répond au solstice, et qu'on nomme autrement le cancer.

ÉCREVISSE (*astr.*), quatrième signe du zodiaque qu'on nomme aussi cancer.

ÉCREVISSE, *astacus* (*crust.*), genre de l'ordre des décapodes, famille des macroures, tribu des homards. Latreille leur assigne les caractères suivants : quatre antennes insérées presque sur la même ligne, les intermédiaires terminées par deux filets; pédoncule des latérales nu, avec des saillies en forme d'écailles ou de dents; les six pieds antérieurs terminés par une pince à deux doigts; pièce extérieure des appendices natatoires du haut de la queue divisée en deux parties. Ce genre, qui comprenait autrefois tous les décapodes brachyures, à l'exception des hippes, ne renferme plus aujourd'hui qu'un petit nombre d'espèces, les unes marines, les autres fluviatiles. La plus remarquable et la mieux connue est l'*écrevisse de rivière*, *astacus fluviatilis*, dont tous les auteurs anciens ont parlé depuis Aristote. Le naturaliste Roësel l'a décrite et figurée avec beaucoup de soin (Ins. t. III). Les antennes extérieures sont aussi longues que le corps, sétacées, multi-articulées, supportées par un pédoncule formé de très gros articles dont le premier est pourvu, vers son extrémité et en dehors, d'une petite écaille découpée, garnie de pointes et de poils sur les bords; les intérieures sont bifides, multi-articulées, sétacées et portées sur un pédoncule triarticulé simple. Les pieds-mâchoires extérieurs sont longs, avec leurs deux premiers articles garnis de cils raides et de petites épines sur le côté interne. Les mâchoires de la seconde paire sont découpées en six lanières; les mandibules sont très fortes et dentelées sur leur bord interne. Les pattes antérieures ou serres sont inégales, très longues et fort grosses; les pieds de la seconde et de la troisième paire sont allongés, minces, terminés par de petites pinces dont le doigt externe est mobile; ceux des quatrième et cinquième paires finissent par un article ou ongle simple, pointu et crochu; la carapace est allongée, demi-cylindrique, terminée en avant par un rostre plus ou moins allongé, épineux et non comprimé; tronquée en arrière, et marquée dans son milieu d'un grand sillon transversal derrière la région stomacale. L'abdomen, qu'on nomme improprement la queue, est très développé et formé par six anneaux convexes en dessus et légèrement roulés en dessous. Des muscles nombreux et puissants lui impriment des mouvements robustes; l'abdomen est pourvu en dessous, ainsi que dans la plupart des crustacés, de filets; sortes de pattes rudimentaires qui varient en nombre et en forme dans les deux sexes. Ils sont mobiles à leur base; l'écrevisse les fait flotter dans l'eau en les agitant d'avant en arrière comme autant de petites nageoires. La femelle en a quatre, placés sur le second, le troisième, le quatrième et le cinquième anneau. Il se ressemblent tous, et sont composés d'une tige qui jette deux branches mobiles sur la tige. Ces branches sont garnies de longs poils barbus auxquels l'écrevisse attache ses œufs. Outre les filets abdominaux, les mâles portent encore, au-dessous du premier anneau de l'abdomen, deux autres parties mobiles à leur base par une articulation d'un blanc bleuâtre, et ressemblant à des tiges un peu aplaties; leur moitié antérieure est courbée et roulée sur elle même longitudinalement, de manière à former une sorte de tuyau. L'on ne connaît pas encore l'usage de ces appendices singuliers, qui pourraient bien être des organes copulateurs. L'abdomen est terminé par cinq pièces plates, minces, ovales, en forme de feuilles. Cet appareil de natation est formé du dernier anneau abdominal et de deux appendices latéraux de l'anneau qui précède. Au moyen de cet éventail, l'écrevisse frappe l'eau en le dirigeant vers la tête, il en résulte une natation à reculons. Nous allons dire quelques mots sur l'organisation interne des écrevisses. L'estomac, situé en quelque sorte dans la calotte calcaire qui le recouvre, est formé de membranes fortes et assez épaisses; il est muni inférieurement de trois dents écailleuses, pointues. Le grand intestin part de l'estomac, il est situé dans l'abdomen et s'ouvre à l'anus. Suivant Cuvier, les vaisseaux biliaires du foie sont très développés, et leur fonction n'est point équivoque. Ces vaisseaux biliaires sont très gros, au nombre de plusieurs centaines et disposés en deux grosses grappes dont les vaisseaux excréteurs communs forment les tiges. Ils s'insèrent tous contre le pylore et y versent une liqueur épaisse, brune et amère. Ce sont eux qui forment la plus grande partie de ce qu'on nomme la farce dans les étrilles, les homards et d'autres grandes espèces. Les écrevisses et les monocles n'ont aucune trachée, et ce sont précisément ceux chez lesquels on remarque un cœur, ou du moins un organe de structure semblable. Ils ont à chaque côté du corselet, des paquets de vaisseaux capillaires rangés d'une manière très régulière sur deux des faces de certains corps en forme de pyramides triangulaires; toutes ces pyramides sont comprimées et dilatées alternativement par le moyen de quelques feuillets membraneux que l'écrevisse meut à volonté. Les branchies ne font autre chose qu'absorber une partie du fluide aqueux et le porter au cœur, qui le transmet à tout le corps. Cet appareil respiratoire ne diffère donc de celui des insectes ordinaires que par cet organe musculaire qu'il a de plus et dont on conçoit aisément l'utilité; la substance respirée étant sous la forme liquide, ne pouvant se précipiter comme l'air dans les trachées, par l'effet de sa propre élasticité, il lui fallait un mobile étranger qui est cet organe qu'on a pris pour le cœur. Quant à la nutrition proprement dite, elle se fait exactement comme dans les insectes ordinaires, par une simple imbibition. Les organes générateurs mâles de l'écrevisse, situés sur le thorax, se composent de testicules divisés en trois parties, deux en avant et une grosse en arrière. D'autres vaisseaux blancs tortueux, très développés et turgescents à l'époque de l'accouplement, ont été regardés comme les vaisseaux séminifères; ils remplissent un assez grand espace, occupent les côtés et la partie postérieure du cœur; l'appareil de la femelle consiste en deux ovaires occupant les côtés du corps et divisés, comme les testicules, en trois parties. L'accouplement des homards, et par analogie celui des écrevisses, se fait, à ce qu'il paraît, à la manière de quelques mouches, c'est-à-dire ventre à ventre. Le mâle attaque la femelle qui se renverse sur le dos, et le couple amoureux s'enlace alors étroitement à l'aide des pattes. La ponte a lieu deux mois après; elle est assez abondante, et l'on compte jusqu'à trente œufs et quelquefois davantage. Ceux-ci sont fixés aux filets mobiles qui garnissent la queue, à l'aide d'un pédicule; les femelles portent ces œufs jusqu'à la naissance des petits, qui d'abord très mous n'abandonnent le ventre de leur mère que lorsque leur test plus consistant peut les protéger. Les écrevisses renouvellent leur enveloppe tous les ans entre le mois de mai et le mois de septembre à l'approche de la mue, elles cherchent un abri dans quelque trou, jusqu'à ce que sa nouvelle enveloppe soit devenue aussi dure que l'ancienne; car si elle était rencontrée par d'autres écrevisses n'étant plus défendue par son écaille, elle deviendrait infailliblement leur proie. Un fait remarquable chez les écrevisses, c'est la faculté qu'ont les pattes, les antennes et les mâchoires de repousser après l'amputation; ce phénomène n'a pu encore être convenablement expliqué par la science. Plusieurs personnes sont très gourmandes des écrevisses. On les pêche de diverses manières. D'abord on suspend un filet au-dessous d'un morceau de chair putréfiée. Les écrevisses sont attirées quelquefois en grand nombre par cet appât. On met aussi quelquefois de la viande dans un fagot menu que l'on retire lorsque les écrevisses ont pénétré de toutes parts entre les branches. Ce genre renferme plusieurs espèces remarquables, parmi lesquelles on distingue : l'*écrevisse de rivière*, *astacus fluviatilis*, Fab.; elle a les pinces antérieures dentelées au bord interne et chagrinées. Le museau a une dent de chaque côté et deux à sa base. Sa couleur, d'ordinaire d'un brun verdâtre, varie beaucoup; une de ses variétés, figurée par M. Guérin dans l'Iconog. du règne animal (Cr., pl. 19, f. 2), est d'un beau bleu cobalt. L'écrevisse de rivière se rencontre dans les trous et sous les pierres, dans toutes les eaux douces de l'Europe. Sa nourriture consiste en petits mollusques et poissons et en larves d'insectes. L'*écrevisse homard*, *astacus marinus*, Fab. Cette espèce, qui a jusqu'à un pied et demi de longueur, se trouve sur les côtes de l'Océan, de la Manche et de la Méditerranée. Sa carapace est unie, terminée antérieurement par un rostre tridenté de chaque côté, avec une double dent à sa base supérieure; les pinces sont très grosses, inégales, l'une avec des dents fortes et mousses, l'autre plus petite, allongée, avec des petites dents nombreuses; sa couleur est un brun verdâtre, avec les filets des antennes rougeâtres. Nous citerons encore : l'*écrevisse de Barton* des Etats-Unis; l'*écrevisse norvégienne*, *astacus norvegicus*, dont le docteur Leach fait son genre *nephrops*. (*V.* ce mot.)

ÉCREVISSE, s. f. (*philol. anc.*). Il se dit, dans la littérature grecque, d'une sorte de vers qui, lu à rebours, présente un sens. — ÉCREVISSE (*anc. t. milit.*), se disait d'une cuirasse formée d'écailles qui s'emboîtaient les unes dans les autres. On écrivait autrefois *écrevice*. — ÉCREVISSE (*technol.*), grande tenaille dont on se sert pour saisir les lopins de fer rouge et les traîner vers l'enclume. Pierre à chaux qui a pris une couleur rouge pendant la calcination.

ÉCRHEXIE, s. f. (*médec.*). Il se dit de toute espèce de rupture, et en particulier de la rupture de la matrice.

ÉCRHYTHMIQUE, adj. des deux genres (*méd.*), qui n'observe aucun rhythme, très irrégulier.

ÉCRIER, v. a. (*technol.*), nettoyer le fil de fer en le frottant avec un linge chargé de grès.

ÉCRIER (S'), v. pron., faire un grand cri, une exclamation. Il signifie plus ordinairement prononcer quelques paroles en criant, en élevant beaucoup la voix.

ÉCRIEUR, s. m. (*technol.*), ouvrier qui écrie le fil de fer.

ÉCRILLE, s. f. (*archit.*), grille de bois ou de fer qu'on place aux décharges des étangs pour empêcher le poisson de sortir.

ÉCRIN, s. m., petit coffret où l'on met des bagues, des pierreries. Il se dit aussi des joyaux contenus dans un écrin.

ÉCRINIER, s. m. Il se disait autrefois de l'artisan qui fait des écrins.

ÉCRIRE, v. a., tracer, former, figurer des lettres, des caractères. Dans ce sens, on l'emploie toujours absolument. Il signifie particulièrement représenter, indiquer, noter par le moyen de l'écriture. *Se faire écrire à la porte de quelqu'un*, ou *se faire écrire chez quelqu'un*, faire mettre son nom sur la liste du portier, pour marquer qu'on est venu voir le maître ou la maîtresse de la maison. — ÉCRIRE, se dit aussi de la manière d'orthographier. Il signifie quelquefois, absolument, s'engager par écrit. — ÉCRIRE, signifie figurément composer, en écrivant à mesure ce que l'on compose, ou en faisant écrire sous sa dictée. Fam., *Ecrire des volumes*, écrire beaucoup. *Ecrire au courant de la plume*, écrire rapidement, sans mettre beaucoup de temps ni de réflexion. Absol., *Ecrire à quelqu'un*, lui écrire une lettre, des lettres. Fig. et fam., *Ecrire de bonne encre, de la bonne encre à quelqu'un*, lui écrire d'un ton ferme et sévère, soit pour lui faire des reproches, soit pour lui intimer un ordre. — ÉCRIRE, se dit particulièrement du genre de style. Il signifie encore, figurément, avancer quelque proposition, enseigner une doctrine par écrit. — ÉCRIRE, se dit également des compositions de musique. — ÉCRIRE, en termes de pratique, exposer ses raisons dans une requête, dans un mémoire, etc., pour défendre sa cause. Fig. et fam., *A mal exploiter bien écrire*, se dit lorsqu'un homme, ayant manqué à quelque formalité, écrit ensuite la chose, non pas comme il l'a faite, mais comme il devait la faire. Cette phrase vieillit. — ÉCRIT, ITE (*participe*). Prov., *Ce qui est écrit est écrit*, il ne sera rien changé à ce qui a été écrit, à ce qui a été décidé ou convenu par écrit. Fig., *Cela était écrit au ciel*, la Providence avait résolu que cela serait. — ÉCRIT, se dit aussi d'un papier, d'un parchemin, etc., sur lequel on a écrit. Il signifie encore, figurément, marqué.

ÉCRIRE, v. a. Expr. prov., *Voilà une belle voix pour écrire et une belle main pour chanter*, se dit, par plaisanterie, d'une voix fausse et d'une mauvaise écriture.

ÉCRIT, s. m., ce qui est écrit sur du papier, sur du parchemin, etc. Il se dit principalement d'un acte, d'un mémoire portant promesse, convention. *Mettre par écrit*, *rédiger par écrit*, *exposer par écrit*, etc., écrire quelque chose, ou le consigner, l'exposer dans un écrit, dans un mémoire, etc. On dit de même, populairement, *Coucher par écrit*. En procédure, *Instruction par écrit*, instruction dans laquelle les parties exposent leurs moyens seulement par écrit; après quoi il est fait rapport à l'audience par un des juges du tribunal. En jurispr., *Preuve par écrit*, preuve qui résulte d'un écrit, par opposition à *preuve testimoniale*. *Mettre une chose en écrit, par écrit, pour s'en ressouvenir*, en prendre note, l'écrire sur ses tablettes, sur quelque morceau de papier. — ÉCRIT, se dit en outre d'un ouvrage d'esprit, de peu d'étendue. Il se dit aussi, mais seulement au pluriel, des ouvrages d'esprit quelconques.

ÉCRITE, s. f. (*anc. prat.*), convention, concordat, atermoiement.

ÉCRITEAU, s. m., certaine inscription en grosses lettres qu'on met sur un papier, sur du bois, etc., pour faire connaître quelque chose au public.

ÉCRITOIRE, s. f., petit meuble qui contient ou renferme les choses nécessaires pour écrire, encre, papier, plume, canif, etc. Il se dit quelquefois abusivement d'un vase où l'on met de l'encre, et qu'on appelle plus ordinairement *encrier*.

ÉCRITOIRE, s. m. *Greffier de l'écritoire* (*anc. prat.*), greffier qui rédigeait les rapports des experts désignés pour visiter ou estimer les bâtiments.

ÉCRITURES. Les hommes, rassemblés en famille, se communiquèrent leurs pensées par l'usage de la parole. Le besoin de se ressouvenir de certains faits, l'invention des arts utiles dont ils craignaient l'oubli, les vertus des grands hommes qu'ils voulaient faire passer à leurs neveux, comme des exemples encore vivants, leur firent chercher et inventer l'art de se transmettre les idées, sans que les sons fussent nécessaires. Au moyen du bois, des pierres, des marbres et des métaux, ils tracèrent quelques signes de convention, ou qui représentaient la chose même, ou qui en étaient le symbole ou l'emblème. C'est ce que nous appelons l'écriture des pensées, bien différente de l'écriture des sons, puisque celle-ci se prononce, et que l'autre ne peut point s'articuler.

Ecriture des pensées. — L'écriture des pensées signifiait donc, au lieu de sons, une totalité de choses, une action, un évènement avec toutes ses circonstances, et quelquefois même, au moyen de certaines nuances, le jugement qu'on devait en porter. On peut distinguer plusieurs sortes d'écritures de pensées. L'une était *hiéroglyphique représentative* : Voulait-on faire concevoir l'idée d'une montagne, d'un fleuve ou d'un arbre, on peignait ces objets. Celle-ci, ainsi que la suivante, ne pouvait s'exercer que sur des objets corporels. L'autre était *hiéroglyphique imitative* : Ainsi un cercle imitait le soleil, un croissant la lune, en quelque état qu'elle se trouvât. Une troisième était *hiéroglyphique caractéristique* : Ainsi l'hippopotame signifiait l'impudence et la cruauté. Une quatrième était *symbolique* et *emblématique* ou *allégorique* : Ainsi un soleil annonçait la divinité; l'œil peignait un monarque; une sauterelle, animal que l'on croyait alors sans bouche, représentait une personne initiée dans les mystères et obligée au secret. Enfin, une cinquième était purement *énigmatique*. Cette écriture de pensées, en général, a été fort en vogue chez les Égyptiens et chez les Chinois; elle l'est encore chez ces derniers, qui ont même des caractères arbitraires qui dénotent des pensées, sans signifier en même temps des mots.

Écriture des sons. — Cependant il restait toujours une difficulté de rendre une infinité de pensées intellectuelles et métaphysiques, et c'est ce qui fit inventer l'écriture des sons. Au lieu d'une infinité de traits et de caractères qui, étant isolés, avaient un sens propre et fort étendu, on le restreignit à deux douzaines, ou à peu près, de ces signes, auxquels on donna un son de convention; puis, par les divers assemblages et les différentes combinaisons de ces caractères sonores rapprochés, on forma premièrement des mots univoques, expressifs pourtant, qui furent les racines de plusieurs autres mots composés de ces monosyllabes, qui servirent les uns et les autres à rendre les pensées et à les différencier, selon leur degré d'approximation ou de disparité. Telle est la marche graduelle de l'esprit humain dans l'invention de l'écriture.

Du peuple à qui est due l'invention de l'écriture. — Mais quel est le peuple à qui l'invention de l'écriture appartient primitivement? C'est un point qui n'est pas aisé à décider. Cependant on peut dire que, de toutes les écritures alphabétiques, la chaldaïque, l'égyptienne et la samaritaine ou la phénicienne, sont les seules qui puissent entrer en lice pour disputer d'antiquité. On tombe assez d'accord sur ce fait général; mais pour descendre dans le particulier, c'est autre chose; les sentiments sont fort partagés. Une foule d'auteurs, Pline, *Hist. nat.*, l. 7, c. 56; Cicéron, *De Natura Deorum*, lib. 3; *Jamblique*, lib. *de Myster.*; *Cap de Deo et de Diis*; Tertullien, *de Coron. milit.*, c. 8; *de Testim. anim.* c. 5, 9; Plutarque, *Sympos.*, lib. 20, c. 3; *Diodore de Sicile*, *l.* 2, tous cités par M. Schuckford, *Histoire du monde*, t. 1, p. 228, et t. 2, p. 216, 288, défèrent cette gloire à l'Égypte, et attribuent l'invention des lettres au fameux Taaut, fils et secrétaire de Misraïm; mais ces auteurs ne marquent pas distinctement si ces lettres étaient hiéroglyphiques ou épistolographiques. Le premier et le dernier des auteurs cités en rapportent réellement l'invention aux Phéniciens. Le père Kircher, *OEdip. Ægypt.*, t. 3, *diatrib.* 2, s'est porté pour les Égyptiens, jusqu'à prétendre déterminer la figure des lettres; mais il a été vivement réfuté par l'abbé Renaudot, *Mém. de l'Acad. des inscript.*, t. 2, p. 248, 255. La découverte du jésuite aurait été d'autant plus avantageuse, si elle avait réussi, que, de tous les monuments égyptiens, obélisques et momies, quelque nets et distincts qu'en fussent les caractères, on n'a pas encore pu parvenir à en former un alphabet régulier, bien loin d'avoir trouvé des rapports entre quelques autres alphabets et le leur. — Buxtorf, *Dissert. de litteris Hebraii*, § 2, Conringius, Spanheim, Meier, M. Morin, *Exercitat. de ling.*, part. 2, c. 5, 5, pag. 194, M. Bourguet, savant protestant, etc., etc., se sont déclarés ouvertement pour la chaldaïque, qu'ils regardent comme la langue primordiale d'où sortent toutes les autres; mais ils ne sont fondés que sur des arguments de convenance et des probabilités qu'on peut détruire par des vraisemblances encore plus fortes. La simplicité des caractères de cette écriture, un des plus forts de leurs motifs, n'est ni plus grande que celle des caractères samaritains, ni soutenue également dans toutes les lettres. Un inconvénient qui peut ruiner ce système, c'est qu'il n'est pas possible de dériver les lettres grecques, les premières qui aient été portées en Europe, des chaldaïques ; au lieu qu'elles naissent manifestement des phéniciennes, et que de plus on ne saurait produire des caractères chaldaïques qui ne soient au moins postérieurs d'un ou de deux milliers d'années aux plus anciens monuments des Grecs dont on a connaissance.

L'invention de l'écriture due aux Phéniciens. — Enfin tout dépose exclusivement en faveur de l'antiquité de la langue phénicienne. Par la *Phénicie* on n'entend pas seulement les villes de la côte maritime de la Palestine, mais de plus la Judée et les pays des Chananéens et des Hébreux. Hérodote lui-même, *lib.* 2, *col.* 104, par les Phéniciens, désignait évidemment les Hébreux ou les Juifs, puisque, selon lui, les Phéniciens se faisaient circoncire, et que les Tyriens, les Sidoniens, etc., n'étaient point dans cet usage. Par écriture phénicienne on entend donc la samaritaine, c'est-à-dire l'ancien hébreu (Souciet, *Dissertation sur les médailles hébraïques*, p. 4), différent de l'hébreu carré ou chaldaïque, qui est le moderne, que les Juifs ont adopté depuis la captivité de Babylone, ainsi que l'ont pensé saint Jérôme, saint Irénée, saint Clément d'Alexandrie, etc., etc. *Dissertat.* 2 *de præstantia et usu numism. antiq.*, *t.* 1, *p.* 70. Les auteurs qui adjugent l'antiquité à l'écriture samaritaine sont sans nombre. Genebrard, Bellarmin, le père Morin, M. Huet, dom Montfaucon, dom Calmet, M. Renaudot, Joseph Scaliger, Grotius, Casaubon, Walton, Bochard, Vossius, Prideaux, Capelle, Simon, etc., etc., se sont hautement déclarés en faveur de ce sentiment, et ils sont appuyés sur les auteurs anciens et sur l'analogie des caractères samaritains avec les caractères grecs ; ressemblance nécessaire pour obtenir la gloire de l'antiquité, puisque les derniers se perdent dans la nuit des temps, et que cependant ce n'est point eux qui les ont inventés. En combinant la descendance des lettres, il en résultera beaucoup de jour sur ce système, et un nouvel appui pour ce dernier sentiment.

Les Grecs tiennent l'écriture des Phéniciens. — Les Grecs ont reçu leurs lettres, c'est un fait ; mais de qui les tiennent-ils ? Dom Calmet, *Dissert.*, *t.* 1, *p.* 24 ; dom Légipone, *Dissert. philologico-bibliograph.*, § 4, *n.* 9 *et* 10, *p.* 114 ; M. Schuckfort, *Hist. du monde*, *l.* 4, *p.* 222, décident que les Grecs en sont redevables aux Egyptiens, et cela sur la foi de Vossius, qu'ils citent à tort. Toutes les preuves de ce dernier, *De arte gramm.*, *lib.* 1, *cap.* 10, se réunissent au contraire en faveur de Cadmus, qui, selon le président Bouhier. *De priscis Græce, et latin, Lutteris dissert.*, n.-3, quoiqu'Egyptien d'origine, était né en Phénicie, et y apprit les lettres, qu'il communiqua aux Grecs. Ce dernier sentiment de l'académicien est garanti dans Vossius, *De arte gramm.*, *p.* 44, par Hérodote, Denis d'Halicarnasse, Pline, saint Clément d'Alexandrie, Victorin, saint Isidore, Suidas, et même Plutarque. Donc Cadmus, parti de Phénicie, porta aux Grecs les premières lettres, qui furent depuis appelées ioniques. Mais il a été dit plus haut que par les *Phéniciens* on entendait les *Hébreux* ; donc les Grecs doivent l'origine de leur écriture aux caractères samaritains. Les caractères grecs, parfaitement semblables aux phéniciens dans l'origine, se sont à la vérité écartés un peu, avec le temps, de leur figure primitive, Renaudot, *Mém. de l'Acad.*, *t.* 2, *p.* 249 ; mais ils laissent voir encore nombre de traits de ressemblance ; et les monuments des Grecs les plus antiques, comparés aux médailles des Samaritains les plus anciennes, présentent des caractères absolument semblables. L'écriture la plus ancienne de l'Europe nous vient donc du samaritain, et non du chaldaïque, avec lequel elle n'a aucun trait de conformité, ni de l'égyptien, avec laquelle elle n'a plus de rapport.

Les latins la tiennent des Grecs. — Les Pélasges, premier peuple de la Grèce, soit par la voie de la navigation, soit par les colonies grecques qui passent en Italie, portèrent premièrement leur forme d'écriture chez les Etrusques. Aussi, depuis les lumières jetées sur la littérature étrusque, on voit que de dix-huit lettres qui composaient l'alphabet de ces derniers, huit sont exactement semblables à autant de caractères samaritains, et six autres ont, avec un pareil nombre de samaritains, des traits apparents de conformité. Mais dix des lettres étrusques sont évidemment les mêmes que les nôtres, et les huit autres en approchent fort : donc nos lettres, par l'entremise des Latins et des Grecs, nous viennent des Samaritains. La ressemblance des nôtres avec celles des Grecs est trop apparente dans les lettres initiales A, B, E, H, I, K, M, N, O, T, Y, Z, pour qu'on puisse avoir le moindre doute sur leur origine : il ne serait pas même difficile de prouver l'affinité des autres lettres. Les Grecs, par exemple, ont rendu leur gamma carré et rond ; les Latins en ont fait autant de leur C ; le delta n'est que le D incliné des Latins, dont le ventre est en pointe. Les Grecs se sont servis de notre L, à cela près que, comme dans notre écriture cursive, ils ont relevé le trait d'en bas. On voit, dès les temps les plus reculés, des R semblables à peu près aux nôtres. Le sigma, que les plus anciens manuscrits représentent sans base, et qu'ils pointent un peu, revient très fort à notre S. L'U des Grecs, sous la forme d'un Y, a souvent manqué de pied, et par conséquent nous a donné notre V consonne. Enfin on ne trouve guère que Θ et le X, c'est-à-dire le thêta et le xi, que les Latins n'avaient point acceptés. Pour conclure cet article et concilier les différentes opinions qui tiennent, ou pour les Egyptiens, ou pour les Chaldéens, ou pour les Phéniciens, on pourrait déférer aux Hébreux, Chaldéens d'origine, et limitrophes de la Phénicie, l'honneur d'une découverte qu'ils auraient d'abord portée en Egypte, où les hiéroglyphes étaient déjà accrédités.

Matières subjectives de l'écriture. — Les matières subjectives de l'écriture, ou sur lesquelles on a tracé les pensées, ont suivi la marche, les progrès et la gradation de l'esprit humain. Selon Dom Calmet, *Dissertation sur la forme des livres*, p. 24, 25, 26, l'usage des tables de pierre et de bois pour écrire est le plus ancien dont nous ayons connaissance. Dom Légipont, *Dissert* 2 *de manuscript.* § 3, est aussi de ce sentiment, soit que ces tables fussent ou ne fussent point enduites de cire, encore cette dernière forme ne paraît-elle que peu avant la captivité de Babylone, *lib.* 4 *Regum*, *cap.* 21, 13. Le premier de ces auteurs, *ibid.*, deux pages plus bas, tombe cependant d'accord que les rouleaux sont de la plus haute antiquité, et qu'on en trouve les vestiges dans le livre de Job. Il faudra donc conclure que le bois, comme matière qui n'avait pas besoin d'une grande préparation, servit le premier à l'écriture pour toute sortes d'actes, mais que les rouleaux ou d'écorce, ou de feuilles d'arbres, comme moins volumineux, le suivirent de fort près ; et que les pierres, les briques et les métaux furent bientôt mis en œuvre pour conserver des monuments à la postérité la plus reculée. Telles furent les Tables de la loi, les hiéroglypes des Egyptiens sur les pyramydes et obélisques, *Pline.*, *hist. lib.* 7, *cap.* 56 ; les douze pierres précieuses chez les Juifs, *trad. diri. Epiphan. de* 12 *gemmis*, t. 2, p. 227, 233, édit. Patar. Les lois de Solon, inscrites sur des tables de bois, Aul. Gel., *Noct. attic.*, lib. 2, cap. 12 ; les lois des Douze Tables, chez les Romains, gravées sur l'airain ; les lois pénales, civiles et cérémoniales des Grecs, inscrites sur des tables de pareille matière, qu'ils appelaient *cyrbes*, *κύρβεις*, *Thes. ling. græcæ.* On dit même qu'un incendie fit périr, sous Vespasien, trois mille tables de bronze conservées au Capitole, où étaient écrites leurs lois, leurs traités d'alliance, etc., etc. Selon leur usage, *Machab*, cap. 8 et 14... Cicéron, *De divinis*, lib. 2... Tit.-Liv., décad. 1re, lib. 3... Pline, *Hist.*, lib. 34, cap. 91... *Jul. Obseq. libelli de prodigiis*, cap. 122... Ovid., lib. 1, *Metamorph.*, de pareilles tables d'airain ou de cuivre ont servi quelquefois d'espèces de papiers terriers ; Siculus Flacus, *De condit. agrov.*, p. 20... Hygen, *De limitibus constituendis*, p. 132, c'est-à-dire qu'on y représentait le plan et les bornes d'une terre. On les déposait ensuite dans les archives des empereurs. On en usait ainsi au premier siècle de l'Église Au IVe, pour la promulgation d'une loi dans les villes de l'empire, on se servait ou de tables de pareilles matières, ou de tablettes de bois enduites de céruse, ou de nappes de linge ; ces dernières étaient d'un grand usage dans l'antiquité. *Cod. Théodos.*, lib. 2, tit. 27, et Tit.-Liv., décad. 1, lib. 4 ; on les appelait *lintei*, suivant Pline, lib. 13, cap. 11, et carbassini, selon Claudien, *De bello gothico.*

Que les tables de plomb aient servi de matière à l'écriture, Job, c. 19, v. 24, et une infinité d'auteurs en font foi, *Kircher, museum*, tab. 10.... *Paleograph. Græca*, p. 16.... *Antiquité expl.* t. 2, p. 2, liv. 3, chap. 8, n° 4... *Dionis Cassii*, lib. 46... *Plinii*, lib. 13, cap. 11. Mais il n'est guère probable, quoique Pline l'avance, lib. 13, cap. 11, qu'on ait formé des rouleaux de cette matière, comme du linge. Comment plier des lames de plomb sans les casser, du moins à la longue ? En général, les pierres, les marbres et les métaux, employés chez les Grecs et les Latins à éterniser les monuments, sont d'une rareté incroyable chez les modernes. On a souvent parlé de livres en lames d'or, d'argent ou de bronze ; mais il est fort rare de rencontrer de semblables monuments : il l'est encore plus de trouver des diplômes gravés sur ces métaux, ou même sur le plomb et l'ivoire. On ne connaît que quatre pièces de cette espèce, *De re dip.*, p. 38, la première du pape Léon III ; la seconde, de Luitprand, roi des Lombards ; la troisième, sous Charlemagne, qui est violemment suspectée ; et la quatrième, de Jean, évêque de Ravenne. Des tables de plomb furent la matière des deux premières, l'airain de la troisième, et la pierre de la quatrième.— L'ivoire, Ulpian, *Dig*, lib. 32, lig. 52, le buis, le citron, et même l'ardoise, Hugo, *de prima Scribendi origine*, p. 24, furent mis également à contribution. C'est même une distinction accordée aux empereurs romains, que tous les arrêts qui les regardaient fussent inscrits sur des livres d'ivoire. Quand ces livres n'étaient composés que de deux feuilles, on les nommait diptiques; et quand il en avaient plusieurs, on les appelait en général polyptiques, *Pollucis Onomasticon.*

On trouve, dans quelques archives, des actes écrits sur des bâtons et sur des manches de couteaux. Sur le manche d'ivoire d'un couteau conservé dans les archives de la cathédrale de Paris, Lebœuf, *Dissert. sur l'hist. du diocèse de Paris*, on lit un acte de donation, du commencement du XIIe siècle, faite à cette église. Un pareil instrument est gardé dans l'abbaye de Ronceray à Angers, *Annal. bened.*, t. 6, p. 219.— Pline l'historien, lib. 13, cap. 11, et Isidore de Séville, *Orig.*, lib. 6, cap. 12, nous sont garants qu'on a écrit autrefois sur des feuilles de palmier et sur d'autres plantes. Les Syracusains, pour proscrire quelqu'un du gouvernement, Diod., *Sicul.*, lib. 11, p. 286, écrivaient son nom sur des feuilles d'olivier. La chose n'est pas unique, puisque, dans les Indes orientales, *Relations des Philipp.*, p. 4; *De la Chine*, par Boym, p. 209, on voit cette manière d'écrire encore usitée. Les Athéniens, mécontents de quelque citoyen, écrivaient son nom sur des écailles, et c'était opiner pour la proscription; de là est venu le fameux ostracisme.— On a déjà vu que le bois avait été une matière subjective de l'écriture, mais il est bon de savoir comment on y écrivait. Ou les tablettes étaient toutes nues, ou elles étaient enduites. Dans le premier cas, elles s'appelaient *scheda* chez les Romains, Vossius, *De Arte gramm.*, lib. 1, c. 38, et *axones*, ἄξονες chez les Grecs. C'est ainsi que les Romains, avant qu'ils eussent introduit l'usage de graver leurs lois sur le bronze, les inscrivaient sur des tables de chêne, Dionys. Halicarn., lib. 4. *Antiq.*, c. 50. De ces tables de bois on faisait des livres, *codices*, qui, étant gravés sans enduit, étaient par conséquent ineffaçables, Vossius, *De Arti gramm.*, p. 132.— Dans le second cas, taillées plus en petit, elles étaient recouvertes ou de cire, ou de craie, ou de plâtre. La première espèce s'appelait *ceræ*, et, en général, elles se nommaient *tabulæ*. La cire était assez communément verte ou noire; au moins celle des tablettes qui nous restent paraît-elle noire, ou d'un vert si obscur qu'il est difficile de le distinguer du noir. Il est probable qu'il y entrait de la poix ou autre matière semblable, pour lui donner la consistance qu'on y remarque. On en conserve aux abbayes de Saint-Germain-des-Prés et de Saint-Victor. Ces tablettes n'étaient quelquefois enduites que d'un côté, quelquefois des deux. Au moyen de bandes de parchemin collées de distance en distance sur le dos de ces ais, et, rapprochées les unes des autres, on en formait des livres reliés assez proprement, que l'on appelait *codicelli*. Lorsque les pages étaient remplies et que l'écriture qui y était tracée n'intéressait plus, on l'effaçait en rendant uni l'enduit de cire, et alors on s'en servait de nouveau au même usage; c'est ce qui fait que l'on y déchiffre encore quelquefois des traits d'une écriture antérieure à celle qu'on y lit, et qu'on n'en trouve guère de plus ancienne que le XIVe siècle. L'usage des tablettes a duré jusqu'à ce que le papier de chiffe ait prévalu, c'est-à-dire vers le commencement du XIVe siècle. Elles servaient assez communément à des journaux d'itinéraires. En général, l'usage de graver les lettres, ou de les écrire sans liqueur, semble avoir précédé toutes les autres écritures. Il se trouve encore des nations qui tiennent à cette ancienne manière. *Atlas Simicus prof.*, p. 184.— Tel est, à peu près, tout ce que l'on peut dire sur la matière des plus anciens monuments que l'on pourrait rencontrer; car, pour ce qui regarde la matière des chartes ou diplomes proprement dits, quoiqu'il soit certain qu'on ait écrit sur des intestins d'éléphants et d'autres animaux, *Paléograph.*, p. 16; *Isidor.*, lib. 6, c. 11, on en peut cependant réduire la matière aux peaux et aux papiers, puisqu'on n'en connaît pas des espèces précédentes. *V.* PAPIERS, PARCHEMIN. Quant aux instruments immédiats et à la matière apparente de l'écriture, *V.* PLUME et ENCRE.

Disposition de l'écriture. — Les peuples ayant reçu successivement la théorie de l'écriture, varièrent considérablement dans la forme de l'exécution, et surtout dans la disposition des lignes. Le père Hugues (*De prima feribendi orig.*, c. 8, p. 83), a fait représenter vingt-quatre manières d'écrire; mais la plupart sont restées dans l'état de pure possibilité, sans qu'aucune nation les ait jamais adoptées. On peut réduire à trois espèces, celles qui ont été d'usage: l'écriture perpendiculaire, l'orbiculaire et l'horizontale.

Ecriture perpendiculaire. — La perpendiculaire, anciennement usitée chez quelques Indiens (*Diod. sicul.*, l. 2.), l'est encore aujourd'hui chez les Chinois, les Japonais, et quelques autres habitants des îles de cette partie du monde. Cette écriture peut commencer de haut en bas ou de bas en haut, de gauche à droite ou de droite à gauche. Les Chinois suivent ce dernier mode de bas en haut, et ainsi ils commencent leurs pages à la dernière lettre des nôtres (Du Halde, *Descript. de la Chine*, t. 2, p. 249..... — Nieuoff Legat., *Holl. ad sinas*, part. 2, p. 16.)

Ecriture orbiculaire. — L'écriture orbiculaire ne fut peut-être jamais d'un usage suivi chez aucun peuple: il y en eut cependant, selon Pausanias (l. 5, c. 20); et selon Maffei, (*Trad. ital.*, p. 177); mais la forme des vases, des monnaies, des boucliers y donna lieu quelquefois, sans que le gros de la nation en ait usé. On a découvert sur des roches des écritures d'anciens peuples septentrionaux avec cette forme à peu près: mais comme ces lettres runes sont disposées de façon qu'elles suivent les replis et les spirales d'un serpent qu'on avait figuré d'abord, il est encore assez douteux que cette écriture ait été commune à tout un peuple.

Ecriture horizontale. — L'écriture horizontale peut avoir quatre marches; de gauche à droite comme la nôtre; de droite à gauche comme les Hébreux; de gauche à droite pour la première ligne, puis de droite à gauche pour la seconde, et ainsi successivement en allant et venant; enfin de droite à gauche pour la première ligne, et de gauche à droite pour la seconde, et ainsi de suite. Ces deux dernières espèces s'appellent Boustrophidones. (*V.* BOUSTROPHEDONE), *mot qui* exprime l'action du laboureur qui va et vient en traçant ses sillons. Les Orientaux ont toujours écrit de droite à gauche, et les Occidentaux, depuis fort longtemps, de gauche à droite; ce qui pourtant n'est pas sans exception.

Usage de l'écriture chez les Latins et les Français. — Les Romains estimaient l'écriture et faisaient gloire de s'y appliquer. Les empereurs eux-mêmes ne se dispensaient pas toujours d'écrire leurs lettres de leur propre main; et en général tous les peuples policés firent cas de cet art. Quoique Quintilien (*Inst. Orat.*, l. 1, c. 1.), semble se plaindre que de son temps on le négligeait, ce ne fut pourtant guère qu'après les incursions des Barbares ou depuis le VIIIe siècle, qu'il tomba sensiblement, on peut même dire dans un avilissement surprenant, fondé sur ce que ces étrangers mirent tout leur mérite dans la bravoure. Dès lors rien ne fut plus ordinaire que de voir des rois, des princes, des grands, incapables de mettre leur nom par écrit. Nos rois de France même ne parurent pas d'abord plus affectionnés aux lettres que les Goths. Chilpéric fut le premier de nos rois qui eut quelque teinture des sciences, peut-être fut-il le premier qui sut véritablement écrire. Savoir si Charlemagne lui-même, qui encouragea si vivement le rétablissement des lettres, sut écrire, c'est encore un problème à résoudre. Cette ignorance crasse ne fit que s'accroître pendant les Xe, XIe et XIIe siècles. Des évêques, des abbés et des clercs, dont le ministère exigeait des connaissances, n'en étaient pas plus lettrés pour cela: on en avait déjà vu des exemples dans les siècles les plus brillants de l'Eglise, en 411, à la conférence de Carthage, au conciliabule d'Ephèse, au concile de Chalcédoine, où il se trouva quarante évêques de la plus grande incapacité; et au concile sous Menas, etc., etc. (Labbe, *Concil.*, t. 4, col. 320, 581, 34.) Tous ces exemples sont antérieurs au VIIe siècle. Il paraît que cette ignorance ne déshonorait pas alors, puisque les évêques ne font pas difficulté de l'avouer dans les termes les plus clairs. Les rois et les grands continuèrent dans la suite de l'expliquer avec la même candeur. Il y avait même des moines qui ne savaient pas écrire au commencement du XIe siècle; mais ce n'était pas le plus grand nombre: les études et l'écriture avaient toujours été en honneur chez eux. Aussi, de l'aveu du chevalier Marsham (*Propyl. monast. anglic.*); de Richard Simon (*Lettres critiques*, p. 96, 127); de Le Clerc (*Biblioth. choisie*, t. 2, p. 123.), et d'autres antagonistes de l'état monastique, ce furent eux qui sauvèrent les débris des ravages des Huns, des Normands, des guerres civiles, etc., et qui firent très souvent la fonction des notaires publics (*Annal. bened.*, t. 4, p. 185, 693, t. 6, p. 98, 287.). Ce ne fut qu'à la fin du XIIIe siècle, que l'art d'écrire commença à reprendre faveur parmi les laïques; au XIVe, ils l'ignoraient encore pour la plupart. Cette incapacité presque générale fut cause que l'on contracta souvent sans écriture; cet abus eut cours en France jusques vers le XIIe siècle environ. Mais quand il y avait un contrat en forme, il paraissait indispensable de faire signer les parties contractantes: lorsqu'elles ne savaient pas écrire, ce qui arrivait assez souvent, on y suppléait de différentes façons (*V.* SIGNATURE), et l'on annonçait très souvent son ignorance à cet égard.

Différents genres d'écritures. — Après avoir jeté un coup d'œil sur l'origine, l'invention, la propagation, la disposition et l'usage de l'écriture, il est à propos de descendre dans le détail des différents genres d'écriture.

Ecriture posée et courante. — Plusieurs grands hommes, dit le marquis Maffei (*Oposcol. Eccles.*, p. 57), ont prétendu que les Romains n'avaient d'autre sorte d'écriture que ces caractères qu'on voit sur les marbres, les médailles, et les manuscrits les plus somptueux. D'autres ont soutenu (*Cæsar Domin. Tract.* 2, *De Orthograph.*, c. 2.), avec beaucoup plus de fondement, qu'ils avaient deux sortes d'écritures, l'une posée et noble, réservée pour les inscriptions et les ouvrages d'éclat; l'autre, propre aux minutes et aux affaires qui demandaient à être expédiées promptement. En effet, est-il croyable que les anciens auteurs latins, dans la chaleur de la composition, eussent été réduits à ne pouvoir rendre leurs pensées qu'avec les longueurs qu'on ne pouvait éviter en usant de l'écriture capitale? Voilà donc déjà deux écritures bien distinctes, la posée ou la capitale, grande ou petite, et courante ou cursive.

Ecriture nationale. — Outre ces deux divisions nationales, chaque nation ajouta à l'écriture romaine son goût propre et particulier; ce qui lui prêta un coup d'œil et un air tout différent, qui saute aux yeux, et qui donne naturellement la distinction des écritures nationales. De là cette différence entre le goût et l'écriture des Lombards, des Saxons, des Espagnols, des Goths, des Français : de là aussi les différents caprices qu'on remarque dans l'écriture des anciens Francs-Gaulois ou Mérovingiens, et dans celle de leurs successeurs ou Carlovingiens. — Par Ecriture *latine nationale* on entend, en général, celle qui, venant des Romains, a passé chez différents peuples, qui l'ont diversifiée selon leur goût et leur génie différent. Il y en a cinq principales : la romaine, la gothique ancienne, la franco-gallique ou mérovingienne, la lombardique et la saxonne. L'Italie fut constante dans son écriture jusqu'à l'incursion des Goths. Alors l'écriture suivit le génie de ces peuples barbares, et devint différente de la belle écriture romaine. On l'appelle *italo-gothique*. Les Lombards s'étant emparés de cette partie de l'empire l'an 569, excepté de Rome et de Ravenne, communiquèrent à l'écriture une autre tournure : on l'appelle *lombardique*, parce que les papes se servaient, dans leurs bulles, de l'écriture lombardique. Le nom de *romaine* lui fut quelquefois donné au XIe siècle, *De re dipl.*, p. 52. Quoique leur domination n'ait duré qu'environ 296 ans, on donna cependant ce nom à l'écriture qui eut cours au delà des monts, depuis le VIIe siècle, jusqu'au commencement du XIIIe : alors on ne doit plus la voir; et dans un acte elle démasquerait la fourberie. La décadence des lettres ayant eu lieu en Italie, comme ailleurs, l'écriture y dégénéra en ce que nous appelons *gothique moderne*. En Espagne, les Goths, ou Visigoths, y portèrent, dans leur incursion, la corruption des belles-lettres, et donnèrent lieu à l'écriture *visigothique* ou *hispano-gothique*; puis à la *toletano-gothique* ou *mozarabique*, et enfin à la *gothique moderne*. La visigothique cessa d'être d'un usage commun en Espagne au XIIe siècle. En France les écritures y furent plus variées. Les Gaules, subjuguées par les Romains, suivirent d'abord leur manière d'écrire; puis ils y mirent quelque chose du leur; ce qui donna l'écriture *romano-gallicane*. Les Francs ayant fait la conquête des Gaules, firent voir, jusque dans l'écriture, leur goût pour l'aisance et l'éloignement de toute gêne. C'est l'écriture *franco-gallique* ou *mérovingienne* qui cessa au IXe siècle : on ne doit point la voir dans un acte, passé se siècle, où il en résulterait de violents soupçons. Charlemagne, zélé pour la restauration des lettres, voulut que l'on apportât plus de netteté dans l'écriture, et que la *caroline* qui se soutint sous les premiers Capétiens, qui finit au XIIe siècle, et qu'on ne doit plus voir au XIIIe. Enfin, vers le XIIe siècle, le goût dépravé amena la gothique moderne. L'écriture saxone a aussi ses divisions, qui sont la *britanno-saxonne*, l'*anglo-saxonne*, la *dano-saxonne*, etc. L'Angleterre abandonna l'écriture saxonne, et employa la française sous Guillaume-le-Conquérant. Ces différentes écritures n'ont pas été tellement propres aux nations chez lesquelles elles sont nées, que les autres peuples voisins ne s'en soient servis quelquelquefois. Ainsi, en France, on trouve du gothique ancien et du lombardique; comme en Angleterre, de la caroline et du gothique moderne, etc. Tous les savants ne sont pas d'accord sur l'origine des écritures nationales. On peut réduire à trois les sentiments qui partagent aujourd'hui les esprits. Les uns reconnaissent que tout l'Occident suivait la manière d'écrire des Romains jusqu'à l'inondation des barbares au Ve et au VIe siècles; que les Goths apportèrent les premiers leur écriture en Italie, et la substituèrent à la romaine; que les Visigoths en firent autant en Espagne, les Francs dans les Gaules, et les Saxons en Angleterre; que les Lombards s'étant rendus maîtres du pays qui porte leur nom, substituèrent leur écriture propre aux caractères gothiques, et la firent adopter par toute l'Italie. Notez que les rigides défenseurs de ce système nient expressément l'existence de la cursive et de la minuscule chez les Romains, ne voyant partout que des capitales grandes et petites. Le second système, formé par le marquis Maffei, accorde aux Romains, bien des siècles avant l'irruption des Goths, trois sortes d'écriture : la majuscule, la minuscule et la cursive; mais il regarde comme chimérique toute écriture nationale, et n'admet nulle autre distinction d'écriture que celle qui se trouve entre les trois genres ci-dessus. Le troisième système assure également aux Romains la possession de diverses sortes d'écritures; mais il met en fait que les nations barbares firent entrer quelques-unes de leurs lettres dans les écritures majuscules et minuscules; que la cursive, propre à chacun de ses peuples, eut cours dans les diplômes et contrats, et qu'elle pénétra de plus dans les manuscrits après le milieu du VIIe siècle. Voilà les trois sentiments qui jusqu'à présent ont eu des partisans. Le nôtre est que toutes les écritures qui ont eu cours en France, en Espagne, en Italie, en Angleterre et en Allemagne, descendent de la seule romaine. Elle se soutint assez bien partout, tant que Rome fut le centre de toutes les provinces de l'empire; mais le démembrement de l'empire, et la désunion de toutes les provinces occidentales apportèrent du changement; non pas que les vainqueurs aient ajouté à l'écriture romaine de nouveanx caractères, mais ils défigurèrent les anciens; leur mauvais goût et leur ignorance distinguèrent bientôt leur écriture de celle de leurs voisins. Le génie des différents peuples eut bonne part à cette diversité. Enfin, en deux mots, unité d'origine dans toutes les écritures des peuples du rit latin; diversité de forme depuis l'invasion des septentrionaux. Voilà le système par lequel on a cru pouvoir ratifier ce que les précédents paraissent avoir de défectueux : il n'est pas difficile de saisir les rapports qu'il a avec les précédents, et les différences qui le caractérisent. Une étude réfléchie de combinaisons et de recherches sur cet objet, ne laisse aucun doute sur ces principes, et porte à admettre la distinction d'écriture nationale, qui sert au moins beaucoup à distinguer les âges des écritures; car encore qu'on ne puisse pas dire au juste de quel siècle est une telle pièce, on en approche beaucoup. Ainsi, qu'une écriture soit mérovingienne, on peut l'annoncer d'abord comme n'étant point postérieure au IXe siècle, ni antérieure au VIe siècle : qu'une autre soit lombardique, on peut assurer qu'elle est postérieure au VIe siècle, et plus ancienne que le milieu du XIIIe siècle : est-elle saxonne? elle ne remonte pas au delà du VIIe siècle, et ne descend pas plus bas que vers la moitié du XIIIe, surtout en fait de manuscrits, etc., etc. Cette division en écritures nationales est celle qu'a suivie D. Mabillon, ou plutôt qu'il a inventée. On suit ici un autre plan, sans cependant s'écarter du système qu'on vient d'établir, et l'on distribue les anciennnes écritures selon la marche ordinaire de cet ouvrage : 1° en capitales; 2° en onciales et minuscules; 3° en cursives. A la première classe appartiennent assez régulièrement les écritures des manuscrits; à la troisième, les écritures des diplômes. Ce n'est pas que l'on ne trouve toutes sortes d'écritures dans les chartes, de la minuscule et de l'onciale sur les marbres, de la capitale et de la cursive dans les manuscrits, avec cette différence que cette dernière est plus réfléchie, et annonce plutôt un écrivain qui fait son ouvrage à main reposée, qu'un notaire ou praticien qui opère, comme on dit, *currente calamo* : mais, malgré cet inconvénient, car où n'y en a-t-il pas? on peut dire que chaque division est réduite dans ce système à l'écriture qui lui est la plus propre et la plus ordinaire; elle est au moins selon l'ordre. N'est-il pas dans l'ordre qu'une épitaphe, par exemple, ordinairement courte et inscrite sur une matière qui ne permet pas à la main de suivre la vitesse des idées, soit tracée avec beaucoup de clarté et de mesure, et d'une manière à pouvoir être lue de loin; qu'un manuscrit soit lisible, correct, point embarrassé ni compliqué, comme étant écrit à main reposée, sans être écrit en lettres capitales, ce qui ferait des volumes sans nombre de ce qui peut être enfermé dans un seul; qu'un acte judiciaire, ou de donation, ou de privilége, etc., étant dressé par des notaires ou des gens d'affaires, soit en cursive, et non en capitale ou en minuscule, comme demandant trop de temps à des personnes employées aux affaires publiques? Avant la moitié de XIVᵉ siècle, la minuscule et la cursive occupent rarement toute l'étendue d'un marbre ou d'un bronze. Avant le VIIIᵉ siècle, la minuscule dominait déjà dans certains manuscrits : et ce fut dans ce siècle qu'elle commença à l'emporter sur la majuscule, qui avait régné jusqu'alors : au XIᵉ siècle, elle domina sur sa rivale; au Xᵉ siècle, elle la bannit entièrement des manuscrits. Quant aux diplômes, on n'en connait aucun en écriture minuscule avant le VIIIᵉ siècle; ils étaient en capitale et en onciale : mais dès l'an 730, la minuscule s'y introduisit en Angleterre, et en France, dès le règne de Pepin-le-Bref. Elle était déjà commune dans les actes ecclésiastiques dès le IXᵉ siècle; la cursive fut cependant la dominante, et ce n'est qu'aux XIᵉ et XIIᵉ siècles que la minuscule semble lui disputer l'empire; elle devint de jour en jour d'un usage moins fréquent, si l'on en excepte les manuscrits et les inscriptions sépulcrales. Au reste, quand on dit qu'un manuscrit ou un autre instrument quelconque est en majuscule, ou en minuscule, ou en cursive, on veut dire par-là que tel genre d'écriture domine : on ne prétend pas en exclure pour cela les caractères des autres genres, qui peuvent y être semés par ci, par là. Il est très probable que de la majuscule est née la minuscule, et de celle-ci la cursive; mais il serait très difficile de fixer l'époque de leur naissance respective. Pour faire mieux connaître l'état et les révolutions de l'écriture latine dans les différents âges, il est à propos d'entrer dans un certain détail sur ces trois classes d'écriture, en remontant aux temps de la république romaine, et descendant jusqu'au dernier renouvellement des lettres : c'est le fruit d'une infinité de réflexions et de recherches, qui ne peut déplaire aux amateurs de l'antiquité.

Ecriture capitale. — Par écriture *capitale* ou *majuscule*, on entend, pour l'ordinaire, un genre d'écriture transcendant et majestueux.

De là elles furent appelées capitulaires par quelques anciens, Godwie, *chronic.*, p. 18; elles n'ont jamais eu rien de fixe dans leur hauteur ni dans leur largeur. On peut diviser en plusieurs espèce cette écriture capitale, *capitale carrée*, *capitale ronde*, *capitale aiguë*, *capitale cubitale*, *capitale élégante*, *capitale rustique*, *capitale nationale.*

Capitale carrée. — Les lettres capitales carrées sont, selon les savants, celles qui sont composées de lignes droites. Au lieu de cette définition, qui ne paraît pas exacte, ne pourrait-on pas dire plutôt que les lettres capitales carrées sont celles qui sont formées de lignes horizantales et perpendiculaires proportionnelles : ce serait le moyen de sentir mieux la différence qu'il y a entre cette écriture et la capitale aiguë, également composée de lignes droites? Mais qui peut s'arroger le droit de réformer le langage des érudits? Le lecteur pourra juger par lui-même de cette écriture, qui n'est point imaginaire, dont on peut former un alphabet complet; excepté les trois derniers caractères, qu'on ne rencontre que difficilement, les autres sont répandus dans nombre d'anciens monuments. Les lettres carrées, au moins pour la plupart, paraissent encore sur les sceaux des XIᵉ et XIIᵉ siècles, Heineccius, *de Sigillis*, p. 185; mais on ne trouve point d'exemple qui soit composé de cette sorte de caractère uniquement.

Ronde. — Les capitales rondes sont formées de lignes courbes : elles peuvent se diviser en courbes convexes et en courbes concaves. Cette écriture ronde fut employée par les anciens dans les livres et dans les monuments publics. Au XIIIᵉ siècle, la forme ronde des capitales l'emporte sur la carrée.

Aiguë. — La capitale aiguë est celle qui est composée de lignes droites, mais obliques et angulaires.

Cubitale. — La capitale cubitale était formée de lettres oblongues et d'une hauteur excessive : telles sont les lettres initiales de certains manuscrits. Plaute, *Rudens*, *act.* 5, *scen.* 2, est le plus ancien auteur qui en ait parlé : *Cubitum longe littera.*

Capitale élégante. — Les capitales élégantes sont celles que l'on trouve sur les anciens marbres et bronzes, dans quelques manuscrits rares, et dans les titres des livres de nos meilleures imprimeries. Les anciens en usaient surtout dans la fabrique des monnaies. Cette belle capitale commença, deux siècles avant César, à rejetter les traits surannés, à échanger l'arrondissement des extrémités de ses lettres, en bases et en sommets corrélatifs les uns aux autres, avec une exacte symétrie, à se revêtir de proportions gracieuses, enfin à courir à grands pas vers la perfection. Elle s'empara des médailles, et on n'en permit l'entrée à nulle autre espèce de caractère. Elle acquit toute son élégance sous l'empire d'Auguste. Sa forme se fixa et se soutint presque sans altération jusqu'au Vᵉ siècle; car, quoique fort déchue depuis le 3ᵉ, cette belle antiquité n'est censée finir qu'au temps de l'empereur Théodose le jeune, qui régna jusqu'en 450. Plusieurs autres espèces d'écritures du même genre ne laissèrent cependant pas d'avoir cours. L'une avait plus de hauteur que de largeur, et c'était la dominante : l'autre, écrasée, était plus large que haute : une troisième, bien régulière est proportionnée, mais à traits excédants et superflus, tient le milieu entre les belles capitales et les rustiques. La planche 9, donnée par D. de Vaines dans son *Dictionnaire de diplomatique* (1), présente trois exemples de la capitale élégante. Le premier, *Roma*, est l'inscription d'une monnaie romaine des premiers temps, *Bouterone*, p. 87. Le second, *Decimus Silanus Lucii filius Roma*, est la légende d'un médaillon frappé à Rome cent trente-six ans avant Jésus-Christ. Le troisième, *Valerio vernæ optimo et fidelissimo liberto, Valerius efficax et Agatha Tyche*, est l'inscription d'une belle urne sépulcrale conservée dans le cabinet de l'abbaye de Saint-Germain-des-Prés.

Capitale rustique. — Les Romains ont fait marcher de pair deux écritures capitales : l'une élégante, dont on vient de voir les détails et la régularité, l'autre grossière, et que l'on peut traiter de rustique, qui paraît venir directement de leur plus antique écriture. Elle est hardie et négligée, sans bases, sans traverses et sans sommets, tirée sans soin, inégale dans la hauteur de ses lettres.

Elle paraît avoir toujours eu à Rome ses partisans, et ne cessa jamais de se montrer sur le bronze et sur le marbre, quoique totalement bannie des médailles. Au moins, les preuves de son existence se succèdent de siècle en siècle. Vers le milieu du IIᵉ siècle, sans changer de nature, elle se simplifia et se perfectionna au point qu'elle pouvait quelquefois ne pas déplaire. Cependant cette élégance, mise en parallèle avec celle de la belle écriture, paraît toujours une véritable barbarie. Le bon goût général, qui avait influé sur l'écriture rustique, fut bientôt suivi d'une grossièreté plus marquée.

Elle passa dans les manuscrits, et s'y maintint constamment pendant une longue durée de siècles; tandis que l'écriture élégante et réformée ne régna jamais un si long espace de temps. Il faut cependant avouer que ce n'est guère qu'improprement qu'elle est appelée rustique dans les manuscrits, et seulement à cause d'une certaine analogie de tour et de figures. Elle s'y soutint avec éclat pendant cinq ou six siècles dans une élégance dont elle n'était point avantagée en tant que métallique ou lapidaire. Cette écriture de capitales rustiques s'est soutenue constamment et avec moins de variations que les autres, jusqu'au Xᵉ ou XIᵉ siècle; car, quoique Charlemagne, par un zèle bien éclairé, eût occasionné un heureux changement dans l'écriture, celle-ci ne laissa pourtant pas d'être en usage dans les manuscrits, et au IXᵉ siècle on en écrivait encore des pages entières; mais dès le VIᵉ on avait cessé d'écrire les manuscrits entiers sous cette forme. Aux Xᵉ et XIᵉ siècles, cette écriture, déchue des avantages qui la relevaient, et chargée de beaucoup d'alliage, alla se perdre dans la gothique moderne. Pour avoir une idée de l'ancienne écriture rustique, on peut consulter la planche 9, où l'on trouve trois exemples. Le premier, *In luco Deae Diae*, l'une de ces deux inscriptions, est de l'an 81, et l'autre de l'an 183 de Jésus-Christ. Le second, *Descriptum et recognitum ex tabulo œnea quae fixa est Romæ in Capitalio in ara gentis Juliæ*, est un morceau du diplôme de Galba, dont il a été question au mot diplôme. Le troisième est *Amcius Faustus Albinus Basilius vir Clarissimus*. Cette distinction de deux capitales contemporaines a été confondue par la plupart des antiquaires, et à peine a-t-elle été soupçonnée par un ou deux des plus habiles. De là une inscription en capitales rustiques du Iᵉʳ siècle a fait croire à quelques-uns qu'ils avaient trouvé l'époque du commencement de la corruption de la belle capitale, et leur en a fait chercher la cause. L'esprit a fourni des raisons; mais l'erreur n'en n'est pas moins réelle. D'autres, Du Moulmit, *Hist. de la fortune des lettres...*, Fontanini, *Dissert. sur sainte Colombe*, s'étourdissant sur l'âge des monuments, ont cru devoir donner aux Goths des écritures des quatre premiers siècles.

Capitale nationale. — L'écriture capitale nationale n'est autre que la capitale romaine assortie au goût et au génie des diverses nations. On ne croit pas qu'il soit nécessaire, après les alphabets distribués par éléments, de donner d'autres exemples de l'écriture capitale. Elle a, dans tous les pays et dans tous les siècles, des rapports si marqués, qu'on ne peut jamais la méconnaître. Les accidents seuls qui l'accompagnent peuvent la différencier et lui donner une nuance distinctive entre une capitale et une

(1) Nous renvoyons le lecteur aux planches de l'ouvrage de ce savant bénédictin.

autre capitale, mais non pas entre les capitales d'un tel pays et celles d'un autre; mais il n'est point de mode que chaque nation n'ait suivie. Capitale élégante ou rustique, haute ou écrasée, dégagée ou massive, hétéroclite ou proportionnée, bien tranchée ou à bases et à sommets en osselets, en griffes, en perles, en angles, etc., inclinée ou droite, à pleins traits ou à jour, composée de figures de serpents, d'oiseaux ou d'hommes, etc., toutes ces formes, selon les temps, trouveront des admirateurs et des copistes. L'imagination n'a pas besoin d'un grand effort pour se donner des idées de toutes ces métamorphoses et s'en réaliser les formes : c'est pour cela qu'on omet tout modèle en capitales. On remarquera seulement qu'il est très peu de manuscrits postérieurs au VIe siècle qui soient totalement écrits en capitales : sûrement il n'en est point de postérieurs au VIIIe. Les titres des pages en capitales, dans un manuscrit aussi en capitales, dénotent la plus haute antiquité. La belle majuscule ne fut en usage dans les manuscrits que jusqu'à la fin du Xe siècle; encore ce ne fut que dans les livres d'église. Au XIe, on trouve cependant encore quelques chartes écrites dans ce caractère.

Ecriture onciale. — La différence qui se trouve entre l'écriture onciale et la capitale est si sensible au coup d'œil, qu'il est étonnant qu'on les ait souvent confondues. Si la dernière est carrée, comme l'appellent communément les gens de lettres, la première est ronde dans la plupart de ces caractères. Il est vrai que l'écriture onciale est une majuscule; mais elle est de forme ronde et distinguée de la capitale par différents caractères qui lui sont propres, comme ceux que l'on voit que l'onciale s'approprie; au lieu que la capitale se sert toujours des lettres A, D, E, G, H, M, Q, T, V, les autres lettres B, C, F, I, K, L, etc., conviennent également à l'une et à l'autre. Il n'y a donc que neuf onciales différentes de la capitale, et qu'on puisse absolument regarder comme caractéristiques; mais c'en est assez pour ne les point confondre ensemble. On en peut dire autant de l'onciale et de la minuscule. Ces deux écritures ont quelques rapports entre elles; mais elles ont aussi des nuances distinctives. Les caractères 27 et 10 suivants sont propres à l'onciale minuscule; les caractères 28 et 14 sont particuliers à la minuscule. Les lettres suivantes, au contraire, a, c, d, h, i, k, o, p, q, u, x, y, z, conviennent à l'une et à l'autre écriture. On voit par-là qu'il faut que la capitale ait certaine affinité avec la minuscule; mais les rapports ne consistent que dans C, I, K, O, X, Z; au lieu que la cursive ne s'approprie aucun des caractères ni de la capitale, ni de l'onciale. On peut distinguer quatre principales sortes d'écriture onciale : à double trait, à simple trait, à plein trait, c'est la plus belle, et à traits obliques. On pourrait encore diviser l'onciale en élégante, anguleuse, massive, tortueuse, pure, nationale, etc. En effet, il y a une différence marquée entre l'onciale du règne de Charlemagne, *Vindet. Cod confir.*, p. 170, et celle de ses successeurs immédiats. La beauté et l'élégance distinguent cette écriture dès la fin du VIIIe siècle. L'onciale fut d'un grand usage dans les premiers siècles; et comme elle demande très peu de capacité et beaucoup de patience, elle l'emporta sur la cursive dans les siècles barbares, *De re dipl.*, p. 46. Aussi, excepté les gens d'affaires, on n'écrivit presque plus qu'en onciale à la fin du VIe siècle, pendant le VIIe tout entier et la moitié du VIIIe. Les anciennes inscriptions lapidaire et métalliques, *De re dipl.*, p. 47, la tête des manuscrits saxons, Hickes, t. 1, *pref.*, p. 32; les plus antiques, les visigothiques, les mérovingiens, les lombardiques et les carolins en usèrent assez souvent.

Onciale romaine. — La planche 10 de l'ouvrage cité présente plusieurs exemples d'écriture onciale. Le premier est de la plus ancienne onciale romaine qui soit connue : *Cubilibus quibusque vestigiis unum quid eorum indigaberis, intellego, ut qui*, etc. Ce fragment d'une oraison adressée à un empereur, n'a pas de semblable pour l'antiquité en fait d'onciale : on peut la faire remonter aux 3e et 4e siècle. Il y en avait, dans les mêmes siècles, de plus massive, de plus rustique, de plus ronde, à traits pleins et double, etc.

Gallicane. — Avant l'incursion des Francs dans la Gaule, les habitants, de cette partie de l'Europe suivaient à peu près dans leurs écritures le goût des Romains, avec lesquels ils avaient de grandes relations. L'invasion des peuples du Nord n'empêcha pas les Gaulois subjugués de suivre un art que les vainqueurs méprisaient en comparaison de l'art militaire. Ils imitèrent tous les genres d'écritures des Romains; l'onciale n'en fut point exceptée. Le second exemple même offre un modèle de la belle onciale gallicane à triple trait : *Dicite in gentibus Dominus*, etc. Cette écriture en argent est tirée d'un psautier conservé dans la bibliothèque de l'abbaye de Saint-Germain-des-Prés, et que l'on dit avoir été à l'usage de saint Germain, évêque de Paris, mort en 576.

Mérovingienne. — Sous nos rois mérovingiens, cette écriture fut beaucoup en vogue, et il y en eut de toute espèce. Le troisième exemple est une onciale mérovingienne rustique : *Incipit concilium Telinsim per tracta....* C'est le titre du concile de Télepte, tiré d'un manuscrit de l'abbaye de Saint-Germain-des-Prés, du VIe ou VIIe siècle.

Lombardique. — Ce genre d'écriture, adopté par les Lombards, fut rendu chez eux tantôt avec exactitude et précision, et tantôt avec négligence. Le quatrième exemple offre un modèle de leur dernière manière; il est tiré d'un manuscrit écrit en Italie au commencement du IXe siècle : *De figuris vel scematibus* pour *schematibus*.

Visigothique. — L'onciale visigothique est rare : le cinquième exemple présente cependant un modèle, *Titulus de gradibus*, tiré des lois des Visigoths, inscrites au IXe siècle, et dont les lettres sont en vermillon.

Caroline. — L'onciale du temps de Charlemagne et de ses deux successeurs est facile à reconnaître à la beauté et à l'élégance de ses contours. On en peut juger par le sixième exemple, tiré de la magnifique bible présentée à Charles-le-Chauve par l'abbé et les chanoines de Saint-Martin-de-Tours, et écrite aux VIIIe et IXe siècle : *Orationibus juris, quo possim eodem spiritu, quo scripti sunt libri....*

Anglo-saxonne. — Les Anglo-Saxons réussirent très bien dans ce genre d'écriture : le modèle qui le prouve est tiré d'une bible écrite la huitième année de Louis-le-Débonnaire; quoique massive, elle est élégante : *In colce consummationis....* Les derniers caractères sont des notes de Tiron, qui signifient *fuit a.*

Allemande. — L'allemande offre aussi de l'onciale; mais cette écriture teutonique est fort rare en France; le modèle est du VIIIe ou IXe siècle : *Incipiunt regula de ceteris cosibus liber VII, feliciter.* L'écriture onciale, considérée sous la forme ancienne, cessa vers le VIIe siècle, Bianchini Vindic. *Canon. scrip.* p. 218 : mais elle dura encore plusieurs siècles, revêtue de traits accidentels, quelle contracta dans les temps postérieurs. Dès le Xe siècle, cependant, on cessa de voir des manuscrits en onciale quoique M. Maffei, *Oposcol. eccles.* p. 60, col. 2, en fasse descendre la durée jusqu'au XIe. Les diplômes en onciale ne sont pas communs; cependant le VIIe siècle en fournit plusieurs, écrits en lettres majuscules onciales. Les autres règles que l'on peut donner sur l'écriture onciale, sont que les manuscrits de ce caractère, s'ils ne font point partie de l'écriture sainte, s'ils ne sont point à l'usage des offices divins, s'ils n'ont point été faits pour quelques provinces, seront au moins du VIIIe siècle. Mais, quelque livre que ce soit, s'il est entièrement en onciale, il sera jugé antérieur à la fin du Xe siècle. Cette règle est applicable même aux manuscrits grecs. Un manuscrit en onciale, qui n'admet point d'ornements aux titres des livres, ni au commencement d'un traité, ni au haut de chaque page, ni dans les lettres initiales d'alinéas, appartient à la plus haute antiquité. Les ornements qui relèvent les titres de chaque page, commencent vers le VIIIe siècle. Si ces titres étaient en plus petites onciales dans un manuscrit en pure onciale, il porterait au moins le même caractère d'ancienneté. Dès le VIIIe siècle, on voit fréquemment dans les titres des manuscrits et de leurs chapitres ou traités, le mélange de la capitale avec l'onciale, et des initiales d'alinéa souvent en capitale. Ces caractères distinctifs sont ordinaires au IXe siècle : Il y a cependant des manuscrits bien plus anciens qui portent ces indices. Lorsque les initiales des alinéas sont en onciale et non en capitale, c'est la marque d'une grande antiquité; car l'usage d'y mettre des capitales ne devint ordinaire que vers le VIIIe siècle, et peut-être tout au plus dès le VIIe. Des manuscrits en onciale, où l'on trouve les quatre minuscules mêlées dans la pure onciale, sont antérieurs au VIIe siècle. L'onciale à jambages tortus, à traits brisés ou détachés, munie d'ailleurs des autres indices d'antiquité, sera du Ve siècle. Si elle n'a pas ces derniers avantages, elle sera, au plus tard, du commencement du VIIe. La petite onciale d'une élégante simplicité, sans bases ni sommets, anguleuse dans ses contours, à queues plutôt terminées par demi-pleins que par des déliés, s'annonce au coup d'œil pour tout ce qu'on peut imaginer de plus ancien en fait de manuscrits. L'onciale demi-tranchée sent le VIIe siècle ou le commencement du VIIIe, sans exclure les précédents; car elle est déja quelquefois pleinement tranchée aux Ve et VIe. Ce dernier caractère est surtout celui des VIIIe et IXe siècles : ce qui le distingue est un tour plus recherché et une coupe plus nette. Il est à propos de remarquer que l'on avait entendu d'abord par écriture onciale, Straw. *de criter manuscript.*, § II, p. 15.... *Budæus*, lib. 1, *de Asse*, celle qui avait un pouce ou douze lignes de hauteur, parce que le pouce était au pied ce que l'once était à la livre : mais, depuis, les savants, *Monit in*, 3 part. *Catal. cod.* manusc. sont convenus d'appeler *onciales* toutes les anciennes lettres majuscules, soit rondes ou carrées. Il y avait aussi des demie-onciales qui n'avaient que seize lignes d'élévation.

Ecriture demi-onciale.—L'écriture demi-onciale est une sorte d'écriture antique qui descend à peine jusqu'au IXe siècle. La dénomination d'écriture mixte lui conviendrait mieux qu'à toute autre, parce qu'il est presque de son essence de réunir toujours des lettres onciales ou minuscules à celles qui lui sont propres. On la distingue de l'onciale par les lettres qui lui sont propres, comme celles qui se voient, ou bien que l'onciale a pour caraetère particulier. Les lettres communes aux deux écritures sont la figure 32 *ibid.* ; mais les deux caractères N et R sont assez fréquents dans la demi-onciale. L'écriture minuscule a plusieurs lettres semblables à la demi-onciale, entre autres une L. Mais cet objet a éprouvé bien des variations. A ces différences près, l'écriture demi-onciale de toutes les nations a le coup d'œil de l'onciale pure; c'est pourquoi l'on n'en donne pas d'exemple.

Ecriture minuscule. — L'écriture minuscule répond au romain de nos imprimeries. On la distingue de la cursive en ce qu'elle est plus posée, disjointe et non liée. On appelle notre minuscule actuelle d'imprimerie romain, parce que ce fut en Italie que commença à s'établir l'usage des beaux caractères ronds ou minuscules qui servent à nos impressions. La minuscule n'est pas seulement un diminutif de la capitale pour la grandeur, c'est aussi un genre d'écriture d'une autre forme. Quand on n'aurait pas de preuves certaines de l'antiquité de cette écriture, il serait très naturel de penser que les gens d'affaires, chez les Romains, les littérateurs, les scribes et autres, ne se seraient point appesantis sur une capitale très laborieuse, au lieu d'abréger leurs travaux par une écriture compassée ou plus courante. Des antiquaires et des savants, Lipse, *De pronunl. ling. latin.*, *cap.* 8... Richard Simon, qui cite Allarius, *Bibli critique*, *t.* 2, *ch.* 5, *p.* 105, ont cependant prétendu que ce caractère n'avait pas existé chez les Romains. Les uns, Casley, *Biblio. Britan.*, *t.* 5. *part.* 2, *p.* 337, en ont attribué l'invention au Ve siècle ; d'autres l'ont donné aux barbares qui ont détruit l'empire romain. Un autre système enfin, Heuman, *Comment. de Re Dip.*, *p.* 7, n'en fait pas remonter l'origine plus haut que Charlemagne. Cependant à envisager les marbres, les bronzes et les médailles des premiers siècles de l'Eglise, on voit évidemment le contraire ; le mélange de la capitale avec la minuscule est très sensible. Les tables arvales, déterrées sur le chemin d'Ostie, Fontanini, *Vindici, veter. Dipl.*, *lib.* 1, *cap.* 8, assurent à ce caractère une antiquité encore plus reculée. Ce caractère romain, renouvellé sous Charlemagne, est devenu célèbre par l'usage qu'en ont fait presque tous les peuples de l'Europe. L'écriture italique, dont Alde Manuce passe pour l'inventeur, est, au fond, la même que la minuscule romaine ; elle ne s'en écarte qu'en ce qu'elle est plus maigre, plus pressée, plus penchée, et qu'elle tire plus sur la cursive. On vient de dire que ce caractère fut en usage chez presque tous les peuples de l'Europe ; le fait est incontestable ; mais il le fut, comme les autres genres d'écritures, avec un goût et une tournure particulière à chaque nation.

Minuscule lombardique. — La minuscule appelée *lombarde* ne fut jamais de l'invention de ces barbares, comme l'ont prétendu certains auteurs. Romaine d'origine, elle éprouva sans doute, ainsi que la capitale et la cursive, des altérations analogues à l'esprit de ces peuples ; mais ils ne lui donnèrent jamais l'existence. Cette écriture ne fut guère d'usage dans les manuscrits qu'en Italie, et quelque peu en France. Elle ne commença pas en Italie avec l'irruption de ces peuples au VIe siècle ; une troupe barbare de militaires ne change pas tout d'un coup de mœurs et d'inclinations : on n'a pu découvrir de manuscrits en écriture lombardique du VIIe siècle ; on ne peut même bien décidément prouver son existence qu'après le IXe siècle. Les antiquaires ont fort varié sur la durée de cette écriture ; mais on peut, sur l'autorité de D. Mabillon, la prolonger jusques dans le XIIIe siècle.

Minuscule mérovingienne. — Les Francs, après leur invasion dans les Gaules, adoptèrent les caractères qui y étaient usités ; et se servirent par conséquent de l'écriture minuscule dont les habitants, ou les Gaulois, qui l'avaient reçue des Romains, avaient coutume de faire usage. Ils commencèrent à écrire, au plus tard, sur le déclin du VIe siècle, et y introduisirent leur goût national qui consistait dans une négligence propre à rendre cette écriture beaucoup moins élégante dans leur main. Elle continua à dégénérer jusqu'après les commencements du VIIIe siècle.

Majuscule gothique ancienne.—Par écriture gothique ancienne, on n'entend, ni l'écriture runique, qui était celle des peuples les plus anciens du Nord, voyez t. I du *Nouveau traité de dipl.*, ni l'écriture ulphilane, dont les caractères, inventés vers 370 par Ulphilas, évêque Arien, ne sont qu'un composé de beaucoup de lettres communes et particulières aux Grecs et aux Latins, et d'un très petit nombre de figures propres à rendre certains sons barbares, inconnus à ces deux nations policées. L'écriture qui nous occupe est celle que les Goths et les Visigoths empruntèrent des Romains. On pourrait donc, comme il a déjà étédit, la diviser : 1° en *italo-gothique*, qui serait l'écriture que les Goths eurent en usage depuis l'an 476, qu'ils devinrent maîtres de l'Italie, jusqu'en 568, où leur monarchie fut détruite par les Lombards : mais il ne nous est resté aucun monument en caractères italo-gothiques minuscules et cursifs ; quoique plusieurs savants, et Dom Mabillon lui-même, en aient donné à tort quelques modèles ; 2° en visigothique de France ou d'Espagne, dont il nous reste quelques monuments. Les Goths occidentaux, ou Visigoths, établirent à Toulouse le siége de leur empire au Ve siècle. De là ils poussèrent leurs conquêtes jusqu'en Espagne, où ils régnèrent jusqu'à l'invasion des Sarrasins ou Mahométans en 712. L'écriture dont se servirent ces Visigoths fut appelée *gothique ancienne*, ou *hispano-gothique*, ou *mozarabique*, ou *tolitane*, de la ville de *Tolède*. Il est certain qu'au VIIe siècle on se servit du caractère hispano-gothique pour les manuscrits. Au siècle suivant, on trouve encore plus de manuscrits en belle minuscule visigothique. Ce caractère gothique, qui n'était autre que le romain un peu défiguré par le goût national et barbare de ces peuples étrangers, ne finit entièrement en Espagne qu'après le XVe siècle, *Paléograph. espagnol*, prolog., p. 24 ; quoique par les soins de Bernard, qui de moine de Cluni était devenu archevêque de Tolède, on eût porté une défense solennelle dans un concile de Léon, en 1091, de se servir de cette écriture, avec injonction d'user des caractères de France.

Minuscule caroline. — La minuscule caroline n'est autre que le romain renouvelé au VIIIe siècle. Ce caractère, usité dans les Gaules et sous les rois de la première race, dégénéra sensiblement pendant le VIIe. Dès le règne de Pépin, et même un peu auparavant, on commença à le rectifier ; mais c'est à Charlemagne qu'appartient l'honneur du renouvellement de ce caractère qui fraya le chemin aux caractères d'imprimerie. Les moines de Saint-Vandrille eurent l'avantage d'y travailler le plus efficacement, et contribuèrent peut-être les premiers, *Hist. litt. de la France*, t. 4, p. 20, à la réformation des caractères. Cette écriture succéda à la minuscule mérovingienne. Il faut remarquer que l'on donne à Charlemagne l'honneur de ce renouvellement ; non pas qu'il en fut l'inventeur, puisque parmi les manuscrits du VIe siècle en France, on en trouve de ce caractère ; mais seulement parce qu'il lui donna beaucoup de cours et de célébrité. C'est en effet par ses soins qu'elle devint générale en France au IXe siècle, tandis qu'elle n'avait que peu ou point de cours en Italie et ailleurs. Ce caractère carolin fut introduit en Allemagne au commencement du IXe siècle ; en Angleterre, sous le règne d'Alfred-le-Grand, mort en 900 ; en Espagne, par ordre du concile de Léon, en 1091 ; en Italie, dès le temps de Charlemagne : il y fut même perfectionné, quoique la minuscule lombardique s'y soutint jusqu'après le commencement du XIIIe siècle. Le commencement de la troisième race de nos rois est l'époque ou cessa l'écriture minuscule caroline proprement dite ; car ayant dégénéré en France au Xe siècle, elle fut renouvelée sous Hugues-Capet. Cette écriture est fort variée dans les manuscrits du temps de la seconde race. Dans les plus anciens, c'est-à-dire jusqu'à l'empire de Charlemagne, elle est un peu mêlée de mérovingienne. Depuis 800 jusqu'à la fin du règne de ce prince, elle est plus nette et plus régulière. Sous ses successeurs, elle parvint au plus haut degré d'élégance.

Minuscule teutonique. — Les Germains, à l'exemple des Gaulois, prirent l'usage d'une minuscule romaine accommodée à leur goût national longtemps avant Pépin-le-Bref. Vers le temps de ce prince, et surtout sous Charlemagne, ils adoptèrent la minuscule caroline, non comme une nouvelle découverte, ma's sur le pied d'écriture renouvelée. En effet, dans les manuscrits de la cathédrale de Wurtzbourg on trouve des exemples d'une minuscule saxo-teutonique émanée de la romaine. Pépin-le-Bref donne à quelques églises d'Allemagne des diplômes en minuscule-cursive tirant sur la mérovingienne. L'usage de la minuscule eut donc lieu chez ces peuples avant Charlemagne. La réforme qu'y apporta ce prince fut suivie dans les manuscrits teutonique, et s'y conserva dans sa beauté jusqu'au milieu du XIIIe siècle. On peut même dire que l'écriture diplomatique d'Allemagne, qui était la minuscule et non la cursive, l'emportait, au XIIe siècle, sur les autres par la beauté et la netteté des caractères. Alors elle y dégénéra en caractère bizarre, que nous appelons *gothique moderne*, dont l'Allemagne n'a jamais pu se défaire.

Minuscule saxonne. — L'écriture saxonne, peut être déjà d'usage dans la Grande-Bretagne avant l'arrivée des Anglo-Saxons, peuples de Germanie, qui se rendirent maîtres de toute l'île jusqu'à l'Écosse, vers le milieu du VIe siècle, tire sensiblement son origine soit directement, soit médiatement, des caractères romains. — Cette écriture minuscule ne laisse aucun doute sur son existence, à en juger par les monuments qui nous en restent. Ce n'est pas que l'on ne conservât, même en Angleterre, les caractères gallicans introduits en Angleterre sous Alfred-le-Grand et sous le roi saint Édouard, qui avait été élevé en Normandie; ils s'y conservèrent, comme il le paraît par les exemples qu'on en trouve, depuis le VIIIe siècle jusqu'à la conquête des Normands; mais la saxonne, jusqu'à cette époque, fut la dominante. Alors la française prit tous les jours le dessus, de façon que l'on pourrait fixer la durée de la minuscule saxonne jusqu'au règne de Guillaume-le-Conquérant, si un usage ancien pouvait s'abolir tout-à-coup; mais au moins les commencements du XIIe virent-ils la fin de cette écriture en Angleterre. Le manuscrit de M. le président Robien, écrit vers le XIIIe siècle, prouve que les Irlandais se servaient encore de la minuscule saxonne longtemps après la conquête d'Irlande, faite en 1171, par Henri II, roi d'Angleterre et duc de Normandie. On prétend même, *Défense des anciens auteurs contre le Père Hardouin*, p. 87, qu'ils ont conservé jusqu'à nous cet ancien caractère.

Minuscule capétienne. — La minuscule caroline ayant dégénéré sous les derniers rois de la seconde race fut renouvelée au commencement du règne de Hugues Capet, chef de la troisième. Elle succéda donc à la caroline dès le Xe siècle; elle se soutint dans sa beauté pendant les Xe et XIe et plus de la moitié du XIIe siècles. Sur son déclin elle s'obscurcit, se serra et devint anguleuse. Vers le milieu du XIIIe siècle elle dégénéra en gothique par divers degrés. La minuscule capétienne doit donc être restreinte depuis Hugues Capet jusqu'à saint Louis. Cette écriture fut d'usage, non-seulement en France, mais en Angleterre et en Allemagne, dans les chartes et les manuscrits, à cette différence près qu'elle est plus simple et moins chargée dans ceux-ci, et plus hardie, à montants plus élevés et plus chargée dans celles-là.

Minuscule romaine.—Dans l'exemple I, part. I (1), *quid sunt sensibilia, quid intelligibilia*, on voit une minuscule romaine négligée, longue et mêlée de quelques lettres cursives : c'est le sommaire d'un chapitre de la *Cité de Dieu*, écrit au Ve ou VIe siècle. L'exemple II de la même écriture est plus net, plus posé, tirant sur la lombardique et mêlé de quelques onciales : XLVI. *De muliere Chananea quæ dixit et canes ædunt*... Cette écriture est du VIIe ou VIIIe siècle.

Lombardique. — L'exemple III est un modèle de minuscule lombarde, d'une écriture maigre, assez élégante, dont plusieurs lettres sont hautes, et qui est mêlée de capitales et de cursives : *Ego Salustius legi et emendavi Rome Felix, Olibio et Probino V C consulibus in foro Martis*.... C'est l'attestation du correcteur d'un manuscrit de Corneille Tacite, copiée vers le Xe siècle. L'exemple IV est le modèle d'une autre forme d'écriture minuscule lombardique : *Nationibus suæ cuique propria vester est, ut partis Sarabare*.... C'est un extrait d'un grand Glossaire manuscrit, conservé dans l'Abbaye Saint-Germain-des-Prés, écrit au VIIIe ou IXe siècle. Le cinquième exemple est une troisième forme de minuscule lombardique, dont l'écriture singulière, à lettres brisées, est du Xe siècle : *Fruit quidam homo secularis habent*....

Gallicane. — L'exemple VI *ibid* VIII, *Vicarii verò episcopi* (pour *Vicariis episcopis*) *qui a Græcis conepiscopi*, tiré du huitième canon du concile d'Antioche, présente une écriture minuscule gallicane du VIe siècle.

(1) Voy. les planches de dom de Vaisnes.

Mérovingienne. — Les Francs, répandus dans les Gaules, usèrent aussi de l'écriture minuscule, qu'ils imitèrent des anciens habitants de cette contrée : on en voit un modèle dans l'exemple VII, *Inebriabuntur ab uberte domus*...., tiré d'un manuscrit antérieur à Charlemagne. En général, cependant, leur minuscule ressemblait assez à celle des autres peuples, comme il le paraît dans l'exemple suivant, VIII *ibidem* : *Propositum monachi proprio arbitrio aut voluntate*..... Cet extrait de saint Léon a été écrit au moins avant le milieu du VIIIe siècle. En général, la minuscule mérovingienne est très souvent mêlée de cursives.

Visigothique. — Les Visigoths, ayant subjugué la France méridionale et une partie de l'Espagne, adoptèrent aussi un genre d'écriture minuscule distinguée de celle des autres nations, et en ont laissé des modèles, deux entre autres. Le premier est tiré du Sacramentaire de Gillone, écrit en Languedoc au VIIIe siècle: *Et mittis in ore infantum de ipso sale per singulos ita*... Cette minuscule visigothique de France, petite et nette, tirant sur la cursive, n'est pas la seule dont les Goths firent usage en France; mais les autres espèces annoncent des minuscules semblables à celles des autres nations du temps. Le second modèle, X *ibidem*, de minuscule *hispano-gothique*, est tiré du beau Missel gothique de l'église de Tolède : *Deus qui mirabilis es in sanctis tuis cujus cultui*.... C'est l'oraison de la messe de saint Martin.

Caroline. — On ne parvient pas tout d'un coup à la perfection. L'écriture minuscule des premiers Carlovingiens se sentit de la rudesse de la mérovingienne ; mais, sous les successeurs immédiats de Charlemagne, elle parvint au plus haut degré d'élégance. La planche XI en offre deux espèces, dont l'une, petite et bien proportionnée, est tirée d'une Bible de Charles-le-Chauve, *Manuscrits du roi*, n. 1 ; l'autre, à gros traits et bien formée, est tirée d'un Sacramentaire manuscrit de Saint-Germain-des-Prés, transcrit l'an 853. La première, XI *ibid., Incipiunt capitula*....

I. *De Sanctis quos in hoc mundo ut interfectos*....
II. *De Exhortatione quæ de pejoribus ad*....
III. *De Commemoratione quo veritatis semper*....
IV. *De Justorum memoriis referendis*....

La première ligne et les lettres initiales des suivantes sont onciales. La seconde espèce, XII : *Deus qui diversitatem omnium gentium in*....

Allemande. —L'Allemagne, qui se prêta au renouvellement de l'écriture que fit Charlemagne, présente entre autres le modèle XIII de minuscule allongée, maigre, et qui porte dans l'original la date de l'année 823 : *Incipit epistola, Baturici episcopi*.....

Anglo-saxonne. — Le modèle XIV d'écriture minuscule anglo-saxonne, qui date du IXe siècle, et fut rédigé en France, porte: *Respondentibus se esse liberos dicit qui*... Les *e* fermés et les *r* en forme d'*n* sont à remarquer.

Capétienne.— L'écriture minuscule capétienne ordinaire, des Xe et XIe siècles, tient assez généralement du modèle XV : *Fortis in bello Jesus Nave filius. Rompheos jactans civitates correrunt*... Ce morceau est un Eucologe qui ressemble aux proses. Dans le modèle XVI, on s'aperçoit que les minuscules capétiennes tendent au gothique moderne:

Paulatim unde dolor letique animosa voluntas
Amovet, ac tacite ferrum.....

Ce sont des vers de Stace, écrits au XIe ou XIIe siècle. Il faut bien observer que les modèles des minuscules nationales, que présentent les deux parties de la pl. XI, ne sont point uniques dans leur genre, c'est-à-dire que ce n'est pas la seule forme qu'aient employée les différents peuples pour écrire en minuscule. On s'est attaché seulement à saisir le goût qui leur était particulier : car on aurait pu fournir une infinité d'autres exemples qui leur étaient également propres; mais ils auraient eu l'inconvenient d'annoncer la ressemblance la plus marquée avec des écritures des autres peuples. On peut donc assurer que l'écriture minuscule, en usage chez les Romains et renouvelée sous Charlemagne, ne rend pas suspects les diplômes des VIIIe et IXe siècles. Les indices que l'on peut tirer de la minuscule sont que, dans les Ve et VIe siècles, elle est communément plus large que la nôtre et que celle des temps postérieurs ; qu'elle conserve ordinairement plusieurs lettres majuscules, comme l'N et l'R; quand la dernière est minuscule, le jambage droit, au lieu de se tenir relevé *r*, descend en forme d'*n* ; que la grosse minuscule n'a pas l'air de la nôtre avant le VIIIe siècle ; que la conformité ne fut jamais plus grande que sur le déclin du IXe et au commencement du Xe ; qu'au XIe, les rondeurs de la minuscule commencent à se perdre ; que les angles y succèdent, et, bientôt après, les pointes, qui consomment enfin le gothique ; qu'une autre sorte de minuscule romaine, souvent très petite, fut d'un assez grand usage aux Ve et VIe siècles pour apposer des notes et des sommaires dans les manuscrits, ou pour représenter d'anciennes suscriptions ; elle approche de notre plus belle cursive ; que ce n'est qu'aux XIe et XIIe siècles que la minuscule semble disputer l'empire à la cursive dans les chartes, mais qu'elle y devint depuis, de jour en jour, d'un usage moins fréquent.

Écriture cursive. — L'écriture cursive n'est autre que l'écriture liée, coulée, expéditive et usuelle. Elle est ainsi appelée parce qu'elle est courante et dégagée de la gêne, de la contention et des mesures qu'exigent les autres genres d'écritures. Les anciens, pour la distinguer de la minuscule, qui est détachée, l'appelaient *écriture liée*, parce qu'en effet les lettres en sont souvent liées et conjointes ou avec la précédente, ou avec la suivante, ou avec les deux ensemble. De ces liaisons, faites avec des traits hardis à la vérité, mais surabondants et compliqués, est venue la difficulté de lire cette écriture, qui a fait tomber les savants mêmes dans une infinité de fautes ; et de cette difficultée est provenue la dénomination de *barbare*, donnée gratuitement à cette forme d'écriture. Il y a même des auteurs qui ont pris occasion de là de nier son existence, et ont regardé les modèles qui nous restent comme factices, controuvés et de pur caprice, n'admettant comme vraie que l'écriture capitale des anciens ; comme si, de ce que les écritures actuelles des notaires, des gens d'affaires et des bulles sont difficiles à lire on concluait qu'elles ne sont pas d'usage parmi nous. Les Grecs ont eu l'usage de la cursive, comme on l'a fait voir par les modèles qu'on en a donnés et qu'on en donnera à chaque planche d'alphabet. Mais dom Bernard de Montfaucon, *Dissert. sur la plante appelée papyrus*, observe que les premiers livres que l'on trouve écrits en lettres courantes ou liées sont de la fin de Basile le Macédonien, parce que le caractère courant n'était pas encore en usage pour les livres, quoiqu'il le fût déjà pour les tachygraphes et pour les notaires et secrétaires. Au reste on connaît, *Nouv. traité de diplomatique*, t. 2, p. 257, de la cursive grecque antérieure au moins de quatre à cinq siècles au VIIIe.

Cursives nationales. — Que les Romains aient eu une écriture cursive, la nécessité, la raison, l'exemple et l'évidence en sont des sûrs garants. Qu'ils aient écrit des actes, des titres, des pièces judiciaires, des lettres et des ordonnances en écriture capitale, qui demande un temps considérable, et que le besoin ne leur ait pas fourni des moyens d'abréger un travail aussi long et aussi pénible, c'est ce qui n'entre pas aisément dans l'esprit de tous ceux qui connaissent le génie actif, prompt et délibéré des Romains. Qu'un auteur se soit appesanti sur la composition, jusqu'à passer un temps prodigieux à coucher en capitales une idée qui n'eut exigé qu'un instant pour être écrite en cursives, c'est ce que la vivacité et la chaleur des écrits de la plupart des anciens qui nous restent, ne permettent pas de croire. Dailleurs ce peuple jaloux n'aurait pas voulu céder cet avantage exclusif. Cependant, il est de notoriété publique que les Grecs avaient alors une écriture liée et expéditive ; les anciens auteurs en conviennent. Enfin, la plus forte démonstration, et celle qui peut toute seule résoudre tous les doutes, c'est la réalité des caractères cursifs qui nous restent dans les plus anciens monuments que l'on connaisse, et qui approchent de l'ère chrétienne. On peut s'en convaincre par les alphabets ci-dessus, et par les modèles de cursives donnés dans la nouvelle diplomatique. Les Romains avaient donc une écriture cursive, comme il le paraît par les chartes de Ravenne, antérieures à l'établissement des Goths en Italie. Cette écriture suivit le sort de la capitale et de la minuscule. En passant chez les différents peuples, elle se diversifia suivant le goût des siècles et le génie des nations. Cependant la mérovingienne a de si grands rapports avec la romaine, qu'on peut la regarder comme identique, et que toute la différence ne consiste que dans quelques altérations qu'éprouvent toutes les écritures de siècle en siècle. La nuance qui la distingue commença après le milieu du VIe siècle. Elle régna depuis la moitié du VIIe siècle jusqu'au règne de Pépin-le-Bref, qu'elle devint plus polie et moins compliquée. — La cursive lombardique peut être de même envisagée comme une autre branche de la romaine, formée sur celle qu'on employait aux VIe et VIIe siècles. D'ailleurs, la ressemblance entre la cursive lombardique et la mérovingienne est frappante. On trouve encore des caractères lombardiques dans quelques chartes du XIIIe siècle, même en Allemagne. — La cursive saxonne tire également son origine de la romaine. Nous la voyons déjà formée dès le VIIe siècle, et nous découvrons ses caractères les plus singuliers dès les Ve et VIe siècles. Elle régna jusqu'au Xe siècle en Angleterre, et s'y soutint jusqu'à la fin du XIIe siècle, malgré l'introduction de l'écriture normande ou française. Du reste, elle est moins dérivée de la cursive romaine que la minuscule, et elle est plus compliquée que la romaine et la mérovingienne. — La cursive visigothique a pu se distinguer de la romaine dès le VIe siècle ; mais on n'en a point vu d'antérieure au VIIe siècle. Elle dure jusqu'au XIIIe siècle. Le plus ancien diplôme latin de cette écriture qui ait été conservé jusqu'à notre temps, fut donné par le roi Chindasuinthe, en 646. — La cursive caroline n'est qu'une continuation de la mérovingienne : née au VIIIe siècle, elle se perd dans la minuscule romaine au XIIe siecle. Elle n'atteignit pas tout à coup la perfection sous les premiers rois de la seconde race ; elle tenait alors de la mérovingienne. Sous les dernières années de Charlemagne, et sous Louis-le-Débonnaire, elle s'allongea et se perfectionna. Dès la fin du VIIIe siècle, elle devint tremblante, surtout dans les grandes lettres allongées. Elle commence à se friser au Xe ; elle dégénère et paraît tortue et recoquillée dès la troisième race. — La cursive capétienne tient beaucoup de la caroline sous les premiers rois de la troisième race, et même pendant une partie du règne de Robert. Au XIe siècle, ses traits allongés, aigus, fleuronnés, surtout dans les diplômes, la distinguent seulement de la minuscule des manuscrits. Au XIIe siècle elle devint extrêmement rare, la minuscule lui ayant été presque partout substituée. Dans le XIIIe siècle elle se perdit dans la cursive gothique. Les cursives nationales descendent de la romaine. — La complication des caractères que l'on voit dans les écritures cursives nationales n'est point une preuve de leur origine barbare ; la cursive romaine avait des liaisons sans nombre, mais méthodiques ; la touche en était fière et d'une aisance qui étonne ; aussi, sous la main des étrangers, ces liaisons dégénérèrent en une confusion, quoique dans la composition l'on n'y découvre d'autre différence que plus ou moins d'élégance, plus ou moins de variété, de tours et de liaisons, plus ou moins de hardiesse. Ces liaisons diminuent sensiblement jusqu'au XIIe siècle, où elles deviennent presque nulles. Au XIIIe la chicane et la scholastique firent naître une autre écriture liée et pleine d'abréviations. Toute mauvaise qu'elle était alors, elle dégénéra encore dans les siècles suivants, au point de paraître affreuse en comparaison de celle du XIIIe. — Le concours ou le mélange des écritures romaines, visigothiques, mérovingiennes, lombardiques, saxonnes, etc., est une preuve sensible qu'elles sont toutes émanées de la première. Ce mélange paraît dans les manuscrits les plus anciens ; ces écritures ont même quelquefois tant de rapports qu'on a peine à les distinguer, et que nombre de savants du premier ordre ou s'y sont trompés, ou s'y sont vus très embarrassés. — En vain dirait-on que ces peuples ont introduit dans la romaine bien des caractères barbares et étrangers, qui l'ont, pour ainsi dire, fait disparaître, puisque tous les caractères et la manière de les rendre, que les savants ont attribués aux étrangers, se trouvent consignés sur des monuments bien antérieurs à l'arrivée des nations barbares. Il serait absurde de dire, comme Maffei, pour réfuter cette opinion, que ces peuples n'avaient pas la première idée de l'écriture : l'antiquité des caractères runiques détruit une pareille assertion, dénuée de tout fondement. A cette erreur près, le savant marquis ne démontre pas moins bien que les nations germaniques répandues dans l'empire adoptèrent tous les caractères des Romains sans exception.

Cursive romaine. — La plupart des littérateurs ont nié l'existence de la cursive chez les Romains, et en ont attribué l'invention aux nations barbares qui ont partagé l'empire : les modèles de cursive romaine que l'on donne dans la planche ci-jointe, démontrent la fausseté de cette prétention. Le modèle 1 est une portion de l'épitaphe de Gaudence, datée de l'an 338 de J.-C. *Mercurius pater filiæ defunctæ VI idus novembris Urso et Polemio consulibus.* On lit *defunctæ* avec les nouveaux diplomatistes où il n'y a qu'un *d* tranché : il faut y remarquer également l'épisème qui suit le *d* tranché, et qui vaut six. Cette cursive est bien antérieure à l'entrée des Goths en Italie. Le modèle II est un exemple des cursives romaines les moins élégantes et les plus ordinaires aux gens d'affaires : c'est un acte de donation faite à l'église de Ravenne dans le VIe siècle ; il est sur papier d'Egypte : *In Christi nomine adquistus optionum e vico Mediolan huic chartu-*

læ donationis-portionis... Dans l'invocation, l'on distingue clairement les trois lettres I. C. N.; c'est l'origine de ces invocations monogrammatiques, qu'on trouve dans les diplômes des rois de France de la première race, et que les savants du premier ordre ont méconnues. L'exemple III présente la cursive romaine la plus hardie et la plus élégante, mais indéchiffrable à cause des sigles : *Notitia testium id est armatus* V. D. schol. et coll..... c'est-à-dire *vir devotus scholaris et collectarius*. Ce modèle est du VIe siècle.

Lombardique. — Pour modèle de la cursive lombardique, on donne l'exemple IV de la planche 19, d'une écriture grosse, brisée, à queues arrondies et hastes et élevées : *In nomine Domini Dei Jesu Christi nos vir gloriosissimus Grimoaldiis dei providentia*..... C'est le commencement d'un diplôme de Grimoald de l'an 795.

Mérovingienne. — La cursive mérovingienne se distingue aisément dans l'exemple V de la planche. C'est le fragment d'un plaid de Childebert III de l'an 703 qui adjuge à l'abbaye de Saint-Germain-des-Prés, de Paris, le monastère de Limoux : I. C. N. *Childebertus rex Francorum vir inluster cum nos in Dei nomine Carraciano villa Grimoaldo majorem domus nostri una cum nostris*.....

Caroline. — Le caractère le plus distinctif le plus universel des écritures cursives carolines, c'est d'être hautes, serrées et armées de traits aigus. Le modèle VI de la planche est un diplôme de Charlemagne de l'an 779 pour l'église de Saint-Marcel de Châlons : I. C. N. *Carolus gratia Dei rex Francorum, quidem Clemenciæ cunctorum decet accommodare aure benigna precipue quibus*..... On voit par ce diplôme que la bonne latinité et l'orthographe étaient encore bannies des actes : *aure benigna* pour *aurem benignam*, etc.

Capétienne. — La cursive capétienne n'est autre que la caroline dégénérée; dès le temps du roi Lothaire, elle n'était déjà presque plus reconnaissable: elle ne fut plus employée dans les diplômes passé le règne de Robert, et on lui substitua pour cet objet une minuscule qui ne diffère de celle des manuscrits que par ses montants fleuronnés et ses queues prolongées : cette dernière même se perdit dans le gothique dès le XIIIe siècle. On en donne pour modèle l'exemple VII de la planche, qui est le fragment d'un diplôme de Hugues-Capet de l'an 988, en faveur de l'abbaye de Sainte-Colombe de Sens : *In eisdem degentium orem* (*aurem*) *nostræ celsitudinis impendimus regium procul dubio exercemus munus*.....

Allemande. — Les mêmes écritures diplomatiques usitées en France sous la seconde race, et jusqu'au XIIIe siècle, eurent cours en Allemagne; mais elles y prirent plutôt la forme de minuscules que de cursives, car cette dernière ne fut guère admise dans les chartes du pays que vers le milieu du XIIIe siècle, quoique dans les manuscrits elle y fut connue longtemps avant. Le modèle VIII de la planche est plutôt demi-cursive que cursive propre : *Et ut hunc complacitationis preceptum firmum stabileque permaneat manu nostra subtus illud firmarimus anulique nostri*... C'est la fin d'un diplôme de Conrad Ier, de l'an 914, en faveur de l'abbaye de Saint-Emmeran de Ratisbonne.

Anglo-Saxonne. — On donne pour exemple de la cursive saxonne d'Angleterre le modèle IX de la planche qui est une écriture du VIIIe siècle, aiguë et serrée : *Scribit igitur ad eum hanc epistolam non sicut in prima*... Ce texte de saint Jérome est tiré d'un manuscrit, parce que les diplômes anglo-saxons n'ont pas fourni de cursives pures anciennes.

Visigothique. Le mode X de l. est une cursive visigothique qui tient beaucoup de la cursive mérovingienne :

Historias primo rerum canit ordine Clio.

. . . .

On croit ce morceau écrit avant l'arrivée des Maures en Espagne, l'an 712. Il faut toujours observer que les modèles présentés dans cette planche ne sont point uniques dans chaque pays, et que les siècles, le goût, la main, le caprice, etc., y ont occasionné des différences sensibles. Le modèle de petite écriture n'empêche pas qu'on en trouve de haute. Le modèle d'écriture serrée n'exclut pas l'écriture large; le modèle de cursive aiguë ne doit pas faire croire que le peuple qui l'employa ne se servit aussi de cursives pochées et massives. Il ne faut par conséquent pas regarder ces modèles comme les seuls moyens de comparaison pour combiner et juger toutes les cursives nationales. On ne s'est proposé d'autre but dans la composition de cette planche, que de satisfaire un peu la curiosité, et de donner en même temps une idée du génie de chaque peuple. Si l'on voulait percer la curiosité plus loin, il faudrait consulter le nouveau traité de diplomatique; encore tout ample qu'il est, n'a-t-il pas lui-même épuisé tous les genres d'écritures, et avec son secours, on serait encore souvent dans le cas de ne pouvoir juger que par approximation.

Remarques sur l'écriture cursive. — L'écriture cursive fournit quelques remarques intéressantes, propres à distinguer les âges des monuments où elle se rencontre. La cursive-romaine, d'où dérivèrent toutes les autres, changea sensiblement de forme de siècle en siècle, surtout celle dont on faisait usage dans les tribunaux. Ce changement se fait remarquer encore davantage depuis le VIe siècle, alors elle semble dégénérer en mérovingienne et en lombardique. La cursive-mérovingienne, bien caractérisée, s'annonce pour être au moins du VIIIe siècle; quand elle est très liée et compliquée, elle remonte au VIIe. Ce fut l'écriture de tous les diplômes de nos rois de la première race. Elle se rapproche de plus en plus de la minuscule romaine non liée depuis la fin du VIIIe siècle jusqu'au commencement du XIIe. Il y a deux sortes de cursives lombardiques, l'ancienne et la moderne; l'ancienne se distingue par les hastes et les queues prolongées; la moderne est mieux compassée. La cursive lombardique, depuis le Xe siècle, prend une tournure qui mène droit au gothique. La saxonne, que l'on trouverait très liée et compliquée, pourrait, à ce seul titre, n'être pas absolument plus moderne que le VIIe. Les manuscrits et les chartes des IXe et Xe siècles offrent beaucoup de vestiges de la cursive romaine. Mais passé le XIe, elle rendrait un acte suspect. Les manuscrits en cursive des IXe, Xe et XIe siècles, sont assez difficiles à distinguer. Voici cependant quelques traits caractéristiques. Au IXe siècle, les conjonctions des lettres *ra*, *re*, sont encore assez fréquentes; mais on n'en voit plus au Xe, à l'exception de *ct* et de *st*. Les jambages supérieurs des *d*, *h*, *k*, *l*, se trouvent encore assez souvent au IXe siècle formés en battants dans beaucoup de manuscrits. Dans ceux du Xe, ils sont rares; et dans ceux du XIe, ils se terminent ordinairement en pointes rabattues, et quelquefois en fourches. — Le *f*, les *s*, au IXe siècle, se divisent communément en douze branches, dont la plus courte s'élève en haut du côté gauche. Aux deux siècles suivants cette branche est presque toujours abaissée, et ne manque guère, au XIe siècle, d'être en angle aigu, dont l'ouverture regarde presque le pied de la lettre. Au IXe siècle on rencontre nombre d'*a* encore ouverts en dessus; ils ne paraissent plus guère même fermés aux Xe et XIe. — Plusieurs manuscrits du XIe siècle ont beaucoup de *t* dont la haste traverse la tête; tandis que ceux des deux précédents gardent bien plus régulièrement la figure d'une *s* courbée, et posée sur le haut d'un *c* qui lui sert d'appui. — Au IXe siècle les pieds des *m* et des *n* sont souvent tournés en points obliques vers la gauche; aux deux autres siècles suivants ce caractère ne se trouve point ou se soutient mal. — On pourrait faire beaucoup d'autres remarques semblables sur la différence de la cursive de ces trois siècles, qui se ressemblent assez.

Ecriture allongée. — L'écriture allongée n'est qu'un rejeton de l'écriture cursive. A n'envisager que sa grandeur et sa hauteur, on la prendrait sans doute pour une sorte d'écriture majuscule; mais elle est bien réellement cursive, si on s'arrête, comme on le doit, à la figure et au contour. L'écriture allongée est une écriture sans proportion, extrêmement maigre et d'une hauteur démesurée. Au haut d'une haste immense, par exemple, se trouve une pente extrêmement petite pour former la lettre *p*. La panse de l'*a* n'égale pas celle de notre petit *a* italique, et son appui est plus haut que nos très grandes capitales, sans en avoir le plein et le solide; ce n'est qu'un trait, etc. Dans les invocations, les souscriptions des rois, des chanceliers, etc., etc., et même dans l'apposition des dates diplomatiques, on se servit d'une écriture allongée. Souvent employée par les Romains, elle le fut beaucoup plus depuis le VIIe siècle jusqu'au XIIIe. L'écriture allongée de la première ligne et de la signature des diplômes fut mérovingienne en France, jusqu'à Charles-le-Chauve; les manuscrits et les chartes des IXe et Xe siècles offrent encore des traces de cette écriture; mais de tous les siècles où elle fut de quelque usage, le VIIe est celui qui la présente moins déchiffrable; difficulté qui vient de ses complications, de son obscurité et de la confusion des mots. Un peu avant le XIIIe siècle on ne trouve déjà plus de modèles de cette écriture dans les diplômes de nos rois; mais, dans quelques autres, on en vit encore plus d'un demi-siècle après. Elle cessa dans ce siècle, et ne se conserva que sous une autre forme, si cependant on peut dire qu'elle n'est point encore d'usage parmi nous, puisque nombre de personnes se servent, dans leur signature, d'une écriture extrêmement allongée. De cursive elle devient minuscule ; de minuscule, capitale, et de capitale, gothique.

Ecriture tremblante. — L'écriture tremblante, qui ne pouvait bien se développer que dans l'écriture allongée, succéda, dans le VIIIe siècle, à la mode des plis et replis dont on entortillait les hautes lettres. Toutes les lettres susceptibles de rondeur furent particulièrement affectées de tremblements. Cette écriture, toute désagréable qu'elle était, subsista encore assez longtemps; elle ne commença à devenir rare que sur la fin du XIe siècle, et ne fut abandonnée qu'au XIIe. On n'en donne point de modèle, parce qu'il est facile de se peindre ces traits sinueux et serpentants, en voyant les modèles de l'écriture allongée. La première ligne des diplômes des deux premières races de nos rois, en lettres hautes et allongées, est ordinaire ; mais cette mode ne fut pas si généralement suivie qu'elle dût faire regarder comme suspects ceux qui n'y seraient pas conformes.

Ecriture mixte ou mélangée. — On a déjà dit ailleurs que, lorsqu'il était question de caractériser l'écriture d'un monument, on n'avait égard qu'à la généralité de l'écriture; et en effet il n'y a guère d'inscriptions antiques, de diplômes, et surtout de manuscrits, qui ne réunissent des caractères étrangers au genre d'écriture qu'ils adoptent en général. Il y a deux manières de faire ces insertions de lettres étrangères, soit en renfermant dans un même mot des lettres de plusieurs classes, par exemple, des capitales dans un mot écrit en onciales, des cursives dans un mot écrit en minuscules, etc., soit en insérant des mots entiers ou des lignes entières d'une écriture différente de celle du corps de l'ouvrage, comme le premier mot ou la première ligne en capitales ou en onciales, et les autres en minuscules ou en cursives. La première façon, qui ne montre le concours de différentes écritures que dans certaines lettres des mots, s'appelle *écriture mixte* ; et la seconde, qui donne entrée à des mots entiers ou à des lignes entières d'écriture d'un autre genre, se nomme *écriture mélangée.* Les exemples des unes et des autres sont on ne peut pas plus communs dans tous les siècles; ce qui prouve que tous les genres d'écriture furent d'usage chez les Romains, et que la minuscule et la cursive ne sont pas des inventions des faussaires. A. B.

ÉCRITURES GOTHIQUES. Par écritures gothiques on n'entend point parler de l'écriture des Goths, que ces peuples apportèrent en Italie et en Espagne lors des incursions qu'ils firent dans ces deux parties de l'Europe ; c'est ce que l'on appelle le gothique ancien, qui ne diffère de l'écriture romaine que par le goût et le génie de ce peuple. Le dessein actuel est de traiter du gothique moderne, improprement appelé gothique, puisqu'il ne vient point de cette nation. C'est la consommation de la décadence de l'écriture, à laquelle on a donné ce nom, sans doute parce que les anciens Goths avaient commencé à défigurer les beaux caractères romains. Le gothique moderne, né avec la scholastique et dans la décadence des arts et des bonnes études, est le fruit de la bizarrerie; il n'est autre chose que l'écriture latine dégénérée, et chargée de traits hétéroclites et superflus; voilà pourquoi on n'appela pas gothique cette manière d'écrire, dès sa naissance; ce ne fut que lorsque le goût de la belle littérature eut été rappelé, que l'on traita de gothiques les lettres qui s'étaient écartées du bon goût. On mit sur le compte des Goths ce qu'on n'osa attribuer aux anciens Romains, parce qu'au renouvellement des lettres on ne connaissait pas encore la succession et les métamorphoses des écritures. Si l'on recherchait les premiers dépérissements de la belle écriture, on pourrait reculer le gothique jusqu'aux premiers siècles; mais, à proprement parler, on peut faire commencer le gothique moderne au XIIe siècle, et en fixer la fin au règne de Henri II. Les sources de ce genre d'écriture ont donné : 1° l'arrondissement des jambages des lettres dont les traits étaient naturellement droits ; 2° un aplatissement dans les lettres majuscules, qui les rendit minuscules ou cursives ; 3° une confusion de ces trois genres primitifs ; 4° une prolongation des bases et des sommets de chaque lettre ; indice le plus carractéristique du gothique. Ces bases et ces sommets courbés en lignes convexes vers le corps de la lettre, qui, par son évasement, se trouvait souvent plus large que longue, donnèrent le gothique majuscule le plus pur et le mieux décidé. Joignez à cela le contraste des pleins les plus massifs avec les déliés les plus fins, et il ne restera plus rien à désirer pour la conformation du plus parfait gothique. Tout ce qui va plus loin en ce genre n'est qu'affectation sur affectation, barbarie sur barbarie. Tels sont, relativement au gothique majuscule, les points et les angles multipliés, les jambages rompus en angles saillants et rentrants; mais, à l'égard du gothique minuscule, les angles et les pointes contribuent à son essence.

Le gothique sur les monuments lapidaires et métalliques. — Le gothique, qui avait commencé dès le XIIe siècle, s'étendit, depuis le commencement du XIIIe, dans tous les États de l'Europe où l'écriture latine était reçue; ses progrès furent rapides dans ce siècle et le suivant. On vit cependant en même temps des exceptions à cette barbarie, qui tombèrent principalement sur les monuments métalliques, dont quelquefois un quart, un tiers, une moitié, appartenait à la belle forme antique. Le caractère gothique minuscule eut peu d'accès sur les monnaies ; mais il fut en grande vogue et sur les sceaux et sur les monuments lapidaires. Il ne paraît pourtant pas qu'il y ait été reçu avant le XIVe siècle ; ce ne fut même que sur son déclin que l'usage en devint fréquent. Au suivant, il prit absolument le dessus sur le gothique majuscule, qui se soutint pourtant assez bien jusqu'au renouvellement des lettres. Ce renouvellement, qui commença en Italie, peut être placé, par rapport au sceaux des papes, avant l'an 1430. La France, sous le règne de Charles VIII, commença à s'y prêter; insensiblement, sous les rois suivants, *on se défit du gothique dans les fabriques de monnaies*; et il en fut totalement banni sous Henri II, ainsi que des imprimeries et des sceaux. Il est enraciné davantage dans les royaumes du Nord ; à peine les Anglais y ont-ils renoncé de nos jours par rapport à leur langue. En Allemagne, dès l'an 1470 au plus tard, l'empereur Frédéric III avait fait graver sur son sceau l'ancien caractère romain. Il trouva bientôt des imitateurs, mais ce ne fut qu'au siècle suivant que les exemples s'en multiplièrent. Cette manière d'écrire n'y est pourtant point abandonnée, et les Allemands ne croiraient pas encore s'exprimer en bon allemand s'ils n'employaient les caractères gothiques.

Gothique majuscule. — L'écriture capitale gothique, si fréquente dans les inscriptions lapidaires et métalliques, est extrêmement rare dans les manuscrits des XIIIe, XIVe et XVe siècles. On dirait qu'à l'exception des lettres initiales, cette écriture ait été bannie des manuscrits depuis le commencement du XIIIe siècle jusqu'au dernier renouvellement des lettres; ce qu'il y a de très certain, c'est qu'on n'en trouve pas en pur gothique, et que ce qu'on en rencontre par-ci, par-là, est plutôt d'une écriture mixte.

Gothique onciale. — Quoique l'écriture onciale latine ait vu sa fin avec celle du Xe siècle, il n'est cependant pas possible de méconnaître un certain nombre de lettres onciales dans la gothique, qui ne commence qu'à la fin du XIIe, au moyen de certains arrondissements qu'on a donnés à quelques caractères. On les distingue à leur rondeur et à leurs ornements superflus; du reste, ils sont extrêmement rares.

Gothique minuscule. — Les plus barbares écritures des VIe, VIIe et VIIIe siècles n'ont jamais été si monstrueuses que la minuscule gothique. Dès la fin du XIIe siècle, principalement sous Louis IX, jusque vers le commencement du XVIe, la minuscule latine contracta un air de bizarrerie et de laideur qui augmenta encore par les variations et le caprice des particuliers, surtout dans les XIVe et XVe siècles. Ce goût d'écriture fut si diversifié qu'on en épuiserait difficilement toutes les variétés. — La cause la plus apparente de cette décadence est la chute presque totale des études et la rareté des copistes dans les monastères, les abréviations arbitraires introduites par les scolastiques, et l'invention du papier de chiffon au XIIIe siècle. La difficulté de lire cette sorte d'écriture fut une des causes de l'ignorance prodigieuse de ces temps-là, portée jusqu'au point de ne savoir pas signer son nom, ou de le signer d'une manière indéchiffrable. Cette ignorance fut générale dans toute l'Europe, parce que le gothique le fut aussi. Dans le XVIe siècle, temps du renouvellement des lettres, on revint à la belle forme d'écriture minuscule, et l'on ne trouve plus de gothique que dans les bulles des papes, qui l'ont retenue jusqu'à présent, et dans les imprimeries du nord de l'Allemagne. Notre ronde financière, dont on ne s'est jamais défait, quoique plus difficile et à peindre et à lire que la minuscule ordinaire, en conserve encore quelques traces.—L'écriture minuscule gothique fut en vogue dans les livres d'église, depuis saint Louis jusqu'à Henri IV.

Gothique cursive. — La cursive liée, farcie d'abréviations, prit naissance au XIIIe siècle, et, dans les suivants, dégénéra en barbouillage affreux. Ces écritures sont toutes plus difficiles à lire les unes que les autres, et souvent plus indéchiffrables encore que les cursives anciennes, prétendues barbares; cependant leur existence ne fut jamais révoquée en doute, car elles sont constatées par les dépôts publics et particuliers qui en renferment une infinité de modèles, autant d'objets de chicane et de méfiance. Les écritures anciennes ne sont point dépourvues de ces avantages, et leur antiquité devrait militer pour elles, ainsi que la difficulté de les lire. Cependant, ces deux titres sont comme les principales armes que les P.P. Germont et Hardouin tournent contre les anciens monuments. Ce ne fut que par degrés que les écritures de tous les peuples de l'Europe dégénérèrent en gothique au XIIIe siècle. — La gothique minuscule eut grande vogue, depuis les dernières années du XIVe siècle, jusqu'au XVIe. Ce modèle d'écriture bizarre, carrée et à pointes triangulaires, sert encore dans les livres de beaucoup d'églises de campagne.

Ecriture en chiffres. — La sténographie ou cryptographie, c'est-à-dire l'écriture en chiffres ou en caractères déguisés, a été en usage dès les premiers temps; elle est ancienne de plus de 2000 ans (1). Selon Suétone, Jules Cesar écrivait des lettres en chiffres, que cet empereur appelait *cœcas litteras*, des lettres occultes, parce que ces sortes d'écritures sont seulement intelligibles à ceux avec qui on est convenu des caractères. César employait le *d* pour l'*a*, et ainsi des lettres suivantes. Auguste écrivait également en chiffres, mais il mettait *b* pour *a*, *c* pour *b*, et ainsi de suite, transposant toutes les lettres. Au moyen âge, cet art devint à la mode, mais chacun s'en servit assez arbitrairement. Les uns retranchèrent les cinq voyelles et les remplacèrent par des points, l'*i* par un point, l'*a* par deux, l'*e* par trois, l'*o* par quatre et l'*u* par cinq. D'autres substituèrent à chaque voyelle la lettre qui la suit immédiatement dans l'ordre alphabétique, laissant pourtant à ces consonnes leur valeur propre; ainsi *b* servait pour *a* et pour *b*, *f* pour *e* et pour *f*, *k* pour *i* et pour *k*, etc. Mais, en ce genre, rien n'est plus célèbre que l'alphabet secret du cardinal de Richelieu (2). Saint Boniface, évêque de Mayence, passe (3) pour avoir porté cet art d'Angleterre en Allemagne. On renvoie aux mots MONOGRAMME, NOTES, SIGLES, ce qu'on appelle improprement écriture monogrammatique, en notes de Tiron et en sigles. Ce sont moins les écritures propres que des abréviations et des conjonctions de l'écriture ordinaire et commune. Ce n'est point assez d'avoir traité de toutes les écritures d'un usage reconnu; il entre dans ce plan d'être utile à ceux qui font des recherches, et d'abréger leur travail; il est donc à propos de leur indiquer aussi quel est le genre d'écriture qui fut le plus d'usage dans tel royaume et dans tel siècle, respectivement aux chartes et aux diplômes. On ne parle point des inscriptions ni des manuscrits parce que le genre presque unique des premières est la capitale, et que les seconds, surtout depuis le moyen âge, sont le plus communément en onciale ou en minuscule.

Ecriture propre aux diplômes. — En général on a employé tous les genres d'écritures dans les diplômes : capitales, onciales, minuscules, cursives. Mais cette dernière est, à proprement parler, l'écriture diplomatique, elle est tellement l'écriture propre des diplômes, qu'on ne saurait assigner aucun temps auquel on puisse prouver qu'elle n'y fût point en usage. Il y a des diplômes entiers en capitales et en onciales, mais ils ne sont pas communs. Il n'est cependant pas rare d'y voir au moins ou les premières lignes, ou les noms propres, ou les signatures, ou les dates, en capitales et en onciales, depuis le VIIIe siècle. Dès le même siècle on voit des diplômes en minuscules semblables à celles des manuscrits; et, depuis le Xe jusqu'à la fin du XIIe, ce caractère sembla en exclure totalement le cursif; mais il faut entrer dans le détail, et voir quelle a été l'écriture des diplômes de chaque peuple.

Écriture des diplômes en Italie. — L'Italie, dans les plus anciennes écritures de ses actes, se servit presque indifféremment des trois genres : de cursive, capitale et minuscule. Depuis que les Lombards se furent établis dans cette partie de l'Europe on n'usa guère plus dans les actes que de la cursive lombardique ancienne et moderne, de la minuscule ordinaire et du gothique moderne. Pendant les XIe et XIIe siècles on employait en Italie tantôt le caractère minuscule lombardique, et tantôt la minuscule ordinaire pour écrire les actes.

Ecriture des diplômes de la France. — L'écriture diplomatique de la première race eut quatre états: 1° depuis le milieu du VIe siècle jusqu'à Clovis II, elle tint beaucoup de la cursive romaine gallicane, comme on le voit par les diplômes qui nous restent de Childebert, de Chilpéric et de Dagobert; 2° depuis Clovis jusqu'à Dagobert III, c'est le même genre d'écriture, excepté qu'elle est moins belle, plus compliquée et plus obscure; 3° jusqu'à Pepin-le-Bref elle est moins longue, plus serrée, et ses traits sont tortus et très compliqués; 4° enfin sous Pepin et Carloman, elle commence à tirer sur la minuscule italique, et devient ordinairement distincte. Sous la seconde race, les écritures diplomatiques sont variées à l'infini : tantôt minuscules pures, ou minusculo-cursives; tantôt cursives allongées, ou simples; quelquefois capitales, et quelquefois totalement cursives, allongées. Mais elles sont toutes plus belles et moins compliquées que les mérovingiennes jusqu'après le règne de Charles-le-Simple, où elles dégénèrent insensiblement. Les caractères les plus ordinaires employés dans les diplômes de la troisième race sont: le cursif, le minuscule et la gothique. Jusqu'à Philippe-Auguste, on voit à la tête des diplômes des cursives ou des minuscules allongées. La cursive capétienne n'est autre que la caroline dégénérée. Dans le XIe siècle, on lui substitua une minuscule qui ne diffère de celle des manuscrits que par ses montants fleuronnés et ses queues prolongées. Cette minuscule se perd dans le gothique dès le commencement du XIIIe siècle, qui est le terme des beaux caractères. Les belles écritures diplomatiques des XIe et XIIe siècles ne furent pas exemptes de quelques lettres gothiques. Sous Philippe-Auguste, ce mélange prit le dessus: il y eut dès lors deux écritures diplomatiques d'usage, une cursive gothique, tout-à-fait barbare, dès 1220, et une minuscule gothique, la plus ordinaire dans les lettres royales. Les écritures diplomatiques ne commencèrent à prendre une nouvelle forme qu'au XVIe siècle. Alors, sous François Ier, l'écriture devint vulgaire; auparavant, cet art n'était guère exercé que par des clercs, des moines, quelques savants et les gens d'affaires.

Ecritures des diplômes en Allemagne.—Les mêmes écritures diplomatiques usitées en France sous la seconde race, et jusqu'au XIIIe siècle, eurent cours en Allemagne; mais elles y prirent bien plus souvent la forme de minuscule que de cursive. L'écriture diplomatique d'Allemagne, au XIIe siècle l'emporta sur les autres par la beauté de ses caractères minuscules. L'écriture cursive ne fut point admise dans les chartes du pays avant le milieu du XIIIe siècle. A la fin de ce siècle elle devint tout-à-fait barbare, ou gothique moderne. On a déjà dit que l'écriture allongée y avait été fort en usage dans les premières lignes des actes et dans les signatures, et quelquefois avec des tremblements sans fin.

Écriture des diplômes en Angleterre. — Les plus anciennes chartes des Anglo Saxons ne commencent qu'au VIIe siècle; ils se servaient sans doute auparavant de quelques symboles. Les plus anciens diplômes connus sont en lettres majuscules; mais bientôt la minuscule et la cursive prirent le dessus, et devinrent, jusqu'au règne d'Alfred-le-Grand, l'écriture ordinaire des actes. Depuis ce prince, d'autres minuscules et cursives, empruntées des Français, servirent souvent à cet usage. Au XIe siècle, on voyait encore ce mélange de lettres saxonnes et françaises; mais celles-ci, depuis la conquête de Guillaume, duc de Normandie, prirent faveur de plus en plus, et donnèrent enfin l'exclusion à la saxonne. Dès le règne de Henri II, ces beaux caractères dégénérèrent en gothique, qui devint dominant au XIIIe siècle, et qui y régna jusqu'au XVIe.

Écritures des diplômes en Ecosse. — Les plus anciennes écritures diplomatiques d'Écosse ne remontent pas au delà du XIe siècle. Elles eurent les mêmes vicissitudes qu'en Angleterre; on n'y voit cependant guère que la minuscule française et gothique, avec la cursive des derniers siècles. — Les écritures employées dans les actes d'Espagne sont les minuscules et cursives visigothiques, la minuscule française, et les gothiques modernes. Ce fut Alphonse VI qui introduisit dans ce royaume l'écriture française.

ÉCRITURE CHINOISE (*conch.*), nom marchand de la *Venus litterata*, à cause des traits singuliers dont elle est ornée.

ÉCRITURES (*diplom.*). Ce mot, au pluriel, a une signification bien différente de celle qu'il présente au singulier. Sous le nom d'écritures, on n'entend pas seulement les pièces d'un procès faites par les avocats; mais, dans le genre diplomatique, c'est encore une dénomination de chartes en général, et qui s'applique également aux donations (1), aux testaments (2), aux contrats de vente (3), aux actes d'intronisa-

(1) Saint Hieronyme, *Commentar.*, in cap. 25, Jerem.
(2) *L'Espion du grand-seigneur*, lett. 77.
(3) Raban Maur, t. VI, p 334.

(1) Voir le précédent article, n° 61, ci-dessus, p. 21.
(2) *Acta SS. Junii*, t. II, p. 411; — *Hist. de Languedoc*, t. II, coll. 44, 48, 64.
(3) *Gallia christ.*, t. VI, col. 127.

tion (1), aux engagements par écrit (2); la preuve de ces applications du mot écritures est sans réplique dans les continuateurs de Ducange, aux mots SCRIPTURA, CONSCRIPTIO, qui sont les sources des diverses dénominations qu'elles ont prises depuis le VIe siècle jusqu'au XIIIe. Les diminutifs mêmes de ces mots, comme *scriptellum*, ont fait fortune au XIVe siècle, pour signifier des billets, des cédules, etc. (3). Le mot latin *orthographium* ne doit point être séparé des écritures, avec lesquelles il convient, et quant au sens et quant à l'étymologie (4).

ÉCRITURES (*jurisp.*). Lorsque dans une instance les avoués respectifs des parties ont été régulièrement constitués, le défendeur, suivant les prescriptions de l'art. 77 du Code de procédure civile, doit faire présenter par son avoué ses moyens de défense en réponse à ceux qu'avait invoqués le demandeur dans l'exploit d'ajournement. Ces défenses, contenant l'exposé des moyens de fait et de droit, les conclusions du défendeur, et, de plus, l'offre de communiquer les pièces à l'appui, soit amiablement, soit par la voie du greffe, ces défenses, disons-nous, doivent être signifiées à l'avoué adverse dans la quinzaine de la constitution. C'est là ce qu'on nomme, en termes de procédure, *écritures* ou encore *requêtes*, parce que l'écrit est adressé aux président et juges du tribunal saisi de l'affaire. Dans la huitaine suivante le demandeur fait signifier sa réponse aux défenses; mais ce n'est point une obligation, et il peut, immédiatement après les défenses, poursuivre l'audience sur un simple acte d'avoué à avoué. — Pour éviter des abus quelques précautions ont été prises : ainsi, d'abord, si ces écritures contiennent des redites, des répétitions, des inutilités qui n'ont évidemment d'autre but que d'augmenter les frais du procès, le juge taxateur peut et doit retrancher tout ce qui lui semble inutile; de plus, l'art. 74 du tarif et l'art. 104 du Code de procédure ont fait disparaître un abus qui se renouvelait fréquemment sous l'ancienne organisation judiciaire : il consistait en ce que le procureur qui avait gagné son procès, et à la partie duquel on avait adjugé les dépens, intercalait, souvent après coup, dans l'original de ces écritures d'énormes cahiers qui n'avaient jamais été signifiés et n'avaient jamais figuré dans l'instance, et dont néanmoins on répétait les frais contre l'adversaire. C'est pour prévenir le retour d'une pareille prévarication que la loi actuelle impose aux avoués l'obligation de déclarer à la fin de chaque signification d'écritures de ce genre le nombre de rôles dont ces écritures se composent; et cette déclaration doit être faite tant sur l'original que sur la copie, *à peine de rejet de la taxe*.—Une autre précaution plus minutieuse encore, mais non moins utile, a consisté à fixer le *minimum* de lignes que doit contenir chaque page d'une requête et le *minimum* de syllabes que doit avoir chaque ligne. Ce *minimum* est de 25 lignes à la page et de 12 syllabes à la ligne. Ces détails, tout puérils qu'ils sont, ne sont pas sans importance. On conte encore au Palais l'histoire d'un vieux procureur qui, dans une requête singulièrement remarquable par la brièveté de ses lignes, avait trouvé le moyen de composer une ligne avec ces trois mots : *Il y a*. Le juge chargé de la taxe compléta la ligne en ajoutant : *Dix écus d'amende pour le procureur*.

ÉCRITURE SAINTE. Les expressions l'*Écriture sainte*, *les Écritures*, *les saintes Écritures*, n'étant que de simples synonymes de *Bible*, c'est à ce dernier mot que nous renvoyons le lecteur pour les diverses questions qui se rattachent à celui d'Écriture. Nous n'ajouterons ici qu'un seul mot sur la signification même de ce dernier terme. On appelle *Ecriture*, etc., le recueil des livres de l'Ancien et du Nouveau Testament, parce que ces livres contiennent la parole de Dieu, écrite par l'ordre de Dieu lui-même, et sous l'inspiration du Saint-Esprit. C'est par-là qu'elle diffère essentiellement de la *tradition* (V. ce mot), qui, à la vérité, renferme aussi la parole de Dieu, conservée dans les écrits des saints docteurs de l'Église, mais non écrite par son ordre, sous sa dictée, et avec le secours surnaturel de l'inspiration de son divin esprit (V. INSPIRATION). J. G.

ÉCRITURES SAINTES (*diplom.*). Tout sert à un antiquaire éclairé; il tire parti de tout. Il sait que, dès le temps de saint Grégoire-le-Grand, la version de l'Ecriture sainte par saint Jérôme avait pris le dessus sur l'italique, et que depuis on ne fit de celle-ci presque aucun usage. Il en conclut qu'un manuscrit de cette traduction, qui n'en contiendrait point d'autres, c'est-à-dire qui ne serait ni à double ni à triple version, doit remonter à des temps fort reculés. Si on lui présente un manuscrit des saints Evangiles, l'ordre qui y est observé entre les évangélistes lui fournit des moyens de discerner l'âge de ce manuscrit; si ces saints apôtres ne gardent pas entre eux les rangs que nous y voyons actuellement, par ces indices singuliers il s'annoncera pour être d'une belle antiquité. On ne pourra guère le rabaisser au-dessous de saint Jérôme, ou tout au moins au-dessous du temps où sa version fit presque tomber l'*italique* en discrédit. Il en est de même d'un manuscrit où saint Luc serait appelé Lucanus pour Lucas. La division de l'Ecriture sainte, ou, pour mieux dire de l'Ancien-Testament, par chapitres et par versets, fut faite par Etienne Langton, créé cardinal en 1221 (1). Elies Dupin (2) attribue cette division au cardinal Hugues; mais ces deux auteurs conviennent du même siècle. Ce fut le célèbre Robert Etienne qui, en 1551, distribua le nouveau en versets, et donna à ces divisions l'ordre fixe que nous y voyons (3). Au commencement du IVe siècle, les évangiles et les épîtres avaient bien leurs divisions et subdivisons qu'Eusèbe de Césarée attribue à Origène; mais les chapitres et les versets n'avaient pas partout, à beaucoup près, une forme égale; et jusqu'au temps des divisions modernes il n'y eut rien de fixe.

ÉCRIVAILLEUR, s. m., mauvais auteur qui écrit beaucoup.

ÉCRIVAIN, s. m., celui dont la profession, dont l'occupation habituelle est d'écrire ou de montrer à écrire. On l'emploie rarement dans ce sens. Il se disait autrefois sur les vaisseaux de l'État de l'agent comptable chargé de tenir les registres en ordre, de veiller aux consommations, et de les porter sur les livres. Il se dit encore du commis embarqué sur les grands bâtiments de commerce par les armateurs pour y remplir des fonctions analogues. *Ecrivain public*, celui qui écrit pour le public des lettres, des mémoires, des pétitions, etc. — ÉCRIVAIN, se dit aussi d'un homme qui compose des livres. Absol., *Un écrivain*, un auteur distingué par les qualités de son style.

ÉCRIVAIN, s. m., *écrivain royal* (*hist.*), officier du roi de Perse qui était attaché à la cour de chaque satrape de l'empire, et auquel les ordres du souverain étaient directement adressés par le genre de communication nommé *angarion*. — ÉCRIVAIN APOSTOLIQUE (*chancell. rom.*), secrétaire de la chancellerie du pape.

ÉCRIVAINS COPISTES. Nous avons parlé à l'article calligraphe de la profession de copistes, considérée au point de vue de l'art. On sait que dans l'antiquité la profession de copiste était entièrement abandonnée aux esclaves, ce qui aurait pu donner aux caractères cursifs employés par les hommes libres le nom de *litteræ ingenuæ*, par opposition à l'écriture à main posée usitée dans les manuscrits. Les copistes ne s'avisèrent que fort tard de s'appuyer sur une table pour écrire. Les miniatures des plus anciens manuscrits les représentent toujours écrivant sur leurs genoux; à côté d'eux sont leurs instruments, que les descriptions qui nous en ont été données dans différents passages d'auteurs anciens nous aident d'ailleurs à reconnaître : ce sont la règle, le compas, le plomb pour crayon, les ciseaux, le canif, la pierre ponce, l'encrier, l'écritoire ou trousse destinée à renfermer à la fois l'encrier et les roseaux, les fioles pour les encres de couleurs, l'éponge et le pinceau. Ce dernier instrument ne servait que pour les lettres initiales tracées en or ou en cinabre. C'est au VIIe siècle qu'il est pour la première fois fait mention de la plume. Cet instrument ne fit pourtant pas renoncer au roseau, qui permettait de donner aux déliés une plus grande finesse. La peinture des lettres onciales et des ornements en or ou en cinabre était confiée à un ouvrier spécial que l'on nommait rubricateur. Le métier de copiste acquit une certaine importance lorsque les études commencèrent à refleurir en Europe. Il occupa alors une classe d'hommes fort considérables, sans parler des nombreux monastères où la transcription des manuscrits était au nombre des devoirs prescrits aux moines par la règle, et où même on n'était admis qu'en faisant cadeau à la bibliothèque du couvent d'une ou de plusieurs copies d'ouvrages pieux ou profanes. Charles V et les ducs de Bourgogne de la troisième race employèrent surtout un grand nombre de copistes. Voici quelques notes curieuses extraites des comptes de dépense manuscrits de la maison de Philippe-le-Hardi : « (Amiot Arnaut) Belin, enlumineur à

(1) *Hist. de Languedoc*, t. II, col. 94, 258, 267.
(2) *Ibid.*, col. 51.
(3) *Ibid.*, col. 256 et suiv.
(4) *Gloss. de Ducange.*

(1) *Georg. Jos. Eggé*, t. I, n° 16.
(2) *Proleg. de la Biblioth.*, p. 943.
(3) *Voyage littér. d'Étienne Jordan*, p. 17.

Dijon, escript et enlumine un sept psaumes, pour la duchesse, pour 3 fr. (environ 28 fr. 45 cent.), 1377. Le duc paye à maistre Robert, faiseur de cadrans à Paris, 4 fr. (30 fr. 45 cent.) pour un almanach qu'il avait fait pour li, pour ceste année, commençant le 1er janvier 1382. Le duc paye à Henriot Garnier Breton 72 fr. (511 fr. 30 cent.), pour ung livre appelé les *Chroniques des rois de France.* » Au XVe siècle, les copistes formaient à Paris une confrérie, et la plupart d'entre eux étaient libraires ou *vendoyeurs de parchemins.* Cependant, malgré les recommandations que ne cessaient de faire les hommes instruits, chaque jour les ouvrages étaient de plus en plus défigurés par les copistes, et rien ne peut mieux peindre leur ignorance et leur négligence que le passage suivant de Pétrarque: « Comment pourrons-nous, dit-il, apporter quelque remède au mal que nous font les copistes, qui, par leur ignorance et leur paresse, gâtent et ruinent tout? C'est ce qui empêche plusieurs beaux génies de mettre au jour leurs ouvrages immortels. C'est une punition qui est bien due à ce siècle fainéant, où l'on est moins curieux de livres que de mets recherchés, et plus jaloux d'avoir de bons cuisiniers que de bons copistes. Quiconque sait peindre le parchemin et tenir la plume passe pour habile copiste, quoiqu'il n'ait ni savoir ni talent. Je ne parle pas de l'orthographe, elle est perdue depuis longtemps Plût à Dieu que les copistes écrivissent, quoique mal, ce qu'on leur donne à transcrire! on verrait leur ignorance, mais on aurait au moins la substance des livres; on ne confondrait pas les copies avec les originaux, et les erreurs ne se perpétueraient pas de siècle en siècle... Le mal est qu'il n'y a ni règle ni loi pour les copistes; ils ne sont soumis à aucun examen. Les serruriers, les agriculteurs, les tisserands et autres ouvriers sont assujétis à des examens et à des règles, mais il n'y en a point pour les copistes. Cependant il y a des taxes pour ces destructeurs barbares, et il faut les payer bien cher pour gâter tous les bons livres. » Ailleurs, dans une lettre à Boccace, le même poète se plaint de ce qu'il ne peut trouver personne qui copie fidèlement son livre sur la *Vie solitaire.* « Il paraît incroyable, dit-il, qu'un livre qui a été écrit en peu de mois ne puisse être copié dans l'espace de plusieurs mois. »

ÉCRIVAINS JURÉS. Un faussaire, puni en 1569 pour avoir contrefait la signature de Charles IX, donna lieu à la création d'une communauté d'écrivains experts vérificateurs, à laquelle, l'année suivante, le chancelier de L'Hôpital fit accorder des lettres patentes qui en qualifient les membres de *maîtres-jurés-écrivains-experts-vérificateurs d'écritures contestées en justice.* Ces lettres furent enregistrées au parlement en 1571, et confirmées par Henri IV, qui, par d'autres lettres patentes du mois de décembre 1595, « exempta les maîtres-experts-jurés-écrivains de commissions et charges de ville, et défendit expressément de les y nommer, élire et contraindre en quelque manière que ce fût, à l'exemple de tous les régents et maîtres ès-arts de l'Université de Paris. » Cette communauté fut érigée en académie par des lettres de Louis XV au mois de décembre 1727, lettres portant homologation de leurs statuts. Les séances de la nouvelle académie furent fixées au jeudi de chaque semaine. Mais ce projet resta longtemps sans commencement d'exécution, et l'Académie ne tint sa séance d'ouverture que le 25 février 1762, en présence des magistrats et d'un nombreux public. Suivant ces règlements, cette académie était composée d'un directeur et d'un secrétaire, nommés chaque année, le jour de saint Matthieu; d'un chancelier, d'un garde perpétuel des archives, de quatre professeurs et de quatre adjoints annuels. Les quatre professeurs enseignaient dans un cours différent l'écriture, le calcul, les vérifications et la grammaire, objets qui faisaient le but de l'érection de l'académie. Pour éterniser le souvenir de son établissement, cette société fit frapper une médaille d'or. Elle fut admise, le 13 avril 1763, à présenter au roi ses premiers ouvrages. Elle avait pour sceau un écusson d'azur à une main d'argent, posée de face, tenant une plume d'argent, avec deux billettes en chefs et une billette en pointe, toutes trois d'argent. Son patron était saint Jean l'évangéliste. Elle accordait des lettres d'amateurs aux étrangers, aux gens de lettres et aux artistes dont les talents avaient quelques rapports avec les objets qu'elle enseignait.

ÉCRIVAIN (*poiss.*), nom que porte un poisson du genre crenilabre, le *crenilabrus scriba*, Linné.

ÉCRIVASSIER, s. m., terme de mépris pour désigner un auteur qui écrit beaucoup et très mal. On dit plus ordinairement *écrivailleur.*

ÉCROTAGE, s. m. (*technol.*), action d'écroter.

ÉCROTER, v. a. (*technol.*), enlever la première terre d'un ouvroir de saline.

ÉCROU, s. m., pièce de bois, de fer, ou de toute autre matière solide, percée en spirale, et dans laquelle entre la vis en tournant.

ÉCROU (*jurispr.*). C'est l'acte constatant qu'un prévenu, accusé, ou condamné, ou qu'un débiteur est en état de détention. L'ecrou du débiteur doit énoncer : 1° le jugement; 2° les noms et le domicile du créancier; 3° l'élection de domicile, s'il ne demeure pas dans la commune; 4° les noms, demeure et profession du débiteur; 5° la consignation d'un mois d'aliments au moins; 6° enfin mention de la copie qui sera laissée au débiteur, parlant à sa personne, tant du procès-verbal d'emprisonnement que de l'écrou. L'écrou doit être signé de l'huissier. Le gardien ou geôlier doit transcrire sur son registre le jugement qui autorise l'arrestation; faute par l'huissier de représenter ce jugement, le geôlier doit refuser de recevoir le débiteur et de l'écrouer. Quant à ce qui concerne l'écrou des prévenus, accusés ou condamnés, il doit être inscrit sur un registre tenu par les gardiens des maisons d'arrêt, des maisons de justice et des prisons. Ce registre est signé et paraphé à toutes les pages par le juge d'instruction, pour les maisons d'arrêt; par le président de la cour d'assises, ou en son absence par le président du tribunal de première instance, pour les maisons de justice, et par le préfet, pour les prisons pour peines. Tout exécuteur de mandat d'arrêt, d'ordonnance de prise de corps, d'arrêt ou de jugement de condamnation, est tenu, avant de remettre au gardien la personne qu'il conduira, de faire inscrire sur le registre l'acte dont il sera porteur; l'acte de remise doit être écrit devant lui. Le tout est signé par lui et par le gardien. Aucun gardien ne peut, sous peine d'être poursuivi et puni comme coupable de détention arbitraire, recevoir, ni retenir aucune personne qu'en vertu, soit d'un mandat de dépôt, soit d'un mandat d'arrêt décerné selon les formes prescrites par la loi, soit d'un arrêt de renvoi devant une cour d'assises, d'un décret d'accusation, ou d'un arrêt ou jugement de condamnation à peine afflictive, ou à un emprisonnement, et sans que la transcription en ait été faite sur son registre. Ce registre doit également contenir, en marge de l'acte de remise, la date de la sortie du prisonnier, ainsi que l'ordonnance, l'arrêt ou le jugement en vertu desquels elle aura lieu.

ÉCROUE, s. m. (*anc. législ.*), rôles que les receveurs remettaient aux sergents pour faire le recouvrement des tailles et amendes. Déclaration, dénombrement et aveu d'héritage côtiers que les sujets remettaient à leur seigneur. Ecritures contenant l'exposé des faits et des raisons de chaque partie, sur un point en litige.

ÉCROUELLES (*méd.*). (*V.* SCROFULES.)

ÉCROUELLES. Le don miraculeux que l'on attribuait aux rois de France de guérir les écrouelles en les touchant de leurs mains, sur lesquelles avait été faite une onction avec la sainte ampoule, remonte, suivant la tradition, au roi Robert. Un anonyme du VIIe siècle en parle déjà comme ayant été conféré par saint Marcou aux rois de France. Dès le surlendemain du sacre, le roi touchait les malades atteints de cette affection scrofuleuse, en prononçant ces paroles : *Dieu te guérisse, le roi te touche.* Il renouvelait cette cérémonie cinq fois tous les ans, les jours où il faisait ses dévotions, et des centaines de malades lui étaient alors présentés. Étienne de Conti, religieux de Corbie, vivant en 1400, et auteur d'une histoire de France manuscrite, qui se trouvait, avant la révolution, à la bibliothèque de Saint-Germain-des-Prés, rapporte ainsi les formalités observées en pareilles occasions par Charles VI : « Après que le roi avait entendu la messe, on apportait un vase plein d'eau, et le roi, ayant fait ses prières devant l'autel, touchait le mal de la main droite et se lavait dans cette eau, et les malades en portaient sur eux pendant les neuf jours de jeûne auxquels ils se soumettaient ensuite. » Le continuateur de Monstrelet remarque que Charles VIII toucha les écrouelles à Rome, et *les guérit*, « dont ceux d'Italie, ajoute-t-il, *voyant ce mystère, en furent oncques si émerveillés.* »

ÉCROUELLEUX, EUSE, adj. (*anc. t. de méd.*). Il se disait autrefois de ce qui tient de la nature des écrouelles. On dit aujourd'hui *scrofuleux.*

ÉCROUER, v. a., écrire sur le registre des emprisonnements le jour où une personne est mise en prison, la cause pour laquelle elle a été arrêtée, et par l'ordre de qui s'est faite l'arrestation.

ÉCROUES, s. f. pl., états ou rôles de la dépense de bouche de la maison du roi.

ÉCROUIR, v. a. (*t. d'arts*), battre un métal à froid, pour le rendre plus dense et pour lui donner du ressort.

ÉCROUISSEMENT, s. m., action d'écrouir ou le résultat de cette action.

ÉCROULEMENT, s, m., chute, éboulement, en tout ou en partie, de terres, de murailles, d'édifices mal soutenus, etc.

ÉCROULER (S'), v. pron., tomber en s'affaissant. On supprime quelquefois le pronom. Il se dit quelquefois figurément.

ÉCROUTER, v. a., ôter la croûte.

ÉCRU, UE, adj., t. de manufacture qui s'emploie principalement dans ces locutions, *soie écrue*, celle qui n'a point été mise à l'eau bouillante; *fil écru*, celui qui n'a point été lavé; *toile écrue*, celle qui n'a point été blanchie.

ÉCRU, UE, adj. (*comm.* (. Il se dit substantivement, au m.. de la qualité de ce qui est écru. Il se dit de même des étoffes écrues. *Fer écru* (*technol.*), celui qui, ayant été ou brûlé ou mal corroyé, se trouve mêlé de crasse.

ECTASE, s. f. (*philol. anc.*). Il se dit, dans la prosodie grecque, d'une licence qui consiste à employer comme longue une syllabe qui devrait être brève.

ECTÈNES, s. m, pl. (*ant.*), nom des premiers habitants de la Béotie. Ils avaient pour roi Ogygès. Les Ectènes périrent par une peste et furent remplacés par les Hyantes et les Aoniens.

ECTHÈSE, s. f., littéral., exposition. Il se disait, au moyen âge, de toutes les formules ou confessions de foi dressées au nom d'un concile, d'un empereur, etc. L'ecthèse d'Héraclius (639) fut condamnée par le pape Jean IV, et abrogée par le type de Constantin II (648).

ECTHYMA, (*méd.*), nom d'une maladie cutanée, non contagieuse, caractérisée par une éruption de pustules larges, arrondies, à base dure, auxquelles succède une croûte épaisse qui laisse à son tour, après sa chute, une empreinte rouge longtemps persistante ou bien une véritable cicatrice. Cette maladie consiste dans une inflammation des follicules sébacés de la peau. (*Voy.* le mot **PEAU.**)

ECTHLIPSE, s. f. (*philol. anc.*), figure de grammaire, qui consiste à supprimer une lettre dans un mot. Dans la versification latine, l'*ecthlipse* est l'espèce d'élision qui a lieu quand la syllabe élidée se termine par une *m*. Chez les premiers poètes latins l'*ecthlipse* a lieu aussi à l'égard de la syllabe *us* ou de la lettre *s* seulement.

ECTHYMORE, s. f. (*méd.*), ébullition, agitation, bouillonnement du sang.

ECTOME, s. f. (*chirurg.*), excision, ablation, amputation.

ECTOPOGONES, *ectopogoni* (*bot.*). Les mousses dont l'orifice de l'urne est garni de dents doubles ou fendues composant un péristome externe, forment, sous ce nom, dans la méthode de Palisot de Beauvais, une section particulière.

ECTOPAGE, s. m. (*anat.*), monstre double dont les deux corps sont réunis latéralement.

ECTOPAGIE, s. f. (*anat.*), réunion de deux corps par les côtés de la poitrine.

ECTOPHLÉODE, adj. des deux genres (*bot.*), Il se dit des lichens qui croissent à la surface des plantes.

ECTOPIE (*médec.*). Les pathologistes désignent généralement par le nom d'ectopie tout déplacement des viscères. On donne plus particulièrement le nom de *hernie* au déplacement des organes abdominaux qui ont lieu à travers les échancrures et les fissures des parois abdominales internes, et le nom de *luxation* aux déplacements des os. (*V.* ces mots.)

ECTOPOCYSTE, s. f. (*méd.*), déplacement de la vessie.

ECTOSPERME, *ectosperma* (*bot.*), genre longtemps confondu avec les conferves, et dont les caractères principaux sont : filaments simples ou rameux, tubuleux, absolument inarticulés, plus ou moins transparents, remplis ordinairement d'une substance verte, analogue à celle que colore les charagne, et la plupart des plantes aquatiques; et pour fructification des capsules extérieures en tube, ovales ou arrondies, sessiles ou pédicellées, solitaires ou réunies en plus ou moins grand nombre, opaques, et remplies de corpuscules graniformes. — Les ectospermes sont plus ou moins rudes au toucher, disposés soit en gazons, soit en touffes arrondies, soit enfin en nappes au fond des bassins des eaux vives. Quelques espèces d'ectospermes continuent à croître après l'évaporation des eaux qui les recouvraient. Elles forment alors des masses plus ou moins compactes, d'un vert soyeux, qui ont l'aspect d'une éponge. — C'est vers la fin de l'automne que fructifient les ectospermes, ou dans les premiers jours du printemps. On a classé les espèces de ce genre en plusieurs groupes, selon la nature de leurs capsules. Dans le premier, les capsules sont solitaires, obovales, latérales, épaisses, et entièrement nues. C'est dans ce groupe que se trouve l'*ectosperme dichotome ect. dichotoma*, l'espèce la plus commune du genre. Les extrémités sont très obtuses, la grandeur assez forte; elle abonde dans toutes les eaux. Le deuxième groupe se compose des espèces à capsules sessiles, rondes, latérales, solitaires ou géminées, et accompagnées d'un appendice bractéiforme : on ne cite qu'une espèce de ce groupe, c'est l'*ectosperme éthéroclite.* Dans le troisième sont les espèces à capsules solitaires et pédicellées; les espèces ont le pédicule qui supporte la fructification, simple, fourchu ou accompagné de ramicules bractéiformes. Les principales sont : les *ectosperma ovata*, *homata*, *terrestris*, etc. Dans le quatrième, les ectospermes à capsules sessiles géminées opposées vers l'extrémité de l'appendice qui les supporte : *ectosperma geminata*, *cruciata*, etc. Dans le cinquième groupe celles dont les capsules sont réunies en plus ou moins grand nombre sur des appendices bractéiformes, soit sessiles, soit stipités : *ectosperma racemosa*, *multi capularis*, etc. Dans le sixième enfin les espèces à capsules ovoïdes terminales. à rameaux terminés en petites massues; *ectosperma clavatella.*

ECTROMÈLE, s. m. (*anat.*), monstre qui manque d'un ou de plusieurs membres.

ECTROPION (*pathol.*). On désigne ainsi une maladie des paupières qui consiste dans le renversement en dehors de l'un ou de l'autre de ces voiles membraneux. L'ectropion inférieur est beaucoup plus commun que le supérieur. Lorsqu'il a lieu à la fois dans les deux paupières il en résulte un aspect difforme qui rappelle l'œil de lièvre, ce qui a fait donner à cette difformité le nom de *lagophthalme*. Le renversement des paupières n'est quelquefois que partiel et comprend seulement un de leurs angles. A leur maximum, il est tel que le bord ciliaire de la paupière vient s'adapter sur le bord de l'orbite, affectant ainsi une forme de croissant. Dans ce cas, toute la conjonctive palpébrale est mise à découvert, ce qui prédispose les sujets qui sont affectés de cette difformité à des ophthalmies continuelles qui compromettent à la longue la vision. L'ectropion est ordinairement le résultat de cicatrices qui brident et raccornissent la peau des paupières, ou du boursouflement et de la végétation inflammatoire de leur membrane muqueuse. Ses effets sont le larmoiement et l'inflammation consécutive des parties mises à découvert. Les moyens les plus ordinaires de remédier à l'ectropion consistent à cautériser ou à exciser la portion de membrane muqueuse qui déborde le bord libre des paupières.

ECTROSE, s. f. (*médec.*), avortement.

ECTROTIQUE, adj. des deux g. (*méd.*), qui est propre à faire avorter. On l'emploie comme s. m.

ECTYLOTIQUE, adj. des deux g. (*méd.*). Il se dit de médicaments qui ont la propriété de conserver les callosités. Il s'emploie comme substantif masculin.

ECTYPE, s. f. (*t. d'antiquaire*), copie, empreinte d'une médaille, d'un cachet; ou copie figurée d'une inscription. Il a vieilli.

ÉCU, s. m., espèce de bouclier que portaient autrefois les cavaliers. Il se prend aussi pour la figure de ce bouclier, sur laquelle se peignent les armoiries. — ÉCU, se dit en outre d'une certaine monnaie d'argent. Il signifie également une monnaie de compte de la valeur de 3 livres ou 60 sous tournois. Fam., *mettre écu sur écu*, thésauriser. Par exag. et fam., *avoir des écus à remuer à la pelle*, être fort riche. Fam., *n'avoir pas un écu vaillant*, être fort pauvre. Prov., *les vieux amis et les vieux écus sont les meilleurs.* Prov. et fig., *voici le reste de notre écu*, et plus ordinairement, *voici le reste de nos écus*, se dit en plaisantant d'une personne qu'on voit arriver dans une compagnie. *Ecu d'or*, ancienne monnaie d'or qui a eu diverses valeurs selon les temps et les pays. Par opposition on appelait l'écu d'argent, *écu blanc. Ecu-quart*, ancienne monnaie de compte, valant 64 sous. *Quart d'écu*, ancienne monnaie d'argent qui valait d'abord quinze ou seize sous, et qui plus tard, en a valu davantage.

ÉCU, *denier d'or à l'écu*, *écu d'or.* L'habitude que l'on avait, au moyen âge, de donner aux espèces courantes, quel que fût leur métal, le nom de *denier*, fit que toutes les espèces d'or furent désignées sous cette dénomination; mais, pour les distinguer entre elles, on leur adjoignit quelques qualificatifs, tirés généralement de l'empreinte dont elles étaient marquées; c'est ainsi qu'on disait *denier d'or à l'agnel*, *aux fleurs de lys*, *à l'écu*, etc. Cette dernière espèce donna naissance à notre écu d'or. Inventée en 1337 par Philippe de Valois, elle fut d'abord d'or fin, à 24 carats, et à la taille de 50 au marc; et fin, elle valait

25 sous. Mais, dans la suite, elle eut le sort de toutes les bonnes monnaies, et son titre, son poids, et conséquemment sa valeur, baissèrent successivement. Ainsi, à la fin du règne du roi Jean, les deniers à l'écu n'étaient plus qu'à 18 carats. On peut voir, dans la table que Leblanc a insérée à la suite de son Traité des monnaies de France, les vicissitudes subies par cette monnaie, à laquelle ces variations firent donner les noms d'*écus premiers*, et d'*écus seconds*. Le type des deniers d'or à l'écu présentait au droit la figure du roi couronné, assis sur une chaise, tenant d'une main un épée et de l'autre un écu chargé de fleurs de lys sans nombres. C'est cette dernière circonstance qui avait fait donner à ces pièces le nom d'écu. Au revers, on voyait une croix fleuronnée dans quatre tours de compas. Les légendes n'avaient rien d'extraordinaire : C'étaient, au droit, le nom du roi : *Philippus Dei gratiâ Francorum rex*, au revers, l'invocation habituelle, *xps vincit*, *xps regnat*, *xps imperat*. Des gens qui veulent voir partout des allusions, prétendent que Philippe-de-Valois ne s'était *pourtraité* ainsi que pour montrer à Edouard III qu'il saurait maintenir son droit à la couronne de France. Notre opinion est que ce prince n'eut point une pareille intention. On a dit aussi, que, pour lui répondre, Edouard avait copié ses espèces, nous pensons que le roi d'Angleterre ne contrefit ces espèces que pour tirer quelques profits de cette contrefaçon. Le roi Jean fit faire des deniers d'or à l'écu, semblables à ceux de son père, mais il paraît qu'on cessa de frapper sous Charles V; on recommença à en fabriquer, sous Charles VI, dès l'année 1384. Les écus d'or étaient alors d'or fin ; on en taillait 60 au marc, et ils avaient cours pour 22 sous tournois. Les anciens deniers d'or à l'écu prirent le nom d'*éculs viels*. On continua de frapper de *nouveaux écus d'or* sous les règnes suivants, et, depuis Louis XI jusqu'à Louis XIV, ces écus furent presque les seules espèces d'or monnayées en France : Nous ne dirons rien des variations de leur poids et de leur titre pendant cette période. Leblanc à fait ce travail, dans la table dont nous avons déjà parlé. Nous ne le transcrirons pas ici. En modifiant le nom des écus, on avait aussi modifié leur types; c'était bien la même légende, et, à quelques variations près, la même croix fleuronnée; mais la figure du droit avait disparu, et était remplacée par un écu de France, surmonté d'une couronne, et accosté de deux fleurs de lys couronnées ou simplement de deux couronnes ; ce qui fit, que, dans le commencement, les nouveaux écus d'or furent nommés *couronnes, ou couronnes de France*. On trouve dans différents auteurs, beaucoup d'autres noms appliqués à l'écu d'or ; tels sont ceux d'*écu à la couronne, au porc-épic, à la Salamandre*, et surtout ceux d'*écus au soleil* et d'*écu au sol*. Ces dénominations, qui paraissent d'abord bizarres, sont pourtant fort simplest et proviennent seulement de ce que, à la place de la croix de la légende, on remarque une couronne, un soleil, etc., ou bien que l'écu est accosté de deux porc-épics ou de deux salamandres. Ces dernières espèces, il n'est pas besoin de le dire, ne furent frappées que sous le règne de Louis XII et de François Ier. On connaît en outre des espèces nommées *écus-heaumes*, parce que l'écu était surmonté d'un heaume avec ses lambrequins. Ces jolies pièces datent du règnd de Charles VI, qui faisait aussi des *demi écus-heaumes*. Les écus-heaumes valaient 49 sous, et étaient doubles des écus à la couronne. La valeur des demi-heaumes était de 20 sous. L'empreinte des écus varia peu depuis Charles VI jusqu'à Louis XII; mais Louis XII l'altéra en y ajoutant ses emblèmes, et en y remplaçant quelquefois par des L les fleurs de lis et les couronnes du champ. François Ier ne se contenta pas d'imiter en cela son prédécesseur : il renchérit encore sur lui, il remplaça quelquefois la croix que l'on voyait dans le champ par une grande F, ou par son portrait, et altéra même l'antique légende *xps vincit*, à la place de laquelle il mit les mots; *Deus in adjutorium meum intende*. Un écu, à l'effigie de ce prince, porte la date de 1532; c'est la première que l'on trouve sur les monnaies françaises. Après François Ier le type des écus d'or reprit son ancienne simplicité, qu'il conserva jusqu'au règne de Louis XIV, époque où l'usage de cette monnaie fut abandonné. Les écus d'or valaient alors 6 livres, c'est-à-dire, 120 sous, au lieu de 22 sous qu'ils avaient valu dans l'origine. Cependant, leur taille et leur titre étaient restés les mêmes; mais le son s'était altéré, et, d'argent qu'il était lors de la première émission des écus d'or, il était devenu de cuivre. Voici du reste, les variations que l'écu avait successivement éprouvées; cette valeur était de 25 sous en 1445; de 28 en 1473; de 33 en 1475; de 40 en 1516; de 45 en 1540; de 50 en 1561; de 60 en 1577; de 3 livres 15 sous en 1615; enfin, de 4 livres 6 sous en 1633. Ainsi qu'on vient de le voir, l'écu primitif était une monnaie d'or. On fit, en 1580, des monnaies d'argent qu'on nomma *quart* et *demi-quart d'écu*, parce qu'elles valaient le quart ou le huitième de cette monnaie. Les *quarts* d'écu étaient à 11 deniers de titre, et ils valaient 7 sous 6 deniers. On vient de voir, en effet, que dès 1577, l'écu d'or avait été porté à 60 sous. Le cardinal de Bourbon, Louis XIII et Louis XIV firent frapper des quarts d'écu. Le type de ces pièces resta toujours le même, ainsi que celui des huitièmes d'écu ; on y voit d'un côté le nom du roi autour d'une croix fleurdelysée, et de l'autre, l'écu de France, surmonté d'une couronne, avec la légende : *benedictum sit nomen Domini*. Sous Henri III, l'écu de France fut accosté de deux H ; mais depuis, cette lettre fut remplacée par les chiffres IIII ou VIII, destinés à indiquer la valeur de la pièce par rapport à l'écu d'or. — Henri IV fit frapper des pièces d'argent qui prirent le nom de demi-écu, parce qu'elles valaient 30 sous. Elles représentaient d'un côté l'effigie du prince couronnée de lauriers; dans la légende se lisaient ses titres et à l'exergue les deux mots : *demi-escu*; de l'autre côté, on y retrouve encore la légende *Christus vincit*, etc., avec l'écu de France, accosté de deux H couronnées et surmonté d'une couronne fermée ; à l'exergue, on lit la date : 1589. — Du temps de Louis XIII, on fit une monnaie d'argent qui, pour le type, était à peu près semblable au demi-écu de Henri IV, mais qui était le double en poids. Comme elle valait 60 sous, ainsi que l'écu d'or, on lui donna le nom d'*écu blanc*. Ce fut l'origine de notre écu de 6 livres. Nos pièces de 3 livres ne sont qu'un demi-écu, et nos pièces de 30 sous un quart d'écu. On cessa de frapper des écus lors de l'introduction du système décimal dans les monnaies, et aujourd'hui ce n'est plus que par abus que l'on donne encore quelquefois le nom d'écu de *cent sous* à la pièce de 5 francs.

ÉCU D'OR (*hist.*), nom d'un ordre de chevalerie qui fut institué, en 138?, par Louis-le-Bon, duc de Bourbon. — *Ecu-sol* (*archéol. fr.*), nom de la plus ancienne monnaie d'or appelée *écu*. — *Ecu d'or*, monnaie de Philippe VI et de Jean II. — *Ecu à la couronne*, monnaie d'or qui fut frappée sous Charles VI. — *Ecu heaume*, monnaie d'or fabriquée sous Charles VI, et qui portait un heaume ou casque. — *Ecu d'or au soleil*, monnaie frappée sous Louis XI et sous Charles VIII, avec un soleil au-dessus de la couronne. — *Ecu au porc-épic*, monnaie d'or fabriquée sous Louis XII ; deux porcs-épics, qui étaient la devise de ce prince, soutenaient l'écu. — *Ecu à la salamandre*, monnaie qui fut frappée sous François Ier, avec deux salamandres à côté de l'écu. — *Ecu à la croisette*, nom que le peuple donna aux écus d'or au soleil de François Ier, parce qu'ils portaient une petite croix carrée. — *Double écu d'or*, monnaie d'or frappée sous Henri II : on y voit quatre H couronnés, avec la légende *Donec impleat orbem*. — *Ecu blanc* ou *louis d'argent*, monnaie d'argent qui fut frappée sous Louis XIII ; il y en avait de 60, de 30, de 15 et de 5 sous. — *Ecu à la lanterne*, monnaie dont parle Rabelais, et que le Duchat croit être un demi-teston d'argent. — *Ecu au sabot*, monnaie dont parle Rabelais, et qui, selon le Duchat, devait être un ancien écu d'or dont le champ d'armoiries se rétrécissait par le bas, en forme de *sabot* ou de toupie. — *L'écu à l'étoile poussinière*, n'est qu'une dénomination que Rabelais a forgée en plaisantant. — *Ecu du palais*, jeton aux armes de France, dont les gens de justice se servaient pour faire leurs calculs. On l'appelle aussi *Monnaie de la bazoche*. — *Ecu de campagne* (*anc. t. milit.*), se disait d'une somme allouée au cavalier pour les 150 jours de quartier d'hiver. — *Ecu de six livres tournois* (*métrol.*), ancienne monnaie de France, qui a valu, avant d'être tout-à-fait supprimée, fr. 5, 80 c. — *Ecu de trois livres*, ancienne monnaie de France, qui a valu fr. 2, 75. — *Ecu de banque* ou *dollar d'Angleterre*, monnaie d'argent d'Angleterre, qui vaut fr. 5, 40. — *Ecu romain* ou *piastre*, monnaie de compte des Etats de l'Eglise ; l'écu romain se divise en 100 baiocchi, et vaut fr. 5, 38. — *Ecu de mer* (*législ. étrang.*), congé que la douane délivre, dans certains ports du nord de l'Europe, au capitaine d'un bâtiment de commerce qui a déchargé sa cargaison. — *Ecu* (*comm.*), se dit d'un papier de petite dimension. — *Ecu de Sobieski* (*astron.*), petite constellation de l'hémisphère austral.

ÉCU ou ESCU. Ce mot, dérivé du latin *scutum*, est employé par nos vieux écrivains, à partir du temps de Philippe-Auguste, pour désigner le bouclier, qui ne fut complètement abandonné qu'au commencement du XVIIe siècle. L'écu était réservé aux chevaliers et aux hommes d'armes ; l'infanterie portait la *targe*, le *pavois*, etc. Sa forme a d'ailleurs éprouvé des variations assez notables. On le portait au cou ou à l'arçon de la selle, pour le suspendre au bras gauche au moment du combat. Quelques monuments funéraires nous le représentent attaché à la ceinture et appuyé au fourreau de l'épée. Sur cette arme le noble figurait ses armoiries et inscrivait sa devise. C'est pour ce motif que dans la cérémonie de la dégradation on traînait l'écu attaché, la pointe en haut, à la queue d'une jument, après quoi on le mettait en pièces à coups de marteau. Les nouveaux adeptes en chevalerie portaient par fois un écu uni, sans armoiries, jusqu'à ce qu'ils eussent mérité par quelque exploit d'y faire peindre un emblème. L'écu fut remplacé par la rondelle à l'époque de François Ier. Il était d'ordinaire en bois couvert de cuir et garni d'un bord en métal; quelquefois même on le fabriquait seulement en cuir bouilli.

ÉCUAGE, s. m. (*anc. t. milit.*), service féodal auquel un écuyer était tenu envers le fief dominant.

ÉCUAGE (*féod.*), droit que l'on payait pour s'exempter du service militaire, ou pour se faire remplacer.

ÉCUANTEUR. s. m. (*technol.*), terme de charronage, par lequel on désigne le cône creux que présente le dehors d'une roue de voiture.

ÉCUBIER, s. m. (*t. de marine*), trou rond percé à l'avant d'un bâtiment, pour y faire passer les câbles.

ÉCUEIL, s. m., rocher dans la mer. Il se dit, figurément, des choses dangereuses pour la vertu, l'honneur, la fortune, la réputation, etc.

ÉCUELLE. s. f., Pièce de vaisselle d'argent, d'étain, de bois, de terre, etc., qui sert le plus communément à recevoir du bouillon, du potage, etc. — Fig. et bass. *Rogner l'écuelle à quelqu'un*. Lui retrancher de sa subsistance, de son revenu. — Bass., *cela est propre comme une écuelle à chat*, se dit de quelque chose de sale, fig., et pop. *Il a bien plu dans son écuelle*, se dit d'une personne à qui il est arrivé beaucoup de bien. — Prov., *Il n'y a dans cette maison ni pot au feu, ni écuelles lavées*, se dit d'une maison en désordre, où tout manque pour la cuisine, où il n'y a rien à manger. — Prov. et fig., *Mettre tout par écuelles*. Ne rien épargner pour faire grande chère à quelqu'un. — Prov. et fig., *qui s'attend à l'écuelle d'autrui a souvent mal dîné*, quand on compte sur autrui, on est souvent trompé dans ses espérance. — Prov. et fig., *Ils se raccommoderont à l'écuelle, comme les gueux*, ils se réconcilieront en buvant ensemble. — *Archer de l'écuelle*, archer qui était chargé d'arrêter les mendiants et de les mener à l'hôpital. — En botan. *Ecuelle d'eau*, plante ombellifère qui croît dans les marécages, et dont les feuilles font souvent le godet en dessus.

ÉCUELLE (*marine*). Plaque de fer de forme concave, qui porte un dé sur lequel tourne le pivot de la mèche d'un cabestan.

ÉCUELLE (*Ichthyol*). M. Ganan donne ce nom à l'espèce de disque que forment chez les lépadogastères les deux catopes en se réunissant. (*V.* **LÉPADOGASTÈRES** et **POISSONS**).

ÉCUELLE D'EAU (*Bot.*). Nom vulgaire de l'hydrocotyle commune, *hydrocotyle vulgaris*, dont les feuilles ombiliquées sont souvent un peu concaves.

ÉCUELLÉE, s. f. Plein une écuelle.

ÉCUIAGE, s. m. (*Ancien. législ.*). État, condition, service d'écuyer. *Tenir une terre par écuiage*, tenir une terre seigneuriale à condition de rendre au seigneur les services d'un écuyer et d'aller à la guerre avec lui.

ÉCUISSER, v. a. Faire éclater un arbre en l'abattant.

ÉCULER, v. a. Ils se dit en parlant des bottes et des souliers qui s'abaissent par derrière sur le talon. Il s'emploie aussi avec le pronom personnel.

ÉCULER, v. a. (*technol.*), Former la cire en petits pains.

ÉCULON, s. m. (*technol.*). Vase de cuivre à deux becs, garni de deux poignées, dont le cirier se sert pour emplir les planches où il fait les pains de cire.

ÉCUMAGE, s. m. (*technol.*). Action d'écumer.

ÉCUMANT, ANTE, adj. Qui écume, qui jette de l'écume.

ÉCUME, s. f. Espèce de mousse blanchâtre qui se forme et qui surnage sur l'eau ou sur quelque autre liquide agité, échauffé ou en fermentation. Il se dit aussi de la bave de quelques animaux lorsqu'ils sont échauffés ou en colère. On le dit quelquefois, dans un sens analogue, en parlant des personnes. Il se dit également de la sueur qui s'amasse sur le corps du cheval. — **ÉCUME**, se dit encore figurément, d'un ramas de gens vils et méprisables.

ÉCUME, s. f. (*archit.*). Nom sous lequel on emploie le mâchefer dans les ouvrages de rocaille. — **ÉCUME DE TERRE**, ou *écume printanière*, écume dont s'enveloppe la laine d'un insecte hémiptère.

ÉCUME DE CUIVRE (*Min.*). Nouvelle espèce de minerai de cuivre. (*V.* le mot **CUIVRE**.

ÉCUME DE MER (*Min.*). C'est une pierre composée essentiellement de magnésie de silice et d'eau et dont on fait des pipes très recherchées par les amateurs.

ÉCUME DE TERRE (*Min.*). On a traduit ainsi le mot *Schanmerde* qui est le nom donné par les minéralogistes allemands, à la variété de chaux carbonatée que nous nommons *calcaire, nacré talqueux*. (*V.* **CHAUX CARBONATÉE**).

ÉCUMER, v. n. Se couvrir d'écume, jeter de l'écume. — Prov. et bass., *Il écume comme un verrat*, se dit d'un homme qui écume de colère. — **ÉCUMER**, s'emploie aussi comme verbe actif, et alors il signifie, ôter l'écume qui se forme sur un liquide en ébullition. — Fig. et fam. *Ecumer les marmites*, vivre en parasite, écornifler. — Fig., *Ecumer les mers*, *écumer les côtes*. Exercer la piraterie. — **ÉCUME**, signifie quelquefois, figurément, et familièrement, prendre çà et là.

ÉCUMER, v. a. Il a été employé activement par quelques poëtes. — *Ecumer le pot*, expr. prov. et fig. Enlever ou retrancher ce qui est nuisible ou superflu.

ÉCUMER (*fauconn.*). Se dit de l'oiseau qui passe au-dessus de sa proie, et de celui qui vole sur le gibier que les chiens ont fait lever.

ÉCUMERESSE, s. f. (*technol.*). Écumoire à l'usage du raffineur de sucre.

ÉCUMETTE, s. f. (*technol.*). Écumoire à l'usage du fabricant de pipes.

ÉCUMEUR, s. m. Celui qui écume. Il n'est point usité au propre; mais on dit figurément, *un écumeur de marmites*, un parasite, et un *écumeur de mer*, un corsaire. La première de ces deux locutions est familière.

ÉCUMEUX, EUSE, adj. Qui est chargé d'écume, qui jette beaucoup d'écume. Il ne s'emploie guère qu'en poésie.

ÉCUMOIRE, s. f. Ustensile de cuisine fait en forme de cuiller plate, percée de plusieurs petits trous, et qui sert à écumer.

ÉCURAGE, s. m. (*technol.*), action d'écurer.

ÉCUREAU, s. m. (*technol.*), ouvrier qui écure les chardons dans une manufacture de draps.

ÉCUREMENT, s. m. (*agricult*), raie qui traverse un champ ensemencé et qui sert à faciliter l'écoulement des eaux.

ÉCURER, v. a., nettoyer, frotter, éclaircir avec du sablon, de la lie, ou autre chose semblable. Il se dit en parlant de la vaisselle, de la batterie de cuisine, ou autres ustensiles de même nature.

ÉCURER, v. n., express. prov., *Il faut à Pâques écurer son chaudron*, se dit, trivialement, pour à Pâques il faut nettoyer sa conscience, se confesser. — **ÉCURER** (*technol.*), nettoyer les chardons, enlever la bourre dont ils se sont remplis en parant les draps. — **ÉCURÉ, ÉE** (*part.*). — **ÉCURÉE** (*comm.*), se dit, adject. et subst., de la gravelle la plus pure.

ÉCURETTE, s. f. (*technol.*), sorte de grattoir dont se servent les facteurs d'instruments pour gratter l'intérieur des chalumeaux de la musette. Instrument avec lequel on nettoie les chardons.

ÉCUREUIL, *sciurus* (*mamm.*). Grande famille de l'ordre des mammifères rongeurs, dont les espèces sont répandues sur toute la surface du globe, si l'on en excepte toutefois l'Australie. Les écureuils sont sans contredit les plus agiles, les plus jolis et les plus intelligents de tous les rongeurs; aussi cherche-t-on à les apprivoiser, ce qui est facile, à cause de la douceur de leur caractère. Un instinct irrésistible les porte à grimper, ce qui leur est aisé par la disposition de leurs membres, qui sont plus longs postérieurement qu'antérieurement, et armés d'ongles crochus; leur corps est svelte, et leurs formes gracieuses sont encore rehaussées par leur queue longue et touffue, relevée comme un panache au-dessus du corps. Les poils de cette queue vont en divergeant comme les barbes d'une plume, ou ils sont comme chez les autres animaux. Le pelage est plus ou moins long sur tout le corps, et peint de couleurs très agréables. Les sens sont assez développés, les yeux sont très ouverts, et les oreilles, de grandeur moyenne, offrent souvent à l'extrémité de la conque un pinceau de poils qui les surpasse de plusieurs lignes : le tact est assez fin. Ces animaux vivent dans les forêts, sur les arbres, où ils établissent leur demeure, qui consiste le plus souvent en un petit nid placé à l'enfourchure de quelque branche. Ils ont la faculté de porter les aliments à leur bouche au moyen de leurs membres antérieurs. Leur nourriture consiste en racines, en écorces, en graines et en fruits. Les espèces vivent toujours réunies par couples; le nombre de leurs petits est de quatre ou cinq. Les caractères de ces animaux sont les suivants : cinq molaires de chaque côté à la mâchoire supérieure, quatre seulement à l'inférieure, simples et à couronne tuberculeuse ; incisives inférieures très comprimées. Doigts 4-5, ou quelquefois 5-5, lorsque le rudiment des pouces antérieurs prend plus d'accroissement ; queue longue et touffue ; des abajoues chez quelques espèces, chez d'autres la peau des flancs étendue entre les quatre membres et formant une sorte de parachute ; taille moyenne. D'après les variations de ces caractères, on a réparti les nombreuses espèces de la famille des écureuils en plusieurs genres :

A. *Sciurus à membres libres.* — I. Queue longue, très touffue, distique, point d'abajoues ; doigts 4-5. Genre *écureuil sciurus*, Auct. — II. Queue longue, distique ; point d'abajoues ; doigts 5-5. Genre *anisonyx*, Rafinesq. — III. Queue longue, assez poilue, distique ; doigts 5-5 ; abajoues. Genre *cynomys*, Rafin. — IV. Queue longue, non distique ; pas d'abajoues. Genre *guinguerlet*, *macroxus*, Fr. C. — V. Queue longue, non distique ; des abajoues ; système de coloration par bandes. Genre *tamia*, Illig.

B. *Sciurus à membres engagés dans la peau des flancs.* — VI. Partie antérieure de ses naseaux bombée ; tubercules des dents molaires très nombreux. Genre *pteromys*, Fr. C. — VII. Partie antérieure ou profil de la tête formant une ligne droite ; dents comme chez les écureuils ordinaires. Genre *polatanche*, *sciuropterus*, Fr. C. — Nous ne parlerons ici que des écureuils proprement dits. *V.* pour les autres genres aux mots GUINGUERLET, CYNOMYS, POLATANCHE, etc. — Genre *écureuil sciurus*. Ce genre est le plus nombreux en espèces ; il se distingue surtout, à l'égard des autres, par l'absence des membranes entre les membres, par ses pieds antérieurs tétradactyles, le pouce n'y étant que rudimentaire ; par sa queue plus ou moins longue et toujours distique, et enfin par le défaut d'abajoues. On n'a longtemps distingué en Europe qu'une seule espèce ; mais aujourd'hui on en caractérise nettement deux. — *Ecureuil commun*, *sciurus vulgaris*, L. Cette espèce vit par toute l'Europe et aussi dans le nord de l'Asie. Elle habite les grandes forêts et se tient sur les arbres les plus élevés, où elle trouve sa nourriture et construit son gîte. Cette espèce vit par paires, et l'arbre qu'ils ont choisi devient un petit domaine où ils ne souffrent pas d'étrangers. Ces petits animaux sont d'une grande propreté ; ils sont presque toujours occupés, comme les chats, à se lisser le pelage. Leur couleur est un roux vif sur toutes les parties supérieures du corps, excepté les côtés, où se voit, surtout dans le jeune âge, un peu de gris, résultant de poils jaunâtres annelés de noir. Le ventre, la gorge et la face interne, les cuisses sont d'un beau blanc, et le bord des oreilles est garni de poils formant un pinceau long d'un pouce environ. Ces mammifères vivent de fruits à coque dure ; leur voix est un cri très aigu. On remarque parmi eux plusieurs variétés, dont la plus remarquable est sans contredit le *petit-gris*, que l'on trouve dans les régions septentrionales de l'ancien continent. Sa fourrure, agréable à l'œil et douce au toucher, est très recherchée dans le commerce ; elle est, sur tout le dessus du corps, d'un joli gris, et d'un blanc pur inférieurement. Les poils de la queue, ainsi que ceux du dos, sont annelés de brun sur un fond gris. La queue présente la même forme et les mêmes dimensions que dans l'écureuil commun ; ses oreilles ont également un pinceau de poils. Le *petit-gris* de Buffon est une toute autre espèce qui appartient à la Caroline. — La seconde espèce d'Europe, l'*écureuil des Pyrénées*, *sc. Alpinus*, Fr. C., a longtemps été regardée comme une simple variété de l'écureuil commun ; cependant il s'en distingue assez, par la couleur de son pelage et ses mœurs, pour qu'on ait dû l'en séparer. Son pelage est d'un brun foncé, piqueté de blanc sur le dos ; une bande fauve coupe le blanc du cou et le gris des membres. Il vit dans les Pyrénées et les Alpes, ce qui fait conjecturer que cette espèce appartient aux régions élevées plus spécialement. — L'Afrique possède plusieurs espèces d'écureuils, dont les principales sont : l'*écureuil barbaresque*, *sc. getulus*, qui vit sur les palmiers, dans le nord de l'Afrique. Elle est longue de dix pouces environ, variée sur le dos de quatre lignes longitudinales blanches qui se prolongent jusque sur la queue. — L'*écureuil fossoyeur*, *sc. erythropus*, Geoff., *du Sénégal*, à pelage fauve avec le tour des yeux blancs. — L'*écureuil aux oreilles courtes*, *sc. brachistus*, *d'Abyssinie*, à pelage roux. — L'*écureuil de Madagascar*, *sc. Madagascariensis*, Shaw, à pelage d'un noir foncé. — L'Asie est la partie du monde qui possède le plus d'espèces. — L'*écureuil palmiste*, *sc. palmarum*, L., gris, à bandes brunes, qui s'apprivoise très facilement. — Le *grand écureuil de Malabar*, *sc. maximus*, Gm., de la taille d'un chat, à pelage brun, devenant marron pourpré supérieurement. — L'*écureuil de Prévost*, l'*écur. de Keraudren*, l'*écur. à croupion roux*, *de Syrie*, *anomal*, *gingi*, *de Ceylan*, *de Leschenault*, etc., etc., appartiennent à ces contrées. — Les écureuils d'Amérique sont aussi très nombreux. — L'*écureuil d'Hudson*, l'*écureuil gris*, le *capistrate*, le *ventre roux*, le *noir*, l'*écureuil à bande rouge*, l'*écur. de la Caroline*, *de la Louisiane*, etc., appartiennent aux États-Unis. — L'*écureuil rouge*, *du Mexique*, *de la Californie*, *de Botta*, etc., se rencontrent dans le nouveau continent. L'*écureuil noir* vit aux Antilles, principalement à la Martinique.

ÉCUREUIL (*entom.*), nom vulgaire du bombyce du hêtre.

ÉCUREUIL (*poiss.*), nom donné par Lacépède à un poisson du genre lutjan, *lutjanus sciurus*.

ÉCUREUR, EUSE, s., celui, celle qui écure la vaisselle et la batterie de cuisine.

ÉCUREUR, s. m. (*technol.*), ouvrier qui écure les chaudrons.

ÉCURIE. Les logements des animaux domestiques, et particulièrement ceux des chevaux, exigent dans leur construction des soins qu'on ne prend pas généralement, et cette négligence entraîne des inconvénients. Si l'on s'appliquait à rechercher les causes de la plupart des maladies du cheval, et particulièrement de la fluxion périodique, on les trouverait sans doute dans la mauvaise disposition des écuries. Parcourons toute la France, nous trouverons que, même dans les localités auxquelles l'éducation des chevaux est particulière, la plupart des écuries sont mal orientées, au-dessous du niveau de la cour, basses, obscures, sans air, mal pavées, fangeuses, etc. — Il dépend rarement du cultivateur d'être entièrement maître de placer l'écurie dans le lieu qui serait le plus convenable ; ou les bâtiments existent déjà, ou il est dominé par des considérations qui l'obligent à coordonner cette construction avec le système général des bâtiments de la ferme, et par conséquent de faire le sacrifice d'une partie des avantages que lui procurerait une disposition mieux appropriée. Quoi qu'il en soit, toutes les fois qu'il est possible, on doit préférer l'exposition du levant, parce que la température des écuries étant en général très élevée, il est sans inconvénient de n'avoir pas pendant l'hiver le soleil de midi, et qu'il y a avantage à en être privé pendant l'été. Au surplus, il y a encore une considération dont on ne tient pas généralement assez de compte, et qui doit être pesée avant toute autre : c'est la direction des vents ou des pluies dominantes. Les bâtiments exposés à leur action sont détériorés très promptement, exigent des réparations fréquentes, et fournissent de mauvais logements aux animaux comme aux hommes. Cette observation est surtout pour les localités où règnent les vents d'ouest. — Les dimensions des écuries varient suivant le nombre et l'espèce des chevaux qu'elles doivent contenir, et aussi suivant leurs dispositions intérieures. En général l'espace occupé par chaque cheval est calculée à 4 pieds de largeur si ces animaux ne sont pas séparés, ou s'ils le sont par de simples barres mobiles ; mais lorsque l'écurie est divisée en stalles il devient nécessaire de leur donner 5 pieds, pour qu'ils puissent se coucher et se relever librement, et pour qu'en cas de besoin il soit facile de les panser sans les faire sortir. La largeur doit comprendre nécessairement celle des râteliers et de l'auge, celle du cheval, le recul et le passage indispensable pour le service, ce qu'on ne peut évaluer à moins de 15 pieds entre murs. Ainsi une écurie de 6 chevaux sans stalles devrait avoir 24 pieds sur 15, en supposant qu'elle dût servir à des carrossiers, et plus ou moins pour des chevaux de trait ou de selle. Le sol de l'écurie doit être un peu au-dessus de celui de la cour pour que l'écoulement des urines en soit toujours facile et qu'il s'opère de soi-même ; il doit être pavé en grès s'il est possible. Si le pays ne fournit que de la pierre calcaire, on doit choisir la plus dure et la placer sur le champ, et non à plat, afin qu'elle soit de plus longue durée ; le meilleur pavage pour les pieds des chevaux est la brique posée également comme nous venons de le dire. Une légère pente de l'avant à l'arrière est indispensable pour l'écoulement des eaux ; mais cette pente ne doit pas excéder deux pouces par toise, autrement tout le poids du corps se reportant sans cesse sur la partie postérieure de l'animal fatiguerait les jarrets et contribuerait à les ruiner de bonne heure. La hauteur de l'écurie au-dessus du sol peut être généralement fixée à 10 pieds ; mais il n'y a que de l'avantage à excéder cette proportion, tandis qu'il n'est pas sans inconvénient de rester au dessous. Dans beaucoup de fermes et de propriétés rurales le grenier au fourrages règne au dessus des écuries, et n'en est souvent séparé que par des solives qui forment ainsi un plancher à jour. Cette disposition est extrêmement vicieuse ; la poussière du fourrage et les ordures tombent sans cesse dans le râtelier, dans l'auge et sur les animaux; ceux-ci se dégoûtent de leur nourriture, en même temps que le défaut de propreté, empêchant les fonctions de la peau, leur nuit essentiellement. Le plancher doit donc être plein; il y aurait grand avantage à ce qu'il fût voûté; mais cette construction dispendieuse excède presque toujours les moyens des simples cultivateurs; on aurait moins à craindre alors les accidents du feu qui deviennent si fréquents de nos jours, et la salubrité des écuries ne ferait qu'y gagner. L'intérieur des murs doit être récrépi bien soigneusement, bien entretenu, et blanchi au moins une fois par an au lait de chaux; ce soin est utile pour empêcher les insectes de déposer leurs œufs dans les trous; c'est par un motif du même genre qu'on ne doit pas négliger de faire boucher soigneusement ceux que les souris ou les rats peuvent se pratiquer au pied de ces mêmes murs, et particulièrement sous les auges. — Un des points les plus importants dans la disposition des écuries est, sans contredit, la position des portes et fenêtres : si la porte est placée dans le milieu, le service en sera plus facile, les animaux ayant moins de chemin à faire pour gagner leur place; dans tous les cas, si l'écurie contient un certain nombre de chevaux, il sera avantageux qu'elle n'ait pas moins de 5 pieds de large, et qu'elle ferme au moyen de deux ventaux battant en dehors, et dont l'un, un peu plus étroit que l'autre, reste habituellement fermé au moyen d'une barre de fer à crochet, et s'ouvre pour sortir les fumiers et pour tous les autres besoins du service. Plus d'une fois nous avons eu occasion d'apprécier les avantages de cette disposition. — Le vice le plus ordinaire des écuries est de manquer d'air, et généralement ce défaut peut être évité; les fenêtres placées dans des directions opposées le préviennent toujours, et ont le grand avantage d'établir un courant d'air dont on peut user quand il est nécessaire; cependant il est à remarquer qu'il ne doit pas être pratiqué de jours dans le mur contre lequel sont appuyés les râteliers et les auges, parce que l'air et la lumière, frappant directement sur les yeux des animaux, peuvent leur occasionner des fluxions qui deviennent souvent très graves. Des ouvertures pratiquées aux deux extrémités de l'écurie, ou sur le même côté que la porte d'entrée, n'ont pas cet inconvénient. Que sert, au surplus, de donner des indications de ce genre? Les localités varient à l'infini, et tous les moyens d'arriver au même but, à moins qu'ils ne présentent des inconvénients évidents, sont également bons. Ainsi on pourra pratiquer une ou plusieurs ventouses, soit au niveau du sol, soit à la hauteur du plafond, ou à ces deux points en même temps, en ayant soin seulement de donner à ces ventouses une direction oblique telle que l'air qu'elles introduisent aille frapper le plafond. — Les ouvertures situées au midi doivent être pourvues d'un châssis garni de canevas qui reste fermé pendant que les croisées sont ouvertes, et qui sert à empêcher les mouches et les insectes de pénétrer dans l'écurie. — Dans tout ce qui précède nous n'avons parlé que des écuries simples, c'est-à-dire ou l'on ne met qu'un rang de chevaux; les écuries doubles permettent de gagner un peu de terrain, parce qu'il n'est pas nécessaire de laisser entre les deux rangs de chevaux le double de l'espace qu'il aurait fallu s'il n'y en avait eu qu'une rangée. Lorsque l'on possède un grand nombre de chevaux, leur réunion dans un même local est un avantage appréciable; la surveillance devient plus facile, et l'on évite une grande perte de temps. — Dans quelques localités ont est dans l'usage de pratiquer derrière les râteliers des ouvertures par lesquelles on jette les fourrages : cet usage facilite le service et prévient toute perte de fourrage; mais il peut nuire aux yeux des animaux par le courant d'air que ces ouvertures laissent introduire malgré les portes qui les ferment. —On trouve dans presque toutes les écuries les lits des palefreniers et un coffre à avoine : l'usage de faire coucher un homme de service dans les écuries est utile pour empêcher les chevaux de se battre, porter secours à ceux qui se prennent dans les longes, dans les barres, rattacher ceux qui se délicolent, etc. Le plus souvent une conduite en bois communique du grenier au coffre à avoine et épargne les transports à dos. Quelquefois on jette les fourrages par une trappe dans l'intérieur de l'écurie: cette habitude est contraire au bon ordre; les fourrages doivent être abattus dehors ou dans une grange, déliés, remués pour en faire sortir la poussière, et mouillés au besoin s'ils sont trop secs. — Nous nous arrêtons ici parce que nous avons déjà traité ce même objet à l'article CHEVAL, auquel nous renvoyons, de même qu'au mot RATELIER.

ÉCURIE, s. f., un bâtiment-écurie est un navire destiné spécialement aux transports des chevaux, et disposé pour cet effet.

ÉCURIE, signifie aussi train, équipage, qui comprend écuyers pages, carrosses, chevaux, mulets, etc., d'un prince, d'une grand seigneur.

ÉCURIEU, s. m. (*blason*), ancienne forme du mot écureuil, qui s'est conservé dans l'explication des armoiries, comme *conil* pour lapin.

ÉCUSSON, s. m., (*archit.*), ornement ordinairement en forme de rosace, sur lequel se détache un heurtoir, une boucle, un bouton de porte, etc.

ÉCUSSON, s. m., écu d'armoiries. Il ne se dit qu'en termes de blason. — ÉCUSSON, en termes de jardinage, signifie un morceau d'écorce portant un œil ou un bouton, que l'on enlève au moment de la sève, à une jeune branche d'arbre, pour l'insérer entre le bois et l'écorce d'un autre arbre.

ÉCUSSON, s. m., partie de l'arcasse formée par les courbes d'arcasse ou d'écusson. Le cartouche sur lequel est écrit le nom du bâtiment s'appelle aussi écusson.

ÉCUSSON, s. m. (*blason*). Il se dit particulièrement d'un petit écu qui en charge un plus grand. Il s'est dit, fort anciennement, de l'écu pointu par le bas, différent de l'écu carré ou *bannière* que portaient les comtes, les vicomtes et les barons.

ÉCUSSON. (*architect.*), sorte de tablette ou de cartouche qui prend toutes les formes de l'écu d'armoiries, et sur lequel on sculpte des pièces héraldiques, des inscriptions, des figures, etc. Les *écussons* étaient en usage chez les anciens, qui les appelaient *scuta*, boucliers.

ÉCUSSON, plaque de métal qui orne les entrées de serrures, les heurtoirs, etc.

ÉCUSSON (*marine*), partie inférieure de l'arcasse d'un grand bâtiment.

ÉCUSSON (*anc. t. de méd.*), se disait des sachets ou emplâtres que l'on appliquait autrefois sur l'estomac.

ÉCUSSON (*zool.*). On donne ce nom, en ornithologie, aux pièces écailleuses ou cornées qui recouvrent les doigts d'un grand nombre d'oiseaux. On nomme ainsi également dans les mollusques bivalves un petit espace compris dans le corselet, et qui est séparé par une ligne enfoncée ou colorée. En entomologie on donne ce nom à une petite pièce, ordinairement triangulaire, placée derrière le prothorax et à la naissance des élytres, chez les insectes coléoptères. (*V.* le mot THORAX.)

ÉCUSSON FOSSILE (*foss.*). On a donné ce nom à certaines pièces du test des oursins fossiles, qui ont la forme d'un écusson.

ÉCUSSON OSSEUX (*poiss.*). On donne ce nom à des plaques de substance calcaire qui sont retenues dans l'épaisseur de la peau des poissons, comme dans les *coffres*, l'*esturgeon*, le *turbot*. (*V.* ECAILLES.)

ÉCUSSONNABLE, adj. des deux genres (*horticult.*), qui peut être écussonné,

ÉCUSSONNÉ, ÉE, adj. (*hist. nat.*), qui est muni d'un écusson, ou dont l'écusson offre quelque particularité remarquable.

ÉCUSSONNER, v. a. (*t. d'agricult.*), greffer, enter en écusson.

ÉCUSSONNOIR, s. m. (*t. d'agricult.*), petit couteau dont on se sert pour écussonnner.

ÉCUYER, s. m. (*ant. rom.*). (*V.* SCUTAIRE.)

ÉCUYER (*hist.*), titre que portent les membres de la deuxième classe de la basse noblesse en Espagne. — GRAND ÉCUYER DE FRANCE (*archéol. fr.*), titre d'une des premières charges de la couronne. La charge de *grand écuyer* était un démembrement de celle de connétable. Il n'est fait mention du *grand écuyer* que sous Charles VII; on l'appelait *Monsieur le grand premier écuyer*; titre de celui qui commandait à la petite écurie du roi. On l'appelait *Monsieur le premier*. — ECUYER CAVALCADOUR (*V.* CAVALCADOUR.) — ECUYER-BOUCHE, se disait autrefois pour *écuyer de bouche*, en parlant de l'officier qui rangeait les plats sur la table de l'office, avant qu'on vînt les prendre pour les servir au roi.

ÉCUYER (*hist. angl.*). (*V.* SQUIRE.)

ÉCUYER (*vénerie*), jeune cerf qui en accompagne un plus vieux.

ÉCUYER (*agricult.*), faux bourgeon qui croît au pied d'un cep de vigne.

ÉCUYER, s. m. Il se disait anciennement d'un gentilhomme qui suivait et accompagnait un chevalier, qui portait son écu et lui aidait à prendre ses armes et à se désarmer.— ECUYER est aussi le titre que portaient anciennement les jeunes gens de la plus haute qualité, jusqu'à ce qu'ils eussent été armés chevaliers avec les cérémonies d'usage. — ÉCUYER est également le titre que portaient autrefois en France les simples gentilshommes et les anoblis. Cette qualification est encore fort usitée en Angleterre. — ÉCUYER, signifie en outre celui qui a la charge, l'intendance de l'écurie d'un prince, d'un grand seigneur. Il signifie aussi celui qui enseigne à monter à cheval, qui dresse les chevaux au manége. — *Cet homme est bon écuyer*, il monte bien à cheval, il sait bien mener, bien dresser un cheval. — ECUYER, se dit encore de celui qui donne la main à une dame pour la mener. On ne l'emploie guère, dans ce sens, qu'en parlant d'une reine, d'une princesse, etc. *Ecuyer de main*, par opposition à *écuyer cavalcadour*, celui qui donne la main au roi pour l'aider à monter en voiture, etc. *Ecuyer tranchant*, officier qui coupe les viandes à la table des rois et des princes. *Écuyer de bouche*, *de cuisine*, le maître cuisinier d'un prince ou d'un grand seigneur. — ÉCUYER, se dit par analogie, d'une perche de bois fixée le long du mur d'un escalier, pour servir d'appui aux personnes qui montent ou qui descendent.

ÉCUYER, *scutifer*, *armiger*, *scutarius*. C'était, à l'époque de la chevalerie, un degré de noblesse inférieur à celui de chevalier. Il se prenait comme synonyme de bachelier, damoiseau, varlet, etc. — Comme on ne pouvait parvenir à être chevalier qu'après avoir passé par le grade d'écuyer, les nobles, dès que leur fils était sorti de l'enfance, le plaçaient au service d'un chevalier, pour apprendre le métier des armes. Il portait d'abord le titre de page. C'était seulement à l'âge de 12 ans et après être sorti des pages, qu'il pouvait être admis au nombre des écuyers. Il était alors présenté à l'autel par son père et sa mère qui chacun tenaient un cierge à la main. Le prêtre prenait sur l'autel une épée et une ceinture dont il le ceignait après les avoir bénies à plusieurs reprises. Les écuyers étaient attachés à la cour des seigneurs et des chevaliers qu'ils servaient, et ils se divisaient en plusieurs classes, suivant les différents emplois auxquels ils étaient destinés. Ainsi il y avait des écuyers de corps, des écuyers de chambre ou chambellans, des écuyers tranchants, des écuyers d'écurie, chargés de dresser les chevaux, et enfin des écuyers d'honneur. L'écuyer de corps était particulièrement attaché à la personne du chevalier; il l'accompagnait presque partout, portait son heaume, son armure, son bouclier, ses gantelets, sa bannière, avait soin de ses armes et de son cheval, tenait l'étrier quand il montait à cheval, l'armait au moment du combat, le relevait s'il était renversé dans la mêlée, et lui rendait en un mot une foule de services, comme aurait pu faire un domestique. L'écuyer de la chambre avait principalement inspection sur la vaisselle d'or et d'argent. L'écuyer tranchant, toujours debout dans les festins et les repas, avait pour fonction de découper les viandes et les faire distribuer aux convives. L'écuyer d'honneur avait à l'armée la garde des prisonniers faits par son maître; dans les châteaux il faisait les honneurs de la maison, préparait le bal, servait le vin du coucher, désignait aux hôtes leurs chambres et les y conduisait. Un écuyer, quelque fût sa naissance, s'il se trouvait dans une compagnie de chevaliers, s'asseyait sur un siége plus bas que les leur ou un peu en arrière; il ne mangeait pas à leur table, et s'il avait l'audace de frapper un chevalier, il était condamné à perdre le poing. — Les écuyers combattaient aussi dans l'occasion; plusieurs figurèrent dans le combat des trente, et ce fut un simple écuyer, appelé Jacques de Saint-Martin, qui tua Chandos en 1369. — Après l'extinction de la chevalerie, le titre d'écuyer servit à qualifier la noblesse du dernier ordre. Un arrêt du parlement de Paris du 13 août 1663 défendait à tous ceux qui n'étaient pas gentilshommes de prendre la qualité d'écuyer sous peine de 1,500 livres d'amende; et cette prohibition fut renouvelée par les déclarations de 1684 et de 1702. — A la cour on appelait encore écuyers les officiers qui étaient chargés de la surveillance et du gouvernement des écuries du roi ou d'un prince. La charge de grand écuyer était une des dignités les plus considérables de la cour. Celui qui en était revêtu disposait de presque toutes les charges vacantes de la grande et de la petite écurie, ordonnait de tous les fonds employés aux dépenses des écuries et haras du roi, et donnait permission de tenir académie pour instruire les jeunes gens dans les exercices de la guerre. Pour marque de sa charge, il faisait figurer de chaque côté de son écusson l'épée royale dans le fourreau avec le baudrier. En effet, dans les entrées solennelles des rois, il marchait immédiatement devant eux en portant cette épée. Il avait aussi sa place à leurs funérailles, et alors les chevaux et les harnais qui avaient appartenu au prince défunt devenaient sa propriété.— L'écuyer était anciennement subordonné au connétable et aux maréchaux de France. Quand ces grands officiers reçurent le *commandement des armées*, les maîtres de l'écurie eurent seuls la surintendance de l'écurie du roi. Philippe de Geresme est le premier qui ait été qualifié grand-maître de l'écurie du roi, et Jean de Guargueselle le premier qui ait pris le titre de grand écuyer; selon d'autres, cependant, ce dernier titre ne remonte qu'à Alain Goyon, dont les successeurs continuèrent à le porter. Du reste, la charge de grand écuyer ne fut érigée en office de la couronne qu'en 1601 en faveur du beau Bellegarde, qui fut mignon de Henri III. Le grand-écuyer avait sous ses ordres les premiers écuyers de la grande et de la petite écurie. Le second de ces officiers avait le gouvernement des pages, et c'était lui qui donnait la main au prince pour l'aider à monter en carrosse ou à en descendre. Après les deux premiers écuyers, venaient les écuyers de quartier, qui mettaient les éperons au roi et lui tenaient l'étrier, et les écuyers cavalcadours, intendants des chevaux à la main. L'écuyer de bouche était l'officier chargé, lorque le roi mangeait à son grand couvert, de faire déguster chacun des plats au maître d'hôtel, avant de les remettre aux gentilshommes servants qui les portaient sur la table. — La plupart de ces charges furent rétablies sous l'empire et sous la restauration; mais elles ont été définitivement supprimées en 1830.

ÉCUYÈRE, s. f. (*manége*). Il se dit quelquefois d'une femme qui monte à cheval, et surtout d'une femme qui fait des exercices d'équitation dans un spectacle public.

ECZÉMA (*médec.*). Nom par lequel les pathologistes modernes désignent une maladie non contagieuse de la peau, caractérisée par une éruption de vésicules ordinairement très petites et confluantes, environnées d'une rougeur superficielle, et dont la rupture est suivie d'une desquamation de l'épiderme qui laisse le derme à nu. C'est ce qu'on appelle vulgairement une *dartre vive*. On la range dans la classe des affections vésiculeuses. (*V.* le mot. DARTRE.) Cette éruption se montre fréquemment chez les affineurs de métaux les épiciers, les broyeurs de couleurs; elle est en généaal produite par l'action de tous les agents irritants sur la peau. On distingue l'eczéma en deux grandes variétés, suivant qu'il est aigu ou chronique. L'eczéma aigu se montre, soit épidémiquement, soit sporadiquement, sous l'influence des agents irritants ou de l'insolation. On le subdivise suivant ses degrés et les caractères accessoires en plusieurs variétés secondaires, telle que l'*eczéma simple*, l'*eczéma impétiginodes*, etc. Le prurit et la démangeaison en constituent les principaux phénomènes physiologiques. C'est en général une maladie peu grave, à l'état aigu. L'eczéma chronique, bien qu'il ne se termine jamais d'une manière fâcheuse, est beaucoup plus grave néanmoins à cause de sa persistance, des démangeaisons atroces qu'il détermine et de l'état d'excitation générale qu'il produit dans toute l'économie. Il est le plus ordinairement circonscrit et limité à une petite partie du corps; les régions qu'il affecte de préférence sont: la tête, où il constitue ce que l'on désigne vulgairement sous le nom de *teigne*; les mains, les jambes; mais plus particulièrement le pourtour des orifices naturels, tels que les oreilles, les paupières, les lèvres, les mamelles, la vulve, le scrotum, l'anus. L'eczéma se complique assez souvent de la *gale* ou de quelque autre variété de *dartre*. (*V.* ces mots.) Nous n'entrerons pas ici dans les détails des moyens de traitement qui varient à l'infini suivant le degré et l'ancienneté de la maladie. Disons seulement que c'est contre ces affections, comme contre toutes les dartres chroniques en général, que les eaux thermales sulfureuses ont surtout une efficacité que l'on attendrait souvent en vain de tous les moyens pharmaceutiques.

EDDA. On désigne sous ce nom deux codes religieux dépositaires des croyances scandinaves. Le mot *Edda* se retrouve dans les langues du Nord, soit dans le sens d'aïeule, soit dans celui de loi: dans l'un et l'autre sens il atteste le respect dont furent entourées ces antiques traditions. Les deux Edda remontent à des époques différentes: la première, l'*Edda poétique* ou versifiée, fut composée en Islande, à la fin du XIe siècle, cinquante ans environ après l'introduction du christianisme dans cette île, par Saemund-Sigfuson, surnommé le *Sage*, qui, à la vue de la nouvelle doctrine qui effaçait la religion de ses pères, animé d'un zèle patriotique pour ses croyances longtemps respectées, employa son temps et sa science à en sauver au *moins* quelques débris. L'Edda poétique se compose en effet de fragments plus ou moins complets, plus ou moins intelligibles, empruntés à la tradition orale qui les avait transmis dans les familles à travers les générations successives des anciens habitants de la Norwége, dont une nombreuse colonie occupa l'Islande au IXe siècle. L'*Edda en prose* fut rédigée cent ans après l'autre par l'historien Snorro-Sturleson, qui, voulant joindre aux documents historiques contenus dans ces savants écrits un précis aussi complet que possible des dogmes religieux de sa nation, commenta en prose les oracles de l'ancienne Edda, en suppléant aux lacunes qu'elle présente par des récits circonstanciés propres à jeter du jour sur une foule de passages et à développer les formules mystérieuses que la poésie n'avait fait qu'indiquer. Si l'on ne considérait l'Edda, soit en vers, soit en prose, que d'après la date de son apparition, on serait tenté de contester son importance et de la mettre au niveau de toutes les œuvres purement idéales qui inondèrent l'Allemagne au moyen âge. Mais si sa publication date du temps des croisades, son sujet, sa substance, sa forme même, se rattachent à une époque beaucoup plus reculée et lui assurent une haute autorité. Dépositaire des traditions d'un grand peuple que ses destinées, longtemps incertaines, ont conduit d'Asie en Europe, du sud au nord, de la terre à la mer, qui, poussé sur les côtes désertes de la Scandinavie, occupa toutes ces îles, peupla tous ses écueils, envahit de là tous les fleuves de l'Europe qu'il remplit de la terreur de son nom, l'Edda nous retrace les premières croyances de ce peuple, ses dogmes religieux, ses légendes poétiques, ses mœurs empreintes d'une sauvage énergie, ses chants de mort et de victoire. Elle nous montre dans sa mythologie comme dans son histoire, la lutte de l'homme contre une nature rebelle, du bien contre le mal, des Ases contre les Jotes; elle nous peint à grands traits la création du monde et les principaux phénomènes de son existence; elle personifie toutes les forces naturelles, d'après le sombre aspect qu'elles présentent dans le nord, et, au milieu de leur conflit terrible, elle jette les noms de ses guerriers, de ses héros, dont les proportions gigantesques atteignent bientôt la stature des dieux. C'est ainsi qu'elle célèbre la gloire d'*Odin*, le roi suprême, celle de *Thor*, dieu de la discorde, celle de *Balder*, dieu de la paix, et d'une foule d'autres divinites qui sont autant de vivants symboles. C'est ainsi qu'elle représente le monde entier sous la forme de l'arbre mystique *Ygdrasil*, dont les branches s'élèvent jusqu'au ciel, où elles sont émaillées d'étoiles, tandis que sa base traverse la terre et plonge jusqu'au fond de l'enfer. A ces grands tableaux s'en mêlent d'autres plus simples, d'où la trivialité n'est pas toujours exclue; car l'Edda est un mélange de tous les styles, de tous les degrés de civilisation. Sa langue est l'ancien scandinave parlé jadis dans la double Péninsule du Danemark, de la Suède et de la Norwége, par les ancêtres des habitants actuels, peuple de race indo-européenne, dont les mœurs et l'idiome règnent encore en Irlande dans toute leur pureté primitive. Cette langue scandinave, mère du suédois et du danois, est sœur du saxon, du tudesque, du gothique; elle se distingue de ces divers idiomes par plus de concision, de rudesse, d'énergie; mais, comme eux, elle n'est qu'une des branches du grand système qui s'étend sur l'Europe, et qui embrassant, avec les langues germaniques, le grec, le latin, le celtique, le slavon, se résume enfin dans l'antique langue indienne. L'Edda, considérée en général, se compose de chants lyriques, de récits en vers ou en prose. Le rhythme de ses vers est marqué par la mesure et par l'allitération ou retour des mêmes lettres au commencement des mots les plus saillants. Les poésies contenues dans l'ancienne Edda sont ou mythologiques ou héroïques. A la première classe se rapportent la *Valursca* ou chant de la création, le *Havamal* ou oracle d'Odin, trois chants sur la cosmogonie, trois sur les exploits de Thor, deux sur ceux de Lake et de Fuyr, deux sur la *mort* de Balder, quatre sur divers mythes scandinaves. A la seconde classe appartiennent une vingtaine de poèmes d'une origine toute différente, destinés à conserver le souvenir des principaux conquérants germains. On y trouve les noms de Volsung et de Sigurd, d'Atle et de Gusmar, de Brynhild et de Gadrun, des héros et des héroïnes célébrés dans les chants des *minnesinger*, et dont la renommée, traversant toute l'Allemagne, pénétra jusqu'aux confins du pôle. — L'Edda en prose, commentant celle en vers, se divise en plusieurs parties : la première, la plus importante, contient toutes les légendes mythologiques et historiques développées dans les deux cycles de Gylfé et de Bragi; la seconde partie, appelée *Kennigar*, est un long vocabulaire poétique; la troisième, sous le nom de *Skalda*, contient les règles de la prosodie scandinave. Le style de ces traités est généralement fort simple et diffère essentiellement de celui de l'Edda en vers. Les manuscrits de l'Edda recueillis en Islande sont déposés à Copenhague et à Upsal. Les textes originaux, avec leurs principales variantes, ont été reproduits et traduits par Besenius et ensuite par Finn Mugnusen, à Copenhague, par A. Afzelius, à Stockholm. Le savant philosophe Bask a également consacré ses soins à la révision de l'Edda, dont on s'occupe encore avec zèle en Danemark, en Suède, en Allemagne, où elle a été commentée par les frères Grimm.

EDDO, prince des Gabaonites auquel Esdras demanda des ouvriers et des matériaux pour reconstruire le temple de Jérusalem.

EDDY, célèbre géographe américain, né à New-York en 1784, a publié plusieurs *cartes* estimées, entre autres *celle de l'Etat de New-York*. Il s'occupait d'un atlas complet de toute l'Amérique, lorsqu'une mort prématurée l'enleva le 22 décembre 1817. On a encore de lui un grand nombre d'*essais* sur la *géographie*, la *botanique* et sur d'autres *branches d'histoire naturelle*.

EDDYSTONE (*géogr.*), beau phare d'Angleterre, sur un rocher, en avant de Plymouth. C'est un ouvrage d'art très remarquable dû à Smeaton.

ÉDELINCK (**GÉRARD**), naquit à Anvers en 1641. Il y apprit les premiers éléments du dessin et de la gravure; mais ce fut en France qu'il déploya tous ses talents. Louis XIV l'y attira par ses bienfaits. Il fut choisi pour graver deux morceaux de la plus grande réputation : le tableau de la *Sainte-Famille* de Raphaël, et celui d'*Alexandre visitant la famille de Darius*, de Le Brun. Edelinck se surpassa dans les estampes qu'il exécuta d'après ces chefs-d'œuvre; les copies furent aussi applaudies que les originaux. On y admire, comme dans toutes les autres productions, une netteté de burin, une fonte et une couleur inimitables. Il a réussi également dans les portraits qu'il a faits de la plupart des hommes illustres de son siècle. Cet excellent artiste mourut en 1707, dans l'hôtel royal des Gobelins, où il avait un logement, avec le titre de graveur ordinaire du roi et de conseiller dans l'académie royale de peinture.

ÉDELCRANZ (**ABRAHAM-NICOLAS**, le baron), né à Abo en Suède en 1754, fut poète lyrique et dramatique. Après avoir fait des odes et des pièces de théâtre, il devint en 1787 secrétaire et caissier particulier du roi de Suède et directeur des spectacles. En 1790 et 1791, il fit un voyage en Angleterre dont son gouvernement l'avait chargé; il fut appelé ensuite à la chancellerie. Le roi lui fit faire un nouveau voyage en Allemagne, en Hollande, en France et en Angleterre, dans des vues d'utilité publique, notamment pour examiner plusieurs procédés mécaniques et industriels. Il rapporta un recueil riche d'observations pratiques sur l'agriculture, les arts et le commerce; il parvint lui-même à perfectionner plusieurs machines. A son retour, il fut appelé à l'intendance des musées royaux, et aux comités pour les améliorations des objets d'industrie et d'agriculture. La Suède lui est redevable de plusieurs machines importantes parmi lesquelles on cite les *télégraphes* qu'il perfectionna et sur lesquels il publia un *traité* en 1796; il fit aussi une machine pneumatique dont la construction la rend propre à divers usages. Outre les places qu'il obtint en récompense de ses services, le roi le nomma baron et le combla de marques de faveur. Edelcranz mourut à Stockholm le 15 mars 1821.

ÉDELMANN (**JEAN-FRÉDRRIC**), habile compositeur de musique, naquit en 1749 à Strasbourg. De bonne heure il se fit connaître avec avantage comme pianiste et publia un grand nombre de sonates et de concertos pour le clavecin. En 1782 on joua à l'Opéra l'acte du *feu* dans le ballet des *Eléments*, et *Ariane abandonnée dans l'île de Naxos*, qui avaient été composés l'un et l'autre par Edelmann, et qui obtinrent un grand succès. On a de lui 14 œuvres pour le clavecin. On assure qu'il a laissé en manuscrit l'oratorio d'*Esther*, les opéras d'*Alcione* et de *Mérope*. Telle fut la première partie de la vie de ce musicien, qui, à l'époque de la révolution, en embrassa les principes avec une chaleur furibonde; il porta la démence politique, non-seulement jusqu'à abandonner la carrière qu'il avait parcourue jusque-là si honorablement, il devint encore dénonciateur public; et dans ces nombreuses délations qui envoyèrent à la mort une foule de victimes, il n'oublia pas son bienfaiteur le baron Dietrich. Lui-même périt sur l'échafaud avec son frère, en 1794, après la mort de Robespierre.

ÉDEN, mot hébreu qui signifie *volupté* et que les septantes ont traduit par *παράδεισος*. C'est le nom d'une province célèbre à l'occident de l'Asie, souvent citée dans l'Écriture-Sainte et d'une manière bien précise par Moïse dans la Genèse. Il y place le paradis terrestre. (*V.* **PARADIS**.)

ÉDENIUS (**JORDAN**), docteur en théologie et professeur à Upsal, né en 1624. Pendant qu'il faisait ses études à Upsal, il soutint, en présence de la reine Christine, une thèse pour prouver que l'hébreu était la langue la plus ancienne, et Stiernhiel se mit sur les rangs pour soutenir que c'était le gothique. La reine trouva cette discussion si intéressante, qu'elle ordonna de faire le recueil des arguments allégués pour et contre, et de le conserver avec soin. Édenius fit ensuite un voyage en Angleterre, et se lia avec les savants les plus distingués. Retourné dans sa patrie, il fut nommé, en 1659, pour enseigner la théologie à Upsal, et en 1661 il obtint le titre de docteur. Il mourut en 1666, laissant plusieurs ouvrages entre lesquels nous remarquons : *Dissertationes theol. de Christ. relig. veritate*. Abo, 1664; *Epitome historiæ ecclesiasticæ*, publié à Abo en 1681 par l'évêque Gezelius.

ÉDENTER, v. a. Il se dit quelquefois dans le sens d'arracher les dents d'un patient.

ÉDENTER, v. a., user, rompre les dents d'une scie, d'un peigne, etc. On l'emploie avec le pronom personnel.

ÉDENTÉ, ÉE (*part*). *Une vieille édentée*, une vieille qui n'a plus de dents.

ÉDENTÉS (*mam.*). Cuvier a donné ce nom au sixième ordre de la classe des mammifères, qui renferme des animaux dont le caractère commun est non pas de manquer de dents, mais d'avoir ces organes assez anormaux, et jamais d'incisives. Ils forment un groupe tout-à-fait disparate dont on trouve des espèces en Afrique, en Amérique et à la Nouvelle-Hollande, et dans lequel se rangent ceux de tous les mammifères qui ont le système tégumentaire le plus profondément modifié, soit en carapace comme chez les tatous, les encouberts, ou en espèces d'écailles chez les pangolins. Cuvier partage cet ordre en trois familles : 1° Les *tardigrades*. Ils ont la face courte; leur nom vient de leur excessive lenteur. — 2° *Edentés ordinaires*, à museau pointu; les uns ont encore des machelières, les autres n'ont plus aucune sorte de dents. — 3° Les *monotrêmes* n'ont qu'une seule ouverture extérieure pour la semence, l'urine et les autres excréments. Les organes de la génération présentent chez eux des anomalies extraordinaires. M. de Blainville a dans sa classificafion établi aussi un ordre des édentés, mais il ne le compose pas des mêmes espèces que Cuvier; il en a retiré les tardigrades ou bradipes et les monotrêmes pour les placer les uns dans la troisième sous classe des mammifères sous le nom de *ornithodelphes*, les autres parmi les quadrumanes dont ils se rapprochent par tout leur squelette. J. P.

ÉDER ou **EDDER** (*géogr.*), rivière d'Allemagne qui prend sa source dans la Westphalie, et se réunit à la Fulde après un cours de 28 lieues; l'Éder charrie des paillettes d'or.

ÉDER (GEORGE), théologien catholique allemand, né à Freysingen en 1524, fut onze fois recteur de l'Univerté de Vienne et obtint toute la confiance des empereurs Ferdinand et Maximilien II pour les affaires ecclésiastiques. Il mourut en 1586. Voici ses principaux ouvrages : 1° *Catalogus rectorum et illustrium virorum archi-gymnasis Viennensis;* Vienne, 1559, in-4°; 2° *Æconomia bibliorum, seu partitionum theologicarum libri quinque, quibus sacræ scripturæ dispositioni tabulis exprimitur;* Cologne, 1568; 3°; *Evangelische inquisition*, etc., c'est-à-dire recherche évangélique de la vraie ou de la fausse religion; Dellesigen, 1573, in-4°; 4° *Malleus hæreticorom*, Inglostadt, 1580, in-8° 5° *Matæologia hæreticorum, seu lumina hæreticarum fabularum*, ibid, 1581, in-8°. — EDER (*Wolfgarg*), religieux augustin de Vienne, a publié dans le XVI° siècle quelques ouvrages ascétiques, et a traduit en allemand la vie de saint François, par Maupas du Tour, Munich, 1674, in-4°

ÉDÈSE (SAINT), martyrisé à Alexandrie, né en Lycie, province de l'Asie mineure, était frère de saint Aphien, ou Apien, qui fut martyrisé à Césarée. Il avait été professeur de philosophie, et il continua d'en porter l'habit, même après qu'il eut embrassé le christianisme. Il fut longtemps disciple de saint Pamphile à Césarée. Durant la persécution de Galien-Maximien, il confessa Jésus-Christ devant les magistrats, fut mis plus d'une fois en prison, et enfin condamné aux mines de la Palestine. Ayant été ensuite remis en liberté, il alla en Egypte où il devait remporter la couronne du martyr. L'Egypte avait alors pour préfet Hiéroclès, l'un des persécuteurs les plus barbares qu'ait j'amais eu le christianisme. Edèse se trouvant à Alexandrie fut sensiblement touché de la manière horrible avec laquelle on traitait des hommes graves, ainsi que des outrages qu'on faisait à des vierges et à des femmes vertueuses, dont on sacrifiait l'honneur à d'infâmes marchands d'esclaves. Il alla trouver le préfet pour lui reprocher ses cruautés envers les chrétiens, et surtout l'indignité avec laquelle il exposait la pudicité des vierges. Il fut condamné à divers genres de tortures, qu'il souffrit avec une constance héroïque. Enfin, on le jeta dans la mer, où il consomma son sacrifice. A. B.

ÉDESSE (*Vodena*), autrefois ÆGÆ, ville de Macédoine, vers le centre, dans l'Emathie, au N.-O. de Pella. Caranus, fondateur du royaume de Macédoine, s'empara de cette ville en suivant des chèvres qui cherchaient un abri contre la pluie, d'où il la nomma (αἶγες, chèvre). Les rois de Macédoine y avaient leur tombeau, parce qu'un oracle avait déclaré que leur royaume subsisterait tant qu'ils y seraient enterrés. Alexandre ayant été enseveli dans le temple de Jupiter-Hammon, plusieurs auteurs attribuèrent à cette circonstance la ruine de la Macédoine.

ÉDESSE (*Orfa*), v., capitale de la Mydonie, dans la Mésopotamie, situé vers l'E., à la source du Scyrtus. Cette ville fut fondée par Nemrod. Les troupes de Trajan l'ayant brûlée, ce prince y envoya une colonie romaine, et lui donna le nom de Trajanopolis. On l'appelait aussi quelquefois Rhoas.

ÉDESSE (principauté d'). Baudouin, frère de Godefroy de Bouillon, envoyé par ce prince, avec Tancrède, dans l'Asie mineure, avait à sa suite un prince arménien nommé Pancrace, qui avait été chassé de ses Etats par ses propres sujets, et qui lui fit entrevoir la possibilité de fonder un royaume chrétien en Arménie. Séduit par les promesses de cet homme et par la perspective d'une rapide et brillante conquête, il résolut d'abandonner l'armée chrétienne avant qu'elle fut arrivée devant Antioche. En effet, il quitta le camp pendant la nuit, avec 1,000 fantassins et 200 cavaliers, et s'avança dans l'Arménie sans rencontrer un ennemi qui pût l'arrêter. Les villes de Turbessel et de Ravenel tombèrent en son pouvoir, et le bruit de sa marche triomphale parvint bientôt jusqu'à Edesse. Cette ville, ancienne métropole de la Mésopotamie, avait jusqu'alors conservé, grâce à un tribut qu'elle payait aux Sarrasins, une sorte d'indépendance; les chrétiens du voisinage s'y étaient retirés, et en avaient fait une ville populeuse et opulente. Baudouin y fut appelé par les habitants, et un prince grec, nommé Theodore ou Thoros, qui commandait au nom de l'empereur de Constantinople; il fit solennellement son entrée, et peu après Thoros l'adopta publiquement pour son fils, et le désigna comme son successeur. La cérémonie se fit à la manière orientale. Le prince grec fit passer Baudouin entre sa chemise et sa chair nue et lui donna un baiser; cérémonial que répéta sa vieille épouse. — Baudouin fit une expédition contre Samosate, qui n'était qu'à quelques lieues d'Edesse, et revint chargé de butin, mais sans avoir pris la ville. A son retour, une sédition, à laquelle il ne fut pas étranger, coûta la vie à Thoros, et il fut proclamé à sa place. Il acheta alors, avec les trésors que lui avait laissés son père adoptif, la ville de Samosate et plusieurs autres places qu'il n'avait pu conquérir par les armes; et ainsi fut constituée la principauté d'Édesse, qui, jusqu'à la seconde croisade, fut un des plus formidables boulevards de l'empire des Francs, du côté de l'Euphrate. Baudouin, appelé en 1,100 au trône de Jérusalem, laissa le comté d'Edesse à son cousin Baudouin II, seigneur du Bourg en Rethelois. Mais celui-ci fut bientôt après fait prisonnier dans une expédition contre les Turcs, et Tancrède fut choisi par les habitants pour gouverner la principauté pendant sa captivité. Le prince obtint au bout de cinq ans la liberté; mais il fut appelé, en 1118, à succéder à son cousin sur le trône de Jérusalem. Il eut pour successeur au comté d'Édesse Joscelin de Courtenay, son cousin, auquel il avait fait don, en 1107, de la partie de la principauté qui était située sur les rives de l'Euphrate. Celui-ci se signala tellement dans diverses expéditions contre les Sarrasins, qu'il mérita le surnom de *Grand*, qui lui est donné par divers auteurs et par son fils, dans des lettres de l'année 1134. Il mourut en 1121. — Son fils, Joscelin II, lui succéda. « Ce prince, surnommé le Jeune, dit Ducange, fut très libéral et vaillant de sa personne, mais adonné extraordinairement aux femmes, à l'ivrognerie et autres vices qui le plongèrent avec le temps dans le malheur, et lui firent perdre en un moment ce que son père avait acquis avec beaucoup de gloire et de réputation, et conservé avec beaucoup de peine. » En effet, Zengui, sultan de Mossoul, vint tout à coup, en 1144, mettre le siége devant Edesse, d'où le comte était alors absent avec ses troupes. Malgré le courage des habitants, la ville fut prise d'assaut après 28 jours de siége; et, suivant une chronique contemporaine, « le glaive s'enivra du sang des » vieillards et des enfants, des pauvres et des riches, des vier- » ges, des évêques et des ermites. » Cependant Zengui étant mort l'année suivante, Joscelin parvint à pénétrer dans la ville au moyen de quelques intelligences qu'il avait conservées avec les habitants; mais il ne put se rendre maître des tours; et le fils de Zengui, Nouraddin, étant accouru au secours de la garnison, les chrétiens n'eurent plus d'autre moyen de se sauver que de se faire jour à travers de l'armée ennemie. 1,000 d'entre eux à peine, Joscelin à leur tête, échappèrent aux Musulmans. Nouraddin, maître de la ville, extermina les habitants et la détruisit de fond en comble. Cet évènement eut un immense retentissement en Europe, et détermina la seconde croisade. Trois ans après, en 1148, le comte Joscelin mourut prisonnier dans la ville d'Alep.

ÉDÉTA (*géogr. anc.*), ville de la Tarraconaise, qui a donné son nom aux *Edétarins*. On l'appelait aussi *Léria*. Aujourd'hui *Liria*.

EDFOU (*géogr.*), ville de la Haute-Egypte, province de Thèbes, sur le Nil, remarquable par les ruines d'*Apollinapolis magna*, parmi lesquelles on distingue le temple consacré à *Orus*, édifice assez bien conservé, et l'un des plus beaux et des plus vastes de l'Egypte. On fabrique à *Edfou* des poteries rouges semblables à celles des anciens Egyptiens. 2,000 âmes.

EDGAR, roi d'Angleterre, dit le *Pacifique*, fils d'Edmond, succéda à son frère Eduin en 959. Il vainquit les Ecossais, imposa à la province de Galles un tribut annuel d'un certain nombre de têtes de loups, pour dépeupler l'île de ces animaux carnassiers. Il subjugua une partie de l'Irlande, poliça ses Etats, contribua à la réforme des mœurs des ecclésiastiques, et mourut en 975, après un règne de 16 ans. Quelques auteurs l'appellent l'*amour et les délices des Anglais*. Sa modération lui mérita le surnom de *pacifique*, et son courage égala son amour de la paix; sa vertu ne fut point exempte de faiblesse; mais la pénitence qu'il en fit répara bien le scandale qu'il avait donné. On trouve, dans la *Collection des conciles*, plusieurs lois qui font honneur à la sagesse de son gouvernement. Il ne faut pas le confondre avec EDGAR, rois d'Ecosse, fils de Sainte-Marguerite, et neveu d'Edgar, dont il est parlé dans l'article suivant.

EDGAR ATHELING (c'est-à-dire le vraiment noble), légitime héritier du royaume des Anglais, fut obligé, par Guillaume-le-Conquérant, de chercher son salut dans la fuite. Il échoua en Irlande avec sa mère Agathe et ses sœurs Marguerite et Christine. Marguerite fut mariée au roi Malcolm, dont elle eut six fils et deux filles. Trois de ses fils, Edgar, Alexandre et David furent rois.

EDGE-HILL (*géogr.*), colline d'Angleterre, comté de Warwick, célèbre par la bataille qui s'y livra en 1642 entre les troupes de Charles Ier et celles du parlement.

EDGEWORTH (RICHARD-LOVELL), membre du parlement d'Irlande, né en 1743, et proche parent de l'abbé Edgeworth, confesseur de Louis XVI, s'adonna de bonne heure aux sciences exactes. Il a publié plusieurs écrits estimés, parmi lesquels on distingue celui qui a pour titre: *Essais sur l'éducation relativement aux diverses professions*. Il s'était occupé des moyens de détourner le cours du Rhône, et avait publié à ce sujet quelques ouvrages qui lui méritèrent le titre de citoyen de la ville de Lyon. Il est mort le 13 juin 1817, universellement regretté de sa famille et de ses amis.

EDGEWORTH (MARIE), fille du précédent et de sa première épouse, naquit en Angleterre vers l'an 1770. Elle sentit de bonne heure l'éveil du talent, et s'élança sans crainte dans la carrière qu'elle a parcourue avec tant de gloire. Sa conversation est simple et attachante; jamais elle ne cherche à vous rappeler ses triomphes; elle semble vouloir se dérober à la foule; jamais la vanité et la jalousie n'ont trouvé de place dans son âme modeste, pleine de bonté et de douceur; mais sa vie n'offre pas d'incident au biographe. Miss Edgeworth n'a jamais voulu se marier; tranquillement assise au foyer paternel, ses années s'écoulèrent au sein de sa famille. Ses ouvrages seuls marquent les époques de son existence. En voici la série chronologique: *Parents assistants*, 1795; *Letters for literary ladies*, 1795; *Practical education*, 1798; ces trois livres ont été publiés par elle en commun avec son père; *Castle Rackrent*, 1800; *Moral tales*, 1801; *Belinda*, 1801; *Irich Bulls*, 1802; *Griselda*, 1803; *Popular tales*, 1804; *Leonora*, 1806; *Fashionable tales*, 1re *série*, 1809; 2e *série*, 1812; *Patronage*, 1814; *Harrington et Ormond*, 1817; *Memoirs of Rd. Lov. Edgeworth*, 1820; conclusion de *Harry and Lucy*, 1826; *Helene*, 1834.

EDGEWORTH (WILLIAM), ingénieur, fils du célèbre Richard-Lovell Edgeworth, et frère de miss Edgeworth, si connue dans la littérature, est mort en 1829 à Edgeworth's Town en Irlande; il avait rendu à son pays des services importants dans la carrière où l'avaient appelé ses talents et la confiance du gouvernement. On lui doit entre autres les projets d'une ligne de route de Belfort à Antrim, qui sera l'une des plus belles voies de communication de l'Irlande.

EDGEWORTH DE FIRMONT, dernier confesseur de Louis XVI. (*V.* FIRMONT.)

ÉDHEMITE, s. m. (*hist. relig.*), nom sous lequel on désigne, suivant Ricaut, certains ermites mahométans que l'on trouve en Perse, et dont l'ordre fut institué par Ibrahim *Edhem*.

ÉDICTAL, ALE, adj. (*hist.*), qui appartient au édits, aux ordonnances.

ÉDIFIANT, ANTE, adj., qui porte à la vertu et à la piété par l'exemple ou par le discours.

ÉDIFICATEUR, s. m., celui qui construit, qui élève un édifice. Il est peu usité.

ÉDIFICATION, s. f., action de bâtir. Il ne se dit guère au propre qu'en parlant des temples. Il se dit, au figuré, des sentiments de piété et de vertu que l'on inspire par l'exemple ou par le discours.

ÉDIFICE, s. m., bâtiment. On ne l'emploie guère qu'en parlant des temples, des palais et autres grands bâtiments. Il se dit, figurément, de certaines choses formées par l'assemblage, le concours, la combinaison de plusieurs autres.

ÉDIFICE, s. m., *édifice abloquié et solivé* (*anc. cout.*), se disait, à Amiens, d'une maison de bois construite sur un soubassement de pierres ou de briques élevé de deux pieds environ.

ÉDIFIER, v. a., bâtir. On ne le dit guère qu'en parlant des temples et autres bâtiments publics. Il signifie, figurément, user de son autorité pour établir l'ordre et la paix; et alors on l'oppose ordinairement à *détruire*, pris dans le sens de bouleverser, mettre le désordre. — ÉDIFIER, signifie aussi, figurément, porter à la piété, à la vertu par l'exemple ou par le discours. Il signifie encore satisfaire par un bon procédé, donner bonne opinion de soi. — ÉDIFIÉ, ÉE (*participe*), touché, avec la négation ou avec l'adverbe *mal*, il signifie scandalisé.

ÉDIFIER, v. a. Il s'employait autrefois, et s'emploie encore populairement pour instruire, rendre certain, faire connaître les détails. On le trouve, avec cette acception, dans Marot.

ÉDILES, ÆDILES (*oddes*, édifices), magistrats romains, ainsi nommés parce qu'un des principaux devoirs de leur charge était d'avoir soin des édifices publics et particuliers.

Histoire de l'édilité. — Les édiles furent créés l'an de Rome 160, la même année que les tribuns du peuple, dont ils étaient en quelque sorte les assesseurs, et étaient au nombre de deux, ainsi que ces mêmes tribuns. Leur charge était annuelle. Ils étaient d'abord pris uniquement dans l'ordre du peuple, et c'était dans la même assemblée qu'on nommait les uns et les autres. Les plébéiens demeurèrent ainsi honorés seul de cette dignité pendant 128 ans, c'est-à-dire jusqu'en 388 de la fondation de Rome. Les édiles ayant alors refusé de donner les grands jeux nommés jeux romains, de jeunes patriciens offrirent d'en faire la dépense, à condition qu'on leur accorderait les honneurs de l'édilité. Leur offre fut acceptée, et le sénat ordonna par un décret qu'on procéderait désormais à l'élection de deux nouveaux édiles tirés du corps des patriciens. Depuis ce temps il y eut toujours à Rome deux sortes d'édiles. Les deux anciens furent appelés édiles plébeïens, et les deux nouveaux édiles curules, parce qu'ils avaient le droit de s'asseoir sur un siége orné d'ivoire. Les villes libres avaient aussi leurs édiles; quelquefois ils étaient les seuls magistrats du lieu. Les édiles subsistèrent jusqu'au règne de Constantin.

Prérogatives et fonctions des édiles. — *Édiles curules.* — Outre le siége d'ivoire, marque caractéristique de leur dignité, les grandes édiles avaient encore le droit de prendre part aux délibérations du sénat, d'y occuper une place distinguée, de porter la robe prétexte ou bordée de pampre, de conserver les images de leurs ancêtres et de les faire porter dans les cérémonies publiques, distinctions qui étaient toutes attachées aux grandes dignités de l'empire; enfin leur personne était sacrée comme celle des tribuns. Ils avaient l'intendance des jeux qu'on célébrait en l'honneur des différentes divinités. Ils devaient en outre, pendant l'année de leur édilité, en donner d'autres au peuple à leurs dépens. Ces jeux étaient ceux de Cérès, les jeux floraux et les grands jeux ou jeux romains. Comme ces spectacles étaient toujours précédés d'une procession, où l'on portait en pompe les images des dieux, et dans laquelle les pontifes, les prêtres, les augures et tous les officiers attachés au culte des dieux assistaient en grande cérémonie, les édiles étaient tenus d'orner magnifiquement d'étoffes précieuses, de statues et de tableaux les rues et les places publiques que la procession devait traverser; c'étaient également eux qui payaient les gladiateurs, donnaient les récompenses dues aux vainqueurs, et fournissaient les chars, les chevaux et les écuyers qui les conduisaient; les édiles faisaient encore représenter les jeux scéniques, et dans le temps où il n'y avait pas encore de théâtre de pierre construits à Rome, ils en élevaient un nouveau tous les ans, et ils l'ornaient de tableaux et de statues d'un goût recherché. Une de leurs grandes attentions pendant l'année qu'ils étaient en charge était de rassembler un grand nombre de lions, de tigres, de panthères pour les donner en spectacle au peuple romain. Quiconque aspirait aux honneurs de la république ne pouvait s'exempter de toutes ces dépenses, l'édilité étant alors la première des dignités curales. Pour entrer dans l'exercice de cette charge il fallait avoir 37 ans.

Édiles plébéïens.—Les édiles plébeïens, quoique plus anciens que les premiers, ne jouissaient pas des mêmes privilèges, et leurs fonctions n'étaient pas aussi honorables. Ils donnaient à la vérité des jeux publics, qu'on appelait jeux plébéiens; mais ils n'étaient pas aussi dispendieux que ceux des édiles curules, et leurs fonctions se réduisaient au soin d'entretenir les bains publics, de faire réparer les acqueducs, de mettre à exécution les décrets du sénat et les ordonnances du peuple, d'empêcher les usures, enfin de régler et d'assigner à chacun la place qui lui appartenait dans les jeux publics. Aux deux édiles plébeïens César en ajouta deux autres encore, surnommés céréales, pour surveiller les magasins de blé et les approvisionnements de Rome; c'étaient eux qui mettaient le prix aux denrées dans les marchés, et lorsqu'elles n'étaient pas saines, ils les faisaient jeter dans le Tibre. On les nommait petites édiles (Varr. — Cicér., lois 3).

ÉDILITÉ, s. f., magistrature de l'édile. Il se dit également de l'exercice de cette magistrature.

ÉDILITÉ (*hist. eccl.*). (*V.* CUSTODIE.) — **ÉDILITÉ**, se dit quelquefois des magistratures municipales modernes.

EDIMBURGH OU MID-LOTHIAN, principal comté d'Écosse, borné au N. par le golfe de Forth et la rivière d'Almond, laquelle le sépare du comté de Linlithgow; à l'E. par le comté d'Haddington; au S. par ceux de Lanark, de Peebles et de Berwick et une partie de celui de Linlithgow. Sa longueur est d'environ 12 lieues, et sa largeur de 6 à 8 lieues; sa superficie est de 60 lieues carrées, sa population de 191,600 habitants. L'aspect général de ce pays est agréable, malgré l'irrégularité de son sol coupé de collines et de monts, tantôt fertiles, tantôt arides. Deux chaines principales de monts le traversent presque en entier; ce sont celles de Moorfoot et de Pentland. Ses principales rivières sont : l'Esk septentrional et méridional, l'Almond et le Leith; le beau canal de l'Union fait communiquer la ville d'Edimburgh à celle de Glasgow. Les vents d'E. et les brouillards exercent souvent une influence funeste sur les produits de la terre, qui n'est guère féconde qu'aux environs d'Edimburgh. On tire de ses nombreuses mines du fer, du plomb, du cuivre, de la houille, des pierres à chaux, du grès, et une pierre d'une espèce particulière, très utile pour la fabrication de la porcelaine. On y trouve aussi du jaspe, des zéolithes, etc., de la très belle terre à creusets. Ce comté est divisé en quatre presbytères, qui sont : Edimburgh, Lauder, Linlithgow et Dalkeith.

EDIMBURGH, ville capitale de l'Écosse, chef-lieu de comté, sur le Forth, à 120 lieues N.-N.-O. de Londres et 224 lieues N.-N.-O. de Paris. Son site est des plus pittoresques; elle a deux tiers de lieue de long sur autant de large, et 3 lieues de tour. Une vallée la divise en deux parties, vieille et nouvelle ville. On a construit la première à différentes époques, avec bien peu de régularité : peu de maisons dépassent quatre à cinq étages. La principale rue, High Street, a environ une demi-lieue de long et 80 pieds de large. — La nouvelle ville, bâtie sur les sommets les plus septentrionaux, est jointe à la vieille par le North-Bridge (pont du Nord), et l'Earthernmound, immense amas de décombres. Elle a été construite tout à neuf en pierres; ses rues sont régulières et longues; elle est embellie par de jolies et vastes places, qui, pour leur élégance et leur régularité, sont au nombre des plus belles de l'Europe. Elle en offre trois principales; l'une d'elles est Queen's-Street, de 4,440 pieds de long sur 100 de large. — On doit admirer la vieille ville; à l'extrémité, le château fortifié, qui s'élève sur une colline de basalte, à 200 pieds d'une hauteur perpendiculaire; il renferme de grandes casernes. Vis-à-vis, et à l'extrémité orientale, on aperçoit le palais d'Holyrood, grand édifice carré, ancienne résidence des rois d'Écosse, ouvrage du célèbre architecte Bruce, récemment célèbre par le séjour des Bourbons exilés; la chapelle est un très beau morceau d'architecture gothique. On y voit encore l'appartement habité par Marie Stuart, et le cabinet d'où son favori, Rizzio, fut arraché par les assassins. Nous citerons encore le bâtiment des archives, la Bourse, la Douane, l'Université, construite sur un vaste plan; le monument de Nelson, de 200 pieds de haut, sur le Carlton-Hill; l'Observatoire, qui n'est pas achevé; l'hôpital d'Herriot, le théâtre, le Parthon, et plusieurs salles d'assemblées. Edimburgh occupe, selon d'Anville, l'emplacement d'une station romaine, appelée *Alata-Castra*. En 1215, le parlement y fut convoqué pour la première fois; en 1437, les rois d'Écosse en faisaient leur séjour. Les environs d'Édimburgh sont ornés d'une foule de belles maisons de campagne. Sur une éminence, près de cette ville, on voit une espèce de temple grec élevé à la mémoire de l'historien philosophe Hume, dont il renferme les restes. — Édimburgh a de nombreuses fabriques, et fait un grand commerce de toile, batiste, bas, bonneterie, etc. Sa population est de 160,000 habitants; elle s'élève à 180,000, en y comprenant celle du port de la capitale, Leith, situé à trois quarts de lieue. Lat. N., 55° 57′; long. O., 5° 30′.

ÉDINITE (*min.*). Ce nom, qui dérive de celui de la ville d'Édimbourg, a été donné à une substance encore peu connue, trouvée dans les basaltes des environs de la capitale de l'Écosse. Cette substance ne figure encore dans aucune nomenclature de minéralogie; mais, si l'analyse en a été bien faite, c'est un silicate de chaux, voisin de l'édelforse ou de la tremolite. Elle renferme un peu plus de 51 pour cent de silice, 32 de chaux, 8 de soude, avec quelques traces d'alumine, d'oxyde, d'étain et d'acide chlorhydrique.

ÉDIT. Le mot latin *edictum*, dérivé du verbe *edicere* (déclarer, ordonner, et plus spécialement statuer d'avance sur une chose), signifie une déclaration faite par l'autorité pour régler des droits ou pour ordonner des mesures. Chez les Romains ce mot avait divers sens : il désignait tantôt la citation qui appelait un citoyen devant le juge, tantôt les règlements faits par certains magistrats, pour être observés durant le temps de leur magistrature. Seulement, sous les empereurs, le nom d'édits fut donné aux constitutions des princes, aux lois faites de leur propre mouvement, et qui ont servi à former les différents codes impériaux. Dans le droit public français, le nom d'*édit* a succédé, sous la troisième race, à celui de *capitulaires*; mais il avait déjà été employé dans le même sens sous la première race. Nous verrons au mot ORDONNANCE en quoi ces dernières étaient différentes des édits; mais en général on appelait anciennement *édit* une constitution faite par le prince pour notifier quelques prohibitions, ou créer quelque établissement général. Ils n'étaient observés que du jour où ils étaient enregistrés au parlement. Ils portent ou le nom du lieu où ils ont été donnés, ou celui des choses qu'ils ont pour objet. Les édits les plus connus des anciens étaient les suivants :

Edits des édiles (*ædilitia edicta*). C'étaient des règlements que les édiles curules faisaient sur les matières de leur compétence, telles que l'ordonnance des jeux, la police des temples, des chemins publics, des marchés et des marchandises, et sur tout ce qui arrivait dans la ville. On a quelquefois confondu les édits des édiles avec ceux des préteurs. Les uns et les autres n'étaient que des lois annuelles, que chacun de ces magistrats renouvelaient à sa convenance pendant son administration.

Edits des préteurs. On voit que les fonctions des préteurs duraient un an. Sur la porte de leur tribunal était une pierre blanche appelée *album prætoris*, sur laquelle chaque nouveau préteur faisait graver un édit qui annonçait au peuple la manière dont il se proposait de rendre la justice. Avant de faire afficher cet édit le préteur le soumettait à l'examen des tribuns du peuple. Ces édits étaient appelés *leges annua* (Cic., *in verrem*, 22), parce qu'ils ne devaient avoir force de loi que durant une année; il y avait même des édits ou règlements particuliers, rendus uniquement pour un certain cas, au delà duquel ils ne s'étendaient point. Les préteurs ne pouvaient, du reste, faire des lois ou des règlements que pour des affaires des particuliers, sans avoir à se mêler des affaires publiques : encore ce droit leur fut-il ôté par la publication de l'*édit perpétuel* (*jus perpetuum*), ou édit du préteur par excellence. C'était une collection de tous les édits des préteurs et des édiles. On a eu tort de répéter qu'elle fut faite par l'empereur Didius Julianus; on la doit au jurisconsulte Salvius Julianus, qui l'exécuta d'après les ordres de l'empereur Adrien. Il paraît qu'il y avait suppléé beaucoup de décisions qui ne se trouvaient pas dans les édits publiés jusque-là. Les empereurs Dioclétien et Maximien qualifièrent cette compilation de *droit perpétuel*; elle servit sans doute de base pour la rédaction du *Corpus juris* de l'empereur Justinien. Dans les temps modernes, on appela aussi *édit perpétuel* un règlement que les archiducs Albert et Isabelle firent le 12 juillet 1811, pour tous les pays de leur domination. Il contient 47 articles sur plusieurs matières, qui ont toutes rapport au droit des particuliers et à l'administration de la justice. Un édit publié à Rome s'appelait *edictum urbanum*; s'il était publié dans la province, il prenait le nom d'*edictum provinciale*; cependant on nommait aussi *édit provincial* l'abrégé de l'édit perpétuel fait seulement pour les provinces; mais comme on n'y avait pas prévu tous les cas, les proconsuls étaient souvent obligés d'écrire à l'empereur pour savoir ses intentions. On ne connaît pas l'époque où a été rédigé l'édit provincial. On appelle *édit d'union* un acte du 12 février 405, publié par l'empereur Honorius contre les donatistes et les manichéens. Il tendait à rallier tous les peuples à la religion catholique. Passant aux édits donnés par les rois de France, nous ne pourrons en mentionner nominativement qu'un bien petit nombre. Parmi ceux qui tirent leur nom de la chose dont ils s'occupent, nous citerons les *édits bursaux*, ou les édits ou déclarations dont l'objet principal était l'argent qui devait en revenir au souverain; telles étaient les créations d'offices, les nouvelles impositions, etc.; puis les *édits du contrôle*, dont on connaît plusieurs: 1° celui du mois de novembre 1637, par lequel Louis XIII créa dans chacune des principales villes du royaume un contrôleur des actes concernant les bénéfices; 2° celui du mois d'août 1669, par lequel Louis XIV déclare que tous les emplois des huissiers seront contrôlés dans les trois jours de leur date, sous peine de nullité; 3° celui du mois de mars 1608, en vertu duquel tous les actes des notaires doivent être contrôlés dans la quinzaine de leur date; 4° celui du 14 juillet 1699, il exige que les actes sous seing-privé soient contrôlés après avoir été reconnus; 5° celui du mois d'octobre 1705; il veut que tous les actes sous seing-privé, à quelques exceptions près, soient contrôlés avant qu'on puisse s'en servir pour faire aucune demande en justice. Le sixième est celui qui ordonne le contrôle pour les dépens. L'*édit des duels*, c'est-à-dire *contre les duels*, donné par Louis XIV au mois d'avril 1679; il corrobore, en leur imprimant un caractère plus sévère, les défenses portées par les précédentes ordonnances sur la matière. Louis XV a aussi publié un *édit des duels*, 10 février 1723, etc. Les *édits de pacification*. On désigna sous ce nom les édits rendus pendant les guerres de France, dans le but de les suspendre; ils sont fort nombreux: on en connaît du 27 janvier 1561, 12 février 1561, 19 mars 1563, août 1570, juillet 1573, mai 1576, 7 septembre 1577, dernier février 1579, 26 décembre 1580. Quelques-uns sont de simples *déclarations*. Le plus célèbre est l'édit de Nantes (*V.* ci-après), du dernier avril 1598. Sous Louis XIII on trouve l'édit de pacification, de mai 1616, les déclarations confirmatives de cet édit, des mois de mai 1617, 19 octobre 1622, 27 avril 1623, juillet 1625, de 1626, un édit de mars 1626, et une déclaration du 22 juillet 1627. Louis XIV donna aussi, antérieurement à la révocation de l'édit de Nantes, quelques édits et déclarations en faveur des protestants. L'*édit des présidiaux*, donné par le roi Henri II en 1551, établit les présidiaux et détermine leur pouvoir. L'*édit de Paulet* ou *de la paulette*, du 12 décembre 1604, établit le droit annuel pour les offices. L'*édit des petites dates*, rendu par Henri II en juin 1550, avait pour objet de quelques abus dans la collation et la résignation des bénéfices ecclésiastiques. Parmi ceux dont le nom rappelle le lieu où ils ont été rendus, les plus connus dans l'histoire sont, dans l'ordre chronologique, les suivants: l'*édit d'Amboise*, donné en janvier 1572, à Amboise, par Charles IX; il soumit à une nouvelle forme l'administration de la police. Un autre édit donné dans la même ville, a pour objet la punition de ceux qui contreviennent aux ordonnances du roi et de la justice, et de régler la juridiction des prévôts des maréchaux. L'*édit de Châteaubriand*, promulgué dans cette ville par Henri II, le 22 juin 1551; il contient 46 articles pour la punition des calvinistes; il porte, entre autres peines, confiscation des biens des religionnaires réfugiés à Genève. L'*édit de Crémieu*, donné par François Ier le 19 juin 1536, et composé de 31 articles qui règlent la juridiction des baillis, sénéchaux et siéges présidiaux, avec les prévôts, châtelains et autres juges ordinaires inférieurs, et les matières dont les uns et les autres doivent connaître. L'*édit de Melun*, règlement donné à Paris par Henri III, au mois de février 1580. Il a été surnommé *édit de Melun*, parce qu'il fut fait sur les plaintes et remontrances du clergé de France, assemblé par permission du roi en la ville de Melun. Il détermine et arrête plusieurs points de discipline et d'administration ecclésiastiques. L'*édit de Nantes*, dont nous ne dirons ici qu'un mot, nous proposant d'en examiner ailleurs (*V.* NANTES) les conséquences, ainsi que celles de sa révocation. Dès 1591, Henri IV, par l'édit de Nantes, avait rendu la liberté religieuse aux protestants. Ceux-ci s'en contentèrent jusqu'à ce que le Béarnais eut abjuré le calvinisme (1593); alors ils regardèrent leur sûreté comme compromise, et tinrent des assemblées pour délibérer sur les moyens d'obtenir de nouvelles concessions. Ils se plaignirent d'avoir versé leur sang pour établir sur le trône un roi qui les abandonnait et s'entourait de leurs plus cruels ennemis, auxquels il prodiguait les récompenses et les honneurs; et leurs craintes semblèrent justifiées par quelques mesures sévères prises contre eux par certains gouverneurs de provinces et parlements. L'édit de Saint-Germain-en-Laye, du 15 novembre 1594, plus favorable que celui de Nantes, n'avait pas apaisé leur mécontentement; Henri IV se vit amené à leur assurer enfin en France une existence légale. Il rendit en leur faveur le fameux édit de Nantes, le 15 avril 1598.

ÉDITER, v. a. (*néol.*), publier un ouvrage, le mettre au jour. Il se disait autrefois, et on l'a renouvelé de nos jours.

ÉDITEUR, s. m., celui qui fait imprimer l'ouvrage d'autrui en se donnant quelques soins pour l'édition. Par extension, les libraires prennent quelquefois le titre d'*éditeurs* des ouvrages qu'ils publient à leurs frais. (*V.* LIBRAIRE.) *Editeur responsable*, celui sous la responsabilité duquel paraît un journal, une feuille périodique.

ÉDITEUR, s. m. (*antiq. rom.*). Il se dit des magistrats ou des simples particuliers qui donnaient des spectacles à leurs frais.

ÉDITH, nom que donnent les rabbins à la femme de Loth, qui fut changée en statue de sel. (*V.* LOTH.)

ÉDITHE (SAINTE), née en 961, morte en 984, était la fille du roi d'Angleterre Edgard, et de Walfrède. Elevée par sa mère dans le couvent de Wilton, et, admise à prendre le voile dans sa quinzième année, elle consacra sa courte vie à l'accomplissement de tous ses devoirs de religieuse, à secourir et à consoler les pauvres, les malades et les orphelins. Elle ne refusa pas seulement de riches abbayes, mais encore la couronne qui lui fut offerte après la mort de son père et celle de son frère, saint Edouard, assassiné par ordre de sa belle-mère, Elfride. Elle repose dans l'église de Saint-Denis, qu'elle avait fait bâtir, et l'église célèbre sa mémoire le 16 septembre. Sa vie, écrite par un moine appelé Gosselin, fut publiée d'abord par Surius, plus tard par Mabillon, et enfin dans les *Acta sanctorum* des Bollandistes. Mabillon fait observer, toutefois, que trois autres princesses ont également porté le nom d'Edithe et pris le voile, et que dès lors les faits attribués à la sainte qui nous occupe sont quelque peu incertains.

ÉDITION, s. f., impression et publication d'un livre, soit qu'il paraisse pour la première fois, soit qu'il ait déjà été imprimé; ou la collection des exemplaires qu'on imprime pour cette publication. *Edition princeps*, la première édition d'un auteur ancien.

ÉDITION, s. f., publication d'un ouvrage manuscrit avant la découverte de l'imprimerie. *Edition de l'écrin* ou *de la cassette* (*philol.*), se dit de l'édition d'Homère, préparée par Aristote, ou, suivant Strabon, par Callisthène et Anaxarque, pour Alexandre-le-Grand. Elle est ainsi appelée parce que ce prince la fit renfermer dans un coffre précieux, trouvé parmi les dépouilles de Darius. *Edition des villes*, se dit des six éditions ou recensions d'Homère, faites sur les manuscrits trouvés à Marseille, à Sinops, à Chios, à Argos et dans les îles de Chypre et de Crète. Les *éditions des villes* sont fort estimées des grammairiens d'Alexandrie.

EDJEL, s. m. (*relig. mus.*), le terme fatal de la vie, qu'on ne peut ni avancer ni reculer.

EDKON, s. m. (*géogr.*), lac salé de la Basse-Egypte, province de Rosette; il n'est séparé de la Méditerranée que par une langue de terre sablonneuse.

EDMOND ou **EDME** (SAINT), naquit au bourg d'Abendon, d'un père qui entra dans le cloître, et d'une mère qui vécut saintement dans le monde. Il fit ses études à Paris, et y enseigna ensuite les mathématiques et les belles-lettres. Son nom ayant pénétré jusqu'à Rome, le pape Innocent III lui donna ordre de prêcher la croisade. Le pape Grégoire, voulant récompenser le zèle avec lequel il remplit cette fonction, le désigna pour occuper le siége de Cantorbéry, vacant depuis longtemps. Le chapitre l'élut d'une voix unanime, et l'élection fut confirmée par le souverain pontife; mais on eut beaucoup de peine à faire consentir Edme à accepter l'épiscopat. L'autorité de l'évêque de Salisbury ayant vaincu sa résistance, il fut sacré le 2 avril 1234. Il continua toujours son premier genre de vie sans craindre de s'exposer à la censure de quelques évêques qui n'étaient pas animés, comme lui, de l'esprit de Dieu. « Sa principale occupation, dit un historien, était de connaître les besoins spirituels et temporels de son troupeau, afin de pourvoir aux uns et aux autres. Il avait un soin particulier des jeunes filles qui n'avaient point de ressource; et, pour les mettre plus sûrement à l'abri du danger, il leur procurait un établissement. Il faisait une guerre déclarée aux vices; il maintenait la discipline avec une vigueur vraiment apostolique; il veillait sur ses officiers de justice pour qu'ils remplissent avec intégrité les fonctions de leurs charges, et qu'ils n'abusassent pas de leur autorité pour opprimer les faibles. » Le zèle qu'il employa à la réforme de son clergé lui attira des ennemis dans le chapitre même de son église. Éprouvant tous les jours des contradictions, il ne voulut point paraître conniver à des abus qu'il ne pouvait réprimer; il passa secrètement en France, et mourut à Poissy le 16 novembre 1242, ayant été huit ans archevêque de Cantorbéry. Le pape Innocent IV canonisa saint Edmond en 1247. Il nous reste de lui un ouvrage intitulé *Speculum ecclesiæ*, dans la bibliothèque des pères, tome III, Cologne, 1618-22; un livre des *Constitutions diverses*, en 36 canons, dans la *Collection des conciles d'Angleterre et d'Irlande* de Wilkins, et des manuscrits contenant des *pièces*, des *dissertations sur les sept péchés capitaux*, *le décalogue* et les *sept sacrements*.

EDMOND (SAINT), roi des Anglais orientaux, fut illustre par sa piété, qui le fit mettre dans le catalogue des saints. Ce prince ayant, en 870, voulu livrer bataille aux Danois, fut vaincu et contraint de prendre la fuite. Il crut pouvoir se cacher dans une église; mais ayant été découvert, il fut mené à Ivar, chef des Danois, qui était à Hélisdon. Le vainqueur lui offrit d'abord de lui laisser son royaume, pourvu qu'il le reconnût pour son souverain, et lui payât un tribut. Edmond ayant refusé ce parti, Ivar le fit attacher à un arbre et percer d'une infinité de flèches, après quoi il lui fit couper la tête. Le chef d'Emond ayant été trouvé quelque temps après, fut enterré avec le corps à Saint Edmonbourg, ville qui a reçu son nom de ce roi. Les historiens du temps en font l'éloge le plus complet. Ils relèvent surtout sa piété, sa douceur et son humilité. Les rois d'Angleterre l'honoraient comme leur principal patron, et le considéraient comme un modèle accompli de toutes les vertus royales.

EDMOND Ier, roi d'Angleterre, fils d'Edouard-le-Vieux, monta sur le trône l'an 940. Il soumit le Northumberland, mit l'ordre dans son royaume et donna de grands priviléges aux églises. Il fut assassiné l'an 946, par un voleur qu'il avait arrêté dans ses appartements; il emporta avec lui les regrets de ses sujets.

EDMOND II, dit *Côte-de-Fer*, roi des Anglais après son père Ethelred, commença de régner en 1016. Le royaume était alors extrêmement divisé par les conquêtes de Canut, roi de Danemarck. Le nouveau roi prit les armes, se rendit maître d'abord de Glocester et de Bristol, et mit ses ennemis en déroute. Il chassa ensuite Canut de devant Londres qu'il assiégeait et gagna deux sanglantes batailles. Mais ayant laissé à son ennemi le temps de remettre de nouvelles troupes sur pied il perdit Londres et fut défait en plusieurs rencontres. La mort de tant de bons sujets le toucha. Pour les épargner ou pour ne plus se commettre à leur courage il fit un défi à Canut qui accepta ce parti. Ces rois se battirent avec chaleur et à forces égales. Ils terminèrent leur différend en partageant le royaume. Quelque temps après, Edric, surnommé Stréon, corrompit deux valets de chambre d'Edmond, qui lui passèrent un croc de fer au fondement dans le temps qu'il était pressé de quelque nécessité naturelle, et portèrent sa tête à Canut qui fut maître du trône.

EDMOND PLANTAGENET, de Woodstock, comte de Kent, était un fils cadet du roi d'Angleterre Édouard Ier. Le roi Édouard II, son frère aîné, l'envoya l'an 1324 en France, pour y défendre contre Charles IV les pays qui appartenaient à l'Angleterre; mais il ne fut pas heureux dans cette expédition. Il contint le parti de ceux qui déposèrent Edouard II, son frère, pour mettre son fils Édouard III sur le trône. Il se chargea du gouvernement du royaume avec onze autres seigneurs, pendant la minorité de son neveu; mais il s'aperçut bientôt que la mère du jeune roi, de concert avec son amant, Roger Mortimer, ne lui en laissait que le seul titre. Il travailla dès lors à faire remonter sur le trône son frère. Cette tentative ne lui réussit pas: la reine fit si bien que, dans un parlement tenu à Winchester, il fut condamné à mort. On le conduisit sur l'échafaud; mais l'exécuteur s'étant évadé, il y demeura depuis avant midi jusqu'au soir, sans qu'on pût trouver un homme qui voulût faire l'office de bourreau. Enfin, vers le soir, un garde de la maréchaussée se chargea de cette triste exécution. Ainsi mourut ce prince à l'âge de 28 ans.

EDMONDES (THOMAS), Anglais, né en 1563, joua un rôle dans les affaires politiques sous les règnes d'Elisabeth, de Jacques Ier et de Charles Ier. Il fut envoyé en qualité d'ambassadeur en France et dans les Pays-Bas, et mourut en 1639. On a publié: 1° ses *Négociations*. Londres, 1749, in-8°. 2° *Lettres sur les affaires d'Etat*. Londres, 1725, 3 vol. in-8°.

EDMONDIE, *edmondia* (*bot.*), genre de plantes de la famille des corymbifères, très voisin de l'*anaxetan* dont il diffère pour l'aigrette plumeuse ou pénicillée. (*V.* ANAXETAN.)

EDOCÉPHALE, s. m. (*anat.*), monstre dont le nez figure un pénis.

EDOCÉPHALIE, s. f. (*anat.*), difformité du nez de l'édocéphale.

EDOLIEN, IENNE, adj. (*zool.*), qui ressemble à l'oiseau appelé drongo (*édolius*).

EDOM (*géogr. anc.*). (*V.* IDUMÉE.)

EDON (*géogr. anc.*), montagne de Thrace, située au S.-O. Elle donna son nom au territoire compris entre le Strymon et le Nessus. On célébrait sur cette montagne des orgies en l'honneur de Bacchus.

ÉDOUARD LE VIEUX ou **L'ANCIEN**, roi d'Angleterre, 7e de la dynastie saxonne, succéda à son père Alfred l'an 900. Il défit Constantin, roi d'Écosse, vainquit les Bretons du pays de Galles, et remporta deux victoires sur les Danois. Il fit ensuite ériger cinq évêchés, fonda l'université de Cambridge, protégea les savants, et mourut en 924.

ÉDOUARD (SAINT), roi d'Angleterre, martyr, fils d'Edgard, monarque de toute l'Angleterre, succéda à son père en 975, n'étant encore âgé que de 13 ans. Il se conduisit en tout par les conseils de saint Dunstan, qui avait fait la cérémonie de son sacre. Son règne fut celui de toutes les vertus; il se rendit surtout recommandable par l'intégrité de ses mœurs, par sa piété, sa modestie, sa clémence et sa charité envers les pauvres. Ses sujets s'applaudissaient tous les jours de vivre sous la domination d'un si bon prince; mais sa mort prématurée devint pour eux une source de larmes. — Elfride, sa belle-mère, s'était opposée à son couronnement et avait remué mille ressorts pour faire élire prince Ethelred, qu'elle avait eu d'Edgar, et qui n'était âgé que de 7 ans. Ses intrigues n'ayant pas réussi, elle conçut une haine implacable contre Edouard, et résolut de le perdre. Le jeune roi qui connaissait les sentiments de sa belle-mère, ne laissa pas de lui donner, en toute occasion, les preuves les moins équivoques de son respect et de son affection. Il agissait à l'égard d'Ethelred comme il aurait pu faire à l'égard du plus aimé de ses frères; et sa conduite était d'autant plus admirable, que la dissimulation n'y avait aucune part; elle avait pour fondement un cœur vrai et sincère. Elfride n'en fut pas touchée; l'esprit de vengeance et d'ambition lui fit fouler aux pieds les lois sacrées de la religion et de la morale. — Il y avait trois ans et demi qu'Édouard régnait, lorsque, chassant dans une forêt voisine de Wareham, dans le comté de Dorset, il alla faire une visite à sa belle-mère. Mais Elfride, au lieu de reconnaître une pareille marque d'attention, exécuta l'horrible projet qu'elle avait formé depuis longtemps. Elle ne vit pas plus tôt celui dont elle avait juré la perte, qu'elle le fit inhumainement poignarder par un de ses domestiques. Le ciel découvrit le corps du malheureux prince, qu'on avait jeté dans un marais, et l'honora de plusieurs guérisons miraculeuses. On l'enterra dans l'église de Wareham, d'où il fut transféré, trois ans après, au monastère de Shasftbury. Plusieurs églises demandèrent et obtinrent quelques portions de ses reliques. La mort de saint Edouard arriva le 18 mars, jour auquel il est nommé dans le martyrologe romain. Cependant Elfride, déchirée de remords et frappée des miracles qui s'opéraient par l'intercession du saint, rentra sérieusement en elle-même, et prit une ferme résolution d'expier son crime par une sincère pénitence. Elle quitta le monde et fonda les monastères de Wherwel et d'Ambresbury. Elle fixa sa demeure dans le premier, et y passa saintement le reste de sa vie. Son fils Ethelred, qu'elle avait voulu voir roi, fut un prince lâche et malheureux. L'Angleterre, sous son règne, fut exposée à toute espèce de calamités, et surtout aux incursions des Danois. A. B.

ÉDOUARD (SAINT), surnommé le confesseur, roi d'Angleterre, naquit en 1002 de Ethelred, roi d'Angleterre, et d'Emma, fille du duc Richard II de Normandie. Il éprouva dès son bas âge de longues adversités. Son père venait de perdre son royaume pour la deuxième fois; son frère Edouard venait de périr assassiné par Edric, l'un des généraux qui avaient été la cause de la perte de son père; et, par surcroît de malheur, ses neveux étaient exilés dans le fond de l'Allemagne. Cependant il ne se découragea pas. Comptant sur les secours que lui avait promis son grand-père, le duc Richard, il s'apprêtait à venger les siens, lorsqu'un évènement inouï vint anéantir toutes ses prévisions: Emma sa mère venait d'accepter la main de Canut, le mortel ennemi de son mari, l'usurpateur de son trône, de ce chef de Danois qui était la cause de tous les malheurs. Ce mariage fut célébré en 1017. — Canut mourut en 1036. Edouard crut le moment favorable de tenter un coup de main; il assembla une flotte de 40 voiles et se rendit à Southampton. Malheureusement le règne de Canut avait accoutumé les Anglais au règne des Danois; il ne rencontra aucune sympathie dans les populations, et sa mère se montra hostile à ses prétentions. Après quelques escarmouches sans résultat, ce prince, contre lequel s'avançaient des forces redoutables, qu'il eût été imprudent d'affronter, se vit obligé de revenir en Normandie. Harold, surnommé Pied-de-Lièvre, succéda à son père Canut. A quelque temps de là, Alfred, frère d'Édouard, périt victime d'un piége dont l'origine est restée mystérieuse. Voici le fait: on raconte qu'une lettre fut apportée par un exprès aux deux fils d'Ethelred; cette lettre était censée écrite par Emma; elle reprochait aux deux frères leur apathie, et les engageait à profiter des dispositions favorables des peuples pour venir revendiquer leurs droits. Cette lettre, si peu en rapport avec la conduite qu'avait tenue la reine lors de l'entreprise d'Édouard, était-elle véritablement d'Emma, ou, comme on l'a cru, fut-ce une ruse inspirée par Godwin, seigneur puissant qui commandait dans le Wessex, pour se défaire des deux princes? L'histoire ne saurait se prononcer sur un fait qui est resté couvert d'un voile impénétrable; ce qui est certain, c'est qu'un des deux frères se rendit aux vœux exprimés par la fatale missive. Il rassembla quelques troupes, débarqua en Angleterre, où il s'avança jusqu'à Cantorbéry; là le comte Godwin vint le joindre, lui engagea sa foi, et lui offrit de le conduire auprès de sa mère qui l'attendait avec impatience. Alfred, séduit par ses promesses décevantes, n'hésita pas à le suivre; il fut conduit à Guilford, où, vers minuit, pénétrèrent les satellites de Harold, qui se saisirent du prince et de sa suite. Presque tous ceux qui l'accompagnaient périrent dans d'horribles supplices. D'après Lingard, les victimes furent mutilées; elles eurent « les yeux crevés ou les jarrets coupés, ou la peau du crâne enlevée, ou les entrailles arrachées, selon le caprice ou la barbarie des bourreaux. » Pour Alfred, on le traîna à Ely, et, après qu'on lui eut fait subir toute sorte d'outrages, un simulacre de cour de justice le condamna à perdre les yeux; cette cruelle sentence fut exécutée, et le malheureux prince n'y survécut que quelques jours. Ce qui semble justifier Emma de ce meurtre, c'est qu'aussitôt qu'elle vit l'expédition manquée elle quitta l'Angleterre et se réfugia à Bruges, où Baudoin, comte de Flandres, lui offrit un asile. La tentative d'Alfred avait eu lieu en 1037: Harold ne lui survécut que de trois ans, et Hardecanut, fils de Canut et d'Emma, lui succéda; prince faible et violent, qui ne signala guère son règne que par sa vengeance extravagante et barbare contre Harold, qui avait usurpé ses droits en se plaçant sur le trône, et qui avait exilé Emma sa mère, et dont la rage impuissante fit déterrer le corps pour le faire décapiter, après quoi il ordonna de jeter la tête et le tronc dans la Tamise. Ce prince rappela sa mère Emma, fit venir de Normandie son frère utérin, Edouard, dont il avait entendu louer les vertus, et conçut pour lui une vive amitié: peut-être les conseils et les exemples du fils d'Éthelred eussent-ils, dans la suite, fait un bon roi de Hardecanut, malgré les tristes présages qu'on avait pu tirer des premiers actes de ce prince; mais Hardecanut fut subitement frappé de mort dans un festin, le 4 juin 1042. Il ne laissa pas d'enfants. — A peine fut-il mort qu'une révolution nouvelle s'opéra: Edouard fut proclamé roi par les thanes d'Angleterre, las du joug que les Danois faisaient peser sur eux depuis 40 ans, et influencés par trois chefs puissants, Godwin, comte de Kent, Léofric, comte de Leicester, et Siward, comte de Northumberland. On s'étonnera peut-être en cette occasion du zèle que montra pour les intérêts d'Edouard ce même Godwin, qui, lors du meurtre d'Alfred, avait joué un rôle si équivoque; mais sous le règne précédent ce seigneur, mis en jugement pour ce fait, avait protesté de son innocence, s'était justifié par la voie légale du serment, et avait été acquitté par un jury composé de ses pairs. Depuis, Godwin s'est montré si dévoué au fils d'Ethelred, qu'il avait fait naître des doutes sur sa culpabilité dans l'esprit de ce prince, qui, trop chrétien pour nourrir des pensées de vengeance, s'accoutuma peu à peu à lui, et lui accorda même un certain degré de confiance. Elu à l'unanimité des thanes, Edouard fut couronné le jour de Pâques de l'année 1042, par l'archevêque Edsy. S'il faut en croire Jumièges, Hardecanut aurait laissé Edouard héritier de tout le royaume; il est certain, en effet, que le moine de Saint-Omer avait écrit que Hardecanut avait appelé son frère utérin en Angleterre, afin qu'en venant il eût part au gouvernement des trois royaumes. Si on ajoute foi à ces historiens, et rien ne nous en empêche, Edouard serait justifié des reproches que lui ont fait des hommes peu au fait de ce qui se passait au moyen âge. Ils prétendent qu'il usurpa les droits de ses neveux et des fils d'Edmond; d'abord il est probable que personne en Angleterre ne songea à eux et qu'il était urgent que le trône fût occupé immédiatement, et de plus, il est à peu près démontré aujourd'hui qu'à cette époque, en plusieurs occasions, le droit d'héritage au trône appartenait autant au frère du défunt qu'à ses propres enfants. Quoi qu'il en soit, formé par les leçons du malheur qui de bonne heure l'avait visité, Edouard s'était livré dans la retraite à toutes les vertus chrétiennes; et, loin de chercher l'oubli de ses infortunes dans les plaisirs que lui offrait la cour de Richard-de-Normandie, il n'avait mis qu'en Dieu son espoir et sa consolation. Fuyant le monde comme un écueil où viennent se briser les plus solides vertus, il ne recherchait la société que de quelques personnes pieuses, ne se plaisait que dans les entretiens graves, auxquels il ne se livrait qu'avec réserve, et où sa modestie se bornait, le plus souvent, à écouter et à s'instruire; aussi apporta-t-il sur le trône, moins les qualités qui font les grands rois, que celles infiniment plus précieuses qui font les bons rois; et il n'y a qu'un commun accord entre tous les historiens, c'est que jamais règne ne fut plus heureux. Cependant le besoin de son autorité l'obligea à son début de déployer quelque rigueur. Ceux des Danois qui osèrent méconnaître ses droits furent expulsés du royaume, la reine Emma eut à rendre compte de sa conduite passée, de son mariage avec Canut, de sa prédilection pour les enfants de son second lit et de sa persévérance à s'opposer à toute tentative qui aurait pu rendre la couronne au fils d'Ethelred; il lui fit enlever ses richesses, mais sa rigueur fut de peu de durée, car il la rétablit bientôt avec son douaire dans sa résidence à Winchester, où elle mourut en 1052. Edouard, par sa vigueur à se préparer contre les tentatives que Magnus, roi de Danemark, voulait faire pour lui enlever son royaume, l'intimida et paraît l'avoir fait changer de résolution. C'est par un singulier traité que Magnus croyait avoir des droits sur l'Angleterre. Il prétendit qu'il avait été convenu entre lui et Hardecanut que le royaume de l'un des deux appartiendrait à celui qui survivrait. Sur les instances de Godwin, le roi épousa sa fille Edith, qui consentit à vivre chastement avec lui. Godwin par cette union avait voulu donner une nouvelle preuve de son amour pour son roi; mais ses projets furent bientôt déjoués; son fils Sweyn, en vint dans ses débauches, jusqu'à insulter Edgive, abbesse de Léominster, et mérita par-là d'être chassé du royaume; et Godwin lui-même ayant été très dur envers des nobles normands et ayant refusé de comparaître devant le roi pour s'excuser, il s'exhala en menaces contre ceux qu'il appelait les *favoris étrangers*, et, aidé de ses fils Sweyn et Harold, il tenta de se venger. Cependant Edouard ayant fait bonne contenance, Godwin s'humilia, il envoya sa soumission au roi et implora sa clémence. Le roi refusa d'abord de traiter avec le rebelle; mais, sur les instances de ses conseillers, il se laissa fléchir, et bientôt même, touché du repentir que lui manifesta le coupable, il lui accorda, ainsi qu'à ses enfants, un pardon sans réserve dont il excepta Sweyn pour lequel il fut inexorable et qu'il condamna à finir ses jours dans l'exil. Ce malheureux, en effet, mourut au bout de quelques temps en Lycie, où il fit une rude pénitence de ses péchés. La reine Edith, qui avait été enfermée dans une forteresse, pour éviter toute révolte, sortit bientôt. C'est en 1053 que Godwin mourut. La même année la peste et la famine ravagèrent l'Angletrrre. Edouard prodigua ses trésors et ses soins pour donner du courage à ses sujets, sa conduite fut admirable, et c'est de ce temps que date surtout sa popularité. Il répandit d'abondantes aumônes, ouvrit des asiles pour les malades, diminua les impôts, abolit l'odieuse taxe du *dane-gelt*, ou taxe danoise, et refusa même une somme considérable que ses nobles avaient levée sur leurs vassaux, et qu'ils lui offraient comme un don volontaire destiné à faire face aux besoins de l'État. « Je vous remercie de votre bonne volonté, leur dit-il, mais Dieu me préserve d'accepter un présent arraché aux labeurs du pauvre; rendez cet argent à ceux de qui il vient; Dieu à qui je le donne, en le donnant aux indigents, saura bien pourvoir à mes besoins. » Sa confiance en Dieu ne fut pas trompée, et malgré les sacrifices que lui imposaient son désintéressement et sa généreuse compassion, il sut, par une généreuse économie dans ses dépenses, il sut, dis-je, trouver encore le moyen de fonder de pieux établissements, de doter et d'embellir les temples du Seigneur. Le saint roi s'efforça en outre de mettre de l'ordre dans l'administration de la justice, il réforma la législation barbare de son temps, et publia un code de lois connu sous le nom de *lois d'Edouard-le-Confesseur*, qui devint la base du droit public en Angleterre, même après la conquête des Normands. Il rendit la paix au pays et sut réprimer la guerre civile sans répandre le sang, montrant ainsi que ce qu'il avait dit en montant sur le trône, qu'il *n'accepterait pas la plus puissante monarchie, s'il fallait verser le sang d'un seul homme*, était le fond de sa pensée et non de vaines paroles. En 1030, Macbeth avait assassiné Dunkan, roi d'Ecosse, dont Malcolm, son fils, s'était retiré en Angleterre. Edouard qui *connaissait le malheur et savait y compatir*, avait mis à la disposition du fils de Duncan une puissante armée dont les efforts s'étaient brisés devant la puissance de Macbeth. En 1054, cependant Macduff, thane de Fife, sétant mis à la tête des mécontents que la tyrannie de Macbeth avait suscités, le légitime héritier fut mandé de venir prendre possession de son royaume. Malcolm, accompagné des troupes qu'Edouard lui avait confiées et qui étaient commandées par Siward, comte de Northumberland, son oncle, auprès duquel il s'était retiré, partit pour l'Ecosse, où après quelques alternatives de succès et de revers, mit fin par la victoire de Laufanan, à l'usurpation de Macbeth, en lui enlevant à la fois la vie et le trône. Quelques différents s'étant élevés entre Harold, fils de Godwin et Alfgar, fils de Léofric, semblèrent un moment menacer la tranquillité du royaume. Harold accusa ce dernier de trahison envers le roi, ce qui voulait dire tout au plus qu'il avait refusé l'ancien tribut, car Alfgar étant mort, ses fils obtinrent grâce en déclarant qu'ils le payeraient dorénavant. Pour éviter toute nouvelle collision, Edouard rendit une loi par laquelle tout Gallois qui serait trouvé en armes à l'est des digues d'Offa, était condamné à perdre la main. Depuis longtemps le vieux roi avait témoigné le désir d'aller visiter le tombeau de saint Pierre, pour lequel il avait une dévotion particulière. Il nourrissait toujours ce projet, il en avait d'ailleurs fait le vœu, et il ne fallut rien moins, pour l'empêcher de l'accomplir, que Léon IX ait donné gain de cause à ses conseillers qui s'y opposaient. Ce pape toutefois, pour relever le roi de son vœu, lui conseilla de donner aux pauvres l'argent qu'il aurait dépensé pour son voyage, et de bâtir ou de doter un monastère sous l'invocation de saint Pierre. C'est à cette occasion qu'il fonda la célèbre abbaye de Wesminter. Edouard, quelque temps avant sa mort, eut souvent des inquiétudes; il ne savait à qui il laisserait le trône; ses ministres l'entretenaient souvent à ce sujet. Il se décida à appeler près de lui le fils d'Edmond, Côte-de-Fer, son frère. Mais à peine ce jeune prince fut-il arrivé qu'il mourut. Le peuple fut très affecté de cette mort, il en murmura; il ne cacha pas qu'il croyait Harold coupable d'une mort qui lui permettait en effet d'aspirer aux honneurs suprêmes. Le roi n'y fut pas moins sensible. Il vit bien que le fils du malheureux prince, le jeune Edgar, serait frustré de ces droits par Harold ou par Guillaume-le-Bâtard; il ne paraît pas en effet qu'il ait institué son successeur ce dernier, comme on l'a dit. Il s'en remit à la divine Providence, et c'est dans de tels sentiments qu'il expira le 5 janvier 1066. Il fut enterré dans l'abbaye qu'il avait fondée. Les historiens rapportent plusieurs miracles du saint roi, et c'est en 1161 que le pape Honorius III le canonisa. A. B.

ÉDOUARD Ier de ce nom, de la dynastie normande ou des Plantagenet (qu'on devrait nommer ÉDOUARD IV, parce qu'il y avait déjà eu trois Édouard dans la race saxonne), roi d'Angleterre, naquit à Winchester, en 1240, du roi Henri III et d'Éléonore de Provence. Il se croisa avec le roi saint Louis contre les infidèles. Il partageait les travaux ingrats de cette expédition malheureuse, lorsque la mort du roi, son père, le rappela en Europe l'an 1272. Au retour de l'Asie, il débarqua en Sicile et vint en France, où il fit hommage au roi Philippe III des terres que les Anglais possédaient dans la Guienne. L'Angleterre changea de face sous ce prince. Il sut contenir l'humeur remuante des Anglais, et animer leur industrie. Il fit fleurir leur commerce, autant qu'on le pouvait alors. Il s'empara du pays de Galles sur Léolin, après l'avoir tué les armes à la main, en 1283. Il fit un traité, l'an 1286, avec le roi Philippe IV, dit *le Bel*, successeur de Philippe III, par lequel il régla les différends qu'ils avaient pour la Saintonge, le Limousin, le Quercy et le Périgord. L'année suivante il se rendit à Amiens, où il fit au même prince hommage de toutes les terres qu'il possédait en France. La mort d'Alexandre III, roi d'Écosse, arrivée en 1286, ayant laissé sa couronne en proie à l'ambition de douze compétiteurs, Édouard eut la gloire d'être choisi pour arbitre entre les prétendants. Il exigea d'abord l'hommage de cette couronne; ensuite il nomma pour roi Jean Bailleul, qu'il fit son vassal. Une querelle peu considérable entre deux mariniers, l'un Français, l'autre Anglais, alluma la guerre, en 1293, entre les deux nations. Édouard entra en France avec deux armées, l'une destinée au siége de La Rochelle, et l'autre contre la Normandie. Cette guerre fut terminée par une double alliance, en 1398, entre Édouard et Marguerite de France, et entre son fils Édouard et Isabelle, l'une sœur et l'autre fille de Philippe-le-Bel. Le souverain anglais tourna ensuite ses armes contre l'Écosse. Berwick fut la première place qu'il assiégea. Il la prit par ruse; il feignit de lever le siége, et fit répandre par ses émissaires qu'il s'y était déterminé par la crainte des secours qu'attendaient les assiégés. Quand il se fut assez éloigné pour n'être pas aperçu, il arbora le drapeau d'Écosse et s'avança vers la place. La garnison, séduite par ce stratagème, s'empressa d'aller au devant de ceux qu'elle croyait ses libérateurs. Elle était à peine sortie qu'elle fut coupée par les Anglais, qui entrèrent précipitamment dans la ville. Ce succès en amena d'autres. Le roi d'Écosse fut fait prisonnier, confiné dans la tour de Londres, et forcé à renoncer, en faveur du vainqueur, au droit qu'il avait sur la couronne. Ce fut alors que commença cette antipathie entre les Anglais et les Écossais, qui dure encore aujourd'ui, malgré la réunion des deux peuples. Édouard mourut après avoir perdu la conquête d'Écosse, en 1307, après 34 ans de règne et 68 ans de vie. On ne peut refuser à ce monarque beaucoup de courage, des mœurs pures, une équité exacte; mais ces qualités furent ternies par la cruauté et par la soif de la vengeance et de l'argent. Il s'empara de tous les prieurés, n'assignant à chaque religieux que 18 deniers par semaine, et affectant le surplus à ses finances. Il fit ensuite enlever tout l'argent des prieurés d'Angleterre, et saisir leurs fonds et ceux des évêchés. De plus, il mit tous les ecclésiastiques hors de sa protection, tellement qu'on pouvait les insulter impunément, n'étant plus sous la sauve-garde des lois. Ce fut sous ce prince que le parlement d'Angleterre prit une nouvelle forme, telle à peu près que celle d'aujourd'hui. Le titre de pair et de baron ne fut affecté qu'à ceux qui entraient dans la chambre haute. Il ordonna à tous les shérifs d'Angleterre, que chaque comté ou province députât au parlement deux chevaliers, chaque cité deux citoyens, chaque bourg deux bourgeois. La chambre des communes commença par-là à entrer dans ce qui regardait les subsides. Édouard lui donna du poids, pour pouvoir balancer la puissance des barons. Ce prince, assez ferme pour ne les point craindre, et assez habile pour les ménager, forma cette espèce de gouvernement, qui rassemble les avantages de la royauté, de l'aristocratie et de la démocratie, mais qui a aussi les divers inconvénients de tous les trois, et qui ne peut subsister que sous un roi sage.

ÉDOUARD II, fils et successeur d'Edouard I, couronné à l'âge de 23 ans, en 1307, abandonna les projets de son père sur l'Écosse pour se livrer à ses maîtresses et à ses flatteurs. Le principal d'entre eux était un nommé Pierre Gaveston, gentilhomme gascon, qui, à la fierté de sa nation, joignait les caprices d'un favori et la dureté d'un ministre. Il maltraita si cruellement les grands du royaume, qu'ils prirent les armes contre leur souverain, et ne les quittèrent qu'après avoir fait couper la tête à son indigne favori. Les Écossais, profitant de ce trouble, secouèrent le joug des Anglais. Édouard, malheureux au dehors, ne fut pas plus heureux dans sa famille. Isabelle, sa femme, irritée contre lui, se retira à la cour du roi de France Charles-le-Bel, son frère. Ce prince encouragea sa sœur à lever l'étendard de la révolte contre son mari. La reine, secourue par le comte de Hainaut, repassa la mer avec environ 3,000 hommes en 1326. Édouard, livré à l'incertitude dans laquelle il avait flotté toute sa vie, se réfugia avec son favori Spencer dans le pays de Galles, tandis que le vieux Spencer s'enfermait dans Bristol pour couvrir sa fuite. Cette ville ne tint point contre les efforts des illustres aventuriers qui suivaient la reine. Les deux Spencer moururent par la main du bourreau Édouard fut condamné à une prison perpétuelle, et son fils mis en sa place. Esclave sur le trône, pusillanime dans les fers, il finit comme il avait commencé, en lâche. Après quelque temps de prison on lui enfonça un fer chaud dans le fondement par un tuyau de corne de peur que la brûlure ne parut. Ce fut par ce cruel supplice qu'il perdit la vie l'an 1327, après un règne de 20 ans.

ÉDOUARD III, fils du précédent, vit le jour en 1312, à Windsor. Mis sur le trône à la place de son père, par les intrigues de sa mère, en 1327, il ne lui fut pas pour cela plus favorable. Il fit enlever son favori Mortimer jusque dans le lit de cette princesse, et le fit périr ignominieusement. Isabelle fut elle-même renfermée dans le château de Rising, et y mourut après 28 ans de prison. Édouard, maître, et bientôt maître absolu, commença par conquérir le royaume d'Écosse disputé par Jean de Bailleul et David de Bruce. Une nouvelle scène, et qui occupa davantage l'Europe, s'ouvrit alors. Édouard III voulut retirer les places de la Guienne, dont le roi Philippe de Valois était en possession. Les Flamands, l'empereur, et plusieurs autres princes entrèrent dans son parti. Les premiers exigèrent seulement qu'Édouard prît le titre de roi de France, en conséquence de ses prétentions sur cette couronne, parce qu'alors, suivant le sens littéral des traités qu'ils avaient faits avec les Français, ils ne faisaient que suivre le roi de France. Édouard, suivant Rapin de Thoiras, approuva ce moyen de les faire entrer dans la ligue. Voilà l'époque de la jonction des fleurs de lis et des léopards. Édouard se qualifia dans un manifeste *roi de France, d'Angleterre et d'Irlande*. Il commença la guerre par le siége de Cambrai, qu'il fut obligé de lever. La fortune lui fut ensuite plus favorable : il remporta une victoire navale, connue sous le nom de *bataille de l'Écluse*. Cet avantage fut suivi de la bataille de Créci, en 1346. Les Français y perdirent 30,000 hommes de pied, 1,200 cavaliers et 80 bannières. On attribue en partie le succès de cette journée à 6 pièces de canon dont les Anglais se servaient pour la première fois, et dont l'usage était inconnu en France. Le lendemain de cette victoire les troupes des communes de France furent encore défaites. — Edouard, après deux victoires remportées en deux jours, prit Calais, qui resta aux Anglais 210 années. La mort de Philippe de Valois, en 1350, ralluma la guerre. Edouard la continua contre le roi Jean, son fils, et gagna sur lui, en 1357, la bataille de Poitiers. Jean fut fait prisonnier dans cette journée et mené en Angleterre, d'où il ne revint que quatre ans après. Edouard, prince de Galles, fils du roi d'Angleterre, qui commandait les troupes dans cette bataille, donna des marques d'un courage invincible. A son entrée dans Londres il parut sur une petite haquenée noire, marchant à côté du roi Jean, qui montait un beau cheval blanc superbement harnaché. Dans un siècle barbare cette modestie du vainqueur est bien remarquable. Après la mort de Jean, en 1361, Edouard fut moins heureux. Charles V confisqua les terres que les Anglais possédaient en France, après s'être préparé à soutenir l'arrêt de confiscation par les armes. Le roi de France remporta de grands avantages sur eux, et le monarque anglais mourut en 1377, avec la douleur de voir les victoires de sa jeunesse obscurcies par les pertes de ses vieux jours. Sa vieillesse fut encore ternie par le crédit de ses favoris, et surtout par son amour pour une certaine Alix, qui l'empêcha même de recevoir les sacrements de l'Eglise dans sa dernière maladie. Son règne aurait eu un éclat infini sans ces taches ; l'Angleterre n'avait point eu encore de souverain qui eût tenu dans le même temps deux rois prisonniers, Jean, roi de France, et David, roi d'Ecosse. Les entreprises de ce monarque coûtèrent beaucoup à l'Angleterre ; mais elle s'en dédommagea par son commerce : elle vendit ses laines ; Bruges les mit en œuvre. Ce fut Edouard qui institua l'ordre de la *Jarretière*, vers l'an 1349. L'opinion vulgaire est qu'il fit cette institution à l'occasion de la jarretière que la comtesse de Salisbury, sa maîtresse, laissa tomber dans un bal, et que ce prince releva. Les courtisans s'étant mis à rire, et la comtesse ayant rougi, le roi dit : *Honni soit qui mal y pense*, pour montrer qu'il n'avait point eu de mauvais dessein, et jura que tel qui s'était moqué de cette jarretière s'estimerait heureux d'en porter une semblable. Cette origine de l'ordre de la Jarretière n'est rien moins que sûre.

ÉDOUARD IV, fils de Richard, duc d'Yorck, enleva en 1461 la couronne d'Angleterre à Henri VI. Il prétendait qu'elle lui était due, parce que les filles, en Angleterre, ont droit de succéder au trône, et qu'il descendait de Lionel de Clarence, second fils d'Edouard III, par sa mère Anne de Mortimer, femme de Richard ; au lieu qu'Henri descendait du troisième fils d'Edouard III, qui était Jean de Lancastre, son bisaïeul paternel. Deux victoires remportées sur Henri firent plus pour Edouard que tous ses droits. Il se fit couronner à Westminster le 20 juin de la même année, 1461. Ce fut la première étincelle des guerres civiles entre les maisons d'Yorck et de Lancastre, dont la première portait la rose blanche et la dernière la rouge. Ces deux partis firent de toute l'Angleterre un théâtre de carnage et de cruautés ; les échafauds étaient dressés sur les champs de bataille, et chaque victoire fournissait aux bourreaux quelques victimes à immoler à la vengeance. Cependant Edouard IV s'affermit sur le trône par les soins du célèbre comte de Warwick ; mais dès qu'il fut tranquille, il fut ingrat. Il écarta ce général de ses conseils, et s'en fit un ennemi irréconciliable. Dans le temps que Warwick négociait, en France, le mariage de ce prince avec Bonne de Savoie, sœur de la femme de Louis XI, Edouard voit Elisabeth Wodevill, fille du baron de Rivers, en devient amoureux, et n'en peut jamais obtenir que ces paroles accablantes : « Je n'ai pas assez de naissance pour » espérer d'être reine, et j'ai trop d'honneur pour m'abaisser à » être maîtresse. » Ne pouvant se guérir de sa passion, il couronne sa maîtresse sans en faire part à Warwick. Le ministre outragé cherche à se venger. Il arme l'Angleterre, il séduit le duc de Clarence, frère du roi ; enfin il lui ôta le trône sur lequel il l'avait fait monter. Edouard, fait prisonnier en 1470, se sauva de prison, et l'année d'après, 1471, secondé par le duc de Bourgogne, il gagna deux batailles. Le comte de Warwick fut tué dans la première. Edouard, fils de cet Henri qui lui disputait le trône, ayant été pris dans la seconde, perdit la vie ; ensuite Henri lui-même fut égorgé en prison. La faction d'Edouard lui ouvrit les portes de Londres. Ce prince, libre de toute inquiétude, se livra entièrement aux plaisirs, et ses plaisirs ne furent que légèrement interrompus par la guerre contre Louis XI, qui le renvoya en Angleterre à force d'argent, après avoir signé une trève de neuf ans. Ses dernières années furent marquées par la mort de son frère, le duc de Clarence, sur lequel il avait conçu des soupçons. Il lui promit de choisir le genre de mort qui lui paraîtrait le plus doux ; et on le plongea dans un tonneau de malvoisie, où il finit ses jours comme il avait désiré. Edouard le suivit de près ; il mourut en 1483, à 41 ans, après 22 ans de règne. Ce monarque avait commencé son règne en héros ; il le finit en débauché. Son affabilité lui gagna tous les cœurs ; mais la volupté corrompit le sien. Il aima trop le sexe, et en fut trop aimé. Il attaquait toutes les femmes par esprit de débauche, et s'attachait pourtant à quelques-unes par des passions suivies. Ses maîtresses les plus connues furent Jeanne Shore, femme d'un bourgeois de Londres ; Elisabeth Lucy, à laquelle on prétend qu'il avait donné sa foi avant son mariage, et Eléonore Talbot, veuve de lord Buller.

ÉDOUARD V, roi d'Angleterre, fils d'Edouard IV, ne survécut à son père que deux mois. Il n'avait que onze ans lorsqu'il monta sur le trône. Son oncle Richard, duc de Glocester, tuteur d'Edouard et de Richard son frère, jaloux de la couronne du premier et des droits du second, résolut de les faire mourir tous deux pour régner. Il les fit enfermer dans la tour de Londres, et leur fit donner la mort l'an 1483. Après s'être défait de ses neveux, il accusa leur mère de magie, et usurpa la couronne. Sous le règne d'Elisabeth, la tour de Londres se trouvant extrêmement pleine, on fit ouvrir la porte d'une chambre murée depuis longtemps. On y trouva sur un lit deux petites carcasses avec deux licols au cou : c'étaient les squelettes d'Edouard V et de Richard son frère. La reine, pour ne pas renouveler la mémoire de ce forfait, fit remurer la porte ; mais sous Charles II, en 1678, elle fut rouverte, et les squelettes furent transportés à Westminster, sépulture des rois.

ÉDOUARD VI, fils de Henri VIII et de Jeanne Seymour, monta sur le trône d'Angleterre à l'âge de 10 ans, en 1547, et ne vécut que 16 ans. Le rôle qu'il joua fut court et sanglant. Il laissa entrevoir du goût pour la vertu et l'humanité ; mais ses ministres corrompirent cet heureux naturel. L'archevêque de Cantorbéry, Crammer, fut un de ceux qui y contribuèrent le plus. Ce fut par ses insinuations que la messe fut abolie, les images brisées, la religion romaine proscrite, et le sang des catholiques largement répandu. On prit quelque chose de chacune des différentes sectes de Zuingle, de Luther et de Calvin, et l'on en composa un symbole qui forma la religion anglicane : composition monstrueuse, édifice du caprice et du scepticisme, digne fruit et effet tout naturel de la séparation d'avec la véritable église. Le règne d'Edouard fut flétri par une autre injustice, que le goût de la réforme et les insinuations de ses ministres lui arrachèrent : il écarta du trône Marie et Elisabeth, ses deux sœurs, et y appela Jeanne Gray, sa cousine. Il mourut en 1558.

ÉDOUARD, prince de Galles, plus connu sous le nom de *Prince-Noir*, d'après la couleur de son armure, fils d'Edouard III, roi d'Angleterre, remporta la victoire de Poitiers sur les Français, et mourut avant son père, en 1376. « Le prince de Galles, » dit Hume, a laissé une mémoire immortalisée par de grands » exploits, par de grandes vertus, par une vie sans tache. Sa » valeur et ses talents militaires furent les moindres de ses mé» rites : sa politesse, sa modération, sa générosité, son huma» nité lui gagnèrent tous les cœurs. Il était fait pour illustrer, » non-seulement le siècle grossier dans lequel il vivait, et dont » les vices ne l'atteignirent point, mais encore le siècle le plus » brillant de l'antiquité et des temps modernes. » Une grande faute cependant fut la cause de sa perte. Ayant entrepris de rétablir sur le trône Pierre-le-Cruel, indigne d'être associé à ses destinées, ce monarque, aussi perfide que barbare, refusa de payer aux troupes anglaises les sommes convenues et de leur fournir des vivres. Une maladie contagieuse, suite de la disette, se mit dans l'armée du prince de Galles, qui régnait alors sur l'Aquitaine ; lui-même fut atteint d'une maladie dont il ne put se rétablir. Il fut forcé, pour acquitter les dettes qu'il avait contractées pour fournir aux préparatifs de la campagne, d'accabler d'impôts ses sujets, qui se révoltèrent. Cet incident ranima l'antipathie naturelle des habitants contre les Anglais, que toutes les belles qualités du prince n'avaient fait qu'assoupir.

ÉDOUARD, prince de Galles, fils unique de Henri VI et de Marguerite d'Anjou, né en 1453, fut forcé de quitter l'Angleterre avec sa mère en 1463, à l'époque où le parti d'Yorck eut placé la couronne sur la tête d'Edouard IV. Il y revint en 1471 après avoir épousé la fille du comte de Warwick, qui, mécontent d'Édouard IV, avait abandonné sa cause. Le parti de Lancastre ayant été ruiné à la bataille de Tewksbury, et le jeune prince étant tombé avec sa mère dans les mains du vainqueur, il fut massacré presque sous les yeux du roi qui, dit-on, avait donné le signal de sa mort.

ÉDOUARD PLANTAGENET, le dernier de la race qui porte ce nom, comte de Warwick, eut pour père George, duc de Clarence, frère d'Édouard IV et de Richard III, rois d'Angleterre. Henri VII, étant monté sur le trône et le regardant comme un homme dangereux qui pouvait lui disputer la couronne, le fit enfermer très étroitement à la Tour de Londres. Le fameux Perkins Warbeck qui s'était fait passer pour Richard, le dernier des fils de Richard III, était alors dans la même prison. Il concerta avec Warwick, en 1490, les moyens d'en sortir. Leur complot fut découvert, et on crut que le roi le leur avait fait insinuer pour avoir un prétexte de les sacrifier à sa sûreté. Ce qui confirma ce soupçon fut que dans le même temps le fils d'un cordonnier, séduit par un moine augustin, se donna pour le comte de Warwick. Henri VII voulait faire penser par cette ruse (sans doute concertée avec ce religieux, puisqu'il eut sa grâce), que le comte de Warwick donnait occasion à de nouveaux troubles. Ce fut sous ce prétexte qu'on le fit décapiter en 1499. Il était le seul mâle de la maison d'York. Voilà son véritable crime. Pendant sa longue détention, un certain Lambert Simnel, différent du fils du cordonnier, se fit aussi passer pour comte de Warwick sous le nom d'*Edouard Plantagenet*. Il fut couronné à Dublin par une faction en 1487 ; mais ayant été battu quelques jours après et fait prisonnier, le roi, tranquille sur son compte, lui laissa la vie par pitié ; cependant, pour ne pas perdre toute sa vengeance, il lui donna l'office ridicule de marmiton dans sa cuisine.

ÉDOUARD (CHARLES), petit-fils de Jacques II, roi d'Angleterre, né le 31 décembre 1720, en succédant aux droits de la maison de Stuart sur le trône d'Angleterre, se distingua par ses efforts pour le recouvrer. Les tentatives qu'il fit en 1745 le rendront à jamais mémorable dans les annales de la Grande-Bretagne. Il aborde en Ecosse, publie un manifeste dans lequel il rappelle ses droits au trône d'Angleterre, et promet un gouvernement sage et modéré. Un morceau de taffetas lié à un bâton est le drapeau sous lequel il rassemble 10,000 montagnards écossais. Avec cette petite troupe il s'empare d'Edimbourg, bat les Anglais sous les murs de cette ville le 2 octobre, entre en Angleterre, prend la ville de Carlisle, et pénètre jusque dans le centre du royaume ; le duc de Cumberland marche contre lui ; le prétendant se retire, et son arrière-garde est défaite à Cliffort. La bataille de Falkirk, qu'il gagne le 28 janvier 1746, relève ses espérances ; mais celle de Culloden, qu'il perd le 27 avril, le ruine absolument. Vaincu, poursuivi, fugitif et errant de forêt en forêt, d'île en île, obligé quelquefois de se cacher dans des antres, toujours prêt à tomber entre les mains de ses ennemis, il se voit exposé aux plus cruels revers de la fortune ; il les supporta avec une égalité d'âme qui intéressa toute l'Europe à son sort. Il s'échappa enfin de l'Ecosse le 17 septembre 1746, et aborda en France sur un vaisseau de Saint-Malo, après avoir traversé, sans être aperçu, une escadre anglaise, à la faveur d'un brouillard épais. Si, dans la suite, son âme, aigrie par de longs malheurs éprouvés chez des amis et des ennemis, a paru ressentir quelques situations violentes, c'est qu'abandonné à des compagnies qu'il ne connaissait point assez, trop longtemps éloigné des exemples et des leçons de son vertueux père, il lui a été difficile d'assortir toujours sa conduite à la dignité de sa naissance et à l'état de ses prétentions royales. Il mourut à Rome le 31 janvier 1788. Il avait épousé, le 17 avril 1772, la princesse Louise-Maximilienne de Stolberg-Gedern ; ils n'ont point eu d'enfants ; de sorte que la ligne masculine de la famille royale de Stuart est réduite au seul cardinal, après avoir donné des rois à l'Ecosse pendant trois à quatre cents ans, et par les princesses de cette maison des souverains à la plus grande partie de l'Europe. Il a laissé une fille née hors de l'état de mariage, qu'il a prétendu légitimer comme roi d'Angleterre ; mais cette légitimation n'a point été reconnue.

ÉDOUARD Ier, roi de Portugal, fils de Jean Ier, succéda à son père en 1430. Son règne fut remarquable par le rétablissement de la discipline, qui avait été relâchée sous l'administration précédente. Il mit de l'ordre dans les finances de l'Etat, convoqua les cortès ou états-généraux, fit des lois pour réprimer le luxe, encouragea le commerce, protégea les sciences, et les cultiva lui-même. Il mourut en 1438, à l'âge de trente-sept ans ; il avait chargé don Juan de Regras de rédiger un *Code sur l'administration de la justice* ; il travailla lui-même à cet ouvrage précieux pour cette époque. Il a aussi composé un *Traité sur la fidélité* que l'on doit apporter dans le commerce de l'amitié.

ÉDOUARD, dit le **LIBÉRAL**, quatorzième comte de Savoie, fils aîné d'Amédée V et de Sibylle de Baugé, né en 1284, filleul d'Edouard Ier, roi d'Angleterre, succéda à son père en 1323 et mourut en 1329. Il se distingua aux côtés de Philippe-le-Bel, à la bataille de Mons-en-Puelle, et à celle de Mont-Cassel contre les Flamands. Il défit, près d'Allinges, en Chablais, le dauphin de Viennois et le comte de Genève, coalisés contre lui. Il mourut au château de Gentilly, près de Paris, où il était venu se reposer après la guerre de Flandres.

ÉDOUARDE, *Edwardsia* (*bot.*), genre de plantes dicotylédones de la famille des légumineuses dont les espèces rentrent dans le genre *sophora* de Linné. (*V.* ce mot.)

ÉDRAI (*géogr. anc.*), ville de la tribu orientale de Manassé. Moïse vainquit, à Edraï, Og, roi de Basan. On l'appelle aussi *Adrea*. Aujourd'hui *Adriat*.

ÉDRED, dixième roi d'Angleterre, de la dynastie saxonne, fils d'Edouard l'ancien, monta sur le trône en 946, après la mort de son frère Edmond. Il se fit remarquer par une extrême justice, et gagna l'affection de ses sujets par la bonté et la douceur de ses mœurs. Les Danois de Northumberland s'étant révoltés, il les soumit et força Malcolin, roi d'Ecosse, à lui faire hommage des terres qu'il possédait en Angleterre. Il laissa ensuite la direction des affaires à saint Dunstan, depuis archevêque de Cantorbéry, et mourut en 955. Il eut pour successeur Edmond son neveu.

ÉDREDON (*ois.*), duvet de l'eider, espèce de canard, *anas anollissima*, Linné.

ÉDRIC, surnommé **STRÉON** (c'est-à-dire *acquisiteur*), homme d'une naissance fort obscure, sut, par son élégance et par toutes sortes de ruses et d'intrigues, s'insinuer dans les bonnes grâces d'Ethelred II, roi d'Angleterre. Ce prince le fit duc de Mercie, et lui donna sa fille Edgithe en mariage. Par cette alliance il mit dans sa maison un perfide, vendu aux Danois, qui ne laissa jamais passer aucune occasion de trahir les intérêts du roi et du royaume. Edmond, son beau-frère, découvrit sa perfidie, et se sépara de lui. Edric se voyant démasqué, quitta le parti d'Ethelred pour prendre celui de Canut. Quelque temps après il rentra dans le parti d'Edmond, qui avait succédé à Ethelred, et qui eut la générosité de lui pardonner. Ce fourbe lui fit voir bientôt, à la bataille d'Asseldum, ce qu'il avait dans l'âme. Pendant que les deux armées étaient aux mains il quitta tout-à-coup son parti, et ella se joindre aux Danois, qui remportèrent la victoire. La paix s'étant faite entre Edmond et Canut, Edric craignit que l'union des deux rois ne lui fût fatale. Il mit le comble à toutes ses perfidies en faisant assassiner Edmond par deux de ses propres domestiques, en 1017. Canut conserva à Edric le titre de duc de Mercie ; mais ce ne fut pas pour longtemps. Ce monstre eut un jour l'insolence de lui reprocher publiquement « qu'il n'avait » pas récompensé ses services, et particulièrement celui qu'il » lui avait rendu en le délivrant d'un concurrent aussi redou- » table que l'était Edmond. » Canut lui répondit tout en colère que « puisqu'il avait la hardiesse d'avouer publiquement » un crime si noir, dont jusqu'alors il n'avait été que soup- » çonné, il devait en porter la peine. » En même temps, sans lui donner le loisir de répliquer, il commanda qu'en lui coupât la tête sur le champ et qu'on jetât son corps dans la Tamise. On dit qu'il fit mettre cette tête sur le lieu le plus élevé de la tour de Londres. On prétend que c'est ce scélérat qui introduisit le tribut que les Anglais furent obligés de payer aux Danois, *sous* le nom de Danegelt.

ÉDRIOPHTHALME, adj. des 2 g. (*zool.*), qui a les yeux fixes et non mobiles.

ÉDRISI (ABOU-ABDALLAH-MOHAMMED-BEN-MOHAMMED-AL), célèbre géographe arabe, naquit à Ceuta vers l'an 1099. Il descendait de la famille d'Edrisi, qui avait régné en Afrique et portait le titre de shérif. Il étudia à Cordoue, et vécut ensuite à la cour de Roger, roi de Sicile. Il fabriqua pour ce prince un globe terrestre pesant 800 marcs, sur lequel il fit graver en arabe tout ce qu'il avait pu savoir des diverses contrées de la terre alors connues; il composa un ouvrage complet de géographie très imparfait, qui parut en arabe en 1592, et traduit en latin en 1619. L'abréviateur a jugé à propos de supprimer les notions que contenait l'ouvrage original sur les productions et les populations des pays décrits par l'auteur. Toutefois c'est encore cet abrégé tronqué qui renferme le plus de détails sur l'Afrique intérieure et sur l'Arabie. Ces contrées étaient évidemment mieux connues d'Edrisi qu'elles ne le sont encore maintenant: et pendant trois siècles et demi, on peut le considérer comme le fondement de l'histoire de la géographie. Un examen comparatif de ce travail avec ceux qui furent faits pendant cet espace de temps, a démontré que, à très peu près, on se bornait à reproduire la géographie d'Edrisi avec ses défauts. Cet abrégé fut imprimé à Rome en 1592. Une traduction latine, sous le titre de *Geographia nubiensis*, Paris, 1619, in-4°, fut publiée par deux Maronites, Gabriel Sconita et Jean Nesronita. Une traduction anglaise, par M. Renouard, en a paru il y a quelques années.

ÉDRISSITE, n. patr. (*hist.*), descendant d'Edris. Les *Edrissites*, qui forment une dynastie arabe, régnèrent en Afrique un peu plus de cent ans. La dynastie des *Edrissites* s'éteignit l'an 296 de l'hégire, époque à laquelle les Fathimites se rendirent maîtres de toute l'Afrique septentrionale.

ÉDUCA, n. pr. f. (*myth. rom.*), déesse qui présidait à la nourriture des enfants. On l'appelait encore *edusa*, *edulia* et *edulica*.

ÉDUCATEUR, TRICE, adj. et sub. (*néol.*), qui concerne l'éducation, qui donne l'éducation. Il a été employé en ce dernier sens par Mirabeau. — ÉDUCATEUR ((*phil.*), se dit des dialogues de Platon, dans lesquels ce philosophe emploie la méthode socratique, pour tirer la vérité des aveux mêmes de ses interlocuteurs. Les *dialogues éducateurs* sont du genre des *gymnastiques*, et de la classe des *inquisitifs*. On les appelle aussi *propordentiques*. — ÉDUCATEUR, s. m. (*ant. rom.*), précepteur. — ÉDUCATEUR (*écon. rur.*). (*V.* ÉLEVEUR.)

ÉDUCATION, s. f., action d'élever, de former un enfant, un jeune homme, de développer ses facultés physiques, intellectuelles et morales. Il signifie aussi le résultat de cette action. *Maison d'éducation*, maison où l'on prend en pension des enfants pour les instruire. — ÉDUCATION, signifie quelquefois la connaissance et la pratique des usages de la société, relativement aux manières, aux égards, à la politesse. — ÉDUCATION, se dit, par extension, en parlant de certains animaux, tels que le cheval, le chien, etc., et signifie l'action de les dresser à certains exercices. Il se dit également, surtout en économie rurale, du soin qu'on prend pour élever certains animaux, de l'art de les multiplier, et d'en tirer le plus grand avantage qu'il est possible. Il se dit quelquefois, dans un sens analogue, en parlant des végétaux.

ÉDUCATION. Le mot éducation, en droit, reçoit une signification plus étendue que dans le langage ordinaire; ainsi il comprend non-seulement l'instruction et l'éducation proprement dite d'un enfant, mais aussi sa nourriture, son entretien, son habillement, son logement. — L'éducation des enfants appartient aux père et mère, et nul doute qu'en cas de dissentiment entre eux, la volonté du père ne dût prévaloir, puisque le père exerce la puissance paternelle, et qu'au surplus la mère a été placée vis-à-vis de lui dans une position d'infériorité légale. — Après la dissolution du mariage, arrivée par la mort du père, la mère recueille en général les droits du père; elle hérite de la puissance paternelle et de l'administration des biens des enfants; elle devient tutrice légale, et c'est à elle qu'échoit naturellement le droit d'élever ses enfants et de surveiller leur éducation. — Mais la mère remariée et non maintenue dans la tutelle par le conseil de famille, conserve-t-elle encore ce droit? La jurisprudence des cours royales n'est point d'accord sur ce point. Mais une mère qui se remarie, qui se trouve sous la dépendance d'un nouvel époux, qui peut, sous son influence, oublier l'affection maternelle, et à laquelle le conseil de famille, usant de son droit, a retiré la tutelle pour cause d'indignité, paraît ne pas être dans des conditions suffisamment propres à garantir la bonne et sage éducation de ses enfants. — Quoi qu'il en soit, les frais d'éducation sont une charge de la communauté, et si la femme obtient la séparation de biens, elle doit contribuer, proportionnellement à ses facultés et à celles de son mari, tant aux frais du ménage qu'à ceux d'éducation des enfants communs. Les frais d'éducation ne sont pas soumis au rapport.

ÉDUCATION (de l'), *considérée au point de vue religieux, moral, intellectuel, social et physique.*

> Quod munus reipublicæ afferre majus meliusve possumus quàm si docemus atque erudimus juventutem?
>
> Quel service plus grand et plus précieux pouvons-nous rendre à la patrie que celui d'instruire et de former la jeunesse?

L'éducation est le plus précieux des biens qui puissent jamais être départis à l'homme. Qui oserait le contester de nos jours? Sans elle, en effet, la société resterait pour nous un problème insoluble, puisque la civilisation est son principe naturel d'action et de vie, et que ce grand œuvre si lent et si pénible ne peut s'accomplir chez un peuple que par la loi nécessaire et indispensable d'un progrès et d'un perfectionnement indéfinis. Mais, pour être complète, l'éducation doit nécessairement embrasser les principaux genres de vie que l'homme est appelé à mener dans le monde, vie religieuse, morale, intellectuelle, sociale et physique. Dans ces larges dimensions elle répond à tous les besoins de l'époque; seule elle peut nous assurer des avantages réels; ce sont les seuls vrais biens qui peuvent échapper aux naufrages de la vie. Heureux celui qui par des efforts soutenus, par des études fortes et consciencieuses, a pu retirer quelque fruit de son éducation première pour son esprit et pour son cœur; car alors il travaillera constamment à développer son intelligence, persuadé que la plus longue existence serait insuffisante pour effleurer la somme des connaissances humaines. Heureux, nous le répétons encore, celui qui peut s'écrier avec un des sages les plus estimés de l'antiquité : *Omnia mecum porto !* J'emporte avec moi toutes mes richesses ! Celui-là ne doit redouter aucun danger, car la religion a des consolations pour toutes les peines, des paroles magiques et harmonieuses qui calment et endorment les plus vives douleurs; son espérance immortelle lui apparaît, comme une divinité protectrice, sur le soir de la vie; et pour fortifier sa faiblesse elle se place près de lui, en deçà et au delà de la tombe... Sa sagesse et sa raison, perfectionnées par l'étude, l'élèvent bien au dessus des caprices et des injustices du sort; sa vertu courageuse sort presque toujours victorieuse des assauts que lui livrent les passions; et si l'amitié le trahit, s'il est en butte aux traits de l'envie, si la haine des hommes le poursuit injustement, des bienfaits, telle est sa noble vengeance; l'utilité et l'importance de ses services, voilà les aliments qu'il fournit à la noire calomnie, ou les motifs qu'il prête au repentir ou aux regrets de l'erreur désabusée. Modéré dans la joie et dans le plaisir, toujours ferme dans l'adversité, le sage ne s'effraie point des obstacles passagers qu'il rencontre; car il sait que le vrai mérite n'existe que par les œuvres de dévouement, et que la patrie a le droit de les exiger. L'étude charme agréablement ses utiles loisirs; la paix du cœur et le témoignage de sa conscience lui procurent d'ineffables jouissances, qui viennent le dédommager amplement du tribut onéreux d'une stérile admiration ou d'une reconnaissance tardive. Tels sont les avantages précieux qui découlent immédiatement d'une éducation complète sagement dirigée. Néanmoins, nous sommes forcés d'en convenir, ils sont impuissants pour répondre à tous les vœux, et pour satisfaire de hautes exigences. Dans cette pensée, nous nous adressons à vous, intéressante jeunesse, vous qui, en entendant ces paroles, vous écrierez peut-être au fond de votre âme : Ce n'est point encore assez !... vous dont le jeune cœur bondit déjà d'une ambition prématurée; vous qui semblez dire à la génération présente, avec une sorte d'orgueilleuse impatience : A nous l'avenir !... à nous les destinées de la France !... Par le mérite, les vertus et la science, vous parviendrez aux emplois et aux honneurs; à la science, les récompenses civiles et la considération; en elle réside véritablement toute illustration réelle; et si quelquefois la protection et la faveur accablent l'intrigue et l'ignorance sous le faix des titres et des hautes fonctions, bien souvent aussi la société, plus équitable, vient chercher le mérite modeste dans les rangs obscurs où il se cachait, tandis qu'elle rejette dédaigneusement de son sein et flétrit à jamais de son juste mépris celui qui pèse sur elle de tout le poids de son inutilité. — Nous regrettons bien vivement que les bornes étroites que nous avons dû nous prescrire ne nous permettent point de donner aux différents points de vue sous lesquels nous avons envisagé l'éducation toute l'extention convenable; toutefois nous les traiterons tous successivement dans l'ordre indiqué de leur importance relative.

Éducation religieuse.

L'influence du christianisme sur l'éducation est généralement reconnue aujourd'hui. On a compris avec raison que dans sa doctrine et dans sa morale se trouvait toute idée de vérité et de justice; que seule elle pouvait éclairer l'esprit de l'homme; et, en perfectionnant son intelligence, le diriger sûrement vers la véritable science. En effet, on a jugé les erreurs du XVIIIe siècle; ses doctrines impies ont produit dans la société un désordre complet, une démoralisation hideuse et un bouleversement général. Fatiguée de cet état de doute, d'agitation et d'incertitude dans lequel la philosophie mesquine et matérialiste du dernier siècle avait jeté les esprits, la génération présente a interrogé l'avenir avec inquiétude; frappée des symptômes de mort et de destruction qu'elle apercevait de toutes parts autour d'elle, elle a cherché un remède à de si grands maux. La religion, belle de sa jeunesse éternelle et de sa force divine, lui a apparu seule debout sur ces vastes ruines, toujours la même après dix-huit siècles, souveraine de l'univers, sortant toujours victorieuse de ses longues luttes avec l'impiété. Tourmentée par un besoin insatiable de foi et de science, la jeunesse du XIXe siècle s'est attachée fortement à ses immortelles doctrines, et dès lors nous avons osé croire à l'avenir !...

Enseignement religieux développé.

Pour que les bienfaits du christianisme se répandent entièrement sur la société, afin qu'il puisse exercer sur elle toute son énergique influence, et la conduire sûrement par là même dans la carrière illimitée du perfectionnement, nous devons proportionner l'éducation religieuse avec ce besoin si impérieux du siècle. Sans doute les sentiments affectueux de la piété chrétienne sont le plus bel ornement des jeunes cœurs, et c'est un des devoirs les plus importants de l'éducation de les exciter et de les entretenir; la foi, cette reine des vertus, est aussi le noble apanage de l'âme chrétienne; c'est le fondement solide qu'il faut donner à l'édifice d'une éducation religieuse; car il ne pourrait que crouler si on l'élevait sur le sable mouvant des pensées de l'homme; elle sera encore et sera toujours, quoiqu'on en puisse dire, la force et la vertu des peuples. Et telle est notre conviction, notre France a dû à sa foi vive et inébranlable de mesurer les siècles par sa durée, et d'avoir dicté en quelque sorte des lois à l'Europe entière et même au reste de l'univers !... Mais jusque-là l'éducation ne s'est acquittée qu'en partie de sa laborieuse mission, et il lui reste encore, pour l'accomplir, d'éclairer les esprits et de s'adresser à la raison; d'ailleurs on reproduit plus facilement par la pratique les vérités clairement démontrées. C'est une erreur funeste de penser que les enfants ne doivent pas être initiés à la connaissance des dogmes de la religion. Sans aucun doute on doit proportionner l'enseignement religieux à la faiblesse de leur intelligence: que les instructions soient donc progressives et en harmonie avec le développement de leur raison naissante; qu'ils étudient d'abord les principes de la religion dans ce livre admirable, qui résume exactement toute la doctrine du christianisme, et qui, par sa prodigieuse perfection, a fait dire à quelques savants des siècles passés, et à plusieurs de notre époque, qu'un jeune enfant, suffisamment instruit des vérités renfermées dans cet abrégé sublime, peut déconcerter la science consommée du plus habile philosophe, voir en pitié et renverser les arguties captieuses et étroites du sophiste le plus dangereux. Que son texte fécond, d'abord simplement expliqué et largement développé plus tard, devienne pour eux le sujet d'exercices nombreux et variés: résumés, développements, traités rapides. Que l'on donne encore aux jeunes gens l'intelligence de la Bible (avec son complément indispensable, l'Evangile), qui a toujours excité, à juste titre, l'admiration des peuples, et dont chaque page, marquée comme d'un sceau sacré, exhale au loin le doux parfum des vertus! Livre immortel, qui a traversé les siècles comme un vieux témoin des évènements de la terre et des prodiges qui publient hautement la puissance de l'Eternel. Livre divin! tu fis briller d'un vif éclat nos grands écrivains quand ils puisèrent dans tes sources abondantes, et tu inspiras à Racine son *Esther* et son *Athalie*, ce chef-d'œuvre de l'art dramatique, qui est un des plus beaux titres d'éloges de cet illustre poète, et qui a une grande part à la gloire et à l'ornement du siècle de Louis XIV... Dans les hautes classes, que les vérités les plus importantes de la religion, environnées de leurs preuves, soient dévoilées aux regards des élèves, dans tout leur jour. De cette manière, la conviction intime qu'ils acquerront ira chaque jour se fortifiant, en proportion du développement des facultés intellectuelles, et déterminera dans leur cœur une persuasion invincible qui les modifiera et les façonnera à l'épreuve des passions. C'est en donnant cette utile direction à l'enseignement religieux que nous n'aurons pas la douleur de voir tant de jeunes gens de haute espérance succomber aux premières attaques de l'impiété, et devenir les esclaves soumis des plus vils préjugés.

Education morale considérée au point de vue social.

La morale peut être considérée comme l'âme et la vie de tout corps social; sans elle il ne peut que languir et tomber en dissolution. Si nous traitons de l'éducation morale en particulier, c'est pour en faire mieux apprécier l'importance et la nécessité. Certainement nous n'avons pas eu le dessein de détacher la morale de la religion; une telle pensée serait impie et criminelle; elle n'est jamais entrée dans notre esprit. Aussi nous nous plaisons à le reconnaître hautement, le christianisme est la source féconde et intarissable d'où elle découle nécessairement; c'est le foyer brûlant et immortel où elle puise sa force énergique et sa vivifiante chaleur. De tout temps on a reconnu, à la suavité du parfum des vertus qu'elle fait éclore, la supériorité de la morale évangélique sur celle qui émane de la philosophie (1). Voltaire et Rousseau l'ont publié, par un contraste bien étrange, même au milieu de leurs plus monstreuses erreurs; et si la morale philosophique a fait quelque chose dans l'intérêt de l'humanité, du moins elle fut toujours impuissante pour cicatriser la plaie qui la dévora entièrement durant une longue série de siècles. Cette plaie hideuse, ce cancer rongeur, cet ennemi mortel et implacable de la société, c'est l'intérêt personnel, c'est le froid égoïsme. Il appartenait seulement à l'Evangile, en apportant à l'homme la véritable émancipation morale et intellectuelle, de détrôner ce tyran de l'univers, et si sa victoire n'est pas encore complète de nos jours, si, dans les nombreuses classes de la société, et surtout dans les emplois les plus honorables et qui réclament le plus généreux dévouement, il en est que trahit la cupidité et le sordide intérêt, leur marche sineuse, leurs intrigues sourdes et méprisables, dévoilées par la clairvoyante observation du sage, les prive à jamais de la considération de la patrie, et attire sur eux son juste mépris. C'était un droit exclusif acquis à l'Evangile d'apprendre à l'humanité qu'elle est une seule famille; que tous les hommes sont frères, puisqu'ils sont les enfants d'une même mère, la Providence! d'un père commun à tous, Dieu! Malheur à celui qui a oublié ces immuables vérités, et qui feint d'ignorer que la bienfaisance et la reconnaissance sont les deux plus forts liens de la société; que ce sont ses bases fondamentales et consécutives!.....

(1) Quelle pauvreté de vues dans les différents systèmes moraux des anciens philosophes : ils se réduisent tous à l'épicurisme, au philantropisme et au stoïcisme, et d'après un sérieux examen, ils paraissent évidemment ramener tous les divers motifs de nos actions à un, qui est le bonheur, quoique diversement envisagé. Dès lors, plus de dévouement, d'héroïsme et de vertu; ce ne sont que des mots vides de sens, aux quels la morale religieuse peut seule donner du prix et de la réalité.

Enseignement moral.

L'enseignement moral doit commencer dès les premières années; la sollicitude maternelle, si prévoyante et si attentive, a dû nécessairement tirer tout le parti possible du premier âge, pour former le cœur si tendre et si naïf de l'enfant. L'époque d'une cruelle séparation est bientôt arrivée; enfin une tendre mère confie à regret, même entre les mains d'un maître consciencieux et éclairé, ce précieux dépôt; il est encore environné de tout l'éclat de son ingénuité, de sa candeur et de son innocence première. C'est alors que doit réellement commencer pour lui l'éducation morale. Tout, à son entrée dans le collége ou dans la pension, doit lui offrir l'image des vertus dont son jeune cœur sera orné, et lui rappeler les devoirs qu'il aura à remplir. On doit lui en faciliter l'exécution par les exemples, lui en retracer le souvenir par les discours et par les leçons; mais il importe surtout de les proportionner à la faiblesse de son intelligence, à l'inconstance et à la légèreté de son esprit, qu'il faut captiver. Présentez-lui la vertu sous de riantes images; il faut la lui colorer toujours gracieuse, et lui peindre le vice dans toute sa noirceur. Tantôt un conte amusant insinuera la morale dans son âme, en piquant sa curiosité; quelquefois aussi, un récit simple et naïf atteindra le même but, en excitant sa mobile attention. Cependant le jeune enfant grandit, ses facultés intellectuelles se développent en proportion du physique, sa mémoire se fortifie par l'exercice; que le développement de cette faculté précieuse ne demeure pas sans fruit pour cette partie si importante de son éducation; donnez-lui à apprendre des fragments moraux et religieux; parfois que le trait que vous aurez raconté initie votre élève à l'exercice si utile de la narration orale. Par ces moyens si simples et si faciles, la morale pénétrera insensiblement dans son âme; car vous savez que le cœur du jeune enfant est un terrain heureux et fertile, qui rend au centuple la semence qu'on lui a confiée. Un maître qui connaît toute l'étendue de ses devoirs, se considérera comme le père des enfants qu'il élève; sa vigilante sollicitude les suivra dans tous les détails de la journée; elle se mêlera à leurs jeux, pour y faire régner la décence, y entretenir l'innocence, y introduire l'abandon; il maintiendra la bienveillance dans les rapports; enfin, par toute espèce de moyens, il protégera les mœurs précieuses de l'enfance. Sa paternelle affection veillera sur eux jusque dans le lieu où ils viennent se livrer au sommeil; c'est là surtout qu'elle réclamera la décence, écartant avec soin tout ce qui pourrait choquer la pureté des regards. Tout, dans l'éducation morale, doit tendre à affranchir les enfants de l'empire des passions; tout doit exciter dans leur âme l'horreur du vice, et leur inspirer l'amour de la vertu. Ne laissez jamais une bonne action sans récompense; que les mauvaises soient aussitôt suivies d'une sévère punition; ce serait le plus sûr moyen de leur donner des idées exactes de mérite et de démérite. Faites souvent, par rapport à leur conduite, l'application de cette maxime qui résume rigoureusement toute notion de justice : « *Ne fais pas à autrui ce que tu ne voudrais pas qui te fût fait à toi-même.* » Un maître éclairé déroule progressivement à ses élèves toutes les parties de la morale; il la fait glisser, pour ainsi dire, inaperçue dans les entretiens, dans les leçons; il leur démontre jusqu'à l'évidence que l'ignorance dégrade l'homme, leur fait entrevoir les suites funestes qui l'accompagnent; il leur prouve l'indispensable nécessité où ils sont d'acquérir de l'instruction; leur fait l'énumération de tous les avantages qu'elle procure. Très souvent aussi il leur rappellera les devoirs de la justice à un degré supérieur, celui de la bonté, ainsi formulés et réunis dans cette maxime : « *Fais à autrui tout le bien que tu souhaiterais qui te fût fait à toi-même.* » Vous qui êtes chargés du soin de former la jeunesse faites-leur considérer le mensonge comme méprisable; qu'ils apprennent déjà à respecter les droits de leurs semblables à la réputation; qu'ils n'oublient jamais que l'honneur est l'âme de tout corps social; que l'égoïsme est son plus mortel ennemi, et que celui qui est parjure à sa parole et à ses serments excite le mépris de ses concitoyens. Rappelez souvent aux enfants confiés à vos soins qu'ils doivent aux auteurs de leurs jours obéissance, respect, amour, soumission, reconnaissance sans bornes, en retour de leurs bienfaits sans cesse renaissants; dites-leur encore qu'ils doivent amour et dévoûment à la patrie; qu'il est doux de mourir pour elle!... Et plus tard, lorsqu'ils se livreront à l'étude de la philosophie, ils apprécieront bien mieux l'utilité et la justesse de la théorie morale dont vous leur aurez fait faire d'avance l'heureuse application. En dirigeant vos efforts vers ce noble but vous pouvez espérer que l'éducation que vous aurez départie à vos élèves ne sera pas infructueuse pour vous; car appréciant les avantages solides qu'ils en retirent, ils remonteront tout naturellement à la source d'où ils découlent, et ils vous dédommageront bien amplement de tous vos efforts, de toutes vos fatigues par le témoignage consolant de leur gratitude; ils avoueront que s'ils doivent à leurs parents la vie physique et les charges qui l'environnent, du moins ils vous sont redevables de la vie intellectuelle et de tous les bienfaits d'une éducation complète sagement harmonisée avec tous les besoins de l'homme. Alors vous serez parfaitement heureux par l'idée d'une éternelle reconnaissance, et les enfants que vous aurez formés ne pourront oublier que si l'on paie la dette matérielle des soins précieux de l'éducation, on ne peut jamais acquitter celle du cœur!...

De l'éducation envisagée au point de vue du perfectionnement intellectuel.

Considérée au point de vue intellectuel, l'éducation a pour but le perfectionnement de l'intelligence; et pour mieux apprécier ce que le siècle a lieu d'attendre d'elle, arrêtons-nous un instant pour mesurer le progrès immense qu'il a fait. Agitée par des crises violentes, la société a reçu des commotions profondes qui l'ont enlevée de dessus ses bases; un élément actif et énergique a fermenté dans son sein. Se trouvant trop à l'étroit dans ses anciennes limites, elle les a franchies; semblable à un fleuve impétueux qui se déborde de toutes parts, elle a entraîné en même temps dans sa course ambitieuse les arts, l'industrie, les sciences et les lettres. De hautes, de puissantes intelligences surgirent à la surface de ses flots tumultueux; elles comprirent tout ce que promettait d'avenir l'heureuse disposition des esprits, conçurent et exécutèrent courageusement le hardi projet de se déterminer. D'autre part aussi s'élevèrent contre eux, avec des doctrines funestes et des prétentions audacieuses, des hommes d'une ambition démesurée. Dès lors s'engagea une lutte terrible, une guerre à mort, et la philosophie religieuse s'assit enfin triomphante sur les ruines déplorables des doctrines impies et des passions humaines. Après cette victoire si importante pour l'humanité, tout a suivi la marche rapide et entraînante du siècle. Seul, l'enseignement classique était demeuré stationnaire, malgré les efforts courageux de quelques hommes dévoués, qui, par leurs lumières et la profondeur de leurs vues, méritent de marcher à la tête de ce corps enseignant, si recommandable d'ailleurs par l'étendue de ses connaissances et par son rare mérite. Cependant leurs peines ne furent pas infructueuses, et, plus tard, leurs laborieux efforts furent encouragés par quelque succès; car l'enseignement classique commence enfin à suivre l'impulsion générale.

Examen des différentes méthodes suivies dans l'enseignement.

C'est une vérité démontrée jusqu'à l'évidence, l'intelligence des enfants est plus précoce de nos jours, et dès lors nous devons puiser dans la méthode des moyens ingénieux pour en faciliter le développement. Un devoir si important parut d'abord négligé ou peu compris; aussi des théoristes cupides et présomptueux accoururent en foule pour l'exploiter à leur profit. Leurs systèmes mécanisés, s'il m'est permis de m'exprimer ainsi, considérant l'homme comme un être purement automatique, montent et mettent en jeu ses facultés intellectuelles comme par ressort; de là les déceptions nombreuses et les désertions presque journalières de tous ceux qui en font la triste expérience; et s'ils subsistent encore, seul, le raisonnement peut les renverser et en effacer les dernières traces; car il est évident que pour perfectionner l'intelligence et pour donner à l'enseignement une direction utile, il faut s'adresser à l'enfant d'une manière progressive, et c'est précisément en cela que consiste tout l'art d'enseigner. Les novateurs aussi, peut-être moins nombreux, sont entrés dans la carrière avec une ambition qu'ils n'ont pas cherché à dissimuler; ils ont fait un étalage pompeux de toutes les connaissances; contents d'entasser avec une abondance confuse les richesses de la science, ils laissent à d'autres le soin d'en dérouler les parties dans un ordre lumineux. Dans des vues d'intérêt personnel ou d'orgueil, ils sapent tout par la critique; le passé n'a pour eux rien de respectable, et l'on dirait qu'ils veulent s'arroger exclusivement, dans le présent, le droit de régénérer l'avenir. Sans doute ils proclament hautement le progrès du siècle; car, d'après eux, l'habit des pères n'a plus rien qui puisse s'ajuster à la taille des enfants. Cependant, par un contraste frappant, à une époque où chaque jour le progrès recule les bornes de la science, la tête haute, ils s'empressent de nous livrer, avec une confiance admirable, leurs systèmes ambitieux, qu'ils semblent apporter comme la dernière pierre de perfectionnement qui doit couronner l'édifice des connaissances humaines. Si nous flétrissons et si nous signalons comme impuissantes ces théories étroites qui appauvrissent l'intelligence, au lieu de lui donner de l'essor, ces systèmes monstrueux, qui, n'offrant que désordre et confusion, en compriment l'élan et l'énergie, nous évitons également le sentier obscur d'un enseignement incomplet, battu par la routine et par l'inexpérience, qui affaiblit le talent et qui coupe les ailes au génie. Un mouvement de progrès et de perfectionnement indéfinis caractérise notre siècle; aussi l'enseignement, pour être en harmonie avec les besoins de la société, doit nécessairement recourir à une méthode lumineuse et éminemment rationnelle, toujours une, toujours avantageusement applicable à toutes les branches de l'enseignement.

De la seule méthode véritable. — Son développement.

Dans nos études littéraires, poétiques, historiques et psycologiques, dans celles qui ont pour but la connaissance des arts, des sciences naturelles et exactes, il n'est qu'une seule méthode qui puisse nous éclairer et nous diriger sûrement dans nos recherches, qui toutes ont pour but de reproduire le beau et d'atteindre le vrai: c'est la méthode d'observation, complète, graduée, simple et naturelle; seule elle peut convenir à l'intelligence et en hâter le développement.

En effet, dans toutes nos observations, ce sont toujours des faits ou des objets qu'il s'agit d'étudier, et pour les connaître d'une manière certaine, nous devons successivement :	Ces différentes opérations progressives des facultés de l'esprit humain se traduisent exactement par :
Les analyser	L'analyse.
Les réunir.	La synthèse.
Les comparer	La comparaison.
Les classer	La classification.
En tirer les conséquences générales ou induire des principes généraux . . .	L'induction.
En faire des applications particulières.	La déduction (1).

Le concours de tous ces moyens est indispensable dans les différentes opérations de notre esprit; c'est-là ce qui constitue essentiellement la vraie méthode philosophique, la seule qui puisse réellement assurer à l'esprit humain la conquête si précieuse de la vérité. Un moyen de plus, on ne saurait le concevoir, un de moins rendrait les autres impuissants. Cette méthode va nous servir de guide pour parcourir l'échelle des connaissances humaines dans toute l'étendue de ses degrés si variés et si importants.

Application de la méthode à l'étude des langues.

Si la grammaire a fait tant de progrès, n'en doutons pas, c'est à l'utilité et à l'important secours de la méthode que nous en sommes redevables. Nous pouvons successivement l'appliquer d'une manière toujours exacte, d'abord à la langue maternelle, qui est notre point de départ, ensuite au grec et au latin. Ces trois langues, dans leur ensemble, doivent être considérées comme la base fondamentale de tout le système linguistique. La connaissance de ces langues, nous le répétons, est pour nous d'une grande utilité, celle de la langue du divin Homère surtout, qui a tant fait pour les lettres et pour les sciences par son abondante énergie. Les mathématiques, la physique, la chimie et les autres sciences naturelles ont si souvent exploité cette mine féconde, que seule, en quelque sorte, elle a le droit de nous faire pénétrer dans leur sanctuaire. — Pour acquérir la connaissance d'une langue, on étudiera successivement chacune de ses parties; — puis on les embrassera dans leur ensemble; — ensuite on les comparera

(1) L'analyse détache les objets ou les faits pour les mieux saisir; la synthèse les réunit pour les voir dans leur ensemble; la comparaison les rapproche pour en apprécier les rapports ou la différence; la classification les distribue par genre ou par espèce; l'induction généralise, elle part de l'individu pour remonter à l'espèce, de l'espèce au genre; la déduction, au contraire, descend du genre à l'espèce, de l'espèce à l'individu.

entre elles, ou on les mettra en rapport avec celles d'une langue différente, seul vrai moyen d'en apprécier le génie et d'en saisir le caractère particulier; — on devra encore observer comment les différentes parties du discours, pouvant être considérées comme matériaux du langage, ont été distribuées et divisées; — enfin, après une étude sérieuse et approfondie des langues française, grecque et latine, on en extraira certains principes généraux — dont on pourra faire l'application aux langues vivantes (1).

Application de la méthode aux sciences.

Nous devons incontestablement à la méthode les découvertes les plus importantes dans les sciences et dans les arts. En effet, les mathématiques, la physique, la chimie et l'histoire naturelle n'ont pas d'applications utiles qu'elle ne puisse revendiquer à juste titre. Il serait entièrement inutile d'appliquer ici la méthode philosophique à chaque art et à chaque science en particulier; il suffira pour en faire sentir l'indispensable nécessité de nous adresser successivement à la physique, à la chimie, à la botanique et à l'histoire naturelle.

Application de la méthode à la physique.

Pour acquérir une connaissance exacte de cette science, nous étudions d'abord les différents phénomènes qui la composent.... analyse. Nous les réunissons ensuite pour les considérer dans leur ensemble.... synthèse. Nous comparons entre eux ces divers phénomènes et les propriétés générales des corps.... comparaison. Nous les rangeons par classes et par catégories.... classification. Des observations nous induisons les lois et les principes généraux.... induction, dont nous pouvons faire des applications utiles.... déduction.

A la chimie.

Différents corps étudiés successivement d'après la nomenclature usitée.... analyse; dans leur ensemble.... synthèse; mis en rapport.... comparaison. Division de ces mêmes corps par classes et par catégories.... classification. Principes généraux extraits des observations et des expériences faites.... induction. Combinaisons et applications des principes.... Déduction.

A la botanique.

La botanique, histoire naturelle du règne végétal, est si vaste, qu'il faut nécessairement la diviser en plusieurs branches. Les végétaux doivent d'abord être étudiés par le naturaliste, en tant qu'être distincts les uns des autres.... Analyse. Ensuite dans leur ensemble.... Synthèse. On les compare entre eux pour en apprécier les rapports ou la différence.... Comparaison. On rangera les fleurs, les fruits, les plantes et les arbres par espèces et par classes.... Taxonomie ou classification générale.... Classification. De la distribution des races végétales sur les différents points du globe, on a pu induire les causes qui président à cet arrangement, et des notions générales sur l'emploi des végétaux ... Induction. Application des notions

(1) Bien que l'étude des langues mortes aide puissamment au développement de l'intelligence, néanmoins, il faut en convenir, tous les enfants de famille qui entrent d'abord dans les colléges et dans les institutions ne sont pas toujours dans les conditions voulues pour s'y livrer d'une manière exclusive. Et c'est précisément ici que nous sommes frappés du vice actuel de l'enseignement secondaire en France. En effet, on a imposé fort mal à propos l'obligation rigoureuse, à tous *ceux qui veulent entrer dans les carrières libérales, de témoigner dans* un examen spécial, vulgairement appelé baccalauréat ès lettres, qu'ils savent avant tout du grec et du latin; et cependant on reconnaît généralement aujourd'hui qu'on emploie beaucoup trop de temps à l'étude de ces deux langues; qu'on devrait introduire d'une manière régulière les langues vivantes dans l'enseignement, et que, par une meilleure combinaison des travaux, on pourrait distribuer la journée de manière à ce que chaque heure amenât pour les élèves un objet spécial. Par cette sage direction donnée aux études, on mettrait bien mieux les élèves à même d'acquérir une foule de connaissances utiles, qu'ils ont bien de la peine à s'assimiler plus tard, au milieu des affaires et des nombreuses préoccupations de la vie.

générales des végétaux pour les besoins et les jouissances de l'espèce humaine.... Déduction.

Application de la méthode aux études littéraires.

L'étude de la littérature, qui répand tant d'agrément dans la vie, tant de charmes dans la société, qui prête tant de poésie à la pensée, d'heureuses et de sublimes inspirations aux arts, qui colore pour nous la réalité, nous présente l'espérance sous de gracieuses images, sème de fleurs l'aride chemin des sciences, pous nous exciter à le suivre avec plus de facilité et d'énergie : la littérature et la poésie, sa sœur, s'appuient aussi sur la méthode. En effet, c'est toujours dans un ordre progressif que nous en étudions les divers genres. Après les avoir soumis, chacun en particulier, à nos observations, — ne les réunissons-nous pas, pour les envisager, en quelque sorte, tous comme d'un même regard? — Nous comparons ensuite entre elles les littératures des différentes nations et leurs productions si variées; — nous divisons par classes et par catégories les nombreuses compositions de chaque littérature, afin d'en mieux conserver le souvenir : — c'est encore dans le même but que nous les rangeons toutes comme sur un même plan synoptique, pour les considérer dans l'ordre des temps, et pour en extraire certains principes généraux, — que nous appliquerons à celles qui deviendront plus tard l'objet de nos rechercherches.

Application de la méthode aux études historiques.

L'étude de l'histoire, si utile et si importante, s'environne encore de ce puissant secours : heureux si nous pouvons en pénétrer les secrets; car c'est la conseillère la plus sage des peuples et des rois; elle seule ose parler hardiment le langage de la vérité, démasquer le vice que l'adulation et un sordide intérêt environnaient d'hommages; rendre à la vertu ses honneurs, exalter le mérite modeste; en un mot, rétablir dans l'ordre social l'harmonie si longtemps détruite par les préjugés et les passions. L'intelligence de l'histoire nous fait pénétrer dans l'obscurité des siècles, elle en déchire le voile ténébreux, fait passer successivement sous nos yeux les figures mouvantes des peuples avec la physionomie qui leur est propre, c'est-à-dire avec leurs mœurs, leurs lois, leur littérature, etc., etc. Guidé par ce fil précieux, le génie ne peut s'égarer dans le vaste labyrinthe des sciences; chaque pas le conduit à une nouvelle découverte : c'est par le flambeau de l'histoire qu'il éclaire les sombres et sinueuses profondeurs de la politique; et s'il évoque le passé, c'est toujours pour interroger l'avenir!.... — La connaissance de l'histoire, généralement reconnue aujourd'hui comme indispensable à l'homme appelé à vivre dans la société, ne peut s'acquérir d'une manière certaine que par la méthode dont nous allons lui faire l'application rigoureuse.... Etude des faits détachés... Analyse. Dans leur ensemble... Synthèse. Dans leur rapport et dans leur, enchaînement.... Comparaison. Faits historiques des différents peuples classés selon l'ordre des temps et sur un même plan synchronique.... Classification. Principes extraits des causes des progrès des peuples dans les arts, les sciences, les lettres, la civilisation et la décadence des empires; en d'autres termes, philosophie de l'histoire.... Induction. Application des conséquences générales de l'histoire des peuples à l'industrie, aux lettres, aux arts, aux sciences et à la politique.... Déduction.

Application de la méthode à la philosophie.

Il serait superflu, et même entièrement ridicule, à une époque surtout où la science psychologique se place avantageusement au premier rang des connaissances humaines, par les étonnants progrès qu'elle a faits jusqu'à ce jour, d'oser entreprendre de frayer une route à la philosophie, qui peut seule se vanter, à juste titre, de posséder la véritable méthode : il faut en convenir, si elle nous offre déjà un résultat si abondant d'utiles et de précieuses découvertes, c'est au doute méthodique d'un philosophe illustre, l'un des plus beaux fleurons de la couronne immortelle du grand siècle, que nous en sommes redevables. Au temps où parut Descartes, la philosophie était encore comme enveloppée dans les langes de l'enfance; personne n'osait y porter la main pour lui donner une direction professionnelle; ce n'était donc, pour ainsi parler, qu'une science de spéculation. Frappé de l'état d'impuissance dans lequel se trouvait la philosophie, pour répondre aux besoins de la société, le noble breton abandonne la carrière des armes pour se mettre à la recherche de la science. Après bien des efforts, comprenant enfin qu'il lui est donné d'en reculer les limites, il s'avance hardiment, armé de toute la puissance de sa raison et de son doute méthodique : il frappe au centre la vieille philosophie qui s'écroule : aussitôt, avec la bonne foi d'un gentilhomme français, sans se parer d'une fausse modestie, il s'élève sur les vastes ruines par la seule force de sa pensée, pour relever et reconstruire dans un ordre plus rationnel cet immense édifice que les siècles avaient respecté et que Descartes renversa hardiment, parce que son génie suffisait à son audace extrême. Il ne demandait qu'un point fixe; il le trouva. La certitude de sa propre existence lui servit pour rebâtir ce qu'il avait détruit. Dès cette époque, sa philosophie suivit rapidement la carrière du progrès; le doute méthodique de ce grand philosophe devint pour elle la source des plus heureuses découvertes..... Science sublime! tu révèles à l'homme les secrets admirables de sa nature et de ses facultés; tu dissipes devant lui les ténèbres de l'erreur pour faire briller à ses yeux la pure lumière de la vérité; tu lui montres le mal comme un écueil funeste, le bien, comme la source de la véritable félicité; agité par de vagues inquiétudes, audacieux à l'excès, il s'élève sur les ailes rapides jusqu'à son divin auteur, pour ravir le secret de sa noble origine et celui de son mystérieux avenir. Enfin, pour accomplir ton éloge, nous dirons que dans ton sein fécond, les lettres, les sciences et les arts viennent puiser la force et l'énergie qui les soutient et les anime; car la méthode éclaire et conduit également le peintre comme l'historien, le mathématicien comme le poète, les littérateurs, les savants, les artistes et les philosophes sont tous les membres d'une même famille, ils ont tous une noble destination : *reproduire le beau ou le vrai*, c'est dans le centre commun qui les réunit tous qu'ils puisent cette vertu puissante et énergique qui fait éclore les connaissances précieuses qui peuvent seules contribuer à la perfection de l'humanité (1).

De l'éducation sociale (2).

C'est un désir inhérent au cœur de l'homme que celui de vivre en société, c'est en quelque sorte comme une loi constitutive de sa nature, puisqu'il ne peut se perfectionner qu'en établissant des rapports avec ses semblables; de là ce malaise, cette peine, ce vide immense qu'il éprouve lorsqu'il ne peut en jouir; de là, enfin, cette horreur si naturelle pour la solitude. Des rapports sociaux sagement établis découlent nécessairement pour l'homme une foule d'avantages réels : d'abord le développement de ses facultés intellectuelles, et pour tout dire, en un mot, les connaissances pour l'esprit, les vertus pour le cœur. En effet, dans le vaste sein de la société se trouvent entassés pêle-mêle, comme en un réservoir commun, et les biens et les maux, et les joies et les peines de la vie, les vertus et les vices, la science et le génie, l'ignorance et la faiblesse; les pensées si différentes, les sentiments si variés et les besoins de toute espèce, assemblage monstrueux dont les parties incohérentes se choquent entre elles de toute l'énergie et de toute la violence de leurs mouvements opposés. — La société peut être considérée comme un grand livre qui nous découvre les besoins de l'humanité comme un miroir fidèle qui réfléchit exactement son image. Sa connaissance nous donne précisément la mesure de la conduite que nous y devons tenir et des bienfaits que nous en pouvons attendre. Convaincus de l'indispensable nécessité des rapports des hommes entre eux, par les avantages qui en résultent, nous nous adresserons encore à l'éducation pour qu'elle nous indique les moyens de les faciliter en les rendant agréables. — Ce n'est point assez pour celui qui est chargé de diriger la jeunesse, d'environner ses élèves des grandes ressources de l'instruction; il doit encore en faire des hommes polis et aimables, propres à vivre dans la bonne société et à en devenir l'ornement; aussi, dans ce but, les maîtres devront se mêler très souvent dans les cercles des élèves pendant les récréations, afin que les préceptes d'urbanité se glissent, pour ainsi dire, inaperçus dans les entretiens. — Les

(1) Etenim omnes artes quæ ad humanitatem pertinent habent quoddam commune vinculum et quasi cognatione quâdam inter se continentur. CICÉRON.

(2) Ayant indiqué dans la seconde partie de cet aperçu les devoirs que la morale impose à l'homme appelé à vivre dans la société, il sera facile de comprendre, nous pensons, que le mot *éducation sociale* est pris ici dans sa plus petite extension, et que ce n'est absolument qu'une partie complémentaire.

élèves étant toujours sous les yeux du proviseur du collége ou des chefs de l'institution et des dignes professeurs, il ne leur est point permis de s'écarter des formes et des usages de la politesse; et par ces sages dispositions, on peut, même dans un pensionnat, les faire jouir de tous les avantages de l'éducation de famille. — On adressera fréquemment aux élèves des avis sur la propreté. On leur fera un cours de politesse ayant pour but de les fixer sur les usages de la société, les manières convenables et les principaux devoirs qu'elle prescrit; ils apprendront combien la vieillesse est respectable; ils environneront encore de leur vénération ceux qui exercent d'honorables fonctions dans l'ordre religieux, civil et militaire; il ne leur sera pas permis non plus d'ignorer le respect, les égards et les attentions qu'une galanterie honnête doit rendre aux dames qui sont le plus bel ornement de la société et qui y répandent tant de charmes; enfin la connaissance exacte des devoirs qu'impose à l'homme la vie sociale les mettra à même de traiter chacun d'une manière convenable. — Cette partie de l'éducation, pour être complète, doit régler encore l'usage et le choix de nos paroles : qu'elles soient toujours proportionnées à l'âge, à la condition et à l'intelligence des personnes avec lesquelles nous entretenons des rapports; il faut, pour ainsi parler, s'insinuer dans leurs idées et se ranger toujours à leur avis quand il est admissible; mais lorsqu'il y a une divergence d'opinion bien marquée, lorsque la délicatesse de notre conscience et nos devoirs nous font une loi rigoureuse de ne pas trahir la vérité, nous devons la démontrer avec calme et modération, et nous réduire enfin au silence, en désespoir de cause, pour ne point blesser les règles que prescrivent les bienséances. — Un jeune homme bien élevé ne s'empare jamais inconsidérément du sceptre de la conversation; il est plus sûr de briller par un maintien modeste et par une sage retenue dans ses paroles que par des discours futiles et malins qui découvrent le plus souvent toute la légèreté de son esprit et la méchanceté de son cœur. Toutefois, la modération dans les entretiens n'exclut point un à-propos gracieux, ni un récit court et intéressant, quand il est amené tout naturellement par le flot de la conversation qui vient de s'arrêter. Afin de donner une direction professionnelle à cette partie de l'éducation qui est si généralement négligée, nous indiquons, comme un moyen très utile, des réunions pour les élèves des plus hautes portées; elles auront lieu régulièrement à des époques fixe; on devra engager quelques personnes recommandables par leur savoir et leur mérite à les honorer de leur présence. — La conversation traitera tour-à-tour de la littérature, des arts, etc., etc. On citera un trait toutes les fois qu'on pourra le faire d'une manière convenable : les ridicules, les vices y seront parfois attaqués, mais toujours sans personnalité; enfin, on introduira dans les entretiens, tout ce qui pourra servir à les alimenter utilement sans qu'il en résulte aucun inconvénient. De cette manière, les élèves se formeront sans peine aux usages de la société, et plus tard ils paraîtront dans le monde d'une manière avantageuse (1).

De l'éducation physique. — De son développement.

L'homme est la réunion de deux principes bien opposés entre eux, et que l'on ne peut concevoir séparés en lui ici-bas, puisque la substance spirituelle est indispensable pour imprimer le mouvement à la matière, inerte de sa nature (2); mais si l'esprit peut seul donner la vie aux organes, il ne saurait non plus, nous en convenons, se passer de leur concours, et son perfectionnement ne s'opère ordinairement que par la conservation et le développement des forces matérielles. C'est donc une erreur bien funeste de penser que l'esprit qui est, sans contredit, la plus noble partie de notre être, ne peut conserver le glorieux empire qu'il exerce sur la matière, qu'en la laissant s'affaiblir et se détériorer par un abandon complet. Le spiritualisme absolu serait presque aussi nuisible à la perfection de l'humanité, à considérer la chose philosophiquement, que le matérialisme, qui la dégrade, qui la flétrit et qui la tue. C'est une preuve bien évidente de la faiblesse de l'esprit humain, lorsqu'il est abandonné à ses propres forces, de n'échapper bien souvent à un excès que pour tomber presque aussitôt dans un autre. Effrayé de l'envahissement de la matière sur ses facultés intellectuelles, il crut ne pouvoir mieux se soustraire à ses exigeances qu'en s'isolant absolument d'elle, et en faisant, pour ainsi dire, rigoureusement abstraction des sens : de là le décroissement si rapide des forces corporelles. — En promenant nos regards scrutateurs au milieu des rangs nombreux de la société, pour rechercher exactement les causes du mal, nous trouverons d'abord la première, chez la plupart des hommes, dans le débordement des mœurs; la morale, sans doute, en arrêtera le progrès et fermera cette plaie honteuse : la seconde, dans l'incroyable activité des esprits, et dans le peu de développement que l'on donne aux forces organiques. Or, l'exercice, en les fortifiant, les rendra propres à supporter l'action énergique et presque continuelle de l'intelligence. L'éducation, dont la noble mission est de régénérer et de tout améliorer, peut seule répondre à ce besoin impérieux du siècle; et puisqu'elle a tant fait pour l'homme sous tous les autres rapports, elle doit encore le perfectionner au physique; et d'abord l'action religieuse, l'enseignement moral, et une surveillance active préserveront les élèves de la démoralisation. Enfin, pour nous opposer à la seconde cause du décroissement des forces matérielles que nous venons de signaler, nous devons recourir à plusieurs moyens que nous essayerons d'indiquer rapidement dans un ordre régulier et successif. Une nourriture saine et abondante, prise à des heures réglées, répare les pertes considérables occasionnées par le travail et par l'exercice; elle entretient le corps, et facilite le développement de ses différentes parties. Un local sain et vaste, qui offre toute espèce de garantie sous le rapport de la salubrité, donne au teint des élèves qui l'habitent, une agréable fraîcheur, et l'air pur qu'ils y respirent tout à l'aise, entretient leur santé, en dilatant le jeu de leurs poumons. Des récréations sagement ménagées après les repas et entre les heures de travail, délassent leur esprit et leur attention fatiguée. Des jeux d'adresse et des exercices gymnastiques utilement distribués, et qui ont lieu régulièrement à des heures fixes, fortifient les membres des jeunes élèves, et leur donnent, en les développant, de la vigueur, de la souplesse et de l'agilité. Nous indiquerons encore, comme très salutaires, des courses lointaines, et quelquefois même un peu forcées; car le changement d'air, joint à un exercice laborieux, contribue puissamment à la conservation de la santé. — Les anciennes républiques avaient compris cet adage tant et si souvent répété, qu'il est devenu une vérité principe : *Un esprit sain dans un corps sain.* Les Grecs surtout cultivèrent le corps avec presque autant de soin que l'esprit; et certes, chez eux, ce ne fut jamais au détriment de l'intelligence, car ils sont restés nos maîtres et nos modèles dans les lettres. Pourquoi ne nous serviraient-ils pas aussi de guides en ce qui concerne l'éducation physique de la jeunesse? Des exercices forts et laborieux auxquels ils se livraient, en développant le corps, donnaient plus de vigueur et d'énergie à la pensée; ils en faisaient des hommes qui ne redoutaient aucun danger, et qui supportaient courageusement toutes les rigueurs de l'infortune, des Léonidas..., des Aristide... Rome aussi, tant qu'elle se fit remarquer par une vie simple, frugale et laborieuse, tant qu'elle conserva l'antique sévérité de ses mœurs, fut digne de produire ces hommes extraordinaires, si modestes d'ailleurs, que les honneurs venaient chercher à la charrue; que les promesses les plus séduisantes, que l'or ni la fortune ne pouvaient séduire, les Quintius-Cincinnatus... et les Fabricius. Un cours d'hygiène est aussi indispensable, et il peut être regardé comme le complément nécessaire de l'éducation physique. En effet, l'hygiène a pour but de nous donner des moyens sûrs pour conserver la santé, et pour nous en faire mieux sentir le prix. — Dans un traité clair et succinct, que l'on divisera en trois parties, et que l'on proportionnera surtout à l'intelligence des élèves, ils pourront acquérir d'abord la connaissance de l'homme sain en rapport avec la société ou individuellement. En second lieu, on leur fera connaître la matière de l'hygiène, ou la connaissance des choses dont l'homme use et jouit, et celle de leur influence sur sa constitution et sur ses organes. La météorologie, qui traite des phénomènes atmosphériques, nous indiquant les principales causes qui déterminent les influences

(1) Les exercices de narration orale, de haute lecture, de déclamation, les séances académiques, les leçons de présentation et les cours de prononciation peuvent être considérés comme autant de moyens d'initiation à la vie sociale.

(2) En dépit des essais monstrueux du matérialisme absolu ou mitigé qui veulent faire rentrer les prodigieux effets de l'intelligence dans la matière, ou les expliquer en la douant de qualités énergiques uniquement attribuables à ce principe divin et immortel, dont les opérations admirables ruinent complètement leurs pitoyables systèmes, frappent leurs criminels efforts de stérilité, les couvrent de ridicule, et soulèvent contre eux le mépris et la haine des siècles éclairés par les lumières de la raison.

malignes de l'air, se trouve renfermée dans cette seconde partie. Enfin, en dernier lieu, on leur indiquera les règles de l'hygiène, qui déterminent rigoureusement l'usage que l'homme doit faire de toutes ces choses, dans l'intérêt de sa conservation, soit qu'on le considère collectivement ou individuellement. Par ces heureuses dispositions, nous proportionnerons l'éducation avec un besoin réel de notre époque, puisque nous sauverons les forces organiques qui vont chaque jour se détériorant, et par le rétablissement d'une heureuse association entre l'esprit et la matière, qui ne saurait être rompue qu'au détriment de l'un et de l'autre, nous déterminerons une harmonie parfaite, un équilibre juste, au moyen desquels l'influence de l'intelligence dépouillera le corps d'une partie de ses forces brutales, absolument incompatibles avec la loi du *progrès*, qui seule conduit les peuples à la civilisation; d'autre part, aussi, une constitution forte, vigoureuse, mais habile, résultat naturel d'un exercice laborieux et régulier, suffira à la prodigieuse activité de l'esprit. — Par la douce espérance de tous les soins, de tous les bienfaits qu'elle sollicite avec ardeur, qu'elle réclame à juste titre, et qu'elle attend avec une sorte d'impatience de l'éducation, une mère sensible et affectueuse, délivrée de toutes ses craintes, se séparera avec moins de peine d'un fils tendrement chéri, s'il doit trouver dans l'établissement qui recueillera ses jeunes années, durant le cours de ses longues études, des avantages précieux et durables, qu'elle chercherait vainement pour lui sous le toit paternel. Instituteurs, chargés d'instruire et de former la jeunesse, adressez-vous avec confiance à ces moyens que nous venons de développer dans cet aperçu rapide sur l'éducation, car l'expérience nous les a révélés comme infaillibles; elle nous les a signalés comme les seuls qui puissent répondre aux justes exigeances des parens, et en particulier à la sollicitude maternelle. F. JOURDAN DE HERTZ.

ÉDUENS, Ædui ou Hedui, peuples puissants de la Gaule qui habitaient, dans la première Lyonnaise, le pays situé entre le Liger, l'Arar et le Rhône. Les Romains recherchaient l'alliance de ces peuples, auxquels ils accordaient le titre d'alliés, et qu'ils secoururent dans leur guerre contre les Arvernes. Dans la suite, les Eduens embrassèrent le parti de Vercingétorix contre les Romains. Cependant, lors de la soumission totale des Gaules, ceux-ci les traitèrent favorablement à cause de leur ancienne amitié.

ÉDULCORATION (*chim.*), nom que les anciens chimistes appliquaient à tout lavage fait à grande eau, au moyen duquel on dépouillait une matière de la saveur acide alcaline ou salée qu'elle devait à quelque corps solide qu'elle contenait.

ÉDULCORER, v. a. (*t. de chimie*), verser de l'eau sur des substances en poudre pour les dépouiller des parties salines, alcalines, acides, etc., qu'elles peuvent contenir. — **EDULCORER**, en termes de pharmacie, adoucir un médicament en y ajoutant du sucre ou quelque sirop.

ÉDULE, adj. des deux genres (*didact.*), qui est susceptible d'être mangé, qui peut servir d'aliment.

ÉDUQUER, v. a. Il ne s'emploie que dans le langage populaire, et signifie élever des enfants, faire leur éducation.

EDWARDS (THOMAS), ingénieux écrivain anglais, naquit en 1669, d'un avocat de Londres, qui le destinait à sa profession. Mais son goût pour les bell s-lettres l'emporta. Il ajouta en 1747 un *Supplément à l'édition de Shakespeare de M. Warburton*, ouvrage qui a joui d'une grande célébrité. Il mourut en 1757. On a de lui environ cinquante *sonnets*, quelque peu médiocres; le *Procès de la lettre Y*, badinage d'esprit assez bien écrit; un *traité* sur la prédestination.

EDWARDS (JONATHAN), théologien anglo-américain, né en 1703 à Windsor dans le Connecticut, étudia au collége Yale, où il obtint en 1724 une place d'instituteur, et remplit plus tard les fonctions de ministre, fonctions qu'on lui retira ensuite à cause de ses opinions et de ses innovations. Il mourut en 1758. Outre beaucoup de manuscrits, on a de lui: 1° *Tableau fidèle de l'œuvre surprenante de Dieu dans la conversion de plusieurs centaines d'âmes dans la province de Northampton*, Londres, 1737; Boston, 1738, in-8°; 2° *Traité concernant les affections religieuses*, 1746; 3° *Vie de David Brainerd, missionnaire en Amérique*, in-8°, 1749; 4° *Examen exact et sévère de l'idée généralement adoptée de nos jours sur cette liberté de volonté que l'on suppose être essentielle à l'être moral*, 1754, in-8°; 5° *Défense de la grande doctrine du péché originel*, in-8°, 1758; 6° un *Recueil posthume de sermons sur différents sujets*, 1765, in-8°.

EDWARDS (THOMAS), théologien anglican, né à Coventry en 1729, montra de bonne heure beaucoup d'ardeur pour l'étude des langues savantes et de la littérature sacrée, et à 26 ans il traduisit les *psaumes* sur le texte sacré. Il mourut vicaire de Numéaton en 1785. Outre sa traduction des psaumes, il a laissé: 1° *Preuves que la doctrine de la grâce irrésistible n'a aucun fondement dans les livres de l'Ancien-Testament*, 1759; 2° *Prolegomena in libros veteris Testamenti poeticos*, etc., *subjicitur metricæ Lowthianæ confata'is*, etc., in-8° 1762, 3° *Sur l'absurdité et l'injustice de la bigoterie religieuse et de la persécution; leur parfaite opposition au caractère et à la conduite du Christ et de ses apôtres, et leurs funestes conséquences*, 1766, in-8°; 4° *Des qualités essentielles pour l'interprétation juste et exacte du Nouveau-Testament*, ibid.; et plusieurs ouvrages latins.

EDWARDS ou **EDWARTS** (GEORGES), né à Séaford, dans le comté de Sussex, en 1663, a publié une *Histoire naturelle des oiseaux, animaux et insectes*, en 210 planches coloriées, en anglais, avec la traduction française; Londres, 1751, 4 vol. in-4°; ouvrage magnifique et intéressant. On a encore de lui: *Glanures d'histoire naturelle*, 1758, 60 et 64, 3 part. in-4°. Ce sont des figures de quadrupèdes, d'oiseaux, d'insectes, de plantes, avec des explications en anglais et en français. Edwards mourut le 23 juillet 1733.

EDWARDS (BRYAN ou BRIAN), écrivain anglais, né en 1743 à Wertburg, dans le Wiltohire, habita de bonne heure et longtemps la Jamaïque, où il était possesseur d'une plantation de sucre. Appelé en 1789 à faire partie de l'assemblée de cette île, on le vit combattre vivement les propositions de Wilberforce pour l'abolition de la traite des nègres. On ignore à quelle époque il revint en Angleterre; mais il devint membre du parlement, et y plaida avec force la cause des colons; mais comme il plaignait le sort des esclaves tout en reconnaissant les dangers de leur émancipation, il fit adopter une loi répressive des cruautés que l'on exerçait contre eux. Il mourut le 16 juillet 1809. On a de lui une *Histoire civile et commerciale des colonies anglaises dans les Indes occidentales*, 1793, 2 vol. in-4°; ouvrage qui eut beaucoup de succès, dans lequel il se montre naturaliste, politique, commerçant, mais patriote un peu ardent. La 3e édition a été publiée après sa mort, en 1801, 3 vol., augmentée d'une *Description historique de la colonie française de l'île de Saint-Domingue*, qui avait été publiée séparément en 1794; d'un *Voyage dans les îles des Barbades, Saint-Vincent, Tabago*, etc., par William Young; et des 3 premiers chapitres d'une *Histoire de la guerre dans les Indes occidentales, depuis son origine en février 1793*. Il a été publié une nouvelle édition de cette histoire, continuée jusqu'au temps actuel; Londres, 1819, 5 vol. in-8°. La *description de l'île de Saint-Domingue*, comprenant le récit des calamités qui ont désolé ce pays depuis l'année 1789, a été traduite en français; Paris, 1813, in-8°.

EDZARDI (ESDRAS), habile hebraïsant, naquit à Hambourg le 28 juin 1629, d'un ministre protestant. Il commença ses études dans cette ville, les continua à Leipzig et les acheva à Wittemberg. Il vint à Bâle en 1650, où il profita des leçons de Buxtorf. Il habita successivement Strasbourg, Gressen, Rostock, Gripswald, etc. Rentré dans sa patrie, il y professa l'hébreu, et vit bientôt accourir autour de lui des auditeurs de toute l'Allemagne. Il mourut à Bâle en 1708. Nous ne connaissons de ses ouvrages imprimés que des thèses, intitulées: *De præcipuis doctrinæ christianæ capitibus adversus judæos et photinianos*.

EDZARDI (SÉBASTIEN), fils du précédent, professeur en philosophie à Hambourg, où il était né en 1673, mort le 10 juin 1736, a publié plusieurs ouvrages estimés, entre autres *de Verbo substantiali*, Hambourg, 1700, contre les unitaires.

EDZARDI (JEAN-ESDRAS), frère aîné du précédent, naquit à Hambourg, où il fit ses études, voyagea ensuite en Allemagne et en Suisse, et fut ministre de l'église de la Sainte-Trinité à Londres. Il y mourut en 1713, et laissa un bel ouvrage sur l'histoire ecclésiastique d'Angleterre.

EECKHOUT (GERBRAND-VAN-DEN), le plus remarquable peut-être des élèves de Rembrandt, né à Amsterdam en 1621, commença par faire des portraits dans la manière de son illustre maître, puis aborda les sujets historiques. On ne saurait lui refuser de bonnes têtes pleines de vie, de l'originalité dans la composition et une entente admirable des effets de lumière; mais il ne sut pas s'élever au-dessus de la direction toute subjective de son maître, direction à laquelle ont fatalement obéi tous les élèves de Rembrandt, et, comme lui, il est souvent incorrect de dessin. Les collections de Munich et de Berlin sont surtout riches en toiles de cet artiste, qui mourut en 1674, et dont le nom est traduit sur les gravures françaises par celui de *G. de Chesne*.

EECKHOUT (ANTOINE-VAN-DEN), peintre, naquit à Bruges vers le milieu du XVIIe siècle. Il fit avec Louis de Deyster, son ami et plus tard son beau-frère, le voyage d'Italie. De retour dans sa patrie, il se fit remarquer par ses nombreux tableaux. Il voulut revoir l'Italie, et il fut tué d'un coup de feu à Lisbonne en 1695. Les tableaux de cet artiste étaient dans le goût de ceux des peintres de fleurs d'Italie, et il se servait habituellement des nombreuses études qu'il avait faites dans ce pays.

EENI (*bot.*), nom que donnent les naturels de Sumatra à l'alkanna ou henné, *lawsonia*, avec le suc duquel ils se teignent les ongles en jaune doré.

ÉÉTÈS ou **ÉÉTA**, roi de Colchide, fils du Soleil et de Persée, fille de l'Océan, fut père de Médée, d'Absyrthe et de Chalciope, qu'il eut d'Idia, une des Océanides. Ce prince tua Phryxus, fils d'Athamas, qui s'était réfugié dans ses États, et s'empara de la Toison-d'Or. (*V.* PHRYXUS.) Les Argonautes étant venus dans la Colchide, recouvrèrent cette toison par les secours de Médée, quoique Éétès en eût confié la garde à un dragon qui vomissait des flammes. Éétès voulut attaquer la flotte des Argonautes à son retour, et périt dans un combat qu'il lui livra sur le Pont-Euxin. Voy. Argonautes, Apollod., 1, c. 9;—Métam., 7, fab. 1; — Paus., 2, c. 3; — Inst., c. 2; — Flacc et Orph., Arg. — Il paraît que plusieurs anciens rois de Colchide ont porté le nom d'Éétès.

ÉFAUFILER, v. a., tirer la soie d'un ruban ou d'une étoffe, pour juger de sa qualité ou pour en faire de la ouate.

EFFAÇABLE, adj. des 2 genres, qui peut être effacé.

EFFACER, ôter, enlever la figure, l'image, le caractère, les couleurs, les traits, l'empreinte de quelque chose; rayer, raturer. Il se dit par extension, en parlant de la beauté des femmes. Il se dit figurément, au sens moral, pour faire disparaître, faire oublier. Il se dit encore figurément, pour surpasser, éclipser. *Effacer le corps*, *effacer une épaule*, etc., dans certains exercices, comme l'escrime, la danse, le manége, tenir le corps, une épaule, dans la position qui donne le moins de prise, le plus de grâce. — EFFACER s'emploie souvent avec le pronom personnel. Il signifie particulièrement effacer le corps, l'épaule, etc. On l'emploie quelquefois figurément. — EFFACÉE, ÉE (*participe*). Il est aussi adjectif dans un sens analogue à la seconde acception, de *s'effacer*.

EFFACER (S') (*marine*). Il se dit d'un vaisseau qui, étant embossé, présente le flanc à un bâtiment, à un fort, etc.

EFFAÇURE, s. f., ce qui est effacé, soit par accident, soit à dessein.

EFFANER, v. a. (*t. d'agricult.*), Il a le même sens *qu'effeuiller;* mais on ne le dit guère qu'en parlant des blés.

EFFARÉ, ÉE, adj. (*blason*). Il se dit de la licorne qui est représentée droite, comme les animaux dits rampants. Quand elle baisse sa tête et présente sa corne, on l'appelle *licorne en défense*.

EFFARER, v. a., troubler tellement une personne, que son air et ses yeux ont quelque chose de hagard. Il s'emploie aussi avec le pronom personnel. — EFFARÉE, ÉE (*participe*), qui est tout troublé, tout hors de lui.

EFFAROUCHER, v. a., épouvanter, effrayer et faire fuir. Prov. et fig., *effaroucher les pigeons*, éloigner d'une maison ceux qui y apportent le profit. — EFFAROUCHER, signifie figurément et familièrement, rendre moins traitable, donner de l'éloignement. Il s'emploie quelquefois avec le pronom personnel dans l'un et dans l'autre sens.

EFFAROUCHANT, ANTE, adj., qui effarouche, qui donne de l'ombrage.

EFFAROUCHÉ, ÉE, adj. (*blason*). Il se dit du chat qui est représenté droit sur ses pattes de derrière.

EFFARVATTE (*ois.*). Buffon a appliqué ce nom d'une part à la petite rousserolle, et d'une autre à la fauvette de roseaux, *salicaria* de Gessner. M. Cuvier a restreint ce nom au premier de ces oiseaux, *motacilla arundinacea*, Gmel.

EFFAUCHETER, v. a. (*agricult.*), ramasser les avoines avec un râteau appelé *fauchet*.

EFFAUTAGE, s. m. (*technol.*), merrain de rebut.

EFFECTIF, IVE, adj., qui est réellement et de fait. Fam., *c'est un homme effectif*, *sa parole est effective*, c'est un homme qui fait ce qu'il dit, qui ne promet rien qu'il ne tienne. — EFFECTIF, s'emploie aussi comme substantif masculin, en termes d'administration militaire, pour désigner le nombre réel des soldats d'une armée, d'une troupe, par opposition, au nombre que les règlements, etc., lui assignent, ou qu'on lui suppose.

EFFECTIVEMENT, adv., réellement, en effet.

EFECTRICE, adj. f. (*didact.*). Il se dit quelquefois d'une cause qui produit un effet.

EFFECTUER, v. a., mettre à effet, à exécution.

EFFELURE, s. f. (*technol.*), rognure de peau blanche, qui sert à faire de la colle.

EFFÉMINATION, s. f. (*néol.*), l'action d'efféminer.

EFFÉMINER, v. a., rendre faible comme l'est ordinairement une femme, amollir. — EFFÉMINÉ, ÉE (*participe*). Il est aussi adjectif, et signifie qui tient de la faiblesse de la femme. Il est aussi substantif.

EFFEN (JUSTE-VAN), né à Utrecht le 21 avril 1684, d'un officier réformé, sans fortune. Il perdit son père au moment où il venait de terminer ses études, et se vit le seul soutien de sa mère et de sa jeune sœur. La place de gouverneur du fils du comte de Walderin ne suffisant pas à ses besoins, il se livra à son goût pour la littérature, et rédigea le *Misanthrope*, journal dont le *Spectateur* d'Addison lui avait donné l'idée, et ensuite le *Journal littéraire de la Haye*. Il accompagna le comte de Walderin en Angleterre, en qualité de secrétaire, et il obtint de lui la place d'inspecteur des magasins de Bois-le-Duc. C'est-là qu'il mourut, en 1725. On a de lui le *Misanthrope*, la Haye, 1711-1712, 2 vol. in-8°; 2e édit. 1726, avec *la relation du voyage de l'auteur en Suède*; 2° *Journal littéraire*, la Haye, 1715 et années suivantes; 3° *la Bagatelle ou Discours ironiques, où l'on prête des sophismes ingénieux au vice et à l'extravagance, pour en mieux faire sentir le ridicule*, Amsterdam, 1718-1719, 3 vol. in-8°; Lausanne, 1743, 2 vol. in-12: 4° *le nouveau Spectateur français*, dont il n'y a que 28 numéros; 5° le *Spectateur hollandais*, Amsterdam, 1731-1735, 12 vol. in-8°; et plusieurs traductions hollandaises d'ouvrages anglais.

EFFENDI, s. m., mot turc emprunté du grec; seigneur, maître, titre des fonctionnaires civils, des ministres de la religion et des savants. *Reis-effendi*, ministre des affaires étrangères en Turquie.

EFFÉRENT, ENTE, adj., *vaisseau efférent* (*physiol.*), se dit de celui qui ramène un fluide de la circonférence du corps au cœur, comme les veines et les lymphatiques.

EFFERVESCENCE (*chim.*). Quoique ce mot désigne en général le phénomène qui se produit lorsqu'un fluide aériforme se développant dans le sein d'une masse liquide, s'en dégage en bouillonnant; cependant on le restreint généralement, au cas où l'effet est produit par un corps que l'on met en contact avec un liquide à la température ordinaire. Lorsque les carbonates sont décomposés par les acides nitrique, hydrochlorique, acétique, etc., l'acide carbonique, en se dégageant, produit l'effervescence.

EFFERVESCENT, ENTE, adj. (*t. de chimie*), qui est susceptible de faire effervescence, ce qui est en effervescence. Il se dit quelquefois au figuré dans le langage ordinaire.

EFFECTUER, v. a. (*v. lang.*), déguerpir, abandonner.

EFFET, s. m., ce qui est produit par quelque cause. En jurispr., *effet rétroactif*, effet d'une loi dont on ferait remonter l'application à un temps où elle n'existait pas encore. En jurispr., *effets civils*, droits, avantages qu'assure la loi civile, et dont ne jouissent point ceux qui sont morts civilement, comme le droit de tester, etc. — EFFET, se dit particulièrement dans les beaux arts et en littérature, de ce qui frappe, de ce qui attire ou captive l'attention, les regards. — EFFET se prend aussi pour l'exécution d'une chose. *Pour cet effet*, *à cet effet*, pour l'exécution de quoi, ou en vue de quoi. *A quel effet?* à quelle intention, pourquoi? — EFFET se dit aussi d'un billet, d'une lettre de change, d'un papier de crédit. *Les effets publics*, les rentes sur l'État, les billets ou papiers d'État introduits dans la banque et dans le commerce. *Effets mobiliers*, et simplement et plus ordinairement, *effets*, biens, objets, meubles, ou censés tels d'après la loi. — EFFETS, au pluriel, se dit quelquefois, dans un sens particulier, des objets meubles qui sont à l'usage d'une personne. — EN EFFET, locut. adv., réellement. — EN EFFET, au commencement d'une phrase, annonce le plus souvent qu'on va donner une preuve de ce qu'on vient de dire. Il s'emploie aussi par manière de conjonction, et pour servir de liaison au discours.

EFFET (*musique*), se dit d'une impression agréable et forte produite sur l'oreille et l'esprit des auditeurs.

EFFET (*manége*), se dit des mouvements de la main qui servent à conduire un cheval.

EFFET RÉTROACTIF. « La loi, dit l'article 2 du Code civil, n'a pas d'effet rétroactif. » Cette proposition est d'une logique et d'une simplicité qui frappent au premier coup d'œil. En effet, une loi étant une règle obligatoire de conduite, il serait souverainement absurde qu'elle commandât ou défendît pour le temps passé; il serait dérisoire qu'elle prétendît atteindre des actes antérieurement accomplis; elle ne peut donc avoir d'effet rétroactif. Toutefois ce principe si simple en apparence, donne lieu à des difficultés graves. Une loi a été rendue; cette loi est vague, obscure, équivoque. Elle est mal entendue, mal saisie généralement; le pouvoir législatif, en présence des oscillations de la jurisprudence, des incertitudes des citoyens, croit devoir fixer le véritable sens dans lequel la loi doit être entendue. Une loi interprétative paraît; cette loi agira sur le passé, en ce sens que tous actes, toutes conventions, mêmes antérieures, et contractées sur la foi d'une interprétation doctrinale différente de celle consacrée par la loi interprétative, n'en seront pas moins régis par cette dernière loi. Et il est aisé de reconnaître que la rétroactivité de la loi n'est qu'apparente, puisque la loi interprétative n'est qu'une explication, qu'une interprétation d'une loi précédente, et que par conséquent le sens qu'elle a déterminé d'une manière précise, doit être considéré comme ayant toujours été admis, depuis la publication de la loi interprétée. Les lois concernant la capacité des personnes ne rétroagissent point non plus sur le passé, mais elles règlent l'avenir, et peuvent porter atteinte à une capacité déjà acquise. Ainsi Pierre a vingt-deux ans, il est majeur, aux termes de nos lois actuelles depuis une année, et capable de tous les actes de la vie civile. Survient une loi qui fixe la majorité à 25 ans, Pierre reviendra pour trois ans, mineur et incapable. La non rétroactivité de la loi consistera ici en ce que les actes exigeant majorité faits par lui de 21 à 22 ans, sont et restent valables; les droits acquis demeurent irrévocables, mais pour l'avenir, à partir de la loi nouvelle et jusqu'à ce que Pierre ait atteint l'âge de 25 ans, il redeviendra mineur et perdra toute capacité. La règle de la non rétroactivité des lois n'est point non plus sans difficultés lorsqu'il s'agit de la *quotité disponible*, ou portion de biens que la loi permet de donner par donation ou par testament. Point de doute possible en matière de donation entre vifs. Le donateur se dépouillant *actuellement* des biens donnés, c'est uniquement la loi sous l'empire de laquelle la donation est faite qu'il faut examiner pour déterminer le montant de la quotité disponible et savoir si cette quotité est inférieure, égale, ou supérieure à la valeur des biens compris dans la donation. Une loi postérieure survenant et restreignant ou augmentant la quotité disponible, ne peut en aucune façon porter atteinte aux faits accomplis régulièrement. Mais en matière de donations testamentaires, il n'en est pas ainsi. Un père fait son testament sous l'empire d'une loi, qui, dans les conditions où il est placé, l'autorise à disposer de la moitié de sa fortune; il lègue dans ce testament *la quotité disponible*, et à l'époque de sa mort existe une loi nouvelle qui l'autorise, dans les mêmes conditions, à disposer de trois quarts de sa fortune; le légataire de la *quotité disponible* aura-t-il droit à la moitié ou aux trois quarts des biens du défunt? A la moitié seulement, car au moment de la confection du testament, la quotité disponible n'étant que de moitié, il n'a pu avoir d'intention légale que celle de donner cette moitié; et la loi ne lui en reconnaît point d'autres, quels que soient les changements ultérieurs survenus dans la législation. En sens inverse, un individu lègue par testament la *quotité disponible* sous l'empire d'une loi qui dans les conditions où il se trouve, lui permet de disposer des trois quarts de sa fortune; dans l'intervalle de la confection du testament à la mort du testateur, survient une loi nouvelle, qui limite à moitié la quotité disponible, quel sera, au décès du testateur, le droit du légataire? Ce sera indubitablement celui qu'a déterminé la seconde loi. En effet, quel que fût son droit à l'époque de la confection du testament, toujours est-il que ce testament n'a pu produire d'effet qu'à l'époque de la mort du testateur; or, à cette époque, la quotité disponible n'était que de moitié. En un mot, il faut, pour ce qui concerne les donations testamentaires, combiner la loi du jour de la confection du testament et celle du jour du décès du testateur, et restreindre l'effet de l'acte à la plus petite des deux quotités. C'est encore ce même principe, suivant lequel la loi ne peut rétroagir, que nous retrouvons dans l'article 4 du Code pénal, où il est plus légitime encore, s'il est possible, qu'en matière civile. Quel devoir plus impérieux pour le législateur que d'avertir publiquement et solennellement avant de frapper ! « Nulle contravention, nul délit, nul crime, est-il dit dans cet article, ne peuvent être punis des peines qui n'étaient pas prononcées par la loi avant qu'ils fussent commis. » Si une disposition pénale nouvelle avait pour but, non pas d'atteindre un fait jusque-là imprévu et impuni, mais d'aggraver une pénalité antérieure, les mêmes raisons défendraient encore de frapper de cette peine les faits antérieurement commis. Mais l'hypothèse contraire peut se présenter : il est possible qu'une loi nouvelle vienne en effacer complètement des pénalités portées par la loi antérieure ou au moins les modifier et les adoucir; appliquera-t-on alors dans toute sa rigueur le principe de l'article 2 du Code civil? Dira-t-on que les lois n'ayant pas d'effet rétroactif, le fait commis sous l'empire de la loi antérieure doit-être régi et frappé par cette loi encore bien qu'une loi plus humaine et plus douce ait été promulguée depuis lors. L'interprétation littérale des textes devrait conduire à cette solution, mais des raisons impérieuses s'y opposent; et elles sont telles que dans la pratique, la question n'a jamais été sérieusement soulevée. Si en effet la peine ancienne est supprimée ou adoucie par la loi nouvelle, c'est apparemment que le législateur ne trouve pas dans les faits sur lesquels il statue, le caractère de culpabilité, d'immoralité qui avait légitimé pour les législateur précédents la gravité de la peine ancienne, ou bien que le caractère d'immoralité restant le même à ses yeux, le péril social, le second élément pour ls fixation de la peine, ne lui paraît plus exiger une répression aussi forte. Il serait donc non-seulement inutile, mais immoral et absurde, d'appliquer une peine que le législateur a déclarée inutile ou même dangereuse. Et il est d'une bonne logique comme d'une bonne morale d'appliquer la peine édictée par la loi nouvelle.

EFFET DE COMMERCE. On nomme ainsi les billets à ordre, billets à domicile, lettres de change, mandats, et en général tous titres écrits constatant l'*indication d'un paiement à jour fixe*. (*V.* BILLET A ORDRE, BILLET A DOMICILE, LETTRE DE CHANGE.)—La Cour de cassation a décidé, par plusieurs arrêts, que la loi du 3 septembre 1807, qui fixe l'intérêt de l'argent à cinq pour cent en matière civile, et à six pour cent en matière commerciale, était inapplicable à l'escompte ou aux négociations d'effets de commerce; et qu'un banquier pouvait, en sus de l'intérêt légal, percevoir un droit d'escompte ou de commission, suivant les conditions des parties, sans que ce fait puisse être réputé usuraire.

EFFET, s. m. (*peint.*), impression que produit sur l'imagination et sur la vue un tableau au premier aspect, et avant examen approfondi des détails de l'ouvrage. Ainsi, quelques contours hardis et bien indicatifs des principales formes de la figure, des masses d'ombre et de lumière jetées à propos, et la reproduction vive de la couleur locale, formeront un tableau frappant de vérité et éclatant au premier aspect, bien que beaucoup de détails propres au sujet puissent être omis, que le dessin ne soit d'une exactitude rigoureuse en aucune partie, et que les finesses du clair-obscur et du coloris manquent. Telle est, en général, une esquisse bien faite, tels sont ou doivent être, plus ou moins, les ouvrages d'apparat, les grandes machines faites pour appeler de loin l'œil du spectateur et charmer le passant. On dit de tels tableaux qu'ils sont d'un grand effet, ou encore qu'ils sont à l'effet. — Les Italiens, chez qui le sentiment des arts est si fin et si juste, disent, en parlant du Titien et de Rubens : *il colore del Titiano, l'effeto di Rubens.* Pour quiconque a observé la manière particulière à chacun de ces deux grands coloristes, et en quoi consiste celle du second, cette distinction exprime mieux qu'on ne peut l'expliquer ce qu'il faut entendre par l'effet. — EFFET DE LUMIÈRE, se dit dans le même sens qu'accident de lumière.

EFFEUILLAGE. C'est l'action d'enlever les feuilles des plantes et des arbres, soit pour exposer leurs fruits aux rayons du soleil et accélérer leur coloration et leur maturité, soit pour en faire la nourriture des bestiaux et des vers à soie. — M. Roger Schabol dit avec raison que l'effeuillage est une des opérations les plus délicates du jardinage; qu'on ne doit jamais arracher les feuilles des arbres fruitiers que sur les branches qui doivent être retranchées à la taille suivante; qu'un bouton à fruit effeuillé ou avorté, c'est la même chose; que la feuille est la mère nourrice du bouton, et que, si on la lui ôte, il meurt de faim. En conséquence, il veut qu'on en enlève le moins possible, même lorsqu'il devient nécessaire d'effeuiller pour colorer les fruits, et que surtout jamais on ne les arrache. C'est en les coupant avec l'ongle ou avec des ciseaux, au-dessus de leur pétiole, qu'il faut faire cette opération. Quant à l'effeuillage des mûriers pour la nourriture des vers à soie, *V.* MURIER.

EFFEUILLER, v. a., ôter les feuilles, dépouiller de feuilles. Il s'emploie aussi avec le pronom personnel.

EFFEUILLURE, s. f. (*agricult.*), le produit de l'effeuillaison des arbres

EFFIAT (ANTOINE COIFFIER RUZÉ, dit le maréchal d'), petit-fils d'un maître-d'hôtel du roi, fut surintendant des finances en 1620, général d'armée en Piémont en 1630, enfin maréchal de France le 1er janvier 1631. Mécontent d'avoir été oublié dans la promotion précédente, il s'était retiré à sa terre de Chilli, à quatre lieues de Paris; mais le cardinal de Richelieu, de la maison duquel il était comme intendant, le rappela et lui donna le bâton. Ce maréchal mourut le 27 juillet 1632, à Luzzelstein, proche de Trèves, en llant commander en Allemagne. En moins de cinq à six ans il avait acquis de la réputation, dans les armes, par sa valeur; au conseil, par son jugement; dans les ambassades, par sa dextérité, et dans le maniement des finances, par son exactitude et sa vigilance. Il était père du marquis de Cinq-Mars. Il mourut fort riche; ses biens ont passé dans la maison de Mazarin, par la Meilleraye, son gendre. Ils lui venaient en partie de son grand-oncle maternel, qui les lui laissa, à condition qu'il porterait le nom et les armes de Ruzé. Cet oncle, nommé Martin RUZÉ, fils de Guillaume Ruzé, receveur des finances à Tours, était un homme de mérite, qui fut secrétaire d'État sous Henri III et Henri IV. Le marquis d'Effiat a laissé plusieurs ouvrages sur le règne de Louis XIII.

EFFICACE, adj. des deux genres, qui produit son effet. En théologie, *Grâce efficace*, la grâce qui a toujours son effet. (*V.* GRACE.) — EFFICACE, s. f. Il signifie la même chose qu'*efficacité*, mais il est beaucoup moins en usage.

EFFICACEMENT, adv., d'une manière efficace.

EFFICACITÉ, s. f., force, vertu de quelque cause pour produire son effet.

EFFICIENT, ENTE, adj., qui produit certain effet. Il n'est guère usité qu'au féminin et dans cette locution, *cause efficiente.*

EFFIGIE, s. f. (*peint.*, *sculpt.*), image, représentation d'une personne. Bien que cette définition s'appliquât également au portrait, le mot effigie n'est pas synonyme de portrait; il comporte l'idée d'une imitation plus exacte, plus frappante, d'une ressemblance plus authentique, plus religieusement conservée. Il n'est d'usage ordinaire qu'en parlant des images des morts qu'on portait aux funérailles ou qu'on déposait sur les tombeaux, et de celles des rois empreintes sur les monnaies et sur les médailles.

EFFIGIE, s. f., figure, représentation d'une personne, soit en relief, soit en peinture. *Exécuter un criminel en effigie*, exposer en public un tableau où le condamné qui est en fuite est représenté subissant la peine prononcée contre lui, et au bas duquel son nom et l'arrêt sont écrits; ou seulement, comme cela se pratique aujourd'hui, attacher à l'instrument du supplice un écrit indiquant les noms et qualités du condamné, et contenant l'extrait de son jugement.

EFFILAGE, s. m. (*technol.*), action d'effiler.

EFFILÉ, ÉE, adj., mince et long, étroit et allongé. *Cheval effilé*, cheval qui a l'encolure fine et déliée.

EFFILÉ, ÉE, adj. (*chass.*). Il se dit des chiens qui ont couru avec trop d'ardeur.

EFFILER, v. a., défaire un tissu fil à fil. On l'emploie aussi avec le pronom personnel. *Effiler les cheveux*, les dégarnir en les coupant en pointe. — EFFILÉ, ÉE (*participe*). Il se dit, substantivement, au masculin, du linge qui est effilé par le bout en forme de frange, et qu'on porte dans les grands deuils durant un nombre de jours déterminé.

EFFILER, v. a. (*technol.*). Il se dit, chez les coiffeurs, et signifie rendre les cheveux moins touffus en les coupant avec les ciseaux.

EFFILOCHE ou **EFFILOQUE**, s, f. (*technol.*). Il se dit, chez les passementiers, des soies trop légères que l'on met au rebut. Il se dit encore des bouts de soie qui se trouvent aux lisières d'une étoffe. On l'emploie surtout au pluriel.

EFFILOCHER, v. a. (*technol.*). Il s'emploie comme effiloquer, et se dit, non-seulement de la soie, mais des étoffes quelconques. Il se construit avec le pronom.

EFFILOCHEUR ou **EFFILOQUEUR**, s. m. (*technol.*), ouvrier qui effiloche les chiffons destinés à faire le papier. Outil servant à effilocher les chiffons.

EFFILOQUER, v. a., effiler de l'étoffe de soie pour faire de la ouate.

EFFILURE, s. f. (*technol.*). Il se dit quelquefois du fil qui provient d'un tissu effilé.

EFFIOLER, v. a. (*agricult.*), enlever une partie de la verdure du blé.

EFFLANQUER, v. a. Il se dit, proprement, en parlant des chevaux que l'excès du travail ou le défaut de nourriture a maigris jusqu'à leur rendre les flancs creux et décharnés.

EFFLANQUER, v. a. (*horlog.*), passer une lime en forme de couteau entre les ailes d'un pignon, pour donner la forme convenable aux fens de ces ailes. — EFFLANQUÉ, ÉE (*participe*). Il se dit, non-seulement d'un cheval maigre, mais aussi de celui dont le ventre se resserre naturellement vers les cuisses. — EFFLANQUÉ, se dit quelquefois par plaisanterie, adj. et subst., en parlant d'un homme. — EFFLANQUÉ (*néol.*), se dit, figurément, dans le style de la critique, de compositions sans vigueur et sans nerf.

EFFLEURAGE, s. m. (*technol.*), action d'effleurer.

EFFLEURER, v. a., ne faire qu'enlever la superficie. Il signifie, par extension, raser, passer tout près, atteindre légèrement. Il s'emploie aussi, figurément, au sens moral. Il signifie encore, au figuré, toucher légèrement une question, une matière, sans l'approfondir — EFFLEURER, en termes de fleuriste, signifie ôter les fleurs.

EFFLEURER, v. a. (*technol.*), détacher d'une peau, du côté de l'épiderme, tout ce qui empêche qu'elle ne soit douce et moelleuse.

EFFLEUROIR, s. m. (*technol.*), peau d'agneau avec laquelle le parcheminier essuie le blanc qu'il a répandu sur le parchemin.

EFFLEURIR (S'), v. pron. (*t. de chimie et de minéralogie*), tomber en efflorescence. *Un minéral qui s'effleurit*, c'est-à-dire qui perd son eau de cristallisation et tombe en poudre. On dit quelquefois, neutralement, *effleurir.*

EFFLEURURE, s. f. (*technol.*) rognure provenant de l'effleurage d'une peau.

EFFLORESCENCE (*chim.*) Certains sels, par suite de leur exposition à l'air, perdent peu à peu leur eau de combinaison, et deviennent, les uns d'un blanc laiteux et opaque, sans perdre leurs formes (ceux qui contiennent un peu d'eau): les autres pulvérulents et opaques (ceux qui contiennent beaucoup d'eau de cristallisation); tels sont: le sulfate de soude, le carbonate de soude, et plusieurs autres.

EFFLORESCENCES (*min.*). On nomme ainsi, en minéralogie et surtout en géognosie, les enduits pulvérulents, souvent aussi composés de petites aiguilles cristallines d'un éclat soyeux, ordinairement blanches, mais aussi jaunâtres ou rosâtres, qui recouvrent certaines roches, et qui indiquent qu'une substance saline se forme vers la surface de ces roches, au moyen des principes qu'elles renferment.

EFFLORESCENT, ENTE, adj. (*t. de chimie et de minéralogie*), qui tombe en efflorescence.

EFFLOTTER, v. a. Il se disait autrefois dans le sens de séparer un navire d'une flotte ou d'un autre navire.

EFFLUENCE, s. f. (*t. de physique*), émanation réelle ou supposée d'un fluide ou de corpuscules invisibles. Il se dit surtout en parlant du fluide électrique.

EFFLUENT, ENTE, adj. (*t. de physique*). Il n'est guère usité que dans cette locution, *matière effluente*, les émanations invisibles qui sortent ou qui sont supposées sortir d'un corps.

EFFLUVES (*méd.*). On donne le nom d'effluves à toutes les matières impondérables qui émanent du corps et qui circulent dans l'atmosphère. C'est une sorte d'atmosphère particulière, permanente, dont tous les corps sont environnés, qui se traduit souvent à nos sens par l'odeur particulière à ces corps. Ces effluves ne se dégagent pas dans tous les corps, ni au même degré, ni dans toutes les conditions indistinctement. Les uns se dégagent des corps par le seul effet de l'action de l'air à la température ordinaire, sans décomposition apparente du corps qui les produit; c'est ce que l'on appelle l'*émanation*, qui n'est appréciable autrement que par l'odeur qui lui est propre. On appelle *exhalaisons* les effluves qui, entraînés avec une certaine quantité de vapeur d'eau, deviennent sensibles à la vue. Le nom de *miasme* est particulièrement réservé aux effluves délétères qui résultent de l'action composée de l'air et de l'eau favorisés par l'élévation de la température, sur des corps en décomposition, surtout lorsque ces corps sont en masses considérables, comme par exemple les effluves des marais. L'intermédiaire de l'eau semble être nécessaire pour l'émanation des effluves. Les corps qui sont dans un état de sécheresse absolue ne dégagent généralement que très peu d'odeur. L'état de la température et les diverses périodes du jour ont une influence très marquée sur les effluves qui s'élèvent des substances végétales vivantes. On sait que c'est surtout pendant l'absence du soleil, au moment du serein, que les végétaux répandent avec le plus d'abondance leurs effluves odorants. Il en est de même pour tous les effluves qui se dégagent de la surface du sol. Tout le monde connaît, pour en avoir été fréquemment frappé, l'odeur particulière qu'exhale la terre, lorsqu'à une chaleur et une sécheresse prolongée succède une pluie légère et de courte durée. Parmi les différents effluves qui s'exhalent de la surface de la terre, il en est au milieu desquels l'homme peut vivre impunément; mais il en est d'autres qu'il ne peut respirer sans porter une atteinte plus ou moins grave à sa santé; quelques-uns même sont mortels et tuent avec plus de rapidité que les poisons les plus subtils. Parmi les effluves délétères pour l'homme, il faut placer en première ligne, comme ceux dont l'action est la plus constante et le plus fréquemment mise en jeu, les effluves des marais, des lacs, des étangs, et de toutes les masses d'eau stagnantes et croupissantes, ceux qui s'exhalent des voiries, des cimetières dans lesquels les inhumations et les exhumations ne sont pas faites avec les précautions convenables, des puisards, des fosses d'aisances, etc. : dans tous les lieux où sont accumulées des matières animales et végétales en décomposition, il se développe des gaz délétères qui pénètrent avec une grande facilité dans notre organisation, et y déterminent souvent les accidents les plus funestes avec une extrême rapidité. — Le corps des hommes, comme celui de tous les animaux et de tous les êtres vivants, dégage incessamment des effluves qui transmettent à une distance plus ou moins étendue l'odeur particulière à chacun de ces êtres. Si ces effluves sont le plus souvent inaperçus et sans action sur nous, lorsqu'ils ne s'exhalent que d'un petit nombre d'individus sains, il n'en est pas de même des effluves qui sont engendrés par de grandes agglomérations d'hommes dans des espaces resserrés, comme dans les camps, les prisons, les hôpitaux. Indépendamment de la raréfaction de l'air qui résulte de l'accumulation d'un grand nombre d'individus dans un petit espace, l'atmosphère se charge d'effluves qui acquièrent par leur multiplication des qualités funestes pour la santé. C'est dans des circonstances semblables que l'on voit naître ces épidémies meurtrières, ces typhus (*V.* ce mot), qui deviennent à leur tour de nouvelles sources d'effluves bien plus actifs encore en raison de la propriété qu'ils acquièrent de déterminer dans le corps des individus qui sont exposés à leur influence, des maladies identiques à celles qui ont engendré ces effluves. C'est à des effluves de ce genre que l'on attribue la transmissibilité de la plupart des maladies réputées contagieuses (*V.* CONTAGION). — Certaines professions exposent les individus qui s'y livrent à des effluves dont les effets sont souvent les plus funestes. Les ouvriers employés à l'exploitation des mines ou aux industries dans lesquelles on fait un grand usage des métaux, sont dans ce cas, particulièrement ceux qui travaillent le plomb, le cuivre ou le mercure (*V.* ces mots). Les vidangeurs sont souvent victimes des effluves délétères au sein desquels leur triste profession les oblige à passer une partie de leur vie (*V.* le mot GAZ). — Les effluves ne se manifestent pas toujours à nous par des qualités sensibles; ce n'est souvent que par leurs effets sur l'économie, que nous en pouvons apprécier l'existence. L'odeur particulière qui caractérise la plupart des effluves ne donnerait point une idée exacte de leur degré de nocuité, car tels effluves, à peu près ou même complètement inodores, sont des plus funestes, tandis qu'il en est au contraire qui affectent l'odorat de la manière la plus pénible, sans que leur action sur l'économie soit sensiblement nuisible. Les effluves métalliques, en général, sont dans le premier cas. Comme exemple des seconds nous citerons les effluves infects qui émanent des ateliers où l'on prépare la *poudrette*, et qui n'incommodent nullement les individus qui les respirent. Il en est même qui passent pour salutaires. C'est aux effluves qui s'exhalent de l'étal des boucheries que l'on attribue l'embonpoint et la fraîcheur dont jouissent ordinairement les bouchers et leurs familles. On sait que les effluves des établés sont considérés comme ayant une action favorable sur l'état des phthisiques. Les ouvriers employés, dans les pays du Nord, à l'extraction et à la purification des goudrons, doivent, dit-on, à cette circonstance d'être presque tous préservés des maladies de poitrine, malgré les conditions atmosphériques qui les y prédisposent. — La médecine n'a à opposer qu'un bien petit nombre de moyens aux effets délétères des effluves. Il en est cependant contre lesquels elle possède des agents thérapeutiques assurés. Le sulfate de quinine, par exemple, guérit presqu'infailliblement les accès de fièvre intermittente produits par les effluves marécageux. La physique et la chimie sont venues en aide à l'hygiène, en lui fournissant des moyens de ventilation et de désinfection propres à neutraliser les gaz délétères contenus dans des espaces renfermés. La dissémination est le seul moyen de mettre un terme aux maladies épidémiques produites par l'encombrement. Enfin l'industrie elle-même, qui a si fréquemment créé de nouveaux foyers d'infection, apporte quelquefois aussi son tribut à l'hygiène publique. C'est à un progrès récent de l'industrie, la dorure galvanique, que nous devrons à l'avenir la préservation des graves accidents auxquels la manipulation du mercure exposait un si grand nombre d'ouvriers. — Considérés au point de vue physiologique, les effluves nous offriraient des faits curieux à signaler. Tous les corps vivants, celui de l'homme, comme celui des animaux et des végétaux, exhalent, en état de santé, des effluves d'une nature particulière. Ces effluves transmettraient l'odeur caractéristique de chaque individu à des distances considérables, s'il faut en croire tout ce qui a été dit de la sûreté avec laquelle certains animaux, guidés par ces seuls effluves, dépistent leur proie ou suivent les traces de leur maître à travers des espaces de plusieurs lieues. C'est à des effluves de cette nature qu'on attribue ces sympathies et ces antipathies que nous éprouvons quelquefois pour certains animaux. On raconte que Stanislas, roi de Pologne, avait une telle antipathie pour les chats, qu'il s'évanouissait en entrant dans un appartement où un de ces animaux avait passé. François Ier, dit-on, conçut une passion ardente pour une dame qu'il n'avait jamais vue, uniquement pour s'être essuyé, étant baigné de sueur, avec un vêtement qu'elle avait porté. Tout en dépouillant ces histoires du merveilleux dont les narrateurs se sont plu à les entourer, on ne peut méconnaître au fond qu'il n'y ait quelque réalité dans cette action secrète, intime, que ces effluves exercent sur nos sens et notre imagination. H. B.

EFFLUX ou **EFFLUXION**, s. f. (*chirurg.*), sortie du fœtus, peu de temps après la conception, et avant le troisième mois de la grossesse.

EFFONDREMENT, s. m. (*t. d'agricult.*), action d'effondrer, de fouiller des terres à la profondeur de plusieurs pieds.

EFFONDRER, v. a. (*v. lang*). Couler à fond, submerger.

EFFONDRER (*technol.*). Tirer à la rame, outre mesure, une étoffe de laine, un drap. Tirer à poil une vieille couverture.

EFFONDRER, v. a. (*t. d'agricult.*), remuer, fouiller des terres profondément, en y mêlant de l'engrais. — EFFONDRER, dans le langage ordinaire, signifie, enfoncer, rompre, briser. Il s'emploie aussi avec le pronom personnel, dans ce dernier sens. *Effondrer une volaille*, la vider avant de la mettre cuire. Cette locution vieillit.

EFFONDRILLES, s. f. pl., les parties grossières qui restent au fond d'un vase dans lequel on a fait cuire ou infuser quelque chose.

EFFORCER (s'), v. pron., employer toute sa force à faire quelque chose; ne pas assez ménager ses forces en faisant quelque chose. Il signifie figurément, employer son industrie ou faire tout ce qu'on peut pour venir à bout de quelqe chose, pour arriver à un but.

EFFORT, s. m., emploi plus qu'ordinaire des forces physiques ou morales. Il se dit quelquefois dans un sens analogue en parlant des choses. Il se dit aussi figurément. Il se dit, par extension, d'un ouvrage produit par une action où l'on s'est efforcé de faire tout ce qu'on pouvait. Ce sens n'est guère usité qu'en parlant des productions de l'esprit ou de l'art. Il se dit également des choses qui demandent un sacrifice. *Faire un effort sur soi-même*, se déterminer à faire quelque chose, malgré l'extrême répugnance qu'on éprouve. — EFFORT, se dit en outre d'une hernie produite par quelque effort violent, ou d'un tiraillement douloureux de quelque muscle, produit par une cause semblable. La première de ces acceptions n'appartient qu'au langage vulgaire; la seconde s'applique tant aux personnes qu'à certains animaux et particulièrement aux chevaux.

EFFORT, (*méc.*). *V.* MOTEUR.

EFFORT (*physiol.*), l'effort est une contraction plus ou moins considérable dont l'objet est de vaincre une résistance ou de lutter contre une puissance qui s'oppose à l'accomplissement d'une fonction ou d'un acte quelconque de la volonté. L'effort est une action propre à toutes les parties du corps qui jouissent de la contractilité et de l'extensibilité, mais plus particulièrement au système musculaire qui possède au plus haut degré ces deux propriétés. Suivant que les efforts sont produits par un acte réfléchi de la volonté, ou par un acte instinctif, sans la participation ou même contre le gré de la volonté, on les distingue en efforts volontaires, en efforts instinctifs, distinction d'autant plus fondée qu'il n'est presque pas d'acte de la vie qui ne nous donne l'occasion d'observer des efforts de l'un ou de l'autre genre, soit isolément, soit concurremment; quelques exemples suffiront pour bien établir cette distinction. Lorsque nous voulons soulever un fardeau, résister à un choc, sauter, gravir un lieu élevé, lutter contre le courant d'une rivière, etc., nous nous livrons à des contractions réglées et coordonnées dans leur direction, leur nombre, leur intensité et leur durée, suivant la nature de la résistance que nous voulons vaincre. Dans les actes plus ordinaires de la vie et qui exigent des efforts musculeux, tel que ceux de marcher, de parler, de mâcher et d'avaler, bien que ces actes soient déterminés par la volonté et qu'il y ait en réalité effort pour les exécuter, les efforts ne dépassant pas la mesure des forces disponibles, nous n'en avons qu'à peine conscience; l'habitude rapproche en quelque sorte ces efforts des efforts instinctifs. Mais il est des efforts qui s'exécutent sans le secours de la volonté et souvent même contre notre volonté, bien que ces efforts soient en partie ou même en totalité exécutés par les muscles qui sont sous la dépendance du système nerveux, de la vie de relation et par conséquent habituellement soumis à l'empire de la volonté; tels sont les efforts que font les muscles de la poitrine et des parois abdominales dans le vomissement, dans la toux, dans l'éternument et dans tous les mouvements convulsifs. De cet ordre sont encore les mouvements instinctifs que nous faisons pour nous soustraire à l'action d'une cause vulnérante, pour fuir un danger imminent. Il est enfin des effets qui, par leur nature même et en raison du but auquel ils tendent, sont soustraits à l'influence de la volonté et se passent souvent même sans que nous en ayons conscience. Tels sont les efforts que fait incessamment le cœur pour chasser le sang dans les artères; les efforts qui ont lieu dans les intestins pendant un travail de digestion difficile, les efforts de l'utérus pour expulser le produit de la conception, etc. Les efforts volontaires et les efforts involontaires ou instinctifs se combinent souvent pour réaliser un but commun. Ainsi l'effort multiple que nous faisons lorsque nous voulons franchir un espace considérable ou soutenir le poids d'un lourd fardeau, se compose d'efforts produits par la volonté et d'efforts instinctifs dont le but est de maintenir le corps dans les conditions de statique les plus favorables à l'exécution des mouvements d'ensemble qui se combinent symétriquement pour réaliser l'effet voulu. Si la volonté n'a aucun pouvoir pour la production des efforts qui se passent dans le sein de l'organisme, il est des circonstances cependant où elle peut modérer, arrêter même, augmenter ou accélérer certains efforts qui ont habituellement lieu sans sa participation. C'est ainsi que nous pouvons, jusqu'à un certain point, suspendre les efforts de toux, les vomissements, les baillements à la production desquels notre volonté n'a eu aucune part. Quelques femmes accélèrent le travail de l'accouchement en ajoutant aux efforts spontanés de la matrice des efforts volontaires qui en accroissent l'intensité, tandis que d'autres, au contraire, par un sentiment de pusillanimité, restreignent ces efforts, bien que les contractions de cet organe s'exécutent habituellement sans la participation de la volonté. Il est enfin des fonctions telles que les excrétions en général, dont l'accomplissement réclame à la fois le concours des efforts instinctifs et des efforts volontaires. Ces faits s'expliquent physiologiquement par les communications qui existent dans certains organes entre les deux systèmes de nerfs qui président aux contractions volontaires et aux contractions organiques ou instinctives. On emploie aussi en physiologie le mot effort dans le même sens qu'en physique, pour exprimer la force avec laquelle un corps en mouvement tend à produire un effet, soit qu'il le produise réellement, soit que quelque obstacle l'empêche de le produire. C'est ainsi qu'on dit que le sang fait constamment effort contre les parois des vaisseaux qui le contiennent; que l'air contenu dans les vésicules pulmonaires ou dans les conduits bronchiques fait effort pour s'en échapper; que les viscères mobiles contenus dans la cavité abdominale, font effort contre les parois qui les contiennent, etc.; d'où la dénomination d'effort que les pathologistes ont donnée aux hernies de ces viscères, et plus généralemement à toute rupture de parties molles, comme pour rappeler l'idée d'une résistance vaincue. Enfin, les médecins se servent encore du mot effort, employé au figuré, pour exprimer les actes vitaux qui se passent au sein de l'économie, soit dans l'état physiologique, pendant le développement de la puberté par exemple, soit dans l'état morbide, lorsqu'il s'opère une de ces crises dont doit dépendre la solution de la maladie. H. B.

EFFOUAGE, s. m. (*anc. coutum*), impôt qui se payait par feu, par famille.

EFFOUEIL ou **EFFOUIL** (*droit coutum.*), la part, le croît du bétail. Profit qui provient du bétail, en laine, lait, etc.

EFFRACTEUR, s. m. (*ant. rom.*). Il se dit, dans le Digeste, de criminels coupables de vol avec effraction.

EFFRACTION. L'effraction consiste dans le forcement, la rupture, la dégradation, la démolition ou l'enlèvement de toute espèce de clôture. (Code pénal, art. 392.) Elle est considérée, soit isolément et comme fait principal, soit comme circonstance aggravante du vol. Dans le premier cas, celui qui l'a commise encourt la peine de l'amende et de l'emprisonnemont. (*Ibid.*, art. 456.)—Dans le second, le Code pénal distingue les effractions intérieures ou extérieures.(*Ibid.*, art. 394.)—Les effractions *extérieures* sont celles à l'aide desquelles on peut s'introduire dans les maisons, cours, basse-cours, enclos ou dépendances, ou dans les appartements ou logements particuliers. (*Ibid.*, art. 395.)—Les effractions *intérieures* sont celles qui, après l'introduction dans les lieux mentionnés dans l'alinéa précédent, sont faites aux portes ou clôtures du dedans, ainsi qu'aux armoires ou autres meubles fermés. (*Ibid.*, art. 396.) — Est compris dans la classe des effractions intérieures le simple enlèvement des caisses, boites, ballots sous toile et corde, et autres meubles fermés qui contiennent des effets quelconques, bien que l'effraction n'ait pas été faite sur le lieu. (*Ibid.*) — Le vol avec effraction intérieure ou extérieure est puni des travaux forcés à temps, quelle que soit la nature du lieu où il a été commis. (*Ibid.*, art. 384.) — Le forcement de caisses ou ballots n'est pas réputé effraction lorsqu'ils n'ont pas été volés dans une maison ou dépendances. (Arrêt de cassation du 19 janvier 1816; Bulletin criminel, n° 2.)

EFFRACTURE, s. f. (*ant. rom.*). Il se dit dans le Digeste pour effraction. — **EFFRACTURE** (*chirurg.*), fracture du crâne avec enfoncement des fragments.

EFFRAIE (*ois.*). Cet oiseau de nuit, qu'on nomme aussi fresaie, est le *strix flammea*, Linné. (V. CHANETTE.)

EFFRAYANT, ANTE, adj., qui donne de la frayeur.

EFFRAYÉ, ÉE, adj. *Cheval effrayé* (*blason*), se dit d'un cheval représenté droit sur ses pieds de derrière.

EFFRAYER, v. a., donner de la frayeur, épouvanter. Il s'emploie aussi avec le pronom personnel, et signifie s'étonner, être saisi de frayeur.

EFFRÉNÉ, ÉE, adj., qui est sans frein, sans retenue. Il ne se dit qu'au figuré.

EFFRÉNÉ, ÉE, adj. (*blason*). Il se dit d'un cheval qui est représenté sans selle et sans bride.

EFFRITEMENT. On dit que le sol est effrité, lorsqu'après une culture épuisante il a perdu sa cohésion par l'absorption des sucs qui ont servi de nourriture à la plante. C'est cette circonstance qui ne permet pas, dans les terrains médiocrement bons, de faire revenir la même culture deux fois de suite ou même à un intervalle rapproché. Les végétaux à racines traçantes effritent le sol à sa surface; ceux à racines pivotantes l'épuisent profondément; il est donc nécessaire d'entremêler les cultures de manière à ce que la terre trouve une sorte de repos, même en fournissant à une végétation continuelle. Il faut pourtant faire cette distinction, que toutes les plantes dans chacune des deux grandes divisions que nous venons d'indiquer ne demandent pas au sol, pour leur nourriture, les mêmes éléments et les mêmes sucs. Ainsi le blé prospère avec le trèfle, quoique les racines de ces deux plantes pénètrent dans la même couche de terre, mais c'est parce qu'elles ne se nourrissent pas de la même manière; tandis qu'après la luzerne, on ne saurait mettre avec succès de jeunes arbustes, non plus que dans les jardins potagers des scorzonères après des carottes. Les labours trop fréquents peuvent aussi, dans certaines natures de sols, effriter la terre, en facilitant l'évaporation des gaz et de l'humidité qu'elle contient, lorsqu'il serait nécessaire de l'y retenir par tous les moyens possibles. C'est principalement dans les terrains calcaires et peu profonds que cet inconvénient est à craindre; là tout ce qui augmente la cohésion du sol tend à en accroître la fertilité. On voit d'après ce qui précède que l'on peut remédier à l'effritement du terrain par une succession de cultures et un alternat de récoltes bien entendu. Le repos du sol ou la jachère est aussi un moyen de réparer les pertes occasionnées par une végétation épuisante; mais cette pratique est souvent pernicieuse dans les terres qui ont besoin qu'une couverture continuelle les abrite ou empêche la dessiccation et l'amaigrissement, et repuise sans cesse dans l'atmosphère les éléments que l'évaporation leur fait perdre. Mais le moyen le plus efficace pour rendre au sol la cohésion qu'il a perdu par l'effritement, c'est sans contredit de lui fournir des engrais en abondance. Il est généralement connu que les fermiers, vers la fin de leur bail, lorsqu'ils n'ont pas l'intention ou l'espérance de le continuer, tirent du sol tout ce qu'il peut produire, sans s'embarrasser du préjudice qui doit en résulter pour les récoltes subséquentes. C'est un inconvénient inévitable du fermage; il faut seulement en diminuer les effets en obligeant le fermier à laisser en prairies artificielles une certaine proportion de terres. Enfin on rendra le mal moins fréquent en passant des baux à long terme.

EFFRITER, v. a. (*t. d'agricult.*), user, épuiser une terre. Il s'emploie aussi avec le pronom personnel.

EFFROI, s. m., grande frayeur, terreur, épouvante.

EFFRONTÉ, ÉE, adj., impudent, qui n'a honte de rien. Il se dit quelquefois de l'air, du regard, etc. Prov., *Effronté comme un page de cour, comme un page*, hardi jusqu'à l'impudence. — EFFRONTÉ, ÉE, est aussi substantif.

EFFRONTÉMENT, adv., d'une manière effrontée, impudemment.

EFFRONTERIE, s. f., impudence.

EFFRONTÉS, hérétiques qui parurent vers le milieu du XVIe siècle (en 1534, dit Bergier). Ils prétendaient à la qualification de chrétiens sans avoir reçu la sanction du baptême. Ils ne croyaient point à la divinité du Saint-Esprit, qui, selon eux, n'était qu'une figure employée pour exprimer les mouvements de l'âme et de la créature vers Dieu, et ils regardaient en conséquence le culte qu'on lui rend comme une idolâtrie. Au lieu de soumettre leurs enfants au baptême, ils leur raclaient le front avec un fer jusqu'au sang, et le pansaient ensuite avec de l'huile; d'où leur surnom d'*effrontés*, formé d'*e* primitif et du mot latin *frons* (front).

EFFROYABLE, adj. des deux genres, qui cause de l'effroi, de l'horreur. Il signifie, par exagération, extrêmement difforme, laid. Il signifie aussi excessif, étonnant, prodigieux.

EFFROYABLEMENT, adv., d'une manière excessive et prodigieuse.

EFFUMER, v. a. (*peint.*), peindre légèrement. Il est peu usité, et seulement avec le participe : tableau effumé.

EFFUSION, s. f., épanchement. Fig., *Effusion de cœur*, vive et sincère démonstration de confiance et d'amitié.

EFFUSION, s. f., *effusion du Verseau* (*astr.*), portion de la constellation du Verseau, qui est représentée sur les cartes célestes par l'eau qui sort de l'urne.

ÉFIMIEF (DMITRI-ULADIMIROVITSCH), colonel d'artillerie russe, mort en 1804, s'est fait connaître par ses exploits, mais plus encore par trois *comédies* qui ont été représentées à Saint-Pétersbourg, avec le plus grand succès: 1° *le Joueur criminel*, ou *la Sœur vendue par son frère*; 2° *Suite de la sœur vendue par son frère*; 3° *le Voyageur*, ou *l'Education sans succès*. La première de ces pièces a seule été imprimée, Saint-Pétersbourg, 1788.

ÉFOURCEAU, s. m., machine composée d'un essieu, de deux roues et d'un timon qui sert à transporter des fardeaux très pesants, tels que des troncs d'arbres, etc.

ÉGAGROPILES (*zool.*). On donne ce nom à des concrétions terreuses, analogues à celles des calculs qu'on trouve dans le rumen et la caillette des ruminants, et plus rarement dans l'estomac et le cœcum des solipèdes. On leur a donné différents noms, parmi lesquels ceux de *bézoards d'Allemagne*, *pelotes*, *gobbes*. Le nom d'*égagropiles*, adopté en dernier lieu, donne, d'après son étymologie grecque, l'idée de la composition de ces concrétions. Elles sont formées du résidu des plantes sauvages qui ont servi de nourriture à ces animaux, de poils avalés en se léchant certaines parties du corps, des molécules calcaires, fixées à quelques aliments qu'un goût dépravé leur a fait rechercher. Ces diverses matières se rassemblent en pelotes dans la gouttière œsophagienne d'où elles sont transportées dans la *caillette*, nom que l'on donne au quatrième estomac des ruminants. — Les égagropiles varient pour la forme et la grosseur : elles sont sphériques dans l'intestin des solipèdes; ovoïdes ou aplaties sur deux sens, et diversement allongées et petites chez le mouton; aréolées dans le cœcum du cheval; il y en a depuis la grosseur d'une noisette jusqu'à celle d'un œuf de cane. Elles sont de couleur bleuâtre, brunes, noirâtres, veloutées, à croûte supérieure, assez dure souvent pour recevoir un poli; d'autres ne présentent que des poils ou des filaments laineux agglomérés et comme feutrés. Les égagropiles ont une odeur légèrement aromatique. Leur présence dans le corps détermine des accidents d'autant plus graves que leur nombre et leur volume est plus grand. On en a également découvert, mais plus rarement, dans l'estomac des oiseaux.

ÉGAGROPILES DE MER (*bot.*). On a donné ce nom à des pelotes d'origine végétale, que l'on trouve sur les bords de la Méditerranée et des autres mers. Ce sont des fibres, des racines de zostères et d'autres hydrophytes réunies en boules feutrées autour de quelques fragments de tige que les eaux de la mer roulent et jettent sur le rivage. On a souvent rencontré parmi elles de véritables égagropiles animales déposées là par des ruminants, ou apportées du milieu des terres par des inondations, des éboulements, etc. Draparnaud a étudié les égagropiles et rendu chaque espèce à son type.

ÉGAL, ALE, adj., pareil, semblable, le même, soit en nature, soit en quantité, soit en qualité. — ÉGAL signifie aussi uni, qui n'est point raboteux, qui est de niveau. Il signifie encore, qui est toujours le même, qui ne varie point, uniforme. — ÉGAL est quelquefois substantif, dans le premier sens seulement, et surtout en parlant des personnes: *à l'égal de*, autant que, de même que.

ÉGAL, ALE, adj. *Système égal* (*musique anc.*), dénomination appliquée par les Grecs au système d'Aristoxène, qui divisait chaque tétracorde en trente parties égales. — *Cartes égales* (*jeux*). (*V.* CARTES.) — *Nombre égal* et *nombre également égal* (*arithm.*). (*V.* NOMBRE.) — *Raison égale*. (*V.* RAISON.) — *Heures égales* (*gnomon.*). (*V.* HEURE.)

ÉGALADE et GANIAUDE (*bot.*). Deux variétés de la châtaigne ordinaire portent ce nom; leurs fruits sont plus gros.

ÉGALÉ, ÉE, adj., *oiseau égalé* (*fauconn.*), se dit d'un oiseau qui porte sur le dos des mouchetures blanches, appelées *égalures*.

ÉGALEMENT, s. m. (*t. de jurispr. anc.*), distribution préalable faite avant partage entre des enfants héritiers de leur père ou de leur mère, qui avait donné, en avancement d'hoirie, aux uns plus qu'aux autres.

ÉGALEMENT, adv., d'une manière égale. Il signifie encore, autant, pareillement.

ÉGALER, v. a., rendre égal. Il signifie aussi être égal en arithmétique et en algèbre; il est ordinairement représenté par ce signe =. Il signifie encore être ou devenir pareil, comparable à, atteindre au même degré. — *Egaler quelqu'un à un autre*, prétendre qu'il lui est égal. — ÉGALER s'emploie aussi avec le pronom personnel, et signifie se rendre l'égal ou se prétendre l'égal d'un autre. — ÉGALER signifie, en outre, rendre uni, plane. En ce sens, on dit plus ordinairement *égaliser*.

ÉGALEUR, s. m. (*hist.*), nom par lequel plusieurs historiens désignent certains démocrates qui formèrent un parti en Angleterre vers 1647, et que l'on appelle, en anglais, *levellers*. Ce parti fut détruit par Fairfax en 1649. On dit plus ordinairement *niveleurs*.

ÉGALIR, v. a., rendre les dents d'une roue égales entre elles.

ÉGALISATION, s. f. (*t. de jurispr.*), action par laquelle on égalise les lots dans un partage. Il n'est plus guère usité.

ÉGALISER, v. a., rendre égal. Il ne se dit qu'en parlant des choses. Il signifie aussi rendre uni, plane.

ÉGALISOIR, s. m. (*technol.*), crible à travers lequel on passe la poudre à canon pour en égaliser les grains.

ÉGALISSAGE, s. m. (*horlog.*), action d'égalir.

ÉGALITÉ, s. f., rapport entre des choses égales; conformité, parité. — *Distribuer avec égalité*, distribuer en parties égales, par portions égales. — ÉGALITÉ signifie aussi uniformité. *L'égalité d'un terrain, d'une surface*, se dit en parlant d'un terrain, d'une surface plane et unie, sans aspérités.

ÉGALITÉ, s. f. (*polit.*). Il se dit absolument de l'*égalité de droits* ou *égalité devant la loi*, c'est-à-dire du droit qu'ont tous les citoyens d'être soumis aux mêmes charges, admissibles à tous les emplois, et jugés par les mêmes tribunaux et selon les mêmes lois, quels que soient leurs titres, leur dignités et leur fortune. — *Égalité promise par contrat de mariage* (*anc. jurispr.*), égalité qui résultait de la promesse que le père et la mère avaient faite en mariant un de leurs enfants, et par le contrat de mariage de cet enfant, de ne point avantager les autres à son préjudice. — *Jeu de l'égalité*, sorte de jeu de hasard qui se joue avec trois dés et un tableau divisé en six cases. — ÉGALITÉ (*algèbre*), synonyme d'ÉGIBATION. (*Voy.* ce mot.)

ÉGALURE, s. f. (*faucon*.). Il se dit de certaines mouchetures blanches sur le dos d'un oiseau.

ÉGANDILLER, v. a. Il se disait autrefois, en Bourgogne, pour étalonner.

ÉGARD, s. m., action de prendre quelque chose en considération, d'y faire attention, d'en tenir compte : *Eu égard à*, en considération de. — ÉGARD, signifie particulièrement déférence, marque d'estime, de considération ; et dans cette acception on l'emploie souvent au pluriel. — A L'ÉGARD DE (*locut. préposit.*), relativement à, quant à ce qui regarde, pour ce qui concerne : *A cet égard-là, à cet égard*, par rapport à cet objet. *A différents égards, sous divers égards, à certains égards*, sous certains poins de vue, *A tous égards*, sous tous les rapports. — A L'ÉGARD DE signifie aussi, par comparaison, en proportion de.

ÉGARD (*droit cout.*), juré d'une communauté. Il y avait des *égards* à Paris, à Amiens, à Lille, et dans d'autres villes du nord de la France.

ÉGARD, s. m., tribunal qui siégeait à Malte et qui jugeait par commission les procès entre les chevaliers.

ÉGARDÉ, ÉE, adj. Il se disait jadis d'une étoffe visitée et marquée par les égards.

ÉGARDISE, s. f. (*droit cout.*), jurande, fonctions des égards. Temps pendant lequel les égards faisaient leurs visites.

ÉGAREMENT, s. m., méprise de celui qui s'écarte de son chemin. Dans ce sens il a vieilli. — Il s'emploie plus ordinairement au figuré. — Il se dit particulièrement du déréglement de mœurs. — *Égarement d'esprit*, signifie aussi aliénation d'esprit.

ÉGARER, v. a., fourvoyer, mettre, tirer hors du droit chemin. Il signifie figurément jeter dans l'erreur. En terme de manége, *égarer la bouche d'un cheval*, lui gâter la bouche en le menant mal. *Egarer l'esprit*, le troubler, l'aliéner. — ÉGARER, se dit aussi en parlant d'une chose qu'on ne trouve pas et que néanmoins on ne croit pas perdue. — ÉGARER, avec le pronom personnel, signifie s'écarter involontairement de son chemin, se fourvoyer. Il s'emploie quelquefois figurément dans un sens analogue. Il signifie particulièrement tomber dans l'erreur. Il signifie aussi se troubler, délirer. — ÉGARÉ, ÉE, participe, *avoir les yeux égarés, l'air égaré, etc.*, se dit d'une personne dont l'air ou les regards semblent annoncer quelque trouble d'esprit. Fig., *brebis égarée*, se dit, dans le style de la chaire, de celui qui est sorti du sein de l'Église pour embrasser l'hérésie ; et, par extension, d'un pécheur qui ne s'amende pas.

ÉGARROTTÉ, ÉE, adj. (*vétér.*). Il se dit d'un cheval qui est blessé au garrot.

ÉGAYEMENT, s. m. (*agricult.*), fossé destiné à diriger et faire écouler les eaux d'irrigation d'une prairie.

ÉGAYER, v. a., réjouir, rendre gai. *Egayer un ouvrage, égayer son style, son sujet*, le rendre plus agréable, y répandre certains ornements. *Egayer un bâtiment, un appartement*, lui donner plus de jour. *Egayer son deuil*, commencer à porter un deuil moins grand, moins exact, moins régulier. — ÉGAYER, s'emploie aussi avec le pronom personnel. *Cet auteur s'égaie quelquefois*, il dit quelquefois des choses agréables qui ne sont pas tout-à-fait de son sujet. *S'égayer sur le compte de quelqu'un, s'égayer à ses dépens*, se permettre des plaisanteries sur son compte. — ÉGAYER, en termes de jardinage, signifie ôter les branches qui étouffent un arbre.

ÉGAYER, v. a. (*agricult.*), arroser une terre, un pré, une prairie. Laver le linge dans de l'eau claire, pour en faire sortir tout le savon.

EGBERT, roi de Westsex et premier roi d'Angleterre, se distingua par ses vertus et son courage. Il était à Rome à la cour de Charlemagne, quand les députés anglais vinrent lui apporter la couronne. Charlemagne le voyant prêt à partir tira son épée et la lui présentant : « Prince, dit-il, après que votre épée m'a si utilement servi, il est juste que je vous prête la mienne. » Egbert soumit tous les petits rois de l'Angleterre, et régna paisiblement et glorieusement jusqu'à sa mort, arrivée en 837. Ce fut lui qui ordonna qu'on donnerait à l'avenir le nom d'Angleterre à cette partie de la Grande-Bretagne qu'avaient occupée les Saxons.

EGBERT, frère d'Eadbert, prince de Northumberland, fut élevé dès son enfance dans un monastère, devint archevêque d'York en 732 et mourut l'an 765. Nous avons de lui : 1° *Dialogus ecclesiasticæ institutionis*, publié à Dublin en 1664, in-8°, par Jacques Warrœns ; 2° *Tractatus de jure sacerdotali, et excerpta 144 ex dictis et canonibus patrum*, dans les conciles du père Labbe, tome 6 ; 3° *Pœnitentiale libris IV distinctum*, manuscrit que l'on conserve dans quelques bibliothèques d'Angleterre.

EGBERT (saint), prêtre d'Irlande, naquit en Angleterre vers l'an 639, et alla jeune encore en Irlande où il entra dans le monastère de Ramcthsigi. Il s'appliquait à suivre exactement la règle de cette maison, lorsqu'en 664 le pays fut affligé de la peste ; il en fut frappé lui-même, et il se sentit si vivement touché dans ce moment de tous ses péchés passés, qu'il promit à Dieu, s'il y survivait, que sa vie serait bien plus exemplaire. Sa promesse ne fut point illusoire ; il se livra, aussitôt qu'il eut recouvré la santé, aux austérités les plus grandes : il jeûnait trois carêmes par an. Il voulut pousser plus loin son amour des mortifications : il demanda à son supérieur saint Boisil d'aller évangéliser les Allemands et les Frisons ; celui-ci s'y opposa en disant que des peuples plus voisins, les Irlandais et les Écossais pourraient profiter de ses prédications avec fruit ; mais Egbert ayant persévéré dans son idée, il vit bientôt que l'abbé était inspiré de Dieu lorsqu'il le désapprouvait ; car s'étant embarqué le navire faillit échouer, et bien visiblement alors il s'aperçut de quelle façon Dieu avait disposé de lui. Il alla donc à Hi, depuis Colmkil (*Colombæ cella*). Il y avait là des religieux respectés au loin pour leur vertu ; cependant, au milieu de la plus grande piété ils n'étaient pas tout-à-fait irréprochables : ils célébraient la Pâque le 14e jour de la lune au lieu du dimanche d'après Rome, et on sait que les *quartodécimans* avaient été condamnés au concile de Nicée. Egbert se mit donc à les reprendre ; l'erreur était bien approfondie ; mais à force de pieuses exhortations il parvint à les gagner, et, le jour de Pâques de l'an 716, il célébra cette grande fête avec eux en même temps que Rome, et ce fut là une grande joie pour lui qui mourut aussitôt. Sa fête a lieu le 24 avril.

ÉGÈDE (JEAN), pasteur de l'église protestante, fondateur des missions danoises au Groënland, né en Danemarck en 1686, était ministre de Vogen, dans l'évêché de Drontheim en Norwége, lorsqu'il conçut le projet de travailler à l'instruction et à la conversion des Groënlandais. Après des obstacles sans nombre, il obtint la permission de se rendre dans leur pays avec trois novices, pour y former des établissements. Il parvint à connaître la langue du pays et à gagner la confiance des habitants par sa douceur, il les instruisit des préceptes du christianisme, et en baptisa un grand nombre. Quand ses infirmités ne lui permirent plus de vaquer à ses fonctions, il confia son œuvre à son fils et se retira dans l'île de Falster, où il mourut le 5 novembre 1758. On lui doit : 1° *Nouvelle recherche de l'ancien Groenland*, ou *Histoire naturelle et description de la situation, de l'air, de la température et des productions de l'ancien Groënland*, Copenhague, 1729, in-4°, nouv. édition, 1741 : ce livre a été traduit en allemand, en anglais, en hollandais et en français ; 2° *Journal tenu pendant la mission au Groënland*, Copenhague, 1738, in-8°. — Son fils, Paul ÉGÈDE, mort en 1689, fut nommé membre du collége des Missions, directeur de l'hôpital des orphelins, et évêque du Groënland. Il partagea et continua les travaux de son père. Il a laissé : 1° *Relation du Groënland, extraite d'un journal tenu depuis 1721 jusqu'en 1788*, Copenhague, 1789, in-12 ; 2° *Dictionnarium groenlandicum*, Copenhague, 1754, in-4° ; 3° *Grammatica groenlandica*, 1760, in-12 ; 4° *Traduction*, en groënlandais, *de l'Evangile, de l'Imitation de Jésus-Christ*, etc.

ÉGÉE (*myth.*), neuvième roi d'Athènes (1283, 1235 avant J.-C.), était fils de Pandion ; à la mort de son père il partagea l'Attique avec ses frères, et obtint Athènes et son territoire. N'ayant pu avoir d'enfants de ses deux premières femmes, il alla consulter l'oracle, qui lui conseilla de s'unir à Ethra, fille de Pitthée, roi de Trézène. Egée, pour obéir à l'oracle, séduisit la princesse, et ensuite la laissa à la cour de son père, lui recommandant, si elle accouchait d'un fils, de le lui envoyer à Athènes, dès qu'il serait assez fort pour soulever une pierre sous laquelle il avait caché son épée, et de lui remettre cette épée, à laquelle il le reconnaîtrait. Ethra, ayant donné le jour à Thésée, garda quelque temps ce prince à Trézène, et quand il fut devenu grand elle l'envoya à Athènes armé de l'épée de son père. Médée, qui vivait alors avec Égée, instruite de l'arrivée de Thésée, tenta de l'empoisonner, mais le jeune prince évita ce danger et se fit reconnaître de son père en lui montrant son épée. Quelques années auparavant Minos, roi de Crète, avait porté la guerre dans l'attique, et, quoiqu'il n'eût pu s'emparer d'Athènes, avait condamné les Athéniens à lui payer tous les ans un tribut de sept jeunes garçons et de sept jeunes filles pour être dévorés par le Minotaure. Égée, voulant délivrer son peuple de ce tribut barbare, envoya Thésée pour combattre ce monstre; il le fit monter avec les autres victimes sur un vaisseau funèbre, dont les voiles étaient noires, en leur recommandant s'il échappait au danger de l'en informer en arborant des voiles blanches. Thésée vainqueur oublia d'exécuter cet ordre. Egée, croyant que son fils avait été tué par le Minotaure, se précipita du haut d'un rocher dans la mer, qui de là, dit-on, prit le nom d'Egée. On croit que c'est lui qui introduisit dans la Grèce le culte de Vénus-Uranie.

ÉGÉE (*mer*), *Ægeum mare (archipel)*, partie de la mer Méditerranée qui est comprise du S. au N. entre la Thrace et l'île de Crète; de l'E. à l'O, entre les côtes de l'Asie mineure et celles de la Macédoine, de la Thessalie, de la Grèce propre et du Péloponnèse, et qui se termine au septentrion par le détroit nommé Hellespont, qui l'unit à la Propontide. Cette mer était parsemée de plusieurs groupes d'îles, dont les principales étaient les Cyclades. Elle tirait son nom d'Egée, roi d'Athènes, qui s'y précipita, ou d'Egea, reine des Amazones, qui s'y noya. Pline, c. 11; Strab., 7.

ÉGENOD (**HENRI-FRANÇOIS**), habile jurisconsulte, né à Orgelet en 1647, combattit quelques-uns des principes établis par le célèbre Dunod dans son Commentaire sur la Franche-Comté; mais il le fit avec tant de déférence pour le savant professeur, qu'il mérita son amitié, et qu'il dut à cette amitié son goût pour les recherches historiques. Il mourut à Besançon le 3 février 1783. On a de lui : 1° *Dissertation sur cette question : Si la coutume du comté de Bourgogne est souchère en successions*; Besançon, 1723, in-12; 2° *Mémoire où l'on examine quel a été le gouvernement politique de Besançon sous l'empire d'Allemagne, et quelles ont été les raisons particulières de la devise de cette ville* (UTINAM), *de ses armoiries et de celles de ses quartiers ou bannières*, 1761, Besançon; 3° *Dans quel temps les abbayes de Saint-Claude, de Luxeuil et de Luze ont-elles joui des droits régaliens, et jusqu'où s'étendaient ces droits?* ibid., 1762; 4° *Recherches sur l'histoire de Besançon*, manuscrit.

ÉGENTON (**FRANÇOIS**), artiste anglais, naquit en 1740. Il se livra particulièrement à la peinture sur verre, et fut un de ceux qui contribuèrent au perfectionnement de cet art, qui était presque oublié; art toutefois dans lequel les modernes n'ont jamais pu égaler les anciens pour la vivacité et la beauté des couleurs, comme on le voit dans les vitraux des anciennes églises. Leur procédé, différent de celui des modernes, consistait à rassembler de petits morceaux de verre de différentes couleurs, qui formaient ensemble comme une espèce de mosaïque; ensuite, et par une nouvelle méthode, on a peint les verres *par apprêt*, savoir : en y appliquant des couleurs métalliques qu'on incorpore par l'action du feu, graduellement distribuées; invention que l'on attribue à Claude de Marseille et à Conoin, peintres français. Egenton a laissé plus de cinquante ouvrages de ce genre, parmi lesquels on cite *deux Résurrections*, sur les dessins de Joseph Reynolds, et qui se trouvent à Linchfield, dans la cathédrale de Salisbury; le *Banquet donné par Salomon à la reine de Saba*, d'après un tableau d'Hamilton, qu'on voit au château d'Arundel; *Saint Paul converti et recouvrant la vue*, dans l'église de Saint Paul, à Birmingham; *le Christ portant sa croix*, d'après Moralès, dans l'église de Wensted, au comté d'Essex; *l'Ame d'un enfant en présence de Dieu*, d'après un tableau de Péters, et que l'on voit dans une église à Grent-Baar, dans le comté de Stafford. Égenton mourut le 26 mars 1805, âgé de près de 65 ans.

ÉGÉON, un des cinquante fils de Lycaon. Apollod, 3, c. 8.

ÉGÉON, fils du Ciel et de la Terre, le même que Briarée. On croit que c'était un pirate qui prit son nom de l'île d'Ega, où il faisait sa résidence. La fable lui donne cent mains, parce qu'il avait cent hommes sous son commandement.

ÉGÉONE (*conch.*), genre établi par Denis de Montfort pour de petits corps crétacés, en forme de lentille, garnis sur leurs deux faces de stries ou de rides rayonnantes, du centre à la circonférence. C'est le *nautilus lenticularis*, de Van Fichtel.

EGER (*Egra*), en bohémien *Chelbe*, ville de Bohême, sur l'Eger, bâtie partie sur une colline et partie dans une vallée. Elle possède un arsenal, des fabriques de draps, de lainages, de chapeaux, etc., des tanneries et des brasseries. Les alentours ont des mines de houille et des carrières de grenat. En 1809 cette ville fut en partie détruite par un incendie. Sa population est de 10,000 habitants; elle gît par les 50° 5' de lat. N. et les 10° 3' de long. E.

ÉGÉRAN (*min.*). Cette pierre, qui tire son nom du lieu où on l'a trouvée la première fois, à Eger en Bohême, est regardée par les minéralogistes français comme une simple variété de l'*idocrase*. (*V.* ce mot.)

ÉGERIÆ SATTUS (c'est-à-dire bois d'Égérie), bois situé près de la porte Capène de Rome, dans lequel Numa avait eu des entretiens avec la nymphe Egérie.

ÉGÉRIE (*egerere*, faire sortir, mettre au jour), surnom de Junon, qui présidait aux accouchements.

ÉGÉRIE, nymphe de la ville d'Aricie, en Italie. Elle fut aimée de Numa, qui l'épousa, si l'on en croit Ovide. Ce prince la visitait souvent dans un bois voisin de Rome; et pour imprimer à ses lois un caractère de divinité, afin que les Romains y fussent plus soumis, il leur disait qu'Egérie les avait approuvées. On lui rendait à Rome un culte solennel. Quelques auteurs la confondent avec Diane et Lucine.

ÉGÉRIE, *Egeria* (*crust.*). M. Leach a désigné sous ce nom de genre plusieurs espèces qu'il a détachées du genre *maja*. (*V.* MAÏA et MAÏADÉES.)

EGERTON (**THOMAS**), garde des sceaux d'Angleterre, sous la reine Elisabeth, et chancelier sous Jacques Ier, fut surnommé *le défenseur incorruptible de la couronne*. Il mourut en 1617, à 70 ans, après avoir publié quelques ouvrages de *jurisprudence*.

ÉGERTON (**FRANÇOIS**), duc de Bridgewater, marquis de Brackley, baron d'Ellesmère, fut le premier de sa famille qui prit le nom de Bridgewater: il était fils de Scroop-Egerton, qui avait une fortune immense, dont il jouit de bonne heure par la mort de ses parents. Il était né en 1726. Bientôt il s'occupa d'un projet que son père avait formé, mais auquel des obstacles sans nombre l'avaient forcé de renoncer : c'était la construction du canal que l'on avait songé d'entreprendre en Angleterre. Egerton possédait dans ses terres de Worsley de riches mines de houille; mais l'exploitation en devenait fort désavantageuse, à cause de la difficulté des transports. Un canal qui aurait servi à transporter son charbon à Manchester, dont il était éloigné de 2 milles, eût été très avantageux, peut-être même nécessaire pour le succès de son entreprise; mais ce canal offrait des obstacles que l'on disait insurmontables; néanmoins il s'adressa à un artiste nommé Brindley, qui assura que la confection du canal était praticable. Egerton demanda donc au parlement l'autorisation d'ouvrir un canal navigable de Salford, près de Manchester, jusqu'à Worsley, et il l'obtint en 1758, après une opposition assez vive dans les deux chambres. Après cinq ans de travaux et des dépenses énormes, le canal fut terminé et poussé même jusqu'à la rivière de Mersey; on ne peut voir sans étonnement, depuis les bords de la rivière d'Irwenel couverte de voiles, des barques flotter sur un canal pratiqué à quarante pieds au-dessus. Le projet de construire un aqueduc qui, partant de Bartonbridge, serait prolongé jusqu'à l'Irwenel, et s'élèverait à une si grande hauteur au-dessus du niveau de cette rivière, fut généralement regardé comme chimérique; mais la résolution d'Egerton était inébranlable, et il fit construire ce canal en peu de temps : il porta son nom. En général il fit beaucoup de sacrifices pour la propagation du système de navigation intérieure dont il avait donné l'exemple, et qui est une des causes principales de la prospérité actuelle de l'Angleterre et de l'Ecosse. La fortune d'Egerton devint considérable; pour en donner une idée, il suffira de dire qu'il payait à l'État, pour sa taxe de contributions annuelles, 110,000 livres sterling. Sa carrière politique n'offre rien de remarquable; il siégeait à la chambre des pairs. En 1800, la *Société d'encouragement des arts et du commerce de Londres* lui décerna une médaille d'or, en reconnaissance des services qu'il avait rendus à son pays. La même année il lui fut voté des remercîments pour un ouvrage intitulé: *Description du plan incliné des souterrains à Bridgewater*, dont il a paru une traduction française à Paris en 1812, in-8°, avec figures. On peut reprocher à l'auteur de n'avoir pas rendu, dans cet ouvrage, à Brindley toute la justice qu'il méritait. Egerton mourut le 8 mars 1803; il avait vécu célibataire.

EGERTON (**FRANÇOIS-HENRI, SIR**), comte de Bridgewater, membre de la Société royale de Londres, prébendaire de Durham et recteur de Witchurch, dans le comté de Salep, était le dernier fils de Jean Egerton, évêque de Durham, et d'Anne-Sophie, fille de Henri Grey, duc de Kent; il était le frère et fut l'héritier du riche duc de Bridgewater. Amateur des sciences, des lettres et des arts, il s'était environné d'écrivains et d'artistes. Avec les premiers il a publié différents ouvrages, notamment une *Description des travaux souterrains exécutés à Walkdenmoor*, dans le comté de Lancastre, par le dernier duc de Bridgewater, inséré dans les *Transactions de la Société des arts*; 2° une magnifique édition de l'*Hippolyte d'Euripide*, grec-latin, avec *notes*, Oxford, 1776, in-4° : un exemplaire de cet ouvrage a été vendu 149 francs; 3° *Fragments et odes de Sapho*, grec-latin, avec des *notes*, Paris, 1815, in-8°; 4° *Comus masque de Milton*, traduction littérale française et italienne, Paris, 1812, in-4°; 5° une édition de la *traduction* du même ouvrage, Gaetano-Polidori da Bientina, Paris, 1812, in-4°. On lui doit plusieurs autres écrits relatifs à l'illustration de sa famille. Il mourut à Paris le 12 février 1829.

ÉGESTE, fille d'Hippotès, prince troyen. Son père l'ayant exposée sur une frêle barque, de peur qu'elle ne fût dévorée par un monstre marin, auquel les Troyens avaient coutume d'envoyer tous les ans une jeune fille pour expier le crime de Laomédon, elle fut jetée par les vents sur la côte de la Sicile, où elle fut enlevée par le fleuve Crinisus, dont elle eut Eole et Aceste.

ÉGETLING (*bot.*), nom que l'on donne à Ættingen, en Allemagne, au champignon de couche (*agaricus edulis*, Bull.). (V. FANGE.)

EGG (JEAN-GASPARD), agronome suisse, né en 1738, était greffier du district d'Ellekon (canton de Zurich). Il est connu par plusieurs institutions précieuses pour l'avantage de sa commune, dont il fit dresser un plan géométrique, et pour les progrès de l'agriculture et de l'industrie, tels que la *Culture des biens communaux* négligés jusqu'alors, l'*Assurance contre l'épizootie*, et enfin l'*Instruction pour la culture de la vigne*, à laquelle la *Société économique de Zurich* a décerné le premier prix. Egg mourut en 1794.

EGGARÉE, s. m. (*antiq. pers.*). Selon le diction. de M. Noël, il se dit d'un temple des Guèbres.

EGGEBAS, s. m (*métrol.*), unité de poids employée sur la côte occidentale d'Afrique.

EGGELING (JEAN-HENRI), né à Brême en 1639, parcourut la plupart des royaumes de l'Europe dans la vue de perfectionner son goût pour les antiquités grecques et romaines. De retour dans sa patrie, il fut nommé secrétaire de la république, emploi qu'il exerça avec distinction jusqu'à sa mort, arrivée en 1713, à 74 ans. On a de lui des *explications* de plusieurs médailles et de quelques monuments antiques, *Misteria Cereris et Bacchi*, dans les Antiquités grecques de Gronovina, et *Germaniæ antiquitates*; Brême, 1694, in-4°, ouvrage plein de recherches.

EGGENFELD (JEAN-CHRYSOSTÔME), né en Autriche ou en Bavière, conseiller d'État du duc de Mecklembourg, fut en 1666 enfermé par ordre de son maître dans une prison, d'où il ne sortit qu'en 1672 après la mort du duc. Il parcourut la Belgique, et vint à Utrecht; puis il vint à Vienne, et à Brinn, en Moravie, et mourut dans un âge avancé. Morhof lui donne la qualité de jésuite; mais il n'a fait aucune mention de lui dans la *Bibliotheca scriptorum P. J.* Il avait publié avant ses malheurs sous le nom d'*Armandus Verus*: 1° *Imperium politicum ex sacrâ regum historiâ descriptum adnormam hodiernæ politicæ administrationis et exemplis utriusque imperii illustratum*, 1661, in-12; 2° *Triumphalis anima, sive philosophica demonstratio immortalitatis animæ*, 1661, in-12; 3° *Nova detecta veritas, sive animadversio in veterem ratiocinandi artem Aristotelis*, 1661, in-12.

EGGERS (JACQUES, baron de), général, né le 14 décembre 1704 à Dorpat en Livonie, où son père était boulanger. Conduit, après la mort de son père, par sa mère à Arkangel, il la suivit en Suède lorsqu'elle eut épousé le baron de Sparre; et lorsque la paix fut conclue avec les Russes, Jacques Eggers entra au service et s'appliqua surtout aux fortifications. Il servit tour à tour en Suède, en Saxe et en France, fit la guerre de Finlande contre les Russes en 1741, et assista en 1747 au siége de Berg-op-Zoom. En 1773, il mourut à Dantzig, dont il était commandant. On a de lui: 1° *Journal du siége de Berg-op-Zoom*; Amsterdam et Leipzig, 1750, in-12; 2 une édition corrigée et augmentée du *Dictionnaire militaire d'Aubert de la Cannaye*, Dresde, 1752, 2 vol. in-8°; 3° un *Dictionnaire du génie, de l'artillerie et de la marine* (en allem.); Dresde, 1757, 2 vol. in-8°; 4° *Bibliothèque militaire*, catalogue raisonné des livres concernant l'art de la guerre, qui composaient sa riche bibliothèque, achetée après sa mort par Catherine II.

EGGS (JEAN-IGNACE), capucin sous le nom de *père Ignace de Rheinfeld*, né dans cette ville en 1618, servit d'abord comme aumônier à bord d'un des vaisseaux de la flotte vénitienne, où il convertit et baptisa plus de 600 mahométans prisonniers. Il accompagna ensuite Octave, comte de la Tour, dans son voyage à la Terre-Sainte, séjourna trois mois à Jérusalem, et fut reçu avec lui chevalier du Saint-Sépulcre. De retour dans sa patrie, il consacra le reste de sa vie à l'étude et aux missions dans les pays protestants. Il mourut à Lauffenbourg le 1er février 1702. Il a publié le résultat de son voyage, sous le titre de: *Relation du voyage de Jérusalem, et description de toutes les missions apostoliques de l'ordre des Capucins*, in-4°; ouvrage intéressant.

EGGS (LÉON ou LÉONCE), parent du précédent et jésuite comme lui, naquit à Rheinfeld le 19 août 1666. Il cultiva avec succès la poésie et composa des pièces de théâtre en allemand, en latin et en français, qui furent jouées dans différentes villes d'Allemagne. Il était très versé dans la langue grecque, et il avait professé pendant quelque temps la poésie et la rhétorique dans les colléges de la société. Il accompagna, en qualité d'aumônier, au siége de Belgrade, les fils de l'électeur de Bavière, et mourut, le 16 août 1717, au camp devant cette ville. Il a laissé: 1° *Compositiones morales et asceticæ*; ce sont des morceaux choisis, tirés d'ouvrages français et latins; il en a été fait plusieurs éditions; 2° *Opera moralia*; 3° *OEstrum ephemericum poeticum*, Munich, 1712 : cet ouvrage, publié sous le nom de *Génésius Gold*, qui est l'anagramme du sien, est formé d'autant d'élégies qu'il y a de jours dans l'année, dont le sujet est pris des psaumes de David; 4° *Epigrammata, elogia, inscriptiones, exercitationes scolasticæ theatrales.* Ces opuscules sont restés manuscrits. Il a aussi composé la vie du *père Richard Eggs.*

EGGS (GEORGES-JOSEPH), de la même famille, chanoine, doyen de l'église de Saint-Martin de Rheinfeld, mort vers 1750. On lui doit: *Purpura docta, seu vitæ cardinalium scriptis illustrium*, Munich, 1714-29, 4 vol. in-fol., livre estimable par les recherches et l'exactitude; et plusieurs autres ouvrages imprimés, la plupart en allemand, et peu connus en France.

EGGS (RICHARD), jésuite, né à Rheinfeld en 1621, était fils de Rodolphe Eggs, grand veneur de cette seigneurie. Dès l'âge le plus tendre il annonça d'heureuses dispositions pour la poésie. Après avoir terminé ses études, il entra dans la société et enseigna les belles-lettres à Munich et à Ingolstadt, avec un grand concours d'auditeurs. Il composait de petits drames qu'il faisait représenter par ses élèves. On cite parmi eux une tragédie intitulée: *Léonide, père d'Origène.* Il mourut d'une phthisie causée par l'excès du travail, à Munich, en 1659. On remarque parmi ses manuscrits: *Poemata sacra*; *Epistolæ morales*; *Comica varii generis.* Le P. Léonce Eggs, son parent, écrivit sa vie en latin.

EGHO (*relation*). Selon le voyageur Snelgrave, dieu auquel certaines peuplades nègres de la Guinée sacrifient des victimes humaines.

EGIALÉE, premier roi de Sicyone, vivait, selon Eusèbe, 1313 ans avant la première olympiade, c'est-à-dire l'an 2089 avant J.-C., et régna 52 ans.

ÉGIALÉE, fils de Phoronée. Apis, avant de quitter la Grèce pour aller en Egypte, lui donna le royaume d'Achaïe, dont il était roi. C'est, dit-on, à cause de ce prince que plusieurs écrivains donnent à l'Achaïe le nom d'Egialée.

ÉGIALÉE, fille d'Adraste, roi d'Argos, et femme de Diomède. Vénus, irritée de ce que Diomède avait eu l'audace de la blesser au siége de Troie, inspira à Egialée, son épouse, une telle lubricité, qu'elle se prostitua à ses courtisans et surtout à Comètès, son principal ministre. Diomède, à son retour de Troie, fut tellement outré de cet affront, qu'il quitta sa patrie et se rendit en Italie.

ÉGIBOLE (αἴξ, chèvre, βάλλειν, frapper), sacrifice dans lequel on immolait une chèvre en l'honneur de Cybèle.

ÉGIDE (αἰγίς, peau de chèvre), monstre horrible dont la gueule vomissait des torrents de flammes. Il sortit du sein de la terre en Phrygie, et parcourut successivement le mont Taurus, la Phénicie, l'Egypte, l'Afrique, et enfin s'arrêta aux monts Cérauniens, où il fut tué par Minerve, qui porta toujours depuis la peau de l'Egide sur sa poitrine.

ÉGIDE, bouclier de Jupiter, ainsi nommé parce qu'il était couvert de la peau de la chèvre (αἴξ) Amalthée. Jupiter le donna à Pallas, et cette déesse y plaça la tête de Méduse, qui changeait en pierre tous ceux qui osaient y porter les yeux. Selon une tradition moins suivie, l'égide aurait été la peau d'un monstre du même nom, tué par Pallas aux monts Cérauniens.

ÉGIDE, signifie figurément, dans le style soutenu, ce qui met à couvert.

ÉGIDIEN, s. m. (*archéol.*). Nom d'une monnaie frappée par les comtes de Toulouse, à Saint-Gilles, en Languedoc.

ÉGIL ou **EIGIL**, scalde ou poète irlandais du Xe siècle, s'illustra par plusieurs faits d'armes dans les guerres qui alors ensanglantaient l'Ecosse et le Northumberland, où des princes anglais, pictes, danois et norwégiens se ravissaient tour à tour leurs petits États. Ayant tué un fils d'Eric, roi de Norwége, il fut fait prisonnier quelque temps après, et sauva sa vie par un chant improvisé, connu sous le nom de *Hufud Lausnar*, c'est-à-dire rachat de la tête. On en trouve une version latine, avec des explications, dans la *Litteratura danica antiquissima* (Amsterdam, 1636), d'Olaüs Wormius. Beaucoup d'autres fragments poétiques d'Egil sont conservés dans la *Saga*, ou relation historique qui porte son nom, et intitulée: *Eigla* ou *Eigils-Saga*, traduite en vers danois, Copenhague, 1738, in-8°, et à Berghen, Norwége, 1760, 1770.

ÉGIMIUS, roi de la Doride, qu'Hercule secourut contre les Lapithes. Apollod., 2, c. 7.

ÉGIMIUS, père de Pamphile, qui épousa Orsobie, fille d'Hyrnétho. Paus.

ÉGIMIUS, vieillard qui, au rapport d'Anacréon et de Pline, vécut 200 ans. Pline, 7, c. 48.

ÉGINHARD. (*V.* CHARLEMAGNE.)

ÉGINE (*Engia*) (*géogr.*), île de la mer Égée, située entre l'Attique et l'Argolide, dans le golfe Saronique. Elle avait autrefois porté les noms d'Émone, d'Œnopie, de Myrmidonie, et elle fut enfin ainsi appelée de la nymphe Égine. Égine avait été habitée primitivement par des Argiens et ensuite par des Crétois et des Épidauriens. Ce fut sous ces derniers qu'ayant été ravagée par une peste horrible, elle fut repeuplée par des fourmis, que Jupiter changea en hommes, à la prière d'Eaque, roi de cette contrée. Pendant les VIIe et VIe siècles avant Jésus-Christ, l'île d'Égine fut très puissante au dehors, surtout sur mer. Elle envoya des colonies à Cydonie en Crète, chez les Umbrices en Illyrie; mais elle se soumit, sans même tenter de résistance, à Darius, lorsque ce prince passa en Grèce. Aussi les Athéniens firent, sous Périclès, la guerre aux Éginites, et les chassèrent de leur île après s'être emparés de leur flotte. Les vaincus se réfugièrent dans le Péloponnèse et revinrent dans leur patrie après la prise d'Athènes par Lysandre; mais ils ne réussirent jamais à recouvrer leur ancienne puissance.

ÉGINE (*myth.*), fille du fleuve Asope. Elle fut aimée de Jupiter, qui la visita sous la forme d'une flamme, et la rendit mère d'Eaque et de Rhadamante, juges des enfers. Dans la suite, cette déesse épousa Actor, fils de Myrmidon, duquel elle eut plusieurs enfants, qui conspirèrent contre leur père. Dans sa vieillesse, elle obtint de Jupiter d'être changée en une île, qui porta depuis son nom.

EGINETA (PAULUS), médecin, natif d'Égine. Il vécut du temps de Galien, dont il revit et publia les ouvrages.

EGINETIS (*Æginitis*), petite rivière de Paphlagonie, qui coulait du S. au N., et se jetait dans le Pont-Euxin, auprès de Cimolis.

EGINTON (FRANÇOIS), artiste anglais, l'un de ceux qui ont le plus contribué au perfectionnement de l'art de la peinture sur verre dans le XVIIIe siècle. Il a laissé un grand nombre d'ouvrages qui prouvent un talent très distingué, et parmi lesquels on remarque particulièrement deux *Résurrections*, sur le dessin de sir Jos. Reynolds, et que l'on voit à la cathédrale de Salisbury et à Lichfield; *le Banquet donné par Salomon à la reine de Saba*, d'après un tableau d'Hamilton; *Saint Paul converti et recouvrant la vue*; *le Christ portant sa croix*, etc.» Eginton est mort le 26 mars 1805.

EGIOCHUS (αἴξ, chèvre, ἔχω, tenir), surnom de Jupiter, soit parce qu'il fut élevé par la chèvre Amalthée, soit parce que, dans la guerre des Titans, il couvrit son bouclier de la peau de cette chèvre.

EGIP, s. m. (*relation*), titre d'un grand officier des khans tartares. Cette dénomination a été employée par Fleury.

ÉGIPANS, divinités champêtres qui habitaient les bois et les montagnes. On les nommait ainsi parce qu'ils avaient, de même que les faunes et Pan, des pieds de chèvre (αἰγός). — ÉGIPANS (*géogr. myth.*), peuple d'Afrique, qui, dit-on, avait la partie supérieure du corps semblable à celle d'un homme et l'autre à celle d'une chèvre.

ÉGISTHE, *Ægisthus*, prince d'Argos, était fils de Thyeste et de sa fille Pélopée. Thyeste, ayant consulté l'oracle au sujet de ses démêlés avec son frère Atrée, en reçut pour réponse qu'il serait vengé par un fils qu'il aurait de sa propre fille. Pour éviter cet inceste, il consacra sa fille Pélopée au service de Minerve; mais quelque temps après il la rencontra dans un bois, où il lui fit violence sans la connaître. Pélopée, s'étant alors emparée de l'épée de son ravisseur, reconnut Thyeste à cette marque, et conçut tant d'horreur de cet inceste qu'elle exposa le fils auquel elle donna le jour. Des bergers, ayant aperçu cet enfant, le firent allaiter par une chèvre, d'où il reçut le nom d'Egisthe (αἴξ, αἰγός, chèvre). Après cette triste aventure Pélopée épousa son oncle Atrée, qui, croyant trouver dans Egisthe un vengeur, le fit élever avec soin. Quand il fut en âge de porter les armes, Atrée lui ordonna d'aller tuer Thyeste; mais Pélopée avait eu soin de lui donner l'épée de Thyeste, qui le fit reconnaître. Egisthe, indigné de ce qu'Atrée eût osé lui ordonner un parricide, retourna à Mycènes et donna la mort à ce prince. Après ce meurtre il aida Thyeste à remonter sur le trône, et força Agamemnon et Ménélas, petit-fils d'Atrée, à se réfugier à la cour de Polyphidus, roi de Sicyone, pour se dérober à la vengeance du nouveau monarque. Dans la suite ces deux princes, aidés par Tyndare, roi de Sparte, dont ils avaient épousé les filles, recouvrèrent leurs États et se réconcilièrent avec Egisthe: et même Agamemnon, avant de partir pour la guerre de Troie, confia à ce prince le soin de sa femme et le gouvernement de ses États. Pendant l'absence du roi, Egisthe s'étant fait aimer de Clytemnestre vécut publiquement avec elle, et persécuta les enfants qu'elle avait eus d'Agamemnon. Quand ce prince fut de retour du siége de Troie, Clytemnestre, cédant aux perfides insinuations d'Egisthe, assassina son époux dans son lit. Les deux adultères célébrèrent avec pompe leur mariage dans Argos, et montèrent sur le trône. Mais, quelques années après, Oreste, fils d'Agamemnon, sauvé lors du meurtre de son père par le courage d'Electre sa sœur, revint à Mycènes, où il répandit le bruit de sa mort, afin d'augmenter la sécurité des deux époux. A cette nouvelle, Egisthe et Clytemnestre allèrent aussitôt dans le temple d'Apollon lui rendre grâces d'un évènement qui les affranchissait de toute inquiétude pour l'avenir; mais Oreste, qui s'était caché dans le temple, fondit tout-à-coup sur eux, et les immola sur les marches de l'autel. Ils avaient régné sept ans (1183-1176.)

EGIZIO (MATTHIEU), naquit à Naples le 23 janvier 1674, d'une famille originaire de Gravina. Il étudia successivement le grec, la médecine et le droit avec un égal succès. Il fut agent des fiefs du prince Borghèse, créé auditeur général du duché de Matalona, secrétaire de cette ville, secrétaire de l'ambassadeur Della Torella, envoyé à Louis XV par le roi des Deux-Siciles, et enfin bibliothécaire de la bibliothèque royale de Naples. Il fut décoré en 1745 du titre de comte. Il mourut la même année. Ce qui a le plus contribué à la réputation de ce savant, ce fut la connaissance profonde qu'il avait acquise dans l'explication des monuments antiques. On a de lui: 1° *Lettera in difesa dell' inscrizione per la statua equestre di Filippo V*, Naples, 1706, in-4°; 2° *Memorale cronologico della storia ecclesiastica*, traduit du français de G. Marcel, Naples, 1713; 3° *Opere varie di Sertorio Quattromani con annotazioni*, ibid., 1714, in-8°; 4° *Serie degl' imperatori romani*, 1736; 5° *Lettre amiable d'un Napolitain à M. l'abbé Lenglet du Fresnoy, par laquelle il est prié de corriger quelques endroits de sa géographie touchant le royaume de Naples*, Paris, 1738, in-8°, id. en italien, Naples, 1750, in-8°; 6° plusieurs dissertations (*opuscoli*), recueillies en un vol in-4°, Naples, 1751.

ÉGLANDER, v. a. (*vétér.*), extirper les glandes sous-linguales d'un cheval atteint de la morve.

ÉGLANDULEUX, EUSE, adj. (*anat.*), qui est privé de glandes.

ÉGLANTIER (*bot.*). On donne vulgairement ce nom aux rosiers sauvages en général, mais les botanistes le donnent particulièrement, comme nom spécifique, à un rosier qui est le *rosa eglanteria*, Linné, nommé aussi par quelques auteurs *eglantina*.

ÉGLANTINE, s. f., la fleur de l'églantier.

ÉGLANTINE, s. f., *églantine d'argent*, un des prix qui se distribuent dans les jeux floraux à Toulouse.

ÉGLÉ, *ægle* (*bot.*), genre de la famille des aurantiacées de Jussieu, dont les principaux caractères sont: fleurs à parties ternaires ou quinaires, calice à trois ou cinq dents, corolle à trois ou cinq pétales, étamines au nombre de trente ou trente-six attachées à la base des divisions du calice, ayant de longues anthères linéaires et mucronées, stigmate presque sessile, fruit bacciforme, devenant ligneux à sa maturité, conoïde multiloculaire, polysperme, à spermoderme charnu et couvert de mucus; oreillettes des cotylédons très courtes. — Ce genre se compose d'arbres épineux à feuilles trifoliées et denticulées. De Candolle en mentionne deux : l'*egle marmolos, ægle marmolos.* Cette espèce est originaire des Indes orientales ; son tronc est fort épais et se couronne de branches nombreuses au sommet ; ses feuilles alternes et sternées (la foliole du milieu est pétiolée), son fruit est à douze loges ; il renferme une pulpe visqueuse que mangent les Indiens malgré son odeur forte et son goût fade. Cependant ces fruits, cuits sous la cendre, offrent un mets assez agréable, pourvu que l'on rejette les noyaux qui sont très amers. La seconde espèce mentionnée par De Candolle est le *ægle sepiaria*, dont la foliole médiane est sessile, et le fruit à sept loges. Elle appartient au Japon. C'est le *citrus trifoliata* de Linné. J. P.

EGLEFIN (*poiss.*), nom d'une espèce de morue des mers du Nord. (*V.* GADE et MORUE.)

EGLEIS, athlète samien, muet de naissance. Voyant que les juges allaient le frustrer du prix de sa victoire, il en fut si outré qu'il se coupa un nerf de la langue, retrouva la parole, reprocha à ses juges leur injustice, et parla toujours depuis avec facilité.

EGLINGER (SAMUEL), né à Bâle en 1638, étudia la médecine et les mathématiques avec beaucoup de succès, étendit ses connaissances dans des voyages en Italie et en France, obtint en 1665 la chaire de mathématiques à Bâle, et mourut en 1673. On a de lui plusieurs dissertations de médecine. — EGLINGER (Nicolas), né à Bâle en 1645, mort dans la même ville en 1711, se voua à la médecine et augmenta ses connaissances dans les différents voyages qu'il fit en France, en Angleterre, en Allemagne et dans les Pays-Bas. Il occupa les différentes chaires de médecine établies à Bâle et fut un grand praticien.

ÉGLISE. Le mot *église* dérive d'un mot grec qui signifie *congrégation*; aussi ce mot pourrait être appliqué à toutes sortes d'assemblées, même à l'assemblée des impies, si l'usage de tous les auteurs ecclésiastiques ne l'avait réservé pour exprimer la société des fidèles chrétiens. Ce mot s'applique encore au lieu de l'assemblée. Pris dans un sens large, l'Église comprend les élus qui triomphent dans les cieux, les âmes qui souffrent dans le purgatoire et les fidèles qui combattent sur la terre ; dans le sens strict, le mot église est employé pour désigner ces derniers (1). Les catholiques définissent l'Église : société des chrétiens réunis sur la terre par la profession de la même foi, la participation aux mêmes sacrements, conduite et gouvernée par les pasteurs légitimes, dont le premier de tous est le pontife romain. Les novateurs qui se sont soustraits à l'autorité des pasteurs institués par Jésus-Christ et revêtus de sa puissance prétendent, pour justifier leur séparation, que l'Église est invisible et composée des seuls élus. C'est une grande erreur : l'Église est un être vivant, composé d'une âme et d'un corps. L'âme consiste dans les dons internes du Saint-Esprit, la foi, l'espérance et la charité ; sous ce point de vue l'Église est invisible ; le corps, ou la partie extérieure qui la rend visible, est la profession externe de la foi et la participation aux mêmes sacrements ; d'où il suit que certains membres appartiennent à l'âme et au corps par leur union intérieure et extérieure à Jésus-Christ, son chef; d'autres appartiennent à l'âme et non au corps, comme les catéchumènes et les excommuniés, qui possèdent la foi et la charité; enfin les derniers appartiennent au corps et non à l'âme, ce sont ceux qui n'ont aucune vertu interne et lesquels néanmoins, par d'autres motifs temporels, professent la même foi et participent aux mêmes sacrements sous la conduite des pasteurs légitimes. — L'Église ayant été instituée par Jésus-Christ, son chef invisible, pour procurer le salut des âmes, doit posséder des caractères ou des notes qui la distinguent de toutes les autres sociétés, afin que les hommes aillent puiser le salut dans son sein. Ces notes sont l'unité, la sainteté, la catholicité et l'apostolicité.

Unité, — Sainteté, — Catholicité, — Apostolicité, — Visibilité, — Perpétuité, — Indéfectibilité, — Infaillibilité de l'Église.

I

UNITÉ DE L'ÉGLISE.

On comprend, d'après la définition que nous venons de donner de l'Église, que l'unité est un de ses caractères essentiels ; il n'en pouvait être autrement : comme il n'y a qu'un seul Dieu, qu'un seul Jésus-Christ, il ne peut y avoir qu'une Église ; il n'y a qu'un soleil, qu'une vérité, qu'une lumière. L'unité est le caractère de tout ce qui est beau, parfait et durable ; c'est le sceau dont Dieu marque toutes ses œuvres. L'homme avait été créé dans l'unité, dans l'union avec Dieu ; le péché ayant rompu cette unité, Jésus-Christ, qui est venu pour remettre l'homme dans ses droits, pour le faire rentrer dans l'union avec Dieu, a voulu que son Église fût une, qu'elle n'eût d'autre volonté que la sienne, que tous les enfants de cette Église, dont il est le chef, ne fissent qu'un avec lui, comme lui-même ne fait qu'un avec son Père. Dans ce dessein il y a établi l'unité de foi, l'unité de sacrements, et l'unité de ministère. — Notre-Seigneur n'a pas enseigné deux doctrines, il n'a pas dit oui et non ; il est le verbe unique de son Père, la splendeur unique de sa gloire, le carac-

(1) DIVERSES ACCEPTIONS DU MOT ÉGLISE. — L'*Église militante*, l'assemblée des fidèles sur la terre. — L'*Église souffrante*, les âmes des fidèles qui sont dans le purgatoire. — L'*Église triomphante*, les bienheureux qui sont dans le ciel. *En face de l'Église*, avec toutes les cérémonies et toutes les solennités de l'Église. — ÉGLISE se dit aussi des parties de l'Église universelle primitive, et de celles de l'Église catholique. — ÉGLISE signifie, par extension, un temple consacré à Dieu, un lieu destiné à la célébration du service divin. — ÉGLISE se prend encore pour l'état ecclésiastique, et même pour le clergé en général. — *Cour d'Église*, la juridiction de l'archevêque ou de l'évêque. — PRIMITIVE ÉGLISE (*hist. eccl.*) se dit de la congrégation des premiers chrétiens. — *Église grecque*, la réunion des chrétiens de tous les pays qui faisaient partie de l'empire grec de Constantinople. — On dit, dans le même sens, *Église d'Orient*, locution qui s'emploie particulièrement par opposition à *Église d'Occident*. Depuis le schisme de Photius, Église grecque se dit, dans le langage orthodoxe, des chrétiens schismatiques de la Grèce, de la Russie, etc. L'*Église grecque* comprend : l'*Église grecque orthodoxe*, qui adopte les décisions des sept premiers conciles; l'*Église chaldéenne* ou *nestorienne*, l'*Église monophysite* ou *eutychéenne*, qui embrasse les *jacobites*, les *coptes* et les *arméniens*, et l'*Église maronite* ou *monothélite*. — *Église latine*, la réunion des chrétiens de tous les pays soumis à l'empire romain en Occident. On dit, dans le même sens, *Église romaine*, *Église d'Occident*. Cette locution s'emploie surtout par opposition à *Église d'Orient*. On dit aussi au pluriel : les *églises grecques*, les *églises latines*, etc. *Église gallicane*, l'Église de France et les prérogatives qui lui sont attribuées, telles que l'abolition de l'inquisition, le droit de contester la validité des ordres donnés par la cour de Rome, l'admission des bulles seulement après examen, etc. L'*Église gallicane* proclame la distinction du pouvoir spirituel et du pouvoir temporel, et l'indépendance de celui-ci relativement à l'autre; elle reconnaît, en un mot, tous les principes contenus dans la fameuse déclaration du clergé de France, donnée le 10 mars 1689, et rédigée par Bossuet. — *Église anglicane*, le calvinisme établi en Angleterre par Élisabeth, en consacrant cependant la hiérarchie et le gouvernement des évêques. On l'appelle aussi *haute Église*, pour la distinguer du presbytéranisme d'Écosse ou du calvinisme pur qui proscrivait l'épiscopat. — L'*Église anglicane*, aux États-Unis, se rapproche davantage de l'arminianisme. — *Église évangélique*, fusion du calvinisme et du luthéranisme, qui a commencé en 1817 dans le duché de Nassau, et qui s'est propagée dans une partie de l'Allemagne. — *Église* s'est dit par excellence, au moyen âge, des cathédrales et des paroisses : *la grande église*, l'église de Sainte-Sophie, à Constantinople. — On distingue diverses espèces d'*églises* sous le rapport de leur usage religieux. On appelle *église pontificale* celle de Saint-Pierre de Rome : *église patriarcale* celle où il y a un patriarche, comme Saint-Marc, à Venise ; *église métropolitaine* celle où il y a un archevêque ; *église collégiale* celle qui est desservie par des chanoines ; *église paroissiale* celle où il y a des fonts baptismaux et qui est desservie par un curé ; *église conventuelle* celle d'un couvent. — Sous le rapport architectural on appelle *église à bas côtés* celle qui, de chaque côté de la nef, a une seule contre-allée ; *église en croix grecque* ou *en croix latine* (*V.* CROIX) ; dans les plus anciennes *églises en croix latine* le sommet de la croix incline un peu vers la droite, pour figurer le mouvement de la tête du Sauveur expirant ; *église en rotonde* celle dont le plan est circulaire, comme le Panthéon de Rome ; *église simple* celle qui n'a que la nef et le chœur, sans les bas côtés ; *église souterraine* celle qui est construite au-dessous du rez-de-chaussée d'une autre église ; *église basse* celle qui, sans être *souterraine*, se trouve au rez-de-chaussée, sous une autre église construite au premier étage. Il y a une *église basse* à la Sainte-Chapelle, à Paris.

tère unique de sa substance, Dieu et un comme lui. Il est descendu sur la terre pour enseigner aux hommes la vérité; il la leur communique sans variation, sans division, sans altération. Lorsqu'il est venu sur la terre c'était le temps des doctrines humaines, et leur règne était un véritable chaos : le monde croyait tout et ne croyait rien. Notre-Seigneur apporta avec lui une parole universelle destinée à être le lien des esprits et le ciment des cœurs. Il proclama l'unité de Dieu et l'unité de foi. Il ne dut plus y avoir désormais qu'un Dieu et une foi, un sentiment, une peine et un langage; il ne fut plus permis de flotter, comme des enfants, à tout vent d'opinions ; les hommes durent se réunir tous dans l'unité de la foi. — Le chrétien vit de la foi qui lui révèle ses devoirs et lui fait connaître où se trouvent les sources de la vie. La foi une demande des sacrements qui soient uns. Saint Paul, qui nous a fait connaître l'unité de la foi, nous enseigne aussi l'unité des sacrements. Tout ce qui vient de Dieu est un comme lui : *un Dieu, une foi, un baptême.* Dans toutes les parties de l'univers le baptême est le même. Dans ce mot : un baptême, saint Paul comprend les autres sacrements. Il s'en explique dans sa lettre aux Corinthiens, chap. Ier : « J'ai appris, dit-il, qu'il y a parmi vous des discussions : l'un dit je suis de Paul, l'autre d'Apollo, celui-ci de Céphas, celui-là de Jésus-Christ. Est-ce donc que Jésus-Christ est divisé? Le sang que nous bénissons n'est-il pas la communication du sang de Jésus-Christ? Le pain que nous rompons n'est-il pas la participation à son corps? Nous ne sommes donc qu'un même pain, nous tous qui participons au même pain. » — Une foi qui est une, des sacrements qui sont uns, ne sauraient se concevoir sans un ministère qui est un aussi. Notre-Seigneur qui a voulu la fin n'a pas négligé les moyens : il a établi des pasteurs, à qui il a confié le dépôt de l'enseignement de sa doctrine et l'administration des sacrements. Ces pasteurs sont d'un ordre supérieur et d'un ordre inférieur. Les premiers ont autorité sur les seconds, et sont soumis eux-mêmes à un chef commun, qui est la pierre fondamentale de l'Église, son chef visible, qui est élevé au-dessus d'elle comme la tête au-dessus du corps, qui la gouverne et la dirige. Les fidèles doivent rester soumis aux pasteurs; s'ils ne les écoutent pas, ils doivent être traités comme des païens et des publicains. Les simples fidèles obéissent à leurs curés, ceux-ci à leurs évêques, qui, à leur tour, sont soumis au successeur de Pierre, qui réunit dans une seule bergerie tout le troupeau de Jésus-Christ, dont il est le chef. Dans toutes les contrées où il existe des Églises catholiques on trouve cette triple et salutaire unité de foi, de sacrements, de ministère. Nulle part il n'est permis de se mettre hors de cette unité sans être condamné comme rebelle, de rejeter un article, un seul point de la foi, de supprimer, d'altérer un seul sacrement, de s'affranchir en quelque point que ce soit de l'autorité du ministère pastoral. On voit donc que l'Église forme un corps moral, unique, indivisible, dont tous les membres sont unis par des liens extérieurs, visibles, qui consistent principalement dans la profession de la même foi, la participation aux mêmes sacrements et l'obéissance aux mêmes pasteurs. Quoique tous les membres du corps de l'Église aient des fonctions différentes, que les uns instruisent et les autres prient, que les uns gouvernent et les autres obéissent et servent, tous concourent à la même fin, qui est la conservation et l'accroissement de tout le corps; tous ont le même but, qui est d'arriver à la vie éternelle et d'y faire arriver les autres. — Cette unité parfaite, qui ne souffre ni altération, ni addition, ni retranchement dans la foi, dans les sacrements, ni révolte contre le pouvoir pastoral, nous est représentée dans les saintes Écritures sous les emblèmes d'une vierge, d'une épouse unique et bien-aimée, d'une bergerie, d'une nation sainte, d'un royaume, d'un corps dont tous les membres sont si parfaitement unis qu'il n'y a point de schisme entre eux et qu'ils partagent réciproquement leurs souffrances et leurs avantages. Notre-Seigneur se compare, dans l'Évangile, à un père de famille qui envoie ses ouvriers à sa vigne, qui se fait rendre compte par ses serviteurs. Il demande que ses disciples ne soient qu'un avec lui, comme il n'est qu'un avec son père. Il nous dit que tout royaume divisé tombera en ruines; qu'il a encore des brebis qui ne sont pas dans son bercail; mais qu'il les y ramènera. — L'unité de l'Église ainsi représentée, caractérisée dans l'Écriture, est également manifestée par la tradition, par l'enseignement de tous les siècles. Tous les pères, tous les docteurs, tous les évêques, tous les conciles nous représentent l'unité comme une des conditions essentielles à l'existence de l'Église, comme un des caractères qui doivent la faire distinguer des schismes et des hérésies. Constamment ils opposent le mot *église* à celui d'*hérétique* : ils nous montrent sans cesse les hérétiques comme les ennemis de l'Église, parce qu'ils déchirent son sein, qu'ils veulent rompre son unité. A toutes les époques ils distinguent l'Église catholique, apostolique, romaine, répandue dans l'univers, de toutes les sociétés particulières d'hérétiques, de schismatiques. Ils nous font voir les pasteurs de cette Église dispersés ou réunis en conciles, prononçant sur le sens de la révélation, définissant les dogmes, proscrivant toutes les erreurs et frappant d'anathème tous leurs auteurs et partisans. Jamais ils ne les ont admis au nombre des pasteurs ni des membres de l'Église; ils les ont, au contraire, retranchés avec soin de son sein. Du reste, jusqu'au XVIe siècle, les hérétiques ne prétendirent jamais faire partie de l'Église, puisqu'ils soutenaient qu'ils formaient seuls l'Église, qu'ils possédaient seuls l'efficacité du ministère. Les luthériens, les calvinistes ne tinrent pas d'abord un langage différent; ils n'eurent pas la prétention d'être restés dans l'unité de l'Église. Ils disaient, au contraire, qu'ils avaient emporté ou ressuscité l'Église qui, suivant eux, n'existait que dans leurs sectes. Jurieu est l'un des premiers novateurs qui aient avancé que l'Église est composée de toutes les sociétés chrétiennes, qui ont retenu ce qu'il lui plaît d'appeler les fondements de la foi. Mais c'est encore une invention de l'esprit d'erreur, et dont on ne trouve aucun vestige dans l'Écriture sainte : partout l'on y voit l'obligation de respecter l'unité de foi, des sacrements et du ministère. Notre-Seigneur disait à ses apôtres : Prêchez l'Évangile à tout l'univers, apprenez aux hommes à garder toutes les choses que je vous ai ordonnées : quiconque croira et sera baptisé sera sauvé; quiconque ne croira pas sera condamné. Notre-Seigneur n'attache donc pas le salut à tels articles plutôt qu'à tels autres; il veut que l'on ait foi, que l'on croie à toute sa parole, sans distinguer s'il y a des choses fondamentales et d'autres qui ne le sont pas. Saint Paul ne se jette pas non plus dans une telle distinction en parlant de ceux qui sont *déchus de la foi, qui font naufrage dans la foi, qui ont renversé la foi de plusieurs.* Il livra à Satan Hyménée et Alexandre, sans dire si leurs erreurs étaient ou non fondamentales. Le même apôtre, parlant généralement, dit anathème à tous ceux qui annonceront une autre foi que celle qu'il prêche. Saint Pierre appelle les schismes et les hérésies des sectes de perdition. Saint Jean dit que les hérétiques n'ont pas de Dieu, et défend même de les saluer. Nous voyons bien dans les écrits des apôtres que l'on ne peut se sauver dans les schismes et l'hérésie; mais nous n'y voyons pas que pour être exclu du ciel les articles niés doivent être fondamentaux. Les hérétiques qui ont précédé ceux du XVIe siècle ne rejetaient pas non plus tout le symbole catholique; ils en retinrent même beaucoup plus d'articles que les luthériens et les calvinistes, et cependant ils n'en furent pas moins considérés comme hérétiques, comme schismatiques, parce qu'ils voulaient diviser l'Église, qui est essentiellement une, parce qu'ils ne recevaient pas tout son enseignement, qu'ils faisaient des retranchements là où il ne leur était pas permis de toucher, parce que, méconnaissant l'autorité de ses ministres, ils s'excluaient de l'Église, à l'égard de laquelle ils se conduisaient en véritables rebelles. Si donc on ne découvre pas les articles fondamentaux ni dans l'Écriture, ni dans la tradition, où donc les protestants les ont-ils vus? Ils n'imaginèrent ce système qu'en désespoir de cause, que parce qu'ils s'aperçurent qu'ils ne pouvaient répondre d'une manière satisfaisante aux catholiques touchant l'unité, la perpétuité de l'Église, la succession non interrompue du sacerdoce, la continuité et la persévérance de la doctrine. Pour être exacts cependant nous devons dire que les protestants cherchèrent à étayer leur théorie des articles fondamentaux sur le chapitre de la première lettre de saint Paul aux Corinthiens, dans laquelle il est *parlé d'or, d'argent, de paille, de bois, de foin, de pierre*; on leur répondit que les plus grands docteurs, les plus vives lumières de l'Église n'avaient jamais trouvé les points fondamentaux dans ce passage, que tous le pères grecs pensaient qu'il faisait allusion aux bonnes œuvres; que parmi les pères latins beaucoup pensaient que ce texte indiquait les œuvres de surérogation, et d'autres les péchés véniels; qu'il y en avait même qui y voyaient l'enseignement du dogme du purgatoire. L'Église repoussa donc l'interprétation que les protestants voulurent donner à ce passage. — Jésus-Christ est le fondement sur lequel l'Église est bâtie, on ne peut donc rien élever sur ce fondement qui ne s'harmonise avec lui; il faut donc rejeter de l'édifice divin de l'Église le système des articles fondamentaux ou non fondamentaux, c'est-à-dire indifférents au salut; deux doctrines dont l'une implique, par exemple, l'idolâtrie, et l'autre un culte d'adoration, ne peuvent être indifférentes. Les luthériens croient à la présence de Jésus-

Christ dans l'eucharistie, et l'y adorent; les calvinistes rejettent ce culte comme idolâtrique. Des pierres qui se repoussent de la sorte ne peuvent concourir à la construction d'un édifice sur un fondement qui est Jésus-Christ. On voit donc que ce n'était pas tout d'inventer le système des articles fondamentaux, qu'il fallait encore assigner une règle sûre pour juger quels sont les articles et ceux qui ne le sont pas; question difficile à décider, dit Jurieu lui-même. La foi cesse donc d'être une, car ce qui est fondamental pour l'un ne l'est pas pour l'autre, et pourtant la foi est une, *fides una*. Bien plus, ceux qui ont fait une fausse appréciation des articles du symbole, qui ont rejeté ceux qui étaient fondamentaux, sont hérétiques, étant hors de la voie du salut. La masse du genre humain, ignorante et incapable de discernement, ne pouvant jamais avoir l'intelligence d'une question si épineuse et si difficile, sera donc dans l'impossibilité de se sauver? Qu'on ne craigne pas néanmoins trop de rigueur dans le système des points fondamentaux; il est merveilleusement élastique. Nous avons déjà dit qu'avec ce système toutes les sectes chrétiennes feraient partie de l'Église; les déistes eux-mêmes, qui croient en Dieu et qui par conséquent ont conservé un dogme fondamental, trouvent leur place dans les diptiques du protestantisme. On sait que Bayle lui-même fut scandalisé de l'impiété de ce système, et qu'il témoigna une vive indignation contre Jurieu dans son traité intitulé : *Janua cœlorum reserata cunctis religionibus*, a celebri admodùm viro domino Petro Jurieu, avec cette épigraphe : *Porta patens esto, nulli claudatur honesto.* — Le système des points fondamentaux, loin donc d'être une planche dans le naufrage, n'est qu'une nouvelle erreur, et une erreur feconde en conséquences désastreuses. Tous les articles de la croyance de l'Eglise sont également fondamentaux. Ce qui nous impose l'obligation de croire, ce n'est pas la nature des dogmes révélés, dont nous n'avons pas le droit d'apprécier l'importance relative, mais l'autorité divine de l'Eglise qui nous propose ces dogmes et qui en exige la foi. Or cette autorité est la même et a les mêmes droits à notre soumission, quel que soit le dogme dont elle nous prescrit la croyance. Lors donc qu'on méconnait l'autorité de l'Église sur certains points qu'on ne veut pas admettre, quoiqu'on en reconnaisse d'autres, on ne laisse pas de rompre l'unité de l'Église. Mais cette unité est pour les hérétiques, les philosophes, les sophistes de toute espèce, un sujet de nombreuses et contradictoires accusations. L'Eglise est intolérante parce qu'elle proclame qu'elle est seule en possession de la vérité, et qu'elle exclut ainsi du salut tous ceux qui ne sont pas dans son sein, les hommes qui n'ont jamais entendu parler d'elle. D'autres fois ils disent qu'il n'y a pas d'unité dans l'Eglise, qu'elle n'a pas de fixité dans ses doctrines, que les catholiques ne sont unis que dans de pures formes, tandis que les protestants le sont réellement. L'Église est intolérante parce qu'elle dit que la vérité n'existe que chez elle, mais elle ne se contente pas de le dire, elle le prouve. Il n'y a qu'elle qui ait Jésus-Christ pour fondateur, ce n'est qu'à elle que ce divin sauveur a remis le dépôt des vérités sacrées et à qui il a conféré le droit de les enseigner, de les expliquer. Toutes les sectes, toutes les hérésies qui prennent le nom d'Eglise, qui sont nées des passions humaines, qui sont fondées sur la révolte de la raison humaine contre Dieu, ne peuvent donc prétendre au partage ou à la possession de la vérité. Les noms de leurs fondateurs qu'elles ont conservés disent assez haut qu'elles sont des œuvres purement humaines, que Dieu n'est pas avec elles. La doctrine de l'Eglise est d'ailleurs celle de Notre-Seigneur : il nous dit dans l'Evangile que ceux qui n'écoutent pas l'Eglise doivent être traités comme des païens et des publicains. Ceux donc qui ne sont pas dans l'Eglise ne possèdent pas la vérité. L'Écriture nous dit encore qu'il faut regarder ceux qui restent sourds aux avertissements de l'Eglise comme des brebis égarées, des sarments arrachés à la vigne, des membres pourris. Le Sauveur nous enseigne aussi qu'il est la voie, la vérité et la vie, et que si l'on voulait entrer dans la vie, il fallait garder ses commandements. Mais où est *la voie, la vérité* et *la vie*, sinon dans l'Église qu'il a instituée et qu'il a chargée d'instruire les peuples, à laquelle il a commandé d'obéir, si l'on voulait avoir part avec lui dans le royaume de son père? L'on doit donc renoncer à la foi ou reconnaître qu'elle seule possède la vérité, et que par conséquent on n'est pas sauvé si on ne croit pas tout ce qu'elle propose à notre croyance, si on ne pratique pas tout ce qu'elle commande de faire. Vous contestez ce dogme, contestez donc à Dieu le droit de vous prescrire des conditions indispensables pour le bonheur; demandez-lui pourquoi il n'ouvre pas les portes du ciel à quiconque a vécu sur la terre, pourquoi il retient dans une enceinte déterminée les flots de son amour, les eaux du salut; comment il ne les fait pas couler sur le juste et sur l'injuste, sur l'impie et sur l'homme religieux, de même qu'il fait briller son soleil sur les uns et sur les autres. Vous ne comprenez pas ce dogme, n'est-ce pas, parce qu'il gêne vos passions? Vous ne comprenez pas sa justice : vous voulez donc faire du ciel le repaire de tous les impies? Vous destinez donc un sort égal à l'homme pieux et à l'homme sans religion, à celui qui se dévoue pour ses frères à toute sorte de privations et à celui qui spécule sur les infortunes de ses semblables? La religion est un vain mot, ou elle doit déterminer les limites qu'il n'est permis à personne de franchir. La religion naturelle porte cet article dans son code aussi bien que l'Église catholique. Il n'y a pas de peuple qui n'ait inscrit ce dogme dans ses lois religieuses. Chez les Athéniens, Socrate fut condamné à mort pour avoir mal parlé des dieux. C'est parce qu'ils croyaient posséder la vérité que les Romains chassèrent plusieurs fois les juifs de Rome et qu'ils persécutèrent les chrétiens avec tant de violence. Les sectes protestantes reconnaissent aussi le dogme : hors de l'Eglise point de salut. En Angleterre, l'Eglise établie déclare que si quelqu'un ne croit pas au symbole de saint Athanase, il n'y a pas de salut pour lui dans la confession helvétique; les premiers réformateurs disent qu'il n'y a pas de salut pour ceux qui ne professent pas les dogmes reconnus par eux réunis en synode. Dans l'assemblée de La Rochelle, les sectaires reconnurent que le pape était exclu du salut. Quelques sectes reconnurent qu'il y a des articles fondamentaux hors desquels on ne peut se sauver. Les philosophes n'ont-ils pas aussi des châtiments contre ceux qui ne reconnaissent pas les vérités qu'ils admettent? L'Encyclopédie et Jean-Jacques Rousseau veulent que l'on fasse mourir les athées et ceux qui ont renoncé à la loi naturelle. On a donc tort de faire au sujet de ce dogme un reproche d'intolérance contre l'Église catholique, puisqu'il se retrouve dans toutes les lois, dans tous les ouvrages, dans tous les écrits où a présidé la conviction d'une vérité certaine. Les ennemis de l'Eglise exagèrent d'ailleurs les conséquences de ce dogme; elle ne damne pas tous ceux qui meurent hors de son sein. Elle reconnait que tout infidèle qui est de bonne foi et dans une ignorance invincible peut se sauver, pourvu qu'il pratique ce qu'il sait de la religion naturelle. *In omni gente qui timet Deum et operatur justitiam acceptus est illi.* Mais nul ne pouvant être sauvé sans les mérites de Jésus-Christ, Dieu saura bien trouver un moyen pour le lui faire connaître. S'agit-il d'un protestant, posez qu'il soit de bonne foi, qu'il ait été validement baptisé, qu'il vive de son mieux selon la foi, qu'il croie ce qui est de nécessité de moyens, qu'il accomplisse tous les commandements de Dieu, selon qu'ils peuvent lui être connus, si ce n'est pas par sa faute qu'il demeure hors de l'Eglise, il ne sera pas damné; mais, hors de la bonne foi et d'une ignorance invincible, nul ne peut espérer le salut que dans l'Eglise catholique. Dans des rapports d'amitié, un homme ne serait-il pas blâmable s'il usait de procédés indignes de la confiance de son ami? De même et à plus forte raison celui-là est coupable qui s'obstine à rester éloigné de la voie marquée par Jésus-Christ pour le salut, et à offrir à Dieu des hommages qu'il sait souillés par le mensonge et indignes de son infinie protection. Mais, suivant d'autres sectaires, il n'y a pas d'unité dans l'Eglise catholique. Mais dans tous les siècles l'hérésie, le schisme ont été condamnés, et tous les siècles ont souscrit à ces condamnations; il y a donc unité dans l'Eglise. Vous ne trouverez pas un seul point qui ne soit admis de tous les catholiques de l'univers; dans toutes les contrées ils reçoivent tous les conciles généraux, les mêmes enseignements, toutes les définitions de la foi sans exception. Partout ils participent aux mêmes sacrements et sont unis de communion aux mêmes pasteurs. Dans tous les pays enfin s'élève le même autel, se célèbre le même sacrifice et se font les mêmes prières. Quelle plus admirable unité peut-on désirer! Les catholiques n'ont qu'un cœur, qu'une âme, qu'un langage; eux seuls peuvent dire qu'il est doux à des frères d'habiter ensemble. Le Sauveur s'est plu à les réunir dans le sein de l'Eglise, comme la poule rassemble ses petits sous ses ailes. Mais les catholiques ne sont unis que dans de pures formes! Ce n'est donc qu'une forme de croire à la Trinité, à la divinité de Jésus-Christ, au péché originel, au ciel, à l'enfer, au purgatoire, à la rédemption, et d'adapter sa conduite à cette croyance? Ce n'est donc qu'une pure forme de recevoir le baptême, d'adorer le Sauveur dans l'Eucharistie, de se nourrir de son corps, de son âme, de sa divinité, dans la communion? L'unité religieuse n'est-elle qu'un vain formalisme pour tant de missionnaires qui abandonnent leur patrie et traversent les mers pour porter la foi et la civilisation dans les lieux les plus reculés du monde, foulant aux pieds toutes les affections les plus légitimes; était-elle une affaire de pure forme pour les Vincent de Paul, les Fénélon, les de Quélen, qui y ont trouvé de si fécondes, de si puissantes inspirations pour le soulagement des misères humaines? Bossuet, Mallebranche, saint François de Sales se sont donc endormis dans un vain formalisme? Oh! si vous saviez l'heureuse influence de l'unité sur la foi, la piété, dans l'accomplissement des devoirs, dans les relations de famille, vous rougiriez d'une accusation si odieuse, si absurde. Vous répétez que l'Eglise n'a pas de fixité dans ses doctrines. Dites-nous donc quelles sont ses variations: pourrez-vous en écrire une histoire, comme Bossuet a écrit celle du protestantisme? A quelle époque a-t-elle changé de sentiments et quels sont les points sur lesquels elle a changé? Nous vous défions de nous montrer la plus légère modification dans quelques points de la foi que ce soit. Vous nous parlez des controverses, des scotistes, des thomistes, des gallicans, des ultramontains; mais vous savez bien que ces théologiens avaient la même foi, le même symbole, que leurs controverses n'avaient pas lieu en des matières réglées par l'Eglise, mais sur des points douteux qui n'avaient pas reçu des jugements de sa part. Mais lorsqu'elle jugeait à propos d'intervenir dans quelqu'un de ces débats théologiques, aussitôt le mur de séparation tombait, et la soumission était universelle. L'unité se trouve donc et ne peut se trouver que dans l'Eglise catholique, parce qu'elle seule, en vertu de son autorité divine, prononce avec fermeté contre toutes les erreurs, et ne leur fait jamais aucune concession. « Dans l'Eglise de Jésus-Christ, dit saint Augustin, ceux qui conservent des sentiments erronés et mauvais, après avoir été avertis de revenir à des idées saines et droites, deviennent hérétiques et sont regardés comme ses ennemis. » Mais, chose singulière, les protestants, qui ont tant de déclamations contre l'unité catholique, prétendent qu'ils en sont en possession; mais ils ne doivent leur existence qu'à l'esprit d'indépendance, à la révolte; mais il n'y a pas chez eux d'autorité, chacun s'y fait juge des écritures, de sa croyance, ce qui n'est pas essentiel pour l'un l'est pour l'autre, la réforme est une tour de Babel où personne ne se comprend, où chacun a des opinions opposées. Aussi les ravages de l'individualisme n'ont pas de bornes parmi les protestants, et conduisent nécessairement les esprits qui ne reviennent pas au catholicisme, à la négation de toutes les vérités, à l'athéisme. Le protestantisme n'est, à vrai dire, que le drapeau du néant élevé sur les ruines de l'ordre par l'esprit de mensonge et d'erreur. Une haine aveugle contre la vérité peut seule expliquer qu'il y ait encore des hommes qui s'attachent à ce signe funeste et s'éloignent de l'unité catholique, qui, réunissant les hommes dans une foi commune, et étouffant dans leur cœur tous les germes de division, en fait véritablement une seule et même famille. Il est donc facile aux personnes les plus ignorantes comme aux plus éclairées de reconnaître l'Eglise catholique à son unité, et d'en faire partie si elles le veulent.

II

SAINTETÉ DE L'ÉGLISE.

La sainteté est le deuxième caractère de l'Eglise. Destinée à recueillir dans tous les âges les élus de Dieu, il était nécessaire qu'elle fut sainte; aussi l'est-elle réellement, parce que le Sauveur, qui est la source de toute sainteté, s'est livré pour elle, comme dit saint Paul, afin de la sanctifier et d'avoir une épouse pure et sans tache. Ses dogmes, sa morale, ses sacrements, ses fêtes, ses observances, l'institution du sacerdoce, ont pour objet la perfection de l'homme; ils lui révèlent les grandeurs et les miséricordes de Dieu, ils lui font connaître qu'il n'est dans ce monde que pour connaître, aimer, servir Dieu et obtenir la vie éternelle, en devenant parfait comme lui, en marchant sur les traces de Jésus-Christ, notre médiateur et notre modèle. O combien les dogmes de l'unité de Dieu, de l'immortalité de l'âme, de l'éternité des peines de l'enfer et du bonheur du ciel, sont propres à éloigner l'homme du vice, à le corriger de ses défauts, à le soutenir dans la pratique de la vertu. Quelles merveilles dans les mystères de la Trinité, de l'Incarnation et de la Rédemption. O mon Dieu, que l'homme est ingrat lorsqu'il oublie ou méconnait tout ce que vous avez fait pour le sauver; quelle morale sublime, à chaque vice vous opposez une vertu: à l'orgueil l'humilité, à l'avarice la charité, à la volupté la chasteté. C'est à la perfection de Dieu que nous devons tendre. Mais l'homme pourrait s'affaiblir, se décourager dans les luttes incessantes que lui livrent ses propres passions, le monde et les puissances de l'enfer; l'Eglise l'encourage, le soutient dans la vérité et la vertu, et le fait triompher de tous ses ennemis par les sacrements, qui le purifient, le fortifient, nourrissent sa piété, et qui sont autant de canaux par où nous arrivent en abondance les grâces divines. Ses fêtes, ses observances, ses institutions adoucissent l'amertume de la vie, en préviennent l'ennui et le dégoût; elles nous font avancer dans la vertu, entretiennent la charité dans les cœurs et portent la lumière dans nos âmes. Ne sont-ce pas les enseignements des pasteurs, pendant les dimanches et les fêtes, qui ont moralisé et civilisé les peuples, qui ont fait connaître à toutes les classes de la société leurs devoirs respectifs. Si le repos de ces saints jours n'avait pas existé, jamais l'ignorance et la barbarie n'auraient disparu. Quels sublimes modèles nous présentent les fêtes des saints; ce qu'ils ont fait, nous pouvons le faire; comme nous ils avaient de violentes passions; la chair, le monde et les démons leur faisaient la guerre. A leur exemple, nous devons mépriser tout ce qui n'est pas de Dieu, et faire le sacrifice de tout qui est du monde. A leur exemple nous devons nous compter pour rien, être doux, humbles, soumis à Dieu, à l'Eglise, pleins d'abnégation pour nous-mêmes et de dévouement pour nos frères. Que les fêtes de Marie surtout ont d'efficacité pour nourrir, entretenir la pureté, la piété, la charité dans nos cœurs. Qu'il est consolant pour nous d'avoir non-seulement un père dans le ciel, mais aussi une mère tendre, qui veille constamment sur nos intérêts et se rend notre avocate et notre protectrice auprès de son divin fils, comme lui-même s'est rendu notre médiateur auprès de Dieu. Et il suffit de prendre un catéchisme pour reconnaître combien l'Eglise est sainte, avec quelle sollicitude elle s'occupe du salut des fidèles, avec quelle vigilance elle prévient les abus, les superstitions, les erreurs, les vices, les défauts même les plus légers en apparence; avec quel zèle, avec quelle patience elle inculque dans l'esprit des enfants les moins intelligents les plus sublimes notions de la religion, de la morale, de la plus haute philosophie, avec quel amour enfin elle les forme de bonne heure à la pratique des vertus les plus difficiles. Jetez aussi les yeux sur un martyrologe, et vous verrez quelle multitude de saints se sont formés dans l'Eglise. Il y en a dans tous les rangs de la société, dans tous les sexes, dans tous les âges, dans toutes les contrées. Outre cette multitude de saints qui se sont fait admirer par leurs vertus, il en est un plus grand nombre encore qui se sont sanctifiés par des vertus obscures et cachées aux yeux des hommes. N'est-ce pas l'Eglise qui la première a ouvert des asiles aux malades, aux vieillards, aux indigents, aux étrangers, aux enfants abandonnés. Pauvres qu'elle a secourus, orphelins qu'elle a adoptés, lui refuserez-vous le nom de sainte. Les schismatiques orientaux ont mis plusieurs de leurs docteurs, de leurs évêques, au rang des saints; mais lors même que ces personnages auraient eu toutes les vertus qu'on leur attribue, leur opiniâtreté dans le schisme suffirait pour les priver de la couronne des saints. Lorsque les donatistes vantaient les vertus de leurs pasteurs, la constance de leurs martyrs, les pères de l'Eglise leur répondaient que hors de l'Eglise il ne pouvait y avoir de sainteté. Mais vous dites que la sainteté est épuisée dans l'Eglise; mais elle se montre tous les jours féconde en bonnes œuvres, et elle est sans cesse occupée de faire du bien aux hommes et d'extirper les mauvais penchants de leurs cœurs. N'est-ce pas à l'Eglise qu'appartiennent ces prêtres si humbles, si dévoués pour leurs semblables, ces évêques qui nous font admirer leur foi et leur courage, en qui nous aimons à retrouver des pères et des mères, ces intrépides missionnaires qui vont mourir pour le salut des âmes, au delà des mers, ou dans des contrées éloignées; ces vierges sublimes qui, à l'exemple de Marie, renferment leur jeunesse, leur beauté, tous les avantages du monde, dans de saintes retraites dont les austérités et les prières fléchissent la justice de Dieu et attirent ses miséricordes sur la société? N'y comptez-vous pas aussi des milliers de sœurs et de frères, qui, avec un dévouement de tous les instants et un entier renoncement à eux-mêmes, se consacrent à l'éducation de l'enfance, au soulagement des misères humaines et au soin des prisonniers. N'est-ce pas à l'Eglise qu'appartiennent ces laïques si nombreux dans nos grandes cités, qu'ils édifient par leur piété, et dont ils consolent les pauvres par leur charité? N'est-ce pas dans le sein de l'Eglise que sont nées ces congrégations et ces confréries dont les membres, par leur charité et leur piété, guérissent tant de misères corporelles et intellectuelles? N'est-ce pas à l'Eglise catholique qu'appartiennent les œuvres admirables de la propagation de la foi, qui portent la foi et les lumières dans les diverses parties du monde? N'est-ce pas dans le sein de l'Eglise que s'opèrent les miracles? Pouvez-vous trouver une note plus frappante de sa sainteté ? Mais il ne tient qu'à vous d'examiner si réellement ils ont eu lieu, si les témoins qui les rapportent sont dignes de foi, s'ils méritent par leurs lumières, par leur bon sens, par leur brobité, par leur impartialité, qu'on croie à leurs récits. S'ils réunissent toutes ces conditions, vons devez croire à leurs paroles, comme vous y croiriez s'ils vous racontaient des faits ordinaires. Les faits miraculeux ne sont d'ailleurs admis par l'Eglise que d'après les règles de la critique la plus sévère. La vérité d'un seul miracle suffit pour faire reconnaître la sainteté de l'Église, Dieu ne pouvant favoriser l'imposture. Aussi beaucoup d'hérétiques sont entrés par cette voie dans le sein de l'Eglise. Mais nos adversaires nous disent : l'Eglise a laissé corrompre ses dogmes. Ou, quand et *comment* se sont-ils corrompus ? quels *sont* les dogmes corrompus ? vous n'apportez aucune preuve de cette accusation, qui n'est pas d'ailleurs nouvelle, et qui a été aussitôt réfutée qu'elle a été reproduite ; elle est donc mensongère. L'Église a, dans tous les temps singulièrement tenu à la pureté de ses dogmes ; les évêques, les successeurs de Pierre, n'ont cessé d'unir leurs efforts pour empêcher les abus, les superstitions de se glisser dans son sein.

Mais il y a de mauvais prêtres dans l'Eglise catholique. En supposant la vérité de ce fait, grossi partout de calomnies, que prouverait-elle contre la dignité et la sainteté de leur sacerdoce ? Leur inconduite est un fait personnel; elle vient de leur volonté corrompue ; elle ne vient pas du sacerdoce, dont la vérité et la sainteté ont Dieu pour auteur. Mais si les vices des prêtres vous inspirent *l'horreur dont vous faites tant* de bruit, d'où vient que vous soutenez ceux qui s'élèvent contre l'Eglie ; que vous citez comme des modèles ces hommes qui, oubliant leurs devoirs, foulant aux pieds leurs serments, se révoltent contre l'Eglise ? D'où vient que les protestants s'empressent d'ouvrir leurs rangs à ces perfides qui trahissent l'Eglise, qui leur avait confié le dépôt de sa doctrine et l'administration de ses sacrements ? Les catholiques ne sont pas plus saints que nous, ajoutent les protestants. Notre divin maître ne nous a-t-il pas avertis que, jusqu'à la moisson, il y aurait de l'ivraie parmi le bon grain dans le champ du père de famille ? Mais le mélange des bons avec les méchants n'ôte rien à la sainteté de l'Eglise. Nous savons d'ailleurs que les pécheurs sont des enfants indociles et rebelles qui refusent de se rendre à ses conseils, à ses avertissements. Pour être vicieux parmi les protestants, il ne faut que suivre leurs doctrines sur la foi justifiante, sur l'inadmissibilité de la justice, sur le mérite des bonnes œuvres, sur l'effet des sacrements, sur l'inutilité des sacrements. N'est-il pas propre aussi à fomenter, à nourrir les vices, ce système que chacun est juge du sens de l'Ecriture ? N'est-il pas fécond, ainsi que l'histoire le démontre, en crimes et en désordres de tout genre ? Chez les catholiques, au contraire, ceux qui sont vicieux contredisent la doctrine qu'ils professent, *négligent* les sacrements ou les profanent, violent enfin les lois que l'Eglise leur impose. Voyez d'ailleurs l'Eglise pleurant comme une mère tendre sur la mort spirituelle de ses enfants ! Nous voyons dans l'Ecriture qu'elle est la colombe qui gémit, que le père céleste l'écoute, qu'il n'écoute qu'elle, qu'il n'accorde rien qu'à ses prières. La sainteté ne se trouve donc que dans l'Eglise catholique, ainsi que le démontrent les œuvres merveilleuses qu'elle ne cesse de produire, et la vie si admirable d'un très grand nombre de ses enfants. Elle n'est pas chez les protestants, dont les doctrines s'opposent à son existence. Ces sectaires ont aboli la confession, qui prévient tant de crimes, amène tant de repentirs; en rejetant la croyance à la présence réelle, ils ont éteint le foyer de la charité, et ôté aux hommes toute force contre les passions; ils ont retranché du culte les pratiques les plus propres à inspirer la piété, le respect pour la majesté divine, la reconnaissance, la confiance en Dieu, l'esprit d'humilité et de pénitence. La vie des fondateurs du protestantisme n'offre qu'une triste série de scandales et de révoltes. La débauche, le pillage, le meurtre sont les tristes fruits de leurs doctrines impies. Éloignons-nous donc avec soin de ces sources empoisonnées, et attachons-nous avec force, du fond de nos entrailles, à l'Eglise romaine, qui, forte de son unité et de sa sainteté, nous exhorte sans cesse, depuis 19 siècles, à devenir parfaits comme Dieu, et offre à notre imitation les plus beaux modèles dans la vie de son divin fondateur, et dans celle de tous les hommes de mortification, de charité, de sainteté, qu'elle a enfanté à la vie bienheureuse du ciel, par les mêmes doctrines qu'elle nous enseigne, par les mêmes pratiques qu'elle nous recommande, et sous la direction du même sacerdoce que nous avons pour guide et pour lumière.

III

CATHOLICITÉ.

Le troisième signe que nous ayons pour reconnaître la véritable Eglise, c'est la catholicité. C'est dire qu'elle n'est bornée *ni quant au temps ni quant aux lieux. Les prophètes nous ont* dit, en parlant du Messie, qu'il aurait les nations pour héritages; qu'il régnerait d'une mer à l'autre, et jusqu'aux extrémité de la terre ; qu'il serait la lumière et le salut des nations; qu'il rendrait le nom de Dieu grand de l'orient au couchant, et qu'il lui ferait offrir en tout lieu une hostie sans tache. Cette prophétie reçoit son accomplissement dans l'Eglise romaine et en prouve la divinité L'Eglise s'est répandue chez tous les peuples malgré la différence des lois, des mœurs, des habitudes. Nous faisons profession, dit saint Paul, d'enseigner les mêmes choses partout et dans toutes les églises. Semblables, dit saint Irénée, à une seule famille, qui n'a qu'un cœur, qu'une même voix; nous prêchons partout de même d'un consentement unanime. Tertullien, dans son livre des prescriptions, opposait aux hérétiques le témoignage des Eglises apostoliques, auquel toutes les autres s'en référaient. Saint Cyrille raisonne dans le même sens dans son Traité de l'unité de l'Église catholique. Saint Augustin, dans ses divers ouvrages contre les donatistes, regarde la croyance uniforme de l'Eglise comme une règle de foi et de conduite. Saint Pacien, saint Clément d'Alexandrie, saint Ignace, saint Justin, tous les Pères les plus anciens, comme ceux qui ont vécu à des époques moins éloignées, nous expliquent que l'Eglise est catholique parce qu'elle *n'a des limites ni quant aux temps ni quant aux* lieux, parce qu'elle est fondée par Jésus-Christ et les Apôtres, qu'elle est répandue chez tous les peuples, et que, dans aucun temps, ni dans aucun lieu, ses dogmes, ses sacrements, son ministère, n'ont éprouvé ni changement ni incertitude; et tous ont tiré de ce caractère de catholicité de l'Eglise le même argument en faveur de sa divinité. Tous ont également conclu du caratère de nouveauté dont les sectes sont marquées, qu'elles ne faisaient pas partie de la véritable église. Nous pouvons opposer, avec bien plus de force, aux sectes modernes, le même raisonnement. En effet, nous leur montrons que, depuis 19 siècles, l'Eglise a toujours conservé les mêmes dogmes, les mêmes sacrements, le même ministère, et que le temps, qui use tant les lois, les coutumes, les Etats, non seulement n'a pas eu de prise sur elle, mais lui a constamment procuré de nouveaux triomphes ; que par conséquent n'ayant jamais cessé d'être ce qu'elle était dans les temps apostoliques, elle est la seule Eglise catholique. Les sectes établies en Orient font profession, aussi bien que nous, à la vérité, de s'en tenir à la tradition ; mais elles n'ignorent pas que cette tradition, sur plusieurs points, ne s'étend pas au delà du siècle qui les a vu naître; que, dès cette époque, elles ont cessé de faire partie de l'Eglise catholique. Si nous opposons aux protestants les traditions sur les articles de foi qu'elles ont retenu, c'est pour montrer à ces derniers qu'ils cherchent en vain des témoignages dans les anciennes Eglises, et qu'ils n'y trouveront ni des frères ni des ancêtres. L'antiquité, et par suite la catholicité, manque aux protestants. Leurs enseignements sont nouveaux ; l'Eglise les a condamnés parce qu'ils sont en opposition avec ceux qu'elle a reçus de Notre-Seigneur Jésus-Christ. Protestants, vous vous flattez d'être la véritable Eglise; mais, où sont vos anathèmes contre les Cérinthe, les Manes, les Apollinaire, les Marcion, les Arius, les Nestorius ? Vous gardez le silence; vous n'êtes donc pas la véritable Eglise. Vous nous montrerez peut-être vos pères, vos chefs ; vous n'en avez pas. Luther a établi parmi vous une ordination nouvelle un sacerdoce nouveau. Le souverain pontife, le successeur de Pierre, ne vous reconnaît pas. Vous ne remontez donc pas à Jésus-Christ et à saint Pierre ? Vous n'êtes donc pas la véritable Eglise ? Vous n'avez donc pas la vraie foi ? — Nous sommes la véritable Eglise, dites-vous; mais vous n'êtes que d'hier. Je vous cherche pendant 15 siècles, je ne vous trouve pas. Avant Luther il n'y avait pas de Luthériens encore ; en 1518 et en 1519 Luther protestait de son entière soumission aux décisions du chef de l'Église, dans deux lettres que nous reproduirons dans la suite de ce travail, et qu'il adressa au Pape Léon X. Ce n'est qu'après sa condamnation par Léon qu'il rompit avec l'Eglise romaine. Avant la protestation contre le décret de l'empereur et la diète de Spire, il n'avait jamais été question de protestants dans le monde. Nous avons donc raison de dire que ces sectaires ne font pas corps avec l'Eglise catholique, qu'ils ne remontent pas au Sauveur, et qu'ainsi ils ne possèdent pas la vraie foi. — Si l'Eglise catholique n'est pas restreinte à un temps, elle ne l'est pas non plus relativement aux lieux. Si on reconnait l'hérésie par son origine récente, parce qu'elle ne peut remonter à Jésus-Christ, c'est aussi une de ses notes d'être renfermée dans quelques pays. Ce second caractère de la catholicité de l'Église appartient encore à l'Eglise romaine. Il n'est point un seul article du symbole qui ne soit admis de toutes les Eglises catholiques. Dans toutes les parties de l'univers, en Europe, en Asie, en Afrique, en Amérique, dans l'Océanie, vous trouverez des Eglises catholiques ayant la même foi, les mêmes sacrements, le même ministère. Il n'en est pas de même des sectes qui s'en sont séparées. Saint Augustin dit des sectes de son temps, qu'il en existait en différentes parties du monde, mais que chacune d'elles était renfermée dans une certaine étendue de pays, comme les donatistes en Afrique, les eunomiens en Orient; qu'il n'y avait pas de donatistes en Orient, ni d'eunomiens en Afrique, au lieu que l'Eglise catholique était partout, et qu'au milieu de ces différentes sectes elle demeurait en possession de son nom, qui la distinguait de toutes les autres sociétés. Ce que disait ce grand docteur des sectes de son temps s'applique encore à celles de nos jours. Il en existe beaucoup qui ne s'étendent guère au delà du pays où elles ont pris naissance. Celles de ces sectes qui sont les moins bornées, le mahométisme et le luthéranisme, ne se sont jamais étendues l'une dans le Nord et l'autre dans le Midi. Mais les protestants ont la prétention de faire partie de l'Eglise universelle, bien qu'ils professent une foi opposée sur la plupart des dogmes; et ils disent qu'un particulier, une église particulière peuvent tomber dans l'erreur sans cesser de faire corps avec l'Eglise catholique. A les en croire aussi, l'Eglise pourrait s'engager dans l'erreur sans cesser d'être catholique. Si un particulier, si une Eglise, lorsqu'ils s'égarent, sont soumis, de cœur et d'esprit, à la correction de l'Église universelle, ils ne cessent pas, en effet, d'en être membres; mais s'ils s'obstinent dans l'erreur, *ils en sortent, ils en sont retranchés. Ainsi, les protestants*, qui rejettent les enseignements de l'Eglise, ses sacrements, son ministère, n'en font nullement partie, car ils ne peuvent rester dans son sein malgré elle, et en se dispensant du devoir qu'elle impose. Mais on ne peut supposer que l'Eglise catholique tout entière puisse prévariquer. Qui la reprendrait alors? Quelques particuliers; mais ils sont sont soumis à ses lois, tandis qu'ils n'ont aucune autorité sur elle, à moins qu'ils ne justifiassent qu'ils ont reçu une mission divine : hors ce cas, l'Eglise est en droit de les traiter comme des rebelles. Mais c'est faire une supposition impie. La véritable Eglise de Jésus-Christ, l'Eglise catholique romaine, qui est l'épouse sans tache et sans rides, que Jésus-Christ s'est formée, ne peut jamais s'égarer. L'histoire dément toute hypothèse sacrilége que l'on pourrait se faire à cet égard, et les promesses divines qu'elle a reçues lui garantissent qu'il en sera de même pour l'avenir. On sentira d'après cela que l'on ne peut comprendre sous le nom d'Eglise catholique, comme le soutiennent quelques sectaires, la réunion de toutes les communions chrétiennes; sans doute, celles qui ont déjà disparu et celles qui naîtront dans l'avenir. Mais, dans ce système, où placerez-vous, comment ferez-vous exécuter l'ordre divin de traiter comme païens, de condamner comme hérétiques ceux qui n'écoutent pas l'Eglise? Quelle Eglise faudra-t-il écouter? Quelle Eglise devra condamner? Sera-ce celle de Rome, de Genève? Faudra-t-il écouter les Vaudois, les calvinistes, les anabaptistes, les quakers, les sociniens, les anglicans, les méthodistes? Peu importe, dites-vous. Quoi! il importe peu de refuser aux morts des prières parce qu'on ne croit pas au purgatoire; de croupir dans le péché parce que l'on rejette le sacrement de pénitence; de nier le mystère de la Trinité, la divinité de Jésus-Christ? ce ne sont point là des points essentiels? mais en pressant, vous devez considérer les juifs, les mahométans, comme des enfants de l'Eglise. Direz-vous qu'il n'y a que ceux qui regardent les Ecritures comme divines qui soient membres de l'Eglise? Mais savez-vous que les Ecritures sont de Dieu? Si vous rejetez le témoignage et l'autorité de l'Eglise romaine, et que ferez-vous de ceux qui n'admettent qu'une partie des saintes lettres? Les rejetterez-vous de votre Eglise? En vertu de quel droit? Avouez qu'il n'y a plus d'ordre ni de société possible avec de tels systèmes, que tout est dans la confusion, soit dans les idées, soit dans les choses. Le titre de catholique appartient donc exclusivement à l'Eglise romaine, à l'Eglise fondée par Jésus-Christ sur la chaire de Pierre. L'homme le moins instruit sait bien qu'en récitant l'article du symbole *je crois la sainte Eglise catholique*, il veut dire, je reconnais pour la véritable Eglise de Jésus-Christ celle que le divin sauveur a lui-même établie, et qui se manifeste par son universalité. Au reste, loin de contester à l'Eglise sa catholicité, les sectaires qui se sont séparés d'elle n'osent la lui disputer. Les hérétiques de notre époque, comme de celle des saint Augustin, ne peuvent s'empêcher, lorsqu'ils parlent à d'autres qu'à ceux de leurs sectes, d'appeler l'Église catholique de son vrai nom. Demandez à un calviniste, dans une ville de Hollande, ou à un luthérien d'Allemagne où est l'église des catholiques, il ne vous montrera ni celle de sa secte ni celle des autres hérétiques, mais bien celle où se réunissent les personnes qui font profession de la foi catholique.

IV

APOSTOLICITÉ DE L'ÉGLISE.

Tout homme qui annonce une religion est tenu de prouver par des miracles la vérité de la mission qu'il exerce, s'il l'a reçue immédiatement de Dieu, d'une manière extraordinaire, ou bien qu'il l'a reçue médiatement par la voie ordinaire, suivant l'usage ou le signe établi dans la religion qu'il professe. Dans l'ancienne loi, Moïse, Aaron, les prophètes prouvèrent la divinité de leur mission, de leur autorité par des miracles; mais les enfants d'Aaron n'eurent qu'à prouver leur descendance de ce pontife, afin d'exercer les fonctions sacerdotales. Dans la nouvelle loi, les apôtres ont prouvé par des miracles incontestables, éclatants, la divinité de leur mission, de leur autorité. Jésus-Christ ne voulut pas lui-même qu'on le crût sur sa parole; il prouvait sa divinité par des miracles, et s'il reproche aux Juifs leur incrédulité, c'est parce qu'il avait fait au milieu d'eux des merveilles que nul autre avant lui n'avait opérées. Mais notre Seigneur Jésus-Christ devant remonter dans les cieux après l'accomplissement de sa mission, choisit des disciples, des apôtres, pour prêcher l'Evangile aux peuples. Il leur communiqua sa puissance sur les éléments, sur les lois de la nature, sur les puissances infernales; mais ce don des miracles, quoique permanent dans l'Église, et qui était nécessaire aux apôtres et aux disciples pour justifier leur mission divine, ne fut pas une condition nécessaire de l'apostolat, du sacerdoce institué par Jésus-Christ. Les apôtes imposèrent les mains aux hommes qu'ils choisirent pour les héritiers de leur mission, de leur autorité. L'imposition des mains, le sacrement de l'ordre fut le signe de la mission dont ils les chargèrent, du pouvoir qu'ils leur conférèrent. Ceux-ci, à leur tour, imposèrent les mains à d'autres hommes, et leur transmirent les droits, la mission, l'autorité, le dépôt de la doctine qu'ils avaient reçue des apôtres. Ainsi les pasteurs se communiquent successivement, depuis dix-neuf siècles, des uns aux autres, leur mission, avec l'autorité et les prérogatives qui y sont attachées. Dans cet ordre de succession tout est régulier, rien n'est laissé aux passions des hommes qui voudraient intervertir, usurper ou annihiler les fonctions du sacerdoce; aussi n'a-t-il jamais souffert d'interruption. L'autorité, la mission des pasteurs sont donc indépendantes de toute puissance humaine, que cette puissance réside dans un roi ou dans un corps populaire. Lorsque notre Seigneur appela les apôtres et les disciples, il ne consulta ni les peuples ni les rois; il les envoya *au milieu des nations pour les enseigner, les baptiser*, pour *les lier et les délier*, et leur dit : *Ce n'est pas vous qui m'avez choisi*, mais *c'est moi qui ai fait choix de vous* et *qui vous ai établis pour faire fructifier ma doctrine. Priez le maître de la maison, afin qu'il envoie des ouvriers pour moissonner son champ. Comme mon Père m'envoie, je vous envoie.* Il leur dit encore qu'il est *la porte par laquelle le pasteur entre.* Il appelle *mercenaire* celui à qui *les brebis n'appartiennent pas;* il les nomme aussi *larrons, voleurs.* Assurément, malgré tous les sophismes des protestants, ces paroles, sorties de la bouche de l'éternelle vérité, prouvent bien que le sacerdoce vient de Dieu, et qu'il ne peut être conféré par aucun pouvoir humain. D'ailleurs, la religion étant divine, le sacerdoce destiné à la conserver, à la propager, vient aussi de Dieu. On ne pourrait concevoir un sacerdoce humain avec une religion divine; c'eût été livrer aux caprices des hommes les choses de Dieu. Aussi saint Paul nous enseigne-t-il que personne ne peut prétendre au sacerdoce s'il n'y est appelé de Dieu, comme Aaron; que Jésus-Christ lui-même n'en a été revêtu que parce qu'il y a été appelé par son Père. Il fait profession de tenir son apostolat non des hommes, mais de Jésus-Christ. Nous voyons aussi dans les *Actes des apôtres* que c'est le Saint-Esprit qui établit les évêques pour gouverner l'Église de Jésus-Christ, et jamais les apôtres ne consultèrent les princes ou les peuples pour conférer leurs pouvoirs aux évêques qu'ils établirent. L'origine du sacerdoce est donc toute divine, et il est absurde de prétendre que, pour en exercer les fonctions, on n'a pas besoin d'une mission divine, et que l'on peut les abandonner, si le peuple y consent, à un laïque, sans ordination, sans caractère. Faisons d'ailleurs remarquer que les nations et les rois en entrant dans l'Église n'en sont pas devenus les maîtres, qu'ils y sont entrés comme des enfants soumis et obéissants. Les pasteurs, qui tiennent leurs droits de Dieu, ne s'en sont pas dépouillés en leur faveur; les ministres, les ambassadeurs de Jésus-Christ ne se sont pas fait les esclaves des hommes; les guides, les conducteurs des peuples ne se sont pas mis à leur suite. Pour connaître donc la divinité du corps des pasteurs de nos jours, nous n'avons qu'à ouvrir l'histoire, prendre une liste des papes qui ont occupé le siége de Rome, et nous remontons de siècle en siècle jusqu'à saint Pierre, établi par Jésus-Christ lui-même; tous ces pontifes ont été canoniquement institués, et reconnus par l'Église comme revêtus de la suprématie pontificale. Le fait seul de la légitimité de la succession des pontifes romains emporte nécessairement la dignité et les prérogatives de la charge à laquelle ils ont succédé. Il en est de même dans la société civile : les magistrats ne produisent pas d'autres titres pour démontrer qu'ils sont enpossession légitime de l'autorité de leurs prédécesseurs. Ce que nous venons de dire de la succession du siége apostolique s'applique à celle de tous les autres siéges. Tous les évêques qui existent aujourd'hui remontent, par une chaîne non interrompue, aux apôtres, soit immédiatement, soit médiatement; immédiatement, si le siége sur lequel ils sont établis a été fondé par les apôtres; médiatement, s'ils l'ont été par les successeurs de saint Pierre. Ainsi le saint archevêque qui occupe aujourd'hui le siége épiscopal de Toulouse descend, par une succession non interrompue, de saint Saturnin, qui avait reçu son autorité et sa mission du pontife romain alors régnant, lequel remontait aussi, par une succession non interrompue, à saint Pierre, institué par Jésus-Christ lui-même, chef de son Église. Tous les pasteurs du second ordre ont reçu la mission et l'autorité de leurs évêques respectifs, comme eux-mêmes les ont reçues du pape. Tout le corps des pasteurs de l'Eglise romaine a donc la même mission, la même autorité que ses prédécesseurs, en remontant jusqu'aux apôtres; le même ministère, possédant les mêmes droits, les mêmes priviléges, existe donc depuis dix-neuf siècles sur le même fondement, qui est Jésus-Christ. Vainement les réformés ont-ils essayé de se rattacher à la succession apostolique; ils ont changé tout ce que les apôtres avaient établi; ils ont supprimé l'épiscopat; ils ont substitué une nouvelle ordination à l'ancienne; ils ont confié à des laïques le droit d'enseigner; ils ont donc interrompu la succession apostolique, ils ne peuvent donc s'y rattacher; leurs ministres sont donc sans pouvoir, sans mission. En vain encore assignent-ils pour leur Église motrice la secte des vaudois ou quelques autres sectes moins connues; mais au lieu de résoudre la difficulté, ils ne font que la reculer. Avant Pierre Valde, la société des vaudois n'existait pas. De qui cet homme tenait-il sa mission, son autorité? Ce n'est pas de l'Eglise romaine, qui l'avait condamné, qui l'avait retranché de son sein. Les vaudois n'ont donc pu communiquer aux protestants des pouvoirs, des droits qu'ils n'avaient pas. « Si » quelques hérésies, dit Tertullien, dans son *Traité des prescrip-* » *tions*, osent se confondre avec les temps apostoliques, afin de » paraître avoir été enseignées par les apôtres, nous pouvons » répondre : qu'elles montrent donc l'origine de leurs Églises; » qu'elles développent la succession de leurs évêques; qu'elles » prouvent que le premier d'entre eux a eu pour auteur un » apôtre, ou quelqu'un d'entre les hommes apostoliques, de » ceux toutefois qui ont persévéré dans la communion des apô- » tres. » Mais aucune société séparée de l'Eglise romaine ne prouvera jamais une telle succession. Les auteurs des hérésies, des schismes, qui ne peuvent d'ailleurs citer aucun miracle à l'appui de leur mission, étaient donc des imposteurs. — La suprématie que l'Église romaine a toujours exercée sur toutes les autres Églises vient encore à l'appui de notre thèse. Le Seigneur dit à Pierre : « J'ai prié pour vous, afin que votre foi » ne faille pas. » Il lui dit aussi : « Vous êtes Pierre, et sur » cette pierre je bâtirai mon Eglise; les portes de l'enfer ne » prévaudront pas contre elle. » Tous les siècles ont vu dans ces paroles de Jésus-Christ, et dans d'autres consignées dans les livres saints, le droit de primauté, de suprématie des évêques de Rome sur tous les autres évêques; aussi, dans tous les siècles également, avait-on recours à l'évêque de Rome dans toutes les affaires religieuses. Dès la fin du IIe siècle, saint Irénée opposait aux hérétiques de son temps la tradition de l'Eglise de Rome, garantie par la succession des évêques de ce *siége principal*, dont la chaîne remontait aux apôtres. Saint Cyprien argumentait de même. Tous les Pères, latins et grecs, ont tenu le même langage. L'Eglise romaine est donc la principale Eglise, et elle est vraiment apostolique; toute Eglise qui se donne une nouvelle existence en se séparant d'elle, cesse de participer à son apostolicité, et est justement flétrie comme hérétique. Se voyant ainsi repoussés de la succession apostolique, les protestants ont prétendu que ce défaut de succession ne prouvait pas qu'ils n'appartenaient pas à la véritable Eglise, mais qu'il fallait juger si on lui appartenait ou non par l'enseignement de la doctrine, par l'administration des sacrements; et comme ils se flattent d'enseigner la vraie doctrine en conformité de la parole de Dieu, et de posséder la pure administration des sacrements, ils disent qu'ils appartiennent à la vraie Eglise. Mais toutes les sectes chrétiennes ont la même prétention que les protestants; toutes disent qu'elles enseignent la vraie doctrine, toutes proclament qu'elles ont la pure administration des sacrements. Mais qui distinguera l'Eglise qui possède réellement ces propriétés, ces avantages? Il faudra se livrer à de longues études, et, après les avoir faites pendant plusieurs années, on n'aura pas la certitude si l'on ne s'est pas trompé dans le jugement que l'on aura porté. Les hommes les plus instruits, les génies les plus sublimes font si souvent des méprises dans des études moins difficiles. Les fidèles devront donc discuter les questions sur l'inspiration des Écritures, sur l'authenticité des versions, sur le sens des textes, qui sont si diversement interprétés dans les différentes communions, afin de connaître la vraie doctrine de Jésus-Christ, le nombre, la nature et la propriété des sacrements. Mais on sent que ce travail est impraticable pour les hommes ignorants, pour le plus grand nombre; ceux même qui ont des lumières, du savoir, sont distraits par les affaires, par des devoirs d'état qui les empêcheront de se livrer à des études sérieuses et nécessaires pour discerner la véritable Eglise au milieu d'innombrables sectes. Notre Seigneur n'a pu donner à son Eglise des signes, des caractères qui auraient laissé les esprits dans l'incertitude, qui les auraient même portés à s'égarer, qui auraient même rendu inutile la mission du Sauveur. C'est donc par le témoignage et l'autorité de la véritable Eglise que nous devons connaître la vraie doctrine de Jésus-Christ et les sacrements qu'il a institués pour notre sanctification. Et quelle autre Eglise pourrait être dépositaire de la divine parole et des divins sacrements que celle qui est fondée par les apôtres, et dans laquelle le corps des pasteurs n'a pas eu sa succession interrompue? Nous n'avons donc qu'à nous assurer des signes extérieurs de l'Eglise, de son unité, de sa sainteté, de sa catholicité, de son apostolicité, pour avoir la certitude que, les possédant, elle enseigne la vérité, et que les sacrements y sont administrés comme le Sauveur les a institués. La doctrine, la tradition y passent de génération en génération, et n'y peuvent changer; elle est continuellement assistée par Jésus-Christ et éclairée par le Saint-Esprit. Lors même que plusieurs personnes s'y concerteraient pour soulever des opinions nouvelles, elles seraient aussitôt contredites par le corps des pasteurs. Jamais les novateurs n'ont paru sans exciter des réclamations et du scandale; toujours on les a repoussés, en leur disant : « Vos enseignements sont nouveaux, ils ne viennent pas des apôtres. »

V

VISIBILITÉ DE L'ÉGLISE.

La visibilité de l'Eglise résulte évidemment des quatre caractères que nous venons de développer; si elle ne les avait pas, ou si elle cessait de les avoir, elle ne serait pas visible, et si elle ne l'était pas, elle ne serait pas la véritable Eglise. Elle nous est représentée par les prophètes *comme une montagne élevée sur les collines, dont la splendeur doit éclairer et attirer toutes les nations, comme une haute montagne, à laquelle toutes les nations viendront en foule.* D'après les protestants, il s'agit bien d'une visibilité éminente pour l'Eglise dans les prophètes; mais on ne peut conclure de leurs expressions que cette visibilité doive durer toujours. Mais il n'y est pas dit non plus que l'on doive la restreindre à un certain temps, seulement aux âges apostoliques. La Bible parlant de la visibilité de l'Eglise, il faut l'admettre pour tout le temps que durera l'Eglise; celle-ci n'ayant d'autre terme de sa durée que celui même du monde, il ne faut pas non plus donner des limites à la durée de sa visibilité. Remarquez même que, d'après les prophètes, la visibilité étant une propriété de l'Eglise, qui doit la faire connaître aux peuples, qui doit les éclairer, les attirer, cette propriété ou signe doit toujours exister. Si cette visibilité n'existait que pendant un certain temps, il ne serait pas vrai qu'elle attire, qu'elle éclaire les nations : ce qui n'est pas vu n'attire pas et n'éclaire point. Comment les peuples auraient-ils pu accourir en foule vers elle s'ils ne l'avaient pas vu? On n'accourt que vers ce que l'on voit. Le Nouveau Testament est aussi bien formel sur la visibilité de l'Église ; elle y est figurée sous l'emblème d'un champ, d'une maison, d'un royaume ; il y est dit qu'elle est établie sur la pierre, et que les portes de l'enfer ne peuvent prévaloir contre elle ; que le ministère établi pour la gouverner doit demeurer jusqu'à la fin. Disons qu'avant que Jésus-Christ eût établi son Église, elle existait déjà dans sa personne sacrée, sous la forme qui appartient à son essence ; son âme était dans sa divinité, son corps dans son humanité. Après l'Ascension, son esprit resta sur la terre, son humanité visible demeura dans les cieux. Toutefois, avant de quitter la terre, le Sauveur donna à l'Eglise un corps qu'il anima par son esprit ; il institua le ministère pastoral, sa hiérarchie, le chargea de l'enseignement, établit les sacrements, et lui promit d'être toujours avec elle jusqu'à la fin des siècles. Que lui manque-t-il donc pour convaincre nos frères égarés ? Interrogeons l'histoire ; elle nous répond que l'Eglise n'a jamais cessé d'être visible. Il n'y avait, nous dit-on, que sept mille hommes fidèles dans Israël du temps du prophète Élie ; l'Eglise peut donc éprouver des éclipses : ce fait ne prouve rien contre la visibilité de l'Eglise. Autrefois il n'était pas nécessaire d'être juif pour être sauvé ; aujourd'hui nul, s'il n'appartient à l'Eglise, ne peut obtenir le salut. D'ailleurs l'Eglise ou l'assemblée des fidèles se manifsait dans les sept mille hommes qui pratiquaient la loi. Ensuite l'Eglise et la religion éclataient en même temps dans Judas sous le roi Josaphat et les autres. On met du reste la difficulté là où elle n'est pas, que l'Eglise cesse d'être visible en certains pays, qu'elle n'y ait que des membres cachés, cela n'est pas contesté ; mais sa visibilité ne laisse pas pour cela de subsister. Remarquez même que les principes les plus connus de l'enseignement chrétien s'opposent à la supposition d'une Eglise invisible. Ils exigent la profession extérieure de la foi intérieure, afin que cette foi en soit le témoignage extérieur, on croit de cœur, dit saint Paul, pour avoir la justice, mais on confesse de bouche pour avoir le salut. Jésus-Christ déclare qu'il désavouera devant son père ceux qui auront rougi de lui devant les hommes. Ces divins enseignements sont inconciliables avec le système d'une Eglise invisible. Toute idée même d'Eglise disparaît devant un si absurde système, il n'y a plus de croyance commune parmi les hommes, chacun se dit comme inspiré d'en haut, se donne comme réformateur et se fait son Église. On s'imagine bien au surplus ce qui a pu porter les réformateurs à inventer cette Eglise invisible ; ne pouvant justifier en aucune manière la mission qu'ils s'étaient attribués, ils se réfugièrent dans l'obscurité d'une Eglise imaginaire. Mais l'Eglise romaine ne se voyait pas du temps des apôtres. Quelle était donc l'Eglise qui se voyait alors ? était-ce celle de Luther et de Calvin ? Mais il faut laisser passer quinze siècles avant d'en entendre parler. Etait-ce des Eglises protestantes dont les pères de l'Eglise opposaient aux hérétiques de leur temps la succession non interrompue ? N'est-ce pas de l'Eglise romaine encore existante et visible dont ils faisaient connaître la magnifique succession. La liste des pontifes qui a commencé à saint Pierre, qui s'est continuée dans les temps apostoliques, n'est-elle pas toujours ouverte. Quelle Eglise est donc plus visible ? Vous nous dites que notre Eglise n'existait pas dans les temps apostoliques avec sa hiérarchie ? Est-ce que notre Seigneur ne distingua pas les disciples et les apôtres. Ne donnait-il pas à ceux-ci autorité sur les autres ? Ne plaça-t-il pas saint Pierre à la tête des apôtres ? N'y avait-il pas aussi de simples fidèles parmi cette multitude qui suivait et accompagnait le Sauveur dans ses diverses missions ? Il y avait donc dans le temps même que Jésus-Christ formait son Église des relations d'autorité des uns sur les autres. Il y avait des enseignants et des enseignés. Si la hiérarchie n'existait pas, pourquoi les apôtres établissaient-ils des évêques, des prêtres, dans les églises qu'ils formaient. Pourquoi les évêques furent-ils regardés dans tous les siècles comme les chefs de leurs Eglises respectives ? Pourquoi ce recours perpétuel au siége de Pierre en Orient et en Occident. Pourquoi tous les pères, tous les conciles proclament-ils dans tous les temps que le siége de Pierre est le centre où se rallient tous les autres pasteurs dans les divers degrés de la hiérarchie ? D'où vient que depuis le commencement de l'Eglise l'évêque de Rome a été considéré comme le chef suprême de l'Eglise ? D'où vient que les sectaires, avant leur condamnation, reconnaissaient son autorité. Les hommes supérieurs nés dans le sein de la réforme, Grotius, Leibnitz, Puffendorf, n'ont-ils pas reconnu que cette autorité du souverain pontife avait toujours existé dans l'Eglise et qu'elle y était nécessaire. Il n'y avait ni papes, ni évêques dans la primitive Eglise ; qu'étaient saint Pierre, saint Luc, saint Anaclet, saint Clément ? n'avaient-ils pas tous les droits des souverains pontifes ? Saint Tite, saint Timothée, saint Ignace, saint Polycarpe, n'étaient-ils pas évêques ? On ne parlait pas de messes, de confessions, d'absolutions ; mais tous les monuments de l'antiquité démontrent le contraire. L'Eglise n'était donc pas moins visible dans les siècles apostoliques que dans le nôtre et cette Eglise était l'Eglise romaine.

VI

INDÉFECTIBILITÉ. — PERPÉTUITÉ DE L'ÉGLISE.

L'indéfectibilité, la perpétuité de l'Église, découlent nécessairement de son unité, de sa sainteté, de sa catholicité, de son apostolicité, de sa visibilité ; si l'Église n'était pas une et sainte, l'erreur s'introduirait dans son sein et avec elle la division et la mort. Notre Seigneur nous dit que toute maison divisée contre elle-même tombera en ruine. Si elle n'était pas catholique universelle quant aux temps et quant aux lieux, elle ne pourrait non plus lutter contre l'erreur. Dans un temps donné ou en certains lieux, elle aurait action sur elle. Si elle n'était pas apostolique elle ne viendrait pas de Dieu mais de l'homme et par conséquent elle serait, comme toutes les œuvres humaines, sujette à l'erreur, à la corruption, à la mort ; enfin, si elle n'était pas visible, elle n'offrirait aucune garantie de vérité, de sincérité ; elle ne serait pas une barrière insurmontable contre la nouveauté, mais une chaire toujours prête à la recevoir, à la publier ; mais il n'en est pas ainsi ; l'Église bâtie sur la pierre doit durer autant que l'humanité sur la terre ; en vain la pluie tombera, les vents souffleront et viendront fondre sur elle, en vain les fleuves déborderont, l'Eglise restera inébranlable sur la pierre qui la soutient ; aucune partie de sa constitution ne s'en détachera ; ses sacrements, son culte, son enseignement, son ministère, se perpétueront jusqu'à la fin des siècle, sous la protection vigilante du Dieu sauveur qui fera échouer toutes les entreprises de l'enfer, sous la direction de l'Esprit saint qui lui manifestera la vérité, qui la lui fera embrasser, qui ne permettra jamais à l'erreur de pénétrer dans son sein. En garntissant à ses apôtres une protection si puissante contre l'erreur, le Sauveur n'en fit pas une affaire de faveur personnelle pour ses apôtres. Il ne leur donna ces garanties que pour l'avantage de l'Eglise, pour assurer le salut des fidèles. Les protestants ne peuvent donc limiter les divines promesses, car dans tous les temps il y aura des hommes à sauver ; mais ce n'est pas seulement la durée de ces divines promesses que les protestants ont essayé de réduire, ils ont prétendu aussi que leur effet ne s'étendait pas sur l'enseignement. Mais cette opinion est inconciliable avec les textes de l'Ecriture où l'on voit que Notre-Seigneur dit à ses apôtres *d'aller chez toutes les nations pour les enseigner et les baptiser, et que quiconque les écoutait l'écoutait, et que ceux qui les méprisaient le méprisaient.* Que veut-on trouver de plus explicite ? comment concilier ce système avec ces paroles adressées par Jésus-Christ à saint Pierre : *Je vous donnerai les clefs du royaume des cieux. Paissez mes agneaux et mes brebis. Confirmez vos frères dans la foi.* Certainement la promesse de protéger l'enseignement soit oral soit écrit, se trouve bien comprise dans ces paroles ! A quoi bon d'ailleurs protéger la succession du ministère pastoral s'il n'avait pas dû veiller sur son enseignement et empêcher l'Eglise de tomber dans l'erreur. Si Notre-Seigneur veille sur le corps pastoral, c'est pour que la division ne s'établisse point parmi ses membres et qu'il conserve la foi pure ; si les protestans étaient dans la vérité en inventant, en défendant ce système, saint Jean n'aurait pas dit : « Celui qui connaît Dieu nous écoute, celui qui n'appartient pas à Dieu ne nous écoute point. C'est par là que nous reconnaissons l'esprit de vérité et d'erreur. Si quelqu'un vient à vous et n'apporte pas les doctrines que je vous enseigne ne les recevez pas. » Saint Paul n'aurait pas non plus exhorté Timothée à éviter les faux docteurs et un hérétique qu'il aurait repris deux fois ; il n'aurait pas non plus averti les infidèles qu'à la fin des temps il viendrait des imposteurs, des séducteurs, et qu'ils eussent à s'en garder. Aurait-il encore enseigné que c'est Jésus-Christ qui donne les apôtres, les docteurs, les évangélistes, les prophètes, et qu'il les donne pour édifier son corps jusqu'à ce que nous soyons tous réunis dans l'unité de la foi et de la connaissance du fils de Dieu, afin que nous arrivions à la protection de l'âge mûr. L'enseignement de l'Eglise est donc placé sous la protection divine, il ne peut s'altérer sur aucun point ; si sur un seul article l'Eglise cessait d'enseigner la doctrine de Jésus-Christ, il ne serait pas vrai de dire qu'elle est divinement protégée. Mais sur quels points portent les reproches des protestants ? ils nous accusent d'admettre des dogmes, des sacrements, des pratiques sur lesquels l'Ecriture garde le silence, d'où ils concluent que la perpétuité de l'Eglise ne s'etend pas sur l'enseignement. Mais le silence des écritures ne prouve rien, on sait quelles ne renferment pas tout l'enseignement de Jésus-Christ. La tradition en contient aussi une partie, elle complète l'écriture. Ce qui n'est pas dit dans celle-ci se retrouve dans l'autre. Vous ne pourriez argumenter contre nous du silence de l'écriture qu'autant que vous nous prouveriez que notre Seigneur a ordonné à ses apôtres de coucher tout par écrit. Mais il est impossible que vous fassiez cette preuve. Vous nous opposez aussi certains passages des livres saints que vous vous efforcez de concilier avec vos préjugés, vos opinions. Mais c'est vous qui vous êtes constitués juges du sens de ces passages, quelle certitude pouvez-vous trouvez dans votre raison individuelle, lorsque nous vous montrons que c'est à l'Eglise seule qu'appartient le droit de juger et d'interpréter en matière de religion. Vous soulevez des opinions nouvelles et vous vous faites juge de leur validité, tandis que vous êtes partie interressée, tandis que vous êtes accusés et condamnés par l'Eglise qui existait quinze siècles avant vous. En vérité, votre jugement est irrecevable. Vous alléguez le silence des écritures et l'interprétation que vous en faites pour accuser l'Eglise d'avoir changé sa doctrine. Les hérétiques du IIe siècle lui adressaient ce même reproche, mais Tertullien et les autres Pères ne voulaient pas qu'on les admit à disputer par la voie des écritures à cause de l'indigne abus qu'ils faisaient des livres saints. Vous aussi vous ne craignez pas d'en altérer le sens, de leur donner une interprétation sacrilége. Vous faites plus, vous corrompez le texte, vous supprimez des passages, des livres entiers, et puis à l'aide de ces falsifications, vous nous accusez de corrompre la doctrine. Si l'Eglise a corrompu sa doctrine, prouvez-le donc par des faits clairs et précis: Mais tous les monuments de l'histoire témoignent que la foi que l'Eglise professait dans les siècles passés est la même que celle qu'elle professe aujourd'hui ; elle n'a pas éprouvé la plus légère variation pendant plus de dix-neuf siècles; la foi et l'enseignement de Grégoire XVI sont la foi et l'enseignement de saint Pierre. Plus de trois cents papes ont occupé le siége de Rome, et il n'en est pas un qui n'ait eu la même foi que tous ses prédécesseurs, que tous ses successeurs; il n'y a pas un seul dogme, un seul article du symbole sur lequel ils aient varié. Cependant l'Eglise, suivant la prédiction de son divin fondateur, a subi toute sorte de persécutions. Elle a été éprouvée par le fer des bourreaux, par le schisme, l'hérésie, par les vices et les scandales. Humainement parlant, elle aurait dû périr sous les coups de tous ses ennemis. Hé bien, au lieu de la détruire, les persécutions multipliaient ses enfants, les schismes, les hérésies qui trouvaient toujours l'Eglise en possession de la doctrine contraire, n'ont servi qu'à affermir les dogmes, à les mettre en lumière; à mesure que chaque erreur paraissait, l'Eglise s'empressait de la condamner par des décisions authentiques et de consacrer la croyance de la tradition par des expressions précises qui écartaient toute équivoque, tout subterfuge. Il fallait bien qu'il y eut des désordres dans l'Eglise, puisque l'éternelle vérité avait annoncé que l'ivraie croîtrait avec le bon grain, mais c'est une merveille de sa durée, une preuve irréfragable de sa divinité, que malgré ces désordres la succession de ses pasteurs n'ait pas été interrompue, que leur autorité ait toujours été reconnue, que son enseignement soit toujours resté irréprochable. Oui, c'est un caractère surnaturel qui n'appartient qu'à l'Eglise, de pouvoir à travers les scandales qui ne cessent de l'affliger, et tandis que tout change et se détruit autour d'elle, de pouvoir, dis-je remonter jusqu'à Jésus-Christ sans interruption et de n'avoir cessé d'offrir aux regards de l'univers des modèles de toutes les vertus en formant de vrais chrétiens dont la foi et les mœurs se rattachent sans discontinuité à la foi et aux mœurs des apôtres. — Depuis dix-neuf siècles l'Eglise a résisté à tout, à la paix et à la guerre, à la pauvreté, à l'opulence, aux échafauds, aux triomphes, à la lumière des grands siècles de Léon X et de Louis XIV, au scepticisme et à la corruption du XVIIIe. Autrefois un empereur puissant n'oublia rien pour la renverser ; il employa à cette œuvre satanique toutes les ressources de son génie, tous les moyens humains; il la livra à la diffamation, à la calomnie, au ridicule ; mais tout fut fut inutile, le Galiléen l'emporta sur Julien-le-Philosophe. A la fin du dernier siècle, un autre triomphe était réservé à l'Église. Vous disiez que le trône soutenait l'autel. Le trône est brisé, ses débris sont épars dans la boue, le clergé est dépouillé de ses richesses, les temples sont renversés, ceux qui restent debout sont dédiés à la raison, à la montagne; les ennemis de l'Eglise sont maîtres du Vatican; Pie VI devient leur prisonnier; les membres du Sacré-Collége, qui doivent lui donner un successeur à sa mort sont dispersés dans toute l'Europe héréditaire. Toutes les chances humaines sont donc contre l'Eglise ; la philosophie semble victorieuse ; mais le protecteur de l'Eglise grecque fond tout-à-coup sur l'Italie, y change la face des affaires précisément pendant le temps nécessaire pour donner un successeur à Pie VI. Pie VII est rétabli dans les États pontificaux. Le culte renaît en France. De nouvelles épreuves attendent l'Eglise; mais le soldat couronné qui tenait son chef dans les fers va expier ses crimes sur le rocher de Sainte-Hélène. Le souverain pontife revient dans la ville éternelle et son pouvoir y est maintenu ainsi que dans les Etats romains, grâces encore à l'empereur de Russie. Les sciences cultivées avec ardeur pendant la paix, rendent de puissants témoignages à l'exactitude, à la vérité, à la sincérité des enseignements de l'Église, et font ressortir la mauvaise-foi et l'ignorance des philosophes du dernier siècle, qui avaient voulu se prévaloir contre l'Eglise des recherches sur l'astronomie, sur les mathématiques, sur la physique, la géologie, la chronologie et l'histoire. — Les persécutions, les adversités, laissent donc toujours de nouvelles gloires à l'Eglise et lui réservent de nouveaux triomphes. Contemporaine de tous les siècles elle est universelle pour tous les lieux ; ce que l'erreur lui enlève d'un côté elle le gagne d'un autre. Dans le XVIe siècle elle perdait des enfants en Europe, elle en trouvait d'autres en Amérique, dans le Japon; si elle éprouve encore des défections dans les pays catholiques, les pays protestants lui donnent d'autres enfants. Les régions païennes, arrosées du sang des martyrs, voient aussi les fidèles se multiplier. Ses prêtres, forts de la parole divine qui donna mission aux apôtres et à leurs successeurs, se détachant de toutes les affections humaines, méprisant toutes les considérations de la terre, portant la lumière du salut jusqu'aux extrémités de la terre ; n'étant arrêtés par aucun aucun obstacle, par aucun péril, ils transforment les hommes les plus cruels, les plus sauvages, en des hommes doux et paisibles ; ils enrichissent ainsi l'Église d'une multitude de nouveaux chrétiens et la dédommagent de toutes les victimes du schisme et de l'hérésie. Tout est donc divin dans la perpétuelle continuité, dans l'indéfectibilité de l'Eglise. Ces caractères, si palpables, si évidents, manifestent chaque jour et à tout instant, pour les plus ignorants comme pour les plus éclairés, l'accomplissement de la prédiction du Sauveur, que les portes de l'enfer ne prévaudront jamais contre son Eglise.

VII

INFAILLIBILITÉ DE L'ÉGLISE.

Si l'Église n'était pas infaillible elle ne serait plus perpétuelle, il serait impossible de la démêler de toutes les sectes qui couvrent la terre, elle n'aurait pas d'autres conditions d'existence que toutes les œuvres humaines, elle serait donc sujette comme elles à l'erreur et par suite à la destruction. Mais le Seigneur qui la destinait à recueillir tous les élus pendant le cours des âges, n'a pas manqué de lui donner tous les éléments, toutes les propriétés qui étaient de nature à la mettre à même de remplir le but qu'il s'était proposé en l'établissant; il assura donc une autorité infaillible au corps des pasteurs, qu'il rendit dépositaire de sa doctrine, qu'il chargea de gouverner et de diriger son église. Il lui promit de *l'assister jusqu'à la consommation des siècles*, que le *Saint-Esprit demeurerait toujours avec elle, lui enseignerait toutes choses et la ferait se ressouvenir de tout ce qu'il lui avait appris*. Or, d'après ces promesses divines et les autres, consignées dans les livres saints, et que nous ne reproduisons pas, pour ne pas être trop long, le corps des pasteurs ne saurait tomber dans l'erreur, ni l'enseigner. Nous voyons dans saint Paul que les pasteurs sont les dépositaires, les prédicateurs de la doctrine du Sauveur, nos conducteurs nos maîtres et nos juges, et que Jésus-Christ les a donnés à son Église afin que nous ne soyons pas comme des enfants, flottants, emportés à tout vent de doctrine, dans la malice des hommes et les embûches de l'erreur. Aussi le même apôtre appelle-t-il l'Église la colonne et le soutien de la vérité. Le témoignage de la tradition est aussi bien formel en faveur de la divine prérogative de l'infaillibilité de l'Église. Les pères, les docteurs de l'Église des temps apostoliques, comme ceux des siècles postérieurs sont unanimes sur ce point. Les conciles n'ont aussi qu'une voix sur ce même sujet. Tous les pères, tous les docteurs, tous les conciles proclament que l'Église est en possession de l'infaillibilité, que ses décisions sont celles de Dieu même, que ce dogme salutaire fait partie de sa foi, la conserve, la met à l'abri de l'erreur. Les protestants reconnaissent eux-mêmes que l'Église avait conservé sa foi pure dans les premiers siècles où vivaient les Ignace, les Augustin, les Jérôme, les Chrisostôme, dont les écrits attestent que ces saints docteurs croyaient l'Église infaillible et que leur foi était celle de toute l'Église. Si donc on admettait le dogme de l'infaillibilité de l'Église dans ces temps si voisins de ceux de Jésus-Christ et des apôtres, où l'on ne pouvait pas se tromper même humainement parlant sur le degré d'autorité de ses jugements, non plus que sur l'étendue de la soumission qui leur était due, c'est que réellement l'Église possédait cette infaillibilité. Mais si l'Église avait alors cette infaillibilité, elle l'a encore, à moins qu'on ne prouve, ce que l'on ne peut même supposer sans impiété, que sa constitution a été altérée, que l'Évangile a été modifié. Mais, loin de poser cette hypothèse, les protestants en font une tout opposée. Suivant eux, ce n'est que longtemps après les apôtres que l'Église romaine s'est dit infaillible. Mais à quelle époque s'est-elle donc attribué un droit aussi fondamental? Est-ce pendant la vie des successeurs immédiats des apôtres? Mais auraient-ils souffert que l'on changeât la doctrine de leurs maîtres? n'auraient-ils pas, à l'exemple de leurs maîtres, lancé leurs anathèmes contre les novateurs et comme ils l'ont fait eux-mêmes contre tant de sectaires? Ce changement n'a-t-il eu lieu que dans les siècles postérieurs? Mais il y avait alors des catholiques dans toutes les contrées de l'univers. Si l'Église n'avait pas été infaillible, il aurait été impossible de leur faire admettre cette doctrine. Et cependant nous ne voyons nulle part aucune réclamation contre ce dogme, il est partout reconnu et consacré dans l'Église. C'est une de ses propriétés tellement essentielle que si elle ne l'avait pas, on ne conçoit pas qu'elle eût pu exister. Ajoutons même que ce dogme est celui sur lequel il est le plus difficile que l'Église pût changer. Car sa pratique revient fréquemment, tous les jours, et il est le fondement de tous les autres dogmes. Depuis Jésus-Christ, des sectes innombrables ont paru dans le monde. L'Église les a toutes condamnées par sa pleine et infaillible autorité. Au reste, l'infaillibilité n'est pas tellement particulière à l'Église qu'on n'en retrouve des traces dans la société civile. Il a bien fallu mettre un terme aux contestations entre des parties adverses, les jugements définitifs qui règlent leurs droits respectifs sont censés être la vérité. Ils ont donc un caractère d'infaillibilité. S'il n'en était ainsi, les litiges seraient interminables et amèneraient des désordres sans cesse renaissants. Les novateurs ne contestèrent jamais à l'Église son infaillibilité avant leur condamnation. Luther, dans sa lettre du jour de la Trinité 1518, dont nous avons déjà parlé, écrivait au pape Léon dix: « Je déclare que je me jette aux » pieds du souverain pontife, qu'il ne tient qu'à lui de me » condamner ou de m'absoudre, que je lui abandonne en- » tièrement et ma personne et ma cause, et que je recevrai sa » décision comme venant de la bouche de Jésus-Christ. Mon » dessein, dit-il dans la lettre du 3 mars 1519, adressée au » même pontife, n'a jamais été d'attaquer le pape ni l'Église » romaine. Je reconnais que l'Église de Rome est supérieure à » tout, et qu'il n'y a rien sur la terre ni au ciel qui puisse lui » être préféré, hors Jésus-Christ seul. » Mais, après sa condamnation, il dit qu'il ne servait de rien de faire tant de bruit en lui opposant éternellement le nom de l'Église, parce qu'il jugeait l'Église, les apôtres, les anges mêmes, et qu'il ne tenait aucun compte de ce qu'ils lui disaient, à moins que leurs discours ne fussent marqués du sceau de celui qui a dit: *Allez et enseignez.* Il déclara que ce qu'il disait devait être pris pour une inspiration du Saint-Esprit qui lui avait été suggérée et pour le pur Evangile. Il ordonna que ce qu'il commandait fût suivi, parce que sa raison devait servir de règle. Ce novateur s'attribua donc l'infaillibilité qu'il refusait à l'Église, et, par un renversement des notions les plus simples, il attribua à la communauté le droit d'instituer ses ministres, comme si les disciples formaient les maîtres, les fidèles leurs pasteurs, comme si les maîtres n'existaient pas avant leurs élèves, comme si les apôtres et les évêques n'avaient pas formé les Églises. Les luthériens comprenaient aussi qu'ils ne pourraient se conserver longtemps sans se donner une autorité infaillible; aussi, singeant l'Église romaine, ils lancèrent des anathèmes contre les nouvelles opinions qui les divisaient et les déchiraient sans cesse. Toutes ces sectes nées de la révolte de Luther virent bien cependant qu'elles ne pouvaient sérieusement prétendre à la possession de l'infaillibilité et finirent par faire des traités de tolérance. Etendant à chaque homme l'infaillibilité que Luther s'était attribué, elles dirent que la seule autorité était l'Écriture-Sainte interprétée par la raison. Dans ce système chaque homme est maître de sa foi, de ses croyances et de ses mœurs; ainsi il n'y a plus de lien commun, plus d'Eglise; il y a autant de religions qu'il y a d'hommes. Tout est donc contradiction, confusion dans ce système. Les protestants recourent encore ici, je le sais, à leur distinction si familière des points fondamentaux. Mais qu'y a-t-il de plus fondamental que l'infaillibilité du juge qui doit prononcer en matière de foi? Ce système n'empêche pas d'ailleurs qu'on ne soit obligé de soumettre les textes sacrés à l'appréciation de la raison humaine, pour savoir si tel article est ou non fondamental. Les plus habiles, nous l'avons déjà dit plus haut, disputent sans pouvoir s'accorder, et la masse, qui n'a pas le temps de se livrer à des recherches pour connaître la vérité, se trouve exclue du salut, puisque, d'après saint Paul, on ne peut se sauver sans la foi. Le catholique est dans une situation plus avantageuse: il n'a pas besoin de se jeter dans des discussions sans fin; il n'a pas besoin de consulter ni les Écritures ni les Pères pour savoir si les vérités qui lui sont proposées sont certaines. La seule chose qu'il lui importe de connaître, c'est que ces vérités sont crues par son évêque, et que celui-ci a la même foi que ses frères dans l'épiscopat et que le souverain pontife. Il n'est pas d'homme pour si ignorant qu'on le suppose qui ne puisse acquérir cette connaissance, et qui l'ayant acquise ne sache avec certitude que sa croyance repose sur un témoignage infaillible. Le corps des pasteurs réuni au pape, tel est le signe de la vérité pour les catholiques. Rien n'est donc obscur ni embarrassant dans la doctrine catholique sur l'infaillibilité. Les protestants se trompent donc lorsqu'ils disent que nous ne savons pas où réside l'infaillibilité de l'Église, parce que les uns disent qu'elle est dans le pape et les autres dans les conciles. Ce n'est pas là la doctrine catholique: nous distinguons deux sortes d'infaillibilité; celle qui est de croyance passive et qui regarde les pasteurs et les fidèles en général; celle qui est d'enseignement que nous appelons active et qui réside dans le corps des pasteurs assemblés en concile universel ou dispersés, mais toujours en communion avec le pape. Pour savoir si un concile est universel, il suffit du consentement du corps des pasteurs; si ce corps reçoit le concile comme tel, il est universel; tout se réduit donc à la recherche d'un seul fait dont il est possible d'acquérir la certitude; il n'est pas besoin que l'Eglise s'assemble pour avoir l'infaillibilité. Dans les temps ordinaires elle est suffisamment assemblée au moyen du lien indissoluble de l'unité que Dieu ne cesse de protéger contre toute rupture. Les catholiques qui soutiennent l'infaillibilité du pape ne sont pas d'ailleurs opposés à celle de l'Eglise, car, dans cette manière de voir, l'infaillibilité appartient encore au corps des évêques réunis au pape. — C'est à l'Eglise que les promesses ont été faites et l'Église ce n'est pas le chef séparé des membres, ce ne sont pas les membres séparés du chef. Raisonner autrement c'est altérer l'opinion de ceux qui croient à l'infaillibilité du pape. Ils croient d'abord à l'infaillibilité du corps des pasteurs y compris leur chef. Mais lorsqu'on leur demande si le pape qui est le chef, peut jamais errer, dans son enseignement public et solennel comme tel et tel membre, ils nient cette possibilité, parce que l'Église étant fondée sur la pierre, cette pierre ne pourrait se détériorer ou être ébranlée sans que l'affaiblissement ou l'ébranlement se fissent sentir au corps de l'Église. Du reste, nous n'avons pas à discuter ici cette opinion. Il nous suffit d'avoir montré que l'Église est infaillible. Il est cependant inexact de dire avec les protestants que les conciles ont toujours déterminé les points de foi. Il y en a beaucoup qui n'ont été définis que par les décisions des papes auxquelles s'est joint le consentement des évêques. Que l'on n'oublie pas les faits relatifs aux jansénistes, aux schismatiques du conciliabule de Pistoie. A-t-on perdu de vue le jugement doctrinal rendu il y a quelques années contre les systèmes d'un homme de génie abandonné aussitôt par ses amis? La même parole infaillible sortie de la bouche du successeur de Pierre vient de dissiper les partisans d'une hérésie qui se disait *l'œuvre de miséricorde.* Il n'est pas vrai non plus de dire que les conciles ont seuls déterminé les matières de foi: on ne trouve pas un seul concile dans le cours des siècles dont les doctrines soient devenues des définitions de foi sans le consentement des papes. Ce n'est pas en tant que pures assemblées que les conciles ont déterminé les matières de foi, mais en tant que représentant l'Église enseignante, le corps des pasteurs unis à leurs chefs. La réunion des conciles, nous disent aussi les protestants, suppose le doute dans l'infaillibilité de l'Eglise dans ses pasteurs dispersés. Cette opinion est erronée. Il n'est pas nécessaire de réunir les conciles. Ces assemblées ne sont qu'un des modes dont l'Église se sert pour exercer le pouvoir infaillible dont Notre-Seigneur l'a investie. L'Église le met en usage dans les circonstances les plus importantes, dans les temps les plus difficiles, pour en imposer à ses ennemis, pour arrêter le débordement de leurs erreurs. Tels sont les motifs qui ont fait réunir les conciles, et non pas le besoin de la prérogative d'infaillibilité promise par Notre-Seigneur-Jésus-Christ. Mais, dit-on enfin, les membres du concile pris isolément ne sont pas infaillibles. Sans doute; mais, composant le corps des pasteurs, ils le sont avant, pendant et après la réunion en concile. Le privilége d'infaillibilité appartient au corps des pasteurs réuni au pape, et le corps existe soit dans un concile œcuménique, soit dans la situation ordinaire de l'Église où les évêques existent chacun dans son diocèse. Ainsi nous avons dans l'Église un guide permanent, invariable, visible pour tous, à la portée de tous, qui toujours, en tout temps et en tout lieu dirige les fidèles dans la connaissance des vérités révélées et les met dans l'impossibilité de se tromper sur un objet quelconque de la foi. L'Église catholique possède donc tous les caractères qui peuvent faire reconnaître sa divinité. C'est en vain que le vent des opinions humaines ne cesse de soulever des flots tumultueux autour de sa clarté éternelle. Elle brille d'un grand éclat, comme dit Origène, d'Orient en Occident. Elle est, comme dit saint Cyprien, toute éclatante de la lumière du Seigneur et elle répand ses rayons par toute la terre. Ne soyons donc pas surpris du mouvement qui s'opère dans toutes les sociétés étrangères au catholicisme; tous les esprits élevés, tous les hommes de bonnes mœurs s'y sentent entraînés vers l'Église catholique, et lorsqu'ils ont le courage de s'élever au-dessus des préjugés de leur naissance, ils entrent avec bonheur sous les tentes d'Israël, que l'on peut bien faire maudire de loin à l'ignorance, mais qui obtiennent toujours les hommages et les bénédictions de ceux qui les contemplent de près. P. D. P.

ÉGLISE (HISTOIRE DE L'). Il est dans les annales humaines un fait, le plus extraordinaire qui se soit produit dans l'ordre des temps; un fait qui déroute cruellement les savantes prédictions de notre nébuleuse sagesse, et qui se joue de la façon la plus humiliante de toutes les haines et de toutes les résistances de ce monde; un fait qui porte les marques visibles d'un des plus grands actes de la puissance divine : c'est l'établissement, la propagation et la durée de l'Église de Jésus-Christ. Depuis quatre mille ans toutes les ténèbres intellectuelles et morales pesaient sur la terre; tous les principes générateurs du vrai et du juste avaient succombé : ici sous la sophistique des sages, plus bas dans la fange de toutes les passions immondes. Les plus puissantes spéculations philosophiques n'arrivaient plus qu'à entrevoir vaguement quelque reflet de la vérité, et les enseignements de ces prétendus sages, acceptés pour leur valeur réelle, c'est-à-dire comme une rêverie pleine de mensonge et d'orgueil, opéraient sur les masses moins d'effet que la goutte d'eau sur le granit. Tous les principes subversifs de la famille et de la société avaient passé dans les mœurs publiques et privées. L'homme ne levait plus son regard respectueux vers les cieux, les dieux étaient descendus à son niveau pour légitimer et symboliser tous les vices dans leur hideuse nudité. La débauche, la vengeance, l'esclavage formaient les bases constitutives des législations, et la société était menacée d'un cataclysme universel. C'est ainsi qu'en réponse à la malédiction antique s'élevaient tristement vers le ciel, d'un pôle à l'autre, les plaintes unanimes des générations assises à l'ombre de la mort, quand enfin se leva au bord de l'Orient l'étoile de la promesse : les anges descendirent proclamer sur un pauvre berceau ces deux paroles qui résument et contiennent tout entière l'œuvre de la rédemption : Gloire à Dieu et salut au monde! *Gloria in excelsis Deo et pax hominibus bonæ voluntatis.* — Les temps étaient accomplis; la terre était dans une attente inquiète. Du fond de l'Orient et des confins du Couchant les regards se dirigeaient vers le berceau de l'humanité où toutes les prédictions plaçaient l'apparition du roi et du sauveur attendu. Le sceptre était tombé des mains de Juda. C'était la dernière année de la 64ᵉ semaine; la troisième année de la 193ᵉ olympiade; la quatrième monarchie entrevue par Daniel était à l'apogée de sa grandeur; c'était la huitième année depuis que les portes d'airain du temple de Janus étaient closes, lorsqu'une pauvre voyageuse, repoussée à toutes les portes, enfanta dans une étable de Bethléem. Des pâtres et des rois vinrent se prosterner devant la crèche où reposait le nouveau-né. Bientôt un massacre barbare épouvanta la Judée; l'Iduméen crut avoir noyé dans le sang l'enfant de la pauvre femme, et puis la nuit sembla se refaire. — Cependant, vers la 15ᵉ année de Tibère, une voix prophétique retentit dans le désert, sur les rives du Jourdain, et peu après, vers la 70ᵉ semaine de Daniel, un obscur artisan sortit de Nazareth, et pendant trois années entières le fils du charpentier étonna la Judée, cette terre traditionnelle des prodiges, par l'éclat inouï de ses miracles, — les pharisiens, par l'austérité sincère de sa vie angélique, — les scribes, par la profondeur et la sagesse de sa sublime doctrine, — le peuple privilégié, par les bienfaits et les divines consolations qu'il versait à pleines mains sur toutes les souffrances et toutes les misères. Et après trois années d'apostolat il rentra dans Jérusalem aux acclamations des peuples prosternés à ses pieds. Nous touchons au dernier jour, — au jour du triomphe! au jour de la récompense!... de la récompense comme le monde la donne. Voici que la nuit est descendue sur la royale cité. Mais Jérusalem est debout. La foule se rue, à la lueur sinistre des torches, de la maison du grand-prêtre au palais du proconsul : c'est là où doit avoir lieu le couronnement du roi des Juifs, du bienfaiteur d'Israël. Pilate l'amène : *Voyez le prophète!* Son sceptre est un roseau, sa couronne une couronne d'épines qui lui déchire la tête. La multitude qui hier criait : *Hosanna au fils de David!* hurle des cris de mort, et le cortége déicide gravit les flancs du Golgotha. Là s'acheva enfin, vers la neuvième heure, le drame sanglant sur le gibet ignominieux de l'esclave, entre deux bandits. *Tout est consommé.* Oui, Seigneur, le ciel est réconcilié avec la terre : vous nous avez rendu nos titres antiques et révélé les voies qui mènent au Père; vous avez brisé l'esclavage imposé par l'homme et l'esclavage de Satan; la vérité, la vertu n'est plus un son vain; le faible, le pauvre est redevenu l'égal de l'homme. Le monde renaît au souffle de la foi, de l'espérance et de l'amour.

J'ai essayé d'esquisser à traits rapides les grandes lignes de cette vie miraculeuse, parce que la longue histoire qui va se dérouler devant nous n'en est que le glorieux et fidèle développement. L'établissement de l'Église est le but de l'incarnation du Verbe, — la fin des œuvres de Jésus-Christ, — le fruit des souffrances et de la mort de l'homme-Dieu, — le développement dans l'humanité, des exemples et des mystères de sa vie. Aussi la sainte vie du Sauveur est l'image saisissante, le divin modèle de la vie de l'Église. Ici, comme à Bethléem, le berceau le plus pauvre, le plus dénué; puis le bourreau infatigable qui a mission de noyer la société naissante dans les flots de sang, et ce sang héroïque la féconde comme la rosée du ciel. Et ensuite cet admirable pèlerinage à travers les siècles et les nations, sur lesquels elle épanche à pleines mains tous les trésors du cœur et de l'intelligence. Çà et là quelques jours de paix et de triomphe; mais partout d'odieuses trahisons, des haines secrètes et avouées, la flagellation, les crachats, la pourpre et le roseau dérisoires, la couronne d'épines, le breuvage amer et la croix partout, — toujours! Eh bien! Gloire à Dieu! l'Église véritable, pas plus que son divin maître, ne succombe pour toujours sous les coups perfides de la trahison ou sous la main brutale du bourreau. Aujourd'hui nous sommes en droit de l'affirmer, s'il est permis à l'homme d'affirmer quelque chose; car nous avons vu notre sainte mère aux prises avec des ennemis redoutables et des heures bien amères, et elle a vaincu le monde. Elle a fait plus, — elle a conquis ses bourreaux. Aussi, toutes les fois que vous verrez des insensés sceller la pierre de son sépulcre, du moment que les sbires de l'impiété et des passions s'en viennent faire garde à l'entour de son tombeau... préparez les parfums, la résurrection est proche.

DIVISION DE L'HISTOIRE DE L'ÉGLISE.

L'histoire de notre sainte religion a passé jusqu'à nos jours par quatre phases très distinctes. *La première période* prend l'Église au sortir du cénacle et la conduit par cette longue voie douloureuse à travers les prisons et les catacombes, les cirques et les bûchers, pour la faire monter au Capitole sur les pas de Constantin, victorieux par la croix. — *La seconde* part du commencement du IVᵉ siècle (312). L'Église, victorieuse du grand empire qui déjà portait au front, comme un arrêt de mort, les marques de la colère divine, essaie d'étayer sur des bases nouvelles le glorieux édifice croulant de toutes parts; mais les empereurs ineptes et les orgies sanglantes du Bas-Empire achèvent les destinées de la vieille Rome. L'Église a poussé ses apôtres jusque sur les rivages des mers glaciales, où se forment les caravanes effroyables des barbares qui vont envahir le monde. Quand l'heure marquée par la Providence aura sonné, quand ce nouveau déluge fondra sur l'empire, l'Église aura recueilli et sauvegardé tous les éléments qui lui seront nécessaires, pour reconstituer la civilisation et les nationalités modernes. Cette phase s'arrête vers le milieu du VIIIᵉ siècle et remet le labarum de Constantin aux mains de Charlemagne. — *Troisième période.* La papauté, investie d'une suzeraineté officielle, accepte résolument la tutelle des peuples encore barbares et mineurs. D'une main elle porte la foi et la civilisation jusqu'aux derniers promontoires de l'Irlande; de l'autre elle repousse, avec une infatigable énergie, le flot terrible de l'islamisme, qui déjà avait franchi les mers et menaçait de mort tous les progrès et toutes les libertés. Elle aura sauvé la civilisation chrétienne le jour où elle coulera le croissant dans les eaux de Lépante. — *La dernière période* de l'histoire ecclésiastique s'ouvre avec le XVIe siècle. Les nationalités modernes se sont constituées sous la garde et la protection de l'Église. Toutes les grandes découvertes, tous les éléments des progrès nouveaux sont réalisés par le génie catholique. L'imprimerie est trouvée. Le Nouveau-Monde est conquis par le dernier des croisés; l'avenir de la civilisation chrétienne est assuré. Du golfe du Mexique jusqu'aux rivages inhospitaliers du Japon s'élève la croix, c'est-à-dire le signe sacré de la régénération humaine dans la foi, l'amour et la liberté. — Il ne reste à l'Église qu'à guérir les plaies que la faiblesse mortelle a introduites dans son sein pendant ces longs jours d'angoisses et de combats; elle le fait par les sages décrets d'un de ses plus magnifiques conciles; et puis... la papauté rentre dans ce rôle de paix et de conciliation, qu'elle remplit jusqu'à nos jours avec cette dignité calme, cette vertu, ce courage qui rappellent tout à la fois l'héroïsme du martyr, l'austérité du cloître, la sagesse de l'apôtre, qui font l'admiration de toutes les âmes sincères et l'éternel désespoir des ennemis de Dieu.— Voilà le magnifique tableau que l'Église de Jésus-Christ déroule sous nos yeux pendant dix-huit siècles de combats et de triomphes. Je vais essayer d'esquisser les traits généraux de cette carrière divine; heureux si je réussis à produire un seul des sentiments de respect, d'admiration et d'amour qui ont fait palpiter mon cœur dans l'étude de cette glorieuse et incomparable histoire.

PREMIÈRE PÉRIODE (1-312).

PREMIER SIÈCLE.

Ce qui frappe tout d'abord en abordant l'étude de l'histoire de l'Église, ce que j'admire et retrouve d'ailleurs à chaque pas de la marche de la Providence dans le gouvernement du monde, c'est la petitesse, la débilité des instruments dont Dieu se sert pour accomplir ses plus grands desseins. Il semble qu'il soit jaloux d'écarter de ses œuvres de prédilection jusqu'à l'ombre des mobiles et des prétentions misérables de la vanité humaine.— Ainsi, à l'heure où le Rédempteur descendit de son trône dans le tabernacle de la Vierge immaculée, que d'hommes sur la terre à qui le monde avait décerné l'auréole de la grandeur et du génie! César et Octave guidaient les aigles romaines; Virgile et Caton ravissaient les peuples par le triple attrait de la poésie, de l'éloquence et de la sagesse. Il semble au premier abord qu'une mission divine dût bien aller à ces fronts radieux, et que le monde se fût incliné, sans effusion de sang, sous l'autorité de leur apostolat. Dieu en jugea autrement et il en jugea mieux. Il est remonté au ciel, et la grande œuvre de la régénération de la terre il l'a léguée à douze hommes pauvres, ignares, obscurs; à douze hommes dont aucun n'avait jamais peut-être soupçonné ni la dégradation universelle de l'humanité, ni l'attente mystérieuse des nations, ni les ténèbres et les angoisses de l'intelligence déchue; — qui ne connaissaient pas même de nom ni le génie de Platon, ni les poëmes de Virgile, ni les actes de César, ni les besoins, les maladies, les périls ou les remèdes de leur siècle! C'est à ces hommes grossiers, choisis dans la nation la plus exclusive et la plus opiniâtre dans ses terribles préjugés, la nation la plus haïe et la plus méprisée sur la terre, que le divin maître demande la conquête du monde. Sans doute il semble que Dieu se soit étudié à mettre notre mauvaise foi au défi de pouvoir prétendre qu'un seul élément d'influence humaine se soit glissé dans l'établissement de son Église; mais pénétrons plus avant dans la sagesse divine, et nous découvrirons, en dehors de cette première raison, de profonds enseignements. Ce que les hommes appellent grandeur est souvent une grande faiblesse. La vertu, appuyée sur la gloire et le génie, court de graves périls; d'innombrables tentations l'assaillent, et que de fois nous l'avons vu glisser dans l'abîme! Au contraire, qu'y a-t-il de plus solide, de plus invincible, qu'une âme humble et pure, qui, sentant et craignant beaucoup ses faiblesses, s'attache d'autant plus à son devoir, résolue à l'accomplir à tout prix? Le génie jette un éclat souvent dangereux, il éloigne. — La foi et l'humilité attirent et font des miracles. Ce sont elles qui ont conquis et sauvé le monde! Les disciples rentrés à Jérusalem ont comblé par l'élection de Mathias la lacune que la trahison et le suicide avaient laissée dans leurs rangs. Enfermés tous au cénacle, ils attendent dans la retraite et la prière la venue du sanctificateur divin. Jérusalem était encombrée de pèlerins accourus de toutes parts pour célébrer au temple la fête de la Pentecôte. Tout-à-coup il se fit un grand bruit au dessus du cénacle : l'esprit de lumière et d'amour descendait sur les élus du Sauveur, et accomplissait en eux toutes les merveilles prédites par le divin Maître. Attirés par ce bruit étrange, les Juifs affluèrent en foule sur la montagne de Sion, devant la maison des disciples. Alors nous apparaît pour la première fois, dans toute sa majestueuse sublimité, cette grande figure du prince des apôtres. Pierre, ce cœur de flamme, cette âme d'élite cachée sous les haillons du pêcheur de Genesareth, paraît devant la multitude et lui annonce avec une force et une onction célestes les grandes choses qui s'accomplissaient pour le salut des âmes. Deux de ses discours convertirent huit mille Juifs à la foi en Jésus le crucifié. A leurs éloquentes prédications les apôtres joignirent l'éclat de nombreux miracles. Un jour que Pierre montait au temple, un boiteux de naissance l'arrêta pour lui demander une aumône. « Je n'ai ni or ni ar» gent, répondit le glorieux mandataire du Seigneur; mais, au » nom de Jésus de Nazareth, levez-vous et marchez. » Et le boiteux se leva et entra guéri dans le temple. C'est ainsi que le chef des apôtres forma le noyau de l'Église naissante. Jérusalem s'étonna bientôt de la multitude des Juifs qui croyaient déjà en Jésus-Christ. Ce qui effraya surtout les scribes et les pharisiens, ce furent les vertus et la puissance des apôtres, le zèle brûlant et pur des disciples et la vie angélique que menaient les nouveaux convertis : c'était une grande famille de frères, pratiquant toutes les vertus; unis ensemble par la même foi, aspirant à la même patrie, ils n'avaient qu'un cœur et qu'une âme. Ils vendaient leurs biens et en portaient le prix aux pieds des apôtres pour le distribuer selon le besoin de chaque fidèle. Tout était commun entre eux; ils ne connaissaient qu'une seule rivalité, celle de pratiquer à l'envi la charité et la vertu. Le nombre des disciples de Jésus-Christ allant toujours croissant, les apôtres établirent des ministres pour les soulager dans les pénibles fonctions de l'apostolat. Ils les appelèrent diacres. Ils en choisirent sept, et les chargèrent de servir aux tables : d'abord à la table sacrée, où l'on distribuait le pain eucharistique; ensuite à la table commune. Les biens temporels de l'Église leur étant aussi confiés, les apôtres purent se consacrer entièrement au ministère de la prière, de la parole divine et des sacrements. Mais les bourreaux du Sauveur sentirent qu'il était temps d'arrêter ces succès rapides et prodigieux qui menaçaient si cruellement leur considération et leur autorité. Ils avaient compris, par une triste expérience, que la proscription et les supplices, au lieu de servir leurs vues de haine et d'orgueil, n'avaient fait que compromettre leur puissance et leur avenir; ils résolurent en conséquence de tenter des voies plus sûres et plus prudentes, et ils commencèrent à défendre aux apôtres de prêcher leur doctrine. Mais ni les promesses, ni les menaces ne purent étouffer ces voix généreuses. Aussitôt les prédictions de Jésus-Christ se réalisèrent : la persécution commença à sévir. Il était naturel que ceux qui avaient flagellé le maître, crucifié le prophète divin, poursuivissent et lapidassent les disciples. Alors on vit, d'une part, ces scènes odieuses, ces fureurs hypocrites, suivies de sang et de meurtres; de l'autre, cette persévérance héroïque et ces dévouements, ces exemples touchants que les Actes des saints apôtres nous retracent avec une si belle et si noble simplicité. Le sort de la nation juive était décidé. Le temps que la miséricorde divine leur a laissé pour reconnaître sa doctrine, ils l'emploient à persécuter les disciples. Le sang du juste retomba sur leur tête avec le poids de la malédiction de Dieu. En les voyant s'opiniâtrer dans leurs haines et dans leurs fureurs aveugles, il semble que déjà l'on entend au loin la voix sinistre qui crie à Jérusalem assiégée : — Malheur au temple! — malheur au peuple! — La première victime qui succomba dans cette persécution impie fut Étienne, le premier des sept diacres. Animé de l'esprit des anciens prophètes et de l'esprit nouveau, il se signalait par son zèle et ses miracles. Il reprochait aux Juifs leurs crimes et leur résistance au Saint-Esprit, et comme il les exhortait à la pénitence, —les Juifs le traînèrent hors des portes de la ville et le lapidèrent. Le premier des martyrs, comme son divin maître, pria en mourant pour ses persécuteurs et pour ses bourreaux. — Cette persécution acharnée dispersa les disciples par toute la Judée et la Samarie; mais les apôtres demeurèrent à Jérusalem. Le temps était venu où le Seigneur allait appeler les gentils à la grâce de la rédemption. Jésus-Christ transmit ses ordres, dans une révélation directe, à son glorieux représentant sur la terre, et Pierre alla porter le baptême au centenier Corneille et à toute sa maison. — Le monde païen n'était plus qu'un immense cadavre qui s'en allait en lambeaux, miné par tous les vices, déchiré par toutes les discordes. Le polythéisme avait souillé les mœurs, et les mœurs avaient corrompu les institutions. La philosophie avait discrédité les dieux et la débauche la philosophie. Au bas de l'échelle sociale, dans les gehennes de l'esclavage, maudissent et pleurent les faibles et les pauvres. Au-dessus de l'esclave, servie par lui et corrompue par lui, végète une multitude sans croyances et sans dignité. Voilà tout entière cette triste société païenne, et tel est le champ que les apôtres vont aborder. Entreprise que condamnent toutes les lois de la raison et du sens commun, œuvre au dessus de toutes les puissances humaines, et appelée si justement la folie de la croix. Les douze pauvres pêcheurs se partagèrent le monde. Avant de se séparer ils fixent et résument la doctrine qu'ils vont transmettre aux générations dans ce beau symbole qui conserve leur nom, et qu'ils emportèrent tous comme la base de leur enseignement. Ce symbole, ils ne l'arrêtèrent pas au moyen de l'écriture : ce ne fut d'abord qu'un texte oral. Ainsi la parole précéda les écritures; l'enseignement oral transmit et propagea les doctrines divines ; et cet enseignement demeura toujours la tradition première et souveraine dans l'Église. Cette autorité et cette transmission orale sont le génie de la religion apostolique; là est le secret et l'inspiration de Dieu. Au sortir du cénacle s'éclipse pour toujours, dans les écritures canoniques, ce météore sublime, cette créature privilégiée entre toutes les créatures, Marie, la reine des apôtres et des martyrs, l'honneur de l'humanité, la gloire et l'ornement de la terre et du ciel. De même que son divin fils nous apprend d'une manière si éloquente, dans son dernier jour, que c'est par la souffrance et le martyre qu'on conquiert le triomphe, de même la *bénie entre les femmes* nous apprend admirablement, par sa disparition subite, que l'humilité est la base des vertus les plus éminentes et la mesure de nos mérites devant Dieu. Les apôtres suivirent si bien ce grand exemple, autant qu'il leur était possible, que nous n'avons presque plus de traditions sur la plupart d'entre eux. A l'exception de saint Paul, tous les apôtres ont réussi à nous dérober l'histoire de leurs travaux et de leurs souffrances. Il suffisait à ces nobles cœurs que leur mission fût atteinte et que les nombreuses populations qu'ils évangélisèrent rendissent gloire à Dieu pour tous les bienfaits de sa miséricorde et de son amour.

SAINT JACQUES LE MAJEUR, frère de saint Jean, fut le premier des Apôtres qui reçut la couronne du martyre. Ce fut à Jérusalem, l'an 44, vers la fête de Pâques, pendant la cruelle persécution qu'Hérode Agrippa fit peser sur l'Eglise naissante.

SAINT JEAN partit pour l'Asie mineure, où il fonda tant d'églises célèbres, qu'il gouverna jusqu'à la fin de ce siècle.

SAINT ANDRÉ, frère de saint Pierre, annonça Jésus-Christ aux Ethiopiens et aux Thraces. Il eut l'honneur de mourir sur la croix.

SAINT PHILIPPE pénétra chez les Scythes et prêcha la doctrine du salut jusqu'à l'âge de 87 ans. Il mourut martyr sous Trajan, à Hiéraple en Phrygie.

SAINT THOMAS évangélisa les Mèdes et les Perses, et pénétra jusqu'aux Indes, où il conquit la gloire du martyre.

SAINT BARTHÉLEMI parcourut l'Arménie majeure, la Lycaonie et plusieurs autres provinces de l'Asie. Il fut écorché vif.

SAINT MATTHIEU porta la parole de vie aux Ethiopiens.

SAINT SIMON et SAINT JUDE évangélisèrent les populations disséminées entre l'Euphrate et le Tigre, et scellèrent de leur sang les doctrines de Jésus-Christ.

SAINT MATHIAS et SAINT JACQUES LE MINEUR moururent en Judée.

Le jour où les Juifs traînèrent Etienne au lieu du supplice, les faux témoins qui avaient accusé le saint diacre étaient obligés par la loi de lui jeter la première pierre. Ils ôtèrent leurs vêtements et les donnèrent à garder à un jeune homme, complice de leur crime. Ce jeune homme se nommait Saül; farouche adepte du pharisaïsme, il persécutait les disciples avec un acharnement inouï. Il pénétrait dans les maisons, en arrachait les fidèles cachés et les traînait en prison. Ne respirant que la haine contre les chrétiens, il se fit délivrer un pouvoir spécial du grand-prêtre pour les poursuivre jusqu'à Damas. C'est là où Dieu l'attendait. Foudroyé sur le chemin, aveugle et repentant, il cria vers le Seigneur pour obtenir la lumière et la miséricorde. La lumière lui fut donnée, et il éclaira et ravit le monde par la beauté, la profondeur et la sagesse infinie de sa sublime doctrine. Il arrosa de son sang et de ses sueurs les lieux qu'il avait teints du sang des martyrs. Persécuté, battu de verges, chargé de fers, il confessa Jésus-Christ à Jésusalem et à Antioche, à Ephèse et à Corinthe, dans l'aréopage d'Athènes et dans les prisons de Rome. L'an 66, un ordre de Néron vint enfin récompenser tant de magnifiques travaux. Le courageux apôtre fut extrait de la prison, conduit à trois mille de Rome, et eut la tête tranchée par le glaive du licteur, sur un lieu nommé les *Eaux salviennes*. Lucine, noble romaine, recueillit les restes du saint martyr, et les ensevelit pieusement dans la terre sur le chemin d'Ostie. — Le jour de cette exécution fut aussi le jour de triomphe du prince des apôtres, du chef visible de l'Église. Pierre, le plus grand héros de l'Église, vient à son tour d'achever dignement sa miraculeuse carrière. A peine l'Esprit saint a-t-il confirmé au représentant de Jésus-Christ les glorieuses promesses du Sauveur, que Pierre étonne le monde par ses actions et ses miracles. C'est lui qui forme la première église à Jérusalem; c'est lui qui, le premier, confesse le divin maître; lui qui fait le premier miracle et qui reçoit la gentilité dans le sein de l'Eglise; c'est lui qui propose l'élection de Mathias; lui qui préside le premier concile de Jérusalem; c'est près de lui que Paul vient chercher la confirmation de sa doctrine; c'est Pierre qui, dès le commencement, exerce sur les autres apôtres, comme chef et pasteur suprême, la primauté que lui avait donnée le Seigneur; c'est lui que tous les évangélistes nomment le premier; c'est lui qui frappe d'un arrêt de mort les premiers prévaricateurs de la loi; c'est sur lui que s'acharne toute la fureur du sanhedrin et des ennemis de l'Eglise. On le frappe de verges; il confesse sa foi plus haut que jamais. On le jette dans les prisons; un ange le délivre. Il soutient les fidèles de Jérusalem, confirme ceux de Samarie. Puis, après avoir établi et réglé les nombreuses Eglises naissantes dans toute la Judée, il vint à Antioche, y fonda cette célèbre Eglise, passa en Asie mineure, évangélisa le Pont, la Cappadoce, la Galatie, la Bythinie, Corinthe, et enfin se rendit à Rome (42). — Je voudrais pouvoir m'arrêter quelques instants sur le moment solennel où cet obscur pèlerin entre pauvre et inconnu dans la ville éternelle. Je voudrais, en regard de ce grave spectacle, pouvoir peindre en quelques traits l'état de Rome à cette heure où le trône de l'empire est occupé par le divin Claude et la déesse Messaline. Tandis que la débauche et le poison réglaient la succession impériale; tandis que Néron faisait entendre au cirque sa voix et sa poésie, qu'il fallait, sous peine de mort, trouver divines; tandis qu'il contemplait les entrailles palpitantes de sa mère, je voudrais pouvoir suivre dans la voie Suburanne ce pauvre étranger qui appelle à lui tous ceux qui sont fatigués sous le poids de la vie, tous ceux qui halètent sous le fardeau de la tyrannie et de la misère; ce Juif obscur qui sait consoler toutes les infortunes et adoucir toutes les souffrances au nom des souffrances et de l'amour du Sauveur Jésus. Qui eût pu faire comprendre à ces fiers Césars qu'encensait l'univers, que le vertige de l'orgueil enivrait sur leurs autels, que ce trône qu'ils souillaient par tant de crimes passerait au successeur du pauvre pêcheur, qui arrivait pour répandre parmi les humbles et les malheureux de la grande cité les semences du Seigneur ? Les disciples du grand apôtre se multipliaient à Rome. Pierre gouverna longtemps paisiblement cette Eglise nouvelle; mais le jour vint où le regard de César découvrit enfin les chrétiens. Il était digne de Néron de commencer la guerre du paganisme contre l'Eglise de J.-C. L'an 65, un incendie terrible dévora les deux tiers de la ville de Rome. Néron s'était souvent plaint de ne pas pouvoir rebâtir Rome sur un plan grandiose et digne de l'empire. Pendant le sinistre, on avait vu ses satellites attiser et propager les flammes. Tous les soupçons tombèrent sur lui. Néron, pour se justifier de cette grave accusation, rejeta le crime sur les chrétiens. Alors le sang des martyrs coula sur toute l'étendue de l'empire. On se saisit des chrétiens et on leur infligea les plus cruelles tortures. Néron s'étudiait à raffiner les supplices. Il les faisait couvrir de peaux de bêtes sauvages et dévorer par les chiens. Les chevalets, les croix, le fer et le feu venaient au secours de son odieuse fureur. Il faisait enduire les victimes de matières inflammables, on les attachait à des pieux et on y mettait le feu. C'est à la lueur de ces flambeaux que Néron aimait à se promener dans ses jardins et à conduire ses chars. C'est un affligeant spectacle d'entendre Tacite, ce grave et noble esprit, parler des chrétiens avec cette légèreté dédaigneuse qui le laisse impassible à la vue des tortures inouïes infligées à des innocents. Sénèque étudia le christianisme de plus près, et il comprit d'instinct ce qu'il y avait de grand, d'invincible dans cette doctrine d'abnégation et d'amour. *Ces esclaves ne craignent rien*, dit-il; *au milieu des supplices ils se rient de leurs bourreaux*. Et il ajoute cette belle parole : *Que peut craindre celui pour qui la mort est une espérance!!..*. Cette persécution coûta la vie à saint Marc l'évangéliste, qui mourut à Alexandrie; à saint Gervais et saint Protais, qui périrent à Milan. Mais la victime la plus illustre qu'atteignit Néron, ce fut le prince des apôtres, arrêté à Rome. Pierre fut jeté dans la prison Mamertine, au pied du Capitole, où il demeura neuf mois. Le saint apôtre convertit jusqu'à ses gardes et 47 autres prisonniers, qu'il baptisa dans les fers. Son arrêt de mort arriva. On le conduisit au delà du Tibre dans le quartier des Juifs, et l'on planta sa croix au sommet du mont Janicule. Mais le digne disciple de la doctrine évangélique se trouva indigne de l'honneur d'être traité comme son divin maître, il supplia ses bourreaux de le crucifier la tête en bas. Et c'est ainsi que le premier représentant de Jésus-Christ sur la terre échangea sa vie mortelle contre la couronne du martyre et les clefs du royaume éternel. — A côté des persécutions du pouvoir, l'Eglise eut à lutter, dès les premiers pas de sa carrière, contre les piéges des hérétiques et les persécutions des apostats. Au commencement de la prédication apostolique, parut Apollonius de Thyanes, philosophe pythagoricien, qui se présentait comme l'envoyé de Dieu et le rival des apôtres. Il affecta des mœurs austères, et, pour finir dignement son rôle d'inspiré du ciel, il sut dérober sa mort même à son plus fidèle disciple. Un ennemi plus dangereux parut bientôt dans l'arène. Pierre, étant allé à Samarie confirmer les nombreux convertis de Philippe, rencontra un magicien nommé Simon, qui, voyant le grand apôtre conférer des dons célestes par l'imposition des mains, vint lui offrir de l'argent, pour recevoir en échange le même pouvoir. Son nom qualifia dès lors le trafic sacrilége des choses saintes (*simonie*). Repoussé par le prince des apôtres, Simon excita la première hérésie dans l'Eglise. Homme astucieux, corrompu, versé dans les sciences, dévoré d'ambition et de vanité, il nous présente réunis tous les caractères que nous remarquerons dans les hérétiques subséquents; et c'est avec justice qu'on le désigne sous le nom de père des hérésiarques. Il bâtit un système monstrueux et absurde des idées de la philosophie grecque, accouplées de la façon la plus odieuse aux doctrines chrétiennes : il ne prétendait être rien moins que Dieu lui-même, et il se faisait adorer sous le nom de Jupiter. Une esclave prostituée, appelée Hélène, qu'il avait achetée sur le marché de Tyr, était devenue sa complice; il la faisait adorer sous le nom de Minerve. Il rejetait l'Ancien Testament et niait la résurrection des corps. Les erreurs de Simon méritent d'être remarquées, parce qu'elles contiennent la première ébauche des doctrines gnostiques et les germes du synchrétisme de l'école d'Alexandrie, qui bientôt désolera l'Eglise de Jésus-Christ. Par une permission spéciale de la Providence, saint Pierre se retrouve toujours en face de l'imposteur pour le confondre et le terrasser. A Samarie il le démasque et le bannit de la communion des fidèles. A Rome il le confond devant l'empereur. Il était juste que le premier père des chrétiens triomphât du père des hérésiarques. Ménandre, son disciple le plus célèbre, continua à s'adjuger la qualité de Dieu tout-puissant, et fonda à Antioche une école gnostique. Simon n'avait attaqué le christianisme que sous des points de vue généraux, éloignés. Cérinthe porta le trouble et la division jusqu'au cœur de l'Eglise en voulant y introduire les prescriptions de la loi judaïque. C'est lui qui attaqua Paul et Barnabé l'an 50. Ceux-ci en appelèrent à l'autorité, et vinrent à Jérusalem consulter Pierre, qui présidait le premier concile. Le pasteur suprême définit la foi de l'Eglise; mais Cérinthe et ses adeptes, plutôt que de se soumettre, aimèrent mieux se jeter dans le gnosticisme : triste et éternel dénoûment de l'impiété et de l'orgueil ! Après eux la secte obscure et éphémère des Nicolaïtes vint effrayer, par ses mœurs monstrueuses, l'Eglise primitive. Mais les embûches des sectaires, la haine des juifs, la puissance et les cruautés des persécuteurs, n'arrêtent ni n'effraient l'Eglise. Elle triomphe de tous les obstacles, et ses nombreux ennemis ne rendent que plus merveilleuse sa rapide propagation. Nous touchons à un grand et douloureux événement; le dernier jour de la nationalité juive. C'est avec une profonde tristesse que la plume essaie de retracer quelques souvenirs de cette immense catastrophe. La nation juive avait été l'instrument privilégié des desseins de Dieu, le témoignage vivant, la dépositaire des promesses de la miséricorde divine. Elle donna le Messie au monde, accomplit les prédictions des Ecritures, et fournit les premiers éléments de la société chrétienne. Mais, le jour où l'Eglise de J. C. est constituée, le judaïsme a accompli sa mission providentielle et son rôle dans l'histoire du monde. Son culte n'est plus qu'un vain simulacre, et son temple un tabernacle vide au milieu d'une nation déicide, sur laquelle des crimes effrayants appelaient la vengeance du ciel. Pilate, l'instrument de leur plus grand crime, fut aussi le premier instrument de leur châtiment. Il les traita si sévèrement, qu'il en fut puni par les Romains mêmes.

Fadus, Tibère et Cumanus, qui les gouvernèrent l'un après l'autre, ne parurent occupés que du soin de les dépouiller. Félix, frère de l'affranchi Pallas, si fameux sous l'empereur Claude, les maîtrisa avec l'autorité d'un roi et la cruauté d'un esclave. Festus lui succéda; Albin et Florus, qui vinrent après lui, renchérirent encore sur la dureté des autres gouverneurs. Ils permirent tout pour de l'argent. La licence et l'impunité régnaient dans toute la Judée; les voleurs se glissaient jusque dans le temple. La religion n'était pas mieux réglée que la police. Les pontifes ressemblaient, par leurs mœurs et par leur avidité, à des bandits plutôt qu'à des prêtres. Enfin, l'an 66 de J.-C., les Juifs s'étant révoltés ouvertement, Cestius vint assiéger Jérusalem, et ne put la prendre. C'était sous l'empire de Néron. Ce prince, qui était alors dans l'Achaïe, envoya Vespasien pour réparer l'affront des armes romaines. Le général entra dans la Palestine avec une armée aguerrie, qui fit main basse sur tout ce qui se présentait, hommes, femmes, enfants (67). Il s'empara des places fortes, massacra quarante mille Juifs, et, après avoir soumis toute la province, il vint enfin cerner Jérusalem. Il se disposait à donner l'assaut, lorsque Néron mourut. Trois empereurs montèrent sur le trône impérial, et en descendirent par des morts tragiques. Vespasien alla à Alexandrie essayer ses chances à l'empire. Il fut élu et salué avec un enthousiasme universel. C'est alors qu'il envoya son fils achever le sort fatal de Jérusalem. Le jour néfaste approche. C'est Titus qui vengera la mort des prophètes et accomplira à la lettre les prédictions du Sauveur. Jérusalem était déchirée par des factieux qui prenaient le nom de zélateurs et qui exerçaient les plus grandes cruautés. Jean de Giscala, Simon et Éléazar étaient à la tête des partis. En vain les hommes sages voulaient se soumettre; les chefs des zélateurs s'obstinèrent à résister aux Romains, et tyrannisèrent le peuple, en même temps qu'ils provoquèrent la vengeance de l'ennemi. D'autres villes ont eu à endurer les rigueurs d'un siége, ou de la famine, ou de la peste; mais il est inouï qu'une partie des citoyens ait réduit les autres à une misère inexprimable, en leur enlevant jusqu'au dernier morceau de pain, en tourmentant les vieillards, les femmes et les enfants par des supplices horribles, en se faisant à eux-mêmes une guerre implacable; unis seulement pour le mal; obstinés à leur perte, et déterminés à y entraîner leur patrie, leur nation, leur religion même, dont ils se disaient les zélés défenseurs. Titus pressa le siége avec une vigueur et une habileté singulières (70). La ville fut investie, et comme elle se défendit pendant quatre mois, elle éprouva toutes les horreurs de la famine et toutes les angoisses du désespoir. Enfin les assiégés, exténués de faim et de fatigues, se virent réduits aux dernières extrémités; Titus, après avoir forcé les trois enceintes qui défendaient la ville, leur fit faire des propositions de paix. Ce prince voulait sauver le temple, qui renfermait, dit Tacite, des trésors d'une magnificence inouïe. Mais les factieux s'obstinèrent dans leur aveuglement. Ils se retranchent eux-mêmes dans le temple. Alors Titus se décida à attaquer le redoutable sanctuaire du Dieu inconnu. Les Romains, à la vue de ces prodigieuses richesses, n'écoutèrent plus la discipline. Un soldat met le feu au sanctuaire, et l'immense édifice s'écroule dans les flammes. A cette vue, Titus comprend qu'il est l'instrument d'un Dieu vengeur, et dès lors il ne fit plus quartier à personne. S'étant rendu maître, le 8 septembre suivant, de la ville haute où les séditieux s'étaient retirés, il la livra au feu et au pillage, ainsi que la ville basse. On y passa la charrue. Ainsi furent accomplies ces paroles de J.-C. : *Il n'y restera pas pierre sur pierre*. Il périt dans ce siége, selon Josèphe, onze cent mille Juifs; et quatre-vingt-dix-sept mille, réduits en esclavage, furent vendus comme des bêtes de somme. Le butin des vainqueurs fut si considérable, que l'or diminua de la moitié de son prix en Syrie. Titus, ayant laissé une légion à Jérusalem pour garder les ruines de cette ville infortunée, passa quelque temps après à Rome, où il triompha avec Vespasien son père. On porta dans ce jour solennel la table, le chandelier d'or à sept branches, une partie des vases du temple, le livre de la loi qui fut gardé dans le palais, avec le rideau de pourpre du sanctuaire. Un édit de Vespasien déclara la nation juive éteinte et son culte aboli. On voit encore à Rome l'arc qui fut élevé pour ce triomphe, où paraissent en bas-relief le chandelier et la table. On frappa en même temps des médailles en l'honneur de

Vespasien et de Titus, représentant une femme voilée de deuil, assise au pied d'un palmier, la tête appuyée sur sa main, avec cette inscription : *La Judée captive.*—Tandis qu'au sommet de la société romaine pullulaient tous les vices, tandis que la vénalité et le meurtre faisaient et défaisaient les empereurs, le souffle vivifiant de l'esprit de Dieu passait au-dessous d'eux et fécondait miraculeusement les germes précieux de la vie nouvelle que le premier pasteur avait apportés à Rome et qu'il venait de sceller de son sang. La persécution a beau sévir, la hache du licteur a beau retomber sans cesse sur les plus illustres victimes, la succession des pontifes au siége de Pierre commence cette glorieuse carrière, unique dans les annales des peuples. Lin succède à Pierre sur le siége pontifical, sur la brèche, dans les supplices et la gloire du martyre; saint Clet le remplace dans ce poste illustre et glorieusement dangereux (78). Titus venait de succéder à son père Vespasien; la gloire et la dignité de l'empire semblaient renaître sous ces deux grands princes. Titus fit l'admiration du monde pendant ces beaux jours qu'il croyait perdus quand ils n'étaient pas marqués par quelque bienfait; malheureusement il descendit encore jeune au tombeau, et les peuples soupçonnèrent que le poison de Domitien y avait aidé. Un tel fratricide, digne de la vie infâme du fils dénaturé de Vespasien, rappelait Néron, que Domitien s'étudia à faire revivre pendant son règne funeste. La persécution contre les chrétiens s'étendit sur tout l'empire. Saint Clet meurt martyr (89) ; saint Jean l'Évangéliste est jeté par les ordres du tyran dans une chaudière d'huile bouillante; mais le saint apôtre, par un miracle éclatant, demeura sauf et intact ; alors Domitien le relégua sur le rocher de Patmos, où il écrivit son Apocalypse (95). « Depuis lors, les chrétiens furent toujours persécutés sous les bons comme sous les mauvais empereurs. Ces persécutions se faisaient tantôt par la haine particulière des magistrats, tantôt par le soulèvement des peuples, tantôt par les rescrits et en présence des empereurs ; alors la persécution était plus universelle et plus sanglante. C'est par ces renouvellements de violence que les historiens ecclésiastiques comptent dix persécutions sous six empereurs. » Mais chose merveilleuse, tandis que le tyran promenait ses instincts de sang et ses édits barbares sur toutes les provinces de l'empire pour exterminer les fidèles, la foi de Jésus-Christ pénétrait jusque dans son palais et dans sa propre famille. Clément, oncle de l'empereur, embrassa le christianisme, et Domitien le fit mettre à mort ; sa femme et Domitilla, la nièce de l'empereur, suivirent l'exemple de Clément, et furent exilées dans des îles éloignées. Alors la rage du tyran n'eut plus de mesure. Mais la vengeance divine s'apprêtait à délivrer la terre de ce monstre. Étienne, son intendant, lui plongea le poignard dans la poitrine (96), et Nerva monta sur le trône. Le nouvel empereur avait de nobles instincts, mais son grand âge ne lui permit pas de fermer les plaies de l'empire ; il rappela tous les exilés, et saint Jean alla rejoindre les fidèles d'Éphèse. Il choisit Trajan pour son successeur. Saint Clément avait succédé à saint Clet; le nouveau pontife mourut en exil (100). Vers le même temps, saint Jean mourut dans un âge très avancé ; il avait composé son Évangile à l'âge de quatre-vingt-dix ans. C'est au milieu de son troupeau que le glorieux vieillard ferma par sa sainte mort le premier siècle de l'Église. Le caractère général de ce grand siècle et sa gloire, c'est d'avoir constitué par les apôtres et les pères apostoliques l'Église universelle sur des bases complètes et immuables. Nous ne sommes qu'à quelques années du jour douloureux où la synagogue traînait un Juif condamné par Rome au lieu du dernier supplice, et déjà la doctrine du divin crucifié, cette doctrine austère qui condamne tous les penchants de ce siècle, toutes les passions invétérées dans cette société corrompue, cette doctrine effrayante, qui devait se briser mille fois contre le mur d'airain des lois et des institutions du polythéisme, couvre l'empire romain. Que d'Églises florissantes dans la Palestine, la Syrie, l'Asie mineure, Éphèse, Damas, Antioche, Édesse ! L'Afrique romaine tout entière est envahie; les apôtres de l'Évangile ont atteint jusqu'aux extrémités de l'Europe. En dehors de la Grèce et de l'Italie, huit Eglises sont établies dans la Gaule : Lyon, Tours, Arles, Narbonne, Toulouse, Paris, Clermont, Limoges. Les disciples de saint Pierre ont remonté le Rhin et fondé les siéges de Cologne, de Trèves, de Metz dans la Germanie. Outre les écrits apostoliques, nous avons de ce premier siècle trois monuments authentiques et précieux de la doctrine et de la piété de l'Eglise primitive. C'est d'abord l'admirable épître de saint Clément, pape, aux Corinthiens ; le glorieux pontife y parle aux fidèles avec cette autorité unique et suprême du successeur de Pierre; puis le livre allégorique d'Hermas; le *Pasteur*, écrit sous le pontificat de saint Clément, renferme des leçons de morale exprimées avec une pieuse simplicité; enfin la célèbre lettre à Diognète. L'auteur inconnu de cet écrit s'exprime ainsi sur la vie et les sentiments des premiers fidèles: « Ils n'ont rien au » dehors qui les distingue des autres hommes par rapport à la » vie civile; regardant toute la terre comme le lieu de leur » demeure, ils vivent partout où ils se trouvent, soumis aux » lois de l'État et aux coutumes des lieux. Ils aiment tout le » monde, et tous les persécuteurs; mais la mort qu'on leur fait » souffrir ne sert qu'à leur donner la vie. Quoique privés des » richesses temporelles, ils ne laissent pas de faire du bien ; » et, au milieu de l'indigence, ils sont pleinement contents. » Les opprobres font leur gloire, les calomnies dont on tâche » de les noircir servent de témoignage à leur justice, et ils ne » répondent aux malédictions dont on les charge que par des » paroles pleines de charité. » Parmi les écrivains profanes, on remarque Philon, juif d'Alexandrie, qui marcha sur les traces de Platon ; et Flavius Josèphe, la merveille de son siècle, l'admirable historien de la destruction de sa patrie.

II.

Le second siècle de l'Eglise s'ouvre sous le règne glorieux de Trajan. Saint Anaclet avait succédé à saint Clément sur le siége de Pierre. L'Eglise est constituée ; elle a sa doctrine, sa hiérarchie, son gouvernement institués par les apôtres; elle marche forte, unie, également rassurée sur ses destinées immortelles, et par les promesses infaillibles du Sauveur, et par la sainteté et l'héroïsme universel de ses enfants. Désormais toutes les puissances du monde et des ténèbres lui ont déclaré la guerre, et une guerre implacable. Désormais, elle comptera ses années par les persécutions, et ses chefs par les martyrs. La grande âme de Trajan ne descendait pas aux persécutions par instinct de haine ou de cruauté ; mais ses grandes qualités, comme toutes les vertus purement humaines, ne s'élevaient pas au delà des mobiles infimes de l'ambition et de la gloire de ce monde. Assiégé par les dénonciations, les prières des prêtres et des ennemis du christianisme, il ne consentit pas, il est vrai, à lancer des édits de proscription, mais il jeta aux exigences haineuses ces mesures vexatoires, que les officiers publics, surtout ceux des provinces éloignées, transformèrent, suivant leurs caprices, leurs passions et leurs caractères, en cruelles persécutions contre les fidèles. D'ailleurs Trajan, rigide protecteur du culte et des dieux de Rome, haïssait tous ceux qui ne leur sacrifiaient point. Son ordonnance contre les sociétés secrètes causa la troisième persécution générale de l'Eglise. Flavia Domitilla fut brûlée dans sa maison, et plusieurs de ses serviteurs égorgés. Saint Siméon, deuxième évêque de Jérusalem, et parent du Sauveur, scella l'Evangile de son sang, à l'âge de 120 ans. Trajan, après avoir réduit les Daces, voulut subjuguer les Parthes. La huitième année de son règne (106), il passa en Orient. Arrivé à Antioche, saint Ignace, deuxième évêque de cette célèbre Eglise, se présenta devant l'empereur pour sauver son troupeau menacé. Trajan, irrité des nobles et fermes protestations du saint vieillard, l'envoya à Rome pour être dévoré dans l'amphithéâtre. Rien n'est plus beau que la lettre qu'il écrivit aux fidèles de Rome pour les conjurer de ne point empêcher son sacrifice par leurs sollicitations. « Je crains, leur dit-il, » votre charité, et j'appréhende que vous n'ayez pour moi une » compassion trop tendre. Il vous est peut-être aisé de m'empêcher de mourir; mais, en vous opposant à ma mort, vous vous » opposerez à mon bonheur. Si vous avez pour moi une charité » sincère, vous me laisserez aller jouir de mon Dieu. Je n'aurai » jamais une occasion plus favorable de me réunir à lui que » celle qui se présente, et vous n'en sauriez avoir une plus » belle d'exercer une bonne œuvre. Vous n'avez pour cela qu'à » demeurer en repos : si vous ne faites aucune démarche pour » m'arracher des mains des bourreaux, j'irai rejoindre mon » Dieu. Mais si vous vous laissez toucher d'une fausse compassion pour cette misérable chair, vous me renvoyez au » travail et vous me faites rentrer dans la carrière. Souffrez » que je sois immolé tandis que l'autel est dressé ; unissez-vous » seulement à mon sacrifice, en chantant des cantiques à » l'honneur du Père et de Jésus-Christ son Fils. C'est peu de » chose de paraître chrétien, si on ne l'est en effet ; ce qui fait » le chrétien, ce ne sont pas les belles paroles et les favorables apparences, mais c'est la grandeur d'âme et la solidité » de la vertu. » — Arrivé à Rome, les fidèles accoururent en foule avec des larmes et des gémissements. Le saint se jette à genoux au milieu d'eux, les encourage, les console, prie pour l'Eglise ; puis, se relevant promptement, il excite ses gardes, et marche calme à la mort. A l'approche de l'amphithéâtre, on entend les rugissements des lions, les clameurs de la multitude. Une joie modeste et paisible illumine le visage du saint vieillard; il entre résolument dans l'arène, et meurt, déchiré par les bêtes, devant une populace étonnée de tant de force et de tant de courage (107). Malgré tous ces orages, l'Eglise de Jésus-Christ étendait chaque jour ses conquêtes et ses bienfaits. La croix avançait dans les Espagnes, et pénétrait jusqu'aux bords des forêts de la Scandinavie. D'illustres défenseurs du christianisme s'élevaient chaque jour du milieu des plus savantes assemblées d'Athènes, de Rome et d'Alexandrie. Le sang des martyrs faisait germer les semences divines, et les chrétiens se multipliaient à tel point que Pline le jeune, gouverneur de Bithynie, se crut obligé de consulter l'empereur sur la manière dont il avait à se conduire à leur égard. Voici quelques passages de ce curieux monument de l'histoire de l'Eglise au commencement du second siècle : « Je n'ai jamais assisté aux procès des chrétiens; c'est pourquoi » je ne sais ce que l'on y punit ou ce que l'on y recherche, et » je n'ai pas peu douté si la différence d'âge, si les plus tendres » enfants ne doivent pas être distingués, si le repentir mérite » pardon, si ce que l'on punit est le nom (chrétien) seul sans » autres crimes, ou les crimes attachés au nom. Cependant » voici la méthode que j'ai suivie à l'égard de ceux qui m'ont » été déférés comme chrétiens. Je les ai interrogés une seconde » et une troisième fois, les menaçant du supplice; car j'ai cru » qu'on devait du moins punir en eux leur désobéissance et leur » invincible opiniâtreté. On m'a remis entre les mains un libelle » sans nom d'auteur, où l'on accuse différentes personnes d'être » chrétiennes, qui nient de l'être et de l'avoir jamais été. Ils » ont, en ma présence, et dans les termes que je leur prescri- » vais, invoqué les dieux; et c'est à quoi, dit-on, l'on ne peut » jamais forcer ceux qui sont véritablement chrétiens. J'ai donc » cru qu'il les fallait absoudre. D'autres, déférés par un dénon- » ciateur, ont d'abord reconnu qu'ils étaient chrétiens, et aussi- » tôt après ils l'ont nié, déclarant que véritablement ils l'avaient » été, mais qu'ils ne l'étaient plus. Ils assuraient que toute leur » erreur et leur faute se réduisait à ceci : *Qu'à un jour marqué » ils s'assemblaient avant le lever du soleil, et chantaient tour à » tour des hymnes à la louange de Christ, comme s'il eût été Dieu; » qu'ils s'engageaient par serment, non à quelque crime, mais à ne » point commettre de vol ni d'adultère, à ne point manquer à leur » promesse, à ne point nier un dépôt.* Je n'ai découvert dans » leur culte qu'une mauvaise superstition portée à l'excès; et, » par cette raison, j'ai tout suspendu pour vous demander vos » ordres. L'affaire m'a paru digne de vos réflexions, par la mul- » titude de ceux qui sont enveloppés dans ce péril; car un très » grand nombre de personnes, de tout âge, de tout ordre, » de tout sexe, sont et seront tous les jours impliquées dans » cette accusation. » — Trajan répondit à Pline : « qu'il s'était » conduit très sagement; qu'il ne fallait point faire de perqui- » sitions des chrétiens, mais qu'il fallait punir ceux qui étaient » accusés et convaincus. » Contradiction frappante et indigne de l'esprit de Trajan; car, si les chrétiens étaient coupables, il était juste de les rechercher, et s'ils ne l'étaient pas, c'était une injustice et un crime de les punir, quoiqu'ils fussent accusés. Et l'empereur ajoute : « Quiconque dira qu'il n'est pas chrétien et sacri- » fiera aux dieux obtiendra pardon, quelque suspect qu'il ait été » pour le passé. Quant aux libelles proposés sans nom d'auteur, » ils ne doivent donner lieu à aucune espèce d'accusation. La » chose est de très mauvais exemple et n'est pas digne de notre » siècle. » Cette lettre empêcha la persécution de devenir générale, mais elle n'arrêta pas les haines et les persécutions particulières. Le pape saint Evariste mourut en 108; on lui attribue l'établissement des paroisses à Rome. Saint Alexandre le remplaça. A saint Alexandre succéda saint Sixte, et à saint Sixte saint Télesphore. Cet ordre de succession est certain, mais on ignore la durée exacte de chacun de ces pontificats. Sur la fin du règne de Trajan, le millénarisme, issu de Cérinthe, fit quelques adeptes grâce à Papias, évêque d'Hiéraple (Phrygie). Homme pieux, mais très simple et fort crédule, incapable de donner dans les grossières tendances des millénaires, Papias épura, en quelque sorte, la doctrine dans son ouvrage intitulé : *Exposition des discours du Seigneur*, en cinq livres; mais la secte tomba bientôt dans le plus profond discrédit. Trajan mourut à Sélinonte, la vingtième année de son règne (117).

Adrien, son fils adoptif, lui succéda. Homme d'un caractère peu élevé, de mœurs avilies, mais d'une haute prudence et d'une ambition qui lui tint lieu de génie, il ne persécuta point directement les chrétiens; cependant ils souffrirent beaucoup sous son règne, parce que très souvent ils furent confondus avec les Juifs, qu'Adrien, ainsi que l'empire tout entier, exécrait avec une haine fanatique. Adrien venait d'infliger le dernier désastre à la malheureuse Judée. Il chassa tous les Juifs de la Palestine, les condamna aux travaux publics, les dispersa et les traîna en esclavage par toutes les provinces de l'empire. Il avait fait placer sur le sommet du Calvaire une statue de Vénus, et sur la porte qui menait à Bethléem un pourceau en marbre. Un essaim de sectaires et de sophistes surgirent sous le règne d'Adrien. Il semble que les mœurs honteuses du César encourageaient ces êtres corrompus qui prêchaient publiquement toutes les folies et toutes les débauches. Les adeptes de ces dogmes monstrueux se divisaient en une multitude innombrable de sectes. On comptait des *simoniens*, des *cérinthiens*, des *carpocratiens*, des *coddéens*, des *barbélites*, des *adamites*, des *ophites*, des *docètes*, des *alexandrins*, des *basilidiens*, etc., etc. Toutes ces sectes dérivaient de la même source infectée : le *gnosticisme*, illuminisme immonde, mélangé de grossières superstitions, de magie et de prescriptions idolâtriques. C'est en face de tant de corruption qu'éclataient admirablement les vertus et les mœurs austères des chrétiens; c'est en réponse à toutes ces mille attaques hypocrites ou grossières que s'éleva cette glorieuse lignée d'illustres défenseurs de la pureté, de la vérité et de l'intégrité des doctrines chrétiennes. Cette immortelle défense des Pères, quoique gênée par la loi infranchissable du secret, montre déjà ce qu'elle sera sous la plume de fer de Tertullien, dans la bouche d'or de Chrysostôme, dans les sublimes méditations de l'évêque d'Hippone. Ce fut alors que deux chrétiens illustres, Quadratus, évêque d'Athènes, et Aristide, présentèrent à Adrien des apologies du christianisme, aussi solides qu'éloquentes. Dans le même temps, Serenus Grannius, homme moins distingué par sa naissance que par son équité, représenta à l'empereur combien il était injuste de sacrifier des innocents au faux zèle d'une populace fanatique, sans qu'on leur reprochât d'autre crime que leur attachement à une religion particulière. L'empereur, touché de ces remontrances, défendit, en 126, à Minutius Fundanus, proconsul d'Asie, de persécuter ceux qui n'étaient pas convaincus juridiquement d'être coupables de crimes réels. Il ordonna même, si on calomniait les chrétiens, de punir les calomniateurs. Les ordonnances de l'empereur firent cesser la persécution; il ne laissa pas cependant d'y avoir encore quelques martyrs, parce que la haine des païens les traînait aux tribunaux sous divers prétextes, et que les juges ne leur étaient pas toujours favorables. Saint Eustache et ses compagnons reçurent la couronne du martyre à Rome, ainsi que sainte Symphorose et ses sept enfants. Saint Faustin et saint Jovite répandirent leur sang pour la foi à Brescia. Vers l'an 138, le saint pape Télesphore ceignit la couronne du martyre. Il raviva l'institution du carême, ordonna la célébration de la messe de Noël à minuit, et fit chanter pendant le saint sacrifice le beau cantique des anges *Gloria in excelsis*. Saint Hygin lui succéda. Adrien mourut dans d'affreuses douleurs, dans sa maison de Tivoli, à l'âge de 62 ans, le 10 juillet 133. Antonin-le-Pieux lui succéda. Le nouveau César est un des plus beaux et des plus grands caractères que l'antiquité nous ait transmis. Il fut bientôt l'idole et l'admiration du monde. La haute intelligence d'Antonin ne tarda pas, malgré les terribles préjugés des peuples idolâtres, à payer un éclatant tribut d'estime à la pureté du christianisme et aux magnifiques exemples de vertu qu'il présentait au monde. Cependant il y eut sous son règne des persécutions et des martyrs; car la jalousie des prêtres, qui voyaient leurs temples vides, et les passions des gouverneurs, savaient toujours trouver des prétextes pour immoler ceux dont les pures doctrines détruisaient le prestige de leur idolâtrie impure, ceux dont la vie angélique faisait honte à leurs débauches. Ces persécutions intermittentes et locales atteignirent un grand nombre d'illustres victimes. Au milieu des sectaires qui surgissaient et disparaissaient chaque jour, parut Valentin, que l'ambition déçue jeta dans le gnosticisme. Homme adroit, discret, insinuant, Valentin attira des hommes supérieurs dans ses écarts. Il sut avec adresse cacher ce qu'il y avait de trop odieux dans cet illuminisme souillé, et son procédé eut du succès. Les Marcionites succédèrent aux Valentiniens, et dès lors chaque secte, déguisant ses principes immondes et se dégageant peu à peu de ces taches grossières du gnosticisme sensuel, appelait à son secours les spéculations philosophiques des écoles grecques et alexandrines, y mêlait quelques dogmes du christianisme et atteignait dès lors plus au cœur de l'Eglise catholique. Mais Dieu sait toujours trouver un instrument approprié à la défense de sa sainte Eglise. Saint Justin parut. Ce grand homme, né à Naplouse (Palestine), et élevé dans le paganisme, montra dès sa jeunesse une soif insatiable de la vérité. Il parcourut toutes les écoles de philosophie, sonda tous les systèmes, sans trouver l'aliment qui pût satisfaire sa grande âme. Un jour qu'absorbé dans ses tristes rêveries il se promenait sur le bord de la mer, un vieillard vénérable l'aborda, admira son zèle pour l'étude, et lui conseilla celle des prophètes. Justin avait trouvé la voie et la vie: il était chrétien; mais il resta toujours un grand philosophe. Après avoir beaucoup voyagé en Orient pour y répandre le christianisme avec une liberté entière, il vint à Rome, où il présenta à l'empereur une première et une seconde apologie du christianisme, qui sont une des gloires de ce siècle et l'un des plus beaux monuments de l'antiquité. Dans la première, il répond aux objections des païens; il établit les principes de la foi et son autorité. Il montre ensuite l'injustice des procédures criminelles sans conviction de crime et sans les formalités prescrites par les lois. Il fait un tableau fidèle des cérémonies innocentes des assemblées chrétiennes, et, faisant souvenir l'empereur de la manière équitable dont Adrien en avait agi dans de pareilles circonstances, il réclame la même justice. L'empereur, se rendant aux justes raisons qu'on lui avait exposées, écrivit, l'an 152, à tous les gouverneurs des provinces, et surtout à ceux des provinces d'Asie, pour leur défendre de tourmenter les chrétiens, et pour leur ordonner d'empêcher que le peuple n'excitât des séditions contre eux. Dans le rescrit qu'il adressa aux peuples de l'Asie mineure en commun, il prend hautement la défense des chrétiens, il loue la fidélité qu'ils gardent à leur Dieu, le courage qui leur fait mépriser la mort. Il tourne même les éloges qu'il donne à leurs vertus en reproche contre les vices de leurs persécuteurs. Cependant, malgré ces louanges et les rescrits de l'empereur, plusieurs martyrs furent sacrifiés, soit dans les émeutes de la populace, soit par quelques magistrats prévenus et faussement zélés. C'est saint Justin qui eut la gloire de commencer cette grande école de théologie catholique, qui se continuera sous la plume savante des pères, et constituera, dans les six premiers siècles de l'Eglise, l'édifice glorieux de la théologie et de la science catholiques. C'est aussi de saint Justin que datent les reproches de platonisme qu'on adressait si souvent aux défenseurs de la tradition et de la doctrine apostolique. Nous voyons déjà Rome devenue le centre où s'élevaient et où se vidaient toutes les controverses. Les sectaires y affluent; les défenseurs de l'Eglise, les évêques les plus illustres s'y rendent pour se concerter avec le pontife suprême. Ainsi nous voyons saint Polycarpe venir visiter Anaclet. Saint Pothin et plusieurs autres disciples du grand Evêque de Smyrne suivirent leur maître à Rome; le pape les envoya dans les Gaules, où saint Pothin fonda l'Eglise de Lyon. Le pape saint Pie avait succédé à saint Hygin (142). Saint Anicet succéda à saint Pie. Antonin mourut en 161, à l'âge de 74 ans, et ses deux fils adoptifs, Marc-Aurèle et Luce-Vère, lui succédèrent. Marc-Aurèle resta bientôt seul empereur par la mort de son collègue. Il est l'un des plus grands empereurs et des philosophes les plus distingués qu'ait produits le paganisme. La paix de l'Eglise avait cessé par cet avènement. Les prêtres et les philosophes osèrent tout espérer d'un César rigide observateur des superstitions païennes et adepte passionné de cet égoïste et dur orgueil du stoïcisme. Les ennemis des chrétiens n'attendirent même pas les ordres de l'empereur pour commencer la persécution. Saint Anicet succomba (161) la première année du règne de Marc-Aurèle, et saint Soter lui succéda (162) sur le siége de saint Pierre. Quoique l'empereur ne rendît pas la persécution générale par des édits en forme, il donna lieu à des vexations cruelles dans plusieurs provinces de l'empire. Ainsi, le feu de la persécution se ralluma en Asie. Marc-Aurèle confondit malheureusement les chrétiens avec les gnostiques, dont les mœurs étaient infâmes, et les regardait d'ailleurs comme des fanatiques qui couraient à la mort. Rien n'était plus contraire aux principes de la philosophie stoïcienne, qui croyait que l'homme devait occuper la place que la nature lui avait donnée, jusqu'à ce que la loi du destin l'en retirât. Marc-Aurèle regardait l'ardeur des chrétiens pour la mort comme un désordre religieux, politique, et sur la fausse idée qu'il s'était faite d'eux, il permit qu'on les persécutât. Il est vrai qu'on ne les proscrivit point par des édits publics; mais l'empereur ayant envoyé des ordres particuliers aux gouverneurs des provinces de s'opposer aux progrès de la nouvelle religion, un grand nombre de fidèles fut martyrisé. Saint Polycarpe, évêque de Smyrne, disciple de saint Jean et imitateur de ses vertus, et saint Justin, le défenseur du christianisme, furent enveloppés dans cette persécution. Rustique, préfet de la ville de Rome, devant qui Justin comparut, cria au saint confesseur: *Quoi, misérable, vous suivez la doctrine des chrétiens! — Oui*, répondit Justin, *et avec joie, parce que j'y trouve la vérité*. Le préfet interrogea ensuite ceux qui avaient été pris avec Justin, et ils répondirent tous qu'ils étaient chrétiens. *Sacrifiez aux dieux, sinon je vous ferai tourmenter sans aucune pitié. — Notre unique désir*, dit Justin, *est de souffrir pour Jésus-Christ. C'est ce qui nous procurera le salut, et qui nous donnera la confiance de paraître au tribunal terrible du Seigneur, devant lequel tous les hommes comparaîtront quand il l'ordonnera*. Les autres martyrs dirent la même chose; et le préfet prononça cette sentence: « Que ceux qui ont refusé de sacrifier aux dieux et d'obéir à » l'édit de l'empereur soient fouettés et décapités, comme les lois » l'ordonnent. » Les saints martyrs remercièrent Dieu de cette faveur, et furent conduits au lieu du supplice, où, après avoir été fouettés, ils eurent la tête tranchée vers l'an 167. Saint Soter mourut en 171, et saint Éleuthère lui succéda. Cette persécution finit en 174, par un édit solennel de l'empereur. Quoique ce prince eût fermé les yeux sur les miracles dont Dieu appuyait le christianisme, il ne put se refuser à l'évidence d'un prodige dont il fut témoin dans la guerre contre les Quades, peuple de Germanie. Son armée était enfermée entre des montagnes par une multitude innombrable de barbares. Ses soldats, tourmentés par une chaleur excessive, manquaient d'eau, et étaient au moment de périr par la soif et par le fer des ennemis. Dans cette cruelle extrémité, la douzième légion, nommée la *Foudroyante*, presque toute composée de chrétiens, se met en prière, et obtient tout-à-coup une pluie abondante, pendant que la foudre et la grêle tombaient sur le camp ennemi. — Ce prodige encouragea les uns et effraya les autres. Les Romains, remplis de confiance, marchèrent contre les Barbares, qui prirent la fuite au lieu de combattre. La certitude de cet évènement miraculeux fut attestée par les païens et par les chrétiens. Marc-Aurèle, dans la lettre qu'il écrivit au sénat, en fit honneur aux chrétiens: « *Christianorum fortè militum precationibus impetrato imbre.* » Ce fut même, dit-on, une des raisons qui l'engagèrent à défendre, sous peine de la vie, de les accuser. Mais les préjugés dont les philosophes l'endoctrinaient chaque jour et les remontrances des prêtres païens l'empêchèrent de protéger longtemps le christianisme. Car quelque temps après (177) s'alluma la terrible persécution de la Gaule lyonnaise. Ni l'âge ni le sexe ne furent épargnés. Les bourreaux étaient infatigables: Ils *travaillaient « à primâ luce usque ad vesperam! »* Ils infligeaient tous les supplices imaginables. « *Cuncta quæ ab hominibus excogitari potuerunt.* (S. Ir.) » Les villes étaient teintes du sang des martyrs. Parmi les plus illustres victimes, on compte S. Pothin, premier évêque de Lyon, S. Attale, Ste. Blandine, S. Epipodius, S. Alexandre, et quarante-cinq autres martyrs, qui périrent dans cette ville. S. Marcel fut martyrisé à Châlons-sur-Saône, S. Bénigne à Dijon; Saints Speusippe, Eléasippe et Méléasippe, trois frères jumeaux, à Langres; S. Symphorien à Autun, etc., etc. S. Pothin était âgé de plus de 90 ans, faible et infirme. Il fallut le porter au tribunal. Son ardent désir du martyre le fortifia. La populace le maltraita si cruellement qu'il expira dans son cachot. Après l'illustre vieillard, Lyon eut pour premier pasteur S. Irénée, la lumière de son siècle, l'éternel honneur de l'Eglise des Gaules, et la terreur des hérésiarques. Né en Asie l'an 102, ses parents le confièrent encore enfant à S. Polycarpe. Il eut aussi pour maître le célèbre Papias, et se fit remarquer entre tous par sa piété et son génie. Ce grand homme eut besoin de toute sa vertu et de toute sa science dans le poste élevé où venaient de le placer le respect et l'admiration des fidèles. D'une part, les hérésies des gnostiques commençaient à ravager les Gaules, de l'autre, la persécution reprenait une ardeur nouvelle. Le sang des martyrs coulait de toutes parts. Les églises de Lyon, de Vienne, d'Autun, virent périr leurs pasteurs et leurs enfants les plus illustres. S. Irénée fit face à tous les périls. Il composa plusieurs traités qui malheureusement ne sont pas venus jusqu'à nous. Mais ce qui nous console de tant de pertes, c'est son excellent ouvrage *contre les hérésies*, quoique nous n'en ayons qu'une version latine, bien éloignée de l'élégance et de la délicatesse de l'original grec. Il confond avec un talent plein de vigueur toutes les sectes qui avaient paru et disparu depuis Simon jusqu'à Valentin. Le saint docteur obtint en 203 la digne récompense de tant de zèle, de vertus et de labeurs: la couronne du martyre. La lettre que les églises de Lyon et de Vienne écrivirent à celle d'Asie, sur les martyrs dont leur ville fut honorée, est un précieux monument d'éloquence simple et touchante. Plus la ville de Lyon était grande, plus les prêtres des faux dieux y avaient de pouvoir. Les magistrats protégeaient ces ministres, et les chrétiens ne pouvaient paraître dans les lieux publics sans être accablés d'injures et de pierres. Le gouverneur de la ville, voyant le nombre et la constance des fidèles, en fit livrer plusieurs aux bêtes, et ceux qui étaient citoyens romains eurent la tête tranchée. On insulta aux saints martyrs, même après leur mort. On brûla leurs corps, et leurs cendres furent jetées dans le Rhône. Les païens croyaient les priver ainsi de toute espérance de résurrection. Tandis que la religion triomphait de ses persécuteurs des enfants nés dans son sein, déchiraient ses entrailles. Une foule d'enthousiastes, rejetons des hérétiques du siècle précédent, débitèrent les rêveries les plus extravagantes. Les principaux furent Carpocrate, Valentin, Marcion, Montan et ses disciples, etc., etc.

Carpocrate, philosophe platonicien d'Alexandrie, fut auteur d'une secte des gnostiques. Il embrassa l'opinion de Basilides, qui soutint le premier « que J.-C. n'avait qu'un corps fantastique, » et qu'il n'avait pas été réellement crucifié. » Il niait, comme lui, la résurrection des morts, et admettait une espèce de métempsycose. Il permettait à ses sectateurs les plus infâmes voluptés. Marcion, d'abord un chrétien zélé, ayant été excommunié par son père, qui était évêque, s'attacha à l'hérésiarque Cerdon, et apprit de lui le système des *deux principes*, qu'il allia avec le christianisme, le platonisme et le stoïcisme. Il niait la vérité de la naissance et de l'incarnation de Jésus-Christ, dont il avouait néanmoins la Passion, mais apparente seulement. Il admettait deux Christ: l'un envoyé par un Dieu inconnu pour le salut de tous les hommes; l'autre destiné par le Créateur à venir un jour rétablir les Juifs. La résurrection des corps était, selon lui, une chimère, et le mariage une espèce de prostitution. Il ne voulait baptiser que ceux qui vivaient dans la continence, et soutenait qu'on pouvait recevoir le baptême jusqu'à trois fois. Apelles, son disciples, changea un peu les rêveries de son maître. Il n'admit qu'*un seul principe*, nécessaire et éternel: et, pour expliquer l'origine et l'existence du mal, il prétendait que cet Etre souverain, essentiellement bon, ne prenait aucun soin des choses de la terre. Apelles ne donnait point à Jésus-Christ un corps fantastique comme Marcion; mais il formait ce corps de toutes les parties des cieux par lesquelles Jésus-Christ était passé en descendant sur la terre. Tatien et ses disciples condamnaient les noces et le mariage, et défendaient l'usage du vin et de la chair des animaux. C'est de là qu'ils furent appelés *Encratites*, c'est-à-dire, *continents*. Montan, eunuque du bourg d'Ardabam (Phrygie), commença vers cette époque ses extravagances impies. La secte des montanistes affectait une sévérité de morale que son orgueil poussait jusqu'à l'extravagance. Montan enseigna que Dieu, n'ayant pu réussir à sauver le monde par Moïse et les prophètes, voulut bien s'incarner lui-même. Mais n'ayant pas été plus heureux par cette voie nouvelle, Dieu prit enfin le parti de descendre, par l'opération du Saint-Esprit en lui Montan ainsi qu'en Priscille et Maximille, deux femmes de mauvaise vie qu'il traînait après lui, et qu'il s'avisa gravement de déclarer prophètesses... Montan se croyait aussi le Paraclet, et, en cette qualité, il prétendait « qu'il n'était inspiré » que pour enseigner une morale plus pure et plus parfaite que » celle qu'on enseignait et que l'on pratiquait. On ne refusait » point dans l'Eglise le pardon aux grands crimes et aux pé» cheurs publics, lorsqu'ils avaient fait pénitence: Montan en» seigna qu'il fallait leur refuser pour toujours la communion, » et que l'Eglise n'avait pas le pouvoir de les absoudre. On »observait le carême et différents jeûnes dans l'Eglise; Mon» tan prescrivit trois carêmes, des jeûnes extraordinaires. L'E» glise n'avait jamais condamné les secondes noces: Montan les » regarda comme des adultères. L'Eglise n'avait jamais regardé » comme un crime de fuir la persécution: Montan défendit de » fuir, ou de prendre des mesures pour se dérober aux recher» ches des persécuteurs.» Montan eut des adeptes, et tous prophétisèrent. En peu de temps on vit une multitude de prophètes montanistes de l'un et de l'autre sexe débiter leurs folles extravagances. Après beaucoup de ménagements et un long examen, les évêques d'Asie déclarèrent les nouvelles prophéties impies et fausses, les condamnèrent, et rejetèrent leurs auteurs de la communion des fidèles. Les montanistes ainsi exclus de l'Eglise firent une société séparée qui troubla longtemps encore les Eglises de l'Asie.

Marc-Aurèle ne survécut que de deux années aux martyrs immolés dans les Gaules. Il se laissa mourir de faim à l'âge de 59 ans, l'an de J.-C. 180. Commode, son fils, prit les rênes de l'empire. L'univers attendait de grandes choses du fils de Marc-Aurèle. Commode ressuscita Néron dans ses extravagances et ses froides cruautés. Une tête consulaire tombait à un signe de son caprice comme la tête du dernier de ses esclaves. Les ennemis des chrétiens crurent enfin ne plus trouver d'entraves dans leurs barbares proscriptions. Le sénat et les proconsuls avaient, à force d'importunités, rendu Marc-Aurèle un fléau de l'Eglise; Commode immola le sénat et les gouverneurs, et traita les chrétiens avec une faveur inouïe. L'Église, fatiguée de luttes et de souffrances, avait besoin de repos: Dieu le lui fit accorder par un cruel tyran. A saint Éleuthère avait succédé sur le trône pontifical saint Victor, né en Afrique. L'Église comptait un grand nombre de pasteurs célèbres: Séraphion, évêque d'Antioche, saint Pantène, d'abord philosophe stoïcien, puis chef de l'école d'Alexandrie, etc., etc. C'est sous le pontificat de saint Victor que s'éleva le célèbre différend sur le jour de la célébration de la Pâque. Les Asiatiques la célébraient le 14e jour de la lune de mars, et le reste de l'Église le dimanche d'après le 14 de la lune de l'équinoxe du printemps. Ainsi les uns étaient dans la joie, tandis que les autres jeûnaient et se mortifiaient. Saint Victor, étant parvenu au souverain pontificat, voulut établir un usage uniforme. Il assembla quelques évêques et les prêtres de l'Église de Rome l'an 196, et condamna solennellement dans un concile la coutume des Asiatiques. C'est le premier exemple d'une excommunication lancée contre une Église entière. Elle produisit une impression profonde dans le monde chrétien, car elle frappait plusieurs Églises antiques et célèbres, comme celles de Smyrne et d'Éphèse.

A côté de cet immense mouvement des erreurs du gnosticisme et des aberrations infinies de la philosophie gréco-orientale, s'élèvent majestueusement les grandes écoles scientifiques et philosophiques de l'Église: Antioche, Smyrne, etc. Mais toutes les lumières et tous les efforts se concentrent à Alexandrie. Toutes les écoles et tous les systèmes ont leurs adeptes et leurs académies dans cette grande cité, la seconde ville de l'empire; c'était là le centre du mouvement intellectuel de l'univers. L'école chrétienne domina bientôt ses rivales de toute la hauteur de son inspiration pure et de ses sublimes doctrines. Saint Pantène, qui lui avait ouvert des voies nouvelles, partit pour les missions, et remit la direction de l'école entre les mains de Clément, son plus illustre disciple. Clément, né à Athènes, était singulièrement versé dans toutes les subtilités de la philosophie païenne. Il avait beaucoup étudié Platon, dont la doctrine lui parut insuffisante; alors il approfondit le christianisme, dont il devint une des gloires. Il fut ordonné prêtre à Alexandrie. Saint Alexandre, qui devint évêque de Jérusalem et mourut martyr, fut un de ses disciples, ainsi qu'Origène, maître à son tour de tant de docteurs. Commode venait de composer une nouvelle liste de proscription, qui devait moissonner les têtes les plus illustres de Rome. Cette liste tomba entre les mains de Marcia, sa concubine; celle-ci donna aussitôt du poison au tyran; un athlète l'acheva en l'étouffant dans un bain (193). Après le règne éphémère de Pertinax, l'empire fut mis aux enchères: Julien offrit le plus, et devint César; mais les légions d'Illyrie élurent Septime-Sévère, qui défit ses rivaux et resta seul maître de cet empire dégradé qui s'en allait en lambeaux. Le pontificat de saint Victor ferma ce second siècle. Ce glorieux siècle de l'Église a régularisé la marche des institutions du christianisme. L'Église catholique est entrée dans l'histoire, et le monde commence à compter avec elle. Ses nombreux et illustres martyrs ont prouvé la vertu de sa doctrine; ses glorieux défenseurs ont établi victorieusement la supériorité divine de ses dogmes et de sa morale. Outre les saints docteurs que nous avons mentionnés, l'Église compte plusieurs célèbres défenseurs dans ce siècle. A l'exemple de saint Justin, Athénagore présenta aux empereurs une requête en faveur des chrétiens; nous avons encore de lui un *Traité de la résurrection*. Tatien, dans son *Discours contre les gentils*, fut utile aussi à la cause du christianisme. Méliton de Sardes doit être mis au même rang. Il publia une apologie éloquente, et composa plusieurs autres ouvrages dont nous n'avons que quelques fragments. Dans l'un de ces fragments, on trouve un catalogue des livres canoniques de l'Ancien-Testament, qui serait conforme à celui des Juifs si Méliton n'omettait le livre d'Esther. Théophile, évêque d'Antioche, autre apologiste de la religion chrétienne, se rendit recommandable par son savoir et ses vertus. Son écrit en faveur du christianisme a été mis à la suite des ouvrages de saint Justin. Hermias, philosophe chrétien, est moins connu par les particularités de sa vie que par un écrit très spirituel: c'est une critique badine des opinions des philosophes païens, ou plutôt de leurs rêveries. Hégésippe écrivit l'histoire de la naissance et des progrès de l'Église; son livre a péri, à l'exception de quelques passages conservés par Eusèbe. La loi sévère du secret pesait toujours sur la discipline de l'Église, sur la célébration des mystères et l'administration des sacrements. Sans cesse poursuivi par la haine des païens, tenu en suspicion perpétuelle par les édits des gouverneurs, le christianisme était tenu à une prudence sévère et à des soins inouïs pour ne pas exposer la sainteté de sa doctrine aux sens grossiers de la science et de la religion du polythéisme. Au milieu de ces âpres et continuelles persécutions, le culte public ne pouvait avoir une très grande pompe. Les assemblées religieuses étaient secrètes ; on ne pouvait élever des édifices particuliers pour leur donner de l'éclat. Elles commençaient ordinairement par le chant des psaumes. On lisait ensuite quelque morceau pris de l'Ancien ou du Nouveau-Testament ; l'évêque l'expliquait au peuple dans des discours familiers. Après la prédication, on faisait quelques prières, debout le jour de dimanche, et à genoux les autres jours de la semaine. Elles étaient suivies du sacrifice eucharistique, qu'on appela peu de temps après *la messe*; tous les fidèles y communiaient, et aucun membre du troupeau ne se dispensait d'approcher de la table sacrée. Le dimanche était dès lors un jour solennel, consacré entièrement au service divin. Le quatrième et le sixième jour de la semaine étaient cependant en vénération : l'un en mémoire de la trahison de Judas, qui se fit ce jour-là ; l'autre à cause de la mort du Sauveur. Les deux fêtes principales étaient Pâques et la Pentecôte. On célébrait aussi dans plusieurs églises celles des martyrs dont les souffrances étaient les plus connues ou qui avaient répandu leur sang dans la ville qu'on habitait. Les lieux où les fidèles s'assemblaient étaient appelés églises, oratoires, dominica ou lieux du Seigneur. Dans le temps des persécutions, on se retirait pour prier dans des caves, et en particulier dans les catacombes ou cimetières des martyrs. Le baptême, regardé comme la porte du christianisme, était alors administré aux enfants comme aux adultes. La discipline ecclésiastique se distinguait dans ces premiers temps par une sainte rigueur : on soumettait aux pénitences les plus rudes ceux qui s'étaient souillés de quelque grand crime, comme l'idolâtrie, l'apostasie, l'homicide, l'adultère. Le premier acte de repentir était une confession publique de sa faute, que le pénitent faisait en présence de tous les fidèles ; on lui imposait ensuite des pratiques de mortification, des actes de l'humiliation la plus profonde, qu'il fallait répéter quelquefois pendant des années entières. Privé de la participation à l'Eucharistie, il n'y était admis que lorsqu'il avait rempli toutes les conditions dont dépendait sa réconciliation à l'Eglise.

III.

L'empereur Septime-Sévère avait été d'abord favorable au christianisme, par reconnaissance pour les soins habiles d'un médecin chrétien nommé Proculus-Torpacion et qu'il logeait dans son palais même. Mais ces bonnes dispositions disparurent vers la dixième année de son règne. Assiégé sans cesse par les instances opiniâtres des prêtres, leurs prédictions sinistres, et les calomnies infâmes qu'on semait chaque jour sur le compte de l'Église de Jésus-Christ; inquiété peut-être, par les inspirations d'une politique fausse, sur le nombre sans cesse croissant des chrétiens, il se résolut à sévir contre eux. Déjà plus de la moitié de l'empire était chrétienne, et l'on imaginait que les chrétiens avaient un charme infaillible pour engager ceux qu'ils voulaient attirer dans leur parti. C'est à la faveur de la paix dont ils avaient joui sous Commode qu'ils s'étaient si prodigieusement multipliés. L'éminence de leur vertu et les miracles que Dieu opérait par leurs mains leur attiraient une foule de prosélytes. « Nous remplissons (disait » alors Tertullien aux païens), nous remplissons vos villes, vos » bourgades, votre sénat, vos armées. Nous ne vous laissons » que vos temples et votre théâtre. » Le christianisme menaçait d'une ruine prochaine la religion de l'État. Sévère, effrayé, trouva qu'il était temps de venir au secours de ses dieux menacés et de leurs autels croulants. C'est alors que pour étayer le paganisme, cette vieille idole vermoulue, il lança cette célèbre ordonnance qui renouvela toutes les cruautés exercées contre les chrétiens par certains de ses prédécesseurs. Il défendit à tous ses sujets d'embrasser le judaïsme ou le christianisme. Cet édit, de l'an 202, excita sur toute la face de l'empire une nouvelle persécution aussi longue que cruelle. Les plus illustres victimes sacrifiées alors furent : le pape S. Victor (102); Zéphyrin lui succéda; Léonide, père d'Origène, qui fut décapité à Alexandrie; Ste. Potamienne et sa mère Marcelle, consumées par les flammes, après avoir souffert plusieurs autres tourments ; S. Basilide, un des officiers qui les avaient conduites au supplice; S. Spérat à Carthage; Ste. Perpétue, Ste. Félicité, et leurs compagnons, etc., etc. Origène, qui brûlait du désir du martyre, quoi qu'il n'eût que dix-sept ans, allait se présenter aux persécuteurs, lorsque sa mère l'en empêcha en cachant ses habits. La persécution éclata particulièrement dans les Gaules, surtout à Lyon. On assure que Sévère, voyant le nombre des fidèles se multiplier par les soins de S. Irénée, donna ordre à ses soldats d'entourer la ville et de faire main basse sur tous ceux qui se déclareraient chrétiens. Le massacre fut presque général. S. Irénée fut conduit devant l'empereur, qui le fit mettre à mort, s'applaudissant d'avoir intimidé le troupeau en immolant le pasteur (Eus., v. 20). Un saint prêtre nommé Zacharie, qui échappa au carnage, prit soin de sa sépulture et fut, à ce qu'on croit, son successeur. Sous une oppression aussi effroyable, l'Église avait besoin de grands secours, et pour se justifier des calomnies odieuses dont on l'accablait sans cesse, et pour encourager ses nombreux enfants, traqués et déchirés par toutes les provinces de l'empire. Tertullien parut. Né à Carthage, vers l'an 160, d'un centenier proconsulaire, il fut élevé dans le paganisme, et se rendit habile dans les lettres et les sciences. Il se convertit au christianisme vers 190 et reçut la prêtrise à Rome. Génie ardent et inflexible, esprit rigide, austère jusqu'à la dureté, âme enthousiaste de la foi et trempée pour le combat, Tertullien étonna son siècle par ses grandes qualités et l'édifia longtemps par ses mœurs sévères et ses vertus. Lutteur terrible, il porta d'un bond l'apologétique chrétienne à une hauteur qu'elle n'avait jamais connue avant lui et qu'elle n'a pas dépassée depuis. Tertullien fut longtemps la gloire et la consolation de l'Eglise ; mais vers la 40e année de sa vie il se laissa gagner par les montanistes. Ces novateurs affectaient une régularité extraordinaire et une grande austérité. Ardent et par conséquent crédule, le génie de Tertullien devint la dupe de leurs prétendus miracles. Il prétendait d'ailleurs avoir des sujets de plainte contre les ecclésiastiques de l'Eglise romaine. Il n'eut pas l'équité de les séparer de la cause même de l'Eglise. Exemple effrayant des conséquences funestes de l'amour-propre dans les âmes les plus éminentes et les esprits les mieux doués ! Cependant la main de Dieu allait frapper l'auteur des maux effroyables qui pesaient sur l'Eglise. Septime-Sévère avait subjugué ses ennemis ; il s'occupait activement à illustrer son règne par les bienfaits de la paix, de la justice, et il se gagnait les cœurs, lorsqu'un jour, à York, dans la Grande-Bretagne, il découvrit une conspiration tramée contre sa vie par son propre fils. Le lendemain, il mourut de chagrin, âgé de 65 ans. Ses deux fils, Caracalla et Geta, lui succédèrent. Mais, arrivés à Rome, Caracalla fit assassiner son frère et l'acheva de sa propre main. Voilà le nouveau maître du monde. Mais celui par qui règnent les rois, et qui se joue des misérables desseins de la perversité humaine, donna pour la seconde fois un étrange spectacle au monde. Caracalla, ce tyran capricieux et impitoyable, ne persécuta jamais les chrétiens. Vers ce temps florissait Jules-l'Africain, originaire de Libye et né à Nicopolis (Palestine), l'ancienne Emmaüs. Macrin, l'un des préfets du prétoire, voyant que sa vie était menacée, fit assassiner Caracalla et lui succéda, le 8 avril 217. Macrin, après quatorze mois de règne, fut vaincu à Antioche et massacré. Le pape Zéphyrin excommunia les montanistes et mourut l'an 218 de J.-C. Il avait tenu le St.-Siége 17 ans et il eut pour successeur Calixte qui l'occupa cinq ans. Héliogabale avait succédé à Macrin. Il intronisa ce que la débauche peut produire de plus infâme et de plus raffiné : l'impudicité gouverna le monde. Il donna à sa mère une place dans le sénat auprès des consuls, et créa un sénat de femmes qui avait à délibérer sur les questions de luxe et de plaisirs. Les Romains, fatigués de lui et de sa mère, les tuèrent tous deux et traînèrent leurs cadavres dans le Tibre. Alexandre Sévère monta sur le trône impérial. Le nouveau César avait d'heureuses inclinations qui lui gagnaient tous les cœurs. Il n'avait que 14 ans lorsqu'il fut proclamé empereur ; il gouverna 13 ans sans jamais démentir la bonne opinion qu'il avait donné de lui dès sa tendre jeunesse. Les mœurs des chrétiens commençaient à adoucir celles des gentils qui avaient commerce avec eux. Mammée, mère de l'empereur, les protégeait. Elle avait inspiré les mêmes sentiments à son fils, et elle avait formé son excellent naturel à l'aide des maximes du christianisme. Alexandre Sévère répondit à l'attente de sa mère, et les chrétiens ne furent jamais persécutés par ses ordres. Prince généreux et naturellement porté aux idées religieuses, Il n'eut pas le bonheur de discerner la religion véritable, des tristes superstitions de la magie et des augures. Il avait un temple domestique, où il plaça les statues des hommes vertueux et Jésus-Christ se trouva entre Abraham et Orphée. Quant à Mammée, on prétend qu'elle se fit chrétienne, grâce aux leçons d'Origène. Ce grand docteur était alors au plus haut point de sa réputation. Si l'empereur ne connut point la saine doctrine des chrétiens, il ne laissait pas de leur rendre souvent éclatante justice. Le prince était surtout frappé de cette maxime évangélique qui défend de faire à autrui ce que nous ne voudrions pas qu'on nous fît à nous-mêmes. Il l'avait fait graver dans les lieux publics et dans son palais. Un jour les chrétiens étaient attaqués par des cabaretiers de Rome sur la possession d'un lieu où ils s'assemblaient : l'empereur l'adjugea aux premiers. Sa raison fut qu'il valait encore mieux qu'on le destinât à honorer la Divinité, de quelque manière que ce pût être, que d'en faire un lieu d'intempérance. Si dans ce trait historique il s'agissait d'une église de chrétiens (comme il est assez naturel de le penser), c'est le plus ancien témoignage que nous ayons d'un édifice consacré publiquement par la piété des fidèles, et sous les yeux mêmes des païens, au culte de notre religion. La foi continuait à faire des progrès sous le règne favorable de Sévère. On n'oubliait cependant pas de se prémunir contre les temps orageux qui pouvaient revenir. Le pape Calixte fit construire près de la voie Appienne le cimetière qui porte son nom. C'est l'une des catacombes où l'on enterrait les morts et où les fidèles se réfugiaient pendant la persécution. Alors même, et malgré la bienveillance de la cour, les fidèles ne jouissaient pas d'une entière sécurité. Beaucoup de magistrats leur faisaient tout le mal qu'ils pouvaient leur faire à l'insu de l'empereur. Le souverain pontife lui-même fut la victime de cette haine opiniâtre. On l'emprisonna, on le tourmenta par le fouet, la faim, puis on le jeta dans un puits où il expira. Bientôt même l'Église fut privée des ressources qu'elle trouvait dans la modération de l'empereur. Alexandre-Sévère avait pris le commandement des légions de Germanie. Maximin, soldat féroce et redouté, né en Thrace d'un père goth, trama un complot, envoya des assassins qui massacrèrent l'empereur et sa mère dans le bourg de Scecila près de Mayence. Maximin se fit proclamer empereur. Toutes les hontes et tous les désastres tombaient sur l'empire déchu. Un barbare s'assied sur le trône d'Auguste et de César. Homme dur et vindicatif, Maximin ne tarda pas à rallumer la persécution contre les chrétiens, ne fût-ce que par haine pour Alexandre-Sévère qui les avait favorisés. Regardant les évêques comme les plus ardents propagateurs du christianisme, il décréta contre eux les peines les plus terribles et le dernier supplice. Mais ils ne furent pas les seuls dont la vie fut exposée : les ecclésiastiques et quelques autres chrétiens devinrent l'objet de la fureur des gouverneurs et des magistrats. Cette persécution, qui date de la première année du règne de Maximin (235), se fit particulièrement sentir dans les provinces où le tyran fit quelque résidence. Sainte Barbe, à qui l'Eglise grecque rend de grands honneurs, fut martyrisée à Nicomédie. Elle avait été instruite par Origène. Le pape S. Pontien, qui avait succédé à Calixte, fut atteint des premiers et mourut dans l'île de Sardaigne, où il avait été relégué.

Antère lui succéda et fut martyrisé un mois après. Fabien fut élu à sa place (236) ; son élection fut remarquable. Il était à Rome, réuni aux évêques qui délibéraient pour l'élection ; personne ne pensait à lui, quand une colombe vint se poser sur sa tête ; le peuple l'élut d'une voix unanime. Il gouverna l'Eglise quatorze ans. C'est sous la persécution de Maximin qu'il est fait mention pour la première fois d'une basilique chrétienne. Maximin, déposé par le sénat, accourait à Rome quand il fut massacré dans sa tente devant Aquilée ; et sa tête et celle de son fils furent envoyées à Rome. L'Eglise fut assez tranquille sous les règnes de Pupien, de Balbin, de Gordien et de Philippe. Cependant vers la fin de ce dernier règne s'éleva une persécution affreuse à Alexandrie. Le peuple ému se portait à tous les excès contre les chrétiens. Apolline, vierge d'un grand âge et d'une vertu éminente, fut martyrisée. Sérapion fut pris et tourmenté cruellement (248). On entrait dans les maisons des fidèles, on enlevait tout et on incendiait les demeures. C'est vers cette époque que mourut, dans un âge très avancé, le célèbre et malheureux Tertullien. Aucun monument ne constate qu'il fût revenu de son égarement.

L'empereur Philippe ayant été tué par les soldats à Vérone, en 249, Dèce monta sur le trône impérial. Son prédécesseur avait favorisé le christianisme ; c'en fut assez pour qu'il le persécutât. L'orage dura un an et demi avec violence, et nulle province de l'empire n'en fut préservée. Le pape saint Fabien fut l'une des premières victimes de cette persécution, qui de Rome se répandit dans toutes les provinces. Saint Babilas fut martyrisé à Antioche, dont il était évêque. Saint Polyeucte, l'un des plus grands seigneurs d'Arménie, souffrit le martyre à Mélitène. Sans être touché des larmes de Pauline, sa femme, ni des prières de Félix, son beau-père, il fit à Jésus-Christ le sacrifice de sa vie, de ses emplois, de ses richesses, et exhorta, en allant à la mort, Néarque, son ami, à suivre son exemple. En Lycie saint Christophe ; à Nicée, en Bithynie, saint Triphon et saint Respice ; à Catane, en Sicile, sainte Agathe, vierge célèbre, etc., s'illustrèrent par leurs souffrances. Le caractère particulier de la persécution de Dèce fut de prolonger les tourments pour forcer les chrétiens à abjurer leur religion. On se gardait bien de les envoyer tout d'un coup à la mort ; on les tenait longtemps enfermés dans de noirs cachots ; on les appliquait à la question à diverses reprises pour triompher, par des tortures réitérées, de la constance des martyrs. C'est par ces épreuves cruelles que les tyrans firent passer l'illustre Origène, que ses talents et son grand nom exposaient singulièrement à la haine des païens. Ce vénérable vieillard, âgé alors de 67 ans, fut arrêté à Césarée, en Palestine, et jeté dans une dure prison. Le magistrat s'étudiait à lui faire souffrir de grands tourments sans lui ôter la vie. Les horreurs d'un cachot, les chaînes, le collier de fer, les tourments de la question, les ceps dans lesquels on fit passer ses jambes, les menaces du bûcher, tout fut en vain mis en usage pour le vaincre ; il fut enfin relâché, et il se retira à Tyr, où il termina peu de temps après sa glorieuse carrière. Dèce attaqua surtout les évêques, persuadé que les ouailles, destituées de l'appui de leurs pasteurs, seraient plus aisément vaincues. Après la mort de saint Fabien, il empêcha pendant plus d'un an qu'on ne lui donnât un successeur. Ce ne fut qu'à la faveur des révoltes et des guerres qui attirèrent nécessairement toute son attention que le clergé et le peuple de Rome eurent la liberté de s'assembler pour élire saint Corneille. — Cette horrible tempête ne finit pas à la mort de cet empereur, qui fut tué en 251 ; elle continua avec la même fureur sous ses deux successeurs Gallus et Volusien. Sous ces deux princes, les saints papes Corneille et Lucius et le prêtre saint Hippolyte versèrent leur sang pour la foi. La peste qui ravagea pendant douze ans une partie de l'empire romain fut, à ce qu'on croit, l'origine de la persécution de Gallus. Les païens, affligés par ce fléau terrible, s'imaginant que des sacrifices apaiseraient leurs divinités, invitèrent les chrétiens à s'associer à leurs cérémonies sacriléges. Ceux-ci ayant repoussé avec horreur une telle impiété, on continua à les persécuter. — Pendant la persécution de Dèce plusieurs chrétiens, vaincus par la longueur des supplices, ou effrayés par les tourments dont ils étaient menacés, eurent la faiblesse d'offrir de l'encens aux faux dieux, ou de manger des viandes consacrées. Les uns, abattus par la crainte, venaient d'eux-mêmes se présenter aux magistrats ; d'autres se laissaient entraîner par leurs parents et leurs amis. On les voyait, dit Eusèbe, pâles et tremblants, comme s'il eût été question, non d'immoler aux idoles, mais d'être immolés eux-mêmes. Tandis que tout le peuple idolâtre se moquait de leur faiblesse et de leurs remords, d'autres, plus hardis, protestaient qu'ils n'avaient jamais professé le christianisme. Plusieurs renoncèrent à l'Évangile dès qu'ils se virent ensevelis dans les cachots. D'autres, après avoir essuyé les premiers tourments, cédèrent aux seconds. —Quelques années après Tertullien, mourut Origène, à l'âge de 71 ans. Personne ne fut plus admiré ni plus poursuivi, pendant la vie comme après la mort, que ce célèbre docteur. Il mérita sa gloire et il mérita des reproches ; car l'indépendance fougueuse de ce grand esprit laissa glisser des fautes graves dans ses nombreux écrits. Cependant sa piété et son martyre nous rassurent sur son sort. Dieu, sans doute, aura su effacer ces taches, et sauver celui qui l'avait si courageusement confessé ici-bas. Tandis que ces deux grands astres s'éteignaient dans un crépuscule douteux, la Providence envoyait à son Eglise un défenseur dont la sainteté est éclatante et certaine, Thatius Cyprien, né à Carthage, d'une famille sénatoriale. La pénitence était le seul moyen de réparer la lâcheté. La plupart des membres du clergé et du peuple, qui avaient fait des actes d'idolâtrie, voulurent rentrer dans le sein de l'Eglise, qui leur imposa les expiations qu'elle jugea convenables. Parmi les tombés, on distinguait les libellatiques ; c'étaient ceux qui obtenaient des certificats du magistrat, qui attestait, moyennant quelque argent, qu'ils avaient sacrifié aux idoles. Ceux-ci ne se croyaient pas obligés à une pénitence si rigoureuse ; ils prenaient ordinairement des billets par lesquels les martyrs et les confesseurs suppliaient les évêques de leur remettre une partie de la peine qu'ils devaient subir. On abusa étrangement de ces grâces. Des confesseurs trop indulgents accordèrent leur recommandation indifféremment à toutes sortes de personnes. Saint Cyprien, effrayé du relâchement que ce nouveau moyen de se réconcilier introduisait dans la discipline, écrivit fortement au clergé de Rome pour s'opposer à cet abus. Il manda en même temps à son clergé de Carthage qu'on n'ordonnât rien au sujet des tombés jusqu'à son retour. Il était alors absent; la prudence l'avait obligé de se cacher pendant la persécution, parce que les pasteurs étaient encore plus violemment poursuivis que leurs troupeaux. La juste sévérité de saint Cyprien irrita Félicissime, diacre de Carthage, qui, de concert avec cinq prêtres factieux, Novat, Fortunat, Félix, Jovin et Maxime, se sépara, en 251, de la communion de son évêque. Animés par la jalousie et la vengeance, ces schismatiques se joignirent aux chrétiens tombés, et se retirèrent sur le haut d'une montagne voisine de Carthage, où ils cabalèrent contre saint Cyprien, qui prononça contre eux une sentence d'excommunication. Lorsque la persécution fut ralentie, les premiers soins du saint évêque furent d'assembler un synode pour terminer la dispute sur les tombés. Les uns avaient offert de l'encens aux idoles, les autres avaient reçu des billets des magistrats. Les Pères du concile de Carthage décidèrent qu'on accorderait aux uns et aux autres la grâce de la réconciliation; mais avec cette différence que les libellatiques seraient admis tout de suite à la communion, et que les idolâtres ne pourraient y être reçus qu'après avoir rempli les peines qui leur étaient imposées. Quant aux prêtres qui avaient sacrifié aux faux dieux, ils furent jugés indignes d'être les ministres du Dieu véritable; on les réduisit au rang des laïcs. La même assemblée excommunia Félicissime et ceux de sa dangereuse faction. Le siége de Rome avait été occupé successivement par des pontifes d'une vertu éminente, Zéphyrin, Calixte I, Urbain I, Anthère, Fabien. Après la mort de ce dernier pontife, l'Église, agitée par la persécution de Dèce, fut privée d'un chef pendant deux ans. Un prêtre, nommé Novatien, homme plein d'esprit et d'éloquence, brigua cette place; mais, malgré ses intrigues, elle fut donnée à Corneille, prêtre de l'Église romaine, qui fut élu le 2 juin 251. Outré de n'avoir point obtenu un siége qui flattait son ambition, Novatien s'unit avec Novat, et se fit ordonner évêque de Rome par trois évêques ignorants et mercenaires, qu'il avait eu soin d'enivrer. Cette ordination irrégulière produisit un schisme scandaleux, qui conduisit Novatien à l'hérésie. Il prétendait que l'Église n'avait pas le pouvoir de remettre les grands crimes, comme d'absoudre un apostat. Il condamnait les secondes noces, et rebaptisait ceux qui avaient reçu le baptême dans l'Église. Plusieurs conciles provinciaux, convoqués à Rome et en Afrique, frappèrent d'anathème Novatien et ses partisans; mais les foudres qu'on lança contre eux ne purent les réduire. Leur secte subsistait encore du temps de saint Léon. La dispute qui s'éleva vers le temps de la naissance du schisme de Novatien contribua à fortifier son parti. Elle fut d'abord agitée en Afrique. On demandait s'il ne fallait point rebaptiser les hérétiques qui se réconciliaient avec l'Église; saint Cyprien soutint qu'on devait les rebaptiser; et, pour appuyer son sentiment, qui était opposé à celui du pape saint Étienne, il assembla, en 252 et 253, deux conciles à Carthage, qui décidèrent conformément à son opinion. Le résultat de ces deux assemblées fut envoyé à Rome par des députés; mais le pape saint Étienne, fondé sur la tradition apostolique, refusa de les voir et de les entendre. Il écrivit ensuite à saint Cyprien et aux évêques de son parti une lettre sévère. Il leur défendait expressément d'autoriser un sentiment si contraire à l'usage de l'Église romaine et aux coutumes apostoliques. Sa lettre ayant paru trop véhémente à plusieurs évêques d'Orient, saint Cyprien n'eut pas de peine à les faire déclarer pour lui. Il assembla un troisième concile à Carthage en 256. Il y prononça un discours éloquent, qui ramena tous les Pères à son avis, et ils condamnèrent tout d'une voix le baptême des hérétiques comme inutile au salut. Ces démêlés, dans lesquels saint Cyprien soutenait un sentiment rejeté depuis par l'Église, ne purent être assoupis que par les décisions du concile de Nicée.

Malgré cette regrettable dissidence, le christianisme eut toujours en Cyprien un de ses plus zélés et de ses plus éloquents défenseurs. Dans son livre contre Démétrien, qui était le juge de Carthage pour les infidèles, il répond à ce que ce magistrat païen disait que les chrétiens étaient cause des calamités publiques. Le saint docteur réfute cette accusation, et dit, au contraire, que Dieu afflige l'empire de tous ces maux pour venger le sang innocent des fidèles, quoique ceux-ci les ressentent eux-mêmes. « Car (dit-il) les adversités du monde ne sont des » peines que pour ceux qui mettent leur plaisir et leur gloire » dans les divertissements et les honneurs du siècle. Pour nous, » les calamités ne nous abattent point, et les pertes ou les maladies ne nous font pas murmurer. Nous vivons plus par » l'esprit que par la chair, et nous savons que ce qui est pour » vous un supplice est pour nous une épreuve. Chez vous (dit-» il encore aux païens) on ne voit qu'une impatience accompa-» gnée de plaintes et de murmures; et chez nous qu'une pa-» tience courageuse, sainte, toujours tranquille, reconnaissante » envers Dieu. Personne de nous ne cherche ici ni joie ni » prospérité; mais chacun demeure doux, paisible et ferme contre » les révolutions humaines, attendant l'effet des promesses » divines. Nous avons la force de l'espérance et la fermeté de » la foi; l'esprit élevé au milieu des débris du monde qui tombe » en ruine, une vertu à l'épreuve de la persécution, une pa-» tience toujours contente, toujours sûre de son Dieu. » Pendant que Dèce faisait la guerre sur les bords du Danube, Gallus, d'intelligence avec les barbares, engagea l'empereur dans un marais, où il périt avec son fils. Gallus se fit proclamer empereur, et déclara son fils Volusien César. Mais il n'avait pas régné une année qu'il fut massacré par Émilien. Celui-ci obtint le même sort, et Valérien resta maître de l'empire; il s'associa son fils Gallien. L'empereur Valérien fut d'abord le protecteur des chrétiens: tout le palais impérial en était rempli, selon Eusèbe. Aucun des prédécesseurs de Valérien ne leur avait témoigné tant de bienveillance. Ce fut par une impulsion étrange que ce prince, naturellement doux, devint un de leurs plus cruels persécuteurs. Un imposteur égyptien, nommé Macrien, qui se mêlait de magie, lui persuada que, pour rendre à l'empire son antique gloire, il fallait ranimer l'ancien culte et détruire le nouveau. Les malheurs de l'État, en proie aux ravages de la peste et aux invasions des barbares, lui fournirent une occasion favorable pour achever de subjuguer cet esprit faible, que la douleur abattait et inclinait vers la superstition. Dès lors les exécutions furent aussi nombreuses que sanglantes. On n'épargna ni l'âge, ni le sexe, ni la naissance: on fouettait de verges les nobles comme les esclaves; on tranchait la tête, ou on exposait aux flammes, suivant le caprice des juges et même des bourreaux. Parmi la multitude des chrétiens qui remportèrent la palme du martyre, on distingua les papes saint Étienne et saint Sixte, son successeur. C'était saint Sixte qui avait fait transporter dans les catacombes les corps vénérés des saints apôtres saint Pierre et saint Paul. Saint Laurent, diacre de ce dernier pontife et trésorier de l'Église romaine, eut le même sort: le préfet de Rome lui ayant demandé en vain les trésors des pauvres, il finit sa glorieuse carrière sur un gril ardent. Les trois cents martyrs de Massa-Candida méritent une attention particulière. N'ayant pas voulu offrir de l'encens aux idoles, ils se précipitèrent eux-mêmes dans une vaste fosse, remplie de chaux vive, qu'on avait préparée exprès, et ils y furent étouffés par la fumée et par les flammes. Une des plus illustres victimes de cette cruelle tempête fut le célèbre évêque de Carthage. Saint Cyprien fut condamné à avoir la tête tranchée. Une immense multitude accourut au lieu de l'exécution; le saint martyr mourut avec une piété et un courage héroïques. Il fut le premier des évêques de Carthage qui souffrit le martyre. Malgré son erreur sur le baptême des hérétiques, il conserva toujours l'unité avec l'Église romaine, qui le compta toujours parmi ses plus grands saints et ses plus glorieux docteurs. Cette persécution dura depuis 257 jusqu'en 260, année de la mort de Valérien, sur lequel le ciel vengea le sang de tant de victimes innocentes. Il fut fait prisonnier par Sapor, roi de Perse, qui le réduisit en esclavage, le fit écorcher tout vif, et sa peau, teinte en rouge, fut suspendue aux voûtes d'un temple de la Perse. L'empire éprouva en même temps des fléaux bien capables de faire rentrer les païens en eux-mêmes. Une peste, aussi funeste par ses ravages que par sa durée, s'était répandue en 252 des confins de l'Éthiopie dans toutes les provinces de l'empire. A peine était-on délivré de la contagion, que des essaims de peuples barbares, sortis du fond du Nord, inondèrent les plus fertiles contrées, entraînèrent avec eux tous les désordres de la guerre, et firent naître une foule de traîtres et de petits tyrans qui furent dans la suite la principale cause de la ruine de l'empire romain. Les Goths et les autres Scythes, dans les ravages qu'ils exercèrent en Illyrie, en Thrace et dans différentes provinces de l'Asie, emmenèrent un grand nombre de prisonniers, parmi lesquels il se trouva des prêtres chrétiens. Ces illustres captifs, par l'éclat de leurs vertus et par leur patience dans les maux, se firent respecter de leurs maîtres. De l'estime pour les ministres de la religion chrétienne, les barbares passèrent au désir de l'embrasser. Ils se firent baptiser en foule; mais les lumières de la foi ne purent dissiper toutes les ténèbres. La superstition idolâtrique fut encore longtemps dominante parmi les infidèles et donna même des martyrs à l'Église. Après la défaite de Valérien, Gallien son fils arrêta la persécution et rendit aux chrétiens les temples qu'on leur avait enlevés. Son édit est ainsi conçu : « L'empereur César-Publius-Licinius Gallien, pieux, heureux, auguste, à Denis, à Pinnas, à Démétrius et aux autres évêques. Ma volonté est qu'on se retire des lieux consacrés à la religion, et que, sans crainte d'être troublés par personne, vous y rentriez. J'ai ordonné que l'effet de ma grâce s'étendît sur tout le monde. » Mais cette paix ne dura pas. Gallien, engagé dans la guerre des Scythes, apprit la révolte d'Auréolus : il accourt à Milan et meurt percé d'un trait. Claude II lui succéda, et laissa bientôt l'empire à son frère Quintillius. Celui-ci se tua au bout de 17 jours. La pourpre impériale fut décernée à Aurélien, homme d'une haute réputation militaire (270). Aurélien parut d'abord très indifférent aux progrès du christianisme; il rendait justice aux chrétiens comme à ses autres sujets.

Ces dispositions favorables aux chrétiens changèrent sur la fin de son règne. La mort vint arrêter les cruautés d'Aurélien. Comme il se rendait en Orient pour faire la guerre aux Perses, les officiers de son armée le massacrèrent entre Bysance et Héraclée. Cet empereur avait un caractère superstitieux, et portait la sévérité jusqu'à l'excès. Ceux qui recueillirent sous ce prince la gloire du martyre furent : à Rome, saint Félix, pape, à qui succéda Eutychien (275), à Sens, sainte Colombe, vierge, et saint Savinien, premier évêque de cette ville ; à Césarée en Cappadoce, saint Mamas, etc., etc. Après Aurélien les soldats et le sénat se renvoyèrent mutuellement l'élection pendant six mois. Enfin le sénat proclama Tacite, qui mourut quelque temps après à Thyane. Florien son frère s'empara de la pourpre, mais Probus prévalut, et Florien fut massacré. Les persécutions s'étaient ralenties, mais des maux plus funestes affligèrent l'Eglise. Dans diverses provinces, des scandales et le relâchement des mœurs préludèrent à la plus monstrueuse et à la plus durable hérésie qui eût encore affligé et affligera peut-être jamais l'Eglise. La seconde année de Probus, parut Manès. Nous exposerons tout à l'heure cette fatale doctrine. Le manichéisme fut condamné dès l'an 277, dans un concile de Mésopotamie. Le pape saint Eutychien mourut à Rome vers l'an 283. Caïus fut élu à sa place et siégea plus de douze ans. Tandis que la plus dangereuse hérésie envahissait l'Eglise, un autre ennemi se préparait à l'assaillir, l'ennemi le plus rude, le plus terrible et le plus acharné qu'elle ait encore combattu : la persécution de Dioclétien. Probus avait été tué par les légions d'Illyrie. Carus ne régna que deux ans. Ses fils lui succédèrent : mais Numérien ayant été assassiné par Aper, l'armée tint conseil à Chalcédoine, et proclama Dioclétien. Celui-ci associa Maximien à l'empire, et déclara Césars Galère et Constance. Dioclétien n'avait pas encore montré de haine contre les chrétiens, et peut-être qu'il ne les eût jamais persécutés s'il fût resté seul maître de l'empire ; mais lorsqu'il eut pris pour collègue Maximien-Hercule, et qu'il eut donné les titres de Césars à Constance-Chlore et à Galère, les fidèles furent maltraités par celui-ci et par Maximien. Dioclétien souffrit qu'ils se livrassent à la cruauté de leur caractère. Une persécution passagère troubla l'Église d'Occident. Dès l'an 286 les chrétiens furent condamnés aux supplices. On compta dans les villes principales divers illustres témoins de la foi de Jésus-Christ. A Rome, saint Genès, qui de comédien devint martyr, saint Marc, saint Marcellin, saint Prime, saint Félicien, saint Sébastien ; à Paris, saint Denis, premier évêque de cette ville, avec saint Rustique, prêtre, et saint Eleuthère, diacre; à Beauvais, saint Lucien; à Nantes, saint Donatien et saint Rogatien, frères ; à Agen, sainte Foi, vierge, et saint Caprais; à Marseille, saint Victor, officier de guerre, etc., etc., donnèrent leur vie pour la foi. Il y eut plusieurs autres martyrs dans différentes villes et provinces de l'empire. Mais cette première proscription n'est en quelque sorte qu'un essai partiel, et cette foule de martyrs n'est encore qu'un prélude à la boucherie universelle que vont organiser sur toute la face de l'empire des tigres à face humaine revêtus de la pourpre des Césars. Saint Marcellin avait succédé à Caïus sur le siége de saint Pierre : son pontificat ferme ce IIIe siècle de l'Eglise.

—

Indépendamment des défenseurs de l'Eglise que nous avons nommés déjà, le christianisme compte au IIIe siècle un grand nombre de savants apologistes. Ammonius, l'un des maîtres d'Origène, se concilia le respect même des païens par ses vertus. Il fit servir quelques-uns des principes de la philosophie platonicienne à la défense de la religion chrétienne. Il publia une *Harmonie évangélique* que saint Jérôme loue beaucoup. Origène, fils du martyr saint Léonide, fut l'un des plus illustres disciples de Clément Alexandrin, et le surpassa en savoir. Il était prêtre et lecteur des Ecritures saintes à Alexandrie. Cette place lui fut donnée dès l'âge de dix-huit ans, tant ses talents et son savoir furent précoces. Plein d'amour pour la vertu, il donna dans un excès condamnable, en prenant à la lettre ce qu'avait dit Jésus-Christ, qu'il y en a qui se font eunuques pour le royaume des cieux. Son ardeur pour le martyre, son détachement des biens périssables, son humilité, expièrent en partie cette faute. Peu d'écrivains ont eu autant de génie; mais il poussa trop loin le goût pour les allégories, et mourut, comme nous l'avons dit, avec une réputation équivoque. Minutius Félix, avocat romain, et Arnobe, se signalèrent aussi pour la défense de la religion chrétienne. Saint Hippolyte, martyr, saint Denis d'Alexandrie, Méthodius, évêque de Tyr en Phénicie, saint Grégoire de Césarée, que ses miracles firent nommer Thaumaturge, ne se rendirent pas moins recommandables ; ils éclairèrent l'Eglise par leurs ouvrages et l'édifièrent par leurs vertus.

Hérétiques. — Quelques-uns des écrivains que nous venons de faire connaître rendirent des services distingués à la foi, attaquée alors par une foule d'hérétiques. Ceux qu'ils eurent principalement à combattre furent les novatiens, les sabelliens, les paulianistes, les manichéens, les origénistes. Les sabelliens reconnaissaient pour chef Sabellius, Libyen de nation, qui prétendait, d'après Praxeas et Noet, que les trois personnes de la Trinité n'étaient pas réellement distinctes, et que c'était à peu près le même Dieu qui prenait trois noms différents. Cette erreur fut comme la source de celle de Paul de Samosate, évêque d'Antioche en Syrie, homme également corrompu pour le cœur et pour l'esprit. Cette nouvelle hérésie était d'autant plus dangereuse qu'elle renfermait tout le venin du sabellianisme, et que, par un singulier raffinement de malignité, elle posait les fondements de l'arianisme qui lui semblait opposé. D'un côté Paul soutenait, avec Sabellius, que le Père, le Fils et le Saint-Esprit n'étaient qu'une même personne ; de l'autre, il prétendait que Jésus-Christ était un pur homme de sa nature, qui par ses mérites s'était rendu digne de parvenir à la qualité de fils de Dieu. Les erreurs et les vices de Paul de Samosate furent anathématisés par deux conciles tenus en 265 et 270 ; le dernier le déposa. Paul, ne voulant point souscrire à la décision du concile qui l'avait déposé, demeurait à Antioche et ne voulait point quitter la maison qui appartenait à l'Eglise. Les chrétiens s'en plaignirent à l'empereur Aurélien, qui ordonna que la maison fût adjugée à ceux qui seraient unis aux évêques de Rome ; tant il était notoire, même aux païens, que l'union avec l'Eglise de Rome était la marque des vrais chrétiens. Les pauliciens n'ont pas subsisté aussi longtemps que les sabelliens, mais ils ont eu de bien plus terribles suites, puisqu'ils préparèrent les voies à l'arianisme, Les manichéens, disciples de Manès, donnèrent une nouvelle vie aux erreurs des gnostiques et des hérétiques des deux siècles précédents. Manès était né en Perse, dans l'esclavage ; il s'exerça dans la magie et dans toutes les sciences des Perses ; mais il puisa les germes de ses erreurs monstrueuses dans les écrits d'un Arabe nommé Scytien, qu'il avait trouvés dans l'héritage de sa mère adoptive. Alors il se crut un homme divin, se proclama le Paraclet, et prétendit au don des miracles. Il promit de guérir le fils du roi ; mais l'enfant mourut. Manès s'échappa, puis il tomba de nouveau au pouvoir du prince, qui le fit écorcher. Son corps fut jeté aux bêtes et sa peau fixée à l'une des portes de la ville. Son hérésie ne mourut pas avec lui ; jamais erreur ne fut plus tenace à infecter les cœurs. Elle ne réunissait pas seulement le venin des anciennes erreurs, mais elle cumula tout ce que l'obstination judaïque avait de plus dur, ce que le paganisme avait de plus profane, ce que la magie avait de plus exécrable. Le projet que Manès avait formé d'unir la philosophie de ses maîtres avec la morale et le dogme de Jésus-Christ le jeta dans ces égarements si funestes. Sa principale folie était d'admettre deux principes, l'un bon, source de lumière et de bien, l'autre mauvais et le père de tout mal. Ce qui accrédita surtout ses extravagances, c'est qu'il prit l'air d'un réformateur, et qu'il en imposait aux gens de bien par les apparences d'une vie austère et mortifiée. A son erreur principale ses disciples en joignirent plusieurs autres. Ils donnaient aussi deux âmes à l'homme, l'une bonne et l'autre mauvaise, anéantissaient la liberté, et ne se croyaient pas coupables de leurs actions les plus désordonnées et les plus infâmes, qu'ils attribuaient à l'âme mauvaise. On ne pouvait, à leur sens, rien faire de bon avec la chair et la matière, qui étaient l'ouvrage du mauvais principe. Ils interdisaient et condamnaient le mariage. Ils niaient la liberté de l'homme, le péché originel, la nécessité du baptême et de la foi. Ils prétendaient que Dieu n'était pas l'auteur de l'Ancien-Testament. Ils n'admettaient en Jésus-Christ qu'un corps fantastique. Les manichéens étaient partagés en deux ordres, les auditeurs et les élus. Les premiers menaient une vie ordinaire, mais les seconds faisaient une profession particulière d'abstinence et de pauvreté. Leur extérieur mortifié était propre à séduire les simples; mais leurs secrètes infamies contribuèrent surtout à répandre cette hérésie, dont les progrès furent contagieux et les suites funestes. Elle se propagea au loin; et, quoique confondue par saint Augustin et par d'autres Pères, elle reparut dans différents temps sous des noms divers.

Les origénistes étaient des hérétiques qui prenaient le nom d'Origène pour débiter diverses erreurs; soit que cet écrivain les eût réellement enseignées, soit qu'on eût mal entendu quelques-uns de ses livres. Suivant eux, l'âme de chaque homme existait avant son corps, où elle était mise ensuite comme dans une prison. Ils disaient que l'âme de Jésus Christ avait été réunie au Verbe éternel avant l'incarnation, et que Jésus-Christ était mort non-seulement pour les hommes, mais aussi pour les démons. Ils soutenaient que les peines de l'enfer n'étaient que des corrections paternelles, qui ne devaient pas toujours durer. Ils donnaient tant de force au libre arbitre, qu'ils diminuaient celle de la grâce; ils l'admettaient même dans les Anges, qu'ils croyaient capables de péché.

La discipline avait souvent souffert du relâchement de quelques chrétiens dégénérés pendant ce siècle; mais l'Eglise, affligée par quelques lâchetés, par quelques apostasies et les excès de ces différents hérétiques, fut consolée par la naissance de la vie monastique. Un Égyptien, nommé Paul, en fut le premier auteur. La crainte d'être livré aux persécuteurs par son beau-frère, avide de son bien, l'obligea de se retirer, vers l'an 250, au fonds des déserts de la Thébaïde, où il goûta, pendant 92 ans, les douceurs de la contemplation. Un corbeau lui apportait tous les jours sa nourriture. L'exemple de saint Paul, honoré comme le premier ermite, eut dans la suite beaucoup d'imitateurs, malgré les vices qui se glissaient parmi les chrétiens. Le calme dont ils jouirent depuis la persécution de Sévère jusqu'à celle de Dèce les fit tomber dans le relâchement. Les évêques, étant obligés quelquefois d'aller de province en province pour les besoins spirituels de leurs diocèses, se chargèrent aussi d'affaires temporelles; et quelques-uns, abandonnant leur troupeau, devinrent facteurs et commissionnaires. Cependant il y avait toujours des pasteurs dignes de ce nom, qui veillaient sur les fidèles confiés à leurs soins et qui leur donnaient l'exemple. La tenue des synodes ou conciles provinciaux était fort fréquente au IIIe siècle; on y décidait les matières de doctrine et de discipline. Mais dans les grandes causes on avait recours aux grands siéges, et en particulier à celui de Rome, fondé par le chef des apôtres dans la capitale de l'empire. Le chant a été de tout temps en usage dans l'Eglise : on y chantait les louanges de Dieu à toutes les heures du jour et de la nuit. On a conservé encore cette division dans les bréviaires, où les heures canoniales sont marquées suivant l'usage des Romains. Il y avait dans l'Eglise des jeûnes particuliers et des jeûnes publics, et les uns et les autres étaient beaucoup plus rigoureux qu'aujourd'hui. Plussieurs, dans ces temps d'abstinence, ne mangeaient point de poisson et ne buvaient point de vin. On remarque, dans ce premier temps, quelques autres usages : comme de se tourner vers l'Orient pour prier, d'y tourner les autels; de prier debout au temps de Pâques et le jour du dimanche; de s'abstenir du sang des animaux et de la chair de ceux qui avaient été suffoqués, etc., etc. Mais ces usages, et quelques autres que l'Eglise changeait ou laissait subsister en mère tendre et prudente, lorsque le génie des peuples s'y accommodait, n'ont jamais été regardés comme des points essentiels. — Il n'en a pas été de la doctrine de l'Eglise comme de sa discipline. Elle a été toujours la même et le sera jusqu'à la fin des siècles. C'est la doctrine de Jésus-Christ que les apôtres ont publiée par toute la terre. Ils ont enseigné que les principes de la foi étaient l'Ecriture sainte et la tradition; qu'il fallait croire les mystères, quoiqu'on ne pût les comprendre. Ils ont cru Dieu invincible, éternel, incorruptible, etc. Ils ont prouvé que Dieu avait créé toutes choses, et la matière même, qui n'était point éternelle. Ils ont reconnu trois personnes en un seul Dieu, la divinité et l'éternité du verbe et du Saint-Esprit. Ils ont reconnu que Jésus-Christ était ce Verbe fait homme, Dieu et homme tout ensemble, qu'il avait racheté les hommes par sa mort, qu'il était ressuscité. Ils ont cru l'éternité des récompenses et des supplices. Tous les docteurs de l'Eglise, évêques ou prêtres, ont professé cette doctrine, qu'ils nous assurent être celle de Jésus-Christ, enseignée par les apôtres, et nécessaire au salut. Tous les Pères ont cru, enseigné, défendu par leurs écrits, et au prix de leur sang, ces belles et précieuses vérités. Ils ont loué la virginité, sans blâmer le mariage. Ils ont honoré les saints et les martyrs comme serviteurs de Dieu : ils ont parlé de la vierge Marie avec respect et admiration. Ils ont cru que les livres sacrés étaient inspirés par le Saint-Esprit et qu'ils contenaient notre foi; qu'il fallait croire ce que l'Ecriture, la tradition et l'Eglise nous enseignaient. Tous les dogmes sont professés et établis dès les premiers jours du règne de l'Eglise. Si quelques-uns d'entre eux sont ensevelis dans le mystère, ne sont montrés, en quelque sorte, que sous un voile obscur, c'est que la nécessité de sauvegarder les saints oracles contre la curiosité impure et profane du polythéisme enchaînaient les Pères et les fidèles. Mais du moment qu'un dogme est attaqué par l'erreur, il est produit aussitôt dans toute l'intégrité de sa révélation divine, il est défini par l'autorité de l'Eglise.

Le christianisme n'est pas seulement entré déjà dans l'histoire du monde, il a pénétré dans les cœurs, dans les intelligences et jusque dans les mœurs païennes, qu'il transforme à leur insu, qu'il intimide, qu'il tient en échec, qu'il force d'entrer en lutte avec lui. Et du jour où le polythéisme s'est vu forcé d'appeler à son aide les armes scientifiques et morales, le polythéisme était vaincu et ruiné à jamais. Nous sommes arrivés au moment où le paganisme vient d'entrevoir sa tombe au fond d'un éternel abîme; il va livrer sa dernière bataille: combat féroce, aveugle, rage de destruction universelle, voilà ce qu'il va essayer comme sa dernière chance de vie. Ce n'est plus un combat partiel, c'est une œuvre d'extermination. C'est la lutte à mort. Le paganisme a la force brutale, l'empire du glaive et de la loi. Le christianisme a la patience, l'héroïsme, et la foi à l'éternité de sa doctrine. Aux premiers jours du combat, le monde crut à l'extinction de la foi chrétienne, tellement la persécution fut acharnée et la moisson de martyrs considérable. Et quand les bourreaux s'arrêtèrent de lassitude sur les ruines et dans le sang, quand ils revinrent fatigués de meurtres, et après avoir gravé l'épitaphe sur le tombeau de christianisme : « *Christiano nomini deleto,* » ils trouvèrent le christianisme monté sur le trône des Césars.

IIIe SIÈCLE.

Avant de descendre aux horribles détails qui souillèrent le commencement de ce siècle, si justement appelé l'*ère des martyrs*, essayons de caractériser en deux traits les principaux acteurs de ce long drame de sang et de meurtres. Dioclétien était le premier maître de l'empire. Dioclès, soldat de fortune, avait depuis longtemps, non plus seulement ambitionné la pourpre impériale, mais épié l'occasion favorable pour s'en saisir. Habile à se servir des temps et des hommes, vain, artificieux, jaloux de l'autorité, il était dévoré de toutes les ambitions. Clément et cruel par politique, crédule et défiant, Dioclétien avait cependant des qualités qui pouvaient illustrer son nom; l'ambition et la lâcheté le vouèrent à l'horreur et au mépris de l'humanité. Maximien-Hercule, qu'il associa à l'empire, était né en Dalmatie dans une condition très obscure. Dur et brutal, vicieux et ignorant, il avait été dès son enfance l'ami de Dioclès, et leurs noms ont mérité de rester associés l'un à l'autre dans l'exécration de la postérité. Dioclétien avait nommé deux Césars pour faire face aux graves périls qui menaçaient toute les frontières de l'empire. C'est parmi ces nouveaux Augustes que nous trouvons le caractère le plus odieux, le tyran le plus barbare, le plus implacable, de ce triumvirat de bourreaux. Maximien-Galère était le fils d'un paysan du pays des Daces et conservait sous la pourpre les mœurs, le langage et l'extérieur d'un barbare. Il était d'une taille colossale, et sa figure seule inspirait déjà la terreur. Son air dur et sauvage, sa voix effrayante, ses gestes brusques, sa démarche, tout en lui trahissait une brutalité indomptable. Soldat de bravoure et de résolution, toujours heureux à la guerre, il ne respirait que le carnage; le sang l'exaltait comme une bête fauve. On rapporte qu'en place de chiens il élevait de grands ours, qu'il se plaisait à voir dévorer les proscrits et les prisonniers, pendant ses repas. Tels sont les maîtres de l'empire à l'heure où s'éveille la dernière et la plus terrible persécution générale de l'Église. Grâce à tant d'éléments de haine et de ruine, le carnage dura dix longues années. Maximien-Hercule avait commencé les proscriptions le jour de son avènement à l'empire. Il couvrit les Gaules de meurtres et de sang chrétien. Son plus digne exploit fut consommé près d'Agaune, dans le Valais. Il avait amené d'Orient la légion thébaine, toute composée de chrétiens, et tous s'étaient acquis une réputation extraordinaire de valeur. Maximien leur ordonna de jurer sur l'autel des faux dieux. Les généreux soldats, Maurice à leur tête, refusèrent d'une voix unanime. Le tyran donna ordre de les massacrer. Six mille hommes mirent bas les armes et se présentèrent pour être égorgés, et la boucherie commença. La vallée était couverte de morts, et le fleuve charria longtemps du sang et des cadavres. Mais ce fut dans la Gaule Belgique que Maximien-Hercule se surpassa; et il y trouva un ministre digne de lui en Rictio-Varus. Les martyrs furent innombrables dans toutes les provinces soumises au gouvernement de Maximien-Hercule. Et cependant ce ne fut encore là, comme nous l'avons indiqué, qu'un prélude aux calamités et aux horreurs sans exemple qui vont effrayer l'empire. Jusqu'ici Dioclétien n'a pas ensanglanté son sceptre par le meurtre des fidèles. Ni son caractère ni sa politique ne le portaient à la persécution des chrétiens. Il avait apprécié la valeur de leur croyance et la sévérité de leurs mœurs, et il n'avait pas hésité à leur donner sa confiance et des charges importantes à sa cour. Son palais était rempli de chrétiens; ils avaient en garde le trésor, les pierreries et les ornements de l'empire. Théonas, évêque d'Alexandrie, écrivait à Lucien, chambellan du palais impérial et chrétien fervent: « *Puisque l'empereur vous confie sa personne,* DANS LA CONFIANCE QUE VOUS LUI SEREZ PLUS FIDÈLES *que ceux qui n'ont pas la même idée de l'Être suprême, ménagez ces avantages pour l'honneur et le progrès de notre foi*, etc., etc., etc. » Dioclétien appréciait donc les chrétiens, mais il abhorrait les sectateurs de Manès comme des monstres qui menaçaient d'introduire à Rome les mœurs infâmes des Perses. Cette conduite et ces ménagements de l'empereur n'agréaient guère aux deux hommes que nous avons vus à l'œuvre. Galère se chargea de décider Dioclétien à prêter la main à leur œuvre de destruction. Il venait de gagner une grande bataille sur les Perses, et commençait déjà à exercer sur Dioclétien cet empire d'intimidation dont il sut si bien profiter plus tard. Cependant les raisons de Galère ne convainquirent nullement l'astucieux empereur. Il en appela à un conseil commun, car il craignait infiniment de compromettre son nom par une mesure tyrannique. Mais il consentait à tout si ses collègues se chargeaient de l'odieux de l'édit. La proscription fut donc décidée. Le jour marqué pour commencer l'exécution fut la fête des Terminales, dernier jour de l'année romaine (23 février 303). Ce jour devait être le dernier de l'Eglise de J.-C.; car les Césars avaient décrété non-seulement la mort du christianisme, mais même la destruction immédiate et universelle de toutes les écritures des chrétiens. Le lendemain, un premier édit fut publié; cet édit portait que toutes les églises seraient démolies, les propriétés confisquées, les livres des chrétiens remis aux magistrats et brûlés, les assemblées dissoutes, sous peine de mort. Tout chrétien libre était déclaré incapable d'exercer aucun emploi; tout chrétien esclave, de recouvrer la liberté. Les juges pouvaient décider toute action intentée contre les chrétiens, sans que ceux-ci eussent le droit de se plaindre. Un second édit ordonna de persécuter à outrance tout chrétien qui persistait dans la foi, mais de mettre en liberté ceux qui consentaient à sacrifier aux dieux. La cour était à Nicodémie: dès la pointe du jour, le préfet du prétoire, avec les principaux officiers de l'armée, se rendit à la porte de l'église. Elle se trouvait bâtie dans un endroit élevé, à la vue du palais, et les deux tyrans se tinrent aux fenêtres pour jouir de ce grand exploit. On enfonça les portes, on brûla les écritures, on pilla les vases sacrés, et enfin on démolit l'édifice. Un fidèle, dont on ignore le nom, ayant déchiré le premier édit, on le saisit, et, pendant qu'on le brûlait lentement, il insultait par un sourire à la fureur de ses bourreaux. Tant de fermeté remplit Dioclétien d'effroi et de colère; Galère, pour achever de l'irriter, fit mettre deux fois en quinze jours le feu au palais impérial de Nicomédie, et en accusa les chrétiens. Alors on ne ménagea plus rien et la proscription devint générale. Cette persécution dura dix ans, et surpassa toutes les précédentes par la cruauté des tortures et le nombre des martyrs. Les prisons se remplirent d'évêques et de prêtres; il n'y restait plus de place pour les malfaiteurs. Des autels étaient dressés devant les tribunaux pour obliger les accusés à sacrifier, et rendre l'apostasie plus facile et plus publique. On employait les moyens les plus infâmes pour séduire ou décourager les martyrs. Des vierges, des femmes, couraient au devant de la mort pour éviter des outrages plus affreux que les supplices. Plusieurs grands officiers du palais, Dorothée, Gorgonius, André, Indus, Pierre, Mygdonius et Mardonius, furent mis à mort. Priscus et Saleria eurent la faiblesse de sacrifier. On vit aussi en Afrique des fidèles, des prêtres et des évêques, livrer les saints livres et mériter le nom ignominieux de *traditeurs*. Mais le plus grand nombre suivit l'exemple de l'évêque Félix et des prêtres Saturnin et Dativus, qui aimèrent mieux souffrir la mort; le pape Marcellin fut le modèle des pasteurs, et eut la gloire du martyre, la huitième année de son pontificat (304). Dans toutes les provinces, les églises et les autres lieux d'assemblée des fidèles étaient détruits. Chaque jour on inventait de nouvelles tortures pour ébranler la fermeté des martyrs. En Egypte, pendant plusieurs années, on en exécutait 60 et 100 par jour; on les égorgeait ou on les noyait en masse. En Phrygie, on mit le feu à une petite ville entièrement peuplée de chrétiens, dont aucun ne put échapper. L'amphithéâtre de Rome redevint l'arène des fidèles. La mort ne suffisait point à la rage des bourreaux, et les restes mutilés des martyrs étaient mis sous la garde des soldats pour la pâture des oiseaux de proie, ou dispersés et ensevelis sous les eaux; mais le zèle des chrétiens n'était pas moins ingénieux à recueillir ces précieuses dépouilles. La Gaule seule fut tranquille sous Constance-Chlore, qui publia les édits sans les faire exécuter. Partout ailleurs la persécution fut si furieuse et fit couler tant de sang que les empereurs se vantèrent dans deux inscriptions d'avoir aboli la religion et le nom des chrétiens. A compter les ruines et les cadavres, on eût assurément conclu que les bourreaux avaient calculé avec justesse. Tous les moyens de recherche et de délation étaient mis en œuvre; tous les instruments et tous les supplices étaient bons pour se défaire des fidèles. Il n'y avait plus pour le chrétien d'autre alternative que de sacrifier aux idoles ou de mourir dans les tortures les plus atroces. Nous nommerons encore, parmi les plus illustres martyrs, Marc et Marcellin, frères, d'une naissance illustre dans Rome; Cosme et Damien, frères aussi; Euthyme, Vincent, Sébastien, Ste Agnès, Ste Luce, et une infinité d'autres, obtinrent la palme du triomphe. On recherchait surtout les moyens expéditifs. Ainsi, en une seule nuit de Noël, dix-sept mille chrétiens, enfermés dans une église, y furent consumés par les flammes. En Egypte, il y eut cent quarante-quatre mille sept cents martyrs, et c'est de ce temps-là qu'a commencé l'époque des Cophtes, appelée autrement l'ère des martyrs, ou l'ère de Dioclétien.

Ces premiers édits furent suivis d'une ordonnance plus cruelle encore, et dirigée spécialement contre les évêques, les prêtres et les autres ministres du christianisme. Il était enjoint aux magistrats de s'assurer de leurs personnes et de les forcer par la prison et par les supplices à sacrifier aux fausses divinités. Ces édits, qui servirent et réveillèrent tant de vieilles haines, permirent aux juges de s'abandonner aux fureurs de la vengeance et de la superstition; surtout lorsque la peine de mort fut expressément prononcée contre tous les chrétiens. Au milieu de tant de bourreaux, il y a un seul caractère heureux et bien doué qui repose l'imagination, effrayée de tant de monstrueux attentats: c'est le César *Constance-Chlore*, gouverneur des Gaules; aussi c'est la seule province de l'empire où les chrétiens trouvaient quelque relâche. Il eut, d'Hélène, *Constantin-le-Grand*, qui avait alors 18 ans. Constantin fit sous Dioclétien ses premières armes en Perse et en Egypte, et partout il s'attira l'*affection* des soldats. Galère, jaloux de lui, l'exposa à tous les dangers pour se défaire de lui; Constantin s'en tira toujours avec bonheur et prit enfin le parti de s'enfuir à Boulogne rejoindre son père. Après la mort de Constance, les légions donnèrent la pourpre à Constantin. Forcé de suivre l'ordre des empereurs, Constance-Chlore fit publier l'édit de la proscription, mais ne l'exécuta nulle part. S'il fut obligé de laisser abattre les temples, il épargna la vie des fidèles. Gêné par la rigueur des édits et par sa déférence pour Dioclétien, il fut obligé de tolérer le zèle fanatique de certains magistrats qui couronna du martyre plusieurs chrétiens dans les Gaules et en Espagne, mais il protégeait la religion chrétienne jusque dans sa cour. Il jugea surtout dignes de sa confiance ceux qui montrèrent un plus fidèle attachement à leur religion. Pour les connaître il les mit à l'épreuve. Il feignit de vouloir priver de leurs charges ceux qui ne sacrifieraient pas aux idoles; plusieurs renoncèrent à leur foi pour conserver leurs emplois. Constance, persuadé que ceux qui manquaient de fidélité à leur Dieu n'en conserveraient pas à leur prince, écarta ces lâches prévaricateurs, et il ne garda que ceux de ses officiers qui avaient préféré leur religion à toutes les espérances humaines. Dieu eut enfin compassion de son Eglise, et ses vengeances éclatèrent sur les tyrans. Dioclétien, vieux, triste et méprisé, fut chassé du trône par Galère sa créature, et alla finir sa vie dans la honte, le regret et le désespoir. Constantin-le-Grand, élu auguste à York, relevait de sa main triomphale le christianisme, lorsque Maximien-Hercule le joignit pour le poignarder traîtreusement la nuit. Constantin le fit saisir et Hercule s'étrangla avec une corde, digne couronnement de cette vie semée de crimes. Galère fut frappé d'une plaie incurable et honteuse, ses chairs gangrenées et rongées des vers tombaient en pourriture et infectaient le palais de Sardique. Mais la main de Dieu irrité s'appesantissait sur l'empire tout entier. Il y eut dans toutes les provinces d'horribles tremblements de terre. Les nations barbares qui environnaient l'empire s'ébranlèrent de toutes parts, et, ministres terribles de la vengeance divine, elles vinrent fondre sur les plus belles des provinces romaines; des guerres civiles et des massacres effroyables couvrirent celles que les barbares avaient épargnées. La dernière année de la persécution, il y eut une sécheresse extraordinaire qui causa la famine. Ce fléau fut suivi d'une maladie pestilentielle qui attaquait particulièrement la vue, et fit perdre les yeux à une infinité d'hommes, de femmes et d'enfants. La famine était si extrême que plusieurs furent contraints de vendre aux riches leurs enfants, pour prolonger un peu leur vie. Les autres vendaient peu à peu leurs terres, et se trouvaient ainsi réduits à la dernière indigence. Ils tombaient au milieu des places et des rues, couvertes de corps morts qui y demeuraient tout nus durant plusieurs jours, sans que personne leur donnât la sépulture. La peste, se joignant à tant de maux, attaquait principalement ceux que leurs richesses avaient mis à couvert de la famine. Les gouverneurs des provinces, les magistrats des villes, et les autres personnes considérables, étaient enlevés par une prompte mort, accompagnée de violentes douleurs. On n'entendait partout que des cris et des gémissements. Le nombre des morts était infini, et l'on voyait périr en même temps des familles entières. Il n'y eut que les chrétiens qui profitèrent de ces malheurs, en donnant à tous les peuples des marques sensibles de leur piété envers Dieu et de leur charité envers tous les hommes. Eux seuls, parmi tant d'infortunés, firent paraître de la compassion et de l'humanité. On les voyait occupés tous les jours, les uns à ensevelir et à enterrer ce nombre infini de morts dont personne ne prenait aucun soin; les autres, à rassembler les pauvres de leurs villes, et à leur distribuer du pain. Assaillis par tant de maux, épouvantés des périls qui menaçaient toutes les frontières ouvertes de l'empire, les tyrans, vaincus par les châtiments célestes, donnèrent une ordonnance qui arrêta la persécution des chrétiens. On eut dit qu'après tant de meurtres, tant de ruines, tant de manœuvres odieuses et barbares pour étouffer le christianisme, les bourreaux ne dussent dès longtemps plus trouver de victimes, et ils en trouvaient toujours, prêtes à marcher à la mort. Galérius et Maximien, après l'abdication forcée de Dioclétien, trouvèrent encore à proscrire, et lorsque l'édit de Sardique (311), arraché à Galérius par l'effroi de la mort, eut ouvert les prisons et les mines, les églises se rassemblèrent de toutes parts, au grand étonnement des païens; on voyait sur les chemins et sur les places publiques des troupes de confesseurs regagnant leur patrie en chantant des psaumes et des cantiques. Maximien n'avait accepté cet édit que par crainte de Licinius. Dès qu'il eut traité avec lui, il interdit de nouveau les assemblées des fidèles. Attaché aux superstitions païennes, aux oracles et à la magie, il avait auprès de lui des prophètes ou philosophes qu'il regardait comme les favoris du ciel et dont il faisait ses conseillers et ses gouverneurs de provinces; ils lui persuadèrent que la supériorité des chrétiens venait de leur discipline. On institua donc un nouveau système de gouvernement religieux imité de l'Eglise. Les temples des dieux furent réparés et relevés dans toutes les grandes villes. Les pontifes et les sacrificateurs des diverses divinités furent soumis à l'autorité des pontifes supérieurs, opposés aux évêques, et dépendants à leur tour des grands-prêtres de la province, ou vice-gérants immédiats de l'empereur, qui était comme le patriarche du paganisme. On choisit ce nouveau corps sacerdotal dans les familles les plus nobles et les plus opulentes, et ils eurent pour marque distinctive une robe blanche. Par leur influence, plusieurs villes, et principalement Nicomédie et Tyr, envoyèrent des députations à Maximien pour exprimer leur horreur contre les chrétiens; Antioche fit même parler un oracle de Jupiter, et de faux actes de Ponce-Pilate furent fabriqués et imposés aux écoles publiques. De nouveaux rescrits, gravés sur l'airain, annoncèrent à l'Eglise de nouvelles attaques, après un repos de six mois (312). Affectant de croire qu'on était revenu au culte des dieux, le tyran défendait, par clémence, de tuer publiquement les chrétiens: on devait seulement les affaiblir, mais on ne se bornait pas toujours à les mutiler. Non content de ces cruautés, il voulut contraindre par une invasion les Arméniens à quitter le christianisme. Deux fléaux, la contagion et la famine, qui accompagnèrent sa défaite, firent éclater la charité des opprimés. Maximien n'en fut pas touché, et lorsque, intimidé par les lettres de Constantin, et reconnaissant l'opiniâtreté invincible des persécutés, il donna un rescrit de tolérance, il faisait encore noyer secrètement les chrétiens. Maxence avait d'abord affecté de favoriser les chrétiens en Italie, pour s'en faire un appui; mais, assuré de l'alliance de Maximien, il avait cessé de dissimuler, et ces deux frères en scélératesse persécutaient avec la même fureur. On calcule avec effroi quels durent être alors les malheurs qui pesaient sur l'Eglise de Rome, quand on considère le caractère connu de Maxence et le nombre des *tombés*! Les apostasies furent si nombreuses qu'elles obligèrent le pape Marcel à sévir contre eux. Ces lâches chrétiens ajoutèrent à leur crime et aux maux de l'Eglise en résistant séditieusement au saint pontife, et le tyran les protégea en exilant le courageux pasteur.

Mais une heure solennelle approchait. La Providence avait trouvé une main pure et digne de montrer à l'univers vaincu l'étendard de la croix. La colère divine allait briser les deux tyrans qui souillèrent si longtemps la pourpre impériale. — Galère expira misérablement dans les tortures. Comme il sentait venir le moment suprême, il appela près de lui son digne collègue Maximien et lui recommanda son fils et sa femme. A peine Galère eut-il expiré que Maximien, ce monstre de débauche, attenta à l'honneur de Valérie; toutefois, n'ayant osé employer la violence, il la relégua dans les déserts de la Syrie. Maxence se ligua avec Maximien pour détruire Constantin qui marchait vers Rome. Tout plia devant celui-ci et il arriva bientôt sous les murs de la capitale de l'empire. A cette heure solennelle Constantin s'était souvenu du respect de son père pour les chrétiens et de la dévotion de sa mère Hélène pour leur Dieu; il s'adressa à son tour au vrai Dieu. Peu après l'heure de midi, comme Constantin marchait à la tête de son armée, il aperçut au milieu du ciel une croix étincelante de lumière et y lut ces mots: *Par ce signe tu vaincras*. L'armée entière s'arrêta à ce signe miraculeux et tous commentaient cette étrange vision. Constantin comprit la voix de Dieu; il fit placer la croix sur son étendard impérial, et le monogramme de Jésus-Christ sur le bouclier de ses soldats. Quelques jours après il entrait vainqueur dans Rome et demeurait maître de l'univers. Le premier soin de ce grand prince fut de commander la clémence après la victoire. Il fut reçu par le sénat et le peuple comme un libérateur. Les vieillards, les femmes et les enfants se précipitaient à sa rencontre avec des cris de joie. Mais Constantin n'oublia pas celui de qui il tenait la victoire et l'empire. Il commanda que sa première statue dans Rome le représentât, au lieu d'une lance, une longue croix à la main, avec cette inscription: *Par la vertu de ce signe salutaire j'ai délivré votre ville de la tyrannie et j'ai rendu au sénat et au peuple romain sa liberté et sa splendeur.* — Son premier soin, après sa glorieuse victoire, fut d'accorder aux chrétiens l'exercice public de la religion et la restitution de leurs biens. Un rescrit au proconsul d'Afrique Anulin recommanda l'exécution ponctuelle de cette ordonnance. La mère, l'épouse et la belle-mère de l'empereur, Hélène, Fausta et Eutropia, se firent chrétiennes. — Bientôt Constantin alla rejoindre Licinius à Milan. Là les deux empereurs publièrent le célèbre édit daté de cette ville (312): « Nous, Constantin-Auguste et Licinius-Auguste, heureusement réunis à Milan, nous avons cru qu'un de nos premiers soins devait être de régler ce qui regarde le culte de la Divinité et de donner aux chrétiens et à tous nos autres sujets la liberté de suivre leur religion afin d'attirer la faveur du ciel sur nous et sur l'empire. Sachez (aux officiers à la tête des provinces) que, nonobstant les lettres qui vous ont été adressées touchant les chrétiens, il nous a plu maintenant d'ordonner purement et simplement que chacun de ceux qui ont la volonté d'observer la religion chrétienne le fasse sans être inquiété ni molesté en aucune façon. C'est ce que nous vous déclarons nettement afin que vous sachiez que nous avons donné aux chrétiens la faculté libre et absolue d'observer leur religion. Nous avons de plus statué à leur égard que si les lieux où anciennement ils s'assemblaient ont été achetés par des particuliers ou notre fisc, ils soient restitués aux chrétiens sans argent ni répétition de prix, et sans aucun délai ni difficulté....... En tout ceci vous emploierez très efficacement votre ministère pour la communauté des chrétiens, afin d'exécuter nos ordres au plus tôt et procurer la tranquillité publique. » — Cet édit mit aussitôt un terme à la cruelle persécution qui depuis tant d'années couvrait l'empire de sang et de ruines. Non-seulement Constantin assura aux chrétiens la liberté de conscience, non-seulement il ordonna la restitution entière et sans condition de tous les biens ecclésiastiques; il accorda plus tard (321) à l'Eglise le droit de recevoir des donations et des legs. Il transporta au clergé toutes les immunités dont jouissaient auparavant les pontifes païens, l'exempta de la juridiction des tribunaux laïques, confirma aux évêques le droit d'arbitrage. Enfin le privilége d'asile fut donné aux temples chrétiens, et le repos public du dimanche solennellement prescrit. — Par respect pour la croix, le signe auguste de la rédemption du monde, il défendit de condamner désormais aucun criminel à ce supplice. Ce signe glorieux fut placé sur les étendards de l'empire, gravé sur les monnaies et peint sur tous les tableaux qui portaient l'image du prince. Enfin, grâce aux maximes chrétiennes, il défendit les jeux séculaires et le spectacle odieux des gladiateurs. Il céda au pape le palais de Latran et y bâtit la basilique qui porte son nom. — Constantin soutint par toute sa conduite ces premières dispositions. Il admettait avec honneur dans son palais et à sa table les évêques, et surtout le pape Melchiade, élu le 21 juillet 311. Il confia l'éducation de son fils Crispus au chrétien Lactance, ne prit jamais le titre de grand pontife, quoiqu'il souffrît que le sénat le lui donnât encore, et s'appliqua à ruiner le paganisme sans violence. Il approuva et seconda tout ce que la piété inspira à sa mère Hélène pour l'honneur de la religion. Cette princesse visita elle-même la Terre-Sainte (326), renversa les temples et les idoles de Jupiter, de Vénus et d'Adonis, dont Adrien avait souillé le Calvaire et Bethléem, retrouva le sépulcre et la croix du Sauveur, éleva l'église de la Résurrection et fit rebâtir Jérusalem. — L'heureuse influence du christianisme, ainsi dégagé de ses dernières entraves, devint plus sensible. Ses préceptes de charité, d'humilité, de chasteté, en rétablissant la nature humaine dans sa dignité, commencèrent à épurer les mœurs publiques et à corriger une législation et des usages cruels. Le sort des esclaves, des indigents, des prisonniers et des malades fut adouci, l'affranchissement encouragé, le droit de vie et l'éducation rendus aux enfants, l'autorité aux parents. Un des premiers soins de Constantin fut d'abroger la loi Papia-Poppæa, qui subsistait sans pouvoir depuis trois cents ans. L'union conjugale redevint plus forte, le célibat libre; les mariages furent plus nombreux que jamais et les mœurs plus pures; les princes virent leur puissance plus respectée, mais en même temps le peuple protégé contre le despotisme; les arts et les lettres, déjà depuis longtemps sur leur déclin, se ranimèrent et tentèrent des efforts glorieux.

Quand on étudie de près la société romaine vers la fin du IIIe siècle, on reste étonné de voir combien le christianisme, si persécuté, si calomnié, si haï, a déjà modifié profondément les mœurs et les idées. La doctrine évangélique apparaît dans un temps d'effroyable anarchie morale et politique. Le meurtre et l'usurpation jouent le sceptre des empires, et les destinées des peuples flottent sans cesse entre deux écueils, deux abîmes, la servitude et la tyrannie. Pour réformer cet âge de fer, l'Église de Jésus-Christ ne prêche ni théorie politique, ni système nouveau sur l'économie temporelle des sociétés: elle commence par révéler à l'homme sa place dans le plan providentiel; elle lui donne une solution complète de ses immortelles destinées; elle lui définit son origine et sa fin, et puis, pour atteindre à cette fin, elle lui développe le code divin de la morale évangélique. Au lieu de discuter les abus, elle pénètre au cœur du pécheur et coupe les abus par leur racine. A la polygamie elle oppose la sainteté de l'union chrétienne; à la vengeance, le précepte et l'exemple éloquent du pardon des offenses; et c'est ainsi que peu à peu elle a vaincu et régénéré le monde, non par des révolutions ou des violences, mais par la force invincible des principes légitimes fécondés par la grâce du Sauveur. — Ainsi, pour ne toucher en passant qu'à un seul des magnifiques résultats de cette divine politique, le plus grand crime du polythéisme, le germe mortel qui a faussé les institutions de l'antiquité, et qui a fait dépérir et tomber les nations, ce fut l'esclavage. Eh bien! je ne me lasse pas d'admirer les efforts intelligents du christianisme pour arracher cette plaie hideuse, et si j'augure par les succès déjà obtenus à la fin de ce IIIe siècle, je comprends qu'il en purgera bientôt la société. Mais le christianisme ne se contente pas de prêcher la fraternité humaine dans des périodes pompeuses, de revendiquer pour l'esclave les droits imprescriptibles d'une créature faite à l'image de Dieu, de demander la liberté pour tous : il descend jusqu'à l'esclave pour le relever de son abjection. En lui révélant ses droits, il lui impose ses devoirs par le précepte et par l'exemple, et il l'enfante ainsi à la liberté par la vertu et l'amour. Saint Paul dans les fers accueille l'esclave fugitif comme un enfant bien-aimé; et cette sublime fraternité arrache au grand apôtre cette admirable supplication, l'un des plus beaux monuments de l'éloquence du cœur et de la fraternité évangélique. Ceci n'est plus de la morale et de la philosophie antiques. Sénèque développe bien dans des pages immortelles son stoïcisme patricien; mais tandis qu'il philosophe sur la liberté et les droits de l'homme, dix mille esclaves gémissent sous la verge de ses curateurs. Aussi, depuis tant de siècles que la philosophie débite de belles maximes, les lois publiques et les usages privés ont appesanti chaque jour davantage le joug homicide de l'esclave, et voilà quelques années seulement que saint Paul a enseigné à Timothée ce que c'est qu'un esclave, et déjà les édits des Césars sapent cette monstrueuse institution de l'esclavage, l'attentat le plus odieux commis par l'impiété contre la créature de Dieu!

Un autre grand résultat pour la gloire de l'Église et le salut des hommes, que nous a laissé ce siècle éminent, ce fut l'institution de la vie ascétique. Le christianisme, en attaquant cette société aux sens abrutis par des mœurs impures, à l'intelligence blasée par les jongleries des rhéteurs et les grossiers sophismes des philosophes, sut adapter avec une miraculeuse fécondité tous les instruments propres à agir sur ce monde pétrifié dans le vice; c'est ainsi qu'il montra un jour, au paganisme stupéfait, ce peuple de solitaires retiré au fond des déserts, vivant, au milieu des privations les plus effrayantes, une vie d'abnégation, de pénitence et de prière. Et, de fait, quelle sublime prédication de la divine vertu du christianisme! Ce fut au milieu des persécutions de Dèce que les esprits se sentirent entraînés vers cette voie rude et austère de l'ascétisme. Bientôt l'éloquence d'un si grand spectacle et les douceurs inconnues de ces longues méditations sous l'œil de Dieu, au fond de ces paisibles solitudes, électrisèrent les âmes généreuses et peuplèrent de saints et de héros les bords du Nil et les forêts de la Thébaïde. La foule de ceux qui fuyaient le bruit et les dangers du monde et se réfugiaient dans ces solitudes devint si considérable, qu'on commença à bâtir des cellules, et de pieux solitaires dictèrent des lois à ces communautés d'anachorètes. Saint Paul de Thèbes, né en 228, fut l'un des premiers législateurs de ces saintes familles de frères. Jeune encore et fuyant la persécution de Dèce, il se réfugia dans une grotte au flanc d'une montagne écartée. Les palmiers qui croissaient à l'entour lui fournirent sa nourriture et ses vêtements. Il vécut ainsi, obscur et inconnu au monde, et grand aux yeux de Dieu, pendant 90 ans. Peu avant sa mort (340) il fut découvert par saint Antoine. Saint Antoine, nourri dans la prière, aguerri dans les privations d'une vie austère, et animé du zèle de Dieu, fut le vrai fondateur de la vie cénobitique. C'est sous sa direction savante, et par l'autorité de son éminente sainteté, que le désert se peupla de saints. Sa merveilleuse histoire, écrite durant la période suivante, par le grand saint Athanase, resta, pour toute la postérité, le parfait modèle du cénobitisme. — Les apologistes chrétiens sentirent quelle irrésistible influence ces héroïsmes cachés exerceraient sur le monde, et quelle gloire rejaillissait sur l'Église de cette admirable vie de prières, d'étude et de mortifications; ils s'opposèrent avec éclat aux mœurs criminelles de ces générations amollies dans une vie lâche et sensuelle, et ils démontrèrent avec une victorieuse évidence que le christianisme seul savait ainsi aguerrir le cœur contre les faiblesses de notre nature déchue, que lui seul savait nous racheter de l'énervant esclavage de nos passions. Ces grands exemples de vertu et de dévouement eussent régénéré le monde si ce vieux monde eût pu être sauvé; mais chaque jour il aggrave son mal et accélère sa ruine. — L'heure approche où il va périr dans d'effrayantes convulsions. — Six mois après l'édit de Milan, Maximin Daia, vaincu auprès d'Héraclée, alla mourir à Nicomédie. Des six empereurs il ne restait plus que Constantin et Licinius. Quelque temps après Licinius périt à Thessalonique, et l'empire du monde resta aux mains de Constantin. — Les destinées du monde sont changées. L'empire baisse chaque jour plus profondément vers sa ruine. Un homme, tel grand qu'il soit, n'est plus de taille à soutenir ce vieil édifice croulant. Aucune politique, quelque habile qu'elle soit, ne peut plus injecter du sang nouveau dans ce cadavre. Tout ce que la valeur et le génie peuvent produire dans cette triste décadence, c'est d'enrayer le char sur la pente de l'abîme. Et tandis que la guerre intestine dévore la dernière activité à l'intérieur des provinces romaines, les hordes sauvages aiguisent le glaive de la destruction sur les bords franchis du Rhin et du Danube. Mais désormais cette grande ruine qui se prépare nous apparaît moins terrible et moins douloureuse;

car derrière ce mur croulant du vieil empire nous voyons surgir, pleine de vie et de force, une puissance nouvelle merveilleusement constituée ; nous apercevons une société jeune et éprouvée, avec des lois en vigueur, un code de doctrines admirables, une hiérarchie acceptée et fonctionnant avec régularité. Il n'est pas besoin de méditer longtemps pour comprendre qu'il y a progrès, — progrès immense. L'humanité voit se lever devant elle un avenir meilleur. Le christianisme a relevé et ennobli l'homme. — Il va changer la face du monde.

IIe PÉRIODE (312-754).

Jésus-Christ est venu apporter la lumière à ce monde enseveli dans les ténèbres du mal, et le monde l'a méconnu. Il a passé parmi les hommes en semant les miracles et les bienfaits, et les hommes l'ont cloué à la croix, et c'est par cette croix qu'il a régénéré l'humanité. Le christianisme a révélé à ce vieux monde païen, accroupi dans la fange des passions grossières et des ténèbres de l'orgueil, une doctrine céleste et inconnue sur la terre ; une doctrine qui rendait à l'homme déchu ses titres glorieux et ses droits à l'espérance infaillible de la patrie éternelle. Il lui a donné des lois morales qui relèvent sa puissance et sa dignité, un ordre de vérités qui grandissent son âme et calment les angoisses de l'intelligence aux prises avec les terribles questions de son origine et de ses destinées immortelles pressenties au delà du tombeau. Pour tous ces bienfaits le monde a ameuté contre l'Église toutes les haines et toutes les puissances des ténèbres. Pendant trois siècles il s'est fatigué à entraver et à étouffer le christianisme, à traîner ses enfants sur les bûchers, dans les cirques, aux gémonies. Et malgré les haines et les persécutions, malgré Néron et sa longue descendance de fidèles imitateurs, malgré les bûchers et les gémonies, le christianisme a triomphé du monde; il a triomphé sans le secours des hommes et malgré les hommes. A la corruption universelle du monde il a opposé l'austère pureté de ses fidèles; aux misérables et orgueilleuses déclamations des philosophes il a opposé le génie sincère et lumineux de ses docteurs; à dix générations de bourreaux il a opposé le calme héroïsme de dix générations de martyrs, c'est-à-dire au vice il a opposé la vertu, aux haines et aux piéges de Satan la grâce et la protection de Dieu, et voilà pourquoi la croix, ce gibet ignominieux de l'esclave, couronne le labarum de Constantin victorieux et flotte respecté sur le monde vaincu.

Aujourd'hui une voie nouvelle s'ouvre devant le christianisme: jusqu'ici il n'a opéré, pour ainsi dire, que sur les couches inférieures de la société ; ceux qui ont participé les premiers à la grâce de la régénération chrétienne, ce sont les pauvres et les infortunés, le frumentaire et l'esclave enchaîné à son poste. L'Église a été pauvre comme eux, persécutée comme eux, jetée comme eux dans les cirques et aux murènes; aujourd'hui Dieu a dilaté le cercle de ses bienfaits : les puissants de la terre sont venus se prosterner devant ses autels, et le christianisme, atteignant enfin les deux extrémités sociales, peut épancher sa lumière sur toutes les classes de l'humanité. Cependant le monde ancien a vieilli : le polythéisme est ruiné; mais en se retirant de cette société dont il a été l'âme, qu'il a si longtemps moulée sur ses tristes maximes, il l'entraînera tout entière dans sa chute. Les barrières de l'empire sont franchies, et les hordes sauvages, aguerries dans les forêts de la Germanie ou sur les terres brumeuses des Scandinaves, poussent sur les terres de l'empire les premiers flots de cette marée formidable qui vient envahir et submerger le monde romain. Le christianisme a donc une éducation nouvelle et une nouvelle conquête à faire. L'Église n'a pas attendu le torrent des invasions pour attaquer la barbarie : ses missionnaires sont allés la chercher, au péril de leur vie, jusqu'au fond de ses retraites effrayantes. Aussi, à l'heure où commencera la mission providentielle des barbares, le christianisme comptera déjà des enfants acquis à sa doctrine parmi les hordes sauvages. Leur œuvre accomplie, l'Église les disciplinera avec une patience et un génie admirables, et sur cette terre inculte, mais saine et vigoureuse, elle fera germer la civilisation et les nationalités modernes.

Au pape saint Melchiade, mort le 11 janvier 314, succéda, le 31 janvier de la même année, saint Sylvestre, prêtre de l'Église de Rome, qui gouverna jusqu'au 31 décembre 335. Pendant que Constantin travaillait à l'extinction de l'idolâtrie, l'hérésie la plus dangereuse pour la foi surgit tout-à-coup comme pour modérer la joie de ce triomphe inespéré. Un prêtre d'Alexandrie, nommé Arius, d'un esprit vif, ardent, fécond en ressources, s'exprimant avec une extrême facilité, acharné dans la dispute, en fut le père. Cet homme, rusé et impétueux tout à la fois, était aussi prompt à pénétrer le cœur des hommes qu'habile à en mouvoir les ressorts. Quoiqu'il fût plein de détours et né pour l'intrigue, personne ne semblait plus simple, plus doux, plus rempli de franchise et de droiture, plus éloigné de toute cabale. Son extérieur aidait à la séduction : une taille haute et déliée, un visage composé, pâle, mortifié, un abord gracieux, un entretien flatteur et persuasif, tout en sa personne semblait ne respirer que vertu, charité, zèle pour la religion. Ce fut vers l'an 324 que cet hérésiarque mit au jour sa doctrine funeste. Il prétendit que le fils de Dieu n'était point égal au Père, ni de même nature que lui ; il n'était par conséquent pas Dieu; il ne voyait en lui qu'une créature tirée du néant, possédant à la vérité des perfections qui le faisaient participer à la divinité d'une manière particulière, mais capable de péché, et sujet aux faiblesses de l'humanité. Arius soutint ses erreurs par une dialectique subtile. Les sophismes dirigés contre les mystères séduisent aisément les esprits légers par leur faux brillant. Un grand nombre de simples fidèles, de diacres, de prêtres, d'évêques même, donnèrent dans cette erreur. Les femmes surtout se laissaient prendre aux dehors d'une dévotion tendre et insinuante qu'Arius savait si bien prendre. Sept cents vierges d'Alexandrie ou des environs s'attachèrent à lui comme à leur père spirituel. Ses prosélytes dogmatisaient partout ; on n'entendait plus dans les villes et dans les bourgades d'Égypte, de Syrie, de Palestine, que disputes et contestations. Les familles étaient divisées par les dogmes mêmes qui devaient les réunir. Deux conciles d'Alexandrie anathématisèrent en vain l'auteur de tant de maux, ils ne purent éteindre cette hérésie dans sa naissance. Ses plus célèbres sectateurs étaient les Eusèbes, l'un évêque de Nicomédie, l'autre de Césarée, tous deux flatteurs insinuants, se pliant aux circonstances; mais le premier plus haut, plus entreprenant; l'autre plus souple, plus circonspect. Ces deux hommes dangereux agissaient d'intelligence. Le premier donna asile à Arius lorsqu'il fut forcé de quitter Alexandrie. Ce fut dans cet asile que l'hérésiarque composa son infâme poëme intitulé *Thalie*. Ce titre, qui n'annonçait que la joie des festins, était versifié dans la même mesure que les chansons de Sotade, fameuses pour leur extrême indécence. Arius y sema tous les principes de sa doctrine, et les mit à la portée des esprits les plus simples. La qualité de *proscrit*, de *persécuté* lui attirait la compassion du vulgaire, et même celle de certains évêques. — Eusèbe de Nicomédie opposa aux conciles d'Alexandrie un autre concile, composé des évêques de Bithynie, qui fut favorable à la doctrine d'Arius. Il mettait tout en mouvement dans les Églises d'Égypte, de Libye, d'Orient. Ce n'étaient que messages, que lettres souscrites par les uns, rejetées par les autres, et tout annonçait un prochain embrasement.

Constantin, prévoyant les suites des disputes occasionnées par les nouvelles erreurs, écrivit une lettre à Arius et à son évêque Alexandre, où il parlait de leur différend selon l'idée qu'on lui en avait donnée. « Les questions qui vous divisent (disait-il) » ne sont point nécessaires, et ne viennent que d'une oisiveté » inutile ; on peut les faire pour exercer l'esprit, mais elles ne » doivent point être portées aux oreilles du peuple. Il faut ré» primer en ces matières la démangeaison de parler. Vous êtes » du même sentiment dans le fond, et vous pouvez aisément » vous réunir. Si vous ne pouvez vous accorder sur une ques» tion si frivole, du moins supportez-vous avec ce différend » particulier. » La lettre de Constantin n'ayant produit aucun effet, il eut recours à un concile général. Il envoya par tout le monde chrétien des lettres circulaires pour inviter les évêques et les principaux membres du clergé à se rendre à Nicée en Bithynie. Trois cents dix-huit évêques et un nombre infini de prêtres et de diacres se trouvèrent au concile. Le grand âge du pape saint Sylvestre l'empêcha de s'y rendre, mais il y envoya ses légats. Constantin y assista, pour être le médiateur de la paix de l'Eglise ; et quoiqu'il ne fût que catéchumène, il prit sa place au milieu des évêques sur un siége d'or. Ce fut dans le palais impérial que se tint le concile; l'ouverture s'en fit le 19 juin 325 : on y cita le prêtre Arius, qui, soutenu par quelques évêques, eut la hardiesse de défendre ses opinions ; mais il fut confondu par saint Athanase, qui n'était alors que diacre. Le concile, après avoir témoigné l'horreur qu'il avait de l'hérésie d'Arius, voulut établir la doctrine de l'Église. On commença donc par déclarer que Jésus-Christ est vrai Dieu, égal à son Père. Comme les ariens, féconds en subtilités, trouvaient toujours moyen d'éluder ces expressions, le concile ne trouva d'autre terme pour exprimer l'unité indivisible de nature que le mot *consubstantiel*, et ce mot, auquel saint Athanase eut le plus de part, fut depuis la terreur des ariens. — Quand on fut convenu de ce mot et des autres les plus propres pour exprimer la foi catholique, Osius en dressa la profession solennelle, si connue depuis sous le nom de *symbole du concile de Nicée*. — La consubstantialité du Verbe ayant été établie contre Arius, le concile passa aux règlements de discipline; il déclara que dorénavant on célébrerait le jour de Pâques, non le 14 de la lune, mais le dimanche qui suivrait la pleine lune après l'équinoxe du printemps; ainsi cette question, si vivement agitée sous le pontificat de saint Victor, fut décidée pour toujours. Ce règlement fut suivi de vingt canons de discipline, que nous avons encore. L'empereur, avant que de congédier les Pères, les honora de ses présents, et baisa les cicatrices de ceux qui avaient confessé généreusement Jésus-Christ au milieu des tortures. La conclusion de ce concile, le premier œcuménique, se fit le 23 août 325.

Arius avait de nombreux partisans à la cour, entre autres un prêtre qui avait beaucoup de pouvoir sur l'esprit de Constantin, parce que sa sœur Constancie le lui avait recommandé en mourant. Ce fut à l'instigation de ce prêtre que l'hérésiarque fut rappelé, après trois ans d'exil Il présenta à l'empereur une profession de foi dont le venin était caché sous des termes équivoques. Constantin, le croyant catholique, lui permit de rentrer dans Alexandrie. Saint Athanase, successeur d'Alexandre et défenseur invincible de la divinité du Verbe, ne voulut pas le recevoir à sa communion; les ariens le dénoncèrent à un concile, convoqué d'abord à Césarée, et transféré à Tyr en 335, où il fut déposé sur des crimes imaginaires.

Ce conciliabule reçut une profession de foi d'Arius, conçue en termes captieux, et écrivit en sa faveur à l'Eglise d'Alexandrie. Le peuple l'y reçut très mal, parce qu'il lui attribuait l'exil de saint Athanase, qui venait d'être relégué à Trèves. Constantin, instruit du trouble que la présence d'Arius causait à Alexandrie, l'appela à Constantinople; il lui demanda s'il suivait la foi de Nicée. Arius l'assura avec serment que sa croyance était orthodoxe, et qu'il n'avait jamais soutenu les erreurs pour lesquelles on l'avait anathématisé dans divers conciles. L'empereur fait ordonner à l'instant à Alexandre, évêque de Constantinople, de l'admettre à la communion des fidèles. Le saint prélat se préparait à résister à l'hérésiarque, lorsque ce malheureux mourut en vidant ses entrailles, comme il allait à l'église, accompagné de gens armés qui devaient l'aider dans cette violente entreprise. Ce fut en 336. Saint Marc venait de succéder à saint Sylvestre sur le siége pontifical. Mais le nouveau pontife mourut cette même année. Saint Jules lui succéda le 6 février 337 et occupa le Saint-Siége jusqu'à l'année 352. Au milieu de ces agitations fâcheuses, sainte Hélène, mère de Constantin, princesse également pieuse et courageuse, entreprit, à l'âge de 79 ans, le pénible voyage de Jérusalem, qu'elle voulait orner d'une église magnifique. Tous les endroits par où elle passa se ressentirent de sa générosité inépuisable. Elle donnait à pleines mains, et surtout aux soldats et aux pauvres; aux uns de l'argent, aux autres des habits. L'empereur lui ayant accordé tous les moyens de faire du bien, elle délivrait les prisonniers, faisait grâce aux criminels, tirait des mines ceux qui y avaient été condamnés. Enfin, son voyage ne fut qu'une suite de bienfaits et de grâces. Arrivée à Jérusalem, elle fut attendrie de l'état déplorable où étaient les lieux saints. Les païens avaient élevé sur le Calvaire un temple à Vénus, afin que le culte obscène de cette Déesse éloignât les hommages des chrétiens. La mémoire même du sépulcre de Jésus-Christ était perdue. Hélène, sur les indices d'un juif, fit abattre le temple de la déesse de la Volupté et découvrir le tombeau du Sauveur. En fouillant aux environs de ce respectable monument, on trouva trois croix, et un miracle servit à distinguer celle de Jésus-Christ. Elle envoya une partie considérable de ce trésor précieux à l'empereur son fils, et laissa l'autre à Jérusalem dans une châsse d'argent. On commença aussitôt autour du saint sépulcre une église superbe, sous le titre de la Résurrection, et, presque en même temps, on en bâtit deux autres, l'une à Bethléem, pour rendre hommage au berceau de Jésus-Christ, et l'autre sur la montagne des Oliviers, pour honorer son ascension. — Après avoir rendu aux saints lieux tout leur éclat, sainte Hélène retourna auprès de son fils, qui reçut ses derniers soupirs au mois d'août 327. Cette princesse était pleine de jours et de vertus. En mourant, elle exhorta son fils à servir Dieu dans la crainte, et elle le fortifia dans la foi.

Constantin ne survécut que dix ans à sa mère; il mourut en 337, régénéré par la grace du baptême qu'il avait différé de recevoir jusqu'à sa dernière maladie. Ce prince aima l'Église, qui lui dut sa splendeur et sa liberté. Mais, facile à séduire, il l'affligea dans l'affaire de l'arianisme lorsqu'il croyait la servir. Il livra aux persécutions des hérétiques plusieurs évêques dignes de toute sa protection. Les lumières dont le baptême éclaira son esprit lui firent reconnaître qu'en exilant les prélats attachés à la vérité il avait abusé de son pouvoir; il recommanda qu'on rappelât saint Athanase et qu'on protégeât les orthodoxes. Constantin ordonna en mourant que l'empire serait partagé entre ses trois fils, Constantin, Constance et Constant, et deux de ses neveux, Dalmace et Annibalien. Mais les dernières volontés des princes sont rarement exécutées. On croit qu'ils ont assez commandé pendant leur vie; leur autorité ne survit guère à leur personne. Les armées ne voulurent obéir qu'aux enfants de Constantin, qui partagèrent entre eux l'empire. Constantin, l'aîné des trois, eut la Gaule, l'Espagne et la Bretagne; Constance eut tout l'Orient, et Constant l'Italie, l'Illyrie et l'Afrique. — Le jeune Constantin, qui avait consacré à la religion les prémices de son règne en favorisant les orthodoxes, fut malheureusement tué près d'Aquilée en 340, à 24 ans. Constant, son frère, devenu par sa mort maître de tout l'Occident, hérita de son zèle contre l'hérésie. Constance, qui régnait en Orient, était bien éloigné de l'imiter; il commença son règne par le meurtre de ses parents, et le continua par la persécution des catholiques. Les ariens, favorisés par ce prince, convoquèrent un concile à Antioche, dans lequel ils donnèrent pour successeur à saint Athanase, qu'ils avaient déposé, un de leurs adhérents nommé Grégoire. Cet intrus ayant voulu faire son entrée dans Alexandrie, le peuple se révolta, et plusieurs personnes furent cruellement assommées; les temples furent profanés par les païens, qui se mêlèrent de cette querelle; les saints mystères furent foulés aux pieds, les vierges outragées.

Constant détestait autant l'arianisme que son frère Constance paraissait l'aimer. L'attachement de saint Athanase à la vérité, sa fermeté, son courage, lui avaient donné une grande idée de ce prélat. Résolu de le faire rétablir sur son siége, il pressa vivement son frère de convoquer un concile. Constance, engagé dans une guerre contre les Perses, et craignant de s'attirer un nouvel ennemi en refusant d'entrer dans les vues de Constant, écrivit aux évêques orientaux de se rendre à Sardique, ville d'Illyrie, métropole des Daces. Plus de soixante-dix évêques s'y rendirent; mais les prélats ariens, voyant que l'assemblée ne serait pas favorable à leur parti, se retirèrent à Philippopolis, dans la Thrace, où ils excommunièrent, dans un conciliabule, saint Athanase et ses partisans. Cependant cet illustre défenseur de la consubstantialité du Verbe, rétabli par les Pères de Sardique, fut rendu à son troupeau; mais ce ne fut qu'en 349, deux ans après la tenue du concile. L'assemblée de Sardique a toujours été en vénération dans l'Église, soit par les anathèmes lancés contre l'impiété arienne, soit par les sages règlements de discipline qu'on y promulgua.

La paix rendue à l'Église ne fut pas de longue durée. Constant, qui gouvernait l'empire d'Occident, avait des ministres qui rendirent le peuple malheureux et le prince odieux. Magnence, Germain d'origine et soldat de fortune, profita du mécontentement des sujets pour usurper la dignité impériale. Il se fit proclamer empereur à Autun, en 350, dans un festin où il parut revêtu de la pourpre. Constant, abandonné de la meilleure partie de ses troupes, fut obligé de s'enfuir vers l'Espagne; mais il fut pris et tué à Elne, dans les Pyrénées, après treize ans de règne.

Le 22 mai de l'année 352 le pape Libère succède à saint Jules. — L'empire, divisé et déchiré par les factions, est prêt à retomber dans toutes les horreurs de la guerre civile, lorsque Constance, vainqueur des Perses, se décide à marcher contre Magnence, qu'il défit dans deux batailles rangées. Cet usurpateur s'enfuit à Lyon, où il se tua en 353. Constance, seul maître de l'empire après la mort de son rival, redevint le persécuteur des évêques catholiques. Saint Athanase fut de nouveau poursuivi comme coupable de prétendus crimes d'État. Dans un concile assemblé à Arles en 353, la cabale des ariens fut si forte, que Vincent, l'un des légats du pape Libère, souscrivit à la condamnation de saint Athanase, qu'on retrancha de la communion de l'Église. Le pape, au désespoir, demanda un nouveau concile à Constance. Il fut convoqué à Milan en 355. Quoique cette assemblée fût composée d'un grand nombre de prélats orthodoxes, les ariens l'emportèrent. Les évêques qui refusèrent de condamner Athanase furent exilés; le pape Libère lui-même fut relégué dans la Thrace. Les hérétiques annoncèrent alors leurs erreurs dans les chaires. Les dignités ecclésiastiques furent livrées comme une proie aux ariens ou aux fauteurs des ariens. On accusa le pape Libère d'avoir signé, pour obtenir son rappel, une formule de foi captieuse, et d'avoir renoncé même à la communion d'Athanase. Ce pieux pontife, si célèbre par ses vertus, sa piété, son zèle ardent pour la foi catholique, son exil et toutes les souffrances endurées pour la défense de l'Église, a été suffisamment vengé des graves accusations qu'on a fait peser sur sa mémoire. Au milieu de ces tribulations l'Église de Jésus-Christ retrouva dans les Gaules le courage, le talent et l'héroïsme de ses plus glorieux défenseurs. Entre autres évêques illustres qui furent la terreur de l'hérésie, nous remarquons saint Hilaire, de Poitiers, qui par son ardeur à soutenir la saine doctrine se fit exiler en Phrygie.

Cependant les ariens commencèrent à se diviser en plusieurs sectes. Les principaux chefs de l'arianisme, après Arius, ayant été Aëtius et Eunome, leurs disciples en prirent le nom d'Aëtiens ou d'Eunomiens. On les appelait aussi ariens purs pour les distinguer des semi-ariens. Ceux-ci soutenaient, contre les ariens, que le Fils est d'une essence semblable au Père; mais ils ne voulaient pas convenir, avec les orthodoxes, qu'il eût la même essence. Chacun de ces partis domina à la cour, suivant la disposition d'esprit de l'inconstant et bizarre Constance. Il accordait aux uns et aux autres la permission d'assembler des conciles, où l'on cherchait plus à embrouiller la vérité qu'à l'éclaircir. — Deux assemblées de ce genre se tinrent presqu'en même temps en 359, l'une à Rimini, l'autre à Séleucie. Toutes les deux, livrées à la séduction des hérétiques, portèrent atteinte à la doctrine du concile général de Nicée. — Les évêques assemblés à Rimini, ayant d'abord anathématisé l'erreur d'Arius, finirent par signer une profession de foi équivoque, dont ils n'aperçurent pas le venin, mais qui recélait le pur arianisme. Alors les ariens levèrent le masque; mais les évêques ouvrirent les yeux et désavouèrent avec indignation le décret de Rimini. Ils se joignirent au pape Libère et à ceux qui n'avaient point eu de part à cette faute. Ce fut la source d'une persécution nouvelle, pendant laquelle saint Gaudence, évêque de Rimini, fut tué par les soldats du président Marcien. — L'erreur trouva encore moins d'obstacles à Séleucie. De cent soixante évêques, il n'y eut que saint Hilaire et douze ou treize évêques d'Égypte qui soutinrent la consubstantialité. Le concile se divisa. Les purs ariens firent à part leur profession de foi; les demi-ariens s'en tinrent à celle du concile d'Antioche, assemblé en 341. S'étant anathématisés mutuellement, ils se séparèrent sans rien conclure. — Les chefs des deux partis se rendirent à Constantinople, où était alors l'empereur. Ce prince, toujours attaché à l'hérésie, ne s'occupa qu'à faire signer aux députés de Séleucie et aux autres évêques la formule de Rimini, employant tour à tour les sollicitations et les menaces. Il prononça la peine du bannissement contre ceux qui refuseraient leur signature à cette formule, la dix-huitième que les ariens avaient dressée: tant il est difficile de fixer sa croyance lorsqu'on s'éloigne de celle de l'Église. — Mandonius, et après lui Basile, créèrent une nouvelle hérésie en niant la divinité du Saint-Esprit. Leur secte porta le nom des Pneumatomaques. — Un autre concile fut bientôt convoqué à Constantinople; Constance en dirigea toutes les décisions, et on y fit signer encore cette formule de Rimini, si favorable à l'arianisme. Ceux qui refusèrent de la souscrire furent regardés comme ennemis de l'État. La mort de Constance vient enfin mettre un terme à ses impiétés; mais l'Église n'en retrouvera pas des jours meilleurs. Julien viendra arrêter les dissensions qui déchirent l'Église, mais c'est pour la livrer à la haine des païens, aux vengeances des sophistes et de l'idolâtrie mourante. Constance expérimenta trop tard que ses ennemis n'étaient point les catholiques. Julien, son beau-frère, se fit proclamer empereur à Paris, et l'obligea de se mettre à la tête de ses troupes. Constance était en marche pour aller combattre l'usurpateur, lorsqu'il fut attaqué d'une fièvre ardente qui devint bientôt dangereuse. Il mourut dans l'hérésie, comme il avait vécu, en 361, après avoir reçu le baptême d'un arien, d'Euzoïus, évêque d'Antioche.

Saint Damase succéda au pape Libère le 1er octobre 364. Il était prêtre de l'église de Saint-Laurent à Rome. Julien, délivré de l'opprobre de combattre son parent pour lui arracher la couronne, permit d'abord à tous les chrétiens de professer chacun leurs sentiments particuliers; la foi de Nicée reprit alors son éclat, et l'erreur perdit beaucoup de partisans. Mais cette tolérance de Julien était une pure hypocrisie: ennemi du christianisme, il voulait relever les autels des faux dieux et ramener le monde aux idées et aux mœurs païennes. La politique avait dirigé sa croyance. Pour se dérober à la cruauté et à la jalousie de Constance, qui avait fait périr Gallus son frère, il s'était fait moine. A la sortie du cloître, il épousa Hélène, sœur de Constance, qui l'envoya dans les Gaules, où il fut proclamé empereur. Dès qu'il fut paisible possesseur du trône par la mort de ce prince, il ouvrit les temples des faux dieux, rétablit leur culte, et prit la qualité de souverain pontife avec toutes les cérémonies du paganisme. Son palais devint comme un temple, ainsi que ses jardins. On voyait l'empereur se prosterner devant ses dieux d'or et de pierre, fendre le bois, attiser le feu, égorger lui-même les victimes; cependant il ne forçait pas par des tourments à sacrifier à ses dieux. « Les Galiléens, disait-» il, sont plus insensés que méchants. Il faut tâcher de les » gagner par la raison et par la douceur. Ne sont-ils pas assez » malheureux de se tromper dans la chose du monde la plus » essentielle? Ils sont à mes yeux plus dignes de pitié que de » haine. » Cette compassion insultante, jointe aux railleries, aux caresses, aux bienfaits, fit apostasier, surtout à la cour, une foule de chrétiens sans conviction. Catholiques sous Constantin, ariens sous Constance, ils se firent idolâtres sous Julien. Mais, au milieu de cette honteuse prévarication, des chrétiens généreux sacrifièrent à leur foi toutes les espérances du siècle. Tels furent Jovien et Valentinien, qui succédèrent à Julien. Le nom de *persécuteur* paraissant à Julien un opprobre, il n'attaqua pas la religion à force ouverte. Les avantages temporels, les vexations colorées de quelque prétexte étranger, l'artifice et la ruse furent les armes dont il se servit. Il rappela tous les évêques exilés sous Constance. Il mit sur le même pied d'égalité les orthodoxes et les hérétiques, afin de faire naître, par la confusion des différents partis, une guerre intestine dans le sein du christianisme, et d'inspirer par-là du mépris pour ses dogmes et pour sa morale. Il dépouilla les églises de tous leurs revenus pour les donner à ses soldats ou les réunir à son domaine. « Je veux, disait-il, aider les Galiléens à pratiquer leur ad-» mirable loi, et leur faciliter l'entrée du royaume des cieux. » Il révoqua les privilèges des églises, les pensions assignées par Constantin aux clercs, aux vierges et aux veuves, et exigea même la restitution du passé avec une rigueur extrême. Comme les chrétiens auraient pu se défendre en justice, il leur défendit de plaider et d'exercer les charges publiques; « confor-» mément, disait-il, aux préceptes de l'Évangile, qui leur » ordonne de souffrir les injures et de fuir les honneurs. » Julien, craignant que les auteurs chrétiens ne démontrassent l'absurdité des fables du paganisme et ne tuassent l'idolâtrie sous le ridicule, leur défendit de professer les belles-lettres. « Homère, » disait-il, Hésiode, Démosthène, Hérodote, Thucydide, Iso-» crate et Lysias ont reconnu les dieux pour auteurs de leur » doctrine. Pourquoi les proposer aux jeunes gens comme de » grands personnages, et condamner en même temps leur » religion? Que les Galiléens commencent par imiter leur piété » envers les dieux, et s'ils croient qu'ils se sont trompés, qu'ils » aillent expliquer Matthieu et Luc dans leurs Églises. » Des professeurs chrétiens n'hésitèrent pas à quitter leur chaire plutôt que leur religion. Victorin d'Afrique, qui enseignait la rhétorique à Rome avec une distinction qui lui mérita une statue, eut cette générosité, et son exemple fut utile à plusieurs autres professeurs de belles-lettres. Malgré son mépris affecté pour les chrétiens, Julien sentait l'avantage que leur donnait l'éclat des vertus. A leur exemple, il s'efforça de réformer les désordres du paganisme, en exhortant les sacrificateurs et les païens zélés à tâcher d'imiter dans leur conduite celle des Galiléens. « Que les pontifes, dit-il, vivent comme s'ils étaient toujours » en la présence des dieux; qu'ils s'appliquent à purifier leurs » pensées; qu'ils prient en particulier et en public, du moins » le matin et le soir. Qu'aucun d'eux n'approche des spectacles, » et n'autorise leur impureté par sa présence. Mais surtout, » ajoute-t-il, établissez dans chaque ville des hôpitaux pour » exercer l'humanité envers les étrangers et envers tous les » indigents. Il est honteux qu'aucun Juif ne mendie, et que » les impies Galiléens, outre leurs pauvres, nourrissent encore » les nôtres. » La douceur apparente de Julien à l'égard des chrétiens se démentit plusieurs fois; il ne modéra pas toujours la haine secrète qui l'animait contre le christianisme. Il donnait les charges publiques aux plus cruels ennemis de cette religion, qui, sous divers prétextes, persécutaient ses fidèles observateurs. Les ordres donnés par l'empereur de rétablir l'idolâtrie et de rebâtir les temples étaient une occasion pour les païens de remplir toutes les villes de troubles. Il y eut des martyrs dans la plupart des provinces. Un des plus célèbres fut saint Basile, prêtre d'Ancire, qui mourut dans les tourments avec un courage admirable. Dans la Phénicie, les païens tuèrent un diacre, qui avait brisé plusieurs idoles sous Constantin.

Julien fit une autre tentative contre la religion chrétienne. Pour donner un démenti à la prophétie de Jésus-Christ sur Jérusalem, il voulut rebâtir le temple; mais le ciel l'en empêcha par des miracles consignés dans les écrits des historiens contemporains. Il se préparait à porter de nouveaux coups au christianisme, lorsqu'il périt dans un combat livré aux Perses, âgé de 31 ou 32 ans, en 362 : prince valeureux, chaste, libéral, juste, lorsque le fanatisme ne l'égarait point ; mais vain, bizarre, superstitieux, adonné à la magie et à toutes les folies du paganisme. Avide de gloire comme les avares le sont des richesses, on aperçoit dans cette âme élevée tout le jeu de la vanité. Julien était sur le point d'envoyer en Afrique un édit de persécution. Les païens attendaient avec impatience le retour de l'empereur, pour voir couler le sang des chrétiens. A la nouvelle de ses premiers succès dans la Perse, le sophiste Libanius rencontrant à Antioche un chrétien qu'il connaissait: *Eh bien*, lui dit-il, pour insulter à Jésus-Christ, *que fait maintenant le fils du charpentier ? — Il fait*, lui repartit le chrétien, *un cercueil pour votre héros.* Au milieu des gémissements que la mort de Julien arrachait à l'idolâtrie, saint Jérôme entendit ces paroles de la bouche d'un païen : *Comment les chrétiens peuvent-ils vanter la patience de leur Dieu ? Rien n'est si prompt que sa colère. Il n'a pu suspendre pour un peu de temps son indignation.* Parmi les auteurs anciens, les uns louent Julien à l'excès, les autres blâment toute sa conduite ; tous avouent qu'il se montra trop acharné contre les chrétiens. Julien, n'épargnant leur vie que dans ses paroles et dans ses édits, fut le modèle dangereux et hypocrite de ces princes persécuteurs qui veulent sauver leur cruauté et leurs haines par une apparence de douceur et d'équité. Julien avait des qualités remarquables; mais son cœur, livré aux instincts dégradants des idées païennes, faussa son esprit. Dès lors il s'engagea dans cette voie honteuse qui a flétri sa mémoire. N'ayant pas même le courage de ses haines et de son idolâtrie, il appela la ruse et la fourberie au secours de ses efforts impies, et pratiqua la plus dangereuse des persécutions. C'est avec justice que l'histoire lui a conservé le stigmate d'apostat. A un prince ennemi déclaré du christianisme, succéda un empereur aussi ferme dans la foi catholique qu'intrépide guerrier. Ce fut Jovien, fils du comte Vétranion. L'armée qui avait suivi Julien en Perse lui décerna la couronne impériale, qu'il n'accepta qu'à condition que les soldats seraient chrétiens. Après avoir obtenu la paix de Sapor, roi de Perse, il allait donner tous ses soins au rétablissement de la saine doctrine. Il renouvela toutes les lois de Constantin contre l'idolâtrie, et en fit de nouvelles encore plus sévères. Julien avait rappelé, sans distinction, tous ceux que Constance avait persécutés. Les donatistes avaient été confondus avec les catholiques. Jovien, au contraire, ne fut favorable qu'à ceux qui avaient été exilés pour la foi ; il honora particulièrement saint Athanase, qui en était regardé comme le chef. Mais une mort imprévue, causée, en 364, par la vapeur du charbon, priva l'Eglise et l'empire de ce prince, qui ne régna que huit ans. Après la mort de Jovien, l'empire fut partagé. L'Orient fut soumis à Valens, et l'Occident à Valentinien. Ce prince était attaché à la vraie foi. L'Eglise latine jouit sous son empire d'une paix profonde. Les partisans de l'arianisme, qui étaient en petit nombre, n'eurent presque aucune autorité. Le sort de l'Église grecque ne fut pas si heureux. La femme de l'empereur Valens était arienne ; elle l'engagea dans les erreurs de sa secte. Les hérétiques exercèrent sous son règne, et par son autorité, leurs violences accoutumées. Saint Basile se plaignit de ce que les catholiques, en souffrant de plus grands maux que sous les empereurs idolâtres, n'avaient point la consolation de porter le titre glorieux de martyrs. Une foule de pasteurs, préférant leurs places et leur repos à l'intérêt de Dieu et de la vérité, succombèrent à la persécution. Les ariens pénétrèrent jusque dans les déserts de la Thébaïde pour en chasser les solitaires qui ne voulaient pas entrer dans leur parti ; mais cet orage dura peu : Valens, vaincu par les Goths, fut brûlé tout vif auprès d'Andrinople, en 378.

Théodose, que Gratien associa à l'empire après la mort de Valens, se déclara ouvertement pour les catholiques. Il inaugura son règne par un édit célèbre, qui ordonnait de suivre la foi de Nicée. « Les empereurs Gratien, Valentinien et Théodose Auguste, au peuple de Constantinople. Nous voulons que tous les peuples de notre obéissance suivent la religion que l'apôtre saint Pierre a enseignée aux Romains, et qu'on voit suivie aujourd'hui encore par le pontife Damase et par Pierre, évêque d'Alexandrie, homme d'une sainteté apostolique ; en sorte que, selon l'instruction des apôtres et la doctrine de l'Évangile, nous croyons une seule divinité du Père et du Fils et du Saint-Esprit, sous une pareille majesté et une sainte Trinité. Nous voulons que ceux qui suivront cette loi prennent le nom de chrétiens catholiques, et que les autres, que nous jugeons insensés, portent le nom infâme d'hérétiques, et que leurs assemblées ne prennent point le nom d'églises ; réservant leur punition premièrement à la vengeance divine, et ensuite à l'inspiration que nous attendons du ciel. » Il cassa tous les édits donnés par ses prédécesseurs en faveur des hérétiques; il fit rendre toutes les églises aux orthodoxes. Enfin, pour procurer à l'Église une paix durable, il convoqua, en 381, un célèbre concile à Constantinople, le second œcuménique ou général. Les évêques y vinrent de toutes les provinces de l'Orient; on en compta environ cent cinquante. Comme le principal but de la convocation du concile était la réunion des Églises et l'extinction des hérésies, on y dressa un symbole : c'est celui que nous chantons aujourd'hui à la messe, auquel on ajouta depuis le mot *Filioque*. On y condamna tous les hérétiques du temps, et on y dressa plusieurs canons. Celui qui donne la prérogative d'honneur, ou le second rang après le pape, au patriarche de Constantinople, a dans la suite souffert beaucoup de difficultés de la part de Rome. — Ce concile général n'ayant pas ramené les errants au bercail, Théodose en fit assembler deux particuliers à Constantinople, l'un en 382, et l'autre en 383. Tous les chefs des sectes schismatiques assistèrent au dernier ; mais ils refusèrent avec obstination de se soumettre à la foi catholique. L'opiniâtreté de ces hérétiques engagea Théodose à publier contre eux une loi sévère.

Les païens ne trouvèrent pas cet empereur mieux disposé en leur faveur. En vain ils firent solliciter, en 384, par l'éloquent Symmaque, préfet de Rome, le rétablissement de l'autel de la Victoire : Théodose le leur refusa avec fermeté. Dans un voyage qu'il fit à Rome, en 389, Théodose exhorta les sénateurs à embrasser la religion chrétienne. Sous prétexte que Rome, depuis près de douze siècles, subsistait avec gloire sous la protection de ses dieux, ils s'obstinèrent dans le culte des faux dieux. Ils ne voulaient pas voir, comme le leur avait observé saint Ambroise, que les triomphes de Rome païenne n'étaient point dus à ses divinités, qui lui étaient communes avec ses ennemis, mais à la valeur de ses guerriers et à la discipline de ses soldats. Théodose renvoya les sénateurs, en leur déclarant que le trésor public ne fournirait plus aux frais des sacrifices impies, l'État ayant besoin de militaires et non de victimes. Supprimer les fonds destinés aux sacrifices, c'était presque détruire les temples; aussi l'on en vit bientôt un grand nombre de fermés ou d'abattus. — Théodose envoya dans tout l'empire des ordres de détruire les monuments de la superstition et du faux culte. Théophile, évêque d'Alexandrie, les exécuta avec une ardeur qui faillit à exciter des séditions. Il démolit les temples de Bacchus et de Sérapis, et éleva à leur place des églises au vrai Dieu. — Une nouvelle loi de Théodose, en 392, défendit même à tout sujet de l'empire de faire aucun sacrifice et aucune offrande dans l'intérieur de sa maison. Cet édit déclare criminel de lèse-majesté quiconque osera sacrifier ou consulter les entrailles des victimes. Ces lois sévères intimidèrent un grand nombre de païens, et plusieurs renoncèrent à leurs erreurs et embrassèrent la vraie religion. Les plus nobles sénateurs de Rome, les Aniciens, les Probes, les Paulins, les Gracques, demandèrent à être chrétiens avec toute leur famille.

Le zèle de Théodose éclatait dans toutes les occasions, et il y joignait un entier dévouement à la discipline de l'Église. Cette soumission parut surtout dans une circonstance importante. Les habitants de Thessalonique, capitale de la Macédoine, s'étant révoltés, en 388, contre leurs magistrats, les chassèrent de leur ville. Cet attentat irrita tellement l'empereur, qu'il envoya des troupes avec ordre de faire main basse sur les Thessaloniciens. Comme ils étaient dans le cirque en un jour solennel, les soldats les immolèrent à la vengeance de l'empereur et en massacrèrent plus de sept mille. Cette horrible boucherie, dans laquelle on avait confondu l'innocent avec le coupable, indigna tout l'empire. Théodose s'étant présenté à la porte de l'Église de Milan un jour de fête, saint Ambroise, évêque de cette ville, lui en défendit l'entrée jusqu'à ce qu'il eut expié le carnage de Thessalonique. L'empereur se soumit et suivit, dans la pénitence que lui imposa le généreux évêque, toutes les règles de l'Église. Saint Ambroise ne le reçut dans la communion des fidèles qu'après qu'il eût déclaré, par une ordonnance expresse, que les sentences de mort ne s'exécuteraient qu'après trente jours. Cette loi sauva depuis la ville d'Antioche, qui, ayant traîné dans les rues la statue de l'impératrice Flacille, aurait été traitée comme Thessalonique si l'empereur n'avait eu le temps de calmer les transports de sa colère. — La fin du règne de Théodose fut aussi glorieuse que les commencements. Après s'être signalé par sa religion, sa valeur, sa générosité, sa justice, il mourut comblé de gloire en 395. Son seul défaut était une humeur prompte et ardente, qu'il ne réprima pas toujours. Il avait partagé son empire à ses deux fils, Arcadius et Honorius, qui héritèrent de son sceptre sans succéder à ses principales vertus.

Saint Sirice, romain de naissance, qui avait succédé en 384 au pape saint Damase, mourut le 25 novembre 398, et eut pour successeur saint Anastase, né comme lui dans la ville de Rome. Un des premiers actes du nouveau pontife fut de condamner les erreurs de Rufin d'Aquilée et les écrits d'Origène.

Sous le règne de Théodose et sous celui des empereurs attachés à l'Eglise, la foi fit de grands progrès, non-seulement dans l'empire, mais au delà de ses limites et jusque dans les vastes régions sauvages où le zèle de plusieurs missionnaires alla porter sa lumière. Les nations des environs du Rhin, les parties les plus reculées de la Gaule, furent éclairées par ce divin flambeau. Le christianisme pénétra chez les Goths et chez les autres peuples voisins du Danube. Les Arméniens avaient reçu les vérités évangéliques depuis longtemps, et le commerce de l'Osroène avec l'Arménie les avait fait passer en Perse où il y avait des églises nombreuses. — Saint Frumence, qui dans sa jeunesse avait été mené captif en Ethiopie, parvint par son esprit et par ses vertus à la place de ministre, et profita de son crédit pour attirer dans cette contrée des chrétiens de l'empire romain. Dans un voyage qu'il fit en Egypte, saint Athanase l'ordonna évêque et l'engagea de retourner dans les terres des barbares que son zèle avait défrichées le premier à l'Eglise. Frumence se fixa dans l'Abyssinie et y fit un grand nombre de chrétiens. — La conversion des Ibériens, peuples voisins du Pont-Euxin, fut due à une femme chrétienne, captive parmi eux. Ayant guéri la reine d'une dangereuse maladie, elle lui fit connaître la sainteté du christianisme. Cette princesse convertit son mari qui envoya des ambassadeurs à Constantin pour lui demander des évêques qui pussent instruire ses sujets. Ce prince lui en envoya, et fut plus touché de cette conquête spirituelle que de l'acquisition d'une grande province. — Les Sarrasins, si fameux depuis sous Mahomet, habitaient au IVe siècle dans divers endroits de l'Arabie et s'étendaient dans les déserts de la Mésopotamie et de la Syrie. Ce peuple guerrier était divisé en plusieurs tribus qui vendaient leur sang et leur service, les uns aux Romains, les autres aux Perses. Plusieurs d'entre eux, touchés de la pureté des mœurs et de la vie étonnante de quelques solitaires, se soumirent à la vraie foi, un peu avant le règne de Valens; et saint Hilarion leur bâtit une église dans une ville nommée Éluse. — D'autres peuples, appelés Homérites, habitaient l'extrémité de l'Arabie heureuse vers l'Océan. Constance leur ayant envoyé une ambassade à la tête de laquelle était Théophile l'Indien, ordonné évêque par les ariens, le prince des Homérites, instruit par lui des dogmes de la religion chrétienne, abandonna le culte de ses pères et fit bâtir des églises que Théophile consacra. Cet évêque passa ensuite dans l'île Diu sa patrie, et de là dans d'autres parties des Indes, où il fit connaître le christianisme.

Des sectaires, profitant de la paix dont l'Eglise jouissait sous les empereurs chrétiens, allumèrent dans son sein des guerres civiles, toujours plus dangereuses que les guerres étrangères. Parmi les différentes sectes que ce siècle vit naître, on distingua surtout celles des donatistes, des macédoniens, des eunomiens, des aëtiens, des photiniens, des messaliens, des lucifériens, des apollinaristes, des priscillianistes, des jovinianistes, des collyridiens.

Les donatistes eurent pour premier chef Donat, évêque de Cases-Noires en Numidie, qui excita un schisme en Afrique, après la mort de Mensurius, évêque de Carthage, arrivée en 311, parce qu'on avait élu pour lui succéder Cécilien et non luimême. S'étant mis à la tête d'une faction, il soutint que Cécilien ayant été ordonné par des traditeurs ne pouvait faire aucune fonction épiscopale. Il fit assembler un concile où l'évêque de Carthage et ses partisans furent déposés, et Majorin mis à sa place. Le parti du nouvel évêque et de Donat, son soutien, s'accrut au point que dans la plupart des villes d'Afrique il y avait deux assemblées et deux pasteurs, l'un catholique et l'autre donatiste. En vain l'empereur Constantin fit assembler plusieurs conciles à Rome, à Arles, à Milan, pour anathématiser ces schismatiques: ils rejetèrent les voies de douceur et bravèrent les édits donnés pour les réprimer. — Leur fureur s'animant par les châtiments, ils en vinrent à des excès inouïs. Au schisme ils joignirent l'hérésie; ils prétendirent qu'il fallait rebaptiser tous les hérétiques, et que l'Église étant éteinte par toute la terre et ne subsistant plus que chez eux, il fallait réordonner tous les évêques et tous les prêtres étrangers à leur parti. — A Majorin avait succédé un autre Donat, plus dangereux par la supériorité de son esprit; c'était un homme de lettres éloquent, de mœurs pures, mais rempli d'orgueil et de mépris pour les évêques, les magistrats et l'empereur. Il soutint son parti par son audace, par ses vertus apparentes et par ses ouvrages.

Le fanatisme des donatistes fut poussé à un excès incroyable par les circoncellions. C'étaient, la plupart, des paysans grossiers et féroces, qui n'entendaient que le langage punique. Animés d'un zèle barbare, ils renonçaient à l'agriculture, faisaient profession de continence et prenaient le titre de *vengeurs de la justice* et de *protecteurs des opprimés*. — Pour remplir leur mission, ils donnaient la liberté aux esclaves, couraient les grands chemins, obligeaient les maîtres de descendre de leurs chars et de courir devant leurs esclaves qu'ils faisaient monter à leur place. Ils déchargeaient les débiteurs en tuant les créanciers, s'ils refusaient d'anéantir les obligations. — Au lieu d'épée, dont Jésus-Christ avait défendu l'usage à saint Pierre, ils s'armaient de gros bâtons qu'ils appelaient *bâtons d'Israël*; avec cette arme ils brisaient un homme sans le tuer sur le coup. Leur cri de guerre était: *Louange à Dieu!* et ces paroles sacrées étaient dans leur bouche le signal du meurtre.

Les chefs de ces scélérats s'appelaient *les chefs des saints*. Les furieux qui combattaient sous eux couraient à la mort avec la même fureur qu'ils la donnaient aux autres. Les uns grimpaient au plus haut des rochers, et se précipitaient par bandes: d'autres se brûlaient, ou se jettaient dans la mer. Ceux qui voulaient acquérir le titre de martyrs le publiaient longtemps auparavant; alors on leur faisait bonne chère, et, après qu'on les avait engraissés comme des taureaux de sacrifices, ils allaient se précipiter Enfin, après un siècle de violences exercées par ces hérétiques, l'empereur Honorius, qui voulait les faire rentrer dans le bercail, ordonna une conférence réglée entre les évêques catholiques et les prélats donatistes. Cette assemblée ayant été convoquée à Carthage en 411, les premiers s'y trouvèrent au nombre de 280, et les autres au nombre de 159. S. Augustin, chargé par ses confrères de disputer contre les prélats schismatiques, les terrassa par la force de son éloquence et l'étendue de son savoir. Quelques-uns se rendirent à ses raisons; un grand nombre persistèrent dans leur opiniâtreté: mais peu à peu la secte disparut.

Les macédoniens prirent leur nom d'un arien nommé Macedonius, qui, s'étant emparé du siége de Constantinople, voulut se faire un nom par un système qui le distinguât des autres ariens. Son erreur était que le St-ESPRIT n'était pas Dieu, mais seulement un ange du premier ordre. Il eut des partisans nombreux; le concile général de Constantinople les condamna en 381. Cette secte, malgré les anathèmes prononcés contre elle, s'étendit parmi le peuple et dans plusieurs monastères. Elle n'eut cependant ni évêque, ni église particulière, jusqu'au règne d'Arcadius. Photin, évêque de Smyrne, participa aux erreurs des eunomiens et des aëtiens, et les poussa plus loin. Joignant à l'impiété d'Arius une hardiesse plus grande, il osa soutenir ouvertement qu'il n'y avait qu'une personne dans la divinité, et que J.-C. n'était qu'un pur homme. Cette hérésie fut condamnée dans plusieurs conciles, et son auteur privé de son siége dans un synode tenu à Smyrne en 351.

Les messaliens sortirent de la mésopotanie vers l'an 360. Leur nom, en syriaque, signifie *priants*, parce qu'ils faisaient consister la souveraine perfection à prier sans cesse. C'étaient des hommes à extases et à révélations. Sabas, chef de ces fanatiques, prenant à la lettre certains passages de l'Évangile, se fit eunuque, donna son bien aux pauvres et resta dans une profonde oisiveté. Appuyé sur d'autres passages de l'Écriture, toujours pris à la lettre, Sabas avait jugé que nous étions environnés de démons, et que tous nos péchés venaient des suggestions de ces esprits pervers. Sabas se croyait sans cesse investi par ces esprits. On le voyait, au milieu de la prière, s'agiter violemment, s'élancer en l'air, et croire sauter par dessus une armée de démons. On le voyait se battre contre eux, faire tous les mouvements d'un homme qui tire de l'arc; il croyait décocher des flèches contre les démons. Sabas se croyant prophète échauffa les imaginations faibles, et inspira ses sentiments à la multitude; l'on vit une foule d'hommes et de femmes vendre leurs biens, mener une vie oisive et vagabonde, prier sans cesse et coucher pêle-mêle dans les rues. Ces fanatiques ne se séparèrent point ouvertement de la communion de l'Église; ils regardaient les catholiques comme de pauvres gens, ignorants et grossiers, qui cherchaient stupidement dans les sacrements des forces contre les attaques du démon. Ils furent chassés d'Édesse par Flavien, évêque d'Antioche, et se retirèrent dans la Pamphylie. Ils y furent condamnés par un concile, et passèrent en Arménie, où ils infectèrent de leurs erreurs plusieurs monastères.

A la suite des longues disputes qu'excita l'arianisme, l'excès d'indulgence ou l'excès de rigueur de certains prélats causa des dissensions intestines. Lucifer, évêque de Cagliari en Sardaigne, homme de mœurs pures et sévères, mais d'un caractère dur et intraitable, exclut de la communion ecclésiastique, non-seulement les ariens et les semi-ariens, mais encore tous les catholiques qui avaient eu des liaisons avec les évêques de ces deux partis. Ce zèle outré le rendit lui-même chef de secte. On appela lucifériens ceux qui se séparaient de la communion des catholiques et qui persistaient dans ce schisme. On les accusait d'enseigner que nos âmes sont corporelles et qu'elles sont engendrées comme les corps.

Apollinaire, évêque de Laodicée, un des plus zélés défenseurs de la consubstantialité du Verbe, ne se méfiant point assez de ses propres lumières, tomba dans une erreur singulière. Il croyait que Jésus-Christ s'était incarné, et qu'il avait pris un corps humain, mais qu'il n'avait point pris d'âme humaine. Suivant lui, le Verbe de Dieu animait le corps de Jésus-Christ; de sorte que, du Verbe et du corps, il s'était fait une seule et même substance. Une des conséquences de cette opinion est que la divinité avait souffert et qu'elle était morte : on doute qu'Apollinaire l'ait admise.

L'Egypte fut le premier berceau du priscillianisme. Marc de Memphis, ayant à diverses erreurs mêlé les pratiques obscènes des païens, des gnostiques, des manichéens, fut chassé par les évêques. Il passa d'abord dans la Gaule, et de là en Espagne, où il séduisit Priscillien, évêque d'Avila, qui devint le chef de la secte. Ce prélat était noble, riche, éloquent et dialecticien subtil. L'austérité de ses mœurs, son humilité extérieure, ses jeûnes, ses travaux, le rendaient recommandable aux yeux du peuple : mais, sous un visage mortifié, il cachait un corps corrompu et un esprit vain et inquiet. Comme il était d'un caractère flatteur et insinuant, il eut bientôt gagné un grand nombre d'Espagnols de toute condition, et surtout des femmes légères, curieuses, avides de nouveautés. Ses erreurs s'étendirent en peu de temps dans toute l'Espagne. Il admettait, comme les manichéens, un *mauvais principe*, et autorisait l'impureté comme les gnostiques. On dit que, dans leurs assemblées nocturnes, ses disciples priaient nus, et se livraient à des plaisirs infâmes. Afin de cacher leurs abominations, ils enseignaient qu'il était licite de mentir et de se parjurer, plutôt que de découvrir un secret. — Les erreurs de Priscillien ayant éclaté, les évêques d'Espagne les anathématisèrent, et il fut banni du royaume. Il continua de dogmatiser, et eut la tête tranchée en 385, par l'ordre du tyran Maxime, à la sollicitation d'un évêque espagnol appelé Ithace, et de ses partisans. Saint Martin de Tours désapprouva hautement cette manière de punir les hérétiques, et se sépara de communion d'avec les Ithaciens. La secte s'accrut par le supplice de Priscillien. Ceux qui l'avaient écouté comme un apôtre le révérèrent comme un martyr. Son corps, et ceux de ses adhérents mis à mort avec lui, furent transportés en Espagne, et honorés comme de précieuses reliques. On jura par le nom de Priscillien. Enfin, malgré les décrets d'un concile de Tolède en 400 et les lois accablantes d'Honorius et de Théodose-le-Jeune, son hérésie se soutint jusqu'au milieu du VIe siècle.

Jovinien, moine de Milan, enseigna diverses erreurs, renouvelées ensuite par les hérétiques des derniers siècles. « L'état » du mariage était, selon lui, aussi parfait que celui de la vir» ginité ou de la viduité. Le baptême rend l'homme impec» cable, et c'est une duperie de s'imposer des jeûnes et de faire » d'autres actes de mortification. Tous les péchés sont égaux, » et leur division en mortels et en véniels est une chimère. » Enfin, pour comble d'impiété, il soutenait que Jésus-Christ » n'était pas né d'une vierge. » Ces hérétiques, condamnés dans un concile de Rome, en 390, furent réprimés par la puissance impériale.

Les collyridiens étaient des ignorants, qui, par une piété outrée, regardaient la sainte Vierge comme une espèce de divinité. Leur nom vint d'une espèce de gâteaux qu'ils lui offraient, et qui se nommaient en grec *collyrides*. Les femmes étaient les prêtres de ce culte singulier.

L'anthropomorphisme doit sa naissance à un Syrien, homme grossier et sans lettres, nommé Audius. Il prétendit que Dieu avait un corps humain et des membres faits comme les nôtres; ce qui fit donner à ses disciples le nom d'*anthropomorphites*. Ces insensés affectaient la plus haute perfection, et s'éloignaient de la communion de l'Eglise parce qu'elle renferme dans son sein des pécheurs connus. Cette secte se maintint pendant quelque temps en Egypte.

Parmi les écrivains ecclésiastiques de ce siècle nous distinguerons Lactance, surnommé le *Cicéron chrétien*, à cause de son éloquence. Il fut disciple d'Arnobe. Il exerça, comme son maître, ses talents contre les Gentils. Ses *Institutions divines* et son livre de *la Mort des persécuteurs* seront toujours chers à ceux qui aiment la religion, quoiqu'il soit tombé dans quelques erreurs. Il avait été chargé de l'éducation de Crispe, fils de Constantin. De tous les auteurs ecclésiastiques, c'est celui dont le latin est le plus épuré. — Eusèbe, évêque de Césarée en Palestine, prélat célèbre par son érudition, ne se défendit pas assez des prestiges des ariens, qu'il favorisa auprès de l'empereur Constantin dont il avait la confiance. Sa *Préparation* et sa *Démonstration évangéliques*, sa *Chronique*, et surtout son *Histoire ecclésiastique*, monument précieux, auraient pu faire oublier son penchant pour l'arianisme, si le second concile de Nicée n'avait anathématisé sa mémoire. — Saint Hilaire, évêque de Poitiers, sa patrie, se distingua par son zèle contre les ariens, qui le firent exiler en Phrygie. Ce courageux défenseur de la foi, ayant été renvoyé dans son Eglise après un exil de quatre ans, fut reçu dans les Gaules comme en triomphe Il termina ses jours en 368. Hilaire, élevé dans les erreurs du paganisme, en reconnut de bonne heure l'absurdité. Placé malgré lui sur le siége de Poitiers, il contribua par sa vie sainte autant que par ses écrits au progrès de la religion. Nous avons de lui divers ouvrages contre l'erreur qu'il avait combattue avec tant de force dans plusieurs conciles. Ses *douze livres sur la Trinité* prouvent qu'il avait reçu de Dieu l'intelligence des vérités les plus sublimes de la religion.

Saint Athanase, par son attachement invincible à la vérité, fut exposé, aux calomnies et aux violences des hérétiques. Aucun auteur de son temps n'a écrit ni si profondément, ni si clairement, sur le mystère de la Trinité, et de la divinité de Jésus-Christ; et ses ouvrages en ce genre sont encore aujourd'hui une source inépuisable de lumières. Il termina tranquillement son illustre carrière dans son église d'Alexandrie, en 371, âgé de près de 80 ans. Athanase, exilé plusieurs fois, trouva une nouvelle patrie dans tous les lieux où il fut relégué. Son esprit vif et pénétrant, son cœur généreux et désintéressé, son caractère doux malgré l'austérité de ses mœurs, lui firent des partisans à l'extrémité des Gaules comme dans le sein même d'Alexandrie. A ses vertus il joignait une éloquence naturelle, semée de traits perçants, forte de choses, allant droit au but, et d'une précision rare parmi les Grecs de ce temps-là. Saint Basile-le-Grand, né à Césarée en Cappadoce, après avoir fait ses études à Constantinople, alla se perfectionner à Athènes, où il lia une étroite amitié avec saint Grégoire de Nazianze. Basile aimait la gloire, mais, touché de la grâce, il renonça aux illusions de la vanité. Après avoir visité en Égypte et en Syrie les plus fameux solitaires, il fut élu malgré lui évêque de Césarée. Persécuté par les ariens et par d'autres hérétiques, il trouva sa consolation dans ses vertus. On a de lui des *Homélies*, des *Traités* de spiritualité, et des *Règles* pour ceux qui se séparent du monde pour embrasser la vie monastique. Saint Grégoire de Nysse, et saint Grégoire de Nazianze, surnommé le théologien, furent deux des ornements de ce siècle. Le dernier, étant allé à Constantinople, combattit les ariens et les apollinaristes, et fut placé sur le siége épiscopal de cette ville : mais il en descendit volontairement pour le bien de la paix, et passa les huit dernières années de sa vie dans la retraite à la campagne. C'est un des plus illustres docteurs de l'Eglise grecque. A la lecture assidue des livres saints il joignait celle des bons écrivains d'Athènes et de Rome. Les lettres profanes, dit saint Basile, sont les feuilles qui servent aux fruits d'ornement et de défense. Aussi, saint Grégoire de Nazianze attaqua avec force l'édit de Julien qui défendait d'enseigner aux chrétiens les lettres humaines. Afin de réparer un peu les maux que causait cet édit, il composa en vers et en prose un grand nombre d'écrits sur des sujets religieux. Son dessein était de transporter les beautés des auteurs profanes, et de les y conserver comme un dépôt sacré. Apollinaire le jeune eut les mêmes vues dans les poëmes et les pièces tragiques, comiques et lyriques qu'il mit au jour L'Eglise latine se glorifie d'avoir produit saint Ambroise, élevé malgré lui sur le siége de Milan, et dont les mœurs et les ouvrages sont le modèle et la leçon des prélats. Il avait été gouverneur du Milanais avant que d'être évêque. Il mourut en 397, à 57 ans, après 22 ans d'épiscopat. Un zèle ardent pour les intérêts de l'Eglise, une charité ingénieuse pour les pauvres, une compassion tendre pour les pécheurs, furent ses principales vertus. Il se signala surtout par un courage vraiment épiscopal. Qui vous osera dire la vérité, écrivait-il à l'empereur Théodose, si un évêque n'ose le faire? L'édition bénédictine de ses ouvrages est divisée en deux parties. La première comprend les Traités sur l'Ecriture sainte, et la seconde ses écrits sur différentes matières. On le surnomma *Doctor mellifluus*. Les Catéchèses de saint Cyrille, évêque de Jérusalem, l'ont rendu justement célèbre. Saint Ephrem, diacre de l'Eglise d'Edesse, a laissé des sermons et des commentaires estimés sur l'Ecriture. Firmicus Maternus laissa un traité de l'*Erreur des religions profanes*.

Parmi les écrivains ecclésiastiques on pourrait mettre presque tous les papes qui siégèrent à Rome, parce qu'il nous reste, de plusieurs de ces pontifes, des lettres qui prouvent leur savoir autant que leur zèle. Marcellin, Marcel, Eusèbe, Melchiade, Sylvestre, Marc, Jules, Libère, Damase, Sirice, mort en 398. Parmi les papes que nous venons de nommer, Damase, homme de beaucoup de savoir, fut un des plus remarquables par sa sagesse et sa fermeté. La plus grande et la plus saine partie du clergé et du peuple romain l'élut après la mort de Libère en 366. Le diacre Ursin ou Ursicin lui disputa la chaire pontificale, après avoir mis dans son parti plusieurs citoyens de Rome. Le préfet de cette ville, voulant prévenir une sédition, envoya Ursin en exil avec ses principaux adhérents; mais les partisants de l'antipape les arrachèrent des mains des officiers qui les menaient, et les conduisirent à la basilique de Sicine (Sainte Marie-Majeure), où Ursin avait été ordonné. La partie du peuple attachée au véritable pontife s'assembla avec des épées et des bâtons, et assiégea la basilique, où il y eut un grand combat. Cent trente-sept personnes furent tuées, et une partie de la basilique brûlée. Le préfet, ne pouvant apaiser ce tumulte, se retira dans une maison de campagne, mais tout s'apaisa dès qu'il fut parti. Damase, tranquille possesseur de la chaire de saint Pierre, assembla un concile, où il réprima par des règlements le luxe et l'avarice de certains membres du clergé, qui abusaient de la confiance ou de la faiblesse de leurs pénitentes pour extorquer des présents. L'empereur publia, peu de temps après, une loi adressée au pape saint Damase, par laquelle il défendait aux ecclésiastiques de rien recevoir des femmes dont ils dirigeaient la conscience, ni par donation, ni par testament. Le siége de Rome était si important alors, qu'un païen d'une famille très distinguée (Prétextat) disait, au rapport de saint Jérôme, « qu'il » se ferait chrétien si on le faisait évêque de Rome. » Les évêques de Constantinople, la seconde capitale de l'empire, commencèrent dès lors à envier le pouvoir, le crédit et l'autorité du pontife romain; mais leurs décrets ne balancèrent jamais ceux du pape, reconnu pour le chef de l'Eglise universelle.

Le christianisme ayant été embrassé par le plus grand nombre, depuis la conversion de Constantin, les vices des païens commencèrent à se glisser parmi les chrétiens; on en vit se mêler avec les idolâtres dans les jeux, dans les spectacles, dans les parties de débauches. L'impudicité, l'avarice, la cupidité, le désir de la vengeance, devinrent trop communs parmi les fidèles. Avant Constantin, quand on voulait embrasser le christianisme, on y pensait très sérieusement; on examinait si l'on avait assez de force pour soutenir une telle entreprise. Une foi vive des biens et des maux éternels pouvait seule faire affronter tous les obstacles que l'on trouvait à embrasser la foi. Quand il n'y eut plus rien à perdre, et qu'au contraire il y eut beaucoup à gagner à entrer dans le christianisme, l'Église reçut dans son sein une multitude de personnes qui ne se soumirent qu'extérieurement à l'Évangile. On vit de même entrer dans le clergé plusieurs sujets qui n'auraient jamais voulu y avoir rang s'ils eussent cru ne trouver dans l'Église ni richesses ni honneurs. On trouvait encore de grands prélats qui demeuraient fermes dans la vertu au milieu des désordres publics; mais, en général, le clergé se montrait trop passionné pour les dignités ecclésiastiques et pour la faveur des grands. L'état monastique avait fait des progrès en Égypte, en Syrie et dans tout l'Orient. La vie de ces premiers solitaires n'était qu'une suite continuelle de prières, de travaux, de macérations et d'austérités. Ils traitaient leur corps avec une rigueur qui fait frémir notre faiblesse; mais quand ces martyrs de la pénitence eurent quitté les campagnes pour se répandre dans les villes, le relâchement s'introduisit peu à peu, et, dès la fin du siècle dont nous traçons l'histoire, il fallut faire des lois pour les ramener à la perfection primitive. La religion ayant fait de nouvelles conquêtes sur l'idolâtrie, on mit plus de majesté dans le culte; les églises furent ornées avec plus de magnificence; on les embellit par la peinture et la sculpture; on voyait dès lors des images dans les temples. Le nombre des fêtes fut augmenté, et on les célébra avec pompe. La coutume de n'administrer le baptême que la veille de Pâques et celle de la Pentecôte était en vigueur dans ce siècle, quoiqu'il y eût des endroits où l'on étendît la solennité de la célébration de ce sacrement à tout le temps qui s'écoule entre ces deux fêtes. On le conférait ordinairement dans les vestibules des temples, où il y avait des fonts baptismaux d'une grandeur convenable; quelques-uns avaient la dévotion de recevoir le baptême dans le fleuve du Jourdain. Un abus de ce temps, c'est que les catéchumènes différaient de se le faire administrer jusqu'à la dernière vieillesse et même jusqu'à la mort. Quant à la célébration des saints mystères, le mot de *messe* était déjà connu, et quoiqu'il y eût quelque légère différence dans les liturgies des différentes Églises, elles étaient conformes dans l'essentiel. Dans les discours publics adressés aux catéchumènes, on n'expliquait pas distinctement la nature du sacrement de l'eucharistie, non plus que celle du baptême; et voilà pourquoi les catéchèses des Pères ne sont pas si claires que les catéchismes faits depuis que le christianisme ayant entièrement anéanti l'idolâtrie, on ne craignit plus de dévoiler le secret de ces divins mystères.

Ve SIÈCLE.

Le ve siècle de l'histoire de l'Église s'ouvre par la persécution de saint Chrysostôme à Constantinople. Théophile d'Alexandrie, résolu de faire chasser ce grand homme du siége qu'il avait immortalisé, assembla à Bourg-du-Chêne un conciliabule de trente-six évêques, tous ennemis de l'illustre archevêque de Constantinople. Sévérien les présidait. Cette assemblée condamna Chrysostôme pour plusieurs crimes, entre autres celui de lèse-majesté. L'empereur confirma ce décret et fit chasser saint Chrysostôme de Constantinople; mais le lendemain le peuple le réintégra sur son siége. Vers ce même temps mourut le pape saint Anastase (402). Innocent I lui succéda le 27 avril de cette même année. Le nouveau pontife était né à Albano. Il commença par dompter un schisme qui menaçait l'Église d'Espagne; puis il intervint dans la triste lutte de Constantinople. On avait réussi à chasser saint Chrysostôme de la ville et à le reléguer en exil à Cuense. Quoique épuisé de fatigues et de souffrances, le saint archevêque profitait de son exil pour convertir les barbares au milieu desquels on l'avait relégué. Innocent se montra toujours le défenseur des vertus et de l'innocence de saint Chrysostôme; mais, gêné par un parti tout-puissant, le pape ne put agir comme il voulait. Les calomnies et les persécutions pleuvaient toujours avec plus de violence sur l'illustre exilé, qui se contentait d'y répondre par des vertus et des œuvres toujours plus admirables. Ses ennemis, importunés de ce glorieux exil, obtinrent le pouvoir de le reléguer jusqu'aux bords du Pont-Euxin. Mais, tandis que les soldats traînaient le saint vieillard vers ces lieux déserts et affreux, il leur expira entre les mains à Comane, le 14 septembre 407. Il eut le bonheur de recevoir la sainte Eucharistie; et, ayant fait sa dernière prière, il ajouta cette belle parole: *Dieu soit loué pour tout;* et il expira. Une immense multitude accourut à ses funérailles: l'Église avait perdu une de ses plus grandes gloires. Le christianisme, délivré des entraves que lui suscitaient les empereurs persécuteurs, et des embûches et des haines secrètes des gouverneurs des provinces, s'étendit avec une rapidité prodigieuse par delà les frontières romaines. L'Église eût compté des jours brillants de grandeur et de propagation au milieu de cette paix et de cette protection généreuse que lui faisaient les empereurs sincèrement chrétiens, si les hérésies et les dissensions intestines ne fussent venues attrister son cœur maternel. Mais le ve siècle ajoutera encore les effroyables calamités de l'empire aux maux que l'Église éprouve de la part des chrétiens rebelles et des hérétiques. Théodose II, empereur d'Orient, et Honorius, empereur d'Occident, tenaient les rênes du gouvernement d'une main si faible, que les barbares se jetèrent sur les terres de l'empire. Alaric, roi des Goths, vint en 410 assiéger Rome et piller les trésors de cette ville opulente: ses soldats eurent ordre d'épargner le sang des citoyens et de respecter les églises et les vases sacrés; mais les maisons furent saccagées, et les vainqueurs emportèrent d'immenses richesses. Rome devint à peine l'ombre d'elle-même: elle périt par la faim avant de périr par l'épée, et il n'y resta presque plus personne, dit saint Jérôme, qu'on pût réduire en servitude. Au milieu des horreurs de ce sac effroyable, Jésus-Christ fit connaître sa puissance. Alaric avait ordonné qu'on respectât les églises de Saint-

Pierre et de Saint-Paul comme des asiles inviolables. Les prêtres de Saint-Pierre, ne s'attendant point à tant d'indulgence de la part d'un conquérant avide, avaient caché les vases d'or et d'argent de leur église dans une maison écartée. Un Goth les trouva. *Ces vases*, lui dit une femme qui les avait en sa garde, *appartiennent à l'apôtre saint Pierre; prenez-les, si vous l'osez.* Le soldat étonné avertit Alaric, qui les fit reporter à l'église avec une pompe extraordinaire, en chantant des hymnes. *Quiconque ne voit pas* (dit saint Augustin) *dans une action si singulière le pouvoir de Jésus-Christ est un aveugle; quiconque le voit, et n'en loue pas Dieu, est un ingrat; et quiconque ne veut pas qu'on l'en loue est un insensé.* « La prise de Rome » (dit Bossuet) donna le dernier coup à l'idolâtrie, vengea les » saints de tant de sang chrétien répandu par les Romains, et » peut-être regardée comme l'un des principaux mystères pro- » phétisés par saint Jean l'évangéliste. » L'avarice des barbares n'étant pas assouvie par le butin fait à Rome, ils se jetèrent sur la Campanie, la Lucanie et l'Abruzze; et, pendant qu'ils désolaient ces belles provinces, ils perdirent leur roi à Cosenze. Après la mort d'Alaric, Ataulphe, son beau-frère, élu roi des Goths, marcha une seconde fois contre Rome, et acheva d'enlever tout ce qui avait échappé à la rapacité de son prédécesseur dans le premier pillage de cette ville. Cette irruption fut suivie de la révolte de plusieurs tyrans, qui s'emparèrent tour à tour de l'empire, et qui portèrent partout la confusion et le ravage.

Aux maux effroyables et à la corruption qu'entraîne le fléau de la guerre vinrent se joindre des hérésies plus funestes encore: tel fut le pélagianisme. Cette secte tire son nom de Pélage moine anglais, qui, à des mœurs assez pures joignait un orgueil extrême. Vers le commencement du Ve siècle, il vint de la Grande-Bretagne à Rome, où il se lia avec Ruffin. Né avec un esprit ardent et impétueux, son zèle était extrême, et il croyait être toujours au-dessous du devoir s'il n'était pas au premier degré de la vertu. Des caractères de cette trempe joignent ordinairement à la piété le besoin d'amener tout le monde à leur manière de vivre et de penser. Dans ses exhortations à la perfection, Pélage trouvait souvent dans les pécheurs des résistances d'autant plus tenaces qu'on taxait ses préceptes d'exagération, et qu'on invoquait contre sa sévérité excessive la nature et la corruption de la nature humaine. Pour leur ôter cette excuse, il chercha dans l'Ecriture et les Pères les passages où ils défendent la liberté de l'homme contre les partisans de la fatalité. Il crut donc ne suivre que la doctrine de l'Église en enseignant que l'homme pouvait, « par ses propres » forces, s'élever au plus haut degré de perfection, et qu'on ne » pouvait rejeter sur la corruption de la nature l'attachement » aux besoins de la terre et l'indifférence pour la vertu. » Il développa ses idées dans le IVe livre du *Libre arbitre* qu'il publia contre saint Jérôme, et dans lequel il découvrait toute sa doctrine, en y ajoutant des erreurs nouvelles. Les principales étaient: 1° qu'Adam avait été créé mortel, et qu'il serait mort soit qu'il eût péché ou non; 2° que le péché d'Adam n'avait fait de mal qu'à lui, et non à tout le genre humain; 3° que la loi conduisait au royaume céleste aussi bien que l'Evangile; 4° qu'avant l'avènement de J.-C. les hommes ont été sans péché; 5° que les enfants nouveau-nés sont dans le même état où Adam était avant sa chute; 6° que tout le genre humain ne meurt point par la mort et par la prévarication d'Adam, comme tout le genre humain ne ressuscite point par la résurrection de J.-C.; 7° que l'homme naît sans péché, et qu'il peut aisément obéir aux commandements de Dieu, s'il le veut. Après la prise de Rome par les Goths, Pélage passa en Afrique avec Celestius, le plus habile de ses sectateurs. Il ne s'arrêta pas longtemps dans cette contrée; il y laissa Célestius, qui se fixa à Carthage, où il enseigna les sentiments de son maître. Après la mort de Pélage, Celestius, son disciple, esprit subtil et homme éloquent, fit goûter sa doctrine à un grand nombre de sectateurs, contre lesquels saint Augustin s'éleva avec force. On assembla divers conciles à Carthage en 412 et 416; à Dioscopolis en Palestine en 415; à Milève en 416: et tous proscrivirent la nouvelle erreur. Innocent I l'anathématisa en 417; ce furent les derniers actes du célèbre pontificat d'Innocent. Ce pape mourut le 12 mars 417, après avoir gouverné l'Eglise pendant quinze ans. Tous les écrivains contemporains rendent un brillant témoignage aux vertus et au génie de ce grand homme. Six jours après la mort d'Innocent (18 mars 417), on élut Zosime pour lui succéder. Le nouveau pontife était né en Grèce; il se saisit, à l'exemple de son illustre prédécesseur, de l'affaire si délicate du pélagianisme, et condamna les erreurs de Celestius. Mais le saint pontife mourut le 26 décembre 418. Boniface, prêtre vénérable par ses vertus, et qui se refusait à l'honneur du pontificat, fut élu le 29 décembre dans l'église Saint-Marcel à Rome, malgré les menées de Symmaque et les partisans d'Eulalius. Honorius, faussement instruit par Symmaque sur l'élection du souverain pontife, fit chasser Boniface de Rome; mais il connut bientôt la vérité par les excès mêmes de l'antipape, et chassa Eulalius pour rappeler Boniface. Cependant les pélagiens n'avaient cédé ni aux remontrances ni aux mesures sévères qui les avaient atteints: ils continuaient à troubler l'Eglise d'Occident et l'Eglise d'Orient; ils prêchaient partout leurs erreurs; ils appelaient les catholiques manichéens, tout en réclamant la décision d'un concile général. Ce concile s'assembla enfin à Éphèse (431), et frappa d'anathème les sectateurs de Pélage et de Celestius. Aussitôt les empereurs menacèrent de châtiments rigoureux ceux d'entre eux dont le zèle emporté causerait des soulèvement dans l'empire.

De la cendre des pélagiens on vit naître les semi-pélagiens, ainsi appelés parce qu'ils cherchèrent un milieu entre la doctrine de S. Augustin sur la grâce et celle de Pélage. S'ils admettaient le péché originel et la nécessité de la grâce, ils soutenaient d'autre part que l'homme pouvait faire les premiers pas sans secours divin : c'est-à-dire que sans lui il pouvait, par exemple, désirer de faire le bien, et mériter, par ses propres forces, la première grâce nécessaire au salut : qu'ainsi le commencement du salut dépendait de la volonté de l'homme.

Cette erreur fut adoptée par des personnages illustres et capables de la faire valoir. Jean Cassien, celèbre parmi les écrivains de ce siècle, l'enseigna à Marseille, et elle eut bientôt des partisans dans les Gaules. S. Augustin, qui avait eu depuis sa conversion les armes à la main contre tous les hérétiques, mourut en réfutant le semi-pélagianisme. Le triste état de l'Afrique remplit d'amertume ses derniers instants. Les ravages des Vandales désolaient tellement ce malheureux pays que du grand nombre de ses églises il en restait à peine trois, Carthage, Hippone et Cesthe, qui ne fussent pas ruinées; bientôt même Hippone subit le joug de ces terribles barbares. Ce dernier coup accabla S. Augustin : il succomba à une fièvre violente, âgé de 76 ans, et si pauvre qu'il n'eut rien à léguer. S. Prosper, S. Fulgence et S. Césaire d'Arles, nourris des œuvres immortelles du grand évêque d'Hippone, continuèrent la lutte qu'il soutenait contre les hérétiques. S. Célestin avait succédé à Boniface sur le siége pontifical le 4 septembre 422. Ce fut lui qui fit lire au peuple, dans l'église de St.-Pierre, les décrets du concile général d'Éphèse contre les pélagiens, et qui établit la véritable doctrine de l'Église dans une lettre adressée en 452 aux évêques de France. Mais ce qui doit nous effrayer à la vue des erreurs les plus grossières ou les plus infâmes, c'est leur durée. Les principes les plus funestes trouvent toujours un aliment dans nos passions qui les développent et les perpétuent de génération en génération. Ainsi, malgré les admirables controverses de S. Augustin, malgré l'anathème d'Éphèse, malgré la condamnation prononcée par le pape, le pélagianisme demeure et infecte l'Église. Le pape S. Gélase se verra forcé (464) de proscrire les livres semi-pélagiens de Cassien et de Fauste, évêque de Riez. Et, malgré tous ces efforts, le semi-pélagianisme dominait encore dans les Gaules au commencement du VIe siècle, et la doctrine de l'évêque d'Hippone y était vivement combattue. S. Césaire, évêque d'Arles, voyant que ce parti était trop puissant pour être abattu par les disciples de S. Augustin, eut recours à l'autorité du Saint-Siége. Le pape Félix IV lui envoya plusieurs articles pour servir de règle sur les points contestés. Césaire les fit souscrire dans un concile tenu à Orange en 529. Les erreurs de cette secte furent condamnées dans ce synode, et les vérités opposées mises dans tous leur jour dans vingt-cinq canons. On décida dans ces canons le dogme du péché originel, la nécessité, la gratuité de la grâce prévenante pour le salut. On y condamna toutes les finesses, tous les subterfuges des semi-pélagiens. On répondit aux reproches faits aux catholiques de détruire le libre arbitre, d'introduire le fatalisme. Le concile déclara que tous ceux qui étaient baptisés pouvaient et devaient, s'ils voulaient, travailler à leur salut; que Dieu n'avait prédestiné personne à la damnation, etc., etc. Le pape Boniface II confirma les décisions du concile d'Orange, qui, ayant été reçues de toute l'Église, sont devenues des règles de foi.

Il s'éleva à Constantinople vers l'an 430 une question qui agita vivement les esprits : il s'agissait de savoir si l'on devait donner à la Sainte-Vierge le titre de *mère de Dieu*, ou celui de *mère du Christ*. Nestorius, patriarche de Constantinople, qui admettait en J.-C. deux personnes, monta en chaire pour annoncer au peuple qu'il fallait s'en tenir à ce dernier titre. Il appuyait son opinion sur divers sophismes qui éblouissaient les simples. « Un Dieu, disait-il, peut-il avoir une mère? La » créature a-t-elle pu enfanter le Créateur? Marie a-t-elle pu » enfanter ce qui était plus ancien qu'elle? A-t-elle eu la di- » vinité en partage? Cela pourtant aurait dû être si elle eût » mis au monde un Dieu; car une vraie mère doit être de la » même nature que ce qui est né d'elle. Marie n'a donc été la » mère de J.-C. que comme homme; elle n'a donc conçu, par » l'opération du St.-Esprit, qu'un corps ordinaire, auquel » J.-C. a bien voulu s'unir, et duquel il a fait l'instrument » de notre Rédemption. » Les erreurs de Nestorius se répandirent avec une effrayante rapidité; son éloquence, son zèle excessif contre les hérétiques, son extérieur mortifié, ses vertus apparentes qui l'avaient fait arriver à la première place de l'Église d'Orient, tendaient à la séduction des esprits. De grands évêques s'élevèrent vivement contre l'hérésie naissante. S. Cyrille, patriarche d'Alexandrie, publia dans un concile douze censures qu'il appela *Anathématismes*; et Nestorius lui ayant répondu par autant d'anathèmes, il l'excommunia, et engagea d'autres évêques à lancer contre lui les foudres de l'excommunication. Peu de temps après, il écrivit au pape et à l'empereur de Constantinople, pour lui faire sentir la nécessité de convoquer un concile général qui coupât le mal dans sa racine.

Théodose-le-Jeune, empereur d'Orient, permit que le concile s'assemblât à Éphèse au mois de juin 431. Pour juger sainement tous les évènements de cette célèbre assemblée, il est nécessaire de considérer le mal qu'avait enfanté le nestorianisme. L'empereur était favorable à Nestorius, et l'on conçoit aisément sur combien de personnes devait influer la prévention de ce prince. Un nombre considérable d'évêques adhéraient aux erreurs de Nestorius; d'autres, peu en garde contre ses subtilités, pouvaient être gagnés aisément; plusieurs étaient indifférents; quelques-uns enfin, condisciples de Nestorius, avaient un zèle incroyable pour faire prévaloir sa doctrine. Nestorius se montrait d'une fierté excessive. Selon lui, la doctrine étant orthodoxe, le concile ne devait s'occuper que des accusations faites contre Cyrille. « Pour la doctrine (disait- » il), il ne s'agit pas de disputer sur des mots. La Ste. Vierge » est mère du Christ; on n'en doit pas demander davantage. Il » n'est pas étonnant que l'Egyptien m'en veuille. Qui ne sait » que les évêques d'Alexandrie sont, depuis longtemps, pleins » d'envie contre ceux de Constantinople? Personne n'ignore » de quelle manière S. Jean-Chrysostôme a été traité par le » fameux Théophile oncle de Cyrille. » Pour diminuer l'autorité que ce dernier s'était acquise, il l'accusa de se faire des partisans avec de l'argent et de ne l'attaquer qu'avec des flèches d'or. Cyrille, méprisant ces accusations, pressa la convocation du concile. Deux cent soixante évêques se rendirent à Éphèse de toutes les parties du monde chrétien. S. Cyrille présida au nom du pape. Nestorius, cité par les Pères pour rendre compte de sa conduite et de ses sentiments, refusa de comparaître. Tous les évêques ayant rendu témoignage de la foi de leur église, tous concoururent à maintenir l'ancienne doctrine et à proscrire la nouvelle. La sentence de déposition prononcée contre Nestorius fut souscrite par cent quatre-vingt-dix-huit évêques. On la signifia à l'hérésiarque, malgré l'opposition de Candidien, envoyé par Théodose au concile pour faire régner le bon ordre pendant sa tenue, et malgré la protestation de Nestorius et de 68 évêques de son parti, qui voulaient retarder la première session jusqu'après l'arrivée de Jean d'Antioche et de quelques autres prélats. L'évêque d'Antioche arriva presque au moment de la déposition de Nestorius. Le concile lui députa des évêques pour l'instruire de tout ce qu'il avait fait en faveur de la saine doctrine. Ils furent mal reçus; et Candidien lui ayant insinué que Nestorius avait été condamné sans examen, il assembla sur-le-champ un conciliabule dans l'hôtellerie où il était logé. De concert avec les évêques partisans de Nestorius, ils le déclarèrent innocent, condamnèrent S. Cyrille, et cassèrent les décrets du concile général. Théodose, prévenu par Candidien contre cette célèbre assemblée, lui fut d'abord peu favorable. Mais, ayant été mieux instruit, il chassa Candidien, et fit enfermer Nestorius dans le monastère d'Antioche d'où il avait été tiré. Comme il continuait d'y semer ses erreurs, on l'exila à Oasis en Egypte. Obligé d'achever tristement sa vie loin de l'Église qu'il avait gouvernée, confiné dans les déserts de la Libye exposés au pillage des Barbares, après avoir occupé pendant longtemps tous les esprits, il finit ses jours inquiets et malheureux d'une manière très obscure. On prétend que sa langue fut dévorée par les vers. Ses partisans, ayant soutenu pendant quelque temps une guerre très vive avec S. Cyrille, firent une paix simulée avec cet évêque. La principale condition fut de dire anathème à Nestorius et à sa doctrine; mais la plupart ne le firent que par contrainte: il en resta un assez grand nombre qui, ne voulant point céder ni dissimuler, furent dépouillés de leurs charges, envoyés en exil, et même bannis de toute l'étendue de l'empire romain. Ils se retirèrent dans les provinces de l'Orient soumises aux Perses, où ils fondèrent des églises nombreuses, qui furent pendant longtemps très florissantes. Le nestorianisme passa de la Perse aux extrémités de l'Asie, et il est encore professé en Syrie par quelques églises.

Parmi les défenseurs de la vérité contre les erreurs nouvelles, peu de théologiens s'étaient autant distingué que le pieux et savant abbé Eutychès; heureux si, en combattant Nestorius avec trop de chaleur, il n'était pas tombé lui-même dans l'hérésie, et si, pour ne pas reconnaître deux personnes en Jésus-Christ, il n'avait pas confondu les deux natures. Il convenait, à la vérité, que la sainte Vierge avait été mère de Jésus-Christ, comme Dieu; mais il prétendait que le corps qu'elle avait conçu était, pour ainsi dire, divinisé: de façon qu'après l'Incarnation la nature divine et la nature humaine ne faisaient plus qu'une seule nature. Ainsi la nature divine, dans laquelle l'humaine était confondue, quoique incapable d'aucune altération, avait souffert la faim, la soif et la mort même. — Une erreur monstrueuse excita le zèle de plusieurs évêques. Flavien, patriarche de Constentinople, aidé d'Eusèbe de Dorylée, qui se porta accusateur d'Eutychès, la fit anathématiser dans un concile tenu tenu en 448. Eutychès, qui fut obligé de comparaître devant les Pères de cette assemblée, y fut condamné et excommunié; ses partisans désapprouvèrent hautement cette décision. Dioscore, successeur de saint Cyrille dans le patriarcat d'Alexandrie, convoqua un concile à Ephèse, où il fit approuver l'eutychianisme et condamner Flavien, qui fut envoyé en exil par l'empereur Théodose le jeune, injustement prévenu contre lui. Ce conciliabule, appelé avec raison *le brigandage d'Ephèse*, fut mis à sa véritable place, dans un concile que le pape saint Leon tint à Rome peu de temps après. Ce pontife y fit proscrire ses décisions, et mit à couvert la vérité par des décisions toutes contraires.

Théodose mourut sans avoir pu donner la paix à l'Eglise. Livré à des ministres injustes, et sans force pour leur résister, il cédait à tous leurs conseils perfides. Marcien, son successeur, crut qu'il appaiserait toutes les disputes s'il obtenait la convocation d'un nouveau concile général. Il se tint à Calcédoine en 451: 360 évêques, soit d'Orient, soit d'Occident, y furent présents, sous la présidence des légats du pape. Dioscore et ses partisans s'étant signalés dès l'ouverture du concile par des cabales et des mouvements tumultueux, furent traités comme ils le méritaient. Dioscore, convaincu de plusieurs crimes, fut retranché de la communion de l'Eglise et envoyé en exil par l'empereur. On condamna ensuite les erreurs d'Eutychès, et on établit la véritable doctrine. « Conformément à » la doctrine des saints Pères (dit le concile), nous déclarons » tout d'une voix que l'on doit confesser un seul et même Jésus- » Christ Notre-Seigneur; le même, parfait dans la Divinité et » parfait dans l'humanité; vraiment Dieu et vraiment homme; » le même, composé d'une âme raisonnable et d'un corps: » consubstantiel au Père selon la Divinité, et consubstantiel » à nous selon l'humanité: en tout semblable à nous, excepté » le péché: engendré du Père avant les siècles, selon la Divi- » nité, et dans les derniers temps né de la Vierge Marie, mère » de Dieu, selon l'humanité, pour nous et pour notre salut: » un seul et même Jésus-Christ Fils unique, Seigneur en deux » natures, sans confusion, sans changement, sans division, » sans séparation, sans que l'union ôte la différence des na- » tures; au contraire la propriété de chacune est conservée et » concourt en une seule personne ou une seule hypostase, en- » sorte qu'il n'est pas divisé en deux personnes, mais que c'est » un seul et même fils unique, Dieu Verbe, Notre-Seigneur Jé- » sus-Christ.» Cette formule fut approuvée unanimement. Ainsi, l'Eglise enseignait, contre Nestorius, qu'il n'y avait qu'une personne en Jésus-Christ, et, contre Eutychès, qu'il y avait deux natures. Si le Saint-Esprit n'a pas présidé aux décisions du concile de Calcédoine; si ce concile n'était composé que d'hommes factieux et passionnés, qu'on nous dise comment des hommes livrés à des passions violentes et divisés en factions, qui veulent toutes faire prévaloir leur doctrine et lancer l'anathème sur leurs adversaires, ont pu se réunir pour former un jugement qui condamne tous les partis, et qui n'est pas moins contraire au nestorianisme qu'à l'eutychianisme. C'est la seule réponse à faire aux déclamations de Basnage et des autres protestants ennemis du concile de Calcédoine. Dès que le concile de Calcédoine fut terminé, en novembre 451, Marcien ordonna par une loi que tout le monde observerait ses décrets. Il renouvela et confirma cet édit par un second, et fit une loi très sévère contre les sectateurs d'Eutychès et contre les moines qui avaient causé presque tout le désordre. Le concile de Calcédoine confirma tout ce que le concile de Constantinople avait fait contre Eutychès, et cet hérésiarque déposé, chassé de son monastère et exilé, défendit encore quelque temps son erreur; mais enfin il rentra dans l'oubli et dans l'obscurité, dont il ne serait jamais sorti sans son fanatisme. Si les décisions du concile de Calcédoine conservèrent la vraie doctrine de l'Eglise, elles n'éteignirent point cependant les erreurs qui lui étaient opposées. Les eutychiens se divisèrent en diverses sectes. Celle des acéphales se sépara également de l'Eglise catholique et du parti de Pierre Mongus, faux patriarche d'Alexandrie, et fauteur de l'eutychianisme. Les sectateurs de cette hérésie prévalurent sur les orthodoxes dans plusieurs contrées, surtout en Egypte et en Syrie. A l'opiniâtreté ils joignirent la cruauté, et ils trempèrent leurs mains dans le sang de leurs ennemis.

L'empereur Zénon, persuadé que les orthodoxes et les hérétiques avaient également tort, crut les réunir, en 482, par un édit connu sous le nom d'*Hénoticon*. La foi de l'Eglise catholique était assez bien exposée dans ce décret célèbre, où Zénon exhortait tous les fidèles à se réunir dans le sein de l'Eglise. Tout y paraissait orthodoxe en apparence; mais on avait affecté de ne faire aucune mention du concile de Calcédoine, pour favoriser les eutychiens qui rejetaient cette assemblée œcuménique, et on avait eu attention de ne pas se servir du terme de *deux natures*. —Le pape Félix III, ne pouvant souffrir qu'un prince séculier s'avisât d'être l'arbitre de la foi, prononça anathème contre tous ceux qui recevraient l'édit de Zénon. L'empereur, irrité, employa toute l'autorité impériale pour forcer ses sujets à s'y soumettre. Il ne souffrait pas, à la vérité, qu'on condamnât publiquement les dogmes approuvés par le concile de Calcédoine; mais il laissait impunis les attentats contre la foi de ce concile. Il en protégeait même les plus violents adversaires. C'est ce qui rendait très suspect son édit de réunion; et lorsque la paix fut rétablie entre les évêques d'Orient et d'Occident, sous le règne de Justin, son nom fut effacé des diptiques, à la sollicitation du pape Hormisdas. L'empereur Justin, que nous venons de nommer, était attaché à la véritable Eglise. Il chassa les eutychiens des siéges qu'ils avaient usurpés, rétablit les orthodoxes, seconda les efforts des papes pour éteindre l'hérésie et abolir l'édit de Zénon qui divisait les esprits; mais cette paix ne fut que passagère.

L'action puissante des pontifes romains se fit sentir dans les disputes qui s'élevaient au sujet de la religion; si leur médiation ne les terminait pas, leurs décisions, regardées comme des oracles par l'Eglise universelle, refoulaient du moins l'erreur dans d'étroites limites. Les papes qui occupèrent la chaire de saint Pierre dans ce siècle conservèrent leur prééminence avec fermeté. Innocent I, Zozime, Boniface I, Célestin I, Sixte III, siégèrent pendant les quarante premières années de ce siècle; et quoique recommandables par leur zèle, leurs lumières et leurs vertus, ils furent éclipsés par saint Léon I, surnommé le Grand. Ce pontife était de Toscane. Il fut premièrement diacre sous le pape Sixte III, qui l'envoya dans les Gaules pour travailler à la réconciliation d'Aëtius et d'Albin, généraux des armées romaines. Il remplissait sa commission, lorsqu'il fut élevé sur la chaire de saint Pierre, après la mort de Sixte III en 440. Les manichéens, les pélagiens, les nestoriens, les eutychiens, eurent en lui un puissant ennemi, et il les fit condamner dans plusieurs conciles. Attila, roi des Huns, et après lui Genseric, roi des Vandales, ayant fait une invasion en Italie, se préparaient à exercer sur la ville de Rome toutes les fureurs de la guerre, mais saint Léon adoucit la férocité de ces barbares vainqueurs. Il mourut en 461, après avoir gouverné l'Eglise romaine pendant vingt ans et onze mois avec autant de sagesse que de fermeté. Le surnom de Grand, qui lui fut donné par ses contemporains, autant pour ses belles qualités que pour ses rares vertus, lui a été confirmé par la postérité. Le diacre Hilaire, qui fut élevé sur le saint siége, parut un grand pape, même en succédant à saint Léon. Simplicius, élu après Hilaire en 468, était un homme sage et prudent, tel qu'il le fallait dans des temps orageux et dans des circonstances malheureuses. Une dernière secousse renversa, sous son pontificat, l'empire romain, déjà si ébranlé. Odoacre, roi des Hérules, entra en Italie en 476, avec une armée formidable. C'était un nouvel Annibal qui ne trouva plus les anciens Romains. Il s'empara du trône de l'empereur Romulus, surnommé Augustule, qu'il méprisa assez pour le laisser vivre. Après avoir donné par la prise de Rome le dernier coup à l'empire, il en éteignit jusqu'au nom dans l'Occident en prenant la qualité de roi d'Italie. Félix II, saint Gélase, Anastase II, et Symmaque, se succédèrent dans la chaire romaine, depuis la mort de Simplicius jusqu'à la fin du siècle. L'élection du dernier fut troublée par l'antipape Laurent; mais il fut soutenu sur son siége par un concile de Rome et par Théodoric, roi des Ostrogoths, qui régnait alors en Italie. Le zèle que le pape Gélase avait pour la saine doctrine l'engagea de faire connaître aux fidèles les sources pures où ils devaient puiser. Il dressa un décret dans le concile de Rome tenu en 494, touchant les livres que l'Eglise reçoit et ceux qu'elle rejette. Après un catalogue des livres canoniques de l'Ecriture, il fit deux listes, l'une des ouvrages des Pères approuvés par l'Eglise; l'autre des écrits qui sont proscrits comme apocryphes. On y nomme avec distinction plusieurs écrivains ecclésiastiques, parmi lesquels on compte saint Cyprien, saint Athanase, saint Grégoire de Nazianze, saint Cyrille d'Alexandrie, saint Jean Chrysostôme, saint Ambroise, saint Augustin, saint Hilaire, saint Jérôme, saint Prosper, etc. Quelques auteurs contestent ce décret à Gélase; mais l'opinion la plus ancienne et la plus commune l'attribue à ce pieux et savant pontife.

Le pontificat de Gélase fut célèbre encore par un évènement remarquable dans les annales de la nation française et de l'Eglise. Clovis, roi de France, avait épousé Clotilde, fille de Chilpéric, roi de Bourgogne. C'était une princesse douée d'une foi vive et de grandes qualités. Elle fit connaître la religion chrétienne à son époux. Une multitude effroyable de Germains s'étant répandue dans les Gaules pour s'en emparer, Clovis marcha contre ces barbares, et les rencontra à Tolbiac, près de Cologne. Il leur livra bataille. Son armée commençant à plier, il lève les mains au ciel et adresse ses vœux au Dieu des chrétiens. *O Dieu de Clotilde*, s'écrie-t-il, *si vous m'accordez la victoire, je vous promets que j'embrasserai la religion chrétienne, et que je la ferai embrasser à mon peuple.* Aussitôt ses troupes reprennent courage comme par miracle, et mettent l'ennemi en fuite. Clovis, fidèle à sa parole, appela auprès de lui saint Remi, archevêque de Reims, prélat recommandable par sa piété et sa doctrine. Après l'avoir instruit des dogmes de la religion et des préceptes de la morale, saint Remi le baptisa le jour de Noël 496. Les Français, excités par l'exemple de leur monarque, se soumirent au joug de la foi. Sous son règne la religion fut honorée et protégée. Saint Remi, qui lui avait conféré le baptême, tâcha par ses instructions de le rendre digne de l'engagement qu'il avait contracté. « Choisissez (lui » dit-il dans une de ses lettres), choisissez pour vos conseillers » des hommes sages et prudents. Ayez un grand respect pour » les ministres du Seigneur, et suivez leurs avis. Soutenez vos » peuples. Consolez ceux qui sont dans l'affliction. Prenez soin » des veuves. Nourrissez les orphelins, et faites en sorte que » tous vous craignent et vous aiment. Rendez la justice à tout » le monde, et que personne, s'il se peut, ne sorte triste d'au» près de vous. » Clovis ne profita pas toujours des instructions du saint prélat. Le sang de quelques princes de sa maison, que son ambition lui fit verser, ternit sur la fin de sa vie l'éclat de ses vertus chrétiennes. Ce sont des taches à sa mémoire, dit Bossuet, mais les services qu'il rendit à l'Eglise donnent lieu de penser que Dieu lui aura fait la grâce de réparer ses fautes. Il mourut en 511, dans la trentième année de son règne et la quarante-cinquième de sa vie. Ses quatre fils, Thierri, Clodomir, Childebert et Clotaire, héritèrent de ses États et de sa bravoure, sans hériter de ses autres qualités. Ils partagèrent entre eux la monarchie française, et en firent quatre royaumes: source féconde de guerres civiles. Thierri régna dans l'Austrasie, Clodomir à Orléans, Childebert à Paris, et Clotaire à Soissons. Clovis leur père fut enterré à Paris, dans la basilique de saint Pierre et de saint Paul, qu'il avait commencé de faire bâtir. Ce fut par le conseil de sainte Geneviève, vierge célèbre par ses miracles et par ses vertus, qu'il éleva cet édifice.

La religion chrétienne, florissante en France, subissait de tristes vicissitudes dans d'autres contrées. L'Église de Perse, si cruellement affligée dans le IVe siècle par les rois Sapor et Varane, le fut également dans celui-ci. Un évêque de Suze, nommé Abdas, ayant détruit, en 419, un temple des mages, et n'ayant pas voulu le rétablir, le roi Isdegarde fit ruiner toutes les églises et fit tourmenter cruellement les chrétiens. Il y en eut à qui on enleva la peau des mains, et d'autres dont on écorcha le dos. On arrachait à quelques-uns la peau du visage, depuis le front jusqu'au menton. On en environnait d'autres de roseaux brisés en deux, qu'on serrait étroitement avec des liens, et qu'on retirait ensuite avec force, afin de leur déchirer le corps et de leur faire souffrir les douleurs les plus aiguës. On fit des basses-fosses enduites de ciment, et, après y avoir mis quantité de rats et de souris, on y enferma des chrétiens à qui on avait lié les mains et les pieds afin qu'ils ne pussent chasser ces animaux, qui, pressés par la faim, dévoraient ces saints martyrs et leur faisaient souffrir un supplice également long et cruel. Malgré ces cruautés, les chrétiens couraient à la mort avec joie, dans l'espérance de posséder la vie éternelle. Cette persécution dura jusqu'en 449 avec une violence inouïe. Les Vandales ariens, maîtres de l'Afrique, persécutèrent les orthodoxes. Un grand nombre de catholiques souffrirent un glorieux martyre pour la saine doctrine. Genseric, roi de ces barbares, fit essuyer aux chrétiens, pendant trente-sept ans, une persécution terrible. Appelé à Rome par l'impératrice Eudoxie, qui voulait se venger des meurtriers de Valentinien son époux, il entra en vainqueur dans cette capitale de l'empire. Le pape saint Léon obtint, par ses prières, qu'il se contentât du pillage et qu'il s'abstînt des meurtres et des incendies. Rome fut donc pillée en pleine liberté pendant quatorze jours. Il emporta des richesses immenses et il emmena plusieurs milliers de captifs. L'impératrice Eudoxie, qui avait appelé Genseric, fut du nombre. Le vainqueur continua ses ravages en Afrique. Il fit fermer l'église de Carthage, et bannit en divers lieux les prêtres et les autres ministres; car il n'y avait point d'évêque. Il fit encore beaucoup de maux aux catholiques de plusieurs autres provinces. Il affligea l'Espagne, l'Italie, surtout la partie méridionale, la Sicile, la Sardaigne, l'Épire, la Dalmatie. — Le christianisme avait pénétré dans la Grande-Bretagne, où ses progrès avaient été rapides. Les Anglais, nouveaux habitants de cette île, dont ils devinrent bientôt les maîtres, persécutèrent avec la dernière violence tous ceux qui n'étaient pas idolâtres comme eux, et la religion chrétienne y fut presque éteinte.

Jamais l'Église n'eut de plus grands noms dans ses fastes que ceux qui l'illustrèrent pendant ce siècle. Nous commencerons par saint Jean Chrysostôme, dont la vie fut marquée par de grands succès et de grandes vicissitudes. Il naquit à Antioche de Syrie, et fut élevé dans la piété et dans les lettres. Il fut d'abord avocat et ensuite solitaire. L'empereur Arcade, plein d'estime pour ses vertus et d'admiration pour ses talents, le plaça sur le siége patriarcal de Constantinople. Sa gloire lui fit des envieux et son zèle des ennemis. L'avarice des riches, l'orgueil des grands, le luxe des femmes, l'inquiétude des moines relâchés, et tous ces vices réunis dans les ecclésiastiques corrompus, suscitèrent contre lui un violent orage. Saint Épiphane et saint Cyrille d'Alexandrie se laissèrent surprendre aux calomnies que Théophile, patriarche d'Alexandrie, publia contre lui. Il fut déposé, en 403, dans un concile tenu au Chesne, près de Constantinople, et fut envoyé en exil. L'impératrice Eudoxie, qui avait sollicité son bannissement, le rappela bientôt après, épouvantée par un tremblement de terre arrivé la nuit même du départ du saint patriarche. La statue de cette princesse, élevée sur une colonne de porphyre dans une place voisine de l'église de Sainte-Sophie, fut l'occasion d'un nouvel exil. La dédicace de cette statue fut célébrée par des jeux de théâtre, par des danses, par des divertissements tumultueux qui troublaient le service divin. Saint Chrysostôme s'éleva, dans un discours public, contre ces réjouissances indécentes et importunes. Eudoxie, irritée, jura de nouveau sa perte. Il monta en chaire, et, loin de chercher à adoucir la colère d'Eudoxie, il commença un sermon par ces mots: *Voici encore Hérodiade en furie; elle danse encore, elle demande encore la tête de Jean.* Eudoxie fit réellement le personnage que l'intrépide évêque lui avait attribué: elle le persécuta jusqu'à sa mort. La faiblesse et le faste de Nectaire, son prédécesseur, avait causé le relâchement de la discipline. Chrysostôme, aussi sévère pour lui-même que ferme à l'égard des autres, tâcha de réformer tous les abus. Il montra le zèle d'un apôtre et le courage d'un martyr. C'est ce qui donna tant de force à son éloquence. Son nom est à la tête des orateurs de la chaire, anciens et modernes. Les autres écrivains qui brillèrent dans l'Église d'Orient furent: saint Épiphane, dont nous avons un grand ouvrage contre les hérésies, intitulé *Panarion;* saint Cyrille, patriarche d'Alexandrie, qui nous a laissé divers écrits; Synesius, évêque de Ptolémaïde; Sozomène le scolastique, auteur d'une Histoire de l'Église depuis 324 jusqu'en 439, lequel avait été précédé dans ce genre de travail par Socrate, autre historien ecclésiastique; Théodoret, évêque de Cyr, qui écrivit aussi l'histoire de l'Église de son temps, et éclaira son siècle par des ouvrages de théologie; Pallade, auteur de l'*Histoire Laurétane*, etc., etc.

L'Eglise latine eut ses docteurs comme l'Eglise grecque; et ils ne furent pas moins célèbres par leur génie que par leur sainteté. — Saint Jérôme, prêtre, né à Stridon dans la Dalmatie, vers l'an 340, étudia à Rome sous le grammairien Donat. La culture des lettres et les exercices de la pénitence furent un frein à la vivacité de ses passions. Il vécut en cénobite au milieu du tumulte de Rome. Il fit de longs voyages pour connaître les hommes illustres de son temps. Il s'enfonça dans les déserts brûlants de la Chalcide en Syrie, où il traduisit les livres saints. Puis, retournant à Rome, il dirigea des personnes pieuses, qu'il guida par ses conseils et ses exemples. — Le désir d'une plus grande perfection l'engagea de se retirer à Bethléem. C'est là qu'il finit sa vie en 420. — Une imagination vive, un génie ardent et élevé, une érudition vaste et profonde, le rendirent l'un des ornements de l'Église. Les païens et les hérétiques eurent en lui un adversaire redoutable. Il poussa quelquefois trop loin la vivacité dans la dispute. Il se reprochait lui-même ce défaut, qu'il répara par les vertus d'un saint et les austérités d'un anachorète. — Avant saint Jérôme l'Eglise d'Occident n'avait que des traductions imparfaites des livres saints. S'étant appliqué avec zèle à l'étude des langues sacrées, il donna la version connue sous le nom de *Vulgate.* Il travailla à éclaircir les difficultés de l'Ecriture par des commentaires sur plusieurs livres de la Bible. Les conférences qu'il fit à Rome pour faire entrer les fidèles et des dames mêmes dans ce divin sanctuaire furent goûtées par les gens de bien et applaudies par le pape Damase. Saint Jérôme eut la consolation dès son vivant de voir sa traduction des livres saints adoptée par plusieurs Eglises. — On a encore de ce docteur infatigable des Traités contre Montan, Helvidius, Jovinien, Vigilance, Pélage, et un Traité sur la vie et les ouvrages des écrivains ecclésiastiques qui avaient paru avant lui. — Saint Augustin, évêque d'Hippone en Afrique, était né en 354 à Tagaste dans la Numidie. Après avoir fait ses études à Carthage, où il se perfectionna dans les lettres et corrompit ses mœurs, il alla professer la rhétorique à Rome et à Milan. C'est dans cette dernière ville qu'il se convertit. Un jour que, déjà touché par les discours éloquents de saint Ambroise, il était irrésolu sur le parti qu'il devait prendre, il entendit ces mots: *Prenez et lisez.* Il prit les Epîtres de saint Paul et revint comme d'un profond sommeil. Ayant été baptisé par saint Ambroise, il repassa en Afrique où il fut fait prêtre et évêque d'Hippone. Il se consacra entièrement à la défense de la vérité contre tous les hérétiques. Le plus célèbre de ses ouvrages est son *Traité de la Cité de Dieu*, où brillent également toutes les lumières de l'érudition et toute la force du raisonnement. Ses traités contre les pélagiens et les semi-pélagiens l'ont fait appeler le *docteur de la grâce.* On remarque dans tout ce qu'il a écrit un génie vaste, une logique pressante, une mémoire heureuse. Dans ses Sermons et dans ses traités de piété, il est touchant, lors même qu'il prodigue les antithèses; et on se sent pénétré, en le lisant, de la foi vive, de la charité sans bornes et de la profonde humilité qui l'animaient. — Saint Prosper d'Aquitaine, disciple de saint Augustin, fit servir, à l'exemple de son maître, tous ses talents à la défense de la grâce. Il en chanta les triomphes dans un poëme intitulé: *Contre les ingrats.* Il crut que puisque l'erreur empruntait les fleurs de la poésie pour se rendre plus agréable, la vérité devait s'en parer quelquefois pour être utile à un plus grand nombre de lecteurs. — Ruffin, prêtre d'Aquilée, saint Paulin, évêque de Nole, et saint Léon, pape, si justement surnommé le Grand, furent placés parmi les lumières les plus éclatantes de leur siècle; mais Ruffin jouirait d'une réputation sans nuage s'il n'avait défendu celle d'Origène avec trop d'enthousiasme. — Jean Cassien, Salvien de Marseille, Gennade, prêtre de la même ville, firent honneur à la Provence par leur piété et leurs écrits. Le premier fut justement accusé de semi-pélagianisme. Nous avons du dernier un catalogue des écrivains ecclésiastiques. — Une foule d'autres auteurs, justement estimés, mériteraient une mention distinguée: Sulpice Sévère et Paul Orose, qui nous ont légué des écrits d'une haute valeur; Vincent de Lérins, dont le *Commonitorium* est un rempart contre toutes les hérésies; Prudence, né en Espagne, et Sidoine Apollinaire, évêque d'Auvergne, qui se distinguèrent par leur goût pour l'étude et leur talent pour la poésie.

VIe SIÈCLE.

Symmaque, fils de Fortunat et natif de Sardaigne, diacre de l'Eglise de Rome, succéda sur la chaire de saint Pierre à saint Anastase II le 22 novembre 498. Son élection donna lieu à un schisme qui divisa quelque temps l'Eglise. Pendant que Symmaque était proclamé dans la basilique de Constantin, le patrice Festus faisait ordonner l'archidiacre Laurent dans l'église de Sainte-Marie; mais l'empereur Théodoric, quoique arien, reconnut lui-même la validité de l'élection de Symmaque, qui resta seul le pontife légitime et reconnu tel. Ce pape tint le saint-siége pendant quinze ans et huit mois. Sa vie sera illustrée par la lutte courageuse qu'il soutiendra chaque jour pour la défense de la doctrine et des traditions de l'Eglise. — Toutes les barrières de l'empire étaient forcées; les hordes des barbares inondèrent comme un déluge les provinces romaines. Goths, Hérules, Suèves, Vandales, Francs, Scandinaves, accouraient du fond de leurs retraites sauvages pour entamer et mettre en lambeaux ce magnifique empire qui avait vu si longtemps le monde entier soumis à ses lois. Les calamités qui tombèrent sur les peuples vaincus atteignirent profondément l'Eglise; mais elle ne se laissa ni déborder ni décourager. Plus les ruines s'amoncelaient sous le fer et le feu des barbares, plus elle faisait d'efforts héroïques pour remédier aux désastres, pour sauver les villes et les peuples. Elle ne se contenta pas de recueillir les débris des arts et des lettres, de consoler et de guérir les misères qu'apportaient tant de dévastations; elle attaqua les féroces vainqueurs et en soumit un grand nombre à ses lois. Elle avait établi ses missionnaires jusqu'au fond des contrées sauvages qui bordent le Pont-Euxin et la mer Caspienne. Ces apôtres courageux et infatigables avaient converti des nations entières. Les Hérules, les Lases, les Huns, avaient embrassé le christianisme; au fond des forêts de la Germanie, les Boïens et les Thuringiens avaient reçu la prédication de l'Evangile et la grâce du baptême.

Dès le siècle précédent, saint Patrice avait pénétré en Irlande et avait converti ces peuples idolâtres, qu'il avait édifiés par ses vertus et étonnés par ses miracles. C'était un homme puissant en œuvres et en paroles. Sa vie n'est qu'une longue série de prodiges, de conversions de saintes œuvres. Mais la plupart de ces hordes dangereuses étaient encore idolâtres. Indisciplinées, avides de sang, de carnage et de butin, elles se précipitaient sur ces riches provinces de l'empire, à la suite de ces chefs féroces qui s'intitulaient avec tant de raison : fléaux de Dieu. Leur passage était marqué par de longues traces de sang et de ruines. L'Italie en proie à l'anarchie, tombée aux mains de princes ineptes, eut cruellement à souffrir de chaque invasion. Hormisdas avait succédé au pape Symmaque le 26 juillet 514. Il s'occupa activement de la réunion du siége de Constantinople avec Rome. La question de la grâce fut de nouveau soulevée par les semi-pélagiens. Le pape prononça que saint Augustin avait décidé la question. Hormisdas reçut de Clovis, roi de France, une couronne d'or, hommage que ce prince rendait au vicaire de J.-C. Jean I, qui fut pape après lui, fut envoyé à Constantinople, par Théodoric roi des Ostrogoths, pour obtenir de l'empereur Justin la révocation des édits contre les ariens; mais, n'ayant pas rempli cette commission délicate, ce prince le fit emprisonner à Ravenne. Félix IV, Boniface II, Jean II et Agapet, siégèrent ensuite; mais leur pontificat ne fut marqué par aucun évènement extraordinaire. Agapet, envoyé à Constantinople vers Justinien, par Théodat roi des Ostrogoths, n'y eut guère plus de succès que Jean I. Il mourut dans cette capitale de l'empire d'Orient avec la réputation d'un pontife vertueux et éclairé. Dès qu'on apprit à Rome la mort d'Agapet, le roi Théodat fit élire à sa place le sous-diacre Silvère. De son côté l'impératrice Théodora crut le moment favorable pour faire réussir ses anciens projets. Elle offrit à Vigile, diacre de l'Eglise romaine, 700 livres d'or et un ordre pour Bélisaire d'appuyer son élection. Bélisaire prit Rome le 10 décembre 536, et ce fut le pape Silvère qui lui en ouvrit les portes, car il ignorait les projets de Bélisaire. Celui-ci pressa le pape de céder à l'impératrice. Le pape refusa avec fermeté. Bélisaire assembla le clergé de Rome et par menaces fit élire pape Vigile, le 22 novembre 537. Silvère, d'abord exilé à Patare, en Lycie, fut conduit ensuite dans l'île de Palmaria, où il mourut de misère et de faim le 20 juillet 538. Vigile, malgré sa conduite odieuse, fut reconnu comme pontife légitime, et dès ce jour il se montra digne de cette éminente dignité par son zèle et sa fermeté. Tandis que les dissensions intestines des empereurs et de leurs officiers livraient les derniers remparts de l'empire d'Occident aux barbares. L'Orient, cet éternel berceau des hérésies, ce funeste théâtre de leurs dissensions, était toujours déchiré par les funestes erreurs d'Apollinaire, de Nestorius et d'Eutychès. Mais deux hérésies nouvelles vinrent bientôt ajouter aux inquiétudes et à la douleur de l'Eglise et des fidèles. La première de ces deux sectes est connue sous le nom de trithéisme. Elle eut pour Père le grammairien Jean Philoponos, qui en admettant dans la Trinité trois natures divines, ainsi que trois personnes, reconnaissait trois Dieux; il niait aussi la résurrection des âmes avec les mêmes corps. Vers le même temps parurent les acémètes, moines divisés en trois bandes, qui se succédaient continuellement jour et nuit pour chanter les louanges de Dieu. Ils affaiblirent le prix de leurs veilles et de leurs prières, en adoptant une erreur très dangereuse. Ils ne voulaient pas qu'on dît « qu'une personne de la Trinité » s'était incarnée, qu'elle était née de la Vierge et qu'elle avait » souffert. » Le pape Jean II condamna leur erreur. Leur opiniâtreté à la maintenir les fit frapper d'anathème. Vers la même époque s'éleva une question qui eut un retentissement immense dans le monde chrétien. Ce fut la grande et épineuse dispute des trois chapitres. Ce célèbre démêlé doit son origine au nestorianisme. En 436, Théodoret, partisan de Nestorius qui avait été condamné cinq ans auparavant dans le concile d'Ephèse, crut qu'il ruinerait l'effet de cette condamnation, s'il opposait à l'autorité du concile celle de Diodore de Tarse et de Théodore de Mopsueste, dont les écrits et les vertus étaient respectés en Orient. Dans ce dessein, il fit des extraits de leurs ouvrages où ces deux auteurs s'exprimaient à peu près comme Nestorius. Ibas, prêtre d'Edesse, grand nestorien, écrivit vers le même temps à Maris, évêque de Perse, une lettre très favorable à l'hérésiarque, qu'il peignait comme un grand homme, accablé par des intrigues de cour, pour des erreurs imaginaires. On mit la lettre d'Ibas à la suite des extraits des écrits de Diodore de Tarse et de Théodore de Mopsueste, et on y joignit deux écrits de Théodore, dont l'un réfutait les anathèmes prononcés par saint Cyrille contre Nestorius. C'est ce recueil qu'on appelle les *trois chapitres*. Cette collection assez perfide, trouva des défenseurs parmi les catholiques et parmi les hérétiques. Plusieurs prélats de France, d'Espagne, d'Afrique, et quelques-uns d'Italie, donnant un sens catholique aux trois écrits, en prirent la défense, de peur qu'en les condamnant on ne condamnât la doctrine orthodoxe. Les hérétiques au contraire, persuadés que ces trois ouvrages étaient infectés des opinions de Nestorius, les défendaient comme orthodoxes, parce qu'à leur faveur ils pouvaient faire passer les erreurs du nestorianisme.

Les différents sentiments sur les trois chapitres remuèrent et divisèrent l'empire et l'Église; Justinien crut terminer les disputes par la convocation d'un concile œcuménique. L'ouverture de cette assemblée se fit à Constantinople, le 4 mai 553. Il y assista cent cinquante-un évêques; mais le pape Vigile, qui était alors à Constantinople, où il avait eu beaucoup à souffrir, refusa de s'y trouver. Cependant il dressa son *Constitutum*, où, sans flétrir la mémoire de ces trois auteurs, il condamna les erreurs que leurs écrits pouvaient renfermer. Le concile fut terminé le 4 juin, et dans cette dernière conférence il rapporta ce qu'il avait fait pour l'examen des trois chapitres, réfuta en abrégé ce que l'on disait pour les soutenir, et conclut en ces termes : « Nous recevons les quatre conciles de » Nicée, de Constantinople, d'Éphèse et de Calcédoine. Nous » enseignons ce qu'ils ont défini sur la foi, qui est la même en » tous les quatre, et nous jugeons séparés de l'Église catholique » ceux qui ne les reçoivent pas. Mais nous condamnons Théo» dore de Mopsueste et ses écrits impies et les impiétés écrites par » Théodoret contre la foi, contre les douze anathèmes de saint » Cyrille, contre le concile d'Éphèse, et pour la défense de » Théodore et de Nestorius. Nous anathématisons aussi la lettre » impie que l'on dit avoir été écrite par Ibas à Maris, Persan, » qui nie que le Verbe se soit incarné et fait homme de la » Vierge Marie, qui accuse saint Cyrille d'être hérétique et » apollinariste, qui blame le concile d'Éphèse d'avoir déposé » Nestorius sans examen. Nous anathématisons donc ces trois » chapitres et leurs défenseurs, qui prétendent les soutenir par » l'autorité des Pères ou du concile de Calcédoine. » Le concile ajouta à cette sentence quatorze anathèmes, qui renfermaient d'une manière sommaire et théologique toute la doctrine de l'incarnation par rapport aux erreurs de Théodore de Mopsueste et de Nestorius. Ensuite vinrent les souscriptions des évêques, au nombre de soixante-cinq. La première fut celle d'Eutyque, de Constantinople, qui contient le sommaire de la sentence. Ainsi finit le cinquième concile général, qui est le second de Constantinople. —En Occident, plusieurs Églises rejetèrent ce concile, croyant que la condamnation des trois chapitres donnait atteinte à celui de Calcédoine. Les Latins, ignorant la langue grecque, ne connaissaient pas les erreurs de Théodore de Mopsueste, et la distance des lieux les empêchait de voir le scandale que ses écrits et ceux de Théodoret produisaient en Orient, et l'avantage qu'en prenaient les nestoriens, surtout dans la Haute-Syrie; car ils y étaient si puissants, qu'après tant de siècles ils ne sont pas encore éteints. Plusieurs évêques occidentaux se séparèrent de la communion du pape et des orientaux, qui avaient reçu ce cinquième synode œcuménique. Le pape Gélase II et ses successeurs ramenèrent peu à peu ces schismatiques par la douceur et les exhortations. Enfin l'Orient et l'Occident se réunirent pour condamner les trois chapitres, lorsqu'ils furent proscrits de nouveau dans le sixième concile général tenu à Constantinople contre les monothélites.

Justinien, s'imaginant posséder une profonde science théologique, se mêla activement à toutes les disputes ecclésiastiques de son siècle. Il écrivit sur l'incarnation. Il adressa des avertissements, des instructions aux hérétiques, dont il attribuait la conversion à la force de ses raisonnements. Il prétendait même donner des leçons aux évêques catholiques, dont la plupart admiraient ses profondes connaissances, soit par simplicité, soit par flatterie, soit par crainte. Ils redoutaient un controversiste dont le dernier argument était l'exil. Tous n'avaient pas la fermeté du pape Agapet, qui soutint la doctrine de l'Église contre Justinien, sans s'effrayer de ces paroles brutales : *Soyez de mon avis, ou je vous enverrai aux extrémités de l'empire.* Cette manie de décider sur les questions les plus abstruses de la foi entraîna ce prince dans l'erreur des incorruptibles. Il érigea cette extravagance en dogme par un édit publié en 565. Les évêques qui s'opposèrent à cette nouveauté furent exilés et persécutés. Ce prince inquiet mourut le 14 novembre 565, laissant une réputation très équivoque. Il fit bâtir un grand nombre d'églises et de monastères. La plus célèbre est celle de Sainte-Sophie à Constantinople, qui subsiste encore aujourd'hui. Théodora, son épouse, qui passa du théâtre sur le trône, fut la cause principale des fautes de Justinien. Cette femme, née dans la poussière, ayant changé de rôle sans changer de caractère, fut dévote sans religion, charitable sans humanité, et tout à la fois dissolue et zélée. Ayant été gagnée par les eutychiens, elle les protégea et les fit protéger par Justinien. Justinien avait de grandes qualités et un génie peu commun. Si l'on excepte les jours regrettables où entraîné par une femme astucieuse il inquiéta le christianisme, le règne de Justinien est l'un des plus glorieux de la décadence romaine. Il rappela souvent Théodose et les beaux jours de l'empire. Il se survécut à lui-même et gouverna jusqu'à nous les peuples civilisés par cet admirable code de lois qu'il légua à la postérité.

Justin-le-Jeune, successeur de Justinien, commença par payer les dettes de son oncle, et par rappeler les évêques exilés, excepté saint Eutyque de Constantinople. Il exposa sa foi sur la Trinité et sur l'Incarnation dans un édit, et exhorta tous les schismatiques à se réunir à l'Église. Il orna les églises, leur donna des revenus, et travailla à pacifier les troubles. Heureux si ses mœurs n'avaient pas démenti ces œuvres de religion ! Il s'abandonnait aux passions les plus honteuses et les plus extravagantes. Son avarice était insatiable. Il vendait même publiquement les évêchés. Il fit tuer la nuit dans son lit son parent Justin, grand capitaine, et s'en fit apporter la tête, que lui et l'impératrice Sophie examinèrent avec soin et frappèrent à coups de pied. Pendant qu'il restait plongé dans d'infâmes voluptés, les Perses ravagèrent impunément les terres des Romains, brûlant et tuant partout sans résistance. Ils s'avancèrent jusqu'à Antioche. A cette nouvelle, Justin fut tellement consterné qu'il en perdit l'esprit. Il mourut en 578, haï et détesté. Tibère, son successeur, pensait et agissait mieux que lui; on loue sa clémence, son désintéressement et sa libéralité. Il accorda aux prières des fidèles de Constantinople le retour de saint Eutyque, qui était exilé depuis douze ans dans le Pont. Ce patriarche avait dans son exil soulagé les peuples voisins affligés par une cruelle famine, et édifié tout le pays par l'éclat de ses vertus et la sainteté de sa vie. Il fut reçu en triomphe à Constantinople; les peuples portaient des rameaux et étendaient leurs habits dans les endroits où il devait passer. L'empire d'Occident expirait sous les coups redoublés des barbares : les villes les plus opulentes étaient ravagées, les monuments détruits, les richesses enlevées, et des populations entières exterminées par le glaive et le feu. Et comme si ces effroyables catastrophes n'eussent pas suffi pour faire expier ses crimes séculaires à la malheureuse Italie, le fléau de la peste vint ajouter ses horreurs à tant de calamités. Ce fut cette heure douloureuse que choisit la divine Providence pour accorder à l'Eglise, dans deux hommes, deux de ses bienfaits les plus signalés : l'un saint Benoît, le patriarche de la vie cénobitique en Occident, et l'autre saint Grégoire, l'un des plus illustres pontifes qui aient honoré le siége de Rome. Saint Benoît, l'astre le plus brillant de la vie monastique au VIe siècle, l'une des gloires du christianisme, consola l'Eglise de ses cruelles afflictions et par l'éclat de ses vertus et par la fondation de cet ordre qui devait accomplir de si grandes choses dans le monde. La mission de saint Benoît fut une visible inspiration de Dieu. Il semblait que les derniers vestiges des arts et des lettres allaient disparaître sous le flot barbare des Vandales et des Lombards, lorsque Benoît ouvrit une retraite à la prière et à la méditation, un asile immortel aux sciences et à la vertu. L'illustre patriarche de l'ordre monastique en Occident naquit à Nursie, dans le duché de Spolette, vers l'an 480, d'une famille noble. Il quitta les délices de Rome pour se retirer dans les déserts de Sublac, où, continuellement occupé des vérités éternelles, il se préparait aux grands établissements qu'il forma dans l'Eglise. Un solitaire, nommé Romain, était le seul qui connût sa retraite. Des moines d'un monastère voisin, ayant découvert la caverne qui servait d'asile à Benoît, le choisirent pour leur abbé ; mais leurs mœurs, peu conformes aux siennes, lui firent regretter sa chère solitude. Il les quitta enfin, et après avoir parcouru plusieurs déserts, toujours suivi d'une foule de disciples qui voulaient se mettre sous sa conduite, il se retira sur le Mont-Cassin, et y forma un ordre qui fut le conservateur des plus précieux monuments de l'Eglise. C'est là que le saint fondateur mourut en 543, après avoir dressé sa règle, adoptée par presque tous les cénobites d'Italie, d'Allemagne, de France, d'Espagne et d'Angleterre. Cette règle, si célèbre dans l'Eglise et que saint Grégoire-le-Grand appelle une règle éminente en sagesse et en discrétion, est un des plus glorieux monuments de ce siècle. En voici les principaux articles : 1° On se levait à deux heures du matin pour l'office de la nuit, lequel était composé de douze psaumes que l'on chantait; après les six premiers on lisait trois leçons, tirées de l'Ecriture sainte ou des Pères; elles étaient suivies chacune d'un répons. Les matines ou laudes se disaient au point du jour. La distribution des psaumes pour chacune des heures était telle, que le psautier se disait tout entier chaque semaine. Le reste de la journée, entre les offices, était employé au travail des mains. En été, les moines travaillaient depuis six heures jusqu'à dix. Après ces quatre heures, ils s'appliquaient à la lecture; après sexte et le dîner, ils se reposaient en silence; on disait none à une heure et demie, et on travaillait jusqu'au soir : ce sont environ sept heures de travail par jour avec deux heures de lecture. 2° Quant à la nourriture, la règle ordonne pour chaque repas deux portions cuites, afin que celui qui ne peut manger de l'une mange de l'autre ; il paraît que ce n'étaient que des herbes et des légumes réduits en bouillie. Les moines faisaient la cuisine chacun à son tour. Douze onces de pain par jour et une hémine de vin, si ce n'est que le travail extraordinaire ou la chaleur n'obligeât d'en donner d'avantage, ainsi que pour le pain et la portion. Le dîner, à sexte ou à midi; le souper au soir; mais le mercredi et vendredi on ne dînait qu'à none, et ainsi de même depuis le 13 septembre jusqu'en carême, et en carême le soir seulement, mais avant la tombée de la nuit, soit en hiver, soit en été. 3° Les habits étaient appropriés au climat de chaque pays. C'était presque toujours l'habit ordinaire des pauvres de la campagne. Le scapulaire était plus court et plus large qu'à présent; c'était l'habit de dessus pendant le travail. Les lits consistaient en une natte ou paillasse piquée, un drap de serge, une couverture et un chevet. Ils couchaient tous en un même lieu. Une lampe éclairait le dortoir; ils couchaient tous vêtus, même avec la ceinture. Un ancien veillait sur tous les autres. Après complies on gardait le plus profond silence. Ceux qui se présentaient pour entrer dans le monastère n'étaient reçus qu'après de grandes épreuves : on mettait le postulant dans le logement des hôtes; on lui donnait un ancien pour examiner sa vocation; celui-ci lui représentait avec soin combien la vie du cloître était austère et les privations pénibles. S'il persistait, au bout de deux mois on le plaçait parmi les novices. On lui lisait la règle à intervalles marqués, et après un an de persévérance on le recevait dans l'ordre. — Le but de la règle de saint Benoît fut de soutenir la piété de ses disciples, moins par des austérités excessives que par la prière et le travail des mains. Les vertus de cet ordre naissant attirèrent dans le cloître un grand nombre de prosélytes des premières familles de l'empire. Les plus grands seigneurs de Rome envoyaient leurs enfants au Mont-Cassin pour y être formés dans la religion. Le patrice Tertullus y mena lui-même son fils Placide, qui, après la mort de son père, donna au monastère où l'on avait formé ses mœurs des terres considérables en Sicile. Les rois, les princes et les peuples donnèrent leurs biens, comme à l'envi, pour répandre le nouvel ordre. Cette générosité fut inspirée par la piété laborieuse des premiers enfants de saint Benoît, qui défrichèrent beaucoup de déserts inhabités et de terrains incultes, et par leur charité compatissante, qui les rendait des distributeurs fidèles de leurs revenus à l'égard des voyageurs et des pauvres de leur voisinage.

L'ordre nouveau fut fécond, dès son berceau, en hommes distingués par leur piété et leurs lumières. L'un de ses plus illustres enfants est le pape saint Grégoire-le-Grand. Ce grand homme naquit à Rome, d'une famille patricienne, aussi illustre par sa piété héréditaire que par sa noble origine. Gordien, son père, était sénateur. Sa mère a été canonisée sous le nom de sainte Sylvie. Il comptait au nombre de ses aïeux le pape Félix III, sainte Tarsille et sainte Emilienne. Grégoire suivit de bonne heure ces beaux exemples. Il exerça d'abord à Rome la charge de préteur; mais le désir d'une vie pénitente le décida à se retirer dans le monastère de Saint-André, qu'il avait fait bâtir et dont il fut élu abbé. Pélage II l'envoya à la cour de l'empereur Tibère, où il fut accueilli comme il le méritait. De retour à Rome, Grégoire trouva le siége vacant, et il fut nommé pour le remplir. La peste ravageait alors l'Italie : Grégoire en obtint la cessation par des prières publiques. Se regardant comme le père commun, il répandit d'abondantes aumônes sur tous les pauvres du monde chrétien. Il ajouta au culte divin plusieurs cérémonies qui le rendirent plus majestueux. Il terrassa les hérésies, convertit les idolâtres, envoya des missionnaires en Angleterre. Sa mort, arrivée l'an 604, fut celle d'un saint, et ses ouvrages l'ont mis au rang des Ambroise, des Jérôme et des Augustin. Le principal est le *Pastoral*, ou *Des devoirs des pasteurs*. Une charité tendre fut le principal caractère de saint Grégoire. Il s'opposa aux vexations qu'on exerçait contre les juifs pour les convertir. *C'est par la douceur et l'instruction*, disait-il, *qu'il faut appeler les infidèles au christianisme, et non par les menaces et la terreur.*

Saint Grégoire fut témoin, avant sa mort, des succès de son zèle pour la propagation de la foi. La Grande-Bretagne était plongée dans les ténèbres de l'idolâtrie, à l'exception d'un petit nombre de Bretons chrétiens, réfugiés dans le pays de Cornouailles et dans la principauté de Galles. Le pape envoya, pour défricher ce vaste champ, saint Augustin, prévôt de l'abbaye de Saint-André à Rome. Ce zélé missionnaire partit avec environ quarante coopérateurs, et obtint d'Ethelbert, roi de Kent, la permission d'annoncer l'Évangile et de s'établir à Dorovern, aujourd'hui Cantorbéry. La sagesse de sa conduite et de celle de ses compagnons, la pureté de leurs mœurs, leur frugalité, leur désintéressement, secondés par le don des miracles, opérèrent bientôt plusieurs conversions, entre autres celle du roi. Ses sujets, à son exemple, furent baptisés sans qu'il usât de contrainte; car il avait appris des missionnaires que le service de Jésus-Christ doit être volontaire. Saint Augustin, chef et apôtre de cette nouvelle Eglise, établit à Cantorbéry son siége épiscopal, et obtint de saint Grégoire la permission d'ordonner d'autres évêques. Le sage pontife lui recommanda en même temps de ne point abattre les temples des idoles, mais de les purifier avec de l'eau bénite, de les consacrer au service de Dieu, et de tolérer que les chrétiens fissent des feuillées autour de ces temples, pour y célébrer, par des repas modestes et innocents, des fêtes en l'honneur des saints martyrs. « Il ne fallait pas (disait le sage pon» tife) ôter tout d'un coup à des esprits durs leurs anciennes » coutumes, ni vouloir arriver en sautant au haut des monta» gnes, mais aller pas à pas. » Quelque temps après la mort de saint Grégoire, l'Angleterre fut sur le point de retomber de nouveau dans l'idolâtrie. Ebald, fils et successeur d'Ethelbert, livré aux plus grands désordres, abandonna la foi chrétienne, et pervertit par son exemple tous ceux qui s'étaient fait baptiser par politique. Mais quelques années après Ebald revint de ses égarements, et les évêques, dont quelques-uns avaient été obligés d'abandonner leurs siéges, eurent la liberté de reprendre leurs fonctions et de ramener dans la voie du salut ceux qui s'en étaient écartés.

Les écrivains ecclésiastiques de ce siècle qui suivirent de loin les traces de saint Grégoire furent : saint Fulgence, évêque de Ruspe en Afrique, l'un des soutiens de la doctrine de saint Augustin sur la grâce, et l'un des fléaux de l'arianisme, qui fut presque entièrement éteint dans ce siècle. Boëce et Cassiodore, encore plus distingués par leur génie que par les grandes places qu'ils occupèrent auprès des rois goths en Italie, laissèrent des ouvrages de morale et de belles-lettres qu'on lit encore avec fruit. Ennodius, évêque de Pavie, saint Césaire, archevêque d'Arles, Isidore de Séville, ont un nom célèbre parmi les auteurs qui ont travaillé pour l'Eglise. Jornandès de Ravenne, Grégoire, évêque de Tours, Victor, évêque de Tunnone, Libérat, diacre de Carthage, laissèrent des morceaux historiques qui, quoique mal écrits, méritent d'être conservés. Denys-le-Petit, moine et abbé, né en Scythie, passe pour l'auteur de l'Ère chrétienne vulgaire; on croit qu'il introduisit le premier la manière de compter les années depuis la naissance de Jésus-Christ. On a encore de lui une collection de canons.

Les docteurs que nous venons de nommer ont presque tous écrit en latin. L'Église grecque eut aussi ses écrivains : tels que Jean-le-Jeûneur, patriarche de Constantinople, connu par son *Pénitenciel*; S. Jean Climaque, dont l'*Échelle du Paradis* a été traduite dans toutes les langues modernes; Léonce de Bysance et Anastase le Sinaïte, dont les plumes s'exercèrent contre les erreurs de leur temps. L'histoire ecclésiastique eut des obligations à Évagre le Scholastique, qui l'écrivit depuis 431 jusqu'en 594 avec plus d'exactitude que d'élégance. La décadence du génie et des sciences se fait sentir dans son style, ainsi que dans celui des écrivains de ce siècle, où les lumières s'éteignaient à mesure que les barbares gagnaient du terrain.

S. Grégoire-le-Grand, témoin des progrès de l'ignorance, comparait l'Église à un vaisseau dont le bois est attaqué par les eaux. Les empereurs, à l'imitation des rois goths, commencèrent à s'attribuer le droit de confirmer l'élection des papes. Le siége vacant était nommé par les trois principaux ministres du clergé, l'archiprêtre, l'archidiacre et le primicier des notaires. Après les funérailles et un jeûne de trois jours, on procédait à l'élection, et l'on en faisait part à l'empereur. L'obligation où l'on était d'attendre sa confirmation rendit les vacances du saint-siége beaucoup plus longues qu'auparavant. L'autorité du pontife romain était si fort enviée par les patriarches de Constantinople, qu'ils osèrent prendre le titre d'*évêques œcuméniques*, et en affecter le pouvoir. Les pénitences publiques furent abolies peu à peu, et on y substitua des pénitences particulières. Cependant la foi faisait des progrès. Saint Léandre, évêque de Séville, convertit Récarède, roi d'Espagne, infecté de l'arianisme, et qui, l'ayant abjuré, employa tout son pouvoir à ramener ses sujets à la vérité, assembla des conciles et donna à l'Église des évêques vertueux. Le culte public, grâce aux soins de saint Grégoire-le-Grand, dont le chant grégorien porte encore le nom, acquit plus de pompe. On institua de nouvelles fêtes : on croit que celles de la Purification de la sainte Vierge, de l'Annonciation, de la naissance de saint Jean-Baptiste sont de ce siècle. On trouve dans l'histoire de ce temps-là quelque trace des évêques et prêtres cardinaux. C'est ainsi qu'on nommait les évêques, les prêtres et les diacres même attachés à une certaine église, pour les distinguer de ceux qui ne les servaient qu'en passant et par commission. Depuis Constantin, l'Église s'était bornée à décider les points de foi, à corriger les mœurs par des censures, à terminer les différends par voie d'arbitrage. Justinien fut le premier qui donna aux évêques un tribunal pour juger des causes ecclésiastiques, tant civiles que criminelles. Dans les actions civiles, les clercs et les moines devaient être cités premièrement devant leur évêque, qui déciderait sans procédure et sans appareil. Si, dans le terme de dix jours, l'une des parties déclarait qu'elle ne voulait pas s'en tenir au jugement du prélat, la cause était portée devant le magistrat. Si sa sentence s'accordait avec la décision de l'évêque, on ne pouvait en appeler. S'il jugeait différemment, il y avait lieu à l'appel. En matière de crime, on pouvait s'adresser, soit à l'évêque, soit au juge séculier; et à l'évêque seulement s'il était question d'un délit ecclésiastique, comme d'hérésie, de simonie ou d'autre crime concernant la religion. La sentence portée contre un clerc par un juge laïc ne pouvait être exécutée sans la permission de l'évêque; s'il la refusait, on avait recours à l'empereur. Par un privilége particulier, les évêques furent dispensés de plaider, pour quelque sujet que ce fût, par-devant les tribunaux séculiers; et ce même privilége fut accordé aux religieuses, dont le nombre dès lors était assez considérable.

VIIe SIÈCLE.

Nous entrons avec ce siècle dans les temps les plus obscurs du moyen âge. La civilisation antique a péri. Les flots des barbares vainqueurs de Rome et de l'Italie sont tous hérétiques ou idolâtres, et les ruines s'amoncellent derrière eux avec une effrayante promptitude. L'Eglise elle-même va nous présenter une phase bien différente des beaux jours de son âge héroïque ou du temps des grands docteurs. Toute lumière semble s'éclipser sous ces ténèbres épaisses, et l'on se rappelle avec tristesse les plaintes amères et les prédictions des Jérôme et des Augustin à la vue de ce monde vieilli prêt à tomber en poussière. Plus de ces grands génies qui illuminent le monde de l'éclat de leurs doctrines ! Sur le trône impérial des hommes faibles et corrompus qui passent tour à tour balayés par la colère du ciel ! Cependant, lorsqu'on y regarde de près, lorsqu'on étudie avec sincérité cette époque critique, on découvre tout-à-coup un merveilleux spectacle. Au milieu de toutes ces ruines il y a un édifice qui reste debout : l'Eglise de Jésus-Christ. Je le dis avec une profonde conviction, jamais l'Eglise catholique ne m'est apparue plus chère, plus féconde, plus habile, plus divine que dans ces jours sinistres. Jusqu'ici elle a *résisté jusqu'au sang*; plus tard elle a magnifiquement établi sa doctrine, sa hiérarchie et ses droits dans la société humaine; elle a vaincu les nations civilisées; elle a triomphé de l'orgueil de Rome, de toutes les subtilités du génie de la Grèce; aujourd'hui elle va triompher du fanatisme féroce d'une idolâtrie homicide; elle va conquérir, convertir les nations barbares et se préparer à gouverner le monde. Rien n'est beau comme de suivre, dans cette nuit obscure qui couvre les siècles du Bas-Empire, la nuée lumineuse de la propagation chrétienne, l'intelligence et le zèle prodigieux du génie organisateur de l'Eglise catholique. Aujourd'hui elle n'a plus besoin ni des Chrysostôme ni des Augustin ; l'éloquence du grand patriarche et la profondeur de génie de l'évêque d'Hippone resteraient lettre close au milieu des barbares. Pour opérer sur cet élément farouche il lui faut des hommes puissants en œuvres plutôt qu'en paroles; et la divine Providence lui envoie ces instruments nouveaux avec une admirable fécondité. Jamais l'Eglise n'a eu plus de saints anachorètes, plus de missionnaires infatigables, doués du don des langues et des miracles. L'Eglise se fait toute à tous. D'une part elle console un monde vaincu et tyrannisé par la force brutale du vainqueur; de l'autre elle contient la fougue de ces peuples vigoureux avec lesquels elle va constituer les sociétés modernes. Ainsi, c'est au commencement de ce siècle si éprouvé, si plein de ruines et de calamités, que le génie de saint Grégoire-le-Grand jetait déjà les fondements de cette société catholique qui bientôt reliera dans une civilisation nouvelle toutes les nations de l'Europe. Grâce à ses soins infatigables, trois peuples germains, les Anglo-Saxons, les Langobards et les Visigoths, sont déjà amenés au christianisme. Mais les premiers jours de ce siècle devaient porter le deuil de l'illustre pontife. Ce grand homme, accablé par l'âge et les fatigues de sa vie laborieuse, souffrait en outre des douleurs cruelles d'une maladie qui devait le conduire au tombeau. Et comme si ce n'était assez d'afflictions pour éprouver cette âme élue, Dieu lui envoya, au dernier jour de sa vie mortelle, des angoisses et de tristes alarmes sur le sort de ses fidèles. Mais le coup le plus douloureux qui le frappa sur son lit de mort, ce fut la mort terrible de l'empereur Maurice. Maurice était un prince justement cher au saint pontife, mais il se rendit tout à coup coupable par un trait de dureté aussi funeste dans ses suites que difficile à concilier avec le caractère tendre et bienfaisant de cet empereur. Ayant perdu une bataille contre le kan des Avares, il refusa de payer la rançon des prisonniers. Ce refus exaspéra tellement le roi barbare, qu'il fit massacrer sur-le-champ les 12 mille prisonniers romains. Alors l'empereur déplora sa faute, fit dire des prières publiques dans toutes les églises pour supplier le Seigneur de le punir en cette vie plutôt que dans l'autre. Son vœu fut exaucé. L'an 602, ses troupes se révoltèrent au delà du Danube, chassèrent le frère de l'empereur, et proclamèrent César un centurion nommé Phocas. La ville impériale suivit l'exemple de l'armée. Maurice s'enfuit, mais, reconnu et arrêté, il fut massacré avec toute sa famille, à l'exception de Théodore son fils aîné. Le saint pape Grégoire-le-Grand, mort en 604, fut enterré à Saint-Pierre, près du lieu où reposaient saint Léon et quelques autres pontifes illustres. Saint Grégoire est celui de tous les papes dont il nous reste le plus d'écrits : les trente-cinq livres de ses *Morales* sur Job ; vingt-deux homélies sur Ezéchiel ; quarante sur les Évangiles ; quatre livres de dialogues, douze lettres, l'Antiphonaire et le Sacramentaire, etc., etc., etc. Le style de ce père, et surtout sa diction, se sentent de la décadence de son siècle. Mais ces défauts sont avantageusement compensés par l'onction divine qui fait le caractère de son éloquence. Le 13 septembre 604, on élut souverain pontife le diacre Sabinien, qui ne siégea que six mois, et ne laissa d'autre souvenir que sa charité pour les pauvres de Rome. Boniface III, diacre et apocrisiaire de l'Eglise romaine, lui succéda le 19 février 607. Il avait été nonce à Constantinople du temps de Phocas, et il obtint de cet empereur la reconnaissance officielle et la conservation de la primauté du siége de Rome. Il régla l'élection des papes et mourut quelques jours après. Le 25 août 608, Boniface IV lui succéda. L'Occident était affligé des désordres et des crimes barbares des deux cours franques de Neustrie et d'Austrasie, des meurtres et des persécutions qu'enfantait chaque jour la rivalité féroce de Frédegonde et de Brunehaut, et l'Orient assistait au démembrement et à l'agonie des plus belles provinces de l'empire. Tandis que la perfidie et l'assassinat changeaient chaque jour le maître de l'empire, des hérésies monstrueuses continuaient de naître et d'affliger l'Eglise.

La première erreur que nous rencontrons est peut-être la plus funeste et la plus formidable qu'aient rencontrée l'Église et la civilisation chrétiennes : le mahométisme. Cette religion nouvelle, si infime et si ridicule dans ses commencements, devait couvrir l'Orient de malheurs et de stérilité, et tenir en échec, pendant de longs siècles, la chrétienté tout entière. C'est à l'âge de quarante ans que Mahomet commença à se proclamer prophète (608). Né à la Mecque, il s'était enrichi par un mariage avec une riche veuve. Il avait acquis, dans ses relations avec les juifs et des chrétiens nestoriens, une superficielle connaissance des livres saints. Il entreprit de former une religion qui tînt le milieu entre le judaïsme et le christianisme. Il y mêla des opinions particulières, et proclama légitimes des passions et des plaisirs qui devaient en favoriser les progrès. Il consigna ses rêveries dans le Coran, tissu de rapsodies mal assorties et bizarrement accouplées. L'ange Gabriel le lui avait, disait-il, apporté du ciel. Les principaux points de sa doctrine étaient la circoncision, le jeûne du mois Ramadan, dans lequel le Coran avait commencé à descendre du ciel ; les cinq prières par jour, la purification du corps, le pèlerinage de la Mecque, la défense de manger du sang des animaux morts d'eux-mêmes, ni de la chair de porc. Il approuvait la loi de Moïse et celle de l'Évangile. Selon lui, les prophètes et les apôtres avaient annoncé la vérité ; mais leurs livres avaient été corrompus par les juifs et les chrétiens. Il convient que Jésus-Christ est fils de Dieu par grâce, et non par nature ; c'est le Verbe de Dieu, c'est-à-dire un grand prophète, né de la Vierge par la vertu divine et sans opération humaine. Toutefois, c'est un pur homme ; il n'est pas vraiment mort ni ressuscité ; Dieu en a substitué un autre, que les Juifs ont crucifié ; pour lui, il est retourné à Dieu dont il était l'envoyé. Le dogme de la Trinité est proscrit comme le polythéisme ; c'est pour cette raison que le Coran confond les chrétiens avec les idolâtres, et que les musulmans se donnaient le titre d'unitaires, comme étant les seuls qui n'adoptaient qu'un Dieu. Abraham, Moïse, Jésus étaient autant d'apôtres envoyés en différents temps pour réformer les abus qui altéraient le culte primitif. Mahomet est le dernier ; il apporte aux hommes une loi plus parfaite, et il n'en doit venir nul autre après lui jusqu'à la consommation des siècles. Pour répandre plus promptement sa religion, l'imposteur permit la pluralité des femmes, et promit à ses sectateurs un paradis grossier, où les attendaient toutes les mollesses et tous les raffinements de la débauche. Il est facile de se figurer l'impression que devait faire une telle prédication sous ces climats brûlants de l'Arabie ; quelles adhésions nombreuses devaient amener tant de passions ardentes ; quel fanatisme devaient éveiller ces espérances honteuses chez un peuple impressionnable, faible d'imagination, et enclin à toutes les dépravations du cœur.

D'ailleurs Mahomet apportait de brillantes qualités dans ses prédications d'inspiré. Homme adroit et insinuant, prêt à tout entreprendre et à tout souffrir, intrépide et impénétrable, plein de dissimulation et d'artifice, cachant tous les vices qui peuvent servir l'ambition sous les dehors des vertus, il se fit en peu de temps une multitude de prosélytes. Cependant ses impostures effrontées lui suscitèrent d'abord beaucoup d'ennemis ; il fut obligé de quitter la Mecque en 622 pour se retirer à Médine. Cette fuite de Mahomet, connue sous le nom d'*hégire* par les Arabes, est l'époque d'où les musulmans commencent à compter leurs années. Mahomet, arrivé à Médine, rassembla sous ses étendards un grand nambre de brigands, qui l'aidèrent à prêcher ses dogmes les armes à la main. Il porta le fer et le feu dans toutes les villes où l'on ne voulut pas reconnaître sa mission. Il appela à son secours la force brutale du sabre et les ressources de l'éloquence, les menaces et les promesses, l'imposture et surtout un fanatisme barbare; et c'est avec ces terribles leviers qu'en neuf ans il étendit sa domination à quatre cents lieues de Médine, tant au Levant qu'au Midi. Mahomet étant mort à Médine en 632, à l'âge de soixante-trois ans, Abubeker, son beau-père, succéda à son empire. Il marcha sur les traces de son gendre: il soumit la Chaldée, l'Assyrie, une partie de la Mésopotamie et des pays voisins, tandis que les empereurs grecs languissaient dans la mollesse et ne s'occupaient que de vains plaisirs. Omar, son successeur en 634, leur enleva l'Arménie, la Mésopotamie, l'Égypte, la Syrie, la Palestine, et même Jérusalem. Othmar, qui régna après lui, acheva la conquête du vaste empire des Perses. Les peuples de toutes ces contrées, plongés dans la mollesse, n'opposèrent qu'une faible résistance à des conquérans ambitieux et fanatiques. Bientôt ces hordes terribles sortiront du fond de l'Asie, pour se précipiter comme un torrent sur l'Europe, qu'ils entament et harcèlent sur toutes ses frontières.

Les papes se succédaient rapidement sur le siége de Rome. Boniface IV dédia le Panthéon de Rome à tous les saints. Boniface V succéda à Déus-Dedit et mourut le 22 octobre 625. Honorius I, qui lui succéda, institua la fête de l'Exaltation de la sainte croix, en mémoire de la victoire remportée par l'empereur Héraclius sur Chosroès, roi des Perses, qui avait pris Jérusalem et enlevé la croix sur laquelle Jésus-Christ fut crucifié. Héraclius la reconquit et la remit à Jérusalem, où les fidèles allaient révérer ce signe adorable de notre rédemption. L'eutychianisme, que tant d'efforts persévérants des souverains pontifes n'avaient pu extirper, produisit dans ce siècle une autre hérésie aussi dangereuse pour la foi. Ce fut le monothélitisme. Cette funeste erreur n'admettait qu'une seule volonté et une seule opération dans J.-C. Sergius, patriarche de Constantinople, aidé de Théodore de Pharan et de Cyrus évêque d'Alexandrie, fut le principal propagateur de cette opinion, qu'il tâchait d'appuyer sur des raisonnements spécieux. « Il n'y a, disait-il, » qu'une seule personne en Jésus-Christ. Or dans une seule » personne il ne peut y avoir qu'un seul principe qui veut, qui » se détermine; donc il ne peut y avoir en Jésus-Christ qu'une » seule volonté. » Ce raisonnement n'était qu'une suite de l'eutychianisme. S'il n'y avait eu en Jésus-Christ qu'une seule volonté, il ne devait y avoir qu'une nature, comme l'avait soutenu Eutychès. L'empereur Héraclius montra trop d'indulgence pour le monothélisme, mais cette erreur trouva des ennemis infatigables dans les papes Séverin, Martin, Eugène, Vital, etc., etc. Les catholiques réfutaient les monothélites en leur disant que l'unité de volonté ne dépendait point de l'unité de personne, mais de l'unité de nature; qu'il n'y avait en Dieu qu'une seule volonté, quoiqu'il y eût trois personnes; et que l'Eglise ayant décidé qu'il y avait deux natures en Jésus-Christ, il devait y avoir aussi deux volontés. Malgré cette réponse, le monothélisme, paraissant propre à réunir à l'Eglise les Eutychiens et les nestoriens, fut reçu avec avidité par les esprits conciliants, qui n'en sentirent pas d'abord tout le venin. L'empereur Héraclius, selon la manie fatale des empereurs de Constantinople, dans le dessein de les favoriser, publia, en 639, une exposition de foi en forme d'édit, dans lequel il déclarait expressément qu'il n'y avait en Jésus-Christ qu'une seule volonté et une seule opération. Cet édit, appelé *Ecthèse*, fut donné comme la seule règle de la croyance des fidèles. Sergius, patriarche de Constantinople, tint aussitôt dans cette ville un concile des évêques de son parti, qui signèrent avec empressement le nouvel édit. Il fut affiché aux portes des églises, et on vit en peu de temps l'erreur se répandre dans la ville impériale et dans les provinces voisines. Un moine nommé Sophronius, aussi illustre par sa science que par sa sainteté, sentant ce venin de la nouvelle hérésie, s'opposa vivement à ses progrès. Il profita de son élévation sur le siége de Jérusalem pour l'anathématiser dans un concile des évêques de sa province. L'hypocrite Sergius, démasqué par cette attaque, se plaignit au pape Honorius I de Sophronius, comme d'un homme dont le zèle amer mettait le trouble dans l'Orient. Le pontife, prévenu en faveur du patriarche de Constantinople qu'il croyait ami de la paix, écrivit aux trois patriarches Sergius, Cyrus et Sophronius, pour les exhorter à ne plus agiter des questions aussi subtiles. Il leur représenta qu'après tous les maux dont les erreurs précédentes avaient accablé l'Eglise, ce qu'on pouvait faire de mieux était de garder le silence, et de ne parler ni d'une ni de deux volontés en Jésus-Christ. Honorius avait sans doute des intentions droites; mais cette lettre, laissant la question qui agitait l'Orient indécise, favorisa les hérétiques qui se hâtèrent d'infecter plusieurs provinces de l'Orient du poison de leur erreur. Cependant l'Ecthèse ayant rencontré une grande opposition en Afrique et dans une partie de l'Orient, l'empereur Héraclius écrivit au pape avant sa mort pour la désavouer. Il déclarait dans sa lettre que l'Ecthèse était l'ouvrage de Sergius, qui l'avait engagé à la souscrire et à la publier sous son nom. Ce désaveu de l'empereur aurait eu plus de force s'il eût révoqué son édit par un édit contraire. Le trouble apporté dans l'Eglise par l'aveugle confiance d'Héraclius dans des prélats hérétiques ou fauteurs de l'hérésie, n'éclaira pas l'empereur Constant II sur le danger d'improviser des formulaires de foi. Il se flatta d'être plus heureux que son prédécesseur et de rétablir la paix en publiant un nouvel édit, qu'il nomma *Type*, c'est-à-dire *Formulaire*. L'empereur y défendait toute dispute, ordonnant de s'en tenir à la doctrine de l'Ecriture et des Pères, sans s'expliquer sur les deux volontés. Il menaçait les contrevenants de déposition, de privation de charges, de punition corporelle. Cet édit devait, ce semble, moins révolter les catholiques que l'*Ecthèse* d'Héraclius. L'exposition de celui-ci, contradictoire dans les termes, en imposant également silence aux monothélites et aux catholiques, prononçait cependant en faveur de l'unité de volonté en Jésus-Christ; au lieu que le *Type* laissait la question indécise, et défendait de s'expliquer sur l'un ou sur l'autre sentiment. Mais ce silence même qu'on exigeait sur une question importante: *La nature humaine est-elle entière et parfaite en Jésus-Christ?* parut aux prélats catholiques un ordre dangereux, qui, en tenant la vérité captive, permettait à l'erreur d'étendre ses conquêtes. Le pape Martin I convoqua en 649 un concile composé de plus de cent évêques, dans l'église de Latran. Tous les dogmes des hérétiques, ainsi que leurs auteurs, et le *Type* de Constant, y furent solennellement condamnés. L'empereur, se tenant offensé de cette acte de justice, s'en vengea en exilant le pape et en persécutant les évêques orthodoxes; mais ce prince périt misérablement en 668, et laissa la triste réputation d'un homme sans vertu et sans courage, insulté impunément par les Sarrasins, qui lui enlevaient des provinces entières, tandis qu'il s'occupait à arguer sur la théologie et à persécuter des pontifes qui défendaient la foi et la doctrine de Jésus-Christ.

A un prince hérétique et perturbateur de l'Eglise succéda un empereur zélé pour la saine doctrine. Ce fut Constantin Pogonat, fils de Constant, dont le premier empressement, fut de demander la convocation d'un concile général. La première session se tint à Constantinople le 7 novembre 680, et la dernière le 16 septembre 681. Ce concile, le sixième œcuménique, décida que l'Eglise avait toujours reconnu en Jésus-Christ deux natures réunies sans confusion, et deux volontés distinctes sans opposition. Il rejeta non-seulement les dogmes impies du monothélisme; il dévoua les noms de leurs auteurs à l'anathème. On condamna aussi la lettre du pape Honorius Ier au patriarche Sergius, parce qu'elle favorisait son erreur. Macaire, patriarche d'Antioche, parla ouvertement pour une secte abattue par la décision du concile, et un moine, nommé Polychrone, osa proposer de ressusciter un mort pour justifier la doctrine de Macaire. Malgré ses conjurations, le cadavre ne reprit pas ses sens. Cette tentative insensée acheva de confondre le parti des monothélites. Le pape Léon II fit recevoir les décrets du 6e concile général dans un concile tenu à Rome. — L'empereur appuya le jugement du concile de Constantinople par un édit dans lequel il défendait toute dispute sur la question décidée, sous peine de déposition pour les ecclésiastiques, et de bannissement pour les laïques. Constantin mourut peu de temps après avoir donné la paix à l'Eglise; et s'il ne fit pas tout ce qu'il aurait voulu faire pour elle, on ne doit en accuser que la brièveté de son règne.

Les cinquième et sixième conciles-généraux n'ayant rien statué au sujet de la discipline, on tint en 691 un concile appelé *quinisexte*, parce qu'il était comme le supplément des deux autres. On le nomma aussi *in Trullo*, parce qu'il fut tenu dans le dôme du palais impérial appelé *Trullus*. On y décréta 102 canons, dont les uns ont été, pour leur sagesse, approuvés par l'Eglise, et les autres rejetés à cause de leur opposition formelle aux lois sacrées de l'Eglise catholique. Celui qui blessait le plus profondément la discipline, c'était celui qui permettait aux prêtres de garder leurs femmes après leur ordination. Voilà pourquoi le concile *in Trullo* n'a jamais été reçu en entier dans l'Eglise romaine. Les décisions des conciles de Constantinople ruinèrent tout le crédit du monothélisme et l'abattirent dans

Presque toute l'Eglise; en vain l'empereur Philippique voulut le faire revivre dans la suite : il fut détrôné avant d'avoir pu exécuter ses pernicieux desseins. Le petit nombre de partisans du monothélisme qui survécurent à ces défaites, comprenant l'impossibilité de jouer désormais un rôle sérieux dans l'Eglise, prirent le parti de se fondre dans la secte de l'eutychianisme. Au pape Donus, mort le 11 avril 679, succéda Agathon, moine, né en Sicile. Son pontificat est célèbre par la tenue du 6e concile général. Léon II, son successeur, augmenta la majesté du culte divin par les chants qu'il composa. Benoît II, Jean V, Conon et Sergius, furent les derniers pontifes qui siégèrent dans ce siècle. On prétend que Benoît II obtint de l'empereur Constantin Pogonat que l'élection des papes pourrait se faire à l'avenir sans le consentement des empereurs grecs. L'empereur Phocas avait déjà donné, au commencement de ce siècle, le titre d'évêque universel au pape, titre si envié par les patriarches de Constantinople, et qui fut, quelque temps après, l'origine d'un schisme déplorable.

Parmi les écrivains de ce siècle, on distingue Fortunat, évêque de Poitiers. Il composa la vie de saint Martin en vers, et quelques hymnes. Saint Colomban fit aussi de la poésie; mais il est plus connu par la réforme qu'il introduisit dans divers monastères et par la règle qu'il leur donna. Marculfe, Ildefonse, de Tolède, et saint Isidore, de Séville, méritent d'être distingués. Les *Formules ecclésiastiques* du premier sont utiles pour connaître le génie de ce siècle. Le second nous a laissé un livre sur les écrivains ecclésiastiques, qui, quoique très imparfait, a beaucoup servi à nos bibliographes. Enfin saint Isidore s'est fait un nom parmi les savants par ses *Origines* ou son *Etymologicon*, par son *Histoire des Goths et des Vandales*, et par d'autres ouvrages. — L'Eglise grecque compta parmi ses écrivains Jean Moschus, auteur d'une histoire monastique qu'il intitula : *Pré spirituel*; Sophrone, patriarche de Jérusalem; Théophilacte, qui écrivit l'histoire de son temps, et quelques autres : mais on sentait dans l'Orient comme dans l'Occident la décadence profonde de la littérature. En Orient, les empereurs de Constantinople, livrés aux disputes théologiques, abandonnèrent les essais littéraires; et le goût inintelligent du merveilleux acheva de corrompre et de rétrécir les esprits et les idées. — Partout les intelligences n'étaient préoccupées que des malheurs des invasions; les monuments des arts et des lettres tombaient sous le fer et le feu, ici des barbares, là des Sarrasins, et ainsi les études fortes et saines avaient disparu de la société profane. Mais les lettres et les monuments pieux de l'antiquité trouvèrent un refuge dans les monastères naissants et à l'ombre de toutes les Églises épiscopales.

VIIIe SIÈCLE.

Les musulmans, enhardis par leurs conquêtes rapides dans l'Asie et l'Afrique, poussés par leur fanatisme accru par le succès, instruits d'ailleurs sur la décadence de la race des Visigoths et sur la faiblesse honteuse de leurs rois, résolurent de faire la conquête de l'Espagne. Ils abordèrent au commencement de ce siècle ces belles contrées qu'ils devaient retenir si longtemps sous leur joug : ils ne trouvèrent ni résistance ni valeur chez leurs nouveaux ennemis, et bientôt le croissant redouté flotta des bords du détroit jusqu'aux sommets des Pyrénées. L'Europe leur était ouverte; ils ne tardèrent pas à se jeter, avec un enthousiasme prodigieux, sur leur proie. Mais le génie de Charles Martel arrêta, dans les plaines de la France méridionale, ce terrible torrent qui allait envahir, par les deux extrémités à la fois, la chrétienté tout entière.

Grégoire II avait succédé, le 19 mai 715, à Constantin sur le siége de Rome. Dès sa plus tendre jeunesse il avait été élevé dans le palais de Latran. Tandis que les musulmans attaquaient la France et en Orient Constantinople, les Lombards ravageaient l'Italie. Le saint pontife, harcelé jusque dans Rome même, trouva néanmoins le courage de poursuivre sa grande œuvre des missions de Germanie. En 716 il avait envoyé des missionnaires et un évêque en Bavière, et ces apôtres eurent un plein succès. C'est alors que vint à Rome le célèbre Anglais Ouinfrid, si connu sous le nom de Boniface, de Mayence. Saint Grégoire l'ordonna évêque et l'envoya en Germanie avec des lettres pour les princes, les évêques et les peuples, et d'amples instructions. Boniface sut remplir les intentions du saint pontife avec ce zèle et ce succès prodigieux qui placèrent l'illustre apôtre de la Germanie à un rang si éminent parmi les saints de l'Église et les bienfaiteurs de l'humanité. Il couvrit l'Allemagne de saintes fondations, érigea l'abbaye de Fulde, qui devint la plus célèbre école de l'Occident. Il convertit des populations entières, pénétra jusqu'au sein des tribus les plus barbares, et couronna cette belle vie par la gloire du martyre.

Tandis que l'Italie était affligée des ravages des Lombards et que Grégoire II, si zélé pour la foi et l'intégrité de la doctrine apostolique, se voyait poursuivi et menacé de mort par l'empereur, dont il arrêtait et condamnait les violences contre les Églises d'Italie, une nouvelle hérésie vint fondre sur l'Église et désoler le cœur du saint pontife : ce fut la secte des iconoclastes. — L'empereur Léon III, dit l'*Isaurien*, fut le premier auteur de l'hérésie des iconoclastes. On raconte que dans sa jeunesse ayant rencontré des Juifs qui déclamaient contre les images des chrétiens, l'un d'eux, qui le voyait couvert des marques de l'indigence, lui dit en plaisantant : *N'est-il pas vrai, mon ami, que si tu es jamais empereur, tu détruiras toutes ces figures impies?* Le jeune homme jura qu'il n'en laisserait subsister aucune. — Léon tint cette parole imprudente. A peine monté sur le trône, il déclara au sénat que, *pour reconnaître les bienfaits dont Dieu l'avait comblé depuis son avènement à l'empire, il voulait abolir l'idolâtrie qui s'était introduite dans l'Église et détruire les images de Jésus-Christ, de la Vierge et des saints, comme autant d'idoles auxquelles on rendait un culte dont Dieu était jaloux.* En effet, il publia, en 726, un édit contre les images, ces antiques et chers objets de la vénération des fidèles. Toutes celles des saints furent déchirées ou effacées. On osa même abattre la statue de Jésus-Christ placée sur la porte du palais impérial par l'empereur Constantin. Le peuple, plein de vénération pour ce monument de la piété du premier empereur chrétien, accourut en armes, et, dans le tumulte, fit périr un officier qui se préparait à briser la statue. Léon, irrité, fit arrêter les principaux auteurs du tumulte et leur fit souffrir divers supplices. Il y avait dans la ville impériale un fameux collége fondé et enrichi par les empereurs. Le prince iconoclaste voulut faire entrer les professeurs dans ses idées; et, sur leur refus, il fit entourer leur maison de bois et de paille, et les fit brûler vifs avec l'édifice où ils étaient renfermés. Cet acte d'une barbarie si horrible rendit son nom exécrable. Le peuple de Constantinople et celui de quelques autres villes renversèrent ses statues. Le patriarche saint Germain lui reprocha en vain sa fureur; l'empereur ne lui répondit qu'en l'exilant. Enfin ce prince impie, après avoir exercé différentes persécutions contre les défenseurs des images, mourut accablé de maladies en 741. La manie d'être un réformateur en fait de religion étouffa toutes ses vertus. Il avait été le père de ses sujets; dès qu'il voulut en être le théologien il en devint le tyran.

Constantin Copronyme, son fils, héritier de son trône et de ses sentiments, érigea en loi civile et ecclésiastique l'abolition des images. Pour leur porter le dernier coup, il convoqua un concile à Constantinople, composé de 338 évêques, vendus à la cour et dominés par l'ambition, qui justifièrent la conduite du prince. Dans ce conciliabule, qui osa prendre le titre de 7e concile général, on condamna comme une idolâtrie tout culte rendu aux images en mémoire des personnes qu'elles représentaient.

Le 27 novembre 741 mourut le pape Grégoire III, après un pontificat de dix ans et neuf mois. C'était un homme ferme et prudent, très instruit et plein de zèle. Il fut enterré à Saint-Pierre. Zaccharie, Grec de nation, lui succéda. Luitprand, à la tête des Lombards, pressait de tous côtés l'exarcat de Ravenne. Zaccharie alla trouver l'ennemi et obtint à grand' peine une trêve du roi farouche. De retour à Rome, le pontife tint un concile qui décréta treize canons, presque tous dirigés contre les abus du clergé et les mariages illicites. Le concile de Soissons, en 744, et un concile tenu à Rome en 745, condamnèrent deux insignes imposteurs, Adalbert et Clément, qui avaient indignement abusé de la simplicité et de la crédulité du peuple pour lui vendre des reliques. Adalbert fut mis en prison par ordre de Carloman. Ce châtiment intimida ses disciples, calma leur zèle simoniaque et détrompa la naïveté des dupes. Rachès, roi des Lombards, guidé dans la piété par le pape Zaccharie, abdiqua la royauté et se retira au Mont-Cassin. Astolphe, son frère, lui succéda dans le royaume des Lombards. Quelque temps après, Burchard, évêque de Wesbourg, et Fulkad, chapelain de Pepin, vinrent à Rome consulter Zaccharie sur la succession du trône de France. Le pontife fit cette célèbre réponse qui amena au trône la maison carlovingienne. Saint Boniface, alors archevêque de Mayence, sacra Pepin avec l'huile consacrée. Ce fut le premier exemple dans l'histoire moderne de cette consécration imitée des Juifs. Le pape mourut la même année, et Etienne II lui succéda le 26 mars 752. Astolphe, roi des Lombards, s'empara de Ravenne, et Eutychius, le dernier exarque, s'enfuit en Grèce. Mais le dangereux vainqueur ne s'en tint pas à son usurpation ; bientôt il entra avec ses troupes sur les terres de Rome. Le pape Etienne lui envoya des légats pour le fléchir ; mais Astolphe les renvoya avec mépris. Le pontife, effrayé, demanda secours à l'empereur Constantin ; mais l'empereur, occupé de ses projets iconoclastes et de la guerre des musulmans, resta sourd aux cris de détresse de l'Italie. Réduits à cette cruelle extrémité, le pontife et le peuple de Rome tournèrent les yeux vers la France, et implorèrent l'appui de Pepin. Pepin, reconnaissant de tout ce qu'il devait à la papauté, ne fit pas attendre sa puissante intervention. Le pape vint en France, sacra de nouveau Pepin et ses deux fils Charles et Carloman, ainsi que sa femme Bertrade. Pepin pénétra en Italie, et Astolphe, effrayé, accéda aux exigences de son puissant ennemi. Mais à peine le roi franc eut-il repassé les Alpes, que le Lombard reprit les hostilités et mit tout à feu et à sang. Pepin accourut de nouveau, assiégea Pavie et châtia le roi des Lombards. Pepin lui imposa les conditions de la paix, et donna au pape vingt-deux villes. Ce fut ainsi que la souveraineté temporelle de la papauté, déjà reconnue par l'empereur Phocas, fut assise sur une base réelle et définitive par la glorieuse épée du père de Charlemagne. Ce moment si solennel dans l'histoire moderne ouvre la troisième période de notre division générale de ce récit.

IIIe PÉRIODE.

A n'envisager que les besoins et les dangers matériels de cette triste époque, jamais l'humanité n'eut autant besoin d'un pouvoir tutélaire, ferme, indépendant et civilisateur ; d'un pouvoir assez intelligent pour recueillir et sauver les débris de la civilisation antique, et assez fort pour assurer l'avenir et le développement progressif de la civilisation et des libertés modernes. Mais, pour que ce pouvoir pût accomplir ces grandes choses au milieu de ce chaos de la barbarie, il lui fallait deux principes, deux leviers : une autorité de droit divin, c'est-à-dire incontestable et infaillible, et une puissance indépendante assez forte pour appuyer son action et pour faire respecter ses droits. La donation providentielle du fondateur des carlovingiens réunit ces deux caractères entre les mains de l'Eglise romaine pour le salut du monde. Les peuples avaient tourmenté la papauté pour l'engager à prendre en mains leur tutelle. Aujourd'hui qu'elle accepte cette glorieuse et difficile mission, ils viennent en foule se jeter dans ses bras et se mettre à l'abri sous sa douce et puissante protection. Dès lors nous voyons les souverains et les particuliers, les grands et les faibles, tous les malheureux et tous les opprimés se tourner vers cette éternelle sauvegarde de la justice et du droit. Et l'un des plus grands spectacles que nous présente l'histoire du monde, c'est de voir, par ces temps difficiles, l'Eglise faire face à tous les périls, faire justice de toutes les violations, consoler les faibles, soulager le malheur, affermir la vertu, guider et sauver le monde. Après avoir sauvé l'Italie de la fureur des barbares, elle vaincra les barbares eux-mêmes par la vérité et l'amour, et portera la lumière et la paix jusqu'aux confins de l'Europe. C'est ainsi que ce pouvoir temporel de l'Eglise, si décrié par la haine et l'ingratitude, fut le salut de nos pères, la source de toutes nos lumières modernes et le boulevard de nos libertés.

On a attaqué, de nos jours, avec une animosité sans exemple ce droit temporel de l'Église, sous prétexte qu'il est incompatible avec le caractère *du serviteur des serviteurs de Jésus-Christ.* Mais de quelle autorité décidez-vous ceci, lorsque tant de saints, tant de grands docteurs, lorsque le monde entier, et par dessus tout la Providence, ont reconnu ce droit, légitime pendant tant de siècles? Ce n'est pas encore une objection sérieuse que de prétendre que la puissance souveraine perdra par l'ambition le chef de l'Église, et faussera son esprit et son caractère de pasteur. Si le pontife était un ambitieux, ce vice serait plus dangereux en lui, et pour l'Église et pour la société, s'il ne possédait pas de domaine temporel. Mais, en regard de ces futiles objections, que de bienfaits cette institution n'a-t-elle pas opérés pour la gloire et la conservation de l'Église, pour le salut et les progrès de la société moderne ! Les peuples protégés contre la tyrannie, les différends des princes et les guerres entre les nations vidés par une intervention intelligente et pacifique. Calculez, au contraire, les périls et les désordres qui naîtraient chaque jour si l'Église et son chef étaient à la merci d'une puissance temporelle. « Si le prince dans les États duquel il vivrait prétendait faire quelque innovation à son avantage et au détriment de la discipline ecclésiastique, ne lui serait-il pas peut-être aisé de l'obtenir d'un tel pape moyennant quelque promesse? Nous en verrons des exemples trop funestes en Allemagne sous Henri, et en Angleterre sous Élisabeth. Ces princes n'attirèrent-ils pas à leur parti presque tous les évêques leurs sujets, et ne les gagnèrent-ils pas, les uns par la crainte, les autres par l'intérêt? Qu'arriverait-il donc si un pape sujet étoit mal disposé et qu'on l'ébranlât par l'or ou par les menaces? N'aura-t-il pas trop de penchant à sacrifier à ses passions les intérêts de l'Église? Ainsi, en supprimant la souveraineté du pape, on ne supprimerait pas le danger de sa faiblesse, et j'ose dire que ce danger deviendrait plus grand et sans remède; d'autant plus que dans ce cas le prince dont ce pape serait sujet aurait la facilité et le pouvoir de se mêler de son élection, d'en chercher un qui fût favorable à ses vues, et qu'un pape ainsi élu devrait conserver beaucoup de reconnaissance et de dévouement pour son bienfaiteur. S'il arrivait jamais que les évêques et le pape abusassent de leurs droits temporels au détriment de l'Église, serait-ce au laïc de réparer ce désordre? Dieu préserve les princes de cette maxime qui donnerait un exemple funeste contre la possession pacifique des princes mêmes ! *Rendez sacré*, dit Montesquieu, quoiqu'ennemi des nouvelles acquisitions du clergé, *Esprit des lois*, l. 25, c. 5, *rendez sacré et inviolable l'antique et nécessaire domaine du clergé, qu'il soit stable et éternel comme lui-même.* Ainsi donc la souveraineté pontificale n'est certainement pas par elle-même nuisible à l'Église; au contraire, dans certains temps, elle peut lui être très avantageuse, et les dommages qui pourraient en résulter sont inséparables de tout état. Fleury, *Mœurs des chrét.*, p. 4, c. 3, parle ainsi du gouvernement temporel des évêques, et on en doit dire autant des papes, il en résulte toujours que les droits temporels dans les mains des ecclésiastiques ne nuisent par eux-mêmes ni à l'Église ni à l'État : *L'autorité des évêques augmentait toujours. Outre la dignité du sacerdoce et la sainteté de leur vie, leur habileté dans les affaires et leur affection envers les peuples les rendaient recommandables. Au temps des conquêtes des barbares, ils arrêtaient souvent la fureur des vainqueurs, et sauvaient leurs villes du saccage, même au péril de leur vie. Ainsi Attila fut éloigné de Rome par les soins du pape saint Léon, de Troyes par saint Loup, d'Orléans par saint Agnan; mais saint Dizier de Langres et saint Nicaise de Reims furent mis à mort par les Vandales pour leur troupeaux. Lorsque les barbares furent devenus chrétiens, les évêques entrèrent dans leurs conseils, et furent leurs plus fidèles ministres. Ces bons pasteurs ne se servaient de leur crédit et de la richesse des églises que pour l'utilité publique. Lisez tout ce qu'ont fait les papes depuis saint Grégoire jusqu'au temps de Charlemagne, ou pour réparer les ruines de Rome, ou pour rétablir non-seulement les églises et les hôpitaux, mais aussi les routes et les aqueducs, ou pour sauver toute l'Italie de l'avarice des Grecs ou de la fureur des Lombards; lisez les vies de saint Arnulfe, de saint Éloi, de saint Ouer, de saint Léger et d'autres prélats qui ont eu part dans les affaires de ce temps: vous verrez que le christianisme, loin de nuire à la politique, en est le plus solide fondement, attendu que c'est le meilleur moyen d'unir les hommes pour s'aider mutuellement.* — Fleury, 4e disc., num. X, dit encore : *Tant que l'empire romain a subsisté, il renfermait dans sa vaste étendue presque toute la chrétienté; mais depuis que l'Europe est divisée entre plusieurs princes indépendants les uns des autres, si le pape eût été sujet de l'un d'eux, il eût été à craindre que les autres n'eussent eu peine à le reconnaître pour père commun, et que les schismes n'eussent été fréquents. On peut donc croire que c'est par un effet particulier de la Providence que le pape s'est trouvé indépendant et maître d'un État assez puissant pour n'être pas aisément opprimé par les autres souverains, afin qu'il fût plus libre dans l'exercice de sa puissance spirituelle et qu'il pût contenir facilement tous les autres évêques dans leur devoir. — Sans cette indépendance*, dit Terrasson, *il arriverait que dès la première querelle d'un État chrétien avec l'autre, les rois ou les autres chefs voudraient se distinguer par quelque croyance particulière. — Tous ces droits sont légitimes*, dit Fleury, 4e disc., *il n'est non plus permis de les contester à l'Eglise qu'aux laïcs, et, pour revenir à l'Eglise romaine, il serait très injuste de lui disputer la souveraineté de Rome et d'une grande partie de l'Italie, dont elle est en possession depuis tant de siècles, puisque la plupart des souverains n'ont pas de meilleur titre que la longue possession. — Le pape*, dit le président Hénault, ab. chron., *n'est plus, comme dans les commencements, le sujet de l'empereur; depuis que l'Eglise s'est répandue dans l'univers, il a à répondre à tous ceux qui y commandent, et par conséquent aucun ne doit lui commander. La religion ne suffit pas pour imposer à tant de souverains, et Dieu a justement permis que le père commun des fidèles entretînt par son indépendance le respect qui lui est dû.* Ainsi donc il est bon que le *pape ait la propriété d'une puissance temporelle avec l'exercice de la spirituelle.* — Bergier, *De la vraie relig.*, t. XI, p. 3, c. 9, § 14, dit : *Nous soutenons, avec Hénault, Leibnitz et autres écrivains très sensés, qu'il est utile et convenable que le père commun des fidèles ne soit ni sujet ni vassal d'aucun prince, qu'il doit avoir à l'égard de tous la même attention et la même partialité. Sans la réunion des deux pouvoirs les papes n'auraient pu rendre à l'Église les services qu'ils lui ont rendus.* — Voltaire lui-même observe que *les papes d'Avignon étaient trop dépendants des volontés des rois de France, et ne jouissaient pas de la liberté nécessaire au bon emploi de leur autorité* (*An. de l'empire*, t. I, p. 397). — Bossuet, *Discours sur l'unité*, dit : *Dieu voulut que cette Église, la mère commune de tous les royaumes, dans la suite ne fût dépendante d'aucun royaume dans le temporel, et que le siége où tous les fidèles devaient garder l'unité, à la fin fût mis au-dessus des partialités que les divers intérêts et les jalousies d'État pourraient causer... L'Église indépendante dans son chef de toutes les puissances temporelles, se voit en état d'exercer plus librement, pour le bien commun et sous la commune protection des rois chrétiens, cette puissance céleste de régir les âmes, et, tenant en main la balance droite au milieu de tant d'empires souvent ennemis, elle entretient l'unité dans tout le corps, tantôt par d'inflexibles décrets, et tantôt par de sages tempéraments.* »

Je rencontre au début de cette troisième époque deux faits que je m'empresse de toucher dans ce récit rapide et insuffisant. Le premier, c'est ce bel exemple de prudence et d'héroïque fermeté que l'Église donne en spectacle au monde. Le pape Étienne plaça en quelque sorte Didier sur le trône des Lombards, et l'affermit en lui obtenant la protection du roi franc. Ainsi l'habile pontife assura du même coup le repos de l'Italie et la paix et les droits de l'Église. Le second, c'est l'avènement du roi de France, ce fils aîné de l'Eglise, à la succession glorieuse de l'empire et au privilége de protecteur de l'Église universelle. « Il y a des nations privilégiées, dit de » Maistre, qui ont une mission dans le monde; celle de la » France me paraît aussi visible que le soleil. L'Église gallicane » n'eut presque pas d'enfance : en naissant, pour ainsi dire, » elle se trouva la première des Églises nationales, et le plus » ferme appui de l'unité. Les Français eurent l'honneur unique » d'avoir constitué (humainement) l'Église catholique dans le » monde, en élevant son auguste chef au rang indispensable- » ment dû à ses fonctions divines, et sans lequel il n'eût été » qu'un patriarche de Constantinople, déplorable jouet des » sultans chrétiens et des autocrates musulmans. » Ainsi nous voyons déjà le pape Étienne écrire à Pepin pour le prier de prendre en considération le sort déplorable de l'Église persécutée par l'empereur de Constantinople. — Copronyme, non moins ennemi des religieux que des saintes images, eût voulu les anéantir à cause de leur opposition à son entreprise sacrilége. Plusieurs d'entre eux, et même quelques évêques, reçurent la couronne du martyre. Les soldats de Constantin, secondant ses fureurs, profanaient les temples et les souillaient de leurs impiétés. Ils arrachaient des sanctuaires les reliques des saints et les jetaient dans les égouts. Quelquefois ils les amoncelaient avec des ossements d'animaux et les brûlaient ensemble, afin que les fidèles n'en pussent démêler les cendres. Enfin Dieu frappa l'aveugle tyran d'une maladie extraordinaire qui l'enleva en 775. Ce prince bizarre, dévot par accès au milieu de la débauche et de la tyrannie, prêcha quelquefois à Constantinople. Il avait composé treize sermons, qui furent lus pendant quinze jours au peuple assemblé pour les entendre. Le pape Étienne II était mort le 26 avril 757, après un règne de cinq ans et un mois. Le 29 mai 757, Paul, diacre de l'Église romaine et frère du pape Étienne, fut élu à sa place. Il nous reste plusieurs lettres du pape Paul Ier, écrites au roi Pepin pour lui demander son appui contre les Grecs et les Lombards. Paul mourut le 29 juin 767, et eut pour successeur Étienne III, natif de Sicile. Léon IV, fils de Constantin Copronyme, qui régna après lui, fut d'abord favorable aux catholiques. Il commença par ordonner de traiter avec respect les images de la Vierge Marie. Il permit aux religieux exilés de rentrer dans leurs monastères; il donna des pasteurs orthodoxes aux églises. Mais, dès qu'il fut affermi sur le trône, il devint le persécuteur de la vérité et de la vertu. — Ce fut un grand malheur pour l'Eglise d'Orient que cette passion insensée des empereurs pour les luttes doctrinales, et leur manie incorrigible de se donner droit et mission de régler la foi et la discipline de l'Eglise de Dieu. De là ces luttes tantôt ridicules, souvent sanglantes, qui désolèrent l'Eglise. De là ces germes de désunion et de révolte qui perdront dans l'hérésie cette belle portion de l'Eglise universelle. L'Eglise grecque de ces temps déjà restera à jamais un exemple effrayant de cette situation fausse de l'Eglise vis-à-vis de l'État. Mais l'excès même de ce mal fit éclater la force et la puissance divine de l'Eglise de Jésus-Christ. « L'Église, » dit saint Hilaire de Poitiers, a cela de particulier que son » autorité triomphe quand on la viole, que sa puissance se » manifeste quand on l'outrage et se consolide quand on l'a- » bandonne. » Voilà ce que prouva de nouveau la persécution de l'empereur Léon IV. Heureusement le règne de ce prince fut assez court. Attaqué d'une maladie terrible, il mourut en 780, après un règne de cinq ans. Son fils Constantin, âgé seulement de dix ans, lui succéda, sous la tutelle de l'impératrice Irène, sa mère, qui protégea les défenseurs des images. Pour remédier aux maux qui avaient désolé l'Eglise grecque depuis environ soixante ans, elle demanda au pape Adrien la convocation d'un concile.

L'ouverture de cette assemblée, dans laquelle on compta jusqu'à 377 évêques, se fit à Nicée le 24 septembre 787, et la clôture à Constantinople le 23 octobre. Les légats du pape y présidèrent. L'impiété des iconoclastes y fut anathématisée. Il fut défini que les images devaient être honorées, en mémoire des originaux, d'un culte relatif, très différent du culte suprême et de l'adoration réservée à Dieu seul. La salle où se tint la dernière session était remplie de peuple et de gens de guerre : pour les instruire de la doctrine de l'Eglise, on fit la lecture des passages des Pères les plus concluants contre les iconoclastes. Tous les assistants joignirent leurs acclamations à celles des évêques. Les images furent rétablies dans toutes les églises, et l'on crut avoir enseveli pour toujours cette hérésie sanguinaire, dont le prétexte était l'ignorance et la superstition des peuples. — L'Eglise d'Occident se développa avec plus d'indépendance; l'autorité du pape apportait toujours un contre-poids à la puissance de l'État. En même temps que les rapports de l'Eglise avec l'Etat se modifièrent, le cercle de ses affaires s'agrandit. Du jour de la reconnaissance de sa souveraineté officielle, l'Eglise obtint le droit d'accepter des dons et des héritages, que les évêques destinèrent en majeure partie à des établissements pour les malades, les orphelins, à l'entretien des vieillards dénués de ressources. Les évêques obtinrent l'usage d'une certaine juridiction, entre autres le *droit d'asile* pour leurs églises; on fit une obligation positive aux évêques de la coutume qu'ils avaient librement observée jusqu'alors d'exhorter les juges à l'humanité envers les prisonniers, et de visiter les captifs le mercredi et le vendredi. Le plus souvent ils furent les seuls hommes qui osèrent s'opposer aux fureurs et aux passions dangereuses des fonctionnaires de l'État. Parfois aussi les empereurs leur accordèrent le droit de surveiller les officiers publics jusqu'aux préfets des provinces. Et c'est ainsi que sous le régime d'un pouvoir tout-à-fait arbitraire et absolu, dans des temps de mœurs brutales et de lois inhumaines, l'Église devint non-seulement le symbole de la paix et de la charité, mais encore l'asile de la liberté et la gardienne des droits des peuples.

Cependant l'Église d'Occident ne fut pas à l'abri des dangers et des troubles de l'hérésie. L'erreur des iconoclastes eut des adeptes dans l'Italie; mais elle devenait surtout dangereuse en France et dans la Germanie. Beaucoup de ces peuples étaient nouvellement convertis à la foi chrétienne, surtout parmi les Germains, et conservaient encore leurs instincts de barbarie, une haine native contre les simulacres de la société antique. Aussi se trouvèrent-ils naturellement portés à adopter les fausses idées des iconoclastes. On vit même les évêques de France, dans la crainte que le concile de Nicée n'attribuât trop d'honneur aux saints, hésiter longtemps à le recevoir. Trompés par une version infidèle des décrets de ce concile, qui attribuait également l'adoration à la Divinité et aux images, la plupart le rejetèrent. La doctrine qu'on imputait aux évêques grecs fut d'abord réfutée dans les livres carolins, composés, dit-on, par ordre de Charlemagne, roi de France, et ensuite condamnée dans le concile de Francfort-sur-le-Mein, tenu en 794. Plus de 300 évêques de France, de Germanie, d'Espagne, d'Italie, s'y trouvèrent; de façon que presque toute l'Église occidentale attribuait à celle d'Orient une opinion injurieuse à la Divinité, et ce ne fut que plus d'un siècle après que le 7e concile général fut universellement reçu dans la chrétienté.

Le pape Etienne III mourut le 1er février 772, après trois ans et demi de pontificat; il fut enterré à Saint-Pierre. Adrien, fils de Théodore et d'une illustre famille, fut élu au siége de Rome le 9 février de la même année. Didier, roi des Lombards, recommença ses incursions et s'empara de plusieurs villes de l'exarcat de Ravenne. Le pape eut recours à Charles, fils de Pepin, qui accourut assiéger Didier dans Pavie. Comme le siége durait, Charles vint à Rome et confirma la donation qu'avait faite son père. Il retourna devant Pavie, s'empara de la ville et du roi. Didier fut envoyé dans un monastère de Corbie où il termina ses jours. Avec lui finit le royaume des Lombards qui avait duré en Italie un peu plus de deux cents ans. Charlemagne fit encore plusieurs voyages à Rome. Il fut toujours reçu par le pape et les peuples de l'Italie avec les honneurs dus à son génie, à ses vertus et aux beaux commencements qui inauguraient ce règne immortel. Tassillon, duc de Bavière, se plaignit des conquêtes de Charles et accepta le pape comme médiateur de leurs différends. C'est le premier exemple d'un tel fait que nous trouvions dans l'histoire de l'Eglise. Charlemagne emmena de Rome des hommes lettrés, des grammairiens et se munit de tous les écrits qu'il pouvait se procurer et qui devaient former la base de ce beau projet de la diffusion de l'instruction et des sciences dans ses vastes États. Cependant une nouvelle hérésie vint affliger l'Eglise d'Occident. L'Espagne vit naître dans son sein l'étrange erreur de *l'adoptianisme*. Elle avait pour auteurs Félix évêque d'Urgel, et Eliprand, évêque de Tolède. Le pape Adrien, averti du danger naissant, écrivit à tous les évêques d'Espagne pour leur prescrire la prudence et la rigidité de leur devoir. Les deux prélats hérétiques enseignaient que J.-C. n'était fils de Dieu que par adoption, et qu'il était esclave du Père éternel. Etherius, évêque d'Osma, et saint Benoît, fondateur et premier abbé d'Aniane, prirent la plume contre cette erreur, qui fut anathématisée dans un concile de Narbonne, convoqué en 788 par les soins du pape Adrien et de Charlemagne. Divers autres synodes proscrivirent la doctrine de Félix d'Urgel, qui se rétracta, dit-on, dans une assemblée tenue à Aix-la-Chapelle en 794, et mourut dans la communion de l'Eglise. Ce qui consolait tous les fidèles et l'Eglise de ces désordres, ce fut le grand exemple de vertu et de piété que donnait au monde Charlemagne, la gloire de ce siècle et l'un des plus grands caractères que l'humanité ait produits.

Le zèle éclairé de Charlemagne se montrait dans toutes les occasions. Il protégea puissamment les papes, et augmenta leur puissance et leurs richesses. Il favorisa tous les prélats qui faisaient honneur à leur état par leur religion et leurs lumières. Il exempta les évêques du service militaire qu'ils étaient obligés de faire en personne. Il proscrivit la mendicité, chaque canton devait nourrir ses pauvres, et il était défendu de faire l'aumône aux mendiants valides. Il restreignit le droit d'asile, plus favorable au crime qu'à l'innocence. Il ordonna à tous ses sujets l'obéissance aux supérieurs ecclésiastiques, tant du premier que du second ordre, dans les choses spirituelles. Quiconque avait un procès et demandait le jugement de l'évêque devait lui être renvoyé. Ennemi de l'ignorance, l'un des fléaux de la foi et des mœurs, il fit tous ses efforts pour ranimer les sciences. Il combla les gens de lettres de bienfaits, et les honora de cette familiarité, qui flatte souvent plus que les richesses. Il établit des écoles célèbres dans plusieurs villes, et fonda des monastères où l'on donnait des leçons sur les divers objets des connaissances humaines. Ses soins ne se bornèrent pas à la France. Ayant conquis la Saxe et une partie de la Hongrie, après une guerre aussi longue qu'opiniâtre, il voulut que ses nouveaux sujets se soumissent au joug de la foi. La plupart des Saxons et des Hongrois devinrent chrétiens, tandis que d'autres missionnaires convertissaient les Thuringiens, les Francs, les Bavarois, les Hessois et les Frisons. Tous ces saints apôtres s'illustrèrent par leur courage, leurs vertus, les immortelles institutions qu'ils léguèrent aux peuples ; par le don des miracles, et souvent par la gloire du martyre. C'étaient ordinairement les pontifes romains qui nommaient les chefs de différentes missions, destinés à prêcher l'Evangile aux peuples idolâtres. Le pape Adrien Ier mourut le 25 décembre 795. Le peuple de Rome le pleura comme un père et Charlemagne lui paya un touchant tribut de regrets. Son pontificat avait duré 23 ans et 10 jours. Il fut enterré à Saint-Pierre le 26 décembre. Saint Léon III fut élu le lendemain au souverain pontificat. Il était né à Rome et avait été élevé dans le palais de Latran. Cependant de grands désordres déshonoraient le trône de Constantinople. L'impératrice Irène, aveuglée par l'ambition, commit un forfait inqualifiable dans une mère: Elle fit crever les yeux à son fils pour s'emparer du pouvoir. Constantin succomba à cet atroce supplice le 19 août 797. A Rome, le pape faillit tomber victime d'un complot inique à la tête duquel se trouvaient les parents du pape Adrien. Léon III suivait une procession solennelle quand les assassins se jetèrent sur lui et essayèrent de lui arracher les yeux et la langue. Ils le traînèrent dans l'église de Saint-Etienne et le laissèrent baigné dans son sang. Mais les serviteurs du saint pontife parvinrent à l'arracher de la prison, et dès qu'il put se mettre en route il se rendit près de Charlemagne qui le reçut avec les plus grands honneurs. Vers la fin de l'année 799 le pontife retourna à Rome avec un nombreux cortége de prélats et de comtes, et bientôt Charlemagne vint le rejoindre dans la ville éternelle.

IXe SIÈCLE.

Le commencement de ce siècle est tout rempli des exploits et des grandes organisations que réalisa le génie de Charlemagne. Maître de l'Italie, de la France, de l'Allemagne, l'illustre empereur vint à Rome (800) où Léon III le couronna et le proclama empereur d'Occident. Charles, après avoir passé l'hiver en Italie, repassa les Alpes. Arrivé à Aix-la-Chapelle, il reçut les ambassadeurs de l'impératrice Irène qui demandait son alliance. La gloire de Charlemagne avait dépassé les confins de l'Europe. Tous les princes, jusqu'au calife des Musulmans, lui envoyèrent des ambassades et des présents. La seule œuvre que nous avons le temps de signaler dans cette vie si pleine et si glorieuse, c'est le zèle infini de ce grand homme à propager l'instruction et à la mettre en honneur. Après avoir composé ses capitulaires, il se mit à l'œuvre avec une intelligence admirable pour réaliser son plan gigantesque. Il écrivait au pape, stimulait les évêques, récompensait et attirait les savants. « Il vaut mieux sans doute, dit-il dans une de ses circulaires, faire le bien que de le connaître, mais on le fait plus sûrement quand on le connaît. Vous devez être à la fois pieux et savants. Nous souhaitons surtout que vous viviez bien, mais nous souhaitons aussi que vous parliez bien. » L'an 814, mourut Charlemagne, le héros le plus pieux et le plus glorieux qui ait jamais illustré le trône d'un empire. Ce noble génie mérita bien qu'on gravât sur la couronne carlovingienne ces deux mots : *Sanctus, magnus*, les deux titres les plus augustes dont le ciel et la terre puissent couronner une tête humaine. On plaça sur son tombeau cette épitaphe : *Ici repose le corps de Charlemagne, grand et orthodoxe empereur, qui a étendu glorieusement le royaume des Français, et qui l'a gouverné heureusement pendant 47 ans.* Louis, son fils, auquel il laissa le trône impérial, fut attaché comme son père aux intérêts de l'Eglise et de la religion ; mais il n'eut ni sa grandeur d'âme, ni sa fermeté. L'édifice que Charlemagne avait élevé avec tant de peine s'écroula d'abord après sa mort. Louis eut la faiblesse de partager son empire avec ses trois fils, Lothaire, Pepin et Louis. Ayant eu un quatrième fils de sa seconde femme Judith, il voulut lui former un héritage. Lothaire, Pepin et Louis, indignés du partage qu'il voulait faire à un enfant du second lit, assemblent, en 833, quelques seigneurs mécontents à Compiègne pour juger leur père. C'est là que ces fils ingrats le couvrirent d'un sac, après l'avoir dégradé. L'infortuné Louis est envoyé en prison à Saint-Médard de Soissons, et l'empire est remis entre les mains de Lothaire, son fils aîné. Le triste état où était réduit Louis, excita la pitié des seigneurs allemands, qui le tirèrent de sa prison et le rétablirent. Pepin et Lothaire reconnurent leur faute et lui en demandèrent pardon en 834. L'empereur régna six ans après son rétablissement, et mourut en 840, après avoir pardonné à tous ses enfants. Ce prince, que la politique regrette tant de rencontrer après ce grand règne de Charlemagne, dont il perdit et morcela l'immense empire ; Louis, que l'histoire a stigmatisé du surnom de *Débonnaire*, fut un des princes les plus pieux, les plus zélés pour répandre l'instruction et les règles de la discipline et de la doctrine chrétiennes que nous ayons rencontré dans l'histoire de l'Eglise.

L'Eglise d'Orient avait joui d'un certain calme sous le gouvernement d'Irène, devenue seule maîtresse de l'empire. Dévouée au culte ancien, elle s'efforça de lui rendre sa splendeur en faisant reparaître les images et en favorisant les orthodoxes. Ainsi, la sagesse et la prudence d'Irène ramenaient les esprits à la paix, lorsqu'elle fut déposée et envoyée en exil. La chute de cette princesse produisit un contre-coup terrible pour les soutiens de la vérité. Nicéphore, qui l'avait détrônée pour s'emparer de l'empire, était catholique en apparence ; mais il n'avait dans le fonds aucune religion. Certains historiens en font un prince humain, religieux, ami de la vérité; d'autres l'ont représenté comme un des plus méchants princes qui aient régné: hypocrite, sans foi, sans mœurs et d'une avarice sordide. Michel Curopalate, qui prit le sceptre en 811, changea la face de l'Etat et de l'Eglise. Après avoir fait sa profession de foi selon les sept conciles œcuméniques, il chassa de Constantinople les iconoclastes et fit punir les plus mutins par le supplice des verges ou par d'autres châtiments. Les hérétiques, voyant leur secte prête à être écrasée, cherchèrent à la relever par quelque prestige qui pût en imposer à la simplicité du peuple. Le patriarche Nicéphore, voulant attirer la protection du ciel sur les armes de l'empereur, avait ordonné des prières publiques, accompagnées de stations en différentes églises. Un jour que la procession s'était rendue dans celle des Apôtres, où Constantin Copronyme, l'ardent protecteur des iconoclastes, était enterré, tout-à-coup son tombeau s'ouvre avec grand bruit. Les hérétiques, qui avaient imaginé et dirigé ce stratagème, s'écrient de concert : *Lève-toi, grand prince! viens au secours de l'Etat prêt à périr!* En même temps mille voix s'élèvent. *Le voici!* disaient-ils, *ouvrez-lui passage! Le voyez-vous monté sur son cheval de bataille pour fondre sur les ennemis de l'empire?* Le peuple effrayé crut voir ce qu'il ne voyait pas, et il ne fut détrompé, que lorsque les auteurs de l'artifice, menacés de la torture, avouèrent qu'ils avaient descellé la pierre du tombeau pour machiner leur coup de théâtre. Cependant de sourdes fermentations travaillaient les esprits, échauffés par cette imposture. Michel, ne pouvant résister aux orages qui se formaient chaque jour, fut obligé d'abdiquer l'empire. Il se retira dans un cloître, où il finit pieusement ces jours. Léon l'Arménien lui succéda. Le nouvel empereur était peu favorable aux catholiques: Son premier soin fut de disposer les grands et le peuple à suivre ses sentiments. Dès que les esprits furent tournés en faveur des iconoclastes, il assembla, en 815, le patriarche, les évêques et les principaux abbés, pour conférer en sa présence avec ceux qui soutenaient qu'on devait abolir les images. L'empereur se rendit à l'assemblée, accompagné du sénat, des patrices, des principaux officiers de l'empire, et d'un grand nombre d'iconoclastes. Dès qu'il eut fait connaître son dessein, les catholiques répondirent tous d'une commune voix qu'il n'y avait plus lieu de disputer sur une matière définie par un concile œcuménique. Plusieurs évêques se signalèrent alors par la liberté avec laquelle ils reprochèrent à l'empereur son injuste partialité. Mais personne ne parla avec autant de hardiesse que saint Théodore Studite : « *Seigneur, dit-il, ne troublez pas l'ordre établi par Dieu même; il vous a confié le soin de l'Etat, et aux pasteurs celui de l'Eglise. L'apôtre saint Paul, dans la description de la hiérarchie ecclésiastique, ne nomme pas les empereurs.* » Léon, irrité contre les prélats qui osaient lui faire de telles remontrances, les chassa de sa présence et leur ordonna un silence profond sur les disputes qui divisaient l'Eglise. L'année suivante, 816, il donna un édit qui défendait, sous peine d'exil et de châtiments rigoureux, de rendre aucun honneur aux images. Le patriarche Nicéphore n'ayant pas voulu recevoir cet édit, fut envoyé en exil dans un monastère qu'il avait fait bâtir au bord du Bosphore. Il y vécut treize ans dans la pratique de toutes les vertus. On mit à sa place Théodore, qui, de concert avec plusieurs prélats courtisans, condamna solennellement le second concile de Nicée dans un conciliabule assemblé dans l'église de Sainte-Sophie. Armés des décrets de cette lâche et scandaleuse assemblée, les iconoclastes firent souffrir à leurs adversaires la persécution la plus violente. On abattit et on brûla toutes les images qu'on trouvait dans les églises; on brisa les vases sacrés qui portaient l'empreinte de quelque figure de saint. On coupait la langue à ceux qui osaient s'élever contre ces attentats; on déchirait à coups de fouet les hommes et leurs femmes qui n'adhéraient point à l'erreur. La confiscation des biens accompagnait toujours ces cruautés. Si l'on envoyait quelqu'un en exil, c'était dans des pays barbares où le nom chrétien était en horreur. Enfin Léon, après sept ans et demi de règne, fut assassiné, en 820, emportant au tombeau la triste et odieuse réputation d'un tyran et d'un persécuteur barbare. Les iconoclastes conservèrent leur crédit sous Michel-le-Bègue et sous Théophile. Mais, après la mort de ce dernier empereur en 842, sa veuve Théodora, ayant été déclarée tutrice de son fils Michel, travailla de toute sa force à rétablir le culte des images. Elle assembla, en 842, un concile très nombreux, auquel présida Methodius, patriarche de Constantinople; et, conformément aux décisions du concile de Nicée, on dit solennellement anathème à tous ceux qui avaient déclaré la guerre aux images des saints. Grâce à cette généreuse intervention, la véritable doctrine triompha dans tout l'empire d'Orient.

La haine éternelle qui subsistait entre l'Orient et l'Occident ne date pas de la division de l'empire. Cette aversion réciproque remplit toute l'histoire ancienne de ses sanglantes péripéties. Il semble que le christianisme, ce lien puissant de paix et de fraternité, eût dû éteindre ces ferments antiques de haine et d'opposition; mais il n'en est rien malheureusement. Quand la querelle des empereurs se fut éteinte dans leur impuissance et leur agonie, les patriarches de Constantinople, guidés par une ambition fatale et sans cesse infectés par l'esprit d'hérésie, transportèrent dans la doctrine et la discipline de l'Eglise cette lutte déplorable dont les conséquences funestes pèsent encore sur une grande partie de ces malheureuses contrées. C'est surtout depuis la translation de l'empire à Constantinople que les évêques de cette ville, jaloux de la puissance de l'évêque de Rome, prétendirent d'abord marcher ses égaux; ils obtinrent la juridiction sur la Thrace, sur l'Asie et sur le Pont. Ils s'élevèrent ensuite au-dessus des patriarches d'Alexandrie et d'Antioche, qui leur étaient supérieurs, et prirent le titre de *patriarche œcuménique et universel*. Les papes s'opposèrent à ces usurpations avec une vigueur et une persévérance traditionnelles, et, malgré l'ambition des patriarches grecs, ils conservèrent tous leurs droits et un grand crédit dans l'Orient. Leur primauté d'honneur et de juridiction y fut reconnue pendant les huit premiers siècles; mais le IXe fut l'époque d'un schisme funeste dont nous allons tracer l'histoire.—L'empereur Michel, ayant atteint l'âge de majorité, commença à prendre les rênes de l'Etat en 855. Livré à la flatterie et à la volupté, il laissa gouverner Bardas, son oncle, homme ardent et impétueux, qui se maria publiquement avec sa belle-fille. Saint Ignace, patriarche de Constantinople, ayant désapprouvé cette union monstrueuse, fut relégué en 858 dans une îles de la Propontide, après avoir été déposé dans un conciliabule. — L'eunuque Photius, homme de naissance, de génie et d'érudition, alors encore simple laïque, usurpa ce siége. Il fut ordonné dans cinq jours patriarche. Dès qu'il fut en possession du premier siége de l'Eglise orientale, il s'empressa de convoquer un concile pour faire confirmer son élection. Il en assembla un en 861 à Constantinople, où Ignace fut condamné; les légats du pape, séduits par l'éloquence de Photius ou par la crainte, donnèrent les mains à tout ce qu'il fit. — Le souverain pontife, informé de la prévarication de ses légats, frappa d'anathème Photius, et rétablit saint Ignace, dans un concile tenu à Rome en 863. Photius, irrité, lui répliqua en assemblant en 866 un conciliabule, où le pape Nicolas fut déposé et excommunié, comme convaincu de plusieurs crimes dont il avait été accusé par de faux témoins, gagnés par l'artificieux patriarche. Il écrivit ensuite contre les Latins, auxquels il imputait diverses hérésies. C'en était une, suivant lui, que de soutenir que le Saint-Esprit procède du Père et du Fils. Il blâmait aussi divers usages de l'Eglise latine, tels que le pain azyme, les œufs en carême, etc., et se livra à toute l'âcreté de la haine, à toute l'insolence de l'ambition triomphante.

Cependant son crédit fut bientôt ruiné à la cour impériale. Basile-le-Macédonien, ayant ravi le trône et la vie à l'empereur Michel, commença son règne en donnant la paix à l'Eglise. Il confina Photius dans un monastère et rétablit saint Ignace sur son siége. Il envoya des ambassadeurs au pape Adrien II pour l'engager à étouffer entièrement le schisme par la convocation d'un concile œcuménique. — Le pape entra dans ses vues, et le concile fut convoqué à Constantinople dans l'église de Sainte-Sophie. Il fut commencé le 5 octobre 869, et finit le 28 février 870. Photius, malgré les intrigues de ses partisans et les prestiges de son éloquence, fut déposé et anathématisé, et saint Ignace rétabli.

L'union de l'Eglise d'Orient avec celle d'Occident, rétablie par le concile de Constantinople, ne dura pas longtemps. Après la mort du saint patriarche Ignace (878), Photius, du sein de son exil, avait inventé un moyen singulier de se rétablir dans l'esprit de l'empereur: il avait fabriqué une fausse généalogie, dans laquelle il faisait descendre Basile, de Tiridate, roi d'Arménie. L'audace de cette fourberie en fit le succès; Basile, flatté d'une telle généalogie que l'inventeur pouvait seul lui expliquer, le rappela à la cour. Photius, ayant gagné l'empereur par ses flatteries et les principaux seigneurs par ses bassesses, fut rétabli sur le siége patriarcal. Il assembla tout de suite, en 879, un concile à Constantinople, composé de près de 400 évêques, qui le déclarèrent innocent de tous les crimes dont on l'avait accusé. Les légats du pape Jean VIII souscrivirent par séduction à tout ce qu'il leur présenta. A la fin du concile on fit une profession de foi qui embrasse celle du concile de Nicée, expliquée ou confirmée par les six conciles généraux suivants. Le huitième fut condamné, et celui-ci en tient la place chez tous les Grecs schismatiques. C'est ainsi que Photius réussit enfin par la ruse et la fourberie à consommer et à établir sur des fondements solides ce malheureux schisme qui a séparé du centre de l'unité tant de peuples, autrefois si attachés à l'Eglise.

Les souverains pontifes, successeurs de Jean VIII, ne cessèrent de demander la destitution de Photius. En 882, le pape Marin l'anathématisa de nouveau, et condamna tout ce qu'i avait fait jusqu'alors comme évêque et comme patriarche. L'empereur Léon, maître de l'empire après son père Basile, en 886, voyant le schisme déchirer l'Eglise, dépouilla de nouveau Photius du patriarcat, et l'envoya en exil dans un monastère, où ce chef des schismatiques mourut oublié, après avoir rempli l'Orient et l'Occident de son nom. La scission entre les deux Eglises cessa quelque temps par la mort de Photius. Mais ce dangereux sectaire avait malheureusement jeté entre elles un terrible ferment de discorde, qui plus tard opéra une division complète.

Une nouvelle hérésie troubla l'Eglise grecque pendant que le schisme la déchirait. Une secte de manichéens, surnommés Pauliciens, d'un certain Paul, leur chef, protégée par l'empereur Nicéphore, prêchait le mépris et une aversion implacable pour la sainte image de la croix; et, chose étrange, par une superstition singulière, ils se faisaient appliquer, dans leurs maladies, le signe sacré de la rédemption sur la partie affligée. L'impératrice Théodora les fit poursuivre avec rigueur en 845. Les censures et les peines ecclésiastiques lui parurent des armes trop faibles contre des hommes redoutables par leur nombre et leur fanatisme: elle eut recours à la force. Dans les grandes villes de l'Asie, des officiers furent chargés de rechercher les manichéens. Si, après les avoir exhortés à quitter leurs erreurs, ils ne se rendaient pas aux remontrances, ils devaient être mis en prison, et même punis de mort si leur obstination était invincible. Ce remède, déjà si violent et si dur, fut encore exagéré par les officiers publics. Ils traitèrent souvent les hérétiques sans ménagement et avec la dernière rigueur. Ceux qui échappèrent trouvèrent un refuge chez les Sarrasins, où ils devinrent les implacables ennemis de l'empire. Les incursions des musulmans devenaient de jour en jour plus dangereuses et fatales. Leurs hordes fanatiques abordèrent l'Italie et portèrent partout le fer et le feu. En août 846, ils entrèrent à Rome et pillèrent l'Eglise de Saint-Pierre; puis ils forcèrent les monastères, pillèrent les vases sacrés et commirent des excès atroces.

En dehors de ces calamités, l'Eglise latine fut encore affligée par des hérésies. Claude, évêque de Turin, renouvela les erreurs de Vigilance sur l'invocation des saints, et des iconoclastes sur les images. D'autre part, Jean Scot avança des propositions hasardées et répandit des opinions dangereuses sur la présence réelle de Jésus-Christ dans l'eucharistie et sur la prédestination. La matière si abstruse de la prédestination fut traitée dans ce siècle à l'occasion des écrits d'un moine de l'abbaye d'Orbais, dans le diocèse de Soissons, nommé Gotescalk. On l'accusa de soutenir que la prescience de Dieu forçant les hommes à agir, et les sauvant ou les damnant malgré eux, les uns étaient destinés de toute éternité à la mort, et les autres à la vie. Raban Maur, archevêque de Mayence, et Hincmar, archevêque de Reims, se déclarèrent contre ces opinions, qui furent condamnées dans le concile de Mayence de l'an 848, et dans ceux de Quercy des années 849 et 855. Gotescalk fut fustigé et enfermé dans un monastère, où il mourut vers l'an 866. Hincmar lui fit refuser la communion pendant sa vie, et même la sépulture ecclésiastique après sa mort, parce que Gotescalk rejeta une formule de foi qu'on voulait lui faire souscrire. Hincmar le peint comme un homme inquiet, bizarre, inconstant et rustique. La ténacité de son caractère égalait au moins la subtilité de son esprit; et le malheur de ces hommes difficiles ce sont les suggestions aveugles d'un amour-propre obstiné.

La question la plus importante qu'on agita dans ce siècle est celle que Pascase, moine et ensuite abbé de Corbie, traita dans son livre *du Corps et du Sang de Jésus-Christ*. Il le composa vers l'an 831 pour l'instruction des jeunes Saxons élevés dans son monastère. Il y soutient la présence réelle de Jésus-Christ dans l'eucharistie d'une manière si claire et si distincte, que ses expressions ont été regardées comme les plus propres à exprimer le sens de l'Eglise catholique sur la créance de cet adorable mystère. Longtemps après que ce traité eut paru, Frudegard, religieux de Corbie, proposa, en 864, à l'auteur quelques objections sur son sentiment. Pascase, qui était alors abbé de Corbie, les examina avec soin et soutint avec force que dans l'eucharistie le corps de Jésus-Christ est le même qui est né de la Vierge, qui a été crucifié et qui est ressuscité, et que, quoique la figure du pain et du vin paraissent après la consécration, il n'y reste que le corps et le sang de Jésus-Christ. Pascase n'exprimait réellement que la doctrine de l'Eglise; mais comme ces termes étaient tranchés et quelques-uns nouveaux, il y eut des disputes, non sur le dogme, mais sur les mots. Toutes les expressions de Pascase ne furent adoptées qu'après de longues controverses, et de savants écrivains ont soutenu son orthodoxie.

Les différents pontifes qui se succédèrent sur le siége de Rome furent: Étienne V, Pascal, Eugène II, Valentin, Grégoire IV, Sergius II, qui s'appelait auparavant Pierre et quitta son nom par humilité, lorsqu'il fut élu en 844. Léon IV, son successeur, fut un grand pape et un grand prince. Pour défendre Rome contre les incursions des barbares, il éleva les murailles qui renfermèrent le faubourg de Saint-Pierre dans la ville, et il bâtit le château Saint-Ange. C'est après ce pontife que certains historiens ont placé la ridicule fable de la papesse Jeanne. Le pontificat de Benoît III ne dura que deux ans et demi. Nicolas I et Adrien II se signalèrent tous deux, l'un par la fermeté avec laquelle il soutint le patriarche saint Ignace contre Photius; l'autre en obligeant Lothaire, roi d'Austrasie, de quitter Valdrade sa concubine, et de reprendre son épouse qu'il avait répudiée. Jean VIII, Martin, Adrien III et Étienne VI siégèrent avant Formose, dont la vie et la mort sont également remarquables. Comme il était en possession d'un autre évêché lorsqu'il fut transféré au siége de Rome, Étienne VII, son successeur, affectant un faux zèle pour les canons qui défendent les translations, fit déterrer son cadavre pour le jeter dans le Tibre comme celui d'un antipape. Mais Étienne ayant été puni de ses violences par une mort funeste, le corps de Formose fut retiré du Tibre et enterré décemment par Romain son successeur. Jean IX, pontife qui occupait la chaire de saint Pierre à la fin de ce siècle, confirma ce que Romain avait fait.

Tandis que la foi se répandait dans des contrées nouvelles, un saint réformateur travaillait au rétablissement des ordres monastiques, et les retirait de la décadence où ils étaient tombés. Ce fut saint Benoît, issu d'une illustre famille de Languedoc. Après avoir servi avec distinction dans la maison et dans les armées de Pepin et de Charlemagne, ce grand saint s'enferma dans un monastère dont il devint abbé. Il se retira ensuite dans une terre de son patrimoine, où il fonda l'abbaye d'Aniane près d'un ruisseau qui portait ce nom. Ses vertus lui ayant fait plusieurs disciples, il envoya diverses colonies de ces religieux dans les monastères qui désiraient de se réformer. La règle de saint Benoît y était pratiquée dans toute son austérité; et l'abbé d'Aniane était le premier à donner l'exemple de ce qu'il exigeait des autres. Louis-le-Débonnaire, l'ayant appelé auprès de lui, le chargea de veiller sur tous les monastères de son royaume, qui devinrent sous ce chef vigilant des pépinières de savants et de saints. Ce prince lui en fit bâtir un à deux lieues d'Aix-la-Chapelle. C'est dans une assemblée d'abbés, tenue dans cette dernière ville en 817, que Benoît travailla à des réglements uniformes pour toutes les maisons de sa dépendance. A peu près dans le temps que Louis-le-Débonnaire employait Benoît d'Aniane à la réforme des moines, il faisait dresser par le concile d'Aix-la-Chapelle une règle pour les chanoines. Amalaire, diacre de l'Eglise de Metz, connu par son savoir et par son zèle, se chargea de ce travail. Il fit un recueil, en 145 articles, d'extraits des Pères et des canons qui avaient rapport à la vie canonique. Cette collection de réglements ressemble beaucoup à celle de saint Chrodegand, le restaurateur des mœurs cléricales dans le siècle précédent.

Xe SIÈCLE.

Le xe siècle est une des plus tristes époques de la décadence de l'esprit humain. Ce grand éclair que le génie de Charlemagne avait jeté dans ces ténèbres semble, en s'éteignant, avoir entraîné dans une nuit plus profonde encore les infirmes essais d'une science étroite et des lettres retombées dans l'enfance de la barbarie. Cette triste décadence influa gravement sur l'Eglise: non pas que la doctrine reçût des atteintes, ou que les lumières manquassent à tous les enfants de l'Eglise; tant s'en faut. Mais les mœurs reçurent partout de graves et de regrettables atteintes. D'une part, le monde pullulait de petits tyrans, brigands de profession, qui épouvantaient les peuples par leurs crimes et leur corruption. Des relâchements fâcheux envahirent l'Eglise, et souvent souillèrent le sanctuaire. Ainsi nous verrons pour la première fois un pontife indigne déshonorer par des mœurs odieuses la gloire si pure de cette longue succession de martyrs et de saints sur le siége de Rome. Cependant ce xe siècle, si souvent dépeint sous les sombres couleurs de l'âge de fer, s'il ne vit et ne produisit pas de grandes lumières, donna néanmoins au monde de rares exemples de piété. Plusieurs nations embrassèrent le christianisme; d'illustres réformateurs rétablirent la discipline dans les monastères. Parmi les pontifes qui remplirent la chaire de saint Pierre, plusieurs furent éminents en savoir et en sainteté. Tel fut Benoît IV, mort en 903, pape recommandable par sa charité. Léon V, qui lui succéda, fut dépossédé par un ambitieux nommé Christophe, chassé à son tour par Sergius, prêtre de l'Eglise romaine, qui, malgré les suffrages du peuple, eut beaucoup de factions à combattre. Le siége pontifical fut occupé après lui par Anastase III, et ensuite par Landon. Après la mort de ce pape, Théodora, fille d'une dame romaine qui portait le même nom qu'elle, et sœur de Marozie, favorisa l'élection de Jean X en 914. Marozie, qui jouissait d'une autorité absolue dans Rome, ne pouvant faire entrer ce pape dans ses vues criminelles, le fit étrangler en 928. Cette femme, aussi ferme dans les affaires que dépravée de mœurs, s'était emparée du môle d'Adrien, connu aujourd'hui sous le nom de château Saint-Ange, et du haut de cette forteresse elle continua de tenir en respect la cité pontificale et de dicter des lois aux Romains. Après la mort d'Albéric elle épousa Gui, duc de Toscane, frère de Hugues. Veuve de ce second époux, l'ambition lui en fit épouser un troisième : ce fut Hugues, son beau-frère. Ce prince aspirait à l'empire; il crut y parvenir en donnant la main à Marozie, qui jouissait toujours d'une autorité absolue dans Rome. Albéric, fils de cette prostituée, ayant reçu l'outrage d'un soufflet de la main de Hugues, alla soulever les chefs de la noblesse romaine. Il sut faire passer le ressentiment dont il était animé dans le cœur des conjurés. On sonna le tocsin, on prit les armes. Hugues fut obligé de s'enfuir, à la faveur des ténèbres de la nuit, en Lombardie. Les Romains, profitant de cette occasion pour secouer le joug de Marozie, déférèrent au jeune Albéric la dignité de consul et de patrice. Le premier usage qu'il fit de son autorité fut d'enfermer sa mère dans une obscure prison. Léon VI, élu après Jean X, Etienne VII, Jean XI, Léon VII, Etienne VIII, ne firent rien de remarquable. Marin II et Agapet II, leurs successeurs, furent uniquement occupés des devoirs de leur ministère. Jean XII, Romain, âgé seulement de 18 ans, s'empara du Saint-Siége après la mort d'Agapet, et s'y conduisit en homme qui était entré au pontificat par la violence. Bérenger, roi d'Italie, l'ayant maltraité, il appela à Rome l'empereur Othon, qui le vengea de son ennemi; mais le pontife, oubliant ce bienfait, se révolta bientôt contre son bienfaiteur. Othon fut obligé de retourner en Italie. Il assembla en 963 un concile à Rome, dans lequel Jean, convaincu de plusieurs crimes, fut solennellement déposé. On élut à sa place Léon VIII, que Jean fit déposer à son tour après le départ de l'empereur. Cet indigne pontife mourut bientôt après. Les papes qui lui succédèrent eurent souvent recours aux intrigues et aux factions; ils en portèrent eux-mêmes la peine. Crescence ou Crescencius, seigneur romain qui s'était emparé de l'autorité souveraine, traitait les pontifes avec un audacieux despotisme. Grégoire V ayant été élu en 996, ce tyran, qui avait maltraité quelques-uns de ses prédécesseurs élus sans son aveu, lui opposa un antipape. L'empereur Othon, parent de Grégoire, repassa en Italie, assiégea Crescence dans le château Saint-Ange, et le fit périr par le dernier supplice. Grégoire V ne survécut pas longtemps à son triomphe; il mourut en 999. Gerbert, bénédictin d'Auvergne, dont les connaissances étaient si supérieures à celles de son siècle, parvenu par son mérite à l'archevêché de Reims, et ensuite à celui de Ravenne, fut élevé au pontificat et prit le nom de Sylvestre II. C'est le premier Français qui fut assis sur la chaire de saint Pierre. Quoiqu'on l'ait accusé d'ambition, il gouverna l'Eglise avec une modération et une sagesse admirables. Le pontificat de Sylvestre II fut illustré par la conversion des Hongrois. Etienne, leur roi, baptisé par saint Adalbert, évêque de Prague, mérita par sa piété le titre de *roi apostolique*. Ses sujets imitèrent son exemple, et le christianisme fut embrassé par le plus grand nombre d'entre eux. La monarchie française était déchue du haut rang de puissance et de splendeur où l'avait élevée le règne de Charlemagne. Cependant cette glorieuse Eglise ne cessait de donner au monde de grands exemples de vertus, de zèle et de lumières. L'Eglise gallicane fut troublée vers la fin de ce siècle par deux démêlés qui remplirent le royaume du bruit de leurs dissensions. Arnoul ou Arnolphe, archevêque de Reims, s'étant révolté contre Hugues Capet, et ayant livré sa ville archiépiscopale à Charles de Lorraine, son oncle, le concile de sa province le déposa et mit Gerbert à sa place. Les papes Jean XV et Grégoire V ne voulurent pas ratifier ce jugement. Le premier cassa dans un concile la déposition d'Arnoul et l'ordination de Gerbert, et interdit tous les évêques qui y avaient eu part. Il se plaignait surtout de ce qu'on n'avait point attendu son jugement sur cette affaire. Gerbert s'éleva fortement contre la sentence du pape; mais il fut obligé de s'y soumettre lui-même. Le pontife envoya un légat en France, qui tint un concile à Mouzon en 995 pour terminer cette affaire. On défendit à Gerbert de célébrer les saints mystères. Après la mort du roi, Arnoul fut rétabli sur son siége en 998; et Gerbert, dépouillé de sa place, obtint de l'empereur Othon, qui l'aimait et l'estimait, l'archevêché de Ravenne. L'autre contestation fut occasionnée par le mariage du roi Robert avec Berthe, sa parente. Quoique le degré de proximité des deux époux fût très éloigné, le pape Grégoire V cassa leur union, parce qu'indépendamment du degré de parenté, Robert était parrain avec Berthe. Le pontife ordonna à ce prince de quitter au plus tôt son épouse, et les condamna l'un et l'autre à sept ans de pénitence. Robert n'ayant point obéi à cette sentence, la plupart des évêques l'excommunièrent, et tous ses courtisans l'abandonnèrent. Il ne lui resta que deux domestiques, qui, pleins d'horreur pour tout ce qu'il avait touché, purifiaient par le feu les plats où il avait mangé et les vases où il avait bu. Abbon, abbé de Fleuri, suivit de deux femmes du palais qui portaient un grand plat de vermeil couvert d'un linge, alla trouver un matin Robert, qui faisait sa prière à la porte de l'église de Saint-Barthélemi. Il lui annonça que Berthe venait d'accoucher, et, découvrant le plat, il lui dit de regarder les effets de sa désobéissance aux décrets de l'Eglise. Robert regarda et recula d'épouvante à la vue d'une espèce de monstre. Frappé de cette espèce de prodige, le roi, abandonné de ses sujets et tourmenté de remords, triompha enfin de son inclination et se sépara de Berthe, et, après avoir rempli la pénitence qui lui était imposée, il mena une vie illustrée de vertus et de bonnes œuvres.

Le règne d'Alfred avait été en Angleterre une lumière nouvelle qui avait dissipé les ténèbres de l'ignorance. Depuis cette époque, cette Eglise voyait dans son sein des prélats également illustres par leur piété et leur savoir. Edouard-le-Vieux, Atelstan, Edmond, Edred, princes zélés et éclairés, réservaient toutes les grâces pour les ecclésiastiques dignes de ce nom par leur science et leur vertu.

On vit plusieurs de ces seigneurs se mettre sous la conduite de saint Odon, archevêque de Cantorbéry, fils d'un seigneur danois converti à la religion chrétienne. Ce prélat fit autant de bien par ses conseils que par ses exemples. Dès qu'il fut élevé sur le siége de Cantorbéry, en 942, il fit des règlements pour l'instruction de son peuple; il marqua les devoirs du roi, des seigneurs, des évêques, des clercs et des moines. Le roi Edmond, qui se conduisait par ses conseils éclairés, fit aussi des lois dont plusieurs regardaient la religion. Saint Dunstan seconda puissamment saint Odon, auquel il succéda dans l'archevêché de Cantorbéry. Quoique parent du roi Atelstan, il avait quitté de bonne heure la cour pour s'enfermer dans une petite cellule où il ne pouvait pas même s'étendre pour dormir. Le roi Edred, plein de respect pour ses vertus, lui donna toute sa confiance; il en fit son directeur et son ministre. Dunstan se servit du crédit qu'il avait pour faire fleurir en Angleterre l'état monastique. Il rassembla un grand nombre de moines dans le monastère de Glastembury, qui devint la pépinière des abbés et des évêques anglais. Dunstan, devenu évêque de Worchester, n'adoucit en rien l'austérité de sa vie. La mort du roi Edmond affaiblit son crédit à la cour. Edwy, son successeur, vivait avec une concubine et scandalisait ses sujets par ce commerce. Le zèle de Dunstan, animé par les plaintes du peuple, s'enflamma au point qu'il entra un jour dans l'appartement où le roi était enfermé avec sa maîtresse, et lui arracha l'objet de sa passion criminelle. L'archevêque Odon, ami de Dunstan, voyant que le roi n'écoutait point ses remontrances, envoya des soldats tirer par force de sa cour la malheureuse qui était la principale cause du scandale. Dunstan, revenu de son exil, fut placé sur le siége de Cantorbéry. Le reste de sa vie fut une suite d'actions généreuses et saintes, accomplies avec une charité pleine d'onction et un zèle éclairé; mais il fut toujours implacable pour le vice et le désordre. Cet illustre prélat, après avoir rempli l'Angleterre des fruits de ses bonnes œuvres, mourut saintement l'an 988.

A peu près vers le temps que l'ordre monastique acquérait un nouveau lustre en Angleterre, les Hongrois, auparavant la terreur des peuples fidèles, embrassèrent la religion chrétienne. Les Russes se soumirent au joug de la foi. Wladimir, leur prince, ayant épousé la princesse Anne, sœur de Basile, empereur de Constantinople, reçut en même temps le baptême. Une partie des peuples qu'il gouvernait imitèrent son exemple. Dieu se servit aussi d'une femme pour convertir les Polonais. Micislas, duc de Pologne, ne put obtenir en mariage Dabrave, fille de Boleslas, duc de Bohême, qu'en se faisant chrétien. Son zèle le porta à demander des missionnaires au pape Jean XII, et leurs soins eurent un heureux succès. Ainsi non-seulement la religion chrétienne se conservait au milieu de la corruption générale, mais sa lumière divine dissipait peu à peu les ténèbres qui ensevelissaient encore dans une barbarie grossière les peuples du Nord. L'Eglise d'Allemagne fleurit sous l'empereur Henri-l'Oiseleur, prince très zélé pour la propagation de la religion chrétienne. Sainte Mathilde, son épouse, élevée au monastère d'Erford, y puisa toutes les vertus propres à une princesse chrétienne. Cachant un grand fonds d'humilité sous des habits magnifiques, elle savait conserver la dignité de son état sans rien perdre de l'esprit d'anéantissement qu'inspire le christianisme. Après la mort de l'empereur Henri, son époux, elle ne s'occupa que de bonnes œuvres. Elle fonda plusieurs églises et cinq monastères, entre autres celui de Polden dans le duché de Brunswick, où elle assembla trois mille moines. L'empereur Othon-le-Grand, son fils, plein de la piété de son illustre mère, en donna des preuves pendant le cours d'un règne long et glorieux. Lorsqu'il fut couronné à Rome en 956, par le pape Jean XII, il rendit à l'Eglise tout ce qui lui avait été enlevé pendant les troubles, et confirma les donations de Pepin, de Charlemagne et de Louis-le-Débonnaire. Son épouse, l'impératrice Edithe, réunissait à la fois la piété du cloître et la grandeur d'âme du trône. Adélaïde, sa seconde femme, se rendit recommandable par les sages conseils qu'elle donna à Othon II, son fils, par les vertus qu'elle lui inspira, et par les services qu'elle rendit à l'Eglise. Elle termina sa sainte carrière en Alsace, l'an 999, après avoir fondé un grand nombre de monastères.

Le xe siècle, que tant d'auteurs ont maudit et stygmatisé sous le nom de *lie des siècles, siècle de fer*, vit renaître en France la discipline monastique, que les guerres civiles et étrangères avaient anéantie. L'un des plus glorieux monuments fondés dans ce siècle est l'abbaye de Cluny, dans le diocèse de Mâcon. Cette illustre maison fut fondée en 910 par Guillaume-le-Pieux, comte d'Auvergne et duc d'Aquitaine et de Poitiers. Ce fut l'asile de la vertu et de la paix, au milieu des troubles qui agitaient tant d'Etats. Le prince, son fondateur, mit pour premier abbé Bernon, né en Bourgogne et homme d'une piété éminente. Odon, Adémar, Mayeul et Odilon étendirent cette congrégation naissante, et portèrent la réforme dans plusieurs monastères. Saint Mayeul, mort en 994, refusa l'archevêché de Besançon et la papauté. C'était un homme puissant en œuvres et en paroles, respecté et consulté par tous les princes de son temps. L'empereur Othon l'appela auprès de lui pour profiter de ses conseils, et Hugues-Capet lui confia la réforme des monastères de son royaume. Depuis la naissance de l'ordre de Cluny, le clergé régulier eut un éclat d'autant plus grand, que le clergé séculier d'alors était souvent d'une ignorance déplorable, et quelquefois livré à de tristes dérèglements. Les évêques et les papes les plus célèbres se recrutaient dans les monastères, ces grands foyers de la science et de la vertu. La supériorité que les lumières, la connaissance des affaires, la régularité des mœurs donnaient aux moines sur les clercs, leur procura de puissants protecteurs et de grandes richesses. Les chartes des donations que reçurent les premiers abbés de Cluny se montent à plus de deux mille. Ces richesses servirent encore à faire ressortir les mœurs austères, le génie et la bienfaisance des religieux. Il est vrai qu'elles contribuèrent aussi plus tard au relâchement de la discipline; mais ce relâchement ne vint que peu à peu, et longtemps après qu'ils eurent accompli déjà toutes les grandes œuvres que la Providence leur inspira pour le salut des peuples et la gloire de Dieu et de son Eglise.

Le xe siècle a eu la gloire de léguer au monde un autre ordre de religieux qui a eu une grande célébrité et qui édifie encore de nos jours l'Eglise universelle. Il y a en Italie, près d'Arezzo, une solitude nommée Camaldoli. C'est là que saint Romuald, homme d'une famille illustre et d'une piété éminente, fonda les Camaldules, qui réunissent dans leur institut la vie cénobitique et érémitique. Sans renoncer tout-à-fait à la vie commune pratiquée par les cénobites, les premiers enfants de saint Romuald demeuraient chacun dans une cellule particulière, d'où ils ne sortaient que pour aller offrir en commun dans l'Eglise le sacrifice de leurs prières. Cet institut fut imité ensuite et perfectionné par saint Bruno, l'illustre fondateur des Chartreux.

Si de ces grands spectacles d'héroïsme et d'austérité nous jetons un regard sur l'Église d'Orient, on s'attriste à voir cette malheureuse Eglise et cet empire déchu se livrer à de misérables disputes, tandis que les dangers les plus graves les assiégent de toutes parts et que des calamités effroyables s'apprêtent à fondre sur eux. L'empereur Léon-le-Philosophe, connu d'ailleurs par ses talents et sa sagesse, avait eu trois femmes qui ne lui avaient point laissé d'enfants. Il en épousa une quatrième, nommée Zoé, espérant donner un héritier au trône. Les canons de l'Eglise orientale proscrivant les quatrièmes noces, Nicolas, patriarche de Constantinople, s'opposa au mariage de l'empereur, qu'il frappa d'anathème. Léon irrité l'envoya en exil, et mit à sa place Euthyme, qui fut chassé après la mort de ce prince. Nicolas ayant été rétabli fit condamner par un nouveau décret, non-seulement les quatrièmes noces, mais les secondes et les troisièmes : décision dictée par un zèle plus emporté qu'éclairé. Le siége de Constantinople, sollicité par l'ambition et donné par le caprice, fut souvent déshonoré par des sujets scandaleux. L'empereur Romain, qui régnait vers le milieu de ce siècle, y nomma Théophilacte son fils, âgé seulement de 18 ans, et dont toutes les inclinations n'étaient rien moins qu'édifiantes. Un tel patriarche ne pouvait produire que des maux et du scandale. Uniquement occupé à amasser de l'argent pour satisfaire ses passions, il mit les choses sacrées à l'encan. Ses chiens et ses chevaux lui prenaient tout son temps. Il aimait ces animaux à l'excès, il passait sa vie à les soigner, et déshonorait chaque jour son caractère sacré par des occupations si profanes. Il introduisit la scandaleuse coutume de danser dans l'église les jours des grandes fêtes. Il aimait les chevaux, et les chevaux le perdirent. Un jour qu'il courait à cheval, il se froissa si rudement contre une muraille, qu'il cracha du sang, et ne fit que languir jusqu'à sa mort, aussi peu édifiante que sa vie. Cependant si l'Église grecque eut à gémir des vices de certains patriarches, elle fut consolée par plusieurs saints illustres qui naquirent dans son sein. Tels furent saint Nicon, moine d'une famille illustre dans le Pont, qui fut envoyé par son abbé en Arménie, où il édifia tous les fidèles par ses vertus et son zèle apostolique; saint Paul de Latre, ainsi appelé, parce qu'il était entré de bonne heure dans un monastère près du mont de Latre, où il se sanctifia par les mortifications les plus rigoureuses; saint Luc le jeune, autre moine, aussi célèbre en Orient par sa piété que par ses miracles. Il fut appelé le jeune, pour le distinguer d'un autre Luc, abbé en Sicile près du mont Etna, plus ancien au moins d'un siècle.

XI SIÈCLE.

A la vue de tous les désordres et de tous les périls de cette sombre époque, où l'on ne pénètre qu'avec une sorte de tristesse et de répulsion, il semble que la civilisation et le christianisme lui-même soient menacés d'une extinction complète. L'Eglise était assaillie par ses ennemis les plus dangereux. Elle se voyait atteinte jusqu'au cœur de sa constitution. Elle avait à lutter contre les mœurs relâchées des papes, contre les prétentions exorbitantes des souverains, contre la dépravation d'un clergé rebelle, contre les envahissements des évêques, contre la barbarie des peuples; mais elle résista à tous avec sa vertu et son énergie divines, et tandis que tout les pouvoirs et toutes les nations se ressentiront pendant de longs siècles encore des terribles effets de cette profonde décadence, nous voyons déjà au commencement de ce siècle nouveau l'Eglise sortir de la nuit de cette barbarie, et briller avec un éclat que huit siècles de distance n'ont pas encore éclipsé ni même affaibli. Un grand homme entre les mains de Dieu suffit pour relever une société déchue, et ce puissant instrument n'a jamais fait défaut à l'Eglise à l'heure du péril. Ainsi elle trouva dans ce siècle deux pontifes qui portèrent haut la gloire et l'influence tutélaire de la papauté, qui assurèrent ses droits souverains, relevèrent la discipline et laissèrent jusque dans l'histoire profane des traces ineffaçables. Le premier est Gerbert qui fut élu pape le 2 avril 999 et prit le nom de Silvestre II. Cet homme éminent naquit en Aquitaine d'une pauvre famille et fut élevé dans le monastère de Saint-Gérauld. Envoyé en Espagne près du comte Borel. Il connut et fréquenta de savants Arabes et approfondit tout ce qu'on savait alors de mathématiques. Il vint à Rome et fut présenté à l'empereur Othon II qui sut apprécier ses grands talents et lui donna l'abbaye de Robbio, fondée par saint Colomban. Gerbert mit tous ses soins et son étude à purger l'Eglise des désordres et des scandales qui la dégradaient. Après la mort d'Othon il vint en France et s'établit à Reims. L'empereur d'Allemagne le fit nommer archevêque de Ravenne et Grégoire V lui donna le pallium. Parvenu à cette haute dignité, Gerbert agrandit le champ de ses travaux de réforme, et attaqua résolument les évêques prévaricateurs. Sur ces entrefaites, Grégoire mourut à Rome et l'empereur jeta aussitôt les yeux sur l'archevêque de Ravenne pour remplir le poste suprême de chef de l'Eglise. Cette élection fut un grand fait dans l'histoire. Le siége de Rome allait recouvrer toute sa puissance et retrouver les jours glorieux de saint Grégoire-le-Grand. Malheureusement Sylvestre II ne régna que 4 ans. Une des plus hautes marques de son génie, ce sont les grandes choses qu'il sut accomplir dans un espace de temps si restreint. Presque toute la Hongrie était devenue chrétienne. Sylvestre donna pour roi à cette vaste contrée le duc Etienne, homme pieux, dévoué à l'Eglise et à la propagation de sa doctrine. Il stigmatisait tous les scandales, poursuivait les abus avec une ardeur infatigable. Il réforma la discipline des monastères, réprimanda les désordres des prêtres, arrêta les empiétements des évêques avec un courage et une fermeté inébranlables. Comme tous les grands papes, il maintenait les priviléges du Saint-Siége avec une énergie redoutable. Sylvestre mourut le 11 mai 1003. Comme pontife, ce grand homme avait toujours été l'un des plus fermes soutiens de la foi et de la doctrine de l'Eglise, l'un des plus zélés défenseurs de ses droits et de ses saintes traditions. Comme souverain politique, Sylvestre annonça Grégoire VII, et l'histoire, il me semble, n'a pas rendu assez justice aux vues larges et lumineuses de ce grand esprit. Toutes les grandes idées que développera Hildebrand et plus tard Innocent III se révèlent déjà en germe dans les mesures de Sylvestre II. Il affermit le pouvoir pontifical, réforma et reconstitua en quelque sorte l'unité de la discipline ecclésiastique. Son génie devina le terrible ennemi qui s'apprêtait à ruiner le christianisme et c'est à ce grand homme que revient la gloire d'avoir organisé la première croisade. Quant à son génie littéraire et scientifique, il rayonne encore jusqu'à nous dans tout l'éclat de sa magnifique renommée. Il était versé dans les lettres et les arts; mais ce sont les sciences exactes qui attirèrent le plus son attention et absorbèrent ses études. Astronome et mathématicien, il créa des choses si ingénieuses, que la rumeur populaire lui soupçonnait des relations avec le diable. Après Sylvestre II, les dissensions et les démêlés des papes avec les empereurs, leurs guerres contre les antipapes remplirent la première moitié du onzième siècle. De graves abus se glissèrent dans tous les rangs de la hiérarchie sacerdotale. L'autorité du Saint-Siége s'émoussait dans des mains faibles et inhabiles, mais l'impulsion salutaire était donnée au monde et à l'Église. Les grandes vues de Sylvestre ne s'éteignirent pas avec lui. La semence avait trouvé une terre forte et préparée pour la recevoir. Hildebrand méditait dans sa cellule de Cluni.

Les papes Jean XVII, Jean XVIII, Sergius IV, Benoît VIII, Jean XIX régnèrent assez paisiblement. Mais la maison de Toscanelle, puissante en Italie, ayant mis sur la chaire pontificale un enfant de douze ans, qui était de leur famille (Benoît IX), deux autres antipapes lui disputèrent la papauté, après s'être fait élire par insinuation ou par violence; et ce schisme produisit une espèce de guerre civile. Un prêtre nommé Gratien, homme de qualité et fort riche, se rendit à Rome, persuada aux intrus de se démettre, leur donna (dit-on) des dédommagements en argent, et fut mis à leur place sous le nom de Grégoire VI, en 1045. Comme le jeune Benoît IX avait été élu longtemps avant ses concurrents, on lui laissa la jouissance du tribut que l'Angleterre payait depuis longtemps à Rome, et qu'on appelait le *denier de saint Pierre*. Quoique la conduite de Grégoire VI fût sage et ses vues droites, il fut déposé en 1046, parce qu'on l'accusa d'être entré dans le souverain pontificat par la simonie. Suidger, évêque de Bamberg, fut élu à sa place, sous le titre de Clément II; il ne siégea que peu de temps. Après sa mort, l'empereur Henri III, qui dominait à Rome par ses partisans, fit élire Damase II; et, après celui-ci, Léon IX, évêque de Toul, le premier pape qui garda son évêché avec celui de Rome. Ce pape avait de grandes qualités; il possédait la vigueur, l'intelligence et l'activité d'un grand homme. Il travailla sans cesse à la réforme des mœurs; il assembla des conciles, condamna la simonie et déposa les simoniaques. Dans ses divers voyages, il rétablissait, autant qu'il le pouvait, la discipline, et remédiait aux abus les plus criants. Son courage ne se bornant point à la réforme des mœurs, il se mit à la tête d'une armée pour repousser les Normands; mais il fut vaincu et fait prisonnier. Il mourut à Rome en 1054, regretté comme le père des pauvres. Tandis que le désordre des mœurs, l'ignorance et la simonie déshonoraient les clercs et beaucoup d'évêques, tandis que l'Eglise, accablée de tant de maux, luttait en outre contre les invasions normandes, il se consomma un autre malheur que tous les esprits sages avaient dès longtemps prévu, mais qui n'en fut pas moins pénible pour l'Eglise: c'est le schisme définitif des Grecs. Regrettable scission qui ébranla l'unité de l'Eglise universelle, révolte fatale née d'un vice si profond et si invétéré, que les efforts généreux qu'a employés l'Eglise pendant huit siècles pour réparer cette grande ruine n'ont pas encore pu réussir.

Ce fut sous Léon IX que l'Église grecque consomma le schisme qui la sépare encore aujourd'hui de l'Église latine. La sagesse des pontifes romains crut avoir éteint le feu que Photius avait allumé; mais il couvait sous la cendre. Les patriarches de Constantinople, en lisant les écrits de l'hérésiarque contre l'Église d'Occident, entraient peu à peu dans ses desseins schismatiques. Michel Cérulaire, qui fut placé sur ce siége en 1043, fit surtout éclater les vues ambitieuses de ce patriarche, qu'il regardait comme un de ses plus illustres prédécesseurs. En 1053, il s'avisa d'écrire à Jean, évêque de Trani dans la Pouille, une longue lettre, destinée à être communiquée au pape et aux prélats occidentaux. Dans cette épître, triste signal de discorde, il accusait les Latins de plusieurs erreurs imaginaires. Les principales étaient de se faire raser la barbe; de jeûner le samedi; d'employer du pain azyme dans la célébration des saints mystères; de se donner le baiser de paix dans l'Église; de ne pas chanter l'*Alleluia* dans le carême; de manger du sang des animaux et des viandes suffoquées; enfin, de prescrire le célibat aux prêtres. Il portait encore d'autres accusations, fausses ou frivoles; capables néanmoins de faire impression sur des peuples légers et inconstants; aussi elles alarmèrent beaucoup le pape Léon IX. Ce pontife envoya aussitôt des légats à Constantinople. L'empereur Constantin Monomaque les reçut avec distinction; mais le patriarche refusa de leur parler et de les voir. Les légats offensés excommunièrent Michel et ses adhérents dans l'église de Sainte-Sophie. Le patriarche opposa anathème à anathème, et entraîna dans son schisme le clergé et le peuple. Alors les villes, les diocèses, les patriarcats entiers se séparèrent de l'Église romaine. Les abbés et les religieux qui ne voulurent pas renoncer aux cérémonies des Latins furent chassés des monastères qu'ils avaient dans la ville et dans le territoire de Constantinople; et tout annonça une rupture éternelle. Après la mort de Constantin Monomaque, que la politique avait contraint de souffrir les changements opérés par le patriarche de Constantinople, l'empire passa à Théodore et ensuite à Michel VI. Cérulaire, qui n'espérait pas de pouvoir faire adopter toutes ses idées à ce dernier prince, voulut avoir un empereur qui dépendît de lui. Il fit soulever le peuple, feignit de le calmer, et, paraissant céder à la force et au désir de préserver l'empire d'une ruine entière, il ouvrit les portes de Constantinople à Isaac Comnène. Michel fut forcé de quitter la pourpre, et Isaac qui avait été revêtu par les intrigues de Cérulaire, se laissa d'abord gouverner par lui. Le patriarche abusa bientôt de son crédit; il voulut, pour ainsi dire, être souverain, et il menaça l'empereur, s'il ne suivait ses conseils, de lui reprendre la couronne qu'il avait placée sur sa tête. Isaac fit arrêter secrètement ce prélat ambitieux et despotique, et l'envoya en exil où il mourut. Le schisme que Cérulaire avait fait naître se soutint sous ses successeurs. Depuis la séparation faite sous Photius, une animosité secrète régnait entre les Églises grecque et latine, quoiquelles se fussent réunies extérieurement. La plupart des Grecs ressemblaient à un homme qui, voulant rompre avec un ancien ami, n'attend que l'occasion de pouvoir le faire avec bienséance, et remplit certains devoirs de politesse, sans rien conserver de l'affection de l'amitié. Ce n'est pas que tous les évêques et tous les fidèles de l'Orient fussent dans ces sentiments; mais c'était la disposition d'un très grand nombre. Depuis longtemps les patriarches de Constantinople prenaient le titre d'*évêque universel*. Ce nom ne suffisait plus à leur orgueil, il leur tardait de marcher les égaux des papes. Ceux-ci, forcés de maintenir la dignité de leur siége, leur faisaient nécessairement sentir leur supériorité incontestable. Froissés dans leurs prétentions injustes, les patriarches avaient préparé les esprits au schisme. Voilà pourquoi cette importante et triste séparation s'accomplit avec tant de facilité. Nous touchons de nouveau à l'une de ces époques de péril universel et pour l'Église et pour la société politique. Le grand schisme d'Orient, consommé, il est vrai, par l'impulsion ambitieuse du patriarcat de Constantinople, a ses racines plus vieilles et plus profondes. La conduite despotique et les empiétements sacriléges des empereurs d'Orient sur les droits de l'Église sont une des premières causes de cette terrible catastrophe. Au moment même où l'Église déplorait si amèrement la funeste influence de ces usurpations impies des princes, les empereurs d'Allemagne s'apprêtaient à jouer dans l'Église d'Occident le rôle déplorable des empereurs de Constantinople. Le pouvoir temporel de la papauté, infirmé par les dissensions intestines de Rome, tenu en échec par les tyrans nombreux qui s'étaient établis autour des Etats pontificaux et jusqu'aux portes de Rome pour piller les campagnes et les voyageurs, menacé enfin par la terrible invasion des Normands; ce pouvoir si faible ne pouvait plus faire respecter ni soutenir les droits et les décisions de l'Église. Bien plus, l'autorité de l'Église était méconnue jusque dans le sanctuaire même. Des prêtres et des évêques scandalisaient jusqu'aux barbares par leurs déprédations impies, leurs mœurs dissolues et le commerce impudent qu'ils faisaient des choses saintes. Assurément voilà de graves dangers. Pour réformer l'Église et sauver son autorité et ses droits méconnus, pour rallumer dans cette société pervertie par l'ignorance et des exemples honteux les principes purs et sévères de la doctrine catholique, il faut un grand homme qui ait le cœur pur, les mœurs austères, la conscience profonde de ses devoirs, et le courage et l'énergie d'un héros pour les accomplir. — Grégoire VII parut. Nous sommes arrivés au règne le plus important de notre seconde période, au règne qui caractérise admirablement l'idée qui domine cette glorieuse phase de la vie de l'Église; nous touchons à l'homme immortel qui a résumé dans sa puissante individualité les caractères les plus saillants de la mission et de l'influence temporelle de l'Église sur les sociétés modernes. Le nouveau pontife comprit quel mal profond menaçait l'Eglise; il l'attaqua dans sa racine même. Les justes mais sévères mesures de Grégoire VII révoltèrent les évêques simoniaques. L'empereur d'Allemagne venait de souiller son règne de crimes odieux et de massacres barbares. Tous les ennemis de l'ordre, de la discipline et de la justice se réunirent dans un vaste complot pour frapper d'un coup décisif l'ennemi implacable de tous les désordres et de tous les abus. Il fut résolu de former une conjuration à Rome, de tuer Grégoire VII ou de le livrer entre les mains de l'empereur Henri. Guibert, archevêque de Ravenne, était l'âme et le guide de cet infâme complot. Les conjurés avaient fixé l'exécution de leur dessein à la nuit de Noël. Grégoire officiait à Sainte-Marie-Majeure. Les assassins pénètrent dans le sanctuaire, renversent le saint vieillard, le traînent par les cheveux et l'enferment enfin, brisé et couvert de sang, dans une tour d'où ils comptaient l'entraîner en Allemagne. Mais le peuple, en fureur contre les assassins, délivra le pontife. Grégoire VII comprit qu'il était temps d'user de tous les moyens que lui imposaient ses graves devoirs pour extirper de pareils abus. Il avertit en conséquence Henri d'Allemagne de donner satisfaction aux canons de l'Église. Henri, pour toute réponse, déposa Hildebrand de la dignité pontificale. Alors Grégoire, après avoir pris l'avis d'un concile qui fut unanime à condamner tous les excès de l'empereur, prononça contre Henri cette célèbre excommunication qui devait avoir des conséquences si sévères. Cette terrible lutte dura de longues années et remplit la vie du glorieux pontife de malheurs et d'afflictions. (V. l'art. GRÉGOIRE VII.) Henri pénétra en Italie à la tête de son armée et mit tout à feu et à sang. Bientôt il assiégea Rome. Il y amenait l'antipape Guibert et comptait se défaire du pontife légitime. Mais Robert Guiscard accourait à Rome au secours de Grégoire. Henri s'enfuit précipitamment avec l'antipape Guibert à Civita-Vecchia, et de là à Sienne. Mais les Normands, maîtres de Rome, y commirent d'affreux excès. Malgré ces trahisons, Grégoire fut profondément affligé des malheurs de sa capitale. Les désastres qui avaient signalé le passage des Normands lui avaient rendu le séjour de Rome presque impossible. Il quitta donc cette ville ingrate et vénale avec Robert, et se rendit au Mont-Cassin et de là à Salerne. Sur ces entrefaites, l'année 1085 commença; elle devait être la dernière du pontificat de Grégoire VII. Une lutte constante, de longs travaux, des angoisses terribles avaient usé sa vie. Au mois de janvier, il ressentit une grande faiblesse : forcé de renoncer aux affaires, il se livra tout entier à la contemplation des choses divines et à la lecture des livres saints. Bientôt son épuisement lui rendit impossible de quitter le lit. Il appela alors près de lui les cardinaux et les évêques qui lui étaient restés fidèles; ils vinrent tous se ranger autour de son lit, priant avec ferveur et répandant d'abondantes larmes. « Mes » frères bien-aimés, leur dit Grégoire, je compte mes travaux » pour peu de chose; ce qui me donne de la confiance, c'est » que j'ai toujours aimé la justice et haï l'iniquité. » Et comme les évêques déploraient l'abandon où ils allaient se trouver, il leva les yeux au ciel, étendit les bras, et leur dit : « Je mon- » terai là, et je vous recommanderai avec instance à ce Dieu » souverainement bon. » Les évêques lui demandèrent alors de désigner son successeur à leur choix; il leur nomma trois hommes digne du souverain pontificat : Didier, cardinal et abbé du Mont-Cassin; Otton, évêque d'Ostie, et Hugues de Lyon. Enfin ils lui demandèrent s'il voulait user d'indulgence envers ceux qu'il avait excommuniés; il répondit : « A l'exception du prétendu roi Henri, de Guibert qui a usurpé le siége de Rome, et de ceux qui, par leurs conseils ou par leurs secours, les soutenaient dans leur impiété et leurs crimes, je donne l'absolution et ma bénédiction à tous ceux qui croient sans hésiter que j'ai spécialement ce pouvoir comme vicaire des apôtres saint Pierre et saint Paul. » Enfin, il ajouta, en s'adressant aux évêques : « Au nom du Dieu tout puissant et en vertu de l'autorité des saints apôtres Pierre et Paul, je vous défends de reconnaître personne pour pape légitime qui n'ait pas été élu et ordonné d'après les saints canons et l'autorité des apôtres. » Ceci se passait huit jours avant sa mort. Cependant ses forces l'abandonnaient de plus en plus, le moment suprême approchait; avant d'expirer il prononça ces paroles, qui furent les dernières : « J'ai aimé la justice et j'ai haï l'iniquité, c'est pourquoi je meurs dans l'exil. » A ces mots, un évêque lui dit : « Seigneur, vous ne pouvez mourir en exil; car la volonté de Dieu vous a donné les peuples en héritage, et les limites de la terre pour terme de juridiction. » Mais Grégoire n'entendit pas ces mots; son corps avait cessé de souffrir, son âme était remontée au sein de l'éternelle justice qu'il venait d'invoquer. Ce grand homme expira le 25 mai 1085, après avoir gouverné l'Église pendant douze ans un mois et trois jours. Il fut enterré à Salerne, dans l'Église Saint-Matthieu, qu'il avait lui-même consacrée naguère (1).

Grégoire VII était mort en exil et les ennemis de l'Eglise semblaient avoir triomphé à jamais des résistances héroïques du pouvoir pontifical. Mais leur triomphe fut de peu de durée, et les grandes et salutaires idées du glorieux pontife ne se perdirent pas à sa mort. Elles furent accueillies par tous les esprits sincères et éclairés, et furent dès lors la base de la politique de l'Eglise pour rétablir la discipline, maintenir la foi dans l'intégrité de la tradition apostolique et faire respecter les droits du Saint-Siége. Le génie de Grégoire VII n'a pas seulement donné cette haute impulsion au gouvernement de l'Eglise, mais il a ouvert une voie nouvelle à la civilisation chrétienne, et assuré en quelque sorte les destinées du monde moderne. — Après la mort de ce grand pontife, Didier, abbé du Mont-Cassin et cardinal de Sainte-Cécile, fut élevé à la papauté malgré ses longs refus et prit le nom de Victor III. Il n'eut que le temps de renouveler les anathèmes fulminés par son prédécesseur contre Henri et Guibert. Il mourut à Bénévent le 16 septembre 1087. Cette mort fut presque une calamité dans ces jours orageux; néanmoins, après six mois de vacance, on élut, d'après les indications mêmes de Grégoire VII et de Victor III, Otton, évêque d'Ostie, le 12 mars 1088. Le nouveau pontife était né à Reims; il prit le nom d'Urbain II, et marcha à son tour avec vigueur et persévérance sur les traces de Grégoire VII. — Enfin, sous Paschal II, l'Eglise fut délivrée de l'antipape Guibert, mort subitement, comme il ravageait le territoire de Rome. Henri IV ne lui survécut guère. Abandonné de ses sujets et obligé de céder l'empire à son fils Henri V qui avait pris les armes contre son père, il mourut détrompé des illusions de la grandeur, et dans un état qui n'était guère au-dessus de l'indigence, en 1106. Il termina ses jours à Liége qui lui avait donné un asile. Henri V vint se poster devant cette ville, pour la punir de la réception qu'elle avait faite à son père et des honneurs funèbres qu'elle lui avait rendus. Les bourgeois ayant une armée à leurs portes firent leur paix avec Henri en exhumant le corps de l'empereur. Ils le livrèrent à ce fils dénaturé qui le fit porter à Spire. On le plaça dans un cercueil de pierre où il demeura cinq ans hors de l'Eglise, sous prétexte que son excommunication n'avait pas été levée.

XIIe SIÈCLE.

Nous avons déjà dit que Grégoire VII, effrayé des ravages de l'islamisme et des périls qui menaçaient l'empire de Constantinople et par contre-coup toute l'Europe chrétienne, avait essayé de former une ligue de tous les princes et de tous les peuples chrétiens pour repousser les hordes musulmanes. L'héroïque vieillard voulait lui-même se mettre à la tête des croisés. — Les désordres de l'Allemagne et le caractère regrettable de l'empereur Henri firent échouer ce vaste projet.

Mais les successeurs de ce grand pontife ne laissèrent point

(1) A. de Beaufort.

tomber cette noble et lumineuse inspiration, pas plus que les autres projets du génie de Grégoire VII. L'occasion de reprendre cette œuvre glorieuse ne tarda pas à se présenter de nouveau. — Les pèlerinages à la Terre-Sainte étaient devenus fréquents depuis que la croix avait été trouvée et les lieux saints rétablis sous l'empire de Constantin. On y venait de toute la chrétienté, des Gaules même, d'Espagne, et des provinces les plus reculées. Ces pieux voyages se firent avec sûreté pendant trois cents ans, malgré la chute de l'empire d'Occident, parce que les royaumes qui se formèrent des débris de ce vaste édifice demeurèrent chrétiens et peuplés de Romains, quoique assujétis à des barbares. Mais les choses changèrent de face par les conquêtes des Arabes musulmans, que la religion, la langue et les mœurs séparaient de tous les peuples qui professaient le christianisme. — Les princes mahométans, maîtres de la Palestine, exerçaient de temps en temps une tyrannie horrible sur les chrétiens de cette province, consacrée par la vie et par la mort de Jésus-Christ. L'Eglise gémissait de les voir en possession des lieux saints, qu'ils profanaient par leurs impiétés. Un prêtre français, nommé Pierre l'Hermite, ne put entendre sans indignation le récit des maux que les chrétiens souffraient. La dévotion l'ayant conduit dans la Palestine, il en fut lui-même témoin, et il résolut dès lors de briser leurs fers. Son zèle s'enflamma. Petit, mal fait, il cachait sous une figure peu agréable le cœur d'un héros. Il part de la Palestine avec des lettres du patriarche de Jérusalem, dans le dessein d'engager le pape et les princes chrétiens à entreprendre une guerre sainte contre les infidèles. — Urbain II, qui occupait la chaire de saint Pierre lorsque Pierre l'Hermite arriva à Rome, n'avait plus devant lui les mêmes embarras que Grégoire VII. Il était presque maître en Italie, et il savait que l'empereur était assez occupé par les troubles qui divisaient l'Allemagne. — Il écouta favorablement Pierre l'Hermite, et chercha les moyens de faire réussir son dessein. Après avoir assemblé un concile à Plaisance, il vint en France et en convoqua un autre à Clermont en Auvergne l'an 1095. Cette assemblée était composée de presque tous les cardinaux, de plus de deux cents évêques et d'un nombre infini d'ecclésiastiques d'Italie et de France. Il y parla avec éloquence du généreux dessein de Pierre l'Hermite, qui fut envoyé dans les différents royaumes de l'Europe pour animer le zèle des princes et des peuples. Les exhortations du pontife et de l'Hermite eurent le plus heureux effet : un nombre prodigieux de chrétiens s'engagèrent par serment à passer dans la Palestine pour la tirer des mains des Turcs et des Sarrasins. Cette guerre fut nommée *la Croisade*, parce que ceux qui la faisaient portaient une croix rouge sur leurs habits. — Godefroi de Bouillon, le prince le plus courageux de son temps, fut le chef de cette multitude qui aurait pu ébranler les trônes de l'Asie, mais qui ne connaissait malheureusement ni ordre ni discipline. L'armée des croisés, composée de volontaires de différentes nations, n'attendit pas d'être sur les terres des infidèles pour commettre des hostilités. Trop souvent ils pillèrent les peuples qu'ils rencontraient sur leur passage. Réduits à prendre des guides sur des lieux inconnus et à se mettre ainsi à la merci de leurs ennemis, ils s'affaiblirent beaucoup dans cette longue route. Cependant des historiens affirment que Godefroi de Bouillon était encore à la tête de trois cent mille hommes lorsqu'il entra dans la Syrie. Il battit les infidèles dans plusieurs rencontres. Nicée et Antioche furent les premières villes dont ils se rendirent les maîtres. Ces premiers succès leur ouvrirent le chemin de Jérusalem, la capitale de la Palestine et la cité sainte. Après quelques mois d'un siége opiniâtre, cette ville fut prise d'assaut en 1099, et ses habitants massacrés sans distinction d'âge ni de sexe.

Godefroi de Bouillon, après ce brillant exploit, fut nommé, du commun consentement des princes, roi de Jérusalem. L'illustre guerrier, après avoir conduit ses soldats avec une habileté et une valeur extraordinaires, les édifia par sa noble piété. Il ne voulut jamais porter une couronne d'or dans une ville où Jésus-Christ avait été couronné d'épines. On ne lui donna que le titre de duc. Il défit bientôt après le soudan d'Égypte qui venait pour secourir Jérusalem, et lui tua près de cent mille hommes à la bataille d'Ascalon. Cette victoire termina heureusement la première croisade. Les croisés retournèrent à Jérusalem, et la plupart s'embarquèrent pour l'Europe. Godefroi resta presque seul; et, quoiqu'il ne fût défendu que par sa renommée, il ne laissa pas de reculer les frontières de son État. Il se rendit maître de toute la Galilée, fortifia Joppé et obligea les rois arabes, ses voisins, à lui demander la paix. — Godefroi, accablé sous le poids des travaux de la guerre et des sollicitudes du commandement, mourut à Jérusalem en 1100, la 40e année de son âge, et la première de son règne. L'antiquité fabuleuse n'imagina jamais un héros aussi parfait que Godefroi de Bouillon. D'une vigueur prodigieuse, d'un courage peu commun, il avait les traits nobles et délicats, un port majestueux, des manières distinguées, un esprit infiniment insinuant, un caractère à la fois ferme, doux et prévenant. S'il fut peu versé dans les sciences humaines, il fut, en revanche, vaillant, libéral, magnifique, vertueux sans hypocrisie et sans faiblesse. Quoiqu'il fût illustre par sa naissance, il dut en partie son élévation à son mérite.

Les investitures que les princes donnaient aux évêques par la crosse et par l'anneau occasionnèrent de nouvelles disputes dès le commencement de ce siècle. Condamnées par Urbain II, en 1095, au concile de Clermont, comme une usurpation de la puissance temporelle sur les droits de l'Église, elles furent anathématisées de nouveau par Paschal II, dans un concile tenu à Guastalla en 1105. Ces décrets, qui atteignaient surtout les manœuvres scandaleuses de l'empereur d'Allemagne, recommencèrent une lutte terrible entre l'Église et l'empereur Henri V. — Ce prince, qui avait tous les défauts de son père sans avoir les qualités réelles qu'on ne peut refuser à Henri IV, malgré ses crimes, sut ménager le souverain pontife jusqu'à ce qu'il fût paisible possesseur de l'empire; une fois affermi sur le trône, il raviva les protestations impies de son père avec un acharnement extraordinaire. Paschal II fut obligé de se sauver en France pour se soustraire à sa vengeance. Le roi Philippe et Louis-le-Gros, son fils, le reçurent avec l'honneur que méritait le vicaire de Jésus-Christ. Henri V, le voyant protégé par le roi de France, chercha des moyens de conciliation. Il y eut, à la fin de 1113, ou au commencement de 1114, un traité par lequel l'empereur promettait de renoncer par écrit à toutes les investitures des Églises entre les mains du pape après que le pontife aurait abandonné ses droit sur les régales, c'est-à-dire sur les domaines que les évêques avaient reçus des rois et des empereurs. — Les évêques allemands, troublés par cet accord dans la jouissance de leurs seigneuries et des droits qui y étaient attachés, refusèrent de s'en dépouiller. Henri V était alors à Rome pour y être couronné de la main du pape. Les affaires s'étant brouillées, le pape refusa de le couronner. L'empereur, irrité de ce refus, le fit arrêter avec plusieurs cardinaux. Cette violence eut des suites funestes : le peuple romain, exaspéré, massacra sans pitié tout ce qui se trouva dans Rome d'Allemands sans défense. Henri même y courut risque de la vie. Exaspéré de cette résistance des Romains, l'empereur se saisit du pape et l'emmena prisonnier dans son camp. Là il réussit, à force de ruses et de menaces, à extorquer à Paschal II une bulle qui lui concédait le privilége des investitures par la crosse et par l'anneau; puis il força le pape à le couronner empereur. — Après le départ de ce prince, les cardinaux cassèrent l'accommodement forcé que le pape avait fait avec lui. Paschal, dans un concile tenu à Rome, révoqua solennellement le privilége qu'il avait accordé, et défendit de s'en servir sous peine d'anathème. Dès que l'empereur eut appris que le pape avait révoqué le privilége tant contesté, il repassa en Italie à la tête d'une armée et se rendit maître de Rome. Il demanda une seconde fois la couronne impériale; le pape prit la fuite, et Henri se fit couronner par Maurice Bourdin, archevêque de Prague, ennemi personnel de Paschal II. Dès que la cérémonie du couronnement fut faite, l'empereur quitta Rome, et le pape ne fut pas plus tôt rentré qu'il y mourut en 1118, après dix-huit ans d'un pontificat orageux.

Le cardinal Cajétan succéda à Paschal II sous le titre de Gélase II. Il soutint énergiquement la cause de ses prédécesseurs, et fut obligé de fuir Rome et de se réfugier en France. L'empereur, abusant de sa puissance, fit élire l'archevêque de Prague, qui prit le nom de Grégoire VIII; mais cet antipape étant tombé entre les mains de Calixte II, successeur de Gélase, mort en 1119 dans l'abbaye de Cluny, ce pontife le fit enfermer dans un monastère, où il mourut. Cette disgrâce affaiblit le parti de l'empereur en Italie et en Allemagne, où plusieurs princes se disposaient à l'attaquer à main armée. Henri V, pour éviter le sort de son père, s'accommoda avec le pape. Par ce traité, conclu en 1122, les élections des évêques et des abbés devaient se faire en sa présence, sans violence et sans simonie; l'élu devait recevoir de lui les régales par le sceptre, et lui rendre les devoirs qui lui étaient dus. De son côté, l'empereur remettait à l'Église et au pape Calixte II toute investiture par l'anneau et par la crosse, et accordait aux Églises de ses États les élections libres et canoniques.

Ainsi fut terminée la longue et funeste querelle des investitures. Cet accommodement rétablit la liberté des élections dans l'Eglise, et particulièrement en Italie et à Rome. Les empereurs, depuis cette époque, ne se sont guère mêlés de l'élection des papes, et les pontifes romains commencèrent à jouir paisiblement de leur puissance souveraine. Pour consommer cet heureux accommodement, on assembla un concile général à Rome au commencement du carême de 1123; on y compta plus de trois cents évêques. L'empereur y envoya ses ambassadeurs, et il fut conclu que dorénavant les élections seraient libres, et que l'investiture des fiefs ecclésiastiques se ferait par le bâton et par le sceptre. On fit dans cette même assemblée, connue sous le nom de neuvième concile général, premier de Latran, divers règlements de discipline. — Calixte mourut en 1124, peu de temps après avoir terminé les différends qui déchiraient l'Eglise et l'empire. Ce pontife réunissait à un degré éminent les grandes vertus épiscopales, le savoir et le zèle. L'empereur le suivit de près dans la tombe; il finit sa carrière orageuse en 1125. — Honorius II, élu souverain pontife, eut un court démêlé avec Roger, comte de Sicile. Il mourut en 1130. Après sa mort, les cardinaux se divisèrent; les uns élurent le cardinal Grégoire, qui prit le titre d'Innocent II; les autres donnèrent leurs voix au cardinal Pierre de Léon, fils d'un riche citoyen romain, qui se fit nommer Anaclet II. A l'aide de ses richesses, il gagna le peuple; le pape Innocent vint chercher un asile auprès de Louis-le-Gros, roi de France. Le faux pape, pendant cette absence, se fit reconnaître comme véritable pasteur par toute l'Italie. Il l'aurait emporté sur Innocent si saint Bernard n'eût pris en main la cause du pape légitime. Convaincu de la validité de son élection, le saint abbé employa toute son influence pour détacher d'Anaclet ceux qui le soutenaient dans son usurpation. « L'élection dont se vante Anaclet, écrivait-il, n'a que l'apparence d'une élection canonique. En effet, c'est une maxime constante dans l'Eglise qu'après une première élection il ne peut y en avoir une seconde. Supposé donc qu'il eût manqué quelque formalité à la première, fallait-il procéder à une autre élection sans avoir auparavant examiné la première et l'avoir cassée juridiquement? Au reste, Dieu a jugé ce différend, et il ne faut que des yeux pour connaître ce jugement. Il a été reconnu et approuvé par les évêques les plus respectables de l'Eglise. Leur sainteté est révérée de leurs ennemis mêmes, et nous n'avons pu nous dispenser de marcher à leur suite, nous qui sommes si inférieurs par le rang et par le mérite. » L'avis de l'illustre abbé de Clairvaux n'entraîna pas seulement les clercs et les peuples, mais les princes, convaincus par son éloquence et l'ascendant de ses hautes vertus. L'empereur Lothaire, favorable à Innocent, résolut de le faire reconnaître à Rome; il passa les Alpes avec le pontife, qui était accompagné de saint Bernard. Les Romains le reçurent avec joie, et l'empereur donna du poids à cet accueil favorable en recevant la couronne impériale de ses mains dans l'église de Saint-Jean de Latran. Mais à peine Lothaire fut-il parti, qu'Anaclet, secondé par Roger, roi de Sicile, chassa une seconde fois de Rome Innocent II, qui se réfugia dans Pise. L'empereur, ayant appris cette nouvelle, repassa les Alpes et rétablit le pape sur son siége. Anaclet en mourut de désespoir, au commencement de l'année 1138, après avoir porté le nom de pape pendant près de huit ans. Les cardinaux de son parti élurent pour le remplacer Grégoire, prêtre-cardinal, qu'ils nommèrent Victor; mais, deux mois après, il alla se jeter aux pieds du pape Innocent II, et les clercs schismatiques suivirent son exemple. Alors Innocent reprit l'autorité tout entière à Rome. — Pour effacer les dernières traces de ce schisme affligeant, Innocent assembla le second concile de Latran en 1139. Il fut composé de près de mille évêques, ravis de voir toute l'Eglise réunie sous les yeux du vicaire de Jésus-Christ. Le concile fit trente canons. On condamna encore dans ce concile les nouveaux manichéens; on y dénonça les erreurs de Pierre de Bruis et d'Arnaud de Bresse. Le premier, marchant sur les traces de Bérenger, niait la présence réelle et la valeur du sacrifice de nos autels. Il prétendait que le baptême ne servait qu'aux adultes; il mettait les sacrements, les prières et les sacrifices pour les morts au rang des vaines cérémonies dignes d'être abolies.

La France avait été infectée, dans le siècle précédent, des erreurs des manichéens. La rigueur avec laquelle on les avait traités leur inspira le désir de se venger des évêques, des prêtres et des religieux. Voilà pourquoi ils s'attachèrent à détruire l'efficacité des sacrements, les cérémonies de l'Eglise, la différence que l'ordre met entre les laïques et les ecclésiastiques, enfin l'autorité des pasteurs du premier ordre. Pierre de Bruis, aidé par le fanatisme du peuple, parcourut les provinces, saccageant les églises, abattant les croix, détruisant les autels. Ce malheureux, chassé de la province, passa en Languedoc, où il commit les mêmes désordres; mais il fut arrêté et brûlé vif à Saint-Gilles en 1147. Ses erreurs lui survécurent. Un ermite, appelé Henri de Bruis, affectant des mœurs austères et une manière de vivre singulière, excita de nouveau le peuple contre le clergé. On pillait les biens des ecclésiastiques, on les battait cruellement. Ces excès durèrent jusqu'à l'arrestation de l'ermite inquiet et factieux qui soulevait la populace. — Arnaud de Bresse, homme audacieux, remuant, fourbe et exalté, causa de longs et sérieux désordres: il parvint à révolter tout le peuple de Rome contre le pape et les prêtres. Les séditieux abolirent la dignité de préfet de Rome et pillèrent la demeure des cardinaux. Toutes les doctrines de ces fanatiques furent condamnées dans le concile de Latran. Cependant les pays conquis par les croisés étaient dans l'état le plus déplorable, et les chefs des chrétiens en Orient appelaient chaque jour leurs frères d'armes d'Europe au secours du saint sépulcre menacé par les musulmans. Depuis la mort de Godefroi, la division n'avait cessé de régner parmi les princes: tous avaient voulu succéder à sa puissance, et aucun n'avait ses talents. Les infidèles profitèrent de cette désunion pour reprendre les villes qu'on avait conquises sur eux. Baudouin, successeur de son frère Godefroi, fut fait prisonnier assez près de Jérusalem par un prince turc. La principauté d'Edesse, fondée avant la prise de Jérusalem, fut détruite en 1140; celle d'Antioche, fondée vers la même époque, se soutenait avec peine contre les Turcs, qui étaient maîtres de Damas et de ses alentours, et d'une grande partie de la Palestine. Les Comnènes, maîtres de Constantinople, traitaient les croisés en ennemis. Leur politique, alarmée de cette multitude prodigieuse, craignait que, sous prétexte de les défendre contre les Turcs, ils ne songeassent à se rendre maîtres de leur empire. La situation des chrétiens était donc périlleuse: menacés par les infidèles, trahis par des amis perfides, ils pouvaient au moindre revers être anéantis; il fallut donc pour les soutenir prêcher une nouvelle croisade. Eugène III et saint Bernard en furent les principaux promoteurs. Le saint abbé, dont l'éloquence était irrésistible, persuada Louis-le-Jeune, roi de France, et excita le zèle des seigneurs et du peuple. On dressa un échafaud en pleine campagne, à Vezelai en Bourgogne, sur lequel l'humble cénobite parut avec le roi. Il prêcha avec tant de succès, que tout le monde voulut être croisé. Quoiqu'il eût fait une grande provision de croix, il fut obligé de mettre son habit en pièces, pour suppléer à l'étoffe qui manquait. L'enthousiasme que son éloquence inspira fut si véhément, que saint Bernard écrivit au pape Eugène: « Vous avez ordonné, j'ai obéi, et votre autorité a rendu mon » obéissance fructueuse. Les villes et les châteaux deviennent » déserts, et l'on voit partout des veuves dont les maris sont » vivants. » De France il passa en Allemagne, détermina l'empereur Conrad III à prendre la croix, et promit de la part de Dieu les plus grands succès. On marcha de tous les côtés de l'Europe vers l'Asie, et on envoya une quenouille et un fuseau à tous les princes qui refusaient de s'engager dans cette entreprise. L'empereur Conrad III et Louis-le-Jeune, roi de France, se mirent à la tête d'une foule immense de croisés. L'empereur, s'étant enfoncé imprudemment dans des déserts de l'Asie mineure, fut battu par le sultan d'Icone, et réduit à se sauver plutôt en pèlerin qu'en général d'armée. Louis-le-Jeune, également imprudent, perdit la plus grande partie de son armée près de Laodicée de Syrie, en 1149. Arrivé avec sa femme Eléonore de Guienne à Antioche, il revint en France avec une suite peu nombreuse. On reprocha à saint Bernard d'avoir annoncé de grands succès, démentis par des revers si funestes; mais l'ambition, l'intempérance, la cruauté, les dérèglements et la cupidité des croisés offraient des armes accablantes aux apologistes du saint et illustre prédicateur. Bientôt vint le jour déplorable de la perte définitive de Jérusalem et de ces royaumes conquis au prix de tant de sang et de fatigues. Saladin, soudan d'Égypte, après avoir conquis la Syrie, l'Arabie, la Perse, la Mésopotamie, marcha vers Jérusalem, dont Raimond de Tripoli devait lui faciliter la conquête par sa trahison. Envieux de la couronne de Lusignan, il sacrifia sa religion à son ambition effrénée. Dans l'espoir de régner dans Jérusalem, il trahit les chrétiens à la journée de Tibériade (1187); il contribua à leur défaite par son inaction et les avis secrets donnés à Saladin. Le vainqueur cerna Jérusalem, qui se rendit au bout de huit jours. Saladin fit son entrée dans la malheureuse cités suivi du roi Gui de Lusignan, des principaux seigneurs et de 20,000 prisonniers qu'il envoya à Damas. Il changea le temple de Salomon en mosquée; mais il respecta le sépulcre de Jésus-Christ, qu'il honorait comme un grand prophète. Il força les vaincus à laver de leurs propres mains, avec de l'eau de rose, les mosquées qu'ils avaient converties en églises. De toutes les conquêtes des croisés il ne restait plus aux chrétiens que les villes d'Antioche, de Joppé et de Tyr. — Une des plaies les plus déplorables et l'un des scandales les plus odieux qui aient affligé l'Église, c'est la triste lutte des antipapes que nous verrons se continuer encore des siècles grâce à l'ambition funeste de certains cardinaux indignes de la pourpre et de leur caractère sacré, et aux intrigues et aux empiétements coupables de quelques princes. Après la mort d'Adrien IV en 1159, la plus grande partie des suffrages se réunit en faveur du cardinal de Saint-Marc, qui prit le nom d'Alexandre III. Une faction de neuf cardinaux proclama pape, sous le nom de Victor IV, le cardinal de Sainte-Cécile, homme vain et ambitieux. La France et l'Angleterre se déclarèrent pour Alexandre; mais l'empereur Frédéric, ayant reconnu Victor, fit tenir un concile à Pavie, où l'élection de cet antipape fut déclarée légitime.

Alexandre passa en France, où il excommunia, dans un concile tenu à Tours en 1163, Victor et ses partisans. En vain Frédéric voulut soutenir par les armes son antipape; le véritable pontife fut reconnu jusque dans l'Orient, et l'empereur se vit obligé de demander la paix à Alexandre III. Venise fut le lieu de l'entrevue: Frédéric se prosterna aux pieds du pontife dans l'église de Saint-Marc, et reçut l'absolution de l'anathème lancé contre lui dans le concile de Tours. Après l'extinction de ce schisme, Alexandre III convoqua en 1179 le troisième concile général de Latran, où se rassemblèrent près de 300 évêques. On y fit des règlements utiles pour réparer les désordres causés par le schisme, et on y condamna les erreurs des vaudois et des albigeois, qui infestaient alors plusieurs provinces de France. Les premiers doivent leur nom, ou du moins leur rapide accroissement, à Pierre Valdo, riche citoyen de Lyon, très ignorant et qui s'imaginait avoir reçu du ciel des lumières particulières. Là-dessus il nia l'autorité du pape, les indulgences, le purgatoire, le sacrifice de la messe et le culte des images, il soutint de plus la nullité des sacrements conférés par de mauvais ministres. Il enseignait qu'on devait réduire l'Eglise aux avantages spirituels, en la dépouillant de tous ses biens temporels. Les fidèles éclairés, les hommes les plus respectables par leurs lumières et par leurs vertus, s'opposèrent aux erreurs des vaudois; mais, protégés par les seigneurs qui s'étaient emparés des biens ecclésiastiques, ils séduisirent un grand nombre de personnes avant qu'on pût mettre une digue à ce dangereux torrent. Leur fanatisme, et plus que tous le reste la facilité qu'ils accordaient à des passions grossières, multiplièrent tellement leurs disciples que le concile de Latran, après avoir condamné leurs erreurs, crut devoir exhorter les princes catholiques à former une ligue sainte contre ces hérétiques et contre les albigeois, espèce de manichéens qui supposaient que Dieu avait produit Lucifer avec ses anges, et qu'après avoir été chassé du ciel, ce mauvais esprit créa le monde visible sur lequel il régnait. Ils ajoutaient que Dieu, pour rétablir l'ordre, avait engendré un second fils, qui était Jésus-Christ. Voilà pourquoi ces hérétiques furent aussi appelés ariens. Ils niaient encore la résurrection des morts, et n'admettaient en Dieu aucune liberté. Nous verrons plus tard leurs fils légitimes les protestants chercher à les réhabiliter avec les autres hérétiques qui furent les précurseurs de leurs doctrines. Ils nous les représentent comme de saints réformateurs, comme les dépositaires de la véritable tradition et les anneaux d'une communion étendue et visible qui a perpétué de siècle en siècle les vérités évangéliques, qui attendent les patriarches de la réforme pour être enfin révélés au monde dans toute leur plénitude!

Saladin et son gendre le sultan d'Icone achevaient de ruiner la dernière influence des chrétiens en Orient. Ils avaient repris une à une toutes les conquêtes des croisés et menaçaient de nouveau Constantinople. Ces terribles nouvelles jetèrent l'alarme dans toute l'Europe. Le souverain pontife, ému des calamités dont le récit allait partout attendrir les âmes dans les cours, les châteaux et jusque dans les monastères, en appela à toutes les nations chrétiennes, à tous les hommes de cœur pour aller au secours de leurs frères et du tombeau de Jésus-Christ. Il réussit à liguer la France, l'Angleterre et l'Allemagne. L'empereur Frédéric Barberousse reçut la croix dans une diète générale, tenue en 1188 à Mayence. Il passa en Asie avec une armée nombreuse et florissante. L'empereur de Constantinople, Isaac l'Ange, tout en lui promettant la liberté du passage, mit des obstacles à sa marche pour faire échouer l'expédition. L'empereur Frédéric, se voyant ainsi trompé par Isaac, ravagea ses terres, et prit Philippopolis, puis il passa l'an 1190 le détroit des Dardanelles, et entra sur les terres du sultan d'Iconium Frédéric battit deux fois les Turcs; ensuite il assiégea le sultan dans Iconium sa capitale, et la prit d'assaut. Ces succès enthousiasmèrent les croisés et faisaient espérer la conquête de la Terre-Sainte, lorsqu'une mort subite vint enlever l'empereur. Frédéric, duc de Souabe, son fils et son successeur, prit le commandement de l'armée et se retira à Antioche. Il joignit le corps de troupes de Gui de Lusignan, et voulut poursuivre le succès de son père. Mais ses armes ne furent pas heureuses, et lui-même périt bientôt victime d'un climat si mortel pour les occidentaux.

Ce dernier malheur ruina toutes les espérances des croisés. Ils se retranchèrent dans les villes avec le terrible pressentiment d'une entière destruction. Ils imploraient chaque jour des secours de leurs frères d'Europe, lorsqu'enfin Philippe-Auguste, roi de France, et Richard-Cœur-de-Lion, roi d'Angleterre, émus de tant de périls, se croisèrent en 1190 et arrivèrent par mer en Palestine. Ils avaient entrepris ce voyage avec plus de sagesse que les premiers croisés. Ils ordonnèrent, chacun dans leurs Etats, que ceux qui ne se croiseraient pas paieraient la dîme de leurs revenus et de leurs biens. C'est ce qu'on appela la *dîme Saladine*. Le premier exploit des deux monarques en Orient, ce fut le siége et la prise de Ptolémaïde. Mais bientôt la rivalité se mit entre Philippe et Richard, et cette fatale jalousie jeta la division parmi les croisés. Le roi de France, irrité contre son rival, s'en retourna dans son royaume. Richard, demeuré seul dans la Palestine en 1191, attaqua Saladin, qui revenait victorieux de la Mésopotamie. Les deux héros combattirent près de Césarée, et se rencontrèrent dans la mêlée. Richard renversa Saladin; mais, bientôt après, son armée, affaiblie par les maladies et les fatigues, lui fit entrevoir de cruels revers. Richard conclut une trève avec Saladin, dans laquelle il fut stipulé que les pèlerins pourraient visiter en toute sûreté et toute liberté les saints lieux. Comme Richard s'en revenait en Angleterre, son vaisseau fit naufrage sur les côtes de Venise. Le roi d'Angleterre se vit obligé de traverser, déguisé, les terres de Léopold, duc d'Autriche. Ce prince eut la bassesse de le retenir longtemps prisonnier et de lui faire acheter chèrement sa liberté. Quoique l'état des chrétiens en Orient parût désespéré, la mort de Saladin, arrivée en 1192, aurait pu le relever. Ses enfants se divisèrent entre eux ses Etats et affaiblirent sa puissance; mais il n'y avait déjà plus assez de croisés pour profiter de cet affaiblissement. Saladin, en mourant, fit un testament qui ordonnait des aumônes pour les pauvres chrétiens, juifs et musulmans sans distinction. Pour montrer la vanité des grandeurs humaines, il fit porter dans les rues de Damas son suaire en guise d'étendard. Un héraut avait ordre de marcher en avant et de crier: *Voilà tout ce qui reste du grand Saladin.*

On commençait dès lors déjà à sentir l'immense et heureuse influence des croisades sur le déplorable état de l'Europe. En dehors des influences morales, du goût plus épuré et de l'admiration ardente pour les arts et les lettres, que les croisés rapportaient de l'Asie, sans insister ici sur ces mœurs dures et farouches qui s'adoucissaient au contact de tant de frères ligués dans la sainte cause de la gloire de Dieu, je ne puis passer outre sans remarquer les grands résultats politiques que donna aux nations modernes l'entreprise si décriée des croisades. Au lieu de ces guerres intestines, de ces divisions infinies de peuple à peuple, nous voyons peu à peu se former cette grande république chrétienne, sous l'influence de la papauté; nous voyons le droit des gens reconnu, les voies du commerce et de l'industrie merveilleusement élargies, et les marines modernes formées, aguerries. Une des plus glorieuses institutions que créèrent les croisades sont les divers ordres religieux et militaires qui illustrèrent si longtemps les nations et les armes chrétiennes. Il s'éleva sur les pas des croisés un grand nombre de ces ordres destinés au soulagement et à la défense des pèlerins de la Palestine. Tels furent les templiers, les hospitaliers, les chevaliers teutoniques, etc., etc. Les premiers prirent le nom de templiers de leur demeure, qui était proche du temple de Jérusalem. Cet ordre si célèbre ne fut d'abord qu'une pieuse et chevaleresque association formée par deux croisés, Hugues de Paganis et Geoffroi de Saint-Adhémar. Ces deux chevaliers s'étant réunis en 1118 avec d'autres croisés, tous distingués par leur piété et leur valeur, se dévouèrent à aller au devant des pèlerins et à les reconduire ensuite au delà des défilés dangereux des montagnes. Peu à peu ils formèrent un institut nombreux qui fut approuvé par le pape Honorius et le concile de Troyes. Saint Bernard leur donna une règle. Cette nouvelle milice prit l'*habit blanc*. Eugène III y ajouta ensuite une croix rouge sur le manteau, à l'endroit du cœur. Sur la fin du XIIe siècle, les templiers, répandus dans tous les Etats de l'Europe, furent enrichis par les libéralités des souverains, des prélats et des grands. Ces immenses richesses furent un écueil pour leurs vertus et causèrent leur perte, car cet orgueil et les vices dont on les accusa plus tard, s'ils étaient réels, furent assurément le fruit de tant de richesses.

XIIIe SIÈCLE.

Nous touchons à un grand siècle de notre histoire religieuse. « Le XIIIe siècle est peut-être la période la plus importante, la plus complète, la plus resplendissante de l'histoire de la société catholique. Il serait difficile, en parcourant les glorieuses annales de l'Eglise, de trouver une époque où son influence sur le monde et sur la race humaine dans tous ses développements fut plus vaste, plus féconde, plus incontestée. Jamais peut-être l'épouse du Christ n'avait régné avec un empire si absolu sur la pensée et sur le cœur des peuples. L'Occident tout entier ployait avec un respectueux amour sous sa sainte loi. Le XIIIe siècle est d'autant plus remarquable sous ce rapport, que les malheurs de la fin du XIIe étaient loin de faire bien augurer du siècle suivant. L'Occident vaincu par l'Orient sur le sol sacré que les croisades avaient racheté, les débauches et la tyrannie de Henri II d'Angleterre, les atroces cruautés de Henri VI en Sicile, tous ces triomphes de la force brutale n'indiquaient que trop une certaine diminution de la force catholique, tandis que les progrès des hérésies vaudoise et albigeoise et les plaintes universelles sur le relâchement des clercs et des ordres religieux dévoilaient un mal dangereux au sein même de l'Eglise. Mais une glorieuse réaction ne devait pas tarder à éclater. Avec les dernières années de ce siècle (1198) on voit monter sur la chaire de Saint-Pierre un homme qui devait, sous le nom d'Innocent III, lutter avec un invincible courage contre tous les adversaires de la justice et de l'Eglise (1). »

Innocent III, de l'illustre maison de Conti, naquit en 1161, et porta le nom de Lothaire. Nommé cardinal par Clément III, il prit dès lors une grande part dans les plus importantes affaires de son temps. A la vue de tous les malheurs qui affligeaient l'Eglise, le jeune et savant cardinal dut méditer souvent dans sa retraite d'Anagni les actes glorieux et les paroles prophétiques de Grégoire VII et d'Alexandre III. C'est sous l'influence de ces idées qu'il écrivit son ouvrage *De contemptu mundi, sive de miseriis humanæ conditionis*. Mais Lothaire ne se contenta pas de flétrir les vices de son siècle, il employait toutes ses ressources pour combattre le mal, lorsque la mort de Célestin III vint placer sur sa tête, malgré sa jeunesse, ses larmes et sa résistance, le fardeau redoutable de la tiare pontificale. Il prit le nom d'Innocent III, qu'il a rendu immortel. Ce grand homme réunissait en lui tous les dons de l'esprit et du cœur. « Gracieux et bienveillant dans ses manières, doué d'une beauté physique peu commune, généreux à l'excès dans ses aumônes, orateur éloquent et fécond, écrivain ascétique et savant, il avait, avant de monter sur le trône sacerdotal, compris et même publié dans ses œuvres le but et la destinée du pontificat suprême, non pas seulement pour le salut des âmes et la conservation de la vérité catholique, mais pour le bon gouvernement de la société chrétienne. Toutefois, plein de défiance en lui-même, à peine est-il élu, qu'il demande avec instance à tous les prêtres de l'univers catholique des prières spéciales pour que Dieu l'éclaire et le fortifie, et Dieu exauce cette prière universelle en lui donnant la force de poursuivre et d'accomplir la grande œuvre de Grégoire VII. » Dès le lendemain de son sacre il commença par assurer à l'autorité du Saint-Siége une base et un pouvoir incontestés dans Rome même. Il reçut le serment de fidélité du préfet de Rome, à qui il donna, par un manteau, l'investiture de sa charge, tandis que jusqu'à ce jour le préfet la tenait de l'empereur et lui prêtait serment de fidélité. Ce fut le dernier coup porté à la suzeraineté de l'empereur d'Allemagne sur la ville de Rome. Puis le pontife s'appliqua avec une fermeté à toute épreuve à recouvrer les domaines que l'Eglise avait possédés en Italie et à en chasser les usurpateurs. Après avoir placé des nonces dans les provinces de l'obédience du Saint-Siége et visité lui-même le duché de Spolette et la Toscane, il porta tous ses efforts à effacer les vices déplorables qui déshonoraient le clergé, et spécialement la vénalité des charges et la simonie. Trois fois la semaine il tenait un consistoire public, où il examinait par lui-même les plus importantes affaires. Tout le monde admirait la sagesse et la pénétration avec laquelle il faisait cet examen, et les plus savants jurisconsultes venaient à Rome seulement pour l'entendre, afin de se former dans ses consistoires. Dans ses jugements il n'avait aucun égard aux personnes, et il ne les prononçait qu'après une mûre délibération. Tant de vertu et de génie lui attirèrent l'admiration et la confiance du monde chrétien, et dès lors il fut le médiateur souverain des princes et des peuples.

Malgré l'insuccès des premières croisades, une nouvelle armée prit la route de la Palestine sous la conduite de Baudouin, comte de Flandres : les Vénitiens fournirent les vaisseaux nécessaires au passage des troupes, à condition qu'elles feraient la conquête de Zara, en Dalmatie, au profit de la république. Après cette conquête, la flotte fit voile vers Constantinople, où régnait Alexis Comnène, usurpateur de la couronne sur son frère Isaac Lange. A l'approche des croisés, l'usurpateur s'enfuit; le jeune Alexis, fils d'Isaac Lange, fut reconnu empereur, et puis étranglé par un de ses parents, nommé Murzufle. L'armée de Baudouin entra en 1204 dans Constantinople, mit au pillage les églises, les palais et les maisons. Baudouin fut élu empereur, et le perfide Murzufle précipité du haut d'une tour. Le choix de Baudouin, prince doux, affable, religieux, aimant la justice et la vertu, ne pouvait être plus heureux. Jeune encore, il pouvait affermir l'empire des Latins dans l'Orient; mais il fut vaincu au siége d'Andrinople, et mis à mort par les Bulgares en 1208. Quatre empereurs français régnèrent après lui jusqu'en 1261, que Baudouin II fut dépossédé par Michel Paléologue. Ainsi l'empire des Latins à Constantinople subsista à peine 58 ans, et rendit implacable la haine des Grecs contre les Latins.

Cependant quelques seigneurs, qui n'avaient pas voulu se fixer à Constantinople, passèrent en Syrie avec les débris de l'armée croisée. Saphadin, frère de Saladin, maître de Jérusalem depuis la mort d'Emeri de Lusignan, arrivée l'an 1205, en avait démoli les murailles. Ce n'était plus qu'un bourg sans défense. Il ne restait aux croisés, dans la Palestine, que Ptolémaïde ou Saint-Jean-d'Acre. L'évêque de cette ville ayant demandé un roi de Jérusalem à Philippe-Auguste, roi de France, ce prince lui nomma un cadet de la maison de Brienne en Champagne. C'était un homme plein de feu et de courage. Par le secours de ses amis et par les exhortations du pape, il trouva le moyen de former une armée de près de cent mille combattants. Au lieu de marcher contre Jérusalem, les nouveaux croisés abordent sur les côtes d'Egypte, et s'emparent de Damiette après deux ans de siége. Mais l'armée chrétienne s'étant engagée imprudemment entre deux bras du Nil, dans le temps de l'inondation de ce fleuve, elle fut obligée, pour pouvoir se retirer en Palestine, de rendre Damiette au sultan d'Egypte. Jean de Brienne fut d'abord retenu en otage; mais, ayant obtenu sa liberté, il marcha au secours de Constantinople à la tête d'une poignée de troupes, dernier débris de son armée. Le trône impérial était devenu vacant par la mort de Baudouin, vaincu et mis à mort par les Turcs. Jean de Brienne, animé d'une noble audace, marche sur la capitale de l'empire, et le sceptre lui est déféré. C'est par ce coup fabuleux que Brienne couronna sa valeur et sa vie extraordinaire.

Jean de Brienne avait fait épouser sa fille, héritière du royaume de Jérusalem, à Frédéric II, empereur d'Allemagne. Ce prince, pressé par les papes de passer en Palestine, fit auparavant un traité avec le sultan Mélédin, qui lui céda Jérusalem, Nazareth et quelques autres places importantes. S'étant ainsi assuré des conquêtes que les chrétiens ambitionnaient, il arriva à Jérusalem, s'y couronna lui-même roi du pays, et repartit pour l'Europe, fier d'avoir repris les saints lieux sans avoir répandu une goutte de sang.

Innocent III, affligé des nombreux germes de mal et de discorde qui menaçaient l'Eglise, avait conçu, dès son avénement, le sage dessein d'assembler un concile général qui pût mûrement examiner toutes les sources de cette malheureuse dépravation, et y appliquer un remède efficace. Les guerres terribles qui ensanglantaient une grande partie de l'Europe retardèrent l'accomplissement de ce grand projet du souverain pontife. Mais il parvint cependant à convoquer cette assemblée l'an 1215. Le concile se réunit à Rome; ce fut le 4e de Latran et le 12e concile général qui se tint à Rome dans la basilique de Constantin. Le pape en fit l'ouverture. Il s'y trouva quatre cent douze évêques, huit cents abbés et prieurs, les patriarches latins de Constantinople et de Jérusalem, et le patriarche des Maronites. Presque tous les princes catholiques y envoyèrent leurs ambassadeurs. Le concile établit d'abord les dogmes de

(1) De Montalembert.

la foi contre les erreurs de Bérenger et des albigeois, qui n'étaient pas encore entièrement étouffées. « Il n'y a qu'une » Eglise universelle (dit ce concile), hors de laquelle personne » n'est sauvé. Jésus-Christ y est lui-même le prêtre et la vic- » time : son corps et son sang sont véritablement contenus au » sacrement de l'autel, le pain étant changé en la substance » de son corps et le vin en celle de son sang par la puissance » divine; et ce sacrement ne peut être fait que par le prêtre » ordonné légitimement, en vertu du pouvoir de l'Eglise ac- » cordé par Jésus-Christ à ses apôtres et à leurs successeurs. » Le terme de *transsubstantiation*, consacré dans ce canon et toujours employé depuis par les théologiens catholiques, n'exprime pas un dogme nouveau, mais la foi perpétuelle de l'Eglise sur le changement de substance que Dieu opère dans le sacrement de l'eucharistie. Le concile de Latran définit encore contre les albigeois : « Que si après le baptême quelqu'un tombe dans le » péché, il peut toujours être relevé par une vraie pénitence. » Non-seulement les vierges et tous ceux qui gardent la con- » tinence, mais encore les personnes mariées qui se rendent » agréables à Dieu par la foi et les bonnes œuvres, méritent » d'arriver à la béatitude éternelle. » Le concile proscrivit aussi les rêveries d'un abbé Joachim sur l'état futur de l'Eglise et ses propositions erronées sur le mystère de la Trinité. — On fit ensuite divers règlements sur la confession auriculaire, sur la communion des laïques sous une seule espèce, sur l'usage de garder le saint-sacrement dans les Eglises. On y promulgua le célèbre canon qui ordonne à tous les fidèles de l'un et de l'autre sexe de se confesser au moins une fois chaque année à son propre prêtre, et de recevoir la communion pascale. On défendit d'établir de nouveaux ordres religieux. On donna le moyen de réformer les anciens ou de les conserver dans la régularité. Enfin on fit divers décrets qui ont servi de fondement à la discipline observée depuis et d'autorité aux canonistes. — Innocent III ne put voir les effets de la vigilance, du talent et du zèle qu'il avait déployés dans cette célèbre assemblée. Ce grand pape mourut en 1216.

Après Innocent III, le Saint-Siége fut occupé par un Romain de la maison de Savelli. Il prit le nom d'Honorius III. Ce fut sous son pontificat que s'élevèrent les disputes de l'empereur Frédéric avec les papes. Ces différends furent faibles sous Honorius; mais ils s'envenimèrent et devinrent terribles sous son successeur et son neveu Grégoire IX, imitateur de son zèle et de sa fermeté. L'Italie, sous ce pontife, se partagea en diverses factions sous les noms de Guelfes et de Gibelins; les premiers étaient pour le pape et les autres pour l'empereur. — Frédéric avait fait vœu d'aller combattre les infidèles; Grégoire IX le pressa d'aller l'accomplir. Ce prince feignit d'y aller et s'embarqua; mais il revint peu de temps après. Le pape le força par ses censures à entreprendre ce voyage. Frédéric l'entreprit et arriva heureusement en Palestine. — Ayant appris que le sultan d'Egypte était campé près de Gaza, il lui envoya deux seigneurs avec des présents, et lui fit dire que s'il voulait rendre Jérusalem, il serait inutile de faire la guerre. Après une négociation très secrète pour aplanir les difficultés, l'empereur fit un traité avec le sultan. Jérusalem devait être livrée à l'empereur à condition qu'il ne toucherait point à l'enceinte où était la mosquée des musulmans, qui y viendraient librement faire leurs prières. Par ce traité le sultan rendait aux chrétiens Bethléem, à condition qu'on n'empêcherait aucun musulman d'y aller en pèlerinage. Le patriarche de Jérusalem, les templiers et les hospitaliers, ne voulurent prendre aucune part à ce traité. Le patriarche alla même jusqu'à défendre de célébrer l'office divin à Jérusalem. Il refusa aussi à tous les pèlerins la permission d'y entrer et de visiter le Saint-Sépulcre, et écrivit deux lettres très sévères contre l'empereur. — Ce prince, après avoir fait son entrée à Jérusalem et avoir visité l'église du Saint-Sépulcre, se hâta de repartir pour l'Allemagne. L'empereur, après avoir ainsi forfait aux devoirs sacrés de sa charge et trahi en quelque sorte l'espoir et les intérêts de la chrétienté tout entière, ramena son armée en Italie guerroyer contre le pape. Grégoire IX, outré d'indignation et de douleur, exécuta la menace qu'il avait faite de dégager les sujets de Frédéric de leur serment de fidélité. L'empereur, effrayé des conséquences de sa conduite, envoya au pontife des propositions de paix, et fit venir en Italie plusieurs seigneurs d'Allemagne pour être arbitres de ses différends avec le pape. La paix se fit l'an 1230. L'empereur alla trouver Grégoire IX à Anagni. Lorsqu'il fut devant lui, il ôta son manteau, se mit à ses pieds et reçut le baiser de paix. Cet accommodement ne fut pas de longue durée. L'empereur s'étant emparé de l'île de Sardaigne, fief relevant du Saint-Siége, Grégoire s'en plaignit inutilement. Il l'excommunia de nouveau, le dimanche des Rameaux de l'an 1239; le déposa de la dignité impériale, déclara ses sujets absous du serment de fidélité. Le pontife adressa en même temps une lettre à tous les évêques de la chrétienté pour leur ordonner de publier tous les dimanches et fêtes, au son des cloches, la sentence contre l'empereur. Frédéric, irrité contre le pape, entra en Italie à la tête de son armée. Grégoire voulut assembler un concile; mais son ennemi ferma tous les passages, et les évêques et les prêtres qui se hasardèrent de vouloir aller à Rome pour se rendre à cette assemblée furent emprisonnés ou massacrés par l'ordre de l'empereur. Cette perfidie et ces cruautés portèrent un coup terrible au pontife, presque centenaire. Grégoire en mourut de douleur, et son successeur Célestin IV ne lui survécut que quinze jours. Enfin, après deux ans de vacance, on élut le cardinal Sinibalde, des comtes de Fiesque, qui prit le nom d'Innocent IV. Il avait toujours été l'ami de l'empereur Frédéric, et l'on crut que le nouveau pape ne tarderait pas à entrer dans les vues de l'empereur; mais le nouveau pontife comprit ses devoirs nouveaux, et sut leur sacrifier généreusement toutes ses sympathies personnelles. Aussi tous les amis de l'empereur furent cruellement étonnés d'apprendre qu'Innocent exigeait impérieusement que Frédéric se justifiât des crimes qui avaient engagé Grégoire IX à l'excommunier. Cette demande exaspéra au plus haut point le puissant empereur; il menaça le pape de sa colère et l'Eglise de ses vengeances. Innocent IV s'échappa de Rome et se retira en France, où il convoqua, en 1245, le 1er concile général de Lyon. L'assemblée fut nombreuse et solennelle. Le pape y appela les princes et y cita l'empereur Frédéric. On y vit Baudouin, empereur de Constantinople, et Raymond, comte de Toulouse. Les prélats, au nombre d'environ cent quarante, avaient à leur tête les patriarches latins de Constantinople, d'Antioche et d'Aquilée. L'empereur Frédéric, craignant les suites des décisions de cette assemblée, y envoya des ambassadeurs, qui promirent au pape que leur maître irait combattre les Tartares et les autres ennemis de l'Église; mais le pontife, appréciant à leur juste valeur les feintes promesses de l'empereur, prononça une sentence de déposition contre Frédéric : « Ne pouvant plus, dit-il, » sans nous rendre nous-même coupable, tolérer les iniquités » de Frédéric, nous sommes obligé en conscience de le punir. » Il réduit ensuite les crimes de ce prince à quatre principaux, qu'il prouve être de notoriété publique : *parjure, sacrilège, hérésie* et *félonie*.

Frederic, à la nouvelle de cette terrible sentence de déposition, essaya tous les moyens pour se rendre les princes favorables et les engager dans sa cause. Il leur écrivit deux lettres pleines de conseils perfides et de calomnies grossières contre le pontife et l'Eglise. Dans la première, s'adressant adroitement aux intérêts personnels, il dit aux princes: « Que » ne devez-vous point craindre d'un tel pape, chacun en parti- » culier, puisqu'il entreprend de me déposer, moi qui suis cou- » ronné empereur de la part de Dieu après l'élection solennelle » des princes? Il n'a aucun droit de nous juger quant au tem- » porel. Je ne suis pas le premier que le clergé ait ainsi traité, » et je ne serai pas le dernier. Vous en êtes vous-mêmes cause » en vous soumettant à ces hypocrites dont l'ambition n'a point » de bornes. Si vous vouliez y faire attention, combien décou- » vririez-vous d'infamies dans la cour de Rome? Ce sont les » grands revenus dont ils se sont enrichis aux dépens de plu- » sieurs royaumes qui les rendent insensés. Quelle reconnais- » sance vous témoignent - ils pour les dîmes et les aumônes » dont vous les nourrissez ? » Il termine son épître en conseillant aux princes de s'emparer de tous les biens de l'Église. Cette lettre, qui dévoilait si bien l'âme de Frédéric et étalait à nu ses projets sacriléges d'attenter contre l'Église et de la frapper au cœur, ne servit qu'à rendre plus odieux l'empereur rebelle. Il eut beau se vanter de mépriser les anathèmes du pape. Le décret d'Innocent IV lui porta un coup dont il ne se releva jamais. Il fut en partie la cause de sa ruine, et sa perfidie et ses attentats, après avoir plongé l'Allemagne dans l'anarchie et l'Italie dans tous les désordres des guerres civiles, entraînèrent la ruine de sa race tout entière. Parmi les décrets que fit le concile de Lyon, il y en eut un pour engager les peuples chrétiens à secourir l'empire de Constantinople, menacé d'une ruine imminente, et un autre qui ordonnait de prêcher par toutes les provinces chrétiennes la croisade contre les infidèles; mais les revers et les malheurs des expéditions passées avaient découragé et refroidi les peuples. Il n'y avait plus que les Français qui prissent la croix.

Dès lors la France remplaçait déjà à la tête des nations chrétiennes l'empire déchu. Elle avait le bonheur insigne de voir sur son trône le plus grand héros de ce siècle, « saint Louis, ce modèle des rois, le personnage peut-être le plus accompli des temps modernes. En lisant l'histoire de cette vie si sublime et si touchante à la fois, on se demande si jamais le roi du ciel a eu sur la terre un serviteur plus fidèle que cet ange couronné pour un temps d'une couronne mortelle, afin de montrer au monde comment l'homme pouvait se transfigurer par la foi et l'amour. Et cependant à toutes ses vertus de saint il savait unir la plus téméraire bravoure. C'était à la fois le meilleur chevalier et le meilleur chrétien de France (1). » C'est ce grand et admirable monarque qui viendra clore, par sa vie héroïque et sa mort de saint et de martyr, la grande épopée des croisades. La voix de l'Eglise, de l'héroïsme et du malheur, eurent bientôt enrôlé saint Louis sous la bannière de la croix. Il mit ordre aux affaires de son royaume, et, après quatre ans de préparatifs, il s'embarqua à Aigues-Mortes avec la reine son épouse, trois de ses frères, et près de trois mille chevaliers bannerets. Il aborda en Egypte, s'empara de Damiette, et remporta quelques succès; le sultan Malec-Sala, effrayé pour ses États, demanda la paix. Mais saint Louis était décidé à accomplir jusqu'au bout sa périlleuse mission. Malheureusement l'armée française s'étant avancée vers le Nil, la maladie en fit périr la moitié, l'autre moitié fut vaincue près de la Massoure. Les deux frères du roi, le comte d'Anjou et le comte de Poitiers, furent faits prisonniers. Son troisième frère, Robert d'Artois, fut mis à mort sous ses yeux. Saint Louis, après des prodiges de sang-froid et de courage, après un combat terrible, fut lui-même forcé de se rendre et n'obtint sa liberté et celle de ses frères qu'en payant un million de besans d'or, et en rendant Damiette. Son armée très diminuée se retira dans la Palestine, où le roi demeura jusqu'à la mort de sa mère la reine Blanche, occupé à visiter les lieux saints, et à faire réparer les fortifications de Césarée de Philippe, de Joppé, d'Acre, de Sidon. Son séjour, qui fut d'environ quatre ans, valut la liberté à douze mille chrétiens. Saint Louis rentra en France en 1254. Malgré ses revers et ses souffrances, le roi ne perdit plus de vue ce grand projet de la conquête des lieux saints déshonorés par les infidèles. D'ailleurs chaque jour l'islamisme devenait plus menaçant et plus redoutable. Treize années après la première croisade, saint Louis s'embarqua de nouveau pour une seconde expédition. Cette fois la flotte française ne se dirigea pas directement vers les côtes de l'Egypte ou de la Palestine, mais contre Tunis, dont le roi avait, disait-on, quelque envie d'embrasser le christianisme. L'armée débarqua près des ruines de Carthage. Le roi de Tunis, loin de penser au baptême, menaça de massacrer tous les chrétiens captifs dans ses États, et de venir fondre sur les Français à la tête de cent mille hommes. Il n'eut pas besoin de combattre. L'armée française attendait Charles, roi de Sicile et frère de saint Louis, qui n'arrivait point. Les chaleurs excessives, les eaux corrompues, la mauvaise nourriture, produisirent de nouveau parmi les croisés des maladies mortelles. Plus de la moitié de l'armée fut détruite en peu de temps. Saint Louis demeurait calme et ferme au milieu des souffrances comme en face du danger. Il avait amené ses trois fils aînés, l'espoir de la nation. Il en vit mourir un, un autre était dangereusement malade; il se sentit frappé lui-même, et reçut ce coup mortel avec cet héroïsme et cette piété extraordinaires dont il avait donné des preuves si admirables depuis sa plus tendre enfance. Les maximes qu'il dicta en forme de testament à Philippe son successeur « sont les plus belles paroles qui soient jamais sorties de la bouche d'un roi. »

La maladie continuant d'augmenter, le saint roi reçut les sacrements avec beaucoup de piété; et quand il se sentit près de sa fin, il se fit mettre sur un lit couvert de cendres, où il mourut le 25 août 1278, avec le courage d'un héros et la piété d'un anachorète. Le roi de Sicile, son frère, qui arriva peu de temps après sa mort, fit la paix avec les Maures; et l'armée croisée revint en Europe. L'expédition de Tunis fut la dernière de ces guerres sacrées. Ce fut le signal de la ruine complète des établissements chrétiens en Orient. Bientôt après le royaume de Jérusalem fut anéanti : Tyr, Sidon et les plus importantes places furent livrées aux Sarrasins. Dès lors, le sort de l'empire de Constantinople était décidé. Sa chute ne fut plus qu'une question de date.

Tandis que la nation TRÈS CHRÉTIENNE prenait si courageusement la défense de la chrétienté, tandis qu'elle accomplissait si glorieusement cette grande mission providentielle, « elle renfermait dans son sein une plaie qu'il fallait cicatriser à tout prix, pour que son unité et ses grandes destinées ne fussent pas à jamais compromises : c'était ce foyer d'hérésies à la fois antisociales et antireligieuses qui souillaient le midi et qui était enracinées dans les masses corrompues qu'on a désignées sous le nom d'albigeois. Ils étaient les agresseurs contre la loi commune de la société à cette époque. Non-seulement la France, mais encore l'Espagne et l'Italie, eussent été dès lors perdues pour la foi et la vraie civilisation, si la croisade n'avait pas été victorieusement prêchée contre cet impur foyer de doctrines païennes et orientales. Sans doute on employa trop souvent des moyens que le Saint-Siége réprouva toujours, même au plus fort de la lutte; mais il est reconnu que ces cruautés étaient au moins réciproques. Simon de Montfort a sans doute terni une partie de sa gloire par une rigueur que la bonne foi ne saurait excuser, mais l'histoire offre assurément bien peu de caractères aussi grands que le sien par la volonté, la persévérance, le courage, le mépris de la mort; et quand on songe à la ferveur et à l'humilité de sa piété, à la pureté inviolable de ses mœurs, à cet inflexible dévouement à l'Eglise, on conçoit tous les excès de son indignation contre ceux qui troublaient la paix des consciences et renversaient toutes les barrières de la morale. Toutes les voies de la conciliation et de la douceur avaient été employées avant d'en venir aux extrémités d'une guerre. Pierre de Châteauneuf, légat du Saint-Siége, suivi de saint Dominique, et d'Arnaud, abbé de Cîteaux, avait parcouru le Languedoc pour prêcher la foi et convertir les errants. Les albigeois étaient soutenus par des princes dont les débauches font frémir, tels que Raimond, comte de Toulouse, et d'autres princes voisins, dignes représentants de ces tristes doctrines. Raimond chassa du Languedoc le légat du Saint-Siége, et le fit assassiner, comme il entrait dans un bateau pour passer le Rhône. Ce meurtre mettait le comble à la conduite odieuse du comte de Toulouse. Le pape l'excommunia, et publia en 1210 une croisade contre lui et les hérétiques ses adhérents. Les croisés, Simon de Montfort à leur tête, entrèrent dans le Languedoc, prirent Béziers, Carcassonne, Lavaur et plusieurs autres places. Les exécutions sanglantes de Simon de Montfort furent souvent des représailles. Un grand nombre d'églises brûlées et renversées en Languedoc; plusieurs catholiques égorgés; quelques-uns des seigneurs croisés massacrés : tels furent les excès dont les albigeois s'étaient rendus eux-mêmes coupables. Enfin, dans les divers combats qu'on se livra, le sang ne fut épargné ni de part ni d'autre. « La bataille décisive de Muret (1212), qui assura la victoire de la foi, peint, par le contraste des deux principaux personnages, la nature de cette lutte. L'un, Montfort, à la tête d'une poignée de combattants, cherchant dans la prière et les sacrements le droit de demander une victoire qui ne pouvait être qu'un miracle, l'autre, Pierre d'Aragon, venant, affaibli par la débauche, se faire battre et tuer au sein de sa nombreuse armée. »

Toutes les mesures employées pour venir à bout de l'opiniâtreté des albigeois ne purent éteindre ce dangereux foyer d'erreurs infâmes. Bien plus, une fois réduits à dissimuler, ces terribles sectaires n'en furent que plus à craindre, et réussirent à infecter chaque jour les fidèles simples et ignorants de leurs malheureuses maximes. Ce grave péril imposa à l'autorité des devoirs sévères pour sauvegarder la foi et le repos de la société. On établit donc un tribunal destiné à suivre les traces des hérétiques, à déjouer leurs menées, à les convertir, et, en cas d'obstination, à les livrer au pouvoir séculier. Saint Dominique ayant été employé à cette périlleuse mission, Grégoire IX la confia, en 1233, après sa mort, à ses enfants nouvellement institués. Innocent IV établit ce tribunal en 1251 dans toute l'Italie, excepté à Naples. L'Espagne l'adopta avec empressement en 1448. Le Portugal l'adopta en 1557, conformément aux statuts établis par les Espagnols. Le pouvoir des premiers inquisiteurs se borna d'abord à travailler à la conversion des hérétiques par la voie de la prédication et de l'instruction. S'ils ne réussissaient point par la persuasion, si les hérétiques s'obstinaient à continuer leurs funestes erreurs, ils exhortaient les princes et les magistrats à punir; mais le Saint-Office demandait qu'il n'y eût point effusion de sang. Par la suite, cette institution tutélaire fut compromise par des excès dont le christianisme a horreur : ce fut principalement en Espagne, où le sombre despotisme de la cour rendit l'inquisition odieuse à force de cruautés. L'Eglise et ses pontifes, surtout ceux de ce grand siècle, toujours guidés par la charité et la prudence, gémirent de pareils excès; et il n'y eut point de pays où la juridiction du Saint-Office ait été toujours aussi douce que dans les États de l'Église.

Ce siècle vit naître les trois plus grands ordres religieux du

(1) Ibid.

moyen âge, « qui devaient en quelque sorte allumer un nouveau foyer de charité et de foi dans le cœur des peuples chrétiens, » les franciscains, les dominicains et les carmes.

La mort de l'empereur Frédéric II n'éteignit point les disputes de l'empire et du sacerdoce. Conrad IV, son fils, se fit élire après lui. Héritier du courage de son père, il perpétua les regrettables sentiments des Hohenstauffen. Son premier soin fut de suivre les funestes exemples de Frédéric, et de soutenir ses injustes prétentions de la force brutale des armes. Il entra en Italie à ta tête de troupes nombreuses. Déjà il s'était rendu maître d'une partie de la Pouille et se préparait à pousser plus loin ses conquêtes, lorsqu'il mourut à la fleur de son âge en 1254, ne laissant qu'un fils appelé Conradin. — Mainfroi, fils naturel de Frédéric II et frère de Conrad, qui lui avait confié la régence du royaume de Naples, répandit le bruit que Conradin était mort, et se fit couronner à Palerme sous le titre de roi de Sicile. Le pape Alexandre IV, successeur d'Innocent, révolté de cette félonie, soutint les droits des Conrad, quoiqu'ils fussent ses mortels ennemis. Le pontife menaça l'usurpateur et leva des troupes contre lui. Mainfroi, irrité, commença des courses continuelles sur les terres de l'Eglise, qu'il ravageait par le fer et le feu. Il enleva même au Saint-Siége le comté de Fondi, et fut excommunié par Urbain IV, qui donna l'investiture du royaume usurpé par Mainfroi à Charles d'Anjou, frère de saint Louis. Charles, guerrier habile et expérimenté, battit aisément Mainfroi, qui, malgré son courage, fut tué à la bataille de Bénévent en 1266. Le vainqueur se rendit bientôt maître de tous les États que le pape lui avait donnés. Conradin, devenu son compétiteur depuis la mort de Mainfroi, prit alors le titre de roi de Sicile, et passa en Italie où l'appelait une faction puissante. Clément IV, qui avait été élu pape après Urbain, le somma de comparaître devant le siége apostolique pour y défendre ses prétentions, au lieu de les faire valoir par les armes. Conradin, peu touché des conseils et des menaces du pape, continua d'avancer avec son armée et vint à Pavie. Conradin passa dans la Pouille, où sa valeur sans expérience lui nuisit au lieu de le servir. Charles le vainquit près du lac Fucin le 23 août 1268, le fit prisonnier, et déshonora son nom et sa victoire en faisant trancher la tête au jeune prince sur la place du Marché, à Naples, le 26 octobre 1268.

Les croisades ayant rétabli des relations plus fréquentes entre l'Orient et l'Occident, on fit diverses tentatives pour mettre un terme au schisme qui séparait l'Eglise grecque de l'Eglise latine. Les empereurs grecs, après avoir recouvré leur capitale en 1261, sentirent le besoin de se fortifier et d'appuyer leur faiblesse sur le secours des princes occidentaux. L'empereur Michel Paléologue tâcha d'obtenir leur protection en favorisant les projets de réunion entre les deux Eglises. Le pape Grégoire X, heureux des dispositions de l'empereur grec, l'exhorta à persévérer dans son salutaire dessein, et convoqua un concile général à Lyon (1274) pour consommer cette grande et belle œuvre; l'empereur Michel y envoya ses ambassadeurs, ainsi que tous les princes de l'Europe.

Le concile se tint dans l'Eglise métropolitaine de Saint-Jean de Lyon. Il s'y trouva cinq cents évêques, soixante-dix abbés, et environ mille autres prélats. Le pape présidait lui-même cette auguste assemblée. Il monta sur le jubé et exposa les trois motifs de la convocation du concile : la réformation des mœurs, les secours à envoyer à la Terre-Sainte, et la réunion des Grecs. Les députés de l'Église grecque signèrent une profession de foi telle que le pape l'avait dressée, après avoir présenté une lettre de soumission de vingt-six métropolitains d'Asie. Mais, à leur retour à Constantinople, le peuple et une partie du clergé se soulevèrent contre ce grand résultat du concile. Michel, qui voyait dans cet accord un moyen de conserver l'empire, ou du moins de le défendre contre les incursions de ses ennemis, sévit contre ceux qui s'opposaient à l'extinction du schisme. Cette sévérité rallumant le fanatisme des Grecs, Constantinople fut inondée de libelles et de placards contre l'empereur. Ce fut dans ces circonstances orageuses (1278) qu'arrivèrent les nonces que le pape Nicolas III envoyait en Orient, après le concile de Lyon, pour y consommer l'ouvrage ébauché dans ce concile. Mais l'empereur avait changé d'avis : il refusa de faire dans le symbole le changement exigé par les nonces. Ceux-ci se retirèrent, et le pape excommunia l'empereur. Martin IV renouvela cette excommunication, et elle durait encore en 1283, lorsque Michel mourut accablé de chagrins et d'ennuis. Andronic II, son fils et son successeur, séduit par des fanatiques, lui refusa la sépulture et annula tout ce qui s'était fait pour éteindre le schisme. Il fit solennellement déposer dans un concile le patriarche Veccus, qui favorisait la réunion, et rétablit le patriarche Joseph, qui avait été autrefois chassé de son siége parce qu'il lui était contraire. Presque toutes les Eglises d'Orient demeurèrent livrées à l'esprit de division. Plusieurs jacobites et nestoriens renoncèrent cependant à leurs erreurs ; mais leur exemple ne put guérir ni les préventions ni la haine des Grecs. — Les projets pour la croisade furent aussi infructueux que ceux qu'on avait formés pour l'extinction du schisme. Tandis que cette déplorable issue des efforts du concile de Lyon pour ramener l'Église grecque affligeait la chrétienté, une catastrophe horrible revint ensanglanter la Sicile et frapper au cœur l'influence de Martin IV et de Charles d'Anjou. Charles gouverna son royaume avec une dureté peu politique ; ses soldats suivirent malheureusement son exemple. Jean de Procida organisa une vaste conjuration, où entrèrent Michel Paléologue et Pierre d'Aragon. Les conjurés s'assemblèrent à Palerme, et, au premier coup de cloche de vêpres du jour de Pâques (29 mars 1282), ils massacrèrent tous les Français qu'ils purent atteindre. Pierre d'Aragon fut couronné roi de Naples. Martin IV mourut à Pérouse le 28 mars 1285, et le cardinal Jacques Savelli lui succéda sous le nom d'Honorius IV. Nicolas IV lui succéda le 25 février 1288. Célestin V, qui régna après lui, abdiqua la dignité pontificale, et Benoît Cajetani lui succéda, sous le nom de Boniface VIII, le 2 janvier 1295.

Ce siècle, si célèbre par ses institutions et ses grands hommes, ne fut pas moins fécond dans les lettres et les arts. A la tête des auteurs sacrés, brillent les noms immortels de saint Thomas d'Aquin et de saint Bonaventure. Nous ne faisons que les nommer ici, ainsi que leurs illustres contemporains Albert-le-Grand, Vincent de Beauvais, Hugues de Saint-Clair, Raymond le Dominicain, Alexandre de Halès, saint Antoine de Padoue, Durand, évêque de Mende, auteur du *Speculum juris*, Guillaume de Saint-Amour, Robert Sorbonne. Cet ouvrage rend compte ailleurs de la vie et des écrits de chacun de ces glorieux représentants des lettres chrétiennes.

XIVe SIÈCLE.

Les premières années de ce siècle s'ouvraient sous les plus brillants auspices. Les peuples de l'Italie, inquiets de voir le pouvoir pontifical en des mains débiles et inexpérimentées, s'étaient rassurés en voyant le cardinal Benoît Gaëtan prendre la place de Célestin V. En effet, Boniface VIII est un de ces grands caractères formés aux mâles instincts et aux grandes pensées des Grégoire VII et d'Innocent III. Comme ces grands papes, il avait entrevu dans ses études solitaires, dans les hauteurs de son génie, cette grande image de l'Église de Jésus-Christ, dégagée des misérables entraves dans lesquelles la garrottaient les prétentions illégitimes des princes, lavée des souillures qu'y introduisaient toutes ces mains profanes. Il l'avait rêvée pure et brillante, dans tout l'éclat de sa sainte puissance ; redoutée de tous les prévaricateurs, aimée de tous ceux qui ont le cœur pur et les intentions droites. Il l'avait comprise comme une puissance indépendante, infaillible, divine, assise au milieu du monde pour juger le monde au nom de Dieu et de son Christ, pour y dompter tout mal et enseigner tout bien, pour mettre un frein aux cruautés arbitraires des puissants et des superbes, et pour protéger de sa forte égide les faibles, les pauvres et les souffrants; pour s'interposer entre les monarques prêts à jouer la vie et la prospérité de leurs peuples pour satisfaire un intérêt privé ou les caprices de l'orgueil; entre les nations opprimées et les rois devenus tyrans, ou les peuples révoltés contre un pouvoir légitime. Il avait fait plus qu'entrevoir ce divin idéal. Comme Grégoire VII, il avait vu de près et manié les hommes et les institutions avant son avènement au pontificat suprême, et il avait acquis cette double conviction, que son rêve pouvait s'accomplir, et qu'accompli, il serait la paix, le bonheur et le salut du monde. L'âme de Boniface VIII n'est pas de trempe à reculer devant les périls et les obstacles, tels puissants qu'ils paraissent. Nous verrons ce grand homme entrer courageusement dans la voie aride où il a résolu de suivre ses grands modèles ; il luttera pour la bonne cause avec cette énergie du droit, avec cette redoutable persévérance qui lui attirera ces lâches et odieux bourreaux d'Anagni, et ceux plus nombreux encore qui ont cherché à ternir ce grand nom dans l'histoire.

Boniface VIII, au commencement de ce siècle, signala son pontificat par une institution célèbre, qui produisit de grands fruits de salut et d'édification à l'Église. Vers la fin de l'année 1300, le peuple disait hautement que c'était un ancien usage de l'Église que chaque centième année on gagnât une indulgence plénière en visitant l'Église de Saint-Pierre. Boniface donna une bulle qui portait que ceux qui visiteraient en 1300, et tous les cent ans ensuite, les basiliques de saint Pierre et de saint Paul, après s'être confessés de leurs péchés, gagneraient une indulgence plénière. La plus difficile affaire du pontificat de Boniface VIII fut sa lutte contre Philippe-le-Bel, qui se termina d'une façon et si dégradante pour le roi de France, et si douloureuse pour l'illustre pontife. Philippe-le-Bel, non content de mettre l'Europe en feu pour ses démêlés avec Édouard Ier, levait encore sur les clercs comme sur les laïcs des impôts arbitraires. Sur les plaintes de l'Eglise, Boniface VIII publia sa bulle *Clericis laicos*. Le roi, au lieu de tenir compte des plaintes de l'Eglise, fit jeter les évêques en prison et brûler publiquement les bulles du pape. Il adressa cependant une réponse au souverain pontife, et voici le langage de Philippe-le-Bel : *Philippe, roi de France, à Boniface, soi-disant pape, peu ou point de salut. Sache, ta très grande fatuité, que......* Mais Boniface n'était pas homme à forfaire à son devoir devant les insultes ni devant les menaces, et Philippe eut recours à l'odieux expédient que l'histoire n'a pas assez relevé.

Il envoya Nogaret en Italie sous prétexte de signifier au pape un appel de ses bulles au futur concile, mais dans le but de l'enlever et de le faire venir de gré ou de force à un concile que Philippe voulait assembler à Lyon.

Nogaret se lia avec l'ennemi le plus vindicatif du pape. Sciarra Colonna lui donna le moyen de pénétrer le matin, 7 septembre 1303, dans Anagni, ville du domaine de Boniface, où il était né et où il s'était réfugié. Nogaret entra dans cette ville avec Colonna et quelques seigneurs du pays. Ils avaient avec eux trois cents chevaux et un grand nombre de gens de pied de leurs amis, et payés par le roi de France, dont ils portaient les enseignes en criant : « *Meure le pape Boniface! et vive le roi de France!* » Boniface, se voyant ainsi surpris et abandonné, s'écria : « Puisque je suis trahi comme Jésus-Christ, je veux du moins mourir en pape. » Il se fit revêtir de ses habits pontificaux et attendit les assassins. Nogaret et sa troupe se jetèrent sur l'illustre vieillard, et, après l'avoir traité avec la dernière brutalité, ils le traînèrent en prison, le 7 septembre 1303, veille de la Nativité de Notre-Dame. Nogaret se disposait à faire partir Boniface, lorsque les habitants d'Anagni, s'étant révoltés contre les Français, le chassèrent, lui et ses partisans. Mais cet odieux attentat avait porté le dernier coup au malheureux pontife: il mourut quelques jours après (12 octobre 1303). A ce grand pape succéda le cardinal Boccaccini de Trévise, général de l'ordre des frères prêcheurs. Il prit le nom de Benoît XI; mais son règne ne dura que 8 mois: il mourut à Pérouse le 6 juillet 1304. Les intrigues de la cour de France réussirent à faire nommer pape Bertrand de Goth, archevêque de Bordeaux, qui prit le nom de Clément V. C'est de ce jour que datent tant de regrettables concessions arrachées au pouvoir pontifical par l'astuce ou la menace des princes qui avaient réussi à tenir la cour pontificale pour ainsi dire sujette et prisonnière dans leurs Etats. Ici commence un déclin visible pour l'autorité du Saint-Siége sur les nations chrétiennes, et si les hautes pensées et les luttes héroïques des Grégoire VII, Innocent III, Boniface VIII, avaient besoin de justifications, elles les trouveraient abondantes et complètes dans cette phase nouvelle si opposée à leurs magnifiques idées, et qui, par la faiblesse des pontifes, par les scandales des antipapes, par la corruption déplorable des membres les plus chers de l'Église, nous conduira à la triste catastrophe du XVIe siècle. Clément V souscrivit à toutes les conditions que Philippe-le-Bel voulut bien lui dicter. Il se fit couronner à Lyon le 14 septembre 1305, et déclara qu'il ne siégerait pas en Italie. En effet, après avoir demeuré à Lyon, à Bordeaux, à Poitiers, à Toulouse, et avoir exigé partout des contributions des églises, il fixa sa résidence à Avignon au mois de mars 1309. C'est l'époque du commencement du séjour des souverains pontifes dans cette ville. Alors les cardinaux italiens se repentirent amèrement d'avoir cédé à l'intrigue. Rome perdit son éclat par l'absence du pape: aussi les Italiens ont comparé cette translation à la transmigration de Babylone.

Clément V annula toutes les bulles lancées par Boniface VIII contre le roi de France. Bientôt après, eut lieu ce procès mystérieux et ces exécutions barbares des Templiers, où, malgré des accusations intéressées et des procédures nombreuses, la voix publique et la postérité n'ont voulu reconnaître qu'une impardonnable faiblesse du pontife romain soumis aux ordres du roi et un attentat sanglant conseillé par l'avarice et exécuté avec une cruauté inouïe par le royal faux monnayeur. Après cet exploit le pape présida le concile de Vienne, où l'on régla les affaires des *Béguines* et des hôpitaux. Le concile révoqua la bulle *Clericis laicos* de Boniface VIII et ordonna la levée d'un décime pour le recouvrement de la Terre-Sainte. Peu de temps après (avril 1314), Clément V mourut à Roquemaure. Il laissa peu de regrets, mais des plaintes et des accusations nombreuses. Les cardinaux assemblés à Lyon, ne pouvant s'accorder sur l'élection de son successeur, le Saint-Siége vaqua près de deux ans; enfin on nomma, le 7 août 1316, le cardinal Jacques d'Euse, de Cahors, qui prit le nom de Jean XXII. Les Romains se flattaient qu'il viendrait habiter la capitale du monde chrétien ; mais il s'établit à Avignon et y régna plus de dix-huit ans. Sous un extérieur peu avantageux il possédait un esprit vif et une âme ferme. L'un des premiers soins du nouveau pape fut d'ériger diverses abbayes en évêchés. L'empereur Louis de Bavière avait pris les ornements de la dignité impériale avant que de recevoir l'approbation du pape, Jean XXII lança contre lui une excommunication. L'empereur se vengea en lui opposant un autre pape : il fit élire par le peuple romain Pierre de Corbière, qui se fit nommer Nicolas V. Mais Jean mit fin à ce schisme en se rendant maître de la personne de l'antipape, qui finit ses jours tranquillement à Avignon, où le pape le traita avec beaucoup de générosité et de douceur. Jean XXII mourut à Avignon l'année 1334. On l'a accusé d'avarice; il laissa un trésor considérable : mais on prétend qu'il le destinait à la conquête de la Terre-Sainte. Il fut d'ailleurs simple, sobre, modeste et studieux dans une cour très corrompue.

Benoît XII (Jacques Fournier), dit le cardinal Blanc parce qu'il portait l'habit de Cîteaux, fut le successeur de Jean XXII. Il révoqua les expectatives dont son prédécesseur avait chargé les églises. Il bannit la simonie de la cour de Rome; il méprisa, dans la distribution des bénéfices, les sollicitations des grands et celles de ses parents mêmes. Ses soins s'étendirent sur les religieux et les chanoines réguliers qu'il tâcha de réformer. Rome lui envoya des ambassadeurs pour l'engager à rétablir le Saint-Siége dans cette capitale du monde chrétien. Benoît fut tenté un instant de quitter les bords du Rhône pour se rendre aux désirs des Romains : mais les troubles de l'Italie et les sollicitations de la cour de France le retinrent à Avignon. Il y jeta les fondements du palais apostolique. Ce pontife mourut saintement en 1342.

Clément VI (Pierre Roger), cardinal, archevêque de Rouen, poursuivit l'œuvre de Jean XXII et renouvela les procédures contre Louis de Bavière. Après une monition, où il lui enjoignait de venir se soumettre à ses ordres, il promulgua en 1346 une bulle contre lui. Cette sentence porta une partie de l'empire à se détacher de Louis de Bavière. Charles IV fut élu à sa place. Les Romains avaient envoyé une ambassade à Clément VI, comme à son prédécesseur ; mais le pape resta à Avignon, dont il avait la souveraineté. Jeanne, reine de Naples, accusée du meurtre de son époux et obligée de venir plaider sa cause devant le pape, lui vendit Avignon et son territoire en 1498, pour quatre-vingt mille florins d'or. Après sa mort, arrivée en 1352, on élut le cardinal Etienne d'Albert, évêque d'Ostie, qui prit le nom d'Innocent VI. Son prédécesseur avait fait des réserves de plusieurs bénéfices pour les cardinaux; Innocent les suspendit. Les abus les plus criants furent réformés. Il renvoya les bénéficiers dans leurs bénéfices; il diminua le nombre de ses domestiques, et il répandit sur les pauvres ce qu'il avait retranché de la dépense de sa maison. Il mourut le 12 septembre 1362.

Rome, privée de son pontife, était devenue le jouet des partis et de la guerre civile. Elle crut retrouver ses beaux jours sous le tribunat de Rienzi ; mais les Romains, qui avaient élevé si haut cette idole d'un jour, la brisèrent eux-mêmes. Ils mirent le feu au palais du tribun et percèrent Rienzi de coups, le 8 octobre 1354. Urbain V (Guillaume Grimaud), abbé de Saint-Victor de Marseille, successeur d'Innocent VI, fut aussi libéral que lui. Il entretenait jusqu'à mille étudiants dans diverses universités. Uniquement consacré à ses devoirs, il bâtit des Eglises nouvelles, pourvut les anciennes d'ornements, fonda divers chapitres, et réprima autant qu'il put l'usure, la simonie et la pluralité des bénéfices. Il forma le dessein de transporter le Saint-Siége à Rome, et il l'exécuta en 1367; mais il retourna trois ans après à Avignon, pour négocier la paix entre la France et l'Angleterre. Il y arriva le 13 septembre 1370, et y mourut en odeur de sainteté le 29 décembre de la même année. Le cardinal Pierre Roger monta sur le Saint-Siége après Urbain V, et prit le nom de Grégoire XI. Il passa les cinq premières années de son pontificat à Avignon ; mais, en 1376, il fut si bien persuadé par sainte Catherine et sainte Brigite de retourner à Rome, qu'il se mit en voyage vers le milieu de septembre. Son entrée dans Rome fut un magnifique triomphe. Il mourut dans cette ville le 13 septembre 1378.

Les Romains, désirant de fixer le siége apostolique dans leur ville, voulaient un Italien pour pape. Comme le collége des cardinaux n'était composé que de seize membres, dont quatre seulement étaient Italiens, le peuple craignant de ne pas l'obtenir s'assembla tumultueusement à la porte du conclave. Les cardinaux, pour apaiser sa fureur, élurent Barthélemi de Prigano, Napolitain, archevêque de Bari, sous le nom d'Urbain VI. Homme dur et violent, il irrita tellement les esprits, que plusieurs cardinaux quittèrent Rome, et, sous le prétexte des troubles excités par la populace romaine, ils protestèrent contre son élection, et élurent le cardinal Robert de Genève, évêque de Cambrai, qui se fit nommer Clément VII.

Le nouveau pape, laissant son compétiteur maître de Rome, établit son siége à Avignon. Le royaume de Naples et la Provence le reconnurent d'abord ; puis la France et l'Université de Paris. Les deux papes, pour se maintenir dans leur place, levèrent des troupes. L'Italie devint un théâtre où les partisans d'Urbain et de Clément combattirent avec acharnement. Les foudres de l'Eglise, les noms d'*intrus*, d'*antipape* et d'*hérétique*, furent prodigués dans leurs bulles. Urbain VI, regardé comme l'auteur de la guerre civile qui désolait l'Italie, eut beaucoup à souffrir des séditieux de Rome. Sa mort, arrivée en 1389, l'enleva aux malheurs que ses ennemis lui préparaient ; mais elle n'éteignit point le schisme. Les cardinaux de sa création, au nombre de quatorze, élurent le 2 novembre 1389 le cardinal de saint Athanase, qui prit le nom de Boniface IX. Clément siégeait toujours à Avignon, où il mourut en 1394, après seize ans de pontificat. On crut que la mort de ce pontife ramènerait la paix ; mais on se trompa. Malgré les sollicitations de Charles VI, roi de France, les cardinaux élurent pour pape Pierre de Lune, cardinal d'Aragon, qui se fit appeler Benoît XIII. Tandis que ces tristes scandales pesaient sur l'Église, de nouvelles hérésies naissaient dans son sein. On voyait les flagellants, les beguards, les quiétistes du mont Athos. Mais l'hérésie la plus grave de ce siècle fut le Wicléfisme, prêché par un curé du diocèse de Lincoln en Angleterre. Cette dangereuse doctrine passa bientôt sur le continent et infecta l'Europe entière. Ces germes funestes ne disparurent ni devant les réfutations victorieuses des docteurs orthodoxes, ni devant les condamnations des papes et des conciles. La corruption et les dissensions déplorables qui affligeaient l'Église lui ôtaient sa liberté d'agir et une partie de son autorité. Les doctrines de Wiclef se développèrent dans les universités allemandes. Hus les relèvera à Prague, et ce ferment impur sera la base du protestantisme.

XVe SIÈCLE.

Le XVe siècle est l'époque la plus désastreuse de l'histoire moderne pour la situation morale et intérieure de l'Église. Tous les abus et toutes les corruptions gangrènent un nombre effrayant de membres du sacerdoce à tous les échelons de sa hiérarchie ecclésiastique. Tous les esprits honnêtes et dévoués aux intérêts sacrés ne cessent de jeter les plaintes les plus profondes, et demandent d'un point de l'Europe à l'autre la réformation de l'Église dans son chef et ses ministres. Cette grande arme de la souveraineté temporelle, que les grands pontifes des siècles passés avaient si noblement employée pour l'honneur de la religion et le salut des nations modernes, ne sera plus, entre les mains des antipapes ou des pontifes corrompus, qu'un instrument odieux pour favoriser le crime, le népotisme et la simonie. Les charges ecclésiastiques devenues vénales, de nouveaux offices créés dans l'Église pour les vendre au plus offrant, et par-là la sécularisation de l'Église ; les désordres des évêques, le relâchement de la discipline monastique, l'abandon des sévères traditions des âges catholiques au profit des idées païennes dans les mœurs, dans les lettres et les arts, voilà les innombrables désordres qui nous conduiront, à travers ces jours néfastes, à la révolte de Luther et à la magnifique régénération de l'Église au concile de Trente.

Benoît XIII, qui avait promis avant son élection de céder le pontificat si l'on ne pouvait autrement terminer le schisme, qui avait écrit à Charles VI, roi de France, que sa *chape pontificale ne tenait à rien* s'il fallait la dépouiller pour l'avantage de la religion, qui avait blâmé l'ambitieuse opiniâtreté des pontifes rivaux, chercha mille prétextes pour se dispenser de tenir sa parole. On eut beau le presser, il répondit toujours que pour quitter le souverain pontificat il attendait l'exemple de Boniface IX, son compétiteur. A la mort de ce dernier pape, les cardinaux romains, au lieu de mettre un terme au schisme en reconnaissant Benoît XIII pour pape légitime, élurent le cardinal de Bologne, Innocent VII, dont les grandes vertus donnaient des espérances favorables pour la paix ; espérances impolitiques et vaines : le nouveau pontife voulut mourir pape. Après sa mort, arrivée en 1406, les cardinaux romains dressèrent un acte par lequel chacun d'eux s'engageait, en cas qu'il fût élu, à déposer la tiare, pourvu que son compétiteur la quittât également. Après cette convention illusoire, ils élurent Ange Corario, Vénitien septuagénaire, homme respectable par sa sainteté. Après son élection, il protesta qu'il allait solliciter son compétiteur à sacrifier leur dignité, dût-il être obligé d'aller en France à pied, un bâton blanc à la main, ou par mer dans une nacelle. Les deux pontifes amusèrent longtemps l'Europe par des lettres dans lesquelles ils s'exhortaient réciproquement à abdiquer une place que l'un et l'autre regardaient comme la première du monde, et que ni l'un ni l'autre ne voulait céder.

La convocation d'un concile paraissait être le seul moyen de terminer ce schisme déplorable. Les cardinaux des deux obédiences l'assemblèrent à Pise le 25 mars 1409. Ils y citèrent les deux papes, qui ne répondirent à leur invitation qu'en les excommuniant comme des rebelles qui agissaient sans la permission du souverain pontife ; mais l'assemblée passa outre. Le concile se composait de 24 cardinaux, des patriarches d'Alexandrie, d'Antioche et de Jérusalem, et d'un grand nombre d'abbés. Les princes chrétiens y envoyèrent leurs ambassadeurs et les universités leurs députés. La sentence de déposition fut bientôt prononcée. Pierre de Lune et Ange Corario furent déclarés schismatiques et déchus du souverain pontificat dont ils s'étaient rendus indignes par leurs parjures. On élut ensuite un nouveau pape sous le nom d'Alexandre V. Il s'appelait Pierre de Candie, et avait été l'artisan de sa fortune. Né dans l'obscurité, il entra dans l'ordre de saint François, et parvint de place en place à la dignité de cardinal. Élevé sur la chaire de saint Pierre, il y montra des vertus qui firent entrer plusieurs princes dans sa communion ; mais, étant mort un an après son élection, en 1410, on lui donna un successeur qui ne lui ressemblait guère : ce fut le cardinal Balthasar Cossa, qui obtint le souverain pontificat sous le nom de Jean XXIII. — Le nouveau pape était cardinal-diacre ; il fut ordonné prêtre quelques jours après son élection. — La plupart des historiens l'ont peint sous les couleurs les plus affreuses. Par ses intrigues il avait fait déposer Benoît XIII et Grégoire XII dans le concile de Pise, et s'était fait élire à leur place, en se servant du pouvoir qu'il avait dans Bologne et de la protection toute-puissante de Louis, duc d'Anjou, son ami particulier, arrivé depuis peu de France avec une armée pour la conquête du royaume de Naples.

Les commencements du pontificat de Jean XXIII furent assez heureux. Il fut reconnu par la plus grande partie de l'Europe. L'autorité de Grégoire et de Benoît diminuait peu à peu. Le premier, travesti en marchand, s'était sauvé à Gaëte. Le second, poursuivi par ordre du roi de France, s'était retiré en Espagne, dans le château de Paniscole, bâti sur la pointe d'un rocher, auprès de la mer. Il fallut donc recourir à des moyens plus énergiques pour les forcer à abdiquer. En conséquence, un second concile général fut convoqué à Constance par le pape Jean XXIII, sur l'avis de l'empereur Sigismond. Il fit cette convocation avec répugnance. *Je crains moi-même*, disait-il, *d'y aller souverain pontife et de revenir particulier.* Cependant il se mit en route, et arriva à Constance le 28 octobre 1414, trois jours avant l'ouverture du concile. Il se trouva dans cette grande assemblée quatre patriarches, quarante-sept archevêques, cent soixante évêques, cinq cent soixante-quatre abbés et docteurs. L'empereur Sigismond, étant arrivé le 24 décembre, assista le lendemain, en habit de diacre, à la messe du pape et y chanta l'Évangile. Jean XXIII se flattait que son élection, faite par un concile général, serait confirmée par celui de Constance ; aussi, quand on lui proposa de faire le sacrifice de sa dignité au repos de l'Église, il fit d'abord de grandes difficultés ; mais, dans la seconde session, il promit solennellement de renoncer à la papauté si son abdication pouvait éteindre le schisme. Puis il chercha les moyens de sortir secrètement de Constance ; il en vint à bout : avec l'aide de Frédéric d'Autriche, il sortit de la ville, sur le soir, déguisé en postillon. La nuit il se mit dans une barque que Frédéric avait fait tenir prête, et, en quelques heures, il arriva à Schaffhouse en Suisse, qui appartenait au duc. Le concile, malgré la fuite du pape, continua ses séances, le condamna comme simoniaque, scandaleux et perturbateur de la foi, et, comme tel, le déposa du pontificat le 29 mai 1415. On lui fit signifier cette sentence par des commissaires, qui le trouvèrent assez bien disposé. Il reçut avec résignation le décret du concile, fit ôter de sa chambre la croix papale, et protesta qu'il renonçait aux prétentions qu'il pouvait avoir sur la chaire de saint Pierre. Peu de temps après, Grégoire XII imita son exemple. Il s'était retiré chez Malatesta, seigneur de Rimini, qu'il chargea de sa procuration pour aller à Constance céder ses droits en plein concile. Les Pères, en reconnaissance de ce sacrifice, le déclarèrent doyen des cardinaux et légat perpétuel de la Marche d'Ancône, avec toutes les prérogatives attachées à cette dignité. On le déchargea en même temps de tout ce qui pouvait s'être passé d'irrégulier sous son pontificat. L'antipape Pierre de Lune seul persista dans le schisme jusqu'à sa mort, arrivée en 1424, et ne voulut pas même céder à sa mort ce qu'il ne pouvait plus conserver; il recommanda à deux cardinaux attachés à sa fortune de lui donner un successeur. En effet, ils nommèrent pape un chanoine de Barcelone, qui prit le nom de Clément VIII. Mais ce nouvel antipape abdiqua son vain titre en 1429, et obtint en dédommagement l'évêché de Mayorque. Aucun pape n'étant reconnu par le concile de Constance, le cardinal de Cambrai opina qu'avant de travailler au grand ouvrage de la réformation, on devait donner un chef à la chrétienté. Les vingt-huit cardinaux jetèrent donc les yeux sur le cardinal Othon Colonna, et lui donnèrent la tiare en 1417; il prit le nom de Martin V. Les Allemands et les Français lui offrirent une retraite; mais il leur répondit « qu'il ferait son » séjour à Rome, parce qu'un pilote devait être à la poupe et » non à la proue de son vaisseau. »

Lorsque Martin partit pour se rendre dans cette ville, Balthazar Cossa alla se jeter à ses pieds à Florence; le spectacle d'un souverain pontife déposé et humilié toucha vivement le cœur du pape, qui le reçut avec bonté, et lui donna le moyen de subsister honorablement dans le rang de cardinal. Cossa mourut six mois après.

Martin V, avant de quitter Constance, participa à tout ce qui se fit dans cette assemblée. Les Pères, après avoir éteint le schisme, anathématisèrent les hérésies. Le Wicléfisme fut solennellement condamné par le concile; cette hérésie avait pénétré en Allemagne. Jean Hus, docteur de l'Université de Prague, l'avait fait revivre en Bohême, soit en écrivant en faveur de Wiclef, soit en traduisant ses ouvrages. Il avait trouvé un fervent disciple dans Jérôme de Prague, maître ès arts de l'Université de cette ville. Ces deux théologiens furent appelés au concile de Constance; le premier, ayant persisté dans ses erreurs, fut livré au bras séculier et brûlé vif le 4 juillet 1415. Jérôme de Prague fut arrêté en même temps et mis en prison. Il désavoua d'abord les propositions erronées qu'il avait soutenues, soit par ennui de la prison, soit par crainte de la mort; mais, ayant révoqué bientôt après sa rétractation, il finit, comme son maître, sa vie sur un bûcher, le 30 mai 1416.

Le concile approuva l'usage de l'Église de ne communier les laïques que sous une seule espèce, et rejeta la demande des hussites qui voulaient recevoir le corps et le sang de Jésus-Christ sous les espèces du pain et du vin. Il ordonna la fréquente tenue des conciles provinciaux et défendit la translation des évêques sans une grande nécessité. Enfin le concile se sépara le 22 avril 1418; il avait commencé le 5 novembre 1414. Cette assemblée est mémorable par la déposition de deux antipapes, par l'abdication volontaire ou forcée du pape légitime, par la présence d'un grand empereur, par l'élection et le couronnement d'un pape reconnu de tous les fidèles, enfin par plusieurs décisions sur des matières qui intéressaient également la foi et les mœurs. Ceux qui montrèrent dans le concile le plus grand zèle pour le bien de l'Eglise furent l'empereur Sigismond, le savant Pierre d'Ailli, cardinal de Cambrai, François Zabarella, cardinal de Florence, et le célèbre chancelier de l'Université de Paris, Jean Gerson, l'un des envoyés du roi de France.

Le supplice de Jean Hus et de Jérôme de Prague, regardés comme des martyrs dans leur parti, alluma la guerre en Bohême. Les errants dressèrent une confession de foi conforme à la doctrine hétérodoxe de leur patriarche, et se séparèrent de la communion romaine. Pour maintenir leur liberté de conscience, ils levèrent une armée de fanatiques qui profanèrent les lieux saints, abattirent les temples, démolirent les autels, et se souillèrent par des crimes effrayants. Jean Zisca, gentilhomme de Bohême, général de cette bande féroce, remporta sept fois la victoire sur l'empereur Sigismond qui fut obligé de lui accorder la paix et de le nommer gouverneur de Bohême. La mort du chef des hussites n'interrompit pas leurs succès. On essaya de les ramener par les négociations; dans cette vue, l'on assembla un autre concile, auquel ils furent invités, pour traiter des articles qui les séparaient de l'Eglise.

Martin V, en prenant congé des Pères de Constance, avait promis de convoquer bientôt un nouveau concile qui s'occuperait uniquement de la réformation des abus qui affligeaient l'Eglise. Il fut d'abord convoqué à Pavie; mais la peste ayant chassé de cette ville les évêques et les autres prélats assemblés, on le transféra à Sienne, et de là à Bâle. La première session commença le 23 juillet 1431. Martin mourut le 20 février, avant l'ouverture du concile; elle se fit sous les auspices d'Eugène IV, son successeur, et en présence du cardinal Julien Cesarini, qui y présida à sa place. Les Pères de Bâle commencèrent par renouveler le décret de Constance, qui établissait la supériorité du concile général au-dessus du pape. Eugène IV voulut aussitôt dissoudre l'assemblée de Bâle et en convoquer une autre à Bologne. Cette tentative n'ayant pas réussi, il transféra en 1438, de sa souveraine autorité, le concile à Ferrare, et l'année suivante à Florence. Les Pères de Bâle, l'ayant sommé plusieurs fois de révoquer la bulle par laquelle il déclarait leur concile dissous, le menacèrent de l'attaquer personnellement comme réfractaire, contumace et indigne de la place éminente qu'il occupait. Après avoir statué la nullité du concile qu'il opposait au leur, ils le déclarèrent déchu du siége pontifical, et mirent à sa place Amédée, duc de Savoie, qui vivait en anachorète à Ripailles, près du lac de Genève. Amédée prit le nom de Félix V; mais bientôt, désavoué et abandonné de tous ses partisans, il se démit de son prétendu pontificat entre les mains de Nicolas V, successeur d'Eugène IV, et retourna dans sa solitude, où il mourut en odeur de sainteté. Sur l'invitation du concile, les hussites députèrent à Bâle leur général Procope et Jean Rochzana, redemandèrent au nom de leur parti la communion sous les deux espèces, le droit de soumettre à la juridiction des magistrats les ecclésiastiques coupables de quelques crimes, la liberté d'annoncer ce qu'ils appelaient la *parole de Dieu*, et le pouvoir de soustraire au clergé toutes les affaires civiles. Après de longues et inutiles conférences sur tous ces articles, le concile remit la conclusion de cette affaire à des députés, parmi lesquels on distinguait Enéas-Sylvius Piccolomini. Ces envoyés ramenèrent plusieurs hussites en leur accordant l'usage de la coupe avec les restrictions convenables. Ces nouveaux réunis furent appelés calixtins, tandis que les obstinés se nommaient thaborites, du mont Thabor, près de Prague, où ils avaient une forteresse redoutable, d'où ils continuèrent à soutenir une guerre meurtrière. — Le concile de Bâle se sépara après la 45ᵉ session, tenue en mai 1443. Cette assemblée avait duré douze ans; mais ce n'était plus, depuis plusieurs années, qu'une ombre de concile.

Pendant que le concile de Bâle marchait vers le schisme, Eugène IV avait convoqué une assemblée à Ferrare. Jean Paléologue, empereur de Constantinople, effrayé par les progrès alarmants que faisaient les Turcs en Orient, comprit que le schisme dans lequel Photius avait entraîné les Grecs avait été au moins aussi funeste à l'empire qu'à l'Eglise. Pressentant la chute imminente de son trône, il envoya des ambassadeurs à Eugène IV pour lui proposer un nouveau projet de réunion avec l'Eglise latine. Il se rendit lui-même à Ferrare avec le patriarche de Constantinople, son frère, et plusieurs autres personnes considérables de la cour et du clergé. Ce prince y fut reçu avec magnificence, et on travailla à éteindre les dissidences et à réunir les deux Eglises. Les conférences roulèrent sur la procession du Saint-Esprit, sur le purgatoire, sur l'usage du pain azyme, sur la primauté du pape. On tint 16 sessions à Ferrare, dans lesquelles ces matières furent débattues pendant longtemps. La peste désolait cette ville, et l'on fut obligé de transférer le concile à Florence en janvier 1439. La première session (ou la 17ᵉ, en comptant celles du concile de Ferrare) se tint le 26 février. Après avoir disputé sur la procession du Saint-Esprit, les Latins établirent si bien cette vérité, que les Grecs souscrivirent à leur créance, à l'exception de Marc, évêque d'Éphèse. L'empereur fut une des premières conquêtes des Pères du concile. Bientôt on fut d'accord sur tous les points, et la parfaite union de l'Eglise latine avec l'Eglise grecque fut conclue le 21 juillet, jour auquel on signa, comme un gage assuré de la force de cette union, *que le Saint-Esprit procède du Père et du Fils comme d'un seul principe; qu'on a pu ajouter* Filioque *au symbole; qu'il y a un purgatoire; que la consécration se fait véritablement avec du pain levé ou sans levain, et que les prêtres doivent consacrer selon la coutume de leur Eglise, orientale ou occidentale; enfin que le pape a la primauté dans tout le monde comme chef de toute l'Eglise.* Bessarion, métropolitain de Nicée, depuis cardinal, travailla avec tant de zèle à la réunion, qu'il devint odieux aux Grecs schismatiques. Le concile dura encore trois ans après cet acte d'union éphémère, et ne fut conclu qu'en 1442 dans l'église de Saint-Jean de Latran. Marc, le fanatique évêque d'Ephèse, ameuta le clergé de Constantinople contre les prélats qui avaient assisté au concile de Florence. La populace soulevée les appelait *azymites*, *traîtres à la religion*, *apostats*, tandis qu'elle comblait d'éloges Marc d'Éphèse, regardé par les schismatiques comme l'unique défenseur de la foi.

Constantinople, la Grèce, les villes d'Asie, furent inondées de libelles contre l'Eglise latine. L'archevêque d'Héraclée, le philosophe Gemistius, l'archevêque de Trébisonde, et beaucoup d'autres, se rétractèrent de vive voix ou par écrit. Mille bruits absurdes furent répandus parmi le peuple. On cria à la corruption, à la vénalité des suffrages, à la falsification des exemplaires du concile; enfin on soutint qu'on faisait mourir les Grecs de faim pour les obliger de signer. Bessarion et quelques autres réfutèrent aisément ces calomnies. Mais comme ces apologies ne parurent qu'après la mort de Marc d'Ephèse, les Grecs demeurèrent persuadés de la vérité des impostures qu'il avait répandues. En 1443, les patriarches d'Alexandrie, d'Antioche et de Jérusalem, qui avaient souscrit au concile de Florence par leurs députés, convoquèrent un synode à Jérusalem, où ils le traitèrent de *conciliabule exécrable*, et menacèrent même l'empereur Jean Paléologue de l'excommunier s'il continuait d'en autoriser les décisions. Ce prince, effrayé, se relâcha de sa première fermeté, et les évêques de l'Eglise grecque persistèrent dans le schisme, à l'exception du patriarche de Constantinople et d'une petite partie de son clergé.

Constantin Paléologue, successeur de Jean Paléologue, se sentant dans l'impossibilité de résister aux armes victorieuses de l'empereur des Turcs Mahomet II, envoya en 1451 des ambassadeurs au pape pour lui demander des secours, et promit de travailler efficacement à obtenir la soumission des Grecs aux décrets de Florence. Le pape Nicolas V envoya à Constantinople le cardinal Isidore pour faire accepter le décret d'union au nouvel empereur, qui le reçut avec les principaux membres de la cour et du clergé. Mais son exemple ne fut pas suivi du reste de la nation. Les prêtres, les religieux, les laïques, regardèrent comme un oracle l'exhortation du fanatique Gennadius à persévérer dans le schisme. La fureur des schismatiques se porta aux derniers excès. Ces malheureux vomissaient mille injures contre le pontife romain et contre l'empereur qui implorait son secours. *Nous n'avons pas besoin*, s'écriaient-ils, *ni de troupes*, *ni de l'alliance des Latins. Loin de nous le culte des azymites!* Or, tandis qu'ils s'opiniâtraient dans leur révolte contre l'Église catholique, Mahomet II se préparait à fondre sur eux et à se rendre maître de leur capitale.

Depuis plus d'un siècle déjà, la grande ambition des empereurs turcs était de conquérir Constantinople et d'anéantir l'empire grec. Amurat II avait mis, en 1422, le siége devant Constantinople, qu'il fut obligé de lever. Tournant ses armes d'un autre côté, il poussa ses conquêtes jusqu'en Hongrie. Ladislas, roi de Hongrie, fit un traité de paix avec lui pour l'écarter de ses frontières. Mais il rompit bientôt ce traité. Amurat lui livra bataille en 1444 à Varna, et détruisit son armée. Ladislas fut tué, ainsi que le cardinal Julien. Deux chrétiens, Jean Huniade, prince de Transylvanie, et Scanderberg, roi d'Epire, arrêtèrent les progrès d'Amurat. Mahomet II, successeur d'Amurat, hérita de son courage et de ses projets. La conquête de la ville impériale était toujours le but de son ambition passionnée. Il l'assiégea de nouveau en 1453, et l'emporta enfin d'assaut après un siége de deux mois. Tous les Paléologues furent massacrés. Une grande partie de la noblesse et du peuple fut immolée à la fureur des musulmans. Les temples, profanés par les abominations des troupes infidèles, furent changés en mosquées. Le vainqueur, maître de la capitale de l'empire grec, se fit proclamer empereur. En vain le pape Calixte III, qui avait succédé au pape Nicolas V, mort en 1455, envoya des ambassadeurs aux princes chrétiens pour les exhorter à se réunir contre la terrible puissance des Ottomans : Mahomet continua ses conquêtes, et brisa le faible empire de Trébisonde, où régnait David Comnène. Mahomet II, voulant faire de Constantinople le siége de son empire, permit aux vaincus le libre exercice de leur religion, et fit placer sur le siége patriarcal le célèbre George Scholarius. A l'exemple de l'empereur grec, le sultan lui donna l'investiture. George fut conduit dans la grande salle du palais impérial, au pied du trône de Mahomet, revêtu de ses plus riches ornements, et il se prosterna devant le sultan. Ce prince lui mit en main le bâton pastoral en prononçant ces paroles à haute voix : *La très sainte Trinité, qui m'a donné l'empire, te fait, par l'autorité que j'en ai reçue, archevêque de la nouvelle Rome et patriarche œcuménique.*

Quelques jours après, Mahomet alla rendre visite au nouveau patriarche, qui avait pris le nom de Gennadius, et il le pria de lui expliquer les principaux points de la religion chrétienne. Gennadius le fit avec autant de force que de solidité. Le sultan en parut touché, et traita les Grecs avec plus de douceur. Il le pria même de rédiger par écrit tout ce qu'il lui avait dit dans un entretien si intéressant. On trouve cet ouvrage, avec plusieurs autres du même écrivain, dans la *Bibliothèque des Pères.* Gennadius employa tous ses talents et son zèle pour engager son peuple à se réunir à l'Eglise latine. Mais, voyant que ses remontrances ne produisaient pas plus de fruit que ses écrits, il renonça, la cinquième année de son pontificat, au gouvernement d'une Église rebelle, et se retira dans un monastère.

Mahomet, dans l'exaltation de son orgueil, voulut enlever aux chrétiens l'île de Rhodes. Cette île était la retraite des chevaliers de Saint-Jean de Jérusalem, qui gênaient la navigation des galères et des vaisseaux turcs. Le pacha Misach Paléologue, Grec, de la famille impériale, favori du sultan, vint faire le siége de Rhodes par son ordre. Mais le grand-maître d'Aubusson, gentilhomme français, la défendit avec un héroïsme surhumain, et contraignit les Turcs de lever le siége, après leur avoir tué plus de neuf mille hommes devant la place. Le sultan se vengea de sa défaite en faisant une invasion dans le royaume de Naples. Achmet, qui commandait son armée, aborda le 28 août 1480 à Otrante, ville maritime de la Calabre, et il la força de se rendre, après l'avoir battue de ses machines de siége pendant dix-sept jours. Il y mit tout à feu et à sang. L'on compta jusqu'à douze mille chrétiens tués ou faits prisonniers, parmi lesquels se trouva l'archevêque, fort infirme et accablé de vieillesse. Huit cents chrétiens furent menés hors de la ville tout nus, et égorgés dans une vallée qu'on a nommée depuis la vallée des Martyrs. La prise d'Otrante jeta une grande consternation dans toute l'Italie. Le pape eut d'abord l'idée de quitter Rome et de se retirer en France; mais, après avoir considéré sa situation avec plus de calme, il prit des mesures pour défendre les terres de l'Etat ecclésiastique. Il fit la paix avec les Florentins, exhorta l'empereur, les rois et les princes à donner du secours aux chrétiens, et fit conduire dans la Pouille, en grande diligence, les vingt-quatre galères qu'on avait préparées pour secourir les chevaliers de Rhodes. Enfin il invita les souverains et les prélats à se trouver à Rome au plus tôt pour concerter les moyens d'arrêter les progrès des infidèles. Ces précautions étaient urgentes. Achmet s'avançait toujours et courait toutes les côtes de la mer Adriatique, dans le dessein d'aller piller Notre-Dame de Lorette. Dès qu'il eut aperçu la flotte des chrétiens, il en fut effrayé et se retira avec beaucoup de précipitation. Mahomet II voulait envoyer une nouvelle armée à Otrante, lorsqu'une mort subite l'enleva en 1481. Au milieu des maux qui affligèrent l'Eglise latine et l'Eglise grecque dans ce siècle, on ne saurait trop remarquer combien Dieu les traita différemment. L'Eglise grecque fut abandonnée à l'esprit de division; elle consomma ses malheurs et son schisme dans le temps même que l'on faisait les plus grands efforts pour les faire cesser. Le schisme d'Occident, au contraire, fut entièrement éteint, et l'on vit le calme renaître au milieu de dangers formidables et au sein de la plus terrible agitation. Les Grecs n'étaient nullement effrayés des conséquences du schisme; ils l'envisageaient comme un état légitime. Les Latins, au contraire, qui connaissaient le précieux dogme de l'unité de l'Eglise, n'envisageaient qu'avec terreur les suites fatales d'un schisme, et regardaient le malheureux état où ils voyaient l'Eglise comme un état violent dont on devait travailler à sortir sans délai et à tout prix. On vit des royaumes reconnaître quelquefois un pape désavoué par leurs voisins, sans se mettre en peine du parti que d'autres souverains prenaient en obéissant à un autre pape. Mais il ne vint à l'esprit de personne que cet état pût être compatible avec la constitution essentielle de l'Eglise; on était pleinement convaincu que le Saint-Siége était le centre de l'unité catholique, et que l'Eglise ne pouvait avoir qu'un seul chef. Aussi l'Eglise grecque resta à jamais ensevelie sous les malheurs et la ruine. L'Eglise universelle renaît plus belle, plus pure et plus puissante des décadences accidentelles les plus profondes. Charles VII profita en quelque sorte de cette confusion et des dangers de l'Eglise pour promulguer la pragmatique sanction, attribuée à saint Louis. Une assemblée du clergé, convoquée en 1431 à Bourges, dressa des mémoires qui furent envoyés au concile de Bâle, et, après avoir délibéré pendant sept ans, elle acheva la pragmatique en vingt-trois articles, qui statuèrent, entre autres décisions, la supériorité du concile général sur le pontife romain : la liberté donnée aux Eglises d'élire leurs prélats ; l'abolition des réserves, des grâces expectatives et des annates ; l'établissement des prébendes théologales pour tirer le clergé de l'ignorance où il était plongé dans certains diocèses ; le tiers des bénéfices était affecté aux besoins des gradués ; diverses ordonnances sur les cérémonies du service divin et la police des Eglises cathédrales. Les papes condamnèrent rigoureusement la pragmatique sanction. En 1459 Pie II écrivit aux princes chrétiens pour les prier de s'assembler avec lui à Mantoue, ou du moins d'y envoyer leurs ambassadeurs, pour statuer sur les moyens de combattre et d'arrêter les Turcs. Charles VII envoya l'archevêque de Tours, l'évêque de Paris et le bailli de Rouen. L'évêque de Paris porta la parole au pape, et fit un très long discours dans lequel il fit un grand éloge du roi de France. Il demanda ensuite le royaume de Sicile pour René d'Anjou. Le pape, dans sa réponse sut exposer avec force et onction les éminentes prérogatives du Saint-Siége, et montra comment tous les princes devaient se soumettre à ses décisions. Il loua les grandes actions des rois de France, mais il fit sentir à l'assemblée les périls et les inconvénients graves qu'entraînait la pragmatique sanction, *l'acte le plus injurieux qui eût jamais été fait à la dignité du souverain pontife.* Pie II n'oublia rien pour faire supprimer ce décret de l'Eglise gallicane. Après la mort de Charles VII, Louis XI étant monté sur le trône, le pape lui envoya en qualité de nonce l'évêque de Terni. Ce prélat obtint du nouveau roi l'abolition de la pragmatique. Le pape, plein de joie et de reconnaissance de l'édit de 1461, envoya au roi une épée enrichie de pierreries et une lettre en vers. Paul II, élevé sur le Saint-Siége après Pie II, en 1464, réussit à porter le dernier coup au règlement de l'assemblée de Bourges. Il envoya en 1467 un légat en France, chargé de solliciter l'entière abolition de cette ordonnance irrégulière et attentatoire aux droits de la cour de Rome. L'évêque d'Evreux, Jean Balue, ministre de France, obtint de Louis XI des lettres-patentes qui confirmaient l'abolition de la pragmatique. Le parlement et l'Université protestèrent contre cette abolition. Après la mort de Louis XI, arrivée en 1483, on assembla les États généraux à Tours. Une partie du clergé y demanda le rétablissement de la pragmatique. Les archevêques de Lyon et de Tours, qui étaient cardinaux, et les prélats qui avaient été promus sous Louis XI, contre la forme prescrite par la pragmatique, s'y opposèrent avec succès. On agita de nouveau en France la question « si les » religieux mendiants pouvaient confesser sans le consente- » ment des curés, » à l'occasion d'une bulle du pape Nicolas V, qui la décidait en faveur des religieux. L'Université de Paris appela de cette bulle, et chassa de son corps ceux qui ne voulurent point la rejeter. Les religieux s'en plaignirent au pape Calixte III, qui se déclara d'abord pour eux, révoqua plus tard la bulle qu'il avait décrétée en leur faveur ; et la dispute reprit sous Sixte IV. Ce pontife renouvela en 1453 les bulles favorables aux religieux mendiants. Mais les différends qui avaient divisé le clergé séculier d'avec les ordres réguliers en France, s'étant élevés en Allemagne, le pape mit la paix entre les religieux et les curés en modérant les priviléges des uns et en s'expliquant nettement sur les droits des autres.

Ainsi les papes, malgré les scandales du schisme d'Occident, conservèrent toujours une immense influence dans toutes les affaires générales et particulières qui se traitaient dans l'Eglise. Mais ce qui inquiétait les princes et les peuples, ce qui fut l'éternel objet des efforts et de la politique des papes, c'était de trouver un moyen efficace d'arrêter enfin le flot barbare des musulmans qui entamait au cœur même l'Europe chrétienne. Nicolas V (Thomas de Sarzanne), après avoir travaillé efficacement et réussi à pacifier l'Eglise et l'Italie, cherchait à liguer contre ce péril commun tous les princes chrétiens, lorsque la mort le surprit en 1455. — Calixte III, de l'illustre maison des Borgia d'Espagne, épouvanté à son tour de ce glaive suspendu sur la civilisation chrétienne, ne cessait de déplorer la coupable indifférence des rois. Il envoya des prédicateurs par toute l'Europe pour exciter le courage et le zèle des peuples et des princes. Les uns et les autres, s'exagérant les difficultés de l'entreprise, se bornèrent à faire des vœux stériles. — Pie II (Enéas Piccolomini), reprit l'œuvre de son prédécesseur et montra toujours la même ardeur pour la croisade. Il équipa une flotte qu'il allait diriger en personne, lorsque la mort le surprit en 1464, au début de ce grand acte de courage chez un vieillard accablé d'affaires et d'infirmités. — Sixte IV, successeur de Paul II, homme énergique et austère, poursuivit le dessein de Pie II. La flotte, rassemblée avec une peine infinie, mit à la voile sous le commandement de Caraffa et s'empara de Smyrne. La malheureuse passion de Sixte IV, travaillé de l'ambition d'élever sa famille, stérilisa ses bonnes intentions pour le rétablissement de la discipline dans l'Eglise et pour la guerre contre les Turcs. Ses tristes dissensions avec Florence et presque toute l'Italie ont terni singulièrement les qualités éminentes de ce pontife. Cependant il sauva l'Italie de l'invasion musulmane, et, en 1481, Alphonse, fils du roi de Naples, reprit Otrante sur les Turcs.

Innocent VIII (Jean-Baptiste Cibo), qui succéda, en 1484, à Sixte IV, s'était déjà distingué par son habileté à conduire la mission importante dont il fut chargé avant son avènement au pontificat. Il montra le zèle le plus actif pour la croisade. Mahomet II avait laissé deux fils : Bajazet et Zizim. Le premier sut égaler les brillantes actions militaires de son père ; le second, exilé par son frère, fut confié à la garde des chevaliers de Saint-Jean de Jérusalem. En 1488 il fut livré au pape. Innocent essaya de tirer parti de ce précieux otage contre les Turcs ; mais tous ses efforts pour reconstituer la croisade échouèrent devant l'indifférence calculée des princes et les troubles universels qui divisaient les États chrétiens. Innocent VIII mourut à Rome le 25 juillet 1492. La même année, Christophe Colomb découvrait le Nouveau-Monde, et l'année suivante venait au monde, à Eisleben, Martin Luther.

Nous avons déjà rencontré avec douleur à la cour pontificale elle-même ces odieux exemples de corruption, ces traditions de népotisme qui perdaient l'autorité de l'Eglise et éteignaient l'amour et le respect que lui portaient les peuples ; ces intrigues de famille où les armes spirituelles sont mises au service d'une ambition privée ou d'une cupidité sordide ; ces guerres impies où le repos et la vie des hommes sont sacrifiés chaque jour à de misérables intérêts. Et cependant jusqu'ici le mal ne s'est produit qu'avec certains ménagements, que sous des apparences spécieuses ; l'ambition, l'avarice, le népotisme, se sont permis des transactions plus ou moins blâmables, mais ils n'ont pas descendu ouvertement jusqu'au scandale public et au crime ; par conséquent il nous reste à subir la dernière phase, l'épreuve suprême du vice. Nous allons le voir dans toute sa triste nudité toucher le fond de l'abîme avec un homme et un règne que tous les ennemis de la papauté, que tous les esprits superficiels et bornés, ont traditionnellement jeté au front de l'Eglise, comme si ce n'était pas elle qui a le plus souffert de ces désordres, qui les a réprouvés et les réprouvera toujours avec une admirable énergie ; comme si ce n'était pas l'Eglise qui la première a anathématisé ces scandales ; comme si ce n'étaient pas sa divine morale et ses dogmes immuables qui seuls offrent une digue contre ces terribles débordements des passions, et vouent leurs auteurs à une éternelle ignominie. — « Après la mort d'Innocent VIII, le Saint-Siége devint la proie de ces brigues simoniaques contre lesquelles les plus grands papes avaient tant lutté. Rodrigue Lenzuoli, de la maison des Borgia par sa mère, obtint la tiare à force de cabales et d'argent. Fils de Geoffroy Lenzuoli, il descendait d'une des plus grandes maisons du royaume de Valence. Calixte III le créa cardinal et vice-chancelier de l'Eglise romaine en 1455. Ses mœurs et l'abus qu'il faisait de ses richesses auraient dû l'écarter du trône pontifical : ce furent ses titres auprès d'une cour corrompue, qui mit en oubli les principes chrétiens. Elu en 1492, Rodrigue prit le nom d'Alexandre VI qu'il a rendu si tristement célèbre. » — Les commencements de ce pontificat furent heureux et semblaient promettre à la chrétienté un règne modéré et habile. Mais bientôt les passions malheureuses d'Alexandre débordèrent sans retenue. L'intérêt de sa maison et son ambition personnelle furent les seuls mobiles de ses déterminations et de sa politique. Il avait eu avant son avènement quatre fils de Vanozzia, dame romaine : Louis, qui devint duc de Candie ; César, digne fils d'un tel père, et qui épouvanta l'Italie par ses crimes ; Jean et Godefroi. Pour satisfaire aux vues ambitieuses de César Borgia, Alexandre VI commença cette vie d'intrigues et de trahisons successives qui le rendirent odieux à tous les États de l'Europe. Il commença une persécution acharnée contre toutes les familles riches et puissantes dont les possessions tentaient la rapacité de César, devenu duc de Valentinois, ou dont l'influence portait quelque ombrage à cette famille, devenue déjà l'exécration de l'Italie. C'est ainsi que César Borgia s'empara des Etats de Bologne, de Ferrare, du duché d'Urbin et de celui de Camerino ; de plusieurs terres des Colonna, des

Ursins et des Gaëtans. — César Borgia n'espérait rien moins que réunir sous son autorité l'Italie tout entière. Lorsque Louis XII entra en Italie pour s'emparer du duché de Milan, Alexandre crut que le moment était venu pour réaliser tous ces hardis projets. En effet, le roi de France lui envoya des troupes et le pape se mit en campagne. Déjà il avait par la force des armes ou la trahison vaincu et capturé plusieurs de ses ennemis, lorsqu'une mort mystérieusement tragique vint délivrer l'Eglise et l'Italie d'un pontife si indigne de la chaire pontificale qu'il avait occupée onze ans et huit jours. Ce fut lui qui donna aux rois d'Espagne le titre de *catholiques*, que Ferdinand et Isabelle avaient justement mérité par leurs conquêtes sur les Maures et par l'honneur d'avoir les premiers introduit le christianisme dans le Nouveau-Monde. — La plus importante affaire ecclésiastique de ce pontificat fut le jubilé universel de 1500, et les prédications et le supplice de Jérôme Savonarola à Florence.

Malgré les demandes universelles de réforme qu'on ne cessait de demander dans le chef et les membres de l'Eglise depuis les premiers jours de ce siècle, la corruption et le relâchement ne cessaient pas encore, et le clergé donnait au monde le triste spectacle de scandales affligeants. Cependant l'Eglise eut la consolation de voir naître dans ce temps de nouveaux ordres monastiques qui opposèrent au débordement du siècle le pur et beau modèle de la morale chrétienne. — Ainsi, c'est de ce siècle que date l'ordre des Minimes, institué par saint François de Paule, ermite calabrais, né en 1418. Consacré à Dieu dès sa plus tendre jeunesse, François s'enferma dans un roc au bord de la mer. Ses vertus ayant attiré auprès de lui des disciples, il leur bâtit en 1467 un monastère près de Paule sa patrie, ville de Calabre, et leur donna une règle approuvée par Sixte IV, Alexandre VI et Jules II. Ses disciples portèrent d'abord le nom d'ermites de saint François, ensuite celui de Minimes. Leur saint fondateur joignit les austérités les plus rigoureuses à la charité la plus ardente. — Il alla recevoir la récompense de ses travaux en 1507. Il mourut en France dans le couvent de Duplessis-Duparc. — Béatrix de Sylva, Portugaise, illustre par ses vertus autant que par sa naissance, fonda à Tolède l'ordre des religieuses de la Conception de la Vierge Marie, qui suivirent d'abord la règle de Cîteaux et qui embrassèrent ensuite celle de sainte Claire. — Les ordres militaires établis dans ce siècle sont ceux de Saint-Maurice, de la Toison d'or et de Saint-Michel. — Le premier, institué par Amédée VII, duc de Savoie, depuis pape sous le nom de Félix V, fut réuni en 1571 à l'ancien ordre de Saint-Lazare. Les chevaliers de la Toison d'or eurent pour fondateur Philippe-le-Bon, duc de Bourgogne. L'ordre de Saint-Michel fut fondé en 1469 par Louis XI, roi de France. — Les écrivains ecclésiastiques de ce siècle sont remarquables par leurs talents et leur haute influence sur le gouvernement des affaires. Les plus célèbres sont Jean Gerson, chancelier de l'Université de Paris; Pierre d'Ailly, cardinal et évêque de Cambrai; Nicolas de Clémengis, docteur de Paris; le cardinal Bessarion; Alphonse Tostat; Paul de Burgs; Denis Rykel; Thomas à Kempis, chanoine régulier de St-Augustin à qui la postérité fait l'honneur insigne et incomparable de lui attribuer l'*Imitation de Jésus-Christ*. L'histoire fut cultivée par Thierri de Niem, évêque de Cambrai, et par Platine, auquel nous devons les vies des papes. La prise de Constantinople et la ruine de l'empire d'Orient fit refluer les lettres en Occident. Plusieurs savants grecs, s'étant retirés en Italie, y inspirèrent le goût de la langue grecque et des bons auteurs. Toutes les richesses de la Grèce païenne et de la Grèce chrétienne passèrent dans l'Eglise latine. On eut principalement obligation de ces nouveaux trésors à Théodore de Gaza, à George de Trébisonde, à Argyrophyle, à Démétrius Chalcondile, etc. La plupart de ces savants furent protégés par les papes; et, de l'Italie, la lumière se répandit dans le reste de l'Europe. La découverte de l'imprimerie aida beaucoup à pousser les esprits vers le renouvellement des sciences. Les pontifes romains encouragèrent puissamment cette magnifique découverte qui devait exercer sur le monde une influence si profonde et pour le bien et pour le mal. La coïncidence de la ruine de Constantinople et de l'invention de l'imprimerie fit fermenter les esprits en Europe et produisit dans les arts, les lettres, les mœurs et la politique, une révolution, dont les immenses conséquences n'étaient assurément pas entrées dans le calcul des prévisions humaines. Une réaction universelle fit invasion dans les idées contemporaines. Les traditions orientales et païennes, le goût effréné des auteurs anciens, changèrent la direction des esprits les plus sincères. L'Eglise fut la grande victime de ce mouvement spontané. Tous ses titres de gloire, tous les grands monuments des âges passés, restèrent dédaignés. Tout écolier crut de son devoir d'insulter l'œuvre *grossière* du christianisme et de relever le poétique idéal du génie païen. Le prince le moins édifiant se crut la mission de réformer l'Eglise dans son chef et dans ses membres. Heureux encore s'il ne décrétait pas par *ordonnance* la réforme de sa doctrine et de ses institutions. Cette violente impulsion amena deux résultats qui forment la base saillante du double mouvement qui domine les idées religieuses et philosophiques depuis le XVIe siècle jusqu'à nos jours. D'une part, elle jeta au delà des bornes légitimes tous les esprits guidés par une passion illicite et les perdit dans l'abîme de la renaissance de tout les goûts honteux des doctrines païennes et de toutes les erreurs antiques. D'autre part, cette réaction ouvrit les yeux à tous ces esprits honnêtes et sincères sur les dangers du relâchement des mœurs et de tous ces instincts flétrissants; et alors se leva pour l'Eglise ce jour radieux de la renaissance catholique dans toute la pureté de la foi et de la ferveur des beaux siècles de son histoire.

XVIe SIÈCLE.

C'est au milieu de cette fermentation universelle et sous l'empire de ces idées passionnées que s'ouvrit le XVIe siècle. Deux grandes préoccupations semblent dominer tous les esprits: l'état critique où les abus et le relâchement ont mis l'Église, la nécessité impérieuse d'y porter un remède efficace, sinon l'imminence d'une incalculable catastrophe. Il ne se tenait plus la moindre assemblée où l'on ne déplorât, souvent avec une étrange exagération, des abus plus ou moins réels. Les ennemis de la religion exploitaient ce thème spécieux avec une âpreté inouïe. Ces aversions secrètes, nées des passions, gênées devant les anathèmes de l'Evangile et qui sont la source et les mobiles éternels des ennemis de l'Eglise, s'empressaient de confondre la doctrine catholique avec ses indignes mandataires pour les discréditer et les envelopper à la fois dans le mépris et la haine des peuples. Si de ce triste spectacle de la situation intérieure de l'Eglise nous reportons notre regard sur les relations extérieures de la chrétienté, nous n'y trouvons ni consolation ni signe d'un avenir meilleur. Les Musulmans, maîtres de l'empire d'Orient, pressent la chrétienté de toutes parts, ici par leurs flottes aguerries, là par les armées innombrables, fanatisées par leurs croyances et leurs immenses succès. Au lieu d'opposer à ce péril incessant une unité compacte et libre d'agir, les princes chrétiens se déchiraient pour des rivalités souvent misérables. La mort d'Alexandre VI avait rejeté l'Italie tout entière dans les désordres de la guerre civile. Toutes les grandes familles, exilées ou enchaînées sous le joug despotique du pontife, reprirent et leur ascendant et leurs éternelles rivalités. Les Bagnoli rentrèrent à Pérouse, les Vitelli à Citta-di-Castello, les Sforze à Pesaro, les della Rovère à Sinigaglia, les Ursins et les Colonna rentrèrent dans leurs possessions et ensanglantèrent de nouveau Rome de leurs querelles. Mais c'est autour du trône pontifical que se rencontraient toutes les ambitions; la chrétienté tout entière avait les yeux fixés sur le conclave qui pouvait produire tant de bien et tant de désordres. Le cardinal d'Amboise, premier ministre de Louis XII, aspirait au souverain pontificat; il avait un puissant parti parmi les cardinaux, et les princes qui avaient le plus d'intérêt à l'exclure semblaient disposés à contribuer à son élévation. D'Amboise, se fiant à toutes ces espérances illusoires, fit retirer, d'après le conseil du cardinal de Saint-Pierre, les troupes françaises qui auraient favorisé son élection.

Les cardinaux, après trente-cinq jours de conclave, élurent François Piccolomini, cardinal de Sienne, qui prit le nom de Pie III. C'était un homme de mœurs intègres, d'un caractère estimable, plein de vues généreuses et animé d'une piété sincère. Il comprenait profondément l'urgence de réformer les abus et les scandales qui déshonoraient l'Église et le sacerdoce. Tous les hommes de bien conçurent de hautes espérances de cette élection; mais la mort de Pie III vint mettre à néant toutes ces belles conjectures. Déjà malade au conclave, le pontife ne survécut que de vingt-sept jours à son élection, et mourut le 18 octobre 1503. Au milieu des désordres qui affligeaient l'Italie, en face de tous les périls qui menaçaient la doctrine de l'Église et l'existence même de la chrétienté, le sacré collége rechercha surtout un homme énergique, capable, et dont le caractère fût à la hauteur de cette situation difficile. L'homme qui paraissait réunir toutes ces qualités à un degré éminent était Julien de la Rovère, neveu de Sixte IV. Il avait conduit avec une grande habileté les importantes négociations dont il avait été chargé. Il avait donné de grandes preuves de courage et de talents militaires dans ses expéditions contre les peuples de l'Ombrie. Il avait été créé cardinal de Saint-Pierre-aux-Liens. Bientôt il réunit tous les suffrages du sacré collége, et fut élu d'un commun consentement dès le soir qu'on entra dans le conclave. Nommé le 1er novembre 1503, il fut couronné le 19. Quelques historiens prétendent qu'il avait d'avance assuré son élection par un traité conclu avec ses collègues. — Le nouveau pape prit le nom de Jules II. Son premier soin fut de priver César Borgia de toutes les souverainetés dont il s'était emparé et de toutes les dignités dont il avait été revêtu. Mais comme il avait le génie presque aussi guerrier et aussi ambitieux que celui qu'il dépouillait, il garda une partie des usurpations de Borgia, et entra bientôt dans une ligue formée par l'empereur Maximilien avec les rois de France et d'Espagne pour chasser les Vénitiens de toutes les seigneuries qu'ils possédaient en terre ferme. Ces fiers républicains n'ayant pas pu résister aux efforts de tant de puissances réunies, leurs dépouilles enrichirent leurs vainqueurs, et Jules II rentra dans la possession de Ravenne, de Rimini et de tout le Bolonais. Ces succès, et plus encore la passion de Jules II pour les grandes entreprises, ne firent de son règne qu'une série de ligues et de batailles où l'intrépide pontife payait audacieusement de sa personne. Ce fut en partie par les armes de Louis XII que se firent les conquêtes sur les Vénitiens, qu'il défit entièrement à la bataille d'Aignadel. Les succès de ce prince en Italie donnèrent de l'ombrage à Jules II. Il donna l'absolution aux Vénitiens, et prit avec eux des mesures peu favorables à la France. Louis XII irrité rompit avec le pape. Jules II donna à Ferdinand d'Aragon l'investiture du royaume de Naples, et redemanda au roi de France la reddition de plusieurs cités italiennes occupées par les troupes françaises.

Alors Louis XII résolut d'agir avec vigueur contre son ancien allié; mais avant de déclarer la guerre au pape il convoqua, vers la fin de septembre 1510, une assemblée générale de l'Eglise gallicane à Tours, pour savoir comment il devait se défendre contre le souverain pontife, en conservant toujours le respect dû à l'Eglise et au Saint-Siége. On convint d'assembler un concile général à Pise.

L'ouverture eut lieu le 1er novembre 1511. Quatre cardinaux et un grand nombre d'évêques, d'abbés et de docteurs s'y trouvèrent. Mais dès la troisième session il fallut chercher une autre ville pour la tenir. Le pape, non content d'employer contre Louis XII les foudres ecclésiastiques, conclut secrètement contre la France, avec Ferdinand, roi de Castille, et les Vénitiens, une ligue qu'ils appelèrent la *ligue sainte*. Malgré son grand âge et ses infirmités, Jules II se mit lui-même à la tête des troupes qu'il avait levées, et attaqua l'Etat de Florence, de la dépendance duquel était la ville de Pise. Les membres de ce concile, que le pape appelait schismatique, se rendirent à Milan, où ils avaient transféré leur assemblée. Après plusieurs sessions, ils déclarèrent le pape suspens de l'administration du pontificat, et firent défense de le reconnaître pour chef de l'Eglise. Jules II, qui prévoyait ce dénoûment, avait convoqué dans la basilique de Latran une assemblée générale de l'Eglise, dont la première session, suivie de onze autres, fut tenue le 3 mai 1512. Le pape y présida, assisté de quinze cardinaux. Dans la troisième séance on lut une bulle qui condamnait le concile de Pise avec ses fauteurs, et confirmait les excommunications fulminées par le pape contre les cardinaux et les prélats qui le composaient. Jules fit publier en même temps des monitoires pour mettre le royaume de France en interdit et ajourner le roi, les prélats, les chapitres et les parlements du royaume à comparaître devant lui dans soixante jours, pour exposer les motifs de leur opposition à l'abrogation de la pragmatique sanction.

Cependant Jules II trouvait jusque dans les prélats et les cardinaux qui l'entouraient une désapprobation ouverte de ses expéditions guerrières, et une opposition constante contre cette politique d'envahissements et de conquêtes. Gilles de Viterbe, général des Augustins, qui prêcha devant le pontife le sermon d'ouverture à ce cinquième concile de Latran, lui faisait entendre ces sévères paroles : « Peut-on voir aujourd'hui, sans gémir et sans verser des larmes de sang, les désordres continuels et la corruption de ce siècle pervers; le dérèglement monstrueux qui règne dans les mœurs, l'ignorance, l'ambition, le libertinage, l'impiété, triompher dans le lieu saint, dont les vices devraient être éternellement bannis? Qui de nous pourrait regarder les yeux secs les campagnes de l'Italie arrosées de sang? L'innocence est opprimée, les villes nagent dans le sang de leurs habitants égorgés sans pitié; les places publiques sont jonchées de morts.... Toute la république chrétienne a recours à vous, elle implore votre protection.» Puis, après avoir loué le pape d'avoir glorieusement exécuté ce que d'autres papes n'auraient jamais osé entreprendre, d'avoir rassuré les chemins, chassé ou puni les bandits, arrêté les meurtres, les vols, les brigandages, réuni à l'Eglise plus de villes qu'aucun autre de ses prédécesseurs, actions qui le couvrent de gloire et rendront sa mémoire chère et immortelle, il ajoute : « Mais l'Europe entière attend encore de votre zèle quelque chose de plus grand, et si j'ose dire de plus digne de votre sainteté : rétablir la paix entre les princes chrétiens, les réunir tous, les engager à tourner leurs armes contre l'ennemi commun, employer toutes leurs forces pour exterminer ce cruel et redoutable ennemi de notre sainte religion, est un dessein plus glorieux et seul capable de vous immortaliser. Si vous voulez que le succès en soit infaillible et heureux, jetons les armes que nous n'avons, ce semble, prises que pour les tremper dans le sang des fidèles, reprenons-en d'autres plus conformes au caractère sacré dont nous sommes revêtus et plus proportionnées à la milice sainte dans laquelle nous sommes engagés. Déclarons une guerre éternelle et implacable à cette foule de vices énormes qui ont inondé la face de l'Eglise et qui déshonorent la religion. » Cependant toutes les mesures du pontife infatigable eurent un succès inespéré. Il réussit à s'allier avec l'empereur, chassa les Français de l'Italie, recouvra la Romagne, Ravenne, Bologne. Il reconduisit les Médicis à Florence, enleva aux Vénitiens les places qu'ils occupaient, s'empara de Reggio, de Parme et de Plaisance. Alors son autorité s'étendait depuis Plaisance jusqu'à Terracine. Jamais aucun pape n'avait possédé une telle puissance. Arrivé à cet immense résultat, Jules II crut enfin pouvoir réaliser son grand projet d'une croisade contre les Turcs, lorsque la mort le surprit le 21 février 1513. Il avait régné neuf ans et quatre mois. Le cardinal de Médicis, âgé seulement de 36 ans, succéda à Jules II en 1514, et prit le nom de Léon X. Ce pape, effrayé des rapides conquêtes de Sélim I, empereur des Turcs, qui menaçait de porter la guerre en Italie, chercha à se rapprocher de Louis XII, qui de son côté souhaitait cette réconciliation; il renonça au concile de Pise, et adhéra à celui de Latran, qui fut terminé en 1517. Tous les anathèmes lancés contre la France furent levés par un décret du concile, et les prélats français absous des censures qu'ils avaient encourues en favorisant l'assemblée de Pise.

Louis XII mourut peu de temps après sa réconciliation avec Rome. François Ier, son successeur, prince jeune et ardent qui ne respirait que la guerre, passa en Italie avec une armée dès la première année de son règne. Le pape, qui lui avait été d'abord opposé, ménagea une conférence avec lui; l'entrevue se fit à Bologne, en décembre 1515.

IVe PÉRIODE.

Cette dernière époque de l'histoire de l'Église, qui, au premier aspect, s'ouvre sous des auspices si brillants, recèle sous cette surface séduisante d'effrayants symptômes de désordre et de dissolution. Quatre causes diverses agissaient à la fois contre les idées catholiques et minaient les bases mêmes de l'autorité et de la vie de l'Église, par une impulsion plus ou moins latente, mais également funeste et puissante : la puissance musulmane ne trouvait plus de résistance suffisante pour intimider ou arrêter ses hordes fanatiques, et se préparait à emporter Rhodes et Belgrade, les deux derniers remparts de l'Europe chrétienne; la renaissance des études et des idées païennes dans les arts, les lettres et les mœurs, jetaient dans un discrédit profond tous les monuments de la science et de l'art chrétiens; l'autorité de cette forte et austère théologie du moyen âge succombait sous le mépris et le dédain que rencontraient partout ses formes vieillies; alors tous les esprits superficiels, émancipés de ce frein tutélaire, enthousiasmés par les théories subtiles et malsaines de la science païenne, se jetaient avec un entrain funeste dans toutes les innovations et les rêveries les plus extravagantes. Les puissances temporelles et surtout les souverains de l'Allemagne, dont les prétentions ambitieuses et les entreprises impies avaient été toujours si énergiquement combattues et si souvent malmenées par les pontifes romains, conservaient éternellement et le souvenir de ces cruelles défaites et la secrète et inaliénable convoitise de ce pouvoir impie dont quelques-uns de leurs prédécesseurs avaient su tirer de si fabuleuses ressources. Enfin, des maux et des scandales malheureusement trop réels et trop nombreux déshonoraient l'Église. Les bulles des papes comme le dernier sermon de village prenaient sur toute la face de la chrétienté le même thème : la réforme de l'Eglise, et manifestaient les mêmes doléances sur la corruption des mœurs et le scandale porté jusqu'aux marches de l'autel. Réformation ! était le cri incessant et universel ; et malgré l'évidence et la gravité du mal, en dépit de ces clameurs générales, les abus continaient à scandaliser le monde. Cette triste situation avait produit sur la plupart des esprits un résultat fatal. Le grand nombre avait pris en aversion profonde, sinon l'Eglise elle-même, du moins son chef et ses membres ; de là au schisme il n'y avait plus qu'un pas. Ainsi voilà quatre périls également imminents qui menacent l'Eglise ; tous portés à leur point extrême et demandant une solution immédiate et décisive. C'est cette vaste et difficile carrière qui rendra ce siècle si mémorable et si dramatique. Nous ne pouvons pas nous résoudre à borner l'appréciation de ces grands évènements au récit rapide où nous sommes forcés de faire cadrer en ce moment la vaste et magnifique histoire de l'Eglise. Nous compléterons plus bas notre travail sur cette dernière et importante période de l'histoire ecclésiastique ; nous étudierons de près les grandes époques de la réformation, du concile de Trente, du XVIIIe siècle et du XIXe siècle, aux articles PROTESTANTISME, JANSÉNISME, PIE VI, PIE VII, etc., etc.

Le 11 mars 1513, le conclave donna à l'Eglise, pour successeur de Jules II, le cardinal de Médicis, âgé alors de 36 ans et qui prit le nom de Léon X. Il fut couronné le mois suivant avec une pompe extraordinaire. Léon X avait les goûts magnifiques et princiers, mais il possédait aussi la magnanimité, la modération, l'habileté et les talents d'un grand prince. Ses premières mesures annonçaient déjà l'homme immortel qui devait doter un grand siècle de son nom. La situation religieuse et politique était des plus épineuses. Une fermentation sourde et universelle menaçait l'Eglise d'une explosion effroyable ; d'autre part, les Etats de l'Eglise, enclavés entre les possessions des deux princes les plus puissants et les plus belliqueux de l'Europe, pouvaient être écrasés chaque jour par le choc imminent de ces deux redoutables rivaux. Léon X fit face à ce double péril avec une habileté peu ordinaire, et, jusqu'au milieu de cette conflagration universelle qui couvrit bientôt l'Italie, le pontife sut faire respecter les droits du Saint-Siége. L'horizon religieux était plus sombre et plus menaçant encore ; et quand on étudie de près tous les germes de ruine, tous les ferments de discorde mûris au sein de l'Eglise, on conclut évidemment que l'unité chrétienne ne peut plus être sauvée sans miracle. Un des premiers actes de Léon X fut la conclusion du concordat avec François Ier, qui abolit la pragmatique en France. Les guerres de Jules II et le faste de Léon X avaient épuisé le trésor pontifical. Cependant le magnifique pontife méditait deux projets immenses et qui devaient absorber des sommes prodigieuses. Il avait résolu de repousser enfin l'invasion musulmane et d'attaquer les Turcs par mer et par terre, puis de faire construire à Rome la métropole et le plus bel édifice de l'univers. Pour subvenir aux frais, il en appela au dévouement des fidèles et fit prêcher des indulgences dans toutes les provinces de l'Occident. En Allemagne, les prédicateurs exagérèrent le prix de ces grâces spirituelles et commirent des abus dans leur distribution. Jean Staupiz, vicaire général des Augustins en Allemagne, jaloux de ce qu'on avait chargé les Dominicains de les prêcher au préjudice de son ordre qui avait toujours été en possession de ce privilége, chargea quelques-uns de ses religieux de parler contre les abus des nouveaux prédicateurs.

Martin Luther saisit cette occasion pour développer des principes qu'il avait cachés jusqu'alors. Le professeur de Wittemberg avait toujours montré beaucoup de dédain pour la théologie des écoles, de goût pour les écrits des Pères, et de penchant pour les opinions singulières. Chargé par ses supérieurs de prêcher contre l'abus des indulgences, il attaqua les indulgences mêmes et le pouvoir de celui qui les donnait. Il soutint des thèses en 1517, 1518 et 1519, et, après avoir proposé ses opinions comme des doutes, il les soutint comme des vérités incontestables. Cette hardiesse alarma Léon X, qui écrivit contre Luther à l'empereur Maximilien et à Frédéric, duc de Saxe, son souverain ; mais ce dernier prince, loin d'imposer silence à ce religieux, l'encouragea dans sa révolte contre l'Eglise. D'un autre côté, les gens de lettres, qui n'étaient que des théologiens superficiels ou qui ne l'étaient point du tout, furent aisément séduits par les sophismes du réformateur. Un trait, une conséquence ridicule imputée aux catholiques, un passage de l'Ecriture mal interprété par les commentateurs, un abus repris par Luther, leur en imposait. La réforme fut donc regardée comme le rétablissement du christianisme, surtout par des savants et des beaux esprits peu favorables aux théologiens scolastiques, dont le style leur déplaisait encore plus que les raisonnements.

Le pape donna, au mois de juin 1520, une bulle qui condamnait la doctrine de Luther comme hérétique et impie, ordonnait que ses livres fussent brûlés, et le déclarait lui-même excommunié si dans l'espace de soixante jours il ne reconnaissait ses égarements. Au commencement de la dispute, Luther avait affecté une humilité et une soumission qui n'étaient point dans son cœur. Homme timide et retiré, *il avait*, disait-il, *été traîné par force dans le public, et jeté dans ces troubles plutôt par hasard qu'à dessein.* Il attendait avec respect le jugement de l'Eglise, jusqu'à déclarer en termes exprès que s'il ne s'en tenait pas à sa décision, il consentait d'être traité comme hérétique. Il avait écrit au pape lui-même en 1518 : *Donnez la vie ou la mort, appelez ou rappelez, approuvez ou réprouvez, comme il vous plaira ; j'écouterai votre voix comme celle de Jésus-Christ.* Mais dès que Léon X eut prononcé, il oublia ses protestations d'obéissance : sa modestie apparente se changea en fureur. On vit paraître des nuées d'écrits contre la bulle du pape. Luther publia un écrit avec ce titre : *Contre la bulle de l'antechrist*, et finissant par ces mots : *De même qu'ils m'excommunient, je les excommunie aussi à mon tour.* Puis il fit brûler la bulle de Léon X avec tout le corps du Droit canon, en présence de l'Université de Wittemberg.

Charles-Quint, qui venait de succéder à l'empire après la mort de Maximilien, voulant terminer cette grande affaire, convoqua la diète de l'empire à Worms. Luther y fut cité. Lorsqu'il entra dans Worms, une grande multitude de peuple se rassembla pour le voir. Luther, soutenu par ses nombreux partisans, parut devant la diète ; il y parla avec véhémence et refusa de se rétracter. Quelques jours après son départ de Worms, on publia, au nom de l'empereur et de la diète, un édit qui le déclarait criminel endurci et excommunié, le dépouillait de tous les priviléges dont il jouissait comme sujet de l'empire, avec défense à tous les princes de lui donner asile ou protection. Cet édit demeura sans effet.

L'électeur de Saxe, protecteur de Luther, lui donna un asile dans son château de la Warbourg, où il resta de neuf à dix mois. C'est dans cette solitude, que Luther appelait son *île de Pathmos*, qu'il continua de défendre et de développer sa doctrine ; c'est là qu'il mit la dernière main à sa nouvelle religion, composée des tristes débris des vaudois, des albigeois et des hussites. Pendant la retraite de Luther, ses opinions se répandirent dans presque toutes les villes de la Saxe. Les Augustins de Wittemberg, animés par la faveur secrète de l'Electeur, firent des innovations dans le culte public ; ils abolirent la célébration des messes basses, et firent communier les laïques sous les deux espèces. La joie que ces tentatives impies causèrent à Luther fut troublée par le décret de l'Université de Paris qui condamna ses opinions comme hérétiques, et par la réponse que Henri VIII, roi d'Angleterre, fit à son livre intitulé : *la Captivité de Babylone.* L'hérésiarque publia bientôt ses *Remarques* sur le décret de l'une et sur la réponse de l'autre, avec ce style violent et amer qui distingue son caractère exalté et brutal.

Léon X mourut en 1521, avec la douleur de voir l'Eglise infectée du poison de l'hérésie. Son règne avait ressuscité le souvenir des grands siècles de Périclès et d'Auguste. Rome renfermait dans son sein des génies du premier ordre dans presque toutes les branches des lettres et des arts. Tous ces brillants satellites se groupaient autour du pontife, qui animait, dirigeait et fécondait leur génie. Adrien VI, archevêque de Burgos, originaire des Pays-Bas, et précepteur de Charles-Quint, occupa après lui la chaire apostolique. C'était un homme remarquable par ses talents, sa science et sa modération. Il fit tous ses efforts pour éteindre l'incendie allumé en Allemagne ; mais les Etats de l'empire, au lieu de seconder ses vues, lui firent présenter une liste des griefs que la nation germanique avait contre la cour romaine, et demandèrent la convocation d'un concile national. Adrien étant mort sur ces entrefaites, le cardinal Jules de Médicis, son successeur, qui prit le nom de Clément VII, envoya un légat à la diète de Nuremberg, en 1524, pour presser de la manière la plus vive l'observation de l'édit de Worms, donné contre Luther et ses adhérents. Charles-Quint, alors en Espagne, appuya la demande du pape par un rescrit adressé aux Etats de l'empire, qui répondirent à Clément VII à peu près comme ils avaient répondu à Adrien VI.

Cependant l'hérésie passa comme un incendie dans le Palatinat, pénétra dans le Danemarck et dans la Suède, et en peu de temps la foi catholique fut altérée dans tout le Nord. Luther avait jeté au milieu de cette société corrompue un principe infernal qui ne pouvait manquer d'entraîner dans l'abîme tous les esprits faibles ou faussés par les passions. La justification sans les œuvres et le libre arbitre mettaient trop bien toutes les passions à l'aise et flattaient trop habilement l'orgueil humain pour ne pas trouver créance de toutes parts. Mais l'arbre du mal porta dès lors les fruits amers qui devaient le ruiner lui-même: bientôt on vit sortir de l'école luthérienne plus de deux cents sectes, toutes opposées les unes aux autres, mais toutes réunies contre Rome.

Ainsi le premier disciple de Luther, Carlostadt, fut aussi le premier à réformer la doctrine de son maître. Après avoir renoncé au sacerdoce, il se maria publiquement. Carlostadt, présomptueux et emporté, trouva que Luther n'avait qu'ébauché l'ouvrage de la réformation; il voulut l'achever. Il se déchaîna contre le célibat des prêtres, brisa le crucifix et les images, renversa les autels à la tête d'une troupe de séditieux, et nia hautement la réalité du corps et du sang de J.-C. dans l'Eucharistie. Luther, n'ayant pu par le raisonnement renverser Carlostadt, eut recours au système de tolérance protestante: il fit chasser son disciple de l'Allemagne par le duc de Saxe, et Carlostadt alla mourir de misère à Bâle.

Il y avait alors en Suisse, où Carlostadt s'était retiré, un jeune prêtre, nommé Zuingle, qui avait porté les armes avant d'être prêtre. Ses succès dans la chaire lui méritèrent la principale cure de Zurich. A l'exemple de l'hérésiarque saxon, il prêcha contre les indulgences, l'intercession et l'invocation des saints, le sacrifice de la messe, le célibat des prêtres, l'abstinence des viandes, les vœux et les lois ecclésiastiques; mais il s'éloigna de lui dans des points essentiels. Luther donnait tout à la grâce, et Zuingle au libre arbitre, ne faisant dépendre notre salut que de nous-mêmes. Le premier adoptait la présence réelle de Jésus-Christ dans l'Eucharistie, quoiqu'il niât la transsubstantiation du pain et du vin; le second n'admettait dans le sacrement des autels qu'une simple figure du corps et du sang de Jésus-Christ que nous ne recevions que spirituellement. Lorsque Zuingle se trouvait embarrassé d'expliquer ses hérésies devant les textes de l'Ecriture qui le condamnaient formellement, il avait recours, à l'exemple de Luther, à un argument suprême. Le diable lui apparaissait et lui confirmait son sens, et tout était prouvé!!! L'explication de Zuingle, favorable aux sens et à l'imagination, fut adoptée par beaucoup de réformés. Œcolampade, Capiton, Bucer l'adoptèrent; elle se répandit en Allemagne, en Pologne, en Suisse, en France, dans les Pays-Bas, et forma la secte des sacramentaires. Luther, qui, aussi bien que Zuingle, avait établi l'Ecriture comme l'unique règle de la foi, traita les sacramentaires comme des hérétiques. Aucun intérêt n'a jamais pu les réunir, et les luthériens ne persécutaient pas les sacramentaires avec moins de fureur que les catholiques. Zuingle, comme ses confrères et ses prédécesseurs, défendit ses erreurs les armes à la main. Les cantons catholiques prirent les armes et attaquèrent les zuingliens jusqu'aux portes de Zurich. La défaite de quinze cents hérétiques qui prirent la fuite obligea ceux-ci de lever une armée de vingt mille hommes, que Zuingle lui-même voulut commander. Les catholiques, obligés de faire retraite, surprirent leurs ennemis dans un défilé où périt Zuingle, le 11 octobre 1531, à l'âge de quarante-quatre ans.

En Allemagne, la réforme, dont le premier mot et le principe suprême était la négation de toute autorité et de tout pouvoir à imposer la foi au fidèle, commença par imposer aux protestants les articles d'Augsbourg rédigés par Melanchton sous la conduite de Luther, puis les articles de Smalkalde. Mais l'intelligence fougueuse du moine apostat avait beau entrevoir de toutes parts l'abîme entr'ouvert, il avait beau essayer tous les remèdes pour enrayer ce char lancé sur une pente effroyable, tout fut en vain; sa voix fut étouffée par les clameurs de toutes ces passions déchaînées. Il fut entraîné malgré lui, malgré ses résistances et ses remords. C'est un étrange spectacle que de voir Luther compter avec effroi les sectes innombrables qui naissaient chaque jour de ses doctrines; de le voir anathématiser les désordres de la corruption que ses propres principes et son infâme exemple semaient sur toute la face de l'Allemagne. « Le diable s'en mêle, s'écriait-il, ces hommes sont maintenant plus avares, plus cruels, plus corrompus, et beaucoup pires en toutes choses qu'ils ne l'étaient sous le papisme. Beaucoup sont d'excellents évangélistes, répétait-il avec amertume, parce que les monastères ont encore des domaines et des vases sacrés! » Le pape, affligé des progrès rapides que la condescendance de Charles-Quint laissait faire aux nouveautés en Allemagne, s'occupa sérieusement de la convocation d'un concile général. Mais les luthériens refusèrent opiniâtrément les conditions qu'il proposa. Il cherchait d'autres moyens de les ramener, lorsqu'il mourut en 1534, après avoir occupé le Saint-Siége près de onze ans. Homme savant, de mœurs austères, plein de bonté et de condescendance, on ne peut reprocher à Clément VII que sa politique trop timide dans un temps de si cruelles épreuves. Il eut la douleur de voir, avant sa mort, la consommation du schisme d'Angleterre. Ce royaume fut enlevé à l'Église vers l'an 1533 par l'humeur capricieuse d'un roi qui ressuscita, par ses infâmes débauches, ses meurtres et sa froide cruauté, les scènes monstrueuses du Bas-Empire.

Charles-Quint, irrité de l'outrage fait à Catherine d'Aragon sa tante, sollicita si puissamment le pape de prononcer la sentence d'excommunication contre Henri VIII, que Clément VII, malgré les puissantes intercessions de François Ier, excommunia solennellement le roi d'Angleterre. Ce prince, ne gardant plus de mesures avec la cour de Rome, se fit donner le titre de *chef suprême de l'Église anglicane*. Le parlement dressa un formulaire pour le serment d'obéissance qu'on devait prêter au roi pour cette nouvelle dignité. L'Angleterre fut dès lors schismatique. Henri soutint sa révolte contre Rome d'une manière tyrannique. Le saint évêque de Rochester, Jean Fischer, à qui le pape Paul III avait envoyé le chapeau de cardinal dans sa prison, et l'illustre chancelier Thomas Morus, perdirent la tête parce qu'ils refusèrent de donner à Henri le titre qu'il avait usurpé. La puissance spirituelle qu'il s'était fait attribuer, il l'exerçait en théologien, armé du glaive pour établir ses opinions. Il sévissait avec fureur contre quiconque osait penser autrement que lui, mais lui-même variait chaque jour ses opinions et les hideux scandales de passions immondes. Luther mourut en 1546 et Henri VIII en 1547, tous deux consumés de remords et d'inquiétudes sur leurs œuvres sacriléges. Bientôt les erreurs nouvelles s'introduisirent en France, grâce à l'enthousiasme inintelligent avec lequel étaient accueillies toutes les nouveautés revêtues des couleurs prétentieuses des lettres païennes. C'est alors que Jean Calvin, chassé de Noyon pour un crime infamant, commença à dogmatiser à son tour. Melchior Wolmar, luthérien, qu'il avait connu lorsqu'il étudiait le droit à Bourges, lui inspira du goût pour les nouvelles erreurs. Calvin couvrit avec art un orgueil indomptable sous une modération apparente. Cet homme dangereux jeta les premiers fondements de sa secte à Poitiers. C'est là qu'il se mit à catéchiser et à faire faire la cène dans des caves. Obligé de se sauver de Poitiers, il se retira à Bâle. C'est dans cette ville qu'il mit la dernière main à ses *Institutions chrétiennes*. Calvin, toujours occupé du dessein de répandre ses nouveaux dogmes, passa de Bâle à Ferrare, où la princesse Renée de France, fille de Louis XII, l'accueillit très bien; de Ferrare à Genève, ensuite à Strasbourg; enfin à Genève encore, où il se fixa pour toujours. Cette ville avait déjà adopté les erreurs de Zuingle. Calvin y forma le plan de la secte à laquelle il a donné son nom. Ses opinions erronées sont à peu près celles de Luther, à la réserve de son sentiment sur l'Eucharistie. Genève se soumit à toutes ses volontés. Il y établit la discipline extérieure de la religion; il dirigea le code des lois civiles et ecclésiastiques.

Enfin, après avoir imposé silence par le fer et le feu à tous ses ennemis, et donné une consistance solide à l'édifice de sa réforme, Calvin mourut à Genève en 1564, à 56 ans. Cependant les doctrines protestantes gagnaient du terrain en France. L'Eglise entière s'émut enfin des progrès funestes de cette hérésie violente. Les cardinaux, pour soutenir l'unité catholique qui semblait près de se dissoudre, cherchèrent un homme d'un caractère et d'un mérite propres à accomplir cette grande et laborieuse restauration. Ils élurent, le 13 octobre 1534, Alexandre Farnèse, qui prit le nom de Paul III. Le nouveau pontife comprit et aborda résolument les maux de la chrétienté, et il travailla puissamment à y remédier, en assemblant un concile général qui réformât l'Eglise dans la discipline et dans les mœurs. Dès le mois de mai de l'année 1537, il indiqua la tenue de cette assemblée à Mantoue; mais il fut obligé d'en retarder la convocation pour l'année suivante, à cause de la guerre qui s'était allumée dans toutes les parties de l'Europe. La paix ayant été conclue entre l'empereur et le roi de France en septembre 1544, on se prépara à tenir le concile qui, dès l'année précédente, avait été indiqué à Trente. Paul III, désirant d'achever au plus tôt ce grand ouvrage, envoya ses légats à Trente, où ils arrivèrent au commencement de mars 1545. C'étaient le cardinal del Monte, évêque de Palestrine; le cardinal de Sainte-Croix (Marcel Corvin), qui furent depuis papes, l'un sous le nom de Jules III, et l'autre sous celui de Marcel II; et le cardinal Renaud Polus, prince du sang royal d'Angleterre. L'ouverture du concile se fit dans l'Eglise cathédrale de Trente, le 13 décembre 1545. L'évêque de Bitonte prononça le discours d'ouverture. La maladie contagieuse dont Trente était menacée obligea le pape de transférer en mars 1547 le concile à Bologne, où l'on tint deux séances. L'empereur Charles-Quint, qui s'était opposé à cette translation, se brouilla avec Paul III; et leurs différends s'étant aigris, le concile demeura suspendu pendant quatre ans. Le pape Paul III, accablé d'années et d'inquiétudes, mourut le 10 novembre 1549. Le cardinal del Monte fut élevé au souverain pontificat, le 5 février 1550, sous le nom de Jules III; et son empressement le plus vif fut le rétablissement du concile général.

Jules III, après avoir donné avis à l'empereur et au roi de France que le concile se tiendrait de nouveau à Trente, nomma trois légats pour y présider, et la première session fut tenue le 1er mai 1551. La guerre suspendit encore une fois le concile. Pendant cette suspension, l'Eglise perdit le pape Jules III, mort en 1555, à soixante-huit ans. Son successeur, le cardinal Marcel Corvin, qui prit le nom de Marcel II, donnait de grandes espérances; mais une apoplexie l'enleva vingt jours après son exaltation. Le cardinal Jean-Pierre Caraffa, doyen du sacré collége, qui prit le nom de Paul IV, fut placé après lui sur le siége apostolique. Ce pontife se reposa d'abord des soins du gouvernement sur ses neveux; mais, convaincu de leur infidélité, il les priva courageusement de leurs charges et les envoya en exil. Ces chagrins domestiques l'enlevèrent à la chrétienté à l'âge de quatre-vingt-trois ans, le 18 août 1559. Son successeur (Jean-Ange de Médicis, Milanais) Pie IV ne fut pas plus tôt couronné qu'il pressa la tenue du concile de Trente, assemblé depuis quinze ans et interrompu par les troubles qui avaient agité tous les États. La bulle de convocation fut promulguée en novembre 1560; mais divers obstacles firent retarder l'ouverture jusqu'au 18 janvier 1562. Après que les ambassadeurs des princes catholiques furent arrivés, on continua les sessions; on en tint neuf sous le pape Paul IV, dans lesquelles on établit, sur le sacrifice de la messe, sur la communion sous les deux espèces, sur l'ordre et sur le mariage, la foi de l'Eglise; on fit différents décrets de réformation, tous admirables par leur fermeté et par leur sagesse. La lecture des derniers décrets de réformation se fit dans la vingt-cinquième et dernière séance, tenue le 5 décembre 1563. Le concile fut terminé après de grandes acclamations. Le cardinal de Lorraine finit par ces paroles : *C'est la doctrine des apôtres et des Pères; c'est la foi des orthodoxes*. Ensuite les Pères donnèrent leurs souscriptions; elles furent au nombre de deux cent cinquante-cinq, savoir : quatre légats, deux cardinaux, trois patriarches, vingt-cinq archevêques, cent soixante-huit évêques, trente-neuf procureurs pour les absents, sept abbés, et sept généraux d'ordres. C'est, sans contredit, un des plus célèbres conciles généraux de l'Eglise, par les obstacles qu'il fallut surmonter pour l'assembler, par le nombre prodigieux d'erreurs qu'on y anathématisa, par les sages règlements qu'on y fit, enfin par le grand nombre de savants et vertueux prélats qui le composèrent. Pie IV avait été puissamment secondé, dans ses admirables efforts pour terminer le concile de Trente et réformer les abus de la chrétienté, par le zèle et les lumières de son neveu Charles Borromée. L'immortel archevêque de Milan fut une des gloires de ce siècle, l'honneur de l'Eglise et l'éternel modèle du pasteur. C'est à lui qu'on doit principalement l'établissement des séminaires. Mais un des plus grands bienfaits qu'il procura à l'Eglise, ce fut l'élection du cardinal d'Alexandrie à la papauté. Pie IV étant mort le 9 décembre 1565, Charles Borromée, pour assurer le succès des réformes arrêtées par le saint concile, fit élire Pie V, homme de mœurs pures et austères, plein de zèle pour le bien de l'Eglise, et qui immortalisa son nom et son règne par les grandes choses qu'il sut accomplir.

Le protestantisme ne put jamais réussir en France comme dans les autres contrées qu'il détacha de l'unité catholique. Ses subtilités sophistiques, ses froides négations de tout principe d'autorité, les conséquences monstrueuses de ses doctrines subversives, sont trop opposées, trop antipathiques à la loyale franchise et au bon sens pratique de notre patrie pour y prendre des racines durables. Cependant, grâce aux impolitiques concessions de François Ier, et plus encore aux mœurs déréglées que sa cour et son exemple mirent à la mode, l'hérésie trouva un aliment puissant dans certaines provinces. Mais la France apprit à apprécier à une sévère école les bénéfices de l'erreur. Du jour où le protestantisme prit pied dans certaines provinces, le royaume tout entier ne vivait plus que de convulsions, de ligues, de massacres, qui nous conduisirent, à travers la guerre civile et les horreurs de la Saint-Barthélemi, jusqu'au jour néfaste où les factions, après avoir ensanglanté ce malheureux pays, cherchaient un étranger pour lui vendre la couronne. L'abjuration de Henri IV et la main puissante de Richelieu retranchèrent le mal jusque dans sa racine.

Pie V était de l'ordre de saint Dominique, se nommait Michel Ghisleri et était né en 1504, près d'Alexandrie. Homme d'un savoir profond et d'une vertu éminente, les dignités ne changèrent rien à ses habitudes simples et à ses austérités du cloître. Il mit partout en vigueur les règlements du concile de Trente, avec une habileté et une vigueur extraordinaires. Il donnait lui-même l'exemple le plus inflexible des mœurs pures, et observait sévèrement la discipline qu'il imposait au monde. Mais un immense projet occupait ses méditations; les Turcs étaient aux portes de l'Italie et vainqueurs partout. Le saint pontife résolut d'accomplir enfin ce que tous ses prédécesseurs avaient tant désiré. Il conduisit cette affaire avec une habileté infinie. Il parvint à mettre la paix dans l'Eglise et entre les princes. Il réunit avec des soins infatigables l'argent, les troupes et les vaisseaux. Enfin, il sut choisir un général à la hauteur de cette grande mission, et il immortalisa son nom en sauvant ainsi l'Europe et la civilisation chrétienne. Don Juan d'Autriche, fils naturel de Charles-Quint, livra enfin aux musulmans le combat décisif et remporta cette célèbre victoire navale de Lépante qui ruina pour toujours l'empire du Croissant. La perte des Turcs fut immense. Environ deux cents galères de la flotte ottomane furent prises. On leur tua trente mille hommes, et on en fit six mille prisonniers; quinze mille esclaves chrétiens furent tirés des fers. Pie V recueillit, comme il le méritait, la plus grande gloire de cette grande action qui fut son œuvre. Ce grand homme mourut en 1572 et fut canonisé par Clément XI. Ce fut par ses ordres que fut rédigé le catéchisme du concile de Trente.

Hugues Buoncompagno, de Bologne, créé cardinal par Pie IV en 1565, succéda à Pie V en 1572 et prit le nom de Grégoire XIII. Il a mérité la reconnaissance de tous les siècles par la réformation du calendrier. L'équinoxe du printemps, qui devait tomber au 21 mars, ne se trouvait plus qu'au 10 du même mois, parce que l'année astronomique différait de quelques minutes de l'année julienne qu'on suivait alors. Ainsi la célébration de la fête de Pâques était troublée par ce dérangement, que la succession des temps aurait rendu de jour en jour plus considérable. Pour y remédier, Grégoire XIII ayant consulté les plus célèbres astronomes, ordonna par une bulle qu'en l'année 1582 on retrancherait tout d'un coup dix jours, en sautant du 4 octobre au 15; et, pour fixer perpétuellement l'équinoxe du printemps au 21 mars, il arrêta que, de quatre en quatre siècles, on supprimerait le bissexte de chacune des trois centaines d'années, à commencer cette suppression de l'an 1700. Ce règlement fut adopté d'abord par l'Église catholique et plus tard par les Etats protestants eux-mêmes. Peu de temps après, Grégoire XIII eut la consolation de recevoir trois jeunes princes du sang royal, envoyés du Japon, de la part des rois et des autres princes de cette île. Il fut enlevé à l'Eglise le 10 avril 1585, à l'âge de 83 ans.

Après la mort de Grégoire XIII, le conclave élut le cardinal de Montalte, qui prit le nom de Sixte V. Né en 1531, dans un village de la Marche d'Ancône, il s'éleva de l'état le plus humble au plus glorieux trône du monde. Pendant la courte durée de son pontificat, Sixte V ranima la police totalement éteinte dans ses Etats; il les purgea des bandits qui les infestaient et des courtisanes qui les corrompaient. Il embellit Rome d'obélisques, de colonnes, de statues, de canaux, d'églises, de mausolées, de palais, et forma la bibliothèque du Vatican, l'une des plus riches de l'Europe. A sa mort, arrivée le 27 août 1590, il laissa un million d'écus d'or dans les coffres de l'Etat.

Urbain VII (appelé auparavant le cardinal Castagna); Grégoire XIV, de la famille de Sfrondrato de Milan, Innocent IX (Jean-Antoine Fachinetti), tous trois successeurs immédiats de Sixte V, n'occupèrent le Saint-Siége que quelques jours ou quelques mois. Le cardinal Aldobrandini, qui succéda en 1592 à Innocent IX, prit le nom de Clément VIII. Il réconcilia à l'Eglise Henri IV, roi de France, et, malgré les intrigues de l'Espagne, il termina cette affaire de manière à gagner le cœur de ce monarque et l'estime des Français. Il réunit le duché de Ferrare au Saint-Siége, après la mort d'Alphonse d'Est, qui ne laissait point d'enfants légitimes. Dans la célébration du jubilé de 1600, qui attira trois millions de pèlerins à Rome, le pape servit lui-même les pauvres. Clément VIII mourut en

1605, après avoir gouverné l'Église pendant près de 14 ans. Le soin qu'il eut de maintenir la justice, comme Sixte V, assura le repos de ses sujets et celui des étrangers à Rome. Libéral, sobre, pieux, charitable, zélé pour la propagation de l'Evangile et pour la réunion des schismatiques grecs, il eut toutes les qualités d'un grand pontife.

L'ordre le plus célèbre que vit naître ce siècle est l'institut des jésuites, fondé par saint Ignace de Loyola, qui fit ses premiers vœux dans l'église de Montmartre le jour de l'Assomption 1534. Cet ordre, dont le principal objet était la propagation de la foi parmi les nations idolâtres, fut approuvé en 1540 par une bulle de Paul III. De son sein sortirent d'habiles maîtres dans les différentes branches des sciences, et la société de Jésus produisit un nombre considérable de bons écrivains, de théologiens profonds et d'historiens élégants. — Le XVIe siècle est remarquable par le grand nombre d'hommes distingués dans les lettres, les sciences et les arts. Nous citerons entre autres Thomas de Vio, Cajetan, Jean Déiedo, Macchiavel, Jove, Érasme, Jean Ecchius, Melchior Canus, N. Sanderus, Ximenès, Sadolet, Panvini, Jansénius, Charles Borromée, Louis de Grenade, Pierre d'Ailli, Jean Gerson ; dans les arts, les noms immortels de Raphaël, de Michel-Ange, del Sarto.

XVIIe SIÈCLE.

Le concile de Trente avait décidé avec une science et une sagesse éminentes sur toutes les questions controversées ; il ne restait par conséquent aucune réponse aux subterfuges des hérétiques. D'autre part, la vigilance et le zèle éclairé des pontifes de Rome avaient purgé l'Église des abus et mis partout en vigueur les saintes règles du concile. Le XVIIe siècle continua dignement cette heureuse impulsion. Les faits les plus saillants de cette époque sont l'accroissement immense de la maison de Bourbon, les malheureuses prétentions de Louis XIV dans les affaires religieuses, et la secte du jansénisme. Alexandre de Médicis, archevêque de Florence, célèbre déjà par ses talents et ses succès diplomatiques, fut élu le 1er avril 1605 sur la chaire de saint Pierre et prit le nom de Léon XI. Malheureusement il mourut 26 jours après son élévation. Ses vertus et son zèle pour l'Église avaient donné de grandes espérances. Il emporta dans la tombe les regrets et l'affection du monde chrétien. Le conclave, assemblé de nouveau, donna le trône pontifical au cardinal Camille Borghèse, qui prit le nom de Paul V. Il commença son règne par modérer les impôts. Il diminua le prix des vivres et rétablit l'abondance dans Rome. Sa fermeté à soutenir les droits du Saint-Siége éclata dans plusieurs occasions, et surtout contre les Vénitiens. Le sénat de Venise avait donné en 1603 et en 1605 deux décrets, qui furent la source d'un long différend entre Rome et la république. Par le premier, il était défendu de bâtir ni églises, ni monastères, ni hôpitaux, sans la permission du sénat. Le second faisait défenses aux laïques d'aliéner leurs biens en faveur des ecclésiastiques. Clément VIII avait pris le parti de dissimuler. Paul V fut plus hardi. Le sénat de Venise ayant fait arrêter un chanoine et un abbé accusés de crime, le pontife crut voir dans cette démarche la violation des immunités ecclésiastiques, et en demanda satisfaction à la république. Il s'éleva en même temps contre les décrets portés en 1603 et 1605. Les Vénitiens ayant refusé de révoquer leurs décrets et de remettre les ecclésiastiques prisonniers entre les mains du nonce, Paul V jeta un interdit sur leur État, et excommunia le sénat et le doge si on ne lui faisait satisfaction dans vingt-quatre jours. Les sénateurs protestèrent contre le monitoire, et en défendirent la publication dans leurs Etats. Les jésuites, les théatins et les capucins, aimant mieux obéir au pape qu'au sénat, gardèrent l'interdit, et furent chassés des États de la république. Cependant on levait des troupes de part et d'autre, et on écrivait en même temps de chaque côté pour soutenir les droits respectifs. Le fameux servite Paul Sarpi, ou Fra-Paolo, combattait en faveur de la république de Venise, tandis que Baronius et Bellarmin plaidaient pour le Saint-Siége. Paul V, craignant que cette dispute n'eût des conséquences dangereuses, accepta la médiation d'Henri IV. Les ambassadeurs de France à Rome et à Venise entamèrent une négociation, que le cardinal de Joyeuse eut la gloire de terminer.

Paul V, fut le médiateur des princes. Il s'efforça de terminer la guerre d'Allemagne entre l'empereur Rodolphe II et l'archiduc Mathias son frère; et, en Italie, entre le duc de Savoie et les Espagnols. Le roi de Congo en Afrique, et le roi de Perse, lui envoyèrent des ambassadeurs pour lui demander des missionnaires. Le christianisme fut banni du Japon par l'artifice des Hollandais, qui rendirent suspect le zèle des prêtres chrétiens de cette île; et le luthéranisme s'établit pour toujours en Suède par l'usurpation de Charles de Sudermanie, luthérien, qui enleva cette couronne à Sigismond, roi de Pologne, son oncle.

Paul V mourut en 1621, après avoir siégé pendant quinze ans et demi. Il laissa un nom cher à tous les amis des beaux-arts par les édifices dont il orna Rome et l'Église entière, par ses vertus et ses grandes œuvres. Jamais pape n'a plus approuvé d'ordres religieux et de congrégations. Il envoya un grand nombre de missionnaires dans le Levant, qui cultivèrent cette vigne avec soin et avec fruit. Paul V était soigneux des droits et des possessions de l'Église. Son zèle prenait sa source dans sa piété, et jusqu'à l'époque de sa dernière maladie il disait tous les jours la sainte messe. Le cardinal Alexandre Ludovisio, archevêque de Bologne, prélat plein de vertus, occupa après lui la chaire de saint Pierre, sous le nom de Grégoire XV. Pour éviter les brigues qui divisaient quelquefois le conclave, il ordonna qu'à l'avenir les cardinaux éliraient le pape par scrutin secret. Il érigea l'évêché de Paris en archevêché, et canonisa saint Ignace de Loyola, fondateur des jésuites, saint François-Xavier, apôtre des Indes, et Philippe de Néry, fondateur des Pères de l'Oratoire d'Italie.

Après Grégoire XV, mort en 1623, le conclave couronna le cardinal Barberini, qui prit le nom d'Urbain VIII. Non moins distingué par son habileté dans les affaires que par son talent pour la poésie, il réunit au Saint-Siége le duché d'Urbin, qui en avait été démembré par Sixte IV en faveur des Rovères, ses neveux. Il donna un nouvel éclat à la pourpre romaine en honorant les cardinaux du titre d'*éminence* et d'*éminentissime*. Il canonisa saint Cajétan de Thienne, André Corsin, et sainte Élisabeth, reine de Portugal. Urbain VIII mourut en 1644, après avoir occupé le Saint-Siége environ 21 ans. Il passait pour un orateur éloquent et pour un bon poète; il possédait si bien le grec, qu'on le surnomma l'*abeille attique*.

De nouvelles disputes sur la grâce furent agitées en France à l'occasion du livre *de la Concorde de la grâce et du libre arbitre*, publié en 1588 par le jésuite Louis Molina. Cet ouvrage offrait un système nouveau, qui fut attaqué par plusieurs théologiens, et défendu vivement par d'autres docteurs. Le fonds du système de Molina est que toute grâce donne à l'homme un secours suffisant pour qu'il puisse opérer le bien; qu'elle met la volonté dans une espèce d'équilibre, en sorte qu'elle peut pencher du côté qu'elle veut. Il appelle *grâce suffisante* celle à laquelle l'homme résiste, quoiqu'elle lui fournisse tout ce qui est nécessaire pour faire le bien; et *grâce efficace* celle à laquelle l'homme ne résiste pas, quoiqu'il soit en son pouvoir d'y résister. Ainsi, selon ce théologien, la grâce est *versatile*, et son efficacité dépend de la coopération de l'homme. A peine ce système eut-il vu le jour, que les dominicains le déférèrent à l'inquisition du Portugal. Cette affaire, traitée avec beaucoup de chaleur en Espagne par les théologiens des différents ordres, fut portée au tribunal du pape Clément VIII, qui établit, pour l'examiner, la congrégation appelée *de Auxiliis* : elle était composée de plusieurs cardinaux. Après de longs débats, on réduisit la dispute à cette question : il s'agissait de savoir si l'efficacité de la grâce dépend d'une prémotion physique qui détermine la volonté, comme le prétendaient les dominicains; ou si l'efficacité de la grâce, comme le voulaient les jésuites, dépend des circonstances dans lesquelles Dieu accorde ce saint secours. On avait déja tenu trente-sept assemblées, lorsque le pape, qui était sur le point de prononcer, fut enlevé à l'Eglise en 1605. Ces disputes, agitées encore sous Léon XI, ne furent terminées que par Paul V, qui monta après lui sur la chaire de saint Pierre. Ce pontife ne crut pas devoir donner un jugement définitif. Il défendit de condamner formellement l'un ou l'autre système.

Malgré cette défense, ces disputes continuèrent en Flandre, en Espagne et même en Italie. Vers l'an 1639, Cornelius Jansénius, d'abord professeur de théologie dans l'Université de Louvain, ensuite évêque d'Ypres, leur donna une nouvelle impulsion. Ce prélat, très opposé à la doctrine de Molina, et plein de celle qu'il attribuait à saint Augustin, conçut le dessein d'exposer de son point de vue les principes de ce Père sur les forces du libre arbitre et sur la nécessité de la grâce. C'est ce qu'il exécuta dans son livre intitulé *Augustinus*. Cet ouvrage, qui parut en 1640, un an après la mort de son auteur, qui l'avait soumis en mourant aux décisions de l'Eglise, fut vivement attaqué par les jésuites et fortement défendu par plusieurs théologiens français et flamands. La congrégation de l'inquisition crut terminer ces disputes acharnées en défendant par un décret la lecture de l'*Augustinus* de Jansénius et des autres écrits publiés pour et contre.

L'année suivante, 1642, le pape Urbain VIII condamna le livre de l'évêque d'Ypres, comme renouvelant les erreurs de Baïus, que les pontifes romains avaient déjà anathématisées. Un nouveau décret confirma le premier en 1644; mais l'un et l'autre trouvèrent des contradicteurs en Flandre et en France, où plusieurs théologiens étaient attachés à Jansénius et à ses principes. De ce nombre furent tous les solitaires de Port-Royal et leurs amis. Le docteur Antoine Arnauld, Isaac le Maître, Pierre Nicole, Pascal, écrivirent pour défendre la mémoire de l'évêque d'Ypres et pour rendre ses adversaires odieux et ridicules. Leur éloquence ne pouvant changer l'erreur en vérité, on poursuivit à Rome la condamnation de l'*Augustinus*, qui fut prononcée dans une bulle d'Innocent X. Mais la décision de Rome ne mit pas fin à cette ardente dispute; le jansénisme continua à se glisser par toutes les voies et dans les écrits et dans l'administration de l'Eglise. Cependant de jour en jour il perdait du terrain en France, et lorsqu'enfin les voix éloquentes qui lui avaient donné tant d'éclat et tant de vogue s'éteignirent une à une, la secte s'affaiblit, se discrédita et vint enfin expirer dans la comédie ridicule et sacrilége du cimetière de Saint-Médard. Le jansénisme laissa en France un résultat que nous voulons signaler ici : c'est la haine profonde qu'il légua aux masses et aux esprits prévenus et légers contre l'ordre des jésuites. C'est là une des causes principales, quoique inavouée, qui amènera dans le XVIIIe siècle le scandale de l'expulsion de cet ordre célèbre. Innocent X mourut, âgé de 81 ans, le 7 janvier 1655. Ce pape avait beaucoup d'élévation d'esprit et de discernement. Ferme dans les rencontres les plus épineuses, il était inébranlable dans ses résolutions; mais il ne les prenait qu'après les avoir bien pesées. Il était sobre, vivant de peu, haïssant le luxe. Son économie lui donna moyen de laisser sept cent mille écus au trésor. Il aimait tendrement ses sujets et faisait rendre exacte justice. Alexandre VII (Chigi) se défendit d'abord de la faiblesse du népotisme; mais il finit par en être subjugué comme son prédécesseur. Dès qu'il fut sur le trône, il fit mettre un cercueil dans sa chambre, pour se rappeler ce moment où toutes les grandeurs sont anéanties. Ce fut sous le pontificat d'Alexandre VII que la reine Christine abandonna le royaume de Suède pour se faire catholique, et vint se fixer à Rome au milieu des lettres et des arts. Alexandre VII termina sa carrière le 22 mai 1667. Il avait généreusement soulagé par des aumônes abondantes les Romains pendant une disette dont ils furent affligés, et beaucoup travaillé à l'embellissement de plusieurs églises de Rome. Le cardinal Jules Rospigliosi, Toscan, homme de grand mérite, d'un esprit éclairé et d'un caractère conciliant, fut élevé au pontificat et prit le nom de Clément IX. Il avait été nonce en Espagne, où il s'était acquis l'estime des grands et des petits; son règne ne fut que de deux ans. Il mourut en 1669, avec la réputation d'un pontife pacifique, économe, libéral, ami des lettres et père du peuple.

Clément X (Altieri), pontife ami de la paix et de la vertu, élu en 1670, ne gouverna que six ans, et eut pour successeur, en 1676, Innocent XI (Odescalchi). C'était un homme austère, humble, doux et pieux, énergique à réprouver tous les abus, ennemi implacable du népotisme, également zélé pour la réforme des mœurs et pour les droits de l'Eglise, sévère pour lui-même comme pour les autres. C'est sous son pontificat qu'eurent lieu les disputes touchant la régale. On appelait régale un droit particulier que s'attribuait le roi de France de percevoir le revenu des archevêchés et évêchés du royaume pendant la vacance du siége, et de conférer tous les bénéfices qui en dépendent, excepté ceux qui sont à charge d'âmes, comme les cures. Le pape, qui ne savait plier devant aucune exigence quand il s'agissait des droits de l'Eglise, menaça les perturbateurs, et Louis XIV, pour terminer la question, provoqua l'assemblée du clergé de 1681. L'archevêque de Paris, de Harlai, en fut président. Bossuet prononça son célèbre discours d'ouverture sur l'unité de l'Eglise. La régale fut l'objet des premières opérations de l'assemblée. Les prélats reconnurent que le roi avait ce droit sur toutes les Eglises du royaume; mais ils demandèrent des adoucissements dans l'exercice de ce privilége. Innocent cassa par un bref tout ce qu'ils avaient fait en faveur de la régale, et les exhorta à satisfaire au plus tôt à leur honneur et à leur conscience en révoquant leur signature. Cette démarche du pape eut des suites fort graves : on prit occasion de ce bref pour examiner les droits du pontife. Le 18 mars 1682, une nouvelle assemblée du clergé fit paraître la fameuse déclaration sur la puissance temporelle et ecclésiastique. Louis XIV, après sa déclaration des quatre articles, ajouta à la douleur du souverain pontife par la conduite insolente de son ambassadeur. Le marquis de Lavardin, envoyé à Rome pour soutenir les prétentions insoutenables de Louis XIV, le fit avec une insolente hauteur. Il entra dans Rome, accompagné de huit cents hommes armés. Le pape l'excommunia. Il ne laissa point de communier le jour de Noël dans l'église française de Saint-Louis. A l'instant le pape jeta l'interdit sur cette église. Le roi, informé des démarches du pape, s'empara d'Avignon, et renvoya l'affaire de l'excommunication au parlement, qui appela comme d'abus de la bulle des franchises. Cependant Louis XIV, craignant un schisme, chercha des moyens de conciliation. Lorsqu'arriva la mort d'Innocent XI, en 1689, Alexandre VIII (Ottoboni), son successeur, ne fut pas plus tôt sur le trône pontifical qu'il parut vouloir se concilier avec Louis XIV. Ce prince, pour accélérer un accommodement, se relâcha sur le droit des franchises de ses ambassadeurs, et rendit au nouveau pape Avignon et le Comtat. Cependant le pape mourut sans avoir terminé cette triste querelle, qui privait tant d'Églises de leurs premiers pasteurs. Il publia, au lit de la mort, une bulle qui cassait la déclaration du clergé de 1682.

Sur ces entrefaites, Innocent XII (Pignatelli) fut élevé au pontificat le 12 juillet 1692. Louis XIV voyait avec douleur la longue vacance de plus de trente Eglises du royaume. Les prélats français disaient qu'ils étaient douloureusement affligés de tout ce qui s'était passé dans les assemblées du clergé de 1681 et 1682. Ils désavouaient tout ce qui y avait été délibéré au préjudice des droits de l'Eglise. Le pape, satisfait de la soumission des évêques et du désaveu qu'ils avaient fait, leur accorda des bulles. Innocent XI avait condamné le quiétisme, né en Frace. Malgré cette condamnation, cette secte se maintint en se transformant avec une dangereuse subtilité. Innocent XII eut la douleur de se voir forcé de condamner *les Maximes des saints*. Mais cette condamnation fit de Fénélon l'immortel modèle de l'humilité et de la soumission chrétiennes. Innocent XII mourut le 7 septembre 1700.

XVIIIe SIÈCLE.

Ce siècle, qui, apprécié au point de vue des idées religieuses, nous apparaît sous un jour si néfaste et si sinistre, ne datera pas moins dans les annales de l'humanité pour la faiblesse de la raison humaine que pour la perversité du cœur et la puissance fatale des passions mauvaises. Car si d'une part l'on ne peut envisager sans effroi les armes impies et odieuses dont s'est servi le philosophisme pour saper tous les principes de la doctrine et de la morale chrétiennes, de l'autre on reste confondu lorsqu'on considère la ridicule exagération de ces haines ineptes, la faiblesse des sophismes qui ont réussi à entraîner des nations entières à des actes d'injustice et de brutalité révoltantes qui leur resteront éternellement burinées au front en caractères de sang. Le 24 novembre 1700, les cardinaux nommèrent, pour succéder à Innocent XII, Jean-François Albani, qui n'accepta cette éminente dignité qu'après de longs et touchants refus. Il commença par écarter toutes les influences de famille et les malheureuses suggestions du népotisme. Il se fit une règle de célébrer chaque jour la sainte messe, et de vivre avec une sobriété extrême. Aussi, pendant 20 ans de règne, ce digne pontife ne cessa de donner l'exemple de la vertu, et sut conserver à l'Eglise et ses droits et sa gloire, au milieu des violents orages qui assaillirent son pontificat. C'est en 1713 qu'il publia sa célèbre bulle *Unigenitus* qui condamnait les erreurs jansénienne du livre des *Réflexions morales*. Deux ans après il condamna par une autre bulle les pratiques superstitieuses et idolâtriques des nouveaux convertis de la Chine. Clément XI, après avoir pris courageusement le parti le plus favorable aux intérêts catholiques dans la grande question de la succession d'Espagne, après avoir édifié le monde chrétien par ses vertus, rebâti des églises jusqu'en Grèce, répandu le christianisme aux confins du monde, mourut saintement le 19 mars 1721. Innocent XIII lui succéda le 15 mai 1721. Il se nommait Michel-Ange Conti et était le huitième pape de sa famille.

Les maladies qui ne cessaient de l'affliger depuis longtemps ne lui permirent pas de déployer ses éminentes qualités pendant son pontificat qui ne dura que deux ans et neuf mois. Il mourut le 7 mars 1724. — Le conclave élut, le 29 mai 1724,

Pierre-François Orsini, qui prit le nom de Benoît XIII. Le nouveau pontife ne démentit point les espérances qu'on avait fondées sur ses vertus. Tous ses décrets ne respirent que la piété et le bon ordre. En 1725, il tint à Rome un concile dans l'église de Saint-Jean-de-Latran, où furent exposés surtout les avantages de tenir fréquemment les synodes. — Au mois de décembre de l'année suivante, le pontife canonisa huit bienheureux, parmi lesquels saint Jean de la Croix, saint Louis de Gonzague et saint Stanislas Kostka. Trois années plus tard, il canonisa saint Jean Népomucène. Benoît XIII mourut le 21 février 1730. — Après quatre mois de conclave, les cardinaux proclamèrent Laurent Corsini, sous le nom de Clément XII, qui, après un règne assez paisible, mourut le 6 février 1740, à l'âge de 48 ans. — Quarante-trois voix décernèrent la tiare au cardinal Lambertini, qui prit le nom de Benoît XIV. Peu de pontifes ont eu un règne aussi périlleux et aussi difficile; mais ce grand homme sut tenir ferme le gouvernail de l'Eglise. Chaque année de son pontificat est signalée par quelque bulle, tantôt pour maintenir dans sa pureté le dépôt de la doctrine apostolique, tantôt pour détruire les abus et exécuter des mesures salutaires. — Un des actes les plus remarquables de son règne est le concordat qu'il fit en 1753 avec l'Espagne. Ce pieux et savant pontife mourut en 1758, en emportant les regrets universels. Voici l'éloge de Benoît XIV par Voltaire qui lui avait dédié sa tragédie de *Mahomet* :

Lambertinus hic est, Romæ decus et pater orbis
Qui mundum scriptis docuit, virtutibus ornat.

Charles Rezzonico succéda à Benoît XIV sous le nom de Clément XIII. Les premiers actes du nouveau pontificat portèrent sur la défense de la doctrine de l'Eglise, attaquée avec un acharnement impie par le philosophisme. Mais bientôt un évènement immense, qui occupa le monde chrétien tout entier, vint absorber le nouveau pontife. Le premier but que choisirent toutes les attaques de l'hérésie et de l'impiété fut l'ordre des jésuites (*V.* pour plus ample développement l'art. JÉSUITES). Le 3 septembre 1759, Pombal les chassa de Portugal. Les ennemis de la société en France surent merveilleusement exploiter ce fait. Ils attaquèrent l'ordre par toutes les armes à la fois. La regrettable lettre de change du P. Lavalette fournit le prétexte et l'incendie s'alluma. Le 1er avril 1762, on fit fermer tous les colléges des jésuites; le 6 août, le Parlement rendit un arrêt définitif qui abolit la société en France. Les persécutions contre les Pères s'organisèrent dans la plupart des États de l'Europe. Clément XIII lutta en vain contre ce torrent qui allait briser l'une des gloires de l'Eglise; il mourut accablé de douleur et de poignantes inquiétudes.—Jean-Vincent-Antoine Ganganelli lui succéda, le 19 mai 1769, sous le nom de Clément XIV. Le pontife, pressé par les princes ennemis des jésuites, comprit bien qu'il lui était impossible de rétablir la paix dans l'Eglise sans l'abolition de cet ordre célèbre. Il prononça donc cette sentence le 21 juillet 1773. — L'année suivante, le 22 septembre, Clément XIV mourut par suite d'un excès de travail et d'un mauvais régime. — Jean-Ange Broschi, né à Césène en 1717, fut élu pape le 15 février 1775, et prit le nom de Pie VI, qu'il illustra par la double auréole de la pratique de vertus éminentes et de la gloire d'un véritable martyre. — Nous abordons, avec Pie VI, un des plus longs et des plus malheureux règnes que nous offrent les annales du Saint-Siége.

Pie VI, pontife doux et pieux, laborieux et accessible, s'occupa d'abord de la triste affaire des jésuites. En même temps il s'occupait de ce beau projet du desséchement des Marais-Pontins. Il bâtit des églises, fonda des hôpitaux, embellit Saint-Pierre. Mais des évènements terribles vinrent fondre tout-à-coup sur le paisible vieillard : le philosophisme avait porté ses fruits. Joseph II avait réalisé ses plans en Allemagne; en France, l'heure de la révolution allait sonner pour le monde. Cependant Joseph II, effrayé des symptômes sinistres qui menaçaient l'avenir, comprit enfin l'imprudence de sa politique et se rapprocha du pape. Léopold, son successeur, suivit son exemple. La même impulsion ramena Naples, Venise, Modène aux pieds du Saint-Siége; mais il était trop tard : les abus avaient trop vécu, et l'impiété avait trop profondément gangréné les âmes. L'explosion éclata sur l'Europe épouvantée. (*V.* PIE VI, PIE VII.)

Les grandes erreurs ont la vie longue. Souvent elles disparaissent tout-à-coup du milieu des peuples, mais c'est pour se transformer à l'ombre et pour renaître sous une face nouvelle, souvent plus savante et plus dangereuse. Ainsi, ce scepticisme philosophique du XVIIIe siècle, qui exerça une influence si fatale sur l'Europe entière, descend en ligne directe et légitime du protestantisme. Au fond, il part du même principe : la négation. Seulement il élargit le cercle des ruines intellectuelles et morales qu'a commencé la réforme protestante. Le génie de Leibnitz distinguait déjà avec une indicible tristesse à l'horizon de l'avenir ces conséquences nécessaires de la révolte du XVIe siècle, et avant de descendre dans la tombe il traça, dans son testament théologique (1), ce noble et profond regret de l'unité chrétienne. Mais ses regrets comme ses efforts incessants pour rattacher cette chaîne rompue restèrent vains et stériles. Déjà les disciples des réformateurs se lèvent pour tirer les conclusions fatales des prémices posées par le maître. Bayle explique Calvin. En Angleterre, Hume, Hobbes, Collins, Bolingbroke, démontrent les priviléges de la raison émancipée par la réforme des liens de l'autorité et de la révélation. Voltaire vient chercher son initiation philosophique à ce foyer de scepticisme universel qu'il transplante en France. Aussi paraissent Rousseau, d'Holbach, Helvétius, pour enseigner au monde les droits de l'homme. Cette nuée de pamphlétaires qui poussent si loin l'effronterie du sophisme, le ridicule de l'ignorance, l'obscénité des mœurs et des doctrines, trouvent un crédit fabuleux dans cette société mûrie par le vice, et ce n'est plus qu'avec dégoût et une tristesse profonde qu'on voit ce monde converti à l'*incrédulité* s'endormir dans la débauche sur ce volcan qui bientôt le réveillera dans le sang et les ruines. Le caractère propre de ce siècle, dit un écrivain de ce temps, et de nos superbes impies, c'est un *délire d'orgueil* et de *débauche*. Tristes philosophes dont les propos ressemblent à ceux d'un fou et qui s'enorgueillissent encore de ce que le délire leur a inspiré; qui ne vantent qu'une indépendance aveugle et ne reconnaissent aucun principe d'autorité. Ils affichent une présomption arrogante qui sans étude et sans examen ose décider de tout, un goût de libertinage qui ne sait rien se refuser, une résistance invincible à tous les devoirs que la religion impose, une affectation de mépris et de pitié pour ceux qui respectent encore ce qu'elle a de plus sacré : voilà en un mot l'ennemi acharné de la religion, des mœurs et de la société. Des écrivains voués à l'impiété ont employé de dangereux talents à semer partout ces germes de mort. Des hommes à qui les passions sont chères les ont goûtés; ceux à qui la police, soit civile, soit religieuse, est confiée, ont eu des ménagements funestes et une modération complice du mal; le vice est devenu universel. La gangrène a gagné toutes les conditions et tous les âges; les états les plus sacrés n'en ont pas été entièrement exempts; la nation est étonnée elle-même de son changement, et il ne reste plus qu'à s'écrier en gémissant qu'il est bien tard de penser aux remèdes lorsque des lenteurs imprudentes ont laissé au mal tout le temps de s'enraciner. La grande œuvre que se proposait de réaliser le philosophisme, c'était l'œuvre du protestantisme même, l'œuvre de toutes les sectes et de toutes les hérésies qui surgirent au sein de la chrétienté : la destruction de l'Eglise catholique, ce foyer éternel et indestructible de la vérité et de la morale divines. C'est avec la brutalité haineuse et impie de Luther que les petits-fils s'écriaient dans leur délire : *Ecrasons l'infâme*. Cette prédication acharnée de tant d'idées subversives ne s'était pas arrêtée aux clubs littéraires du temps : elle avait pénétré, d'une part, les masses populaires, de l'autre, elle avait recruté des adeptes dans les plus hautes régions sociales. Les monarques les plus puissants de l'Europe s'étaient faits philosophes et réformateurs. Nous avons déjà indiqué Joseph II. Pour réaliser ses principes philosophiques, l'empereur d'Allemagne commença par faire une guerre incessante aux institutions qui contribuaient à maintenir l'unité extérieure de l'Eglise, afin de briser les rapports intimes de ses sujets avec le Saint-Siége. Sur plus de deux mille couvents, il n'en laissa subsister qu'environ sept cents; quant aux congrégations religieuses, celles-là seulement qui étaient d'une utilité immédiate trouvèrent grâce devant lui; encore détacha-t-il de leur union avec Rome celles qu'il avait épargnées. Il se déclara d'une manière ouverte contre l'administration de l'Eglise. C'est par l'influence et l'impulsion directe de Joseph II que, malgré les réclamations du pape, le gouvernement de Toscane réforma, de son autorité privée, l'Eglise dans ses Etats, et tint aux portes même de Rome ce synode de Pistoie (1786) qui publia un véritable manifeste de principes gallicans et jansénistes. Mais tous ceci n'était encore en quelque sorte que des essais timides, lorsque tout-à-coup éclata le volcan révolutionnaire, qui, comme un fléau de Dieu, couvrit l'Europe de sang et de débris.

(1) Leibnitz, *Système théologique.*

Les premières mesures des assemblées révolutionnaires en France donnèrent à juger de l'avenir que le pouvoir nouveau réservait à l'Eglise.

« Les biens du clergé mis à la disposition de la nation, les annates supprimées, le comtat d'Avignon confisqué sur le pape, la constitution civile du clergé proclamée, l'émancipation scandaleuse de tous les ordres religieux érigée en loi, le divorce décrété, le mariage des prêtres établi, le massacre ou la déportation du sacerdoce fidèle, telle est l'horrible série des actes de la révolution française, actes contre lesquels Pie VI s'éleva avec un invincible courage, mais aussi avec une indicible prudence.

» Ce pontife espérait que le mouvement anarchique et irréligieux de la France serait arrêté par une réaction extérieure, et il ne négligea rien pour la faire naître : c'est pourquoi il rejeta la nouvelle constitution, condamna les évêques qui avaient prêté serment, chercha à fortifier par des exhortations et des éloges le parti nombreux qui s'était voué à la défense des bons principes, prononça enfin l'excommunication sur les membres les plus influents et les plus célèbres du clergé constitutionnel. Mais tout fut inutile : la tendance révolutionnaire remporta la victoire et prépara bien d'autres épreuves à la papauté. S'élançant avec une irrésistible fureur au delà des frontières, elle transforma d'après ses propres principes tout ce qu'elle envahit, la Belgique, la Hollande et l'Allemagne transrhénane. Bientôt elle devint maîtresse de l'Italie par la campagne de 1797, et pendant qu'elle établissait partout des gouvernements, elle menaçait le pape au cœur même de sa capitale. »

Quoique Pie VI ne fût jamais entré dans la coalition des princes ligués contre la république française, le Directoire fit envahir les Etats de l'Eglise, et imposa au pontife des contributions exorbitantes. Mais toutes les soumissions et toutes les vertus de l'illustre vieillard ne purent rien contre l'animosité acharnée des républicains contre tout ce qui touchait au sacerdoce ou aux possessions et à l'autorité de l'Eglise catholique. On voulut forcer le pape de révoquer toutes ses bulles, de rétracter tous les brefs et d'annuler toutes les mesures émanées du Saint-Siége depuis le commencement de la révolution. Mais ni les menaces ni les promesses ne purent jamais venir à bout de déterminer le pape à acquiescer à de semblables concessions, qu'il regardait avec justice comme une véritable apostasie, un scandale inouï. Il répondit à ces propositions — « qu'après avoir invoqué l'assistance de Dieu, et inspiré par » le Saint-Esprit, il se refusait à ces conditions. »

Pie VI avait beaucoup de confiance dans le caractère du général Bonaparte; il chercha à traiter par son intermédiaire. Le vainqueur de l'Italie confirma la bonne idée qu'avait conçue de lui le chef de l'Eglise. Malgré l'injonction formelle du gouvernement exécutif de s'emparer des Etats du pape, Bonaparte conclut avec lui un traité qui eût pu sauver Rome et le Saint-Siége. Mais la république avait arrêté la perte de la papauté.

Malgré le traité, Rome fut envahie et le Vatican occupé (1798). Le gouvernement pontifical fut aboli et la république proclamée et établie dans tous les Etats pontificaux. Pie VI fut retenu prisonnier, avec l'assurance qu'on le reconnaîtrait toujours pour *évêque de Rome*, bien que dépouillé de son pouvoir temporel. Sa présence ne tarda pas à gêner les révolutionnaires; elle parut nuire à l'établissement de la nouvelle république. Malgré le grand âge et les infirmités du pape, on résolut son départ. Pie VI, à cette nouvelle, s'écria : — « Je suis » à peine convalescent, je ne puis abandonner mon peuple ni » mes devoirs; je veux mourir ici. » — « Vous mourrez par- » tout, lui répondit Haller avec dureté; si les voies de douceur » ne vous persuadent pas de partir, on emploiera les moyens » de rigueur pour vous y contraindre. »

Ce fut un coup terrible pour le saint vieillard. Il resta quelque temps comme anéanti de tristesse et d'inquiétude. Tous ses serviteurs demeuraient dans la stupeur et dans les larmes autour de lui. Mais le pape recourut bientôt au consolateur suprême; il se retira dans son oratoire, se jeta aux pieds du crucifix. Au bout de quelques instants, il reparut calme et plein de courage : — « Dieu le veut, dit-il en reprenant sa sérénité ordinaire; » Dieu le veut, préparons-nous à recevoir tout ce que sa pro- » vidence nous destine. » — Et, pendant les quarante-huit heures qu'il passa encore à Rome, il ne cessa de travailler aux affaires de l'Eglise.

Le commissaire français, craignant quelque résistance à Rome, devança le jour du départ. La nuit du 20 février 1798 il entra tout-à-coup au Vatican, et, trouvant le pieux pontife encore agenouillé au pied de la croix : *Dépêchez-vous*, s'écria l'impatient exécuteur de cette violence sacrilége; et, le pressant de descendre l'escalier du Vatican, il le fit monter à la hâte dans la voiture qui l'attendait. C'est ainsi que ce vénérable pontife, arraché à son palais, était traîné au lieu incertain de son exil et de son supplice, à travers les ténèbres d'une nuit désastreuse, dont un orage épouvantable vint encore augmenter l'horreur.

Les satellites de la république traînèrent l'illustre captif à Sienne, et de là le confinèrent dans la Chartreuse, près de Florence. Mais le pouvoir ne cessa d'avoir des inquiétudes sur l'état des esprits tant que le pape restait en Italie. Il fut donc enlevé de la Chartreuse le 1er avril 1795, et transporté à Parme. Là les souffrances du vieillard devinrent si graves que les médecins ne répondirent plus de son existence si on tentait de le faire aller plus loin.

Le commissaire de la république entra dans la chambre du malade et inspecta brutalement les plaies de l'auguste vieillard. Il sortit un moment pour prendre conseil et rentra presque aussitôt en disant : « Il faut qu'il parte mort ou vif. » Le 14, Pie VI fut mené à Plaisance d'où on le fit partir le 15 pour Lodi, afin de le conduire à Milan par Turin; mais à peine avait-il passé le Pô, que la crainte d'être surpris par les ennemis saisissant ses gardes, il fut ramené à Plaisance pour aller à Turin par une autre route. Il arriva le 24 dans la capitale du Piémont, et apprit le lendemain que la France était son lieu d'exil. « J'irai partout où ils voudront, » s'écria-t-il en levant les yeux et les mains au ciel! Le 26, il fut enlevé pendant la nuit et conduit à Oulx. Pour lui faire franchir le mont Genèvre, on l'assit sur un grossier brancard, et pendant quatre heures il se trouva suspendu au milieu des abîmes et pénétré par un vent glacial. A Briançon, on le sépara des fidèles compagnons de son martyre. Arrivé à Valence le 14 juillet, il y déploya un courage héroïque : « Mes souffrances corporelles ne sont rien, disait-il, en comparaison des peines de mon cœur..... Les cardinaux et les évêques dispersés!... Rome! mon peuple! L'Eglise, ah! l'Eglise, voilà ce qui, nuit et jour, me tourmente! En quel état vais-je donc les laisser! »

A ces pensées si amères, à ces douleurs si poignantes, se joignirent de nouvelles persécutions. Le Directoire, effrayé de plus en plus des progrès de Souwaroff, avait ordonné, le 4 août, que le pape serait transféré à Dijon; il défendit expressément qu'on s'arrêtât à Lyon; mais la maladie avait fait de tels progrès que le moindre mouvement extraordinaire pouvait hâter l'instant fatal; il fallut donc l'abandonner à la disposition de la nature. Le 29 août 1799, à une heure vingt-cinq minutes du matin, Pie VI expirait après avoir reçu les derniers secours de la religion avec une attendrissante piété, et en prononçant à plusieurs reprises, avec l'accent de la conviction la plus sincère, un généreux pardon pour ses ennemis, pour la France surtout...

« Ne pourrait-on pas croire, s'écrie Ranke, que c'en était fait pour toujours de la papauté? » Sans doute, à juger des choses humainement; mais Dieu, au milieu même des évènements les plus désastreux et les plus menaçants, veille toujours, selon sa promesse infaillible, sur les immortelles destinées de son Eglise : il fit surgir des évènements qui vinrent la sauver.

Cette mort mit l'Eglise dans une des positions les plus critiques et les plus désastreuses qu'elle ait encore eu à subir. Mais, si l'heure fut sombre et menaçante, je ne connais assurément pas une circonstance où le doigt de Dieu soit apparu d'une manière plus admirable pour confirmer solennellement à la face du monde la glorieuse promesse faite par le Sauveur à son Eglise. La force brutale avait enfin réussi, aux applaudissements de l'impiété, à briser la puissance temporelle de l'Eglise; les armées républicaines, victorieuses partout, envahissaient l'Europe en détruisant par le fer et le feu tous les monuments du catholicisme; et, pour comble de malheur, c'est à cette heure dangereuse qu'expire le pontife dans son exil.

Nous venons d'enterrer le dernier pape! écrivait un bel esprit du temps. Assurément, si l'Eglise pouvait mourir, l'impiété ce jour-là eût roulé la pierre sur son sépulcre. Mais, au moment même où l'impiété, enivrée de son triomphe, battait ainsi des mains; au moment où la première nation chrétienne attentait à la vie de l'Eglise, Dieu alla chercher aux deux extrémités de l'Europe les deux plus grands ennemis de son culte et de son Eglise, puis il les rendit victorieux un instant pour qu'ils pussent faire garde dans les lagunes de Venise autour de ce conclave qui avait à élire le successeur de Pierre, l'ennemi le plus formidable de leurs doctrines hétérodoxes. Et quand Pie VII fut élu, les armées républicaines, ce torrent arrêté un instant, reprit son cours victorieux et écrasa ses ennemis. C'est ainsi que Dieu se joue des infirmes prétentions de la puissance de ce monde.

Le cardinal-évêque d'Imola, Grégoire-Barnabé Chiaramonte, qui fut élu le 14 mars 1800 sous le nom de Pie VII, était né à Césène en 1742, d'une famille noble, alliée à celle du pape martyr son prédécesseur.

Cependant la république, discréditée par ses sanglants excès, se mourait peu à peu sous la main puissante de l'homme qui lui avait conquis la plus grande gloire militaire. « Il s'éleva, dit Ranke, un conquérant qui portait dans sa pensée l'idéal d'un nouvel empire, pour lequel il avait besoin avant tout de l'unité de la religion, de la subordination hiérarchique, ainsi que de tant d'autres formes des vieux Etats. Napoléon, étant encore sur le champ de bataille de Marengo, chargea l'évêque de Varcelli d'entamer avec le pape des négociations au sujet du rétablissement de l'Eglise catholique en France. Ce rétablissement ne pouvait être acheté que par des concessions extraordinaires. Pie VII se décida à faire ces concessions. »

Le 15 juillet, après bien des négociations, fut enfin conclu le célèbre concordat de 1801, et l'Eglise de France se releva de tant de ruines, sûre désormais d'un avenir meilleur. Mais si le Saint-Siége se prêta avec joie au concordat, il protesta avec douleur contre les articles dits *organiques*, lesquels, selon l'expression d'un auteur moderne, en désorganisèrent l'économie au profit du pouvoir séculier.

Pie VII, sollicité par le premier consul de venir à Paris le sacrer empereur, déclara, dans le consistoire du 20 novembre 1804, que Bonaparte, en rétablissant en France l'exercice de la religion de concert avec lui, avait bien mérité de l'Eglise, et il annonça aux cardinaux l'intention qu'il avait de partir pour la France et d'aller poser lui-même la couronne impériale sur la tête de Napoléon. Le pape reçut partout en France un accueil triomphal.

De retour à Rome, le 16 mai 1805, le pontife voulut travailler à établir des relations amicales entre les puissances et le Saint-Siége. L'empereur français ne vit point d'un bon œil cette conduite de Pie VII, et en conçut de l'ombrage et du dépit. Dès le mois d'octobre de la même année, il signala son mécontentement par l'occupation d'Ancône; l'année suivante Rome était envahie, et un décret du 17 mai 1809 réunissait les Etats romains à l'empire français.

Le pape protesta contre une conduite aussi indigne, aussi scandaleuse, et en excommunia les auteurs, fauteurs et exécuteurs, sans cependant spécifier aucun nom. Sur le refus qu'il fit de renoncer à la souveraineté temporelle de l'Etat ecclésiastique, il fut arraché de son palais et conduit à Savone, où il fut condamné à un véritable secret. Bientôt Napoléon le fit transférer à Fontainebleau (20 juin 1812). C'est là que Pie VII, après la funeste campagne de Russie, signa, le 25 janvier 1813, des articles qui devaient servir de base à un concordat futur. Ces articles n'avaient été signés qu'à certaines conditions que l'empereur devait remplir; celui-ci ne réalisant pas les conditions promises, le pape rétracta le concordat projeté. Napoléon, qui méditait peut-être alors des idées de schisme, fut contraint par les évènements de renvoyer Pie VII à Rome, afin d'opérer une diversion contre les puissances liguées contre lui.

« Le pontife rentra dans sa capitale le 24 mai 1814; il y effaça toutes les traces de la domination française, et s'attacha à guérir les plaies qui affligeaient l'Eglise. Ce fut surtout en rétablissant l'illustre compagnie de Jésus qu'il commença cette importante réédification générale. Pendant les Cent-Jours, il dut s'éloigner encore de Rome, mais son absence ne dura point longtemps, et le congrès de Vienne lui restitua, à de bien légères exceptions près, tous les domaines de l'Eglise en Italie.

» Parmi les principaux actes qui signalèrent le reste du pontificat de Pie VII, nous mentionnerons le concordat de 1817, conclu avec la France en 1817 pour remplacer celui de 1801, et qui demeura sans exécution. En Allemagne, des conventions plus efficaces pourvurent aux besoins de l'Église.

» Pie VII mourut le 20 septembre 1823. Il y avait eu une intime analogie entre les malheurs de ce pape et ceux de Pie VI. Bon, plein de candeur, de courageuse résignation et de charité chrétienne, Pie VII força son persécuteur à nous laisser son éloge dans les *Mémoires de Sainte-Hélène*. Il eut pour successeur Annibal de la Genga, qui prit le nom de Léon XII en montant sur le trône apostolique (octobre 1823). »

Léon XII naquit au château de la Genga le 2 août 1760. Archevêque de Tyr, il occupa sous Pie VI la nonciature de Cologne. Il assista sous Pie VII à la diète de Ratisbonne, et depuis lors il fut constamment mêlé aux affaires publiques et chargé des postes les plus importants du gouvernement pontifical. Lorsqu'il apprit sa nomination, il refusa obstinément cette grande charge, et, versant des larmes, il souleva sa robe et, montrant ses jambes enflées par la goutte : « *N'insistez pas*, *s'écria-t-il, vous élisez un cadavre!* » Le premier soin du nouveau pontife fut d'assurer les chemins publics, infestés de brigands que le dernier gouvernement n'avait pas pu détruire. Ensuite il travailla courageusement à mettre partout en vigueur les saints règlements du concile de Trente. Il condamna énergiquement les erreurs et les maux répandus par les sociétés bibliques.

L'encyclique se terminait par ces paroles: « Aidez-nous de vos vœux et de vos prières, afin que l'esprit de la grâce demeure avec nous, et que vous ne flottiez pas dans vos jugements; que celui qui vous a donné le goût de l'union des sentiments fasse, pour le bien commun de la paix, que tous les jours de notre vie, préparé au service du Seigneur et disposé à vous prêter l'appui de notre ministère, nous puissions avec confiance adresser cette prière au Seigneur: *Père saint, conservez dans votre nom ceux que vous m'avez donnés.* » Léon XII orna la basilique Tibérienne, dédia une élégante chapelle à la sainte Vierge sur la hauteur de la Genga, enrichit la basilique Constantinienne, et s'employa de tout son pouvoir pour restaurer celle de Saint-Paul, qu'un incendie venait de consumer en grande partie l'année même où il avait été élu pape (1823).

Il chercha par tous les moyens à réunir à l'Eglise-mère les membres de la *petite Eglise* en France, anathématisa les schismatiques d'Utrecht, et donna des marques touchantes de sa tendresse et de sa sollicitude paternelle aux catholiques belges et irlandais. Il gouverna l'Eglise avec une haute prudence, et, tout en diminuant les impôts, sut remplir le trésor de ses économies. Voilà assez de titres de gloire au souverain infatigable qui, presque toujours dans un état de santé affaiblie, n'en poursuivit pas moins, avec le courage et toute l'ardeur d'une âme forte, la pensée du bien qu'il méditait et la pratique des vertus dont il donnait le premier exemple. Léon XII eut pour successeur le cardinal Castiglioni, qui prit le nom de Pie VIII et fut couronné le 5 avril 1829. Le cardinal Castiglioni, né à Cingali d'une noble famille, s'était déjà illustré par sa célèbre administration. Il prit possession de la basilique patriarcale de Latran le 24 mai, et publia sa célèbre bulle *Traditi humilitati nostræ*. Le vigilant pontife, alarmé de la propagande pernicieuse des sociétés bibliques au milieu de l'indifférence funeste des enfants de l'Eglise, expose avec une vive énergie et une habileté prophétique les malheurs qu'attireront à la foi et à l'Eglise ces dangers nouveaux. Pie VIII, accablé d'années et d'infirmités, ne survécut que d'une année à son couronnement. Il mourut le 1er décembre 1830. Le conclave s'ouvrit le 14 et élut au souverain pontificat le cardinal Mauro-Capellari, né à Bellune (État de Venise) le 18 septembre 1765, qui prit le nom de Grégoire XVI, et ceignit la tiare le 2 février 1831.

S'il a été donné un grand spectacle aux méditations humaines, c'est assurément celui dont nous venons d'indiquer à traits rapides les principaux caractères. Si l'on est frappé de cette palpable intervention de la puissance de Dieu dans la miraculeuse propagation de l'Église, cette impression s'accroît, pour ainsi dire, lorsqu'on suit le christianisme à travers cette longue carrière de dix-huit siècles de périls et de gloire. Admirable institution qui rattache ses origines à l'aurore des temps pour régler les destinées humaines jusqu'au fond des siècles éternels! Sublime doctrine qui subjugue tous les siècles, toutes les zones, qui convient à tous les âges, à toutes les conditions, qui émerveille l'enfant et confond le génie, qui console le pauvre et relève le faible, qui fait germer l'espérance et l'amour, toutes les vertus et tous les héroïsmes. Chaîne mystérieuse qui relie le ciel à la terre, l'homme à Dieu, le temps à l'éternité. Voilà certes assez de titres pour conquérir tous les cœurs sincères; mais Dieu a ajouté à tant de magnifiques caractères dont il a orné sa sainte Église celui de sa miraculeuse durée.

Parcourez l'interminable catalogue des œuvres de l'intelligence et de la main de l'homme; posez le doigt à l'origine des monuments les mieux assis dans les entrailles de la terre et de l'humanité; —puis descendez quelques siècles et cherchez... le souffle du temps les a effacés au cœur des peuples, les a balayés de la surface du globe. Les plus solides et les plus obstinés vous transmettent à grand'peine l'histoire de leur deuil dans les tristes hiéroglyphes de leurs ruines.

En regard de ce morne spectacle, vous apercevez une œuvre à laquelle le génie et les puissances du temps n'ont pas mis la main. Longtemps ils n'ont pas même daigné lui faire l'aumône de leur mépris, tant elle était infime! Et, en effet, pour opérer sur un vieux monde sensuel accroupi dans la fange et les ténèbres, quelques prolétaires obscurs apportaient pour moyen de persuasion les stygmates infamants des verges du prétoire, et pour bannière le gibet ignominieux où venait d'expirer un Juif crucifié !

Oui, quelque émotion est permise à la vue de cette sublime folie. Le cœur nous tressaille d'orgueil filial à voir le noble athlète défier l'épée des Césars, et forcer enfin le monde à compter avec lui. Alors tous les ennemis de ce monde, tout ce que le génie a de prestige, tout ce que la puissance souveraine a de leviers, tout ce que les passions ont d'éloquence, tout ce que la force brutale et l'entraînement populaire ont de formidable, — viendront se dresser devant l'édifice divin comme les flots de l'abîme... pour venir tour à tour se briser la tête à ses assises de granit !

Qu'il est beau de se placer au pied de ce sanglant berceau du Calvaire et de suivre d'un regard filial notre sainte mère dans son glorieux pèlerinage à travers les siècles ! Mille ennemis se lèvent et meurent sous ses pas. Autour d'elle les peuples s'éteignent, les plus grands empires tombent, et leur histoire fait à peine un chapitre de sa longue histoire.

Je ne sais ce que la Providence réserve à l'Église dans la nuit de l'avenir. Peut-être qu'un jour le monde vaincu, par tant de lumière et tant d'amour, comprendra enfin les voies de la paix et de la justice. Jusque-là l'Église aura des luttes et des ennemis tant qu'il y aura des passions que sa doctrine condamne. Je regretterais, pour ma part, qu'il y eût un jour où elle déposât le glaive du combat; — car ce jour-là nos mains filiales ne pourraient pas lui tresser la couronne du triomphe.

Arbre divin qui enfonce plus avant ses racines à mesure que la tempête mugit autour de lui, arche sainte lancée par la main de Dieu sur l'océan des siècles, les flots ameutés ont beau battre ses flancs, elle passe, calme et confiante, au milieu des orages et des écueils; elle porte les destinées et le salut du monde, et elle ne s'arrêtera que pour les remettre à Dieu au seuil de l'éternité ! JOLIVALD.

ÉGLISE (*jurisp.*). La propriété des églises appartient aux communes, suivant de nombreuses décisions de la jurisprudence. Et, d'après un avis du conseil d'État du 3 novembre 1836, la propriété des presbytères des paroisses appartient également aux communes dans la circonscription desquelles ces paroisses sont situées; en sorte que les parties superflues de ces presbytères peuvent être distraites sans que les fabriques aient droit à aucune indemnité. Du reste, les églises sont réputées choses *hors du commerce*, et conséquemment imprescriptibles; mais l'imprescriptibilité s'applique seulement aux églises ou chapelles dans lesquelles le culte divin est publiquement et actuellement célébré. Une ancienne église ou chapelle mise hors de la disposition de l'évêque et que la fabrique ou la commune aurait destinée à tout autre service pourrait être acquise par prescription; il en serait de même d'une chapelle attenant à un château ou à un établissement privé, chapelle qui ne serait, en ce cas, qu'une propriété particulière, régie par les principes généraux. — Autrefois les biens appartenant aux églises étaient soumis à des prescriptions spéciales. Justinien avait fixé à cent ans la prescription contre les églises (Cod., liv. I, tit. II, l. 23); il la restreignit ensuite par une novelle à quarante ans. Toutefois l'église de Rome avait conservé le privilége de la prescription centenaire. — Charlemagne, dans ses Capitulaires, n'admit également contre les églises que la prescription de quarante ans. — La même prescription fut généralement admise par les coutumes, sauf quelques exceptions en faveur des abbayes et des ordres privilégiés. — Aujourd'hui, suivant l'article 2227 du Code civil, l'État, les établissements publics et les communes étant soumis aux mêmes prescriptions que les particuliers, les biens immobiliers dépendant du domaine des églises peuvent être prescrits par dix et vingt ans, si le possesseur a titre et bonne foi, et en tout autre cas par trente ans. — Quant aux meubles, la possession valant titre à leur égard, l'église ne pourrait revendiquer un meuble comme lui appartenant que si ce meuble avait été volé ou perdu, et la revendication ne pourrait être intentée que pendant trois ans à compter du jour de la perte ou du vol. — Les temples, les églises, furent dans tous les temps des lieux d'asile. On sait que Démosthène prit du poison et mourut dans le temple de Neptune, d'où les soldats de Philippe n'osèrent point l'arracher. — Sous Tibère, au dire de Tacite, l'abus des asiles était porté, dans toutes les villes grecques, à un point tel, que tous les temples étaient remplis de débiteurs, de fugitifs, de criminels de toutes sortes. — Après l'établissement du christianisme, le droit d'asile dans les églises fut également introduit : *Regula sit quòd confugiens ad loca sacra vel religiosa indè extrahi non potest.* — Cependant le danger de l'impunité des criminels porta Grégoire XIV, et après lui Benoît XIII, à excepter du droit d'asile les voleurs publics, les brigands de grand chemin, les meurtriers, les criminels de lèse-majesté, les faux monnayeurs et quelques autres. — Le seul vestige qui nous soit resté du droit d'asile se trouve à l'article 781 du Code de procédure civile, ainsi conçu : « Le *débiteur* ne peut être arrêté dans les édifices consacrés au culte et pendant les exercices religieux seulement. »

ÉGLISES (*archit.*) (V. TEMPLES ANCIENS ET MODERNES.)

FIN DU DIXIÈME VOLUME.

Paris. — Imprimerie de Cosson, rue du Four-Saint-Germain, 47.

www.ingramcontent.com/pod-product-compliance
Lightning Source LLC
Chambersburg PA
CBHW060535280326
41932CB00011B/1296
* 9 7 8 2 0 1 2 5 4 1 9 2 4 *